Feltrinelli

Umberto Galimberti ha insegnato Antropologia culturale, Filosofia della storia, Psicologia generale e Psicologia dinamica all'Università Ca' Foscari di Venezia. Dal 1985 è membro ordinario dell'International Association of Analytical Psychology. Dal 1986 al 1995 ha collaborato con "Il Sole-24 Ore" e dal 1995 collabora con "la Repubblica". Con Feltrinelli ha pubblicato: *Il tramonto dell'Occidente nella lettura di Heidegger e Jaspers* (1975-1984), *Psichiatria e fenomenologia* (1979), *Il corpo* (1983), *La terra senza il male. Jung: Dall'inconscio al simbolo* (1984), *Gli equivoci dell'anima* (1987), *Il gioco delle opinioni* (1989), *Idee: il catalogo è questo* (1992), *Parole nomadi* (1994), *Paesaggi dell'anima* (1996), *Psiche e techne. L'uomo nell'età della tecnica* (1999), *Orme del sacro* (2000), *I vizi capitali e i nuovi vizi* (2003), *Le cose dell'amore* (2004), *La casa di psiche. Dalla psicoanalisi alla pratica filosofica* (2005), *L'ospite inquietante. Il nichilismo e i giovani* (2007), *I miti del nostro tempo* (2009), *Cristianesimo. La religione dal cielo vuoto* (2012) e *La parola ai giovani. Dialogo con la generazione del nichilismo attivo* (2018). Nell'Universale Economica Saggi è in corso di ripubblicazione l'intera sua opera. Opere di Umberto Galimberti sono tradotte in tedesco, francese, spagnolo, portoghese, olandese, sloveno, serbo, greco, ceco e giapponese.

Umberto Galimberti

Nuovo Dizionario di Psicologia

Psichiatria Psicoanalisi Neuroscienze

Feltrinelli

Prima edizione in "Fuori Collana" marzo 2018

Stampa Grafica Veneta S.p.A. di Trebaseleghe - PD

ISBN 978-88-07-42153-2

Prefazione alla nuova edizione

Sono passati venticinque anni dalla prima edizione di questo *Dizionario di psicologia* edito nel 1992 dalla Utet, nel 1999 da Garzanti con il titolo *Enciclopedia della psicologia*, nel 2006 dal Gruppo editoriale "L'Espresso" in tre volumi e da RCS – "Corriere della Sera" in due volumi. Nel 2002 è stato tradotto in lingua spagnola con il titolo *Diccionario de psicología*.

In questi venticinque anni le scienze psicologiche hanno registrato significativi progressi ad opera delle *neuroscienze* oggi in continua espansione, della *genetica* che, in molti casi, all'ipotesi interpretativa ha sostituito la verifica sperimentale, della *diagnostica strumentale* che, con le tecniche di neuroimmagine, consente di vedere quello che prima era semplicemente ipotizzato. Notevoli sono stati inoltre i progressi nell'ambito della *psicometria* con l'introduzione di test di valutazione particolarmente raffinati, della *psicologia cognitivista* che ha trovato applicazione in numerose pratiche psicoterapeutiche, della *psicologia sociale* che, oltre agli ambiti tradizionali, si è estesa anche ai settori dell'economia, del commercio, dell'industria e del mercato, e infine della *psicologia dei nuovi media* che studia le modificazioni introdotte dalle nuove tecnologie in ordine alla percezione, alla memoria, all'intelligenza, alla comunicazione e al linguaggio, nonché alle nuove forme di dipendenza indotte dalla frequentazione informatica.

Per rendere conto di questi progressi, variazioni e cambi di prospettiva sono state inserite nuove voci, ampliate e aggiornate quelle già esistenti, con un esteso corredo bibliografico che ha comportato un ampliamento del *Dizionario* di un buon 50% rispetto alla precedente edizione.

Sono stati mantenuti i tre criteri che hanno caratterizzato la prima edizione, e precisamente:

1) il *rapporto interdisciplinare* delle scienze psicologiche con le scienze affini: sia a sfondo umanistico (filosofia, pedagogia, sociologia, antropologia culturale, epistemologia, fenomenologia, ermeneutica, linguistica, filosofia del linguaggio ecc.), sia a sfondo biologico (genetica, neurologia, neurofisiologia, endocrinologia ecc., rivisitate dalla neuroradiologa M.D. Ph.D. Francesca Benedetta Pizzini che ringrazio);

2) la *citazione diretta* dei brani originali della letteratura psicologica, psicoanalitica, psichiatrica e neuroscientifica, che fanno riferimento all'autore che per primo ha introdotto la voce, e al dibattito che ne è seguito con le successive modificazioni e i diversi aggiustamenti;

3) l'*autore unico* di tutte le voci secondo il modello Utet del "Dizionario d'autore" (come nel caso di Nicola Abbagnano per la filosofia, Sergio Ricossa per l'economia, Norberto Bobbio, Nicola Matteucci e Gianfranco Pasquino per la politica, Luciano Gallino per la sociologia ecc.). Questa formula ha il pregio di mantenere una visione unitaria tra le discipline psicologiche e i loro rapporti con le discipline affini, una coerenza interna molto rigorosa nei rimandi alle voci che si richiamano, anche se il "Dizionario d'autore" può comportare un sacrificio di specialismi, che tuttavia, nell'ampia bibliografia che correda le singole voci, sono segnalati.

Per quanto concerne le discipline richiamate dalle singole voci, le citazioni dei testi originali e la modalità dei rimandi, si veda la *Prefazione* alla prima edizione del 1992, mentre per quanto riguarda i riconoscimenti ringrazio le redattrici della Casa editrice Feltrinelli magistralmente coordinate da Donatella Berasi, e soprattutto Carlo Feltrinelli, che ha avuto il coraggio di pubblicare un'opera di questa natura e di queste dimensioni, anche se non rientra propriamente nella tradizione della sua Casa editrice.

Voglio infine ricordare mia moglie Tatjana Simonič, che aveva collaborato alla prima edizione di questo *Dizionario*, e che ora vive in quel segreto dell'anima, dove sono custoditi il suo sorriso, la sua grazia, il suo silenzio.

Umberto Galimberti

Milano, 6 settembre 2017

Prefazione alla prima edizione

A Karl Jaspers,
psicopatologo e filosofo
che mi indicò quella zona di confine
tra filosofia e psicologia.

1. *Le discipline psicologiche*

Questo *Dizionario* assume come suo ambito tematico tre impianti disciplinari: *a*) la *psicologia* propriamente detta, illustrata nelle sue espressioni teoriche e, per quanto mi è stato possibile, in tutte le sue tecniche e modalità operative; *b*) la *psicologia del profondo* che, a partire dalla psicoanalisi, percorre tutti gli orientamenti che da questa si sono sviluppati in successione storica o che si sono costituiti in divergenza teorica, dando origine a differenti indirizzi; *c*) la *psichiatria* che, pur essendo una "iatria" e quindi una tecnica terapeutica, sottintende una "loghia", ossia una concezione dello psichico che condiziona e differenzia, talvolta in modo assai radicale, la qualità dell'intervento medico. Questi tre ambiti disciplinari, la cui influenza reciproca ha prodotto numerose contaminazioni teoriche e frequenti connivenze linguistiche, sono stati di volta in volta convocati dalle singole voci che li richiamano in modo da consentire al lettore di percorrere le oscillazioni di significato, quando non addirittura la diversione di senso, che la stessa parola assume attraversando i vari territori del sapere psicologico.

2. *Le discipline affini*

Poiché il mondo della psicologia non è un mondo chiuso, ma comunica con mondi contigui, è stato necessario rendere conto degli antecedenti teorici che sono alla base dei modelli concettuali impiegati dalla psicologia e degli apparati culturali, nonché degli strumenti operativi che altre discipline hanno offerto e che l'indagine psicologica ha mutuato e rielaborato per le sue finalità specifiche. Ho voluto, infatti, che in questo *Dizionario* la psicologia non esponesse solo la fioritura dei suoi rami, ma anche la profondità delle sue radici che affondano nel terreno della *filosofia* da cui la psicologia è nata e di cui ancora, anche se spesso a sua insaputa, continua a nutrirsi, per estendersi a quelle discipline affini che sono l'*epistemologia* per quanto concerne la giustificazione dei propri assunti teorici, la *fenomenologia* per la modalità di condurre l'osservazione al di là della divisione anima e corpo, l'*antropologia culturale* per i modelli d'indagine da questa elaborati e mutuati dalla psicologia, la *sociologia* che con la psicologia ha numerose zone di confine e continui scambi di informazioni teoriche e sperimentali, la *pedagogia* a cui la psicologia offre modelli interpretativi essenziali e da cui riceve risposte significative in ordine alla verifica empirica, la *linguistica* perché il linguaggio è l'orizzonte in cui la psiche si esprime, si narra, rende conto di sé, l'*ermeneutica* perché non si dà innocenza della parola, se non nella traccia dell'interpretazione storico-culturale da cui la psicologia non è isolata.

Accanto alle scienze umane sono per la psicologia termini di riferimento essenziale le scienze biologiche quali la *genetica* i cui rapidi sviluppi hanno determinato, se non il crollo, certo l'oscillazione di numerose ipotesi culturali, l'*endocrinologia* le cui scoperte, lungi ancora dall'essere esaurite, non cessano di spostare l'asse di riferimento della descrizione psicologica dal piano dell'ipotesi interpretativa a quello della verifica sperimentale, la *neurofisiologia* oggi arricchita dai significativi contributi provenienti dalla clinica psichiatrica, dalla farmacologia, dalla neurochirurgia e persino dall'etologia di recente emancipatasi dalla generica psicologia animale. Non mancano infine i contributi provenienti dalla *statistica*, dalla *cibernetica* e dalla *testistica* che consentono di tradurre dati grezzi in dati elaborati e disponibili per ipotesi teoriche sostenute dalla conferma sperimentale.

Il rapporto costante tra filosofia e biologia, qui assunte come discipline esponenziali da cui partono i riferimenti che percorrono i sentieri delle cosiddette scienze umane e di quelle della natura, è uno dei tratti caratteristici di questo *Dizionario*, che si propone di rendere esplicito il legame che la psicologia ha con queste forme di sapere da cui si è progressivamente emancipata, guadagnando una propria *autonomia* che però non va letta come separazione, a meno di non ridurre la psicologia a pura raccolta di osservazioni e di dati, senza spessore critico, riferimento storico e statuto epistemologico, per quanto problematico ancora esso sia.

3. *Le citazioni dei testi originali*

La precarietà dello statuto scientifico che ancora non garantisce la psicologia dagli attacchi, dalle obiezioni e dalle riserve che, dall'esterno e dal suo stesso interno, di continuo insorgono o le vengono mossi ha reso necessario, nella compilazione di questo *Dizionario*, un modo di procedere che, per essere il più possibile fedele alla problematicità e alla storia, ha seguito la via della *citazione diretta*. Le varie voci sono perciò corredate da brani originali della letteratura psicologica che fanno riferimento a chi ha introdotto il termine o al dibattito che l'uso del termine ha suscitato con le conseguenti prese di posizione che spostano l'accentuazione di significato da un terreno all'altro, ora limitrofo, ora molto distante.

Dopo una definizione lessicale molto generale, ho provveduto, infatti, a passare in rassegna gli usi principali del termine seguendo il criterio della ricostruzione storica del diverso spessore di significato che il termine assume passando da un ambito disciplinare all'altro, documentando il tutto con il ricorso diretto alle fonti allo scopo di evitare l'arbitrio ricostruttivo. Le citazioni sono estrapolate dai testi in versione italiana, nei casi in cui questa esiste, e indicate con l'anno della prima edizione in lingua originale e la pagina della traduzione italiana. Quando la traduzione non mi persuadeva o non esisteva, vi ho provveduto direttamente indicando il testo originale.

Con lo stesso criterio è stata redatta la bibliografia, che correda ogni voce che non sia meramente tecnica, dove compare, dopo il titolo, l'anno di pubblicazione dell'opera originale e, al termine del riferimento bibliografico, l'anno di pubblicazione in versione italiana. Per una più agile consultazione, la bibliografia è disposta in ordine alfabetico per autore; nel caso di più opere dello stesso autore, si è seguito l'ordine cronologico per evidenziare le oscillazioni che lo stesso termine registra nello sviluppo del suo pensiero.

4. *I rimandi*

Poiché la gran parte delle voci è articolata in paragrafi che differenziano chiaramente il contributo che le varie discipline psicologiche hanno fornito alla costruzione o alla variazione di senso del termine, i rimandi, quando si sono resi necessari o per evitare ripetizioni o per evidenziare implicazioni, non rinviano solitamente all'intera voce, ma al paragrafo ritenuto essenziale nell'economia della voce oggetto di trattazione. Ciò consente al lettore di effettuare il riscontro in modo determinato, nello spazio contenuto tra le dieci e le quindici righe segnalate attraverso il paragrafo e le sue sottoripartizioni. Con l'eccezione delle "psicologie", che si è ritenuto opportuno elencare in successione nella lettera "P" allo scopo di offrirne un quadro il più possibile completo, i lemmi composti da più di una parola sono ordinati sotto la parola distintiva (per esempio: Abbandono, Sindrome di; Alone, Effetto di; Benton, Test di; Edipo, Complesso di; Parkinson, Morbo di). Questo criterio è stato adottato ogniqualvolta la prima parola non offra una sufficiente caratterizzazione, come nel caso di: complesso, effetto, esperimento, fenomeno, funzione, malattia, morbo, nevrosi, psicosi, scala, sindrome, sintomo, sistema, terapia, test e simili.

5. *Riconoscimenti*

Questo *Dizionario* è stato compilato interamente da me, ad eccezione delle voci o delle parti di voci che, richiedendo una specifica competenza biologica, sono state redatte o riviste da mia moglie Tatjana Simonič, docente di Biochimica all'Università di Milano: la ringrazio non solo per il contributo effettivo, ma anche per l'assistenza e la generosa disponibilità che sempre mi ha offerto durante tutti gli anni richiesti dalla compilazione di questo lavoro.

Ringrazio inoltre i miei maestri, a cominciare da Karl Jaspers che conobbi e frequentai a Basilea dal 1962 al 1965. A lui devo il percorso che presero i miei studi in quella zona di confine tra la filosofia e la psicologia. Lungo questo cammino sono stato assistito dall'insegnamento di Emanuele Severino a cui devo la mia formazione filosofica senza la quale difficilmente avrei potuto accostare il mondo psicologico a partire dai suoi fondamenti, prescindendo dai quali è impossibile una ricostruzione storica e teorica ai livelli in cui oggi la vanno dispiegando in ambito psicoanalitico Mario Trevi e in ambito psichiatrico Eugenio Borgna. Nell'economia di quest'opera la lunga frequentazione di questi maestri si è rivelata fondamentale.

Ringrazio infine la Casa editrice Utet che fin dall'inizio mi ha accordato un'illimitata e generosa fiducia e un'assistenza assidua sia sul piano dell'intervento culturale sia su quello del sostegno psicologico.

Umberto Galimberti

Milano, 2 maggio 1991

NUOVO DIZIONARIO DI PSICOLOGIA

PSICHIATRIA, PSICOANALISI, NEUROSCIENZE

A

AAI (*Adult Attachment Interview*), v. Attaccamento; Narrazione.

Abasia (ingl. *Abasia*; ted. *Abasie*; fr. *Abasie*; sp. *Abasia*). Incapacità a camminare e talvolta a mantenere la posizione eretta pur in assenza di compromissione del sistema nervoso o dell'apparato muscolare. È un sintomo tipico nel quadro delle nevrosi d'ansia e delle manifestazioni isteriche.

Bibliografia

Freud S., *Studi sull'isteria (in collaborazione con Josef Breuer)* (1892-1895), in *Opere* (1967-1993), Bollati Boringhieri, Torino, vol. I.

Abbandono, Sindrome di (ingl. *Abandonment syndrome*; ted. *Verlassenheitssyndrom*; fr. *Syndrome d'abandon*; sp. *Síndrome de abandono*). Insicurezza affettiva di fondo, connessa a esperienze precoci di deprivazione (v. Privazione) che risalgono ai primi anni di vita in cui il bambino non ha avvertito in modo significativo la presenza rassicurante dei genitori o il loro atteggiamento affettivo. Ne risulta uno stato, definito di *inanizione*, in cui è compromessa la vita di relazione a partire dai giochi infantili fino alla tendenza a manifestazioni antisociali, scarsa applicazione allo studio e al lavoro, incostanza, irrequietezza e sfiducia di base (v. Anaclisi, § 3).

Bibliografia

Bowlby J., *Cure materne e igiene mentale del fanciullo* (1951), Giunti Barbera, Firenze 1957.

Spitz R. Á., *Il primo anno di vita del bambino* (1958), Editrice Universitaria, Firenze 1962.

Winnicott D. W., *Il bambino deprivato* (1984, edito postumo), Raffaello Cortina, Milano 1986.

–, *I bambini e le loro madri* (1987, edito postumo), Raffaello Cortina, Milano 1987.

Abbassamento del livello mentale (ingl. *Lowering of mindlevel*; ted. *Geistessenkung*; fr. *Abaissement du niveau mental*; sp. *Disminución del nivel mental*). Espressione introdotta da Pierre Janet per indicare, in presenza di una forte emozione, una riduzione di coscienza, caratterizzata da mancanza di attenzione e concentrazione tipica della sintomatologia isterica e di altre nevrosi psicogene. Scrive, infatti, Janet: «Uno dei fenomeni dell'emozione è l'accompagnarsi a un marcato abbassamento del livello mentale. Essa non produce soltanto la perdita della sintesi e la riduzione dell'automatismo, che è così evidente nell'isterico, ma sopprime progressivamente, in proporzione alla propria forza, i fenomeni superiori e abbassa la tensione al solo livello dei fenomeni inferiori. [...] Durante l'emozione vediamo sparire la sintesi mentale, la volontà, l'acquisizione di nuovi ricordi; contemporaneamente vediamo diminuire o sparire tutte le funzioni del reale, il sentimento e il piacere, la fiducia, la certezza. In loro luogo vediamo sussistere i movimenti automatici» (1903, p. 182).

Il concetto di "abbassamento del livello mentale" è stato ripreso da Carl Gustav Jung per descrivere uno stato limite in cui la coscienza allenta la sua sorveglianza, consentendo l'irruzione di contenuti inconsci connessi a complessi personali. Gli effetti dell'abbassamento del livello mentale sono così descritti da Jung: «L'*abaissement*: 1. causa la perdita di interi settori di contenuti normalmente controllati; 2. produce frammenti dissociativi della personalità; 3. impedisce che normali corsi di pensiero vengano portati avanti e compiuti logicamente; 4. riduce la responsabilità e la reazione adeguata dell'Io; 5. causa rappresentazioni incomplete della realtà e in tal modo suscita reazioni emotive insufficienti e inadeguate; 6. abbassa la soglia della coscienza e permette in tal modo a contenuti dell'inconscio di penetrare nella coscienza sotto forma di invasioni autonome» (1939, p. 248). Pur trattandosi di uno stato patologico che si verifica spontaneamente in soggetti dall'Io debole, il fenomeno può essere provocato volontariamente, attraverso una riduzione dell'attenzione mentale, allo scopo di far emergere materiale inconscio da integrare successivamente. L'abbassamento del livello mentale è una condizione indispensabile per l'esercizio dell'immaginazione attiva (v. IMMAGINAZIONE, § 2), che consente una ricognizione diretta del materiale inconscio in soggetti dall'Io abbastanza forte da potersi permettere di ridurne la soglia di sorveglianza e poterla riguadagnare.

Bibliografia

Janet P., *L'automatismo psicologico. Saggio di psicologia sperimentale sulle forme inferiori dell'attività umana* (1889-1903), Raffaello Cortina, Milano 2013.
–, *Les obsessions et la psychasthénie*, Alcan, Paris 1903; tr. it. parziale, *La passione sonnambulica e altri scritti*, Liguori, Napoli 1996.
Jung C. G., *Psicologia della dementia praecox* (1907), in *Opere* (1969-2007), Bollati Boringhieri, Torino, vol. III.
–, *Psicogenesi della schizofrenia* (1939), in *Opere*, cit., vol. III.
–, *Riflessioni teoriche sull'essenza della psiche* (1947-1954), in *Opere*, cit., vol. VIII.

ABCA, Test. Il test permette di valutare l'efficienza delle principali componenti di elaborazione cognitiva e di abilità nel calcolo. La batteria comprende prove da somministrare alla fine dell'anno scolastico e all'inizio dell'anno successivo.

Bibliografia

Lucangeli D., Tressoldi P. E., Fiore C., *Test-ABCA*, Erickson, Trento 2010.

ABC, Modello. Schema d'interpretazione dei comportamenti e delle convinzioni messo a punto da Burrhus Frederic Skinner, dove A corrisponde all'Antecedente, costituito dall'insieme delle condizioni ambientali, B alla risposta in termini di comportamento (*Behavior*) o convinzioni, C alle Conseguenze comportamentali o cognitive a seguito dell'evento antecedente e del comportamento o delle convinzioni reiterate in seguito.

Bibliografia

Beck A. T., *Principi di terapia cognitiva. Un approccio nuovo alla cura dei disturbi affettivi* (1976), Astrolabio, Roma 1988.
Ellis A., *L'autoterapia razionale emotiva. Come pensare in modo psicologicamente efficace* (1990), Erickson, Trento 1993.

Aberrazione (ingl. *Aberration*; ted. *Verirrung*; fr. *Aberration*; sp. *Aberración*). Il termine, derivato dall'ottica dove indica la deformazione di un'immagine fornita da un sistema ottico, intendendo come tale anche l'occhio, è impiegato in senso traslato in riferimento a errori di giudizio o a condotte sessuali considerate fuori della norma. In questa seconda accezione il termine è impiegato da Sigmund Freud, che in seguito lo sostituisce con il termine PERVERSIONE (v.).

Bibliografia

Freud S., *Le aberrazioni sessuali*, in *Tre saggi sulla teoria sessuale* (1905), in *Opere* (1967-1993), Bollati Boringhieri, Torino, vol. IV.

Abilità (ingl. *Skill*; ted. *Geschicklichkeit*; fr. *Habilité*; sp. *Habilidad*). Capacità di interpretare e intervenire sulla realtà per modificare o la realtà stessa o il proprio sistema di riferimento di competenze quando questo non è rispondente alle mutate esigenze della realtà. Dalla definizione emerge che l'abilità ha a che fare con la *flessibilità* del proprio comportamento e come tale si distingue dall'ABITUDINE (v.), che presenta invece una certa rigidità. Si è soliti distinguere le abilità in istintive, sensomotorie, manuali, intellettuali e sociali.

1) Le *abilità istintive* sono relativamente plastiche e non ignorano l'apprendimento. Così i castori, molestati dai cacciatori, imparano a costruire non più delle capannine, ma delle tane. Uccelli della stessa specie possono costruire i loro nidi in forme diverse a seconda delle circostanze e dei materiali reperibili. Api vicine a raffinerie di zucchero cessano di succhiare fiori e asportano zucchero. Queste modificazioni del comportamento istintuale in relazione all'ambiente rientrano nell'ordine delle abilità, perché rivelano una flessibilità dell'istinto.

2) Le *abilità sensomotorie* rientrano nelle forme di apprendimento di risposte combinate (v. APPRENDIMENTO, § I, 3), perché andare in bicicletta o fare un salto mortale dal trampolino non richiedono solo destrezza nel compimento dell'azione, ma combinazione di abilità diverse quali il controllo sensoriale, l'attenzione, il calcolo e simili.

3) Le *abilità manuali* sono state distinte dalle abilità sensomotorie perché presentano un legame con le abilità intellettuali. Da questo punto di vista sono state considerate a livello *pedagogico* da Johann Heinrich Pestalozzi e da Georg Kerschensteiner come mezzi di educazione generale e specifica per le attività pratiche e operative, a livello *psicologico* da Jean Piaget come secondo stadio dello sviluppo cognitivo da lui definito preoperatorio (v. COGNIZIONE, § 2) e a livello *antropologico* da Claude Lévi-Strauss che, per analizzare il pensiero selvaggio, ha preso in considerazione proprio le abilità manuali impiegate per svol

gere ogni sorta di mestiere, traendo vantaggio dalla povertà stessa dei mezzi a disposizione.

4) Le *abilità intellettuali* sono state scomposte da Louis Leon Thurstone nel tentativo di pervenire agli elementi fondamentali dell'intelligenza, la cui flessibilità sarebbe data dalla comprensione verbale misurabile con prove di vocabolario, dalla fluidità verbale o abilità nel reperire velocemente delle parole, dall'abilità numerica deducibile dalla rapidità del calcolo, dall'abilità spaziale intesa come visualizzazione dei rapporti tra forme nell'esecuzione di un disegno a memoria, dalla memoria, dall'abilità percettiva in grado di cogliere dettagli visivi, differenze e somiglianze tra oggetti raffigurati, e infine dal ragionamento inteso come abilità nell'individuare una regola generale sulla base dei casi che vengono presentati. Esistono diversi test per misurare le abilità intellettuali che sono valutabili in età prescolare. Tra questi ricordiamo: il test BIN 4-6 che valuta l'intelligenza numerica e di calcolo nei bambini dai 4 ai 6 anni consentendo di prevedere la facilità o difficoltà di apprendimento nell'età scolare; il test TFL che consente di valutare le abilità lessicali, nonché il vocabolario recettivo ed espressivo nei bambini tra i 3 e i 6 anni; il test TVL che valuta la costruzione linguistica nelle sue diverse componenti (fonologica, morfologica, della costruzione della frase e del periodo) nei bambini dai 2 ai 6 anni.

5) Le *abilità sociali* sono forme di particolare destrezza nelle relazioni interumane, acquisite da individui caratterialmente predisposti, attraverso l'esperienza diretta di situazioni sociali complesse. Ne sono tratti caratteristici la competenza e la flessibilità nelle varie circostanze, l'adeguatezza delle risposte verbali e non verbali, la capacità di imporsi o di modificare la situazione o la posizione assunta dagli altri. Esiste un test denominato TRI che valuta le relazioni interpersonali in ambito familiare, scolastico e sociale negli adolescenti dai 9 agli 11 anni.

Bibliografia

Bellack A. S., Hersen M., *Research and practice in social skills training*, Plenum, New York 1979.

Bracken B. A., *Test TRI. Test delle relazioni interpersonali* (1993), Erickson, Trento 1996.

Cianchetti C., Sannio Fancello G., *Test TVL. Valutazione del linguaggio, 2-6 anni*, Erickson, Trento 2010.

Hinde R. A., *Animal behavior. A synthesis of ethology and comparative psychology*, McGraw-Hill, New York 1966.

Kerschensteiner G., *Theorie der Bildung*, Teubner, Leipzig 1926.

Lévi-Strauss C., *Il pensiero selvaggio* (1962), il Saggiatore, Milano 1970.

Molin A., Poli S., Lucangeli D., *Test Bin 4-6 anni*, Erickson, Trento 2008.

Pestalozzi J. H., *Die Methode* (1800), in *Sämtliche Werke*, De Gruyter, Berlin 1943, vol. X.

Phillips E., *The social skills basis of psychopathology*, Grune & Stratton, London 1978.

Piaget J., *Psicologia dell'intelligenza* (1947), Editrice Universitaria, Firenze 1964.

Thurstone L. L., *The differential growth of mental abilities*, Psychometric Laboratory, University of North Carolina, Chapel Hill 1955.

Trower P., Bryant B., Argyle M., Marzillier J., *Social skills and mental health*, Methuen, London 1978.

Vernon Ph. E., *The structure of human abilities*, Methuen, London 1950.

Vicari S., Marotta L., Luci A., Romano A., *Test TFL. Test Fono-Lessicale. Valutazione delle abilità lessicali in età prescolare*, Erickson, Trento 2007.

ABI, Test (*Adaptive Behavior Inventory*). Il test ABI misura il comportamento adattivo in persone con ritardo mentale, in relazione alle abilità richieste negli ambienti della vita quotidiana, come l'autonomia personale, l'abilità di comunicazione, le abilità sociali, scolastiche e lavorative.

Bibliografia

Brown L., Leigh J. E., *Test ABI* (2004), Erickson, Trento 2009.

Abito (ingl. *Habit*; ted. *Habitus*; fr. *Habit*; sp. *Habitus*). Termine aristotelico (ἕξις) che indica la disposizione costante a essere o ad agire in un certo modo. Differisce dall'ABITUDINE (v.) perché questa, fondandosi prevalentemente su una ripetizione meccanica, non esige una presa di posizione mentale e volontaristica. La definizione aristotelica di abito come «disposizione a essere bene o mal disposto verso qualcosa, sia verso di sé che verso l'altro» (*Metafisica*, V, 10, 1022 b) è stata ripresa e ampliata da John Dewey, per il quale «abito è quella specie di attività umana che è influenzata dall'attività precedente e in questo senso è acquisita; che contiene dentro di sé un certo ordine o una certa sistemazione dei minori elementi di azione; che è progettante, dinamica in qualità, pronta per la manifestazione aperta; che è operativa in qualche forma subordinata e nascosta anche quando non è attività ovviamente dominante. Anche nel suo uso ordinario, abito è il termine che denota più da vicino questi fatti più di ogni altra parola» (1922, pp. 40-41).

In psicologia il termine è utilizzato in modo sistematico: *a*) nelle *teorie oggettivistiche della personalità* (v. PERSONALITÀ, § I, 4) dove John Dollard e Neal Elgar Miller definiscono *habit* il legame o associazione tra uno stimolo differenziato e una risposta che varia in rapporto all'esperienza individuale, per cui avremo individui "generalizzanti" che tendono a dare la stessa risposta pur variando la situazione-stimolo, e individui "discriminanti" che tendono a dare risposte differenziate di fronte a situazioni-stimolo simili; *b*) nelle *teorie tipologiche somatico-costituzionali* dove

Ernst Kretschmer sostiene la tesi di una correlazione tra "abito morfologico", espresso dai tratti somatici di un individuo, e sua predisposizione a un certo tipo di personalità (v. TIPOLOGIA, § 1, *b*).

Bibliografia

Aristotele, *Metafisica*, in *Opere*, Laterza, Bari 1973.
Dewey J., *Natura e condotta dell'uomo. Introduzione alla psicologia sociale* (1922), La Nuova Italia, Firenze 1958.
Dollard J., Miller N. E., *Personalità e psicoterapia* (1950), Franco Angeli, Milano 1975.
Kretschmer E., *Körperbau und Charakter*, Springer, Berlin 1921.

Abituazione (ingl. *Habituation*; ted. *Gewohnung*; fr. *Habituation*; sp. *Habituación*). Processo inibitorio che sopprime gradatamente l'ATTENZIONE (v. § 1) e la risposta dell'organismo, in seguito al ripetersi dello stimolo. Ciò è dovuto al fatto che i neuroni dell'attenzione cessano di funzionare anche se il segnale dello stimolo rimane invariato. Così, ad esempio, se le vibrazioni di un diapason fanno cadere il ragno dalla ragnatela, nelle prove successive, nonostante l'informazione dello stimolo venga raccolta, le reazioni si fanno più deboli fino a cessare. L'abituazione è considerata una forma elementare di apprendimento.

Bibliografia

Groves Ph., Thompson R., *Habituation. A dual-process theory*, in "Psychological Review", 1970, n. 77.

Abitudine (ingl. *Habit*; ted. *Gewohnheit*; fr. *Habitude*; sp. *Hábito*). Prodotto terminale dell'apprendimento che si esprime in una modalità d'essere e di agire che tende a ripetersi in forma pressoché identica. In quanto acquisita, l'abitudine si distingue dagli automatismi innati che sono condotte motorie che si attivano di fronte a determinate stimolazioni (v. MOVIMENTO, § 1, *a*). Alla base dell'abitudine ci sarebbe secondo alcuni l'*inerzia*, come tendenza a perdurare all'infinito nel proprio stato, secondo altri la *volontà*, responsabile di una serie di esercizi finalizzati a un risparmio energetico, perché quando un'azione è abitudinaria richiede minor dispendio, con possibilità di liberare coscienza e volontà per nuovi compiti.

1. ABITUDINE E CONOSCENZA. È un rapporto che è stato particolarmente considerato dall'empirismo dell'età moderna che, con Thomas Hobbes e John Locke, ha risolto la conoscenza nei processi associativi che hanno il loro fondamento nelle abitudini rappresentative. Questo indirizzo interpretativo ha trovato il suo coronamento con David Hume per il quale la connessione causale (*hoc propter hoc*) è dovuta al fatto che, per aver visto più volte congiunti due fatti (*hoc post hoc*), siamo portati dall'abitudine ad aspettarci l'uno quando l'altro si mostra, e quindi a stabilire un nesso causale quando l'esperienza, per sé, ci offre solo un nesso di successione. In tempi più recenti Paul Ricoeur, dopo aver definito l'abitudine «un modo di sentire, di percepire, di agire, di pensare, acquisito e relativamente stabile», ipotizza che esistano abitudini dell'intelligenza e del cuore che condizionano il modo di percepire e di giudicare, per cui «le mie idee sono abitudini del mio spirito» (1975, p. 267).

2. ABITUDINE E AZIONE. È un rapporto evidenziato da Aristotele secondo il quale «si fa per abitudine (ἔθος) ciò che si fa perché si è *spesso* fatto» e siccome «l'abitudine è in qualche modo simile alla natura, giacché "spesso" e "sempre" sono vicini: la natura è di ciò che è sempre, l'abitudine di ciò che è spesso» (*Retorica*, I, 1369 b-1370 a). La corrispondenza aristotelica tra abitudine e natura è ripresa da Charles Darwin per il quale le abitudini possono diventare riflessi stabili che, attraverso meccanismi genetici, possono essere persino ereditati. Questo indirizzo trovò prosecutori in campo psicologico con William James per il quale l'acquisizione di abitudini consente di modificare gli istinti naturali in vista di un miglior adattamento alla realtà, per cui alla fine diventa difficile distinguere l'istinto naturale dall'abitudine acquisita che, sovrapponendosi, lo modifica. Considerato poi da un punto di vista collettivo, il complesso abitudinario è definito da James «il gigantesco volano della società, la sua più preziosa forza conservatrice» (1890, p. 94) che consente agli individui di orientarsi nel mondo sociale, di acquisire livelli e modi accettabili di condotta e di poter prevedere le condotte altrui. Su questo tema è tornato John Dewey per il quale «tutte le virtù e i vizi sono abitudini che incorporano forze oggettive, sono interazioni di elementi relativi alla particolare struttura di un individuo con elementi forniti dal mondo circostante» (1922, p. 62). In tal modo Dewey distribuisce la responsabilità delle abitudini in un equilibrato concorso del singolo e della società, affranca l'uomo dal concetto di "natura" e di "cultura" a cui l'educazione lo dovrebbe portare, perché proprio l'impianto delle abitudini non consente di individuare una natura che non sia già acculturata. Partendo da altre premesse Henri Bergson si è servito del concetto di abitudine per spiegare le obbligazioni morali che non sarebbero, come voleva Immanuel Kant, esigenze della ragione, ma «abitudini sociali che garantiscono la vita e la solidità del corpo sociale» (1932, p. 992).

3. ABITUDINE E COMPORTAMENTO. È un rapporto evidenziato dalla psicologia riflessologica e comportamentista in ordine ai legami che si stabiliscono tra

stimolo e reazione nel condizionamento sia classico, sia operante (v. APPRENDIMENTO, § I). Muovendo dall'ipotesi che le abitudini siano sistemi integrati di un certo numero di riflessi condizionati che si formano a partire da modelli di reazione già presenti, John Broadus Watson giunse a considerare la personalità come prodotto finale di sistemi gerarchici di abitudini. Donald Olding Hebb ipotizzò nelle tracce mnestiche (v. ENGRAMMA) la base biologica delle abitudini che avrebbero le loro radici nei collegamenti funzionali tra i neuroni, mentre Clark Leonard Hull cercò di determinare matematicamente la "forza dell'abitudine" in base al potenziale di eccitazione deducibile dalla qualità di reazione allo stimolo. Se il potenziale è alto, l'abitudine può diventare funzionalmente autonoma e tradursi essa stessa in motivazione in grado di rinforzare un nuovo apprendimento.

4. ABITUDINE E AFFETTIVITÀ. È un rapporto evidenziato in ambito fenomenologico, dove nell'abitudine affettiva si scorge l'elemento che imprigiona l'esistenza in antiche forme, impedendo di inaugurarne di nuove. Questa idea era già stata anticipata da Jean-Jacques Rousseau, che sottolineava il meccanicismo dell'abitudine che riduce la disponibilità alla trasformazione e alla crescita. Su questo tema è ritornato Gaston Bachelard, che segnala il "fattore d'inerzia dell'abitudine" come elemento che riduce nel soggetto l'atteggiamento critico, facendogli sembrare evidente ciò che è semplicemente familiare.

Bibliografia

Aristotele, *Retorica*, in *Opere*, Laterza, Bari 1973.
Bachelard G., *Il razionalismo applicato* (1949), Dedalo, Bari 1975.
Bergson H., *Le due fonti della morale e della religione* (1932), Laterza, Bari 1995.
Darwin Ch., *L'origine delle specie* (1859), Bollati Boringhieri, Torino 1967.
Dewey J., *Natura e condotta dell'uomo. Introduzione alla psicologia sociale* (1922), La Nuova Italia, Firenze 1958.
Hebb D. O., *L'organizzazione del comportamento. Una teoria neuropsicologica* (1949), Franco Angeli, Milano 1975.
Hull C. L., *I principi del comportamento. Introduzione alla teoria del comportamento* (1943), Armando, Roma 1978.
Hume D., *Ricerche sull'intelletto umano* (1748), Laterza, Bari 1968.
James W., *Principi di psicologia* (1890), Società Editrice Libraria, Milano 1901.
Merleau Ponty M., *La struttura del comportamento* (1942), Bompiani, Milano 1963.
Ricoeur P., *La metafora viva* (1975), Jaca Book, Milano 1981.
Rousseau J.-J., *Emilio o dell'educazione* (1762), in *Opere*, Sansoni, Firenze 1972.
Watson J. B., *La psicologia così come la vede il comportamentista* (1913), in *Antologia degli scritti*, il Mulino, Bologna 1976.

Ablutomania (ingl. *Ablutomania*; ted. *Waschzwang*; fr. *Ablutomanie*; sp. *Ablutomanía*). Impulso irresistibile a lavarsi o pensieri coatti al riguardo. È un sintomo che si riscontra nelle nevrosi ossessive.

Abnegazione (ingl. *Self-denial*; ted. *Selbstverleugnung*; fr. *Abnégation*; sp. *Abnegación*). Rinuncia intenzionale al soddisfacimento di bisogni e desideri allo scopo di servire elevati valori morali o religiosi. Può essere una tendenza specifica della specie come nell'affezione materna, oppure la conseguenza di una scelta come nei comportamenti ascetici. In taluni casi ricorda la SUBLIMAZIONE (v.) di cui parla la psicoanalisi, ma da questa si distingue in quanto l'abnegazione è sempre un processo consapevole.

Aborto (ingl. *Abortion*; ted. *Fehlgeburt*; fr. *Avortement*; sp. *Aborto*). Interruzione della gravidanza. Può essere spontaneo o indotto volontariamente. In questo secondo caso, dal punto di vista psicologico sono focalizzati i sentimenti ambivalenti di accettazione e rifiuto nei confronti del nascituro che causano situazioni conflittuali la cui gravità è in relazione all'accettazione individuale e sociale dell'evento abortivo. È frequente che il ricordo di aborti provocati in epoca lontana e superati apparentemente senza difficoltà ricompaia carico di sensi di colpa in occasione di episodi depressivi. Esiste infine una *nevrosi d'aborto* in donne che rimpiangono di aver compromesso con l'aborto la possibilità di ulteriori gravidanze.

Bibliografia

AA.VV., *Aborto perché?*, Feltrinelli, Milano 1989.
Flamigni C., *Il controllo della fertilità*, Utet, Torino 2006.
Foley D., Nechas E., *Aborti e figli nati morti*, in Id., *Enciclopedia delle donne* (1993), Feltrinelli, Milano 1995, pp. 13-19.
Galeotti G., *Storia dell'aborto*, il Mulino, Bologna 2003.
Pattis Zoja E., *Aborto. Perdita e rinnovamento*, Red Edizioni, Como 1995.
Reichlin M., *Aborto. La morale oltre il diritto*, Carocci, Roma 2007.

Abreazione (ingl. *Abreaction*; ted. *Abreaktion*; fr. *Abréaction*; sp. *Abreacción*). Deflusso dell'emozione legata a un fatto o al ricordo di un fatto che, se non trova vie di sfogo, si manifesta in sintomi patologici. Il termine è stato coniato da Josef Breuer e Sigmund Freud a partire dal verbo *reagieren* con l'aggiunta del prefisso *ab*, che allude a una soppressione dell'AFFETTO (v.). Infatti «è innanzitutto rilevante al riguardo *se si sia reagito energicamente o no all'evento impressionante*. Intendiamo qui per reazione tutta la gamma di riflessi volontari e involontari con i quali, come l'esperienza insegna, gli affetti si scaricano: dal pianto fino all'atto di vendetta. Se tale reazione avviene in misura sufficiente, una grande parte dell'affetto scompare; il nostro linguaggio conferma questo fatto di osservazione quotidiana mediante le espressioni "scaricare il rancore", "sfogarsi con il pianto" e simili. Se la reazione viene repressa, l'affetto rimane legato al ricordo» (1892-1895, p. 179). È qui che l'affetto non abreagito diventa patogeno e «le rappresentazioni divenute patogene si conservano così fresche e robuste di affetti perché è loro negata la normale usura attraverso l'abreazione e attraverso la riproduzione in stati di associazione non inibita» (ivi, p. 182). L'effetto catartico (v. CATARSI), connesso all'abreazione, può essere raggiunto anche nella cura analitica se si dà la possibilità di rivivere l'affetto e di abreagirlo con una scarica emozionale adeguata. Questo perché «nella parola l'uomo trova un surrogato all'azione, e con l'aiuto della parola l'affetto può essere "abreagito" in misura quasi uguale» (ivi, p. 180). Breuer e Freud segnalano alcune situazioni che rendono difficile l'abreazione: «Nel primo gruppo annoveriamo quei casi in cui i malati non hanno reagito a traumi psichici: o perché la natura del trauma escludeva una reazione, come per la perdita apparentemente insostituibile di una persona amata, o perché le condizioni sociali rendevano impossibile una reazione, o perché si trattava di cose che il malato voleva dimenticare, e che perciò intenzionalmente rimuoveva dal suo pensiero cosciente, inibendole e reprimendole» (ivi, p. 181). A queste tre forme di inibizione Breuer e Freud fanno corrispondere tre tipi d'isteria: ipnoide, da ritenzione e da difesa (v. ISTERIA).

Dal canto suo Carl Gustav Jung cerca di dare una spiegazione della ragione per cui gli affetti non vengono abreagiti, e in proposito scrive: «Il motivo per cui l'affetto traumatico non è abreagito in modo normale, ma viene trattenuto, va ricercato nel fatto che l'affetto traumatico ha un contenuto incompatibile con il resto della personalità, contenuto che deve cadere preda della rimozione» (1908, p. 26). Riprendendo qualche anno dopo l'argomento, Jung scrive: «In base a questa concezione, compito della terapia è liberare l'eccitazione ritenuta, cioè per così dire distaccare dal sintomo le quantità affettive rimosse o convertite. Tale teoria fu quindi chiamata propriamente "purificatrice" o "catartica", e il suo scopo era quello di far "abreagire" gli affetti soffocati» (1913, p. 16).

Bibliografia

Freud S., *Studi sull'isteria (in collaborazione con Josef Breuer)* (1892-1895), in *Opere* (1967-1993), Bollati Boringhieri, Torino, vol. I.

–, *Meccanismo psichico dei fenomeni isterici* (1893), in *Opere*, cit., vol. II.

–, *Precisazioni sui due principi dell'accadere psichico* (1911), in *Opere*, cit., vol. VI.

Jung C. G., *La teoria freudiana dell'isteria* (1908), in *Opere* (1969-2007), Bollati Boringhieri, Torino, vol. IV.

–, *Saggio di esposizione della teoria psicoanalitica* (1913), in *Opere*, cit., vol. IV.

Abulia (ingl. *Abulia*; ted. *Abulie*; fr. *Aboulie*; sp. *Abulia*). Il termine, di origine greca, significa "mancanza di volontà" (α privativo, βουλή, volontà) e si riferisce o a un disturbo dell'attività *intenzionale*, per cui l'individuo si rivela incapace di decidere anche quando si tratta di scelte di scarso rilievo, o a un disturbo della *motivazione*, per cui l'individuo non è in grado di iniziare né proseguire nell'azione anche quando questa è desiderata. L'abulia vera e propria è rara e, salvo poche eccezioni, si rivela solitamente nelle forme catatoniche di schizofrenia (v. CATATONIA). Più frequente della mancanza completa della volontà è una sua riduzione o indebolimento, definito con il termine *ipobulia*. L'abulia che investe le capacità di decisione e di realizzazione si chiama anche APRASSIA (v.), mentre quella che investe le capacità intellettuali *aprosessia* (v. ATTENZIONE, § 4, *d*).

Il significato dell'abulia è da rintracciare in una reazione psicologica nei confronti di frustrazioni affettive, soprattutto nell'ambiente familiare, o nei confronti di inadeguati trattamenti educativi, come ad esempio la noia provocata da un'attività scolastica non interessante e non attivante. Quando invece compare come sintomo negli stati depressivi, allora è accompagnata dall'ansia. L'abulia è stata studiata da Pierre Janet che l'ha definita «alterazione dei fenomeni attraverso i quali si manifesta la volontà» (1903, p. 218), da Eugen Bleuler che l'attribuì all'ambivalenza che caratterizza i conflitti interni e le inibizioni in determinate forme ossessive, da Sigmund Freud che la riscontrò nei casi di isteria e da Ernst Kretschmer che la incluse tra i "fenomeni di aspontaneità".

Bibliografia

Bleuler E., *Trattato di psichiatria* (1911-1939, aggiornato da M. Bleuler dal 1940 al 1960), Feltrinelli, Milano 1967.

Freud S., *Studi sull'isteria (in collaborazione con Josef Breuer)* (1892-1895), in *Opere* (1967-1993), Bollati Boringhieri Torino, vol. I.

Janet P., *Les obsessions et la psychasthénie*, Alcan, Paris 1903; tr. it. parziale, *La passione sonnambulica e altri scritti*, Liguori, Napoli 1996.

Keller W., *Psychologie und Philosophie des Wollens*, Reinhardt München 1954.

Kretschmer E., *Manuale teorico-pratico di psicologia medic*[a] (1922), Sansoni, Firenze 1952.

Ricoeur P., *Filosofia della volontà* (1950), Marietti, Genova 199[0]

Abuso (ingl. *Abuse*; ted. *Missbrauch*; fr. *Abus*; sp *Abuso*). In psicologia il termine viene solitament impiegato in riferimento all'eccesso nell'assunzion di alcol o stupefacenti, ma soprattutto in ordine agli abusi fisici e a quelli sessuali nei confronti delle donne e, in particolare, dei bambini.

1. Abusi fisici. Per quanto concerne gli abusi fisici sulle donne, il Worldwatch Institute, un gruppo di ricerca che ha sede a Washington, ritiene che «l'abuso fisico è il più diffuso e il meno riconosciuto problema dei diritti umani nel mondo. E questo sia nel Terzo Mondo dove l'80% delle donne subisce abusi fisici, sia in Occidente dove il 16% delle donne subisce violenza da parte del proprio compagno». Sono segnali di pericolo, indicati dalla National Coalition against Domestic Violence (Coalizione nazionale contro le violenze domestiche), il fatto che il compagno è cresciuto in una famiglia violenta, oppure è geloso e possessivo, ha una scarsa stima di sé che compensa pensando di esprimere virilità con la violenza, si arrabbia facilmente, pretende ubbidienza ai suoi ordini, talvolta ha una doppia personalità: irreprensibile nella società e violento in famiglia, non di rado abusa di alcol e droghe. Le donne maltrattate soffrono di ansia e depressione, non solo per le violenze che subiscono, ma anche per la scarsa attenzione che ricevono quando si rivolgono alle forze dell'ordine e in generale alla comunità d'appartenenza che, anche se ne è a conoscenza, considera la situazione un "problema privato". Andarsene non risolve il problema, da un lato perché non è detto che allontanarsi ponga fine alla violenza, dall'altro perché non è facile liberarsi da una relazione, soprattutto se si hanno dei figli, dove la donna si sente fisicamente, psicologicamente o anche solo finanziariamente dipendente. Infine, il pentimento del compagno dopo un atto di violenza rafforza nella donna la persuasione di poterlo cambiare, oppure la commuove al punto che lei si ritiene colpevole della violenza subita. Sul tema della violenza sulle donne, per la quale è stato coniato il termine "femminicidio", Luciano Di Gregorio ritiene che, quando la donna abbandona l'uomo, questi non regge la perdita, perché la vive come una menomazione grave, che non solo mette in discussione la sua immagine di persona dominante e vincente nei rapporti di genere, ma si configura come una vera e propria esperienza depressiva, che prende inevitabilmente una deriva persecutoria per una difficoltà che ha il maschio a mentalizzare le immagini di un sé trascurato o menomato da una figura femminile, la quale, nel separarsi da lui, diventa per giunta improvvisamente reale e incontrollabile.

2. Abusi sessuali. La letteratura psicologica si è concentrata sugli abusi sessuali perpetrati sui minori ad opera di genitori, parenti e amici di famiglia. E ciò è avvenuto in tempi recenti, quando questi atti sono usciti dal segreto della famiglia in cui erano nascosti per tutelarne l'onore. I bambini, che ancora non conoscono la sessualità, spesso confondono i gesti sessuali degli adulti con manifestazioni d'affetto, e gli adulti, che così tradiscono la fiducia dei bambini, giocano su questo equivoco. Se i bambini raccontano quanto avviene, spesso non sono creduti, e allora si chiudono nel loro silenzio che non di rado si trascina per tutta la vita, con sensi di colpa e autoaccuse per non aver avuto la forza di opporsi, e quindi per essere stati in qualche modo complici.

Nel caso delle bambine abusate, le conseguenze sono spesso un disprezzo di sé e del proprio corpo, che non di rado le conduce su sentieri di devianza perché, con i profondi vissuti di disistima, non c'è nulla da salvaguardare. Quando in età adulta i ricordi rimossi riemergono, spesso la vittima non riesce ad affrontarli e gli effetti della rimozione sono disturbi fisici, alimentari, psicologici, di cui non si trova la causa, che si attenuano e talvolta scompaiono quando le vittime recuperano la memoria. Questo accade solitamente quando le vittime si sentono abbastanza sicure per poter ricordare o quando si legano sentimentalmente a qualcuno di cui si fidano. Il processo però è molto lento e soprattutto faticoso per la scarsa fiducia che si nutre verso gli altri come conseguenza dell'originaria fiducia tradita.

Nelle sue ricerche sull'origine dell'isteria e della nevrosi ossessiva, Sigmund Freud in un primo tempo individuò, tra le varie cause, le situazioni traumatiche a seguito di abusi sessuali subiti nell'infanzia. Successivamente abbandonò questa teoria ritenendo che i traumi sessuali precoci riferiti dai suoi pazienti altro non fossero che fantasie elaborate in epoca successiva e proiettate nel lontano periodo infantile.

Un altro aspetto dell'abuso sessuale è l'*ambivalenza* del vissuto infantile, messa in luce dalla psicoanalista junghiana Maria Irmgard Wuehl che in proposito osserva: «Se si ritiene il bambino esclusivamente vittima, viene eliminato ogni suo possibile tentativo di assumersi qualche responsabilità dell'accaduto e di elaborare un suo eventuale senso di colpa o un suo atteggiamento ambivalente. Si alimenterà in lui una psicologia di vittima che biasima sempre l'altro e che non si considera responsabile delle proprie azioni, con la probabile conseguenza assai più grave di ripetere a sua volta da adulto la seduzione sessuale su un minore. Paradossalmente il bisogno coatto di agire l'intimità sessuale sul minore può sorgere da sentimenti di compassione e d'amore per il bambino interiore negletto e abbandonato» (1996, p. 12). Dell'abuso minorile si è occupata anche la Società Italiana di Neuropsichiatria dell'Infanzia e dell'Adolescenza (SINPIA) che, oltre alla definizione di "abuso sessuale", ha proceduto alla classificazione dei criteri di valutazione clinica e psicosociale, alla descrizione dettagliata delle strategie di prevenzione e di contrasto, e all'indicazione delle procedure operative da attuare in caso di abuso.

Bibliografia

Anfossi M., *L'abuso sessuale intrafamiliare. Come lo vedono e lo rappresentano i bambini abusati*, in T. Giani Gallino, *A come Abuso, Anoressia, Attaccamento*, Bollati Boringhieri, Torino 1998.
Carini A., Pedrocco Biancardi M. T., Soavi G. (a cura di), *L'abuso sessuale intrafamiliare*, Raffaello Cortina, Milano 2001.
D'Ambrosio C., *L'abuso infantile. Tutela del minore in ambito terapeutico, giuridico e sociale*, Erickson, Trento 2010.
Di Gregorio L., *L'ho uccisa io. Psicologia della violenza maschile e analisi del femminicidio*, Primamedia Editore, Firenze 2014.
–, *La voglia oscura. Pedofilia e abuso sessuale*, Giunti, Firenze-Milano 2016.
Foley D., Nechas E., *Abuso fisico*, in Id., *Enciclopedia delle donne* (1993), Feltrinelli, Milano 1995, pp. 20-27.
–, *Abuso sessuale*, in Id., *Enciclopedia delle donne*, cit., pp. 28-31.
Freud S., *Etiologia dell'isteria* (1896), in *Opere* (1967-1993), Bollati Boringhieri, Torino, vol. II.
–, *Ricordi di copertura* (1899), in *Opere*, cit., vol. II.
Hirigoyen M.-F., *Molestie morali. La violenza perversa nella famiglia e nel lavoro* (1996), Einaudi, Torino 2000.
–, *Sottomesse. La violenza sulle donne nella coppia* (2002), Einaudi, Torino 2006.
Lingis A., *Abusi. Viaggio tra i dannati della terra* (1994), Nuova Pratiche Editrice, Milano 1997.
Malacrea M., *Trauma e riparazione. La cura dell'abuso sessuale nell'infanzia*, Raffaello Cortina, Milano 1998.
Montecchi F., *Gli abusi all'infanzia. Dalla ricerca all'intervento clinico*, La Nuova Italia Scientifica, Roma 1994.
Reder P., Lucey C., *Cure genitoriali e rischio di abuso* (1996), Erickson, Trento 1997.
Società Italiana di Neuropsichiatria dell'Infanzia e dell'Adolescenza (SINPIA), *Linee guida in tema di abuso sui minori*, Erickson, Trento 2008.
Stupiggia M., *Il corpo violato. Un approccio psicocorporeo al trauma dell'abuso*, La Meridiana, Molfetta 2007.
Vigarello G., *Storia della violenza sessuale* (1998), Marsilio, Venezia 2001.
Volterra V. (a cura di), *Il problema dell'abuso nell'infanzia*, in G. B. Cassano, P. Pancheri *et al.* (a cura di), *Trattato italiano di psichiatria* (1992), Masson, Milano 1999, vol. III, pp. 2983-3024.
Wuehl M. I. (a cura di), *Trappole seduttive. L'abuso sul minore e le sue ambivalenze*, Vivarium, Milano 1996.

Acalculia (ingl. *Acalculia*; ted. *Akalkulie*; fr. *Acalculie*; sp. *Acalculia*). Detta anche *discalculia*, l'acalculia si riferisce all'impossibilità di far di conto per assenza o perdita della capacità di rappresentazione numerica. Si distinguono due tipi di acalculia: 1) *primaria* quando non si ha la capacità di identificare e differenziare i simboli aritmetici (acalculia *asimbolica*) o quando non sono possibili operazioni di calcolo, identificazione di un numero a più cifre, comprensione del significato dello zero (acalculia *asintattica*); 2) *secondaria* quando si verifica insieme ad altre forme di AFASIA (v.), ALESSIA (v.), disturbi dell'attenzione e della memoria. Esistono dei test per la valutazione delle abilità e dei disturbi di calcolo con prove specifiche riguardanti il senso del numero, i fatti numerici, il dettato dei numeri, il calcolo a mente. Al termine delle prove viene mostrato il numero delle risposte esatte, il tempo mediano di risposta e il tipo di prestazione effettuato.

Bibliografia

Butterworth B., *Numeri e calcolo. Lo sviluppo delle competenze aritmetiche e la discalculia evolutiva*, Erickson, Trento 2013.
Butterworth B., Yeo D., *Didattica per la discalculia* (2004), Erickson, Trento 2010.
Lucangeli D. *et al.*, *Discalculia test. Test per la valutazione delle abilità e dei disturbi di calcolo*, Erickson, Trento 2012.

Acatafasia (ingl. *Acataphasia*; ted. *Akataphasie*; fr. *Acataphasie*; sp. *Acatafasia*). Disturbo del linguaggio (v. AFASIA) che si riscontra in chi non trova l'espressione adeguata per i propri pensieri, cosicché le frasi risultano confuse o per la scorretta successione delle parole (spostamento) o per la scarsa connessione tra l'intenzione del pensiero e le parole adottate (deragliamento). Alcuni autori fanno rientrare l'acatafasia tra le forme di PARALOGIA (v.).

Acatexi, v. INVESTIMENTO, § 1.

Acatisia (ingl. *Acathisia*; ted. *Akathisie*; fr. *Acathisie*; sp. *Acatisia*). Incapacità di stare seduti, frequente in alcuni pazienti parkinsoniani (v. PARKINSON, MORBO DI) altrimenti ipocinetici, che per irrequietezza sono costretti a continui cambiamenti di posizione o a un ininterrotto alzarsi e sedersi. Questo sintomo si manifesta anche come effetto collaterale dei neurolettici (v. PSICOFARMACOLOGIA, § I, 1, *a*).

Accademica, Psicologia, v. PSICOLOGIA GENERALE.

Accelerazione (ingl. *Acceleration*; ted. *Beschleunigung*; fr. *Accélération*; sp. *Aceleración*). Aumento del ritmo nel processo di sviluppo, per cui la crescita fisica e la maturità sono anticipate nel tempo. L'accelerazione è accertata in tutti i popoli civilizzati dalla prima metà del Novecento con un ulteriore incremento negli ultimi decenni. Le spiegazioni sono cercate nelle diverse condizioni alimentari, nella sovrabbondanza degli stimoli, nell'accresciuto dinamismo delle condizioni di vita che stimolerebbero una maggior produzione ormonale dell'ipofisi. Le indagini, che hanno accertato che il fenomeno è molto più frequente in città che in campagna, confermano il rapporto tra influenze ambientali e accelerazione.

Accelerazione ideica (ingl. *Acceleration of ideas*; ted. *Ideenbeschleunigung*; fr. *Accélération des idées*; sp. *Aceleración de las ideas*). Disturbo del pensiero che presenta un'alterazione nel normale fluire delle idee, che si susseguono l'una all'altra con rapidità maggiore della norma e con nessi associativi sostituiti da assonanze verbali. Nei casi lievi l'eloquio diventa concitato e rapido, in quelli più gravi diviene continuo, inarrestabile e alla fine sconnesso per progressiva riduzione dei meccanismi logici, finalizzanti e strutturanti il pensiero. Frequente nelle situazioni d'ansia e d'euforia, l'accelerazione ideica è un sintomo classico degli stati maniacali.

Bibliografia

Jaspers K., *Psicopatologia generale* (1913-1959), Il Pensiero Scientifico, Roma 2000.

Accentuazione, v. PERCEZIONE, § 9.

Accesso (ingl. *Attack*; ted. *Anfall*; fr. *Accès*; sp. *Acceso*). Detta anche CONVULSIONE (v.), è una manifestazione improvvisa e acuta di una sintomatologia morbosa. Il termine è impiegato di frequente per le crisi isteriche ed epilettiche.

Accettazione (ingl. *Acceptance*; ted. *Annahme*; fr. *Acceptation*; sp. *Aceptación*). Il termine ricorre: 1) in *psicologia infantile* a proposito dell'accoglienza o del rifiuto riservato a un bambino da parte dei genitori. Una mancata accettazione pone il bambino in uno stato di deprivazione (v. PRIVAZIONE) che compromette la fiducia di base e la stima che ciascuno ripone in sé; 2) in *psicoanalisi* dove Sigmund Freud riconduce all'accettazione "la passività e il masochismo del sesso femminile", e chiama "accettanti psichiche" le giovani che nelle società primitive accettano la pratica dell'escissione; 3) in *psicologia analitica* dove Carl Gustav Jung parla di accettazione in ordine al riconoscere, accogliere e accettare le parti negative della propria personalità (v. OMBRA) che l'Io tende a disconoscere perché le ritiene intollerabili.

Bibliografia

Freud S., *Sessualità femminile* (1931), in *Opere* (1967-1993), Bollati Boringhieri, Torino, vol. XI.
Jung C. G., *L'ombra*, in *Aion. Ricerche sul simbolismo del Sé* (1951), in *Opere* (1969-2007), Bollati Boringhieri, Torino, vol. IX, 2.
Winnicott D. W., *Il bambino deprivato* (1984, edito postumo), Raffaello Cortina, Milano 1986.

Accomodamento, v. COGNIZIONE, § 3, *a*.

Accomodazione (ingl. *Accommodation*; ted. *Akkommodation*; fr. *Accommodation*; sp. *Acomodación*). Adattamento dell'occhio alle varie distanze attraverso le modificazioni della curva del cristallino (v. VISIVO, SISTEMA, § 4). Il termine è impiegato anche in riferimento all'innalzamento della soglia di stimolazione di una fibra nervosa, quando lo stimolo aumenta.

Accoppiamento, v. COPULAZIONE.

Accrescimento, v. AUXOLOGIA.

Acculturazione (ingl. *Acculturation*; ted. *Akkulturation*; fr. *Acculturation*; sp. *Aculturación*). Il termine è ricavato dall'antropologia culturale dove denota il fenomeno di trasformazione e di adattamento di un gruppo che entra in contatto con un altro gruppo. Dall'antropologia il termine è passato alla psicologia sociale dove si parla di acculturazione a proposito dell'adozione di forme di vita urbana da parte degli immigrati che provengono dalle campagne, da territori isolati o da terre straniere. Secondo la psicoanalisi l'acculturazione è legata a processi di INTROIEZIONE (v.) e IDENTIFICAZIONE (v.).

Bibliografia

AA.VV., *Il concetto di cultura. I fondamenti teorici della scienza antropologica*, Einaudi, Torino 1970.
Kluckhohn C., Kroeber A. L., *Il concetto di cultura* (1952), il Mulino, Bologna 1972.

Accumulo (ingl. *Accumulation*; ted. *Anhäufung*; fr. *Accumulation*; sp. *Acumulación*). Detto anche *disposofobia*, l'accumulo è la tendenza o il bisogno ossessivo di conservare ogni sorta di oggetti, anche inutili, senza avere mai il coraggio di disfarsene, fino a creare situazioni di impraticabilità dell'abitazione in cui tutto si accumula. Alla base di questo comportamento c'è una proiezione sugli oggetti accumulati circa la loro possibile utilizzabilità in futuro, oppure il loro richiamo affettivo a situazioni o ricordi che si vogliono conservare. Nei casi più gravi assistiamo a un'identificazione del soggetto con gli oggetti che possiede perché, come ha segnalato Erich Fromm, il proprio essere coincide con il proprio avere, non per ostentazione sociale, ma perché: "Se io sono quello che ho, e quello che ho è perduto, allora chi sono io?". Secondo le ricerche di Randy Frost e Gail Steketee, questa sindrome riguarda il 5% della popolazione americana per la quale «gli oggetti forniscono conforto, utilità, piacere, sicurezza, oltre a un senso di sé e della storia personale che conferiscono identità. Staccarsi dai suoi averi porta il soggetto a sentirsi sprecone, colpevole e a disagio» (2010, p. 22).

Bibliografia

Fromm E., *Avere o essere?* (1976), Mondadori, Milano 1977.
Frost R. O., Steketee G., *Tengo tutto. Perché non si riesce a buttare via niente* (2010), Erickson, Trento 2012.
Perdighe C., Mancini F., *Il disturbo da accumulo*, Raffaello Cortina, Milano 2015.

ACESS, Test. Test multidimensionale che valuta la capacità di adattamento alle attività scolastiche, nonché l'emotività, l'idoneità corporea, l'adattamento sociale e le relazioni familiari tra gli 11 e i 19 anni.

Bibliografia

Vermigli P., Travaglia G., Alcini S., Galluccio M., *Test ACESS*, Erickson, Trento 2007.

Acetilcolina, v. NEUROTRASMETTITORE, § I, 1, d.

Acinesia, v. CINESIA, § 1.

ACL, Test (*Adjective Check List*). Introdotto da Harrison Gould Gough, è un test di personalità volto a individuare la visione che il soggetto ha di se stesso. A differenza di altri analoghi test, non si compone di frasi o domande, ma di una serie di aggettivi (amichevole, odioso, creativo, bizzarro, noioso ecc.) che il soggetto può liberamente contrassegnare. È particolarmente impiegato in psicologia clinica, in quella del lavoro, dello sport e in generale nei settori professionali.

Bibliografia

Armezzani M., *L'ACL*, in Id., *L'indagine di personalità. Modelli e paradigmi della ricerca*, La Nuova Italia Scientifica, Roma 1995, pp. 143-155.
Gough H. G., *The Adjective Check List as a personality assessment research technique*, in "Psychological Report", 1960, n. 6, pp. 107-122.
Gough H. G., Morino Abbele F., *Una edizione italiana dell'Adjective Check List*, in "Bollettino di Psicologia Applicata", 1967, nn. 79-82, pp. 3-28.
Sanavio E., Sica C., *L'"Adjective Check List"*, in Id., *I test di personalità. Inventari e questionari*, il Mulino, Bologna 1999, pp. 127-136.

Acme (ingl. *Acme*; ted. *Akme*; fr. *Acmé*; sp. *Acmé*). Dal greco ἀκμή che significa "punto più alto", il termine è impiegato in riferimento al culmine del piacere che si raggiunge nell'atto sessuale (v. ORGASMO).

AC-MT, Test. Questo test, che riprende l'impianto teorico e strumentale del test ABCA (v. ABCA, TEST), nella formulazione AC-MT 6-11 consente di misurare l'apprendimento del calcolo mentale, orale e scritto nel bambino dai 6 agli 11 anni, mentre nella formulazione AC-MT 11-14 verifica le abilità di calcolo e problem solving nei ragazzi dagli 11 ai 14 anni.

Bibliografia

Cornoldi C., Cazzola C., *Test AC-MT 11-14*, Erickson, Trento 2010.
Cornoldi C., Lucangeli D., Bellina M., *Test AC-MT 6-11*, Erickson, Trento 2008.

Acne, v. PELLE, § 1.

Acoasmo, v. ALLUCINAZIONE, § 1, *a*.

Acquiescenza, v. DESIDERABILITÀ SOCIALE.

Acquisizione, v. APPRENDIMENTO, § I, 1, *a*.

Acrasia (ingl. *Akrasia*; ted. *Akrasia*; fr. *Acrasie*; sp. *Acrasia*). Cedimento della volontà che mette capo ad azioni in netto contrasto con i più fermi propositi.

Acroagonina, v. CONVULSIVA, TERAPIA.

Acrocefalia (ingl. *Acrocephalia*; ted. *Akrozephalie*; fr. *Acrocéphalie*; sp. *Acrocefalia*). Deformazione scheletrica congenita caratterizzata da un capo abnormemente alto e affilato. È di solito associata a deficit mentale.

Acrofobia (ingl. *Acrophobia*; ted. *Akrophobie*; fr. *Acrophobie*; sp. *Acrofobia*). Paura delle altezze la cui intensità può essere influenzata da fattori visivi e percettivi.

Acromasia, Acromatismo, Acromatopsia, v. COLORE, § 3.

ACT (*Acceptance and Commitment Therapy*). Terapia cognitivo-comportamentale volta a superare la rigidità psicologica ritenuta, dai suoi ideatori, una delle principali cause della depressione, dell'ansia e di altre forme patologiche. La strategia per giungere a una flessibilità psicologica prevede processi che inducono l'accettazione degli altri punti di vista, l'acquisizione di un proprio punto di vista, l'attenzione al momento presente, un riconoscimento dei valori condivisi e un impegno nell'azione.

Bibliografia

Hayes S. C., Strosahl K. D., Wilson K. G., *ACT. Teoria e pratica dell'Acceptance and Commitment Therapy* (2012), Raffaello Cortina, Milano 2013.

ACTH (*Ormone corticotropo*), v. ENDOCRINO SISTEMA, § 1, *a*; NEUROTRASMETTITORE, § 1, *a*.

Acting out, v. AGIRE.

Acustico, Sistema, v. UDITIVO, SISTEMA.

Acuto – Cronico (ingl. *Acute-Chronic*; ted. *Akut-Chronisch*; fr. *Aigu-Chronique*; sp. *Agudo-Crónico*). Distinzione adottata per classificare le manifestazioni della sintomatologia morbosa a seconda che questa lasci prevedere la sua transitorietà o la sua evoluzione continua e progressiva. Per Karl Jaspers la differenza tra acuto e cronico coincide con quella tra *processo* morboso e *stato* morboso e, sul piano della prognosi, tra *guaribile* e *inguaribile*: «I processi acuti il più delle volte sono considerati guaribili o per lo meno soggetti a miglioramento, gli stati cronici sempre inguaribili» (1913-1959, p. 616). In ambito psicologico la prognosi di cronicità fa riferimento agli atteggiamenti che si sono a tal punto integrati con i tratti caratteriali da risultare immodificabili, ai conflitti attivi da molto tempo che costituiscono generalmente la base delle nevrosi, alle forme che presentano ripetuti episodi dissociativi che non lasciano presagire una restaurazione completa, alla lunga degenza in strutture terapeutiche che sono spesso responsabili di forme di cronicizzazione (v. ISTITUZIONE PSICHIATRICA, § 3).

Bibliografia

Jaspers K., *Psicopatologia generale* (1913-1959), Il Pensiero Scientifico, Roma 2000.

Adattamento (ingl. *Adaptation*; ted. *Anpassung*; fr. *Adaptation*; sp. *Adaptación*). Processo attraverso cui un individuo o un gruppo stabilisce con il proprio ambiente naturale o sociale una condizione di equilibrio o per lo meno di assenza di conflitto. Il processo avviene attraverso la combinazione di manovre *alloplastiche*, volte a modificare l'ambiente, e *autoplastiche*, tese a modificare se stessi in vista di un accettabile equilibrio. Quando il risultato di queste manovre non sortisce l'effetto si parla di *disadattamento*, solitamente riferito all'ambiente sociale. Il concetto, che ricorre in tutte le teorie psicologiche, è stato assunto dal FUNZIONALISMO (v.) come principio esplicativo della genesi e del senso di tutte le attività psichiche. Oltre che in *biologia*, dove per adattamento si intende la modificazione delle caratteristiche biologiche in vista della sopravvivenza della specie e della sua riproduzione nell'ambiente attraverso la selezione naturale e i mutamenti filogenetici (v. FILOGENESI – ONTOGENESI), in *psicologia* gli ambiti disciplinari in cui il termine più di frequente ricorre sono i seguenti:

1. PSICOLOGIA GENERALE. Essa parla di adattamento: 1. In *ambito emotivo* dove si distinguono "emozioni di emergenza", come la paura, la rabbia, l'angoscia, fondate sul dolore attuale o sull'attesa di dolore, che distolgono da comportamenti dannosi per l'individuo, ed "emozioni di benessere" come l'affetto, la gioia, l'amore, fondate sul piacere attuale o sull'attesa di piacere che concorrono a comportamenti favorevoli al soggetto. Questa autoregolazione edonistica è il primo avvio dei processi di adattamento che poi si evolvono nella direzione delle gratificazioni differite rispetto a quelle immediate, cosa questa che consente il superamento del livello emozionale per forme più mature di autocontrollo. 2. In *ambito percettivo* si parla di "adattamento sensoriale" a proposito delle modificazioni che subisce la sensibilità in presenza di un'intensificazione o riduzione della stimolazione, per cui avremo un adattamento "negativo", quando la sensibilità dei recettori si riduce per compensare l'eccesso di stimolazione, e uno "positivo", quando aumenta per far fronte alla debolezza dello stimolo. Nell'adattamento percettivo e nel riadattamento conseguente a modificazioni nel campo visivo gioca un ruolo essenziale l'apprendimento (v. PERCEZIONE, § 7). 3. In *ambito cognitivo* Jean Piaget considera l'adattamento come un prodotto dell'*assimilazione*, che consiste nell'introiettare un oggetto dell'ambiente in uno schema concettuale, e dell'*accomodamento*, che consiste nel modificare lo schema con cui quell'oggetto è stato assimilato per un migliore adattamento. Questi concetti, ricavati dal mondo biologico, vengono applicati da Piaget all'attività motoria e cognitiva del bambino.

2. PSICOLOGIA SOCIALE. Essa intende per adattamento una delle più importanti modalità dello sviluppo psichico dell'individuo, per cui analizza ogni variabile dello psichismo individuale come funzione dell'adattamento sociale, inteso come *adeguamento* agli standard comportamentali richiesti dalla cultura ambientale di appartenenza, e come *anticipazione* dei modelli attesi dalla struttura sociale. Rispetto a questa definizione, che gli psicologi sociali chiamano "statistica", ogni forma di deviazione dalle norme di riferimento è *disadattamento* che richiede una serie di iniziative formative, educative, pedagogiche, terapeutiche, volte al *riadattamento*, ispirate per la gran parte ai modelli del condizionamento sociale. Esiste poi una concezione dinamica di adattamento fondata sull'analisi delle *motivazioni* che agiscono come base energetica del comportamento, delle *decisioni* che portano all'azione comportamentale, e delle modalità di *sviluppo* dell'organizzazione sociale che comporta una continua revisione delle tecniche adattive di volta in volta utilizzate.

3. PSICOANALISI. Essa ha indicato nei meccanismi di difesa delle procedure autoplastiche che, attraverso la RIMOZIONE (v.), la RAZIONALIZZAZIONE (v.), la PROIEZIONE (v.), la FORMAZIONE REATTIVA (v.) e la FORMAZIONE SOSTITUTIVA (v.), proteggono il soggetto per tutto il tempo necessario al reperimento di una soluzione più realistica per i conflitti che ostacolano un buon rapporto con la realtà (v. DIFESA, § 2). L'adattamento alla realtà è infatti lo scopo primario del trattamento analitico cui è possibile far seguire, in corrispondenza alla definizione dinamica di adattamento, quel processo di individuazione (v. PSICOLOGIA ANALITICA, § 5) su cui ha particolarmente insistito la psicologia analitica di Carl Gustav Jung.

Bibliografia

Berti A. E., *Adattamento*, in AA.VV., *Psiche. Dizionario storico di psicologia, psichiatria, psicoanalisi, neuroscienze*, Einaudi, Torino 2006-2007, vol. I, pp. 12-16.

Bertolini P., *Delinquenza minorile e disadattamento*, Armando, Roma 1971.

Carli R., *Fenomenologia dell'adattamento sociale*, in L. Ancona (a cura di), *Nuove questioni di psicologia*, La Scuola, Brescia 1972, vol. II, pp. 49-88.

Darwin Ch., *L'origine delle specie* (1859), Bollati Boringhieri, Torino 1967.

Freud A., *L'Io e i meccanismi di difesa* (1936), in *Opere* (1978-1979), Bollati Boringhieri, Torino, vol. I.

Freud S., *Al di là del principio di piacere* (1920), in *Opere* (1967-1993), Bollati Boringhieri, Torino, vol. IX.

Hartmann H., *Psicologia dell'Io e problema dell'adattamento* (1939), Bollati Boringhieri, Torino 1966.

Jung C. G., *Adattamento, individuazione e collettività* (1916), in *Opere* (1969-2007), Bollati Boringhieri, Torino, vol. VII.

Leigh E., *Adaptation and diversity*, Freeman, San Francisco 1971.

Piaget J., *La rappresentazione del mondo nel fanciullo* (1926), Bollati Boringhieri, Torino 1966.

–, *La nascita dell'intelligenza nel bambino* (1936), La Nuova Italia, Firenze 1977.

Riva A., *Problemi di adattamento alla vita familiare nell'infanzia*, in L. Ancona (a cura di), *Nuove questioni di psicologia*, cit., vol. II, pp. 89-122.

Tampieri G., *Aspetti psicologici dell'adattamento scolastico*, in L. Ancona (a cura di), *Nuove questioni di psicologia*, cit., vol. II, pp. 287-323.

Walk R. D., Pick H. L. (a cura di), *Perception and experience*, Plenum, New York 1978.

Williams G. Ch., *Adaptation and natural selection*, Princeton University Press, Princeton, New Jersey, 1966.

Wilson E. O., *Sociobiologia. La nuova sintesi* (1975), Zanichelli, Bologna 1979.

Addestramento (ingl. *Training*; ted. *Ausbildung*; fr. *Dressage*; sp. *Entrenamiento*). Attività sistematica volta a migliorare conoscenze, competenze e capacità degli individui in ordine alla loro attività lavorativa o professionale. Rispetto all'educazione (v. PEDAGOGIA), l'addestramento si riferisce a un ambito più circoscritto e a una sfera d'azione più specifica e pratica. Il termine, che trova la sua maggior applicazione nella PSICOLOGIA DEL LAVORO (v.), è adottato anche dalla PSICOLOGIA ANIMALE (v.) in ordine all'acquisizione di determinati comportamenti tramite condizionamento e rinforzo che premiano la condotta desiderata e puniscono quella indesiderata (v. APPRENDIMENTO, § I). Nel campo umano i migliori risultati si ottengono adattando le strategie di addestramento alle caratteristiche specifiche dei singoli e alla loro creatività. Le esigenze di addestramento possono essere relative all'organizzazione nel suo complesso, a operazioni specifiche nell'ambito dell'organizzazione, alle esigenze differenti dei singoli membri. Un addestramento efficace deve tener conto della distribuzione nel tempo delle sessioni di apprendimento, del carattere complessivo o parziale del contenuto da apprendere con conseguente suddivisione delle unità di apprendimento, del rinforzo che compensa l'acquisizione avvenuta, della retroazione o conoscenza dei risultati ottenuti per misurare l'efficacia di un programma in relazione agli obiettivi e alla tipologia degli individui in grado di sostenerlo.

Bibliografia

Campbell J. P., *Personnel training and development*, in "Annual Review of Psychology", 1971.

Campbell J. P. *et al.*, *Managerial behavior, performance and effectiveness*, McGraw-Hill, New York 1970.

Gagné R. M., *Le condizioni dell'apprendimento* (1965), Armando, Roma 1973.

Martin A. O., *The assessment of training*, in "Personnel Management", 1977, vol. 39, n. 340.

Addormentamento (ingl. *To fall asleep*; ted. *Einschlafen*; fr. *Endormissement*; sp. *Adormecimiento*). Passaggio dalla veglia al sonno che, in condizioni normali, avviene in genere in pochi secondi. In questa fase possono insorgere allucinazioni, dette "ipnagogiche", o visioni che scompaiono improvvisamente o che trapassano nel sogno (v. IPNAGOGICO – IPNOPOMPICO).

Adenoipofisi, v. ENDOCRINO, SISTEMA, § 1, *a*.

ADHD (*Attention-Deficit/Hyperactivity Disorder*). Sindrome da deficit di attenzione e iperattività che caratterizza comportamenti impulsivi e iperattivi con conseguente deficit di attenzione in ordine all'apprendimento, all'integrazione e all'adattamento sociale dei bambini. Tale disturbo può pregiudicare un ordinato sviluppo, soprattutto se si associa ad altri disturbi che oltre ad aggravare la sintomatologia, ne rendono complessa la diagnosi e la terapia. Più che le cure farmacologiche, spesso contestate, valgono interventi psicoterapeutici con i genitori, onde far emergere, rielaborare e trasformare pensieri, emozioni e modalità relazionali con i loro figli.

Bibliografia

Cornoldi C., De Meo T., Offredi F., Vio C., *Iperattività e autoregolazione cognitiva*, Erickson, Trento 2001.
Cornoldi C., Gardinale M., Masi A., Pettenò L., *Impulsività e autocontrollo. Interventi e tecniche metacognitive*, Erickson, Trento 1996.
Kirby E. A., Grimley L. K., *Disturbi dell'attenzione e iperattività* (1989), Erickson, Trento 1992.
Paiano A., Re A. M., Ferruzza E., Cornoldi C., *Parent training per l'ADHD. Programma CERG: sostegno Cognitivo, Emotivo e Relazionale dei Genitori*, Erickson, Trento 2014.
Stücke U., *Allenare la concentrazione*, Erickson, Trento 2014.
Vio C., Marzocchi G. M., Offredi F., *Il bambino con deficit di attenzione/iperattività. Diagnosi psicologica e formazione dei genitori*, Erickson, Trento 1999.

Adleriana, Psicologia, v. PSICOLOGIA INDIVIDUALE.

Adolescenza (ingl. *Adolescence*; ted. *Adoleszenz*; fr. *Adolescence*; sp. *Adolescencia*). Il termine adolescenza è utilizzato in psicologia in due accezioni: *a*) come *fase cronologica* compresa tra la PUBERTÀ (v.) e la maturità, *b*) come *modalità ricorsiva* della psiche i cui tratti (incertezza, ansia per il futuro, irruzione di istanze pulsionali, bisogno di rassicurazione e insieme di libertà) possono ricorrere più volte nell'esperienza della vita. In entrambe le accezioni il motivo conduttore è rappresentato dal concetto di *trasformazione* che comporta mutamenti a diversi livelli:

1. SESSUALITÀ. Sul piano sessuale l'adolescente registra una trasformazione fisica con la comparsa dei caratteri sessuali secondari e della capacità riproduttiva. Ciò comporta il congedo dal proprio corpo infantile e l'identificazione con il proprio ruolo sessuale, su cui insistono anche le attese sociali che nel contempo chiedono il controllo delle pulsioni istintuali. Ansie, tensioni, inibizioni e frustrazioni sono gli ingredienti di questa trasformazione che porta con sé l'abbandono delle figure precedentemente interiorizzate sul piano affettivo e la loro sostituzione con figure nuove più rispondenti all'intenzionalità inaugurata dal dischiuso scenario sessuale. Questo passaggio verso la ricerca di nuovi oggetti d'amore è attraversato da ansie abbandoniche, episodi di regressione, perdita di esperienze fusionali, superati dal bisogno di separazione dai precedenti oggetti d'amore che si rivelano non più idonei alla nuova situazione venutasi a creare con la comparsa della sessualità. Nasce da qui il bisogno di isolamento, il rifiuto di un mondo che l'adolescente considera responsabile della perdita dell'identità precedente, con conseguente abbandono della dipendenza dai genitori in vista di una propria relativa indipendenza e autodirezione. Questo passaggio riesce più o meno felicemente in base alle soluzioni che sono state date nei primi anni di vita ai problemi riguardanti la sicurezza e l'insicurezza, la libertà di esplorare l'ambiente, e la concessione al bambino di occasioni per dirigersi da sé e prendere decisioni in misura crescente durante il periodo preadolescenziale. Alle pressioni interne dell'adolescente, soprattutto di origine pulsionale, si aggiungono quelle dei coetanei e della società in genere che spingono verso il raggiungimento dell'indipendenza. Il conflitto che così si inaugura tra la spinta interna congiunta alla sollecitazione esterna da un lato, e il timore di perdere i doni emotivi che i genitori hanno fino ad allora erogato dall'altro, spiega la continua indecisione e la radicalità dei cambiamenti che caratterizzano l'atteggiamento dell'adolescente nei confronti dei propri bisogni, desideri, intenzioni e programmi.

2. COGNIZIONE. Sul piano cognitivo si assiste a una progressiva acquisizione delle capacità di ragionamento, di astrazione, di formulazione di ipotesi che consentono all'adolescente quella riflessione sul proprio pensiero e su quello degli altri che facilita l'instaurarsi di relazioni non più egocentrate. Il successo cognitivo, quando riceve conferme a livello scolastico, aumenta l'autostima dell'adolescente, il suo credito presso gli adulti e i coetanei. Una maggiore indipendenza nel ragionamento logico e nel giudizio amplia le prospettive temporali con la possibilità di formulare ipotesi e progetti, accresce il senso di responsabilità che consente l'assunzione di compiti e l'esercizio della responsabilità. Jean Piaget ha descritto le fasi di transizione dal pensiero infantile a quello adolescenziale attraverso i processi di assimilazione e di accomodamento che richiedono una continua modifica dei propri schemi interpretativi, in base al progressivo ampliarsi dell'esperienza e alla concomitante variazione della propria identità (v. COGNIZIONE, § 2).

3. IDENTITÀ. Sul piano dell'identità Erik Homburger Erikson ha sottolineato l'importanza del passaggio dal concetto di sé costruito sull'opinione dei genitori al concetto di sé ricavato dal giudizio dei coetanei, per i quali sono decisivi l'aspetto fisico, la capacità intellettuale, l'attrazione sessuale che prima erano del tutto estranei alla considerazione di sé. Un'ansia eccessiva sperimentata in uno di questi settori può portare a reazioni supercompensative, con atti di coraggio fisico dove, ostentando le proprie capacità, si ha la possibilità di acquietare le proprie paure. In questa fase, atteggiamenti iperprotettivi da parte dei genitori possono portare alla costruzione di un'"identità negativa" o "identità-contro", caratterizzata da una decisa opposizione al mondo degli adulti e a tutto ciò che lo rappresenta. Ma siccome l'adulto è pur sempre per l'adolescente il traguardo da raggiungere, l'identità negativa viene vissuta con

ansia e sofferenza, se non addirittura con una conflittualità così elevata da generare processi nevrotici, prima latenti. Sul versante dei genitori, la richiesta di indipendenza da parte dell'adolescente e la sua sfida ai modelli e ai valori da loro espressi possono costituire una minaccia al rapporto di coppia che non trova più l'equilibrio su cui fino ad allora erano regolati i rapporti genitoriali.

4. Moralità e Socialità. Sul piano morale e sociale l'adolescenza rappresenta un periodo di "idealismo" nell'adesione ai modelli e ai valori rispetto al modo medio con cui questi valori sono realizzati a livello sociale. Tratti di rigidità e di adesione incondizionata ai valori accolti costituiscono di solito punti di riferimento essenziali in un periodo di grande trasformazione, dove l'immagine propria non è ancora ben armonizzata con l'immagine sociale ai fini della propria coerenza interna, in quella dinamica di integrazione e differenziazione che nell'adolescenza ha le sue punte più acute. L'abbandono del contesto familiare e l'impossibilità di realizzare immediatamente le proprie aspirazioni sociali possono creare nell'adolescente quella condizione di marginalità che non è emarginazione, ma piuttosto una sorta di moratoria concessa da una società adulta che si difende dalla pressione delle nuove generazioni e che può tradursi in disagio o in contrasto tra individuo e società. Per quanto concerne la maturazione sociale da un lato e quella morale dall'altro, con il progressivo passaggio da una morale eteronoma a una morale autonoma, si veda la voce Psicologia dell'età evolutiva, §§ 3-4.

Bibliografia

AA.VV., *Il giudizio morale nell'adolescenza. Categorie cognitive e valori*, Franco Angeli, Milano 1983.
Alléon A. M., Morvan O., Lebovici S., *Adolescence terminée, adolescence interminable*, Puf, Paris 1985.
Amerio P., Boggi Cavallo P., Palmonari A., Pombeni M. L., *Gruppi di adolescenti e processi di socializzazione*, il Mulino, Bologna 1990.
Ammaniti M. (a cura di), *Manuale di psicopatologia dell'adolescenza*, Raffaello Cortina, Milano 2009.
Bainbridge D., *Adolescenti. Una storia naturale*, Einaudi, Torino 2010.
Blos P., *L'adolescenza. Un'interpretazione psicoanalitica* (1987), Franco Angeli, Milano 1988.
Bonino S., Cattelino E. (a cura di), *La prevenzione in adolescenza. Percorsi psicoeducativi di intervento sul rischio e la salute*, Erickson, Trento 2008.
Burbatti G., Castoldi I., *Il pianeta degli adolescenti. I giovani d'oggi spiegati agli adulti*, Mondadori, Milano 1998.
Caplan G., Lebovici S. (a cura di), *Problemi psicosociali dell'adolescenza* (1973), Bollati Boringhieri, Torino 1978.
Carta I., *L'età inquieta*, Frassinelli, Milano 1991.
Colecchia N. (a cura di), *Adolescenti e prevenzione. Disagio, marginalità, devianza*, Il Pensiero Scientifico, Roma 1995.
Coleman J. C., Hendry L. B., *La natura dell'adolescenza* (1980), il Mulino, Bologna 1995.
Erikson E. H., *Infanzia e società* (1950), Armando, Roma 1968.
–, *Gioventù e crisi di identità* (1968), Armando, Roma 1974.
Fabbrini A., Melucci A., *L'età dell'oro. Adolescenti tra sogno ed esperienza*, Feltrinelli, Milano 1992.
Freud A., *Adolescenza* (1958), in *Opere* (1978-1979), Bollati Boringhieri, Torino, vol. II.
Giaconia G., *Problemi di tecnica nel trattamento degli adolescenti*, in A. A. Semi (a cura di), *Trattato di psicoanalisi*, vol. I: *Teoria e tecnica*, Raffaello Cortina, Milano 1988-1989, pp. 723-768.
–, *Adolescenza. Mutamenti e patologia*, in A. A. Semi (a cura di), *Trattato di psicoanalisi*, vol. II: *Clinica*, cit., pp. 873-924.
Gislon M. C., *Adolescenza e discontinuità*, Bollati Boringhieri, Torino 1993.
Guidetti V., Galli F. (a cura di), *Neuropsichiatria dell'infanzia e dell'adolescenza*, il Mulino, Bologna 2006.
Lanzi G. (a cura di), *L'adolescenza*, Il Pensiero Scientifico, Roma 1983.
Lutte G., *Psicologia degli adolescenti e dei giovani*, il Mulino, Bologna 1998.
Maiolo G., Franchini G. (a cura di), *Dalla parte degli adolescenti. Alleanze e relazioni di sostegno*, Erickson, Trento 2007.
Marcelli D., *La depressione in adolescenza*, Masson, Milano 1993.
Marcelli D., Braconnier A., *Psicopatologia dell'adolescente* (1987), Masson, Milano 1989.
Palmonari A., *Gli adolescenti. Né adulti, né bambini, alla ricerca della propria identità*, il Mulino, Bologna 2001.
Pazzagli A. (a cura di), *Disturbi dell'adolescenza*, in G. B. Cassano, P. Pancheri *et al.* (a cura di), *Trattato italiano di psichiatria* (1992), Masson, Milano 1999, vol. III, pp. 3069-3114.
Petter G., *Problemi psicologici della preadolescenza e dell'adolescenza*, La Nuova Italia, Firenze 1968.
Piaget J., *Dal bambino all'adolescente. La costruzione del pensiero* (1930-1965), La Nuova Italia, Firenze 1969.
Piaget J., Inhelder B., *Dalla logica del fanciullo alla logica dell'adolescente* (1967), Giunti Barbera, Firenze 1975.
Pietropolli Charmet G., *I nuovi adolescenti. Padri e madri di fronte a una sfida*, Raffaello Cortina, Milano 2000.
Pietropolli Charmet G., Bignamini S., Comazzi D., *Psicoterapia evolutiva dell'adolescente*, Franco Angeli, Milano 2010.
Plant M(artin), Plant M(oira), *Comportamento a rischio negli adolescenti. Alcol, droghe e sesso*, Erickson, Trento 2007.
Quadrio A., *Ricerche ed esperienze sugli adolescenti*, Vita e Pensiero, Milano 1968.
Scaparro F., Pietropolli Charmet G., *Bell'età. Adolescenza temuta, adolescenza sognata*, Bollati Boringhieri, Torino 1993.
Tonolo G., *Adolescenza e identità*, il Mulino, Bologna 1999.
Vegetti Finzi S., Battistin A. M., *L'età incerta. I nuovi adolescenti*, Mondadori, Milano 2000.
Volpi B., *Gli adolescenti e la rete*, Carocci, Roma 2012.

Adozione (ingl. *Adoption*; ted. *Adoption*; fr. *Adoption*; sp. *Adopción*). La psicologia si occupa del problema delle adozioni in ordine al vissuto abbandonico del bambino adottato, che si deve inserire in un ambiente nuovo a lui estraneo, con un'identità tutta da costruire, dove occorre tener conto del suo livello di maturazione al momento dell'adozione, dell'ambiente sociale e culturale di provenienza e del nuovo contesto familiare in cui deve inserirsi. Nel caso dell'adozione internazionale, sempre più frequente, si aggiungono i problemi connessi allo sradicamento del bambino adottato, che richiede, da parte dei nuovi genitori, una competenza antropologica della cultura da cui il bambino proviene e delle sue caratteristiche etniche in modo da favorire un buon adattamento. Per questo è necessario che la coppia genitoriale, prima di adottare un bambino, non anteponga il proprio desiderio di avere un figlio alle esigenze del minore che verrà accolto, il quale, essendo il soggetto più debole, richiede più attenzione e più cure di quante non ne richieda un figlio nato dalla coppia. Inoltre i genitori devono essere consapevoli dell'inevitabile *cambiamento* che l'adozione determina in tutti i membri della famiglia, per cui è opportuna una significativa flessibilità rispetto ai propri schemi di convivenza collaudati dall'abitudine e dai modelli educativi interiorizzati dalla propria educazione.

Bibliografia

Chicoine J.-F., Germain P., Lemieux J., *Genitori adottivi e figli del mondo. I vari aspetti dell'adozione internazionale* (2003), Erickson, Trento 2004.
Dell'Antonio A., *Cambiare genitori. Le problematiche psicologiche dell'adozione*, Feltrinelli, Milano 1980.
Fadiga L., *L'adozione*, Bollati Boringhieri, Torino 2009.
Farri M., Pironti A., Fabrocini C. (a cura di), *Accogliere il bambino adottivo*, Erickson, Trento 2008.
Fava Vizziello G., Simonelli A., *Adozione e cambiamento*, Bollati Boringhieri, Torino 2004.
Morral Colajanni C., Castelfranchi L., *Apprendere dall'adozione*, Il Pensiero Scientifico, Roma 1998.

Adrenalina, v. NEUROTRASMETTITORE, § I, 1, b; ENDOCRINO, SISTEMA, § 5, *b*.

Adualismo (ingl. *Adualism*; ted. *Adualismus*; fr. *Adualisme*; sp. *Adualismo*). Disturbo della coscienza che si trova nell'incapacità di distinguere tra Io e non-Io, tra fatti soggettivi e fatti oggettivi, tra sé e mondo esterno. Il fenomeno è frequente negli episodi psicotici (v. SCISSIONE).

Adulterio, v. MATRIMONIO, § 2.

Adultismo (ingl. *Adultism*; ted. *Adultismus*; fr. *Adultisme*; sp. *Adultismo*). Processo educativo che svaluta la situazione di partenza dell'educando per valutare esclusivamente la sua capacità di identificarsi con il modello adulto. Contro questo metodo e contro l'uso della costrizione inevitabile per piegare il bambino e l'adolescente al modello adulto, si è espresso Jean-Jacques Rousseau che, per primo, diede un'immagine culturale positiva dell'infanzia, precedentemente svalutata rispetto all'età adulta. Oggi questo metodo educativo è superato, ma l'adultismo è ancora presente o nell'attribuire al fanciullo la totale responsabilità etica dei suoi gesti senza tener conto del suo livello di comprensione e della sua capacità emotiva, o nell'attribuire al fanciullo, come sua dotazione di partenza e come suo tratto costitutivo, quella capacità di autodeterminazione che è invece condizione della maturità.

Bibliografia

Jeammet Ph., *Adulti senza riserva*, Raffaello Cortina, Milano 2009.
Rousseau J.-J., *Emilio o dell'educazione* (1762), in *Opere*, Sansoni, Firenze 1972.

Adulto (ingl. *Adult*; ted. *Erwachsene*; fr. *Adulte*; sp. *Adulto*). Individuo che presenta le caratteristiche della maturità somatica e psichica. Convenzionalmente si calcola l'età adulta a partire dal terzo decennio di vita fino all'incipiente involuzione nella vecchiaia verso il sessantesimo anno di età. Di recente si va facendo strada, specialmente nell'ambito della PSICOLOGIA DEL LAVORO (v.), una *psicologia degli adulti*, attenta soprattutto a determinare il culmine della capacità di rendimento e di attitudine misurabili con appositi TEST (v. § II, 2).

Adultomorfismo (ingl. *Adultomorphism*; ted. *Adultomorphismus*; fr. *Adultomorphisme*; sp. *Adultomorfismo*). Tendenza ad attribuire a lattanti o a bambini piccoli pensieri e sentimenti che un adulto avrebbe in analoghe condizioni. Il termine è usato di solito a proposito di teorie psicologiche che esprimono modi di condotta infantile con termini del vocabolario adulto.

Aerofagia (ingl. *Aerophagia*; ted. *Aerophagie*; fr. *Aérophagie*; sp. *Aerofagia*). Inghiottimento d'aria in quantità tale da produrre dilatazione addominale e iperventilazione. In ambito psicologico se ne è constatata la presenza nei comportamenti isterici con una sottostante situazione depressiva, curando la quale, il sintomo, che spesso si basa su desideri inconsci di gravidanza o di riempimento di un vuoto, scompare.

Afanisi (ingl. *Aphanisis*; ted. *Aphanisis*; fr. *Aphanisis*; sp. *Afanisis*). Il termine, che deriva dal greco ἀφάνισις che significa "scomparsa", è stato introdotto da Ernest Jones per segnalare la scomparsa del desiderio sessuale da ricondurre, a suo parere, ai residui dell'angoscia di CASTRAZIONE (v.).

Bibliografia

Jones E., *Teoria del simbolismo. Scritti sulla sessualità femminile e altri saggi* (1912), Astrolabio, Roma 1972.

Afasia (ingl. *Aphasia*; ted. *Aphasie*; fr. *Aphasie*; sp. *Afasia*). Perdita della capacità di produrre e/o comprendere il linguaggio orale o scritto a causa di un disordine nei meccanismi neurosensoriali che si elaborano in particolari aree cerebrali, situate nella maggior parte delle persone a livello dell'emisfero sinistro e che comprendono l'area perisilviana, cioè le aree corticali attorno alla scissura silviana, e le formazioni sottocorticali (v. LINGUISTICA, § 2). Rubricata tra i disturbi centrali del LINGUAGGIO (v. § 5, *a*), l'afasia comprende le alterazioni a carico della parola (afasia verbale) e le alterazioni a carico del discorso (afasia discorsiva), mentre non rientrano nelle afasie i difetti di acquisizione del linguaggio dovuti a SORDITÀ (v.), la DISARTRIA (v.) dovuta a lesioni dell'apparato fonatorio o delle vie nervose afferenti ai centri del linguaggio e le alterazioni del linguaggio dovute a lesioni di altre strutture cerebrali emisferiche come le lesioni frontali e quelle sottocorticali.

1. AFASIA VERBALE. Rientrano in questo gruppo le turbe del linguaggio che riguardano la scelta e l'elaborazione della parola, e non la DISARTRIA (v.) che si riferisce alla realizzazione motoria dei fonemi e delle parole. A questo proposito si è soliti distinguere:

a) La *disfasia*, termine più appropriato di "afasia" che letteralmente significa "completa mancanza di linguaggio". Si tratta della difficoltà di ricordare volontariamente una parola precisa in grado di nominare l'oggetto che il soggetto assicura di conoscere esattamente. La disfasia, che costringe spesso al ricorso a perifrasi, può comparire in età infantile o come conseguenza di un danno neurologico o come effetto di un disordine affettivo precoce che interessa in particolar modo la sfera relazionale. Nell'adulto, quando è escluso il danno neurologico, la disfasia può dipendere da stati ansiosi, stanchezza, intossicazione o vecchiaia.

b) La *parafasia* caratterizzata dalla comparsa di una parola errata che ha con la parola esatta un rapporto che può essere concettuale, come "forchetta" invece di "cucchiaio" (parafasia *semantica*), o di assonanza, come "pane" invece di "cane" (parafasia *morfologica*). Quando l'alterazione riguarda la combinazione dei fonemi si parla di parafasia *fonemica*, e di *neologismo* quando il termine adottato non ha alcun nesso né alcuna costanza d'impiego rispetto alla parola attesa.

2. AFASIA DISCORSIVA. Rientrano in questo gruppo le turbe del linguaggio che riguardano le modificazioni qualitative e quantitative del discorso. Si distinguono afasie con emissione verbale fluente, che corrispondono alla realtà clinica individuata da Carl Wernicke, e afasie con emissione verbale lenta e ridotta, che corrispondono alla realtà clinica individuata da Paul Pierre Broca. Si tratta in entrambi i casi di raggruppamenti sintomatici che permettono di isolare le varie forme in termini descrittivi.

a) L'*afasia di Wernicke con emissione verbale fluente* colpisce sia la comprensione sia l'emissione, non l'articolazione del linguaggio che, anche se abbondante, è scarsamente informativo per eccesso di ripetizioni e per la successione asintattica delle frasi. Spesso è impossibile scoprire l'intenzione verbale del soggetto che, il più delle volte, non è cosciente che la sua produzione verbale non è compresa dagli altri. L'afasia di Wernicke cambia fisionomia da un paziente all'altro e si combina con disturbi di ALESSIA (v.) e AGRAFIA (v.).

b) L'*afasia di Broca con emissione verbale lenta e ridotta* dipende dalla gravità della lesione dell'area di Broca (v. CORTECCIA CEREBRALE) e va dall'afasia completa all'afasia media o lieve, dove al rallentamento dell'eloquio si accompagna la mancanza di iniziativa verbale con produzioni povere ed esitanti. Quando l'afasia non è completa o a evoluzione progressiva, è possibile un parziale recupero contrassegnato da tratti di *agrammatismo*, detto anche afasia *sintattica* per la mancanza delle particelle grammaticali che servono a saldare i diversi vocaboli, e per la scorretta coniugazione dei verbi, declinazione dei sostantivi, comparazione degli aggettivi e degli avverbi (*paragrammatismo*) che rendono difficile la comprensione della frase nonostante le parole siano pronunciate correttamente. Ciascun sintomo afasico ha un particolare significato diagnostico in ordine alla qualità e alla quantità della lesione, anche se la teoria della LOCALIZZAZIONE (v.), sostenuta da Broca, tende a essere sostituita dalla teoria della plasticità del sistema nervoso, con conseguente capacità di aree rimaste intatte di assumere le funzioni delle aree danneggiate (v. OLISMO).

Bibliografia

Basso A., *Il paziente afasico. Guida pratica alla riabilitazione*, Feltrinelli, Milano 1977.

Broca P. P., *La sede della facoltà del linguaggio articolato* (1861), in L. Mecacci, A. Zani, *Teorie del cervello*, Loescher, Torino 1982.

Caplan D., *Neurolinguistics and linguistic aphasiology*, Cambridge University Press, Cambridge 1987.
Freud S., *Sull'interpretazione delle afasie. Studio critico* (1891), in *Opere* (1967-1993), Bollati Boringhieri, Torino, vol. I.
Gainotti G. (a cura di), *Struttura e patologia del linguaggio*, il Mulino, Bologna 1983.
Goldstein K., *L'analyse de l'aphasie et l'étude de l'essence du langage*, in "Journal de Psychologie", 1933.
Howard D., Hatfield F. M., *Aphasia therapy. Historical and contemporary issues*, Lawrence Erlbaum Associates, London 1987.
Jakobson R., *Verso una tipologia linguistica delle menomazioni afasiche* (1944), in Id., *Il farsi e il disfarsi del linguaggio. Linguaggio infantile e afasia*, Einaudi, Torino 1971.
–, *Due aspetti del linguaggio e due tipi di afasia* (1956), in Id., *Saggi di linguistica generale* (1963), Feltrinelli, Milano 1966.
Lurija A. R., *Afasia traumatica*, Akademija Meditzinskich Nauk SSSR, Moskva 1947.
–, *Problemi fondamentali di neurolinguistica* (1975), Armando, Roma 1978.
Pizzamiglio L., *I disturbi del linguaggio*, Etas Kompass, Milano 1968.
Wernicke C., *Il complesso dei sintomi dell'afasia* (1874), in L. Mecacci, A. Zani, *Teorie del cervello*, cit.

Affaccendamento (ingl. *Bustle*; ted. *Geschäftigkeit*; fr. *Affairement*; sp. *Ajetreo*). Disturbo del comportamento caratterizzato da attività motoria ininterrotta e inconcludente, che talvolta non trova sosta neppure durante la notte. Può essere di origine organica, come conseguenza di danni cerebrali, o di origine psicogena.

Affaticamento, v. FATICA.

Afferente – Efferente, Nervo (ingl. *Nerve afferent-efferent*; ted. *Afferent-Efferentsnerv*; fr. *Nerf afférent-efférent*; sp. *Nervio aferente-eferente*). Fibra nervosa che, sotto forma di eccitamento (v. ECCITABILITÀ, § 1), trasmette le informazioni dal centro alla periferia (nervo *efferente*) e dalla periferia al centro (nervo *afferente*), o comunque da zone subordinanti a zone subordinate e viceversa. Gli organi periferici, come possono essere gli organi sensori, i muscoli o le ghiandole attivati da nervi efferenti, prendono il nome di *effettori*.

Affettività (ingl. *Affectivity*; ted. *Affektivität*; fr. *Affectivité*; sp. *Afectividad*). Sfera dei sentimenti e delle emozioni che interagisce con la sfera motoria e con quella intellettiva da cui si distingue solo astrattamente. La più antica analisi dell'affettività risale a Platone, per il quale l'affettività è perturbatrice della quiete dell'anima necessaria alla pura intellezione delle idee, mentre uno studio sistematico degli stati affettivi prende avvio con René Descartes per proseguire ininterrotto fino ai nostri giorni grazie soprattutto ai lavori fenomenologici di Jean-Paul Sartre e Maurice Merleau-Ponty e a quelli ontologici di Martin Heidegger, che chiama *Befindlichkeit* la situazione affettiva dell'esistenza umana che tanta parte ha nell'ANALISI ESISTENZIALE (v.).

1. PSICOLOGIA. Dopo Wilhelm Maximilian Wundt, che elaborò una teoria dei sentimenti ordinata intorno alle dicotomie piacere-dispiacere, eccitamento-inerzia, tensione-rilassamento, Edward Bradford Titchener stabilì una connessione tra stati affettivi ed elementi sensoriali che, con la ripetizione, diminuiscono entrambi la loro intensità. Sono attributi degli stati affettivi *qualità*, *intensità* e *durata*; non vi appartiene, invece, l'attributo della *chiarezza* perché, mentre se ci si concentra sulle idee si riesce a renderle più chiare, se ci si concentra sugli stati affettivi si giunge solo al loro dissolvimento o alla loro contraffazione. Il funzionalismo ha considerato gli stati affettivi in relazione alla loro capacità di adattamento alla situazione esterna, mentre in ambito tipologico Ernst Kretschmer ha costruito dei tipi psicologici a partire dalla connotazione affettiva di fondo (v. TIPOLOGIA, § 1, *b*). Oggi in ambito psicologico si tende ad abbandonare il termine affettività, considerato troppo generico, per sostituirlo con quelli più specifici di EMOZIONE (v.) e di SENTIMENTO (v.), riconoscendo al primo, rispetto al secondo, maggior intensità e minor stabilità.

2. PSICHIATRIA. Eugen Bleuler individuò nei disturbi dell'affettività, e in particolare nell'incongruenza tra situazione reale e manifestazione affettiva, uno dei sintomi fondamentali della SCHIZOFRENIA (v.). Sempre Bleuler parlò di *blocco affettivo* (v. BLOCCO) a proposito dell'incapacità di esprimere affetti per la contemporanea comparsa di due sentimenti contraddittori come l'ira e la gioia, e di *stupore* come risultato dell'ambivalenza affettiva (v. STUPORE; AMBIVALENZA). In sede psichiatrica si parla inoltre di *psicosi affettive* per indicare i disturbi gravi dell'umore, a cui conseguono disturbi secondari del pensiero e del comportamento in consonanza con l'affetto. Tali sono la DEPRESSIONE v.), la MANIA (v.) e l'alternanza di queste due forme nella CICLOTIMIA (v, § 1). Indifferenza, superficialità e raffreddamento affettivo sono invece frequenti nelle condizioni presenili e senili.

3. PSICOANALISI. L'affettività è ridefinita a partire dalla dimensione inconscia che sposta radicalmente la direzione dell'indagine. Carl Gustav Jung, sulla traccia del suo maestro Bleuler, distingue l'affettività, intesa come tonalità psichica generale, dall'AFFETTO (v.) che è una quantità di energia pulsionale che si attualizza come forza. Questa distinzione verrà in seguito adottata da tutti gli indirizzi di psicologia

del profondo. Secondo Jung l'affettività condiziona sia l'intelletto sia la volontà, e in proposito scrive: «Questo punto di vista è espresso da Schopenhauer in termini generali e assoluti: l'uomo compie sempre soltanto ciò che egli vuole, perché da quello che egli è deriva necessariamente tutto quanto egli di volta in volta compie. Anche se ammettiamo il fatto che numerose volizioni sono mediate o ponderate dall'intelletto, non dobbiamo però scordare che ogni membro della catena d'idee ha un valore affettivo definito che è l'essenza indispensabile agli atti della volontà e senza il quale l'idea non è altro che una forma vacua. [...] Ne consegue che anche il processo intellettuale più puro può raggiungere la volizione soltanto per il tramite del valore affettivo, per cui in ogni azione abnorme, che conservi una relativa presenza dell'intelletto, il *primum movens* dovrebbe ricercarsi nella sfera affettiva» (1903, p. 144). Questa impostazione verrà mantenuta anche in seguito quando Jung adotterà il termine "passione" nella sua accezione letterale di "modificazione passiva della coscienza". La psicoanalisi infantile, con John Bowlby e René Árpád Spitz, parla di *anaffettività* come di un tratto tipico dei bambini precocemente abbandonati (v. ABBANDONO, SINDROME DI) o deprivati (v. PRIVAZIONE). Sempre in ambito psicoanalitico Franco Fornari ha segnalato la stretta correlazione che, a suo parere, esiste tra affettività e cancro.

4. PEDAGOGIA. L'incidenza dell'affettività nei processi di crescita e di maturazione è considerata a partire dall'organizzazione affettiva che connota la relazione madre-bambino, fino al coinvolgimento relazionale su base affettiva allo schiudersi della giovinezza, secondo il percorso individuato nell'ambito della PSICOLOGIA DELL'ETÀ EVOLUTIVA (v. § 1), in questo campo debitrice dei contributi teorico-clinici forniti dalla psicoanalisi.

Bibliografia

Ammaniti M., Dazzi N. (a cura di), *Affetti. Natura e sviluppo delle relazioni interpersonali*, Laterza, Bari 1990.

Bleuler E., *Affettività, suggestione, paranoia* (1906), Fattore Umano Edizioni, Roma 2017.

–, *Trattato di psichiatria* (1911-1939, aggiornato da M. Bleuler dal 1940 al 1960), Feltrinelli, Milano 1967.

Bowlby J., *Cure materne e igiene mentale del fanciullo* (1951), Giunti Barbera, Firenze 1957.

–, *Costruzione e rottura dei legami affettivi* (1979), Raffaello Cortina, Milano 1982.

Cassano G. B. (a cura di), *Affettività*, in G. B. Cassano, P. Pancheri *et al.* (a cura di), *Trattato italiano di psichiatria* (1992), Masson, Milano 1999, vol. I, pp. 571-618.

Ciompi L., *Logica affettiva. Una ricerca sulla schizofrenia* (1982), Feltrinelli, Milano 1994.

Doane J. A., Diamond D., *Affetti e attaccamento nella famiglia. Trattamento familiare dei più gravi disturbi psichiatrici*, Raffaello Cortina, Milano 1995.

Fornari F., *Affetti e cancro*, Raffaello Cortina, Milano 1985.

Freud S., *Introduzione alla psicoanalisi* (1915-1917), in *Opere* (1967-1993), Bollati Boringhieri, Torino, vol. VIII.

Heidegger M., *Essere e tempo* (1927), Utet, Torino 1978.

Jung C. G., *Squilibrio affettivo maniacale* (1903), in *Opere* (1969-2007), Bollati Boringhieri, Torino, vol. I.

Kretschmer E., *Manuale teorico-pratico di psicologia medica* (1922), Sansoni, Firenze 1952.

Levy J. M., *Il rapporto affettivo maestri-scolari* (1950), Editrice Universitaria, Firenze 1967.

Merleau-Ponty M., *Fenomenologia della percezione* (1945), il Saggiatore, Milano 1972.

Paykel E. S., *Handbook of affective disorders*, Livingstone, London 1982.

Riva Crugnola C. (a cura di), *Lo sviluppo affettivo del bambino. Tra psicoanalisi e psicologia evolutiva*, Raffaello Cortina, Milano 1993.

Roveda P., *Il transfert nell'attività educativa*, Franco Angeli, Milano 1979.

Sartre J.-P., *Idee per una teoria delle emozioni* (1939), in Id., *L'immaginazione. Idee per una teoria delle emozioni*, Bompiani, Milano 1962.

Spitz R. Á., *Il primo anno di vita del bambino* (1958), Editrice Universitaria, Firenze 1962.

Titchener E. B., *A textbook of psychology*, Macmillan, New York 1909.

Winnicott D. W., *Sviluppo affettivo e ambiente. Studi sulla teoria dello sviluppo affettivo* (1965), Armando, Roma 1970.

–, *Il bambino deprivato* (1984, edito postumo), Raffaello Cortina, Milano 1986.

Wundt W. M., *Beiträge zur Theorie der Sinneswahrnehmung* (1858-1862), C. F. Winter, Leipzig-Heidelberg 1862.

Affetto (ingl. *Affect*; ted. *Affekt*; fr. *Affect*; sp. *Afecto*). Termine psicoanalitico che indica l'espressione *qualitativa* della quantità di energia pulsionale. L'affetto può essere infatti penoso o gradevole, vago o specifico, a scarica violenta o a tonalità diffusa. Secondo Sigmund Freud l'affetto è sempre legato a una RAPPRESENTAZIONE (v. § 1, *a*), perché affetto e rappresentazione sono le due modalità con cui ogni pulsione si esprime.

1. PSICOANALISI. Il concetto di affetto compare nelle prime opere di Freud che interpreta la sintomatologia isterica a partire da un evento traumatico a cui non è seguita una scarica dell'affetto ad esso connesso. In questi casi l'azione terapeutica consiste, tramite la rievocazione del ricordo, nel provocare la reviviscenza dell'affetto, consentendone il deflusso. Qualora l'ABREAZIONE (v.) non abbia luogo e l'affetto rimanga bloccato, tre sono, per Freud, gli esiti possibili: «Conosco tre meccanismi: 1. conversione dell'affetto (isteria di conversione); 2. spostamento dell'affetto (ossessione); 3. trasformazione dell'affetto (nevrosi d'angoscia, melanconia)» (1887-1904, p. 74). Le tre variazioni

sottintendono un'autonomia dell'affetto dalle sue manifestazioni, per spiegare la quale Freud ricorrerà alla distinzione tra *affetto*, che è la traduzione soggettiva della quantità di energia pulsionale, e *importo d'affetto* (*Affektbetrag*), che è la dimensione quantitativa dell'energia pulsionale, a proposito della quale Freud scrive che «corrisponde alla pulsione nella misura in cui quest'ultima si è staccata dalla rappresentazione e trova un modo di esprimersi proporzionato al suo valore quantitativo in processi che vengono avvertiti sensitivamente come affetti» (1915, p. 43). In seguito Freud formulerà l'ipotesi genetica degli affetti, secondo la quale essi sarebbero «riproduzioni di eventi più antichi, di vitale importanza, magari pre-individuali, e questi affetti li paragoniamo, quali attacchi isterici universali, tipici e innati, agli attacchi della nevrosi isterica, acquisiti tardi e individualmente» (1925, p. 281).

Otto Fenichel elenca tra i meccanismi di difesa contro gli affetti: a) il BLOCCO (v.) che si tradisce nei sogni, nei sintomi e nelle formazioni sostitutive; b) la POSPOSIZIONE (v.) con manifestazione ritardata della scarica affettiva; c) lo SPOSTAMENTO (v.) che trasferisce l'affetto connesso a una rappresentazione intollerabile su un'altra rappresentazione di per sé indifferente, ma che in seguito allo spostamento dell'affetto diventa oggetto di un'attenzione ossessiva; d) la FORMAZIONE REATTIVA (v.) che si produce nel tentativo di dominare un affetto inaccettabile con l'esagerazione della tendenza opposta; e) l'isolamento dell'affetto dall'intera connessione psichica (v. ISOLAMENTO); f) la PROIEZIONE (v.) attraverso la quale si attribuiscono ad altri quegli affetti che non si accetta di possedere.

2. PSICOLOGIA ANALITICA. Carl Gustav Jung afferma che «per affetto è da intendersi uno stato di sentimento caratterizzato da un lato da percettibili innervazioni corporee, dall'altro da un peculiare disturbo del decorso rappresentativo. Come sinonimo di affetto uso anche *emozione*. Contrariamente a Eugen Bleuler, distinguo il *sentimento* dall'affetto per quanto frontiere precise non ne esistano: ogni sentimento, infatti, quando acquista una certa intensità, dà luogo a innervazioni corporee trasformandosi quindi in affetto. Tuttavia per motivi di ordine pratico sarà bene distinguere l'affetto dal sentimento, giacché quest'ultimo può essere una funzione di cui la volontà può disporre a suo piacimento, il che di solito non si può dire dell'affetto» (1921, p. 415). Approfondendo questa distinzione, Jung prosegue dicendo: «Io concepisco l'affetto da un lato come uno stato di sentimento di natura psichica, dall'altro come uno stato di innervazione corporea di natura fisiologica; tali stati, sommandosi, agiscono l'uno sull'altro; vale a dire che, quando la componente sentimentale si accentua, si associa ad essa una componente sensoriale, attraverso la quale l'affetto si accosta alla *sensazione* differenziandosi nettamente dallo stato di sentimento. Io considero gli affetti particolarmente pronunciati, accompagnati cioè da violente innervazioni corporee, come appartenenti al campo della funzione sensoriale e non a quello della funzione di sentimento» (ivi, pp. 415-416).

Operata questa differenziazione da Bleuler, Jung riprende da Pierre Janet il concetto di ABBASSAMENTO DEL LIVELLO MENTALE (v.) e il concetto di EMOZIONE (v.) che include nell'ordine degli affetti: «Io considero l'emozione un affetto, nel senso in cui "si è affetti da qualcosa"» (1935, p. 39). E questo perché «un'emozione, come denota la parola, ci porta via, ci trascina, ci travolge. L'Io rispettabile viene accantonato e gli subentra qualcos'altro. Diciamo "è fuori di sé", oppure "ha un diavolo per capello"» (ivi, p. 38). Infatti: «Gli affetti possono essere controllati solo a viva forza. Potete soffocarli, ma niente di più. Dovete stringere i pugni per non esplodere, perché possono essere più forti del vostro complesso dell'Io» (ivi, p. 58). Ciò consente a Jung di individuare nella forza dell'affetto una delle cause della dissociazione: «Le emozioni hanno un effetto dissociativo (distraente) sulla coscienza presumibilmente perché viene posta in rilievo unilaterale ed eccessivo una rappresentazione, per cui troppo poca attenzione rimane disponibile per l'alta attività cosciente della psiche. Ne consegue che tutti gli altri processi più meccanici e più automatici vengono liberati e acquistano progressivamente una certa indipendenza a spese della coscienza. [...] Il concetto di Janet sugli effetti dell'emozione si fonda su questa base, secondo la quale ogni automatismo viene favorito dalla distrazione (cioè debolezza dell'attenzione) e prospera soprattutto, come si esprime Binet, "nella parte in ombra della psiche"» (1903, p. 191).

Bibliografia

Ammaniti M., Dazzi N. (a cura di), *Affetti. Natura e sviluppo delle relazioni interpersonali*, Laterza, Bari 1990.
Binet A., *Les altérations de la personnalité*, Alcan, Paris 1892.
Bleuler E., *Affettività, suggestione, paranoia* (1906), Fattore Umano Edizioni, Roma 2017.
Dunn J., *Affetti profondi. Bambini, genitori, fratelli, amici* (1993), il Mulino, Bologna 1998.
Fenichel O., *Trattato di psicoanalisi delle nevrosi e delle psicosi* (1945), Astrolabio, Roma 1951.
Freud S., *Lettere a Wilhelm Fliess 1887-1904*, Bollati Boringhieri, Torino 1986.
–, *Studi sull'isteria (in collaborazione con Josef Breuer)* (1892-1895), in *Opere* (1967-1993), Bollati Boringhieri, Torino, vol. I.
–, *Metapsicologia* (1915), in *Opere*, cit., vol. VIII.
–, *Inibizione, sintomo e angoscia* (1925), in *Opere*, cit., vol. X.

Janet P., *L'automatismo psicologico. Saggio di psicologia sperimentale sulle forme inferiori dell'attività umana* (1889-1903), Raffaello Cortina, Milano 2013.
Jung C. G., *Simulazione di malattia mentale* (1903), in *Opere* (1969-2007), Bollati Boringhieri, Torino, vol. I.
–, *Tipi psicologici* (1921), in *Opere*, cit., vol. VI.
–, *Fondamenti della psicologia analitica* (1935), in *Opere*, cit., vol. XV.

Affezione (ingl. *Affection*; ted. *Affektion*, *Zuneigung*; fr. *Affection*; sp. *Afección*). Con questo termine si intendono due significati diversi e tra loro irrelati:

1. Condizione in cui viene a trovarsi chiunque subisca un'azione o una modificazione. Questo significato copre un'area ampia che coincide con la categoria aristotelica del "patire". In questo senso il termine fu impiegato da Immanuel Kant, che chiamò affezioni «le rappresentazioni nei cui confronti lo spirito si comporta passivamente» (1798, p. 7).

2. Legame emotivo persistente di diversa intensità verso una o più persone, in genere di natura non sessuale. A seconda dei legami che contraddistingue si nomina: affezione parentale, amicale, coniugale. Dal punto di vista psicoanalitico le affezioni sono considerate impulsi erotici inibiti nel raggiungimento della loro meta (v. PULSIONE). Così alla base dell'amicizia esisterebbe una sublimazione degli impulsi omosessuali, quindi con una desessualizzazione maggiore che nelle affezioni parentali, mentre nelle affezioni coniugali si assisterebbe a una sublimazione di parte dei legami erotici.

Bibliografia

Freud S., *Tre saggi sulla teoria sessuale* (1905), in *Opere* (1967-1993), Bollati Boringhieri, Torino, vol. IV.
Kant I., *Antropologia pragmatica* (1798), Laterza, Bari 1969.

Affidabilità, v. TEST, § I, 2.

Affiliazione (ingl. *Affiliation*; ted. *Aufnahme*; fr. *Affiliation*; sp. *Afiliación*). Bisogno sociale che si manifesta nel desiderio di essere amato e accettato dagli altri e quindi integrato in un gruppo che dia garanzie di appoggio e protezione. L'affiliazione è, tra i bisogni non fisiologici, uno tra i più motivanti (v. MOTIVAZIONE, § 6).

Afflizione (ingl. *Affliction*; ted. *Kummer*; fr. *Affliction*; sp. *Aflicción*). Penoso stato emotivo, che può protrarsi per un certo tempo, suscitato dalla perdita di qualcosa a cui si attribuisce un valore significativo o di qualcuno a cui si è particolarmente legati. L'afflizione è tanto più intensa quanto maggiore è il valore attribuito alla cosa o alla persona. Le manifestazioni più gravi si hanno con la perdita di persone care (v. LUTTO). Sono propri dell'afflizione: 1) difficoltà respiratorie con prostrazione, tensione e sensazione di irrealtà, 2) ABULIA (v.) o affaccendamento afinalistico (v. AFFACCENDAMENTO), 3) sensi di colpa o di rimorso, 4) ostilità nei confronti di chiunque abbia avuto rapporti con la cosa o la persona perdute, 5) identificazione con la persona scomparsa di cui si tende ad assumere interessi, abitudini e talvolta anche i tratti caratteristici. Solitamente queste manifestazioni scompaiono dopo qualche tempo. Il loro persistere dopo un tempo ragionevole è sintomo di DEPRESSIONE (v.) che, rispetto all'afflizione che è uno stato fisiologico, si inscrive nella patologia.

Afonia (ingl. *Aphonia*; ted. *Aphonie*; fr. *Aphonie*; sp. *Afonía*). Estinzione della voce per ragioni organiche o psichiche, come nel caso dell'afonia isterica, che è un'assenza temporanea della voce senza giustificazione organica. Si parla inoltre di *fonoastenia* quando la voce è eccessivamente debole. Anche in questo caso l'origine è prevalentemente psicogena.

Afrasia (ingl. *Aphrasia*; ted. *Aphrasie*; fr. *Aphrasie*; sp. *Afrasia*). Incapacità parziale (*parafrasia*) o totale (*afrasia*) di pronunciare o di comporre parole connesse in forma di frase. Considerata una forma di AFASIA (v.) relativa non alle singole parole, ma al loro ordine nella frase, l'afrasia si distingue in *espressiva* o *percettiva* a seconda che il disturbo interessi la pronuncia o la comprensione del costrutto linguistico. Nell'ambito delle parafrasie si distinguono la *vesania*, in cui la formazione del discorso è del tutto incoerente, e la *tematica*, che divaga dall'argomento fino a smarrirsi nella sequenza delle associazioni che si sovrappongono con ritmo incontrollabile.

Bibliografia

De Filippis Cippone A., *Turbe del linguaggio e riabilitazione*, Armando, Roma 1974.
Gainotti G. (a cura di), *Struttura e patologia del linguaggio*, il Mulino, Bologna 1983.
Pizzamiglio L., *I disturbi del linguaggio*, Etas Kompass, Milano 1968.

Afrodisiaco (ingl. *Aphrodisiac*; ted. *Aphrodisiakum*; fr. *Aphrodisiaque*; sp. *Afrodisiaco*). Aggettivo sostantivato riferito a tutti quei fattori che possono determinare uno stato di eccitazione sessuale, elevarne il livello o protrarne la durata. Vi sono afrodisiaci naturali, come odori, visioni e simili, e altri di natura farmacologica o allucinogena.

Agentività umana, v. AUTOEFFICACIA.

Ageusia, v. GUSTATIVO, SISTEMA.

Aggiustamento (ingl. *Adjustment*; ted. *Anpassung*; fr. *Adaptation*; sp. *Adaptación*). Il termine si riferisce: 1) alla modificazione del comportamento abituale in vista di un miglior ADATTAMENTO (v.) all'ambiente sociale; 2) alla capacità di un individuo, che presenta anomalie di comportamento di natura prevalentemente ambientale, di migliorare la sua condizione evitando situazioni frustranti e favorendo quelle soddisfacenti. Quando i processi di aggiustamento falliscono si parla di *malaggiustamento*, che può essere familiare, scolastico, coniugale, professionale ecc., e di *riaggiustamento*, quando si ha una riconversione positiva di un comportamento temporaneamente disturbato.

Agglutinazione (ingl. *Agglutination*; ted. *Agglutination*; fr. *Agglutination*; sp. *Aglutinación*). Condensazione di più parole o radici in una sola parola. Ernst Kretschmer parla anche di agglutinazione di immagini nei sogni, dove volti di più persone o diversi oggetti di valore emotivo simile vengono visti come una cosa sola. Sigmund Freud aveva già chiamato questo fenomeno onirico CONDENSAZIONE (v.).

Bibliografia

Freud S., *L'interpretazione dei sogni* (1889), in *Opere* (1967-1993), Bollati Boringhieri, Torino, vol. III.
Kretschmer E., *Manuale teorico-pratico di psicologia medica* (1922), Sansoni, Firenze 1952.

Aggravazione (ingl. *Aggravation*; ted. *Verschlimmerung*; fr. *Aggravation*; sp. *Agravación*). Accentuazione volontaria di disturbi realmente presenti e avvertiti dal soggetto. Il significato del termine va tenuto distinto da quello di SIMULAZIONE (v. § 2), che indica l'ostentazione di sintomi non esistenti. Ovviamente, quanto più grave è la malattia, tanto minore è la tendenza del paziente ad aggravare i sintomi. Frequente nei comportamenti isterici, l'aggravazione rientra nelle forme di GUADAGNO DELLA MALATTIA (v.).

Aggregato (ingl. *Aggregate*; ted. *Aggregat*; fr. *Agrégat*; sp. *Agregado*). Espressione derivata dalla sociologia di Vilfredo Pareto e mutuata da Talcott Parsons che, con questo termine, indica qualsiasi tipo di struttura sociale di più o meno lunga durata. L'espressione è impiegata in psicologia sociale per designare un certo numero di individui ricavato nel corso di un'indagine per immissione di determinate categorie, come la vicinanza geografica, il livello socioeconomico e simili. L'aggregato si distingue dal GRUPPO (v.), la cui coesione non è esteriore e artificiale.

Bibliografia

Pareto V., *Corso di economia politica* (1896-1897), Utet, Torino 1972.
Parsons T., *Il sistema sociale* (1951), Edizioni di Comunità, Milano 1965.

Aggressione (ingl. *Aggression*; ted. *Angriff*; fr. *Agression*; sp. *Agresión*). Comportamento dell'animale e dell'uomo teso a mete lesive o distruttive, oppure a scopi che richiedono il superamento più o meno violento di ostacoli. L'oggetto di aggressione può appartenere alla stessa specie (aggressione *intraspecifica*) o a specie diverse (aggressione *interspecifica*). Il termine, in uso in etologia, in politologia e in sociologia, è poco impiegato in psicologia dove si preferisce il termine AGGRESSIVITÀ (v.).

Aggressività (ingl. *Aggressivity*; ted. *Aggressivität*; fr. *Agressivité*; sp. *Agresividad*). Tendenza che può essere presente in ogni comportamento e in ogni fantasia volta all'etero- o all'auto-distruzione, oppure all'autoaffermazione. La prima definizione prevale in psicoanalisi e in psichiatria, la seconda, che risponde all'etimologia del termine, dal latino *aggredior* che significa "cammino in avanti", prevale in psicologia, dove però la possibilità di giungere ad una definizione univoca è ulteriormente complicata da concetti e posizioni teoriche che derivano da discipline contigue, come l'etologia e l'antropologia. I due sensi in cui viene usato il termine hanno poco in comune. Ciò che li unisce è la presenza di competizione e l'instaurazione del predominio e del soggiogamento di quanti vengono percepiti come rivali. Tra questi, in ambito psicoanalitico, anche le parti psichiche interne che il soggetto rifiuta e su cui esercita un'azione autodistruttiva.

1. NEUROPSICOLOGIA. Come ricorda Leonardo Ancona, fin dagli anni venti la sperimentazione in questo campo aveva identificato in una regione della base encefalica il cosiddetto *locus niger*, sede di un meccanismo responsabile dello "stato di collera". Ricerche successive hanno consentito di individuare formazioni neuroniche multiple che, opportunamente stimolate, determinano lo stato aggressivo o di quiete fino a distinguere, nella regione centro-encefalica, la reazione di rabbia primitiva che si ha con la stimolazione dell'ipotalamo posteriore (crisi reticolo-mesencefalica) da quella di collera più completa che si ha con la stimolazione dei nuclei dell'amigdala e delle strutture ippocampiche (crisi rinencefalica). La spiegazione neurofisiologica non è tuttavia sufficiente perché si è constatato che identiche stimolazioni producono comportamenti diversi in funzione delle variazioni del contesto; il che fa pensare a un confronto operato dalla corteccia tra ciò che viene appreso attraverso

le vie sensoriali e lo stato eccitatorio centrale ad esso connesso, da cui dipende la probabilità maggiore o minore che uno stimolo promuova processi orientati verso un ordinato filtro periferico di nuovi afflussi sensoriali, o apra gli argini a un loro caotico afflusso, a causa di cortocircuiti riflessi.

2. ETOLOGIA. Le ricerche condotte in questo campo sono approdate a una lettura dell'aggressività come forma di difesa e di affermazione dell'individuo e della specie. L'aggressività si manifesta in condizioni di isolamento, di insufficienza del territorio, nella lotta per decidere il comando del gruppo, consentendo la conclusione che spesso le condizioni ambientali agiscono con una forza stimolante non inferiore alla stimolazione neurologica, come nel caso del toro che, quando si ritrova nella stessa posizione in cui si è trovato quando è entrato nell'arena, riesce a riorganizzare le proprie energie di difesa e di attacco molto meglio che in qualsiasi altro punto dell'arena. Konrad Lorenz ha mostrato la trasformazione, operatasi nel corso dell'evoluzione biologica, di movimenti di belligeranza in rituali di richiamo amoroso, con la conseguenza di un avvicinamento pacifico in luogo di una reazione di aggressione e fuga. Da ciò Lorenz ha tratto la conclusione che l'aggressività non è una dimensione distruttiva, ma una tendenza positiva che spinge gli esseri viventi alla conservazione della vita nelle forme della difesa del territorio, della ricerca della femmina, della lotta per procurarsi il cibo, che sono altrettante forme in cui il "cosiddetto male", come Lorenz chiama l'aggressività, concorre alle modalità più diversificate di sopravvivenza.

3. PSICOLOGIA SPERIMENTALE. In questo ambito le ricerche più significative sono state compiute da John Dollard, Leonard W. Doob, Neal Elgar Miller, della scuola di Yale, partendo dall'ipotesi del primo Freud che collegava l'aggressività alla frustrazione. Le conclusioni a cui queste ricerche giunsero sono che: *a*) il livello della condotta aggressiva varia in rapporto alla rilevanza della frustrazione, misurabile in base alla forza della motivazione, al grado di interferenza sul tragitto che conduce allo scopo, al numero delle condotte motivate che sono state frustrate; *b*) la condotta aggressiva può essere inibita in base alla punizione che il soggetto si attende a seguito della condotta aggressiva; *c*) l'aggressività può essere spostata su oggetti diversi rispetto a quelli verso cui l'aggressività era orientata, quando l'ostacolo frustrante non può essere attaccato o rimosso perché non è accessibile o è troppo pericoloso; *d*) l'autoaggressività si manifesta quando il soggetto considera se stesso l'agente frustrante o quando l'aggressività è inibita dal soggetto invece che da cause esterne; *e*) ogni atto aggressivo porta a una catarsi che riduce la probabilità di nuove manifestazioni aggressive.

4. PSICOLOGIA SOCIALE. In questo ambito si tende a sottolineare l'aspetto acquisitivo dell'aggressività. I lavori di Kurt Lewin, Ronald Lippitt e Ralph K. White nel 1939 hanno mostrato: *a*) l'indebolimento delle inibizioni dovuto all'idea che l'aggressività può essere remunerativa o, in alcune circostanze, addirittura moralmente giustificata; *b*) la stimolazione delle idee e dei sentimenti aggressivi ad opera delle immagini cinematografiche, televisive e giornalistiche; *c*) la falsità dell'effetto catartico conseguente al dispiegamento dell'aggressività, nel senso che l'aggressore può sentirsi bene quando scopre che la sua vittima è stata adeguatamente danneggiata e il raggiungimento di questo obiettivo ha un effetto di rinforzo; *d*) la tendenza dei membri di un gruppo retto da un leader autoritario, al contrario dei membri di un gruppo retto da un leader democratico, a scaricare la loro aggressività su una singola vittima o capro espiatorio. Sempre nell'ambito della psicologia sociale si spiegano, in relazione all'ambiente, le reazioni di *ansia* che promuovono la fuga e quelle di *aggressività* che promuovono il combattimento, distinguendo tra aggressività *silenziosa*, che rimane interiorizzata per esprimersi in tratti caratteriali, e aggressività *creativa*, priva di connotazioni ostili, che si esprime in competizione sociale e determinazione nel raggiungimento degli obiettivi che ci si è proposti. Da qui la conclusione che l'aggressività non assomiglia tanto a un istinto primario, come ad esempio la fame, ma, al pari della pulsione sessuale descritta da Sigmund Freud (v. PULSIONE), è culturalmente modulabile, essendo largamente connotata dall'interazione sociale, dove si esprime come possibilità di scambi multipli con un tasso molto alto di differenziazione. In questi ultimi anni la psicologia sociale si è occupata dei vari aspetti dell'aggressività: da quella domestica a quella sessuale (v. ABUSO), dalla violenza delle bande di adolescenti a scuola (v. BULLISMO) a quella nei confronti degli immigrati (v. RAZZISMO), dalla violenza negli stadi a quella più sottile sul posto di lavoro (v. PSICOLOGIA DEL LAVORO, § 7).

5. PSICOANALISI. Il concetto di aggressività, nella formulazione di *pulsione d'aggressione* (*Aggressionstrieb*), è stato introdotto da Alfred Adler nel 1908, insieme a quello di INTRECCIO PULSIONALE (v.), e interpretato come espressione della volontà di potenza volta alla compensazione di sentimenti di inferiorità. Oltre alla tendenza reattiva, Adler vedeva nell'aggressività la forma dell'affermazione di sé che, se repressa, poteva portare o alla tendenza a vivere gli altri come ostili e nemici, o a un eccesso di

docilità, sottomissione, svalutazione di sé. Dal canto suo Freud considerò l'aggressività in un primo tempo come una componente della pulsione sessuale particolarmente evidente nel sadismo, quindi come una pulsione non libidica dell'Io diretta al controllo del mondo esterno, infine come espressione della pulsione di morte in contrapposizione alle pulsioni sessuali e di autoconservazione inscritte nelle pulsioni di vita (v. Morte, § 2). Freud inoltre distingue la pulsione d'aggressione (*Aggressionstrieb*) dalla pulsione di distruzione (*Destruktionstrieb*; v. Distruttività, § 1), perché mentre la prima è rivolta verso l'esterno, la seconda prevede anche l'autodistruzione (*Selbstdestruktion*; v. Pulsione, §§ 1, g; 2).

In corrispondenza degli stadi percorsi dalla libido nel corso della sua evoluzione, Freud distingue un'aggressività *orale*, che è la più primitiva e tende alla fusione con l'oggetto che resta comunque distrutto, o perché incorporato o perché vomitato, con tutto il simbolismo connesso a queste due figure che ruotano intorno a un'identità precaria; *anale*, che si esprime nel dominio e nel controllo dell'altro per esorcizzare la paura di essere tradito, derubato, svuotato; *fallica*, che è un'aggressività socializzata, esibizionistica che si esprime nella rivalità e nella competizione per superare l'altro o per difendere oltranzisticamente se stesso.

La riduzione freudiana dell'aggressività a pulsione di morte fu criticata da Otto Fenichel, per il quale «non possiamo negare l'esistenza e l'importanza degli impulsi aggressivi, ma non possiamo provare che essi sempre e necessariamente appaiano per l'esteriorizzarsi di esigenze autodistruttive ancor più antiche. Forse l'aggressività, in origine, non era uno scopo istintivo in sé, caratterizzante una categoria di istinti, ma piuttosto un modo di lottare degli scopi istintivi contro disillusioni, o perfino spontaneamente» (1945, p. 73). Di qui le conclusioni: *a*) non esiste alcuna prova che gli istinti aggressivi siano l'espressione di impulsi autodistruttivi primari come l'istinto di morte; *b*) originariamente l'aggressività non è un istinto autonomo, ma un modo per gratificare alcune esigenze istintuali in caso di rinunce o indipendentemente da esse; *c*) l'istinto o impulso istintuale arcaico dell'incorporazione di un oggetto costituisce la matrice sia degli impulsi d'amore sia degli impulsi di odio.

L'aggressività occupa una posizione decisiva nella teoria di Melanie Klein, soprattutto in ordine alle fantasie aggressive che il bambino, nei primi anni di vita, rivolge verso la madre. L'aggressività, che assume ruoli diversi nello sviluppo della personalità, si rivela durante la fase orale nella tendenza del bambino a mordere il seno, dove, secondo la Klein, già sono reperibili le tracce che definiranno il rapporto tra l'individuo e la realtà. Nella fase anale, attraverso il controllo delle funzioni escretrici, l'aggressività si scarica sugli oggetti frequentemente distrutti, per poi dirigersi nella fase fallica verso il genitore dello stesso sesso, favorendo il processo di Identificazione (v.) con il medesimo come difesa da sentimenti di ansia e di colpa. Tutto ciò è reso possibile dal fatto che il bambino ha una spiccata capacità di proiettare i propri sentimenti attribuendo l'amore e l'odio agli oggetti che, di conseguenza, diventano buoni o persecutori (v. Kleiniana, Teoria, § 1). In questo modo la Klein capovolge il primo schema freudiano del predominio iniziale delle pulsioni libidinali e dell'emergenza dell'aggressione solo a seguito delle frustrazioni che le pulsioni libidinali subiscono.

La Psicologia dell'Io (v.) con Heinz Hartmann ritiene che la dinamica dell'aggressività sia estranea alla pulsione di morte, ma sia, come la libido, correlata al principio di piacere (scarica) e di dispiacere (accumulo), e quindi suscettibile di neutralizzazione e di sublimazione che consentono di interiorizzarla senza conseguenze autodistruttive, fornendo all'Io energia utilizzabile. L'aggressività non neutralizzata, né sublimata, gioca un ruolo nel conflitto psichico portando alla formazione di sintomi e a tratti del carattere. Su questa linea Erik Homburger Erikson distingue un'aggressività *ostile* prodotta da un Io conflittuale che lavora in termini difensivi, e un'aggressività *costruttiva* prodotta da un Io non conflittuale che si esprime in termini di attività, energia e spirito di iniziativa.

6. Psichiatria. In questo ambito si parla di aggressività a proposito dei comportamenti antisociali degli individui che si realizzano attraverso un'identificazione negativa, e come sintomo di molte affezioni psichiatriche, dove l'aggressività appare afinalistica, acritica e non coerente con la realtà, inducendo comportamenti fisici e verbali che esprimono ira, rabbia e ostilità. Con riferimento ai quadri clinici, la psichiatria descrive: *a*) l'aggressività esplosiva di certe personalità psicopatiche e di certi epilettici che si manifesta con vere crisi di furore distruttivo; *b*) negli schizofrenici i comportamenti etero- e auto-aggressivi di solito del tutto imprevisti che colpiscono per la loro incoerenza e il loro afinalismo; *c*) nei paranoici l'aggressività come reazione di terrore ad angosce persecutorie. Non si devono da ultimo trascurare gli stati deliranti e allucinatori acuti di natura funzionale, tossica e organica, che possono presentare manifestazioni di aggressività, così come nella senescenza si può notare un riaffiorare delle pulsioni aggressive che possono assumere un carattere patologico negli stati demenziali o predemenziali degli anziani.

Bibliografia

Adler A., *Der Aggressionstrieb im Leben und in der Neurose*, in "Fortschritte der Medizin", 1908, vol. 26.

–, *Il temperamento nervoso* (1912), Astrolabio, Roma 1950.

Ancona L., *L'aggressività*, in Id. (a cura di), *Nuove questioni di psicologia*, La Scuola, Brescia 1972, vol. I, pp. 991-1024.
Bandura A., *Aggression. A social learning analysis*, Prentice Hall, Englewood Cliffs, New Jersey, 1973.
Berkowitz L., *Aggression. A social psychological analysis*, McGraw-Hill, New York 1962.
Caprara G. V., *Personalità e aggressività*, Bulzoni, Roma 1981.
Carthy J. D., Ebling F. J. (a cura di), *Storia naturale dell'aggressività* (1964), Feltrinelli, Milano 1973.
Cassano G. B. (a cura di), *Condotte aggressive e violente*, in G. B. Cassano, P. Pancheri *et al.* (a cura di), *Trattato italiano di psichiatria* (1992), Masson, Milano 1999, vol. I, pp. 619-666.
Chomsky N., *Atti di aggressione e di controllo* (1999), Tropea, Milano 2000.
De Zulueta F., *Dal dolore alla violenza. Le origini traumatiche dell'aggressività* (1993), Raffaello Cortina, Milano 1999.
Dollard J., Doob L. W., Miller N. E., Mowrer O. H., Sears R. R., *Frustrazione e aggressività* (1939), Giunti Barbera, Firenze 1967.
Eibl-Eibesfeldt I., *Amore e odio. Per una storia naturale dei comportamenti elementari* (1970), Adelphi, Milano 1971.
Elias N., Dunning E., *Sport e aggressività* (1986), il Mulino, Bologna 1989.
Erikson E. H., *Infanzia e società* (1950), Armando, Roma 1968.
Fenichel O., *Trattato di psicoanalisi delle nevrosi e delle psicosi* (1945), Astrolabio, Roma 1951.
Fornari F., *Psicoanalisi della guerra*, Feltrinelli, Milano 1966.
Freud S., *Pulsioni e loro destini*, in *Metapsicologia* (1915), in *Opere* (1967-1993), Bollati Boringhieri, Torino, vol. VIII.
–, *Introduzione alla psicoanalisi. Nuova serie di lezioni* (1932), in *Opere*, cit., vol. XI.
Fromm E., *Anatomia della distruttività umana* (1973), Mondadori, Milano 1975.
Hartmann H., *Psicologia dell'Io e problema dell'adattamento* (1939), Bollati Boringhieri, Torino 1966.
Johnson R. N., *Aggression in man and animals*, Saunders, Philadelphia 1972.
Kernberg O. F., *Aggressività, disturbi della personalità e perversioni*, Raffaello Cortina, Milano 1993.
Klama J., *L'aggressività, realtà e mito*, Bollati Boringhieri, Torino 1991.
Klein M., *Scritti 1921-1958*, Bollati Boringhieri, Torino 1978.
Krahé B., *Psicologia sociale dell'aggressività* (2001), il Mulino, Bologna 2005.
Lacan J., *L'aggressività in psicoanalisi* (1948), in *Scritti* (1936-1966), Einaudi, Torino 1974, vol. I.
Lewin K., Lippitt R., White R. K., *Patterns of aggressive behavior in experimentally created "Social Climates"*, in "Journal of Social Psychology", 1939, n. 10, pp. 271-299.
Lorenz K., *L'aggressività. Edizione ampliata de "Il cosiddetto male"* (1963), il Saggiatore, Milano 1976.
Marsh P., *Aggro. The illusion of violence*, Dent, London 1978.
Nemiah J. C., *L'aggressività nevrotica*, in S. Arieti (a cura di), *Manuale di psichiatria* (1959-1966), Bollati Boringhieri, Torino 1969-1970, vol. I, pp. 469-479.
Scheidt J. vom, *Innenwelt-Verschmutzung. Die verborgene Aggresion: Symptome, Ursachen, Therapie*, Fischer, Frankfurt a.M. 1988.
Tinbergen N., *Il comportamento sociale degli animali* (1953), Einaudi, Torino 1969.
Zamperini A., *La bestia dentro di noi. Smascherare l'aggressività*, il Mulino, Bologna 2014.
Zamperini A., Testoni I., *Aggressività e altruismo*, in Id., *Psicologia sociale*, Einaudi, Torino 2002, pp. 190-214.

Aggruppamento (ingl. *Grouping*; ted. *Ansammlung*; fr. *Rassemblement*; sp. *Agrupamiento*). Termine utilizzato in ambito cognitivista per indicare le strategie che favoriscono la memorizzazione, grazie a quel collegamento delle unità mnestiche che può essere costruito a partire dai tratti percettivi o semantici forniti dal materiale stesso, o in base a principi ad esso estrinseci. Ovviamente la capacità di raggruppare le unità in insiemi significativi dipende molto dall'apprendimento precedente, per cui la memoria a breve termine non può prescindere dalla memoria a lungo termine (v. MEMORIA, § 3). Man mano che crescono le conoscenze aumenta la quantità di informazioni per raggruppamento, che vengono meglio ricordate se si usa qualche simbolo particolare per rappresentare il gruppo.

In un'accezione più specifica, il termine è stato utilizzato da Jean Piaget per indicare l'equilibrio dei quadri assimilatori che il pensiero raggiunge nel periodo delle operazioni concrete (v. COGNIZIONE, § 2, *c*) al termine di quel processo di formazione in cui ogni nuova assimilazione modifica gli schemi anteriori, minacciando una contraddizione. L'equilibrio, che è pur sempre un equilibrio mobile, raggiunge la sua stabilità quando si è in grado di: 1) classificare e seriare elementi individuali considerati come invarianti; 2) decomporre e ricomporre l'oggetto in base alle operazioni apprese; 3) relazionare mezzi a fini, che è un aggruppamento essenziale dell'intelligenza pratica misurabile in termini economici; 4) tradurre i tre sistemi descritti in forma di proposizioni, da cui nasce la logica delle proposizioni sulla base di implicazioni e di incompatibilità tra funzioni proposizionali (1947, pp. 45-63).

Bibliografia

Ericsson K. A., Chase W. G., Faloon S., *Acquisition of a memory skill*, in "Science", 1980, n. 208, pp. 1181-1182.
Miller G. A., *The magical number seven, plus or minus two. Some limits on our capacity for processing information*, in "Psychological Review", 1956, n. 63, pp. 81-93.
Piaget J., *Psicologia dell'intelligenza* (1947), Editrice Universitaria, Firenze 1964.
–, *Traité de logique*, Colin, Paris 1949.
–, *Logica e psicologia* (1953), La Nuova Italia, Firenze 1969.

Agire (ingl. *Acting out*; ted. *Agieren*; fr. *Mise en acte*; sp. *Actuación*). Termine psicoanalitico introdotto da Sigmund Freud per indicare il tentativo de paziente in trattamento analitico di non misurarsi, per paura, con i suoi conflitti inconsci, cercando soluzioni sul piano di realtà. Il termine, di origine latina e conservato nella lingua tedesca nella forma *agieren*, è impiegato da Freud, come il termine *abreagieren* (v. ABREAZIONE) che ha la stessa radice, in senso transitivo, e allude al fatto di "mettere in atto" desideri, fantasmi e pulsioni. Da qui l'espressione inglese *acting out*, ormai adottata in tutte le lingue e preferita al termine freudiano *agieren*. Un uomo che ha paura delle donne, ma che nel corso del trattamento psicoanalitico non vuol rendersi conto della cosa per l'angoscia che prova, può cominciare a intrecciare precipitose relazioni con varie donne per dimostrare a se stesso e al terapeuta di non aver alcun bisogno di conoscere le ragioni della sua angoscia. Questo atteggiamento, che porta ad agire prima di riflettere, senza curarsi delle conseguenze, come osserva Maria Ponsi può avvenire o all'interno dello spazio in cui si svolge l'analisi (*acting in*) o all'esterno (*acting out*), e trova le sue ragioni nel fatto che la pulsione non ha mai acquistato un'espressione verbale, o perché è troppo intensa per potersi scaricare in parole, o perché il soggetto manca di capacità di elaborazione. Poiché la psicoanalisi è una "cura con le parole" condotta in uno stato di riflessione, l'agire, frequente nei casi di psicopatia e nei disturbi del comportamento, riduce l'accessibilità al trattamento analitico.

Nei testi di Freud il verbo *agieren* è quasi sempre in relazione con il verbo *erinnern* che significa "ricordare", perché, secondo Freud, l'azione sta sempre al posto di un ricordo che, non effettuato, non consente al paziente di cogliere l'origine e il carattere ripetitivo (v. COAZIONE) di ciò che mette in atto. Per questo, scrive Freud, «anziché riferire, il paziente "agisce" per così dire teatralmente davanti a noi» (1938, p. 603); oppure, quando l'azione avviene al di fuori del TRANSFERT (v.) propriamente detto, «dobbiamo rassegnarci a che l'analizzato soggiaccia alla coazione a ripetere (che ora sostituisce l'impulso a ricordare), non soltanto nei suoi rapporti personali con il medico, ma anche in tutte le altre attività e relazioni della sua vita presente: come ad esempio quando egli, durante la cura, sceglie un oggetto d'amore, si assume un compito o dà corso a un'iniziativa» (1914, pp. 356-357). Dai testi riprodotti emerge che, nell'introdurre la nozione di *agieren*, Freud non si è preoccupato di distinguerla da quella di transfert, dove anche è possibile "agire" sentimenti infantili sulla persona dell'analista. Questo spiega perché Freud lamenti il "passaggio all'azione" solo quando il soggetto è fuori dal trattamento analitico. E infatti scrive: «È per noi oltremodo indesiderabile che il paziente, al di fuori del transfert, "agisca" anziché ricordare; la condotta ideale, dati i nostri scopi, sarebbe che egli, al di fuori del trattamento, si comportasse nella maniera più normale possibile, manifestando soltanto nel transfert le sue reazioni anomale» (1938, p. 604).

A una formulazione più precisa di *acting out* provvederà Otto Fenichel, che lo definisce «un agire che inconsciamente diminuisce la tensione interna e comporta una scarica parziale degli impulsi tenuti a freno; la situazione presente, connessa in qualche modo associativo con il contenuto rimosso, viene usata come occasione per la scarica delle energie rimosse; l'investimento viene spostato dai ricordi rimossi al "derivato" attuale, e questo spostamento rende possibile la scarica» (1940, p. 64).

La nozione di *acting out* è oggi utilizzata anche al di fuori della psicoanalisi, come ad esempio nello studio delle strutture caratteriali degli individui, intese come modelli abituali di reazione che si sviluppano come risultato del conflitto tra esigenze istintuali e mondo esterno frustrante. Benché tale modello abbia origine nella situazione familiare, l'individuo lo conserva per tutta la vita come metodo tipico di reazione a ogni frustrazione. Anche questo SPOSTAMENTO (v.) costituisce un *acting out*.

Bibliografia

Archer M. S., *La conversazione interiore. Come nasce l'agire sociale* (2003), Erickson, Trento 2006.

Cranach M. von, Ochsenbein G., *Agire. La forma umana del comportamento* (s.d.), il Mulino, Bologna 1994.

Dal Lago A., *Il paradosso dell'agire*, Liguori, Napoli 1990.

Fenichel O., *Acting out*, in "Psychoanalysis Review", 1940, n. 3.

Freud S., *Ricordare, ripetere e rielaborare* (1914), in *Nuovi consigli sulla tecnica della psicoanalisi* (1913-1914), in *Opere* (1967-1993), Bollati Boringhieri, Torino, vol. VII.

–, *Compendio di psicoanalisi* (1938), in *Opere*, cit., vol. XI.

Ponsi M., *Acting (in e out), Enactment, Agire*, in AA.VV., *Psiche. Dizionario storico di psicologia, psichiatria, psicoanalisi, neuroscienze*, Einaudi, Torino 2006-2007, vol. I, pp. 7-11.

Stiegler B., *Passare all'atto* (2003), Fazi Editore, Roma 2005.

Agiria (ingl. *Agiria*; ted. *Agirie*; fr. *Agirie*; sp. *Agiria*). Difetto congenito nello sviluppo del cervello caratterizzato dall'assenza di circonvoluzioni cerebrali.

Agitazione (ingl. *Agitation*; ted. *Aufregung*; fr. *Agitation*; sp. *Agitación*). Stato di tensione che si manifesta nell'area psicomotoria con iperattività afinalistica, continui assestamenti del corpo, incessante manipolazione degli oggetti, movimenti concitati che non hanno in vista alcuno scopo. Trattandosi di un sintomo con cui si scarica una tensione, il trattamento dell'agitazione coincide con il trattamento della causa psicogena o della forma nevrotica sottostante.

Agnosia (ingl. *Agnosia*; ted. *Agnosie*; fr. *Agnosie*; sp. *Agnosia*). Incapacità di identificare un oggetto offerto alla percezione, nonostante le funzioni sensoriali periferiche siano integre e non intervengano disturbi dell'attenzione e della coscienza. L'agnosia compare in presenza di lesioni che interessano le zone associative temporo-parieto-occipitali di entrambi gli emisferi; quando si associa a disturbi dell'attività gestuale (v. APRASSIA) prende il nome di APRATTOGNOSIA (v.), mentre quando interessa la percezione del proprio corpo prende il nome di SOMATOAGNOSIA (v.). A seconda del tipo di sensibilità interessata o dell'oggetto specifico non riconosciuto si distinguono:

1. *Agnosia visuo-spaziale* che interessa l'orientamento, l'esplorazione e l'incapacità di ricostruire, a partire dagli elementi noti, una struttura topografica. Questo tipo di agnosia, che può essere totale o unilaterale quando si manifesta esclusivamente in un emispazio visivo, è uno dei più discussi, perché i disturbi possono essere inquadrati in premesse teoriche diverse, quali la psicologia associativa (v. ASSOCIAZIONISMO), la PSICOLOGIA DELLA GESTALT (v.), la FENOMENOLOGIA (v.), da cui discendono metodi di indagine e conclusioni differenti.

2. *Agnosia acustica* che riguarda l'incapacità di riconoscere rumori e suoni per lesioni temporali bilaterali. Se la lesione interessa l'emisfero dominante (prevalentemente sinistro) si hanno errori nell'identificazione del rumore o del suono, se interessa l'emisfero non dominante si hanno errori nella differenziazione di rumori e suoni.

3. *Agnosia tattile* che consiste nell'incapacità di riconoscere le caratteristiche di un oggetto servendosi esclusivamente del tatto senza il contributo di altre informazioni. Il disturbo ha ripercussioni sull'esecuzione gestuale (v. APRASSIA).

4. *Prosopagnosia* o *agnosia di fisionomie* che si rivela nell'incapacità di riconoscere persone note e, nei casi più gravi, anche la propria immagine allo specchio. Questo mancato riconoscimento cessa non appena si inizia a parlare, perché la voce e l'intonazione restano familiari. Il disturbo può dipendere o da lesioni retro-rolandiche destre, che comporterebbero una disorganizzazione degli engrammi cerebrali relativi alle esperienze visive normalmente utilizzate per l'identificazione degli esseri che conosciamo, o da meccanismi psicopatologici di ordine relazionale, come accade in alcuni psicotici e talvolta negli isterici.

5. *Agnosia dei colori* che è un'incapacità di riconoscere i colori in soggetti che prima dell'insorgenza della malattia li identificavano perfettamente. Il disturbo può essere totale o interessare un solo emicampo visivo (v. COLORE, § 3).

6. *Cecità corticale*, dovuta a una lesione occipitale bilaterale (distruzione dell'area 17 di entrambi gli emisferi), che determina la perdita della vista e del riflesso di chiusura delle palpebre dopo uno stimolo luminoso. Il riflesso pupillare alla luce è invece conservato in quanto dipendente da fibre visive che terminano nel mesencefalo. I soggetti offesi sono spesso inconsapevoli della loro cecità e, mentre ritengono bene le informazioni verbali, sono incapaci di registrare e di evocare informazioni visive.

Bibliografia

Bay E., *Agnosie und Funktionswandel. Eine hirnpathologische Studie*, Springer, Berlin 1950.

De Renzi E., *Le agnosie*, in G. Denes, L. Pizzamiglio (a cura di), *Manuale di neuropsicologia. Normalità e patologia dei processi cognitivi*, Zanichelli, Bologna 1990.

Gelb A., Goldstein K., *Psychologische Analysen hirnpathologischer Fälle auf Grund von Untersuchungen Hirnverletzter*, in "Zeitschrift für Psychologie und Physiologie der Sinnesorgane", 1920, n. 83.

Humphreys G. W., Riddoch M. J., *To see but not to see. A case study of visual agnosia*, Lawrence Erlbaum Associates, London 1987.

Lange J., *Agnosie und Apraxie*, in O. Bumke, O. Foerster (a cura di), *Handbuch der Neurologie*, Springer, Berlin 1936, vol. 6, pp. 807-960.

Merleau-Ponty M., *Fenomenologia della percezione* (1945), il Saggiatore, Milano 1972.

Teuber H.-L., *Alterations of perception after brain injury*, in J. C. Eccles (a cura di), *Brain conscious experience*, Springer, New York 1966, pp. 182-216.

Agonina, v. CONVULSIVA, TERAPIA.

Agonismo (ingl. *Competitive spirit*; ted. *Kampfgeist*; fr. *Esprit de compétition*; sp. *Espíritu de competencia*). Dal greco ἀγών che significa "gara", il termine si riferisce allo spirito di competizione che concorre alla promozione e all'accrescimento dei livelli individuali di rendimento (v. PSICOLOGIA DELLO SPORT).

Agopuntura (ingl. *Acupuncture*; ted. *Akupunktur*; fr. *Acupuncture*; sp. *Acupuntura*). Metodica clinica di origine cinese che, a partire dalla concezione che il corpo umano è attraversato da un'energia che circola seguendo canali preferenziali detti "meridiani", colloca, lungo questi canali, degli aghi la cui funzione è quella di regolare il flusso energetico. Pur comprendendo un gran numero di tecniche e diverse applicazioni, l'agopuntura si avvale di tre procedure di base: 1) l'infissione di aghi filiformi in cui consiste l'agopuntura propriamente detta; 2) la combustione sulla pelle di piccole quantità di foglie di "artemisia vulgaris" trattate, detta moxibustione; 3) la perforazione dei piccoli vasi della superficie cutanea operata con un ago particolare per ottenere un microsalasso a livello dell'agopunto. Poiché secondo la medicina cinese la natura di una malattia è in rapporto a uno stato *xu* (deficit, carenza) e a uno stato *shi* (eccesso) delle funzioni degli apparati dell'organismo, l'applicazione degli aghi segue procedimenti di "tonificazione" o di "dispersione" volti rispettivamente a correggere il deficit o a eliminare gli eccessi dei fattori costituzionali. Le proprietà terapeutiche dei punti di applicazione degli aghi dipendono dalla loro ubicazione per cui, ad esempio, i punti collocati sulle estremità sono impiegati per curare le estremità stesse o le aree lontane alimentate dai canali a cui questi punti appartengono, mentre i punti della testa, del viso e del tronco, oltre ai disordini di queste zone, servono per correggere i disordini dei corrispondenti organi interni. Il *cun* (distanza) è l'unità di misura per il reperimento dei punti che dividono il corpo in parti uguali, la cui lunghezza è individualmente definita dalla struttura del corpo di ogni singola persona. Con questa tecnica, che non ha nulla di magico o di misterioso, in Cina sono state trattate un gran numero di malattie per migliaia di anni.

Bibliografia

AA.VV., *Esperienza e progresso. L'agopuntura, la farmacologia, l'igiene nella medicina cinese*, Edizioni Paracelso, Roma 1987.

Rossi E., *Shen. Aspetti psichici della medicina cinese. I classici e la clinica contemporanea*, Editrice Ambrosiana, Milano 2002.

Agorafobia (ingl. *Agoraphobia*; ted. *Platzangst*; fr. *Agoraphobie*; sp. *Agorafobia*). Fobia per gli spazi aperti, fobia di essere in mezzo alla folla o in fila, di uscire di casa da soli o trovarsi in luoghi pubblici. L'agorafobia può essere lieve o giungere a vere e proprie crisi di panico che possono portare a svenimenti, sensazioni di vertigine e talvolta anche a una perdita del controllo sfinterico. Questi sintomi si riducono o addirittura scompaiono quando si è accompagnati da una persona di fiducia, nei cui confronti l'agorafobo nutre sentimenti ambivalenti. Più frequente nelle donne che negli uomini, l'agorafobia, che insorge tra i 15 e i 35 anni, tende a peggiorare durante i periodi di depressione e ad attenuarsi in età avanzata, anche se la tendenza alla cronicizzazione è frequente. Secondo Sigmund Freud l'agorafobia nasconde fantasie connesse all'esibizionismo o al desiderio di concedersi sessualmente che insorgono più facilmente quando ci si trova all'aperto, dove la presenza degli altri sollecita questi desideri inconsci. Secondo Helene Deutsch il rapporto con l'accompagnatore ha tutte le caratteristiche del rapporto edipico. Il DSM-5 considera l'agorafobia come la conseguenza di ripetuti attacchi di panico, per cui «l'individuo teme le situazioni sopra descritte a causa di pensieri legati al fatto che potrebbe essere difficile fuggire o che potrebbe rivelarsi impossibile ricevere soccorso nel caso in cui si sviluppino sintomi simili al panico o altri sintomi invalidanti o imbarazzanti» (DSM-5, p. 218).

Bibliografia

Deutsch H., *Zur Genese der Platzangst*, in "Internationale Zeitschrift für Psychoanalyse", 1928, n. XIV.

DSM-5. American Psychiatric Association (APA), *DSM-5. Manuale diagnostico e statistico dei disturbi mentali* (2013), Raffaello Cortina, Milano 2014.

Freud S., *Legittimità di separare dalla nevrastenia un preciso complesso di sintomi come "nevrosi d'angoscia"* (1894), in *Opere* (1967-1993), Bollati Boringhieri, Torino, vol. II.

Vincelli F., Riva G., Molinari E., *Realtà virtuale in psicologia clinica. Nuovi percorsi di intervento nel disturbo di panico con agorafobia*, McGraw-Hill, Milano 2007.

Agrafia (ingl. *Agraphia*; ted. *Agraphie*; fr. *Agraphie*; sp. *Agrafia*).

1. Perdita parziale (*paragrafia*) o totale (*agrafia*) della capacità di scrivere, che insieme a quella di leggere (v. ALESSIA) si manifesta quasi sempre nelle afasie sensoriali (v. AFASIA). L'agrafia, che colpisce sia la scrittura spontanea sia quella sotto dettatura, si manifesta, nelle forme meno gravi dove la scrittura è ancora possibile, nelle forme dell'agrafia letterale (mancanza di sillabe o lettere), agrafia verbale (mancanza di parole), paragrafia letterale (scambio di lettere), paragrafia verbale (scambio di parole). Oltre che dalla compromissione dell'area corticale sulla faccia laterale dell'emisfero sinistro, definita giro angolare o plica curva, l'agrafia può dipendere dalla semplice sconnessione tra aree visive e aree uditive in sé integre. Ciò è dimostrato da recenti studi su casi di afasia in soggetti giapponesi il cui sistema di scrittura è composto da ideogrammi e da due tipi di fonogrammi (v. SCRITTURA). Messi alla prova, detti afasici hanno mostrato un disturbo selettivo a carico della scrittura per fonogrammi (dove è richiesta la connessione tra sistema visivo e sistema uditivo), e non a carico della scrittura per ideogrammi dove il sistema uditivo non è interessato.

2. Dall'agrafia va distinta la *disgrafia*, che è una difficoltà nell'apprendimento della scrittura, spesso connessa a dislessia (v. ALESSIA, § 2) in bambini con livello di intelligenza normale. Si è constatato che i bambini disgrafici presentano spesso un problematico adattamento emotivo-affettivo, senza tuttavia una ripercussione proporzionale sulla gravità della turba grafica.

Bibliografia

Callewaert H., *Graphologie et physiologie de l'écriture*, Nauwelaerts, Louvain 1954.
Cornoldi C., *I disturbi specifici dell'apprendimento. La dislessia e la disgrafia*, Giunti, Firenze 1994.
Hécaen H., Angelergues R., Douzenis J. A., *Les Agraphies*, in "Neuropsychologia", 1963, n. 1.
Leischner A., *Die Störungen der Schriftsprache (Agraphie und Alexie)*, Thieme, Stuttgart 1957.
Pratelli M., *Disgrafia e recupero delle difficoltà grafo-motorie*, Erickson, Trento 1995.

Agrammatismo, v. AFASIA, § 2, *b*.

Agripnia, v. INSONNIA.

Aha-Esperienza (ingl. *Aha-Experience*; ted. *Aha-Erlebnis*; fr. *Aha-Expérience*; sp. *Aha-Experiencia*). Espressione introdotta da Karl Bühler per indicare l'esperienza di sorpresa di fronte a un'improvvisa e insospettata intuizione. Contrariamente all'opinione corrente, per Bühler il conseguimento di un risultato non è sempre correlato a un grado elevato di coscienza, ma viene raggiunto senza una vera e propria consapevolezza metodicamente preparata. Per Wolfgang Köhler la comparsa di ogni nuova intuizione consiste non tanto nella casualità di un'improvvisa conoscenza, quanto nella ristrutturazione figurale e nel raggiungimento di equilibrio fra campi cognitivi in tensione (v. INSIGHT, § 1).

Bibliografia

Bühler K., *Tatsachen und Probleme zu einer Psychologie der Denkvorgänge*, in "Archiv für die gesamte Psychologie", 1908, n. 12.
Köhler W., *La psicologia della Gestalt* (1929), Feltrinelli, Milano 1961.

Aicmofobia (ingl. *Aichmophobia*; ted. *Aichmophobie*; fr. *Aichmophobie*; sp. *Ecmofobia*). Paura degli oggetti acuminati per il timore di poterli usare come arma contro qualcuno, anche se per questa azione non esiste alcuna ragione conscia. In casi estremi il sintomo conduce ad abitudini singolari come quella di mangiare senza posate.

AIDS (*Acquired ImmunoDeficiency Syndrome*). È una malattia caratterizzata da una grave immunodeficienza determinata dal virus HIV (*Human Immunodeficiency Virus*) identificato negli Stati Uniti nel 1981. La psicologia se ne occupa in ordine ai vissuti di angoscia dei pazienti affetti e alle modalità di intervento degli operatori che se ne prendono cura. Come scrive Paolo Rigliano: «L'oblio, l'occultamento e il silenzio come difese da un carico intollerabile di dolore ci portano a considerare come sia fortissimo il rischio che il deperimento e la sospensione dei significati e il non confronto con il senso siano visti dalla persona sieropositiva e malata di AIDS come unica possibilità di continuare a esistere, senza la possibilità di riflettere sull'ecologia del dolore che appartiene a tutti e a cui apparteniamo. [...] Di qui la necessità da parte degli operatori e dei volontari di affrontare il problema in una cornice psicoterapeutica» (1994, pp. 12-14). E ciò può avvenire solo «instaurando un rapporto interpersonale, familiare e comunitario con i malati di AIDS, in modo che cambino le dinamiche della colpa e quelle della diversità, di emarginazione e di violenza, di fuga e di rivolta attraverso una specifica cognizione del dolore, e prima ancora su un'immagine antropologica dell'uomo-ferito, inserito in una rete vitale di rapporti» (ivi, pp. 377-378).

Bibliografia

De Bertolini C., Andreetto U., *Aspetti psicologico-psichiatrici nell'infezione da HIV*, in G. B. Cassano, P. Pancheri *et al.* (a cura di), *Trattato italiano di psichiatria* (1992), Masson, Milano 1999, vol. II, pp. 1289-1322.
Campana L., Baldassarri E., *HIV-AIDS. Alziamo lo sguardo*, Il Ponte Vecchio Editore, Cesena 2005.
De Marchi L., Franchi F., *AIDS. La grande truffa*, Seam Edizioni, Roma 1996.
Rigliano P., *L'AIDS e il suo dolore*, Edizioni Gruppo Abele, Torino 1994.

Aion. Termine greco che definisce il tempo limitato nelle due direzioni definite dalla creazione e dalla fine del mondo. Presente nel *Timeo* di Platone, il termine ricorre negli scritti neoplatonici e gnostici. In psicologia a questo concetto Carl Gustav Jung ha dedicato un libro «il cui tema è l'idea di eone (αἰών in greco). Basandomi sui simboli cristiani, gnostici e alchemici del Sé, mi sono sforzato di far luce sulla trasformazione della situazione psichica all'interno dell'"eone cristiano", penetrato non solo dall'idea originariamente persiano-ebraica dell'inizio e della fine del tempo, ma anche dal presentimento di un'inversione, in un certo senso *enantiodromica*, delle dominanti» (1951, p. 1). L'intento di Jung è di rintracciare le componenti archetipiche che caratterizzano la psicologia dell'uomo occidentale cresciuto nella tradizione cristiana.

Bibliografia

Jung C. G., *Aion. Ricerche sul simbolismo del Sé* (1951), in *Opere* (1969-2007), Bollati Boringhieri, Torino, vol. IX, 2.
Platone, *Timeo*, in *Opere*, Laterza, Bari 1973.

AI, Test (*Assertion Inventory*), v. ASSERTIVITÀ, § 2.

Alalia, v. DISLALIA.

Albero, Test dell', v. DISEGNO, § 3.

Alcandiolo, v. PSICOFARMACOLOGIA, § I, 1, *b*.

Alchimia (ingl. *Alchemy*; ted. *Alchimie*; fr. *Alchimie*; sp. *Alquimia*). Disciplina teorica e operativa che, partendo dall'ipotesi di presunte affinità tra le componenti visibili e invisibili del cosmo, si propone da un lato di trasformare metalli vili in metalli nobili e dall'altro di portare la psiche dell'operatore (alchimista) da condizioni di umanità impure a condizioni pure o nobili. Nel linguaggio alchemico, "trasformazione" significa giungere alla pienezza della propria essenza segreta liberandola da impurità e corruttibilità. Questo processo vale sia per l'opera che per l'operatore.

Secondo la ricostruzione storica di Furio Jesi, le prime testimonianze scritte di ricerche alchemiche risalgono al III secolo d.C. sia in Occidente (Egitto), sia in Oriente (India e Cina). Si tratta di documenti che rispecchiano fasi successive di una dottrina che, per il suo carattere esoterico, è stata per lungo tempo trasmessa solo oralmente. La parola deriva dall'antico egizio *keme*, "terra nera", da cui il termine arabo *alkimya*. In Occidente fu chiamata anche "arte ermetica" da Ermete Trismegisto, figura mitologica di sapiente in cui si fondevano il dio greco Ermes e l'egizio Thot. Oltre al carattere *operativo*, in cui gli alchimisti riconoscono l'essenza della teoresi, l'alchimia ha anche un carattere *segreto*, perché segreta è la vera natura delle cose e segreto rimane il modo di poterle combinare in quelle "nozze mistiche" per illustrare le quali fu impiegato un linguaggio simbolico a forte sfondo sessuale.

Durante il Rinascimento, con Paracelso e con Giovanni Battista Della Porta, l'alchimia si orientò verso la trasformazione del reale e, senza abbandonare il suo carattere di commercio con il sacro, approdò a forme di intervento tecnico affini ai primi passi della chimica e della fisica. Un esempio alto di contaminazione tra sapere esoterico e sapere scientifico è nell'imponente mole di scritti alchemici di Isaac Newton, che espresse il principio della gravitazione universale nei termini alchemici di una legge sacra e di un segreto divino. Dopo il rifiuto dell'alchimia da parte dell'Illuminismo che nell'*Enciclopedia* (1751, vol. I) affermò che le operazioni alchemiche, «quando sono meglio conosciute, perdono quel che di strano e rientrano nel novero delle operazioni della chimica», il Romanticismo la rivalutò come appropriato linguaggio per esprimere il rapporto tra l'uomo e la natura. In tempi recenti il linguaggio alchemico fu rivalutato in campo filosofico da Gaston Bachelard che, pur mantenendo nettissime differenze tra alchimia e chimica, ritenne che le operazioni materiali che in quelle sedi si compiono segnano un "progresso psichico" per l'operatore, e in campo psicologico da Carl Gustav Jung, che fece della trasformazione alchemica il modello della trasformazione psicologica da lui chiamata "processo di individuazione" (v. PSICOLOGIA ANALITICA, § 5).

Sulle immagini alchemiche Jung ha costruito il modello di quello che per lui è il TRANSFERT (v.) e il controtransfert con conseguente scambio di materiale psichico tra analista e paziente, a suo parere molto simile allo scambio che rende possibili le "nozze alchemiche": «Descrivere i fenomeni del transfert è impresa tanto difficile quanto delicata, e non ho saputo affrontarla altrimenti che ricorrendo al simbolismo dell'Opus alchemico. Come credo di aver dimostrato, la *theoria* dell'alchimia non è in sostanza altro che una proiezione di contenuti inconsci, cioè di quelle forme archetipiche caratteristiche di tutte le creazioni immaginarie allo stato puro che ci appaiono ora in forme di miti e favole, ora nei sogni, nelle visioni e nei sistemi deliranti dei singoli individui. L'importante funzione che rivestono sul piano storico tanto lo *hieròs gàmos* e le nozze mistiche quanto la *coniunctio oppositorum* degli alchimisti corrisponde all'importanza centrale del transfert nel processo psicoterapeutico da un lato e nei normali rapporti umani dall'altro. Non mi è parsa quindi un'impresa troppo azzardata assumere come base e filo conduttore della mia esposizione un documento storico il cui contenuto deriva da secoli di sforzi spirituali» (1946, p. 320).

Dal canto suo James Hillman ha particolarmente insistito sul valore terapeutico del linguaggio alchemico perché «per la psiche, l'oscurità di espressione è naturale. Prova ne siano i nostri sogni: meri bagliori. Per salvare i fenomeni della psiche occorre il metodo alchemico del caos, un metodo che lascia libero corso alla sorprendente bellezza e libertà di invenzione dell'anima e che sa parlare della psiche in modo psicologico e parlare alla psiche in modo immaginativo» (2010, p. 14).

Bibliografia

Bachelard G., *Il materialismo razionale* (1972), Dedalo, Bari 1975.

Evola J., *La tradizione ermetica*, Edizioni Mediterranee, Roma 1971.

Franz M.-L. von, *Alchimia* (1980), Bollati Boringhieri, Torino 1984.

Hillman J., *Psicologia alchemica* (2010), Adelphi, Milano 2013.

Jesi F., *Alchimia*, in *Enciclopedia di Filosofia*, Garzanti, Milano 1981.

Jung C. G., *Studi sull'alchimia* (1929-1957), in *Opere* (1969-2007), Bollati Boringhieri, Torino, vol. XIII.

–, *Psicologia e alchimia* (1944), in *Opere*, cit., vol. XII.

–, *La psicologia della traslazione illustrata con l'ausilio di una serie di immagini alchemiche* (1946), in *Opere*, cit., vol. XVI.
–, *Mysterium coniunctionis* (1955-1956), in *Opere*, cit., vol. XIV, 1-2.
Màdera R., *L'alchimia ribelle*, Palomar, Bari 1997.
Minguzzi E., *Alchimia. Il cammino della potenza*, Armenia Editore, Milano 1976.
Pereira M., *Arcana sapienza. L'alchimia dalle origini a Jung*, Carocci, Roma 2001.
– (a cura di), *Alchimia. I testi della tradizione occidentale*, Mondadori, Milano 2006.
Zolla E., *Le meraviglie della natura. Introduzione all'alchimia*, Bompiani, Milano 1975.

Alcolemia (ingl. *Alcoholemia*; ted. *Blutalkohol*; fr. *Alcoolémie*; sp. *Alcoholemia*). Presenza di alcol nel sangue a seguito di ingestione di bevande alcoliche. L'esame che ne individua il grado prende il nome di *alcoholtest*, in cui cristalli di bicromato di potassio cambiano colore in funzione della quantità di alcol presente nell'aria espirata dal soggetto.

Alcolismo (ingl. *Alcoholism*; ted. *Alkoholismus*; fr. *Alcoolisme*; sp. *Alcoholismo*). L'alcolismo o etilismo è una condizione di dipendenza dall'assunzione di bevande contenenti alcol. È definito *cronico* quando esprime uno stato patologico che fa seguito a un'eccessiva assunzione di alcol prolungata nel tempo; *acuto* quando si riferisce alla semplice ubriachezza, dove l'intossicazione alcolica e le modificazioni dell'attività di coscienza e di comportamento sono episodiche e occasionali.

1. Introduzione. In sé l'alcol è un alimento la cui ossidazione produce calorie, le quali tuttavia non possono essere efficacemente utilizzate per gli effetti tossici che comportano, in ordine soprattutto al sistema nervoso dove l'alcol agisce come un depressore e come un narcotico. L'assunzione di una dose limitata produce un certo grado di disinibizione delle emozioni e dell'istintività, ma anche la caduta del controllo per quanto riguarda l'assunzione ulteriore di alcol, per cui con l'aumento di dose si registrano disturbi visivi, riduzione del campo dell'attenzione e della coscienza, rallentamento del tempo di reazione agli stimoli, scoordinazione motoria, quindi torpore, sonno e in casi estremi coma. Non esiste un confine tra uso e abuso di bevande alcoliche. Questa differenza va valutata a partire dal rapporto tra alcol e alcolizzato, e non dedotta dalla quantità abitualmente ingerita. Resta comunque il principio che un uso moderato di alcol non provoca danni significativi, mentre un uso eccessivo provoca quasi sempre danni gravi.

Gli aspetti da tener presenti per una definizione di alcolismo che non faccia torto alle numerosissime definizioni dovute ai diversi metodi di approccio al problema sono sostanzialmente due: il grado di dipendenza e la gravità dei danni organici prodotti dall'alcol. Per quanto riguarda il primo aspetto, Giovanni Jervis scrive che «la dipendenza è il fenomeno per cui il soggetto ingerisce più o meno stabilmente l'alcol nel proprio equilibrio di vita: in altre parole ricorre regolarmente agli alcolici, in dosi eventualmente anche limitate, per affrontare le difficoltà della propria esistenza. Si forma qui un circolo vizioso, in quanto l'uso di alcol provoca difficoltà che vengono affrontate facendo ricorso all'alcol medesimo. Contribuisce alla dipendenza alcolica l'assuefazione dell'organismo che richiede dosi sempre più elevate per produrre gli effetti psichici desiderati, e manifesta disturbi dopo la sottrazione del tossico» (1975, p. 228).

L'altro aspetto riguarda la presenza di danni organici significativi e di alterazioni del comportamento. I primi, scrive Jervis, «iniziano in genere a manifestarsi con sintomi di gastrite (disappetenza), di colite (diarrea) e con disturbi di fegato. I danni al fegato possono produrre a lunga scadenza la cirrosi epatica. L'insufficiente apporto alimentare e soprattutto vitaminico, conseguenza della disappetenza, oltre che del tipo di vita del bevitore, si aggrava per difetti di assorbimento intestinale. Molti disturbi fisici e psichici degli alcolisti sono dovuti, più che direttamente all'alcol, a carenze vitaminiche del gruppo B: fra questi le nevriti e polinevriti che si manifestano spesso, all'inizio, con disturbi durevoli del cammino. Per quanto riguarda i disturbi psichici e del comportamento, l'alcolismo cronico determina alterazioni del tono dell'umore con irritabilità e impulsività, disturbi della memoria e dell'attenzione, indifferenza morale, diminuzione dell'intelligenza. I disturbi della memoria sono talora i più precoci e si manifestano all'inizio come amnesia relativa alla sbornia della sera precedente» (*ibid.*).

2. Cenni storici. La parola "alcol" viene dall'arabo e significa "essenza nobile e pregiata". L'aspetto medico del fenomeno è già segnalato da Ulpiano, un giurista dell'epoca romana che considera il vizio del bere un problema medico e non giuridico. La prima formulazione scientifica si deve, nei primi anni dell'Ottocento, al medico inglese Thomas Trotter che considerò l'alcolismo una malattia mentale. Ritroviamo questa impostazione in Emil Kraepelin che si interessò della patogenesi dell'alcolismo e dei metodi profilattici e terapeutici, in Valentin Magnan che considerò l'alcolismo un fenomeno imputabile alla malinconia periodica, in Wilhelm Griesinger per il quale l'alcolismo era assimilabile alla condotta epilettica. Sempre nell'Ottocento furono considerate le complicazioni dell'alcolismo e in particolare il *delirium tremens*, allora nominato "frenesia de

bevitori", l'allucinosi acuta e le psicosi alcoliche. In queste descrizioni emergevano considerazioni di tipo moralistico con qualche accenno socioculturale che nel Novecento diventerà la linea interpretativa dominante del fenomeno. Nel secolo scorso le ricerche sull'alcolismo hanno avuto la loro maggior diffusione nei paesi anglosassoni e hanno trovato il loro centro di coordinamento nello Yale Center of Alcohol Studies presso l'Università di Rutgers (New Jersey) dove Elvin Morton Jellinek poté stabilire che la dinamica dell'alcolismo segue le proprie leggi, a prescindere dalle condizioni che l'hanno determinato. Queste condizioni, in epoca recente, sono state cercate nella dimensione sociale, determinando un coinvolgimento della sociologia nella ricerca delle cause dell'alcolismo.

3. EZIOLOGIA. Le cause dell'alcolismo sono numerose e tra loro così disparate che per farne anche solo un sommario elenco occorre riferirsi a diversi ambiti disciplinari che vanno dalla biologia alla genetica, dalla sociologia alla psicologia, dall'antropologia alla psicoanalisi. In ordine potremmo così elencare le cause principali:

a) *L'appetenza*. Da sempre le bevande alcoliche hanno prevalso sulle altre (acqua, latte ecc.) per il loro effetto tonico ed euforizzante, per il momentaneo sollievo che danno all'angoscia, per il senso di solidarietà fra gli individui che il "bere insieme" da sempre ha significato.

b) *La dimensione socioculturale*. L'importanza di questo fattore è dimostrata dalle variazioni della proporzione di alcolismo in funzione dei gruppi professionali, dei gruppi sociali, delle civiltà e del sesso, nel senso che un individuo incontra incoraggiamenti e motivazioni all'assunzione di alcol o perché si crede che sia indispensabile per certe professioni, o perché è ritenuto segno di "virilità".

c) *La costituzione biologica* del singolo individuo, che comporta una variazione del rapporto tolleranza-assuefazione-dipendenza che domina tutta l'eziologia della condotta dell'alcolizzato. La tolleranza è la relazione fra la concentrazione dell'alcol nell'organismo e il grado di intossicazione. Essa varia con l'età, il sesso, la predisposizione ereditaria, le abitudini alimentari, lo stato organico e psichico. Perché l'alcolista ricerchi una soddisfazione nel bere è necessario che almeno inizialmente possieda un minimo di *tolleranza* e, in seguito, una forma di *assuefazione* per cui l'alcol diventa una sorta di elemento necessario per l'equilibrio del metabolismo alterato. Qualunque sia il grado di tolleranza, l'individuo può, più o meno rapidamente, giungere a uno stato di *dipendenza* che si manifesta come impossibilità di astenersi dal consumo di bevande o perché subentrano sintomi fisici come la sete, la secchezza della bocca, il tremore, oppure la perdita di libertà per cui il soggetto, dopo il primo bicchiere, è incapace di trattenersi fino a che non ha raggiunto lo stato di ebbrezza.

d) *Le motivazioni psicologiche*. Sono da considerare incentivi che facilitano l'alcolismo: gli stati di tensione, le difficoltà nelle relazioni umane, i sentimenti di insicurezza, l'incapacità di affermazione personale, il bisogno di gratificazione e, per le teorie psicoanalitiche, una regressione allo stadio orale della libido e quindi una specie di attività erotica sostitutiva.

4. L'EBBREZZA ALCOLICA. Dal punto di vista strettamente scientifico, l'ebbrezza alcolica è una psicosi esogena passeggera marcata dalla quantità di alcol ingerito e dalla tolleranza del soggetto. Secondo Kornelius Kryspin-Exner, «nella prima fase dell'aumento del tasso alcolico nel sangue si riscontra un certo restringimento del campo della coscienza e fenomeni di disinibizione con umore di solito euforico, aumento dell'impulsività, della facilità della comunicazione e indebolimento della critica. L'ulteriore aumento dell'intossicazione comporta un effetto narcotico e, nella fase depressiva che segue, una progressiva paralisi delle funzioni nervose centrali» (1966, p. 52). Naturalmente l'effetto disinibitore dell'alcol è causa dei più svariati tipi di reazione strettamente connessi alla struttura della personalità, per cui è difficile giudicare se si tratta di vere reazioni di tipo esogeno innestate sulla sindrome organica dell'intossicazione alcolica o di una liberazione di aspetti caratteriali fino ad allora controllati. In ogni caso, nello stato di ebbrezza il tipo di comportamento non coincide con quello abituale del soggetto che, solo dopo un sonno risolutivo, a cui segue un'amnesia parziale o totale degli atti commessi in fase di ebbrezza, è in grado di riprendere il proprio comportamento abituale.

5. DECORSO DELLA TOSSICOMANIA ALCOLICA. Le varie forme di alcolismo prendono solitamente avvio dal cosiddetto "bere sintomatico", che consiste nel ricorrere all'alcol per lenire i più svariati disagi psichici e somatici. Si determina così un circolo vizioso: se il disagio comporta angoscia o ira, il sollievo rappresentato dall'alcol, essendo temporaneo, richiede che se ne assuma dell'altro, generando così un disagio secondario con angoscia, ira e nuova assunzione di alcol. Jellinek ha diviso l'alcolismo nei seguenti tipi a cui ancora oggi si fa riferimento per la determinazione della qualità e del grado. Alcolismo *alfa*: caratterizzato dal bere eccessivo senza perdita di controllo o incapacità di astenersi. Alcolismo *beta*: eccesso di assunzione di alcol

complicato da malattie fisiche come cirrosi, gastrite e nevrite, senza tuttavia una vera e propria dipendenza psichica o fisica. Alcolismo *gamma*: dipendenza psichica e fisica con tolleranza acquisita e incapacità a controllarsi. Le motivazioni sono soprattutto psichiche. Alcolismo *delta*: è una tipologia che si riscontra in soggetti che si rivelano capaci di controllare la quantità di alcol ingerita, ma difficilmente possono trattenersi perché sopraggiungono sintomi di astinenza. Alcolismo *epsilon*: l'alcolizzato si dà al bere improvvisamente e compulsivamente, senza una vera motivazione, finché l'insorgere della tossicosi non gli impedisce l'ulteriore assunzione di alcol. I danni organici cominciano a manifestarsi con la debilitazione degli impulsi, la labilità emotiva, la debolezza critica, oltre a un restringimento della cerchia degli interessi e a una marcata diminuzione dell'attenzione e della memoria.

6. DRUNKORESSIA. Condotta caratterizzata da un consumo notevole di alcolici, a cui ricorrono molti giovani che scelgono di digiunare durante il giorno per poter bere molto alla sera senza correre il rischio di ingrassare. Questa condotta presenta caratteristiche affini all'ANORESSIA (v.) per i digiuni forzati tipici di questa sindrome e alla BULIMIA (v.) quando si accompagna a vomito autoindotto o a uso di lassativi. Questa miscela di comportamenti autodistruttivi comporta, oltre al rischio di complicanze connesse all'alcolismo (patologie del cavo orale e dell'esofago, disturbi dell'apparato gastrointestinale, epatite alcolica, cirrosi epatica, cardiopatie), anche complicanze che si riscontrano nelle condotte anoressiche e/o bulimiche quali squilibri elettrolitici, patologie renali, neurologiche, cardiovascolari, amenorrea, ulcere dell'esofago e problemi al cavo orale e ai denti.

7. QUADRI PSICOPATOLOGICI DELL'ALCOLISMO. Sullo sfondo dell'alcolismo si inseriscono complicazioni, il più delle volte a decorso cronico, di ordine neurologico e psicologico. Tra queste possiamo elencare:

a) Delirium tremens. È così chiamato in riferimento all'evidente aumento del tremore. La scena delirante è spesso inaugurata da turbe della percezione, prevalentemente notturne, associate a un sentimento crescente di inquietudine e da allucinazioni visive che hanno per oggetto piccoli animali come ratti, rospi, serpenti, moscerini, per lo più numerosi e in movimento. Non mancano allucinazioni tattili o acustiche, per lo più elementari, come rumori, fischi e musica. Lo stato d'animo del malato varia dall'angoscia a un certo grado di euforia, ma generalmente il paziente è docile e con uno scarso grado di aggressività. Con l'aggravarsi del quadro si fanno evidenti l'obnubilamento della coscienza e l'agitazione psicomotoria. Le allucinazioni diventano più stabili e il soggetto cerca di difendersi tentando di fuggire o di ripararsi in qualche modo. Non mancano segni fisiologici come la febbre (quanto più è elevata, tanto peggiore è la prognosi) e la sudorazione marcata con tendenza al collasso circolatorio. La prognosi si fa più grave se compaiono crisi epilettiche, e infausta se il *delirium tremens* non è tempestivamente curato. La crisi in media non dura più di tre giorni per poi virare verso uno stato confusionale a lungo periodo.

b) Sindrome di Korsakov o psicosi polinevritica. Questa forma, che può essere di origine traumatica o etilica, è riconoscibile per la comparsa, per lo più acuta, di un'*amnesia di fissazione* caratterizzata, oltre che dall'incapacità di apprendere dati nuovi, dall'oblio quasi totale di ciò che si è appena fatto, detto, vissuto (v. MEMORIA, § 3). Il soggetto cerca di supplire ai suoi disturbi con *confabulazioni* (v. CONFABULAZIONE), dove fatti banali della vita quotidiana si mescolano a frammenti mnestici variamente combinati e attualizzati, e con *falsi riconoscimenti* caratterizzati da confusione di luoghi e persone e da mescolanza di elementi vissuti in periodi diversi della propria vita, come spesso accade nei fenomeni di paramnesia (v. MEMORIA, § 8).

c) Allucinosi alcolica. È caratterizzata dall'insorgenza, in piena lucidità di coscienza, di allucinazioni uditive, e meno frequentemente visive, a sfondo persecutorio e minaccioso. Il paziente si sveglia di soprassalto perché ode dialoghi minacciosi, voci che lanciano accuse, e così vive un'esperienza di stato d'assedio dove però i persecutori si tengono abbastanza distaccati dal soggetto in modo che è sempre disponibile un certo grado di sicurezza. Si è soliti distinguere un'allucinosi alcolica *acuta*, che va da qualche giorno a qualche mese e guarisce con astinenza dall'alcol, e una *cronica*, che solitamente sfocia in una sindrome demenziale.

d) Delirio di gelosia o paranoia alcolica. Si sviluppa sullo sfondo di diversi elementi convergenti come il profilarsi di un'impotenza sessuale, l'insorgere di un'insicurezza interiore, il distacco affettivo che di solito si crea nei confronti del soggetto bevitore che in queste condizioni comincia a esprimere dubbi sulla condotta morale della propria partner, per arrivare rapidamente alla certezza di essere tradito, deformando e interpretando in maniera grottesca fatti e circostanze del tutto irrilevanti. La sindrome regredisce difficilmente e il paziente che ne è afflitto tende a diventare aggressivo e pericoloso (v. GELOSIA, § 3).

e) Demenza alcolica. È un progressivo decadimento che riduce la capacità di ragionamento e di sintesi, rallenta il fluire del pensiero, non consente un agevole orientamento nel tempo e nello spazio, inibisce l'attenzione, rende impacciata l'articolazione della parola, anche per la concomitanza di un tremore linguale. La sindrome evolve più o meno lentamente verso un quadro di CACHESSIA (v.) con esito finale negativo.

f) Encefalopatia. Malattia dell'encefalo determinata dall'assunzione di alcol che penetra per via sanguigna e linfatica (v. ENCEFALOPATIA, § 6).

g) Epilessia alcolica. Caratterizzata da convulsioni epilettiche (v. EPILESSIA) che, secondo alcuni, costituiscono la fase intermedia tra il *delirium tremens* e l'allucinosi alcolica.

8. CRITERI DIAGNOSTICI E IPOTESI TERAPEUTICHE. Il DSM-5 elenca tra i disturbi mentali da alcol: *a)* l'*intossicazione alcolica* caratterizzata da ingestione recente di alcol con modificazioni del comportamento che manifesta disinibizione degli impulsi sessuali e aggressivi, labilità dell'umore, deficit di critica, inadeguatezza nelle attività sociali e professionali; *b)* l'*intossicazione alcolica idiosincrasica* che non presenta disturbi fisici o mentali, ma una marcata modificazione maladattiva del comportamento; *c)* l'*astinenza alcolica non complicata* con i sintomi tipici della cessazione o riduzione dell'assunzione massiccia e prolungata di alcol, quali la nausea, il vomito, l'iperattività del sistema nervoso autonomo, l'ansietà, la depressione del tono dell'umore, cefalea e insonnia; *d)* il *delirium da astinenza alcolica* che si verifica entro una settimana dalla cessazione dell'ingestione di notevoli quantità di alcol; *e)* l'*allucinosi alcolica* con allucinazioni vive e persistenti che si sviluppano generalmente entro 48 ore dopo la cessazione dell'ingestione di notevoli quantità di alcol, senza comparsa di delirio; *f)* il *disturbo amnestico alcolico* conseguente all'assunzione prolungata di notevoli quantità di alcol; *g)* la *demenza* associata ad alcolismo, secondaria all'assunzione prolungata di notevoli quantità di alcol, e persistente, dopo la cessazione, per alcune settimane (DSM-5, pp. 474-489).

Stante la molteplicità dei fattori causali che portano all'alcolismo è necessario ricorrere a forme terapeutiche di volta in volta diverse e strettamente relazionate alle cause che hanno determinato la condotta alcolica. Dopo un primo intervento di disintossicazione e di disassuefazione, che di solito avviene con l'induzione di un'intolleranza artificiale ottenuta mediante farmaci come il *disulfiram*, si rendono necessari sia un intervento sociale per gli aspetti socioambientali che possono aver indotto il soggetto all'assuefazione alcolica, sia un intervento psicoterapico prolungato in grado di coinvolgere, oltre al soggetto, anche i membri della famiglia. Le psicoterapie di gruppo e le associazioni comunitarie si sono rivelate spesso molto utili, così come la *terapia dell'avversione*, che consiste nel creare un'associazione tra assunzione di alcol e stimoli o effetti sgradevoli, oppure una relazione causale tra i due in base alla teoria dell'Attrazione – Repulsione (v. ATTRAZIONE – REPULSIONE, TEORIA DELL').

Bibliografia

AA.VV., *Alcoolismo. Clinica e terapia*, Masson, Milano 1979.
Benedetti G., *Die Alkoholhalluzinosen*, Thieme, Stuttgart 1952.
Brown S. (a cura di), *Alcolismo. Terapia multidimensionale e recupero* (1995), Erickson, Trento 2000.
Cassano G. B. (a cura di), *Disturbi da uso di alcool*, in G. B. Cassano, P. Pancheri *et al.* (a cura di), *Trattato italiano di psichiatria* (1992), Masson, Milano 1999, vol. II, pp. 1439-1486.
Chafetz M. E., Demone H. W., *Alcoholism and society*, Oxford University Press, New York 1963.
Corlito G. (a cura di), *Alcologia e salute mentale*, Erickson, Trento 2007.
DSM-5. American Psychiatric Association (APA), *DSM-5. Manuale diagnostico e statistico dei disturbi mentali* (2013), Raffaello Cortina, Milano 2014.
Durand Y., Morenon J., *L'imaginaire de l'alcoolisme*, Éditions Universitaires, Paris 1972.
Furlan P. M., Picci R. L., *Alcol, alcolici, alcolismo*, Bollati Boringhieri, Torino 1990.
Griesinger W., *Pathologie und Therapie der psychischen Krankheiten*, Braunschweig, Stuttgart 1845.
Jellinek E. M., *The disease concept of alcoholism*, Hillhouse Press, New Brunswick, New Jersey, 1960.
Jervis G., *Alcolismo*, in Id., *Manuale critico di psichiatria*, Feltrinelli, Milano 1975.
Kessel N., Walton H., *L'alcoolismo. Patologia e terapia del bere* (1975), Feltrinelli, Milano 1978.
Kraepelin E., *Trattato di psichiatria* (1883), Vallardi, Milano 1907.
Kryspin-Exner K., *Psychosen und Prozessverläufe des Alkoholismus*, Ueberreuter, Wien 1966.
Lereboullet J., *L'alcoolisme*, Baillière, Paris 1972.
Magnan V., *De l'alcoolisme. Des diverses formes du délire alcoolique et de leur traitement*, Adrien Delahaye, Paris 1874.
Mijolla A. de, Shentoub S. A., *Pour une psychanalyse de l'alcoolisme*, Payot, Paris 1973.
Phillipson R. V., *Modern trends in drug dependence and alcoholism*, Butterworths, London 1970.
Popham R. E., *Alcohol and alcoholism*, University Press, Toronto 1970.
Trotter Th., *An essay medical, philosophical, and chemical on drunkenness*, John Bouvier, Philadelphia 1813.

Aldosterone, v. ENDOCRINO, SISTEMA, § 5, *a*.

Aleatoria, Teoria (ingl. *Aleatory theory*; ted. *Aleatorische Theorie*; fr. *Théorie aléatoire*; sp. *Teoría aleatoria*). Orientamento teorico che interpreta il decorso temporale dei fenomeni comportamentali in base alle circostanze storiche contingenti, contrapponendosi in tal modo all'ipotesi deterministica (v. DETERMINISMO) in base alla quale lo sviluppo umano, individuale e collettivo, dipende da una sequenza di stadi predeterminati la cui incidenza non è modificata dalla contingenza storica.

Bibliografia

Gergen K. J., *Towards transformation in social knowledge*, Springer, New York 1982.

Alessia (ingl. *Alexia*; ted. *Alexie*; fr. *Alexie*; sp. *Alexia*). Perdita parziale (*paralessia*) o totale (*alessia*) della capacità di leggere, da tenere distinta dalla *dislessia* che è invece una difficoltà nell'apprendimento della lettura.

1. L'*alessia* dipende da lesioni localizzate nell'area cerebrale posteriore dell'emisfero dominante. È solitamente associata a forme di AFASIA (v.) e di AGRAFIA (v.), mentre quando è pura costituisce un'agnosia particolare specializzata per i simboli grafici del linguaggio (v. AGNOSIA). Nell'alessia *afasica* il soggetto riesce a leggere il proprio nome o delle parole semplici, ma non parole complesse di cui molto spesso non comprende neppure il senso. Nell'alessia *agnosica* il soggetto non è in grado di riconoscere le lettere (alessia letterale) o le parole (alessia verbale), in quanto simboli grafici. Questi disturbi permangono anche in soggetti che hanno recuperato un linguaggio orale corretto, o che sono in grado di scrivere, senza tuttavia saper leggere ciò che hanno scritto.

2. La *dislessia*, detta anche *legastenia*, è invece una difficoltà di apprendimento della lettura che si manifesta con inversioni di lettere ("la" anziché "al"), scambio di lettere simmetriche ("p" anziché "q") e troncamenti di simboli grafici. La dislessia è detta a) *evolutiva* quando appare legata ad anomalie nello sviluppo; b) *acquisita* quando il disturbo della lettura avviene a causa di una lesione cerebrale in un adulto precedentemente capace di leggere. Esistono diverse dislessie acquisite a seconda dei sottosistemi cognitivi danneggiati indipendentemente gli uni dagli altri; c) *specifica* quando la sua presenza non altera le capacità generali di apprendimento, anche se inevitabilmente provoca una diminuzione di rendimento scolastico per le evidenti difficoltà di lettura, a cui possono accompagnarsi un ritardo linguistico e una certa goffaggine del comportamento derivante da disturbi emotivi conseguenti al deficit. Con opportuni interventi individuali o di gruppo la dislessia può essere in gran parte recuperata.

Bibliografia

AA.VV., *Dislessia e disturbi di apprendimento*, in "Neuropsichiatria infantile", 1982, nn. 250-251.

Benton A. L., Pearl D. (a cura di), *Dyslexia. An appraisal of current knowledge*, University Press, Oxford 1979.

Cazzaniga S., Re A. M., Cornoldi C., Poli S., Tressoldi P. E., *Dislessia e trattamento sublessicale. Attività di recupero su analisi sillabica, gruppi consonantici e composizione di parole*, Erickson, Trento 2005.

Cornoldi C. (a cura di), *I disturbi dell'apprendimento. Aspetti psicologici e neuropsicologici*, il Mulino, Bologna 1991.

–, *I disturbi specifici dell'apprendimento. La dislessia e la disgrafia*, Giunti, Firenze 1994.

De Grandis C., *La dislessia. Interventi della scuola e della famiglia*, Erickson,Trento 2007.

Ellis A. W., *Reading, writing and dyslexia. A cognitive analysis*, Lawrence Erlbaum Associates, London 1984.

Ianes D., Cramerotti S., Tait M., *Facciamo il punto su... La dislessia. Il ruolo della scuola e della famiglia*, Erickson, Trento 2007.

Miles Th. R., *The work of the dyslexia group at Bangor*, in "The Psychologist", 1989.

Mucchielli R., Bourcier A., *La dislessia*, La Nuova Italia, Firenze 1975.

Nielsen J. M., *Agnosia, apraxia, aphasia. Their value in cerebral localization*, Hoeber, New York 1946.

Pavlidis G. Th. (a cura di), *Dyslexia research and its applications to education*, Wiley, London 1981.

Sartori G., *La lettura. Processi normali e la dislessia*, il Mulino, Bologna 1984.

Scalisi T. G., Longoni A. M., *Ricerche sperimentali sull'asimmetria cerebrale nei dislessici evolutivi*, in "Giornale Italiano di Psicologia", 1986, n. 13.

Stella G., *La dislessia*, il Mulino, Bologna 2004.

Alessitimia (ingl. *Alexithimia*; ted. *Alexithimie*; fr. *Alexithimie*; sp. *Alexitimia*). Incapacità di esprimere le emozioni e i sentimenti. Secondo Peter Sifneos, che ha coniato il termine, è frequente nei pazienti psicosomatici, mentre Manfred F. R. Kets de Vries distingue un'alessitimia primaria di origine genetica e una secondaria determinata da fattori socioculturali. Alla base, secondo Kets de Vries, ci sarebbe «una madre che cerca di risolvere i propri conflitti (spesso di tipo narcisistico) attraverso il figlio, che rimane pertanto imprigionato in un'estrema dipendenza [...] e non imparerà mai a sentirsi a proprio agio senza stare a costante contatto con lei». Da adulto la figura della madre viene sostituita dall'organizzazione di appartenenza con cui gli alessitimici si identificano. Ne consegue un «superadattamento alla realtà esterna e, senza una propria capacità empatica e sentimentale, trattano gli altri con freddo distacco e indifferenza». Questa sindrome è facilmente riscontrabile nei leader «particolarmente attratti dalle grandi organizzazioni, perché queste forniscono all'alessitimico l'occasione ideale per fondersi con la cultura organizzativa. Il comportamento dell'alessitimico è chiaramente dettato da uno spirito di adattamento addirittura eccessivo. Dopo un'impressione iniziale di comportamento eccellente, scopriamo la sterilità della sua immaginazione e la monotonia delle sue idee. [...] Non raramente gli alessitimici hanno notevole successo, in particolare nell'ambito di grandi organizzazioni, in cui spesso conviene andare sul sicuro, emettere segnali rassicuranti, essere prevedibili e poco visibili. Molte organizzazioni preferiscono la prevedibilità all'intraprendenza e allo spirito innovativo, in quanto chi non assume rischi non fa troppi errori costosi. Dirigenti di questo tipo contribuiscono a far attecchire quella mediocrità che non permette lo sviluppo dell'eccellenza» (1993, pp. 58-65; v. GRUPPO, § II, 6). Esiste una Scala Alessitimica Romana (SAR) che valuta l'incapacità di comunicare le proprie emozioni e di percepire quelle altrui.

Bibliografia

Baiocco R., Giannini A. M., Laghi F., *SAR. Scala Alessitimica Romana. Valutazione delle capacità di riconoscere, esprimere e verbalizzare le emozioni*, Erickson, Trento 2005.
Kets de Vries M. F. R., *Leader, giullari e impostori. Sulla psicologia della leadership* (1993), Raffaello Cortina, Milano 1994.
Nemiah J. C., Freyberger H. J., Sifneos P. E., *Alexithymia. A view of the psychosomatic process*, Hill, London 1976.
Sifneos P. E., *Short-term psychotherapy and emotional crisis*, Harvard University Press, Cambridge, Massachusetts, 1972.

Alestesia (ingl. *Alesthesia*; ted. *Alesthesie*; fr. *Alesthésie*; sp. *Alestesia*). Sensazione tattile che si localizza in un punto diverso da quello che subisce lo stimolo.

Alexander, Scala di (ingl. *Alexander's performance test scale*; ted. *Alexander-Test*; fr. *Test d'Alexander*; sp. *Escala de Alexander*). Scala elaborata da William Picken Alexander per valutare l'intelligenza pratica (QIP) per maschi e femmine compresi tra i 7 e i 20 anni attraverso tre prove da eseguire con i cubi di Kohs (v. CUBO, TEST DEL, § 2).

Bibliografia

Meili R., *Manuale di diagnostica psicologica* (1955), Giunti Barbera, Firenze 1967.

Alfa, Arco (ingl. *Alpha-Arc*; ted. *Alpha-Bogen*; fr. *Alpha-Arc*; sp. *Alfa-Arco*). Sequenza di uno stimolo che induce a un comportamento motorio tramite una via sensomotoria semplice. Si distingue dall'*arco beta*, che è invece l'attivazione di vie corticali superiori a partire da un arco alfa e non da uno stimolo esterno. Questa distinzione riproduce quella che John Broadus Watson ha introdotto nella psicologia del comportamento tra "risposta immediata" e "risposta ritardata" detta anche "comportamento implicito".

Bibliografia

Watson J. B., *Behavior. An introduction to comparative psychology*, Norton, New York 1914.

Alfabetizzazione (ingl. *Alphabetization*; ted. *Alphabetisierung*; fr. *Alphabétisation*; sp. *Alfabetización*). Termine impiegato in ambito psicopedagogico in ordine ai processi di acquisizione della lingua scritta, con particolare riferimento ai problemi cognitivi implicati nella costruzione della rappresentazione scritta del linguaggio.

Bibliografia

Ceccatelli Gurrieri G., *Alfabetizzazione*, in M. Flores (a cura di), *Diritti umani. Cultura dei diritti e dignità della persona nell'epoca della globalizzazione*, Utet, Torino 2007, vol. I, pp. 19-22.
Ferreiro E., *Alfabetizzazione. Teoria e Pratica*, Raffaello Cortina, Milano 2003.
Havelock E. A., *La musa impara a scrivere. Riflessioni sull'oralità e l'alfabetismo dall'antichità al giorno d'oggi* (1986), Laterza, Bari 1987.
Olson D. R., Torrance N. (a cura di), *Alfabetizzazione e oralità*, Raffaello Cortina, Milano 1995.

Alfa, Movimento, v. PERCEZIONE, § 6, *a*.

Alfa, Ritmo, v. ELETTROENCEFALOGRAFIA.

Algedonica (ingl. *Algehedonic*; ted. *Algehedonik*; fr. *Algehédonique*; sp. *Algedónico*). Termine introdotto da Wilhelm Maximilian Wundt per indicare la dimensione piacere-dispiacere che caratterizza la qualità del sentimento.

Bibliografia

Wundt W. M., *Lineamenti di psicologia* (1896), in *Scritti scelti*, Utet, Torino 2006.

Algesia (ingl. *Algesia*; ted. *Algesie*; fr. *Algésie*; sp. *Algesia*). Capacità di avvertire il dolore (in greco ἄλγος) che può subire forti oscillazioni a seconda dell'atteggiamento soggettivo, delle precedenti esperienze e di altre concause che determinano condizioni di minore (*ipoalgesia*), o maggiore (*iperalgesia*), o alterata (*paralgesia*) percezione. L'insensibilità al dolore, senza che vengano a mancare le altre percezioni sensoriali, prende il nome di *analgesia*, che può essere di origine sia organica sia psichica, come si riscontra nei casi di catatonia, isteria di conversione e stati ipnotici. Da un punto di vista psicoanalitico Otto Fenichel scrive che «l'ipoalgesia isterica è una specie di svenimento localizzato; certe sensazioni, che potrebbero essere penose, non sono accettate. Il meccanismo base probabilmente è connesso alla difesa arcaica del rinvio degli affetti» (1945, p. 256).

Bibliografia

Fenichel O., *Trattato di psicoanalisi delle nevrosi e delle psicosi* (1945), Astrolabio, Roma 1951.

Algofilia (ingl. *Algophilia*; ted. *Algophilie*; fr. *Algophilie*; sp. *Algofilia*). Amore per il dolore. Il termine non va confuso con l'*algolagnia*, dove l'amore per il dolore si coniuga con l'eccitamento sessuale e dove si distinguono un'algolagnia attiva e una passiva a seconda che il piacere sia connesso rispettivamente al dolore inflitto o subìto. Questi termini sono oggi sostituiti dalle espressioni SADISMO (v.), MASOCHISMO (v.) e SADOMASOCHISMO (v.).

Algofobia (ingl. *Algophobia*; ted. *Algophobie*; fr. *Algophobie*; sp. *Algofobia*). Incontrollabile fobia per il dolore.

Algolagnia, v. ALGOFILIA.

Algoritmo (ingl. *Algorithm*; ted. *Algorithmus*; fr. *Algorithme*; sp. *Algoritmo*). Insieme finito di regole che dà una sequenza di operazioni per risolvere uno specifico tipo di problema. Come precisa Donald E. Knuth, «un algoritmo ha cinque caratteristiche importanti: 1) *Finitezza*. Un algoritmo deve sempre terminare dopo un numero finito di passi [...]; 2) *Definitezza*. Ogni passo di un algoritmo deve essere definito in modo preciso; le azioni da compiere devono essere specificate in modo rigoroso e non ambiguo per ogni caso [...]; 3) *Ingresso*. Un algoritmo ha zero o più ingressi, cioè quantità che gli sono assegnate prima che l'algoritmo inizi. Questi ingressi sono presi da un insieme specificato di oggetti [...]; 4) *Uscita*. Un algoritmo ha una o più uscite, cioè quantità che hanno una relazione specificata con gli ingressi [...]; 5) *Effettività*. Tutte le operazioni da compiere nell'algoritmo devono essere sufficientemente basiche, tanto da potere in linea di principio essere eseguite esattamente in un tempo finito dall'uomo, usando carta e matita» (1973, pp. 2-6).

Bibliografia

Knuth D. E., *The art of computer programming*, Addison-Wesley, Reading, Massachusetts, 1973, vol. I.

Lanzarone G. A., *Algoritmo*, in AA.VV., *Gli strumenti del sapere contemporaneo*, vol. II: *I concetti*, Utet, Torino 1985, pp. 8-11.

Alienazione (ingl. *Alienation*; ted. *Entfremdung*; fr. *Aliénation*; sp. *Enajenación*). Processo in cui il soggetto diventa estraneo a sé o a parti di sé. Il termine, di origine filosofica, è impiegato in generale come sinonimo di FOLLIA (v.) e in questa accezione ricorre nella PSICOLOGIA FORENSE (v.).

1. FILOSOFIA. A introdurre il termine è stato Georg Wilhelm Friedrich Hegel che ha parlato di alienazione a proposito della realtà spirituale che si oggettiva nella natura per poi superare dialetticamente (*Aufhebung*) la sua alienazione, sia a livello pratico con il lavoro, sia a livello teorico con le attività dello spirito, quali l'arte, la religione e la filosofia. Ludwig Feuerbach ha modificato l'uso hegeliano del termine per designare l'atto con cui l'uomo si crea una divinità, alienando in essa l'ordine dei suoi desideri e la soluzione dei suoi conflitti. La fortuna di questo concetto si deve a Karl Marx per il quale, nelle società capitalistiche, il mondo degli oggetti prodotti dall'uomo tende a costituirsi come mondo autonomo di merci, la cui ragion d'essere non è più nel soddisfare i bisogni dei produttori, ma quelli del capitale che trasforma i beni da valore d'uso a valore di scambio, per cui l'attività dell'uomo, in cui si esprime la sua vita, viene "reificata", cioè tradotta in cosa (*res*). Nel secolo scorso sul concetto di alienazione è ritornato Herbert Marcuse per designare la condizione dell'individualità messa a tacere dalla forza onnipresente della struttura tecnologica delle società avanzate.

2. PSICHIATRIA. Il termine "alienazione" viene normalmente qualificato dall'aggettivo "mentale". Oltre che nel significato generico di FOLLIA (v.), la parola alienazione viene utilizzata in due sensi specifici: innanzitutto nelle psiconevrosi ossessivo-coatte, dove si parla di alienazione del Sé, quando il soggetto, nel tentativo di tenere lontane le proprie emozioni, le trasferisce fuori di sé vivendole come forze estranee. Allora accade, ad esempio, che uno continui a lavarsi per pulire le proprie sporcizie morali o sessuali, dove è evidente l'esteriorizzazione di un processo o bisogno interiore di pulizia. In secondo luogo nelle schizofrenie, dove certi organi o aree corporee e talvolta il corpo intero vengono alienati e quindi percepiti come se non appartenessero alla persona o come se fossero diversi da come sono. L'esito di questa alienazione è la depersonalizzazione (v. PERSONA, § 1; SCISSIONE, § I, 4).

Ma al di là dell'impiego tecnico del termine, la parola alienazione è significativa in psichiatria per il nodo teorico che dischiude tra la psichiatria tradizionale e l'antipsichiatria, che ha utilizzato il concetto filosofico di alienazione nei modi in cui Hegel e poi Marx l'avevano formulato. A riproporre questo concetto, che finiva per essere obsoleto in psichiatria, è stato Alberto Gaston, per il quale «il singolo uomo malato, che prima era l'oggetto privilegiato dell'osservazione, oggetto portatore di sintomi, dei quali cercare una causa o a cui, nelle migliori delle ipotesi, attribuire un senso, diviene ora esso stesso il sintomo di un organismo più grande che lo comprende e che non funziona per errore di relazione o per errore di struttura: la follia come guasto o deterioramento del sistema, così come prima era guasto o deterioramento del corpo. Termini di questo tipo presuppongono irrinunciabilmente i concetti di armonia, simmetria e buon funzionamento. Si ripropone così del tutto inalterata quella che è, a nostro avviso, una delle aporie più condizionanti della psichiatria scientifica» (1987, p. 88).

Una volta aperto questo nodo teorico per cui, come dice altrove Gaston, «prima ammalava l'anima di un uomo, ora ammala l'anima collettiva» (1985, p. 597), Joseph Gabel cerca proprio nella dialettica soggetto-oggetto, in cui Hegel aveva definito l'alienazione, la chiave per comporre l'alienazione negli oggetti del singolo individuo e l'alienazione nel sociale dello stesso: «Nessuno ignora il ruolo importante svolto dal problema delle relazioni soggetto-oggetto nelle discussioni imperniate sul problema dell'alienazione. [...] Tra la teoria dell'identità del soggetto e dell'oggetto e quella del rispecchiamento in altri termini tra idealismo e marxismo meccanicistico è necessario cercare, e c'è la speranza dialettica di trovare, una terza via. La fenomenologia dell'alterazione schizofrenica indica proprio questa terza via. Abbiamo visto che lo sforzo di un settore importante dei teorici della schizofrenia si orienta precisamente verso il problema della dialettica soggetto-oggetto. In questa ricerca il deterioramento dell'unità dialettica soggetto-oggetto presiede al processo di disinserimento dal reale; identificazione e spazializzazione appaiono invece come tecniche di compensazione e perfino come mezzi atti a contabilizzare l'insuccesso dialettico. Su scala clinica, l'identità soggetto-oggetto non appare dunque come un superamento della reificazione, ma come espressione di quest'ultima. Si tratta di un contributo della fenomenologia dell'alienazione clinica al problema generale dell'alienazione, contributo che merita di essere preso in considerazione» (1962, p. 288). Utilizzando la dialettica soggetto-oggetto con conseguente oggettivazione della soggettività è possibile pervenire a una definizione dell'alienazione che comprenda sia quella individuale sia quella sociale, sia l'oggettivarsi dell'individuo nelle cose (reificazione clinica) sia il trovarsi oggettivato all'interno di quella più ampia soggettività che è la società come storicamente di volta in volta si presenta (reificazione sociale).

Sul rapporto individuo-società è intervenuto Franco Basaglia per sottolineare che la società razionalizza l'alienazione dei "folli" trasformandoli in "malati" e ne cronicizza la condizione con l'istituzione manicomiale. Infatti: «La follia è una condizione umana. In noi la follia esiste ed è presente come lo è la ragione. Il problema è che la società, per dirsi civile, dovrebbe accettare tanto la ragione quanto la follia, invece incarica una scienza, la psichiatria, per tradurre la *follia* in *malattia* allo scopo di eliminarla. Il manicomio ha qui la sua ragion d'essere che è poi quella di far diventare razionale l'irrazionale. Quando qualcuno è folle ed entra in manicomio smette di essere *folle* per trasformarsi in *malato*. Diventa razionale in quanto malato» (1979, p. 34). Per la determinazione delle varie forme di alienazione in base ai criteri nosologici assunti, si veda la voce NOSOLOGIA.

Bibliografia

Basaglia F. (a cura di), *L'istituzione negata. Rapporto da un ospedale psichiatrico*, Einaudi, Torino 1968.

–, *Conferenze brasiliane* (1979), Raffaello Cortina, Milano 2000.

Benedetti G., *Alienazione e personazione nella psicoterapia della malattia mentale*, Einaudi, Torino 1980.

Binswanger L., *L'indirizzo antropoanalitico in psichiatria* (1946), in Id., *Il caso Ellen West e altri saggi* (1944-1946), Bompiani, Milano 1973.

Cargnello D., *Alterità e alienità. Introduzione alla fenomenologia antropoanalitica*, Feltrinelli, Milano 1966.

Clark D. H., *Psichiatria e terapia sociale. Salute mentale e nuova assistenza* (1974), Feltrinelli, Milano 1976.

Cooper D., *Il linguaggio della follia* (1978), Feltrinelli, Milano 1979.

Dörner K., *Il borghese e il folle. Storia sociale della psichiatria* (1969), Laterza, Bari 1975.

Feuerbach L., *L'essenza del cristianesimo* (1841), Ponte alle Grazie, Firenze 1994.

Gabel J., *La falsa coscienza. Saggio sulla reificazione* (1962), Dedalo, Bari 1967.

Gaston A., *Psichiatria*, in AA.VV., *Gli strumenti del sapere contemporaneo*, vol. I: *Le discipline*, Utet, Torino 1985, pp. 585-609.

–, *Genealogia dell'alienazione*, Feltrinelli, Milano 1987.

Hegel G. W. F., *Enciclopedia delle scienze filosofiche in compendio* (1817), Laterza, Bari 1968.

Jaspers K., *Psicopatologia generale* (1913-1959), Il Pensiero Scientifico, Roma 2000.

Marcuse H., *L'uomo a una dimensione* (1964), Einaudi, Torino 1967.

Marx K., *Manoscritti economico-filosofici del 1844*, in *Marx Engels Opere Complete*, Editori Riuniti, Roma 1976, vol. III.

Alimentazione (ingl. *Feeding*; ted. *Ernährung*; fr. *Alimentation*; sp. *Alimentación*). Soddisfacimento del bisogno fisiologico della fame e della sete di cui, fin dalla nascita, ma in altra forma anche nel periodo intrauterino, ha bisogno la vita dell'organismo. Il *bisogno* di alimentazione è fisiologico, non psicologico, ma una condizione di bisogno fisiologico ha delle conseguenze psicologiche che prendono il nome di *pulsioni*, che vanno distinte dal bisogno, sia perché un organismo affamato può essere a tal punto indebolito da non manifestare alcuna pulsione al cibo, sia perché un organismo sazio può non manifestare alcuna diminuzione della pulsione al cibo.

1. FISIOLOGIA. Il bisogno di alimentazione è determinato dall'esaurimento di sostanze nutritive nel sangue e si manifesta con la pulsione della *fame* registrabile a livello: glucostatico in rapporto al deficit di

zucchero, termostatico per gli effetti di sazietà indotta dalle proprietà termiche delle sostanze alimentari, lipostatico in relazione alle risorse di grassi, e omeostatico in relazione all'attività dell'ipotalamo che regola il ciclo sazietà-fame. La fame può essere generica o specifica per determinati alimenti in base ai bisogni dell'organismo e dell'educazione del gusto. Una dieta alla quale facciano difetto alcuni principi nutritivi essenziali ha effetti significativi sullo sviluppo e il funzionamento dell'organismo sia a livello fisico che a livello nervoso. Lo stesso dicasi per la *sete*, regolata dal fabbisogno idrico dell'organismo controllato a livello ipotalamico. La pulsione della sete è avvertita dai tessuti della bocca e della gola, e quindi sulla base di una stimolazione locale. Numerose determinanti socioculturali intervengono a condizionare il bisogno fisiologico dell'alimentazione sia nel suo ritmo sia nella scelta degli alimenti (v. MOTIVAZIONE, § 3). Dalla fame, che ha fondamento fisiologico, va distinto l'*appetito*, che è una valutazione psicologica in ordine alla desiderabilità del cibo.

2. PSICOLOGIA. L'alimentazione è carica di valenze psicologiche fin dai primi giorni di vita, dove si è riscontrata la rilevanza delle modalità dell'allattamento per quanto riguarda l'atteggiarsi e anche il successivo comportarsi del bambino verso il mondo che lo ospita. Essendo il cibo il primo rapporto che il bambino ha con il mondo, particolare importanza hanno assunto i problemi connessi alla nutrizione difficile (*feeding problems*) attraverso cui il bambino esprime il suo disagio o il suo rifiuto dell'ambiente. Secondo la psicoanalisi, l'alimentazione, oltre ad essere la prima forma di costruzione della propria identità, è connessa al piacere provocato dalla stimolazione della bocca, tipico della fase orale (v. ORALE, § 2) a cui, nel successivo processo evolutivo, l'individuo può restare fissato o regredire. Per effetto della sua rilevanza simbolica, il cibo diventa spesso l'espressione di numerosi conflitti psichici che vanno dalla *fame nervosa*, che è una risposta a uno stato di depressione e di vuoto ansioso, all'*inibizione*, che può riferirsi o all'alimentazione in generale, o a specifici alimenti che hanno per il soggetto un particolare significato simbolico. Talvolta i divieti alimentari vengono idealizzati o razionalizzati nella scelta di particolari *diete* o in varie forme ritualizzate di alimentazione finalizzate alla proibizione del piacere associato all'alimentazione, con l'intervento di componenti superegoiche, o dettate dall'ideale dell'Io (v. SUPER-IO; IO, IDEALE DELL'). Quando il divieto arriva a costituire il centro del comportamento dell'individuo, si assiste alle varie forme di ANORESSIA (v.) come rifiuto sistematico del cibo, che ha il suo corrispettivo di segno contrario nella BULIMIA (v.) che, come impulso irrefrenabile al cibo, ha come sua conseguenza quella sovralimentazione continua che porta all'OBESITÀ (v.). Il rapporto tra alimentazione e stato psichico è oggetto di studio della PSICODIETETICA (v.).

Bibliografia

Apfeldorfer G., *Mangio dunque sono. Obesità e anomalie nel comportamento alimentare* (1991), Marsilio, Venezia 1993.

Bosello O., Di Francesco V., *L'alimentazione*, il Mulino, Bologna 2010.

Bruch H., *Patologia del comportamento alimentare. Obesità, anoressia mentale e personalità* (1973), Feltrinelli, Milano 1977.

Bryant-Waugh R., Lask B., *Disturbi alimentari* (2003), Erickson, Trento 2013.

Cassano G. B. (a cura di), *Disturbi dell'alimentazione*, in G. B. Cassano, P. Pancheri *et al.* (a cura di), *Trattato italiano di psichiatria* (1992), Masson, Milano 1999, vol. II, pp. 2505-2570.

Conner M., Armitage Ch. J., *La psicologia a tavola*, il Mulino, Bologna 2008.

Jaffa T., McDermott B. (a cura di), *I disturbi alimentari nei bambini e negli adolescenti* (2007), Raffaello Cortina, Milano 2009.

Lupton D., *L'anima nel piatto* (1996), il Mulino, Bologna 1999.

Mariani Costantini A., Cannella C., Tomassi G., *Fondamenti di nutrizione umana*, Il Pensiero Scientifico, Roma 1999.

Missoni E., Pacileo G., *Alimentazione*, in M. Flores (a cura di), *Diritti umani. Cultura dei diritti e dignità della persona nell'epoca della globalizzazione*, Utet, Torino 2007, vol. I, pp. 22-27.

Polacco Williams G., *Paesaggi interni e corpi estranei. Disordini alimentari e altre patologie* (1997), Bruno Mondadori, Milano 1999.

Poulain J.-P., *Alimentazione, cultura e società*, il Mulino, Bologna 2008.

Rath C.-D., *Alimentazione*, in Ch. Wulf (a cura di), *Cosmo, corpo, cultura. Enciclopedia antropologica* (1997), Bruno Mondadori, Milano 2002, pp. 241-256.

Treasure J., Schmidt U., Van Furth E., *I disturbi dell'alimentazione. Diagnosi, clinica, trattamento* (2005), il Mulino, Bologna 2008.

Volterra V. (a cura di), *Disturbi dell'alimentazione in età evolutiva*, in G. B. Cassano, P. Pancheri *et al.* (a cura di), *Trattato italiano di psichiatria*, cit., vol. III, pp. 2819-2836.

Allarme, Funzione di (ingl. *Alarm function*; ted. *Alarmfunktion*; fr. *Fonction d'alarme*; sp. *Función de alarma*). Tutto ciò che determina il passaggio da uno stato di veglia rilassato a uno stato di attenzione generale.

Allarme nevrastenico, v. NEVRASTENIA.

Allattamento (ingl. *Breast-feeding*; ted. *Stillen*; fr. *Allaitement*; sp. *Amamantamiento*). Prima forma di ALIMENTAZIONE (v.) che acquista un suo specifico significato psicologico per la relazione evidenziata da

Havelock Ellis e da Sigmund Freud tra la funzione alimentare e la funzione sessuale in base alla teoria dell'appoggio (v. ANACLISI) della seconda funzione sulla prima. In questo contesto Freud ha evidenziato la voluttà provata dal bambino, Ellis ha messo in rilievo quella della madre. Erettile, il capezzolo si comporta come il pene, mentre la bocca del bambino come una vagina attivo-recettiva. Ne consegue che è riservato alla madre il ruolo maschile e al bambino quello femminile. Ellis arrivò a sostenere che durante l'allattamento le nutrici non provano desideri verso il maschio nel periodo in cui esercitano la loro funzione, mentre è stato dimostrato che i lattanti che nelle prime settimane sono affidati a una nutrice ne subiscono l'IMPRINTING (v.), che si manifesta in un senso di maggior attaccamento per la nutrice che per la propria madre. Sempre in ambito psicoanalitico i problemi connessi all'allattamento sono stati considerati da Donald W. Winnicott, che legge nell'allattamento la prima forma di comunicazione che condiziona le successive esperienze comunicative e relazionali, e da Melanie Klein che, a partire dall'allattamento, ha costruito la sua teoria del seno "buono" e del seno "cattivo" intorno a cui si strutturano le prime configurazioni psichiche (v. KLEINIANA, TEORIA, § 1).

Bibliografia

Ellis H., *Psicologia del sesso* (1897-1910), Newton Compton, Roma 1969.

Foley D., Nechas E., *Allattamento al seno*, in Id., *Enciclopedia delle donne* (1993), Feltrinelli, Milano 1995, pp. 43-50.

Freud S., *Dalla storia di una nevrosi infantile (Caso clinico dell'uomo dei lupi)* (1914), in *Opere* (1967-1993), Bollati Boringhieri, Torino, vol. VII.

Klein M., *Sull'osservazione del comportamento dei bambini nel primo anno di vita* (1952), in *Scritti 1921-1958*, Bollati Boringhieri, Torino 1978, pp. 494-525.

Winnicott D. W., *I bambini e le loro madri* (1987, edito postumo), Raffaello Cortina, Milano 1987.

Alleanza terapeutica (ingl. *Alliance therapeutic*; ted. *Terapeutische Allianz*; fr. *Alliance térapeutique*; sp. *Alianza terapéutica*). Termine impiegato in ambito terapeutico con riferimento alla capacità del paziente e del terapeuta di sviluppare un rapporto di fiducia e collaborazione. Sigmund Freud, che non utilizza questo termine preferendogli il concetto di TRANSFERT (v.), individua tuttavia, nel rapporto del paziente con l'analista, una relazione che può essere *positiva*, caratterizzata da una forte motivazione e volontà di collaborare, oppure *negativa*, caratterizzata da sentimenti ostili che, a suo parere, sono indici di resistenza al percorso analitico. Questi due atteggiamenti vengono interpretati da Melanie Klein come una ripresa di sentimenti infantili che si riattivano durante il trattamento analitico. Richard Sterba, invece, svincola l'alleanza terapeutica dai motivi pulsionali e affettivi a cui l'avevano legata Freud e la Klein, sostituendola con quella che lui chiama "alleanza dell'Io", che si stipula tra la parte razionale del paziente e l'atteggiamento analitico e riflessivo dell'analista, il quale, a questo punto, usa il "noi" per sottolineare questo tipo di relazione. Infine Edward S. Bordin estende il concetto di "alleanza terapeutica" dal mondo psicoanalitico in cui è nato all'intervento terapeutico di stampo cognitivista. Questo spostamento del rapporto fiduciario tra paziente e terapeuta ha consentito a Adam O. Horvath e Leslie S. Greenberg di costruire un criterio di valutazione dell'alleanza che ha preso il nome di *Working Alliance Inventory*.

Bibliografia

Bordin E. S., *The generalizability of the psychoanalytic concept of the working alliance*, in "Psychotherapy. Theory, Research and Practice", 1979, n. 16.

Freud S., *Tecnica della psicoanalisi* (1911-1912), in *Opere* (1967-1993), Bollati Boringhieri, Torino, vol. VI.

Horvath A. O., Greenberg L. S., *The Working Alliance. Theory, research and practice*, Wiley, New York 1994.

Klein M., *Le origini della traslazione* (1952), in *Scritti 1921-1958*, Bollati Boringhieri, Torino 1978, pp. 526-535.

Lingiardi V., *L'alleanza terapeutica*, Raffaello Cortina, Milano 2002.

Liotti G., Monticelli F. (a cura di), *Teoria e clinica dell'alleanza terapeutica. Una prospettiva cognitivo-evoluzionista*, Raffaello Cortina, Milano 2014.

Sterba R., *The fate of the ego in analytic therapy*, in "International Journal of Psycho-Analysis", 1934, n. 15.

Allele (ingl. *Allele*; ted. *Allel*; fr. *Allèle*; sp. *Alelo*). Forma alternativa di uno stesso gene (v. GENETICA, § 2) che, in un patrimonio genetico diploide come quello dell'uomo, è sempre presente in due copie dette alleli. Quando le due copie di un determinato gene sono uguali, l'individuo è *omozigote*, quando sono differenti l'individuo è *eterozigote* per quel determinato gene (v. GENETICA, § 4).

Allentamento, v. DISPERSIONE, § 1.

Allergia (ingl. *Allergy*; ted. *Allergie*; fr. *Allergie*; sp. *Alergia*). Ipersensibilità fisica e psichica di fronte a ben precisi oggetti e situazioni di stimolo. I disturbi possono essere dermatologici, respiratori, gastrointestinali ecc. Solitamente si riscontra un legame tra allergia e stress emotivo. La remissione dei sintomi può avvenire, oltre che con i farmaci, anche con un intervento psicoterapico.

Allochiria (ingl. *Allochiria*; ted. *Allochirie*; fr. *Allochirie*; sp. *Alorquia*). Condizione in cui le sensazioni tattili o dolorose sono localizzate nella parte corrispondente, ma opposta, a quella stimolata.

Alloctono – Autoctono (ingl. *Allochthonous-autochthonous*; ted. *Allochthon-autochthon*; fr. *Allochtone-autochtone*; sp. *Alóctono-autóctono*). Coppia di termini che assume significati differenti nei vari ambiti disciplinari: 1) la *psicologia sperimentale* chiama autoctona quell'azione la cui motivazione risiede nel soggetto che la compie, e alloctona quella causata da uno stimolo esterno; 2) la *psicologia clinica* chiama autoctona qualsiasi idea che insiste ossessivamente nell'ambito di un disturbo a sfondo delirante e che il soggetto ha talvolta l'impressione di ricevere dall'esterno o di avvertire come estranea o indipendente dal resto della sua attività rappresentativa; 3) la *psicologia della memoria* chiama "dinamica alloctona" l'ATTUALIZZAZIONE (v.) dei contenuti della memoria promossa da una ricerca intenzionale o da una motivazione del soggetto, e "dinamica autoctona" quella determinata dal puro e semplice svolgersi delle associazioni, per cui i contenuti vengono "alla mente" in modo improvviso senza che siano cercati, oppure in modo ossessivo senza possibilità di liberarsene.

Alloerotismo (ingl. *Allo-erotism*; ted. *Alloerotismus*; fr. *Allo-érotisme*; sp. *Aloerotismo*). Termine psicoanalitico impiegato per designare l'investimento libidico su oggetti esterni. Opposto all'AUTOEROTISMO (v.), dove le tendenze erotiche sono rivolte a sé, l'alloerotismo si suddivide in *omoerotismo*, quando il soddisfacimento è conseguito con una persona dello stesso sesso, ed *eteroerotismo*, quando è riferito a persona dell'altro sesso. Sigmund Freud considera l'alloerotismo come la fase finale nello sviluppo delle relazioni oggettuali, contraddistinta da un'integrazione stabile delle pulsioni e dalla loro riduzione entro i canali della genitalità (v. GENITALE, § 3).

Bibliografia

Freud S., *Tre saggi sulla teoria sessuale* (1905), in *Opere* (1967-1993), Bollati Boringhieri, Torino, vol. IV.

Alloestesia, v. SOMATOAGNOSIA, § 1, *b*.

Allomnesia, v. MEMORIA, § 8, *b*.

Allontanamento, v. ATTRAZIONE – REPULSIONE, TEORIA DELL'.

Alloplastica – Autoplastica (ingl. *Alloplastic-autoplastic*; ted. *Alloplastik-Autoplastik*; fr. *Alloplastique-autoplastique*; sp. *Aloplástica-autoplástica*). Coppia di termini che sta a indicare l'adattamento all'ambiente raggiunto mediante la modificazione del proprio organismo o del proprio Io (*autoplastica*) o mediante la modificazione del mondo esterno (*alloplastica*). Per Sándor Ferenczi, che ha introdotto il termine, l'autoplastica è un metodo molto primitivo di adattamento in cui l'organismo non ha presa sul mondo esterno, ma solo su se stesso, per cui è costretto a modificarsi per adattarsi. All'autoplastica Ferenczi attribuisce la conversione isterica «dove, come per magia, si realizza un desiderio tramite il materiale corporeo che si ha a disposizione» (1919, p. 41). Rispetto al sogno, dove il desiderio inconscio si incarna in un'immagine visiva, nell'adattamento autoplastico si è in presenza di una regressione più profonda, perché il desiderio si incarna in stati corporei: «Dal punto di vista temporale, questa topica corrisponde a una fase molto primitiva dell'evoluzione filogenetica e ontogenetica: quella in cui l'individuo persegue l'adattamento trasformando il proprio corpo anziché il mondo esterno. Nelle conversazioni con Freud sul tema dell'evoluzione, usiamo chiamare questo stadio primitivo *autoplastico*, in contrapposizione con lo stadio *alloplastico*, più avanzato. Nello stadio autoplastico dobbiamo immaginare la psiche semplificata anche *formalmente*, e cioè ridotta a processi fisiologici riflessi. Se dunque consideriamo l'insieme dei processi riflessi non soltanto come una specie di presagio della psiche, ma come un suo precursore, un abbozzo verso cui, pur nella sua complessità, la psiche più evoluta tende a regredire, troveremo meno misterioso il salto dalla psiche al soma; e non ci parranno così stupefacenti i fenomeni di materializzazione isterica con i loro appagamenti di desiderio ottenuti per via riflessa. Tutto ciò non è altro che regressione alla *protopsiche*» (ivi, pp. 42-43). In analogia alla base anatomica dell'azione riflessa, che è una risposta automatica e involontaria agli stimoli che agiscono sull'organismo (v. RIFLESSO), Ferenczi chiama l'adattamento autoplastico *arco riflesso psichico* che si riscontra negli stadi primitivi di sviluppo, sia dell'individuo sia della specie, dove il processo di adattamento avviene attraverso quell'automodificazione dell'organismo che si traduce nella semplice scarica motoria, piuttosto che attraverso la sottomissione del mondo esterno. Le prime manifestazioni alloplastiche, con cui si esce dalla condizione autoplastica, sono per Ferenczi la difesa e la fuga con cui si tenta di modificare l'ambiente avvertito come pericoloso e minaccioso.

Bibliografia

Ferenczi S., *Fenomeni di materializzazione isterica. Idee per una teoria della conversione isterica e del simbolismo* (1919), in *Opere* (1989-1992), Raffaello Cortina, Milano, vol. III.

–, *Autoplastica e alloplastica* (1930), in Id., *Fondamenti di psicoanalisi* (1972-1975), Guaraldi, Rimini 1974, vol. IV.

Allucinazione (ingl. *Hallucination*; ted. *Halluzination*; fr. *Hallucination*; sp. *Alucinación*). Percezione di qualcosa che non esiste e tuttavia è ritenuto reale. Detta percezione, che è involontaria e non criticata, ha i caratteri della sensorialità e della proiezione spaziale. Come tale va distinta dall'ILLUSIONE (v.) che è una distorsione percettiva, nel senso che si percepisce un oggetto diverso dall'oggetto stimolo. Le allucinazioni più frequenti sono quelle che investono gli organi di senso e, in particolare, la vista e l'udito. A queste si aggiungono allucinazioni meno frequenti e più specifiche nella loro configurazione. Le allucinazioni possono essere vissute anche da persone normali, come quando si ha la sensazione di sentire squillare il campanello o di sentire odore di bruciato. In questi casi, quando la falsità viene riconosciuta almeno fino a un certo punto, si parla di *pseudoallucinazioni*. Queste sono frequenti nelle fasi di risveglio (allucinazioni *ipnopompiche*) o di addormentamento (allucinazioni *ipnagogiche*). Il soggetto assiste a questi fenomeni con un certo stupore, ma in modo neutro e distaccato. Le allucinazioni ipnopompiche provocano spesso il risveglio e in quell'occasione se ne riconosce l'irrealtà.

1. LE VARIE FORME DI ALLUCINAZIONE. In base agli organi di senso interessati, le allucinazioni si lasciano suddividere in:

a) Allucinazioni acustiche. Il soggetto, che può essere in condizioni di coscienza perfettamente lucida e vigile, sente voci e suoni inesistenti. Queste allucinazioni, che sono le più frequenti e le più comuni soprattutto nella schizofrenia, si distinguono in allucinazioni acustiche elementari, o *acoasmi*, come fruscii, sibili, suoni, ronzii, fischi, e allucinazioni più complesse che consistono in vere e proprie voci che sembrano provenire da una o più persone. Il contenuto, il più delle volte, è di natura sgradevole come insulti, minacce, rimproveri, ordini o anche continui commenti che danno particolarmente fastidio. In certi casi si stabilisce una specie di dialogo tra il soggetto e le voci. Giovanni Jervis individua la difficoltà psicologica di chi sente le voci nel fatto che il soggetto «non sa distinguere fra una voce "fuori dalla testa" e una voce "dentro la testa", ossia un suo pensiero formulato e trasformato in parole. Il soggetto in preda ad allucinazioni è in una condizione psicologica che è caratterizzata precisamente da *questa* difficoltà; in più ha spesso specifici motivi per non voler credere di produrre lui stesso quei pensieri e quelle voci, e per voler credere, invece, che le voci siano fuori dalla sua testa, e indipendenti dalla sua volontà. Per lo più è lecito dubitare che le voci allucinatorie vengano *percepite* allo stesso modo di voci vere: più probabilmente esse vengono *interpretate* come voci vere e credute tali» (1975, p. 231).

b) Allucinazioni visive. Non si presentano mai in condizioni di coscienza lucida e vigile, ma quando l'intero rapporto con la realtà è alterato; allora le percezioni si fanno incerte, il significato delle cose appare trasformato, le ombre acquistano consistenza, le persone e gli oggetti non vengono più riconosciuti, mentre il mondo esterno si popola di immagini oniriche. Le allucinazioni visive comprendono i *fotomi*, che sono allucinazioni elementari non differenziate come bagliori luminosi, colori, lampi, scintille o figure geometriche semplici, le *percezioni illusorie in rapido movimento* dove si vedono veloci sequenze sceniche frammentarie in cui compaiono piccoli oggetti in movimento o animali come topi, ragni, conigli che sembrano dirigersi verso il soggetto impaurito, e le *visioni* ricche di particolari di solito a contenuto religioso, allegorico, mitologico, ora immobili, ora in rapida successione scenica. Le immagini allucinatorie possono essere di grandezza naturale, o minuscole (allucinazioni lillipuziane), oppure gigantesche (allucinazioni gulliveriane). Il più delle volte colorate, queste visioni hanno una tonalità affettiva euforica ed esaltante, come nelle visioni mistiche o negli stati estatici, oppure passionale, come nelle visioni erotiche. Lo svolgersi delle sequenze è analogo a quello dei sogni.

c) Allucinazioni olfattive e gustative. Le prime riguardano gli odori cattivi, strani o ineffabili, le seconde i sapori insoliti. Entrambe sono accompagnate da tonalità affettive sgradevoli e la loro comparsa assume spesso un significato prognostico sfavorevole perché depongono per un andamento cronico del quadro.

d) Allucinazioni tattili. Sono localizzate sulla superficie cutanea dando la sensazione di bruciature, di punture, di insetti brulicanti sotto la pelle. Possono essere discontinue e acute come nell'intossicazione da cocaina, o continue come nei deliri alcolici. Spesso le allucinazioni tattili sono associate alle allucinazioni visive.

e) Allucinazioni cenestesiche o dello schema corporeo. Riguardano la sensibilità interna del proprio corpo avvertito come trasformato nelle sue dimensioni (v. SOMATOAGNOSIA, § 1, *b*) o percorso da sensazioni a cui non corrisponde alcuno stimolo (v. CENESTESIA, § 2).

f) Allucinazioni sessuali. Si presentano con sensazioni di orgasmo, toccamenti, stupri diretti o a distanza, da cui il soggetto si difende con mezzi inadeguati come cinture protettive o chiusura delle cavità naturali.

g) Allucinazioni motorie. Si manifestano con la sensazione di essere sospeso per aria, di cadere, di scivolare, di vacillare, di ruotare, di essere mosso passivamente in maniera lenta o rapida, oppure che le membra vengano dislocate o trasferite in altre aree distanti dalla loro naturale collocazione.

h) Allucinazioni extracampali. Si verificano quando si ha la proiezione del disturbo percettivo fuori dal normale campo sensoriale, per cui, senza voltare il capo, il soggetto avverte una smorfia dietro di sé, dice di toccare un topo che sta ad alcuni metri di distanza, sente voci non con le orecchie, ma con la mano e simili.

i) Allucinazioni riflesse. Si verificano quando la percezione di un oggetto provoca un'allucinazione in un altro campo sensoriale. Il soggetto vede ad esempio un cane e nello stesso tempo lo sente parlare, vede un volto e dietro quel volto il diavolo. Queste allucinazioni sono spiegate come fenomeni di irradiazione che sfumano nelle cosiddette sinestesie, come quando, in presenza di un rumore stridulo, si avverte un brivido nella schiena (v. SINESTESIA).

l) Allucinazioni negative. Si tratta della mancata percezione di un oggetto reale nonostante la normalità degli organi sensoriali. Questo tipo di allucinazione può essere indotto attraverso l'IPNOSI (v.).

m) Allucinazioni mnestiche. Sono allucinazioni della memoria descritte da Sigmund Freud. Esse consistono in materiale rimosso nell'inconscio che compare al livello della coscienza sotto forma di immagine visiva.

n) Immagini eidetiche. Non differiscono molto da una percezione allucinatoria, ma le visioni che inaugurano non vengono scambiate con la percezione reale e sono parzialmente controllabili con la volontà. Si verificano con relativa frequenza nell'infanzia e sono rare nell'adulto (v. EIDETISMO).

2. ORIGINE E SIGNIFICATO DELLE ALLUCINAZIONI. In passato la psichiatria oscillava tra una spiegazione meccanicistica e una spiegazione psicogenetica. Con l'avvento della FENOMENOLOGIA (v.), quindi con Edmund Husserl, Karl Jaspers, Maurice Merleau-Ponty, Ludwig Binswanger, Eugenio Borgna e Giovanni Jervis, si sono progressivamente abbandonate le spiegazioni meccanicistiche e psicogenetiche, per leggere i fenomeni allucinatori o in relazione ai fenomeni normali di PERCEZIONE (v.) e di RAPPRESENTAZIONE (v.), come vuole Merleau-Ponty, o in relazione ai variabili confini che ciascuno instaura tra Io-corpo-mondo esterno, come ipotizzano, sia pure seguendo itinerari diversi, Binswanger e Borgna da un lato, Jervis dall'altro.

a) La teoria meccanicistica considera le allucinazioni fenomeni secondari a eccitamenti non fisiologici in alcune zone cerebrali. A originare le allucinazioni sarebbe allora o un'iperattività dei centri sensoriali e della corteccia cerebrale o un rifluire retrogrado dell'immagine visiva dal centro rappresentativo al centro sensoriale, quasi un'inversione di afferenze che arriverebbero al centro sensoriale dall'interno, invece che dall'esterno, per un appiattimento delle differenze di soglia fra centri visivi superiori e centri visivi sensoriali.

b) La teoria psicogenetica considera le allucinazioni indipendenti dagli organi di senso e dagli apparati psicosensori, per rintracciare la loro origine nei fattori affettivi. L'allucinazione sarebbe allora la rappresentazione inconscia di uno stato affettivo profondamente vissuto o di un desiderio intensamente sentito, incapace di penetrare direttamente nell'Io, se non acquistando un'estesia sensoriale come se si trattasse di una percezione del mondo esterno.

c) La teoria fenomenologica parte dalla considerazione che gli *stimoli* che provengono dal mondo esterno si trasformano negli organi di senso in *segnali* che arrivano al cervello attraverso i nervi. Questi segnali forniscono *informazioni* sul mondo-ambiente (*Umwelt*) che acquistano significato sulla base dell'esperienza. «In altre parole – scrive Jervis – le informazioni diventano percezioni solo se decodificate, elaborate e interpretate, ed è solo l'esperienza che insegna al soggetto come utilizzare un dato segnale. [...] Se uno sperimentatore indossa un paio di occhiali che capovolgono di 180 gradi l'immagine, in un primo tempo la realtà appare capovolta, e il soggetto cerca con la mano verso l'alto un oggetto che sta in basso e così via. Ma se continua a indossare gli occhiali, cercando nella normale vita quotidiana il coordinamento di ciò che vede con i movimenti del proprio corpo, percepisce nello spazio di una settimana molte immagini come raddrizzate. [...] L'immagine che abbiamo della realtà è dunque una *ricostruzione* e una *rappresentazione* della mente» (1975, p. 232). Se le *informazioni* che si ricevono non si compongono con la propria attività immaginativa basata sull'esperienza, che si matura manipolando le cose e manipolandole con gli altri (pratica sociale), non si ha una percezione pertinente alla realtà.

Le rappresentazioni della mente, della fantasia e della memoria, infatti, sono riconosciute come finzioni solo quando il soggetto si riconosce responsabile di queste rappresentazioni. Sappiamo però dall'antropologia che questa responsabilità può venir negata, e allora il sogno, la fantasia, l'immaginazione vengono letti come inviati da un dio, da un nemico o da un morto. La stessa cosa accade anche a noi quando, incapaci di assumerne la responsabilità, interpretiamo le nostre fantasie come qualcosa di *esterno*. Allora, per effetto di questa inconscia falsificazione della memoria, nascono reificazioni di quelle rappresentazioni mentali che, essendo molto vive, non sono riconosciute come semplici rappresentazioni. È il caso di persone care morte da poco che possono essere viste dai sopravvissuti come "ancora vive".

Se applichiamo al corpo le categorie interpretative della fenomenologia, come fa Jervis, possiamo constatare che «l'attribuzione di situazioni tattili, olfattive, uditive, a cause esterne ("mi sento toccare da persone cattive", "ci sono odori nell'aria", "ci sono nella stanza suoni e voci") è una spiegazione che il soggetto si dà dell'*origine* della percezione, ma non riguarda il *luogo* della percezione. Esiste infatti un'ambigua sovrapposizione fra sentire un odore *con* il naso, un rumore *con* le orecchie o sentirli *nel* naso e *nelle* orecchie» (ivi, p. 235). Tutto dipende dalla relazione che ciascuno instaura tra l'*Io*, il *corpo* e il *mondo esterno*. Altra è infatti la percezione di chi dice "Io *sono* il mio corpo", altra quella di chi dice "Io *ho* il mio corpo". Nel primo caso il corpo è l'assoluto "qui" di ogni "là", nel secondo caso l'assoluto "qui" è l'Io, rispetto a cui il corpo è già un "là".

Questa ambiguità del corpo, per cui è "spazio interno" rispetto al mondo circostante, ma può essere anche "spazio esterno" rispetto all'Io, fa sì che la collocazione del percepito subisca delle modificazioni. Se poi, come fa notare Jervis, consideriamo che alcune parti del corpo sono in uno spazio che è "là" come il dolore a un piede, e altre parti sono più prossime all'Io, come ad esempio un disturbo all'occhio per cui si dice "non ci vedo bene", comprendiamo come l'investimento dell'Io nelle varie parti del corpo cambia da persona a persona e probabilmente a seconda della cultura e dell'attività. Così chi usa le mani si identifica maggiormente con esse, mentre i visceri possono essere a tal punto disinvestiti dall'Io da esserne in qualche modo separati. Lo stesso dicasi dell'autonomia che molto spesso assumono gli organi genitali rispetto all'Io che, di conseguenza, nel rapporto amoroso, può trovarsi totalmente coinvolto o abbastanza separato.

La diversa delimitazione dei confini tra Io, corpo e mondo è alla base dei vissuti di *appartenenza* o di *separazione* del proprio corpo, delle proprie rappresentazioni, delle proprie fantasie. L'allucinazione in fondo può essere letta come una rappresentazione *staccata* dal soggetto che se la rappresenta. Questa separazione è alla base di ogni processo di *depersonalizzazione* (v. SCISSIONE, § I, 4), che caratterizza tutte le condizioni psicotiche e quelle indotte da allucinogeni come l'LSD, dove si può sentire il proprio corpo staccato da sé, così come si può sentire il mondo *nel* proprio corpo. Se vi è un'imperfetta definizione dello spazio interno e dello spazio esterno, come ad esempio la casa che si abita che è vissuta come più interna della strada che si percorre, allora la rappresentazione mentale acquista un'autonomia e un'apparenza di realtà. Sotto questo profilo l'allucinazione è un fenomeno secondario dovuto al fatto che l'Io non controlla abbastanza il proprio spazio corporeo e lo spazio esterno che è poi una condizione tipica della psicosi.

Accogliendo l'ipotesi di Merleau-Ponty: «Ciò che garantisce l'uomo sano contro il delirio o l'allucinazione non è la sua critica, ma la struttura del suo spazio, [...] perché lo spazio non è l'ambito (reale o logico) in cui le cose si dispongono, ma il mezzo in virtù del quale diviene possibile la posizione delle cose» (1945, p. 326), Borgna scrive che nelle allucinazioni «si ha la modificazione radicale dell'allontanare e del dis-allontanare, del lasciare-venire-vicino e del distribuire nello spazio ciò che è vicino e ciò che è lontano. Nel decomporsi e nel franare di questa struttura fondamentale (di questo *esistenziale*) non è più possibile vivere il mondo dei suoni nella loro ovvia articolazione spaziale: le sequenze sonore si fanno inarrestabili, sono tematizzate da esperienze uditive ("voci" semplici o complesse, nella loro costituzione verbale) che *non* rimandano a un'*altra* soggettività, si diffondono nello spazio e non danno tregua. [...] Non ci sono più, qui, confini che separano il proprio corpo dalle influenze e dal contatto di corpi altrui: il proprio corpo è esposto alle aggressioni e alle suggestioni degli altri che soffocano ogni autonomia e ogni libertà di articolazione corporea» (1988, pp. 128-129).

Bibliografia

Borgna E., *I conflitti del conoscere. Strutture del sapere ed esperienza della follia*, Feltrinelli, Milano 1988.

Ey H., *Traité des hallucinations*, Masson, Paris 1973.

Galimberti U., *Il corpo* (1983), nuova edizione ampliata, Feltrinelli, Milano 2013.

Gregory R. L., *Occhio e cervello. La psicologia del vedere* (1966), Raffaello Cortina, Milano 1991.

Husserl E., *Idee per una fenomenologia pura e per una filosofia fenomenologica* (1912-1928), Einaudi, Torino 1965.

Jaspers K., *Psicopatologia generale* (1913-1959), Il Pensiero Scientifico, Roma 2000.

Jervis G., *Allucinazione*, in Id., *Manuale critico di psichiatria*, Feltrinelli, Milano 1975.

Merleau-Ponty M., *Fenomenologia della percezione* (1945), il Saggiatore, Milano 1972.

Mistura S., *Allucinazione*, in AA.VV., *Psiche. Dizionario storico di psicologia, psichiatria, psicoanalisi, neuroscienze*, Einaudi, Torino 2006-2007, vol. I, pp. 38-45.

Vernon M. D., *La psicologia della percezione* (1962), Astrolabio, Roma 1968.

Allucinogeno, v. DROGA, § 2.

Allucinosi (ingl. *Hallucinosis*; ted. *Halluzinose*; fr. *Hallucinose*; sp. *Alucinosis*). Percezione senza oggetto con caratteri di fisicità e spazialità come l'ALLUCINAZIONE (v.), ma senza i tratti tipici di questa che sono in sintesi: la trasformazione fantastica della realtà, la direzione autocentrica del soggetto che interpreta ogni fenomeno come se si riferisse a lui, e l'inaccessibilità al vaglio critico. Si danno diversi tipi di allucinosi: *acuta* che insorge a seguito di intossicazioni o traumi senza comportare perdita di lucidità o indebolimento delle facoltà intellettive, *alcolica cronica* per prolungato abuso di alcol (v. ALCOLISMO, § 7, *c*), *tattile cronica* con sensazione di piccoli oggetti, liquidi, insetti che molestano la pelle. È frequente nella sclerosi vasale e in presenza di alcuni tumori cerebrali.

Allumeuse. Termine francese (da *allumer*, accendere) che si riferisce alla donna che si compiace di provocare nel maschio l'eccitamento sessuale senza permettergli di appagarlo.

Alone, Effetto di (ingl. *Halo effect*; ted. *Hof-Effekt*; fr. *Effet de halo*; sp. *Efecto de halo*). Termine impiegato in psicologia per indicare la tendenza, frequente in campo scolastico e nella selezione professionale, a lasciarsi guidare, nel giudicare una persona, da un'impressione generale oppure da tratti, aspetti o atteggiamenti che non hanno un effettivo rapporto con quanto è oggetto di diretta valutazione. I test obiettivi (v. TEST, § III, 1) hanno, tra le altre funzioni, quella di correggere gli effetti di alone che possono pregiudicare la correttezza diagnostica.

Alopecia, v. PELLE, § 7.

Alterigia (ingl. *Haughtiness*; ted. *Hochmut*; fr. *Hauteur*; sp. *Arrogancia*). Rifiuto di compiere azioni in sé anche vantaggiose o di instaurare rapporti con persone non ritenute all'altezza della propria presunta dignità in genere sopravvalutata. Il carattere altero ostacola la comprensione interindividuale, conducendo a forme di malaggiustamento con l'ambiente. Per la psicoanalisi l'alterigia è il risultato in parte di un esagerato narcisismo e in parte di aggressività verso terze persone, come difesa nei confronti della loro vera o presunta incomprensione.

Alterità, v. ALTRO, §§ 2, 4.

Alternante, Coscienza, v. COSCIENZA, § 3, *e*; SCISSIONE, § I, 3.

Alternanza psicosomatica (ingl. *Psychosomatic alternation*; ted. *Psychosomatische Alternanz*; fr. *Alternance psychosomatique*; sp. *Alternancia psicosomática*). Fenomeno per cui a un miglioramento psichico corrisponde un peggioramento somatico, e viceversa, in successione tale che una serie sembra sostituire l'altra (v. SERIE COMPLEMENTARE).

Bibliografia

Alexander F. G., *Medicina psicosomatica* (1950), Giunti Barbera, Firenze 1951.

Ammon G., *Psicosomatica* (1974), Borla, Roma 1977.

Altro (ingl. *Other*; ted. *Andere*; fr. *Autre*; sp. *Otro*). Il termine acquista un suo significato specifico in base ai contesti di riferimento.

1. TEORIA LACANIANA. Il termine "altro", come scrive Jacques Lacan, indica il punto di approdo del DESIDERIO (v. § 3): «Il desiderio dell'uomo trova il suo senso nel desiderio dell'altro, non tanto perché l'altro detenga le chiavi dell'oggetto desiderato, quanto perché il suo primo oggetto è di essere riconosciuto dall'altro» (1953, p. 261). Il desiderio di essere riconosciuto dall'altro, che Lacan media dalla dialettica hegeliana, sottomette il desiderio alle condizioni dell'altro, che non è l'altro in carne e ossa, ma, innanzitutto, l'Altro con la "A" maiuscola, che rappresenta l'universo linguistico e simbolico in cui il desiderio, per esprimersi, si deve inserire: «Se il desiderio è presente nel soggetto a condizione, impostagli dall'esistenza del discorso, di far passare il suo bisogno attraverso le sfilate del significante, e se d'altronde, come abbiamo cercato di far intendere aprendo la dialettica del transfert, bisogna fondare la nozione dell'Altro con una A maiuscola come il luogo del dispiegamento della parola, bisogna porre che, essendo quello di un animale in preda al linguaggio, il desiderio dell'uomo è il desiderio dell'Altro» (1961, p. 624).

Oltre al linguaggio, che preesiste al soggetto ed è al di là del soggetto, che non può esprimere il suo desiderio se non accedendo al linguaggio, anche l'inconscio è un'alterità da cui il singolo soggetto si sente dipendente, per cui: «Noi insegniamo, al seguito di Freud, che l'Altro è il luogo della memoria da lui scoperta sotto il nome di inconscio, memoria che egli considera come l'oggetto di una questione rimasta aperta, in quanto condiziona l'indistruttibilità di certi desideri» (1958, p. 571).

Queste due concezioni dell'Altro vengono così composte da Lacan: il soggetto si rivolge agli oggetti (nominati "altro" con la "a" minuscola) in una relazione immaginaria e costituisce un Io. Ciò facendo egli dimentica, per poi riacquisire, che la parola dell'Io si situa tra l'Altro che è l'inconscio freudiano e l'Altro che è l'ordine simbolico e linguistico a cui deve accedere per esprimere il suo desiderio inconscio (v. LACANIANA, TEORIA).

2. PSICOLOGIA SOCIALE. La nozione di "altro" è stata introdotta da George H. Mead nell'accezione di *altro generalizzato*: «La comunità o il gruppo sociale, che dà all'individuo la sua unità in quanto "Sé", si

può denominare l'"altro generalizzato" (*generalized other*). L'atteggiamento dell'"altro generalizzato" è l'atteggiamento dell'intera comunità. Così, ad esempio, nel caso di un gruppo sociale, quale può essere la squadra di baseball, la squadra è l'"altro generalizzato", in quanto essa, come processo organizzativo o attività sociale, si inserisce nell'esperienza di ciascuno dei singoli suoi membri» (1934, p. 170). Infatti: «È sotto la forma dell'"altro generalizzato" che il processo sociale influenza il comportamento degli individui in esso implicati, e che a loro volta lo sviluppano. In altre parole è sotto questa forma che la comunità esercita il suo controllo sulla condotta dei singoli membri; perciò è in questo modo che il processo sociale o la comunità si inseriscono come fattore determinante nel modo di pensare dell'individuo. Nel pensiero astratto l'individuo assume l'atteggiamento dell'"altro generalizzato" nei propri confronti, trascurando l'espressione di esso in altri particolari individui; e nel pensiero concreto egli assume quell'atteggiamento in quanto esso si manifesta negli atteggiamenti, nei confronti del suo comportamento, tipici degli altri individui con i quali egli è collegato in una situazione o azione sociale ben definita. Ma solo con l'assumere, nell'uno o nell'altro di questi casi, l'atteggiamento dell'"altro generalizzato" nei propri confronti, egli può pensare; in quanto solo così il pensiero, o il "discorso dei gesti" interiorizzato che costituisce il pensiero, può verificarsi. E soltanto attraverso l'assunzione da parte degli individui dell'atteggiamento o degli atteggiamenti dell'altro generalizzato verso se stessi è resa possibile l'esistenza di un "universo di discorso", come quel sistema di significati comuni o sociali che il pensare presuppone nel suo contesto» (ivi, pp. 171-172). Oggi, in presenza dei processi migratori e del progressivo costituirsi di società multiculturali, la psicologia sociale ha avviato studi sul disagio psichico connesso alla migrazione, allargando il campo dell'etnopsichiatria (v. ANTROPOLOGIA, § 7) ai nostri contesti culturali.

3. PSICOLOGIA DEL COMPORTAMENTO. Il concetto di altro è considerato in relazione allo sviluppo del concetto di sé che si ottiene attraverso l'immagine di sé (descrittiva) e la stima di sé (valutativa) raggiunte mediante la relazione con gli altri, a partire da quegli *altri significativi*: i genitori, gli amici e le persone che stimiamo. La relazione con l'altro passa da una fase di *identificazione* in cui, soprattutto i bambini, ammirando in modo particolare un adulto, tentano spesso di identificarsi con lui adottando le sue convinzioni, i suoi valori e imitando le sue azioni (v. IDENTIFICAZIONE), a una fase di *confronto* con conseguente modificazione del concetto di sé per DIFFERENZIAZIONE (v.).

4. PSICOLOGIA CULTURALE. In questo ambito si prende in considerazione quello che Hans Mayer considera il "fallimento dell'illuminismo borghese" che, dopo aver proclamato «l'uguaglianza giuridica di tutti i cittadini di fronte alla legge, ne ha trascurato l'uguaglianza materiale delle prospettive di vita, anzi si è prestato egregiamente a impedirla, come dimostra la storia della società borghese nel contrasto tra la libertà e le libertà, fra uguaglianza materiale e formale, non dando concretezza politica e giuridica alle elevate emozioni della "fraternità"» (1975, p. 5). A cui si aggiunge il fatto che l'avvento della globalizzazione ha destrutturato i rapporti fiduciari tipici delle comunità locali, creando diffidenza nei confronti di quanti, sopraggiunti da altre terre e altre culture, hanno modi di vivere, di vestire, di comportarsi che non favoriscono l'integrazione, quando addirittura non creano sospetti e atteggiamenti difensivi e/o aggressivi. Ne nasce un lessico dell'alterità studiato da Federico Faloppa che parte dal principio secondo il quale «dietro ogni parola si nasconde un mondo, e per questo chi pratica le parole, o meglio chiunque pratichi le parole, mette in moto dei mondi ed è (dovrebbe essere) responsabile dei propri atti linguistici: è "solo" un problema di coscienza far slittare o meno il linguaggio nella sfera in cui diventa assassino. [...] Nominiamo, classifichiamo, etichettiamo continuamente, talvolta con bonaria ironia, più spesso con ostilità e disprezzo, chi, intorno a noi, ci appare "diverso". Ci poniamo al centro del mondo, e dalla nostra posizione osserviamo, cataloghiamo ciò che ci circonda. Siamo, per natura, malati di egocentrismo e di etnocentrismo, una sorta quest'ultimo di universale culturale, secondo cui si designa e ci si designa senza esitare di definire "noi" e la "nostra" cultura come normali punti di riferimento. Partendo dalla nostra identità, arriviamo ad indicare e giudicare sommariamente e con facilità l'alterità, la sua supposta inferiorità» (2000, pp. 13-14). Secondo Leslie Fiedler, a partire dalla "tirannia della normalità" nasce l'"Altro irriducibile", che prende di volta in volta le forme del negro, dello zingaro, del rom, dell'ebreo, dell'indiano, ma anche dell'omosessuale e persino della donna, che rappresentano tutto quello che in noi ci spaventa al punto da non volerlo riconoscere, e perciò lo proiettiamo negativamente sull'altro fuori di noi che si presta a rappresentarlo (v. PSICOLOGIA CULTURALE; PSICOLOGIA TRANSCULTURALE).

Bibliografia

Ales Bello A., *L'altro, il diverso, l'estraneo. Accoglimento e ascolto nell'incontro fra le culture e la religione*, in A. Dentone (a cura di), *Ascolto e accoglimento*, Bastogi, Foggia 2001.

André Ch., Légeron P., *La paura degli altri. Agitazione, timidezza e fobia sociale* (1998), Einaudi, Torino 2000.

Balslev A. N., Rorty R., *Noi e loro. Dialogo sulla diversità culturale* (1991), il Saggiatore, Milano 2001.
Beattie J., *Uomini diversi da noi. Lineamenti di antropologia sociale* (1964), Laterza, Bari 1972.
Bianchi E., *L'altro siamo noi*, Einaudi, Torino 2010.
Callari Galli M., Ceruti M., Pievani T., *Pensare la diversità. Per un'educazione della complessità umana*, Meltemi, Roma 1998.
Coppo P., *Le ragioni degli altri. Etnopsichiatria, etnopsicoterapie*, Raffaello Cortina, Milano 2013.
Derrida J., *Abramo, l'altro* (2003), Cronopio, Napoli 2005.
Faloppa F., *Lessico e alterità. La formulazione del diverso*, Edizioni dell'Orso, Alessandria 2000.
Fiedler L., *La tirannia del normale. Bioetica, teologia e mito* (1996), Donzelli, Roma 1998.
Galzigna M. (a cura di), *La sfida dell'altro. Le scienze psichiche in una società multiculturale*, Marsilio, Venezia 1999.
Habermas J., *L'inclusione dell'altro* (1996), Feltrinelli, Milano 1998.
Hannerz U., *La diversità culturale* (1996), il Mulino, Bologna 2001.
Lacan J., *Funzione e campo della parola e del linguaggio in psicoanalisi* (1953), in *Scritti* (1936-1966), Einaudi, Torino 1974, vol. I.
–, *Una questione preliminare ad ogni possibile trattamento della psicosi* (1958), in *Scritti*, cit., vol. II.
–, *La direzione della cura e i principi del suo potere* (1961), in *Scritti*, cit., vol. II.
Lévinas E., *Dall'altro all'io* (1953-1983), Meltemi, Roma 2002.
–, *Alterità e trascendenza* (1967-1989), il melangolo, Genova 2006.
Losi N. (a cura di), *Vite altrove. Migrazione e disagio psichico*, Feltrinelli, Milano 2000.
Maffettone S., *Le ragioni degli altri*, il Saggiatore, Milano 1992.
Mayer H., *I diversi* (1975), Garzanti, Milano 1977.
Mead G. H., *Mente, Sé e Società* (1934), Giunti Barbera, Firenze 1966.
Montefoschi S., *L'uno e l'altro. Interdipendenza e intersoggettività nel rapporto psicoanalitico*, Feltrinelli, Milano 1977.
Petter G., *Io e gli altri. Identità, relazioni, valori*, Erickson, Trento 2007.
Ricoeur P., Marcel G., *Per un'etica dell'alterità* (1968), Edizioni Lavoro, Roma 1998.
Rovatti P. A. (a cura di), *Scenari dell'alterità*, Bompiani, Milano 2004.
Ruggenini M., *Il discorso dell'altro. Ermeneutica della differenza*, il Saggiatore, Milano 1996.
Spinelli B., *Ricordati che eri straniero*, Qiqajon, Comunità di Bose, Magnano 2005.
Touraine A., *Libertà, uguaglianza, diversità. Si può vivere insieme?* (1997), il Saggiatore, Milano 1998.
Žižek S., *Il Grande Altro* (1992), Feltrinelli, Milano 1999.

Altruismo (ingl. *Altruism*; ted. *Altruismus*; fr. *Altruisme*; sp. *Altruismo*). Condotta che promuove la cura degli altri e che può spingersi fino al sacrificio di sé. Il termine ricorre in:

1. Etologia. In questo ambito di ricerca la parola "altruismo" perde ogni connotazione intenzionale soggettiva, per riferirsi ai semplici effetti di una condotta che torna vantaggiosa non a chi la promuove, ma a coloro ai quali è indirizzata, come ad esempio la condotta dell'animale genitore rispetto alla prole. A promuovere questa forma di altruismo, secondo Richard C. Dawkins, non è l'individuo né tantomeno la specie, quanto piuttosto il *gene*, il cui interesse è quello di essere continuamente replicato. Questo spiega perché gli organismi agiscono in modo altruistico, anche contro i propri interessi individuali, poiché, pur di replicarsi in altri corpi, i geni inducono gli organismi imparentati alla riproduzione. In questo modo, l'egoismo del gene induce l'altruismo parentale tra gli organismi.

2. Psicoanalisi. Questo orientamento concepisce la natura umana come fondamentalmente egoista. Per Melanie Klein, ad esempio, l'amore del bambino verso la madre è motivato dal fatto che nella madre il bambino percepisce la figura essenziale per la sua sopravvivenza. Con ciò non si nega che i processi educativi possano influenzare successivamente atteggiamenti altruistici che consentono di superare le posizioni egoistiche che caratterizzano lo stadio narcisistico dello sviluppo, ma anche questi vengono interpretati come forme difensive nei confronti di inquietudini e ansie che generano conflitti interni, che si presume di poter placare con interventi altruistici.

3. Psicologia sociale. È questo l'ambito in cui le ricerche sull'altruismo sono più numerose e più diverse sono le teorie. Tra queste segnaliamo: la *teoria utilitaristica*, secondo la quale, a lungo termine, la condotta altruistica sarebbe per l'individuo più vantaggiosa di quella egoistica. Sempre sulla base dell'utilitarismo, questa spiegazione viene utilizzata anche per dar ragione del volontariato, che appagherebbe bisogni di identità personale, di appartenenza politica o di difesa di valori, quali la dignità umana e la giustizia, vissuti come irrinunciabili. Anche in questi casi, tuttavia, non si prescinde dalla gratificazione che deriva dall'approvazione sociale che sempre accompagna le condotte altruistiche. In questo contesto Bibb Latané e John M. Darley hanno studiato il cosiddetto "effetto del passante", dove si dimostra che l'altruismo è molto più frequente in presenza di altre persone che quando si è soli. Accanto alla teoria utilitaristica, che in ogni caso conferma la natura egoistica degli individui, c'è anche la teoria di Martin L. Hoffman, fondata sulla naturale Empatia (v.) che caratterizza gli umani e che fa riferimento all'esperienza vicaria delle emozioni altrui che, per una sorta di identificazione, induce all'aiuto e al soccorso.

Bibliografia

Dawkins R. C., *Il gene egoista* (1976, 2ª ed. ampliata 1989), Mondadori, Milano 1995.
Dessì Fulgheri F., *Altruismo*, in AA.VV., *Gli strumenti del sapere contemporaneo*, vol. II: *I concetti*, Utet, Torino 1985, pp. 11-14.
Freud S., *La teoria della libido e il narcisismo*, in *Introduzione alla psicoanalisi* (1915-1917), in *Opere* (1967-1993), Bollati Boringhieri, Torino, vol. VIII, Lezione 26.
Hoffman M. L., *Development of prosocial motivation. Empathy and guilt*, in N. Eisenberg (a cura di), *The development of prosocial behavior*, Academic Press, New York 1982.
Klein M., *Il primo sviluppo della coscienza morale nel bambino* (1933), in *Scritti 1921-1958*, Bollati Boringhieri, Torino 1978, pp. 282-292.
Latané B., Darley J. M., *The unresponsive bystander. Why doesn't he help?*, Appleton, New York 1970.
Lindauer M., *Sulle tracce dell'altruismo. Il funzionamento delle società animali* (1991), Feltrinelli, Milano 1993.
Rushton J., *Altruism socialization and society*, Prentice Hall, Englewood Cliffs, New Jersey, 1980.
Voci A., *Essere altruisti*, il Mulino, Bologna 2014.
Wilson E. O., *Sociobiologia. La nuova sintesi* (1975), Zanichelli, Bologna 1979.
Zamperini A., Testoni I., *Aggressività e altruismo*, in Id., *Psicologia sociale*, Einaudi, Torino 2002, pp. 190-214.

Alzheimer, Malattia di, v. DEMENZA, § IV, 1.

Amartofobia (ingl. *Hamartophobia*; ted. *Hamartophobie*; fr. *Hamartophobie*; sp. *Hamartofobia*). Fobia di sbagliare o di peccare.

Amatofobia (ingl. *Amathophobia*; ted. *Amathophobie*; fr. *Hamatophobie*; sp. *Amatofobia*). Fobia della polvere.

Amaurosi, v. CECITÀ.

Ambidestrismo (ingl. *Ambidextrism*; ted. *Ambidextrismus*; fr. *Ambidextrie*; sp. *Ambidextrismo*). Sinonimo di *ambilateralità*, il termine si riferisce alla pari abilità nell'uso della mano destra e sinistra. In ciò concorrono fattori congeniti, educativi, nonché l'esercizio in grado di abilitare la mano o il piede sinistro, che solitamente svolgono una funzione ausiliaria alla funzione pilota abitualmente esercitata dalla mano o dal piede destro. L'ambidestrismo ha il suo contrario nell'*ambilevismo*, caratterizzato dalla scarsa destrezza in entrambe le mani.

Ambientalismo (ingl. *Environment theory*; ted. *Umweltlehre*; fr. *Théorie du milieu*; sp. *Ambientalismo*). Teoria secondo cui le caratteristiche della condotta e della personalità sono determinate fondamentalmente da fattori ambientali e non da caratteri o capacità innate. La teoria psicologica più radicalmente ambientalista è il comportamentismo di John Broadus Watson e di Burrhus Frederic Skinner secondo cui l'organismo è assolutamente plastico e passivo, per cui la sua configurazione dipende solo dagli stimoli presenti nell'ambiente (v. COMPORTAMENTISMO, § 2, *c*). In senso lato può dirsi ambientalista quel settore della psicologia della forma che con Kurt Lewin ritiene che l'organismo sia il risultato dell'interazione delle forze in azione nel CAMPO (v. § 2). Decisamente antiambientalisti sono il COGNITIVISMO (v.), secondo cui non si dà ambiente che non sia originariamente strutturato dalla rappresentazione dell'individuo, e tutte quelle teorie psicologiche che attribuiscono un'importanza decisiva ai fattori ereditari nella strutturazione delle condotte (v. INNATISMO). Tali sono la teoria degli istinti specifici di William McDougall (v. ISTINTO, § 2), le tipologie che adottano il criterio somatico-costituzionale (v. TIPOLOGIA, § 1), l'ETOLOGIA (v.) di Konrad Lorenz, mentre assumono una posizione intermedia tra ambientalismo e innatismo la PSICOANALISI (v.) di Sigmund Freud e la teoria dello sviluppo mentale di Jean Piaget (v. COGNIZIONE, § 2).

Ambiente (ingl. *Environment*; ted. *Umwelt*; fr. *Milieu*; sp. *Ambiente*). Complesso degli elementi che costituiscono la realtà in cui un determinato evento si verifica e che influisce sulla vita dell'organismo o dell'individuo. Il concetto ha rilevanza sul piano fisico, biologico, psicologico, sociologico e pedagogico. Infatti, come l'ambiente fisico subisce tutte le trasformazioni che l'uomo per vivere vi compie, così l'uomo, talvolta, è costretto ad adattarsi a quelle condizioni naturali e culturali che risultano immodificabili o che richiederebbero per la loro trasformazione un intervento eccessivo di lavoro.

1. FILOSOFIA. La supposizione che l'ambiente fisico, e in particolare il clima, determini diversi temperamenti negli uomini era già presente, nel pensiero antico, a Ippocrate. Nel Settecento il problema dell'ambiente divenne progetto di studio a livello pedagogico con Jean-Jacques Rousseau, che tentò di individuare quanto, nella crescita del bambino, fosse da imputare alla natura e quanto alla CULTURA (v.), e a livello politico con Charles-Louis de Montesquieu, per il quale il dispotismo politico e la schiavitù sono pressoché inevitabili nei climi torridi, mentre in quelli temperati sono possibili tanto la monarchia quanto la repubblica. Nell'Ottocento l'ambiente divenne, in sede biologica, la discriminante fondamentale della teoria di Jean-Baptiste Lamarck (v. LAMARCKISMO) che si contrappose a quella evoluzionistica di Charles Darwin (v. DARWINISMO) in un periodo in cui, in sede propriamente filosofica, l'idealismo si rifiutava di considerare l'ambiente come un elemento limitante lo

sviluppo dello spirito. Solo con Karl Marx e con Friedrich Engels l'ambiente come società, come politicità, come prassi, come mondo del lavoro e come natura in senso geografico divenne la tematica emergente che verrà presa in considerazione, sia pure da un altro punto di vista, dal positivismo che ne farà uno dei cardini fondamentali per l'interpretazione dell'uomo. Nel secolo scorso l'influenza dell'ambiente sull'individuo diventa oggetto di particolare attenzione e di formulazioni assolutamente originali quanto al loro senso nell'esistenzialismo di Jean-Paul Sartre, che elabora i concetti di "situazione" e "condizione umana", e di Martin Heidegger, che fornisce la nozione di *Umwelt* o "mondo-ambiente" a cui farà grande ricorso la psichiatria fenomenologica di Ludwig Binswanger.

2. PSICOLOGIA. In questo ambito si studia l'influenza che l'ambiente fisico e sociale ha sull'individuo, non di rado in contrapposizione all'influenza del patrimonio genetico. Su questo tema gli studi più significativi si registrano nell'ambito della PSICOLOGIA DELL'ETÀ EVOLUTIVA (v.), dove si è soliti distinguere l'ambiente come *luogo* ove si attua una crescita, e l'ambiente come *fattore* di crescita. Nella prima accezione rientra la descrizione di tutte le variabili che caratterizzano un determinato ambiente, nella seconda si va alla ricerca della forza di condizionamento e di influenza che le caratteristiche ambientali determinano nell'individuo. Questa distinzione mette in moto le categorie più ampie di "natura" e di "cultura", dove l'ambiente come mera datità e come oggetto naturalisticamente inteso cede alla considerazione dell'ambiente come qualcosa di già strutturato, quindi non solo come *luogo naturale* in cui accade un evento, ma come *fattore culturale* che lo determina, lo facilita e lo condiziona in modo favorevole o sfavorevole. Da qui parte la distinzione tra "ambiente" e "ambienti", per cui diventa significativo parlare di ambiente familiare, sociale, scolastico, ospedaliero, carcerario, terapeutico ecc., a seconda degli indici che si assumono come idonei allo studio, di volta in volta differenziato, degli oggetti. Questi concetti della psicologia sono stati assunti dalla *pedagogia* che li ha applicati al cosiddetto "ambiente educativo" dove il dato naturalistico è già adeguatamente integrato nella dimensione intenzionalmente umana dell'operare. Qui la PEDAGOGIA (v.) si ispira al modello di John Dewey, per il quale il rapporto educativo è fondato sulla relazione di "esperienza" che collega in modo interattivo l'educando all'ambiente.

A proposito del rapporto individuo-ambiente in psicologia si registrano posizioni che attribuiscono all'ambiente la responsabilità della formazione e della crescita dell'individuo, e posizioni che oltrepassano questa separazione per produrre un modello concettuale nuovo che assegna alla "relazione" il compito di spiegare le reciproche influenze. La prima posizione è rappresentata da John Broadus Watson: «Datemi una dozzina di bambini normali, ben fatti, e un ambiente opportuno per allevarli e vi garantisco di prenderne qualcuno a caso e di farlo diventare qualsiasi tipo di specialista che io volessi selezionare: dottore, avvocato, artista, commerciante e perfino accattone e ladro, indipendentemente dalle sue attitudini, simpatie, tendenze, capacità, vocazioni» (1914, p. 104). Questa posizione è stata attenuata, sempre nell'ambito della psicologia del comportamento, da Burrhus Frederic Skinner per il quale «la stimolazione ambientale è importante tra le variabili di cui il comportamento è funzione, ma non è l'unica» (1974, p. 113).

Oggi, piuttosto che ponderare le influenze relative dell'azione dell'individuo sull'ambiente e viceversa, si cerca di cogliere le interrelazioni a partire da principi generali che prevedono: *a)* la *continuità* e l'*indissolubilità* dei rapporti che un organismo intrattiene con l'ambiente, a cui l'organismo non può sottrarsi per un solo istante, anche se non ogni fattore agisce costantemente su di lui; *b)* la *specificità* dei rapporti organismo-ambiente, nel senso che le diverse specie non sono sensibili ai medesimi fattori e non possiedono le medesime soglie di sensibilità; *c)* la *reciprocità* di questi rapporti, nel senso che l'organismo modifica l'ambiente fisico che lo circonda e le condizioni di vita degli altri organismi.

A partire da questi principi, George Herbert Mead può scrivere che «l'organismo è, in un certo senso, responsabile dell'ambiente relativo, e siccome l'organismo e l'ambiente si determinano reciprocamente e sono mutualmente dipendenti per la loro rispettiva esistenza, ne consegue che il processo vitale, per essere adeguatamente compreso, deve essere considerato in funzione delle loro interrelazioni» (1934, p. 147). A partire da queste interrelazioni, Mead arriva a costruire un modello di *coscienza* concepita non più come una proprietà dell'individuo, ma come la risultante dell'interazione tra individuo e ambiente: «La cosiddetta coscienza deve essere trasferita all'interno della relazione fra l'organismo e il suo ambiente. La nostra selezione costruttiva in un ambiente (colori, valori emozionali e simili), fatta in termini di sensitività fisiologiche, costituisce essenzialmente ciò che noi intendiamo per coscienza. Siamo stati indotti a collocare la coscienza, sulla base di una lunga tradizione storica, nella mente o nel cervello. L'occhio e i processi relativi attribuiscono il colore agli oggetti nello stesso senso che un bue attribuisce all'erba le caratteristiche del cibo; cioè, non nel senso di proiettare le sensazioni negli oggetti, ma piuttosto nel senso che l'occhio si pone in relazione con l'oggetto che rende possibile la comparsa e l'esistenza del colore, intesa come una qualità dell'oggetto. I colori sono inerenti agli oggetti solo in virtù delle loro relazioni con un determinato organismo percipiente. La struttura fisiologica o sensoria dell'organismo percipiente determina il contenuto sperimentato dell'oggetto» (*ibid.*).

3. Psicologia della Gestalt. Sempre a partire dal modello dell'interazione tra organismo e ambiente, Kurt Lewin elabora il concetto di *ambiente psicologico*, raffigurato graficamente da un campo che avvolge un'area concentrica che rappresenta la persona. Esteriormente l'ambiente psicologico è delimitato da un altro contorno che lo separa dallo spazio non psicologico dell'universo o mondo fisico. Lo spazio psicologico, che pone in relazione universo fisico e singolo individuo, è costellato da "valenze" che sono esperimenti di valore, positivo o negativo, che una data regione dell'ambiente psicologico presenta per una persona. La dinamica della personalità viene osservata a partire dalle valenze che l'ambiente psicologico assume di volta in volta per lei (v. Campo, § 2), dove nella nozione di "ambiente" devono essere compresi anche gli altri individui e i loro comportamenti. Sempre nell'ambito della psicologia della Gestalt la percezione dell'ambiente avviene a cura del soggetto che opera un raggruppamento degli stimoli in configurazioni unitarie a partire dalle leggi della vicinanza, della somiglianza, della figura-sfondo, e dalla mappa cognitiva, secondo l'espressione di Kevin Lynch, ricavata dalle nostre precedenti esperienze.

4. Psicoanalisi. Nella letteratura psicoanalitica la realtà esterna e il mondo esterno sono spesso usati come sinonimi di "ambiente" di cui la psicoanalisi si occupa limitatamente alla sua influenza sulla dimensione inconscia. In un'accezione più specifica la parola ambiente viene usata per indicare l'*ambiente medio prevedibile*, ossia l'ambiente verso il quale il bambino ha costruito dentro di sé alcune aspettative a cui vengono adattati i processi di maturazione. Contrariamente al punto di vista di Sigmund Freud, secondo cui il bambino all'inizio della vita è completamente privo di un centro egoico, Heinz Hartmann suppone che egli nasca con un certo numero di modelli precostituiti di risposta e di comportamento su cui può contare lo sviluppo. La letteratura psicoanalitica tedesca ha inoltre coniato il termine *Merkwelt* che si riferisce all'*ambiente percepibile* dal soggetto, osservato in relazione all'ambiente totale. Il non tenerne in debito conto, soprattutto nell'analisi infantile, conduce a errori di Adultismo (v.) che non consentono una corretta considerazione dell'osservato. Sempre in ambito psicoanalitico, Donald W. Winnicott sottolinea l'importanza delle relazioni affettive create dalla "madre-ambiente" che consentono al bambino di sperimentare i tratti umani e non umani dell'ambiente e lo spazio come distanza che lo separa dalla madre e gli consente di tornare da lei. John Bowlby, dal canto suo, ha sottolineato l'importanza dell'"attaccamento ai luoghi" che è massima nell'infanzia e nella vecchiaia a causa della ridotta "competenza ambientale". L'attaccamento ai luoghi è comunque parte della nostra identità e varia in positivo o in negativo a seconda delle esperienze gratificanti o frustranti che si sono vissute nei diversi luoghi (v. Attaccamento).

5. Psichiatria. L'ambiente è stato oggetto specifico di studio nell'ambito della psichiatria fenomenologica, e in particolare con Binswanger, per il quale lo spazio e il tempo circostanti non sono dati, ma costruzioni, per cui noi non "siamo" nello spazio e nel tempo ma "dischiudiamo" lo spazio e il tempo come distanza o prossimità delle cose, come impiego di un certo tempo per percorrere lo spazio necessario per raggiungerle. L'uomo, infatti, a differenza delle cose che *sono* al mondo, *ha* un mondo, nel senso che il mondo non è solo il luogo che lo ospita, ma anche e soprattutto il termine verso cui proietta le sue intenzioni e la sua progettualità. Dalla risposta del mondo-ambiente (*Um-welt*) si decide la costruzione o la decostruzione dell'individuo. La relazione con il mondo-ambiente è ciò che dà all'individuo un'immagine dinamica e non statica di sé, dove convergono e si compongono gli elementi tattili, visivi, muscolari, in quella sorta di sensibilità diffusa, grazie alla quale l'individuo si sente vivere come quella totalità unitaria che sottende ogni azione, unifica ogni sensazione, rapportandola a quell'unità dell'essere che la psicosi distrugge quando, lacerando l'immagine di sé, fa vivere all'esterno ogni sua parte come se fosse un intero.

Le destrutturazioni delle coordinate temporali e spaziali dell'ambiente sono assunte dalla psichiatria fenomenologica come indicatori della qualità di alienazione. Così nella mania il tempo è accelerato, per cui tutto deve avvenire "subito" e "immediatamente" come se la successione degli eventi fosse in ritardo rispetto al tempo interiore. Analogamente lo spazio viene recepito come troppo stretto, per cui tutto è a portata di mano, nella scrittura due parole riempiono un foglio, nella stanza un gesticolare eccessivo occupa tutto lo spazio. Nella depressione invece l'ambiente è una semplice occasione per rinviare a scenari passati dove lo spazio e il tempo presente e futuro subiscono una contrazione dovuta all'assenza di progettualità. Il passato poi rinvia a punti di perdita irrimediabili che si ripercuotono nella diminuzione della vita di relazione, nell'impoverimento delle manifestazioni espressive, nel rallentamento dei processi mentali e operativi, attraversati dalla persuasione dell'impossibilità di modificare il proprio ambiente.

6. Psicologia ambientale. Settore della psicologia che ha preso avvio negli anni sessanta con l'intento di ordinare e sviluppare un complesso di conoscenze scientifiche sugli effetti psicologici determinati dagli ambienti fisici. Questo tipo di ricerca, che ha comportato la collaborazione tra psicologi, studiosi del comportamento e programmatori dell'ambiente, ha trovato campi di applicazione nella cosiddetta "psicologia architettonica" che riguarda la progettazione di ambienti istituzionali come scuole, prigioni, ospedali, luoghi di lavoro, dove si studiano le modalità di interazione degli individui in base agli spazi, alle dimensioni dei luoghi e ai loro effetti sul comportamento, a cui si aggiungono le ricerche sugli effetti della densità di popolazione, dell'affollamento, dei rumori, della qualità dei trasporti e delle abitazioni. In questo ambito si studiano l'influenza di un cambiamento ambientale sul comportamento delle persone e l'incidenza dello Stress (v.) sull'efficienza dei processi cognitivi e sulla rigenerazione dell'attenzione.

Bibliografia

Bagnara S., Misiti R. (a cura di), *Psicologia ambientale*, il Mulino, Bologna 1978.
Bagnasco C., Baldi P., Grasso F., *Partecipazione e territorio*, La Nuova Italia, Firenze 1979.
Barker R., *Ecological psychology*, Stanford University Press, Stanford, California, 1968.
Baroni M. R., *Ambiente*, in AA.VV., *Psiche. Dizionario storico di psicologia, psichiatria, psicoanalisi, neuroscienze*, Einaudi, Torino 2006-2007, vol. I, pp. 51-56.
–, *Psicologia ambientale*, il Mulino, Bologna 2008.
Binswanger L., *Melanconia e mania* (1960), Bollati Boringhieri, Torino 1971.
Bonnes M., Bonaiuto M., Lee T. (a cura di), *Teorie in pratica per la psicologia ambientale*, Raffaello Cortina, Milano 2004.
Borgna E., *La metamorfosi schizofrenica della spazialità* (1974), in Id., *Nei luoghi perduti della follia*, Feltrinelli, Milano 2008, pp. 196-221.
Bowlby J., *Attaccamento e perdita* (1969-1980), Bollati Boringhieri, Torino 1976-1983, vol. I.
Brun B., Lemonnier P., Raison J.-P., Roncayolo M., *Ambiente*, in AA.VV., *Enciclopedia*, Einaudi, Torino 1977, vol. I, pp. 393-416.
Callieri B., *Lo spazio umano in psichiatria* (1990), in Id., *Percorsi di uno psichiatra* (1955-1992), Edizioni Universitarie Romane, Roma 1993.
Ceruti M., László E. (a cura di), *Physis. Abitare la terra*, Feltrinelli, Milano 1988.
Chiapponi M., *Ambiente. Gestione e strategia. Un contributo alla strategia della progettazione ambientale*, Feltrinelli, Milano 1989.
Clausse A., *Teoria dello studio dell'ambiente*, La Nuova Italia, Firenze 1964.
Dall'Ò G., Galante A., *Abitare sostenibile*, il Mulino, Bologna 2010.
Downs R. M., Stea D. (a cura di), *Image and environment. Cognitive mapping and spatial behavior*, Aldine, Chicago 1973.
Duque F., *Abitare la terra. Ambiente, Umanesimo, Città* (2004), Moretti & Vitali, Bergamo 2007.
Flores d'Arcais G. B., *L'ambiente*, La Scuola, Brescia 1962.
Giuliani M. V., *Towards an analysis of mental representations of attachment to the home*, in "The Journal of Architectural and Planning Research", 1991, n. 8.
Hartmann H., *Psicologia dell'Io e problema dell'adattamento* (1939), Bollati Boringhieri, Torino 1966.
Iovino S., *Filosofie dell'ambiente. Natura, etica, società*, Carocci, Roma 2004.
Ittelson W. H. (a cura di), *La psicologia dell'ambiente* (1970), Franco Angeli, Milano 1978.
Kaplan R., Kaplan S., *Cognition and environment. Functioning in an uncertain world*, Praeger, New York 1982.
Lewin K., *Principi di psicologia topologica* (1936), Organizzazioni Speciali (O. S.), Firenze 1961.
Lingiardi V., *Mindscapes. Psiche nel paesaggio*, Raffaello Cortina, Milano 2017.
Lynch K., *L'immagine della città* (1960), Marsilio, Padova 1964.
Mead G. H., *Mente, Sé e Società* (1934), Giunti Barbera, Firenze 1966.
Merleau-Ponty M., *La struttura del comportamento* (1942), Bompiani, Milano 1963.
Nespor S., *L'ambiente. Sfruttamento e protezione*, in M. Flores (a cura di), *Diritti umani. Cultura dei diritti e dignità della persona nell'epoca della globalizzazione*, Utet, Torino 2007, *Atlante*, vol. I: *I soggetti e i temi*, pp. 2-39.
Pellizzoni L., Osti G., *Sociologia dell'ambiente*, il Mulino, Bologna 2002.
Skinner B. F., *La scienza del comportamento. Ovvero il behaviorismo* (1974), Sugarco, Milano 1976.
Spranger E., *Ambiente e cultura* (1955), Armando, Roma 1959.
Tallacchini M. (a cura di), *Etiche della terra. Antologia di filosofia dell'ambiente*, Vita e Pensiero, Milano 1998.
Vuillet J., *La notion de milieu en pédagogie*, Puf, Paris 1962.
Watson J. B., *Behavior. An introduction to comparative psychology*, Norton, New York 1914.
Winnicott D. W., *Sviluppo affettivo e ambiente. Studi sulla teoria dello sviluppo affettivo* (1965), Armando, Roma 1970.

Ambiguità (ingl. *Ambiguity*; ted. *Zweideutigkeit*; fr. *Ambiguïté*; sp. *Ambigüedad*). Rinvio a significati diversi, talvolta addirittura contrari, tipico di talune forme espressive verbali e visive. L'ambiguità presuppone particolari qualità inerenti all'oggetto, come la distanza, la scarsa illuminazione, la presentazione troppo rapida, ma, per quanto attiene al significato, essa si riferisce al soggetto che percepisce. La parola ha rilevanza negli studi sulla percezione e nella Psicologia della Gestalt (v. § II, 2), dove si evidenzia in qual modo una stessa cosa, a seconda di come è vista, dia origine a descrizioni a tal punto diverse da divenire alla fine descrizione di cose diverse. Famosa è la "figura ambigua" dove i tratti dei profili di due volti che si fronteggiano sono gli stessi tratti che delimitano i contorni di un vaso, per cui di fronte alla stessa figura avremo chi parla di vasi e chi di volti a seconda di *come* viene articolato il rapporto tra sfondo e figura. Nella teoria dell'informazione il termine "ambiguità" è sinonimo di INCONGRUENZA (v.), mentre, come connotazione psicologica attribuita a un soggetto, denota la scarsa leggibilità delle sue intenzioni e del significato delle sue azioni.

Bibliografia

Argentieri S., *L'ambiguità*, Einaudi, Torino 2008.
Longo G. O., Magris C., *Ambiguità*, Moretti & Vitali, Bergamo 1996.

Ambilateralità, v. AMBIDESTRISMO; DOMINANZA, § 2.

Ambilevismo, v. AMBIDESTRISMO.

Ambisessualità (ingl. *Ambisexuality*; ted. *Ambisexualität*; fr. *Ambisexualité*; sp. *Ambisexualidad*). Termine introdotto da Sándor Ferenczi, in sostituzione del termine freudiano BISESSUALITÀ (v.), per indicare le prime manifestazioni emozionali che, per il fatto di non essere ancora differenziate, si orientano sia verso il maschile sia verso il femminile. In seguito Ferenczi preferisce, ad ambisessualità, *amfierotismo* perché «mi sembra che questa parola renda il carattere psicologico di ciò che intendo esprimere, meglio del termine "ambisessualità", altre volte da me proposto» (1914, p. 102). L'amfierotismo esprime «l'investimento libidico di tutti e due i sessi in corrispondenza al rapporto libidico verso entrambi i genitori» (ivi, pp. 102-103). In ambito fenomenologico il termine è stato adottato anche da Alberto Gaston per il quale «forse più che di "bisessualità", che accentua troppo il carattere biologico del miscuglio maschile femminile, sarebbe più significativo parlare di "ambisessualità" per sottolineare maggiormente l'ambiguità psicologica originaria» (1987, p. 163; v. ERMAFRODITISMO, § 3).

Bibliografia

Ferenczi S., *L'omoerotismo. Nosologia dell'omosessualità maschile* (1914), in *Opere* (1989-1992), Raffaello Cortina, Milano, vol. II.
Gaston A., *Genealogia dell'alienazione*, Feltrinelli, Milano 1987.

Ambitendenza, v. AMBIVALENZA, § 1.

Ambivalenza (ingl. *Ambivalence*; ted. *Ambivalenz*; fr. *Ambivalence*; sp. *Ambivalencia*). Compresenza, nella relazione di un soggetto con un oggetto, di idee, sentimenti, tendenze e atteggiamenti di segno opposto.

1. PSICHIATRIA. Il termine è stato introdotto da Eugen Bleuler per il quale «già l'individuo normale ha talvolta l'impressione di avere come due anime, paventa un evento e desidera che accada. [...] Tali ambivalenze sono quanto mai frequenti e particolarmente drastiche nelle rappresentazioni che ci facciamo di persone che odiamo o temiamo e al tempo stesso amiamo, e questo in modo particolare se è in gioco la sessualità, nella quale agisce un possente fattore positivo e un quasi altrettanto possente fattore negativo da cui dipende, tra l'altro, il sentimento di vergogna e tutte le inibizioni sessuali, nonché la valutazione negativa dell'attività sessuale come peccato e quella corrispondente, positiva, che nell'astinenza sessuale vede un'elevata virtù» (1911-1960, p. 89). Per Bleuler l'ambivalenza può investire: l'*intelletto* per cui il soggetto enuncia contemporaneamente un'idea e il suo contrario, la *volontà* per cui nello stesso tempo vuole e non vuole compiere una determinata azione, l'*affetto* per cui nei confronti della stessa persona prova contemporaneamente un sentimento d'amore e di odio. Successivamente il termine ambivalenza fu ristretto alla tonalità affettiva, mentre all'ambivalenza volontaristica Bleuler diede il nome di *ambitendenza* (*Ambitendenz*). Sia l'una che l'altra sono alla base del NEGATIVISMO (v.), a proposito del quale Bleuler scrive: «Cause predisponenti dei fenomeni negativistici sono: *a*) l'*ambitendenza* che suscita contemporaneamente ad ogni impulso un controimpulso; *b*) l'*ambivalenza* che alla medesima idea dà contrastanti tonalità affettive e fa pensare lo stesso pensiero contemporaneamente in modo positivo e negativo; *c*) la *dissociazione schizofrenica della psiche* che impedisce che da psichismi contraddittori e coesistenti venga tirata una conclusione, cosicché l'impulso più inadeguato può venir tradotto in azione con le stesse probabilità dell'impulso corretto, e insieme al pensiero corretto, o al posto di esso, può essere pensato il suo negativo» (1910-1911, p. 189).

2. PSICOANALISI. Sigmund Freud adotta il concetto bleuleriano di ambivalenza limitatamente alla componente affettiva e la legge come una forma di capovolgimento nell'opposto (v. OPPOSTI, § 1): «La trasformazione di una pulsione nel suo contrario (in senso materiale) viene osservata in un caso soltanto: nella conversione dell'*amore* in *odio*. Poiché è particolarmente frequente che l'amore e l'odio si dirigano contemporaneamente sullo stesso oggetto, tale compresenza costituisce altresì l'esempio più significativo di ambivalenza emotiva» (1915, p. 28). Il concetto di ambivalenza viene quindi adottato da Freud per spiegare quella particolare situazione dove, nel trattamento analitico, «un transfert negativo, nelle forme curabili di psiconevrosi, si trova a

fianco del transfert affettuoso, spesso rivolto contemporaneamente alla medesima persona, ed è per questo stato di cose che Bleuler ha coniato la felice espressione di *ambivalenza*. Tale ambivalenza di sentimenti sembra essere, entro certi limiti, normale, ma un alto grado di ambivalenza è di certo un contrassegno particolare di persone nevrotiche. [...] L'ambivalenza degli orientamenti sentimentali dei nevrotici ci spiega nel modo migliore la loro capacità di porre i loro transfert al servizio della resistenza» (1912, p. 530). In questa accezione l'ambivalenza è l'espressione stessa del conflitto tra pulsione da un lato e resistenza dall'altro. Da questo conflitto, che caratterizza ad esempio il complesso edipico, nasce il sintomo nevrotico come tentativo di apportare una soluzione; tale è ad esempio la fobia che sposta l'odio su un oggetto sostitutivo, la nevrosi ossessiva che rimuove l'impulso ostile rafforzando il moto libidico sotto forma di FORMAZIONE REATTIVA (v.) e così via. Quando, nello sviluppo del suo pensiero, Freud introdurrà la distinzione tra pulsione di vita e pulsione di morte, ricondurrà l'ambivalenza al dualismo pulsionale (v. EROS – THANATOS).

Il concetto di ambivalenza è ripreso da Karl Abraham che lo impiega con una connotazione genetica che consente di specificare la relazione che il bambino ha con gli oggetti nelle fasi del suo sviluppo. Abraham definisce *preambivalente* la fase orale dove la suzione è un incorporamento, ma non tale da porre fine all'esistenza dell'oggetto; *ambivalente* la fase sadico-anale dove l'ostilità verso l'oggetto è accompagnata dal desiderio di risparmiarlo e di salvarlo dalla distruzione; *postambivalente* la fase genitale dove, con la soluzione del complesso edipico, l'ambivalenza può dirsi superata.

Il concetto di ambivalenza gioca un ruolo essenziale anche per Melanie Klein, secondo la quale l'ambivalenza è una connotazione che assume l'oggetto investito da proiezioni affettive e distruttive. Questa situazione è superata attraverso la separazione tra oggetto "buono" e oggetto "cattivo", perché un oggetto ambivalente, che sia a un tempo benefico e distruttivo, non può essere tollerato (v. KLEINIANA, TEORIA, § 1).

3. PSICOLOGIA ANALITICA. Carl Gustav Jung critica la posizione di Bleuler, secondo il quale l'ambivalenza è la causa di fondo della dissociazione schizofrenica, per accogliere l'ipotesi di Freud secondo cui l'ambivalenza è il risultato del conflitto tra pulsione e resistenza, e perciò scrive: «La resistenza è qualcosa di diverso dall'ambivalenza; è il fattore dinamico che permette all'ambivalenza dovunque latente di manifestarsi. Perciò l'elemento caratteristico dello stato mentale patologico non è l'ambivalenza, bensì la resistenza» (1911, p. 205). Nello sviluppo successivo del suo pensiero, Jung riconoscerà nell'ambivalenza il tratto caratteristico del SIMBOLO (v. § 6) e dell'ARCHETIPO (v.) da lui assunti come linguaggio dell'inconscio, in contrapposizione al "concetto", inteso come "segno", con cui la coscienza procede nella sua costruzione razionale. Infatti, scrive Jung: «Il simbolo non può derivare unilateralmente dalle funzioni mentali più altamente differenziate, bensì deve sgorgare in ugual misura dagli impulsi più bassi e primitivi. Affinché questa cooperazione di stati opposti fra loro sia semplicemente possibile, essi devono esistere entrambi coscientemente in completa contrapposizione. Questo stato deve comportare un violentissimo dissidio con se stessi, tale che tesi e antitesi si neghino a vicenda, mentre l'Io è costretto ad ammettere la sua incondizionata adesione tanto all'una quanto all'altra. [...] Quando sussiste una completa uguaglianza ed equiparazione degli opposti, testimoniata dall'incondizionata compartecipazione dell'Io a tesi e antitesi, si ha un arresto del volere, giacché l'atto volitivo diviene impossibile, ogni motivo avendo accanto a sé il proprio opposto dotato di ugual forza. Poiché la vita non sopporta mai un arresto, ne nasce una congestione dell'energia vitale, che condurrebbe a uno stato di cose insopportabile se, dalla tensione degli opposti, non sorgesse una nuova funzione unificatrice che conduce oltre gli opposti» (1921, pp. 488-489).

Bibliografia

Abraham K., *Tentativo di una storia evolutiva della libido sulla base della psicoanalisi dei disturbi psichici* (1924), in *Opere*, Bollati Boringhieri, Torino 1975, vol. I.

Bleuler E., *Vortrag über Ambivalenz*, in "Zentralblatt für Psychoanalyse", 1910, n. 1.

–, *Zur Theorie des schizophrenen Negativismus*, in "Psychiatrische-Neurologische Wochenschrift", 1910-1911, vol. 12.

–, *Dementia Praecox o il gruppo delle schizofrenie* (1911), La Nuova Italia Scientifica, Roma 1984.

–, *Trattato di psichiatria* (1911-1939, aggiornato da M. Bleuler dal 1940 al 1960), Feltrinelli, Milano 1967.

Freud S., *Significato opposto delle parole primordiali* (1910), in *Opere* (1967-1993), Bollati Boringhieri, Torino, vol. VI.

–, *Dinamica della traslazione* (1912), in *Tecnica della psicoanalisi* (1911-1912), in *Opere*, cit., vol. VI.

–, *Pulsioni e loro destini*, in *Metapsicologia* (1915), in *Opere*, cit., vol. VIII.

Galimberti U., *La terra senza il male. Jung: dall'inconscio al simbolo* (1984), Feltrinelli, Milano 2013.

Jung C. G., *Critica a Bleuler, "Teoria del negativismo schizofrenico"* (1911), in *Opere* (1969-2007), Bollati Boringhieri, Torino, vol. III.

–, *Tipi psicologici* (1921), in *Opere*, cit., vol. VI.

Klein M., *Contributo alla psicogenesi degli stati maniaco-depressivi* (1935), in *Scritti 1921-1958*, Bollati Boringhieri, Torino 1978, pp. 297-325.

Ambiversione (ingl. *Ambiversion*; ted. *Ambiversion*; fr. *Ambiversion*; sp. *Ambiversión*). Coesistenza nello stesso individuo dei tratti dell'estroversione e dell'introversione (v. ESTROVERSIONE – INTROVERSIONE). Queste due principali organizzazioni del temperamento o della personalità, che denotano l'atteggiamento generale dell'individuo nei confronti dell'ambiente e del vissuto interiore, possono coesistere o per un fatto costituzionale o come risultato di un lavoro psichico (v. TIPOLOGIA, § 2).

Ambizione (ingl. *Ambition*; ted. *Ehrgeiz*; fr. *Ambition*; sp. *Ambición*). Desiderio di successo, affermazione, onori e ricchezza che, dal punto di vista psicoanalitico, ha la sua base in una libido a sfondo narcisistico. Secondo lo schema dello sviluppo della libido previsto da Sigmund Freud, l'ambizione sarebbe un tratto che si manifesta già nella fase fallica (v. FALLICA, FASE) dove si avverte il desiderio di provare il proprio valore e di mettersi in competizione, a partire da quello che Freud definisce "erotismo urinario" a proposito del quale scrive: «Fino ad ora io conosco soltanto l'esorbitante, "ardente", ambizione di coloro che furono enuresici» (1908, p. 405). Per Karl Abraham, invece, la fase di riferimento sarebbe quella orale (v. ORALE, § 2): «Il tratto caratteriale dell'ambizione, che incontriamo tanto di frequente nelle nostre psicoanalisi, è stato fatto risalire già molto tempo fa da Freud all'erotismo uretrale. Questa spiegazione non sembra però scendere fino alle fonti più originarie. Secondo le mie esperienze, con le quali concordano anche quelle di Edward Glover, si tratta piuttosto di un tratto di carattere di origine orale, che viene poi rafforzato da altre fonti, fra le quali è da ricordare in modo particolare quella uretrale» (1925, p. 200).

Bibliografia

Abraham K., *Studi psicoanalitici sulla formazione del carattere* (1925), in *Opere*, Bollati Boringhieri, Torino 1975, vol. I.

Freud S., *Carattere ed erotismo anale* (1908), in *Opere* (1967-1993), Bollati Boringhieri, Torino, vol. V.

Glover E., *The significance of the mouth in psycho-analysis*, in "British Journal of Medical Psychology", 1924, vol. 4.

Ambliopia, v. CECITÀ, § 3.

Ameleia, v. INDIFFERENZA.

Amenorrea, v. MESTRUAZIONE.

Amenza, v. COSCIENZA, § 3, *c*.

Ametropia (ingl. *Ametropia*; ted. *Ametropie*; fr. *Amétropie*; sp. *Ametropía*). Difetto visivo da imputare a una modificazione patologica dei mezzi rifrangenti o a una distanza non fisiologica della retina dal cristallino.

Amfetamina, v. DROGA, § 5; PSICOFARMACOLOGIA, § II, 2.

Amfierotismo, v. AMBISESSUALITÀ.

Amfigenesi (ingl. *Amphigenesis*; ted. *Amphigenese*; fr. *Amphigenèse*; sp. *Anfigénesis*). Condizione omosessuale a cui non sono preclusi rapporti eterosessuali. L'inversione amfigenica si distingue quindi dall'inversione assoluta dove la sessualità è rivolta esclusivamente a membri dello stesso sesso.

Amicizia (ingl. *Friendship*; ted. *Freundschaft*; fr. *Amitié*; sp. *Amistad*). Sentimento che scaturisce dall'incontro tra due o più persone che percepiscono una comunanza di interessi, di valori, di ideali e che per questo stabiliscono delle interazioni intime fondate sulla comprensione e sulla fiducia reciproca. Nell'infanzia l'amicizia è una tappa importante per superare lo stadio egocentrico, nell'adolescenza si realizza in forma molto esclusiva, determinando un tipo di attaccamento molto simile all'amore che, in certe fasi, può giungere anche a crisi di gelosia o a forme di amicizia particolare a intonazione sessuale.

Ludwig Binswanger ha colto nell'amicizia una struttura essenziale della costituzione umana la cui esistenza (*Dasein*) è sempre e originariamente una co-esistenza (*Mit-dasein*): «L'essere-insieme-nell'amicizia è quel modo di essere nel quale l'esaltazione dell'amore si "rompe", come la luce del sole nello spettro dell'arcobaleno, in diverse direzioni di significato» (1942, p. 227). Al pari dell'amore, anche l'amicizia è, per Binswanger, un rapporto "duale" che si interrompe ogni volta che nella comunicazione interviene un terzo che subito crea "pluralità". La forma amicale si fonda sulla partecipazione (*Mit-teilung*) dove ciascuno prende parte (*Teil*) all'altro in tre possibili forme: 1) *Il partecipare con qualcuno a qualcosa*, dove il qualcosa della partecipazione non va cercato né nell'uno né nell'altro dei due, ma in un terzo elemento che è l'essere-nel-mondo nella forma specifica di essere-per-qualcosa. Questo qualcosa può essere un'idea, un obiettivo, una meta, o più semplicemente un viaggio insieme, una stanza che si condivide e simili. La figura esistenziale che connota questa partecipazione è il "condividere". 2) *Il parteciparsi qualcosa l'un l'altro*, dove i due si scambiano dei contenuti rispetto ai quali i due possono rimanere non partecipi. Questa forma di partecipazione è regolata dalla figura esistenziale della "comunicazione" che ci si scambia all'interno di un ruolo nell'ordine delle notizie, delle informazioni, senza un coinvolgimento dei rispettivi mondi interiori, ma desumendo il materiale della comunicazione dal mondo esterno. 3) *La partecipazione a un medesimo destino*, che è la forma più autentica di amicizia che non esclude le precedenti, ma le supera nella forma dell'essere-insieme (*Miteinandersein*), dove ciò che si scambia è il proprio mondo interiore (*Innenwelt*) nella figura esistenziale del "confidarsi". In questa forma di partecipazione, scrive Binswanger, «bisogna intendere il termine "parte (*Teil*)" nell'espressione "prender parte (*Mit-teilung*)" al tuo destino. Tale termine significa che io mi consegno con te allo stesso "ci (*Da*)" dell'istante che ci costituisce come "Esser-ci (*Da-sein*)". Se io condivido con te questo "ci", allora mi "decido", mi "dischiudo" con te allo stesso destino» (ivi, p. 252). Da qui la conclusione: «Non attraverso la partecipazione a un mondo comune (*Mit-welt*) gli amici prendono parte l'uno all'altro, ma, al contrario, nella reciproca partecipazione (*Mit-teilung*) degli amici si costituisce la comunità del mondo» (ivi, p. 256).

Bibliografia

Alberoni F., *L'amicizia*, Garzanti, Milano 1984.
Binswanger L., *Grundformen und Erkenntnis menschlichen Daseins*, Niehans, Zürich 1942.
Bombi A. S., Pinto G., *I colori dell'amicizia. Studi sulle rappresentazioni pittoriche dell'amicizia tra bambini*, il Mulino, Bologna 1993.
Cancogni M., *Cos'è l'amicizia*, Feltrinelli, Milano 1958.
Dunn J., *L'amicizia tra bambini. La nascita dell'intimità* (2003), Raffaello Cortina, Milano 2006.
Epstein J., *Amicizia* (2006), il Mulino, Bologna 2008.
Kracauer S., *Sull'amicizia* (1971), Guanda, Parma 2010.

Amigdala (ingl. *Amygdala*; ted. *Amygdala*; fr. *Amygdale*; sp. *Amígdala*). È un insieme di nuclei posti in corrispondenza dell'estremità anteriore dell'IPPOCAMPO (v.) e del corno temporale del ventricolo laterale, al di sotto dell'uncus del lobo temporale. Essa è stata precedentemente considerata uno dei GANGLI DELLA BASE (v.), termine che comprende tutti i nuclei grigi sottocorticali del telencefalo. L'amigdala presenta alcune connessioni con lo striato ventrale (nucleo accumbens), ma l'organizzazione prevalente delle sue connessioni tipicamente la associa con il sistema limbico (v. LIMBICO, SISTEMA). Le sue complesse connessioni sono dominate da due sistemi, quello con l'area settale e l'ipotalamo, e l'altro con la corteccia prefrontale. Per questo l'amigdala riveste una posizione strategica per influenzare sia i comportamenti istintuali di origine ipotalamica che la sensibilità soggettiva e le reazioni emotive, presumibilmente basate su interazioni sia con la corteccia prefrontale che con l'ipotalamo.

Amimia (ingl. *Amimia*; ted. *Amimie*; fr. *Amimie*; sp. *Amimia*). Assenza di MIMICA (v.). Si distinguono un'amimia *motoria* in riferimento all'incapacità di valersi di espressioni gestuali per esprimere e per comunicare i propri pensieri o per imitare i comportamenti mimici altrui, e un'amimia *sensoriale* per l'incapacità di percepire adeguatamente i gesti e la mimica facciale degli altri. Il termine è impiegato anche per indicare la scomparsa della mimica negli stati stuporosi come la CATATONIA (v.) e la confusione mentale (v. COSCIENZA, § 3, c).

Amine biogene, v. NEUROTRASMETTITORE, § I, 1.

Aminoacido, v. GENETICA, § 1, *b*; NEUROTRASMETTITORE, § I, 1.

Ammaestramento (ingl. *Teaching*; ted. *Belehrung*; fr. *Enseignement*; sp. *Amaestramiento*). Termine che ha rilevanza in sede pedagogica dove possiede una doppia connotazione. È positiva se il riferimento è al mondo antico dove il maestro è depositario di un sapere che gli uomini comuni non possiedono. Questo significato ricorre nell'ambito degli insegnamenti religiosi, morali e artistici. Ha invece una connotazione negativa se si riferisce all'alunno che, "ammaestrato", è solito ripetere quel che gli è stato detto senza alcun suo contributo critico.

Ammirazione, v. IDEALIZZAZIONE.

Amnesia, v. MEMORIA, § 6.

Amok, v. ANTROPOLOGIA, § 7.

Amoralità (ingl. *Amorality*; ted. *Amoralität*; fr. *Amoralité*; sp. *Amoralidad*). Assenza di sentimenti morali, frequente nei soggetti psicopatici, dove si registra una mancanza di responsabilità dovuta al fatto che le proprie azioni non sono considerate dal punto di vista della loro incidenza sociale e non sono accompagnate da quel sentimento di appartenenza, che la fenomenologia nomina *Eigenheit*, grazie a cui il soggetto si riconosce nelle proprie azioni (v. PSICOPATIA).

Amore (ingl. *Love*; ted. *Liebe*; fr. *Amour*; sp. *Amor*). Rapporto duale che ha alla sua base uno scambio emotivo di diversa intensità e durata, promosso dal bisogno fisiologico della soddisfazione sessuale e dal bisogno psicologico dello scambio affettivo. Tema eminente di poeti e narratori, oggi l'amore è divenuto oggetto di ricerca scientifica nell'ambito della psicologia, della psicoanalisi, della psicologia del comportamento e della fenomenologia.

1. PSICOLOGIA. In questo ambito si è tentato di individuare le componenti che intervengono nell'evento amoroso distinguendo quattro forme d'amore in base alla componente egemone. La suddivisione di Clive Staples Lewis che, al di là della nominazione di chiara derivazione greca, è significativamente condivisa, prevede: a) l'*agape* che è una forma d'amore diretta verso l'altro per favorirne sopravvivenza e benessere senza attendere in cambio particolari gratificazioni. Corrisponde all'amore altruistico, genitoriale e, nel linguaggio di Abraham Harold Maslow, al "B-Love" o amore per l'altro, contrapposto al "D-Love" che è l'amore promosso da bisogni personali; b) l'*affetto* che ha le sue radici nel primitivo ATTACCAMENTO (v.) del bambino alla madre e il cui proseguimento è la richiesta di vicinanza dell'altro e di familiarità; c) la *philia* basata sull'aspettativa di una reale gratificazione da parte dell'altro che si intende ricambiare. È un amore che si nutre di ammirazione, di sostegno e di attribuzione di qualità positive all'altro; d) l'*eros* che ha la sua radice profonda nel desiderio sessuale che genera desiderio di possesso e di esclusività, non disgiunto dall'idealizzazione dell'amato e da una tendenza al dominio totale su di lui.

Sono considerati fattori costitutivi dell'amore o "costellazioni" come le chiama Robert J. Sternberg: a) l'*intimità* che implica i sentimenti di vicinanza, unione e legame, tipici dei rapporti amorosi; b) la *passione* che ha il suo centro nella sessualità da cui si irradiano attrazione e idealizzazione; c) la *decisione* che a breve termine implica la determinazione ad amarsi, e a lungo termine l'impegno a continuare a farlo nel tempo. A questo proposito è possibile rilevare che ognuna di queste componenti esercita un'influenza sulle altre, per cui un cambiamento nello schema dell'impegno ha conseguenze profonde sull'intimità e sulla passione, così come un forte tasso passionale indurrà a cercare gratificazioni a breve termine, lasciando sullo sfondo decisioni a lungo termine.

Esistono infine una lettura dell'amore come espediente a cui ricorre la personalità inadeguata che cerca nel partner gli ideali a cui tiene, ma che non è stata in grado di realizzare, e una lettura dell'amore come sviluppo naturale della *personalità adeguata* in cui l'amore non è dettato dal bisogno di acquisizione, ma da una sorta di sovrabbondanza oblativa. Nel primo caso l'amore che nasce è connotato dalla *dipendenza* e la sua funzione è eminentemente quella di un rimedio contro l'ansia, nel secondo caso l'amore è in grado di riconoscere la *libertà* dell'altro e di vivere senza assillo gli spazi delle rispettive autonomie. Un'altra distinzione è quella di Denis de Rougemont tra l'*amore-passione* connotato da un intenso eccitamento sessuale che di frequente si riscontra nelle fasi iniziali dell'amore o, come vuole l'espressione di Francesco Alberoni, nell'amore allo "stato nascente" (v. INNAMORAMENTO), e l'*amore-stima* che si alimenta, oltre che di familiarità e vicinanza, anche del riconoscimento dei valori espressi dalle rispettive personalità.

2. PSICOANALISI. In questo ambito l'amore viene considerato da due punti di vista: in base alla *teoria delle pulsioni* l'amore è il desiderio della soddisfazione sessuale, mentre dal punto di vista della *teoria dell'oggetto* l'amore può essere "narcisistico" se la scelta cade su una persona che presenta qualche somiglianza reale o immaginaria con il soggetto che sceglie, o "anaclitico" se, sulla base della dipendenza infantile, la scelta è orientata su una persona che assomiglia ai genitori o a figure dell'ambiente infantile (v. ANACLISI, § 2). Le due modalità d'amore non vanno radicalmente separate perché componenti narcisistiche e anaclitiche sono presenti in qualsiasi rapporto amoroso. Quando l'oggetto del desiderio possiede molte delle qualità a cui l'Io aspira, ma che il soggetto non è riuscito a conseguire, allora si ha un'ipervalutazione dell'oggetto e insieme una sua utilizzazione come sostituto del mancato conseguimento dell'ideale dell'Io. Raggiunta la meta sessuale, l'amore potrebbe estinguersi. Se ciò non accade è perché l'individuo, a parere di Sigmund Freud, «può fare assegnamento sicuro sul risorgere del bisogno, e questa è la prima ragione per fare un investimento duraturo sull'oggetto sessuale e per amarlo anche negli intervalli di tempo in cui la passione non si manifesta in maniera esplicita» (1921, p. 299). Oltre all'assegnamento sul risorgere del desiderio, l'amore, a parere di Freud, trova un ulteriore sostegno nelle «pulsioni sessuali inibite nella meta che hanno su quelle non inibite un grande vantaggio funzionale. Non essendo propriamente capaci di soddisfacimento completo, risultano particolarmente idonee a creare legami duraturi, laddove di volta in volta quelle direttamente sessuali perdono per via del soddisfacimento la loro energia e devono attendere di rinnovarsi mediante riaccumulazione di libido sessuale, di modo che nel frattempo l'oggetto può venir cambiato» (ivi, p. 325).

Senza smentire l'impostazione freudiana, Michael Balint, seguendo l'ipotesi del suo maestro Sándor Ferenczi, secondo cui da adulto l'uomo resterebbe "strutturalmente" un bambino che per tutta la vita chiede amore, parla di *amore primario* per quella forma di amore passivo che, fin dalla nascita, si esprime come bisogno cieco e violento di essere amati «sempre, dovunque, per tutto quel che sono, senza la minima critica, senza il più piccolo sforzo da parte mia, senza contraccambio» (1952, p. 191). Questa "avidità di amore" in cui consiste l'amore primario si esprime nell'insoddisfazione, nell'insaziabilità, nell'avidità caratteristica del neonato, e per Balint continua per tutta la vita successiva, rendendosi particolarmente evidente nei rapporti sessuali. Le altre forme d'amore indicate da Freud, l'amore narcisistico e l'amore anaclitico, sono per Balint dei semplici derivati o "surrogati" dell'amore primario.

Una considerazione a parte merita l'*amore materno* che si riferisce al sentimento di affetto, di devozione e di dedizione di una donna verso il suo bambino. Considerato da sempre un istinto, l'amore materno non è immune da componenti culturali o psicologiche, per cui ad esempio si amano coloro per i quali si compiono sacrifici, o da componenti sociali quali l'aspettativa della famiglia, le attese collettive a protezione degli indifesi, l'immagine di sé che la madre sente di dover produrre di fronte agli altri. L'amore materno, se è eccessivo, non è esente da ripercussioni sulla futura identità del figlio, la cui autonomia dipende dalla capacità di sopportare frustrazioni, dalle paure e dai dubbi che ha saputo superare, dalla possibilità che ha avuto di sperimentare la propria capacità.

3. Psicologia del comportamento. In questo ambito l'amore è considerato una *risposta appresa*. Howard Lee Miller e Paul S. Siegel affermano che si tratta di una «risposta a un segnale di speranza generico, a una diffusa e vaga aspettativa di piacere. L'oggetto d'amore, sia esso una "cosa" o una "persona", è un elemento di rinforzo generalizzato, secondario e positivo» (1972, pp. 14-15). In altri termini, nell'esperienza d'amore, insieme alla persona amata, l'innamorato sperimenta sentimenti piacevoli e una riduzione delle ansie che lo assillano. Il sentimento piacevole costituisce il *rinforzo primario* che, siccome insorge in presenza della persona amata, traduce quest'ultima in un *rinforzo secondario* che lascia supporre che, al suo apparire, emergeranno dell'amore anche i sentimenti piacevoli. Questa interpretazione rientra nel quadro dei comportamenti di acquisizione dove l'essenza dell'amore è vista nell'aumento del benessere per l'innamorato e in una sua reazione positiva al proprio benessere.

4. Psichiatria fenomenologica. In ambito fenomenologico Karl Jaspers distingue: a) la *sessualità* che «è un puro evento psicofisico che non oltrepassa i limiti della mera vitalità. È poligamica, puro fatto materiale a cui manca la forza di una visione del mondo» (1919, p. 152); b) l'*erotica* «che, in senso stretto, non ha nulla in comune con l'amore, anche se ha qualcosa di affine all'amore nella sua ebbra esaltazione, nel suo cristallizzare tutti i valori intorno alla persona umana nel suo ardore entusiastico. Nell'erotica altro non c'è che un confuso ribollire di immagini che si dissolvono subito dopo, tanto da essere spesso ritenute, da chi ne ha fatto esperienza, non più che vane illusioni» (*ibid.*). «Se la sessualità ignora ogni scelta, l'erotica è perlomeno poligama» (ivi, p. 155); c) l'*amore* che «è ciò che fonda concretamente la nozione di "individuo" che acquista senso solo nel movimento dell'amore. Solo per l'amante esso è individuo; per gli altri non è che singolarità casuale, individuo fra molti. L'individuo che è oggetto dell'amore è un'infinità presa e fatta concreta, e come tale non diventa mai oggetto dell'osservare e del conoscere. [...] Nell'amore ogni cosa risplende in modo che, per l'amante, l'amato diventa il valore in generale. Non è che vi siano dei "valori" che l'amore scopre, ma tutto, nel moto dell'amore, acquista un valore. Si sperimenta un processo di accrescimento dei valori. Il valore è assolutamente concreto, non generale» (ivi, p. 145).

Commentando queste pagine di Jaspers, Mario Trevi scrive: «Nell'amore l'amante e l'amato si sentono "destinati", mossi cioè da una forza che, da una parte, li separa e li governa e, dall'altra, rappresenta quanto di più specifico compete all'uno e all'altro. Il "destino", si sa, è bifronte: da un lato appare come forza cosmica, dall'altro è quanto di più singolare ci riguarda, quel che appunto ci rende "singoli", inconfondibili, in un certo senso "soli". [...] Non sappiamo cosa sia l'amore. Sappiamo solo che, "abitandolo", l'amante si sente destinato all'amato e questo a quello. E allora, per questo sentimento che non ha radici fuori da se stesso, si attua quel "miracolo" del tutto inesplorabile dell'"entusiasmo amoroso", in cui, come dice Jaspers, "la singola persona finita diventa l'uno e l'assoluto"» (1992, p. 28).

Per Ludwig Binswanger l'amore è la forma più alta in cui si esprime il "ci" dell'"Esser-ci", ossia la sua originaria apertura: «Il "ci" dell'Esser-ci, in quanto esserci amante, non indica quella apertura in forza della quale esso, in quanto mio, è "là" in vista di se stesso, ma quella apertura in forza della quale l'esserci, in quanto duale, è "là" in vista di noi, di me e di te, dell'"un l'altro". L'esser-se-stesso dell'amore, la sua ipseità, non è un "io", ma un "noi"» (1942, p. 65). Ciò comporta una modificazione della spazialità e della temporalità. Lo spazio dell'amore è infatti abolizione di tutti i luoghi, così come il tempo si raccoglie nell'istante eterno che oltrepassa le scansioni temporali del presente, del futuro e del passato. Lo stesso linguaggio, che per Binswanger è sempre un rivestimento del pensiero che porta a persuadere, dimostrare, rischiarare, specificare, subisce una trasformazione perché «la dualità dell'amore non ha bisogno di alcun rischiaramento, perché, in sé e per sé, è già essa stessa luce. Essa non ha bisogno di alcuna dimostrazione, né può in alcun modo essere dimostrata. Essa è "Esserci (*Dasein*)" interamente svelato e non ha bisogno di essere rivestito, come appunto fa il linguaggio» (ivi, p. 186). «L'immotivazione dell'amore, che alla ragione appare come irragionevolezza, è proprio il suo fondo, la sua "ragione" e la sua giustificazione» (ivi, p. 117).

Il centro dell'amore è il cuore che esprime l'apertura di ogni singolo esserci al "noi" della dualità amante: «Nell'essere-insieme-nell'amore l'Esserci si scopre come "cuore" e il "ci" dell'Esser-ci (il *da* del *Dasein*) si dischiude come la patria del cuore» (ivi, p. 109). In questa patria «la dualità nell'amore è pura esaltazione, pienezza inarticolata, indeterminata, indivisa, quindi ineffabilità, immobilità silenziosa, senza quasi respiro, un'immobilità che in nessun modo significa negazione o privazione, bensì il supremo e più positivo, anche se muto, compimento di tutto l'Esserci» (ivi, p. 200). Quando gli amanti passano dal silenzio al dialogo, questo non ha un tema specifico e neppure uno scopo preciso, non è socratico, sofistico, politico, economico, ma la sua caratteristica è di esprimere quell'autenticità che è il proprio se stesso radicato nel cuore. Strettamente parlando, il dialogo amoroso non ha contenuti, perché non conta ciò che uno dice, ma il fatto che sia lui a dirlo.

L'amore, infine, ha per Binswanger un primato ontologico sulla morte che per Martin Heidegger, da cui Binswanger deriva le sue categorie interpretative, era il senso decisivo dell'esistenza. Nella relazione duale dell'amore, infatti, l'altro appartiene eternamente. Questo potere eternizzante dell'amore elimina l'antitesi presente-assente, perché ciascuno può morire solo come individuo, ma non come Tu per l'Altro: «Il "noi" dell'amore è così pienamente e globalmente "essente" che ogni singola specificazione, anche negativa come il dolore e la morte, perde il suo senso perché ciò che *ci* riempie è solo l'amore in quanto tale» (ivi, p. 169). Nell'amore, infatti, il Tu che si incontra non è solo questo Tu empirico e perituro, ma la scoperta del Tu come tale, la "tuità (*Duhaftigkeit*)" a cui ogni esistenza è connessa.

Bibliografia

Alberoni F., *Innamoramento e amore*, Garzanti, Milano 1979.

Balint M., *L'amore primario* (1952), Raffaello Cortina, Milano 1991.

Barthes R., *Frammenti di un discorso amoroso* (1977), Einaudi, Torino 1979.

Bauman Z., *Amore liquido. Sulla fragilità dei legami affettivi* (2003), Laterza, Bari 2004.

Beck U., Beck-Gernsheim E., *Il normale caos dell'amore* (1990), Bollati Boringhieri, Torino 1996.

Bencivenga E., *La logica dell'amore*, Nino Aragno Editore, Torino 2005.

Binswanger L., *Grundformen und Erkenntnis menschlichen Daseins*, Niehans, Zürich 1942.

Bodei R., *Ordo amoris. Conflitti terreni e felicità celeste*, il Mulino, Bologna 1991.

Bonaparte M., *L'amore, la morte, il tempo* (1952), Guaraldi, Rimini 1973.

Bruckner P., *Il paradosso amoroso* (2009), Guanda, Parma 2012.

Buber M., *L'io e il tu* (1923), Edizioni di Comunità, Milano 1959.

Carotenuto A., *Eros e pathos*, Bompiani, Milano 1987.

Cellerino A., *Eros e cervello. Le radici biologiche di sessualità, estetica, amore*, Bollati Boringhieri, Torino 2002.

Crepet P., *Sull'amore. Innamoramento, gelosia, eros, abbandono. Il coraggio dei sentimenti*, Einaudi, Torino 2006.

Cruz M., *L'amore filosofo* (2010), Einaudi, Torino 2012.

Curi U., *La cognizione dell'amore. Eros e filosofia*, Feltrinelli, Milano 1997.

–, *I miti dell'amore. Filosofia dell'eros*, Bompiani, Milano 2009.

Duby G., *L'amore e la sessualità* (1984), Dedalo, Bari 1986.

Ferrand J., *Malinconia erotica. Trattato sul mal d'amore* (1610), Marsilio, Venezia 1991.

Ferraro G., *Imparare ad amare*, Castelvecchi, Roma 2015.

Freud S., *Contributi alla psicologia della vita amorosa* (1910-1917), in *Opere* (1967-1993), Bollati Boringhieri, Torino, vol. VI.

–, *Psicologia delle masse e analisi dell'Io* (1921), in *Opere*, cit., vol. IX.

Fromm E., *L'arte di amare* (1956), il Saggiatore, Milano 1963.

Galimberti U., *Le cose dell'amore* (2004), Feltrinelli, Milano 2013.

Gasparotti R., *Filosofia dell'eros. L'uomo, l'animale erotico*, Bollati Boringhieri, Torino 2007.

Hildebrand D. von, *Essenza dell'amore* (1971), Bompiani, Milano 2003.

Irigaray L., *La via dell'amore* (2002), Bollati Boringhieri, Torino 2008.

Jaspers K., *Psicologia delle visioni del mondo* (1919), Astrolabio, Roma 1950.

Kernberg O. F., *Relazioni d'amore. Normalità e patologia* (1995), Raffaello Cortina, Milano 1995.

Lewis C. S., *I quattro amori. Affetto, amicizia, eros e carità* (1960), Jaca Book, Milano 1982.

Luhmann N., *Amore come passione* (1982), Laterza, Bari 1987.

Mancuso V., *Io amo. Piccola filosofia dell'amore*, Garzanti, Milano 2014.

Martinetti P., *L'amore*, il melangolo, Genova 1998.

Maslow A. H., *Verso una psicologia dell'essere* (1968), Astrolabio-Ubaldini, Roma 1971.

May R., *L'amore e la volontà* (1969), Astrolabio, Roma 1971.

McDougall J., *Eros. Le deviazioni del desiderio* (1995), Raffaello Cortina, Milano 1997.

Melchiorre V., *Metacritica dell'eros*, Vita e Pensiero, Milano 1977.

–, *Sull'amore umano*, Vita e Pensiero, Milano 1983.

Miller H. L., Siegel P. S., *Loving. A psychological approach*, Wiley, New York 1972.

Mitchell S. A., *L'amore può durare? Il destino dell'amore romantico* (2002), Raffaello Cortina, Milano 2003.

Montanari M., *Gli equivoci dell'amore*, Mursia, Milano 2015.

Nancy J.-L., *Sull'amore* (2007), Bollati Boringhieri, Torino 2009.

Onfray M., *Teoria del corpo amoroso. Per un'erotica solare* (2000), Fazi Editore, Roma 2006.

Poudat F.-X., *La dipendenza amorosa. Quando l'amore e il sesso diventano una droga* (2005), Castelvecchi, Roma 2006.

Reik Th., *Amore e lussuria* (1957), Longanesi, Milano 1960.
Reynaud M., *L'amore è una droga leggera* (2005), Ponte alle Grazie, Milano 2006.
Romano A., *La manutenzione dell'amore*, Nino Aragno Editore, Torino 2016.
Rougemont D. de, *L'amore e l'Occidente* (1939), Rizzoli, Milano 1977.
Sachs H., *Ars amandi psychoanalytica* (1920), Es Edizioni, Milano 1994.
Salomé L. A., *L'erotismo. L'umano come donna* (1899-1910), La Tartaruga, Milano 1985.
Santas G., *Platone e Freud. Due teorie dell'eros* (1988), il Mulino, Bologna 1990.
Semerari F., *Amore. Itinerari di un'idea*, Schena Editore, Fasano 1996.
Simmel G., *Filosofia dell'amore* (1890-1911), Donzelli, Roma 2001.
Steinweg M., *Aporie dell'amore* (2010), Lanfranchi, Milano 2013.
Stern D. N., Ammaniti M. (a cura di), *Psicoanalisi dell'amore*, Laterza, Bari 1993.
Sternberg R. J., Barnes M. L., *La psicologia dell'amore* (1988), Bompiani, Milano 1990.
Trevi M., *Sesso, erotica, amore. Una possibile geometria*, in AA.VV., *L'amore. Dall'Olimpo all'alcova*, Mazzotta, Milano 1992.

Amorfo (ingl. *Amorphous*; ted. *Gestaltlos*; fr. *Amorphe*; sp. *Amorfo*). Carattere non delineato, non emozionale, inattivo.

Amorfosintesi, v. APRASSIA, § 3.

AMOS, Test. Test per la valutazione dell'abilità e della motivazione allo studio basato sulle teorie metacognitive e sociocognitive onde individuare gli strumenti più idonei per migliorare l'APPRENDIMENTO (v.). Esiste un AMOS 8-15 e un AMOS 14-25 in riferimento all'età dei ragazzi a cui si ritiene utile amministrare il test.

Bibliografia

Cornoldi C., De Beni R., Zamperlin C., Meneghetti C., *AMOS 8-15*, Erickson, Trento 2004.
De Beni R., Moè A., Cornoldi C., *AMOS 14-25*, Erickson, Trento 2006.

Ampiezza (ingl. *Width*; ted. *Weite*; fr. *Ampleur*; sp. *Amplitud*). Il termine ricorre in riferimento: 1) alla *risposta incondizionata* dove l'ampiezza è un fattore che misura l'efficacia di un rinforzo (v. APPRENDIMENTO, § I, 1, *a*); 2) alla *coscienza* dove l'ampiezza misura l'estensione del campo e il numero delle unità di contenuto contemporaneamente presenti (v. COSCIENZA, § 2).

Ampliation. Termine francese introdotto da Albert Edouard Michotte per nominare la percezione della causalità quando un oggetto *B* entra in movimento in presenza di un oggetto *A* che già si muove. L'osservatore comune suppone allora che l'oggetto *B* si sia mosso a causa dell'oggetto *A*, benché tra i due non esista alcun rapporto causale. Questa constatazione ha indotto Michotte a ritenere che alla causalità sia sottesa una struttura della percezione, dimostrando in tal modo quello che già David Hume aveva ipotizzato nella sua critica al principio di causalità, in base al fatto che a livello empirico non si constata mai un *hoc propter hoc*, ma sempre e solo un *hoc post hoc*, cioè non questo *a causa* di questo, ma questo *dopo* questo.

Bibliografia

Michotte A. E., *La percezione della causalità* (1946), Giunti Barbera, Firenze 1972.

Amplificazione (ingl. *Amplification*; ted. *Amplifikation*; fr. *Amplification*; sp. *Amplificación*). Metodo introdotto da Carl Gustav Jung, in aggiunta e in parte in contrapposizione al metodo delle libere associazioni di Sigmund Freud, per la lettura delle produzioni inconsce. Scrive Jung: «Per interpretare i "prodotti" dell'inconscio mi si è imposta anche la necessità di una lettura totalmente diversa dei sogni e delle fantasie che io, quando ciò mi è sembrato corrispondere alla natura del caso, non ho più ridotto, come Freud, a elementi pulsionali, ma ho posto in analogia con i simboli della mitologia, della storia comparata delle religioni e con altro ancora per riconoscere il significato sotto il quale essi si apprestavano ad agire. Questo metodo ha prodotto in effetti risultati estremamente interessanti, anche perché ha permesso una nuova lettura dei contenuti onirici e fantastici, per cui è diventato possibile operare una riconciliazione tra la personalità cosciente e le tendenze arcaiche altrimenti incompatibili con la coscienza» (1930, p. 351).

Sottesa all'introduzione dell'"amplificazione" accanto all'ASSOCIAZIONE (v. § 5) nell'interpretazione dei sogni, c'è la polemica di Jung nei confronti di Freud a proposito della censura onirica (v. CENSURA) così giustificata: «L'assunto che il sogno voglia occultare qualcosa è semplicemente un'idea antropomorfica. Nessun filologo penserebbe mai che una difficile iscrizione sanscrita o cuneiforme voglia nascondere qualcosa. Nel Talmud troviamo un'asserzione molto saggia: "Il sogno è la sua propria interpretazione". Il sogno è un tutto, e se credete che abbia un che di misterioso o che nasconda qualcosa, sicuramente non lo avete capito. Perciò, per prima cosa, quando ci troviamo davanti a un sogno, dobbiamo dirci: "Non capisco un bel niente". Questo sentimento di incompetenza è sempre ben accetto da parte mia, perché allora so che mi impegnerò a fondo per capire il sogno. Ora vi spiegherò come mi comporto. Adotto il metodo del filologo, che è ben lontano da quello della libera associazione, e applico un principio logico che si chiama *amplificazione*. Si tratta semplicemente di ricercare paralleli» (1935, p. 95).

Introdotta per il contenuto metaforico del simbolismo onirico, l'amplificazione permette a chi sogna di abbandonare l'atteggiamento personale e biografico nei confronti dell'immagine onirica, per sperimentarsi in un contesto di rimandi archetipici (v. ARCHETIPO) dal significato universale, dal momento che, per Jung, ciascun uomo riprende nei suoi processi psichici i temi che l'umanità ha vissuto ed espresso nelle fiabe, nei miti e nelle produzioni culturali in genere. In questo senso Jung può scrivere che «anche i sistemi deliranti più individuali non sono assolutamente unici e inimitabili, ma offrono analogie evidenti e inconfondibili con altri sistemi» (1936, p. 50). Allargando le basi su cui riposa la costruzione di un'interpretazione, l'amplificazione junghiana risulta affine all'idea moderna della realtà "olografa" descritta da Ken Wilber la cui comprensione è possibile solo dando spazio a prospettive diverse ma simultanee.

Bibliografia

Jung C. G., *Prefazione a W. M. Kranefeldt, "Die Psychoanalyse"* (1930), in *Opere* (1969-2007), Bollati Boringhieri, Torino, vol. IV.

–, *Fondamenti della psicologia analitica* (1935), in *Opere*, cit., vol. XV.

–, *Il concetto di inconscio collettivo* (1936), in *Opere*, cit., vol. IX, 1.

Wilber K., *The holographic paradigm and other paradoxes. Exploring the leading edge of science*, Sahambhala, London 1982.

Amputazione, Illusione di, v. SOMATOAGNOSIA, § 1, *e*.

Amusia, v. PSICOLOGIA DELLA MUSICA, § 1.

Anabolismo, v. METABOLISMO, § 1.

Anaclisi (ingl. *Anaclisis*; ted. *Anlehnung*; fr. *Etayage*; sp. *Anaclisis*). Termine introdotto da Sigmund Freud, che lo ha derivato dal greco ἀνακλίνω che significa "appoggiarsi a", e da lui impiegato in ordine alla teoria delle pulsioni e in ordine alla scelta oggettuale.

1. TEORIA DELLE PULSIONI. Secondo Freud le pulsioni sessuali, prima di divenire indipendenti, si appoggiano alle pulsioni di autoconservazione che forniscono una fonte organica, una direzione e un oggetto. Questa relazione è particolarmente manifesta nell'attività orale (v. ORALE) dove il soddisfacimento della zona erogena è particolarmente evidente nel suo legame con il soddisfacimento del bisogno del cibo. Qui la pulsione di autoconservazione, o pulsione dell'Io, fornisce alla pulsione sessuale, che "si appoggia", la sua fonte o zona erogena e il suo oggetto, il seno, procurando un piacere che non si può ridurre alla pura e semplice sazietà: «Da principio, il soddisfacimento della zona erogena era associato al soddisfacimento del bisogno di nutrizione. L'attività sessuale si appoggia in primo luogo a una delle funzioni che servono alla conservazione della vita, e solo in seguito se ne rende indipendente. Chi veda un bambino abbandonare il petto della madre, ne veda le sue guance arrossate e come egli piombi nel sonno con un sorriso beato, dovrà dire che questa immagine rimane esemplare per l'espressione del soddisfacimento sessuale nel seguito della vita. Ora, il bisogno di ripetere il soddisfacimento sessuale viene diviso dal bisogno dell'assunzione di cibo; questa scissione è inevitabile quando spuntano i denti e il nutrimento non viene più succhiato, ma masticato» (1905, p. 492). Oltre che alla zona orale, l'appoggio si applica anche alle altre zone, sedi di pulsioni parziali, e ciò costituisce uno dei caratteri essenziali della sessualità infantile. Partendo da queste premesse, Freud, generalizzando, conclude che «le pulsioni sessuali trovano i loro primi oggetti appoggiandosi alle valorizzazioni delle pulsioni dell'Io, proprio come i primi soddisfacimenti sessuali vengono ottenuti per appoggio alle funzioni corporee indispensabili alla conservazione della vita» (1912, p. 422).

2. SCELTA OGGETTUALE. Dall'ipotesi anaclitica delle pulsioni, Freud ricava la differenza tra la scelta *narcisistica* e quella *anaclitica* dell'oggetto d'amore nell'età adulta: «Quando inizialmente il soddisfacimento sessuale era ancora collegato all'assunzione di cibo, la pulsione sessuale aveva un oggetto sessuale al di fuori del proprio corpo nel petto della madre. Più tardi lo ha perduto, forse proprio nel momento in cui il bambino poteva formarsi la rappresentazione complessiva della persona alla quale apparteneva l'organo che gli forniva il soddisfacimento. Allora la pulsione sessuale diventa di regola autoerotica e, solo dopo che l'epoca di latenza è stata superata, si ristabilisce il rapporto originario. Non senza ragione il lattante attaccato al petto della madre è diventato il modello di ogni rapporto amoroso. Il rinvenimento dell'oggetto è propriamente una riscoperta» (1905, p. 527). In una nota aggiunta nel 1914 Freud scrive: «La psicoanalisi insegna che ci sono due vie per trovare l'oggetto, in primo luogo quella indicata nel testo, la quale avviene per *appoggio* ai modelli dell'infanzia vera e propria, e in secondo luogo quella *narcisistica*, che cerca il proprio Io e torna a trovarlo negli altri» (ivi, pp. 527-528). In base a questa distinzione,

in ambito psicoanalitico si chiamerà "narcisistica" la scelta che cade su una persona che presenta qualche somiglianza reale o immaginaria con il soggetto che sceglie, e "anaclitica" la scelta che cade su una persona che presenta somiglianze con i genitori o persone dell'ambiente infantile (v. AMORE, § 2).

3. LA DEPRESSIONE ANACLITICA. Espressione introdotta da René Árpád Spitz per indicare i disturbi che sopraggiungono al bambino privato della madre dopo aver trascorso con lei almeno sei mesi di vita. Il quadro clinico è così tratteggiato da Spitz: «*Primo mese* I bambini diventano piagnucolosi, esigenti, e si aggrappano a chi prende contatto con essi. [...] *Secondo mese* Rifiuto di contatto. Posizione patognomonica (i bambini restano per la maggior parte del tempo distesi bocconi nella culla). Insonnia. Continua perdita di peso. Tendenza a contrarre malattie intercorrenti. Generalizzazione del ritardo motorio. Rigidità d'espressione facciale. [...] *Dopo il terzo mese* Si stabilizza la rigidità del volto. I pianti cessano e sono sostituiti da rari gemiti. Il ritardo aumenta e diviene letargia. [...] Se prima che sia trascorso un periodo critico, che si pone tra la fine del terzo e la fine del quinto mese, si restituisce la madre al suo bambino, o si riesce a trovare un sostituto accettabile per il lattante, i disturbi scompaiono con sorprendente rapidità» (1946, pp. 313-342). La depressione anaclitica va distinta dalle perturbazioni psicosomatiche che Spitz descrive sotto la denominazione di OSPEDALISMO (v.).

Bibliografia

Freud S., *Tre saggi sulla teoria sessuale* (1905), in *Opere* (1967-1993), Bollati Boringhieri, Torino, vol. IV.

–, *Sulla più comune degradazione della vita amorosa* (1912), in *Contributi alla psicologia della vita amorosa* (1910-1917), in *Opere*, cit., vol. VI.

–, *Introduzione al narcisismo* (1914), in *Opere*, cit., vol. VII.

Spitz R. Á., *Anaclitic depression. An inquiry into the genesis of psychiatric conditions in early childhood*, in "The Psychoanalytic Study of the Child", 1946, n. 2, pp. 313-342.

–, *Il primo anno di vita del bambino* (1958), Editrice Universitaria, Firenze 1962.

Anacoresi, v. ATELESI.

Anacoresi dell'Io, v. IO, ANACORESI DELL'.

Anacusia, v. SORDITÀ.

Anaffettività, v. AFFETTIVITÀ, § 3.

Anafia (ingl. *Anaphia*; ted. *Anaphie*; fr. *Anaphie*; sp. *Anafia*). Assenza del senso del tatto (v. SENSIBILITÀ).

Anafilassi psichica (ingl. *Psychic anaphylaxis*; ted. *Psychische Anaphylaxe*; fr. *Anaphylaxie psychique*; sp. *Anafilaxis psíquica*). Ricomparsa di sintomi già spenti a seguito di un evento simile a quello che li aveva attivati. Come nell'anafilassi fisica, si distingue un evento iniziale detto *sensibilizzante* dall'evento successivo detto *attivante*. Nell'anafilassi psichica la ricomparsa dei sintomi è una risposta all'evento sensibilizzante (il trauma originario) e non a quello attivante, che svolge solo una funzione di richiamo.

Anafora (ingl. *Anaphora*; ted. *Anapher*; fr. *Anaphore*; sp. *Anáfora*). Il termine ricorre in LINGUISTICA (v. § 3, *c*) per nominare quel procedimento sintattico che riprende un elemento precedente del discorso dopo una menzione iniziale. L'anafora può essere *pronominale*, quando il nome proprio è ripreso da un pronome: "Ho telefonato a Paolo per *dirgli* che ero in ritardo", oppure *proposizionale* quando si vuol ribadire o richiamare o mettere al centro dell'attenzione una situazione precedentemente riferita.

Bibliografia

Garnham A., *Understanding anaphora*, in A. W. Ellis, *Progress in the psychology of language*, Lawrence Erlbaum Associates, London 1987.

Reinhart T., *Anaphora and semantic interpretation*, Croom Helm, London 1983.

Sanford A. J., Garrod S. C., *Understanding written language*, Wiley, Chichester 1981.

Anafrodisia, v. FRIGIDITÀ.

Anagogia, v. INTERPRETAZIONE.

Anale (ingl. *Anal*; ted. *Anal*; fr. *Anal*; sp. *Anal*). Aggettivo impiegato in ambito psicoanalitico in riferimento a una zona del corpo, a una fase dello sviluppo della libido, a una forma di erotismo e a un carattere tipologico.

1. ZONA ANALE. Regione anatomica deputata alla defecazione, che Sigmund Freud considera erogena e, come tale, connessa a una fase dello sviluppo della libido e a una forma di erotismo.

2. FASE ANALE. È la seconda fase dello sviluppo della LIBIDO (v. § 1, *b*), che si manifesta approssimativamente tra i 2 e i 4 anni, dopo la fase orale (v. ORALE, § 2) e prima di quella fallica (v. FALLICA, FASE). In questa fase il bambino raggiunge il controllo del funzionamento bifasico dello sfintere anale, che si esprime nell'evacuazione e nella ritenzione delle feci, a cui Freud riconosce valenze simboliche che gli consentono di stabilire una corrispondenza tra feci, dono

e denaro (v. ESCREMENTI). In questa fase comincia a configurarsi la polarità ATTIVITÀ – PASSIVITÀ (v. § 1), dove l'attività coincide con il SADISMO (v.) e ha la sua fonte nella muscolatura sfinterica, e la passività coincide con l'erotismo anale, con la sua fonte nella mucosa sfinterica.

Karl Abraham distingue nella fase anale due stadi: nel primo l'erotismo è legato all'evacuazione e il sadismo alla distruzione dell'oggetto; nel secondo stadio l'erotismo è legato alla ritenzione e il sadismo al controllo possessivo. Il passaggio da uno stadio all'altro costituisce per Abraham un passo decisivo verso l'amore oggettuale. Per Erik Homburger Erikson nella fase anale, attraverso le funzioni del rilasciare (*letting go*) e del trattenere (*holding on*), maturerebbe nel bambino la distinzione tra Sé e non-Sé, tra "mio" e "non-mio". Sándor Ferenczi, infine, vede nel controllo sfinterico la prima forma di moralità, da lui nominata *moralità sfinterica*, in cui sono leggibili i precursori del Super-io, costituiti dall'introiezione delle proibizioni e delle richieste dei genitori in relazione all'educazione e al controllo degli sfinteri e alle relative norme igieniche. Questa tesi è accolta anche da Melanie Klein secondo la quale nella qualità del controllo sfinterico sarebbe possibile individuare la maggior o minor rigidità del Super-io.

3. EROTISMO ANALE. Secondo Freud questo aspetto riguarda «i bambini che utilizzano l'eccitabilità erogena della zona anale trattenendo le masse fecali, finché queste, con il loro accumularsi, eccitano violente contrazioni muscolari e, nel loro passaggio attraverso l'ano, esercitano un forte stimolo sulla mucosa. Si ha qui, accanto alla sensazione dolorosa, quella di voluttà. Uno dei più evidenti segni premonitori di eccentricità o nervosismo in età più matura è che un lattante si rifiuti ostinatamente di vuotare l'intestino quando è messo sul vaso, dunque quando lo vuole la persona che ne ha cura, e riservi perciò al suo capriccio questa funzione. Naturalmente ciò che gli importa non è di sporcare il letto; si preoccupa soltanto di non lasciarsi sfuggire il piacere che accompagna la defecazione. [...] Il contenuto intestinale, che è trattato come una parte del proprio corpo, rappresenta il primo "regalo", con la cui alienazione può essere espressa la docilità, con il cui rifiuto può essere espressa la sfida del piccolo essere verso il suo ambiente. [...] La ritenzione, inizialmente volontaria, delle masse fecali da parte del bambino, allo scopo di utilizzarle per lo stimolo, diremo così masturbatorio, della zona anale, o di adoperarle in relazione alle persone che si prendono cura di lui, è del resto una delle radici dell'occlusione così frequente nei nevropatici. Tutta l'importanza della zona anale si riflette poi nel fatto che sono assai pochi i nevrotici i quali non abbiano le loro particolari usanze e cerimonie scatologiche, da essi avvolte nel massimo segreto» (1905, pp. 495-496). Rientrano nell'erotismo anale le cosiddette *pratiche anali* volte a produrre un'eccitazione sessuale, che varia da individuo a individuo in base alla diversa sensibilità nervosa e alla differente disposizione psicologica. Dette stimolazioni ricorrono nei giochi sessuali infantili, nei rapporti omosessuali ed eterosessuali e come tecnica di masturbazione (v. EROTISMO, § 2).

4. CARATTERE ANALE. Freud definisce anale il carattere di quelle persone che «sono particolarmente *ordinate*, *parsimoniose* e *ostinate*. Ognuna di queste parole abbraccia propriamente un piccolo gruppo, o una piccola serie, di particolarità di carattere tra loro apparentate. "Ordinato" comprende tanto la nettezza personale quanto la scrupolosità e l'accuratezza nell'eseguire anche atti di minor conto; l'opposto sarebbe: disordinato, trascurato. La "parsimonia" può comparire accentuata fino all'avarizia; l'"ostinazione" può spingersi fino alla caparbietà, a cui va facilmente congiunta una propensione alla collera e alla vendicatività. [...] Se alla base delle relazioni qui riferite tra erotismo anale e questa triade di attributi del carattere vi è qualche cosa di reale, noi dovremmo trovare elementi accentuati del "carattere anale" nei soggetti che hanno conservato anche nell'età adulta la proprietà erogena della zona anale, come ad esempio alcuni omosessuali. A meno che io non mi inganni assai, l'esperienza concorda notevolmente con questa conclusione» (1908, pp. 401-405).

Bibliografia

Abraham K., *Supplementi alla teoria del carattere anale* (1921), in *Studi psicoanalitici sulla formazione del carattere* (1925), in *Opere*, Bollati Boringhieri, Torino 1975, vol. I.

Erikson E. H., *Infanzia e società* (1950), Armando, Roma 1968.

Ferenczi S., *Stimolazione della zona erogena anale come causa scatenante della paranoia (Contributo al tema dei rapporti tra omosessualità e paranoia)* (1911), in *Opere* (1989-1992), Raffaello Cortina, Milano, vol. I.

–, *Psicoanalisi delle abitudini sessuali* (1925), in *Opere*, cit., vol. III.

Freud S., *Tre saggi sulla teoria sessuale* (1905), in *Opere* (1967-1993), Bollati Boringhieri, Torino, vol. IV.

–, *Carattere ed erotismo anale* (1908), in *Opere*, cit., vol. V.

Klein M., *Il complesso edipico alla luce delle angosce primitive* (1945), in *Scritti 1921-1958*, Bollati Boringhieri, Torino 1978, pp. 355-408.

Analgesia, v. ALGESIA.

Analgesico (ingl. *Analgesic*; ted. *Analgetikum*; fr. *Analgésique*; sp. *Analgésico*). Farmaco deputato ad alleviare o a sopprimere il dolore. In base alle caratteristiche funzionali si distinguono analgesici ad *azione centrale* che agiscono sul TALAMO (v.) e sull'IPOTALAMO (v.), e ad *azione periferica* che agiscono sulle afferenze dolorifiche. Siccome poi il dolore scatena anche fattori psichici come atteggiamenti di aspettativa, affetti e cognizioni, il meccanismo di azione di molti analgesici incide, oltre che sulle componenti sensoriali, anche su quelle psichiche. Gli analgesici narcotici, e in particolare gli alcaloidi dell'oppio e i loro derivati sintetici (v. DROGA, § 1), possono determinare una farmaco-dipendenza.

Analisi (ingl. *Analysis*; ted. *Analyse*; fr. *Analyse*; sp. *Análisis*). Il termine deriva dal greco ἀναλύω, che significa "sciolgo", e si riferisce al procedimento che tende a risolvere un tutto nei suoi elementi costitutivi. Dall'area filosofica, dove questo metodo è nato e dove ha trovato la sua applicazione soprattutto in ambito logico-matematico, il termine "analisi" è stato adottato in psicologia come sinonimo di trattamento psicoanalitico, ossia di quella procedura terapeutica che si propone di rendere leggibili le manifestazioni psichiche attraverso la loro riconduzione ai meccanismi elementari che si ipotizzano alla loro base. Rinviando alle voci specifiche la trattazione delle varie forme di analisi che differiscono in base agli orientamenti teorici presupposti, e alla voce PSICOTERAPIA (v.) dove si riferiscono i criteri e gli obiettivi che consentono di orientarsi in questo ambito, riferiamo in questa sede il *metodo psicoanalitico classico* che, per ragioni storiche, semantiche e metodologiche, è alla base di tutte le forme psicoterapiche che i vari indirizzi della psicologia del profondo hanno introdotto e inaugurato.

L'analisi classica, ideata da Sigmund Freud, riguarda eminentemente il trattamento delle NEVROSI (v.), perché, a differenza delle PSICOSI (v.), nelle nevrosi c'è un Io in grado di reggere il trattamento analitico e di collaborare con l'analista per tutto il corso della terapia, di cui a priori non è decidibile la durata. Lo scopo del lavoro analitico può essere schematizzato in tre idee fondamentali che Freud ha individuato in tempi diversi: *a*) rendere conscio l'inconscio (1886-1905); *b*) elaborare le resistenze e in particolare quella di transfert (1905-1914); *c*) creare condizioni ottimali per il funzionamento dell'Io (1923-1938). Non si tratta di tre obiettivi diversi, ma di una differente focalizzazione del centro intorno a cui ruota il lavoro analitico, il cui scopo è così descritto da Freud: «L'intenzione degli sforzi terapeutici della psicoanalisi è in definitiva di rafforzare l'Io, di renderlo più indipendente dal Super-io, di ampliare il suo campo percettivo e perfezionare la sua organizzazione, così che possa annettersi nuove zone dell'Es. *Dov'era l'Es, deve subentrare l'Io*. È un'opera della civiltà, come ad esempio il prosciugamento dello Zuiderzee» (1932, p. 190). Questo motivo era già stato anticipato ne *L'Io e l'Es* dove leggiamo: «La psicoanalisi è uno strumento inteso a rendere possibile la progressiva conquista dell'Es da parte dell'Io» (1922, p. 517).

1. LA SITUAZIONE ANALITICA. Con questa espressione ci si riferisce alla cornice formale e alle regole che sono alla base della seduta analitica come è prevista dall'ortodossia della scuola freudiana. Dopo una o più interviste preliminari che consentono di osservare come il paziente si mette in relazione con il terapeuta e di apprezzare il funzionamento del suo Io, la sua motivazione e la sua capacità di svolgere un lavoro psicologico, si procede con le sedute che avvengono in un contesto che prevede le seguenti regole:

a) *Il contratto analitico* fissa tempi, frequenza e modalità delle sedute, entità del pagamento, impegno a livello di sincerità conscia e inconscia. Quest'ultimo tratto è definito da Freud REGOLA FONDAMENTALE (v.) in base alla quale l'analizzato è invitato a dire tutto ciò che gli viene in mente, senza mentire per salvare un'immagine di sé che si propone di offrire (sincerità conscia), e senza scegliere ciò che è rilevante e ciò che a suo parere non lo è (sincerità inconscia).

b) *L'incognito dell'analista* è una condizione indispensabile affinché l'analizzato possa proiettare e trasferire sull'analista i propri vissuti, senza che questa proiezione e questo transfert siano disturbati da conoscenze extranalitiche sulla personalità dell'analista. Questa regola, definita *regola dello specchio* (v. TRANSFERT, § 4, *a*), si inquadra nel più ampio contesto del SETTING (v. § 2), che delimita un'area spazio-temporale vincolata da regole che determinano ruoli e funzioni, in modo da poter analizzare i vissuti del paziente in un contesto quasi-sperimentale, così da evitare stili relazionali tipici della vita quotidiana che possono alterare il regime di PROIEZIONE (v.) e di TRANSFERT (v.), difficilmente valutabili in una situazione non protetta dal setting.

c) *L'astinenza* è un'altra regola che caratterizza la situazione analitica, vietando all'analista il soddisfacimento dei desideri reali o transferali del paziente, e obbligandolo ad astenersi da consigli sulla vita reale dello stesso. L'ASTINENZA (v. § 2) contrasta il principio di piacere, a cui tendono le dinamiche inconsce, e tutela l'autonomia del paziente.

d) *Il divano* su cui si sdraia il paziente favorisce la regressione necessaria al trattamento analitico in vista della successiva ricostruzione e disloca il paziente dalla forma abituale della comunicazione quotidiana, facilitandogli un contatto con il mondo dei ricordi, dei sogni e dell'immaginazione. Derivato dai primi trattamenti che sfruttavano l'effetto catartico dell'ipnosi, il divano è stato mantenuto nella pratica analitica da Freud, mentre è stato abbandonato da Carl Gustav Jung, in base al presupposto che nel contesto analitico l'interazione non è solo tra la coscienza dell'analista e l'inconscio dell'analizzato, ma tra conscio e inconscio dell'analista e conscio e inconscio dell'analizzato, dove i quattro si incontrano frontalmente come in un bagno alchemico (v. ALCHIMIA) sviluppando relazioni multiple.

2. IL TRATTAMENTO ANALITICO. Il trattamento analitico non ha un percorso prestabilito che si possa applicare in ogni caso, per cui solo schematicamente se ne possono indicare le tappe che, a loro volta, non sono raggiunte attraverso un cammino lineare, ma attraverso progressivi guadagni in termini di profondità e di livello di elaborazione.

a) L'anamnesi o raccolta dei dati biografici (v. ANAMNESI), che nella procedura analitica devono essere assunti esclusivamente dal paziente e accolti con la riserva che la narrazione del paziente subisce l'effetto della RIMOZIONE (v.), dello SPOSTAMENTO (v.) e della PROIEZIONE (v.).

b) La libera associazione, in cui si chiede al paziente di rinunciare deliberatamente, per quanto gli riesce, alla censura cosciente, e quindi di riferire tutti i suoi pensieri senza preoccuparsi delle ordinarie convenzioni sociali, della logica, dell'ordine, e senza valutare la loro importanza o futilità, nonostante le sue sensazioni di imbarazzo e di vergogna (v. ASSOCIAZIONE, § 4). Tutto ciò in base all'ipotesi che la nevrosi è il frutto della rimozione di materiale che non ha avuto accesso alla coscienza o non è stato da questa sufficientemente elaborato (v. ELABORAZIONE, § 1).

c) L'analisi delle resistenze, perché se non ci sono idee o pensieri si suppone che ci sia qualche forza che non ne consente l'espressione; in questo caso si passa ad analizzare le forme di RESISTENZA (v.) che solitamente si accentuano man mano che ci si avvicina al nucleo centrale patogeno. Al servizio delle resistenze operano i meccanismi di difesa, volti a ridurre o a sopprimere ogni turbativa che l'Io può subire a opera dell'Es o del Super-io (v. DIFESA, § 2).

d) L'analisi dei sogni, che Freud legge come una forma di appagamento mascherato di un desiderio represso o rimosso. Essendo il sogno una FORMAZIONE DI COMPROMESSO (v.) tra il desiderio pulsionale e la censura, l'interpretazione deve compiere a rovescio il cammino percorso dal "lavoro del sogno" che trasforma il contenuto latente nell'inconscio nel contenuto manifesto esposto dalla scena onirica (v. SOGNO, § II, 2).

e) L'analisi del transfert, attraverso cui il paziente sposta sull'analista i propri conflitti intrasoggettivi, che a loro volta sono derivati dalle relazioni intersoggettive reali o fantasmatiche che il paziente ha vissuto nell'infanzia. Il TRANSFERT (v.) può essere positivo o negativo a seconda della qualità del sentimento, che può essere affettuoso o ostile, riproducendo la componente positiva o negativa del complesso di Edipo (v. EDIPO, COMPLESSO DI). Il transfert, che l'analista non deve provocare, per non impedire altri tipi di relazioni transferali che il paziente potrebbe produrre, è il veicolo principale che permette di spezzare l'amnesia infantile, che non consente di giungere al nucleo nevrotico, e di creare quella corrente emotiva che permette l'attivazione dell'AFFETTO (v.) rimosso che è sempre connesso alla RAPPRESENTAZIONE (v.). Sia nella sua espressione positiva, sia in quella negativa, il transfert può a sua volta funzionare come resistenza o perché il paziente rinuncia a tutte le sue prospettive di guarigione, purché il suo amore per l'analista sia corrisposto, o perché è disposto a vanificare gli sforzi dell'analista e a rinunciare alla propria guarigione purché il terapeuta sia sconfitto. In relazione al transfert del paziente entra in gioco anche il controtransfert (v. TRANSFERT, § 4) dell'analista nei confronti del paziente, dove sono reperibili anche i conflitti nevrotici dell'analista che lo fanno reagire come se il paziente fosse una figura significativa del suo passato. Come il transfert, anche il controtransfert è ambivalente, nel senso che il difendersene comporta una riduzione dell'EMPATIA (v.) dell'analista nei confronti del paziente e quindi la capacità di condividere i sentimenti dell'altro sperimentandoli su di sé.

f) La fine dell'analisi, che resta sempre e comunque indecidibile, non essendo possibile fissare un termine alla conoscenza di sé, può essere approssimativamente descritta in molti modi tra i quali: 1) la risoluzione della nevrosi infantile; 2) la risoluzione della nevrosi di transfert (v. TRANSFERT, § 3); 3) la coscientizzazione dei conflitti nevrotici rimossi attraverso l'elaborazione analitica (v. ELABORAZIONE, § 3); 4) la genitalizzazione delle pulsioni parziali non ancora pervenute all'organizzazione (v. GENITALE); 5) l'aumento della forza e dell'autonomia dell'Io rispetto alle pulsioni dell'Es, al dispotismo del Super-io, e nei confronti del mondo esterno. Nella fase terminale dell'analisi è importante analizzare l'angoscia di separazione che può subentrare nel paziente e la sua possibile depressione. Nata come cura dei sintomi, l'analisi è divenuta sempre più un tentativo di cambiamento della struttura della personalità, e questa estensione del compito rende sempre più indecidibile il tempo della sua fine.

g) Le forze in gioco nel rapporto analitico a favore del buon esito terapeutico sono: 1) l'ALLEANZA TERAPEUTICA (v.), ossia la collaborazione con l'analista di quella parte dell'Io del paziente, relativamente libera da conflitti, che può entrare in un rapporto maturo con il terapeuta, facilitando il trattamento degli aspetti conflittuali; 2) la qualità positiva del transfert che facilita la comunicazione di quegli aspetti di personalità che il paziente preferisce solitamente rimuovere, e che riattiva l'affettività sottesa ai contenuti comunicati; 3) la naturale tendenza del materiale rimosso a cercare una via d'uscita per l'effetto catartico che ne consegue; 4) alcuni tratti del Super-io che esigono che il paziente faccia quello che si è proposto.

Agiscono invece a sfavore del processo terapeutico: 1) fattori inconsci e irrazionali che cercano di perpetuare le difese nevrotiche, perché i sentimenti che ne sono alla base sono ancora dolorosi; 2) il transfert negativo che spinge il paziente a sottrarsi o a contrastare l'analisi del terapeuta; 3) il masochismo che tende a non far abbandonare al paziente le proprie sofferenze; 4) il guadagno secondario che deriva dalla malattia (v. GUADAGNO DELLA MALATTIA) e a cui il paziente non è disposto a rinunciare. Da questo quadro emerge che l'Io razionale del paziente è il principale alleato dell'analista, per cui in sua assenza, come nel caso dei bambini o dei pazienti psicotici o borderline, sono necessarie delle modifiche anche radicali della tecnica analitica come è stata qui esposta.

Bibliografia

Balint M., *La conclusione dell'analisi* (1950), in Id., *L'amore primario* (1952), Raffaello Cortina, Milano 1991.
–, *Medico, paziente e malattia* (1957), Feltrinelli, Milano 1961.
Conte M., Dazzi N. (a cura di), *La verifica empirica in psicoanalisi*, il Mulino, Bologna 1988.
Ferenczi S., *Il problema del termine dell'analisi* (1927), in Id., *Fondamenti di psicoanalisi* (1972-1975), Guaraldi, Rimini 1974, vol. III.
–, *La preparazione dello psicoanalista* (1928), in Id., *Fondamenti di psicoanalisi*, cit., vol. III.
Freud A., *L'Io e i meccanismi di difesa* (1936), in *Opere* (1978-1979), Bollati Boringhieri, Torino, vol. I.
Freud S., *Tecnica della psicoanalisi* (1911-1912), in *Opere* (1967-1993), Bollati Boringhieri, Torino, vol. VI.
–, *Nuovi consigli sulla tecnica della psicoanalisi* (1913-1914), in *Opere*, cit., vol. VII.
–, *Vie della terapia psicoanalitica* (1918), in *Opere*, cit., vol. IX.
–, *L'Io e l'Es* (1922), in *Opere*, cit., vol. IX.
–, *Introduzione alla psicoanalisi. Nuova serie di lezioni* (1932), in *Opere*, cit., vol. XI.
–, *Analisi terminabile e interminabile* (1937), in *Opere*, cit., vol. XI.
Fromm-Reichmann F., *Psicoanalisi e psicoterapia* (1959), Feltrinelli, Milano 1964.
Glover E., *La tecnica della psicoanalisi* (1954), Astrolabio, Roma 1971.
Greenson R. R., *L'indirizzo psicoanalitico classico*, in S. Arieti (a cura di), *Manuale di psichiatria* (1959-1966), Bollati Boringhieri, Torino 1969-1970, vol. II, pp. 1503-1521.
Jung C. G., *Pratica della psicoterapia* (1921-1959), in *Opere* (1969-2007), Bollati Boringhieri, Torino, vol. XVI.
Musatti C. L., *Trattato di psicoanalisi*, Bollati Boringhieri, Torino 1949.
Saraval A., *La tecnica classica e la sua evoluzione*, in A. A. Semi (a cura di), *Trattato di psicoanalisi*, vol. I: *Teoria e tecnica*, Raffaello Cortina, Milano 1988-1989, pp. 533-616.
Schafer R., *L'atteggiamento analitico* (1983), Feltrinelli, Milano 1984.
Semi A. A. (a cura di), *Trattato di psicoanalisi*, vol. I: *Teoria e tecnica*, vol. II: *Clinica*, Raffaello Cortina, Milano 1988-1989.
Strotzka H., *Manuale di psicoterapia* (1978), Città Nuova, Roma 1987.

Analisi anamnestica, v. ANAMNESI.

Analisi archetipica (ingl. *Archetypal analysis*; ted. *Archetypische Analyse*; fr. *Analyse archétypique*; sp. *Análisis arquetípico*). È l'analisi introdotta da James Hillman a partire da una critica radicale della psicoanalisi che, a suo parere, tende a psicopatologizzare l'anima, al punto che «la psicologia è divenuta un imponente e tuttavia sottile sistema per distorcere la psiche, creando il convincimento che in essa vi è qualcosa di "sbagliato" e, di conseguenza, per analizzare la sua immaginazione attraverso categorie diagnostiche. Far entrare la psiche nella vita non significa allontanarla dalla sua malattia, ma dalla visione malata che essa ha di se stessa, del suo preteso bisogno di cure, conoscenze e amore professionali» (1972, p. 16). Questa impostazione scientifica va sostituita, a parere di Hillman, con una impostazione propriamente "psicologica", perché «non c'è nulla dell'uomo che l'anima non contenga, non tocchi, non influenzi, non definisca. L'anima penetra in tutto l'uomo ed è presente in tutto ciò che è umano. L'esistenza umana, prima di essere qualunque altra cosa – economica, sociale, religiosa, fisica – è psicologica» (1975b, pp. 294-295).

A questo punto la nevrosi viene letta come ciò che «compensa l'unilaterale struttura maschile e superiore con cui identifichiamo la coscienza. Ma, con il mutare della coscienza, anche la nevrosi, che abbiamo conosciuto come sua controparte, arriverà alla fine, e lo stesso sarà per l'analisi, che è appunto nata come risposta alla nevrosi. Se la nostra intuizione, attraverso varie prove, riuscirà a penetrare sino alle fondamenta mitiche dell'analisi, l'analisi stessa crollerà insieme ai suoi tre pilastri – il transfert, l'inconscio, la nevrosi –, i tre elementi che noi preferiamo chiamare, in accordo con la prospettiva mitica, l'erotico, l'immaginale, il dionisiaco» (1972, pp. 21-22). L'analisi archetipica cercherà di individuare i miti in cui sono inscritte le nostre biografie, perché «tutti gli eventi nel regno dell'anima, cioè tutti gli eventi e i comportamenti psicologici, hanno una somiglianza, una corrispondenza, un'analogia con un modello archetipico. Le nostre vite seguono figure mitiche; noi agiamo, pensiamo, sentiamo soltanto come ce lo consentono i modelli primari stabiliti nel mondo immaginale. Le nostre vite psicologiche sono mimetiche dei miti [...]. Il compito della psicologia archetipica e della terapia che ne deriva è quello di scoprire il modello archetipico delle forme di comportamento» (1975a, p. 124). Per ulteriori approfondimenti si rimanda alle voci ARCHETIPO, § 2, *a*; PSICOLOGIA ARCHETIPICA.

Bibliografia

Hillman J., *Il mito dell'analisi* (1972), Adelphi, Milano 1979.
–, *Pothos. La nostalgia del puer aeternus* (1975a), in AA.VV., *Dopo Jung*, Franco Angeli, Milano 1980.
–, *Re-visione della psicologia* (1975b), Adelphi, Milano 1983.
–, *Anima. Anatomia di una nozione personificata* (1985), Adelphi, Milano 1989.
–, *Psicologia archetipica*, in "L'immaginale", 1987, n. 8.

Analisi attiva, v. TECNICA ATTIVA.

Analisi bioenergetica, v. BIOENERGETICA.

Analisi cognitivista, v. COGNITIVISTA, TERAPIA.

Analisi comportamentale (ingl. *Behavioural analysis*; ted. *Verhaltenanalyse*; fr. *Analyse comportementale*; sp. *Análisis de la conducta*). Procedimento mediante il quale un comportamento complesso viene scomposto in termini di antecedenti e conseguenti per stabilire le contingenze di rinforzo (v. APPRENDIMENTO, § I, 1-2) che determinano la frequenza e la successione delle sequenze comportamentali osservate. L'analisi comportamentale, come procedura di osservazione, non va confusa con la *terapia del comportamento* che si propone di correggere disturbi del comportamento acquisiti (v. COMPORTAMENTO, § 5).

Analisi del carattere, v. CARATTERE, § 3, *c-d*.

Analisi di controllo, v. ANALISI DIDATTICA, § 2.

Analisi didattica (ingl. *Training analysis*, ted. *Lehranalyse*; fr. *Analyse didactique*; sp. *Análisis didáctico*).

1. Trattamento psicoanalitico a cui si sottopongono coloro che vogliono svolgere la professione di psicoanalista. Dopo un'esperienza di AUTOANALISI (v.), Sigmund Freud nel 1912 formulò la convinzione secondo la quale, siccome non si può praticare l'attività analitica se non si accede alla conoscenza del proprio inconscio, scrive: «Tutte le regole che ho esposto tendono a creare per il medico il corrispettivo della "regola psicoanalitica fondamentale" enunciata per l'analizzato. [...] Non basta a questo fine che il medico sia una persona pressappoco normale; piuttosto è lecito esigere che egli si sia sottoposto a una purificazione psicoanalitica e abbia acquisito nozione di quei complessi personali che sarebbero atti a disturbarlo nella comprensione di quanto gli viene offerto dall'analizzato. Non si può ragionevolmente dubitare dell'effetto squalificante di simili deficienze personali. Ogni rimozione non risolta nel medico corrisponde, secondo un'indovinata espressione di Wilhelm Stekel, a una "macchia cieca" nella sua percezione analitica. [...] Tra i molti meriti della scuola analitica zurighese annovero quello di aver posto l'accento su tale necessità fissando l'obbligo, per chi voglia compiere analisi su altri, di sottoporsi preliminarmente a un'analisi presso un esperto» (1912, pp. 536-537).

Dopo questo riconoscimento nei confronti di Carl Gustav Jung, che aveva introdotto la pratica analitica nell'ospedale Burghölzli di Zurigo, Freud, a proposito dell'analisi didattica, assunse una posizione molto prudente a partire dalla considerazione che «quella dell'analizzare è la terza di quelle professioni "impossibili" il cui esito insoddisfacente è scontato in anticipo. Le altre due, note da molto più tempo, sono quelle dell'educare e del governare. [...] E comunque, donde e in che modo potrà il poveretto acquisire quell'ideale attitudine che gli sarà necessaria nella professione? La risposta è: nell'analisi personale, dalla quale prende le mosse la sua preparazione per l'attività futura. Per motivi pratici questa analisi può essere soltanto breve e incompiuta; suo scopo principale è di consentire al didatta di giudicare se il candidato può essere ammesso a un ulteriore addestramento. La sua funzione è assolta se porta l'allievo al sicuro convincimento dell'esistenza dell'inconscio, se, all'affiorare del rimosso, gli consente di sperimentare su sé medesimo percezioni alle quali normalmente non presterebbe fede, e se gli dà un primo saggio dell'unica tecnica che nel lavoro analitico si è dimostrata efficace» (1937, p. 531).

Istituzionalizzata nel 1922 dall'Associazione Psicoanalitica Internazionale, l'analisi didattica ha trovato il suo più convinto sostenitore in Sándor Ferenczi per il quale «per resistere contro questo assalto generale del paziente, occorre che l'analista sia stato pienamente e completamente analizzato lui stesso. [...] In linea di principio non posso ammettere alcuna differenza tra un'analisi terapeutica e un'analisi didattica; a ciò voglio ora aggiungere questa idea: mentre tutte le imprese a fini terapeutici non hanno bisogno di essere condotte fino alla profondità che abbiamo in mente quando parliamo di una fine completa dell'analisi, l'analista stesso, da cui dipende la sorte di tante altre persone, deve conoscere e controllare anche le debolezze più segrete del proprio carattere; e ciò è impossibile senza un'analisi completa» (1928, p. 343).

2. L'analisi didattica viene completata con l'*analisi di controllo* o *supervisione* dove un analista in formazione rende conto a un analista più esperto del proprio modo di condurre i trattamenti. La supervisione può essere *diretta* quando, attraverso opportuni mezzi tecnici, come lo specchio unidirezionale, il supervisore osserva direttamente il lavoro del terapeuta in formazione, come accade di frequente nella formazione dei terapeuti della famiglia, *indiretta* quando, attraverso relazioni orali o scritte, il supervisore controlla il lavoro del terapeuta in formazione e in particolare il suo controtransfert (v. TRANSFERT, § 4).

3. A proposito dell'analisi didattica, Jacques Lacan osserva che «lo psicoanalista non si autorizza che da sé» (1967, p. 19). Ma questo autorizzarsi può avvenire solo quando l'aspirante analista ha rivelato a se stesso la vera motivazione che lo ha spinto in questa direzione. Infatti: «Quale che sia la dose di sapere trasmessa, essa non ha per l'analista alcun valore di formazione. Giacché il sapere accumulato nella sua esperienza riguarda l'immaginario, in cui inciampa incessantemente. [...] Nella via della sua formazione l'analista può entrare solo riconoscendo nel proprio sapere il sintomo della propria ignoranza, nel senso propriamente analitico per cui il sintomo è il ritorno del rimosso nel compromesso, e per cui qui come altrove la rimozione è censura della verità. Qui, infatti, l'ignoranza non va intesa come assenza di sapere, ma, al pari dell'amore e dell'odio, come passione dell'essere; perché può essere, come quelli, una via in cui l'essere si forma. Ecco la passione che deve dare il suo senso a tutta la formazione analitica, come è evidente se solo ci si apre al fatto che essa ne struttura la situazione. Si è tentato di cogliere l'ostacolo interno all'analisi didattica nell'atteggiamento di postulanza in cui il candidato si pone in rapporto all'analista, ma non per denunciarlo nel suo fondamento essenziale, che è il desiderio di sapere o di potere che anima il candidato alla base della sua decisione. Così come non si è riconosciuto che questo desiderio va trattato al pari del desiderio di amare del nevrotico, che la saggezza di ogni tempo sa essere l'antinomia dell'amore; ma non è proprio questo che dicono i migliori autori quando dichiarano che ogni analisi didattica ha il dovere di analizzare i motivi che hanno fatto scegliere al candidato la carriera di analista? Il frutto positivo della rivelazione dell'ignoranza è il non-sapere, che non è una negazione del sapere, ma la sua forma più elaborata. La formazione del candidato non può compiersi senza l'azione del maestro o dei maestri che lo formano a questo non-sapere: senza di che non sarà mai altro che un robot di analista» (1955, pp. 351-353).

Bibliografia

Balint M., *L'analisi didattica* (1965), Guaraldi, Rimini 1974.
Ferenczi S., *La preparazione dello psicoanalista* (1928), in Id., *Fondamenti di psicoanalisi* (1972-1975), Guaraldi, Rimini 1974, vol. III.
Freud S., *Consigli al medico nel trattamento psicoanalitico* (1912), in *Tecnica della psicoanalisi* (1911-1912), in *Opere* (1967-1993), Bollati Boringhieri, Torino, vol. VI.
–, *Nuovi consigli sulla tecnica della psicoanalisi* (1913-1914), in *Opere*, cit., vol. VII.
–, *Analisi terminabile e interminabile* (1937), in *Opere*, cit., vol. XI.
Grinberg L., *La supervisione psicoanalitica. Teoria e pratica* (1986), Raffaello Cortina, Milano 1989.
Haley J., *Formazione e supervisione in psicoterapia* (1996), Erickson, Trento 1997.
Lacan J., *Varianti della cura-tipo* (1955), in *Scritti* (1936-1966), Einaudi, Torino 1974, vol. I.
–, *Proposta del 9 ottobre 1967 intorno allo psicoanalista della Scuola*, in AA.VV., *Scilicet. Rivista dell'École freudienne de Paris. Scritti di Jacques Lacan e di altri*, Feltrinelli, Milano 1977.
Moser T., *Lo psicanalista sul divano. Frammenti di un'analisi didattica* (1974), Feltrinelli, Milano 1975.
Schafer R., *L'atteggiamento analitico* (1983), Feltrinelli, Milano 1984.
Semi A. A., *Formazione dello psicoanalista*, in AA.VV., *Psiche. Dizionario storico di psicologia, psichiatria, psicoanalisi e neuroscienze*, Einaudi, Torino 2006-2007, vol. I, pp. 436-441.
Stekel W., *Die Sprache des Traumes. Eine Darstellung der Symbolik und Deutung des Traumes in ihren Beziehungen zur kranken und gesunden Seele für Ärzte und Psychologen*, Bergmann, München 1911.
Tagliacozzo R., *La supervisione*, in A. A. Semi (a cura di), *Trattato di psicoanalisi*, vol. II: *Clinica*, Raffaello Cortina, Milano 1988-1989, pp. 925-956.
Trevi M., *Contraddittorietà della didattica junghiana*, in Id., *Saggi di critica neojunghiana*, Feltrinelli, Milano 1993, pp. 153-155.

Analisi di gruppo, v. GRUPPO, § III.

Analisi diretta (ingl. *Direct analysis*; ted. *Direkte Analyse*; fr. *Analyse directe*; sp. *Análisis directo*). Metodo di psicoterapia analitica introdotto da John N. Rosen per il trattamento delle psicosi, dove l'inconscio, superando le difese, si esprime scopertamente nelle parole del soggetto e nei suoi comportamenti. L'analisi diretta non farebbe che esplicitare ciò che il soggetto esprime. La sua efficacia non sarebbe legata a un processo di scavo e di conoscenza delle dinamiche inconsce, ma all'instaurazione di un transfert positivo, in cui il paziente si sente compreso dal terapeuta a cui attribuisce la comprensione onnipotente di una madre ideale. Questo tipo di analisi prevede inoltre un certo numero di interventi attivi che, a differenza della neutralità richiesta nel trattamento delle nevrosi, consentono al terapeuta di entrare nell'universo chiuso dello psicotico. In questo tipo di analisi non è prevista l'analisi delle resistenze e neppure il ricorso alle libere associazioni, perché l'inconscio del paziente, avendo superato le barriere difensive, è già manifesto (v. ANALISI, § 2).

Bibliografia

Pankow G., *L'uomo e la sua psicosi* (1969), Feltrinelli, Milano 1977.
Resnik S., *Persona e psicosi* (1972), Einaudi, Torino 1976.
Rosen J. N., *Direct analysis. Selected papers*, Grune & Stratton, New York 1953.

Analisi esistenziale (ingl. *Existential analysis*; ted. *Daseinsanalyse*; fr. *Analyse existentielle*; sp. *Análisis existencial*). Detta anche *psichiatria fenomenologica* o *antropoanalisi*, l'analisi esistenziale è un indirizzo psicopatologico, e in misura minore psicoterapeutico, inaugurato da Ludwig Binswanger sulla base della nuova concezione dell'uomo introdotta dalla PSICOLOGIA COMPRENSIVA (v.) di Karl Jaspers, dalla fenomenologia di Edmund Husserl e dall'ontologia di Martin Heidegger, i cui contributi sono esposti alla voce FENOMENOLOGIA (v.), dove si esplicita in che senso e con quali differenze viene interpretato il metodo fenomenologico.

1. IL CAPOVOLGIMENTO METODOLOGICO. Partendo dalla persuasione che sia la psichiatria sia la psicoanalisi derivano i loro modelli concettuali da quello schema che René Descartes ha inaugurato e che la scienza ha fatto proprio quando, per i suoi scopi esplicativi, ha lacerato l'uomo in anima (*res cogitans*) e corpo (*res extensa*), producendo quello che secondo Binswanger è «il cancro di ogni psicologia» (1946, p. 22), l'analisi esistenziale rileva che questa divisione non è qualcosa che si offra all'evidenza fenomenologica, ma è un prodotto della metodologia della scienza, la quale, consapevole che il suo potere e la sua efficacia si estendono esclusivamente nell'ordine quantitativo e misurabile della *res extensa*, è costretta a ridurre lo psichico a epifenomeno del fisiologico che in psichiatria si chiama apparato cerebrale e in psicoanalisi APPARATO PSICHICO (v.). Ciò che ne nasce non è una psicologia che "comprende" l'uomo come si dà, ma una psicofisiologia che lo "spiega" come si spiega qualsiasi fenomeno della natura (v. PSICOLOGIA COMPRENSIVA). Ora, scrive Binswanger: «La psicologia non ha mai a che fare con un soggetto privo del suo mondo, perché un simile soggetto non sarebbe altro che un oggetto, né tantomeno con la scissione soggetto-oggetto, perché questa scissione non la si può intendere se non come avente alla base l'esserci umano nel mondo. La psicologia inizia quando comprende la presenza umana (*Dasein*) come originario essere-nel-mondo (*In-der-Welt-sein*) e considera i determinati modi fondamentali in cui la presenza umana di fatto esiste» (1921-1941, p. 101).

Ora, siccome l'uomo non è (*ist*) al mondo come lo sono le cose, ma si dà (*es gibt*) un mondo attraverso lo SPAZIO (v. § 3) e il TEMPO (v. § II, 2) che inaugura e che percorre con quell'INTENZIONALITÀ (v.) che è tipica dell'uomo e non delle cose, non sarà possibile studiare l'esistenza umana con le metodiche oggettivanti che sono proprie delle scienze naturali che si occupano di cose. Evitando di sovraccaricare l'esistenza di una struttura teorica a lei estranea, per lasciare che si manifesti all'evidenza così come essa è (metodo fenomenologico), ciò che appare non saranno le sue "carenze" o i suoi "eccessi", ma i suoi *modi* d'essere che, là dove l'esistenza non è precodificata, non si riveleranno come *dis-funzioni*, ma semplicemente come *funzioni* di una certa strutturazione della presenza, ossia di un certo modo di essere-nel-mondo (v. MONDO, § 3) e di progettare un mondo. A questo punto si può rinunciare a privilegiare un mondo rispetto a un altro, il mondo del "sano" rispetto al mondo del "malato" (v. NORMA), e, per distinguere nel loro specifico costituirsi i "mondi" delle diverse forme di alienazione mentale, sarà sufficiente, senza ricorrere ad alcuna visione del mondo precostitutivamente assunta a norma o modello, scoprire le incrinature presenti nelle strutture trascendentali, comuni a ogni esistenza, che presiedono alla formazione di un mondo.

2. LE STRUTTURE TRASCENDENTALI DELL'ESISTENZA. La trattazione delle strutture trascendentali dell'esistenza è affidata alle singole voci specifiche che qui succintamente ricapitoliamo:

a) *L'esserci e l'esistenza*. Accogliendo la lezione di Heidegger, Binswanger chiama il proprio indirizzo psicologico *analisi dell'esserci* (*Daseinsanalyse*). Nel *ci* dell'*esser-ci*, nel *da* del *Da-sein* viene in luce quel senso per cui l'uomo è il luogo in cui *c'è* (*ist da*) la manifestazione dell'essere, dove si esprime quell'originario rapportarsi dell'essere all'uomo, in cui l'esistenza umana consiste. In questo senso Heidegger può dire che «l'essenza dell'esserci è l'esistenza» (1927, p. 106), dove per "esistenza" intende quell'originario *ec-sistere*, per cui l'uomo non è al mondo come le cose che in-sistono semplicemente dentro il mondo, ma è al mondo come colui che lo apre e lo dischiude (*Ecsistenz*). Da queste premesse Binswanger può concludere che non si può considerare l'uomo nell'isolamento della sua soggettività, come frequentemente accade nella pratica psicologica e psichiatrica, ma nella sua originaria apertura al mondo, essendo questa apertura non il prodotto di una relazione, ma la dimensione originaria dell'umana esistenza.

b) *La presenza*. Con questo termine (*Anwesenheit*), dove ricorre quel *Wesen* (essenza) in cui si esprime l'essenza dell'uomo, Binswanger, sempre seguendo la lezione di Heidegger, individua l'orizzonte dell'indagine psicologica che dovrà osservare in che modo le singole esistenze declinano la loro presenza, il loro modo originario di essere aperte all'essere. Tale modalità appare nelle forme in cui l'umana presenza (*Dasein*) si temporalizza (*sich zeitigt*), si spazializza (*Raum gibt*), si mondanizza (*weltlicht*), coesiste (*Mit-dasein*). Tempo, spazio, mondo, coesistenza non sono cose indagabili con il metodo delle scienze naturali, perché sono le modalità con cui l'esistenza articola la sua presenza, il suo modo di essere al mondo (v. PRESENZA).

c) *Gettatezza e progettualità*. In quanto originariamente aperta al mondo, l'esistenza è definita dalla sua progettualità (v. PROGETTO). Ma ogni progetto-nel-mondo (*Ent-wurf*) è definito dal proprio essere-gettato-nel-mondo (*Ge-worfen*), ogni oltrepassamento (*Über-schreitung*) presuppone una fatticità (*Faktizität*), ogni trascendenza (*Transzendenz*) una situazione (*Situation*) fondamentalmente intrascendibile, in quanto legata alla storicità di ogni esistenza (v. SITUAZIONE). Quando l'essere-gettato-nel-mondo ha il sopravvento sul progetto-nel-mondo, quando la fatticità ha il sopravvento sull'oltrepassamento, allora, dice Binswanger, abbiamo quella caduta esistenziale (*Verfallen*) o, come vuole l'espressione di Heidegger, quella DEIEZIONE (v.), in cui l'esistenza, invece di esprimersi nella possibilità "propriamente sua (*eigen*)", e quindi "autentica (*eigentlich*)", rassegna il suo poter-essere a una possibilità già data e quindi inautentica (*uneigentlich*), perché non sua, ma semplicemente "fatta sua" (v. AUTENTICITÀ – INAUTENTICITÀ, § 2). Con la vittoria dell'essere-gettato sul poter-essere, la vita non scorre più, perché la possibilità di trascendere rimane ancorata alla presenza costituitasi. Le cose, scrive Binswanger, da invitanti diventano incombenti, da allettanti angoscianti: «In luogo della possibilità di far sì che il mondo accada, subentra la non-libertà dell'esser dominati da un determinato progetto di mondo non scelto, ma subìto» (1944-1946, p. 25).

3. I MONDI DELL'ALIENAZIONE. Da come l'esistenza realizza la sua essenza, cioè la sua presenza al mondo, è possibile, secondo Binswanger, individuare i mondi delle esistenze mancate attraverso l'analisi delle strutture trascendentali dell'esistenza che organizza un mondo (*Welt*) che si discosta o non partecipa al mondo comune (*Mit-welt*). Tali sono i mondi de:

a) *La melanconia*. Nel melanconico la *retentio*, che è l'atto intenzionale per cui si costituisce un passato, è così dominante che il presente diventa il tempo dell'incessante lamento e il futuro si dischiude come ambito di vuote intenzioni. Siccome nel melanconico un fatto del passato è divenuto la totalità dell'esperienza, la vera perdita di cui si lamenta il melanconico e di cui si autoaccusa non è tanto la perdita di qualcosa, ma la perdita della possibilità di fare esperienza, o, che è lo stesso, di non essere più nel mondo nella modalità della trascendenza, che da un passato rinvia a quel futuro (*Zu-kunft*) autentico che ha i caratteri dell'a-venire (*zu-kommen*), e non del già avvenuto (v. DEPRESSIONE, § 3, *b*; TEMPO, § II, 2).

b) *La mania*. Se nel melanconico la presenza è perduta nell'assoluto passato, nel maniaco è raccolta nella momentaneità del presente che non proviene da un passato e non si estende in un futuro. L'istantaneità dell'"adesso" sembra essere l'orizzonte massimo del suo contatto con il mondo, un contatto euforico perché all'insegna dell'assoluta e continua novità, ma anche superficiale perché nell'istante non c'è spazio né tempo per il dispiegarsi di una biografia, per la continuità di un senso che le cose sono solite portare con sé quando una vita le ha frequentate, caricandole di quei significati che sono poi la risonanza di un vissuto (v. MANIA; TEMPO, § II, 2; SPAZIO, § 3, *a*).

c) *La schizofrenia*. È una destrutturazione della possibilità di fare esperienza che consiste nel lasciar essere (*frei-lassen*), tra le cose, quelle relazioni che le cose stesse concedono; in ciò è anche l'essenza della libertà (*Freiheit*) umana, che non carica le cose di significati eccedenti, ma le lascia essere come sono e come si offrono nel loro apparire. Questa libertà è quella che lo schizofrenico si proibisce per l'impossibilità, nell'incontro con le cose, di soffermarsi presso di esse in modo indisturbato. Secondo Binswanger nella schizofrenia non sono tanto da ricercare cause e sintomi, quanto il "tema (*Worüber*)" in cui l'esistenza schizofrenica si declina rendendosi comprensibile a partire da quel tema. Da questo punto di vista non si dà più la schizofrenia come "entità clinica", ma esperienze schizofreniche di volta in volta individuate dal loro tema, che declina le strutture trascendentali dell'esistenza quali il TEMPO (v. § II), lo SPAZIO (v. § 3), il vissuto corporeo (v. CORPO, § 3), la partecipazione comunicativa (v. SCHIZOFRENIA, § I, 3).

Bibliografia

Armezzani M., *L'enigma dell'ovvio. La fenomenologia di Husserl come fondamento di un'altra psicologia*, Unipress, Padova 1998.

Balestro P., *Introduzione all'antropoanalisi*, Bompiani, Milano 1976.

Ballerini A., Callieri B. (a cura di), *Breviario di psicopatologia. La dimensione umana della sofferenza mentale*, Feltrinelli, Milano 1996.

Basso E., *Michel Foucault e la daseinsanalyse. Un'indagine metodologica*, Mimesis, Milano 2007.
Binswanger L., *Per un'antropologia fenomenologica. Saggi e conferenze psichiatriche* (1921-1941), Feltrinelli, Milano 1970.
–, *Essere nel mondo* (1939-1957), Astrolabio, Roma 1973.
–, *Il caso Ellen West e altri saggi* (1944-1946), Bompiani, Milano 1973.
–, *L'indirizzo antropoanalitico in psichiatria* (1946), in Id., *Il caso Ellen West e altri saggi*, cit.
–, *Schizophrenie*, Neske, Pfullingen 1957.
–, *Melanconia e mania* (1960), Bollati Boringhieri, Torino 1971.
Borgna E., *Nei luoghi perduti della follia* (1964-1984), Feltrinelli, Milano 2008.
–, *I conflitti del conoscere. Strutture del sapere ed esperienza della follia*, Feltrinelli, Milano 1988.
Boss M., *Psicoanalisi e analitica esistenziale* (1957), Astrolabio, Roma 1973.
Callieri B., *Percorsi di uno psichiatra* (1955-1992), Edizioni Universitarie Romane, Roma 1993.
–, *Scritti scelti* (1963-1987), in "Psyche", 1989, nn. 3-4.
–, *Quando vince l'ombra. Problemi di psicopatologia clinica* (1982), Edizioni Universitarie Romane, Roma 2001.
–, *Corpo, esistenze, mondi. Per una psicopatologia antropologica*, Edizioni Universitarie Romane, Roma 2007.
Cargnello D., *Alterità e alienità. Introduzione alla fenomenologia antropoanalitica*, Feltrinelli, Milano 1966.
Di Petta G., *Il mondo vissuto. Clinica dell'esistenza. Fenomenologia della cura*, Edizioni Universitarie Romane, Roma 2003.
Galimberti U., *Psichiatria e fenomenologia* (1979), nuova edizione ampliata, Feltrinelli, Milano 2017.
Gebsattel V. E. von, *Prolegomena einer medizinischen Anthropologie*, Springer, Berlin 1954.
–, *Imago hominis. Beiträge zu einer personalen Anthropologie*, Otto Müller, Salzburg 1964.
Gozzetti G., Cappellari L., Ballerini A., *Psicopatologia fenomenologica della psicosi*, Raffaello Cortina, Milano 1999.
Heidegger M., *Essere e tempo* (1927), Utet, Torino 1978.
Husserl E., *Idee per una fenomenologia pura e per una filosofia fenomenologica* (1912-1928), Einaudi, Torino 1965.
Jaspers K., *Psicopatologia generale* (1913-1959), Il Pensiero Scientifico, Roma 2000.
Laing R. D., *La politica dell'esperienza* (1967), Feltrinelli, Milano 1968.
Maldiney H., *Pensare l'uomo e la follia* (1991), Einaudi, Torino 2007.
Martinotti G., *Fenomenologia della corporeità. Dalla psicopatologia alla clinica*, Edizioni Universitarie Romane, Roma 2009.
Merleau-Ponty M., *Fenomenologia della percezione* (1945), il Saggiatore, Milano 1972.
Minkowski E., *La schizofrenia. Psicopatologia degli schizoidi e degli schizofrenici* (1927-1953), Einaudi, Torino 1998.
–, *Il tempo vissuto. Fenomenologia e psicopatologia* (1933), Einaudi, Torino 1971.
Minkowski E., Gebsattel V. E. von, Straus E., *Antropologia e psicopatologia* (1923-1948), Bompiani, Milano 1967.
Molaro A., *Psicoanalisi e fenomenologia. Dialettica dell'umano ed epistemologia*, Raffaello Cortina, Milano 2016.
Rossi Monti M., *Psichiatria e fenomenologia*, Loescher, Torino 1978.
Rovaletti M. L., *Psicologia y psiquiatria fenomenologica*, Universidad de Buenos Aires, Buenos Aires 1994.
Sartre J.-P., *L'essere e il nulla* (1943), il Saggiatore, Milano 1968.
Schneider K., *Psicopatologia clinica* (1962), Fioriti, Roma 2005.
Sichel A., *I modi dell'incontro. Idee per una psicoterapia fenomenologica*, Lalli, Poggibonsi 1983.
Stanghellini G., *Antropologia della vulnerabilità*, Feltrinelli, Milano 1997.
Storch A., *Wege zur Welt und Existenz des Geisteskranken*, Hippokrates, Stuttgart 1965.
Straus E., *Forme dello spazio, forme della memoria* (1935-1960), Armando Editore, Roma 2011.
–, *Vom Sinn der Sinne. Ein Beitrag zur Grundlegung der Psychologie*, Springer, Berlin 1956.
Tellenbach H., *Melancolia* (1961), Il Pensiero Scientifico, Roma 1975.
Van den Berg J. H., *Fenomenologia e psichiatria* (1955), Bompiani, Milano 1961.

Analisi fattoriale (ingl. *Factorial analysis*; ted. *Faktorenanalyse*; fr. *Analyse factorielle*; sp. *Análisis factorial*). Metodo matematico-statistico che si propone di ricondurre le correlazioni di un elevato numero di variabili all'azione di un numero più contenuto di fattori, astratti o derivati, ipotizzati alla base della variazione delle variabili. A questa riduzione segue la definizione, ipotetica o sperimentata, di un'ulteriore matrice di campioni fattoriali che, tramite la standardizzazione della varianza di ciascun fattore, stabilisce l'incidenza di tale varianza nella variazione dei singoli fattori. L'obiettivo dell'analisi fattoriale è quello comune a ogni metodo scientifico volto a ricavare dai fenomeni osservati una quantità più ridotta di concetti fondamentali dalla cui interazione è possibile ottenere la spiegazione del fenomeno osservato. Allo scopo si ricorre all'*esperimento fattoriale* organizzato in modo da studiare l'azione di due (analisi *bifattoriale*) o più fattori (analisi *multifattoriale*) in tutte le loro combinazioni, sia separatamente sia insieme. Se trattando con i fattori A e B contemporaneamente si ottiene la somma degli effetti di A e B presi separatamente, si dice che le azioni di A e B sono indipendenti e che la loro interazione è *nulla*. Se invece il trattamento simultaneo di A e B dà un effetto superiore alla somma dei due componenti isolati, allora si dice che B *potenzia* l'effetto di A, se dà un effetto inferiore si dice che B *inibisce* l'effetto di A. Adottata inizialmente in fisica e in chimica, l'analisi fattoriale è stata estesa alle scienze sociali e psicologiche in ordine a quei problemi che sono suscettibili di approcci di tipo quantitativo, come nel caso dei test mentali, delle prove attitudinali e nell'individuazione dei fattori di personalità.

In psicologia l'analisi fattoriale ha trovato le sue applicazioni più significative con:

1. *L'analisi bifattoriale di Charles E. Spearman*, per il quale tutte le attività mentali dipendono dalla correlazione tra un *fattore generale* (G), che agisce in tutte le prestazioni, e un *fattore specifico* (S) diverso per ogni prestazione. La qualità della prestazione dipende a sua volta dal livello dei due fattori G e S che, presenti in misura diversa nei singoli individui, concorrono in modo differente in ciascuna prestazione. A livello operativo Spearman propone che un unico test, altamente saturato in G, sostituisca gli insiemi eterogenei di prove che compongono i test di intelligenza, perché il fattore G, presente in tutte le abilità, è base sufficiente per una previsione di rendimento del soggetto.

2. *L'analisi multifattoriale di Louis Leon Thurstone*, introdotta in base al presupposto che la considerazione del solo fattore generale non rende conto interamente delle correlazioni tra variabili, per cui tutti i fattori vanno studiati *insieme*, facendo variare per quanto possibile in uno stesso esperimento tutti i fattori che possono avere un'azione. In tal modo si possono raccogliere delle informazioni che altrimenti non ci si potrebbe attendere. Tutto ciò a condizione che gli esperimenti fattoriali siano bilanciati e i trattamenti comprendano lo stesso numero di fattori e di individui (v. INTELLIGENZA, § 3, *f*).

3. *I fattori di personalità*, individuati da Raymond Bernard Cattell e da Hans Jürgen Eysenck attraverso l'applicazione dell'analisi multifattoriale, per i quali si rimanda alla voce PERSONALITÀ, § I, 2.

Bibliografia

Cattell R. B., *Factor analysis*, Harper, New York 1952.
–, *Handbook of multivariate experimental psychology*, Rand McNally, Chicago 1966.
Eysenck H. J., *Dimensions of personality*, Routledge & Kegan, London 1947.
Guilford J. P., *Psychometric methods*, McGraw-Hill, New York 1954.
Kalveram K. T., *Über Faktorenanalyse*, in "Archiv für gesamte Psychologie", 1970, n. 22.
Spearman C. E., *The abilities of man*, Macmillan, London 1927.
Thurstone L. L., *Multiple factor analysis*, University Press, Chicago 1947.
Wald Á., *Statistical decision functions*, Wiley, New York 1950.

Analisi infantile, v. PSICOLOGIA DELL'INFANZIA, § 5.

Analisi istituzionale, v. ISTITUZIONE.

Analisi junghiana (ingl. *Jungian analysis*; ted. *Jungschen Analyse*; fr. *Analyse jungienne*; sp. *Análisis junguiano*). Partendo dal suo impianto teorico (v. PSICOLOGIA ANALITICA), Carl Gustav Jung accoglie dell'analisi freudiana il *metodo causale* che va alla ricerca dell'origine della nevrosi, rifiutando tuttavia la componente riduttiva di questo metodo che riconduce le manifestazioni nevrotiche al solo scenario della sessualità: «Considerare superflua per principio un'analisi riduttiva sarebbe miope, così come sarebbe poco intelligente negare il valore di ogni ricerca sulle cause della guerra. Il terapeuta deve esplorare il più profondamente possibile le origini della nevrosi onde creare le basi di una sintesi susseguente. Ma nel caso dell'analisi riduttiva, il paziente, riportato alle origini, vede distrutto il suo adattamento già di per sé difettoso» (1921-1928, p. 145).

È allora necessaria, a parere di Jung, oltre alla ricerca delle *cause* dei sintomi, anche una ricerca del loro *significato*, perché i sintomi non sono solo l'effetto di una causa, ma anche i depositari di un senso, per cui, scrive Jung: «Dovetti rendermi conto fino in fondo che l'"analisi", per quanto è pura risoluzione, deve essere seguita da una "sintesi", e che vi sono materiali psichici che non significano propriamente nulla quando ci si limita a risolverli, ma dispiegano una ricchezza enorme di significato se, invece, li si conferma nel senso loro proprio e anzi li si amplia con tutti i mezzi coscienti (è la cosiddetta *amplificazione*). Le immagini o simboli dell'inconscio collettivo rivelano infatti i loro valori soltanto se sono sottoposti a un trattamento *sintetico*. Mentre l'analisi scompone il materiale simbolico della fantasia nelle sue componenti, il procedimento sintetico lo integra in un'espressione generale e comprensibile» (1917-1943, p. 82). Scopo dell'analisi junghiana è il *processo di individuazione* (v. PSICOLOGIA ANALITICA, § 5) che si articola attraverso un'operazione di DIFFERENZIAZIONE (v. § 2) e INTEGRAZIONE (v.) per pervenire a quello che Friedrich Nietzsche, a cui Jung ha dedicato ampi studi, sintetizza in quell'aforisma che dice: «Devi diventare quello che tu sei (*Du sollst der werden, der du bist*)» (1882, aforisma 270, p. 158).

Bibliografia

Jung C. G., *Psicologia dell'inconscio* (1917-1943), in *Opere* (1969-2007), Bollati Boringhieri, Torino, vol. VII.
–, *Il valore terapeutico dell'abreazione* (1921-1928), in *Opere*, cit., vol. XVI.
–, *Problemi specifici di psicoterapia* (1921-1946), in *Opere*, cit., vol. XVI.
–, *Il contrasto tra Freud e Jung* (1929), in *Opere*, cit., vol. IV.
–, *Problemi generali di psicoterapia* (1929-1951), in *Opere*, cit., vol. XVI.
Nietzsche F., *La gaia scienza* (1882), Adelphi, Milano 1965, vol. V, 2.

Analisi lacaniana (ingl. *Lacanian analysis*; ted. *Lacanschen Analyse*; fr. *Analyse lacanienne*; sp. *Análisis lacaniano*). A partire dalle sue premesse teoriche

(v. LACANIANA, TEORIA), Jacques Lacan sposta l'attenzione dalla *psicologia* dell'analizzato al *testo* del suo discorso: «Quando si tratta dei nostri pazienti vi chiedo di fare più attenzione al testo che alla psicologia dell'autore. Ecco tutto l'orientamento del mio insegnamento» (1953-1954, p. 197). La ragione di questo spostamento sta nel fatto che per Lacan il testo del paziente non è un contenuto manifesto che l'analista deve smascherare per giungere al contenuto latente come vuole la topologia freudiana, ma è immediatamente rivelativo là dove si interrompe, si contraddice, esita, inciampa: «Il momento in cui il soggetto si interrompe è ordinariamente il momento più significativo del suo approccio alla verità. Cogliamo allora la resistenza allo stato puro, culminante nel sentimento, spesso tinto d'angoscia, della presenza dell'analista» (ivi, p. 65). A partire da questa premessa l'atteggiamento clinico non è più quello dello *sguardo* che indaga, ma quello dell'*ascolto*, dove ciò che si ascolta non è tanto il discorso dell'Io perché, per Lacan, «l'Io è strutturato esattamente come un sintomo. Non è altro che un sintomo privilegiato all'interno del soggetto. È il sintomo umano per eccellenza, la malattia mentale dell'uomo. [...] L'Io umano è quella serie di difese, negazioni, sbarramenti, inibizioni, fantasmi fondamentali che orientano e dirigono il soggetto» (ivi, pp. 20-22). Ciò che l'analista deve ascoltare è la parola dell'inconscio che fa la sua comparsa nelle incongruenze del discorso dell'Io. In altri termini l'attenzione va rivolta non a *ciò* che l'analizzato dice, ma a *come* lo dice.

Prendendo le mosse dalla riflessione di Martin Heidegger secondo il quale «*il linguaggio parla*, per cui riflettere sul linguaggio esige che noi ci inoltriamo entro il parlare del linguaggio, per prender dimora presso il linguaggio, nel *suo* parlare, cioè, e non nel nostro» (1950, p. 28), Lacan mette in evidenza quella che Massimo Recalcati chiama «la dimensione tragica della parola, nel senso che la parola ci rappresenta presso chi ci ascolta, ma sempre in modo difettoso rispetto al nostro essere. [...] L'elemento tragico che abita il linguaggio riguarda la perdita dell'immediatezza della vita. Parlando di perdita dell'immediatezza della vita non intendiamo dire che il linguaggio è un ostacolo alla possibilità di espressione dell'immediatezza della vita, ma che non c'è una vita al di fuori del linguaggio, ovvero che la vita dell'immediatezza – senza linguaggio – semplicemente non esiste» (2001, p. 20).

Una volta evidenziata l'ambivalenza del linguaggio che, mentre rivela, nasconde, per l'impossibilità di far coincidere il nostro essere con la rappresentazione che il nostro discorso ne fa, Lacan sottolinea che, nel trattamento analitico che cura attraverso il linguaggio, «la parola dipende dalla risposta, in quanto non c'è parola senza risposta, anche se non incontra che il silenzio, purché essa abbia un uditore, e che sta qui il cuore della sua funzione nell'analisi» (1953, p. 241). È infatti perché uno ascolta che qualcuno parla. E dalla qualità dell'ascolto nasce il riconoscimento o il misconoscimento di chi parla. Questa considerazione consente a Lacan di omologare la funzione della parola, nel colloquio analitico, a quella del desiderio di essere riconosciuto dall'Altro, di avere un valore per l'Altro, per questo la parola trova la sua significazione nella risposta dell'Altro (v. ALTRO).

Il desiderio inconscio del soggetto che va in analisi si manifesta dunque non nell'interpretazione dell'analista, ma nel linguaggio dell'inconscio stesso che si esprime nel sintomo che, al pari dei sintomi organici, è un significante che rimanda a un significato, con la differenza che il significato del sintomo psicoanalitico rimane oscuro al soggetto. A questo punto, compito dell'analista è di far lavorare l'inconscio del paziente attraverso i sogni, i lapsus e i sintomi che rivelano il suo desiderio inconscio, che a questo punto si fa manifesto.

Ma se l'inconscio è il luogo dove l'Io deve ritornare per scoprire la matrice del proprio essere, non si deve tradurre l'aforisma freudiano "*Wo Es war, soll Ich werden*" come solitamente lo si traduce: "Là dov'era l'Es, deve venire l'Io", ma: "*Là où fut ça, il me faut advenir* (L'Io deve avvenire là dove era)". «Questo fine è di reintegrazione e di accordo, dirò di riconciliazione (*Versöhnung*)» (1957, p. 519), perché il luogo che costituisce il soggetto è al di là dell'Io, è nel desiderio inconscio come desiderio dell'Altro. Se questo è vero, scrive Lacan, «il progresso di un'analisi non riguarda l'ingrandimento del campo dell'ego, non è la riconquista da parte dell'ego della sua frangia di incognito, ma è un vero capovolgimento, uno spostamento, come un minuetto eseguito tra l'ego e l'id. [...] Proprio di questo si tratta, al termine dell'analisi, di un crepuscolo, di un declino immaginario del mondo e addirittura di un'esperienza al limite della depersonalizzazione» (1953-1954, p. 287). Per quanto riguarda la formazione lacaniana dell'analista si veda la voce ANALISI DIDATTICA, § 3.

Bibliografia

Heidegger M., *Il linguaggio* (1950), in Id., *In cammino verso il linguaggio*, Mursia, Milano 1973.

Lacan J., *Il Seminario. Libro I: Gli scritti tecnici di Freud, 1953-1954*, Einaudi, Torino 1978.

–, *Funzione e campo della parola e del linguaggio in psicoanalisi* (1953), in *Scritti* (1936-1966), Einaudi, Torino 1974, vol. I.

–, *L'istanza della lettera dell'inconscio o la ragione dopo Freud* (1957), in *Scritti*, cit., vol. I.

–, *La direzione della cura e i principi del suo potere* (1961), in *Scritti*, cit., vol. II.

Recalcati M., *La cura e la parola. Pratiche cliniche del colloquio*, in AA.VV., *La cura della malattia mentale. Il trattamento*, Bruno Mondadori, Milano 2001.

Analisi razionale, v. RAZIONALE-EMOTIVA, TERAPIA.

Analisi selvaggia (ingl. *Wild analysis*; ted. *Wilde Analyse*; fr. *Analyse sauvage*; sp. *Análisis silvestre*). Trattamento analitico condotto da chi non ha compiuto una formazione adeguata secondo le norme previste dalle varie società analitiche, affidandosi all'improvvisazione e alle sue particolari intuizioni. "Analista selvaggio" si autodenominò, in polemica con l'ortodossia, Georg Walther Groddeck, medico e amico di Sigmund Freud, che usò la psicoanalisi unitamente ad altre terapie, quali diete e massaggi, godendo tuttavia della stima di Freud che lo apprezzava molto come analista e che si diede da fare affinché fosse pubblicata, nelle edizioni del movimento psicoanalitico, la sua opera *Der Seelensucher* (*Lo scrutatore d'anime*).

Bibliografia

Freud S., *Psicoanalisi "selvaggia"* (1910), in *Opere* (1967-1993), Bollati Boringhieri, Torino, vol. VI.

Groddeck G. W., *Lo scrutatore d'anime* (1921), Adelphi, Milano 1978.

Analisi sequenziale (ingl. *Sequential analysis*; ted. *Folgen-Analyse*; fr. *Analyse séquentielle*; sp. *Análisis secuencial*). Metodo di ricerca che consente di individuare la regolarità della comparsa di un evento o di un comportamento a seguito di un altro. Il metodo esige che siano soddisfatte tre condizioni: *a*) la *stabilità* per cui le probabilità della comparsa dell'evento corrispondono alle costanti del modello; *b*) l'*omogeneità* che garantisce che la probabilità della comparsa dell'evento non dipende dall'adozione di schemi di comportamento diversi; *c*) l'*ordine* per cui ci si riferisce solo a probabilità condizionate da un numero significativo di eventi precedenti.

Analisi transazionale (ingl. *Transactional analysis*; ted. *Transaktionale Analyse*; fr. *Analyse transactionnelle*; sp. *Análisis transaccional*). Forma di psicoterapia fondata da Eric Berne secondo il quale i disturbi psichici derivano dai malaggiustati rapporti tra i vari stati dell'Io (v. AGGIUSTAMENTO). Tali sono lo stato *esteropsichico* rappresentato dal "Genitore" interiorizzato che fissa limiti e determina capacità di comportamento e di crescita, lo stato *neopsichico* rappresentato dall'"Io-Adulto" che ha come sue caratteristiche l'esame di realtà e la valutazione delle probabilità di un evento, e lo stato *archeopsichico* rappresentato dall'"Io-Bambino", fonte delle emozioni e della creatività o dei modi di adattamento esperiti nell'infanzia. Sebbene preveda anche il trattamento individuale, l'analisi transazionale si è affermata soprattutto come analisi di gruppo in cui si dà notevole importanza alla comunicazione non verbale, come la mimica, la postura, il contatto sensoriale, considerati altrettante transazioni dei vari stati dell'Io tra una persona e l'altra (v. GRUPPO, § III). Le forme privilegiate in cui queste transazioni si offrono sono: 1) la *comunicazione* in cui si prendono in esame gli strumenti che ciascuno adotta per influenzare l'altro e per rafforzare il messaggio; 2) i *giochi* in cui vengono messi in atto i ruoli dinamici del persecutore, del salvatore e della vittima, secondo schemi che strutturano il tempo e qualificano i rapporti; 3) le *emozioni* quali la rabbia, la paura, la tristezza, la gioia, la noia, la gelosia che vengono analizzate per cogliere lo sfondo emotivo della persona; 4) il *copione* in cui si prendono in esame i progetti di vita decisi nella prima infanzia sotto l'influsso dei genitori, per verificare le sorti che hanno avuto o il modo in cui hanno influenzato le scelte effettivamente compiute.

Come scrive Wilfredo Galliano, «la relazione interpersonale che si realizza nei gruppi può essere riformulata come relazione tra gli stati dell'Io attivi in un particolare momento tra due o più persone e si sostanzia in "transazioni" (da cui il termine "analisi transazionale") che rappresentano lo scambio non solo di informazioni, ma anche e soprattutto di riconoscimenti» (2006-2007, p. 68). Questo approccio, come ha constatato Paul Federn, si è rivelato particolarmente utile con pazienti affetti da gravi problemi psicopatologici e pertanto non idonei a intraprendere una cura psicoanalitica. Con Mary McClure Goulding e Robert L. Goulding l'analisi transazionale è stata adottata anche dalla PSICOLOGIA DELLA GESTALT (v.), dalla BIOENERGETICA (v.) e soprattutto nell'ambito della PSICOLOGIA SOCIALE (v.).

Bibliografia

Berne E., *Analisi transazionale e psicoterapia* (1961), Astrolabio, Roma 1971.

–, *A che gioco giochiamo* (1964), Bompiani, Milano 1967.

–, *Principi di terapia di gruppo* (1966), Astrolabio, Roma 1986.

–, *Intuizione e stati dell'io* (1977), Astrolabio, Roma 1992.

Federn P., *Psicosi e psicologia dell'Io* (1952), Bollati Boringhieri, Torino 1976.

Galliano W., *Analisi transazionale*, in AA.VV., *Psiche. Dizionario storico di psicologia, psichiatria, psicoanalisi, neuroscienze*, Einaudi, Torino 2006-2007, vol. I, pp. 66-71.

Goulding M. M., Goulding R. L., *Il cambiamento di vita nella terapia ridecisionale*, Astrolabio, Roma 1983.

Novellino M., *Psicoanalisi transazionale*, Franco Angeli, Milano 2004.

Woollams S., Brown M. H., *Transactional analysis*, Huron Valley Institute Press, Dexter, Michigan, 1978.

Analista laico (ingl. *Lay analyst*; ted. *Laienanalytiker*; fr. *Analyste laïc*; sp. *Analista laico*). Denominazione dello psicoanalista che non ha titoli medici. Il termine è stato coniato da Sigmund Freud il quale riteneva che la psicoanalisi dovesse diventare una professione indipendente dalla medicina: «Una professione di curatori laici di anime, i quali non hanno bisogno di essere dottori e non debbono essere sacerdoti» (1926, p. 351), dove "laico" sta per non-sacerdotale e non-medico.

Bibliografia

Freud S., *Il problema dell'analisi condotta da non medici. Conversazione con un interlocutore imparziale* (1926), in *Opere* (1967-1993), Bollati Boringhieri, Torino, vol. X.

Analitica, Psicologia, v. PSICOLOGIA ANALITICA.

Analitico, Tipo, v. TIPOLOGIA, § 5.

Analizzando (ingl. *Analysand*; ted. *Analysand*; fr. *Analysant*; sp. *Analizando*). Colui che si sottopone a trattamento psicoanalitico (v. ANALISI). Jacques Lacan al termine "analizzando" ha sostituito il termine "analizzante (*analysant*)" per sottolinearne il carattere attivo particolarmente evidente nella relazione transferale che, per Lacan, rappresenta l'essenza dell'analisi, in cui l'analizzante si costituisce come un polo della relazione.

Bibliografia

Lacan J., *Funzione e campo della parola e del linguaggio in psicoanalisi* (1953), in *Scritti* (1936-1966), Einaudi, Torino 1974, vol. I.

Analogia (ingl. *Analogy*; ted. *Analogie*; fr. *Analogie*; sp. *Analogía*). In psicologia il termine è impiegato in quattro accezioni che derivano:

1. *dall'uso matematico*, dove analogia indica uguaglianza di rapporti tra entità diverse. In psicologia quest'uso è ricorrente nell'analisi dei TEST (v.);

2. *dall'uso biologico*, dove analogia indica le somiglianze strutturali derivate da condizioni funzionali simili, come le ali degli uccelli e degli insetti che funzionano in modo simile, ma hanno origine embrionale, strutture e rapporti completamente differenti (v. OMOLOGIA);

3. *dall'uso semantico* che prevede la sostituzione di una parola con un'altra per similarità, per cui si può dire: "la sera della vita" in base all'analogia tra vecchiaia = sera, vita = giorno (v. METAFORA). A partire dalla correlazione metaforica sono stati costruiti i *test di analogia* che prevedono una sequenza di parole tra loro relate, come ad esempio: Uccello-Aria, Pesce-..., dove va inserita la parola mancante, da scegliere tra una serie offerta che abbia un'analogia con la coppia precedente. Quesiti analogici possono essere composti anche con figure geometriche, immagini, numeri. L'analogia è oggetto di particolare studio nell'ambito della psicologia cognitiva (v. COGNITIVISMO) per l'apprendimento di concetti scientifici di non immediata evidenza. Una volta apprese, scrive Dedre Gentner, «le analogie servono come "modelli mentali" per accedere a nuovi campi del sapere e per aiutare la "soluzione di problemi" che presentano particolari difficoltà di comprensione» (1983, p. 161);

4. *dall'uso simbolico* che al pensiero matematico-quantitativo sostituisce il pensiero analogico-qualitativo già descritto da Aristotele e ampiamente impiegato dal linguaggio simbolico (v. SIMBOLO, § 6). In questa accezione Carl Gustav Jung parla di "costruzioni analogiche" ad opera sia della coscienza sia dell'inconscio. A proposito delle formazioni analogiche della coscienza Jung scrive: «Ogni volta che vogliamo assimilare un materiale sconosciuto, lo facciamo per analogia con le esperienze passate. Un semplice esempio di tutto ciò è il ben noto fatto che gli indiani, al tempo della scoperta dell'America da parte degli spagnoli, consideravano i cavalli dei conquistatori – animali a loro sconosciuti – come dei grossi maiali, perché solo i maiali rientravano nella loro esperienza. I nostri riconoscimenti avvengono sempre secondo questo modello. Questo è anche il motivo sostanziale del simbolismo. È un comprendere per analogia» (1913, p. 256). Allo stesso modo, secondo Jung, procede l'inconscio quando devia l'energia di una pulsione naturale in uno scenario culturale: «Un buon esempio in proposito è la cerimonia di primavera dei Wakandi. Essi scavano nel terreno un buco di forma oblunga e vi piantano tutto attorno dei cespugli, a imitazione di un genitale femminile. Poi danzano intorno a questo buco tenendo le loro lance in modo che ricordino il pene in erezione. Danzano intorno al buco, piantano le lance nella cavità e gridano: "Pulli nira, pulli nira, wataka! (*Non fossa, non fossa, sed cunnus!*)". [...] Questa danza è una cerimonia di fecondazione della terra. È un'azione magica che mira a trasferire la libido sulla terra, di modo che la terra riceva un valore psichico particolare e diventi quindi oggetto di aspettativa. [...] Questa associazione garantisce una durevole trasposizione d'interesse sul campo. Il campo agisce come elemento d'attrazione sul coltivatore, il quale se ne occuperà con ovvi vantaggi per la fertilità del campo» (1928, pp. 51-53).

Bibliografia

Anastasi A., *I test psicologici* (1954), Franco Angeli, Milano 1973.

Aristotele, *Poetica*, in *Opere*, Laterza, Bari 1973.
Cavallari G., Frigoli D., Ottolenghi D., Tortorici E., *La forma, l'immaginario e l'uno. Saggi sull'analogia e il simbolismo*, Guerini & Associati, Milano 1993.
Eco U., *Metafora*, in AA.VV., *Enciclopedia*, Einaudi, Torino 1980, vol. IX, pp. 191-236.
Gentner D., *Structure-mapping. A theoretical framework for analogy*, in "Cognitive Science", 1983, n. 7.
Jung C. G., *Aspetti generali della psicoanalisi* (1913), in *Opere* (1969-2007), Bollati Boringhieri, Torino, vol. IV.
–, *Energetica psichica* (1928), in *Opere*, cit., vol. VIII.
Lorenz K., *L'analogia come fonte di conoscenza* (1985), in "Pegaso", 1985, n. 1.
Melchiorre V., *La via analogica*, Vita e Pensiero, Milano 1996.
Sanavio E., Sica C., *I test di personalità. Inventari e questionari*, il Mulino, Bologna 1999.

Anamnesi (ingl. *Anamnesis*; ted. *Anamnese*; fr. *Anamnèse*; sp. *Anamnesis*). Termine platonico (ἀνάμνησις) secondo cui conoscere è *ricordare* i modelli ideali di cui le cose sono copie. Senza questa "reminiscenza" delle forme intelligibili non si ha una vera conoscenza delle cose sensibili di cui quelle forme sono il modello. Passato alla medicina, il termine designa la storia della malattia così come viene fornita dal paziente alla consultazione, nonché i dati biografici anteriori all'insorgenza della malattia stessa da porsi in rapporto con essa. In sede *psichiatrica* l'anamnesi raccolta dal soggetto è integrata anche da notizie oggettive ricavate da parenti stretti o amici, stante la debolezza della personalità del paziente e la scarsa capacità di reagire a stress emozionali quali appunto quelli di una prima seduta psichiatrica dove si raccoglie l'anamnesi.

In sede *psicoanalitica* l'anamnesi è raccolta esclusivamente dal paziente e con riserva perché può subire l'effetto della RIMOZIONE (v.) con SPOSTAMENTO (v.) e PROIEZIONE (v.). A questo proposito Sigmund Freud afferma: «Ci è certo impossibile utilizzare l'anamnesi per le nostre ricerche etiologiche se prendiamo per buona l'anamnesi stessa così come il malato la presenta, o se ci accontentiamo di quanto egli acconsentirà a dirci. Se i sifilologi dovessero basarsi soltanto sulle dichiarazioni del paziente per far risalire a un rapporto sessuale un'iniziale infezione dei genitali, potrebbero anche attribuire a un'infreddatura quel gran numero di ulcere veneree presenti in soggetti sedicenti vergini; e i ginecologi non incontrerebbero alcuna difficoltà nel provare, mediante le proprie pazienti nubili, la realtà del miracolo della partenogenesi» (1895, p. 183). La stessa cautela è assunta anche da Carl Gustav Jung che, a proposito dell'anamnesi, osserva: «In ogni caso occorre essere preparati a non sentirsi dire proprio ciò che è più importante. Lo psicoterapeuta si sforzerà quindi di porre domande intorno a cose apparentemente prive di nesso con il quadro che gli viene presentato, ricorrendo non solo alle sue cognizioni professionali, ma anche a intuizioni e idee improvvise. E quanto più si estenderà la sua rete di domande, tanto più presto riuscirà ad afferrare la natura complessa del caso» (1945, p. 96).

Bibliografia

Freud S., *A proposito di una critica della "nevrosi d'angoscia"* (1895), in *Opere* (1967-1993), Bollati Boringhieri, Torino, vol. II.
Jung C. G., *Medicina e psicoterapia* (1945), in *Opere* (1969-2007), Bollati Boringhieri, Torino, vol. XVI.
Platone, *Fedone*, in *Opere*, Laterza, Bari 1973.
Scandellari C., *Anamnesi*, in AA.VV., *Gli strumenti del sapere contemporaneo*, vol. II: *I concetti*, Utet, Torino 1985, pp. 26-28.

Anancasmo (ingl. *Anancasm*; ted. *Anankasmus*; fr. *Anancasme*; sp. *Anancasmo*). Idea o comportamento ripetitivo e coatto presente in personalità in cui dominano manifestazioni compulsivo-ossessive. Il tipo anancastico è caratterizzato da scrupolosità, auto- ed etero-controllo pedantesco, rigidità, coscienziosità, regolarità, puntualità e moralità eccessive. L'anancasmo esprime solitamente una forma protettiva da possibili dissociazioni della personalità e ha il suo tratto più evidente nella mancanza di libertà nell'espressione di sé al di fuori dei riti autoimposti. Si dà anche una forma depressiva detta "anancastica" in cui frequentemente incorrono i soggetti ossessivi (v. DEPRESSIONE, § 4, *b*).

Anartria, v. DISARTRIA.

Andatura, v. LOCOMOZIONE, § 2.

Androfobia (ingl. *Androphobia*; ted. *Androphobie*; fr. *Androphobie*; sp. *Androfobia*). Fobia nei confronti degli uomini.

Androgeno, v. ENDOCRINO, SISTEMA, § 6, *a*.

Androginia, v. ERMAFRODITISMO.

Andromania, v. NINFOMANIA.

Andropausa (ingl. *Andropause*; ted. *Andropause*; fr. *Andropause*; sp. *Andropausia*). Per simmetria con la menopausa (v. MESTRUAZIONE) si è creato questo vocabolo che indica l'estinzione senile del desiderio e del vigore sessuale nel maschio. Dal rapporto Kinsey sappiamo che questa formulazione è approssimativa, perché nel maschio la sessualità decresce gradualmente per cui diventa impossibile precisarne l'età e la dipendenza dallo stimolo. Il problema dell'andropausa rappresenta un settore della PSICOLOGIA DELL'INVECCHIAMENTO (v.).

Bibliografia

Kinsey A. Ch. *et al.*, *Il comportamento sessuale nell'uomo* (1948), Bompiani, Milano 1963.

Androsterone, v. ENDOCRINO, SISTEMA, § 6, *a*.

Anedonia (ingl. *Anhedonia*; ted. *Anhedonie*; fr. *Anhédonie*; sp. *Anhedonia*). Incapacità a provare piacere. È un sintomo frequente nelle depressioni, dove il soggetto perde qualsiasi interesse per il sesso, per il cibo, per la compagnia e per tutto ciò che un tempo attraeva i suoi investimenti. Il sintomo si accompagna solitamente a una carenza di impulsi, con conseguente inedia e inerzia.

Anencefalia (ingl. *Anencephaly*; ted. *Anenzephalie*; fr. *Anencéphalie*; sp. *Anencefalia*). Assenza dell'ENCEFALO (v.).

Anergasia, v. ERGASIA.

Anestesia, v. SENSIBILITÀ, § 5.

Anetopatia (ingl. *Anethopathy*; ted. *Anethopatye*; fr. *Anéthopathie*; sp. *Anetopatía*). Assenza di inibizioni morali e mancanza assoluta di ETICA (v.). Frequente nelle personalità psicopatiche, l'anetopatia è un tratto comune della criminalità abituale (v. PSICOPATIA).

Anfetamina, v. DROGA, § 5; PSICOFARMACOLOGIA, § II, 2.

Anginofobia (ingl. *Anginophobia*; ted. *Anginophobie*; fr. *Anginophobie*; sp. *Anginofobia*). Fobia di restare soffocato.

Angiotensina, v. ENDOCRINO, SISTEMA, § 9, *c*.

Angoscia – Ansia (ingl. *Anxiety*; ted. *Angst*; fr. *Angoisse-anxiété*; sp. *Angustia-ansiedad*). Il termine angoscia è spesso assimilato a quello di ansia perché la distinzione terminologica è reperibile solo nelle lingue di origine latina. In tedesco esiste infatti l'unico termine *Angst*, e in inglese l'unico termine *Anxiety*. Il termine *Angst* è solitamente tradotto dagli psicoanalisti con "angoscia" e dagli psicologi con "ansia". Gli psichiatri preferiscono parlare di "ansia" in riferimento ai soli aspetti psichici dell'emozione in questione, mentre impiegano il termine "angoscia" quando in concomitanza si hanno manifestazioni somatiche talvolta particolarmente vistose. C'è inoltre chi considera l'angoscia come uno stadio più grave dell'ansia, e chi mantiene tra le due parole una rigorosa distinzione, perché interpreta l'ansia come una condizione fisiologica e psicologica in sé non anormale e in alcuni casi utile per il conseguimento di un obiettivo, e l'angoscia come l'espressione nevrotica o psicotica dell'ansia. Da queste premesse consegue la necessità di una trattazione congiunta delle due voci, con l'attenzione a precisarne le varianti negli ambiti dove sono particolarmente marcate.

1. FILOSOFIA. "Angoscia" è una parola filosofica introdotta da Søren Kierkegaard per designare la condizione dell'uomo nel mondo. A differenza della PAURA (v.) che è sempre paura di qualcosa di determinato, l'angoscia non si riferisce a nulla di preciso, ma designa lo stato emotivo dell'esistenza umana che non è una realtà, ma una *possibilità*, nel senso che l'uomo diventa ciò che è in base alle scelte che compie e alle possibilità che realizza. Ma è di ogni possibilità tanto la "possibilità-che-sì" quanto la "possibilità-che-no", per cui l'uomo è sempre esposto alla nullità possibile di ciò che è possibile, quindi alla minaccia del nulla. «Nel possibile tutto è possibile» scrive Kierkegaard, ed essendo l'esistenza umana aperta al futuro, l'angoscia è strettamente connessa all'avvenire. Non si può infatti negare che «il possibile corrisponde perfettamente al futuro. Il possibile è, per la libertà, il futuro; e il futuro, per il tempo, è il possibile. Ad ambedue corrisponde, nella vita individuale, l'angoscia. Perciò un linguaggio preciso e corretto congiunge l'angoscia al futuro» (1844, p. 113). Il passato può angosciare in quanto si ripresenta come futuro, cioè come una possibilità di ripetizione. Una colpa passata, ad esempio, genera angoscia se non è veramente passata, perché in questo caso genererebbe solo pentimento. L'angoscia è legata a ciò che è, ma che può anche non essere, quindi al nulla connesso a ogni possibilità. Ma siccome l'esistenza è possibilità, l'angoscia è il tarlo del nulla nel cuore dell'esistenza.

Nella filosofia contemporanea il tema dell'angoscia è stato ripreso da Martin Heidegger, per il quale, insieme alla GIOIA (v.) e alla NOIA (v.), l'angoscia è un sentimento ontologico, perché non riguarda questa o quella cosa, ma la totalità dell'essere, al punto che non resta *nulla* a cui agganciarsi. Per questo, scrive Heidegger, «con il termine angoscia (*Angst*) non intendiamo quell'ansietà (*Ängstlichkeit*) assai frequente che in fondo fa parte di quel senso di paura che insorge fin troppo facilmente. L'angoscia è fondamentalmente diversa dalla paura. Noi abbiamo paura sempre di questo o di quell'ente determinato, che in questo o in quel determinato riguardo ci minaccia.

La paura di... è sempre anche paura per qualcosa di determinato. [...] Nell'angoscia, invece, noi diciamo: "uno è spaesato". Ma dinanzi a che cosa v'è lo spaesamento e cosa vuol dire quell'"uno"? Non possiamo dire dinanzi a che cosa uno è spaesato, perché lo è nell'insieme. Tutte le cose e noi stessi affondiamo in una sorta di indifferenza. Questo, tuttavia, non nel senso che le cose si dileguino, ma nel senso che nel loro allontanarsi come tale le cose si rivolgono a noi. Questo allontanarsi dell'ente nella sua totalità, che nell'angoscia ci assedia, ci opprime. Non rimane nessun sostegno. Nel dileguarsi dell'ente, rimane soltanto e ci soprassale questo "nessuno". L'angoscia rivela il niente. [...] Che l'angoscia sveli il niente, l'uomo stesso lo attesta non appena l'angoscia se n'è andata. Nella luminosità dello sguardo sorretto dal ricordo ancora fresco, dobbiamo dire: ciò di cui e per cui ci angosciavamo non era "propriamente" niente. In effetti il niente stesso, in quanto tale, era presente» (1929, pp. 67-68).

Karl Jaspers distingue una "duplice angoscia", quella dell'esserci (*Dasein*) e quella dell'esistenza (*Existenz*). La prima è l'angoscia dell'uomo che non può nascondersi che ad attenderlo al termine della vita c'è la morte, di fronte alla quale sono possibili due atteggiamenti: o la disperazione o la rimozione con conseguente banalizzazione della vita; la seconda è quella dell'uomo che si è reso conto che la sua esistenza è un'apertura al senso che ha come suo esito l'implosione di ogni senso in occasione della morte. Rispetto alla prima forma di angoscia «dove la vita sembra perdersi angosciosamente nel vuoto», nella seconda forma «la morte esistenziale, di fronte alla morte biologica, finisce con il portare alla più completa disperazione, per cui sembra che non sia possibile altra vita se non quella che si snoda tra l'oblio e l'illusione di un vuoto non-senso» (1932-1956, p. 702).

2. Psicoanalisi. Il concetto di angoscia è fondamentale nella teoria psicoanalitica di Sigmund Freud, che ne fornisce una spiegazione psicogena rispetto alle teorie somatogene della precedente psichiatria che attribuiva l'angoscia al cattivo funzionamento del sistema neurovegetativo. Due sono le date significative per l'elaborazione di questo concetto: il 1894 in cui Freud distingue la nevrosi d'angoscia dalla nevrastenia da un lato e dall'isteria dall'altro, e il 1925 in cui distingue l'angoscia di fronte a una situazione reale, l'angoscia automatica e il segnale d'angoscia.

a) La nevrosi d'angoscia (*Angstneurose*) si distingue sul piano *sintomatico* dalla Nevrastenia (v.), dove non si evidenziano stati di attesa ansiosa, accessi di angoscia o suoi equivalenti somatici, mentre sul piano *eziologico* va distinta dall'Isteria (v.) che è una nevrosi di transfert, laddove la nevrosi d'angoscia è una nevrosi attuale, nel senso che non è determinata da conflitti dell'età infantile, ma da conflitti attuali (v. Nevrosi, § 2), riconducibili all'accumulazione di tensione sessuale somatica che, per insufficienza di elaborazione psichica, non riesce a legarsi a nessun contenuto rappresentativo, e perciò si traduce direttamente in sintomi somatici quali vertigini, dispnea, disturbi cardiaci, sudori, o in sintomi fobici senza la possibilità di leggervi un sostituto simbolico della rappresentazione rimossa. La nevrosi d'angoscia ha in comune con l'isteria «una specie di conversione, solo che nell'isteria si tratta di eccitamento *psichico* che segue una via sbagliata, la quale conduce esclusivamente al campo somatico, mentre nella nevrosi d'angoscia si tratta di tensione *fisica* che è incapace di trovare uno sfogo psichico, e conseguentemente si mantiene nel canale fisico. I due processi si combinano con enorme frequenza» (1887-1904, p. 105). Incorrono spesso nella nevrosi d'angoscia le donne vergini, le donne astinenti, le donne sottoposte a coito interrotto o riservato, e le donne in climaterio che non trovano appagamento corrispondente all'accentuarsi del bisogno sessuale. Sempre secondo Freud vanno incontro alla nevrosi d'angoscia gli uomini astinenti, coloro che interrompono bruscamente abitudini masturbatorie, e quanti praticano il coito interrotto o riservato.

b) L'angoscia reale (*Realangst*) è un concetto introdotto da Freud nel 1925 in riferimento all'angoscia che nasce da un pericolo esterno, che agli occhi del soggetto appare come una minaccia reale. Come tale l'angoscia reale va distinta dalla nevrosi d'angoscia dove la minaccia non è esterna ma di origine pulsionale. Ciò non impedisce una contaminazione delle due forme d'angoscia, come nei casi in cui «il pericolo è conosciuto e reale, ma l'angoscia di fronte ad esso è smisuratamente grande, più grande di come, a nostro giudizio, dovrebbe essere» (1925, p. 311); in secondo luogo, «la pretesa pulsionale spesso diventa un pericolo (interno), per l'unico motivo che il suo soddisfacimento porterebbe con sé un pericolo esterno, e dunque perché questo pericolo interno ne rappresenta uno esterno» (ivi, p. 313).

c) L'angoscia automatica (*Automatische Angst*) si manifesta secondo Freud quando il soggetto non riesce a dominare e neppure a scaricare un afflusso di eccitazioni troppo numerose o troppo intense di origine interna o esterna. Si tratta quindi di un difetto delle difese dell'Io che in tal modo si conferma come unica sede dell'angoscia.

d) Il segnale d'angoscia (*Angstsignal*) è invece un dispositivo azionato dall'Io in presenza di un pericolo allo scopo di evitare l'angoscia automatica. Il segnale d'angoscia riproduce in modo attenuato la reazione d'angoscia vissuta precedentemente in una situazione traumatica consentendo di azionare le opportune misure di difesa: «Quando l'individuo entra in una nuova situazione di pericolo, può facilmente diventare inopportuno per lui rispondere con uno stato d'angoscia (che è la reazione a un pericolo più antico), anziché trovare la reazione adeguata al pericolo presente. La rispondenza allo scopo ricompare tuttavia quando la situazione di pericolo viene riconosciuta come incombente e segnalata mediante la crisi d'angoscia. L'angoscia può allora essere vinta immediatamente con mezzi più appropriati. Si distinguono dunque subito due modi in cui l'angoscia può manifestarsi: l'uno, inopportuno, durante una nuova situazione di pericolo; l'altro, opportuno, per segnalare e prevenire una tale situazione» (ivi, pp. 282-283).

e) *L'isteria d'angoscia* (*Angsthysterie*), detta anche *angoscia fobica*, va tenuta distinta dalla nevrosi d'angoscia perché, a differenza di quest'ultima che si traduce direttamente in sintomi somatici, l'isteria d'angoscia viene sottoposta a un lavoro psichico che lega l'angoscia a luoghi o persone verso cui si prova FOBIA (v.), o perché evocano risposte aggressive o sessuali, o perché in grado di rappresentare la punizione di un impulso vietato. La difesa, nell'isteria d'angoscia, si manifesta o mediante l'angoscia stessa che consente all'Io di evitare la situazione, o mediante la proiezione di un pericolo istintuale interno su un pericolo percepibile all'esterno. Queste soluzioni sono state illustrate da Freud ne *Il piccolo Hans* e ne *L'uomo dei lupi* (v. ISTERIA, § 1, *a*).

f) *L'angoscia di castrazione* (*Kastrationsangst*) è invece centrata sul fantasma della castrazione che nel maschio è avvertita come una minaccia per il suo desiderio di possedere la madre, mentre nella bambina è sentita come una menomazione che essa cerca di negare, compensare o riparare. Detta angoscia, nella teoria freudiana, segna la fine del complesso edipico (v. CASTRAZIONE).

g) *Altre forme d'angoscia* sono state evidenziate dagli sviluppi successivi della psicoanalisi in base ai rispettivi impianti teorici di riferimento. Così Otto Rank parla di *angoscia di separazione* (v. SEPARAZIONE) come ripresa dell'esperienza traumatica della nascita (v. TRAUMA, § 4). Ritroviamo questo concetto in Michael Balint nell'accezione di *angoscia primaria* che si manifesta quando la libido investita sulla madre, restando inutilizzata per l'assenza di questa, si converte in angoscia. Tale è ad esempio l'angoscia che il bambino prova quando è al buio, quando è solo, quando è in presenza di volti sconosciuti invece di quello noto e desiderato della madre. L'angoscia primaria non va confusa con l'*angoscia di base* di cui parla Karen Horney nell'ambito della psicologia interpersonale (v. PSICOLOGIA SOCIALE, § 3, *d*) dove il sentimento di solitudine e di impotenza, avvertito nei confronti di un mondo potenzialmente ostile, è ricondotto al rapporto non gratificante del bambino con i suoi genitori. Seguendo la sua ipotesi che, rispetto a Freud, anticipa l'epoca della conflittualità psichica rintracciandola nel periodo preedipico, Melanie Klein ha messo in relazione l'*angoscia depressiva*, dove la sensazione «che siano distrutti gli oggetti buoni, e l'Io con loro, o che essi siano in uno stato di disintegrazione, viene collegata con gli sforzi disperati e continui di salvare questi oggetti buoni sia interni che esterni» (1935, p. 304), con l'*angoscia persecutoria* relativa alle minacce che il bambino sente incombenti. A tale proposito, scrive la Klein: «Ritengo che questa distinzione sia di grande valore tanto sul piano teorico quanto su quello pratico. Si tenga dunque presente che l'angoscia persecutoria attiene prevalentemente all'annientamento dell'Io e che l'angoscia depressiva attiene prevalentemente al male inferto dagli impulsi distruttivi del soggetto ai suoi oggetti d'amore interni ed esterni» (1948, pp. 444-445; v. KLEINIANA, TEORIA). Donald W. Winnicott recupera la nozione di "barriera protettiva" (v. BARRIERA, § 5) – che Freud aveva introdotto per segnalare che la mente possiede un limite di tolleranza agli stimoli esterni, oltre il quale fa la sua comparsa l'angoscia – per sottolineare che, nel caso dei bambini piccoli, la barriera protettiva è esercitata dalla madre, quando questa è in grado di comprendere quanto il bambino è in grado di tollerare per non cadere in angoscia. Sulla stessa linea di pensiero è Wilfred Ruprecht Bion secondo il quale il bambino proietta l'angoscia sulla madre perché questa gliela renda in una forma più sopportabile e contenibile. Questa introiezione, se ripetuta, diventa stabile, e consente, nel successivo sviluppo del bambino, di contenere i propri stati mentali di disagio.

3. PSICOLOGIA ANALITICA. A differenza di Freud, Carl Gustav Jung ritiene che non ogni forma d'angoscia abbia una base istintuale, perché si dà anche un'angoscia come tentativo di evitare o di richiamare l'attenzione dell'individuo su uno stato di cose indesiderabile. Ne consegue, scrive Jung, che «se l'Io è effettivamente il "luogo dell'angoscia", come dice giustamente Freud, e lo è fino a quando non ha ritrovato "padre" e "madre", Freud è messo in scacco dalla domanda di Nicodemo: "Può egli ritornare per la seconda volta nel ventre di sua madre e venir partorito?"» (1929, p. 363). In realtà Jung non ha affrontato in maniera adeguata i procedimenti difensivi impiegati dall'Io per controllare l'angoscia, da un lato perché ha stabilito una perfetta equivalenza tra

Io e coscienza, che non gli ha consentito di prendere in considerazione le parti inconsce dell'Io che fanno i conti con l'angoscia, dall'altro perché il contenuto specifico di un complesso ha sempre un significato personale, e quindi non si lascia rubricare nelle classificazioni dell'angoscia ordinate da Freud.

James Hillman considera l'angoscia «la via regia per smantellare le difese paranoiche [...] che sono tanto più forti quanto più ci si difende dal panico istintuale» (1972, p. 74). Seguendo l'etimologia che vuole "panico" derivato da "Pan", dio del corpo, dell'istinto, della masturbazione, dello stupro e del panico, che cadenzava il ritmo della danza tragica, dove la violenza del piacere si accompagnava all'angoscia dell'incubo, Hillman scrive che «essere senza paura, privi di angosce, invulnerabili al panico, significa perdita dell'istinto, perdita della connessione con Pan» (ivi, p. 73). L'angoscia allora non è più un meccanismo psicologico di difesa o una reazione inadeguata a una sensazione di pericolo, ma ciò che ci mette in contatto con «le regioni dell'esistenza elementare, con l'animalità inquietante che ci abita» (ivi, pp. 68-69).

4. Psicologia. L'interesse della psicologia per l'ansia si è sviluppato dopo quello della psicoanalisi e ne resta per la gran parte dipendente. La differenza più significativa riguarda il metodo: se la psicoanalisi guarda all'ansia in una prospettiva esplicativa, la psicologia la guarda da un punto di vista descrittivo e la definisce in termini operativi. Con un condizionamento progressivo causato da stimoli, si osservano e si misurano le reazioni d'ansia, l'ampiezza e l'intensità. Attraverso queste misurazioni, John Broadus Watson è giunto alla conclusione che la differenza tra paura e ansia, frequentemente ribadita sul piano filosofico e psicoanalitico, non ha riscontro su base sperimentale, dove le concomitanti fisiologiche e i fenomeni generali di reazione simpatica, come l'accresciuta frequenza del respiro e del polso, l'aumentata pressione sanguigna, la sudorazione delle mani, la dilatazione delle pupille e la secchezza della bocca, sono pressoché identici. Questo non rilevamento della differenza dipende evidentemente dal metodo sperimentale adottato che, rivelandosi idoneo a misurare *fatti*, non è in grado di cogliere una differenza che si colloca sul piano dei *significati*. Questo limite della metodologia psicologica è stato ben evidenziato da Jean-Paul Sartre: «La psicologia, intesa come scienza di certi fatti umani, non può fungere da punto di partenza, perché i fatti psichici che incontriamo non sono mai primi. Essi sono, nella loro struttura essenziale, reazioni dell'uomo al mondo, presuppongono dunque l'uomo e il mondo e non possono acquisire il loro vero senso se in via preliminare non sono state esplicate queste due nozioni. [...] Per esempio le modificazioni fisiologiche che corrispondono alla collera non differiscono che per l'intensità da quelle che corrispondono alla gioia (ritmo respiratorio un po' accelerato, leggero aumento del tono muscolare, accrescimento degli scambi biochimici, della pressione arteriosa ecc.), e tuttavia la collera non è una gioia più intensa, è ben altro» (1939, pp. 113, 121).

È merito della psicologia italiana, che dispone nella sua lingua di entrambe le parole "ansia" e "angoscia", l'averne accentuato la differenza non solo in termini quantitativi, per cui l'angoscia sarebbe un'accentuazione dell'ansia, ma in termini qualitativi, perché, come precisa Leonardo Ancona: «L'angoscia si appropria di un processo psichico sostanzialmente diverso da quello dell'ansia. Infatti l'angoscia corrisponde alla situazione di trauma, cioè ad un afflusso di eccitazioni non controllabili perché troppo grandi nell'unità di tempo. [...] L'ansia corrisponde invece a un processo di adattamento di fronte alla minaccia di un pericolo realistico; questo processo è una funzione dell'Io che se ne serve come di un segnale, dopo averla prodotta, per evitare di venire sommerso dall'afflusso traumatico delle eccitazioni. In questo caso l'Io del soggetto è attivo, in quanto produce l'affetto e se ne serve per trovare adeguati dispositivi di difesa, la carica pulsionale viene strutturata e riprodotta senza base economica, cioè senza attuazione di scarica. La distinzione fra i due processi va mantenuta, interpretando la loro unificazione come l'aspetto di una cultura che presenta, di fronte a questa tematica, minore sensibilità per un probabile atteggiamento difensivo al riguardo. I processi a cui ci si riferisce sono in realtà distinti dal punto di vista economico, dinamico, strutturale, nonché da quello genetico. Trascurare questa distinzione produce quindi contraddittorietà e confusione» (1972, p. 918).

5. Psichiatria. In psichiatria si è soliti usare il termine *ansia* per denotare uno stato affettivo per così dire puro, e il termine *angoscia* per indicare uno stato d'ansia con una componente somatica, che di solito si concreta in un senso di oppressione toracica. Naturalmente questo non è l'unico sintomo corporeo, perché lo stato di angoscia può comportare manifestazioni neurovegetative, biochimiche, endocrinologiche e comportamentali che si traducono in una accelerazione dell'attività cardiaca, in disturbi vasomotori, in disturbi respiratori, in disturbi della muscolatura striata e altre manifestazioni ancora. Normalmente l'ansia agisce da pungolo per risolvere un problema o per eliminare una minaccia. Da questo punto di vista, se i livelli d'ansia risultano troppo bassi si ha un'esecuzione subottimale, se invece sono troppo elevati si ha un declino del rendimento. La presenza dell'ansia provoca una risposta comportamentale che ha lo scopo

di ridurla ristabilendo l'omeostasi psichica dell'individuo (v. OMEOSTASI). Quando è patologica l'ansia è considerata, dal punto di vista psichiatrico, come un sintomo e non come una malattia a sé, pertanto può essere presente in qualsiasi malattia psichiatrica o organica, spesso come segno prodromico. Nella depressione, ad esempio, è presente un atteggiamento ansioso per le convinzioni deliranti di indegnità, di colpa e di imperdonabili peccati, mentre nella schizofrenia può presentarsi nelle fasi acute per l'insorgenza di allucinazioni o di deliri terrificanti. Infine, nei soggetti che presentano una forma cronica di ansia sono frequenti altri sintomi, come la difficoltà ad addormentarsi, sonno non ristoratore e con incubi, fino all'evoluzione in malattia psicosomatica. In ambito psichiatrico si è soliti distinguere:

a) La nevrosi d'ansia. È un quadro psicopatologico di base che può recedere spontaneamente o evolvere in quadri più strutturati come la nevrosi fobica (v. FOBIA), l'IPOCONDRIA (v.), la DEPRESSIONE (v.), o arricchirsi di disturbi psicosomatici. Alla base si riscontra una debolezza dei meccanismi di difesa che non riescono a contenere l'ansia che si manifesta in uno stato permanente di inquietudine. Il soggetto vive in una condizione penosa di incertezza, di dipendenza dagli altri, dominato da un bisogno continuo di rassicurazioni, con tratti di prepotenza dovuti agli aspetti immaturi della sua personalità. Nella storia di queste persone emergono situazioni infantili di abbandono, di mancanza d'amore che hanno impedito una soddisfacente maturazione della personalità. L'evolversi della nevrosi d'ansia dipende spesso da fattori esterni, il cui carattere favorevole o sfavorevole condiziona decorso e gravità.

b) L'ansia d'attesa. Si avverte nell'imminenza di un'azione come il parlare, lo scrivere, il dormire, il doversi presentare ad altre persone, il prepararsi a un incontro sessuale. Viktor Emil Frankl, che si è occupato in modo particolare di questo tipo d'ansia, ha scritto che «l'ansia realizza ciò che teme. Si potrebbe dire con un aforisma che, mentre il desiderio è il padre di un certo pensiero, la paura è la madre dell'evento malattia. Spesso la nevrosi insorge nel momento in cui l'ansia da attesa pervade la malattia» (1956, p. 125). Dal punto di vista terapeutico, l'ansia d'attesa si riduce, secondo Frankl, o vietando l'azione ansiogena, o invitando il paziente a immaginare proprio le situazioni che maggiormente teme e, sopprimendo l'obbligo di fare certe cose, creare le premesse perché possano essere eseguite in modo volontario e senza ansia.

c) L'ansia da situazione. È un'ansia fobica che la psicoanalisi rubrica tra le forme dell'*isteria d'angoscia*, e la psichiatria tra le forme *ossessive*. Alla base delle ansie da situazione, come la fobia di essere osservati, la fobia della bruttezza, la fobia di emanare un cattivo odore, ci sono meccanismi di difesa contro impulsi esibizionistici (v. ESIBIZIONISMO), per cui ci si punisce fobicamente del desiderio di mostrare il proprio eccitamento sessuale. A sua volta l'esibizionismo è un mezzo di compensazione di complessi di inferiorità più profondi, e la nevrosi insorge quando falliscono i tentativi di compenso.

d) L'ansia fluttuante. È uno stato di tensione apprensiva e di inquietudine che nasce dalla sensazione di non essere all'altezza dei propri compiti o dei ruoli che si devono assumere nella complessità con cui le società si vanno via via evolvendo, rendendo meno disponibili risposte comportamentali semplici ed efficaci, come potevano essere reperite nelle società più semplici del passato. In una società complessa, dove il controllo delle variabili crea una serie di sottosistemi, al cui interno si accrescono e si precisano le leggi di selezione, si richiede agli individui una maggior mobilità e una maggior informazione per selezionare gli ambiti in cui potersi inserire senza andare incontro a pericolose frustrazioni. Tutto ciò crea negli individui quell'ansia fluttuante rispetto al sistema sociale dato e alla sua complessità, dove ogni singolo soggetto gioca la sua identità e la sua libertà.

e) L'ansia sociale. È caratterizzata da un vissuto che fa sentire il soggetto socialmente inadeguato, per cui, nelle relazioni sociali, egli anticipa il giudizio negativo degli altri, e di conseguenza umilia se stesso con un'asprezza proporzionata al suo timore, sviluppando un'autovigilanza autocritica e un'attenzione ossessiva fino ai minimi dettagli. Le tipiche situazioni sociali temute sono: parlare in pubblico, esibirsi nelle loro prestazioni professionali nel caso di musicisti, ballerini, atleti, andare a un appuntamento o a una festa, essere osservati mentre si mangia, lavorare con altri a un progetto comune.

6. TIPOLOGIA DEI DISTURBI D'ANSIA SECONDO IL MANUALE DIAGNOSTICO E STATISTICO (DSM-5). Nel 1980 la terza edizione del DSM ha abbandonato il concetto di "nevrosi d'ansia" a favore di quadri nosografici differenziati con definizioni diagnostiche specifiche. Questa differenziazione è stata ulteriormente articolata dal DSM-5 che distingue: 1. Disturbo di agorafobia (v. AGORAFOBIA); 2. Disturbo di panico (v. PANICO); 3. Disturbo d'ansia generalizzata (v. ATTESA); 4. Disturbo d'ansia da separazione (v. SEPARAZIONE); 5. Disturbo d'ansia indotto da sostanze/farmaci (v. PSICOFARMACOLOGIA); 6. Fobia sociale (v. FOBIA); 7. Fobia specifica (v. FOBIA); 8. Disturbo ossessivo-compulsivo

(v. Ossessione); 9. Disturbo post-traumatico da stress (v. Stress); 10. Mutismo selettivo (v. Mutismo).

In ordine ai disturbi d'ansia sono state formulate anche ipotesi genetiche così descritte da Gilla Cauli: «Studi di epidemiologia familiare hanno evidenziato che circa i due terzi dei soggetti affetti hanno un parente ammalato. [...] I parenti di primo grado di pazienti con disturbo di panico presentano un'elevata probabilità di andare incontro al panico, ma non dimostrano di avere un aumentato rischio di sviluppare il disturbo d'ansia generalizzata. L'ipotesi clinica che l'agorafobia sia una variante più grave del disturbo di panico sembra essere avvalorata dall'evidenza che in famiglie di soggetti con agorafobia e attacchi di panico vi è un rischio maggiore di sviluppare agorafobia che non viene riscontrato nelle famiglie di soggetti che presentano solo il disturbo di panico. La fobia semplice e la fobia sociale hanno un'incidenza tre volte maggiore nei parenti degli individui affetti da tali disturbi. Per quanto riguarda il disturbo ossessivo-compulsivo è ancora controversa la questione della sua possibile origine genetica. [...] Finora è stato evidenziato che il disturbo ossessivo-compulsivo si presenta con maggior frequenza tra i familiari di pazienti in cui la malattia ha avuto un esordio precoce rispetto ai familiari dei pazienti a esordio tardivo» (1999, p. 75).

Bibliografia

Ancona L., *L'aspetto dinamico della motivazione, il conflitto psichico e i meccanismi di difesa*, in Id. (a cura di), *Nuove questioni di psicologia*, La Scuola, Brescia 1972, vol. I, pp. 887-920.

Balint M., *L'amore primario* (1952), Raffaello Cortina, Milano 1991.

Bion W. R., *Attacks on linking*, in "International Journal of Psycho-Analysis", 1959, n. 40.

Borgna E., *Le figure dell'ansia*, Feltrinelli, Milano 1997.

Cassano G. B. (a cura di), *Disturbi d'ansia*, in G. B. Cassano, P. Pancheri *et al.* (a cura di), *Trattato italiano di psichiatria* (1992), Masson, Milano 1999, vol. II, pp. 2025-2130.

Cauli G., *Ansia, disturbi di*, in *Enciclopedia di psicologia*, Garzanti, Milano 1999.

Dacey J. S., Fiore L. B., *Il bambino ansioso. Un programma per fronteggiare l'eccesso di emozione*, Erickson, Trento 2005.

Dayhoff S. A., *Come vincere l'ansia sociale* (2000), Erickson, Trento 2008.

De Masi F., *Angoscia*, in AA.VV., *Psiche. Dizionario storico di psicologia, psichiatria, psicoanalisi, neuroscienze*, Einaudi, Torino 2006-2007, vol. I, pp. 70-75.

De Natale F., *Esistenza, filosofia, angoscia*, Adriatica Editrice, Bari 1995.

DSM-5. American Psychiatric Association (APA), *DSM-5. Manuale diagnostico e statistico dei disturbi mentali* (2013), Raffaello Cortina, Milano 2014.

Farnè M., *L'ansia*, il Mulino, Bologna 2010.

Frankl V. E., *Teoria e terapia della nevrosi* (1956), Morcelliana, Brescia 1978.

Freud S., *Lettere a Wilhelm Fliess 1887-1904*, Bollati Boringhieri, Torino 1986.

–, *Legittimità di separare dalla nevrastenia un preciso complesso di sintomi come "nevrosi d'angoscia"* (1894), in *Opere* (1967-1993), Bollati Boringhieri, Torino, vol. II.

–, *Analisi della fobia di un bambino di cinque anni (Caso clinico del piccolo Hans)* (1908), in *Opere*, cit., vol. V.

–, *Dalla storia di una nevrosi infantile (Caso clinico dell'uomo dei lupi)* (1914), in *Opere*, cit., vol. VII.

–, *Inibizione, sintomo e angoscia* (1925), in *Opere*, cit., vol. X.

Gentile R., *Il potere senza volto. Un contributo psicologico allo studio dell'angoscia sociale*, Franco Angeli, Milano 1995.

Görlich B., *Angoscia*, in Ch. Wulf (a cura di), *Cosmo, corpo, cultura. Enciclopedia antropologica* (1997), Bruno Mondadori, Milano 2002, pp. 892-902.

Heidegger M., *Che cos'è la metafisica?* (1929), in Id., *Segnavia*, Adelphi, Milano 1987.

Hillman J., *Saggio su Pan* (1972), Adelphi, Milano 1977.

Horney K., *La personalità nevrotica del nostro tempo* (1937), Newton Compton, Roma 1976.

Incerti A., Scarinci A. (a cura di), *Assessment dei disturbi d'ansia. Metodi e strumenti della psicoterapia cognitiva*, Erickson, Trento 2010.

Jaspers K., *Filosofia* (1932-1956), Libro I: *Orientazione filosofica nel mondo*, Libro II: *Chiarificazione dell'esistenza*, Libro III: *Metafisica*, Utet, Torino 1978.

Jung C. G., *Il contrasto tra Freud e Jung* (1929), in *Opere* (1969-2007), Bollati Boringhieri, Torino, vol. IV.

Kendall Ph. C., Di Pietro M., *Terapia scolastica dell'ansia. Guida per psicologi e insegnanti*, Erickson, Trento 2000.

Kierkegaard S., *Il concetto dell'angoscia* (1844), Sansoni, Firenze 1965.

Klein M., *Contributo alla psicogenesi degli stati maniaco-depressivi* (1935), in *Scritti 1921-1958*, Bollati Boringhieri, Torino 1978, pp. 297-325.

–, *Sulla teoria dell'angoscia e del senso di colpa* (1948), in *Scritti 1921-1958*, cit., pp. 435-453.

Lacan J., *Il Seminario. Libro X: L'angoscia, 1962-1963*, Einaudi, Torino 2007.

Lazarus-Mainka G., *Aspetti psicologici dell'angoscia* (1976), Città Nuova, Roma 1987.

LeDoux J., *Ansia. Come il cervello ci aiuta a capirla* (2015), Raffaello Cortina, Milano 2016.

Perna G., *Ansia. Come uscire dalla gabbia e riprendersi la vita*, Piemme, Milano 2011.

Procacci M., Popolo R., Marsigli N. (a cura di), *Ansia e ritiro sociale*, Raffaello Cortina, Milano 2011.

Rachman S., *L'ansia* (1998), Laterza, Bari 2004.

Rank O., *Il trauma della nascita e il suo significato psicoanalitico* (1924), Guaraldi, Rimini 1972.

Ravizza L. (a cura di), *Farmaci attivi nella terapia dell'ansia*, in G. B. Cassano, P. Pancheri *et al.* (a cura di), *Trattato italiano di psichiatria*, cit., vol. III, pp. 3227-3278.

Rycroft Ch., *Angoscia e nevrosi* (1968), Feltrinelli, Milano 1979.

Sartre J.-P., *Idee per una teoria delle emozioni* (1939), in Id., *L'immaginazione. Idee per una teoria delle emozioni*, Bompiani, Milano 1962.

Stanghellini G., *Ansia*, in AA.VV., *Psiche. Dizionario storico di psicologia, psichiatria, psicoanalisi, neuroscienze*, cit., vol. I, pp. 82-87.

Vella G., Siracusano A., *Ansia e medicina di base. Elementi di psicopatologia e medicina*, Il Pensiero Scientifico, Roma 1992.

Watson J. B., *La psicologia così come la vede il comportamentista* (1913), in *Antologia degli scritti*, il Mulino, Bologna 1976.

Winnicott D. W., *La famiglia e lo sviluppo dell'individuo* (1965), Armando, Roma 1968.

Anilinctus. Contatto della lingua con l'orifizio anale e i suoi contorni effettuato nello stadio dell'eccitazione precoitale che può complicarsi con azioni di COPROFAGIA (v.) e di sadomasochismo. La parola deriva dal latino ecclesiastico *anum lingere* con riferimento, nella concezione cristiana, alle azioni che Satana imponeva ai suoi adepti durante il sabba.

Anima (ingl. *Soul*; ted. *Seele*; fr. *Âme*; sp. *Alma*). Termine che deriva dal latino *anima* che ha la stessa radice del greco ἄνεμος che significa "vento". Il senso che il termine ha progressivamente guadagnato nella cultura occidentale è quello di principio delle attività spirituali e, come corrispondente del termine greco ψυχή (v. PSICHE), all'anima sono state ricondotte tutte le attività denominate "psichiche".

1. ANTROPOLOGIA. Nelle culture primitive l'anima è pensata come principio della vita, materializzato o in organi del corpo come il diaframma (φρήν) presso gli antichi Greci, o l'elemento vitale (*nefĕs*) presso l'antico popolo ebraico, o in oggetti esterni che, trasferiti, portano con sé l'anima o MANA (v.) del donatore. In numerose culture primitive è già presente la nozione di anima come principio distinto dal corpo e in grado di sopravvivere oltre la morte di quest'ultimo, in forme di immortalità a cui si accede direttamente o attraverso una serie di reincarnazioni (v. METEMPSICOSI). Questa concezione è comune sia a religioni orientali come il buddhismo e il brahmanesimo, sia occidentali come la religione dell'antico Egitto, la religione orfica, e infine quella greca da cui prenderà avvio la concezione filosofica dell'anima.

2. FILOSOFIA. Partendo dall'orfismo, la filosofia greca introduce con Platone la distinzione tra anima e corpo, perché le informazioni che otteniamo dalle sensazioni corporee non sono in grado di garantire un sapere universale e oggettivo, in quanto il corpo muta nel corso della vita, è soggetto a malattie e a passioni, e soprattutto è diverso da individuo a individuo. Ne consegue che per pervenire a un sapere universale e oggettivo si dovrà prescindere dalle sensazioni corporee e fare affidamento a quelle entità astratte che sono i numeri, le idee, oggi diremmo i costrutti della mente, a cui è preposta l'anima. Per questo, scrive Platone: «Fino a quando noi possediamo il corpo e la nostra anima resta invischiata in un male siffatto, noi non raggiungeremo mai in modo adeguato ciò che ardentemente desideriamo, vale a dire la verità. [...] Pertanto, nel tempo in cui siamo in vita, come sembra, noi ci avvicineremo tanto più al sapere quanto meno avremo relazioni con il corpo e comunione con esso, se non nella stretta misura in cui vi sia imprescindibile necessità, e non ci lasceremo contaminare dalla natura del corpo, ma dal corpo ci manterremo puri fino a che Iddio stesso non ci avrà sciolto da esso. E così, liberati dalla follia del corpo (*tês toû sômatos aphrosýne*), come è verosimile, ci troveremo con esseri puri come noi e conosceremo, nella purezza della nostra anima, tutto ciò che è puro: questo io penso è la verità» (*Fedone*, 66 b-67 a). Nasce così quel dualismo antropologico che era ignoto ad esempio al mondo ebraico, dove l'anima, designata con il termine *nefĕs*, non si contrapponeva come principio spirituale alla materialità del corpo, ma era tutt'uno con esso, coincidendo, nei vari contesti in cui la parola è impiegata, con il significato di "vita", come leggiamo nel *Levitico*, 17: "Il sangue, questo è la *nefĕs*", o nel *Libro dei Giudici*, 16, 30: "Muoia la mia *nefĕs* con tutti i filistei".

Con la traduzione greca dei testi biblici le parole ebraiche si caricano dei significati che la filosofia greca aveva elaborato, e da qui nacque quella concezione cristiana che ribadisce il principio platonico dell'anima come entità di natura diversa e separata dal corpo. Alla sostanzialità dell'anima si era opposto Aristotele per il quale l'anima andava pensata come forma (ἐντελέχεια) del corpo, come principio determinante la corporeità. E infatti scrive: «L'anima è qualcosa del corpo (*sómatos dé ti*)» (*Dell'anima*, II, 414 a), e perciò conclude: «Affermiamo dunque, dopo aver dato inizio alla ricerca, che chi ha l'anima si distingue da chi non ce l'ha, per l'atto del vivere» (ivi, 413 a).

Nell'era cristiana Agostino di Ippona assume da Platone la nozione di "anima" e la gioca non più nel registro gnoseologico, come aveva fatto Platone per pervenire a una conoscenza universale e oggettiva, ma nel registro della salvezza, dove l'anima, distinta dal corpo corruttibile, per la sua natura incorruttibile e immortale sopravvive al corpo nella "Città di Dio". Nel Medioevo Tommaso d'Aquino compose la concezione platonica dell'anima come sostanza con quella aristotelica che riconosceva all'anima la sola funzione intellettiva, attribuendo al corpo la funzione sensitiva e vegetativa a cui Platone aveva deputato altre due anime.

Nel Rinascimento le due posizioni riemergono nella contrapposizione tra platonici e aristotelici, finché, con René Descartes, il dualismo anima e corpo si radicalizza nelle forme della *res cogitans* e della *res extensa*, mettendo capo a quel DUALISMO PSICOFISICO (v.) che condizionerà la psicologia nelle sue espressioni filosofiche e scientifiche, fino a quando la FENOMENOLOGIA (v.), con Edmund Husserl, non demolirà il presupposto cartesiano, considerandolo un errore seducente da cui la psicologia farebbe bene a liberarsi: «Occorre qui illustrare gli errori seducenti in cui sono caduti Cartesio e i suoi successori» (1931, p. 6). La denuncia husserliana verrà ripresa da Ludwig Binswanger che considera il dualismo psicofisico «il cancro di ogni psicologia» (1946, p. 22), perché non consente a questa disciplina di emanciparsi dal modello organicistico delle scienze della natura (v. ANALISI ESISTENZIALE, § 1).

All'itinerario cartesiano si era affiancato nel Settecento il modello empirista che, con David Hume, ha inaugurato quella visione dell'anima come fascio di eventi psichici in continuo flusso e movimento, che originano dalle impressioni sensoriali. Da questo modello trassero spunto: l'ipotesi *positivista*, per la quale l'anima è l'insieme degli stati di coscienza che risultano dall'associarsi dei loro elementi più semplici (v. INTROSPEZIONE), e quella *fisicalista* che, nelle espressioni del materialismo scientifico di Jack J. C. Smart e del comportamentismo logico di Rudolf Carnap, sostiene il carattere puramente nominale della parola "anima", a cui non corrisponde alcun contenuto scientificamente indicabile (v. FISICALISMO). Dello stesso avviso è Gilbert Ryle per il quale la parola "anima" è il frutto di un errore categoriale che interpreta i fatti della vita mentale come appartenenti a una categoria semantica diversa da quella a cui appartengono.

3. PSICOLOGIA ANALITICA. In ambito psicologico solo Carl Gustav Jung impiega il termine "anima" fondamentalmente in tre accezioni che designano:

a) L'*atteggiamento* che il soggetto assume in ordine al suo mondo interiore: «Io designo con il termine "anima" l'atteggiamento interiore, [...] vale a dire la forma e il modo con cui uno si comporta rispetto ai processi psichici interni, [...] il carattere con il quale esso si volge verso l'inconscio» (1921, pp. 418-419). In questa accezione Jung parla di "funzione animica" a proposito dell'anima che mette in relazione la coscienza con l'inconscio.

b) La *personalità interiore* contrapposta alla maschera esteriore che Jung definisce PERSONA (v. § 2): «Io designo con il termine "Persona" l'atteggiamento verso l'esterno, il carattere esteriore; con il termine "Anima" l'atteggiamento verso l'interno. [...] Se la Persona è intellettuale, l'Anima è certamente sentimentale» (ivi, pp. 419-420). Quanto più il soggetto si identifica con la Persona, tanto più la sua Anima verrà proiettata all'esterno, restando sconosciuta al soggetto. Per converso quanto più il soggetto è posseduto dall'Anima, tanto più perde contatto con la Persona, ossia con la sua maschera sociale, che pure è necessaria per non cadere in atteggiamenti sentimentali poco idonei nelle relazioni oggettive e funzionali.

c) La *controparte sessuale* presente in ciascun individuo: «L'Anima, di genere femminile, è una figura che compensa la coscienza maschile. Nella donna, invece, la figura compensatrice ha carattere maschile, ed è quindi opportuno designarla con il termine Animus» (1928, p. 203). Si tratta della complementarità tra conscio e inconscio che Jung assume come uno dei cardini della sua psicologia. In base ad essa «nessun uomo è tanto virile da non avere in sé nulla di femminile. Anzi, appunto gli uomini molto virili hanno, seppure ben nascosta, una vita sentimentale assai tenera, che spesso a torto è detta "femminea". Per l'uomo è una virtù rimuovere le caratteristiche femminili, così come per la donna, almeno finora, era disdicevole essere virile. La rimozione dei tratti e delle tendenze femminili conduce naturalmente all'accumulazione di queste pretese nell'inconscio. L'imago della donna (l'anima) diventa il ricettacolo di queste pretese, sicché l'uomo nella sua scelta amorosa soggiace spesso alla tentazione di conquistare quella donna che meglio risponde al particolare carattere della propria femminilità inconscia; una donna, dunque, che possa accogliere senza difficoltà la proiezione della sua anima» (ivi, pp. 187-188). L'immagine dell'anima (*Seelenbild*) fa la sua comparsa nei sogni, dove l'anima può apparire o personificata sotto forma mitica, e in questo caso rivela la sua struttura archetipica (v. ARCHETIPO), oppure come madre, moglie, amante, figlia, a seconda della figura femminile su cui, nelle varie fasi dello sviluppo psichico, l'anima si proietta. Questa è la ragione per cui Jung scrive: «L'anima, l'atteggiamento interno, viene rappresentata dall'inconscio mediante determinati individui, i quali posseggono le qualità corrispondenti all'anima. Un'immagine siffatta si chiama *immagine dell'anima*. Talvolta può trattarsi anche di personaggi del tutto sconosciuti o mitologici. Negli uomini l'anima viene rappresentata dall'inconscio di solito come individuo di sesso femminile, nelle donne come individuo di sesso maschile» (1921, p. 457).

Luogo eminente dell'emotività, fonte di creatività, l'anima, a parere di Jung, può anche mettere in pericolo la coscienza attraverso la POSSESSIONE (v.) che trasforma la personalità, dando preminenza a quei tratti che sono considerati psicologicamente caratteristici del sesso opposto. Quando è posseduto dall'anima, l'uomo rivela quei tratti di emotività incontrollata che si manifestano nell'irrequietezza, nell'instabilità dell'umore e nel sentimentalismo, mentre «una perdita durevole dell'anima implica un danno crescente in termini di vitalità, flessibilità, umanità. Ciò si manifesta in genere nella forma di precoce rigidità, fanatica parzialità, caparbietà, ostinato attaccamento ai princìpi; o nei loro contrari: rassegnazione, stanchezza, sciatteria, irresponsabilità» (1936-1954, p. 74). La mancata integrazione dell'anima espone dunque a due possibili rischi: la possessione perché «l'anima inconscia è una creatura senza rapporti, un essere autoerotico la cui unica mira è prendere possesso di tutto l'individuo» (1946, p. 296), oppure l'unilateralità perché, se «l'anima è la personificazione generica dell'inconscio, e quindi come ponte verso l'inconscio, in altre parole come funzione di relazione con l'inconscio, [...] se non riconosciamo alle figure inconsce la dignità di agenti spontanei, cadiamo vittime di una fede unilaterale nel potere della coscienza» (1929-1957, pp. 51-52).

4. Psicologia archetipica. Approfondendo la distinzione junghiana tra anima e psiche, James Hillman scrive che «Jung da un lato vuole essere sicuro che il suo concetto di "anima" non venga confuso con le idee tradizionali di anima della religione e della filosofia. Dall'altro lato vuole definire l'anima in modo che non sia assimilata alla psiche, della quale essa è solo uno dei molti archetipi» (1985, p. 97). Ne consegue che «l'anima è un complesso funzionale della psiche, che agisce come una personalità mediatrice tra l'intera psiche, che è prevalentemente inconscia, e il comune Io. L'immagine dell'anima come personalità, in quanto opposta al comune Io, è controsessuale; perciò, empiricamente, in un uomo questa "anima" è femminile, cioè è l'anima» (1972, p. 65). Qui Hillman dissente da Jung che attribuisce l'anima solo all'inconscio maschile, perché «oggi le nozioni di "maschile" e "femminile" vengono messe in discussione. Questo fatto ha contribuito a differenziare i ruoli sociali, e persino a differenziare diversi tipi di identità di genere, secondo cioè che essa si basi su caratteristiche di genere primarie o secondarie, manifeste o genetiche, fisiche o psichiche. Parlare di anima come femminilità inferiore è ormai difficile, perché non sappiamo più con certezza che cosa propriamente intendiamo non solo con quell'"inferiore", ma addirittura con "femminilità"» (1985, p. 31).

Hillman ha ripreso il concetto di anima in relazione alla Creatività (v.) e al Suicidio (v.). Per quanto riguarda il primo tema, Hillman scrive che «le conclusioni a cui siamo indotti dai dati empirici ricavati dal lavoro analitico sono che l'anima diviene psiche attraverso l'amore e che è l'eros che ingenera la psiche, perché nulla si può creare senza amore, essendo l'amore l'origine e il principio di tutte le cose viventi, come nella cosmogonia orfica» (1972, p. 68). Il suicidio, infine, è individuato da Hillman come un luogo eminente per afferrare la realtà dell'anima, perché in nessuna esperienza come in questa «il corpo può essere distrutto da una "fantasia dell'anima"» (1964, p. 17). Retroguardando la propria attività analitica e la propria speculazione, Hillman ritiene che l'anima sia stata la base di tutto il suo lavoro perché «il richiamo dell'anima è convincente. È una seduzione che porta alla fede psicologica, una fede nelle immagini e nel pensiero del cuore, che porta a un'animazione del mondo. Anima crea attaccamenti e legami. Ci fa innamorare. Non possiamo più rimanere osservatori distaccati che scrutano attraverso una lente» (1985, p. 12).

Bibliografia

Agostino di Ippona, *Confessioni* (401), Fondazione Lorenzo Valla, Mondadori, Milano 1992-1997.

–, *La Città di Dio* (413-426), Bompiani, Milano 2001.

Aristotele, *Dell'anima*, in *Opere*, Laterza, Bari 1973.

Berry J. W., Dasen P. R., Poortinga Y. H., Segall M. H., *Psicologia transculturale. Teoria, ricerca e applicazioni* (1992), Guerini & Associati, Milano 1994.

Binswanger L., *L'indirizzo antropoanalitico in psichiatria* (1946), in Id., *Il caso Ellen West e altri saggi* (1944-1946), Bompiani, Milano 1973.

Carnap R., *Psychologie der physikalischer Sprache*, in "Erkenntnis", 1932, vol. 3, n. 2/3, pp. 107-142.

Christou E., *Il logos dell'anima. Un inedito itinerario interiore sulle tracce dello spirito nella psicologia contemporanea* (1976), Città Nuova, Roma 1987.

Descartes R., *Meditazioni metafisiche sulla filosofia prima* (1641), in *Opere*, Laterza, Bari 1986, vol. I.

Dewey J., *Esperienza e natura* (1925), Mursia, Milano 1973.

Galimberti U., *Corpo e psiche nella tradizione occidentale*, in Id., *Psichiatria e fenomenologia* (1979), nuova edizione ampliata, Feltrinelli, Milano 2017, pp. 25-102.

–, *Gli equivoci dell'anima* (1987), Feltrinelli, Milano 2001.

Gava G., *Mente versus corpo*, Liviana, Padova 1977.

Giegerich W., *La vita logica dell'anima*, Vivarium, Milano 2008.

Hillman J., *Il suicidio e l'anima* (1964), Adelphi, Milano 2010.

–, *Il mito dell'analisi* (1972), Adelphi, Milano 1979.

–, *Anima. Anatomia di una nozione personificata* (1985), Adelphi, Milano 1989.

–, *Il codice dell'anima* (1996), Adelphi, Milano 1997.

Hume D., *Ricerche sull'intelletto umano* (1748), Laterza, Bari 1968.

Husserl E., *Meditazioni cartesiane* (1931), Bompiani, Milano 1960.

Jung C. G., *Anima*, in *Tipi psicologici* (1921), in *Opere* (1969-2007), Bollati Boringhieri, Torino, vol. VI.

–, *Anima e Animus*, in *L'Io e l'inconscio* (1928), in *Opere*, cit., vol. VII.

–, *Commento al "Segreto del fiore d'oro"* (1929-1957), in *Opere*, cit., vol. XIII.

–, *Sull'archetipo, con particolare riguardo al concetto di Anima* (1936-1954), in *Opere*, cit., vol. IX, 1.

–, *La psicologia della traslazione illustrata con l'ausilio di una serie di immagini alchemiche* (1946), in *Opere*, cit., vol. XVI.

Jung E., *L'anima nelle sue manifestazioni originarie* (1950-1955), in Id., *Animus e Anima* (1931-1941), Bollati Boringhieri, Torino 1992.

Malcolm N., *Mente, corpo e materialismo* (1971), Isedi, Milano 1973.

Mancuso V., *L'anima e il suo destino*, Raffaello Cortina, Milano 2007.

Nannini S., *L'anima e il corpo*, Laterza, Bari 2002.

Platone, *Fedone*, in *Opere*, Laterza, Bari 1973.
Ryle G., *Lo spirito come comportamento* (1949), Einaudi, Torino 1955.
Sini C., *I segni dell'anima. Saggio sull'immagine*, Laterza, Bari 1989.
Smart J. J. C., *Philosophy and scientific realism*, Routledge & Kegan, London 1963.
Tommaso d'Aquino, *Trattato sull'unità dell'intelletto contro gli averroisti* (1270), Sansoni, Firenze 1938.
Wittgenstein L., *Osservazioni sulla filosofia della psicologia* (1946-1949, edito postumo nel 1980), Adelphi, Milano 1990.
Wulf Ch., *Anima*, in Id. (a cura di), *Cosmo, corpo, cultura. Enciclopedia antropologica* (1997), Bruno Mondadori, Milano 2002, pp. 990-996.
Zambrano M., *Verso un sapere dell'anima* (1991), Raffaello Cortina, Milano 1996.
Zoja L., *Coltivare l'anima*, Moretti & Vitali, Bergamo 1999.

Anima, Immagine dell', v. ANIMA, § 3, c.

Animale, Psicologia, v. ETOLOGIA; PSICOLOGIA COMPARATA.

Animazione (ingl. *Animation*; ted. *Beseelung*; fr. *Animation*; sp. *Animación*). Condizione sociopedagogica che favorisce la partecipazione alla creazione e alla fruizione di iniziative ricreative e culturali allo scopo di valorizzare la socializzazione e di facilitare i rapporti dell'individuo con se stesso, con gli altri e con l'ambiente. Nata nell'ambito scolastico, l'attività d'animazione si è progressivamente spostata sul piano sociale per operare nel territorio con lo scopo di valorizzare i potenziali di creatività e di iniziativa dei singoli.

Bibliografia

Bertolini P., Farné R., *Territorio e intervento culturale*, Cappelli, Bologna 1978.
Limbos E., *L'animatore socio-culturale*, Armando, Roma 1972.

Animica, Funzione, v. ANIMA, § 3, a.

Animismo (ingl. *Animism*; ted. *Animismus*; fr. *Animisme*; sp. *Animismo*). Termine introdotto dall'antropologo Edward Burnett Tylor in riferimento alla credenza dei primitivi secondo i quali tutti gli esseri sarebbero animati da un principio vitale simile a quello che l'uomo riconosce come sua ANIMA (v. § 1). Alla base dell'animismo ci sarebbe, secondo Émile Durkheim, il fenomeno della PROIEZIONE (v.), ossia dell'attribuzione alle cose delle caratteristiche psichiche che l'uomo conosce in se stesso. Jean Piaget ha dimostrato l'esistenza di una fase animistica nello sviluppo dell'intelligenza che costituisce lo sfondo delle culture magiche (v. MAGIA) e lo stadio a cui regrediscono alcune esperienze schizofreniche.

Bibliografia

Durkheim É., *Le forme elementari della vita religiosa* (1912), Edizioni di Comunità, Milano 1971.
Lévy-Bruhl L., *La mentalità primitiva* (1922), Einaudi, Torino 1966.
Piaget J., *Psicologia dell'intelligenza* (1947), Editrice Universitaria, Firenze 1964.
Tylor E. B., *Primitive culture*, Murray, London 1871.

Animus. Termine introdotto da Carl Gustav Jung per indicare l'elemento maschile inconscio nella donna: «Se per l'uomo parliamo di un'*Anima*, così per la donna dovremmo a rigore parlare di un *Animus*» (1921, p. 421). L'animus è ciò che unisce la donna al mondo dello spirito e, se è invasivo, è ciò che la rende «di un'irremovibilità, di un'ostinatezza, di una caparbietà tali che, in grado più intenso, si possono trovare solo nell'atteggiamento esteriore dell'uomo. Sono tratti di tipo maschile che, esclusi dall'atteggiamento femminile esteriore, sono divenuti qualità dell'anima» (*ibid.*). E ancora: «Se ora voglio definire che cosa caratterizza l'Animus di fronte all'Anima, debbo dire che: come l'Anima produce *capricci*, così l'Animus produce *opinioni*. E come i capricci dell'uomo provengono da fondi oscuri, così le opinioni della donna poggiano su premesse altrettanto inconsce, aprioristiche. Le opinioni dell'Animus hanno assai frequentemente il carattere di solide convinzioni, non facili da scuotere, o di principi apparentemente intangibili. [...] In realtà le opinioni non sono affatto pensate, ma già fisse e pronte, con una forza convincente talmente affettiva e immediata, che la donna non pensa nemmeno alla possibilità di un dubbio» (1928, pp. 204-205).

Tra anima e animus non c'è un perfetto parallelismo perché, come ha sottolineato Emma Jung, «la donna deve liberarsi della supremazia del maschile che le è stato posto davanti come qualcosa di superiore a priori, cosa che non si è culturalmente verificata per l'uomo. [...] In secondo luogo non è ancora risolto il problema dell'Animus-Logos, cioè la formazione di una spiritualità veramente femminile, che non si limiti ad essere una mera imitazione della spiritualità maschile» (1931-1941, p. 35). Sempre secondo Jung, l'Animus, formatosi sulle figure del padre, del fratello e successivamente svoltosi, lungo l'itinerario delle proiezioni (v. PROIEZIONE), sugli esseri maschili che la donna nella sua vita ha via via incontrato, si manifesta nei sogni personificato nell'ARCHETIPO (v.) dell'eroe o del dio. Sul dissenso di James Hillman a proposito della concezione junghiana che equipara l'Anima alla controparte sessuale del maschio, e l'Animus alla controparte sessuale della donna, si veda la voce ANIMA, § 3.

Bibliografia

Hillman J., *Anima. Anatomia di una nozione personificata* (1985), Adelphi, Milano 1989.
Jung C. G., *Anima*, in *Tipi psicologici* (1921), in *Opere* (1969-2007), Bollati Boringhieri, Torino, vol. VI.
–, *L'Io e l'inconscio* (1928), in *Opere*, cit., vol. VII.
Jung E., *Il problema dell'Animus*, in Id., *Animus e Anima* (1931-1941), Bollati Boringhieri, Torino 1992.
Woodman M., *Lo sposo nascosto. L'aspetto maschile nella psicologia della donna* (1990), Red Edizioni, Como 1991.

Anisometropia (ingl. *Anisometropia*; ted. *Anisometropie*; fr. *Anisométropie*; sp. *Anisometropía*). Diseguale capacità visiva dei due occhi per effetto dei diversi rapporti di rifrazione.

Anisotropia (ingl. *Anisotropy*; ted. *Anisotropie*; fr. *Anisotropie*; sp. *Anisotropía*). Il termine nomina quel fenomeno per cui noi percepiamo lo spazio in modo diverso dalla sua configurazione euclidea, cosicché ad esempio un segmento verticale è spesso ritenuto più lungo di uno orizzontale anche se i due sono della stessa lunghezza.

Annullamento (ingl. *Undoing*; ted. *Annulierung*; fr. *Annulation*; sp. *Anulación*). Meccanismo di difesa attraverso cui il soggetto tende a far in modo che qualcosa non sia avvenuto, mettendo in atto forme di pensiero e di comportamento di segno opposto. Il fenomeno si riscontra anche in comportamenti normali quando si ritratta un'affermazione, si riabilita un condannato, si attenua la portata di un pensiero, di una parola, di un atto, ma mentre queste operazioni tendono ad annullare o ad attenuare il *significato* o le conseguenze di una azione, nell'annullamento si tende a negare la *realtà* dell'azione, con un comportamento che ha delle similitudini con il comportamento magico (v. CERIMONIALE). Frequente nelle nevrosi ossessive a comportamento coatto, l'annullamento è stato descritto da Sigmund Freud in questi termini: «Queste azioni coatte in due tempi, in cui il primo tempo è annullato dal secondo, si verificano tipicamente nella nevrosi ossessiva. Naturalmente il pensiero cosciente del malato le fraintende e le attribuisce a motivi secondari, le *razionalizza*, mentre il loro vero significato risiede nel fatto che esse raffigurano un conflitto tra due impulsi antagonisti di forza pressoché pari, e precisamente, come l'esperienza mi ha sempre confermato, un conflitto tra amore e odio. Esse rivestono un interesse teorico particolare poiché permettono di identificare un nuovo modo tipico di formazione del sintomo. Invece di trovare, come avviene sempre nell'isteria, un compromesso per cui una sola raffigurazione è sufficiente per due opposti, i due piccioni presi con una fava, nella nevrosi ossessiva i due opposti vengono soddisfatti singolarmente, prima l'uno e poi l'altro, sebbene naturalmente non manchi il tentativo di stabilire una sorta di nesso logico tra i due antagonisti, spesso a dispetto di qualunque logica» (1909, p. 34).

Sull'argomento sono ritornati Otto Fenichel, che pone l'accento sul conflitto interpulsionale che ha le sue radici nell'ambivalenza amore-odio, e Anna Freud, che situa il conflitto tra le pulsioni e l'Io che trova un alleato in una pulsione opposta a quella da cui si protegge; come tale l'annullamento sarebbe da rubricare tra i meccanismi di difesa dell'Io.

Bibliografia

Fenichel O., *Trattato di psicoanalisi delle nevrosi e delle psicosi* (1945), Astrolabio, Roma 1951.
Freud A., *L'Io e i meccanismi di difesa* (1936), in *Opere* (1978-1979), Bollati Boringhieri, Torino, vol. I.
Freud S., *Osservazioni su un caso di nevrosi ossessiva (Caso clinico dell'uomo dei topi)* (1909), in *Opere* (1967-1993), Bollati Boringhieri, Torino, vol. VI.
–, *Inibizione, sintomo e angoscia* (1925), in *Opere*, cit., vol. X.

Ano, v. ANALE.

Anomalia (ingl. *Anomaly*; ted. *Anomalie*; fr. *Anomalie*; sp. *Anomalía*). Termine generico riferito a tratti comportamentali che si discostano dalla norma in modo non occasionale, ma sistematico. Ricorre in riferimento a ragazzi e adolescenti malaggiustati (v. AGGIUSTAMENTO) che il gergo pedagogico definisce, con un termine non scientifico, "caratteriali" (v. CARATTERIALE), e in riferimento ai tratti di comportamento delle *personalità psicopatiche* (v. PSICOPATIA). Dal punto di vista psicoanalitico c'è chi ritiene l'anomalia l'opposto della nevrosi perché, a differenza di quest'ultima, è caratterizzata da mancanza e non da eccesso di inibizioni. Le anomalie sono raramente accessibili a trattamento psicoanalitico.

Anomia (ingl. *Anomy*; ted. *Anomie*; fr. *Anomie*; sp. *Anomia*). Mancanza di norme o regole (dal greco νόμος = legge). Il termine, di origine sociologica, è stato introdotto da Émile Durkheim per descrivere quella situazione in cui da un lato l'agire secondo norme non viene più vissuto come una meta sociale, dall'altro le mete sociali sono definite in modo che il raggiungerle con mezzi illeciti viene giudicato irrilevante. Secondo Durkheim, la divisione del lavoro sociale fa sì che il processo di produzione delle nuove funzioni sociali sia più rapido dello sviluppo delle norme etiche e dei valori in grado di integrarle nella coscienza collettiva. Si determina così uno stato "anomico" della società dove cedono i valori che l'avevano tenuta integrata. Ciò si riflette sugli individui che, privi di valori collettivi e punti di riferimento, abitano quel disadattamento sociale che porta alla disintegrazione della personalità fino al suicidio "anomico".

Il concetto di anomia è stato ripreso da Robert King Merton a proposito delle classi subalterne che, dopo aver interiorizzato i fini della classe dominante, non hanno i mezzi culturali ed economici per raggiungerli. Si avranno allora i *conformisti* che accettano sia i fini sia i mezzi, gli *innovatori* che accettano i fini ma pretendono nuovi mezzi, i *ritualisti* che accettano i mezzi ma non i fini, i *rinunciatari* che non accettano né mezzi né fini, e i *ribelli* che rifiutano mezzi e fini in vista di un nuovo assetto sociale. A partire da questa classificazione, tutti coloro che non sono conformisti sono tendenzialmente considerati socialmente devianti (v. DEVIANZA; PSICOPATIA). Le considerazioni di Merton sono state riprese da Albert K. Cohen a proposito delle classi sociali inferiori che, essendo più esposte a insuccessi e umiliazioni, rifiutano le regole sociali condivise per costruirsi proprie regole, per dimostrare a se stessi di essere in grado di costruire una loro identità di gruppo, non di rado di "gruppo delinquente".

Sebastian De Grazia, ispirandosi alla psicoanalisi, vede nell'anomia sociale il riattivarsi dell'ansia di separazione infantile: «L'anomia è una tensione mentale che lascia vedere nell'adulto la paura intermittente di un pericolo davanti al quale è privo di aiuto e che, nelle sue forme severe, diventa ansia caricata di immagini di un mondo minaccioso» (1948, p. 46), che determina nell'individuo il sentimento che le autorità sono indifferenti ai suoi bisogni, oppure che il mondo sociale è imprevedibile e disordinato per un'assenza di valori condivisi che generano una mancanza di significato della vita stessa.

In ambito psicologico Jean Piaget parla di *anomia* come primo stadio nello sviluppo del giudizio morale, caratterizzato dall'assunzione del proprio punto di vista come unico, senza alcuna considerazione dei punti di vista altrui (v. AUTONOMIA – ETERONOMIA).

Bibliografia

Besnard Ph., *L'anomie*, Puf, Paris 1987.
Cohen A. K., *Ragazzi delinquenti* (1955), Feltrinelli, Milano 1963.
De Grazia S., *The political community. A study of anomy*, University of Chicago Press, Chicago 1948.
Durkheim É., *La divisione del lavoro sociale* (1893), Edizioni di Comunità, Milano 1971.
–, *Il suicidio* (1897), Utet, Torino 1969.
Merton R. K., *Teorie e struttura sociale* (1942), il Mulino, Bologna 1983.
Piaget J., *Il giudizio morale nel fanciullo* (1932), Giunti Barbera, Firenze 1973.
Tomeo V., *Anomia*, in AA.VV., *Gli strumenti del sapere contemporaneo*, vol. II: *I concetti*, Utet, Torino 1985, pp. 28-30.

Anonimato (ingl. *Anonymity*; ted. *Anonymität*; fr. *Anonymat*; sp. *Anonimato*). Perdita della distinzione personale con riduzione dell'intensità socioemozionale e dei contatti interpersonali, con conseguente sentimento di estraneità al mondo sociale di appartenenza. Il fenomeno si osserva nelle società complesse a forte organizzazione burocratica, con rigida divisione dei compiti e delle funzioni lavorative che diventano, se non l'unico, il principale canale degli scambi interpersonali, dove il rapporto è gestito più dal ruolo occupato che dalla specificità dell'individuo.

Bibliografia

Habermas J., Luhmann N., *Teoria della società o tecnologia sociale* (1971), Etas Libri, Milano 1973.
Laing R. D., *L'Io e gli altri. Psicopatologia dei processi interattivi* (1959), Sansoni, Firenze 1977.
Luhmann N., *Potere e complessità sociale* (1975), il Saggiatore, Milano 1979.

Anonimia (ingl. *Anonymity*; ted. *Anonymität*; fr. *Anonymie*; sp. *Anonimia*). Forma d'esistenza che si conduce secondo gli stereotipi medi della vita pubblica in base ai valori più diffusi e alle convenzioni ricorrenti. Questa figura è stata qualificata da Martin Heidegger come "esistenza inautentica" dominata dalla dittatura del "Si impersonale" per cui: «Nell'uso dei mezzi di comunicazione pubblici, dei servizi di informazione (i giornali), ognuno è come l'Altro. Questo essere-assieme dissolve completamente il singolo Esserci nel modo di essere "degli Altri", sicché gli Altri dileguano ancora di più nella loro particolarità e determinatezza. In questo stato di irrilevanza e di indistinzione, il Si (*Man*) esercita la sua tipica dittatura. Ce la spassiamo e ci divertiamo come ci si diverte; leggiamo, vediamo e giudichiamo di letteratura e di arte come si vede e si giudica. Ci teniamo lontani dalla "gran massa" come ci si tiene lontani, troviamo "scandaloso" ciò che si trova scandaloso. Il Si, che non è un Esserci determinato, ma tutti (non come somma), decreta il modo di essere della quotidianità» (1927, pp. 215-216; v. AUTENTICITÀ – INAUTENTICITÀ). In campo psicoanalitico il termine ricorre in Carl Gustav Jung in riferimento al modo collettivo (v. COLLETTIVO) di vivere in contrapposizione al modo di chi ha realizzato la propria individuazione (v. PSICOLOGIA ANALITICA, § 5).

Bibliografia

Heidegger M., *Essere e tempo* (1927), Utet, Torino 1978.
Jung C. G., *L'Io e l'inconscio* (1928), in *Opere* (1969-2007), Bollati Boringhieri, Torino, vol. VII.

Anopsia, v. COLORE, § 3.

Anoressia (ingl. *Anorexy*; ted. *Anorexie*; fr. *Anorexie*; sp. *Anorexia*). In ambito medico il termine indica la perdita parziale o totale dell'appetito in presenza di malattie organiche come infezioni, gastroenteriti, tumori e non di rado farmaci antitumorali.

1. *Anoressia femminile.* In ambito psichiatrico si parla di "anoressia nervosa" (secondo l'espressione inglese *anorexia nervosa*) o "anoressia mentale" (secondo l'espressione francese *anorexie mentale*) connessa a disturbi dell'affettività o all'immagine distorta del proprio corpo. Frequente in bambine iperprotette, questo sintomo rappresenta talvolta un modo per esprimere ostilità nei confronti di genitori che rifiutano la loro autonomia e indipendenza.

L'anoressia nervosa è uno stato patologico che insorge prevalentemente in giovani donne per conflitti di tipo emotivo, i più comuni dei quali riguardano l'accettazione del proprio ruolo femminile, o per conflitti psicologici maturati all'interno del nucleo familiare e in particolare con la figura della madre. Il rifiuto ad alimentarsi e l'apparente totale mancanza di preoccupazione per il vistoso dimagrimento sono spesso connessi a un disturbo dell'immagine corporea, nel senso che i soggetti che ne sono affetti ritengono di essere grassi e con ostinazione negano il loro stato di estremo dimagrimento. Ciò non toglie che il loro comportamento appare vivace e normale, anche se l'estrema debolezza può portare, in casi limite, a condizioni anche mortali. L'età di esordio è tra i 13 e i 25 anni, anche se non mancano forme precoci intorno ai 7-8 anni e forme tardive dopo la menopausa. I sintomi più significativi sono la paura ossessiva di ingrassare, la perdita allarmante di peso e nelle ragazze la scomparsa delle mestruazioni.

Il DSM-5 distingue l'"anoressia restrittiva", quando il peso è controllato con una forte limitazione dell'alimentazione e un esercizio fisico compulsivo, dall'"anoressia bulimica" dove il controllo del peso avviene attraverso il vomito provocato e/o l'abuso di lassativi, diuretici, clisteri e altri farmaci. I criteri diagnostici segnalati dal DSM-5 sono: «a) Restrizione nell'assunzione di calorie in relazione alle necessità, che porta a un peso corporeo significativamente basso nel contesto di età, sesso, traiettorie di sviluppo e salute fisica. b) Intensa paura di aumentare di peso o di diventare grassi. c) Alterazione del modo in cui viene vissuto dall'individuo il peso o la forma del proprio corpo, eccessiva influenza del peso o della forma del proprio corpo sui livelli di autostima, oppure persistente mancanza di riconoscimento della gravità dell'attuale condizione di sottopeso» (2013, p. 391). Ad eccezione dei casi più gravi, che necessitano di un ricovero e di un'alimentazione forzata attraverso flebo, il trattamento è solitamente multidimensionale, con ingresso in comunità dove si praticano interventi psicoterapeutici individuali, familiari e di gruppo. La remissione completa dei sintomi non è frequente, più facile per la sintomatologia somatica, più lenta e talvolta permanente per le condizioni che sono alla base della sintomatologia psichica.

Secondo Hilde Bruch, tre sono i segni che consentono di distinguere un'anoressia mentale dalle altre forme di anoressia: a) il disturbo dell'immagine corporea di proporzioni deliranti, da cui dipende anche l'assenza di preoccupazione per stadi anche gravissimi di emaciazione; b) il disturbo della percezione e cognizione degli stimoli provenienti dal corpo, da cui dipendono, ad esempio, l'iperattività, nonostante l'evidente esaurimento di energia, e l'eccessiva persistenza delle posture corporee estremamente disagevoli, come se il corpo non ne soffrisse; c) il senso paralizzante di impotenza a cui si collega il terrore di perdere il controllo sulle proprie pulsioni orali ed essere travolti dall'impulso incontrollato a mangiare (v. BULIMIA).

Dal punto di vista psicodinamico Mara Selvini Palazzoli scrive che «il cibo non è per le anoressiche affatto negativo come cosa in sé, ma è amabile, desiderabile, interessante, importante, continuamente presente allo spirito. [...] È l'atto di cibarsi che è divenuto pericoloso e angoscioso. Nessuna azione, neppure un delitto, assume per l'anoressica un significato di auto-degradazione e sconfitta quanto il satollarsi» (1981, pp. 83-84). All'origine di un comportamento anoressico c'è «una madre aggressivamente iperprotettiva e impervia, incapace di concepire la figlia come una persona nel suo proprio diritto. Non di rado è la coppia parentale, nella sua complementarità patologica, o l'intero gruppo familiare sabotatore dei bisogni di base dell'Io dell'anoressica. [...] Quando la pubertà del corpo femminile espone la giovinetta ad un'esperienza brusca e traumatizzante, il proprio corpo infantile deve essere disinvestito dalla libido narcisistica al fine di ri-investire narcisisticamente il corpo nuovo, ma questo passaggio non riesce, perché la paziente non è in grado di sentire il corpo adulto che va assumendo come suo, perché troppo simile al corpo della madre da cui l'Io vuole ad ogni costo distinguersi. [...] Si struttura così una difesa dell'Io dominata dal rinnegamento del corpo e del cibo-corpo per identificarsi ad un'imago corporea ideale, desessualizzata e acarnale» (ivi, pp. 111-113).

Franco De Masi inscrive l'anoressia tra le forme patologiche caratterizzate dalla negazione dell'angoscia per cui «viene a mancare quel segnale di allarme che, attraverso la sua funzione comunicativa, diventa una richiesta d'aiuto. Nell'anoressia la paziente non ha l'idea di soffrire o di essere malata, e nega che il protrarsi del suo stato anoressico possa comportare la morte. Per l'anoressica, infatti, il rifiuto del cibo, più che un fatto anormale, costituisce un'esperienza straordinaria. Data la sua onnipotenza, l'anoressica non è consapevole che l'attrazione per questo stato mentale equivale a un'attrazione verso la morte. Sembra che in alcune pazienti si siano formate zone mentali cariche di autodistruttività, silenziose isole psicotiche, che permangono all'interno della personalità, pronte a esplodere nei momenti di crisi. L'idealizzazione della distruttività fa decadere l'angoscia che viene sostituita dall'eccitamento» (2006-2007, p. 74).

Gilla Cauli osserva che «i soggetti anoressici presentano spesso marcati sintomi ossessivo-compulsivi che vanno dalla polarizzazione ideativa sul cibo (cioè dal pensiero continuo incentrato sul cibo) alla collezione di ricette, all'ammasso di cibarie spesso in luoghi poco accessibili ai componenti della famiglia. Talora all'anoressia nervosa si associano sentimenti di inadeguatezza, bisogno di tenere sotto controllo l'ambiente circostante, rigidità mentale, ridotta spontaneità nei rapporti interpersonali, iniziativa ed espressività emotiva eccessivamente represse» (1999, p. 70). Recentemente sono state avanzate *ipotesi genetiche* suffragate dalla constatazione della maggior insorgenza di disturbi anoressici in ambiti familiari dove si riscontra il disturbo nei parenti di primo grado di sesso femminile; e *ipotesi biologiche* dopo che «recenti studi sui neurotrasmettitori hanno convalidato l'ipotesi che all'origine dell'anoressia nervosa vi sia un'alterazione della funzione ipotalamica, [...] oltre a disfunzioni dei neurotrasmettitori centrali, come la dopamina, la serotonina e la noradrenalina che influenzano l'appetito, la sazietà e il comportamento alimentare in generale» (ivi, p. 71).

2. *Anoressia maschile*. L'anoressia è una malattia che colpisce soprattutto le giovani donne, ma oggi sembra interessare anche la popolazione maschile. Harrison G. Pope, David L. Katz, James I. Hudson hanno coniato nel 1998 l'espressione "anoressia inversa (*reverse anorexia*)" che, come scrive Aldo Genovesi, «fa riferimento a persone che praticano assiduamente e compulsivamente il body building per aumentare la massa muscolare, sollecitati in questo da una patologica paura di essere troppo magri e piccoli, anche se si tratta di soggetti molto muscolosi. [...] Per raggiungere questo scopo si dedicano in modo compulsivo a incessanti esercizi fisici, a eccessive restrizioni dietetiche, a frequente uso di steroidi anabolizzanti» (2008, pp. 34-35). Secondo Giorgio Rezzonico e Maria Grazia Strepparava, l'iperattenzione e la cura che hanno i pazienti affetti da anoressia inversa potrebbe essere un "equivalente funzionale" dell'investimento verso il proprio corpo che caratterizza l'anoressica, nonostante le apparenti differenze. Infatti, in entrambi i tipi di soggetti, l'attenzione per il corpo è associata ad ansia e preoccupazione, in entrambi i casi sono presenti tematiche di ipercontrollo ed iperfocalizzazione ossessiva su temi quali la qualità, la quantità, la modalità dell'alimentazione, nonché tratti ossessivi, perfezionismo, ANEDONIA (v.), dipendenza dal giudizio degli altri, vulnerabilità interpersonale, ALESSITIMIA (v.) e ritiro sociale.

Dal punto di vista fenomenologico, Eugenio Borgna coglie nell'anoressia maschile uno dei tratti tipici del narcisismo, perché «il mito di Narciso è il paradigma di uno sconfinato amore di sé che nasce dall'impossibilità di amare gli altri. In Narciso si ha la rinuncia alla concretezza del corpo, lo si rivive e lo si ama nell'immagine riflessa nello specchio: disincarnata e dematerializzata. Nell'isolamento pietrificato, che contrassegna l'esistenza di Narciso e quella anoressica maschile, si annulla infine la comunicazione con se stessi, e ad essa subentra la fascinazione stregata di un divenire-prigionieri dell'immagine del proprio corpo che si perde nello specchio, precipitando in una vicinanza-lontananza incalcolabile» (2007, p. 18). Oltre alla componente narcisistica, Borgna coglie nell'anoressia maschile una destrutturazione della temporalità, diversa da quella che si registra nell'anoressia femminile: «La dimensione temporale, che si ha in un'esistenza anoressica femminile, mi sembra radicalmente diversa da quella del tempo che si ha in un'esistenza anoressica maschile. L'anoressia femminile sembra condizionata, nella sua genesi radicale e fatale, da una metamorfosi del tempo che tende ad essere risucchiato nel passato senza riuscire a staccarsene e liberarsene. Il desiderio di ancorarsi alle figure psicologiche e corporee dell'infanzia condiziona ogni esperienza di vita dell'anoressia femminile, trascinandola al rifiuto del presente, alla cancellazione di ogni progettazione del futuro, all'inaridirsi in un passato inesorabile dal quale non si può e non si vuole uscire. [...] Nell'esistenza anoressica maschile si vive invece in un presente che non ha radici nel passato e che non ha orizzonti di senso che si aprano al futuro. Nell'anoressia maschile si vive cioè un'esistenza divorata dal qui-ed-ora, da un presente senza fine, che trascina con sé anche una condizione autistica: una comunicazione frantumata e crudele. Il tempo si ferma, il tempo si isola e si autonomizza nell'anoressia maschile, condannandola ad una frattura dialogica e comunicazionale con il mondo delle persone, e con il mondo delle cose, radicale e assoluta» (ivi, p. 15).

3. *Altri tipi di anoressia*. L'anoressia nervosa va distinta dall'anoressia *reattiva* che può insorgere in ogni età in rapporto a un trauma emotivo umiliante e deludente; dall'anoressia *cronica* che inizia nella prima infanzia e migliora solo transitoriamente nell'a-

dolescenza persistendo per tutta la vita con numerosi disturbi ipocondriaci; dai dimagrimenti per difficoltà *meccanico-funzionali* ad alimentarsi quali disfagie, fobie, spasmi esofagei e vomiti incoercibili; dai rifiuti del cibo di origine *malinconica* o *schizofrenica*; e infine dall'anoressia di origine *endocrina*.

Bibliografia

Barbetta P., *Anoressia e isteria. Una prospettiva clinico-culturale*, Raffaello Cortina, Milano 2005.

Borgna E., *Il punto di vista fenomenologico nell'anoressia maschile*, in L. E. Zappa (a cura di), *Narciso a tavola. L'anoressia nervosa nel maschio*, Franco Angeli, Milano 2007.

–, *Psicopatologia e corporeità, psicopatologia della corporeità*, in L. E. Zappa (a cura di), *Alice in fuga dallo specchio. Il disturbo dell'immagine corporea nell'anoressia nervosa e nel DCA. Un modello integrato di trattamento*, Franco Angeli, Milano 2009.

Bruch H., *Patologia del comportamento alimentare. Obesità, anoressia mentale e personalità* (1973), Feltrinelli, Milano 1977.

–, *La gabbia d'oro. L'enigma dell'anoressia mentale* (1978), Feltrinelli, Milano 1981.

–, *Anoressia. Casi clinici* (1988), Raffaello Cortina, Milano 1988.

Cacciato G., *L'anoressia mentale. Il "gioco della sabbia" come approccio rappresentativo*, in T. Giani Gallino, *A come Abuso, Anoressia, Attaccamento*, Bollati Boringhieri, Torino 1998.

Cassano G. B. (a cura di), *Disturbi dell'alimentazione*, in G. B. Cassano, P. Pancheri *et al.* (a cura di), *Trattato italiano di psichiatria* (1992), Masson, Milano 1999, vol. II, pp. 2505-2570.

Cauli G., *Anoressia nervosa*, in *Enciclopedia di psicologia*, Garzanti, Milano 1999.

Cuzzolaro M., *Anoressie e bulimie*, il Mulino, Bologna 2004.

De Masi F., *Angoscia*, in AA.VV., *Psiche. Dizionario storico di psicologia, psichiatria, psicoanalisi, neuroscienze*, Einaudi, Torino 2006-2007, vol. I, pp. 70-75.

DSM-5. American Psychiatric Association (APA), *DSM-5. Manuale diagnostico e statistico dei disturbi mentali* (2013), Raffaello Cortina, Milano 2014.

Galimberti F., *Il rifiuto dell'Altro nell'anoressia*, Franco Angeli, Milano 2001.

Gatti B., *L'anoressia mentale*, in A. A. Semi (a cura di), *Trattato di psicoanalisi*, vol. II: *Clinica*, Raffaello Cortina, Milano 1988-1989, pp. 579-618.

Genovesi A., *Nuove frontiere della nutrizione clinica*, in A. Costa, C. Pedrolli (a cura di), *Atti del Convegno 13-14 settembre 2007*, testo a stampa a cura della Regione Autonoma Trentino-Alto Adige, Trento 2008.

Gordon R. A., *Anoressia e bulimia. Anatomia di un'epidemia sociale* (1990), Raffaello Cortina, Milano 2004.

Lavanchy P., *Il corpo in fame*, Rizzoli, Milano 1994.

MacSween M., *Corpi anoressici* (1993), Feltrinelli, Milano 1999.

Marinelli S., *Il gruppo e l'anoressia*, Raffaello Cortina, Milano 2004.

Onnis L., *Il tempo sospeso. Anoressia e bulimia tra individuo, famiglia e società*, Franco Angeli, Milano 2004.

Pope H. G., Katz D. L., Hudson J. I., *Anorexia nervosa and reverse anorexia among 108 male bodybuilders*, in "Comprehensive Psychiatry", 1998, n. 51.

Recalcati M., *L'ultima cena. Anoressia e bulimia*, Bruno Mondadori, Milano 1997.

–, *Il corpo in ostaggio. Teoria e clinica dell'anoressia-bulimia*, Borla, Roma 1998.

–, *Clinica del vuoto. Anoressie, dipendenze, psicosi*, Franco Angeli, Milano 2002.

Ripa di Meana G., *Figure della leggerezza. Anoressia, bulimia, psicoanalisi*, Astrolabio, Roma 1995.

Riva E., *Adolescenza e anoressia. Corpo, genere, soggetto*, Raffaello Cortina, Milano 2009.

Selvini Palazzoli M., *L'anoressia mentale. Dalla terapia individuale alla terapia familiare*, Feltrinelli, Milano 1981.

Selvini Palazzoli M., Cirillo S., Selvini M., Sorrentino A. M., *Ragazze anoressiche e bulimiche. La terapia familiare*, Raffaello Cortina, Milano 1998.

Strepparava M. G., Rezzonico G., *Schema corporeo e immagine corporea nei disturbi alimentari psicogeni*, in B. Bauer, M. T. Ventura (a cura di), *Oltre la dieta. Una nuova cultura per i disturbi alimentari*, Centro Scientifico Editore, Torino 2005.

–, *Orientamenti della ricerca nell'anoressia maschile*, in L. E. Zappa (a cura di), *Narciso a tavola*, cit.

Testoni I., *Il Dio cannibale. Anoressia e culture del corpo in Occidente*, Utet Università, Torino 2001.

Zappa L. E., *Lo specchio deformante e l'immagine riflessa. Narcisismo e anoressia*, in Id. (a cura di), *Alice in fuga dallo specchio*, cit.

Anorgasmia, v. ORGASMO, § 2.

Anormalità, v. NORMA.

Anosmia (ingl. *Anosmia*; ted. *Anosmie*; fr. *Anosmie*; sp. *Anosmia*). Mancanza della sensazione olfattiva dovuta o a qualche ostacolo alle vie respiratorie o all'alterazione dei recettori o a lesione dei centri nervosi interessati.

Anosognosia, v. NEGLIGENZA SPAZIALE UNILATERALE (NSU); SOMATOAGNOSIA, § 1, *d*.

Anova, Modello, v. PERCEZIONE, § 12.

Ansia, v. ANGOSCIA – ANSIA.

Ansiolitico, v. PSICOFARMACOLOGIA, § I, 1, *b*.

Antagonista (ingl. *Antagonist*; ted. *Antagonist*; fr. *Antagoniste*; sp. *Antagonista*). L'aggettivo ha un duplice impiego: 1) riferito ai muscoli, riguarda l'azione bilanciata tra flessori ed estensori (agonisti e antagonisti) regolata dal sistema extrapiramidale; 2) riferito ai colori, indica la massima dissomiglianza cromatica tra due colori come il rosso e il verde, il giallo e il blu che, mescolati, danno colori acromatici. I colori antagonisti sono l'opposto di quelli complementari (v. COLORE).

Anticipazione (ingl. *Anticipation*; ted. *Voraussicht*; fr. *Anticipation*; sp. *Anticipación*). Capacità di proiettarsi nel futuro e di rendere presente alla propria coscienza l'avvenire. L'anticipazione è una caratteristica dell'Io necessaria per giudicare e programmare azioni successive adeguate. Richiede un corretto esame di realtà senza di cui un progetto d'azione rimane un semplice desiderio. L'anticipazione è richiesta inoltre nei processi conoscitivi per deduzione e induzione, e nella ricerca scientifica che oltrepassa sempre i dati forniti dall'esperienza attraverso un'intuizione anticipante. Nella psicologia dell'apprendimento (v. APPRENDIMENTO) Edward Chace Tolman chiama *anticipazione inferenziale* la capacità dell'animale di riorganizzare spontaneamente il suo comportamento nel percorrere il labirinto, quando a muoverlo è l'aspettativa; mentre, in sede cognitiva, Otto Selz parla di *errore di anticipazione* quando nel pensiero produttivo si anticipa un elemento della serie rispetto alla sequenza prevista.

Il concetto di anticipazione è stato ampiamente trattato in sede filosofica da Martin Heidegger, all'interno della tematica relativa alla progettualità (*Entwurf*) come anticipazione della morte, che consente la presa di coscienza della propria finitezza e dei corretti limiti dell'umano progettare. L'anticipazione della morte è inoltre per Heidegger l'unica esperienza che l'uomo ha della "propria morte", perché la morte degli altri non lo riguarda "propriamente". Mediata dalle figure esistenziali di Heidegger, la mancanza di anticipazione è assunta da Ludwig Binswanger come la caratteristica di base delle forme depressive, da lui raccolte sotto il termine "melanconia", caratterizzate da un delirio di perdita, dove la vera perdita di cui si lamenta il melanconico e di cui si autoaccusa non è tanto la perdita di qualcosa (denaro, amore, riconoscimenti, potere), ma «la perdita della possibilità di fare esperienza o, che è lo stesso, di non essere al mondo nella modalità umana dell'anticipazione, che da un passato rinvia a quel futuro autentico che ha i caratteri dell'e-vento e non del già-avvenuto» (1960, p. 51).

Bibliografia

Binswanger L., *Melanconia e mania* (1960), Bollati Boringhieri, Torino 1971.
Borgna E., *Malinconia*, Feltrinelli, Milano 1992.
Galimberti U., *La malinconia e la presenza perduta*, in Id., *Psichiatria e fenomenologia* (1979), nuova edizione ampliata, Feltrinelli, Milano 2017, pp. 293-311.
Heidegger M., *Essere e tempo* (1927), Utet, Torino 1978.
Jaspers K., *Filosofia* (1932-1956), Libro I: *Orientazione filosofica nel mondo*, Libro II: *Chiarificazione dell'esistenza*, Libro III: *Metafisica*, Utet, Torino 1978.
Selz O., *Zur Psychologie des produktiven Denkens und des Irrtums*, Friedrich Cohen, Bonn 1922.
Tolman E. Ch., *Il comportamento intenzionale negli animali e negli uomini* (1932), Armando, Roma 1983.

Anticoncezionale, v. CONTRACCEZIONE.

Anticonformismo, v. CONFORMISMO.

Anticonvulsivante, v. PSICOFARMACOLOGIA, § I, 2.

Antidepressivo, v. PSICOFARMACOLOGIA, § II, 1.

Antipatia (ingl. *Antipathy*; ted. *Abneigung*; fr. *Antipathie*; sp. *Antipatía*). Disposizione affettiva caratterizzata da incompatibilità nei confronti di persone, gruppi sociali, animali e cose che non si riescono ad accettare. Se è particolarmente accentuata può tradursi in odio. Dal punto di vista psicoanalitico, l'antipatia può essere determinata dalla PROIEZIONE (v.) su persone, animali e cose della parte rifiutata e quindi rimossa di sé.

Antipsichiatria, v. ISTITUZIONE PSICHIATRICA, § 2.

Antisocialità (ingl. *Antisocial behaviour*; ted. *Unsoziales Verhalten*; fr. *Conduite antisociale*; sp. *Conducta antisocial*). Condotta ostile all'organizzazione del gruppo sociale di appartenenza che si manifesta con attività che violano le regole che presiedono l'ordine vigente. Non ci sono criteri oggettivi di valutazione del grado di antisocialità, perché la misura dipende dal livello morale e culturale di una data popolazione o gruppo. La psicoanalisi interpreta le condotte antisociali a seconda che siano determinate da motivi consci, come nei delinquenti normali che seguono l'esempio di un modello criminale con assenza di Super-io e tratti di PSICOPATIA (v.), o da motivi inconsci particolarmente attivi nei delitti colposi, dove non è palese l'intenzione di uccidere. Sempre per la psicoanalisi, la condotta antisociale è da considerarsi alla stregua dei sintomi, da cui però differisce per un maggior grado di partecipazione dell'Io. La psicologia sociale nomina l'antisocialità *sociopatia abnorme* per distinguerla dalla *sociopatia deficitaria*, detta anche *asocialità*, caratterizzata dall'incapacità di instaurare relazioni sociali o di appartenenza a un gruppo (v. PSICOLOGIA SOCIALE, § 5). Non è raro che la sociopatia deficitaria si traduca in sociopatia abnorme attraverso la costituzione di gruppi delinquenti (v. DELINQUENZA).

Bibliografia

Argyle M., *Il comportamento sociale* (1974), il Mulino, Bologna 1976.
Bertolini P., *Delinquenza minorile e disadattamento*, Armando, Roma 1971.
Danziger K., *La socializzazione* (1971), il Mulino, Bologna 1973.

Antropoanalisi, v. ANALISI ESISTENZIALE.

Antropologia (ingl. *Anthropology*; ted. *Anthropologie*; fr. *Anthropologie*; sp. *Antropología*). Studio dell'uomo nella sua espressione biologica (antropologia fisica) e nella sua espressione socioculturale (antropologia culturale). La distinzione, più che dall'oggetto, nasce da un'esigenza metodologica, perché i metodi delle scienze esatte, idonei per l'aspetto biologico dell'uomo, non lo sono per lo studio della sua espressione storica, sociale e culturale. Naturalmente le due metodologie devono lavorare affiancate perché, come osserva Claude Lévi-Strauss, «ogni società umana modifica le condizioni del suo perpetuarsi fisico con un insieme complesso di regole quali la proibizione dell'incesto, l'endogamia, l'esogamia, il matrimonio preferenziale fra alcuni tipi di parenti, la poligamia, la monogamia, o semplicemente con l'applicazione più o meno sistematica di norme morali, sociali, economiche o estetiche. Conformandosi a regole, una società favorisce certi tipi di unione e ne esclude altri. L'antropologo che tentasse di interpretare l'evoluzione delle razze o delle sottorazze umane come se tale evoluzione fosse soltanto il risultato di condizioni naturali si chiuderebbe nello stesso vicolo cieco dello zoologo che volesse spiegare la differenziazione attuale dei cani con considerazioni puramente biologiche o ecologiche, senza tener conto dell'intervento umano: arriverebbe a ipotesi assolutamente fantastiche, o, più verosimilmente, al caos» (1958, p. 387).

La psicologia cominciò a interessarsi all'antropologia con Wilhelm Maximilian Wundt, autore del libro *Völkerpsychologie* (1900-1920) dedicato alla psicologia dei popoli, dove però la descrizione dei tratti psicologici collettivi non è organizzata da alcuna ipotesi. In seguito l'incontro delle discipline psicologiche con quelle antropologiche, a cui limiteremo la trattazione di questa voce, percorse le direzioni che schematicamente possiamo così individuare: 1) la psicoanalisi di Sigmund Freud e il mito dell'orda primitiva; 2) la psicologia analitica di Carl Gustav Jung e le rappresentazioni collettive di Lucien Lévy-Bruhl; 3) lo strutturalismo di Claude Lévi-Strauss e la rilettura psicoanalitica di Jacques Lacan; 4) i rapporti tra cultura e personalità individuale che hanno messo capo al movimento di pensiero denominato "Cultura e Personalità", nonché i problemi epistemologici sorti dall'incontro tra: 5) antropologia e psicologia (etnopsicologia), 6) antropologia e psicoanalisi (etnopsicoanalisi), 7) antropologia e psichiatria (etnopsichiatria). In tutti questi casi la psicologia dialoga con una delle correnti del pensiero antropologico di cui assimila di volta in volta il metodo, o in base al principio che ipotizza una corrispondenza tra filogenesi e ontogenesi, o per cercare i nessi tra le componenti collettive che strutturano una società, di cui ogni individuo è membro, e le componenti individuali di cui la psicologia illustra forma e struttura.

1. LA PSICOANALISI DI FREUD E IL MITO DELL'ORDA PRIMITIVA

a) Il primo a introdurre un principio dinamico in grado di dar ragione delle corrispondenze tra formazione della civiltà e formazione dell'individuo fu Freud, per il quale il processo di civilizzazione implica la repressione sessuale: «Dovremmo forse abituarci all'idea che un adeguamento della pulsione sessuale alle esigenze della civiltà non sia affatto possibile; che rinuncia e sofferenza nonché, in lontanissima prospettiva, il pericolo di estinzione del genere umano in seguito alla sua evoluzione civile non possano venir evitati. Questa fosca prognosi, certo, poggia sull'unica supposizione che la mancanza di soddisfacimento caratteristica della civiltà sia la conseguenza necessaria di certe particolarità che la pulsione sessuale ha assunto sotto la pressione della civiltà. La stessa incapacità della pulsione sessuale di fornire un pieno soddisfacimento appena sia sottomessa alle prime esigenze della civiltà diviene fonte, tuttavia, delle più grandiose creazioni culturali che scaturiscono da una sublimazione sempre più ampia delle varie componenti pulsionali» (1912, p. 431).

Questo principio ispira *Totem e tabù*, l'opera in cui Freud si impegna in un confronto serrato tra teoria psicoanalitica e mondo dei primitivi: «Nella concezione darwiniana dell'orda primordiale [...] non troviamo altro che un padre prepotente, geloso, che tiene per sé tutte le femmine e scaccia i figli via via che crescono. [...] Un certo giorno i fratelli scacciati si riunirono, abbatterono il padre e lo divorarono, ponendo fine così all'orda paterna. [...] Essi odiavano il padre, possente ostacolo al loro bisogno di potenza e alle loro pretese sessuali, ma lo amavano e lo ammiravano anche. Dopo averlo soppresso, aver soddisfatto il loro odio e aver imposto il loro desiderio di identificazione con lui, dovettero farsi sentire i moti di affetto nei suoi confronti fino a quel momento rimasti sopraffatti. Ciò accadde nella forma del rimorso, sorse un senso di colpa che coincide in questo esempio con il rimorso collettivo. Morto, il padre divenne più forte di quanto fosse stato da vivo, secondo un succedersi di eventi che ravvisiamo ancor oggi nel destino degli uomini. Ciò che prima egli aveva impedito con la sua esistenza, i figli se lo proibirono ora spontaneamente nella situazione psichica dell'"obbedienza posteriore", che conosciamo così bene attraverso la psicoanalisi. Revocarono il loro atto dichiarando proibita l'uccisione del sostituto paterno, il totem, e rinunciarono ai suoi frutti, interdicendosi le donne che erano diventate disponibili. In questo modo, prendendo le mosse dal loro filiale senso di colpa, crearono i due tabù fondamentali del totemismo, che proprio perciò dovevano coincidere con i due desideri rimossi del complesso edipico. Chi vi contravveniva si rendeva colpevole dei due soli delitti che preoccupavano la società primitiva» (1912-1913, pp. 145-147) che nell'ipotesi di Freud sono l'omicidio e l'incesto (v. TABÙ, § 4; TOTEM, § 2; SACRIFICIO, § 2).

Alla verifica degli antropologi la teoria di Freud si rivelò poco attendibile, ma non perse il suo significato di allusione teorica, volta a dimostrare che la civiltà si basa sulla repressione e la sublimazione degli istinti, così da incanalare energie sessuali regressive in energie lavorative costruttive, in una sorta di «baratto di un po' di felicità per un po' di sicurezza» (1929, p. 580). Alla base c'è il concetto secondo cui la sostituzione del principio di realtà al principio di piacere costituisce il grande episodio traumatico dello sviluppo dell'uomo, inteso tanto come specie (filogenesi), quanto come individuo (ontogenesi). Filogeneticamente questo evento si verificò per la prima volta nell'orda primitiva, quando il padre primordiale monopolizzò potere e piacere costringendo i figli a rinunciarvi. Ontogeneticamente esso ha luogo durante il periodo della prima infanzia dove la sottomissione al principio di realtà viene imposta da parte dei genitori e degli educatori. Ma sia sul piano della specie che su quello dell'individuo, la sottomissione si ripete continuamente. Il dominio del padre primordiale è seguito, dopo la prima ribellione, dal dominio dei figli, e il clan fraterno, sviluppandosi, si trasforma in dominio sociale e politico istituzionalizzato (v. ENDOGAMIA – ESOGAMIA). Il principio di realtà si materializza in un sistema di istituzioni, e l'individuo che cresce nell'ambito di un sistema di questo genere sente le esigenze del principio di realtà come esigenze di legge e ordine e le trasmette alla successiva generazione.

b) A questa ipotesi di Freud si rifanno gli studi e le ricerche di Géza Róheim, che attribuisce il ruolo principale nella costituzione dei vari modelli e istituzioni culturali alla straordinaria durata dell'infanzia umana e alle tensioni che vi sono connesse a causa del necessario rapporto di dipendenza del figlio dalla madre, con conseguente difficoltà nell'acquisizione di un Io differenziato: «Dopo le mie ricerche antropologiche sul terreno – scrive Róheim – ho sostenuto che la cultura è dovuta al ritardo, cioè a un rallentamento del processo di crescita, a un prolungamento della situazione infantile. [...] Giunsi così alla conclusione che proprio come gli uomini viventi, che conosciamo veramente, devono la formazione del loro carattere e la loro nevrosi alla situazione infantile, e proprio come le variazioni nella cultura sono dovute a variazioni nella situazione infantile, la grande variazione nota come genere umano deve essere dovuta alla stessa causa» (1943, p. 26).

c) Le semplificazioni di Róheim non favorirono immediatamente quel dialogo tra antropologia e psicoanalisi che fiorì dopo che Bronisław Malinowski ebbe a dichiarare: «Ho accertato con la mia analisi che le teorie di Freud non solo corrispondono grosso modo alla psicologia umana, ma seguono da vicino le variazioni della natura umana determinate dalle varie costruzioni della società. Ho accertato in altre parole una profonda correlazione tra il tipo di società e il complesso nucleare che si manifesta. Si tratta di una notevole conferma del principale dettame della psicologia freudiana, anche se ci potrà costringere a modificarne determinati dettagli, o meglio a rendere più elastiche determinate sue formule» (1923, p. 331).

Le ricerche di Malinowski erano infatti centrate sul tabù dell'INCESTO (v.), con conseguente esogamia, su cui Freud, a partire dal complesso edipico, aveva organizzato la sua concezione dinamica della psicologia. Scrive infatti Malinowski: «L'impulso sessuale, che è in generale una potente forza di sovvertimento e di disgregazione sociale, non può invadere un sentimento previamente esistente, senza produrre in esso un mutamento rivoluzionario. L'interesse sessuale è quindi incompatibile con ogni relazione familiare sia fra i genitori e i figli che fra fratelli e sorelle, perché queste relazioni si costituiscono nel periodo presessuale della vita umana e sono fondate sopra profonde esigenze fisiologiche di natura non sessuale. Se la passione erotica potesse invadere l'ambiente della casa, non solo istituirebbe gelosie ed elementi di competizione e disorganizzazione della famiglia, ma sovvertirebbe pure i legami più fondamentali di parentela, sulla quale è fondato ogni ulteriore sviluppo delle relazioni sociali» (1931, p. 155).

Il tabù dell'incesto ha quindi la funzione di evitare lo stato di ANOMIA (v.) che si verrebbe a creare nell'istituto familiare qualora l'impulso sessuale potesse manifestarsi liberamente fra tutti i membri del gruppo stesso, per poi estendersi a tutta la società. Questa *funzione* ne determina il *senso*, secondo la teoria funzionalistica che Malinowski estende alla pratica dell'esogamia, utile ad evitare le competizioni all'interno del clan, creando, tramite i matrimoni, relazioni sociali pacifiche all'esterno. In questo modo, conclude Malinowski: «Noi vediamo che ogni istituzione contribuisce da una parte all'opera di integrazione di una società come un tutto, ma soddisfa dall'altra i bisogni fondamentali dell'individuo» (1939, pp. 962-963).

d) Sul tema dell'orda primitiva e sull'ipotesi freudiana sottesa è tornato Herbert Marcuse, secondo cui le condizioni opulente raggiunte dalla nostra civiltà potrebbero consentire l'ipotesi di una società che non ha più bisogno di essere repressiva, e quindi di ottenere prestazioni lavorative a spese delle pulsioni istintuali (v. DESIDERIO, § 5).

2. LA PSICOLOGIA ANALITICA DI JUNG E LE RAPPRESENTAZIONI COLLETTIVE DI LÉVY-BRUHL

a) Questo filone di ricerca vuole individuare nella vita dei primitivi simboli e archetipi intesi come modelli originari della psiche in cui sono reperibili le forme della sua evoluzione. Sede di questi modelli è per Jung l'*inconscio collettivo* dove è «la storia non scritta dell'uomo da tempi immemorabili; la formula razionale può bastare al presente o all'immediato passato, ma non all'esperienza umana che, nella sua totalità, esige quella più ampia visione che solo il simbolo può dare. [...] Rendersene conto è necessario non solo per conservare i tesori incomparabili della nostra civiltà, ma per aprirsi una nuova via ad antiche verità che, per la stranezza del loro simbolismo, sono perdute per la nostra ragione» (1942-1948, pp. 183, 193).

Queste antiche verità custodite dalla "mentalità primitiva" sono rintracciabili, a parere di Jung, nelle "rappresentazioni collettive" di cui parla Lévy-Bruhl: «Chiamo collettivi – scrive Jung – tutti quei contenuti psichici che non sono peculiari di un solo individuo, ma contemporaneamente di molti individui: cioè di una società, di un popolo o dell'umanità. Tali contenuti sono le *rappresentazioni collettive mistiche* dei primitivi descritte da Lévy-Bruhl e così pure i *concetti generali* di diritto, stato, religione, scienza ecc. comunemente usati dagli uomini civili. Ma non solo concetti e opinioni vanno chiamati collettivi, bensì anche i *sentimenti*, perché, come mostra Lévy-Bruhl, per i primitivi le rappresentazioni collettive costituiscono anche sentimenti collettivi. A causa di questo valore collettivo di sentimento egli denomina le *représentations collectives* anche *mystiques*, perché queste rappresentazioni non sono di ordine meramente intellettuale, ma anche emozionale» (1921, p. 429; v. PSICOLOGIA ANALITICA, § 3).

b) Dal canto suo Lévy-Bruhl scrive: «Le rappresentazioni dette collettive, per limitarci a definirle sommariamente, si riconoscono dalle seguenti caratteristiche: sono comuni ai membri di un dato gruppo sociale; si trasmettono di generazione in generazione; si impongono agli individui e suscitano in loro, secondo i casi, sentimenti di rispetto, di timore, di adorazione ecc. per i loro oggetti. Esse non hanno bisogno dell'individuo per esistere, non perché implichino un soggetto collettivo distinto dagli individui che compongono il gruppo sociale, ma perché si presentano con caratteri di cui non ci si può render conto considerando solo gli individui come tali. Così è per la lingua, la quale, per quanto a rigor di termini non esista che nello spirito degli individui che la parlano, è tuttavia un'indubitabile realtà sociale, fondata su un insieme di rappresentazioni collettive. E poiché si impone a ciascuno di questi individui essa gli preesiste e gli sopravvive. Da ciò scaturisce una conseguenza estremamente importante su cui i sociologi hanno giustamente insistito e che era sfuggita agli antropologi. Per comprendere il meccanismo delle istituzioni (soprattutto nelle società inferiori) bisogna innanzitutto disfarsi di quel pregiudizio secondo cui si crede che le rappresentazioni collettive in generale e quelle delle società inferiori in particolare obbediscano alle leggi della psicologia fondata sull'analisi del soggetto individuale. Le rappresentazioni collettive hanno le proprie leggi che non possono scoprirsi, soprattutto quando si tratta di primitivi, basandosi sullo studio dell'individuo "bianco, adulto, civilizzato". Al contrario, dallo studio delle rappresentazioni collettive e dei loro legami nelle società inferiori, ricaveremo delle conoscenze che ci consentiranno di far luce sulla genesi delle nostre categorie e dei nostri principi logici. Già Émile Durkheim e i suoi collaboratori hanno dato qualche esempio di quanto si può ottenere seguendo questa strada. Senza dubbio essa condurrà ad una teoria della conoscenza positiva e nuova fondata sul metodo comparativo» (1910, pp. 32-33).

3. LO STRUTTURALISMO DI LÉVI-STRAUSS E LA RILETTURA PSICOANALITICA DI LACAN

a) Il principio sul quale Lévi-Strauss edifica il metodo strutturalista (v. STRUTTURALISMO) si fonda sulla possibilità di trasferire i modelli analitici della linguistica dal campo nel quale sono stati all'origine elaborati a quello dei fenomeni sociali. Il gradiente è offerto dall'omologia che Lévi-Strauss vede tra il *fonema*, atomo del sistema linguistico, e l'*unità elementare della parentela*, come sistema di atteggiamenti e di rapporti fra individui, fissato da regole, interpretabile e descrivibile in termini rigorosi come sono quelli che si possono ricavare dalla moderna linguistica strutturale: «Nello studio dei fenomeni di parentela (e forse anche nello studio di altri problemi), il sociologo si trova in una situazione formalmente simile a quella del linguista fonologo: come i fonemi, i termini di parentela sono elementi di significato: anch'essi acquistano tale significato solo a condizione di integrarsi in sistemi; i sistemi di parentela, come i sistemi fonologici, sono elaborati dall'intelletto allo stadio di pensiero inconscio; infine la ricorrenza, in regioni del mondo fra loro lontane e in società profondamente differenti, di forme di parentela, regole di matrimonio, atteggiamenti ugualmente prescritti tra certi tipi di parenti ecc., induce a credere che, in entrambi i casi, i fenomeni osservabili risultano dal gioco di leggi generali ma nascoste. Si può dunque formulare il problema nel modo seguente: in un altro ordine di realtà, i fenomeni di parentela sono fenomeni dello stesso tipo dei fenomeni linguistici. Può il sociologo, utilizzando un metodo analogo per quanto riguarda la forma (se non per quanto riguarda il contenuto) a quello adottato dalla fonologia, far compiere alla sua scienza un progresso analogo a quello che da poco si è prodotto nelle scienze linguistiche?» (1958, p. 48).

b) La risposta di Lévi-Strauss è positiva, come positiva è la risposta di Lacan che, seguendo il modello di Lévi-Strauss e rifacendosi agli stessi autori che sono per entrambi Ferdinand de Saussure e Roman Jakobson, ipotizza la possibilità di associare i processi metaforici e metonimici del linguaggio rispettivamente alla condensazione e allo spostamento che sono i meccanismi di funzionamento dell'inconscio nelle sue formazioni (v. METAFORA, § 2). A questo punto sia il sogno sia il sintomo sono per Lacan analizzabili supponendo una struttura identica alla struttura del linguaggio: «Questo si riferisce al fondamento di tale struttura, cioè alla duplicità che sottomette a leggi distinte i due registri che vi si collegano: quello del significante e quello del significato. Qui la parola "registro" designa due concatenamenti presi nella loro globalità, e il mettere al primo posto la loro distinzione sottrae a priori all'esame ogni possibilità di far sì che questi due registri si equivalgano termine a termine, quale sia l'ampiezza cui li si arresta» (1957, p. 437).

Partendo da queste premesse, Lacan può ipotizzare una corrispondenza tra la struttura dell'inconscio e quella del linguaggio che è identica nella sua dimensione sincronica, o disposta a piani all'interno di una medesima classe di elementi articolati in categorie e sottoinsiemi, secondo precise leggi di ordinamento, come aveva previsto Lévi-Strauss a cui Lacan riconosce il debito: «Crediamo che il nostro modo di usare il termine "struttura" possa essere autorizzato dal modo introdotto da Claude Lévi-Strauss» (1966, p. 865). L'adozione di questo metodo, a parere di Lacan, non solo emanciperebbe la psicoanalisi dall'approssimazione delle scienze umane, ma addirittura eliminerebbe la distinzione tra scienze umane e scienze esatte: «L'opposizione scienze esatte-scienze congetturali non può più reggersi, a partire dal momento in cui la congettura è suscettibile di un calcolo esatto (probabilità), ed in cui l'esattezza non si fonda che su un formalismo che separa assiomi e leggi di raggruppamento dei simboli» (ivi, p. 867; v. LACANIANA, TEORIA, §§ 2, 8).

4. CULTURA E PERSONALITÀ. Sono così chiamati gli studi volti a individuare la dinamica tra il momento psicologico individuale dell'uomo (v. PERSONALITÀ) e la realtà collettiva (v. CULTURA).

a) I primi contributi allo studio di questo rapporto sono di Ruth Benedict, per la quale «le culture sono una psicologia individuale in proiezione ingrandita, munita di proporzioni gigantesche e di un lungo arco temporale» (1932, p. 24). E ancora: «Nessun antropologo che conosca culture diverse dalla nostra ha mai pensato agli individui come automi che eseguono meccanicamente le prescrizioni della loro civiltà, e nessuna fra le culture finora studiate è stata capace di sradicare le differenze di temperamento fra i vari individui che ne partecipano. C'è sempre un rapporto di dare e avere» (1934, p. 253).

b) Di fronte all'impiego delle teorie freudiane in campo antropologico Franz Boas reagisce dicendo che «se possiamo accogliere favorevolmente l'applicazione di qualsiasi progresso nel metodo dell'indagine psicologica, non possiamo ammettere, come progresso nel metodo etnologico, il puro e semplice trasferimento di un metodo nuovo e unilaterale di indagine psicologica dalla sfera dell'individuo a quella dei fenomeni sociali, di cui si può dimostrare che l'origine è storicamente determinata e soggetta a influssi che non sono affatto paragonabili a quelli da cui dipende la psicologia dell'individuo» (1948, p. 298).

c) Per una corretta impostazione del rapporto tra cultura e personalità individuale bisognerà attendere Abram Kardiner che, abbandonando il problema delle origini, che a suo parere non può fornire una "spiegazione" della società, si applica allo studio dei rapporti dinamici tra individuo e istituzioni, dove «le variabili sono le istituzioni che compongono la realtà esterna, e la costante sono i bisogni biologici dell'individuo» (1939, p. 129). Con questa formulazione, Kardiner rispetta lo schema freudiano che oppone il principio di realtà (istituzioni) al principio di piacere (bisogni biologici). Dalla loro combinazione nasce il concetto di *personalità di base* che, secondo Kardiner, è l'elemento che può fungere da mediatore tra l'analisi dell'individuo e quella della società, perché le istituzioni con cui un individuo è in contatto nel suo periodo formativo lo condizionano fino a indurgli un certo tipo di personalità che, quando è formata, determina a sua volta le reazioni dell'individuo nei confronti di altre istituzioni con cui viene a contatto. Ne consegue che gli individui che costituiscono una società all'inizio sono plasmati dalle istituzioni della cultura che li ospita, ma in seguito plasmano le istituzioni e ne creano di nuove. Definita come «configurazione della personalità condivisa dalla maggior parte della società e risultante dalle prime esperienze che tutti hanno in comune» (ivi, p. 46), la personalità di base s'è rivelata un concetto utilissimo per la convergenza di studi psicologici da un lato e antropologici e sociali dall'altro, anche se, precisa sempre Kardiner, «non è un concetto delimitato ed esatto; perché esso indica solo che, nelle limitazioni stabilite dalle istituzioni, l'individuo è obbligato a reagire in un certo modo, e quale che sia il risultato che assume la forma di carattere individuale, lo sfondo istituzionale è l'asse attorno al quale si articolano le diverse polarità individuali» (ivi, pp. 393-394).

d) Ralph Linton, che ha elaborato le sue ricerche con Kardiner, scrive che «in effetti il più grave problema che la definizione della personalità implica è quello della sua delimitazione. L'individuo e il suo ambiente costituiscono una configurazione dinamica, e la totalità, delle cui parti è così strettamente interrelata, è in una condizione di tale costante interazione, che è assai difficile dire dove si debbono tracciare le linee di demarcazione. Ai fini della presente discussione, la personalità viene considerata quale "l'aggregato organizzato di processi e di dati psicologici che concernono l'individuo"» (1945, p. 54). In questo aggregato intervengono elementi "universali", elementi "speciali" ed elementi "alternativi" che Linton così elenca: «Anzitutto ci sono idee, abitudini e reazioni emotive condizionate che sono comuni a tutti i membri adulti e normali della società. Chiameremo questi elementi "universali". [...] In secondo luogo abbiamo quegli elementi della cultura che sono condivisi dai membri di certe categorie di individui socialmente riconosciute, ma che non sono condivisi da tutta la popolazione. Questi elementi li chiameremo "speciali". [...] In terzo luogo, in ogni cultura c'è un numero considerevole di tratti che sono condivisi da certi individui, ma che non sono comuni a tutti i membri della società, e neppure a tutti i membri delle categorie socialmente riconosciute. Chiameremo questi tratti elementi "intercambiabili" o "alternativi". [...] Al di là dei limiti della cultura esiste anche una quarta categoria di abitudini, idee e reazioni emotive condizionate, quelle delle *caratteristiche individuali*» (1936, pp. 302-304). I tratti universali e speciali costituiscono in una cultura gli elementi accettati, spesso anche istituzionalizzati, invece i tratti alternativi rappresentano gli elementi non necessari, che fanno sentire il loro peso soprattutto in periodi di forte trasformazione sociale.

5. Etnopsicologia. Con questa denominazione Georges Devereux aduna gli scambi reciproci tra psicologia e antropologia, da lui giudicati troppo parziali, perché privilegiano di volta in volta il metodo antropologico o quello psicologico senza una particolare cura epistemologica. Per superare questa parzialità Devereux ipotizza che i vari metodi possono essere fruttuosi e validi solo se non sono assunti insieme, ma in un rapporto di *complementarità* nell'accezione che a questo termine assegna la fisica quantistica: «La necessità di un "doppio discorso" (esplicativo) non è determinata dal fatto che il comportamento umano sia "surdeterminato", ma semplicemente dal fatto che nessun punto di vista è esaustivo nello studio dell'uomo. Un fenomeno umano che venga spiegato in un solo modo rimane, per così dire, ancora inesplicato, anche e soprattutto se la prima spiegazione lo rende perfettamente comprensibile, controllabile e prevedibile nel quadro di riferimento che gli è proprio» (1972, p. 11). La complementarità dei metodi relativizza tutte le dispute e soprattutto ospita la varietà dei punti di vista sullo stesso fenomeno, che nessun ordine di spiegazione esaurisce se non nel suo quadro di riferimento. Partendo da queste premesse metodologiche è nata la Psicologia transculturale (v.) che, adottando il metodo comparativo, mette a confronto soggetti appartenenti a diverse culture per poter distinguere gli aspetti universali del comportamento umano da quelli che si sviluppano esclusivamente in relazione a specifiche pratiche culturali.

6. Etnopsicoanalisi. In questo ambito, due sono le direzioni della ricerca: la prima, inaugurata da Freud e da Jung, tende a rintracciare nei modelli mentali e comportamentali dei primitivi le linee di fondo o, come dice Jung, gli archetipi (v. Archetipo) che sono alla base della costituzione psichica dell'uomo. Dal punto di vista epistemologico sottesa a questa ricerca c'è l'ipotesi di costruire una psicologia *oggettiva* per tutti uguale nelle sue componenti di base, percorsa da un sottile Determinismo (v.), perché lo svolgimento psichico di ciascun individuo non si scosterebbe molto dallo svolgimento psichico dell'umanità in generale nel corso della sua progressiva evoluzione. Non mancano attenuazioni a questa tesi, come nel caso della definizione di "esoedipico" applicato da Gilles Deleuze e Félix Guattari agli psicotici e dagli etnopsicoanalisti ai primitivi i quali, crescendo in gruppo e non con un padre e una madre ben definiti, non percorrerebbero le tappe edipiche descritte da Freud (v., in questa voce, §§ 1-2). Ciò non toglie che Freud ha esteso le sue ricerche dallo psicologico al sociale con un passaggio dal "biologico", che è alla base della sua teoria, al "culturale", come appare nei suoi scritti: *Totem e tabù*, *Psicologia delle masse e analisi dell'Io*, *L'avvenire di un'illusione*, *Il disagio della civiltà*, *L'uomo Mosè e la religione monoteistica*, senza trascurare una sua attitudine comparativista come in *Azioni ossessive e pratiche religiose* dove istituisce nessi tra la nevrosi e la ritualità magico-religiosa.

La seconda direzione di ricerca, senza escludere l'applicabilità della psicoanalisi all'interpretazione delle culture diverse, rifiuta di assumerla aprioristicamente come universalmente valida. Questa posizione ha il suo maggior rappresentante in Devereux che dice: «Non postulo affatto a priori la validità universale della psicoanalisi. Di conseguenza, metodologicamente e solo a fini dimostrativi, negherò addirittura che esista una "scienza della psicoanalisi" nel senso in cui esiste una "scienza della fisiologia", postulerò che ciò che si intende, in genere, per psicoanalisi è solo una serie di conclusioni sociopsicologiche indotte dallo studio intensivo della classe media viennese degli anni precedenti la Prima guerra mondiale. Per la stessa ragione, considererò Freud in *questo* contesto, non come il fondatore di una nuova scienza, ma come uno studioso di psicologia e di sociologia particolarmente meticoloso, che ha lavorato con gli indigeni di Vienna e ha formulato una serie di conclusioni generali valide per i *soli* viennesi» (1972, pp. 81-83).

7. Etnopsichiatria. In questo ambito è stata presa in esame la legittimità o meno di applicare la nosografia delle malattie mentali, quale è stata elaborata in Occidente, alle altre culture non occidentali. Questo tipo di indagine, detta anche *ricerca psichiatrica transculturale* (v. Psicologia transculturale), ha constatato delle disomogeneità per cui: o si è *in presenza* di sindromi a noi sconosciute come l'*isteria artica* presente in Siberia, la *psicosi Witiko* caratterizzata da desideri cannibalici, il Koro (v.) che è una forma di delirio di castrazione, il Latah (v.) che è una sorta di imitazione convulsiva del mondo circostante, l'*amok* che è una follia omicida che si riscontra solo negli uomini; o si è *in assenza* di forme psicotiche da noi diffuse come la schizofrenia, che secondo alcuni non si manifesta tra le popolazioni non occidentalizzate, e la paranoia difficilmente riscontrabile perché mascherata dai riti religiosi.

Già Emil Kraepelin, di ritorno da Giava, riferisce in un articolo del 1904 che in quell'isola dell'Indonesia le forme depressive erano molto rare e per giunta non connotate, come da noi in Occidente, da vissuti colpevolizzanti. Istruito da questa esperienza, propone una "Psichiatria comparativa per lo studio psicologico delle nazioni". Oggi, dopo gli studi di Devereux e del suo discepolo Tobie Nathan, potremmo chiederci se alcune forme di sofferenza psichica come la depressione accompagnata da sensi di colpa, disturbi alimentari, disturbi di personalità, ansia, panico, non siano da considerarsi tipiche dell'uomo occidentale contemporaneo.

Queste constatazioni hanno avvalorato la tesi della psichiatria sociale e dell'antipsichiatria secondo le quali è decisiva nello sviluppo della malattia la componente socioculturale, e di conseguenza è relativa la discriminazione tra "normale" e "patologico". Su questa base si è tentata una definizione di devianza in termini relativi alla *cultura*, e non alla *natura*, con riferimento ai valori medi condivisi dal gruppo di appartenenza (v. Norma, § 3). Al "Secondo Colloquio Panafricano di Psichiatria" tenutosi nel 1968 si è concluso di riconoscere l'*unità* fondamentale dei processi psicopatologici, almeno nelle loro forme più gravi, e la *diversità* delle manifestazioni esterne, oltre alla difficoltà di riconoscimento, per cui uno schizofrenico, integrato e onorato nel gruppo come uno sciamano, non è avvertito come patologico. La metodologia etnopsichiatrica, di cui in Italia abbiamo avuto i primi esempi con i lavori di Ernesto De Martino, si rivela particolarmente utile in presenza di una forte Migrazione (v.) che determina sofferenze psichiche dovute a disorientamento e sradicamento, nonché casi clinici da imputare a vittime della tratta e di violenze.

Bibliografia

Amselle J.-L., *Connessioni. Antropologia dell'universalità delle culture* (2000), Bollati Boringhieri, Torino 2001.

Ancora A., *La dimensione transculturale della psicopatologia*, Edizioni Universitarie Romane, Roma 1997.

Bastide R., *Sociologia e psicoanalisi* (1950), Dedalo, Bari 1972.

Beattie J., *Uomini diversi da noi. Lineamenti di antropologia sociale* (1964), Laterza, Bari 1972.

Benedict R., *Configurations of culture in North America*, in "American Anthropologist", 1932, n. XXXIV.

–, *Modelli di cultura* (1934), Feltrinelli, Milano 1970.

Beneduce R., *Trance e possessione in Africa. Corpi, mimesi, storia*, Bollati Boringhieri, Torino 2002.

–, *Etnopsichiatria. Sofferenza mentale e alterità fra storia, dominio e cultura*, Carocci, Roma 2007.

Beneduce R., Roudinesco É. (a cura di), *Antropologia e psicoanalisi*, vol. I: *Etnopsicoanalisi. Temi e protagonisti di un dialogo incompiuto*, vol. II: *Antropologia della cura*, Bollati Boringhieri, Torino 2005.

Boas F., *Race, language and culture*, Collier Macmillan, Toronto 1948.

Cardamone G., Inglese S., Zorzetto S. (a cura di), *Djon Djongonon. Psicopatologia e salute mentale nelle società multiculturali*, Colibrì, Paderno Dugnano 1999.

Ceccarelli F., *Il tabù dell'incesto. I fondamenti biologici del linguaggio della cultura*, Einaudi, Torino 1978.

Coppo P., *Etnopsichiatria*, il Saggiatore, Milano 1996.

–, *Tra psiche e culture. Elementi di etnopsichiatria*, Bollati Boringhieri, Torino 2003.

–, *Le ragioni degli altri. Etnopsichiatria, etnopsicoterapie*, Raffaello Cortina, Milano 2013.

Cresswell R. (a cura di), *Il laboratorio dell'etnologo* (1975), il Mulino, Bologna 1981.

Deleuze G., Guattari F., *L'anti-Edipo. Capitalismo e schizofrenia* (1972), Einaudi, Torino 1975.

De Martino E., *Sud e magia* (1959), Feltrinelli, Milano 2001.

–, *La fine del mondo. Contributo all'analisi delle apocalissi culturali*, Einaudi, Torino 1977.

Devereux G., *Essais d'etno-psychyatrie générale*, Gallimard, Paris 1970.
–, *Saggi di etnopsicoanalisi complementarista* (1972), Bompiani, Milano 1975.
Durkheim É., *Le forme elementari della vita religiosa* (1912), Edizioni di Comunità, Milano 1971.
Freud S., *Azioni ossessive e pratiche religiose* (1907), in *Opere* (1967-1993), Bollati Boringhieri, Torino, vol. V.
–, *Sulla più comune degradazione della vita amorosa* (1912), in *Contributi alla psicologia della vita amorosa* (1910-1917), in *Opere*, cit., vol. VI.
–, *Totem e tabù. Alcune concordanze nella vita psichica dei selvaggi e dei nevrotici* (1912-1913), in *Opere*, cit., vol. VII.
–, *Psicologia delle masse e analisi dell'Io* (1921), in *Opere*, cit., vol. IX.
–, *L'avvenire di un'illusione* (1927), in *Opere*, cit., vol. X.
–, *Il disagio della civiltà* (1929), in *Opere*, cit., vol. X.
–, *L'uomo Mosè e la religione monoteistica. Tre saggi* (1934-1938), in *Opere*, cit., vol. XI.
Galimberti U., *Antropologia culturale*, in AA.VV., *Gli strumenti del sapere contemporaneo*, vol. I: *Le discipline*, Utet, Torino 1985, pp. 3-17.
Jung C. G., *Tipi psicologici* (1921), in *Opere* (1969-2007), Bollati Boringhieri, Torino, vol. VI.
–, *Gli archetipi dell'inconscio collettivo* (1934-1954), in *Opere*, cit., vol. IX, 1.
–, *Saggio d'interpretazione psicologica del dogma della Trinità* (1942-1948), in *Opere*, cit., vol. XI.
Jung C. G., Kerényi K., *Prolegomeni allo studio scientifico della mitologia* (1940-1941), Bollati Boringhieri, Torino 1972.
Kardiner A., *L'individuo e la sua società. La struttura della "personalità di base" nelle società primitive. Un incontro tra psicoanalisi e antropologia culturale* (1939), Bompiani, Milano 1965.
Kardiner A., Preble E., *Lo studio dell'uomo* (1961), Bompiani, Milano 1964.
Kraepelin E., *Psichiatria comparativa* (1904), in "I Fogli di Oriss", 1996, n. 6, pp. 193-198.
Kroeber A. L., *Antropologia. Razza, lingua, cultura, psicologia, preistoria* (1923-1948), Feltrinelli, Milano 1983.
Lacan J., *Funzione e campo della parola e del linguaggio in psicoanalisi* (1953), in *Scritti* (1936-1966), Einaudi, Torino 1974, vol. I.
–, *La psicoanalisi e il suo insegnamento* (1957), in *Scritti*, cit., vol. I.
–, *La scienza e la verità* (1966), in *Scritti*, cit., vol. II.
Laplantine F., *L'etnopsichiatria* (1973), Tattilo, Roma 1974.
Lévi-Strauss C., *Le strutture elementari della parentela* (1947), Feltrinelli, Milano 1972.
–, *Antropologia strutturale* (1958), il Saggiatore, Milano 1966.
Lévy Bruhl L., *Psiche e società primitive* (1910), Newton Compton, Roma 1970.
–, *La mentalità primitiva* (1922), Einaudi, Torino 1966.
–, *L'anima primitiva* (1927), Bollati Boringhieri, Torino 1962.
Linton R., *Lo studio dell'uomo* (1936), il Mulino, Bologna 1973.
–, *The cultural background of personality*, Appleton-Century-Crofts, New York 1945.
Maffei L., *La libertà di essere diversi. Natura e cultura alla prova delle neuroscienze*, il Mulino, Bologna 2014.
Malinowski B., *Psychoanalysis and anthropology*, in "Psyche", 1923, vol. IV.
–, *Il mito e il padre nella psicologia primitiva* (1926-1927), Newton Compton, Roma 1976.
–, *Sesso e repressione sessuale tra i selvaggi* (1927), Bollati Boringhieri, Torino 1969.
–, *Cultura* (1931), in AA.VV., *Il concetto di cultura. I fondamenti teorici della scienza antropologica*, Einaudi, Torino 1970.
–, *The group and the individual in functional analysis*, in "American Journal of Sociology", 1939, n. 44.
–, *Teoria scientifica della cultura e altri saggi* (1944), Feltrinelli, Milano 1962.
Marcuse H., *Eros e civiltà* (1955), con *Prefazione politica* (1966), Einaudi, Torino 1968.
Mauss M., *Manuale di etnografia* (1947), Jaca Book, Milano 1969.
–, *Teoria generale della magia e altri saggi* (1950), Einaudi, Torino 1965.
Mead M., *Sesso e temperamento in tre società primitive* (1935), il Saggiatore, Milano 1967.
–, *Maschio e femmina* (1949), il Saggiatore, Milano 1962.
Mellina S. (a cura di), *Medici e sciamani fratelli separati. Arte del curare tra cielo e terra. Etnomedicina, etnopsichiatria, antropologia della salute*, Lombardo Editore, Roma 1997.
Nathan T., *Principi di etnopsicoanalisi* (1993), Bollati Boringhieri, Torino 1996.
–, *Non siamo soli al mondo* (2001), Bollati Boringhieri, Torino 2003.
Róheim G., *Origine e funzione della cultura* (1943), Feltrinelli, Milano 1972.
–, *Psicoanalisi e antropologia* (1950), Rizzoli, Milano 1974.
Rossi R. (a cura di), *Psichiatria transculturale*, in G. B. Cassano, P. Pancheri *et al.* (a cura di), *Trattato italiano di psichiatria* (1992), Masson, Milano 1999, vol. II, pp. 2645-2677.
Sapir E., *Cultura, linguaggio e personalità* (1949), Einaudi, Torino 1972.
Steiner F. B., *Tabù* (1956), Bollati Boringhieri, Torino 1980.
Tullio-Altan C., *Antropologia funzionale*, Bompiani, Milano 1968.
–, *Antropologia. Storia e problemi*, Feltrinelli, Milano 1983.
Warren N. (a cura di), *Studies in cross-cultural psychology*, Academic Press, London-New York 1977-1980.
Whorf B. L., *Linguaggio, pensiero e realtà* (1956), Bollati Boringhieri, Torino 1970.
Wundt W. M., *Elementi di psicologia dei popoli. Linee fondamentali della storia dell'evoluzione psicologica dell'umanità* (1900-1920), in *Scritti scelti*, Utet, Torino 2006.

Antropomorfismo (ingl. *Anthropomorphism*; ted. *Anthropomorphismus*; fr. *Anthropomorphisme*; sp. *Antropomorfismo*). Tendenza a interpretare aspetti animati e inanimati dell'ambiente in analogia all'esperienza interiore dell'uomo. Questa definizione generale trova due campi di applicazione: 1) La *religione* dove, dal pensiero mitico dei primitivi a oggi, esiste la tendenza a figurarsi la divinità sul modello dell'uomo. Contro questa tendenza hanno combattuto la filosofia, da Senofane a Friedrich Nietzsche, e la scienza quando nel Cinquecento ha invitato ad abbandonare le letture antropomorfiche della natura per poterla leggere, come scrive Bernardino

Telesio, «iuxta propria principia». 2) L'*etologia* dove si attribuiscono agli animali capacità psichiche simili a quelle dell'uomo. Charles Darwin e Konrad Lorenz sposano l'impostazione antropomorfica descrivendo il comportamento animale sul modello di quello umano. Ad essi si oppone la PSICOLOGIA ANIMALE (v.) di Niko Tinbergen per il quale non esistono elementi che giustifichino l'analogia tra le esperienze soggettive degli uomini e quelle degli animali.

Bibliografia

Darwin Ch., *L'espressione delle emozioni nell'uomo e negli animali* (1872), Bollati Boringhieri, Torino 1982.
Feuerbach L., *L'essenza del cristianesimo* (1841), Ponte alle Grazie, Firenze 1994.
Griffin D. R., *L'animale consapevole* (1976), Bollati Boringhieri, Torino 1979.
Lévy-Bruhl L., *Sovrannaturale e natura nella mentalità primitiva* (1931), Newton Compton, Roma 1973.
Lorenz K., *Über tierisches und menschliches Verhalten*, Piper, München 1965.
Telesio B., *De rerum natura iuxta propria principia* (1565), Casa del Libro, Cosenza 1965.
Tinbergen N., *Lo studio dell'istinto* (1951), Adelphi, Milano 1994.

Apatia (ingl. *Apathy*; ted. *Apathie*; fr. *Apathie*; sp. *Apatía*). Il termine, di origine greca, significa impassibilità, insensibilità, assenza di passioni (da πάθος con α privativo). Introdotto dagli Stoici per indicare la serenità dell'anima che si raggiunge con l'indipendenza dall'influsso delle passioni, il termine fu ripreso da Baruch Spinoza per nominare il grado di perfezione a cui si perviene nell'attività razionale quando ci si libera dal mondo degli affetti. Immanuel Kant segnalò l'apatia come ideale della ragione e come stadio successivo alla SIMPATIA (v.) che serve a guidare l'uomo prima che la ragione raggiunga la sua maturità.

In sede psicologica il termine ha un significato negativo e si riferisce all'indifferenza affettiva per situazioni che normalmente suscitano interesse o emozione. Frequente nelle depressioni, dove la capacità di gioire e la possibilità di qualsiasi proiezione ottimistica nel futuro sono azzerate, l'apatia non è insolita anche nelle schizofrenie ebefreniche dove il soggetto, assorto nei fantasmi del suo mondo interiore, dimostra una scarsissima capacità di reagire emozionalmente agli stimoli del mondo esterno e alle relazioni interpersonali. L'apatia può manifestarsi anche in soggetti sani che vivono a lungo una situazione routinaria o frustrante, in persone che hanno appena vissuto un forte stato d'ansia, di eccitamento o una forte crisi affettiva, e infine nei soggetti dalla prolungata residenza in ospedali, manicomi, prigioni o altri tipi di istituzioni che riducono lo scambio con il mondo esterno.

Bibliografia

Bleuler E., *Apatia*, in Id., *Trattato di psichiatria* (1911-1939, aggiornato da M. Bleuler dal 1940 al 1960), Feltrinelli, Milano 1967.
Pancheri P., Biondi M., *L'apatia. Dimensioni psicopatologiche e pratica clinica*, Il Pensiero Scientifico, Roma 1995.

Aploide, v. GENETICA, § 1, *a*.

Aplologia (ingl. *Haplology*; ted. *Haplologie*; fr. *Haplologie*; sp. *Haplología*). Disturbo del LINGUAGGIO (v. § 5, *b*) che si manifesta come tendenza a parlare troppo velocemente omettendo unità linguistiche di vari livelli, incastrandole le une nelle altre, o invertendone l'ordine sequenziale. Detta anche *cluttering* o *tachifemia*, l'aplologia compromette il rapporto di coappartenenza e coordinazione fra il pensiero e la parola, limitando le possibilità espressive. È frequente nelle manifestazioni maniacali e talvolta in quelle schizofreniche.

Apnea psicogena (ingl. *Psychogenic apnoea*; ted. *Psychogenische Apnoe*; fr. *Apnée psychogénique*; sp. *Apnea psicógena*). Arresto di origine nervosa dei movimenti respiratori, frequente nei bambini in età compresa tra i 6 mesi e i 3 anni. Solitamente è causata da una manifestazione improvvisa di collera in seguito alla frustrazione di un desiderio, o da una crisi d'angoscia. In questa situazione il bambino può giungere a una cessazione momentanea del respiro, accompagnata da cianosi transitoria. L'apnea infantile va distinta dalle forme di apnea che si registrano durante il sonno e che generano il risveglio (v. SONNO, § 3, *b*).

Apollineo, v. TIPOLOGIA, § 3, *b*.

Apoptosi, v. ENCEFALO, § 3, b.

A posteriori, v. A PRIORI – A POSTERIORI.

Appagamento (ingl. *Wish-fulfilment*; ted. *Wunscherfüllung*; fr. *Accomplissement de désir*; sp. *Satisfacción*). Termine adottato da Sigmund Freud per indicare la soddisfazione allucinatoria di un desiderio nel SOGNO (v.), nel SINTOMO (v.) o nel fantasma (v. FANTASIA, § 1). Questo concetto, in cui si raccoglie la tesi centrale dell'interpretazione freudiana dei sogni, è stato successivamente esteso all'interpretazione della nevrosi, la cui formazione risponderebbe allo stesso scopo. In una lettera a Wilhelm Fliess, Freud scrive: «La mia ultima conclusione si sostiene e sembra destinata a svilupparsi in modo imprevedibile. Non solo i sogni sono appagamento di desiderio, ma anche gli attacchi isterici. Questo è vero per i sintomi isterici, ma probabilmente è applicabile a ogni prodotto della nevrosi, come mi era sembrato tempo fa studiando il delirio acuto» (1887-1904, p. 452). Nell'appagamento allucinatorio del desiderio il soggetto o trascura le condizioni che gli consentirebbero di realizzare sul piano di realtà il suo desiderio, oppure deforma la percezione della realtà in modo da non scorgere quanto si oppone alla soddisfazione del desiderio.

Bibliografia

Freud S., *Lettere a Wilhelm Fliess 1887-1904*, Bollati Boringhieri, Torino 1986.

–, *L'interpretazione dei sogni* (1899), in *Opere* (1967-1993), Bollati Boringhieri, Torino, vol. III.

Apparato psichico (ingl. *Psychic apparatus*; ted. *Psychischer Apparat*; fr. *Appareil psychique*; sp. *Aparato psíquico*). Modello teorico con cui Sigmund Freud disegna l'organizzazione interna della psiche: «La nostra ipotesi di un apparato psichico spazialmente esteso, composto da più parti rispondenti a un fine, sviluppatosi dalle esigenze della vita, un apparato il quale solo in certi punti e a certe condizioni dà origine al fenomeno della coscienza, tale ipotesi ci ha messo nelle condizioni di poter edificare la psicologia su un fondamento analogo a quello di qualsiasi altra scienza della natura, come per esempio la fisica» (1938, p. 623). Come è facile constatare, il concetto di apparato psichico, che Freud ha formulato per la prima volta nel *Progetto di una psicologia* del 1895 e non ha mai abbandonato, pur modificandone nel corso del tempo l'interna struttura, risente dell'influenza della psicologia fisicalista della seconda metà dell'Ottocento, e in particolare della psicofisica di Gustav Theodor Fechner, da cui Freud trasse le basi teoriche che gli consentirono di concepire l'energia psichica o LIBIDO (v.) in senso *quantitativo*, visualizzabile da quattro punti di vista: dinamico, economico, topico e genetico.

1. IL PUNTO DI VISTA DINAMICO. Esso concepisce i fenomeni psichici come il risultato di conflitti di forze in cui si articola l'energia psichica. Così l'azione permanente dell'inconscio incontra una forza anch'essa permanente che le vieta l'accesso alla coscienza. Questo carattere dinamico spiega la RESISTENZA (v.), la FORMAZIONE DI COMPROMESSO (v.), i derivati del rimosso (v. RIMOZIONE), la CONVERSIONE (v.) e in generale i rapporti psicofisici per cui lo psichico si converte nel somatico e il somatico nello psichico, senza alterare le equivalenze dinamico energetiche, sia che l'energia psichica si manifesti *con* il corpo, sia che si esprima *con* la mente.

2. IL PUNTO DI VISTA ECONOMICO. Come scrive Freud: «Il punto di vista economico si sforza di seguire le vicissitudini delle quantità di eccitamento e di pervenire a una loro stima, almeno relativa» (1915, p. 65). Dal punto di vista economico, l'apparato, chiamato prima *neuronico* e poi *psichico*, ha la funzione di mantenere al livello più basso possibile l'energia che circola in esso. Questo "lavoro", come lo chiama Freud, si manifesta nella scarica dell'energia (v. SCARICA), nel suo SPOSTAMENTO (v.), e in tutte quelle operazioni di INVESTIMENTO (v.) e di disinvestimento in cui si esprime la dinamica psichica. Rientrano nella concezione economica dell'energia le nozioni di CATARSI (v.), ABREAZIONE (v.) e RIMOZIONE (v.) e in generale tutte le dinamiche delle pulsioni per quanto riguarda la fonte dell'eccitazione, la meta a cui tendono, l'oggetto che di volta in volta investono, per cui, ad esempio, un sintomo mobilita una determinata quantità di energia sottraendola ad altre attività; oppure, il narcisismo, o investimento libidico dell'Io, si rafforza a spese dell'investimento dell'oggetto ecc. (v. LIBIDO, § 1). Dal punto di vista economico riveste particolare importanza la distinzione tra energia *libera* del sistema inconscio, *legata* del sistema preconscio, e *mobile* di superinvestimento per la coscienza. Freud eredita questa distinzione dalle teorie fisiche di Hermann Ludwig Ferdinand von Helmholtz, che aveva designato energia *libera* «quella che è capace di trasformarsi liberamente in altri tipi di lavoro» ed energia *legata* «quella che può manifestarsi solo sotto forma di calore» (1882, p. 18). Dopo una prima attribuzione delle due forme di energia alla trasmissione neuronale, Freud qualifica "libera" l'energia inconscia che tende alla scarica nel modo più rapido e diretto possibile, e "legata" quella che si esprime nel sistema conscio, dove il movimento verso la scarica è ritardato, controllato o deviato. Lo stato libero dell'energia precede, per Freud, quello legato che caratterizza un grado più alto di strutturazione dell'apparato psichico (v. LIBIDO, § 1, *e*).

3. IL PUNTO DI VISTA TOPICO. Esso prevede che l'apparato psichico si componga di un insieme di sottosistemi con funzioni e caratteri diversi, disposti secondo un ordine che permette di raffigurarli in modo spaziale come luoghi psichici. Anche qui Freud è debitore delle teorie anatomo-fisiologiche delle localizzazioni cerebrali del XIX secolo e in particolare della teoria di Theodor Meynert, che postulava la coscienza come fenomeno della "superficie" della corteccia cerebrale e gli istinti come espressione epifenomenica delle strutture "subcorticali". Scrive infatti Freud: «Le nostre ipotesi si riallacciano ai punti terminali o iniziali del nostro sapere. La prima riguarda la localizzazione. Noi supponiamo che la vita psichica sia la funzione di un apparato al quale ascriviamo estensione spaziale e struttura composita e che ci figuriamo dunque simile a un cannocchiale, a un microscopio o ad altri

strumenti del genere. L'elaborazione coerente di un'idea come questa rappresenta, a prescindere da certe approssimazioni già tentate in passato, una novità scientifica. Siamo giunti alla conoscenza di questo apparato psichico studiando lo sviluppo individuale degli esseri umani. Chiamiamo *Es* la più antica di queste province o istanze della psiche: suo contenuto è tutto ciò che è ereditato, presente fin dalla nascita, stabilito per costituzione, innanzitutto dunque le pulsioni che traggono origine dall'organizzazione corporea, e che trovano qui, in forme che non conosciamo, una prima espressione psichica. Sotto l'influsso del mondo esterno reale che ci circonda una parte dell'Es ha subìto un'evoluzione particolare. Da quello che era in origine lo strato corticale munito di organi per la ricezione degli stimoli, nonché dei dispositivi che fungono da scudo protettivo contro gli stimoli, si è sviluppata una particolare organizzazione che media da allora in poi fra Es e mondo esterno. Questa regione della nostra vita psichica l'abbiamo chiamata *Io*» (1938, pp. 572-573).

4. Il punto di vista genetico. Pur non comparendo esplicitamente tra le definizioni metapsicologiche con cui Freud caratterizza l'apparato psichico, il punto di vista genetico è rintracciabile in tutte le enunciazioni psicoanalitiche: dalla teoria della sessualità infantile (v. Sessualità, § 2) al presupposto di specifiche fasi dello sviluppo libidico (v. Stadio, § 2), dall'ipotesi di un punto di Fissazione (v.) alla possibilità di Regressione (v.), assunti come principi esplicativi della nevrosi. Del resto è lo stesso Freud a dichiarare che «nonostante tutti i mutamenti che lo sviluppo porta con sé, nulla si perde nell'adulto delle formazioni psichiche infantili. Si può dimostrare che tutti i desideri, i moti pulsionali, i modi di reazione, le impostazioni del bambino sono ancora presenti nell'uomo giunto a maturità e possono ricomparire in circostanze appropriate. Essi non sono distrutti ma soltanto stratificati, per esprimersi secondo il modo di raffigurazione spaziale che la psicologia psicoanalitica è costretta ad adottare. Caratteristica del passato psichico diventa così, a differenza del passato storico, il suo non essere estinto da quel che vien dopo; o solo virtualmente, o in reale contemporaneità, esso continua a sussistere accanto a ciò ch'esso è diventato. Prova di quest'asserzione è il fatto che il sogno dell'uomo normale rianima ogni notte il suo carattere infantile e riporta tutta la sua vita psichica a uno stadio infantile. Lo stesso ritorno all'infantilismo psichico ("regressione") si verifica nelle nevrosi e nelle psicosi le cui particolarità devono essere in gran parte descritte come arcaismi psichici. Nella intensità con cui i residui infantili vengono serbati nella vita psichica noi identifichiamo la misura della disposizione patologica, tanto che essa diventa per noi espressione di un'inibizione nello sviluppo. Ciò che nel materiale psichico di un uomo è rimasto infantile, ed è stato rimosso perché inservibile, forma ora il nucleo del suo inconscio, e noi crediamo di poter rintracciare nelle biografie dei nostri malati il modo in cui questo inconscio trattenuto dalle forze rimoventi spia ogni possibilità e sfrutta ogni occasione di diventare attivo quando le successive e più elevate formazioni psichiche non riescono a padroneggiare le difficoltà del mondo reale. In questi ultimi anni il lavoro psicoanalitico è giunto alla conclusione che il principio "l'ontogenesi riproduce la filogenesi" dovrebbe essere applicabile anche alla vita psichica» (1913, pp. 266-267). Se ne deduce che il punto di vista genetico deve tener conto di due componenti fondamentali: da un lato le esperienze della prima infanzia come influenze predisponenti, dall'altro la trama filogenetica, ontogeneticamente ripercorsa, con il suo potenziale corredo patogeno.

5. Le due concezioni dell'apparato psichico. Nella visualizzazione dell'apparato psichico Freud ha disegnato due topiche:

a) *Nella prima topica* Freud ha distinto tre sistemi: l'Inconscio (v.), il Preconscio (v.) e il Conscio (v.), ciascuno con la sua funzione, il suo tipo di processo, la sua energia di investimento e i suoi contenuti rappresentativi. Tra un sistema e l'altro Freud ipotizza delle censure che controllano il passaggio dei contenuti psichici. I sistemi possono essere percorsi in senso progressivo o regressivo, come nei sogni dove i pensieri assumono la forma visiva delle allucinazioni, regredendo ai livelli della percezione che è situata all'origine del percorso dell'eccitazione.

b) *Nella seconda topica* le istanze sono l'Es (v.), che è il polo pulsionale della personalità, l'Io (v.), che rappresenta gli interessi della persona investita di libido narcisistica, e il Super-io (v.), che deriva dalle esigenze e dai divieti parentali e svolge un ruolo di giudizio e di critica. Questa seconda topica, che compare negli scritti successivi al 1920, immagina i sistemi come figure relativamente autonome all'interno della personalità. La prima topica è costruita a partire dal processo di *rimozione* da cui prenderebbe consistenza l'inconscio, mentre la seconda topica è caratterizzata dall'assunzione di un più marcato punto di vista *genetico* che prevede una differenziazione graduale delle istanze psichiche a partire dall'inconscio, denominato nella seconda topica "Es", che affonda le sue radici nel substrato biologico (v. Strati, Teoria degli).

6. Critiche alla concezione freudiana dell'apparato psichico. Dopo Freud i teorici della psicoanalisi hanno assunto, a proposito dell'apparato psichico,

due posizioni contrapposte: alcuni lo considerano l'elemento che giustifica il diritto della psicoanalisi di porsi come scienza oggettiva, non meno esatta nelle sue formulazioni di altre discipline meglio e da più tempo stabilite, altri lo rifiutano perché ritengono che raggiunga l'oggettività sacrificando il soggetto con le sue caratteristiche non riducibili alla fisicità. Da questo punto di vista la critica più serrata viene dalla psicologia a orientamento fenomenologico e in particolare da Ludwig Binswanger, per il quale, una volta tradotto in termini fisici l'ordine dei significati psichici, Freud non può evitare quell'oggettivazione del soggetto richiesta dalle esigenze delle scienze esatte, ma che, nel caso della psicologia, rischia di far smarrire ciò che è peculiare a questa disciplina, ossia le caratteristiche psichiche della soggettività. Ciò è particolarmente evidente nel linguaggio, dove il soggetto non può dire di sé "Io", ma può solo comprendersi a partire da quell'apparato psichico che ha un Io, così come ha un Es e un Super-io. Va inoltre smarrita l'intenzionalità del soggetto (v. INTENZIONALITÀ) e la sua apertura al mondo che l'apparato psichico, per le sue caratteristiche disegnate sul modello della fisica, non può contemplare (v. ANALISI ESISTENZIALE, § 1). Infatti, scrive Binswanger: «A un primo sguardo l'apparato psichico di Freud sembra doversi comparare con lo schema dell'organo entro il quale lo specialista di malattie polmonari o cardiache inquadra i suoi reperti. Ma mentre il clinico, per il suo schema, non ha bisogno di carta e matita con cui riprodurre l'organo in questione, Freud ha dovuto innanzitutto creare l'organo stesso sulla base di innumerevoli esperienze e attraverso una faticosa elaborazione concettuale; perché la psiche incomincia là dove cessa il disegno schematico. [...] Secondo Freud un disturbo psichico non è giustamente indagato, constatato e teoricamente analizzato se non si fanno evidenti le sue relazioni con lo schema complessivo. [...] Freud è riuscito a dimostrare che il dominio del meccanismo giunge fino alla regione apparentemente più libera dello spirito umano, il che insieme rende possibile per così dire "riparare" meccanicamente questo spirito. Così, inaspettatamente, Freud conferma l'affermazione di Lotze sull'estensione universale e senza eccezioni del meccanismo» (1936, pp. 183-184).

Bibliografia

Binswanger L., *Freud e la costituzione della psichiatria clinica* (1936), in Id., *Per un'antropologia fenomenologica. Saggi e conferenze psichiatriche* (1921-1941), Feltrinelli, Milano 1970.
–, *La concezione freudiana dell'uomo alla luce dell'antropologia* (1936), in Id., *Per un'antropologia fenomenologica*, cit.
Fechner G. Th., *Elemente der Psychophysik* (1860), Breitkopf und Härtel, Leipzig 1889.
Freud S., *Progetto di una psicologia* (1895), in *Opere* (1967-1993), Bollati Boringhieri, Torino 1968, vol. II.
–, *L'interesse per la psicoanalisi* (1913), in *Opere*, cit., vol. VII.
–, *Metapsicologia* (1915), in *Opere*, cit., vol. VIII.
–, *L'Io e l'Es* (1922), in *Opere*, cit., vol. IX.
–, *Compendio di psicoanalisi* (1938), in *Opere*, cit., vol. XI.
Helmholtz H. L. F. von, *Über die Thermodynamik chemischer Vorgänge* (1882), in "Abhandlungen zur Thermodynamik chemischer Vorgänge", Engelmann, Leipzig 1902, n. 18.
Meynert Th., *Klinische Vorlesungen über Psychiatrie*, Braumüller, Wien 1890.

Apparizione (ingl. *Apparition*; ted. *Erscheinung*; fr. *Apparition*; sp. *Aparición*). Termine generico che può essere riferito a un'alterazione percettiva (v. PERCEZIONE), a un'ALLUCINAZIONE (v.), a un'illusione visiva (v. ILLUSIONE) come manifestazione transitoria nei disturbi della COSCIENZA (v. § 3), o alla percezione extrasensoriale nei fenomeni parapsicologici (v. PARAPSICOLOGIA, § 1).

Appartenenza, v. GRUPPO, § II, 1.

Appercezione (ingl. *Apperception*; ted. *Apperzeption*; fr. *Aperception*; sp. *Apercepción*). Termine storicamente rilevante, ma scarsamente usato nella psicologia contemporanea. Introdotto da Gottfried Wilhelm Leibniz, fu utilizzato in psicologia da Johann Friedrich Herbart e da Wilhelm Maximilian Wundt in due significati diversi. Per Herbart appercezione è il processo attraverso cui la nuova esperienza si adatta alla globalità dell'esperienza passata dell'individuo, formando con questa un nuovo ordine rappresentativo. Per Wundt appercezione è il processo per cui un contenuto di coscienza appare con maggior chiarezza se accompagnato da un sentimento di attività in contrapposizione alla sensazione che è passiva. Il concetto è inoltre utilizzato da Wundt per distinguere i legami associativi che avvengono automaticamente da quelli appercettivi che risultano da un'attività cosciente e riflessa.

Oggi il termine appercezione sopravvive unicamente come titolo di una prova proiettiva che è il TAT (*Thematic Apperception Test*) (v.), e come schema categoriale introdotto da William Stern per distinguere gli stadi di appercezione nei bambini: 1) stadio della sostanza; 2) dell'azione; 3) della relazione; 4) della qualità, che si raggiunge verso il quattordicesimo anno.

In psicologia analitica il termine appercezione è stato riesumato da Carl Gustav Jung e distinto in due modalità: attiva e passiva. «La prima è un processo mercé il quale il soggetto da sé, per motivi propri, consciamente, coglie con attenzione un nuovo contenuto e lo assimila ad altri contenuti pronti a riceverlo; la seconda è un processo con il quale un nuovo contenuto si impone alla coscienza dal di fuori (attraverso i sensi) o dal di dentro (dall'inconscio), costringendo per così dire l'attenzione e la considerazione del soggetto a occuparsene. Nel primo caso l'accento dell'attività è posto sull'Io, nel secondo sul nuovo contenuto che si impone all'attenzione» (1921, p. 422).

Bibliografia

Herbart J. F., *Introduzione alla filosofia* (1813), Laterza, Bari 1907.

Jung C. G., *Tipi psicologici* (1921), in *Opere* (1969-2007), Bollati Boringhieri, Torino, vol. VI.

Leibniz G. W., *Nuovi saggi sull'intelletto umano* (1703), Laterza, Bari 1963.

Murray H. A., *Thematic apperception test manual*, Oxford University Press, New York 1943.

Stern W., *Allgemeine Psychologie auf personalistischer Grundlage*, Nijhoff, Den Haag 1935.

Wundt W. M., *Lineamenti di psicologia* (1896), in *Scritti scelti*, Utet, Torino 2006.

Appetito, v. ALIMENTAZIONE, § 1.

Appetizione, v. ATTRAZIONE – REPULSIONE, TEORIA DELL'.

Appiattimento (ingl. *Flattening*; ted. *Abflachung*; fr. *Aplatissement*; sp. *Aplanamiento*). Disturbo dell'AFFETTIVITÀ (v.), caratterizzato da un generale impoverimento della reattività emotiva che non risulta mai adeguata allo stimolo. Il soggetto con un'affettività appiattita è descritto solitamente come monotono, emotivamente ottuso, privo di vivacità, insensibile e freddo. Chi soffre di appiattimento lamenta che la realtà gli sembra estranea e che di conseguenza le sue risposte gli sembrano forzate, false e inautentiche.

Applicata, Psicologia, v. PSICOLOGIA APPLICATA.

Applicazione (ingl. *Application*; ted. *Eifer*; fr. *Application*; sp. *Aplicación*). Capacità di impegnarsi nell'esecuzione di un'attività pratica o teorica con determinazione, concentrazione e continuità. Il termine, che indica anche la relativa qualità caratteriale di chi sa applicarsi in tal modo, trova largo uso nella PEDAGOGIA SCOLASTICA (v.), che cerca di spiegarne cause, condizioni e modalità.

Appoggio, v. ANACLISI.

Appoggio, Psicoterapia di, v. PSICOTERAPIA, § 3.

Appraisal, v. STRESS.

Apprendimento (ingl. *Learning*; ted. *Erlernung*; fr. *Acquisition*; sp. *Aprendizaje*). Processo psichico che consente una modificazione durevole del comportamento per effetto dell'esperienza. Con questa definizione si escludono tutte le modificazioni di breve durata dovute a condizioni temporanee, episodi isolati, eventi occasionali, fatti traumatici, mentre il riferimento all'esperienza esclude tutte quelle modificazioni determinate da fattori innati o dal processo biologico di maturazione. Si è soliti distinguere due tipi di apprendimento:

I. L'*apprendimento associativo*, detto anche *semplice* o *meccanico*, fondato sulla relazione stimolo-risposta che mette capo alla formazione di abitudini. Esso comprende il condizionamento *classico*, il condizionamento *operante* e l'apprendimento di *risposte combinate*.

II. L'*apprendimento cognitivo*, detto anche *complesso*, che coinvolge funzioni psichiche superiori come la percezione, l'intelligenza e in generale i processi cognitivi propri dell'uomo e limitatamente estendibili ai mammiferi superiori.

I. L'APPRENDIMENTO ASSOCIATIVO

1. IL CONDIZIONAMENTO CLASSICO. Con questa espressione ci si riferisce alla scoperta compiuta dal fisiologo russo Ivan Petrovič Pavlov che, sottoponendo dei cani ad alcuni stimoli presentati durante l'assunzione del cibo, constatò che detti stimoli provocavano una secrezione salivare anche quando il cibo non veniva effettivamente somministrato. Così, in una gabbia sperimentale, a uno stimolo neutrale, detto condizionato (SC), come ad esempio una luce lampeggiante o un segnale acustico, veniva fatto seguire uno stimolo incondizionato (SI) che consisteva generalmente nella somministrazione di cibo in grado di provocare la risposta incondizionata (RI), ossia la salivazione. Dopo un numero sufficiente di tali "prove di condizionamento", costituite dalla sequenza fissa SC-SI-RI, lo stimolo condizionato era in grado di provocare la risposta incondizionata anche in assenza della somministrazione di cibo. Pavlov spiegò detti *riflessi condizionati* in base alla teoria dell'ASSOCIAZIONISMO (v.) per cui, in seguito all'abbinamento dello stimolo condizionato con la somministrazione di cibo, si crea nell'animale un'associazione tra i due eventi tale che la presentazione dello stimolo condizionato attiva la rappresentazione mentale del cibo (o stimolo incondizionato), che a sua volta evoca la salivazione (o risposta incondizionata), così come l'avrebbe evocata la reale comparsa del cibo stesso. Dopo l'estensione del condizionamento pavloviano a diverse specie animali e all'uomo, dove risultano condizionate ad esempio diverse funzioni viscerali nonché alcune reazioni emozionali come la paura o l'ansia, alcuni autori sostengono che tutti i tipi di apprendimento sono riconducibili al condizionamento classico, mentre altri

sono dell'opinione che il condizionamento classico sia limitato alle reazioni che dipendono dal sistema nervoso autonomo, ma sia insufficiente a spiegare le forme di apprendimento che coinvolgono processi superiori. Le leggi che si possono desumere dal condizionamento classico sono le seguenti:

a) Il *rinforzo*, nel condizionamento classico, è dato dall'accoppiamento di SC e SI. Il periodo durante il quale l'organismo apprende l'associazione tra SC e SI è detto stadio di *acquisizione* del condizionamento, che può essere *simultaneo* quando SC precede di una frazione di secondo SI e viene mantenuto attivo fino alla comparsa della risposta, *differito* quando SC viene somministrato parecchi secondi prima di SI e perdura con esso fino alla comparsa della risposta, *di traccia* quando SC viene tolto prima che inizi SI. Quando la risposta si mantiene più o meno allo stesso livello si parla di livello stabile di risposta o *asintoto* della curva di apprendimento, rispetto a cui nuove prove di acquisizione non portano alcun accrescimento di risultati. I mezzi per misurare l'efficacia del rinforzo sono: l'*ampiezza* della risposta condizionata (RC) che, nell'esempio dei cani di Pavlov, è data dalla quantità di saliva secreta, la *latenza* data dal tempo che intercorre tra SC e RC, il *numero delle prove* necessarie per raggiungere un livello di condizionamento prestabilito, e la *probabilità di comparsa della risposta* dato che RC non viene necessariamente attivata a ogni presentazione di SC.

b) L'*estinzione* è la ripetizione dello stimolo condizionato senza risposta. L'omissione ripetuta di SI, che comporta l'eliminazione del rinforzo, fa diminuire gradatamente fino all'estinzione le risposte condizionate. L'estinzione non esclude che RC, dopo un periodo di riposo, possa riapparire anche senza l'intervento di un rinforzo; in questo caso si parla di recupero spontaneo.

c) La *generalizzazione* è la capacità di reagire a nuove situazioni quando queste assomigliano ad altre divenute familiari, per cui se un cane impara a salivare al suono di un *sol*, saliverà anche in risposta a suoni più alti o più bassi. Possono subire una generalizzazione sia le più elementari risposte sensoriali sia le risposte a rappresentazioni astratte, come nel caso del *condizionamento semantico* quando un soggetto, condizionato dalla parola "buono", dà la stessa risposta condizionata quando sente la descrizione di un'opera buona. Si chiama *gradiente di generalizzazione* il rapporto tra l'ampiezza di RC e la diversificazione di SC. Si constata infatti che l'ampiezza diminuisce man mano che diminuisce la somiglianza dello stimolo condizionato con lo stimolo originario.

d) La *discriminazione* è l'opposto della generalizzazione, perché mentre quest'ultima è una risposta alle analogie, la discriminazione è una risposta alle differenze, che si ottiene mediante rinforzo ed estinzione selettivi. Quando ad esempio un bambino impara per la prima volta a dire "mamma", userà questo nome per qualunque donna; in seguito, mediante rinforzo ed estinzione differenziali, la risposta verrà alla fine circoscritta alla mamma effettiva.

2. Il condizionamento operante. Mentre nel condizionamento classico di tipo pavloviano l'azione dell'organismo è una *risposta* a uno stimolo, nel condizionamento operante è un'*operazione* che l'organismo compie sull'ambiente in vista di uno scopo. Si ritiene che il condizionamento operante, a differenza di quello classico, agisca sulle reazioni comportamentali mediante il sistema nervoso centrale a cui sono da ricondurre le risposte volontarie. Introdotto da Edward Lee Thorndike sotto la denominazione di *condizionamento strumentale* o di *apprendimento per prove ed errori* (v. Errore), il condizionamento operante si basa sulla *legge dell'effetto*, formulata dallo stesso Thorndike, secondo la quale le risposte rinforzate da qualcosa di cui l'animale ha bisogno, vuole o desidera hanno maggiori probabilità di altre di verificarsi. Alla legge dell'effetto Thorndike giunse mettendo un gatto in una gabbia sperimentale dove era necessario sollevare una levetta per uscire e avere accesso al cibo. Calcolati i tempi delle prove, si poteva notare che il gatto passava sempre meno tempo nella scatola, finché, dopo una ventina di tentativi, il gatto era in grado di uscire appena veniva messo nella scatola. Come negli esperimenti di Pavlov, anche in questo caso il rinforzo è rappresentato dal cibo, ma la sua comparsa non dipende da uno stimolo condizionato, bensì da uno specifico Comportamento (v. § 2) dell'animale. Questa fu la ragione per la quale Burrhus Frederic Skinner chiamò questo "condizionamento operante" arricchendo la sperimentazione con l'introduzione di rinforzi positivi (il cibo) e rinforzi negativi (la scossa elettrica) che avvicinano l'effetto piacevole o allontanano quello spiacevole quando viene fornita la risposta corretta (v. Attrazione – Repulsione, Teoria dell').

Skinner e la successiva psicologia sperimentale procedettero a determinare i cosiddetti *parametri del rinforzo* fissandoli ne: la *quantità* per cui quanto maggiore è il rinforzo, tanto più rapida è la velocità di apprendimento; il *tempo* per cui la ricompensa o la punizione raggiungono il massimo di efficacia quando sono immediate; la *natura* del rinforzo per cui il cibo, l'acqua e la sospensione di una scossa elettrica, con conseguente riduzione della fame, della sete e del dolore, sono tra i rinforzi più efficaci. In base a quest'ultima constatazione è stato possibile spiegare perché gli eventi rinforzanti accrescono la probabilità della risposta e formulare la *teoria del rinforzo* come riduzione delle pulsioni.

Gran parte del comportamento umano può essere considerato come espressione di un condizionamento operante, come girare una chiave nella serratura per aprire una porta, studiare per essere promossi, dove il comportamento non è provocato da uno stimolo condizionato, ma, come diceva Thorndike, dalla "piacevole conseguenza" che ne deriva. Rientrano nelle "piacevoli conseguenze" i rinforzi *verbali* di approvazione o di disapprovazione, *sociali* di integrazione o di isolamento in vista di un comportamento sempre più aggiustato con l'ambiente. Da questo punto di vista il condizionamento operante può essere considerato come una forma di terapia del COMPORTAMENTO (v. § 4), dove il terapeuta ricompensa o rinforza con il proprio atteggiamento determinati discorsi o azioni del paziente che sono in linea con la condotta desiderata. Al condizionamento operante si ricorre nella terapia dei bambini affetti da AUTISMO (v.) dove il terapeuta rinforza quei suoni più vicini alle parole, per poi usarli come base per la formulazione di vere e proprie parole corrette, e in tutte le forme di apprendimento programmato dove le risposte positive funzionano da rinforzo per il successivo apprendimento.

3. L'APPRENDIMENTO DI RISPOSTE COMBINATE

a) Mentre il condizionamento classico e il condizionamento operante, pur nelle loro significative differenze, riguardano una singola risposta che, anche se complessa, resta identificabile come un atto unitario, l'apprendimento di risposte combinate riguarda un insieme di atti o sequenze comportamentali che devono essere coordinati tra loro perché la risposta sia adeguata alla situazione. Rientrano in questo campo tutte le ABILITÀ (v.), alcune delle quali, come l'*abilità sensomotoria* e la *memorizzazione meccanica*, sono state studiate in laboratorio dove si è potuto constatare, nel primo caso, che andare in bicicletta, fare un salto mortale dal trampolino, suonare il pianoforte non significano solo destrezza nel compimento dell'azione, ma combinazione di più abilità, nel senso che chi va in bicicletta deve stare attento al traffico ed evitare collisioni, chi si tuffa deve calcolare il tempo in proporzione all'altezza, chi suona il pianoforte deve leggere le note e cercare di suonare con sentimento. Queste considerazioni mettono in luce il *controllo sensoriale* dell'attività al di là dell'abilità muscolare. Nella memorizzazione meccanica, che a differenza di quella logica prevede l'apprendimento parola per parola, elemento per elemento, mediante ripetizione, un ruolo decisivo viene svolto dalla solidità individuale delle associazioni (v. ASSOCIAZIONE) sia nella *memorizzazione seriale*, come mandare a memoria una poesia o le battute di un testo teatrale, sia nell'apprendimento per *coppie associate* dove una parola svolge il ruolo di stimolo alla parola ad essa associata.

b) L'apprendimento di risposte combinate viene misurato dalla *curva di apprendimento*, che è una rappresentazione grafica che registra i livelli di prestazione di un soggetto nel corso delle prove successive a cui è sottoposto e da cui è possibile inferire il grado di apprendimento sensomotorio, per esempio un esercizio ginnico, o mnemonico-verbale, per esempio una poesia o una lingua. Nella curva l'ascissa riporta i valori numerici relativi all'esercizio, quindi il numero delle prove e il tempo impiegato nell'eseguirle, mentre l'ordinata riporta i valori numerici relativi alla prestazione, quindi il numero degli errori commessi e il numero degli elementi appresi. Nelle curve di apprendimento si possono riscontrare dei plateau che corrispondono ai periodi in cui, nonostante la pratica, l'apprendimento non migliora, così come, con la cessazione dell'esercizio, la curva dell'apprendimento si tramuta in *curva della ritenzione* e *dell'oblio* (v. MEMORIA, § 5). Quando il progresso nell'apprendimento è inizialmente rapido e via via sempre più lento, fino al raggiungimento di un livello di prestazione uniforme, la curva che si ottiene è accelerata negativamente, mentre lo è positivamente quando il progresso nell'apprendimento è inizialmente molto lento e poi aumenta gradatamente fino a un livello di prestazione ottimale.

II. L'APPRENDIMENTO COGNITIVO

I tipi di apprendimento finora considerati si lasciano leggere come sequenze di stimolo-risposta di minore o maggiore complessità e mettono capo a organizzazioni del comportamento in *abitudini* o *associazioni*. Su questa linea si muove l'approccio comportamentista di John Broadus Watson che ritiene che l'apprendimento sia dovuto all'acquisizione e al consolidamento di risposte a situazioni-stimolo basate su sistemi di ricompense. Là invece dove il ruolo della percezione e della conoscenza è maggiore, e la comprensione non avviene per somma di attività frammentarie, ma esige che si colgano le *relazioni essenziali* e il *significato* della situazione, allora si parla di *apprendimento cognitivo* o *complesso*, dove la soluzione di un problema non avviene per prove ed errori, ma perché si coglie la struttura portante di una complessità.

Jean Piaget teorizza che lo sviluppo cognitivo avviene attraverso le "funzioni invarianti" che prevedono l'ASSIMILAZIONE (v.), grazie alla quale un dato proveniente dall'esterno viene inserito in schemi sensomotori e concettuali preesistenti, e l'*accomodamento*

(v. Cognizione, § 3, *a*) per cui gli schemi preesistenti vengono modificati grazie all'interazione con la realtà esterna. Oltre alle "funzioni invarianti", Piaget prende in considerazione le "strutture variabili" che riflettono i cambiamenti della struttura cognitiva, prima a livello logico e poi psicologico, man mano che le strutture primitive vengono incluse in quelle successive. Si perviene così, scrive Piaget, «a un'epistemologia che è naturalistica senza essere positivistica, che mette in evidenza l'attività del soggetto senza essere idealista, che poggia lo stesso sull'oggetto pur considerandolo come un limite (esistente dunque indipendentemente da noi, ma mai completamente raggiunto) e che soprattutto vede nella conoscenza un processo di costruzione continua» (1970, p. 10).

Lev Semënovič Vygotskij prende in considerazione il ruolo fondamentale del linguaggio nei processi di apprendimento e, siccome il linguaggio è un'interazione sociale, Vygotskij, a differenza di Piaget, vede nell'apprendimento un passaggio graduale dal sociale all'individuale, dalla relazione interpersonale che, acquisita, diventa intrapsichica, come dimostra lo studio comparativo fra lo sviluppo dei concetti "scientifici" che il bambino impara a scuola e i suoi concetti "naturali" inconsapevolmente acquisiti. Da queste premesse Vygotskij promuove gli studi sulle interazioni tra lo sviluppo mentale e le istituzioni scolastiche, nonché sui modelli di "apprendimento collaborativo", partendo dalla premessa che il lavoro di gruppo facilita l'acquisizione delle nozioni, una più sofisticata elaborazione concettuale e una migliore memorizzazione rispetto allo studio individuale. Questo comporta ovviamente un diverso impiego del ruolo dell'insegnante e una diversa modalità di valutazione rispetto a quella utilizzata nella lezione frontale che non tiene conto della discrepanza che esiste tra il pensiero che ha una struttura mono-logica e il linguaggio che ha invece una struttura dia-logica. Infatti, scrive Vygotskij: «Ogni pensiero tende a stabilire connessioni e rapporti tra due o più termini, rappresenta un fenomeno dinamico in continua tensione ed evoluzione, è volto ad assolvere una determinata funzione ed eseguire un compito determinato. Questa tensione dinamica del pensiero non segue di pari passo quella del linguaggio. Pensiero e linguaggio costituiscono insieme un'unità non indifferenziata, ma fondata su complessi rapporti e sulle mutuazioni esistenti fra i due processi, i quali sono ben lungi dal coincidere l'uno con l'altro» (1934, pp. 221-222).

Sul rapporto tra apprendimento e socializzazione è intervenuto anche Jerome Seymour Bruner che ha esteso questa correlazione dal contesto scolastico a quello della vita quotidiana, dal momento che solo l'intersoggettività, che è alla base di qualsiasi scambio informativo, consente l'acquisizione di conoscenze e l'approfondimento di significati. Infine recenti studi nell'ambito delle neuroscienze hanno dimostrato che l'apprendimento modifica di continuo i circuiti cerebrali, osservazione questa che depotenzia l'ipotesi che noi dipendiamo fondamentalmente dal nostro patrimonio genetico, perché siamo costantemente modificati dal rapporto che abbiamo con gli altri e più in generale con la nostra cultura. Le forme in cui si realizza l'apprendimento cognitivo sono, fra le più studiate:

1. L'Insight (v.). Concetto elaborato dalla Psicologia della Gestalt (v. § I, 6) in riferimento a quelle soluzioni del problema a cui si giunge per una intuizione improvvisa. Wolfgang Köhler condusse alcuni esperimenti sullo scimpanzé che, avendo a disposizione un bastone troppo corto per raggiungere un frutto posto fuori dalla gabbia, si servì dello strumento per avvicinare un bastone più lungo con cui poter raggiungere il frutto. L'animale ha risolto il problema non per prove ed errori, ma intuendo le relazioni essenziali del rapporto tra i bastoni e il frutto. Dalla ripetizione dell'esperimento si è potuto determinare: *a*) che l'*insight* è facilitato se gli elementi essenziali per la soluzione del problema sono disposti in modo che i loro reciproci rapporti possano essere globalmente percepiti; *b*) che una soluzione appresa per *insight* può essere riadottata più prontamente di quella raggiunta per prove ed errori; *c*) che, non trattandosi di un'abitudine motoria, ma di un rapporto cognitivo tra un mezzo e un fine, una soluzione ottenuta per *insight* può essere applicata a nuove soluzioni.

2. L'apprendimento per segnali. È una teoria messa a punto da Edward Chace Tolman secondo cui l'animale nel labirinto non impara solo una sequenza di movimenti che lo conducono all'uscita, ma sviluppa anche una rappresentazione interna del labirinto che gli permette, in caso di necessità, come quando la via naturale risulta sbarrata, di utilizzare deviazioni in vista della meta. Ciò è possibile perché, nella sequenza dei segnali che si succedono per raggiungere una meta, l'animale acquisisce una risposta motoria, come può essere la pressione di una leva, perché ha acquisito un'aspettativa che è un fatto cognitivo. Tolman ha chiamato *anticipazione inferenziale* la capacità dell'animale di riorganizzare spontaneamente il suo comportamento nel percorrere il labirinto, quando a muoverlo è l'aspettativa. Da queste osservazioni Tolman giunse a ipotizzare una sorta di *apprendimento latente* non osservabile nel periodo in cui avviene, ma che si attiva improvvisamente in caso di necessità o di ricompensa. Così, se a un gruppo di topi messi in un labirinto si sottrae il cibo quando giungono alla meta, questo gruppo impara meno dell'altro a cui il cibo è lasciato, ma quando dopo alcuni giorni anche

a questo gruppo viene somministrato il cibo, si constata che la prestazione giunge rapidamente al livello del gruppo che è stato sempre rinforzato e a volte lo supera. Ciò sta a dimostrare che il gruppo non rinforzato aveva imparato a orientarsi nel labirinto anche senza l'incentivazione del cibo.

3. Il transfer e l'interferenza. Sono fattori facilitanti o inibenti l'apprendimento. Il transfer è l'influenza che l'apprendimento di un'attività esercita sull'apprendimento di un'altra attività; l'interferenza invece può essere *proattiva* quando un apprendimento antecedente interferisce su quello successivo, come nel caso di chi dà l'indirizzo vecchio al posto di quello nuovo, oppure *retroattiva* quando un apprendimento recente interferisce sulla memoria di informazioni apprese in precedenza, soprattutto quando le informazioni hanno tratti di somiglianza (v. Memoria, § 5, *b*). Le due nozioni sono importanti per capire come le attività apprese si integrano e si concatenano, consentendo alla nostra esperienza di esprimersi come un continuum e non come una successione di attività isolate. A questo proposito è stata fornita una spiegazione fisiologica secondo la quale l'attività nervosa che si attiva nella fase di apprendimento non si arresta al cessare di quello, ma persiste per un certo tempo come effetto consecutivo o Perseverazione (v.) consentendo il consolidamento e la continuità delle associazioni createsi.

4. Gli schemi di codificazione e selezione. Con il perfezionarsi degli esperimenti sull'apprendimento è stato possibile elaborare modelli matematici costruiti a partire da alcune ipotesi di base da cui vengono derivate delle equazioni applicate ai dati sperimentali. Un esempio è la *teoria della campionatura dello stimolo* dove, con opportuni calcoli, è possibile prevedere l'andamento del processo di apprendimento quando si disponga soltanto dei dati relativi all'esecuzione delle prime due prove. A intuire questa possibilità fu per la prima volta Frederic Charles Bartlett che, nel 1932, suggerì che la nostra conoscenza del mondo si costituisce con strutture dinamiche che chiamò "schemi" che non sono strumenti di immagazzinamento passivo di conoscenze, ma piuttosto strutture di codificazione attiva che assimilano e trasformano selettivamente le nuove informazioni provenienti dal mondo percettivo. L'ipotesi fu confermata da Noam Chomsky nel campo linguistico, dove si poté dimostrare che le forme di pensiero possono essere dedotte dalle regole della struttura sintattica, che sono poi le regole che il cervello seguirebbe per ordinare e immagazzinare le informazioni. Attualmente l'indagine prosegue nella direzione del reperimento di strutture cognitive che siano ugualmente applicabili sia alle tecniche di immagazzinamento e di recupero dei dati nei calcolatori, sia alle modalità con le quali il cervello assimila e recupera l'informazione.

5. Gli stili di apprendimento. Recenti studi hanno richiamato l'attenzione sui diversi modi di apprendere a partire dal tipo di intelligenza e/o di personalità. 1. In ordine al *tipo di intelligenza* Liam Hudson distingue ad esempio le intelligenze *convergenti* che cercano la soluzione del problema a partire dal modo in cui il problema è stato impostato, dalle intelligenze *divergenti* che trovano la soluzione ribaltando l'impostazione del problema. I convergenti sono più logici, razionali, coerenti e al limite convenzionali, i divergenti sono più emotivi, espressivi e creativi. Ellis Paul Torrance e Zoa L. Rockenstein ritengono che i diversi tipi di intelligenza siano connessi alla maggiore o minore specializzazione degli emisferi cerebrali, dal momento che «la ricerca sull'emisfericità cerebrale indica che l'emisfero cerebrale sinistro è specializzato primariamente nelle operazioni verbali, analitiche, astratte, temporali e numeriche [...] mentre l'emisfero destro è primariamente specializzato nelle funzioni non verbali, olistiche, concrete, spaziali, analogiche, creative, intuitive, estetiche» (1988, p. 278). 2. In ordine al *tipo di personalità* Noel Entwistle trova una corrispondenza tra le forme di intelligenza e i tipi psicologici descritti da Carl Gustav Jung, che aveva introdotto la distinzione tra atteggiamento introverso e atteggiamento estroverso (v. Tipologia, § 2). Infatti scrive Entwistle: «Nel pensiero estroverso l'accumularsi empirico di fatti paralizza il pensiero e soffoca il loro significato, mentre il pensiero introverso mostra una pericolosa tendenza a costringere i fatti entro la forma della sua immagine o a ignorarli del tutto per dispiegare la sua immagine fantastica in libertà» (1981, p. 186).

III. DISPOSITIVI, STRATEGIE, MOTIVAZIONI, DISTURBI E PROBLEMATICHE DELL'APPRENDIMENTO

Gli studi sul modello *associativo* e *cognitivo* dell'apprendimento sono stati integrati da altri studi che in ambito *psicologico* sottolineano l'importanza di alcuni dispositivi e strategie d'apprendimento, nonché l'incidenza della motivazione nei processi acquisitivi, mentre in ambito *psicopatologico* sono stati presi in considerazione i disturbi dell'apprendimento in ordine alle condizioni neurologiche e a quelle sociali.

1. Dispositivi e strategie d'apprendimento. In questo ambito meritano di essere ricordati per il loro rilievo nei processi acquisitivi: l'*abituazione* messa in luce nel 1970 da Philip M. Groves e Richard F. Thompson (v. Abituazione), l'*imprinting* studiato

da Konrad Lorenz, limitato a periodi critici o particolarmente delicati dell'ontogenesi (v. IMPRINTING), e l'*apprendimento ad apprendere* illustrato da Harry Frederick Harlow, per il quale qualsiasi ordine di problemi che ammettano per la loro soluzione una regola comune come la scelta tra il lato destro e quello sinistro di un labirinto, tra un oggetto bianco e uno nero, può dare adito a un dispositivo per l'apprendimento che comporta l'abbandono di strategie inadeguate o fattori di errore, per l'acquisizione della regola o concetto che lo sottende.

Ai dispositivi per l'apprendimento vanno aggiunte le *strategie* che possono essere spontaneamente adottate dagli individui quando vogliono apprendere qualcosa, o organizzate preventivamente nella compilazione di testi, nell'impostazione della disciplina, nell'esposizione attraverso l'ausilio di figure, nell'inserzione di domande, fino ai cosiddetti "organizzatori di avanzamento" intesi a collegare i materiali da apprendere con conoscenze già acquisite. L'adozione di strategie spontanee e la capacità di fruire di strategie già organizzate è indice del livello evolutivo raggiunto nei processi cognitivi di chi apprende.

2. MOTIVAZIONI NELL'APPRENDIMENTO. In questo ambito ci si chiede in che *misura* fattori motivazionali incidano sull'apprendimento e in che *modo* intervengano nell'adozione di un comportamento piuttosto che di un altro. Le ricerche sono state condotte soprattutto nell'ambito della psicologia animale e in quello della psicologia dell'età evolutiva. Nel primo ambito la motivazione è stata concettualizzata come PULSIONE (v.) e come BISOGNO (v.), e quindi come qualcosa che modifica l'OMEOSTASI (v.) dell'organismo. In questo senso vanno le sperimentazioni di Clark Leonard Hull e di Robert Bolles che, operando con condizionamenti appetitivi e condizionamenti avversativi, hanno concluso che la pulsione è l'unica influenza motivazionale nella risposta strumentale e operativa messa in atto dall'animale. Rispetto a Hull, Bolles, sostituendo al termine "incentivo" quello di "aspettativa", ha rubricato sotto i processi cognitivi, invece che sotto quelli associativi, la pulsione-motivazione che negli animali favorisce l'apprendimento delle strategie di soddisfazione.

Nel campo della psicologia evolutiva, invece, l'ordine delle motivazioni spazia dalla curiosità promossa dalla maggior o minore intelligenza al bisogno di approvazione da parte dei genitori, da problemi di leaderismo nei confronti dei compagni al bisogno di successo, a sua volta condizionato dal tipo di società in cui si vive, dal tipo di famiglia da cui si proviene, dal tipo di vantaggi che si percepiscono, dal tasso d'ansia per un eventuale insuccesso che si riesce a controllare, da problemi di autostima, dalla tendenza ad attribuire a sé i successi e alle circostanze esterne gli insuccessi, o viceversa; tutto questo commisurato all'entità dello sforzo e al calcolo conscio e inconscio del rapporto tra sforzo e risultato.

3. DISTURBI DELL'APPRENDIMENTO. Questa espressione può essere usata o in riferimento a determinati aspetti dell'apprendimento nel quale il soggetto può incontrare difficoltà o, più in generale, in riferimento al fatto che il soggetto ha difficoltà ad apprendere. Questo secondo caso è stato codificato, nel lessico del *British 1981 Act on Special Education*, con l'espressione "difficoltà di apprendimento" in sostituzione di "portatori di handicap", e si riferisce a chi «presenta una disabilità che gli impedisce o gli rende difficoltoso l'uso dei sussidi educativi generalmente adottati nelle scuole». Per quanto concerne invece le difficoltà di apprendimento specifiche, queste dipendono da un lato dalla definizione di INTELLIGENZA (v.) come concetto unitario invece che come genere che comprende differenziazioni attitudinali, dall'altro dalla difficoltà di misurazione della discrepanza tra i risultati conseguiti dal soggetto e la sua età cronologica (arretratezza), o il suo presunto potenziale di intelligenza (ritardo).

Le difficoltà di apprendimento dei bambini vengono inoltre descritte in base alla nominazione fornita dagli studi clinici di tipo neurologico eseguiti sugli adulti che hanno perso la capacità di fornire determinate prestazioni in seguito a varie forme di danno neurologico, mentre, come dice Klaus Wedell, nel caso dei bambini non si tratta di perdita di una facoltà, ma di mancato sviluppo o acquisizione. Descritti in riferimento alle incapacità che sottendono la sintomatologia, i disturbi dell'apprendimento sono rubricati come disfunzioni di processi psicologici che darebbero adito alla carenza di prestazioni nel campo della *motricità* come la mancanza di precisione, in quello della *cognitività* come la difficoltà di concentrazione, i disturbi dell'attenzione, l'inibizione dell'intelligenza, in quello *motivazionale* come la pigrizia, la rassegnazione, l'ansia, in quello *somatico* come l'esaurimento o la distonia vegetativa. Di fronte alla mancanza di prove in favore di un nesso tra difetti dell'apprendimento e danni neurologici dimostrabili, si è introdotta la nozione di "disfunzione cerebrale minima", secondo la quale i disturbi dell'apprendimento possono essere provocati da forme subcliniche di danno neurologico. Sono state messe a punto molte batterie di TEST (v.), per valutare i processi psicologici che sottenderebbero i disturbi dell'apprendimento, e di conseguenza programmi di recupero per le singole funzioni oggetto di valutazione, oltre alle misure terapeutiche generali quali la terapia del comportamento e la psicologia del profondo, anche se la tendenza più diffusa è quella di trattare i disturbi dell'apprendimento dal punto di vista sociologico, imputandone l'esistenza alle condizioni di crescita, di educazione, di cultura familiare inadeguate alle richieste di prestazioni della società attuale.

4. PROBLEMATICHE APERTE. La teoria dell'apprendimento è ancora oggi aperta a due livelli di problemi: *a)* l'*apprendimento per condizionamento classico e operante* vede divisi i sostenitori della differenza tra le due modalità acquisitive e coloro che cercano di ricondurre un tipo di condizionamento all'altro, oltre a quelli che ritengono che l'una e l'altra teoria esprimano solo le operazioni usate per studiare l'apprendimento e non un vero e proprio processo sottostante; *b)* per quanto concerne il rapporto tra *apprendimento associativo* e *apprendimento cognitivo* c'è chi tende a risolvere il secondo nel primo e chi ne mantiene rigorosa la distinzione perché l'apprendimento a volte è un rafforzamento delle risposte, a volte un'acquisizione di schemi senza cui le risposte non potrebbero essere fornite. Inoltre, il nesso apprendimento-azione è molto meno stretto di quanto non vogliano far supporre le teorie basate sullo stimolo-risposta. Resta infine *c)* il problema della *legittimità di una teoria generale* dell'apprendimento costruita sugli esiti ottenuti a partire solo dalla sperimentazione condotta su animali. Questa riserva ha modificato l'atteggiamento della terapia del comportamento, che oggi riconosce, oltre al ruolo del condizionamento e del rinforzo, anche l'importanza dei processi cognitivi, dell'autorinforzo e dell'imitazione ai fini della modificazione del proprio comportamento (v. COMPORTAMENTO, § 4) .

IV. NOMENCLATURA DELLE VARIE FORME DI APPRENDIMENTO

Accidentale: detto anche *occasionale*, quando non si dà nel soggetto alcuna intenzione di apprendere, oppure, nel caso degli esperimenti, non si fornisce a chi deve apprendere alcuna istruzione. Questo tipo di apprendimento è alla base dell'esperienza che si fa nella vita quotidiana. Il suo contrario è l'apprendimento *intenzionale* o *finalizzato*.

Ad apprendere: v. *supra*, § III, 1.

Associativo o *meccanico* o *semplice*: v. *supra*, § I.

Automatico: si riferisce agli automi che imparano e si definisce come l'emulazione dei processi umani di acquisizione di conoscenze attraverso algoritmi programmati su calcolatori digitali.

Bicircolare: si verifica quando chi agisce altera i valori che governano il sistema entro cui avviene la sua azione. Detta forma di apprendimento, mettendo in discussione i fondamenti logici di un sistema, è utile per determinare variazioni e previsioni di possibili futuri. Il suo contrario è l'apprendimento *monocircolare* dove non avviene questa alterazione e dove l'unico criterio di riferimento è l'efficienza.

Concentrato: ossia senza intervalli tra le varie parti da apprendere; il suo opposto è l'apprendimento *ripartito* dove gli intervalli non devono essere troppo lunghi per non incrementare la curva dell'oblio. L'apprendimento concentrato, essendo un esercizio ininterrotto, può ridurre l'efficienza per saturazione. Ricerche in proposito hanno dimostrato che gli estroversi apprendono meglio con il metodo ripartito e gli introversi con quello concentrato.

Concettuale: individuazione e soluzione di problemi con i soli strumenti del pensiero in assenza di oggetti osservabili e manipolabili. Questo apprendimento viene contrapposto a quello *meccanico*, a quello *percettivo* e a quello *motorio*.

Dell'opposto: in una discriminazione che è stata precedentemente appresa, imparare l'opposto significa, in una coppia A-B, scegliere B dopo aver imparato a scegliere A. L'apprendimento dell'opposto ottimizza, nel riapprendimento, l'apprendimento del compito iniziale.

Di comportamenti anormali: in psicologia clinica è lo studio delle risposte non aggiustative (v. AGGIUSTAMENTO) provocate da condizioni sfavorevoli dell'ambiente familiare e sociale.

Differito o *a risposta differita*: denota quell'apprendimento che ospita un lungo intervallo tra il condizionamento e la risposta.

Globale: il materiale da imparare o il compito motorio proposto viene affrontato nel suo insieme e non nella successione delle sue parti.

Imitativo: la risposta è copia più o meno fedele di quella di altre persone. L'imitazione può essere intenzionale o può svolgersi come processo automatico o semiautomatico. In questi casi si usa il termine *identificazione*.

Innato: evidente nelle prime ore di vita di qualsiasi animale e del bambino. Forma la base dell'attaccamento ai genitori e rappresenta uno stabile substrato per lo sviluppo successivo.

Intenzionale: l'apprendimento è il fine esplicito che il soggetto si propone; questo tipo di apprendimento si oppone a quello *occasionale* o *accidentale*.

Intuitivo: detto anche apprendimento per *insight* (v. *supra*, § II, 1).

Latente: v. *supra*, § II, 2.

Meccanico: attività mnemonica slegata dalla comprensione quando il compito proposto esige la pura e semplice ripetizione. La sperimentazione di questa forma di apprendimento rientra nelle ricerche sulla MEMORIA (v.).

Mentale: avviene attraverso l'elaborazione cognitiva del compito, quindi o mediante la rappresentazione di ciò che si deve eseguire o mediante la sua descrizione verbale. Su questo tipo di apprendimento è fondata la maggior parte dei sistemi educativi e di formazione.

Monocircolare: v. *supra*, *Bicircolare*.

Motorio: perfezionamento delle proprie capacità di movimento attraverso l'esercizio e la percezione cinestesica e visiva della propria motilità.

Multimediale: l'avvento di internet, degli smartphone e dei social network ha introdotto un nuovo modo di apprendere, dove è opportuno distinguere da un lato gli aspetti effimeri del mondo di internet destinati a rapida obsolescenza e dall'altro le infrastrutture metodologiche e concettuali utili a definire le competenze indispensabili per avvalersi di questi strumenti a scopo educativo soprattutto nell'apprendimento scolastico e in quello a distanza (v. PSICOLOGIA DEI NUOVI MEDIA).

Nel sonno: attraverso la presentazione di un materiale verbale. Nel sonno la curva dell'oblio ha un andamento più piatto per la riduzione, rispetto alla veglia, di processi di interferenza con materiale mnemonico.

Percettivo: modificazione del comportamento a seguito della modificazione della percezione. Questo tipo di apprendimento è il perno della polemica tra innatismo ed empirismo nella psicologia della percezione (v. PERCEZIONE).

Per condizionamento classico, operante o strumentale: v. *supra*, § I, 1-2.

Per prova ed errore: procedimento selettivo che, eliminando gli errori, giunge alla risposta adeguata. Il suo contrario è l'apprendimento intuitivo.

Produttivo: possibilità di trasferire ad altre situazioni un apprendimento acquisito in una determinata situazione.

Recettivo: coordinamento di materiale significativo in conoscenze di cui si è già in possesso.

Relazionale: si ha quando l'apprendimento non dipende da un segnale singolo, ma dal coordinamento di due o più segnali.

Ripartito: è il contrario dell'apprendimento *concentrato* (v. *supra*).

Sequenziale: apprendimento di singole sequenze che presentano al loro interno riferimenti associativi (coppie, opposti ecc.).

Seriale: procede per organizzazione e suddivisione per blocchi mnestici. La curva dell'apprendimento seriale prevede un'accentuazione degli errori nella seconda parte della serie.

Significativo: elabora cognitivamente delle regole che consentono di assumere, prevedere e organizzare più velocemente il materiale con una memorizzazione minima. È l'opposto dell'apprendimento meccanico (v. *supra*).

Sociale: si realizza nella frequentazione della società attraverso continui processi di AGGIUSTAMENTO (v.) all'ambiente in cui ci si trova inseriti.

Vicario: acquisizione di risposte comportamentali nel proprio repertorio senza averle direttamente verificate.

Bibliografia

Bartlett F. Ch., *La memoria. Studio di psicologia sperimentale e sociale* (1932), Franco Angeli, Milano 1974.

Bolles R., *Theory of motivation*, Harper & Row, New York 1975.

Bruner J. S., *La cultura dell'educazione. Nuovi orizzonti per la scuola* (1996), Feltrinelli, Milano 1997.

Bruner J. S., Goodnow J. J., Austin G. A., Brown R., *Il pensiero. Strategie e categorie* (1956), Armando, Roma 1969.

Calvani A., Rotta M., *Comunicazione e apprendimento in Internet. Didattica costruttivistica in rete*, Erickson, Trento 1999.

Chomsky N., *Le strutture della sintassi* (1957), Laterza, Bari 1970.

Cornoldi C., *Apprendimento e memoria nell'uomo*, Utet Libreria, Torino 1986.

– (a cura di), *I disturbi dell'apprendimento. Aspetti psicologici e neuropsicologici*, il Mulino, Bologna 1991.

–, *Metacognizione e apprendimento*, il Mulino, Bologna 1995.

–, *Le difficoltà di apprendimento a scuola*, il Mulino, Bologna 1999.

Cornoldi C., De Beni R., Gruppo MT, *Imparare a studiare. Strategie, stili cognitivi, metacognizione e atteggiamento nello studio*, Erickson, Trento 1993.

De Beni R., Moè A., *Motivazione e apprendimento*, il Mulino, Bologna 2000.

De Beni R., Pazzaglia F., Molin A., Zamperlin C., *Psicologia cognitiva dell'apprendimento*, Erickson, Trento 2005.

Entwistle N., *Styles of learning and teaching*, Wiley, London 1981.

Foppa K., *Apprendimento e comportamento* (1970), Armando, Roma 1975.

Gagné R. M., *Le condizioni dell'apprendimento* (1965), Armando, Roma 1973.

Groves Ph., Thompson R., *Habituation. A dual-process theory*, in "Psychological Review", 1970, n. 77.

Guthrie E. R., *The psychology of learning*, Harper & Row, New York 1952.

Harlow H. F., *The formation of learning sets*, in "Psychological Review", 1949, n. 56.

Hilgard E. R., Bower G. H., *Le teorie dell'apprendimento* (1975), Franco Angeli, Milano 1976.

Hill W. F., *L'apprendimento. Una rassegna delle teorie dell'apprendimento in psicologia* (1977), Zanichelli, Bologna 2000.

Hudson L., *Contrary imaginations*, Methuen, London 1966.

Hull C. L., *I principi del comportamento. Introduzione alla teoria del comportamento* (1943), Armando, Roma 1978.

Köhler W., *L'intelligenza nelle scimmie antropoidi* (1917), Giunti Barbera, Firenze 1961.

Le Ny J.-F., Montepellier G. de, Oléron G., Florès C., *Apprendimento e memoria*, in P. Fraisse, J. Piaget (a cura di), *Trattato di psicologia sperimentale* (1963-1968), Einaudi, Torino 1972-1979, vol. IV.

Levin J. R., Pressley M. (a cura di), *Cognitive strategy research. Educational applications*, Springer, New York 1983.
Lorenz K., *Über tierisches und menschliches Verhalten*, Piper, München 1965.
Mammarella N., Cornoldi C., Pazzaglia F., *Psicologia dell'apprendimento multimediale. E-learning e nuove tecnologie*, il Mulino, Bologna 2005.
Mezirow J., *Apprendimento e trasformazione. Il significato dell'esperienza e il valore della riflessione nell'apprendimento degli adulti* (1991), Raffaello Cortina, Milano 2003.
Oelkers J., *Apprendimento*, in Ch. Wulf (a cura di), *Cosmo, corpo, cultura. Enciclopedia antropologica* (1997), Bruno Mondadori, Milano 2002, pp. 764-770.
Pavlov I. P., *I riflessi condizionati* (1927), Bollati Boringhieri, Torino 1966.
Piaget J., *L'epistemologia genetica* (1970), Laterza, Bari 1983.
Skinner B. F., *The behavior of organisms*, Appleton-Century, New York 1938.
–, *Scienza e comportamento* (1953), Franco Angeli, Milano 1971.
Thorndike E. L., *Animal intelligence. Experimental studies*, Macmillan, New York 1911.
Tolman E. Ch., *Il comportamento intenzionale negli animali e negli uomini* (1932), Armando, Roma 1983.
Tornatore L., *Apprendimento*, in AA.VV., *Gli strumenti del sapere contemporaneo*, vol. II: *I concetti*, Utet, Torino 1985, pp. 33-36.
Torrance E. P., Rockenstein Z. L., *Styles of thinking and creativity*, in R. R. Schmeck (a cura di), *Learning styles and strategies*, Plenum Press, New York 1988.
Tressoldi P. E., Vio C., *Il trattamento dei disturbi dell'apprendimento scolastico*, Erickson, Trento 1998.
Underwood B. J., *Interference and forgetting*, in "Psychological Review", 1957, n. 64, pp. 49-60.
Volpi B., *Gli adolescenti e la rete*, Carocci, Roma 2012.
Vygotskij L. S., *Pensiero e linguaggio* (1934), Giunti Barbera, Firenze 1966.
Watson J. B., *La psicologia così come la vede il comportamentista* (1913), in *Antologia degli scritti*, il Mulino, Bologna 1976.
Wedell K., *Learning and perceptuo-motor disabilities in children*, Wiley, New York 1973.

Apprensione (ingl. *Apprehension*; ted. *Auffassung*; fr. *Appréhension*; sp. *Aprehensión*). Termine di derivazione filosofica impiegato da Immanuel Kant per denominare l'atto con cui il molteplice sensibile viene sintetizzato nelle forme pure dello spazio e del tempo. In psicologia alcuni parlano di "apprensione" per indicare una valutazione immediata di oggetti, qualità o eventi che hanno caratteristiche di semplicità e la collocano tra la PERCEZIONE (v.) e la comprensione (v. PSICOLOGIA COMPRENSIVA); altri la assumono come sinonimo di APPERCEZIONE (v.) per denotare l'elaborazione consapevole di materiali recepiti per la prima volta e correlati alle esistenti matrici di esperienza. Da ultimo il termine viene utilizzato per indicare una sensazione confusa e ansiogena rivolta al futuro, e in questo caso diventa sinonimo di ansia per un pericolo imminente o per una prospettiva incerta.

Appresentazione (ted. *Vergegenwärtigung*). È una presenza colta in assenza o, se si vuole, è quell'assenza a cui la presenza rinvia per un bisogno di senso. È un fenomeno che constatiamo quotidianamente a livello percettivo: quando diciamo di vedere una casa, in realtà ne vediamo solo una o alcune facce, essendo le altre nascoste da quella immediatamente presente, che però è percepita come rinviante alle altre che, in questo modo, sono "appresentate". Nella misura in cui una presenza rinvia a ulteriori unità di senso, la presenza "appresenta". Questo termine, coniato da Edmund Husserl, è stato applicato in psichiatria da Ludwig Binswanger per spiegare la modalità con cui ciascuno di noi, presente a se stesso, si appresenta l'altro: «Anche Husserl non può naturalmente fare a meno dell'*analogon* (con l'ego) nella costituzione dell'alter ego, ma egli spiega giustamente che nella concezione analogizzante dell'alter ego, in primo luogo come altro corpo, non si opera alcun *ragionamento* per analogia: l'appresentazione "non è un sillogismo, un atto di pensiero"» (1960, pp. 71-72). Difetti di appresentazione non consentono il costituirsi di una coesistenza (*Mit-sein*) e il nascere di un mondo-comune (*Mit-welt*) perché «l'appresentazione presuppone un nucleo di presentazione, più precisamente che essa è una *presenzialità* connessa alla percezione vera e propria (del corpo estraneo), e cioè tale da fondersi con essa nella speciale funzione della co-percezione. Entrambe, percezione e presenzialità, si trovano qui congiunte nella comune funzione di *una* percezione *unica*, di una percezione cioè che si presenta e appresenta in sé *allo stesso tempo*, eppure fa sorgere, per l'oggetto complessivo, la coscienza del suo *esserci come se stesso* (*Selbstdasein*). Di conseguenza il mio ego *costituisce* in sé l'ego *che è* per lui l'altro» (ivi, pp. 74-75). Difetti di appresentazione sono frequenti nelle condotte maniacali dove l'assenza di sé a se stessi non consente il costituirsi dell'altro rispetto a sé.

Bibliografia

Binswanger L., *Melanconia e mania* (1960), Bollati Boringhieri, Torino 1971.
Husserl E., *Meditazioni cartesiane* (1931), Bompiani, Milano 1960.

Approccio, v. ATTRAZIONE – REPULSIONE, TEORIA DELL'.

Approvazione (ingl. *Approval*; ted. *Billigung*; fr. *Approbation*; sp. *Aprobación*). Manifestazione di consenso espressa nei confronti di un'affermazione, di un atteggiamento, di un comportamento di un individuo o di un gruppo. Il bisogno di approvazione è una caratteristica frequente nei bambini, negli adolescenti e nei giovani che ancora non hanno raggiunto una completa indipendenza (v. DIPENDENZA, § 1). Nell'adulto il bisogno di approvazione può essere il segno di un profondo sentimento di inferiorità o di un'insicurezza circa la propria identità e il proprio valore che l'assenso altrui è in grado di confermare. La psicologia sociale si è particolarmente interessata al problema della *disapprovazione sociale*, al cui timore l'individuo viene educato fin dall'infanzia allo scopo di conformarlo ai valori sociali, culturali e ideali del gruppo di appartenenza. Edwin M. Lemert ritiene che la disapprovazione sia la causa diretta della "devianza secondaria" (v. DEVIANZA), che è appunto quella indotta dalla disapprovazione, e che ha come conseguenza l'irrigidimento del deviante nel suo ruolo.

Bibliografia

Lemert E. M., *Social pathology*, Hill Book Company, New York 1951.

Approvvigionamento (ingl. *Provisioning*; ted. *Versorgung*; fr. *Approvisionnement*; sp. *Aprovisionamiento*). Ricerca e rifornimento del cibo compiuti dagli animali nella fase dell'individuazione del luogo in cui il cibo si trova e nel riconoscimento dell'oggetto commestibile. Recenti indagini hanno evidenziato che negli animali l'approvvigionamento tende ad essere "ottimale", nel senso che con la minima quantità di energia si tende ad acquistare la massima quantità di cibo. Per quanto concerne il *comportamento appetitivo* che promuove l'approvvigionamento e l'*atto consumatorio* che ne consegue, si veda la voce ETOLOGIA, § 2.

Aprassia (ingl. *Apraxia*; ted. *Apraxie*; fr. *Apraxie*; sp. *Apraxia*). Inabilità nell'esecuzione gestuale (v. GESTO, § 1; MOVIMENTO, § 1, *b*) o per lesioni corticali delle zone di associazione (v. MOTRICITÀ), o per difetto di controllo sensitivo (che è essenzialmente propriocettivo) o di controllo sensoriale (che è essenzialmente visivo, ma anche labirintico, uditivo, olfattivo ecc.). Quando l'aprassia dipende non solo dall'incapacità di esecuzione, ma anche da un difetto di conoscenza relativo a ciò che si deve fare (v. AGNOSIA), allora si parla di APRATTOGNOSIA (v.).

1. NEUROLOGIA. Nella letteratura neurologica si distinguono quattro forme di aprassia: *a*) *motoria* o *cinetica* dovuta alla perdita degli schemi della memoria cinestesica necessari per l'esecuzione di atti corretti, soprattutto i movimenti fini; *b*) *ideomotoria* o *idiocinetica* dove lo schema della memoria è conservato, ma non è accessibile al richiamo volontario, per cui è impossibile eseguire su comando o per imitazione quegli stessi movimenti che possono essere eseguiti automaticamente; *c*) *ideativa* per incapacità a formulare un programma d'azione, anche se non è compromessa la capacità di eseguire singole sequenze; *d*) *costruttiva* dove si rivela un'incapacità a comporre le parti con il tutto per disturbi all'organizzazione spaziale.

2. PSICOMOTRICITÀ. Nella letteratura psicomotoria, che si rifà al modello genetico (v. EPISTEMOLOGIA GENETICA) di Jean Piaget, si è pervenuti alla seguente caratterizzazione delle aprassie: *a*) *sensorio-cinetica* che non presenta turbe nella rappresentazione dell'atto, ma nella sintesi sensomotoria che è alla base della sua esecuzione; *b*) *somato-spaziale* dovuta a una disorganizzazione congiunta dello schema corporeo (v. CORPO, § 1) e delle coordinate spaziali; *c*) *simbolica* dovuta a una disorganizzazione generale dell'attività simbolica che include anche il LINGUAGGIO (v. § 5). Piaget evidenzia la corrispondenza tra queste tre forme di aprassia e i tre stadi dello sviluppo cognitivo (v. COGNIZIONE, § 2).

3. FORME DI APRASSIA. Le diverse forme di aprassia si distinguono a seconda che si riferiscano agli oggetti, alla gestualità o alla riproduzione delle forme. *a*) Nell'*uso degli oggetti* si distingue un'*aprassia propriamente detta* che dipende da una lesione dell'area corticale parieto-temporo-occipitale che comporta una riduzione o distruzione degli engrammi che sottendono tutte le esperienze apprese sul proprio corpo e quelle sulle cose e lo spazio che lo circondano, e una *disprassia* che è una difficoltà ad eseguire movimenti precisi o per incapacità di adattare la struttura del movimento alla configurazione dell'oggetto, o per incapacità di ordinare i movimenti in rapporto al proprio corpo (v. SOMATOAGNOSIA). *b*) Nella *gestualità* si parla di aprassia sia per quanto concerne l'imitazione dei gesti altrui, sia per quanto concerne la comunicazione gestuale che accompagna la comunicazione linguistica (v. GESTO, § 1, 3). *c*) Nella *riproduzione delle forme* la perdita del "saper fare" prende il nome di *aprassia costruttiva* o di *amorfosintesi* perché in ogni costruzione o riproduzione di forme è richiesta una sintesi di due meccanismi associati: l'analisi visuo-tattile diretta dall'emisfero destro (qualora non dominante), e la disponibilità delle connotazioni simboliche che danno il significato delle forme sotto la direzione dell'emisfero sinistro (dominante). In senso allargato si parla di *aprassia unilaterale* a proposito della scarsa o nulla utilizzazione di uno degli arti superiori.

Bibliografia

Ajuriaguerra J. de, *Les apraxies*, in "Revue Neurologique", 1960, n. 102.

Argyle M., *Il corpo e il suo linguaggio. Studi sulla comunicazione non verbale* (1965), Zanichelli, Bologna 1978.
Doron R., *La conscience gestuelle*, Vrin, Paris 1971.
Leroi-Gourhan A., *Il gesto e la parola* (1964-1965), Einaudi, Torino 1977.
Orlic M. L., *L'educazione gestuale* (1971), Armando, Roma 1976.
Piaget J., *La nascita dell'intelligenza nel bambino* (1936), La Nuova Italia, Firenze 1977.
–, *Les praxies de l'enfant*, in "Revue Neurologique", 1960, n. 102.

Aprattognosia (ingl. *Aprattognosia*; ted. *Aprattognosie*; fr. *Aprattognosie*; sp. *Apratognosia*). Disturbo dell'azione che può dipendere da un mancato riconoscimento del proprio corpo (*somatoagnosia*), da disturbi della percezione visiva, uditiva, tattile e olfattiva (*agnosia*), da un deficit delle capacità gestuali (*aprassia*). Questi disturbi compaiono in presenza di lesioni che interessano le zone associative dei due emisferi: quello destro che ha maggior importanza in ordine alle azioni, e quello sinistro dove vengono fissate le acquisizioni linguistiche che ci permettono di comunicare agli altri le informazioni relative al nostro schema corporeo e, tramite questo, al mondo che ci circonda. Il "fare", infatti, comporta anche un "sapere" che cosa si deve fare. L'elemento conoscitivo, che può essere compromesso nelle varie forme di agnosia, non è mai disgiunto dall'elemento operativo che può essere compromesso nelle varie forme di aprassia. Questo legame, tradotto nel linguaggio neurologico, sottolinea l'interdipendenza tra i disturbi delle funzioni superiori e le alterazioni delle vie nervose e sensoriali. Aprattognosia è quindi il genere che comprende le varie forme di AGNOSIA (v.), APRASSIA (v.) e SOMATOAGNOSIA (v.).

A priori – A posteriori. Il significato più antico di questa distinzione risale ad Aristotele e alla successiva rielaborazione medievale per la quale il ragionamento *a priori* procede dall'universale (logicamente anteriore) al particolare (posteriore), dalle cause agli effetti, mentre quello *a posteriori* procede dal particolare all'universale, da ciò che è primo per noi (effetto) a ciò che è primo per natura (causa). A partire dal secolo XVII, soprattutto ad opera dell'empirismo e del razionalismo, i termini sono andati definendosi in un senso più generale che chiama *a priori* le conoscenze che si realizzano mediante la ragione indipendentemente dall'esperienza, come le proposizioni matematiche e geometriche, e *a posteriori* quelle che si ricavano dall'esperienza sensibile. L'elaborazione più sistematica e approfondita delle due espressioni spetta però a Immanuel Kant per il quale *a priori* è quella forma di conoscenza spaziale, temporale e categoriale che non solo non dipende dall'esperienza, ma costituisce la condizione per la sua costruzione che risulta perciò dotata di una validità universale e necessaria, mentre *a posteriori* è quella conoscenza che, derivando dall'osservazione empirica, non possiede i caratteri dell'universalità e della necessità. Dopo l'idealismo che, con Georg Wilhelm Friedrich Hegel, ha affermato la totale apriorità dell'intero sapere, il positivismo, con Herbert Spencer, considera qualsiasi *a priori* un derivato dell'esperienza, nel senso che ciò che è a priori per il singolo individuo è il risultato di esperienze che la specie ha accumulato e gli ha trasmesso ereditariamente. Nella filosofia del Novecento il neopositivismo logico nega l'esistenza degli *a priori* perché ciò che si indica con questa espressione altro non è che un impianto definitorio o una stipulazione convenzionale. In ambito psicoanalitico Carl Gustav Jung definisce "a priori" l'ARCHETIPO (v.) in quanto *forma* della conoscenza, e "a posteriori" l'immagine dell'archetipo che è poi il *contenuto* della stessa conoscenza.

Bibliografia

Jung C. G., *Gli archetipi dell'inconscio collettivo* (1934-1954), in *Opere* (1969-2007), Bollati Boringhieri, Torino, vol. IX, 1.

Aprosessia, v. ATTENZIONE, § 4, *d*.

Aracnofobia (ingl. *Arachnophobia*; ted. *Arachnophobie*; fr. *Arachnophobie*; sp. *Aracnofobia*). Reazione fobica di repulsione nei confronti dei ragni, più diffusa tra le donne perché, secondo la psicoanalisi, questa fobia è legata alla paura della distruttività materna che la donna può inconsciamente avvertire dentro di sé e trasporre nella realtà esterna, indirizzandola a un oggetto sostitutivo che nella fattispecie è il ragno.

Arbitrarietà, v. CREATIVITÀ.

Arbitrato, v. TRATTATIVA, § 4.

Arcaismo (ingl. *Archaism*; ted. *Archaismus*; fr. *Archaïsme*; sp. *Arcaísmo*). Questo termine, unitamente all'aggettivo corrispondente *arcaico*, si riferisce al materiale psichico riconosciuto come appartenente a un'epoca passata o a una fase primitiva di sviluppo. Sulla base dell'ipotesi, ammessa con qualche riserva dallo stesso Sigmund Freud, di un'eredità psichica acquisita filogeneticamente, alcuni elementi del materiale psichico, appartenenti all'individuo o al gruppo sociale, vengono riconosciuti come espressione di un passato ancestrale, oppure collocati nell'ambito della mentalità primitiva. Uno sviluppo importante in questa direzione si è avuto con Carl Gustav Jung per il quale arcaismo è «il carattere *vieto* di contenuti, di funzioni psichiche e di qualità che hanno il carattere di *relitto*. È questo il caso di tutti quei tratti psichici che essenzialmente coincidono con le qualità della mentalità primitiva. Arcaiche sono le associazioni per analogia delle fantasie inconsce, il rapporto di identità con l'oggetto, la *participation mystique*, il concretismo del pensare e del sentire, la coazione e l'incapacità a dominarsi (rapimento mentale), la fusione delle varie funzioni psichiche fra di loro, come pure la fusione di parti della stessa funzione, come l'ambitendenza e l'ambivalenza segnalate da Eugen Bleuler, ossia la congiunzione di un sentimento con il suo opposto» (1921, pp. 422-423). Materiale arcaico si riscontra frequentemente nelle manifestazioni schizofreniche.

Bibliografia

Freud S., *Totem e tabù. Alcune concordanze nella vita psichica dei selvaggi e dei nevrotici* (1912-1913), in *Opere* (1967-1993), Bollati Boringhieri, Torino, vol. VII.

Jung C. G., *Tipi psicologici* (1921), in *Opere* (1969-2007), Bollati Boringhieri, Torino, vol. VI.

–, *Gli archetipi dell'inconscio collettivo* (1934-1954), in *Opere*, cit., vol. IX, 1.

Lévy-Bruhl L., *Psiche e società primitive* (1910), Newton Compton, Roma 1970.

–, *La mentalità primitiva* (1922), Einaudi, Torino 1966.

Archetipo (ingl. *Archetype*; ted. *Archetypus*; fr. *Archétype*; sp. *Arquetipo*). Termine impiegato nella filosofia tardo-ellenica per indicare il modello originario (ἀρχέτυπος) delle forme di cui le cose sensibili sono semplici copie. L'espressione ha trovato il suo più ampio impiego nella psicologia analitica di Carl Gustav Jung che sostiene di averla ricavata da Platone che «per primo pose in un luogo celeste le idee di tutte le cose, ovvero quei modelli originari o *Urbilden* che Platone considerava più reali delle cose stesse» (1934-1954, p. 4). In seguito Filone l'Ebreo, platonico di Alessandria, definì questi modelli originari con il termine greco di ἀρχέτυποι, e infine Plotino, il fondatore del neoplatonismo che tenne scuola 200 anni più tardi, li considerò emanazioni dirette del fondamento primordiale, divino (νοῦς), che è l'archetipo di tutti gli archetipi. Jung trasferì queste rappresentazioni archetipiche nello stato più profondo della psiche, nell'inconscio collettivo (v. INCONSCIO, § 3, *b*): «Ai nostri fini tale designazione è pertinente e utile perché ci dice che, per quanto riguarda i contenuti dell'inconscio collettivo, ci troviamo davanti a tipi arcaici o meglio ancora primigeni, cioè immagini universali presenti fin da tempi remoti. L'espressione *représentations collectives*, che Lévy-Bruhl usa per designare le figure simboliche delle primitive visioni del mondo, si potrebbe usare senza difficoltà anche per i contenuti inconsci, poiché significa più o meno la stessa cosa» (*ibid.*).

1. LA CONCEZIONE JUNGHIANA. Della nozione di archetipo Jung dà una versione che potremmo definire "fenomenologica" inscrivibile nella teoria della percezione, e una "mitologica" che, oltre a non accordarsi con la prima, crea le premesse per un determinismo culturale che compromette la libertà dell'uomo.

a) *La versione fenomenologica*. Prevede che gli archetipi siano *forme a priori* che organizzano l'esperienza, e in questo senso Jung li definisce «ordinatori di rappresentazioni» (1947-1954, p. 247), «modelli di comportamenti innati» (ivi, p. 185), «fattori di organizzazione che esistono a priori alla stregua dei modelli funzionali innati costituenti nel loro insieme la natura umana», dove il senso di questo innatismo e apriorismo è subito precisato con un esempio: «il pulcino non ha imparato il modo con cui uscirà dall'uovo: esso lo possiede a priori» (1912-1952, p. 322). Così inteso, come fattore formativo o elemento strutturale, e non come immagine o contenuto ereditato, l'apriorismo dell'archetipo non contraddice il fatto che il contenuto dell'esperienza di ciascuno sia ricavato a posteriori dal proprio ambiente, e in questa accezione non c'è alcuna difficoltà ad ammetterne l'ereditarietà. Trattandosi, come dice Jung, di «possibilità ereditate di rappresentazioni, di "binari" che si sono formati progressivamente in base alle esperienze accumulate nell'ascendenza genealogica, negare l'ereditarietà di questi binari equivarrebbe a negare l'ereditarietà del cervello. Chi la nega dovrebbe, per essere logico, affermare che il bambino viene al mondo con un cervello di scimmia. Ma poiché nasce con un cervello *umano*, prima o poi questo cervello comincerà a funzionare in *maniera umana*» (1928, p. 62; v. PSICOLOGIA ANALITICA, § 3).

b) *La versione mitologica*. Quando gli archetipi, da forme a priori che organizzano l'esperienza in maniera umana, diventano «istinti forniti di un'energia specifica» (1947-1954, p. 236) che, trascurata, può «produrre un'inflazione dell'Io» (ivi, p. 238) per cui nei loro confronti bisogna avere «un saggio timore, una deidaimonia che non perda mai di vista il loro significato» (ivi, p. 239), allora non siamo più sul piano fenomenologico, dove di fronte ai fenomeni si cerca la forma che tutti li connota, ma sul piano *mitologico*, dove gli archetipi «sono creati con il materiale primigenio della rivelazione e rappresentano la sempiterna esperienza della divinità, di cui hanno sempre dischiuso all'uomo il presentimento, proteggendolo contemporaneamente dal contatto diretto di essa» (1934-1954, p. 8). Ne consegue che «da quando le stelle sono cadute dal cielo e i nostri simboli più alti sono impalliditi, domina nell'inconscio una vita segreta. Perciò abbiamo oggi una psicologia, perciò parliamo di inconscio. Tutto questo sarebbe, ed è in realtà, superfluo in un'epoca e in un tipo di cultura dotati di simboli» (ivi, p. 22). Nella nostra vita segreta, gli archetipi «non sono affatto pericoli immaginari, ma rischi effettivi, dai quali può in certi casi dipendere un destino. Il pericolo principale è quello di soccombere al fascinante influsso degli archetipi, pericolo specialmente concreto se "non rendiamo coscienti" a noi stessi le immagini archetipiche. Allora c'è già una predisposizione alla psicosi, può addirittura accadere che le figure archetipiche, nelle quali, in virtù della loro numinosità naturale, è insita una certa autonomia, si liberino del tutto da ogni controllo cosciente, conseguendo piena indipendenza e generando fenomeni di possessione. In caso di possessione da parte dell'Anima, ad esempio, il malato vuole trasformarsi, mediante autoevirazione, in donna, oppure teme che gli sia fatto subire a forza qualcosa del genere» (ivi, p. 27). Per quanto concerne il rapporto tra archetipo e produzione artistica, si veda la voce PSICOLOGIA DELL'ARTE, § 3.

2. GLI SVILUPPI SUCCESSIVI

a) James Hillman. Dei due significati di archetipo inaugurati da Jung, Hillman, fondatore della PSICOLOGIA ARCHETIPICA (v.), adotta il significato mitologico radicalizzandolo, per cui gli archetipi diventano dei modelli originari in cui è prescritta la vicenda psicologica di ognuno di noi: «Tutti gli eventi nel regno dell'anima, cioè tutti gli eventi e i comportamenti psicologici, hanno una somiglianza, una corrispondenza, un'analogia con un modello archetipico. Le nostre vite seguono figure mitiche; noi agiamo, pensiamo, sentiamo soltanto come ce lo consentono i modelli primari stabiliti nel mondo immaginale. Le nostre vite psicologiche sono mimetiche dei miti. Come nota Proclo, i fenomeni secondari (le nostre esperienze personali) possono essere ricondotti a un terreno primordiale, con il quale entrano in risonanza e a cui appartengono. Il compito della *psicologia archetipica*, e della terapia che ne deriva, è quello di scoprire il modello archetipico delle forme di comportamento. L'ipotesi è sempre che ogni cosa ha un aggancio da qualche parte; tutte le forme di psicopatologia hanno il loro substrato mitico e appartengono ai miti, o in essi hanno la loro dimora. Inoltre, la psicopatologia è essa stessa un mezzo per essere influenzati dal mito o per entrare nel mito» (1975a, p. 124). Per ulteriori approfondimenti si rimanda alle voci ANALISI ARCHETIPICA e PSICOLOGIA ARCHETIPICA.

b) Erich Neumann. Non lontana da Hillman è la posizione di Neumann che nell'archetipo distingue: 1) una *dinamica* che «si estrinseca nel fatto che l'archetipo determina, in modo inconscio, ma regolare e indipendente dall'esperienza dell'individuo, il comportamento umano. Come condizioni a priori, gli archetipi rappresentano il caso psichico del *pattern of behaviour* o modello di comportamento, familiare al biologo che presta ad ogni essere vivente il suo modo specifico. Questa componente dinamica dell'inconscio ha per l'individuo, che da essa viene diretto, un carattere cogente ed è sempre accompagnata da una forte componente emotiva»; 2) un *simbolismo* che «consiste nella forma in cui l'archetipo si manifesta in specifiche immagini psichiche che vengono percepite dalla coscienza e sono diverse per ogni archetipo»; 3) un *contenuto* «che è il senso racchiuso in esso che si concreta in un'immagine archetipica che può essere elaborata o assimilata dalla coscienza»; 4) una *struttura* «che è il modo in cui dinamica, simbolismo e contenuto di senso si organizzano fra loro» (1956, pp. 15-16).

c) Mario Trevi. Diametralmente opposta è la posizione di Trevi per il quale: «Se gli archetipi sono quegli invarianti metastorici e universali dell'immaginazione ma inevitabilmente anche del pensiero e dell'agire umano di natura formale e non contenutistica in cui, dopo innumerevoli tentennamenti, Jung stesso sembra configurarli, allora essi rappresentano quel cosmo immutabile che, insediato nel più profondo dell'inconscio, dovrebbe rendere ragione dell'uniformità occultata nell'infinita varianza della cultura. Come tali essi sono "ipostasi" molto prossime a quelle della metafisica religiosa, e noi non riusciamo a comprendere come l'uomo, nel suo perenne trascorrere culturale, possa attingerli e, anche solo sommariamente, descriverli. [...] In realtà l'archetipo, pur nella sua discendenza platonica, ancorando l'uomo all'immutabile, lo riporta alla natura e nella natura lo sommerge abolendone irrimediabilmente l'eccezionalità» (1987, pp. 100-101).

Bibliografia

Hillman J., *Il mito dell'analisi* (1972), Adelphi, Milano 1979.
–, *Saggio su Pan* (1972), Adelphi, Milano 1977.
–, *Pothos. La nostalgia del puer aeternus* (1975a), in AA.VV., *Dopo Jung*, Franco Angeli, Milano 1980.
–, *Re-visione della psicologia* (1975b), Adelphi, Milano 1983.
–, *Anima. Anatomia di una nozione personificata* (1985), Adelphi, Milano 1989.
–, *Psicologia archetipica*, in "L'immaginale", 1987, n. 8.
Jacobi J., *Complesso, archetipo, simbolo* (1957), Bollati Boringhieri, Torino 1971.
Jung C. G., *Simboli della trasformazione* (1912-1952), in *Opere* (1969-2007), Bollati Boringhieri, Torino, vol. V.
–, *Energetica psichica* (1928), in *Opere*, cit., vol. VIII.
–, *Gli archetipi dell'inconscio collettivo* (1934-1954), in *Opere*, cit., vol. IX, 1.

–, *Riflessioni teoriche sull'essenza della psiche* (1947-1954), in *Opere*, cit., vol. VIII.
Neumann E., *Storia delle origini della coscienza* (1949), Astrolabio, Roma 1978.
–, *La grande madre. Fenomenologia delle configurazioni femminili dell'inconscio* (1956), Astrolabio, Roma 1981.
Pieri P. F., *Archetipo*, in Id., *Dizionario junghiano*, Bollati Boringhieri, Torino 1998.
Romano A., *Il sogno del prigioniero. Archetipi e clinica*, Bollati Boringhieri, Torino 2013.
Trevi M., *Per uno junghismo critico*, Bompiani, Milano 1987.
Zolla E., *Archetipi*, Marsilio, Venezia 1988.

Arco isterico, v. CONTRATTURA.

Arco riflesso, v. RIFLESSO, § 1.

Arco riflesso psichico, v. ALLOPLASTICA – AUTOPLASTICA.

Areflessia (ingl. *Areflexia*; ted. *Areflexie*; fr. *Aréflexie*; sp. *Arreflexia*). Assenza di riflessi (v. RIFLESSO), per insufficienza funzionale del midollo spinale.

Arguzia, v. COMICO; MOTTO DI SPIRITO.

Argyll Robertson, Fenomeno di (ingl. *Argyll Robertson pupil*; ted. *Argyll Robertsonsches Phänomen*; fr. *Phénomène de Argyll Robertson*; sp. *Fenómeno de Argyll Robertson*). Pupilla irrigidita, miotica, che risponde all'accomodazione ma non alla luce. Introducendo sostanze midriatiche, la reazione di dilatazione risulta molto lenta. Compare nei soggetti affetti da malattie luetiche o nei soggetti colpiti da lesioni cerebrali di diversa origine, come traumi, tumori, malattie infettive cerebrali, sclerosi multipla.

Aritmomania (ingl. *Arithmomania*; ted. *Arithmomanie*; fr. *Arithmomanie*; sp. *Aritmomanía*). Bisogno irresistibile e ossessivo di contare una serie di elementi, cose, oggetti. Disturbo presente soprattutto nelle nevrosi ossessivo-compulsive dove rappresenta uno dei tentativi a cui il soggetto ricorre per contenere l'angoscia.

ARM (*Acquired Releasing Mechanism*), v. ISTINTO, § 1.

Armatura, v. BIOENERGETICA; CARATTERE, § 3, *c*.

Arousal, v. ATTIVAZIONE.

Arrangiamento nevrotico (ingl. *Neurotic arrangement*; ted. *Neurotische Vereinbarung*; fr. *Arrangement neurotique*; sp. *Arreglo neurótico*). Costruzione di false idee che consentono al soggetto di giustificare la sua condotta nevrotica con autoinganni opportunamente connessi e supportati da ragioni apparentemente logiche. Alfred Adler ritiene che l'arrangiamento nevrotico sia alla base di numerosi stili di vita (v. STILE) dove, con modalità esistenziali fittizie, si tenta di compensare, mediante false affermazioni di superiorità, il sentimento di inferiorità che è alla base.

Bibliografia

Adler A., *Psicologia individuale e conoscenza dell'uomo* (1926), Newton Compton, Roma 1975.
Stekel W., *Nervöse Angstzustände und ihre Behandlung*, Urban & Schwarzenberg, Berlin-Wien 1908.

Arresto psicomotorio (ingl. *Psychomotor failure*; ted. *Psychomotorischer Stillstand*; fr. *Arrêt psychomoteur*; sp. *Paro psicomotor*). Collasso improvviso dei circuiti reattivi che determina assenza di risposte agli stimoli con conseguente stato di immobilità e assunzione di posizioni fisse.

Arretratezza, v. APPRENDIMENTO, § III, 3.

Arte, v. PSICOLOGIA DELL'ARTE.

Arteriosclerosi (ingl. *Arteriosclerosis*; ted. *Arterienverkalkung*; fr. *Artériosclérose*; sp. *Arteriosclerosis*). Termine generico utilizzato per identificare tre tipi di alterazione vasale, ciascuno caratterizzato dall'ispessimento e dalla perdita di elasticità della parete arteriosa. 1. Il più importante è quello rappresentato dall'*aterosclerosi* che si contraddistingue per la formazione di placche fibrolipidiche intimali con nucleo centrale poltaceo, ricco di lipidi. Le placche indeboliscono la parete media dei vasi, protrudono nel lume vasale e vanno incontro ad una serie di complicanze, quali la trombosi. I bersagli principali dell'aterosclerosi sono l'aorta, le coronarie, i vasi epiaortici e le arterie cerebrali, rappresentando la forma più importante di *arteriolosclerosi* e pertanto spesso i due termini sono abitualmente considerati sinonimi. 2. Il secondo tipo morfologico è la *sclerosi calcifica mediale di Mönckeberg*. Caratterizzata dalla calcificazione della parete media delle arterie muscolari, essa non determina riduzione del calibro vasale e riveste esclusivo interesse anatomico. 3. La terza è l'*arteriolosclerosi* che interessa le piccole arterie o le arteriole. Si considerano due varianti anatomiche, la ialina e la iperplastica, in relazione alle cause ed alla progressione della malattia. Entrambe determinano ispessimento delle pareti vasali e possono causare alterazioni ischemiche nei tessuti o organi. Le lesioni sono spesso più spiccate nei reni, dove determinano nefropatia.

L'indurimento sclerotico delle arterie cerebrali è dovuto o a degenerazione primaria dei vasi cerebrali o a degenerazione secondaria da imputare a diversi fattori quali l'ipertensione, l'artrite terminale, la tromboangioite. La degenerazione della membrana elastica interna determina, come sintomi neurologici, AFASIA (v.), AGNOSIA (v.), tremori, COREA (v.), parkinsonismo (v. PARKINSON, MORBO DI), oltre a rammollimenti emorragici che producono, come sintomi mentali, ottusità emotiva, impulsività, facile pianto e idee ipocondriache. All'arteriosclerosi si accompagna un progressivo deterioramento intellettivo che può arrivare alla demenza arteriosclerotica (v. DEMENZA, § IV, 3).

Bibliografia

Kumar V., Cotran R. S., Robbins S. L., *Anatomia patologica*, Edizioni Mediche Scientifiche Internazionali, Roma 1995.

Arteterapia, v. PSICOLOGIA DELL'ARTE, § 6.

Arthur, Scala di (ingl. *Arthur Point Scale of Performance Tests*; ted. *Arthur-Test*; fr. *Échelle de Arthur*; sp. *Escala de Arthur*). Test d'esecuzione costituito da diverse prove non verbali, messo a punto per la misurazione dell'intelligenza di bambini compresi tra i 4 e i 15 anni con gravi difetti all'udito. La scala comprende prove con labirinti (v. LABIRINTO) e con cubi (v. CUBO, TEST DEL) opportunamente adattati da Mary Grace Arthur per il tipo di soggetto in esame.

Bibliografia

Anastasi A., *I test psicologici* (1954), Franco Angeli, Milano 1973.

Boncori L., *Teoria e tecniche dei test*, Bollati Boringhieri, Torino 1993.

–, *I test in psicologia. Fondamenti teorici e applicazioni*, il Mulino, Bologna 2006.

–, *I test in psicologia. Esercitazioni pratiche*, il Mulino, Bologna 2008.

Artica, Isteria, v. ANTROPOLOGIA, § 7.

Artificialismo (ingl. *Artificialism*; ted. *Artifizialismus*; fr. *Artificialisme*; sp. *Artificialismo*). Stadio dello sviluppo mentale del bambino caratterizzato dalla tendenza ad attribuire a ogni fenomeno naturale e a ogni oggetto cause di origine umana. Il termine è stato coniato da Jean Piaget nell'ambito delle ricerche di psicologia dell'età evolutiva.

Bibliografia

Piaget J., *La rappresentazione del mondo nel fanciullo* (1926), Bollati Boringhieri, Torino 1966.

Arto fantasma, v. SOMATOAGNOSIA, § 1, *e*.

Artrite reumatoide, v. LOCOMOZIONE, § 3.

Ascendente (ingl. *Ascendancy*; ted. *Einfluss*; fr. *Ascendant*; sp. *Ascendiente*). Prerogativa di un soggetto che per competenza, prestigio, posizione sociale, carisma esercita un influsso su un'altra persona o su gruppi sociali.

Ascesi (ingl. *Ascesis*; ted. *Askese*; fr. *Ascèse*; sp. *Ascesis*). Parola di origine greca originariamente riferita all'ambito atletico con il significato di esercizio in vista di una prova. Con l'avvento della filosofia e la concezione dualistica dell'uomo (v. DUALISMO PSICOFISICO), il termine è stato riferito all'itinerario di liberazione dell'anima dal corpo in vista della sua purificazione ed elevazione al mondo ideale. Questo significato, modificato in epoca ellenistica dove per ascesi si intende l'affermazione di un ideale di vita fondato sul controllo di sé e delle proprie passioni, ricompare nel mondo cristiano come itinerario di perfezione che ha come meta Dio. In ambito psicologico si distingue un'ascesi, che è espressione di una visione del mondo e di una scelta di vita, da un'ascesi che è il risultato di ossessioni autopunitive e autodistruttive. A questo proposito Sigmund Freud parla nel primo caso di SUBLIMAZIONE (v.) dei moti pulsionali e nel secondo caso di un dinamismo che sottende o un Super-io sadico nei confronti dell'Io (v. SADISMO), o un investimento narcisistico della libido distolta dagli oggetti e rivolta all'Io (v. NARCISISMO): «È possibilissimo che l'anacoreta, pur avendo completamente distolto il suo interesse sessuale dagli esseri umani e avendolo sublimato in un accresciuto interesse per ciò che è divino, naturale o appartenente al mondo degli animali, non sia tuttavia incorso in un'introversione della libido sulle proprie fantasie o in un ritorno della libido sul proprio Io» (1914, p. 451).

Bibliografia

Freud S., *Introduzione al narcisismo* (1914), in *Opere* (1967-1993), Bollati Boringhieri, Torino, vol. VII.

Marcozzi V., *Ascesi e psiche*, Morcelliana, Brescia 1958.

Ascolto (ingl. *Listening*; ted. *Hören*; fr. *Écoute*; sp. *Escucha*). Il tema dell'ascolto acquista particolare rilevanza in ambito psicoanalitico dove, come scrive Gemma Corradi Fiumara, si articola una differenziazione dell'ascolto a seconda che si presti attenzione: a) al linguaggio *simbolico*, sia in ordine all'autointerpretazione volta alla conoscenza di sé, sia alla comunicazione verbale dove «si veicolano derivati del pensiero razionale, come pure dinamiche affettive e fantasmatiche», b) al linguaggio *concreto* che si traduce in un «"agire" inteso ad alleviare tensioni interne non più gestibili in forma propriamente simbolica [...] con conseguente tendenza a trasformare il discorso in scarica emotiva», c) al linguaggio *pseudosimbolico* caratterizzato da «uno stile linguistico statico e virtualmente privo di comunicazione [...] volto ad annullare i potenziali di significanza e di configurazione relazionale. Anche in questo senso negativo, il discorso pseudosimbolico presenta una qualche modalità significativa di relazione» (1985, p. 220).

Bibliografia

Borgna E., *L'ascolto gentile. Racconti clinici*, Einaudi, Torino 2017.
Corradi Fiumara G., *Filosofia dell'ascolto*, Jaca Book, Milano 1985.
Dentone A. (a cura di), *Ascolto e accoglimento*, Bastogi, Foggia 2001.
Lugli L., Mizzau M. (a cura di), *L'ascolto*, il Mulino, Bologna 2010.
Nancy J.-L., *All'ascolto* (2002), Raffaello Cortina, Milano 2004.
Nissim Momigliano L., *L'ascolto rispettoso. Scritti psicoanalitici*, Raffaello Cortina, Milano 2001.
Tarantini L., *Lo sguardo che ascolta. Immagine e parola nell'interpretazione analitica*, S.E.P.Adversal Editore, Roma 1996.
Wuehl M. I., *L'ascolto in analisi. Esperienze e riflessioni psicoanalitiche*, Vivarium, Milano 2009.

Asemia (ingl. *Asemia*; ted. *Asemie*; fr. *Asémie*; sp. *Asemia*). Perdita della capacità di comprendere e utilizzare segni o simboli di sistemi comunicativi prima familiari. È un disturbo del linguaggio che può riguardare gli aspetti percettivi ed espressivi presi separatamente o insieme. Disturbi specifici come l'AFASIA (v.), l'ALESSIA (v.), l'AGRAFIA (v.) sono compresi nella più generale condizione di asemia. Le cause possono essere organiche o psichiche. Il termine asemia va progressivamente sostituendo il termine *asimbolia*, introdotto nel 1870 dal neurologo Karl Maria Finkelnburg, e oggi mantenuto nell'espressione "asimbolia dolorifica" per indicare l'incapacità di avvertire gli stimoli del dolore e di reagire ad esso per ragioni neurologiche o psicogene. L'asimbolia dolorifica rientra nelle forme di SOMATOAGNOSIA (v.).

Bibliografia

Finkelnburg K. M., *Niederrhein*, in "Gesellschaft in Bonn, Medicin Section", 1870, n. 7.
Pick A., *Über Asymbolie und Aphasie*, Karger, Berlin 1908.

Asessualità (ingl. *Asexuality*; ted. *Asexualität*; fr *Asexualité*; sp. *Asexualidad*). Perdita o assenza del desiderio e degli interessi sessuali, rilevabile in diverse situazioni patologiche, ad esempio negli stati depressivi, pur non riscontrandosi patologie a carico dell'apparato sessuale. Per la psicoanalisi non si può parlare di scomparsa di interessi sessuali perché, anche quando essi sembrano assenti, in realtà sono soltanto inibiti e riappaiono deviati in sintomi nevrotici o sublimati.

Asfissia (ingl. *Asphyxia*; ted. *Asphyxie*; fr. *Asphyxie*; sp. *Asfixia*). Impedimento più o meno grave dell'attività respiratoria con attività cardiaca conservata. La quantità di CO_2 nel sangue che regola il respiro sale al di sopra di una pressione parziale di 56 mm di mercurio, provocando l'intossicazione del centro del respiro. Il soggetto presenta uno stato di incoscienza, di ipotonia muscolare, ipotermia, anestesia, midriasi, apnea e cianosi. La terapia è causale, associata alla respirazione artificiale prolungata, a inalazioni di ossigeno, stimoli cutanei e somministrazione di analettici. Può essere conseguenza di malattie polmonari, annegamento, strangolamento, presenza di corpi estranei nelle vie aeree superiori, edema laringeo, avvelenamento da curaro o da stricnina.

Asimbolia, v. ASEMIA.

Asma bronchiale (ingl. *Bronchial asthma*; ted. *Asthma bronchiale*; fr. *Asthme bronchique*; sp. *Asma bronquial*). Malattia respiratoria caratterizzata da una combinazione di bronco-spasmo, edema e ipersecrezione. Il soggetto avverte una sensazione di forte costrizione e di soffocamento: le inspirazioni sono brevi, le espirazioni prolungate con sibili e rantoli. Più frequentemente notturna, costringe il soggetto ad assumere una posizione ortopnoica. Allergia, infezione, emozione sono considerate alla base della situazione asmatica. Si ammette un substrato immunofisiologico predisponente che si manifesta con una iperattività bronchiale alla dilatazione e costrizione, su cui si innesta il meccanismo scatenante allergico ed emozionale. Le ricerche *psicodinamiche* hanno sottolineato il ruolo della componente emozionale nella patogenesi, nella terapia e nella prognosi dell'asma bronchiale. È stata anche sostenuta l'importanza, come fattore predisponente, delle esperienze della prima infanzia e in particolare di una relazione ambivalente con la madre. L'iperprotettività, il condizionamento precoce all'autocontrollo, la soppressione di ogni manifestazione aggressiva sono tra le componenti eziologiche del disturbo. Per le *teorie comportamentali* l'asma può essere una risposta appresa e rinforzata. I soggetti che hanno sperimentato un primo attacco possono reagire, per un processo di condizionamento, in circostanze ambientali simili, anche in assenza dello stimolo originario. Ad esempio, se il timore di fondo è quello di soffocare, ogni situazione in cui il soggetto si senta anche solo psicologicamente oppresso, può rinforzare questo timore e provocare un altro attacco. Il trattamento psichiatrico può avvalersi di antidepressivi triciclici che, accanto all'azione timoanalettica, possiedono proprietà anticolinergiche e antistaminiche. L'approccio psicoterapico è efficace solo nei casi di asma psicogena e solo se individua il conflitto di cui l'asma è un sintomo.

Bibliografia

Alexander F. G., *Medicina psicosomatica* (1950), Giunti Barbera, Firenze 1951.
Kutter P., Loch W., Roskamp H., Wesiack W., *Psicoanalisi medica. La teoria della malattia nella psicoanalisi* (1971), Feltrinelli, Milano 1975.
Weiss E., English O. S., *Medicina psicosomatica. Applicazione clinica della psicopatologia ai problemi generali della medicina* (1949), Astrolabio, Roma 1950.

Asocialità, v. ANTISOCIALITÀ.

Asomatognosia, v. SOMATOAGNOSIA.

Asperger, Sindrome di, v. AUTISMO, § 2.

Aspettativa (ingl. *Expectation*; ted. *Erwartung*; fr. *Expectative*; sp. *Expectativa*). Anticipazione e attuazione immaginaria di accadimenti futuri capaci di realizzare le aspirazioni. Questa nozione è alla base della *teoria dell'apprendimento* elaborata da Edward Chace Tolman per il quale gli organismi hanno la tendenza ad affrontare il futuro con condotte già sperimentate, per cui l'aspettativa è una sorta di reazione anticipatoria di meta ricavabile da esperienze precedenti. Gli organismi esposti a sequenze regolari di eventi anticipano le componenti successive della sequenza quando i primi si siano verificati. La nozione di aspettativa è utilizzata in campi diversi e in particolare nel settore della *psicologia del lavoro* dove Victor H. Vroom, analizzando la problematica delle motivazioni, sviluppa la teoria dell'aspettativa come teoria della scelta, rilevando che la forza per portare a termine un compito è data dalla somma delle valenze dei risultati finali e dal grado di aspettativa che un dato atto sarà seguito da quei risultati.

Bibliografia

Tolman E. Ch., *Il comportamento intenzionale negli animali e negli uomini* (1932), Armando, Roma 1983.
Vroom V. H., *Work and motivation*, Wiley, New York 1964.

Aspettazione (ingl. *Waiting*; ted. *Wartenstand*; fr. *Attente*; sp. *Expectación*). Stato tensionale connesso all'attesa di un evento con aumento del livello di ATTIVAZIONE (v.) che, oltrepassato un certo limite, può portare a un'inibizione dell'azione. Introdotto da Pierre Janet nelle sue ricerche sulla psicastenia, il termine aspettazione fu da lui adottato per definire il mantenimento di una tendenza allo stato di ERETISMO (v.) che è uno stato tensionale intermedio tra la latenza e lo sforzo richiesto per raggiungere una meta.

Bibliografia

Janet P., *Les obsessions et la psychasthénie*, Alcan, Paris 1903; tr. it. parziale, *La passione sonnambulica e altri scritti*, Liguori, Napoli 1996.

Aspirazione (ingl. *Aspiration*; ted. *Bestrebung*; fr. *Aspiration*; sp. *Aspiración*). Atteggiamento che il soggetto assume di fronte a un ideale o a una meta. Sulla realizzabilità dell'ideale non esistono certezze e l'aspirazione può rimanere allo stato di desiderio velleitario. Kurt Lewin ha introdotto il concetto di *livello di aspirazione* che indica il grado di esigenza che i soggetti attribuiscono a una prestazione il cui risultato e rendimento sono legati alla nozione soggettiva di successo o insuccesso. È stato rilevato per via sperimentale che il livello di aspirazione aumenta dopo ripetuti successi nella medesima prestazione e diminuisce dopo ripetuti insuccessi. Inoltre, dopo la soluzione positiva di un compito, il tempo di scelta del successivo si riduce e si ha la tendenza a rivolgersi immediatamente a compiti più complessi. In seguito all'insuccesso il tempo di scelta si mantiene identico e talvolta può persino crescere. L'aumento del livello di aspirazione dopo il successo e la sua diminuzione dopo l'insuccesso è definito spostamento *tipico*. Lo spostamento *atipico* si ha invece quando, dopo un successo, il livello di aspirazione diminuisce, mentre aumenta dopo l'insuccesso. Anche la motivazione al successo agisce in modo determinante sul livello di aspirazione dei soggetti, insieme con le situazioni sociali, le caratteristiche personali, la coscienza delle proprie capacità, gli impulsi momentanei e i caratteri di urgenza della situazione.

Bibliografia

Frank J. D., *Individual differences in certain aspects of the level of aspiration*, in "American Journal of Psychology", 1935, n. 47.
Lewin K., *Teoria dinamica della personalità* (1935), Giunti Barbera, Firenze 1965.

Aspontaneità (ingl. *Aspontaneity*; ted. *Aspontaneität*; fr. *Aspontanéité*; sp. *Aspontaneidad*). Mancanza di reazione immediata e naturale capace di innescare rapidamente il meccanismo dell'azione. È tipica dei comportamenti condizionati (v. SPONTANEITÀ).

Assenza (ingl. *Absence*; ted. *Absenz*; fr. *Absence*; sp. *Ausencia*). Perdita passeggera della coscienza e della memoria dovuta a cause che vanno dall'intossicazione esogena alla turba momentanea dell'irrorazione cerebrale. Solitamente si impiega questo termine in riferimento a quella manifestazione minore, rispetto all'epilessia generalizzata (v. EPILESSIA), denominata *assenza epilettica*, caratterizzata da una breve perdita di coscienza, interruzione di ogni attività, fissità dello sguardo e amnesia completa.

Assertività (ingl. *Assertiveness*; ted. *Bejaendheit*; fr. *Assertivité*; sp. *Asertividad*). Termine introdotto da Joseph Wolpe in riferimento alla capacità di esprimere i propri bisogni, pensieri, opinioni, sentimenti in modo chiaro ed esplicito senza guastare i propri rapporti con gli altri. L'assertività, che è il contrario dell'INIBIZIONE (v.), può degenerare in AGGRESSIVITÀ (v.) o denunciare un'ansia sociale. Esistono dei test per la misurazione dell'assertività:

1. RAS (*Rathus Assertiveness Schedule*), introdotto da Wolpe e Arnold A. Lazarus, si compone di una scala che va dalla polarità positiva dell'assertività a quella negativa che misura il comportamento aggressivo.

2. AI (*Assertion Inventory*), introdotto da Eilend D. Gambrill e Cheryl A. Richey, misura la capacità di respingere le richieste, ammettere la propria incompetenza in certi settori, esprimere senza difficoltà i propri pensieri e sentimenti, fronteggiare le critiche e dare un feedback positivo o negativo all'interlocutore.

3. SIB (*Scale for Interpersonal Behaviour*), introdotto da Willem A. Arrindell e Jan Van der Ende, distingue: a) l'assertività negativa relativa ai propri sentimenti, alla richiesta di cambiamento del comportamento altrui, al rifiuto di corrispondere alle richieste degli altri; b) l'assertività cognitiva che stabilisce il livello di conoscenza, gestione e dichiarazione dei propri limiti personali, nonché la propria ignoranza su determinate questioni; c) l'assertività sociale che misura la facilità di avviare la conoscenza con estranei, di esprimere opinioni personali, di prendere iniziative in situazioni sociali; d) l'assertività positiva che consiste nell'abilità di ricevere ed esprimere approvazione e interesse, anche di natura sentimentale, nei confronti degli altri.

Bibliografia

Arrindell W. A., Van der Ende J., *Cross-sample invariance of the structure of self-reported distress and difficulty in assertiveness*, in "Advances in Behaviour Research and Therapy", 1985, n. 7, pp. 205-243.

Galeazzi A., *Uno strumento per l'assessment comportamentale. Il questionario di assertività di Rathus*, in "Bollettino di Psicologia Applicata", 1989, n. 190, pp. 3-12.

Gambrill E. D., Richey C. A., *An assertion inventory for use in assessment and research*, in "Behavior Therapy", 1975, n. 6, pp. 550-561.

Lazarus A. A., *On assertive behavior. A brief note*, in "Behavior Therapy", 1973, pp. 549-554.

Sanavio E., Sica C., *Assertività*, in Id., *I test di personalità. Inventari e questionari*, il Mulino, Bologna 1999, pp. 181-194.

Wolpe J., *Psychotherapy by reciprocal inhibition*, Stanford University Press, Stanford, California, 1958.

–, *Tecniche di terapia del comportamento* (1969), Franco Angeli, Milano 1972.

Assimilazione (ingl. *Assimilation*; ted. *Assimilation*; fr. *Assimilation*; sp. *Asimilación*). Processo in cui si recepiscono interiormente certi aspetti dell'ambiente esterno trasformando fatti e stimoli per adeguarli ad aspettative legate all'esperienza. Il termine ha diversi significati a seconda dei contesti in cui viene impiegato.

1. PSICOLOGIA SOCIALE. In questo ambito il termine assimilazione si riferisce al processo per cui un individuo o un gruppo assorbe modelli sociali e culturali, credenze religiose, particolari modi di vita di un altro gruppo, in genere più esteso e dominante. L'assimilazione intenzionale richiede una particolare capacità di apprendimento e di mascheramento dei tratti culturali che contrastano con quelli del gruppo più esteso ed egemone. Gli ostacoli ai processi di assimilazione possono essere fonti di gravi frustrazioni e di sentimenti di inferiorità, così come la forzata assimilazione può condurre a comportamenti violenti e aggressivi.

2. PSICOLOGIA DELL'APPRENDIMENTO. Il termine assimilazione è stato introdotto da Wilhelm Maximilian Wundt che l'ha definito come «quel processo formativo che compare nella maniera più evidente nelle rappresentazioni quando gli elementi assimilanti nascono dall'attività riproduttiva e gli elementi assimilati da impressioni sensoriali immediate. Gli elementi delle immagini mnemoniche vengono allora immessi, in certo qual modo, nell'oggetto esterno, così che, specialmente se l'oggetto esterno e gli elementi riprodotti differiscono notevolmente fra di loro, l'avvenuta percezione sensoriale appare come un'illusione che inganna sulla vera natura delle cose» (1873-1874, p. 539). A questo concetto si rifà Jean Piaget per indicare il processo mediante il quale il bambino incorpora nei propri preesistenti schemi mentali gli oggetti e gli eventi del mondo esterno. Piaget distingue l'*assimilazione* che trasforma una situazione per adattarla a uno schema d'azione già organizzato, dall'*accomodamento* in cui il soggetto si deve piegare a una situazione che non si lascia trasformare (v. COGNIZIONE, § 3, *a*). Da questo schema piagetiano è derivata

la *teoria assimilazione/contrasto* secondo la quale le informazioni che ricadono nell'ambito di tolleranza della propria opinione sono accettate ed elaborate per adattamento reciproco dei punti di vista differenti, mentre le informazioni che divergono dalla propria opinione sono respinte, giungendo, in casi estremi, a un effetto di contrasto, per cui il destinatario dell'informazione accentua la sua posizione in modo ancor più radicale.

3. PSICOLOGIA ANALITICA. Carl Gustav Jung, riprendendo il concetto di assimilazione da Wundt, lo impiega per indicare «l'adeguamento di un nuovo contenuto di coscienza al materiale soggettivo pronto a riceverlo, ragion per cui vien dato particolare rilievo alla somiglianza del nuovo contenuto con il materiale soggettivo preesistente, eventualmente anche a spese delle qualità specifiche del nuovo contenuto. L'assimilazione è in fondo un processo appercettivo che si distingue tuttavia dalla pura appercezione per il fatto dell'adeguamento al materiale soggettivo. Rispetto a Wundt io uso il termine di assimilazione in un senso un po' più ampio, cioè come un adeguamento dell'oggetto al soggetto in genere, e contrappongo ad essa la *dissimilazione* come adeguamento del soggetto all'oggetto, come l'estraniarsi del soggetto da sé, a favore dell'oggetto, sia che si tratti di un oggetto esterno, sia che si tratti di un oggetto "psicologico", ad esempio un'idea» (1921, pp. 423-424). Nella letteratura junghiana il termine dissimilazione ricorre spesso come sinonimo di PROIEZIONE (v. § 4) dove il soggetto riferisce a un oggetto esterno un proprio contenuto soggettivo: «La proiezione è pertanto un processo di dissimilazione, in quanto un contenuto soggettivo viene estraniato e incorporato, per così dire, nell'oggetto» (ivi, p. 473). L'assimilazione è per Jung anche un fattore di *trasformazione psichica*, sia quando ha luogo una «assimilazione dei contenuti dell'inconscio da parte della coscienza» (1934, p. 163), sia quando l'Io prende coscienza di non essere la totalità psichica, ma solo «il cerchio minore nel cerchio maggiore del Sé», per cui ha luogo una «assimilazione dell'Io nella più vasta personalità che è il Sé» (1945-1948, p. 315). Per quanto concerne l'interferenza dell'assimilazione negli esperimenti associativi messi a punto da Jung, si veda la voce ASSOCIAZIONE, § 5.

4. PSICOANALISI. In questo ambito si parla di assimilazione simbolica a proposito dello spostamento di energia tra elementi equivalenti che, possedendo una stessa possibilità d'investimento, si prestano a un'assimilazione in virtù del loro legame simbolico o di un'associazione privata del soggetto che favorisce lo spostamento d'investimento (v. SPOSTAMENTO).

5. TEORIA DEL CARATTERE. In questa teoria, elaborata da Erich Fromm, l'assimilazione è considerata una forma mancata di socializzazione, tipica di chi non sa amare in modo altruistico, per cui la relazione sociale è costretta ad avvenire secondo forme assimilative che offrono diverse tipologie: il *recettivo* che si socializza solo se riceve passivamente dagli altri (analogo al carattere orale di Karl Abraham), lo *sfruttatore* che si socializza solo rubando o con espedienti ingegnosi e astuti (analogo al carattere sadico-orale di Abraham), l'*accumulatore* che, dubitando di poter socializzare e scambiare con gli altri, tende a risparmiare e ad accumulare tutto quello che può (simile al carattere anale di Abraham), il *mercantile* che si valuta solo nei termini della propria vendibilità agli altri facendo dipendere la sua autostima dal fatto di essere accettato da loro.

Bibliografia

Abraham K., *Studi psicoanalitici sulla formazione del carattere* (1925), in *Opere*, Bollati Boringhieri, Torino 1975, vol. I.

Fromm E., *Avere o essere?* (1976), Mondadori, Milano 1977.

Jung C. G., *Tipi psicologici* (1921), in *Opere* (1969-2007), Bollati Boringhieri, Torino, vol. VI.

–, *L'applicabilità pratica dell'analisi dei sogni* (1934), in *Opere*, cit., vol. XVI.

–, *L'essenza dei sogni* (1945-1948), in *Opere*, cit., vol. VIII.

Piaget J., *Psicologia dell'intelligenza* (1947), Editrice Universitaria, Firenze 1964.

Pieri P. F., *Assimilazione*, in Id., *Dizionario junghiano*, Bollati Boringhieri, Torino 1998, pp. 77-80.

Wundt W. M., *Grundzüge der physiologischen Psychologie*, Engelmann, Leipzig 1873-1874.

Associazione (ingl. *Association*; ted. *Assoziation*; fr. *Association*; sp. *Asociación*). Successione di pensieri che affiorano alla mente spontaneamente o a partire da un determinato elemento che funziona da stimolo a cui il soggetto risponde o seguendo determinate regole, o senza alcun controllo, in modo detto, appunto, "dissociato" (v. SCISSIONE, § I).

1. FILOSOFIA. Il concetto di associazione compare già in Platone là dove il filosofo dice che il solo sguardo della lira dell'amato o della sua veste richiama pensieri e sentimenti simili a quelli provocati dall'amato stesso, ma un vero e proprio studio del fenomeno associativo lo abbiamo con Aristotele che stabilisce le quattro leggi dell'associazione: la *somiglianza* per cui due contenuti simili della memoria sono collegati tra loro, il *contrasto* che collega due elementi contrapposti, la *vicinanza spaziale* e la *vicinanza temporale*. Queste quattro leggi aristoteliche, unite alla concezione che le idee non sono innate ma desunte dall'ambiente, furono riprese dall'empirismo inglese e in particolare da John Locke per il quale la coscienza non è che

il combinarsi di idee desunte dall'esperienza: «Alcune delle nostre idee hanno tra loro una corrispondenza e una connessione *naturale* e l'ufficio e l'eccellenza della nostra ragione stanno nel rintracciarle e tenerle insieme in quell'unione e corrispondenza che è fondata nel loro essere naturale. Ma a parte ciò, c'è un'altra connessione di idee che è dovuta del tutto al *caso* o alla *consuetudine*» (1690, II, 33, § 5). La teoria dell'associazione, dopo Immanuel Kant, fu abbandonata dalla filosofia come principio esplicativo della vita mentale e fu accolta dalla psicologia scientifica che la studiò su base sperimentale.

2. NEUROFISIOLOGIA. In questo ambito gli studi sono rivolti alle *aree di associazione* che servono a coordinare quelle funzioni, come l'apprendimento, la memoria e il pensiero, che coinvolgono più di un sistema sensoriale (v. CORTECCIA CEREBRALE, § 6).

3. PSICOLOGIA SPERIMENTALE

a) L'apprendimento associativo. La base sperimentale della teoria dell'associazione fu inaugurata da Ivan Sečenov, che spiegò determinati atti psichici e funzionali con meccanismi neurologici che potevano essere dimostrati in laboratorio. Il lavoro di Sečenov consentì a Ivan Petrovič Pavlov di stabilire una corrispondenza tra le associazioni e il condizionamento, che consente ad animali e a uomini di stabilire legami associativi tra stimoli e reazioni (v. APPRENDIMENTO, § I, 1). John Broadus Watson ritenne di poter applicare i risultati di Pavlov nel condizionamento del comportamento infantile, scegliendo opportunamente le influenze ambientali a cui sottoporre il bambino, dove chiaro risultasse il legame associativo tra le azioni compiute e le esperienze dirette o indirette di dolore o di piacere fisico (v. COMPORTAMENTISMO, § 2, *c*). Il legame associativo che regola il condizionamento classico inaugurato da Pavlov fu rivisitato da Burrhus Frederic Skinner che introdusse il concetto di condizionamento operante (v. APPRENDIMENTO, § I, 2), dove il legame associativo non è di natura puramente meccanica, ma si compone con l'operazione che l'organismo compie sull'ambiente in vista di uno scopo. Albert Bandura e Hans Jürgen Eysenck applicarono i risultati teorici raggiunti alla terapia del comportamento sfruttando il legame associativo che connette la condotta indesiderata a esperienze negative che ne favoriscono il decondizionamento e la desensibilizzazione attraverso le tecniche illustrate alla voce COMPORTAMENTO, § 4.

b) Il test associativo. Sempre nell'ambito della psicologia sperimentale, Francis Galton mise a punto il primo test associativo per catalogare i tipi di intelligenza a partire dalla risposta che il soggetto fornisce alla parola stimolo. Dalla lunghezza dei tempi di reazione, da mancate risposte, da osservazioni del comportamento, Galton deduceva la modalità specifica di apprendimento dei vari soggetti e la qualità della loro intelligenza. Successivamente furono costruiti test che assumono come parametri le caratteristiche tipiche del legame associativo quali: la contiguità, l'assimilazione, la frequenza, l'intensità, la durata, la relazione, il grado di conoscenza con cui si cerca di comprendere il meccanismo di apprendimento sia globale che analitico, l'interferenza della memoria, la generalizzazione della percezione e l'inibizione. Test associativi furono impiegati nell'ambito della PSICOLOGIA FORENSE (v.) per appurare la veridicità dei testi (v. REAZIONE, § 2).

4. PSICOANALISI. In questo ambito si parla di *libera associazione* come della REGOLA FONDAMENTALE (v.), nel trattamento analitico, per la ricognizione dell'inconscio e l'interpretazione dei sogni. Si chiede al paziente di rinunciare volontariamente, per quanto gli riesce, alla censura cosciente e di esprimere liberamente i suoi pensieri, sentimenti, speranze, sensazioni, idee, senza badare se gli sembrano sgradevoli, insensati, non pertinenti o non rilevanti (v. ANALISI, §§ 1, *a*; 2, *b*). Secondo Sigmund Freud ogni idea che viene in mente al soggetto è sempre un elemento che rinvia ad altri elementi che consentono di scoprire vie associative che Freud designa con espressioni quali: linea (*Linie*), filo (*Faden*), concatenamento (*Verkettung*), che formano delle reti o punti nodali (*Knotenpunkte*) che possono essere percorsi seguendo un ordine cronologico o un ordine per materie come si consulta un archivio. In questa consultazione bisogna tener presenti le tre caratteristiche dell'APPARATO PSICHICO (v.) che consentono di districarsi in base al principio *topico* per cui le associazioni meno connesse all'intreccio che si va esponendo non sono nello stesso "luogo" controllato dalla coscienza, *economico* per cui l'energia di investimento si sposta da un elemento all'altro condensandosi sui punti nodali, e *dinamico* per cui le associazioni si raccolgono e si distribuiscono in base al conflitto difensivo presente in ciascuno.

Freud assegna alla scoperta della libera associazione l'emancipazione della psicoanalisi dalle metodiche ipnotiche (v. IPNOSI), prima praticate, che non consentivano al paziente una presa di coscienza dei contenuti inconsci che emergevano durante il trattamento. L'esercizio della pratica associativa dimostrò che le libere associazioni sono tutt'altro che libere e casuali. Normalmente al paziente, tenuto a osservare la regola fondamentale, non viene in mente altro che non sia in relazione con l'immediata situazione terapeutica o con la persona del medico, ma, avverte Freud, anche se «riferito a un'azione contemporanea» ciò che viene in mente «non significa l'evento reale, bensì un surrogato secondo la categoria dell'analogo, una sostituzione» (1892-1897, p. 52). La libera associazione è influenzata anche da resistenze che possono risultare indicative di ciò che il paziente vuole tacere o evitare di conoscere (v. RESISTENZA).

5. PSICOLOGIA ANALITICA. Carl Gustav Jung venne a conoscenza di queste idee di Freud quando già per conto suo aveva messo a punto una tecnica di sperimentazione associativa per l'individuazione dei complessi inconsci, che lo aveva portato alla conclusione che esiste un nesso costante tra associazione, AFFETTO (v.) e carica energetica (v. LIBIDO, § 2) che, opportunamente indagati, avrebbero consentito di giungere all'evidenziazione del COMPLESSO (v. § 1) egemone nella psicologia di ciascuno. Partendo da queste premesse, Jung ipotizzò la possibilità di costruire una psicologia, da lui denominata "complessa" (*komplexen Psychologie*), in grado di ordinare i risultati raggiunti con l'interpretazione del materiale associato, che Jung paragona alla traduzione di un testo che dà accesso a un dominio segreto e ben custodito: «L'esperimento di associazione è un mezzo per esplorare l'inconscio per così dire direttamente, anche se perlopiù è solo una tecnica che ci procura una buona scelta di atti mancati, i quali poi vengono utilizzati dalla psicoanalisi per esplorare l'inconscio. Questo almeno è il campo di applicazione attuale e sicuro dell'esperimento di associazione» (1913, p. 171). In seguito Jung allargò il metodo associativo facendo ricorso a temi universali tramite l'AMPLIFICAZIONE (v.), che può essere considerata un'estensione del processo associativo volta a includere un contenuto storico, culturale e mitologico, dove il modello antropologico o, come dice Jung, archetipico (v. ARCHETIPO) e il complesso personale acquistano evidenza nel processo associativo. L'approfondimento del metodo sperimentale, considerato in relazione alla situazione psichica del soggetto durante l'esperimento, consente a Jung di evidenziarne i limiti che si palesano nei processi di ASSIMILAZIONE (v. § 3), che è un «comportamento autonomo della psiche che in certi casi può mettere in forse tutto l'esperimento, in quanto *assimila a sé* l'organizzazione sperimentale e perfino lo scopo che è alla base dell'esperimento» (1934, p. 109), e nei processi di COSTELLAZIONE (v.) dove «i contenuti costellati sono complessi definiti che posseggono una propria specifica energia. Se l'esperimento in questione è un esperimento associativo, i complessi di regola influiscono grandemente sul suo decorso provocando reazioni disturbate, oppure, più raramente, dando origine, a scopo di difesa, a un *determinato modo di reazione* che però viene riconosciuto dal fatto che non corrisponde più al senso della parola stimolo» (ivi, p. 111).

6. PSICHIATRIA. In questo ambito ci si è occupati del processo associativo studiando le cause della *dissociazione*, individuate da Pierre Janet nella "debolezza della sintesi psicologica" (v. DISGREGAZIONE) e da Eugen Bleuler nella "scissione primaria" (*Zerspaltung*); questa corrisponde alla debolezza della sintesi psicologica indicata da Janet, seguita dalla "scissione secondaria" (*Spaltung*) dove le singole idee, in mancanza di "rappresentazioni finalizzate", si raggruppano sotto il dominio di complessi affettivi (v. SCISSIONE, § I, 1). Da questa ipotesi di Bleuler, Jung trarrà la sua teoria dei complessi autonomi (v. COMPLESSO, §§ 2-4).

Bibliografia

Aristotele, *Della memoria e della reminiscenza*, in *Opere*, Laterza, Bari 1973.
Bandura A., *Principles of behavior modification*, Holt, Rinehart & Winston, New York 1969.
Bleuler E., *Dementia praecox o il gruppo delle schizofrenie* (1911), La Nuova Italia Scientifica, Roma 1984.
Claparède É., *L'association des idées*, Doin, Paris 1903.
Eysenck H. J., *The conditioning model of neurosis*, in "Behavioral and Brain Sciences", 1979, n. 2.
Freud S., *Studi sull'isteria (in collaborazione con Josef Breuer)* (1892-1895), in *Opere* (1967-1993), Bollati Boringhieri, Torino 1967, vol. I.
–, *Minute teoriche per Wilhelm Fliess* (1892-1897), in *Opere*, cit., vol. II.
–, *Progetto di una psicologia* (1895), in *Opere*, cit., vol. II.
–, *Compendio di psicoanalisi* (1938), in *Opere*, cit., vol. XI.
Galton F., *Psychometric experiments*, in "Brain", 1879.
Janet P., *La force et la faiblesse psychologiques*, Maloine, Paris 1930.
Jung C. G. (in collaborazione con F. Riklin), *Ricerche sperimentali sulle associazioni di individui normali* (1904), in *Opere* (1969-2007), Bollati Boringhieri, Torino, vol. II, 1.
–, *Saggio di esposizione della teoria psicoanalitica* (1913), in *Opere*, cit., vol. IV.
–, *Considerazioni generali sulla teoria dei complessi* (1934), in *Opere*, cit., vol. VIII.
Locke J., *Saggio sull'intelligenza umana* (1690), Bompiani, Milano 2004.
Pavlov I. P., *I riflessi condizionati* (1927), Bollati Boringhieri, Torino 1966.
Platone, *Fedone*, in *Opere*, Laterza, Bari 1973.
Robinson E. S., *Association theory today*, Appleton-Century-Croft, New York 1932.
Sečenov I., *I riflessi del cervello* (1965), Armando, Roma 1970.
Skinner B. F., *Scienza e comportamento* (1953), Franco Angeli, Milano 1971.
Watson J. B., *Psychological care of infant and child*, Harper, New York 1928.

Associazionismo (ingl. *Associationism*; ted. *Assoziationspsychologie*; fr. *Associationnisme*; sp. *Asociacionismo*). Teoria psicologica derivata dalla filosofia empirista del XVII e XVIII secolo, secondo la quale ogni evento psichico complesso deriva da associazioni di idee semplici, ossia dalla combinazione di elementi di ordine sensoriale che si organizzano sulla base di determinate leggi associative (v. ASSOCIAZIONE, § 1). L'associazionismo ha come presupposto l'elementarismo (v. INTROSPEZIONISMO) e descrive a livello psicologico quello che la RIFLESSOLOGIA (v.) di Ivan Petrovič Pavlov descrive a livello neurofisiologico. Iniziato con le ricerche sull'apprendimento animale, poi estese all'apprendimento umano, l'associazionismo ha trovato in Hermann Ebbinghaus il suo primo esponente con le sue ricerche sulla memoria per verificare la frequenza delle associazioni, ossia il numero delle ripetizioni necessarie per memorizzare. Rientrano in questo ambito la sua ricerca sulle sillabe senza senso (v. EBBINGHAUS, LEGGE DI) e altre dirette a sottolineare il grado di attività e di partecipazione del soggetto ai processi associativi e di apprendimento.

L'associazionismo ha trovato un suo sviluppo nel *connessionismo* di Edward Lee Thorndike, per il quale ogni forma di apprendimento avviene in base alla connessione di stimolo e risposta, la cui intensità varia, oltre che da soggetto a soggetto, in base alla sua natura, descritta dalle leggi associative quali: la *frequenza* dello stimolo, la *contiguità*, la *legge dell'effetto* secondo cui la risposta allo stimolo, quando è accompagnata da appagamento, riceve un rinforzo per cui esistono forti probabilità che si ripeta, mentre, in caso di insoddisfazione, andrà gradatamente spegnendosi. Nel campo dell'APPRENDIMENTO (v. § I), l'associazionismo esercita ancora oggi un'influenza rilevante nonostante le critiche ad esso rivolte dalla psicologia dell'attenzione (v. ATTENZIONE, § 5).

Bibliografia

Ebbinghaus H., *La memoria* (1885), Zanichelli, Bologna 1975.
Pavlov I. P., *I riflessi condizionati* (1927), Bollati Boringhieri, Torino 1966.
Thorndike E. L., *Animal intelligence. Experimental studies*, Macmillan, New York 1911.
–, *Human intelligence*, Macmillan, New York 1931.
Warren H. C., *A history of the association psychology*, Scribner, New York 1921.

Assone, v. NEURONE.

Assuefazione (ingl. *Habitforming*; ted. *Gewöhnung*; fr. *Accoutumance*; sp. *Habituación*). Il termine, che in generale significa adattamento a circostanze particolari, assume un significato specifico in ordine alla dipendenza *fisica* da sostanze tossiche (v. TOSSICODIPENDENZA).

Assurdo (ingl. *Absurd*; ted. *Sinnlos*; fr. *Absurde*; sp. *Absurdo*). Esito contraddittorio di tutte quelle procedure di pensiero che non seguono i principi che regolano i percorsi del pensiero logico. In quanto contraddittorio, l'assurdo è privo di significato (v. SEGNO), ma non di SENSO (v.), che è possibile raggiungere utilizzando procedure di PENSIERO (v.) non contemplate dal pensiero logico.

Astasia (ingl. *Astasie*; ted. *Astasie*; fr. *Astasie*; sp. *Astasia*). Perdita più o meno completa della facoltà di conservare la stazione eretta. Da molti è considerata come una forma estrema di ATASSIA (v.), che è il disturbo nella coordinazione dei movimenti volontari, spesso connesso all'ABASIA (v.).

Astenia (ingl. *Asthenia*; ted. *Asthenie*; fr. *Asthénie*; sp. *Astenia*). Mancanza o perdita delle forze. Non si ha ancora oggi una collocazione nosografica univoca del termine nei diversi settori di impiego. 1) In *medicina generale* indica la condizione di debolezza con perdita delle energie vitali che si verifica nelle malattie croniche, nelle convalescenze prolungate, negli stati di stanchezza conseguenti a superlavoro o a stress emotivi. 2) In *psichiatria* si usano di preferenza i termini NEVRASTENIA (v.) e psicastenia (v. OSSESSIONE, § 2), termine coniato da Pierre Janet, per indicare una marcata diminuzione della tensione psicologica e una debolezza della funzione integrativa superiore del cervello che predispone alla nevrosi ossessiva. Si distingue un'astenia primitiva, costituzionale, cronica, da un'astenia secondaria, conseguente a traumi o a superimpegno mentale e di lavoro, ma sulla patogenesi degli stati astenici non esiste accordo. 3) In *ambito psicoanalitico* Sigmund Freud parla di NEVRASTENIA (v.), nel quadro delle nevrosi attuali (v. NEVROSI, § 2), individuandone la causa in un insufficiente funzionamento sessuale, come la masturbazione rispetto al coito, incapace di liberare in modo adeguato la tensione libidica. In tutti questi ambiti disciplinari si concorda nel riconoscere che la sintomatologia è caratterizzata da un persistente e indefinibile senso di malessere e di stanchezza fisica e psichica, predominante al mattino, che impedisce sforzi muscolari e intellettuali anche minimi, dà fragilità emotiva, ipersensibilità, insofferenza, irritabilità, tendenza alla sfiducia e all'ipocondria. Il disturbo è affrontato con terapie farmacologiche appropriate e con terapie d'appoggio. 4) In *ambito tipologico* Ernst Kretschmer definisce "astenico" il tipo caratterizzato sul piano somatico dalla predominanza delle misure verticali, e sul piano psicologico da una disposizione schizotimica che, nel caso di psicosi, si volge in schizofrenia (v. TIPOLOGIA, § 1, *b*).

Bibliografia

Freud S., *Legittimità di separare dalla nevrastenia un preciso complesso di sintomi come "nevrosi d'angoscia"* (1894), in *Opere* (1967-1993), Bollati Boringhieri, Torino, vol. II.

Janet P., *Les obsessions et la psychasthénie*, Alcan, Paris 1903; tr. it. parziale, *La passione sonnambulica e altri scritti*, Liguori, Napoli 1996.
Kretschmer E., *Körperbau und Charakter*, Springer, Berlin 1921.

Astenopia, v. PRESBIOPIA.

Astereognosia, v. SOMATOAGNOSIA, § 1, *c*.

Astigmatismo (ingl. *Astigmatism*; ted. *Astigmatismus*; fr. *Astigmatisme*; sp. *Astigmatismo*). Alterata rifrazione per anormale curvatura dei diametri principali della cornea e in alcuni casi del cristallino. Può essere miopico, ipermetropico o misto. Si accentua per sforzi accomodativi non uniformi. È correggibile applicando lenti cilindriche.

Astinenza (ingl. *Abstinence*; ted. *Enthaltsamkeit*; fr. *Abstinence*; sp. *Abstinencia*). Astensione o limitazione di particolari piaceri, specialmente della gola o del sesso, motivata da ragioni morali o religiose, oppure da igiene o da necessità contingenti. Il termine trova anche un ampio impiego in psicofarmacologia con riferimento alla dedizione alle droghe.

1. ASTINENZA SESSUALE. Può essere *involontaria* quando è causata da circostanze esterne, da insufficienze organiche o da disposizioni psichiche inconsce che inibiscono la sessualità, *volontaria* quando è promossa da ragioni morali, religiose o ascetiche. Altre cause possono essere un'angoscia nei confronti della sessualità e dei suoi pericoli, con conseguenze morbose che vanno dal nervosismo alla regressione nevrotica, oppure un'insufficienza quantitativa della LIBIDO (v.) che non riesce ad alimentare simultaneamente la vita sessuale e quella spirituale. In questo caso è possibile sopperire all'insufficienza spostando tutto il potenziale disponibile dove occorre. Infine questo tipo di astinenza può essere connesso a processi di SUBLIMAZIONE (v.), particolarmente evidenti in temperamenti mistici o artistici.

2. ASTINENZA TERAPEUTICA. È stata teorizzata da Sigmund Freud (v. ANALISI, § 1, *c*) per il quale «la cura deve essere condotta nell'astinenza». Il riferimento è al fatto che «la tecnica analitica fa obbligo al medico di rifiutare alla paziente bisognosa d'amore il soddisfacimento richiesto» (1914, p. 367). Sul tema Freud ritorna in seguito a proposito del bisogno di assicurare che la sofferenza del paziente non sia alleviata troppo rapidamente: «Se l'eliminazione e la svalutazione dei sintomi ha attenuato questa sofferenza, noi dobbiamo ripristinarla altrove, sotto forma di una privazione dolorosa; il rischio che corriamo altrimenti è di non ottenere mai più un miglioramento, se non modesto e transitorio» (1918, p. 23). Per quanto concerne infine le conseguenze nevrotiche prodotte dall'astinenza sessuale, Freud dichiara: «Guardiamoci dal sopravvalutare l'importanza dell'astinenza per quanto concerne il suo influsso sulle nevrosi. Solo in una minoranza di casi si può mettere fine alla situazione patogena della frustrazione, e al conseguente ingorgo libidico, mediante quella specie di godimento sessuale che si riesce a ottenere con poca fatica. L'effetto terapeutico della psicoanalisi non si spiega quindi con il fatto che essa autorizzerebbe a godersi sessualmente la vita. Guardatevi attorno per cercare qualcos'altro» (1915-1917, p. 584).

3. SINDROME DI ASTINENZA. Comprende i sintomi associati a una brusca interruzione dell'assunzione di droghe che determina fenomeni di controregolazione, di omeostasi, di natura sia psichica sia somatica, che colpiscono soprattutto il sistema neurovegetativo. Il benessere conseguente all'interruzione dell'uso di droghe è ridotto dalla sofferenza che insorge per l'interruzione stessa. Ciò determina un affievolirsi dei sentimenti etici e di stima di sé, che erano alla base dell'interruzione della dipendenza, con conseguente pericolo di ricaduta. Il trattamento procede solitamente con una graduale sospensione della sostanza stupefacente accompagnata dalla sostituzione della stessa con tranquillanti e neurolettici.

Bibliografia

Freud S., *Osservazioni sull'amore di traslazione* (1914), in *Nuovi consigli sulla tecnica della psicoanalisi* (1913-1914), in *Opere* (1967-1993), Bollati Boringhieri, Torino, vol. VII.
–, *Introduzione alla psicoanalisi* (1915-1917), in *Opere*, cit., vol. VIII.
–, *Vie della terapia psicoanalitica* (1918), in *Opere*, cit., vol. IX.

Astrazione (ingl. *Abstraction*; ted. *Abstraktion*; fr. *Abstraction*; sp. *Abstracción*). Procedimento inaugurato in sede filosofica per pervenire a concetti universali a partire da oggetti individuali, prescindendo (in latino: "*ab-traho*") dalle loro caratteristiche concrete spaziali e temporali.

1. FILOSOFIA. Nella tradizione aristotelico-scolastica l'astrazione è opera dell'intelletto che, ricevute le immagini delle cose, prescinde dalle loro connotazioni sensibili per giungere alla loro essenza intelligibile e universale. «Il matematico – dice Aristotele – spoglia le cose di tutte le qualità sensibili (peso, leggerezza, durezza ecc.) e le riduce alla quantità discreta e continua; il fisico prescinde da tutte le determinazioni dell'essere che non si riducono al movimento. Analogamente il filosofo spoglia l'essere di tutte le

determinazioni particolari (quantità, movimento ecc.) e si limita a considerarlo solo in quanto essere» (*Metafisica*, XI, 3, 1061 a). Nell'età moderna John Locke sviluppa, rispetto ad Aristotele, la tesi opposta, secondo cui l'astrazione è una nominazione convenzionale per determinare un rappresentante degli oggetti particolari: «Mediante l'astrazione – egli dice – le idee tratte da esseri particolari diventano le rappresentanti generali di tutti gli oggetti della stessa specie e i loro nomi diventano nomi generali, applicabili a tutto ciò che esiste ed è conforme a tali idee astratte» (1690, II, 11, § 9). Dal canto suo Immanuel Kant intende per astrazione il procedimento che isola gli elementi a priori della conoscenza dal loro contenuto, allo scopo di costruire un'esperienza oggettiva che prescinda dai tratti psicologici che non consentono di uscire dalla soggettività individuale. In ambito semiotico Charles Sanders Peirce distingue un'astrazione *prescissiva* che, isolando determinati aspetti delle cose, li prende in esame in base alla loro identità tematica, e un'astrazione *ipostatica* che produce entità astratte come gli enti matematici.

2. Psicologia. In questa sede il concetto di astrazione è stato oggetto di particolari studi da parte di Kurt Goldstein e Martin Scheerer, Jean Piaget, e Carl Gustav Jung.

a) Goldstein e Scheerer hanno proceduto all'individuazione dell'atteggiamento astratto definito da queste caratteristiche: assunzione volontaria di un punto di vista, spostamento spontaneo da un punto all'altro della situazione, capacità di tener presenti i vari aspetti di una totalità afferrandone i punti essenziali, ripartendola in settori, ed evidenziandone le parti comuni, rapidità nel procedere in modo simbolico tenendo separato l'Io dal mondo esterno.

b) Piaget, dopo aver definito l'astrazione come quel processo che conduce alla formazione delle idee, distingue: 1) un'astrazione *generalizzante* in cui si evidenziano i caratteri essenziali delle cose e le loro relazioni che poi consentono la costruzione delle classi; 2) un'astrazione *isolante* che conferisce un carattere autonomo alle proprietà e alle relazioni astratte; 3) un'astrazione *idealizzante* che costruisce i modelli ideali. La capacità di astrazione è esclusivamente umana e presuppone il conseguimento di un certo stadio di sviluppo (v. Cognizione, § 2).

c) Jung definisce l'astrazione come «quell'attività spirituale che libera il contenuto o il fatto avvertito come essenziale dal suo legame con elementi avvertiti come estranei, distinguendolo o, in altri termini, *differenziandolo* da quelli». Per Jung l'astrazione non è una prerogativa del solo pensiero, ma di tutte le funzioni psicologiche, per cui avremo «un pensare astrattivo che estrae da ciò che è estraneo un contenuto caratterizzato da qualità inerenti al pensiero logico; un sentire astrattivo che fa altrettanto con un contenuto d'ordine sentimentale, [...] una sensazione astratta da denominare sensazione estetica in contrapposizione alla sensazione concreta, e un'intuizione astratta come intuizione simbolica in contrapposizione all'intuizione fantastica». Per quanto concerne infine il rapporto tra astrazione e libido, Jung afferma: «Io mi raffiguro il processo di astrazione come ritiro della libido dall'oggetto, come un rifluire del valore dell'oggetto al contenuto astratto soggettivo. L'astrazione rappresenta quindi per me un processo energetico di *svalutazione dell'oggetto*. Per esprimere lo stesso concetto con altre parole, l'astrazione è un movimento della libido nel senso dell'*introversione*» (1921, pp. 424-425).

Bibliografia

Aristotele, *Metafisica*, in *Opere*, Laterza, Bari 1973.

Goldstein K., Scheerer M., *Abstraktes und konkretes Verhalten*, in C. F. Graumann (a cura di), *Denken*, Kiepenheuer & Witsch, Köln-Berlin 1965.

Jung C. G., *Tipi psicologici* (1921), in *Opere* (1969-2007), Bollati Boringhieri, Torino, vol. VI.

Kant I., *Critica della ragion pura* (1781), Laterza, Bari 1959.

Locke J., *Saggio sull'intelligenza umana* (1690), Bompiani, Milano 2004.

Peirce Ch. S., *Semiotica. I fondamenti della semiotica cognitiva* (testi tratti da *Collected Papers* 1931-1935, Harvard University Press, Cambridge, Massachusetts, vol. V), Einaudi, Torino 1980.

Piaget J., *La genesi delle strutture logiche elementari* (1959), La Nuova Italia, Firenze 1977.

Astrologia (ingl. *Astrology*; ted. *Astrologie*; fr. *Astrologie*; sp. *Astrología*). Studio degli astri in base al principio di una corrispondenza tra universo stellare e universo psichico per cui diventa possibile, conoscendo i movimenti del primo, dedurre o addirittura predire i moti del secondo (v. Oroscopo). Sorta fra i Caldei, che furono i primi a stabilire una corrispondenza tra l'universo (macrocosmo) e l'uomo (microcosmo), l'astrologia si diffuse in Occidente nel periodo greco romano sul fondamento della necessità universale che lega insieme gli eventi del mondo e quelli dell'uomo. Proseguiti nel Medioevo, nonostante le condanne ecclesiastiche, gli studi astrologici si diffusero nel Rinascimento soprattutto grazie a Paracelso, Giordano Bruno e Tommaso Campanella. Nel quadro moderno delle scienze esatte, e in particolare nell'ambito del positivismo dell'Ottocento, l'astrologia fu attaccata in nome della legge matematica che presiede al movimento degli astri, ma la radice antica delle corrispondenze astrologiche, lungi dall'estinguersi, si è diffusa a livello di senso comune e con un particolare rilievo psicologico nella psicologia analitica di Carl Gustav Jung, che assume l'astrologia come uno schermo proiettivo in cui, a livello individuale e a livello collettivo, si rende conscia la motivazione inconscia dell'interpretazione di sé. L'astrologia diventa a questo punto una simbolica utilizzabile, come la mitologia, per esteriorizzare nello scenario delle stelle, come un tempo nello scenario degli dèi, la propria interiorità.

Bibliografia

Barbault A., *Dalla psicoanalisi all'astrologia* (1961), Morini, Siena 1971.

Boll F., Bezold C., Gundel W., *Storia dell'astrologia* (1966), Laterza, Bari 1977.

Bouché-Leclercq A., *L'astrologie grecque*, Ernest Leroux Éditeur, Paris 1899.

Collin R., *Theory of celestial influence*, Watkins, London 1980.

Cumont F., *Lo Zodiaco*, Adelphi, Milano 2012.

Garin E., *Lo zodiaco della vita*, Laterza, Bari 1976.

Jung C. G., *Aion. Ricerche sul simbolismo del Sé* (1951), in *Opere* (1969-2007), Bollati Boringhieri, Torino, vol. IX, 2.

–, *La sincronicità come principio di nessi acausali* (1952), in *Opere*, cit., vol. VIII.

Pompeo Faracovi O., *Scritto negli astri. L'astrologia nella cultura occidentale*, Marsilio, Venezia 1996.

Rudhyar D., *L'astrologia della personalità* (1970), Astrolabio, Roma 1986.

Sicuteri R., *Astrologia e mito. Simboli e miti dello Zodiaco nella psicologia del profondo*, Astrolabio, Roma 1978.

Atarassia (ingl. *Ataraxia*; ted. *Ataraxie*; fr. *Ataraxie*; sp. *Ataraxia*). Termine greco adottato da stoici ed epicurei per indicare l'ideale dell'imperturbabilità che si raggiunge attraverso il dominio delle passioni e il controllo di sé. In psicofarmacologia si chiamano atarassici gli psicofarmaci ad azione tranquillante (v. PSICOFARMACOLOGIA, § I).

Atassia (ingl. *Ataxia*; ted. *Ataxie*; fr. *Ataxie*; sp. *Ataxia*). Mancanza (*atassia*) o carenza (*ipotassia*) di COORDINAZIONE (v. § 2). In *neuropsicologia* con questo termine ci si riferisce a un disturbo nella coordinazione dei movimenti intenzionali che non comporta di regola la perdita della contrattilità muscolare. Risulta compromessa la possibilità di afferrare un oggetto, la successione dei movimenti, l'equilibrio del tronco e delle membra in determinate posizioni. I movimenti atassici sono maldestri, a scatti, incontrollati (v. LOCOMOZIONE, § 2). Una forma specifica di atassia è l'atassia *ottica*, che non consente il coordinamento tra gesto e sguardo, per cui il soggetto indirizza male il suo gesto perché non utilizza l'informazione visiva correttamente percepita. È causata da lesioni che interrompono le connessioni occipito-parietali bilateralmente, anche se sono stati osservati casi di atassia ottica isolata in un singolo campo visivo, controlateralmente alla lesione parieto-occipitale destra o sinistra. Una forma particolare di atassia è la *sindrome di Balint* che, oltre all'atassia ottica, presenta paralisi psichica dello sguardo e inattenzione visiva unilaterale. Per quanto riguarda l'atassia *locomotoria*, si veda la voce SIFILIDE. In *psichiatria* Erwin Stransky ha proposto l'espressione atassia *intrapsichica* per la mancata coordinazione tra pensiero ed emozione, tipica del vissuto schizofrenico (v. SCHIZOFRENIA).

Bibliografia

Balint R., *Optische Ataxie*, in "Monatsschrift für Psychiatrie und Neurologie", 1909, n. 25.

Stransky E., *Zur Kenntnis gewisser erworbener Blödsinnsformen*, in "Jahrbuch für Psychologie", 1903, n. 24.

Atassiametro (ingl. *Ataxiameter*; ted. *Ataxiameter*; fr. *Ataxiamètre*; sp. *Ataxiámetro*). È un apparecchio che registra e misura i movimenti involontari dei soggetti, che devono essere in posizione eretta, immobili, con gli occhi chiusi. È usato nelle indagini sperimentali sulla suggestionabilità.

Atavismo (ingl. *Atavism*; ted. *Atavismus*; fr. *Atavisme*; sp. *Atavismo*). Termine impiegato in biologia per indicare la comparsa in un individuo di caratteristiche che rinviano a forme ancestrali e che non compaiono nelle generazioni intermedie. In psichiatria il termine è stato utilizzato da Cesare Lombroso, che attribuiva ad atavismo le condotte anomale a sfondo antisociale e criminale. In psicoanalisi si parla di regressione atavica (v. REGRESSIONE) per indicare un ritorno a forme primitive dell'organizzazione psichica (v. ARCAISMO). Tra le regressioni ataviche Sándor Ferenczi indica la regressione talassale, «vale a dire l'idea che vi sia un desiderio di tornare all'oceano abbandonato nei tempi primitivi» (1924, p. 269). A proposito dell'attrazione esercitata dal passato, Ferenczi precisa che «il termine "pulsione" accentua l'aspetto adattivo, il carattere di adeguamento del funzionamento organico, mentre "forza di attrazione" sottolinea invece il carattere di regressione. Naturalmente io condivido l'opinione di Freud, secondo il quale le pulsioni dirette "in avanti" attingono la loro energia dalla forza di attrazione del passato» (*ibid.*).

Bibliografia

Ferenczi S., *Thalassa. Psicoanalisi delle origini della vita sessuale* (1924), in *Opere* (1989-1992), Raffaello Cortina, Milano, vol. III.

Lombroso C., *L'uomo delinquente in rapporto all'antropologia, alla giurisprudenza e alla psichiatria* (1876-1897), Bompiani, Milano 2013.

Atelesi (ingl. *Atelesis*; ted. *Atelesis*; fr. *Atélèse*; sp. *Atelesis*). Mancanza di integrazione tipica delle dissociazioni schizofreniche con particolare riferimento alla disarticolazione tra mondo esterno e mondo interno (v. AUTISMO), tra l'Io e i contenuti di coscienza (anacoresi) e tra le forme elementari della percezione e i rispettivi contenuti di coscienza (v. ALLUCINAZIONE).

Ateliosi, v. NANISMO, § 3.

Atimia (ingl. *Athymia*; ted. *Athymie*; fr. *Athymie*; sp. *Atimia*). Termine ippocratico adottato dalla psichiatria per indicare l'attenuazione o la scomparsa delle manifestazioni legate alla sfera dell'affettività e dell'emotività.

Atipia (ingl. *Atypia*; ted. *Atypie*; fr. *Atipicité*; sp. *Atipia*). Discordanza da ciò che è tipico (v. TIPOLOGIA) o da ciò che si conviene sia la NORMA (v.). Il termine è riferito al carattere degli individui, al loro comportamento, ai risultati nelle prove dei test.

Atletico, v. TIPOLOGIA, § 1, *b*.

Atmosfera, Effetto di, v. PENSIERO, § II, 6, c.

Atomismo, v. INTROSPEZIONISMO.

Atomo sociale, v. SOCIOMETRIA.

Atonia, v. TONO MUSCOLARE.

Atrio (ingl. *Auricle*; ted. *Vorhof*; fr. *Oreillette*; sp. *Atrio*). Detto anche *orecchietta*, è una cavità presente nella parte superiore del muscolo cardiaco che consta di due atrii, uno destro e uno sinistro. L'atrio destro riceve il sangue refluo dai tessuti corporei, impoverito di ossigeno, portato dalle vene cave; quello sinistro riceve il sangue refluo dai polmoni, arricchito di ossigeno, portato dalle vene polmonari. Dagli atrii il sangue passa nei compartimenti ventricolari (v. VENTRICOLO) che costituiscono la parte inferiore del cuore.

Atrofia, v. DISTROFIA.

Attaccamento (ingl. *Attachment*; ted. *Anhänglichkeit*; fr. *Attachement*; sp. *Apego*). Forte legame affettivo verso una persona, una cosa, un ambiente, un modo di vita che presenta talvolta tratti di dipendenza leggibili a partire dal modello originario che è l'attaccamento del bambino alla figura materna, a proposito del quale Donald W. Winnicott afferma che un neonato esiste soltanto in relazione alla madre. Dal punto di vista psicoanalitico l'attaccamento è una forma di FISSAZIONE (v.) a un precedente stadio di sviluppo che persiste in modo immaturo e talvolta nevrotico con i legami normali che via via si sviluppano. Distanziandosi dal modello psicoanalitico freudiano, John Bowlby ha sviluppato una *teoria dell'attaccamento* secondo la quale il lattante non è sollecitato solo dalla soddisfazione delle pulsioni o dalle gratificazioni libidiche connesse all'allattamento, ma anche e soprattutto dal bisogno di creare e mantenere relazioni, e perciò scrive: «Fenomeni di massima importanza, a cui recenti ricerche hanno prestato attenzione, sono la potenzialità che il neonato sano possiede di entrare in una forma elementare di interazione sociale e la potenzialità che una madre con una comune sensibilità possiede di partecipare con successo a tale interazione» (1988, p. 6). Questa "forza motivazionale relazionale", come la chiama Bowlby, orienta il ciclo vitale regolando gli stati fisiologici e quelli emotivi.

A questo proposito Bowlby illustra tre tipi di attaccamento del bambino alla madre: *a) attaccamento ansioso-evitante*, tipico del bambino che accosta la madre come qualsiasi estraneo a motivo di una scarsa selettività e un'esigua capacità di reciprocità relazionale; *b) attaccamento sicuro*, caratterizzato da una forte relazione con la madre, accompagnata da una forte selettività nei confronti della figura materna rispetto alle altre figure; *c) attaccamento ansioso-ambivalente*, che oscilla tra il desiderio del contatto con la madre e il rifiuto, che si riscontra anche nella resistenza a entrare in relazione con estranei. Il modello di Bowlby, secondo il quale lo sviluppo dell'individuo non è deciso tanto dai processi maturativi interni, quanto piuttosto dai processi interpersonali, è stato condiviso anche da Michael Balint che parla di "amore primario", da Erik Homburger Erikson che ha introdotto il concetto di "fiducia di base" (v. FIDUCIA), da Joseph Sandler che parla di "sfondo di sicurezza", e da Arnold H. Modell che giunge a ipotizzare un "istinto relazionale".

Massimo Ammaniti e Silvia Cimino, nel riportare i risultati dell'AAI (*Adult Attachment Interview*) che valuta la rappresentazione che un individuo ha della propria storia di attaccamento, classificano cinque tipologie di persone adulte con specifici "stati mentali" nei confronti dell'attaccamento: 1. Gli adulti "sicuri-autonomi" che esplorano i ricordi, i pensieri, i sentimenti in modo chiaro e coerente, ne fanno un bilancio equilibrato senza atteggiamenti difensivi, dimostrando un solido senso di sé e un'apertura alle relazioni. 2. Gli adulti "distanzianti" che tendono a svalutare le esperienze di attaccamento, idealizzano l'infanzia, considerano i genitori un "porto sicuro", si presentano forti e indipendenti e non condizionati dagli altri. 3. Gli adulti "preoccupati e invischiati" che sono ancora coinvolti nella loro relazione infantile, incapaci di superare le esperienze passate, sono spesso arrabbiati e mancano di autostima per la propria incapacità di soddisfare le aspettative dei genitori. 4. Gli adulti "irrisolti e disorganizzati" che presentano uno stato cognitivo confuso, collegato a traumi infantili, lutti o abusi fisici e/o sessuali. Manifestano una sfiducia di base in se stessi e non di rado vanno incontro a psicopatologie psichiatriche. 5. Gli adulti "inclassificabili" che presentano caratteristiche dei modelli precedenti mescolate tra loro con rappresentazioni mentali contraddittorie e incoerenti.

In ambito neurobiologico, Daniel J. Siegel scrive che «l'attaccamento si basa su meccanismi cerebrali innati che spingono il bambino a cercare la vicinanza dei genitori (o in generale delle persone che principalmente si prendono cura di lui) e a stabilire una comunicazione con loro, instaurando rapporti che influenzano lo sviluppo e le organizzazioni dei suoi processi motivazionali, emotivi e mnemonici. Da un punto di vista strettamente evolutivo, questo sistema comportamentale aumenta la probabilità di sopravvivenza del bambino. A livello della mente, le relazioni di attaccamento aiutano il suo cervello ancora immaturo a coordinare le sue attività attraverso i processi cerebrali del genitore. [...] Esperienze ripetitive vengono registrate dalla memoria implicita generando aspettative e quindi schemi o modelli mentali di attaccamento, che portano allo sviluppo di quella che John Bowlby ha definito come una "base sicura" per affrontare il mondo» (2012, p. 95). Siegel descrive inoltre i diversi tipi di attaccamento: *sicuro*, quando i genitori sono emotivamente disponibili e sensibili, *evitante* quando i genitori non sono disponibili e capaci di ricevere i messaggi dei figli, *resistente* o *ambivalente* quando i genitori non sono disponibili e recettivi in maniera costante e coerente, *disorganizzato* quando i genitori stabiliscono con i figli forme di comunicazione disorientante.

Sempre in ordine all'attaccamento, Mary Main ha formulato i seguenti principi: 1. Quasi tutti i bambini sviluppano processi di attaccamento. 2. Le prime relazioni di attaccamento si formano in genere entro il settimo mese di vita. 3. Relazioni di attaccamento si stabiliscono solo nei confronti di un numero limitato di persone. 4. Questi attaccamenti selettivi derivano da interazioni sociali con le figure di attaccamento. 5. Tali relazioni hanno effetti specifici sull'organizzazione dei comportamenti e delle funzioni cerebrali del bambino.

Mary D. S. Ainsworth ha ideato una procedura, denominata *Strange Situation*, che consente di individuare il tipo di attaccamento del bambino verso chi si prende cura di lui. In questa situazione insolita e non familiare (*strange*), il bambino viene separato per brevi periodi dalla figura di attaccamento, in una serie di situazioni diverse, come l'essere lasciato solo o in compagnia di un estraneo, per poi valutare il comportamento del bambino al ritorno della persona che si prende cura di lui.

Bibliografia

Ainsworth M. D. S., *Modelli di attaccamento e sviluppo della personalità. Scritti scelti* (1962-1991), Raffaello Cortina, Milano 2006.

Ainsworth M. D. S., Blehar M. C., Waters E., Wall S., *Patterns of attachment. A psychological study of the strange-situation*, Erlbaum, Hillsdale, New Jersey, 1978.

Ammaniti M., Cimino S., *Attaccamento*, in AA.VV., *Psiche. Dizionario storico di psicologia, psichiatria, psicoanalisi, neuroscienze*, Einaudi, Torino 2006-2007, vol. I, pp. 104-108.

Ammaniti M., Stern D. N. (a cura di), *Attaccamento e psicoanalisi*, Laterza, Bari 1992.

Attili G., *Attaccamento e amore*, il Mulino, Bologna 2004.

–, *Attaccamento e costruzione evoluzionistica della mente. Normalità, patologia e terapia*, Raffaello Cortina, Milano 2007.

Balint M., *L'amore primario* (1952), Raffaello Cortina, Milano 1991.

Barone L., Del Corno F. (a cura di), *La valutazione dell'attaccamento adulto. I questionari autosomministrati*, Raffaello Cortina, Milano 2006.

Bowlby J., *Attaccamento e perdita*, vol. I: *L'attaccamento alla madre*, vol. II: *La separazione dalla madre*, vol. III: *La perdita della madre* (1969-1980), Bollati Boringhieri, Torino 1976-1983.

–, *Costruzione e rottura dei legami affettivi* (1979), Raffaello Cortina, Milano 1982.

–, *Una base sicura. Applicazioni cliniche della teoria dell'attaccamento* (1988), Raffaello Cortina, Milano 1989.

Carli L. (a cura di), *Attaccamento e rapporti di coppia. Il modello di Bowlby nell'interpretazione del ciclo della vita*, Raffaello Cortina, Milano 1995.

Cassibba R., Van Ijzendoorn M. (a cura di), *L'intervento clinico basato sull'attaccamento. Promuovere la relazione genitore-bambino*, il Mulino, Bologna 2005.

Crittenden P. M., *Attaccamento in età adulta. L'approccio dinamico-maturativo alla "Adult Attachment Interview"*, Raffaello Cortina, Milano 1999.

Doane J. A., Diamond D., *Affetti e attaccamento nella famiglia. Trattamento familiare dei più gravi disturbi psichiatrici* (1994), Raffaello Cortina, Milano 1995.

Eagle M. N., *Attaccamento e psicoanalisi. Teoria, ricerca e implicazioni cliniche* (2011), Raffaello Cortina, Milano 2013.

Erikson E. H., *Infanzia e società* (1950), Armando, Roma 1968.

Fonagy P., *Psicoanalisi e teoria dell'attaccamento* (2001), Raffaello Cortina, Milano 2002.

Fonagy P., Target M., *Attaccamento e funzione riflessiva* (2000), Raffaello Cortina, Milano 2001.

Giani Gallino T., *Luoghi di attaccamento. Identità ambientale, processi affettivi e memoria*, Raffaello Cortina, Milano 2007.

Heard D., Lake B., McCluskey U., *La terapia basata sull'attaccamento con adolescenti e adulti* (2012), il Mulino, Bologna 2014.

Holmes J., *La teoria dell'attaccamento. John Bowlby e la sua scuola* (1992), Raffaello Cortina, Milano 1994.

Lorenzini R., Sassaroli S., *Attaccamento, conoscenza e disturbi di personalità*, Raffaello Cortina, Milano 1995.
Lorito L., Di Maria F., *Gruppoanalisi e teoria dell'attaccamento*, il Mulino, Bologna 2015.
Main M., *L'attaccamento. Dal comportamento alla rappresentazione*, Raffaello Cortina, Milano 2008.
Mitchell S. A., *Il modello relazionale. Dall'attaccamento all'intersoggettività* (2000), Raffaello Cortina, Milano 2002.
Modell A. H., *Psicoanalisi in un nuovo contesto* (1984), Raffaello Cortina, Milano 1992.
Parkes C. M., Stevenson-Hinde J., Marris P., *L'attaccamento nel ciclo della vita* (1991), Il Pensiero Scientifico, Roma 1995.
Rholes W. S., Simpson J. A., *Teoria e ricerca dell'attaccamento adulto* (2004), Raffaello Cortina, Milano 2007.
Sandler J., *Towards a reconsideration of the psychoanalytic theory of motivation*, in "Bulletin of the Anna Freud Centre", 1958, n. 8.
Siegel D. J., *La mente relazionale. Neurobiologia dell'esperienza interpersonale* (2012), Raffaello Cortina, Milano 2013.
Simpson J. A., Belsky J., *La teoria dell'attaccamento nella moderna teoria evoluzionistica* (2008), in J. Cassidy, Ph. R. Shaver (a cura di), *Manuale dell'attaccamento. Teoria, ricerca e applicazioni cliniche* (2008), Fioriti, Roma 2010.
Solomon J., George C. (a cura di), *L'attaccamento disorganizzato. Gli effetti dei traumi e delle separazioni* (2004), il Mulino, Bologna 2007.
Wallin D. J., *Psicoterapia e teoria dell'attaccamento* (2007), il Mulino, Bologna 2009.
Winnicott D. W., *I bambini e le loro madri* (1987, edito postumo), Raffaello Cortina, Milano 1987.

Atteggiamento (ingl. *Attitude*; ted. *Haltung*; fr. *Attitude*; sp. *Actitud*). Disposizione relativamente costante a rispondere in certi modi particolari alle situazioni del mondo, per quel residuo di esperienza passata che in qualche modo guida, indirizza o comunque influenza il comportamento. Per il loro carattere duraturo gli atteggiamenti si distinguono dalle *aspettative* (v. ASPETTATIVA) la cui disposizione reattiva è circoscritta nel tempo e qualificata dall'oggetto, dagli *istinti* (v. ISTINTO) che sono predisposizioni all'azione più automatiche e cogenti, dalle *abitudini* (v. ABITUDINE) che sono più meccaniche e meno individuanti, dalle *convinzioni* (v. CONVINZIONE) che possono far parte dell'atteggiamento, ma limitatamente a ciò che si crede possa esser vero, senza essere in grado di esprimere ciò che si è disposti a fare. In psicologia l'atteggiamento è un costrutto ipotetico, come nella psicoanalisi lo è l'inconscio, perché non può essere osservato direttamente, ma solo indotto dalle manifestazioni verbali e dalla sequenza degli atti osservabili in rapporto all'oggetto. I campi in cui l'atteggiamento è stato particolarmente studiato sono la psicologia sociale, la psicologia analitica, la psicologia comprensiva e la psicologia del lavoro.

1. PSICOLOGIA SOCIALE. L'interesse della psicologia sociale per gli atteggiamenti è nato e si è sviluppato in America dove già negli anni venti John Dewey parlava di ABITO (v.) come di una DISPOSIZIONE (v.) costante o abbastanza costante ad essere e ad agire in un determinato modo. Ma fu negli anni trenta che l'interesse per questo tema accrebbe con Gordon W. Allport che definì l'atteggiamento come «la pietra miliare dell'edificio della psicologia sociale americana» (1935, p. 798). L'interesse era motivato dal fatto che gli atteggiamenti influenzano il comportamento, per cui conoscerli significa prevedere i comportamenti delle persone. Cominciò così lo studio degli atteggiamenti distinti in: verbali o comportamentali, permanenti o transitori, conformi o difformi dal gruppo di appartenenza. Ognuno di questi atteggiamenti è considerato una disposizione relativamente permanente verso la valutazione positiva o negativa di qualche entità, per cui il problema dell'atteggiamento si rivela intimamente connesso ai sistemi di valore che ciascun individuo può mutuare dal COLLETTIVO (v.) o esprimere originalmente da sé (v. PSICOLOGIA ANALITICA, § 5).

Decisivi nella formazione dell'atteggiamento sono per Richard E. Petty e John T. Cacioppo i *fattori affettivi*, come «il sentimento positivo o negativo, generale e durevole, su qualche persona, oggetto o argomento» (1981, p. 7); per Icek Ajzen sono invece importanti i *fattori cognitivi* che dipendono dall'insieme di informazioni, conoscenze, credenze che il soggetto ha acquisito sulle cose, e perciò scrive: «In termini generali, formiamo delle credenze su un oggetto associandolo a certi attributi che sono stati già valutati positivamente o negativamente, in forza dei quali acquisiamo automaticamente e simultaneamente un atteggiamento nei confronti dell'oggetto» (1988, p. 32); per Allan W. Wicker decisiva è la *disponibilità all'azione* stabilita dal grado motivazionale raggiunto da ogni singolo soggetto, per cui, a suo parere, «è assai più probabile che gli atteggiamenti non siano correlati, o lo siano molto lievemente, con i comportamenti manifesti rispetto a quanto gli atteggiamenti sono strettamente correlati con le azioni» (1969, p. 659). Secondo Milton J. Rosenberg e Carl I. Hovland queste componenti hanno fra loro un rapporto di reciproca dipendenza, nel senso che l'acquisizione di nuove informazioni riguardanti un oggetto può cambiare il vissuto affettivo che lo investe e quindi il grado di disponibilità e indisponibilità all'azione.

Sempre nell'ambito della psicologia sociale, con William J. McGuire sono state individuate quattro funzioni principali esplctate dagli atteggiamenti. *economica* perché ogni atteggiamento fornisce una griglia interpretativa in grado di ridurre la complessità della realtà, *utilitaristica* perché consente di raggiungere gli obiettivi che possono tornare vantaggiosi al soggetto come l'apprezzamento all'interno del gruppo, *espressiva* come conferma e giustificazione del proprio comportamento, *difensiva* che consente di fronteggiare determinati conflitti interiori o esterni.

Adriano Zamperini e Ines Testoni, partendo dalla considerazione che «gli atteggiamenti sono il risultato di un costante sforzo, esercitato per offrire un senso unitario alle esperienze che derivano dall'incontro con il mondo», ritengono che per la loro formazione intervengono: a) una *funzione conoscitiva* che a sua volta prevede una "ricerca di informazioni" «che porta il soggetto a individuare e a rendere logico un insieme di dati, i quali, una vota resi coerenti, inducono alla successiva preferenza di informazioni che confermano i risultati già conquistati», una "codifica delle informazioni" che comporta una valutazione positiva o negativa degli eventi a seconda che confermino o siano in contrasto con gli atteggiamenti già costituiti, un "recupero delle informazioni" e dei ricordi congruenti con gli atteggiamenti acquisiti; b) una *funzione di autorealizzazione* «che induce gli individui a esprimere con gli atteggiamenti i valori che ritengono fondamentali insieme alle costituenti essenziali di sé»; c) una *funzione utilitaristica* per cui «gli atteggiamenti sono costruiti e modulati dalle persone in base agli scopi che esse si prefiggono e per evitare esperienze spiacevoli. Vengono in tal senso adottati atteggiamenti favorevoli nei confronti di ciò che soddisfa bisogni personali e atteggiamenti negativi rispetto a quanto può produrre frustrazione» (2002, pp. 68-70).

Si è proceduto anche a una misurazione degli atteggiamenti dal valore ipotetico perché, come si è detto, gli atteggiamenti non possono essere osservati direttamente, ma solo inferiti dalle reazioni del soggetto in situazioni standardizzate. Il procedimento più utilizzato è quello della valutazione delle risposte verbali a specifici test, in cui il soggetto viene posto a confronto con una rappresentazione dell'oggetto d'atteggiamento. Altre misurazioni riguardano le distorsioni nei processi percettivi e cognitivi, le modificazioni fisiologiche del soggetto di fronte a un'immagine significativa per l'atteggiamento. Fra le scale verbali di valutazione, in cui il soggetto deve indicare la propria approvazione o disapprovazione lungo un continuum di valori, meritano di essere citate: la scala di Louis Leon Thurstone che misura l'atteggiamento di una persona verso un certo oggetto, registrando l'adesione ad affermazioni a cui veniva assegnato un valore predefinito; le scale di Theodor Wiesengrund Adorno per l'individuazione della personalità autoritaria (v. AUTORITÀ), e il questionario sugli atteggiamenti sociali messo a punto da Hans Jürgen Eysenck. La validità di queste scale che utilizzano resoconti verbali venne messa in discussione da Richard T. LaPiere che mise in evidenza la relativa dissonanza tra atteggiamenti e comportamenti, per cui, ad esempio, la reazione verbale di un atteggiamento anticonformista non risulta molto predittiva, perché il comportamento che va contro le norme è più ostacolato rispetto all'atteggiamento conformista, la cui reazione verbale risulta di solito più predittiva.

Per quanto infine concerne la *modificazione degli atteggiamenti*, tre sono attualmente gli approcci che vengono impiegati per indurre la variazione: a) la PERSUASIONE (v.), per cui, come osservano Petty e Cacioppo, se la fonte del messaggio ha più prestigio o più autorità rispetto a chi riceve il messaggio e al suo grado di coscienza, la possibilità di mutare atteggiamento da parte del ricevente è maggiore, a meno che il messaggio trasmesso sia così nuovo o estraneo al ricevente da indurre un rafforzamento del vecchio atteggiamento; b) la DISSONANZA COGNITIVA (v.), evidenziata da Leon Festinger, per cui se un soggetto viene invitato a compiere un'azione che entra in dissonanza con il proprio atteggiamento, si esprimerà una modificazione per ripristinare la coerenza; e infine c) la RIPETIZIONE (v.) che, secondo Robin M. Dawes e Tom L. Smith, prevede un'esposizione diretta e ripetuta dell'individuo all'oggetto d'atteggiamento, in modo da fargli raggiungere una mutazione nella valutazione dell'oggetto.

2. PSICOLOGIA ANALITICA. Carl Gustav Jung assume l'atteggiamento come una delle componenti essenziali della sua teoria psicologica, a proposito della quale scrive: «Avere un atteggiamento significa: essere pronto per una determinata cosa, anche se questa determinata cosa è inconscia, giacché avere un atteggiamento equivale ad avere una direzione aprioristica verso una cosa determinata, sia essa rappresentata o no. [...] Che il punto di orientamento dell'atteggiamento sia conscio o inconscio non ha importanza per l'azione selezionatrice dell'atteggiamento, dato che la scelta per mezzo dell'atteggiamento è già data a priori e si effettua automaticamente. In pratica però bisogna distinguere fra conscio e inconscio, giacché con straordinaria frequenza avviene che sussistano contemporaneamente anche due atteggiamenti e cioè un atteggiamento cosciente e uno inconscio. Con ciò si vuol dire che nella coscienza sono predisposti contenuti diversi da quelli predisposti nell'inconscio. La dualità dell'atteggiamento è particolarmente manifesta nelle nevrosi» (1921, pp. 426-427). Ad un atteggiamento troppo unilaterale della coscienza corrisponde un atteggiamento di segno opposto nell'inconscio. L'unilateralità dell'atteggiamento conscio, scrive infatti Jung, «porterebbe a una perdita completa dell'equilibrio, se non sussistesse nella psiche una funzione autoregolatrice e compensatrice che corregge l'atteggiamento cosciente» (ivi, p. 427).

È di Jung l'introduzione nella psicologia della differenza tra atteggiamento *estroverso* e atteggiamento *introverso*: «Il primo si orienta in base ai fatti esterni così come sono dati, l'altro si riserva un'opinione che si interpone fra lui e la realtà obiettiva. Quando prevale l'orientamento in base all'oggetto e ai dati obiettivi, così che le decisioni e gli atti più frequenti e più importanti non sono determinati da opinioni soggettive, ma dalle circostanze obiettive, si parla di atteggiamento estroverso. Se questo è abituale, si parla di tipo estroverso» (ivi, pp. 357-358). Al contrario: «Il tipo introverso si distingue da quello estroverso per il fatto che esso non si orienta in base all'oggetto e al dato obiettivo, bensì in base a fattori soggettivi, per cui nell'introverso fra la percezione dell'oggetto e il comportamento dell'individuo si inserisce un punto di vista soggettivo che impedisce che il comportamento assuma un carattere corrispondente al dato obiettivo» (ivi, pp. 378-379; v. ESTROVERSIONE – INTROVERSIONE). La fenomenologia di questi atteggiamenti viene poi giocata da Jung con quelle che egli considera funzioni della psiche (v. FUNZIONE, § 2) che, a seconda della loro predominanza, determinano un atteggiamento a prevalenza di pensiero, di sentimento, di intuizione o di sensazione, con caratteristiche diverse per l'introverso rispetto all'estroverso (v. TIPOLOGIA, § 2).

3. PSICOLOGIA COMPRENSIVA. Lo studio degli atteggiamenti costituisce la prima delle tre parti in cui si articola la *Psicologia delle visioni del mondo* di Karl Jaspers che si apre con questa dichiarazione: «Solo all'interno degli stessi atteggiamenti gli uomini entrano in comunicazione gli uni con gli altri, comprendendosi reciprocamente. Se gli atteggiamenti sono diversi, l'uno vive, pensa, agisce, passando accanto all'altro senza toccarlo. Finché gli atteggiamenti stanno l'uno accanto all'altro come sfere di vita e di esperienze diverse, una visione del mondo può benissimo affermare l'atteggiamento singolo, assolutizzarlo e isolarlo, e da esso negare gli altri. Così facendo è facile caratterizzare e costruire una serie di visioni del mondo fra loro antitetiche» (1919, p. 65). Partendo da questa premessa Jaspers distingue:

a) Gli *atteggiamenti oggettivi* «che possono essere attivi o contemplativi. Attivi se intendono alla plasmazione della realtà temporale. Contemplativi se intendono alla comprensione di un'oggettività che in fondo è atemporale» (ivi, p. 66). Rientrano negli atteggiamenti contemplativi l'atteggiamento *intuitivo* «dove si vede, si accoglie, si vive e si sperimenta il sentimento felicitante della pienezza dell'illimitato» (ivi, p. 80), e l'atteggiamento *estetico* e *razionale* così distinti: «l'atteggiamento estetico circoscrive, isolando e annullando le correlazioni della sfera visiva circoscritta; l'atteggiamento razionale circoscrive invece proprio per riportare il circoscritto a un'affinità di correlazioni reciproche» (ivi, pp. 87-88).

b) Gli *atteggiamenti autoriflessi* dove «la coscienza, dopo essersi rivolta al mondo degli oggetti extracoscienti, opera una conversione sulla psiche stessa, si "riflette" sviluppando una vita psichica riflessa che ha per oggetti ciò che chiamiamo Io, Sé, personalità» (ivi, p. 108). Gli atteggiamenti autoriflessi comprendono l'atteggiamento *edonistico* dove «la coscienza si concede a una cosa, e il piacere è in quel concedersi e non già nella cosa» (ivi, p. 111). Agli antipodi c'è l'atteggiamento *ascetico* per cui, «a differenza dell'edonista che va in cerca di esperienze, situazioni, impressioni e occupazioni materiali, nell'intento di goderne, l'asceta cerca invece di ridurre le impressioni evitando ogni esperienza, al fine di facilitare l'estraneazione» (ivi, p. 112). Infine c'è l'atteggiamento *autoformativo* dove «l'uomo guarda oltre il suo stato momentaneo, e vede se stesso come un tutto che si estende nel passato e nel futuro, per cui tutti gli arbitrii del momento si coordinano nella propria vita concreta in una formazione della propria personalità, sotto il segno di questa o quella immagine-guida» (ivi, p. 114).

c) Gli *atteggiamenti entusiastici* dove «l'uomo si sente toccato nella sua più intima sostanza, nella sua essenzialità o, che è lo stesso, si sente afferrato e commosso dalla totalità. Si stabilisce allora un'intima relazione tra l'essenzialità del soggetto e dell'oggetto in un atteggiamento che sembra avere una stretta somiglianza con l'annegamento mistico e la congiunta abolizione della scissione di soggetto e oggetto» (ivi, p. 138). A partire dagli atteggiamenti Jaspers procederà alla descrizione delle visioni del mondo (v. MONDO, § 1), e alla descrizione delle figure della vita dello spirito.

4. PSICOLOGIA DEL LAVORO (v. § 1).

Bibliografia

Adorno Th. W. *et al.*, *La personalità autoritaria* (1950), Edizioni di Comunità, Milano 1973.

Ajzen I., *Attitudes, personality and behaviour*, Open University Press, Milton Keynes 1988.

Allport G. W., *Attitudes*, in C. Murchison (a cura di), *A handbook of social psychology*, Clark University Press, Worcester, Massachusetts, 1935.

Arcuri L., Flores d'Arcais G. B., *La misura degli atteggiamenti*, Giunti Martello, Firenze 1976.

Bloom B. S., *Stabilità e mutamento delle caratteristiche personali* (1964), Armando, Roma 1974.

Cavazza N., *Psicologia degli atteggiamenti e delle opinioni*, il Mulino, Bologna 2005.

Dawes R. M., Smith T. L., *Attitude and opinion measurement*, in G. Lindzey, E. Aronson (a cura di), *Handbook of social psychology*, Random House, New York 1985.

Dewey J., *Natura e condotta dell'uomo. Introduzione alla psicologia sociale* (1922), La Nuova Italia, Firenze 1958.
Eysenck H. J., *Dimensions of personality: 16,5 or 3? Criteria for a taxonomic paradigm*, in "Personality and Individual Differences", 1991, n. 12.
Festinger L., *Teoria della dissonanza cognitiva* (1957), Franco Angeli, Milano 1973.
Jaspers K., *Psicologia delle visioni del mondo* (1919), Astrolabio, Roma 1950.
Jung C. G., *Tipi psicologici* (1921), in *Opere* (1969-2007), Bollati Boringhieri, Torino, vol. VI.
LaPiere R. T., *Attitudes vs action*, in "Social Forces", 1934, n. 13.
McGuire W. J., *The nature of attitudes and attitude change*, in G. Lindzey, E. Aronson (a cura di), *Handbook of social psychology*, Addison-Wesley, Reading, Massachusetts, 1969, vol. III.
Osgood Ch. E., Suci G. J., Tannenbaum P. H., *The measurement of meaning*, University of Illinois Press, Urbana, Illinois, 1957.
Petty R. E., Cacioppo J. T., *Attitudes and persuasion. Classic and contemporary approaches*, W. C. Brown, Dubuque, Iowa, 1981.
Rosenberg M. J., Hovland C. I., *Cognitive, affective, and behavioral components of attitude*, in M. J. Rosenberg, C. I. Hovland, W. J. McGuire, R. P. Abelson, W. J. Brehm (a cura di), *Attitude organization and change. An analysis of consistency among attitude components*, Yale University Press, New Haven, Connecticut, 1960.
Schafer R., *L'atteggiamento analitico* (1983), Feltrinelli, Milano 1984.
Thurstone L. L., *Attitudes can be measured*, in "American Journal of Sociology", 1928, n. 33, pp. 529-554.
Wicker A. W., *Attitudes versus actions. The relationship of verbal and overt responses to attitude objects*, in "Journal of Social Issues", 1969, n. 25.
Zamperini A., Testoni I., *Atteggiamento e comportamento*, in Id., *Psicologia sociale*, Einaudi, Torino 2002, pp. 56-82.

Attendibilità, v. TEST, § I, 2.

Attenzione (ingl. *Attention*; ted. *Aufmerksamkeit*; fr. *Attention*; sp. *Atención*). Capacità di selezionare gli stimoli e di mettere in azione i meccanismi che provvedono ad immagazzinare le informazioni nei depositi di memoria a breve e a lungo termine (v. MEMORIA, § 5), con influenza diretta sull'efficienza delle prestazioni nei compiti di vigilanza. I primi studi sull'attenzione furono inaugurati da William James che nei *Principi di psicologia* (1890) scrive: «Tutti sanno cos'è l'attenzione. È la presa di possesso da parte della mente, in una forma chiara e vivida, di uno tra i parecchi oggetti o treni di pensiero che sembrano possibili simultaneamente. La focalizzazione, la concentrazione della coscienza sono la sua essenza. Comporta il ritiro da alcune cose per occuparsi effettivamente di altre, ed è una condizione che ha un reale opposto nello stato confuso, stordito e scervellato che in francese si chiama *distraction* e in tedesco *Zerstreutheit*» (1890, pp. 403-404).

1. NEUROPSICOLOGIA DELL'ATTENZIONE. Le strutture neuronali alla base dell'attenzione sono la FORMAZIONE RETICOLARE (v.), il TALAMO (v.) e il sistema limbico (v. LIMBICO, SISTEMA). Il sistema reticolare, oltre a un'azione uniforme di veglia, provvede a una fine regolazione dell'attenzione attraverso un'azione inibente esercitata sui sistemi sensoriali contemporaneamente eccitati in modo da consentire la selezione di uno stimolo particolare il cui significato per l'organismo viene definito da fattori biologici e biografici. In condizioni di attenzione l'attivazione della corteccia cerebrale è caratterizzata da un tracciato elettroencefalografico desincronizzato con onde irregolari ad alta frequenza e bassa ampiezza, e dall'assenza di ritmi alfa, presenti invece nella veglia rilassata. Le reazioni fisiologiche che hanno luogo con il destarsi dell'attenzione hanno preso il nome di *riflesso di orientamento* (v. RIFLESSO, § 2, *b*), che si riscontra sia negli animali che negli uomini e che si manifesta con un movimento somatopsichico, dove il corpo si volge alla sorgente dello stimolo mentre la coscienza si concentra sul suo significato, mandando in seconda linea i settori della realtà che prima l'avevano occupata. La ripetizione dello stimolo riduce il riflesso di orientamento perché subentra il fenomeno dell'ABITUAZIONE (v.) per cui i neuroni dell'attenzione cessano di funzionare anche se il segnale dello stimolo rimane invariato. L'attenzione comporta sempre una soppressione del movimento spontaneo, conferendo all'organismo un aspetto di riposo vigile. La facilità o meno di uno stimolo sensoriale a superare il meccanismo inibente e a destare attenzione è connessa con l'età. Il bambino, ad esempio, è altamente distraibile e reagisce a qualsiasi stimolo di una certa entità; man mano che l'età avanza il soggetto impara a usare l'attenzione in modo più discriminativo e a subordinare le altre attività alla dominanza del sistema attivo. In proposito, scrive Gaetano Benedetti: «Si può dire che l'attenzione risulta da uno spostamento dell'equilibrio fra azione e inibizione. Tale equilibrio mobile è uno dei modi di azione del sistema nervoso, poiché solo attraverso l'inibizione di innumerevoli stimoli irrilevanti, che provenendo dall'ambiente bombardano l'organismo, quest'ultimo può essere tenuto al riparo da eccitazioni diffuse, sterili e dispersive; mentre solo attraverso il meccanismo dell'attivazione selezionata risulta possibile un'azione significativa dell'individuo sul suo ambiente» (1969, pp. 164-165).

2. ATTENZIONE E PERCEZIONE. Nell'ambito percettivo, l'attenzione è un processo di focalizzazione di alcuni tra i molti stimoli percepiti in base alle

caratteristiche dello stimolo, ai bisogni interni, alle aspettative e all'esperienza passata. La combinazione di questi elementi è alla base dei diversi livelli di attenzione tra individuo e individuo, per cui la madre sentirà il pianto del suo bambino al di sopra della conversazione, e il naturalista i rumori del bosco più di quanto non li avverta il gitante. Si è soliti distinguere un'attenzione *spontanea* o *involontaria* dove la risposta d'orientamento del soggetto viene provocata dalle caratteristiche di un determinato stimolo, e un'attenzione *volontaria* o *controllata* caratterizzata da un orientamento cosciente e deliberato del soggetto verso uno stimolo. Solitamente queste due forme di attenzione hanno un funzionamento alternato, in quanto la concentrazione volontaria su un oggetto inibisce l'orientamento spontaneo sugli altri e viceversa; inoltre l'attenzione spontanea non implica alcun affaticamento, mentre quella volontaria richiede uno sforzo la cui intensità varia in relazione alle motivazioni del soggetto verso l'oggetto preso in esame. Dal punto di vista della qualità dell'attenzione come prerogativa soggettiva, si distingue un'attenzione *selettiva* con caratteristiche di concentrazione e selezione che manifesta, dal punto di vista dell'efficienza comportamentale, tempi di reazione rapidi ed efficienti e ottima discriminazione, e un'attenzione *diffusa* con predisposizione a libere associazioni che manifesta, sul piano dell'efficienza comportamentale, riflessione e pensiero creativo. Infine l'attenzione può essere promossa da stimoli denominati *esterni* che colpiscono la normale percezione del soggetto, o *interni* quali la familiarità, la risonanza emotiva, l'interesse personale, la motivazione che può essere tanto consapevole quanto inconscia (v. PERCEZIONE, § 8).

3. ATTENZIONE E APPRENDIMENTO. In quanto consente di selezionare determinati stimoli per poi dirigere il comportamento verso questi ultimi, l'attenzione è anche apprendimento. Tale è ad esempio nel mondo animale la selezione degli stimoli che rinviano al cibo, il livello di attivazione dell'attenzione in presenza di un pericolo, l'impiego dell'attenzione diffusa in chiave organizzativa per gli animali che vivono in gruppo. Queste caratteristiche valgono anche per il mondo umano, come hanno dimostrato gli esperimenti di riflessologia e di psicologia del comportamento. In questo ambito, oltre al riflesso d'orientamento caratterizzato da aumento della tensione muscolare, direzionamento dei canali percettivi verso lo stimolo, assunzione di una specifica postura, è stata studiata con appositi test la qualità di apprendimento in condizioni di attenzione concentrata e di attenzione diffusa. I risultati hanno trovato applicazione in ambito pedagogico e in psicologia dell'età evolutiva dove si è potuto constatare che l'attenzione del bambino è prevalentemente spontanea fino ai 7 anni, con conseguente comportamento fluttuante e scarsa capacità di applicarsi a un'attività strutturata in modo consapevole. Dagli 8 agli 11 anni, quando il bambino è in grado di orientare la sua attività verso un oggetto specifico, compare l'attenzione volontaria che, in ambito educativo e scolastico, necessita di essere stimolata con incentivi e accorgimenti che vanno dalla facilità e dalla familiarità del contenuto a relazioni più complesse e mutevoli, seguendo strategie opportunamente messe a punto.

4. DISTURBI DELL'ATTENZIONE. I disturbi dell'attenzione possono essere *temporanei* come la disattenzione, la distrazione, la distraibilità, o *strutturali* come l'aprosessia.

a) La *disattenzione* è una riduzione temporanea dell'attenzione dovuta a stanchezza fisica o mentale. In ambito psicoanalitico Anna Freud ritiene che, sottesa alla disattenzione, ci sia una regressione dell'Io che si registra ogniqualvolta ci si trova in condizioni di STRESS (v.). In ambito cognitivista si è invece constatato che i lapsus d'azione si verificano tipicamente durante le prestazioni che sono state iper-esercitate e iper-apprese, e questo perché la sicurezza acquisita libera l'attenzione e il controllo impegnandoli su altre attività.

b) La *distrazione* è un'interruzione dell'attenzione per l'azione di altri stimoli estranei all'attività in corso. Questi, richiamando con la loro intensità l'attività del soggetto, abbassano la capacità degli stimoli che lo avevano impegnato nella primitiva attività di selezione. La distrazione può essere superata o con un maggior dispendio di energia da parte del soggetto o con un adattamento negativo ai fattori di distrazione. Si parla di distrazione anche in presenza di quella particolare ASTRAZIONE (v.) che è l'essere assorti in un pensiero, in un problema, nel compimento di un'opera, al punto da non rispondere a stimoli o a eventi esterni anche rilevanti. Sembra che in condizioni di distrazione non diminuisca la recettività inconscia degli stimoli, come già aveva rilevato Pierre Janet, secondo il quale i suggerimenti inviati in stato di distrazione spesso si rivelano più efficaci di quelli enunciati in modo esplicito dopo aver richiamato l'attenzione. A questo principio si rifà anche la psicologia della pubblicità nell'invio di messaggi sotto SOGLIA (v.).

c) La *distraibilità*, a differenza della distrazione che è un evento temporaneo, è la propensione naturale di un soggetto a distrarsi. Normale nei bambini, può rivelarsi un sintomo di disadattamento se protratta.

d) L'*aprosessia* è l'incapacità strutturale a mantenere l'attenzione o perché l'ideazione è rarefatta o concentrata su pochi temi come negli stati depressivi, o perché è sovrabbondante come negli stati maniacali, o per un eccesso di emozioni o cariche affettive che interferiscono nei processi di pensiero, o per la presenza di idee fisse, come negli stati fobico-ossessivi, che, imponendosi in modo coatto alla coscienza, riducono la possibilità di attenzione. L'aprosessia può essere selettiva, perché si è potuta constatare un'eccellente capacità di attenzione in rapporto ad alcuni temi particolari.

5. La psicologia dell'attenzione. Gli studi sull'attenzione sono approdati all'ipotesi di strutturarsi come indirizzo psicologico in polemica con l'Associazionismo (v.). La proposta è stata avanzata da George H. Mead in base alla persuasione che «la psicologia dell'attenzione ha esautorato la psicologia dell'associazione. Si era scoperto che nella nostra esperienza si trovano infinite associazioni riferite a qualunque cosa si presenti di fronte a noi, ma la psicologia associazionistica non riuscì a spiegare come mai una particolare associazione e non altre assumesse il ruolo dominante. Furono formulate, è vero, da parte degli associazionisti delle leggi secondo le quali se una certa associazione fosse stata intensa, recente e frequente sarebbe diventata dominante, ma di fatto si verificano spesso situazioni nelle quali quello che sembra essere l'elemento più debole della situazione riesce ad occupare completamente la mente. Solo quando gli psicologi affrontarono l'analisi dell'attenzione fu possibile spiegare tali situazioni e capire che l'attenzione volontaria dipende dall'indicazione di qualche caratteristica nel campo della stimolazione. Tale indicazione rende possibile l'isolamento e la ricombinazione delle risposte» (1934, p. 115).

6. La psicologia della personalità. Ha dedicato numerosi studi all'*attenzione autofocalizzata* o *autofocalizzazione*, termini impiegati per indicare la capacità riflessiva su di sé che porta a una maggiore conoscenza e consapevolezza del proprio Sé. Dati sperimentali raccolti da Charles S. Carver e Michael F. Scheier hanno dimostrato che le persone autofocalizzate sono in grado di fornire un resoconto accurato delle proprie azioni passate e delle proprie tendenze all'azione. Ciò consente loro da un lato di operare opportuni aggiustamenti tra il loro comportamento e i valori di riferimento, e dall'altro di valutare la portata degli obiettivi che si propongono di raggiungere in rapporto alle proprie capacità in modo da evitare insuccessi e frustrazioni. Infine esercitano un maggior controllo volto a verificare se c'è un accordo tra quello che fanno e quello che intendono fare, introducendo gli aggiustamenti necessari per diminuire le discrepanze. L'autofocalizzazione può avere un effetto depressivo quando il soggetto non è in grado di colmare la distanza tra il sé percepito e quello desiderato, con conseguente frustrazione e focalizzazione selettiva degli aspetti negativi della propria personalità.

7. La psicologia analitica. Con Carl Gustav Jung ha studiato l'importanza dell'attenzione nei processi associativi: «Tra i fatti psichici che esercitano un influsso capitale sul processo associativo si trova, in posizione cardinale, l'*attenzione*. Questa e non altri in primissimo luogo dirige e modifica il processo associativo, pur essendo al tempo stesso quel fattore psichico che più facilmente si lascia assoggettare all'esperimento. Essa è anche quel delicato apparato affettivo che reagisce per primo in stati fisici e mentali abnormi e modifica così il risultato dell'associazione. L'attenzione è quel meccanismo infinitamente complicato che con fili innumerevoli lega il processo associativo a tutti gli altri fenomeni, di provenienza psichica o fisica, che trovano rappresentanza nella coscienza. Conoscendo gli effetti dell'attenzione sul processo associativo, conosceremo anche, almeno in generale, gli effetti corrispondenti di un qualsiasi evento psichico che sia in grado di fermare l'attenzione» (1904, pp. 13-14). Condividendo l'ipotesi di Janet, secondo il quale i disturbi dell'attenzione sono alla base delle anestesie isteriche, Jung ne integra la teoria estendendo detti disturbi anche alla schizofrenia, allora denominata "*dementia praecox*", e ne individua la causa nel complesso autonomo che prende possesso dell'intera personalità: «L'attenzione nella *dementia praecox* è per così dire regolarmente disturbata. I disturbi dell'attenzione però hanno una parte importante anche nel campo dell'isterismo. [...] Ciò che disturba i malati nella concentrazione è il complesso autonomo, che paralizza tutte le altre attività psichiche. Ciò, stranamente, è sfuggito a Janet» (1907, p. 87).

Bibliografia

Bagnara S., *L'attenzione*, il Mulino, Bologna 1984.
Benedetti G., *Attenzione*, in Id., *Neuropsicologia. Le attività psichiche in una sintesi di psicologia sperimentale, neurofisiologia e psichiatria*, Feltrinelli, Milano 1969, pp. 160-167.
Brandimonte M. A., *La distrazione*, il Mulino, Bologna 2008.
Carver Ch. S., Scheier M. F., *Attention and self-regulation. A control-theory approach to human behavior*, Springer, New York 1981.
Chance M. R. A., Larsen R. R., *The social structure of attention*, Wiley, London-New York 1976.
Eysenck M. W., *Attention and arousal. Cognition and performance*, Springer, Berlin 1982.
Hale G. A., Lewis M. (a cura di), *Attention and cognitive development*, Plenum, New York-London 1979.
James W., *Principi di psicologia* (1890), Società Editrice Libraria, Milano 1901.

Janet P., *L'évolution de la mémoire et la notion du temps*, Maloine, Paris 1928.
Jung C. G. (in collaborazione con F. Riklin), *Ricerche sperimentali sulle associazioni di individui normali* (1904), in *Opere* (1969-2007), Bollati Boringhieri, Torino, vol. II, 1.
–, *Psicologia della dementia praecox* (1907), in *Opere*, cit., vol. III.
Kahneman D., *Psicologia dell'attenzione* (1973), Giunti Barbera, Firenze 1981.
Kirby E. A., Grimley L. K., *Disturbi dell'attenzione e iperattività* (1989), Erickson, Trento 1992.
Lindsley D. B., *Attention, consciousness, sleep and wakefulness*, in J. Field (a cura di), *Handbook of physiology*, American Physiological Society, Washington (DC) 1960, vol. I.
Lynn R., *Attention, arousal and the orientation reaction*, Pergamon, Oxford 1966.
Marzocchi G. M., *Bambini disattenti e iperattivi*, il Mulino, Bologna 2003.
Mead G. H., *Mente, Sé e Società* (1934), Giunti Barbera, Firenze 1966.
Moray N., *Listening and attention*, Penguin, London-Baltimore 1969.
Norman D. A., *Memoria e attenzione* (1974), Franco Angeli, Milano 1976.
Pancheri P. (a cura di), *Disturbi dell'attenzione e del comportamento*, in G. B. Cassano, P. Pancheri *et al.* (a cura di), *Trattato italiano di psichiatria* (1992), Masson, Milano 1999, vol. III, pp. 2807-2818.
Parasuraman R., *Varieties of attention*, Wiley, New York 1983.
Rossi R., Stratta P., *Psicologia e patologia dell'attenzione*, in G. B. Cassano, P. Pancheri *et al.* (a cura di), *Trattato italiano di psichiatria*, cit., vol. I, pp. 401-408.
White A. R., *Attention*, University Press, Oxford 1964.

Attenzione fluttuante (ingl. *Suspended attention*; ted. *Gleichschwebende Aufmerksamkeit*; fr. *Attention flottante*; sp. *Atención flotante*). Atteggiamento soggettivo dell'analista che, nell'ascolto del paziente, non deve privilegiare alcun elemento del discorso dell'analizzato in base alle proprie personali inclinazioni, ai propri inevitabili pregiudizi e ai propri presupposti teorici di per sé legittimi, ma deve lasciar agire la propria attività inconscia come è richiesto all'analizzato invitato a fornire libere associazioni (v. ASSOCIAZIONE, § 3). In questo senso Sigmund Freud parla di attenzione *ugualmente* fluttuante (*gleichschwebende Aufmerksamkeit*): «Come l'analizzato deve comunicare tutto ciò che riesce a cogliere mediante l'autoosservazione a prescindere da ogni obiezione logica e affettiva che intendesse indurlo a operare una selezione, così il medico deve mettersi in condizione di utilizzare tutto ciò che gli viene comunicato ai fini dell'interpretazione e del riconoscimento del materiale inconscio celato, senza sostituire alla rinuncia di scelta da parte del malato una propria censura. Espresso in una formula: egli deve rivolgere il proprio inconscio come un organo ricevente verso l'inconscio del malato che trasmette; deve disporsi rispetto all'analizzato come il ricevitore del telefono rispetto al microfono trasmittente» (1912, p. 536). Se la comunicazione deve avvenire da inconscio a inconscio, siccome l'inconscio del paziente si manifesta attraverso un materiale che è il frutto di una sostanziale DEFORMAZIONE (v.), se l'attenzione dell'analista fosse guidata o dai propri pregiudizi o dai propri presupposti difficilmente riuscirebbe ad arrivare, partendo dai derivati dell'inconscio del paziente, alla vera dinamica inconscia sottostante. Naturalmente alla comprensione fanno da schermo i problemi personali che l'analista non ha risolto. Per questo, scrive Freud: «Non basta [...] che l'analista sia una persona pressappoco normale; piuttosto è lecito esigere ch'egli si sia sottoposto a una purificazione psicoanalitica e abbia acquisito nozione di quei complessi personali che sarebbero atti a disturbarlo nella comprensione di quanto gli viene offerto dall'analizzato. Non si può ragionevolmente dubitare dell'effetto squalificante di simili deficienze personali; ogni rimozione non risolta nel medico corrisponde, secondo un'indovinata espressione di Wilhelm Stekel, a una "macchia cieca" nella sua percezione analitica» (ivi, p. 537).

Bibliografia

Freud S., *Consigli al medico nel trattamento psicoanalitico* (1912), in *Tecnica della psicoanalisi* (1911-1912), in *Opere* (1967-1993), Bollati Boringhieri, Torino, vol. VI.
Stekel W., *Die Sprache des Traumes. Eine Darstellung der Symbolik und Deutung des Traumes in ihren Beziehungen zur kranken und gesunden Seele für Artze und Psychologen*, Bergmann, München 1911.

Attesa (ingl. *Waiting*; ted. *Erwartung*; fr. *Attente*; sp. *Espera*). Dimensione che caratterizza l'atteggiamento psichico rivolto al futuro. Eugène Minkowski individua nell'attesa il contrario dell'attività: «Il fenomeno vitale che si contrappone all'attività, pur essendo situato sul suo stesso piano, non è come ragione vorrebbe la passività, bensì l'attesa. [...] Nell'attività tendiamo verso l'avvenire, nell'attesa, invece, viviamo per così dire il tempo in senso inverso; vediamo l'avvenire venire verso di noi e attendiamo che questo avvenire divenga presente» (1933, pp. 88-89). Per questo l'attesa è ansiosa. Le ansie dei primitivi, così come quelle degli psicotici, sono spesso connesse a quelle che Viktor Emil Frankl chiama *ansia d'attesa* (v. ANGOSCIA – ANSIA, § 5, *b*) che sospende l'attività in cui abitualmente si esprime la vita. Di qui il suo carattere penoso che non ha il suo opposto nell'attesa gradevole, ma nell'attività che è in grado di esprimersi in una temporalità che non ci sorprende. Là invece dove la temporalità è imprevedibile, dove nessuna esperienza del passato interviene a ridurre lo spazio dell'"ancora e nonostante tutto possibile" e perciò del "sempre incombente", assistiamo a un'esistenza che si restringe nel tentativo di esporre il minimo di sé alla minaccia dell'imprevisto.

Eugenio Borgna condivide con riserva l'impostazione di Minkowski che connette l'attesa all'angoscia, perché «l'attesa è legata al tempo, certo, all'avvenire come sua struttura portante: essa fa parte della vita, della vita di ogni giorno e si accompagna abitualmente, ma non sempre, all'angoscia che è l'ombra dell'attesa: seguendola in ogni sua espressione. Non c'è attesa senza angoscia: questa è la tesi radicalizzata, che non è possibile ovviamente condividere fino in fondo, di Minkowski» (2005, p. 64). La ragione è nel fatto che l'attesa può anche connettersi alla speranza. Infatti, scrive Borgna: «Il tempo della speranza è animato dall'avvenire, dal futuro: nel quale il passato e il presente rifluiscono senza discontinuità. E la speranza non ha in sé le tracce di ansia e di angoscia, di inquietudine e di timore, di tristezza e di disperazione, di perplessità e di insicurezza che si affiancano all'attesa. L'attesa e la speranza si confrontano, così, in modo diverso con il futuro: che è vissuto nella sua dimensione ambigua e dilemmatica nell'attesa, e nella sua dimensione radicalmente aperta e luminosa nella speranza» (ivi, p. 51).

Bibliografia

Barbero C., *Attesa*, Mursia, Milano 2016.
Bompiani G., *L'attesa*, Feltrinelli, Milano 1987.
Borgna E., *L'attesa e la speranza*, Feltrinelli, Milano 2005.
Callieri B., *Fenomenologia dell'attesa* (1981), in Id., *Percorsi di uno psichiatra* (1955-1992), Edizioni Universitarie Romane, Roma 1993, pp. 167-182.
Frankl V. E., *Teoria e terapia della nevrosi* (1956), Morcelliana, Brescia 1978.
Minkowski E., *Il tempo vissuto. Fenomenologia e psicopatologia* (1933), Einaudi, Torino 1971.
Paglieri F., *Saper aspettare*, il Mulino, Bologna 2014.

Attica (ingl. *Haptics*; ted. *Haptik*; fr. *Haptique*; sp. *Háptico*). Il termine, che deriva dal greco ἅπτεσθαι che significa "toccare", si riferisce allo studio della percezione che si ottiene esplorando attivamente con le mani gli oggetti, e valutando le impressioni cutanee, le sensazioni cinestesiche, nonché quelle di caldo e freddo. L'aggettivo *attico* è impiegato anche per qualificare le illusioni percettive che si hanno in occasione della manipolazione degli oggetti.

Attitudine (ingl. *Aptitude*; ted. *Begabung*; fr. *Aptitude*; sp. *Aptitud*). Potenziale capacità che rende un individuo adatto a una determinata attività. Generalmente l'attitudine si rivela precocemente e, nella maggior parte dei casi, preesiste all'apprendimento, anche se, in mancanza di una possibilità pratica di espressione, può restare latente per tutta la vita. Si è soliti distinguere attitudini *fisiche* di cui fanno parte le capacità sensoriali e motorie come: la precisione, la coordinazione dei movimenti, la resistenza fisica, la velocità di reazione, e le attitudini *psichiche* che comprendono disposizioni favorevoli a una o più facoltà mentali come: la percezione, la memoria, la capacità analitica, sintetica, intuitiva e artistica. Mentre le attitudini fisiche, percettive e mnemoniche raggiungono la massima espressione intorno ai 20-25 anni, quelle intellettuali hanno una maggior durata con un declino statisticamente constatabile intorno ai 60 anni. Si ritiene che le attitudini siano determinate dalla combinazione di fattori innati e acquisiti in differenti proporzioni, e in particolare nelle attitudini di carattere percettivo e motorio sembra prevalere la componente innata, mentre in quelle intellettive risulta determinante il ruolo dell'apprendimento.

La valutazione delle attitudini viene effettuata attraverso specifici test distinti in: *batterie attitudinali multiple* che comprendono un'ampia gamma di esecuzioni per l'analisi di più fattori attitudinali, e *test di attitudini specifiche* che permettono di valutare una determinata capacità potenziale in modo da indirizzare l'attività del soggetto verso il settore più adeguato. Questi test vengono utilizzati per l'orientamento sia scolastico sia professionale (v. ORIENTAMENTO, §§ 4-5) in vista della promozione delle attitudini e del loro adattamento in ordine agli obiettivi da realizzare. Nell'adattamento non è esclusa la correzione della capacità potenziale e soprattutto la sua integrazione con altre forme attitudinali, perché l'attitudine più spiccata abbia la possibilità di realizzarsi a partire da un substrato di fondo che funga da base d'appoggio per l'attitudine specifica. Tra i test più impiegati nella valutazione delle attitudini ricordiamo:

1. Il *DAT* (*Differential Aptitude Test*) che è un reattivo attitudinale multiplo per la valutazione delle attitudini di adolescenti dai 13 ai 17 anni. Il test è costituito da sei sub-reattivi, somministrati individualmente per la misurazione di: ragionamento verbale, abilità numerica, ragionamento astratto, rapporti spaziali, ragionamento meccanico, velocità e precisione. L'insieme dei punteggi ottenuti consente di delineare un profilo attitudinale e di suggerire gli ambiti professionali in cui il soggetto avrà maggior possibilità di esplicazione.

2. Il *test di Graves* (*Graves Design Judgement Test*) che è un reattivo per la valutazione dell'attitudine estetica in soggetti compresi tra i 13 e i 30 anni. Consta esclusivamente di disegni astratti per isolare le componenti estetiche da quelle affettive che potrebbero essere provocate dal contenuto particolare del disegno. I criteri che presiedono alla costruzione delle figure astratte sono unità, dominanza, varietà, equilibrio, continuità, simmetria, proporzione e ritmo.

Siccome il giudizio estetico è fortemente influenzato dall'esperienza globale, nella valutazione del test si tiene conto delle variazioni relative all'età, al sesso e alla scolarità.

3. Il *CSPDT* (*Crawford Small Parts Dexterity Test*) che è un reattivo attitudinale per le funzioni motorie, onde valutare l'idoneità allo svolgimento di attività lavorative che richiedono movimenti fini con un alto livello di precisione.

4. Il *test di Thurstone* che valuta le capacità mnemoniche, la precisione nel calcolo, l'abilità organizzativa e in generale le qualità che caratterizzano le attitudini mentali sotto il profilo delle operazioni, del prodotto e del contenuto (v. INTELLIGENZA, §§ 2, *a*; 3, *f*).

Bibliografia

AA.VV., *L'orientamento*, La Scuola, Brescia 1976.
Husén T., *Attitudine, possibilità, carriera* (1972), La Nuova Italia, Firenze 1976.
Piaget J., *Perception, motricité et intelligence*, in "Enfance", 1956, n. 2.
Reuchlin M., *L'utilizzazione delle attitudini* (1971), in Id., *Trattato di psicologia applicata* (1971), Armando, Roma 1973.
Thurstone L. L., *Attitudes can be measured*, in "American Journal of Sociology", 1928, n. 33, pp. 529-554.

Attiva, Terapia (ingl. *Active therapy*; ted. *Aktive Therapie*; fr. *Thérapie active*; sp. *Terapia activa*). Il termine è utilizzato in riferimento: *a*) alle varianti nella procedura analitica introdotte da Sándor Ferenczi con la denominazione di TECNICA ATTIVA (v.); *b*) al metodo di rieducazione psicomotoria, attraverso attività finalizzate, denominato ERGOTERAPIA (v.).

Bibliografia

Ferenczi S., *L'elasticità della tecnica psicoanalitica* (1927-1928), in Id., *Fondamenti di psicoanalisi* (1972-1975), Guaraldi, Rimini 1974, vol. III.

Attivazione (ingl. *Arousal*; ted. *Aktivierung*; fr. *Activation*; sp. *Activación*). Stato di vigilanza del sistema nervoso centrale che si ritiene regolato da due sistemi: uno *tonico* che dipende dalle afferenze estero-interocettive, e uno *modulatore*, che controlla il livello di attività del primo e integra gli stimoli in arrivo in entrambi i sistemi attraverso processi di *facilitazione e soppressione* delle informazioni in arrivo. Il sistema nervoso ha una reazione proporzionale allo stato di attivazione, i cui livelli nei vari soggetti sono diversi e vanno da uno minimo durante il sonno profondo a uno ottimale durante la veglia per lo svolgimento dei normali compiti, fino a un livello di grande eccitazione in determinate circostanze. Le variazioni di livello sono prodotte, oltre che dai fenomeni fisiologici dell'organismo, come ad esempio il ciclo sonno-veglia (v. SONNO, § 2), da fenomeni legati all'emozione, alla motivazione, all'azione di farmaci o droghe. Nella regolazione della trasmissione degli impulsi e nella modulazione dei livelli di attivazione, oltre al sistema reticolare, che riceve impulsi dalla periferia e dal sistema nervoso centrale, intervengono l'attività della corteccia, a cui questi impulsi vengono trasmessi, e il sistema limbico. Detti sistemi, pur presiedendo funzioni diverse, interagiscono nelle forme adeguate per lo svolgimento delle attività comportamentali.

Esiste infatti una relazione tra i *livelli di attivazione* e gli *stati comportamentali*, non nel senso che l'attivazione diriga il comportamento, ma nel senso che lo tonifica o lo rallenta. Il livello di attivazione, che è in relazione alla motivazione, all'interesse e al grado di difficoltà dell'intervento, con la sua crescita determina il livello di efficienza fino a un punto ottimale, dopo il quale la relazione si inverte, e un'ulteriore crescita determina una diminuzione del livello di efficienza. Per interventi semplici, un alto livello di attivazione assicura migliori risultati, per interventi complessi un basso livello favorisce prestazioni più adeguate. Si veda in proposito la voce YERKES-DODSON, LEGGE DI.

Il livello di attivazione è stato considerato anche in ordine al BISOGNO (v. § 1, *a*), alle teorie della PERSONALITÀ (v.), alle classificazioni tipologiche (v. TIPOLOGIA) e agli stati nevrotici e psicotici. Nella personalità introversa, ad esempio, si riconosce un livello maggiore di attivazione e quindi una ricerca di minori stimolazioni, mentre nella personalità estroversa è stato riconosciuto un livello inferiore di attivazione con conseguente ricerca di maggiore stimolazione. In ambito psicopatologico si è constatato che nelle psicosi attive si ha un'elevata attivazione o, come vuole l'espressione inglese, un *arousal* tonico e bassa modulazione, mentre nelle psicosi ritardate si ha un'inversione di valori. Sul piano nevrotico la distimia ha un elevato *arousal* tonico (iperarousal o iperattivazione) e bassa modulazione, mentre l'isteria ha un'elevata modulazione e un basso *arousal* tonico (ipoarousal o ipoattivazione). Queste constatazioni hanno trovato applicazione in farmacologia dove, in base agli effetti psicologici, i farmaci sono suddivisi tra quelli che aumentano il livello di attivazione e quelli che lo diminuiscono. Per la misura fisiologica dell'attivazione si ricorre all'ELETTROENCEFALOGRAFIA (v.), all'ELETTROMIOGRAFIA (v.), ai POTENZIALI EVOCATI (v.), al riflesso psicogalvanico e di orientamento (v. RIFLESSO).

Bibliografia

Claridge G. S., *Personality and arousal*, Pergamon, Oxford 1969.
Duffy E., *Activation and behavior*, Wiley, New York 1962.

Eysenck M. W., *Attention and arousal. Cognition and performance*, Springer, Berlin 1982.
Lynn R., *Attention, arousal and the orientation reaction*, Pergamon, Oxford 1966.
Misiti R., *Attivazione, stati di coscienza, ipnosi*, in L. Ancona (a cura di), *Nuove questioni di psicologia*, La Scuola, Brescia 1972, vol. I, pp. 511-564.
Strelau J., Eysenck H. J., *Arousal and personality dimensions*, Plenum, New York 1986.

Attivismo (ingl. *Activism*; ted. *Aktivismus*; fr. *Activisme*; sp. *Activismo*).

1. Termine impiegato in pedagogia per indicare quell'insieme di dottrine che si sono sviluppate nella prima metà del Novecento, in polemica con l'educazione umanistica tradizionale, con l'obiettivo di promuovere una partecipazione attiva dei giovani al processo di apprendimento, organizzato intorno a progetti operativi di volta in volta messi a punto a partire dalle indicazioni teoriche di John Dewey, contro l'autoritarismo didattico e l'inserimento della scuola in un più ampio contesto sociale. Le applicazioni scolastiche più significative in questa direzione furono sperimentate da: Maria Montessori per la quale la scuola deve avere come scopo quello di creare le condizioni che permettano l'estrinsecarsi delle energie creative e delle disposizioni affettive spesso represse dalle strutture educative volute dagli adulti; Jean-Ovide Decroly che, contro l'acquisizione nozionistica, introdusse i concetti di "metodo globale" e di "centri di interesse" da cui occorre partire per promuovere un insegnamento efficace; Édouard Claparède che sottolineò l'esigenza dell'insegnamento individualizzato regolato non dal programma, ma dal curriculum dell'allievo (v. CURRICOLO), e Jean Piaget che fece dell'attivismo una teoria pedagogica dotata di adeguati metodi scientifici (v. EPISTEMOLOGIA GENETICA).

2. Il termine attivismo ha anche un secondo significato, a connotazione sostanzialmente negativa, quando si riferisce a quel prevalente interesse per l'azione, qualunque essa sia, senza una chiara individuazione degli obiettivi o di adeguate strategie, con l'unico scopo di distogliere l'attenzione da sé e dai propri conflitti, sopprimendo tutte le occasioni di autoriflessione che potrebbero portare il soggetto a ridefinire le direzioni e le modalità della propria esistenza.

Bibliografia

Claparède É., *Psicologia del fanciullo e pedagogia sperimentale. Lo sviluppo mentale* (1909), Editrice Universitaria, Firenze 1964.
Decroly J.-O., Boon J., *Vers l'école renovée*, Lebégue, Bruxelles 1921.
Dewey J., *Democrazia e educazione* (1916), La Nuova Italia, Firenze 1949.
Montessori M., *L'autoeducazione nelle scuole elementari* (1916), Garzanti, Milano 1962.
Piaget J., *L'epistemologia genetica* (1970), Laterza, Bari 1983.

Attività (ingl. *Activity*; ted. *Tätigkeit*; fr. *Activité*; sp. *Actividad*). Qualsiasi espressione della vita di un organismo sotto forma di processi biologici, fisiologici, motori, comportamentali e mentali. L'attività può essere *spontanea* come immediata reazione dell'organismo all'ambiente, *provocata* artificialmente da qualche stimolo predisposto, *intenzionale* quando è promossa da un oggetto da raggiungere o da uno scopo da perseguire. Tutti i settori della psicologia si sono occupati dell'attività in relazione al loro quadro di riferimento: il *comportamentismo* considera l'attività una risposta all'ambiente, il *cognitivismo* una riorganizzazione dell'ambiente a partire dalle condizioni soggettive di natura sia affettiva che mentale, la *psicoanalisi* pone l'attività in relazione alle motivazioni inconsce, la *neuropsicologia* in relazione ai gradi di attivazione psicofisica (v. ATTIVAZIONE) per stabilire la disponibilità dell'intero organismo all'azione. Il termine è divenuto oggetto di particolare attenzione, sia pure in un'accezione completamente diversa, in tre ambiti: la psicologia clinica, la psicologia di scuola sovietica e la pedagogia.

1. PSICOLOGIA CLINICA. Qui si parla di attività in relazione alle varie forme di terapia occupazionale (v. ERGOTERAPIA) che si praticano all'interno delle strutture psichiatriche, come le *attività di gruppo*, che coinvolgono più malati mentali per favorirne la socializzazione, e le *attività graduate* in base allo sforzo psicofisico che richiedono per aumentare progressivamente le capacità del paziente attraverso l'aumento graduale della complessità del lavoro. Sempre in questo ambito Samuel R. Slavson ha introdotto il concetto di attività *stimolanti* volte ad attivare la libido, e di attività *immobilizzanti* volte a legarla a uno specifico interesse e occupazione. Si parla infine di *attività ludica* in una doppia accezione: "normale" quando libera l'eccesso di energia non consumata di un organismo (v. GIOCO) e "patologica" quando non riesce a produrre all'esterno gli effetti desiderati per insufficienza di intenzionalità o mancanza di organizzazione. In questo caso Alfred Lee Baldwin parla anche di "quasi azione".

2. PSICOLOGIA DI SCUOLA SOVIETICA. In questo ambito l'attività, intesa come attività volontaria che tende a uno scopo determinato socio-storicamente, ha un'importanza centrale. La sua natura è dialettica perché la *Tätigkeit*, di cui parla Karl Marx ne *Il capitale*, o *dejatelnost* in lingua russa, è da un lato la condizione di sviluppo dei fenomeni psichici, e dall'altro il prodotto a cui questi mettono capo. In tal modo la psicologia di

scuola sovietica supera la controversia tra mentalisti e comportamentisti, instaurando tra le due posizioni un rapporto di interrelazione. L'ipotesi materialistica che caratterizza la psicologia di scuola sovietica fa ritenere a Peter J. Galperin che ogni processo psichico, anche il più elevato come il processo mentale, si sviluppi nel bambino tramite le sue attività interpretate verbalmente dagli adulti; queste interpretazioni, passando poi per numerosi stadi, arrivano all'idea pura di un oggetto o processo che sarebbe irraggiungibile sul piano concettuale se non fosse stato a suo tempo in qualche modo manipolato. Dal canto suo Aleksandr Romanovič Lurija insiste sulle anticipazioni psichiche degli scopi interpretate come i regolatori più importanti delle attività che, implicando processi *cognitivi*, come le percezioni, le decisioni e le riproduzioni mentali, e *motivazionali*, come le determinazioni dei fini, rendono l'attività un vero e proprio processo psicomotorio. L'analisi psicologica dell'attività è stata determinata da Tadeusz Tomaszewski in cinque momenti: determinazione dello scopo, elaborazione dei modi per raggiungerlo, indicazione e produzione dei mezzi necessari, decisione dell'impiego del mezzo più idoneo, controllo finale mediante comparazione delle procedure e dei risultati raggiunti.

3. Pedagogia. In questo ambito l'attività è centrale per quella corrente di pensiero che, rifacendosi a Jean-Jacques Rousseau, individua il fulcro dell'educazione non nella trasmissione di un sapere, ma nella creazione di un ambiente che favorisca l'attività spontanea dei bambini per poi condurla, con progressivi aggiustamenti, ad attività organizzata e finalizzata (v. Attivismo, § 1).

Bibliografia

Baldwin A. L., *Theories of child development*, Wiley & Sons, New York 1967.

Bernstein N. A., *The coordination and regulation of movements*, Pergamon, Oxford 1967.

Cranach M. von, Harré R. (a cura di), *L'analisi dell'azione. Recenti sviluppi teorici ed empirici* (1982), Giuffrè, Milano 1991.

Galperin P. J. (a cura di), *Probleme der Lerntheorie*, Volk und Wissen, Berlin 1972.

Leontiev A. N., *Attività, coscienza, personalità* (1975), Giunti Barbera, Firenze 1977.

Lurija A. R., *Come lavora il cervello* (1973), il Mulino, Bologna 1977.

Marx K., *Il capitale. Critica dell'economia politica* (1867-1894), Editori Riuniti, Roma 1964, voll. I-III.

Slavson S. R., *Analytic group psychotherapy*, Columbia University Press, New York 1952.

Tomaszewski T., *Tätigkeit und Bewusstsein*, Beltz, Weinheim 1978.

Vygotskij L. S., *Pensiero e linguaggio* (1934), Giunti Barbera, Firenze 1966.

Attività – Passività (ingl. *Activity-passivity*; ted. *Aktivität-Passivität*; fr. *Activité-passivité*; sp. *Actividad-pasividad*). Coppia di opposti che, in psicoanalisi e in antropologia sociale, è stata giocata sul registro maschile-femminile nei seguenti termini:

1. Psicoanalisi. Sigmund Freud considera l'attività e la passività come due modalità della vita pulsionale che si manifestano nelle polarità aggressione-sottomissione (v. Aggressività, § 5), sadismo-masochismo (v. Sadomasochismo) e maschile-femminile. Questo parallelismo, considerato dal punto di vista della Pulsione (v. § 1), prevede una distinzione che, per la polarità attivo-passivo, è decisa dalla meta pulsionale, mentre per la polarità maschile-femminile è decisa dall'oggetto sessuale postedipico, con conseguente prevalenza dei desideri attivi o passivi in ordine all'oggetto.

Secondo Freud, infatti, nella fase preedipica (v. Edipo, Complesso di) dello sviluppo, i bambini e le bambine hanno mete pulsionali attive e passive a livello orale (v. Orale), anale (v. Anale) e fallico (v. Fallica, Fase). Nella fase edipica il bambino ha un desiderio attivo verso la madre che implica un'usurpazione del ruolo paterno e un desiderio passivo verso il padre che comporta l'assunzione del posto della madre. Dato che la soddisfazione di entrambi i desideri implica la minaccia di Castrazione (v.), il bambino si distacca, attraverso un investimento narcisistico, da entrambi i genitori e dal complesso edipico. La bambina, per la mancanza del pene, è costretta a rimuovere i desideri attivi, sostituendo il desiderio del pene con il desiderio di avere un bambino. Per questo si allontana dalla madre che diventa oggetto di gelosia e prende il padre a oggetto d'amore. Nella bambina non si ha quindi lo stesso decisivo distacco dal complesso edipico che si registra nel maschio per effetto della minaccia di castrazione.

Nella pubertà, scrive Freud, la polarità attività-passività viene a coincidere definitivamente con la polarità maschile-femminile: «Le trasformazioni che subisce durante lo sviluppo sessuale infantile la ben nota polarità tra i sessi non sono irrilevanti: val dunque la pena di tenerle presenti. Una prima antitesi viene introdotta con la scelta oggettuale, che ovviamente presuppone un soggetto e un oggetto. Nello stadio dell'organizzazione pregenitale sadico-anale non si può ancora parlare di maschio e femmina, l'antitesi dominante è quella tra *attività* e *passività*. Nello stadio seguente di cui siamo venuti ora a conoscenza, quello dell'organizzazione genitale infantile, c'è bensì una *mascolinità*, ma non una femminilità; i termini dell'antitesi sono il possesso di un *genitale maschile* da un lato e l'*esser evirati* dall'altro. Solo quando, nella pubertà, lo sviluppo sessuale è concluso, la polarità tra i sessi si identificherà con il *maschile* da una parte e il *femminile* dall'altra. La mascolinità riunisce in sé le caratteristiche del soggetto, dell'attività e del possesso del pene, la femminilità si assume quelle dell'oggetto e della passività. La vagina è ora vista come la dimora del pene, e diventa l'erede del ventre materno» (1923, p. 567).

Sempre per Freud vi sono parecchi casi di adulti nei quali si trovano deviazioni per quanto riguarda sia l'oggetto sia la meta sessuale prevalente, per cui non vi è una piena corrispondenza tra attività-passività e maschile-femminile, ma, in base alla meta e all'oggetto pulsionale, è possibile distinguere: a) omosessuali attivi, b) omosessuali passivi, c) eterosessuali attivi, d) eterosessuali passivi.

L'equazione fatta da Freud tra passivo e femminile è stata molto criticata dalle psicoanaliste donne e in particolare da Karen Horney, da Sylvia Payne e da Melanie Klein per le quali non è accettabile, ad esempio, la concezione secondo cui le madri sarebbero attive mentre i bambini sarebbero passivi, innanzitutto perché sia l'allattamento, sia la suzione implicano attività, e in secondo luogo perché parlare in termini di attività e passività lascia supporre che le relazioni siano scontri e non interazioni. Intervenendo sull'argomento, Ernest Jones ritiene che questa concezione dell'attività e della passività sia all'origine del punto di vista fallocentrico (v. FALLOCENTRISMO) di Freud che, a parere di Jones, ha confuso l'attività con il dare inizio all'azione e la passività con la responsività e la recettività (v. FEMMINILITÀ).

2. ANTROPOLOGIA SOCIALE. In ambito antropologico si tende a sottolineare che la distinzione maschile-femminile ha giocato un ruolo sociale notevole non tanto come differenza biologica, quanto come *principio d'ordine* intorno a cui si organizzarono le prime culture primitive che non conoscevano alcuna forma di lavoro a cui partecipassero insieme uomini e donne. Se ad esempio gli uomini cacciavano, alle donne era lasciata la cura di raccogliere, se la foresta era lo spazio del maschile, l'accampamento lo era del femminile. In questo modo l'opposizione sessuale diventa opposizione dello spazio e del tempo vissuti rispettivamente dall'uomo e dalla donna, diventa opposizione socioeconomica tra un gruppo di produttori e un gruppo di raccoglitori-consumatori. Ne consegue che la differenza sessuale, se da un lato è la causa della *riproduzione della specie*, dall'altro è l'effetto della *produzione sociale*, e questo non solo nel senso ovvio secondo cui ogni riproduzione sessuale è sottoposta all'ordine di una cultura, ma in quello più profondo secondo cui il dispositivo significante della differenza sessuale gioca a livelli che oltrepassano a tal punto le modalità biologiche della riproduzione da far ritenere che quella differenza sia più *sessuata* che *sessuale*, sia cioè chiamata a testimoniare altro da ciò che è. Se poi si considera che le società primitive ignoravano il ruolo maschile nella fecondazione, la coppia maschile-femminile da *paritetica* sul piano della riproduzione sessuale diventa *gerarchica* su quello della produzione sociale, nel senso che è come *padre* e non come genitore che il maschile dispone delle donne e le scambia, interviene nella coppia madre-bambino separandola, inizia i giovani alla società dei padri, ed è come *genitrice* e non come madre che la donna subisce tutto questo, per cui la differenza sessuale trascende il suo significato biologico per diventare luogo simbolico di ripartizione di ruoli sociali.

La sovrapposizione della polarità attività-passività alla polarità maschile-femminile, inaugurata da Aristotele: «La femmina offre sempre la materia, il maschio l'agente del processo di trasformazione» (*Riproduzione degli animali*, 738 b), è alla base di un'ulteriore distinzione tra la *forma*, il tipo, la nozione, l'idea, il modello di cui il maschio è portatore e la *materia* di cui la femmina è depositaria, promuovendo una differenza, tra il biologico tutto femminile e lo spirituale tutto maschile, che inaugura quella dialettica che si svilupperà nel corso della storia tra la materia e il modello, tra la materia informe e lo spirito informatore, dove la differenza sessuale diventa il pretesto per una produzione di codici simbolici con effetti sociali.

Bibliografia

Aristotele, *Riproduzione degli animali*, in *Opere*, Laterza, Bari 1973.

Ferenczi S., *Maschile e femminile* (1929), in Id., *Fondamenti di psicoanalisi* (1972-1975), Guaraldi, Rimini 1974, vol. III.

Freud S., *Tre saggi sulla teoria sessuale* (1905), in *Opere* (1967-1993), Bollati Boringhieri, Torino, vol. IV.

–, *Pulsioni e loro destini*, in *Metapsicologia* (1915), in *Opere*, cit., vol. VIII.

–, *L'organizzazione genitale infantile (un'interpolazione nella teoria sessuale)* (1923), in *Opere*, cit., vol. IX.

–, *Il problema economico del masochismo* (1924), in *Opere*, cit., vol. X.

–, *La femminilità*, in *Introduzione alla psicoanalisi. Nuova serie di lezioni* (1932), in *Opere*, cit., vol. XI, Lezione 33.

Galimberti U., *Il corpo e la demarcazione sessuale*, in Id., *Il corpo* (1983), nuova edizione ampliata, Feltrinelli, Milano 2013, pp. 371-389.

Horney K., *Fuga dalla femminilità* (1926), in J. Baker Miller (a cura di), *Le donne e la psicoanalisi* (1974), Bollati Boringhieri, Torino 1976.

Irigaray L., *Etica della differenza sessuale* (1985), Feltrinelli, Milano 1987.

Jones E., *Teoria del simbolismo. Scritti sulla sessualità femminile e altri saggi* (1912), Astrolabio, Roma 1972.

Klein M., *Alcune conclusioni teoriche sulla vita emotiva del bambino nella prima infanzia* (1952), in *Scritti 1921-1958*, Bollati Boringhieri, Torino 1978, pp. 454-459.

Malinowski B., *Sesso e repressione sessuale tra i selvaggi* (1927), Bollati Boringhieri, Torino 1969.

Mead M., *Maschio e femmina* (1949), il Saggiatore, Milano 1962.

Payne S., *A conception of femininity*, in "British Journal Medical Psychology", 1953, n. 15.

Róheim G., *Psicoanalisi e antropologia* (1950), Rizzoli, Milano 1974.

Atto (ingl. *Act*; ted. *Akt*; fr. *Acte*; sp. *Acto*). In psicologia con questo termine ci si riferisce: 1) al contenuto specifico di una corrente di pensiero denominata psicologia dell'atto; 2) a una manifestazione variamente valutabile di un'intenzione conscia o inconscia. In questa accezione si parla di "atto di stima", "atto di amicizia", "atto di giustizia", "atto eroico" e simili. Sempre in ambito psicologico, al termine "atto" si preferisce il termine Azione (v.) ad eccezione di alcuni impieghi specifici adottati in psicoanalisi, riflessologia, sessuologia e linguistica.

1. Psicologia dell'atto. Inaugurata da Franz Brentano con l'opera *La psicologia dal punto di vista empirico* (1874), la psicologia dell'atto indica nell'Intenzionalità (v.) il carattere specifico dei fenomeni psichici, la cui natura è di "tendere in", di "riferirsi a". In questo modo Brentano oltrepassa il soggettivismo kantiano, per cui la conoscenza è una costruzione del soggetto che lascia le cose nella loro inconoscibile inseità, e inaugura quel modello di coscienza, già noto all'ultima Scolastica e poi ripreso dalla fenomenologia di Edmund Husserl, secondo cui la coscienza è un'originaria apertura al mondo, ossia un *atto intenzionale*. Trattenendosi sul piano psicologico, senza portare fino alle sue ultime conseguenze le implicazioni gnoseologiche che la nozione di intenzionalità introduceva, Brentano evidenzia tre classi di rappresentazioni che si distinguono per la natura dell'atto intenzionale che le costituisce: il *concetto*, grazie a cui un oggetto è semplicemente presente, il *giudizio* grazie a cui qualcosa viene affermato o negato, e il *sentimento* per cui qualcosa è amato o odiato. Tutti questi atti si riferiscono a un "oggetto immanente", cosiddetto perché non è al di là del fenomeno psichico che lo riguarda, ma fa tutt'uno con esso, non potendosi costituire un fenomeno psichico se non come immediata e originaria relazione all'oggetto.

La fenomenologia di Husserl (v. Fenomenologia) e la psichiatria fenomenologica di Ludwig Binswanger (v. Analisi esistenziale), rifacendosi al concetto dell'intenzionalità della coscienza introdotto da Brentano, creeranno un contesto problematico intorno ad alcuni concetti fondamentali della psicoanalisi come il concetto di Proiezione (v.) e il concetto di Transfert (v.), che, in armonia con i modelli tratti dalla fisica a cui Sigmund Freud si ispirava, presuppongono l'esistenza di sentimenti in sé indipendenti dalle cose sentite o dagli uomini percepiti. Infatti, solo assumendo i sentimenti oggettivamente isolati e autonomamente esistenti, come gli elementi non intenzionali di un apparato fisico, si può immaginare per esempio che un sentimento d'amore si stacchi dalla madre e "si trasferisca", nel corso del trattamento analitico, sull'analista. Quando la fenomenologia recupera la psicologia dell'atto di Brentano, rimettendo in gioco l'originaria intenzionalità della coscienza, la distinzione tra fenomeno psichico e fenomeno fisico, che René Descartes aveva introdotto (v. Dualismo psicofisico), rivelerà tutta la sua dimensione aporetica, e renderà problematico trattare gli atti mentali come si trattano le cose del mondo che si possono a piacimento "spostare" o "trasferire" (v. Analisi esistenziale, § 1).

2. Psicoanalisi. In questo ambito si usa la parola atto nelle seguenti accezioni:

a) Atto casuale: azione priva di intenzionalità che, eseguita per puro caso e senza il controllo del soggetto, favorisce la realizzazione di una finalità inconscia. Freud distingue l'atto casuale dall'atto mancato per il fatto che «gli atti casuali non hanno un appoggio a un'intenzione cosciente, ossia non si valgono d'un pretesto. Compaiono per conto proprio e vengono ammessi perché non si suppone che abbiano scopo e intenzione. Si eseguiscono "senza ripromettersi nulla da essi" solo "per puro caso", "tanto per fare qualcosa", e si ritiene per certo di avere con una siffatta risposta troncato l'indagine che volesse accertare il significato dell'azione stessa. Onde poter godere di tale posizione d'eccezione, questi atti, che non rivendicano più la scusante della mancanza di abilità, devono adempiere a determinate condizioni: devono essere *non appariscenti* e i loro effetti devono essere irrilevanti. Ho collezionato gran numero di tali azioni casuali, mie e di altri, e dopo approfondito esame dei singoli esempi sono giunto alla conclusione che meriterebbero piuttosto il nome di *azioni sintomatiche*» (1901, p. 221). Rientrano in questi atti: azioni abituali quali giocherellare con la catenina, lisciarsi la barba, e in genere le azioni che si ripetono regolarmente in determinate situazioni, come lo scarabocchiare con la matita che si ha tra le mani, il far tintinnare le monete in tasca, l'impastare la mollica e tutti quegli atti sporadici che, negletti o non avvertiti dalla coscienza, servono, secondo Freud, ad esprimere tendenze inconsce trattenute, così come fantasie e desideri.

b) Atto mancato: espressione introdotta da Freud per definire tipiche manifestazioni dell'inconscio come

i LAPSUS (v.), gli errori di lettura e di scrittura, l'oblio dei nomi, la sbadataggine, lo smarrimento di oggetti e simili. L'atto mancato ha il valore di un sintomo perché rivela l'esistenza di un conflitto tra l'intenzione cosciente e la pulsione rimossa. Approfittando della riduzione della sorveglianza dell'Io, la pulsione rimossa riesce ad esprimersi alterando il comportamento cosciente. L'atto mancato rientra nei meccanismi di SPOSTAMENTO (v.).

c) Atto sintomatico: quando non è trattato come sinonimo di atto casuale o di atto mancato, l'atto sintomatico esprime qualcosa che il soggetto non sospetta e in ogni caso non intende comunicare. Anche se chi lo compie non avverte di aver portato varianti al modo abituale di agire, e in genere non vede e non sente gli effetti di questo atto, Freud afferma che «all'osservatore della natura umana questi atti dicono tutto, e talvolta anche più di quanto desideri sapere» (ivi, p. 228).

3. RIFLESSOLOGIA. In questo ambito si parla di *atto riflesso* in riferimento alle risposte conseguenti a stimolazioni. A differenza del riflesso condizionato che è una risposta acquisita (v. APPRENDIMENTO, § I, 1), l'atto riflesso è una risposta automatica e involontaria (v. RIFLESSO).

4. SESSUOLOGIA. In questo ambito il termine atto, adottato genericamente per qualsiasi manifestazione sessuale, ha un impiego specifico a proposito dell'*atto breve* caratterizzato dal raggiungimento inaspettato e repentino dell'orgasmo che può manifestarsi sia nell'uomo (v. EIACULAZIONE) sia nella donna. Cause determinanti possono essere l'eccessiva tensione, l'accumulo d'ansia o la prolungata elaborazione fantastica prima del contatto fisico. Secondo un'interpretazione psicoanalitica, sotteso all'atto breve ci sarebbe un inconscio rifiuto del partner.

5. LINGUISTICA. In questo ambito si parla di *atto linguistico* in riferimento all'azione che accompagna la dizione (v. LINGUISTICA, § 1, *g*).

Bibliografia

Binswanger L., *La concezione freudiana dell'uomo alla luce dell'antropologia* (1936), in Id., *Per un'antropologia fenomenologica. Saggi e conferenze psichiatriche* (1921-1941), Feltrinelli, Milano 1970.

Brentano F., *La psicologia dal punto di vista empirico* (1874-1911), Laterza, Bari 1997, voll. I-III.

Freud S., *Psicopatologia della vita quotidiana* (1901), in *Opere* (1967-1993), Bollati Boringhieri, Torino, vol. IV.

Galimberti U., *Psichiatria e fenomenologia* (1979), nuova edizione ampliata, Feltrinelli, Milano 2017.

Husserl E., *Idee per una fenomenologia pura e per una filosofia fenomenologica* (1912-1928), Einaudi, Torino 1965.

Mendel G., *L'acte est une aventure*, La Decouverte, Paris 1998.

Pavlov I. P., *I riflessi condizionati* (1927), Bollati Boringhieri, Torino 1966.

Attrazione – Repulsione, Teoria dell' (ingl. *Attraction-repulsion theory*; ted. *Anziehung-Abstossungstheorie*; fr. *Théorie de l'attraction-répulsion*; sp. *Teoria de la atracción-repulsión*). Questa teoria ricorre, nei vari autori, con diverse denominazioni quali: *approccio-evitamento*, *elusione* o *scansamento*, *avvicinamento-allontanamento*, *avversione-appetizione*, tutte riconducibili ad *attrazione-repulsione* con qualche differente sfumatura che qui evidenzieremo. Partendo dalle teorie del condizionamento classico e operante messe a punto rispettivamente da Ivan Petrovič Pavlov e da Burrhus Frederic Skinner, nonché dalla *legge dell'effetto* di Edward Lee Thorndike secondo la quale le risposte rinforzate da qualcosa di cui l'animale ha bisogno, o che vuole o desidera hanno maggiori probabilità di altre di verificarsi (v. APPRENDIMENTO, § I, 1-2), è stato messo a punto, in base alla qualità dell'incentivo, un quadro di possibili comportamenti che prevede un:

a) comportamento appetitivo attivato dalla comparsa di un incentivo positivo o dall'eliminazione di un incentivo negativo;

b) comportamento avversativo attivato dalla comparsa di un incentivo negativo o dall'eliminazione di un incentivo positivo;

c) comportamento di conflitto con scelta forzata in presenza di incentivi positivi e negativi;

d) comportamento a doppio conflitto in presenza di uno o più incentivi tutti con proprietà ambivalenti.

1. IL CONFLITTO AVVICINAMENTO-ALLONTANAMENTO. La situazione conflittuale, che in contesti di complessità è anche la più ricorrente, è stata ulteriormente articolata da Kurt Lewin a partire dalla sua teoria del campo (v. CAMPO, § 2), secondo la quale una conflittualità è possibile anche all'interno di quelle situazioni apparentemente semplici, dove gli incentivi presenti sono solo appetitivi o avversivi. Si danno infatti casi in cui, secondo la terminologia adottata da Lewin, il campo è strutturato dalle seguenti possibilità:

a) *avvicinamento-avvicinamento* quando si tratta di decidere tra due alternative ugualmente attraenti, come illustrato nella favola dell'asino di Giovanni Buridano che si lascia morire di fame perché non sa decidere a quale avvicinarsi tra due cumuli di fieno identici;

b) *allontanamento-allontanamento* quando ci si trova tra due alternative poco attraenti per cui, se è possibile, la soluzione avviene con l'uscita dal campo;

c) *avvicinamento-allontanamento* quando una meta appare ad un tempo piacevole e spiacevole;

d) *doppio conflitto* in cui si riproduce la situazione precedente, solo che due o più aspetti della meta appaiono contemporaneamente attraenti e non.

2. Problemi connessi all'evitamento o elusione. L'evitamento o elusione connota il comportamento avversivo attivato dalla comparsa di un *incentivo negativo*, come la sorveglianza dell'insegnante che evita condotte disdicevoli, o dalla scomparsa di un *incentivo positivo*, come l'assenza di un cibo appetibile che evita la consumazione del pasto. L'evitamento, se riferito a conseguenze spiacevoli o dannose, ha un grande valore adattivo, anche se pone il problema di come un non-evento possa rafforzare un condizionamento. La prima risposta è quella che collega l'evitamento all'Aspettativa (v.) che l'evento spiacevole accada, la seconda, sostenuta dalla teoria bifattoriale (v. Analisi fattoriale, § 1), ritiene che la risposta di evitamento si rinforza perché riduce lo stato di paura associata allo stimolo che segnala l'accadere dell'evento avverso. Nella modificazione del comportamento si distingue il training di evitamento *passivo* che, con la sottrazione dell'incentivo positivo, mira all'estinzione di comportamenti non desiderati, e quello *attivo* che, tramite il rinforzo negativo, induce a evitare pericoli reali o immaginari anticipati dalla previsione. Il termine *elusione* ricorre anche nel lessico di Ronald David Laing per quelle contraffazioni della realtà messe in atto dal soggetto con finzioni fantastiche, allo scopo di evitare la relazione interpersonale e il confronto con sé e con gli altri.

3. Terapia dell'avversione. Con la soppressione di incentivi positivi e l'introduzione di incentivi negativi, la terapia dell'avversione tende a ridurre fino ad estinguere l'attrazione per un oggetto fisico, un partner sociale, una situazione, un vizio. La psicologia sperimentale è giunta a misurare l'intensità del comportamento avversivo con il *gradiente di avversione* che tien conto delle componenti istintive e di quelle acquisite. Le une e le altre sono interpretate dalla psicoanalisi come meccanismi di difesa per la sicurezza dell'Io. La terapia dell'avversione consiste nel creare un'associazione tra modelli di condotta indesiderati e stimoli sgradevoli, oppure una relazione causa-effetto tra i due. Impiegata per la cura dell'alcolismo, della tossicodipendenza e delle manifestazioni indesiderate della sessualità, la terapia dell'avversione incontra difficoltà nel rinvenire una condotta alternativa a quella che, con l'associazione avversiva, si tende a eliminare. Oggi ai metodi elettrici e chimici, impiegati negli anni trenta e quaranta, si preferisce la cosiddetta *sensibilizzazione concreta* dove si sostituisce alla sensazione spiacevole la sua rappresentazione, oppure si ricorre all'attivazione di processi cognitivi (v. Apprendimento, § II) o a forme di autocontrollo che fanno leva sull'Autostima (v.). Per l'esposizione delle varie forme di terapia dell'avversione si rimanda alla voce Comportamento, § 5.

Bibliografia

Campbell B. A., Church R. M., *Punishment and aversive behavior*, Appleton-Century-Crofts, New York 1969.
Laing R. D., *Io e gli altri. Psicopatologia dei processi interattivi* (1959), Sansoni, Firenze 1977.
Lazarus R. S., *Psychological stress and the coping process*, McGraw-Hill, New York 1966.
Lewin K., *Teoria dinamica della personalità* (1935), Giunti Barbera, Firenze 1965.
–, *Teoria del campo nelle scienze sociali* (1951), in Id., *Teoria sperimentale in psicologia sociale*, il Mulino, Bologna 1972.
Pavlov I. P., *I riflessi condizionati* (1927), Bollati Boringhieri, Torino 1966.
Rachman S., Teasdale J., *Aversion therapy and the behavior disorders*, Routledge & Kegan, London 1969.
Skinner B. F., *Scienza e comportamento* (1953), Franco Angeli, Milano 1971.
Thorndike E. L., *Animal intelligence. Experimental studies*, Macmillan, New York 1911.

Attribuzione, Teoria dell' (ingl. *Attribution theory*; ted. *Zuschreibungstheorie*; fr. *Théorie de l'attribution*; sp. *Teoría de la atribución*). Teoria che spiega le modalità con cui, a livello di senso comune, vengono illustrati i comportamenti propri e altrui attribuendoli a cause che possono essere ambientali o personali. Fritz Heider ha mostrato che in generale si realizzano con maggior frequenza attribuzioni a cause personali che a cause ambientali, perché l'unità tra agente e azione è percepita in modo più immediato dell'unità tra azione e ambiente. Ciò è alla base degli *errori di attribuzione* da imputare, oltre che all'errore percettivo, anche ad aspetti motivazionali come ad esempio il carattere difensivo di alcune attribuzioni. Verifiche sperimentali hanno infatti mostrato che generalmente si tende a spiegare il proprio comportamento in base a fattori situazionali, mentre il comportamento altrui viene quasi sempre spiegato in base a intenzioni o disposizioni personali.

Bibliografia

Amerio P., *Teorie in psicologia sociale*, il Mulino, Bologna 1982.
De Grada E., Mannetti L., *L'attribuzione causale*, il Mulino, Bologna 1988.
Heider F., *Psicologia delle relazioni interpersonali* (1958), il Mulino, Bologna 1972.
Hewstone M. (a cura di), *Teoria dell'attribuzione. Estensioni sociali e funzionali* (1991), il Mulino, Bologna 1996.

Attuale (ingl. *Actual*; ted. *Aktuell*; fr. *Actuel*; sp. *Actual*). Aggettivo adottato: 1) in *psicoanalisi* per nominare una forma d'angoscia detta "angoscia attuale" o "nevrosi d'angoscia" (v. ANGOSCIA – ANSIA, § 2, *a*), e un gruppo di NEVROSI (v. § 2) dette "attuali" perché determinate non da conflitti dell'età infantile, ma da conflitti attuali che, per insufficienza di elaborazione psichica, non riescono a legarsi ad alcun contenuto rappresentativo e perciò si traducono direttamente in sintomi somatici; 2) in *psicologia della forma* dove si parla di "genesi attuale" a proposito di quei contenuti percettivi che emergono da una condizione confusa e indifferenziata grazie a un intervento attivo dell'osservatore.

Attualizzazione (ingl. *Actualization*; ted. *Aktualisierung*; fr. *Actualisation*; sp. *Actualización*). Termine impiegato in due contesti differenti a proposito: 1) dei *contenuti della memoria* dove Otto Selz distingue tra la loro ricerca attiva (attualizzazione) e la loro improvvisa comparsa senza partecipazione del soggetto (v. ALLOCTONO – AUTOCTONO, § 3); 2) delle *emozioni* dove Oswald Külpe parla di attualizzazione nei casi in cui non si dà un ricordo o una rappresentazione di un sentimento senza che ciò comporti la sua ricomparsa con lo stesso tasso emotivo con cui originariamente è stato vissuto.

Bibliografia

Külpe O., *Vorlesungen über Psychologie* (1912, edito postumo), Hirzel, Leipzig 1920.

Selz O., *Zur Psychologie des produktiven Denkens und des Irrtums*, Friedrich Cohen, Bonn 1922.

Audiologia (ingl. *Audiology*; ted. *Audiologie*; fr. *Audiologie*; sp. *Audiología*). Scienza che ha come oggetto di studio il sistema uditivo (v. UDITIVO, SISTEMA) e come fine la diagnosi di eventuali disturbi e il conseguente intervento terapeutico. Attualmente il metodo più usato per la misurazione delle soglie di udibilità è quello *audiometrico* dove un generatore elettroacustico di suoni di frequenza diversa e intensità variabile consente di ottenere dei dati che vengono poi visualizzati in un grafico che prende il nome di *audiogramma*.

Audiomutismo, v. MUTISMO.

Aura (ingl. *Aura*; ted. *Aura*; fr. *Aura*; sp. *Aura*).

1. Alone energetico che si suppone esista intorno al corpo umano e che alcune persone dicono di saper percepire sotto forma di una luce colorata, la cui tonalità sarebbe indicativa dello stato psicofisico del soggetto. Le aureole nei ritratti dei santi sarebbero rappresentazioni convenzionali dell'aura che peraltro è descritta in quasi tutte le culture umane.

2. Sintomo premonitore che avverte dell'imminenza di qualche disturbo fisico o mentale, talvolta anticipa gli attacchi di cefalea (*aura cefalalgica*), e quasi sempre è presente negli episodi di epilessia essenziale prima dei sintomi principali (v. EPILESSIA). Eugen Bleuler la descrive in questi termini: «L'attacco è preceduto spesso da prodromi che durano alcune ore, più di rado alcuni giorni; più di frequente sono rappresentati da "umori", ma anche da cattivi sentimenti, e talvolta da allucinazioni e stati crepuscolari. Nella maggior parte dei casi questi prodromi scompaiono nel momento stesso in cui avviene l'attacco» (1911-1960, p. 395). Si è soliti distinguere: *a*) aure *psichiche* con alterazioni del rapporto di tempo, di realtà, di identità, di memoria e in particolare dell'intensità dell'esperienza; *b*) aure *sensoriali* con allucinazioni olfattive, gustative, visive, generalmente elementari (bagliori, luci, corpi luminosi), uditive anch'esse elementari (rumori sordi o vibranti); *c*) aure *viscerali* con dolori epigastrici; *d*) aura *cursoria* caratterizzata dal correre senza scopo. La qualità di aura è collegata al focus epilettogeno cerebrale e varia a seconda della localizzazione specifica dell'area corticale coinvolta dall'anomala attività elettrica parossistica della lesione. Per questo nello stesso individuo si ripete sempre lo stesso tipo di aura.

Bibliografia

Bleuler E., *Trattato di psichiatria* (1911-1939, aggiornato da M. Bleuler dal 1940 al 1960), Feltrinelli, Milano 1967.

Tart Ch., *Concerning the scientific study of the human aura*, in "Journal of the Society for Psychical Research", 1972, n. 46.

Autarchia (ingl. *Autarchy*; ted. *Autarkie*; fr. *Autarchie*; sp. *Autarquía*). Termine usato in psichiatria in riferimento al primo periodo dell'infanzia in cui non si esige nulla dal bambino e i suoi bisogni vengono immediatamente soddisfatti. Sándor Ferenczi ha chiamato questa condizione "onnipotenza incondizionata" perché il bambino non ha altro riferimento che se stesso, intendendo anche il seno materno come parte del suo corpo. Solo successivamente e involontariamente si orienta verso gli oggetti ponendo fine a questa fase autarchica.

Bibliografia

Ferenczi S., *Fasi evolutive del senso di realtà* (1913), in *Opere* (1989-1992), Raffaello Cortina, Milano, vol. II.

Autenticità – Inautenticità (ingl. *Authenticity-inauthenticity*; ted. *Eigentlichkeit-Uneigentlichkeit*; fr. *Authenticité-inauthenticité*; sp. *Autenticidad-inautenticidad*). Polarità di termini che assume un significato differente a seconda degli ambiti disciplinari in cui viene utilizzata:

1. Filosofia. La coppia autenticità-inautenticità è stata introdotta da Karl Jaspers per indicare ciò che vi è di più proprio (*eigen*) nel fondo dell'esistenza, rispetto ai suoi aspetti superficiali o acquisiti per imitazione o acquiescenza: «L'autentico è ciò che è più profondo in contrapposizione a ciò che è più superficiale, per esempio ciò che tocca il fondo di ogni esistenza psichica di contro a ciò che ne sfiora l'epidermide, ciò che dura contro ciò che è momentaneo, ciò che è cresciuto e si è sviluppato con la persona stessa contro ciò che la persona ha accettato o imitato» (1919, p. 49). Martin Heidegger ha riformulato questa polarità di termini partendo dal fatto che, siccome l'uomo è nel mondo, può adottare il modo "comune" di vedere e giudicare le cose, rinunciando al proprio. Viene allora meno la sua specificità e si avvantaggia il "Si" impersonale (*Man*), per cui: «Ce la spassiamo e ci divertiamo come ci si diverte; leggiamo, vediamo e giudichiamo di letteratura e di arte come si vede e si giudica. Ci teniamo lontani dalla "gran massa" come ci si tiene lontani, troviamo "scandaloso" ciò che si trova scandaloso. Il Si, che non è un Esserci determinato, ma tutti (non però come somma), decreta il modo di essere della quotidianità» (1927, pp. 215-216). Sotto la dittatura del "Si" l'esistenza è *inautentica*. Il senso di questa espressione non è svalutativo, ma etimologico. L'espressione tedesca che sta per "autenticità (*Eigentlichkeit*)" ha in sé l'aggettivo *eigen* che significa "proprio", come del resto il greco αὐτός che compare in "autentico". Sotto la dittatura del "Si" il progetto esistenziale è "inautentico" perché la comprensione che realizza delle cose non è la "propria", non è quella che scaturisce dal "proprio" progetto, ma quella che si è appresa dal modo "comune" di considerare le cose in cui l'uomo, venendo al mondo, s'è trovato.

2. Psichiatria fenomenologica. Adottando le categorie dell'analitica esistenziale di Heidegger, Ludwig Binswanger cadenza l'autenticità e l'inautenticità dell'esistenza sulla categoria della temporalità che Heidegger aveva mostrato solidale con l'essere. Il presente di ogni esistenza è tra un passato non scelto e un futuro da scegliere, l'autenticità è propria dell'esistenza che coniuga se stessa in sintonia con la progettualità a venire, mentre l'inautenticità è propria dell'esistenza che non riesce a sporgere dal proprio passato, ma da questo si lascia riassorbire senza sviluppo né progressione. Nell'incapacità di trascendere il proprio passato, l'esistenza rassegna il suo poter essere a una possibilità già data, a una possibilità che Binswanger definisce "inautentica" perché "non sua", ma semplicemente "fatta sua". È la vittoria dell'essere-gettato sul pro-getto, è la caduta delle possibilità dell'uomo nella ripetizione di possibilità già date. Allora, scrive Binswanger: «Le cose da invitanti diventano incombenti, da allettanti angoscianti, perché in luogo di padroneggiare la situazione, cioè di abbracciarla in tutte le sue relazioni di senso, la situazione si fa qui schiacciante, sottraendo all'esserci il suo autodominio» (1944-1946, p. 99). E altrove: «Nel rapporto con il mondo l'esistenza nega se stessa come autentica possibilità di sé per cadere in un determinato progetto di mondo in cui si sente deietta, in luogo della libertà di far sì che il mondo accada subentra la *non-libertà* dell'esser dominati da un determinato progetto di mondo» (ivi, p. 25; v. Analisi esistenziale, § 2, *c*).

3. Psicoanalisi. La coppia di termini viene utilizzata in psicoanalisi per distinguere gli atti che si fanno in buona fede da quelli che si fanno in malafede, che sono veri o falsi per il Sé (v.). Il comportamento inautentico è interpretato solitamente come difensivo, perché ha come scopo quello di evitare di incontrare alcuni aspetti della situazione o di se stesso che potrebbero generare angoscia. La teoria psicoanalitica non ha alcun criterio per fondare questa distinzione, anche se la pratica dipende in gran parte dalla capacità del terapeuta di distinguere tra sincerità e insincerità e, a proposito di quest'ultima, tra insincerità conscia e insincerità inconscia.

Bibliografia

Binswanger L., *Il caso Ellen West e altri saggi* (1944-1946), Bompiani, Milano 1973.

–, *L'indirizzo antropoanalitico in psichiatria* (1946), in Id., *Il caso Ellen West e altri saggi*, cit.

Di Gregorio L., *La fatica di essere autentici*, Franco Angeli, Milano 2006.

Heidegger M., *Essere e tempo* (1927), Utet, Torino 1978.

Jaspers K., *Psicologia delle visioni del mondo* (1919), Astrolabio, Roma 1950.

Autismo (ingl. *Autism*; ted. *Autismus*; fr. *Autisme*; sp. *Autismo*). Termine coniato da Eugen Bleuler per descrivere individui interamente assorbiti dalle proprie esperienze interiori con conseguente perdita di ogni interesse per la realtà esterna, le cose e gli altri. Derivato dal greco αὐτός che significa "se stesso", il termine "autismo" ha un impiego generico, e uno specifico riferito ai bambini e distinto dalla denominazione *autismo infantile precoce*.

Nella sua accezione generale l'autismo presenta i caratteri di una chiusura dei rapporti comunicativi con il mondo esterno con conseguente ritiro in se stesso, nella propria vita interiore, autocentrica e dominata dalla propria soggettività. Il pensiero autistico si alimenta quasi esclusivamente di produzioni endogene con materiale derivato unicamente dal soggetto, a partire dai sogni ad occhi aperti, dalle fantasie, dai deliri e dalle allucinazioni; se poi è la realtà a offrire il materiale, il soggetto non ne è consapevole, o lo connota immediatamente di contenuti soggettivi. Autismo, dereismo (v. DEREALIZZAZIONE) e introversione (v. ESTROVERSIONE – INTROVERSIONE) sono strettamente legati fra loro. Quando l'autismo presenta un accostamento dereistico alla vita, allora, secondo Bleuler, è uno dei sintomi fondamentali della schizofrenia. Nell'approccio alla vita, il soggetto è completamente egoista nel senso letterale e non valutativo del termine; il suo Io, che vive escludendo sistematicamente la realtà esterna, è in armonia soltanto con le sue idee e con le sue emozioni, incapace di volgere le sue energie verso oggetti all'infuori di sé.

Dall'autismo si è soliti distinguere l'*autismo infantile precoce* non propriamente rubricabile nelle sindromi schizofreniche, perché, mentre lo schizofrenico *ritira* il suo interesse dal mondo, il bambino autistico semplicemente *non lo instaura*. Circa le ragioni di questa sindrome le opinioni sono molto differenti: si va dalla posizione di Leo Kanner, secondo cui l'autismo infantile è innato e non cagionato da un'educazione sbagliata, a quella di Bruno Bettelheim, secondo cui l'autismo ha radici psicologiche avvicinabili a quelle narcisistiche in cui la libido è investita sull'Io anziché sugli oggetti.

1. CARATTERI DELL'AUTISMO INFANTILE PRECOCE. Prevalentemente normale nei primi mesi di vita, il bambino autistico diventa anaffettivo, mostrando scarso interesse per qualsiasi stimolo sia uditivo che visivo e opponendosi a qualsiasi manifestazione d'affetto. Un aspetto comune di questo quadro è il ritardo del linguaggio, mentre lo sviluppo motorio è di solito nella norma. La compromissione delle relazioni con i genitori implica che il bambino non attraversi quelle normali fasi d'ansia o di abbandono o di paura per le persone estranee, così come non manifesta alcun interesse per la compagnia degli altri, preferendo trascorrere il suo tempo in manierismi di tipo ritualistico e di carattere ripetitivo. Resistente a qualsiasi cambiamento, per cui ad esempio il divezzamento o l'uso del cucchiaio nell'alimentazione possono rappresentare dei problemi seri, il bambino autistico mostra un desiderio ossessivo e angoscioso di mantenere lo status quo e offre un aspetto intelligente e pensoso, nonostante una modesta intelligenza e spesso un danno uditivo. Kanner vede nell'autismo infantile i caratteri dell'autoassorbimento, dell'inaccessibilità, della solitudine, dell'incapacità di mettersi in rapporto. Il quadro si completa con giochi altamente ripetitivi seguiti da reazioni d'ira se vengono interrotti, predilezione per i movimenti ritmici come rotolare, dondolare, ecolalia (v. ECOFENOMENO), sostituzione del pronome personale "Io" con "Lui" e conseguente discorso di sé in terza persona.

A Kanner si deve anche la distinzione tra autismo infantile e autismo schizofrenico: nel primo caso il disturbo autistico è presente fin dalla prima infanzia, mentre lo schizofrenico sembra normale nei primi due anni di vita; inoltre, il bambino autistico è apatico, rigido, distaccato e più isolato dello schizofrenico che invece mostra spesso un'acquiescenza motoria eccessiva e un attaccamento verso il corpo dell'adulto. Le caratteristiche del bambino autistico sono per Kanner: l'isolamento, la clausura in un mondo dai tratti ripetitivi, stereotipati e ossessivi, a cui si aggiungono gravi disturbi in ordine alla comunicazione e una marcata disabilità sociale che coesistono con particolari capacità, competenze e abilità ben conservate, che però non si integrano nella struttura della personalità. Per individuare la più idonea forma di comunicazione con bambini affetti da disturbo dello spettro autistico è stato messo a punto il test VCAA (v. VCAA, TEST).

2. INTERPRETAZIONI DELL'AUTISMO INFANTILE PRECOCE. Nella sua prima pubblicazione sull'autismo infantile, Kanner scrive: «Noi dobbiamo supporre che questi bambini siano venuti al mondo con una incapacità innata di stabilire quel normale contatto affettivo di *natura biologica* con le persone, proprio come succede ad altri bambini che vengono al mondo con handicap fisici o intellettuali congeniti. Se questa nostra supposizione è corretta, uno studio più approfondito di questi bambini dovrebbe contribuire a fornire criteri concreti ai concetti ancora vaghi di componenti costituzionali delle reazioni affettive. Sembra infatti che qui ci troviamo di fronte a esempi classici di un disturbo autistico *innato* del contenuto affettivo» (1943, p. 248).

Negli stessi anni il pediatra viennese Hans Asperger descriveva come "psicopatia autistica dell'infanzia" un disturbo di personalità su base costituzionale-temperamentale, caratterizzato da difficoltà nelle relazioni intersoggettive e nella comunicazione spontanea. Il linguaggio si evolve normalmente nelle sue componenti semantiche, sintattiche, referenziali, risultando però deficitario nei suoi aspetti pragmatici e comunicativi. Questa particolare forma di autismo, oggi denominata "disturbo di Asperger", è rubricata tra i "disturbi generalizzati dello sviluppo", caratterizzati da disabilità sociale, interessi idiosincrasici che non intaccano le funzioni cognitive e quelle linguistiche, queste ultime con le limitazioni sopra elencate. Individui senza disturbi dell'apprendimento, ma con ritardo di acquisizione del linguaggio, possono essere attribuiti al gruppo dell'autismo ad alto funzionamento (*High-Functioning Autism*), mentre gli individui che mostrano un apprendimento del linguaggio prima dei 36 mesi sono classificati nel gruppo di sindrome di Asperger secondo i criteri di ICD-10 dell'Organizzazione Mondiale della Sanità del 1992. Oggi per individuare o escludere un possibile disturbo di Asperger e per distinguerlo da altre forme di autismo in soggetti compresi tra i 6 e i 21 anni esiste uno strumento di screening denominato KADI (*Krug Asperger's Disorder Index*).

Leon Eisenberg, che aveva iniziato le sue ricerche sull'autismo in collaborazione con Kanner, si discosta da quest'ultimo perché ritiene che l'eziologia dell'autismo va cercata nell'educazione. Secondo Eisenberg i genitori dei bambini autistici appartengono a un modello altamente coerente, con caratteri di notevole intelligenza, produttività e con stato sociale elevato; all'apparenza freddi ed emotivamente impassibili, sembrano ossessionati dal desiderio di crescere bambini perfetti, e perciò «li allevano in una maniera che può essere definita una caricatura del behaviorismo watsoniano, secondo uno schema che essi trovano assai congeniale. Si interessano al bambino solo nella misura in cui egli si dimostra capace di eseguire degli automatismi; donde la frequenza, tra i bambini autistici, di prodigiosi exploit recitativi di cose mandate a memoria. Si esige il conformismo, si vuole avere un bambino "perfetto": vale a dire un bambino che obbedisce, che esegue, che non ha esigenze proprie» (1957, p. 720). E ancora: «Si può pensare che il loro potenziale intellettuale sia limitato già in partenza, senonché appare inevitabile che un bambino, il cui contatto con l'ambiente è così gravemente limitato, subisca un deterioramento intellettuale irreversibile, quando le occasioni di progresso sono ridotte a zero causa l'assenza di un'esperienza normale, concetto questo convalidato anche dagli studi compiuti sugli animali» (1956, p. 610).

Tra la posizione innatista di Kanner e quella acquisita di Eisenberg si colloca Lauretta Bender, che considera l'autismo una reazione difensiva secondaria a una lesione organica del sistema nervoso centrale: «Da molto tempo ritengo che l'autismo sia un meccanismo di difesa che si riscontra frequentemente nei giovani schizofrenici, nei bambini cerebrolesi, nei soggetti che hanno subìto seri traumi o carenze affettive gravi. Questi bambini si ritirano dal mondo per proteggersi contro la disorganizzazione e l'angoscia legate a questa patologia di base del loro patrimonio genico, del loro cervello, dei loro organi percettivi, delle loro relazioni sociali» (1960, p. 83). Di parere esattamente opposto è Bernard Rimland per il quale «i bambini affetti da quel disturbo primario che è l'autismo infantile precoce sono geneticamente predisposti a questa forma morbosa in ragione di un'intelligenza superiore e innata da cui ci si difende con l'autismo, che è da leggersi come una deviazione genetica inibente» (1964, p. 23).

Un'interpretazione psicoanalitica dell'autismo è stata tentata per la prima volta da René Árpád Spitz secondo cui la carenza affettiva, insieme all'assenza di stimolazioni adeguate, induce nel bambino una depressione anaclitica (v. ANACLISI, § 3), nonché un grave ritardo affettivo e intellettuale. Su questa linea, Charles E. Goshen, estendendo lo studio dell'autismo ai nuclei familiari, ha insistito sull'effetto nefasto della madre che non è in grado di stimolare il bambino e di inviargli segnali coerenti durante certi periodi critici della prima infanzia, in particolare tra il sesto e il diciottesimo mese. Il bambino può allora non arrivare a cogliere il significato del linguaggio e, in certi casi, cadere in una condizione di debilità mentale.

Infine Bettelheim risolve la diatriba tra cause organiche e cause psichiche assumendo questa posizione: «Io ritengo che il soma e la psiche sono nella primissima infanzia così poco differenziati che questa diatriba circa l'ipotesi organica o psicogena apparirà del tutto oziosa in un'era scientifica un poco più illuminata. È infatti necessario che il cervello del bambino sia stimolato da esperienze sensorio-affettive perché le funzioni cognitive e la capacità relazionale si sviluppino pienamente, anche se il bambino è nato con un potenziale di funzionamento mentale e affettivo del tutto normale» (1967, p. 421). Partendo da questa premessa, Bettelheim promuove la sua interpretazione psicoanalitica in questi termini: «Credo che la causa iniziale del ritiro autistico sia l'interpretazione corretta da parte del bambino dell'attitudine negativa con la quale gli si accostano le figure più significative del suo ambiente. Ciò, a sua volta, provoca nel bambino accessi di collera fino a quando comincia, come del resto molti adulti, a interpretare il mondo a immagine della sua propria ira. Noi tutti lo facciamo di tanto in tanto, e tutti i bambini lo fanno assai più spesso di noi adulti. Il dramma del bambino destinato a diventare autistico è che la sua visione fantasmatica del mondo viene poi a essere confermata dal suo mondo reale; e ciò in un'età precoce in cui gli manca ogni altra esperienza più benigna in grado di bilanciarla. È questo fatto che lo conduce ad adottare la posizione autistica, e non la proiezione del suo Io aggressivo, anche se tale proiezione viene ben presto ad avere la sua parte nel processo» (ivi, p. 47).

A partire dagli anni settanta le prime evidenze sperimentali hanno stabilito che è irrilevante l'incidenza genitoriale e familiare nella genesi dell'autismo, considerato non più come *conseguenza di alterate interazioni*, ma come un'*originaria alterazione* dei dispositivi dell'intersoggettività, da imputare a fattori neuropatologici e/o genetici. Oggi il trattamento dell'autismo e dei disturbi dello spettro autistico (ASD), nonostante il grave impatto sulle famiglie, è ancora limitato ad approcci di sostegno comportamentali e sintomatici, ma non è ancora disponibile un trattamento dei meccanismi di base della malattia.

Negli ultimi anni le ricerche basate sulle immagini della struttura cerebrale (*neuroimaging strutturale*) hanno reso preziosi contributi alla comprensione della neuroanatomia dell'ASD. I ricercatori hanno dimostrato una prematura, rapida ed eccessiva crescita del cervello nella prima infanzia, seguita da un plateau di crescita con successiva normalizzazione del volume cerebrale nell'adolescenza. Hanno inoltre dimostrato una diminuita integrità microstrutturale della sostanza bianca in diverse regioni del cervello, e un aumento del volume della sostanza bianca intraemisferica con una diminuzione di quella interemisferica (ossia del corpo calloso). Sono state trovate incongruenze nella posizione e direzione (aumento o diminuzione) della variazione del volume del cervello, come pure nelle alterazioni della sostanza grigia e bianca (v. ENCEFALO).

Si è ipotizzato che i risultati siano diversi a causa dell'eterogeneità dell'ASD, delle differenze nei criteri diagnostici, delle caratteristiche dei soggetti (quali l'età, il quoziente di intelligenza, il genere), e delle metodologie di *imaging*. Lo studio dei circuiti neuronali con Risonanza Magnetica funzionale (fMRI), tramite approcci basati su attività (*task*) e stati di riposo (*resting state*), ha dimostrato anomalie di attivazione corticale e di network specifici. Diversi studi fMRI hanno fornito la prova che una ridotta connettività di alcune reti neuronali sottende i sintomi principali dell'ASD. Inoltre, durante lo stato di riposo, sono state identificate anomalie del network di attività di base del cervello (DMN: *Default-Mode Network*), un insieme di regioni cerebrali la cui attività diminuisce durante l'attività e l'esecuzione di compiti, mentre aumenta durante condizioni di riposo e di riflessione. Un dato, questo, di particolare importanza, che consente di ipotizzare un coinvolgimento dell'attività di base del cervello nei processi cognitivi di ordine sociale superiore, come la capacità di attribuire stati mentali a se stessi e agli altri, nonché di utilizzare queste attribuzioni nella comprensione e previsione del comportamento altrui.

Dal punto di vista genetico, Gilla Cauli scrive: «Studi familiari suggeriscono che la predisposizione genetica all'autismo può essere espressa nei parenti sani di soggetti autistici con un fenotipo più lieve, ma qualitativamente simile all'autismo, caratterizzato da alterazioni comportamentali più sfumate. [...] Gli studi sui gemelli evidenziano una maggior concordanza tra i monozigoti rispetto ai dizigoti. [...] I fratelli dei bambini autistici hanno una prevalenza del disturbo del 2%, un ritardo nell'apprendimento e un disturbo nel linguaggio» (1999, p. 126).

Abbandonato il modello psicogenetico, il DSM-5 distingue, sul piano nosografico, l'autismo dal novero delle schizofrenie, e si congeda dalle iniziali ipotesi ottimistiche in ordine a una completa guarigione, per ammettere che, con poche eccezioni e con evoluzioni diverse da individuo a individuo, l'autismo dura tutta la vita.

3. AUTISMO SCHIZOFRENICO. Come s'è detto, il termine "autismo" è stato coniato da Bleuler insieme al termine "schizofrenia": «Chiamiamo autismo il distacco dalla realtà e la predominanza della vita interiore. [...] La realtà perde importanza dal punto di vista logico e affettivo. I malati si muovono ancora nel mondo esterno, ma né la realtà così come si presenta, né la logica hanno il potere di modificare il loro delirio. Tutto ciò che si contrappone ai loro complessi non esiste, né per il pensiero né per il sentimento. [...] Essenzialmente autismo significa in positivo ciò che Janet definisce in negativo come "perdita del senso della realtà". Non possiamo accettare questo termine sic et simpliciter perché definisce il sintomo in modo troppo generico» (1911, pp. 75-76). Secondo Bleuler, infatti, nell'autismo «la vita interiore assume una preponderanza patologica. [...] Il mondo autistico è, rispetto all'altro, maggiormente fornito della connotazione della realtà, mentre il mondo reale è un mondo apparente. Gli uomini reali sono "maschere", "uomini fatti di sfuggita" e simili» (1911-1960, p. 446). La predominanza del mondo interno rispetto a quello esterno che caratterizza l'autismo è per Bleuler un correlato della scissione schizofrenica delle funzioni psichiche e dei nessi associativi (v. SCISSIONE). Il ritiro nella fantasia e più in generale nel mondo interiore a scapito della realtà e del mondo esterno è tipico della vita psichica di ognuno di noi, e diventa patologico quando il distacco dalla realtà, dagli altri, dal mondo comune preclude ogni possibilità di comunicazione. In questo modo Bleuler ribadisce la sua tesi che la differenza tra salute e malattia è solo di ordine quantitativo. Del resto un'insufficiente distinzione tra fantasia e realtà, scrive ancora Bleuler, la si constata, oltre che nell'isterico, anche nel bambino e nel selvaggio, dove il ritiro dal mondo esterno svolge un ruolo difensivo nei confronti di un eccesso di emozioni che il soggetto ritiene di non essere in grado di reggere. Questa tesi, anche se, come scrive Karl Jaspers, non è mai stata dimostrata, poggia sulla corrispondenza tra evoluzione dell'umanità ed evoluzione del singolo.

Secondo Eugène Minkowski l'autismo non è un semplice "sintomo" della schizofrenia come riteneva

Bleuler, ma è il "disturbo generatore" dell'esistenza schizofrenica che determina la perdita di contatto con la realtà e con la successione temporale di passato presente e futuro, che dischiude al soggetto autistico un mondo senza tempo: «Chiamiamo "pensiero autistico" il pensiero che non cerca più di adattarsi alla realtà, ma che al contrario si distacca da essa. Lo contrapponiamo alla forma abituale del pensiero che è il "pensiero realistico", il quale, invece, è sempre determinato dalle esigenze della realtà e cerca pertanto di raggiungere il massimo di valore pragmatico. I procedimenti del pensiero autistico sono ovviamente del tutto diversi da quelli del pensiero realistico. Il pensiero autistico non cerca più né di venir comunicato agli altri in modo comprensibile né di dirigere la nostra condotta conformemente alle esigenze della realtà; non si serve più della parola in maniera intelligibile. Ha solo una parola soggettiva; non serve che all'individuo stesso, e solo in quanto si è staccato dalla realtà, può far uso liberamente di segni e di procedimenti speciali che possono renderlo più rapido, più comodo e in generale più appropriato ai caratteri particolari dei complessi che esprime» (1927 1953, pp. 90-91). Minkowski distingue inoltre un "autismo ricco" caratterizzato dal fatto che «la perdita del contatto con la realtà è compensata da una spiccata tendenza alla rêverie [...] e un "autismo povero" dove manca questa compensazione e il disturbo schizofrenico si mostra allo stato puro» (ivi, pp. 107-108).

Bibliografia

Aarons M., Gittens T., *È autismo? Test di valutazione psicopedagogica* (1997), Erickson, Trento 2000.

Alvin J., *La terapia musicale per il ragazzo autistico* (1978), Armando, Roma 1981.

Asperger H., *Die "Autistischen Psychopathen" im Kindersalter*, in "Archiv für Psychiatrie und Nervenkrankheiten", 1944, n. 117.

–, *Bizzarri, isolati e intelligenti. Il primo approccio clinico e pedagogico ai bambini di Hans Asperger* (1994), Erickson, Trento 2003.

Attwood T., *Guida alla sindrome di Asperger* (2005), Erickson, Trento 2007.

Attwood T., Garnett M., *Emozioni e sindrome di Asperger. Educazione affettiva per bambini e ragazzi con sindrome di Asperger* (2012), Erickson, Trento 2014.

Ballerini A., *Patologia di un eremitaggio. Uno studio sull'autismo schizofrenico*, Bollati Boringhieri, Torino 2002.

Ballerini A., Barale F., Gallese V., Uccelli S., in S. Mistura (a cura di), *Autismo. L'umanità nascosta*, Einaudi, Torino 2006.

Barale F., Uccelli S., *La debolezza piena. Il disturbo autistico dall'infanzia all'età adulta*, in S. Mistura (a cura di), *Autismo. L'umanità nascosta*, cit.

Baron-Cohen S., Howlin P., Hadwin J., *Teoria della mente e autismo* (1998), Erickson, Trento 2000.

Bender L., *Autism in children with mental deficiency*, in "American Journal of Mental Deficiency", 1960, n. 63.

Bettelheim B., *La fortezza vuota* (1967), Garzanti, Milano 1976.

Bleuler E., *Dementia praecox o il gruppo delle schizofrenie* (1911), La Nuova Italia Scientifica, Roma 1984.

–, *Trattato di psichiatria* (1911-1939, aggiornato da M. Bleuler dal 1940 al 1960), Feltrinelli, Milano 1967.

Cauli G., *Interpretazioni biologiche e genetiche dell'autismo*, in *Enciclopedia di psicologia*, Garzanti, Milano 1999.

De Meo T., Vio C., Maschietto D., *Intervento cognitivo nei disturbi autistici e di Asperger*, Erickson, Trento 2005.

Eisenberg L., *The autistic children*, in "American Journal of Psychiatry", 1956, n. 112.

–, *The fathers of autistic children*, in "American Journal of Orthopsychiatry", 1957, n. 27.

Gison G., Bonifacio A., Minghelli E., *Autismo e psicomotricità. Strumenti e prove di efficacia nell'intervento neuro e psicomotorio precoce*, Erickson, Trento 2012.

Goldman H., *Test VCAA. Valutazione della Comunicazione Aumentativa e Alternativa* (2003), Erickson, Trento 2006.

Goshen Ch. E., *Mental retardation and neurotic maternal attitudes*, in "Archives of general psychiatry", 1963, n. 9.

Grandin T., Panek R., *Il cervello autistico* (2013), Adelphi, Milano 2014.

ICD-10. Organizzazione Mondiale della Sanità (OMS), *ICD-10. Decima revisione della classificazione internazionale delle sindromi e dei disturbi psichiatrici e comportamentali* (1992), Masson, Milano 1994.

Jordan R., Powell S., *Autismo e intervento educativo. Comunicazione, emotività e pensiero* (1995), Erickson, Trento 1997.

Kanner L., *Autistic disturbances of affective contact*, in "Nervous Child", 1943, n. 2.

Krug D. A., Arick J. R., *KADI – Krug Asperger's Disorder Index. Test per la valutazione della sindrome di Asperger* (2003), Erickson, Trento 2007.

Meltzer D. (a cura di), *Esplorazioni sull'autismo* (1996), Bollati Boringhieri, Torino 1999.

Minkowski E., *La schizofrenia. Psicopatologia degli schizoidi e degli schizofrenici* (1927-1953), Einaudi, Torino 1998.

Morgan H., *Adulti con autismo* (2003), Erickson, Trento 2005.

Powers M. D. (a cura di), *Autismo. Guida per genitori ed educatori* (1989), Raffaello Cortina, Milano 1994.

Reynolds K. E., *Sessualità e autismo. Guida per genitori, caregiver e educatori* (2013), Erickson, Trento 2014.

Rimland B., *Infantile autism*, Appleton, New York 1964.

Schopler E., *Autismo in famiglia* (1995), Erickson, Trento 2000.

Schopler E., Reichler R. J., Lansing M., *Strategie educative nell'autismo* (1987), Masson, Milano 1991.

Sellin B., *Prigioniero di me stesso. Viaggio dentro l'autismo* (1993), Bollati Boringhieri, Torino 1995.

Simpson R. L., Zionts P., *Cosa sapere sull'autismo. Concetti base e tecniche educative* (1996), Erickson, Trento 2000.

Spitz R. Á., *Hospitalism. An inquiry into the genesis of psychiatric conditions in early childhood*, in "The Psychoanalytic Study of the Child", 1945, n. 1, pp. 53-74.

Stigler K. A. *et al.*, *Structural and functional magnetic resonance imaging of autism spectrum disorders*, in "Brain Research Reviews", 2011, vol. 1380, pp. 146-161.

Surian L., *L'autismo*, il Mulino, Bologna 2005.

Vicari S., Valeri G., Fava L., *L'autismo. Dalla diagnosi al trattamento*, il Mulino, Bologna 2012.
Watson L. R., Lord C., Schaffer B., Schopler E., *La comunicazione spontanea nell'autismo* (1993), Erickson, Trento 2000.
Wing L., *I bambini autistici* (1968), Armando, Roma 1974.
Xaiz C., Micheli E., *Gioco e interazione sociale nell'autismo*, Erickson, Trento 2005.
Zappella M., *Disturbi generalizzati dello sviluppo (Disturbo dello spettro autistico)*, in G. B. Cassano, P. Pancheri *et al.* (a cura di), *Trattato italiano di psichiatria* (1992), Masson, Milano 1999, vol. III, pp. 2795-2806.
–, *Autismo infantile*, Carocci, Roma 2005.

Autoaccusa (ingl. *Self-charge*; ted. *Selbstanklage*; fr. *Autoaccusation*; sp. *Autoacusación*). Parole o atti con cui ci si attribuisce la colpa di un comportamento o di un atteggiamento sbagliato. In alcuni casi l'autoaccusa precede l'AUTOPUNIZIONE (v.), legittimandola come pratica espiatoria decolpevolizzante o come atteggiamento masochista. Autoaccuse e autorimproveri caratterizzano solitamente la depressione e la fase depressiva nelle sindromi maniaco-depressive accuratamente studiate da Ludwig Binswanger che interpreta l'autoaccusa come l'esito di una destrutturazione della temporalità, per cui un fatto del passato domina l'intera visione del mondo non consentendo al presente di accadere e al futuro di avvenire. «In questi casi il passato non è passato per cui il presente diventa il tempo dell'incessante lamento e il futuro si dischiude come l'ambito di vuote possibilità» (1960, p. 34). L'autoaccusa va distinta dall'AUTOCRITICA (v.) perché ciò di cui ci si accusa non è quasi mai la causa della situazione di cui ci si lamenta.

Bibliografia

Binswanger L., *Melanconia e mania* (1960), Bollati Boringhieri, Torino 1971.

Autoaffermazione (ingl. *Self-assertion*; ted. *Selbstbehauptung*; fr. *Affirmation de soi*; sp. *Autoafirmación*). Capacità di imporsi e di segnalarsi grazie a una buona conoscenza del mondo circostante, una buona capacità di adattamento e un significativo controllo di sé. L'autoaffermazione non esclude condotte aggressive.

Autoanalisi (ingl. *Self-analysis*; ted. *Selbstanalyse*; fr. *Autoanalyse*; sp. *Autoanálisis*). Indagine condotta da sé su di sé mediante procedimenti psicoanalitici (v. ANALISI) quali le associazioni libere, l'analisi dei sogni, l'interpretazione dei comportamenti. Non è sostitutiva del trattamento psicoanalitico vero e proprio perché, oltre a nascondere una possibile resistenza alla psicoanalisi, lusinga il narcisismo ed elimina quella molla essenziale in ogni trattamento analitico che è il TRANSFERT (v.). Ad autoanalisi si sottopose Sigmund Freud, che così ne parla: «Ho compiuto la mia autoanalisi, la cui necessità non tardò a svelarmisi, con l'aiuto di una serie di sogni che mi avevano accompagnato attraverso tutte le vicissitudini degli anni della mia infanzia, e ancor oggi sono dell'opinione che per un buon sognatore e per persone non troppo anormali questa specie di analisi possa bastare» (1914, p. 393). Precedentemente Freud non era di questa opinione e in una lettera a Wilhelm Fliess aveva scritto: «La mia autoanalisi rimane interrotta. Ora vedo il perché. Posso analizzare me stesso solo con le conoscenze obiettivamente acquisite (come se fossi un estraneo), l'autoanalisi è in realtà impossibile, altrimenti non esisterebbe la malattia» (1887-1904, p. 316). Le riserve di Freud riguardano l'autoanalisi quando è sostitutiva dell'analisi a due, quando invece è integrativa Freud la raccomanda in modo particolare perché «ogni psicoanalista procede esattamente fin dove glielo consentono i suoi complessi e le sue resistenze interne, e pretendiamo quindi che egli inizi la sua attività con un'autoanalisi e la approfondisca continuamente mentre compie le sue esperienze sui malati. Chi non riesca a concludere nulla in siffatta autoanalisi, può senz'altro abbandonare l'idea di essere capace di intraprendere un trattamento analitico sui malati» (1910, p. 201).

Bibliografia

Anzieu D., *L'autoanalisi di Freud e la scoperta della psicoanalisi* (1959-1975), Astrolabio, Roma 1978.
Demetrio D., *Autoanalisi per non pazienti*, Raffaello Cortina, Milano 2003.
Freud S., *Lettere a Wilhelm Fliess 1887-1904*, Bollati Boringhieri, Torino 1986.
–, *Le prospettive future della terapia psicoanalitica* (1910), in *Opere* (1967-1993), Bollati Boringhieri, Torino, vol. VI.
–, *Per la storia del movimento psicoanalitico* (1914), in *Opere*, cit., vol. VII.

Autoattualizzazione, v. AUTOREALIZZAZIONE.

Autocinetico, Effetto, v. PERCEZIONE, § 6, *a*.

Autocoide, v. ENDOCRINO, SISTEMA, § 9, *f*.

Autoconoscenza, v. AUTOCOSCIENZA.

Autoconservazione, Pulsione di, v. CONSERVAZIONE, § 2; IO, PULSIONE DELL'.

Autocontrollo (ingl. *Self-control*; ted. *Selbstbeherrschung*; fr. *Maîtrise de soi*; sp. *Autocontrol*). Capacità di dominare, selezionare, coordinare o inibire i propri affetti, desideri o pulsioni affinché la propria condotta non pregiudichi il raggiungimento di una o più mete considerate altamente desiderabili per sé. Richiedendo un differimento di piaceri e gratificazioni immediate, l'autocontrollo è rubricato dalla *psicoanalisi* sotto la figura della SUBLIMAZIONE (v.) attraverso la quale si sposta la meta delle proprie pulsioni istintuali la cui immediata soddisfazione è considerata inferiore ai valori socioculturali che ci si propone di realizzare. Per il *comportamentismo*, invece, l'autocontrollo è determinato, anche se non sempre a livello conscio, dal valore relativo della ricompensa e quindi dall'interesse che l'individuo può trarne. Questa "Legge dell'effetto relativo" permette all'individuo di autoricompensarsi se appena è in grado di introdurre tra desiderio e soddisfazione la variabile del tempo che consente, mediante l'introduzione di rinforzi, di tollerare meglio il differimento della soddisfazione e, nei casi più fortunati, di modificare l'ambiente esterno in modo da renderlo più gratificante (v. APPRENDIMENTO, § I, 1-2).

Bibliografia

Cornoldi C., Gardinale M., Masi A., Pettenò L., *Impulsività e autocontrollo. Interventi e tecniche metacognitive*, Erickson, Trento 1996.

Autocoscienza (ingl. *Self-consciousness*; ted. *Selbstbewusstsein*; fr. *Conscience de soi*; sp. *Autoconciencia*). In psicologia il termine ha il significato di conoscenza di sé, per cui spesso si trova anche l'espressione *autoconoscenza* allo scopo di distinguere l'uso psicologico della parola da quello filosofico, dove autocoscienza è il principio trascendentale che si pone come condizione di ogni conoscenza e, per l'Idealismo, anche di ogni realtà. Rispetto all'accessibilità con cui ciascuno viene a conoscere se stesso, si distingue un *sé manifesto* che riguarda gli aspetti coscienti di sé che si ottengono dall'informazione degli altri, un *sé interiore* conosciuto solo dall'individuo, un *sé cieco* conosciuto solo dagli altri, e un *sé sconosciuto* che è ignoto a chiunque, anche se la sua esistenza può essere inferita. Sull'importanza dell'autocoscienza come conoscenza di sé hanno insistito la *psicologia descrittiva*, inaugurata da Wilhelm Dilthey che ha definito l'autocoscienza «la forma più alta e più istruttiva in cui possiamo comprendere la vita», e la *psicoanalisi* che ne ha fatto la condizione indispensabile per l'esercizio della professione psicoanalitica. Non vi ha invece insistito molto la *psicologia scientifica* perché dall'autocoscienza non si può eliminare l'autoillusione, e perché quanto uno sa di sé deriva dal modo con cui è stato considerato dagli altri, con conseguenti errori di autovalutazione e autosvalutazione. Nonostante questa improponibilità scientifica, l'autocoscienza è oggetto di particolare attenzione in sede pedagogica, dove si è potuto dimostrare che un distorto sviluppo dell'autocoscienza, per effetto dell'altrui svalutazione, può produrre sentimenti di inferiorità che pregiudicano il processo educativo.

In ambito fenomenologico si distinguono un'*autocoscienza riflessa* cosiddetta perché si raggiunge con la riflessione, e un'*autocoscienza immediata* perché antecede la riflessione e attesta l'appartenenza di me a me stesso per cui è denominata anche "ipseità". Quando questa autocoscienza primordiale si spezza, allora, come dice Karl Jaspers, ci troviamo di fronte a quei vissuti schizofrenici per cui il soggetto non si sente autore delle proprie azioni, oppure si identifica con l'oggetto che ha davanti a sé, o ancora si sente diviso in due personalità, o addirittura si vive "in terza persona" come se si guardasse dall'esterno. E questo perché l'ipseità nasce dall'esperire sé come soggetto che fa una determinata esperienza e non da un atto riflessivo che riconsegna me a me stesso.

Bibliografia

Dilthey W., *Ideen über beschreibende und zergliedernde Psychologie* (1894), in *Gesammelte Schriften*, Teubner, Leipzig 1914-1936 (poi riedito a partire dal 1958 in fotocopia anastatica dall'editore Vandenhoeck & Ruprecht, Stuttgart-Göttingen), vol. V.

Hector H., *Selbsterkenntnis als fehlender Psychologie-Begriff*, in "Praktische Psychologie", 1971, n. 25.

Jaspers K., *Psicopatologia generale* (1913-1959), Il Pensiero Scientifico, Roma 2000.

Kleinke C. L., *Self-perception. The psychology of personal awareness*, Freeman, San Francisco 1978.

Maturana H., *Autocoscienza e realtà* (1991), Raffaello Cortina, Milano 1993.

Wright Ch., *L'evoluzione dell'autocoscienza* (1873), Spirali/Vel, Milano 1990.

Autocritica (ingl. *Self-criticism*; ted. *Selbstkritik*; fr. *Autocritique*; sp. *Autocrítica*). Giudizio che il soggetto esprime su di sé, sulle proprie azioni e sui propri errori o difetti dopo un esame della propria personalità e del proprio comportamento. Si differenzia dall'AUTOACCUSA (v.) perché quest'ultima si riferisce o a qualcosa che non si è commesso o a qualcosa che, pur essendo stato compiuto, non è la causa della situazione che si rifiuta o di cui ci si lamenta.

Autoctono, v. ALLOCTONO – AUTOCTONO.

Autodistanziamento (ingl. *Self-distancing*; ted. *Selbstverfremdung*; fr. *Autodistanciation*; sp. *Autodistanciamiento*). Termine coniato da Viktor E. Frankl nell'ambito della LOGOTERAPIA (v.) volto a modificare l'atteggiamento del paziente inducendolo a distanziarsi dalle sue fobie e angosce facendo emergere gli aspetti umoristici e aiutandolo, come lui scrive, "a cogliere il lato comico delle cose".

Bibliografia

Frankl V. E., *Logoterapia e analisi esistenziale* (1946), Morcelliana, Brescia 1977.

Autoecolalia, v. ECOFENOMENO.

Autoecoprassia, v. ECOFENOMENO.

Autoefficacia (ingl. *Self-efficacy*; ted. *Selbstwirksamkeit*; fr. *Autoefficacité*; sp. *Autoeficacia*). Termine introdotto da Albert Bandura nell'ambito della "teoria sociale cognitiva" in ordine all'insieme delle convinzioni che una persona possiede riguardo alle proprie capacità di organizzare ed eseguire azioni necessarie al raggiungimento degli scopi che si è prefissa. Detta autoefficacia è da lui denominata anche *agentività umana* in riferimento alla capacità di agire attivamente sull'ambiente, con i propri fattori personali e i propri comportamenti, allo scopo di trasformarlo. Siccome influenza la motivazione, facilita il successo scolastico e concorre favorevolmente alla realizzazione personale, la teoria dell'autoefficacia trova applicazione in psicologia dello sport, della salute e del lavoro.

Bibliografia

Bandura A., *Human agency. The rhetoric and the reality*, in "American Psychologist", 1991, n. 46.

–, *Autoefficacia. Teoria e applicazioni* (1997), Erickson, Trento 2000.

– (a cura di), *Il senso dell'autoefficacia. Aspettative su di sé e azione* (1998), Erickson, Trento 2001.

–, *Adolescenti e autoefficacia* (2006), Erickson, Trento 2012.

Caprara G. V. (a cura di), *La valutazione dell'autoefficacia*, Erickson, Trento 2001.

Pajares F., Urdan T. (a cura di), *L'autoefficacia degli adolescenti* (2005), Erickson, Trento 2007.

Autoerotismo (ingl. *Autoerotism*; ted. *Autoerotismus*; fr. *Autoérotisme*; sp. *Autoerotismo*). Soddisfacimento sessuale tramite il ricorso esclusivo al proprio corpo senza alcun oggetto esterno (v. MASTURBAZIONE). In ambito psicoanalitico l'autoerotismo, assunto nel suo significato specifico, si riferisce al comportamento sessuale infantile dove il piacere è legato al funzionamento di un organo senza ricorso a un oggetto esterno, e senza riferimento a un'immagine unitaria del proprio corpo o a una prima prefigurazione dell'Io, come nel caso del NARCISISMO (v.), che quindi non coincide con l'autoerotismo.

Il termine autoerotismo, nel suo significato generale, è stato introdotto da Havelock Ellis che così l'ha definito: «Per autoerotismo intendo i fenomeni di emozione sessuale spontanea prodotti in assenza di qualsiasi stimolo esterno, sia diretto che indiretto» (1897-1910, p. 19). Sigmund Freud, riprendendo il termine da Ellis e criticandolo perché «egli ha reso meno felice il significato del termine da lui inventato includendo tutta l'isteria e tutti i fenomeni di masturbazione nell'autoerotismo» (1905, p. 491), procede ad una definizione dell'autoerotismo sulla base del rapporto della pulsione con il suo oggetto: «La pulsione non si dirige verso altre persone, ma si soddisfa sul proprio corpo» (*ibid.*). In seguito, introducendo la distinzione tra fonte e oggetto della PULSIONE (v. § 1), Freud dirà che «le pulsioni sessuali si comportano *autoeroticamente*, cioè il loro oggetto si vanifica rispetto all'organo che costituisce la loro fonte, e viene di regola a coincidere con esso» (1915, p. 28).

La teoria dell'autoerotismo è legata a una tesi fondamentale della concezione freudiana della sessualità che in un primo tempo si appoggia (v. ANACLISI, § 1) alla pulsione di autoconservazione e poi, separandosi, la pulsione sessuale perde il suo oggetto e diventa autoerotica. Così, ad esempio, l'atto del succhiare, slegandosi dalla fame, a cui si appoggiava per soddisfare la pulsione di autoconservazione che le indicava anche l'oggetto, se ne separa abbandonandosi autoeroticamente al fantasma.

La nozione di autoerotismo, oltre a fondare la separazione delle pulsioni sessuali da quelle non sessuali, serve a distinguere la soddisfazione autonoma delle varie pulsioni da quella organizzata e centrata su un Io che diventa oggetto narcisistico. Nel narcisismo è infatti l'Io, come immagine unificata del corpo, ad essere oggetto di piacere, mentre nell'autoerotismo le pulsioni parziali, non ancora organizzate in modo unitario, si soddisfano isolatamente: «Osservo – scrive Freud – che siamo costretti a supporre che non esista nell'individuo sin dall'inizio un'unità paragonabile all'Io; l'Io deve ancora evolversi. Le pulsioni autoerotiche sono invece assolutamente primordiali; qualcosa – una nuova azione psichica – deve dunque aggiungersi all'autoerotismo perché si produca il narcisismo» (1914, pp. 446-447). In conclusione, l'autoerotismo si organizza in quello stato originario caratterizzato dal frazionamento della pulsione sessuale, ed è privo di un oggetto totale sia esterno sia interno, come può essere l'Io narcisistico, per alimentarsi di un oggetto parziale fantasmatico (v. PULSIONE, § 2, *e*).

Bibliografia

Ellis H., *Psicologia del sesso* (1897-1910), Newton Compton, Roma 1969.

Freud S., *Tre saggi sulla teoria sessuale* (1905), in *Opere* (1967-1993), Bollati Boringhieri, Torino, vol. IV.

–, *Introduzione al narcisismo* (1914), in *Opere*, cit., vol. VII.

–, *Pulsioni e loro destini*, in *Metapsicologia* (1915), in *Opere*, cit., vol. VIII.

Spitz R. Á., *Vers une réévaluation de l'autoérotisme*, in "Psychologie de l'Enfant", 1957, n. 7.

Autofocalizzazione, v. ATTENZIONE, § 6.

Autogeno, Training, v. TRAINING AUTOGENO.

Autoguarigione, v. GUARIGIONE, § 1.

Autoinganno (ingl. *Self-deception*; ted. *Selbsttäuschung*; fr. *Autotromperie*; sp. *Autoengaño*). Atteggiamento mentale di difesa attraverso cui l'individuo falsifica consapevolmente l'immagine che ha di sé per non perdere l'autostima o per non rinunciare al soddisfacimento di bisogni istintuali coscientemente rifiutati. Così facendo, il soggetto riesce ad aggirare la censura del Super-io, offrendo a se stesso false motivazioni che giustificano ai suoi occhi i propri comportamenti e i propri pensieri. In sede fenomenologica Jean-Paul Sartre interpreta l'autoinganno come una falsa descrizione delle proprie esperienze, sia esterne che interne, attuata con il ricorso a concetti di "necessità" e di "moralità" per sottrarsi al senso di responsabilità che la propria totale libertà comporta.

Bibliografia

Adler A., *Il temperamento nervoso* (1912), Astrolabio, Roma 1950.
Sartre J.-P., *L'essere e il nulla* (1943), il Saggiatore, Milano 1968.

Autoipnosi (ingl. *Self-hypnosis*; ted. *Autohypnose*; fr. *Autohypnose*; sp. *Autohipnosis*). IPNOSI (v.) conseguita spontaneamente dal soggetto o mediante autosuggestione o attraverso il reiterato prodursi di semplici stimoli sensibili, ottici o acustici, di non elevata intensità. Sigmund Freud, prima della formulazione del metodo analitico, riteneva che per alcuni pazienti l'ABREAZIONE (v.) fosse conseguibile con l'autoipnosi. Lo stato autoipnotico trova diffusa descrizione e ampia utilizzazione nelle tecniche di meditazione come lo YOGA (v.) e nel TRAINING AUTOGENO (v.).

Bibliografia

Freud S., *Ipnotismo e suggestione* (1888-1892), in *Opere* (1967-1993), Bollati Boringhieri, Torino, vol. I.
Schultz J. H., *Il training autogeno. Metodo di autodistensione da concentrazione psichica* (1932), vol. I: *Esercizi inferiori*, vol. II: *Esercizi superiori. Teoria*, Feltrinelli, Milano 1968.

Autolesionismo (ingl. *Self-injury*; ted. *Selbstbeschädigung*; fr. *Automutilation*; sp. *Autolesión*). Danneggiamento che l'individuo procura al proprio corpo, osservabile tanto negli animali che in prigionia si feriscono con morsi o avventandosi contro le pareti fino a giungere, in casi di fame estrema o di estremo pericolo, a episodi di automutilazione, quanto nel mondo umano dove si assiste a manifestazioni di autolesionismo nei riti religiosi o di iniziazione, nei cerimoniali funebri di certe culture, nelle prove di coraggio, come nel caso di Muzio Scevola che lasciò ardere la sua mano sul braciere, nei sacrifici di consacrazione dove si può giungere, come nel caso di Origene, fino all'autocastrazione, e in tutte quelle occasioni dove l'automutilazione può servire per evitare condizioni di vita ritenute intollerabili, come il servizio militare o la carcerazione. L'autolesionismo ricorre nelle forme nevrotiche a sfondo masochista, in quelle isteriche per ottenere il guadagno secondario della malattia (v. GUADAGNO DELLA MALATTIA), e in quelle schizofreniche, come nel caso di Vincent Van Gogh che si mutilò un orecchio, dove le lesioni inflitte vengono imputate a voci che le avrebbero comandate.

Automa, v. CIBERNETICA, § 3.

Automatismo (ingl. *Automatism*; ted. *Automatismus*; fr. *Automatisme*; sp. *Automatismo*). Attività, non classificabile nell'ambito dei movimenti riflessi (v. MOVIMENTO, § 1, *a*), compiuta senza intenzione né consapevolezza.

1. L'INTERPRETAZIONE DI EUGEN BLEULER. Osservate da Bleuler, le azioni automatiche sono così descritte: «Questo tipo di azioni non è sentito dal paziente come qualcosa di soggettivo; egli non avverte di volere l'azione e non sempre si accorge di stare per eseguirla. Se l'azione dura per un certo tempo, ne viene a conoscenza come uno spettatore estraneo "dall'esterno" al suo svolgimento» (1911-1960, p. 111). A partire da Bleuler la psichiatria tedesca ha distinto ed evidenziato diversi tipi di automatismo:

a) *Automatismo al comando*, per cui un soggetto ubbidisce acriticamente senza esercitare alcun giudizio personale. La condizione può essere indotta per mezzo di ipnosi ed è frequente nella forma catatonica della schizofrenia. Scrive in proposito Bleuler: «Il contrario dell'automatismo al comando è il *negativismo*. Certi pazienti non vogliono fare proprio quanto si esige e ci si aspetta da loro (negativismo passivo), oppure fanno il contrario (negativismo attivo), cosicché, in casi in cui il fenomeno è spiccato, è possibile dirigerli esigendo da loro il contrario di quanto si desidera» (ivi, p. 109).

b) *Automatismo deambulatorio* che consiste, scrive Bleuler, «in un vagare ininterrotto, a caso, o sotto la pulsione di un'unica idea confusa e incontrollata: ora di carattere semplicemente motorio (e il malato non tien conto dei passanti e del traffico come è invece necessario camminando all'aperto), ora senza che nessuno ne sospetti il carattere patologico» (ivi, p. 567).

c) *Automatismo mentale* che si riferisce a processi psichici vissuti dal soggetto, ma non riconosciuti come suoi, e attribuiti ad un'azione estranea: tali sono le allucinazioni, i furti del pensiero, e gli ecofenomeni (v. ECOFENOMENO).

d) *Automatismo della scrittura*, per cui la mano di un soggetto scrive spontaneamente e forma frasi razionali di cui il soggetto non è consapevole. Ricorre frequentemente nelle condotte dei MEDIUM (v.) e in alcune forme ipnotiche (v. SCRITTURA, § 1).

2. L'INTERPRETAZIONE DI PIERRE JANET. Secondo Janet gli automatismi sono gruppi di contenuti psichici che si rendono autonomi rispetto alla coscienza in seguito a un abbassamento del livello mentale (v. BINET-SIMON, SCALA DI). Janet distingue: a) gli *automatismi totali* che si estendono all'intera personalità come la catalessi e in forma minore il sonnambulismo artificiale o IPNOSI (v.); b) gli *automatismi parziali* che non si estendono all'intera personalità, ma solo a una parte di questa, seguendo uno sviluppo autonomo come ad esempio la distrazione (v. ATTENZIONE); c) le *esistenze successive*, come le chiama Janet con riferimento a personalità differenti, ciascuna delle quali non avverte l'influenza delle altre. A differenza di Janet, Carl Gustav Jung ritiene che gli automatismi non determinano una perdita di coscienza, ma unicamente la perdita della sua *centralità*, consentendo ai complessi non egoici di annunciarsi e liberarsi dalla gerarchia dell'Io e di sfuggire al suo controllo. In proposito scrive: «Un complesso non è autonomo se non urta contro di noi e se non dimostra con evidenza la sua superiorità o collateralità all'Io o alla coscienza» (1926, p. 359).

Bibliografia

Bleuler E., *Trattato di psichiatria* (1911-1939, aggiornato da M. Bleuler dal 1940 al 1960), Feltrinelli, Milano 1967.

Janet P., *L'automatismo psicologico. Saggio di psicologia sperimentale sulle forme inferiori dell'attività umana* (1889-1903), Raffaello Cortina, Milano 2013.

Jung C. G., *Spirito e vita* (1926), in *Opere* (1969-2007), Bollati Boringhieri, Torino, vol. VIII.

Automatizzazione (ingl. *Automatization*; ted. *Automatisierung*; fr. *Automatisation*; sp. *Automatización*). Processo attraverso cui un'azione o un'attività, per effetto dell'abitudine o dell'esercizio, viene compiuta senza sforzo e senza la necessità di un controllo continuo o di una particolare attenzione nelle varie fasi della sua esecuzione. L'automatizzazione costituisce, per l'individuo, un risparmio energetico. Heinz Hartmann ha posto l'automatizzazione in relazione all'autonomia (v. AUTONOMIA – ETERONOMIA) nel senso che «l'Io si serve per le sue operazioni degli apparati somatici della motilità, nonché della percezione e del pensiero, e giunge ben presto, a scopo di economia, ad automatizzarli. L'automatizzazione ha una sua flessibilità e serve strettamente all'autonomia; infatti non solo gli apparati automatizzati sono i mezzi con cui si esprimono le motivazioni autonome e consentono all'Io, attraverso un considerevole risparmio di energie, di compiere le sue sintesi, ma in più la loro formazione è una garanzia per il mantenimento dell'autonomia relativa» (1939, p. 58).

Bibliografia

Hartmann H., *Psicologia dell'Io e problemi dell'adattamento* (1939), Bollati Boringhieri, Torino 1966.

Automatografo (ingl. *Automatograph*; ted. *Automatograph*; fr. *Automatographe*; sp. *Automatógrafo*). Strumento di misurazione dei movimenti involontari (v. MOVIMENTO, § 1, *a*) il cui svolgimento viene trascritto in un grafico.

Automonitoraggio, v. AUTOPRESENTAZIONE, § 2.

Automutilazione, v. AUTOLESIONISMO.

Autonomia – Eteronomia (ingl. *Autonomy-heteronomy*; ted. *Autonomie-Heteronomie*; fr. *Autonomie-hétéronomie*; sp. *Autonomía-heteronomía*). Polarità di termini che designano rispettivamente la condizione di chi ha la norma del proprio comportamento in sé (*autonomia*) o in altro (*eteronomia*). Diversi sono gli ambiti in cui è stata tematizzata questa polarità.

1. PSICOANALISI. Secondo Sigmund Freud l'autonomia si istituisce quando l'individuo interiorizza i divieti genitoriali, e più in generale le regole di comportamento che da quei divieti scaturiscono, nonché i valori ideali che mettono capo a quelle figure dell'apparato psichico che Freud chiama rispettivamente: SUPER-IO (v.) e Ideale dell'Io (v. IO, IDEALE DELL'). Siccome ciascuno comincia la sua vita sottomesso alla legge di un altro da sé, nell'età infantile l'eteronomia rappresenta una condizione normale, mentre nell'età adulta è il sintomo di una mancata maturazione. Dal punto di vista della teoria delle pulsioni, secondo Sándor Ferenczi l'autonomia prende avvio con la fase anale e precisamente con il controllo degli sfinteri, per cui è possibile parlare di una "moralità sfinterica" in cui sono leggibili i precursori del Super-io, costituiti dall'introiezione delle proibizioni e delle richieste dei genitori in relazione all'educazione del controllo degli sfinteri e alle relative norme igieniche (v. ANALE, § 2). Dal punto di vista psicodinamico, in età adulta l'eteronomia è spiegata come una mancata

interiorizzazione del Super-io che continua ad essere rappresentato dalle figure parentali e dall'autorità che le sostituisce. Il mancato conseguimento dell'autonomia lascia il soggetto in una condizione di DIPENDENZA (v.). Sempre in ambito psicoanalitico Erik Homburger Erikson colloca la conquista dell'autonomia al secondo stadio degli otto da lui individuati nella crescita dell'individuo, mentre Jean Piaget distingue tre stadi: *anomia* dove il proprio punto di vista è assunto come unico, senza alcuna considerazione per i punti di vista altrui, *eteronomia* dove il valore delle azioni risiede nell'autorità di chi le prescrive, *autonomia* dove ha luogo l'interiorizzazione dell'obbligazione e la consapevolezza delle esigenze altrui (v. PSICOLOGIA DELL'ETÀ EVOLUTIVA, § 4). Va da sé che il passaggio dall'eteronomia all'autonomia comporta una decostruzione delle rappresentazioni dell'Altro (ad esempio i genitori) inizialmente necessario per la costruzione dell'Io e poi da contrastare o ripristinare per la conquista della propria autonomia.

2. TEORIA DELLA PERSONALITÀ. In questo ambito Gordon Willard Allport ha introdotto il concetto di autonomia funzionale, secondo cui abitudini e capacità, originariamente legate a esigenze biologico-istintuali, tendono in seguito a funzionare in modo autonomo. In polemica con la PSICOLOGIA ORMICA (v.) di William McDougall e con quella psicoanalitica di Freud, Allport sostiene l'indipendenza e il progressivo autonomizzarsi della motivazione dalla pulsione originaria, altrimenti non si spiegherebbe: a) la persistenza di un'abitudine anche quando viene a mancare l'incentivo, come nel caso della povertà che induce al risparmio e alla tesaurizzazione, che poi vengono perseguiti per se stessi, determinando il comportamento dell'avaro; b) l'infinita varietà degli scopi a cui tende l'uomo rispetto al numero limitato delle sue pulsioni originarie; c) il perdurare di un comportamento coattivo anche dopo la scomparsa del motivo originario.

3. PSICOLOGIA SOCIALE. In questo ambito si distingue l'*autonomia di una collettività*, dall'*autonomia dei singoli individui*. La prima è nata in Grecia quando Atene si dota di mezzi politici, economici e militari per governarsi secondo le proprie leggi. L'autonomia della collettività non riconosce, nell'antica Grecia, l'autonomia dell'individuo, perché, rispetto all'individuo, il primato spetta alla città (πόλις). Scrive in proposito Aristotele: «È evidente che lo Stato è anteriore a ciascun individuo: difatti, se non è autosufficiente, ogni individuo separato sarà nella stessa condizione delle altre parti rispetto al Tutto, e quindi chi non è in grado di entrare nella comunità, o per la sua autosufficienza non ne sente il bisogno, non è parte dello Stato, e di conseguenza è o bestia o dio» (*Politica*, Libro IV, 1295 b). Il riconoscimento dell'individuo avviene con il Cristianesimo che, introducendo il concetto di ANIMA (v. § 2), fonda l'identità personale, quindi l'autonomia dell'individuo, di conseguenza la sua libertà, a cui è connessa la responsabilità, dalla quale discende la possibilità di sottoporre a giudizio le sue azioni. Con ciò non viene smentita l'autonomia collettiva, dal momento che un individuo è ritenuto libero e autonomo in quanto appartiene a un corpo sociale che ha guadagnato le condizioni della propria autonomia. Questa dipendenza dell'individuo dalla comunità consente a Ignace Meyerson di affermare che l'Io, la coscienza o l'idea di essere una persona non sono dati in modo diretto e immediato, ma dipendono dai processi sociali favorevoli all'individuazione, e richiedono un certo distacco dal gruppo che riconosce come legittima questa separazione. Inoltre l'autonomia non è mai qualcosa di stabile perché, come scrive Blaise Ollivier, «l'autonomia si costituisce in una tensione tra processi di imitazione, di dispersione per effetto di pressioni esterne e un movimento di ripresa in sé, per elaborare una coerenza personale attraverso i ruoli assunti e i cambiamenti consentiti, così come può anche regredire in situazioni alienanti o mal digerite» (1995, p. 82).

4. ANALISI TRANSAZIONALE. Per Eric Berne l'autonomia è la meta ideale del processo di cambiamento a cui si dedica l'analisi transazionale. E al suo conseguimento concorrono la consapevolezza (v. COSCIENZA), l'INTIMITÀ (v.) e la SPONTANEITÀ (v.).

Bibliografia

Allport G. W., *Divenire. Fondamenti di una psicologia della personalità* (1955), Editrice Universitaria, Firenze 1963.

Aristotele, *Politica*, in *Opere*, Laterza, Bari 1973.

Berne E., *Analisi transazionale e psicoterapia* (1961), Astrolabio, Roma 1971.

Bettelheim B., *Il cuore vigile. Autonomia individuale e società di massa* (1960), Adelphi, Milano 1998.

Erikson E. H., *Infanzia e società* (1950), Armando, Roma 1968.

Ferenczi S., *Psicoanalisi delle abitudini sessuali* (1925), in *Opere* (1989-1992), Raffaello Cortina, Milano, vol. III.

Freud S., *Totem e tabù. Alcune concordanze nella vita psichica dei selvaggi e dei nevrotici* (1912-1913), in *Opere* (1967-1993), Bollati Boringhieri, Torino, vol. VII.

–, *Introduzione alla psicoanalisi* (1915-1917), in *Opere*, cit., vol. VIII.

Gruen A., *Il tradimento del sé. La paura dell'autonomia nell'uomo e nella donna* (1988), Feltrinelli, Milano 1992.

Meyerson I., *Les fonctions psychologiques et les oeuvres*, Vrin, Paris 1948.

Ollivier B., *L'acteur et le sujet*, Desclée de Brouwer, Paris 1995.

Piaget J., *Il giudizio morale nel fanciullo* (1932), Giunti Barbera, Firenze 1973.

Autonomo, Sistema nervoso, v. SIMPATICO, SISTEMA NERVOSO.

Autopercezione, Teoria dell' (ingl. *Self-perception theory*; ted. *Selbstwahrnehmungstheorie*; fr. *Théorie de l'autoperception*; sp. *Teoría de la autopercepción*). Teoria formulata da Daryl J. Bem secondo cui l'individuo non avrebbe una diretta percezione dei suoi stati mentali, ma potrebbe solo inferirli dall'esame del proprio comportamento, come se fosse, rispetto alla sua interiorità, un osservatore esterno. Questa teoria non è condivisa da Leon Festinger che, proprio sulla differenza tra l'autopercezione diretta e quella inferita dall'esame del proprio comportamento, ha formulato la sua teoria della DISSONANZA COGNITIVA (v.).

Bibliografia

Bem D. J., *Self-perception theory*, in L. Berkowitz (a cura di), *Advances in experimental social psychology*, Academic Press, New York 1972, vol. VI.
Festinger L., *Teoria della dissonanza cognitiva* (1957), Franco Angeli, Milano 1973.

Autoplastica, v. ALLOPLASTICA – AUTOPLASTICA.

Autopresentazione (ingl. *Self-presentation*; ted. *Selbstvorstellung*; fr. *Autoprésentation*; sp. *Autopresentación*).

1. Strategia a cui si ricorre per gestire la propria immagine all'esterno e controllare l'impressione che si dà di sé. Nell'interazione sociale, infatti, ciascuno tende a presentarsi in modo diverso a persone diverse al fine di offrire l'aspetto migliore della propria personalità. Già studiato da William James, questo concetto è stato riproposto nell'accezione di PERSONA (v.) dalla psicologia analitica di Carl Gustav Jung, che in proposito dice che «attraverso la sua identificazione più o meno completa con l'atteggiamento del momento, ogni individuo può ingannare gli altri e sovente anche se stesso circa il suo vero carattere; assume cioè una *maschera*, conscio che essa corrisponde da un lato alle sue intenzioni, dall'altro alle esigenze e alle opinioni del suo ambiente: e in ciò prevale ora l'uno ora l'altro fattore. Questa maschera, cioè questo atteggiamento assunto *ad hoc*, io l'ho chiamato *Persona* dal nome della maschera che mettevano gli attori dell'antichità» (1921, p. 417). L'analogia con il teatro è adottata anche da Erving Goffman per il quale ogni individuo cerca di mantenere un'immagine di sé adatta alla situazione sociale utilizzando una gamma di immagini e di tattiche di autopresentazione per risolvere positivamente la propria interazione sociale.

2. Dall'ampio contesto dell'autopresentazione Mark Snyder ha evidenziato il concetto di *automonitoraggio*, ossia quel processo autoconoscitivo che consente all'individuo di accumulare il maggior numero possibile di informazioni sui propri pensieri, emozioni e azioni, nonché sulle regole e sulle convenzioni che li guidano a livello conscio, per poter esercitare, attraverso una scelta strategica di parole e azioni, un controllo sull'immagine che egli dà agli altri e quindi sull'impressione che suscita all'esterno. Un elevato grado di automonitoraggio permette all'individuo un'alta variabilità trans-situazionale, e quindi un notevole adeguamento alle diverse situazioni sociali. Ad una scarsa capacità di automonitoraggio corrisponde, oltre a rigidità e scarso adattamento, una condotta che si lascia facilmente prevedere e una presentazione di sé agli altri incerta, stereotipa e talvolta fallimentare.

Bibliografia

Goffman E., *La vita quotidiana come rappresentazione* (1959), il Mulino, Bologna 1969.
–, *Stigma. L'identità negata* (1965), Laterza, Bari 1970.
–, *Modelli di interazione* (1967-1969), il Mulino, Bologna 1971.
Jung C. G., *Tipi psicologici* (1921), in *Opere* (1969-2007), Bollati Boringhieri, Torino, vol. VI.
Snyder M., *Selfmonitoring process*, in L. Berkowitz (a cura di), *Advances in experimental social psychology*, Academic Press, New York 1979, vol. XII.

Autopunizione (ingl. *Self-punishment*; ted. *Selbstbestrafung*; fr. *Autopunition*; sp. *Autocastigo*). Punizione che un individuo infligge a se stesso per lenire un senso di colpa connesso a una trasgressione, reale o immaginaria, di norme o principi morali. Interpretata da Sigmund Freud come espressione di un Super-io particolarmente esigente nei confronti dell'Io (v. PUNIZIONE, § 3), l'autopunizione solleva dall'ansia di una punizione incombente dall'esterno. Anche taluni comportamenti antisociali, che hanno come conseguenza una punizione, possono essere letti come un tentativo inconscio per risolvere un senso di colpa. Nei casi più gravi si può assistere a fenomeni di automutilazione (v. AUTOLESIONISMO) o addirittura di SUICIDIO (v.).

Bibliografia

Bertolini P., *Delinquenza minorile e disadattamento*, Armando, Roma 1971.
Freud S., *Il problema economico del masochismo* (1924), in *Opere* (1967-1993), Bollati Boringhieri, Torino, vol. X.

Autorealizzazione (ingl. *Self-realization*; ted. *Selbstverwirklichung*; fr. *Autoréalisation*; sp. *Autorrealización*). Tendenza insita in ogni individuo a realizzare compiutamente le proprie potenzialità, sia dal punto di vista della maturazione psichica ed emotiva, sia dal punto di vista del comportamento esteriore. Derivato dalla teorizzazione junghiana del processo di *individuazione* (v. PSICOLOGIA ANALITICA, § 5), questo concetto ha il suo equivalente in quello di *autoattualizzazione* impiegato da Abraham H. Maslow nell'ambito della psicologia umanistica. Per Maslow esistono cinque livelli di bisogni (v. BISOGNO, § 3) nel corso dello sviluppo: dopo quelli fisiologici e quelli di sicurezza, ci sono bisogni d'amore e di stima fino al bisogno di autorealizzazione che, essendo una meta ideale, si esprime più come processo e come tendenza che come stadio effettivamente raggiungibile. Il concetto compare anche nella teoria della personalità di Kurt Goldstein e nella terapia non direttiva di Carl Ransom Rogers per il quale l'autorealizzazione è una tendenza psichica presente sia nei soggetti sani che in quelli malati, dove è impedita da conflitti emozionali o da una distorta autoimmagine (v. PSICOLOGIA UMANISTICA). Il concetto di autorealizzazione è alla base dell'interpretazione umanistica del BISOGNO (v. § 3) e della MOTIVAZIONE (v. § 6).

Bibliografia

Bühler Ch., Allen M., *Introduzione alla psicologia umanistica* (1972), Armando, Roma 1976.

Goldstein K., *Der Aufbau des Organismus*, Nijhoff, Den Haag 1934.

Maslow A. H., *Motivazione e personalità* (1954), Armando, Roma 1973.

Menditto M., *Realizzazione di sé e sicurezza interiore*, Erickson, Trento 2006.

Rogers C. R., *La terapia centrata sul cliente* (1951), La Nuova Italia, Firenze 1997.

Autoregolazione, v. COMPENSAZIONE, § 3.

Autoriferimento (ingl. *Self-reference*; ted. *Selbsthinweis*; fr. *Autoallusion*; sp. *Autorreferencia*). Supposizione che parole, gesti, sorrisi, allusioni, complimenti delle persone che ci circondano ci riguardino personalmente, quando un semplice esame di realtà potrebbe facilmente mostrare che così non è. Modeste e innocue idee di riferimento sono familiari all'esperienza di tutti. Quando sono accentuate e frequenti sono un sintomo tipico delle personalità paranoidi (v. PARANOIA).

Autorità (ingl. *Authority*; ted. *Autorität*; fr. *Autorité*; sp. *Autoridad*). Complesso di caratteristiche riconosciute a un'istituzione o a una persona a cui ci si assoggetta in forma consensuale per la realizzazione di determinati scopi. Max Weber ha distinto tre tipi di autorità: *legale* quando è legittimata da un sistema di leggi stabilite per raggiungere le mete prefissate, *tradizionale* quando è legittimata dalla consuetudine e dalla tradizione, *carismatica* quando trova la sua legittimazione in particolari qualità del capo e nel suo ascendente. Gli indirizzi sociologici contemporanei, con Niklas Luhmann, considerano l'autorità indispensabile al funzionamento di qualsiasi organizzazione complessa, perché accorcia i tempi di risposta alle richieste dell'ambiente (v. POTERE).

La degenerazione dell'autorità prende il nome di *autoritarismo* che caratterizza i regimi antidemocratici. Gli studi più completi sull'autoritarismo sono stati quelli condotti in ambito psicoanalitico da Wilhelm Reich che individuò le origini del fascismo nella costituzione psicologica dell'individuo massificato, da ricondurre alla repressione sessuale promossa dall'educazione tipica della famiglia piccolo-borghese, che ha come suo effetto quello di trasferire su un'autorità carismatica i vissuti nei confronti di un padre autoritario con conseguente tendenza a dominare sadicamente i più deboli. Diversa è invece la lettura di Erich Fromm secondo il quale l'autoritarismo è una "fuga dalla libertà" tipica di individui incapaci di fronteggiare un mondo che ai loro occhi appare incomprensibile, pericoloso o semplicemente troppo complesso. A questo tema si è dedicata anche la Scuola di Francoforte e in particolare Theodor Wiesengrund Adorno, che, partendo da presupposti psicoanalitici, ha descritto la *personalità autoritaria* come una personalità dall'Es molto forte, dall'Io debole e con un Super-io non interiorizzato. Le caratteristiche di questa personalità descritte da Adorno nella *scala del fascismo* (F) sono: rispetto per le convenzioni, sottomissione all'ordine vigente, mancanza di introspezione, superstizione, credenze stereotipate, ammirazione per il potere e la durezza, tendenze distruttive e ciniche, eccessivo interesse e concezione distorta della sessualità. All'origine di questi tratti di personalità ci sarebbero genitori particolarmente punitivi, rigidi, repressivi, castranti che dispensano affetto alla sola condizione di ottenere dai figli un'obbedienza assoluta. Negli ultimi anni del Novecento, la diffusione di gruppi xenofobi, omofobi e razzisti ha spostato gli studi sull'"autoritarismo di destra (RWA: *Right-Wing Authoritarianism*)" come lo chiama Bob Altemeyer, caratterizzato da: a) sottomissione autoritaria che accetta incondizionatamente e acriticamente le decisioni dell'autorità, b) aggressività autoritaria verso gli individui più deboli o diversi della popolazione, ritenendo questo comportamento legittimato dall'autorità, c) convenzionalismo, con approvazione degli atteggiamenti punitivi, non esclusa la pena di morte, nei confronti delle persone ritenute "non convenzionali". Alla base di queste formazioni Altemeyer ritiene che ci sia una paura del mondo e una scarsa esperienza di vita che determina un'intransigenza morale vissuta, dai soggetti autoritari, come loro superiorità morale.

Bibliografia

Adorno Th. W. *et al.*, *La personalità autoritaria* (1950), Edizioni di Comunità, Milano 1973.

Altemeyer B., *The authoritarian specter*, Harvard University Press, Cambridge, Massachusetts, 1996.
Deconchy J.-P., Dru V., *L'autoritarismo* (2001), il Mulino, Bologna 2011.
Fromm E., *Studi sull'autorità e la famiglia* (1936), Mondadori, Milano 1976.
–, *Fuga dalla libertà* (1941), Edizioni di Comunità, Milano 1976.
Guénon R., *Autorità spirituale e potere temporale* (1930), Rusconi, Milano 1972.
Kojève A., *La nozione di autorità* (1942, edito nel 2004), Adelphi, Milano 2011.
Lincoln B., *Autorità. Costruzione e corrosione* (1994), Einaudi, Torino 2000.
Luhmann N., *Potere e complessità sociale* (1975), il Saggiatore, Milano 1979.
Marcuse H., *L'autorità e la famiglia* (1969), Einaudi, Torino 1970.
Milgram S., *Obbedienza all'autorità. Il celebre esperimento di Yale sul conflitto tra disciplina e coscienza* (1974), Bompiani, Milano 1975.
Reich W., *Psicologia di massa del fascismo* (1933), Einaudi, Torino 2002.
Roccato M., *Le tendenze antidemocratiche. Psicologia sociale dell'autoritarismo*, Einaudi, Torino 2003.
Russell B., *Autorità e individuo* (1949), Tea, Milano 1997.
Trentini G., *Potere/autorità*, in AA.VV., *Enciclopedia*, Einaudi, Torino 1980, vol. X, pp. 1041-1053.
Weber M., *Economia e società* (1922, edito postumo), Edizioni di Comunità, Milano 1968.
Zambelloni F., *Autorità e autoritarismo*, La Nuova Italia, Firenze 1978.

Autoritarismo, v. AUTORITÀ.

Autoscopia (ingl. *Autoscopy*; ted. *Autoskopie*; fr. *Autoscopie*; sp. *Autoscopía*). Fenomeno allucinatorio in cui il soggetto vede se stesso (*deuteroscopia*) come un doppio nebuloso, offuscato o semitrasparente, oppure parti interne del suo corpo (*endoscopia*) con sentimenti di angoscia e confusione. Detta anche allucinazione eautoscopica o, più semplicemente, *eautoscopia*, dal greco ἑαυτός (se stesso) e σκοπέω (guardo), il termine, introdotto da Aristotele, ricorre in Johann Wolfgang Goethe, in Fëdor Dostoevskij, in Guy de Maupassant e nella letteratura magica e parapsicologica dove il fenomeno è spiegato mediante l'ipotesi dell'immagine del proprio doppio esistente come "corpo astrale". In sede scientifica le spiegazioni che si danno seguono l'ipotesi di Henry Hécaen secondo il quale le impressioni e le sensazioni spaziali cinestesiche, tattili, ottiche formano modelli organizzati di noi stessi che sono alla base dello schema corporeo (v. CORPO, § 1) responsabile dell'unificazione (*Einsein*) o del distanziamento (*Aussein*) che compiamo tra noi e il nostro corpo in rapporto alla realtà spaziale. La coscienza corporea può infatti svincolarsi dallo spazio oggettivo in modalità positive come la danza, o negative come la vertigine, con una conseguente confusione della realtà personale ed esterna. Nel caso dell'allucinazione autoscopica, a destrutturarsi è quella visione intuitiva dell'immagine spaziale del corpo che ogni uomo organizza sulla base della propria coscienza corporea. Il fenomeno, che si presenta sia in forma di vera percezione, sia come pura rappresentazione, come delirio o come coscienzialità con carattere di corporeità, si registra, oltre che nei processi psichici dissociativi per cause sia endogene che esogene, in misura minore anche in persone normali in stato di particolare stanchezza, con maggior frequenza negli uomini rispetto alle donne. Dal punto di vista neuroanatomico sembra che la regione interessata sia il tronco encefalico e la corteccia parieto-occipitale.

Bibliografia

Hécaen H., *Sur l'héautoscopie. (A propos de quelques cas récents)*, in "Encéphale", 1954, n. 46.
Leischner A., *Die autoskopischen Halluzinationen (Héautoskopie)*, in "Fortschritte der Neurologie-Psychiatrie", 1961, n. 29.
Menninger-Lerchenthal E., *Das Truggebilde der eigenen Gestalt (Héautoskopie, Doppelganger)*, Kargen, Berlin 1935.
Schilder P., *Immagine di sé e schema corporeo* (1935), Franco Angeli, Milano 1973.
Sollier P., *Les phénomènes d'autoscopie*, Alcan, Paris 1903.

Autoscopofilia, v. SCOPOFILIA.

Autosservazione (ingl. *Self-observation*; ted. *Selbstbeobachtung*; fr. *Autoinvestigation*; sp. *Autoobservación*). Osservazione di sé, considerata da Sigmund Freud come una delle funzioni del Super-io che sorge in seguito all'introiezione dell'esperienza di essere osservati da altri, da cui scaturisce, come istanza psichica separata, la coscienza morale (v. COSCIENZA, § 7, *c*): «Da quando ho concepito l'idea che la separazione di un'istanza osservatrice dal resto dell'Io potrebbe essere un tratto regolare nella struttura dell'Io, quest'idea non mi ha più abbandonato e mi ha spinto a indagare gli ulteriori caratteri e relazioni di questa istanza in tal modo separatasi. Il passo successivo è stato immediato. Già il contenuto del delirio di essere osservati suggerisce che l'osservare è solo una preparazione al giudicare e al punire, e noi indoviniamo così che un'altra funzione di questa istanza dev'essere ciò che chiamiamo la nostra coscienza morale» (1932, p. 172). L'autosservazione, come esame il più possibile oggettivo di sé, va distinta dall'INTROSPEZIONE (v.), come ininterrotta ricerca nella propria interiorità a sfondo narcisistico. Uno degli scopi del trattamento analitico è quello di diminuire la componente narcisistica dell'introspezione e di accrescere la capacità di autosservazione.

Bibliografia

Freud S., *Introduzione alla psicoanalisi. Nuova serie di lezioni* (1932), in *Opere* (1967-1993), Bollati Boringhieri, Torino, vol. XI.

Autostima (ingl. *Self-esteem*; ted. *Selbstwertgefühl*; fr. *Estime de soi*; sp. *Autoestima*). Considerazione che un individuo ha di se stesso. Vari studi hanno dimostrato che l'autostima si mantiene costante ed è difficile modificarla anche se le prove oggettive smentiscono la concezione soggettiva che uno ha di sé. Dal punto di vista psicoanalitico, l'autostima si spiega come un appoggio di natura narcisistica che l'Io riceve dal Super-io, per cui il soggetto non teme punizioni o riprovazioni. L'autostima vien meno negli stati di depressione in cui l'individuo disprezza e svaluta se stesso, mentre aumenta negli stati maniacali dove si ha un'ipertrofia del soggetto rispetto al mondo circostante. L'*autovalutazione* che è alla base dell'autostima può esprimersi come *sopravvalutazione* o come *autosvalutazione* o *sottovalutazione* per un'errata considerazione che ciascuno può avere di se stesso rispetto agli altri o alla situazione in cui di volta in volta si trova ad operare. Le dinamiche sottese all'oscillazione della valutazione che uno ha di sé sono esposte alla voce SÉ (v. § 1) e alla voce COMPENSAZIONE (v. § 2). Per la valutazione dell'autostima esiste il test TMA (v. TMA, TEST).

Bibliografia

Bracken B. A., *Test TMA. Valutazione multidimensionale dell'autostima* (1992), Erickson, Trento 1996.
Miceli M., *L'autostima*, il Mulino, Bologna 1998.
Plummer D., *La mia autostima* (2006), Erickson, Trento 2010.
Pope A., McHale S., Craighead E., *Migliorare l'autostima* (1998), Erickson, Trento 2000.

Autosuggestione, v. SUGGESTIONE.

Autosvalutazione, v. AUTOSTIMA.

Autotopoagnosia, v. SOMATOAGNOSIA, § 1, *a*.

Autotrascendenza (ingl. *Self-trascendence*; ted. *Selbsttranszendenz*; fr. *Autotranscendance*; sp. *Autotrascendencia*). Espressione impiegata nell'ambito della LOGOTERAPIA (v. § 2) per significare il tratto specifico della natura umana che, contrariamente a quanto ritiene Abraham Harold Maslow in ordine alla gerarchia dei bisogni da soddisfare, è portata a reperire un senso e un significato al di là di sé, come può essere uno scopo da realizzare, una persona da amare, o un'ulteriorità di senso rispetto a quelli da tutti condivisi. Di conseguenza ogni ripiegamento su se stessi e ogni atteggiamento autoreferenziale, come la ricerca del piacere, del potere, del denaro e in generale degli esclusivi interessi personali, è da annoverarsi tra gli atteggiamenti nevrotici.

Bibliografia

Bruzzone D., *Autotrascendenza e formazione. Esperienza esistenziale, prospettive pedagogiche e sollecitazioni educative nel pensiero di Viktor E. Frankl*, Vita e Pensiero, Milano 2001.
Frankl V. E., *La sfida del significato. Analisi esistenziale e ricerca di senso* (1946-1996), Erickson, Trento 2005.
–, *Senso e valori per l'esistenza* (1947), Città Nuova, Roma 1998.

Autovalutazione, v. AUTOSTIMA.

Auxologia (ingl. *Auxology*; ted. *Auxologie*; fr. *Auxologie*; sp. *Auxología*). Scienza che studia le trasformazioni strutturali e funzionali del corpo umano durante l'età evolutiva dove decisivo risulta il rapporto tra lo stadio di *crescita* fisica, valutato in base agli indici di normalità stabiliti statisticamente in relazione all'età, al peso, al sesso dell'individuo, e la *maturazione* delle sue dinamiche psichiche (v. PSICOLOGIA DELL'ETÀ EVOLUTIVA). In riferimento allo sviluppo fisico, sono anomalie della crescita il NANISMO (v.) e il GIGANTISMO (v.).

Bibliografia

De Toni G., *L'accrescimento umano*, La Scuola, Brescia 1970.
Weiner I., Elkind D., *Lo sviluppo umano* (1969), Armando, Roma 1974.

Avalutatività (ingl. *Unjudgment*; ted. *Unwertbestimmtheit*; fr. *Avalutativité*; sp. *Avaloración*). Esclusione dei termini valutativi e dei giudizi di valore dalla discussione dei comportamenti umani individuali e sociali: o per garantire l'obiettività della ricerca come caldeggiava Max Weber, o perché non esiste una norma che possa stabilire oggettivamente chi è sano e chi è deviante, come sostengono l'antipsichiatria e la psichiatria fenomenologica di Ludwig Binswanger, per il quale ogni forma mentale, anche quella che sembra più delirante, ha in sé la sua NORMA (v. § 3).

Bibliografia

Binswanger L., *Per un'antropologia fenomenologica. Saggi e conferenze psichiatriche* (1921-1941), Feltrinelli, Milano 1970.
Weber M., *Il metodo delle scienze storico sociali* (1904-1917, edito postumo nel 1922), Einaudi, Torino 1958.

Avarizia (ingl. *Avarice*; ted. *Geiz*; fr. *Avarice*; sp. *Avaricia*). Tendenza ad accumulare beni e denaro riconducibile, a parere di Sigmund Freud, a quella prima forma di ritenzione vissuta nella fase anale (v. ANALE, § 2) come ritenzione delle feci. L'avarizia ha il suo contrario nella PRODIGALITÀ (v.) che, sempre secondo Freud, è da ricondurre al piacere connesso al rilascio delle feci.

Bibliografia

Freud S., *Carattere ed erotismo anale* (1908), in *Opere* (1967-1993), Bollati Boringhieri, Torino, vol. V.

Galimberti U., *Avarizia*, in Id., *I vizi capitali e i nuovi vizi* (2003), Feltrinelli, Milano 2015, pp. 43-48.

Avere (ingl. *To have*; ted. *Haben*; fr. *Avoir*; sp. *Tener*). Termine introdotto da Erich Fromm in opposizione al termine "essere" per indicare la condizione di chi supplisce all'insufficienza vera o presunta del proprio essere attraverso l'acquisizione o, come dice Fromm, l'incorporazione delle cose (v. INCORPORAZIONE). Questo atteggiamento, che ha le sue radici nella fase orale, si manifesta quando «il bambino mostra la tendenza a mettersi in bocca le cose che desidera perché il suo essere non è ancora in grado di permettergli altre forme di controllo di quei possessi. Lo stesso rapporto è reperibile in molte forme di cannibalismo, in cui, divorando un altro essere umano, si crede di acquisirne i poteri. [...] L'atteggiamento implicito del consumismo è quello dell'inghiottimento del mondo intero. Il consumatore è un eterno lattante che strilla per avere il poppatoio» (1976, pp. 45-46). La strategia di supplire all'insufficienza d'essere con l'avere non porta ad alcun risultato, perché nel momento in cui si possiede qualcosa questo perde il suo carattere gratificante.

Bibliografia

Fromm E., *Avere o essere?* (1976), Mondadori, Milano 1977.

Avversione, v. ATTRAZIONE – REPULSIONE, TEORIA DELL'.

Avvicinamento, v. ATTRAZIONE – REPULSIONE, TEORIA DELL'.

Avvio, Struttura di, v. CONSIDERAZIONE.

Azione (ingl. *Action*; ted. *Handlung*; fr. *Action*; sp. *Acción*). Movimento intenzionale deliberato che ha come sua finalità un intervento sull'ambiente volto a ottenere uno scopo; come tale si distingue dal movimento riflesso o automatismo che è una risposta a determinate stimolazioni (v. MOVIMENTO, § 1, *a*). L'ampio uso del termine richiede una sua specificazione nei vari contesti.

1. FILOSOFIA. Azione è una categoria aristotelica che ha il suo contrario nella PASSIONE (v.). Per Aristotele l'azione prevede un agente e pertanto è il predicato di un soggetto. L'azione umana, se mette capo a qualcosa di oggettivo che ha una propria autonomia rispetto all'agente, è chiamata da Aristotele ποίησις, se invece è un comportamento che non si risolve nella produzione di oggetti è chiamata πρᾶξις, a cui sono attribuite tutte le qualificazioni morali positive o negative che sono alla base dell'etica. Opposta alla concezione aristotelica è quella romantica espressa in sede letteraria da Johann Wolfgang Goethe e in sede filosofica da Novalis per il quale «l'azione è la vera e propria realtà. [...] Ciò che è Io – è mediante l'azione» (1795-1800, fr. 190), ma soprattutto da Johann Gottlieb Fichte secondo il quale l'Io non è sostanza ma azione che inaugura un mondo, il quale, retroagendo, genera quella riflessività speculativa, per cui l'Io è il riflesso del mondo generato dall'azione, è lo specchio in cui si riflettono i prodotti di quel mondo che l'azione ha generato. L'azione viene dunque prima della conoscenza, o come scrive Fichte: «Non è la facoltà teoretica a rendere possibile la pratica, ma viceversa solo la facoltà pratica rende possibile la teoretica (che la ragione in sé è puramente pratica e diviene teoretica solo applicando le sue leggi a un Non-Io che la limita)» (1794, p. 106).

2. NEUROFISIOLOGIA. Il termine aristotelico *praxis* è stato adottato dalla neurofisiologia che chiama *prassia* il movimento intenzionale rivolto all'oggetto esterno in contrapposizione all'automatismo del movimento riflesso. Per questa distinzione si rinvia alla voce MOVIMENTO (v. § 1, *b*), dove l'azione è considerata dal punto di vista neuromotorio, psicomotorio, cognitivo ed espressivo. Le strutture neurologiche che sono alla base dell'azione sono esposte alla voce MOTRICITÀ (v.), mentre i disturbi dell'azione sono elencati alla voce APRASSIA (v.). In questa sede ci limitiamo ai luoghi in cui la neurofisiologia parla esplicitamente di *azione* nella duplice accezione del potenziale d'azione e della teoria dell'azione di massa.

a) Il potenziale d'azione, da non confondersi con il potenziale specifico d'azione di cui parla la psicologia del comportamento (v. *infra*, § 3, *f*), è la perturbazione elettrochimica che si propaga lungo l'assone di un neurone. Essa rappresenta l'unità fondamentale della trasmissione dell'informazione da un punto ad un altro del sistema nervoso, ed è dovuta alla differenza di potenziale che esiste sui due lati della membrana neuronale (v. CONDUZIONE NERVOSA). Quando una cellula viene stimolata essa si depolarizza fino ad un valore critico denominato "soglia". Quando viene superata la soglia si produce una temporanea inversione di polarità del potenziale con eccitamento della cellula. Questa variazione del potenziale elettrico di membrana (potenziale di riposo), che rapidamente si annulla (fase di depolarizzazione), per poi invertirsi (fase d'inversione) e infine ritornare più lentamente alla norma (ripolarizzazione), è alla base di tutti i processi di eccitamento. Ad esempio, il potenziale d'azione che si propaga lungo la membrana dell'assone (v. NEURONE) è l'impulso nervoso che segue la *legge del tutto o del nulla*, vale a dire che la risposta del substrato eccitato ha sempre la stessa intensità, indipendentemente dall'intensità dello stimolo. Questa legge è valida anche per la singola fibra muscolare (non per il muscolo in toto) e per il muscolo cardiaco (v. IMPULSO, § 1).

b) *La teoria dell'azione di massa* prevede che larghe aree del tessuto cerebrale, le cosiddette "aree di associazione" (v. CORTECCIA CEREBRALE, § 6), funzionino come un tutto. Questa teoria, formulata da Karl Lashley in base all'osservazione che nelle lesioni cerebrali la menomazione dipende più dalla massa di corteccia cerebrale distrutta che dall'integrità di un'area particolare, si oppone a quella di Paul Broca secondo cui esistono aree distinte per le specifiche funzioni (v. LOCALIZZAZIONE).

3. PSICOLOGIA. In questo ambito si è soliti definire l'azione come un comportamento motivato e volontario, accompagnato da emozioni e controllabile socialmente nella sua pianificazione consapevole e diretta a uno scopo. La differenza tra le varie posizioni dipende dalla diversa accentuazione di concetti come: scopo, piano, decisione, risoluzione, identità, autonomia, competenza, coinvolgimento emotivo, che intervengono nella formulazione della definizione di base.

a) *Dal punto di vista cognitivo* si tende ad analizzare l'azione in ordine sequenziale e su vari livelli gerarchici come proposto nel 1960 da George Armitage Miller, Eugene Galanter e Karl Pribram, che distinguono: l'*immagine* come deposito generale di conoscenze utilizzate come base per lo sviluppo di un piano, il *piano* come "gerarchia di istruzioni" o informazioni che dirigono il comportamento, disposte gerarchicamente su livelli tattici e strategici subordinati, il TOTE (*Test-Operate, Test-Exit*) (v.) che è l'unità fondamentale del comportamento che funziona come un circuito a feedback (v. RETROAZIONE).

b) *Dal punto di vista motivazionale* gli studi più significativi sono quelli di Heinz Heckhausen per il quale la motivazione è il risultato di un calcolo più o meno razionale per cui, fra diverse alternative di azione, si preferisce quella che massimizza il risultato e le probabilità di successo. In questa analisi si tende ad abbandonare l'antico concetto di VOLONTÀ (v.) sostituendolo con quello di "energia mentale" che fa riferimento alla funzione direttiva della motivazione trascurando quella attivante.

c) *Dal punto di vista del controllo sociale* le più articolate teorie dell'azione sono espresse da George Herbert Mead e da Erving Goffman che hanno elaborato il concetto di *interazione simbolica* (v. INTERAZIONE, § 3), secondo cui la società trasmette ai suoi membri conoscenze su oggetti, situazioni, azioni che costituiscono la base sulla quale interagire e nel contempo controllare le azioni proprie e altrui, favorendo un controllo indiretto e diffuso rispetto a quello diretto e impositivo. Di qui le conclusioni di Robert P. Abelson secondo cui, essendo le azioni completamente prescritte da "copioni", l'azione dell'agente consiste essenzialmente nella selezione ed esecuzione di quanto è già stato prescritto.

d) *La psicologia del lavoro* ha fatto dell'azione il suo campo privilegiato di indagine con Winfried Hacker che ha centrato l'attenzione sulla regolazione del motivo o pulsione (*Antriebsregulation*) e sulla regolazione dell'esecuzione (*Ausführungsregulation*). La rappresentazione cosciente della regolazione avviene a tre livelli: il livello dell'analisi intellettiva in cui sono elaborate strategie e piani, il livello percettivo in cui sono preparati schemi di azione, e il livello sensomotorio che orienta il movimento che può essere più o meno cosciente. Una volta interiorizzati, questi livelli consentono l'autoregolazione del lavoro in cui l'agente conosce quanta influenza ritiene di poter avere, quanta libertà, quanti mezzi e materiali compatibili con la situazione data e con l'obiettivo da raggiungere.

e) *La ricerca di mercato* studia le azioni sociali più diffuse per pianificare un intervento. Allo scopo promuove una *ricerca sulle azioni* che prevede una raccolta sistematica di dati in funzione di un obiettivo, un feedback ai clienti con modificazione di alcune variabili incompatibili con lo scopo, e infine la pianificazione degli interventi in base alla valutazione dei risultati raccolti e alla manipolazione delle variabili del sistema che sono sotto il controllo del ricercatore. Si procede infine a un controllo per esaminare gli effetti dell'intervento svolto.

f) *La psicologia del comportamento* ha introdotto due nozioni valutative delle azioni, espresse dal *potenziale specifico di azione* e dal *quoziente d'azione*. Il primo designa nella ricerca comportamentale il potenziale che occorre raggiungere per avviare una determinata azione (v. ISTINTO, § 1). A questo concetto si collega quello introdotto da Konrad Lorenz e nominato *energia specifica di azione*, a proposito delle azioni istintive che dipendono da fattori interni

(v. ETOLOGIA, § 1). Secondo Lorenz si determina un accumulo di questa energia ogni volta che un'azione non viene esplicata per molto tempo con conseguenti disturbi del comportamento. Il *quoziente d'azione* è invece un indice elaborato da Adolf Busemann che misura, in rapporto all'età, le cosiddette "fasi azionali" decidibili in base al numero di verbi (fase azionale) impiegati nel linguaggio corrente rispetto agli aggettivi (fase qualitativa).

4. SOCIOLOGIA. In questo ambito ci si è premurati di fornire uno schema concettuale che determini le costanti dell'azione. Émile Durkheim ha insistito sugli aspetti oggettivi e istituzionali dell'azione sociale che a suo parere consistono «in modi di agire, pensare e sentire esterni all'individuo e dotati di un potere coercitivo in virtù del quale gli si impongono» (1895, p. 31). Sul versante opposto Max Weber ha insistito sugli aspetti soggettivi dell'azione sociale e sul calcolo razionale di adeguamento dei mezzi ai fini. Weber ha inoltre distinto un'azione sociale tradizionale determinata da un'abitudine acquisita dall'uso e dal costume, un'azione sociale affettiva tipica dei momenti di intensa partecipazione individuale e collettiva, e un'azione sociale razionale valutata in vista dello scopo da raggiungere, tenendo conto dei conflitti tra diverse razionalità che limitano le possibilità di decidere fra scopi contrastanti in riferimento a un valore.

Tra la posizione di Durkheim e quella di Weber si colloca Talcott Parsons, per il quale «dentro l'area di controllo dell'attore, i mezzi impiegati non possono in generale essere considerati come scelti a caso o dipendenti esclusivamente dalle condizioni dell'azione, ma devono in qualche modo essere soggetti all'influenza di un determinato fattore selettivo indipendente, la cui conoscenza è necessaria per la comprensione del concreto andamento dell'azione» (1937, pp. 44-45). In altri termini la forza delle azioni sociali sta nell'integrazione tra motivazioni psicologiche e rapporti sociali stabilizzati in istituzioni, come il matrimonio, la famiglia, le organizzazioni che esprimono valori, norme e simboli in cui gli individui agenti si identificano. Lo sviluppo della teoria classica dell'azione ha trovato il suo più recente sbocco nella teoria dei sistemi sociali messa a punto da Niklas Luhmann e Jürgen Habermas, per i quali l'azione non avviene secondo criteri di efficacia che prevedono la mobilitazione delle risorse indispensabili per un fine dato, ma secondo criteri di efficienza che prevedono un bilancio dello scopo raggiungibile con le risorse disponibili.

5. PSICOANALISI. Con il termine "azione" la psicoanalisi intende cose abbastanza diverse fra loro che possono essere così specificate:

a) Azione ripetuta o di evitamento. Assolve alla funzione di resistenza contro l'affiorare di ricordi che disturbano (v. AGIRE). A questo proposito Sigmund Freud scrive: «L'analizzato non *ricorda* assolutamente nulla degli elementi che ha dimenticato e rimosso, egli piuttosto li *mette in atto*. Egli riproduce quegli elementi non sotto forma di ricordi, ma sotto forma di azioni; li *ripete*, ovviamente senza rendersene conto. Ad esempio: l'analizzato non dice di ricordare d'esser stato caparbio e diffidente verso l'autorità dei genitori, ma si comporta in questo stesso modo verso il medico» (1914, pp. 355-356).

b) Azione coatta. Esecuzione di un atto contrario o al di là dell'intenzione cosciente che tende a ripetersi, accompagnato da stati ansiosi che riflettono lo sforzo del soggetto impegnato ad impedirlo. Si tratta solitamente di azioni stilizzate e rituali con una grossa componente ossessiva che lascia trasparire motivi o idee inconsce che si vogliono contenere (v. OSSESSIONE).

c) Azione sintomatica. Si riferisce a gesti frequenti e abituali, apparentemente privi di significato, da imputare a tendenze inconsce. Freud li distingue dai LAPSUS (v.) perché si tratterebbe di sintomi rivelatori di particolari fantasie e non del risultato di un conflitto tra due intenzioni contrarie di cui il lapsus sarebbe il risultato (v. ATTO, § 2, *c*).

d) Azione specifica. È l'azione che risolve una tensione interna creata da un bisogno che attende un soddisfacimento: «Un simile discarico – scrive Freud – è realizzabile per una sola via, cioè mediante un'azione che definirò *specifica* o *adeguata*. Quest'azione adeguata consiste, per la pulsione sessuale maschile, in un complicato atto riflesso spinale avente come conseguenza il discarico delle dette terminazioni nervose, e in tutti i preliminari psichici necessari per la produzione di questo riflesso. Qualche cosa di diverso dall'azione adeguata non condurrebbe a nulla, poiché l'eccitamento sessuale somatico, una volta raggiunto il valore della soglia, si converte continuamente in eccitamento psichico; deve quindi verificarsi proprio quell'evento che libera le terminazioni nervose dalla pressione su di esse esercitata, con il che cessa tutto l'eccitamento somatico presente in quel momento e il canale di conduzione subcorticale può ristabilire la sua resistenza» (1894, p. 170).

6. ANTROPOLOGIA. Partendo dalle premesse filosofiche accennate nel § 1, Arnold Gehlen fonda una nuova concezione antropologica che, se fosse presa in considerazione, consentirebbe alla psicologia di superare il DUALISMO PSICOFISICO (v.) inaugurato da Cartesio che tanti problemi ha creato e continua a creare alla psicologia. Rifiutando la definizione tradizionale

che concepisce l'uomo come *animale ragionevole*, Gehlen, sulla scorta delle considerazioni filosofiche di Platone, Tommaso d'Aquino, Immanuel Kant, Johann Gottfried Herder, Friedrich Nietzsche, per limitarci ad alcuni tra i maggiori filosofi, avverte che non c'è alcuna continuità tra l'animale e l'uomo perché, mentre l'animale ha un corredo di istinti adeguato al proprio ambiente, l'uomo è caratterizzato da una carenza istintuale che non lo rende idoneo ad alcun ambiente prestabilito. Dire quindi che l'uomo è un animale che ha in aggiunta la ragione è dire qualcosa che non ha alcuna giustificazione e verifica. L'uomo non ha qualcosa *in più* dell'animale, ma qualcosa *in meno*; la sua natura è caratterizzata da una *carenza* degli attributi tipici dell'animale, e qui e non altrove è da collocare, tra l'animale e l'uomo, il principio della differenza. Scrive in proposito Gehlen: «Privo di apparato sensoriale, privo d'armi, nudo, embrionale in tutto il suo habitus, malsicuro nei suoi istinti, l'uomo è l'essere che dipende esistenzialmente dall'*azione*» (1957, p. 11).

Da questo principio Gehlen prende le mosse per una rifondazione dell'antropologia, non più debitrice della definizione dualistica dell'uomo, di cui si è alimentata la tradizione occidentale in tutti gli ordini disciplinari (dalla psicologia, alla sociologia, all'antropologia) che hanno per proprio oggetto l'uomo. Scrive in proposito Gehlen: «Non ci si deve lasciar indurre alla supposizione che l'uomo sia solo gradualmente diverso dall'animale, oppure definirlo in base al solo "spirito", e dunque, per lo più, nel senso di una caratteristica essenziale concepita in opposizione alla natura. L'antropologia conquista fondamentalmente il campo suo proprio soltanto se si lascia alle spalle siffatti pregiudizi; essa deve tener fermo a una legge strutturale particolare, la quale è la medesima in *tutte* le peculiari caratteristiche umane, e va compresa muovendo dal progetto posto in essere dalla natura di un *essere che agisce*» (1940, p. 55).

Gli animali non *agiscono* perché, con il loro determinato apparato istintuale, si limitano a *re-agire* a quegli stimoli ambientali correlati al loro istinto. L'uomo, privo come è di una solida base istintuale, è costretto ad agire per sopravvivere, a costruirsi un mondo per supplire alla mancanza di un ambiente per lui predisposto. E ciò è dovuto al fatto che, scrive Gehlen, «l'uomo è organicamente "l'essere manchevole (*Mängelwesen*)" come dice Herder. Egli sarebbe inadatto alla vita in ogni ambiente naturale e così deve crearsi una *seconda natura*, un mondo di rimpiazzo, approntato artificialmente e a lui adatto, che possa cooperare con il suo deficiente equipaggiamento organico; e fa questo ovunque possiamo vederlo. Vive, per così dire, in una natura artificialmente disintossicata, resa maneggevole, trasformata in senso utile alla sua vita, ciò che è appunto la sfera della cultura. Si può anche dire che è costretto biologicamente al dominio sulla natura» (1941, pp. 88-89).

Sostenendo *il principio della dipendenza della conoscenza dall'azione*, Gehlen non si limita a superare il dualismo tra soggetto conoscente e oggetto conosciuto, ma può affermare che, se il mondo che l'uomo conosce è il mondo costruito dalla sua azione, *l'uomo, per natura*, ossia per la sua carenza organica, *è destinato a dominare la natura*, e siccome siamo soliti chiamare questo dominio "cultura", la *cultura* diventa per l'uomo quello che per l'animale è l'*ambiente*, cioè la condizione essenziale alla sua sopravvivenza. In questo senso, scrive Gehlen, è possibile dire che «l'uomo vive essenzialmente in una "seconda natura", in un mondo da lui stesso trasformato e volto al vitale servizio dei *suoi* bisogni, vive in una "nature artificielle", come la chiama Sorel (*De l'utilité du pragmatisme*). D'altronde, noi non viviamo semplicemente in una natura artificiale, sibbene in una natura "coltivata", traendone possibilità, alle quali, se fosse lasciata a se stessa e permanesse nello stato originario, essa non perverrebbe. Nella natura immediata, nella "prima" natura, non ci sono né animali, né sostanze esplodenti» (1940, p. 345). Siccome l'uomo vive dei risultati della sua azione, non c'è in lui un primato della conoscenza a cui segue l'azione, ma, come peraltro già sostenevano William James e Charles Sanders Peirce, si danno processi cognitivi come fasi dell'azione. Infatti, scrive Gehlen: «Si consideri l'insufficiente dotazione dell'uomo, e sarà facile avvedersi che egli deve riconoscere per essere attivo e deve essere attivo per poter vivere l'indomani» (ivi, pp. 77-78).

Se nel dominio della natura si esprime l'essenza della tecnica, allora la tecnica è all'origine della vicenda umana, non come accessorio facilitante l'esistenza, ma come *condizione* imprescindibile d'esistenza. Infatti, scrive Gehlen: «Se per tecnica s'intendono le capacità e i mezzi con cui l'uomo mette la natura al suo servizio in quanto ne conosce proprietà e leggi, le sfrutta e le contrappone le une alle altre, allora la tecnica, in questo senso più generale, è insita già nell'essenza stessa dell'uomo» (1957, p. 12). Il nesso che collega la *carenza* costitutiva della natura umana alla *tecnica*, come condizione imprescindibile d'esistenza, consente a Gehlen di articolare quei nuclei tematici che, nella loro composizione, fondano quella visione unitaria dell'uomo, a cui non pervengono tutti i tentativi promossi in ambito psicologico, sociologico e antropologico da quanti, non avendo mai messo in questione il presupposto dualistico, sono costretti a naufragare nella ricerca di un'irreperibile unità.

Bibliografia

Abelson R. P., *Cognition and social behavior*, Erlbaum, New York 1976.
Aristotele, *Etica nicomachea*, in *Opere*, Laterza, Bari 1973.
Blondel M., *L'azione. Saggio di una critica della vita e di una scienza della prassi* (1893), Edizioni Paoline, Cinisello Balsamo 1993.
Bubner R., *Azione, linguaggio e ragione. I concetti fondamentali della filosofia pratica* (1976), il Mulino, Bologna 1985.
Busemann A., *Die Sprache der Jugend als Ausdruck der Entwicklungsrytmik*, Fischer, Jena 1925.
Cranach M. von, Harré R. (a cura di), *The analysis of action*, Cambridge University Press, Cambridge 1980.
Cranach M. von, Ochsenbein G., *Agire. La forma umana del comportamento* (s.d.), il Mulino, Bologna 1994.
Dal Lago A., *Il paradosso dell'agire*, Liguori, Napoli 1990.
Durkheim É., *Le regole del metodo sociologico* (1895), Edizioni di Comunità, Milano 1969.
Fadiga L., *Azione*, in AA.VV., *Psiche. Dizionario storico di psicologia, psichiatria, psicoanalisi, neuroscienze*, Einaudi, Torino 2006-2007, vol. I, pp. 133-140.
Fichte J. G., *Dottrina della scienza* (1794), Laterza, Bari 1987.
Freud S., *Legittimità di separare dalla nevrastenia un preciso complesso di sintomi come "nevrosi d'angoscia"* (1894), in *Opere* (1967-1993), Bollati Boringhieri, Torino, vol. II.
–, *Ricordare, ripetere e rielaborare* (1914), in *Nuovi consigli sulla tecnica della psicoanalisi* (1913-1914), in *Opere*, cit., vol. VII.
Fusaro D., *Il futuro è nostro. Filosofia dell'azione*, Bompiani, Milano 2014.
Galimberti U., *Psicologia della tecnica. Teoria dell'azione*, in Id., *Psiche e techne. L'uomo nell'età della tecnica* (1999), Feltrinelli, Milano 2016, pp. 175-250.
Gehlen A., *L'uomo. La sua natura e il suo posto nel mondo* (1940), Feltrinelli, Milano 1983.
–, *Un'immagine dell'uomo* (1941), in Id., *Antropologia filosofica e teoria dell'azione* (1951-1975), Guida, Napoli 1990.
–, *L'uomo nell'era della tecnica* (1957), Sugarco, Milano 1984.
Goffman E., *La vita quotidiana come rappresentazione* (1959), il Mulino, Bologna 1969.
Habermas J., *Teoria e prassi nella società tecnologica* (1963), Laterza, Bari 1971.
–, *Teoria dell'agire comunicativo* (1981), il Mulino, Bologna 1986.
Hacker W., *Allgemeine Arbeits- und Ingenieurpsychologie. Psychische Struktur und Regulation von Arbeitstätigkeiten*, Huber, Stuttgart 1978.
Heckhausen H., *Models of motivation. Progressive unfolding and unredied deficiences*, in AA.VV., *Cognitive and motivational aspect of action*, North Holland, Amsterdam 1987.
Herder J. G., *Abhandlungen über den Ursprung der Sprache* (1772), in *Sämtliche Werke* (1877-1913), Suphan, Berlin, vol. V, pp. 26 sgg., 93 sgg.
ICD-10. Organizzazione Mondiale della Sanità (OMS), *ICD-10. Decima revisione della classificazione internazionale delle sindromi e dei disturbi psichiatrici e comportamentali* (1992), Masson, Milano 1994.
James W., *Pragmatism. A new name for some old ways of thinking* (1907), tr. it. antologica *Il significato del pragmatismo*, in AA.VV., *Il pragmatismo*, Utet, Torino 1970, pp. 304-321.
Lashley K., *Brain mechanism and intelligence*, University Press, Chicago 1929.
Lorenz K., *L'aggressività. Edizione ampliata de "Il cosiddetto male"* (1963), il Saggiatore, Milano 1976.
Luhmann N., *Struttura della società e semantica* (1980), Laterza, Bari 1983.
Mead G. H., *Mente, Sé e Società* (1934), Giunti Barbera, Firenze 1966.
Miller G. A., Galanter E., Pribram K. H., *Piani e struttura del comportamento* (1960), Franco Angeli, Milano 1973.
Novalis, *Frammenti* (1795-1800), Rizzoli, Milano 1991.
Olson M., *La logica dell'azione collettiva. I beni pubblici e la teoria dei gruppi* (1965), Feltrinelli, Milano 1983.
Parsons T., *La struttura dell'azione sociale* (1937), il Mulino, Bologna 1987.
Peirce Ch. S., *Pragmatismo e pragmaticismo* (testi tratti da *Collected Papers* 1931-1935, Harvard University Press, Cambridge, Massachusetts, vol. V), Liviana, Padova 1966, e in AA.VV., *Il pragmatismo*, cit., pp. 57-184.
Reynolds V., *La biologia dell'azione umana* (1976), Edizioni Scientifiche e Tecniche Mondadori, Milano 1978.
Searle J. R., *La razionalità dell'azione* (2001), Raffaello Cortina, Milano 2003.
Starobinski J., *Azione e reazione* (1999), Einaudi, Torino 2001.
Storace E. S., *Geografia dell'azione*, Mimesis, Milano 2012.
Watson J. B., *Il comportamentismo* (1924-1930), Giunti, Firenze 1985.
Weber M., *Economia e società* (1922, edito postumo), Edizioni di Comunità, Milano 1968.
Williams B., *In principio era l'azione* (2005), Feltrinelli, Milano 2007.

Azzardo, v. GIOCO, § 6.

B

Babinski, Riflesso di, v. RIFLESSO, § 2, *g*.

Babinski, Sindrome di, v. SOMATOAGNOSIA, § 1, *i*.

Babock, Test di, v. DETERIORAMENTO.

BAB, Test (*Behavior Assessment Battery*). Test che valuta i livelli di handicap grave suddiviso in 12 aree che riguardano: esplorazione visiva, attenzione visiva al movimento, abilità visuo-motoria, percezione uditiva, controllo della postura, gioco esplorativo, gioco costruttivo, strategie di ricerca, abilità di solving percettivo, comunicazione, abilità di autonomia, abilità sociali. A partire dalla misurazione dei livelli di queste abilità si valuta la programmazione terapeutica.

Bibliografia

Kiernan Ch., Jones M., *Test BAB. Valutazione per l'handicappato grave*, Erickson, Trento 2000.

Bacio (ingl. *Kiss*; ted. *Kuss*; fr. *Baiser*; sp. *Beso*). Espressione d'amore e preliminare erotico (v. PIACERE, § 3) che Sigmund Freud vede intimamente connesso al piacere funzionale della nutrizione (v. ANALISI, § 1). Con il progressivo emanciparsi della sessualità dal bisogno alimentare, il bacio diventa il modo con cui si scarica la tensione della zona erogena orale (v. ORALE). Da piacere d'organo (v. PIACERE, § 2), in cui si esprime la sessualità infantile, il bacio diventa preliminare erotico nella sessualità adulta dove adempie la "nuova funzione" che non è più quella di scaricare l'eccitamento, ma di creare una tensione sufficiente per rendere possibile il raggiungimento della soddisfazione genitale. Scrive in proposito Freud: «Sulla via della copula vi sono certe relazioni intermedie con l'oggetto sessuale, come il toccamento e la contemplazione del medesimo, che sono riconoscibili come mete sessuali provvisorie. Queste operazioni sono da un lato collegate esse stesse al piacere, dall'altro all'aumento dell'eccitamento che deve durare finché venga raggiunta la meta sessuale. Uno di questi contatti, quello delle reciproche mucose labiali, ha ricevuto inoltre presso molti popoli (e tra questi i più inciviliti) un alto valore sessuale sotto il nome di bacio, sebbene le parti del corpo interessate non appartengano all'apparato sessuale bensì formino l'accesso del canale digestivo» (1905, pp. 463-464). In linea con Freud, Romano Giachetti scrive: «L'allattamento è un bacio, il più puro che esista. Il bambino cerca istintivamente la vita nel seno della madre, la donna continua a dargliela come gliel'ha data per nove mesi. È un piccolo miracolo il cui scopo è la difesa della specie, non c'è dubbio; ma il "tranello" imbastito dalla Natura è il piacere che il bambino prova nell'atto. Anche a non voler scomodare Freud, è chiaro che qui entrano in gioco forze sotterranee che più tardi formeranno l'inconscio dell'essere umano» (1984, pp. 42-43). Dal canto suo Aldo Carotenuto scrive: «La bocca, che è per l'uomo il primo modo di conoscere il mondo circostante, la prima modalità di prendere e ricevere amore e vita, diventa in seguito un aspetto rivelatore di questo profondissimo sentimento. [...] Quando non sentiamo più il desiderio di unire le nostre labbra con quelle della persona amata, vuol dire che il legame è incrinato» (1987, pp. 82-83).

Bibliografia

Blue A., *Di bacio in bacio. Storia, geografia e piacere del baciare*, Feltrinelli, Milano 1999.

Carotenuto A., *Eros e pathos*, Bompiani, Milano 1987.

Crepet P., *Baciami senza rete. Buone ragioni per sottrarsi alla seduzione digitale*, Mondadori, Milano 2016.

Freud S., *Tre saggi sulla teoria sessuale* (1905), in *Opere* (1967-1993), Bollati Boringhieri, Torino 1970, vol. IV.

Giachetti R., *Il bacio*, Idealibri, Milano 1984.

Kirshenbaum S., *La scienza del bacio. Cosa dicono le nostre labbra* (2010), Raffaello Cortina, Milano 2011.

Lacroix A., *Contributo alla teoria del bacio* (2011), Gremese, Roma 2013.
Phillips A., *Sul bacio, il solletico e la noia*, Ponte alle Grazie, Milano 2011.

BAER (*Risposta evocata acustica*), v. POTENZIALI EVOCATI.

Balbettio, v. LALLAZIONE.

Balbuzie (ingl. *Stuttering*; ted. *Stottern*; fr. *Bégaiement*; sp. *Balbuceo*). Disturbo del LINGUAGGIO (v. § 5, *b*), detto anche *disfemia*, che si manifesta con involontarie esitazioni, rotture, blocchi e ripetizioni. La normale fluidità della comunicazione è compromessa e, nei casi più gravi, il disturbo assume carattere spasmodico. Si distinguono una balbuzie *tonica* in cui si crea uno stato tensivo che interessa sia la vocalizzazione che la gestualità, e una balbuzie *clonica* in cui si ha ripetizione spastica delle sillabe. Più frequente nei maschi che nelle femmine, la balbuzie compare nell'età compresa fra i 2 e i 6 anni, ma può anche manifestarsi più tardi in soggetti che prima comunicavano in modo fluido, come conseguenza di paure o forti emozioni. Vi è una balbuzie *fisiologica* legata alle prime difficoltà che insorgono con l'apprendimento del linguaggio (v. LALLAZIONE), una *evolutiva* che può caratterizzare il periodo in cui il materiale da esprimere supera le possibilità espressive, per cui si registra una sorta di impetuosità discorsiva che può diventare *patologica* per la reazione dei genitori o per la loro tendenza a sottolineare il problema.

Sulle cause del disturbo sono state avanzate ipotesi *organicistiche* che fanno riferimento all'eccitabilità neurovegetativa, a traumi cerebrali, a encefaliti, e ipotizzate cause *psicogene* che rinviano a conflitti acquisiti nell'adattamento all'ambiente, nel rapporto con i genitori, negli aspetti fobici che si instaurano nel soggetto di fronte ai primi ostacoli nella comunicazione verbale, nei rapporti interpersonali a forte carica ansiogena, nei vissuti difficoltosi in contesti carichi di proibizioni. Significativo è il fatto che spesso il bambino balbuziente non presenta il sintomo quando non si sente osservato; ciò ha consentito di considerare la balbuzie una forma di *nevrosi da contatto*. La terapia si articola nella forma *psicoterapica* volta a risolvere i conflitti psicologici individuati all'origine del sintomo e ad attenuare le tensioni interne al soggetto, nonché nella forma *logoterapica* che si fonda, oltre che su esercizi di regolazione della respirazione e di rilassamento muscolare, anche sulla rieducazione dell'espressione linguistica (v. LOGOTERAPIA).

Bibliografia

De Filippis Cippone A., *Turbe del linguaggio e riabilitazione*, Armando, Roma 1974.
Florio P., Bernardini S., *Balbuzie. Assessment e trattamento*, Erickson, Trento 2014.
Strocchi M. C., *Balbuzie. Il trattamento cognitivo-comportamentale*, Erickson, Trento 2005.
Tomaiuoli D. (a cura di), *Balbuzie. Fondamenti, valutazione e trattamento dall'infanzia all'età adulta*, Erickson, Trento 2016.

Balint, Gruppo (ingl. *Balint-group*; ted. *Balintgruppe*; fr. *Groupe Balint*; sp. *Grupo Balint*). L'espressione indica i gruppi che si propongono di arricchire la formazione psicologica dei medici attraverso la comprensione delle dinamiche relazionali. Fondati da Michael Balint, detti gruppi si articolano in riunioni dove un medico, alla presenza dello psicoanalista e dei colleghi, riferisce le sue esperienze con il paziente. Il resoconto viene utilizzato come il contenuto manifesto (v. CONTENUTO LATENTE – CONTENUTO MANIFESTO) di un sogno su cui interviene lo psicoanalista per estrarre le motivazioni profonde che lo hanno determinato. Il materiale più importante che viene utilizzato è il controtransfert del medico e il modo con cui egli utilizza la sua personalità e le sue conoscenze scientifiche (v. TRANSFERT, § 4). Scopo del lavoro di gruppo è quello di aiutare il medico nella cura di quei pazienti in cui la conflittualità intrapsichica determina o accompagna la malattia somatica.

Bibliografia

Balint M., *Transfert e controtransfert* (1939), in Id., *L'analisi didattica* (1965), Guaraldi, Rimini 1974.
–, *Medico, paziente e malattia* (1957), Feltrinelli, Milano 1961.

Balint, Sindrome di, v. ATASSIA.

Ballo di San Vito, v. COREA, § 2.

Bambino, v. PSICOLOGIA DELL'INFANZIA.

Banda (ingl. *Gang*; ted. *Bande*; fr. *Bande*; sp. *Banda*). Raggruppamento spontaneo di adolescenti, giovani o adulti la cui coesione interna si realizza progressivamente attraverso il conflitto e l'antagonismo con altri gruppi o con la società organizzata (v. GRUPPO). All'origine il gruppo si forma spontaneamente e, nel caso dei giovani, come risposta al bisogno di socializzazione, di sicurezza, di autonomia rispetto al mondo adulto. In seguito il gruppo si integra attraverso il conflitto e la lotta e assume talvolta caratteri devianti. In questo caso i soggetti che lo costituiscono rivelano tratti di asocialità, frustrazione, disadattamento, e il loro associarsi ha i caratteri della protesta, della ribellione e dell'opposizione alla società. L'organizzazione interna del gruppo è accurata: si individuano ruoli e competenze, vi è un leader riconosciuto, un codice di comportamento, un luogo di ritrovo. Si sviluppano così lo spirito di corpo, la solidarietà, la coscienza di gruppo e l'attaccamento al territorio. Oggi il fenomeno delle bande viene analizzato e studiato soprattutto in riferimento alla delinquenza giovanile.

Bibliografia

Bertolini P., *Delinquenza minorile e disadattamento*, Armando, Roma 1971.

Krahé B., *Psicologia sociale dell'aggressività* (2001), il Mulino, Bologna 2005.

Thrasher M. F., *The gang. A study of 1.313 gangs in Chicago*, The University of Chicago Press, Chicago 1966.

Visconti L., *Studio bibliografico sulla delinquenza giovanile con particolare riferimento alle bande*, in "Infanzia anormale", 1961, n. 40.

Zulliger H., *Bande giovanili*, La Nuova Italia, Firenze 1973.

Baragnosia (ingl. *Baragnosis*; ted. *Baragnosie*; fr. *Baragnosie*; sp. *Barognosis*). Incapacità a valutare il peso degli oggetti. Può essere indicativa di una lesione al lobo parietale.

Barbiturico, v. PSICOFARMACOLOGIA, § I, 2.

Bariglossia (ingl. *Baryglossia*; ted. *Baryglossie*; fr. *Baryglossie*; sp. *Bariglosia*). Linguaggio difficoltoso, goffo e impacciato, causato solitamente da un difetto della lingua o della laringe.

Baritmia, v. DEPRESSIONE.

Barra (ingl. *Stroke*; ted. *Strich*; fr. *Barre*; sp. *Diagonal*). Tratto obliquo (/) utilizzato in linguistica per esprimere il rapporto tra significante e significato. Questo segno diventa in Jacques Lacan linea di separazione, perché il significante, a differenza di quanto enunciato dalla linguistica di Ferdinand de Saussure, si evolve separatamente dal significato e ciò all'insaputa del soggetto. Scrive Lacan: «Se per esempio un bambino assiste ad un coito senza possedere la maturità necessaria che gli permetta di attribuire all'atto il suo significato, egli lo assimila nell'inconscio, iscrivendolo in una categoria di significanti che si organizzano indipendentemente dal significato» (1953, p. 251). Se questa autonomia del significante, dal punto di vista della linguistica, non ha molto senso, lo ha invece dal punto di vista psicoanalitico dove l'analista può cogliere e ricostruire delle catene di significanti, ma non può cogliere il significato, sempre traboccante e sfuggente. Di regressione in regressione si può arrivare al significante primario (il fallo), ma non al punto di ancoraggio di questo significante nell'immaginario e ancor meno al punto di ancoraggio nel biologico. Il significato resta sempre fuori dal testo. È pre-testo per la produzione di significanti che perciò risultano sempre separati (barra) dal significato autentico che rimane inattingibile (v. LACANIANA, TEORIA, § 7).

Bibliografia

Lacan J., *Funzione e campo della parola e del linguaggio in psicoanalisi* (1953), in *Scritti* (1936-1966), Einaudi, Torino 1974, vol. I.

Saussure F. de, *Corso di linguistica generale* (1916), Laterza, Bari 1976.

Barrage, v. BLOCCO.

Barriera (ingl. *Barrier*; ted. *Schranke*; fr. *Barrière*; sp. *Barrera*). Il termine, adottato in generale per indicare un limite o un impedimento all'attività di un organismo, assume significati specifici nei vari contesti:

1. In *neurofisiologia* si parla di "barriera ematoencefalica" in riferimento all'ostacolo al libero flusso dei vari costituenti del sangue nel cervello allo scopo di difendere e conservare l'ambiente cerebrale interno. Come luogo anatomico della barriera ematoencefalica è stato indicato il protoplasma gliale (v. EMATOENCEFALICA, BARRIERA).

2. In *psicologia sociale* si parla di barriera a proposito degli ostacoli che si frappongono all'inserimento degli individui nel contesto socioculturale. Detti ostacoli possono essere di natura socioambientale o connessi ai limiti delle capacità individuali.

3. In *psicologia dell'apprendimento* il termine barriera si riferisce alle difficoltà che limitano i processi acquisitivi per ritardi nello sviluppo cognitivo o per impedimenti affettivi dovuti a conflitti, paure, ansie. Le frustrazioni che derivano da tali barriere, se eccessive, finiscono per rafforzare le barriere stesse. La presenza di barriere, quando non è patologica, può costituire un elemento orientativo per la selezione di orientamenti futuri.

4. Nei *test proiettivi* si distinguono le *risposte-barriera* che accentuano le componenti di chiusura o i limiti di confine, dalle *risposte-penetrazione* che evidenziano rotture o permeabilità, come nel caso di chi descrive lo stesso disegno come una coperta o invece come un tessuto strappato.

5. In *psicoanalisi* si parla di "barriera contro l'incesto" come dato antropologico e psicologico che consente di deviare gli impulsi incestuosi su oggetti d'amore diversi dalle immagini parentali, o, più in generale, di deviare la libido dagli scopi sessuali verso

mete desessualizzate. Sempre in ambito psicoanalitico Donald W. Winnicott ha introdotto il concetto di "barriera protettiva" esercitata dalla madre in base alla sua capacità di capire quanto il bambino è in grado di tollerare nei vari stadi del suo sviluppo. Wilfred Ruprecht Bion parla di "barriera di contatto" che regola il passaggio degli elementi psichici grezzi dell'inconscio alla coscienza, dove si ordinano nella forma di una narrazione e viceversa. Il mal funzionamento di questa barriera lo si riscontra nei soggetti psicotici dove si scambiano dati onirici per realtà e dati di realtà per allucinazioni.

6. In *psichiatria* si parla di "barriera schizofrenica" per quelle forme di AUTISMO (v.) che non consentono al soggetto un contatto con la realtà esterna e adeguati rapporti comunicativi.

Bibliografia

Bion W. R., *Trasformazioni* (1965), Armando, Roma 1973.
–, *Analisi degli schizofrenici e metodo psicoanalitico* (1967), Armando, Roma 1970.
Freud A., *L'Io e i meccanismi di difesa* (1936), in *Opere* (1978-1979), Bollati Boringhieri, Torino, vol. I.
Freud S., *Inibizione, sintomo e angoscia* (1925), in *Opere* (1967-1993), Bollati Boringhieri, Torino, vol. X.
Lewin K., *Teoria dinamica della personalità* (1935), Giunti Barbera, Firenze 1965.
Winnicott D. W., *La famiglia e lo sviluppo dell'individuo* (1965), Armando, Roma 1968.

Basic SE, Scala (*Basic Self-Esteem Scale*). Scala di valutazione che misura l'autostima che individui adulti di tutte le età hanno di sé.

Bibliografia

Forsman L., Johnson M., Ugolini V., Bruzzi D., Raboni D., *Basic SE – Basic Self-Esteem Scale. Valutazione dell'autostima di base negli adulti*, Erickson, Trento 2008.

Batofobia (ingl. *Bathophobia*; ted. *Bathophobie*; fr. *Bathophobie*; sp. *Batofobia*). Fobia della profondità o dell'altezza, accompagnata da vertigini, per il timore di perdere il controllo trovandosi in luoghi elevati o in prossimità di un abisso. In alcuni casi può diventare tanto intensa da trasformarsi in vera e propria patologia che impedisce al soggetto l'accesso a tali luoghi.

Bayley, Scale (ingl. *Bayley scales*; ted. *Bayley Test*; fr. *Echelles Bayley*; sp. *Escala Bayley*). Le scale Bayley sono le più accreditate per misurare lo sviluppo motorio e valutare il comportamento dei bambini di età compresa tra 1 e 4 anni. Dette scale sono impiegate sia per la descrizione del livello di sviluppo raggiunto, sia per la diagnosi e il trattamento dei bambini con ritardo mentale o disabilità.

Bibliografia

Black M. M., Matula K., *La valutazione dello sviluppo infantile. Somministrazione e applicazione delle Scale Bayley* (2001), il Mulino, Bologna 2005.

BDE (*Batteria per la Discalculia Evolutiva*). Test per la diagnosi dei disturbi dell'elaborazione numerica e del calcolo in età evolutiva compresa tra gli 8 e i 13 anni.

BDI, Test (*Beck Depression Inventory*), v. DEPRESSIONE, § 3, *f*.

Béance. Termine introdotto da Jacques Lacan per nominare la falla (*béance*) tra la mancanza-a-essere e il completamento materno. Come l'androgino, descritto da Platone nel *Simposio*, è diviso, per ordine di Zeus, in due esseri sempre alla ricerca l'uno dell'altro, per cui ogni uomo è il "simbolo di un uomo", cioè una parte sempre alla ricerca dell'altra parte che lo completa, così il neonato, con il taglio del cordone ombelicale, è strappato dal corpo della madre e separato dalla precedente e originaria unità. Avendo perso con la nascita il suo completamento anatomico, ogni individuo è una *mancanza-a-essere* la cui carenza si inscrive nel BISOGNO (v. § 4, *a*), nella pulsione, nel DESIDERIO (v. § 3), nella domanda (v. LACANIANA, TEORIA, § 9) e nell'ALTRO (v. § 1). Il *bisogno* è la trascrizione organica della *béance*, di questa mancanza, di questo vuoto che ognuno sperimenta con la sua nascita. La *pulsione* è l'energia alla ricerca del completamento che, trovando i limiti costituiti dal recinto del corpo, si canalizza verso le zone erogene che sono tante aperture verso l'esterno alla ricerca dell'Altro. Questa ricerca si esprime come *desiderio* che si indirizza sui molteplici oggetti sostitutivi del corpo materno, quindi nella *domanda* che si articola in parole attraverso cui è possibile accedere all'*Altro* che è l'ordine simbolico a cui si rivolge quell'"animale in preda al linguaggio" che è l'uomo. Questa catena che conduce all'Altro attraverso il bisogno, la pulsione, il desiderio, la domanda, è promossa da quella fondamentale mancanza-a-essere che è la *béance*.

Bibliografia

Lacan J., *Sovversione del soggetto e dialettica del desiderio nell'inconscio freudiano* (1960), in *Scritti* (1936-1966), Einaudi, Torino 1974, vol. II.
Platone, *Simposio*, in *Opere*, Laterza, Bari 1973.

Behaviorismo, v. COMPORTAMENTISMO.

Belle indifférence, v. INDIFFERENZA.

Bellezza (ingl. *Beauty*; ted. *Schönheit*; fr. *Beauté*; sp. *Belleza*). In ambito psicoanalitico la bellezza, tema universale declinato in tutti i tempi e in tutti gli ambiti disciplinari, è stata tematizzata da James Hillman come un bisogno essenziale dell'anima nella sua connessione con Eros che, senza bellezza, si spegne, lasciando la psiche in uno stato di depressione. L'efficienza, la funzionalità, l'economicismo, la devastazione ambientale, il razionalismo architettonico hanno fatto smarrire quel sentimento di misura e di armonia cosmica in cui gli antichi Greci coglievano l'essenza della bellezza. Anche l'arte, a parere di Hillman, ha perso la sua connessione con la bellezza, e quindi con Psiche ed Eros, perché ha smarrito quel mondo immaginale, che già Henry Corbin descriveva come nutrimento dell'anima.

L'accesso alla bellezza è descritto da Platone come uno straordinario viaggio verso la pianura della verità che, connettendo il molteplice all'Uno, realizza quell'armonia cosmica che fa uscire l'umano dalla notte del caos. Bellezza e *verità* non solo, ma anche bellezza e *rettitudine* a proposito della quale Luigi Zoja scrive: «Per la mentalità moderna comune, retta da categorie astratte, la contrapposizione tra etica ed estetica è chiara. [...] I Greci, ai quali dobbiamo i due concetti, si sarebbero opposti a questa separazione. Non avevano codici scritti che definissero bellezza e rettitudine, ma esisteva un consenso generale su entrambe, e anche sul fatto che fossero intimamente legate. Erano due diverse facce della stessa qualità, l'eccellenza: al punto che essa era indicata da un'unica parola, *kalogathía* (da *kalòs kài agathós*, "bello e buono")» (2007, p. 20).

Questa connessione tra estetica ed etica è presente anche nei rispettivi contrari. Infatti, come ci ricorda Gianfranco Ravasi, «"bruttura" ha una dimensione etica, "bruttezza" una valenza estetica» (2013, p. 15). Occorre infine ricordare che "estetica", dal greco αἴσθησις, significa "percezione", "sensazione", parole chiave per le scienze psicologiche le quali non possono a questo punto trascurare quell'operazione dei sensi che si lasciano "trafiggere (*durchstechen*)", come scrive Thomas Mann, generando quel piacere che, come ci ricorda Immanuel Kant, non ha bisogno della mediazione di alcun concetto e non ha in vista alcun interesse, offrendo al godimento lo scenario dell'"inutile" che, a differenza dell'"utile", non ha valore in vista di qualcos'altro, ma in se stesso.

Bibliografia

Armstrong J., *Il potere segreto della bellezza. Una guida al bello di ogni epoca* (2004), Guanda, Parma 2007.
Bauman Z., *Bellezza* (2002), Fondazione Collegio San Carlo, Modena 2003.
Bettetini M., *La bellezza e il peccato*, Bompiani, Milano 2015.
Böhme G., *Bellezza*, in Ch. Wulf (a cura di), *Cosmo, corpo, cultura. Enciclopedia antropologica* (1997), Bruno Mondadori, Milano 2002, pp. 855-862.
Corbin H., *L'immagine del tempio* (1950-1974), Bollati Boringhieri, Torino 1983.
–, *L'immaginazione creatrice. Le radici del sufismo* (1958), Laterza, Bari 2005.
De Masi D., *Bellezza*, in Id., *Tag. Le parole del tempo*, Rizzoli, Milano 2015, pp. 65-79.
Donà M., *Il "bello"... o di un accadimento. Il destino dell'opera d'arte*, Elvetia Edizioni, Venezia 1983.
Forte B., *La porta della bellezza. Per un'estetica teologica*, Morcelliana, Brescia 1999.
Guanti G., *Bellezza*, in AA.VV., *Gli strumenti del sapere contemporaneo*, vol. II: *I concetti*, Utet, Torino 1985, pp. 83-87.
Hillman J., *Politica della bellezza* (1978-1998), Moretti & Vitali, Bergamo 1999.
Kant I., *Critica del giudizio* (1790), Laterza, Bari 1960.
Lyotard J.-F., *Anima minima. Sul bello e il sublime* (1985), Pratiche Editrice, Parma 1995.
Ravasi G., *La bellezza salverà il mondo*, Marcianum Press, Venezia 2013.
Rella F. (a cura di), *Bellezza e verità*, Feltrinelli, Milano 1990.
–, *L'enigma della bellezza*, Feltrinelli, Milano 1991.
Zoja L., *Giustizia e bellezza*, Bollati Boringhieri, Torino 2007.

Bender Gestalt Test (ingl. *Visual motor Gestalt test*; ted. *Bender Gestalt Test*; fr. *Test visuo-moteur de Bender*; sp. *Bender Gestalt test*). Test visuo-motorio, fondato sui principi della PSICOLOGIA DELLA GESTALT (v.), formato da nove disegni geometrici, scelti tra quelli originariamente predisposti da Max Wertheimer, che il soggetto deve riprodurre mentalmente o graficamente, offrendo in tal modo la possibilità di valutare lo sviluppo visuo-motorio, eventuali lesioni cerebrali o determinati disordini mentali. Il test, somministrato a bambini compresi tra i 5 e i 10 anni, può essere impiegato anche come test proiettivo per la diagnosi della personalità (v. TEST, § III, 2).

Bibliografia

Bender L., *A visual motor Gestalt test and its clinical use*, in "American Orthopsychiatric Association", Research Monographs, 1938, n. 3.
Hain J. D., *The Bender Gestalt test. A scoring method for identifying brain damage*, in "Journal of Consulting Psychology", 1964.
Koppitz E. M., *The Bender Gestalt test for young children*, Grune & Stratton, New York 1964.
Lis A., *Il Bender Gestalt Test*, Giunti, Firenze 1996.
Pascal G. R., Suttell B. J., *The Bender Gestalt test. Quantification and validity for adults*, Grune & Stratton, New York 1951.

Beneficio della malattia, v. GUADAGNO DELLA MALATTIA.

Benessere (ingl. *Well-being*; ted. *Wohlbefinden*; fr. *Bien-être*; sp. *Bienestar*). A partire dagli anni settanta con Michael Fordyce prese avvio una corrente di studi indirizzata non più solo agli stati psicopatologici, ma alle condizioni di benessere, quando non addirittura di FELICITÀ (v.), prendendo in considerazione le caratteristiche individuali e i contesti ambientali delle persone che ritenevano di aver raggiunto una condizione di soddisfazione della propria esistenza. Questo indirizzo trovò un seguito con Martin Seligman, Tayyab Rashid e Acacia C. Parks che inaugurarono la "psicologia positiva" nell'intento di spostare l'attenzione della psicologia dalla riparazione del disagio psichico alla promozione del benessere personale, attraverso il potenziamento delle risorse individuali e lo sviluppo delle emozioni positive. In Italia, negli anni novanta, Giovanni Andrea Fava e Chiara Ruini inaugurarono la "psicoterapia del benessere" con pazienti affetti da depressione, ansia generalizzata, attacchi di panico, disturbi dell'umore, rinforzando l'autostima, il controllo ambientale, la crescita personale, le relazioni, e l'individuazione di uno scopo nella vita.

Nell'ambito della NEUROBIOLOGIA INTERPERSONALE (v.), Daniel J. Siegel, dopo aver definito il benessere una condizione determinata da una buona integrazione dei flussi di energia e informazioni tra mente, cervello e relazioni, ha costruito la metafora del "triangolo del benessere" dove «la regolazione (la *mente*) comporta il monitoraggio e la modifica dei flussi di energia e informazioni. La condivisione (le *relazioni*) è lo scambio di energia e informazioni fra due o più persone. Il meccanismo (il *cervello*) è il mezzo stutturale attraverso cui si realizzano i flussi di energia e informazioni all'interno del corpo. Il triangolo rappresenta un unico sistema, il sistema di flussi di energia e informazioni che passano attraverso il meccanismo del corpo (cervello), vengono condivisi (relazioni) e regolati (mente)» (2012, cap. 40, pp. 1-2). In ambito clinico e terapeutico è necessario valutare i livelli di caos o rigidità che determinano un deficit di integrazione a livello cerebrale e relazionale, pregiudicando il benessere. E questo perché, scrive Siegel, «il benessere mentale trae origine sia dalle connessioni sinaptiche presenti nel corpo, sia dalle connessioni relazionali. Ciò significa che il benessere mentale può essere migliorato "allenando" la mente con le strategie pratiche finalizzate ad aumentare la natura integrativa sia delle connessioni con gli altri, sia delle connessioni presenti dentro di noi» (ivi, cap. 40, p. 9).

Bibliografia

Fava G. A., Ruini C., *Development and characteristics of a well-being enhancing psychotherapeutic strategy. Well-being therapy*, in "Journal of Behavior. Therapy and Experimental Psychiatry", 2003, n. 34.

Fordyce M. W., *Development of a program to increase personal happiness*, in "Journal of Counseling Psychology", 1977, n. 24.

Marhaba S. (a cura di), *Salute, ben-essere e soggettività. Nuovi orizzonti di significato*, McGraw-Hill, Milano 1999.

Seligman M., Rashid T., Parks A. C., *Positive Psychotherapy*, in "American Psycologist", 2006, n. 61.

Siegel D. J., *Mappe per la mente. Guida alla neurobiologia interpersonale* (2012), Raffaello Cortina, Milano 2014.

Zani B., Cicognani E., *Le vie del benessere*, Carocci, Roma 1999.

Benham, Illusione di, v. ILLUSIONE, § 4, *c*.

Benton, Test di (ingl. *Visual retention test*; ted. *Benton-Test*; fr. *Test de Benton*; sp. *Test de Benton*). Test di memoria visiva che viene utilizzato nelle ricerche di psicologia clinica per la valutazione degli stati di compromissione delle funzioni mentali dei bambini e degli adolescenti. Come altri test di questo tipo, si basa sul presupposto di una deficienza differenziale nelle varie funzioni: tra queste, quelle considerate particolarmente sensibili ai processi patologici sono la memoria e la percezione spaziale. Il test di Benton consiste in dieci cartoncini disposti in tre serie equivalenti che contengono ciascuno una o più figure geometriche. Nella prassi standard di somministrazione il cartoncino viene presentato al soggetto per dieci secondi con la richiesta di immediata riproduzione a memoria. Si possono modificare le condizioni di somministrazione in tre modi: 1) presentando ogni cartoncino per un tempo più breve (5 secondi); 2) presentando ogni cartoncino per un tempo più lungo (15 secondi); 3) utilizzandolo come semplice test di copiatura. Il test mette in gioco la percezione spaziale, la memoria immediata e la capacità di riproduzione visuo-motrice dei disegni. La valutazione dell'efficienza è data da due sistemi di siglatura che considerano l'uno il numero delle prove corrette, l'altro il numero degli errori, e che servono a calcolare il punteggio finale. Si ottengono ulteriori informazioni di tipo qualitativo operando una classificazione precisa degli errori (omissioni, distorsioni, rotazioni, errori di dimensione, di collocazione). La somministrazione del test a soggetti normali fornisce una correlazione sufficientemente accettabile con il livello di intelligenza.

Bibliografia

Benton A. L., *Revised visual retention test*, Psychological Corporation, New York 1963.

Benzodiazepina, v. PSICOFARMACOLOGIA, § I, 1, *b*.

Bersaglio, Sintomo (ingl. *Target symptom*; ted. *Zielssymptom*; fr. *Symptôme cible*; sp. *Síntoma blanco*). Sintomo o gruppo di sintomi che, indipendentemente dalla diagnosi globale, fanno da bersaglio alla terapia, essendo quelli sui quali una determinata terapia si rivela particolarmente efficace.

BES (*Bisogni Educativi Speciali*). Sigla che raccoglie e illustra i piani educativi personalizzati volti a promuovere il pieno apprendimento attivando in maniera tanto più tempestiva e puntuale tutte le risorse necessarie per l'integrazione, l'inclusione e l'individualizzazione.

Bibliografia

Ianes D., Cramerotti S. (a cura di), *Alunni con BES. Bisogni educativi speciali*, Erickson, Trento 2013.
Ianes D., Macchia V., *La didattica per i bisogni educativi speciali. Strategie e buone prassi di sostegno inclusivo*, Erickson, Trento 2011.

Bestialismo, v. ZOOERASTIA.

Beta, Arco, v. ALFA, ARCO.

Beta, Movimento, v. PERCEZIONE, § 6, *a*.

Beta, Ritmo, v. ELETTROENCEFALOGRAFIA.

BFQ, Test (*Big Five Questionnaire*). Test messo a punto da Gian Vittorio Caprara che misura cinque fattori di personalità: l'estroversione, la stabilità emotiva, la gradevolezza, la coscienziosità e l'apertura mentale. L'affidabilità di questi cinque fattori presi in esame è data dalla loro stabilità nell'età adulta, dalla loro invarianza rispetto alle differenze di genere e dal loro riscontro in molte culture diverse.

Bibliografia

Caprara G. V., Barbaranelli C., Borgogni L., Perugini M., *The "Big Five Questionnaire". A new questionnaire to assess the five factor model*, in "Personality and Individual Differences", 1993, n. 15.
Sanavio E., Sica C., *I test di personalità. Inventari e questionari*, il Mulino, Bologna 1999, pp. 117-126.

BHK, Test. È una scala sintetica per la valutazione della scrittura in età evolutiva nei suoi aspetti insufficienti in ordine al segno grafico (analisi morfologica) e alla velocità nella produzione di grafemi (disfluenza). Allo scopo vengono prese in considerazione: 1) le abilità linguistiche (capacità metafonologica, padronanza delle regole ortografiche, conoscenze lessicali, grammaticali, sintattiche); 2) le abilità motorie fini (movimento di dita, mano, polso, avambraccio, spalla, nonché il controllo muscolare, la postura e la prensione dello strumento); 3) le abilità visuo-percettive e visuo-spaziali.

Bibliografia

Di Brina C., Rossini G. (a cura di), *BHK. Scala sintetica per la valutazione della scrittura in età evolutiva*, Erickson, Trento 2009.

BIA (*Batteria Italiana per l'ADHD*). La BIA offre una gamma di strumenti per la comprensione dei problemi presentati da bambini disattenti o iperattivi con difficoltà nei processi esecutivi, nel controllo della risposta, dell'attenzione e della memoria.

Bibliografia

Marzocchi G. M., Re A. M., Cornoldi C., *BIA. Batteria Italiana per l'ADHD*, Erickson, Trento 2010.

Bias. Il termine inglese "bias", letteralmente "linea obliqua", deriva dal latino *bifax, bifacis* "doppia faccia", ed è usato in psicologia nel significato specifico di pregiudizio, interpretazione arbitraria, precomprensione, distorsione. In un significato più ampio indica l'inclinazione della mente verso un particolare oggetto. Nelle procedure sperimentali e in generale in ambito statistico indica l'alterazione, anche intenzionale, delle condizioni dell'esperimento, tale da introdurre un errore costante nei risultati. Tipico il caso dell'assunzione di una campionatura non rappresentativa del gruppo al quale poi vengono applicate le conclusioni statistiche raggiunte.

Biasimo (ingl. *Blame*; ted. *Tadel*; fr. *Blâme*; sp. *Reprobación*). Disapprovazione sociale esplicita o implicita che provoca nel soggetto sentimenti di colpa con conseguente inibizione di condotte avvertite come sconvenienti o riprovevoli nella considerazione degli altri.

Bifattoriale, Analisi, v. ANALISI FATTORIALE, § 1.

Bigamia, v. MONOGAMIA.

Bilinguismo (ingl. *Bilingualism*; ted. *Zweisprachigkeit*; fr. *Bilinguisme*; sp. *Bilingüismo*). In senso stretto indica la presenza, in alcuni soggetti cresciuti all'uso simultaneo di due lingue, di un sistema coordinato di usi linguistici tale da consentire al pensiero di collegarsi direttamente alle espressioni verbali appartenenti alle due lingue, senza essere costretti ad operazioni di traduzione. In questo caso, dove nel soggetto bilingue sono presenti due schemi di comportamento verbale paralleli e distinti, si parla di *bilinguismo coordinato* perché si tratta di due lingue apprese una indipendentemente dall'altra. In un senso più generale il termine indica semplicemente il possesso del codice verbale di una seconda lingua, e allora si parla di *bilinguismo complementare* dato che la seconda lingua è stata appresa in un momento successivo. Gli studi più recenti si sono orientati verso il bilinguismo infantile, per l'influsso che questo tipo di esperienza di apprendimento può avere sullo sviluppo intellettivo e sulla personalità.

Bibliografia

Abdelilah-Bauer B., *Il bambino bilingue* (2006), Raffaello Cortina, Milano 2009.

Fishman J. A., *Istruzione bilingue. Una prospettiva sociologica internazionale* (1976), Minerva Italica, Bergamo 1979.

Titone R. (a cura di), *Il bambino bilingue*, Armando, Roma 1978.

Bimodalità, v. LATERALIZZAZIONE.

Binet-Simon, Scala di (ingl. *Binet-Simon scale*; ted. *Test Binet-Simon*; fr. *Echelle de Binet-Simon*; sp. *Escala de Binet-Simon*). Scala di misurazione dell'intelligenza messa a punto nel 1905 dallo psicologo francese Alfred Binet, in collaborazione con Théodore Simon. Tale strumento, storicamente assai importante, è nato da una ricerca commissionata dal Ministero della Pubblica Istruzione per lo studio dei metodi educativi dei bambini subnormali delle scuole di Parigi. Si inquadra perciò nella tendenza generale della psicologia sperimentale degli inizi del Novecento, già segnata da un forte risveglio di interesse per il trattamento umanitario dei soggetti anormali o ritardati. Strumento originariamente clinico e di applicazione esclusivamente individuale, questa scala consiste, nella prima versione, in trenta problemi di natura eterogenea, organizzati e disposti in ordine crescente di difficoltà, con una prevalenza di prove verbali rispetto alle prove di carattere percettivo e sensoriale. Infatti, benché i test venissero elaborati in modo da includere un'ampia varietà di funzioni, nella sostanza si dava particolare rilievo alle capacità di giudizio, comprensione, ragionamento, considerate da Binet componenti essenziali dell'intelligenza. La scala di misurazione originaria fu sottoposta ad una prima revisione nel 1908, con un aumento del numero delle prove e il loro raggruppamento secondo livelli di età. Nel livello corrispondente ai 3 anni venivano raccolte le prove che potevano essere superate con successo dai bambini "normali" di quell'età, con la possibilità quindi di tradurre il punteggio raggiunto dal soggetto sottoposto a test in termini di *età mentale*, cioè l'ETÀ (v.) equivalente a quella dei bambini normali di cui il soggetto aveva eguagliato il rendimento.

Una seconda revisione, nel 1911, determinò le variazioni di posizione delle prove, il loro ampliamento e l'estensione all'età adulta. Adattamenti e rielaborazioni vennero compiuti in diversi paesi. Negli Stati Uniti Lewis Madison Terman operò un'importante rielaborazione della scala che divenne poi nota come la "Stanford-Binet". Per la prima volta in un test psicologico venne adottato il *quoziente di intelligenza*, cioè il rapporto tra età mentale ed età cronologica (v. INTELLIGENZA, § 2). Tutti i test elaborati sul modello del Binet-Simon si riferiscono ad una misura globale dell'intelligenza e non operano analisi differenziali delle forme e delle strutture delle prestazioni intellettive.

Bibliografia

Avanzini G., *Alfred Binet e la pedagogia scientifica*, Paravia, Torino 1974.

Binet A., *Le moderne idee educative* (1909), Paravia, Torino 1976.

Binet A., Simon Th., *Méthodes nouvelles pour le diagnostic du niveau intellectuel des anormaux*, in "Année psychologique", 1905, n. 11.

Bineuronica, Catena, v. NERVOSO, SISTEMA.

BIN, Test, v. ABILITÀ, § 4.

Biocenosi, v. ECOLOGIA, § 1.

Biodinamica (ingl. *Biodynamics*; ted. *Biodynamik*; fr. *Biodynamique*; sp. *Biodinámica*). Il termine, che in generale significa la fisiologica interazione tra organismo e ambiente, si riferisce in senso specifico alla teoria elaborata da Jules H. Masserman nel tentativo di collegare i principi fondamentali della psicoanalisi con quelli del comportamentismo in base a quattro fattori: 1) *motivazione*: tutti gli organismi sono spinti all'azione dai propri bisogni fisiologici; 2) *ambiente*: ogni organismo reagisce alla propria interpretazione dell'ambiente decisa dai suoi bisogni, dalle sue capacità percettive e dalle sue esperienze trascorse; 3) *adattamento*: in presenza di una frustrazione in ordine al raggiungimento di una meta, l'organismo cambia la tecnica o adotta un'altra meta; 4) *conflitto*: quando due motivazioni sono in conflitto al punto da porsi in termini escludenti, l'organismo entra in angoscia con conseguente comportamento maladattato o disorganizzato. Nel primo caso si parla di comportamento nevrotico, nel secondo di comportamento psicotico.

Bibliografia

Masserman J. H., *Behaviour and neurosis. An experimental psichobiologic principles*, University of Chicago Press, Chicago 1943.

–, *The practice of dynamic psychiatry*, Saunders, Philadelphia 1955.

Bioenergetica (ingl. *Bioenergetics*; ted. *Bioenergetik*; fr. *Bioénergétique*; sp. *Bioenergética*). Studio della personalità umana dal punto di vista dei processi energetici del corpo. Alexander Lowen, che ha coniato il termine, scrive che «la bioenergetica si basa sull'opera di Wilhelm Reich» che «postulò l'esistenza di un'energia cosmica di base che chiamò orgone, la cui natura non è elettrica» (1975, pp. 7, 37). La teoria dell'ORGONE (v.) separò Reich da Sigmund Freud, anche se Reich non rinunciò a utilizzare le scoperte del fondatore della psicoanalisi, oltre ad altre idee desunte da Sándor Ferenczi e da Carl Gustav Jung, ricomponendole in un sistema nuovo che approdò ad una specifica formulazione dell'*analisi del carattere* (v. CARATTERE, § 3, *c-d*) e a una nuova forma di terapia.

Dapprima Reich aveva messo a punto un metodo terapeutico che agiva direttamente sulla tensione muscolare e sulle strutture respiratorie per produrre un rilassamento emozionale tale da liberare energia e sensazioni attraverso i tessuti, con effetti benefici sulla psiche. Lowen si appropria dei capisaldi della pratica terapeutica reichiana e, tenendo fermo il concetto di connessione corpo-mente, elabora la teoria dell'identità funzionale di tensione muscolare e blocco emotivo, unitamente a quella del rapporto tra inibizione della reattività emotiva e limitazione della respirazione. Inoltre, se Reich collegava gli squilibri nevrotici a un blocco delle soddisfazioni sessuali, attribuendo all'analisi il compito di liberare l'energia sessuale inibita, Lowen riduce l'importanza della sessualità e modifica l'obiettivo terapeutico di Reich allargandolo alla più generale capacità di provare piacere e di sperimentare la gioia di vivere.

Alla base resta il concetto reichiano di *pulsazione* in cui c'è un'alternanza di *espansione* e *contrazione*. Questo principio funzionale, rintracciabile in ogni organismo vivente, viene percepito come condizione di benessere e di piacere che, tra gli animali sessualmente differenziati, trova la sua espressione più intensa nell'ORGASMO (v.). Alla pulsazione orgasmica, l'organismo si dispone con un processo di espansione psichicamente percepito come piacere, mentre di fronte a una minaccia si dispone con un processo di contrazione percepito psichicamente come dispiacere. Nell'uomo che vive in un ambiente repressivo e autoritario viene imposta una frustrazione delle sensazioni piacevoli connesse all'alimentazione o alla stimolazione orale, anale e genitale. Alla frustrazione si accompagna una reazione di collera, cui segue la paura del piacere che eccita il simpatico, generando una condizione di *simpaticotonia cronica* che Reich considera il fattore patogeno centrale di tutte le malattie funzionali. L'ipertonia simpatica pone infatti l'individuo in un costante atteggiamento difensivo che limita la funzionalità dell'organismo, dando origine alle varie malattie. Prima di questo stato patologico, la repressione degli impulsi emozionali piacevoli produce una serie di blocchi che si organizzano in una vera e propria *armatura* o *corazza caratteriale* (v. CARATTERE, § 3, *c*), oltre a spasmi della muscolatura che si organizzano in una *corazza muscolare* che riduce la mobilità delle cellule e l'irrorazione sanguigna dei tessuti.

Corazza caratteriale e corazza muscolare, che disturbano la funzionalità dell'organismo (v. BIOPATIA), sono intercambiabili sul piano patologico e terapeutico dove si può constatare una corrispondenza tra un blocco emozionale e un blocco muscolare che trattengono le energie dell'organismo, la cui espressione è temuta per l'angoscia del piacere instaurata a suo tempo dall'educazione e dall'esperienza repressiva. Ne consegue che non basta, come pensava Freud, riportare alla coscienza fattori psichici patologici, ma è necessario intervenire sulla corazza muscolare per modificare quella emozionale. Alla simpaticotonia, determinata da quest'ultima, sono da imputare le inibizioni delle *funzioni digestive* (quindi l'anoressia nervosa, il cardiospasmo e la colite spastica), la *turba del circolo* con conseguente nevrosi cardiaca e ipertensione arteriosa, lo *squilibrio ghiandolare metabolico* con ipertiroidismo, stati di stress e diabete, oltre ad altre sindromi rubricate nella voce PSICOSOMATICA, § II.

Da questi assunti Reich e poi Lowen sono giunti a definire un'articolata tipologia caratteriale (v. CARATTERE, § 3, *c-d*) dove a ciascun tipo corrisponde una struttura e un atteggiamento del corpo che esprime la difesa dagli stimoli esterni o interni che minacciano l'individuo. Nella terapia bioenergetica, centrale è la messa a punto, ad opera di Lowen, del concetto di *grounding* che significa "avere i piedi solidamente sulla terra". Si tratta in sostanza di rinforzare o accrescere nel paziente il senso di sicurezza basilare, facendogli "sentire" la realtà del terreno, del suo corpo, della sua condizione vitale, in uno scambio energetico tra piedi e terra. A questo proposito, scrive Lowen: «Poiché la carica e la scarica funzionano come unità, la bioenergetica lavora simultaneamente su entrambi i membri dell'equazione per elevare il livello energetico, aprire la strada all'autoespressione e reinstaurare nel corpo il flusso delle sensazioni. L'accento dunque viene posto sulla respirazione, sulle sensazioni e sul movimento; al tempo stesso si cerca di collegare il funzionamento energetico attuale dell'individuo con la sua storia precedente. Questo approccio combinato mette gradualmente a nudo le forze interiori (conflitti) che impediscono all'individuo di funzionare con il suo pieno potenziale energetico. Ogni volta che uno di questi conflitti interiori si risolve, il livello dell'energia aumenta. Questo significa che l'individuo assume più energia e ne scarica di più in attività creative, che sono fonte di piacere e di soddisfazione» (1975, p. 41).

Lowen individua cinque tipologie nevrotiche dovute negli schizoidi alla negazione del diritto di esistere, nei pazienti affetti da problematiche orali del diritto di avere dei bisogni, nel masochista del diritto alla propria libertà, nei soggetti caratterizzati da un eccesso di rigidità del diritto di essere sessuati e di esercitare la sessualità, negli psicopatici del diritto di riconoscere di aver bisogno di un sostegno. Fuoriesce da questa tipologia il narcisista che si rappresenta a partire dall'immagine del proprio corpo, in ciò sostenuto dalla cultura contemporanea ossessionata dalla perfezione corporea, radicalizzando in questo modo la scissione corpo-mente.

Bibliografia

De Marchi L., *Wilhelm Reich. Biografia di un'idea*, Sugarco, Milano 1970.
Lowen A., *Il linguaggio del corpo* (1958), Feltrinelli, Milano 1978.
–, *Bioenergetica* (1975), Feltrinelli, Milano 1983.
–, *Il narcisismo. L'identità rinnegata* (1983), Feltrinelli, Milano 1985.
Marchino L., *La bioenergetica. Anima e corpo*, Xenia, Milano 1995.
Reich W., *Genitalità* (1926), Sugarco, Milano 1980.
–, *Analisi del carattere* (1933), Sugarco, Milano 1973.
–, *La funzione dell'orgasmo – La scoperta dell'orgone. Parte prima* (1942), Sugarco, Milano 1977.
Rispoli L., Andriello B., *Psicoterapia corporea e analisi del carattere*, Bollati Boringhieri, Torino 1988.

Biofeedback, v. RETROAZIONE.

Biofilia, v. NECROFILIA.

Biografico, Metodo (ingl. *Biographical method*; ted. *Biographische Methode*; fr. *Méthode biographique*; sp. *Método biográfico*). Metodo messo a punto da Karl Jaspers per poter costruire analisi patografiche a partire dalla vita del soggetto, piuttosto che da ipotesi teoriche anticipate che non raggiungono la comprensione del soggetto (v. PSICOLOGIA COMPRENSIVA), ma la sua oggettivazione, come è nell'atteggiamento tipico di tutte le scienze della natura. Il metodo biografico utilizza l'approccio diretto, l'analisi del materiale autobiografico (lettere, diari, confessioni), l'analisi di documentazioni oggettive (testimonianze, referti, perizie), per giungere a un quadro al cui ordinamento concorrono categorie biografiche come i tipi di personalità (v. TIPOLOGIA), di CARATTERE (v.) e di visione del mondo (v. MONDO, § 1). Per evitare l'aneddotica e per poter operare una verifica accurata dei risultati, sono stati formalizzati alcuni criteri quali: 1) visione globale del caso unitamente alle condizioni nelle quali il materiale documentario è stato raccolto; 2) presentazione oggettiva del decorso della vita avendo presente l'inevitabile distorsione indotta dalla soggettività dell'osservatore; 3) raccolta e disposizione del materiale biografico secondo gli standard definiti dal divenire biologico, dai dati ambientali, dalla struttura psicologica, dalle fasi di sviluppo, dalle figure tematiche di rilievo e dai criteri interpretativi adottati. Il metodo biografico ha trovato applicazione in ambito fenomenologico con Ludwig Binswanger, e nell'ambito della psicologia forense con August Homburger e Karl Wilmanns che adottarono questo metodo per la ricostruzione delle personalità psicopatiche e criminali.

In Italia il metodo biografico è stato adottato da Romano Màdera che ha inaugurato "l'analisi biografica a orientamento filosofico". Si tratta, scrive Màdera, di «un'analisi che si pone nell'orizzonte di un tentativo sempre rinnovato di ricucire le scissure che nascono dall'esperienza familiare e personale, ma che trovano le loro precondizioni nelle separazioni e contrapposizioni della nostra cultura. Autogiustificazioni, queste ultime, che sposano forme di pensiero improntate al riduttivismo, o ai dualismi di psiche-corpo e di emotivo-concettuale. Oppure si conformano a quell'assentire acritico che interiorizza la divisione del lavoro e delle professioni, erigendo barriere fra gli aspetti psicologici, pedagogici e sociologici, anche nelle legittimazioni del trattamento analitico o consulenziale» (2012, p. XXVIII). Da queste premesse discende che «l'analisi orientata alla, e dalla, filosofia come stile di vita non ha la sua meta in una risoluzione di una patologia o di una difficoltà esistenziale, benché se ne prenda cura e aiuti a superarle. Essa considera, invece, tanto la patologia quanto ogni inciampo nell'autorealizzazione come sintomi di secondo livello, poiché è la stessa condizione "normale", "abbastanza sana" e "abbastanza buona" a fare problema, a costituire ostacolo. Questo è il significato per tutte le vie filosofiche, come anche per tutte le vie spirituali, del diventare consapevoli dell'onnipervasività della sofferenza, come fondo della condizione umana ancora irriflessa» (ivi, p. XXXV).

Bibliografia

Binswanger L., *Il caso Ellen West e altri saggi* (1944-1946), Bompiani, Milano 1973.
–, *Tre forme di esistenza mancata. Esaltazione fissata, stramberia, manierismo* (1956), il Saggiatore, Milano 1964.
Capello C., *Il Sé e l'altro nella scrittura autobiografica*, Bollati Boringhieri, Torino 2001.
Demetrio D., *Raccontarsi. L'autobiografia come cura di sé*, Raffaello Cortina, Milano 1996.

Homburger A., *Lebensschicksale geisteskranker Strafgefangener*, Springer, Berlin 1912.
Jaspers K., *Psicopatologia generale* (1913-1959), Il Pensiero Scientifico, Roma 2000.
–, *Genio e follia. Analisi patografica di Strindberg, Van Gogh, Swedenborg, Hölderlin* (1922), Raffaello Cortina, Milano 2001.
Màdera R., *La carta del senso. Psicologia del profondo e vita filosofica*, Raffaello Cortina, Milano 2012.
–, *Una filosofia per l'anima. All'incrocio di psicologia analitica e pratiche filosofiche*, Ipoc Editore, Milano 2013.
Màdera R., Tarca L. V., *La filosofia come stile di vita. Introduzione alle pratiche filosofiche*, Bruno Mondadori, Milano 2003.
Wilmanns K., *Zur Psychopathologie des Landstreichers*, Barth, Leipzig 1906.

Bione, v. ORGONE.

Bionica (ingl. *Bionics*; ted. *Bionik*; fr. *Bionique*; sp. *Biónica*). Studio delle funzioni e dei meccanismi biologici in vista di una loro utilizzazione in ambito cibernetico dove si prevede la possibilità di applicare alle macchine i modelli derivabili ad esempio dalla genetica relativamente alla codificazione e trasmissione dei modelli ereditari, o dalla fisiologia nei sistemi di recezione degli stimoli, di coordinazione sensomotoria e simili, fino alla simulazione dei processi cognitivi (v. SIMULAZIONE, § 1) o dei meccanismi sottesi alle formazioni nevrotiche.

Bibliografia

Caianiello E. R., di Giulio E., *La cibernetica*, Le Monnier, Firenze 1980.
Feer H., *Kybernetik in der Psychiatrie. Schizophrenie und Depression*, in "Biblioteca Psychiatrica", 1970, n. 145.
Moser U., Zeppelin I. von, Schneider W., *Computer simulation of a model of neurotic defence processes*, in "Bulletin Psychologischen Instituts der Universität", 1968, n. 2.

Bionomica (ingl. *Bionomics*; ted. *Bionomik*; fr. *Bionomique*; sp. *Bionómica*). Studio dei fattori ambientali che limitano o favoriscono lo sviluppo dell'organismo (v. AMBIENTE).

Biopatia (ingl. *Biopathy*; ted. *Biopathie*; fr. *Biopathie*; sp. *Biopatía*). Termine introdotto da Wilhelm Reich per indicare i processi degenerativi dell'organismo a partire dal *bion* in cui si esprime la forma fissa e strutturata dell'energia, a differenza dell'*orgone* in cui è in azione la forma mobile e vitale (v. ORGONE). L'accumulo di pulsazioni non scaricate, con conseguente stagnazione della circolazione energetica visibile nella successione delle contrazioni non seguite dalle espansioni, è alla base di numerose malattie di natura psicosomatica (v. PSICOSOMATICA, § II) fra cui il cancro (v. BIOENERGETICA).

Bibliografia

Reich W., *La biopatia del cancro – La scoperta dell'orgone. Parte seconda* (1948), Sugarco, Milano 1976, voll. I-II.

Biopsicologia, v. PSICOBIOLOGIA.

Bioritmo, v. RITMO, § 1.

Biosfera psichica, v. PERSONALITÀ, § I, 3.

Biosistemica (ingl. *Biosystemic*; ted. *Biosystemik*; fr. *Biosystémique*; sp. *Biosistémica*). Terapia inaugurata negli anni ottanta da Jerome Liss, caratterizzata dalla costante integrazione di modelli psicologici, derivati principalmente da Heinz Kohut e Daniel N. Stern, e di modelli neurofisiologici con particolare attenzione agli studi di Henri Laborit ed Ernst Gellhorn, unificati in una visione olistica della persona, presa in considerazione non solo nella sua interiorità, ma anche nella sua contaminazione con il mondo esterno fisico e umano. Il modello di riferimento è psicocorporeo, che consente di connettere gli elementi verbali con altri codici espressivi come posture, movimenti, mimiche, emozioni e vissuti corporei.

Bibliografia

De Sario P., Fiumara R. (a cura di), *Biosistemica. La scienza che unisce. Metodi e applicazioni in campo clinico e sociale*, Franco Angeli, Milano 2015.
Gellhorn E., *Principles of autonomic-somatic integrations. Physiological basis and psychological and clinical implications*, University Press, Minneapolis 1967.
Laborit H., *L'inibizione dell'azione* (1979), il Saggiatore, Milano 1986.
Liss J., *La comunicazione ecologica*, La Meridiana, Molfetta 1992.
–, *Il metodo dell'identificazione. Anima e corpo*, Ceratti Editore, Milano 1996.
Liss J., Boadella D., *La psicoterapia del corpo*, Astrolabio, Roma 1986.
Liss J., Stupiggia M. (a cura di), *La terapia biosistemica. Un approccio originale al trattamento psico-corporeo della sofferenza emotiva*, Franco Angeli, Milano 2000.
Stern D. N., *Le forme vitali. L'esperienza dinamica in psicologia, nell'arte, in psicoterapia e nello sviluppo* (2010), Raffaello Cortina, Milano 2011.
Stupiggia M., *L'emergere del senso dalla corporeità*, Versus, Milano 2003.

Biotico, Esperimento (ingl. *Biotic experiment*; ted. *Biotisches Versuchsansatz*; fr. *Essai biotique*; sp. *Experimento biótico*). Esperimento realizzato con soggetti che non sanno di esservi sottoposti. Lo scopo è quello di poterli osservare in condizioni di realtà autenticamente vissuta, senza quegli elementi di disturbo che sempre accompagnano le condizioni sperimentali. L'esperimento è definito *quasi biotico* quando si realizza con soggetti che sanno di essere sottoposti all'esperimento, ma ne ignorano procedure e finalità. Una delle modalità più frequenti è quella che prevede una dilatazione dei tempi o un loro prolungamento in modo che il soggetto possa ritenere di trovarsi in una fase preparatoria o in una successiva alla conclusione dell'esperimento.

Bibliografia

Gottschaldt K., *Die Methodik der Persönlichkeitsforschung in der Erbpsychologie*, Barth, Leipzig 1942.
Spiegel B., *Über die Notwendigkeit biotischer Versuchsansätze in der Verhaltensforschung*, Hogrefe, Göttingen 1965.

Biotipo (ingl. *Biotype*; ted. *Biotypus*; fr. *Biotype*; sp. *Biotipo*). Complesso di individui, geneticamente omogenei, isolato per mezzo di accoppiamenti consanguinei e progressiva selezione. Una popolazione animale o vegetale a riproduzione sessuata è costituita da numerosi biotipi.

Bibliografia

Barbera M., *Ortogenesi e biotipologia*, Civiltà Cattolica, Roma 1945.

Biotono (ingl. *Biotone*; ted. *Biotonus*; fr. *Bioton*; sp. *Biotono*). Il termine, introdotto da Max Verworn, si riferisce all'energia vitale potenziale di un soggetto legata ai processi fisiologici dell'organismo e in particolare alla qualità e alla rapidità dei processi di ricambio che determinano il ritmo e l'intensità funzionale di tutti gli organi. Se le forze rigenerative e degenerative si compensano il biotono è in equilibrio, se prevalgono le rigenerative è alto, se prevalgono le degenerative è basso. Gottfried Ewald estese tale concetto alla situazione di tensione generale del soggetto legata al temperamento e alla personalità, creando una sorta di tipologia in base alla quale dal biotono dovrebbe dipendere l'intensità della vita psichica ed emozionale.

Bibliografia

Ewald G., *Temperament und Charakter*, Springer, Berlin 1924.

Bipolare, Disturbo, v. CICLOTIMIA; UMORE, § 2.

Bisessualità (ingl. *Bisexuality*; ted. *Bisexualität*; fr. *Bisexualité*; sp. *Bisexualidad*). Nell'accezione corrente esprime la mescolanza di elementi maschili e femminili, propria di ogni individuo, responsabile dei conflitti che ogni soggetto prova nell'assunzione del proprio sesso. Il termine bisessualità fu formulato per la prima volta da Wilhelm Fliess che, come attesta la corrispondenza, lo suggerì a Sigmund Freud, anche se il filosofo Otto Weininger rivendicava la priorità di questa idea. Scrive in proposito Freud: «Un certo grado di ermafroditismo anatomico è proprio della normalità; in nessun individuo di normale formazione maschile o femminile mancano le tracce dell'apparato dell'altro sesso che, o continuano a sussistere, senza avere una funzione, come organi rudimentali, oppure sono state trasformate per assumere altre funzioni. La concezione che risulta da questi fatti anatomici da lungo tempo noti è quella di una struttura originariamente bisessuale, che nel corso dell'evoluzione si è mutata fino alla monosessualità con scarsi residui del sesso atrofizzatosi» (1905, p. 457).

Fliess interpreta la teoria freudiana della rimozione invocando il conflitto esistente in ogni individuo tra tendenze maschili e femminili, per cui il sesso dominante nella persona avrebbe rimosso nell'inconscio la rappresentazione psichica del sesso opposto. Freud non fu mai pienamente d'accordo con questa riduzione della rimozione operata da Fliess, e alla fine della sua vita non cesserà di ricordare che «la dottrina della bisessualità presenta ancora molti lati oscuri, e la mancanza tuttora di un collegamento tra essa e la dottrina delle pulsioni costituisce, per la psicoanalisi, un grave impedimento» (1929, p. 595). La ragione è da ricercarsi nel fatto che, per Freud, la teoria delle pulsioni è organizzata intorno al primato del fallo (v. FALLOCENTRISMO) e questo mal si accorda con l'idea di una bisessualità biologica compatibile con quel primato. Per ridurre la valenza biologica e accentuare quella psicologica Sándor Ferenczi ha proposto di sostituire "bisessualità" con AMBISESSUALITÀ (v.).

Carl Gustav Jung ha accolto la teoria della bisessualità riproponendola nel modello dell'androginia (v. ERMAFRODITISMO, § 4) e soprattutto nei concetti di ANIMUS (v.) e di ANIMA (v. § 3) su cui ha costruito le relazioni tra l'Io e l'inconscio. In sede antropologica, infine, Margaret Mead ha molto criticato il modello psicoanalitico della sessualità, perché non tiene conto dei preconcetti sociali sui ruoli maschili e femminili. A suo parere un'analisi corretta della bisessualità dovrebbe considerare, oltre ai fattori biologici e costituzionali e alle identificazioni con i genitori, i modelli sociali e le confusioni improprie tra le polarità attivo-passivo da un lato, e maschile-femminile dall'altro (v. ATTIVITÀ – PASSIVITÀ).

Bibliografia

Ferenczi S., *L'omoerotismo. Nosologia dell'omosessualità maschile* (1914), in *Opere* (1989-1992), Raffaello Cortina, Milano 1990, vol. II.
Fliess W., *Der Ablauf des Lebens*, Deutlicke, Wien 1906.
Freud S., *Tre saggi sulla teoria sessuale* (1905), in *Opere* (1967-1993), Bollati Boringhieri, Torino, vol. IV.

–, *Il disagio della civiltà* (1929), in *Opere*, cit., vol. X.
Jung C. G., *L'Io e l'inconscio* (1928), in *Opere* (1969-2007), Bollati Boringhieri, Torino, vol. VII.
Mead M., *Sesso e temperamento in tre società primitive* (1935), il Saggiatore, Milano 1967.
–, *Maschio e femmina* (1949), il Saggiatore, Milano 1962.
Weininger O., *Sesso e carattere* (1903), Feltrinelli, Milano 1978.

Bisogno (ingl. *Need*; ted. *Bedürfnis*; fr. *Besoin*; sp. *Necesidad*). Stato di tensione più o meno intensa dovuto alla mancanza di qualcosa che risponde o a esigenze fisiologiche più o meno impellenti, o a esigenze voluttuarie divenute per abitudine necessarie, o a esigenze psicologiche avvertite come indispensabili per la realizzazione di sé, o a esigenze sociali apprese dall'ambiente. Connesso all'INCENTIVO (v.), alla PULSIONE (v.), al DESIDERIO (v.) e alla MOTIVAZIONE (v.), il bisogno è soggettivamente avvertito come uno stimolo che spinge l'individuo verso una meta in cui si annulla la tensione provocata dal senso di insoddisfazione che accompagna lo stimolo stesso. Allo stato di tensione o eccitamento, a cui si riconduce la definizione primaria di bisogno, si attribuisce la capacità di evocare la rappresentazione degli obiettivi da perseguire e la capacità di attivarsi superando gli ostacoli che si frappongono. Il bisogno si manifesta a diversi livelli che impegnano altrettanti ambiti disciplinari. Questi in parte si sovrappongono a quelli evocati dalla MOTIVAZIONE (v.) in cui il bisogno rientra come figura primaria.

1. FISIOLOGIA. In questo ambito si è soliti distinguere due classi di bisogni:

a) Bisogni relativi alla vita dell'individuo come la fame, la sete (v. ALIMENTAZIONE) e l'evacuazione, caratterizzati da un aspetto *attivante* che dispone l'organismo a un'azione, e *direzionale* in vista di una meta che soddisfi il bisogno. Dal *bisogno*, che è uno stato fisiologico di privazione, va distinta la *pulsione* che è la sua conseguenza psicologica che si manifesta sul piano del comportamento. La pulsione non aumenta necessariamente con il bisogno. Un organismo affamato può essere talmente indebolito, che anche la sua pulsione risulta indebolita. A livello sperimentale ciò che è possibile misurare non è il bisogno, ma la pulsione, assumendo come punti di riferimento l'irrequietezza dell'animale e la velocità nell'esecuzione degli atti appresi per la conquista del cibo. Il meccanismo sazietà-fame è regolato dall'IPOTALAMO (v.) secondo il modello *omeostatico* (v. OMEOSTASI) che prevede l'abolizione, tramite la soddisfazione, dell'eccitamento insorto nell'organismo con la comparsa del bisogno.

b) Bisogni relativi alla vita della specie come la SESSUALITÀ (v.), la cura della prole, la difesa dai nemici. Queste funzioni sono regolate dagli ormoni (v. ENDOCRINO, SISTEMA) e legate, più che al bisogno, all'incentivo. Negli animali esso è costituito dall'odore della femmina in calore, dal cambiamento nella colorazione e nella dimensione delle aree genitali che attraggono il maschio e lo portano al compimento del ciclo sessuale, mentre negli uomini comportamenti sessuali e cure parentali hanno una matrice cognitiva e sociale che libera dal condizionamento diretto del meccanismo neuro-ormonale. Lo stesso dicasi per il comportamento di fuga o di aggressione che negli animali è completamente sottoposto al controllo ormonale, mentre nell'uomo è correlato all'attività neuronale superiore e quindi a processi psichici.

c) Bisogni con correlati fisiologici sono l'ATTIVITÀ (v.), la MANIPOLAZIONE (v.) e la CURIOSITÀ (v.). È prerogativa infatti di ogni organismo porsi in un rapporto di attivo interscambio con il mondo, e questa attività ha un effetto tonico indipendentemente dai bisogni specifici che devono essere soddisfatti. Così si spiega il bisogno del gioco nei cuccioli e nei bambini, mentre prove sperimentali hanno mostrato che gli animali imparano certi compiti per essere compensati con la possibilità di essere attivi. L'attività si traduce rapidamente in manipolazione e in curiosità che prendono la forma dell'esplorazione locomotoria che si incontra con regolarità nello sviluppo degli animali superiori e dei bambini.

2. PSICOLOGIA SPERIMENTALE. L'attività finalizzata indotta dalla soddisfazione del bisogno è spiegata in base a due teorie:

a) La teoria bisogno-pulsione-incentivo. Il bisogno è considerato come una privazione che chiede soddisfazione o come una stimolazione dolorosa che chiede evitamento. Ciò determina uno stato attivo del comportamento, noto con il termine *pulsione*, caratterizzato da tensione e da energia finalizzata al perseguimento di una meta che, se coronato da successo, fa raggiungere all'organismo un oggetto ambientale (che soddisfa il bisogno o riduce il dolore) detto *incentivo positivo* che, provocando un comportamento consumatorio, conclude la sequenza del comportamento motivato. L'incentivo, oltre a ridurre la tensione, può anche *intensificarla*, come la fame in vista di cibi esposti in vetrina; può *incanalarla* creando una propensione per certi cibi; così come può *regolarla*, come quando si dosa la quantità di cibo in base all'acqua disponibile per consumarlo.

b) La teoria dell'attrazione e repulsione è nata dalla constatazione che i bisogni con correlati fisiologici come l'attività, la manipolazione e la curiosità non rientrano nel modello bisogno-pulsione-incentivo, che l'incentivo non sempre svolge un ruolo di riduzione della pulsione, che l'incentivo negativo ha come conseguenza di indirizzare il comportamento lontano da sé (repulsione), e infine che esistono incentivi misti che portano a situazioni miste di attrazione e repulsione. Da queste constatazioni risulta che sono possibili quattro forme di comportamento che qui ci limitiamo ad elencare rinviando, per la loro esposizione, alla voce ATTRAZIONE – REPULSIONE, TEORIA DELL', che prevede un comportamento promosso dall'*attrazione*, dalla *repulsione*, dal *conflitto*, dal *doppio conflitto*. Questo schema subisce ulteriori modificazioni per effetto dell'apprendimento che può tradurre oggetti originariamente neutri in oggetti a valore incentivante. Questa componente determina il passaggio definitivo dall'ordine del bisogno a quello della MOTIVAZIONE (v.).

3. PSICOLOGIA DELLA PERSONALITÀ. Seguendo il modello omeostatico, un costrutto eminentemente fisiologico che vede nel bisogno un principio di ATTIVAZIONE (v.) che, tramite la soddisfazione (v. GRATIFICAZIONE), tende al mantenimento dell'EQUILIBRIO (v.), la psicologia della personalità prende in considerazione quei bisogni non fisiologici che nascono dal problema dell'adattamento, inteso come interazione dinamica tra organismo e ambiente. Qui il bisogno, configurandosi come *bisogno di autorealizzazione*, sconfina nella MOTIVAZIONE (v. § 7) regolata da bisogni che non sono più fisiologici, ma psicologici e sociali. Rinviando a quella voce per una trattazione adeguata, qui ci limiteremo ad elencare detti bisogni secondo lo schema di Abraham H. Maslow e quello di Henry Alexander Murray e la teoria del campo di Kurt Lewin.

a) Lo schema di Abraham H. Maslow, oltre all'ordinamento gerarchico dei bisogni, da quelli fisiologici a quelli psicologici quali sicurezza, appartenenza, amore, stima e realizzazione di sé, prevede, agli estremi della scala, i *motivi D* (*deficiency motives*, motivi di carenza) che possono essere soddisfatti solo dall'esterno, come ad esempio il bisogno di essere amato che, non soddisfatto, genera nel soggetto stati di insicurezza, di minor libertà e responsabilità, e i *motivi B* (*being motives*, motivi dell'essere) che entrano in funzione quando i primi sono appagati. Il loro raggiungimento non dipende dall'esterno, ma dall'autorealizzazione delle proprie potenzialità. Maslow critica le ricerche sperimentali sul bisogno a cui imputa di essere frammentarie e di non considerare l'uomo al massimo delle sue possibilità, semplicemente perché queste non sono suscettibili di sperimentazione condotta con i metodi della scienza (v. PSICOLOGIA UMANISTICA). Lo schema di Maslow non è condiviso da Viktor E. Frankl, fondatore della LOGOTERAPIA (v.) che, a seguito della sua esperienza in un campo di concentramento nazista, ritiene che il perseguimento dei propri ideali e la difesa dei propri valori morali possono imporsi sui bisogni di sicurezza e persino su quelli fisiologici fino alla compromissione della propria vita. Altra obiezione all'ipotesi di Maslow è stata mossa da Carl R. Rogers e G. Marian Kinget secondo i quali non è detto che un eccesso di sicurezza, garantito ad esempio da madri iperprotettive, favorisca il processo di autorealizzazione e di autonomia del figlio che, non incontrando mai un limite, con difficoltà sarà in grado in età adulta di autolimitarsi e di distinguere i propri bisogni da quelli altrui. Tesi questa che avvicina la posizione di Rogers e Kinget a quella di Sigmund Freud, secondo il quale sono proprio le frustrazioni a far conoscere i limiti che consentono di circoscrivere i bisogni e di tollerare la loro non immediata soddisfazione, come vuole il passaggio dal principio di piacere (v. PIACERE, § 1) al principio di realtà (v. REALTÀ, § 3).

b) Lo schema di Henry Alexander Murray distingue i bisogni viscerogeni da quelli psicogeni, i primi di natura fisiologica, i secondi di natura motivazionale, il cui elenco, che ancora oggi esercita una notevole influenza, prevede: 1) bisogni che hanno *relazione con gli oggetti* inanimati come acquisizione, conservazione, ordine, tesaurizzazione e costruzione; 2) bisogni che esprimono *ambizione*, forza, desiderio di riuscita e di prestigio come superiorità, successo, considerazione, esibizione, integrità, difesa, reazione; 3) bisogni relativi all'*esercizio del potere* come dominanza, sottomissione, somiglianza, autonomia, indipendenza; 4) bisogni relativi ai *torti* verso gli altri e se stessi come aggressione, umiliazione, biasimo; 5) bisogni relativi agli *affetti* personali come gregarietà, rifiuto, protezione, soccorso; 6) bisogni *socialmente* rilevanti come gioco, conoscenza, esposizione. Ovviamente questo elenco può essere anche ridotto attraverso procedimenti sistematici di classificazione, uno dei quali è il metodo dell'ANALISI FATTORIALE (v.). Murray ha messo a punto un test di personalità, il TAT (*Thematic Apperception Test*) (v.), per la valutazione dei bisogni di ogni singolo individuo, da cui emerge che chi ha bisogni di ordine superiore reagisce con un arricchimento dell'attività, a differenza degli altri che si mantengono a un livello esecutivo con una forte componente ripetitiva (v. PERSONALITÀ, § I, 13).

c) La teoria del campo di Kurt Lewin distingue nettamente il bisogno *animale* che non ha una progettualità e una strategia, ma è solo una reazione a uno stato di necessità, dal bisogno *umano* che ha una dimensione, una direzione e un vettore di cui è possibile valutare intensità e durata degli effetti osservati nel comportamento, analizzato con gli strumenti messi a disposizione dalla teoria del campo (v. CAMPO, § 2).

4. PSICOLOGIA DEL PROFONDO. In ambito psicoanalitico Freud non parla tanto di bisogno quanto di *pulsione* e *motivazione*. Come stato fisiologico di privazione il bisogno è letto da Freud secondo il modello omeostatico, mentre per quanto riguarda la pulsione, che è l'aspetto psichico del bisogno, questa va incontro a quelle vicissitudini che Freud espone nella sua *Metapsicologia* (v. PULSIONE) dove emerge anche il tratto motivante connesso alla spinta pulsionale (v. MOTIVAZIONE, § 4). Dal canto suo Carl Gustav Jung, dopo aver accettato la *vis a tergo* della pulsione indicata da Freud, sottolinea l'importanza di quella *vis a fronte* che è il bisogno di realizzazione di sé (v. PSICOLOGIA ANALITICA, § 5). Nell'ambito della psicologia del profondo il bisogno ha costituito un oggetto tematico per Jacques Lacan e per Silvia Montefoschi.

a) Per Jacques Lacan (v. LACANIANA, TEORIA, § 9), il bisogno è quella mancanza radicale che si costituisce in occasione della fuoriuscita dal ventre materno. Su questa mancanza o, come dice Lacan, su questa BÉANCE (v.) si inscrive la pulsione che non si limita, come per Freud, ad essere una qualificazione erotica del bisogno, ma diventa il mezzo per supplire a questa mancanza attraverso le "zone erogene" che sono tante aperture verso l'esterno dove il bisogno, attraverso il DESIDERIO (v.) prima, e attraverso la DOMANDA (v.) poi, giunge all'ALTRO (v.) che soddisfa, nell'ordine simbolico, quell'esigenza di completamento inscritta nel bisogno e nella *béance* che lo connota. Colta in questa connessione con il bisogno e come prima risposta al bisogno, la pulsione, per Lacan, si localizza nell'organismo prima di ogni rappresentazione psichica.

b) Per Silvia Montefoschi il concetto di bisogno è da emancipare dal concetto di mancanza di una condizione essenziale all'esistere, perché «dire che l'essere vivente ha bisogno di respirare e di nutrirsi equivale a concepire un vivente che già esiste in *mancanza* di respirazione e di nutrimento *per averne bisogno*, laddove il nutrimento, la respirazione e la vita si danno nel medesimo momento» (1977, p. 30). Emancipato dai cosiddetti "bisogni primari", il bisogno viene inscritto nella figura della *relazione* in questi termini: «Il bisogno non è qualcosa di già dato, bensì si *crea* di volta in volta, entro un modello di rapporto, come un momento di *mancanza* di quella situazione esistenziale necessaria a garantire l'ulteriore rapportarsi. La *mancanza* che caratterizza lo stato di bisogno non si dà, pertanto, nel singolo individuo, ma nel rapporto» (ivi, p. 31). Riferendosi ai rapporti possibili che sono di INTERSOGGETTIVITÀ (v.) o di interdipendenza (v. DIPENDENZA, § 2), Montefoschi afferma: «La dinamica del rapporto intersoggettivo non può che crearc il bisogno della libertà dei soggetti, in quanto la libertà è l'unica condizione che garantisce la sopravvivenza dell'intersoggettività; la dinamica della interdipendenza, viceversa, non può dar luogo che al bisogno della dipendenza, quale condizione d'esistenza da lei prodotta ed essenziale alla sua sopravvivenza. All'interno del primo modello di rapporto, quindi, l'oggetto del bisogno è la condizione di libertà; questa condizione non si esaurisce in alcuna modalità d'esistenza specifica, non si concretizza in situazioni definite una volta per sempre, ma, al contrario, essendo essa il requisito primo delle *possibilità*, dà luogo, per il suo stesso realizzarsi, a sempre nuove forme di vita [...]. I bisogni che la dinamica dell'intersoggettività viene così, via via, creando sono bisogni di trasformazione. All'interno del secondo modello di rapporto, l'oggetto del bisogno è la condizione di dipendenza; questa condizione si concretizza nella *reificazione* di quelle situazioni di vita che esprimono, richiedono e confermano, la dipendenza. [...] Gli oggetti che si producono nella dinamica dell'interdipendenza non possono, perciò, mai offrire nuovi sblocchi all'esistenza, in quanto perpetuano una situazione *data*. [...] I bisogni che in essa si producono sono sempre e soltanto bisogni di conservazione» (ivi, pp. 31-32).

5. SOCIOLOGIA. Il dibattito sociologico sui bisogni ha ruotato intorno a una serie di dicotomie che si rifanno alla grande distinzione tra bisogni *primari* o essenziali e bisogni *secondari* o indotti, nel senso descritto da Karl Marx secondo cui «la fame è la fame, ma la fame che si soddisfa con carne cotta, mangiata con coltello e forchetta, è una fame diversa da quella che divora carne cruda, aiutandosi con mani, unghie e denti. La produzione non produce perciò solo l'oggetto del consumo, ma anche il modo di consumarlo. Essa produce non solo oggettivamente, ma anche soggettivamente. La produzione crea quindi il consumatore. La produzione fornisce non solo un materiale al bisogno, ma anche un bisogno al materiale» (1859, p. 180). Il motivo è stato ripreso negli anni sessanta da Herbert Marcuse per il quale «è possibile distinguere tra bisogni veri e bisogni falsi. I bisogni "falsi" sono quelli che vengono sovrimposti all'individuo da parte di interessi sociali particolari cui preme la sua repressione: sono bisogni che perpetuano la fatica, l'aggressività, la miseria e l'ingiustizia. [...] La maggior parte dei bisogni che oggi prevalgono, il bisogno di rilassarsi, di divertirsi, di comportarsi e di consumare in accordo con gli annunci pubblicitari, di amare e di odiare ciò che altri amano e odiano, appartengono a questa categoria di falsi bisogni. Tali bisogni

hanno un contenuto e una funzione sociali che sono determinati da potenze esterne, sulle quali l'individuo non ha alcun controllo; lo sviluppo e la soddisfazione di essi hanno carattere eteronomo» (1964, p. 25). In questa visione l'autonomia dell'individuo è pressoché scomparsa e il suo comportamento appare come la risultante di una somma di riflessi condizionati: «La riproduzione spontanea, da parte dell'individuo, di bisogni che gli sono stati imposti non costituisce una forma di autonomia: comprova soltanto l'efficacia dei controlli» (ivi, p. 28).

La posizione di Marcuse ha esercitato un'influenza in ambito psicologico soprattutto su Erich Fromm e sulla sua distinzione relativa alle modalità esistenziali ordinate sulla categoria dell'avere incentrata sui bisogni di possesso, potere, avidità e affermazione (v. AVERE), invece che sulla categoria dell'*essere* che è alla base del bisogno di autorealizzazione. Di ciò è responsabile l'organizzazione sociale che non risponde ai bisogni essenziali di ogni individuo che per Fromm sono, oltre all'autoconsevazione con la soddisfazione dei bisogni primari e di quelli riproduttivi, i bisogni di radicamento, identità, relazione, orientamento e trascendenza, intesa sia come creatività sia come superamento dei limiti posti dalla società in cui vive.

Bibliografia

Bolles R. C., *Theory of motivation*, Harper & Row, New York 1975.
Cassini A., Dell'Antonio A., *Le basi fisiologiche dei processi motivazionali ed emotivi*, il Mulino, Bologna 1982.
Claparède É., *Educazione funzionale* (1931), Editrice Universitaria, Firenze 1967.
Frankl V. E., *Uno psicologo nei lager* (1946), Ares, Milano 1966.
Freud S., *Metapsicologia* (1915), in *Opere* (1967-1993), Bollati Boringhieri, Torino, vol. VIII.
–, *Al di là del principio di piacere* (1920), in *Opere*, cit., vol. IX.
Fromm E., *Psicanalisi della società contemporanea* (1955), Edizioni di Comunità, Milano 1976.
–, *Avere o essere?* (1976), Mondadori, Milano 1977.
Hull C. L., *I principi del comportamento. Introduzione alla teoria del comportamento* (1943), Armando, Roma 1978.
Jung C. G., *Energetica psichica* (1928), in *Opere* (1969-2007), Bollati Boringhieri, Torino, vol. VIII.
Lacan J., *Sovversione del soggetto e dialettica del desiderio nell'inconscio freudiano* (1960), in *Scritti* (1936-1966), Einaudi, Torino 1974, vol. II.
–, *La direzione della cura e i principi del suo potere* (1961), in *Scritti*, cit., vol. II.
Lewin K., *Teoria dinamica della personalità* (1935), Giunti Barbera, Firenze 1965.
Marcuse H., *L'uomo a una dimensione* (1964), Einaudi, Torino 1967.
Marx K., *Per la critica dell'economia politica* (1859), Editori Riuniti, Roma 1957.
Maslow A. H., *Motivazione e personalità* (1954), Armando, Roma 1973.
McDougall W., *The energies of men*, Methuen, London 1933.
Montefoschi S., *L'uno e l'altro. Interdipendenza e intersoggettività nel rapporto psicoanalitico*, Feltrinelli, Milano 1977.
Murray H. A., *Explorations in personality*, Oxford University Press, New York 1938.
–, *Thematic apperception test manual*, Oxford University Press, New York 1943.
Pfaff D. W. (a cura di), *The physiological mechanisms of motivation*, Springer, Berlin 1982.
Rogers C. R., Kinget G. M., *Psicoterapia e relazioni umane. Teoria e pratica della terapia non direttiva* (1962), Bollati Boringhieri, Torino 1970.

Bizzarria, v. STRAVAGANZA.

Blacky Pictures Test, v. PITTURA.

Blefarospasmo (ingl. *Blepharospasm*; ted. *Blepharospasmus*; fr. *Blépharospasme*; sp. *Blefarospasmo*). Chiusura improvvisa e prolungata delle palpebre dovuta a contrazione del muscolo orbicolare. Frequente come sintomo post-encefalico, il blefarospasmo non è da annoverare tra i sintomi isterici.

Blesità, v. DISLALIA.

Blocco (ingl. *Blockage*; ted. *Blockierung*; fr. *Barrage*; sp. *Bloqueo*). Arresto o interruzione di una funzione, di un'azione, di un pensiero (*barrage* del pensiero), di un'emozione o di una risposta senza che uno stimolo esterno o una motivazione soggettivamente riconoscibile possano giustificarlo. Eugen Bleuler scrive che «il pensiero bloccato dello schizofrenico si distingue nettamente dal pensiero bloccato del malinconico: in quest'ultimo il corso delle idee nel suo complesso è faticoso e lento per l'influsso dell'affettività; i blocchi dello schizofrenico invece interrompono d'un tratto un corso di idee fluido, talvolta persino brioso» (1911-1960, p. 61). Dal canto suo Sigmund Freud parla di *blocco affettivo* in tutti i casi in cui si ha un "isolamento dell'affetto", dove una fantasia inconscia legata a un desiderio o a un ricordo molto importante del passato può avere libero accesso alla coscienza, mentre invece non diventa cosciente l'emozione legata a tale fantasia. Forme di blocco possono essere favorite da stati di ansietà e di stanchezza generale responsabili di vuoti mentali improvvisi, di arresto motorio momentaneo nel corso di un'attività continuativa, di senso di disorientamento e di perdita di lucidità percettiva. Nell'ambito dell'analisi del carattere Wilhelm Reich parla di *blocco dell'energia*, che è alla base della "corazza caratteriale", quale corrispondente somatico di una formazione difensiva o di una situazione di conflitto che non si riesce a risolvere (v. BIOENERGETICA).

Bibliografia

Bills A. G., *Blocking. A new principle of mental fatigue*, in "American Journal of Psychology", 1931, n. 43.
Bleuler E., *Trattato di psichiatria* (1911-1939, aggiornato da M. Bleuler dal 1940 al 1960), Feltrinelli, Milano 1967.
Freud S., *Osservazioni su un caso di nevrosi ossessiva (Caso clinico dell'uomo dei topi)* (1909), in *Opere* (1967-1993), Bollati Boringhieri, Torino, vol. VI.
Reich W., *Analisi del carattere* (1933), Sugarco, Milano 1973.

Bocca, v. ORALE.

Bogardus, Scala di (ingl. *Bogardus scale*; ted. *Bogardus-Skala*; fr. *Echelle de Bogardus*; sp. *Escala de Bogardus*). Scala ideata da Emory Stephen Bogardus nel 1925, che, con domande accuratamente definite e standardizzate, misura le opinioni e gli atteggiamenti che assumono gli individui in determinate circostanze qualora avessero a che fare con altri individui "socialmente distanti" dalla loro condizione, come ad esempio individui appartenenti (come voleva la terminologia dell'epoca) a una razza diversa.

Bibliografia

Bogardus E. S., *Social distance and its origins*, in "Sociology and Social Research", 1925, n. 9, pp. 216-225.
–, *Social distance*, University of Southern California Press, Los Angeles 1959.

Bolo isterico, v. GLOBO ISTERICO.

Borderline. Termine inglese che segnala la linea di confine tra nevrosi e psicosi. Rubricato tra le sindromi marginali (v. MARGINALE, SINDROME, § 1), il soggetto borderline presenta un'instabilità nelle relazioni interpersonali, nell'immagine di sé e nell'umore caratterizzato da una marcata impulsività. Secondo il DSM-5 sono tipici del soggetto borderline: «1. Sforzi disperati per evitare un reale o immaginario abbandono. 2. Relazioni interpersonali instabili e intense, caratterizzate dall'alternanza tra gli estremi di iperidealizzazione e svalutazione. 3. Alterazione dell'identità con immagine di sé o percezione di sé marcatamente e persistentemente instabile. 4. Impulsività in aree potenzialmente dannose per il soggetto (per esempio: spese sconsiderate, sesso, abuso di sostanze, guida spericolata, abbuffate). 5. Ricorrenti comportamenti, gesti o minacce suicidari o comportamento automutilante. 6. Instabilità affettiva dovuta a una marcata reattività dell'umore (per esempio: episodica intensa disforia, irritabilità o ansia, che di solito durano poche ore o soltanto raramente più di pochi giorni). 7. Sentimenti cronici di vuoto, rabbia inappropriata, intensa o difficoltà a controllarla (per esempio: frequenti accessi d'ira, rabbia costante, ricorrenti scontri fisici). 9. Ideazione paranoide transitoria, associata allo stress, o gravi sintomi dissociativi» (2013, p. 768).

Larry J. Siever ipotizza una base biologica di questa sindrome e in proposito scrive: «La peculiarità del disturbo borderline di personalità sta nella sinergia fra l'instabilità affettiva e l'impulsività, spesso con una concomitante disorganizzazione cognitiva. Questi pazienti agiscono senza riflettere, specialmente quando sono frustrati o contraddetti. Si servono dell'azione per modulare i propri stati affettivi. Gli stati affettivi estremamente polarizzati contribuiscono alla costituzione di un codice affettivo di rappresentazione di sé e degli altri estremamente dissociato, contribuendo alla "scissione". Quindi, particolari meccanismi di difesa e tratti della personalità possono essere sottesi da precisi substrati biologici. Certamente, lo studio degli aspetti biologici dei disturbi di personalità è agli albori. Tuttavia recenti studi genetici, dimostrando l'ereditarietà dei tratti di personalità in più del 50% di gemelli identici cresciuti separatamente, indicano che le differenze individuali di personalità hanno una base biologica e genetica la cui entità è stata sottovalutata» (1991, p. 33).

Circa l'origine del disturbo borderline, Lorna Smith Benjamin individua nella storia infantile e adolescenziale: «1. Stile di vita caotico, necessità di adattarsi rapidamente (d'impulso) alla variabilità continua e imprevedibile dei riferimenti affettivi e organizzativi, che in età adulta ha come conseguenza: la tendenza a decisioni rapide basate sull'emozione prevalente (impulsività) e incostanza conseguente delle relazioni affettive. 2. Esperienze ripetute di abbandono che in età adulta comportano il terrore di essere abbandonato che si manifesta con coinvolgimenti intensi e spesso fuori misura e controllo, gelosia che può diventare violenta; messa in opera, sull'abbandono reale o immaginario, di attacchi rabbiosi e/o di un programma autopunitivo. 3. La discontinuità e il caos non escludono l'autenticità dell'affetto che viene dato al bambino da adulti che hanno bisogno di lui. Il legame con persone esterne alla famiglia viene attaccato e biasimato e dà origine a un caratteristico conflitto di lealtà. La conseguenza in età adulta è un attacco alle relazioni positive nel momento in cui potrebbero consolidarsi in una situazione in cui le si percepiscono in conflitto con le figure interiorizzate a cui il soggetto deve mantenersi leale. 4. Lo star male sollecita la cura da parte dell'adulto nella fase in cui il bambino soffre l'abbandono. In età adulta il soggetto esagera (drammatizza) il malessere perché ci si occupi di lui, con una frequenza importante di comportamenti autolesivi (i tagli) e di tentativi di suicidio» (1996, p. 147).

Commentando la tesi di Smith Benjamin sul rapporto tra "storia infantile" e "sintomi in età adulta", Luigi Cancrini osserva: «La corrispondenza fra esperienze traumatiche dell'infanzia e disturbi dell'adulto non deve essere intesa come automatica. Innanzitutto perché il bambino che vive questo tipo di situazioni può essere curato prima che il disturbo dell'adolescente e dell'adulto si sviluppi. Quello che è importante ritenere, tuttavia, è che la cura si deve sviluppare su due piani: quello dell'intervento capace di modificare la situazione contestuale e quello dell'ascolto terapeutico che permette l'elaborazione del vissuto. [...] La seconda considerazione è che la caoticità può sembrare anche molto evidente a chi la osserva, ma un bambino può viverla in modo totalmente diverso se ha accanto a sé una figura che lo sostiene sufficientemente» (2012, p. 18). Per quanto riguarda il *disturbo borderline di personalità* come è rubricato e descritto dal DSM-5 si veda la voce PERSONALITÀ, § II, 3, B, β.

Bibliografia

Arntz A., Van Genderen H., *Lo Schema Therapy per il disturbo borderline di personalità* (2009), Raffaello Cortina, Milano 2011.

Bateman A., Fonagy P., *Il trattamento basato sulla mentalizzazione. Psicoterapia con il paziente borderline* (2004), Raffaello Cortina, Milano 2006.

Cancrini L., *L'oceano borderline*, Raffaello Cortina, Milano 2006.

–, *La cura delle infanzie infelici. Viaggio nell'origine dell'oceano borderline*, Raffaello Cortina, Milano 2012.

Clarkin J. F., Yeomans F. E., Kernberg O. F., *Psicoterapia della personalità borderline* (1999), Raffaello Cortina, Milano 2000.

Cotugno A., Benedetto A. M., *Il paziente borderline*, Franco Angeli, Milano 1995.

DSM-5. American Psychiatric Association (APA), *DSM-5. Manuale diagnostico e statistico dei disturbi mentali* (2013), Raffaello Cortina, Milano 2014.

Gunderson J. G., Links P. S., *La personalità borderline. Una guida clinica* (2002), Raffaello Cortina, Milano 2003.

Kernberg O. F., *Borderline Personality Organisation*, in "Journal of American Psychoanalytic Association", 1967, vol. 15, pp. 641-685.

Linehan M. M., *Trattamento cognitivo-comportamentale del disturbo borderline* (2008), Raffaello Cortina, Milano 2011.

Maffei C. (a cura di), *Il disturbo borderline di personalità*, Bollati Boringhieri, Torino 1993.

–, *Borderline. Struttura, categoria, dimensione*, Raffaello Cortina, Milano 2008.

Paris J., *Il disturbo borderline di personalità* (2005), il Mulino, Bologna 2008.

Schwartz-Salant N., *Borderline. Visione e terapia. Un approccio junghiano al paziente borderline* (1982), Vivarium, Milano 1997.

Searles H. F., *Il paziente borderline* (1986), Bollati Boringhieri, Torino 1988.

Siever L. J., *Substrati psicobiologici del disturbo borderline di personalità e loro rilevanza patogenetica* (1991), in C. Maffei (a cura di), *Il disturbo borderline di personalità*, cit.

Smith Benjamin L., *Diagnosi interpersonale e trattamento dei disturbi di personalità* (1996), Editrice Las, Roma 1999.

Borelli-Oléron, Scala di (ingl. *Borelli-Oléron scale*; ted. *Borelli-Oléron Test*; fr. *Echelle de Borelli-Oléron*; sp. *Escala de Borelli-Oléron*). È una scala di intelligenza che si applica a bambini con difetti dell'apparato uditivo nella fascia d'età compresa tra i 4 e gli 8 anni. Consiste in prove di carattere esecutivo e il punteggio viene calcolato secondo i valori medi relativi alle diverse età dei soggetti.

Bibliografia

Anastasi A., *I test psicologici* (1954), Franco Angeli, Milano 1973.

Boncori L., *Teoria e tecniche dei test*, Bollati Boringhieri, Torino 1993.

–, *I test in psicologia. Fondamenti teorici e applicazioni*, il Mulino, Bologna 2006.

–, *I test in psicologia. Esercitazioni pratiche*, il Mulino, Bologna 2008.

Bouffées deliranti acute (ingl. *Brief psychotic disorder*; ted. *Kurze psychotische Störung*; fr. *Bouffées délirantes aiguës*; sp. *Accesos delirantes agudos*). Forme episodiche caratterizzate da manifestazioni deliranti, dissociazioni del pensiero, aspetti confusionali accompagnati talvolta da allucinazioni. L'importanza del riconoscimento di queste forme, isolate dalla psichiatria francese, è nel fatto che possono giovarsi delle terapie antidepressive, cosa che non accade nelle schizofrenie a cui questi sintomi potrebbero rinviare.

Bovarismo (ingl. *Bovarysm*; ted. *Bovarysmus*; fr. *Bovarysme*; sp. *Bovarismo*). Il termine, ricavato dal personaggio del romanzo di Gustave Flaubert *Madame Bovary*, è riferito a quegli atteggiamenti che confondono fantasia e realtà, sogni a occhi aperti e fatti del mondo reale. L'accentuazione di questa tendenza può portare alla costruzione di una personalità fittizia e a un concetto di sé irreale e fantastico.

Brachimorfismo, v. EUMORFISMO.

Bradichinina, v. ENDOCRINO, SISTEMA, § 9, *d*.

Bradicinesia (ingl. *Bradykinesia*; ted. *Bradykinesie*; fr. *Bradykinésie*; sp. *Bradiquinesia*). Movimento rallentato o ritardato.

Bradifrenia (ingl. *Bradyphrenia*; ted. *Bradyphrenie*; fr. *Bradyphrénie*; sp. *Bradifrenia*). Rallentamento delle funzioni mentali accompagnato talvolta da un ritardo psicomotorio. In questo ambito si distinguono una bradifrenia *focale* quando il rallentamento avviene in presenza di determinati pensieri, e una bradifrenia *diffusa* quando il disturbo non varia con il variare dei contenuti di pensiero.

Bradilalia (ingl. *Bradylalia*; ted. *Bradylalie*; fr. *Bradylalie*; sp. *Bradilalia*). Detta anche *bradiglossia*, è la lentezza nel parlare associata all'idea di una difficoltà a muovere la lingua. Se questa lentezza si manifesta con un rallentamento della vocalizzazione si preferisce dire *bradilogia*, se invece si manifesta con un rallentamento del ritmo nell'articolazione delle frasi o con un trascinamento delle sillabe si preferisce dire *bradifrasia*.

Bradilessia (ingl. *Bradylexia*; ted. *Bradylexie*; fr. *Bradylexie*; sp. *Bradilexia*). Lentezza nella lettura che può essere un aspetto di un più generale rallentamento dell'attività mentale.

Bradiprassia (ingl. *Bradypraxia*; ted. *Bradypraxie*; fr. *Bradypraxie*; sp. *Bradipraxia*). Rallentamento dell'azione come nel caso, ad esempio, dell'ipofunzionamento della tiroide.

Bradipsichismo (ingl. *Bradypsychism*; ted. *Bradypsychie*; fr. *Bradypsichisme*; sp. *Bradipsiquia*). Rallentamento di tutte le funzioni psichiche per cause che possono essere organiche, tossiche o nevrotiche come nel caso delle forme depressive.

Brentano, Illusione di, v. ILLUSIONE, § 4, *e*.

Broca, Afasia di, v. AFASIA, § 2, *b*; LINGUAGGIO, § 5, *a*.

Broca, Area di, v. CORTECCIA CEREBRALE, § 5; LINGUAGGIO, § 2; LOCALIZZAZIONE.

Brodmann, Aree di (ingl. *Brodmann's areas*; ted. *Brodmann-Areale*; fr. *Aires de Brodmann*; sp. *Áreas de Brodmann*). Osservando le differenze strutturali cellulari della corteccia, il neurologo tedesco Korbinian Brodmann, agli inizi del Novecento, suddivise la corteccia cerebrale in circa 52 aree citoarchitettoniche individuandone le rispettive funzioni, come ad esempio: le aree 1, 2, 3 del lobo parietale sono deputate alle funzioni del sistema somatosensoriale, le aree 17 e 18 del lobo occipitale a quelle del sistema visivo, le aree 41 e 42 del lobo temporale a quelle uditive ecc. Come riferisce Alessandro Angrilli, «la partizione introdotta da Brodmann è oggi largamente impiegata nelle neuroscienze in quanto essa risulta talvolta più precisa della nomenclatura neuroanatomica della corteccia» (1999, p. 158).

Bibliografia

Angrilli A., *Brodmann, Area di*, in *Enciclopedia di psicologia*, Garzanti, Milano 1999.

Brodmann K., *Vergleichende Lokalisationslehre der Grosshirnrinde in ihren Prinzipien dargestellt auf Grund des Zellenbaues*, Johann Ambrosius Barth, Leipzig 1909.

Bromidrosi (ingl. *Bromhidrosis*; ted. *Bromhidrose*; fr. *Bromidrose*; sp. *Bromhidrosis*). Detta anche *cachidrosi*, è una sudorazione anormale con odore cattivo, dovuta ad alterazioni della crasi ematica, a malattie metaboliche, a sindromi psiconevrotiche. *Bromidrosifobia* è la fobia eccessiva per i cattivi odori.

Brontofobia (ingl. *Brontophobia*; ted. *Brontophobie*; fr. *Brontophobie*; sp. *Brontofobia*). Terrore incontenibile per i tuoni che riprende la paura dei primitivi per i fenomeni naturali considerati di origine soprannaturale. Si riscontra di frequente in soggetti che presentano disturbi psichici che, a parere della psicoanalisi, rimandano ad antiche paure nei confronti della figura paterna.

Brunet-Lézine, Scala di, v. GESELL, SCALA DI.

Bruxismo (ingl. *Bruxism*; ted. *Bruxismus*; fr. *Bruxisme*; sp. *Bruxismo*). Digrignamento dei denti, prevalentemente notturno, come conseguenza della contrazione dei muscoli masticatori. Dal punto di vista psicodinamico ne è stata ipotizzata la causa in un inconscio sentimento di aggressività repressa da collegare a eccessive restrizioni morali nell'infanzia che avrebbero portato a contenere e a reprimere ogni forma di ostilità.

Bibliografia

Ewen S. J., *Psychiatry and dentistry*, in "Annals of Clinical Research", 1971, n. 3.

BT steps (*Behaviour Therapy*). Terapia che affronta i disturbi ossessivo-compulsivi ispirandosi ai principi della terapia cognitivo-comportamentale, grazie alla quale, con il supporto del computer, il paziente individua le condizioni che scatenano i rituali compulsivi e, attraverso progressive esposizioni alle situazioni temute ed esercizi cognitivi, è nelle condizioni di giungere a una riduzione, se non addirittura a una risoluzione, del problema. Non è previsto un rapporto personalizzato con il terapeuta se non in misura minima e solo per via telefonica o via e-mail.

Bugia, v. MENZOGNA.

Bulimia (ingl. *Bulimia*; ted. *Bulimie*; fr. *Boulimie*; sp. *Bulimia*). Impulso irresistibile al cibo, a cui il soggetto risponde con una sovralimentazione continua, accompagnata da una sensazione di perdita di controllo in ordine alla quantità assunta a prescindere dalla qualità. Questo comportamento genera sensi di colpa e disprezzo per se stessi, placati solo in parte dal vomito autoprovocato o dall'assunzione di purganti per neutralizzare gli effetti dell'eccessiva assunzione di cibo. In ambito psicoanalitico si è soliti leggere la bulimia come una forma di fissazione o regressione alla fase orale (v. ORALE, § 2), mentre in ambito psichiatrico si è constatata la frequente associazione tra bulimia e stati depressivi o ansiosi, per cui si incarica il cibo di riempire un vuoto o di placare l'ansia. Si suppone che la bulimia sia la tendenza sottesa e negata in ogni comportamento anoressico (v. ANORESSIA), anche se dagli anni ottanta è considerata come entità diagnostica distinta.

Secondo il DSM-5, la bulimia esordisce in adolescenza o nella prima età adulta, soprattutto dopo un periodo di restrizione dietetica o in presenza di eventi stressanti. Il decorso può essere cronico o intermittente con fasi di remissione alternate a fasi di ricompensa con abbuffate. Come scrive Gilla Cauli: «I pazienti con condotte di eliminazione sono esposti al rischio di particolari complicazioni, come l'ipocaliemia (o ipopotassiemia) causata dal vomito o dall'abuso di lassativi, e addirittura lacerazioni gastriche o esofagee nel caso di vomito continuo» (1999, p. 161). La terapia prevede interventi integrati di trattamento farmacologico e di psicoterapia, soprattutto cognitivo-comportamentale, per correggere le opinioni distorte che il soggetto ha riguardo al suo peso, e per stabilire se vi sono anche, come spesso si riscontra, disturbi dell'umore, o disturbi ossessivo-compulsivi, nonché disturbi della personalità di tipo borderline (v. BORDERLINE).

Dal punto di vista biologico e genetico, la Cauli riferisce che «la condotta bulimica può essere considerata un meccanismo atto a compensare una disfunzione del sistema serotoninergico centrale: la serotonina è infatti strettamente implicata nella genesi dei segnali di sazietà. [...] Mentre le ricerche genetiche hanno evidenziato che il rischio di ammalarsi è del 3% nei parenti di primo grado di sesso femminile di soggetti bulimici, rispetto all'1% nei soggetti di controllo, così come studi sui gemelli hanno evidenziato un tasso di concordanza del 23,9% nei gemelli monozigoti e dell'8,7% nei gemelli dizigoti» (ivi, p. 162). Sugli effetti della bulimia si veda la voce OBESITÀ.

Bibliografia

Apfeldorfer G., *Mangio, dunque sono. Obesità e anomalie nel comportamento alimentare* (1991), Marsilio, Venezia 1993.

Bruch H., *Patologia del comportamento alimentare. Obesità, anoressia mentale e personalità* (1973), Feltrinelli, Milano 1977.

Cassano G. B. (a cura di), *Disturbi dell'alimentazione*, in G. B. Cassano, P. Pancheri *et al.* (a cura di), *Trattato italiano di psichiatria*, Masson, Milano 1999, vol. II, pp. 2505-2570.

Cauli G., *Bulimia nervosa*, in *Enciclopedia di psicologia*, Garzanti, Milano 1999.

Cooper P. J., *Bulimia nervosa* (1993), Armando, Roma 1995.

Cuzzolaro M., *Anoressie e bulimie*, il Mulino, Bologna 2004.

DSM-5. American Psychiatric Association (APA), *DSM-5. Manuale diagnostico e statistico dei disturbi mentali* (2013), Raffaello Cortina, Milano 2014, pp. 398-404.

Kendler K. S., MacLean Ch., Neale R. C., Eaves L. J., *The genetic epidemiology of bulimia nervosa*, in "American Journal of Psychiatry", 1991, n. 148, pp. 539-547.

Lavanchy P., *Il corpo in fame. Anoressia e bulimia: riflessioni sui disordini alimentari*, Rizzoli, Milano 1994.

Recalcati M., *L'ultima cena. Anoressia e bulimia*, Bruno Mondadori, Milano 1997.

Selvini Palazzoli M., Cirillo S., Selvini M., Sorrentino A. M., *Ragazze anoressiche e bulimiche. La terapia familiare*, Raffaello Cortina, Milano 1998.

Volterra V. (a cura di), *Disturbi dell'alimentazione in età evolutiva*, in G. B. Cassano, P. Pancheri *et al.* (a cura di), *Trattato italiano di psichiatria*, Masson, Milano 1999, vol. III, pp. 2819-2836.

Bullismo. Termine introdotto nella lingua italiana a proposito dei comportamenti abitualmente aggressivi di adolescenti nelle loro relazioni sociali e nei luoghi dove queste si esprimono (famiglia, compagnie, scuola, stadi ecc.). Il loro tratto peculiare e non episodico è l'incapacità di attenersi alle norme etiche e sociali che caratterizzano la convivenza umana. Il loro disturbo di personalità rientra nelle forme di *sociopatia* (v. PSICOLOGIA SOCIALE, § 5), detta anche PSICOPATIA (v.), termine introdotto nel 1891 dallo psichiatra Julius Ludwig August Koch che ribattezzò come "inferiorità psicopatica" quelle forme d'esistenza che la psichiatria precedente definiva affette da "follia morale" o "imbecillità morale". Il termine "psicopatia" fa riferimento a una sorta di apatia della psiche (psico-apatia) che non è in grado di distinguere il bene dal male, ciò che è grave e sconveniente da ciò che non lo è. Di qui la mancanza di responsabilità, di sensi di colpa, di rimorso che non consente allo psicopatico di astenersi da condotte antisociali e violente, perché la sua psiche non avverte alcuna risonanza emotiva in ordine alle azioni che il soggetto compie. Alla base sembra esserci una sorta di insufficienza affettiva, tipica di chi non ha ancora maturato un vero e proprio *sentimento*, ma è rimasto al livello dell'*impulso* che, incapace di esprimersi in un adeguato linguaggio, trova espressione nel gesto, il più delle volte violento, verso chi è considerato più debole o emarginato. Per questa immaturità affettiva e sentimentale anche la vita sessuale dello psicopatico, di cui il bullismo è un'espressione, è impersonale e non coinvolgente, con tratti di freddezza e indifferenza che sono poi gli stessi che accompagnano le sue azioni aggressive e violente.

Bibliografia

Battagliese G., *L'allievo aggressivo*, Masson, Milano 1993.
Galimberti U., *L'ospite inquietante. Il nichilismo e i giovani* (2007), Feltrinelli, Milano 2014.
Goldstein A., Glick B., *Stop all'aggressività. Trattamento e prevenzione della violenza minorile* (1987), Erickson, Trento 1990.
Menesini E. (a cura di), *Bullismo. Le azioni efficaci della scuola*, Erickson, Trento 2005.
Muratori F., *Ragazzi violenti*, il Mulino, Bologna 2005.
Olweus D., *Bullismo a scuola. Ragazzi oppressi, ragazzi che opprimono*, Giunti, Firenze 1996.
Prandolini C., Daffi G., *Mio figlio è un bullo? Soluzioni per genitori e insegnanti*, Erickson, Trento 2012.
Sharp S., Smith P. K., *Bulli e prepotenti nella scuola*, Erickson, Trento 1995.
Zanetti M. A. (a cura di), *L'alfabeto dei bulli*, Erickson, Trento 2008.

Buona forma, v. PSICOLOGIA DELLA GESTALT, § II, 5.

Buono, v. KLEINIANA, TEORIA, § 1.

Buon selvaggio (ingl. *Noble savage*; ted. *Edler Wilder*; fr. *Bon sauvage*; sp. *Buen salvaje*). Espressione che fa riferimento a una concezione di "natura originaria e primitiva" che, per non essere ancora stata toccata dalla civiltà, è concepita come espressione di un ideale educativo in cui vi è piena concordanza tra i bisogni dell'uomo e le capacità di soddisfarli. Nato con Jean-Jacques Rousseau, il richiamo al buon selvaggio ricorre in molti progetti educativi di tipo utopistico che ciclicamente sono comparsi nel XIX e XX secolo.

Bibliografia

Cocchiara G., *Il mito del buon selvaggio*, D'Anna, Messina 1948.
Gliozzi G., *Il mito del buon selvaggio nella storiografia tra Ottocento e Novecento*, in "Rivista di filosofia", 1967, n. 38.
Rousseau J.-J., *Emilio o dell'educazione* (1762), in *Opere*, Sansoni, Firenze 1972.

Buon senso (ingl. *Good sense*; ted. *Gesunder Menschenverstand*; fr. *Bon sens*; sp. *Buen sentido*). Disposizione mentale all'equilibrio e alla misura che si manifesta nella capacità naturale e spontanea di prendere decisioni valide nella sfera pratica dell'esistenza o di esprimere giudizi sui problemi della vita anche laddove non emergano soluzioni di immediata evidenza logica. Essendo indipendente dalle convenzioni e dall'opinione generale, il buon senso si distingue dal *senso comune*, perché quest'ultimo è spesso carico di pregiudizi (v. PREGIUDIZIO) e appiattito sulle convenzioni più diffuse, per cui in esso non è rintracciabile quella forma di razionalità, tipica del buon senso, che consiste nella capacità di leggere la situazione concreta, adattando ad essa norme e principi in modo da realizzare un incontro efficace tra teoria e prassi nell'ordine di ciò che è realizzabile.

Equivalente al concetto di buon senso è l'espressione aristotelica "buona deliberazione" che sta per assennatezza (φρόνησις) e facoltà di discernimento. La deliberazione, secondo Aristotele, stabilisce quali e quanti siano le azioni e i mezzi che bisogna mettere in atto per raggiungere certi fini; come tale appartiene all'ordine della prassi. Sul "buon senso" si è espresso anche René Descartes nel *Discorso sul metodo* là dove parla della «potenza di ben giudicare e di distinguere il vero dal falso». Il buon senso, essendo «la cosa del mondo meglio ripartita», è per Descartes identificabile con «la ragione naturalmente uguale in tutti gli uomini» (1637, pp. 291-292). In campo pedagogico il concetto di buon senso ha rilevanza nell'adattamento della teoria alla prassi in riferimento ai concreti ritmi di crescita e di sviluppo dell'educando.

Bibliografia

Aristotele, *Etica nicomachea*, in *Opere*, Laterza, Bari 1973.
Descartes R., *Discorso sul metodo* (1637), in *Opere*, Laterza, Bari 1986.
Gulotta G., *Psicologia, senso comune e buon senso*, in M. Cesa-Bianchi, A. Antonietti (a cura di), *Dentro la psicologia. Contesti, teorie, ricerche, personaggi*, Mondadori Università, Milano 2002.
Money-Kyrle R., *Il mondo dell'inconscio e il mondo del senso comune* (1956), in *Scritti (1927-1977)*, Bollati Boringhieri, Torino 2002.
Musgrave A., *Senso comune, scienza e scetticismo* (1993), Raffaello Cortina, Milano 1995.
Siciliani de Cumis N., *Filologia, politica e didattica del buon senso*, Loescher, Torino 1980.
Stanghellini G., *Psicopatologia del senso comune*, Raffaello Cortina, Milano 2006.
Stich S. P., *Dalla psicologia del senso comune alla scienza cognitiva* (1983), il Mulino, Bologna 1994.

Burattini, Gioco dei, v. MARIONETTE, GIOCO DELLE.

Burnout, Sindrome del (ingl. *Burnout syndrome*; ted. *Burnout Syndrom*; fr. *Burnout syndrome*; sp. *Síndrome del burnout*). Il *burnout*, che significa "bruciarsi", è frequente in persone che si dedicano alla cura degli altri. Si tratta di soggetti che, oltre allo stress personale dovuto a ritmi di lavoro eccessivo (v. PSICOLOGIA DEL LAVORO, § 3), fanno proprie anche le problematiche delle persone che assistono, andando incontro a un notevole carico d'ansia che non riescono a scaricare, con conseguente logoramento psicofisico dovuto a un eccesso di coinvolgimento. La sindrome, che si riscontra non di rado in medici, psichiatri, insegnanti, assistenti sociali, forze dell'ordine, operatori di call center, religiosi impegnati, porta gradatamente a uno stato di esaurimento emotivo che induce insonnia, depressione o in alternativa al cinismo nei confronti delle persone affidate alle loro cure. All'entusiasmo idealistico che ha motivato la professione, subentra gradatamente una sorta di demotivazione, dovuta al fatto che le aspettative non corrispondono alle condizioni di lavoro. La frustrazione conseguente determina una sensazione di inutilità e di insoddisfazione che può manifestarsi o con atteggiamenti aggressivi verso i colleghi o addirittura verso le persone affidate alla loro cura e non di rado verso se stessi, oppure con uno stato di apatia o indifferenza verso il proprio lavoro che più non li coinvolge. Tra i test di misurazione del burnout va segnalato il test SMBM (*Shirom Melamed Burnout Measure*) messo a punto da Arie Shirom e Samuel Melamed, dell'Università di Tel Aviv, che valuta il grado di perdita energetica di una persona dovuta alle condizioni stressanti (v. STRESS) o demotivanti di lavoro.

Bibliografia

Baiocco R., Crea G., Laghi F., Provenzano L., *Il rischio psicosociale nelle professioni di aiuto. La sindrome del burnout negli operatori sociali, medici, infermieri, psicologi e religiosi*, Erickson, Trento 2004.

Del Rio G., *Stress e lavoro nei servizi. Sintomi, cause e rimedi del burnout*, La Nuova Italia Scientifica, Roma 1990.

Favretto G., *Lo stress nelle organizzazioni*, il Mulino, Bologna 1994.

Illich I. *et al.*, *Esperti di troppo. Il paradosso delle professioni disabilitanti* (1977), Erickson, Trento 2008.

Maslach Ch., *La sindrome del burnout. Il prezzo dell'aiuto agli altri* (1992), Cittadella, Assisi 1997.

Maslach Ch., Leiter M. P., *Burnout e organizzazione del lavoro. Modificare i fattori strutturali della demotivazione al lavoro* (1999), Erickson, Trento 2002.

Melamed S., Shirom A., Toker S., Berliner S., *Burnout and risk of cardiovascular disease*, in "Psychological Bulletin", 2006, 132 (3), pp. 327-353.

Pellegrino F., *La sindrome del burn-out*, Centro Scientifico Editore, Torino 2009.

Trombini G. (a cura di), *Come logora curare. Medici e psicologi sotto stress*, Zanichelli, Bologna 1994.

Volpi C., Ghirelli G., Contesini A., *Il burnout nelle professioni di aiuto*, in AA.VV., *Oltre la psicoterapia. Percorsi innovativi di psicologia della comunità*, La Nuova Italia Scientifica, Roma 1993.

Burocrazia, v. POTERE, § 2, *b*.

Butirrofenone, v. PSICOFARMACOLOGIA, § I, 1, *a*.

BVN (*Batteria di valutazione neuropsicologica per l'età evolutiva e per l'adolescenza*). Test per la valutazione delle funzioni cognitive (linguaggio, memoria, percezione, attenzione) in bambini dai 5 agli 11 anni (BVN 5-11), e in adolescenti dai 12 ai 18 anni (BVN 12-18).

Bibliografia

Bisiacchi P. S., Cendron M., Gugliotta M., Tressoldi P. E., Vio C., *BVN 5-11; BVN 12-18*, Erickson, Trento 2006.

BVS (*Batteria per la valutazione della memoria visiva e spaziale*). Questa batteria di valutazione è articolata su due livelli. Il primo per la valutazione generale della memoria visiva e spaziale, il secondo per la valutazione in bambini con difficoltà in ordine a questa memoria.

Bibliografia

Mammarella I. C., Toso C., Pazzaglia F., Cornoldi C., *BVS – Corsi*, Erickson, Trento 2007.

C

Cabala, v. QABBALĀH.

Cachessia (ingl. *Cachexia*; ted. *Kachexie*; fr. *Cachexie*; sp. *Caquexia*). Accentuato deperimento dell'organismo dovuto a denutrizione con progressiva consunzione dei tessuti del corpo fino a forme irreversibili. Va distinta dalla *cachessia ipofisaria* dovuta alla distruzione del lobo anteriore della ghiandola ipofisaria (v. ENDOCRINO, SISTEMA, § 1) che comporta, oltre a calo ponderale, alterazione del metabolismo, impotenza, astenia e talvolta stati confusionali. La cachessia ipofisaria è nota anche come *morbo di Simmonds*.

Cachidrosi, v. BROMIDROSI.

Cacofonia (ingl. *Cacophony*; ted. *Kakophonie*; fr. *Cacophonie*; sp. *Cacofonía*). Alterazione anche grave del timbro della voce, per cui risulta talvolta impossibile all'ascoltatore distinguere i suoni emessi.

Caduta, Esperimento di (ingl. *Fall experiment*; ted. *Fallversuch*; fr. *Essai de chute*; sp. *Experimento de caída*). Prova che consiste nel misurare la distanza di oggetti in caduta allo scopo di valutare la differenza, nella percezione della profondità, tra la visione monoculare e quella binoculare.

Calcitonina, v. ENDOCRINO, SISTEMA, §§ 2-3.

Cambiamento (ingl. *Change*; ted. *Verwandlung*; fr. *Changement*; sp. *Cambio*). Trasformazione di un individuo interpretata o come processo di autorealizzazione o come risultato della tendenza alla mutazione e delle resistenze ad essa. La prima tesi ha come suo maggior esponente Arnold Goldstein, per il quale «il comportamento normale corrisponde a un continuo cambiamento di tensione tale per cui viene raggiunto, in una successione di fasi, uno stato di tensione che permette e spinge l'organismo a realizzare se stesso in ulteriori attività, secondo la sua natura. Così l'esperienza con i pazienti ci insegna che dobbiamo postulare un unico impulso, quello verso l'autorealizzazione» (1978, p. 121). La seconda tesi è stata invece sviluppata da Kurt Lewin, per il quale, siccome il cambiamento implica il concetto di forza, è impossibile impiegare questo concetto senza usare quello di resistenza, per cui il cambiamento è il risultato di queste due componenti. La nozione di cambiamento muta a seconda dei vari modelli psicologici al cui interno viene definita.

1. IL MODELLO COMPORTAMENTISTA. In questo ambito il cambiamento è la modificazione adattiva del comportamento in risposta a stimoli ambientali che possono essere sia le tecniche di condizionamento classico e operante (v. APPRENDIMENTO, § I) che innescano un processo tendenzialmente prevedibile e controllabile entro le leggi che regolano l'apprendimento, sia le terapie che si propongono di modificare modalità di risposta scarsamente adattive o non funzionali mediante l'utilizzo di rinforzi positivi o negativi. L'importanza assegnata alle tecniche di condizionamento nel modello comportamentista (v. COMPORTAMENTO, § 4) consente a Hans Jürgen Eysenck di dire: «Da tempo si ritiene che il pensiero precede e controlla l'azione. La terapia comportamentale lascia intendere che spesso può essere vero il contrario, che la modificazione del comportamento di una persona attraverso il processo di condizionamento può realmente modificare il suo pensiero o il suo quadro cognitivo» (1975, p. 32).

2. IL MODELLO PSICODINAMICO. Intende il cambiamento come conseguimento della maggior consapevolezza di sé e degli altri o, come vuole la definizione di Carl Ramson Rogers, «un'evoluzione interiore e profonda nella struttura personale dell'individuo verso

quello stadio che i clinici definiscono di "maggiore integrazione", di minore conflittualità, di maggiore disponibilità di energie per una vita produttiva; una modificazione del comportamento che perde gli aspetti generalmente definiti "immaturi" per acquisire quelli definiti "maturi"» (1951, p. 50). Alla concezione meccanicistica di Sigmund Freud, che concede poco al cambiamento perché quasi tutto si definirebbe nei primi cinque anni di vita, reagisce Erich Fromm: «Sono convinto che durante i primi cinque anni di vita accada una quantità di cose realmente importantissime per lo sviluppo successivo; però ritengo che gli eventi successivi siano altrettanto capaci di provocare cambiamenti nell'individuo. Quanto al concetto freudiano che l'individuo ripeta in continuazione delle risposte comportamentali che sarebbero il prodotto delle sue reazioni emotive a eventi occorsi nei primi cinque anni, questo per me è un concetto eccessivamente meccanicistico. [...] Il successo della terapia dipende dai fattori costituzionali da un lato e dall'altro dalle capacità del paziente di mobilitare il suo senso di responsabilità personale e il suo impegno all'azione. Perché dei cambiamenti si producano, il paziente deve avere la forza di volontà e la spinta interiore necessarie a produrli» (1976, pp. 385-386). Dello stesso avviso è Carl Gustav Jung, per il quale il cambiamento o TRASFORMAZIONE (v.) tende all'individuazione (v. PSICOLOGIA ANALITICA, § 5), ossia alla realizzazione di tutte le potenzialità dell'individuo custodite nel suo inconscio che non è, come per Freud, solo il luogo del rimosso, ma anche il serbatoio di possibilità a venire. Il cambiamento individuativo avviene per Jung attraverso la DIFFERENZIAZIONE (v.) dagli aspetti collettivi della personalità e attraverso l'INTEGRAZIONE (v.) delle parti inconsce rimaste rimosse, in OMBRA (v.), o comunque autonome dallo sviluppo dell'Io.

3. IL MODELLO PSICOSOCIALE. Sottolinea nei processi di cambiamento la consapevolezza e l'intenzionalità. In proposito Enzo Spaltro scrive: «Noi siamo sempre alle prese con il problema del cambiare, quindi non dobbiamo porci la domanda sul perché cambiare in termini di azione, ma in termini di azione e consapevolezza. In realtà la scelta non è tra cambiare o non cambiare, ma tra cambiare o lasciarsi cambiare, tra *changing* e *change*» (1969, p. 259). La psicologia sociale e in particolar modo la psicologia della Gestalt studiano il cambiamento in relazione alla mutazione di credenze e di atteggiamenti, come nel caso evidenziato da Leon Festinger della DISSONANZA COGNITIVA (v.) per cui «se una persona sa diverse cose che non sono tra loro psicologicamente coerenti, essa cercherà, in una varietà di modi, di renderle più coerenti. [...] La dissonanza cognitiva è uno stato motivazionale che spinge una persona a cambiare le sue opinioni o il suo comportamento» (1957, p. 16). Affine è la posizione di Solomon E. Asch per il quale il cambiamento è il risultato dell'interazione dell'individuo con il gruppo che consente «l'introiezione nel singolo dei pensieri, delle emozioni e dei presupposti degli altri che estendono il suo mondo ben oltre ciò che uno sforzo senza aiuto potrebbe raggiungere. Permette anche vasti rapporti di interdipendenza, condizione prima del suo sviluppo interpersonale. [...] Viene così modificato l'ambiente psicologico di ognuno, perché vivere in una società significa mettere in efficace rapporto l'esperienza pubblica con quella privata» (1952, p. 135). Il problema del cambiamento viene così connesso all'influenza del gruppo perché, come precisa Muzafer Sherif, «colui che diverge si sente incerto e insicuro nella posizione deviante dei propri giudizi» (1967, p. 180).

4. IL MODELLO SISTEMICO. Connette il concetto di cambiamento a quello di COMUNICAZIONE (v.) che influisce sul rapporto dei comunicanti attivando un processo di cambiamento o di resistenza al cambiamento le cui linee di svolgimento sono descritte e prescritte dalle regole del gioco e non dagli attori che giocano. Il modello sistemico sostituisce ai concetti di causalità, determinismo e libertà, quello di *interazione* definito da Henry L. Lennard e Arnold Bernstein come «un processo sequenziale di azione e reazione che ha luogo prima che si possa descrivere qualsiasi stato del sistema o qualsiasi cambiamento di stato» (1960, p. 13). In questo contesto il cambiamento non va considerato come una modificazione nell'individuo, ma come un particolare modello di relazione, qualcosa, come dicono Paul Watzlawick, Janet H. Beavin e Don D. Jackson, che «non venga più reificato, ma piuttosto studiato nel contesto interpersonale in cui si attua» (1967, p. 123). Ne consegue che la prescrizione di un comportamento è una mossa all'interno del sistema con cui si tenta di produrre un cambiamento all'interno del sistema stesso (v. PSICOLOGIA SISTEMICA).

Bibliografia

Asch S. E., *Psicologia sociale* (1952), SEI, Torino 1968.

Boston Change Process Study Group, The, *Il cambiamento in psicoterapia* (2010), Raffaello Cortina, Milano 2012.

Cirillo S., *Il cambiamento nei contesti non terapeutici*, Raffaello Cortina, Milano 1990.

Eysenck H. J., *Nuove vie della psicoterapia*, in "Psicologia contemporanea", 1975, n. 10.

Festinger L., *Teoria della dissonanza cognitiva* (1957), Franco Angeli, Milano 1973.

Focchi M., *Il cambiamento in psicoanalisi*, Bollati Boringhieri, Torino 2001.

Fraccaroli F., *Il cambiamento nelle organizzazioni. Metodi di ricerca longitudinale applicati alla psicologia*, Raffaello Cortina, Milano 1998.

Fromm E., *Avere o essere?* (1976), Mondadori, Milano 1977.
Goldstein A., *Meaning reference and theory-change*, Ph.D. Dissertation, University of Michigan, Ann Arbor, Michigan 1978.
Jung C. G., *Energetica psichica* (1928), in *Opere* (1969-2007), Bollati Boringhieri, Torino, vol. VIII.
Lennard H. L., Bernstein A., *The anatomy of psychotherapy*, Columbia University, New York 1960.
Lewin K., *Principi di psicologia topologica* (1936), Organizzazioni Speciali (O. S.), Firenze 1961.
Melucci A., *Il gioco dell'io. Il cambiamento di sé in una società globale*, Feltrinelli, Milano 1991.
Miller W. R., Rollnick S., *Il colloquio motivazionale. Preparare la persona al cambiamento* (2002), Erickson, Trento 2004.
–, *Il colloquio motivazionale. Aiutare le persone a cambiare* (2012, 3ª ed.), Erickson, Trento 2014.
Nardone G., Watzlawick P., *L'arte del cambiamento*, Ponte alle Grazie, Firenze 1990.
Piccardo C., Colombo L., *Governare il cambiamento*, Raffaello Cortina, Milano 2007.
Rogers C. R., *La terapia centrata sul cliente* (1951), La Nuova Italia, Firenze 1997.
Sherif M., *L'interazione sociale* (1967), il Mulino, Bologna 1972.
Spaltro E., *Gruppi e cambiamento*, Etas Kompass, Milano 1969.
Watzlawick P., *Il linguaggio del cambiamento. Elementi di comunicazione terapeutica* (1977), Feltrinelli, Milano 1980.
Watzlawick P., Beavin J. H., Jackson D. D., *Pragmatica della comunicazione umana* (1967), Astrolabio, Roma 1971.
Watzlawick P., Weakland J. H., Fisch R., *Change. Sulla formazione e la soluzione dei problemi* (1973), Astrolabio, Roma 1974.

Campione, v. STATISTICA, § II, 1.

Campo (ingl. *Field*; ted. *Feld*; fr. *Champ*; sp. *Campo*). Luogo fisico o metaforico in cui compare l'oggetto d'indagine e con il quale l'ambiente globale, in cui l'oggetto si presenta, costituisce una totalità di fenomeni coesistenti che interagiscono. Così, ad esempio, per *campo di consapevolezza* si intende l'insieme dei contenuti di coscienza che una persona possiede in un certo momento; per *campo visivo* il limite della visione periferica e quindi l'area all'interno della quale un oggetto può essere visto, mentre l'occhio fissa immobile un punto. Oltre a questo uso generale, la nozione di campo ha un uso specifico nelle seguenti accezioni:

1. DIPENDENZA DAL CAMPO. Nell'ambito della psicologia della percezione Herman A. Witkin ha introdotto il concetto di *dipendenza dal campo* per chi, nell'orientamento spaziale, si affida più al contesto visivo che ai segnali postulari e gravitazionali del proprio corpo. In questo ambito si è constatato che le donne sono più dipendenti dal campo dei maschi, che la dipendenza dal campo diminuisce con l'età ed è collegata alle caratteristiche della personalità (v. PERCEZIONE, § 11).

2. TEORIA DEL CAMPO. Il concetto di campo è stato utilizzato anche da Kurt Lewin che ha formulato la *teoria del campo* dove si ipotizzano, raccolti in uno "spazio vitale" (v. SPAZIO, § 2, *c*), tutti i fattori psicologici che influenzano il comportamento di un individuo in un dato tempo. Lo spazio vitale è composto dalla *persona* e dall'*ambiente psicologico*; al suo esterno c'è il *mondo*, che non influenza il comportamento, ma a cui lo spazio vitale è permeabile. All'interno del campo vige una geometria *topologica* che differisce da quella euclidea perché non è metrica e perché il rapporto che lega gli elementi prescinde dalla loro grandezza e distanza. Nel campo decisiva è la direzione, individuabile attraverso una geometria *odologica*, dove le regioni dello spazio, che hanno diverse valenze, positive se l'oggetto è desiderato, negative se l'intenzione è di evitarlo, si corrispondono attraverso forze di attrazione e repulsione descrivibili mediante vettori orientati. All'interno del campo l'attività si svolge in termini di energia psichica con tendenza all'equilibrio del sistema, per cui quando sorge una tensione, indice di un bisogno, si attiva un processo che consente di giungere a un equilibrio attraverso la via più breve tra le varie possibili nell'assetto dinamico del campo. Quando la situazione si fa di nuovo conflittuale o per la compresenza di una valenza negativa e di una positiva (il desiderio di fare una cosa e la paura di farla) o di due valenze negative approssimativamente uguali, si registra la tendenza all'abbandono del campo in modo temporaneo o definitivo, a meno che non intervengano misure dall'esterno che lo impediscano. Un abbandono del campo si registra anche in presenza di una saturazione di stimoli o di una monotona ripetizione di azioni sempre uguali. Il contributo più significativo di questa teoria, detta anche *psicologia topologica*, è che affettività, percezione, cognizione e motivazione, che nel linguaggio di Lewin rappresentano la regione *interno-personale*, incidono sul comportamento molto più della regione *percettivo-motoria* che è all'esterno della persona, al confine con l'ambiente psicologico che la circonda (v. PSICOLOGIA DELLA GESTALT, § III, 3).

3. CAMPO FENOMENICO. Nell'ambito dell'epistemologia psichiatrica Alberto Gaston ha introdotto questa espressione nel tentativo di reperire un criterio in grado di riorganizzare le forme di alienazione non in base all'EZIOLOGIA (v. § 1), sempre incerta e dipendente dalle anticipazioni teoriche che presiedono all'interpretazione, ma «seguendo l'operazione psicologica stessa lungo la via di una delle sue condizioni necessarie: la dimensione temporale. È infatti possibile, tramite atti intenzionali, formare dei "campi di aggregazione" delle forme della alienazione usando come elemento di separazione la

loro particolare modalità di successione o il loro particolare modo di *stare* contemporaneamente. In altre parole analizzando il loro rapporto con la continuità del soggetto che li esprime e la continuità temporale del soggetto che li osserva. [...] Questa riaggregazione può essere espressa nella costituzione dei seguenti campi fenomenici: il reattivo, il conflittuale, il periodico e lo stabile» (1987, p. 109). Rientrano nel *reattivo* le reazioni (v. REAZIONE, § 6) prevalentemente affettive, quelle passionali, quelle iponoiche comprensive delle esperienze acute, crepuscolari, oniroidi e oniriche. Rientrano nel *conflittuale* lo stile ossessivo, quello ipocondriaco e quello isterico, nel *periodico* invece compaiono l'alternanza maniacale, quella malinconica e quella epilettica, e infine nello *stabile* incontriamo il mondo della psicopatia, quello del delirio e quello della demenza.

4. CAMPO PSICOANALITICO. In questo ambito Willy e Madeleine Baranger hanno introdotto, derivandolo dalla psicologia della Gestalt, il concetto di "campo dinamico" per descrivere la situazione analitica come una struttura spazio-temporale che ha proprie leggi di sviluppo che presiedono le linee di forze e le dinamiche che si determinano. Il campo non è riconducibile all'analista o al paziente, ma si configura come un fattore indipendente dai due che sono in relazione. Esso si struttura su tre livelli: 1. il SETTING (v.) in cui si stipula il contratto analitico, 2. il contenuto manifesto nella comunicazione verbale (v. CONTENUTO LATENTE – CONTENUTO MANIFESTO), 3. l'INSIGHT (v.) in ordine alla fantasia inconscia del paziente e dell'analista con le rispettive identificazioni proiettive. Sempre in ambito psicoanalitico Wilfred Ruprecht Bion applica la teoria del campo nelle "esperienze nei gruppi" dove l'assunto di base è che i vissuti emotivi attivati nel gruppo agiscono in modo autonomo sui vissuti emotivi dei singoli. Infine la nozione di "campo" è utilizzata da Jacques Lacan a proposito del linguaggio, a partire dalla sua tesi secondo la quale «l'inconscio è strutturato come un linguaggio». E siccome il linguaggio preesiste al soggetto, anche il suo inconscio è attraversato da una dimensione, quella linguistica, che è transindividuale e irriducibile al suo Io.

Bibliografia

Baranger W., Baranger M., *La situazione analitica come campo bipersonale* (1961-1962), Raffaello Cortina, Milano 2011.
Bion W. R., *Esperienze nei gruppi* (1961), Armando, Roma 1971.
Gaston A., *Genealogia dell'alienazione*, Feltrinelli, Milano 1987.
Heider F., *Psicologia delle relazioni interpersonali* (1958), il Mulino, Bologna 1972.
Lacan J., *Funzione e campo della parola e del linguaggio in psicoanalisi* (1953), in *Scritti* (1936-1966), Einaudi, Torino 1974, vol. I.
László E., *L'ipotesi del campo Ψ. Fisica e metafisica dell'evoluzione* (1986), Pierluigi Lubrina Editore, Bergamo 1987.
Lewin K., *Teoria dinamica della personalità* (1935), Giunti Barbera, Firenze 1965.
–, *Principi di psicologia topologica* (1936), Organizzazioni Speciali (O. S.), Firenze 1961.
–, *Definizione di "campo ad un momento dato"* (1943), in Id., *Teoria sperimentale in psicologia sociale*, il Mulino, Bologna 1972.
–, *Teoria del campo nelle scienze sociali* (1951), in Id., *Teoria sperimentale in psicologia sociale*, cit.
Witkin H. A. *et al.*, *Personality through perception*, Harper & Row, New York 1954.
–, *La differenziazione psicologica* (1962), Bulzoni, Roma 1976.

Canale, v. COMUNICAZIONE, § 1.

Canalizzazione (ingl. *Canalization*; ted. *Kanalisierung*; fr. *Canalisation*; sp. *Canalización*). Limitazione dei tipi di comportamento tra i molti che si potrebbero scegliere nel periodo dello sviluppo. La scelta avviene in base alla maggiore o minore idoneità di un comportamento a soddisfare determinate pulsioni. La sua reiterazione ne determina il rafforzamento o il consolidamento. Questo concetto, oggi impiegato quasi esclusivamente in ordine ai problemi di socializzazione, è stato originariamente coniato da Pierre Janet per indicare il tipo di scarica verso cui si indirizza, nel suo deflusso, una tensione.

Bibliografia

Janet P., *Les obsessions et la psychasthénie*, Alcan, Paris 1903; tr. it. parziale, *La passione sonnambulica e altri scritti*, Liguori, Napoli 1996.
Murphy G., *Personality. A biosocial approach to origins and structure*, Harper, New York 1947.

Cancellazione, Test di (ingl. *Cancellation test*; ted. *Durchstreichtest*; fr. *Test de barrage*; sp. *Test de cancelación*). Detto anche *test di sbarramento*, il test di cancellazione è impiegato per misurare l'attenzione e/o la maggiore o minore familiarità con le lettere dell'alfabeto, attraverso la cancellazione di alcune di esse in base a un modello o prescindendo da qualsiasi schema. Introdotto da Benjamin B. Bourdon con l'uso delle lettere alfabetiche, è stato in seguito modificato da Henri Louis Charles Piéron, Édouard Toulouse e Nicolas Vaschide con l'introduzione di segni o figure uguali a determinati modelli.

Bibliografia

Piéron H. L. Ch., Toulouse É., Vaschide N., *Technique de psychologie expérimentale*, Colin, Paris 1904.

Cancro, v. PSICONCOLOGIA.

Cannabis, v. DROGA, § 2.

Cannibalismo (ingl. *Cannibalism*; ted. *Menschenfresserei*; fr. *Cannibalisme*; sp. *Canibalismo*). Il termine, che si riferisce alla pratica reale o rituale di mangiare la carne dei propri simili, è stato adottato dalla psicoanalisi in riferimento alla fase orale dello sviluppo libidico, e più specificamente alla componente sadica presente in tale fase, dove si assiste al desiderio di INCORPORAZIONE (v.) dell'oggetto amato che verrà sostituito, nel corso dell'evoluzione psicosessuale, dall'IDENTIFICAZIONE (v.). L'incorporazione, o introiezione, rappresenta una forma di identificazione primaria analoga a quella che caratterizza il cannibalismo dei primitivi motivato, secondo Sigmund Freud, dalla credenza che «assimilando in sé, mediante ingestione, parti del corpo di qualcuno, ci si impadronisce anche delle qualità che a costui erano proprie» (1912-1913, p. 88). Lo stesso significato di appropriazione viene attribuito da Freud al "pasto totemico" compiuto agli albori della storia dell'uomo, quando i figli si allearono fra loro e, dopo aver ucciso il padre che interdiceva loro l'uso delle donne del clan (v. ENDOGAMIA – ESOGAMIA), lo divorarono. Il senso di colpa che ne seguì segnò la fine dell'orda primitiva e l'inizio dell'organizzazione sociale, della morale e della religione (v. ANTROPOLOGIA, § 1, *a*).

Karl Abraham, suddividendo la fase orale in due sottofasi: di *suzione*, caratterizzata dalla fusione di libido e aggressività, e di *morsicamento*, attribuisce l'aggettivo cannibalico soltanto alla seconda, dove distingue un cannibalismo *parziale* da un cannibalismo *totale*. Quest'ultimo, «senza alcuna limitazione, è possibile solo sulla base di un *narcisismo illimitato*. In questo stadio è tenuto in considerazione soltanto il desiderio di piacere del soggetto. L'interesse dell'oggetto non trova assolutamente considerazione; l'oggetto viene distrutto senza alcuno scrupolo. Lo stadio del cannibalismo parziale porta ancora in sé i chiari segni della sua origine dal cannibalismo totale, ma ne differisce anche in modo radicale. Il primo inizio di considerazione dell'oggetto fa qui la sua comparsa. Questo parziale riguardo possiamo però considerarlo come primo inizio dell'amore oggettuale in senso stretto, poiché significa l'inizio di un superamento del narcisismo. Aggiungiamo subito che l'individuo, a questo stadio evolutivo, è ancora ben lontano dal riconoscere un altro individuo come tale accanto a sé e dall'amarlo fisicamente o psichicamente nella sua totalità. Il desiderio è ancora quello di prendere una parte dell'oggetto allo scopo di incorporarlo; questo significa nello stesso tempo però una rinuncia alla meta puramente narcisistica del cannibalismo totale» (1923, pp. 342-343).

Se con Abraham il gesto cannibalico viene esplorato più nel suo versante finalistico, con Melanie Klein questo concetto è impiegato nell'area della patologia depressiva, dove la pulsione cannibalica, se è eccessiva, è causa della melanconia. Scrive in proposito la Klein: «Il processo fondamentale della melanconia, secondo Freud ed Abraham, è quello della perdita dell'oggetto amato. La perdita reale di un oggetto reale, o un evento analogo che abbia lo stesso significato, ha come risultato che l'oggetto viene collocato nell'Io. A causa, tuttavia, di un *eccesso di pulsioni cannibalesche* nel soggetto, quest'introiezione abortisce e ne consegue la malattia» (1935, p. 298). Già Abraham aveva detto che «gli stati più gravi di rifiuto dell'alimentazione del melanconico rappresentano un'autopunizione per gli impulsi cannibaleschi» (1924, p. 310), anche se il suo interesse per la rappresentazione cannibalica dell'oggetto perduto è rivolto al "lavoro del lutto" in analogia alla «concezione che il lutto, nella sua forma arcaica, si esprime nel divoramento dell'ucciso» (ivi, p. 307).

Bibliografia

Abraham K., *Inizi e sviluppo dell'amore oggettuale* (1923), in *Opere*, Bollati Boringhieri, Torino 1975, vol. I.

–, *Tentativo di una storia evolutiva della libido sulla base della psicoanalisi dei disturbi psichici* (1924), in *Opere*, cit., vol. I.

Freud S., *Tre saggi sulla teoria sessuale* (1905), in *Opere* (1967-1993), Bollati Boringhieri, Torino, vol. IV.

–, *Totem e tabù. Alcune concordanze nella vita psichica dei selvaggi e dei nevrotici* (1912-1913), in *Opere*, cit., vol. VII.

–, *Dalla storia di una nevrosi infantile (Caso clinico dell'uomo dei lupi)* (1914), in *Opere*, cit., vol. VII.

Klein M., *Contributo alla psicogenesi degli stati maniaco-depressivi* (1935), in *Scritti 1921-1958*, Bollati Boringhieri, Torino 1978, pp. 297-325.

Volhard E., *Il cannibalismo. Civiltà, cultura, costumi degli antropofagi del mondo* (1987), Bollati Boringhieri, Torino 1991.

Cannon, Sindrome di (ingl. *Cannon's syndrome*; ted. *Cannon-Syndrom*; fr. *Syndrome de Cannon*; sp. *Síndrome de Cannon*). Complesso di sintomi che indicano un processo di liberazione delle energie di cui l'organismo ha bisogno in momenti di emergenza, come ad esempio di fronte a un pericolo, che innesca i meccanismi di lotta o di fuga. Walter Bradford Cannon assegna al sistema simpatico tale reazione, scandita nel tempo secondo tre fasi: allarme, resistenza (difesa, sviluppo di forza, adattamento), esaurimento.

Bibliografia

Cannon W. B., *Again the James-Lange-Theory and the thalamic theories of emotion*, in "Psychological Review", 1931, n. 42.

Capacità (ingl. *Ability*; ted. *Fähigkeit*; fr. *Capacité*; sp. *Capacidad*). Termine generico per designare la possibilità e l'idoneità di un soggetto a svolgere un'attività o ad assolvere un compito. Ne consegue che ogni definizione di capacità rinvia all'attività in cui essa si esplica e alla serie di operazioni che richiede e che non sono riportabili ad un solo tipo di assunto. L'uso di questo concetto è ancora ricorrente nella PSICOLOGIA APPLICATA (v.) con riferimento alle tendenze innate e a quelle acquisite, opportunamente considerate per la valutazione dei soggetti e per la previsione del loro rendimento nei test attitudinali.

In tutt'altro senso il termine "capacità" compare nella teoria dell'informazione per indicare la quantità di informazione ritenuta come indice massimale (capacità di memorizzazione) e la capacità di informazione che può essere ricevuta nell'unità di tempo. Nella teoria della comunicazione (v. COMUNICAZIONE, § 1) si parla della "capacità del canale" a proposito del numero di informazioni che in un'unità di tempo può essere trasmesso.

Bibliografia

Langer D., *Informationstheorie und Psychologie*, Hogrefe, Göttingen 1962.
Piéron H. L. Ch., *L'utilisation des aptitudes*, Puf, Paris 1954.
Révész G., *Talent und Genie*, Francke, Bern 1952.
Vernon Ph. E., *The structure of human abilities*, Methuen, London 1950.

Capgras, Sindrome di (ingl. *Capgras' syndrome*; ted. *Capgras-Syndrom*; fr. *Syndrome de Capgras*; sp. *Síndrome de Capgras*). Errata identificazione o falso riconoscimento di cose e di persone che si riscontra in soggetti a sfondo paranoideo. Chi ne è affetto può affermare che persone estranee sono a lui note e familiari (riconoscimento di sconosciuto o illusione del doppio positivo), o che persone familiari hanno alterato la loro fisionomia al punto da non poter essere riconosciute (disconoscimento di conosciuto o illusione del doppio negativo). L'alterazione non risiede a livello di percezione, ma di interpretazione del significato, e come tale rientra nel più ampio campo del delirio o di quei disturbi della memoria noti come esperienza del *déjà vu* o del *jamais vu* (v. MEMORIA, § 8, *e*).

Capitone, Punto di, v. CATENA SIGNIFICANTE.

Capo (ingl. *Leader*; ted. *Führer*; fr. *Chef*; sp. *Jefe*). Ruolo differenziato, nella composizione del gruppo, legato alle aspettative di direzione, controllo e modifica dell'attività degli altri componenti, in vista del conseguimento degli obiettivi del gruppo. Sono prerogative del capo le capacità necessarie per la risoluzione del compito imposto (*task ability*) e le capacità di soddisfare le esigenze degli altri componenti il gruppo (*like ability*). La psicoanalisi riferisce i rapporti tra il capo e i gregari (v. GREGARISMO) alla relazione genitori-figli. Sulle tecniche di identificazione del capo, sulle procedure per la sua formazione, sulla tipologia del suo carattere e sulla sua possibile patologia (v. ALESSITIMIA) si vedano le voci GRUPPO, § II, 6; POTERE, § 2.

Bibliografia

Napolitani D., *Individualità e gruppalità*, Bollati Boringhieri, Torino 1987.
Neri C., *Gruppo*, Borla, Roma 1995.
Pisani R. A., *Elementi di gruppoanalisi*, Edizioni Universitarie Romane, Roma 2000.
Stella S., Kaneklin C., *L'attività di comando*, Etas Kompass, Milano 1974.
Thibaut J. W., Kelley H. H., *Psicologia sociale dei gruppi* (1959), il Mulino, Bologna 1974.

Capogiro, v. VERTIGINE.

Capovolgimento nell'opposto, v. OPPOSTI, § 1, *a*.

Capriccio (ingl. *Caprice*; ted. *Laune*; fr. *Caprice*; sp. *Rabieta*). Manifestazione improvvisa e incontrollata di rabbia e di aggressività, generalmente impotente, adottata come risposta ad una situazione frustrante. Questo comportamento, tipico del bambino, è riscontrabile anche in adolescenti, in adulti immaturi con scarsa sopportazione delle frustrazioni e in persone anziane soggette a processi involutivi caratterizzati da dipendenza e possessività. Quando degenera in accesso d'ira, sempre temporaneo e sproporzionato rispetto alla motivazione apparente, il capriccio può presentarsi in maniera spettacolare e clamorosa, come quando il bambino piange, grida, scalcia, si getta a terra, agita le braccia, inveisce contro chi gli sta intorno, morde o scaglia oggetti contro i muri. L'esplosione di rabbia così descritta può essere una manifestazione transitoria in un bambino normale, oppure un indice di conflitti interni, di depressione o di ansia, specialmente quando questi attacchi sono reiterati, troppo lunghi e violenti. I capricci infantili vengono generalmente interpretati come un mezzo per ottenere attenzione, conseguire uno scopo o comunque una gratificazione, soprattutto nel caso di genitori eccessivamente indulgenti, protettivi e solleciti, quindi facilmente condizionabili da simili manifestazioni. Nel corso della crescita le cause e i comportamenti tipici dei capricci si modificano: scompare, ad esempio, l'eccessiva violenza della reazione e la sua genericità, con conseguente indirizzo dell'ira verso l'oggetto o la persona frustrante.

Capro espiatorio (ingl. *Scapegoat*; ted. *Sündenbock*; fr. *Bouc émissaire*; sp. *Chivo expiatorio*). Oggetto, persona o gruppo su cui, attraverso un meccanismo di PROIEZIONE (v.), vengono scaricate colpe da attribuire più realisticamente a sé o ad altri. Le comunità primitive si difendevano dalla violenza che si diffondeva e cresceva nella comunità *trasferendola* sulla vittima espiatoria. Questa, calamitando su di sé tutta la violenza diffusa tra i membri della comunità, realizzava con la propria espulsione la loro innocenza. Il sacrificio del capro espiatorio aveva infatti il potere di trasformare la violenza da *malefica*, qual è quando si aggira fra gli uomini, in *benefica*, quale diventa quando, rinviata al mondo divino da cui proviene, produce fra gli uomini quelle forme rituali d'ordine per scongiurarne il ritorno. Oggi l'espressione "capro espiatorio" è utilizzata per alludere a quello stato di innocenza che si viene a creare quando le colpe vengono riferite a un componente del gruppo dalla cui espulsione si attende il ritorno dell'ordine (v. SACRIFICIO, § 1).

Bibliografia

Girard R., *La violenza e il sacro* (1972), Adelphi, Milano 1980.
–, *Il capro espiatorio* (1982), Adelphi, Milano 1987.

Captatività (ingl. *To gain*; ted. *Erbschleicherei*; fr. *Captativité*; sp. *Captación*). Atteggiamento di chi cerca di attirare su di sé forme d'amore e di simpatia per un bisogno di rassicurazione o per incapacità a contrastare l'altro.

Carattere (ingl. *Character*; ted. *Charakter*; fr. *Caractère*; sp. *Carácter*). Configurazione relativamente permanente di un individuo a cui ricondurre gli aspetti abituali e tipici del suo comportamento che appaiono tra loro integrati sia nel senso intrapsichico che in quello interpersonale. Nella storia della psicologia il termine "carattere", dal greco χαρακτήρ che letteralmente significa "incisione", è stato preceduto dai termini TEMPERAMENTO (v.) e COSTITUZIONE (v.), dove sottesa era l'ipotesi di una dipendenza fisiologica dell'indole dai tratti somato-costituzionali. Il termine "carattere" acquistò una sua autonomia quando l'indole fu accostata con una strumentazione più "psicologica", grazie agli studi fenomenologico-intuitivi, dove l'impianto categoriale è mediato dalle scienze dello spirito, e agli studi psicoanalitici, dove il carattere è la risultante di processi psicodinamici. Oggi al termine "carattere" si preferisce il termine PERSONALITÀ (v.) di volta in volta definito in base ai criteri adottati, e perciò descrivibile in modo oggettivo. Il limite che separa il carattere dalla personalità dipende dalla convenzione scientifica e non riposa su un criterio oggettivo, come risulta anche dal fatto che grandi aree psicologiche e psicopatologiche usano i termini "carattere", "personalità" e, talvolta, "tipo psicologico", come intercambiabili. Rinviando alla voce PERSONALITÀ l'illustrazione delle teorie a partire dalle quali si discriminano i *tratti peculiari* di un individuo, e alla voce TIPOLOGIA la descrizione dei criteri adottati nella classificazione dei *tipi puri* ottenuti sopravvalutando i tratti differenziali, qui ci limiteremo ad esaminare quella letteratura dove compare la parola "carattere" nel senso sopra specificato.

1. L'IMPOSTAZIONE FENOMENOLOGICO-INTUITIVA. In questo ambito si tenta di emancipare lo studio del carattere dall'impostazione somatico-costituzionale (v. TIPOLOGIA, § 1) adottando i metodi delle scienze dello spirito che, a partire da Friedrich von Schiller e poi con Friedrich Nietzsche e Wilhelm Dilthey, sono nati dal tentativo di stabilire una correlazione tra la creazione culturale e la modalità psicologica con cui l'individuo vede il mondo (v. TIPOLOGIA, § 3). Partendo dalla visione del mondo (*Weltanschauung*) si estraggono dei radicali comuni, contenutistici o formali, che poi vengono assunti come tratti caratteriali che consentono, ad esempio, a Eduard Spranger di distinguere il carattere economico, estetico, sociale, politico e religioso, e a Ludwig Klages di discernere caratteri dominati dagli *istinti*, quindi dall'attrazione esercitata dalle immagini del mondo sul soggetto, e caratteri dominati dagli *interessi* che presuppongono invece una coscienza e un Io sviluppati. Agli studi di Klages si rifà Heinz Remplein secondo cui il carattere è deciso dalla scelta predominante dei valori che stanno alla base del comportamento individuale, valori che sono decisi da sistemi di interessi nell'accezione di Klages. Avremo allora il carattere forte con un senso di sé stabile e con notevole perseveranza delle persuasioni, e il carattere debole con scarso senso di sé e labilità di convinzioni.

Per Karl Jaspers il carattere è l'aspetto "comprensibile" di quel nucleo "incomprensibile" in cui è racchiusa l'essenza di ogni individuo (v. PSICOLOGIA COMPRENSIVA): «Il carattere che possiamo avere compreso non è ciò che l'uomo è veramente, ma una manifestazione empirica sempre aperta a nuove possibilità. Ciò che l'uomo stesso è, è la sua esistenza di fronte alla trascendenza, ed entrambe queste cose non sono oggetto di conoscenza indagatrice. L'esistenza non è afferrabile come carattere, ma appare attraverso i caratteri, che in quanto tali non sono definitivi» (1913-1959, p. 465). Per quanto riguarda i diversi atteggiamenti caratteriali, Jaspers distingue atteggiamenti *oggettivi*, *autoriflessivi* ed *entusiastici*, ciascuno dei quali prevede una sottoripartizione che si può leggere alla voce ATTEGGIAMENTO (v.). Sempre nell'ambito fenomenologico Ludwig Binswanger ha operato una distinzione nella declinazione patologica del carattere in base all'arresto della progettualità orientata verso il futuro del soggetto, per cui si avrà il *melanconico* tutto raccolto nel passato e il *maniaco* incapace di sporgere dal presente assunto come tempo assoluto (v. ANALISI ESISTENZIALE, § 3).

2. L'IMPOSTAZIONE PSICOANALITICA CLASSICA. A partire da tre livelli di riferimento che si succedono cronologicamente nello sviluppo del pensiero freudiano, nascono le seguenti definizioni:

a) Nel 1908 Sigmund Freud tenta una correlazione tra i tratti del carattere e certe zone del corpo a loro volta correlate a certe componenti sessuali. Questa posizione fu sostenuta e difesa anche da Karl Abraham per il quale fattori costituzionali e psicoreattivi favorirebbero l'emergenza di punti di fissazione nella fase orale, anale e fallica. Denominazioni, queste, che rientrano nella dicotomia maggiore di carattere GENITALE (v.) o PREGENITALE (v.) a seconda che le pulsioni abbiano trovato il loro centro nell'apparato riproduttivo, o siano rimaste relativamente autonome in uno stato "anarchico" e "perverso". Il carattere ORALE (v. § 4) è contraddistinto dalla fissazione della libido nella fase orale, dove l'esperienza gratificante o frustrante nel rapporto con il seno materno risulterà decisiva per la modalità ottimistica o pessimistica nell'affrontare il mondo con fiducia o apprensione, con tolleranza o intolleranza delle frustrazioni. Il carattere ANALE (v. § 4), connesso al controllo degli sfinteri, determina tratti che Freud definisce "ordinati, parsimoniosi e ostinati". Abraham collega queste caratteristiche alla fissazione sul momento ritentivo delle feci, perché una fissazione sul momento espulsivo genera caratteri generosi e ambiziosi. Il carattere fallico (v. FALLICO, CARATTERE) presenta componenti narcisistiche con una sessualità orientata alla dimostrazione di potenza, quindi con tratti di temerarietà, sicurezza di sé e grande risolutezza. Il carattere GENITALE (v. § 4) è descritto da Freud come un modello ipotetico a cui si dovrebbe giungere dopo essersi liberati da ogni dipendenza infantile e aver conseguito quel livello in grado di comporre il proprio soddisfacimento con il soddisfacimento altrui, per un equilibrio raggiunto tra autonomia ed eteronomia.

b) Nel 1916 Freud compie una distinzione fra sintomi nevrotici e tratti del carattere: i primi scaturiscono da un insuccesso della rimozione, i secondi dal suo successo e quindi dai meccanismi di difesa. I casi limite di questa alternativa sono rappresentati dal carattere *isterico* che presenta labilità emotiva, comportamento imprevedibile, forte suggestionabilità, tendenza a scambiare la fantasia con la realtà, e dal carattere *ossessivo* dove i meccanismi di difesa, che hanno svolto ottimamente il loro lavoro, determinano un individuo controllato, guardingo, poco spontaneo e con un tratto costante di rigidità. In questo contesto si inserisce la nozione di *nevrosi del carattere* dove il conflitto psichico non si traduce in sintomi nettamente isolabili, ma in un'organizzazione patologica dell'intera personalità dove è il carattere stesso a risultare una formazione difensiva volta a proteggere l'individuo non solo contro la minaccia pulsionale, ma anche contro la comparsa dei sintomi. Rispetto al sintomo nevrotico, la nevrosi del carattere si distingue per l'integrazione del meccanismo di difesa nell'Io. Alla strutturazione del carattere in base ai meccanismi di difesa contro i conflitti istintuali o superegoici si rifanno Anna Freud e Wilhelm Reich con la sua concezione del carattere come "corazza difensiva".

c) Nel 1923 Freud precisa i rapporti fra Io e carattere in base ai fenomeni di identificazione con le figure parentali e interiorizzazione dei loro divieti. In questo ambito diventano decisivi per la formazione del carattere i processi di INTROIEZIONE (v.), con conseguente formazione di un Io ideale e di un Super-io, e di IDENTIFICAZIONE (v.), con lo sviluppo dei vari ruoli intrafamiliari e sociali. La formazione del carattere su base introiettiva con percezione da parte del bambino delle componenti buone o cattive dell'oggetto è stata analizzata da Melanie Klein, mentre il processo di identificazione con lo sviluppo dei vari ruoli sociali è stato studiato da Erich Fromm con una tipologia caratteriale costruita sui modelli dell'"avere", compensatorio di un mancato "essere" (v. AVERE).

3. LE VARIANTI PSICODINAMICHE. Le correnti di pensiero che si sono separate dall'impostazione freudiana della psicoanalisi e quelle rimaste al suo interno hanno sviluppato i seguenti modelli d'interpretazione caratteriale:

a) *La psicologia analitica* con Carl Gustav Jung non parla di caratteri, ma di "tipi psicologici" che si evidenziano nella combinazione tra ATTEGGIAMENTO (v.) e FUNZIONE (v.) secondo lo schema esposto alla voce TIPOLOGIA (v. § 2).

b) *La psicologia individuale* con Alfred Adler concepisce il carattere come l'esito del conflitto tra volontà di potenza (v. POTENZA, § 2), volta a compensare complessi di inferiorità (v. INFERIORITÀ), e sentimento sociale (v. SENTIMENTO, § 3), che risponde al bisogno di cooperazione e compartecipazione dell'individuo con i suoi limiti. Le differenze caratteriali derivano dal fatto che la volontà di potenza, oltre a compensare l'inferiorità e a difendersi dall'aggressività altrui, vuole dei valori che dipendono dai contesti culturali in cui l'individuo è cresciuto, e inoltre è costretta dalle circostanze della vita a contorcersi o a ripiegarsi mediante artifici difensivi, astensionisti o prevaricanti, che risultano decisivi nella successiva configurazione caratteriale.

c) La teoria di Wilhelm Reich, partendo dal presupposto che la salute psichica dipende dalla potenza orgasmica (v. ORGASMO) inibita dalla nostra società moralistica e sessuofoba, giunge ad affermare che «il carattere consiste in un'alterazione cronica dell'Io che si potrebbe definire "indurimento". Questa è la base sulla quale il modo di reagire tipico della personalità diventa cronico. Il suo scopo è quello di proteggere l'Io dai pericoli interni ed esterni. Come meccanismo di protezione diventato cronico può essere chiamato a ragione "armatura". Armatura significa inequivocabilmente una limitazione della mobilità psichica di tutta la personalità. Questa limitazione è attenuata da rapporti non caratteriali, cioè atipici, con il mondo esterno che sembrano essere comunicazioni rimaste libere in un sistema per il resto chiuso» (1933, p. 187; v. BIOENERGETICA). Partendo da questa definizione, Reich procede a una descrizione delle varie tipologie caratteriali costruite in base all'interazione di due principi: uno *endogeno* a sfondo biologico e uno *esogeno* a sfondo sociale. Il primo è costituito dall'energia sessuale o libido che, legata all'attività del sistema neurovegetativo, esprime la matrice vitale dell'organismo vivente. Questo principio, che Reich chiama ORGONE (v.), è suscettibile di misurazioni e sperimentazioni, mediante speciali "misuratori orgonici" che egli usava anche a scopi terapeutici. Il secondo principio dipende «dall'ordinamento sociale vigente che coinvolge l'educazione, la morale e il soddisfacimento dei bisogni che sono determinati in ultima analisi dalla struttura economica vigente nella società» (ivi, p. 192). I due principi sono conflittuali, e la personalità risulta dalla modalità di risolvere questo conflitto esprimendosi di volta in volta in quelle forme di carattere che Reich definisce di tipo: *isterico* dal tratto «nervoso, agile, apprensivo e incostante», *coatto* dal tratto «prevalentemente inibito, contegnoso e depressivo», *fallico-narcisista* che «si presenta sicuro di sé, a volte arrogante, elastico, vigoroso, a volte imponente», e *masochista* che «percepisce come piacere o come fonte di piacere ciò che l'individuo normale percepisce come dispiacere» (ivi, pp. 253, 254, 265).

d) Gli sviluppi della bioenergetica sono approdati con Alexander Lowen alla determinazione di sette tipi caratteriali distinti in: *orale* «caratterizzato dal desiderio e dal piacere di parlare come mezzo per ottenere attenzione, interesse e amore» (1958, p. 149); *masochista* caratterizzato «da un'aggressività rivolta verso l'interno» (ivi, p. 184); *isterico* dove «un eccesso di energia è sempre pronto a sopraffare l'Io, come si constata nella cosiddetta esplosione isterica» (ivi, p. 220); *fallico-narcisista* «dalla sessualità e aggressività esagerate per compensare una debolezza costituzionale» (ivi, pp. 252-253); *passivo-femminile*, che può riscontrarsi in uomini e donne, ed «è caratterizzato dalla povertà di espressione emozionale e dalla relativa immobilità fisica, perché da una parte manca l'impulsività dei caratteri pregenitali, dall'altra anche l'aggressività che caratterizza il maschio fallico» (ivi, pp. 278-279); *schizofrenico* dove «la scissione fondamentale si produce tra gli istinti aggressivi e l'Eros, la forza spirituale. La psicosi differisce dalla nevrosi perché nella psicosi la scissione istintuale è totale, mentre nella nevrosi è solo parziale» (ivi, p. 296); *schizoide* perché «mentre lo schizofrenico nella sua rottura con la realtà perde completamente il suo Io, il carattere schizoide può evitare la rottura e mantenere il suo Io. Ma è un Io debole legato al corpo da un filo sottilissimo» (ivi, p. 316). A ciascuno di questi tipi corrispondono una struttura e un atteggiamento del corpo che servono da supporto e riserva energetica per la difesa della struttura caratteriale dagli stimoli esterni o interni che la minacciano.

e) Le teorie relazionali. Gli sviluppi della psicoanalisi hanno spostato il punto di partenza della costruzione del carattere dall'*individuo* alla *relazione* (v. OGGETTO, § 4). Su questa linea incontriamo Klein che parte dalla relazione madre-bambino per tratteggiare la posizione *schizoparanoidea* e la posizione *depressiva* che, pur evidenziandosi nei primi mesi di vita, possono rintracciarsi in età adulta come nuclei caratteriali (v. KLEINIANA, TEORIA, § 2), e Karen Horney che pone l'accento sui conflitti tra l'individuo e l'ambiente, tra il bisogno di una dipendenza passiva e la difesa da una società ostile. Il suo concetto fondamentale è quello di "ansia di base" prodotta da tutto ciò che disturba la sicurezza del fanciullo nei rapporti con i suoi genitori, a cui il bambino reagisce con atteggiamenti diversi, come l'ostilità, la sottomissione o l'evasione, che possono diventare stabili, acquistando il carattere di *drives* o di *needs* nella dinamica della personalità.

f) Le teorie psicosociali, oltre al già accennato contributo di Reich, contemplano l'ipotesi di Otto Rank i cui "caratteri" dipendono dalla fissazione a uno dei tre stadi di sviluppo che sono nell'ordine: lo stadio in cui l'individuo vuole per sé ciò che gli altri vogliono (carattere *dipendente*), lo stadio del conflitto tra le sue esigenze e quelle degli altri (carattere *nevrotico*) e, infine, lo stadio in cui l'individuo riesce ad armonizzare le sue esigenze con quelle degli altri (carattere *integrato*).

Fromm considera il carattere come il risultato di un conflitto fra la ricerca della sicurezza e il desiderio di libertà, che sono due esigenze in contrasto tra loro, perché la sicurezza limita la libertà, e la libertà è tanto più autentica quanto più prescinde dalla sicurezza. Partendo da questa premessa Fromm elenca cinque tipi di carattere: il *ricettivo* che dipende dagli altri con senso di inadeguatezza e orientamento masochistico; il *parassita* o sfruttatore che adotta la legge del più forte mostrando tratti sadici, ostili e manipolativi; il *possessivo* o accumulatore che affida la sicurezza al possesso dei beni materiali strutturando una personalità sulla categoria dell'avere; il *mercantile* che non dà importanza al valore individuale, ma al ruolo sociale e alla sua commerciabilità; il *produttivo* che, a differenza degli altri tipi che corrispondono alle fasi storiche della civiltà occidentale (feudalesimo, capitalismo, borghesia calvinista-puritana, automazione della società moderna), non è caratterizzato da alcuno stadio dello sviluppo storico dell'uomo, perché rappresenta la meta ultima e l'istanza profonda della natura umana, tesa al progresso e al trascendimento delle posizioni storiche raggiunte.

Harry Stack Sullivan assegna ai rapporti interpersonali un'importanza decisiva per la costruzione del carattere a cui concorrono tre processi: i *dinamismi* che sono gli schemi di comportamento nelle relazioni (amore, odio, amicizia, indifferenza ecc.); le *personificazioni* che sono immagini, spesso di origine infantile, che l'individuo ha di sé e degli altri, immagini che, quando sono condivise, diventano stereotipi; i *processi cognitivi* distinti in prototassici, paratassici e sintassici (v. PARATASSIA).

4. LE VARIANTI SOCIOLOGICHE DI DERIVAZIONE PSICOANALITICA. Rientra in questo gruppo l'ipotesi di Abram Kardiner, secondo il quale alla base della formazione del carattere individuale è rintracciabile lo schema generale in cui si riflettono le richieste fondamentali della società al singolo. Tale schema viene tramandato attraverso l'educazione. Il carattere appare quindi come il nesso fra le generazioni, e la sua struttura è vista in questi parametri come essenzialmente dinamica e non genetica. In questo ambito rientrano le ricerche di Theodor Wiesengrund Adorno sulla personalità autoritaria (v. AUTORITÀ) con rispettivo test di misurazione, e di Herbert Marcuse a proposito della tendenza all'uniformità caratteriale indotta dall'organizzazione della civiltà della tecnica.

5. LE VARIANTI CLINICO-PSICHIATRICHE DI DERIVAZIONE PSICOANALITICA. In questo ambito è stato evidenziato, oltre al carattere *nevrotico*, quello *prepsicotico* di cui sono state finora studiate tre varianti: lo *schizoide* definito dalla predominanza del disturbo dell'affettività che si manifesta nell'insufficiente contatto e sintonia con l'ambiente, ambivalenza, mutismo pur in assenza di disturbi del pensiero e della personalizzazione; il *paranoico* con spunti deliranti che però, a differenza delle idee deliranti proprie delle psicosi, non emergono mai sistematicamente e non si allargano fino ad investire e alterare il complesso della personalità; lo *psicopatico* facile all'*acting out* sociale (v. AGIRE) per una scarsa introiezione dei controlli psicosociali.

6. STUDI SPERIMENTALI DEL CARATTERE. Questi studi, condotti sul modello degli studi dell'intelligenza, cercano di individuare quei "fattori radicali di personalità" dalla cui combinazione risulterebbe la struttura di fondo del carattere. Questo metodo, iniziato da Wilhelm Maximilian Wundt e proseguito da Hermann Ebbinghaus e da Adolf Busemann, deduce il carattere dai cosiddetti "quozienti di azione" (v. AZIONE, § 3, *f*) che una serie di test si incaricano di misurare, distinguendo le basi ereditarie del carattere, osservabili nei primi anni di vita, e gli sviluppi connessi alle vicissitudini delle transazioni sociali. I risultati a cui si è giunti mostrano che le concordanze e le discordanze per i vari tratti caratteriali sono identiche in epoca infantile e in epoca adulta per quanto concerne i dati endotimici della personalità (affettività, umore di fondo, spinta vitale) che si rivelano più ereditari dei tratti corticali come la capacità di pensiero e l'astrazione. Per quanto riguarda infine l'influenza ambientale sulla formazione del carattere, studi sperimentali hanno mostrato che il ruolo svolto dall'ambiente nel modificare il carattere è tanto maggiore quanto più contrastanti sono fra loro le qualità del carattere, come risulta dai test proiettivi di Hermann Rorschach (v. RORSCHACH, TEST DI).

7. LE TIPOLOGIE DEL CARATTERE COSTRUITE IN BASE AL CRITERIO SOMATICO-COSTITUZIONALE. Si veda in proposito la voce TIPOLOGIA, § 1.

Bibliografia

AA.VV., *Conoscere il carattere*, in P. F. Galli (a cura di), *Osservazione psicoanalitica* (1992-1996), Bollati Boringhieri, Torino, vol. XXIII.

AA.VV., *Il carattere*, in P. F. Galli (a cura di), *Osservazione psicoanalitica*, cit., vol. I.

Abraham K., *Studi psicoanalitici sulla formazione del carattere* (1925), in *Opere*, Bollati Boringhieri, Torino 1975, vol. I.

Adler A., *Psicologia individuale e conoscenza dell'uomo* (1926), Newton Compton, Roma 1975.

Adorno Th. W. *et al.*, *La personalità autoritaria* (1950), Edizioni di Comunità, Milano 1973.

Binswanger L., *Malinconia e mania* (1960), Bollati Boringhieri, Torino 1971.

Busemann A., *Stil und Charakter*, West-Kultur, Meisenheim 1948.

Freud A., *L'Io e i meccanismi di difesa* (1936), in *Opere* (1978-1979), Bollati Boringhieri, Torino, vol. I.

Freud S., *Carattere ed erotismo anale* (1908), in *Opere* (1967-1993), Bollati Boringhieri, Torino, vol. V.

–, *Alcuni tipi di carattere tratti dal lavoro psicoanalitico* (1916), in *Opere*, cit., vol. VIII.
–, *L'organizzazione genitale infantile (un'interpolazione nella teoria sessuale)* (1923), in *Opere*, cit., vol. IX.
Fromm E., *Psicanalisi della società contemporanea* (1955), Edizioni di Comunità, Milano 1976.
–, *Avere o essere?* (1976), Mondadori, Milano 1977.
Hillman J., *La forza del carattere* (1999), Adelphi, Milano 2000.
Horney K., *Nevrosi e sviluppo della personalità. La lotta per l'auto-realizzazione* (1950), Fabbri, Milano 2007.
Jaspers K., *Psicopatologia generale* (1913-1959), Il Pensiero Scientifico, Roma 2000.
–, *Psicologia delle visioni del mondo* (1919), Astrolabio, Roma 1950.
Jung C. G., *Tipi psicologici* (1921), in *Opere* (1969-2007), Bollati Boringhieri, Torino, vol. VI.
Kardiner A., *L'individuo e la sua società. La struttura della "personalità di base" nelle società primitive. Un incontro tra psicoanalisi e antropologia culturale* (1939), Bompiani, Milano 1965.
Klages L., *Die Grundlagen der Charakterkunde*, Barth, Leipzig-Bonn 1926.
Klein M., *Contributo alla psicogenesi degli stati maniaco-depressivi* (1935), in *Scritti 1921-1958*, Bollati Boringhieri, Torino 1978, pp. 297-325.
Kretschmer E., *Körperbau und Charakter*, Springer, Berlin 1921.
Lopez D., Zorzi Meneguzzo L., *Dal carattere alla persona*, in A. A. Semi (a cura di), *Trattato di psicoanalisi*, vol. II: *Clinica*, Raffaello Cortina, Milano 1988-1989, pp. 371-512.
Lowen A., *Il linguaggio del corpo* (1958), Feltrinelli, Milano 1978.
Marcuse H., *L'uomo a una dimensione* (1964), Einaudi, Torino 1967.
Mead M., *Sesso e temperamento in tre società primitive* (1935), il Saggiatore, Milano 1967.
Natoli S., *Guida alla formazione del carattere*, Morcelliana, Brescia 2006.
Rank O., *Will therapy and truth and reality* (1936), Norton & Company, New York 1949.
Reich W., *Analisi del carattere* (1933), Sugarco, Milano 1973.
Remplein H., *Psychologie der Persönlichkeit*, Reinhardt, München-Basel 1967.
Sheldon W. H., Stevens S. S., Tucker W. B., *The varieties of human physique. An introduction to constitutional psychology*, Harper, New York 1940.
Spranger E., *Lebensformen. Geisteswissenschaftliche Psychologie und Ethik der Persönlichkeit*, Niemeyer, Halle 1914.
Sullivan H. S., *Teoria interpersonale della psichiatria* (1953, edito postumo), Feltrinelli, Milano 1962.
Wundt W. M., *Lineamenti di psicologia* (1896), in *Scritti scelti*, Utet, Torino 2006.

Caratteriale (ingl. *Abnormal character*; ted. *Geistesgestörte*; fr. *Caractériel*; sp. *Caracterial*). Termine non scientifico utilizzato per comodità classificatoria allo scopo di designare quei soggetti che presentano anomalie del comportamento non riconducibili a un quadro nosologico definito. Il termine, che nel linguaggio pedagogico è solitamente riferito a bambini, ragazzi o adolescenti mal adattati, non è impiegato per gli adulti, a proposito dei quali si preferisce parlare di personalità psicopatica (v. PSICOPATIA).

Caratteropatia (ingl. *Characteropathy*; ted. *Charakteropathie*; fr. *Caractéropathie*; sp. *Caracteropatía*). Termine psichiatrico impiegato per classificare quelle anomalie della personalità che contraddistinguono le personalità psicopatiche (v. PSICOPATIA). Adottato da Gilbert Robin per rubricare i disturbi psichiatrici dell'età infantile, il termine è progressivamente caduto in disuso con il venir meno della concezione che la psicopatologia infantile abbia modelli e strutture causali diversi da quelli dell'adulto.

Bibliografia

Robin G., *Précis de neuro-psychiatrie infantile*, Doin, Paris 1939.

Carceraria, Psicologia, v. PSICOLOGIA FORENSE, § 3.

Cardiofobia (ingl. *Cardiophobia*; ted. *Kardiophobie*; fr. *Cardiophobie*; sp. *Cardiofobia*). Paura angosciosa, eccessiva e spesso insufficientemente motivata delle malattie di cuore.

Cardiopatia (ingl. *Cardiopathy*; ted. *Kardiopathie*; fr. *Affection cardiaque*; sp. *Cardiopatía*). Termine generico impiegato per indicare le malattie del cuore di cui la medicina psicosomatica ha messo in evidenza le condizioni psicologiche predisponenti legate alle emozioni di paura, ansia, ira che influenzano il sistema cardiocircolatorio, provocando cambiamenti di frequenza cardiaca, pressione arteriosa, gittata sistolica. Queste manifestazioni aumentano a loro volta il fattore emotivo e lo stato ansioso che interpretazioni psicodinamiche riconducono al problema della separazione dall'oggetto primario d'amore che è la madre. Tra i fattori scatenanti sono stati elencati: 1) gli *stress sociali* come l'incongruità tra lo status sociale dell'infanzia e quello acquisito nell'età adulta, e la mobilità sociale che comporta cambiamenti di abitudini, sradicamento dall'ambiente e perdita di protezione; 2) l'*insoddisfazione esistenziale* per la perdita di prestigio, di persone care, del posto di lavoro, o per la persistenza prolungata di problemi di cui non si trova la soluzione. È stata inoltre delineata la *personalità cardiopatica*, caratterizzata da eccessiva dedizione e responsabilità sul lavoro, da incessante ricerca tesa a migliorare il rendimento, lo status sociale e il prestigio professionale e da assoluta incapacità di fruire del tempo libero e dello svago. In ambito familiare, la personalità cardiopatica esercita un assoluto dominio sui membri della famiglia con l'aspettativa di essere amata per i sacrifici lavorativi. L'infarto sembra sopravvenire in occasione di conflitti interpersonali che frustrano la tendenza al dominio, accompagnati da un comportamento di resistenza volto a negare la tensione interna, senza la possibilità di scaricare l'aggressività o di accettare la situazione con rassegnazione.

Bibliografia

Alexander F. G., *Medicina psicosomatica* (1950), Giunti Barbera, Firenze 1951.
Pancheri P., *Stress, emozioni, malattia. Introduzione alla medicina psicosomatica*, Edizioni Scientifiche e Tecniche Mondadori, Milano 1980.
Richter H.-E., *Herzneurose*, Thieme, Stuttgart 1969.
Weiss E., English O. S., *Medicina psicosomatica. Applicazione clinica della psicopatologia ai problemi generali della medicina* (1949), Astrolabio, Roma 1950.

Carenza, v. PRIVAZIONE.

Carezza (ingl. *Stroke*; ted. *Streicheln*; fr. *Caresse*; sp. *Caricia*). Termine preso in considerazione nell'ambito dell'analisi transazionale dove Eric Berne definisce la carezza un'"unità di riconoscimento" e di accettazione della propria esistenza. Oltre che alla carezza fisica, Berne fa riferimento anche alla carezza verbale come può essere un complimento o non verbale come un sorriso. A proposito della carezza Jean-Paul Sartre scrive: «Le carezze sono appropriazione del corpo dell'altro; è evidente che, se le carezze non consistessero che nello sfiorare o toccare, non potrebbero avere alcun rapporto con il potente desiderio che pretendono di colmare; rimarrebbero alla superficie, come gli sguardi, e non potrebbero rendermi padrone dell'altro. [...] Perché la carezza non è un semplice sfiorare: ma un foggiare. Carezzando l'altro, io faccio nascere la sua carne con la mia carezza, sotto le mie dita. La carezza fa parte dell'insieme di cerimonie che incarnano l'altro. [...] La carezza fa nascere l'altro come carne per me e per lui. [...] Così la carezza non si distingue per nulla dal desiderio: carezzare con gli occhi o desiderare è la stessa cosa; il desiderio si esprime con la carezza come il pensiero con il linguaggio» (1943, pp. 476-477).

Bibliografia

Berne E., *Ciao!... e poi?* (1972), Bompiani, Milano 1978.
McKenna J., *Stroking profile*, in "Transactional Analysis Journal", 1974, n. 4 (4).
Sartre J.-P., *L'essere e il nulla* (1943), il Saggiatore, Milano 1968.

Carica psichica, v. INVESTIMENTO.

Cariotipo, v. GENETICA, § 2.

Carisma (ingl. *Charisma*; ted. *Charisma*; fr. *Charisme*; sp. *Carisma*). Dal greco χάρισμα, questa parola ha trovato il suo impiego più ampio nel linguaggio teologico cristiano per indicare i doni elargiti dallo Spirito Santo per il bene della comunità, quali la profezia, il potere di fare miracoli, il dono delle lingue ecc. In epoca moderna la parola è stata reintrodotta da Max Weber a proposito dei "tipi carismatici" che dispongono di una particolare capacità magico-suggestiva per esercitare AUTORITÀ (v.) e ottenere un immediato e personale consenso dalle masse. Per quanto concerne il significato dell'autorità carismatica nel gruppo si vedano le voci GRUPPO, § II, 6; PSICOLOGIA SOCIALE, § 4, *a*; POTERE, § 2, *a*.

Bibliografia

Weber M., *Sociologia delle religioni* (1904-1921), Utet, Torino 1976, voll. I-II.
–, *Economia e società* (1922, edito postumo), Edizioni di Comunità, Milano 1968.

Carpenter, Effetto, v. IDEOMOTORIO, § 2.

Carriera (ingl. *Career*; ted. *Karriere*; fr. *Carrière*; sp. *Carrera*). Sequenza di attività legate alla sfera del lavoro in vista di un avanzamento compatibile con le proprie ambizioni, con i propri atteggiamenti e i propri valori. Le varie componenti sono tra loro connesse e la psicologia se ne occupa sia sul versante oggettivo che su quello soggettivo, nel senso che ci possono essere carriere che sul piano di realtà possono coincidere o non coincidere con la struttura psicologica del soggetto che le intraprende. Alla nozione di carriera è connessa la nozione di CAMBIAMENTO (v.) per cui, come sottolinea John Van Maanen, «studiare le carriere significa studiare il cambiamento stesso» (1977, p. 3) che può essere organico con lo sviluppo della personalità o disorganico, con la conseguenza, come scrive Edgar H. Schein, che «per molte persone vi è un periodo di crisi durante il quale deve essere valutato ulteriormente ciò che si sta facendo per soddisfare le proprie ambizioni e l'importanza che sta assumendo il lavoro e/o la carriera nello spazio totale della propria vita» (1978, p. 47). La PSICOLOGIA DEL LAVORO (v.) esamina le carriere in base alla "teoria degli stadi" che prevede una fase di esplorazione e di prova, una di scelta più o meno conflittuale rispetto alle proprie aspirazioni, una di ripensamento riguardo alla carriera intrapresa e una di fine carriera con i relativi problemi di preparazione al pensionamento.

Bibliografia

Schein E. H., *Career dynamics*, Addison-Wesley, New York 1978.

Van Maanen J., *Organizational careers. Some new perspectives*, Wiley, London 1977.
Williams R., *Career management and career planning*, HM Stationery Office, London 1981.

Casalinga, Nevrosi della (ingl. *Housewife's neurosis*; ted. *Hausfrausneurose*; fr. *Névrose de la ménagère*; sp. *Neurosis del ama de casa*). Forma nevrotica a sfondo ossessivo, presa in considerazione da Wilhelm Stekel, caratterizzata da una costante preoccupazione per la pulizia che maschera complessi più profondi a sfondo fobico-ossessivo. Oggi questo concetto è stato esteso a tutte quelle forme di insoddisfazione e di frustrazione a cui le casalinghe possono andare incontro per la limitazione della loro vita sociale.

Bibliografia

Abbiate Fubini A., *I complessi della casalinga*, La Nuova Italia, Firenze 1974.
Stekel W., *Compulsion and doubt*, Liveright, New York 1949.

Casistica (ingl. *Casuistry*; ted. *Kasuistik*; fr. *Casuistique*; sp. *Casuística*). Analisi e classificazione dei casi, ossia dei soggetti che presentano determinati sintomi rubricabili in categorie astratte che compongono i quadri nosologici. Il *caso-tipo* è quello che corrisponde alla descrizione teorica, mentre il *caso-limite* è quello che sta al confine tra due classi, ad esempio tra la nevrosi e la psicosi (v. MARGINALE, SINDROME). Alla casistica si è opposto Karl Jaspers accusandola di oggettivazione dei pazienti che, prima di essere "casi", sono "biografie". Infatti, scrive Jaspers: «Ha un significato fondamentalmente diverso che io descriva un malato come un "caso" di una condizione generale oppure in quanto se stesso nella sua "unicità". Se ho in vista un aspetto generale, non ho bisogno di alcuna biografia totale, ma di fatti importanti per questo aspetto generale, fatti che descrivo possibilmente con diversi casi. Se ho in vista il singolo individuo, cerco di rappresentare la totalità di questo *bios*; il generale mi serve come mezzo di apprensione e di descrizione e non come scopo. L'amore per il "caso" non permette di farlo restare solo un caso. Il modo di intuire interiormente le forme vitali individuali accoglie in sé questo singolo come storico ed insostituibile. La casistica si riferisce ad una conoscenza generale, la biografia a questo singolo individuo» (1913-1959, p. 723). Alla casistica Jaspers ha sostituito nelle ricerche psicopatologiche il metodo biografico (v. BIOGRAFICO, METODO). Sul rifiuto della casistica si è attestato anche Ludwig Binswanger per il quale gli alienati non *hanno* la schizofrenia, la malinconia, la mania, perché la malattia mentale non appartiene all'ordine dell'"avere", ma a quello dell'"essere", e precisamente al modo di essere-nel-mondo. Bisogna quindi esaminare non la casistica, ma «la peculiarità di questi mondi nel loro costituirsi, in altre parole, i momenti strutturali costitutivi e chiarirne le reciproche differenze costitutive» (1960, p. 21).

Bibliografia

Binswanger L., *Melanconia e mania* (1960), Bollati Boringhieri, Torino 1971.
Jaspers K., *Psicopatologia generale* (1913-1959), Il Pensiero Scientifico, Roma 2000.

Caso (ingl. *Random*, *Case*; ted. *Zufall*, *Fall*; fr. *Hasard*, *Cas*; sp. *Casual*, *Caso*). Il termine può riferirsi o al caso inteso come evento di cui non si conoscono le cause (v. CASUALITÀ), o al soggetto (caso clinico) portatore di sintomi rubricabili in quadri nosologici (v. CASISTICA).

Caso limite, v. MARGINALE, SINDROME, § 1.

Castigo, v. PUNIZIONE.

Castrazione (ingl. *Castration*; ted. *Kastration*; fr. *Castration*; sp. *Castración*). Asportazione o danneggiamento irreversibile delle ghiandole sessuali, ossia dei testicoli nel maschio (*orchiectomia*) e delle ovaie nella femmina (*ovariectomia*). La castrazione determina la perdita della capacità riproduttiva e l'arresto dello sviluppo dei caratteri sessuali secondari, mentre, quando viene eseguita prima della pubertà, provoca *eunucoidismo* (v. EUNUCO), ossia lo sviluppo dei caratteri sessuali secondari del sesso opposto e una notevole diminuzione dello stimolo sessuale. Il concetto di castrazione assume un rilievo non tanto in senso anatomico, quanto a livello di immaginario dove dà origine al *complesso di castrazione* che Sigmund Freud descrive come fantasia che emerge nei bambini di entrambi i sessi durante la fase fallica dello sviluppo libidico, quando il bambino si rende conto della differenza anatomica fra i sessi e, partendo dalla convinzione, denominata da Freud "teoria sessuale infantile", che tutti gli esseri siano provvisti di un pene, interpreta l'assenza del pene nella femmina come il risultato di un'amputazione.

Il complesso di castrazione, che è strettamente connesso al complesso di Edipo (v. EDIPO, COMPLESSO DI), assume un diverso significato e provoca differenti conseguenze nei due sessi. Per il bambino la castrazione, che rappresenta una punizione da parte del padre nei confronti delle sue attività sessuali e del suo desiderio edipico di possedere la madre, si trasforma in *angoscia di castrazione* (v. ANGOSCIA – ANSIA, § 2, *f*) che, allontanando il bambino dall'oggetto materno, segue la fine del complesso edipico, l'imminente formazione del Super-io e l'entrata nel periodo di latenza sessuale (v. LATENZA). Per la bambina il complesso di castrazione induce a pensare l'assenza del pene come un disonore di cui è responsabile la madre. Questa fantasia genera un sentimento di INVIDIA (v. § 1) nei confronti di quest'organo che la bambina cerca di compensare desiderando il pene del padre e volgendo, infine, la propria sessualità verso la ricettività. La paura della castrazione, che viene talvolta alimentata con minacce più o meno scherzose da parte degli adulti, può assumere diverse forme, come quando l'oggetto minacciato, in seguito a SPOSTAMENTO (v.), diventa un'altra parte del corpo e l'angoscia di castrazione si trasforma nel timore di perdere la propria integrità fisica o anche psichica. In modo analogo, il padre castrante può venire sostituito da altri esseri che lo rappresentano simbolicamente e verso cui si indirizzano successivamente le proprie paure fobiche.

Una risoluzione inadeguata del complesso di castrazione può incidere sulla formazione del carattere e dar luogo nell'uomo a tratti di tipo fallico, ossia esageratamente aggressivi e mascolini, o di tipo femminile, quindi passivi e remissivi, mentre nella donna è frequente un senso di inferiorità determinato da un mancato superamento dell'invidia del pene, spesso compensato da un atteggiamento mascolino e competitivo nei confronti dell'uomo, oltre che da una sessualità seduttiva e aggressiva, talvolta accompagnata da frigidità. Nelle nevrosi la tematica della castrazione può ricoprire un ruolo molto importante che viene messo in evidenza durante il trattamento analitico nei fenomeni di transfert e di resistenza, mentre, per quanto riguarda le espressioni sessuali, quelle maggiormente connesse al complesso di castrazione sono: *a)* l'*omosessualità maschile*, caratterizzata dallo spostamento degli interessi sessuali verso persone dello stesso sesso che non richiamano l'angoscia di castrazione, da un'ipervalutazione compensatoria del fallo e da una repulsione più o meno fobica dei genitali femminili; *b)* l'*omosessualità femminile*, caratterizzata dal rifiuto da parte della donna della propria ricettività nei confronti dell'uomo; *c)* il *feticismo*, in cui il FETICCIO (v.) rappresenta il pene simbolico e rassicurante.

Il complesso di castrazione ha trovato differenti interpretazioni ad opera di analiste donne per le quali, come dice Helene Deutsch, le ragazze possono essere consapevoli della loro femminilità fin dai primissimi tempi, mentre i ragazzi possono essere invidiosi delle capacità riproduttive delle loro madri, non meno di quanto le ragazze lo siano del pene. Per altri psicoanalisti, fra cui Otto Rank e August Stärke, il complesso di castrazione è assimilabile alle precedenti esperienze di perdita di un oggetto amato, come la separazione dal seno e la defecazione, che rappresentano esperienze originarie sulla cui base si struttura la sessualità adulta. Da ultimo, nella concezione psicoanalitica di Jacques Lacan la castrazione fa parte della problematica della mancanza che comprende: la *privazione* come mancanza dell'oggetto reale, la *frustrazione* come mancanza dell'oggetto immaginario e la *castrazione* come mancanza dell'oggetto simbolico. Scrive, infatti, Lacan: «Qual è l'oggetto in causa o che è messo in gioco nel debito simbolico istituito dalla castrazione? Si tratta di un oggetto immaginario, il fallo» (1956-1957, p. 61). E ancora: «La castrazione non può che classificarsi nella categoria del debito simbolico» (ivi, p. 37). Per ulteriori approfondimenti si veda la voce LACANIANA, TEORIA, § 9.

Bibliografia

Deutsch H., *Psicologia della donna* (1944-1945), Bollati Boringhieri, Torino 1977.

Fagioli M., *Teoria della nascita e castrazione umana* (1972), L'asino d'oro edizioni, Roma 2012.

Fenichel O., *Trattato di psicoanalisi delle nevrosi e delle psicosi* (1945), Astrolabio, Roma 1951.

Freud S., *Analisi della fobia di un bambino di cinque anni (Caso clinico del piccolo Hans)* (1908), in *Opere* (1967-1993), Bollati Boringhieri, Torino, vol. V.

–, *Teorie sessuali dei bambini* (1908), in *Opere*, cit., vol. V.

–, *L'organizzazione genitale infantile (un'interpolazione nella teoria sessuale)* (1923), in *Opere*, cit., vol. IX.

–, *Il tramonto del complesso edipico* (1924), in *Opere*, cit., vol. X.

Horney K., *Sulla genesi del complesso di castrazione nelle donne* (1924), in Id., *Psicologia femminile*, Armando, Roma 1973.

Lacan J., *Il Seminario. Libro III: Le psicosi, 1955-1956*, Einaudi, Torino 1985.

–, *Il Seminario. Libro IV: La relazione oggettuale e le strutture freudiane, 1956-1957*, cit., 2007.

–, *La significazione del fallo* (1958), in *Scritti* (1936-1966), Einaudi, Torino 1974, vol. II.

Loewenstein R., *Phallic passivity in men*, in "Journal of Psychoanalysis", 1935, n. 16.

Rank O., *L'artista. Approccio a una psicologia sessuale* (1907), Sugarco, Milano 1987.

Reich W., *Analisi del carattere* (1933), Sugarco, Milano 1973.

Stärke A., *The castration complex*, in "International Journal of Psycho-Analysis", 1921, n. 2.

Casuale, Atto, v. ATTO, § 2, *a*.

Casualità (ingl. *Casualness*; ted. *Zufälligkeit*; fr. *Hasard*; sp. *Casualidad*). Evento o serie di eventi di cui non si conoscono le cause o che contraddice ogni concezione deterministica della realtà (v. DETERMINISMO). L'esistenza *oggettiva* del caso fu sostenuta per la prima volta da Epicuro nell'ambito della concezione atomistica della realtà, dove gli atomi tendono a deviare spontaneamente e fortuitamente dalla loro linea di caduta verticale, deviazione che Lucrezio chiamò *clinamen*. Nell'età moderna con Baruch Spinoza e con Gottfried Wilhelm Leibniz si negò l'oggettività del caso attribuendolo all'insufficienza delle conoscenze del soggetto incapace di abbracciare le cose nella totalità dei loro rapporti. Nel secolo scorso Charles Sanders Peirce, confrontando la nozione di caso con quella di necessità, dimostrò che i due concetti, presi per sé, sono privi di senso, perché un mondo dove si supponga che tutti gli elementi si combinino a caso rivelerebbe alla fine un ordine rigoroso assai superiore a quello che noi conosciamo. La polemica di Peirce si riferiva alle discussioni relative all'evoluzionismo darwiniano che in quegli anni sosteneva il carattere assolutamente casuale delle variazioni morfologiche delle specie viventi. Sull'argomento ritornò Jacques Monod secondo cui la variazione iniziale che dà luogo all'evoluzione degli esseri viventi è un caso fortuito, ma poi la mutazione, una volta inscritta nel codice genetico, entra nel campo della necessità.

Nell'ambito dei fenomeni psichici la casualità è stata studiata da Sigmund Freud che l'ha ricondotta all'ignoranza delle cause inconsce: «Due sono le differenze tra me e il superstizioso: in primo luogo egli proietta all'esterno una motivazione che io cerco nell'intimo; in secondo luogo egli interpreta il caso per mezzo di un accadimento, e io invece lo faccio risalire a un pensiero. Ma quel che per lui è l'occulto corrisponde a ciò che per me è l'inconscio, e la coazione a non ammettere il caso come caso, ma di volerlo interpretare, è comune a entrambi» (1901, p. 279). Con questo principio Freud interpreta qualsiasi atto casuale (v. ATTO, § 2, *a*), come gli atti mancati, i lapsus e tutte quelle azioni che apparentemente appaiono fortuite e insignificanti. Per Carl Gustav Jung «irrazionale è il caso, anche se in un secondo tempo è possibile riscontrare eventualmente la sua causalità razionale» (1921, p. 469). La casualità, per Jung, è quindi storica, nel senso che ciò che appare casuale può successivamente essere inscritto in una serie di ragioni causali, ma si dà anche il caso di una casualità che dipende dal fatto che la ragione non è in grado di abbracciare l'universo psichico, per cui ciò che resta escluso dall'ordine delle sue spiegazioni può apparire frutto del caso. Al concetto di casualità si connette in Jung il concetto di SINCRONICITÀ (v.) riferito a eventi correlati in modo "significativo" anche se non "causale", come la coincidenza di eventi e la telepatia. Per quanto concerne la *scoperta casuale*, si veda la voce CREATIVITÀ, § 2.

Bibliografia

Ceruti M., Fabbri P., Giorello G., Preta L. (a cura di), *Il caso e la libertà*, Laterza, Bari 1994.

Freud S., *Psicopatologia della vita quotidiana* (1901), in *Opere* (1967-1993), Bollati Boringhieri, Torino, vol. IV.

Gargani A. G., *Lo stupore e il caso*, Laterza, Bari 1985.

Jung C. G., *Tipi psicologici* (1921), in *Opere* (1969-2007), Bollati Boringhieri, Torino, vol. VI.

–, *La sincronicità come principio di nessi acausali* (1952), in *Opere*, cit., vol. VIII.

Monod J., *Il caso e la necessità* (1970), Mondadori, Milano 1970.

Peirce Ch. S., *Caso, amore e logica* (1923), Taylor, Torino 1956.

Ruelle D., *Caso e caos* (1987), Bollati Boringhieri, Torino 1992.

Severino E., *Legge e caso*, Adelphi, Milano 1979.

Catabolismo, v. METABOLISMO, § 1.

Cataclonia (ingl. *Cataclonia*; ted. *Kataclonie*; fr. *Cataclonie*; sp. *Cataclonus*). Rapido succedersi di movimenti convulsivi con contrazione e rilasciamento muscolare.

Catafasia, v. SCHIZOFASIA.

Catalessia (ingl. *Catalepsy*; ted. *Katalepsie*; fr. *Catalépsie*; sp. *Catalepsia*). La catalessia, detta anche *catalessi*, è un fenomeno psicomotorio che consiste nel prolungato mantenimento di posizioni o atteggiamenti del corpo, talvolta scomodi o difficili, per un'alterazione del tono muscolare dovuta ad una anomalia innervativa di cui non si conoscono le cause. Presente con una certa regolarità nella schizofrenia catatonica, compare talvolta nell'epilessia e in alcune manifestazioni isteriche. Qualsiasi tentativo di modificare la posizione del soggetto catalettico porta o a fenomeni di resistenza (v. NEGATIVISMO) o all'assunzione di una nuova posizione in uno stato di "flessibilità cerea" che permette di spostare gli arti in qualunque posizione, ove rimangono indefinitamente. La catalessia può essere indotta attraverso l'ipnosi o può manifestarsi simultaneamente in diverse persone come conseguenza di imitazione o di identificazione (catalessia epidemica).

Bibliografia

Kraepelin E., *Über Katalepsie*, in "Allgemaine Zeitschrift für Psychiatrie", 1892, n. 48.

Schultz J. H., *Il training autogeno. Metodo di autodistensione da concentrazione psichica* (1932), vol. I: *Esercizi inferiori*, vol. II. *Esercizi superiori. Teoria*, Feltrinelli, Milano 1968.

Wernicke C., *Grundriss der Psychiatrie in klinischen Vorlesungen*, Thieme, Leipzig 1894.

Catamnesi (ingl. *Catamnesis*; ted. *Katamnese*; fr. *Catamnèse*; sp. *Catamnesis*). In psicologia clinica indica la storia di un caso successiva alla cura, e in particolare quella serie di verifiche e di controlli compiuti dopo la riabilitazione del paziente, avente come scopo immediato quello di definire il più compiutamente possibile la situazione del soggetto dopo la terapia e, come fine ultimo, la valutazione a posteriori della prognosi iniziale e dell'efficacia della cura.

Cataplessia (ingl. *Cataplexy*; ted. *Kataplexie*; fr. *Cataplexie*; sp. *Catapléjía*). Improvvisa atonia (v. TONO MUSCOLARE) di intensità variabile e di breve durata (di solito pochi secondi) accompagnata da paralisi muscolare parziale o generalizzata, normalmente senza disturbo o perdita della coscienza. Dopo l'attacco, il tono muscolare si ristabilisce spontaneamente in un tempo altrettanto breve. La causa viene ascritta sia a esperienze affettive improvvise, come il riso, la gioia, l'allegria o la sorpresa, sia allo stress emotivo dovuto ad angoscia, rabbia, dispiacere o spavento. Questo stato fa parte spesso del quadro sintomatico offerto da pazienti affetti da narcolessia (v. SONNO, § 3, *a*).

Catarsi (ingl. *Catharsis*; ted. *Katharsis*; fr. *Catharsis*; sp. *Catarsis*). Dal greco κάθαρσις che significa "purificazione", il termine indica la liberazione dell'individuo da una contaminazione o "miasma" che danneggia o corrompe la natura dell'uomo. Si conoscono diverse forme di catarsi, ciascuna delle quali assegna alla parola un significato particolare. Distingueremo allora: 1) la catarsi *medica* di cui parla Ippocrate in riferimento all'evacuazione di umori patogeni e di escrementi che può essere naturale come le mestruazioni, o artificiale quando è indotta da emetici o purganti; 2) la catarsi *magica* nei riti sacrificali con presenza di capri espiatori (v. CAPRO ESPIATORIO) e nelle cerimonie di purificazione a cui si sottomettono i candidati alle iniziazioni misteriche; 3) la catarsi *etico-religiosa* presente nelle credenze orfiche e descritta da Empedocle come forma di purificazione che fa uscire l'uomo dalle nascite nel ciclo delle reincarnazioni per rimetterlo nelle dimore degli dèi, liberato dagli "umani dolori". Alla catarsi orfica si rifà Platone per inaugurare 4) la catarsi *filosofica* come progressivo distacco dell'anima dal corpo perché «fino a quando noi possediamo il corpo e la nostra anima resta invischiata in un male siffatto, noi non raggiungeremo mai in modo adeguato ciò che ardentemente desideriamo, vale a dire la verità» (*Fedone*, 67 a); 5) la catarsi *estetica*, tematizzata da Aristotele, conserva invece il significato medico di purificazione attraverso l'arte tragica e l'arte musicale che, avvicinando lo spettatore alle proprie passioni (catarsi *dei* sentimenti), ne produce la purificazione (catarsi *dai* sentimenti) attraverso la loro espressione nella finzione scenica piuttosto che nella realtà. In questo modo la catarsi estetica si combina con la dimensione etica della catarsi, e questo connubio verrà ribadito dal neoplatonismo di Giamblico, per il quale con la catarsi «le passioni, purificate, riposano», e di Proclo per il quale «le purificazioni consistono non già in eccessi, ma in modeste e composte attivazioni». Nell'età romantica il significato estetico della purificazione dell'arte ritorna con Johann Wolfgang Goethe, con Friedrich von Schiller e con Arthur Schopenhauer per il quale l'arte è una via di liberazione dalla volontà irrazionale e dalla "cieca pulsione" che la percorre.

La catarsi diventa *metodo terapeutico* con Josef Breuer e Sigmund Freud, che lo teorizzano negli anni 1892-1895 partendo dal presupposto che «i sintomi isterici nascevano per il fatto che a un processo psichico gravato di intenso affetto veniva in qualche modo impedito di defluire (*abreazione*) sulla via normale che conduce alla coscienza e alla motilità, talché l'affetto, per così dire "incapsulato", prendeva una strada sbagliata e trovava un deflusso nell'innervazione somatica (*conversione*). Le occasioni in cui nascevano tali "rappresentazioni" patogene furono da Breuer e Freud designate come "traumi psichici" e, poiché spesso risalivano a tempi molto remoti, gli autori dichiararono che gli isterici soffrivano perlopiù di reminiscenze (irrisolte). La *catarsi* subentrava poi nel trattamento allorché si apriva la via che conduceva alla coscienza e al normale sfogo affettivo» (1922, p. 440). La catarsi consisteva nell'indurre il paziente in ipnosi e nel provocare in lui il ricordo dell'evento traumatico e dell'affetto ad esso associato, in modo che questo potesse essere abreagito (v. ABREAZIONE), ossia rivissuto, trovando una via di sfogo.

Dopo pochi anni, quando Freud rinunciò all'ipnosi per la dipendenza che provocava nel paziente, e perché poteva essere applicata solo a pochi individui, mantenne la catarsi, cercando di ottenerla con il metodo della pressione, che consisteva nell'indurre il ricordo mediante l'insistenza da parte del medico e la pressione della sua mano sulla fronte del paziente. Quando nel 1903 abbandonò la suggestione, adottando il metodo delle "libere associazioni" (v. ASSOCIAZIONE, § 4), Freud rinunciò anche alla catarsi, poiché si rese conto che i sintomi non erano determinati soltanto da eventi traumatici, ma rappresentavano il risultato di un conflitto fra diverse forze psichiche, per cui la terapia non poteva risolversi in qualche seduta, con il ricordo di un episodio, ma doveva mirare al superamento delle resistenze che mantenevano i conflitti rimossi e ne impedivano l'affiorare. La catarsi cessò pertanto di essere la principale finalità terapeutica in quanto non elimina le resistenze, ma le elude, producendo risultati solo transitori, mentre, scrive Freud: «Quando il materiale rimosso è stato ricondotto all'attività psichica cosciente, il che presuppone il superamento di considerevoli resistenze, allora il conflitto psichico, che il malato voleva evitare, può trovare, sotto la direzione del medico, un esito migliore di quello offerto dalla rimozione» (1909, p. 146).

Soppressa come finalità terapeutica, la catarsi fa ancora la sua comparsa nel trattamento analitico ogniqualvolta un ricordo o un vissuto transferale affiora alla coscienza accompagnato da un'intensa scarica emotiva, mentre costituisce ancora il centro di alcune forme di psicoterapia, come lo PSICODRAMMA (v.) di Jacob Levi Moreno dove, nel recitare una situazione passata, presente o futura, i conflitti e gli eventi problematici vengono intensamente rivissuti e non soltanto raccontati. Questo tipo di catarsi, presente in tutte le psicoterapie attive di gruppo, è detta anche "catarsi da attività".

Bibliografia

Aristotele, *Poetica*, in *Opere*, Laterza, Bari 1973.

Empedocle, *Purificazioni*, in Id., *Frammenti e testimonianze*, Bompiani, Milano 2002.

Freud S., *Studi sull'isteria (in collaborazione con Josef Breuer)* (1892-1895), in *Opere* (1967-1993), Bollati Boringhieri, Torino, vol. I.

–, *Cinque conferenze sulla psicoanalisi* (1909), in *Opere*, cit., vol. VI.

–, *Due voci di enciclopedia: "Psicoanalisi" e "Teoria della libido"* (1922), in *Opere*, cit., vol. IX.

Giamblico, *I misteri egiziani*, Bompiani, Milano 2013.

Ippocrate, *L'antica medicina* (430-415 a.C.), in *Opere*, Utet, Torino 1976.

Moreno J. L., *Gruppenpsychotherapie und Psychodrama. Einleitung in die Theorie und Praxis*, Thieme, Stuttgart 1959.

Platone, *Fedone*, in *Opere*, Laterza, Bari 1973.

Proclo, *I Manuali. Testi magico-teurgici*, Rusconi, Milano 1985.

Schopenhauer A., *Il mondo come volontà e rappresentazione* (1819), Laterza, Bari 1978.

Schützenberger A. A., *Lo psicodramma* (1966), Martinelli, Firenze 1972.

Catatimia (ingl. *Catathymia*; ted. *Katathymie*; fr. *Catathymie*; sp. *Catatimia*). Modificazione di un contenuto psichico sotto l'influenza di un AFFETTO (v.). Il termine, oltre che nelle alterazioni patologiche della coscienza, è utilizzato per quei fenomeni, frequenti nel pensiero magico e prelogico dei primitivi e dei bambini, dove eventi tra loro irrelati, come può essere un tuono e la concomitante morte di un uomo, vengono legati dall'affetto, come può essere lo spavento che accompagna i due eventi. L'identità dell'affetto (in greco θυμός) traduce la casualità di due eventi concomitanti in un rapporto di causalità. Molte credenze popolari e molti timori infantili hanno un fondamento catatimico.

Eugen Bleuler distingue la *catatimia*, quando il corso del pensiero è influenzato da una sola rappresentazione ricca di carica affettiva, dall'*olotimia* o *sintimia*, quando dal colorito di uno stato affettivo (ad esempio, la malinconia) deriva tutta la successiva ideazione. Scrive in proposito Bleuler: «Il tono affettivo che configura un delirio sistematizzato può essere generale (distimia depressiva o maniacale), o manifestarsi soltanto quanto a determinate idee, in rapporto a un complesso (ad esempio i rimorsi di coscienza dovuti alla masturbazione). Nel primo caso si manifestano le forme deliranti *sintimiche*, nel secondo le forme deliranti *catatimiche* [...]. Se l'onanista schizofrenico è un melanconico ammorba a causa del suo vizio l'umanità, se è un maniaco con questo suo vizio la redime. Che un'idea delirante si sia costituita e si riferisca all'onanismo è un fenomeno a tonalità catatimica, e se rappresenta un appestamento o una redenzione è un fenomeno a tonalità sintimica» (1911-1960, pp. 64-65).

Dalla catatimia va distinta l'*epitimia* che è un restringimento del campo di coscienza intorno a una situazione desiderata o temuta con conseguenti fenomeni suggestivi, per cui il soggetto si comporta di fronte alla rappresentazione della situazione come di fronte alla situazione. Il fenomeno è frequente nelle manifestazioni isteriche. Infine, ricorre talvolta nella letteratura psichiatrica l'espressione *crisi catatimica* a proposito di quegli atti di violenza, generalmente isolati, che si scatenano improvvisamente per effetto di una tensione trattenuta e non più sopportabile.

Bibliografia

Bleuler E., *Trattato di psichiatria* (1911-1939, aggiornato da M. Bleuler dal 1940 al 1960), Feltrinelli, Milano 1967.

Lévy-Bruhl L., *La mentalità primitiva* (1922), Einaudi, Torino 1966.

Catatonia (ingl. *Catatonia*; ted. *Katatonie*; fr. *Catatonie*; sp. *Catatonia*). Disturbo grave dell'attività, della volontà e della psicomotricità che, sul piano clinico, si manifesta con sintomi acinetici, ma anche ipercinetici o paracinetici (v. CINESIA). Descritta per la prima volta nel 1874 da Karl Ludwig Kahlbaum che la considerò un'entità nosologica a parte, fu inquadrata da Emil Kraepelin come un sottotipo della SCHIZOFRENIA (v. § III, 4). Nelle sue espressioni di tipo acinetico la catatonia va da una generica inibizione psicomotoria fino allo stupore catatonico e all'arresto psicomotorio (v. STUPORE). Si instaura allora un'immobilità completa che può durare da minuti a settimane con assenza di reazione agli stimoli, mutismo e rifiuto del cibo, incontinenza o ritenzione sfinterale. In queste condizioni sembra che perduri nel paziente uno stato di coscienza intensamente angosciata, accompagnata dall'assunzione obbediente di atteggiamenti imposti anche scomodi, NEGATIVISMO (v.), marcata suggestionabilità, obbedienza automatica e adozione di forme imitative come ecolalia, ecografia, ecomimia, ecoprassia (v. ECOFENOMENO). Tra le manifestazioni paracinetiche della catatonia vi sono le stereotipie e le ripetizioni automatiche e afinalistiche, mentre appartengono alle manifestazioni ipercinetiche improvvisi stati di eccitamento psicomotorio, fino alla violenza del comportamento e al furore.

Dal punto di vista psicoanalitico, la catatonia è stata interpretata come un meccanismo profondamente regressivo fino all'eliminazione dell'azione come difesa dall'angoscia. Più recentemente Louis A. Sass ha ipotizzato che la catatonia sia una forma di "alienante ipercoscienza". A questa conclusione lo psicologo clinico giunse attraverso l'osservazione di casi da lui registrati, come quello di un paziente che assumeva posizioni scomode per ore in punta di piedi e con un braccio alzato per timore di sconvolgere l'universo o di un altro paziente che ruotava su se stesso per far girare il mondo. La conclusione di Sass è che il catatonico considera se stesso come responsabile delle sorti del mondo (alienante ipercoscienza), fino a credere che senza di lui il mondo non starebbe in piedi o cesserebbe di esistere. Nell'interpretazione psicogenetica si sottolinea la componente reattiva all'ambiente e al trattamento manicomiale, confermata dalla riduzione delle manifestazioni catatoniche con la minor frequenza dei ricoveri e il mutamento di vita all'interno degli istituti.

Bibliografia

Kahlbaum K. L., *Klinische Abhandlungen über psychische Krankheiten*, Heft 1: *Die Katatonie oder das Spannungsirresein*, Hirschwald, Berlin 1874.

Kraepelin E., *Trattato di psichiatria* (1883), Vallardi, Milano 1907.

Sass L. A., *Follia e modernità. La pazzia alla luce dell'arte, della letteratura e del pensiero moderni* (1992), Raffaello Cortina, Milano 2013.

Catecolamina, v. NEUROTRASMETTITORE; ENDOCRINO, SISTEMA, § 5, *b*.

Catena significante (fr. *Chaîne signifiante*). Espressione lacaniana che indica la connessione delle unità significanti considerate dal punto di vista delle loro sovrapposizioni reciproche (v. LETTERA). Per Jacques Lacan il significante non esprime il senso ma lo anticipa, per cui «si può dire che è nella catena significante che il senso *insiste*, ma che nessuno degli elementi della catena *consiste* nella significazione di cui è capace in quello stesso momento. Si impone dunque la nozione di uno scivolamento incessante del significato sotto il significante» (1957, p. 497). Questo perché il linguaggio inconscio, a parere di Lacan, non può essere assimilato a quello conscio, caratterizzato dalla distinzione fra significante e significato (v. LACANIANA, TEORIA, § 8). Come linguaggio a una sola dimensione, il linguaggio inconscio appartiene all'immaginario e i termini che lo compongono possono trasferire la loro energia su altri per spostamento o per condensazione (v. METAFORA). È in questo modo che il desiderio inconscio si veicola alla coscienza passando da un significante all'altro lungo la catena o trama intricata e complessa dei significanti. Il punto di incrocio tra il percorso del significante e l'ellissi slittante del significato è detto da Lacan "punto di capitone" e così definito: «Il punto a cui deve esercitarsi ogni analisi concreta del discorso, lo chiamerò punto di capitone» (1955-1956, p. 318), che è il nodo «dove il significante arresta lo scivolamento altrimenti indefinito della significazione» (1960, p. 807).

Bibliografia

Lacan J., *Il Seminario. Libro III: Le psicosi, 1955-1956*, Einaudi, Torino 1985.

–, *L'istanza della lettera dell'inconscio o la ragione dopo Freud* (1957), in *Scritti* (1936-1966), Einaudi, Torino 1974, vol. I.

–, *Sovversione del soggetto e dialettica del desiderio nell'inconscio freudiano* (1960), in *Scritti*, cit., vol. II.

Catexi (ingl. *Cathexis*; ted. *Besetzung*; fr. *Cathèxe*; sp. *Catexis*). Neologismo introdotto dai traduttori inglesi di Sigmund Freud per rendere il tedesco *Besetzung* che letteralmente significa INVESTIMENTO (v.). A sua volta questa parola, nelle traduzioni italiane, ha sostituito quella più arcaica di "carica psichica". Il termine è impiegato anche da Henry A. Murray nella sua teoria della personalità (v. PERSONALITÀ, § I, 13) per indicare la carica positiva o negativa con cui gli oggetti attraggono o respingono l'individuo. Il corrispondente soggettivo della catexi è, per Murray, il sentimento.

Bibliografia

Murray H. A., *Explorations in personality*, Oxford University Press, New York 1938.

Cattell-Test 16 PF (*16 Personality Factors*). Test obiettivo elaborato da Raymond Bernard Cattell secondo il quale «la psicologia sembra essere una giungla di concetti confusi, contraddittori e arbitrari. Queste teorie pre-scientifiche hanno senza dubbio il merito di contenere grandi intuizioni che ancora oggi superano in raffinatezza quelle di psichiatri o psicologi di oggi. Ma tra le tante idee brillanti offerte, chi riuscirebbe a capire quali sono quelle vere? Alcuni sostengono che le dichiarazioni di un teorico sono corrette, mentre altri sono di parere completamente opposto. Ragion per cui non esiste un modo oggettivo di arrivare alla verità se non attraverso la ricerca scientifica» (1965, pp. 55-56). Partendo da questa premessa, Cattell ricorre all'ANALISI FATTORIALE (v.) e, rifiutando la versione *univariata* che misura gli effetti di una particolare variabile della personalità su un'altra, introduce la versione *multivariata*, in quanto, a suo parere, le dimensioni del comportamento sono troppo complesse e interattive per poterle comprendere utilizzando una singola dimensione isolata. Con questo procedimento Cattell prende in considerazione un numero significativo di manifestazioni di capacità mentale e, calcolando per ciascuna il coefficiente di correlazione con tutte le altre, procede alla costruzione di insiemi che codificano un tratto o "funzione mentale" in rapporto alle rispettive correlazioni. A partire da 16 fattori di personalità (v. PERSONALITÀ, § I, 2), il Cattell-Test dà informazioni sui "tratti di profondità" della personalità tra cui: dominanza, stabilità emotiva, radicalismo, autocontrollo volontario ecc., offrendo, rispetto al test MMPI (v. MMPI, TEST), il vantaggio di essere meno legato alla nomenclatura patologica. Originariamente applicato allo studio dell'intelligenza, che Cattell ritiene composta da una *intelligenza fluida* e da una *intelligenza cristallizzata*, tramite cui si possono spiegare le capacità cognitive dell'uomo, il test è stato successivamente impiegato per lo studio dei tratti della personalità (v. PERSONALITÀ, § I, 2) o del temperamento, dei tratti motivazionali o dinamici e delle diverse articolazioni delle abilità.

Bibliografia

Cattell R. B., *The description and measurement of personality*, World Book, Yonkers, New York, 1946.
–, *Personality. A systematic, theoretical, and factual study*, McGraw-Hill, New York 1950.
–, *Factor analysis*, Harper, New York 1952.
–, *The scientific analysis of personality*, Penguin, Baltimore 1965.

CAT, Test (*Children's Apperception Test*). Test proiettivo elaborato da Leopold Bellak utilizzando gli stessi presupposti teorici del test TAT (v. TAT, *Thematic Apperception Test*) per la loro applicazione allo studio della personalità dei bambini. Nei disegni gli animali prendono il posto degli esseri umani, in base al presupposto che i bambini hanno maggior empatia e maggior facilità a identificarsi con gli animali. Destinato ai bambini dai 3 ai 10 anni, il test evidenzia in termini psicodinamici le loro fantasie inconsce (v. TEST, § III, 2).

Bibliografia

Bellak L., *The TAT and CAT in clinical use*, Grune & Stratton, New York 1954.
Bellak L., Bellak S. S., *Children's Apperception Test (CAT)*, C.P.S., Larchmont, New York, 1952.

Cattivo, v. KLEINIANA, TEORIA, § 1; DELINQUENZA.

Causalità (ingl. *Causality*; ted. *Kausalität*; fr. *Causalité*; sp. *Causalidad*). Connessione che stabilisce tra due entità un rapporto per cui la seconda è univocamente prevedibile a partire dalla prima, o perché la prima contiene la ragione dell'accadere della seconda (ipotesi razionalista), o perché il rapporto di successione tra la prima e la seconda è uniforme e costante (ipotesi empirista). L'epistemologia contemporanea, abbandonando il concetto secondo cui le leggi scientifiche sono traduzioni realistiche dei fenomeni naturali e sostituendolo con quello degli schemi funzionali con cui convenzionalmente si riassumono le misurazioni quantitative e le previsioni sperimentali, ha sostituito il concetto di causalità con quello di "legge descrittiva" che non avanza più la pretesa di "spiegare" i fenomeni, ma solo quella di "comprenderli" e di "descriverli" attraverso la formulazione oggettiva di sequenze uniformi che esigono una continua verifica da parte dell'esperienza.

In psicologia il superamento della causalità è avvenuto ad opera di Karl Jaspers, Ludwig Binswanger e Carl Gustav Jung, per i quali è impossibile trattare la psiche alla stregua dei fenomeni naturali per la semplice ragione che, a differenza di questi, la psiche esprime un'intenzionalità e realizza un senso che è irriducibile alle leggi meccanicistiche della causa e dell'effetto, inidonee ad afferrarlo. Ad un'impostazione causale si era attenuto Sigmund Freud per il quale «della vita psichica ci sono note due cose: innanzitutto l'organo fisico e il suo scenario, il cervello (o sistema nervoso) e, in secondo luogo, i nostri atti di coscienza» (1938, p. 572). Da questi due dati ultimi Freud ricava le due ipotesi che sono alla base dell'intera teoria psicoanalitica: la prima consiste nell'*assumere* che «la vita psichica è la funzione di un apparato al quale ascriviamo estensione spaziale e struttura composita» (*ibid.*), la seconda consiste nell'*inferire*, dalla constatata lacunosità nella serie degli atti coscienti, che «lo psichico è in sé inconscio» (ivi, p. 585). Ma qui tanto il giudizio che c'è una "lacunosità nella serie degli atti coscienti", quanto l'inferenza che "lo psichico è in sé inconscio" poggiano sull'accettazione indiscussa del presupposto scientifico secondo cui la realtà esiste sempre soltanto nella forma di una causalità rigorosa e senza lacune, per cui, se non è dato di constatare questa causalità a livello di coscienza, bisognerà affermarla a livello inconscio. L'adozione del principio di causalità porta Freud a costruire una psicologia sul modello delle scienze naturali: «La nostra ipotesi di un apparato psichico spazialmente esteso, composto di più parti rispondenti a un fine, sviluppatosi dalle esigenze della vita, un apparato il quale solo in certi punti e a certe condizioni dà origine al fenomeno della coscienza, tale ipotesi ci ha messo nelle condizioni di poter edificare la psicologia su un fondamento analogo a quello di qualsiasi altra scienza della natura, come per esempio la fisica» (ivi, p. 623).

A questa ipotesi si oppone Jung, per il quale «se vogliamo lavorare veramente da psicologi, allora dobbiamo conoscere il "senso" dei fenomeni psichici»

(1916-1917, p. 318). Il senso, a parere di Jung, emerge se all'interrogazione *causale* si sostituisce quella *finalistica* per cui ad esempio «la fantasia può essere intesa o in senso causale o in senso finalistico. A una spiegazione causale essa appare come un *sintomo* di uno stato fisiologico o personale che è il risultato di avvenimenti precedenti. Alla spiegazione finalistica invece la fantasia appare come un *simbolo* che tenta, con l'ausilio di materiali già esistenti, di caratterizzare o di individuare un determinato obiettivo o piuttosto una determinata linea di sviluppo» (1921, p. 443). Da quest'ordine di considerazioni discende che «la mentalità scientifica, fintanto che pensa in modo causalistico, è incapace di comprendere "in avanti"; capisce solo "all'indietro". Ha il dono della conoscenza restrospettiva. Ma questo sapere è solo una metà dell'anima. L'altra metà, la più importante, si deve intendere costruttivamente, verso l'avanti, e quando ciò non accade, non si è capito nulla» (1914, p. 188). «Naturalmente – prosegue Jung – io considero necessari ambedue i modi di vedere, quello causale e quello finalistico, ma vorrei far notare che, dopo Kant, sappiamo che i due punti di vista non si contraddicono, se vengono considerati come principi regolatori del pensiero, e non come principi costitutivi del processo di natura stesso» (1916-1917, p. 319; v. PSICOLOGIA ANALITICA, § 2).

In psichiatria il superamento della causalità è stato operato da Jaspers con la distinzione tra "spiegazione (*erklären*)" e "comprensione (*verstehen*)": «A evitare ambiguità e fraintendimenti impiegheremo sempre l'espressione "comprendere" per la visione intuitiva di qualcosa dal di dentro, mentre chiameremo "spiegare" la conoscenza dei nessi causali che sono sempre visti dal di fuori» (1913-1959, p. 30). A parere di Jaspers la spiegazione è una *riduzione* di ciò che appare alle ipotesi che sono state anticipate per spiegare ciò che appare, per cui ciò che si osserva non è considerato in se stesso, ma è guardato limitatamente alla possibilità di ricondurlo a ciò che già si conosce, per cui, scrive Jaspers: «È possibile *spiegare* qualcosa senza *comprenderlo*» (*ibid.*; v. PSICOLOGIA COMPRENSIVA). Il problema della causalità condiziona e diversifica i metodi impiegati nelle scienze psicologiche fino ad investire la possibilità stessa della psicologia a porsi come scienza. Infatti, come scrive Edmund Husserl: «Se la psicologia riconosce nella soggettività la sua area di indagine, la soggettività non può essere conosciuta da nessuna scienza oggettiva» (1936, p. 353). Da questa obiezione di Husserl e dalle riflessioni che ne sono seguite è scaturito l'indirizzo fenomenologico della psichiatria (v. ANALISI ESISTENZIALE), dove i quadri clinici sono costruiti a prescindere dal principio di causalità che è un principio cardine delle scienze oggettivanti.

Bibliografia

Binswanger L., *Per un'antropologia fenomenologica. Saggi e conferenze psichiatriche* (1921-1941), Feltrinelli, Milano 1970.
Bunge M., *La causalità. Il posto del principio causale nella scienza moderna* (1959), Bollati Boringhieri, Torino 1970.
Corradi E., *Determinismo, causalità e fisica quantistica*, Celuc, Milano 1972.
De Grada E., Mannetti L., *L'attribuzione causale. Teorie classiche e sviluppi recenti*, il Mulino, Bologna 1988.
Freud S., *Compendio di psicoanalisi* (1938), in *Opere* (1967-1993), Bollati Boringhieri, Torino, vol. XI.
Heitler W., *Causalità e teleologia nelle scienze della natura* (1964), Bollati Boringhieri, Torino 1967.
Husserl E., *La crisi delle scienze europee e la fenomenologia trascendentale* (1936), il Saggiatore, Milano 1972.
Jaspers K., *Psicopatologia generale* (1913-1959), Il Pensiero Scientifico, Roma 2000.
Jung C. G., *Sulla comprensione psicologica di processi patologici* (1914), in *Opere* (1969-2007), Bollati Boringhieri, Torino, vol. III.
–, *Prefazioni ai "Collected Papers on Analytical Psychology"* (1916-1917), in *Opere*, cit., vol. IV.
–, *Tipi psicologici* (1921), in *Opere*, cit., vol. VI.
Lacan J., *Discorso sulla causalità psichica* (1950), in *Scritti* (1936-1966), Einaudi, Torino 1974, vol. I.
Piaget J., Garcia R., *Esperienza e teoria della causalità* (1971), Laterza, Bari 1973.

CBA, Test (*Cognitive Behavioural Assessment*). Test psicodiagnostico, utilizzato in ambito psicologico e medico, che fornisce una descrizione delle eventuali problematiche del soggetto relative ai suoi tratti psicologici e i loro effetti sulla situazione ambientale. Si compone di dieci schede che descrivono i dati anagrafici del soggetto, misurano il suo stato d'ansia, descrivono le sue eventuali problematiche e le sue caratteristiche stabili che possono moderare lo sviluppo di determinati disturbi. Oltre che in ambito clinico, il test viene utilizzato anche per la selezione del personale e nelle ricerche sulla qualità della vita nelle aziende. Una variante di questo test è il CBA-Y (*Cognitive Behavioural Assessment-Young*) che valuta il benessere psicologico in adolescenti e giovani adulti.

Bibliografia

Bertolotti G. *et al.*, *CBA-Y (Cognitive Behavioural Assessment-Young)*, Erickson, Trento 2013.
Sanavio E. (a cura di), *Le scale CBA*, Raffaello Cortina, Milano 2009.
Sanavio E., Sica C., *I test di personalità. Inventari e questionari*, il Mulino, Bologna 1999, pp. 93-105.

CDQ (*Choice Dilemmas Questionnaire*), v. RISCHIO.

Cecità (ingl. *Blindness*; ted. *Blindheit*; fr. *Cécité*; sp. *Ceguera*). Assenza della vista (detta anche *amaurosi*) che può essere temporanea o definitiva, dalla nascita o successiva, di origine fisica, psicogena o percettiva.

1. Cecità fisica. In ambito psicologico questo tipo di cecità è oggetto di un settore della psicologia applicata: la *psicologia dei ciechi* che studia gli aspetti, i tratti e lo sviluppo della personalità dei soggetti non vedenti, che rispetto ai vedenti presentano differenti capacità motorie, sensoriali e cognitive, al fine di promuoverne uno sviluppo il più possibile integrato attraverso procedure educative e riabilitative. L'interesse sistematico per questo problema risale alla metà del Settecento con gli studi di Denis Diderot sull'immaginazione dei ciechi esposti nella *Lettera sui ciechi ad uso di coloro che vedono* del 1749. Nell'Ottocento si cercarono metodi idonei all'insegnamento della scrittura con l'adozione del metodo Moon, poi caduto in disuso, e del metodo Braille che sostituisce combinazioni di pochi punti in rilievo all'alfabeto comune.

Ricerche sulla motilità hanno mostrato come questa sia fortemente limitata nei soggetti ciechi, mentre i canali sensoriali, soprattutto tattile e uditivo, sono più sensibili, non per una compensazione fisiologica come si crede, ma per il più intenso esercizio e per una maggiore possibilità di raccoglimento e di attenzione. I limiti dovuti alla deprivazione sensoriale e all'inibizione motoria, il mancato contatto visivo con conseguente scambio emotivo più difficile nei bambini ciechi dalla nascita con la propria madre, l'impossibilità di apprendere la mimica che accompagna la verbalizzazione degli altri incidono sulla crescita del bambino cieco che raggiunge le tappe fondamentali dello sviluppo con un relativo ritardo rispetto agli altri, soprattutto in quelle aree che hanno a che fare con l'abilità locomotoria o con compiti che richiedono una buona acquisizione delle coordinate spaziali.

Fondamentale risulta inoltre la distinzione tra i ciechi dalla nascita, che sviluppano una personalità particolare che, soprattutto all'inizio, non contempla un vissuto di perdita di una parte di sé, e coloro che, avendo perso la vista, vanno incontro a sentimenti di inferiorità e a depressioni reattive dovuti non solo alla deprivazione sopraggiunta, ma al valore simbolico della cecità quale perdita di controllo sul mondo esterno e sugli altri. Questi sentimenti variano con l'età di insorgenza della cecità e con il grado di potenzialità visiva che è ancora possibile utilizzare. Si calcola infatti che solo il 10% dei ciechi legalmente riconosciuti sia totalmente non vedente. Nei non vedenti dalla nascita l'intervento è soprattutto *educativo* in ordine alla motilità, all'espressività, all'acquisizione di una capacità relazionale, mentre per gli individui che perdono la vista l'intervento è soprattutto *psicologico* in quanto le abilità sono acquisite, ma occorre compensare lo stato depressivo e reattivo che questa privazione sensoriale comporta.

2. Cecità psicogena. Si manifesta come una temporanea perdita della vista in assenza di qualsiasi riferimento organico. Sigmund Freud la considera uno dei principali sintomi dell'isteria di conversione e la spiega osservando che: «Se la pulsione sessuale parziale che si serve del guardare – il piacere sessuale di guardare – ha attirato su di sé a causa delle sue eccessive pretese la reazione difensiva delle pulsioni dell'Io, cosicché le rappresentazioni nelle quali si esprime la sua aspirazione cadono preda della rimozione e vengono tenute lontane dalla coscienza, la relazione dell'occhio e della vista con l'Io e la coscienza in generale ne risulta disturbata. L'Io ha perduto il suo dominio sull'organo, che si mette ora a completa disposizione della pulsione sessuale rimossa. Si ha l'impressione che la rimozione da parte dell'Io vada troppo oltre, che faccia di ogni erba un fascio, giacché l'Io non vuol più vedere assolutamente nulla, dal momento che gli interessi sessuali per il vedere hanno acquistato tanto rilievo. È però ben più appropriata l'altra descrizione che invece attribuisce il ruolo attivo al piacere di guardare rimosso. La pulsione rimossa si vendica e si risarcisce dell'essere stata impedita in un ulteriore dispiegamento psichico, riuscendo ora ad accrescere il proprio dominio sull'organo posto al suo servizio. La perdita del dominio cosciente sull'organo è la dannosa formazione sostitutiva della rimozione fallita, che soltanto a questo prezzo ha potuto verificarsi» (1910, p. 293). La cecità psicogena non va confusa con l'Emianopsia (v.) che dipende da lesioni al chiasma ottico.

3. Cecità percettiva. Riguarda la forma, la grandezza, la distanza e i colori degli oggetti. Paul Schilder ha studiato la percezione erronea della grandezza a cui manca la tridimensionalità in quei soggetti per i quali la distanza dell'oggetto, la sua lontananza o vicinanza, è il solo spazio che sembra reale, per effetto di un vissuto psichico di irraggiungibilità delle cose, per cui è apprezzata sostanzialmente solo la distanza. Oltre alla *cecità corticale* dovuta a una lesione occipitale (v. Agnosia, § 6) e all'*ambliopia* che è una debolezza visiva funzionale dell'occhio senza disturbo organico, esiste una particolare anomalia percettiva determinata dall'incapacità di riconoscere i colori che può essere totale o parziale secondo modalità selettive come è esposto alla voce Colore (v. § 3).

Bibliografia

Diderot D., *Lettera sui ciechi ad uso di coloro che vedono* (1749), La Nuova Italia, Firenze 1999.

Freud S., *I disturbi visivi psicogeni nell'interpretazione psicoanalitica* (1910), in *Opere* (1967-1993), Bollati Boringhieri, Torino, vol. VI.

Maggiore L., *Psiche e cecità*, Studium, Roma 1954.

Marcantoni M., *Vivere al buio. La cecità spiegata ai vedenti*, Erickson, Trento 2014.

–, *Controluce*, Il Sole 24 Ore, Milano 2016.

Merleau-Ponty M., *Fenomenologia della percezione* (1945), il Saggiatore, Milano 1972.
Monbeck M. E., *The meaning of blindness*, Indiana University Press, Bloomington 1973.
Monti Civelli E., *La socializzazione del fanciullo non vedente*, Franco Angeli, Milano 1980.
Nolan C. Y., Kederis C. J., *Perceptual factors in Braille word recognition*, American Foundation for the Blind, New York 1969.
Romagnoli A., *Ragazzi ciechi*, Armando, Roma 1973.
Schilder P., *Mind, perception and thought*, International Universities Press, New York 1942.
Walk R., Pick H. L. Jr. (a cura di), *Intersensory perception and sensory integration*, Plenum, New York 1981.
Warren D. H., *Blindness and early childhood development*, American Foundation for the Blind, New York 1977.

Cefalea (ingl. *Cephalea*; ted. *Kopfschmerz*; fr. *Céphalée*; sp. *Cefalea*). Dolore alla testa che può interessare entrambi i lati del cranio (*cefalea*) o un solo emilato (*emicrania*).

1. La *cefalea* può dipendere o da un disturbo locale come un tumore, un ematoma, un'artrosi cervicale, o da malattie sistemiche come l'ipertensione, le disfunzioni gastrointestinali, la stipsi, o da fattori di ordine psicologico, nel qual caso si parla di cefalee funzionali o psicosomatiche le cui origini vanno cercate o in un conflitto interiore tra pulsioni istintuali, solitamente di natura aggressiva, ed esigenze di contenimento che ne impediscono l'ABREAZIONE (v.), o nell'ansia reattiva a una situazione ambientale problematica per il soggetto.

2. L'*emicrania* è invece dovuta a spasmi dei vasi encefalici con conseguente vasodilatazione. Benché rubricata tra le forme a patogenesi vascolare, c'è chi ritiene che alla base dell'attacco doloroso ci sia il cattivo funzionamento dei meccanismi neuronali rispetto ai quali il disturbo vascolare sarebbe solo una conseguenza. James W. Lance ha tentato una conciliazione tra la teoria periferica (vascolare) e quella centrale (nocicettiva) ipotizzando un disturbo della regolazione vasale da parte di alcuni nuclei troncoencefalici. Anche per l'emicrania vale l'incidenza del disturbo psicogeno che spesso è associato o sovrapposto a quello organico. A questo proposito Oliver Sacks scrive: «*Emicrania*, naturalmente, non è solo una descrizione, ma anche una meditazione sulla natura della salute e della malattia, e su come, ogni tanto, gli esseri umani possono aver *bisogno*, per breve tempo, di essere malati; una meditazione sull'unità di mente e corpo, e sull'emicrania come manifestazione esemplare della nostra trasparenza psicofisica; infine, una meditazione sull'emicrania intesa come reazione *biologica*, analoga a quanto accade a molti animali. Ritengo che anche queste interpretazioni più ampie dell'emicrania, vista come parte o frammento della condizione umana, mantengono la loro importanza, in quanto costituiscono la sua immutabile *tassonomia*» (1985, p. 18).

Bibliografia

Lance J. W. *et al.*, *Brainstem influences on the cephalic circulation. Experimental data from cat and monkey of relevance to the mechanism of migraine*, in "Headache", 1983, n. 23.
Marty P., *Aspects psychodynamiques de l'étude clinique de quelques cas de céphalalgies*, in "Revue Française de Psychanalyse", 1951, n. 15.
Mayer R., *Le cefalee nell'età evolutiva*, in "Infanzia anormale", 1964, n. 60.
Money-Kyrle R., *Nota sull'emicrania* (1955), in *Scritti (1927-1977)*, Bollati Boringhieri, Torino 2002.
Sacks O., *Emicrania* (1985), Adelphi, Milano 1992.
Weiss E., English O. S., *Medicina psicosomatica. Applicazione clinica della psicopatologia ai problemi generali della medicina* (1949), Astrolabio, Roma 1950.

Cellulare, Disturbo da dipendenza da, v. PSICOLOGIA DEI NUOVI MEDIA, § 2.

Cenestesia (ingl. *Cenaesthesia*; ted. *Gemeinempfindung*; fr. *Cénesthésie*; sp. *Cenestesia*). Detta anche *cenestesi*, indica la percezione generale e immediata del proprio corpo, determinata dall'insieme delle sensazioni, non sempre coscienti, e resa possibile dalla presenza dei propriocettori (v. RECETTORE) negli apparati interni dell'organismo. La consapevolezza del sé somatico da parte del soggetto è data da sensazioni di *benessere* generalmente associato al vigore o al rilassamento, e di *malessere*, identificato spesso con la tensione o la stanchezza (v. BENESSERE). Nell'uno e nell'altro caso la cenestesi è il risultato di una complessa interazione tra condizione fisica e condizione emotivo-affettiva, per cui tanto i disturbi psichici, quanto le malattie organiche possono determinare una sensazione di cenestesi negativa. A questo proposito è opportuno distinguere:

1. La *cenestopatia* che consiste in un vissuto di malessere continuo, non associabile ad una specifica parte del corpo, ma generale e diffuso senza base organica.

2. Le *allucinazioni cenestesiche* che sono caratterizzate dalla sensazione di una modificazione dello schema corporeo, per cui si ha l'impressione che il corpo si allarghi, si restringa o si frammenti (v. SOMATOAGNOSIA, § 1, *h*), oppure che avverta sensazioni termiche o tattili in assenza di uno stimolo corrispondente (v. ALLUCINAZIONE, § 1, *e*), o ancora che subisca delle metamorfosi per cui alcune sue parti sono percepite come se si fossero trasformate in animali, oggetti o altro. Dette allucinazioni vanno distinte dalla cenestopatia per l'assoluta mancanza di critica da parte del soggetto e per il carattere preciso, nonostante la sua assurdità, del percepito allucinatorio. Le allucinazioni

cenestesiche sono frequenti nelle sindromi psicotiche, e in particolare nella schizofrenia, nella depressione grave, e negli stati conseguenti all'assunzione di sostanze allucinogene.

Bibliografia

Galimberti U., *Il corpo* (1983), nuova edizione ampliata, Feltrinelli, Milano 2013.
Schilder P., *Immagine di sé e schema corporeo* (1935), Franco Angeli, Milano 1973.
Siegel D. J., *Mappe per la mente. Guida alla neurologia interpersonale* (2012), Raffaello Cortina, Milano 2014.

Cenestopatia, v. CENESTESIA, § 1.

Censura (ingl. *Censorship*; ted. *Zensur*; fr. *Censure*; sp. *Censura*). Funzione dell'apparato psichico che preclude ai contenuti inconsci inaccettabili e ai loro derivati di accedere alla coscienza. Il concetto di censura ha subìto varie modificazioni nel corso dell'evoluzione della teoria freudiana. Esso compare per la prima volta negli *Studi sull'isteria* in cui Sigmund Freud parla della censura come di una «forza psichica, la quale si opponeva a che le rappresentazioni patogene diventassero coscienti (fossero cioè ricordate)» (1892-1895, p. 406). Qualche anno più tardi Freud individuò un analogo processo difensivo, che definì *censura onirica*, alla base dei vari meccanismi di deformazione e mascheramento del sogno per cui, durante il sonno, la funzione di censura, che è costantemente attiva nella veglia quale fondamento della rimozione, si allenta parzialmente, perché in quello stato i desideri rimossi che emergono dall'inconscio non possono trovare sfogo nella motilità. La censura, sia pure allentata, rimane comunque attiva nel sonno per consentirne il mantenimento e soddisfare in tal modo il desiderio dell'Io di dormire. Nella teoria topica elaborata nel 1915, Freud postula una funzione di censura sia fra l'inconscio e il preconscio, sia fra questo e la coscienza: «L'Inconscio viene respinto dalla censura al confine del Preconscio; sue propaggini possono eludere questa censura, organizzarsi considerevolmente, svilupparsi fino a raggiungere nel Preconscio una determinata intensità di investimento; ma poi, se superano questo limite e vogliono imporsi alla coscienza, sono riconosciute nella loro qualità di derivati dell'Inconscio e ancora una volta rimosse dalla nuova censura che si trova al confine fra Preconscio e Conscio» (1915, p. 77). Con lo sviluppo della seconda topica (v. APPARATO PSICHICO, § 5) in cui compare la nozione di SUPER-IO (v.), Freud attribuisce l'attività di censura a questa istanza, mentre negli ultimi scritti freudiani la censura è connessa prevalentemente alle funzioni difensive dell'Io che agiscono in modo parzialmente inconscio.

Bibliografia

Freud S., *Studi sull'isteria (in collaborazione con Josef Breuer)* (1892-1895), in *Opere* (1967-1993), Bollati Boringhieri, Torino, vol. I.
–, *Metapsicologia* (1915), in *Opere*, cit., vol. VIII.
–, *Introduzione alla psicoanalisi* (1915-1917), in *Opere*, cit., vol. VIII.
–, *Compendio di psicoanalisi* (1938), in *Opere*, cit., vol. XI.

Centile, v. QUANTILE.

Centrale, Sistema nervoso, v. NERVOSO, SISTEMA, § 1.

Centrale, Teoria (ingl. *Central theory*; ted. *Zentraltheorie*; fr. *Théorie centrale*; sp. *Teoría central*). Interpretazione sostenuta da alcuni psicologi secondo la quale l'attività mentale può essere spiegata meglio in termini di processi che hanno luogo nel cervello o comunque nel sistema nervoso centrale, mentre i movimenti periferici hanno solo una funzione di accompagnamento e facilitazione dei processi centrali. Questa teoria si oppone a quella *periferica* per la quale l'attività mentale è completamente riducibile ad azione, quindi al linguaggio e alle varie forme di movimento.

Centramento, Effetto di, v. PERCEZIONE, § 8.

Centro (ingl. *Centre*; ted. *Zentrum*; fr. *Centre*; sp. *Centro*). Termine utilizzato da Carl Gustav Jung che definisce l'Io "centro della coscienza" e il Sé "centro della psiche". Infatti, scrive Jung: «Nell'occuparmi della psicologia dell'inconscio mi sono trovato di fronte a fatti che richiedevano l'uso di nuove nozioni. Una di queste è il Sé che designa una dimensione non sostitutiva di quella finora espressa con il concetto di Io, perché abbraccia quest'ultimo in qualità di concetto sopra-ordinato. Per Io bisogna intendere quel complesso fattore a cui si riferiscono tutti i contenuti consci e che costituisce *il centro del campo della coscienza*» (1951, p. 3). Partendo da queste premesse Jung conclude che «è dunque palese che il "fenomeno complessivo della personalità" non coincide con l'Io, cioè con la personalità conscia, ma costituisce un'entità che deve essere distinta dall'Io. Naturalmente una tale necessità esiste soltanto per una psicologia che tenga conto dell'inconscio. In questo caso una simile distinzione è della massima importanza [...]. Ho perciò proposto di indicare la personalità totale con la parola Sé. L'Io è per definizione subordinato al Sé e si comporta nei suoi riguardi come una parte verso il Tutto» (ivi, p. 5).

Bibliografia

Jung C. G., *Aion. Ricerche sul simbolismo del Sé* (1951), in *Opere* (1969-2007), Bollati Boringhieri, Torino, vol. IX, 2.

Centroversione, v. CIRCUMAMBULAZIONE.

CEO, Test (*Classificazione degli Errori Ortografici*). Test per la valutazione della competenza ortografica nella scuola primaria. Viene impiegato nella programmazione scolastica, negli interventi individualizzati e riabilitativi e più in generale nella conoscenza dei processi cognitivi coinvolti nella scrittura.

Bibliografia

Bozzo M. T., Pesenti E., Siri S., Usai M. C., Zanobini M., *CEO. Classificazione degli errori ortografici*, Erickson, Trento 2007.

Ceraunofobia (ingl. *Keraunophobia*; ted. *Blitzphobie*; fr. *Astraphobie*; sp. *Ceraunofobia*). Fobia dei lampi che vengono simbolicamente associati a entità o a forze superiori da cui l'individuo si sente minacciato. Basandosi su questa associazione, la psicoanalisi ha interpretato la ceraunofobia come una paura del padre che compare durante il periodo edipico, per cui sarebbe connessa all'angoscia di castrazione. Hermann Oppenheim ha introdotto il termine *ceraunonevrosi* in riferimento alle nevrosi traumatiche provocate da una folgorazione.

Bibliografia

Oppenheim H., *Die traumatischen Neurosen*, Hirschwald, Berlin 1889.

Ceraunonevrosi, v. CERAUNOFOBIA.

Cerebrale, Corteccia, v. CORTECCIA CEREBRALE.

Cerebrale, Emisfero, v. EMISFERO CEREBRALE.

Cerebrale, Psicosindrome, v. PSICORGANICA, SINDROME, §§ 1-2.

Cerebrotonia, v. TIPOLOGIA, § 1, c.

Cerimoniale (ingl. *Ceremonial*; ted. *Zeremoniell*; fr. *Cérémonial*; sp. *Ceremonial*). Insieme più o meno articolato di azioni che hanno un importante significato storico e simbolico per un individuo o per un gruppo sociale. La psicoanalisi si è occupata dei cerimoniali o rituali nevrotici che, a parere di Sigmund Freud, consistono «in piccoli accorgimenti, aggiunte, restrizioni, assestamenti, che nel corso di date azioni della vita quotidiana vengono effettuati in modo sempre uguale oppure variato secondo regole. Queste attività ci danno l'impressione di pure "formalità" e ci sembrano completamente prive di senso. Né appaiono diversamente all'ammalato; e ciononostante egli è incapace di farne a meno, giacché ogni scostamento dal cerimoniale è punito con un'angoscia insopportabile, la quale costringe a rifare quanto era stato trascurato» (1907, pp. 341-342). Si è soliti distinguere:

1. Il *cerimoniale difensivo* frequente nelle nevrosi traumatiche dove rappresenta una reazione inconscia di difesa nei confronti del trauma originario. Secondo Abram Kardiner e Herbert Spiegel, questo cerimoniale costituisce l'elaborazione di una risposta di difesa che non fu messa in atto nella situazione traumatica. Esso compare alcuni anni dopo l'evento traumatico e ha lo stesso carattere della coazione, perché viene svolto indipendentemente dal controllo volontario del soggetto.

2. Il *cerimoniale ossessivo* presente nelle nevrosi ossessive dove esprime un compromesso fra le esigenze pulsionali e le difese dell'Io che ricorrono ai meccanismi dell'annullamento e dell'isolamento. Secondo Freud con l'ANNULLAMENTO (v.) si tende a "rendere non avvenuto" un evento spiacevole o riprovevole per il soggetto (v. DINIEGO). Tale meccanismo è presente soprattutto nei sintomi bifasici, dove un'azione avente un determinato significato ne segue un'altra di significato opposto che cancella la prima. Tali sono ad esempio i cerimoniali inerenti al lavarsi e, in generale, alla pulizia che rappresentano un tentativo di annullamento di precedenti azioni o pensieri ritenuti "sporchi". Il meccanismo dell'ISOLAMENTO (v.), invece, agisce in modo che un'esperienza, anche se non è dimenticata, viene privata del suo aspetto emotivo. L'isolamento si manifesta soprattutto nei cerimoniali relativi al CONTATTO (v.) per cui ci si vieta di toccare determinati oggetti o ci si sente costretti a toccarne altri. «Se ci si domanda – scrive Freud – perché l'evitare contatti, toccamenti, contagi abbia una parte così importante in questa nevrosi e venga a costituire il contenuto di sistemi tanto complicati, la risposta è che il toccare, il contatto corporeo rappresenta la meta immediata sia dell'investimento oggettuale aggressivo, sia di quello amoroso» (1925, pp. 270-271). Per quanto concerne la corrispondenza tra cerimoniali ossessivi e rituali religiosi, nonché la differente interpretazione data da Freud e da Carl Gustav Jung, si veda la voce RITO, § 2.

Bibliografia

Fenichel O., *Trattato di psicoanalisi delle nevrosi e delle psicosi* (1945), Astrolabio, Roma 1951.

Freud S., *Azioni ossessive e pratiche religiose* (1907), in *Opere* (1967-1993), Bollati Boringhieri, Torino, vol. V.

–, *Inibizione, sintomo e angoscia* (1925), in *Opere*, cit., vol. X.
Jung C. G., *Energetica psichica* (1928), in *Opere* (1969-2007), Bollati Boringhieri, Torino, vol. VIII.
Kardiner A., Spiegel H., *War stress and neurotic illness*, Hoeber, New York 1947.

Cervelletto, v. ENCEFALO, § 1, *a*.

Cervello, v. ENCEFALO, § 1, *c*.

Charpentier, Illusione di, v. PERCEZIONE, § 6, *a*.

Charpentier-Koseleff, Illusione di, v. ILLUSIONE, § 5, *b*.

Chemiorecettore, v. RECETTORE.

Chemiotropismo, v. TROPISMO.

Chiarezza, v. COLORE, § 1.

Chiaroveggenza, v. PARAPSICOLOGIA, § 1.

Chinesiterapia (ingl. *Kinesiotherapy*; ted. *Kinesitherapie*; fr. *Kinésithérapie*; sp. *Quinesioterapia*). Detta anche *cinesiterapia*, è una forma di cura che utilizza il movimento del corpo attraverso esercizi di rilassamento, respirazione, ginnastiche ritmiche, esperienze di improvvisazione ed espressione corporea allo scopo di liberare energia e sentimenti profondi trattenuti da tensioni e difese che si esprimono, a livello corporeo, in molte forme tra cui la "corazza muscolare" di cui parla la BIOENERGETICA (v.).

Bibliografia

Lapierre A., Aucouturier B., *La simbologia del movimento* (1979), Edipsicologie, Cremona 1983.
Lowen A., *Bioenergetica* (1975), Feltrinelli, Milano 1983.
Schultz J. H., *Il training autogeno. Metodo di autodistensione da concentrazione psichica* (1932), vol. I: *Esercizi inferiori*, vol. II: *Esercizi superiori. Teoria*, Feltrinelli, Milano 1968.

Chinina, v. ENDOCRINO, SISTEMA, § 9, d.

Chi quadrato, v. STATISTICA, § II, 4, *c*.

Chira, v. DROGA, § 2.

Chirognomia, v. CHIROLOGIA.

Chirologia (ingl. *Chirology*; ted. *Chirologie*; fr. *Chirologie*; sp. *Quirología*). Studio della forma e delle linee della mano per giungere all'interpretazione del carattere. Parte integrante della FISIOGNOMICA (v.) che ritiene di poter dedurre i tratti psicologici e morali di una persona partendo dal suo aspetto fisico, la chirologia si è espressa in due direzioni: la *chirognomia*, che è un settore della psicologia costituzionale che ricava tipologie psicologiche dai tratti somatici (v. TIPOLOGIA, § 1), e la *chiromanzia* che, partendo dall'ipotesi che la configurazione della mano costituisce l'espressione somatica della costellazione astrale presente al momento della nascita, ritiene di poter delineare le caratteristiche più profonde e significative dell'individuo, prefigurandone di conseguenza i movimenti futuri. In quest'ottica ogni parte della mano viene posta in relazione con gli aspetti specifici dell'esistenza soggettiva, le cui tendenze e inclinazioni risulterebbero dalle linee della mano sinistra, mentre le linee della mano destra testimonierebbero le modificazioni avvenute per adattamento alla realtà. Oltre alle linee vengono prese in considerazione la configurazione, la consistenza, la tonalità muscolare, l'apertura, le dimensioni, il colore e altre caratteristiche a cui viene assegnato un significato specifico dalla cui combinazione si evincono le caratteristiche individuali.

Bibliografia

Bashir M., *Come leggere la mano* (1973), Garzanti, Milano 1984.
Frisoni F., *La mano, l'uomo e il suo destino. Lineamenti pratici divinatori e semiologici di chiromanzia*, Mursia, Milano 1984.
Gardini M., *Il libro della mano. Personalità e destino attraverso la chiromanzia*, Mondadori, Milano 1984.
Kiener F., *Hand, Gebärde und Charakter*, Klages, München 1962.

Chiromanzia, v. CHIROLOGIA.

Chiusura (ingl. *Closure*; ted. *Geschlossenheit*; fr. *Clôture*; sp. *Cierre*). Termine che acquista un significato specifico in base ai contesti.

1. Nella *Psicologia della Gestalt* indica il principio secondo cui esiste una tendenza percettiva all'integrazione e al completamento delle figure incomplete (v. PSICOLOGIA DELLA GESTALT, § I, 2, *d*). Partendo da questo principio Wilson L. Taylor ha sviluppato un procedimento di misurazione di questa tendenza sottoponendo ai soggetti testi in cui erano omesse delle parole che dovevano essere inserite per il conseguimento di un senso compiuto.

2. In *psichiatria* August Hoch ha adottato il termine "chiuso" per indicare un tipo di personalità, che si riscontra molto frequentemente nei pazienti schizofrenici, caratterizzata da riservatezza, isolamento, incapacità di instaurare autentiche relazioni interpersonali. Il tipo chiuso di Hoch corrisponde in larga misura a quello SCHIZOIDE (v.) descritto da Eugen Bleuler.

3. In *psicoanalisi* Wilhelm Stekel ha utilizzato l'espressione "chiusura a catenaccio" relativamente a un atteggiamento caratteristico degli individui nevrotici che tendono a rendere la propria situazione insolubile per timore del cambiamento, rifiutando molto spesso ogni possibilità di guarigione.

Bibliografia

Hoch A., Jelliffe S. E., Meyer A., *Dementia praecox*, Gorham, Boston 1911.

Kanizsa G., *Grammatica del vedere*, il Mulino, Bologna 1980.

Stekel W., *Nervöse Angstzustände und ihre Behandlung*, Urban & Schwarzenberg, Berlin-Wien 1908.

Taylor W. L., *Cloze procedure. A new tool for measuring readability*, in "Journalism Quarterly", 1953, n. 30.

Cibernetica (ingl. *Cybernetics*; ted. *Kybernetik*; fr. *Cybernétique*; sp. *Cibernética*). Scienza interdisciplinare che studia il funzionamento e le relazioni di qualsiasi sistema dinamico semplice o complesso, prodotto dalla natura o dall'uomo. Il termine "cibernetica" proviene dal greco κυβερνητική che significa "arte del pilota". In senso traslato è stato utilizzato da Platone che definì la politica "cibernetica degli uomini" e dalla Chiesa cattolica che chiamava "cibernesi" la conduzione di un ministero ecclesiastico. Nel suo significato attuale il vocabolo fu introdotto nel 1947 dal matematico americano Norbert Wiener che definì "cibernetica" lo studio del controllo e della comunicazione nell'animale e nella macchina. Alla base di tale orientamento c'è la convinzione che molti dei fenomeni di cui si occupano le varie scienze, dalla biologia all'economia, si fondano sui medesimi principi di funzionamento che governano tutti i tipi di sistema, al di là della dicotomia fra naturale e artificiale. Questi principi riguardano sostanzialmente il controllo, mediante la trasmissione e l'elaborazione di informazioni, di una parte del sistema su un'altra, al fine di guidarne l'andamento verso un obiettivo preposto.

Le macchine di cui si occupa la cibernetica sono quelle in cui è presente quella forma di controllo e correzione delle proprie operazioni durante la loro stessa esecuzione che prende il nome di RETROAZIONE (v.) o *feedback*. Quale scienza trasversale, la cibernetica utilizza come strumento di indagine dei metodi di analisi e rappresentazione astratta elaborati dalla matematica che permettono di sintetizzare le conoscenze provenienti dalle varie discipline scientifiche. I sistemi di cui la cibernetica si occupa a livello astratto si possono individuare nella loro espressione concreta all'interno ad esempio della *genetica*, relativamente alla codificazione e trasmissione delle informazioni ereditarie; della *fisiologia*, nei sistemi di ricezione degli stimoli sensoriali, di coordinazione sensomotoria, e simili; dei *processi di comunicazione* che implicano la codificazione, la trasmissione e la ricezione dei messaggi (v. COMUNICAZIONE, § 1).

Per quanto riguarda la *psicologia*, essa entra in relazione con la cibernetica nel momento in cui si occupa dei processi psicofisici di ricezione, analisi ed elaborazione delle informazioni. Tali processi sono innanzitutto quelli cognitivi, quali la percezione, il linguaggio, l'apprendimento e la formazione dei concetti, che si fondano su un costante scambio di informazioni tra l'organismo e l'ambiente, di cui la cibernetica può contribuire ad analizzare i principi strutturali, anche se non può comprenderli nella loro totalità. Infatti, oltre alla struttura, influiscono sul funzionamento dei processi cognitivi anche le componenti emotivo-affettive e di personalità che forniscono ai processi stessi quel carattere evolutivo e soggettivo non riproducibile mediante un sistema artificiale. Le applicazioni cibernetiche in psicologia si fondano sostanzialmente sulle teorie dell'informazione, della regolazione e degli automatismi.

1. LA TEORIA DELL'INFORMAZIONE. Partendo dal presupposto che l'uomo è un sistema in grado di elaborare informazioni, recepite e trasmesse dagli organi di senso alla coscienza, la teoria dell'informazione ritiene possibile applicare la teoria matematica a questo processo psicologico. Alla base c'è il teorema enunciato da Claude E. Shannon e Warren Weaver nel 1949 secondo i quali un messaggio subisce nel corso della sua trasmissione una serie di distorsioni per cui al suo arrivo risulta privato di una parte delle informazioni che conteneva. Tale fenomeno, essendo analogo a quello dell'ENTROPIA (v.), viene quantificato mediante calcoli probabilistici simili a quelli utilizzati dalla termodinamica, cosicché risulta possibile determinare e misurare il contenuto informativo di ogni messaggio in relazione al numero di simboli impiegati, alla loro combinazione e alle varie deformazioni. In generale si ritiene che la quantità di informazione è maggiore quanto più il messaggio è improbabile, mentre la quantità minima di informazione è data da un messaggio che permette due sole possibilità di scelta ugualmente probabili; questa scelta viene definita "bit" (*binary digit*) e costituisce l'unità di misura dell'informazione. La teoria dell'informazione è stata applicata in psicologia sperimentale soprattutto nelle indagini sui processi di riconoscimento dei segnali, sulle risposte selettive agli stimoli, sulla trasmissione e ricezione del linguaggio. Anche nell'ambito della psicologia clinica si è tentato di spiegare in chiave cibernetica diversi tipi di disturbi psichici come le nevrosi d'ansia che, a parere di Wiener, sono determinate dalla permanenza e dall'espansione all'interno del sistema nervoso centrale delle emozioni spiacevoli

che nei soggetti normali si annullano dopo un breve periodo di tempo. L'espansione dello stimolo dannoso attraverso un numero sempre maggiore di neuroni provocherebbe nell'individuo nevrotico una diminuzione dei neuroni disponibili agli altri stimoli.

2. LA TEORIA DELLA REGOLAZIONE. Sostiene che all'interno dei sistemi complessi è presente un meccanismo di controllo e regolazione del comportamento, per cui, come afferma Wiener, «quando intendiamo effettuare un movimento secondo un determinato modello, la differenza tra tale modello e l'effettivo svolgersi del movimento viene adoperata come un nuovo segnale che determina una regolazione del movimento stesso tale da mantenerlo quanto più possibile vicino a quello dato dal modello» (1948, p. 29). In psicologia la teoria della regolazione è stata applicata allo studio dei meccanismi di coordinazione sensomotoria appresi, e alle ricerche di psicologia dell'ingegneria sui sistemi uomo-macchina finalizzate all'ottimizzazione di quelle attività lavorative che prevedono un rapporto dell'uomo con la macchina con relativi problemi di coordinamento (v. ERGONOMIA). Nell'ambito della psicologia clinica, Hans Feer ha spiegato attraverso i meccanismi cibernetici di regolazione dell'informazione l'insorgenza della psicosi maniaco-depressiva e della schizofrenia. Partendo dal presupposto che quanto minore è la probabilità che si verifichi un evento, tanto maggiore è la meraviglia che il suo effettivo verificarsi suscita nel soggetto, Feer ipotizza che quanto maggiore è il grado di attenzione del soggetto, tanto più ogni evento, anche il più banale, risulterà sorprendente. Ciò è particolarmente evidente nell'individuo psicotico che pone sugli eventi di ogni giorno un'attenzione molto più grande di quella normalmente impiegata, per cui questi diventano strani, carichi di significato e quindi accolti come presagi, messaggi che il soggetto tenta di interpretare. In questo senso la psicosi può essere letta come un disturbo di quella componente del sistema psichico che regola l'afferenza delle informazioni.

3. LA TEORIA DEGLI AUTOMATISMI. Si basa sull'ipotesi, ormai verificata, che i sistemi di elaborazione delle informazioni possono venire rappresentati mediante circuiti trasferibili in apparati meccanici, detti *automi*, che effettuano talune operazioni ritenute proprie dell'animale e dell'uomo. L'applicazione di tale teoria alla psicologia riguarda principalmente la SIMULAZIONE (v. § 1) nei computer dei processi cognitivi della percezione, del pensiero e, in particolare, della soluzione dei problemi, al fine di poter analizzare e conoscere le strategie di elaborazione dell'informazione e dell'apprendimento nella misura in cui anche l'apprendimento umano poggia su automatismi. Lo stadio preliminare dell'apprendimento è la *classificazione* strettamente legata al riconoscimento segnico che all'automa perviene attraverso commutatori di segnali, mentre all'organismo perviene tramite gli organi di senso. Segue l'*immagazzinamento* tramite una memoria che elimina le interferenze e promuove processi associativi regolati dal calcolo delle probabilità. C'è poi un'*ottimizzazione* dell'apprendimento, formalizzata matematicamente tramite una misura di successo, in vista di un'*auto-organizzazione* dell'automa che persegue l'adattamento all'ambiente con una probabilità che dipende dalla qualità dell'immagine che il programma interno è in grado di farsi dell'ambiente esterno. Un altro settore di ricerca dove trova applicazione la teoria degli automatismi è quello dell'INTELLIGENZA ARTIFICIALE (v.) che parte dall'ipotesi di Alan Turing, secondo cui i circuiti utilizzati nelle macchine elettroniche possono possedere le stesse proprietà del sistema nervoso e, pertanto, essere in grado di trasmettere l'informazione e di memorizzarla, rivelandosi, così, capaci di simulare molte attività del pensiero umano, non escluse quelle che chiedono un adattamento alla complessità dell'ambiente. Di interesse per la psicologia clinica sono infine quelle ricerche, ancora a uno stadio iniziale, volte a simulare con un computer i meccanismi di difesa nevrotici.

4. LA PSICOLOGIA SISTEMICA. Rappresenta l'applicazione più rigorosa del modello cibernetico ai processi di COMUNICAZIONE (v. § 7, *d*) e alle relazioni interpersonali all'interno di gruppi che, come scrive Paul Watzlawick, «possono essere considerati circuiti di retroazione, dove il comportamento di ogni persona influenza ed è influenzato dal comportamento di ogni altra persona» (1967, p. 23). Questo approccio è stato utilizzato anche da Mara Selvini Palazzoli per lo studio delle relazioni psicotiche nell'ambiente della famiglia.

5. LA PEDAGOGIA CIBERNETICA. Si occupa dell'analisi e della matematizzazione dei vari aspetti dell'insegnamento, soprattutto per quanto riguarda i mezzi di istruzione e i metodi didattici. Tale disciplina ha creato delle procedure di misurazione per la quantificazione e la verifica delle diverse fasi del processo di insegnamento-apprendimento, da quella progettuale a quella operativa a quella valutativa; inoltre ha sviluppato una serie di metodi di istruzione programmata che si avvalgono del sussidio del calcolatore. A livello teorico l'applicazione del modello cibernetico in pedagogia evidenzia, attraverso il concetto di retroazione, la centralità dell'alunno quale sistema ricevente, avente il compito di modificare le informazioni in entrata attraverso la qualità delle proprie risposte; in questo senso la pedagogia cibernetica si avvicina a

una visione attiva e autogestionale dell'insegnamento, in cui il docente viene concepito non come il punto di partenza della relazione educativa, ma come uno strumento la cui prassi si trasforma in base ai risultati che produce sull'allievo e alle richieste di quest'ultimo.

Bibliografia

Arnold W., *Psychological problems of cybernetics*, in "Education", 1971, n. 3.
Ashby W. R., *Introduzione alla cibernetica* (1956), Einaudi, Torino 1971.
Boscolo P., *Cibernetica e didattica*, La Nuova Italia, Firenze 1969.
Bussmann H., *Zur Kybernetik des Lernprozesses*, Schwann, Düsseldorf 1971.
Caianiello E. R., di Giulio E., *La cibernetica*, Le Monnier, Firenze 1980.
De Michelis G., *Cibernetica*, in AA.VV., *Gli strumenti del sapere contemporaneo*, vol. I: *Le discipline*, Utet, Torino 1985, pp. 136-155.
Erismann Th. H., *Grundproblem der Kybernetik. Zwischen Technik und Psychologie*, Springer, Berlin 1973.
Feer H., *Kybernetik in der Psychiatrie. Schizophrenie und Depression*, in "Bibliotheca Psychiatrica", 1970, n. 145.
Ferraris M., *Anima e iPad. E se l'automa fosse lo specchio dell'anima?*, Guanda, Parma 2011.
Foerster H. von, *Understanding understanding. Essay on cybernetics and cognition*, Springer, New York 2003.
Frank H., *Pedagogia e cibernetica* (1969), Armando, Roma 1974.
Itelson L. B., *Metodi matematici e cibernetici in pedagogia* (1964), Feltrinelli, Milano 1968.
Jackendoff R., *Coscienza e mente computazionale* (1987), il Mulino, Bologna 1990.
Johnson-Laird Ph. N., *La mente e il computer. Introduzione alla scienza cognitiva* (1988), il Mulino, Bologna 1990.
Lindsay P. H., Norman D. A., *L'uomo elaboratore di informazioni. Introduzione cognitivista alla psicologia* (1977), Giunti Barbera, Firenze 1983.
Moser U., Zeppelin I. von, Schneider W., *Computer simulation of a model of neurotic defence processes*, in "Bulletin Psychologischen Instituts der Universität", 1968, n. 2.
Selvini Palazzoli M., Cirillo S., Selvini M., Sorrentino A. M., *I giochi psicotici nella famiglia*, Raffaello Cortina, Milano 1988.
Shannon C. E., Weaver W., *Teoria matematica delle comunicazioni* (1949), Etas Kompass, Milano 1971.
Simon H. A., *Le scienze dell'artificiale* (1969), Isedi, Milano 1973.
Somenzi V., Cordeschi R. (a cura di), *La filosofia degli automi. Origine dell'intelligenza artificiale*, Bollati Boringhieri, Torino 1994.
Steinbuch K., *Automa e uomo* (1965), Bollati Boringhieri, Torino 1968.
Turing A. M., *Intelligenza meccanica* (1945-1949), Bollati Boringhieri, Torino 1994.
Watzlawick P. (a cura di), *La realtà inventata. Contributi al costruttivismo* (1981), Feltrinelli, Milano 1988.
Watzlawick P., Beavin J. H., Jackson D. D., *Pragmatica della comunicazione umana* (1967), Astrolabio, Roma 1971.
Wiener N., *La cibernetica* (1948), il Saggiatore, Milano 1968.

Cibo, v. ALIMENTAZIONE; MOTIVAZIONE, § 3.

Ciclotimia (ingl. *Cyclothymia*; ted. *Zyklothymie*; fr. *Cyclothymie*; sp. *Ciclotimia*). Condizione psicologica caratterizzata da fasi o cicli in cui l'umore (in greco θυμός) è alternativamente depresso (v. DEPRESSIONE) o maniacale (v. MANIA). L'alternanza può essere intercalata da un periodo di varia durata in cui il tono dell'umore è normale.

1. PSICHIATRIA. Il termine "ciclotimia" fu introdotto nel 1882 da Karl Ludwig Kahlbaum, e sostituito con l'espressione "psicosi maniaco-depressiva" da Emil Kraepelin, nella sesta edizione del 1899 del suo celebre *Trattato di psichiatria*, per sottolineare la qualità degli stati affettivi che nella ciclotimia si alternano. Sempre a Kraepelin si deve la distinzione delle psicosi endogene (v. ENDOGENO – ESOGENO) in due gruppi: la *dementia praecox*, poi ribattezzata da Eugen Bleuler SCHIZOFRENIA (v.), e la *psicosi maniaco-depressiva*, che è una patologia dell'umore caratterizzata dall'alternanza di tonalità depresse ed euforiche, in seguito denominata anche *psicosi circolare* o *distimia bipolare* (v. DISTIMIA) o *disturbo bipolare*. Queste diverse denominazioni dipendono dal ritmo dei cicli, in base ai quali si possono distinguere le forme *doppie* in cui una fase maniacale si traduce senza interruzione in una depressiva, cui segue un periodo di benessere dopo il quale prende avvio un nuovo episodio; la forma *alternante* in cui gli episodi depressivi e maniacali sono separati da periodi di normalità; la forma *circolare* in cui esiste una successione ininterrotta e alternata delle due fasi.

Per quanto concerne i modelli interpretativi, in ambito psichiatrico hanno raccolto i maggiori consensi: 1) il modello *biologico* che fa riferimento a una predisposizione ereditario-genetica, verificata nell'80% dei casi, da ricercarsi in uno scompenso metabolico di due neurotrasmettitori cerebrali: la noradrenalina e la serotonina, oppure negli aspetti endocrinologici e biochimici con particolare riferimento al metabolismo catecolaminico (v. UMORE, §§ 1-3); 2) il modello *psicosociale* che fa riferimento a frustrazioni ripetute, perdita di figure significative soprattutto nell'infanzia e nella pubertà, insuccessi continui nella vita scolastica e lavorativa, elevati livelli di aspirazione sociale, personale e simili.

Il DSM-5 adotta per la ciclotimia l'espressione "disturbo bipolare" e lo separa dai disturbi depressivi e dai disturbi schizofrenici «riconoscendo la sua posizione come un ponte tra le due classi diagnostiche in termini di sintomatologia, storia familiare e genetica». Inoltre distingue: «Il *disturbo bipolare I* che rappresenta la visione moderna del disturbo maniacale depressivo classico o della psicosi affettiva descritta nel XIX secolo; [...] e il *disturbo bipolare II* caratterizzato da un episodio depressivo maggiore e un episodio ipomaniacale, con la maggior parte del tempo trascorso nello stato depressivo» (2013, p. 144). La terapia è essenzialmente farmacologica con ricorso ai neurolettici e alle benzodiazepine, mentre la prevenzione dalle ricadute è affidata agli stabilizzatori dell'umore, oltre ai contatti e ai colloqui con lo psichiatra o lo psicoterapeuta.

2. Psicoanalisi. In questo ambito si interpreta la *depressione* come una risposta alla perdita di un oggetto che può essere reale o immaginario, ma comunque introiettato, di cui il soggetto si lamenta o si incolpa (v. Depressione, § 3, *d*), e la *mania* come un compenso antidepressivo per negare la perdita e la colpa. La differenza tra psicosi e nevrosi risiede nel diverso grado di regressione, di strutturazione dell'Io e nella quantità delle angosce depressive. Contributi in questa direzione sono stati forniti da Melanie Klein per la quale la ciclotimia dipende dal rifiuto di veder coesistere nella stessa persona o situazione gli aspetti "buoni" e "cattivi", con conseguente scissione e tendenza a vivere solo gli aspetti negativi (depressione) o solo quelli positivi (mania). L'accettazione dei due aspetti come complementari è la condizione del superamento della posizione depressiva (v. Kleiniana, Teoria, §§ 1-2). Da un altro punto di vista, Otto Fenichel legge la ciclotimia come una forma di fissazione alla fase orale (v. Orale) cadenzata dal ritmo sazietà e fame, perché «l'alternarsi di fame e sazietà è indelebilmente impresso nella memoria. Ogni ulteriore alternanza di piacere e di dolore è percepita come se seguisse il modello di quel ricordo. Secondo questo modello, il piacere è atteso dopo ogni dolore, e il dolore dopo ogni piacere. E così si forma l'idea primitiva che ogni sofferenza implica il privilegio di una gioia compensatrice, e ogni punizione permette il peccato successivo. La punizione e la perdita dell'amore dei genitori erano percepiti in modo analogo alla fame, e l'assoluzione in modo analogo alla sazietà. Dopo che i genitori sono stati introiettati, l'Io ripete intrapsichicamente lo stesso modello in relazione al Super-io. Nelle depressioni l'Io non si sente più amato dal Super-io; è stato abbandonato, i suoi desideri orali non si sono realizzati. Nella mania, l'unione orale con il Super-io che concede il perdono è ristabilita» (1945, p. 461).

3. Tipologia. Ernst Kretschmer ha individuato nel ciclotimico uno dei tre tipi costituzionali (di cui gli altri due sono lo schizotimico e il viscoso), caratterizzato sul piano fisico da costituzione picnica, bassa e tozza, e sul piano del temperamento da alternanza umorale (v. Tipologia, § 1, *b*).

Bibliografia

Binswanger L., *Melanconia e mania* (1960), Bollati Boringhieri, Torino 1971.

Bleuler E., *Dementia praecox o il gruppo delle schizofrenie* (1911), La Nuova Italia Scientifica, Roma 1984.

DSM-5. American Psychiatric Association (APA), *DSM-5. Manuale diagnostico e statistico dei disturbi mentali* (2013), Raffaello Cortina, Milano 2014.

Fenichel O., *Trattato di psicoanalisi delle nevrosi e delle psicosi* (1945), Astrolabio, Roma 1951.

Freud S., *Lutto e melanconia*, in *Metapsicologia* (1915), in *Opere* (1967-1993), Bollati Boringhieri, Torino, vol. VIII.

–, *Nevrosi e psicosi* (1923), in *Opere*, cit., vol. IX.

Goldberg J. F., Harrow M. (a cura di), *I disturbi bipolari. Decorso clinico e outcome* (1997), Raffaello Cortina, Milano 2000.

Goodwin F. K., Jamison K. R., *Maniac-depressive illness*, Oxford University Press, New York 1990.

Kahlbaum K. L., *The clinic-diagnostic perspective in psychopathology* (1882), edizione in lingua inglese a cura di G. E. Berrios, in "History of Psychiatry", 2007, n. 18, pp. 231-245.

Klein M., *Contributo alla psicogenesi degli stati maniaco-depressivi* (1935), in *Scritti 1921-1958*, Bollati Boringhieri, Torino 1978, pp. 297-325.

–, *Il lutto e la sua connessione con gli stati maniaco-depressivi* (1940), in *Scritti 1921-1958*, cit., pp. 326-354.

Kraepelin E., *Trattato di psichiatria* (1883), Vallardi, Milano 1907.

Kretschmer E., *Körperbau und Charakter*, Springer, Berlin 1921.

Sullivan H. S., *La psicosi maniaco-depressiva*, in Id., *Studi clinici* (1956, edito postumo), Feltrinelli, Milano 1976.

Cieco, Esperimento (ingl. *Blind test*; ted. *Blindversuch*; fr. *Essai aveugle*; sp. *Experimento ciego*). Procedura di controllo attuata al fine di escludere il cosiddetto *effetto Rosenthal*, ossia l'influenza dell'atteggiamento dello sperimentatore in termini di aspettative, proiezioni, giudizi che possono alterare l'esecuzione sperimentale o la valutazione dei risultati. Tale procedura consiste ad esempio nel redigere una diagnosi esclusivamente sui dati obiettivi senza contatto tra lo sperimentatore e i soggetti sperimentali, oppure nel tenere all'oscuro il paziente circa il trattamento a cui viene sottoposto, come nel metodo di indagine applicato soprattutto nella ricerca farmacologica per verificare l'efficacia di un farmaco. A differenza dell'*esperimento cieco semplice* dove solo il paziente, ma non il medico, è ignaro della terapia somministrata, nell'*esperimento doppio cieco* i pazienti vengono divisi in due gruppi: uno sperimentale, a cui viene somministrato il farmaco da verificare, e uno di controllo, a cui viene somministrata una sostanza identica ma inefficace (v. Placebo). Per evitare che il personale medico-infermieristico, a causa delle differenti aspettative, si comporti diversamente con i due gruppi, condizionando le reazioni dei pazienti, viene tenuto anch'esso all'oscuro su chi riceve il farmaco e chi il placebo. Attraverso ripetute e protratte misurazioni, si verificherà infine se le differenze tra il gruppo sperimentale e il gruppo di controllo hanno raggiunto un apprezzabile livello di significatività statistica (v. STATISTICA, § II, 4, *c*) in grado di convalidare l'efficacia del farmaco.

Bibliografia

Rosenthal R., *Experimenter effects in behavioral research*, Appleton-Century-Crofts, New York 1966.

Cilindrasse, v. NEURONE.

Cinesia (ingl. *Kinesis*; ted. *Kinesie*; fr. *Cinésie*; sp. *Quinesia*). Capacità di operare contrazioni coordinate dei muscoli scheletrici che approdano a un movimento complesso e armonico teso a un determinato scopo. Esiste un'ampia gamma di disturbi cinesici indicati con il termine *discinesia* che in alcuni casi sono dovuti a patologia del sistema extrapiramidale (v. EXTRAPIRAMIDALE, SISTEMA), in altri accompagnano la presenza di disturbi psichici. Fra le discinesie si distinguono:

1. *Disturbi di tipo quantitativo* che sono: *a*) *ipercinesia* caratterizzata da eccesso di attività motoria dovuto a mancata inibizione di movimenti involontari. In psichiatria il termine è usato come sinonimo di iperattività che si riscontra frequentemente negli stati maniacali; *b*) *ipocinesia* caratterizzata da una riduzione che può arrivare anche all'assenza (*acinesia*) della motilità involontaria, come si riscontra nelle sindromi parkinsoniane, in alcune fasi della schizofrenia, nelle depressioni endogene e come manifestazione indotta da una determinata situazione o pensiero (*acinesia selettiva*);

2. *Disturbi di tipo qualitativo* denominati *paracinesia*, caratterizzata da produzione di movimenti anomali e afinalistici, presenti anche nei TIC (v.). Per ulteriori informazioni in ordine alla neurofisiologia del movimento si veda la voce MOTRICITÀ, per la distinzione tra movimenti involontari e volontari e per il loro sviluppo sotto il profilo neuroanatomico, psicomotorio, cognitivo ed espressivo si veda la voce MOVIMENTO, mentre per i disturbi del movimento si veda la voce APRASSIA.

Cinesica, v. GESTO, § 3.

Cinesiterapia, v. CHINESITERAPIA.

Cinestesia (ingl. *Kinesthesia*; ted. *Kinästhesie*; fr. *Kinesthésie*; sp. *Cinestesia*). Percezione conscia dei propri movimenti, resa possibile dalla presenza di propriocettori (v. RECETTORE), situati nei muscoli, nei tendini e nelle articolazioni, e coadiuvata da informazioni inviate da organi di senso, in particolare da quello visivo. La cinestesia, da non confondersi con la CENESTESIA (v.) che si riferisce alla percezione immediata di benessere o malessere del proprio corpo, può essere disturbata da fenomeni allucinatori con sensazione di essere sospeso per aria, di cadere, di vacillare, di scivolare, di ruotare, di essere mosso e simili (v. ALLUCINAZIONE, § 1, *g*).

Circadiano, Ritmo, v. RITMO, § 1.

Circolare, Psicosi, v. CICLOTIMIA.

Circolo ermeneutico, v. ERMENEUTICA, § 1.

Circoncisione (ingl. *Circumcision*; ted. *Beschneidung*; fr. *Circoncision*; sp. *Circuncisión*). Recisione del prepuzio del pene praticata a tutt'oggi presso gli ebrei, i musulmani e alcune popolazioni dell'Africa dove costituisce una parte essenziale del rito di iniziazione (v. INIZIAZIONE). A seconda della modalità in cui viene attuata, la circoncisione assume tre differenti forme: l'*incisione* del frenulo, la *circumcisione* ossia l'asportazione parziale del prepuzio, la *subincisione* cioè l'incisione dell'uretra fino alla base del pene, come avviene in certe popolazioni della Melanesia e della Nuova Guinea. Oltre alle motivazioni di ordine igienico, la psicologia del profondo ha attribuito alla circoncisione una serie di significati simbolici fra cui la ritualizzazione della castrazione, alla quale è inconsciamente associata. Secondo Sigmund Freud, «nella preistoria dell'umanità fu certo il padre a praticare l'evirazione come castigo, ridimensionandola poi in epoche successive alla semplice circoncisione» (1914, p. 560). Dal canto suo Carl Gustav Jung interpreta la circoncisione come una forma attenuata di SACRIFICIO (v. § 3), avente lo stesso valore del sacrificio degli animali domestici o del primogenito. «Nella circoncisione – scrive Jung – veniva sacrificata solo una parte, il che equivale già a una sostituzione del sacrificio con un atto simbolico. Sacrificando questi oggetti preziosi di desiderio e di possesso, ci si disfa del desiderio istintivo o libido, per riacquistarlo in una forma rinnovata. Attraverso il sacrificio ci si affranca dalla paura della morte e ci si propizia l'Ade avido di olocausti» (1912-1952, pp. 418-419). Gli equivalenti femminili della circoncisione sono la *clitoridectomia* o *escissione* che consiste nell'asportazione del clitoride, e l'*infibulazione*, che consiste nella chiusura della vagina praticata alle bambine. Queste pratiche sono interpretate da alcuni come riti di iniziazione, da altri come tentativi di contenere l'autonomia della sessualità femminile.

Bibliografia

Di Nola A., *Circoncisione*, in AA.VV., *Enciclopedia delle religioni*, Nuova Vallecchi, Firenze 1970, vol. II.
Freud S., *Dalla storia di una nevrosi infantile (Caso clinico dell'uomo dei lupi)* (1914), in *Opere* (1967-1993), Bollati Boringhieri, Torino, vol. VII.
–, *L'uomo Mosè e la religione monoteistica. Tre saggi* (1934-1938), in *Opere*, cit., vol. XI.
Jung C. G., *Simboli della trasformazione* (1912-1952), in *Opere* (1969-2007), Bollati Boringhieri, Torino, vol. V.
Reik Th., *Il rito religioso. Studi psicoanalitici* (1920-1930), Bollati Boringhieri, Torino 1977.

Circostanzialità, v. PENSIERO, § III, 1, *d*.

Circuito riverberante (ingl. *Reverberantic circuit*; ted. *Zurückwerfendesumkreis*; fr. *Circuit réverbérant*; sp. *Circuito reverberante*). Catena di neuroni disposti ad anello che possono continuare a eccitarsi a vicenda senza stimolazione esterna. È questo uno dei meccanismi preposti alla conservazione dei ricordi (v. MEMORIA).

Circumambulazione (ingl. *Circumambulation*; ted. *Zirkumambulation*; fr. *Circumambulation*; sp. *Circunambulación*). Danza di tipo circolare, presente in numerosi riti religiosi, che nel suo compiersi istituisce uno spazio sacro rispetto a uno profano. Carl Gustav Jung, nelle sue analisi comparative transculturali, sottolinea la comparsa della circumambulazione nel simbolismo trasformativo della messa e nei simboli mandalici dei sogni. Ripresa dall'ALCHIMIA (v.), la *circumambulatio* designa l'atto del muoversi intorno al recinto o TEMENOS (v.) che delimita l'area del SACRO (v.) in cui avvengono processi di trasformazione che scatenano forze contrapposte che il recinto ha la funzione di contenere. A livello psicologico, la circumambulazione è definita da Jung come «quella rotazione che denota il concentrarsi dell'attenzione e dell'interesse su un centro concepito come centro di un cerchio e formulato perciò come un punto» (1951, p. 213) che per Jung è simbolo del Sé (v. CENTRO; PSICOLOGIA ANALITICA, § 4), ossia punto d'irradiazione di quella totalità sopraordinata all'Io che comprende sia la coscienza che l'inconscio. La circumambulazione verso sinistra va in direzione dell'inconscio, quella verso destra si allontana da questo verso la coscienza. Questa relazione, essenziale nel processo di individuazione (v. PSICOLOGIA ANALITICA, § 5), chiede un contenimento della tensione che si produce nell'incontro dei processi psichici opposti della coscienza e dell'inconscio, al fine di evitare possibili scissioni e disintegrazioni della personalità. Della circumambulazione parla anche Erich Neumann utilizzando il termine di *centroversione* o accerchiamento del centro in relazione all'atteggiamento che conduce l'individuo a far riferimento, il più costantemente possibile, al centro della sua personalità totale o Sé.

Bibliografia

Jung C. G., *Il simbolo della trasformazione nella messa* (1942-1954), in *Opere* (1969-2007), Bollati Boringhieri, Torino, vol. XI.
–, *Aion. Ricerche sul simbolismo del Sé* (1951), in *Opere*, cit., vol. IX, 2.
Neumann E., *Storia delle origini della coscienza* (1949), Astrolabio, Roma 1978.
–, *Evoluzione culturale e religione* (1953), Armando, Roma 1974.

Civetteria (ingl. *Coquetry*; ted. *Koketterie*; fr. *Coquetterie*; sp. *Coquetería*). Atteggiamento promosso dal desiderio di suscitare l'interesse degli altri e di piacere loro. La civetteria è una componente del narcisismo, impiegata da soggetti incapaci di intrattenere autentici rapporti interpersonali e bisognosi della conferma, dell'affetto e dell'approvazione di altri, rispetto a cui si pongono come oggetto del desiderio, al fine di mantenere o di accrescere la considerazione di sé.

Civiltà, v. CULTURA.

Classificazione (ingl. *Classification*; ted. *Klassifizierung*; fr. *Classification*; sp. *Clasificación*). Processo di ripartizione in classi di un insieme di oggetti in base a criteri preventivamente definiti. La classificazione comprende vari tipi di operazioni fra cui divisione, coordinazione, gerarchizzazione e ordinamento. Spesso il termine "classificazione" viene affiancato o scambiato con quello di "sistematica" e di "tassonomia". Una precisazione terminologica largamente accettata è quella di Vernon H. Heywood per il quale «*sistematica* è lo studio scientifico della diversità, della differenziazione degli organismi e delle relazioni che tra di essi esistono. [...] *Classificazione* è il processo di ordinare in classi o gruppi (*taxa*) dove un singolo gruppo (*taxon*) non può appartenere a più di un solo gruppo del livello gerarchico immediatamente superiore. [...] *Tassonomia* è quella parte della sistematica che si occupa dello studio della classificazione, delle sue basi, dei suoi principi, delle sue regole e dei suoi metodi» (1974, pp. 41-42). Come principio di ordinamento, la classificazione nasce con l'uomo che la impiega per la ricerca della propria identità e per orientare le sue azioni nel mondo. A questo principio rispondono i TOTEM (v.) dei primitivi che servivano per stabilire i gruppi di appartenenza e i TABÙ (v.) che, attraverso la distinzione di "puro" e "impuro", ordinavano gli oggetti accessibili e quelli inaccessibili, le azioni praticabili e quelle impraticabili. In psicologia il problema della classificazione si pone a tre livelli: 1) classificazione delle malattie; 2) classificazione dei tipi; 3) formazione del processo classificatorio nei bambini.

1. Classificazione delle malattie psichiche. Avviene fondamentalmente su base *sintomatologica* ponendo in primo piano il segno più appariscente e poi, via via, tutti gli altri. Questo perché, a differenza di quanto accade in medicina, in psicologia le cause sono solamente supposte e, quando vengono probabilisticamente individuate, subiscono l'ulteriore complicazione determinata dall'interferenza tra gli aspetti somatici e quelli psicogeni. Uno dei principi psicopatologici che sottendono le classificazioni è quello di Karl Jaspers secondo il quale le forme psichiche possono dividersi in: *reazione* che è la risposta a un avvenimento a valore psicologico, *sviluppo* che è una situazione che ha la sua origine in una particolare struttura della personalità "comprensibile" sulla base della teoria complessiva dell'individuo, *processo* che è una situazione "incomprensibile" e inderivabile dalla storia personale di un individuo legata presumibilmente a un'alterazione organica, *fase* che si riferisce a una situazione ciclica che tende periodicamente a ripresentarsi.

In sede psichiatrica svolge una sua indubbia utilità la distinzione tra Psicosi (v.) e Nevrosi (v.). Le prime vengono distinte in *psicosi organiche* in cui è nota l'alterazione somatica e *psicosi endogene* o *funzionali* in cui la causa somatica non è nota e la sintomatologia è più complessa. Le seconde sono considerate risposte psicologiche abnormi agli avvenimenti psichici interni o esterni e possono manifestarsi con sintomi psichici, per cui vengono definite psiconevrosi, o con manifestazioni psicosomatiche. Per la psicoanalisi il problema delle classificazioni è di importanza secondaria se non del tutto trascurabile. In questo ambito viene a cadere, anche se non totalmente, la differenza qualitativa tra fenomeni normali, nevrotici e psicotici che si distinguono essenzialmente per il diverso livello di profondità dei conflitti interiori e per il diverso livello di arresto dello sviluppo della vita psichica.

2. Classificazioni tipologiche. Sono classificazioni volte a individuare le varie forme di personalità da un punto di vista statico e non dinamico. A partire da determinati criteri, diversi a seconda delle assunzioni teoriche adottate, si individuano tipi umani paradigmatici ed esemplari (staticità) trascurando il modificarsi del tipo per effetto del sintomo nevrotico (dinamicità). A questo genere di classificazioni è dedicata la voce Tipologia.

3. Formazione del processo classificatorio nei bambini. Jean Piaget e Bärbel Inhelder hanno evidenziato le proprietà fondamentali della classificazione che il bambino acquisisce man mano che procede nello sviluppo cognitivo: *a*) non esiste alcun elemento privo di classe; *b*) le classi non sono mai isolate ma sempre in rapporto fra loro; *c*) la classe "A" comprende la totalità dei membri in cui compare la proprietà "a" e soltanto quelli; *d*) gli elementi appartenenti a una classe non possono far parte di un'altra dello stesso rango; *e*) una classe è inclusa in un'altra superiore in cui sono compresi tutti i suoi elementi. Mediante un esperimento in cui venivano offerte al bambino figure di varia forma, colore e dimensione, gli autori hanno constatato tre livelli di classificazione: in una prima fase le proprietà sopraelencate sono del tutto assenti e le figure vengono accostate in base ai criteri della vicinanza spaziale o cromatica; in una seconda fase le proprietà vengono via via acquisite, ad eccezione della proprietà dell'inclusione che si raggiunge e si stabilizza soltanto a un terzo livello fra gli 8 e i 10 anni. Esistono infine numerosi test di classificazione diversificati a seconda del tipo di qualità intellettuale che si vuol misurare, puntando di volta in volta sulla divisione, la coordinazione, la gerarchizzazione e l'ordinamento, presenti in ogni attività classificatoria.

Bibliografia

Durkheim É., Mauss M., *Alcune forme primitive di classificazione* (1901-1902), in Id., *Sociologia e antropologia*, Newton Compton, Roma 1976.

Frazer J. G., *Il ramo d'oro. Studio della magia e della religione* (1890-1915, edizione ridotta dallo stesso autore 1922), Bollati Boringhieri, Torino 1990.

Freud S., *Totem e tabù. Alcune concordanze nella vita psichica dei selvaggi e dei nevrotici* (1912-1913), in *Opere* (1967-1993), Bollati Boringhieri, Torino, vol. VII.

Gaston A., *Genealogia dell'alienazione*, Feltrinelli, Milano 1987.

Heywood V. H., *Chemosystematics, an artificial discipline*, in G. Bendz, J. Santesson (a cura di), *Chemistry in botanical classification*, Academic Press, New York 1974.

Jaspers K., *Psicopatologia generale* (1913-1959), Il Pensiero Scientifico, Roma 2000.

Jung C. G., *Tipi psicologici* (1921), in *Opere* (1969-2007), Bollati Boringhieri, Torino, vol. VI.

Lévi-Strauss C., *Le strutture elementari della parentela* (1947), Feltrinelli, Milano 1972.

Piaget J., Inhelder B., *La genesi delle strutture logiche elementari. Classificazione e seriazione* (1959), La Nuova Italia, Firenze 1977.

Weber M., *Economia e società* (1922, edito postumo), Edizioni di Comunità, Milano 1968.

Clastomania (ingl. *Clastomania*; ted. *Klastomanie*; fr. *Clastomanie*; sp. *Clastomanía*). Tendenza, talvolta compulsiva, a danneggiare e a distruggere oggetti di qualsiasi genere e natura.

Claustro, v. GANGLI DELLA BASE.

Claustrofilia (ingl. *Claustrophilia*; ted. *Klaustrophilie*; fr. *Claustrophilie*; sp. *Claustrofilia*). Bisogno patologico di essere confinati in un luogo chiuso e protetto che esprime una forte tendenza all'isolamento dalla realtà. La claustrofilia, che rappresenta il contrario della CLAUSTROFOBIA (v.), si osserva frequentemente nei casi di nevrosi ossessiva. La forma più grave di questa tendenza prende il nome di *claustromania*. Secondo la psicoanalisi sullo sfondo agisce la fantasia di stare all'interno del ventre materno rappresentato simbolicamente dai luoghi chiusi. Una forma di claustrofilia è quella evidenziata da Elvio Fachinelli quando, nella relazione tra paziente e analista, si crea un rapporto di "unità duale" che rimanda a quella tra madre e bambino alla nascita e prima della nascita, con conseguente prolungamento infinito dell'analisi che già Sigmund Freud aveva riconosciuto nell'"analisi interminabile" (v. FUSIONE; OCEANICO, SENTIMENTO).

Bibliografia

Fachinelli E., *Claustrofilia. Saggio sull'orologio telepatico in psicanalisi*, Adelphi, Milano 1983.

Freud S., *Analisi terminabile e interminabile* (1937), in *Opere* (1967-1993), Bollati Boringhieri, Torino, vol. XI.

Vegetti Finzi S., *Claustrofilia tra nostalgia e utopia del materno*, in "Iride. Filosofia e discussione pubblica", 1999, n. 27, pp. 354-375.

Claustrofobia (ingl. *Claustrophobia*; ted. *Klaustrophobie*; fr. *Claustrophobie*; sp. *Claustrofobia*). Paura dei luoghi chiusi o troppo affollati, come ascensori, gallerie, scompartimenti dei treni e simili, dove in alcuni casi prevale la sensazione di soffocamento e oppressione, in altri quella di essere rinchiusi e imprigionati. La claustrofobia e le reazioni ad essa associate rimandano filogeneticamente alle risposte di terrore tipiche degli animali posti in una situazione in cui non hanno alcuna possibilità di fuga. Dal punto di vista psicoanalitico, secondo Otto Fenichel la claustrofobia può essere letta o come l'espressione deformata di un impulso sessuale o aggressivo la cui manifestazione diretta è stata inibita, o come una punizione rivolta a questo stesso impulso.

Bibliografia

Fenichel O., *Trattato di psicoanalisi delle nevrosi e delle psicosi* (1945), Astrolabio, Roma 1951.

Meltzer D., *Claustrum. Uno studio dei fenomeni claustrofobici* (1992), Raffaello Cortina, Milano 1993.

Cleptomania (ingl. *Kleptomania*; ted. *Kleptomanie*; fr. *Cleptomanie*; sp. *Cleptomanía*). Tendenza incontenibile al furto, motivata non dal desiderio di impossessarsi e accumulare oggetti di valore commerciale, ma da un bisogno inconscio che trae soddisfazione dall'atto stesso del rubare. In alcuni casi la cleptomania ha un carattere ossessivo, per cui il soggetto si trova in preda ad un conflitto fra l'impulso a rubare e una tendenza altrettanto forte che lo contrasta, cosicché il furto provoca nel contempo sollievo e senso di colpa; in altri casi, come nelle personalità psicopatiche che hanno uno scarso senso morale, il furto non produce apparentemente sentimenti di colpevolezza. La cleptomania si presenta con più frequenza nelle donne e negli adolescenti. Per Otto Fenichel essa consiste «nell'impossessarsi di cose che danno la forza e il potere di combattere supposti pericoli, specialmente la perdita dell'autostima o dell'affetto. La formulazione inconscia è: "Se tu non me lo dai, me lo prendo"» (1945, pp. 415-416). Sempre secondo Fenichel, in relazione alla fase dello sviluppo libidico in cui il cleptomane ha le maggiori fissazioni, l'oggetto rubato, quale dispensatore di gratificazione e sicurezza, potrà rappresentare simbolicamente il latte, le feci, il pene; questo spiegherebbe perché la cleptomania compaia più spesso nelle donne e nei ragazzi, desiderosi di impossessarsi del potere associato all'organo maschile. Secondo Karl Abraham e Franz G. Alexander la cleptomania deriva invece da una frustrazione subita durante il periodo dell'allattamento e consiste in una rivincita sul rifiuto del seno da parte della madre.

Bibliografia

Abraham K., *Tentativo di una storia evolutiva della libido sulla base della psicoanalisi dei disturbi psichici* (1924), in *Opere*, Bollati Boringhieri, Torino 1975, vol. I.

Adler A., *Il temperamento nervoso* (1912), Astrolabio, Roma 1950.

Alexander F. G., Healy W., *Roots of crime*, Knopf, New York 1935.

Fenichel O., *Trattato di psicoanalisi delle nevrosi e delle psicosi* (1945), Astrolabio, Roma 1951.

Cliente, v. PSICOLOGIA ROGERSIANA, § 2.

Climaterio, v. MESTRUAZIONE.

Climax. Il termine, che significa "culmine", viene talvolta impiegato per indicare l'apice dell'ORGASMO (v.).

Clinica, v. PSICOLOGIA CLINICA.

Clisi (ingl. *Clisis*; ted. *Klisis*; fr. *Clise*; sp. *Clisis*). Termine utilizzato da Constantin von Monakow e Raoul Mourgue per indicare l'energia psichica di un oggetto istintuale con valore emotivo positivo, in contrapposizione a *ecclisi* che indica la carica psichica di un oggetto con valore negativo.

Bibliografia

Monakow C. von, Mourgue R., *Biologische Einführung in das Studium der Neurologie und Psychopathologie*, Hippokrates, Stuttgart-Leipzig 1930.

Clitoride (ingl. *Clitoris*; ted. *Klitoris*; fr. *Clitoris*; sp. *Clítoris*). Organo dell'apparato genitale femminile collocato nella zona anteriore della fessura vulvare. Il clitoride è una zona erogena, erettile, in grado di determinare, attraverso una stimolazione diretta o indiretta, un orgasmo, definito clitorideo, che, differenziandosi per qualità e per intensità da quello vaginale, viene paragonato all'orgasmo del pene, in quanto utilizza le medesime vie sensoriali. Con la risoluzione del complesso edipico ha luogo, secondo Sigmund Freud, uno spostamento dell'investimento dal clitoride alla vagina, accompagnato dall'assunzione di un atteggiamento passivo-ricettivo da parte della bambina. L'orgasmo clitorideo dovrebbe quindi essere pienamente sostituito nell'età adulta da quello vaginale, per cui le donne cosiddette clitoridee sono considerate dalla psicoanalisi personalità falliche e mascoline che mascherano un'invidia del pene irrisolta e una mancata accettazione della propria femminilità. Questa tesi è stata in gran parte confutata dalle successive ricerche neurofisiologiche (v. ORGASMO, § 1). Alcuni psicoanalisti che hanno rivisto questo aspetto della teoria freudiana, come pure molti sessuologi, sostengono invece che l'orgasmo clitorideo non esclude necessariamente la capacità di orgasmo vaginale, ma può essere a questo complementare. Inoltre, come ha sottolineato Karen Horney, il clitoride, poiché produce un orgasmo interiorizzato che determina una sorta di ripiegamento della donna su se stessa, a differenza dell'orgasmo maschile che è esteriorizzato, mostra anch'esso un carattere essenzialmente femminile e passivo.

Bibliografia

Baker-Miller J. (a cura di), *Le donne e la psicoanalisi* (1974), Bollati Boringhieri, Torino 1976.

Benedek Th. F., *Funzioni sessuali nella donna e loro alterazioni*, in S. Arieti (a cura di), *Manuale di psichiatria* (1959-1966), Bollati Boringhieri, Torino 1969-1970, vol. II, pp. 974-997.

Deutsch H., *Psicologia della donna* (1944-1945), Bollati Boringhieri, Torino 1977.

Freud S., *Tre saggi sulla teoria sessuale* (1905), in *Opere* (1967-1993), Bollati Boringhieri, Torino, vol. IV.

Horney K., *Nuove vie della psicoanalisi* (1939), Bompiani, Milano 1950.

Clitoridectomia, v. CIRCONCISIONE.

Cloaca (ingl. *Cloaca*; ted. *Kloake*; fr. *Cloaque*; sp. *Cloaca*). Orifizio dell'embrione in cui convergono le vie digerenti, urinarie e genitali. Mentre in certi animali, come i rettili o gli uccelli, questa struttura viene mantenuta anche dopo la nascita, nell'uomo, durante il secondo mese di vita all'interno dell'utero, si forma una parete, lo sperone perineo, che separa il retto dal seno urogenitale, il quale si divide a sua volta nella donna in orifizio urinario e genitale. In ambito psicoanalitico si parla di *teoria cloacale* in riferimento ad una fantasia, frequente nei bambini, secondo cui i neonati escono dall'ano. Per Sigmund Freud questa fantasia deriva dall'ignoranza, da parte del bambino, dell'esistenza della vagina, per cui «se il bambino cresce nel corpo della madre e ne viene poi espulso, ciò può avvenire soltanto attraverso l'unico percorso disponibile costituito dall'apertura anale. *Il bambino deve venir evacuato come un escremento, come feci*» (1908, p. 459). Un simile concetto porta il bambino a credere che gli individui di entrambi i sessi possano dare alla luce dei figli. La teoria cloacale è inoltre sostenuta dall'interesse che le feci hanno in questo periodo per il bambino ancora libero dall'inibizione del disgusto, e persuaso della concezione dell'addome come di un contenitore in cui entra cibo e da cui escono gli escrementi, per cui il neonato viene associato sia alle feci, sia al cibo.

Bibliografia

Freud S., *Teorie sessuali dei bambini* (1908), in *Opere* (1967-1993), Bollati Boringhieri, Torino, vol. V.

Clono (ingl. *Clonus*; ted. *Muskelkrampf*; fr. *Clone*; sp. *Clonía*). Successione rapida di contrazioni alternate dei flessori e degli estensori, riscontrabile in diverse malattie del sistema nervoso. La contrazione *clonica* si distingue da quella *tonica* caratterizzata da rigidità muscolare. Nelle convulsioni epilettiche (v. EPILESSIA) si verifica un'alternanza di contrazioni cloniche e toniche.

Cluttering, v. APLOLOGIA.

CMF, Test (*Valutazione delle Competenze Metafonologiche*). È un test che valuta le competenze fonologiche nei bambini della scuola primaria e in particolare la capacità di discriminazione fonologica, di fusione, di elisione, di manipolazione del materiale sillabico e fonemico. La somministrazione avviene all'inizio e alla fine di ogni anno scolastico, per la progettazione di interventi abilitativi e riabilitativi in ordine alle difficoltà dell'apprendimento scolastico.

Bibliografia

Marotta L., Ronchetti C., Trasciani M., Vicari S., *Test CMF. Valutazione delle competenze metafonologiche*, Erickson, Trento 2007.

Coaching, v. CONSULENZA, § 5.

Coazione (ingl. *Compulsion*; ted. *Zwang*; fr. *Compulsion*; sp. *Coacción*).

1. Detta anche *compulsione* o *costrizione*, la coazione indica una tendenza coercitiva e irrazionale che spinge l'individuo a mettere in atto determinati comportamenti di cui egli stesso riconosce l'inutilità e l'inadeguatezza, ma la cui mancata esecuzione provoca in lui una sensazione di angoscia. I sintomi compulsivi, o coatti, sebbene possano manifestarsi all'interno di varie patologie psichiche, sono caratteristici della nevrosi ossessiva (v. OSSESSIONE, § 2), dove si distinguono le coazioni che si riferiscono a idee che il soggetto non può fare a meno di pensare, e le coazioni che riguardano atti, comportamenti, condotte che l'individuo si sente costretto a compiere. Secondo la psicoanalisi le coazioni rappresentano, come tutti i sintomi, un compromesso fra le esigenze istintuali e le forze difensive: la natura istintuale si esprime nell'intensità e immediatezza della richiesta che le coazioni avanzano al soggetto, mentre la natura difensiva si manifesta nel loro carattere punitivo. Nei quadri clinici in cui prevale la componente istintuale, l'impulso permane, ma perde il suo valore di desiderio e si trasforma in bisogno coatto, come, ad esempio, nel caso di quei soggetti che si sentono costretti a masturbarsi senza provare alcun piacere. Quando invece prevalgono le istanze anti-istintuali del Super-io, le coazioni acquistano il valore di vere e proprie minacce, per cui il soggetto avverte di essere obbligato a fare o non fare una determinata cosa, generalmente irrilevante, per non subire una punizione. In ogni caso, afferma Sigmund Freud: «I sintomi riproducono sempre anche qualche cosa di quel piacere che hanno la funzione di impedire; servono alla pulsione rimossa non meno che alle istanze che la rimuovono. Non solo; ma con il progredire della malattia, quelle azioni che originariamente assicurano soprattutto la difesa si avvicinano sempre più alle azioni interdette, con le quali la pulsione poteva esprimersi durante l'infanzia» (1907, p. 347).

2. Dal concetto generale di coazione va distinta la *coazione a ripetere* che, sempre a parere di Freud, si riferisce a quella tendenza psichica che spinge il soggetto a ripetere comportamenti, esperienze, situazioni già vissuti e, nel loro meccanismo, in qualche modo acquisiti. Il fenomeno è frequente nel trattamento analitico, dove il paziente, anziché ricordare le esperienze rimosse, per evitare il CAMBIAMENTO (v. § 2), quindi a scopo difensivo, le ripete, mettendole in atto (v. AGIRE). Scrive in proposito Freud: «Sappiamo che l'analizzato ripete invece di ricordare, che ripete sotto le condizioni impostegli dalla resistenza; ma ci possiamo ora chiedere: che cosa propriamente egli ripete o mette in atto? La risposta è questa: egli ripete tutto ciò che, provenendo dalle fonti di quanto in lui vi è di rimosso, si è già imposto alla sua personalità manifesta: le sue inibizioni, i suoi atteggiamenti inservibili, i tratti patologici del suo carattere. Sì, egli ripete anche durante il trattamento tutti i suoi sintomi. E ora possiamo osservare che mettendo in rilievo la coazione a ripetere non abbiamo acquisito un fatto nuovo, ma solo una concezione più unitaria. Ci rendiamo conto infatti che lo stato morboso dell'ammalato non può cessare con l'inizio della sua analisi, e che la sua malattia non va trattata come una faccenda del passato, ma come una forza che agisce nel presente» (1914, p. 357). Il transfert stesso costituisce una ripetizione delle esperienze passate che vengono riprodotte nella situazione analitica con trasferimento, sulla persona dell'analista, delle cariche affettive a suo tempo vissute nei confronti delle figure parentali (v. TRANSFERT, § 2, *a*).

A partire dal 1920 Freud legge la coazione a ripetere come una manifestazione del principio di inerzia (v. INERZIA, PRINCIPIO DI) che a suo parere caratterizza ogni espressione della vita organica, e in proposito scrive: «Ma che tipo di connessione esiste fra la pulsionalità e la coazione a ripetere? A questo punto ci si impone l'ipotesi di esserci messi sulle tracce di una proprietà universale delle pulsioni, e forse della vita organica in generale, proprietà che finora non era stata chiaramente riconosciuta o, almeno, non era stata rilevata esplicitamente. *Una pulsione sarebbe dunque una spinta, insita nell'organismo vivente, a ripristinare uno stato precedente* al quale quest'essere vivente ha dovuto rinunciare sotto l'influsso di forze perturbatrici provenienti dall'esterno; sarebbe dunque una sorta di elasticità organica, o, se si preferisce, la manifestazione dell'inerzia che è propria della vita organica. Questa concezione della pulsione ci suona strana, poiché ci siamo abituati a ravvisare in essa un fattore che spinge al cambiamento e allo sviluppo, mentre ora la dobbiamo intendere in un modo precisamente opposto, vale a dire come espressione della natura *conservatrice* degli esseri viventi» (1920, p. 222).

Bibliografia

Fenichel O., *Trattato di psicoanalisi delle nevrosi e delle psicosi* (1945), Astrolabio, Roma 1951.

Freud S., *Azioni ossessive e pratiche religiose* (1907), in *Opere* (1967-1993), Bollati Boringhieri, Torino, vol. V.

–, *Ricordare, ripetere e rielaborare* (1914), in *Nuovi consigli sulla tecnica della psicoanalisi* (1913-1914), in *Opere*, cit., vol. VII.

–, *Al di là del principio di piacere* (1920), in *Opere*, cit., vol. IX.

Cocaina, v. DROGA, § 1.

Codice (ingl. *Code*; ted. *Kode*; fr. *Code*; sp. *Código*). Il termine assume una valenza diversa a seconda della disciplina.

1. SEMIOTICA. Insieme di regole che stabiliscono la relazione da instaurare tra significante e significato, quindi tra espressione impiegata e contenuto a cui ci si riferisce (v. LINGUAGGIO, § 1). Umberto Eco scrive in proposito: «Si intende per codice una convenzione che stabilisce le modalità di correlazione fra gli elementi presenti di un sistema o più sistemi assunti come piano dell'espressione e gli elementi assenti di un altro sistema (o di più sistemi ulteriormente correlati al primo) assunti come piano del contenuto. Questa convenzione stabilisce anche le regole di combinazione tra gli elementi del sistema espressivo in modo che siano in grado di corrispondere alle combinazioni che si vogliono esprimere sul piano del contenuto. Si richiede inoltre che gli elementi correlati (e i sistemi in cui si inscrivono) siano mutualmente indipendenti e in linea di principio usabili per altre correlazioni. Si richiede inoltre che gli elementi del contenuto siano ulteriormente esprimibili anche in forma più analitica per mezzo di altre espressioni, dette gli interpretanti delle prime» (1975, p. 275).

2. PSICOANALISI. Esistono codici collettivi per l'interpretazione delle immagini oniriche per cui, ad esempio, gli oggetti verticali stanno per il pene, mentre quelli concavi per la vagina, e codici privati legati alla biografia del soggetto che si possono ricostruire attraverso una serie di inferenze contestuali. Secondo Jacques Lacan ad ogni interpretazione analitica è sottesa una richiesta di codice, un codice proprio dell'Es che, sconosciuto all'Io, si produce attraverso regole non dissimili da quelle della RETORICA (v.) che dicono come si stabiliscono sostituzioni (della parte con il tutto, dell'effetto con la causa), spostamenti (v. SPOSTAMENTO) e condensazioni (v. CONDENSAZIONE). Il fatto che non sempre si conoscano le correlazioni dell'inconscio non significa che l'inconscio non sia strutturato in modo da produrre correlazioni, anzi Lacan ritiene, ad esempio, che il codice correli, attraverso catene connotative, l'universo delle rappresentazioni a quello degli affetti, tipi di relazioni oggettuali a tipi di angosce. Dette correlazioni possono essere evidenziate attraverso un complesso sistema di regole che non esclude l'errore, ma neppure preclude la leggibilità che può essere effettuata adottando un criterio non dissimile da quello che si impiega con i crittogrammi a soluzione libera (v. LACANIANA, TEORIA, §§ 4, 7). Per Franco Fornari il codice è quell'elemento *prescrittivo* posto a controllo dell'*arbitrarietà* del simbolo. La capacità di simbolizzare, che consente la sostituzione di una cosa con un'altra, è quell'elemento distintivo che ha permesso all'uomo un rapporto con l'ambiente non più basato sulla necessità, come nel mondo animale, ma sull'arbitrarietà. «Ma proprio perché è arbitrario – scrive Fornari – il simbolo implica un codice che lo normi: il codice culturale. [...] Se infatti ogni individuo volesse, come fa lo schizofrenico, imporre agli altri una sua simbolizzazione privata, non ci sarebbe possibilità di una effettiva simbolizzazione, in quanto ogni simbolizzazione ha senso all'interno di una comunicazione tra individui che hanno interessi comuni a rappresentare indirettamente cose assenti» (1976, pp. 171-174).

3. GENETICA. Si veda la voce corrispondente, § 1, *b*.

Bibliografia

Asimov I., *Il codice genetico* (1962), Einaudi, Torino 1968.
Bär E., *Semiotica e psicoterapia* (1975), Astrolabio, Roma 1979.
Eco U., *Trattato di semiotica generale*, Bompiani, Milano 1975.
–, *Codice*, in AA.VV., *Enciclopedia*, Einaudi, Torino 1978, vol. III, pp. 243-281.
Fornari F., *Simbolo e codice*, Feltrinelli, Milano 1976.
Freud S., *L'interpretazione dei sogni* (1899), in *Opere* (1967-1993), Bollati Boringhieri, Torino, vol. III.
Lacan J., *Funzione e campo della parola e del linguaggio in psicoanalisi* (1953), in *Scritti* (1936-1966), Einaudi, Torino 1974, vol. I.
Terragni F., *Il codice manomesso. Ingegneria genetica. Storia e problemi*, Feltrinelli, Milano 1989.
Thass-Thienemann Th., *La formazione subconscia del linguaggio* (1967), Astrolabio, Roma 1968.

Codice multiplo, Teoria del (ingl. *Multiple code's theory*; ted. *Theorie der mehrere Kode*; fr. *Théorie du code multiple*; sp. *Teoría del código múltiple*). Teoria messa a punto dalla ricercatrice americana Wilma Bucci che ipotizza la possibilità di coniugare le ipotesi freudiane relative al processo primario e secondario con la psicologia cognitiva attraverso tre livelli di codifica: 1. il livello di elaborazione *sensoriale e viscerale* che include le emozioni, non richiede l'attenzione del soggetto e non è né simbolica né verbale; 2. il livello di elaborazione attraverso le *immagini* mediante le rappresentazioni sensoriali e motorie, caratterizzato da una valenza simbolica ma non verbale; 3. il livello di elaborazione attraverso il *linguaggio* capace di astrazione e creazione di nuove forme simboliche, caratterizzato da una valenza sia simbolica che verbale. In condizioni normali i tre livelli sono tra loro connessi, mentre nei casi patologici sono sconnessi, non consentendo al livello sensoriale e viscerale di accedere a quello emozionale e soprattutto a quello simbolico. La terapia attraverso la parola, tipica della psicoanalisi, può riattivare, grazie agli scambi verbali, i tre livelli precedentemente dissociati.

Bibliografia

Bucci W., *Psicoanalisi e scienza cognitiva. Teoria del codice multiplo* (1997), Fioriti, Roma 1999.

De Coro A., Mariani R., *L'attività referenziale*, in N. Dazzi, V. Lingiardi, A. Colli (a cura di), *La ricerca in psicoterapia. Modelli e strumenti*, Raffaello Cortina, Milano 2006.

Codone, v. GENETICA, § 1, *b*.

Coerenza (ingl. *Coherence*; ted. *Kohärenz*; fr. *Cohérence*; sp. *Coherencia*). Detta anche *congruenza*, la coerenza esprime un'assenza di contraddizione in un sistema con conseguente compatibilità delle parti che lo compongono. In psicologia si parla di coerenza a livello *percettivo*, dove attraverso i "fattori di coerenza" quali la prossimità spaziale, la somiglianza, la differenziazione figura-sfondo, è possibile giungere da una molteplicità irrelata ad una unità (v. PSICOLOGIA DELLA GESTALT, § II, 2), e a livello *cognitivo*, dove si evidenzia che ogni individuo tende alla compatibilità tra le proprie opinioni e il proprio comportamento. Ricorderemo a questo proposito:

a) La teoria della coerenza cognitiva elaborata da Leon Festinger secondo cui gli elementi cognitivi possono essere irrilevanti, consonanti o dissonanti. Nel caso della DISSONANZA COGNITIVA (v.) l'individuo reagisce o cambiando le proprie opinioni o modificando il proprio comportamento. La coerenza cognitiva incide sulla presa di decisioni, sull'esposizione alle informazioni, sulla ricerca del sostegno sociale e sull'agire in condizioni di consenso forzato. Quest'ultimo caso è particolarmente rilevante per la promozione del CAMBIAMENTO (v.) in persone costrette al consenso forzato che poi evolvono in presenza della dissonanza cognitiva che il consenso forzato produce.

b) La teoria degli stati equilibrati di Fritz Heider secondo cui si ha coerenza tra unità cognitive e sentimenti negativi o positivi provati nei confronti di altre persone. Quando l'equilibrio è disturbato per l'acquisizione di altre unità cognitive, c'è una tendenza a riequilibrare gli stati emotivi. Allo stesso principio della coerenza si rifanno il *principio della congruità* di Charles E. Osgood e l'*analisi degli atti comunicativi* di Theodore M. Newcomb.

Bibliografia

Amerio P., Bosotti E., Amione F., *La dissonanza cognitiva. Teoria e sperimentazione*, Bollati Boringhieri, Torino 1978.

Festinger L., *Teoria della dissonanza cognitiva* (1957), Franco Angeli, Milano 1973.

Heider F., *Psicologia delle relazioni interpersonali* (1958), il Mulino, Bologna 1972.

Newcomb Th. M., *An approach to the study of communicative acts*, in "Psychological Review", 1953, n. 60.

Osgood Ch. E., Suci G. J., Tannenbaum P. H., *The measurement of meaning*, University of Illinois Press, Urbana, Illinois, 1957.

Secord P. F., Backman C. W., *Personality theory and the problem of stability and change in individual behavior*, in "Psychological Review", 1961, n. 68.

Coesione, v. GRUPPO, § II, 3; PSICOLOGIA SOCIALE, § 4, *a*; MATRIMONIO.

Coesistenza (ingl. *Coexistence*; ted. *Mitdasein*; fr. *Coexistence*; sp. *Coexistencia*). Termine introdotto dalla fenomenologia e utilizzato dall'ANALISI ESISTENZIALE (v.) per indicare una struttura trascendentale dell'umana esistenza che è sempre e originariamente una co-esistenza. Scrive Ludwig Binswanger: «Essere-nel-mondo significa sempre essere-nel-mondo con i miei simili, essere insieme con le altre presenze (*Mitdaseiende*)» (1946, p. 23). Il modo di "essere con", e quindi di co-esistere, era stato analizzato da Martin Heidegger a partire dalla nozione di cura (*Sorge*) per cui delle cose l'uomo si prende cura (*besorgen*), mentre degli uomini ha cura (*fürsorgen*). Questo aver cura può significare o il sottrarre agli altri le loro cure, o aiutarli a esser liberi di assumersi le proprie cure. Nel primo caso l'uomo non si cura tanto degli altri quanto delle cose da procurar loro, nel secondo offre agli altri la possibilità di trovar se stessi e di realizzare il proprio essere. La prima è la forma *inautentica* dell'esistenza come puro essere-assieme (*Mit-einander-sein*), la seconda è la forma *autentica*, il vero co-esistere come con-esserci (*Mit-dasein*). L'esistenza si scopre così come originaria co-esistenza e scopre il mondo (*Welt*) come mondo-comune (*Mit-welt*). Utilizzando questi impianti teorici che consentono di assumere la coesistenza come una struttura originaria che non si aggiunge all'esistenza, perché ne è il principio costitutivo, Binswanger sul versante fenomenologico e Ronald D. Laing sul versante antipsichiatrico sottraggono l'analisi psicologica alla considerazione dell'individuo preso nel suo isolamento, e riscattano la psiche dalla sua riduzione a puro fatto interiore dove si tralascia il suo essenziale declinarsi nel mondo.

Bibliografia

Binswanger L., *L'indirizzo antropoanalitico in psichiatria* (1946), in Id., *Il caso Ellen West e altri saggi* (1944-1946), Bompiani, Milano 1973.

Galimberti U., *Psichiatria e fenomenologia* (1979), nuova edizione ampliata, Feltrinelli, Milano 2017.

Heidegger M., *Essere e tempo* (1927), Utet, Torino 1978.
Laing R. D., *L'Io e gli altri. Psicopatologia dei processi interattivi* (1959), Sansoni, Firenze 1977.
–, *La politica dell'esperienza* (1967), Feltrinelli, Milano 1968.

Cognitivismo (ingl. *Cognitivism*; ted. *Kognitivismus*; fr. *Cognitivisme*; sp. *Cognoscitivismo*). Corrente della psicologia contemporanea che, in opposizione al COMPORTAMENTISMO (v.), concepisce la mente non come un recettore passivo delle informazioni che giungono dagli stimoli ambientali, ma come un elaboratore attivo che di continuo verifica la congruenza tra il proprio progetto comportamentale e le condizioni oggettive esistenti, filtrando le informazioni e autocorreggendosi come accade con i servomeccanismi di tipo cibernetico.

1. NASCITA DELLA SCIENZA COGNITIVA. Sorto negli anni sessanta con le ricerche di Ulric Neisser che ne ha dato la prima formulazione teorica in *Psicologia cognitivista* (1967), il cognitivismo ha visto un fiorire di ricerche con Allan Collins, George A. Miller, Donald A. Norman, Jean Matter Mandler, David E. Rumelhart e James L. McClelland, Jerome Seymour Bruner per approdare a un primo corpus dottrinale con Howard Gardner in *La nuova scienza della mente* (1985) e Marvin Minsky, *La società della mente* (1986), dove l'impostazione cognitivista, riconosciuto il suo debito alla filosofia a partire dal *Menone* di Platone fino al *Tractatus logico-philosophicus* di Ludwig Wittgenstein, attraversa la PSICOLOGIA SPERIMENTALE (v.) dell'Ottocento e del Novecento, l'ANTROPOLOGIA (v.) soprattutto per quanto riguarda lo studio della mente dei primitivi, la NEUROPSICOLOGIA (v.) con particolare attenzione ai problemi della LOCALIZZAZIONE (v.) e dell'OLISMO (v.), l'informatica (v. INFORMAZIONE, TEORIA DELL') e la CIBERNETICA (v.) per lo studio dell'intelligenza artificiale. Da queste premesse si può comprendere come il cognitivismo non sia una scuola psicologica, ma un orientamento che rivisita le varie correnti e scuole di pensiero, opponendosi in particolare al comportamentismo di cui rifiuta la relazione stimolo-risposta, per sostituirla con l'ipotesi che l'organismo, lungi dall'essere un passivo ricettore, funziona in modo attivo e selettivo nei confronti delle stimolazioni ambientali, seguendo un preciso progetto comportamentale.

2. IL COGNITIVISMO CLASSICO. Le influenze culturali riconosciute dal cognitivismo sono la *psicologia dell'atto* inaugurata da Franz Brentano (v. ATTO, § 1) che, in polemica con le concezioni empiriste e associazioniste, sosteneva un ruolo costruttivo e selettivo della percezione e della memoria, sulla base dell'originaria intenzionalità della coscienza, l'*informatica* e la *cibernetica* che, oltre ad offrire un linguaggio nuovo alla psicologia, mettono a disposizione un modello che permette di concepire la mente come un sistema complesso in grado di elaborare informazioni e compiere scelte fra gli elementi in entrata (*input*), operando una serie di trasformazioni e di decisioni in uscita (*output*), che dipendono dall'elaborazione compiuta, e non predeterminata in partenza dagli stimoli ambientali, con conseguenti risposte da parte del soggetto. Alla coordinazione elementare stimolo-risposta, il cognitivismo classico sostituisce quella nuova unità globale denominata TOTE (v.), dalle iniziali dei termini inglesi *Test-Operate* e *Text-Exit*, o "piano di comportamento", secondo cui il soggetto interagisce con l'ambiente non limitandosi a ricevere passivamente le sollecitazioni come prevede il comportamentismo, ma verificando a intervalli di 500 ms, come hanno dimostrato le prove sperimentali di Fergus I. M. Craik, la congruenza tra il proprio piano comportamentale e le condizioni ambientali. Il cognitivismo classico assume come modello della mente umana il computer che è una macchina che opera con simboli in base a regole, recuperandoli dalla memoria che li contiene, confrontandoli e modificandoli tra loro, componendone di nuovi in base a quelli già esistenti. Seguendo questa traccia, il cognitivismo classico vede un'analogia con il modo di procedere della mente umana nel *ricordo* quando recupera simboli dalla memoria, nel *ragionamento* dove si generano nuovi simboli a partire da quelli esistenti, nel *riconoscimento degli oggetti* operando sui simboli che li codificano, nella *produzione del linguaggio* operando sui simboli che codificano i segnali linguistici. L'assunzione del modello offerto dal computer ha consentito di raggiungere risultati significativi in ordine alla percezione, alla memoria, al ragionamento, al linguaggio, nonché ai disturbi connessi a queste capacità.

Oltre alle ricerche condotte sui programmi per calcolatori, quali simulatori dei processi mentali superiori, il cognitivismo classico ha recuperato: 1) i metodi sperimentali basati sull'introspezione introdotti dall'elementarismo (v. INTROSPEZIONISMO) di Wilhelm Maximilian Wundt e di Edward Bradford Titchener, considerati per anni, soprattutto dai comportamentisti, inattendibili scientificamente; 2) le tecniche di misurazione dei tempi di reazione, come indicatori delle operazioni mentali sottostanti; 3) l'analisi dei protocolli in cui il soggetto illustra verbalmente allo sperimentatore ciò che sta facendo mentre è impegnato in un compito; 4) le diverse modalità con cui sono leggibili PERCEZIONE (v.), APPRENDIMENTO (v.), MEMORIA (v.), ATTENZIONE (v.), vigilanza (v. COSCIENZA, § 2), RAGIONAMENTO (v.), riletto nella formula del *problem solving* (v. PROBLEMA), e soprattutto il LINGUAGGIO (v.), influenzando in particolare la psicolinguistica

(v. LINGUISTICA, § 3) che, dopo l'elaborazione cognitivista della lezione di Noam Chomsky, ha spostato il suo interesse dal messaggio linguistico all'utente del messaggio; 5) la SIMULAZIONE (v. § 1) di processi mentali superiori attraverso programmi per computer.

3. IL COGNITIVISMO NEURONALE. A partire dagli anni ottanta, dopo aver constatato per via sperimentale che, a differenza del computer, la mente è in grado di risolvere problemi anche quando le informazioni di cui dispone sono incomplete o erronee, pur riconoscendo una certa validità all'analogia tra mente e computer, rifiuta la riduzione dell'una all'altro, e, sotto l'influsso delle NEUROSCIENZE (v.), sposta l'attenzione sulle reti neuronali (v. NEURONE), mettendo capo a quella che oggi si chiama "psicologia connessionista" in riferimento alle connessioni sinaptiche (v. SINAPSI) che collegano i neuroni del cervello. Detti neuroni, come spiega Daniel J. Siegel, sono presi in considerazione non solo per le connessioni che instaurano tra loro, ma anche per la loro interazione con il corpo e l'ambiente esterno, perché, scrive Siegel: «Il cervello è un'astrazione se viene considerato come un'unità isolata. In termini funzionali non esiste una cosa definibile come "un cervello". Un cervello è sempre in interazione con l'ambiente» (2012, cap. 3.1). Senza abbandonare il linguaggio informatico, la psicologia connessionista adotta un linguaggio che possiamo definire "mentalistico" (v. CONNESSIONISMO).

Gardner ha fissato in cinque punti chiave i confini e le prospettive del cognitivismo: 1) *Rappresentazione*: «Innanzitutto c'è la convinzione che, parlando delle attività cognitive umane, sia necessario parlare di rappresentazioni mentali e porre un livello di analisi del tutto separato da quello biologico o neurologico da un lato e da quello sociologico o culturale dall'altro» (1985, p. 18). La ragione è nel fatto che la rappresentazione si trova in una posizione intermedia tra *input* e *output*, e come tale si presta allo studio delle operazioni di unione, trasformazione, selezione, scelta del materiale rappresentato; 2) *Computer*: «Il computer assolve in primo luogo la funzione di una "prova di esistenza"; se, di una macchina costruita dall'uomo, si può dire che ragiona, che ha obiettivi, che è in grado di correggere il proprio comportamento, di trasformare la propria informazione e simili, senza dubbio gli esseri umani meritano di essere caratterizzati nello stesso modo» (ivi, p. 54); 3) *Ridimensionamento delle emozioni*: «Il terzo carattere della scienza cognitiva è la decisione deliberata di mettere fra parentesi certi fattori che possono essere importanti per il funzionamento cognitivo, ma la cui discussione complicherebbe oggi senza necessità l'impresa della scienza cognitiva. Questi fattori comprendono l'influenza di fattori affettivi o emozionali, il contributo di fattori storici e culturali e il ruolo del contesto generale in cui particolari azioni o pensieri si verificano» (ivi, p. 18); 4) *Interdisciplinarietà*: «Attualmente la maggior parte degli scienziati cognitivi provengono dai ranghi di discipline specifiche: in particolare filosofia, psicologia, intelligenza artificiale, linguistica, antropologia e neuroscienza. Si spera che un giorno i confini fra queste discipline possano essere attenuati o magari scomparire del tutto fornendo una sola scienza cognitiva unificata» (ivi, pp. 18-19); 5) *La filosofia classica* è per Gardner la matrice della scienza cognitiva: «Le discussioni di problemi compiute dai filosofi greci, così come quelle dei loro successori del periodo illuministico, hanno un posto di rilievo in molte pagine della letteratura sulla scienza cognitiva. Non intendo dire con questo che tali problemi tradizionali siano stati espressi necessariamente nel modo migliore, o addirittura che possano essere risolti, ma piuttosto che servono come logico punto di partenza per investigazioni nel campo della scienza cognitiva» (ivi, p. 57).

Bibliografia

AA.VV., *Mente umana e mente artificiale*, Feltrinelli, Milano 1989.

Anderson J. R., *Cognitive psychology and its implications*, Freeman, San Francisco 1980.

Bara B. G., *Scienza cognitiva*, Bollati Boringhieri, Torino 1990.

Bechtel W., *Filosofia della scienza e scienza cognitiva* (1992), Laterza, Bari 1995.

Benjafield J. G., *Psicologia dei processi cognitivi* (1990), il Mulino, Bologna 1995.

Brentano F., *La psicologia dal punto di vista empirico* (1874-1911), Laterza, Bari 1997, voll. I-III.

Bruner J. S., *Alla ricerca della mente* (1983), Armando, Roma 1984.

–, *La mente a più dimensioni* (1986), Laterza, Bari 1988.

Caramelli N. (a cura di), *La psicologia cognitivista*, il Mulino, Bologna 1990.

Churchland P. S., Sejnowski T. J., *Il cervello computazionale* (1992), il Mulino, Bologna 1995.

Clark A., *Microcognizione. Filosofia, scienza cognitiva e reti neurali* (1991), il Mulino, Bologna 1994.

Collins A., *Why cognitive science*, in "Cognitive Science", 1977, n. 1.

Dennett D. C., *Brainstorms. Saggi filosofici sulla mente e la psicologia* (1978), Adelphi, Milano 1991.

Erdelyi M. H., *Freud cognitivista* (1985), il Mulino, Bologna 1988.

Festinger L., *Teoria della dissonanza cognitiva* (1957), Franco Angeli, Milano 1973.

Fink D. G., *Mente umana e cervelli elettronici. Introduzione all'intelligenza artificiale* (1966), Zanichelli, Bologna 1967.

Fodor J. A., *Representations. Philosophical essays on the foundations of cognitive science*, Mit Press, Cambridge, Massachusetts, 1981.

Ganascia J.-G., *L'intelligenza artificiale* (1993), il Saggiatore, Milano 1997.

Gardner H., *Formae mentis. Saggio sulla pluralità dell'intelligenza* (1983), Feltrinelli, Milano 1987.
–, *La nuova scienza della mente. Storia della rivoluzione cognitiva* (1985), Feltrinelli, Milano 1988.
Johnson-Laird Ph. N., *La mente e il computer. Introduzione alla scienza cognitiva* (1988), il Mulino, Bologna 1990.
Lindsay P. H., Norman D. A., *L'uomo elaboratore di informazioni. Introduzione cognitivista alla psicologia* (1977), Giunti Barbera, Firenze 1983.
Lurija A. R., *La storia sociale dei processi cognitivi* (1974), Giunti Barbera, Firenze 1976.
Macchi Cassia V., Valenza E., Simion F., *Lo sviluppo della mente umana. Dalle teorie classiche ai nuovi orientamenti*, il Mulino, Bologna 2005.
Mandler J. M., *What is cognitive psychology? What isn't?*, American Psychological Association, Los Angeles 1981.
McShane J., *Lo sviluppo cognitivo* (1991), il Mulino, Bologna 1994.
Miller G. A., *A very personal history*, Institute of Technology, Cambridge, Massachusetts, 1979.
Miller G. A., Galanter E., Pribram K. H., *Piani e struttura del comportamento* (1960), Franco Angeli, Milano 1973.
Minsky M., *La società della mente* (1986), Adelphi, Milano 1989.
Money-Kyrle R., *Lo sviluppo cognitivo* (1968), in *Scritti (1927-1977)*, Bollati Boringhieri, Torino 2002.
Neisser U., *Psicologia cognitivista* (1967), Martello-Giunti, Firenze 1976.
–, *Conoscenza e realtà. Un esame critico del cognitivismo* (1976), il Mulino, Bologna 1981.
Norman D. A., *Twelve issues for cognitive science*, in "Cognitive Science", 1980, n. 4.
Pessa E., Penna M. P., *Manuale di scienza cognitiva. Intelligenza artificiale classica e psicologia cognitiva*, Laterza, Bari 2000.
Piaget J., *Biologia e conoscenza. Saggio sui rapporti fra le regolazioni organiche e i processi cognitivi* (1967), Einaudi, Torino 1995.
Piattelli Palmarini M., *Le scienze cognitive classiche. Un panorama*, Einaudi, Torino 2008.
Reed S. K., *Psicologia cognitiva. Teoria e applicazioni* (1989), il Mulino, Bologna 1994.
Rumelhart D. E., McClelland J. L., *PDP. Microstruttura dei processi cognitivi* (1995), il Mulino, Bologna 1998.
Sanford A. J., *La mente dell'uomo. Introduzione alla psicologia cognitiva* (1987), il Mulino, Bologna 1992.
Siegel D. J., *Mappe per la mente. Guida alla neurobiologia interpersonale* (2012), Raffaello Cortina, Milano 2014.
Somenzi V., Cordeschi R. (a cura di), *La filosofia degli automi. Origine dell'intelligenza artificiale*, Bollati Boringhieri, Torino 1994.
Summerfield A. (a cura di), *La psicologia cognitivista*, Franco Angeli, Milano 1977.
Taddei S., Di Pierro P., *L'uso clinico del Cognitive Assessment System*, Raffaello Cortina, Milano 2015.
Taylor L., *Lo sviluppo cognitivo*, il Mulino, Bologna 2007.
Turing A. M., *Intelligenza meccanica* (1945-1949), Bollati Boringhieri, Torino 1994.
Tzuriel D., *La valutazione dinamica delle abilità cognitive*, Erickson, Trento 2005.
Varela F. J., *Scienza e tecnologia della cognizione. Direzioni emergenti* (1986), Hopefulmonster, Firenze 1987.
Viale R. (a cura di), *Mente umana, mente artificiale*, Feltrinelli, Milano 1989.
Viggiano M. P., *Introduzione alla psicologia cognitiva. Modelli e metodi*, Laterza, Bari 1995.
Vygotskij L. S., *Il processo cognitivo* (1926), Bollati Boringhieri, Torino 1987.
Wundt W. M., *Lineamenti di psicologia* (1896), in *Scritti scelti*, Utet, Torino 2006.

Cognitivista, Terapia (ingl. *Cognitive therapy*; ted. *Kognitive Therapie*; fr. *Thérapie cognitive*; sp. *Terapia cognoscitiva*). Forma di psicoterapia centrata sulle distorsioni del pensiero rispetto a come la maggior parte degli individui considera il modo realistico di pensare e di interpretare la realtà.

1. Distorsioni propriamente cognitive. Aaron Temkin Beck, che della terapia cognitivista è uno dei maggiori rappresentanti, ritiene che alla base delle varie forme psicopatologiche c'è una convinzione irrazionale nel soggetto, come può essere quella di dover sempre essere amato e approvato dagli altri, per cui occorre modificare l'idea distorta con il metodo dell'"addestramento all'autoistruzione" che consiste nell'educare il paziente a contrastare da sé le proprie convinzioni distorte con giudizi più appropriati. Beck considera ad esempio la depressione, l'ansia e le fobie come tipiche distorsioni di quella che egli chiama la "triade cognitiva" che consiste in: 1) aspettative negative nei confronti dell'ambiente; 2) un'opinione negativa di sé; 3) aspettative negative per il futuro, per cui, a proposito della depressione, scrive Beck: «Le esperienze di vita del paziente attivano degli *schemi cognitivi* che vertono sul tema della perdita. I vari fenomeni emotivi, motivazionali, comportamentali e vegetativi della depressione derivano da queste valutazioni negative di sé» (1976, p. 129). L'obiettivo della terapia cognitivista è di eliminare le distorsioni cognitive per favorire un tipo di pensiero più realistico. In ordine all'intervento terapeutico, rispetto a Beck, Jeremy D. Safran e Zindel V. Segal insistono sulla necessità di ampliare l'esperienza attraverso tre specifici meccanismi che determinano il mutamento: «1. Il decentramento: l'esperire il proprio ruolo nella costruzione della realtà; 2. La confutazione empirica (*experiential disconfirmation*): l'individuazione di idee disfunzionali circa il sé e gli altri mediante nuove esperienze; 3. L'accesso a informazione relativa alla disposizione all'azione: la scoperta di aspetti delle proprie esperienze interiori precedentemente non affiorate alla consapevolezza. Tutti e tre i meccanismi implicano l'acquisizione di nuova esperienza. Il cambiamento, infatti, implica qualcosa di più della comprensione concettuale o dell'analisi razionale: significa percepire sé e gli altri in modo diverso» (1990, pp. 14-15).

2. Distorsioni cognitive e fattori emozionali. Siccome si è constatato che, in presenza di una normale funzionalità del modo di ragionare, ci sono comunque distorsioni cognitive, Cristiano Castelfranchi, Francesco Mancini e Maria Miceli hanno portato l'attenzione sui fattori emotivi come il senso di colpa, la vergogna, l'invidia, onde individuare le ragioni di resistenza al cambiamento delle credenze che generano questi stati d'animo. Lo stesso vale per la demotivazione dovuta alla minor intensità con cui uno scopo è pianificato e perseguito. Alla base possono esserci frustrazioni, aspettative negative, delusioni, scoraggiamenti che, per il fatto di essere vissuti emotivi, non per questo devono essere considerati irrazionali. A questo proposito, scrive Mancini: «Alla parte emotiva è stata attribuita la funzione di spiegare perché si intrattengono stabilmente credenze assurde come ad esempio quelle deliranti, o contraddittorie, come nel caso del paziente ossessivo che crede alla contagiosità di concetti che nello stesso tempo giudica innocui». Ma a ben guardare, prosegue Mancini, «la psicologia cognitiva ha mostrato come processi abitualmente considerati più "freddi", ad esempio la modalità di risoluzione di sillogismi, non siano affatto condotti secondo procedure logiche. La valutazione delle probabilità degli eventi avviene in modi e con risultati ben diversi da quelli prescritti dal calcolo delle probabilità. Le scelte stesse non avvengono nel rispetto di un ordinamento univoco delle preferenze, ma risentono dell'interpretazione degli esiti come guadagni e perdite. Una prima conclusione che la scienza cognitiva autorizza è che la pars cognitiva, il più delle volte, non è formalmente razionale; ma anche la sovrapposizione tra emotività e irrazionalità appare poco plausibile. [...] Infatti assumere per buona la dicotomia comporta il rischio costante di rendere infalsificabili le proprie ipotesi, poiché, nelle teorie che operano in base a essa, è carente la definizione dei principi che regolano l'interazione fra i due poli, e quindi risulta difficile fare previsioni sui rapporti fra essi, sui loro stati di equilibrio e di squilibrio, e sui determinati effetti di condotta che possono generare» (2002, pp. 12-13).

3. Psicoterapie cognitiviste. Tra i modelli teorici e applicativi più recenti e diffusi meritano di essere ricordati:

a) *La psicoterapia cognitiva del condizionamento operante* si rifà al modello di Burrhus Frederic Skinner che negli anni trenta mise a punto uno schema denominato condizionamento operante (v. Apprendimento, § I, 2) per cui è possibile stabilizzare un comportamento mediante rinforzi ambientali. Albert Bandura sostituì al rinforzo ambientale il rinforzo per *imitazione* che determina processi di identificazione e di assimilazione del modello imitato che può essere un personaggio reale o storico, premiale che fa da rinforzo o punitivo che induce all'evitamento. Albert Ellis e Beck adottano il modello ABC (v. ABC, Modello) ideato da Skinner dove A è l'ambiente, B il comportamento (*Behavior*) alla risposta del soggetto, C le conseguenze che, attraverso rinforzi, vengono stabilizzate.

b) *La psicoterapia cognitiva neuropsicologica* opera a partire da un quadro teorico che unisce i contributi della fenomenologia con quelli delle neuroscienze rifiutando di limitarsi al mentalismo topico delle scienze cognitive e al biologismo delle neuroscienze, nessuna delle quali, prese isolatamente, soddisfa le reali condizioni in cui vengono a trovarsi sia il soggetto sano che quello patologico nella concretezza della loro esperienza.

c) *La psicoterapia cognitiva post-razionalista* è stata inaugurata negli anni ottanta da Vittorio F. Guidano che rifiuta l'approccio predittivo secondo cui il comportamento di un individuo è prevedibile a partire dagli stati mentali generati in un dato tempo (cognitivismo razionalista), perché il soggetto è in grado di modificare quegli stati venendo a contatto con le novità che di continuo vengono offerte dall'ambiente, mantenendo, in questo processo evolutivo, il vissuto della propria unicità personale unitamente alla propria continuità storica. In altri termini, l'interiorità (*inward*) dell'individuo è in grado di assorbire le sollecitazioni del mondo esterno (*outward*) senza perdere, in questo continuo aggiornamento, lo stile della sua identità e la singolarità del suo modo di fare esperienza.

d) *La psicoterapia cognitivo-causale* è stata messa a punto da Antonino Tamburello secondo il quale esiste in ciascuno di noi un nucleo soggettivo armonizzante, equilibrante e adattivo che non sempre riesce ad esprimersi a causa di moventi svianti, interessi irrealistici o comunque non raggiungibili che disordinano i pensieri e i vissuti emotivi, determinando comportamenti conflittuali. Compito della psicoterapia cognitivo-causale è di liberare il nucleo soggettivo armonizzante facendolo riemergere dalla stratificazione delle contingenze negative che nel corso della vita si sono sovrapposte, utilizzando come metodo la logica, sia induttiva che deduttiva, per far riconoscere il nesso tra il nucleo armonizzante presente per natura in ciascuno di noi e gli elementi contingenti che ne hanno limitato o impedito l'espressione.

e) *La psicoterapia cognitivo-comportamentale* è stata inaugurata da Beck a partire dai disturbi depressivi (v. *supra*, § 1), e successivamente, negli anni novanta, è stata estesa da Ellis alle coppie e alle famiglie, in base all'assunto teorico che i membri di una famiglia si influenzano reciprocamente modificando i rispettivi pensieri, emozioni e comportamenti. La terapia, applicando la procedura del condizionamento operante (v. APPRENDIMENTO, § I, 2), chiede ai componenti della coppia di mettere in atto comportamenti adattivi, a cui segue una ricompensa o l'evitamento di una punizione, allo scopo di modificare la qualità della relazione. A ciò si aggiunge una verifica delle "credenze di base" di ciascun componente della famiglia per stabilire quali sono funzionali o disfunzionali, e quindi da modificare, al sistema familiare.

f) *La psicoterapia focalizzata sulla compassione* è stata elaborata da Paul Gilbert nell'ambito delle psicoterapie cognitivo-comportamentali. Definita "addestramento alla mente compassionevole (*compassionale mind training*)", questa terapia si rivolge a persone che provengono da esperienze traumatizzanti di cui si colpevolizzano, al punto da assumere nei propri confronti atteggiamenti ipercritici e di vergogna da cui non riescono a liberarsi. Addestrandole a sentimenti compassionevoli verso se stesse, queste persone giungono a elaborare nuovi modi di sentire e di pensare che modificano il concetto che hanno di sé e di conseguenza il loro modo di relazionarsi agli altri.

g) *La psicoterapia focalizzata sulla meditazione*, v. MINDFULNESS.

Bibliografia

Arciero G., *Sulle tracce di sé*, Bollati Boringhieri, Torino 2006.

Bandura A., *Teoria dell'apprendimento sociale* (1997), Erickson, Trento 2000.

Bara B. G., *Nuovo manuale di psicoterapia cognitivista*, Bollati Boringhieri, Torino 2009.

Beck A. T., *La depressione* (1967), Bollati Boringhieri, Torino 1978.

–, *Principi di terapia cognitiva. Un approccio nuovo alla cura dei disturbi affettivi* (1976), Astrolabio, Roma 1988.

–, *L'amore non basta. Come risolvere i problemi del rapporto di coppia con la terapia cognitiva* (1989), Astrolabio, Roma 1990.

Beck A. T., Emery G., *L'ansia e le fobie* (1985), Astrolabio, Roma 1988.

Campbell D. T., *Epistemologia evoluzionistica* (1973), Armando, Roma 1981.

Cappuccio M., *Neurofenomenologia. Le scienze della mente e le sfide dell'esperienza*, Bruno Mondadori, Milano 2006.

Castelfranchi C., Mancini F., Miceli M. (a cura di), *Fondamenti di cognitivismo clinico*, Bollati Boringhieri, Torino 2002.

Dattilio F. M., *Terapia cognitivo comportamentale per le coppie e le famiglie* (2010), Eclipsi, Firenze 2013.

Ellis A., *L'autoterapia razionale emotiva. Come pensare in modo psicologicamente efficace* (1990), Erickson, Trento 1993.

Gilbert P., *Social mentalities. Internal "social" conflicts and the role of inner warmth and compassion in cognitive therapy*, in P. Gilbert, K. G. Bailey (a cura di), *Genes on the couch. Explorations in evolutionary psychotherapy*, Psychology Press, Hove 2000.

Guidano V. F., *La complessità del Sé. Un approccio sistemico-processuale alla psicopatologia e alla terapia cognitiva* (1987), Bollati Boringhieri, Torino 1988.

Guidano V. F., Reda M. A., *Cognitivismo e psicoterapia*, Franco Angeli, Milano 1980.

Harris R., *La trappola della felicità. Come smettere di tormentarsi e incominciare a vivere* (2007), Erickson, Trento 2010.

Lambruschi F. (a cura di), *Psicoterapia cognitiva dell'età evolutiva*, Bollati Boringhieri, Torino 2004.

Liotti G., *Terapie cognitive e comportamentali*, in G. B. Cassano, P. Pancheri *et al.* (a cura di), *Trattato italiano di psichiatria* (1992), Masson, Milano 1999, vol. III, pp. 3581-3588.

Maturana H., *Autocoscienza e realtà* (1991), Raffaello Cortina, Milano 1993.

Maturana H., Varela F. J., *Autopoiesi e cognizione. La realizzazione del vivente* (1980), Marsilio, Venezia 1985.

Nardi B., *Costruirsi. Sviluppo e adattamento del Sé nella normalità e nella patologia*, Franco Angeli, Milano 2007.

Ruggiero G. M., Sassaroli S., *Il colloquio in psicoterapia cognitiva. Tecnica e pratica clinica*, Raffaello Cortina, Milano 2013.

Safran J. D., Segal Z. V., *Il processo interpersonale nella terapia cognitiva* (1990), Feltrinelli, Milano 1993.

Siegel D. J., *Mappe per la mente. Guida alla neurobiologia interpersonale* (2012), Raffaello Cortina, Milano 2014.

Skinner B. F., *The behavior of organisms*, Appleton-Century, New York 1938.

Tamburello A., *Dalla diagnosi di profondità alla terapia causale*, Sugarco, Milano 2007.

–, *Psicoterapia cognitiva e profondità causale*, Sugarco, Milano 2008.

Tamburello A., De Monte E., *Una logica integrata per la psicologia clinica*, Cisu, Roma 2010.

Wells A., *Disturbi emozionali e metacognizione. Nuove strategie di psicoterapia cognitiva* (2000), Erickson, Trento 2002.

Cognizione (ingl. *Cognition*; ted. *Kognition*; fr. *Cognition*; sp. *Cognición*). Il termine si riferisce a quelle funzioni che permettono di raccogliere informazioni relative al proprio ambiente, di immagazzinarle, analizzarle, valutarle, trasformarle, per poi utilizzarle per agire nel mondo circostante. In termini finalistici la cognizione permette di *adattare* il comportamento dell'organismo alle esigenze dell'ambiente o di *modificare* l'ambiente in funzione dei propri bisogni. L'analisi delle funzioni cognitive (percezione, intelligenza, ragionamento, giudizio, memoria a breve e a lungo termine, rappresentazioni interne, linguaggio, pensiero, sapere) può essere condotta a livello *strutturale* quando si vogliono spiegare le "modalità" del funzionamento, o a livello *dinamico* quando si vogliono spiegare le "ragioni" di un certo funzionamento. Nel primo caso si adottano metodi sperimentali (v. PSICOLOGIA SPERIMENTALE), nel secondo caso metodi clinici (v. PSICOLOGIA CLINICA) a sfondo psicodinamico.

1. Le funzioni cognitive. Si è soliti comprendere sotto questa denominazione le seguenti attività:

a) La *percezione* attraverso cui si consegue una conoscenza diretta di una certa realtà presente di fronte a noi (v. Percezione). La percezione è un'attività strutturante perché le numerose stimolazioni, che in ogni istante o in istanti immediatamente successivi hanno luogo a livello di organi di senso, a loro volta connessi alla Corteccia cerebrale (v.), non danno luogo alla percezione di una molteplicità di elementi, ma a un numero limitato di oggetti distinti più o meno chiaramente da uno sfondo indifferenziato. Nello sviluppo percettivo si è soliti distinguere: i *fattori autoctoni* di vicinanza spaziale o temporale, di somiglianza formale o cromatica, di buona continuazione della direzione, di simmetria e altri che Max Wertheimer ha elencato (v. Psicologia della Gestalt, § I, 2); l'*esperienza passata* che consente di orientarsi nell'indistinto, riconoscendo unità già percepite, come nel caso di una frase pronunciata senza pause o scritta senza punteggiatura; l'*impostazione soggettiva* che spezza le strutture formatesi in base ai fattori autoctoni, per liberare gli elementi costitutivi successivamente utilizzabili per nuove strutture percettive come la formazione di insiemi a vari livelli di astrazione; le *proprietà funzionali* degli oggetti percepiti non solo per il loro spessore materiale, ma per la loro funzione che spesso manda in secondo piano la percezione della loro materialità, come nel caso di un libro percepito più per la sua funzione che per la sua forma materiale.

b) La *rappresentazione* che consente di tenere mentalmente presenti situazioni o oggetti un tempo percepiti ma al momento assenti (v. Rappresentazione). La strutturazione rappresentativa avviene per gradi caratterizzati da un *primo stadio* dove le rappresentazioni sono *irreversibili*, come nel caso del bambino che riesce a pensare una cosa per volta, e *preoperatorie* perché si passa dall'una all'altra per pura associazione o semplice richiamo; un *secondo stadio* dove le rappresentazioni guadagnano il carattere della *reversibilità* o dell'*operatorietà*, che conferisce alla realtà un'organizzazione stabile che consente di formulare dei giudizi corretti e delle previsioni anche in situazioni diverse da quelle sperimentate in precedenza; infine un *terzo stadio*, detto *formale*, perché la rappresentazione porta alla costruzione di entità non percettibili, grazie al consolidamento delle attività specifiche dell'intelligenza.

c) L'*intelligenza* operante a diversi livelli di strutturazione che mettono capo alle seguenti attività (v. Intelligenza): *semiotica* quando il soggetto impara a sostituire un oggetto o un'attività con un segno, un simbolo, un segnale (linguaggio, gesti), e a riconoscere un oggetto o una situazione (significato) da qualcosa che l'annuncia o lo rappresenta (significante; v. Semiotica); *classificazione* quando il soggetto riunisce in un "insieme" alcuni oggetti che sembrano equivalenti rispetto a una o più proprietà (v. Classificazione, § 3); *seriazione* che, a differenza della classificazione, dove l'accento è posto su ciò che è comune, stabilisce un confronto tra oggetti in rapporto a ciò che li distingue: grandezza, qualità, peso; *quantificazione* che opera una sintesi tra classificazione e seriazione introducendo la nozione di numero che ne consente la computazione; *astrazione* che consente una conoscenza dell'ambiente non più legata all'oggetto o alla situazione concreta, ma a una ricostruzione interna fatta grazie a quelle operazioni formali che sono la deduzione che predice un caso particolare a partire da una conoscenza generale, l'induzione che inferisce una situazione generale a partire da un fatto particolare e la trasduzione da un particolare a un altro particolare. Nel passaggio dall'uno all'altro livello non si verifica solo un progresso acquisitivo di certe *capacità di strutturazione* che prima non erano presenti, ma anche un progresso per quanto riguarda l'insieme delle *conoscenze concrete* la cui acquisizione va di pari passo all'acquisizione delle capacità di strutturazione che le rendono possibili. Questo sviluppo è condizionato da tre fattori: 1) l'ereditarietà e la maturazione del sistema nervoso; 2) l'azione dell'ambiente e della cultura sull'individuo; 3) la capacità individuale del soggetto di reagire alla modificazione dell'ambiente, di adattarvisi e di inserire le strategie sviluppate nel patrimonio di comportamenti di cui dispone.

2. Gli stadi dello sviluppo cognitivo. Sono stati studiati da Jean Piaget che ne ha distinti quattro:

a) *Stadio percettivo motorio* (da 0 a 18 mesi) in cui il bambino è dapprima dotato di pochi schemi di comportamento innati come quello di succhiare, di afferrare, che Piaget chiama "riflessi", senza alcuna comprensione del proprio ambiente e del modo di affrontarlo. In questo periodo si hanno azioni ripetute senza alcuna finalità e senza alcun interessamento sull'effetto del proprio comportamento. Verso il dodicesimo mese il bambino incomincia a percepire oggetti ben definiti e visibili e a impiegare altri oggetti per rimuovere i primi che hanno assunto il ruolo di ostacoli. A questo livello l'attività strutturante è semplice e avviene instaurando rapporti di ordine dinamico tra oggetti percettivamente presenti.

b) *Stadio preoperatorio* (da 18 mesi a 6 anni) in cui il bambino incomincia a servirsi di schemi simbolici che gli consentono di adunare operativamente in una classe oggetti simili non con un'operazione astratta, ma nella pratica e nell'uso quotidiano. Grazie alla progressiva acquisizione di un'attività rappresentativa, è in grado di avere presenti mentalmente oggetti che hanno fatto parte di una precedente esperienza percettiva, successivamente eventi che sono accaduti da poco tempo e infine di anticipare eventi che sono temporalmente lontani. Accanto al piano della realtà si sviluppa anche il piano della fantasia, o come continuazione dell'esperienza di realtà o come compensazione di desideri che non si sono realizzati nella realtà. L'attività rappresentativa ha i caratteri dell'*irreversibilità* che non consente di tener presenti due fasi distinte di un processo, ma "una cosa per volta", con impossibilità a risalire dalla seconda alla prima, e della *preoperatorietà* perché, quando tra due fasi esiste un collegamento, questo è o casuale o mescolato a elementi fantastici dove "un'idea tira l'altra". In questa fase il bambino non dispone di una netta separazione tra realtà oggettiva e realtà soggettiva, per cui è *egocentrico* nel senso che, quando parla agli altri, non ha consapevolezza che questi possono avere punti di vista diversi dai suoi o possono sapere cose diverse da lui, *animista* con tendenza ad attribuire agli oggetti caratteristiche che sono sue come la coscienza e l'intenzionalità, con conseguente incapacità di distinguere tra cose animate e inanimate, *artificialista* con incapacità a discernere gli oggetti naturali da quelli artificiali.

c) Stadio delle operazioni concrete (da 6 a 11 anni). Si assiste a una differenziazione dei livelli di realtà oggettiva e fantastica con conseguente riduzione dell'egocentrismo, dell'animismo e dell'artificialismo. Alle spiegazioni finalistiche degli eventi fisici succedono quelle causali perché il bambino guadagna la REVERSIBILITÀ (v. § 2) dei processi che dall'evento fa risalire alle condizioni che l'hanno generato. Ciò si accompagna alla rappresentazione mentale della sequenza delle operazioni e delle azioni che intende compiere, guadagnando progressivamente la nozione di inclusione in una classe, di seriazione e di separazione. In questo stadio Piaget ha mostrato a livello sperimentale che il bambino incomincia ad acquisire i *rapporti spaziali* in termini di quantità, distanza, lunghezza, area, peso, volume, e i *rapporti temporali* in termini di durata, riconosciuta a livello quantitativo qualunque sia l'esperienza soggettiva del tempo trascorso in modo piacevole o noioso.

d) Stadio delle operazioni formali (da 11 a 13 anni). Si assiste a un consolidamento delle *invarianti* spaziali e temporali che il bambino ha imparato a conoscere negli ultimi anni dello stadio preoperatorio; alla capacità di assumere come punto di partenza di un ragionamento situazioni che non hanno una realtà percettiva o che sono puramente possibili, con conseguente idoneità ad adottare nel ragionamento *procedimenti deduttivi e induttivi*; e infine alla capacità di avanzare le prime ipotesi scientifiche attraverso l'isolamento delle variabili pertinenti alla dimostrazione logica, fino alla capacità di riflettere sui propri processi di pensiero, considerata da Piaget la quintessenza dello sviluppo cognitivo.

Per quanto concerne il contributo del *linguaggio* che, in ordine allo sviluppo cognitivo, consente di organizzare dapprima il mondo percepito e poi il mondo logico in forme sempre più rigorosamente codificate, e per quanto concerne la differenza tra l'ipotesi di Piaget e quella di Lev Semënovič Vygotskij, per il quale linguaggio e pensiero hanno due "radici genetiche" differenti, per cui il bambino può usare forme primitive di linguaggio per comunicare stati fisiologici o emotivi, o per richiamare l'attenzione senza esprimere un preciso contenuto di pensiero, si veda la voce LINGUAGGIO, § 3.

3. LA DINAMICA DELLO SVILUPPO COGNITIVO. Il passaggio da uno stadio più semplice a uno più complesso è stato illustrato da Piaget attraverso la dialettica tra processi di assimilazione e processi di accomodamento, mentre lo sviluppo di conoscenze specifiche avviene attraverso il costituirsi di situazioni cognitive problematiche.

a) La dialettica assimilazione-accomodamento prevede l'intervento di due meccanismi: l'*assimilazione* che è l'incorporazione di un nuovo oggetto o idea in uno schema mentale di cui il soggetto dispone, e l'*accomodamento* che è la tendenza a produrre nuovi schemi mentali per l'integrazione di nuovi dati esperienziali. Così abbiamo un'assimilazione quando la realtà o il problema si presentano a livello percettivo o rappresentativo o intellettivo più complessi e articolati di come il soggetto li aveva percepiti, rappresentati o intesi; si ha invece un accomodamento quando il soggetto adotta uno schema nuovo perché il precedente si rivela insufficiente. Piaget parla di *equilibrazione* quando i processi di assimilazione e accomodamento hanno una dinamica tale per cui il soggetto, sia bambino sia adulto, è soddisfatto delle proprie esperienze cognitive perché queste danno spiegazioni soddisfacenti e coerenti a ciò che avviene intorno a lui.

b) La problematizzazione avviene attraverso la rottura dell'equilibrio che può essere: *spontanea* quando il soggetto avverte una lacuna o una contraddizione tra certi dati e certi altri, *provocata* quando si mostra che il problema è più complesso rispetto alla soluzione data e ritenuta soddisfacente. In entrambi i casi si crea una situazione di squilibrio e di tensione che Leon Festinger ha chiamato DISSONANZA COGNITIVA (v.), che incentiva le capacità di strutturazione o l'acquisizione di nuove conoscenze per poterla superare.

4. Le condizioni dello sviluppo cognitivo. A favorire lo sviluppo cognitivo concorrono diversi fattori presi in esame da Guido Petter che così li elenca:

a) La crescita del bambino avviene tra adulti che presentano strutture mentali più complesse e conoscenze maggiori che costituiscono un buon terreno di sollecitazione in ordine alla differenziazione delle strutture mentali.

b) Inoltre il bambino è sottoposto a un'educazione intenzionale svolta in modo psicologicamente adeguato che sollecita il suo desiderio di esplorazione e di conoscenza.

c) Ha la possibilità di sviluppare una ricca attività imitativa a partire dal primo anno di vita che lo porta all'acquisizione di molti schemi mentali.

d) Il gioco a carattere simbolico lo allena a utilizzare oggetti come simboli di altri oggetti non direttamente presenti, favorendo la capacità rappresentativa e la rievocazione analitica di situazioni già vissute.

e) La ricchezza e la varietà dei rapporti sociali con coetanei e con adulti ne favorisce lo sviluppo cognitivo attraverso il confronto tra il proprio modo di affrontare i problemi e il modo che vede realizzato in altri.

f) La constatazione della discordanza tra il giudizio o la previsione da un lato, e il risultato dall'altro, favorisce l'insorgenza di situazioni problematiche che portano a una correzione delle proprie valutazioni.

g) Infine il progressivo arricchimento del linguaggio consente un'analisi più dettagliata e un grado di finezza nella percezione del reale che portano a una differenziazione significativa dei dati e della loro possibile combinazione. A queste condizioni, che sono qualitativamente omogenee all'attività cognitiva, si aggiungono quelle che appartengono alla sfera affettiva, oggetto di studio della Psicologia dinamica (v.).

Bibliografia

Bruner J. S., *Psicologia della conoscenza* (1973), Armando, Roma 1976.
–, *Alla ricerca della mente* (1983), Armando, Roma 1984.
–, *La mente a più dimensioni* (1986), Laterza, Bari 1988.
Bruner J. S., Goodnow J. J., Austin G. A., Brown R., *Il pensiero. Strategie e categorie* (1956), Armando, Roma 1969.
Damasio A. R., *L'errore di Cartesio. Emozione, ragione e cervello umano* (1994), Adelphi, Milano 1995.
Dennett D. C., *Brainstorms. Saggi filosofici sulla mente e la psicologia* (1978), Adelphi, Milano 1991.
Di Stefano G. (a cura di), *Lo sviluppo cognitivo*, Giunti Barbera, Firenze 1973.
Festinger L., *Teoria della dissonanza cognitiva* (1957), Franco Angeli, Milano 1973.
Fiske S. T., *La cognizione sociale* (2005), il Mulino, Bologna 2006.
Gardner H., *Formae mentis. Saggio sulla pluralità dell'intelligenza* (1983), Feltrinelli, Milano 1987.
–, *La nuova scienza della mente. Storia della rivoluzione cognitiva* (1985), Feltrinelli, Milano 1988.
Horgan J., *La mente inviolata. Una sfida per la psicologia e le neuroscienze* (1999), Raffaello Cortina, Milano 2001.
Jaynes J., *Il crollo della mente bicamerale e l'origine della coscienza* (1976), Adelphi, Milano 1984.
Lurija A. R., *La storia sociale dei processi cognitivi* (1974), Giunti Barbera, Firenze 1976.
McShane J., *Lo sviluppo cognitivo* (1991), il Mulino, Bologna 1994.
Minsky M., *La società della mente* (1986), Adelphi, Milano 1989.
Morin E., *La conoscenza della conoscenza* (1986), Feltrinelli, Milano 1989.
Neisser U., *Psicologia cognitivista* (1967), Martello-Giunti, Firenze 1976.
Petter G., *Evoluzione dinamica dell'attività cognitiva*, in L. Ancona (a cura di), *Nuove questioni di psicologia*, La Scuola, Brescia 1972, vol. I, pp. 829-862.
Piaget J., *Il linguaggio e il pensiero nel fanciullo* (1923), Editrice Universitaria, Firenze 1955.
–, *La rappresentazione del mondo nel fanciullo* (1926), Bollati Boringhieri, Torino 1966.
–, *La nascita dell'intelligenza nel bambino* (1936), La Nuova Italia, Firenze 1977.
–, *Psicologia dell'intelligenza* (1947), Editrice Universitaria, Firenze 1964.
–, *Logica e psicologia* (1953), La Nuova Italia, Firenze 1969.
–, *Biologia e conoscenza. Saggio sui rapporti fra le regolazioni organiche e i processi cognitivi* (1967), Einaudi, Torino 1995.
–, *L'epistemologia genetica* (1970), Laterza, Bari 1983.
Piaget J., Inhelder B., *La psicologia del bambino* (1966), Einaudi, Torino 1970.
Roccatagliata G., *La teoria della mente. Incontro tra filosofia e neuroscienze*, Borla, Roma 2006.
Varela F. J., *Scienza e tecnologia della cognizione. Direzioni emergenti* (1986), Hopefulmonster, Firenze 1987.
Vygotskij L. S., *Il processo cognitivo* (1926), Bollati Boringhieri, Torino 1987.
–, *Lo sviluppo psichico del bambino* (1934), Editori Riuniti, Roma 1973.
–, *Pensiero e linguaggio* (1934), Giunti Barbera, Firenze 1966.
Werner H., *Psicologia comparata dello sviluppo mentale* (1940), Giunti Barbera, Firenze 1970.
Wertheimer M., *Il pensiero produttivo* (1945, edito postumo), Giunti, Firenze 1965.
Zamperini A., Testoni I., *Cognizione e rappresentazioni sociali*, in Id., *Psicologia sociale*, Einaudi, Torino 2002, pp. 83-127.

Coinema. Termine introdotto da Franco Fornari per indicare «le unità minime del significato affettivo, intese come competenza affettiva innata comune ad ogni uomo» (1979, p. 16). La parola, ricavata dal greco κοινός che significa "comune", e da cui deriva anche la parola "comunicazione", è l'omologo sul piano affettivo del *fonema* sul piano linguistico. Scrive in proposito Fornari: «Lo statuto psichico dei sintomi nevrotici del sogno e dei lapsus passa attraverso la relazione espressione-contenuto, e pertanto ha, in definitiva, uno status linguistico. Il riconoscere i sintomi, i sogni, i lapsus come aventi un "significato", come "espressione di un contenuto" e come promossi da una "intenzione", ha permesso a Freud di avventurarsi nel campo della significazione degli affetti, cioè nel campo della *semiosi affettiva*, disancorando il disturbo psichico dalla tradizione medica, per ancorarlo al linguaggio [...]. Partendo dalle invarianti affettive che presiedono al simbolismo onirico si arriva a postulare unità elementari del significato affettivo paragonabili alle unità elementari sonore (fonemi) [...]. La teoria coinemica si propone di arrivare a spiegare fatti empirici, e precisamente il coefficiente di semiosi affettiva implicita in ogni frase [...]. Attraverso la metapsicologia coinemica la psicoanalisi elabora una teoria generale della semiosi affettiva come parte essenziale di ogni processo di semiosi, nel senso che ogni processo di significazione è postulato come implicante sempre anche un significato di affetti regolati da codici. Ma se la significazione degli affetti inerisce sempre al linguaggio umano, la chiarificazione della semiosi affettiva può diventare propedeutica ad una teoria generale della struttura profonda del linguaggio umano» (ivi, pp. 12-14; v. LINGUAGGIO, § 4, *e*). Per quanto concerne il rapporto tra coinema e produzione artistica, si veda la voce PSICOLOGIA DELL'ARTE, § 2, *e*.

Bibliografia

Fornari F., *Simbolo e codice*, Feltrinelli, Milano 1976.
–, *Coinema e icona*, il Saggiatore, Milano 1978.
–, *Le strutture affettive del significato*, Raffaello Cortina, Milano 1978.
–, *I fondamenti di una teoria psicoanalitica del linguaggio*, Bollati Boringhieri, Torino 1979.

Coinvolgimento (ingl. *Involvement*; ted. *Teilnehmung*; fr. *Implication*; sp. *Envolvimiento*). Partecipazione intensa nei rapporti, nelle situazioni e nell'affezione nei confronti delle proprie idee. Il termine è utilizzato in: 1. *psicologia sociale* dove si parla di *Ego-Involvement* a proposito della passione e dell'impegno che si è in grado di mettere in gioco in difesa delle proprie convinzioni e dei propri valori, confermando in tal modo il grado della propria coerenza e motivazione; 2. *psicoanalisi* nelle relazioni transferali e controtransferali (v. TRANSFERT) che si stabiliscono tra analista e paziente.

Bibliografia

Freud S., *Analisi terminabile e interminabile* (1937), in *Opere* (1967-1993), Bollati Boringhieri, Torino, vol. XI.
Rogers C. R., *La terapia centrata sul cliente* (1951), La Nuova Italia, Firenze 1997.
Sherif M., *L'interazione sociale* (1967), il Mulino, Bologna 1972.

Coito, v. COPULAZIONE.

Colecistochinina, v. NEUROTRASMETTITORE, § I, 3.

Colite ulcerosa (ingl. *Ulcerative colitis*; ted. *Colitis ulcerosa*; fr. *Colite ulcéreuse*; sp. *Colitis ulcerosa*). Infiammazione acuta o cronica, parziale o generalizzata, del colon. Per la determinazione del disturbo sono stati presi in considerazione fattori allergici, genetici, neurogeni, nutrizionali, immunologici, infettivi e psicosomatici. Dal punto di vista psicologico sono stati sottolineati i tratti simbiotici che caratterizzano le relazioni del paziente con una figura chiave, che di solito è la madre, nei cui confronti il paziente sviluppa un sentimento di estrema dipendenza e un bisogno incolmabile di attenzione e di affetto. Quando le condizioni di realtà non soddisfano questo bisogno, si manifesta un tasso d'ansia intollerabile che fa precipitare la situazione somatica.

Bibliografia

Alexander F. G., *Medicina psicosomatica* (1950), Giunti Barbera, Firenze 1951.

Collegamento psichico (ingl. *Psychic connection*; ted. *Psychische Verbindung*; fr. *Liaison psychique*; sp. *Conexión psíquica*). Relazione fra gli elementi psichici, ipotizzata da Wilhelm Maximilian Wundt, secondo cui gli attributi elementari della psiche, come le semplici sensazioni, non restano isolati né sono associati meccanicamente, ma vengono collegati attraverso la percezione, l'attenzione e la coscienza. Wundt ritiene che la psicologia abbia il compito di analizzare i processi composti derivati dai collegamenti psichici e di comprendere le leggi che determinano tali collegamenti (v. INTROSPEZIONISMO).

Bibliografia

Wundt W. M., *Beiträge zur Theorie der Sinneswahrnehmung* (1858-1862), C. F. Winter, Leipzig-Heidelberg 1862.

Collera, v. IRA; RABBIA.

Collettiva, Psicologia, v. PSICOLOGIA DELLA MASSA.

Collettivo (ingl. *Collective*; ted. *Kollektiv*; fr. *Collectif*; sp. *Colectivo*). Aggettivo sostantivato impiegato per indicare l'insieme delle norme, dei valori e dei comportamenti mediamente condivisi e diffusi in un gruppo sociale. In *filosofia* Martin Heidegger ha distinto, a partire dal modo collettivo di vivere, l'esistenza autentica da quella inautentica che non sporge dal collettivo, ma si attiene alla "dittatura del Si impersonale" (v. Autenticità – Inautenticità). In *antropologia* hanno parlato di rappresentazioni collettive Émile Durkheim, a proposito di quelle rappresentazioni che definiscono valori, idee e pratiche che stabiliscono un ordine sociale e facilitano la comunicazione tra i membri del gruppo (v. Rappresentazione, § 3), e Lucien Lévy-Bruhl, in riferimento a quelle rappresentazioni «che sono comuni ai membri di un dato gruppo sociale, che si trasmettono di generazione in generazione, che si impongono agli individui e suscitano in loro, secondo i casi, sentimenti di rispetto, di timore, di adorazione ecc., per i loro oggetti» (1910, p. 32; v. Antropologia, § 2).

A partire dalle rappresentazioni collettive di Lévy-Bruhl, Carl Gustav Jung, nell'ambito della *psicologia analitica*, chiama «collettivi tutti quei contenuti psichici che non sono peculiari di un solo individuo, ma contemporaneamente di molti individui: cioè di una società, di un popolo o dell'umanità» (1921, p. 429). A partire da qui, Jung distingue, oltre a una coscienza e a un inconscio personali, una coscienza e un inconscio collettivi. La *coscienza collettiva* è costituita dall'insieme di valori, norme, giudizi e pregiudizi, costumi e tradizioni di una collettività umana, quale una civiltà o un gruppo più ristretto, a cui l'individuo si uniforma, più o meno consapevolmente, indirizzando i propri comportamenti, opinioni, emozioni, sulla base dei principi condivisi. L'*inconscio collettivo* costituisce una sorta di serbatoio in cui è depositata l'esperienza accumulata dalla specie umana nel corso della storia per cui, accanto ai contenuti inconsci personali, «esistono – secondo Jung – altri contenuti che non provengono da acquisizioni personali, ma dalla possibilità di funzionamento che la psiche ha ereditato, cioè dalla struttura cerebrale ereditata. Queste sono le trame mitologiche, i motivi e le immagini che in ogni tempo e luogo possono riformarsi indipendentemente da ogni tradizione e migrazione storica» (ivi, p. 462; v. Inconscio, § 3, *b*; Psicologia analitica, § 3).

Il processo di individuazione (v. Psicologia analitica, § 5), che Jung indica come meta dello sviluppo psicologico, consiste, tra l'altro, nel portare a coscienza i contenuti collettivi per potersene differenziare; infatti «se tali contenuti restano inconsci, l'individuo è per essi inconsciamente mescolato con altri individui; in altre parole, non è differenziato, non è individuato» (1928, p. 222). La Differenziazione (v.) dal collettivo non va intesa come una scelta individualistica che si contrappone alle esigenze della collettività, ma come «un migliore e più completo adempimento alle destinazioni collettive dell'uomo, poiché un'adeguata considerazione della singolarità dell'individuo favorisce una prestazione sociale migliore di quanto risulti se tale singolarità viene trascurata o repressa. La singolarità dell'individuo, infatti, non va assolutamente intesa come eterogeneità della sua sostanza o delle sue componenti, bensì piuttosto come un'irripetibile combinazione o graduale differenziazione di funzioni e facoltà che in sé e per sé sono universali» (ivi, p. 173). Nell'inconscio collettivo sono rintracciabili gli archetipi (v. Archetipo), talvolta definiti come *forme* a priori dell'umana immaginazione, talvolta come *contenuti* immaginali comuni all'esperienza psichica dell'umanità e condizionanti le sorti della psiche individuale.

Bibliografia

Durkheim É., *Rappresentazioni individuali e rappresentazioni collettive* (1898), in Id., *Sociologia e filosofia*, Edizioni di Comunità, Milano 1969.

Heidegger M., *Essere e tempo* (1927), Utet, Torino 1978.

Jung C. G., *Tipi psicologici* (1921), in *Opere* (1969-2007), Bollati Boringhieri, Torino, vol. VI.

–, *L'Io e l'inconscio* (1928), in *Opere*, cit., vol. VII.

–, *Gli archetipi dell'inconscio collettivo* (1934-1954), in *Opere*, cit., vol. IX, 1.

Lévy-Bruhl L., *Psiche e società primitive* (1910), Newton Compton, Roma 1970.

–, *La mentalità primitiva* (1922), Einaudi, Torino 1966.

Collezionismo (ingl. *Collecting*; ted. *Sammlerung*; fr. *Collectionnisme*; sp. *Coleccionismo*). Tendenza a raccogliere, classificare e catalogare per un bisogno talvolta coatto di ordine e di sistematicità. Il più delle volte, infatti, non è decisivo ciò che si raccoglie, ma la sistematicità della raccolta. Se nel bambino questa attività favorisce la conoscenza degli oggetti e le operazioni di comparazione e classificazione attraverso analogie, differenze e scale (v. Cognizione, § 1, *c*), nell'adulto è letta come un sintomo legato all'erotismo anale a cui si collega il bisogno di controllo e di conservazione. Karl Abraham fa osservare che questo sottile legame tra collezionismo ed erotismo è percepito anche dal linguaggio comune: «Con raffinata sensibilità per queste connessioni psicologiche, la lingua tedesca chiama colui che non si risparmia sacrifici per ottenere l'oggetto desiderato *Liebhaber* (amatore), lo affianca dunque al corteggiatore di una donna. La specie più marcata di "amatore" è il collezionista» (1908, pp. 208-209).

Bibliografia

Abraham K., *Le differenze psicosessuali fra isteria e dementia praecox* (1908), in *Opere*, Bollati Boringhieri, Torino 1975, vol. I.

Jones E., *Teoria del simbolismo. Scritti sulla sessualità femminile e altri saggi* (1912), Astrolabio, Roma 1972.

Colloquio – Intervista (ingl. *Interview*; ted. *Vorstellungsgespräch*; fr. *Entrevue*; sp. *Entrevista*). Detto anche *intervista*, il colloquio è una forma di indagine in cui la raccolta dei dati avviene attraverso un processo di comunicazione verbale. Nato come metodo di indagine nell'ambito delle scienze sociali, il colloquio è stato adottato dalle scienze psicologiche come strumento di ricerca che, insieme all'osservazione, ai reattivi e alle procedure sperimentali, consente di trarre informazioni sulle attitudini, le conoscenze, le aspirazioni e i conflitti di un individuo o di un gruppo. In base alle differenti forme e ai diversi gradi di strutturazione che assume in vista degli aspetti psichici che intende analizzare, il colloquio può presentarsi come:

1. Colloquio strutturato. È impiegato soprattutto per il controllo empirico delle ipotesi e utilizzato, ad esempio, nella selezione e promozione del personale, nelle indagini di mercato e nei sondaggi di opinione. Una delle forme più diffuse è il *colloquio standardizzato* in cui la qualità e l'ordine delle domande come pure il comportamento dell'intervistatore sono prefissati, in modo da consentire un confronto fra le risposte fornite da un ampio numero di soggetti. Tale forma di intervista si avvale inoltre di domande-filtro che, selezionando gli individui idonei ad un determinato gruppo di domande, assicurano un'eguale comprensione da parte di tutti i soggetti del significato stesso delle domande. Il *colloquio standardizzato a metà* consiste invece in un complesso di domande che possono essere modificate, invertite, omesse o ampliate dall'intervistatore in relazione al contesto del colloquio e alle risposte del soggetto. Le interviste standardizzate possono venir applicate sia a livello individuale che collettivo e, oltre che in forma verbale, anche in forma scritta, che consente di raccogliere in breve tempo i dati inerenti a più soggetti, attraverso questionari normalizzati (v. Questionario). I metodi standardizzati di colloquio sono precisi perché facilmente riproducibili e consentono la quantificazione e l'elaborazione statistica dei dati, ma hanno una ridotta profondità di esplorazione.

2. Colloquio diagnostico o profondo. È un metodo di indagine aperto che mira all'aspetto qualitativo, anziché quantitativo dei dati. Questo procedimento permette una maggiore variabilità dei temi e una flessibilità di comunicazione, ma non consente il confronto dei dati fra più soggetti, in quanto non è possibile una standardizzazione delle informazioni ottenute. Il colloquio profondo ha lo scopo di giungere a una diagnosi di personalità o a una diagnosi clinica e viene solitamente integrato con un'anamnesi e una somministrazione di reattivi, soprattutto di carattere proiettivo (v. Test, § III, 2). Tale forma di colloquio si svolge perlopiù come una conversazione in cui l'intervistatore si serve di una guida dei contenuti da sondare che segue più o meno rigidamente a seconda della propria impostazione metodologica e dello scopo dell'intervista. Alcuni autori, fra cui Gordon Willard Allport e Harry Stack Sullivan, hanno suggerito uno schema degli elementi utili alla comprensione della personalità, che comprende i dati relativi alle esperienze passate del soggetto, alla sua situazione attuale e alla sua visione del futuro.

3. Colloquio terapeutico. È una forma di intervista aperta che prende in considerazione anche la sfera emotiva nell'interazione fra paziente e terapeuta e si serve, oltre che del linguaggio verbale, anche delle modalità espressive non verbali. Il terapeuta ha un ruolo di osservatore partecipante, nei confronti dei comportamenti, degli atteggiamenti e dei sentimenti del paziente. Non soltanto la qualità ma anche la *forma delle domande* varia nei differenti tipi di colloquio. In generale, nelle interviste standardizzate vengono utilizzate domande chiuse, che consentono al soggetto risposte prestabilite, mentre nel colloquio profondo le domande sono aperte. Si distinguono inoltre le domande dirette, il cui scopo è sempre manifesto, e indirette, il cui scopo viene nascosto per evitare risposte false o stereotipate. Il *comportamento dell'intervistatore* è neutrale quando egli si attiene rigorosamente alle istruzioni dell'inchiesta e non interviene né per aiutare il soggetto, né per spiegare le domande, mentre è attivo quando apporta un contributo personale. In quest'ultimo caso egli può seguire un'impostazione autoritaria, dirigendo il colloquio come fosse un interrogatorio, o non-direttiva, intervenendo soltanto per strutturare e chiarificare i dati forniti dal soggetto. In tutte le forme di colloquio è comunque necessaria una buona preparazione da parte dell'intervistatore per evitare il più possibile tutti quegli atteggiamenti che provocano delle distorsioni nelle risposte del soggetto, quali, ad esempio, l'influenzamento mediante reazioni di approvazione e disapprovazione, il pregiudizio, l'identificazione o la proiezione dei propri vissuti sull'intervistato. L'*atteggiamento del soggetto* nei confronti del colloquio varia in relazione alla sua situazione psicologica attuale e alla disponibilità nei confronti dell'intervistatore, nonché al livello culturale, alle capacità di espressione, alle motivazioni ecc.

4. Colloquio educativo. Costituisce uno dei metodi fondamentali della pedagogia non-direttiva. È basato sulla partecipazione alla situazione dell'allievo, sul rispetto per le sue problematiche e sull'astensione da qualsiasi atteggiamento giudicante o rigidamente prescrittivo.

Bibliografia

Allport G. W., *Personality. A psychological interpretation*, Holt, New York 1937.
Atkinson R., *L'intervista narrativa. Raccontare la storia di sé nella ricerca formativa, organizzativa, sociale* (2000), Raffaello Cortina, Milano 2002.
Balint M., *Psychotherapeutische Techniken in der Medizin*, Huber, Stuttgart-Bern 1963.
Borgna E., *Noi siamo un colloquio*, Feltrinelli, Milano 1999.
Calvi G., *La diagnosi psicologica e i suoi strumenti*, in L. Ancona (a cura di), *Nuove questioni di psicologia*, La Scuola, Brescia 1972, vol. II, pp. 330-390.
Candelori C., *Il primo colloquio. La consultazione clinica di esplorazione con bambini, adolescenti e adulti*, il Mulino, Bologna 2014.
Castiello D'Antonio A., *Interviste e colloqui in azienda*, Raffaello Cortina, Milano 1994.
Cigoli V., Tamanza G., *L'intervista clinica generazionale*, Raffaello Cortina, Milano 2009.
Del Corno F., Lang M., *Modelli di colloquio in psicologia clinica*, Franco Angeli, Milano 1995.
Gislon M. C., *Il colloquio clinico e la diagnosi differenziale*, Bollati Boringhieri, Torino 1988.
Gonzo M., Mosconi A., Tirelli M. (a cura di), *L'intervista nei servizi sociosanitari*, Raffaello Cortina, Milano 1999.
Goodworth C. T., *Effective interviewing for employment selection*, Business Books, London 1979.
Kopp R., *Le metafore nel colloquio clinico* (1998), Erickson, Trento 2000.
Lai G., *Le parole del primo colloquio*, Bollati Boringhieri, Torino 1980.
Lis A., Venuti P., De Zordo M. R., *Il colloquio come strumento psicologico. Ricerca, diagnosi, terapia*, Giunti, Firenze 1995.
Mannoni M., *Il primo colloquio con lo psicoanalista*, Armando, Roma 1974.
Miller W. R., Rollnick S., *Il colloquio motivazionale. Preparare la persona al cambiamento* (2002), Erickson, Trento 2004.
–, *Il colloquio motivazionale. Aiutare le persone a cambiare* (2012, 3ª ed.), Erickson, Trento 2014.
Naar-King S., Suarez M., *Il colloquio motivazionale con gli adolescenti* (2012), Erickson, Trento 2014.
Passi Tognazzo D., *Metodi e tecniche nella diagnosi della personalità*, Giunti Barbera, Firenze 1975.
Percy J.-P., *Il colloquio di valutazione e supporto con i collaboratori*, Franco Angeli, Milano 1995.
Quadrio A., *Il colloquio in psicologia*, il Mulino, Bologna 1998.
Rossi R. (a cura di), *Intervista psichiatrica*, in G. B. Cassano, P. Pancheri *et al.* (a cura di), *Trattato italiano di psichiatria* (1992), Masson, Milano 1999, vol. I, pp. 731-742.
Ruggiero G. M., Sassaroli S., *Il colloquio in psicoterapia cognitiva. Tecnica e pratica clinica*, Raffaello Cortina, Milano 2013.
Semi A. A., *Tecnica del colloquio*, Raffaello Cortina, Milano 1985.
Sullivan H. S., *Il colloquio psichiatrico* (1954), Feltrinelli, Milano 1967.
Telleschi R., Torre G., *Il primo colloquio con l'adolescente*, Raffaello Cortina, Milano 1988.
Trentini G. (a cura di), *Manuale del colloquio e dell'intervista*, Utet, Torino 1995.
Zammuner V. L., *Tecniche dell'intervista e del questionario* (1996), il Mulino, Bologna 1998.
Zavalloni R., *La terapia non direttiva nell'educazione*, Armando, Roma 1971.

Colore (ingl. *Colour*; ted. *Farbe*; fr. *Couleur*; sp. *Color*). I colori possono essere definiti da un punto di vista *fisico* in ordine alla loro natura, *fisiologico* in ordine ai processi che ne consentono la percezione e *psicologico* in ordine ai significati emotivi e simbolici che i vari colori possono assumere a livello culturale e individuale.

1. Psicofisica del colore. Dal punto di vista fisico i colori sono una specificazione dell'energia radiante con riferimento alle varie lunghezze d'onda dello spettro elettromagnetico che varia da circa 380 a 750 mμ. Oltre alla *frequenza*, sono importanti, ai fini della visione, l'*intensità* data dall'ampiezza d'onda e la *purezza* data dalla composizione spettrale della radiazione. Nell'ordinare i colori si fa riferimento a tre attributi: *a*) la *tonalità* per cui si differenzia un giallo da un arancione o da un rosso. Questa caratteristica è correlata a una determinata banda di lunghezza d'onda, ma può essere ottenuta anche mediante fusione di due o più variazioni di lunghezza d'onda diversa. Le tonalità distinguibili da un occhio umano oscillano tra le 200 e le 250; *b*) la *chiarezza* o *luminosità* che è data dall'intensità dello stimolo luminoso anche se risente delle variazioni della lunghezza d'onda, per cui, ad esempio, a parità di energia luminosa, gli oggetti verdi tendono ad apparire di un grigio più chiaro di quelli blu nella visione notturna (effetto Purkinje); *c*) la *saturazione* in cui si esprime la presenza della tonalità, anche se non è collegata soltanto all'omogeneità delle radiazioni cromatiche, ma varia anche con la lunghezza d'onda e con l'intensità.

Tra i numerosi modelli stereometrici ideati per rappresentare in modo ordinato tutte le impressioni cromatiche tenendo conto delle tre dimensioni fenomeniche principali: tonalità, chiarezza e saturazione, ricordiamo: *a*) il *triangolo dei colori* dove i diversi gradi di saturazione di un colore possono essere disposti in modo da coprire un'area triangolare la cui base è costituita dalla scala delle chiarezze. Il modello risulta triangolare perché, mentre la massima saturazione per ciascun colore si ha in corrispondenza con una chiarezza media, la saturazione diminuisce progressivamente in presenza di un aumento o di una diminuzione della chiarezza, finché la componente cromatica si annulla quando la chiarezza corrisponde a quella del bianco o del nero; *b*) il *quadrato dei colori* che prende questo nome perché le varie tonalità sono ordinate lungo i lati di un quadrato ideale ai cui vertici stanno i quattro colori fondamentali (rosso, giallo, verde, blu), mentre su ciascun lato si trovano le tonalità fenomenicamente intermedie tra due tonalità fondamentali adiacenti. Seguendo lo stesso criterio, invece che al quadrato si può ricorrere al cerchio come nel cerchio dei colori di Ewald Hering; *c*) l'*ottaedro dei colori*, detto anche ottaedro di Hermann Ebbinghaus, a forma di doppia piramide i cui vertici sono congiunti da un asse centrale in cui sono collocate tutte le tonalità acromatiche dal bianco al nero. La base comune delle due piramidi è costituita dal quadrato dei colori con ai vertici il rosso, il giallo, il verde e il blu massimamente saturi. Poiché la saturazione diminuisce con l'aumentare e il diminuire della chiarezza, diminuisce verso l'alto e verso il basso anche la distanza dall'asse centrale dei grigi.

2. Fisiologia della visione dei colori. Delle cellule retiniche che fungono da fotorecettori solo i coni agiscono nella visione diurna, dando immagini a colori e permettendo di vedere sia quelli *acromatici* come il bianco, il nero e i grigi intermedi, sia quelli *cromatici* come il rosso, il giallo, il verde, il blu (v. Visivo, Sistema, §§ 1-3). L'indagine sperimentale non ha ancora offerto a tutt'oggi una spiegazione universalmente accettata della codificazione cromatica. Le ipotesi più condivise sono: *a*) la *teoria tricromatica di Young-Helmholtz* che postula l'esistenza di tre tipi di coni ognuno dei quali contiene un differente pigmento visivo che, pur reagendo a tutte le lunghezze d'onda, ha una massima sensibilità per una delle tre lunghezze corrispondenti al rosso, al giallo e al blu; *b*) la *teoria quadricromatica di Hering-Müller* che ipotizza anch'essa tre pigmenti ottici corrispondenti però alle coppie di colori complementari rosso-verde, giallo-blu e bianco-nero, che funzionerebbero in modo antagonistico: all'assimilazione delle sostanze visive provocata da determinate lunghezze d'onda corrisponderebbe l'esperienza visiva del verde, del blu e del nero, mentre alla dissimilazione di tali sostanze corrisponderebbe l'esperienza del rosso, del giallo e del bianco. Oltre a queste due teorie, altre ne sono state formulate nel tentativo di giungere ad un unico sistema in grado di spiegare tutti i fenomeni cromatici normali e patologici, ma nessuno di tali tentativi è risultato finora pienamente soddisfacente.

3. Disturbi della visione del colore. La cecità per i colori può essere totale e allora si parla di *acromasia* (detta anche acromatopsia o acromatismo o monocromatismo), oppure parziale e in questo caso si distinguono la *dicromasia* (detta anche dicromatismo), dove due dei pigmenti ottici sono efficaci mentre il terzo manca del tutto, e la *tricromasia* (detta anche tricromatismo) dove tutti e tre i pigmenti del recettore sono presenti nella retina, ma tutti o singolarmente ad efficacia fisiologicamente bassa.

Se si assume come riferimento la *teoria tricromatica* che prevede un primo pigmento (giallo), un secondo (verde) e un terzo (blu), si parla di *discromatopsia* le cui sottospecie sono la protanomalia, la deuteranomalia e la tritanomalia per significare che la sensibilità per i corrispondenti colori è limitata; se invece è del tutto assente, si parla di *anopsia* le cui sottospecie sono la protanopia, la deuteranopia e la tritanopia.

Se si assume come riferimento la *teoria quadricromatica*, allora si parla di *dicromatismo* essendo l'esperienza cromatica limitata a due sole lunghezze d'onda. Si distinguono due tipi di dicromatismo: uno consiste nella cecità per il rosso-verde e uno nella cecità per il giallo-blu. Il primo, detto anche *daltonismo* dal nome del suo scopritore, il chimico John Dalton (1766-1844) che ne era affetto, ha come sue sottospecie la *protanopia* che è una cecità più accentuata per il rosso, e la *deuteranopia* che è una cecità più accentuata per il verde. In entrambi i casi si è in presenza di una bassa luminosità della porzione dello spettro che corrisponde alle maggiori lunghezze d'onda dei due colori antagonisti, con conseguente incapacità di distinguere dal grigio ciò che alla comune osservazione appare rosso e verde. La seconda forma di dicromatismo ha come sottospecie la *tritanopia* e la *tetratanopia* la cui cecità riguarda i colori antagonisti giallo-blu con conseguente incapacità di distinguerli dal grigio. Questa forma è detta anche *xantocianopsia*.

La cecità ai colori è di origine ereditaria determinata da un gene recessivo legato al sesso, e colpisce più di frequente i maschi rispetto alle femmine. Si danno anche cecità acquisite determinate da lesioni di varia natura agli organi dell'apparato visivo (v. Agnosia, § 5), o da avvelenamenti come nel caso della *xantopsia* per cui tutti gli oggetti appaiono colorati di giallo a seguito di assunzioni di fenacetina o santonina. Dal punto di vista psicologico, la cecità ai colori non dà luogo a vere perturbazioni, ma solo a delle limitazioni nelle attività legate alla percezione cromatica. Le differenti forme di cecità ai colori e gli errori di visione cromatica possono essere accertati attraverso test di discriminazione tra i quali ricordiamo il *test di Ishihara*, costituito da tavole con figure o numeri rappresentati da macchie puntiformi che spiccano su uno sfondo caratterizzato da colori contrastanti scelti in modo che la cecità per i colori, in base allo specifico difetto, non consente di distinguere determinate figure, mentre ne evidenzia altre che sfuggono all'osservazione normale, e il *test di Nagel*, che consiste in sedici tavole tra le quali il soggetto che si sottopone al test deve isolare tutte quelle che non contengono i colori che, in base al tipo di discromatopsia, non vengono visti o sono difficilmente distinguibili.

4. I SIGNIFICATI EMOTIVI E SIMBOLICI DEL COLORE. Nonostante le differenti interpretazioni che si riscontrano nelle varie culture ed epoche storiche, i colori rappresentano in ogni area geografica e a ogni livello di conoscenza uno dei riferimenti più significativi della lettura simbolica del mondo esteriore ed interiore. Per ciascuna cultura e per ciascun individuo ogni colore assume un certo significato ed esercita un certo effetto connesso a immagini, contenuti, figurazioni che il soggetto percepisce anche se non conosce. Vasilij Vasil'evič Kandinskij definisce il *rosso* «vivo, acceso, inquieto»; il suo significato simbolico si connette fondamentalmente con il tema dell'energia vitale. Al polo opposto troviamo il *blu* che Johann Wolfgang Goethe definisce «un nulla eccitante, una contraddizione composta di eccitazione e di pace». Il *giallo*, sempre per Goethe, è «il colore più prossimo alla luce. L'occhio ne viene allietato, l'animo si rasserena: un immediato calore ci prende». Il *verde*, scrive Kandinskij, «non si muove in alcuna direzione e non ha alcuna nota di gioia, di tristezza, di passione, non desidera nulla, non aspira a nulla. È un elemento immobile, soddisfatto di sé, limitato in tutte le direzioni». Risultando dalla composizione di blu e giallo, il verde è descritto da Goethe come un colore statico ed equilibrato, dove «occhio e animo riposano su questo composto come se si trattasse di qualcosa di semplice. Non si vuole e non si può procedere oltre». Come sintesi di rosso e blu, il *viola* allude all'integrazione degli opposti e delle ambivalenze, il *marrone* si connette alla terra e al carattere ancestrale femminile e materno, il *grigio*, che Kandinskij definisce «immobilità desolata», risulta dalla mescolanza del bianco e del nero senza essere né l'uno né l'altro. Max Lüscher scrive che «si distingue per le negazioni. Non è né colorato, né chiaro, né scuro. Il grigio è il nulla di tutto, la sua particolarità è la neutralità più completa». Il *nero* è dato dall'assenza totale di luce, è perciò connesso all'oscurità, al mondo delle ombre, alla morte. Kandinskij lo definisce «qualcosa di spento come un rogo combusto fino in fondo, qualcosa di inerte come un cadavere che è insensibile a tutto ciò che gli accade intorno e che lascia che tutto vada per il suo verso». Il *bianco* è la fusione di tutti i colori dello spettro, in quanto non contiene alcuna dominanza che lo faccia propendere verso qualche colorazione, è simbolo della purezza, quindi dell'innocenza e della castità. Kandinskij lo definisce come «un silenzio che non è morto, bensì ricco di possibilità, è un nulla giovane o, più esattamente, un nulla anteriore al principio, alla nascita. Così risuonava forse la terra nei bianchi periodi dell'era glaciale».

Nell'esperienza percettivo-emotiva i colori vengono spesso associati ai suoni per cui, ad esempio, i suoni alti richiamano generalmente colori chiari e i suoni bassi colori scuri; in alcuni soggetti si verificano fenomeni di SINESTESIA (v.) talché, simultaneamente all'audizione, essi percepiscono determinati colori. Carl Gustav Jung avanza l'ipotesi che la preferenza individuale per determinati colori abbia corrispondenze con la FUNZIONE (v. § 2, *b*) che caratterizza il tipo psicologico (v. TIPOLOGIA, § 2) perché a suo parere «l'azzurro corrisponde al pensiero, il rosso al sentimento, il giallo all'intuizione e il verde alla sensazione» (1934-1950, p. 322). Dal canto loro Robert Scholl e Oswald Kroh hanno messo in evidenza che alcuni individui percepiscono prima il colore e altri la forma dell'oggetto, stabilendo che i primi sono tipi vivaci, estroversi, affabili e a volte superficiali e scarsamente critici, mentre i secondi sono solitamente timidi, riservati, ambiziosi, critici e restii al cambiamento. Esistono infine alcuni test di personalità, come il *test di Lüscher* o la *piramide di Pfister*, in cui alla preferenza di un colore vengono associati determinati tratti psicologici.

Bibliografia

Anderson M., *La cromoterapia* (1975), Armenia, Milano 1985.

Arnheim R., *Arte e percezione visiva* (1954), Feltrinelli, Milano 1971.

–, *Il pensiero visivo. La percezione visiva come attività conoscitiva* (1969), Einaudi, Torino 1974.

Bombi A. S., Pinto G., *I colori dell'amicizia. Studi sulle rappresentazioni pittoriche dell'amicizia tra i bambini*, il Mulino, Bologna 1993.

Bopst H., *Color and personality*, Vantage Press, New York 1962.

Brusatin M., *Storia dei colori*, Einaudi, Torino 1983.

Goethe J. W., *La teoria dei colori* (1808), il Saggiatore, Milano 1981.

Gombrich E. H., *L'immagine e l'occhio* (1982), Einaudi, Torino 1985.

Helmholtz H. L. F. von, *Handbuch der physiologischen Optik*, Voss, Leipzig 1866.

Hering E., *Grundzüge der Lehre vom Lichtsinn*, Springer, Berlin 1920.

Jung C. G., *Tipi psicologici* (1921), in *Opere* (1969-2007), Bollati Boringhieri, Torino, vol. VI.

–, *Empiria del processo d'individuazione* (1934-1950), in *Opere*, cit., vol. IX, 1.

Kandinskij V., *Tutti gli scritti*, Feltrinelli, Milano 1974.

Kanizsa G., *Grammatica del vedere*, il Mulino, Bologna 1980.

Kast V., *Das Assoziationsexperiment in der therapeutischen Praxis*, in I. Riedel (a cura di), *Farben*, Kreuz, Stuttgart 1983.

Kroh O., *Experimentelle Beiträge zur Typenkunde*, in "Zeitschrift für Psychologie", 1929, vol. 14 (Supplemento).

Lüscher M., *Il test dei colori*, Astrolabio, Roma 1976.

Maffei L., Mecacci L., *La visione. Dalla neurofisiologia alla psicologia*, Mondadori, Milano 1979.

Marletta L., *L'interpretazione dei colori*, Urano, Milano 1976.

Navarro F., *Test delle figure da colorare*, Organizzazioni Speciali (O. S.), Firenze 1985.

Pastoureau M., *I colori del nostro tempo* (2007), Ponte alle Grazie, Firenze 2010.
Petter G., Garau B., *Il mondo del colore*, Giunti Barbera, Firenze 1968.
Pfister M., *Il test della piramide del colore*, Organizzazioni Speciali (O. S.), Firenze 1981.
Pierantoni R., *L'occhio e l'idea. Fisiologia e storia della visione*, Bollati Boringhieri, Torino 1981.
Pirri P., Cariani D., Cesari L., *Persone a colori*, Castelvecchi, Roma 2017.
Riedel I. (a cura di), *Farben*, Kreuz, Stuttgart 1983.
Sambursky Sh., Scholem G., Corbin H., Zahan D., Izutsu T., *Il sentimento del colore. L'esperienza cromatica come simbolo, cultura e scienza* (1973), Red Edizioni, Como 1990.
Scholl R., *Scholl-test, Kindertest*, Thieme, Stuttgart 1953.
Schopenhauer A., *Sulla teoria dei colori*, in Id., *Parerga e paralipomena* (1851), Adelphi, Milano 1983.
Steiner R., *Sull'essenza dei colori* (1976), Antroposofica, Milano 1982.
Venturini R., Lombardo Radice M., Imperiali M. G., *Color-Word-Test*, Organizzazioni Speciali (O. S.), Firenze 1985.
Widmann C., *Il simbolismo dei colori*, Piovan, Abano Terme 1988.
Wittgenstein L., *Osservazioni sui colori. Una grammatica del vedere* (1977), Einaudi, Torino 1982.

Colpa (ingl. *Guilt*; ted. *Schuld*; fr. *Culpabilité*; sp. *Culpa*). Termine di provenienza giuridica impiegato per indicare l'infrazione involontaria di una norma, s distinta dal delitto (*dolus*) che è un'infrazione volontaria e progettata. Tale è la definizione di Immanuel Kant: «Una trasgressione involontaria ma imputabile si chiama colpa; una trasgressione volontaria (cioè unita con la coscienza che si tratta proprio di trasgressione) si chiama delitto» (1797, p. 400).

1. Filosofia. La colpa come condizione ontologica dell'esistenza. Martin Heidegger ha elevato la colpa a condizione originaria e ineliminabile dell'esistenza umana, nel senso che se l'uomo può essere imputato di colpa, vuol dire che la possibilità d'esser colpevole appartiene alla sua essenza: «Questo esser-colpevole costituisce la condizione ontologica della possibilità dell'Esserci di poter, esistendo, divenire colpevole. Questo esser-colpevole essenziale è co-originariamente la condizione esistenziale della possibilità del bene e del male "morale", cioè della moralità in generale e della possibilità delle sue modificazioni particolari. L'esser-colpevole originario non può esser determinato in base alla moralità perché questa lo presuppone come tale» (1927, pp. 424-425). Il concetto heideggeriano di colpa è connesso a un "non": «Il *non* potersi comprendere dell'uomo nel "donde e nel dove", in quanto l'uomo è "gettato (*geworfen*)" nel mondo in vista di un "progetto (*Entwurf*)" che, per realizzarsi, chiede il non progettarsi su altre possibilità. La colpa si radica quindi nell'infondatezza dell'esistenza: Per esser-colpevole l'Esserci non ha bisogno di accollarsi una "colpa" mediante azioni o omissioni, esso non deve che essere autenticamente quel "colpevole" che, essendo, esso è» (ivi, p. 426).

L'ineliminabilità della colpa e la sua originaria appartenenza alla natura umana ritornano anche in Karl Jaspers che rubrica la colpa tra le situazioni-limite dell'esistenza: «Nella mia situazione sono responsabile di ciò che accade per non essere intervenuto, e se non faccio ciò che posso fare, mi rendo colpevole delle conseguenze che derivano dalla mia astensione. Pertanto, sia l'azione sia la non-azione implicano delle conseguenze, per cui in ogni caso io sono inevitabilmente colpevole. In questa situazione-limite divento consapevolmente responsabile di ciò che accade, senza che io l'abbia propriamente voluto. Se chi agisce è consapevole di queste conseguenze diventa insicuro perché, nel compiere l'azione, egli pensava ad altre conseguenze. Nella situazione-limite egli si sente *responsabile* della sua azione. Responsabilità significa esser disposti ad assumere le colpe. In questo modo l'esistenza, manifestandosi, si trova immediatamente sotto una pressione ineliminabile» (1932-1956, pp. 725-726). Considerata insieme all'angoscia (v. Angoscia – Ansia, § 1) come espressione ontologica della condizione umana, la colpa, connessa al sentimento di separazione da un'unità originaria, si attiva, a parere di Jaspers, ogni volta che il soggetto abbandona una certa forma di sicurezza con il dubbio di non poterla più ritrovare (v. Psicologia sociale, § 2).

Martin Buber trova ingenuo e limitato il concetto di "senso di colpa" di cui si occupa la psicoanalisi sia nella versione freudiana che in quella junghiana. La ragione è dovuta al fatto che, per la psicoanalisi di Sigmund Freud, il senso di colpa scaturisce dal conflitto interiorizzato dall'individuo tra l'inconscio pulsionale (Es) e l'inconscio sociale (Super-io) il quale, contenendo le manifestazioni dell'ordine pulsionale, quando è trasgredito, genera sensi di colpa, che dunque si risolvono nell'interiorità dell'individuo, nel rapporto dell'individuo con se stesso, trascurando il suo rapporto con gli altri e con il mondo. Ciò che la psicoanalisi non considera è la *realtà della colpa*, il suo *spessore ontologico* da rintracciare non nell'anima, ma nell'essere. Il medico dell'anima, non oltrepassando, nella sua pratica di cura, la trasgressione di tabù primordiali o di istanze parentali e sociali, per limitarsi a curare gli effetti derivanti dalla paura della punizione e della riprovazione da parte di queste istanze, con riattivazione del timore infantile di perdere l'amore genitoriale, si proibisce, per effetto del suo metodo, il riconoscimento di quella colpa originaria che è la *possibilità di ogni uomo di diventare colpevole*, ben intravista dai primitivi che per questo hanno stabilito dei tabù. In altri termini la colpa non è tanto nella trasgressione del tabù come vuole la psicoanalisi (colpa nevrotica), ma nella consapevolezza di poter diventare in ogni momento colpevole (colpa esistenziale). Ragione questa per cui sono nati i tabù. Il mancato riconoscimento dell'originaria e costante possibilità umana di cadere nella colpa, che è connaturata alla natura umana, da un lato non consente alla psicoanalisi di pervenire all'essenza della colpa e dall'altro le permette di esonerarsi da ogni considerazione morale, lasciando questo compito alla discussione dei teologi.

2. Psichiatria. La colpa come tratto costitutivo della depressione. I contributi di Heidegger e di Jaspers sono stati messi a frutto dall'orientamento fenomenologico della psichiatria che nell'esperienza della colpa ha colto uno dei motivi della depressione endogena il cui quadro è così delineato da Eugenio Borgna: «Le espressioni di colpa depressive si possono distinguere in colpa *morale* (quando ci sia la coscienza di avere violato norme fondamentali su istanze comuni al contesto sociale e culturale in cui si vive), in colpa *religiosa* (quando si abbia la coscienza di non avere rispettato norme legate ai contesti di fede in cui si crede) e in colpa *esistenziale* (quando il vivere è sentito come fonte di colpa insostenibile)» (1988, p. 135). La fenomenologia della colpa, che è al centro della condizione depressa, si lascia spiegare heideggerianamente in base alla sensazione di chiusura al futuro che fa del passato, in cui la colpa presunta o reale è stata commessa, un tempo inoltrepassabile e quindi assoluto: «La colpa – scrive ancora Borgna – non si cancella dunque dalla coscienza malinconica: si fa avvenimento che si inserisce, una volta per tutte, nella storicità evenemenziale del paziente; nella misura in cui si dissolve ogni speranza nel riscatto della colpa e scompare dall'orizzonte temporale la dimensione del futuro che, sola, consente di sorpassare (di oltrepassare) gli eventi del passato: trascinandoli nel vortice del divenire e immergendoli in una significazione *altra* da quella che essi hanno avuto nel passato. La colpa non si trasforma nella sua risonanza soggettiva e nella sua prospettiva morale; e questo in connessione strutturale con la permanenza della depressione» (ivi, p. 140).

3. Psicoanalisi. La colpa come conflitto tra istanze egoiche e superegoiche. In questo ambito non si parla di colpa ma di *senso di colpa*, cioè dell'*emozione* che segue la violazione di un precetto, come nel racconto mitico descritto da Freud in *Totem e tabù* dove il padre interdice ai figli di accedere alle donne del clan. I figli, dopo aver ucciso il padre, sono assaliti da un senso di colpa che riparano restaurando la legge del padre. Questa, vietando di unirsi alle donne del clan, garantisce l'esogamia (v. Endogamia – Esogamia) e, attraverso i rapporti di parentela che si instaurano, riduce la conflittualità tra i clan. Il senso di colpa può essere conscio o inconscio e in entrambi i casi deriva, secondo Freud, dal conflitto tra il Super-io e i desideri sessuali e aggressivi infantili, che a sua volta è una rappresentazione interiorizzata e una perpetuazione dei conflitti tra il bambino e i suoi genitori. Siccome poi si suppone che il Super-io derivi la sua energia dall'aggressività stessa del bambino, il senso di colpa risulta direttamente influenzato dal grado in cui l'individuo esprime i suoi sentimenti aggressivi, rivolgendoli contro di sé in condanna morale. Il senso di colpa inconscio è alla base delle attitudini masochistiche, dalla propensione agli incidenti alle condotte delittuose, in cui sembra che il soggetto agisca in modo da procurarsi delle sofferenze o delle punizioni. Scrive in proposito Freud: «È stata per noi una sorpresa lo scoprire che un'accentuazione di questo senso di colpa inconscio può trasformare gli uomini in delinquenti. Eppure è senza dubbio così. Si può individuare in molti delinquenti, specialmente quando si tratta di giovani, un potente senso di colpa che preesisteva all'atto criminoso, e che quindi di questo atto non è l'effetto bensì la causa: come se il poter collegare il senso di colpa inconscio a qualche cosa di reale e attuale fosse avvertito da costoro come un sollievo» (1922, p. 514).

La dinamica del senso di colpa è differente nelle varie forme nevrotiche. Mentre nella nevrosi ossessiva, ad esempio, l'Io tenta di difendersi dalle condanne del Super-io che avverte come ingiustificate perché rivolte agli impulsi aggressivi rimossi di cui egli non è consapevole, nella depressione l'Io si sottomette alla colpa perché l'oggetto a cui si rivolgono le accuse del Super-io è entrato a far parte, in seguito a una identificazione, dell'Io. Ciò spiega perché il malinconico può giungere al suicidio, mentre il nevrotico ossessivo non adotta mai questa soluzione. Essendo direttamente connesso al Super-io, il senso di colpa acquista rilievo solo dopo la formazione di questa istanza, cioè verso il quinto-sesto anno di vita, ed essendo il Super-io costituito dalle immagini parentali interiorizzate, si ritiene che la sua rigidità, e conseguentemente l'entità del senso di colpa, sia strettamente legata all'educazione che, quanto più è autoritaria, tanto più determina un Super-io punitivo ed eccessivi sensi di colpa. Da queste premesse consegue che l'apparente mancanza di senso di colpa, che caratterizza ad esempio la personalità psicopatica (v. Psicopatia), derivi o da disturbi psichici nella formazione del Super-io, o da un Super-io formato sulla base di modelli patologici.

Le difese contro il senso di colpa possono andare dalla Negazione (v.) alla proiezione della colpa sull'altro, dalla richiesta indiretta di perdono attraverso un'eccessiva gentilezza alla richiesta di punizione attraverso un comportamento scortese e provocatorio. Significativa è infine la distinzione tra senso di colpa persecutorio e senso di colpa depressivo introdotta da Roger Money-Kyrle. Il primo è collegato alla paura della punizione, il secondo al dispiacere per il danno recato; ne consegue nel primo caso la tendenza alla propiziazione dell'immagine persecutoria, nel secondo la tendenza alla riparazione. A questa seconda istanza faceva riferimento Freud quando parlava dell'istanza morale connessa al senso di colpa e del "senso creativo della colpa".

Dal canto suo Carl Gustav Jung collega la nozione di colpa al processo di individuazione (v. PSICOLOGIA ANALITICA, § 5) e in proposito scrive: «L'esigenza di individuarsi è *contraria* a ogni adattamento agli altri. Siccome però la rottura dell'unanimità personale testé raggiunta significa la distruzione di un ideale estetico e morale, il primo passo in direzione dell'individuazione è tragica *colpa*. L'accumularsi di questa colpa esige *espiazione*. [...] Per aver sottratto se stesso all'unanimità e quindi alla collettività, l'individuo deve pagare un riscatto, deve cioè produrre valori equivalenti che nell'atmosfera collettivo-personale compensino la sua assenza. Senza questa produzione di valori l'individuazione definitiva è immorale, anzi è qualcosa di più: è suicida. Chi non sa creare valori si sacrifichi coscientemente allo spirito dell'unanimità collettiva. In cambio gli è data la possibilità di scegliere la collettività cui vuole sacrificarsi. Solamente a colui che crea valori oggettivi è lecito e possibile individuarsi» (1916, p. 311).

Bibliografia

Binswanger L., *Melanconia e mania* (1960), Bollati Boringhieri, Torino 1971.
Borgna E., *I conflitti del conoscere. Strutture del sapere ed esperienza della follia*, Feltrinelli, Milano 1988.
Buber M., *Colpa e sensi di colpa* (1957), Apogeo, Milano 2008.
Callieri B., *Il senso di colpa. Note di psicopatologia antropologica* (1989), in Id., *Percorsi di uno psichiatra* (1955-1992), Edizioni Universitarie Romane, Roma 1993, pp. 299-305.
Della Seta L., *Le origini del senso di colpa*, Melusina, Roma 1989.
Di Blasio P., Vitali R., *Sentirsi in colpa*, il Mulino, Bologna 2001.
Douglas M., *Rischio e colpa* (1992), il Mulino, Bologna 1996.
Freud S., *Totem e tabù. Alcune concordanze nella vita psichica dei selvaggi e dei nevrotici* (1912-1913), in *Opere* (1967-1993), Bollati Boringhieri, Torino, vol. VII.
–, *Lutto e melanconia*, in *Metapsicologia* (1915), in *Opere*, cit., vol. VIII.
–, *L'Io e l'Es* (1922), in *Opere*, cit., vol. IX.
–, *Il problema economico del masochismo* (1924), in *Opere*, cit., vol. X.
Goldberg J., *La colpa. Un assioma della psicoanalisi* (1985), Feltrinelli, Milano 1988.
Heidegger M., *Essere e tempo* (1927), Utet, Torino 1978.
Jaspers K., *Filosofia* (1932-1956), Libro I: *Orientazione filosofica nel mondo*, Libro II: *Chiarificazione dell'esistenza*, Libro III: *Metafisica*, Utet, Torino 1978.
–, *La questione della colpa. Sulla responsabilità politica della Germania* (1946), Raffaello Cortina, Milano 1996.
Jung C. G., *Adattamento* (1916), in *Opere* (1969-2007), Bollati Boringhieri, Torino, vol. VII.
Kant I., *Metafisica dei costumi* (1797), Laterza, Bari 1970.
Lebovici S., *I sentimenti di colpa nel bambino e nell'adulto* (1971), Feltrinelli, Milano 1983.
Lewis H. B., *Shame and guilt in neurosis*, International Universities Press, New York 1971.
Money-Kyrle R., *Psicoanalisi ed etica* (1955), in *Scritti (1927-1977)*, Bollati Boringhieri, Torino 2002.
Ohly F., *Il dannato e l'eletto. Vivere con la colpa* (1976), il Mulino, Bologna 2001.
Ricoeur P., *Finitudine e colpa* (1960), il Mulino, Bologna 1970.
Zoja L., *Crescita e colpa. Psicologia e limiti dello sviluppo*, Anabasi, Milano 1993.

Coma, v. COSCIENZA, § 3, *d*.

Come se (ingl. *As if*; ted. *Als ob*; fr. *Comme si*; sp. *Como si*). Espressione introdotta dal filosofo Hans Vaihinger per segnalare che i principi e i concetti adottati dalla scienza sono ipotetici, con una validità limitata alla loro utilità pratica. Questo concetto ha trovato la sua applicazione nell'ambito della psicologia clinica, dove è impiegato in due accezioni: per indicare un tipo di conoscenza e un tipo di personalità, e nell'ambito della psicoterapia sistemica.

1. EPISTEMOLOGIA. In questo ambito Sigmund Freud adotta la concezione del "come se" di Vaihinger per giustificare la sua teoria dell'APPARATO PSICHICO (v.) che egli stesso considera uno schema ipotetico al pari di tutte «le descrizioni che in psicologia possono farsi solo con l'aiuto di paragoni. Questa non è del resto una particolarità della psicologia, anche in altri campi è così» (1926, p. 363). Sull'argomento ritorna Karl Jaspers per il quale: «Charcot e Moebius hanno notato e, in base a ciò, hanno compreso la coincidenza dell'estensione dei disturbi isterici della sensibilità e della motilità con i grossolani e falsi concetti anatomo-fisiologici che ha il malato. Ma in realtà non si poté dimostrare come punto di partenza del disturbo una tale rappresentazione nei malati, ma si comprese il disturbo *come se* (*als ob*) fosse condizionato da un processo cosciente. Se in questi casi si tratti realmente di una tale genesi, pur mancando la chiarificazione dei processi psichici che passano inosservati ma sono reali, oppure se si tratti solo di una sorprendente caratterizzazione di dati sintomi mediante una finzione, resta dubbio. Freud, che ha descritto una grande quantità di fenomeni "compresi come se", confronta la sua attività con quella di un archeologo, che da frammenti interpreta opere umane. La grande differenza

sta solo nel fatto che l'archeologo interpreta ciò che è stato, mentre nel "comprendere come se" è molto dubbia proprio la reale esistenza di ciò che è stato compreso» (1913-1959, p. 332). Dal canto suo Carl Gustav Jung applica il principio del "come se" a ogni interpretazione che abbia a che fare con l'inconscio: «Il principio metodologico da cui parte la psicologia per trattare i prodotti dell'inconscio è il seguente: i contenuti di natura archetipica sono manifestazioni di processi che si svolgono nell'inconscio collettivo. Essi non si riferiscono quindi a qualcosa di cosciente o che è stato una volta cosciente, bensì all'essenzialmente inconscio. Quindi, in ultima analisi, non si può nemmeno stabilire a che cosa si riferiscano. Ogni interpretazione rimane necessariamente al "come se...". L'ultimo nucleo di significato può essere circoscritto, non descritto» (1940, p. 149).

2. Psicologia clinica. In questo ambito è detto "come se" un tipo di personalità rubricato tra le forme marginali (v. Marginale, Sindrome, § 1) caratterizzato da una labilità di contatto con il mondo oggettivo, assenza di autenticità (v. Autenticità – Inautenticità), depersonalizzazione (v. Persona, § 1) e Derealizzazione (v.). Questi individui, che alcuni autori definiscono schizoidi (v. Schizoide), mostrano un'affettività apparentemente normale e un buon contatto con l'ambiente quando si trovano in una condizione di sicurezza, ma perdono il contatto con la realtà nel momento in cui tale condizione viene a mancare. Otto Fenichel scrive in proposito che «i pazienti sembrano normali perché essi riescono a sostituire "pseudocontatti" di vario genere a un contatto sentito e reale con le altre persone; essi si comportano "come se" avessero un rapporto sentito con gli altri. Essi possono essere circondati da molte persone e indulgere in molte attività; ma non hanno veri amici» (1945, p. 500). Secondo Helene Deutsch ciò che determina una personalità "come se" è una mancata sintesi delle varie identificazioni infantili in una personalità integrata, cosicché l'individuo adotta qualunque atteggiamento gli sembri adeguato alla situazione, ma non si riconosce in nessuno di essi. L'autrice sostiene che i pazienti schizofrenici, prima di giungere allo stadio acuto di delirio, attraversino una fase di personalità "come se".

3. Psicoterapia sistemica. In questo ambito Paul Watzlawick invita i pazienti che hanno un comportamento disfunzionale a introdurre dei cambiamenti minimali "come se" la percezione della realtà fosse differente da come la si è solitamente esperita. Il risultato è che il nuovo comportamento introdotto modifica anche la percezione della realtà e di conseguenza consente di abbandonare i comportamenti disfunzionali. Questo modello psicoterapeutico trova conferma nelle osservazioni di Jean Piaget che ha dimostrato come il bambino costruisce la sua visione del mondo non a partire dalla sua percezione, ma mediante operazioni e azioni esplorative.

Bibliografia

Deutsch H., *Über einen Typus der Pseudo-Affektivitaet ("als ob")*, in "Internationale Zeitschrift für Psychoanalyse", 1934, n. XX.

Fenichel O., *Trattato di psicoanalisi delle nevrosi e delle psicosi* (1945), Astrolabio, Roma 1951.

Freud S., *Il problema dell'analisi condotta da non medici. Conversazione con un interlocutore imparziale* (1926), in *Opere* (1967-1993), Bollati Boringhieri, Torino, vol. X.

Jaspers K., *Psicopatologia generale* (1913-1959), Il Pensiero Scientifico, Roma 2000.

Jung C. G., *Psicologia dell'archetipo del fanciullo* (1940), in *Opere* (1969-2007), Bollati Boringhieri, Torino, vol. IX, 1.

Nardone G., *Solcare il mare all'insaputa del cielo*, Ponte alle Grazie, Milano 2008.

Piaget J., *La costruzione del reale nel bambino* (1937), La Nuova Italia, Firenze 1967.

Vaihinger H., *La filosofia del "come se"* (1911), Astrolabio, Roma 1967.

Watzlawick P., *Il linguaggio del cambiamento. Elementi di comunicazione terapeutica* (1977), Feltrinelli, Milano 1980.

Comico (ingl. *Comic*; ted. *Komisch*; fr. *Comique*; sp. *Cómico*). Aggettivo riferito a tutto ciò che suscita Riso (v.) come effetto della risoluzione imprevista di una tensione o di un contrasto. Definito da Aristotele come ciò che scaturisce dall'irragionevolezza o dall'inconseguenza logica, il comico è stato studiato da Immanuel Kant, per il quale è «l'effetto di un'attesa che si risolve nel nulla», e da Henri Bergson per il quale il comico scaturisce dalla reificazione dello spirito che si verifica ogni volta che l'anima prende il sopravvento sul corpo. Dal canto suo Sigmund Freud afferma che: «Ci appare comico chi, in paragone a noi, compie un dispendio eccessivo per le funzioni del corpo e insufficiente per le funzioni dell'anima, e non si può negare che il nostro riso è in entrambi i casi l'espressione della superiorità cui va congiunto un senso di piacere che ci attribuiamo rispetto all'altro. Se nei due casi il rapporto si capovolge, e il dispendio somatico dell'altro ci appare minore del nostro e il suo dispendio psichico maggiore, non ridiamo più, siamo stupefatti e ammirati» (1905, p. 174). Dopo questa definizione generale, Freud passa in rassegna le varie forme di comicità: «Il piacere dell'arguzia deriva dal *dispendio inibitorio risparmiato*, il piacere della comicità dal *dispendio rappresentativo* (o di investimento) *risparmiato* e il piacere dell'umorismo dal *dispendio emotivo risparmiato*. In tutti e tre i modi in cui lavora il nostro apparato psichico il piacere discende da un risparmio; tutti e tre concordano su un punto: sono metodi per riacquistare dall'attività psichica un piacere che a rigore è andato perduto solo per lo sviluppo di questa attività. Infatti l'euforia che ci sforziamo di ottenere per queste vie non è altro che lo stato d'animo di un'età nella quale eravamo soliti provvedere con poco dispendio alla nostra attività psichica, lo stato d'animo della nostra infanzia, nella quale non conoscevamo il comico, non eravamo capaci di motteggiare e non avevamo bisogno dell'umorismo per sentirci felici di vivere» (ivi, p. 211).

Di tutt'altro avviso è Jean Baudrillard per il quale il riso e il comico non sono l'espressione di un risparmio, ma di un dissolversi del senso, di un'implosione. Sposando la tesi di Kant, Baudrillard dice che la comicità nasce quando «*là dove c'era qualcosa, non c'è più niente*, nemmeno un inconscio. Là dove c'era una qualsiasi finalità (sia pure inconscia) oppure un valore (sia pure rimosso), non c'è più niente. *Il godimento è l'emorragia del valore*, la disgregazione del codice, del logos repressivo. Nel comico, è l'imperativo morale dei codici istituzionali (situazioni, ruoli, persone sociali) che è eliminato nel *Witz*, è l'imperativo morale dello stesso principio d'identità delle parole, e del soggetto, che si annulla. Per niente. Non per "esprimere" un "inconscio"» (1976, p. 245). Il piacere della battuta, del MOTTO DI SPIRITO (v.) è, per Baudrillard, il piacere dell'ambivalenza dei significati che entrano in cortocircuito tra loro annullandosi. Qui il senso non ha presa, scambiandosi con il *doppio senso*, dove nulla si risparmia, ma tutto si disperde nel riso. Non si ride della proliferazione del senso, ma della sua reversibilità, del suo ritorno su se stesso che scatena quel non-senso di cui si ride come in un attimo di liberazione. Non si ride mai da soli, perché il riso non ha senso se non nello scambio, che ha tutto il carattere dello scambio simbolico, non ultimo l'obbligatorietà. Serbare per sé una barzelletta è assurdo, così come non ridere è offensivo, infrange le leggi sottili dello scambio. Se il riso fosse un "risparmio psichico" come vuole Freud, allora, dice Baudrillard, ciascuno riderebbe da solo; se si ride sempre con altri, è perché c'è qualcosa di più di un'economia inconscia, c'è la reciprocità dello scambio nell'annullamento simbolico del valore e del senso.

Bibliografia

Aristotele, *Poetica*, in *Opere*, Laterza, Bari 1973.
Baudrillard J., *Lo scambio simbolico e la morte* (1976), Feltrinelli, Milano 1979.
Bergson H., *Il riso. Saggio sul significato del comico* (1900), Feltrinelli, Milano 1990.
Farnè M., *Guarir dal ridere. La psico-biologia della battuta di spirito*, Bollati Boringhieri, Torino 1995.
Fasolo F., *Grottesche. Immagini del comico in psichiatria*, Edizioni Libreria Cortina, Padova 1991.
Freud S., *Il motto di spirito e la sua relazione con l'inconscio* (1905), in *Opere* (1967-1993), Bollati Boringhieri, Torino, vol. V.
Kant I., *Antropologia pragmatica* (1798), Laterza, Bari 1969.
Olbrechts-Tyteca L., *Il comico del discorso. Un contributo alla teoria generale del comico e del riso* (1974), Feltrinelli, Milano 1977.
Prezzo R., *Ridere la verità. Scena comica e filosofia*, Raffaello Cortina, Milano 1994.
Sini C., *Il comico e la vita*, Jaca Book, Milano 2003.
Sully J., *Essai sur le rire. Ses formes, ses causes, son développement et sa valeur*, Alcan, Paris 1904.

Commercio, v. PSICOLOGIA COMMERCIALE.

Compagno immaginario (ingl. *Imaginary companion*; ted. *Fantasiefreund*; fr. *Camarade imaginaire*; sp. *Compañero imaginario*). Figura fantastica creata di solito da bambini soli o che non hanno relazioni significative con coetanei. Questa figura, a cui si attribuiscono un nome, un aspetto fisico, una personalità e una storia, funge prevalentemente da oggetto di identificazione o di diversificazione, soddisfacendo il bisogno del bambino di condividere le proprie esperienze. A questo proposito Tilde Giani Gallino scrive: «Riteniamo che un notevole numero di bambini sappiano costruirsi un Doppio mentale e amico, con il quale rivivere e reiterare, tante volte quanto vogliono, intere situazioni sociali già esperite con Altri reali. O semplicemente alcune sequenze comunicative di tali interazioni. In simili rappresentazioni mentali, il Doppio può "ragionare" con il bambino offrendogli l'opportunità di cogliere il punto di vista altrui, di imparare a confrontarsi e negoziare. Questo *alter ego* diventa infatti non solo un semplice Doppio della personalità infantile che lo ha creato, ma può anche essere dotato, almeno in parte, di una personalità altra: in quanto tale, essendo diverso da chi lo ha creato, aiuterebbe a mediare, e insegnerebbe a collaborare nel processo di socializzazione infantile» (1993, p. 9).

Bibliografia

AA.VV., *Il doppio. Psicoanalisi del compagno segreto*, Red Edizioni, Como 1990.
Giani Gallino T., *Il bambino e i suoi doppi. L'ombra e i compagni immaginari nello sviluppo del Sé*, Bollati Boringhieri, Torino 1993.

Comparata, Psicologia, v. PSICOLOGIA COMPARATA.

Comparativismo (ingl. *Comparativism*; ted. *Komparativismus*; fr. *Comparativisme*; sp. *Comparativismo*). Metodo introdotto dagli antropologi per classificare i dati culturali di diverse popolazioni in base alle analogie ricavate dall'individuazione di una serie di costanti che servono da parametri di confronto interculturale. L'introduzione di questo metodo risale al XVIII secolo quando si tentò di ricostruire le condizioni di vita degli uomini della preistoria comparandole a quelle delle popolazioni ancora primitive. Il maggior sostenitore di questo metodo fu nell'Ottocento Edward Burnett Tylor per il quale «confrontando i vari studi della civiltà tra le razze storicamente note con l'aiuto dell'inferenza archeologica dagli avanzi delle tribù preistoriche, sembra possibile stabilire in modo approssimativo la prima condizione generale dell'uomo, che dal nostro punto di vista deve essere considerata come una condizione primitiva, qualsiasi stato più remoto possa in realtà averla preceduta» (1871, p. 26). Il metodo comparativo fu messo in discussione da Franz Boas e dagli antropologi funzionalisti del Novecento che lo ritennero gratuito e scientificamente poco probabile, per cui era preferibile il *particolarismo storico* che si limita allo studio di una sola cultura per chiarire le cause che hanno portato al formarsi di determinati costumi e i processi psicologici messi in atto durante il loro sviluppo. Di tutt'altro parere è l'antropologo George P. Murdock che nel 1937 creò uno schedario comparativo che contiene e mette in relazione alcuni tratti rilevanti di un gran numero di culture. Oggi questo metodo non ha più un significato correlativo-sincronico, ma semplicemente descrittivo degli ambiti in cui compaiono analogie culturali. A questo metodo si rifanno le scienze simboliche (v. SIMBOLO, § 4) per rintracciare identità in culture diverse che si ignorano tra loro, la psicologia archetipica (v. ARCHETIPO, § 2, *a*; PSICOLOGIA ARCHETIPICA) nel tentativo di dimostrare l'unicità dell'inconscio collettivo nelle varie forme dell'esistenza umana, l'etnopsichiatria (v. ANTROPOLOGIA, § 7) e la PSICOLOGIA TRANSCULTURALE (v.).

Bibliografia

Boas F., *I limiti del metodo comparativo in antropologia* (1938), in AA.VV., *Antropologia culturale. Testi e documenti*, Hoepli, Milano 1970.

Hillman J., *Il sogno e il mondo infero* (1973-1979), Adelphi, Milano 2003.

–, *Figure del mito* (2007), Adelphi, Milano 2014.

Jung C. G., *Gli archetipi dell'inconscio collettivo* (1934-1954), in *Opere* (1969-2007), Bollati Boringhieri, Torino, vol. IX, 1.

Morgan L. H., *La società antica. Le linee del progresso umano dallo stato selvaggio alla civiltà* (1877), Feltrinelli, Milano 1970.

Murdock G. P., *Statistical correlations in the science of society*, Yale University Press, New Haven, Connecticut, 1937.

Tylor E. B., *Primitive culture*, Murray, London 1871; tr. it. del capitolo iniziale: *La scienza della cultura*, in AA.VV., *Il concetto di cultura. I fondamenti teorici della scienza antropologica*, Einaudi, Torino 1970, pp. 3-30.

Compassione (ingl. *Compassion*; ted. *Mitleid*; fr. *Compassion*; sp. *Compasión*). Partecipazione emotiva al dolore altrui che si esprime attraverso un sentimento di solidarietà, alla base del quale c'è per Arthur Schopenhauer la consapevolezza della comune partecipazione al carattere doloroso dell'esistenza. Questa consapevolezza è la prima via di liberazione dall'inganno con cui la volontà irrazionale utilizza gli uomini per il raggiungimento dei suoi fini che riguardano l'economia della specie e non quella degli individui. Per Sigmund Freud, e per la psicoanalisi in genere, la compassione è una forma di inibizione utilizzata nell'economia psichica per reprimere le componenti di crudeltà presenti nella pulsione sessuale. Per quanto riguarda la psicoterapia focalizzata sulla compassione si veda la voce COGNITIVISTA, TERAPIA, § 3, f.

Bibliografia

Freud S., *Tre saggi sulla teoria sessuale* (1905), in *Opere* (1967-1993), Bollati Boringhieri, Torino, vol. IV.

Schopenhauer A., *Il mondo come volontà e rappresentazione* (1819), Laterza, Bari 1978.

Compensazione (ingl. *Compensation*; ted. *Kompensation*; fr. *Compensation*; sp. *Compensación*). Meccanismo di autoregolazione che tende a bilanciare le carenze di un sistema in modo da riportarlo a uno stato di equilibrio.

1. PSICOLOGIA DELLA PERCEZIONE. A livello sensoriale si parla di compensazione a proposito dell'intensificazione di una o più funzioni percettive che si verifica in seguito alla soppressione di un organo di senso, come nel caso dello sviluppo e dell'affinamento della sensibilità tattile e uditiva nelle persone non vedenti, dove però la compensazione non avviene in modo automatico, ma mediante l'esercizio.

2. PSICOLOGIA INDIVIDUALE. Alfred Adler ha fatto del concetto di compensazione il cardine della sua psicologia: «Nel 1907 in uno studio sull'inferiorità degli organi (*Studie über Minderwertigkeit der Organen*) ho dimostrato che le anomalie costituzionali congenite non devono essere considerate unicamente come fenomeni di degenerazione, ma possono anche dar adito a un rendimento e iperrendimento compensatorio, nonché a fenomeni importantissimi di correlazione, cui il rendimento psichico intensificato contribuisce in modo essenziale. Questo sforzo psichico compensatorio si svolge spesso per poter superare le situazioni difficili della vita su nuove vie, e appare abbastanza esperto per adempiere in modo meraviglioso allo scopo di mascherare anche un deficit di cui si ha la sensazione. Il modo più diffuso con cui si tenta di nascondere un senso di inferiorità

nato nella prima infanzia consiste nella costruzione di una sovrastruttura psichica compensatoria, che tenta, nel *modus vivendi* nervoso, di riacquistare nella vita la superiorità e un punto d'appoggio con disposizioni e sicurezze bell'e pronte e in pieno esercizio» (1920, p. 37). Il modello della compensazione viene esteso da Adler, oltre che all'inferiorità d'organo, all'inferiorità reale o presunta nei confronti di altre persone, dei modelli sociali o dei propri ideali (v. INFERIORITÀ). Le reazioni compensatorie possono avvenire in un ambito differente da quello in cui viene avvertita la deficienza o all'interno del medesimo ambito, come nei casi in cui l'individuo è portato a eccellere proprio nell'attività che gli procurava maggiori difficoltà. I comportamenti compensatori, oltre a non essere sempre adattivi nei confronti della realtà e delle relazioni sociali, il più delle volte raggiungono uno stato di equilibrio solo apparente, perché non si risolve l'inferiorità di base che li ha determinati. Quando la compensazione si spinge oltre la semplice neutralizzazione dell'inferiorità di base, perseguendo uno scopo esasperato di affermazione e di dominio sugli altri, allora Adler parla di *sovracompensazione* o di *ipercompensazione* che nel linguaggio freudiano corrisponde alla FORMAZIONE REATTIVA (v.).

3. PSICOLOGIA ANALITICA. Carl Gustav Jung, pur riconoscendo ad Adler il merito di aver introdotto il concetto di compensazione, preferisce il concetto più generale di *autoregolazione* perché «una teoria psicologica che voglia essere più di un semplice sussidio tecnico deve fondarsi sul principio dei contrari; senza questo principio, essa potrebbe ricostruire soltanto una psiche nevroticamente squilibrata. Non c'è equilibrio e non c'è sistema autoregolantesi senza il termine contrario. La psiche invero è un sistema dotato di autoregolazione» (1917-1943, p. 62). A partire da questa premessa Jung ipotizza che la compensazione sia una conseguenza del carattere autoregolativo dell'apparato psichico tramite cui l'inconscio bilancia l'atteggiamento della coscienza, nel senso che i contenuti esclusi dalla coscienza, perché estranei al suo orientamento, costituiscono un contrappeso inconscio, la cui forza aumenta proporzionalmente all'unilateralità della coscienza stessa. A questo proposito Jung scrive: «Normalmente la compensazione ad opera dell'inconscio non costituisce un contrasto, ma un bilanciamento o un'integrazione dell'orientamento cosciente. L'inconscio, ad esempio, fornisce nei sogni tutti quei contenuti che sono costellati in rapporto alla situazione cosciente, ma che sono stati inibiti ad opera della selezione attuata dalla coscienza, e la cui conoscenza sarebbe indispensabile alla coscienza stessa ai fini di un atteggiamento completo. In condizioni normali la compensazione è inconscia, cioè la sua azione regolatrice sull'attività cosciente si svolge inconsciamente. Nella nevrosi l'inconscio entra in un contrasto così forte con la coscienza che la compensazione viene disturbata. La terapia analitica mira perciò a rendere coscienti i contenuti inconsci per ristabilire in tal modo la compensazione» (1921, p. 431). Il meccanismo della compensazione si manifesta, secondo Jung, anche nella TIPOLOGIA (v. § 2) individuale: «Un introverso, accanto o al di sotto del suo atteggiamento cosciente, ha un atteggiamento estroverso, a lui inconscio, che compensa automaticamente l'unilateralità della coscienza» (ivi, p. 522). Grazie ai meccanismi di compensazione la psiche raggiunge il suo EQUILIBRIO (v. § 6).

4. PSICOANALISI, v. FORMAZIONE REATTIVA.

5. BIOENERGETICA. Alexander Lowen parla di compensazione in relazione alle contrazioni, alle posture, ai movimenti che il corpo mette in atto per ristabilire un equilibrio venuto meno in seguito all'irrigidimento di una determinata parte del corpo dove la conflittualità psichica si raccoglie e si esprime a livello somatico.

6. PEDAGOGIA. In questo ambito è stato introdotto il concetto di *educazione compensatoria* per quelle procedure di insegnamento rivolte ai bambini cresciuti in condizioni di privazione economica, affettiva e culturale. In questi casi si cerca, mediante tecniche che vanno dal condizionamento operante (v. APPRENDIMENTO, § I, 2) ai metodi di assistenza e arricchimento globale, di fornire un contesto più ricco di stimoli rispetto ai consueti ambienti educativi, in modo da supplire alle carenze evolutive dei bambini svantaggiati.

Bibliografia

Adler A., *Studie über Minderwertigkeit der Organen*, Urban & Schwarzenberg, Wien 1907.

–, *Prassi e teoria della psicologia individuale* (1920), Astrolabio, Roma 1947.

Bereiter C., Engelmann S., *Scuola per l'infanzia e svantaggio culturale* (1966), Franco Angeli, Milano 1977.

Frankenstein C., *Impaired intelligence. Pathology and rehabilitation*, Science Publishers Ltd., London 1970.

Jung C. G., *Psicologia dell'inconscio* (1917-1943), in *Opere* (1969-2007), Bollati Boringhieri, Torino, vol. VII.

–, *Tipi psicologici* (1921), in *Opere*, cit., vol. VI.

–, *L'Io e l'inconscio* (1928), in *Opere*, cit., vol. VII.

–, *L'essenza dei sogni* (1945-1948), in *Opere*, cit., vol. VIII.

Lowen A., *Il linguaggio del corpo* (1958), Feltrinelli, Milano 1978.

Compensazione, Nevrosi da, v. TRAUMA, § 3.

Competizione (ingl. *Competition*; ted. *Wettstreit*; fr. *Compétition*; sp. *Competencia*). Relazione di opposizione fra due o più individui o gruppi per il raggiungimento della supremazia. A seconda delle motivazioni di coloro che la mettono in atto, la competizione può variare dallo scambio amichevole, come spesso accade nel gioco o nella competizione sportiva, alla violenza e alla distruttività. In entrambi i casi la competizione fornisce informazioni sulle caratteristiche dei membri del gruppo sociale, consentendo di stabilire una struttura gerarchica all'interno del gruppo stesso. Gli studi sulla competizione si avvalgono degli esperimenti della teoria dei giochi, in cui vengono analizzate le strategie individuali di massimizzazione dei benefici personali a spese degli altri. In questo contesto sono state isolate alcune variabili che sembrano maggiormente incidere sulla condotta competitiva o, viceversa, di collaborazione, quali, ad esempio, la natura della ricompensa, il comportamento di collaborazione o competizione da parte degli "avversari" e la possibilità di comunicare fra loro. Per l'orientamento psicoanalitico l'assunzione di un atteggiamento o di un comportamento competitivo nei confronti degli altri, di cui l'individuo non è sempre consapevole, è spesso motivata da inconsci sentimenti di inferiorità che il soggetto cerca di compensare attraverso il raggiungimento di risultati esteriori.

Bibliografia

Adler A., *Prassi e teoria della psicologia individuale* (1920), Astrolabio, Roma 1947.

Elias N., Dunning E., *Sport e aggressività* (1986), il Mulino, Bologna 1989.

Freud A., *L'Io e i meccanismi di difesa* (1936), in *Opere* (1978-1979), Bollati Boringhieri, Torino, vol. I.

Passingham R., *The human primate*, Academic Press, New York 1981.

Vercelli G., *Vincere con la mente*, Ponte alle Grazie, Firenze 2005.

Compiacenza (ingl. *Compliance*; ted. *Entgegenkommen*; fr. *Complaisance*; sp. *Solicitación*). Atteggiamento eccessivamente accomodante con tratti di sottomissione nei confronti degli altri, messo in atto per il bisogno di essere accettati o per il timore di non riscuotere sufficiente stima e affetto (v. CONFORMISMO). Da questo significato generale vanno distinte due accezioni specifiche del termine:

1. COMPIACENZA MOTORIA. Espressione presente nella letteratura psichiatrica per indicare una reazione frequente nei bambini che rispondono, ad un leggero contatto della mano, muovendo tutto il corpo.

2. COMPIACENZA SOMATICA. Espressione introdotta da Sigmund Freud per indicare la disponibilità del corpo e, più specificamente, di un organo o di un apparato, a divenire oggetto di CONVERSIONE (v.), ossia di trasposizione di un conflitto psichico rimosso in un sintomo somatico. La compiacenza somatica caratterizza l'isteria di conversione (v. ISTERIA, § 1, *b*) che, a parere di Freud, «non può insorgere senza una certa *compiacenza somatica*, offerta da un processo normale o patologico in un organo o su un organo del corpo» (1901, p. 333). Per questo l'isteria si distingue dalle altre forme di psiconevrosi. Infatti, scrive sempre Freud: «Per un buon tratto i processi psichici sono gli stessi in tutte le psiconevrosi, finché a un certo punto entra in campo la "compiacenza somatica", che procura uno sfogo organico ai processi psichici inconsci. Quando questo fattore non interviene, dallo stato generale emerge qualcosa di diverso da un sintomo isterico e purtuttavia ad esso affine: una fobia, per esempio, oppure un'ossessione, in breve un sintomo psichico» (ivi, p. 334). La scelta dell'organo avviene o per la debolezza congenita o acquisita dell'organo stesso che offre una minor resistenza, o per il particolare legame che quell'organo ha con la situazione in cui è avvenuta la rimozione del conflitto, o per qualche legame simbolico che l'organo ha con il conflitto. Il concetto di compiacenza somatica è stato ripreso ed esteso dalla PSICOSOMATICA (v.) oltre il campo dell'isteria, per segnalare il potere espressivo del corpo e la sua attitudine a significare il rimosso o l'investimento narcisistico del proprio corpo.

Bibliografia

Alexander F. G., *Medicina psicosomatica* (1950), Giunti Barbera, Firenze 1951.

Fenichel O., *Trattato di psicoanalisi delle nevrosi e delle psicosi* (1945), Astrolabio, Roma 1951.

Freud S., *Studi sull'isteria (in collaborazione con Josef Breuer)* (1892-1895), in *Opere* (1967-1993), Bollati Boringhieri, Torino, vol. I.

–, *Frammento di un'analisi d'isteria (Caso clinico di Dora)* (1901), in *Opere*, cit., vol. IV.

Weiss E., English O. S., *Medicina psicosomatica. Applicazione clinica della psicopatologia ai problemi generali della medicina* (1949), Astrolabio, Roma 1950.

Compito (ingl. *Task*; ted. *Aufgabe*; fr. *Tâche*; sp. *Tarea*). Attività assegnata a un individuo, da altre persone o dall'individuo stesso, come strumento di apprendimento o come scopo da realizzare. In *psicologia sperimentale* si chiama "compito" l'insieme dei comportamenti che vengono richiesti al soggetto sperimentale per l'attuazione di un esperimento, mentre in *psicologia del lavoro* si parla di "analisi del compito" per quella serie di procedure mirate a individuare le conoscenze e le attitudini necessarie allo sviluppo di una determinata attività. I risultati a cui si perviene servono per la costruzione di strategie di addestramento e per la valutazione del personale lavorativo. In questa analisi si distingue: la *descrizione* del compito, in cui vengono individuate le attività che caratterizzano un determinato lavoro e le condizioni ambientali, sociali e psicologiche in cui questo viene eseguito, e la *specificazione* del compito, dove vengono delineate in modo più particolareggiato le tappe essenziali per lo svolgimento delle varie attività e il loro ordine di importanza.

Nell'ambito della psicologia cognitiva si sono sviluppati studi sui "compiti doppi", cosiddetti perché si chiede al soggetto di eseguire nello stesso tempo due compiti diversi per modalità di esecuzione, come ad esempio eseguire un lavoro manuale mentre si sta rispondendo a messaggi uditivi, allo scopo di verificare l'elaborazione e i limiti di risposta del soggetto, il controllo volontario dell'attenzione, la capacità di focalizzarla e di distribuirla sui diversi compiti, i suoi limiti, il carico mentale e il coordinamento delle attività. Queste ricerche hanno trovato applicazione per stimare il carico mentale nell'esecuzione dei compiti e la residua capacità disponibile per rispondere a ulteriori richieste.

Bibliografia

Cronbach L. J., *Essentials of psychological testing*, Harper & Row, New York 1949.

Gopher D., *Compiti doppi*, in M. W. Eysenck (a cura di), *Dizionario di psicologia cognitiva* (1990), Laterza, Bari 1994, pp. 47-56.

Novara F., Sarchielli G., *Fondamenti di psicologia del lavoro*, il Mulino, Bologna 1996.

Complementarità (ingl. *Complementarity*; ted. *Komplementarität*; fr. *Complémentarité*; sp. *Complementariedad*). Funzionalità di parti in un rapporto reciproco. Il termine è impiegato in:

1. Psicologia sociale. Si parla di complementarità: *a*) a proposito della *coppia* (v. Matrimonio, § 1), quando un membro realizza ciò che all'altro manca. Questo rapporto si distingue da quello simmetrico dove un partner è lo specchio dell'altro. Quando in un rapporto duale i membri pretendono una relazione che sia ad un tempo simmetrica e complementare si instaura un rapporto di Doppio legame (v.) caratterizzato da segnali incongrui e contraddittori; *b*) all'interno del *gruppo* dove la complementarità, secondo le espressioni di Nathan W. Ackerman, si assesta in una "forma minus", che si esprime nella neutralizzazione degli effetti disintegranti provocati dai conflitti, e in una "forma plus", in cui si creano le condizioni per una crescita ulteriore del gruppo e dei singoli membri che lo compongono; *c*) nella relazione *individuo-società*, dove le istanze individuali che contrastano con le regole sociali producono quei processi di aggiustamento che sono alla base della dinamica sociale.

2. Psicologia del profondo. In questo ambito si parla di complementarità: *a*) in *psicoanalisi* a proposito della tendenza delle pulsioni a meta attiva ad essere associate a pulsioni antitetiche a meta passiva (come il mangiare e l'essere mangiato) tipiche dell'età infantile (v. Pulsione, § 1, *f*); *b*) in *psicologia analitica* dove Carl Gustav Jung parla della complementarità di coscienza e inconscio le cui funzioni tendono a compensarsi a vicenda (v. Compensazione, § 3). La complementarità non è statica, ma *dinamica* e la si riscontra, oltre che nella relazione tra coscienza e inconscio, anche nella relazione tra Io e Sé, e, nella pratica terapeutica, nel rapporto transferale (v. Transfert) tra analista e paziente.

Bibliografia

Ackerman N. W., *Patologia e terapia della vita familiare* (1962), Feltrinelli, Milano 1970.

Eisenstein V. W., *Neurotic interaction in marriage*, Basic Books, New York 1956.

Freud S., *Tre saggi sulla teoria sessuale* (1905), in *Opere* (1967-1993), Bollati Boringhieri, Torino, vol. IV.

Jung C. G., *Riflessioni teoriche sull'essenza della psiche* (1947-1954), in *Opere* (1969-2007), Bollati Boringhieri, Torino, vol. VIII.

Ugazio V., *Storie permesse, storie proibite. Polarità semantiche familiari e psicopatologie*, Bollati Boringhieri, Torino 2012.

Complessità (ingl. *Complexity*; ted. *Komplexität*; fr. *Complexité*; sp. *Complejidad*). Il termine si riferisce alla riflessione epistemologica che, dopo lo sconvolgimento subìto dagli impianti scientifici nel Novecento, rifiuta la possibilità di spiegare esaurientemente un fenomeno a partire da un unico impianto teorico anticipato. Edgar Morin, tra i più autorevoli esponenti di questa epistemologia, definisce la complessità «un tessuto (*complexus: ciò che è tessuto insieme*) di elementi eterogenei intrecciati in modo inseparabile» (1990, p. 12), e il pensiero complesso come «quel pensiero che mira a rendere conto delle articolazioni tra campi disciplinari frammentati dal pensiero disgiuntivo della scienza classica, che separa le differenti dimensioni del reale e poi ne pretende una conoscenza coerente e perfetta per sommatoria di conoscenze parziali» (1999, p. 34). Anche il pensiero complesso distingue gli elementi eterogenei, ma nel separarli non li isola, al contrario si propone all'occorrenza di congiungerli, evitando da un lato l'*egemonismo* di un sapere sugli altri saperi adiacenti e affini, e dall'altro il *riduzionismo* che li incorpora dopo aver dato dei saperi contigui una rappresentazione semplificata. Il risultato è il *settarismo* denunciato da Max Pagès secondo il quale «è tanto difficile per esempio per uno psicoanalista ammettere la pertinenza di una sovradeterminazione sociale dei fenomeni psichici, quanto per un sociologo credere nella determinazione psichica di fenomeni sociali, anche se l'uno e l'altro non esitano ad applicare le loro ipotesi al campo dell'altro. Le loro strumentazioni intellettuali e le loro abitudini mentali impediscono la fertilizzazione incrociata dei loro approcci» (1997, p. 142).

Il pensiero complesso consente di superare tutti quei dualismi che non nascono dal reale, ma dai metodi adottati dalle varie scienze. Così, ad esempio, scrive Morin: «La dualità antitetica uomo/animale, cultura/natura cozza contro l'evidenza. È evidente, infatti, che l'uomo non è costituito di due parti sovrapposte: bio-naturale l'una, bio-sociale l'altra, è evidente che egli non è attraversato da nessuna muraglia cinese che separa la parte umana dalla parte animale; è evidente che ogni uomo è una totalità bio-psico-sociologica. E appena si prendono in considerazione questi assunti, l'antropologia che chiameremo insulare, suscita dei paradossi che non riesce a superare» (1973, p. 20).

A questo punto occorre, come scrive Pagès, «spostare l'accento dal piano dei principi pan-esplicativi universali verso quello più modesto dei processi, dalle meta-teorie alle teorie di medio raggio, collocate a un livello di astrazione intermedio: questa regola della "sospensione della meta-teoria" apre uno spazio di interrogazione possibile tra sistemi teorici che si escludono e non tollerano ai loro confini che il nulla o l'eterogeneità totale. Molti campi disciplinari teorico-pratici sono così posti in qualche modo in stato di "fluttuazione", influenzandosi reciprocamente gli uni gli altri, ma salvaguardando la propria specificità. Si crea un tessuto interstiziale tra i campi, e l'immaginazione dei ricercatori può inserirsi in questo spazio. Si passa da una ricerca in verticale che collega principi, processi e osservazioni all'interno di un campo a un'esplorazione trasversale tra i vari campi» (2002, pp. 69-70). A differenza dell'*eclettismo* che mira a costruire sintesi unificanti fondendo, integrando e aggregando diversi sistemi teorici, la *complessità* mette a fuoco i rapporti e le interazioni che esistono tra i sistemi teorici, avendo cura di precisare i confini di ciascuno senza abolirli.

Bibliografia

Bertalanffy L. von, *Teoria generale dei sistemi. Fondamenti, sviluppo e applicazioni* (1968), Istituto Librario Internazionale (ILI), Milano 1971.

Bocchi G., Ceruti M. (a cura di), *La sfida della complessità*, Feltrinelli, Milano 1985.

Castoriadis C., *Gli incroci del labirinto* (1978), Hopeful Monster, Firenze 1988.

Changeux J.-P., *L'uomo neuronale* (1983), Feltrinelli, Milano 1990.

Morin E., *Il paradigma perduto. Che cos'è la natura umana?* (1973), Bompiani, Milano 1974.

–, *Il metodo. Ordine disordine organizzazione* (1977), Feltrinelli, Milano 1983.

–, *La conoscenza della conoscenza* (1986), Feltrinelli, Milano 1989.

–, *Introduzione al pensiero complesso* (1990), Sperling & Kupfer, Milano 1993.

Morin E., Le Moigne J.-L., *L'intelligence de la complexité*, L'Harmattan, Paris 1999.

Pagès M., *Psychothérapie et complexité*, Desclée de Brouwer, Paris 1993.

–, *Vers une éthique de l'interdisciplinarité*, in AA.VV., *L'aventure psychosociologique*, Desclée de Brouwer, Paris 1997.

–, *Complessità*, in J. Barus-Michel, E. Enriquez, A. Lévy (a cura di), *Dizionario di psicosociologia* (2002), Raffaello Cortina, Milano 2005, pp. 65-74.

Complesso (ingl. *Complex*; ted. *Komplex*; fr. *Complexe*; sp. *Complejo*). Termine introdotto in ambito psichiatrico da Carl Gustav Jung per indicare un insieme strutturato e attivo di rappresentazioni, pensieri e ricordi, in parte o del tutto inconsci, dotati di una forte carica affettiva. Il termine era già stato impiegato da Sigmund Freud negli *Studi sull'isteria* del 1892-1895, ma è lo stesso Freud a riconoscere che la psicoanalisi è debitrice del termine alla Scuola di Zurigo di Eugen Bleuler e Jung. Infatti, nell'elenco dei *Modi tipici di ammalarsi nervosamente* (1912), Freud scrive: «Il secondo tipo di causa di malattia non è affatto così appariscente come il primo, e in realtà poté essere scoperto soltanto attraverso approfonditi studi analitici, connessi con la teoria dei complessi della scuola zurighese» (1912, p. 549).

1. La "psicologia complessa" e i test associativi. Jung era giunto all'identificazione dei complessi attraverso esperimenti associativi (v. Associazione, § 5) dove «una sola parola, un gesto che ha colpito la ferita, rivela il comportamento in agguato sul fondo dell'anima» (1907, p. 59). Per "complesso", che Jung nomina "complesso a tonalità affettiva", lo psicologo di Zurigo intende una massa di rappresentazioni caratterizzata da una tonalità affettiva che, quando è penosa, causa un ritardo nelle risposte al test associativo. Questo ritardo significa per Jung che la parola stimolo ha toccato un "complesso", ossia «singole rappresentazioni, legate tra loro secondo le diverse leggi dell'associazione (somiglianza, coesistenza ecc.), e selezionate e raggruppate in insiemi più grandi da un affetto» (ivi, p. 48). Giunto alla conclusione che la psiche è un insieme di complessi, Jung pensò in un primo tempo di definire la sua teoria "Psicologia complessa (*Komplexen Psychologie*)", denominazione che abbandonò nel 1929 quando scrisse: «Preferisco dare alle mie teorie il nome di "psicologia analitica",

intendendo con questa espressione un concetto generale che comprende "psicoanalisi", "psicologia individuale" e altre tendenze nell'ambito della "psicologia complessa"» (1929, p. 63).

2. Il complesso autonomo dell'Io. Per Jung anche l'Io è un complesso (v. Io, § 3) che, quando entra in relazione con altri complessi, può dar luogo o a una situazione conflittuale o a un'identificazione dell'Io con il complesso (v. Inflazione) o a una sopraffazione dell'Io da parte del complesso con conseguenti manifestazioni psicotiche. In proposito Jung scrive: «Nel soggetto normale il complesso dell'Io è l'istanza psichica suprema: con questo termine intendiamo la massa di rappresentazioni dell'Io, che noi immaginiamo accompagnata dal potente e sempre vivo tono affettivo del proprio corpo. Il tono affettivo è uno stato affettivo che è accompagnato da innervazioni somatiche. L'Io è l'espressione psicologica dell'insieme strettamente associato di tutte le sensazioni somatiche. La personalità del soggetto, perciò, è il complesso più saldo e più forte, e (se c'è salute) si impone attraverso tutte le tempeste psicologiche. Da ciò deriva che le rappresentazioni che riguardano direttamente la propria persona sono sempre le più stabili e interessanti» (1907, p. 48).

3. I complessi inconsci. Gli altri complessi sono definiti da Jung «frammenti psichici i quali devono la loro scissione a influssi traumatici o a certe tendenze incompatibili. I complessi, come mostra l'esperienza di associazione, interferiscono con l'intenzione della volontà e disturbano l'attività della coscienza; provocano disturbi della memoria e blocchi del processo di associazione; affiorano e scompaiono obbedendo a una loro propria legge; ossessionano temporaneamente la coscienza, oppure influenzano in maniera inconscia la parola e l'azione. Si comportano quindi come esseri autonomi, cosa questa particolarmente evidente in stati abnormi. Nelle voci degli alienati assumono addirittura un carattere di Io personale, analogamente agli spiriti che si annunciano mediante una scrittura automatica e tecniche del genere. Un'intensificazione del fenomeno dei complessi conduce a stati morbosi, i quali non sono altro che scissioni più o meno estese, o molteplici, in cui i singoli frammenti conservano una vita propria e insopprimibile» (1937, pp. 139-140). Il complesso è legato alla specificità del vissuto del soggetto e come tale appartiene all'inconscio personale, anche se si innesta su quelle predisposizioni universali o archetipi (v. Archetipo) che Jung colloca nell'inconscio collettivo.

4. Complesso e dissociazione. Jung scorge una relazione tra l'attivazione dei complessi e la dissociazione della personalità (v. Scissione, § I, 2) dovuta al fatto che il complesso inconscio agisce come una personalità parziale che sfugge al controllo del complesso autonomo dell'Io. Viene con ciò ribadito che ciascuno di noi non è un'individualità, ma una moltitudine di complessi o personalità parziali tenute più o meno sotto controllo dal complesso autonomo dell'Io: «Oggi giorno – scrive Jung – tutti sanno che la gente "ha complessi". Ciò che non è altrettanto ben risaputo, benché molto più importante dal punto di vista teorico, è che i complessi *hanno noi*. Ma anche la più semplice formulazione della psicologia complessa non può evitare il fatto impressionante della loro autonomia, e più profondamente si penetra nella loro natura, potrei quasi dire nella loro biologia, più chiaramente essi rivelano il loro carattere come *psiche spezzate*» (1934, p. 114). Questa concezione dei complessi è un luogo dove si decide la diversa concezione che dell'analisi hanno Freud e Jung. Freud, che considera il complesso in se stesso come un nodo che non consente la libera circolazione dell'energia, si appresta a *scioglierlo* (in greco ἀναλύω, donde la parola "analisi"); Jung, colpito dall'autonomia dei complessi e dalla loro indipendenza dall'Io, teorizza un lavoro analitico che li *colleghi* tra loro e con l'Io per il raggiungimento della padronanza di sé.

5. Limiti di impiego della parola "complesso". Il termine, che oggi ha trovato grande favore nel linguaggio comune, è mantenuto solo nella psicologia junghiana, perché Freud, dopo averlo definito in una lettera a Ernest Jones «un concetto teorico poco soddisfacente», e in un'altra lettera a Sándor Ferenczi «una mitologia junghiana», scrive: «Non posso, a differenza di chi non ne è coinvolto, apprezzare gran che un terzo contributo della scuola svizzera, che forse va messo interamente sul conto di Jung. Mi riferisco alla dottrina dei "complessi", che nacque dai suoi studi sull'associazione verbale degli anni 1906-1909. Essa né ha dato origine a una teoria psicologica indipendente, né ha dimostrato di potersi iscrivere senza sforzo nel contesto della teoria psicoanalitica. La parola "complesso", invece, ha conquistato diritto di cittadinanza nella psicoanalisi, come termine adeguato e spesso indispensabile per la descrizione riassuntiva di uno stato di fatto psicologico. Nessun altro fra i nomi e le designazioni coniati per le esigenze della psicoanalisi ha raggiunto popolarità così grande, né è incorso così spesso in applicazioni abusive a detrimento di formulazioni concettuali più precise» (1914, pp. 402-403). Dopo questa precisazione e presa di distanza da Jung, Freud ha mantenuto il termine solo a proposito del *complesso di Edipo* (v. Edipo, Complesso di) che, più che un complesso, designa

la struttura fondamentale delle relazioni interpersonali; anche l'uso dell'espressione "complesso di castrazione" rientra nella dinamica del complesso di Edipo. Adleriana è invece la denominazione di "complesso di inferiorità" (v. INFERIORITÀ) dove il termine "complesso" ha un significato generico, come lo ha nelle varie specificazioni con cui lo si incontra nella letteratura psicoanalitica.

Bibliografia

Adler A., *Prassi e teoria della psicologia individuale* (1920), Astrolabio, Roma 1947.
Bleuler E., *Trattato di psichiatria* (1911-1939, aggiornato da M. Bleuler dal 1940 al 1960), Feltrinelli, Milano 1967.
Freud S., *Diagnostica del fatto e psicoanalisi* (1906), in *Opere* (1967-1993), Bollati Boringhieri, Torino, vol. V.
–, *Modi tipici di ammalarsi nervosamente* (1912), in *Opere*, cit., vol. VI.
–, *Per la storia del movimento psicoanalitico* (1914), in *Opere*, cit., vol. VII.
Jacobi J., *Complesso, archetipo, simbolo* (1957), Bollati Boringhieri, Torino 1971.
Jung C. G. (in collaborazione con F. Riklin), *Ricerche sperimentali sulle associazioni di individui normali* (1904), in *Opere* (1969-2007), Bollati Boringhieri, Torino, vol. II, 1.
–, *Psicologia della dementia praecox* (1907), in *Opere*, cit., vol. III.
–, *I problemi della psicoterapia moderna* (1929), in *Opere*, cit., vol. XVI.
–, *Considerazioni generali sulla teoria dei complessi* (1934), in *Opere*, cit., vol. VIII.
–, *Determinanti psicologiche del comportamento umano* (1937), in *Opere*, cit., vol. VIII.
Wolff T., *Einführung in die Grundlagen der Komplexen Psychologie*, in AA.VV., *Die kulturelle Bedeutung der komplexen Psychologie*, Psychologischer Club, Zürich 1935.
Zoja L., *Complesso*, in AA.VV., *Gli strumenti del sapere contemporaneo*, vol. II: *I concetti*, Utet, Torino 1985, pp. 138-140.

Completamento (ingl. *Completion*; ted. *Ergänzung*; fr. *Complètement*; sp. *Completar*). Tendenza del soggetto a integrare la lacunosità di stimoli insufficienti alla produzione di senso. Il fenomeno è particolarmente evidente nella percezione visiva dove intervengono fattori strutturanti il campo quali: la chiusura, la pregnanza, la buona forma (v. PSICOLOGIA DELLA GESTALT, §§ I-II). Esistono anche *test di completamento* dove il soggetto è invitato a riempire le parti mancanti in sequenze figurative, espressive, numeriche o in racconti privi di conclusione, allo scopo di saggiare le capacità percettive, intellettive e creative del soggetto, nonché i suoi tratti patologici e le sue problematiche profonde. Prove di completamento sono comprese nel test di intelligenza Wechsler-Bellevue (v. WECHSLER-BELLEVUE, TEST DI) e nel metodo delle favole di Louisa Düss (v. FIABA).

Completezza, v. PERFEZIONE.

Complicazione, Esperimento di (ingl. *Complication experiment*; ted. *Komplikationsversuch*; fr. *Essai de complication*; sp. *Experimento de complicación*). Esperimento che consiste nel far registrare a un soggetto la posizione delle lancette di un orologio nel momento in cui questo emette un segnale acustico. A seconda che l'attenzione sia diretta al suono oppure alla lancetta, la registrazione risulterà differente. Tale esperimento offre una dimostrazione della *legge della prima entrata*, secondo cui fra due stimoli simultanei viene percepito prima quello su cui è concentrata l'attenzione.

Comportamentale, Analisi, v. ANALISI COMPORTAMENTALE.

Comportamentismo (ingl. *Behaviourism*; ted. *Verhaltenspsychologie*; fr. *Comportementalisme*; sp. *Conductismo*). Detto anche *behaviorismo* dalla denominazione inglese, il comportamentismo è un orientamento della psicologia moderna che, nell'intento di dare alla psicologia uno statuto simile a quello delle scienze esatte, circoscrive il campo della ricerca all'osservazione del comportamento animale e umano, rifiutando ogni forma di INTROSPEZIONE (v.) che per sua natura sfugge alla verifica oggettiva.

1. GLI ANTECEDENTI STORICI E LE PREMESSE TEORICHE. Gli antecedenti storici di questo orientamento vanno cercati a partire dalla filosofia di René Descartes fino alla cultura illuministica francese dove, con Julien Offray de La Mettrie, Étienne Bonnot de Condillac, Claude-Adrien Helvétius e Pierre-Jean-Georges Cabanis, si tenta di comprendere e ricostruire l'organismo animale, e più tardi anche quello umano, sul modello di un apparato meccanico, risolvendo forze ed esperienze psichiche, idee e intenzioni, in rapporti di stimolo e reazione che, nei casi più elementari, si fanno corrispondere allo schema del riflesso semplice e, in quelli più complessi, al modello del riflesso condizionato. Il tentativo di spiegare il comportamento animale senza far ricorso all'esperienza soggettiva umana e senza cadere in arbitrarie attribuzioni antropomorfiche, è presente anche nella storia della biologia tedesca del XIX secolo, soprattutto nella dottrina dei tropismi (v. TROPISMO), relativa all'attrazione e repulsione (v. ATTRAZIONE – REPULSIONE, TEORIA DELL') rispetto a determinati stimoli, elaborata da Jacques Loeb e ripresa da Albrecht Bethe, su cui agì l'influenza esercitata dalla teoria evoluzionistica di Charles Darwin che farà sentire i suoi effetti anche sull'indirizzo filosofico che si esprimerà nel positivismo di Auguste Comte e di

Herbert Spencer, per i quali è importante attenersi a ciò che è osservabile e verificabile, per promuovere il passaggio di tutte le attività umane allo stadio positivo, attraverso l'adozione generalizzata del metodo scientifico.

Queste correnti di pensiero generano nell'Europa di fine Ottocento l'esigenza sempre più diffusa di accertare l'aspetto oggettivo e sperimentale delle ricerche psicologiche che, in Russia, approdano agli studi di fisiologia di Ivan Petrovič Pavlov con la messa a punto del concetto di condizionamento (v. APPRENDIMENTO, § I, 1) e in America alla teoria filosofica funzionalista di William James che considera la vita psichica sotto l'aspetto delle funzioni in essa sviluppantisi al fine di conservare la vita (v. FUNZIONALISMO). John Broadus Watson, il fondatore del comportamentismo, conseguì la propria formazione specialistica alla scuola di James Rowland Angell, allievo a sua volta di James, presso l'Università di Chicago, centro del funzionalismo americano. In quegli stessi anni, opponendosi alla psicologia elementarista di Wilhelm Maximilian Wundt e di Edward Bradford Titchener, incentrata sul metodo introspettivo (v. INTROSPEZIONISMO), James McKeen Cattell sosteneva la necessità di costruire una psicologia che fosse del tutto indipendente dall'introspezione, in ciò influenzato da James che, sul versante filosofico, ipotizzava l'essenza dello stato affettivo nelle reazioni viscerali e muscolari, con conseguente problematizzazione circa la reale esistenza della coscienza, mentre William McDougall, dopo aver definito la psicologia come "scienza positiva della condotta degli esseri viventi", introduceva il termine "comportamento (*behaviour*)".

2. IL COMPORTAMENTISMO DI WATSON. L'originalità di Watson non sta tanto nella novità quanto nell'impostazione della tesi in modalità assai più radicali di quanto non avessero fatto i suoi predecessori. Ne *La psicologia così come la vede il comportamentista* del 1913 scrive: «Il lettore non troverà nella mia opera discussioni sulla coscienza, né termini come sensazione, percezione, attenzione, volontà ecc. Sono parole che suonano senz'altro bene, ma ho notato che se ne può fare a meno. [...] A dire il vero, anzi, non capisco che significato possano avere, né credo che alcuno sia mai riuscito ad usarle sistematicamente con proprietà» (1913, p. 12). L'ideale che Watson si propone di raggiungere è quello di una psicologia che tratti esclusivamente le forme di comportamento di esseri viventi, così come possono venire documentate da un osservatore esterno, rinunciando a qualsiasi procedimento fondato sull'auto-osservazione e sulle esperienze soggettive che pretendono di raggiungere una conoscenza sulla vita intima degli altri individui in base ad analogie con la propria. Rifiutato il metodo introspettivo nel tentativo di costruire una psicologia sul modello delle scienze naturali, si adottano i concetti di stimolo e reazione nonché le corrispondenti leggi che ne esprimono i rapporti causali. Su questo impianto teorico si inseriscono gli approfondimenti che portano alle posizioni più caratteristiche del comportamentismo che sono:

a) Il *molecolarismo* che interpreta l'intero comportamento a partire dalle più piccole unità di condotta, individuate prima nel concetto di *habit* e poi in quello di riflesso condizionato.

b) Il *periferalismo* che risolve la "coscienza" nelle reazioni osservabili nel sistema viscerale e ghiandolare, nelle reazioni motorie effettuate dalla muscolatura volontaria, misurabili tramite la relazione elementare che intercorre tra lo stimolo e la risposta. Anche le funzioni umane più complesse possono essere tradotte secondo Watson in termini comportamentali osservabili, come il pensiero, concepito alla stregua di un linguaggio privo di espressione sonora e risolvibile nei movimenti impercettibili degli organi periferici potenzialmente registrabili.

c) L'*ambientalismo*. Dopo aver sperimentato sul proprio figlio Albert la teoria del riflesso condizionato associando un fortissimo e spaventoso rumore metallico al contatto di Albert con gli animali, che inizialmente avevano rappresentato per il bambino un innocuo motivo di divertimento, Watson spiegò tutte le differenze individuali per mezzo dei processi di apprendimento, per cui è possibile programmare la professione futura di qualunque bambino, semplicemente scegliendo opportunamente le influenze ambientali a cui sottoporlo, senza prendere in considerazione le sue disposizioni individuali. Sotteso è il concetto che l'ambiente è un'entità totalmente indipendente dall'organismo le cui possibilità di adattamento si ottengono creando ambienti conformi a ciò che si vuol ottenere. Scrive Watson: «Datemi una dozzina di bambini normali, ben fatti, e un ambiente opportuno per allevarli e vi garantisco di prenderne qualcuno a caso e di farlo diventare qualsiasi tipo di specialista che io volessi selezionare: dottore, avvocato, artista, commerciante e perfino accattone e ladro, indipendentemente dalle sue attitudini, simpatie, tendenze, capacità, vocazioni» (1914, p. 104).

3. IL NEOCOMPORTAMENTISMO. Il neocomportamentismo, che ha in gran parte modificato gli aspetti più radicali della posizione di Watson, ha spostato il suo interesse sull'APPRENDIMENTO (v. § I, 2) con l'impiego di metodologie sperimentali in cui le variabili della ricerca vengono sistematicamente quantificate. Edward Chace Tolman introdusse una concezione

finalistica del comportamento per cui ogni sequenza di movimenti è sempre rivolta verso un preciso obiettivo. Dalle sue ricerche condotte sui ratti da laboratorio dedusse che l'apprendimento non avviene tanto per effetto di una ricompensa, come sosteneva Edward Lee Thorndike, ma tramite la ripetizione sistematica di un compito mediante la quale si viene a creare nell'animale una "mappa cognitiva" dell'ambiente. Riconoscendo una direzionalità alla condotta dell'organismo, Tolman si emancipa dal meccanicismo di Watson per introdurre la nozione di fine oggettivamente determinabile e descrivibile in base alle aspettative nate da esperienze precedenti. Un altro concetto introdotto da Tolman è quello delle variabili intermedie, come la storia evolutiva dell'organismo e la sua condizione impulsiva che rendono più problematico il rapporto stimolo-reazione.

Il tema del condizionamento è stato rivisitato anche da Clark Leonard Hull che, dopo aver introdotto modelli matematici nello studio dei processi di apprendimento, rendendo più rigorosa la psicologia sperimentale, avverte che una semplice catena di riflessi non può fornire la spiegazione di un *habit*, perché tra stimolo e reazione si collocano le tendenze di reazione acquisite, la generalizzazione dello stimolo, gli stati impulsivi che cambiano da soggetto a soggetto, le insufficienze fisiologiche, i processi associativi e la reazione finalistica anticipatoria. A questo proposito Hull modifica la nozione di rinforzo (v. APPRENDIMENTO, § I, 1-2) aggiungendo, alla gratificazione esterna, anche quella interna, per cui se ad un nesso stimolo-reazione segue una soddisfazione dell'impulso interno, vi è un'alta possibilità che quel nesso si ripeta.

Un ritorno all'ortodossia watsoniana si ha con Burrhus Frederic Skinner, il più strenuo difensore del metodo sperimentale in quanto «il comportamento è un dato che si conforma alle leggi, che non è disturbato dagli atti arbitrari di un eventuale libero agente, in altre parole che è completamente determinato» (1959, p. 76). E ancora: «Le spiegazioni mentalistiche addormentano la curiosità e portano l'indagine a un punto fermo. È talmente facile osservare sentimenti e stati d'animo, in un momento e in un luogo che li fa sembrare cause, che non siamo inclini a indagare ulteriormente. Quando però si incomincia a studiare l'ambiente non si può più negare la sua importanza» (1974, p. 14). In linea con la tradizione positivistica e induttivistica della psicologia e contro ogni tentazione speculativa, soggettiva e introspettiva, Skinner mette a punto un'efficace tecnologia per migliorare l'apprendimento, partendo dall'assunto che ogni condotta è controllabile e modificabile per mezzo di stimoli efficaci e variati sistematicamente, indipendentemente dalle condizioni soggettive. Esercitare la condotta significa per Skinner plasmarla mediante rinforzo, premiando le inclinazioni verso la direzione desiderata e spegnendo le propensioni indesiderate. I risultati migliori si sono ottenuti nell'addestramento degli animali e nell'istruzione programmata (v. ISTRUZIONE) dove, introducendo la nozione di condizionamento operante (v. APPRENDIMENTO, § I, 2), secondo cui una sequenza comportamentale acquista forza se viene seguita da un rinforzo positivo, Skinner ritiene che sia possibile abbandonare i "nessi intermedi" tra stimolo e risposta su cui Hull aveva basato la sua spiegazione del comportamento e la relativa teoria.

Per quanto concerne i modelli teorici, il comportamentismo rifiuta la comprensione a favore della spiegazione (v. PSICOLOGIA COMPRENSIVA) a proposito della quale Hans Jürgen Eysenck dice: «Il termine "spiegazione" deve essere usato in psicologia esattamente con le stesse connotazioni con cui è impiegato nelle scienze esatte. Ciò significa sostanzialmente che la descrizione, quantitativa se possibile, ne è il sinonimo appropriato più che la comprensione; la comprensione, in un certo senso non scientifico, umanistico, ideografico, è funzione di molte cose, compresi gli attuali livelli di credenze arbitrarie e di superstizioni, e non può essere verificata con la realtà» (1970, p. 218).

4. LE CRITICHE AL COMPORTAMENTISMO. Le teorie comportamentiste hanno subìto molte critiche da parte della PSICOLOGIA COMPRENSIVA (v.) che rifiuta l'esclusivo ricorso al metodo esplicativo delle scienze naturali a meno che non si voglia ridurre l'uomo a cosa, della PSICOLOGIA DELLA GESTALT (v.) che rifiuta l'associazionismo e la concezione meccanicistica dell'apprendimento, e della psicologia cognitivista (v. COGNITIVISMO) che accusa il comportamentismo di non prendere in considerazione i processi cognitivi superiori nell'uomo. Infine si rimprovera al comportamentismo di trasporre sull'uomo i risultati delle ricerche sperimentali condotte su animali in laboratorio e, a questo proposito, Domenico Parisi annota: «*a*) il comportamento è più funzione della mente che degli stimoli e condizioni esterne, mentre il laboratorio è appropriato per stabilire correlazioni tra comportamenti e situazioni stimolo; *b*) il comportamento è governato da complesse strutture di scopi, mentre in laboratorio gli scopi del soggetto debbono entrare il meno possibile; *c*) il comportamento (specie quello umano) ha un ordine, e forse un tipo, di complessità che risulta difficile da ricostruire partendo dai segmenti isolati studiati in laboratorio; *d*) le condizioni dell'ambiente in cui si verifica il comportamento umano reale hanno uno spessore e una complessità che sono ignorati nel micro-ambiente del laboratorio; *e*) il comportamento in laboratorio viene ridotto ai suoi parametri fisici, ignorando il fatto essenziale che nella

vita reale il comportamento è prima di tutto portatore di significati; *f*) la situazione sperimentale usata in psicologia è quasi sempre uno strumento cieco di cui si ignorano le caratteristiche interne e che quindi non può che fornire risultati di scarso significato conoscitivo; *g*) la psicologia non ha attraversato una fase di descrizione dettagliata del comportamento reale, ma è saltata subito allo studio sperimentale di comportamenti artificiali, privandosi così dell'indispensabile mappa di conoscenze di orientamento che dovrebbe guidare ogni sua ricerca; *h*) il metodo sperimentale, adottato in sostanza dalla sola psicologia tra tutte le scienze sociali, costituisce una barriera per gli scambi di teorie, concetti e tipi di fenomeni studiati tra la psicologia e queste altre scienze, e questo isolamento della psicologia diminuisce di molto la sua capacità di penetrazione e di conoscenza» (1978, pp. 252-253). La riduzione della psicologia all'osservabilità sperimentale, inaugurata dal comportamentismo, ha avuto uno sviluppo in sede filosofica nel materialismo scientifico e nel comportamentismo logico (v. FISICALISMO, § 2).

Bibliografia

Bandura A., *Principles of behavior modification*, Holt, Rinehart & Winston, New York 1969.

Boring E. G., *A history of experimental psychology*, Appleton-Century-Crofts, New York 1950.

Eysenck H. J., *La spiegazione e il concetto di personalità* (1970), in AA.VV., *La spiegazione nelle scienze del comportamento*, Franco Angeli, Milano 1981.

Hull C. L., *I principi del comportamento. Introduzione alla teoria del comportamento* (1943), Armando, Roma 1978.

–, *Essentials of behavior*, Yale University Press, New York 1952.

Kerlinger F., *Foundations of behavioral research*, Holt, New York 1973.

McDougall W., *An introduction to social psychology*, Methuen, London 1908.

Meazzini P., *Il comportamentismo. Una storia culturale*, Erip Editrice, Pordenone 1980.

Parisi D., *Sui limiti del metodo sperimentale in psicologia*, in "Giornale Italiano di Psicologia", 1978, n. 2.

Pavlov I. P., *I riflessi condizionati* (1927), Bollati Boringhieri, Torino 1966.

Rachlin H., *Introduction to modern behaviorism*, Open University, Freeman, San Francisco 1970.

Skinner B. F., *The behavior of organisms*, Appleton-Century-Crofts, New York 1938.

–, *Scienza e comportamento* (1953), Franco Angeli, Milano 1971.

–, *Studi e ricerche* (1959), Giunti Barbera, Firenze 1976.

–, *La scienza del comportamento. Ovvero il behaviorismo* (1974), Sugarco, Milano 1976.

Tolman E. Ch., *A new formula of behaviorism*, in "Psychological Review", 1922, n. 29.

–, *Il comportamento intenzionale negli animali e negli uomini* (1932), Armando, Roma 1983.

Watson J. B., *La psicologia così come la vede il comportamentista* (1913), in *Antologia degli scritti*, il Mulino, Bologna 1976.

–, *Behavior. An introduction to comparative psychology*, Holt, New York 1914.

–, *Il comportamentismo* (1924-1930), Giunti, Firenze 1985.

Comportamentismo logico, v. FISICALISMO, § 2.

Comportamentista, Terapia, v. COMPORTAMENTO, § 5.

Comportamento (ingl. *Behaviour*; ted. *Verhalten*; fr. *Comportement*; sp. *Comportamiento*). Insieme stabile di azioni e reazioni di un organismo a una stimolazione proveniente dall'ambiente esterno (stimolo) o dall'interno dell'organismo stesso (motivazione). Il termine fu introdotto in ambito scientifico nel 1913 da John Broadus Watson che, nell'intenzione di rendere la psicologia "una branca sperimentale oggettiva delle scienze naturali", affermò che tale disciplina ha come unico oggetto di studio le manifestazioni direttamente osservabili dell'organismo e come obiettivo il controllo del comportamento. Costitutive del comportamento sono: le relazioni *spaziali* perché il comportamento è una mediazione tra uno spazio interno e uno spazio esterno organizzati in un sistema la cui consistenza è decisa dalla non-contraddittorietà; le relazioni *temporali* che si raccolgono intorno alla memoria senza cui il comportamento non assume una forma di continuità, e rispetto a cui il comportamento compie un'opera di riorganizzazione, rivelandosi da un lato effetto della memoria e dall'altro causa di trasformazione; le relazioni di *conoscenza*: essendo un fenomeno osservabile, il comportamento risulta inscritto nella relazione osservatore e osservato, ponendo a colui che osserva il compito di definire la causa del comportamento osservato (che può essere interna o esterna) e il comportamento normale del sistema osservato, ossia un comportamento in accordo con la sua osservazione. Come fenomeno multivariato, il comportamento è studiato a diversi livelli.

1. LE BASI GENETICHE DEL COMPORTAMENTO. Il procedimento più comune per accertare se esiste un'informazione genetica deputata a controllare un dato carattere è percorrere un cammino a ritroso, risalendo dal fenotipo al genotipo (v. GENETICA, § 3), cioè dall'espressione finale all'informazione iniziale. Quando questo itinerario è percorribile, i dati relativi a un determinato tipo comportamentale sono rilevati in ceppi isogeni e nei discendenti da incroci tra essi. Applicando poi opportune tecniche biometriche per confrontare i risultati ottenuti nei differenti gruppi in esperimento, se ne deduce se e in quale misura il tipo di comportamento

in studio è geneticamente controllato. Tra i metodi più impiegati ricordiamo: *a*) la *selezione direzionale* per cui si scelgono i fenotipi estremi della distribuzione osservata rispetto a un dato comportamento e si continua entro ciascuna classe l'incrocio per più generazioni. Se il carattere è geneticamente controllato, si attende una risposta a tale processo di selezione e si inducono alcune proprietà del genotipo; *b*) il *metodo gemellare* dove, con l'analisi della differenza di concordanza o correlazione tra gemelli omozigoti ed eterozigoti, si cerca di accertare l'esistenza di un controllo genetico; *c*) il *controllo dei cariotipi aberranti* ritenuti responsabili delle alterazioni del comportamento; *d*) l'*analisi dei mutanti metabolici* nei quali, oltre a particolari e ben definiti quadri clinici, si trovano associati difetti di comportamento; *e*) il *coefficiente di ereditabilità* che costituisce un indice globale che permette di affermare l'esistenza e l'intensità del controllo genetico di tipo additivo.

Il controllo genetico si effettua oggi in tre direzioni: *a*) i *processi sensitivi e percettivi* a partire dalle differenze individuali nella capacità di gustare, con conseguente variazione del comportamento nella scelta dei cibi, e nella capacità visiva con influsso notevole sulle caratteristiche intellettuali e sulla personalità; *b*) i *processi di risposta* decisi dai caratteri neurofisiologici che esprimono lo stato di attività funzionale del sistema nervoso centrale. Tra questi merita attenzione l'elettroencefalogramma che registra le modificazioni per lo più ritmiche del potenziale elettrico della corteccia da cui emerge che ogni persona ha il suo elettroencefalogramma, la cui differenza si ripercuote nei processi di risposta. Lo stesso dicasi dell'abilità motoria in cui si esprime l'attività nervosa. Da essa dipendono destrezza, agilità, stabilità dei movimenti e quindi attitudini e predisposizioni a determinati sport e lavori; *c*) le *capacità intellettive* di cui è provata la dipendenza dal patrimonio genetico, da cui dipendono anche le diverse componenti o abilità in cui si può risolvere l'intelligenza con le variazioni da individuo a individuo. L'analisi dei meccanismi molecolari della *memoria* e dell'*apprendimento* ha mostrato il controllo genetico di questi due fattori decisivi per la qualità del comportamento. Lo stesso dicasi per le *giunzioni sinaptiche*, dove si stabiliscono le modificazioni che danno origine al complesso fenomeno della memoria, che implica la registrazione di una data informazione seguita da immagazzinamento, richiamo e ulteriori manipolazioni del suo uso. È da tener presente, infine, che i geni oltre che un *modo* hanno anche un *tempo* d'azione, e a questo è forse imputabile la variabilità osservata nell'espressione comportamentale su identica base genetica.

Il contributo fino ad oggi apportato dalla genetica alla comprensione dei meccanismi biologici sottesi al comportamento umano è ancora molto modesto e la complessità aumenta con il procedere nella scala biologica, fino a diventare pressoché labirintica nell'uomo. È ancora necessario districare le molteplici interrelazioni che esistono all'interno della stessa struttura genetica dove le unità di informazione hanno una tipologia funzionale non casuale, e avere una visione delle relazioni di tali unità con gli effettori che su di esse agiscono come stimolatori e inibitori e con le forze che costituiscono l'ambiente in cui esse operano.

2. Le basi neurofisiologiche del comportamento. In questo ambito si è potuto stabilire che i nostri comportamenti dipendono dalle stimolazioni nervose dei recettori sensoriali trasmesse al cervello. Jacques Barbizet e Philippe Duizabo riferiscono che, registrando nelle regioni sottocorticali e corticali i potenziali evocati da tali stimolazioni, si sono potuti verificare la direzione, il bersaglio e le vie collaterali delle proiezioni, e ottenere delle risposte motorie, sensoriali e affettive con la stimolazione dei neuroni che vengono eccitati. Oltre alla specificità delle vie, che dalla periferia conducono alla corteccia le informazioni che provengono dal mondo esterno, si è potuta verificare la specificità topografica dei neuroni che consente di determinare aree motorie, somatoestesiche, uditive, visive e olfattive. Partendo da queste premesse, le ricerche si sono rivolte con Ivan Petrovič Pavlov ai riflessi nervosi, intesi come unità fisiologiche o funzionali del sistema nervoso, dove lo stimolo esterno fa scattare un movimento involontario preciso e fisso nella forma di un meccanismo a causalità lineare. Il riflesso è letto come un adattamento comportamentale innato, ma poiché ogni neurone recettore è potenzialmente connesso con neuroni di differenti posizioni del sistema nervoso centrale che possono influenzarsi l'un l'altro, è possibile che si stabiliscano riflessi condizionati che si suppone rappresentino la base di tutto l'Apprendimento (v. § I). Naturalmente lo studio dell'attività riflessa continua ad avere una notevole importanza nel dibattito innato/acquisito (v. Innatismo), anche se è difficile decidere dove finisca il comportamento involontario e inizi quello volontario.

Sempre su base fisiologica è possibile leggere il comportamento in base al principio dell'Omeostasi (v.) che è la capacità di autoregolazione volta a mantenere l'integrità delle strutture e delle funzioni dell'organismo. Sottoposto al principio dell'omeostasi, il comportamento si organizza tra due poli: il piacere e il dispiacere. Il comportamento che restaura l'omeostasi, e cioè il benessere, è gratificato dal piacere, mentre la rottura dell'omeostasi si salda con il dispiacere. L'asse piacere/dispiacere orienta i due schemi di comportamento fondamentali: dirigersi verso lo stimolo o dirigersi in senso inverso a cui corrisponde, sul piano cognitivo, la coppia affermazione/negazione. Questi schemi d'opposizione condizionano tutti gli altri comportamenti.

3. I CONTRIBUTI DELLA NEUROPSICOLOGIA ALL'INTERPRETAZIONE DEL COMPORTAMENTO. In questo ambito si è constatato che il comportamento è un processo dinamico che, a livello cerebrale, consente il confronto tra i dati relativi a una situazione e le tracce mnestiche (v. ENGRAMMA) che costituiscono il supporto delle esperienze passate. Queste possono essere *acquisizioni strumentali*, come la conoscenza del proprio corpo e, tramite questo, dell'ambiente in cui si vive, o *basi per esperienze più elaborate*, come concetti, criteri di azione, di accettazione o di rifiuto che consentono programmi, scelte, risposte appropriate alle situazioni, con una significativa mobilità comportamentale a seconda delle circostanze. Oltre a queste abilità da ricondurre alla MEMORIA (v.) ci sono quelle connesse al momento operativo dell'INTELLIGENZA (v.): queste consentono programmi di esplorazione e di efficienza che realizzano condotte di ricerca che a loro volta permettono nuove esperienze e nuovi programmi, con significative variazioni da individuo a individuo dovute all'influenza dei rapporti familiari, educativi, socioeconomici, e sostenute da schemi neuronali. Il contributo della neuropsicologia sottolinea in questo modo il tratto acquisito del comportamento evidenziando la capacità di *apprendere ad apprendere*.

4. GLI APPROCCI DELLA PSICOLOGIA AL PROBLEMA DEL COMPORTAMENTO. Ogni scuola psicologica ha una sua interpretazione del comportamento perché, come dice Watson, «come scienza, la psicologia si prospetta il compito di chiarire i fattori complessi inclusi nello sviluppo del comportamento umano dall'infanzia alla vecchiaia e di trovare le leggi per la regolamentazione del comportamento. [...] Tutto ciò di cui vogliamo che si occupi la psicologia è proprio l'argomento dell'adattamento all'ambiente» (1913, pp. 8-9). Tra i vari approcci a questo problema centrale della psicologia meritano una citazione i seguenti:

a) L'approccio comportamentista ritiene che il comportamento sia fondamentalmente un adattamento all'ambiente che si può spiegare con il modello del condizionamento classico o operante, sia che si tratti di un comportamento *istintivo*, cioè di quelle sequenze motorie in presenza di stimoli specifici, sia che si tratti di un comportamento *motivato*, ossia sorretto da un'intenzione e rivolto a una meta. In entrambi i casi, infatti, il comportamento è attivato da un bisogno dell'organismo teso a provocare una modificazione dell'ambiente che permetta la soddisfazione del bisogno stesso. Scrive in proposito Edward Lee Thorndike enunciando la *legge dell'effetto* (v. APPRENDIMENTO, § I, 2): «Ogni atto che, in una data situazione, produce soddisfazione, finisce con l'essere associato a quella situazione. Così, quando la situazione si presenta, l'atto ad essa relativo ha maggiori probabilità di ripetersi rispetto al passato. Viceversa, ogni atto che, in una data situazione, produce insoddisfazione, finisce con l'essere dissociato da quella situazione. Così, quando la situazione si ripresenta, l'atto ad essa relativo ha minori probabilità di ripetersi rispetto al passato» (1911, p. 81).

b) L'approccio cognitivista interpreta il comportamento a partire dalla teoria della DISSONANZA COGNITIVA (v.) così formulata da Leon Festinger: «Se una persona sa diverse cose che non sono tra loro psicologicamente coerenti, essa cercherà in una varietà di modi di renderle sempre più coerenti. [...] La dissonanza spinge una persona a modificare le sue opinioni o il suo comportamento» (1957, p. 61). Stante questo presupposto, il comportamento è la risultante di progressivi aggiustamenti volti a una progressiva coerentizzazione tra organismo e ambiente. A questa tesi si oppone l'ipotesi comportamentista che con Hans Jürgen Eysenck afferma: «Da tempo si dice che il pensiero precede e controlla l'azione. La terapia comportamentale lascia intendere che spesso può essere vero il contrario, che la modificazione del comportamento di una persona attraverso il processo di condizionamento può realmente modificare il suo pensiero o il suo quadro cognitivo» (1965, p. 32).

c) L'approccio psicodinamico interpreta il comportamento come la risultante del livello di conflittualità esistente tra il principio di piacere (v. PIACERE, § 1), teso alla soddisfazione dei desideri, e il principio di realtà (v. REALTÀ, § 3) che impone il lavoro dell'adattamento all'ambiente, quindi tra istanze regressive e infantili e istanze progressive e mature. In questo ambito il comportamento è visto, per l'ottica dinamica che caratterizza questo approccio, in stretta aderenza alla nozione di CAMBIAMENTO (v.), ossia, per dirla con Carl Ransom Rogers, di quell'«evoluzione interiore e profonda nella struttura personale dell'individuo verso quello stadio che i clinici definiscono di "maggiore integrazione", di minore conflittualità, di maggiore disponibilità di energie per una vita produttiva. Una modificazione del comportamento che perde gli aspetti definiti "immaturi" per acquisire quelli definiti "maturi"» (1951, p. 50). La possibilità di un cambiamento nel comportamento si è ampliata rispetto alla visualizzazione di Sigmund Freud per il quale nei primi cinque anni di vita si solidificherebbero definitivamente le strutture costituzionali dell'individuo, perché, accanto al modello meccanicistico di Freud, s'è fatta strada un'ipotesi volontaristica e intenzionale per cui, come dice Erich Fromm, il cambiamento del comportamento «dipende da fattori costituzionali da un lato, e dall'altro dalle capacità del paziente di mobilitare il suo senso di responsabilità personale e il suo impegno all'azione» (1979, p. 181).

d) *L'approccio sistemico*, rinunciando a spiegare il comportamento in termini di causa e di energia, e distaccandosi quindi dalle teorie comportamentistiche e da quelle psicodinamiche che partono da quel tipo di concettualità, interpreta il comportamento in termini di feedback o RETROAZIONE (v.), nel senso specificato da Paul Watzlawick secondo il quale, ai *sistemi chiusi* che leggono il comportamento come un effetto delle condizioni iniziali, occorre sostituire i *sistemi aperti* regolati dal principio di equifinalità, secondo il quale il comportamento è determinato dai parametri del sistema che si autoregola a prescindere dalle condizioni iniziali. «Una delle caratteristiche più significative dei sistemi aperti – scrive Watzlawick – è il comportamento equifinale, che contrasta in modo particolare con il modello del sistema chiuso. Lo stato finale del sistema chiuso è completamente determinato dalle circostanze iniziali, per cui possiamo sostenere che esse sono la migliore "spiegazione" di quel sistema. Ma nei sistemi aperti, le caratteristiche organizzative del sistema possono operare in modo da ottenere – ed è il caso limite – anche l'indipendenza totale delle condizioni iniziali: *il sistema è in tal caso la propria migliore spiegazione*, e lo studio della sua organizzazione attuale la metodologia appropriata» (1967, pp. 123-124).

e) *L'approccio psicosociale*. La psicologia sociale focalizza nello studio del comportamento la figura della relazione con gli altri. Già con Aristotele la filosofia aveva sottolineato che la socialità non è un accidente che si aggiunge a quella sostanza che è l'individuo, perché l'individuo è originariamente sociale, o, per dirla con Martin Heidegger, «Esserci (*Dasein*) è essenzialmente con-essere (*Mit-dasein*)» (1927, p. 207). La vita solitaria costituisce una condizione al limite del possibile e, come dice Francis De Feudis, «è una risposta biologica *normale* a una carenza *anormale* di stimolazione» (1975, p. 356). Le società designano le forme di integrazione dell'individuo che si effettuano attraverso una relazione tra la finalità del gruppo e quella dell'individuo. L'integrazione realizza così un campo di tensione a livello individuale per far corrispondere tra loro l'omeostasi individuale e l'omeostasi della popolazione. Il campo di significati sociali permette la canalizzazione delle potenzialità d'informazione di atti individuali attraverso la strutturazione sociale del comportamento. La struttura gerarchica consente un'organizzazione delle tensioni in modo che i conflitti, sempre potenziali a causa dell'autonomia relativa degli individui, siano costantemente ritualizzati da una serie di comportamenti di sottomissione e di dominazione. Il dominato è in continua situazione di stress risultante dall'interiorizzazione dei conflitti, ma è proprio questa tensione costantemente presente che permette un'integrazione forte della società. In questo ambito lo spazio del comportamento è necessariamente aperto alla *reciprocità*, dato che ogni atto si gioca tra l'individuale e il transindividuale e si realizza come mediazione fra più livelli della realtà.

5. TERAPIA DEL COMPORTAMENTO E TECNICHE DI DECONDIZIONAMENTO E RICONDIZIONAMENTO. Partendo dal presupposto che ogni comportamento, sia "normale" sia "disturbato", è il risultato di un apprendimento e quindi è acquisito, diventa legittima l'ipotesi di poterlo sostituire con modelli comportamentali che si rivelino meno lesivi per l'individuo e per l'ambiente in cui l'individuo si trova a vivere e a operare. Le terapie comportamentali presero avvio negli anni cinquanta, focalizzando l'interesse esclusivamente sul comportamento, anziché sulle possibili cause sottostanti, e sul ruolo attivo e direttivo del terapeuta che, oltre alle prescrizioni, fissa gli obiettivi e valuta oggettivamente i risultati. Le forme che si sono rivelate più arrendevoli alla terapia comportamentista sono le fobie, gli stati ansiosi, le ossessioni, i disturbi sessuali e l'alcolismo. Le tecniche di decondizionamento e di ricondizionamento più usate sono:

a) *La tecnica dell'esposizione* che consiste nell'esporre sistematicamente il soggetto alla situazione temuta in modo da ridurre l'ansia che a questa si associa (*flooding*). Il contatto con l'evento può avvenire per via immaginativa o reale, in tempi rapidi o graduali, o seguendo la tecnica dell'*inondamento* che consiste nel far immaginare al soggetto la situazione temuta, evitando qualsiasi possibilità di fuga, in modo da portare l'ansia al massimo livello di intensità, così da ottenere come effetto terapeutico la sua estinzione, oppure seguendo la tecnica della *desensibilizzazione* dove il paziente, posto in condizioni di rilassamento muscolare, viene invitato ad immaginare ripetutamente, e in grado sempre crescente, la situazione che gli provoca ansia. Così facendo egli associa l'evento temuto allo stato di rilassamento e apprende ad affrontare progressivamente le situazioni ansiogene senza rispondere con reazioni di evitamento. Questa tecnica, messa a punto da Joseph Wolpe, prevede che l'ansia, una volta sostituita da un comportamento ad essa inconciliabile come il rilassamento, può venir estinta.

b) *La tecnica dell'implosione* che è stata messa a punto da Thomas G. Stampfl e Donald J. Levis a partire dal presupposto che i sintomi nevrotici rappresentano reazioni di fuga provocate da stimoli condizionanti di allontanamento, come può essere un castigo o un altro segnale negativo. Per la loro cura non ci si propone di eliminare direttamente i sintomi nevrotici, ma di farvi fronte eliminando lo stimolo di allontanamento che motiva il comportamento nevrotico. Secondo il principio della generalizzazione e dell'estinzione (v. APPRENDIMENTO, § I, 1, *b-c*) viene ridotta l'avversione allo stimolo condizionato e con ciò tolta la reazione di fuga che è ipotizzata alla base del comportamento nevrotico. Ritenendo che gli stimoli che provocano la fuga possono essere "nascosti" al paziente perché inconsci, la tecnica dell'implosione, oltre che alle teorie del comportamento, fa ricorso ad alcuni principi della psicoanalisi.

c) *La tecnica dell'avversione* che associa il comportamento indesiderato a stimoli dolorosi o disgustosi, reali o prodotti per via immaginativa, in modo da estinguere le risposte considerate inadeguate.

d) *La tecnica del condizionamento operante* che, partendo dal presupposto che ogni comportamento appreso è mantenuto in base alla gratificazione che produce, rinforza positivamente il comportamento desiderato (v. ATTRAZIONE – REPULSIONE, TEORIA DELL'). Burrhus Frederic Skinner, critico verso il comportamentismo di Watson, evidenzia due leggi alla base del condizionamento operante: la *legge dell'esercizio* secondo la quale l'apprendimento è tanto più efficace quanto più è ripetitivo, e la *legge dell'effetto* in base alla quale l'apprendimento è proporzionale agli effetti di piacere e soddisfazione che un certo comportamento produce. Favorevole al rinforzo positivo, Skinner è invece molto critico sull'efficacia della punizione che, a suo parere, produce distorsioni emotive ed effetti sgradevoli.

Prove cliniche e sperimentali hanno dimostrato che tali tecniche sono efficaci, anche se sollevano le obiezioni della psicologia del profondo per la quale se il sintomo ansiogeno è, come vuole Freud, solo la manifestazione di un conflitto profondo, o, come vuole Carl Gustav Jung, la sua espressione simbolica, l'estinzione del sintomo non porta a una reale risoluzione del conflitto che quindi può in seguito riaffiorare in forme sostitutive, e, nel caso la cosa non si verificasse, resta comunque il fatto che l'applicazione di tali tecniche avviene in un contesto relazionale in cui l'influenza del terapeuta, in termini di aspettative, atteggiamenti e suggerimenti, non può venir trascurata.

Bibliografia

Bandura A., *Principles of behavior modification*, Holt, Rinehart & Winston, New York 1969.

Barbizet J., Duizabo Ph., *Neuropsicologia* (1977), Masson, Milano 1983.

Blackham G. J., Silberman A., *La modificazione del comportamento giovanile* (1970), Armando, Roma 1974.

Carver Ch. S., Scheier M. F., *Autoregolazione del comportamento* (1998), Erickson, Trento 2005.

Conte S., Renzi P., *La quantificazione del comportamento. Tecniche, strumenti e metodologia*, Raffaello Cortina, Milano 1997.

Cranach M. von, Ochsenbein G., *Agire. La forma umana del comportamento* (s.d.), il Mulino, Bologna 1994.

De Feudis F. V., *La biologie de la solitude*, in "La Recherche", 1975, n. 55.

Delaunay A., *Comportamento e condizionamento*, in AA.VV., *Enciclopedia*, Einaudi, Torino 1978, vol. III, pp. 543-600.

Eysenck H. J., Rachman S., *Terapia del comportamento nevrotico. Un'alternativa alla psicoanalisi* (1965), Franco Angeli, Milano 1973.

Festinger L., *Teoria della dissonanza cognitiva* (1957), Franco Angeli, Milano 1973.

Forgas J. P., *Comportamento interpersonale. La psicologia dell'interazione sociale* (1985), Armando, Roma 1995.

Fromm E., *Grandezza e limiti del pensiero di Freud* (1979), Mondadori, Milano 1979.

Harris R., *La trappola della felicità. Come smettere di tormentarsi e incominciare a vivere* (2007), Erickson, Trento 2010.

Hebb D. O., *L'organizzazione del comportamento. Una teoria neuropsicologica* (1949), Franco Angeli, Milano 1975.

Heidegger M., *Essere e tempo* (1927), Utet, Torino 1978.

Hinde R. A., *Le basi biologiche del comportamento sociale umano* (1974), Zanichelli, Bologna 1977.

Hull C. L., *A behavior system*, Yale University Press, New Haven 1952.

Liotti G., *Terapie cognitive e comportamentali*, in G. B. Cassano, P. Pancheri *et al.* (a cura di), *Trattato italiano di psichiatria* (1992), Masson, Milano 1999, vol. III, pp. 3581-3588.

Meazzini P. (a cura di), *Trattato teorico-pratico di terapia e modificazione del comportamento*, Erip Editrice, Pordenone 1983.

Merleau-Ponty M., *La struttura del comportamento* (1942), Bompiani, Milano 1963.

Meyer V., Chesser E. S., *La terapia comportamentale* (1970), Bollati Boringhieri, Torino 1976.

Ostinelli G., *Motivazione e comportamento*, Erickson, Trento 2005.

Paillard J., Bloch V., Piéron H. L. Ch., *Psicofisiologia del comportamento*, in P. Fraisse, J. Piaget (a cura di), *Trattato di psicologia sperimentale* (1963-1968), Einaudi, Torino 1972-1979, vol. III.

Pancheri P. (a cura di), *Disturbi dell'attenzione e del comportamento*, in G. B. Cassano, P. Pancheri *et al.* (a cura di), *Trattato italiano di psichiatria* (1992), Masson, Milano 1999, vol. III, pp. 2807-2818.

Pavlov I. P., *I riflessi condizionati* (1927), Bollati Boringhieri, Torino 1966.

Plomin R., DeFries J. C., Knopik V. S., Neiderhiser J. M., *Genetica del comportamento* (2011), Raffaello Cortina, Milano 2014.

Rogers C. R., *La terapia centrata sul cliente* (1951), La Nuova Italia, Firenze 1997.

Ryle G., *Lo spirito come comportamento* (1949), Einaudi, Torino 1955.

Skinner B. F., *Scienza e comportamento* (1953), Franco Angeli, Milano 1971.

Stampfl Th. G., Levis D. J., *Implosive therapy – a behavioral therapy?*, in "Behaviour Research Therapy", 1968, n. 6.
Thorndike E. L., *Animal intelligence. Experimental studies*, Macmillan, New York 1911.
Tolman E. Ch., *Il comportamento intenzionale negli animali e negli uomini* (1932), Armando, Roma 1983.
Watson J. B., *La psicologia così come la vede il comportamentista* (1913), in *Antologia degli scritti*, il Mulino, Bologna 1976.
–, *Behavior. An introduction to comparative psychology*, Henry, New York 1914.
–, *Il comportamentismo* (1924-1930), Giunti, Firenze 1985.
Watzlawick P., Beavin J. H., Jackson D. D., *Pragmatica della comunicazione umana* (1967), Astrolabio, Roma 1971.
Wolpe J., *Psychotherapy by reciprocal inhibitions*, Stanford University Press, Stanford, California, 1958.
–, *Tecniche di terapia del comportamento* (1969), Franco Angeli, Milano 1972.
Wolpe J., Lazarus A. A., *Behavior therapy techniques. A guide to the treatment of neuroses*, Pergamon, Oxford 1966.
Zamperini A., Testoni I., *Atteggiamento e comportamento*, in Id., *Psicologia sociale*, Einaudi, Torino 2002, pp. 56-82.

Comprensione, v. PSICOLOGIA COMPRENSIVA.

Compromesso, v. FORMAZIONE DI COMPROMESSO.

Compulsione, v. COAZIONE.

Compulsività, v. OSSESSIONE, § 1; PERSONALITÀ, § II, 3, C, γ.

Computer, v. PSICOLOGIA DEI NUOVI MEDIA.

Comunicazione (ingl. *Communication*; ted. *Mitteilung*; fr. *Communication*; sp. *Comunicación*). Nella sua accezione più ampia il termine è impiegato sul piano biologico, ecologico, etologico e umano per indicare quello scambio di messaggi che va dagli organismi unicellulari agli animali, alle macchine e all'uomo, le cui forme comunicative sono studiate, a seconda della forma, della funzione e della destinazione, dalla psicologia, dalla linguistica, dalla sociologia, dalla teoria dell'informazione e dalla cibernetica.

1. LA STRUTTURA DELLA COMUNICAZIONE. A unificare tutte le possibili forme di comunicazione sono tre fattori che Roman Jakobson individua nel «*mittente* che invia un *messaggio* al *destinatario*. Per essere operante, il *messaggio* richiede in primo luogo un riferimento a un *contesto* (il "referente" secondo un'altra terminologia abbastanza ambigua) che possa essere afferrato dal destinatario, e che sia verbale o suscettibile di verbalizzazione; in secondo luogo esige un *codice* interamente, o almeno parzialmente, comune al mittente e al destinatario (o, in altri termini, al codificatore e al decodificatore del messaggio); infine un *contatto*, un canale fisico e una connessione psicologica tra il mittente e il destinatario che consenta loro di stabilire e mantenere la comunicazione» (1963, p. 185). Lo schema di Jakobson è universalmente accettato; le differenze riguardano la semplificazione o l'arricchimento delle relazioni che il messaggio ha con il contesto, con il codice e con il contatto.

Il messaggio viaggia in un canale che sta tra il mittente e il destinatario o, in altra formulazione, tra il codificatore e il decodificatore. I segnali possono essere "discreti" o "continui", e la quantità di informazione che tramite loro può essere trasmessa esprime la "capacità del canale". Il canale può essere disturbato da distorsioni, perdite o interferenze da parte di altri segnali che vengono ricondotti a una sorgente di *rumore* che ha la possibilità di modificare il messaggio e rendere più problematica la decodificazione. La caratteristica principale del canale è la sua "capacità", misurata sulla velocità del flusso di informazione. Il problema dell'utilizzazione ottimale di un canale consiste nell'adeguare il codice al canale in modo da rendere ottimale la velocità di trasmissione consentendo un'informazione dall'attendibilità elevata, nonostante tutte le deformazioni dovute al rumore, e con una *ridondanza* ridotta in modo da non rallentare la velocità di trasmissione. La quota di informazione che viene ricevuta e decodificata in uscita (*output*) nello stesso senso e significato con cui era stata immessa in entrata (*input*) prende il nome di *transinformazione* i cui limiti sono costituiti dal rumore e dall'ampiezza del canale (v. INFORMAZIONE, TEORIA DELL').

2. LE FUNZIONI DELLA COMUNICAZIONE. Jakobson assegna alla comunicazione linguistica sei funzioni: *referenziale* che può essere a sua volta denotativa o cognitiva, *espressiva* che corrisponde a quella che Anton Marty chiama "emotiva", *conativa*, *fàtica*, *metalinguistica* e *poetica*, e a questo proposito scrive: «Ciascuno di questi sei fattori dà origine a una funzione linguistica diversa. Sebbene distinguiamo sei aspetti fondamentali del linguaggio, difficilmente potremmo trovare messaggi verbali che assolvano soltanto una funzione. La diversità dei messaggi non si fonda sul monopolio dell'una o dell'altra funzione, ma sul diverso ordine gerarchico fra di esse. La struttura verbale del linguaggio dipende prima di tutto dalla funzione predominante. Ma anche se l'atteggiamento verso il referente, l'orientamento rispetto al *contesto* (in breve la funzione cosiddetta *referenziale* "denotativa", "cognitiva") è la funzione prevalente di numerosi messaggi, la partecipazione accessoria delle altre funzioni a tali messaggi deve essere presa in considerazione da un linguista attento.

«La funzione detta "espressiva" o *emotiva*, che si concentra sul mittente, mira ad una espressione diretta dell'atteggiamento del soggetto riguardo a quello di cui parla. Essa tende a suscitare l'impressione di una emozione determinata, vera o finta che essa sia; per questo il termine "emotivo" proposto da Marty si è rivelato preferibile a "emozionale". Lo stato puramente emotivo, nella lingua, è rappresentato dalle interiezioni (l'interiezione non è un elemento della frase, ma l'equivalente di una frase). [...]

«L'orientamento verso il *destinatario*, cioè la funzione *conativa*, trova la sua espressione grammaticale più pura nel vocativo e nell'imperativo che, dal punto di vista sintattico, morfologico e spesso anche fonematico, si staccano dalle altre categorie nominali e verbali. Le frasi imperative presentano una differenza fondamentale rispetto alle frasi dichiarative; queste possono, quelle non possono subire una verifica della verità. [...]

«Vi sono messaggi che servono essenzialmente a stabilire, prolungare o interrompere la comunicazione, a verificare se il canale funziona ("Pronto, mi senti?"), ad attirare l'attenzione dell'interlocutore o ad assicurarsi della sua continuità ("Allora mi ascolti?"). Questa accentuazione del *contatto* (la funzione *fàtica*, secondo la terminologia di Malinowski) può dare luogo ad uno scambio sovrabbondante di formule stereotipate, a interi dialoghi il cui unico scopo è di prolungare la comunicazione. [...]

«Ogni volta che il mittente e/o il destinatario devono verificare se essi utilizzano lo stesso codice, il discorso è centrato sul *codice*: esso svolge una funzione *metalinguistica*, o di chiosa ("Non ti seguo", "cosa vuoi dire?"). [...] Ci siamo soffermati su tutti i fattori implicati nella comunicazione verbale, eccetto uno: il messaggio. La messa a punto rispetto al *messaggio* in quanto tale, cioè l'accento posto sul messaggio per se stesso, costituisce la funzione *poetica* del linguaggio. [...] Questa funzione, che mette in risalto l'evidenza dei segni, approfondisce la dicotomia fondamentale dei segni e degli oggetti. Quindi, trattando della funzione poetica, la linguistica non può limitarsi al campo della poesia» (ivi, pp. 186-190).

3. LA COMUNICAZIONE ANIMALE. La forma più elementare di comunicazione, ma anche la più universale, è la comunicazione animale, presa a modello dalla stessa cibernetica per mostrare la differenza tra la *comprensione* della comunicazione e la *strumentazione* con cui si attua. Scrive in proposito Mario Bunge: «La comunicazione è sempre tra animali, sebbene non sia sempre diretta. Per esempio, non comunichiamo con i calcolatori, ma per mezzo di loro. [...] Un segnale animale è un processo fisico eseguito e controllato da un animale, percepibile da altri animali e capace di alterare il loro comportamento; il messaggio portato da un segnale animale è una rappresentazione codificata di eventi del sistema nervoso centrale dell'individuo segnalante; il significato di un messaggio per un ricevente è il cambiamento nel suo sistema nervoso centrale causato dal segnale che porta il messaggio; un animale capisce un messaggio se gli eventi provocati nel suo sistema nervoso centrale dal segnale che lo provoca sono simili a quelli che sono avvenuti nell'animale che lo ha emesso; due animali comunicano se essi *comprendono* i messaggi dei segnali che si scambiano. [...] Benché la comunicazione possa avere un valore funzionale, non è necessariamente intenzionale. Per esempio i segni scambiati da insetti sociali, essendo programmati geneticamente, non sono intenzionali anche se sono funzionali» (1979, pp. 180-181).

La PSICOLOGIA ANIMALE (v.) definisce la comunicazione come la trasmissione di informazioni da un animale all'altro tramite segnali che sono il prodotto di una specifica selezione naturale. La comunicazione si è evoluta sia al servizio della riproduzione sessuale: come i segnali relativi alle condizioni di recettività sessuale nelle femmine o i comportamenti di corteggiamento, sia al servizio della delimitazione del territorio: come la designazione dei distretti attraverso il canto degli uccelli canori o la deposizione di escrementi come nei gatti o nei cani. Oltre che nell'ambito della stessa specie esistono tipi di comunicazione fra specie differenti, in particolare tra predatore e preda, mentre nei primati che vivono in società si riscontrano forme di comunicazione attraverso espressioni facciali analoghe a quelle dell'uomo.

4. LA COMUNICAZIONE NON-VERBALE. Nello scambio comunicativo umano le componenti verbali e non-verbali sono costantemente interconnesse al punto che alcuni autori ritengono artificiosa la stessa distinzione. Tipici della comunicazione non-verbale sono: 1) i *movimenti del corpo* come i gesti, le espressioni del viso, gli atteggiamenti, lo sguardo; 2) i *fenomeni paralinguali* come il riso, lo sbadiglio, il pianto, i cambiamenti di tono, le pause e i silenzi; 3) le *posizioni nello spazio* come la distanza fra sé e gli altri; 4) la *sensibilità tattile e olfattiva* che si determina a distanza ravvicinata; 5) gli *artefatti* come l'abbigliamento, il trucco, gli ornamenti. Le modalità di comunicazione non-verbale sono determinate dai fattori culturali e variano in relazione alla situazione psicologica del soggetto e alla persona con cui questi entra in contatto. Dal momento che qualunque comportamento umano costituisce una comunicazione, nessuno può esimersi dall'essere un emittente, anche se nelle relazioni interpersonali intervengono meccanismi di filtro che controllano l'accesso delle informazioni, come quando, per la presenza prolungata di altri, si perde il controllo delle informazioni che si emettono e che si assimilano. Attraverso la comunicazione non-verbale

avviene quella percezione degli altri e quella classificazione in relazione a un'implicita e personale "teoria della personalità" i cui elementi derivano dalle precedenti esperienze di rapporto.

5. La comunicazione sociale. Ogni comunicazione è un fatto sociale, sia che avvenga tra due o più individui sia che avvenga nel colloquio interiore di un individuo con se stesso. La ragione è dovuta al fatto che, come dice Charles Sanders Peirce, ogni segno è leggibile solo all'interno di un'esperienza comune o di un sistema basato su consuetudini culturali comuni. Per questo Charles W. Morris prevede, oltre alla *sintassi* che studia i rapporti formali dei segni fra loro senza riferimento al contenuto significativo, e oltre alla *semantica* che si riferisce alla relazione dei segni con ciò che designano, una *pragmatica* che studia il rapporto dei segni con coloro che ne fanno uso in una determinata situazione. Questo rapporto presenta le forme più svariate. Come dice Eric Buyssens, «ogni atto di comunicazione costituisce un rapporto sociale. Ciò lo si osserva in massimo grado nella lingua: ogni frase è assertiva, interrogativa, imperativa o ottativa: questo lo si marca nell'intonazione, nella scelta e nell'ordine delle parole. Si parla per informare il proprio ascoltatore, per chiedergli informazioni, per dargli un ordine, o per prenderlo come testimone di un desiderio» (1967, p. 17).

Su questa base John Lyons distingue la comunicazione caratterizzata dall'intenzione del mittente di rendere il ricevente consapevole di qualcosa, dall'informazione dove questa intenzione è assente mentre ciò che conta è il valore o il *significato* che il ricevente attribuisce al messaggio, per cui: «Vale la pena di osservare che il significato del mittente include la nozione di intenzione, mentre il significato del ricevente coinvolge la nozione di valore o significanza» (1977, p. 34). Alla base di entrambi, dell'intenzione del mittente e del conferimento di significato da parte del ricevente, c'è la nozione di scelta: «Da ciò dipende uno dei fondamentali principi della semantica: il principio della scelta, ossia la possibilità di selezione fra alternative. [...] Questo principio si esprime di frequente così: il significato o la significatività implica scelta» (*ibid.*).

Questo principio viene limitato da Jacques Derrida che insiste sulla frequenza dei *messaggi impersonali* nell'ambito della comunicazione sociale: o perché impersonale è l'emittente, o perché il messaggio è rivolto a una pluralità indeterminata di ascoltatori. Questa è la ragione per cui Derrida consiglia di non legare in modo troppo stretto la definizione del processo segnico con fatti o eventi psicologici come le intenzioni dell'emittente o le operazioni mentali dell'interprete. Questa posizione è condivisa da Nelson Goodman, Erving Goffman, Niklas Luhmann e Jürgen Habermas, per i quali lo studio delle società complesse deve basarsi, più che sulle relazioni sociali, sulla comunicazione. Di qui l'interesse per l'aspetto semantico della comunicazione, relativamente alla sua natura intenzionale o indifferenziata, alle varie forme di retroazione, cioè di risposta da parte del ricevente, alla natura manifesta o latente dei messaggi, sulla loro capacità di fornire informazioni a livello razionale, o di agire direttamente sull'immaginario collettivo attraverso la componente emotiva del messaggio e i fenomeni proiettivi.

6. La comunicazione di massa. I mass media, prima che fenomeno ideologico, sociologico e culturale, sono un fatto di interesse semiotico, ossia produzione di segni e di comunicazione per cui è possibile, secondo Umberto Eco, una *sociologia dell'emittente*: come ad esempio il capitale monopolistico che determina i valori e i contenuti della pubblicità, i regimi e i gruppi sociali che si servono della radio e della televisione ecc.; una *sociologia del ricevente*, con analisi degli effetti dei mass media e le varie ricerche sul pubblico; una *sociologia dei canali* (i vari mass media) e soprattutto una *sociologia dei messaggi* per verificare, scrive Eco, «se quando l'uomo parla è libero di comunicare tutto quello che liberamente pensa, o è determinato dal codice. La stessa difficoltà di identificare i "nostri pensieri", se non in termini linguistici, lascia legittimamente sospettare che l'emittente del messaggio sia parlato dal codice. I meccanismi, gli automatismi del linguaggio spingerebbero il parlante a dire certe cose e non altre» (1968, p. 51).

Sull'onnipotenza del codice nella comunicazione dei media interviene Jean Baudrillard per il quale questo tipo di comunicazione rischia di divenire il modello di ogni forma di comunicazione, per cui, scrive Baudrillard: «Uno parla e l'altro no, uno sceglie il codice e l'altro ha l'unica possibilità di sottomettervisi o di astenersi. [...] Questa costruzione "scientifica" istituisce pertanto un "modello di simulazione" della comunicazione, dal quale sono esclusi immediatamente la reciprocità, l'antagonismo di chi vi prende parte e l'ambivalenza del loro scambio. [...] Ogni cosa è al suo posto: la formula possiede una coerenza formale che la garantisce come l'unico schema *possibile* nella comunicazione» (1972, pp. 193-194).

La posizione di Baudrillard è mitigata dalle considerazioni psicologiche relative alle predisposizioni del soggetto ricevente e ai processi selettivi di percezione e di memoria che ne risultano e che Joseph T. Klapper ha così elencato: *a*) *l'esposizione selettiva* per cui i soggetti recettori scelgono i mezzi di comunicazione cui sottoporsi, e quindi tendono a scegliere quelli che offrono un'informazione loro congeniale;

b) *l'autoselezione* per cui i soggetti recettori, quando sono sottoposti a materiale non gradito, non lo percepiscono, o lo modellano in modo da adattarlo alle loro opinioni; *c*) *la memorizzazione selettiva* per cui i soggetti recettori tendono a ricordare l'aspetto che è loro congeniale, o la parte più gradita del contenuto di una comunicazione di massa. Questa mitigazione del "terrorismo del codice" denunciato da Baudrillard non scalfisce il fatto che «ciò che caratterizza i mezzi di comunicazione di massa – come ribadisce Baudrillard – è che impediscono ogni mediazione, cioè sono "intransitivi"» (ivi, p. 182), e soprattutto non intacca il modello di "linguaggio chiuso" di cui parla Herbert Marcuse che in proposito scrive: «Il controllo esercitato dai mass media avviene mediante la riduzione delle forme linguistiche e dei simboli usati per la riflessione, l'astrazione, lo sviluppo, la contraddizione, mediante la sostituzione di immagini a concetti. Esso nega o assorbe il significato trascendente; non cerca, ma stabilisce e impone verità e falsità. Questo tipo di discorso, tuttavia, non ha carattere terroristico. Non sembra lecito assumere che i destinatari credano, o siano portati a credere, ciò che vien detto loro. La nuova finezza del linguaggio magico-rituale è da vedersi nel fatto che le persone non vi credono o non se ne curano, eppure agiscono in conformità ad esso» (1964, p. 120).

7. GLI APPROCCI DELLA PSICOLOGIA AL PROBLEMA DELLA COMUNICAZIONE. In ambito psicologico la comunicazione viene letta a partire dai presupposti di base che caratterizzano i vari indirizzi, con un ordine di significati e di accentuazione fra loro spesso distanti.

a) *L'approccio comportamentista* legge la comunicazione come forma del comportamento di ogni organismo che costituisce uno stimolo per un altro organismo. Scrive Donald MacKay: «Un organismo che viva completamente isolato mantiene aggiornato il suo sistema di orientamento reagendo ai segnali fisici sullo stato dell'ambiente, ricevuti attraverso i suoi organi sensoriali. Questo aggiornamento adattivo dello stato dell'orientamento viene chiamato percezione. Possiamo considerare la comunicazione come una estensione di questo processo nella misura in cui parte del lavoro di organizzazione in un organismo viene svolta da un altro organismo. Normalmente ciò significa che l'organismo ricevente è indotto ad adattarsi in risposta ai segnali fisici ricevuti sotto forma di simboli, cioè di indicazioni ad orientare o meno l'attività, ben al di là di ciò che costituisce la loro percezione come eventi fisici. Il punto di partenza logico per una teoria semantica della comunicazione sembrerebbe perciò essere l'analisi delle funzioni organizzative, che sono in questo modo "estensibili" da un organismo all'altro» (1961, pp. 470-471).

Da questa impostazione generale deriva quella concezione della comunicazione linguistica come comportamento strumentale così puntualizzata da Edward Chace Tolman: «Che cosa rappresenta la lingua per chi ascolta? La risposta è: un complesso di segni. Il discorso, all'ascolto, costituisce una serie di oggetti, presenti immediatamente, che l'ascoltatore prende come segni per successive stimolazioni ambientali. [...] Le parole udite sono gli oggetti-segni, e la stimolazione ambientale, che viene così sollecitata, è il significato, cioè l'oggetto significato. [...] In conclusione, per chi parla, il discorso costituisce in un certo senso un'amplificazione della portata delle braccia, delle mani, dell'apparato indicatore; per chi ascolta, un'amplificazione della recettività degli occhi, delle orecchie e degli altri apparati sensoriali» (1932, p. 126).

b) *L'approccio psicosociale* è il più interessato al problema della comunicazione perché, come dice Serge Moscovici, «l'oggetto centrale ed esclusivo della psicologia sociale dovrebbe essere tutto quello che si riferisce all'ideologia e alla comunicazione dal punto di vista della loro struttura, genesi e funzione» (1972, p. 56). La ragione è spiegata da Edward Sapir in questi termini: «Gli uomini non vivono soltanto nel mondo oggettivo, né solo nel mondo dell'attività sociale, inteso nella sua normale accezione, ma dipendono molto dalla particolare lingua che costituisce il mezzo di espressione della loro società. È un'illusione credere che ci si possa adattare alla realtà senza l'ausilio della lingua, e che questa sia solo un mezzo incidentale per risolvere problemi specifici di espressione e di riflessione. La verità è che il "mondo reale" è, in gran parte, costituito inconsciamente sulla base delle abitudini linguistiche di un gruppo. [...] L'uomo vede, ascolta, e ha altre esperienze, nella larga misura in cui le fa, proprio perché abitudini linguistiche della sua comunità lo predispongono a certe scelte interpretative» (1929, pp. 57-58).

A fare della comunicazione il fondamento dello sviluppo psicologico dell'individuo è Solomon E. Asch per il quale «il fattore psicologico decisivo del problema dei rapporti dell'uomo con la società è la capacità dei singoli di comprendere e di reagire alle azioni e alle esperienze altrui. Questo fatto, che permette ai singoli di porsi in reciproco rapporto, diviene lo sfondo di ogni processo sociale e dei più decisivi cambiamenti che si verificano nella persona. Esso rende possibile l'introiezione nel singolo dei pensieri, delle emozioni e dei propositi degli altri, che estendono il suo mondo ben oltre ciò che un suo sforzo senza aiuto potrebbe raggiungere. Permette anche vasti rapporti di interdipendenza, condizione prima del suo sviluppo personale. [...] Viene così modificato l'ambiente psicologico di ognuno, perché vivere in società significa mettere in efficace rapporto l'esperienza pubblica con quella privata. E ciò in modo irrevocabile, poiché una volta entrati nella società, noi entriamo in un cerchio di relazioni che non si possono disfare» (1952, pp. 134-135).

Nell'ambito delle relazioni la psicologia sociale ha focalizzato il problema "comunicazione e influenzamento" che già Jean Piaget aveva segnalato là dove scrive: «Nella sfera sociale tra l'individuo in evoluzione e il suo ambiente immediato si determina una reciproca influenza, le cui diverse manifestazioni obbediscono, nella loro successione, a leggi precise» (1947, p. 187). Queste leggi sono le leggi dell'interazione a proposito della quale Asch scrive: «Il fatto di maggior importanza circa le interazioni umane è che esse sono avvenimenti rappresentati psicologicamente in ciascuno dei partecipanti. Nel nostro rapporto con un oggetto, la percezione, l'ideazione e il sentimento si trovano da una sola parte, mentre nei rapporti tra persone questi processi sono da ambo le parti e in rapporto di dipendenza gli uni con gli altri» (1952, p. 151).

c) L'approccio psicoanalitico. Essendo la psicoanalisi una cura attraverso la parola, la comunicazione ne costituisce in certo qual modo il centro. Ma si tratta di una comunicazione dove la dimensione soggettiva ed emozionale della relazione costituisce l'oggetto privilegiato di indagine, mentre resta sullo sfondo il problema dei contenuti e della struttura stessa del linguaggio. A questo proposito Cesare L. Musatti scrive che «mentre l'analista, nei suoi rapporti con il paziente, da un lato procede sul piano di comunicazione di tipo razionale, dall'altro intrattiene con lui un colloquio che si svolge invece fuori dallo schema della ragione [...] si giunge così ad una conclusione strana. Il colloquio tra paziente e analista, quando è effettivamente attuata la situazione analitica, è un colloquio delirante: un colloquio cioè che si tiene fuori dalla logica ordinaria» (1972, p. III).

Ma il maggior contributo in sede psicoanalitica al problema della comunicazione è stato offerto da Jacques Lacan per il quale: «L'inconscio, a partire da Freud, è una catena di significanti che da qualche parte (su un'altra scena, egli scrive) si ripete ed insiste per interferire nei tagli offertigli dal discorso effettivo e dalla cogitazione che informa» (1960, p. 801). E ancora: «L'inconscio è quella parte del discorso concreto, in quanto transindividuale, che viene meno alla disposizione del soggetto per ristabilire la continuità del suo discorso conscio» (*ibid.*), per cui l'interpretazione «non si fonda assolutamente su un'assunzione degli archetipi divini, ma sul fatto che l'inconscio ha la struttura radicale del linguaggio, e che in esso un materiale si muove secondo leggi che sono quelle scoperte dallo studio delle lingue positive, cioè le lingue che sono o furono effettivamente parlate» (1961, p. 589).

Lacan ritiene che Sigmund Freud non ha potuto tradurre l'inconscio in termini di linguaggio perché «gli mancava lo strumento dello strutturalismo di Ferdinand de Saussure e di Roman Jakobson. Ma questo difetto della storia non fa che rendere anche più istruttivo il fatto che i meccanismi descritti da Freud come quelli del processo primario, in cui l'inconscio trova il suo regime, ricoprono esattamente quelle funzioni che tale scuola ritiene determinino i versanti più radicali degli effetti del linguaggio, e cioè la metafora e la metonimia, in altri termini gli effetti di sostituzione e di combinazione del significante nelle dimensioni rispettivamente sincronica e diacronica in cui appaiono nel discorso» (1960, pp. 801-802).

Portando alle estreme conseguenze le premesse di Lacan, Lucien Sève scrive: «Se si ammette che l'inconscio sia strutturato come una lingua, questo è senza dubbio un notevole passo avanti rispetto all'originario patrimonio concettuale freudiano, secondo cui l'inconscio doveva essere strutturato come un organismo biologico. Chi dice lingua dice anche rapporto sociale, e quest'ultimo dà molto di più ai concreti esseri umani. Ma allora perché rimanere a metà strada? Una volta riconosciuto che il problema dell'individuo non deve essere collegato all'istinto ma ad un rapporto sociale, perché astrarre il rapporto linguistico dall'insieme dei rapporti sociali?» (1969, p. 92).

Una lettura della psicoanalisi in termini di linguaggio e comunicazione è infine offerta da Alfred Lorenzer per il quale: «Se consideriamo il procedimento conoscitivo come un'operazione terapeutica, la sua descrizione può essere così completata in modo convergente: l'"autentico" oggetto che sta dietro ai fenomeni linguistici è costituito dalle forme d'interazione extralinguistiche, cioè inconsce, ma queste ultime possono essere colte solo nell'esatto contesto della storia personale, e cioè in un modo concretamente sensibile, dopo che sono state riportate nella lingua. La comprensione scenica si completa solo nel momento in cui è essa stessa superflua: quando la scena è di nuovo completamente presente in forme simboliche d'interazione e il comportamento è ormai nuovamente accessibile alla comune comprensione» (1971, p. 42).

d) L'approccio sistemico è stato inaugurato da Gregory Bateson per il quale, siccome l'essere umano, per vivere, è obbligato a comunicare, ogni processo interattivo passa attraverso la comunicazione, pertanto, scrive Bateson: «La comunicazione non riguarda solo la trasmissione verbale esplicita e intenzionale dei messaggi. Nel senso in cui lo utilizziamo, il concetto di comunicazione dovrebbe comprendere tutti i processi attraverso i quali le persone si influenzano reciprocamente» (1951, p. 18; v. INTERAZIONE, § 4). L'approccio sistemico utilizza modelli di tipo energetico e modelli di tipo relazionale con le relative categorie di funzione, relazione, retroazione, ridondanza e contesto, riferite al mondo della comunicazione ed elencate da Paul Watzlawick in questa sequenza assiomatica: «Non si può non comunicare. [...] Ogni comunicazione ha un aspetto di contenuto e un aspetto di relazione di modo che il secondo classifica il primo ed è quindi metacomunicazione. [...] La natura di una relazione dipende dalla punteggiatura delle sequenze di comunicazione tra i comunicanti. [...] Gli esseri umani comunicano sia con il modulo numerico che con quello analogico. La comunicazione analogica ha le sue radici in periodi molto più arcaici dell'evoluzione, e la sua validità è quindi molto più generale del modulo numerico della comunicazione verbale, relativamente recente e assai più astratto. [...] Gli esseri umani comunicano sia con il modulo numerico che con quello analogico. Il linguaggio numerico ha una sua sintassi logica assai complessa e di estrema efficacia ma manca di una semantica adeguata nel settore della relazione, mentre il linguaggio analogico ha la semantica ma non ha alcuna sintassi adeguata per definire in un modo che non sia ambiguo la natura delle relazioni. [...] Tutti gli scambi di comunicazione sono simmetrici o complementari a seconda che siano basati sull'uguaglianza o sulla differenza. [...] L'elemento che unifica questi assiomi, proposti in via sperimentale, non è la loro origine, ma la loro importanza *pragmatica*, che a sua volta si fonda non tanto su certe particolarità, quanto sulla possibilità di riferimenti *interpersonali* (anziché monadici) che offrono» (1967, pp. 46-63). La lettura dei processi di comunicazione secondo questi assiomi consente di "metacomunicare", cioè di riconoscere le regole del gioco interagito dai soggetti, a prescindere da ogni considerazione sull'intenzionalità o sulla consapevolezza dei comunicanti. E ciò in coerenza con quanto afferma Ray L. Birdwhistell: «Un individuo non comunica: partecipa a una comunicazione o diventa parte di essa. [...] In altre parole, un individuo non produce comunicazione, ma vi partecipa. Non si deve considerare la comunicazione, in quanto sistema, sulla base di un semplice modello di azione e reazione per quanto possa essere complesso e determinato. La comunicazione, in quanto sistema, va considerata a livello transazionale» (1959, p. 104; v. CIBERNETICA, § 4).

e) L'approccio psicopatologico. I risultati più recenti in questo ambito sono quelli che hanno portato a teorizzare gli aspetti patologici intrinseci alla comunicazione o indotti dalla comunicazione. Classico è l'esempio di Bateson della "comunicazione paradossale" e del DOPPIO LEGAME (v.) dove una persona si trova di fronte a una comunicazione che include un paio di messaggi di diverso livello o tipo logico che sono in rapporto l'uno con l'altro ma senza coerenza tra loro, per cui si determina in chi li riceve uno stato di confusione di schemi di pensiero e di comportamento, perché, dato il contesto, non è possibile né obbedire né disubbidire al comando, e qualsiasi risposta porta all'autoperpetuarsi di alternative incompatibili tra loro e con il contesto. Questa situazione, dall'esito schizofrenico, può realizzarsi sia nei casi in cui i messaggi vengano scambiati tra due persone, come la madre e il figlio, sia fra tre, come il padre, la madre e il figlio. L'insicurezza che ne deriva produce un'incapacità all'autodeterminazione che non si produce solo in particolari situazioni familiari, come hanno accertato Bateson e Mara Selvini Palazzoli, ma *strutturalmente* a causa della relativa incapacità del linguaggio di rappresentare o anche esprimere la semantica e la prassi, molto più elaborate, della comunicazione analogica ed iconica. Là dove una scelta deve essere fatta tra alternative incompatibili, per l'insufficienza linguistica rispetto alla complessità della situazione reale, si ripropone la patologia del doppio messaggio che, a questo livello, non è indotta ma strutturale. In questo caso, per usare un'espressione di Karl Jaspers, è la comunicazione a toccare la sua "situazione-limite".

Bibliografia

Amietta P. L., *Comunicare per apprendere. Dall'impresa-organizzazione all'impresa-comunicazione*, Franco Angeli, Milano 1995.

Anolli L., *Fondamenti di psicologia della comunicazione*, il Mulino, Bologna 2006.

Argyle M., *Il corpo e il suo linguaggio. Studi sulla comunicazione non verbale* (1965), Zanichelli, Bologna 1978.

Arielli E., *Cognizione e comunicazione. Le basi psicologiche dell'interazione umana*, il Mulino, Bologna 2006.

Asch S. E., *Psicologia sociale* (1952), SEI, Torino 1968.

Bara B. G., *Pragmatica cognitiva. I processi mentali della comunicazione*, Bollati Boringhieri, Torino 1999.

Bateson G., *Verso un'ecologia della mente* (1972), Adelphi, Milano 1976.

Bateson G., Ruesch J., *La matrice sociale della psichiatria* (1951), il Mulino, Bologna 1976.

Baudrillard J., *Per una critica dell'economia politica del segno* (1972), Mazzotta, Milano 1974.

Bellotto M., *Comunicazione*, in AA.VV., *Gli strumenti del sapere contemporaneo*, vol. II: *I concetti*, Utet, Torino 1985, pp. 148-150.

Birdwhistell R. L., *Contribution of linguistic-kinesics. Studies to the understanding of schizophrenia*, in A. Auerback (a cura di), *Schizophrenia. An integrated approach*, The Ronald Press Company, New York 1959.

–, *Kinesics and context. Essays on body motion communication*, University of Pennsylvania Press, Philadelphia 1970.

Borgna E., *Parlarsi. La comunicazione perduta*, Einaudi, Torino 2015.

Bresson F., Jodelet F., Mialaret G., *Linguaggio, comunicazione e decisione*, in P. Fraisse, J. Piaget (a cura di), *Trattato di psicologia sperimentale* (1963-1968), Einaudi, Torino 1972-1979, vol. VIII.

Bunge M., *Treatise on basic philosophy*, Reidel, Dordrecht 1979.

Buyssens E., *La communication et l'articulation linguistique*, Presses Universitaires, Bruxelles 1967.

Cavazza N., *Comunicazione e persuasione*, il Mulino, Bologna 1997.

Deag J. M., *Social behavior of animals*, Arnold, London 1980.

Dei B., *Canone. Dimensione linguistica e progetto terapeutico*, Cooperativa Editrice, Salerno 1986.

Derrida J., *Della grammatologia* (1967), Jaca Book, Milano 1969.

Eco U., *La struttura assente. Introduzione alla ricerca semiologica*, Bompiani, Milano 1968.

–, *Semiotica e filosofia del linguaggio*, Einaudi, Torino 1984.

Enzensberger H. M., *Fondamenti per una teoria socialista dei mezzi di comunicazione di massa* (1970), in Centro di Documentazione e di Studi sull'Informazione (CESDI), *Contro l'industria culturale. Materiali per una strategia socialista*, Guaraldi, Rimini 1971.

Fornari F., *Simbolo e codice*, Feltrinelli, Milano 1976.

Frings H., *La comunicazione animale* (1966), Bollati Boringhieri, Torino 1971.

Goffman E., *Modelli di interazione* (1967-1969), il Mulino, Bologna 1971.

Goodman N., *Fatti, ipotesi e previsioni* (1983), Laterza, Bari 1985.

Habermas J., *Teoria dell'agire comunicativo* (1981), il Mulino, Bologna 1986.

Hinde R. A. (a cura di), *La comunicazione non verbale* (1972), Laterza, Bari 1974.

Jakobson R., *Saggi di linguistica generale* (1963), Feltrinelli, Milano 1966.

Jaspers K., *Filosofia* (1932-1956), Libro I: *Orientazione filosofica nel mondo*, Libro II: *Chiarificazione dell'esistenza*, Libro III: *Metafisica*, Utet, Torino 1978.

Klapper J. T., *The effects of mass communication*, The Free Press, Glencoe 1960.

Lacan J., *Sovversione del soggetto e dialettica del desiderio nell'inconscio freudiano* (1960), in *Scritti* (1936-1966), Einaudi, Torino 1974, vol. II.

–, *La direzione della cura e i principi del suo potere* (1961), in *Scritti*, cit., vol. II.

Livolsi M., *Comunicazioni e cultura di massa*, Hoepli, Milano 1969.

Lorenzer A., *Crisi del linguaggio e psicanalisi* (1971), Laterza, Bari 1975.

Luhmann N., *Struttura della società e semantica* (1980), Laterza, Bari 1983.

Lyons J., *Manuale di semantica* (1977), Laterza, Bari 1980.

MacKay D., *The informational analysis of questions and commands*, in C. Cherry (a cura di), *Information theory. Fourth London Symposium*, Butterworth & Co., London 1961, pp. 469-476.

Mantovani G., *Comunicazione e identità. Dalle situazioni quotidiane agli ambienti virtuali*, il Mulino, Bologna 1995.

Marcuse H., *L'uomo a una dimensione* (1964), Einaudi, Torino 1967.

Marsicano S., *Comunicazione e disagio sociale*, Franco Angeli, Milano 1987.

Marty A., *Untersuchungen zur Grundlegung der allgemeinen Grammatik und Sprachphilosophie*, Niemeyer, Halle 1908.

McLuhan M., *Gli strumenti del comunicare* (1964), il Saggiatore, Milano 1999.

Morris Ch. W., *Lineamenti di una teoria dei segni* (1938), Paravia, Torino 1954.

Moscovici S., *Society and theory in social psychology*, in J. Israel, H. Tajfel (a cura di), *The context of social psychology*, Academic Press, New York 1972.

Musatti C. L., *Prefazione* a M. Cesa-Bianchi *et al.*, *La percezione*, Franco Angeli, Milano 1972.

Ogden Ch. K., Richards I. A., *Il significato del significato. Studio dell'influsso del linguaggio sul pensiero e della scienza del simbolismo* (1923), il Saggiatore, Milano 1966.

Parry J., *Psicologia della comunicazione umana*, Armando, Roma 1973.

Peirce Ch. S., *Semiotica. I fondamenti della semiotica cognitiva* (testi tratti da *Collected Papers* 1931-1935, Harvard University Press, Cambridge, Massachusetts, vol. V), Einaudi, Torino 1980.

Perniola M., *Contro la comunicazione*, Einaudi, Torino 2004.

Piaget J., *Psicologia dell'intelligenza* (1947), Editrice Universitaria, Firenze 1964.

Quintavalle G., *La comunicazione intrapsichica. Saggio di semiotica psicoanalitica*, Feltrinelli, Milano 1978.

Ricci Bitti P. E., Zani B., *La comunicazione come processo sociale*, il Mulino, Bologna 1996.

Rosenfeld H. A., *Comunicazione e interpretazione. Fattori terapeutici e antiterapeutici nel trattamento psicoanalitico dei pazienti psicotici, borderline e nevrotici* (1987), Bollati Boringhieri, Torino 1989.

Rumiati R., Lotto L. (a cura di), *Introduzione alla psicologia della comunicazione*, il Mulino, Bologna 2007.

Sapir E., *Il linguaggio. Introduzione alla linguistica* (1921), Einaudi, Torino 1969.

–, *La posizione della linguistica come scienza* (1929), in Id., *Cultura, linguaggio e personalità* (1949), Einaudi, Torino 1972.

Scheflen A. E., *Il linguaggio del comportamento* (1973), Astrolabio, Roma 1977.

Selvini Palazzoli M., Cirillo S., Selvini M., Sorrentino A. M., *I giochi psicotici nella famiglia*, Raffaello Cortina, Milano 1988.

Sève L., *Marxismo e teoria della personalità* (1969), Einaudi, Torino 1973.

Shannon C. E., Weaver W., *Teoria matematica delle comunicazioni* (1949), Etas Kompass, Milano 1971.

Tartara G., *Teoria dei sistemi di comunicazione*, Bollati Boringhieri, Torino 1986.

Tolman E. Ch., *Il comportamento intenzionale negli animali e negli uomini* (1932), Armando, Roma 1983.

Trupia P., *Semantica della comunicazione. Produrre significati nell'arte, nelle teorie scientifiche, nella formazione aziendale*, Unicopli, Milano 1992.

Wachtel P. L., *Comunicazione terapeutica* (2001), il Mulino, Bologna 2006.

Watzlawick P. (a cura di), *La realtà inventata. Contributi al costruttivismo* (1981), Feltrinelli, Milano 1988.

Watzlawick P., Beavin J. H., Jackson D. D., *Pragmatica della comunicazione umana* (1967), Astrolabio, Roma 1971.

Wilden A., *Comunicazione*, in AA.VV., *Enciclopedia*, Einaudi, Torino 1978, vol. III, pp. 601-695.

Comunità (ingl. *Community*; ted. *Gemeinschaft*; fr. *Communauté*; sp. *Comunidad*). Insieme di individui differenziati, dalla più ampia collettività in cui sono inseriti, da fattori di coesione di natura biologica, etnica, religiosa, territoriale, linguistica.

1. Comunità e Società. La comunità è caratterizzata da un forte senso di appartenenza e solidarietà da parte dei suoi membri, la cui unione si fonda su valori e obiettivi di carattere più empatico che razionale. La sociologia di fine Ottocento con Ferdinand Tönnies concepiva la comunità in contrapposizione alla società, in quanto, mentre nella comunità gli individui sono accomunati da una "volontà naturale" che stabilisce rapporti affettivi di collaborazione e amore, nella società le relazioni sarebbero basate sulla "volontà razionale" finalizzata al perseguimento di specifici obiettivi. La sociologia contemporanea considera tale distinzione artificiosa, perché nella realtà sociale le due forme di convivenza non sono separate e le caratteristiche dell'una si ritrovano anche nell'altra e viceversa. Sull'origine del *senso di comunità* la psicologia evolutiva ritiene con René Árpád Spitz che sia da ricercare nella fiducia di base che si stabilisce nei primi anni del rapporto madre-bambino; mentre Alfred Adler interpreta il senso di comunità come ciò che, contrapponendosi all'individualistica volontà di potenza, mantiene la coesione all'interno della società.

2. La comunità terapeutica. Rappresenta una forma di trattamento dove l'ambiente sociale di una comunità, come l'istituzione psichiatrica, i gruppi-appartamento, le case di riposo, è parte integrante della terapia. La prima comunità terapeutica fu istituita in Inghilterra, nel 1952, da Maxwell Jones con l'intento di trasformare il tradizionale ospedale psichiatrico in una struttura aperta e democratica, con l'obiettivo di far partecipare i pazienti alla gestione dell'istituzione. La comunità terapeutica ha determinato un rovesciamento del ruolo passivo dei degenti, promuovendone la responsabilizzazione e l'integrazione sociale, oltre alla ristrutturazione della loro personalità attraverso relazioni interpersonali significative. L'antropologo americano Robert N. Rapoport, per il quale «l'espressione "comunità terapeutica" designa un metodo di trattamento che si sforza di utilizzare l'ambiente sociale di un ospedale come parte integrante dell'approccio terapeutico» (1960, p. 10), stabilì che i valori che dovevano regolare la vita nella comunità dovevano essere: la *democrazia* onde consentire la partecipazione di tutti alle decisioni, il *permissivismo*, inteso come possibilità di muoversi e di esprimersi all'interno della comunità, la *vita comunitaria* resa possibile dalla condivisione degli stessi spazi e degli stessi tempi dove potesse circolare uno stile di comunicazione non direttivo ma confidenziale e infine il *confronto con la realtà* attraverso le riunioni di gruppo.

Nella comunità, il lavoro terapeutico avviene sia a livello individuale, tramite l'analisi psicodinamica dei conflitti, sia a livello sociale, attraverso molteplici interazioni di gruppo, in cui si presta una particolare attenzione alle dinamiche interpersonali e ai rapporti di ruolo. La gestione della terapia procede mediante una comune programmazione e verifica tra medici, psicologi, assistenti sociali, infermieri, questi ultimi riscattati dal ruolo di esecutori privi di iniziative, e pazienti a loro volta riscattati dal ruolo passivo di oggetti di cura. Queste attività sono state ben descritte da Jones che a questo proposito parla di "apprendimento sociale" dove il trattamento assomiglia sempre di più a un processo di formazione. Infatti, scrive Jones: «Il concetto di apprendimento sociale si può applicare ugualmente all'interazione sociale che si verifica tra i malati, tra i membri del personale, e tra gli uni e gli altri» (1968a, p. 82). Questa pratica prevede: riunioni di reparto a cui partecipano il personale e i pazienti per una libera discussione regolata sul modello della psicoterapia di gruppo, riunioni del personale per mettere a fuoco le dinamiche che si sono create, formazione di gruppi di azione in attività sociali seguiti dal personale curante.

Su questa linea conviene anche Gérard Bléandonu per il quale «tutto è trattamento. Ogni trattamento è o dovrebbe essere: riadattamento. Ogni comunità terapeutica cerca di realizzare, attraverso il compromesso, un equilibrio più o meno stabile tra gruppi antagonisti. Non esita ad attenuare le differenze di ruolo per unire i partecipanti nella realizzazione di un progetto comune. Il collettivo fissa come obiettivo la sua propria organizzazione, in modo da indurre il gruppo dominato a cambiare e a interiorizzare le regole sociali del gruppo dominante – precisamente quelle in virtù delle quali esso è stato socialmente escluso» (1970, p. 67).

La prima esperienza di comunità terapeutica in Italia fu quella avviata nell'ospedale psichiatrico di Gorizia negli anni 1961-1963 da Franco Basaglia dalle cui esperienze e teorizzazioni presero avvio quelle innovazioni legislative che portarono nel 1978 alla chiusura dei manicomi. A Basaglia è da ricondurre anche il superamento della stessa comunità terapeutica all'interno dell'ospedale e la sua apertura al contesto sociale. Nascono da qui quei servizi che vanno dai centri territoriali di salute mentale alle comunità alloggio e appartamenti protetti, dai servizi psichiatrici di diagnosi e cura alle associazioni che impegnano i pazienti in lavori sociali. Attualmente le comunità terapeutiche non operano soltanto nel campo della psichiatria, ma anche in quello della delinquenza minorile, della devianza e, soprattutto, della tossicodipendenza.

3. PSICOLOGIA DI COMUNITÀ. È quel settore della PSICOLOGIA CLINICA (v. § 2, *e*) il cui intervento si attua in istituzioni sanitarie, scolastiche, educative dislocate sul territorio in vista di una loro trasformazione che le renda più adeguate alle nuove richieste sociali.

4. ÉQUIPE TERAPEUTICA. Gruppo di lavoro composto da diversi operatori con differenti professionalità per far fronte da un lato ai compiti del disagio psichico non riducible a un'unica dimensione disciplinare e dall'altro per contrastare la "sindrome da istituzione" ritenuta co-responsabile dell'aggravamento delle patologie mentali negli istituti psichiatrici. L'équipe terapeutica si ispira a principi umanistici, antiautoritari, emancipativi, tendenzialmente alternativi all'intervento bio-medico a favore dell'accoglimento e dell'accettazione della soggettività del paziente, senza intenti normalizzatori. L'organizzazione dell'équipe è tendenzialmente insofferente ai rapporti gerarchici e favorevole alla massima comunicazione tra paziente e operatori, e tra gli stessi operatori, allo scopo di creare un'entità unitaria che non sia la semplice somma di individualità e professionalità, ma piuttosto un contesto armonico e non conflittuale in grado di favorire la ricomposizione della frammentazione psicotica del paziente in uno spazio che faciliti il riconoscimento dei suoi bisogni, dei suoi vissuti, senza tralasciare il miglioramento dei suoi rapporti con la realtà esterna attraverso interventi psicoterapeutici individuali, di gruppo, familiari, socioriabilitativi e, quando necessario, anche farmacologici, cercando di evitare il rischio potenziale di ogni équipe terapeutica che può condurre alla deresponsabilizzazione del singolo operatore.

Bibliografia

Adler A., *Prassi e teoria della psicologia individuale* (1920), Astrolabio, Roma 1947.
Agamben G., *La comunità che viene*, Bollati Boringhieri, Torino 2001.
Amerio P., *Psicologia di comunità*, il Mulino, Bologna 2004.
Asioli F., Ballerini A., Berti Ceroni G., *Psichiatria nella comunità. Cultura e pratica*, Bollati Boringhieri, Torino 1993.
Basaglia F. (a cura di), *L'istituzione negata. Rapporto da un ospedale psichiatrico*, Einaudi, Torino 1968.
–, *Riabilitazione e controllo sociale* (1971), in *Scritti II – 1968-1980. Dall'apertura del manicomio alla nuova legge sull'assistenza psichiatrica* (a cura di F. Ongaro Basaglia), Einaudi, Torino 1982.
Bauman Z., *Voglia di comunità* (2000), Laterza, Bari 2001.
Berruti G., Conforto C., Giusto G., Pisseri P., *Comunità. Natura, cultura, terapia*, Bollati Boringhieri, Torino 1999.
Bléandonu G., *Les communautés thérapeutiques*, Edition du Scarabée, Paris 1970.
Borghi L., *Scuola e comunità*, La Nuova Italia, Firenze 1974.
Brunori L., Raggi C., *Le comunità terapeutiche*, il Mulino, Bologna 2007.
Cardamone G., Zorzetto S., *Salute mentale di comunità. Elementi di teoria e pratica*, Franco Angeli, Milano 2000.
Demichelis L., *Società o comunità*, Carocci, Roma 2010.
Esposito R., *Communitas. Origine e destino della comunità*, Einaudi, Torino 1998.
Ferruta A., Foresti G., Vigorelli M. (a cura di), *Le comunità terapeutiche. Psicotici, borderline, adolescenti, minori*, Raffaello Cortina, Milano 2012.
Foot J., *La "Repubblica dei matti". Franco Basaglia e la psichiatria radicale in Italia, 1861-1978* (2012), Feltrinelli, Milano 2014.
Francescato D., Contesini A., Dini S., *Psicologia di comunità. Esperienze a confronto*, Il Pensiero Scientifico, Roma 1983.
Francescato D., Tomai M., Mebane M. E., *Psicologia di comunità per la scuola, l'orientamento e la formazione*, il Mulino, Bologna 2004.
Goffman E., *Asylums* (1961), Einaudi, Torino 1968.
Goodman P., *Individuo e comunità* (1970), Elèuthera, Milano 1995.
Hochmann J., *Psichiatria e comunità*, Laterza, Bari 1973.
Jones M., *Al di là della comunità terapeutica* (1968a), il Saggiatore, Milano 1974.
, *Ideologia e pratica della psichiatria sociale* (1968b), Etas Kompass, Milano 1970.
Laing R. D., Cooper D., *Ragione e violenza* (1964), Armando, Roma 1973.
Main T., *La comunità terapeutica e altri saggi psicoanalitici* (1989), Il Pensiero Scientifico, Roma 1992.
Mosher L. R., Burti L., *Psichiatria territoriale. Principi e pratica* (1989), Feltrinelli, Milano 1991.
Nancy J.-L., *La comunità inoperosa* (1990), Cronopio, Napoli 1992.
Neri G., *Équipe terapeutica*, in AA.VV., *Psiche. Dizionario storico di psicologia, psichiatria, psicoanalisi e neuroscienze*, Einaudi, Torino 2006-2007, vol. I, pp. 397-402.
Orford J., *Psicologia di comunità. Aspetti teorici e professionali* (1992), Franco Angeli, Milano 1995.
Palmonari A., Zani B., *Psicologia sociale di comunità*, il Mulino, Bologna 1998.
Rapoport R. N., *Community as a doctor. Perspectives on a therapeutic community*, Tavistock, London 1960.
Santinello M., Dallago L., Vieno A., *Fondamenti di psicologia di comunità*, il Mulino, Bologna 2009.
Spitz R. A., *Il primo anno di vita del bambino* (1958), Editrice Universitaria, Firenze 1962.
Tönnies F., *Comunità e società* (1887), Edizioni di Comunità, Milano 1963.
Twelvetrees A., *Il lavoro sociale di comunità. Come costruire progetti partecipati* (2001), Erickson, Trento 2007.
Volterra V. (a cura di), *Psichiatria di comunità*, in G. B. Cassano, P. Pancheri *et al.* (a cura di), *Trattato italiano di psichiatria* (1992), Masson, Milano 1999, vol. III, pp. 3763-3792.
Zani B., Palmonari A. (a cura di), *Manuale di psicologia di comunità*, il Mulino, Bologna 1996.

Conato (ingl. *Effort*; ted. *Versuch*; fr. *Effort*; sp. *Conación*). Sforzo, inclinazione, tendenza ad agire in modo finalizzato, sostenuto dalla propria base istintuale e dall'impianto dei propri desideri. Il funzionamento *conativo* si distingue da quello *cognitivo*, che è sostenuto dal pensiero, dalla percezione e dal giudizio, e da quello *emotivo* retto dall'impianto emozionale. Nel Rinascimento questo termine, nell'accezione latina di *conatus* che traduceva l'ὁρμή stoica, indicava l'istinto o la tendenza di ogni essere alla propria conservazione, e in questa accezione lo troviamo in Baruch Spinoza, per il quale il *conatus* è «lo sforzo di conservarsi, e quindi l'essenza stessa della cosa» (1677, IV, 22), e in Gottfried Wilhelm Leibniz, per il quale «il *conatus* sta al movimento come il punto sta allo spazio, cioè come l'unità sta all'infinito: esso è l'inizio o la fine del movimento» (1671, p. 229).

Bibliografia

Leibniz G. W., *Hypothesis Physica Nova* (1671), in *Die philosophische Schriften*, Weidmann, Berlin 1875-1890, vol. IV.
Spinoza B., *Etica dimostrata secondo l'ordine geometrico* (1662-1675, edito postumo nel 1677), Bompiani, Milano 2007.

Concentrazione (ingl. *Concentration*; ted. *Konzentration*; fr. *Concentration*; sp. *Concentración*). Forma d'orientamento dell'attenzione volta alla ricezione e all'organizzazione dei contenuti della realtà soggettiva e/o oggettiva, dove si richiede una restrizione cosciente dell'area dell'attenzione e l'accumulo delle energie impulsive in una precisa configurazione. Il livello e la capacità di concentrazione variano in relazione a *fattori fisiologici*, come lo stato di affaticamento, l'equilibrio ormonale, l'efficienza del sistema nervoso centrale, e a *fattori psicologici* che riguardano gli interessi culturali personali, l'equilibrio emozionale, la situazione attuale in cui è inserito il soggetto. La concentrazione è particolarmente importante in tutte quelle tecniche che richiedono un restringimento del campo di coscienza, come l'Ipnosi (v.), il Training autogeno (v.), definito da Johannes Heinrich Schultz "rilassamento concentrativo", e lo Yoga (v.) dove costituisce il prerequisito indispensabile per la meditazione. La concentrazione viene misurata attraverso test che richiedono una particolare attenzione o nella ricezione di segnali ottici o acustici, o nella realizzazione di un compito. Tra questi ricordiamo: 1) il *Pauli test* in cui bisogna eseguire semplici addizioni e sottrazioni in un tempo prestabilito: la valutazione della prova è compiuta in base alle quantità del rendimento, alla percentuale e alla portata degli errori, tenendo conto delle variabili quali età, sesso, professione. È frequentemente impiegato in Psicologia del lavoro (v. § 5); 2) i *test di cancellazione* (v. Cancellazione, Test di) in cui sono da cancellare delle lettere contrassegnate; 3) i *compiti di selezione*, in cui occorre scegliere e ordinare delle classi. Il limite di questi test sta nel fatto che la natura artificiosa dei compiti proposti non consente di prevedere la capacità di concentrazione di un soggetto in situazioni difficili o semplicemente reali, né quanto tale capacità sia stabile nel tempo.

Bibliografia

Arnold W., Pauli R., *Der Pauli-Test*, Barth, München 1970.
Di Nuovo S., *Attenzione e concentrazione*, Erickson, Trento 2008.
Marschner G., *Revisions-test*, Hogrefe, Göttingen 1972.
Mierke K., *Konzentrationsfähigkeit und Konzentrations-schwäche*, Huiber-Klett, Bern-Stuttgart 1966.
Schultz J. H., *Il training autogeno. Metodo di autodistensione da concentrazione psichica* (1932), vol. I: *Esercizi inferiori*, vol. II: *Esercizi superiori. Teoria*, Feltrinelli, Milano 1968.

Concetto (ingl. *Concept*; ted. *Begriff*; fr. *Concept*; sp. *Concepto*). Risultato di un processo di astrazione (v. Astrazione, § 1) con conseguente categorizzazione di oggetti o eventi in base a qualità e relazioni considerate comuni. Il concetto è generalmente indicato da una parola, per cui è possibile affermare che conoscere il significato del termine "x" equivale a possedere il concetto "x", ma il concetto non è la parola, in quanto differenti termini possono indicare lo stesso concetto, oppure è possibile possedere un concetto pur ignorandone il nome. Inteso come significato di un termine, il concetto rappresenta l'unità minima di un pensiero o di una proposizione, e il suo carattere di validità universale è in relazione alla sua comunicabilità, che è tanto più univoca quanto più rigorosa è la corrispondenza tra il concetto e la cosa denotata.

1. Filosofia. Il problema della natura del concetto ha trovato in ambito filosofico due soluzioni principali. La prima concepisce il concetto non come una rappresentazione della mente umana, ma come l'essenza stessa della cosa. Secondo tale visione, di cui Aristotele attribuisce a Socrate la scoperta, il concetto è la corretta definizione di una cosa che, riferendosi ai suoi caratteri costitutivi ed essenziali, si sottrae alla molteplicità delle opinioni e alla precarietà dell'esperienza. Nella seconda interpretazione, che risale ai sofisti, il concetto viene considerato un segno che dà significato all'oggetto, per cui è distinto sia dalla cosa che rappresenta, sia dalla parola utilizzata per esprimerlo. Nella filosofia contemporanea, sulla traccia di Immanuel Kant, il concetto non viene più associato alla cosa reale, ma alla rappresentazione della cosa, per cui la sua nozione è strumentale e convenzionale. Con Charles Sanders Peirce, infine, la nozione di concetto è risolta in quella di significato (v. Segno) e la sua trattazione avviene all'interno della semantica (v. Linguistica, § 1, *b*). I concetti assolvono molteplici

funzioni come la *classificazione* degli oggetti in generi e specie, la *comprensione* e la *spiegazione* utilizzando un impianto concettuale già acquisito per comprendere una situazione nuova, il *ragionamento* che non sarebbe possibile senza strutture concettuali, la *comunicazione* stante il carattere univoco e non ambivalente del concetto.

2. Psicologia. In questo ambito ci si occupa prevalentemente dell'*apprendimento dei concetti*. Alcuni autori, fra cui Jean Piaget e Lev Semënovič Vygotskij, hanno suddiviso lo sviluppo del concetto nel bambino in varie fasi: durante la prima avviene una sintesi degli oggetti concreti in base alle somiglianze esteriori, nella seconda la generalizzazione procede in relazione ai nessi concreti fra le cose, nella terza si ha la formazione dei concetti veri e propri, tramite un processo di astrazione e isolamento dei singoli elementi, indipendentemente dalle relazioni concrete fra gli oggetti. L'acquisizione di un concetto viene verificata attraverso vari esperimenti in cui il bambino deve classificare degli oggetti sconosciuti in base ad alcuni attributi, quali colore, forma, uso ecc. (v. Cognizione, § 2).

Nell'ambito della *psicologia analitica* Carl Gustav Jung mette in guardia dalla tentazione di concettualizzare la psiche allo scopo di pervenire a una "psicologia oggettiva", perché «nel momento in cui ci si fa un concetto di una cosa, si riesce a cogliere uno degli aspetti della cosa, e così facendo si soccombe regolarmente all'illusione di aver afferrato la totalità. Di solito non ci si rende affatto conto che una comprensione totale è assolutamente impossibile. Neppure un concetto posto come tale è totale, poiché è ancora un'entità particolare dalle caratteristiche incalcolabili. Questa autoillusione favorisce comunque la tranquillità e la pace dell'anima: l'ignoto ha ricevuto un nome, ciò che era remoto ora è prossimo, lo si può anzi toccare con mano. Se ne è preso possesso, ed è divenuto una proprietà inalienabile, come una preda uccisa, che non fuggirà più. È una procedura magica che il primitivo esercita sulle cose e lo psicologo sull'anima. Non siamo più in balia dell'ignoto, perché non sospettiamo che proprio la comprensione concettuale dell'oggetto offre a questo la migliore occasione per sviluppare tutte quelle proprietà che non sarebbero mai comparse se non lo si fosse circoscritto mediante una definizione concettuale» (1947-1954, pp. 187-188). Per quanto concerne l'impiego che lo stesso Jung fa dei concetti vale questa sua osservazione: «La "realtà della psiche" è la mia ipotesi di lavoro, e la mia principale attività consiste nel radunare, descrivere e spiegare un materiale oggettivo. Non ho costruito né un sistema, né una teoria generale, ma formulato soltanto concetti ausiliari che mi servono da strumenti, come avviene per qualunque scienza» (1952, p. 464).

Nell'ambito della *psicologia animale*, in un senso ovviamente traslato, si ritiene che un organismo possieda la capacità di formulare un concetto quando reagisce in modo coerente ad uno stimolo, inserito in differenti contesti. Ad esempio, è stato dimostrato che i piccioni addestrati arrivano a sviluppare il concetto di essere umano, poiché sono in grado di fornire una determinata risposta comportamentale soltanto in presenza della sagoma di una persona, uomo, donna o bambino, mentre non reagiscono in alcun modo alla presenza di altri stimoli.

Bibliografia

Bruner J. S., Goodnow J. J., Austin G. A., Brown R., *Il pensiero. Strategie e categorie* (1956), Armando, Roma 1969.

Evans J., *Bias in human reasoning. Causes and consequences*, Lawrence Erlbaum Associates, Hove-London 1989.

Handjaras L. *et al.*, *Concetti e conoscenza*, Loescher, Torino 1983.

Herrnstein R. J., Loveland D. H., Cable C., *Natural concepts in the pigeon*, in "Journal of Experimental Psychology. Animal Behavior Processes", 1976, n. 2.

Jung C. G., *Riflessioni teoriche sull'essenza della psiche* (1947-1954), in *Opere* (1969-2007), Bollati Boringhieri, Torino, vol. VIII.

–, *Risposta a Martin Buber* (1952), in *Opere*, cit., vol. XI.

Piaget J., *La nascita dell'intelligenza nel bambino* (1936), La Nuova Italia, Firenze 1977.

Smith E. E., Medin D. L., *Categories and concepts*, Harvard University Press, Cambridge, Massachusetts, 1981.

Vygotskij L. S., *Pensiero e linguaggio* (1934), Giunti Barbera, Firenze 1966.

Concretismo (ingl. *Concretism*; ted. *Konkretismus*; fr. *Concrétisme*; sp. *Concretismo*). Modalità di pensare e di sentire che si mantiene legata alla percezione immediata della realtà materiale e al proprio vissuto soggettivo senza essere in grado di elevarsi all'Astrazione (v.). Scrive in proposito Carl Gustav Jung: «Per concretismo intendo una determinata peculiarità del *pensare* e del *sentire* che rappresenta l'opposto dell'astrazione» (1921, p. 432). Tipico del pensiero infantile e di quello primitivo «il pensare concretistico – prosegue Jung – si muove fra concetti e concezioni esclusivamente concreti ed è sempre in rapporto con le impressioni fornite dai sensi. Così anche il sentimento concretistico non è mai disgiunto da un riferimento sensoriale. [...] Il concretismo è perciò un *arcaismo*. [...] Nell'uomo civilizzato il concretismo del pensiero consiste per esempio nell'incapacità di pensare a qualcosa di diverso dai fatti d'immediata evidenza così come sono forniti dai sensi; oppure nell'incapacità di distinguere il sentire soggettivo dall'oggetto del sentimento offerto dai sensi. [...]

Questa confusione impedisce una differenziazione del pensare e del sentire e mantiene entrambe le funzioni nella sfera della sensazione, cioè del riferimento sensoriale; in tal modo pensare e sentire non possono mai evolversi a funzioni pure, ma rimangono permanentemente dipendenti dalla sensazione. [...] Così si determina un legame sensoriale tra le varie funzioni psicologiche, legame che impedisce l'autonomia psichica dell'individuo a favore dei dati di fatto sensibili» (ivi, pp. 432-433; v. FETICISMO, § 5). Per Jean Piaget il concretismo costituisce la manifestazione più evidente del realismo infantile e il pensiero che lo esprime è incapace di *reversibilità*, cioè di ripercorrere mentalmente a ritroso le operazioni che si sono eseguite in un procedimento logico o operativo, per cui ad esempio un oggetto diviso è per il bambino qualcos'altro rispetto alla rappresentazione iniziale dell'oggetto intero (v. COGNIZIONE, § 2, *b*).

Bibliografia

Jung C. G., *Tipi psicologici* (1921), in *Opere* (1969-2007), Bollati Boringhieri, Torino, vol. VI.

Piaget J., *Psicologia dell'intelligenza* (1947), Editrice Universitaria, Firenze 1964.

Condanna (ingl. *Conviction*; ted. *Verurteilung*; fr. *Condamnation*; sp. *Juicio adverso*). Riprovazione espressa sotto forma di giudizio di un'idea, di un atteggiamento o di una condotta. In ambito psicoanalitico Sigmund Freud scrive che «può essere destino di un moto pulsionale urtare contro resistenze che mirano a renderlo inefficace. Se si verificano determinate condizioni, esso perviene allora nello stato della "rimozione". Se si fosse trattato dell'azione di uno stimolo esterno, la fuga sarebbe stata evidentemente il mezzo più appropriato. Nel caso della pulsione la fuga non serve, giacché l'Io non può sfuggire a se stesso. In seguito, verrà il momento in cui un buon mezzo contro il moto pulsionale verrà trovato nella riprovazione del giudizio (la *condanna*). La rimozione è uno stadio preliminare della condanna, qualcosa che sta a metà fra la fuga e la condanna» (1915, p. 36). Per quanto concerne il *giudizio di condanna*, in riferimento al rifiuto da parte del soggetto di appagare un proprio desiderio di cui ha comunque coscienza, si veda la voce GIUDIZIO, § 2.

Bibliografia

Freud S., *La rimozione*, in *Metapsicologia* (1915), in *Opere*, (1967-1993), Bollati Boringhieri, Torino, vol. VIII.

–, *La negazione* (1925), in *Opere*, cit., vol. X.

Condensazione (ingl. *Condensation*; ted. *Verdichtung*; fr. *Condensation*; sp. *Condensación*). Concentrazione di più elementi psichici e dell'energia ad essi legata in un'unica rappresentazione dotata di notevole intensità. La condensazione si manifesta in modo particolarmente evidente nel SOGNO (v. § 2), in cui, come afferma Sigmund Freud, «è come se agisse una forza che sottopone il materiale a una pressione, a una concentrazione. A causa della condensazione, un elemento del sogno manifesto può quindi corrispondere a numerosi elementi dei pensieri onirici latenti; e, viceversa, un elemento dei pensieri onirici può essere rappresentato nel sogno da più immagini» (1932, p. 135). La condensazione, sebbene sia innanzitutto un procedimento caratteristico del pensiero inconscio, agisce in favore della CENSURA (v.) in quanto contribuisce a ciò che Freud chiama *lavoro onirico* (v. SOGNO, § II, 2), ossia a quel processo di deformazione e mascheramento degli elementi inconsci del sogno che determina la discrepanza fra contenuto latente e contenuto manifesto (v. CONTENUTO LATENTE – CONTENUTO MANIFESTO). Il meccanismo della condensazione è strettamente connesso a quello di SPOSTAMENTO (v.), in quanto le energie psichiche legate ai singoli pensieri vengono spostate e concentrate su un unico elemento. Il sogno può, ad esempio, condensare nell'immagine di una persona i tratti di due o più individui, oppure fondere in un neologismo diverse parole. Un analogo procedimento di condensazione è stato rilevato da Freud anche nella formazione dei sintomi, nei lapsus, nelle dimenticanze e nel motto di spirito. Secondo Eugen Bleuler la formazione di condensazioni è particolarmente frequente nei pazienti schizofrenici che tendono a rappresentare con una singola immagine diversi luoghi o persone. Secondo Roman Jakobson e Jacques Lacan, alla condensazione sono sottesi gli stessi processi che in ambito linguistico mettono capo alla METAFORA (v.). A questo proposito Carl Gustav Jung fa la seguente precisazione terminologica: «Freud definisce "condensazione" la fusione di situazioni, immagini ed elementi verbali. L'espressione "contaminazione" usata dalla linguistica riguarda solo le fusioni verbali, e quindi è un concetto specialistico, che si subordina al concetto tedesco della condensazione. È raccomandabile conservare per le condensazioni verbali il termine "contaminazione"» (1907, p. 33).

Bibliografia

Bleuler E., *Trattato di psichiatria* (1911-1939, aggiornato da M. Bleuler dal 1940 al 1960), Feltrinelli, Milano 1967.

Freud S., *L'interpretazione dei sogni* (1899), in *Opere* (1967-1993), Bollati Boringhieri, Torino, vol. III.

–, *Psicopatologia della vita quotidiana* (1901), in *Opere*, cit., vol. IV.

–, *Il motto di spirito e la sua relazione con l'inconscio* (1905), in *Opere*, cit., vol. V.

–, *Introduzione alla psicoanalisi. Nuova serie di lezioni* (1932), in *Opere*, cit., vol. XI.
Jakobson R., *Due aspetti del linguaggio e due tipi di afasia* (1956), in Id., *Saggi di linguistica generale* (1963), Feltrinelli, Milano 1966.
Jung C. G., *Psicologia della dementia praecox* (1907), in *Opere* (1969-2007), Bollati Boringhieri, Torino, vol. III.
Lacan J., *L'istanza della lettera dell'inconscio o la ragione dopo Freud* (1957), in *Scritti* (1936-1966), Einaudi, Torino 1974, vol. I.

Condiscendenza, v. CONFORMISMO.

Condizionamento, v. APPRENDIMENTO, § I, 1-2.

Condizionato, Riflesso, v. APPRENDIMENTO, § I, 1-2.

Condizione (ingl. *Condition*; ted. *Bedingung*; fr. *Condition*; sp. *Condición*). Insieme di elementi che possono favorire o impedire il verificarsi di un evento o di un processo. A differenza delle cause, le condizioni non producono effetti diretti o immediati, ma concorrono, in vario grado, a rendere possibile, probabile, ma comunque mai certo il verificarsi di un evento. Già John Stuart Mill avvertiva che si trova di rado una relazione causale fra un antecedente e un conseguente, mentre è molto più frequente osservare una relazione fra diversi antecedenti, tutti ugualmente necessari, e un conseguente. Attualmente la nozione di "condizione" ha ampiamente sostituito quella di causa in molti campi della conoscenza, dalla biologia alla sociologia, alla teoria dell'informazione e dei sistemi, soprattutto dopo che la stessa fisica ha abbandonato il concetto di causalità a favore di modelli statistici. Secondo Carl Gustav Jung il *condizionalismo*, ossia il tentativo di spiegare gli eventi mediante le condizioni del loro verificarsi, conserva lo stesso approccio del determinismo causale (v. CAUSALITÀ), in quanto non fa che allargare la semplice relazione causa-effetto alla complessità dell'esistente. In psicologia, come altrove, il termine viene spesso utilizzato, in senso ampio, come sinonimo di "stato" in cui si trova una persona. In questo senso si parla di condizione patologica, culturale, sociale e simili.

Bibliografia

Jung C. G., *Prefazioni ai "Collected Papers on Analytical Psychology"* (1916-1917), in *Opere* (1969-2007), Bollati Boringhieri, Torino, vol. IV.

Condotta (ingl. *Conduct*; ted. *Betragen*; fr. *Conduite*; sp. *Conducta*). Il termine, che spesso è usato come sinonimo di COMPORTAMENTO (v.), si distingue da quest'ultimo perché mentre il comportamento fa riferimento all'insieme delle azioni e reazioni abituali di un organismo all'ambiente, suscettibile di osservazione oggettiva, la condotta fa riferimento a un atteggiamento interiore (v. ATTEGGIAMENTO) da cui quelle azioni e reazioni discendono. Ne consegue che, dal punto di vista dell'osservazione esterna, la condotta è meno descrivibile e verificabile del comportamento.

Bibliografia

Dewey J., *Natura e condotta dell'uomo. Introduzione alla psicologia sociale* (1922), La Nuova Italia, Firenze 1958.

Conduzione nervosa (ingl. *Nervous conduction*; ted. *Nervöse Leitungsbahn*; fr. *Conduction nerveuse*; sp. *Conducción nerviosa*). Propagazione dell'impulso nervoso lungo una fibra nervosa dovuta all'iniziale scatenarsi del potenziale d'azione (v. AZIONE, § 2, *a*) nel punto stimolato e al suo successivo propagarsi a causa della generazione di una corrente che provoca la depolarizzazione in una zona limitrofa. Nelle *fibre amieliniche*, con questo meccanismo, l'eccitamento si propaga in maniera *continua* lungo l'intera struttura. La velocità di conduzione è direttamente proporzionale alla radice quadrata del diametro della fibra. Nelle *fibre mieliniche*, dove la membrana del cilindrasse è rivestita da un manicotto di mielina (sostanza con proprietà isolante), la propagazione del potenziale d'azione avviene saltando da un nodo al successivo, perché solo in tali punti può avvenire la depolarizzazione della membrana ad opera della corrente generata nel modo sopra descritto. In questo caso si dice che la propagazione avviene in maniera *saltatoria*, il che consente un aumento di velocità di conduzione e un risparmio energetico rispetto al caso precedente. La velocità, inoltre, è proporzionale al diametro dell'assone, allo spessore del manicotto mielinico ed alla distanza internodale. La conduzione dell'impulso è un fenomeno *tutto o nulla* (v. AZIONE, § 2, *a*), perciò si propaga senza decremento; è *isolata* in quanto non si diffonde alle fibre vicine; è *indifferente* perché è in grado di propagarsi sia in direzione centrifuga che centripeta. L'esistenza di fibre efferenti e afferenti non è in contraddizione con l'indifferenza della conduzione, perché l'effettiva conduzione polarizzata è determinata dalle SINAPSI (v.) che operano la trasmissione nervosa (v. TRASMISSIONE).

Confabulazione (ingl. *Confabulation*; ted. *Konfabulation*; fr. *Fabulation*; sp. *Fabulación*). Detta anche *fabulazione*, la confabulazione è un'attività rappresentativa che mette capo a racconti privi di rispondenza concreta, ma spesso verosimili e strutturalmente coerenti. Si distingue una confabulazione *infantile* in cui si esprime la tendenza a caricare di significati immaginari il mondo concreto, echeggiando fiabe, racconti fantastici, reminiscenze di avvenimenti recenti e passati con sostituzione di significati reali con significati immaginari, e una confabulazione *patologica*, frequente nella sindrome di Korsakov (v. ALCOLISMO, § 7, *b*), nella DEMENZA (v.) e in alcuni stati deliranti, dove la confabulazione svolge il ruolo di compensare i vuoti di memoria o di rendere le esperienze reali congruenti con la struttura del delirio. La confabulazione è caratterizzata da una totale inconsapevolezza del soggetto che è pienamente convinto di ciò che sta dicendo, e in ciò si distingue dalla PSEUDOLOGIA (v.), frequente in soggetti psicopatici o isterici, dove il soggetto abbandona la propria produzione fantastica quando viene messo di fronte all'evidenza dei fatti.

Confessione (ingl. *Confession*; ted. *Bekenntnis*; fr. *Confession*; sp. *Confesión*). Ammissione e riconoscimento delle proprie colpe. Carl Gustav Jung considera la confessione come il primo stadio del processo psicoterapico a cui seguono la chiarificazione, l'educazione e la trasformazione. Nello stadio della confessione il soggetto si libera dei propri segreti e di tutto ciò che occulta perché considera riprovevole. Il sollievo che la confessione comporta è motivato dal riconoscimento della parte oscura di sé (v. OMBRA) con conseguente ritrovamento della propria interezza che era venuta meno con la scissione dalla propria coscienza dei contenuti inaccettati. Liberato dall'esilio in cui i propri segreti lo avevano relegato, il soggetto ha la possibilità di entrare in relazione con tutte le parti di sé realizzando quello che, per Jung, è lo scopo del trattamento analitico, a cui si perviene procedendo negli stadi successivi a quello della confessione, che è iniziale e preparatorio.

Bibliografia

Jung C. G., *I problemi della psicoterapia moderna* (1929), in *Opere* (1969-2007), Bollati Boringhieri, Torino, vol. XVI.
Reik Th., *L'impulso a confessare* (1925), Feltrinelli, Milano 1963.

Confini dell'Io, v. IO, CONFINI DELL'.

Conflitto psichico (ingl. *Psychical conflict*; ted. *Psychischer Konflikt*; fr. *Conflit psychique*; sp. *Conflicto psíquico*). Contrapposizione tra istanze contrastanti. Il significato del termine e il suo impiego hanno connotazioni specifiche nei seguenti contesti:

1. PSICOANALISI. Sigmund Freud assume la nozione di conflitto come categoria centrale della teoria psicoanalitica: «Noi non vogliamo semplicemente descrivere e classificare i fenomeni, ma concepirli come indizi di un giuoco di forze che si svolge nella psiche, come l'espressione di tendenze orientate verso un fine, che operano insieme o l'una contro l'altra. Ciò che ci sforziamo di raggiungere è una *concezione dinamica* dei fenomeni psichici. Nella nostra concezione i fenomeni percepiti vanno posti in secondo piano rispetto alle tendenze, che pure sono soltanto ipotetiche» (1915-1917, pp. 246-247). Il conflitto si presenta ora in forma *manifesta* come tra due sentimenti contraddittori, ora in forma *latente* come nella nevrosi dove gli elementi del conflitto manifesto sono solo una copertura deformata o sintomo di un conflitto latente. Nel designare i termini in conflitto Freud è passato attraverso tre ipotesi che hanno in comune l'assunzione della sessualità come un termine del conflitto, rispetto alla quale l'antagonista si precisa in modi diversi a seconda dello stadio di sviluppo che andava raggiungendo la teoria delle pulsioni: 1) la prima formulazione del conflitto riguarda il dualismo tra *principio di piacere* e *principio di realtà* regolati dalla RIMOZIONE (v.), a sua volta motivata dall'inconciliabilità delle rappresentazioni sessuali con le aspirazioni etiche ed estetiche dell'Io; 2) la seconda formulazione oppone le pulsioni *sessuali* alle pulsioni di *autoconservazione* o pulsioni dell'Io, che comprendono anche le tendenze aggressive; 3) la terza formulazione riconduce ogni conflitto a un dualismo quasi mitico tra pulsioni di vita e pulsioni di morte in cui Freud legge l'antica opposizione tra *Eros* e *Thanatos*, dove nelle pulsioni di morte, più che un polo del conflitto, si legge il principio stesso della conflittualità, mentre nelle pulsioni di vita vengono raccolte tutte le opposizioni conflittuali precedentemente elencate da Freud: «Dopo molte esitazioni e oscillazioni ci siamo decisi ad ammettere soltanto due pulsioni fondamentali: l'*Eros* e la *pulsione di distruzione*. (Il contrasto tra pulsione di autoconservazione e pulsione di conservazione della specie, nonché quello tra amore dell'Io e amore oggettuale ricade nell'Eros.) Meta della prima di queste pulsioni è stabilire unità sempre più vaste e tenerle in vita: unire insieme dunque; meta dell'altra, al contrario, è dissolvere nessi e in questo modo distruggere le cose» (1938, p. 575).

2. PSICOLOGIA INDIVIDUALE. Alfred Adler parla di *nevrosi conflittuale* a proposito di quegli atteggiamenti caratterizzati da un'accentuata opposizione all'ambiente, sostenuta da valutazioni critiche che la salvaguardano dalla degenerazione nel delirio vero e proprio. Alla base della nevrosi conflittuale c'è un sentimento di inferiorità del soggetto accompagnato da una forte antisocialità.

3. PSICOLOGIA DEL COMPORTAMENTO. In questo ambito Kurt Lewin distingue tre tipi di conflitto: a) *attrazione-attrazione* quando si hanno due o più mete desiderabili ma che si escludono a vicenda;

b) *repulsione-repulsione* quando la scelta è tra due prospettive sgradevoli per cui si tende a sfuggire il dilemma; c) *repulsione-attrazione* quando lo stesso oggetto presenta incentivi positivi e negativi, come il piacere di mangiar dolci e il dispiacere di ingrassare. In tutti questi casi decisive diventano le manovre di avvicinamento: nel primo caso il fatto stesso di avviarsi verso uno dei due poli aumenta la tendenza a muoversi verso quella direzione, nel secondo caso il fatto di avvicinarsi aumenta la tendenza a ritrarsi, nel terzo caso il pericolo sembra meno reale quando l'oggetto è lontano, ma più ci si avvicina più il soggetto tende a ritrarsi, e la decisione avviene in funzione dell'intensità della pulsione su cui la tendenza si basa. I conflitti attrazione-repulsione sono alla base di più o meno gravi problemi comportamentali che ruotano intorno ai temi: indipendenza-dipendenza, cooperazione-competizione, pulsioni individuali-norme collettive, dove la soluzione del conflitto è solitamente nella forma del compromesso accettabile (v. ATTRAZIONE – REPULSIONE, TEORIA DELL').

4. PSICOLOGIA COGNITIVISTA. In questo ambito il conflitto è stato descritto nella forma della DISSONANZA COGNITIVA (v.) tra le convinzioni maturate dal soggetto e le sue tendenze comportamentali in contrasto con esse.

5. PSICOLOGIA SOCIALE. In questo ambito la lettura del conflitto avviene a partire da due diverse prospettive. La prima, che ha come suo maggior esponente Elton Mayo, è caratterizzata da un approccio *funzionalista* che concepisce il conflitto come una perturbazione del sistema a partire dall'idea di una società buona, partecipativa e armoniosa. La seconda invece, che ha in Georg Simmel il suo maggior teorico, è caratterizzata da un approccio *psicosociologico* che considera il conflitto intrinseco sia al soggetto individuale che al soggetto sociale, con una sua positività potenziale che porta a un'evoluzione della normatività, man mano che i conflitti si presentano e vengono inclusi nel sistema e regolati. Nell'organizzazione sociale i conflitti possono essere esportati dal gruppo nella forma della *coesione difensiva* o *istituzionalizzati* attraverso la loro formalizzazione (v. PSICOLOGIA SOCIALE, § 4, *a-h*).

Bibliografia

Adler A., *Il temperamento nervoso* (1912), Astrolabio, Roma 1950.
Benasayag M., Del Rey A., *Elogio del conflitto* (2007), Feltrinelli, Milano 2008.
Deutsch M., *The resolution of conflict*, Yale University Press, New York 1973.
Edelmann R. J., *Conflitti interpersonali nel lavoro*, Erickson, Trento 1996.
Festinger L., *Teoria della dissonanza cognitiva* (1957), Franco Angeli, Milano 1973.
Freud S., *Metapsicologia* (1915), in *Opere* (1967-1993), Bollati Boringhieri, Torino, vol. VIII.
–, *Introduzione alla psicoanalisi* (1915-1917), in *Opere*, cit., vol. VIII.
–, *L'Io e l'Es* (1922), in *Opere*, cit., vol. IX.
–, *Compendio di psicoanalisi* (1938), in *Opere*, cit., vol. XI.
Hampshire S., *Innocenza ed esperienza. Un'etica del conflitto* (1989), Feltrinelli, Milano 1995.
Lewin K., *Teoria dinamica della personalità* (1935), Giunti Barbera, Firenze 1965.
Mayo E., *I problemi umani e sociopolitici della civiltà industriale* (1945), Utet, Torino 1969.
Morelli U., *Conflitto. Identità, interessi, culture*, Meltemi, Roma 2006.
Simmel G., *Forme e giochi di società. Problemi fondamentali della sociologia* (1917), Feltrinelli, Milano 1983.

Confluenza, v. PSICOLOGIA DELLA GESTALT, § IV, 2, *c*.

Conformismo (ingl. *Conformity*; ted. *Konformismus*; fr. *Conformisme*; sp. *Conformismo*). Tendenza all'adesione acritica a idee, valori, atteggiamenti, bisogni e aspirazioni dominanti nel gruppo sociale di riferimento. Sono figure del conformismo: *a*) la *compiacenza* dettata dal bisogno di essere accettati o dal timore di non riscuotere sufficiente stima e affetto; *b*) la *condiscendenza* che si manifesta nei processi decisionali con astensione dal giudizio e semplice esecuzione di quanto viene richiesto dall'autorità, che può assumere atteggiamenti implicitamente minacciosi oppure benevoli per controbilanciare i costi della risposta; *c*) l'*acquiescenza* che induce i soggetti a rispondere nel modo socialmente approvato, indipendentemente dalla propria opinione (v. DESIDERABILITÀ SOCIALE). Il soggetto conformista è generalmente ritenuto passivo e insicuro e pertanto dipendente dall'approvazione esterna che cerca di ottenere conformandosi ai valori del gruppo socioculturale a cui appartiene, senza esercitare su di esso alcuna influenza con l'apporto di contributi personali. Il conformismo si esprime nelle "mode" e negli "stili di vita" collettivi che possono essere assunti spontaneamente, scelti consapevolmente, o indotti da condizionamenti più o meno espliciti (v. COLLETTIVO).

Martin Heidegger legge il conformismo come un tratto tipico della vita inautentica, per cui «nell'uso dei mezzi di trasporto o di comunicazione pubblica, dei servizi di informazione (i giornali), ognuno è come l'altro. Un siffatto esser-assieme dissolve completamente il singolo Esserci nel modo di essere degli altri, sicché gli altri dileguano ancora di più nella loro diversità e determinatezza. In questa irrilevanza e impersonalità il Si (*Man*) esercita la sua autentica dittatura. Ce la spassiamo e ci divertiamo come ce la si spassa e ci si diverte; leggiamo, vediamo e giudichiamo di letteratura e di arte come si vede e si giudica. Ci teniamo lontani anche dalla "gran massa" come ci si tiene lontani, troviamo rivoltante ciò che si trova rivoltante. Il Si, che non è alcun Esserci determinato, ma tutti (non però come somma), prescrive il modo di essere della quotidianità» (1927, § 27, pp. 215-216).

Per Max Horkheimer «il peso della realtà sociale odierna sulla vita dell'uomo medio è tale che ormai predomina il tipo "conformista". Dal momento in cui nasce, l'individuo si sente continuamente ripetere una lezione: c'è un solo modo di farsi strada nel mondo, e cioè rinunciare alla speranza di realizzare pienamente se stesso. Il successo si consegue solo attraverso l'*imitazione*. [...] Riecheggiando, imitando, copiando coloro che lo circondano, adattandosi a tutto [...] l'individuo riesce a sopravvivere. Deve dunque la salvezza al più antico espediente biologico di sopravvivenza, il *mimetismo*» (1947, pp. 123-124). Dal canto suo Theodor Wiesengrund Adorno ha mostrato che il conformismo è tipico della personalità autoritaria che tende ad adeguarsi ai valori tradizionali della classe media (v. AUTORITÀ). Al conformismo si oppone l'*anticonformismo* che può essere tanto l'espressione di una personalità individuata (v. PSICOLOGIA ANALITICA, § 5), quanto una forma di ECCENTRICITÀ (v.), se non addirittura una forma di conformismo frequente nei piccoli gruppi che vogliono distinguersi dal più vasto contesto sociale in cui si trovano ad operare. Stanley Milgram ha distinto il conformismo dall'ubbidienza in base a quattro criteri qui esposti alla voce UBBIDIENZA.

Bibliografia

Adorno Th. W. *et al.*, *La personalità autoritaria* (1950), Edizioni di Comunità, Milano 1973.
Berg I. A., Bass B. M., *Conformity and deviation*, Harper, New York 1961.
Cannistraro Ph. V., *La fabbrica del consenso. Fascismo e mass media*, Laterza, Bari 1975.
Cavalli L., *La democrazia manipolata*, Franco Angeli, Milano 1965.
Furedi F., *Il nuovo conformismo. Troppa psicologia nella vita quotidiana* (2004), Feltrinelli, Milano 2005.
Galimberti U., *Conformismo*, in Id., *I vizi capitali e i nuovi vizi* (2003), Feltrinelli, Milano 2015, pp. 75-84.
Girard G., *Società conformista e individuo*, Franco Angeli, Milano 1980.
Heidegger M., *Essere e tempo* (1927), Utet, Torino 1978.
Horkheimer M., *Eclisse della ragione. Critica della ragione strumentale* (1947), Einaudi, Torino 1969.
Lindsay P. H., Norman D. A., *La condiscendenza*, in Id., *L'uomo elaboratore di informazioni. Introduzione cognitivista alla psicologia* (1977), Giunti Barbera, Firenze 1983.
Marcuse H., *L'uomo a una dimensione* (1964), Einaudi, Torino 1967.
Milgram S., *Obbedienza all'autorità. Il celebre esperimento di Yale sul conflitto tra disciplina e coscienza* (1974), Bompiani, Milano 1975.
Mucchi Faina A., *Il conformismo*, il Mulino, Bologna 2009.

Confronto sociale (ingl. *Social comparison*; ted. *Sozialvergleich*; fr. *Comparaison sociale*; sp. *Comparación social*). Valutazione dei propri atteggiamenti in relazione a quelli mediamente più diffusi nel gruppo di appartenenza. Decisivo per la costruzione della propria IDENTITÀ (v. § 1) e per i processi di INTEGRAZIONE (v. § 2), il confronto sociale è stato studiato da Leon Festinger in ordine alle motivazioni che lo promuovono, quale il desiderio di essere simili agli altri e allo stesso tempo diversi, dove la diversità è giocata con quanti sono ritenuti superiori per acquisire esperienza e informazioni, e con quanti sono ritenuti inferiori per soddisfare il proprio desiderio di superiorità. Il confronto sociale è una delle basi per la verifica della propria consonanza o dissonanza cognitiva (v. DISSONANZA COGNITIVA).

Bibliografia

Festinger L., *A theory of social comparison process*, in "Human Relations", 1954, n. 7, pp. 117-140.
–, *Teoria della dissonanza cognitiva* (1957), Franco Angeli, Milano 1973.
Tajfel H. (a cura di), *Social identity and intergroup relations*, Cambridge University Press, Cambridge 1982.

Confusionale, Stato, v. COSCIENZA, § 3, *c*.

Confusione mentale, v. COSCIENZA, § 3, *c*.

Congenito (ingl. *Congenital*; ted. *Angeboren*; fr. *Congénital*; sp. *Congénito*). Caratteristica o anomalia di un organismo presente fin dalla nascita, ma non necessariamente determinata geneticamente.

Congruenza, v. COERENZA.

Coniunctio oppositorum, v. OPPOSTI, § 2, *b*.

Connessione interemisferica, v. EMISFERO CEREBRALE.

Connessionismo (ingl. *Connectionism*; ted. *Konnexionismus*; fr. *Connexionnisme*; sp. *Conexionismo*). Il connessionismo è un modello delle scienze cognitive (v. COGNITIVISMO, § 3) elaborato da James L. McClelland e David E. Rumelhart che, per spiegare il funzionamento del cervello, sostituiscono alla teoria secondo la quale le informazioni sarebbero concentrate in tracce mnestiche la teoria che l'informazione si distribuisce su reti neuronali, dette anche connessionistiche o modelli di elaborazione distribuita in *parallelo* (PDP – *Parallel Distributed Processing*), così chiamate perché differiscono dai modelli computazionali dell'intelligenza artificiale dove l'elaborazione dell'informazione è distribuita in *sequenza*. Questa differenza è stata sottolineata da Patricia Smith Churchland, secondo la quale «sembra che il cervello sia un calcolatore con uno stile radicalmente diverso. Ad esempio, il cervello cambia mentre apprende e immagazzina ed elabora informazioni negli stessi luoghi. [...] È del tutto evidente che il cervello è una macchina in parallelo, in cui avvengono molte interazioni nello stesso tempo in molti canali diversi, mentre il calcolatore richiede un'elaborazione seriale con poche interazioni» (1989, p. 100). Secondo la teoria connessionistica, infatti, l'informazione su una persona, un oggetto, un evento, invece di essere concentrata in tracce mnestiche e quindi in un singolo luogo, è distribuita in numerose unità interconnesse che, oltre a modificarsi in funzione dell'apprendimento, si influenzano tra loro, inviando ognuna alle altre segnali eccitatori o inibitori. Il fatto che l'informazione si distribuisca su molte unità tra loro interconnesse spiega perché, anche quando un'unità viene danneggiata, il danno non impedisce al sistema il recupero dell'informazione. Per quanto riguarda la posizione assunta dai teorici del connessionismo in ordine al problema del rapporto tra mente e cervello, si rinvia alla voce MENTE, § 4, h, e alla voce MODULARITÀ.

Bibliografia

Churchland P. S., *From Descartes to neural networks*, in "Scientific American", luglio 1989.

Danielli A., Schiaffonati V. (a cura di), *Le forme della mente. Percorsi multidisciplinari tra modularismo e connessionismo*, il Mulino, Bologna 2007.

McClelland J. L., Rumelhart D. E., *A distributed model of human learning and memory*, in Id., *Parallel distributed processing*, vol. II: *Psychological and biological models*, PDP Research Group, Mit Press, Cambridge, Massachusetts, 1989.

Parisi D., *Intervista sulle reti neurali. Cervello e macchine intelligenti*, il Mulino, Bologna 1989

–, *Simulazioni. La realtà rifatta nel computer*, il Mulino, Bologna 2001.

Quinlan Ph. T., *Connessionismo e psicologia. Una prospettiva psicologica per la ricerca sulle reti neurali* (1992), il Mulino, Bologna 1994.

Connotazione, v. DENOTAZIONE.

Conoscenza (ingl. *Knowledge*; ted. *Kenntnis*; fr. *Connaissance*; sp. *Conocimiento*). Termine generico che abbraccia tutti gli aspetti cognitivi (v. COGNIZIONE), quindi percezione, memoria, immaginazione, pensiero, critica e giudizio, distinti, come già avevano fatto Platone e Aristotele, da quelli cosiddetti oretici che sono la volizione e l'affettività. Sia in ambito filosofico che in ambito psicologico, la conoscenza è considerata una gerarchia cumulativa ottenuta con l'integrazione successiva dell'esperienza e con il graduale passaggio dal più concreto al più astratto. Sottesa è l'ipotesi teleologica che convalida retrospettivamente l'ordine cronologico dell'acquisizione conoscitiva con l'ordine razionale, fino a ipotizzare con Jean Piaget strutture mentali che si dischiuderebbero secondo un criterio di sempre maggior complessità (v. COGNIZIONE, § 2).

Oggi la scoperta di curve decrescenti e regressive di apprendimento, con la preminenza di meccanismi selettivi che comportano l'inibizione di un certo numero di possibilità, cui corrisponde il mantenimento e il potenziamento di altre, ha messo in crisi la corrispondenza tra sviluppo cronologico e sviluppo razionale della conoscenza e soprattutto l'ipotesi piagetiana di strutture mentali preformate. In proposito Carol F. Feldman e Stephen Toulmin scrivono: «Il presupposto delle strutture individuate da Piaget è che esse si sviluppano *nella* mente del bambino in base alla propria ontogenesi naturale, invece di essere intese come interiorizzazioni di strutture formali esterne. Bisogna forse dedurne che la comparsa spontanea di "strutture mentali" nel corso normale dello sviluppo non rappresenti, poniamo, il contenuto interiorizzato dell'educazione, ma costituisca piuttosto un'espressione mentale immediata dello sviluppo delle strutture fisiche o fisiologiche corrispondenti? In tal caso potremmo concludere che l'evoluzione ha creato un'armonia prestabilita per cui le strutture fisiologiche si manifestano naturalmente nella sequenza più adatta all'ontogenesi delle capacità cognitive. [...] Bisognerebbe allora, prima ancora di accettare come autentiche le "strutture mentali", cercare una conferma delle ipotesi neurofisiologiche connesse» (1975, pp. 48-49).

Un altro problema che si pone è quello di stabilire con quale metodo è possibile studiare i processi di conoscenza. Abbandonato il *metodo introspettivo*, ossia l'autoesame dei nostri stati mentali, tipico della psicologia del senso comune e del metodo sperimentale introdotto da Wilhelm Maximilian Wundt che, nei suoi esperimenti, addestrava le persone a imparare a descrivere fedelmente i propri stati mentali, oggi, come ci informa Paolo Legrenzi, «lo studio dei processi di conoscenza si muove su tre fronti collegati: capire le basi neurofisiologiche che producono i processi cognitivi, simularli e, infine, reduplicarli in sistemi artificiali. Paradossalmente, sono le lesioni dell'organismo, cioè i guasti, che possono essere illuminanti e chiarificatori. Se una lesione localizzata in una parte della corteccia cerebrale si associa alla compromissione di una specifica conoscenza, allora è probabile che sia quella porzione della corteccia ad avere un ruolo nella produzione di quell'attività mentale» (2006-2007, p. 244). Oggi il progresso tecnologico consente, attraverso la tomografia e la risonanza magnetica, di osservare l'attività del cervello e di isolare la parte interessata a una specifica funzione cognitiva.

Nello sviluppo della conoscenza si è soliti distinguere una *struttura cognitiva* che si riferisce all'organizzazione individuale della propria passata esperienza in un modello gerarchico di schemi concettuali correlati, con cui viene confrontata l'esperienza in corso, allo scopo di facilitare la settorializzazione delle nuove informazioni e aumentare l'efficacia di questo processo, e un'*efficienza cognitiva* proporzionata al livello di codificazione delle informazioni, solitamente sotto forma di linguaggio, e al livello di comunicazione per la trasmissione delle informazioni e la correlazione tra conoscenza e linguaggio.

Jürgen Habermas connette la conoscenza a tre *interessi* umani: tecnico, pratico ed emancipatorio, che hanno modellato lo sviluppo della conoscenza definendone gli oggetti, i metodi di indagine e i criteri di convalida. La conoscenza *tecnica*, che si riferisce alle relazioni delle variabili dipendenti e indipendenti, permette di scegliere i mezzi migliori per determinati fini; la conoscenza *pratica*, che si riferisce ai significati, alle norme e alle aspettative comuni, permette di comunicare con gli altri e di agire cooperativamente; infine la conoscenza *emancipatoria* permette di liberarci dalle convinzioni comuni che limitano la nostra percezione di possibili obiettivi e aspirazioni. Esempi di idee che possono essere proposte come conoscenza emancipatoria sono, in ordine alla psicologia del lavoro: «I lavoratori che si considerano incapaci di dirigere democraticamente i propri luoghi di lavoro, perché la loro idea di sé si è formata sotto l'influenza di un sistema educativo che è sostenuto da e serve gli interessi di coloro che beneficiano normalmente di una conduzione oligarchica dei luoghi di lavoro» (1968, p. 270); mentre, in ordine alla psicoanalisi: «I sensi di colpa che nascono dall'attività sessuale non sono dovuti al fatto che il sesso è intrinsecamente negativo, ma al fatto che da bambini possiamo essere stati aspramente sgridati dai nostri genitori autoritari quando ci toccavamo in maniera piacevole» (ivi, p. 250). Queste idee possono far crescere la libertà di scelta; e la loro convalida, per il fatto che può essere solo parziale o probabile, può innescare un processo di continua riflessione critica. La posizione di Habermas riflette il progressivo superamento della conoscenza come pura teoria separata dalla prassi com'era nella tradizione filosofica a partire da Platone.

In ambito cognitivista si è aperto un altro filone di ricerca che ha preso il nome di *conoscenza distribuita*, termine introdotto da Edwin Hutchins per segnalare che per molti scopi la conoscenza è distribuita tra molti soggetti, perché molte mete non potrebbero essere raggiunte senza questa distribuzione. Nell'ambito della conoscenza distribuita, particolare rilievo assumono gli "atti verbali" che non hanno lo scopo di modificare il sistema cognitivo degli interlocutori, ma quello di pervenire agli scopi condivisi, non con un ragionamento condotto all'interno di un modello precostituito, ma attraverso proposte e aggiustamenti a cui tende una conversazione finalizzata. Appartiene infine alla conoscenza distribuita l'interazione uomo-calcolatore per stabilire, come vogliono gli studi di Irene Greif, le modalità con cui la tecnologia informatica può assistere le persone coinvolte in un progetto comune.

Bibliografia

Bachelard G., *Il razionalismo applicato* (1949), Dedalo, Bari 1975.

Borgna E., *I conflitti del conoscere. Strutture del sapere ed esperienza della follia*, Feltrinelli, Milano 1988.

Feldman C. F., Toulmin S., *Logic and theories of mind*, in Id., *Proceedings of the Nebraska symposium on motivation*, University of Nebraska Press, Lincoln 1975.

Fiora E., Pedrabissi L., Salvini A., *Pluralismo teorico e pragmatismo conoscitivo in psicologia della personalità*, Giuffrè, Milano 1988.

Gil F., *Conoscenza*, in AA.VV., *Enciclopedia*, Einaudi, Torino 1978, vol. III, pp. 778-805.

Goffman E., *Espressione e identità* (1961), Mondadori, Milano 1979.

Greif I., *Computer supported cooperative works. A book of readings*, Morgan Kaufman, San Mateo, California, 1988.

Habermas J., *Conoscenza e interesse* (1968), Laterza, Bari 1973.

Hutchins E., *Learning to navigate and context. Paper presented at workshop on context, cognition and activity*, Claire O'Malley, Stenugsund 1987.

Körner S., *Categorial frameworks*, Barnes & Noble, New York 1970.

Lakatos I., Musgrave A. (a cura di), *Critica e crescita della conoscenza* (1970), Feltrinelli, Milano 1976.

Legrenzi P., *Conoscenza*, in AA.VV., *Psiche. Dizionario storico di psicologia, psichiatria, psicoanalisi, neuroscienze*, Einaudi, Torino 2006-2007, vol. I, pp. 240-245.

Lorenz K., *L'altra faccia dello specchio. Per una storia naturale della conoscenza* (1973), Adelphi, Milano 1974.

Morin E., *La conoscenza della conoscenza* (1986), Feltrinelli, Milano 1989.

Piaget J., *Biologia e conoscenza. Saggio sui rapporti fra le regolazioni organiche e i processi cognitivi* (1967), Einaudi, Torino 1983.

–, *L'epistemologia genetica* (1970), Laterza, Bari 1983.

Popper K. R., *I due problemi fondamentali della teoria della conoscenza* (1978), il Saggiatore, Milano 1997.

Schlick M., *Teoria generale della conoscenza* (1918), Franco Angeli, Milano 1986.
Sini C., *Idoli della conoscenza*, Raffaello Cortina, Milano 2000.
Sohn-Rethel A., *Warenform und Denkform*, Europa Verlag, Wien 1971.
Wundt W. M., *Lineamenti di psicologia* (1896), in *Scritti scelti*, Utet, Torino 2006.

Consapevolezza, v. COSCIENZA.

Conscio (ingl. *Conscious*; ted. *Bewusste, bewusst*; fr. *Conscient*; sp. *Consciente*). Termine utilizzato sia come aggettivo, sia come sostantivo. Nel primo caso, come afferma Sigmund Freud, si riferisce a tutto ciò di cui l'individuo è consapevole: «Chiameremo "conscia" soltanto la rappresentazione che è presente nella nostra coscienza e di cui abbiamo percezione, attribuendo questo solo significato al termine "conscio"; invece le rappresentazioni latenti, se abbiamo motivo di supporre che continuino a esistere nella vita psichica – com'è nel caso della memoria –, dovranno essere designate come "inconsce"» (1912, pp. 575-576). Impiegato come sostantivo, il termine indica il sistema o la struttura in cui si svolge l'attività psichica cosciente ed è praticamente sinonimo di COSCIENZA (v.).

Nel *modello topico* dell'APPARATO PSICHICO (v. § 3) elaborato da Freud nel 1915, il *conscio* è uno dei tre sistemi, accanto all'*inconscio*, che ospita i contenuti e i processi psichici rimossi dalla coscienza, e al *preconscio*, dove sono quei contenuti che possono divenire consci con uno sforzo dell'attenzione. Mentre l'attività inconscia segue le regole del processo primario (v. PROCESSO PRIMARIO – PROCESSO SECONDARIO), quali la tendenza alla gratificazione immediata e la facilità di spostamento della carica psichica da un oggetto a un altro, l'attività conscia è governata dal processo secondario, le cui caratteristiche sono la capacità di ritardare la gratificazione, cioè la scarica dell'energia psichica, e la maggiore stabilità dell'investimento sugli oggetti.

Il modello topico, fondato unicamente sulla distinzione conscio e inconscio, rivelatosi in seguito inadeguato a spiegare alcuni fenomeni osservati da Freud nella pratica clinica, fu in parte sostituito, nel 1922, dal *modello strutturale* che divide l'APPARATO PSICHICO (v. § 5) in *Es*, *Io* e *Super-io*, dove l'Io non può venire equiparato al conscio poiché, come sostiene Freud: «Abbiamo trovato nell'Io stesso qualche cosa che pure è inconscio, che si comporta precisamente alla maniera del rimosso, e cioè qualche cosa che esercita potenti effetti senza divenire in quanto tale cosciente, e che necessita, per esser reso cosciente, di un particolare lavoro. Dal punto di vista della pratica analitica da questa constatazione traiamo il seguente insegnamento: se continuassimo a tener fermo il nostro modo abituale di esprimerci, e se ad esempio volessimo far risalire la nevrosi a un conflitto fra il cosciente e l'inconscio, ci imbatteremmo in innumerevoli difficoltà e ambiguità. In base all'esame dei rapporti strutturali esistenti nella vita psichica, dobbiamo, in luogo di tale contrapposizione, porne una diversa: quella fra l'Io coerente e il rimosso che se ne è distaccato» (1922, p. 480).

Bibliografia

Freud S., *Nota sull'inconscio in psicoanalisi* (1912), in *Opere* (1967-1993), Bollati Boringhieri, Torino, vol. VI.
–, *Metapsicologia* (1915), in *Opere*, cit., vol. VIII.
–, *L'Io e l'Es* (1922), in *Opere*, cit., vol. IX.

Consecutiva, Sensazione (ingl. *Aftersensation*; ted. *Nachempfindung*; fr. *Sensation consécutive*; sp. *Sensación consecutiva*). Percezione sensoriale che si protrae dopo la scomparsa dello stimolo che l'ha determinata o che sorge dopo la sua cessazione. Le sensazioni consecutive più frequenti si hanno nell'ambito della percezione visiva, dove si distinguono in *positive*, quando hanno la stessa luminosità dello stimolo originario o lo stesso colore (immagine omocroma), e *negative*, quando hanno una luminosità opposta a quella dell'immagine stimolo o un colore supplementare (immagine eterocroma). La psicofisiologia spiega questo fenomeno ipotizzando un protrarsi dell'eccitamento neuronale del sistema visivo anche dopo la stimolazione.

Bibliografia

Jung R., *Neuronal integration in the visual cortex and its significance*, in W. A. Rosenblith (a cura di), *Sensory communication*, Wiley, New York 1961.

Consegna (ingl. *Orders*; ted. *Instruktionen*; fr. *Consigne*; sp. *Consigna*). Insieme delle istruzioni, fornite dallo sperimentatore al soggetto sperimentale, sulle modalità di svolgimento della prova. In questo ambito si è constatato che certi soggetti, avendo intuito l'ipotesi dell'esperimento, facciano di tutto per confermarla. Inoltre, quasi tutti gli individui, nel momento in cui sanno che il loro comportamento viene osservato e valutato, cercano di fornire un'immagine il più possibile positiva di sé, come nel caso documentato da Harold Sigall dove i soggetti, dovendo scegliere se manifestare gli aspetti negativi di sé per collaborare con lo sperimentatore, o mettere in evidenza le proprie caratteristiche positive, contrastando con le richieste dello sperimentatore, adottavano tutti la seconda soluzione.

Bibliografia

Luccio R. (a cura di), *Soggetti e sperimentatori nella ricerca psicologica*, il Mulino, Bologna 1982.
Milgram S., *Some conditions of obedience and disobedience to authority*, in "Human Relations", 1965, n. 18.

Sigall H., Aronson E., Van Hoose Th., *The cooperative subject. Myth or reality?*, in "Journal of Experimental Social Psychology", 1970, n. 28.

Consenso (ingl. *Accord*; ted. *Übereinstimmung*; fr. *Accord*; sp. *Consenso*). Accordo raggiunto mediante PERSUASIONE (v.) o risoluzione di un conflitto. In questo secondo caso la psicologia sociale ha individuato quattro procedure per il conseguimento del consenso: per autorità, per determinazione della maggioranza, per compromesso e per integrazione.

Bibliografia

MacIver R. M., *Society, its structure and changes*, Long & Smith, New York 1931.

Conservazione (ingl. *Preservation*; ted. *Erhaltung*; fr. *Conservation*; sp. *Conservación*). Il termine si riferisce a un istinto (biologia), a una pulsione (psicoanalisi), e a una valutazione (cognitivismo).

1. BIOLOGIA. In questo ambito si parla di *istinto di conservazione* a proposito di quella tendenza innata in ogni vivente a conservare il proprio essere provvedendo a tutto ciò che lo sostenta ed evitando tutto ciò che lo minaccia.

2. PSICOANALISI. In questo ambito si parla di *pulsione di autoconservazione* a proposito dell'insieme dei bisogni legati alle funzioni somatiche necessarie alla conservazione dell'individuo (v. IO, PULSIONE DELL'). Le pulsioni di autoconservazione sono numerose quanto le funzioni organiche (nutrizione, defecazione, minzione, attività muscolare, visione ecc.) che costituiscono le basi d'appoggio (v. ANACLISI, § 1) della sessualità che, perciò, può esprimersi a livello orale, anale, fallico. Sigmund Freud considerò la pulsione di autoconservazione come una pulsione dell'Io contrapposta alla pulsione sessuale: «D'importanza del tutto particolare per il nostro tentativo di spiegazione è l'innegabile contrasto esistente fra le pulsioni che si pongono al servizio della sessualità, del conseguimento di piacere sessuale, e le altre che hanno per meta l'autoconservazione dell'individuo: le pulsioni dell'Io. Secondo le parole del poeta, possiamo classificare come "fame" e come "amore" tutte le pulsioni organiche che agiscono nella nostra psiche» (1910, pp. 291-292). In un secondo tempo Freud collegò l'autoconservazione alla libido narcisistica contrapposta alla libido oggettuale (v. NARCISISMO, § 3); infine, con la teoria dualistica delle pulsioni, collegò l'autoconservazione e la conservazione della specie alle pulsioni di vita contrapposte alle pulsioni di morte (v. PULSIONE, §§ 1 *g*; 2).

3. COGNITIVISMO. Jean Piaget parla di "conservazione" in ordine all'età in cui il bambino ne acquisisce la nozione e la capacità di valutazione in relazione alla distanza, al peso, alla sostanza e al volume delle cose. Quest'età si colloca tra i 6 e gli 11 anni, nello stadio delle operazioni concrete (v. COGNIZIONE, § 2, *c*) in cui il bambino raggiunge un pensiero "reversibile" dove la capacità di tornare mentalmente alle condizioni iniziali di un mutamento permette di cogliere le trasformazioni fenomeniche di un oggetto, e nel contempo l'invarianza e quindi la conservazione di alcune sue caratteristiche.

Bibliografia

Freud S., *I disturbi visivi psicogeni nell'interpretazione psicoanalitica* (1910), in *Opere* (1967-1993), Bollati Boringhieri, Torino, vol. VI.
–, *Metapsicologia* (1915), in *Opere*, cit., vol. VIII.
Piaget J., Inhelder B., *Lo sviluppo delle qualità fisiche nel bambino* (1941), La Nuova Italia, Firenze 1968.

Considerazione (ingl. *Consideration*; ted. *Betrachtung*; fr. *Considération*; sp. *Consideración*). Opinione che uno ha di sé (autoconsiderazione) e degli altri. Il termine trova un impiego specifico in psicologia sociale a proposito dello stile di guida di un leader che mostra interesse e comprensione per i componenti del suo GRUPPO (v. § II, 6), cura il loro benessere e non rifiuta di spiegare loro le sue azioni. La considerazione è una forma di *leadership emotiva*, che si basa soprattutto sui valori del rispetto e della collaborazione, a differenza della "struttura di avvio" che è uno stile di *leadership funzionale* dove il leader del gruppo specifica il proprio ruolo, i doveri dei membri e i procedimenti da utilizzare per il raggiungimento di uno scopo. Nonostante i molti studi, non è stata individuata una correlazione significativa fra un particolare stile di leadership e l'efficienza del gruppo.

Bibliografia

Bill G., *Authentic leadership*, Jossey-Bass, San Francisco 2003.
Celli P. L., *L'illusione manageriale*, Laterza, Bari 1997.
–, *Impresa e classi dirigenti*, Baldini Castoldi Dalai, Milano 2004.
Goleman D., Boyatzis R., McKee A., *Primal leadership*, Harvard Business School, Boston 2002.
Kets de Vries M. F. R., Miller D., *L'organizzazione nevrotica. Una diagnosi in profondità dei disturbi e delle patologie del comportamento organizzativo* (1984), Raffaello Cortina, Milano 1992.
Vitullo A., *Leadership riflessive*, Apogeo, Milano 2007.

Consiglio, v. CONSULENZA.

Consistenza (ingl. *Consistency*; ted. *Konsistenz*; fr. *Consistence*; sp. *Consistencia*). Termine che si riferisce, nell'accezione di "consistenza interna", all'omogeneità delle singole parti di un procedimento di misura, come possono essere gli elementi di un test, e che si esprime nell'altezza media delle intercorrelazioni e nell'altezza delle correlazioni delle singole parti con il punteggio globale. Il coefficiente di consistenza è una misura di attendibilità (v. TEST, § 1, *b*).

Consolidamento, v. MEMORIA, § 2, *c*.

Consonanza (ingl. *Consonance*; ted. *Konsonanz*; fr. *Consonance*; sp. *Consonancia*). Termine riferito a un sistema cognitivo che possiede una buona armonia interna determinata da una congruenza fra conoscenze, credenze e atteggiamenti. Il suo contrario è la DISSONANZA COGNITIVA (v.). Spesso, invece del termine "consonanza", può trovarsi, impiegato con lo stesso significato, il termine COERENZA (v.).

Consulenza (ingl. *Counseling*; ted. *Beratung*; fr. *Consultation*; sp. *Consulta*). Forma di rapporto interpersonale in cui un individuo che ha un problema, ma non possiede le conoscenze o le capacità per risolverlo, si rivolge a un altro individuo, il consulente, che, grazie alla propria esperienza e preparazione, è in grado di aiutarlo a trovare una soluzione. Il rapporto di consulenza, che è limitato nel tempo e generalmente relativo a uno specifico problema, fa parte delle varie modalità di intervento della psicologia clinica, ma non solo, e può assumere differenti forme a seconda del metodo che utilizza e dell'utente a cui si rivolge.

1. LA CONSULENZA CENTRATA SUL CLIENTE. Introdotta da Carl Ransom Rogers nel 1951, questa consulenza viene fornita prevalentemente all'interno dei consultori presenti sul territorio, dove lo psicologo si occupa di tutti quei problemi personali, familiari, evolutivi, pedagogici, professionali che non rientrano propriamente nella categoria dei disordini mentali. Questo intervento si distingue dalla psicoterapia sia perché si rivolge a persone considerate "normali", sia perché non si fa carico del problema, ma offre semplicemente un consiglio su come affrontarlo, lasciando al consultante la piena responsabilità delle sue azioni successive. Le procedure tramite cui si esplica l'intervento possono essere di vario genere: dal colloquio (v. COLLOQUIO – INTERVISTA), che solitamente si limita all'analisi delle difficoltà presenti, all'informazione, ai consigli pratici, alla somministrazione e interpretazione di test. In tutti questi casi il consulente può adottare o un approccio *non-direttivo*, limitandosi ad ascoltare e riflettere le questioni postegli dal cliente in modo che quest'ultimo elabori da sé i propri problemi e ne trovi una soluzione; o un approccio *direttivo*, conducendo egli stesso il colloquio, al fine di indirizzare il soggetto verso determinate modalità di comportamento.

2. LA CONSULENZA CENTRATA SUL COLLEGA. Si rivolge ai problemi che il personale sanitario, assistenziale o educativo incontra all'interno del proprio lavoro con i pazienti o con persone in difficoltà. In questo caso il consulente opera in modo indiretto, agendo come intermediario del collega che fornisce il servizio diretto. Il consulto è indirizzato a una o più persone e può vertere su uno specifico caso, oppure sul metodo globale di intervento adottato dai consultanti. Le procedure di consulenza variano dai consigli rispetto all'atteggiamento da assumere, alle interpretazioni, ai programmi di formazione. Secondo Sheldon J. Korchin, il modello centrato sul collega «è quello che più facilmente sembra rispondere al duplice fine della consulenza: contribuire alla soluzione dei problemi del paziente e, contemporaneamente, potenziare le capacità di colui che chiede il consulto, in vista della soluzione dei problemi futuri» (1976, p. 914).

3. LA CONSULENZA CENTRATA SULL'ORGANIZZAZIONE. Si riferisce alla programmazione e all'organizzazione di un servizio sociosanitario, educativo, o all'impostazione di una struttura lavorativa produttiva o di mercato (v. ORGANIZZAZIONE).

4. IL COUNSELING. Tra le forme di consulenza ha acquistato particolare rilievo in questi ultimi anni il counseling, che è un'azione di sostegno terapeutico nella DECISIONE (v.), allo scopo di creare le condizioni per un'autonomia decisionale, attraverso la considerazione dei fattori coscienti, come gli interessi, i gusti, le aspirazioni economiche, il prestigio sociale, e le inclinazioni profonde e inconsce che rinviano ai bisogni affettivi di fondo e ai meccanismi di adattamento che sono alla base delle dinamiche personali e del modo di esistere dell'individuo. Scopo del counseling è quello di consentire all'individuo una visione realistica di sé e dell'ambiente sociale in cui si trova ad operare, in modo da poter meglio affrontare le scelte relative alla professione, al matrimonio, alla gestione dei rapporti interpersonali con la riduzione al minimo della conflittualità dovuta a fattori soggettivi. Rogers ha messo a punto anche una tecnica di counseling di gruppo per la risoluzione dei problemi personali con l'aiuto del GRUPPO (v. § III, 2).

5. IL COACHING. Denominazione che deriva da *coach*, ossia "allenatore", un tempo limitato allo sport e oggi sempre più diffuso nei contesti organizzativi e nelle imprese di formazione, allo scopo di allenare chi ha posizioni di governo e di responsabilità a riflettere

su di sé, ad analizzare i propri comportamenti e più ampiamente la propria vita, allo scopo di liberare, attraverso la conoscenza di sé, creatività e potenzialità inespresse della propria personalità e migliorare le relazioni con gli altri e con il lavoro. «L'idea principale del coaching – scrive Andrea Vitullo – è che, se un coach arriva a provocare il suo allievo – "consultante" o "coachee" – fino a renderlo consapevole degli ostacoli interiori che gli impediscono di raggiungere il livello di performance ottimale, automaticamente questi libererà comportamenti e comunicazioni che lo porteranno a cambiare senza l'ausilio di altre tecniche particolari. Si tratta dunque di imparare ad apprendere da soli, a porsi nuove domande, a conseguire maggiore autonomia attraverso processi riflessivi nei quali non si crei una dipendenza dal coach o da soluzioni preconfezionate, ma sorgano invece considerazioni sul senso dell'agire organizzativo e soluzioni sviluppate autonomamente» (2007, p. 74). Sono tra i temi che più ricorrono in questo training: la capacità di sviluppare visioni aziendali che sappiano influenzare l'opinione di gruppi e di capi, la capacità di far crescere altre persone riconoscendone e sviluppandone i talenti e le potenzialità, la capacità di gestire con flessibilità i cambiamenti molto rapidi nel nostro tempo, allo scopo di ottimizzare i risultati aziendali e il successo presso i clienti finali.

6. LA CONSULENZA FILOSOFICA. Detta anche *pratica filosofica*, la consulenza filosofica mette la filosofia al servizio della vita, che spesso è in sofferenza non per *conflitti psichici* di cui si occupano con la loro competenza gli psicoterapeuti, ma per la propria *visione del mondo* a volte troppo angusta, ristretta, fossilizzata, rigida, coatta, sclerotizzata, irriflessa, in ogni caso non idonea: da un lato a comprendere il mondo in cui viviamo e ad affrontare i suoi mutamenti troppo rapidi e imprevisti per essere facilmente assimilati e interiorizzati, e dall'altro a reperire un senso per la propria esistenza e quindi delle buone ragioni per vivere in accordo con se stessi.

Il consulente filosofico non è uno psicologo e neppure un terapeuta perché i suoi obiettivi non sono né la diagnosi né la cura, ma la creazione di uno "spazio libero" dove si frequenta la filosofia per ampliare l'orizzonte dei propri pensieri, onde affrontare problemi che paiono irrisolvibili, semplicemente perché l'orizzonte in cui sono stati circoscritti è troppo ristretto per offrire una soluzione. Il consulente filosofico non è neppure un coaching, perché il suo intento non è quello di aiutare qualcuno a scoprire qualcosa di sé, onde essere più efficace nel suo ambito lavorativo, ma di aiutare chi giunge in consultazione a confrontare l'impostazione che si è dato a un proprio particolare problema con le narrazioni di pensatori e filosofi che si sono occupati di quel tema, e i cui testi possono agire da occasione per riorientare il proprio problema e ripensare il senso che si è assegnato alla propria vita all'interno di un orizzonte di senso più grande che la filosofia può offrire. Nei momenti di crisi o di buio della propria esistenza non sempre è necessario il ricorso a terapie psicologiche, perché, quando vanno in crisi le certezze che fino a ieri avevano regolato la propria esistenza, non è "patologico" porsi domande, sottoporre a verifica le proprie idee, riconsiderare la propria visione del mondo, in un dialogo che avviene su un piano di assoluta parità, dove il consulente filosofico evidenzia, come faceva Socrate, le incongruenze o le contraddizioni di una visione del mondo che si rivela inadatta alla vita che si sta conducendo e ai suoi cambiamenti.

Se non tutto il dolore è "patologia", ma talvolta, come diceva Eschilo «è un errore della mente» (*Agamennone*, v. 165), una risposta a questo genere di sofferenza può essere offerta dalla filosofia, nata in Grecia nel V secolo a.C. non solo come conoscenza, ma come *pratica di vita*. Tali erano le scuole filosofiche greche prima che la filosofia divenisse solo conoscenza teorica e disciplina accademica. La consulenza filosofica riconduce la filosofia alla sua origine, memore dell'avvertimento di Socrate per il quale «una vita che non si metta alla prova, non è degna di essere vissuta, anche se il persuadervi non è cosa facile» (*Apologia di Socrate*, 38 a).

A riproporre la pratica filosofica è stato Gerd Achenbach, che nel 1981 ha fondato in Germania la prima associazione (*philosophische Praxis*) per l'applicazione della filosofia ai temi della vita. Da allora questa pratica si è diffusa in tutta l'Europa, in America e in Israele, articolandosi come:

1. *consulenza individuale*, per ampliare la propria visione del mondo e portarsi a un livello più alto di pensiero, onde risolvere con più strumenti i problemi nati dall'angustia della propria visione del mondo;

2. *consulenza di gruppo*, basata sul "dialogo socratico" dove si pone un tema, si ascoltano i pareri e soprattutto le esperienze personali di tutti i convenuti, per giungere a una conclusione condivisa che, anche se provvisoria, già esprime un livello più alto di pensiero relativamente alla questione posta, rispetto al pensiero che ciascuno dei partecipanti precedentemente aveva;

3. *consulenza alle organizzazioni e alle istituzioni* come le *scuole*: dove è possibile aprire sportelli di ascolto per studenti in difficoltà, o per insegnanti spesso demotivati nello svolgimento della loro funzione, onde ridurre la distanza tra la visione del mondo degli insegnanti e quella degli allievi; le *carceri*: dove

la mancanza di libertà restringe gli orizzonti della speranza e della riconsiderazione di sé in un futuro divenuto più difficile da progettare; l'*ospedale*: dove la pratica filosofica può risultare particolarmente utile innanzitutto nell'ascolto dei pazienti, che lo sguardo medico tende a visualizzare più come portatori di patologie che come persone, con conseguente smarrimento del concetto di sé, e in secondo luogo nel riorganizzare le forme di comunicazione tra medici autoritari, infermieri spesso umiliati e pazienti costretti a essere molto "pazienti"; le *aziende*: per rimotivare i dipendenti che si percepiscono spesso subordinati alle tecnologie messe a loro disposizione, o frustrati per la qualità della comunicazione che caratterizza l'ordine gerarchico tipico dell'organizzazione aziendale, dove non esiste democrazia o raccolta di pareri, ma pura e semplice esecuzione di compiti.

Nel dialogo socratico che caratterizza tutte e tre le modalità di esercitare la consulenza filosofica occorre, nella discussione, non riferirsi ad alcuna autorità, parlare per se stessi su argomenti concreti senza fare lunghi monologhi, con parole chiare da usare con cura senza sprecarle o farle debordare quanto al loro significato, infine è importante, come scrive Vitullo, «pensare insieme, sospendere il giudizio, sostenere il disagio, sostare nell'incertezza, essere capaci di sospendere possibili conclusioni» (2007, p. 114), perché, più importante della risposta, è l'ampliamento della domanda e lo svelamento dello sfondo che l'ha generata, dove spesso è contenuto il segreto della chiarificazione, in altro modo non raggiungibile.

Bibliografia

Achenbach G. B., *La consulenza filosofica. La filosofia come opportunità di vita* (1987), Feltrinelli, Milano 2009.

Altrocchi J., *Mental health consultation*, Appleton-Century-Crofts, New York 1972.

Angel P., Amar P., *Il coaching* (2005), il Mulino, Bologna 2008.

Biggio G., *Il counselling organizzativo*, Raffaello Cortina, Milano 2007.

Caplan G., *The theory and practice of mental health consultation*, Basic Books, New York 1970.

Cervari P., Pollastri N., *Il filosofo in azienda. Pratiche filosofiche per le organizzazioni*, Apogeo, Milano 2010.

Di Fabio A., Sirigatti S., *Counseling. Prospettive e applicazioni*, Ponte alle Grazie, Firenze 2005.

Edelstein C., *Il counseling sistemico pluralista. Dalla teoria alla pratica*, Erickson, Trento 2008.

Galimberti U., *La casa di psiche. Dalla psicoanalisi alla pratica filosofica* (2005), Feltrinelli, Milano 2012.

Galimberti U., Perissinotto L., Rossi A., *Tra il dire e il fare. Saggi e testimonianze sulla consulenza filosofica*, Mimesis, Milano-Udine 2011.

Hadot P., *Esercizi spirituali e filosofia antica* (1981, edizione ampliata 2002), Einaudi, Torino 2005.

–, *La filosofia come modo di vivere. Conversazioni con Jeannie Carlier e Arnold J. Davidson* (2001), Einaudi, Torino 2008.

Korchin Sh. J., *Psicologia clinica moderna* (1976), Borla, Roma 1981.

Lahav R., *Comprendere la vita. La consulenza filosofica come ricerca della saggezza* (1993-2001), Apogeo, Milano 2004.

Màdera R., *La carta del senso. Psicologia del profondo e vita filosofica*, Raffaello Cortina, Milano 2012.

Màdera R., Tarca L. V., *La filosofia come stile di vita. Introduzione alle pratiche filosofiche*, Bruno Mondadori, Milano 2003.

Milner J., O'Byrne P., *Il counseling narrativo. Interventi brevi centrati sulle soluzioni*, Erickson, Trento 2005.

O'Leary Ch. J., *Counseling alla coppia e alla famiglia*, Erickson, Trento 2005.

Pollastri N., *Il pensiero e la vita. Guida alla consulenza e alle pratiche filosofiche*, Apogeo, Milano 2004.

Raabe P. B., *Teoria e pratica della consulenza filosofica. Idee fondamentali, metodi e casi di studio* (2001), Apogeo, Milano 2006.

Rogers C. R., *La terapia centrata sul cliente* (1951), La Nuova Italia, Firenze 1997.

Rogers C. R., Stevens B., *Da persona a persona* (1967), Astrolabio-Ubaldini, Roma 1987.

Rovatti P. A., *La filosofia può curare? La consulenza filosofica in questione*, Raffaello Cortina, Milano 2006.

Scarpellini C., *Orientamento della persona verso la professione*, in L. Ancona (a cura di), *Nuove questioni di psicologia*, La Scuola, Brescia 1972, vol. II, pp. 503-558.

Schein E. H., *Lezioni di consulenza. L'attualità della consulenza di processo come risposta necessaria alle sfide dello sviluppo organizzativo*, Raffaello Cortina, Milano 2009.

Vitullo A., *Leadership riflessive*, Apogeo, Milano 2007.

–, *Leadershit. Rottamare la mistica della leadership e farci spazio nel mondo*, Ponte alle Grazie, Milano 2011.

Contagio (ingl. *Contagion*; ted. *Ansteckung*; fr. *Contagion*; sp. *Contagio*). Trasmissione di una malattia, di un influsso dannoso, di un'emozione o di un comportamento da un individuo all'altro. Il termine ha rilevanza psicologica in ordine: 1) all'*interdizione* (v. TABÙ, § 4) di toccare cose o persone sacre (v. SACRO) o impure (v. PURO – IMPURO). Questo tipo di proibizione, che l'umanità ha conosciuto nei suoi stadi primitivi, si riscontra a livello individuale nei casi di nevrosi ossessiva (v. OSSESSIONE, § 2) dove si attuano cerimoniali (v. CERIMONIALE) e rituali per evitare il CONTATTO (v.) con cose o persone investite da una prevenzione fobica (v. FOBIA); 2) alla *diffusione* rapida o irrazionale di emozioni e comportamenti che investono interi gruppi in un eccitamento collettivo che si verifica spesso nel comportamento delle masse (v. PSICOLOGIA DELLA MASSA) dove, scrive Sigmund Freud, «l'individuo si trova posto in condizioni che gli consentono di sbarazzarsi delle rimozioni dei propri moti pulsionali inconsci. Le caratteristiche apparentemente nuove che egli manifesta sono appunto le espressioni di tale inconscio, in cui è contenuto, a mo' di predisposizione, tutto il male della psiche umana. Non abbiamo difficoltà a spiegarci il fatto che, in tali circostanze, la coscienza morale o il senso di responsabilità vengono meno» (1921, p. 265). In una relazione tra due persone si possono riscontrare fenomeni di contagio di certi disturbi psichici, che vanno dalla FOLLIA A DUE (v.) a forme più lievi come i tic, le fobie e i comportamenti rituali.

Bibliografia

Durkheim É., *Le forme elementari della vita religiosa* (1912), Edizioni di Comunità, Milano 1971.

Freud S., *Totem e tabù. Alcune concordanze nella vita psichica dei selvaggi e dei nevrotici* (1912-1913), in *Opere* (1967-1993), Bollati Boringhieri, Torino, vol. VII.

–, *Psicologia delle masse e analisi dell'Io* (1921), in *Opere*, cit., vol. IX.

Reich W., *Psicologia di massa del fascismo* (1933), Einaudi, Torino 2002.

Contaminazione (ingl. *Contamination*; ted. *Kontamination*; fr. *Contamination*; sp. *Contaminación*). In psichiatria indica una forma di linguaggio, presente prevalentemente nei pazienti schizofrenici, caratterizzata dalla fusione di parole o parti di parole che dà origine a espressioni apparentemente prive di senso. Fenomeni di contaminazione si possono verificare anche in soggetti normali, in stati di particolare stanchezza, o nel sogno, in forma verbale o immaginaria. Secondo Sigmund Freud la contaminazione è un esempio di lapsus verbale (v. LAPSUS) in cui la combinazione di due espressioni genera una nuova frase: «La formazione di sostituzioni e di contaminazioni nei lapsus verbali è quindi inizio di quel lavoro di condensazione che noi troviamo attivissimamente impegnato nella costruzione del sogno» (1901, p. 106). In campo diagnostico si parla di contaminazione in riferimento a una risposta patologica fornita nell'interpretazione di un test, come, ad esempio, il proiettivo di Rorschach (v. RORSCHACH, TEST DI), caratterizzata dalla CONDENSAZIONE (v.) di due contenuti eterogenei in un'interpretazione inadeguata alla realtà. Nell'analisi transazionale Eric Berne parla di "contaminazione" a proposito di esperienze infantili non liquidate e quindi attive, che fanno percepire come realtà attuali dei vissuti antichi come nel caso di insuccessi scolastici giovanili che in età adulta si traducono in ansia da prestazione.

Bibliografia

Berne E., *Analisi transazionale e psicoterapia* (1961), Astrolabio, Roma 1971.

Freud S., *Psicopatologia della vita quotidiana* (1901), in *Opere* (1967-1993), Bollati Boringhieri, Torino, vol. IV.

Rorschach H., *Psicodiagnostica* (1921), Edizioni Kappa, Roma 1981.

Contatto (ingl. *Contact*; ted. *Kontakt*; fr. *Contact*; sp. *Contacto*). Comunicazione fisica e/o psichica fra un individuo e gli oggetti, le persone e le situazioni del mondo esterno. La difficoltà o superficialità di contatto, che è caratterizzata da un atteggiamento eccessivamente neutrale che inibisce l'autentica espressione di sé e la profonda comunicazione con l'altro, si riscontra frequentemente negli individui nevrotici, e può essere determinata da un generale atteggiamento difensivo o da specifiche inibizioni. La totale incapacità di stabilire un contatto è tipica o di una grave REGRESSIONE (v.) o di un mancato sviluppo psichico, come avviene nei pazienti schizofrenici o nei bambini autistici (v. AUTISMO). Eugène Minkowski parla di "perdita del contatto vitale" in riferimento a quei soggetti, in prevalenza psicotici, che non hanno più la capacità di partecipare affettivamente alle vicende della propria vita; mentre per Rainer Tölle la personalità isterica, nonostante ricerchi costantemente il rapporto con gli altri, è in grado di stabilire soltanto contatti molto deboli e superficiali.

La paura del contatto è, infine, tipica della nevrosi ossessiva, a proposito della quale Sigmund Freud afferma che «il divieto principale ed essenziale della nevrosi, come anche del tabù, è quello del contatto, da cui il nome: paura del contatto, *délire de toucher*. La proibizione si estende non solo al contatto diretto con il corpo, ma abbraccia tutto l'ambito racchiuso nell'espressione traslata "entrare in contatto". Tutto ciò che indirizza i pensieri verso il proibito, che provoca un contatto mentale, è proibito nella stessa misura in cui è vietato il diretto contatto fisico. Questa medesima estensione compare anche nel tabù» (1912-1913, p. 36; v. TABÙ, § 4). Il meccanismo difensivo dell'ISOLAMENTO (v.) garantisce al nevrotico ossessivo la protezione dal contatto, che egli ritiene pericoloso perché, a parere di Freud, rappresenta la meta sia dell'amore sia dell'aggressività. «Se ci si domanda perché l'evitare contatti, toccamenti, contagi abbia una parte così importante in questa nevrosi e venga a costituire il contenuto di sistemi tanto complicati, la risposta è che il toccare, il contatto corporeo rappresenta la meta immediata sia dell'investimento oggettuale aggressivo, sia di quello amoroso» (1925, pp. 270-271). La psicologia della Gestalt fa proprio il concetto di *Io-pelle* di Didier Anzieu che, a proposito del contatto, scrive: «L'esperienza si verifica ai confini tra l'organismo e il suo ambiente, fondamentalmente nell'epidermide e negli organi di risposta sensoriale e motoria» (1985, p. 34).

Bibliografia

Anzieu D., *L'Io-pelle* (1985), Borla, Roma 1987.

–, *L'epidermide nomade e la pelle psichica* (1990), Raffaello Cortina, Milano 1992.

Freud S., *Totem e tabù. Alcune concordanze nella vita psichica dei selvaggi e dei nevrotici* (1912-1913), in *Opere* (1967-1993), Bollati Boringhieri, Torino, vol. VII.

–, *Inibizione, sintomo e angoscia* (1925), in *Opere*, cit., vol. X.
Minkowski E., *La schizofrenia. Psicopatologia degli schizoidi e degli schizofrenici* (1927-1953), Einaudi, Torino 1998.
Tölle R., *Katamnestische Untersuchung zur Biographie abnormer Persönlichkeiten*, Springer, Berlin 1966.

Contenuto latente – Contenuto manifesto (ingl. *Latent content - Manifest content*; ted. *Latenter Inhalt - Manifester Inhalt*; fr. *Contenu latent - Contenu manifeste*; sp. *Contenido latente - Contenido manifiesto*). Concetti psicoanalitici che fanno riferimento ai significati di qualsiasi formazione inconscia, come un sintomo, un lapsus, e in particolare un sogno, acquisiti mediante l'interpretazione analitica (contenuto latente) rispetto a come quei significati appaiono prima dell'interpretazione analitica (contenuto manifesto). Il contenuto latente, nel caso del sogno, è una struttura discorsiva che dà la versione originaria, completa e veritiera del sogno che, per effetto della CENSURA (v.), viene deformata e mascherata con i processi di CONDENSAZIONE (v.) e SPOSTAMENTO (v.) per rendere accettabile all'Io desideri e pulsioni inconfessabili. Ciò che risulta da questa deformazione è il contenuto manifesto espresso nelle immagini oniriche, e noto al sognatore che le racconta. Scrive Sigmund Freud: «Il contenuto manifesto ci appare come una traduzione dei pensieri del sogno in un altro modo di espressione, di cui dobbiamo imparare a conoscere segni e regole sintattiche, confrontando l'originale con la traduzione. Noti questi, i pensieri del sogno ci riescono senz'altro comprensibili» (1899, p. 257). Con ciò, prosegue Freud, «non si è veramente mai certi di aver interpretato fino in fondo un sogno; persino quando la soluzione appare soddisfacente e priva di lacune, rimane pur sempre possibile che nello stesso sogno si manifesti qualche altro significato» (ivi, p. 259). Questa concezione è stata criticata da un punto di vista fenomenologico da Georges Politzer per il quale il sogno non avrebbe, strettamente parlando, che un solo contenuto, perché ciò che Freud intende per contenuto manifesto non sarebbe altro che il racconto che il soggetto fa del suo sogno quando ancora non dispone di tutti i significati che nel sogno sono espressi. La critica di Politzer non ha comunque ridotto l'impiego di queste due espressioni, che sono state estese a qualsiasi formazione dell'inconscio rispetto alla sua manifestazione, come, ad esempio, il sintomo (contenuto manifesto) rispetto al suo significato (contenuto latente).

Bibliografia

Freud S., *L'interpretazione dei sogni* (1899), in *Opere* (1967-1993), Bollati Boringhieri, Torino, vol. III.
–, *Introduzione alla psicoanalisi* (1915-1917), in *Opere*, cit., vol. VIII.
Politzer G., *Critique des fondements de la psychologie*, Rieder, Paris 1928.

Contenzione (ingl. *Containment*; ted. *Stützung*; fr. *Contention*; sp. *Contención*). Termine impiegato in psichiatria con riferimento a tutte quelle pratiche volte a contenere i comportamenti dei malati mentali attraverso tecniche che vanno dall'immobilizzo del paziente alla somministrazione di psicofarmaci.

Contestazione (ingl. *Contestation*; ted. *Anfechtung*; fr. *Contestation*; sp. *Contestatario*). Denuncia dell'ordine esistente nell'ambito sociale o, più limitatamente, in quello familiare, sulla base di un'esigenza trasformativa che reca in sé il progetto di un ordine nuovo. La contestazione, che può assumere tratti violenti o distruttivi quando i margini dialogici sono elisi, si distingue dalla *protesta* a cui manca qualsiasi aspetto propositivo.

Bibliografia

Lisciani G., *Pedagogia della contestazione*, Armando, Roma 1969.

Contestualismo (ingl. *Contextualism*; ted. *Kontextualismus*; fr. *Contextualisme*; sp. *Contextualismo*). Orientamento interpretativo secondo il quale l'evento psicologico non può essere spiegato esclusivamente in termini causali, ma richiede di essere visualizzato in relazione alla situazione globale in cui si verifica, e compreso tramite l'analisi del contesto. Sensibili al contestualismo sono la PSICOLOGIA DELLA GESTALT (v.) che studia gli effetti del contesto sui processi cognitivi della percezione, della memoria, del pensiero e del linguaggio, la PSICOLOGIA SISTEMICA (v. § 1) che a livello clinico sostiene che non c'è disturbo psichico che possa venir compreso e modificato se considerato al di fuori del contesto in cui si manifesta, la psicolinguistica (v. LINGUISTICA, § 3) per la quale il significato psicologico di un messaggio non può emergere se si prescinde dalle credenze e dalle conoscenze condivise dall'emittente e dal ricevente, e la PSICOLOGIA ANALITICA (v.) che, nell'interpretazione dei sogni, rifiuta sia il metodo delle associazioni libere, sia il metodo delle interpretazioni riduttive utilizzati dalla psicoanalisi, per fare affidamento, come scrive Carl Gustav Jung, «sul contesto e sull'accurato e consapevole chiarimento di quei legami associativi che sono obiettivamente raggruppati in un'immagine onirica. [...] In linea generale va ricordato che il terreno su cui ci si muove quando si lavora con i sogni è infido, e l'unica cosa certa è l'incertezza. Affinché non indulga a interpretazioni troppo frettolose, si potrebbe quasi rivolgere all'interprete di sogni l'avvertimento: "Guardati dal voler capire". Con un sogno che non sia senz'altro trasparente, non ci si deve proporre di comprendere e d'interpretare subito, ma di *determinare con cura il contesto*» (1934, pp. 159-160).

Bibliografia

Bateson G., *Verso un'ecologia della mente* (1972), Adelphi, Milano 1976.
Jung C. G., *L'applicabilità pratica dell'analisi dei sogni* (1934), in *Opere* (1969-2007), Bollati Boringhieri, Torino, vol. XVI.
Koffka K., *Principi di psicologia della forma* (1935), Bollati Boringhieri, Torino 1970, nuova edizione riveduta 2006.
Leech G. N., *Semantics*, Pelican Books, London 1974.
Sarbin Th. R., *Contextualism. A world view for modern psychology*, in A. W. Landfield (a cura di), *Nebraska symposium on motivation*, University of Nebraska Press, Lincoln 1977.
Watzlawick P., Weakland J. H. (a cura di), *La prospettiva relazionale* (1976), Astrolabio, Roma 1978.

Contiguità (ingl. *Contiguity*; ted. *Kontiguität*; fr. *Contiguité*; sp. *Contigüidad*). Connessione di elementi che si richiamano reciprocamente per effetto della loro vicinanza spazio-temporale. La teoria della contiguità, che era già stata segnalata da Aristotele come causa dell'associazione delle idee (v. ASSOCIAZIONE, § 1), è stata ripresa da Edwin Ray Guthrie nell'ambito degli studi sull'apprendimento, dove s'è potuto dimostrare che, se uno stimolo incontra un organismo che sta eseguendo un movimento, lo stimolo tende a divenire attivatore del movimento per un processo associativo giudicato condizione sufficiente per l'apprendimento della correlazione.

Bibliografia

Aristotele, *Della memoria e della reminiscenza*, in *Opere*, Laterza, Bari 1973.
Guthrie E. R., *The psychology of learning*, Harper & Row, New York 1952.

Continenza (ingl. *Continence*; ted. *Kontinenz*; fr. *Continence*; sp. *Continencia*). Controllo delle manifestazioni istintuali, soprattutto di natura sessuale, per ragioni etiche o religiose. Si differenzia dall'ASTINENZA (v. § 1) che prevede un'astensione totale.

Contraccezione (ingl. *Contraception*; ted. *Empfängnisverhütung*; fr. *Contraception*; sp. *Anticoncepción*). Impiego di pratiche o strumenti detti *anticoncezionali* che consentono alla coppia feconda di effettuare il coito vaginale senza pericolo di fecondazione. I requisiti, fissati dall'International Planned Parenthood Federation e accolti dai centri di pianificazione familiare, perché un anticoncezionale sia consigliabile sono: l'*innocuità* che garantisce la non pericolosità del mezzo, l'*efficacia* che si esprime di solito in percentuali, l'*accettabilità* che dipende dai valori morali e dalle condizioni sociologiche e psicologiche della coppia, la *facilità di applicazione* che è variabile e soggettiva, e infine il *basso costo*, soprattutto nel caso di un'applicazione di massa.

Tra i metodi anticoncezionali ricordiamo: 1) *i metodi basati sull'accordo consapevole della coppia* come nel caso del metodo Ogino-Knaus che limita le relazioni sessuali al periodo di sterilità della donna, o il metodo della temperatura rettale che si abbassa in occasione dell'ovulazione. Questi metodi possono contrastare con gli impulsi momentanei della coppia e con la condizione femminile che, proprio nel periodo di fecondità, registra un incremento del desiderio; 2) *i metodi basati sull'iniziativa maschile* come il preservativo applicato al pene, in uso anche nell'antichità dov'era fabbricato con budella di animali, o il "coitus interruptus" che prevede l'estrazione del pene dalla cavità vaginale immediatamente prima che avvenga l'eiaculazione. Questo metodo ha risvolti psicologici, perché richiede ai partner un controllo a scapito del rilassamento e dell'abbandono normalmente richiesti dal coito. C'è infine da menzionare il "coitus reservatus" che prolunga la durata dell'amplesso, tramite il controllo dei riflessi, fino al trattenimento dell'eiaculazione; 3) *i metodi basati sull'iniziativa femminile* come la lavanda vaginale assai diffusa e di relativa efficacia, il diaframma che aderisce alle pareti vaginali, il cappuccio vaginale che devia il getto spermatico proiettato in direzione della cavità uterina, e infine la "pillola" che, assunta per via orale, modifica il dosaggio ormonale, inibendo l'ovulazione e quindi la fecondazione o l'insediamento nell'utero di ovuli fertili. La contraccezione orale è considerata la più efficace e mostra una totale reversibilità della temporanea sterilità che determina, sebbene il suo uso prolungato possa provocare alcuni disturbi fisiologici.

Dal punto di vista psicologico, la pillola è solitamente ben tollerata, ma è stato riscontrato che in alcuni casi essa provoca uno stato depressivo, soprattutto nelle donne con precedenti di depressione, per effetto della somministrazione di sostanze con alta percentuale di progestinici. L'atteggiamento degli individui nei confronti della contraccezione varia a seconda del significato psicologico, culturale e morale che viene ad essa conferito. In alcune donne, ad esempio, l'uso di un contraccettivo affidabile può eliminare le ansie determinate dalla paura di una gravidanza indesiderata e incidere in modo benefico sul comportamento sessuale, mentre in altre, le cui istanze morali rifiutano l'idea della contraccezione, l'ansia può addirittura aumentare. Sono stati riscontrati e descritti numerosi timori e fantasie connessi all'uso della contraccezione che nella *donna* si manifestano come timore di perdere la propria identità a causa dell'azione ormonale esterna, di rimanere senza figli, di essere costretta a forme di scambio sessuale fino ad allora temute e difese dai timori di gravidanza, mentre nel *maschio* si manifestano come timore di diminuzione di potenza di fronte alle maggiori richieste sessuali della partner, oppure con l'avversione all'uso dei contraccettivi per un desiderio più o meno conscio di punire o rendere dipendente la donna.

Bibliografia

Bello P., Dolto C., Schiffmann A., *Contraccezione, gravidanza, aborto*, Dedalo, Bari 1985.
Crosignani P. G., *La contraccezione*, Il Pensiero Scientifico, Roma 1984.
Flamigni C., *Il controllo della fertilità. Storia, problemi e metodi dall'antico Egitto a oggi*, Utet, Torino 2006.
Foley D., Nechas E., *Contraccezione*, in Id., *Enciclopedia delle donne* (1993), Feltrinelli, Milano 1995, pp. 133-139.
Pasini W., *Contraccezione e desiderio di maternità* (1974), Feltrinelli, Milano 1980.

Contraddizione, Spirito di (ingl. *Spirit of contradiction*; ted. *Widerspruchsgeist*; fr. *Esprit de contradiction*; sp. *Espíritu de contradicción*). Atteggiamento di sistematica opposizione nei confronti di persone, opinioni o comportamenti. In ambito psicoanalitico si è constatato che tale atteggiamento è frequente nel periodo corrispondente alla fase anale (v. ANALE), dove si assiste ad un aumento dell'aggressività, interpretato come esigenza di autonomia del bambino che in quella fase comincia a esercitare una prima forma di controllo sul proprio corpo e sul mondo esterno a partire dal controllo degli sfinteri. Il secondo periodo in cui si assiste a un'accentuazione dello spirito di contraddizione è rappresentato dall'adolescenza che, come momento individuativo, è caratterizzata da un atteggiamento di opposizione e di ribellione nei confronti dei genitori e dell'autorità in genere. Nell'adulto, lo spirito di contraddizione, che si manifesta come sistematica opposizione al punto di vista altrui, con assoluta incapacità di modificare il proprio, rappresenta di solito una forma di aggressività inibita e una modalità infantile di relazionarsi agli altri. È stata avanzata anche l'ipotesi che lo spirito di contraddizione nasconda un inconscio senso di colpa provocato da un rigido Super-io che l'individuo cerca di deviare sugli altri.

Contrario, Trasformazione nel, v. OPPOSTI, § 1, *a*.

Contrasto, Illusione di, v. ILLUSIONE, § 4, *d*.

Contrattazione, v. TRATTATIVA, § 1.

Contratto analitico, v. ANALISI, § 1, *a*.

Contrattura (ingl. *Contracture*; ted. *Muskelziehung*; fr. *Contracture*; sp. *Contractura*). In ambito psicologico la contrattura, che Sigmund Freud definisce «spostamento di una innervazione muscolare verso un punto del corpo diverso da quello cui era originariamente destinata» (1925, pp. 260-261), riveste un suo interesse trattandosi di uno dei possibili sintomi dell'isteria di conversione (v. ISTERIA, § 1, *b*), dove un eccitamento, vissuto in modo conflittuale, cambia il suo naturale decorso. Jean-Martin Charcot ha descritto, tra le varie forme di contrattura, l'*arco isterico* dove il corpo poggia sui piedi e sull'occipite, mentre il tronco, sollevato, forma una specie di ponte. Se la contrattura è estesa ai muscoli della nuca e del dorso l'arco avviene in opistotono, se è estesa ai flessori del tronco in emprostotono, se a un lato del corpo in pleurostotono.

Bibliografia

Charcot J.-M., *Lezioni alla Salpêtrière* (1887-1889), Guerini & Associati, Milano 1989.
Freud S., *Inibizione, sintomo e angoscia* (1925), in *Opere* (1967-1993), Bollati Boringhieri, Torino, vol. X.

Controcondizionamento (ingl. *Counter-conditioning*; ted. *Gegenkonditionierung*; fr. *Contre-conditionnement*; sp. *Contracondicionamiento*). Procedimento che, utilizzando i principi del condizionamento classico e operante (v. APPRENDIMENTO, § I, 1-2), mira a ottenere una risposta comportamentale incompatibile con la precedente risposta condizionata.

Controdipendenza, v. DIPENDENZA, § 2.

Controfobia (ingl. *Counter-phobia*; ted. *Gegenphobie*; fr. *Contre-phobie*; sp. *Contrafobia*). Ricerca da parte del soggetto fobico (v. FOBIA) della situazione di cui ha o ha avuto paura. Questo meccanismo, con cui ci si sforza di dominare l'angoscia affrontando ripetutamente il pericolo, sottende per alcuni un piacere di onnipotenza, per altri una libidinizzazione dell'angoscia.

Controinvestimento, v. INVESTIMENTO, § 5.

Controllo (ingl. *Control*; ted. *Kontrolle*; fr. *Contrôle*, sp. *Control*). Il significato di questo termine dipende dal contesto in cui è inserito.

1. PSICOLOGIA SPERIMENTALE. Si parla di controllo in relazione a tutti quei procedimenti che consentono la verifica o la falsificazione di un esperimento attraverso la ripetizione di tutte le variabili, ad eccezione

di quella che costituisce l'oggetto di ricerca, in modo che qualsiasi differenza significativa tra la situazione sperimentale e quella di controllo sia riconducibile all'effetto delle variabili prese in esame. Sempre nell'ambito della psicologia sperimentale rientra il controllo del comportamento per condizionamento stimolo-risposta praticato nelle ricerche sull'APPRENDIMENTO (v. § I, 1-2).

2. PSICOLOGIA DINAMICA. Il controllo si riferisce alla capacità di inibizione da parte della coscienza di tendenze, pulsioni e desideri istintuali. Rientrano in quest'ambito gli studi sui "circuiti automatici di controllo psichico" che non richiedono l'intervento della coscienza, come ad esempio le reazioni compensatorie che compaiono in seguito a un'esperienza frustrante, le giustificazioni razionali della propria condotta, l'attribuzione di responsabilità all'altro e le forme di appagamento sostitutivo. Oggi si tenta di simulare con processi cibernetici questi meccanismi psichici di controllo (v. SIMULAZIONE, § 1).

3. PSICOLOGIA SOCIALE. Si parla di controllo a proposito di tutti i meccanismi, impliciti ed espliciti, tramite cui un gruppo di persone o un'intera società esercita la sua influenza sul comportamento degli individui che ne fanno parte verificando le condotte e le devianze.

4. PSICOANALISI. Si parla di "analisi di controllo" in riferimento alla supervisione a cui l'analista in formazione si sottopone affidandosi a un analista più esperto (v. ANALISI DIDATTICA, § 2), e di "controllo sfinterico" a proposito di una tappa fondamentale nello sviluppo psichico del bambino che acquisisce la prima forma di DISCIPLINA (v. § 2).

5. PSICOLOGIA COGNITIVA. In questo ambito John Robert Anderson ha formulato la teoria del controllo adattivo del pensiero (ACT – *Adaptive Control of Thought*) per cui, nell'acquisizione di una qualche abilità, il soggetto si basa all'inizio sull'acquisizione in memoria di una conoscenza dichiarativa (come ad esempio in una scuola guida per imparare a guidare) e poi con la pratica trasferirà la memoria dichiarativa in memoria procedurale (v. MEMORIA, § 3, C, β).

Bibliografia

Anderson J. R., Bower G. H., *Human associative memory*, Winston & Sons, Washington (DC) 1973.
Chomsky N., *Atti di aggressione e di controllo* (1999), Tropea, Milano 2000.
Garland D., *La cultura del controllo* (2001), il Saggiatore, Milano 2004.
Tomeo V., *Controllo*, in AA.VV., *Gli strumenti del sapere contemporaneo*, vol. II: *I concetti*, Utet, Torino 1985, pp. 156-158.

Controrituale (ingl. *Counterritual*; ted. *Gegenritual*; fr. *Contrerituel*; sp. *Contraritual*). Termine introdotto nell'ambito della psicoterapia strategica da Giorgio Nardone per trattare i disturbi ossessivo-compulsivi. Prevede la prescrizione di pensieri ed azioni di segno contrario da compiere secondo la stessa logica rituale delle idee e delle azioni compulsive allo scopo di annullare quelle disfunzionali.

Bibliografia

Nardone G., *Paura, panico, fobie. La terapia in tempi brevi*, Ponte alle Grazie, Milano 1999.
Nardone G., Watzlawick P., *L'arte del cambiamento*, Ponte alle Grazie, Firenze 1990.

Controsessuale (ingl. *Counter-sexual*; ted. *Gegengeschlechtlich*; fr. *Contresexuel*; sp. *Contrasexual*). Espressione adottata da Carl Gustav Jung per indicare la dimensione psichica, presente in ogni individuo, attinente al sesso opposto. Secondo Jung, infatti, ogni individuo porta in sé componenti del sesso opposto di cui spesso il soggetto non è consapevole, in quanto il lato non dominante viene rimosso. Denominata ANIMA (v. § 3) la parte femminile nell'uomo, e ANIMUS (v.) la parte maschile nella donna, Jung ritiene che l'aspetto controsessuale, che si incontra durante il processo di individuazione (v. PSICOLOGIA ANALITICA, § 5), rappresenti da un lato la natura del rapporto che ciascuno ha con il sesso opposto, dall'altro il deposito dei vissuti collettivi in ordine a detto rapporto. La parte controsessuale di ciascuno si rivela nei sogni, nelle fantasie, nelle immagini e negli individui di sesso opposto che costituiscono oggetto di proiezione della parte controsessuale.

Bibliografia

Jung C. G., *L'Io e l'inconscio* (1928), in *Opere* (1969-2007), Bollati Boringhieri, Torino, vol. VII.

Controsintomo, v. FORMAZIONE REATTIVA.

Controtransfert, v. TRANSFERT, § 4.

Controtraslazione, v. TRANSFERT, § 4.

Controversione, v. CIRCUMAMBULAZIONE.

Convenzione (ingl. *Convention*; ted. *Konvention*; fr. *Convention*; sp. *Convención*). Regola del comportamento sociale derivata da un'abitudine formatasi nel tempo e non esplicitamente formulata all'interno del gruppo, ma nota a tutti i membri. Come tale non è una prescrizione, ma una modalità ovvia dell'interazione sociale. Si parla di *convenzionalismo* a proposito di quelle condotte che presentano un'adesione stereotipata alle convenzioni sociali, riscontrabile nelle personalità conformiste e poco individuate (v. CONFORMISMO).

Convergenza – Divergenza (ingl. *Convergence-Divergence*; ted. *Konvergenz-Divergenz*; fr. *Convergence-Divergence*; sp. *Convergencia-Divergencia*). Coppia di termini che trova il suo impiego in:

1. FISIOLOGIA DEL SISTEMA VISIVO. Nella visione binoculare si forma sulla retina una doppia immagine dell'oggetto dovuta alla distanza degli occhi tra loro, per cui l'occhio sinistro vede meglio il lato sinistro dell'oggetto e analogamente il destro. Detta disparità retinica viene corretta dalla *convergenza* degli occhi che si accentua man mano che l'oggetto si avvicina per compensare la disparità dei due assi visivi verso il punto fissato. Questa correzione consente di apprezzare distanza e profondità (v. VISIVO, SISTEMA, § 4). Un difetto nella convergenza dei due assi non inibisce la percezione della *doppia immagine*. Tipico è l'esempio dello *strabismo* che può essere divergente o convergente a seconda che la deviazione dei due assi visivi verso il punto fissato sia in fuori o in dentro. Raramente è superiore o inferiore.

2. TEORIA DELL'EVOLUZIONE. In questo ambito si intende per *convergenza* la tendenza ad adattamenti organizzativi e funzionali simili in organismi che non hanno seguito lo stesso processo evolutivo, e per *divergenza* la tendenza ad adattamenti organizzativi e funzionali differenti, per effetto dell'ambiente, in organismi che hanno seguito lo stesso processo evolutivo. Oggi questi fenomeni vengono valutati anche a livello molecolare.

3. PSICOLOGIA COGNITIVISTA. Joy Paul Guilford ha chiamato *divergente* quella forma di pensiero capace di risposte flessibili e soluzioni molteplici e originali, e *convergente* quella forma di pensiero che non si lascia influenzare dagli spunti dell'immaginazione, ma tende all'unicità della risposta cui tutte le problematiche vengono ricondotte (v. PENSIERO, § I, 2). Nei test cognitivi Liam Hudson parla di *stile convergente* là dove si assiste a una buona riuscita nei test di intelligenza convenzionali, e di *stile divergente* là dove c'è una maggior abilità nei test flessibili, aperti a più soluzioni. Infine si parla di *intelligenza convergente* tipica di coloro che risolvono il problema a partire da come il problema è stato impostato, e di *intelligenza divergente* tipica di chi risolve il problema ribaltandone l'impostazione. L'intelligenza divergente è una caratteristica delle persone creative (v. CREATIVITÀ, § 1).

Conversazione (ingl. *Conversation*; ted. *Gespräch*; fr. *Conversation*; sp. *Conversación*). Termine che in ambito psicoanalitico ha acquisito una sua specifica connotazione ad opera di Giampaolo Lai, che ha messo a fuoco un dispositivo concettuale e pratico a cui ha dato il nome di "conversazionalismo" definito come «il modo di vedere e trattare le conversazioni – cioè le transazioni verbali caratterizzate dalla presenza della questione "come se ne esce?" – secondo il criterio della felicità. La questione "come se ne esce?" si riferisce alle situazioni di patimento, paura, rabbia, infelicità, confusione, dalle quali ciascuno di noi, essendosi venuto a trovare una volta o l'altra in questa, in quella o in tutte, ha cercato più o meno con successo di risolvere la questione per uscirne. Oggetto della ricerca e della pratica del conversazionalismo sono le conversazioni. La questione "come se ne esce?" è la regola costitutiva, mentre il criterio della felicità è una regola normativa delle conversazioni» (1993, p. 17). La *conversazione* differisce dalla *chiacchiera*, per la quale non è richiesta la questione "come se ne esce?", e dalla *comunicazione terapeutica* perché, mentre nella conversazione il cambiamento è subordinato al criterio della felicità, nella comunicazione terapeutica, tipica della psicoterapia e della psicoanalisi, la felicità, se e quando viene presa in considerazione, è subordinata al criterio del cambiamento della persona.

Nell'ambito della psicoterapia sistemico-relazionale Tom Andersen ha messo a punto la psicoterapia conversazionale, detta anche dialogica (v. DIALOGO, § 2) che, a differenza delle psicoterapie che partono da presupposti teorici anticipati, adotta un processo dialogico "partecipativo" e "comprensivo" nel senso di comprendere *con* il paziente, anziché interpretare la sua condizione a partire da "a priori" teorici che riducono il paziente a un "caso" di una teoria che condiziona l'interpretazione. Entrambi i dialoganti subiscono un'influenza reciproca e si espongono a un cambiamento che ogni situazione dialogica partecipata determina.

Bibliografia

Andersen T., *The reflecting team. Dialogues and dialogues about the dialogues*, Norton, New York 1991.

Anderson H., *Conversation, language and possibilities. A post-modern approach to therapy*, Basic Books, New York 1997.

Archer M. S., *La conversazione interiore. Come nasce l'agire sociale* (2003), Erickson, Trento 2006.

Borgna E., *Noi siamo un colloquio*, Feltrinelli, Milano 1999.

Funari E., *La conversazione. Fenomenologia della vita psichica*, Bollati Boringhieri, Torino 1993.

Lai G., *Conversazionalismo. Le straordinarie avventure del soggetto grammaticale*, Bollati Boringhieri, Torino 1993.
Trevi M. (con A. Fedrigo), *Dialogo sull'arte del dialogo. Psicoanalisi e psicoterapia*, Feltrinelli, Milano 2008.

Conversione (ingl. *Conversion*; ted. *Konversion*; fr. *Conversion*; sp. *Conversión*). Trasposizione di un conflitto psichico in un sintomo somatico, dove si esprime simbolicamente un ricordo, una fantasia o un desiderio rimosso. I sintomi di conversione vanno dagli attacchi convulsivi ai disturbi di natura motoria, come l'AFASIA (v.) e la PARALISI (v. § 1), o di natura sensoriale, come la SORDITÀ (v.) o la cecità isterica (v. CECITÀ, § 2). Sigmund Freud introdusse questo termine per nominare quel «salto dallo psichico all'innervazione somatica» che a suo stesso parere era difficile da concepire, ma altrettanto facile da constatare nelle manifestazioni isteriche, dove «la rappresentazione incompatibile è resa inoffensiva dal fatto che la sua *somma di eccitamento viene trasformata in qualcosa di somatico*, processo per il quale desidererei proporre il nome di *conversione*. La conversione può essere totale o parziale e si realizza a carico di quella innervazione motoria o sensoria che risulta più o meno strettamente connessa con l'esperienza traumatica» (1894, p. 124). L'isteria di conversione si differenzia dall'isteria d'angoscia o dalla nevrosi ossessiva per quella predisposizione, costituzionale o acquisita, dell'individuo alla conversione che Freud chiama "compiacenza somatica" (v. COMPIACENZA, § 2).

Secondo Otto Fenichel lo sviluppo di una conversione necessita di quel prerequisito fisico costituito dalla generale erogeneità del corpo che consente di esprimere attraverso ogni organo o funzione un'eccitazione sessuale. La conversione, infatti, come tutti i sintomi, rappresenta un compromesso fra il desiderio inconscio e le forze difensive che si oppongono alla sua attuazione per cui scrive Fenichel: «Dal punto di vista dell'impulso represso il sintomo di conversione è la sostituzione deformata della soddisfazione sessuale per l'isterico incapace di una soddisfazione sessuale genuina. Il fatto che la "soddisfazione sostitutiva" del sintomo non sia consciamente sentita come piacevole, ma di solito come profonda sofferenza, è dovuto all'effetto delle forze reprimenti» (1945, p. 260). In ambito psicosomatico si è soliti distinguere i sintomi di conversione della nevrosi isterica dalle somatizzazioni, in quanto si ritiene che i primi abbiano un significato simbolico più strettamente connesso alla particolare storia dell'individuo e siano meno definibili in un'entità nosografica somatica. Questa distinzione, che risulta chiara sul piano clinico, resta ancora problematica sul piano della formulazione teorica.

Bibliografia

Fenichel O., *Trattato di psicoanalisi delle nevrosi e delle psicosi* (1945), Astrolabio, Roma 1951.
Freud S., *Studi sull'isteria (in collaborazione con Josef Breuer)* (1892-1895), in *Opere* (1967-1993), Bollati Boringhieri, Torino, vol. I.
–, *Le neuropsicosi da difesa* (1894), in *Opere*, cit., vol. II.
–, *Frammento di un'analisi d'isteria (Caso clinico di Dora)* (1901), in *Opere*, cit., vol. IV.
–, *Fantasie isteriche e loro relazione con la bisessualità* (1908), in *Opere*, cit., vol. V.

Conversione nell'opposto, v. OPPOSTI, § 1, *a*.

Convinzione (ingl. *Conviction*; ted. *Überzeugung*; fr. *Conviction*; sp. *Convicción*). Opinione ben radicata, fondata su basi ritenute oggettive. La convinzione si distingue dalla PERSUASIONE (v.) poiché, mentre quest'ultima inerisce alla sfera emotiva e soggettiva dell'uomo, la convinzione matura nella sfera razionale e oggettiva ed è meno soggetta alla variazione delle mode culturali. Nello stesso tempo, come sostengono Chaïm Perelman e Lucie Olbrechts-Tyteca, la convinzione si riferisce agli aspetti più superficiali della mente e non è che il primo passo verso l'azione, a differenza della persuasione che incide sulle parti più profonde della psiche. Dello stesso avviso era anche Jean-Jacques Rousseau secondo cui, nell'educazione del bambino, la sola convinzione non serve a nulla se non è accompagnata dalla persuasione.

Bibliografia

Cavazza N., *Comunicazione e persuasione*, il Mulino, Bologna 1997.
Perelman Ch., Olbrechts-Tyteca L., *Trattato dell'argomentazione* (1952), Einaudi, Torino 1966.
Preti G., *Retorica e logica. Le due culture*, Einaudi, Torino 1968.
Rousseau J.-J., *Emilio o dell'educazione* (1762), in *Opere*, Sansoni, Firenze 1972.

Convulsione (ingl. *Convulsion*; ted. *Konvulsion*; fr. *Convulsion*; sp. *Convulsión*). Contrazione violenta e involontaria della muscolatura striata che si manifesta in modo episodico, involontario e imprevedibile. A seconda dell'area della corteccia motoria coinvolta, la convulsione può essere localizzata in una parte o in una metà del corpo, oppure generalizzata a tutta la muscolatura, come avviene nelle crisi epilettiche. La convulsione è detta *tonica* quando le contrazioni muscolari si protraggono per parecchi secondi, *clonica* quando si alternano ritmicamente rigidità muscolare e rilassamento, *tonico-clonica* quando alla fine della fase di contrazione tonica segue quella clonica. Frequenti nei bambini, le convulsioni possono essere ereditate, di origine organica a seguito di lesioni cerebrali, infezioni o intossicazioni, di origine psicogena come nell'isteria, o provocate artificialmente mediante farmaci specifici o elettroshock.

Convulsiva, Terapia (ingl. *Convulsive therapy*; ted. *Konvulsion-Therapie*; fr. *Thérapie convulsive*; sp. *Terapia convulsiva*). Forma di trattamento della schizofrenia, praticato per la prima volta da Ladislas J. Meduna nel 1936, che consiste nel provocare crisi epilettiche artificiali in base alla supposizione che tra schizofrenia ed epilessia esista una sorta di antagonismo confermato dal fatto che le due forme non si presentano mai insieme. Le convulsioni erano provocate da Meduna tramite iniezioni endovenose di cardiazol, metranol e sostanze analoghe, e da Ugo Cerletti mediante elettroshock di cui mise a punto la tecnica. Cerletti formulò l'ipotesi che le convulsioni provochino nell'organismo, portato a uno stato prossimo alla morte, una reazione di estrema difesa biologica con la produzione di una sostanza che chiamò *agonina* o *acroagonina*. Successivamente ritenne di poter sostituire l'elettroshock con iniezioni di tale sostanza ricavata da animali sottoposti a convulsioni elettriche. Con l'introduzione degli psicofarmaci, questo genere di trattamento, le cui controindicazioni sono esposte alla voce ELETTROSHOCK (v.), è andato sempre più diminuendo.

Bibliografia

Breggin P. R., *Elettroshock. I guasti del cervello* (1979), Feltrinelli, Milano 1984.

Cerletti U., Bini L., *L'elettroshock*, in "Archivio di Psicologia, Neurologia e Psichiatria", 1938, n. 19.

Kalinowsky L. B., *La terapia convulsivante da shock*, in S. Arieti (a cura di), *Manuale di psichiatria*, Bollati Boringhieri, Torino 1970, vol. III, pp. 1752-1775.

Meduna L. J., *Die Konvulsionstherapie der Schizophrenie*, Marhold, Halle 1936.

Cooperazione (ingl. *Cooperation*; ted. *Kooperation*; fr. *Coopération*; sp. *Cooperación*). Forma di interazione tra individui che dal reciproco rapporto traggono mutuo vantaggio. Studi sulla cooperazione sono stati condotti soprattutto in due ambiti disciplinari:

1. ETOLOGIA. Il termine si riferisce agli insetti "sociali", come le api o le termiti, dove la collaborazione tra i membri favorisce la sopravvivenza dell'intera colonia, e ad animali di altra specie dove la cooperazione è più rudimentale e soprattutto finalizzata al raggiungimento di interessi individuali, come nel caso dei lupi che cacciano in branco per potersi garantire una maggiore quantità di cibo rispetto alla ricerca solitaria.

2. PSICOLOGIA SOCIALE. Le ricerche sulla cooperazione si occupano delle strategie che l'individuo mette in atto per massimizzare i propri benefici e minimizzare i costi nella collaborazione con gli altri. Gli esperimenti sulla cooperazione si servono di alcune matrici mutuate dalla teoria dei giochi, dove si evidenziano le soluzioni vantaggiose e svantaggiose per l'individuo, che poi trovano un'adeguata applicazione nell'ambito della psicologia del lavoro e dell'economia.

Bibliografia

Hölldobler B., Wilson E. O., *Formiche. Storia di un'esplorazione scientifica* (1994), Adelphi, Milano 1997.

Krafft W., *Das betriebliche Vorschlagswesen als Gruppenaufgabe und Gruppenproblem*, Duncker & Humblot, Berlin 1966.

Lindauer M., *Sulle tracce dell'altruismo. Il funzionamento delle società animali* (1991), Feltrinelli, Milano 1993.

Neumann J. von, Morgenstern O., *Theory of games and economic behavior*, Princeton University Press, Princeton, New Jersey, 1944.

Coordinazione (ingl. *Coordination*; ted. *Koordination*; fr. *Coordination*; sp. *Coordinación*). Il termine può riferirsi: 1) al *rapporto* tra elementi situati allo stesso rango in un sistema di classificazione; 2) al *funzionamento* armonico dell'attività muscolare ottenuto attraverso le istruzioni impartite dal sistema nervoso centrale ed eseguite dai muscoli, e le informazioni che, attraverso gli organi di senso e il sistema nervoso periferico, vengono trasmesse al sistema nervoso centrale influenzandone le istruzioni. Nell'uomo la coordinazione dei movimenti specializzati, come può essere l'uso di uno strumento musicale, inizia con un alto grado di controllo periferico, per poi passare completamente sotto il controllo centrale (v. MOVIMENTO, § 1, *b*; GESTO, § 1). Per i disturbi della coordinazione si veda la voce ATASSIA.

Coorti, Analisi delle (ingl. *Analysis of cohorts*; ted. *Kohortenanalyse*; fr. *Analyse des cohortes*; sp. *Análisis de las cohortes*). Ricerca trasversale (v. LONGITUDINALE – TRASVERSALE, RICERCA, § 2) sulla variabilità interindividuale all'interno di un gruppo di persone che hanno in comune determinate costanti. In psicologia ci si è occupati soprattutto della *coorte di nascita* al fine di valutare le differenze fra individui nati nel medesimo intervallo di tempo, nonché le differenze fra soggetti aventi una diversa età cronologica dove le diverse esperienze storiche vissute si rivelano in differenze tipiche di comportamento.

Bibliografia

Baltes P. B., Cornelius S. W., Nesselroade J. R., *Cohort effects in developmental psychology. Theoretical and methodological*

perspectives, in *Minnesota symposia on child psychology*, Lawrence Erlbaum Associates, Hillsdale, New Jersey, 1978, vol. IX.
Ryder N. B., *The cohort as a concept in the study of social change*, in "American Sociological Review", 1985, n. 30.

Coping. Termine inglese che indica l'insieme di strategie mentali e comportamentali messe in atto per fronteggiare situazioni problematiche e potenzialmente stressanti (v. STRESS), commisurate alle competenze e alle abilità dell'individuo per pianificare una propria strategia e per trovare soluzioni idonee a superare le difficoltà. Norman S. Endler e James D. A. Parker hanno messo a punto un inventario, *Coping Inventory for Stressful Situations* (CISS), per misurare tre abilità di coping: *a) coping orientato al problema* che indaga quanto il soggetto analizza il problema prima di agire e quale pianificazione preordina per risolvere la situazione problematica; *b) coping orientato alle emozioni* che esamina le reazioni emotive finalizzate a ridurre lo stress; *c) coping orientato alle strategie di evitamento* che possono essere di distrazione ("mi occupo d'altro") o di ricerca di supporto sociale ("ne parlo con un amico"). Luigi Pedrabissi e Massimo Santinello hanno messo a punto la versione italiana di questo inventario, mentre Bruna Zani ha evidenziato le problematiche ancora aperte e irrisolte connesse alla nozione di *coping* (v. STRESS).

Bibliografia

Endler N. S., Parker J. D. A., *The multidimensional assessment of coping. A critical evolution*, in "Journal of Personality and Social Psychology", 1990, n. 58, pp. 844-854.
Pedrabissi L., Santinello M., *La validità del "Coping Inventory for Stressful Situations" di Endler e Parker*, in "Ricerche di Psicologia", 1994, n. 4, pp. 49-63.
Sanavio E., Sica C., *Risorse psicologiche e gestione dello stress*, in Id., *I test di personalità. Inventari e questionari*, il Mulino, Bologna 1999, pp. 259-282.
Zani B., *Stress*, in AA.VV., *Psiche. Dizionario storico di psicologia, psichiatria, psicoanalisi, neuroscienze*, Einaudi, Torino 2006-2007, vol. II, pp. 1058-1063.

Copione (ingl. *Script*; ted. *Skript*; fr. *Scénario*; sp. *Guión*). Il termine è impiegato in due accezioni che rinviano a contesti diversi: 1) Nell'ambito dell'ANALISI TRANSAZIONALE (v.) il termine è stato introdotto da Eric Berne per indicare le reazioni difensive che il bambino assume in un contesto parentale particolarmente inibente, limitando le sue potenzialità espressive ed emotive per mantenere il proprio equilibrio. Da adulto detto copione porta il soggetto a evitare situazioni e relazioni che percepisce come rischiose e, nei casi più gravi, tende a rifugiarsi nella solitudine o ad assumere atteggiamenti particolarmente distruttivi nei confronti degli altri o di se stesso (v. SVALUTAZIONE). 2) Nell'ambito della LINGUISTICA (v.) Roger C. Schank e Robert P. Abelson impiegano il termine con riferimento a una conoscenza di eventi acquisita in un'esperienza passata (v. SCHEMA) che interviene ogniqualvolta un'informazione la richiama. Gli elementi del copione permettono di supplire le lacune dell'informazione o ciò che nella stessa non è esplicitamente affermato.

Bibliografia

Berne E., *"Ciao!"... e poi?* (1972), Bompiani, Milano 1978.
Bower G. H., Black J. B., Turner T. J., *Scripts in text comprehension and memory*, in "Cognitive Psychology", 1979, n. 11, pp. 177-220.
Novellino M., *Viaggiando con Frodo. Alcuni adolescenti diventano uomini, alcuni uomini rimangono adolescenti*, Armando, Roma 2007.
Schank R. C., Abelson R. P., *Scripts, plans, goals and understanding*, Lawrence Erlbaum Associates, Hillsdale, New Jersey, 1977.
Schiff J. L., *Analisi transazionale e cura delle psicosi* (1975), Astrolabio, Roma 1980.
Stewart I., Joines V., *L'analisi transazionale* (1987), Garzanti, Milano 1990.

Coppia, v. MATRIMONIO, § 1.

Coppia di opposti, v. OPPOSTI, § 1, *b*.

Coprofagia (ingl. *Coprophagy*; ted. *Koprophagie*; fr. *Coprophagie*; sp. *Coprofagia*). Detta anche *scatofagia*, la coprofagia è l'ingestione di feci che si può osservare nei bambini ritardati e psicotici, oppure in alcuni pazienti schizofrenici come manifestazione di una grave regressione. Si riscontra molto raramente nei bambini normali come espressione di PICACISMO (v.), ossia la tendenza a ingerire generi non commestibili.

Coprofilia (ingl. *Coprophilia*; ted. *Koprophilie*; fr. *Coprophilie*; sp. *Coprofilia*). Detta anche *scatofilia*, la coprofilia è un particolare interesse per gli escrementi che diventano oggetto di piacere e, in alcuni casi, di eccitazione sessuale. Secondo Sigmund Freud le tendenze coprofile sono del tutto normali nel bambino che, soprattutto durante la fase anale (v. ANALE, § 2), non prova nessun disgusto per gli escrementi, ma ne è addirittura orgoglioso e li utilizza come mezzo di autoaffermazione nei confronti degli adulti. Con l'educazione le pulsioni coprofile vengono gradualmente rimosse e l'interesse che inizialmente era rivolto alle feci viene spostato su altri oggetti che le simbolizzano, fra cui, in primo luogo, il denaro. Freud sostiene che «inizialmente nel bambino l'interesse per gli escrementi non è separato dagli interessi sessuali; la scissione fra i due interessi compare solo più tardi, e resta comunque incompleta; la comunanza originaria, basata sull'anatomia del corpo umano, riesce a esprimersi in molti modi anche nell'adulto normale. Infine non si deve dimenticare che anche questi sviluppi, come tutti gli altri, non possono dare un risultato perfetto e senza residui; una parte della vecchia predilezione permane, una parte delle tendenze coprofile si mostra attiva anche in seguito, e si esprime nelle nevrosi, nelle perversioni, nei vizi e nelle abitudini degli adulti» (1913, p. 188).

Bibliografia

Freud S., *Prefazione alla traduzione di "Riti scatologici di tutti i popoli" di J. G. Bourke* (1913), in *Opere* (1967-1993), Bollati Boringhieri, Torino, vol. VII.

Coprofobia (ingl. *Coprophobia*; ted. *Koprophobie*; fr. *Coprophobie*; sp. *Coprofobia*). Detta anche *scatofobia*, la coprofobia è la fobia delle feci viste come possibile elemento di CONTAGIO (v. § 1) che si riscontra in alcune forme di nevrosi ossessiva unitamente alla fobia per lo sporco o l'infetto (v. MISOFOBIA). Tale sintomo, di cui la psicoanalisi vede l'ascendenza nella distinzione dei primitivi tra puro e impuro (v. PURO – IMPURO), è letto come una FORMAZIONE REATTIVA (v.) verso impulsi inconsci tendenti alla COPROFILIA (v.).

Coprolagnia (ingl. *Coprolagnia*; ted. *Koprolagnie*; fr. *Coprolagnie*; sp. *Coprolagnia*). Piacere sessuale connesso alla manipolazione degli escrementi propri e altrui. Più frequente della coprolagnia, che può costituire una pratica preliminare oppure sostitutiva del rapporto sessuale, è l'*urolagnia*, che è un'eccitazione sessuale collegata all'urinare sul proprio o l'altrui corpo. Queste forme sono manifestazioni che rinviano ad atteggiamenti feticisti, sadici o masochisti.

Coprolalia (ingl. *Coprolalia*; ted. *Koprolalie*; fr. *Coprolalie*; sp. *Coprolalia*). Il termine, che letteralmente significa "linguaggio fecale", indica la tendenza a usare parole volgari e oscene che si manifesta in modo patologico soprattutto negli schizofrenici. Nelle nevrosi ossessive sono spesso presenti impulsi alla coprolalia da cui il soggetto si difende attraverso i meccanismi dell'ISOLAMENTO (v.), della FORMAZIONE REATTIVA (v.), o della messa in atto di atteggiamenti compulsivi. Secondo Sándor Ferenczi, «una parola oscena possiede il potere singolare di costringere chi l'ascolta a immaginare *concretamente* l'oggetto, l'organo o l'atto sessuale che essa definisce. E che le cose stiano proprio così, l'ha chiaramente riconosciuto ed espresso Freud nelle sue osservazioni circa i moventi e le condizioni dell'oscenità: "Mediante la parola oscena, scrive Freud, si costringe la persona cui ci si rivolge a rappresentarsi l'organo o l'atto corrispondente". [...] Se ci associamo alla concezione freudiana dello sviluppo dell'apparato psichico da centro reattivo motorio-allucinatorio a organo del pensiero, perveniamo alla conclusione che le parole oscene possiedono qualità che in uno stadio precedente dello sviluppo psichico devono aver posseduto *tutte le parole*» (1911, pp. 110-111).

Bibliografia

Ferenczi S., *Le parole oscene. Saggio sulla psicologia della fase di latenza* (1911), in *Opere* (1989-1992), Raffaello Cortina, Milano, vol. I.
Freud S., *Il motto di spirito e la sua relazione con l'inconscio* (1905), in *Opere* (1967-1993), Bollati Boringhieri, Torino, vol. V.

Copulazione (ingl. *Copulation*; ted. *Begattung*; fr. *Copulation*; sp. *Cópula*). Accoppiamento del maschio e della femmina in vista della riproduzione. Nella ricerca sperimentale sul comportamento sessuale degli animali superiori si distingue un meccanismo dell'accoppiamento (CM = *Copulatory Mechanism*) caratterizzato dalla penetrazione del genitale maschile in quello femminile, preceduto da un meccanismo di eccitazione (AM = *Arousal Mechanism*) che conduce all'erezione del genitale maschile, e seguito dal meccanismo dell'eiaculazione (EM = *Ejaculatory Mechanism*), attivato mediante l'emissione dello sperma, e inibente un ulteriore immediato meccanismo di eccitazione. Questi meccanismi sono suscettibili di variazione nei tempi e nei modi, non solo da una specie animale all'altra, ma anche da un individuo all'altro, per ragioni fisiologiche o psicologiche che possono compromettere l'erezione (v. IMPOTENZA, § 2) o i tempi di EIACULAZIONE (v.).

Nell'uomo la copulazione, o *coito*, può essere interrotta quando il maschio si ritira prima dell'eiaculazione, solitamente per motivi anticoncezionali (*coitus interruptus*), o riservata quando il maschio evita l'eiaculazione (*coitus reservatus*). Per Sigmund Freud queste forme di copulazione possono innescare una nevrosi d'angoscia (v. ANGOSCIA – ANSIA, § 2, *a*) perché «la tensione fisica aumenta, raggiunge il livello di soglia al quale può risvegliare un affetto psichico, ma per una ragione qualsiasi il nesso psichico offerto è insufficiente, non giunge a formare un'*emozione sessuale*, perché manca qualcosa nelle condizioni psichiche per questo. Così avviene che la tensione fisica, non essendo psichicamente legata, si trasforma in angoscia» (1894a, p. 22).

Bibliografia

Beach F. A., *Sex and behaviour*, Harper, New York 1956.
Freud S., *Minuta "E". Come si origina l'angoscia* (1894a), in *Minute teoriche per Wilhelm Fliess* (1892-1897), in *Opere* (1967-1993), Bollati Boringhieri, Torino, vol. II.

–, *Legittimità di separare dalla nevrastenia un preciso complesso di sintomi come "nevrosi d'angoscia"* (1894b), in *Opere*, cit., vol. II.

Coraggio (ingl. *Courage*; ted. *Mut*; fr. *Courage*; sp. *Valor*). Atteggiamento positivo con cui si affronta una situazione di pericolo o con cui si tende a uno scopo dal raggiungimento difficoltoso e incerto. Come stato emotivo opposto alla paura, il coraggio è stato considerato una delle principali virtù umane fin dai tempi di Aristotele che lo distinse dalla temerarietà, ritenendolo il giusto mezzo fra questa e la paura. A differenza della temerarietà, infatti, il coraggio tiene conto delle condizioni di realizzabilità dello scopo o di superamento del pericolo.

Bibliografia

Aristotele, *Etica nicomachea*, in *Opere*, Laterza, Bari 1973.
Callieri B., Castellani A., *Aspetti fenomenologici e clinici del coraggio* (1968), in B. Callieri, *Percorsi di uno psichiatra* (1955-1992), Edizioni Universitarie Romane, Roma 1993, pp. 83-124.
Celli P. L., *Coraggio*, Asmepa Edizioni, Bologna 2012.
Fusaro D., *Coraggio*, Raffaello Cortina, Milano 2012.

Corazza caratteriale, v. BIOENERGETICA; CARATTERE, § 3, *c*.

Corea (ingl. *Chorea*; ted. *Chorea*; fr. *Chorée*; sp. *Corea*). Malattia neurologica caratterizzata da movimenti involontari, rapidi, afinalistici e non ripetitivi che tendono a coinvolgere tutti i gruppi muscolari, generando una spiccata irrequietezza motoria (v. CINESIA). Vanno distinte:

1. *La corea di Huntington*, che è una malattia neurodegenerativa ereditaria, scoperta nel 1872 da George Huntington, che si manifesta intorno ai 40-50 anni, ha un decorso di 10-25 anni dopo la comparsa dei primi sintomi ed esito letale. Alessandro Angrilli così la descrive: «Il soggetto presenta inizialmente sintomi subdoli, comprendenti disturbi emotivi e della personalità (brevi assenze di mente, irritabilità, depressione); nella fase conclamata sviluppa movimenti incontrollati del corpo, in particolare delle gambe (da qui la denominazione della malattia, dal greco χορεία che significa "danza corale"). Progressivamente il malato passa da un eloquio pieno di errori a un linguaggio totalmente incomprensibile sino al mutismo finale. Tutte le funzioni cognitive decadono fino alla demenza completa. Il gene anomalo responsabile della malattia è situato sul braccio corto del cromosoma 4» (1999, p. 248; v. GANGLI DELLA BASE).

2. *La corea di Sydenham* o *ballo di San Vito*, che è dovuta a infezioni batteriche che determinano movimenti rapidi e involontari di tutti i gruppi muscolari, inclusi quelli interessati alla mimica. Compare in età infantile, in genere tra i 6 e i 15 anni, e si accompagna, sul piano psichico, a instabilità dell'umore, irritabilità, diminuzione dell'attenzione e della memoria. Nella diagnosi differenziale è importante escludere la corea di Huntington e i TIC (v.) su base organica o psicogena. La guarigione avviene dopo qualche mese dall'inizio del trattamento con antibiotici, farmaci antireumatici e neurolettici (v. PSICOFARMACOLOGIA, § I, 1, *a*).

Bibliografia

Angrilli A., *Corea di Huntington*, in *Enciclopedia di psicologia*, Garzanti, Milano 1999.

Coriogonadotropina, v. ENDOCRINO, SISTEMA, § 6, *c*.

Corpo (ingl. *Body*; ted. *Körper*, *Leib*; fr. *Corps*; sp. *Cuerpo*). Il corpo è lo sfondo di tutti gli eventi psichici. A questa concezione si è giunti dopo che la psicologia ha iniziato la sua emancipazione dall'ambito filosofico, in cui era inclusa, tentando di cogliere il nesso soma-psiche che la filosofia aveva separato nell'antichità con il dualismo platonico, e nell'età moderna con la dicotomia cartesiana tra *res extensa* e *res cogitans* (v. DUALISMO PSICOFISICO), che Ludwig Binswanger considera «il cancro di ogni psicologia» (1946, p. 22). I luoghi eminenti del superamento di questo dualismo sono: 1) l'elaborazione dello schema corporeo; 2) la teoria freudiana delle pulsioni; 3) la distinzione fenomenologica tra corpo e organismo; 4) la concezione bioenergetica; 5) la tipologia costituzionalista.

1. LO SCHEMA CORPOREO. In questo ambito gli studi più significativi sono stati condotti da Paul Schilder, che scrive: «Con l'espressione "immagine del corpo umano" intendiamo il quadro mentale che ci facciamo del nostro corpo, vale a dire il modo in cui il corpo appare a noi stessi. Noi riceviamo delle sensazioni, vediamo parti della superficie del nostro corpo, abbiamo impressioni tattili, termiche, dolorose, sensazioni indicanti le deformazioni del muscolo provenienti dalla muscolatura e dalle guaine muscolari, sensazioni provenienti dalle innervazioni muscolari e sensazioni di origine viscerale. Ma al di là di tutto questo vi è l'esperienza immediata dell'esistenza di un'unità corporea, che, se è vero che viene percepita, è d'altra parte qualcosa di più di una percezione: noi la definiamo *schema del nostro corpo* o *schema corporeo*, oppure, seguendo la concezione di Head che sottolinea l'importanza della conoscenza della posizione del corpo, *modello posturale del corpo*. Lo schema corporeo è l'immagine tridimensionale che ciascuno ha di se stesso: possiamo anche definirlo *immagine corporea*.

Questo termine indica che non si tratta semplicemente di una sensazione o di un'immagine mentale: ma che il corpo assume un certo aspetto anche rispetto a se stesso; esso implica inoltre che l'immagine non è semplicemente percezione, sebbene ci giunga attraverso i sensi, ma comporta schemi e rappresentazioni mentali, pur non essendo semplicemente una rappresentazione» (1935, p. 35).

Lo schema corporeo non è dunque solo il risultato di sensazioni e percezioni, ma anche una costruzione che il soggetto si fa attraverso la rappresentazione che ha del proprio corpo, alla cui elaborazione concorrono le componenti libidiche e la sociologia delle immagini corporee. La *componente libidica* accentua ad esempio l'importanza delle zone erogene, traduce in sintomi corporei processi psichici, si modifica in base alla presenza del dolore o del piacere, innesta processi di ipocondria, isteria, spersonalizzazione che modificano l'immagine del proprio corpo, si coniuga con il narcisismo accentuandone l'erotizzazione ecc. La *componente sociale* concorre alla costruzione della propria immagine corporea attraverso i processi di IDENTIFICAZIONE (v.) e di IMITAZIONE (v.), i modelli culturalmente proposti, il confronto tra la propria immagine corporea e le immagini corporee degli altri, per cui, come scrive Schilder, «non agiamo semplicemente come un apparato percettivo, ma vi è sempre una personalità che *sente* la percezione. [...] Spero di riuscire a dimostrare che il modello posturale del nostro corpo è una continua attività interna di *autocostruzione* e *autodistruzione*, esso vive continuando a differenziarsi ed integrarsi» (ivi, p. 40).

Accanto alla tendenza che porta ad unificare le parti del corpo in quell'unità che poi l'immagine corporea si incarica di esprimere, c'è anche la tendenza che porta a distruggere tale immagine, personificando le singole parti e proiettandole fuori di sé come fantasmi. È l'esperienza della *dissociazione* (v. SCISSIONE, § I) dove non è più possibile riconoscere la relazione tra le parti e la totalità del proprio corpo e dove cade quella frontiera che delimita il nostro corpo distinguendolo dal mondo. A questo proposito Gisela Pankow scrive che «le strutture fondamentali dell'ordine simbolico, che appaiono nel linguaggio e che contengono l'esperienza primaria del corpo, sono semplicemente deformate nella nevrosi, mentre sono distrutte nella psicosi» (1969, p. 7), per cui se l'immagine è il modello originario della dialettica tra le parti e la totalità e tra io e mondo «un intervento psicoterapeutico nel processo della psicosi riesce quando si arriva a reintegrare la parte rifiutata, esclusa da ogni contesto, nell'unità del corpo, e a ristabilire l'ordine di questo corpo senza il quale il malato non può entrare nell'ordine della sua storia» (ivi, p. 201). Ma per questo è necessario condurre il paziente al riconoscimento dei *limiti* del proprio corpo, perché solo vivendosi come limitato potrà incontrare un *mondo* come non-io e, nel mondo, l'*altro* come non identico a sé, per cui «se, a livello nevrotico, psicoanalizzare significa *rimettere in moto* una dinamica immobilizzata procedendo attraverso catene associative rimosse ma esistenti, a livello psicotico si tratta di *fissare* in un legame strutturale l'assoluto eterogeneo, e se è il caso *innestare* ciò che probabilmente non è mai arrivato all'esistenza» (ivi, p. 56).

2. LA TEORIA FREUDIANA DELLE PULSIONI. Essa vede nel corpo la fonte di quelle rappresentazioni di cui la psiche si alimenta, e in proposito Sigmund Freud scrive: «Una pulsione si differenzia da uno stimolo per il fatto che trae origine da fonti di stimolazione interne al corpo, agisce come una forza costante e la persona non le si può sottrarre con la fuga, come può fare di fronte allo stimolo esterno. Nella pulsione si possono distinguere: fonte, oggetto e meta. La fonte è uno stato di eccitamento nel corpo, la meta l'eliminazione di tale eccitamento; lungo il percorso dalla fonte alla meta la pulsione diviene psichicamente attiva. Noi ce la rappresentiamo come un certo ammontare di energia, che preme verso una determinata direzione. Da questo premere le deriva il nome di "pulsione". Si parla di pulsioni "attive" e "passive", ma si dovrebbe dire più esattamente: mete pulsionali attive e passive, poiché anche per raggiungere una meta passiva occorre un certo dispendio di attività. La meta può essere raggiunta nel proprio corpo; di regola, però, si inserisce un oggetto esterno in relazione al quale la pulsione raggiunge la sua meta esterna; la meta interna rimane sempre la stessa, cioè il cambiamento corporeo percepito come soddisfacimento. Non siamo riusciti a chiarire se la relazione con la fonte somatica conferisca alla pulsione una sua specificità, e quale» (1932, p. 205). A partire da queste premesse Freud elabora il concetto di *compiacenza somatica* (v. COMPIACENZA, § 2) per indicare la disponibilità del corpo a diventare oggetto di CONVERSIONE (v.), ossia di trasposizione di un conflitto psichico in sintomo somatico (v. PSICOSOMATICA).

3. LA DISTINZIONE FENOMENOLOGICA TRA CORPO E ORGANISMO. La fenomenologia si è rivelata, nella sua strumentazione teorica, la più idonea al superamento del dualismo cartesiano, a partire dall'osservazione di Edmund Husserl: «Tra i corpi di questa natura io trovo il mio corpo nella sua peculiarità unica, cioè come l'unico a non essere mero corpo fisico (*Körper*), ma proprio corpo vivente (*Leib*)» (1931, p. 107). Si instaura così la distinzione tra il corpo oggettivato dalla scienza, che si offre all'indagine anatomica e fisiologica (*Körper*), e il proprio corpo come è concretamente vissuto e sperimentato dall'esistenza (*Leib*), a cui solamente si riconosce rilevanza psichica. Infatti

il "mio corpo" che conosco nella molteplicità delle esperienze quotidiane si rivela come ciò che mi inserisce in un mondo, ciò grazie a cui esiste per me un mondo, mentre il "corpo-cosa (*Körperding*)" illustrato dai libri di anatomia e fisiologia non è un'altra realtà, ma è la stessa presente in un'altra *modalità*, nella modalità oggettivante della scienza. Nel primo caso ho presente il mio corpo perché lo *sono* e con esso mi intenziono al mondo, nel secondo ho presente il mio corpo perché lo *vedo*, perché, nell'orizzonte della presenza, con cui sempre coincido perché altrimenti non sarei al mondo, esperisco il mio corpo come mia *estraneità*. Da queste premesse husserliane nascerà quella psichiatria a orientamento fenomenologico o ANALISI ESISTENZIALE (v.) dove si esamineranno le modalità con cui il "corpo proprio (*Leib*)" si spazializza, si temporalizza, si mondanizza, creando quei vissuti (*Erlebnisse*) di uno spazio non geometrico, di un tempo non cronologico, di un mondo visualizzato secondo le modalità della propria esistenza (*Dasein*) e della propria co-esistenza (*Mit-dasein*). Sostituendo alla tradizionale relazione "anima-corpo" la relazione "corpo-mondo", dove al corpo è riconosciuta un'originaria apertura e intenzionalità al mondo, la psichiatria fenomenologica è in grado di leggere le disfunzioni patologiche come modalità particolari di strutturare la propria presenza al mondo che ha nel corpo il suo primo ancoraggio. Discutendo le premesse e gli sviluppi di questa impostazione fenomenologica, Jean-Paul Sartre scrive che «il corpo è l'oggetto psichico per eccellenza, il solo oggetto psichico» (1943, p. 429).

4. LA CONCEZIONE BIOENERGETICA. Elaborata da Wilhelm Reich e sviluppata da Alexander Lowen, ipotizza un'*identità funzionale* tra tensione muscolare (corpo) e blocco emotivo (psiche) che si manifesta tanto nella struttura corporea, quanto nell'espressione caratteriale (v. BIOENERGETICA; CARATTERE, § 3, *c-d*).

5. LA TIPOLOGIA COSTITUZIONALISTA. Ha stabilito con Ernst Kretschmer una corrispondenza tra indici morfologici del corpo umano (v. GENETICA, § 3) e determinate caratteristiche della personalità, valide sia per individui normali che psicotici con differenze solo quantitative (v. TIPOLOGIA, § 1).

6. I DISTURBI DELLA PERCEZIONE CORPOREA. Sono elencati alle voci CENESTESIA e SOMATOAGNOSIA.

Bibliografia

Bakunina E., *Il corpo*, Bollati Boringhieri, Torino 1995.

Barbaglia F., *Ri-evoluzione nel corpo. Introduzione all'analisi psico-organismica*, Centro Scientifico Torinese, Torino 1985.

Binswanger L., *Per un'antropologia fenomenologica. Saggi e conferenze psichiatriche* (1921-1941), Feltrinelli, Milano 1970.

–, *L'indirizzo antropoanalitico in psichiatria* (1946), in Id., *Il caso Ellen West e altri saggi* (1944-1946), Bompiani, Milano 1973.

Borgna P., *Sociologia del corpo*, Laterza, Bari 2005.

Callieri B., *Dimensioni antropologiche della psicopatologia della corporeità* (1992), in Id., *Percorsi di uno psichiatra* (1955-1992), Edizioni Universitarie Romane, Roma 1993, pp. 427-438.

–, *Corpo, esistenze, mondi. Per una psicopatologia antropologica*, Edizioni Universitarie Romane, Roma 2007.

Cavarero A., *Corpo in figure. Filosofia e politica della corporeità*, Feltrinelli, Milano 1995.

Chasseguet-Smirgel J., *Il corpo come specchio del mondo* (2003), Raffaello Cortina, Milano 2005.

Chirpaz F., *Le corps*, Puf, Paris 1977.

Freud S., *Introduzione alla psicoanalisi. Nuova serie di lezioni* (1932), in *Opere* (1967-1993), Bollati Boringhieri, Torino, vol. XI.

Fugali E., *Corpo*, il Mulino, Bologna 2016.

Galimberti F., *Il corpo e l'opera. Volontà di godimento e sublimazione*, Quodlibet, Macerata 2015.

Galimberti U., *Il corpo* (1983), nuova edizione ampliata, Feltrinelli, Milano 2013.

Gava G., *Mente versus corpo*, Liviana, Padova 1977.

Giannichedda M. G., *Corpo*, in M. Flores (a cura di), *Diritti umani. Cultura dei diritti e dignità della persona nell'epoca della globalizzazione*, Utet, Torino 2007, vol. I, pp. 203-209.

Husserl E., *Meditazioni cartesiane* (1931), Bompiani, Milano 1960.

Kamper D., *Corpo*, in Ch. Wulf (a cura di), *Cosmo, corpo, cultura. Enciclopedia antropologica* (1997), Bruno Mondadori, Milano 2002, pp. 409-418.

Lapierre A., Aucouturier B., *Il corpo e l'inconscio in educazione e terapia* (1980), Armando, Roma 1982.

Lowen A., *Il linguaggio del corpo* (1958), Feltrinelli, Milano 1978.

Malcolm N., *Mente, corpo e materialismo. Da Descartes a Wittgenstein* (1971), Isedi, Milano 1973.

Martinotti G., *Fenomenologia della corporeità. Dalla psicopatologia alla clinica*, Edizioni Universitarie Romane, Roma 2009.

Melchiorre V., *Corpo e persona*, Marietti, Genova 1987.

Merleau-Ponty M., *Fenomenologia della percezione* (1945), il Saggiatore, Milano 1972.

–, *Il corpo vissuto* (1945-1961), il Saggiatore, Milano 1979.

Onfray M., *Il corpo incantato* (2003), Ponte alle Grazie-Salani, Milano 2012.

Pankow G., *L'uomo e la sua psicosi* (1969), Feltrinelli, Milano 1977.

Pasini W., *Il corpo in psicoterapia*, Raffaello Cortina, Milano 1982.

Piana G., *Conoscenza e riconoscimento del corpo*, Mimesis, Milano 2005.

Prini P., *Il corpo che siamo*, SEI, Torino 1991.

Reich W., *Analisi del carattere* (1933), Sugarco, Milano 1973.

Rispoli L. (a cura di), *Il corpo e le psicoterapie*, Idelson, Napoli 1985.

Sartre J.-P., *L'essere e il nulla* (1943), il Saggiatore, Milano 1968.
Schilder P., *Immagine di sé e schema corporeo* (1935), Franco Angeli, Milano 1973.
Shorter E., *Psicosomatica. Storia dei sintomi e delle patologie dall'Ottocento a oggi* (1992), Feltrinelli, Milano 1993.
Sini C., *La mente e il corpo. Filosofia e psicologia*, Jaca Book, Milano 2004.
Trombini G., Baldoni F., *Psicosomatica. L'equilibrio tra mente e corpo*, il Mulino, Bologna 1999.
Van der Kolk B., *Il corpo accusa il colpo. Mente, corpo e cervello nell'elaborazione delle memorie traumatiche* (2014), Raffaello Cortina, Milano 2015.
Weiss E., English O. S., *Medicina psicosomatica. Applicazione clinica della psicopatologia ai problemi generali della medicina* (1949), Astrolabio, Roma 1950.

Corpo calloso, v. EMISFERO CEREBRALE.

Corpo striato, v. ENCEFALO, § 1, *c*; GANGLI DELLA BASE.

Correlazione, v. STATISTICA, § II, 3.

Corridoio, Illusione del, v. ILLUSIONE, § 4, *b*.

Corteccia cerebrale (ingl. *Cerebral cortex*; ted. *Hirnrinde*; fr. *Ecorce cérébrale*; sp. *Corteza cerebral*). La corteccia cerebrale è la struttura più evoluta del nostro cervello che, grazie ai milioni di neuroni corticali, di sinapsi e dei possibili circuiti che si dischiudono, regola le nostre capacità sensoriali, percettive, mnestiche, nonché le funzioni superiori del linguaggio, della coscienza, dell'ideazione astratta, delle capacità logiche, previsionali e creative. Anatomicamente è rappresentata dallo strato esterno degli emisferi cerebrali (v. ENCEFALO, § 2, *c*), denominato, per il suo colore, *sostanza grigia*, composto in prevalenza da corpi callosi e dendriti, in contrasto con la *sostanza bianca* sottostante formata da assoni mielinizzati. Gli emisferi sono separati da un'ampia fessura longitudinale in emisfero destro, che controlla le funzioni del lato sinistro del corpo, e emisfero sinistro, che controlla le funzioni del lato destro. Ogni emisfero si divide in quattro *lobi*: frontale, parietale, occipitale e temporale che sono sede di *funzioni localizzate* che possono essere isolate topograficamente e indicate come *aree corticali*; queste, quando sono compresse da tumori o danneggiate da traumi o malattie, determinano l'alterazione o la scomparsa delle funzioni corrispondenti.

1. AREA MOTORIA. È collocata nella porzione del *lobo frontale* adiacente al lobo parietale (corteccia motoria primaria, precentrale) e controlla tutti i movimenti del corpo attraverso una mappa di proiezione (*homunculus di Penfield*), in modo che le informazioni che vanno alle estremità inferiori del corpo partono da cellule che si trovano alla sommità mediale dell'emisfero, mentre le informazioni verso le parti superiori vengono inviate dal limite inferiore e laterale dell'area (*somatotopia*). L'area di corteccia che ha a che fare con zone particolari del corpo non dipende dalle dimensioni, ma dalla sensibilità di una zona. Lesioni in quest'area producono paralisi/paresi locali.

2. AREA SOMATOSENSITIVA. È collocata nel *lobo parietale superiore* separata dall'area motoria dalla scissura centrale (corteccia sensitiva primaria, postcentrale) che scende lateralmente dalla sommità in direzione delle orecchie. Dà origine a esperienze sensoriali secondo quello schema proiettivo invertito e somatotopico per cui le estremità inferiori del corpo sono rappresentate nella parte superiore e mediale dell'area dell'emisfero opposto, mentre quelle superiori sono rappresentate dalla parte inferiore e laterale. Un trauma o una malattia nell'area somatosensitiva causa dei disturbi nei processi sensoriali, come l'incapacità di indicare a occhi chiusi la posizione delle proprie membra, o di riconoscere gli oggetti con il tatto, ma raramente una completa anestesia.

3. AREA VISIVA. È collocata nel *lobo occipitale* dove le cellule ricevono i dati che arrivano dalle cellule fotosensibili della retina dell'occhio in modo

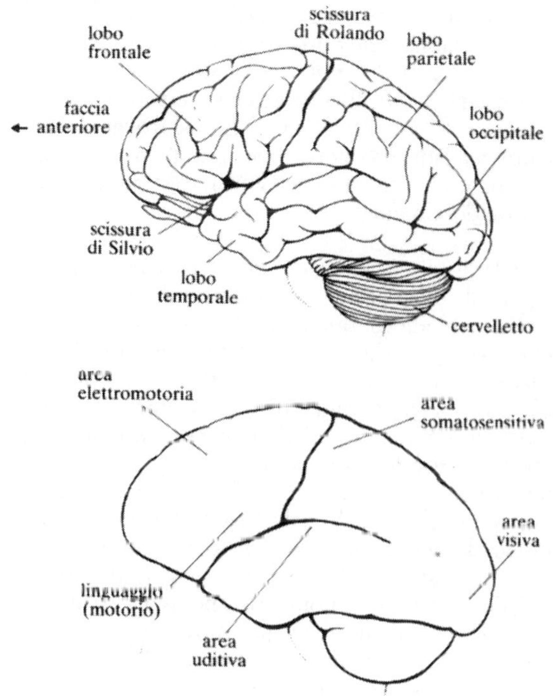

La corteccia cerebrale: suddivisione e funzioni.

differenziato e organizzato topograficamente; la fovea retinica, infatti, ha una rappresentazione topografica sproporzionatamente grande e posteriore rispetto alle parti periferiche dei campi visivi (*retinotopia*). La risposta delle cellule varia in base alla posizione delle zone scure e dei fasci luminosi che appaiono nel campo visivo. Ad esempio, alcune cellule reagiscono a una striscia luminosa posta orizzontalmente, ma non a strisce che presentano una diversa inclinazione; altre reagiscono solo a fasci di luce verticale, per cui ne deriva che quest'area, oltre alle zone luminose, è in grado di percepire anche la forma e il movimento.

4. Area uditiva. È collocata nel *lobo temporale* e riceve le informazioni fornite dall'orecchio. Ambedue gli orecchi sono rappresentati su entrambi i lati, per cui la perdita di un lobo temporale non ha un'eccessiva incidenza sull'udito. Esiste inoltre un'ulteriore differenziazione topografica (*tonotopia*) per cui una parte è sensibile ai toni alti e una a quelli bassi.

5. Area del linguaggio. Il linguaggio è un fenomeno troppo complesso per essere risolto in termini di pura e semplice localizzazione, e i disturbi psicologici della parola, le afasie (v. Afasia), hanno resistito a una localizzazione precisa. Nel 1861, Paul P. Broca individuò nella parte inferiore della circonvoluzione frontale, la più bassa delle tre circonvoluzioni cerebro-frontali, un'area, che prese il nome di *area di Broca*, responsabile del controllo della lingua, delle mascelle e dell'articolazione della parola. In seguito fu localizzata l'*area di Wernicke* o centro verbo-acustico (v. Linguaggio, § 2). L'una e l'altra si trovano solitamente nell'emisfero sinistro per i destrimani, mentre per i mancini si trovano nell'emisfero destro, in questo caso dominante.

6. Aree di associazione. Sono così chiamate sia le aree adiacenti alle aree sensitive o motorie primarie deputate alle elaborazioni delle funzioni proprie delle aree primarie (aree associative unimodali), sia le aree utili a rispondere ad afferenze sensoriali multiple e a coordinare funzioni, quali l'apprendimento, la memoria e il pensiero, che coinvolgono più di un sistema sensoriale (aree associative multimodali). Le aree di associazione aumentano nella loro estensione man mano che si sale nella scala filogenetica, raggiungendo nell'uomo i 3/4 della corteccia cerebrale. Come ha mostrato Brenda Milner, soggetti affetti da lesioni ai lobi frontali possono svolgere numerose funzioni intellettuali, ma mostrano un deficit quando è in gioco un differimento della risposta o quando è necessario passare di frequente da un metodo di lavoro a un altro. Karl Lashley, a seguito di esperimenti condotti sui topi, formulò la *teoria dell'azione di massa* secondo la quale, per quanto riguarda l'apprendimento di problemi difficili, l'effetto della lesione corticale dipende dalla quantità e non dalla posizione del danno. Conferma, questa, che le aree di associazione, a differenza di quelle di proiezione, non sono precisamente localizzabili (v. Azione, § 2, *b*). Sebbene non siano ancora del tutto note le funzioni delle aree di associazione, sappiamo che esse sono in qualche modo correlate con funzioni intellettuali di grado elevato, e deputate all'organizzazione e al controllo delle attività che coordinano l'azione globale del sistema nervoso, regolando e dirigendo il flusso di informazioni nel sistema totale.

A questo proposito, il neurobiologo Daniel J. Siegel scrive che «grazie alla corteccia cerebrale, si realizzano *processi* neuronali che portano alla *rappresentazione* di elementi come il mondo esterno attraverso la creazione di *mappe neuronali*. Nei primati, cui appartiene anche l'uomo, sono particolarmente sviluppate le regioni frontali; negli esseri umani si sono evolute, inoltre, complesse aree prefrontali che consentono di creare rappresentazioni di aspetti che vanno oltre la realtà fisica. Siamo in grado di pensare, immaginare e creare concetti, liberi dai *vincoli* del mondo esterno. Per esempio, le porzioni frontali della corteccia ci consentono di immaginare la libertà, di pensare a come cambiare il futuro per creare un mondo migliore, di pianificare metodi di insegnamento più efficaci e di scrivere poesie dal grande potere evocativo. Situata al di sopra delle *regioni limbiche* e del *tronco cerebrale* (dette appunto "*sottocorticali*"), la *corteccia prefrontale* concorre alla *regolazione* di queste aree cerebrali più antiche e meno concettuali, ma altrettanto importanti e, grazie alle sue funzioni integrative, può realizzare il *collegamento* fra di esse. [...] La corteccia è aperta al cambiamento in risposta all'esperienza per tutto l'arco della vita. [...] A influenzare lo sviluppo corticale sono, per esempio, le esperienze familiari, attraverso l'influsso esercitato dalle relazioni di *attaccamento* su molti aspetti del nostro funzionamento mentale come la *regolazione emotiva* o *regolazione affettiva*, e la comprensione di noi stessi basata sulla *narrazione* autobiografica. Anche la *cultura* plasma lo sviluppo della corteccia, con il passaggio di energia e informazioni attraverso le *relazioni* e i flussi di comunicazione che influenzano direttamente l'attività corticale» (2012, cap. 14, pp. 1-3).

Bibliografia

Benedetti G., *Neuropsicologia. Le attività psichiche in una sintesi di psicologia sperimentale, neurofisiologia e psichiatria*, Feltrinelli, Milano 1969.

Broca P. P., *La sede della facoltà del linguaggio articolato* (1861), in L. Mecacci, A. Zani, *Teorie del cervello*, Loescher, Torino 1982.
Bykov K. M., *La corteccia cerebrale e gli organi interni* (1943), Feltrinelli, Milano 1958.
Lashley K., *Brain mechanism and intelligence*, University of Chicago Press, Chicago 1929.
Milner B., *Some effects of frontal lobectomy in man*, in J. M. Warren, K. Akert (a cura di), *The frontal granular cortex and behaviour*, McGraw-Hill, New York 1964, pp. 313-334.
Milner P. M., Glickman S. E., *Cognitive processes and the brain*, Nostrand, London 1966.
Siegel D. J., *Mappe per la mente. Guida alla neurobiologia interpersonale* (2012), Raffaello Cortina, Milano 2014.

Corteggiamento (ingl. *Courtship*; ted. *Umwerbung*; fr. *Cour*; sp. *Cortejo*). Assiduo e incessante susseguirsi di attenzioni, complimenti e galanterie messo in atto nel tentativo di sedurre un individuo verso cui si provano particolari sentimenti d'amore. Esteso al mondo animale, il termine indica un insieme di comportamenti messi in atto dagli animali prima, durante e, a volte, dopo l'accoppiamento. La durata del corteggiamento differisce da specie a specie e può variare da qualche secondo ad alcuni giorni. La complessità di tali comportamenti e il loro carattere spesso così appariscente conferiscono al corteggiamento il valore di un cerimoniale, in cui sembrano concentrati non solo gli atteggiamenti sessuali, ma anche quelli aggressivi e di paura. Il corteggiamento ha la funzione di stimolare il comportamento sessuale in entrambi i membri della coppia attraverso il richiamo del compagno anche da distanze considerevoli, il riconoscimento degli animali della stessa specie, l'inibizione dei comportamenti non sessuali e la sincronizzazione dell'accoppiamento, in modo che l'atto sessuale si svolga nel modo e nel momento migliori.

Bibliografia

Bastook M., *Courtship. A zoological study*, Heinemann, London 1967.

Corticosteroide, v. ENDOCRINO, SISTEMA, § 5, *a*.

Corticotropina (ACTH), v. ENDOCRINO, SISTEMA, § 1, *a*; NEUROTRASMETTITORE, § 1, *a*.

Cortisolo, v. ENDOCRINO, SISTEMA, § 5, *a*.

Coscienza (ingl. *Consciousness*; ted. *Bewusstsein*; fr. *Conscience*; sp. *Conciencia*). Il concetto di coscienza si è evoluto parallelamente allo sviluppo della filosofia, della psicologia e della neurofisiologia. Ciascuna di queste discipline ha di volta in volta messo l'accento sugli aspetti soggettivi, su quelli comportamentali, o su quelli fisiologici della coscienza, fornendo definizioni parziali e limitate al campo di indagine. In senso moderno, il termine è stato introdotto da Gottfried Wilhelm Leibniz che distinse da un lato le *petites perceptions*, cioè la somma degli stimoli subliminali, e dall'altro l'*aperception* attraverso cui le percezioni arrivano a livello cosciente. Questa distinzione contiene l'ipotesi di una soglia sensitiva suscettibile di sperimentazione psicofisica, e la separazione tra contenuti psichici avvertiti coscientemente e contenuti preconsci. Nel concetto di *aperception* è implicita una consapevolezza della propria sensibilità che Carl Wernicke localizzerà come "organo" nella corteccia cerebrale. Contro l'impostazione di Wernicke, che fa della coscienza un'entità a sé, si espresse Wilhelm Maximilian Wundt, per il quale «essendo la coscienza di per sé, per definizione, la premessa di ogni esperienza interiore, essa non può riconoscere immediatamente l'essenza di se stessa». E ancora, siccome «la coscienza consiste nel fatto di constatare in noi stessi certi stati e fenomeni, la coscienza stessa non è uno stato o condizione suscettibile di separazione da tali processi interiori» (1873-1874, p. 128). Queste due posizioni sono esemplari per le direzioni assunte dallo studio della coscienza: come *fenomeno qualitativo* della psiche, o come *entità fisiologica* neurofisiologicamente localizzabile.

1. LA STRUTTURA DELLA COSCIENZA. In ambito neurofisiologico, con lo sviluppo dell'elettroencefalografia e la scoperta delle funzioni del sistema reticolare, cominciò a svilupparsi la tesi che lo stato di *veglia*, descrivibile con precisi indici fisiologici, coincidesse con la coscienza vera e propria, cioè con l'autoconsapevolezza. In proposito Charles W. Simon e William H. Emmons scrivono: «La coscienza si riferisce agli stadi di stato vigile durante i quali si hanno vari gradi di consapevolezza degli stimoli esterni, e allo stato di transizione durante il quale stimoli interni, cioè i sogni, sono presenti e sono ricordati» (1956, p. 1067). I tracciati elettroencefalografici permettono di seguire il continuum tra la veglia e il sonno in correlazione con i comportamenti più complessi associati alla coscienza e alla non-coscienza.

Gaetano Benedetti riassume in cinque punti fondamentali la struttura della coscienza: *a*) la coscienza è il risultato di attività neuroniche complesse che debbono svolgersi selettivamente per l'azione inibitrice contemporanea su altri sistemi neuronici che, funzionando, impedirebbero la selettività delle prime. La selettività si manifesta nell'elettroencefalogramma con i fatti di desincronizzazione; *b*) gli impulsi che sfociano nel fatto percettivo cosciente si svolgono attraverso circuiti centro-periferici che, attivando la periferia sensoriale, realizzano un feedback centro-perifero-centrale; *c*) per il riconoscimento, nel fatto percettivo entrano in attività zone corticali che conservano la traccia degli avvenimenti passati; *d*) per giungere alla consapevolezza che quello che sta avvenendo si svolge nella "propria" mente è necessaria l'acquisizione dell'Io, per la quale occorre che entrino in attività le zone encefaliche che assicurano il cosiddetto "schema corporeo"; *e*) l'attività dell'analisi percettiva di queste afferenze a livello corticale presuppone la loro integrazione in schemi ideo-verbali che approdano al linguaggio. A questa descrizione neurofisiologica, Benedetti aggiunge una definizione fenomenologica della coscienza centrata su tre componenti fondamentali: *a*) la consapevolezza della sensibilità; *b*) la consapevolezza di sé con percezione interna organizzata in un complesso stabile che è l'Io; *c*) la capacità di questo Io di estendersi mediante i processi mnemonici nel passato, e mediante quelli di anticipazione nel futuro (1969, pp. 138-139).

Il *comportamentismo* e la *psicologia sperimentale* diffidano della possibilità di descrivere scientificamente la coscienza, perché non si può assumere l'introspezione, troppo esposta a errate interpretazioni soggettive, come metodo di conoscenza. E siccome la coscienza non è empiricamente osservabile e oggettivamente descrivibile, è bene che la psicologia si attenga rigorosamente alle sole varianti del comportamento che sono direttamente osservabili. Della coscienza si può parlare al massimo in termini operativi, secondo quella linea di lettura inaugurata da J. A. Meijer Fredericks, secondo il quale la coscienza è «un processo psicofisiologico complesso che si manifesta con la consapevolezza che ha un individuo della propria identità, del proprio passato e della propria situazione percettiva ed emozionale; la coscienza è inoltre caratterizzata dagli aspetti oggettivi del comportamento ed è biologicamente definibile come un fenomeno che garantisce un processo continuo e adeguato di informazione e di adattamento tra l'Io soggettivo, il sistema nervoso e l'ambiente percettivo» (1969, p. 51). A partire da questa definizione Fredericks distingue gli "stati" dai "contenuti" di coscienza, dove per *stati* si intende il continuum dei livelli di ATTIVAZIONE (v.) che possono essere studiati sia sulla base delle strutture anatomiche che fungono da mediatori, sia da misure fisiologiche come l'elettroencefalogramma, i potenziali evocati, il riflesso psicogalvanico, sia da indici comportamentali che correlano i livelli di attivazione con le prestazioni nei compiti di vigilanza, attenzione e detenzione. Per *contenuti*, invece, si intendono quei fenomeni, studiati nel passato con il metodo dell'introspezione e oggi con l'approccio sperimentale, che costituiscono l'oggetto dell'attivazione coscienziale.

Anche il *cognitivismo* ritiene inutile ogni riferimento al concetto di "coscienza", in ciò condizionato innanzitutto dal suo metodo che tende a dare un resoconto delle funzioni mentali in analogia con le funzioni del computer (v. COGNITIVISMO, § 2), e in secondo luogo per la convinzione che è impossibile descrivere ciò che non è direttamente osservabile, per cui bisogna limitarsi allo studio dei sistemi di elaborazione delle informazioni e dell'origine dei comportamenti intelligenti, senza spingersi oltre per chiedersi se si ha consapevolezza di detti comportamenti, perché la cosa non è verificabile e probabilmente non è tale da incidere sui comportamenti stessi. Tutto quello che si può fare per accostarsi al concetto di "coscienza", senza ricorrere all'introspezione i cui risultati non sono oggettivamente riscontrabili, è verificare la concordanza tra *cognizione*, *comportamento* ed *esperienza*, a partire dalla teoria proposta da Endel Tulving secondo la quale «esiste un accordo stretto e generale, anche se non perfetto, tra ciò che le persone sanno, come si comportano e ciò che esperiscono. In questo modo la consapevolezza conscia è richiesta da, ed accompagna, l'acquisizione della conoscenza o il suo recupero dalla memoria. La conoscenza recuperata guida il comportamento e quando questo avviene le persone sono consapevoli della relazione tra la conoscenza e il comportamento» (1989, p. 8).

Dal punto di vista neurologico Gerald Maurice Edelman avanza un'ipotesi evoluzionistica (v. DARWINISMO, § 2) sulla formazione del cervello, della mente e della coscienza a proposito della quale scrive: «La prima [coscienza primaria] è lo stato di consapevolezza mentale delle cose del mondo, in cui si hanno immagini mentali del presente; ma non si accompagna affatto alla sensazione di essere una persona con un passato e un futuro. È ciò di cui sono presumibilmente dotati alcuni animali senza linguaggio né semantica. La coscienza di ordine superiore, invece, comporta il riconoscimento da parte di un soggetto raziocinante dei propri atti e dei propri sentimenti; incorpora un modello dell'identità personale, del passato e del futuro, oltre al modello del presente. Rivela una consapevolezza diretta, la consapevolezza non inferenziale, o immediata, di episodi mentali senza il coinvolgimento di organi di senso o di recettori. È ciò che abbiamo noi, esseri umani, in aggiunta alla coscienza primaria: siamo coscienti di essere coscienti» (1992, p. 174).

Dal punto di vista neuroscientifico Stanislas Dehaene sostiene che tutto ciò di cui siamo consci deriva dalla diffusione di un messaggio in tutto il nostro cervello, propagandosi a un insieme di neuroni, distribuiti nella corteccia prefrontale e parietale, che comunicano tra loro mediante lunghi assoni. Attraverso questa connessione, ogni messaggio corrisponde a una cosa di cui siamo consci e si diffonde a tutti i distinti sistemi cerebrali, ognuno dotato di un ruolo preciso e di un suo modo di fruire o di ignorare il messaggio che arriva. Dal canto suo l'inconscio elabora di continuo degli schemi e degli indizi di ciò che proviene dai sensi e, a partire da questi dati, costruisce un enorme numero di inferenze, di cui alla coscienza affiora solo una piccolissima parte, e precisamente qualcosa di importante o che deve essere cambiato. Il meccanismo di selezione operato dalla coscienza è in parte innato, come nel caso del bambino che, a pochi minuti dalla nascita, riconosce un volto umano, e in parte è appreso da precedenti esperienze.

2. Il campo di coscienza e la vigilanza. La coscienza dischiude un campo sperimentale le cui strutture sono state descritte da Henry Ey, Paul Bernard e Charles Brisset in riferimento: «*a*) all'atto fondamentale che apre gli occhi del soggetto sul mondo e lo mette in condizione di trovarsi di fronte ad esso, cioè di dividere la propria esperienza in due categorie: il soggettivo e l'oggettivo; *b*) all'atto con cui il soggetto si introduce nella propria esperienza in quanto riesce a distinguere l'immaginario dal reale nel proprio spazio "antropologico", cioè nella sua rappresentazione; *c*) all'atto con il quale il soggetto dispone la propria presenza al mondo senza lasciarsi fatalmente trasportare in un passato ormai trascorso, né trascinare verso un avvenire aperto dal desiderio» (1979, pp. 33-34). Questa nozione si è rivelata utile in sede clinica per l'inquadramento dei disturbi della coscienza, perché combina il riferimento fisiologico con l'esperienza vissuta e descritta a livello fenomenologico, consentendo il confronto tra la descrizione soggettiva e l'osservazione oggettiva del clinico. Le nozioni di "campo" o "scena" erano già state introdotte da Wernicke e da Karl Jaspers, ma il primo solo sul versante fisiologico e il secondo su quello fenomenologico, quindi in modo tale da non consentire un confronto tra il momento autodescrittivo e l'osservazione dall'esterno.

Lo strutturarsi del campo avviene, secondo Ey, in base allo stato di veglia, con particolare attenzione alla funzione della *vigilanza* che indica lo stato coscienziale ottimale per la prestazione di compiti determinati, grazie alla messa in funzione di specifici meccanismi di detenzione e selezione degli stimoli che poi, attraverso l'attenzione, vengono immagazzinati (*storage*) nei depositi della memoria a breve o a lungo termine (v. Memoria, § 3). Lo stato di vigilanza è in stretto rapporto con i processi facilitanti e inibenti interposti tra il tronco cerebrale e la corteccia. Trattandosi di una funzione fisiologica, la vigilanza può subire modificazioni per effetto della fatica e della prostrazione fisica, o a causa di lesioni focali o diffuse del cervello. Letta in chiave gestaltica, la vigilanza struttura il campo di coscienza nella relazione figura-sfondo, dove alcuni oggetti sono percepiti in modo chiaro e nitido rispetto agli altri presenti nel campo di coscienza, ma non focalizzati. In ordine alla vigilanza si parla anche di *ampiezza* o di *restringimento* del campo di coscienza, nel senso che una vigilanza rivolta intensamente a un oggetto funge da schermo per tutti gli altri stimoli ambientali che possono disturbarla o deviarla. In questo caso si parla di restringimento del campo di coscienza, mentre quando la vigilanza è fluttuante e distesa, senza una particolare concentrazione, ne deriva una maggior ampiezza del campo di coscienza, che, in condizioni normali, ha contemporaneamente presente dalle cinque alle otto unità di contenuto.

3. Disturbi della coscienza. Se lo stato di coscienza vigile o lucido è caratterizzato dalla consapevolezza di sé e dall'attenzione all'ambiente, che sono le strutture fondamentali della vita psichica, è ovvio che qualsiasi disturbo, qualunque ne sia la motivazione o l'aspetto, influisce su tali strutture, determinando un arretramento ai livelli inferiori della vita psichica con manifestazioni che vanno dal torpore allo stato crepuscolare, confusionale e comatoso.

a) *Il torpore* o *obnubilamento* di coscienza è caratterizzato da diminuzione della vigilanza e da una perdita di differenziazione nel campo di coscienza. Il soggetto appare sonnolento, rallentato nei pensieri e nel modo di reagire all'ambiente, non è ben consapevole di ciò che accade intorno a lui, non reagisce immediatamente agli stimoli. Si notano disturbi della concentrazione e della memoria, disorientamento nel tempo e nello spazio, difficoltà a capire. Esempi tipici sono il torpore da sedativi, da assunzione di bevande alcoliche, da malattie cerebrali come encefaliti o tumori.

b) *Lo stato crepuscolare* è caratterizzato da un restringimento del campo di coscienza con interruzione dei rapporti con l'ambiente ad eccezione di un'azione particolare a sfondo abituale come camminare, compiere un gesto meccanico, dire frasi banali senza riferimento al contesto o all'interlocutore. Il comportamento può essere passivo o agitato, oppure saldamente coerente con le linee o le fantasie a cui s'è ridotto il campo coscienziale. Lo stato crepuscolare ha solitamente un inizio acuto con repentina cessazione del disturbo, seguito da un sonno con amnesia quasi totale. A seconda del contesto in cui insorgono si è soliti distinguere uno stato crepuscolare *epilettico* che si presenta in modo improvviso con caratteristiche di ottundimento mentale in cui il soggetto appare perso, stordito e con gravi disturbi dell'affettività. Sintomi analoghi si riscontrano nello stato crepuscolare *alcolico* conseguente ad abitudini etiliste, e nello stato crepuscolare *isterico* che la psicoanalisi legge come un tentativo da parte del soggetto di misconoscere un vissuto psichico o reale particolarmente spiacevole.

c) Lo stato confusionale o *confusione mentale* è una destrutturazione più grave della coscienza, non più in grado di organizzare le esperienze percettive in un insieme coerente. Il soggetto non distingue ciò che accade nella sua mente e ciò che accade nel mondo esterno, perché le percezioni si mescolano con i pensieri, le rappresentazioni, le immagini e i sentimenti che vengono proiettati nell'ambiente circostante. Perdurando questo stato si assiste a una perdita sempre maggiore delle capacità critiche e di giudizio della realtà esterna, una riduzione della memoria, soprattutto a breve termine, la comparsa di stati oniroidi fino a stati di totale incoerenza con deliri. A livello comportamentale lo stato confusionale può assumere le forme della *catatonia*, con immobilità motoria e assenza di linguaggio (v. CATATONIA), o dell'*amenza*, che è uno stato confusionale allucinatorio delirante acuto accompagnato da agitazione motoria, stato angoscioso, incoerenza del linguaggio, contenuti di pensiero molto caricati affettivamente, ma non strutturati e deliranti. L'agitazione motoria raggiunge stati di eccitamento che sottendono una condizione di vero e proprio panico. Uno stato di confusione mentale si riscontra anche nella *sindrome di passaggio* o *di transito* (*Durchgangssyndrome*) che è una sindrome psicorganica reversibile che rappresenta il punto di transizione tra gli stati psicopatologici acuti e i quadri psicorganici ad andamento cronico caratterizzati da disintegrazione della personalità e demenza.

d) Il coma è una condizione di perdita totale della coscienza e dell'attività volontaria, simile al sonno, dove però il soggetto non può essere svegliato e non reagisce alle abituali stimolazioni. Il coma costituisce il livello minimo di attivazione dell'organismo e può essere provocato da cause endocraniche come emorragia cerebrale, trombosi, trauma, tumore, epilessia, o extracraniche come diabete, ipoglicemia, intossicazione da narcotici o da alcol. Si distingue uno stato di *precoma* dove la percettività e la reattività sono in parte conservate soprattutto per la sensibilità dolorifica, di *coma* in tutto simile al sonno, e di *coma profondo* che richiede metodiche di rianimazione che si possono praticare finché l'elettroencefalogramma non mostra il tracciato lineare, detto "silenzio elettrico", che segna la morte del cervello.

e) I disturbi della coscienza dell'Io, che sono distinti dai disturbi caratterizzati dal progressivo restringimento del campo della coscienza, possono riferirsi: 1) all'*identità dell'Io*, come nei fenomeni di depersonalizzazione (v. PERSONA, § 1) dove il soggetto si sente staccato dalla propria esperienza e quasi un osservatore estraneo dei propri processi mentali e del proprio corpo; 2) ai *confini dell'Io* (v. IO, CONFINI DELL') dove il soggetto ha la sensazione che i propri pensieri e sentimenti vengano avvertiti dall'ambiente circostante in una sorta di diffusione del pensiero al di fuori di sé, o indotti dall'ambiente quasi fossero formati dal di fuori e immessi in lui; 3) alla *coscienza alternante*, espressione con cui Jaspers descrive quella condizione isterica in cui «la vita psichica distaccata si presenta con uno sviluppo così ricco che si crede di avere a che fare con un'altra personalità; però, una volta passato questo stato, la personalità normale non ne conserva alcun ricordo» (1913-1959, p. 436; v. SCISSIONE, § I, 3). I disturbi della coscienza dell'Io, quando non si accompagnano a esperienze schizofreniche, non comportano di regola una riduzione della vigilanza o vistosi disturbi del comportamento.

4. LA COSCIENZA DAL PUNTO DI VISTA FENOMENOLOGICO. La fenomenologia, con Edmund Husserl, ha reagito alla lettura psicologica della coscienza intesa come entità, facoltà o cosa, per affermare che la coscienza è un *atto* caratterizzato dalla sua *intenzionalità* diretta alle cose per cui, scrive Husserl: «Io non vedo delle sensazioni di colore, ma degli oggetti colorati, né intendo sensazioni uditive, ma la canzone del cantante» (1913, p. 374). Negata come cosa e ribadita come atto, la coscienza non è un campo interiore in cui si raccolgono le percezioni che provengono dall'esterno, ma è un originario fuori-di-sé, come dice Maurice Merleau-Ponty, una trascendenza: «Gli atti dell'Io sono di natura tale che oltrepassano se stessi per cui non c'è intimità della coscienza. La coscienza è da capo a fondo trascendenza, non trascendenza subita, perché una simile trascendenza sarebbe il ristagno della coscienza, ma trascendenza attiva. La coscienza che ho di vedere o di sentire non è l'annotazione passiva di un evento psichico chiuso in sé e che mi lascerebbe incerto circa la realtà della cosa sentita o vista, [...] ma è l'effettuazione stessa della visione. Mi accerto di vedere vedendo questo o quello, o perlomeno risvegliando intorno a me un contesto visivo, un mondo visibile che in definitiva non è attestato se non dalla visione di una cosa particolare. [...] Ciò che scopro attraverso il *Cogito* non è l'immanenza psicologica, l'inerenza di tutti i fenomeni a degli "stati di coscienza privati", il contatto cieco della sensazione con se stessa, ma è il movimento profondo di trascendenza che è il mio essere stesso, il contatto simultaneo con il mio essere e con l'essere del mondo» (1945, pp. 485-486).

Su questa linea si muove anche l'analitica esistenziale di Martin Heidegger che, superando la distinzione tra interiorità ed esteriorità con la nozione di

Esserci (*Dasein*), che designa la condizione dell'uomo che è originariamente nel mondo, afferma che «nel comprendere, l'Esserci non va al di là di una sua sfera interiore, in cui sarebbe dapprima incapsulato; l'Esserci, in virtù del suo modo fondamentale di essere, è già sempre "fuori", presso l'ente che incontra in un mondo già sempre scoperto» (1927, p. 133). Infine Jean-Paul Sartre distingue l'essere *per sé* della coscienza dall'essere *in sé* delle cose, negando che la coscienza possa essere trattata come una cosa, perché, a differenza delle cose, essa è presenza a se stessa: «L'essere della coscienza, in quanto coscienza, è di esistere a distanza da sé, come presenza a sé, e questo niente di distanza che l'essere porta nel suo essere è il nulla» (1943, p. 122). Nulla infatti separa il soggetto da se stesso nella coscienza che ha di sé.

Il teorema dell'intenzionalità della coscienza, che Husserl aveva ripreso da Franz Brentano (v. ATTO, § 1) contro l'impostazione naturalistica della psicologia, è ripercorso da Jaspers per il quale «l'essere della coscienza non è come quello delle cose, ma la sua essenza è nell'essere diretto intenzionalmente agli oggetti. Questo fenomeno originario, tanto evidente quanto sorprendente, è stato chiamato intenzionalità» (1932-1956, p. 118). La coscienza non è solo diretta all'oggetto, ma riflette anche su di sé ponendosi come AUTOCOSCIENZA (v.), a proposito della quale Jaspers scrive: «L'"io penso" e l'"io penso che penso" coincidono in modo da non poter esistere l'uno senza l'altro. Ciò che dal punto di vista logico sembra assurdo, qui è reale, e precisamente: l'uno non è come uno, ma come due; con ciò non diventa due, ma resta uno in una modalità unica» (ivi, p. 119).

Sempre in ambito fenomenologico si distingue una *coscienza di sé riflessiva*, cosiddetta perché mediata dalla riflessione e una *coscienza di sé pre-riflessiva*, caratterizzata dalla sua immediatezza che antecede ogni riflessione. Quest'ultima, nota anche come "sentimento di sé", attesta la presenza a se stessi prima di ogni esperienza esplicita e di ogni consapevolezza di sé acquisita nel corso della propria esperienza. Si tratta del sentimento di appartenere a se stesso in quella forma che Husserl denomina "*Jemeinigkeit*" che in italiano possiamo tradurre approssimativamente con "mietà", nel senso di "mio", riferito all'Io che sento come me stesso. Nella rottura di questa appartenenza a se stessi Jaspers e Kurt Schneider vedono l'origine della schizofrenia per cui: non mi sento più autore delle azioni che compio, oppure mi identifico con l'oggetto che mi sta dinanzi, o ancora mi sento due persone, o infine mi vivo in terza persona osservandomi dall'esterno. Nella schizofrenia, a spezzarsi è la coscienza pre-riflessiva che mi dà l'immediata consapevolezza che il mio Io appartiene a me stesso e non si confonde con tutto ciò che io non sono.

5. LA COSCIENZA DAL PUNTO DI VISTA PSICOANALITICO. La teoria psicoanalitica si è costituita rifiutando di definire la psiche in termini di coscienza, e a questo proposito Sigmund Freud scrive: «Che parte rimane nella nostra esposizione alla coscienza, che un tempo era onnipotente e ricopriva tutto il resto? Nient'altro che *quella di organo di senso per la percezione di qualità psichiche*» (1899, p. 560). Nella *Metapsicologia* Freud descrive il *sistema percezione-coscienza* dal punto di vista: *a*) *topico*: situato alla periferia dell'apparato psichico, riceve sia le informazioni provenienti dal mondo esterno, sia quelle dal mondo interno come il piacere e il dispiacere; *b*) *funzionale*: si oppone all'inconscio perché nella coscienza non viene registrata alcuna traccia durevole delle eccitazioni come invece accade nell'inconscio; *c*) *economico*: dispone di un'energia mobile capace di investire, con il meccanismo dell'attenzione, questo o quell'elemento; *d*) *dinamico*: sia in ordine al "conflitto" dove si assiste a un tentativo cosciente di evitare lo sgradevole e di regolare il principio di piacere, sia in ordine alla "cura" dove si assiste a quella presa di coscienza che tuttavia Freud non considera sufficiente per togliere la rimozione e i suoi effetti.

Anche se marginalizzata, la coscienza ha costituito anche per Freud il punto di partenza per la giustificazione di un inconscio, che è il risultato di un'inferenza a partire dalla lacunosità degli atti di coscienza che «non danno luogo a serie in sé conchiuse e ininterrotte». Di fronte a questa constatazione, «mentre nella psicologia della coscienza non si è mai andati oltre a quelle serie lacunose di fenomeni, che palesemente dipendono da qualcos'altro, l'altra concezione, quella secondo cui lo psichico è in sé inconscio, ha permesso di sviluppare la psicologia fino a farne una scienza naturale come tutte le altre» (1938, pp. 584-585).

Passando dalla prima articolazione della psiche che prevedeva la ripartizione in Inconscio, Preconscio e Conscio, alla seconda che distingue tre istanze: Es, Io, Super-io (v. APPARATO PSICHICO, § 5), Freud evita di identificare la coscienza con l'Io, limitandosi a stabilire un semplice legame di appartenenza della coscienza all'Io: «Ci siamo fatti l'idea che esista nella persona un nucleo organizzato e coerente di processi psichici che chiamiamo Io di quella persona. A tale Io è legata la coscienza; esso domina le vie d'accesso alla motilità, ossia alla scarica degli eccitamenti nel mondo esterno; l'Io è quell'istanza psichica che esercita un controllo su tutti i processi parziali, è l'istanza psichica che di notte va a dormire e che anche allora esercita la censura onirica. Provengono da questo Io anche le rimozioni mediante le quali alcune tendenze psichiche non soltanto rimangono escluse dalla coscienza, ma anche dagli altri modi di agire e di farsi valere» (1922, pp. 479-480); dove è evidente che, quando la coscienza dorme, l'Io continua a vigilare, per cui tra le due istanze non si dà coincidenza. Questa distinzione tra Io e coscienza è ripresa a proposito della dissociazione psichica dove Freud distingue una scissione della coscienza (*Bewusstseinspaltung*) da una scissione dell'Io (*Ichspaltung*; v. SCISSIONE, § II).

6. LA COSCIENZA DAL PUNTO DI VISTA DELLA PSICOLOGIA ANALITICA. La non coincidenza dello psichico con la coscienza e il legame tra coscienza e Io sono le tesi di Carl Gustav Jung, per il quale «la coscienza è la funzione o attività che mantiene il rapporto di contenuti psichici con l'Io. La coscienza non è identica con la psiche, in quanto la psiche rappresenta la totalità di tutti i contenuti psichici, i quali non sono di necessità collegati tutti direttamente con l'Io, ossia non sono con l'Io in un rapporto tale che ad essi spetti la qualità della consapevolezza» (1921, pp. 433-434). Per quanto concerne la relazione tra Io e coscienza, Jung, in base alla sua teoria dei complessi (v. COMPLESSO, § 2), intende l'Io come il complesso centrale della coscienza: «Per "Io" intendo un complesso di rappresentazioni che per me costituisce il centro del campo della mia coscienza e che mi sembra possedere un alto grado di continuità e di identità con se stesso. Perciò parlo anche di un complesso dell'Io. Il complesso dell'Io è tanto un contenuto quanto una condizione della coscienza, giacché un elemento psichico per me è cosciente in quanto riferito al complesso dell'Io. Tuttavia poiché l'Io è solo il centro del campo della mia coscienza, esso non è identico alla totalità della mia psiche, ma è soltanto un complesso fra altri complessi. Distinguo quindi fra l'Io e il Sé, in quanto l'Io è solo il soggetto della mia coscienza, mentre il Sé è il soggetto della mia psiche totale, quindi anche di quella inconscia. In questo senso il Sé sarebbe un'entità (ideale) che include l'Io» (ivi, p. 468). Questo motivo è ripreso da Jung in più occasioni perché, a suo dire, «la coscienza, per estesa che sia, è, e rimane, il cerchio minore racchiuso in quello maggiore costituito dall'inconscio, l'isola circondata dall'oceano» (1946, p. 189).

7. LA COSCIENZA MORALE. Con questa espressione, per la quale la lingua tedesca non impiega il termine *Bewusstsein*, ma il termine *Gewissen*, si intende quell'insieme di processi cognitivi ed emozionali che sono alla base della formazione di una guida interiore che regola la condotta individuale, in armonia con i valori riconosciuti dal gruppo sociale di appartenenza. I processi cognitivi sono indispensabili per la conoscenza delle norme e per la valutazione della conformità delle proprie azioni alle medesime; i processi emozionali, come la paura, la colpa e la vergogna, sembrano necessari, in una prima fase detta "eteronoma", alla promozione di comportamenti conformi.

a) Dal punto di vista cognitivo Jean Piaget ha mostrato, partendo dalla disposizione dei bambini di fronte alle regole del gioco, che fino al settimo anno il bambino considera le regole come inviolabili, e irrilevanti i motivi di colui che non le ha osservate. Il fondamento dell'inviolabilità è nell'imposizione da parte di un'autorità esterna, per cui l'osservanza delle regole ha una base *eteronoma*. Più tardi il bambino riconosce che le regole rispondono a un vantaggio reciproco per i componenti del gruppo, impara a valutare ogni caso nella sua peculiarità in base all'idea di equità. In questa fase la condotta, da eteronoma, diventa *autonoma*.

b) Dal punto di vista comportamentista l'interiorizzazione delle regole avviene per effetto di un buon condizionamento, in grado di sviluppare reazioni anticipate di timore dettate dalla *paura* di una punizione, dal senso di *colpa* che insorge dopo aver compiuto un'azione precedentemente punita, dalla *vergogna* che insorge quando gli altri scoprono le nostre devianze. Lawrence Kohlberg ha individuato tre livelli nella formazione della coscienza morale: 1) *premorale* in cui si ubbidisce alle regole solo per evitare punizioni; 2) *conformità* in cui si ubbidisce per allontanare la colpa derivante dalla censura dell'autorità; 3) *principi* in cui l'obbedienza non avviene in termini di ricompense e punizioni oggettive, ma per effetto dell'interiorizzazione delle regole. Una coscienza morale basata sulla consapevolezza dei principi che regolano la convivenza si sviluppa molto tardi e in ogni caso dopo l'età evolutiva.

c) Dal punto di vista psicoanalitico la formazione della coscienza morale è strettamente connessa alla formazione del Super-io (v. AUTOSSERVAZIONE) che, a sua volta, è il prodotto dell'evoluzione del complesso di Edipo (v. EDIPO, COMPLESSO DI) e quindi della modalità di relazionarsi alle figure parentali e di interiorizzarne i divieti. Alla formazione del Super-io, che per Freud è alla base di ogni formazione etica, il fondatore della psicoanalisi riconosce un valore terapeutico: «In ogni tempo si è assegnato all'etica il massimo valore, come se tutti se ne aspettassero importanti conseguenze. Ed è vero che l'etica, com'è facile riconoscere, tocca il punto più vulnerabile di ogni civiltà. Perciò essa va intesa come un esperimento terapeutico, come lo sforzo di raggiungere attraverso un imperativo del Super-io ciò che finora non fu raggiunto attraverso nessun'altra opera di civiltà» (1929, pp. 627-628). Dal canto suo Jung sviluppa un concetto di coscienza morale come emancipazione dalle norme collettive senza la quale è impossibile un autentico processo di individuazione (v. PSICOLOGIA ANALITICA, § 5); pertanto scrive che «la norma diventa sempre più superflua in un orientamento collettivo della vita e con ciò la vera moralità va in rovina. Quanto più l'uomo è sottoposto a norme collettive, tanto maggiore è la sua immoralità individuale» (1921, p. 464).

Bibliografia

Aronfreed J., *Conduct and conscience*, Academic Press, New York 1968.

Aversa L., *La coscienza e i suoi disturbi*, in "Atque", 2000, n. 20.

Benedetti G., *La coscienza*, in Id., *Neuropsicologia. Le attività psichiche in una sintesi di psicologia sperimentale, neurofisiologia e psichiatria*, Feltrinelli, Milano 1969, pp. 138-159.

Bergson H., *Saggio sui dati immediati della coscienza* (1889), Raffaello Cortina, Milano 2002.

Berti A., *Neuropsicologia della coscienza*, Bollati Boringhieri, Torino 2010.

Brentano F., *La psicologia dal punto di vista empirico* (1874-1911), Laterza, Bari 1997, voll. I-III.

Callieri B., *L'accesso fenomenologico alla coscienza in psichiatria* (1980), in Id., *Percorsi di uno psichiatra* (1955-1992), Edizioni Universitarie Romane, Roma 1993, pp. 149-166.

Chalmers D., *Che cos'è la coscienza* (1995-1996), Castelvecchi, Roma 2014.

Damasio A. R., *L'errore di Cartesio. Emozione, ragione e cervello umano* (1994), Adelphi, Milano 1995.

–, *Emozione e coscienza* (1999), Adelphi, Milano 2000.

–, *Il Sé viene alla mente. La costruzione del cervello cosciente* (2010), Adelphi, Milano 2012.

Dehaene S., *Coscienza e cervello. Come i neuroni codificano il pensiero* (2012), Raffaello Cortina, Milano 2014.

Dennett D. C., *Sweet Dreams. Illusioni filosofiche sulla coscienza* (2005), Raffaello Cortina, Milano 2007.

Edelman G. M., *Sulla materia della mente* (1992), Adelphi, Milano 1992.

–, *Più grande del cielo. Lo straordinario dono fenomenico della coscienza* (2002), Einaudi, Torino 2004.

Edelman G. M., Tononi G., *Un universo di coscienza. Come la materia diventa immaginazione* (2000), Einaudi, Torino 2002.

Ey H., *La conscience*, Puf, Paris 1963.

Ey H., Bernard P., Brisset Ch., *Il campo della coscienza*, in Id., *Manuale di psichiatria*, Masson, Milano 1979.

Fredericks J. A. M., *Consciousness*, in P. J. Vinken, G. W. Bruyn (a cura di), *Handbook of clinical neurology*, North-Holland, Amsterdam 1969, vol. III.

Freud S., *L'interpretazione dei sogni* (1899), in *Opere* (1967-1993), Bollati Boringhieri, Torino, vol. III.

–, *Metapsicologia* (1915), in *Opere*, cit., vol. VIII.

–, *L'Io e l'Es* (1922), in *Opere*, cit., vol. IX.

–, *Il disagio della civiltà* (1929), in *Opere*, cit., vol. X.

–, *Compendio di psicoanalisi* (1938), in *Opere*, cit., vol. XI.

Gabbi L., Petruio V. U., *Coscienza. Storia e percorsi di un concetto*, Donzelli, Roma 2000.

Heidegger M., *Essere e tempo* (1927), Utet, Torino 1978.

Husserl E., *Ricerche logiche* (1913), il Saggiatore, Milano 1968.

Jackendoff R., *Coscienza e mente computazionale* (1987), il Mulino, Bologna 1990.

Jankélévitch V., *La cattiva coscienza* (1966), Dedalo, Bari 2000.

Jaspers K., *Psicopatologia generale* (1913-1959), Il Pensiero Scientifico, Roma 2000.

–, *Filosofia* (1932-1956), Libro I: *Orientazione filosofica nel mondo*, Libro II: *Chiarificazione dell'esistenza*, Libro III: *Metafisica*, Utet, Torino 1978.

Jaynes J., *Il crollo della mente bicamerale e l'origine della coscienza* (1976), Adelphi, Milano 1984.

Jung C. G., *Tipi psicologici* (1921), in *Opere* (1969-2007), Bollati Boringhieri, Torino, vol. VI.

–, *La psicologia della traslazione illustrata con l'ausilio di una serie di immagini alchemiche* (1946), in *Opere*, cit., vol. XVI.

–, *La coscienza morale dal punto di vista psicologico* (1958), in *Opere*, cit., vol. X, 2.

Kohlberg L., *Development of moral character and moral ideology*, in "Review of Child Development Research", 1964, vol. I.

Libet B., *Mind time. Il fattore temporale nella coscienza* (1999), Raffaello Cortina, Milano 2007.

Mead G. H., *La voce della coscienza* (1908-1929), Jaca Book, Milano 1996.

Merleau-Ponty M., *Fenomenologia della percezione* (1945), il Saggiatore, Milano 1972.

Misiti R., *Attivazione, stati di coscienza, ipnosi*, in L. Ancona (a cura di), *Nuove questioni di psicologia*, La Scuola, Brescia 1972, vol. I, pp. 511-564.

Neumann E., *Storia delle origini della coscienza* (1949), Astrolabio, Roma 1978.

Pancheri P., *La coscienza e i suoi disturbi*, in G. B. Cassano, P. Pancheri *et al.* (a cura di), *Trattato italiano di psichiatria* (1992), Masson, Milano 1999, vol. I, pp. 435-444.

Piaget J., *Il giudizio morale nel fanciullo* (1932), Giunti Barbera, Firenze 1973.

Ruggenini M., *Coscienza*, in AA.VV., *Gli strumenti del sapere contemporaneo*, vol. II: *I concetti*, Utet, Torino 1985, pp. 158-164.

Sartre J.-P., *Immagine e coscienza. Psicologia fenomenologica dell'immaginazione* (1940), Einaudi, Torino 1976.

–, *L'essere e il nulla* (1943), il Saggiatore, Milano 1968.

Schneider K., *Psicopatologia clinica* (1962), Fioriti, Roma 2005.

Searle J. R., *Il mistero della coscienza* (1997), Raffaello Cortina, Milano 1998.

Semi A. A., *La coscienza in psicoanalisi*, Raffaello Cortina, Milano 2002.

Simon Ch. W., Emmons W. H., *EEG. Consciousness and sleep*, in "Science", 1956, n. 124.

Starobinski J., *La coscienza e i suoi antagonisti* (1992), Theoria, Roma 1995.

Tulving E., *Memory. Performance, knowledge and experience*, in "European Journal of Cognitive Psychology", 1989, n. 1, pp. 3-26.

Wernicke C., *Über das Bewusstsein*, in "Allgemeine Zeitschrift für Psychiatrie", 1879, n. 35.

Wundt W. M., *Grundzüge der physiologischen Psychologie*, Engelmann, Leipzig 1873-1874.

–, *Lineamenti di psicologia* (1896), in *Scritti scelti*, Utet, Torino 2006.

Zoja L., *Coscienza*, in AA.VV., *Gli strumenti del sapere contemporaneo*, vol. II: *I concetti*, cit., pp. 165-167.

Costanza (ingl. *Constancy*; ted. *Konstanz*; fr. *Constance*; sp. *Constancia*). Il termine è impiegato in tre accezioni diverse a seconda dei contesti:

1. PSICOLOGIA DELLA PERCEZIONE. Si parla di *costanza percettiva* a proposito dell'invarianza della nostra percezione degli oggetti nonostante le variazioni sostanziali con cui, nelle diverse condizioni di luminosità, vicinanza, lontananza, gli oggetti si presentano ai nostri sensi (v. PERCEZIONE, § 4). Senza questa costanza percettiva il mondo ci apparirebbe come un grande caos dove non potremmo orientarci.

2. PSICOANALISI. Sigmund Freud introduce il *principio di costanza* secondo cui «l'apparato psichico si sforza di mantenere più bassa possibile, o quanto meno costante, la quantità di eccitamento presente nell'apparato stesso» (1920, p. 195). Ciò avviene azionando meccanismi di evitamento delle eccitazioni esterne e di difesa o di scarica (v. ABREAZIONE) nei confronti degli aumenti di tensione interna. Dal punto di vista economico (v. APPARATO PSICHICO, § 2) il principio di costanza è intimamente correlato al principio di piacere, nel senso che il piacere può accompagnare un aumento di tensione così come può scaricare la tensione connessa al dispiacere: «Il principio di piacere consegue dal principio di costanza; invero il principio di costanza è stato inferito dai fatti che ci hanno obbligato ad adottare il principio di piacere» (*ibid.*). Infatti «se il lavoro dell'apparato psichico mira a tenere bassa la quantità di eccitamento, tutto ciò che ha invece la proprietà di aumentare tale quantità dev'essere necessariamente avvertito come contrario al buon funzionamento dell'apparato, e cioè come spiacevole» (*ibid.*). Freud dichiara di aver ricavato questo principio dalla psicofisica di Gustav Theodor Fechner il quale aveva introdotto il *principio di stabilità* che poi ritroviamo nel più ampio concetto di OMEOSTASI (v.) elaborato da Walter Bradford Cannon.

3. PSICOLOGIA INDIVIDUALE. Alfred Adler parla di "costanza" a proposito della stabilità, raggiunta da una persona, che si manifesta nel suo stile di vita (v. STILE) da cui si evidenziano i tratti comportamentali, espressivi, cognitivi, affettivi e valoriali che caratterizzano quella certa persona.

Bibliografia

Adler A., *Prassi e teoria della psicologia individuale* (1920), Astrolabio, Roma 1947.

Cannon W. B., *La saggezza del corpo* (1932), Bompiani, Milano 1956.

Fechner G. Th., *Einige Ideen zur Schöpfungs- und Entwicklungsgeschichte der Organismen*, Breitkopf und Härtel, Leipzig 1873.

Freud S., *Al di là del principio di piacere* (1920), in *Opere* (1967-1993), Bollati Boringhieri, Torino, vol. IX.

Kanizsa G., *Grammatica del vedere*, il Mulino, Bologna 1980.

Koffka K., *Principi di psicologia della forma* (1935), Bollati Boringhieri, Torino 1970, nuova edizione riveduta 2006.

Costellazione (ingl. *Constellation*; ted. *Konstellation*; fr. *Constellation*; sp. *Constelación*). Raggruppamento di elementi psichici affini intorno a un contenuto cosciente o inconscio, detto nucleo, caratterizzato da una forte carica energetica. Secondo Carl Gustav Jung, «conformemente al suo valore energetico, il nucleo ha una *forza costellante*. Ne deriva una specifica costellazione dei contenuti psichici. Di qui ha origine il complesso, il quale è perciò una costellazione di contenuti psichici condizionata dinamicamente dal valore energetico» (1928, p. 19). In un senso meno specifico Alfred Adler parla di *costellazione familiare* per segnalare l'influenza psicologica che la famiglia esercita su ogni suo membro; di *costellazione emotiva* in relazione all'insieme di persone con cui un individuo è maggiormente legato affettivamente, e, con Wilhelm Stekel, di *costellazione infantile* a proposito dei sentimenti ambivalenti del bambino nei confronti dei genitori durante il periodo edipico. Per quanto concerne l'interferenza della costellazione negli esperimenti associativi messi a punto da Jung, si veda la voce ASSOCIAZIONE, § 5.

Bibliografia

Adler A., *Il temperamento nervoso* (1912), Astrolabio, Roma 1950.

Jung C. G., *Energetica psichica* (1928), in *Opere* (1969-2007), Bollati Boringhieri, Torino, vol. VIII.

Stekel W., *Die Sprache des Traumes. Eine Darstellung Symbolik und Deutung des Traumes in ihren Beziehungen zur kranken und gesunden Seele für Ärzte und Psychologen*, Bergmann, München 1911.

Costipazione (ingl. *Constipation*; ted. *Verstopfung*; fr. *Constipation*; sp. *Constipación*). Stitichezza e ritenzione delle feci. Quando è di origine psicologica, è letta come sintomo di CONVERSIONE (v.), dove sottesi sono fantasie e desideri inconsci di gravidanza, o come nevrosi d'organo (v. ORGANO, § 2) determinata da un atteggiamento inconscio di ritenzione che l'individuo manifesta in tutti gli ambiti della sua esistenza. Secondo Otto Fenichel, «una disposizione a reagire a vari stimoli sia con la costipazione, sia con la diarrea, o con ambedue, può essere un equivalente di angoscia, o un indice della fissazione del paziente alla fase anale dello sviluppo della libido. [...] Può anche essere un sintomo di un'aggressività continua e repressa, a volte come una vendetta per delusioni orali» (1945, p. 277).

Bibliografia

Alexander F. G., *Medicina psicosomatica* (1950), Giunti Barbera, Firenze 1951.
Fenichel O., *Trattato di psicoanalisi delle nevrosi e delle psicosi* (1945), Astrolabio, Roma 1951.

Costituzione (ingl. *Constitution*; ted. *Konstitution*; fr. *Constitution*; sp. *Constitución*). Insieme di caratteristiche relativamente stabili e irreversibili che permangono nel soggetto determinandone le risposte più costanti all'ambiente. Questa definizione, abbastanza generica, riflette quanto vi è di comune nei differenti usi di questo termine; la sua imprecisione concettuale è dovuta al fatto che questo concetto, impiegato in medicina fin dall'antichità, ha conosciuto nel corso dei secoli le più differenti definizioni in relazione all'epoca e al settore d'indagine. Oggi il termine è associato, se non addirittura identificato, al concetto di *ereditarietà* (v. GENETICA, § 4) con riferimento sempre più specifico ai *valori biologici* dell'individuo, distanziandosi dall'ipotesi fenotipica che ispira la teoria costituzionale di Ernst Kretschmer, perché mentre il fenotipo (v. GENETICA, § 3) esprime il quadro *modificabile* dell'aspetto esterno di un individuo, la costituzione si riferisce ai tratti relativamente *costanti* reperibili a livello biologico. Da queste premesse è nata la *psicologia costituzionale*, ossia quell'orientamento che ricerca nel substrato morfologico e fisiologico dell'individuo quei fattori che assumono una certa rilevanza nel tratto psicologico e nella spiegazione del comportamento umano. Per quanto concerne la classificazione degli individui con le loro caratteristiche psicologiche a partire dalla loro costituzione fisica, si veda la voce TIPOLOGIA, § 1.

Bibliografia

Conrad K., *Der Konstitutionstyp*, Springer, Berlin 1963.
Eysenck H. J., *The biological basis of personality*, Thomas, Springfield, Illinois, 1967.
Jung C. G., *Il significato della costituzione e dell'eredità in psicologia* (1929), in *Opere* (1969-2007), Bollati Boringhieri, Torino, vol. VIII.
Kretschmer E., *Körperbau und Charakter*, Springer, Berlin 1921.
Rees L., *Constitutional factors and abnormal behaviour*, in H. J. Eysenck, *Handbook of abnormal psychology*, Basic Books, New York 1961.
Sheldon W. H., Stevens S. S., *The varieties of temperament. A psychology of constitutional differences*, Harper, New York 1942.

Costrizione, v. COAZIONE.

Costruttivismo (ingl. *Constructivism*; ted. *Konstruktivismus*; fr. *Constructivisme*; sp. *Constructivismo*). Teoria secondo la quale la realtà è il prodotto della conoscenza che la interpreta (v. ERMENEUTICA), per cui non si dà una conoscenza oggettiva della REALTÀ (v. § 5), ma una sua "costruzione" a partire dalle ipotesi anticipate dalla scienza o dalle operazioni mentali dell'osservatore. In questo senso Paul Watzlawick parla di "realtà inventata". Questa impostazione epistemologica porta, in ambito psicoterapeutico, al "relativismo psicologico", che legge il disagio psichico a partire dal vissuto del paziente e non dalle definizioni psichiatriche che approdano all'etichettamento. E questo perché, in ambito psicologico-riabilitativo, quel che conta non è la "verità" della diagnosi, ma il miglior "adattamento" del soggetto, onde possa vivere, nel modo più funzionale possibile, nella realtà, a partire da come è stata costruita dalla sua visione del mondo, che naturalmente può anche modificarsi o rinnovarsi. All'interno di questa impostazione costruttivista, oltre alla posizione radicale di Watzlawick, secondo il quale, in ambito psicologico, non si dà una realtà oggettiva, c'è la posizione critica di Vittorio F. Guidano secondo il quale si dà comunque una realtà a prescindere dai processi mentali dell'osservatore, e infine la teoria dei "costrutti personali" di George Kelly (v. COSTRUTTO, § 2). Non lontano dalla concezione costruttivista è l'interazionismo simbolico di George Herbert Mead, per il quale la conoscenza psicologica non è da intendersi come lettura oggettiva della realtà esterna, ma come coinvolgimento dell'osservatore nella realtà osservata, dove in gioco non ci sono solo i processi cognitivi, ma anche quelli emotivi e relazionali. Infine, per quanto concerne l'impiego del termine "costruttivismo" in relazione all'assunzione di un modello interpretativo che funge da denominatore comune a differenti modelli possibili, con nessuno dei quali è in contraddizione, come ipotizzato da Jean Piaget e da Carl Gustav Jung, si veda la voce RIDUZIONISMO.

Bibliografia

Bocchi G., Ceruti M. (a cura di), *La sfida della complessità*, Feltrinelli, Milano 1985.
Chiari G., *Il costruttivismo in psicologia e in psicoterapia. Il caleidoscopio della conoscenza*, Raffaello Cortina, Milano 2016.
Guidano V. F., Liotti G., *A constructivistic foundation for cognitive therapy*, in M. J. Mahoney, A. Freeman (a cura di), *Cognition and Psychotherapy*, Plenum, New York 1985.
Johnson M. K., Raye C. L., *Reality monitoring*, in "Psychological Review", 1981, n. 88, pp. 67-85.
Kelly G. A., *La psicologia dei costrutti personali. Teoria e personalità* (1955), Raffaello Cortina, Milano 2004.
Mead G. H., *Mente, Sé e Società* (1934), Giunti Barbera, Firenze 1966.
Watzlawick P. (a cura di), *La realtà inventata. Contributi al costruttivismo* (1981), Feltrinelli, Milano 1988.

Costruttivo, Metodo (ingl. *Constructive method*; ted. *Konstruktive Methode*; fr. *Méthode constructive*; sp. *Método constructivista*). Espressione introdotta da Carl Gustav Jung per indicare che il materiale inconscio può sì essere ridotto, nel senso di "ricondotto", alle condizioni arcaiche e infantili dell'individuo come prevede il metodo di Sigmund Freud (v. RIDUZIONISMO), ma può anche essere letto in modo finalistico nel senso che anticipa possibili sviluppi della personalità. Scrive Jung: «Io adopero "costruttivo" e "sintetico" per indicare un metodo opposto a quello riduttivo. Il metodo costruttivo riguarda l'elaborazione di prodotti inconsci (sogni, fantasie). Esso parte dal prodotto inconscio quale espressione simbolica che rappresenta, per anticipazione, un elemento di un futuro sviluppo psicologico» (1921, p. 434). Dalla differenza tra metodo riduttivo e metodo costruttivo, Jung fa discendere la differenza tra SINTOMO (v.) e SIMBOLO (v.): «La fantasia può essere intesa o in un senso causale o in un senso finalistico. A una spiegazione causale essa appare come un *sintomo* di uno stato fisiologico o personale che è il risultato di avvenimenti precedenti. Alla spiegazione finalistica invece la fantasia appare come un *simbolo* che tenta, con l'ausilio di materiali già esistenti, di caratterizzare o di individuare un determinato obiettivo o piuttosto una determinata linea di sviluppo» (ivi, p. 443). Il metodo costruttivo è da adottare, a parere di Jung, quando l'interpretazione causale-riduttiva, propria del metodo di Freud, non rivela più nulla che il paziente già non sappia, per cui si rende necessario «stabilire il significato della produzione inconscia in relazione al futuro atteggiamento del soggetto» (ivi, p. 435).

Da un punto di vista epistemologico il metodo finalistico-costruttivo richiede un dialogo con Immanuel Kant, che ha mostrato che la finalità non è una categoria della ragione, anche se è un'esigenza incondizionata dell'individuo. Jung svolge in maniera serrata questo dialogo approdando alla conclusione che «se vogliamo lavorare veramente da psicologi, allora dobbiamo conoscere il "senso" dei fenomeni psichici. [...] Per questo è assolutamente impossibile considerare la psiche in senso "solo causale", occorre anche considerarla in senso "finale". [...] Naturalmente io considero necessari ambedue i modi di vedere, quello causale e quello finalistico, ma vorrei far notare che, dopo Kant, sappiamo che i due punti di vista non si contraddicono, se vengono considerati come principi *regolativi* del pensiero, e non come principi *costitutivi* del processo di natura stesso» (1916-1917, pp. 318-319). Dal punto di vista psicologico il metodo costruttivo, detto anche *prospettico* o *teleologico* in considerazione del punto di vista che lo inaugura e lo rende possibile, è più individualizzato perché si propone di scoprire le linee di sviluppo psichico di ogni singolo soggetto, mentre il metodo riduttivo o *causale* riconduce tutte le manifestazioni del soggetto alle leggi generali dello sviluppo libidico (v. CAUSALITÀ). Per ulteriori approfondimenti si veda la voce PSICOLOGIA ANALITICA, § 2.

Bibliografia

Jung C. G., *Prefazioni ai "Collected Papers on Analytical Psychology"* (1916-1917), in *Opere* (1969-2007), Bollati Boringhieri, Torino, vol. IV.

–, *Tipi psicologici* (1921), in *Opere*, cit., vol. VI.

–, *La funzione trascendente* (1957-1958), in *Opere*, cit., vol. VIII.

Kant I., *Critica del giudizio* (1790), Laterza, Bari 1960.

Costrutto (ingl. *Construct*; ted. *Konstrukt*; fr. *Construction*; sp. *Constructo*). Assunzione logico-ipotetica adottata per prevedere una serie di fenomeni le cui relazioni non sono osservabili, ma deducibili dal costrutto adottato. Il costrutto, che ha un largo impiego in tutti i metodi ipotetico-deduttivi adottati in ambito scientifico, ricorre in psicologia: 1) nella costruzione dei test; 2) nella teoria dei costrutti personali elaborata da George Kelly.

1. LA COSTRUZIONE DEI TEST. In questo ambito si pone il problema della validità del costrutto che si ottiene quando i tratti che lo caratterizzano variano o covariano in modo tale da garantire che nel loro insieme costituiscono un'unità funzionale che lascia supporre un riferimento ad un'identica serie di fenomeni altrimenti non osservabili. Caratteristiche di un costrutto sono l'*attendibilità* che misura la convergenza delle variabili nell'ambito della singola osservazione o tra tipi di osservazione molto simili, e la *convergenza* che risulta dalle misurazioni della medesima proprietà fatte con diversi metodi di osservazione (v. TEST, § I).

2. LA TEORIA DEI COSTRUTTI PERSONALI. Kelly ipotizza che le attività di una persona sono psicologicamente determinate e controllate dai modi in cui essa prevede gli avvenimenti. Queste previsioni, che Kelly chiama "costrutti", sono verificate attraverso il comportamento in grado di convalidarle o smentirle. Accanto ai costrutti di cui il soggetto è conscio (costrutti verbali) esistono costrutti preverbali che fanno compiere delle discriminazioni tra gli eventi senza che sia evidente una precisa ragione. Tali sono ad esempio i costrutti per cui una persona piace o non piace. Per individuare i costrutti è necessario tener presenti alcuni corollari come quello dell'*individualità* perché, nell'elaborare i costrutti degli eventi, le persone differiscono le une dalle altre, quello della *comunanza* per cui, se una persona impiega un'elaborazione dei costrutti di esperienza analoga a quella impiegata da un'altra, i suoi processi psicologici saranno simili a quelli dell'altra, quello della *socialità* per cui il tasso di comunicazione aumenta in base alla capacità che i costrutti elaborati da una persona hanno di penetrare nei processi di elaborazione dei costrutti di un'altra. La teoria dei costrutti personali è approdata ad una

formulazione autonoma tra le varie teorie della personalità (v. PERSONALITÀ, § 15), e si è rivelata molto utile in ambito psicoterapico, dove il terapeuta può mettersi nei panni del paziente e può vedere quale mondo si dispiega ai suoi occhi solo se i suoi costrutti personali non sono rigidi ed escludenti.

Bibliografia

Armezzani M., Grimaldi F., Pezzullo L., *Tecniche costruttiviste per la diagnosi di personalità*, McGraw-Hill, Milano 2003.
Bannister D., Fransella F., *L'uomo ricercatore. Introduzione alla psicologia dei costrutti personali* (1971), Martinelli, Firenze 1986.
Bechtoldt H. P., *Construct validity. A critique*, in "American Psychologist", 1959, n. 14.
Cattell R. B., *Personality. A systematic, theoretical and factual study*, McGraw-Hill, New York 1950.
Cronbach L. J., Meehl P. E., *Construct validity in psychological tests*, in "Psychological Bulletin", 1955, n. 52.
Kelly G. A., *La psicologia dei costrutti personali. Teoria e personalità* (1955), Raffaello Cortina, Milano 2004.
Mancini F., Semerari A. (a cura di), *La psicologia dei costrutti personali*, Franco Angeli, Milano 1985.

Costruzione (ingl. *Construction*; ted. *Konstruktion*; fr. *Construction*; sp. *Construcción*). Termine introdotto da Sigmund Freud per indicare il lavoro di ricostruzione di brani di storia del paziente, da questi dimenticati, a partire dal materiale che il paziente stesso mette a disposizione. La costruzione non va confusa con l'INTERPRETAZIONE (v.), poiché, mentre quest'ultima riguarda i singoli elementi del materiale inconscio che emergono alla coscienza del paziente stesso, la costruzione comprende vari elementi che l'analista propone al paziente in attesa di una verifica o di una confutazione. A questo proposito scrive Freud: «La via che parte dalla costruzione dell'analista dovrebbe terminare nel ricordo dell'analizzato; non sempre essa giunge tanto innanzi. Ci capita abbastanza frequentemente di non riuscire a suscitare nel paziente il ricordo del rimosso. In sua vece, se l'analisi è stata svolta correttamente, otteniamo in lui un sicuro convincimento circa l'esattezza della costruzione; ebbene, tale convincimento, sotto il profilo terapeutico, svolge la stessa funzione di un ricordo recuperato» (1937, p. 549). In quanto attivata dall'analista, la costruzione va tenuta distinta dall'ELABORAZIONE (v. § 3), compiuta dall'analizzato sul proprio materiale psichico.

Bibliografia

Freud S., *Costruzioni nell'analisi* (1937), in *Opere* (1967-1993), Bollati Boringhieri, Torino, vol. XI.

Costume (ingl. *Custom*; ted. *Sitte*; fr. *Coutume*; sp. *Costumbre*). Insieme di modelli comportamentali che regolano la condotta sociale degli individui all'interno di una cultura o di un gruppo etnico. Un tempo il costume era sostanzialmente legato alla tradizione e veniva tramandato da una generazione all'altra, conservando un carattere di uniformità e continuità nel tempo. In seguito all'urbanizzazione e allo sviluppo tecnologico, la trasmissione del costume è stata affidata principalmente alla diffusione dei modelli più ricorrenti nei media. Questa trasformazione ha prodotto da un lato un'omogeneizzazione geografica delle norme comportamentali, dall'altro una svalutazione dei valori che in passato costituivano il fondamento del costume, con conseguente uniformarsi dello stesso ai ritmi della moda. A livello psicologico, la presa di coscienza da parte del soggetto di riferirsi acriticamente ai costumi sociali mediamente diffusi determina, a parere di Carl Gustav Jung, l'esigenza di differenziarsi con atteggiamenti interiori ed esteriori più individuali e responsabili (v. COLLETTIVO; PSICOLOGIA ANALITICA, § 5).

Bibliografia

Cohen A. K., *Controllo sociale e comportamento deviante* (1959), il Mulino, Bologna 1966.
Fromm E., *Psicanalisi della società contemporanea* (1955), Edizioni di Comunità, Milano 1976.
Jung C. G., *L'Io e l'inconscio* (1928), in *Opere* (1969-2007), Bollati Boringhieri, Torino, vol. VII.
Olson M., *La logica dell'azione collettiva. I beni pubblici e la teoria dei gruppi* (1965), Feltrinelli, Milano 1983.

Cotard, Sindrome di, v. DEPRESSIONE, § 4, *h*.

Coueismo, v. SUGGESTIONE.

Counseling, v. CONSULENZA, § 4.

Covarianza, v. STATISTICA, § II, 3.

Covata (ingl. *Couvade*; ted. *Männerkindbett*; fr. *Couvade*; sp. *Convade*). Usanza in base alla quale il marito della partoriente, durante o dopo la nascita del figlio, si stende sul giaciglio e si comporta come una puerpera, mentre la donna si rimette subito al lavoro. Il comportamento rituale della covata, di cui troviamo una descrizione anche in Plutarco, veniva praticato in epoca greco-romana, ed è stato mantenuto a lungo nella Francia meridionale e nei Paesi Baschi; esso è ancora presente in alcune popolazioni dell'America del Sud, come i Tupinambá, i Mundurucú del Brasile e gli Ocaina dell'Amazzonia, dove la durata della covata dopo la nascita è maggiore quando il figlio è maschio. Ritroviamo la stessa consuetudine nella popolazione indiana dei Korava, in cui l'uomo, poco prima che la moglie partorisca, si veste con abiti femminili e si corica in un luogo appartato; alla nascita, il bambino viene adagiato accanto al padre che è accudito come una puerpera. Il rituale della covata ha conosciuto differenti interpretazioni da parte degli antropologi: Johann Jakob Bachofen attribuisce alla covata la funzione di sottolineare la paternità durante il periodo di transizione da una cultura di tipo matriarcale ad una cultura patriarcale; secondo Edward Burnett Tylor e James George Frazer la covata rappresenta invece un tentativo di trasporre sull'uomo il dolore femminile per esorcizzare le implicazioni magico-spiritiche connesse al parto; per Claude Lévi-Strauss, infine, la covata rispecchia il principio strutturale della simmetria sociale, materializzato nello scambio dei ruoli. In ambito psicoanalitico la covata è stata interpretata come un'espressione dell'invidia del parto da parte dell'uomo, mentre per Theodor Reik la partecipazione magica del marito alle doglie della moglie nasconde inconsci desideri di carattere ostile nei confronti del femminile, vissuto come oscuro e pericoloso.

Bibliografia

Bachofen J. J., *Il matriarcato* (1861), Einaudi, Torino 1988.

Frazer J. G., *Il ramo d'oro. Studio della magia e della religione* (1890-1915, edizione ridotta dallo stesso autore 1922), Bollati Boringhieri, Torino 1990.

Lévi-Strauss C., *Le strutture elementari della parentela* (1947), Feltrinelli, Milano 1972.

Reik Th., *Il rito religioso. Studi psicoanalitici* (1920-1930), Bollati Boringhieri, Torino 1977.

Tylor E. B., *Primitive culture*, Murray, London 1871; tr. it. del capitolo iniziale: *La scienza della cultura*, in AA.VV., *Il concetto di cultura. I fondamenti della scienza antropologica*, Einaudi, Torino 1970, pp. 3-30.

Crampo, v. SPASMO.

Cratofania, v. SACRO, § 7.

Craving, v. TOSSICODIPENDENZA.

Creatività (ingl. *Creativity*; ted. *Kreativität*; fr. *Créativité*; sp. *Creatividad*). Carattere saliente del comportamento umano, particolarmente evidente in alcuni individui capaci di riconoscere, tra pensieri e oggetti, nuove connessioni che portano a innovazioni e a cambiamenti. Il criterio dell'*originalità*, presente in ogni attività creativa, non è sufficiente se è disgiunto da una *legalità* generale che consente all'attività creativa di essere riconosciuta da altri individui. L'accadere della creatività secondo regole è ciò che la distingue dall'arbitrarietà.

1. PENSIERO PRODUTTIVO, PENSIERO DIVERGENTE, PENSIERO LATERALE. Gli studi sulla creatività presero avvio dall'esigenza di analizzare quegli aspetti dell'intelligenza che i tradizionali strumenti di misurazione, basati prevalentemente sul ragionamento logico, non erano in grado di evidenziare. Le prime ricerche in tal senso furono avviate da Max Wertheimer che si occupò del *pensiero produttivo* che si realizza attraverso «opinioni che non sono frammentarie, ma sempre in relazione ai caratteri d'insieme, funzionano in rapporto ad essi e sono determinate dalle esigenze strutturali richieste da una situazione sensata» (1945, p. 8). Producendo dei cambiamenti e dei miglioramenti nel quadro della struttura, il pensiero produttivo tende a chiudere i sistemi e a consolidarli come unità. «La sua peculiarità consiste nel rendersi conto delle caratteristiche strutturali e delle esigenze della struttura; nel procedere in accordo con queste esigenze e nel farsi guidare da esse; nel cambiare la situazione nella direzione dei miglioramenti strutturali» (ivi, p. 9). Wertheimer riconosce al pensiero produttivo un carattere esplorativo e di avventura che apre nuove soluzioni al di fuori della soluzione data, coinvolgendo una molteplicità di aspetti cognitivi.

Un altro tentativo in tal senso fu operato da Joy Paul Guilford con gli studi sul *pensiero divergente* che, a differenza di quello *convergente* che tende all'unicità della risposta a cui tutte le problematiche vengono ricondotte, presenta originalità di idee, fluidità concettuale, sensibilità per i problemi, capacità di riorganizzazione degli elementi, produzione di molte risposte diverse fra loro. Il pensiero divergente, in cui si esprime la creatività, entra in gioco quando i processi convergenti si sono sviluppati al punto da permettere un'adeguata padronanza del settore di applicazione, per cui, fino a una determinata soglia intellettiva, tra i due tipi di pensiero esiste una stretta interdipendenza che tende a diminuire a livelli molto alti di intelligenza.

Merita infine una menzione la nozione di *pensiero laterale* introdotta da Edward de Bono, in contrapposizione al *pensiero verticale* che cerca la soluzione dei problemi adottando un unico punto di vista. Laterale è invece quel tipo di pensiero che valuta la molteplicità dei punti di vista, a partire dai quali il problema può essere esaminato e la soluzione trovata con un percorso più breve, e non di rado con soluzioni inaspettate, rispetto al percorso univoco su cui il pensiero verticale insiste.

2. LIVELLI E MISURE DI CREATIVITÀ. Siccome la creatività, per sua natura, si sottrae alle misurazioni quantitative tipiche del quoziente di intelligenza, si è proceduto a costruzioni di scale in grado di misurare quella che Wertheimer definisce «capacità di ristrutturazione mentale dei dati secondo vettori originati dalle necessità interne dei problemi» (ivi, p. 82). Così procedendo, si è evidenziato: un livello di creatività

di tipo *combinativo*, dove in gioco sono i possibili accostamenti degli elementi del problema, uno di tipo *mutativo* che opera sulle relazioni possibili tra gli elementi, e uno di tipo *trasformativo* che reperisce nuovi principi che consentono di organizzare il problema in altro modo. In tutti e tre i casi sono richieste fluidità di pensiero, flessibilità associativa, ideativa e figurativa, intuizione, curiosità e sensibilità estetica. Per misurare queste caratteristiche sono stati individuati degli indicatori che possono essere raggruppati in tre categorie. La prima misura l'*intensità* del flusso creativo di prodotti in base al numero, agli elementi che li compongono e alle strutture che li organizzano; la seconda misura il grado di *differenziazione* di un prodotto rispetto agli altri dello stesso soggetto o di un gruppo di soggetti, quindi l'originalità, la novità e l'ingegnosità; la terza misura la *funzionalità* di un prodotto rispetto a uno o più criteri che possono essere la fruibilità, la bellezza, l'eleganza, l'utilizzabilità ecc.

Secondo Gabriele Calvi alla creatività si ricollega la scoperta casuale che si colloca al di fuori delle previsioni della persona attivamente impegnata in una data direzione di ricerca e che, per questa sua marginalità, è più o meno chiaramente riconosciuta e valutata. Questo difetto di riconoscimento è quello che fa ritenere la scoperta in apparenza casuale. La *rigidità* dei processi percettivi, d'apprendimento e cognitivi può essere considerata un indicatore negativo della creatività, così come lo sono quei fattori psicologici e psicopatologici come il dogmatismo, l'autoritarismo, le stereotipie e altre concause che sono alla base della RIGIDITÀ (v. § 4).

Per quanto riguarda il *controllo* del prodotto creativo, si assume come criterio quello che Carl Ransom Rogers definisce «il prodotto relazionale dato dall'unicità dell'individuo da una parte e i materiali, gli eventi, la gente, le circostanze della vita dall'altra» (1959, p. 71), dove occorre tener conto che spesso gli altri sono giudici tanto meno attendibili quanto più eccezionali sono i prodotti da valutare. Per quanto concerne l'individuo, la creatività è facilitata da quelle caratteristiche di personalità che consentono una continua riorganizzazione della vita soggettiva, mentre è ostacolata da blocchi emozionali, dipendenza, autorità e nevrosi. Infine, per quanto concerne il gruppo che accoglie o rifiuta il prodotto creativo, molto dipende dalla presenza o dall'assenza di comunicazione, dai livelli di distorsione e dalla desiderabilità sociale del prodotto.

3. CARATTERISTICHE DELLA PERSONALITÀ CREATIVA. La massa di ricerche sperimentali condotte con le tecniche più eterogenee dà un profilo della personalità creativa come risulta da questa rassegna schematica: *a*) il creativo è motivato da curiosità, bisogno d'ordine e dal successo; *b*) è autoritario, aggressivo, autosufficiente, scarsamente inibito, non formale, non convenzionale, indipendente e autonomo; *c*) ha grosse capacità di lavoro, autodisciplina, versatilità; *d*) è costruttivamente critico, non facilmente soddisfatto; *e*) ha una larga gamma di interessi in cui non rientrano quelli economici; *f*) ha interessi di tipo femminile, scarsa aggressività maschile, non desidera molti rapporti sociali, è introverso, emozionalmente instabile ma capace di usare efficientemente la sua instabilità, non adattato in senso psicologico, ma socialmente adattato, è intuitivo ed empatico; *g*) si considera creativo e si descrive come tale, è poco critico nei propri confronti, esercita un notevole impatto sugli altri.

4. CREATIVITÀ, FOLLIA E PERVERSIONE. La relazione tra genio e follia fu messa in luce nel 1864 da Cesare Lombroso che dimostrò come Cellini, Goethe, Vico, Tasso, Newton e Rousseau erano stati soggetti ad attacchi di "pazzia", concludendo che la genialità era l'espressione di una "psicosi degenerativa". Karl Jaspers, che ha esaminato la stessa relazione in Nietzsche, Strindberg, Van Gogh, Hölderlin e Swedenborg, scrive: «Lo spirito creativo dell'artista, pur condizionato dall'evolversi di una malattia, è al di là dell'opposizione tra normale e anormale e può essere metaforicamente rappresentato come la perla che nasce dal difetto della conchiglia: come non si pensa alla malattia della conchiglia ammirandone la perla, così, di fronte alla forza vitale di un'opera, non pensiamo alla schizofrenia che forse era la condizione della sua nascita» (1922, pp. 129-130). E a proposito di Strindberg: «Emerge in modo incontestabile una coincidenza scientificamente dimostrata tra il grado più alto dello sviluppo creativo e il momento più eclatante dell'esplosione della turba psicologica. Questo dato, che richiede ulteriori conferme in campo patografico, è comunque significativo, anche per il fatto che sembra modificare l'opinione comune secondo cui malattia mentale equivale a completo disfacimento emotivo e patologico, se è vero che, per Strindberg, tale coincidenza non appare assolutamente provata» (ivi, p. 125).

Per quanto concerne il rapporto tra *perversione* e *creatività* Janine Chasseguet-Smirgel, partendo dall'ipotesi di Sigmund Freud secondo cui creatività e perversione si radicano nello stadio pregenitale dell'evoluzione psichica, ipotizza che le due figure abbiano in comune la ribellione alla "legge fondamentale promulgata dal complesso edipico" per cui sia la perversione, sia la creatività vivono in un regime di doppia verità, che da un lato riconosce la realtà, dall'altro la sconfessa, risolvendola in un regime di falsificazione idealizzante, indispensabile per una produzione creativa. La condizione pregenitale viene inoltre letta come il caos prima del cosmo regolato da leggi, per cui la creatività attinge nel caos per riformulare il cosmo (v. PSICOLOGIA DELL'ARTE, § 2, *d*).

5. I PROCESSI IMPLICATI NELLA CREATIVITÀ E IL SUO POTENZIAMENTO. Nell'ambito della psicologia cognitiva Graham Wallas ha cercato di tracciare il percorso seguito da un processo creativo, suscettibile di essere scandito in quattro momenti: innanzitutto uno stadio iniziale, definito di *preparazione*, in cui si cerca di comprendere il problema in tutti i suoi aspetti e implicazioni; un secondo stadio di *incubazione*, in cui il problema è presente sotto traccia, ma non più tematizzato; un terzo stadio di *illuminazone* (o *insight*) in cui improvvisamente si trova la soluzione; infine un ultimo stadio definito di *verifica* caratterizzato da un controllo accurato della soluzione trovata.

Per quanto concerne il *potenziamento* della creatività, Silvano Arieti individua alcune tecniche a partire dalle condizioni che favoriscono il processo creativo: *a*) la prima condizione è «la capacità di stare solo che può essere considerata una parziale deprivazione sensoriale», grazie alla quale l'individuo, riducendo la sua esposizione agli stimoli convenzionali, ha la possibilità di ascoltare il proprio mondo interno accostandosi a quelle che la psicoanalisi chiama "manifestazioni del processo primario"; *b*) la seconda condizione è l'inattività che consente di sottrarre l'attenzione dalle occupazioni esterne, favorendo «l'emergere di quelle fantasticherie, spesso scoraggiate perché considerate fuori dalla realtà, ma estremamente utili per brevi incursioni in mondi irrazionali» (1959-1966, p. 2230); *c*) «un altro elemento importante è il ricordo e la ripetizione interiore dei conflitti traumatici passati» (*ibid.*). Questo spiega il rifiuto da parte dei creativi del trattamento psicoterapico, quando addirittura non auspicano o si procurano con alcol o droghe un incremento della componente psicopatologica, giudicata terreno fecondo per la produzione creativa; *d*) «un altro requisito è l'ingenuità, termine che usiamo qui per indicare la propensione ad accettare l'esistenza di un minimo comun denominatore nascosto che unisce ordinatamente i vari fenomeni tra loro, in noi e fuori di noi. La creatività implica infatti spesso la scoperta di "questo fattore nascosto" più che l'invenzione di nuove cose» (ivi, p. 2231); *e*) «la vivacità e la disciplina sono gli altri requisiti del creativo» (*ibid.*) dal momento che la creatività è sì originalità, ma sempre sottomessa a regole per non dissolversi nell'arbitrarietà.

6. LA CREATIVITÀ NELL'INTERPRETAZIONE PSICOANALITICA. Freud pone la creatività in relazione ai processi psichici primari che, rispetto a quelli secondari presieduti dall'Io e dalla sua logica, sono alogici e simili ai giochi infantili, ai sogni e ai sintomi nevrotici dove, in forma mascherata, si esprimono desideri, fantasie e conflitti inconsci del soggetto. A differenza del nevrotico, l'artista ha trovato modo di esprimere i contenuti del proprio inconscio attraverso quella via, la SUBLIMAZIONE (v.), dove stabilisce un rapporto tra mondo immaginario e realtà. Il mondo creativo resta comunque per Freud un mondo catartico che si origina per superare uno stato di tensione psichica. A questo modello si ispira anche la teoria kleiniana secondo cui l'attività creativa può essere o di tipo depressivo, e quindi porsi come tentativo di riparazione delle fantasie distruttive, o di tipo schizoide, analoga, nei suoi meccanismi di formazione, alle produzioni deliranti degli schizofrenici.

Queste spiegazioni non riescono comunque a dar conto del perché non tutte le manifestazioni dell'inconscio sono creative, ma soltanto alcune si trasformano in opere d'arte comprese e apprezzate dalla collettività. A questo interrogativo ha tentato di rispondere Ernst Kris il quale sposta il terreno della produzione artistica dai processi primari dove l'aveva collocata Freud a quelli secondari, dove l'Io mette in atto una regressione attiva che gli consente di attingere alla dimensione inconscia e di utilizzare i meccanismi dei processi primari, come la CONDENSAZIONE (v.) e lo SPOSTAMENTO (v.), solitamente in azione nei sogni, al servizio della produzione artistica (v. REGRESSIONE).

Carl Gustav Jung, rifiutando l'accostamento creatività-nevrosi, scrive: «Per rendere giustizia all'opera d'arte è necessario che la psicologia analitica escluda completamente ogni pregiudizio di carattere medico, perché l'opera d'arte non è una malattia e quindi richiede un orientamento del tutto diverso da quello medico. [...] L'orientamento esclusivo verso i fattori personali, che è richiesto dalla ricerca della causalità personale, è assolutamente inadeguato per l'opera d'arte, perché qui non si tratta di un essere umano, ma di una produzione che va oltre l'individuo. Si tratta di una cosa che non ha personalità, e per la quale quanto è personale non può valere da criterio di giudizio. La vera opera d'arte trae il suo significato particolare dal fatto che è riuscita a liberarsi dalle limitazioni e dall'*empasse* del fattore personale, lasciando lontano da sé ogni elemento caduco e contingente della pura personalità» (1922, pp. 341-342). Creativo è allora colui che nel prodotto riesce a emanciparsi dalla propria individualità, per divenire interprete di motivi universali dell'umanità che in lui inconsciamente si attivano.

7. LA CREATIVITÀ NEL DIBATTITO PEDAGOGICO. In questo ambito le posizioni più significative sono quelle assunte da John Dewey, per il quale la creatività è quella forma di intelligenza più duttile nel seguire il divenire ininterrotto dell'esperienza, con la capacità

di "infuturarsi", allentando i legami che la trattengono all'esperienza attuale. Dal canto suo Jerome S. Bruner considera azione creativa «qualsiasi atto che produca una "sorpresa produttiva", cioè una modificazione concreta inaspettata nelle diverse attività in cui l'uomo si trova coinvolto. Tutte le forme di sorpresa produttiva hanno la loro origine in una particolare forma di attività combinatoria, in un disporre i dati in prospettive nuove. Qualsiasi atto creativo si avvale perciò del procedimento euristico, che ha come momento essenziale l'atto della scoperta: un'operazione di riordinamento e di trasformazione di fatti evidenti che permette di procedere al di là di quei fatti verso una nuova intuizione» (1964, p. 142). Calvi, condividendo la tesi di Ellis Paul Torrance, secondo cui la creatività cresce in contesti non autoritari e a misura della riduzione dei controlli, afferma che «l'alunno creativo risulta sempre oggetto di pressioni che lo inducono a ridurre le prestazioni, perché le procedure educative hanno in vista il gruppo omogeneo e si ispirano a valori di uniformità rispetto a cui il creativo è una variabile imprevedibile. A ciò si aggiunga che gli insegnanti sembrano desiderare la creatività degli alunni, ma sono spesso nell'impossibilità di favorirla a causa di particolari limiti di personalità» (1972, p. 705). Sfavorevoli alla creatività sono per Torrance le scuole che si regolano sul programma e non sul curriculum dello studente, dove l'acquisizione dei contenuti programmati non concede itinerari creativi.

Bibliografia

Amati U., *L'uomo e le sue pulsioni. Il lavoro creativo esplorato alle sue radici*, Melusina, Roma 1994.

Anderson H. H. (a cura di), *La creatività e le sue prospettive* (1959), La Scuola, Brescia 1972.

Antonietti A., Molteni S. (a cura di), *Educare al pensiero creativo. Modelli e strumenti per la scuola, la formazione e il lavoro*, Erickson, Trento 2014.

Arieti S., *La creatività e il suo potenziamento*, in Id. (a cura di), *Manuale di psichiatria* (1959-1966), Bollati Boringhieri, Torino 1969-1970, vol. III, pp. 2212-2236.

–, *Creatività. La sintesi magica* (1976), Il Pensiero Scientifico, Roma 1979.

Beaudot A. (a cura di), *La creatività* (1973), Loescher, Torino 1977.

Bruner J. S., *Condizioni della creatività* (1962), in A. Beaudot (a cura di), *La creatività*, cit.

–, *Il conoscere. Saggi per la mano sinistra* (1964), Armando, Roma 1968.

Calvi G., *La creatività*, in L. Ancona (a cura di), *Nuove questioni di psicologia*, La Scuola, Brescia 1972, vol. I, pp. 637-712.

Carotenuto A., *Psicologia della personalità creativa*, in Id., *Trattato di psicologia della personalità e delle differenze individuali*, Raffaello Cortina, Milano 1991, pp. 529-760.

Cavallari G., *Creatività. L'uomo oltre la crisi*, Vivarium, Milano 2013.

Chasseguet-Smirgel J., *Per una psicoanalisi dell'arte e della creatività* (1971), Raffaello Cortina, Milano 1989.

–, *Creatività e perversione* (1985), Raffaello Cortina, Milano 1987.

De Bono E., *Lateral thinking. Creativity step by step*, Harper-Collins, New York 1970.

De Masi D., *Creatività*, in Id., *Tag. Le parole del tempo*, Rizzoli, Milano 2015, pp. 80-114.

Dewey J., *Intelligenza creativa* (1917), La Nuova Italia, Firenze 1957.

Dostoevskij F., *Lettere sulla creatività* (1838-1880), Feltrinelli, Milano 1991.

Eysenck H. J., *Genius. The natural history of creativity*, Cambridge University Press, Cambridge 1995.

Freud S., *Un ricordo d'infanzia di Leonardo da Vinci* (1910), in *Opere* (1967-1993), Bollati Boringhieri, Torino, vol. VI.

–, *Il Mosè di Michelangelo* (1913), in *Opere*, cit., vol. VII.

Galli P. F. (a cura di), *Preconscio e creatività*, Einaudi, Torino 1999.

Gardner H., *Aprire le menti. La creatività e i dilemmi dell'educazione* (1989), Feltrinelli, Milano 1991.

–, *Intelligenze creative* (1993), Feltrinelli, Milano 1994.

Garroni E., *Creatività*, in AA.VV., *Enciclopedia*, Einaudi, Torino 1978, vol. IV, pp. 25-99.

Getzels J. W., Jackson Ph. W., *Creativity and intelligence*, Wiley, New York 1962.

Guanti G., *Creatività*, in AA.VV., *Gli strumenti del sapere contemporaneo*, vol. II: *I concetti*, Utet, Torino 1985, pp. 171-174.

Guilford J. P., *The nature of human intelligence*, McGraw-Hill, New York 1967.

Hofstadter D. R., *Ambigrammi. Un microcosmo ideale per lo studio della creatività*, Hopefulmonster, Firenze 1987.

Jaspers K., *Genio e follia. Analisi patografica di Strindberg, Van Gogh, Swedenborg, Hölderlin* (1922), Raffaello Cortina, Milano 2001.

–, *Nietzsche. Introduzione alla comprensione del suo filosofare* (1936), Mursia, Milano 1996.

Johnson-Laird Ph. N., *Deduzione, induzione, creatività. Pensiero umano e pensiero meccanico* (1991), il Mulino, Bologna 1994.

Jung C. G., *Psicologia analitica e arte poetica* (1922), in *Opere* (1969-2007), Bollati Boringhieri, Torino, vol. X, 1.

Kris E., *Ricerche psicoanalitiche sull'arte* (1952), Einaudi, Torino 1967.

Legrenzi P., *Creatività e innovazione*, il Mulino, Bologna 2005.

Lombroso C., *Genio e degenerazione. Nuovi studi e nuove battaglie*, Sandron, Palermo 1897.

Melchiorre V., *Creazione, creatività, ermeneutica*, Morcelliana, Brescia 1997.

Melucci A. (a cura di), *Creatività. Miti, discorsi, processi*, Feltrinelli, Milano 1994.

Neumann E., *L'uomo creativo e la trasformazione* (1955), Marsilio, Venezia 1975.

Nolan V., *Come essere creativi per produrre innovazione. Il metodo Synectics*, Franco Angeli, Milano 1995.

Recchia V., *A scuola di creatività. Giochi e attività per la produzione di testi*, Erickson, Trento 2013.

Ricoeur P. *et al.*, *Saggi sulla creatività* (1972), Il Pensiero Scientifico, Roma 1977.

Rogers C. R., *Verso una teoria della creatività*, in H. H. Anderson (a cura di), *La creatività e le sue prospettive*, cit.

Rubini V., *La creatività*, Giunti Barbera, Firenze 1980.

Segal H., *Un approccio psicoanalitico all'estetica*, in M. Klein, P. Heimann, R. Money-Kyrle (a cura di), *Nuove vie della psicoanalisi. Il significato del conflitto infantile nello schema del comportamento dell'adulto* (1955), il Saggiatore, Milano 1966.

Storr A., *La dinamica della creatività* (1972), Astrolabio, Roma 1973.

Torrance E. P., *Education and the creative potential*, University of Minnesota Press, Minneapolis 1963.

Torrance E. P., Gupta R., *Programmed experiences in creative thinking*, University of Minnesota Press, Minneapolis 1964.

Wallas G., *The art of thought*, Jonathan Cape, London 1926.

Wertheimer M., *Il pensiero produttivo* (1945, edito postumo), Giunti Barbera, Firenze 1965.

Credibilità (ingl. *Credibility*; ted. *Glaubwürdigkeit*; fr. *Crédibilité*; sp. *Credibilidad*). Caratteristica di una persona, di un evento o di una cosa che consente di fare affidamento su di essa. Di particolare interesse per la psicologia è la credibilità in senso giuridico, ossia l'attendibilità di una testimonianza o di una confessione, quali elementi probatori che possono essere verificati mediante l'impiego di tecniche diagnostiche e criteri valutativi elaborati nell'ambito della psicologia giudiziaria (v. PSICOLOGIA FORENSE, § 1).

Credulità (ingl. *Credulity*; ted. *Leichtgläubigkeit*; fr. *Crédulité*; sp. *Credulidad*). Tendenza a prestar fede a qualsiasi affermazione. Frequente nei soggetti carenti di capacità critica (v. CRITICA, CAPACITÀ), la credulità è una caratteristica del tutto normale nei bambini, dov'è destinata a scomparire con la progressiva acquisizione di capacità di giudizio e di autonomia rispetto alle figure di riferimento. La credulità si può osservare anche in individui adulti di intelligenza normale quando si rapportano a persone a cui conferiscono un'eccessiva autorità.

Crepuscolare, Stato, v. COSCIENZA, § 3, *b*.

Crescita, v. AUXOLOGIA.

Cretinismo (ingl. *Cretinism*; ted. *Kretinismus*; fr. *Crétinisme*; sp. *Cretinismo*). Forma di deficit mentale con ritardo dello sviluppo scheletrico dovuto ad assenza o a insufficienza di secrezione della ghiandola tiroidea (v. ENDOCRINO, SISTEMA, § 2). Si distingue un cretinismo *sporadico* che insorge nella vita postnatale, e un cretinismo *endemico* che insorge nella vita intrauterina, non di rado associato a un cattivo funzionamento della tiroide nella madre. Caratteristica tipica di un ipotiroidismo grave è il *mixedema*, dovuto a un accumulo di sostanze di tipo mucoso associate a proteine negli strati del derma con conseguenti tumefazioni. Il cretinismo si manifesta nell'arco dei primi sei mesi di vita con apatia, mancanza di riso e di pianto, difficoltà di alimentazione, protrusione della lingua e delle arcate dentarie, difficoltà posturali, ritardo della deambulazione e del linguaggio. Sul piano psicologico l'ideazione è lenta, lo spirito di iniziativa è ridotto, la capacità di astrazione è difficoltosa e il discernimento è insufficiente anche per espletare lavori di scarsa difficoltà. Sul piano emotivo il soggetto manifesta una discreta capacità affettiva, soprattutto per le persone che lo circondano, mentre la pulsione sessuale nei casi più gravi è tenue o nulla.

Bibliografia

Benda C., *Mongolism and cretinism*, Grune & Stratton, New York 1949.

Pasargiklian E., Barbarino A., *Malattie della tiroide*, in U. Teodori (a cura di), *Trattato di Patologia Medica*, Società Editrice Universo, Roma 1980, vol. IV.

Creutzfeldt-Jakob, Malattia di, v. DEMENZA, § V, 2.

Criminale, Psicologia, v. PSICOLOGIA FORENSE, § 2.

Criminalità, v. DELINQUENZA.

Criptoestesia, v. PARAPSICOLOGIA, § 1.

Criptomnesia, v. MEMORIA, § 8, *a*.

Crisi (ingl. *Crisis*; ted. *Krisis*; fr. *Crise*; sp. *Crisis*). Termine di origine greca (da κρίνω, "scelgo, secerno, discrimino, separo, decido") presente nella medicina ippocratica per indicare un punto decisivo di cambiamento durante una malattia di cui solitamente risolve il decorso in senso favorevole o sfavorevole. In ambito psicologico si riferisce a un momento della vita caratterizzato dalla rottura dell'equilibrio precedentemente acquisito e dalla necessità di trasformare gli schemi consueti di comportamento che si rivelano non più adeguati a far fronte alla situazione presente. Karl Jaspers definisce la crisi come un punto di passaggio dove «tutto subisce un cambiamento subitaneo dal quale l'individuo esce trasformato, sia dando origine a una nuova risoluzione, sia andando verso la decadenza. La storia della vita non segue il corso uniforme del tempo, struttura il proprio tempo qualitativamente, spinge lo sviluppo delle esperienze a quell'estremo che rende inevitabile la decisione» (1913-1959, p. 748).

In psicologia clinica si distinguono le *crisi evolutive* o di sviluppo intrinsecamente legate alla crescita di ogni individuo, quali l'adolescenza, la maturità, la menopausa, la senescenza, e simili, e le *crisi accidentali*, come una grave malattia, la perdita di una persona cara, o un cambiamento repentino nel lavoro.

Le prime, connesse a specifiche tappe biologiche, assumono un valore differente a seconda del contesto culturale in cui si presentano. Così l'adolescenza, come passaggio dall'infanzia all'età adulta, dalla dipendenza all'autonomia, viene generalmente vissuta da noi in modo conflittuale e prolungato, mentre nel quadro di altre culture non rappresenta necessariamente un momento problematico. Le seconde riguardano, invece, tutte quelle situazioni della vita il cui irrompere improvviso può minacciare l'equilibrio psicologico raggiunto dall'individuo. Lydia Rapoport ha individuato tre condizioni che, associate fra loro, sono in grado di provocare uno stato di crisi: 1) il verificarsi di un evento imprevisto; 2) una connessione fra questo evento e precedenti tensioni che avevano già determinato una situazione conflittuale nel soggetto; 3) l'incapacità della persona di affrontare la crisi in modo adeguato servendosi dei suoi consueti meccanismi. Sono state inoltre descritte le caratteristiche più importanti dello stato di crisi, fra cui: 1) uno stato di massima apertura al cambiamento verso una soluzione positiva o negativa; 2) una durata limitata; 3) un cambiamento sia a livello affettivo che cognitivo; 4) un suo riproporsi se non viene risolta o se trova una soluzione inadeguata. Si parla di *intervento in caso di crisi* in riferimento a una forma di trattamento psicologico di breve durata, finalizzato a fornire un sostegno e una guida all'individuo, a prevenire le possibili conseguenze dannose e a creare le condizioni per una crescita del soggetto, attraverso l'elaborazione di nuove modalità per affrontare i problemi modificati dal sopraggiunto "evento critico".

Bibliografia

Caplan G., *Principles of preventive psychiatry*, Basic Books, New York 1964.

Ewing Ch. P., *Crisis intervention as psychotherapy*, Oxford University Press, New York 1978.

Jaspers K., *Psicopatologia generale* (1913-1959), Il Pensiero Scientifico, Roma 2000.

Rapoport L., *The state of crisis. Some theoretical considerations*, in "Social Service Review", 1962, n. 36.

Criterio (ingl. *Criterion*; ted. *Kriterium*; fr. *Critère*; sp. *Criterio*). Tratto o caratteristica assunta come parametro per giudicare qualcosa o qualcuno. Il criterio non soddisfa l'esigenza logica della condizione necessaria e sufficiente, ma esprime un'indicazione contingente e in generale affidabile. Ludwig Wittgenstein ha stabilito che la connessione tra il criterio e ciò che esso indica è di tipo logico ma incompleta, perché la sua soddisfazione non implica la presenza di ciò che il criterio segnala e tuttavia non la preclude logicamente. Così il comportamento è una prova non pienamente conclusiva per giudicare che il soggetto è in un certo stato mentale, per cui si può dire che l'assunzione di un criterio e la sua relazione con ciò che indica è un legame di *conferma* e non di *implicazione*.

Bibliografia

Wittgenstein L., *Ricerche filosofiche* (1953), Einaudi, Torino 1967.

Critica, Capacità (ingl. *Criticism*; ted. *Kritikfähigkeit*; fr. *Aptitude critique*; sp. *Capacidad crítica*). Capacità di esaminare una situazione, di elaborare dei giudizi e di assumere una posizione personale in merito. Tale capacità costituisce il fondamento di un atteggiamento responsabile nei confronti delle esperienze e relativamente autonomo rispetto ai condizionamenti ambientali. Tra le forme di critica che possono essere utilizzate in misura anche molto differenziata dal medesimo individuo si è soliti distinguere: la critica oggettiva basata su ragionamenti ritenuti validi dalla maggior parte degli individui, la critica personale fondata sulle proprie opinioni e convinzioni che riflettono la visione del mondo di chi le emette, l'AUTOCRITICA (v.) che richiede una capacità di distanziarsi dai propri vissuti immediati per poterli analizzare. Si parla infine di *mania di critica* a proposito del bisogno di demolire qualsiasi situazione o persona. Questa forma è interpretata o come una difesa nei confronti del mondo esterno o come una carenza di autocritica. Quando è rivolta verso i propri vissuti, la mania di critica è indice di una profonda sfiducia in se stessi frequente negli stati depressivi (v. AUTOACCUSA).

Carl Gustav Jung parla della necessità di un atteggiamento critico per denunciare l'ingenuità di ogni metapsicologia e psicopatologia che non mette mai in questione i propri presupposti. L'accusa è riferita specificatamente a Sigmund Freud, la cui psicologia, a parere di Jung, «è fondata su una visione del mondo inconscia, non sottoposta a critica, suscettibile di ridurre considerevolmente gli orizzonti dell'esperienza e la capacità di vedere. Senza dubbio Freud ha fatto male a negarsi alla filosofia. Non critica mai i suoi presupposti, neppure le sue premesse psichiche personali» (1929, p. 359).

Bibliografia

Jung C. G., *Il contrasto tra Freud e Jung* (1929), in *Opere* (1969-2007), Bollati Boringhieri, Torino, vol. IV.

Cromatofobia (ingl. *Chromatophobia*; ted. *Chromatophobie*; fr. *Chromatophobie*; sp. *Cromatofobia*). Detta anche *cromofobia*, indica una FOBIA (v.) nei confronti di uno o più colori che, per la valenza emotivo-simbolica che essi possiedono (v. COLORE, § 4), rinviano a vissuti psichici che il soggetto teme o rifiuta.

Cromofobia, v. Cromatofobia.

Cromosoma, v. Genetica, § 2.

Cronbach, Test di, v. Psicologia del lavoro, § 5.

Cronico, v. Acuto – Cronico.

CSPDT (*Crawford Small Parts Dexterity Test*), v. Attitudine, § 3.

Ctonio (ingl. *Chthonic*; ted. *Chthonisch*; fr. *Chtonien*; sp. *Ctónico*). Dal greco χθών, "terra", l'aggettivo è utilizzato da Carl Gustav Jung per indicare gli aspetti più profondi della psiche che egli nomina archetipi (v. Archetipo) e a proposito dei quali dice che «sono veramente la parte *ctonia* dell'anima, quella parte per cui essa è attaccata alla natura, o in cui almeno appare nel modo più comprensibile il suo legame con la terra e il mondo. In queste immagini primordiali ci si presenta chiarissimo l'effetto psichico della terra e delle sue leggi» (1927-1931, p. 55). Ctonie sono inoltre dette le immagini di serpenti o di draghi che compaiono nei sogni, nei miti e nelle fiabe, assunte come espressioni degli aspetti più arcaici e sotterranei dell'inconscio.

Bibliografia

Jung C. G., *Anima e terra* (1927-1931), in *Opere* (1969-2007), Bollati Boringhieri, Torino, vol. X, 1.

Cubo, Test del (ingl. *Cube test*; ted. *Würfel Test*; fr. *Test du cube*; sp. *Test del cubo*). Reattivo mentale che serve, a seconda della versione adottata, a misurare la memoria, l'intelligenza e la percezione. A questo proposito si possono menzionare: 1) i *cubi di Knox* che sono un reattivo della memoria che si evidenzia facendo percuotere al soggetto, secondo schemi sempre più complessi, quattro cubi disposti in fila. Trattandosi di un test di esecuzione può essere utilizzato anche con soggetti sordi o muti; 2) i *cubi di Kohs* che sono un reattivo dell'intelligenza che si evidenzia formando, con cubi diversamente colorati nelle loro facce, determinati disegni secondo modelli di complessità crescente. È impiegato nella scala Wechsler-Bellevue (v. Wechsler-Bellevue, Test di) per la misurazione del quoziente di intelligenza (QI), e nella scala di Alexander (v. Alexander, Scala di) per la misurazione dell'intelligenza pratica (QIP). In ambito clinico il test è usato nello studio dell'agnosia visuo-spaziale (v. Agnosia, § 1); 3) il *cubo di Necker*, che è un reattivo della percezione che consente, ad esempio, di misurare la resistenza che il soggetto prova a capovolgerlo quando il lato opacizzato è quello che poggia sul piano.

Bibliografia

Anastasi A., *I test psicologici* (1954), Franco Angeli, Milano 1973.
Boncori L., *Teoria e tecniche dei test*, Bollati Boringhieri, Torino 1993.
–, *I test in psicologia. Fondamenti teorici e applicazioni*, il Mulino, Bologna 2006.
–, *I test in psicologia. Esercitazioni pratiche*, il Mulino, Bologna 2008.
Meili R., *Manuale di diagnostica psicologica* (1955), Giunti Barbera, Firenze 1967.
Robb G. P., Bernardoni L. C., Johnson R. W., *Assessment of individual mental ability*, International Textbook Company, Scranton, Pennsylvania, 1972.

Cue. Termine inglese impiegato in tre accezioni: 1) nella *psicologia della memoria* Michael J. Watkins e John M. Gardiner chiamano *cue* quell'indizio che consente di rievocare una sequenza di Item (v.) che hanno con il *cue* una qualche relazione anche accidentale, come ad esempio la lunghezza di una lista di nomi, il contesto in cui è stata presentata, la reazione emotiva del soggetto e simili; 2) nella *psicologia del comportamento* John Dollard e Neal E. Miller chiamano *cue* lo stimolo differenziato che provoca una risposta che varia in rapporto all'esperienza individuale (v. Personalità, § I, 4); 3) in *neuropsicologia* Donald Olding Hebb distingue negli stimoli sensoriali la *cue function* che è la funzione direttiva che guida il comportamento, e l'*arousal function* che è la funzione di vigilanza o Attivazione (v.) senza la quale la prima non può esistere.

Bibliografia

Dollard J., Miller N. E., *Personalità e psicoterapia* (1950), Franco Angeli, Milano 1975.
Hebb D. O., *The motivating effects of exteroceptive stimulation*, in "American Psychologist", 1958, vol. 13.
Watkins M. J., Gardiner J. M., *Cued recall*, in R. C. Puff (a cura di), *Handbook of research methods in human memory and cognition*, Academic Press, New York 1982.

Cultura (ingl. *Culture*; ted. *Kultur*; fr. *Culture*; sp. *Cultura*). Il termine ha due significati: il primo, più antico, si riferisce alla *formazione* individuale dell'uomo e in particolare al patrimonio di conoscenze acquisite e maturate. Corrisponde al greco παιδεία nell'accezione impiegata da Platone e da Aristotele e al latino *humanitas* come ricorre nei testi di Cicerone e di Varrone. Il secondo significato si riferisce all'insieme di conoscenze, di credenze, di comportamenti e di convenzioni coltivati e trasmessi da generazione a generazione. In questa seconda accezione la parola "cultura" si identifica con *civiltà*, erede del termine francese *civilisation* con cui nell'Illuminismo si incominciò a denominare quell'affinamento dei costumi che supera la naturalezza degli impulsi, e del tedesco

Zivilisation con cui si intende quel complesso di norme e di valori in cui una cultura, sempre in divenire, si arresta e trova il suo compimento e la sua fine. In proposito Oswald Spengler scrive: «La civiltà è il destino inevitabile di una cultura. Qui si raggiunge il vertice da cui si possono risolvere i problemi ultimi e più difficili della morfologia storica. Le civiltà sono gli stati estremi e più raffinati ai quali possa giungere una specie umana superiore. Essi sono una fine: sono il divenuto che succede al divenire, la morte che succede alla vita, la cristallizzazione che succede all'evoluzione. Sono il termine irrevocabile al quale si giunge per una necessità interna» (1917, § 12).

L'ambito disciplinare in cui il concetto di cultura è stato elaborato, attraverso un dialogo ininterrotto con tutte le scienze umane, psicologiche e sociologiche in particolare, è l'*antropologia culturale*. Alla voce ANTROPOLOGIA si rimanda esplicitamente per l'opportuna documentazione relativa alle modalità con cui il concetto di cultura è stato elaborato: 1) dalla psicoanalisi di Sigmund Freud; 2) dalla psicologia analitica di Carl Gustav Jung; 3) dalla rilettura lacaniana dello strutturalismo di Claude Lévi-Strauss; 4) dal movimento "Cultura e Personalità" di Ruth Benedict e Abram Kardiner; 5) dall'etnopsicologia di Georges Devereux; 6) dall'etnopsicoanalisi di Géza Róheim; 7) dall'etnopsichiatria che indaga la natura e l'incidenza delle malattie mentali nelle culture primitive. Qui ci limiteremo a elencare i criteri sottesi alle varie definizioni di cultura, percorrendo trasversalmente le varie discipline nel cui ambito sono state formulate.

1. DEFINIZIONI DESCRITTIVE. Criterio distintivo di questo raggruppamento è la concezione della cultura come *totalità onnicomprensiva* di qualità mentali (conoscenze, credenze) e di aspetti del comportamento (abitudini e costumi) che trovano la loro espressione in quelle manifestazioni propriamente umane che sono l'arte, la morale e il diritto. Prototipo di questa concezione è la definizione di Edward Burnett Tylor: «La cultura, o civiltà, intesa nel suo ampio senso etnografico, è quell'insieme complesso che include la conoscenza, le credenze, l'arte, la morale, il diritto e il costume e qualsiasi altra capacità e abitudine acquisita dall'uomo come membro di una società» (1871, p. 17). Seguono questo modulo definitorio Franz Boas il quale, nella sua definizione che rimane descrittiva, introduce: *a*) il rapporto tra natura e individuo; *b*) l'analisi dei prodotti dell'attività culturale; *c*) il concetto di struttura come interconnessione degli elementi descritti, e Robert H. Lowie per il quale la descrizione dei fatti culturali deve essere più esaustiva possibile, perché solo dall'interconnessione ogni elemento culturale acquista il suo giusto rilievo.

2. DEFINIZIONI STORICHE. Le definizioni descrittive sono basate sul criterio dell'*enumerazione*, il cui limite implicito è che non può mai essere esaustivo, con la conseguenza che ciò che non può essere esplicitamente menzionato tende a non essere preso in considerazione. Le definizioni storiche sono formulazioni che, invece di procedere a una definizione della cultura in sé e per sé, privilegiano un tratto, come l'*evoluzione*, la *tradizione* o l'*eredità*, che assumono come criterio metodologico di ordinamento. Segue questo orientamento Lewis Henry Morgan, che descrive l'evoluzione della cultura secondo una sequenza cronologica che dalla condizione "selvaggia" conduce, attraverso quella "barbarica", alla condizione "civile": «Le istituzioni moderne affondano le loro radici nel periodo della barbarie che a sua volta ne conteneva i germi per averli ricevuti dal precedente periodo selvaggio. Esse vantano poi una discendenza lineare attraverso le ere trasmesse ereditariamente con il sangue, non meno che uno sviluppo logico» (1877, pp. 1-2). Su questa linea teorica incontriamo Bronisław Malinowski, che identifica la cultura con l'eredità sociale che però, a differenza di quanto sosteneva Morgan, si trasmette "per acquisizione". Lo stesso dicasi per Ralph Linton: «L'eredità sociale si chiama cultura, termine usato in un duplice senso. Come termine generale "cultura" significa l'intera eredità sociale dell'umanità, mentre come termine specifico "una cultura" significa una particolare tendenza dell'eredità sociale» (1936, p. 78). Sulla stessa linea incontriamo Margaret Mead, per la quale «cultura è l'insieme complesso del comportamento tradizionale sviluppatosi dalla razza umana e successivamente appreso da ogni generazione» (1937, p. 17), e Alfred Reginald Radcliffe-Brown che chiama cultura «il processo mediante il quale in un dato gruppo sociale il linguaggio, le credenze, le idee, i gusti estetici, le conoscenze, le capacità, i vari tipi di usi passano (ed uso questo verbo perché "tradizione" significa "passare, trasmettere") da una persona all'altra» (1949, pp. 510-511).

3. DEFINIZIONI NORMATIVE. In questo ambito ricorrono le definizioni che, all'accostamento "storico", preferiscono quello "normativo", sostituendo all'*evoluzione* dei costumi la ricerca dei *modelli* in cui sono rintracciabili le regole del comportamento o lo schema degli ideali e dei valori che presiedono ad esso. Qui incontriamo Alfred L. Kroeber, per il quale «la sovraindividualità, l'organizzazione secondo modelli, il relativo disinteresse per le cause sono fondamentali per l'approccio antropologico in senso generale» (1952, p. 217), e David Bidney secondo il quale «il postulato di una realtà oggettiva, indipendente dall'osservatore, è un concetto fruttuoso, perché esso

serve come un orientamento normativo alla ricerca, e rappresenta per il ricercatore una meta intelligibile cui potersi avvicinare» (1953, p. 419).

4. DEFINIZIONI PSICOLOGICHE. Rientrano in questo gruppo quelle definizioni che mettono in relazione la cultura con l'individuo, portando l'attenzione sul concetto di *inculturazione* a proposito del quale Linton scrive: «Quale che sia il metodo mediante il quale l'individuo riceve gli elementi di cultura caratteristici della sua società, è certo che li interiorizza in massima parte. Questo processo viene definito "inculturazione". [...] Nonostante la completa inculturazione dell'individuo, egli conserva tuttavia la capacità di pensare e di escogitare nuove forme di comportamento di fronte a situazioni per le quali i modelli della sua cultura risultano inadeguati. L'inculturazione limita soltanto gli strumenti concettuali che egli può adoperare e le direzioni in cui egli penserà. L'individuo rappresenta la variabile irriducibile in ogni situazione sociale e culturale: esso è il lievito nella pasta della cultura, e ogni nuovo elemento di cultura può essere fatto risalire in ultima analisi alla mente di qualche individuo» (1938, pp. 235-236).

Rientrano nelle definizioni psicologiche quelle formulate dagli antropologi che, prendendo le mosse dalla concezione freudiana di cultura come complesso di norme repressive delle pulsioni, scorgono nella cultura o un fenomeno di SUBLIMAZIONE (v.) o un fenomeno di FRUSTRAZIONE (v.). Così, per Róheim: «La cultura è la somma di tutte le sublimazioni, di tutti i sostituti, o formazioni reattive, tutto ciò che nella società inibisce gli impulsi o consente la loro soddisfazione distorta» (1934, p. 216; v. ANTROPOLOGIA, § 1), mentre per Kardiner: «In ogni cultura l'uomo è costretto ad affrontare un bisogno che non può essere soddisfatto: il bloccaggio di un'attività che è direttamente o indirettamente essenziale al raggiungimento di una gratificazione; un sentimento le cui manifestazioni non possono venire espresse; o un'attesa che non può essere realizzata. È opportuno seguire il corso necessario di queste vicende, cui si addice il nome di frustrazione» (1939, pp. 399-400; v. ANTROPOLOGIA, § 4, *c*).

5. DEFINIZIONI STRUTTURALI. Rientrano in questo ambito quelle definizioni che concepiscono la cultura non come un insieme di contenuti, ma come un *impianto di relazioni* dove lo spostamento di un termine comporta la modificazione dell'intero impianto strutturale. Così Clyde Kluckhohn scrive: «Come risulta implicito nel termine "schema" che compare nelle nostre definizioni, ogni cultura ha un'organizzazione oltre che un contenuto. Questo fatto comporta un ammonimento di natura pratica per gli amministratori e i legislatori, cioè che un "costume" che si intende abolire o modificare non può essere isolato. Qualsiasi mutamento può avere ripercussioni in aree del comportamento in cui meno ce lo aspettiamo» (1945, p. 298). Dal canto suo Lévi-Strauss scrive: «Il sistema delle relazioni che uniscono fra loro tutti gli aspetti della vita sociale ha una parte più importante, nella trasmissione della cultura, di ognuno di quegli aspetti presi isolatamente» (1958, p. 392; v. ANTROPOLOGIA, § 3).

6. DEFINIZIONI DINAMICHE. Compaiono in questo raggruppamento le definizioni attente alle modalità con cui si formano e si trasmettono i fattori culturali, perché, come scrive Melville Jean Herskovits: «Il mutamento è una costante della cultura umana. [...] È perciò chiaro che i problemi della dinamica culturale implicano un'analisi delle condizioni in cui conservatorismo e mutamento predominano in una data scena culturale, del modo in cui si sviluppano questi atteggiamenti nei confronti del vecchio e del nuovo, di ciò che condiziona l'accettazione delle innovazioni, e del modo in cui le innovazioni, una volta accettate, vengono plasmate in base alla matrice culturale in cui si inseriscono» (1948, p. 321). Tra i fattori riconosciuti determinanti per la dinamica culturale, è la capacità propriamente umana di produrre simboli. Infatti, come scrive Leslie A. White: «La categoria o ordine culturale di fenomeni è costituita di fatti che dipendono da una facoltà peculiare della specie umana, cioè la capacità di usare simboli. Questi fatti sono le idee, le credenze, le lingue, gli utensili, le usanze, i sentimenti, le istituzioni che costituiscono la civiltà o cultura per usare il termine antropologico di ogni popolo, al di là di ogni considerazione di tempo, luogo o grado di sviluppo» (1949, p. 43).

7. DEFINIZIONI PSICOANALITICHE. Freud scrive che «la parola "civiltà (*Kultur*)" designa la somma delle realizzazioni e degli ordinamenti che differenziano la nostra vita da quella dei nostri progenitori animali e che servono a due scopi: a proteggere l'umanità dalla natura e a regolare le relazioni degli uomini tra loro» (1929, p. 580). In questa prospettiva le espressioni della cultura sono per Freud trasformazioni dell'energia pulsionale che, attraverso la SUBLIMAZIONE (v.), ha modo di esprimersi in forma socialmente accettabile (v. ANTROPOLOGIA, § 1). Infatti, scrive ancora Freud: «Di fatto l'uomo primordiale stava meglio perché ignorava qualsiasi restrizione pulsionale. In compenso la sua sicurezza di godere a lungo di tale felicità era molto esigua. L'uomo civile ha barattato una parte della sua possibilità di felicità per un po' di sicurezza» (ivi, p. 602). L'ipotesi di Freud non è condivisa da Jung secondo il quale il rischio della teoria freudiana è quello di «far apparire la civiltà come sostituto di

pulsioni insoddisfatte, dimodoché fenomeni psichici complessi come arte, filosofia e religione divennero "sospetti" come fossero "nient'altro che" il risultato di una rimozione sessuale» (1948, p. 512). Per Jung, invece, le espressioni culturali sono manifestazioni dell'originaria capacità simbolica dell'uomo che trascende l'impianto pulsionale, quanto al suo senso e al suo significato (v. ANTROPOLOGIA, § 2).

L'ipotesi freudiana, secondo cui la civiltà nasce dalla repressione delle pulsioni sessuali richiesta dal processo di civilizzazione, è invece condivisa da Herbert Marcuse, il quale però osserva che, stanti i risultati raggiunti dalle società avanzate, è possibile allentare la repressione delle pulsioni e conciliare il principio di piacere con il principio di realtà. Scrive infatti: «*Eros e civiltà*: con questo titolo intendevo esprimere un'idea ottimistica, eufemistica, anzi concreta: la convinzione che i risultati raggiunti dalle società industriali avanzate potessero consentire all'uomo di capovolgere il senso di marcia dell'evoluzione storica, di spezzare il nesso fatale tra produttività e distruzione, libertà e repressione. Potessero, in altre parole, mettere l'uomo in condizione di apprendere la scienza (*gaya ciencia*), l'arte cioè di utilizzare la ricchezza sociale per modellare il mondo dell'uomo secondo i suoi istinti di vita, attraverso una lotta concertata contro gli agenti di morte» (1966, p. 33).

Wilhelm Reich, pur condividendo l'ipotesi di Freud, secondo la quale il disagio psichico è prodotto dalla repressione sessuale, rimprovera a Freud di non aver riconosciuto l'importanza della società nella repressione della sessualità, per cui è sul sociale che bisogna intervenire, più che sulla famiglia che, del sociale, è solo un derivato. Anche il culturalismo di Karen Horney e di Erich Fromm rivendica l'autonomia della cultura nei confronti dei bisogni primari rappresentati dalla fame, dalla sete, dal sesso e più in generale dall'ordine pulsionale. A loro parere la cultura nasce dalla prerogativa tipicamente umana che conduce al riconoscimento della propria individualità e al bisogno di instaurare relazioni che danno alla civiltà la sua forma e la sua peculiarità di volta in volta determinate dal contesto storico. Non condivide questa impostazione Jacques Lacan, secondo il quale l'inconscio è un linguaggio regolato da leggi astoriche. L'accesso alla cultura avviene con il superamento della primitiva fusionalità con la madre ad opera del Padre, l'ALTRO (v.) che, introducendo la "legge del Padre", immette nella cultura (v. LACANIANA, TEORIA, § 3). Da ultimo va ricordato *L'anti-Edipo* di Gilles Deleuze e Félix Guattari, i quali rifiutano l'impostazione freudiana centrata sulle dinamiche familiari che finiscono per trascurare l'importanza della dimensione sociale e politica da cui dipendono in larga misura sia la cultura che la civiltà.

8. DEFINIZIONI SOCIOLOGICHE. In questo ambito l'attenzione è stata rivolta a due concetti: la *cultura di massa* e la *cultura subalterna*. Con il primo termine si intende quella cultura che si rivolge a tutti, costruendosi secondo un gusto medio tendenzialmente omogeneo e interessando, con la sua azione suggestiva ed emozionale, i comportamenti superficiali dell'uomo, facilitandone gli stereotipi, i luoghi comuni, i pregiudizi, senza alcuno spunto di criticità. Con il secondo termine si intendono o le culture locali subordinate perché hanno minor forza e limitate possibilità, pur disponendo in molti casi di una buona organizzazione di valori, oppure le culture emarginate o perché "diverse" o perché "povere", dove tuttavia è rintracciabile un sistema codificato di valori, idee e comportamenti condivisi dagli appartenenti a quella cultura, e trasmessi con poche variazioni da una generazione all'altra, come nella "cultura della povertà". Gli studi sociologici sulla cultura non vanno confusi con la *sociologia della cultura*, che è un movimento della sociologia tedesca degli anni venti e trenta del secolo scorso che ha trovato i suoi esponenti in Max Weber e Karl Mannheim, impegnati a stabilire le possibilità di realizzazione offerte alle diverse forme di sapere e di conoscenza, in sé autonome e sovrastoriche, da istituzioni, gruppi e società storicamente costituiti.

Bibliografia

AA.VV., *Il concetto di cultura. I fondamenti teorici della scienza antropologica*, Einaudi, Torino 1970.

Anolli L., *Psicologia della cultura*, il Mulino, Bologna 2004.

Barbieri G., Vidali P. (a cura di), *La ragione possibile. Per una geografia della cultura*, Feltrinelli, Milano 1988.

Bauman Z., *Cultura come prassi* (1973), il Mulino, Bologna 1973.

Benedict R., *Modelli di cultura* (1934), Feltrinelli, Milano 1970.

Bidney D., *Theoretical anthropology*, Columbia University Press, New York 1953.

Boas F., *Primi tratti culturali* (1938), in AA.VV., *Il concetto di cultura*, cit.

Borrelli F., De Carolis M., Napolitano F., Recalcati M., *Nuovi disagi nella civiltà*, Einaudi, Torino 2013.

Bruner J. S., *La ricerca del significato. Per una psicologia culturale* (1990), Bollati Boringhieri, Torino 1992.

Cavalli-Sforza L. L., *L'evoluzione della cultura*, Codice, Torino 2004.

Contardi R., Gaburri E. (a cura di), *Enigmi della cultura e disagio nella civiltà*, Bollati Boringhieri, Torino 1999.

Deleuze G., Guattari F., *L'anti-Edipo. Capitalismo e schizofrenia* (1972), Einaudi, Torino 1975.

Ehrenberg A., *La società del disagio. Il mentale e il sociale* (2010), Einaudi, Torino 2010.

Fornari F., *Genitalità e cultura*, Feltrinelli, Milano 1975.

Freud S., *Il disagio della civiltà* (1929), in *Opere* (1967-1993), Bollati Boringhieri, Torino, vol. X.

Fromm E., *Psicanalisi della società contemporanea* (1955), Edizioni di Comunità, Milano 1976.

Galimberti U., *Cultura*, in AA.VV., *Gli strumenti del sapere contemporaneo*, vol. II: *I concetti*, Utet, Torino 1985, pp. 179-183.
Gehlen A., *Le origini dell'uomo e la tarda cultura* (1956), il Saggiatore, Milano 1994.
Girard R., *Origine della cultura e fine della storia* (2002), Raffaello Cortina, Milano 2003.
Habermas J., Taylor Ch., *Multiculturalismo. Lotte per il riconoscimento* (1996), Feltrinelli, Milano 1998.
Hartmann H., *Psicologia dell'Io e problema dell'adattamento* (1939), Bollati Boringhieri, Torino 1966.
Herskovits M. J., *Una teoria della cultura* (1948), in AA.VV., *Il concetto di cultura*, cit.
Horney K., *Nuove vie della psicoanalisi* (1939), Bompiani, Milano 1950.
Inghilleri P. (a cura di), *Psicologia culturale*, Raffaello Cortina, Milano 2009.
Jung C. G., *Lexikonartikel Tiefenspsychologie* (1948), in *Gesammelte Werke*, Walter, Olten-Freiburg im Breisgau 1981, vol. XVIII, 2.
Kardiner A., *L'individuo e la sua società. La struttura della "personalità di base" nelle società primitive. Un incontro tra psicoanalisi e antropologia culturale* (1939), Bompiani, Milano 1965.
Kluckhohn C., Kelly W. H., *Il concetto di cultura* (1945), in AA.VV., *Il concetto di cultura*, cit., pp. 261-299.
Kluckhohn C., Kroeber A. L., *Il concetto di cultura* (1952), il Mulino, Bologna 1972.
Kroeber A. L., *La natura della cultura* (1952), il Mulino, Bologna 1974.
Lacan J., *Sovversione del soggetto e dialettica del desiderio nell'inconscio freudiano* (1960), in *Scritti* (1936-1966), Einaudi, Torino 1974, vol. II.
Lévi-Strauss C., *Antropologia strutturale* (1958), il Saggiatore, Milano 1966.
Linton R., *Lo studio dell'uomo* (1936), il Mulino, Bologna 1973.
–, *La cultura, la società e l'individuale* (1938), in AA.VV., *Il concetto di cultura*, cit.
Lowie R. H., *I determinanti della cultura* (1917), in AA.VV., *Il concetto di cultura*, cit.
Malinowski B., *Cultura* (1931), in AA.VV., *Il concetto di cultura*, cit.
Mannheim K., *Essays on the sociology of culture*, P. Kecskemeti, London 1956.
Mantovani G., *Intercultura. È possibile evitare le guerre culturali?*, il Mulino, Bologna 2004.
Marcuse H., *Cultura e società. Saggi di teoria critica 1933-1965*, Einaudi, Torino 1969.
–, *Eros e civiltà* (1955), con *Prefazione politica* (1966), Einaudi, Torino 1968.
Mead M., *Cooperation and competition among primitive peoples*, McGraw-Hill, New York 1937.
Morgan L. H., *La società antica. Le linee del progresso umano dallo stato selvaggio alla civiltà* (1877), Feltrinelli, Milano 1970.
Murdock G. P., *La scienza della cultura*, in AA.VV., *Il concetto di cultura*, cit., pp. 193-216.
Radcliffe-Brown A. R., *White's view of a science of culture*, in "American Anthropologist", 1949, vol. LI.
Reich W., *L'irruzione della morale sessuale coercitiva* (1932), Sugarco, Milano 1972.
Róheim G., *The riddle of the Sphinx*, Hogarth, London 1934.
Ruggenini M., *Cultura*, in AA.VV., *Gli strumenti del sapere contemporaneo*, vol. II: *I concetti*, cit., pp. 188-190.
Spengler O., *Il tramonto dell'Occidente* (1917), Longanesi, Milano 1957.
Taylor Ch., *Il disagio della modernità* (1991), Laterza, Bari 1994.
Tylor E. B., *Primitive culture*, Murray, London 1871; tr. it. del capitolo iniziale: *La scienza della cultura*, in AA.VV., *Il concetto di cultura*, cit., pp. 3-30.
Weber M., *Studi critici intorno alla logica delle scienze della cultura* (1906), in Id., *Il metodo delle scienze storico-sociali* (1904-1917, edito postumo nel 1922), Einaudi, Torino 1958, pp. 143-238.
White L. A., *La scienza della cultura* (1949), Sansoni, Firenze 1969.
Zoja L., *Cultura*, in AA.VV., *Gli strumenti del sapere contemporaneo*, vol. II: *I concetti*, cit., pp. 192-194.

Cultura e Personalità, v. ANTROPOLOGIA, § 4.

Cumulazione, v. STATISTICA, § II, 2.

Cunnilinguismo (ingl. *Cunnilingus*; ted. *Cunnilingus*; fr. *Cunnilingus*; sp. *Cunilingus*). Contatto orale con gli organi genitali femminili (in latino *cunnus*), solitamente interpretato dalla psicoanalisi come una fissazione o una regressione allo stadio orale (v. ORALE), in ogni caso una perversione. Scrive in proposito Sigmund Freud: «L'impiego della bocca come organo sessuale è considerato perversione nel caso che le labbra (o la lingua) di una persona siano poste in contatto con i genitali dell'altra, non però nel caso che entrino in contatto le reciproche mucose labiali. In quest'ultima eccezione risiede il legame con la normalità» (1905, p. 465).

Bibliografia

Freud S., *Tre saggi sulla teoria sessuale* (1905), in *Opere* (1967-1993), Bollati Boringhieri, Torino, vol. IV.

Cura (ingl. *Cure*; ted. *Kur*; fr. *Soin*; sp. *Cura*). In generale il termine si riferisce all'insieme dei mezzi terapeutici coadiuvanti il passaggio dalla malattia alla salute. In questa accezione "cura" è sinonimo di "trattamento" che, nel caso di disturbi psichici, trova la sua espressione nelle varie forme di PSICOTERAPIA (v.). Siccome però la sofferenza psichica, a differenza di quella fisica, non è tanto un incidente che si lascia circoscrivere nel normale corso della vita, quanto piuttosto una modalità di declinare l'esistenza, interpretandone in vario modo il senso, la cura psichica non può prescindere da quella relazione che Carl Gustav Jung evidenzia tra psiche e senso: «Se vogliamo lavorare veramente da psicologi, allora dobbiamo conoscere il "senso" dei fenomeni psichici» (1917, p. 318). Definita la cura psicoterapica "cura con le parole", Jung esclude che possa esserci una psicoterapia in grado di operare come "cura" nel senso di GUARIGIONE (v.), perché è nella natura di ogni esistenza incontrare degli ostacoli, talvolta sotto forma di malattia, che danno un'opportunità di riflessione o per aggiustare forme improprie di adattamento dell'Io (v. ADATTAMENTO, §§ 2-3), o per realizzare quell'INTEGRAZIONE (v. § 2) di contenuti inconsci portatori di senso. Questa concezione della cura, inscritta non nella categoria della "guarigione" ma in quella del "senso" dell'esistenza, ha delle analogie con la nozione heideggeriana di cura come *Sorge* che caratterizza la relazione con l'altro (v. COESISTENZA), di cui ci si cura: o nella forma inautentica del *besorgen* che non si cura tanto degli altri quanto delle cose da "pro-curare" loro, o in quella autentica del *Fürsorge* che si "prende cura" degli altri, offrendo loro le condizioni per trovare se stessi e poter prendersi cura di sé.

Bibliografia

Borgna E., *La cura in psichiatria*, in Id., *Nei luoghi perduti della follia* (1964-1984), Feltrinelli, Milano 2008, Parte V, pp. 341-378.
Donghi P., Preta L. (a cura di), *In principio era la cura*, Laterza, Bari 1995.
Finzi S., *La cura bastarda*, Filema, Napoli 2009.
Foucault M., *Storia della sessualità*, vol. I: *La volontà di sapere* (1976), vol. II: *L'uso dei piaceri* (1984), vol. III: *La cura di sé* (1984), Feltrinelli, Milano 1978-1985.
Heidegger M., *Essere e tempo* (1927), Utet, Torino 1978.
Jung C. G., *Prefazione alla seconda edizione dei "Collected Papers on Analytical Psychology"* (1917), in *Opere* (1969-2007), Bollati Boringhieri, Torino, vol. IV.
–, *Che cos'è la psicoterapia?* (1935), in *Opere*, cit., vol. XVI.
Kohut H., *La cura psicoanalitica* (1984), Bollati Boringhieri, Torino 1986.
Lacan J., *La direzione della cura e i principi del suo potere* (1961), in *Scritti* (1936-1966), Einaudi, Torino 1974, vol. II.
Vitolo A. (a cura di), *Radici della cura laica*, Borla, Roma 1997.

Curiosità (ingl. *Curiosity*; ted. *Neugier*; fr. *Curiosité*; sp. *Curiosidad*). Desiderio di conoscenza che si manifesta in un atteggiamento esplorativo nei confronti dell'ambiente circostante e del proprio mondo interiore. Secondo Konrad Lorenz, la curiosità, intesa come disponibilità a nuove esperienze, è tipica degli animali non specializzati, come l'uomo, che si adatta a un'ampia varietà di condizioni ambientali. Diversamente dalla maggior parte degli animali, dove la tendenza esplorativa si estingue dopo il periodo dello sviluppo, per mantenersi solo nella forma riflessa, osservabile nei comportamenti esplorativi degli animali che si trovano di fronte a una situazione nuova o che incute paura, nell'uomo la curiosità, oltre a essere alla base del comportamento infantile, soprattutto nel gioco e nelle interrogazioni continue, permane, anche se in modo differenziato, lungo tutta l'esistenza.

In ambito psicoanalitico, Sigmund Freud rintraccia la matrice di ogni forma di curiosità nella curiosità sessuale infantile, che si sviluppa nella fase edipica come desiderio di scoprire e di guardare (v. SCOPOFILIA). Nel corso dello sviluppo questa curiosità può essere sublimata e dar luogo a interessi di studio e di ricerca, oppure repressa con conseguente inibizione di qualsiasi interesse culturale. Su questa base Freud interpreta i differenti atteggiamenti dell'uomo e della donna nei confronti della conoscenza: «L'educazione nega alle donne qualsiasi diritto all'indagine intellettuale dei problemi sessuali, per i quali nondimeno nutrono la più viva curiosità, e le intimorisce condannando tale curiosità come non femminile e indice di disposizione peccaminosa. Così esse sono intimorite da qualunque forma di pensiero, la conoscenza perde valore ai loro occhi. Il divieto di pensare si estende al di là della sfera sessuale, in parte a causa di inevitabili nessi, in parte automaticamente, in maniera del tutto analoga a come agisce il divieto religioso di pensare per gli uomini o quello lealistico per i bravi sudditi. Non credo che l'opposizione biologica tra lavoro intellettuale e attività sessuale spieghi la "debilità mentale fisiologica" della donna, come ha sostenuto Moebius nel suo tanto discusso lavoro. Ritengo al contrario che l'indubbia inferiorità intellettuale di tante donne sia da imputarsi all'inibizione di pensare necessaria per la repressione sessuale» (1908, pp. 425-426).

Bibliografia

Freud S., *Tre saggi sulla teoria sessuale* (1905), in *Opere* (1967-1993), Bollati Boringhieri, Torino, vol. IV.
–, *La morale sessuale "civile" e il nervosismo moderno* (1908), in *Opere*, cit., vol. V.
Lorenz K., *Über tierisches und menschliches Verhalten*, Piper, München 1965.
Moebius P. J., *L'inferiorità mentale della donna* (1900), Einaudi, Torino 1978.

Curricolo (ingl. *Curriculum*; ted. *Lebenslauf*; fr. *Curriculum*; sp. *Currículo*). Nel suo significato più ampio, derivato dal *curriculum vitae* latino, conservato nell'espressione tedesca *Lebenslauf* ("corso della vita"), il termine indica l'itinerario di una persona attraverso le sue esperienze di vita, di studio e di attività professionali, descritte tenendo presente le tappe raggiunte, le motivazioni e i criteri ispiratori. Nel suo significato specifico si riferisce all'organizzazione delle conoscenze all'interno dei singoli gradi scolastici. I principi che lo determinano sono la *sequenzialità* che prevede la costruzione del curricolo in sequenze logicamente coordinate, e la *ciclicità* per cui ogni fase della sequenza curricolare è suscettibile di revisione e miglioramento nel corso della realizzazione.

Rispetto alla programmazione didattica generale, la programmazione curricolare è più individualizzata, perché parte dalla situazione concreta e specifica che prevede: *a*) l'analisi del contesto educativo attraverso lo studio dei bisogni e della realtà socioculturale in cui è inserita la scuola; *b*) la formulazione degli obiettivi in base alle teorie dell'apprendimento e alle strategie dell'ISTRUZIONE (v.); *c*) l'individuazione dei contenuti di INSEGNAMENTO (v.) e la loro distribuzione disciplinare; *d*) la scelta dei metodi tenendo conto delle possibili attività interdisciplinari; *e*) la verifica dei risultati in base alle varie tecniche di valutazione (v. DOCIMOLOGIA). La programmazione curricolare deve inoltre tener conto delle strutture cognitive essenziali che vuol fornire, dei comportamenti che intende attivare, delle unità didattiche previste allo scopo e delle possibili espansioni disciplinari che si rendessero necessarie.

Bibliografia

Izzo D., Mancassola G., *Il curricolo*, Le Monnier, Firenze 1977.

Meyer H. L., *Introduzione alla metodologia del curriculum* (1972), Armando, Roma 1977.

Stenhouse L., *Dalla scuola del programma alla scuola del curricolo* (1975), Armando, Roma 1977.

Tornatore L., *Curricolo*, in AA.VV., *Gli strumenti del sapere contemporaneo*, vol. II: *I concetti*, Utet, Torino 1985, pp. 194-197.

Cute, v. PELLE.

D

Dacriogelosi (ingl. *Dacryogelosis*; ted. *Dacryogelose*; fr. *Dacryogelose*; sp. *Dacriogelosis*). Alternarsi compulsivo di pianto e di riso che si riscontra frequentemente nella schizofrenia ebefrenica (v. SCHIZOFRENIA, § III, 2).

Daltonismo, v. COLORE, § 3; GENETICA, § 4.

DAM, Test (*Draw-A-Man*), v. DISEGNO, § 2, *a*.

Danza (ingl. *Dance*; ted. *Tanz*; fr. *Danse*; sp. *Danza*). Successione di movimenti ritmici, solitamente guidati da una musica, presente in ogni cultura umana con finalità e significati simbolici a tal punto diversi da rendere problematica una definizione generale. Joann M. W. Kealiinohomoku, che si è posto il problema di unificare le varie definizioni esistenti, è giunto a questa formulazione: «La danza è un modo di espressione transitoria, eseguita in una certa forma e stile dal corpo umano che si muove nello spazio. La danza si presenta attraverso movimenti ritmici appositamente selezionati e controllati; il fenomeno che ne risulta è riconosciuto come danza sia da coloro che l'eseguono sia dagli osservatori stessi di un dato gruppo» (1965, p. 6). A queste caratteristiche della danza aggiunge in seguito: «È sottinteso che la danza è un tipo di espressione emozionale che richiede insieme tempo e spazio. Si serve di un comportamento motorio in numerosi esempi che sono strettamente legati a caratteristiche finali di musicalità» (1972, p. 387).

Per Charles Lafayette Boilès la danza organizza il movimento secondo quattro tipi di temporalità: 1) il tempo *reale* che la realizzazione del movimento comporta; 2) il tempo *cinetico* che dura la quantità minima del tempo reale necessaria per eseguire il movimento con efficienza massima; 3) il tempo *ritmico* che è un continuum ordinato composto da unità selezionate su base cronometrica; 4) il tempo di *programma* che ordina la danza in segmenti specifici soggetti a un protocollo. Il ritmo della danza è solitamente controllato da stimoli *uditivi* che consistono in suoni strumentali o vocalici, da stimoli *visivi* che inducono variazioni di luminosità, e da stimoli *tattili* percepiti internamente sia come vibrazione non udibile, sia come percezione della durata dei gesti stessi del danzatore. Il più delle volte tutti questi stimoli sono combinati in modo tale che, per esempio, i danzatori che stanno battendo le mani come accompagnamento provano una percezione simultanea di ritmo: essi odono il suono delle mani che battono, vedono che stanno battendo le mani, percepiscono il battito delle mani.

I significati simbolici e le funzioni della danza nell'evoluzione di ogni cultura sono molteplici perché la danza è sacrificio, atto magico, partecipazione alla divinità, rappresentazione drammatica, spettacolo, opera d'arte che dà forma e sostanza ai vissuti più profondi e, come espressione del mondo interiore dell'individuo, viene utilizzata a scopo terapeutico. La *dance-therapy* è nata negli Stati Uniti, negli anni quaranta, con Marian Chace e Trudi Schoop che si proponevano di comunicare con gli psicotici attraverso il movimento. Oggi i suoi sostenitori affermano che una modificazione del modo di muoversi, attraverso la danza, si accompagna necessariamente ad una trasformazione psicologica dell'individuo perché, essendo il corpo un luogo simbolico che contiene e manifesta la storia individuale e collettiva, tramite il movimento il soggetto può giungere a una comprensione e a una trasformazione di sé. I parametri fondamentali su cui si misura la danzaterapia sono: l'analisi del movimento, la trasformazione degli schemi motori abituali, il rapporto del soggetto con lo spazio e l'uso terapeutico del ritmo.

Bibliografia

Andreella F., *Il corpo sospeso. I gesti della danza tra codici e simboli*, Moretti & Vitali, Bergamo 2012.

Boilès Ch. L., *Danza*, in AA.VV., *Enciclopedia*, Einaudi, Torino 1978, vol. IV, pp. 363-375.
Chodorow J., *Danzaterapia e psicologia del profondo. L'uso psicoterapeutico del movimento espressivo profondo e rituale* (1991), Red Edizioni, Como 1998.
De Vera d'Aragona P., *Curarsi danzando. Il movimento come psicoterapia*, in "Riza Scienze", 1986, n. 13, pp. 1-96.
Fechner G. Th., Mallarmé S., Valéry P., Otto W., *Filosofia della danza* (testi rispettivamente del 1824, 1945, 1957, 1949), il melangolo, Genova 1992.
Gambirasio L., *Danzando s'impara*, Erickson, Trento 2008.
Kealiinohomoku J. M. W., *A comparative study of dance as a constellation of motor behaviors among Africans and United States negroes*, in "Dance Horizons", 1965.
–, *Folk dance*, in R. Dorson (a cura di), *Folklore and folklife. An introduction*, University of Chicago Press, Chicago 1972.
Lapierre A., Aucouturier B., *La simbologia del movimento* (1979), Edipsicologiche, Cremona 1983.
Payne H., *Danzaterapia e movimento creativo* (1990), Erickson, Trento 1997.
–, *Dance movement therapy. Theory and practice*, Tavistock-Routledge, London 1992.
Sachs C., *Storia della danza* (1937), il Saggiatore, Milano 1985.
Schützenberger A. A., Sauret M.-J., *Laura Sheleen. La terapia con la danza e l'espressione-impressione*, in Id., *Il corpo e il gruppo* (1977), Astrolabio, Roma 1978, pp. 199-207.

Darwinismo (ingl. *Darwinism*; ted. *Darwinismus*; fr. *Darwinisme*; sp. *Darwinismo*). Dottrina dell'evoluzione biologica, inaugurata da Charles Darwin, secondo la quale in tutti gli esseri viventi, sotto l'influenza delle condizioni ambientali, si producono delle piccole variazioni che si rivelano più vantaggiose all'adattamento, con conseguente mutamento biologico dell'organismo selezionato per via naturale (v. EVOLUZIONE). Il darwinismo, a cui è da ricondurre anche la concezione filogenetica che prevede la derivazione dell'uomo dall'animale, ha trovato la sua riformulazione nel neodarwinismo che si avvale degli apporti della genetica mendeliana, secondo la quale le variazioni ereditarie sono determinate dal riassortimento dei fattori genetici e la selezione naturale dalle differenze di sopravvivenza dei diversi patrimoni genetici. La concezione filogenetica darwiniana sta alla base dell'ETOLOGIA (v.) e della PSICOLOGIA COMPARATA (v.) dove si confrontano le caratteristiche del comportamento animale con quelle del comportamento umano. Il termine darwinismo è stato in seguito mutuato dalla sociologia e dalla neurologia con le seguenti denominazioni:

1. DARWINISMO SOCIALE. Nella seconda metà del XIX secolo, le concezioni evoluzionistiche di Darwin furono applicate allo studio delle trasformazioni dei sistemi sociali e all'interpretazione dei conflitti (v. EVOLUZIONISMO, § 3). La paternità di questo indirizzo di pensiero fu attribuita a Herbert Spencer che certamente l'ha condivisa, ma non derivata da Darwin. Infatti l'opera di Darwin, *L'origine delle specie*, è del 1859, mentre le teorie evoluzionistiche applicate al campo sociale sono già presenti nella prima opera di Spencer, che porta il titolo *Social statics*, del 1850, dove fra l'altro leggiamo: «Può sembrare inclemente che un lavoratore reso inabile dalla malattia alla competizione con i suoi simili debba sopportare il peso delle privazioni. Può sembrare inclemente che una vedova o un orfano debbano essere lasciati alla lotta per la sopravvivenza (*struggle for life and death*). Ciò nonostante, quando siano viste non separatamente, ma in connessione con gli interessi dell'umanità universale, queste fatalità sono piene della più alta beneficenza – la stessa beneficenza che porta precocemente alla tomba i bambini di genitori malati, che sceglie i poveri di spirito, gli intemperanti e i debilitati come vittime di un'epidemia» (1850, p. 37). L'evoluzionismo spenceriano è quindi del tutto autonomo da quello darwiniano, anzi è lo stesso Darwin a riconoscere il suo debito nei confronti di Spencer se è vero che nella quinta edizione de *L'origine delle specie* affianca al titolo del quarto capitolo "Selezione naturale" l'espressione "Sopravvivenza del più adatto" che così giustifica: «Questo principio, per il quale ogni lieve variazione, se utile, si mantiene, è stato da me denominato "selezione naturale". [...] Ma l'espressione "sopravvivenza del più adatto (*survival of the fittest*)", spesso usata da Herbert Spencer, è più idonea, e talvolta ugualmente conveniente» (1859, p. 146).

2. DARWINISMO NEURONALE. È una teoria evoluzionistica elaborata da Gerald Maurice Edelman che ha messo in discussione la teoria che neuroanatomia e mappe percettive corticali siano più o meno fisse e inequivocabili e che il cervello sia un tipo di computer. La teoria della selezione neuronale avanza l'ipotesi che il mondo diventi percettivamente classificato o "mappato" come conseguenza di due processi interattivi di selezione nel contesto della variabilità. Il primo si verifica in gran parte durante lo sviluppo embrionale e postnatale, quando i neuroni adiacenti tendono a essere fortemente interconnessi in gruppi di dimensioni e struttura variabili (gruppi neuronali). Il secondo processo consiste nell'alterazione della forza sinaptica nel corso delle attività svolte dall'individuo, attraverso la selezione delle risposte correlate di quei gruppi neuronali che producono il comportamento adattivo. Questa teoria evidenzia la plasticità e la complessità dei circuiti neuronali e sottolinea come la variabilità delle connessioni neuronali sia modulata attraverso le esperienze e l'ambiente. Ne consegue che sia la fase di sviluppo, quando avviene la "costruzione" del cervello, che la fase adulta, quando il cervello raggiunge una configurazione finale, sono

soggette all'ambiente, in quanto differenti esperienze sono in grado di selezionare la formazione di circuiti nervosi diversi da individuo a individuo. Detta teoria, oltre a sottolineare l'importanza della relazione che esiste fra l'organismo e l'ambiente, ipotizza che anche le funzioni considerate "superiori" come il pensiero, l'ideazione ecc. sono il frutto di un adattamento biologico utile alla sopravvivenza della specie umana.

Edelman avanza la sua ipotesi evoluzionistica sulla formazione del cervello, della mente e della coscienza a proposito della quale scrive: «La prima [*coscienza primaria*] è lo stato di consapevolezza mentale delle cose del mondo, in cui si hanno immagini mentali del presente; ma non si accompagna affatto alla sensazione di essere una persona con un passato e un futuro. È ciò di cui sono presumibilmente dotati alcuni animali senza linguaggio né semantica. La coscienza di ordine superiore, invece, comporta il riconoscimento da parte di un soggetto raziocinante dei propri atti e dei propri sentimenti; incorpora un modello dell'identità personale, del passato e del futuro, oltre al modello del presente. Rivela una consapevolezza diretta, la consapevolezza non inferenziale, o immediata, di episodi mentali senza il coinvolgimento di organi di senso o di recettori. È ciò che abbiamo noi, esseri umani, in aggiunta alla coscienza primaria: siamo coscienti di essere coscienti» (1992, p. 174).

Bibliografia

Bayertz K., *Darwinismus als Ideologie*, in Id. *et al.* (a cura di), *Darwin und die Evolutionstheorie*, Pahl Rugenstein, Köln 1982.
Continenza B., *Darwin e la psicologia*, in "Storia e critica della psicologia", 1981, n. 2.
Darwin Ch., *L'origine delle specie* (1859), Bollati Boringhieri, Torino 1967.
–, *L'origine dell'uomo* (1871), Editori Riuniti, Roma 1966.
–, *L'espressione delle emozioni nell'uomo e negli animali* (1872), Bollati Boringhieri, Torino 1982.
Dennett D. C., *L'idea pericolosa di Darwin. L'evoluzione e i significati della vita* (1995), Bollati Boringhieri, Torino 1997.
Edelman G. M., *Darwinismo neurale. La teoria della selezione dei gruppi neuronali* (1987), Einaudi, Torino 1995.
–, *Sulla materia della mente* (1992), Adelphi, Milano 1992.
–, *Neural darwinism. Selection and reentrant signaling in higher brain function*, in "Neuron", 1993, vol. 10, pp. 115-125.
Gould S. J., *La struttura della teoria dell'evoluzione* (2002), Codice, Torino 2003.
Spencer H., *Social statics* (1850), in *Scientific, political and speculative essays*, Williams & Norgate, London 1891, vol. I.
–, *I primi principi* (1862), Bocca, Milano 1901.
–, *Introduzione alla scienza sociale* (1874), Bocca, Milano 1903.
Visone R., *Prima dell'evoluzione. Le radici politiche della filosofia di Spencer e la Social statics del 1850*, Le Cariti, Firenze 2010.

Daseinsanalyse, v. ANALISI ESISTENZIALE.

DAT (*Differential Aptitude Test*), v. ATTITUDINE, § 1.

Dato (ingl. *Datum*; ted. *Gegebene*; fr. *Donnée*; sp. *Dato*). Elemento conosciuto e accertato che costituisce o il punto di partenza per formulare un'ipotesi, per condurre una ricerca, per giungere alla risoluzione di un problema, o ciò che si ottiene liberando il campo di indagine da falsificazioni e pregiudizi. Nella prima accezione il termine è impiegato in ambito scientifico, nella seconda in ambito fenomenologico. In psicologia sperimentale e clinica si distinguono i *dati introspettivi*, che scaturiscono dall'osservazione che l'individuo compie sulle proprie attività mentali ed emotive, dai *dati oggettivi*, derivati dalle osservazioni compiute dallo psicologo in un contesto standardizzato e verificabile. Sia gli uni che gli altri rientrano fra i dati *forniti dall'osservazione* (che può essere introspettiva, empatico-partecipativa o sperimentale) da distinguere dai dati *descrittivi* che si esprimono in tabulati, grafici e altre forme di elaborazione statistica (v. STATISTICA, § I, 1). Ci sono numerosi metodi per trasporre in dati descrittivi il materiale grezzo dei dati forniti dall'osservazione. Questi metodi, sviluppati soprattutto nell'ambito della PSICOLOGIA SPERIMENTALE (v. § 3, *d*), sono noti sotto il titolo di *elaborazione dei dati*.

Dattilologia (ingl. *Fingerspelling*; ted. *Fingersprache*; fr. *Dactylologie*; sp. *Dactilología*). Linguaggio per sordomuti basato sull'uso delle dita. Il più diffuso è lo *Spell System* che, in appoggio alla lingua parlata, articola un alfabeto delle dita attraverso la mano che si muove in prossimità della bocca per sottolinearne il movimento.

DDAI (*Disturbo da Deficit di Attenzione e Iperattività*). Sigla che raccoglie questionari, interviste, test per poter definire una diagnosi e gli interventi terapeutici opportuni per gli alunni che in età scolare presentano deficit di attenzione e iperattività.

Bibliografia

Società Italiana di Neuropsichiatria dell'Infanzia e dell'Adolescenza (SINPIA), *Linee guida per il DDAI e i DSA. Diagnosi e interventi per il Disturbo da Deficit di Attenzione/Iperattività e i Disturbi Specifici dell'Apprendimento*, Erickson, Trento 2008.

DDO, Test (*Diagnosi dei Disturbi Ortografici*). Test che valuta la capacità di scrittura lessicale e sublessicale nella scuola primaria e secondaria di primo grado, onde poter diagnosticare disturbi ortografici negli alunni dai 6 ai 13 anni.

Bibliografia

Angelelli P. *et al.*, *DDO. Diagnosi dei disturbi ortografici in età evolutiva*, Erickson, Trento 2008.

Deaggressivizzazione, v. SUBLIMAZIONE.

Deambulazione, v. LOCOMOZIONE.

Debilità, v. RITARDO MENTALE.

Debolezza mentale, v. RITARDO MENTALE.

Decile, v. QUANTILE.

Decisione (ingl. *Decision*; ted. *Entscheidung*; fr. *Décision*; sp. *Decisión*). Formulazione di un giudizio in merito all'attuazione o meno di un'azione. La decisione non è spontanea, ma presuppone una riflessione e una considerazione delle conseguenze che si rendono possibili in seguito alla scelta effettuata. La scelta, a sua volta, si orienta verso quell'alternativa che, secondo la previsione, procura maggior piacere, ricompensa o utilità. Gli approcci psicologici al problema della decisione variano in base al punto di vista da cui si considera l'attore del processo decisionale.

1. PSICOLOGIA FISIOLOGICA. Il concetto di decisione è riferito ai meccanismi di discriminazione percettiva che consentono a un apparato sensoriale di recepire la minima energia percepibile di uno stimolo o la differenza minima di intensità fra due stimoli della medesima natura (v. DISCRIMINAZIONE). Il concetto è utilizzato in *psicologia animale* in riferimento alla selezione da parte dell'organismo di una specifica sequenza comportamentale e alla contemporanea soppressione di tutte le altre. In questo ambito le indagini sui processi decisionali si propongono di individuare le regole seguite dall'animale nell'operare una determinata scelta in base a bisogni, motivazioni e percezione dell'ambiente circostante. Sempre in questo ambito si è giunti a individuare un *tempo di decisione* che ha modificato il concetto di *tempo di reazione*, a cui si imputava la maggior velocità o lentezza delle prestazioni. Il tempo di decisione rappresenta il tempo impiegato dal cervello per riconoscere la presenza di uno stimolo, selezionare la risposta da mettere in atto e ordinare ai muscoli di muoversi adeguatamente; quindi quanto più complessa è la decisione da prendere, tanto più lungo è il tempo di decisione.

2. PSICOLOGIA SPERIMENTALE. In questo ambito ci si avvale di un insieme di principi di ordine statistico costruiti in modo che, in base a un'analisi di costi e benefici tra diverse strategie, venga scelta quella che procura il massimo utile complessivo. In questo senso il contributo di Clark Leonard Hull è sintetizzato nel postulato XIV del suo sistema ipotetico-deduttivo: «Quando nello stesso momento vengono caricati in un organismo i potenziali di reazione a due o più reazioni tra loro incompatibili, e questo con un'intensità che superi la soglia di reazione, allora viene avviata solo quella reazione il cui potenziale momentaneo di reazione è maggiore» (1952, p. 341). Alla teoria dell'utilità, Daniel Kahneman e Amos Tversky hanno sostituito la "teoria del prospetto" secondo la quale la scelta avviene soprattutto in base a come le alternative tra cui scegliere vengono formulate o, come dicono gli autori, "incorniciate". Quando le alternative vengono percepite come simili si ha quello che Tversky ed Eldar Shafir chiamano un "conflitto decisionale" che comporta solitamente un differimento della scelta.

3. PSICOLOGIA COMPORTAMENTISTA. In questo ambito il problema della decisione e dei processi decisionali è centrale, al punto che Edward Chace Tolman dichiara che «ogni importante problema di psicologia può essenzialmente essere studiato attraverso la continua analisi sperimentale e teoretica dei fattori che determinano la scelta di un topo a un bivio di un labirinto» (1938, p. 172). In questa concezione le dichiarazioni dei soggetti che "decidono" sono il risultato di un'illusione circa i veri e autentici processi che Kurt Lewin così descrive: «La teoria generalmente ammessa in psicologia suppone che l'azione sia il risultato diretto della motivazione. Io sono propenso a credere che questa teoria dovrà essere modificata. Si dovranno studiare le condizioni particolari nelle quali una data struttura motivazionale conduce o non conduce a una decisione o a un processo equivalente, per cui uno stato di "deliberazione" (indecisione) lascia il posto ad uno stato nel quale l'individuo "si è deciso" ed è pronto ad agire, anche se non agisce proprio in quell'istante. L'atto decisionale rappresenta una di queste transizioni. Il passaggio dalla situazione conflittuale di indecisione alla decisione non significa semplicemente che le forze dirette verso un'alternativa divengono più potenti di quelle che sono dirette verso l'altra alternativa. In questo caso, la forza risultante sarebbe spesso estremamente debole. La decisione significa piuttosto che il potenziale di un'alternativa è stato ridotto a zero, o diminuito in maniera così decisiva che l'altra possibilità e le forze corrispondenti dominano la situazione» (1978, p. 208). Rientra in quest'ambito la teoria della DISSONANZA COGNITIVA (v.) elaborata da Leon Festinger secondo cui nella vita psichica esistono simultaneamente elementi di conoscenza che non si accordano tra loro. L'individuo, per decidere, deve ridurre tale

dissonanza, e spesso proprio l'azione è il mezzo per operare questa riduzione che, non effettuata, condurrebbe alla paralisi.

4. PSICOLOGIA DINAMICA. Nell'approccio psicodinamico il problema della decisione è affrontato a partire dalle pulsioni, dalle motivazioni, dalle difese, dalle funzioni dell'Io in relazione al principio di realtà (v. REALTÀ, § 3) per conseguire una gratificazione differita e realistica anziché immediata e illusoria. Elliott Jaques afferma in proposito che «decisione viene da *de-caedere* (tagliar via); ciò implica avviarsi sul sentiero scelto nel senso di scartare definitivamente le altre possibilità (o di decidere di non cercarne altre) e seguire il sentiero scelto nella realtà esterna. [...] Il momento della decisione è quello che più facilmente fa sorgere ansie: simbolizza il taglio e il parto; è il punto senza ritorno; implica la perdita di altre possibili linee di azione alle quali bisogna rinunciare; è il momento del successo o del fallimento. [...] Nella fase della decisione il dado è tratto, e incomincia il lavoro esterno in cui il lavoro simbolico interno e l'uso delle conoscenze interagiscono con la percezione dell'oggetto reale emergente» (1970, pp. 88-89). Sulla mobilitazione delle ansie sia persecutive sia depressive insiste Franco Fornari per il quale «la maggior quantità di ansie che l'uomo normale deve sopportare gli proviene da due fonti essenziali: la prima è data dalle frustrazioni affettive, mentre la seconda è data dalle operazioni di scelta e aleatorie che ogni uomo nella sua ferialità lavorativa deve compiere in rapporto all'esecuzione di un lavoro che implica un margine più o meno ampio di imprevedibilità. Questo comporta il saper accettare di restare nell'incertezza prima di poter sapere se la nostra scelta, cioè il prodotto del nostro accoppiamento con il reale, ha dato un esito buono o un esito cattivo» (1976, p. 231).

5. PSICOLOGIA SOCIALE. Qui il tema della decisione compare nell'ambito dello studio delle relazioni tra repertori comportamentali e categorizzazioni sociali dove si possono verificare fenomeni di accettazione o di non accettazione che influenzano il processo decisionale. Giancarlo Trentini, Renzo Carli e Franco Padovani scrivono in proposito: «Si può descrivere la dinamica adattiva di un soggetto come una scelta di "manifestare" o "non manifestare" un particolare comportamento sulla base di una valutazione probabilistica di accettazione o non accettazione di questo comportamento da parte dell'altro polo del rapporto» (1972, p. 128). I processi di decisione nei gruppi, nelle organizzazioni e nelle istituzioni costituiscono un oggetto di studio rilevante in psicologia sociale al fine di ottimizzare le modalità di funzionamento delle organizzazioni stesse. Per quanto concerne le strategie decisionali, Robert Mills Gagné parla di selezione e categorizzazione delle informazioni ricevute per l'uso delle strategie che il soggetto ha intenzione di adottare, dove per strategia si intende «una sequenza di decisioni in vista del raggiungimento di una validazione finale» (1959, p. 18). L'attuarsi di una strategia può essere prudente (*conservative*) o rischioso (*gambling*) a seconda del tipo di rischio che si intende correre e ha come scopo quello di ridurre il numero delle alternative possibili e di scegliere le più probabili. Alla decisione, che è il momento risolutorio, segue una verifica della soluzione in base alle conseguenze derivate dal tipo di soluzione adottata: il cosiddetto *information feedback*. Ulteriori informazioni circa la dinamica sottesa alla decisione sono reperibili alle voci PROBLEMA (§ 3, C) e RISCHIO. Nell'ambito della psicologia sociale, particolare rilevanza assume la "teoria dei giochi", volta a individuare i processi decisionali di ciascun individuo in relazione alle decisioni possibili degli altri soggetti (v. GIOCO, § 7).

6. LA DECISIONE ESISTENZIALE. Questo concetto è stato introdotto da Karl Jaspers per indicare la modalità attraverso cui si giunge alla propria AUTENTICITÀ (v.) nella realizzazione del proprio se stesso: «Né nel mondo – scrive Jaspers – né nell'uomo esiste la sintesi di tutte le possibilità. Invece ogni vera realizzazione è legata in qualche modo ad una *decisione*. Conforme alla serietà di tale decisione, che, per il fatto stesso che sceglie, esclude anche, e rende l'uomo incondizionato nella sua decisione, ogni altra lotta è come un semplice primo piano, come un gioco del vivente nella sua ricca pienezza di movimenti. Solo quando l'uomo dalla decisione passa ad una risoluzione che riempie il suo essere, egli è autenticamente esistenzialmente uomo. [...] Ma la via della decisione non è scelta fra due possibilità uguali, ma è scelta come aver-già scelto; le antitesi sono solo il mezzo dell'interpretazione. Ma il cammino della decisione non è affatto una sintesi livellatrice di possibilità, non è riconciliazione nell'insieme, ma è un conquistare terreno nella lotta contro qualcosa d'altro. Il cammino della decisione è la storicità concreta, l'origine e la meta, prima e dopo ognuno di questi contrasti, nei quali essa, interpretandosi, divide per un momento l'essere» (1913-1959, p. 811).

Bibliografia

Bellelli G., Di Schiena R. (a cura di), *Decisioni ed emozioni. Come la psicologia spiega il conflitto tra ragione e sentimento*, il Mulino, Bologna 2011.

Bellotto M., *Decisione*, in AA.VV., *Gli strumenti del sapere contemporaneo*, vol. II: *I concetti*, Utet, Torino 1985, pp. 199-201.

Bonini N., Del Missier F., Rumiati R., *Psicologia del giudizio e della decisione*, il Mulino, Bologna 2009.

Bresson F., Jodelet F., Mialaret G., *Linguaggio, comunicazione e decisione*, in P. Fraisse, J. Piaget (a cura di), *Trattato di psicologia sperimentale* (1963-1968), Einaudi, Torino 1972-1979, vol. VIII.
Festinger L., *Teoria della dissonanza cognitiva* (1957), Franco Angeli, Milano 1973.
Fornari F., *Simbolo e codice*, Feltrinelli, Milano 1976.
Gagné R. M., *Problem solving*, in "Annual Review of Psychology", 1959, n. 10.
Gigerenzer G., *Decisioni intuitive* (2007), Raffaello Cortina, Milano 2009.
Hull C. L., *A behavior system*, Yale University Press, New Haven, Connecticut, 1952.
Jaques E., *Lavoro, creatività e giustizia sociale* (1970), Bollati Boringhieri, Torino 1978.
Jaspers K., *Psicopatologia generale* (1913-1959), Il Pensiero Scientifico, Roma 2000.
Kahneman D., Tversky A., *Choices, values and frames*, in "American Psychologist", 1984, n. 39, pp. 341-350.
Kaplan M. F., Schwartz S. (a cura di), *Human judgement and decision processes*, Academic Press, New York 1975.
Lewin K., *Decisioni di gruppo e cambiamenti sociali*, in AA.VV., *Psicologia sociale. Testi fondamentali inglesi e americani*, Organizzazioni Speciali (O. S.), Firenze 1978.
March J. G., *Prendere decisioni* (1994), il Mulino, Bologna 1998.
McFarland D. J., *Decision-making in animals*, in "Nature", 1977, n. 269.
Misuraca R., Fasolo B., Cardaci M. (a cura di), *I processi decisionali. Paradossi, sfide, supporti*, il Mulino, Bologna 2012.
Moscovici S., Doise W., *Dissensi e consensi. Una teoria generale delle decisioni collettive* (1992), il Mulino, Bologna 1992.
Motterlini M., Crupi V., *Decisioni mediche. Un punto di vista cognitivo*, Raffaello Cortina, Milano 2009.
Rumiati R., *Giudizio e decisione. Teorie e applicazioni della psicologia della decisione*, il Mulino, Bologna 1990.
Rumiati R., Bonini N., *Le decisioni degli esperti. Psicologia cognitiva delle decisioni manageriali*, il Mulino, Bologna 1996.
–, *Psicologia della decisione*, il Mulino, Bologna 2001.
Rusconi G. E., *Teoria dei giochi e spiegazione sociologica*, in "Stato e Mercato", 1983, n. 8.
Shafir E., Tversky A., *Thinking through uncertainty. Nonconsensual reasoning and choice*, in "Cognitive Psychology", 1992, n. 4, pp. 449-474.
Tesio L., *Decidere*, Raffaello Cortina, Milano 2004.
Tolman E. C., *The determiners of behavior at choice point*, in "Psychological Review", 1938, n. 45 (1), pp. 1-41.
Trentini G., Carli R., Padovani F., *La diagnosi psicologica*, Etas Kompass, Milano 1972.
Tversky A., *Elimination by aspects. A theory of choice*, in "Psychological Review", 1972, n. 79, pp. 281-299.
Tversky A., Shafir E., *Choice under conflict. The dynamics of deferred decision*, in "Psychological Science", 1992, n. 3, pp. 358-361.

Decodificazione (ingl. *Decoding*; ted. *Dekodifizierung*; fr. *Décodage*; sp. *Decodificación*). Detta anche desimbolizzazione, risponde a uno schema valido per qualsiasi forma di comunicazione dove il messaggio da trasmettere viene cifrato (*encoding*) da chi comunica in segni che devono essere decifrati da chi li capta (*decoding*). Condizione indispensabile perché la comprensione sia possibile è che le due fasi del cifrare e del decifrare siano sintonizzate.

Decompensazione (ingl. *Decompensation*; ted. *Dekompensation*; fr. *Décompensation*; sp. *Descompensación*). Termine introdotto da Oliver Brachfeld per indicare quello stato psicologico caratterizzato dal riemergere di sentimenti di inferiorità precedentemente compensati (v. COMPENSAZIONE, § 2).

Bibliografia

Brachfeld O., *Les sentiments d'infériorité*, Le Mont Blanc, Genève 1954.

Deconcentrazione, v. CONCENTRAZIONE; PENSIERO, § III, 1, *h*.

Decondizionamento, v. COMPORTAMENTO, § 5.

Deculturazione (ingl. *Deculturation*; ted. *Dekulturierung*; fr. *Déculturation*; sp. *Desculturización*). Termine antropologico impiegato per indicare l'assunzione, il rigetto o l'integrazione di determinate caratteristiche culturali di una società, in genere tecnicamente più avanzata, da parte di un'altra società che così perde i propri caratteri culturali originari (v. ANTROPOLOGIA, § 4; CULTURA, § 4).

Deduzione (ingl. *Deduction*; ted. *Deduktion*; fr. *Déduction*; sp. *Deducción*). Nel significato più ampio il termine indica la regola che lega in modo necessario una conclusione a una o più premesse. Nella logica moderna la deduzione ha carattere formale perché prescinde dal contenuto delle proposizioni su cui verte, per considerarne unicamente la struttura logica.

Deerotizzazione (ingl. *Deerotization*; ted. *Deerotisierung*; fr. *Déérotisation*; sp. *Deerotización*). Ritiro dell'investimento libidico da un oggetto o dalla sua rappresentazione psichica.

Deficienza mentale, v. RITARDO MENTALE.

Deficit (ingl. *Deficit*; ted. *Defizit*; fr. *Déficit*; sp. *Déficit*). Termine latino adottato per indicare un'insufficienza nello sviluppo della personalità o di qualche suo aspetto. Il deficit può essere espresso in termini quantitativi e indicizzato attraverso un QUOZIENTE (v.) che si ottiene sottoponendo il soggetto a una serie di test idonei a misurare l'aspetto che si intende indicizzare.

Definizione (ingl. *Definition*; ted. *Definition*; fr. *Définition*; sp. *Definición*). Identificazione del significato di un termine mediante altri termini la cui comprensibilità è stata antecedentemente assicurata. Poiché questo processo non può protrarsi all'infinito, ogni ambito di discorso deve prevedere l'esistenza di termini non definiti la cui comprensibilità è assunta per principio. Se l'ambito fa riferimento a linguaggi artificiali, come quelli della logica e della matematica, la definizione sarà semplicemente una convenzione, negli altri casi sarà l'indicazione dell'uso corrente del termine o della classe d'oggetti a cui il termine fa riferimento, con esibizione dei processi secondo i quali le classi vengono costruite.

Deflazione (ingl. *Deflation*; ted. *Deflation*; fr. *Déflation*; sp. *Deflación*). Ricaduta piuttosto rapida alla situazione emotiva di base, dopo una forte euforia (v. CICLOTIMIA).

Deflorazione (ingl. *Defloration*; ted. *Entjungferung*; fr. *Défloration*; sp. *Desfloración*). Rottura dell'imene vaginale generalmente in seguito al primo coito. Secondo la psicoanalisi, la deflorazione, poiché riattiva il complesso di castrazione (v. CASTRAZIONE, COMPLESSO DI), può determinare nella donna una ferita narcisistica con conseguenti tendenze aggressive nei confronti del partner, che agiscono come fattori inibenti l'orgasmo. Secondo alcuni antropologi, che si rifanno a tesi psicoanalitiche, per deviare il risentimento femminile, in alcune società primitive la funzione del "defloratore" veniva delegata a una persona estranea alla coppia, in possesso di una particolare autorità.

Bibliografia

Bonaparte M., *La sessualità della donna* (1951), Newton Compton, Roma 1972.
Deutsch H., *Zur Psychoanalyse der weiblichen Sexual-funktionen. Der Deflorationsakt*, Internationaler Psychoanalytischer Verlag, Leipzig 1925.

Deflusso, v. SCARICA.

Deformazione (ingl. *Distorsion*; ted. *Entstellung*; fr. *Déformation*; sp. *Deformación*). Effetto complessivo del lavoro del SOGNO (v. § II, 2) dove, per ragioni di CENSURA (v.), il CONTENUTO LATENTE (v.) viene trasformato in modo tale da essere difficilmente riconoscibile nel contenuto manifesto. Secondo Sigmund Freud, «possiamo supporre nell'individuo, come cause della strutturazione del sogno, due forze psichiche (correnti, sistemi), una delle quali plasma il desiderio espresso dal sogno, mentre l'altra esercita una censura su questo desiderio, provocando necessariamente una deformazione della sua espressione» (1899, pp. 139-140). La deformazione del sogno è tanto più accentuata quanto più riprovevole è il desiderio latente o quanto più severe sono le esigenze della censura. I meccanismi operanti nella deformazione sono la CONDENSAZIONE (v.), lo SPOSTAMENTO (v.), la RAPPRESENTAZIONE (v. § 1, *c*) e l'elaborazione secondaria (v. ELABORAZIONE, § 2).

Bibliografia

Freud S., *L'interpretazione dei sogni* (1899), in *Opere* (1967-1993), Bollati Boringhieri, Torino, vol. III.

Defusione (ingl. *Defusion*; ted. *Entmischung*; fr. *Défusion*; sp. *Defusión*). Detta anche *disimpasto*, è un termine utilizzato da Sigmund Freud per indicare una separazione tra pulsioni che generalmente operano fuse tra loro (v. FUSIONE, § 2). A parere di Freud, «non abbiamo mai a che fare con pulsioni di morte o pulsioni di vita allo stato puro, ma sempre e soltanto con impasti nei quali le due pulsioni anzidette si mescolano in proporzioni variabili. Correlativamente all'impasto delle pulsioni, può verificarsi, sotto l'influenza di determinati fattori, il loro disimpasto» (1924, p. 10).

Bibliografia

Freud S., *Il problema economico del masochismo* (1924), in *Opere* (1967-1993), Bollati Boringhieri, Torino, vol. X.
–, *Inibizione, sintomo e angoscia* (1925), in *Opere*, cit., vol. X.

Degenerazione (ingl. *Degeneration*; ted. *Degeneration*; fr. *Dégénérescence*; sp. *Degeneración*). Il termine si riferisce alle anomalie del sistema nervoso o di altri organi che insorgono per qualche difetto nel corso dello sviluppo e che si raggruppano in tipici complessi sintomatici di segni morfologici e funzionali. Talvolta queste anomalie si accumulano in alcune famiglie dando ad esse la loro impronta che si riconosce da determinate caratteristiche. Il concetto di degenerazione ha diviso le scuole psichiatriche circa la possibilità di dedurre dall'aspetto corporeo i segni della malattia psichica; un'ipotesi, questa, che sottintende che siano da rintracciare nel corpo le cause della follia. In proposito Wilhelm Griesinger ha scritto: «Siamo scientificamente autorizzati a riallacciare le funzioni dell'anima al corpo e in particolare al cervello, come si riallacciano le funzioni a un organo, e a considerare l'anima immediatamente e prima di tutto come la somma di tutti gli stati del cervello» (1845, p. 7). Da queste premesse discende che «siccome la follia non è che un complesso sintomatico di differenti stati del cervello, ci si potrebbe domandare se è legittimo, in generale, fare delle malattie mentali uno studio speciale e separato dalle altre affezioni del cervello, o se piuttosto la psichiatria non debba rientrare del tutto, almeno formalmente, nella patologia cerebrale» (ivi, p. 12). Karl Jaspers, pur affermando che «la degenerazione è un concetto che, se si vuole precisare in rapporto a fatti empirici, si dissolve e, nel tentativo di pervenire alle fonti ultime della vita, fallisce», sostiene che «la dottrina della degenerazione che si è voluta elaborare a partire dalle anomalie morfologiche delle forme del corpo, pur essendo criticata e respinta, per noi ha tuttavia un fondamento che, anche se non possiamo riconoscere, non possiamo tuttavia trascurare completamente. Praticamente non possiamo trarre conseguenze, ma tali forme non ci sono indifferenti» (1913-1959, pp. 290-291). Un utilizzo possibile della degenerazione e della teoria su di essa costruibile è indicato da Jaspers nella FISIOGNOMICA (v.), che stabilisce una relazione fra struttura del corpo e qualità psichiche, come nella tipologia di Ernst Kretschmer i cui «tipi significano – scrive Jaspers – figure, viste intuitivamente, che chiariscono e arricchiscono la nostra visione, come fa l'arte, non come farebbe il pensiero concettuale» (ivi, p. 292).

Bibliografia

Curtius F., *Über Degenerationszeichen*, in "Eugenik", 1933, vol. 3, pp. 25-33.

Gaston A., *Genealogia dell'alienazione*, Feltrinelli, Milano 1987.

Griesinger W., *Pathologie und Therapie der psychischen Krankheiten*, Braunschweig, Stuttgart 1845.

Jaspers K., *Psicopatologia generale* (1913-1959), Il Pensiero Scientifico, Roma 2000.

Kretschmer E., *Körperbau und Charakter*, Springer, Berlin 1921.

Deiezione (ingl. *Dejection*; ted. *Verfallen*; fr. *Déjection*; sp. *Deyección*). Termine heideggeriano che sta ad indicare la caduta (*Fallen*) dell'esistenza quando manca "la possibilità sua più propria", cioè il suo mondo autentico (v. AUTENTICITÀ – INAUTENTICITÀ, § 2), di essere-nel-mondo, per abbandonarsi a quel mondo anonimo e inautentico che consiste nell'affidarsi all'impersonalità del "Si" per cui «ce la spassiamo e ci divertiamo come ci si diverte; leggiamo, vediamo e giudichiamo di letteratura e di arte come si vede e si giudica. Ci teniamo lontani dalla "gran massa" come ci si tiene lontani, troviamo "scandaloso" ciò che si trova scandaloso. Il Si, che non è un Esserci determinato, ma tutti (non però come somma), decreta il modo di essere della quotidianità» (1927, pp. 215-216). In psichiatria questo termine è stato ripreso da Ludwig Binswanger per indicare quelle forme d'esistenza mancata dove il soggetto perde la sua progettualità e la protensione verso la trascendenza, intesa come oltrepassamento dello stato di volta in volta raggiunto dall'esistenza, per ricadere nella ripetizione di possibilità già date: «Nel rapporto con il mondo – scrive Binswanger – l'esistenza nega se stessa come autentica possibilità di sé per cadere in un determinato progetto di mondo in cui si sente deietta (*verfallen*); in luogo della libertà di far sì che il mondo accada, subentra allora la non libertà dell'esser dominati da un determinato progetto di mondo» (1946, p. 25; v. ANALISI ESISTENZIALE, § 2, *c*).

Bibliografia

Binswanger L., *L'indirizzo antropoanalitico in psichiatria* (1946), in Id., *Il caso Ellen West e altri saggi* (1944-1946), Bompiani, Milano 1973.

–, *Tre forme di esistenza mancata. Esaltazione fissata, stramberia, manierismo* (1956), il Saggiatore, Milano 1964.

Heidegger M., *Essere e tempo* (1927), Utet, Torino 1978.

Deindividuazione (ingl. *Deindividuation*; ted. *Deindividuation*; fr. *Déindividuation*; sp. *Desindividuación*). Situazione in cui una persona perde o non matura la propria identità come singolo individuo per ritrovarla solo come membro di un gruppo. Questa condizione porta il soggetto a una minore considerazione delle regole sociali, sia perché lo stato di relativo anonimato lo protegge dalle sanzioni, sia perché le forme interiorizzate di controllo, come il senso di colpa, la vergogna o la paura, sono più labili.

Bibliografia

Milgram S., *Obbedienza all'autorità. Il celebre esperimento di Yale sul conflitto tra disciplina e coscienza* (1974), Bompiani, Milano 1975.

Zimbardo Ph. G., *The human choice. Individuation, reason and order versus deindividuation, impulse and chaos*, in AA.VV., *Nebraska symposium on motivation*, University of Nebraska Press, Lincoln 1970.

Déjà vu, Esperienza di, v. MEMORIA, §§ 4, *c*; 8, *d*.

Delboeuf, Illusione di, v. ILLUSIONE, § 4, *e*.

Deliberazione (ingl. *Deliberation*; ted. *Beschlussfassung*; fr. *Délibération*; sp. *Deliberación*). Processo di riflessione in cui vengono valutate e comparate diverse alternative possibili, per poi giungere, tramite la DECISIONE (v.), a una SCELTA (v.) che può essere ostacolata o rallentata da un conflitto fra due o più alternative. Quando il processo deliberativo è assente, si parla in genere di comportamento impulsivo.

Delinquenza (ingl. *Delinquency*; ted. *Verbrechertum*; fr. *Délinquance*; sp. *Delincuencia*). Condotta sociale disadattata che si esprime nell'infrazione delle norme vigenti e delle regole condivise e che giunge talvolta a vere e proprie azioni criminose. Delinquenza e criminalità sono concetti relativi alla norma in vigore nel contesto sociale in cui si compie l'azione oggetto del giudizio etico, nonché all'epoca storica che può registrare un abbassamento o un innalzamento della soglia di tolleranza, per cui in ambito psicologico esistono modelli esplicativi del comportamento delinquente o criminale che spesso si discostano dal quadro teorico di riferimento.

1. Il modello biologico-costituzionale. Supponendo l'esistenza di una determinante biologica alla base del comportamento delinquente o criminale, si ricercano le correlazioni fra quest'ultimo e specifici tratti fisici o caratteristiche genetiche. Questo orientamento, che ha preso l'avvio dalle teorie di Cesare Lombroso, comprende, per esempio, i recenti studi che ipotizzano uno stretto legame fra specifiche anomalie cromosomiche e delinquenza. Oggi, alcuni appartenenti a tale corrente hanno osservato una preminenza, all'interno della categoria dei criminali, del tipo di costituzione mesomorfa, associato, a sua volta, al tipo di personalità estroversa (v. Tipologia, § 1). Altri ricercatori hanno compiuto numerose indagini sui gemelli, al fine di individuare qualche elemento genetico alla base della delinquenza, ma i risultati ottenuti, pur sottolineando l'esistenza di alcune costanti, non servono a confermare l'ipotesi di base, in quanto i gemelli, oltre al patrimonio genetico, condividono anche il contesto ambientale della prima infanzia. Altre ricerche si sono sviluppate dopo che è stata osservata nella popolazione criminale una più alta percentuale di soggetti affetti dalla sindrome cromosomica XYY, rispetto alla popolazione totale (v. Genetica, § 2).

2. Il modello psicoanalitico. In questo ambito si fa risalire la propensione alla delinquenza e alla criminalità ai conflitti con le figure parentali durante il periodo dell'infanzia in cui si sviluppa la coscienza morale. Di conseguenza si ritiene che nella maggior parte dei casi i delinquenti siano soggetti psicopatici (v. Psicopatia) o "casi-limite" (v. Marginale, Sindrome, § 1), in cui la formazione del Super-io è avvenuta o in modo incompleto con conseguente carenza del controllo delle pulsioni, o per identificazione con persone criminali con conseguente attribuzione dell'azione criminosa a istanze superegoiche. Secondo Sigmund Freud esistono "criminali per senso di colpa" che commettono reati in vista della punizione che ai loro occhi li riscatta dai profondi sensi di colpa connessi ai desideri edipici (v. Colpa, § 3), mentre teorie psicoanalitiche più recenti fanno risalire le condotte criminose a disturbi emotivi maturati nei primissimi anni di vita nel rapporto con la madre o a contesti socioeconomici e affettivi di grave deprivazione (v. Privazione).

3. Il modello comportamentista. Si ritiene che la delinquenza sia determinata da un insuccesso nell'apprendimento e, in particolare, nel processo che Orval Hobart Mowrer ha descritto come "condizionamento passivo di evitamento", causato dall'associazione a determinate azioni proibite, compiute dal bambino spontaneamente, di uno stato emotivo spiacevole creato dalla punizione; per effetto di tale associazione la sola immaginazione dell'atto proibito è sufficiente a richiamare la sensazione spiacevole e a impedire che l'atto venga realmente compiuto. Secondo Hans Jürgen Eysenck la criminalità è il risultato di una generale insensibilità congenita al condizionamento che si riscontra soprattutto negli individui estroversi, che pertanto devono essere educati con procedimenti particolarmente incisivi.

4. Il modello psicosociale. In questo ambito ci si occupa di tutte le componenti ambientali, come le condizioni familiari, culturali ed economiche, che possono favorire lo sviluppo della delinquenza, senza trascurare l'influsso dei media e i processi di identificazione con le forme di crimine divulgate. Secondo Noël Mailloux, alla base e all'origine della struttura psicologica della delinquenza ci sarebbe la proiezione, da parte della famiglia, di un'immagine negativa, che di solito è il prodotto dell'insicurezza dei genitori, che si esprime o nel timore che il ragazzo finisca male o in un eccesso di protezione che lascia trasparire la sfiducia. Uscito dalla famiglia, il ragazzo particolarmente sensibile a tutti i giudizi negativi passa attraverso la scuola o le prime esperienze di lavoro alla ricerca di una conferma di tale immagine negativa. Secondo Pier Angelo Achille la ricerca dell'identità attraverso la socializzazione avviene in gruppi dove l'identità negativa trova un sostegno e un appoggio, e dove le remore del Super-io ancora efficaci vengono fatte tacere da un Super-io di gruppo che lo rimpiazza. L'identità viene raggiunta attraverso il comportamento che il gruppo impone come prova di tale appartenenza, per cui il giovane crede a poco a poco di "essere" ciò che "fa", mentre il gruppo si incarica di sopprimere, con la sua solidarietà, il senso di colpevolezza attraverso tecniche quali: *a*) la negazione della *responsabilità* per cui si proclama di aver agito sotto la spinta di forze irresistibili; *b*) la negazione dell'*offesa* dove non si nega di aver commesso un atto, ma si nega il torto fatto o la portata dell'azione, per cui si spezza il legame tra la persona e le sue azioni nonché fra l'atto e le sue conseguenze; *c*) la minimizzazione del valore della *vittima* che è giudicata o distratta o provocatrice;

d) la *proiezione* generalizzata delle regole del gruppo delinquente a tutti i gruppi sociali che si alimenterebbero delle stesse regole in forme più raffinate e meno manifeste; *e*) la *fedeltà* al gruppo al cui interno matura l'identità personale, per cui per un membro si deve fare tutto fino ad assumere tutta la responsabilità anche se si è solo parzialmente responsabili.

Frederic M. Thrasher ha classificato cinque tipologie di gruppi delinquenziali: *a*) il tipo *diffuso* con solidarietà e fedeltà dei membri labile e di breve durata, con leader che non esistono o sono occasionali; *b*) il tipo *solidificato* che nasce con il superamento di conflitti intensi e frequenti all'interno del gruppo che consente la selezione dei membri e la loro definitiva omogeneizzazione; *c*) il tipo *convenzionale* che funziona come un'associazione vera e propria a difesa di determinati interessi rispetto alle influenze esterne che quindi agiscono da elemento di coesione del gruppo stesso; *d*) il tipo *criminale* che risulta dall'evoluzione prolungata del tipo diffuso e di quello solidificato senza mai inserirsi in una comunità sociale; *e*) la *società segreta* con i rituali di segretezza, riti di iniziazione, parole d'ordine, codici in vista del prestigio dei membri del gruppo. A promuovere queste tipologie di gruppo è la disparità tra aspirazioni e possibilità di riuscita. Questo spiega perché la provenienza dei soggetti "delinquenti" sia principalmente dalle classi sociali inferiori che trovano nel gruppo il punto d'appoggio per riuscire dove individualmente hanno l'impressione di non potercela fare.

Nonostante l'apparente inconciliabilità delle ipotesi esplicative formulate a partire dai diversi orientamenti teorici, si registra oggi la tendenza a integrare i vari settori di indagine in una concezione, elaborata soprattutto nell'ambito della psicologia criminale (v. PSICOLOGIA FORENSE, § 2), che tende a considerare la delinquenza e la criminalità come il risultato non di una sola causa, ma di una complessa interazione di più fattori, difficilmente isolabili fra loro, che intervengono a definire la tipologia sociopatica (v. PSICOLOGIA SOCIALE, § 5).

Bibliografia

Achille P. A., *La dinamica del gruppo delinquente*, in L. Ancona (a cura di), *Nuove questioni di psicologia*, La Scuola, Brescia 1972, vol. II, pp. 155-206.

Barbagli M., Gatti U., *Prevenire la criminalità*, il Mulino, Bologna 2005.

Battacchi M. W., *Delinquenza minorile, psicologia e istituzioni totali*, Giunti Martello, Firenze 1970.

Bertolini P., *Delinquenza minorile e disadattamento*, Armando, Roma 1971.

Callieri B., *La diagnosi psichiatrica e il problema diagnostico e umano del criminale* (1992), in Id., *Percorsi di uno psichiatra* (1955-1992), Edizioni Universitarie Romane, Roma 1993, pp. 439-449.

Canepa G., *Personalità e delinquenza. Problemi di antropologia criminale e di criminologia clinica*, Giuffrè, Milano 1978.

Casey M. D. *et al.*, *XYY chromosome and antisocial behavior*, in "Lancet", 1966, n. 1, 984.

Cohen A. K., *Ragazzi delinquenti* (1955), Feltrinelli, Milano 1963.

De Leo G., *La giustizia dei minori. La delinquenza minorile e le sue istituzioni*, Einaudi, Torino 1981.

De Leo G., Patrizi P., *La spiegazione del crimine. Bilancio critico e nuove prospettive teoriche*, il Mulino, Bologna 1992.

Eysenck H. J., *Crimine e personalità* (1964), Armando, Roma 1980.

Freud S., *Alcuni tipi di carattere tratti dal lavoro psicoanalitico* (1916), in *Opere* (1967-1993), Bollati Boringhieri, Torino, vol. VIII.

–, *L'Io e l'Es* (1922), in *Opere*, cit., vol. IX.

Hicks S. J., Sales B., *Criminal profiling* (2005), Raffaello Cortina, Milano 2009.

Lombroso C., *L'uomo delinquente in rapporto all'antropologia, alla giurisprudenza e alla psichiatria* (1876-1897), Bompiani, Milano 2013.

Mailloux N., *La personalità del delinquente e la ricerca contemporanea*, in "Archivio di Psicologia, Neurologia e Psichiatria", 1962, n. 23.

Mowrer O. H., *Learning theory and behavior*, Ronald, New York 1960.

Parenti F., *Assieme per uccidere. Psicologia della violenza di gruppo*, Armando, Roma 1978.

Scaparro F., Roi G., *La maschera del cattivo. Delinquenza minorile e responsabilità adulta*, Unicopli, Milano 1992.

Thrasher F. M., *The gang. A study of 1.313 gangs in Chicago*, University of Chicago Press, Chicago 1966.

Zimbardo Ph. G., *L'effetto Lucifero. Cattivi si diventa?* (2007), Raffaello Cortina, Milano 2008.

Delirio (ingl. *Delirium*; ted. *Wahn*; fr. *Délire*; sp. *Delirio*). Idea o insieme di idee che, pur non avendo alcuna corrispondenza con i dati della realtà, non cedono né agli argomenti della discussione, né alle smentite dell'esperienza. Di importanza centrale nella visione del mondo del delirante, dette idee risultano inaccettabili alle persone che appartengono al suo stesso ambito culturale. Si è soliti distinguere un delirio *lucido* dove il soggetto è calmo e presente nella realtà in cui vive, da un delirio *confuso* che insorge e si accompagna a un'alterazione dello stato di coscienza. Karl Jaspers distingue tra *idee deliroidi* (*wahnhafte Ideen*) e vere e proprie *idee deliranti* (*echte Wahnideen*): le prime sono alla base dei deliri cosiddetti *comprensibili* perché riconducibili a contenuti psichici che in qualche modo li giustificano, come un delirio di rovina in una fase depressiva o in una situazione particolare quale la carcerazione o l'isolamento sociale, le seconde si trovano alla base dei deliri *incomprensibili* che sono per Jaspers quelli tipici della schizofrenia e della paranoia (v. PSICOLOGIA COMPRENSIVA). Di *condizione deliroide* parla anche Ernst Kretschmer a proposito del delirio paranoico che non evolve in schizofrenia, ma si cristallizza "incistandosi" nella personalità dell'individuo senza ulteriori elaborazioni, oppure si spegne totalmente.

1. GENESI DEL DELIRIO. I contributi più significativi in proposito vengono dalla psichiatria a indirizzo fenomenologico (v. ANALISI ESISTENZIALE) e dall'antipsichiatria (v. ISTITUZIONE PSICHIATRICA, § 2). Partendo dalla persuasione che ciascuno di noi ha una particolare visione del mondo, in base alla quale organizza il reale, quando questa visione, che è comunque differente da individuo a individuo, oltrepassa un certo limite di condivisibilità siamo in presenza di un delirio. Giovanni Jervis sottolinea che a destrutturarsi è innanzitutto la categoria della *familiarità* con cui ciascuno di noi è solito trattare le cose come estranee o familiari. In condizioni di isolamento, di oppressione o di esclusione è possibile che la familiarità delle cose ceda a favore di una loro totale estraneità che richiede, per poterle padroneggiare e per ridurre l'ansia che sempre accompagna l'incontro con cose estranee, una riorganizzazione del mondo in base a un'idea che consenta di ricondurre tutte le cose a punti di riferimento che, anche se non corrispondono al reale, consentono al soggetto di riconoscerle, evitandogli l'esperienza di abitare un mondo del tutto estraneo.

Un secondo motivo che può essere alla base di una formazione delirante è, sempre per Jervis, la condizione di *passività* che comporta la sensazione di essere dominati dalla realtà senza poterla determinare. Per liberarsi da questa oppressione c'è la possibilità, attraverso il delirio, di inventarsi una realtà o dei nessi di realtà che consentano al delirante un minimo di controllo. Lo stesso può dirsi per le condizioni di *isolamento* dove vien meno l'interpretazione sociale comune della realtà, soppiantata da un'interpretazione privata. Queste due condizioni, scrive Jervis, si influenzano reciprocamente: «L'esperienza di passività e l'esperienza di isolamento si rafforzano a vicenda: chi si sente passivizzato dagli avvenimenti e dalla situazione in cui si trova, tende a essere isolato dagli altri e a isolarsi dalla realtà; chi è in situazione di isolamento dagli altri tende a sentirsi passivizzato, influenzato, minacciato e impotente rispetto agli avvenimenti» (1975, p. 245).

Nelle psicosi endogene (v. PSICOSI, § 2, *c*) il delirio è l'esito della perdita del rapporto con se stessi con conseguente perdita di controllo sulla realtà, a cui si provvede con una diversa interpretazione della medesima. Allo stesso esito si giunge quando, in presenza di fallimenti o di insuccessi che non si possono accettare perché contraddicono troppo l'immagine che ciascuno ama mantenere di sé, si va alla ricerca di responsabili esterni a cui imputare il proprio fallimento. Atteggiamenti semideliranti possono riscontrarsi in personalità dallo sfondo caratteriale rigido e diffidente e perciò poco adattabili alla realtà, oppure in persone che, godendo di una posizione sociale elevata, sono portate a sospettare continue minacce al loro potere.

Dal punto di vista psicoanalitico la genesi del delirio ha la sua spiegazione nel meccanismo della PROIEZIONE (v. § 3) per cui si attribuiscono ad altre persone intenzioni o atteggiamenti che in realtà sono propri. Così, per esempio, il timore di essere aggrediti nasconde spesso una propria aggressività che non si vuol riconoscere. Attribuendola all'altro, la proiezione consente di trattare come cosa lontana da noi la negatività che ci appartiene ma che non riusciamo ad accettare (v. FORMAZIONE DI COMPROMESSO).

2. FUNZIONE DEL DELIRIO. La genesi del delirio consente di comprenderne la funzione che di solito è a sfondo protettivo, per cui occorre molta cautela prima di "disfare" un evidente delirio. Consentendo di ristrutturare una realtà che non si domina, il delirio offre un nucleo di significato intorno a cui poter riorganizzare un mondo che, sia pure in modo alterato, ricomincia a funzionare. La spiegazione, anche se delirante, rimette in moto un'esistenza che si era bloccata, offre un senso al mondo che si abita e un significato, se non addirittura un protagonismo, a se stessi in quel mondo. Da questo punto di vista la funzione protettiva del delirio, detta anche *riorientamento nel delirio*, è ciò per cui, per esempio, scrive Sigmund Freud: «Il paranoico ricostruisce il mondo, non più splendido in verità, ma almeno tale da poter di nuovo vivere in esso. Lo ricostruisce con il lavoro del suo delirio. La formazione delirante che noi consideriamo il prodotto della malattia costituisce in verità il tentativo di guarigione, la ricostruzione» (1910, p. 396).

Su questo tema ritorna Jervis per il quale «il delirio come interpretazione del mondo nasce nel momento in cui il soggetto cerca dei messaggi, dei simboli, una chiave che gli spieghino chi è lui stesso e che cosa è il mondo, che cosa sta realmente succedendo, come può entrare in questo mondo che lo domina, ma da cui è escluso e sul quale non ha potere. Il soggetto cerca di ricostruire una realtà che gli si è parzialmente disgregata davanti e lo invade in una serie di frammenti di esperienza, separati fra loro e non più pienamente significativi. Il mondo gli appare insopportabilmente estraneo, ostile, minaccioso, falso e destrutturato. La ristrutturazione della realtà parte da un'interpretazione di significato intorno alla quale tutto il mondo si riorganizza e, per così dire, ricomincia a funzionare. La spiegazione (delirante) rimette in moto un'esistenza che si era bloccata nell'angoscia, nella passività, nella perdita di senso delle cose. Improvvisamente il soggetto intuisce: egli è invaso da forze estranee, succede qualcosa, c'è un complotto, o una mascheratura; qualcosa gli viene nascosto ma egli comincia a capire, vede significati nuovi e cifrati. È il delirio. Il delirio ha qui delle importanti affinità psicologiche con la conversione religiosa, con l'illuminazione poetica, e anche con la mutata percezione indotta talora da certe sostanze dette impropriamente allucinogeni» (1975, pp. 245-246).

Sulla funzione ristrutturante del delirio insiste anche Eugenio Borgna per il quale «il nocciolo del problema è costituito, in ogni caso, dal senso, o dal controsenso, che il delirio ha nella vita del paziente. Una impostazione terapeutica adeguata verso il paziente che delira (o che allucina) non può essere quella intesa semplicemente alla eliminazione delle manifestazioni psicotiche. Le esperienze deliranti e anche quelle allucinatorie possono riassumere in sé il senso di una *nuova* fondazione relazionale: il senso, cioè, di una compensazione fenomenologica che riempia il vuoto creato dalla lacerazione psicotica. Nella nientificazione improblematica del delirare e dell'allucinare (in questo c'è una profonda affinità tra i due fenomeni) può accadere che non solo non si abbia una qualche reale significazione terapeutica, ma che si bruci l'ultima disperata ragione di sopravvivenza legata, solo, alla presenza delle esperienze psicotiche» (1988, p. 96).

3. FORME DI DELIRIO. I deliri, che possono essere acuti, isolati, episodici, ricorrenti o cronici, vengono classificati in base al loro contenuto e distinti dalle *idee dominanti* (v. IDEA, § 6), che non sono, come i deliri, convinzioni e certezze, ma semplici timori, preoccupazioni o interessi che hanno assunto per il soggetto un'importanza eccessiva e tale da alterare la continuità dell'esperienza e il suo abituale fluire (v. PENSIERO, § III, 2, *b*). La terminologia dei deliri prevede, in ordine alfabetico:

delirio di colpa tipico dei melanconici che si attribuiscono colpe mai commesse per dare una giustificazione e una consequenzialità alle pene che si trovano a soffrire (v. COLPA, § 2);

delirio di compensazione di una situazione vissuta come negativa o spiacevole, come per esempio una sterilità, compensata da un delirio di gravidanza;

delirio di controllo in cui il soggetto ha la sensazione che i propri pensieri e i propri sentimenti, nonché i propri impulsi e le proprie azioni siano sotto il controllo di una forza esterna, nei confronti della quale non si ha alcun potere;

delirio erotico di chi è persuaso di essere segretamente amato da una persona di solito importante o altolocata;

delirio fantastico che si alimenta di personali teorie filosofiche, religiose, scientifiche che risolvono problemi fino ad allora irrisolti;

delirio di gelosia caratterizzato dall'interpretazione dei dettagli più insignificanti del comportamento del partner come indizio e prova del tradimento. È frequente nei soggetti affetti da ALCOLISMO (v. § 7, *d*);

delirio di grandezza che pone il protagonista al centro di un destino grandioso (v. MEGALOMANIA);

delirio di interpretazione detto anche "follia ragionante" perché ubbidisce a un bisogno di spiegare tutto conformemente a un sistema fondamentale di significati privati;

delirio di negazione frequente nei depressi anziani convinti che il mondo sia alla fine e che il proprio corpo sia morto o vuoto di visceri;

delirio del pensiero quando il soggetto è persuaso che i pensieri che gli attraversano la mente non siano i suoi, ma gli vengano inseriti (*delirio di inserzione del pensiero*), oppure che i propri pensieri vengano trasmessi ad alta voce, così che tutti li possono percepire (*delirio di trasmissione del pensiero*);

delirio di persecuzione tipico di chi si convince dell'esistenza di un complotto ai suoi danni, ed è quindi costretto a difendersi e a sospettare di tutti (v. PERSECUZIONE);

delirio querulomane che converge su un torto realmente subìto o immaginato, innescando condotte che si esprimono con domande scritte, manifesti, citazioni in giudizio e simili;

delirio di riferimento in cui il soggetto ha l'impressione che tutti si riferiscano a lui con sguardi, gesti e allusioni alla sua persona. Questo delirio è detto anche paranoideo (v. PARANOIA, § 3);

delirio di rovina (economica, familiare, di posizione o di prestigio) frequente nelle forme depressive, accompagnato da delirio di colpa;

delirio somatico che ha per oggetto l'aspetto o il corretto funzionamento del proprio corpo (v. IPOCONDRIA).

4. DELIRIO E RAZIONALITÀ. I deliri sono quasi sempre individuali ed è discutibile parlare di *deliri collettivi* così come lo è parlarne a proposito di interpretazioni religiose o magiche condivise da gruppi, sette o intere popolazioni, perché in questo caso la loro elaborazione e la condivisibilità che riscuotono rendono i temi a cui si applicano utilizzabili a livello sociale. Ciò che, pensato individualmente, può sembrare un delirio, spesso è parte di una cultura, all'interno della quale il delirio consente un'elaborazione significativa della realtà. Bisogna infine guardarsi dall'assumere come norma per una corretta interpretazione del reale i criteri della razionalità storicamente vigente, rispetto alla quale tutte le forme da essa non regolate possono apparire deliranti. A questo proposito Borgna scrive che «la metamorfosi dei significati (non la loro dissolvenza che si coglie in

livelli di ulteriore destratificazione semantica del reale) definisce, da un'altra angolazione, la *Gestalt* radicale di ogni esperienza delirante. In questa, il reale assume improvvisamente un *altro* senso ed un'*altra* profondità: nuovi sentieri si aprono nel mondo crepuscolare delle percezioni; ed è una nuova identità personale che si viene configurando. La coscienza di un reale diverso (altro da quello che sta abitualmente dinanzi a noi) non è, in fondo, se non la coscienza che *nel* reale i significati si trasformano vertiginosamente» (1988, p. 90). Partendo da queste premesse, prosegue Borgna, «la fenomenologia del delirio intende cogliere questa realtà nel suo articolarsi come *discorso*, che è inconfrontabile con le abituali definizioni sintomatologiche di cui si serve la psichiatria clinica ancorata al metodo di fondazione e di ricerca delle scienze naturali» (ivi, p. 87).

Sulla necessità di superare l'impianto categoriale della psichiatria clinica per una corretta interpretazione del delirio insiste anche Alberto Gaston per il quale «la psichiatria classica, nel suo procedere naturalistico, spoglia di qualsiasi espressività antropologica quella ineffabile e straordinaria esperienza psichica che chiamiamo *delirio*, riducendola a mero sintomo, segno diretto di una malattia, nota o ignota, che altera il funzionamento della mente. Circoscritto nella definizione formale di disturbo del pensiero e bloccato nelle opposizioni oggettivanti di primario/secondario, derivabile/inderivabile, comprensibile/incomprensibile, il delirio perde così tutta la sua mobilità esistenziale e assume la stessa valenza sintomatica di una semplice febbre o di una banale infiammazione. Si separa così una complessa esperienza psichica dalla profondità dell'anima che l'ha generata. Se invece, come molti fenomenologi cercano di fare, incontriamo il delirio nella sua globalità di esperienza-altra, al di là della sua cristallizzazione sintomatica, come una delle modalità di essere e di farsi nel mondo, allora esso riacquista l'antico valore di grande figura della follia. Incontrato in questa dimensione, il delirio non può esaurirsi nella semplice definizione di errore incorreggibile del giudizio o di falsificazione personalistica e acritica della realtà, espressione immediata del malfunzionamento di una struttura, ma si pone come una diversa e peculiare possibilità di relazione Io-Mondo» (1987, pp. 141-142).

Bibliografia

Basaglia F., Ongaro Basaglia F., *Follia/Delirio*, in AA.VV., *Enciclopedia*, Einaudi, Torino 1979, vol. VI, pp. 262-287.
Binswanger L., *Delirio* (1965), Marsilio, Venezia 1990.
Bodei R., *Le logiche del delirio. Ragione, affetti, follia*, Laterza, Bari 2000.
Borgna E., *Il mondo del delirio*, in Id., *I conflitti del conoscere. Strutture del sapere ed esperienza della follia*, Feltrinelli, Milano 1988.
Callieri B., *Quando vince l'ombra. Problemi di psicopatologia clinica* (1982), Edizioni Universitarie Romane, Roma 2001.
Di Petta G., *Il mondo allucinatorio delirante*, in Id., *Il mondo vissuto. Clinica dell'esistenza. Fenomenologia della cura*, Edizioni Universitarie Romane, Roma 2003, pp. 155-174.
Freud S., *Osservazioni psicoanalitiche su un caso di paranoia (dementia paranoides) descritto autobiograficamente (Caso clinico del presidente Schreber)* (1910), in *Opere* (1967-1993), Bollati Boringhieri, Torino, vol. VI.
Gaston A., *Genealogia dell'alienazione*, Feltrinelli, Milano 1987.
Gozzetti G., *Lo stato d'animo delirante (Wahnstimmung)*, in A. Ballerini, B. Callieri (a cura di), *Breviario di psicopatologia. La dimensione umana della sofferenza mentale*, Feltrinelli, Milano 1996.
Jaspers K., *Psicopatologia generale* (1913-1959), Il Pensiero Scientifico, Roma 2000.
Jervis G., *Delirio*, in Id., *Manuale critico di psichiatria*, Feltrinelli, Milano 1975.
Kretschmer E., *Manuale teorico-pratico di psicologia medica* (1922), Sansoni, Firenze 1952.
Laing R. D., *L'Io diviso. Studio di psichiatria esistenziale* (1959), Einaudi, Torino 1969.
Lorenzini R., Coratti B., *La dimensione delirante. Psicoterapia cognitiva della follia*, Raffaello Cortina, Milano 2009.
Pancheri P., *Disturbi deliranti*, in G. B. Cassano, P. Pancheri *et al.* (a cura di), *Trattato italiano di psichiatria* (1992), Masson, Milano 1999, vol. II, pp. 1783-1800.
Pancheri P., Biondi M., *Il delirio*, Il Pensiero Scientifico, Roma 1994.
Reed G., *The psychology of anomalous experience. A cognitive approach*, Hutchinson University Library, London 1972.
Reich W., *Conflitti libidici e fantasie deliranti* (1920), Sugarco, Milano 1978.
Risso M., Böker W., *Sortilegio e delirio. Psicopatologia delle emigrazioni in prospettiva transculturale*, Liguori, Napoli 1992.
Rossi R. (a cura di), *Delirium*, in G. B. Cassano, P. Pancheri *et al.* (a cura di), *Trattato italiano di psichiatria*, cit., vol. II, pp. 1171-1186.
Rossi Monti M., *Forme del delirio e psicopatologia*, Raffaello Cortina, Milano 2009.
Schneider K., *Psicopatologia clinica* (1962), Fioriti, Roma 2005.
Sérieux P., Capgras J., *Les folies raisonnantes. Le délire d'interprétation*, Alcan, Paris 1909.

Delirium tremens, v. ALCOLISMO, § 7, *a*.

Deliroide, v. DELIRIO.

Delta, Movimento, v. PERCEZIONE, § 6, *a*.

Delta, Ritmo, v. ELETTROENCEFALOGRAFIA.

Delusione (ingl. *Disappointment*; ted. *Enttäuschung*; fr. *Déception*; sp. *Desilusión*). Reazione affettiva conseguente alla mancata realizzazione di una speranza o di un'attesa. Per indicare questo stato, in ambito psicoanalitico, si preferisce il termine FRUSTRAZIONE (v.).

Demenza (ingl. *Dementia*; ted. *Dementia*; fr. *Démence*; sp. *Demencia*). Indebolimento delle facoltà mentali dovuto alla morte di un numero rilevante di cellule neuronali che, ridotte, non sono più in grado di consentire al soggetto di elaborare i dati della sua esperienza in modo utile a svolgere le attività della sua vita quotidiana. Utilizzato in passato come sinonimo di FOLLIA (v.), oggi il termine si riferisce all'invecchiamento delle cellule della corteccia cerebrale da imputare a cause che vanno da fattori degenerativi, anche su base genetica, che accelerano l'invecchiamento a processi arteriopatici favoriti dall'ipertensione arteriosa e dal diabete, da infiammazioni cerebrali (v. ENCEFALITE) a lesioni traumatiche o a carenze metaboliche, nonché all'assunzione di alcol e droga. Può essere inclusa in questo quadro dementigeno anche la paralisi progressiva (v. PARALISI, § 2) che è una forma di demenza dovuta all'infezione del cervello ad opera del microrganismo della sifilide. Alcune forme di demenza sono considerate reversibili, in quanto determinate da cause infettive, infiammatorie, metaboliche, neoplastiche o da alterazioni della dinamica liquorale (come nel caso dell'idrocefalo normoteso) che, se corrette, portano alla *restitutio ad integrum* delle funzioni cerebrali.

I. IL QUADRO CLINICO. Le modalità di esordio della demenza sono molto variabili e difficili da diagnosticare, tuttavia le tecniche di neuroimmagine ed esami laboratoristici possono contribuire alla conferma diagnostica e alla diagnosi differenziale. Solo in fase avanzata si possono evidenziare:

1. *Disturbi della memoria*. Il paziente, oltre a non acquisire nuove informazioni, dimentica i fatti recenti conservando frammenti di ricordi passati che spesso rivive come se fossero attuali. Riconosce le persone e i luoghi abituali, ma è incapace di evocare in successione corretta i diversi episodi della sua vita. La dimenticanza di ciò che ha appena detto o fatto lo porta spesso a ripetizioni continue. Constatazioni sperimentali hanno mostrato che l'ordine di disapprendimento segue l'ordine di apprendimento, per cui, procedendo verso il passato, i ricordi relativi all'infanzia scompaiono per ultimi, con una maggior sopravvivenza per i ricordi che hanno acquisito un'importanza personale per il soggetto.

2. *Disturbi dell'azione*. Il soggetto fatica a orientarsi nel tempo e nello spazio, smarrisce la familiarità con gli oggetti, con conseguente difficoltà a impiegarli secondo la loro destinazione, perde le abitudini familiari e usuali, fino a smarrire, negli stadi più avanzati, anche i comportamenti più elementari.

3. *Disturbi dell'attenzione, del giudizio e della previsione* con conseguenti comportamenti inadeguati alla situazione e talvolta pericolosi, o perché si obnubila la relazione consequenziale tra mezzi e fini, o perché non si riesce a prevedere l'effetto delle proprie azioni.

4. *Disturbi del linguaggio* con impoverimento del vocabolario e comparsa di manifestazioni afasiche e parafasiche (v. AFASIA), con difficoltà nell'emissione della parola tali da rendere il linguaggio spesso incomprensibile o ripetitivo di stereotipi linguistici ininterrottamente ripresi.

5. *Disturbi dell'umore*. Quando il paziente è consapevole del proprio decadimento mentale subentrano disturbi a sfondo depressivo accompagnati da una sorta di inquietudine, non di rado indotta dall'ansia dell'ambiente circostante che, temendo azioni inconsulte, aumenta i controlli. Siccome le cause che sono alla base del disturbo mentale continuano ad agire, il carattere progressivo della demenza non concede forme di difesa se non restringendo il proprio campo di attività a un ambiente noto da tempo, all'interno del quale il demente riesce a condurre la sua vita grazie ad abitudini stabili e ben collaudate. La terapia è fondamentalmente ambientale, perché in queste manifestazioni i farmaci hanno un'utilità marginale. Il ricovero in istituti psichiatrici è controproducente perché obbliga il paziente ad affrontare un ambiente nuovo con nuove regole di vita e nuove persone, rispetto alle quali le sue capacità mentali si rivelano insufficienti e inidonee ad apprendere nuove realtà. La prevenzione della demenza senile e arteriosclerotica consiste in una vita attiva con stimolazioni culturali, norme dietetiche e igieniche atte a conservare in buone condizioni il sistema circolatorio.

II. PROBLEMI DI CLASSIFICAZIONE. Esclusa la "dementia praecox", che non è una forma di demenza, ma una vecchia denominazione della schizofrenia che fa la sua comparsa in età giovanile (v. SCHIZOFRENIA, § III, 2) eliminata dal vocabolario psichiatrico da Eugen Bleuler, si è soliti utilizzare la distinzione tra *demenza senile* e *demenza presenile*, introdotta da Emil Kraepelin, che incluse, tra le demenze presenili, anche la malattia di Alzheimer, a partire dall'età non avanzata della paziente di 51 anni studiata dal medico tedesco Alois Alzheimer che nel 1907 ne descrisse il quadro clinico, ripreso con maggiori dettagli due anni dopo dal medico italiano Gaetano Perusini. I due medici evidenziarono un progressivo decadimento cognitivo determinato da atrofia cerebrale, placche senili extracellulari e gomitoli neurofibrillari intracellulari che differenziavano questo tipo di demenza da quella imputabile a neurosifilide o a ischemia cerebrale.

La distinzione kraepeliana venne ignorata dal *Manuale diagnostico e statistico dei disturbi mentali* (DSM-I) del 1959 che non parla di "demenza", ma di "OBS: sindrome cerebrale organica" che comprende tutte le condizioni di declino cognitivo degli anziani. Il DSM-II del 1968 riprende la distinzione kraepeliana tra demenze senili e presenili che però colloca nella categoria delle psicosi OBS. Nelle edizioni DSM-III e DSM-IV, la demenza acquista una sua autonomia diagnostica caratterizzata dalla perdita della memoria e più in generale delle capacità intellettive, con conseguenze negative sulle capacità esecutive e occupazionali. Infine il DSM-5 del 2013 preferisce al termine "demenza" la denominazione "disturbi neurocognitivi" con questa giustificazione: «Il termine *demenza* viene mantenuto nel DSM-5 per continuità e può essere utilizzato in contesti in cui medici e pazienti sono abituati ad usarlo. Anche se demenza è il termine consueto per disturbi come demenze degenerative che di solito colpiscono gli anziani, la formulazione *disturbo neurocognitivo* (DNC) è ampiamente utilizzata e spesso preferita per quelle condizioni che colpiscono individui più giovani, come nel caso della compromissione secondaria a trauma cranico o a infezione da HIV. Inoltre la definizione del DNC maggiore è un po' più ampia di quella di demenza, in quanto gli individui con un declino significativo in una singola area possono ricevere questa diagnosi» (2013, p. 688). Le aree cognitive prese in considerazione dal DNC sono: l'attenzione, la funzione esecutiva, l'apprendimento e la memoria, il linguaggio, l'abilità percettiva e motoria, la cognizione sociale. In questa sede distingueremo le demenze adottando la classificazione convenzionale basata sull'età dell'esordio, quindi in senili e presenili.

III. LA DEMENZA SENILE. È la forma classica di demenza che si manifesta intorno ai 70-75 anni rivelando a livello clinico un'atrofia corticale diffusa, placche senili, degenerazione neurofibrillare e granulo-vacuolare. Le demenze senili risultano essere l'85% di tutte le demenze, rappresentate per il 55% da malattia di Alzheimer a esordio tardivo, per il 20% da demenza vascolare, per un altro 20% da forme miste e per il restante 5% da forme a eziologia diversa. La forma senile dell'Alzheimer esordisce intorno ai 75 anni e ha un'aspettativa di vita intorno ai 5 anni, mentre la demenza vascolare può esordire intorno ai 65 anni e ha un'aspettativa di vita di 4-5 anni. Secondo alcuni la demenza dipenderebbe dall'invecchiamento fisiologico, per altri sarebbe una malattia vera e propria di cui l'invecchiamento rappresenta solo un fattore di rischio. A livello fenomenico sono tipici i disturbi mnestici, gli episodi confusionali, gli smarrimenti con manifestazioni comportamentali negligenti o pericolose, idee depressive o persecutorie. In seguito, il processo demenziale diventa globale con disorientamento spazio-temporale, decadimento mentale generalizzato, turbe dell'affettività con stati di apatia alternati a stati d'ansia. La terapia è soltanto sintomatica o di generica assistenza. In questo quadro rientra la *presbiofrenia di Wernicke*, che è una forma clinica caratterizzata dal predominio dei disturbi mnestici.

IV. LE DEMENZE PRESENILI. Compaiono prevalentemente in un'età compresa tra i 50 e i 60 anni e sono rappresentate dalle seguenti forme:

1. *Malattia di Alzheimer*. È caratterizzata da lesioni multiple del tessuto cerebrale che interessano tutta la corteccia e varie strutture sottocorticali, oltre alle regioni ippocampiche e retrospleniali, mentre le circonvoluzioni adiacenti al solco centrale (giri pre- e post-centrale) sono in genere risparmiate. Eugenio Borgna mette in evidenza la destrutturazione della temporalità nella malattia di Alzheimer: «La prima dimensione temporale ad essere modificata nella malattia è quella del futuro: non ci sono più timori, e non ci sono più speranze, mentre il presente e il passato temporaneamente sopravvivono nei loro orizzonti di senso. Le cose poi precipitano: anche il presente e il passato si disarticolano e si frantumano, e la coscienza del tempo infine si cancella nei paesaggi devastati della memoria» (2015, p. 14). Questa forma di demenza prevede tre stadi: nel primo compaiono i deficit intellettuali della demenza, compresi i ricordi antichi di solito ben radicati, ma resta ben conservata l'affettività, per cui il malato presenta ancora una buona iniziativa e intraprendenza; nel secondo stadio si sviluppano le sindromi tipiche della malattia, come AFASIA (v.), AGNOSIA (v.), AGRAFIA (v.), ALESSIA (v.), LOGOCLONIA (v.), bisogno di movimento e ripetizione di azioni a vuoto, con progressiva scomparsa della consapevolezza del disturbo. Le condizioni psicopatologiche si aggravano progressivamente fino a giungere nel terzo stadio a un impoverimento intellettivo completo e a una pressoché totale perdita delle funzioni simboliche. In un periodo che varia dai 4 ai 6 anni sopraggiunge la morte.

2. *Demenza fronto-temporale* (detta anche *Malattia di Pick*). È un'atrofia cerebrale circoscritta all'area fronto-temporale con rarefazione neuronale e gliosi astrocitaria. Al microscopio le cellule appaiono rigonfie con citoplasma chiaro e nucleo eccentrico. Segni premonitori sono l'apatia, l'indifferenza, la liberazione degli istinti, l'impulsività, la regressione a livello orale che si manifesta con ghiottoneria e tendenza a portare alla bocca oggetti commestibili o meno. Con

il progredire della malattia si giunge al mutismo e alla completa passività, all'incontinenza sfinterica, alla Cachessia (v.) e infine alla morte.

3. *Demenza arteriosclerotica*. Si manifesta più frequentemente dopo i 60 anni con lesioni multiple del tessuto cerebrale di origine vascolare. È favorita da intossicazioni croniche di alcol o tabacco, da squilibri metabolici, specie dei lipidi, e da grandi tensioni nella vita passata del soggetto. La malattia insorge con una sintomatologia di tipo depressivo accompagnata talvolta da spunti deliranti. Si riscontrano insonnia, irritabilità, deficit della memoria per gli avvenimenti recenti, pensiero puerile, disorientamento spazio-temporale, aumento della reattività emotiva con propensione al pianto e al riso senza un corrispondente adeguato in termini di affettività.

4. *Malattia di Creutzfeldt-Jakob*. Denominata anche *encefalopatia spongiforme subacuta*, la malattia di Creutzfeldt-Jakob è una forma di demenza determinata da una molecola proteica, individuata nel 1982 da Stanley B. Prusiner e denominata *prione*, che si riproduce nel sistema nervoso danneggiando i neuroni, determinandone la rarefazione con interessamento della corteccia cerebrale e dei nuclei grigi basali. Questa malattia, responsabile dell'epidemia bovina che fa perdere agli animali la coordinazione dei movimenti fino all'impossibilità di reggersi in piedi, è in grado di superare la barriera tra specie e può infettare quanti sono esposti al trattamento di carni infette o consumano frattaglie ovine o bovine a loro volta infette.

V. Altre forme di demenza

1. *Demenza alcolica*. Aggravamento della *sindrome di Korsakov* (v. Alcolismo, § 7, *b*) caratterizzata da un deterioramento della memoria e delle facoltà intellettive, da un'instabilità emotiva, da un degrado del comportamento e della cura di sé. Frequente è l'evoluzione della sindrome verso un quadro di Cachessia (v.) con esito finale negativo.

2. *Demenza epilettica*. È dovuta, secondo i più, alla degenerazione delle cellule nervose in seguito ad alterazioni circolatorie durante gli episodi convulsivi. Si riscontra in non più del 5% degli epilettici.

3. *Demenza infantile*. Termine in progressivo disuso, a suo tempo impiegato per descrivere una serie di disturbi cerebrali degenerativi cronici dell'infanzia includendo psicosi infantili e autismo infantile precoce (v. Autismo). Il quadro descrive una progressiva destrutturazione della personalità con disturbi del linguaggio, che si fa sempre più lacunoso e incomprensibile, e scomparsa quasi totale delle affezioni.

4. *Demenza post-traumatica*. Riduzione o assenza delle facoltà intellettive dovuta a lesione cerebrale. Non si riscontra correlazione tra la gravità del trauma e la gravità delle conseguenze psichiatriche post-traumatiche. Solo si nota che individui con personalità pre-traumatica nevrotica tendono a sviluppare forme degenerative più gravi.

Bibliografia

Alzheimer A., *Über eine eigenartige Erkrankung der Hirnrinden*, in "Allgemeine Zeitschrift für Psychiatrie", 1907, n. 64.

Bergamaschi S., Iannizzi P., Mondini S., Mapelli D., *Demenza. 100 esercizi di stimolazione cognitiva*, Raffaello Cortina, Milano 2008.

Bianchetti A., Trabucchi M., *Alzheimer*, il Mulino, Bologna 2010.

Bleuler E., *Dementia praecox o il gruppo delle schizofrenie* (1911), La Nuova Italia Scientifica, Roma 1984.

Boccardi M., *La riabilitazione nella demenza grave*, Erickson, Trento 2007.

Bolton D. C., McKinley M. P., Prusiner S. B., *Identification of a protein that purifies with the scrapie prion*, in "Science", 1982, n. 24.

Borgna E., *Il tempo e la vita*, Feltrinelli, Milano 2015.

Cauli G., *Demenza*, in *Enciclopedia di psicologia*, Garzanti, Milano 1999.

DSM-5. American Psychiatric Association (APA), *DSM-5. Manuale diagnostico e statistico dei disturbi mentali* (2013), Raffaello Cortina, Milano 2014.

Finzi S., *Tradimento e fedeltà. Il primo libro dell'Alzheimer*, Moretti & Vitali, Bergamo 2008.

Grandi E., *Costruire la storia di vita con la persona con demenza. Attività pratiche per la stimolazione delle funzioni cognitive residuali*, Erickson, Trento 2016.

Jervis G., *Demenza*, in Id., *Manuale critico di psichiatria*, Feltrinelli, Milano 1975.

Kitwood T., *Riconsiderare la demenza* (2013), Erickson, Trento 2015.

Kraepelin E., *Trattato di psichiatria* (1883), Vallardi, Milano 1907.

Mace N. L., Rabins P. V., *Demenza e malattia di Alzheimer* (1993), Erickson, Trento 1995.

Morton I., *La persona con demenza. Approcci psicologici centrati sulla persona* (1999), Erickson, Trento 2005.

Pearce J., Miller E., *Clinical aspects of dementia*, Ballière Tindall, London 1973.

Perusini G., *Über klinisch und histologisch eigenartige psychische Erkrankungen des späteren Lebensalters*, in F. Nissl, A. Alzheimer (a cura di), *Histologische und Histopathologische Arbeiten über die Grosshirnrinde*, Fischer, Jena 1909, vol. III, pp. 297-351.

Pick A., *Senile Hirnatrophie als Grundlage von Herderscheinungen*, in "Wiener klinische Wochenschrift", 1901, n. 14.

Ploton L., *La persona anziana. L'intervento medico e psicologico – I problemi delle demenze* (2001), Raffaello Cortina, Milano 2003.

Ravizza L., *Demenze*, in G. B. Cassano, P. Pancheri *et al.* (a cura di), *Trattato italiano di psichiatria* (1992), Masson, Milano 1999, vol. II, pp. 1085-1170.

Slaby A. E., Wyatt R. J., *Dementia in the presenium*, Ch. Thomas, Springfield 1974.

Spinnler H., *Il decadimento demenziale* (1981), Il Pensiero Scientifico, Roma 1985.

Wernicke C., *Grundriss der Psychiatrie in klinischen Vorlesungen*, Thieme, Leipzig 1894.
Williams M., *Brain damage and the mind*, Penguin, London 1970.

Demenza precoce, v. SCHIZOFRENIA, § III, 2.

Demitizzazione (ingl. *Demythization*; ted. *Entmythisierung*; fr. *Démythification*; sp. *Desmitificación*). Il termine, che nel suo significato generico si riferisce al ritiro della proiezione assolutamente positiva che un soggetto o un gruppo può assegnare a un evento, a un personaggio o a un'epoca storica (v. PROIEZIONE, § 3), acquista un significato più specifico nell'accezione di Rudolf Bultmann che parla di *demitologizzazione* (*Entmythologisierung*) a proposito di quel procedimento che riduce, nel mito, l'aspetto magico-sacrale a favore di quello storico, sociologico, linguistico, esistenziale (v. MITO, § 6). Contro Bultmann, che ritiene necessaria la demitologizzazione per liberare l'autenticità e l'attualità del mito dai rivestimenti dell'immaginario storico-epocale, si è espresso Karl Jaspers per il quale il valore del mito non è nella sua attualità, ma nella sua enigmaticità che lo rende "cifra dell'esistenza". Dello stesso parere è Carl Gustav Jung per il quale ogni operazione razionale demitizzante toglie al mito la sua efficacia simbolica, riducendo il mito a mero segno di significati razionali, psicologicamente inefficaci in ordine alla transizione psichica (v. TRASFORMAZIONE).

Bibliografia

Bultmann R., *Kerygma und Mythos*, Siebeck, Tübingen 1848-1952.
Jaspers K., Bultmann R., *Il problema della demitizzazione* (1954), Morcelliana, Brescia 1995.
Jung C. G., *Simbolo*, in *Tipi psicologici* (1921), in *Opere* (1969-2007), Bollati Boringhieri, Torino, vol. VI.
–, *Risposta a Giobbe* (1952), in *Opere*, cit., vol. XI.

Demitologizzazione, v. DEMITIZZAZIONE.

Demofobia (ingl. *Demophobia*; ted. *Demophobie*; fr. *Démophobie*; sp. *Demofobia*). Paura ossessiva della folla e degli assembramenti interpretata dalla psicoanalisi come una difesa dell'individuo dai propri impulsi esibizionistici e scopofili (v. SCOPOFILIA).

Demografia (ingl. *Demography*; ted. *Demographie*; fr. *Démographie*; sp. *Demografia*). Scienza che si occupa della struttura e delle trasformazioni di una popolazione attraverso il rilevamento e l'analisi statistica condotta sui cosiddetti "caratteri demografici" di essa, che sono i parametri dell'età, del sesso, del livello economico, che servono da differenziatori della qualità delle risposte. Quest'accezione specifica del termine, che è la più impiegata in psicologia, non trascura l'accezione più generale della demografia, intesa come problema della quantità della popolazione studiata a livello biocenotico nell'ambito dell'ECOLOGIA (v. § 1).

Demoniaco (ingl. *Demoniac*; ted. *Dämonisch*; fr. *Démoniaque*; sp. *Demoniaco*). In *filosofia* questo concetto è stato definito da Immanuel Kant come intenzione di accettare come principio delle proprie azioni il male in quanto male; ripreso da Søren Kierkegaard, il termine è stato impiegato per indicare la sensazione di angoscia di fronte al bene. Nella *storia delle religioni*, oltre a tutti i riferimenti al diavolo come principio del male, Rudolf Otto definisce "demoniaco" tutto ciò che suggerisce in modo irrazionale la presenza del sacro e del NUMINOSO (v.). In *ambito psichiatrico*, il diavolo fa la sua comparsa in alcuni deliri e talvolta in allucinazioni frequenti in soggetti schizofrenici disturbati da tematiche religiose particolarmente insistenti e colpevolizzanti. Scrive Karl Jaspers: «Che alcuni spiriti (demoni e angeli, diavoli e dèi) entrino nell'uomo e ne prendano possesso è stata una rappresentazione di tutti i popoli e di tutti i tempi. Le malattie del corpo furono spiegate come opere di demoni e a maggior ragione quelle mentali, e tra queste soprattutto quelle nelle quali l'uomo sembra trasformarsi in un'altra persona (la voce e il comportamento, l'espressione del volto e il contenuto dei suoi discorsi manifestano un'altra personalità) e nelle quali il cambiamento scompare altrettanto improvvisamente. Ma in senso vero e proprio si parla di possessione quando il malato stesso sente di essere contemporaneamente due persone e realizza due maniere di sentire completamente eterogenee con due Io diversi. Inoltre è considerata possessione anche quando si sperimentano interiormente personalità estranee allucinate, che con voci e gesti parlano ai malati, infine anche fenomeni coatti e tutto ciò che viene percepito come estraneo» (1913-1959, p. 784). Dal canto suo Bruno Callieri, a proposito della possessione demoniaca, osserva che «questa forma delirante è indubbiamente una psicopatologia massiccia, che non è dialettica, in cui manca cioè il mutuo influenzarsi e compenetrarsi tra due categorie universali, radicalmente gnostiche, con l'inquietudine e il profondo disagio dell'Antitesi originaria (in una vera eclissi dell'hegelismo). In essa c'è solo il dato, unico e incontestabile, del *demonio*, realtà ontologica e concreta, presente e invadente, dominatore incontrastato del corpo e dell'anima, padrone e regolatore dei movimenti e delle azioni» (1992, p. 398).

Bibliografia

Andreoli V., *Demonologia e schizofrenia*, Tamburini, Milano 1973.
Borsatti L., *Le indemoniate. Superstizione e scienza medica*, Edizioni del Confine, Udine 2002.
Boureau A., *Satana eretico. Nascita della demonologia nell'Occidente medioevale* (2004), Baldini Castoldi Dalai, Milano 2006.
Caillois R., *Nascita di Lucifero* (1936-1939), Medusa, Milano 2002.
Callieri B., *Aspetti psicopatologici delle demopatie. Contributo clinico e considerazioni critiche* (1992), in Id., *Percorsi di uno psichiatra* (1955-1992), Edizioni Universitarie Romane, Roma 1993, pp. 395-404.
Calvi L., *La fenomenologia del diabolico e la psichiatria antropologica*, in "Archivio di Psicologia, Neurologia e Psichiatria", 1969, fasc. IV-V.
Duque F., *Il fiore nero. Satanismo e paganesimo alla fine della modernità* (1993), Lanfranchi, Milano 1995.
Fizzotti E., *La sfida di Beelzebul. Complessità psichica o possessione diabolica?*, Editrice Las, Roma 1995.
Girard R., *Vedo Satana cadere come una folgore* (1999), Adelphi, Milano 2000.
Gregory T., *Il principe di questo mondo. Il diavolo in Occidente*, Laterza, Bari 2013.
Groddeck G., *Satanarium* (1918), il Saggiatore, Milano 1996.
Jaspers K., *Psicopatologia generale* (1913-1959), Il Pensiero Scientifico, Roma 2000.
Kant I., *La religione entro i limiti della sola ragione* (1793), Laterza, Bari 1980.
Kierkegaard S., *Il concetto dell'angoscia* (1844), Sansoni, Firenze 1965.
Otto R., *Il sacro. L'irrazionale nell'idea del divino e la sua relazione al razionale* (1917), Feltrinelli, Milano 1984.
Reich W., *Etere, Dio e Diavolo* (1949), Sugarco, Milano 1974.
Wundt W. M., *Elementi di psicologia dei popoli. Linee fondamentali della storia dell'evoluzione psicologica dell'umanità* (1900-1920), in *Scritti scelti*, Utet, Torino 2006.

Demoor, Illusione di, v. ILLUSIONE, § 5, *a*.

Denaro (ingl. *Money*; ted. *Geld*; fr. *Argent*; sp. *Dinero*). Per la psicoanalisi il denaro è inconsciamente identificato con gli escrementi o, meglio ancora, con il bastone fecale che, per la sua somiglianza con il pene, spiegherebbe l'angoscia di castrazione (v. ANGOSCIA, § 2, *f*) che provoca ogni timore di perdita di denaro. Constatato che l'interesse per il denaro è particolarmente spiccato nei soggetti con carattere anale (v. ANALE, § 4), Sigmund Freud avanza l'ipotesi «che il contrasto fra ciò che l'uomo ha appreso a considerare come massimo valore e il massimo disvalore che come avanzo ("i rifiuti") egli allontana da sé abbia condotto a questa specifica identificazione del denaro con lo sterco» (1908, p. 405). Una conferma in questo senso Freud la ricava anche dalla «lingua parlata, la quale designa un individuo troppo attaccato al denaro come "avaro sudicio", o "sordido" (in inglese: *filthy*)» (ivi, p. 404; v. ESCREMENTI).

Bibliografia

Becchetti L., *Il denaro fa la felicità?*, Laterza, Bari 2007.
Bustreo M., Zatti A., *Denaro e psiche. Valori e significati psicosociali nelle relazioni di scambio*, Franco Angeli, Milano 2007.
Freud S., *Carattere ed erotismo anale* (1908), in *Opere* (1967-1993), Bollati Boringhieri, Torino, vol. V.
–, *Trasformazioni pulsionali, particolarmente dell'erotismo anale* (1917), in *Opere*, cit., vol. VIII.
Hörisch J., *Denaro*, in Ch. Wulf (a cura di), *Cosmo, corpo, cultura. Enciclopedia antropologica* (1997), Bruno Mondadori, Milano 2002, pp. 689-697.
Simmel G., *Filosofia del denaro* (1900), Utet, Torino 1984.
Viderman S., *Il denaro. In psicoanalisi e al di là* (1992), Raffaello Cortina, Milano 1993.
Widmann C., *Il mito del denaro*, Edizioni Magi, Roma 2009.

Dendrite, v. NEURONE.

Denotazione (ingl. *Denotation*; ted. *Andeutung*; fr. *Dénotation*; sp. *Denotación*). In SEMIOTICA (v.) il termine esprime il rinvio di un significante a un significato secondo le regole previste dal CODICE (v.) che istituisce la relazione tra le due componenti del SEGNO (v.). La denotazione si distingue dalla *connotazione* dove il significante rinvia, oltre che all'unità semantica prevista dal codice, ad altre unità che sono a loro volta significanti di altre unità. In generale denotazione e connotazione sono una coppia di termini che segnalano un differenziale semantico nella significazione delle cose, nel senso che la denotazione è sorretta dall'adeguazione diretta di un significante con la realtà significata, mentre la connotazione è carica di valenze simboliche, suggestive ed emotive che vanno al di là del significato denotativo. "Nudo" o "svestito" si riferiscono entrambi a un corpo senza vesti (denotazione), ma hanno connotazioni diverse.

Charles E. Osgood ha coniato l'espressione *differenziale semantico* in ordine a una tecnica di misurazione che mette in luce l'atteggiamento del soggetto nei confronti del significato letterale dei termini, valutabile con 15 scale di aggettivi bipolari come "buono-cattivo", "caldo-freddo", graduate in intensità allo scopo di evidenziare il significato connotativo delle parole. Il differenziale semantico è espresso graficamente dalla diversa collocazione di due punti nello spazio semantico, che è possibile costruire e matematicamente determinare partendo dalle coordinate offerte dalle diverse scale. In ambito filosofico Jean Baudrillard ritiene ideologica la differenza tra denotazione e connotazione in quanto «la denotazione non differisce per nulla dalla connotazione: il significato denotato, questa "realtà" oggettiva, non è altro che una forma codificata (codice della percezione, codice "psicologico", codice dei valori "realistici" ecc.).

Ciò significa che l'"ideologia" è altrettanto totale nel processo di denotazione quanto nel processo di connotazione e, per dirla tutta, *la denotazione non è altro che la più bella e la più sottile delle connotazioni.* [...] Lungi dall'essere il termine oggettivo al quale la connotazione si oppone come termine ideologico, la denotazione è pertanto, giacché naturalizza il processo dell'ideologia, il termine più ideologico, ideologico al secondo grado, il mito supremo del quale parla Barthes» (1972, pp. 168-169).

Bibliografia

Baudrillard J., *Per una critica dell'economia politica del segno* (1972), Mazzotta, Milano 1974.

Eco U., *Trattato di semiotica generale*, Bompiani, Milano 1975.

Osgood Ch. E., *Semantic differential technique in the comparative study of cultures*, in L. A. Jakobovits, M. S. Miron, *Readings in the psychology of language*, Prentice Hall, Englewood Cliffs, New Jersey, 1967.

Peirce Ch. S., *Semiotica. I fondamenti della semiotica cognitiva* (testi tratti da *Collected Papers* 1931-1935, Harvard University Press, Cambridge, Massachusetts, vol. V), Einaudi, Torino 1980.

Depersonalizzazione, v. PERSONA, § 1; SCISSIONE, § I, 4, *c*.

Depresentificazione, v. PRESENTIFICAZIONE.

Depressione (ingl. *Depression*; ted. *Depression*; fr. *Dépression*; sp. *Depresión*). La depressione, o *melanconia*, è un'alterazione del tono dell'umore verso forme di tristezza profonda con riduzione dell'autostima e bisogno di autopunizione. Quando l'intensità della depressione supera certi limiti o si presenta in circostanze che non la giustificano diventa di competenza psichiatrica, dove si distinguono una depressione *endogena* che, come vuole l'aggettivo, nasce "dal di dentro" senza rinviare a cause esterne, e una depressione *reattiva* che è patologica solo quando la reazione ad avvenimenti luttuosi o tristi appare eccessiva.

1. NOSOLOGIA. Come modificazione del tono dell'umore (in greco θυμός), la depressione è un disturbo *distimico* (v. DISTIMIA) che ha nell'EUFORIA (v.), che quando è spiccata assume le forme della MANIA (v.), il suo contrario. Depressione e mania possono presentarsi in fasi o cicli di settimane intervallati da periodi di benessere e allora si parla, come vuole la classificazione di Emil Kraepelin, di CICLOTIMIA (v.). L'equilibrio tra depressione ed euforia è tra i più delicati fra gli equilibri psichici. Regolato dai centri nervosi situati nella base del cervello, detto equilibrio è compromesso dalle stimolazioni più varie che vanno dai fattori fisici, chimici, climatici alle esperienze di vita, alla qualità dell'educazione che si è ricevuta, ai fattori ereditari, ai ritmi biologici giornalieri. Distinguere tra fattori ereditari e fattori ambientali è pressoché impossibile, perché genitori tendenzialmente depressi sottopongono i loro figli a un clima familiare triste o a un'educazione rigida e colpevolizzante che facilita la futura depressione. Ogni individuo apprende da sé i modi per tamponare i propri squilibri umorali, soprattutto quelli a sfondo depressivo, anche perché la convenzione sociale dà a vedere di preferire e di meglio integrare i soggetti con un certo grado di euforia che favorisce investimenti, progettualità, apertura alle possibilità della vita. Questo spiega perché le forme più frequenti di depressione fanno la loro comparsa dopo la mezza età, quando diventa più difficile sperare nella vita, perché il futuro è già in gran parte determinato dalle scelte compiute in precedenza. Fasi depressive attraversano la vita di tutti gli uomini come episodi legittimi e comprensibili, dove il soggetto è di solito consapevole di poterle superare da sé. Quando questa consapevolezza vien meno o non è più controllabile, allora lo squilibrio depressivo assume forme psichiatriche che necessitano di un aiuto esterno. I sintomi tipici della depressione possono essere così descritti:

a) *Disturbi somatici e neurovegetativi* che comprendono l'insonnia che spesso annuncia l'inizio di una fase depressiva, l'inappetenza con dimagrimento rapido, la diminuzione dell'interesse sessuale fino alle disfunzioni epato-biliari che hanno ispirato storicamente l'etimologia della melanconia (bile nera).

b) *Disturbi dell'affettività* con sentimenti improntati a una tristezza profonda, monotona e cupa che resiste alle sollecitazioni esteriori. A ciò si aggiunge una progressiva perdita di interesse per la vita, spesso accompagnata da un senso di colpa vissuto non in vista di un'espiazione e di una salvezza, ma come una fatalità ineluttabile. Di qui l'autoaccusa continua a cui si sottopone il depresso sempre percorso da sentimenti di indegnità e di autodisprezzo.

c) *Abulia nel comportamento e inibizione del pensiero* che sorge lento e monotono con perdita di iniziativa e di progettualità. L'attenzione, concentrata sui temi melanconici, rende povera l'ideazione, difficoltose le associazioni, penose le rievocazioni e difficili le sintesi mentali.

d) *Tendenza al suicidio e desiderio di morte* accompagnano costantemente la vita del depresso che, fra tutte le forme di sofferenza psichiatrica, è senz'altro la più esposta al desiderio di morte. Talvolta, colorandosi di un significato soggettivo "altruista", di fronte alla minaccia di un avvenire sempre più oscuro, il depresso trascina nella sua morte anche i propri familiari per farli scampare alla vita che egli ritiene impossibile da proseguire.

2. FORME CLINICHE. Si è soliti differenziare in tre grandi gruppi clinici le forme di depressione:

a) Depressioni somatogene in cui si può postulare un rapporto causale diretto con una malattia organica o una disfunzione somatica. In questo ambito si distinguono le depressioni *organiche* dovute ad arteriosclerosi, tumori cerebrali, paralisi progressive ecc., e le depressioni *sintomatiche* che si riferiscono ai quadri depressivi postinfettivi, postoperatori, tossici ecc.

b) Depressioni endogene che sono le forme classiche di depressione conosciute e descritte fin dall'antichità sotto la denominazione di "melanconia". In questo ambito si distinguono le forme depressive *periodiche* a decorso monopolare, cioè con fasi solo depressive, e le depressioni *cicliche* con decorso bipolare che alterna alla fase depressiva quella maniacale. Un posto a parte spetta ai quadri depressivi in psicosi *schizofreniche*, dove la forma della depressione può sovrapporsi alla sintomatologia schizofrenica o sostituirsi ad essa come forma intermedia (v. MARGINALE, SINDROME, § 2). La depressione endogena prevede oscillazioni durante la giornata, con risveglio precoce nel primo mattino e con il manifestarsi di idee deliranti aventi per oggetto idee di colpa, di rovina, di incurabilità, o idee ipocondriache che perlopiù traggono spunto da sensazioni di oppressione e di angustia nella zona toracica.

c) Depressioni psicogene che trovano la loro spiegazione in motivi psicologici riconoscibili e dimostrabili. Il caso più evidente è la depressione *reattiva* a un'esperienza vissuta come perdita. Tale è il lutto, la delusione amorosa, l'insuccesso nell'affermazione sociale, la frustrazione delle proprie aspettative. In questi casi il criterio di diagnosi è basato su un concetto di normalità statistica relativo al rapporto tra causa ed effetto eccessivo e inadeguato. La relazione tra la reazione della personalità e i meccanismi psicodinamici che la determinano consente di distinguere tra la reazione depressiva *semplice* che abbiamo qui descritto e la reazione depressiva *nevrotica* dove la motivazione non è chiaramente presente alla coscienza e si confonde con la biografia del paziente e il suo sviluppo affettivo. La distinzione tra depressione reattiva e depressione nevrotica, come peraltro la più ampia distinzione tra depressione endogena e depressione psicogena, non è condivisa da tutti gli orientamenti psichiatrici, ma è tuttavia mantenuta e continuerà ad esserlo finché non si perverrà ad una definizione più soddisfacente del concetto di ENDOGENO (v.).

3. INTERPRETAZIONI DELLA DEPRESSIONE. Ve ne sono diverse, che si differenziano a seconda dello schema teorico anticipato per condurre ad unità le varie manifestazioni che compongono il quadro clinico del depresso:

a) La psicologia comprensiva interpreta la depressione come una destrutturazione dell'*intenzionalità*. A questo proposito Karl Jaspers scrive: «Il nucleo della depressione è formato da un'immotivata e profonda *tristezza* alla quale si aggiunge un'*inibizione* di tutta l'attività psichica che, oltre ad essere sentita molto dolorosamente in senso soggettivo, è anche constatabile oggettivamente. Tutte le pulsioni istintive sono inibite, il malato non ha voglia di nulla. Da una diminuzione dell'impulso al movimento e all'attività si giunge fino a una completa inattività. Nessuna risoluzione, nessuna attività possono essere intraprese. Le associazioni non sono più disponibili. Ai malati non viene in mente più niente, si lagnano della loro memoria completamente sconvolta, sentono la loro incapacità di rendimento, si lamentano della propria insufficienza, dell'insensibilità e del vuoto. Sentono la profonda afflizione come una sensazione nel petto e nell'addome, quasi che si potesse cogliere lì. Nella profonda tristezza il mondo appare loro come grigio nel grigio, indifferente e sconsolante. Di ogni cosa cercano solo il lato sfavorevole e infelice. Nel *passato* hanno avuto molte colpe (autorimproveri, idee di colpevolezza), il *presente* offre loro solo disgrazie (idee di inettitudine), l'*avvenire* appare loro terrificante (idee di impoverimento)» (1913-1959, pp. 640-641).

b) La psichiatria fenomenologica con Ludwig Binswanger interpreta la depressione come una destrutturazione della *temporalità* a cui, come abbiamo visto, già aveva accennato Jaspers. Per effetto di questa destrutturazione il passato non è passato, e perciò non concede al presente di accadere e al futuro di avvenire. La perdita di un amore, di una carriera o del denaro, di cui i depressi si lamentano, sono solo simboli di una perdita molto più ampia che è quella del presente e del futuro, perché le dimensioni del passato si sono dilatate oltre ogni accettabile misura. «Il linguaggio dei melanconici – scrive Binswanger – fatto di "se", "se non", "se avessi", "se non avessi" rivela che il mondo in cui il melanconico si progetta è un mondo di *vuote possibilità*, perché il passato a cui il melanconico ha consegnato la sua libertà non ne contiene alcuna» (1960, p. 34). In termini husserliani, a cui Binswanger si rifà nella descrizione del quadro della melanconia, la *retentio*, che è l'atto intenzionale per cui si costituisce un passato, è così dominante sulla *praesentatio* e sulla *protentio*, che il presente diventa il tempo dell'incessante lamento (*Immerweiterlarm*) e il futuro si dischiude come l'ambito di vuote intenzioni (*Leerintentionen*). Con il turbamento delle tre estasi temporali (v. TEMPO, § II, 2), tutto il processo della temporalizzazione perde la sua continuità e perciò l'esperienza il suo stile. Per questo la restituzione del denaro non modifica nell'uomo d'affari lo stato di depressione, perché questa ha le sue radici nella destrutturazione della temporalità, per cui un fatto del passato è divenuto la totalità dell'esperienza. Come tiene a sottolineare Binswanger, la vera perdita di cui si lamenta il melanconico e di cui si autoaccusa non è tanto la perdita del denaro, ma la perdita della *possibilità di fare esperienza*, o, che è lo stesso, di non essere al mondo nella modalità umana della *trascendenza*, che da un passato rinvia a quel futuro autentico che ha i caratteri dell'evento e non del già avvenuto (ivi, pp. 38-51; v. ANALISI ESISTENZIALE, § 3, *a*).

c) *L'antipsichiatria* ha messo in luce la relazione tra depressione e risposta sociale. Partendo dalla premessa che uno dei meccanismi fondamentali di elaborazione e quindi di superamento della depressione consiste, come scrive Giovanni Jervis, «nell'identificare in altre persone e in processi sociali le cause della propria difficile condizione, cioè nel passare dalla situazione psicologica della vittima a quella di chi ritiene nuovamente suo diritto reagire e anche aggredire, questo passaggio non avviene nella depressione. [...] È sempre specifico della situazione psicologica del depresso non tanto il non riuscire a scorgere delle alternative, quanto piuttosto il non riuscire a scorgere le cause (sociali) di quella situazione di vita dolorosa o deludente che è all'origine della depressione. Chi non riesce a scorgere nella società e nella storia il disegno più vasto in cui si iscrive la propria condizione di vita, è portato a chiudersi in se stesso e a cercare le cause del male dentro di sé. Così, il depresso non si ritiene tanto colpevole della propria depressione, quanto piuttosto si ritiene colpevole (in quanto individuo isolato) di essersi costruito un'esistenza in cui non crede più» (1975, p. 261).

d) *La psicoanalisi* con Sigmund Freud vede la psicogenesi della depressione, da un lato, nelle esperienze infantili di separazione o perdita della figura materna e, dall'altro, nel fatto che il soggetto denigra e attacca se stesso anziché quella rappresentazione dell'oggetto amato con cui era in vario modo identificato, e che ora ha perduto. A partire da questa linea interpretativa, così procede Freud: «Proviamo ora ad applicare alla melanconia ciò che abbiamo appreso a proposito del lutto. In una serie di casi è evidente che anche la melanconia può essere la reazione alla perdita di un oggetto amato. [...] Può darsi che l'oggetto non sia morto davvero, ma sia andato perduto come oggetto d'amore. [...] Saremmo quindi inclini a connettere in qualche modo la melanconia a una perdita oggettuale sottratta alla coscienza, a differenza del lutto in cui nulla di ciò che riguarda la perdita è inconscio. [...] L'analogia con il lutto ci induce a concludere che il melanconico ha subìto una perdita che riguarda l'oggetto; da ciò che egli dichiara risulta invece una perdita che riguarda il suo Io. [...] Non è difficile ricostruire questo processo. All'inizio ebbe luogo una scelta oggettuale, un vincolamento della libido a una determinata persona; poi, a causa di una reale mortificazione o di una delusione subìta dalla persona amata, questa relazione oggettuale fu gravemente turbata. L'esito non fu già quello normale, ossia il ritiro della libido da questo oggetto e il suo spostamento su un nuovo oggetto, ma fu diverso e tale da richiedere, a quanto sembra, più condizioni per potersi produrre. L'investimento oggettuale si dimostrò scarsamente resistente e fu sospeso, ma la libido divenuta libera non fu spostata su un altro oggetto, bensì riportata nell'Io. Qui non trovò però un impiego qualsiasi, ma fu utilizzata per instaurare una *identificazione* dell'Io con l'oggetto abbandonato. L'ombra dell'oggetto cadde così sull'Io che d'ora in avanti poté essere giudicato da un'istanza particolare come un oggetto, e precisamente come l'oggetto abbandonato. In questo modo la perdita dell'oggetto si era trasformata in una perdita dell'Io, e il conflitto fra l'Io e la persona amata in un dissidio fra l'attività critica dell'Io e l'Io alterato dall'identificazione» (1915, pp. 104-108).

Sempre in ambito psicoanalitico, ulteriori contributi alla comprensione della melanconia sono stati forniti da Karl Abraham, che individuò la psicogenesi della depressione in una grave offesa all'autostima avvenuta nell'infanzia, che ha minato la fiducia del soggetto in se stesso provocando una regressione allo stadio orale, caratterizzato dalla dipendenza ambivalente dal seno. Questa ambivalenza fa sì che il soggetto assuma verso i propri oggetti interni un atteggiamento che è ad un tempo di dipendenza e di ostilità. Nella depressione egli immagina di averli distrutti (donde gli autorimproveri) e al tempo stesso si sente incapace di sopravvivere senza di essi (donde la depressione). Questa posizione è ripresa anche da Melanie Klein, per la quale il fattore predisponente alla depressione è l'incapacità del bambino a collocare il suo "oggetto buono" e amato all'interno dell'Io. Questo fatto è responsabile di un sentimento di "cattiveria" che non riesce ad essere proiettato all'esterno e perciò resta incorporato nell'immagine di sé (v. KLEINIANA, TEORIA, §§ 1-2).

e) *La psicologia analitica* di Carl Gustav Jung guarda alla depressione in chiave prospettica e non esclusivamente causale. Adottando come criterio interpretativo il modello dell'energia psichica, Jung interpreta la depressione come contenimento di questa energia imprigionata e incapace di liberarsi. Nello stato di depressione occorre quindi entrare il più profondamente possibile, per scorgere che cosa impedisce all'energia di liberarsi e che cosa è custodito «nel silenzio e nel vuoto che precedono il processo creativo» (1946, p. 192), come processo inespresso a cui è possibile dar corso liberando l'energia che, trattenuta, determina la depressione.

f) La teoria cognitivo-comportamentale di Aaron Temkin Beck capovolge il quadro sintomatologico della depressione, considerando le distorsioni della cognizione, il pessimismo esagerato e gli autorimproveri non realistici come cause e non come conseguenze della condizione depressa, che avrebbe dunque la sua spiegazione nella distorsione della "triade cognitiva" composta da aspettative negative nei confronti dell'ambiente, un'opinione negativa di sé e aspettative negative per il futuro. Ne consegue che dalla depressione si esce correggendo la cognizione delle proprie esperienze e la distorsione del concetto di sé (v. COGNITIVISTA, TERAPIA, § 1). A Beck si deve anche la formulazione del test BDI (*Beck Depression Inventory*), messo a punto nel 1967 e successivamente perfezionato nel 1985, composto da 21 item che indagano il livello di tristezza, pessimismo, senso di fallimento, insoddisfazione, senso di colpa, aspettativa di punizione, delusione verso se stessi, autoaccusa, idee suicide, pianto, irritabilità, ritiro sociale, indecisione, svalutazione della propria immagine corporea, calo di efficienza lavorativa, disturbo del sonno, faticabilità, calo dell'appetito, calo ponderale, preoccupazioni somatiche e calo della libido. In pratica tutte le manifestazioni più ricorrenti nello stato depressivo.

g) La psicologia sperimentale, con Martin E. P. Seligman e Steven F. Maier, ha interpretato la depressione in base al modello dell'*impotenza appresa*. Dopo aver sperimentato che cani sottoposti a stimoli dolorosi, in una situazione che non prevede scampo, non li evitavano anche quando era possibile sfuggirli, avanzarono l'ipotesi che al depresso è stato impedito di impadronirsi di tecniche adattive per affrontare situazioni dolorose, con conseguente acquisizione di un atteggiamento di impotenza. L'esperienza di prove ripetute, in cui l'individuo ha finito con il verificare che i suoi sforzi non davano alcun risultato in termini di ricompensa, ha fatto sì che questo insieme di comportamenti appresi si sia generalizzato e interiorizzato in un tratto della personalità.

h) Le interpretazioni su basi biologiche, come ci informa Gilla Cauli, sono state promosse in due direzioni: 1. *Ipotesi biochimiche o neurotrasmettitoriali* che, dopo aver appurato un legame tra la deplezione delle riserve intraneuronali di noradrenalina, serotonina e dopamina, determinata dall'alcaloide naturale reserpina e lo sviluppo di sintomi depressivi, ipotizzano la causa della depressione nella diminuita funzione monoaminergica del sistema nervoso centrale; 2. *Ipotesi di un coinvolgimento del sistema neuroendocrino* avvalorate da anomalie dell'asse ipotalamo-ipofisi-tiroide, spesso riscontrate in pazienti affetti da depressione e disturbo bipolare (1999, pp. 291-292).

4. SEMIOLOGIA DELLE FORME DEPRESSIVE. Le nominazioni più ricorrenti sono, in ordine alfabetico:

a) Depressione anaclitica. Termine introdotto da René Á. Spitz per indicare la depressione che si manifesta in bambini separati dalla madre per lunghi periodi di tempo dopo essere stati trattati con amorevoli cure. Nei casi descritti, questi bambini si isolano dal mondo esterno, dagli adulti che li circondano e da quanti tentano di avvicinarli. I processi di sviluppo manifestano un palese rallentamento con accentuate tendenze regressive (v. ANACLISI, § 3).

b) Depressione anancastica. Indica una forma di depressione accompagnata da tensione, angoscia, idee ossessive e paranoidi in individui la cui personalità premorbosa era di tipo rigido e ossessivo (v. ANANCASMO).

c) Depressione ansiosa. È una forma da distinguere dall'*ansia a sfondo depressivo*, perché mentre in quest'ultima il pessimismo è vissuto più come timore che come certezza, e assume l'aspetto del malumore o DISFORIA (v.) piuttosto che quello della tristezza o DISTIMIA (v.), nella depressione ansiosa l'ansia ha caratteristiche più profonde e si manifesta come sensazione angosciante di morte interiore e di perdita della propria presenza a sé e al mondo. In questa forma il rischio di suicidio è maggiore che nell'ansia a sfondo depressivo dove, come precisa Jervis, che ha introdotto questa distinzione, da curare è l'ansia e non la depressione.

d) Depressione ciclica. È caratterizzata da episodi di depressione alternati a episodi di euforia senza che le cause esterne sembrino avere alcun ruolo decisivo nel cambiamento umorale (v. CICLOTIMIA).

e) Depressione climaterica. Melanconia che accompagna la cessazione delle mestruazioni. Non si può però dimostrare un rapporto fisiologico semplice tra disturbi endocrini e psichici, in quanto le alterazioni endocrine causano effetti molto diversificati a seconda dell'età e della maturità della persona. Si interpreta questa forma depressiva come una forma melanconica endogena che precipita in occasione di modificazioni ormonali di fondo.

f) Depressione da esaurimento. Espressione introdotta da Paul Kielholz per designare una forma particolare di depressione reattiva che sopravviene come conseguenza di un sovraccarico emozionale prolungato o ripetuto. È frequente in uomini affaticati da responsabilità che oltrepassano le loro capacità e si manifesta con ansia, astenia, diffidenza ed esplosioni affettive inadeguate.

g) Depressione da sradicamento. È una forma che subentra in occasione di trasferimenti o emigrazioni che allontanano l'individuo dai luoghi in cui è vissuto, con perdita delle sue abitudini e relazioni sociali.

h) Depressione delirante. È animata da idee di colpa inespiabile, di rovina irreparabile, di negazione corporea, di possessione e simili. In questo ambito rientra la *sindrome di Cotard* in cui il paziente è convinto di dover vivere eternamente per poter espiare in parte le sue colpe, oppure di avere una colpa così grande da ingombrare l'universo, o infine di essere privato di qualche suo organo o dell'intero suo corpo.

i) Depressione endogena. È una forma che insorge senza cause apparenti per cui si suppone che "venga da dentro" senza poter specificare la natura della sua formazione. Si vedano in questa voce la trattazione delle forme cliniche (v. *supra*, § 2) e le interpretazioni sulla psicogenesi degli stati depressivi (v. *supra*, § 3).

l) Depressione esistenziale. Termine introdotto da Heinz Haefner per indicare quella forma depressiva che non ha rapporto con precedenti traumi psichici, ma con tutto il senso della vita, quando il soggetto avverte che gli sfuggono il raggiungimento e la realizzazione di scopi e valori che hanno rappresentato l'aspirazione di tutta la sua vita.

m) Depressione involutiva. Può comparire nella donna tra i 40 e i 50 anni e nell'uomo tra i 50 e i 60 con andamento che di solito è cronico. Si instaura frequentemente dopo sofferenze psichiche o infermità fisiche. Spesso mancano nei precedenti anamnestici del soggetto antecedenti depressivi. La tonalità emotiva è caratterizzata da un profondo pessimismo, relativo alla propria esistenza, che emerge in tutta la sua forza quando la giovinezza è finita e la maturità o la vecchiaia ne prendono il posto.

n) Depressione nevrotica. Si tratta di turbe dell'umore in senso depressivo nel corso delle nevrosi. Si distingue dalla nevrosi reattiva perché nella depressione nevrotica la motivazione non è consaputa. L'abbassamento della tonalità affettiva non è mai molto intenso e, anche se denuncia sentimenti di insicurezza, il soggetto rivela, in questa fase depressiva, una maggior aderenza alla realtà.

o) Depressione puerperale. Può verificarsi nella madre, ma anche nel padre, dopo il parto. Descritta da Gregory Zilboorg in termini psicodinamici, la depressione puerperale riattiva nella madre un senso di perdita rispetto alla precedente condizione di gravidanza e nel padre la fantasia inconscia del seno perduto perché ora sarà il bambino ad avere il seno della madre-moglie.

p) Depressione reattiva. È una forma caratterizzata da una reazione successiva ad eventi tristi e luttuosi; come tale è l'opposto della depressione endogena. Si vedano in questa voce la trattazione delle forme cliniche (v. *supra*, § 2, *b*) e le interpretazioni psicogenetiche degli stati depressivi (v. *supra*, § 3).

q) Depressione stuporosa. È interpretata dai più come la manifestazione clinica in cui sfociano le altre forme di melanconia. In questo stato, infatti, si ha un arresto psicomotorio (*stupor*) con rigidità del volto, fissità dello sguardo assorto, mutismo assoluto e rifiuto del cibo (v. STUPORE).

Bibliografia

Abraham K., *Note per l'indagine e il trattamento psicoanalitico della follia maniaco-depressiva e di stati affini* (1911), in *Opere*, Bollati Boringhieri, Torino 1975, vol. I.
Albanesi G., *La terapia antidepressiva*, Masson, Milano 1991.
Arieti S., Bemporad J., *La depressione grave e lieve* (1978), Feltrinelli, Milano 1981.
Beck A. T., *La depressione* (1967), Bollati Boringhieri, Torino 1978.
Beck A. T., Rush J. A., Shaw B. F., Emery G., *Terapia cognitiva della depressione* (1985), Bollati Boringhieri, Torino 1987.
Bellantuono C., Borgna E., Callieri B., Crepet P., D'Agostino E., Trevi M., *La cura dell'infelicità. Oltre il mito biologico della depressione*, Theoria, Roma 1994.
Bergeret J., *Depressione e stati limite* (1995), Il Pensiero Scientifico, Roma 1996.
Berra L. E., *Oltre il senso della vita. Depressione ed esistenza*, Apogeo, Milano 2006.
Binswanger L., *Melanconia e mania* (1960), Bollati Boringhieri, Torino 1971.
Bonime W., *Psicodinamica della depressione nevrotica*, in S. Arieti (a cura di), *Manuale di psichiatria* (1959-1966), Bollati Boringhieri, Torino 1969-1970, vol. I, pp. 372-390.
Bonomi A., Borgna E., *Elogio della depressione*, Einaudi, Torino 2011.
Borgna E., *L'area tematica delle depressioni*, in Id., *Nei luoghi perduti della follia* (1964-1984), Feltrinelli, Milano 2008, Parte IV, pp. 223-340.
–, *Malinconia*, Feltrinelli, Milano 1992.
Busch F. N., Rudden M., Shapiro Th., *Psicoterapia psicodinamica della depressione* (2005), Raffaello Cortina, Milano 2007.
Callieri B., *I deliri depressivi*, in Id., *Quando vince l'ombra. Problemi di psicopatologia clinica* (1982), Edizioni Universitarie Romane, Roma 2001, pp. 263-318.

–, *La depressione. Solitudine dell'essere o crisi dell'amore?* (1990), in Id., *Percorsi di uno psichiatra* (1955-1992), Edizioni Universitarie Romane, Roma 1993, pp. 321-332.
Cancrini L., *Date parole al dolore. La depressione. Conoscerla per guarire*, Frassinelli, Milano 1996.
Cassano G. B., *La condizione depressiva*, Masson, Milano 1982.
Cassano G. B., Zoli S., *E liberaci dal male oscuro. Che cos'è la depressione e come se ne esce*, Longanesi, Milano 2003.
Cauli G., *Depressione. Modelli biologici*, in *Enciclopedia di psicologia*, Garzanti, Milano 1999.
Cazzullo C. L. (a cura di), *La depressione. Condizione esistenziale o insidia biologica?*, Il Pensiero Scientifico, Roma 1984.
Cotard J., *Du délire de négation*, in "Archives de Neurologie", 1882, n. 11, pp. 152-170 e 282-296.
Cozzi D., *La depressione*, il Saggiatore, Milano 1996.
Di Petta G., *Il mondo melanconico-maniacale*, in Id., *Il mondo vissuto. Clinica dell'esistenza. Fenomenologia della cura*, Edizioni Universitarie Romane, Roma 2003, pp. 123-138.
Dolfi A., *Malinconia, malattia malinconica e letteratura moderna*, Bulzoni, Roma 1991.
Ehrenberg A., *La fatica di essere se stessi. Depressione e società* (1998), Einaudi, Torino 1999.
Fédida P., *Il buon uso della depressione* (2001), Einaudi, Torino 2002.
Frabotta B. (a cura di), *Arcipelago malinconia*, Donzelli, Roma 2001.
Freud S., *Lutto e melanconia*, in *Metapsicologia* (1915), in *Opere* (1967-1993), Bollati Boringhieri, Torino, vol. VIII.
Gozzetti G., *La tristezza vitale. Psicopatologia e fenomenologia della melancolia*, Marsilio, Venezia 1996.
Greenberg G., *Storia segreta del male oscuro* (2010), Bollati Boringhieri, Torino 2011.
Haefner H., *Die existentielle Depression*, in "Archives of Psychiatry and Neurology", 1954, n. 191.
Husserl E., *Zur Phänomenologie des inneren Zeitbewusstsein* (1893-1917), in *Husserliana, Gesammelte Werke*, Nijhoff, Den Haag 1950-1952, vol. X.
Jacobson E., *La depressione* (1971), Martinelli, Firenze 1977.
Jamison K. R., *Una mente inquieta. L'universo della malattia maniaco-depressiva* (1995), Longanesi, Milano 1996.
Jaspers K., *Psicopatologia generale* (1913-1959), Il Pensiero Scientifico, Roma 2000.
Jervis G., *Depressione*, in Id., *Manuale critico di psichiatria*, Feltrinelli, Milano 1975.
–, *La depressione*, il Mulino, Bologna 2002.
Jung C. G., *La psicologia della traslazione illustrata con l'ausilio di una serie di immagini alchemiche* (1946), in *Opere* (1969-2007), Bollati Boringhieri, Torino, vol. XVI.
Kaplan L. J., *Voci dal silenzio. La perdita della persona amata e forze psicologiche* (1995), Raffaello Cortina, Milano 1996.
Kielholz P., *Depressive illness*, Huber, Bern 1972.
Klein M., *Il lutto e la sua connessione con gli stati maniaco-depressivi* (1940), in *Scritti 1921-1958*, Bollati Boringhieri, Torino 1978, pp. 326-354.
Klerman G. L., Weissman M. M., Rounsaville B. J., Chevron E. S., *Psicoterapia interpersonale della depressione* (1984), Bollati Boringhieri, Torino 1989.
Kraepelin E., *Maniac-depressive insanity and paranoia* (1913), Livingstone, Edinburgh 1921.
Kristeva J., *Sole nero. Depressione e malinconia* (1987), Feltrinelli, Milano 1988.
Lanzi G. *et al.*, *La depressione nel bambino e nell'adolescente*, Armando, Roma 1995.
Lolli F., *La depressione*, Bollati Boringhieri, Torino 2009.
Lopez D., Zorzi Meneguzzo L., *Dalla depressione al sorgere della persona*, Raffaello Cortina, Milano 1990.
Marcelli D. *et al.*, *La depressione in adolescenza*, Masson, Milano 1993.
Milgrom J., Martin P. R., Negri L. M., *Depressione postnatale*, Erickson, Trento 2005.
Palacio Espasa F., *Depressione di vita, depressione di morte* (2002), Raffaello Cortina, Milano 2004.
Pancheri P., *Depressione. Cento domande e cento risposte*, Il Pensiero Scientifico, Roma 1998.
Radó S., *Il problema della malinconia* (1927), in W. Gaylin (a cura di), *Il significato della disperazione* (1968), Martinelli, Firenze 1973.
Schulte W., Mende W., *Melancholie*, Thieme, Stuttgart 1969.
Seligman M. E. P., Maier S. F., *Failure to escape traumatic shock*, in "Journal of Experimental Psychology", 1967, n. 74.
Semi A. A., *Modelli psicoanalitici della depressione*, in Id. (a cura di), *Trattato di psicoanalisi*, vol. II: *Clinica*, Raffaello Cortina, Milano 1988-1989, pp. 697-754.
Shuchter S. R., Downs N., Zisook S., *La depressione. Conoscenze biologiche e psicoterapia* (1995), Raffaello Cortina, Milano 1997.
Smeraldi E. (a cura di), *Antidepressivi*, in G. B. Cassano, P. Pancheri *et al.* (a cura di), *Trattato italiano di psichiatria* (1992), Masson, Milano 1999, vol. III, pp. 3279-3304.
Spitz R. Á., *Anaclitic depression. An inquiry into the genesis of psychiatric conditions in early childhood*, in "The Psychoanalytic Study of the Child", 1946, n. 2, pp. 313-342.
Stark K., *La depressione infantile* (1998), Erickson, Trento 2000.
Starobinski J., *Storia del trattamento della malinconia dalle origini al 1900* (1960), Guerini & Associati, Milano 1990.
Tellenbach H., *Melancolia* (1961), Il Pensiero Scientifico, Roma 1975.
Zilboorg G., *Depressive reaction related to parenthood*, in "American Journal of Psychiatry", 1931, n. 87.

Depressiva, Posizione, v. KLEINIANA, TEORIA, § 2.

Deprivazione, v. PRIVAZIONE.

Deragliamento (ingl. *Derailment*; ted. *Entgleisung*; fr. *Déraillement*; sp. *Descarrilamiento*). Termine psichiatrico che denota una grave disorganizzazione dei processi psichici. Emil Kraepelin distinse un deragliamento del *pensiero* in cui il soggetto esprime idee sconnesse e incomprensibili, un deragliamento del *discorso* dove il linguaggio è disturbato sia nel tono sia nel timbro della voce, con alternanza di frasi sussurrate e urla violente, e un deragliamento della *volontà* dove le azioni quotidiane finalizzate subiscono una forte disorganizzazione. Quest'ultima manifestazione è detta anche PARABULIA (v.).

Bibliografia

Kraepelin E., *Trattato di psichiatria* (1883), Vallardi, Milano 1907.

Derealizzazione (ingl. *Derealization*; ted. *Entrealisierung*; fr. *Déréalisation*; sp. *Desrealización*). Perdita del senso di realtà e del contatto che normalmente ciascuno ha con la propria esperienza che si compie tra le cose e le persone del proprio ambiente. Frequente nelle schizofrenie, la derealizzazione è a volte accompagnata da depersonalizzazione (v. PERSONA, § 1; SCISSIONE, § I, 4, *c*), in cui l'individuo non percepisce più se stesso come presente nella vita quotidiana e come interagente con i propri simili. Le esperienze di derealizzazione hanno carattere episodico e possono insorgere anche in persone normali in condizioni di particolare affaticamento. La derealizzazione va distinta dal *dereismo* che è una condizione mentale in cui vengono ignorate le leggi della logica e le connessioni naturali (v. PENSIERO, § I, 3). Ciò determina una disarmonia con i dati di realtà secondo il modello del pensiero magico (v. MAGIA), che attende la risoluzione dei problemi non dalla sequenza dei nessi causali, ma da formule, gesti, riti.

Dereismo, v. DEREALIZZAZIONE.

Derivato (ingl. *Derivative*; ted. *Abkömmling*; fr. *Rejeton*; sp. *Derivado*). Termine impiegato da Sigmund Freud nei testi metapsicologici per indicare il riaffiorare nella coscienza o nell'azione di prodotti connessi a quanto è stato rimosso nell'inconscio; tali sono, per esempio, i sintomi (v. SINTOMO), le associazioni (v. ASSOCIAZIONE), i fantasmi (v. FANTASIA, § 1) ecc. Il termine è comprensibile se si tiene conto delle due fasi della RIMOZIONE (v.): ciò che è oggetto della rimozione originaria tende di nuovo ad annunciarsi nella coscienza sotto forma di "derivato" che può essere o sottoposto alla rimozione secondaria, o discusso in sede analitica per prendere coscienza del rimosso.

Bibliografia

Freud S., *La rimozione*, in *Metapsicologia* (1915), in *Opere* (1967-1993), Bollati Boringhieri, Torino, vol. VIII.

Derma, v. PELLE.

Dermatite, v. PELLE, §§ 3-4.

Dermatofobia, v. PELLE, § 6.

Descolarizzazione (ingl. *Deschooling*; ted. *Entschulen*; fr. *Déscolarisation*; sp. *Desescolarización*). Modello pedagogico che si pone in alternativa al sistema di scolarizzazione (v. PSICOLOGIA SCOLASTICA). I suoi sostenitori, fra cui Ivan Illich e Paul Goodman, partendo dal presupposto che l'istituzione scolastica, al di là di qualsiasi riforma, sia incapace di garantire un apprendimento autonomo e creativo in sintonia con la cultura e la storia in cui ogni individuo è inserito, ipotizzano una società descolarizzata, a educazione permanente, in cui istruzione ed esperienza siano costantemente associate, e in cui a ogni individuo sia offerta la possibilità di autoeducarsi attraverso l'uso di strutture educative aperte, messe a disposizione dalla società, tra cui ciascuno può scegliere in base alle sue esigenze di apprendimento.

Bibliografia

Goodman P., *Individuo e comunità* (1966), Elèuthera, Milano 1995.

Illich I., *Descolarizzare la società* (1970), Mondadori, Milano 1972.

–, *Rovesciare le istituzioni* (1971), Armando, Roma 1973.

Descrittiva, Psicologia, v. PSICOLOGIA DESCRITTIVA.

Desensibilizzazione, v. COMPORTAMENTO, § 5, *a*.

Desessualizzazione, v. SUBLIMAZIONE.

Desiderabilità sociale (ingl. *Social desirability*; ted. *Soziale Erwünschtheit*; fr. *Désirabilité sociale*; sp. *Aceptación social*). Detta anche *acquiescenza* o *gradimento sociale*, è una variabile che distorce i risultati degli inventari di personalità inducendo alcuni soggetti a rispondere nel senso socialmente approvato, indipendentemente dal fatto che tali risposte forniscano un'adeguata descrizione di loro stessi (v. RESPONSE SET).

Desiderio (ingl. *Wish*; ted. *Wunsch*; fr. *Désir*; sp. *Deseo*). Il termine, che in generale si riferisce alla ricerca o all'attesa intensa di quanto è sentito come soddisfacente le proprie esigenze e i propri gusti, assume un significato di volta in volta determinato dai vari ambiti di indagine.

1. FILOSOFIA. In questo ambito, in cui la parola è nata, il desiderio si riferisce alla mancanza dell'oggetto a cui è rivolta l'appetizione ed è pensato come il principio che spinge all'azione. Questi due significati, tra loro connessi, si ritrovano in Aristotele che definisce il desiderio «appetizione di ciò che è piacevole» (*Dell'anima*, II, 3, 414 b), in René Descartes che lo definisce «agitazione dell'anima causata dagli spiriti che la dispongono a volere per l'avvenire le cose che essa si rappresenta come convenienti» (1649, § 86), e in Baruch Spinoza per il quale il desiderio è «la tristezza

che riguarda la mancanza della cosa che amiamo» (1677, III, 36). Un nuovo significato è stato introdotto da John Dewey che ha inteso il desiderio come «l'attività che cerca di procedere per rompere la diga che la trattiene. L'oggetto che si presenta nel pensiero come la meta del desiderio è l'oggetto dell'ambiente che, se fosse presente, assicurerebbe una riunificazione dell'attività e la restaurazione della sua unità» (1922, p. 249). Martin Heidegger, infine, ha connesso il desiderio con la natura progettuale dell'uomo: «L'essere per le possibilità si manifesta per lo più come semplice desiderio. Nel desiderio l'Esserci progetta il suo essere in possibilità che, non solo non sono mai afferrate nel prendersi cura, ma la cui realizzazione non è mai né seriamente progettata né realmente attesa» (1927, § 41).

2. LA PSICOANALISI FREUDIANA. Sigmund Freud distingue il BISOGNO (v. § 4) dal desiderio, perché il bisogno provoca uno stato di tensione interna che trova il suo soddisfacimento in un'azione specifica che procura l'oggetto adeguato, come può essere il cibo per la fame, mentre il desiderio è indissolubilmente legato a delle "tracce mnestiche", come le definisce Freud, che trovano il loro appagamento nella riproduzione allucinatoria delle percezioni divenute "segni" di tale soddisfacimento. A questo punto si comprende perché il fantasma (v. FANTASIA, § 1), che è la combinazione strutturata di questi segni, sia il correlato del desiderio. In proposito Freud scrive: «Quando nel bambino, con l'aiuto di altre persone, si effettua l'*esperienza di soddisfacimento*, questa sospende lo stimolo interno. Componente essenziale di questa esperienza vissuta è la comparsa di una determinata percezione (l'alimento, nell'esempio dato), la cui immagine mnestica rimane d'ora in poi associata alla traccia mnestica dell'eccitamento di bisogno. Appena questo bisogno ricompare una seconda volta, si avrà, grazie al collegamento stabilito, un moto psichico che tende a reinvestire l'immagine mnestica corrispondente a quella percezione e riprovocare la percezione stessa; intende dunque, in fondo, ricostruire la situazione del primo soddisfacimento. È un moto di questo tipo che chiamiamo desiderio; la ricomparsa della percezione è l'appagamento del desiderio e l'investimento pieno della percezione, a partire dall'eccitamento di bisogno, è la via più breve verso l'appagamento di desiderio» (1899, pp. 515-516). La concezione freudiana del desiderio riguarda eminentemente il desiderio inconscio legato a segni infantili indistruttibili; la compresenza di due desideri di segno opposto produce quella situazione che Freud chiama "conflitto psichico".

Per nominare il desiderio Freud ha impiegato tre parole: 1) *Wunsch* per indicare il desiderio nell'accezione dell'augurio; 2) *Lust* in riferimento al piacere e alla gioia; 3) *Begierde* che, come appetito, brama, voglia, allude alla ricerca del soddisfacimento. Con questa abbondanza semantica Freud coglie tutti gli aspetti della dimensione desiderante, inscrivendoli in una proiezione dell'avvenire dove è collocata, ad un livello reale o fantasmatico, la realizzazione del desiderio. Questo per Freud non è tanto il desiderio attuale dell'adulto, quanto un desiderio antico, legato alla prima infanzia che ha lasciato una traccia mnestica la quale, congiungendosi al desiderio attuale, gli fornisce carica, intensità, tensione che si placa nel sogno o nel sintomo. Sogni e sintomi, infatti, legano i desideri attuali ai desideri infantili che forniscono quella tensione desiderante che trova la sua realizzazione allucinatoria nel sogno della notte e nel sintomo della malattia. Nella realtà, infatti, il desiderio, teso a evitare il massimo di frustrazione e a ottenere il massimo di gratificazione, ha solitamente una realizzazione differita, e ciò consente delle esperienze mentali che mettono alla prova le diverse vie per giungere a una possibile realizzazione finale. L'introduzione del principio di realtà (v. REALTÀ, § 3), che differisce il piacere e gli sostituisce sovente la sublimazione, consentirà a Freud di ipotizzare l'origine della civiltà che, a suo parere, ha preso avvio il giorno in cui gli uomini hanno iniziato a «barattare un po' di felicità per un po' di sicurezza» (1929, p. 602).

Secondo Jacques Gomila quattro sono le forme di desiderio che Freud vede realizzarsi nel sogno: *a*) un desiderio della veglia non soddisfatto per cause esterne; *b*) un desiderio non soddisfatto perché rimosso; *c*) un desiderio antico, profondo e rimosso; *d*) un impulso di desiderio che sopravviene nel corso della notte. Queste quattro figure, che consentono a Freud di dire che sempre e comunque «il sogno è l'appagamento (mascherato) di un desiderio (represso, rimosso)» (1899, p. 154), permettono di mantenere la distinzione tra il bisogno che è conscio e il desiderio, enunciato nel sogno e nel sintomo, che è inconscio. Da questa distinzione discende che il bisogno si "soddisfa", mentre il desiderio si "realizza" compatibilmente con le difese dell'Io che sono la causa dello SPOSTAMENTO (v.), della CONDENSAZIONE (v.) e della SOSTITUZIONE (v.), per effetto dei quali il desiderio si attua in forme che lo rendono difficilmente riconoscibile rispetto alla sua forma originaria.

Questa è leggibile per Freud nel quadro del complesso edipico, essendo padre e madre le prime mete offerte alla realizzazione del desiderio. La madre, infatti, è il primo oggetto totale ricercato, e il padre è il primo ostacolo al realizzarsi del primo desiderio. Da qui il desiderio di possedere la madre congiunto al desiderio che muoia o sparisca il primo ostacolo, cioè il padre. A parere di Freud, contro questo desiderio, fin dai tempi più remoti, si mobilita il gruppo sociale che si incarica, con dei dispositivi culturali, di perfezionare quel taglio radicale del cordone ombelicale a cui resta attaccato nella sua prima forma il desiderio. I riti di iniziazione sono per Freud delle forme di addio dell'adolescente alla madre e alle donne della famiglia a cui si dirige il suo desiderio incestuoso (v. INCESTO). Segue, in genere, un periodo di riapprendimento in cui il giovane iniziato impara a spostare il suo desiderio in forme socialmente accettate, distinguendo innanzitutto fra le donne quelle che dal punto di vista sessuale possono essere possibile oggetto dei suoi desideri e quelle che non possono esserlo (v. ENDOGAMIA – ESOGAMIA).

3. LA PSICOANALISI LACANIANA. Prendendo le mosse dall'ipotesi freudiana, per la quale il desiderio mette in moto l'apparato psichico secondo la percezione del gradevole e dello sgradevole, Jacques Lacan colloca il desiderio nella "mancanza" essenziale che il bambino sperimenta una volta separato dalla madre (v. LACANIANA, TEORIA, § 9). Non potendo colmare questa mancanza, il desiderio si porterà su dei sostituti della madre che la legge del padre vieta per impedire l'identificazione del bambino con la madre. Rimossa, misconosciuta, la pulsione è sostituibile da un simbolo che trova la sua espressione nella DOMANDA (v.) di conoscere, di possedere. Le domande, sempre insoddisfatte, rinviano ai desideri sempre rimossi, e questi desideri tessono fra loro una trama senza fine di associazioni. L'esempio dell'anoressia mentale, o rifiuto del nutrimento, può illustrare questa implicazione tra bisogno, desiderio e domanda. La richiesta di cibo del bambino esprime un bisogno organico, ma, più profondamente, rinvia ad una domanda d'amore. La madre può capire la vera domanda e abbracciare il bambino rifiutandogli il cibo, oppure può credere semplicemente al bisogno e accordare il cibo senza aver compreso la vera domanda. Rimpinzare il bambino, soddisfare i suoi bisogni o addirittura prevenirli al di qua e al di là delle sue domande porta a soffocare la domanda d'amore. La sola via d'uscita per il bambino è allora di rifiutare il nutrimento per far spuntare per via negativa la sua domanda d'amore: «È il bambino nutrito con più amore – scrive Lacan – che rifiuta il nutrimento e si serve del suo rifiuto per esprimere un desiderio (anoressia mentale). Confini in cui si coglie molto bene come l'odio contraccambi l'amore, ma in cui è l'ignoranza che non è perdonata» (1958-1959, pp. 623-624). In questo modo Lacan colloca il desiderio tra il bisogno e la domanda, distinguendolo dal primo perché il bisogno mira a un oggetto specifico e si soddisfa con esso, e dalla seconda perché, esigendo un riconoscimento assoluto, il desiderio cerca di imporsi senza tener conto dell'"altro" a cui la domanda si rivolge (v. ALTRO, § 1).

La nozione di "altro", a cui il desiderio, mediato dalla domanda, si rivolge, consente a Lacan una riformulazione della nozione di desiderio esplicitamente mediata dalla dialettica hegeliana servo-padrone. Questa DIALETTICA (v. §§ 3-4), che in Georg Wilhelm Friedrich Hegel porta dalla coscienza all'autocoscienza, si ritrova per Lacan in quella del desiderio: «Il desiderio dell'uno trova il suo senso nel desiderio dell'altro, non tanto perché l'altro detenga le chiavi dell'oggetto desiderato, quanto perché il suo primo oggetto è di essere riconosciuto dall'altro» (1953, p. 261). Ciò che desidera l'uomo è che l'altro lo desideri: vuole essere ciò che manca all'altro, essere la causa del desiderio dell'altro: «Il desiderio dell'uomo – scrive ancora Lacan riferendosi a Hegel – si pone nell'ambito della *mediazione*, è desiderio di far riconoscere il proprio desiderio. Ha per oggetto un desiderio, quello d'altri, nel senso che per l'uomo non c'è oggetto che rappresenti *immediatamente* un suo desiderio; cosa che appare anche nei suoi bisogni più primitivi, nel fatto per esempio che il suo nutrimento stesso deve essere preparato, e che si ritrova in tutto lo sviluppo della sua soddisfazione a partire dal conflitto servo e padrone attraverso tutta la dialettica del lavoro» (1950, p. 175).

Questa dialettica, che porta al riconoscimento, trova la sua espressione nel linguaggio perché, scrive Lacan, «il desiderio è qualcosa di infinitamente più elevato di una tendenza organica, esso è legato in primo luogo al linguaggio per il fatto che è il linguaggio che gli fa posto, e che la sua prima manifestazione nello sviluppo dell'individuo si manifesta al livello del desiderio di sapere» (1966, p. 768). Il desiderio di essere riconosciuto dall'altro sottomette il desiderio alle condizioni dell'altro che non è l'altro in carne e ossa, ma l'Altro che è l'universo linguistico in cui il desiderio per esprimersi si deve inserire: «Se, in effetti, il desiderio è, nel soggetto, questa condizione, che gli è imposta dall'esistenza del discorso, di far passare il suo bisogno attraverso le sfilate del significante, se d'altra parte bisogna fondare la nozione dell'Altro con una A maiuscola come il luogo del dispiegamento della parola, bisogna porre che, essendo quello di un animale in preda al linguaggio, il desiderio dell'uomo è il desiderio dell'Altro» (1958-1959, p. 624).

In un altro contesto e con un altro linguaggio anche per René Girard il desiderio non si rivolge direttamente all'oggetto, come riteneva Freud, ma passa per la mediazione di un terzo termine rappresentato dal desiderio dell'altro, nel senso che si desidera quello che gli altri desiderano e, per effetto di questo processo imitativo, il desiderio non ha una struttura binaria, ma triangolare.

4. La sociologia analitica di Wilhelm Reich. Partendo dalla persuasione che «le istanze morali nell'uomo, ben lungi dall'avere un'origine soprannaturale, derivano dalle misure educative dei genitori e di chi ne fa le veci sin dalla primissima infanzia», Reich ritiene che «al centro di queste misure educative agiscono quelle misure che si rivolgono contro la sessualità del bambino. Il conflitto, che inizialmente si crea tra i desideri del bambino e i divieti dei genitori, continua in seguito a manifestarsi come conflitto tra pulsione e morale nell'uomo. [...] La sociologia analitica, nel tentativo di analizzare la società come un individuo, è portata a pensare che la massa desidera il fascismo» (1933, p. 59) che, per Reich, non è né l'ideologia o l'azione di un singolo individuo, di una nazione, di un gruppo etnico o politico, né, come ritiene l'ideologia marxista, un prodotto di fattori socioeconomici, ma l'espressione del *desiderio* della massa i cui bisogni primari e i cui impulsi biologici sono stati repressi per migliaia di anni. Il fascismo, offrendosi come misticismo organizzato, soddisfa il desiderio orgasmico delle masse represse che dunque "desiderano il fascismo".

5. La socioanalisi di Herbert Marcuse. Marcuse parte dall'analisi del desiderio freudiano che approda all'incompatibilità fra civiltà e felicità, perché il progresso è fondato sulla repressione dei desideri pulsionali e vive della rinuncia alla felicità e della sottomissione di Eros. Scrive infatti Freud: «Di fatto l'uomo primordiale stava meglio, perché ignorava qualsiasi restrizione pulsionale. In compenso la sua sicurezza di godere a lungo di tale felicità era molto esigua. L'uomo civile ha barattato una parte della sua possibilità di felicità per un po' di sicurezza» (1929, p. 602). E ancora: «La libertà individuale non è un frutto della civiltà. Essa era massima prima che si instaurasse qualsiasi civiltà, benché in realtà a quell'epoca non avesse quasi mai un grande valore, in quanto difficilmente l'individuo era in grado di difenderla. La libertà subisce delle limitazioni ad opera dell'incivilimento e la giustizia esige che queste restrizioni colpiscano immancabilmente tutti» (ivi, p. 586). Partendo da queste premesse, Marcuse si chiede se non sia lecito prospettare all'uomo una società non repressiva, nella quale all'insincero benessere del consumo faccia seguito la libertà del desiderio liberato. Scrive Marcuse: «*Eros e civiltà*: con questo titolo intendevo esprimere un'idea ottimistica, eufemistica, anzi concreta, la convinzione che i risultati raggiunti dalle società industriali avanzate potessero consentire all'uomo di capovolgere il senso di marcia dell'evoluzione storica, di spezzare il nesso fatale tra produttività e distruzione, libertà e repressione. Potessero in altre parole mettere l'uomo in condizione di apprendere la scienza (*gaya ciencia*), l'arte cioè di utilizzare la ricchezza sociale per modellare il mondo dell'uomo, i suoi desideri, i suoi istinti di vita, attraverso una lotta concertata contro gli agenti di morte» (1966, p. 33).

6. La schizoanalisi e le macchine desideranti. Gilles Deleuze e Félix Guattari, in polemica con la concezione edipica di Freud e con il freudo-marxismo di Reich e Marcuse, concepiscono il desiderio come una macchina, analoga alla macchina del lavoro, rimossa dalla repressione sociale per timore del carattere rivoluzionario e sovversivo del desiderio. A quest'opera di rimozione ha contribuito anche la psicoanalisi la cui censura consiste nel rendere il desiderio rappresentazione nel teatro intimo dell'inconscio, dove avrebbe la possibilità di esprimersi solo come sogno, fantasma, mito. Questa canalizzazione del flusso del desiderio viene compiuta nel quadro della famiglia e della triangolazione edipica (padre, madre, figlio) in modo che il desiderio non "oltrepassi le mura domestiche" per invadere la società. A questo punto l'inconscio non sarà più il luogo del desiderio reale, ma un insieme di credenze e di rappresentazioni indotte dalla struttura sociale, dagli agenti familiari e dallo psicoanalista.

La controprova è costituita dagli schizofrenici che, irriducibili alla triangolazione edipica, non sono stati presi in considerazione da Freud. Prendendo infatti "immagini" e "parole" per "cose", gli schizofrenici non contengono il desiderio nei limiti della rappresentazione come vorrebbe la psicoanalisi di Freud, e perciò, come massima smentita del sistema freudiano, consentono di elaborare una "schizoanalisi" dove il desiderio non è considerato come semplice produttore di immagini, ma come produttore di cose reali. Scrivono Deleuze e Guattari: «Se il desiderio produce, produce il reale. Se il desiderio è produttore, non può esserlo se non in realtà e di realtà. Il desiderio è l'insieme di sintesi passive che macchinano gli oggetti parziali, i flussi e i corpi, e che funzionano come unità di produzione. Il reale, ne deriva, è il risultato delle sintesi passive del desiderio come autoproduzione dell'inconscio. Il desiderio non manca di nulla, non manca del suo oggetto. È piuttosto il soggetto che manca al desiderio, o il desiderio che manca di soggetto fisso; non c'è soggetto fisso che per la repressione» (1972, p. 29).

Bibliografia

Aristotele, *Dell'anima*, in *Opere*, Laterza, Bari 1973.
Brink A., *Desiderio* (2000), Feltrinelli, Milano 2001.
Butler J., *Soggetti di desiderio* (1999), Laterza, Bari 2009.
Ciaramelli F., *La distruzione del desiderio*, Dedalo, Bari 2000.
Deleuze G., Guattari F., *L'anti-Edipo. Capitalismo e schizofrenia* (1972), Einaudi, Torino 1975.

Descartes R., *Le passioni dell'anima* (1649), in *Opere*, Laterza, Bari 1986, vol. IV.
Dewey J., *Natura e condotta dell'uomo. Introduzione alla psicologia sociale* (1922), La Nuova Italia, Firenze 1958.
Dumoulié C., *Il desiderio. Storia e analisi di un concetto* (1999), Einaudi, Torino 2002.
Freud S., *Studi sull'isteria (in collaborazione con Josef Breuer)* (1892-1895), in *Opere* (1967-1993), Bollati Boringhieri, Torino, vol. I.
–, *L'interpretazione dei sogni* (1899), in *Opere*, cit., vol. III.
–, *Il disagio della civiltà* (1929), in *Opere*, cit., vol. X.
Galimberti U., *Il corpo e l'immaginario dei desideri*, in Id., *Il corpo* (1983), nuova edizione ampliata, Feltrinelli, Milano 2013, pp. 411-423.
Girard R., *Menzogna romantica e verità romanzesca. Le mediazioni del desiderio nella letteratura e nella vita* (1961), Bompiani, Milano 1965.
–, *Il risentimento. Lo scacco del desiderio nell'uomo contemporaneo* (1996), Raffaello Cortina, Milano 1999.
Gomila J., *Desiderio*, in AA.VV., *Enciclopedia*, Einaudi, Torino 1978, vol. IV, pp. 572-599.
Hegel G. W. F., *Fenomenologia dello spirito* (1807), La Nuova Italia, Firenze 1963.
Heidegger M., *Essere e tempo* (1927), Utet, Torino 1978.
Kamper D., *Desiderio*, in Ch. Wulf (a cura di), *Cosmo, corpo, cultura. Enciclopedia antropologica* (1997), Bruno Mondadori, Milano 2002, pp. 1021-1030.
Lacan J., *Discorso sulla causalità psichica* (1950), in *Scritti* (1936-1966), Einaudi, Torino 1974, vol. I.
–, *Funzione e campo della parola e del linguaggio in psicoanalisi* (1953), in *Scritti*, cit., vol. I.
–, *Il Seminario. Libro VI: Il desiderio e la sua interpretazione, 1958-1959*, Einaudi, Torino 2016.
–, *Sovversione del soggetto e dialettica del desiderio nell'inconscio freudiano* (1960), in *Scritti*, cit., vol. II.
–, *La direzione della cura e i principi del suo potere* (1961), in *Scritti*, cit., vol. II.
–, *Psychanalyse et médecine*, in "Cahier du Collège de Médecine", 1966, n. 12.
Lyotard J.-F., *Economia libidinale* (1974), Colportage, Firenze 1978.
Marcuse H., *Eros e civiltà* (1955), con *Prefazione politica* (1966), Einaudi, Torino 1968.
McDougall J., *Eros. Le deviazioni del desiderio* (1995), Raffaello Cortina, Milano 1997.
Moroncini B., Petrillo R., *L'etica del desiderio. Un commento del seminario sull'etica di Jacques Lacan*, Cronopio, Napoli 2007.
Nussbaum M. C., *Terapia del desiderio* (1996), Vita e Pensiero, Milano 1998
Recalcati M., *Ritratti del desiderio*, Raffaello Cortina, Milano 2012.
Reich W., *Psicologia di massa del fascismo* (1933), Einaudi, Torino 2002.
Spinoza B., *Etica dimostrata secondo l'ordine geometrico* (1662-1675, edito postumo nel 1677), Bompiani, Milano 2007.
Turoldo F., *Desiderio*, in AA.VV., *Gli strumenti del sapere contemporaneo*, vol. II: *I concetti*, Utet, Torino 1985, pp. 211-215.
Volli U., *Figure del desiderio. Corpo, testo, mancanza*, Raffaello Cortina, Milano 2002.

Desimbolizzazione, v. DECODIFICAZIONE.

Desintegrato, Tipo, v. TIPOLOGIA, § 2.

Desmolisi (ingl. *Desmolysis*; ted. *Desmolyse*; fr. *Desmolyse*; sp. *Desmolisis*). Termine introdotto da Johannes H. Schultz per indicare lo scioglimento, attraverso il TRAINING AUTOGENO (v.), di quelle inibizioni inconsce che bloccano lo sviluppo della personalità.

Bibliografia

Schultz J. H., *Il training autogeno. Metodo di autodistensione da concentrazione psichica* (1932), vol. I: *Esercizi inferiori*, vol. II: *Esercizi superiori. Teoria*, Feltrinelli, Milano 1968.

Desomatizzazione (ingl. *Desomatization*; ted. *Entsomatisierung*; fr. *Désomatisation*; sp. *Desomatización*). Tappa del processo di differenziazione nell'ambito dell'evoluzione psichica. Al posto delle diffuse reazioni di scarica vegetativa e motoria, caratteristiche del primo periodo della vita, si hanno azioni psichiche desomatizzate. Il grado di desomatizzazione costituisce un indice della differenziazione delle istanze psichiche e dello stato di sviluppo dell'Io.

Destinatario, v. COMUNICAZIONE, § 1.

Destino (ingl. *Destiny*; ted. *Geschick*, *Schicksal*; fr. *Destin*; sp. *Destino*). Concetto antichissimo secondo il quale la Necessità domina ogni singolo essere del mondo in quanto parte dell'ordine totale.

1. FILOSOFIA. Elaborata nella cultura "tragica" e "filosofica" dell'antica Grecia nelle espressioni "Μοῖρα (Colei che destina le parti)" e "Ἀνάγκη (la Necessità)", la nozione di destino è ripresa in epoca contemporanea da Friedrich Nietzsche che coglie nel destino il senso ultimo a cui si intenziona la volontà dell'uomo nella forma dell'*amor fati* che esprime il suo "Sì" all'eterno ritorno dell'uguale. Posto in relazione con la storia (*Geschichte*), il destino (*Geschick*) è colto da Martin Heidegger come "ciò che nelle varie epoche storiche si annuncia assentandosi", rendendo così possibile l'apparizione di un determinato modo dell'essere. Infine, con Emanuele Severino il termine destino assume il significato di senso della totalità al cui interno ogni espressione volontaristica è il sogno di un'alienazione: «Nello sguardo del destino – scrive Severino – la volontà è apparire. Non è "forza", "tendenza", "appetito", "impulso". Ciò che questi termini indicano appartiene al mondo sognato dell'alienazione della verità, al mondo che è impossibile che sia, ma il cui sogno domina la terra. Ma l'apparire in cui la volontà consiste è apparire di un

contenuto che non è il destino della verità: è l'apparire di qualcosa che appartiene al mondo sognato dall'alienazione della verità. Tale mondo è la terra isolata, il contenuto che appare all'interno dell'isolamento della terra» (1980, p. 573).

2. PSICOANALISI. Sigmund Freud considera il destino l'ultima delle immagini parentali che, dopo i genitori, gli educatori, le autorità, gli individui che il soggetto reputa esemplari, concorre alla formazione del Super-io: «L'ultima figura di questa serie che comincia con i genitori è l'oscuro potere del destino, che solo pochissimi di noi sono capaci di intendere in modo impersonale. Se il poeta olandese Multatuli sostituisce la Μοῖρα (Destino) dei greci con la divina coppia Λόγος καὶ Ἀνάγχη (Ragione e Necessità), non c'è molto da obiettare; ma tutti coloro che attribuiscono il governo del mondo alla Provvidenza, a Dio, o a Dio e alla Natura, destano il sospetto di considerare ancor sempre queste potenze ultime e remote come una coppia di genitori (in senso mitologico) e di sentirsi ad esse legati da vincoli libidici» (1924, p. 14). Partendo da questa lettura del destino, Freud individua nel masochismo il terreno fecondo per l'insorgenza della *nevrosi di destino* tipica di chi, mentre organizza inconsciamente le esperienze della propria vita in modo da subire continue sconfitte, sostiene consciamente che è il destino a procurargliele: «Il masochismo – scrive Freud – induce nella tentazione di commettere azioni "peccaminose", che dovranno poi essere espiate o sopportando i rimproveri della coscienza sadica (come in tutti i caratteri tipicamente russi) o tollerando i castighi inflitti da quella grande autorità parentale che è il destino. Per provocare la punizione di quest'ultimo rappresentante dei suoi genitori, il masochista deve agire in modo dissennato e contro i propri interessi, deve distruggere le prospettive che gli si aprono nel mondo reale, ed eventualmente deve distruggere la propria reale esistenza» (ivi, p. 15).

Freud distingue la nevrosi di destino dalla *nevrosi del carattere* (v. CARATTERE, § 2, *b*) che non è un ritorno dall'esterno di un desiderio inconscio di punizione, ma una ripetizione coatta promossa dai meccanismi di difesa. Dello stesso avviso è Otto Fenichel per il quale, con la nevrosi di destino, il soggetto «controlla i suoi sensi di colpa che spera di soddisfare mediante la propria sofferenza ingraziandosi un Super-io molto esigente» (1945, p. 568). Alla nevrosi di destino può essere accostata la *nevrosi di scacco*, così chiamata da René Laforgue e riferita a tutti quei soggetti che rifiutano a se stessi il soddisfacimento su un punto preciso legato al loro desiderio inconscio. Detti soggetti, in grado di tollerare la frustrazione esterna in modo non patologico, mostrano la loro patologia quando, di fronte alla possibilità reale di soddisfare il loro desiderio, si procurano una sorta di "frustrazione interna" per soddisfare il proprio Super-io punitivo. Nevrosi di destino e di scacco mettono capo alla cosiddetta "condotta di insuccesso" (v. INSUCCESSO).

3. PSICOLOGIA ANALITICA. Individuato, come vuole la lettura di Carl Gustav Jung, nel Sé individuale (v. PSICOLOGIA ANALITICA, § 4) e nella sua datità il depositario del destino, Mario Trevi vi scorge ciò che condiziona la libertà e limita la progettualità, dando ad esse ad un tempo realtà e concretezza. Riprendendo l'espressione nietzschiana "Diventa ciò che sei" e scomponendola nel campo analitico, Trevi evidenzia le quattro possibili varianti: *a*) «Diventa ciò che sei» e datità del Sé; *b*) «Diventa ciò che non sei» e possibilità di mutamento; *c*) «Non diventare ciò che sei» e liberazione limitata dai condizionamenti; *d*) «Non diventare ciò che non sei» e fedeltà al dato originario con preservazione della libertà finita (1990, pp. 4-10). Partendo da questa articolazione, Trevi ritiene che «il modello intuitivo più efficace della connessione tra progetto e destino è quello del circolo, attraverso cui, di volta in volta, l'uno è condizione e materia dell'altro: non si dà progetto senza destino, né questo senza quello. Solo una libertà progettuale infinita e incondizionata è, sul piano pratico, una necessità senza scampo, il cui solo concepimento porterebbe l'uomo ad una immobilità annichilatrice e vanificherebbe ogni possibilità di psicoterapia» (ivi, p. 15).

Bibliografia

Cicerone M. T., *De fato* (44 a.C.), a cura di S. Maso, Carocci, Roma 2014.

Fenichel O., *Trattato di psicoanalisi delle nevrosi e delle psicosi* (1945), Astrolabio, Roma 1951.

Freud S., *Il problema economico del masochismo* (1924), in *Opere* (1967-1993), Bollati Boringhieri, Torino, vol. X.

Heidegger M., *Lettera sull'"umanismo"* (1946), in Id., *Segnavia*, Adelphi, Milano 1987.

Laforgue R., *Psychopathologie de l'échec*, Payot, Paris 1939.

Mati S., *La mela d'oro. Mito e destino*, Moretti & Vitali, Bergamo 2009.

Natoli S., *Libertà e destino nella tragedia greca*, Morcelliana, Brescia 2002.

Nietzsche F., *Ditirambi di Dioniso* (1882-1886), in *Opere*, Adelphi, Milano 1970, vol. VI, 4.

Schiavone A., *Storia e destino*, Einaudi, Torino 2007.

Severino E., *Destino della necessità*, Adelphi, Milano 1980.

–, *Immortalità e destino*, Rizzoli, Milano 2006.

Spengler O., *Urfragen. Essere umano e destino* (1965, edito postumo), Longanesi, Milano 1971.

Trevi M., *Progetto e destino. Opposizione e composizione* (1990), in Id., *Il lavoro psicoterapeutico. Limiti e controversie*, Theoria, Roma 1993.

Veneziani M., *Amor fati. La vita tra caso e destino*, Mondadori, Milano 2010.

Destino, Nevrosi di, v. DESTINO, § 2.

Desublimazione (ingl. *Desublimation*; ted. *Entsublimierung*; fr. *Désublimation*; sp. *Desublimación*). Naturale spiegamento di una carica libidica precedentemente contenuta nella SUBLIMAZIONE (v.). Herbert Marcuse utilizza questo termine per indicare la possibile liberazione dell'eros in una società che non ha più bisogno di essere repressiva, perché l'opulenza raggiunta non richiede più un alto tasso di trasformazione dell'energia libidica in energia lavorativa. In questo contesto la desublimazione ha la possibilità di esprimersi in *autosublimazione* guidata da un principio di realtà (v. REALTÀ, § 3) non più cogente perché maggiori sono divenuti gli spazi di libertà (v. DESIDERIO, § 5).

A parziale rettifica di questa tesi sostenuta in *Eros e civiltà*, Marcuse, in *L'uomo a una dimensione*, parla di *desublimazione repressiva* dovuta all'ambiente tecnologico che non consente all'uomo di estendere all'ambiente l'atmosfera *erotica* (*sublimazione*), ma lo costringe a localizzarla nella pura e semplice soddisfazione *sessuale* (*desublimazione*): «L'ambiente da cui l'individuo poteva ricavare piacere, che egli poteva fare oggetto di investimento affettivo (o catessi) poco meno gratificante che se si fosse trattato di una zona estesa del corpo, è stato drasticamente ristretto. Di conseguenza l'"universo" della catessi libidinale è stato parimenti ristretto. Il risultato è una localizzazione e contrazione della libido, la riduzione della sfera erotica all'esperienza e alle soddisfazioni sessuali. Si paragoni, per esempio, il far l'amore in un prato e in un'automobile, durante una passeggiata fuori le mura e in una strada di Manhattan. Nel primo caso, l'ambiente partecipa della catessi libidinale, la sollecita e tende ad assumere aspetti erotici. La libido si effonde al di là delle zone erogene immediate, in un processo di sublimazione non repressivo. Per contrasto, un ambiente meccanizzato sembra bloccare tale autotrascendenza della libido. Impedita nello sforzo di estendere il campo di gratificazione erotica, la libido diventa meno "polimorfa"; meno capace d'assumere forme erotiche che vadano al di là della sessualità localizzata, e quest'ultima viene ad essere intensificata. Diminuendo in tal modo l'energia erotica ed intensificando quella sessuale, la realtà tecnologica *limita la portata della sublimazione*, e al tempo stesso riduce pure il *bisogno* di questa. Nell'apparato mentale, la tensione tra quel che si desidera e quel che è permesso sembra abbassarsi considerevolmente, e il principio di realtà non sembra più richiedere una vasta e penosa trasformazione dei bisogni istintuali. L'individuo deve adattarsi a un mondo che non sembra più chiedergli di rinnegare i suoi bisogni più intimi, un mondo che non è essenzialmente ostile» (1964, pp. 91-92).

Bibliografia

Marcuse H., *Eros e civiltà* (1955), con *Prefazione politica* (1966), Einaudi, Torino 1968.
–, *L'uomo a una dimensione* (1964), Einaudi, Torino 1967.

Detenzione (ingl. *Detention*; ted. *Erzwingungshaft*; fr. *Détention*; sp. *Detención*). Termine impiegato in psicologia sperimentale per designare il fenomeno per cui, dopo la prova di condizionamento, se l'animale viene trattenuto nell'apparecchio dove la prova è avvenuta, dimentica il condizionamento più facilmente di quanto non lo dimenticherebbe se fosse subito estratto. Come fenomeno di estinzione della memoria, la detenzione evidenzia l'importanza dei fattori ambientali nell'intervallo di tempo che intercorre fra l'apprendimento e la somministrazione di un trattamento amnestico. In psichiatria si parla di *psicosi da detenzione* di chi vive periodi prolungati in stato di isolamento con scarse possibilità di comunicazione (v. PSICOSI, § 2, *b*).

Deterioramento (ingl. *Deterioration*; ted. *Verschlechterung*; fr. *Détérioration*; sp. *Deterioro*). Progressiva compromissione delle funzioni psichiche per alterazioni anatomo-patologiche, per processi involutivi, per conseguenze traumatiche e come effetto di psicosi funzionali. Inizialmente sono colpite le facoltà intellettive come l'ideazione, la memoria, l'attenzione, la critica e il giudizio, successivamente sono coinvolti la volontà, l'affettività e il comportamento fino a un disfacimento globale della personalità. Esiste la possibilità di misurare il deterioramento ricorrendo, per esempio, ai sub-test della scala Wechsler-Bellevue (v. WECHSLER-BELLEVUE, TEST DI) dove si distinguono le "prove che tengono (*hold tests*)", che si alterano meno facilmente perché si riferiscono ad acquisizioni di base come la cultura generale, la definizione di vocaboli, la ricostruzione di figure, che sono espressioni dell'intelligenza "cristallizzata", e le "prove che non tengono (*don't hold tests*)" che misurano l'intelligenza "fluida" che si applica a nuove situazioni. Un'altra possibilità di misurazione è offerta dal test di Babrock, che prende in considerazione il deterioramento delle funzioni verbali come indice del deterioramento mentale.

Determinante, Tendenza (ingl. *Determining tendency*; ted. *Entscheidende Neigung*; fr. *Tendance déterminante*; sp. *Tendencia determinante*). Espressione utilizzata da Narziss Kaspar Ach per indicare la dipendenza dei processi psichici coscienti dalle rappresentazioni finalizzate consce o inconsce, legate alle aspettative del soggetto. L'espressione compare anche in Sigmund Freud per spiegare quei fenomeni come i lapsus e gli atti mancati che, lungi dall'esser casuali e irrilevanti, sottendono una tendenza determinante inconscia.

Bibliografia

Ach N. K., *Über die Begriffsbildung*, Buchner, Bamberg 1921.
Freud S., *Psicopatologia della vita quotidiana* (1901), in *Opere* (1967-1993), Bollati Boringhieri, Torino, vol. IV.

Determinismo (ingl. *Determinism*; ted. *Determinismus*; fr. *Déterminisme*; sp. *Determinismo*). Dottrina secondo cui tutti i fenomeni naturali sono soggetti al principio di causalità (v. CAUSALITÀ). Applicata all'uomo, tale dottrina approda al *determinismo psichico* secondo cui ogni nostro stato o atto psichico è la necessaria conseguenza di certi antecedenti fisiologici o psicologici, che comporta la riduzione dello spazio generalmente assegnato alla libertà, alla spontaneità e quindi alla responsabilità.

1. PSICOLOGIA DEL PROFONDO. Il determinismo psichico è alla base della costruzione psicologica di Sigmund Freud che può pervenire e dare legittimità alla nozione di inconscio, che della psicoanalisi è la nozione cardine, tramite l'impiego rigoroso del principio di causalità che è alla base della lettura deterministica della psiche. Scrive Freud: «L'ipotesi dell'inconscio è *necessaria* perché i dati della coscienza sono molto lacunosi; nei sani non meno che nei malati si verificano spesso atti psichici che possono essere spiegati solo presupponendo altri atti che non sono invece testimoniati dalla coscienza. Atti del genere non sono solo le azioni mancate o i sogni delle persone sane, o tutto ciò che nei malati rientra nella denominazione di sintomo psichico e manifestazione ossessiva; la nostra più personale esperienza quotidiana ci fa notare l'esistenza tanto di idee improvvise di cui non conosciamo l'origine, quanto di risultati intellettuali la cui elaborazione ci è rimasta oscura. Tutti questi atti coscienti restano slegati e incomprensibili se ci ostiniamo a pretendere che ogni atto psichico che compare in noi debba essere sperimentato dalla coscienza; mentre si organizzano in una connessione ostensibile se li interpoliamo con gli atti inconsci di cui abbiamo ammesso l'esistenza. Ma guadagnare in significato e in connessione è una ragione perfettamente legittima per andare al di là dell'esperienza immediata. Se poi risulterà altresì che l'ipotesi dell'inconscio ci consente di costruire un efficace procedimento con cui influenzare utilmente il decorso dei processi consci, tale successo costituirà un'inoppugnabile testimonianza della validità di quel che abbiamo assunto» (1915, p. 50). Dall'analisi di questo ragionamento risulta con sufficiente evidenza che tanto il giudizio che c'è una "lacunosità nella serie degli atti coscienti", quanto l'assunto inferito da questo giudizio che "lo psichico è in sé inconscio" poggiano sul presupposto deterministico, operante nella scienza naturale, secondo cui il reale esiste sempre e soltanto in nessi causali rigorosi e senza lacune.

Alla concezione deterministica si sono opposti in sede psicoanalitica Carl Gustav Jung e in sede psichiatrica Ludwig Binswanger. Scrive Jung: «Non dobbiamo mai perdere di vista il fatto che *la causa è un modo di vedere*. Essa afferma il rapporto necessario e costante della serie di eventi a-b-c-d-z. Ma anche *la finalità è un modo di vedere*, giustificato sul piano puramente empirico dal fatto che esistono serie di eventi il cui *nesso causale* è sì evidente, ma il cui *significato diviene comprensibile solo attraverso l'effetto finale*. [...] Se vogliamo lavorare veramente da psicologi, allora dobbiamo conoscere il "senso" dei fenomeni psichici. [...] E per questo è assolutamente impossibile considerare la psiche in senso "solo causale", dobbiamo considerarla anche in "senso finale"» (1916-1917, p. 318; v. COSTRUTTIVO, METODO).

Dal canto suo Binswanger scrive che «l'*homo natura* di Freud non è un uomo reale, ma un'*idea* ottenuta con un ripensamento secondario e riduttivo dell'esser-uomo. Ora, affermare che l'*homo natura* freudiano è soltanto un'idea non significa svalutare la scienza, perché come tutti sappiamo la scienza opera esclusivamente con idee, ma quando, rovesciando tutti i termini del discorso, la scienza pone all'inizio della sua costruzione l'idea dell'*homo natura*, rendendo storia il suo "sviluppo naturale" e "spiegando" l'arte, il mito e la religione in base a questa natura e a questa storia, non incontra l'uomo quale si dà nella sua esperienza propriamente umana, ma quell'idea di uomo che si ottiene dalla preliminare distruzione di questa esperienza. [...] In questo caso l'*homo natura*, questo *Urmensch* freudiano non rappresenta l'origine o l'inizio della storia umana, ma un'esigenza della ricerca naturalistica che riduce la totalità dell'esperienza umana a quella particolare modalità d'esperienza che è la causalità» (1936, pp. 172-174).

Oggi la concezione deterministica della psiche è mantenuta da quanti intendono portare la psicoanalisi al livello metodologico delle scienze esatte, mentre è abbandonata da quanti hanno spostato la comprensione dei fenomeni psichici dal piano della *causa* a quello del *significato*.

2. COMPORTAMENTISMO. Collocando l'organismo tra uno stimolo e una risposta secondo la formula S-O-R, il comportamentismo assume l'organismo come una macchina che converte S in R, lo stimolo in una risposta. Così facendo, il comportamentismo formula una teoria deterministica definendo le leggi

che correlano stimoli (ambiente) e risposte (movimento). Partendo da queste premesse, il comportamento è considerato come un apparato sperimentale da cui si deve escludere quasiasi fenomeno psichico non analizzabile con procedure oggettivanti. Questa posizione è stata lapidariamente chiarita da John Broadus Watson: «Sembra che finalmente sia arrivato il momento in cui la psicologia debba disfarsi di ogni riferimento alla coscienza, non venire più frustrata dalle preoccupazioni di porre gli stati mentali come oggetto di osservazione» (1913, p. 60).

La posizione di Watson è stata temperata nel suo radicalismo da Hans Jürgen Eysenck per il quale la previsione assoluta del comportamento è pressoché impossibile per la complessità, il numero e l'interazione delle variabili che intervengono a livello di organismo (O) o più ampiamente di personalità (P). Scrive in proposito Eysenck: «Le nostre azioni sono determinate in parte (in larga parte, se lo preferite) dal patrimonio ereditario e dall'ambiente, e la funzione psicologica è quella di scoprire le leggi secondo le quali prende corpo questo rapporto causale» (1972, p. 80). Ma altrove, intervenendo sul problema della comprensione e della spiegazione (v. PSICOLOGIA COMPRENSIVA), Eysenck scrive: «Si ritiene che il termine "spiegazione" debba essere usato in psicologia esattamente con le stesse connotazioni con cui è usato nelle scienze esatte. Ciò significa sostanzialmente che la descrizione, quantitativa se è possibile, ne è il sinonimo appropriato più che la comprensione; la comprensione, in un certo senso non scientifico, umanistico, ideografico, è però funzione di molte cose, anche se non può essere verificata con la realtà» (1970, p. 218).

Anche Burrhus Frederic Skinner, il più convinto sostenitore del determinismo comportamentista dopo Watson, scrive: «Non mi considero uno psicologo S-R. Allo stato attuale non sono sicuro che il concetto di "risposta" sia molto utile. Il comportamento è fluido, non è fatto di serie di piccole risposte una accanto all'altra. La stimolazione ambientale è importante tra le variabili di cui il comportamento è funzione, ma non è l'unica. È sbagliato pensare che esistano degli stimoli interni e formulare quindi tutto in termini di stimolo-risposta» (1974, p. 113).

Bibliografia

Binswanger L., *La concezione freudiana dell'uomo alla luce dell'antropologia* (1936), in Id., *Per un'antropologia fenomenologica. Saggi e conferenze psichiatriche* (1921-1941), Feltrinelli, Milano 1970.
Cassirer E., *Determinismo e indeterminismo nella fisica moderna* (1937), La Nuova Italia, Firenze 1970.
Corradi E., *Determinismo, causalità e fisica quantistica*, Celuc, Milano 1972.
Eysenck H. J., *La spiegazione e il concetto di personalità* (1970), in AA.VV., *La spiegazione nelle scienze del comportamento*, Franco Angeli, Milano 1981.
–, *Psychology is about people*, Allen Lane, London 1972.
Freud S., *L'inconscio*, in *Metapsicologia* (1915), in *Opere* (1967-1993), Bollati Boringhieri, Torino, vol. VIII.
Galimberti U., *Psichiatria e fenomenologia* (1979), nuova edizione ampliata, Feltrinelli, Milano 2017.
Honderich T., *Sei davvero libero? Il problema del determinismo* (1993), il Saggiatore, Milano 1996.
Jung C. G., *Prefazioni ai "Collected Papers on Analytical Psychology"* (1916-1917), in *Opere* (1969-2007), Bollati Boringhieri, Torino, vol. IV.
Skinner B. F., *La scienza del comportamento ovvero il behaviorismo* (1974), Sugarco, Milano 1976.
Waelder R., *Psychic determinism and the possibility of predications*, in "Psychoanalytic Quarterly", 1963, n. 32.
Watson J. B., *La psicologia così come la vede il comportamentista* (1913), in *Antologia degli scritti*, il Mulino, Bologna 1976.
–, *Il comportamentismo* (1924-1930), Giunti, Firenze 1985.

Deterrente, v. INCENTIVO.

Detezione del segnale, Teoria della (ingl. *Signal detection theory*; ted. *Theorie der Detektions zeichen*; fr. *Théorie de la détection du signal*; sp. *Teoría de la detección de la señal*). Teoria per la valutazione della percezione di uno stimolo che, avvalendosi di modelli probabilistici e interpretativi, tiene conto dell'intervento dei criteri soggettivi. Il processo conoscitivo scaturirebbe dalla relazione tra percezioni imperfette fatte dall'uomo empirico che, secondo l'espressione di Cameron R. Peterson e Lee Roy Beach, è "intuitivamente statistico" e le corrispondenti percezioni perfette fatte da un ipotetico uomo statistico (*statistical man*). La varianza della percezione soggettiva rispetto alla percezione statistica sarebbe in funzione di un migliore adattamento di una persona all'ambiente. L'introduzione di questa variante soggettiva prevede un modello dinamico nella concezione della percezione solitamente considerata, da un punto di vista statico, come passività del soggetto.

Bibliografia

Peterson C. R., Beach L. R., *Man as intuitive statistician*, in "Psychological Bulletin", 1967, n. 68, pp. 29-46.

Detour, Azione di (ingl. *Detour action*; ted. *Umweghandlung*; fr. *Action de détour*; sp. *Acción de rodeo*). Condotta di aggiramento che raggiunge la meta non direttamente, ma attraverso azioni che, considerate isolatamente, sembra non abbiano nulla a che fare con la meta stessa. Anche se Wolfgang Köhler ha riscontrato un simile comportamento negli scimpanzé e Karl Bühler nei bambini, Kurt Lewin sostiene che questa condotta non è istintiva perché presuppone la capacità di padroneggiare gli impulsi ed eventualmente di sostituire la meta originaria con un'altra ad essa equivalente. Per questo le azioni di detour si riscontrano più frequentemente nel comportamento adulto.

Bibliografia

Bühler K., *Das Gestaltprinzip im Leben des Menschen und der Tiere*, Huber, Bern-Stuttgart 1960.

Köhler W., *L'intelligenza nelle scimmie antropoidi* (1917), Giunti Barbera, Firenze 1961.

Lewin K., *Principi di psicologia topologica* (1936), Organizzazioni Speciali (O. S.), Firenze 1961.

Detumescenza (ingl. *Detumescence*; ted. *Detumeszenz*; fr. *Détumescence*; sp. *Detumescencia*). Reazione fisiologica, che segue all'orgasmo, caratterizzata dal ritorno alla normalità delle zone erogene precedentemente eccitate. Tale reazione è accompagnata da fenomeni fisici e psichici di distensione e rilassamento. Quando, nonostante l'eccitazione, l'orgasmo non viene raggiunto, il processo di detumescenza è molto più lento ed è accompagnato da tensione fisica e da una sensazione di frustrazione.

Deumanizzazione (ingl. *Dehumanization*; ted. *Entmenschlichung*; fr. *Déhumanisation*; sp. *Deshumanización*). Assenza di capacità di identificazione e di EMPATIA (v.) che non consente di percepire i propri simili come appartenenti alla razza umana. L'effetto è una mancata percezione del dolore altrui, con conseguente assenza di sensi di colpa per la violenza esercitata, per la crudeltà della tortura o per la morte inflitta. Questa totale carenza empatica, solitamente presente in chiunque assista a una violenza inflitta a un altro essere umano, è tipica di soggetti affetti da una grave forma di paranoia.

Bibliografia

Langer W. C., *La mente di Adolf Hitler* (1944), Gingko Edizioni e-book, 2013.

Nussbaum M. C., *Coltivare l'umanità* (1997), Carocci, Roma 1999.

Szasz Th., *Disumanizzazione dell'uomo. Ideologia e psichiatria* (1970), Feltrinelli, Milano 1977.

Deuteranomalia, v. COLORE, § 3.

Deuteranopia, v. COLORE, § 3.

Deuterofallico, Stadio, v. FALLICA, FASE.

Deuteroscopia, v. AUTOSCOPIA.

Devianza (ingl. *Deviance*; ted. *Devianz*; fr. *Déviance*; sp. *Desviación social*). Comportamento che si allontana in modo più o meno pronunciato dai modelli sociali dominanti. Questo concetto è *normativo* perché si riferisce non a una caratteristica intrinseca al comportamento, ma a un giudizio etico espresso su di esso, e *relativo* poiché varia con il variare del gruppo di riferimento e del periodo storico preso in esame. Dal momento che le norme variano da un sistema sociale all'altro, secondo Guy Rocher la devianza ha senso solo se rapportata a un determinato sistema sociale, e perciò distingue «la *varianza*, che è la scelta di cui usufruiscono i membri di una società tra i modelli permessi, dalla *devianza*, che è il ricorso a dei modelli che si situano ai margini o al di fuori di ciò che è permesso. Ciò che rende difficile la distinzione tra varianza e devianza è che i comportamenti devianti, pur essendo respinti dalla stragrande maggioranza dei membri di una società, sono quanto meno tollerati» (1980, p. 181). Nella visione sociologica la devianza assume un carattere di pericolosità nei confronti del sistema sociale (v. DELINQUENZA), ma, nel contempo, si rivela funzionale al sistema stesso, in quanto costituisce da un lato una possibilità di innovazione, dall'altro una valvola di sfogo delle tensioni sociali, attraverso l'individuazione di capri espiatori.

I primi studi sulla devianza, intrapresi all'inizio del secolo dalla Scuola di Chicago, erano mirati all'individuazione dei fattori ambientali che favoriscono il comportamento deviante. Da allora si sono succedute diverse interpretazioni: per la scuola struttural-funzionalista la devianza è l'espressione della dissociazione fra i modelli culturali proposti dal sistema sociale e i mezzi da questo previsti per raggiungerli; per Robert King Merton la devianza sorge quando, rifiutati le mete e i percorsi istituzionali, si ricercano modalità alternative di adattamento; per Albert Kircidel Cohen è legata all'appartenenza a una classe socialmente svantaggiata per cui gli individui culturalmente deprivati, nella consapevolezza di non poter realizzare le mete proposte dal sistema, trovano la loro identità in una subcultura emarginata (v. DELINQUENZA, § 4). La ricerca sociologica attuale centra il proprio interesse sui processi di emarginazione e stigmatizzazione della devianza dove, senza rifiutare il nesso tra devianza e violazione dei valori condivisi, introduce uno schema di interazione sociale che inizia con l'atto di "devianza primaria" la quale conduce, per effetto della reazione e disapprovazione sociale, a quella che Edwin M. Lemert chiama "devianza secondaria" indotta dalla disapprovazione, e tale da rendere il deviante stabile nel suo ruolo. Dal punto di vista concettuale, questa "teoria dell'etichettamento (*labelling theory*)" per cui la devianza conseguente all'attribuzione sociale può essere più pesante del comportamento deviante, fino a cronicizzarlo, intende la devianza non tanto come una *violazione* di regole condivise (v. DELINQUENZA), quanto come il prodotto di un'*interazione* sociale.

Bibliografia

Bisi R., *Devianza e criminalità giovanile*, in G. B. Cassano, P. Pancheri *et al.* (a cura di), *Trattato italiano di psichiatria* (1992), Masson, Milano 1999, vol. III, pp. 3115-3124.
Ciacci M., Gualandi V. (a cura di), *La costruzione sociale della devianza*, il Mulino, Bologna 1975.
Cohen A. K., *Ragazzi delinquenti* (1955), Feltrinelli, Milano 1963.
–, *Controllo sociale e comportamento deviante* (1959), il Mulino, Bologna 1966.
Dazzi S., Madeddu F., *Devianza e antisocialità*, Raffaello Cortina, Milano 2009.
De Leo G., Patrizi P., *Psicologia della devianza*, Carocci, Roma 2002.
De Leo G., Patrizi P., De Gregorio E., *L'analisi dell'azione deviante*, il Mulino, Bologna 2004.
Emler N., Reicher S. D., *Adolescenti e devianza* (1997), il Mulino, Bologna 1999.
Heuyer G., *La délinquance juvénile*, Puf, Paris 1969.
Lemert E. M., *Devianza, problemi sociali e forme di controllo* (1967), Giuffrè, Milano 1981.
Matza D., *Come si diventa devianti*, il Mulino, Bologna 1975.
Merton R. K., *Teoria e struttura sociale* (1949), il Mulino, Bologna 1959.
Patrizi P., *Psicologia della devianza e della criminalità. Teorie e modelli di intervento*, Carocci, Roma 2014.
Ripamonti C. A., *La devianza in adolescenza. Prevenzione e intervento*, il Mulino, Bologna 2011.
Rocher G., *Introduzione alla sociologia generale. L'azione e l'organizzazione sociale. Il cambiamento sociale* (1980), Sugarco, Milano 1992.
Tomeo V., *Devianza*, in AA.VV., *Gli strumenti del sapere contemporaneo*, vol. II: *I concetti*, Utet, Torino 1985, pp. 215-217.
Williams F. P., McShane M., *Devianza e criminalità* (1997), il Mulino, Bologna 1999.

Deviazione (ingl. *Deviation*; ted. *Verirrung*; fr. *Déviation*; sp. *Desviación*). Il termine è impiegato in: 1) *sessuologia* come sinonimo di ABERRAZIONE (v.) o PERVERSIONE (v.) in ordine alla scelta dell'oggetto sessuale e/o alla modalità di interagire con esso. La psicoanalisi in proposito legge le deviazioni sessuali come sintomatiche di precise nevrosi (v. SESSUALITÀ, § 2); 2) *psicologia sociale* per i comportamenti che si allontanano in modo più o meno pronunciato dai modelli sociali medi (v. DEVIANZA) o per le condotte sociali disadattate che si esprimono nell'infrazione delle regole sociali condivise (v. DELINQUENZA); 3) *statistica* a proposito della deviazione standard che descrive la modalità del distribuirsi dei valori medi fra gli estremi (v. STATISTICA, § I, 3).

Devitalizzazione, v. VITALITÀ.

DGM-P, Test. Valuta le difficoltà grafo-motorie e postulari della scrittura, nonché l'accuratezza e la tempistica in bambini che, nell'età della scuola primaria, hanno una grafia lenta o illeggibile.

Bibliografia

Borean M., Paciulli G., Bravar L., Zoia S., *DGM-P. Test per la valutazione delle difficoltà grafo-motorie e postulari della scrittura*, Erickson, Trento 2014.

Diacronica, Ricerca, v. LONGITUDINALE – TRASVERSALE, RICERCA.

Diade (ingl. *Dyad*; ted. *Dyade*; fr. *Dyade*; sp. *Díada*). Termine psicoanalitico introdotto da René Á. Spitz per indicare la relazione madre-bambino nei primi anni di vita (v. FAMIGLIA, § II, 1).

Diagnosi (ingl. *Diagnosis*; ted. *Diagnose*; fr. *Diagnostic*; sp. *Diagnóstico*). Parola di origine greca (διάγνωσις) già utilizzata nella medicina antica con il significato di "riconoscimento". Con la diagnosi si tratta infatti di riconoscere dei *segni*, assunti come indizi per la valutazione di facoltà specifiche o del quadro globale della personalità (*diagnosi psicologica*), oppure dei *sintomi* di funzioni alterate riconducibili a entità nosologiche di cui si conoscono a grandi linee il decorso e l'esito (*diagnosi psichiatrica*). Rinviando, per la diagnosi psicologica, alla voce TEST, con cui si intende un reattivo psicologico capace di fornire una misura obiettiva e standardizzata delle differenze tra le reazioni psichiche di più individui o tra le reazioni psichiche dello stesso individuo in diversi momenti e condizioni, qui limitiamo la trattazione alla diagnosi psichiatrica che, diversamente da quella medica, dove la causa delle forme cliniche è generalmente nota, è di tipo *sindromico*, dove per SINDROME (v.) non si intende una malattia, ma un insieme caratteristico di sintomi che solo raramente possono essere ricondotti ad una causa unica, nota e identificabile.

1. LA PROBLEMATICITÀ DELLO SCHEMA DIAGNOSTICO. I limiti della diagnosi psichiatrica dipendono dal fatto che in questo ambito le cause della malattia non sono conosciute, ma solo ragionevolmente supposte, dove nella supposizione intervengono fattori culturali, decisioni su che cos'è norma e devianza, tendenza dell'esaminatore a privilegiare certi tratti rispetto ad altri, con conseguenti discrepanze, spesso anche spiccate, nelle diverse diagnosi emesse sullo stesso paziente, a cui si deve aggiungere la differenza dei quadri nosologici di riferimento e le relative denominazioni che differiscono di epoca in epoca e, nella stessa epoca, da scuola a scuola. Inoltre, cogliere una sindrome in psichiatria significa cristallizzare un momento dell'evoluzione psichica del soggetto, per cui le diagnosi, oltre a non offrirsi come definitive, tendono a non investire con il loro giudizio l'intera persona, anche perché il livello di osservazione difficilmente va oltre l'osservazione del

comportamento. C'è poi una non esaustività della diagnosi che è sempre differenziata dallo *scopo*, che può essere terapeutico, farmacologico, di inquadramento, nosologico, comprensivo o manipolativo, dove la finalità decide il taglio diagnostico.

Sulla problematicità dello schema diagnostico e sui suoi limiti c'è una celebre pagina di Karl Jaspers che ne prefigura la sostanziale insuperabilità dovuta alla natura stessa del disturbo psichico: «Noi conosciamo in dettaglio solo determinate manifestazioni, relazioni causali, rapporti di senso e così via, ma le forme delle unità morbose sono come un tessuto infinito, sterminato, che non possiamo scomporre. Non troviamo le singole forme di malattia come piante che ordiniamo in un erbario. Piuttosto riesce spesso incerto sapere che cosa sia una "pianta" – una malattia. Alla domanda *che cosa* diagnostichiamo? nel corso del tempo è stato risposto con la denominazione di singoli sintomi, di relazioni particolari, di complessi sintomatici, di relazioni causali e così via, finché l'idea dell'unità morbosa ha dato alla diagnostica il suo proprio senso, grandioso ma irrealizzabile insieme. La diagnosi deve cogliere un processo morboso che inglobi tutto quello che ha colpito l'uomo e che sta come un'unità determinata, accanto ad altre unità determinate. Quando abbozziamo uno schema generale (lo schema diagnostico) vorremmo ordinare insieme tutti i punti di vista di cui abbiamo parlato singolarmente. Ma in qualsiasi modo facciamo lo schema, ci accorgiamo che non va; che classifichiamo in modo provvisorio e forzato; che esistono diverse possibilità, per cui ricercatori differenti possono costruire schemi diversi; che l'ordinamento, sia dal punto di vista logico che sul piano reale, riesce sempre discordante. Perché allora si continuano a fare questi schemi vani? In primo luogo perché vogliamo vedere sul piano della conoscenza *che cosa abbiamo raggiunto*, sotto l'idea dell'unità morbosa, nel *panorama generale* delle malattie psichiche esistenti: anche quando si deve riconoscere un insuccesso, nelle svariate e profonde divergenze diveniamo consapevoli dello stato della nostra conoscenza. In secondo luogo perché ad ogni *descrizione della psichiatria* occorre, come base, una classificazione delle psicosi: senza un tale schema essa non può ordinare il proprio materiale. In terzo luogo perché occorre come *mezzo di rilievo statistico* una grande quantità di malati» (1913-1959, pp. 648-649).

2. Le modalità diagnostiche. Seguendo lo schema proposto da Romolo Rossi e Francesco Jacopo Scarsi, le forme diagnostiche a cui più di frequente si ricorre sono:

a) Diagnosi sindromica. Si procede a una valutazione dei sintomi e alla loro combinazione in sindromi da ricondurre a "quadri tipici", inevitabili per mancanza di concetti chiaramente definiti e criteri di classificazione univoci. Ciò comporta l'esame sistematico di tutte le funzioni psichiche che permette di cogliere quali di esse sono alterate rispetto ai "quadri tipici" noti.

b) Diagnosi globale. Non viene fatta esaminando tutti i possibili sintomi, ma derivata da alcuni sintomi bersaglio (*target symptoms*) che fanno da guida nella terapia essendo quelli su cui una certa terapia agisce. Appartiene all'analisi globale, ma differisce da quella che procede per sintomi bersaglio, la *diagnosi di tipo empatico* (v. Empatia) che si affida, più che a un esame dei sintomi, alla valutazione globale del modo di presentarsi e del tipo di rapporto che il paziente instaura con l'osservatore.

c) Diagnosi psicodinamica. È relativamente indipendente dai sintomi e dai "quadri tipici" in cui poterli inscrivere, perché la ricerca è personalizzata sui motivi inconsci, sui conflitti profondi e sui meccanismi di difesa adottati per porsi al riparo dalla sofferenza generata da questi conflitti. In questo tipo di diagnosi, più che descrivere i sintomi si procede all'inquadramento delle ragioni conflittuali profonde (v. Psicologia dinamica).

3. Gli strumenti diagnostici. Lo strumento fondamentale della diagnosi psichiatrica è il colloquio (v. Colloquio – Intervista) con il paziente che prende avvio dalla raccolta dei dati anamnestici (v. Anamnesi) e attuali. Mentre nella diagnosi psicodinamica e in particolare in quella a orientamento analitico (v. Analisi, § 2, *a*) l'unica fonte dei dati è il paziente stesso, nella diagnosi psichiatrica la raccolta si estende ai familiari che possono fornire elementi che sfuggono al paziente o che egli stesso dissimula, in modo da consentire un confronto tra come la realtà esterna è percepita dagli altri e come è vissuta dal soggetto intervistato. A differenza, poi, dell'intervista medica, dove la collaborazione del paziente è solitamente assicurata perché l'esame verte sul corpo inteso come organismo, nell'intervista psichiatrica l'oggetto è costituito dal soggetto stesso, la cui apertura è facilitata o inibita dall'atteggiamento dell'intervistatore e dalla sua capacità di partecipare al vissuto del paziente. Questa componente empatica aiuta la sincerità del paziente e la comprensibilità, nel senso jaspersiano della parola (v. Psicologia comprensiva), da parte del medico. Esiste infine in psichiatria la necessità di una valutazione globale del paziente che non trascuri il suo modo di presentarsi, di muoversi, di parlare, di reagire all'ambiente, elementi questi che possono essere trascurati nella diagnosi medica.

L'intervista può condursi o con *domande dirette* relative ai sintomi, per poi procedere a un loro ordinamento in un quadro nosologico che si presume noto, o in modo *astensionistico* lasciando che l'intervistato racconti la sua storia senza interferire, per avere un quadro non alterato dalle conoscenze di cui il medico dispone. Nel primo e nel secondo caso, decisivo è il clima empatico (v. EMPATIA) che si viene a creare tra medico e paziente per una comunicazione più fiduciosa e perciò più libera. Oltre all'intervista, altri mezzi ausiliari di indagine diagnostica sono: l'indagine farmacologica con farmaci ipnotici, neurostimolanti e psicodislettici (v. PSICOFARMACOLOGIA), il ricorso ai reattivi mentali (v. TEST) e l'esame neurologico per evidenziare aspetti organici che possono essere alla base di sindromi psichiche.

4. ICD (INTERNATIONAL CLASSIFICATION OF DISEASES) E DSM (DIAGNOSTIC AND STATISTICAL MANUAL). Nel tentativo di rendere, per quanto possibile, più omogenei i criteri diagnostici in psichiatria per una migliore comunicazione tra clinici, una più specifica qualificazione dei sintomi e una miglior predizione circa il decorso e l'esito dei disturbi, l'Organizzazione Mondiale della Sanità ha redatto nel 1992 l'ICD-10 (*Decima revisione della classificazione internazionale delle sindromi e dei disturbi psichici e comportamentali*) che comprende un centinaio di categorie diagnostiche, mentre l'American Psychiatric Association ha provveduto nel 2013 alla pubblicazione del DSM-5 (*Manuale diagnostico e statistico dei disturbi mentali*) che ha adottato nuovi criteri di valutazione. Infatti il DSM-III pubblicato nel 1980 e il DSM-IV pubblicato nel 1994 classificavano le sindromi seguendo una *valutazione multiassiale* che prevedeva cinque assi: 1) classificazione di tutte le sindromi di interesse psichiatrico che implicano uno stato di sofferenza per il soggetto o di menomazione del suo funzionamento psichico; 2) registrazione dei disturbi della personalità e di quelli specifici dello sviluppo; 3) classificazione dei disturbi somatici che possono essere alla base o semplicemente concomitanti ai disturbi psichici; 4) registrazione e graduazione di eventuali fattori psicosociali, ambientali e di stress; 5) indicazione del livello di funzionamento adattivo raggiunto dal paziente in ordine alle relazioni sociali, alla prestazione lavorativa e all'impiego del tempo libero misurato da una scala da 1 a 100.

Il DSM-5 ha eliminato la valutazione multiassiale per sostituirla con un nuovo metodo di classificazione e un nuovo glossario che, per essere il più universale possibile, si attiene a criteri "ateorici" e quindi meramente "descrittivi", secondo il modello messo a punto da Robert L. Spitzer, per il quale, come scrive Paolo Migone nel suo studio approfondito del DSM-5, «si dovevano ignorare tutte le teorie *eziopatogenetiche* (le teorie causali delle malattie, le inferenze non dimostrate) e affidarci solo ai dati certi dell'esperienza, ai sintomi così come appaiono al clinico (per questo motivo il DSM-III, fra le altre cose, dovette eliminare i termini "isteria" e "nevrosi", perché troppo legati a ipotesi teoriche, per esempio psicoanalitiche)» (2013, p. 569). Inoltre: «Dal DSM-III per la diagnosi è stato introdotto un criterio "politetico" in cui i pazienti con una determinata diagnosi hanno in comune alcuni criteri diagnostici tutti però di ugual valore ponderale, senza che uno di essi debba per forza essere presente, perché quello che conta è il loro numero minimo. [...] Il limite del sistema politetico però è rappresentato dal fatto che permette una eccessiva eterogeneità: per esempio, come osserva Allen Frances, vi sono ben 93 modi differenti di soddisfare i criteri diagnostici della personalità borderline, mentre due pazienti possono soddisfare i criteri di personalità schizotimica senza avere in comune nemmeno un criterio» (ivi, pp. 570-571). Infine, conclude Migone: «Il DSM-III ha alzato l'attendibilità che precedentemente era bassissima, ma non ha modificato la validità delle diagnosi che restano semplici convenzioni. Come ha ammesso anche lo stesso presidente dell'Associazione Mondiale di Psichiatria in un recente convegno, il DSM-III e il DSM-IV non sono riusciti a formulare nessuna diagnosi valida, ma solo a innalzare un po' l'attendibilità; prova ne è, per esempio, la frequente comorbilità, cioè i pazienti possono risultare "positivi" a più diagnosi simultaneamente, e questo è un po' il tallone d'Achille dei DSM» (ivi, p. 572). Per quanto concerne i criteri adottati e le modifiche subite dal DSM nelle sue varie edizioni si veda la voce PERSONALITÀ, § II, 2, *e*.

Il DSM-5 ha abbassato la soglia di diversi disturbi e fatto salire i dati epidemiologici di altre malattie come l'AUTISMO (v.) e il Disturbo da Deficit di Attenzione/Iperattività (v. ADHD) con il rischio di far passare per malattie mentali da trattare con farmaci semplici difficoltà che si possono incontrare nella vita. Ciò ha determinato la reazione di movimenti a ispirazione umanistico-esistenzialista, di associazioni di familiari di pazienti, di gruppi antipsichiatrici e in generale di psicoterapeuti, soprattutto di orientamento fenomenologico e psicoanalitico, persuasi che ogni persona è un caso a sé difficilmente inquadrabile in un impianto categoriale, perché i mali psichici, a differenza di quelli organici, non hanno un riscontro oggettivo generalizzabile. Frances, che ha coordinato il DSM-IV, critica il DSM-5 per due ragioni: 1) ha abbassato le soglie diagnostiche con conseguente medicalizzazione di soggetti che non si possono definire patologici, e prescrizione di farmaci a vantaggio delle industrie farmacologiche; 2) ha aggiunto nuovi disturbi che Frances considera puramente speculativi e non suscettibili di essere medicalizzati.

5. Diagnostica strumentale. Con questa espressione ci si riferisce a quell'insieme di strumenti diagnostici che, in modo non invasivo, permettono di visualizzare il sistema nervoso centrale attraverso immagini (*neuroimaging*) per un'analisi strutturale e funzionale dell'encefalo, allo scopo di stabilire eventuali correlazioni tra le attività mentali normali o patologiche e i processi fisico-chimici del cervello, nonché le alterazioni a livello di cellule nervose. Dato che queste tecnologie consentono la visualizzazione non invasiva della struttura e della funzionalità del cervello, il *neuroimaging*, grazie alle innovazioni nel corso degli anni della tecnologia e dei metodi computazionali a cui si dedicano i neuroradiologi, è diventato uno strumento indispensabile sia per la ricerca che per la diagnosi medica. Le più comuni tecniche di neuroimmagine possono essere suddivise in due principali categorie: *strutturale* e *funzionale*. Le prime rivelano l'anatomia dell'encefalo e consentono la diagnosi di malattie strutturali del sistema nervoso, mentre le seconde consentono lo studio dell'attività cerebrale normale e patologica soprattutto nell'ambito dei disturbi neurologici, psicologici e cognitivi.

A. *Le tecniche di neuroimmagine strutturale* comprendono principalmente:

a) La Tomografia Computerizzata (TC) che è una tecnica, introdotta nei primi anni settanta da Godfrey Hounsfield, per la valutazione dei danni cerebrali. Chiamata anche TC a raggi X (*X-ray CT*), si differenzia dalla tomografia ad emissione di positroni (PET) e dalla tomografia computerizzata a emissione di singolo fotone (SPECT), perché utilizza la combinazione di molte misurazioni di assorbimento di raggi X, prese facendo ruotare il tubo radiogeno alla periferia dell'oggetto in studio per la produzione di immagini ("fette" virtuali). La tomografia computerizzata produce un volume di dati che può essere utilizzato per mostrare varie strutture del corpo in base alla loro capacità di assorbire il fascio di raggi X e permette di vedere l'interno dell'oggetto di studio senza sezionarlo.

b) La Risonanza Magnetica (RM) è la metodica più innovativa e più informativa fra tutte quelle impiegate in ambito neuroradiologico. La sua introduzione si colloca a cavallo degli anni settanta e ottanta e la sua diffusione è stata rapidissima, come peraltro il suo sviluppo che rimane ancora ben lontano dall'essere completo. Essa utilizza campi magnetici e onde radio per la produzione di immagini bi- o tri-dimensionali di alta definizione delle strutture cerebrali e del midollo spinale senza uso di radiazioni o di tracciante radioattivo ionizzante. Uno dei vantaggi della RM rispetto alla TC è il miglior contrasto dei tessuti e i minori artefatti nella visualizzazione del cervelletto e del tronco encefalico. La RM è anche la metodica indicata per lo studio della ghiandola ipofisaria, per la valutazione della girazione cerebrale e per lo studio del midollo spinale.

c) La Spettroscopia a Risonanza Magnetica (SRM) fornisce una misura della chimica del tessuto cerebrale in modo non invasivo. Essa utilizza più comunemente i segnali dei protoni di idrogeno (1H), di sodio (23Na) e di fosforo (P31). L'idrogeno è il nucleo più comunemente rilevato grazie alla sua elevata concentrazione naturale, alla sua sensibilità acuta alla stimolazione magnetica, alla semplicità tecnica e agli spettri che è relativamente facile distinguere. Nella 1H SRM lo spettro visibile dipende dall'energia assorbita dalle molecole organiche specifiche, determinata sia dal numero di atomi di idrogeno nel composto che dal suo ambiente. La tecnica spettroscopica, ottenendo informazioni biochimiche dai tessuti, può differenziare il normale tessuto cerebrale da quello patologico, può monitorare i cambiamenti biochimici in atto in malattie cerebrali come i tumori, l'ictus, le infezioni, le malattie metaboliche e neurodegenerative, e infine può aiutare a comprendere le basi neurobiologiche dei disturbi psichiatrici nonché gli effetti degli psicofarmaci.

d) L'Imaging del Tensore di Diffusione (DTI – *Diffusion Tensor Imaging*) è una tecnica relativamente recente di *imaging* RM che può essere utilizzata per valutare la sostanza bianca encefalica. Questo metodo si basa sulla quantificazione dell'orientamento e dell'uniformità direzionale della diffusione dell'acqua nei tessuti. In particolare, a livello della sostanza bianca encefalica, la mobilità dell'acqua è limitata nelle direzioni perpendicolari agli assoni orientati lungo i tratti di fibre e quindi, attraverso il DTI, si possono individuare sia la posizione che la direzione di queste fibre. Questa tecnica permette non solo lo studio macroscopico dell'orientamento e della direzionalità dei tratti di fibre della sostanza bianca, ma caratterizza le proprietà microstrutturali di diffusione dell'acqua di ciascuna componente del tessuto encefalico (sostanza grigia o bianca, cellulare o extracellulare). Il DTI può essere applicato nello studio della normale anatomia della sostanza bianca encefalica, permettendo dissezioni anatomiche non invasive dei fasci di connessione intra- e inter-emisferici, cortico-sottocorticali e di proiezione cortico-spinale, ma anche nella valutazione delle alterazioni patologiche micro- e macro-strutturali dei tessuti e dei fasci di sostanza bianca nell'ambito delle malattie psichiatriche, neurologiche, neurochirurgiche.

B. *Le tecniche di neuroimmagine funzionale* comprendono principalmente:

a) La Risonanza Magnetica Funzionale (fRM) che è una forma specializzata di RM in grado di fornire indirettamente informazioni sull'attività cerebrale attraverso la misurazione dei cambiamenti di metabolismo/flusso sanguigno nel cervello. Rispetto alla RM che rivela l'*anatomia* del cervello, la fRM rivela la *funzione* del cervello sotto forma di attività neuronale. La rilevazione non è diretta, perché quando i neuroni sono attivi sparano potenziali d'azione e inviano messaggi in forma di neurotrasmettitori ad altri neuroni. La fRM, misurando il segnale BOLD (*Blood Oxygenation Level Dependent*) o le variazioni di flusso ematico, perviene a una conoscenza indiretta dell'attività neuronale. Il metodo BOLD si basa sul fatto che nel sangue l'emoglobina che trasporta una molecola di ossigeno legato (*ossiemoglobina*) emette un segnale RM diverso da quella impoverita di ossigeno (*deossiemoglobina*). Quando alcune aree cerebrali diventano attive, per esempio quando una persona sta svolgendo un compito cognitivo, esse usano più ossigeno delle parti relativamente inattive del cervello. Se poi l'ossigeno è in via di esaurimento, il cervello compensa la perdita aumentando il flusso di sangue ossigenato nell'area attiva, e in tal modo determina una leggera sovracompensazione la quale causa un aumento del rapporto tra ossiemoglobina e deossiemoglobina che rafforza il segnale BOLD. Questo aumento di flusso ematico dovuto all'attività neuronale può essere rivelato da tecniche di RM funzionali sensibili alle variazioni di perfusione cerebrale, come la tecnica di perfusione che utilizza come mezzo di contrasto naturale la "marcatura" con radiofrequenze degli spin ematici (ASL – *Arterial Spin Labelling*). La risonanza magnetica funzionale con ASL è ancora in via di sviluppo, ma offre il vantaggio di essere non invasiva, ripetibile e di misurare le variazioni di flusso ematico dovute all'attività neuronale

b) La Tomografia Computerizzata a Emissione di Singoli Fotoni (SPECT) è una tecnica che utilizza radioisotopi che emettono raggi gamma. I dati vengono registrati da una gamma camera e vengono utilizzati da un computer per costruire le immagini a due o tre dimensioni delle aree cerebrali attive. La SPECT si basa sulla somministrazione di un tracciante radioattivo, o "agente SPECT", che viene rapidamente assorbito dal cervello (*uptake* di quasi il 100% in 30-60 secondi), ma non viene ridistribuito, e quindi riflette il flusso sanguigno cerebrale (CBF) al momento dell'iniezione. Questa tecnica è applicata soprattutto in ambito epilettico e nella diagnosi differenziale delle demenze, in particolare tra malattia di Alzheimer e pseudodemenza depressiva dell'anziano.

c) La Tomografia a Emissione di Positroni (PET) è una tecnica che utilizza molecole marcate radioattivamente (chiamate traccianti) che vengono iniettate nel flusso sanguigno e assorbite dai neuroni attivi. La funzione del cervello misurata da una scansione PET varia a seconda del tipo di radioisotopi che viene utilizzato. Per esempio si utilizza l'ossigeno -15 per studiare il metabolismo dell'ossigeno nel cervello, mentre il fluoro -18 fissato ad una molecola di glucosio (FDG) per studiare il metabolismo degli zuccheri nel cervello. Esistono molti altri radioisotopi, e la scelta per una scansione specifica PET dipende da che tipo di funzione del cervello un ricercatore desidera considerare. Con lo studio del flusso di sangue e dell'attività metabolica dell'encefalo, la PET aiuta a visualizzare i cambiamenti biochimici che avvengono a causa di malattie cerebrali, soprattutto in ambito oncologico, degenerativo e psichiatrico.

d) La Magnetoencefalografia (MEG) consente di analizzare attraverso computer i piccoli campi magnetici prodotti dall'attività elettrica dei neuroni, fornendo informazioni sia sulla corteccia cerebrale sia sulle strutture sottocorticali. A differenza della RM, la MEG offre una misurazione diretta dell'attività elettrica neuronale ad altissima risoluzione temporale, ma a relativamente bassa risoluzione spaziale. Il vantaggio di misurare i campi magnetici prodotti dall'attività neuronale è che essi sono meno distorti dal tessuto circostante (in particolare dal cranio) rispetto ai campi elettrici misurati mediante elettroencefalografia. Inoltre, a differenza dell'*elettroencefalografia* (EEG) e dei *potenziali evocati* (PE), i campi magnetici non forniscono solo segnali individuati a livello corticale e in uno specifico range di frequenza, ma aiutano anche nella localizzazione di una patologia in ambito chirurgico e offrono assistenza ai ricercatori nel determinare la funzione delle varie aree cerebrali e il neurofeedback.

Bibliografia

Anastasi A., *I test psicologici* (1954), Franco Angeli, Milano 1973.

Barron J. W. (a cura di), *Dare un senso alla diagnosi* (1998), Raffaello Cortina, Milano 2007.

Berner P. *et al.*, *Criteri diagnostici per le psicosi funzionali* (1992), Il Pensiero Scientifico, Roma 1996.

Bleuler E., *Trattato di psichiatria* (1911-1939, aggiornato da M. Bleuler dal 1940 al 1960), Feltrinelli, Milano 1967.

Boekholt M., *La diagnosi nella clinica infantile. Strumenti proiettivi tematici* (1994), Raffaello Cortina, Milano 1996.

Bohm E. B., *Manuale di psicodiagnostica di Rorschach* (1951), Giunti Barbera, Firenze 1969.

Boncori L., *Teoria e tecniche dei test*, Bollati Boringhieri, Torino 1993.
–, *I test in psicologia. Fondamenti teorici e applicazioni*, il Mulino, Bologna 2006.
–, *I test in psicologia. Esercitazioni pratiche*, il Mulino, Bologna 2008.
Borgna E., *I conflitti del conoscere. Strutture del sapere ed esperienza della follia*, Feltrinelli, Milano 1988.
Calvi G., *La diagnosi psicologica e i suoi strumenti*, in L. Ancona (a cura di), *Nuove questioni di psicologia*, La Scuola, Brescia 1972, vol. II, pp. 330-390.
Dazzi N., Lingiardi V., Gazzillo F. (a cura di), *La diagnosi in psicologia clinica. Personalità e psicopatologia*, Raffaello Cortina, Milano 2009.
Del Corno F., Lang M., *La diagnosi delle relazioni oggettuali con l'Object Relations Technique*, Raffaello Cortina, Milano 2006.
DSM-5. American Psychiatric Association (APA), *DSM-5. Manuale diagnostico e statistico dei disturbi mentali* (2013), Raffaello Cortina, Milano 2014.
First M. B., *DSM-5. Diagnosi differenziale* (2014), Raffaello Cortina, Milano 2015.
Frances A., *La diagnosi in psichiatria. Ripensare il DSM-5* (2013), Raffaello Cortina, Milano 2014.
ICD-10. Organizzazione Mondiale della Sanità (OMS), *ICD-10. Decima revisione della classificazione internazionale delle sindromi e dei disturbi psichici e comportamentali* (1992), Masson, Milano 1994.
Jaspers K., *Psicopatologia generale* (1913-1959), Il Pensiero Scientifico, Roma 2000.
Madeddu F., Preti E. (a cura di), *La diagnosi strutturale di personalità secondo il modello Kernberg*, Raffaello Cortina, Milano 2012.
Migone P., *Panorama storico delle classificazioni psichiatriche*, in "Archivio di Psicologia, Neurologia e Psichiatria", 1996, vol. LVII, n. 2/3, pp. 226-245.
–, *Presentazione dei principali sistemi diagnostici in psichiatria e alcune riflessioni sul problema della diagnosi*, in "Rivista Sperimentale di Freniatria", 2011, vol. CXXXV, n. 2, pp. 19-40.
–, *Presentazione del DSM-5*, in "Psicoterapia e Scienze Umane", 2013, vol. XLVII, n. 4, pp. 567-600.
Muskin Ph. R. (a cura di), *DSM-5. Domande & risposte sui criteri diagnostici* (2015), Raffaello Cortina, Milano 2016.
Nussbaum A. M., *L'esame diagnostico con il DSM-5* (2013), Raffaello Cortina, Milano 2015.
Pancheri P. (a cura di), *Tecniche di visualizzazione cerebrale*, in G. B. Cassano, P. Pancheri *et al.* (a cura di), *Trattato italiano di psichiatria* (1992), Masson, Milano 1999, vol. I, pp. 857-894.
Rapaport D., Gill M. M., Schafer R., *Reattivi psicodiagnostici* (1945-1946), Bollati Boringhieri, Torino 1975.
Rigliano P., *Doppia diagnosi. Tra tossicodipendenza e psicopatologia*, Raffaello Cortina, Milano 2009.
Rossi R., Scarsi F. J., *Elementi di diagnostica e di classificazione psichiatrica*, in F. Giberti, R. Rossi, *Manuale di psichiatria*, Piccin, Padova 1983, pp. 31-44.
Sanavio E., Sica C., *I test di personalità. Inventari e questionari*, il Mulino, Bologna 1999.
Semi A. A., *Tecnica del colloquio*, Raffaello Cortina, Milano 1985.
Spitzer R. L., Endicott J., Robins E., *Reliability of clinical criteria for psychiatric diagnosis* (1975), in H. S. Akiskal, W. L. Webb (a cura di), *Psychiatric diagnosis. Exploration of biological predictors*, SP Medical & Scientific Books, New York 1981, pp. 61-73.
Spitzer R. L., Frances A., *Guerre psicologiche. Critiche alla preparazione del DSM-5* (Spitzer, 2011 e Frances, 2010), in "Psicoterapia e Scienze Umane", 2011, vol. XLV, n. 2, pp. 247-262.
Sullivan H. S., *Il colloquio psichiatrico* (1954), Feltrinelli, Milano 1967.
Szasz Th. S., *Il mito della malattia mentale* (1961), il Saggiatore, Milano 1966.
Trentini G. (a cura di), *Manuale del colloquio e dell'intervista* (1980), Utet, Torino 1995.
Trentini G., Carli R., Padovani F., *La diagnosi psicologica*, Etas Kompass, Milano 1972.
Tressoldi P. E., Vio C., *Diagnosi dei disturbi dell'apprendimento scolastico*, Erickson, Trento 1996.
Vella G., Aragona M., *Metodologia della diagnosi in psicopatologia. Categorie e dimensioni*, Bollati Boringhieri, Torino 2000.

Dialettica (ingl. *Dialectics*; ted. *Dialektik*; fr. *Dialectique*; sp. *Dialéctica*). Parola greca che deriva dal verbo διαλέγεσθαι che significa "conversare con", "ragionare con". Nella storia del pensiero occidentale questa parola ha assunto almeno tre significati: metodo della divisione, logica del probabile, sintesi degli opposti, a cui si aggiungono i significati conferiti dalla psicoanalisi e dalla psicologia analitica.

1. La dialettica come metodo della divisione. È stata introdotta da Platone e consiste nel «dividere l'idea nelle sue specie, seguendo le sue articolazioni naturali ed evitando di spezzarne le parti come farebbe uno scalco maldestro» (*Fedro*, 265 d). In questa accezione la dialettica è il procedimento che articola un genere nelle sue specie (dieresi), o che raccoglie le varie specie nel genere che tutte le comprende (sintesi).

2. La dialettica come logica del probabile. È stata introdotta da Aristotele per il quale «i dialettici cercano di condurre le loro indagini partendo da premesse probabili» (*Metafisica*, 995 b). E ancora: «Probabile è ciò che appare accettabile a tutti o ai più» (*Topici*, I, 1, 100 b). In questa accezione la dialettica è il procedimento razionale non dimostrativo da impiegare quando, non disponendo di premesse vere, si è costretti a partire da premesse condivise e plausibili.

3. La dialettica come sintesi degli opposti. È stata introdotta dall'idealismo tedesco e in particolare da Georg Wilhelm Friedrich Hegel, per il quale «dialettica è che il negativo è insieme anche positivo, ossia che quello che si contraddice non si risolve nello zero, nel nulla astratto, ma si risolve essenzialmente solo nella

negazione del suo contenuto particolare, vale a dire che una tale negazione non è una negazione qualunque, ma la negazione di quella cosa determinata che si risolve, ed è perciò negazione determinata» (1812-1816, p. 36). Ciò che il negativo ha di negativo è la sua finitezza, la sua non relazionalità. Nella sintesi, tesi e antitesi trovano la loro conciliazione perché rintracciano la loro relazione che può essere di completamento o di esclusione. Come sintesi degli opposti, la dialettica è stata assunta da Karl Marx per la lettura e l'interpretazione dei processi socioeconomici.

4. PSICOANALISI. Il termine dialettica è stato impiegato da Jacques Lacan nell'accezione hegeliana del riconoscimento dell'altro. Per Lacan «il desiderio dell'uomo trova il suo senso nel desiderio dell'altro, non tanto perché l'altro detenga le chiavi dell'oggetto desiderato, quanto perché il suo primo oggetto è di essere riconosciuto dall'altro» (1953, p. 261). Questa dialettica che porta al riconoscimento trova per Lacan la sua espressione nel linguaggio, in cui il desiderio per esprimersi si deve inserire. Ma il linguaggio preesiste al singolo soggetto e al suo desiderio e pertanto si costituisce come l'ALTRO (v. § 1) con cui il desiderio del singolo deve entrare in un rapporto dialettico (v. DESIDERIO, § 3). Successivamente, quando dovrà rendere conto del concetto freudiano di "inestinguibilità del desiderio inconscio" e della dissimmetria presente nella relazione tra analista e analizzante, dissimmetria che non consente alcun rapporto dialettico, Lacan abbandonerà il concetto di dialettica per sostituirlo con quello di struttura (v. ANTROPOLOGIA, § 3).

5. PSICOLOGIA ANALITICA. Carl Gustav Jung chiama "dialettica" la relazione che deve instaurarsi fra terapeuta e paziente nel senso che «se voglio curare la psiche di un individuo devo, volente o nolente, rinunciare a ogni saccenteria, a ogni autorità, a ogni desiderio di esercitare la mia influenza; devo necessariamente seguire un procedimento dialettico consistente in una comparazione dei nostri reciproci dati. Ma questo confronto sarà possibile soltanto se darò all'altro la possibilità di presentare il più perfettamente possibile il suo materiale senza limitarlo con i miei presupposti. Il suo sistema entrerà così in relazione con il mio e agirà su di esso. Questa azione è l'unica che io, in quanto individuo, possa legittimamente contrapporre al paziente» (1935, p. 9).

Bibliografia

Aristotele, *Metafisica, Topici*, in *Opere*, Laterza, Bari 1973.
Hegel G. W. F., *Scienza della logica* (1812-1816), Laterza, Bari 1974.
Jung C. G., *Principi di psicoterapia pratica* (1935), in *Opere* (1969-2007), Bollati Boringhieri, Torino, vol. XVI.
Lacan J., *Funzione e campo della parola e del linguaggio in psicoanalisi* (1953), in *Scritti* (1936-1966), Einaudi, Torino 1974, vol. I.
–, *Sovversione del soggetto e dialettica del desiderio nell'inconscio freudiano* (1960), in *Scritti*, cit., vol. II.
Marx K., *Miseria della filosofia* (1847), Editori Riuniti, Roma 1969.
Marx K., Engels F., *L'ideologia tedesca* (1845-1846, inedita fino al 1932), in *Marx Engels Opere Complete*, Editori Riuniti, Roma 1972, vol. V.
Platone, *Fedro*, in *Opere*, Laterza, Bari 1973.
Ruggenini M., *Dialettica*, in AA.VV., *Gli strumenti del sapere contemporaneo*, vol. II: *I concetti*, Utet, Torino 1985, pp. 218-222.
Sichirollo L., *Dialettica*, Isedi, Milano 1977.

Dialogo (ingl. *Dialogue*; ted. *Dialog*; fr. *Dialogue*; sp. *Diálogo*). In ambito psicologico il termine ha assunto una sua valenza specifica in psicologia analitica, in psichiatria fenomenologica e nell'ambito della psicoterapia strategica.

1. PSICOLOGIA ANALITICA. Carl Gustav Jung utilizza il termine "dialogo" in una triplice accezione: a) *come dialogo tra l'Io e l'inconscio*: «Nel confronto, non soltanto il punto di vista dell'Io è giustificato, ma si attribuirà all'inconscio un'autorità corrispondente. Il confronto viene condotto a partire dall'Io, certo. Ma anche l'inconscio ha diritto di parola: *audietur et altera pars*» (1957-1958, p. 104); b) *come accettazione incondizionata dell'"altro"* quale prerequisito per ogni dialogo tra individui e culture differenti: «È spaventoso – scrive Jung – vedere quanto è scarsa la capacità dell'uomo di accettare le argomentazioni altrui, benché questa capacità rappresenti l'insostituibile condizione fondamentale di ogni comunità umana. Chiunque contempli la possibilità di giungere a un chiarimento con se stesso deve fare i conti con questa difficoltà generale. Nella stessa misura in cui non accetta l'altro, l'uomo non riconosce il diritto all'esistenza dell'"altro" che è in lui, e viceversa. La capacità di condurre un dialogo interiore è una pietra di paragone per l'obiettività esterna» (*ibid.*); c) *come dialogo tra le varie interpretazioni psicologiche* onde evitare che una acquisti un carattere dogmatico con la pretesa di essere la lettura oggettiva della psiche, quando invece può sussistere solo come punto di vista (*Gesichtspunkt*). Scrive Jung: «La conoscenza umana deve accontentarsi di creare modelli verosimili corrispondenti al probabile. Far di più sarebbe sventatezza e temerarietà» (1958, p. 308). E ancora: «Né la psiche né il mondo possono essere ingabbiati in una teoria. Le teorie non sono articoli di fede, ma tutt'al più strumenti di conoscenza e di terapia. Altrimenti non servono a nulla» (1945, pp. 98-99; v. ERMENEUTICA, § 2).

2. PSICHIATRIA FENOMENOLOGICA. In questo ambito il dialogo è assunto come condizione imprescindibile per la comprensione e la cura della sofferenza mentale. A questo proposito Eugenio Borgna scrive: «Vorrei indicare come, muovendo da questo che è il nostro *destino* (essere un colloquio), abbiano a modificarsi le strutture portanti del dialogo e della comunicazione. [...] In ogni dialogo, in ogni colloquio siamo aperti al mondo degli altri e al nostro mondo interiore: nella loro continua e dialettica correlazione tematica. Quando siamo lambiti, o sommersi dalla tristezza, che è il nocciolo segreto di ogni depressione come figura clinica, il dialogo (il colloquio) con la nostra interiorità (con le voci e con i silenzi della nostra anima) continua, ma quello con il mondo e con gli altri si attenua e si smorza, fino a inaridirsi e a perdersi nella solitudine ancora virtualmente aperta, del resto, a qualche scheggia dialogica e colloquiale» (1999, pp. 13-14).

3. PSICOTERAPIA STRATEGICA. In questo ambito Giorgio Nardone ha messo a punto una tecnica di dialogo per la prima seduta allo scopo di orientare il paziente a partire dalla modalità con cui legge la sua patologia. Il procedimento si articola in cinque momenti: 1. "Domande a illusione di alternative" che aprono a due possibili risposte allo scopo di mettere a fuoco l'obiettivo del cambiamento; 2. "Parafrasi ristrutturante" per verificare la corretta comprensione del problema; 3. "Evocare sensazioni" avvertite dal paziente durante il dialogo per indurre il cambiamento; 4. "Riassumere per ridefinire" ripercorrendo i punti apparsi più significativi durante il dialogo; 5. "Prescrivere come scoperta congiunta" le azioni da attuare nella vita reale in conformità ai cambiamenti di prospettiva emersi durante il dialogo.

Bibliografia

Borgna E., *Noi siamo un colloquio*, Feltrinelli, Milano 1999.

Buber M., *Il principio dialogico e altri saggi* (1923), Edizioni San Paolo, Cinisello Balsamo 1993.

Dentone A., Bracco M. (a cura di), *Dialogo, silenzio, empatia*, Bastogi, Foggia 2000.

Di Petta G., *Il mondo tra io e tu*, in Id., *Il mondo vissuto. Clinica dell'esistenza. Fenomenologia della cura*, Edizioni Universitarie Romane, Roma 2003, pp. 67-78.

Dordoni P., *Il dialogo socratico. Una sfida per il pluralismo sostenibile*, Apogeo, Milano 2009.

Jung C. G., *Medicina e psicoterapia* (1945), in *Opere* (1969-2007), Bollati Boringhieri, Torino, vol. XVI.

–, *La funzione trascendente* (1957-1958), in *Opere*, cit., vol. VIII.

–, *La coscienza morale dal punto di vista psicologico* (1958), in *Opere*, cit., vol. X, 2.

Liotti G., Monticelli F. (a cura di), *I sistemi motivazionali del dialogo clinico*, Raffaello Cortina, Milano 2008.

Molinari E., Labella A., *Psicologia clinica. Dialoghi e confronti*, Springer, Milano 2007.

Nardone G., Salvini A., *Il dialogo strategico. Comunicare persuadendo. Tecniche evolute per il cambiamento*, Ponte alle Grazie, Milano 2004.

Sichel A., *I modi dell'incontro. Idee per una psicoterapia fenomenologica*, Lalli, Poggibonsi 1983.

Stanghellini G., *Noi siamo un dialogo. Antropologia, psicopatologia, cura*, Raffaello Cortina, Milano 2017.

Trevi M., *Interpretatio duplex*, Borla, Roma 1986.

–, *Pluralità delle psicologie e orizzonte ermeneutico della psicologia analitica*, in Id., *L'altra lettura di Jung*, Raffaello Cortina, Milano 1988, pp. 27-40.

– (con A. Fedrigo), *Dialogo sull'arte del dialogo. Psicoanalisi e psicoterapia*, Feltrinelli, Milano 2008.

Dichiarativa, Memoria, v. MEMORIA, § 3, C, β.

Dicromasia, v. COLORE, § 3.

Dicromatismo, v. COLORE, § 3.

Didattica (ingl. *Didactics*; ted. *Didaktik*; fr. *Didactique*; sp. *Didáctica*). Settore della pedagogia che si occupa dell'aspetto teorico della metodologia dell'INSEGNAMENTO (v.) attraverso la formazione degli obiettivi, la scelta dei contenuti e l'analisi della realtà educativa. Il momento della didattica segue logicamente e metodologicamente il momento teoretico (v. PEDAGOGIA, §§ 1-3) e precede i concreti atti educativi. Siccome il senso e il valore della didattica dipendono dalle intenzioni educative di colui che la utilizza, è praticamente impossibile giungere a una didattica normativa che pretenda di costituirsi come scienza esatta. Unico elemento che accomuna i diversi modelli didattici è l'esigenza di un'organizzazione interdisciplinare dell'attività scolastica, che superi l'isolamento del singolo insegnante e della singola disciplina, in vista di una formazione globale; mentre, fra i problemi teorici, il più dibattuto è quello relativo alla legittimità di una stretta correlazione tra mezzi e fini.

1. RELAZIONE TRA PROCEDURE TECNICHE E FINALITÀ IDEALI. Detta relazione vede contrapposte la pedagogia tradizionale e la pedagogia sperimentale. La prima, che si ispira a Wilhelm Dilthey, sostiene, come scrive Gilbert Léopold De Landsheere, che «senza una filosofia direttiva, la ricerca educativa non è che un tecnicismo senz'anima. Si educa in funzione di un fine. Senza dubbio, la tecnica pedagogica ci fornisce il mezzo di agire sul fanciullo e di condurre la nostra azione, ma non ci dice secondo quale ideale occorre agire. Compete dunque alla filosofia assegnare un fine all'educazione e coordinare i mezzi utilizzati» (1970, p. 12). Dello stesso parere è Aldo Visalberghi, per il quale «è insensato valutare i mezzi a prescindere dal

fine, quanto valutare il fine a prescindere dai mezzi. È abbastanza evidente che coloro che hanno particolare competenza circa certe procedure operative o certi "mezzi" (scienziati, tecnologi) saranno tra i meno disposti ad accettare come validi dei fini loro proposti da altri, e men che meno dei fini che presentino connessione con questi mezzi» (1965, p. 31). Da questa impostazione si scosta l'*istruzione programmata* (v. ISTRUZIONE, § 1) elaborata da Burrhus Frederic Skinner e, più in generale, la *didattica sperimentale* che, come dice Raymond Buyse, «non si occupa del problema dei "fini", né del problema dei "mezzi". [...] I suoi problemi sono puramente tecnici e la loro soluzione implica un'applicazione didattica. [...] I suoi obiettivi sono nettamente pratici: non si tratta di studiare l'allievo come si è a lungo studiato il fanciullo per il piacere del resto nobilissimo di conoscerlo meglio, ma di informarlo meglio, di istruirlo più rapidamente, più facilmente, più sicuramente» (1935, pp. 59-60).

2. MODELLI DIDATTICI. Differiscono per la diversa focalizzazione dei soggetti e degli elementi che interagiscono nella trasmissione del sapere. Si è soliti distinguere: *a*) il *modello disciplinare* dove al centro della relazione ci sono le esigenze dell'insieme disciplinare da impartire, con conseguente preminenza del programma rispetto alle aspettative e alle motivazioni dell'educando; *b*) il *modello curricolare* dove la decisione dei contenuti da trasmettere e delle relative modalità avviene all'interno di una cornice generale non direttiva, perché al centro del processo ci sono le possibilità differenziate degli educandi (v. CURRICOLO); *c*) il *modello attivistico* che sottolinea la partecipazione e l'intervento attivo dell'educando in base all'ipotesi teorizzata da John Dewey secondo cui ciascuno di noi apprende veramente solo quando "fa" le cose e "tocca con mano" gli argomenti e i temi che diventano per lui interessanti proprio perché può trattarli personalmente; *d*) il *modello relazionale* che predilige la relazione interpersonale rispetto ai contenuti da trasmettere, nella persuasione che la relazione affettiva e il contesto educativo favorevole facilitano l'acquisizione intellettuale e l'apprendimento che risulta più agevole se si elidono difficoltà e conflitti a livello emotivo.

Bibliografia

AA.VV., *Proposte didattiche*, Loescher, Torino 1976.
AA.VV., *Questioni di metodologia e di didattica*, La Scuola, Brescia 1973.
Bertolini P., Cavallini G., *Metodologia e didattica*, Mondadori, Milano 1977.
Boscolo P., *Cibernetica e didattica*, La Nuova Italia, Firenze 1969.
Buyse R., *L'expérimentation en pédagogie*, Maurice Lamertin, Bruxelles 1935.
Carletti A., Varani A. (a cura di), *Didattica costruttivista. Dalle teorie alla pratica in classe*, Erickson, Trento 2005.
De Landsheere G. L., *Introduzione alla ricerca in educazione* (1970), La Nuova Italia, Firenze 1973.
Dewey J., *Scuola e società* (1949), La Nuova Italia, Firenze 1960.
Dilthey W., *Über die Möglichkeit einer allgemeingültigen pädagogischen Wissenschaft* (1888), in Id., *Gesammelte Schriften*, Teubner, Leipzig 1914-1936 (poi riedito a partire dal 1958 in fotocopia anastatica dall'editore Vandenhoeck & Ruprecht, Stuttgart-Göttingen), vol. VI.
Fry E. B., *Macchine per insegnare e istruzione programmata* (1963), Loescher, Torino 1969.
Gattullo M., *Didattica e docimologia*, Armando, Roma 1968.
Rivoltella P. C., *Neurodidattica. Insegnare al cervello che apprende*, Raffaello Cortina, Milano 2012.
Russo G., *Metodologia e didattica per le classi differenziali*, Armando, Roma 1968.
Skinner B. F., *La tecnologia dell'insegnamento* (1967), La Scuola, Brescia 1970.
Titone R. (a cura di), *Questioni di tecnologia didattica*, La Scuola, Brescia 1975.
Visalberghi A., *Problemi della ricerca pedagogica*, La Nuova Italia, Firenze 1965.

Didattica, Analisi, v. ANALISI DIDATTICA.

Diencefalo, v. ENCEFALO, § 1, *c*.

Dieta, v. ALIMENTAZIONE, § 2.

Difesa (ingl. *Defence*; ted. *Abwehr*; fr. *Défense*; sp. *Defensa*). Operazione psichica, in parte inconscia, talvolta coatta, messa in atto per ridurre o sopprimere ogni turbativa che possa mettere in pericolo l'integrità dell'Io e il suo equilibrio interno. Essa è rivolta contro: *a*) l'angoscia dovuta ad aumento di tensione istintuale promossa da impulsi che premono per ottenere gratificazione; *b*) l'angoscia dovuta a pressione morale o minacce del Super-io; *c*) l'angoscia dell'Io di fronte a un pericolo reale. Definita da Sigmund Freud come «designazione generale per tutte le tecniche di cui l'Io si avvale nei suoi conflitti che possono eventualmente sfociare nella nevrosi» (1925a, p. 309), la difesa utilizza determinati *meccanismi* che differiscono per il relativo grado di coerenza con la realtà così come viene percepita. In base a questo principio si distinguono difese *ego sintoniche*, se il meccanismo è coerente con le esigenze dell'Io, e difese *ego-distoniche* o, come le definisce Otto Fenichel, "patogene" quando la funzione egoica di esame della realtà si interrompe per lasciar spazio alla riutilizzazione di modi arcaici di pensare, di percepire e di rapportarsi alla realtà.

1. IL CONCETTO DI DIFESA. Fu la prima grande scoperta della psicoanalisi e resta uno dei suoi contributi principali. Enunciato per la prima volta nel saggio *Le neuropsicosi da difesa* (1894) dove avanzava

l'ipotesi che il nevrotico e lo psicotico, allora poco distinti, si difendono dalle rappresentazioni incompatibili, Freud descrive tre metodi di difesa in tre forme di malattia: la *rimozione* come caratteristica dell'isteria, la *formazione reattiva* come caratteristica della nevrosi ossessiva e l'*elusione* come caratteristica della fobia. Ritornando sull'argomento in *Inibizione, sintomo e angoscia* (1925) Freud scrive: «In rapporto con le discussioni sul problema dell'angoscia ho ripreso un concetto o, più modestamente, un termine del quale mi ero servito esclusivamente trent'anni fa, all'inizio dei miei studi, e che poi avevo lasciato cadere. Intendo il termine "processo di difesa". Lo sostituii in seguito con il termine "rimozione", ma il rapporto fra i due rimase indeterminato. Adesso sono del parere che ritornare al vecchio concetto di difesa presenti un sicuro vantaggio a patto che si stabilisca che esso dev'essere la designazione generale per tutte le tecniche di cui l'Io si avvale nei suoi conflitti che possono eventualmente sfociare nella nevrosi; mentre "rimozione" rimane il nome di uno speciale fra questi metodi di difesa, che abbiamo conosciuto in un primo tempo meglio degli altri in conseguenza della direzione presa dalle nostre ricerche» (1925a, pp. 308-309).

Per quanto concerne il rapporto difesa-malattia, la storia della psicoanalisi registra due posizioni che hanno entrambe le loro radici nell'opera di Freud. La prima, sostenendo una corrispondenza tra qualità della malattia nevrotica e qualità della difesa, assume la difesa come criterio distintivo della nevrosi (dove le forme difensive assumerebbero le caratteristiche della rimozione, della formazione reattiva e della regressione) e della psicosi (dove le forme difensive sarebbero negazione, isolamento e scissione). La seconda posizione rinuncia a questa corrispondenza in base al principio enunciato da Freud nel 1912 quando, dopo aver descritto parecchi casi, afferma: «In nessuno di essi si realizza in forma pura uno dei quattro modi tipici di ammalarsi», per poi concludere: «La psicoanalisi ci ha invitato a rinunciare alla sterile contrapposizione tra fattori esterni e interni, tra destino e costituzione, e ci ha insegnato a trovare regolarmente la causa della malattia nevrotica in una situazione psichica determinata, che può prodursi in diversi modi» (1912, pp. 553-554).

Nella storia della psicoanalisi, dopo Freud, il passo successivo fu la pubblicazione de *L'Io e i meccanismi di difesa* (1936) di Anna Freud, dove sono elencati nove meccanismi di difesa che suo padre aveva già descritto in modo non sistematico nelle sue opere. Nel 1966, intervenendo, con una *Prefazione*, su questa sua opera, Anna Freud scrive: «Se nel 1936 era sufficiente enumerare e illustrare i meccanismi dell'Io, studiarne la cronologia e valutare la portata svolta dall'organizzazione delle difese nell'insieme per il mantenimento della salute o della malattia, non si può più fare questo oggi senza porre le acquisizioni difensive dell'Io in relazione con i suoi altri aspetti, cioè con le sue deficienze primarie, i suoi apparati e le sue funzioni, le sue autonomie ecc.» (1936, p. 151). Rispetto ai meccanismi di difesa già individuati da suo padre, Anna Freud introduce l'*identificazione con l'aggressore* e l'*altruismo*, mentre, in ordine all'adolescenza, segnala l'*ascetismo* e l'*intellettualizzazione* come difese dall'angoscia prodotta dalla forza delle pulsioni che caratterizzano l'età adolescenziale. Dopo il lavoro sistematico di Anna Freud sono intervenuti sui meccanismi di difesa Fenichel che elencò i meccanismi "patogeni", Karen Horney che rese noti altri meccanismi come la ricerca del potere, del prestigio, del possesso, della competitività nevrotica, Henry P. Laughlin che ne aggiunse altri quali l'idealizzazione, la compensazione, la fantasia.

La posizione di Anna Freud, interessata al *funzionamento delle difese* e quindi al loro contributo in ordine allo sviluppo dell'Io, fu ripresa dagli psicologi dell'Io e, in particolare, da Heinz Hartmann che considera le difese come strumenti a disposizione dell'Io per mediare tra le esigenze della realtà esterna e quelle pulsionali. Dello stesso avviso è Heinz Kohut, secondo il quale i meccanismi di difesa sono funzionali alla protezione della fragilità del Sé. Anche il narcisismo viene letto come un meccanismo di difesa contro angosce di frammentazione del Sé che il paziente potrà abbandonare, insieme alle sue componenti quali l'idealizzazione, la svalutazione dell'oggetto o il senso di onnipotenza, quando avrà raggiunto un clima empatico di sicurezza e di comprensione.

Dal modello di Anna Freud e degli psicologi dell'Io si discosta Melanie Klein che rivolge la sua attenzione ai meccanismi di difesa "primari" legati agli stati psicotici, quali la scissione dell'oggetto, la negazione della realtà psichica e l'identificazione proiettiva, nonché le forme estreme di proiezione e introiezione, messe in atto contro l'angoscia di morte, e quindi diverse dalle difese nevrotiche, come la rimozione, messa in atto contro la libido.

Le difese che nascono dalla relazione tra il bambino e l'adulto che si prende cura di lui sono state illustrate da Donald Woods Winnicott, secondo il quale il bambino si difende dalla mancata accoglienza dei suoi bisogni e dei suoi desideri nascondendo l'espressione spontanea del proprio Sé, creando così le premesse per la costruzione di un falso Sé allo scopo di compiacere le richieste di chi si occupa di lui, onde ottenere protezione e amore. Anche John Bowlby ritiene che il bambino, in base alle sue esperienze reiterate, costruisce dei "modelli operativi interni" che dapprima sono utili per regolare i propri sentimenti e i propri comportamenti con le figure significative del proprio mondo, ma in seguito, solidificandosi, detti modelli diventano sempre più automatici, funzionando come difese non sempre adeguate, quando non addirittura disfunzionali, al proprio ambiente.

In ambito cognitivo-comportamentale i meccanismi di difesa sono letti come forme messe in atto per meglio adattarsi e rispondere a eventi stressanti, anche se poi si è notato che il comportamento meno adattivo viene adottato proprio nelle situazioni più minacciose. Si è inoltre cercato di stabilire una relazione tra difese adottate e tipo di personalità. Come scrive Vittorio Lingiardi, «l'individuo ostile e diffidente che vede complotti ovunque ricorre alla proiezione per non fare i conti con il proprio mondo interno; l'individuo che non fa che sottolineare i difetti degli altri si serve della svalutazione per proteggere la sua fragile autostima. [...] Il paziente borderline fa frequentemente ricorso alle difese di *acting out*, alla scissione, all'identificazione proiettiva; l'antisociale all'*acting out*, all'onnipotenza, al diniego; il narcisista all'idealizzazione, alla svalutazione, all'onnipotenza. Questo ovviamente non significa che tra personalità e difesa esista una corrispondenza stabile e unica. Il soggetto ha a disposizione e tende a utilizzare un'ampia gamma di meccanismi di difesa» (2006-2007, p. 324).

2. I MECCANISMI DI DIFESA. I meccanismi di difesa che la psicoanalisi indica tra i più adottati possono essere alfabeticamente così elencati, rinviando, per una trattazione più ampia, alle rispettive voci:

Annullamento (v.) di pensieri, parole, gesti o azioni, ottenuto mettendo in atto pensieri e comportamenti di segno opposto. Questo tipo di difesa ha un significato espiatorio.

Diniego (v.). Difesa egodistonica che rifiuta di riconoscere esperienze penose, impulsi, dati di realtà o aspetti di sé o del mondo percettivo. Siccome opera contro l'esame di realtà, questo tipo di difesa può talvolta portare al delirio.

Formazione reattiva (v.). Processo difensivo che cerca di dominare un impulso inaccettabile, come per esempio un sentimento aggressivo, attraverso l'accentuazione della tendenza opposta, come per esempio un eccesso di sollecitudine e di condiscendenza.

Identificazione (v.) con la persona o l'oggetto perduto, perpetuando nella propria interiorità qualche suo tratto allo scopo di lenire la depressione derivante dalla sua perdita.

Introiezione (v.) nel sistema dell'Io dell'oggetto esterno per proteggersi dall'angoscia di separazione. L'introiezione è il contrario della PROIEZIONE (v.).

Isolamento (v.) di pensieri o di esperienze sgradevoli dalla carica affettiva ad essi connessa o dal contesto significativo in cui sono inseriti.

Maniacale, difesa (v. MANIA). Fantasia di onnipotenza, accompagnata da euforia, disinibizione, illimitata fiducia in se stessi per difendersi in modo reattivo dalla depressione, immaginando di aver tutto sotto controllo.

Messa in atto (v. AGIRE). Tentativo di evitare di confrontarsi con i propri conflitti inconsci, cercando soluzioni sul piano di realtà, allo scopo di risolvere con azioni un conflitto interiore che non si vuol riconoscere.

Negazione (v.). Modalità per cui i contenuti rimossi possono accedere alla coscienza alla sola condizione di essere negati con proposizioni che, stando agli esempi di Freud, dicono: «Ora Lei penserà che io voglia dire qualche cosa di offensivo, ma in realtà non ho questa intenzione» (1925b, p. 197). La negazione si distingue dal DINIEGO (v.) perché non giunge a un vero e proprio misconoscimento della realtà interna o esterna.

Neutralizzazione (v.). Meccanismo di difesa egosintonico che consente di deaggressivizzare e di desessualizzare l'energia psichica in vista di un suo impiego in attività sublimate (v. SUBLIMAZIONE).

Ossessiva, difesa (v. FOBIA). Tentativo di difendersi dalla propria ansia mediante rituali e comportamenti meticolosamente controllati allo scopo di costruire una barriera tra sé e le proprie pulsioni.

Percettiva, difesa. Innalzamento della soglia percettiva nei confronti di stimoli che generano ansia o che assumono per il soggetto un significato riprovevole.

Proiezione (v. § 3). Attribuzione ad altri di un proprio aspetto ritenuto negativo, per cui il soggetto può biasimarlo in altri sentendosene immune.

Regressione (v.). Difesa da un'angoscia attuale mediante tecniche di gratificazione che appartengono a uno stadio psichico precedente o infantile.

Rimozione (v.). Esclusione dalla coscienza di rappresentazioni connesse a una pulsione il cui soddisfacimento sarebbe in contrasto con altre esigenze psichiche.

Scissione (v. § II, 3). Difesa dall'angoscia determinata dall'ambivalenza dell'oggetto che viene scisso in "buono" e "cattivo" in modo da poter dirigere sulle parti scisse gli opposti sentimenti che esso ispira.

Sublimazione (v.). Spostamento di una pulsione sessuale o aggressiva verso una meta non sessuale o non aggressiva che trova una valorizzazione a livello sociale. È descritta da Freud come «processo [...] nel quale agli eccitamenti successivi provenienti da alcune fonti della sessualità si apre il deflusso e l'utilizzazione in altri campi, di modo che dalla predisposizione, in sé pericolosa, risulta una non disprezzabile intensificazione della capacità di prestazioni psichiche» (1905, p. 542). La sublimazione è considerata una difesa egosintonica che incontra la DESIDERABILITÀ SOCIALE (v.).

3. TEST DI VALUTAZIONE E MISURAZIONE DELLE DIFESE. Esistono diversi test di valutazione dei meccanismi di difesa dei soggetti, misurati da diverse scale, a loro volta ordinate secondo diversi criteri che tengono conto: di quanti meccanismi di difesa dispone il soggetto, dell'intensità della loro attivazione, dell'età del soggetto e del contrasto in cui il soggetto si trova ad operare. Tra questi ricordiamo: la *Scala di Vaillant* che esprime due dimensioni, immaturità/maturità e psicopatologia/salute, correlate secondo una graduatoria che, partendo dagli psicotici giunge agli immaturi, quindi ai nevrotici e infine ai maturi; e il *DMRS* (*Defense Mechanism Rating Scale*) che comprende una lista di 27 meccanismi di difesa raggruppati in sette tipologie così definite: difese mature, difese ossessive, altre difese nevrotiche, difese narcisistiche o che comportano una distorsione dell'immagine di sé, difese di diniego, difese borderline e difese di *acting out*.

Bibliografia

Bowlby J., *Cure materne e igiene mentale del fanciullo* (1951), Giunti Barbera, Firenze 1957.
Brenner Ch., Compton A., *Difese e intervento psicoanalitico* (1978), Bollati Boringhieri, Torino 1981.
Fairbairn W. R. D., *Studi psicoanalitici sulla personalità* (1946), Bollati Boringhieri, Torino 1970.
Fenichel O., *Trattato di psicoanalisi delle nevrosi e delle psicosi* (1945), Astrolabio, Roma 1951.
Ferenczi S., *Il concetto di introiezione* (1912), in *Opere* (1989-1992), Raffaello Cortina, Milano, vol. I.
Freud A., *L'Io e i meccanismi di difesa* (1936), in *Opere* (1978-1979), Bollati Boringhieri, Torino, vol. I.
Freud S., *Le neuropsicosi da difesa* (1894), in *Opere* (1967-1993), Bollati Boringhieri, Torino, vol. II.
–, *Tre saggi sulla teoria sessuale* (1905), in *Opere*, cit., vol. IV.
–, *Modi tipici di ammalarsi nervosamente* (1912), in *Opere*, cit., vol. VI.
–, *Inibizione, sintomo e angoscia* (1925a), in *Opere*, cit., vol. X.
–, *La negazione* (1925b), in *Opere*, cit., vol. X.
Hartmann H., *Psicologia dell'Io e problema dell'adattamento* (1939), Bollati Boringhieri, Torino 1966.
Horney K., *Nuove vie della psicoanalisi* (1939), Bompiani, Milano 1950.
Klein M., *La psicoanalisi dei bambini* (1932), Martinelli, Firenze 1969.
Kohut H., *Narcisismo e analisi del Sé* (1971), Bollati Boringhieri, Torino 1976.
–, *La cura psicoanalitica* (1984), Bollati Boringhieri, Torino 1986.
Laughlin H. P., *The Ego and its defenses*, Appleton-Century-Crofts, New York 1970.
Lingiardi V., *Difesa, meccanismi di*, in AA.VV., *Psiche. Dizionario storico di psicologia, psichiatria, psicoanalisi, neuroscienze*, Einaudi, Torino 2006-2007, vol. I, pp. 323-329.
Lingiardi V., Madeddu F., *I meccanismi di difesa. Teoria, valutazione, clinica*, Raffaello Cortina, Milano 2002.
Madison P., *Freud's concept of repression and defence*, University of Minnesota Press, Minneapolis 1961.
Rycroft Ch., *An observation on the defensive function of schizophrenic thinking and delusion-formation* (1962), in Id., *Imagination and reality*, Hogarth Press, London 1968.
Vaillant G. E., *Adaptation to life*, Little Brown, Boston 1977.
– (a cura di), *Empirical studies of ego mechanisms of defense*, American Psychiatric Press, Washington (DC) 1991.
Winnicott D. W., *Sviluppo affettivo e ambiente. Studi sulla teoria dello sviluppo affettivo* (1965), Armando, Roma 1970.

Difesa, Neuropsicosi da, v. NEVROSI, § 1.

Difesa, Psichismo da, v. PSICHISMO DA DIFESA.

Difetto, v. DEFICIT.

Differenziale, Psicologia, v. PSICOLOGIA DIFFERENZIALE.

Differenziale semantico, v. DENOTAZIONE.

Differenziazione (ingl. *Differentiation*; ted. *Differenzierung*; fr. *Différenciation*; sp. *Diferenciación*). Sviluppo e articolazione delle differenze a partire da un tutto omogeneo e indifferenziato. Il termine trova il suo impiego: 1) nella *psicologia dell'evoluzione* per indicare l'aumento della disponibilità all'adattamento di un organismo o di un individuo all'ambiente; 2) nella *psicologia cognitiva* secondo la quale lo sviluppo dell'intelligenza dall'età infantile a quella adulta è soggetto non solo alle note variazioni quantitative, ma anche a variazioni qualitative delle attitudini mentali originariamente globali e tra loro indifferenziate; 3) in *sessuologia* dove si parla di differenziazione psicofisica che evolve dallo stadio fetale indifferenziato a quello infantile, puberale, adulto, dove la differenziazione trova il suo massimo dispiegamento, per poi involvere nell'indifferenziazione sessuale dell'età senile. Ma al di là degli ambiti in cui questo termine ricorre nel suo significato immediatamente comprensibile, in due luoghi, la psicopatologia di Karl Jaspers e la psicologia analitica di Carl Gustav Jung, l'espressione ha assunto un particolare rilievo e ha consentito sviluppi speculativi.

1. LA PSICOPATOLOGIA DI JASPERS. Qui la differenziazione si articola a tre livelli: «*a*) aumento e variazione qualitativa dei modi di sentire prima confusi e poi più chiari, ricchi e profondi; [...] *b*) analisi e sintesi della coscienza oggettiva che vede aumentare

le sue possibilità di pensare, intendere, comportarsi, distinguere e confrontare; [...] *c*) diventar coscienti di sé nell'autoriflessione» (1913-1959, p. 15). Le possibilità di differenziazione dipendono per Jaspers dalla disposizione individuale e dall'ambiente culturale per cui «una stessa malattia, per esempio la demenza precoce, è caratterizzata in un individuo da un lieve delirio di gelosia o da alcune grossolane idee di persecuzione, mentre in Strindberg questi stessi contenuti si sviluppano sino ad un'ampiezza eccezionale ed il modificato sentimento di vita diviene la fonte delle sue singolari creazioni poetiche. Ogni malattia mentale corrisponde nel suo modo di manifestarsi al livello psichico di differenziazione dell'individuo che ne è stato colpito» (ivi, p. 14).

2. La psicologia analitica di Jung. Jung assume il processo di differenziazione come ciò senza il quale è impossibile l'individuazione (v. Psicologia analitica, § 5) che rappresenta la meta di ogni sviluppo psicologico. Definita come «sviluppo di differenze, separazione di parti da un tutto» (1921, p. 436), la differenziazione è per Jung l'opposto dello stato arcaico (v. Arcaismo) dove una Funzione (v. § 2, *b*) che può essere il pensiero, il sentimento, l'intuizione, la sensazione, non è differenziata da un'altra e talvolta anche in se stessa come, per esempio, un sentimento d'amore mescolato con uno di odio; perciò, avverte Jung, «di regola la funzione non differenziata è caratterizzata anche dal fatto che essa possiede le qualità dell'*ambivalenza* e dell'*ambitendenza*: ogni posizione cioè porta con sé visibilmente la propria negazione, donde risultano inibizioni caratteristiche nell'uso della funzione non differenziata» (*ibid.*).

La differenziazione è prerogativa dell'Io cosciente che si è emancipato da quello sfondo indifferenziato rappresentato dal Sé (v. Psicologia analitica, § 4) che precede lo sviluppo dell'Io: «Il fatto che l'Io sia assimilato al Sé va considerato una catastrofe psichica, [...] perché l'Io cosciente, che è differenziato, si troverebbe in uno spazio assoluto e in un tempo assoluto, [...] il suo adattamento risulterebbe turbato e la via spalancata a tutti gli incidenti possibili» (1951, p. 24). L'emancipazione dell'Io dal Sé procede come differenziazione dall'inconscio personale, per prodursi poi come differenziazione anche dal conscio collettivo, tappa indispensabile per diventar se stessi o, come dice Jung, per individuarsi (v. Psicologia analitica, § 5). E questo perché «l'Io deve la sua esistenza al *principium individuationis*, alla differenziazione individuale, che, a causa del suo carattere di distintività, non è un fenomeno biologico universale. [...] Ogni psicologia dell'Io deve quindi escludere e trascurare il fattore collettivo della psicologia degli istinti, giacché essa descrive appunto il processo dell'Io che si differenzia dall'istinto collettivo» (1921, p. 70). E ancora: «L'individuazione è quindi un processo di differenziazione che ha per meta lo sviluppo della personalità individuale. [...] Per questo l'individuazione è sempre più o meno in contrasto con le norme collettive, giacché essa è separazione e differenziazione dalla generalità e sviluppo del particolare; non però di una particolarità *cercata*, bensì di una particolarità già a priori fondata nella disposizione naturale» (ivi, pp. 463-464).

Il processo di differenziazione, sempre nell'ambito della psicologia junghiana, ha trovato una descrizione archetipica con Erich Neumann che ha delineato la storia dello sviluppo della coscienza in chiave mitica a partire dall'Uroboro (v.) attraverso il mito della Grande Madre (v.) e il mito dell'Eroe (v.), e una descrizione in chiave critica con Mario Trevi per il quale «non si tratterà di configurare l'individuazione solo come differenziazione dal collettivo, conscio o inconscio che sia, ma di correlare altresì il processo di differenziazione a un processo complementare che, per ora, potremmo definire come assunzione critica delle forme di vita e dei valori custoditi dalla cultura. Quest'ultima definizione implica di necessità l'ammissione dell'Io come organo di discriminazione e di scelta» (1987, p. 67).

Bibliografia

Duhm E., *Entwicklung und Differenzierung*, in H. Thomae (a cura di), *Handbuch der Psychologie*, Hogrefe, Göttingen 1959, vol. III.

Jaspers K., *Psicopatologia generale* (1913-1959), Il Pensiero Scientifico, Roma 2000.

Jung C. G., *Tipi psicologici* (1921), in *Opere* (1969-2007), Bollati Boringhieri, Torino, vol. VI.

–, *Aion. Ricerche sul simbolismo del Sé* (1951), in *Opere*, cit., vol. IX, 2.

Neumann E., *Storia delle origini della coscienza* (1949), Astrolabio, Roma 1978.

Trevi M., *Per uno junghismo critico*, Bompiani, Milano 1987.

Witkin H. A. *et al.*, *La differenziazione psicologica* (1962), Bulzoni, Roma 1976.

Differimento (ingl. *Delay*; ted. *Aufschub*; fr. *Renvoi*; sp. *Aplazamiento*). Rinvio di un'azione rispetto alla stimolazione interna o esterna che la promuove. In *psicologia sperimentale* il termine è impiegato da Ian M. L. Hunter, il quale, obbligando la cavia ad agire qualche tempo dopo la cessazione dello stimolo, ha potuto quantificare, grazie al differimento dell'azione, il tempo in cui lo stimolo rimane in memoria. In *psicoanalisi*, il differimento si riferisce alla soddisfazione della pulsione, il cui rinvio segna il passaggio dal principio di piacere (v. Piacere, § 1) al principio di realtà (v. Realtà, § 3). Il differimento va distinto dalla posposizione (*Nachstellung*), che è uno spostamento temporale della reazione affettiva allo scopo di difendersi dall'affetto (v. Posposizione).

Bibliografia

Freud S., *Al di là del principio di piacere* (1920), in *Opere* (1967-1993), Bollati Boringhieri, Torino, vol. IX.
Hunter I. M. L., *La memoria* (1957), Feltrinelli, Milano 1962.

Difficoltà (ingl. *Difficulty*; ted. *Schwierigkeit*; fr. *Difficulté*; sp. *Dificultad*). Impedimento che rende disagevole il raggiungimento di una meta, oppure un compito che richiede un processo di preparazione per acquisire una specifica abilità. Il termine ha un significato relativo in quanto la difficoltà dipende dalle caratteristiche individuali e dalla situazione in cui si presenta. In psicologia sperimentale si parla di *indice di difficoltà* di un test in riferimento al numero relativo di soggetti che risolvono un compito dato.

DIG (*Disturbo di Identità di Genere*), v. TRANSESSUALISMO.

Digressione, v. PENSIERO, § III, 1, *e*.

Digrignamento, v. BRUXISMO.

Dimegalopsia, v. MACROPSIA – MICROPSIA.

Dimensione (ingl. *Dimension*; ted. *Dimension*; fr. *Dimension*; sp. *Dimensión*). Misura di grandezza definita in tutte le sue estensioni. In *psicologia della personalità* si parla di dimensione in riferimento ai tratti individuali quantificabili e descrivibili lungo una linea i cui estremi corrispondono a due tratti opposti della PERSONALITÀ (v. § I, 2). In *psicologia sperimentale* si intende una scala compresa fra due estremi, lungo la quale avviene una variazione regolare: per esempio l'altezza come dimensione del tono, la luminosità come dimensione della luce, la lunghezza come dimensione della grandezza, il grado di favore come dimensione dell'atteggiamento. Nella *psicologia della Gestalt* si parla di dimensioni "prospettiche" di un oggetto quando, in base alla legge della prospettiva, le dimensioni sono inversamente proporzionali alla distanza, e di dimensioni "reali" in riferimento a quelle ottenute attraverso una misurazione.

Dimenticanza (ingl. *Forgetfulness*; ted. *Vergessen*; fr. *Oubli*; sp. *Olvido*). Incapacità mnemonica di evocare un nome o una parola al momento in cui se ne richiede l'impiego, o di aver presente un progetto o un proposito quando si offre l'opportunità di realizzarlo. Dopo averle attribuite alla RIMOZIONE (v.), Sigmund Freud mostrò che le dimenticanze, così come gli atti mancati e i lapsus, «non sono eventi casuali, bensì atti psichici seri, aventi un loro proprio senso, che sorgono per l'azione congiunta, o meglio per l'azione contrapposta, di due diverse intenzioni» (1915-1917, p. 225). L'intenzione contraria al progetto cosciente è generalmente inconscia ed è responsabile della dimenticanza, il cui contenuto è di solito in relazione a ricordi spiacevoli (v. MEMORIA, § 5, *c*).

Bibliografia

Freud S., *Psicopatologia della vita quotidiana* (1901), in *Opere* (1967-1993), Bollati Boringhieri, Torino, vol. IV.
–, *Introduzione alla psicoanalisi* (1915-1917), in *Opere*, cit., vol. VIII.

Dinamica di gruppo, v. GRUPPO, § II.

Dinamica, Psicologia, v. PSICOLOGIA DINAMICA.

Dinamico, Punto di vista, v. APPARATO PSICHICO, § 1.

Diniego (ingl. *Denial*; ted. *Verleugnung*; fr. *Déni*; sp. *Denegación*). Nozione introdotta da Sigmund Freud in ambito psicoanalitico e successivamente estesa da Stanley Cohen in ambito sociologico.

1. PSICOANALISI. Meccanismo di difesa con cui il soggetto rifiuta di riconoscere esperienze penose, impulsi, dati di realtà o aspetti di sé. Freud, che ha introdotto il termine, l'ha impiegato per indicare il rifiuto da parte del soggetto di riconoscere quella percezione traumatizzante che consiste nella mancanza del pene nella bambina: «Conosciamo le reazioni dei bambini alle prime impressioni dell'assenza del pene. Essi disconoscono questa assenza e credono di vedere ugualmente un pene, cercano di appianare la contraddizione fra l'osservazione e la loro convinzione preconcetta con il pensiero che esso è ancora piccolo e che poi crescerà, giungendo a poco a poco alla conclusione affettivamente importante che se non altro il pene prima c'era, e poi è stato asportato» (1923, pp. 565-566). «Questo processo – scrive sempre Freud – a cui darei il nome di "rinnegamento", nella vita psichica infantile non pare essere né raro né particolarmente pericoloso, e invece nell'adulto darebbe il via a una psicosi. La bambina rifiuta di accettare il dato di fatto della propria evirazione, si ostina nella convinzione di possedere un pene, ed è costretta in seguito a comportarsi come se fosse un maschio» (1925a, p. 212). Successivamente il concetto di diniego fu esteso a tutte le percezioni penose che, contrastando con il principio di piacere (v. PIACERE, § 1), portano a non riconoscere la realtà o a trasformarla allucinatoriamente per esaudire il desiderio. Nel diniego Freud vede l'origine della scissione dell'Io (v. SCISSIONE, § II, 2).

Intervenendo sull'argomento Melanie Klein, in polemica con Helene Deutsch che sosteneva la posizione di Freud, scrive: «A questo proposito mi discosto da lei per il fatto che mentre essa sostiene che il "diniego" si riconnette alla fase fallica e al complesso di evirazione (per cui si ha nelle bambine il diniego dell'assenza del pene), le mie osservazioni mi hanno condotto a concludere che il meccanismo del diniego si origina in quella fase precocissima dello sviluppo nella quale l'Io, ancora immaturo, cerca di difendersi dalla più opprimente e più profonda delle angosce e cioè dalla paura dei persecutori interiorizzati e dell'Es. Ciò vuol dire che *prima di ogni altra cosa, è denegata la realtà psichica*; solo dopo di ciò l'Io può procedere a denegare quantità più o meno rilevanti della realtà esterna» (1935, p. 313). Secondo la Klein il diniego è alla base delle *proiezioni* (v. PROIEZIONE), per cui il soggetto nega di avere determinati sentimenti che non accetta attribuendoli ad altri, e delle *difese maniacali*, volte a negare il significato interno dei sentimenti depressivi. Il diniego non va confuso con la RIMOZIONE (v.) (*Verdrängung*), né con la NEGAZIONE (v.) (*Verneinung*) dove non si ha un misconoscimento della realtà interna o di quella esterna, ma un'asserzione in negativo dell'esperienza spiacevole con proposizioni che, stando agli esempi di Freud, dicono come in questo caso: «Lei domanda chi possa essere questa persona del sogno. *Non* è mia madre» (1925b, p. 197).

2. SOCIOLOGIA. Per Cohen «il diniego è un auto-inganno, ossia il modo per mantenere segreta a noi stessi la verità che non abbiamo il coraggio di affrontare» (2001, p. 67). Lo attestano espressioni quali: "chiudere un occhio", "distogliere lo sguardo", "mettere la testa sotto la sabbia", "non sollevare la polvere", "lavare i panni sporchi in casa propria" e simili. In politica, scrive Cohen, il diniego può assumere le forme che vanno dal *diniego assoluto* ("non è successo niente"), al *discredito* ("quegli insorti sono manipolati o invasati"), alla *definizione errata* ("è vero, succede effettivamente qualcosa, ma non è tortura"), al *giustificazionismo* ("è vero, ma non c'è altro da fare finché non si trova una soluzione politica").

Il linguaggio, osserva Cohen, è un grande alleato del diniego che può essere *letterale*: "non è successo niente", "non c'è stato alcun massacro", "non sarebbe potuto succedere senza che noi lo sapessimo"; *interpretativo*: per cui la pulizia etnica si chiama "scambio di popolazioni", un massacro civile "danno collaterale", una deportazione "trasferimento di popolazione", una tortura "pressione fisica", una guerra "missione di pace". Oppure, ed è il più diffuso, il diniego può essere *implicito*, e ciò avviene quando non si negano i fatti, si esclude solo che questi fatti interpellino proprio noi. Ogni tipo di diniego comporta una falsificazione della nostra condizione psicologica. Nel diniego *letterale* non si vuol sapere ciò che si sa, in quello *interpretativo* si vuole evitare, attraverso una riformulazione di comodo dei fatti, di essere interpellati legalmente o moralmente, in quello *implicito* si visualizzano i fatti come estranei alla propria competenza, in modo da sentirsi esonerati da un pronto intervento.

Bibliografia

Cohen S., *Stati di negazione. La rimozione del dolore nella società contemporanea* (2001), Carocci, Roma 2002.
Deutsch H., *Psicologia della donna* (1944-1945), Bollati Boringhieri, Torino 1977.
Freud S., *L'organizzazione genitale infantile (un'interpolazione nella teoria sessuale)* (1923), in *Opere* (1967-1993), Bollati Boringhieri, Torino, vol. IX.
–, *Alcune conseguenze psichiche della differenza anatomica tra i sessi* (1925a), in *Opere*, cit., vol. X.
–, *La negazione* (1925b), in *Opere*, cit., vol. X.
Galimberti U., *Diniego*, in Id., *I vizi capitali e i nuovi vizi* (2003), Feltrinelli, Milano 2005.
Klein M., *Contributo alla psicogenesi degli stati maniaco-depressivi* (1935), in *Scritti 1921-1958*, Bollati Boringhieri, Torino 1978, pp. 297-325.

Dionisiaco, v. TIPOLOGIA, § 3, *b*.

Dipendenza (ingl. *Dependence*; ted. *Abhängigkeit*; fr. *Dépendance*; sp. *Dependencia*). Modalità relazionale in cui un soggetto si rivolge continuamente agli altri per essere aiutato, guidato, sostenuto. L'individuo dipendente, avendo una scarsa fiducia in se stesso, fonda la propria autostima sull'approvazione e la rassicurazione altrui ed è incapace di prendere decisioni senza un incoraggiamento esterno.

1. PSICOANALISI. In questo ambito si considera la dipendenza del bambino dalle figure genitoriali come un "fattore biologico" che, a parere di Sigmund Freud, è responsabile della formazione della personalità sia normale sia patologica: «Il fattore biologico è la lungamente protratta impotenza e dipendenza del bambino piccolo. L'esistenza intrauterina dell'essere umano appare, in confronto a quella della maggioranza degli animali, relativamente più breve; esso viene mandato nel mondo più incompleto di loro. L'influenza del mondo esterno reale viene perciò rafforzata, la differenziazione dell'Io dall'Es viene promossa precocemente, i pericoli del mondo esterno aumentano in significato, e il valore dell'oggetto, che da solo può proteggere contro questi pericoli e sostituire la vita intrauterina perduta, si accresce enormemente. Questo fattore biologico produce dunque le prime situazioni di pericolo e genera il bisogno di essere amati: bisogno che non abbandonerà l'uomo mai più» (1925, p. 301). Freud attribuisce la situazione di dipendenza del bambino alla paura di perdere l'amore dei genitori, da cui il bambino si difende con quella "sottomissione educativa" che nell'adulto si trasforma nel timore di essere

disapprovato dalla comunità, e quindi in "sottomissione sociale". Nel lungo periodo di dipendenza infantile, tipico della razza umana, sono da ricercare, secondo Freud, le radici della socializzazione dell'individuo, del bisogno della religione, delle aspirazioni etiche e morali. Dopo Freud, René Á. Spitz e John Bowlby hanno evidenziato le conseguenze dannose che derivano dal trascurare o dall'interrompere lo stato di dipendenza infantile, da cui dipende lo sviluppo della personalità normale nel suo procedere dalla dipendenza all'AUTONOMIA (v.), attraverso una sempre maggiore differenziazione e individuazione (v. PSICOLOGIA ANALITICA, § 5). Sempre dal punto di vista psicoanalitico la dipendenza nevrotica dell'adulto rinvia alla FISSAZIONE (v.) allo stadio orale dell'evoluzione libidica, conseguenza di un atteggiamento frustrante o iperprotettivo da parte delle figure parentali. In questo ambito si possono avere manifestazioni psicosomatiche, come l'asma bronchiale, interpretata come sintomo di un atteggiamento di dipendenza soprattutto dalla madre.

2. PSICOLOGIA SOCIALE. La dipendenza è una categoria che definisce le relazioni di gruppo e di organizzazione nella forma della semplice *dipendenza* tipica dei sistemi organizzati sul modello della coesione difensiva, della *controdipendenza* nei sistemi a conflitto istituzionalizzato dove la posizione di ogni individuo è definita in contrapposizione alla posizione degli altri, dell'*interdipendenza* quando la relazione di gruppo è definita dall'unicità dell'obiettivo da tutti condiviso (v. PSICOLOGIA SOCIALE, § 4, *c*; GRUPPO, § II, 2).

3. PSICHIATRIA. Oltre che di dipendenza da alcol, droga, gioco, farmaci (v. TOSSICODIPENDENZA) si parla di dipendenza da oggetti o da idee quando la relazione del soggetto con il mondo è fortemente connotata da determinati oggetti o da determinate idee, che sono poi il nucleo da cui si sviluppano impianti ossessivi o monomaniacali. Per quanto riguarda il *disturbo dipendente di personalità*, come è rubricato e descritto dal DSM-5, si rinvia alla voce PERSONALITÀ, § II, 3, C, β.

4. PSICOLOGIA SPERIMENTALE. Herman A. Witkin ha introdotto il concetto di *dipendenza dal campo* per chi, nell'orientamento spaziale, si affida di più al contesto visivo che ai segnali posturali e gravitazionali. A questo proposito si è constatato che le donne sono più dipendenti dal campo dei maschi e che la dipendenza dal campo diminuisce con l'età e varia in base alle caratteristiche soggettive (v. ORIENTAMENTO, § 1).

Bibliografia

Bowlby J., *Attaccamento e perdita*, vol. I: *L'attaccamento alla madre*, vol. II: *La separazione dalla madre*, vol. III: *La perdita della madre* (1969-1980), Bollati Boringhieri, Torino 1976-1983.

–, *Costruzione e rottura dei legami affettivi* (1979), Raffaello Cortina, Milano 1982.

Caretti V., La Barbera D., *Le dipendenze patologiche. Clinica e psicopatologia*, Raffaello Cortina, Milano 2005.

Freud A., *Normalità e patologia nell'età infantile* (1965), in *Opere* (1978-1979), Bollati Boringhieri, Torino, vol. III.

Freud S., *Inibizione, sintomo e angoscia* (1925), in *Opere* (1967-1993), Bollati Boringhieri, Torino, vol. X.

–, *L'avvenire di un'illusione* (1927), in *Opere*, cit., vol. X.

Glatt M. M., *I fenomeni di dipendenza. Guida alla conoscenza e al trattamento. Farmaci, società e individuo* (1974), Feltrinelli, Milano 1979.

Loras O., *L'asthme, angoisse du souffle*, Librairie du Rhône, Lyon 1961.

Mahler M. S., Pine F., Bergman A., *La nascita psicologica del bambino. Simbiosi e individuazione* (1975), Bollati Boringhieri, Torino 1978.

Margaron H., *Il labirinto della dipendenza*, Il Pensiero Scientifico, Roma 1997.

Montefoschi S., *L'uno e l'altro. Interdipendenza e intersoggettività nel rapporto psicoanalitico*, Feltrinelli, Milano 1977.

Perrella E., *Per una clinica delle dipendenze*, Franco Angeli, Milano 1998.

Recalcati M., *Clinica del vuoto. Anoressie, dipendenze, psicosi*, Franco Angeli, Milano 2002.

Spitz R. Á., *Il primo anno di vita del bambino* (1958), Editrice Universitaria, Firenze 1962.

Vief B., *Dipendenza*, in Ch. Wulf (a cura di), *Cosmo, corpo, cultura. Enciclopedia antropologica* (1997), Bruno Mondadori, Milano 2002, pp. 910-925.

Witkin H. A. *et al.*, *La differenziazione psicologica* (1962), Bulzoni, Roma 1976.

Diplacusia (ingl. *Diplacusias*; ted. *Diplakusia*; fr. *Diplacusie*; sp. *Diplacusia*). Difetto uditivo caratterizzato da una percezione unilaterale dell'altezza del suono.

Diplegia, v. PARALISI, § 3.

Diploide, v. GENETICA, § 1, *a*.

Diplopia (ingl. *Diplopia*; ted. *Diplopie*; fr. *Diplopie*; sp. *Diplopía*). Percezione doppia di un oggetto, causata da una paralisi dei muscoli dell'occhio, per cui l'immagine non colpisce porzioni corrispondenti delle due retine. La diplopia monoculare, dove un solo occhio percepisce due immagini, può intervenire in seguito a mutamenti patologici della cornea o del cristallino. Non sono esclusi affaticamenti oculomotori, intossicazioni per eccessiva assunzione di alcol o di farmaci, cause psicogene a sfondo isterico. Quando la visione non è solo doppia, ma plurima, si parla di *poliopia*.

Dipsomania (ingl. *Dipsomania*; ted. *Dipsomanie*; fr. *Dipsomanie*; sp. *Dipsomanía*). Episodica o ricorrente assunzione eccessiva di alcol, in modo impulsivo e coatto, che si alterna a periodi di relativa astinenza. È frequente negli psicopatici, ma talvolta si manifesta anche in personalità a sfondo schizofrenico o depresso. I disturbi che ne conseguono sono quelli dell'ALCOLISMO (v. § 7).

Diretta, Analisi, v. ANALISI DIRETTA.

Direttiva, Terapia (ingl. *Directive therapy*; ted. *Direktive Therapie*; fr. *Thérapie directive*; sp. *Terapia directiva*). Forma di terapia, da non confondersi con l'ANALISI DIRETTA (v.), messa a punto negli anni sessanta da Jay Haley della Scuola di Palo Alto, in cui il terapeuta, per accompagnare il paziente nel processo di cambiamento, come scrive Paul Watzlawick, «si assume la responsabilità di condurre in prima persona il gioco» (1977, p. 124), svolgendo un ruolo attivo, consigliando, suggerendo o richiedendo al paziente di seguire particolari linee di comportamento. Questo genere di terapia trova una sua frequente applicazione negli interventi sulla FAMIGLIA (v. § III).

Bibliografia

Haley J., *La terapia del problem solving. Nuove strategie per una terapia familiare efficace* (1976), La Nuova Italia Scientifica, Roma 1985.
Selvini Palazzoli M., Cirillo S., Selvini M., Sorrentino A. M., *I giochi psicotici nella famiglia*, Raffaello Cortina, Milano 1988.
Watzlawick P., *Il linguaggio del cambiamento. Elementi di comunicazione terapeutica* (1977), Feltrinelli, Milano 1980.

Direzione (ingl. *Management*; ted. *Menschenführung*; fr. *Direction*; sp. *Dirección*). Insieme di provvedimenti presi da individui aventi funzioni di comando, al fine di promuovere la cooperazione, la coordinazione, la produttività di tutti i membri di una organizzazione. Kurt Lewin, Ronald Lippitt e Ralph K. White hanno individuato e sperimentato, in gruppi di bambini, diversi regimi di direzione: quello *democratico* che contempla la partecipazione dei singoli membri alle decisioni del gruppo con salvaguardia delle caratteristiche personali di ogni componente, quello *autoritario* dove tutte le decisioni vengono prese dal capo senza consultazione degli altri membri che, per restare all'interno del gruppo, devono uniformare le loro tendenze alle richieste della direzione, e quello detto del *laissez-faire* dove ogni membro prende decisioni che, non scaturendo dal confronto con gli altri, presentano uno sfondo egoista spesso in contrasto con le esigenze del gruppo. Gli esperimenti di Lewin furono estesi anche agli adulti, in particolare nelle situazioni di gruppo all'interno delle attività produttive.

In questo ambito due sono i filoni di ricerca che approdano a una definizione di direzione. Il primo, promosso dall'ingegnere francese Henri Fayol nel 1916, assegna alla direzione manageriale compiti di coordinamento, amministrazione e controllo; il secondo, promosso da Adolf Augustus Berle Jr. e Gardiner C. Means nel 1932, parte dalla considerazione dell'avvenuta separazione della proprietà, tramite il capitale azionario, fra un gran numero di individui e di enti scarsamente interessati al funzionamento interno dell'azienda, per cui la direzione diventa un ruolo professionale distinto nell'azienda, assegnato a individui che costituiscono una categoria o una classe a sé, con compiti che non sono tanto di amministrazione, ma di vero e proprio potere. Tra le due concezioni va segnalata quella di James Burnham per il quale la direzione non è solo amministrazione né puro e semplice potere, ma gestione del processo reale di produzione attraverso pianificazioni "strategiche" che contemplano gli aspetti tecnici evidenziati da Fayol e quelli di potere sottolineati da Berle e Means. Per queste caratteristiche, l'assunzione alla direzione non avviene burocraticamente per carriera, ma per cooptazione, collegata alla capacità, da parte di chi assume la direzione, di assimilare i valori propri di chi la deteneva.

Bibliografia

Berle A. A. Jr., Means G. C., *Società per azioni e proprietà privata* (1932), Einaudi, Torino 1966.
Burnham J., *La rivoluzione dei tecnici* (1941), Mondadori, Milano 1946.
Celli P. L., *L'illusione manageriale*, Laterza, Bari 1997.
–, *Impresa e classi dirigenti*, Baldini Castoldi Dalai, Milano 2004.
Drucker P. F., *Manuale di management. Compiti, responsabilità, metodi* (1973), Etas Libri, Milano 1978.
Fayol H., *Direzione industriale e generale* (1916), Franco Angeli, Milano 1960.
Lewin K., Lippitt R., White R. K., *Patterns of aggressive behavior in experimentally created "Social Climates"*, in "Journal of Social Psychology", 1939, n. 10, pp. 271-299.
Vitullo A., *Leadership riflessive. La ricerca di anima nelle organizzazioni*, Apogeo, Milano 2007.

Disabilità (ingl. *Disability*; ted. *Beihinderungen*; fr. *Déficience*; sp. *Disabilidad*). Deficit di abilità che possono essere sensomotorie, manuali, intellettuali, linguistiche, sociali. Denominata anche "diversabilità" (da "diversamente abili") la disabilità è studiata in ordine alla riabilitazione e ai processi educativi a partire dalla famiglia, per poi passare all'integrazione scolastica, all'inserimento nella vita sociale e alla presa di coscienza dei propri diritti. Per ulteriori approfondimenti si veda la voce HANDICAP.

Bibliografia

Baldi P. L., *Sviluppare il pensiero nella disabilità intellettiva*, Erickson, Trento 2014.
Canevaro A., Ianes D., *Diversabilità*, Erickson, Trento 2005.
Coduri L., *Educare il bambino con disabilità*, Erickson, Trento 2013.
Cottini L., *L'autodeterminazione nelle persone con disabilità*, Erickson, Trento 2016.
Franchini R., *Disabilità, cura educativa e progetto di vita*, Erickson, Trento 2008.
Gardou Ch., *Diversità, vulnerabilità e handicap. Per una nuova cultura della disabilità* (2005), Erickson, Trento 2007.
Kurtz L. A., *Disturbi della coordinazione motoria. Come aiutare i bambini goffi a casa e a scuola* (2003), Erickson, Trento 2006.
Riccardi Ripamonti I., *Le difficoltà di letto-scrittura*, vol. 1: *Un percorso fonologico e metafonologico*, vol. 2: *La decodifica della lettura: attività visuo-percettive*, vol. 3: *Recupero e potenziamento della lettura morfo-lessicale*, Erickson, Trento 2009-2012.
Soresi S., *Psicologia delle disabilità*, il Mulino, Bologna 2007.

Disadattamento, v. ADATTAMENTO.

Disagio (ingl. *Discomfort*; ted. *Unbehagen*; fr. *Malaise*; sp. *Malestar*). Detto anche *malessere*, il termine "disagio" ha trovato una sua rilevanza semantica in:

1. PSICOANALISI. Sigmund Freud individua l'essenza del disagio nel fatto che «l'uomo primordiale stava meglio perché ignorava qualsiasi restrizione pulsionale. In compenso la sua sicurezza di godere a lungo di tale felicità era molto esigua. L'uomo civile ha barattato una parte della sua possibilità di felicità per un po' di sicurezza» (1929, p. 602). La felicità qui allusa è la mancanza di "qualsiasi restrizione pulsionale", per cui, se questo è il problema, ha buon gioco Herbert Marcuse nell'indicare il risolvimento del "disagio" nella creazione di una civiltà non repressiva, dove sarà possibile la riconciliazione del principio di piacere con il principio di realtà, e dove l'eros, spaziando libero, potrà riportare le attività dell'uomo alle loro matrici istintuali in cui è il loro libero esprimersi. Nella *Prefazione politica* del 1966 a *Eros e civiltà* (1955) è lo stesso Marcuse a dire: «*Eros e civiltà*: con questo titolo intendevo esprimere un'idea ottimistica, eufemistica, anzi concreta, la convinzione che i risultati raggiunti dalle società industriali avanzate potessero consentire all'uomo di capovolgere il senso di marcia dell'evoluzione storica, di spezzare il nesso fatale tra produttività e distruzione, libertà e repressione. Potessero, in altre parole, mettere l'uomo in condizione di apprendere la scienza (*gaya ciencia*), l'arte cioè di utilizzare la ricchezza sociale per modellare il mondo dell'uomo secondo i suoi istinti di vita, attraverso una lotta concertata contro gli agenti di morte» (1966, p. 33).

Questo punto fermo secondo cui la felicità dell'uomo consiste nella piena esplicazione delle pulsioni, comune tanto alla diagnosi di Freud quanto alla terapia di Marcuse, ne porta con sé un altro, secondo cui la libertà è tanto maggiore quanto minore è la repressione delle pulsioni. Ma allora, come assenza di repressione delle pulsioni, la *libertà* dice in negativo quello che in positivo è detto della *felicità* come piena esplicazione delle pulsioni. I due concetti, in questo modo, coincidono e, per effetto di questa coincidenza, l'antitesi che Freud ha individuato tra felicità e civiltà si ripropone per la libertà: «La libertà individuale non è un frutto della civiltà. Essa era massima prima che si instaurasse qualsiasi civiltà, benché in realtà a quell'epoca non avesse mai un grande valore, in quanto difficilmente un individuo era in grado di difenderla. La libertà subisce delle limitazioni a opera dell'incivilimento, e la giustizia esige che queste restrizioni colpiscano immancabilmente tutti» (1929, p. 586).

Ma qui, sia la coincidenza tra libertà e felicità, sia la loro inconciliabilità con le esigenze della civiltà dipendono dal fatto che Freud ha instaurato l'ordine pulsionale come unico orizzonte entro cui definire l'umano: «Sì, lo spirito è tutto – disse Freud a Ludwig Binswanger in una conversazione del 1927 –. L'umanità certo sapeva di possedere lo spirito; io dovetti indicarle che vi sono anche gli istinti" (1955, pp. 82-83). E a partire dalla repressione degli istinti ad opera del processo di civilizzazione si spiega il disagio che limita la felicità e la libertà dell'uomo civilizzato che Freud non cessa di ribadire. Infatti scrive che «oltre agli obblighi cui siamo preparati, concernenti la restrizione pulsionale, ci sovrasta il pericolo di una condizione che potremmo definire "la miseria psicologica della massa". Questo pericolo incombe maggiormente dove il legame sociale s'è stabilito soprattutto attraverso l'identificazione reciproca dei vari membri. [...] La presente condizione della civiltà americana potrebbe offrire una buona opportunità per studiare questo temuto male della civiltà. Ma evito la tentazione di addentrarmi nella critica di tale civiltà; non voglio destare l'impressione che io stesso ami servirmi dei metodi americani» (1929, p. 603).

2. SOCIOLOGIA. Con l'avvento della globalizzazione, in ambito sociologico si sono diffusi gli studi sul disagio sociale provocato fondamentalmente dalla dissoluzione dei legami di appartenenza, dai processi migratori che hanno costretto le comunità locali a fare i conti con soggetti diversi da loro (v. ALTRO, §§ 2, 4), dall'egemonia del mercato che ha ridotto lo stato sociale incidendo sulla coesione che questo assicurava. Alain Ehrenberg osserva in proposito che la tematica del disagio si concentra oggi sulla soggettività, sull'affetto, sulle emozioni, sui sentimenti morali, in una parola sulla vita psichica. E ciò è dovuto, a suo parere,

«al movimento di emancipazione dei costumi che si è affermato a partire dagli anni settanta, e successivamente alle trasformazioni dell'organizzazione dell'impresa e alla crisi del sistema di protezione sociale che hanno avuto inizio negli anni ottanta, per poi subire un'accelerazione nel corso degli anni novanta. Negli ultimi quattro decenni, si è costituito un immenso ed eterogeneo mercato dell'equilibrio interiore, che ha mobilitato numerosi corpi professionali e utilizzato le più svariate forme di terapia o di presa in carico. [...] Ora si tratta di chiarire il fatto che le relazioni sociali si danno ormai in un linguaggio dell'affetto che si distribuisce tra il male della sofferenza psichica e il bene della crescita personale o della salute mentale» (2010, pp. IX-X).

3. NEUROBIOLOGIA INTERPERSONALE. In questo ambito di ricerca Daniel J. Siegel così definisce il disagio: «Impieghiamo i termini "mal-essere" e "dis-agio" per riferirci allo stato di un sistema – un singolo individuo o un gruppo di persone fra loro collegate all'interno di una relazione, per esempio – che abbia la tendenza a muoversi verso il caos, la rigidità o entrambi. Per non complicare troppo le cose, diciamo semplicemente che quando un sistema ha "un problema di integrazione" è incline alla rigidità o al caos (tenendo presente che può essere soltanto una delle due condizioni, oppure entrambe). [...] Stabilito che la salute, la capacità di adattamento e la serenità, che caratterizzano il benessere, emergono dall'integrazione a livello relazionale e neuronale, analogamente si può ritenere che il "mal-essere" e il "dis-agio" abbiano origine da ostacoli all'integrazione» (2012, pp. 38-2, 38-3).

Bibliografia

André Ch., Légeron P., *La paura degli altri. Agitazione, timidezza e fobia sociale* (1998), Einaudi, Torino 2000.
Beattie J., *Uomini diversi da noi. Lineamenti di antropologia sociale* (1964), Laterza, Bari 1972.
Binswanger L., *Ricordi di Sigmund Freud* (1955), Astrolabio, Roma 1971.
Borrelli F., De Carolis M., Napolitano F., Recalcati M., *Nuovi disagi nella civiltà*, Einaudi, Torino 2013.
Callari Galli M., Ceruti M., Pievani T., *Pensare la diversità. Per un'educazione alla complessità umana*, Meltemi, Roma 1998.
Contardi R., Gaburri E. (a cura di), *Enigmi della cultura e disagio nella civiltà*, Bollati Boringhieri, Torino 1999.
Ehrenberg A., *La società del disagio. Il mentale e il sociale* (2010), Einaudi, Torino 2010.
Freud S., *Il disagio della civiltà* (1929), in *Opere* (1967-1993), Bollati Boringhieri, Torino, vol. X.
Galzigna M. (a cura di), *La sfida dell'altro. Le scienze psichiche in una società multiculturale*, Marsilio, Venezia 1999.
Girard G., De Andrea P., Palumbo C., Pertusati L., *Espressioni del disagio. Latenze e latitanze di realtà negli itinerari della ricerca sul soggetto della società di massa*, Tirrenia Stampatori, Torino 1992.
Goodman P., *Individuo e comunità* (1966), Elèuthera, Milano 1995.
–, *La società vuota* (1968), Rizzoli, Milano 1970.
Losi N. (a cura di), *Vite altrove. Migrazione e disagio psichico*, Feltrinelli, Milano 2000.
Marcuse H., *Eros e civiltà* (1955), con *Prefazione politica* (1966), Einaudi, Torino 1968.
Mayer H., *I diversi* (1975), Garzanti, Milano 1977.
Siegel D. J., *Mappe per la mente. Guida alla neurobiologia interpersonale* (2012), Raffaello Cortina, Milano 2014.
Taylor Ch., *Il disagio della modernità* (1991), Laterza, Bari 1994.
Touraine A., *Libertà, uguaglianza, diversità. Si può vivere insieme?* (1997), il Saggiatore, Milano 1998.

Disapprovazione, v. APPROVAZIONE.

Disarmonia (ingl. *Disharmony*; ted. *Missklang*; fr. *Dissonance*; sp. *Disonancia*). Mancanza di compensazione fra le varie parti di sé con conseguenti squilibri, unilateralità e dissonanze. Il termine ricorre in *psichiatria* a proposito di quel tratto tipico della schizofrenia caratterizzato dall'inadeguatezza tra reazione emotiva e situazione oggettiva, sia interna che esterna; nella *psicologia cognitivista* a proposito della DISSONANZA COGNITIVA (v.) dove si assiste a un contrasto fra le idee e le opinioni del soggetto e le sue tendenze di comportamento; nella *psicologia analitica* a proposito dell'unilateralità dell'atteggiamento estroverso o introverso (v. ATTEGGIAMENTO, § 2) e dello sviluppo delle funzioni di pensiero, sentimento, intuizione e sensazione (v. FUNZIONE, § 2, *b*); in *pedagogia* per quei soggetti che presentano un cattivo AGGIUSTAMENTO (v.) o spiccate qualità in alcuni ambiti, con gravi deficienze in altri.

Disartria (ingl. *Dysarthria*; ted. *Dysarthrie*; fr. *Dysarthrie*; sp. *Disartria*). Detta anche *anartria*, la disartria è un disturbo della coordinazione della parola, dovuto a lesioni dell'apparato fonatorio o dei centri nervosi che lo collegano ai centri del linguaggio. Le disartrie possono essere accompagnate o da un aspetto paralitico caratterizzato da insufficienza tracheale, o da un aspetto distonico caratterizzato da attività muscolare eccessiva che produce contrazioni muscolari bucco-faringo-laringee non selettive. Fra le disartrie le più note sono quelle *paralitiche* dovute a lesioni del neurone motore centrale o periferico, *parkinsoniane* dovute a lesioni dei nuclei grigi centrali e *cerebellari* dovute a lesioni del cervelletto.

Bibliografia

Espir M. L. E., Rose F. C., *The basic neurology of speech*, Blackwell, Oxford 1970.
Gainotti G. (a cura di), *Struttura e patologia del linguaggio*, il Mulino, Bologna 1983.

Disassuefazione, v. DISINTOSSICAZIONE.

Disattenzione, v. ATTENZIONE, § 4, *a*.

Discalculia, v. ACALCULIA.

Discinesia, v. CINESIA.

Disciplina (ingl. *Discipline*; ted. *Disziplin*; fr. *Discipline*; sp. *Disciplina*). Controllo della condotta e del comportamento in conformità alle regole e ai valori socialmente condivisi e individualmente interiorizzati.

1. PEDAGOGIA. Si distingue una disciplina *preventiva* volta a prevenire comportamenti socialmente inadeguati con un graduale inserimento sociale dell'individuo attraverso attività strutturate che richiedono un costante impegno; e una disciplina *punitiva* volta a modificare una condotta antisociale attraverso un sistema di punizioni (v. PUNIZIONE) che si suppone operi come deterrente di possibili condotte devianti. Recenti ricerche hanno mostrato che le modificazioni di tali condotte risultano più efficaci se operate attraverso premi, piuttosto che punizioni. La disciplina è ritenuta indispensabile per garantire l'ordine e la funzionalità delle istituzioni educative e, se non costituisce una limitazione all'individualità dei singoli soggetti, un utile addestramento per il successivo passaggio dalla disciplina all'autodisciplina.

2. PSICOANALISI. Il termine "disciplina" compare a proposito del "controllo degli sfinteri" che costituisce una tappa fondamentale nello sviluppo psichico del bambino che in questo modo incomincia a padroneggiare le funzioni del proprio corpo, per poi passare alla padronanza del mondo-ambiente. Otto Fenichel scrive al riguardo che «questo allenamento è la prima situazione nella quale il bambino può o non può imparare a posporre o rinunciare a soddisfazioni istintuali dirette, in considerazione dell'ambiente. In tale occasione il bambino acquista la padronanza attiva di richieste istintuali decisive» (1945, p. 314; v. ANALE, § 2).

Bibliografia

Bernfeld S., *Autoritarismo e psicoanalisi nella scuola* (1952), Edizioni Paoline, Roma 1971.

Fenichel O., *Trattato di psicoanalisi delle nevrosi e delle psicosi* (1945), Astrolabio, Roma 1951.

Genco A., *Educazione nuova e non direttività*, La Scuola, Brescia 1977.

Knehr E., *Libertà e disciplina. Che fare?* (1965), Armando, Roma 1978.

Rosati L., *Pedagogia, permissività e scuola*, Esperienze, Fossano 1977.

Discolaggine (ingl. *Neglect*; ted. *Verwahrlosung*; fr. *Négligence*; sp. *Negligencia*). Comportamento negligente e socialmente disadattato in bambini o adolescenti provenienti da un ambiente caratterizzato da gravi deprivazioni affettive o da un'educazione esageratamente severa (v. DEVIANZA).

Bibliografia

Aichhorn A., *Gioventù disadattata* (1925), Città Nuova, Roma 1978.

Disconferma (ingl. *Disconfirmation*; ted. *Unbestätigung*; fr. *Disconfirmation*; sp. *Desconfirmación*). Mancata conferma della propria identità o di alcuni suoi aspetti nella relazione con gli altri. Gli studiosi di pragmatica della comunicazione, partendo dal presupposto che il soggetto raggiunge la propria identità nell'interazione con l'altro, ritengono che una comunicazione disconfermante possa sgretolare il senso che la persona ha di sé. Ronald David Laing ha individuato nella disconferma la forma abituale di relazione nelle famiglie di schizofrenici: «Può essere che certi aspetti della personalità di un individuo abbiano un bisogno più acuto di conferma di certi altri. Può essere che certi modi di disconferma abbiano più di altri efficacia distruttiva del senso che l'individuo ha di se stesso, e abbiano pertanto carattere schizogeno. Sussiste evidentemente una ontogenesi della conferma e della disconferma che comincia appena ad essere studiata. [...] In quelle famiglie di schizofrenici che sono state sottoposte a minuziosi studi, si rileva un elemento costante: cioè la presenza esigua di un comportamento confirmatorio dei genitori l'uno nei confronti dell'altro, e dei figli da parte dei genitori, e l'assenza di un comportamento nettamente disconfermatorio. Si trovano, piuttosto, interazioni sottolineate da pseudoconferme, da atti che si presentano come azioni confirmatorie, e sono solo contraffazioni» (1959, pp. 115-116).

Bibliografia

Laing R. D., *L'Io e gli altri. Psicopatologia dei processi interattivi* (1959), Sansoni, Firenze 1977.

Laing R. D., Esterson A., *Normalità e follia nella famiglia* (1964), Einaudi, Torino 1970.

Watzlawick P., Beavin J. H., Jackson D. D., *Pragmatica della comunicazione umana* (1967), Astrolabio, Roma 1971.

Disconnessione interemisferica, v. EMISFERO CEREBRALE.

Disconoscimento (ingl. *Disavowal*; ted. *Verkennung*; fr. *Désaveu*; sp. *Desconocimiento*). Deformazione della realtà percettiva tipica delle forme deliranti e di taluni episodi crepuscolari

(v. COSCIENZA, § 3, *b*). In condizioni di normalità il disconoscimento può fare la sua comparsa o per eccessiva stanchezza, tensione, attesa ansiosa, oppure per effetto di un'accentuata riduzione di stimoli, come in situazioni di oscurità o di prolungato isolamento. In questi casi, contrariamente alle percezioni deliranti in cui la deformazione percettiva persiste a lungo, il disconoscimento illusorio di persone o di oggetti viene recuperato rapidamente. Per Sigmund Freud il disconoscimento consiste nel rifiuto inconscio di una realtà dolorosa e conflittuale che si manifesta differentemente nella nevrosi e nella psicosi: «Nella nevrosi una parte della realtà viene evitata con la fuga, nella psicosi essa viene ricostruita *ex novo*» (1924, p. 41). Una particolare reazione di disconoscimento si verifica, secondo Freud, nei bambini che, durante la fase fallica, fanno la scoperta della mancanza del pene nelle bambine: «Essi disconoscono questa assenza e credono di vedere ugualmente un pene» (1923, p. 565; v. DINIEGO).

Bibliografia

Freud S., *L'organizzazione genitale infantile (un'interpolazione nella teoria sessuale)* (1923), in *Opere* (1967-1993), Bollati Boringhieri, Torino, vol. IX.

–, *La perdita di realtà nella nevrosi e nella psicosi* (1924), in *Opere*, cit., vol. X.

Discordanza (ingl. *Discordance*; ted. *Uneinigkeit*; fr. *Discordance*; sp. *Discordancia*). Sinonimo di *dissociazione*, con cui il termine "discordanza" e l'espressione "follia discordante" furono da Eugen Bleuler progressivamente sostituiti (v. SCISSIONE, § I, 1).

Bibliografia

Bleuler E., *Trattato di psichiatria* (1911-1939, aggiornato da M. Bleuler dal 1940 al 1960), Feltrinelli, Milano 1967.

Discorso (ingl. *Speech*; ted. *Rede*; fr. *Discours*; sp. *Discurso*). Il termine ha acquistato particolare rilevanza in due ambiti disciplinari:

1. SOCIOLOGIA DELLA COMUNICAZIONE. Con "discorso" si intende un messaggio inviato da un mittente a un destinatario secondo un codice comune. Nel discorso si verificano contemporaneamente due fenomeni: il costituirsi del discorso stesso come processo enunciativo e il costituirsi di una produzione di senso che è irriducibile alla somma dei significati distinti delle singole frasi. Nella produzione di senso, infatti, si riflette un'azione di attori che si enunciano, di ruoli che si collocano, di strategie che si organizzano secondo quello che Michel Foucault chiama *ordine del discorso*, in cui sono rintracciabili le varie forme con cui un discorso si produce in una determinata società riflettendo obblighi, censure e divieti che quella società governano. Fra le procedure d'esclusione che controllano il discorso, Foucault elenca: l'*interdetto* per cui non è consentito a chiunque parlare di qualsiasi cosa; il *rigetto* dei discorsi dell'infanzia e della follia; la *logica* che, ripartendo il discorso in vero e falso, costituisce una regola di espulsione discorsiva. Alle procedure di esclusione in cui si riflette il potere che stabilisce quali discorsi possono circolare, si aggiungono le procedure interne al discorso che lo obbligano a determinati rituali, quali: il *commento* dove si affollano chiose, ripetizioni e postille; l'*autore* a cui si chiede di ricondurre ad unità e coerenza l'inquietante linguaggio della finzione; l'organizzazione delle *discipline* che chiedono al discorso di inscriversi in un preciso orizzonte teorico; le *dottrine* religiose, politiche e filosofiche che assoggettano il soggetto parlante al discorso già costituito; e infine le *appropriazioni sociali* del discorso per cui esso viene distribuito nelle classi sociali secondo i circuiti predisposti dal sapere e dal potere.

2. PSICOANALISI LACANIANA. Il termine "discorso" ha un'importanza centrale nel pensiero di Jacques Lacan perché, come egli tiene a precisare, «la nostra dottrina non si fonda assolutamente su un'assunzione degli archetipi divini, ma sul fatto che l'inconscio ha la struttura radicale del linguaggio, e che in esso un materiale si muove secondo leggi che sono quelle scoperte dallo studio delle lingue positive, cioè delle lingue che sono o furono effettivamente parlate» (1961, p. 589). Così l'inconscio si presenta strutturato come un linguaggio in cui si ritrovano le figure retoriche della METAFORA (v.) e della metonimia che corrispondono, nel linguaggio psicoanalitico di Sigmund Freud, alla CONDENSAZIONE (v.) e allo SPOSTAMENTO (v.). Ciò che parla attraverso quel che sfugge al dominio della coscienza può organizzarsi come un discorso, la cui struttura è simbolizzabile secondo algoritmi dove il soggetto del discorso viene variamente dislocato a seconda del tipo di discorso egemone dei quattro che Lacan considera: «Il discorso del Padrone, il discorso dell'Università, il discorso dell'Isterico, il discorso dell'Analista» (1970, p. 191). A proposito di quest'ultimo tipo, l'ascolto dello psicoanalista sarà focalizzato non su *ciò* che il discorso dice, ma su *come* lo dice. In questo modo si abolisce l'interpretazione come strumento normalizzante per far tornare il discorso all'ordine prevalente e si affida al soggetto in analisi la posizione di *analizzante* che scandisce un certo discorso da ascoltare non per "correggerlo", ma per comprendere le scansioni di senso che introduce e dischiude (v. LACANIANA, TEORIA, §§ 3-4).

Bibliografia

Foucault M., *L'ordine del discorso* (1970), Einaudi, Torino 1972.

Lacan J., *Funzione e campo della parola e del linguaggio in psicoanalisi* (1953), in *Scritti* (1936-1966), Einaudi, Torino 1974, vol. I.

–, *La direzione della cura e i principi del suo potere* (1961), in *Scritti*, cit., vol. II.

–, *Radiofonia* (1970), in AA.VV., *Scilicet. Rivista dell'École freudienne de Paris. Scritti di Jacques Lacan e di altri*, Feltrinelli, Milano 1977.

Mantovani G., *Analisi del discorso e contesto sociale*, il Mulino, Bologna 2008.

Mosconi G., *Discorso e pensiero*, il Mulino, Bologna 1990.

Discriminazione (ingl. *Discrimination*; ted. *Diskriminierung*; fr. *Discrimination*; sp. *Discriminación*). Individuazione di una differenza che determina una modificazione del comportamento. Questa definizione generale ha diverse specificazioni in:

1. Psicologia dell'apprendimento. La parola "discriminazione" è impiegata per indicare: *a*) una *legge* per cui, attraverso rinforzi o estinzioni, si ottiene una risposta alle differenze, ignorata dalla "generalizzazione" che è una risposta alle analogie (v. Apprendimento, § I, 1, *d*); *b*) un *metodo* che consiste nel premiare sistematicamente la cavia ogni volta che sceglie uno fra due stimoli alternativi per cui non è particolarmente predisposta, come nel caso del ratto che impara a distinguere le strisce orizzontali da quelle verticali, nonostante la sua relativa difficoltà a orientarsi visivamente; *c*) un *tempo di reazione di discriminazione*, che si misura accostando una grandezza variabile (v) a una standard (s) e invitando chi si sottopone alla prova a stabilire, premendo un pulsante, se la variabile è maggiore o minore della standard. Il tempo che intercorre fra la presentazione dello stimolo e la pressione del pulsante è il tempo di reazione di discriminazione.

2. Psicologia sociale. Il termine "discriminazione" caratterizza un atteggiamento di accettazione o di rifiuto di una persona o di un gruppo in base alle rispettive caratteristiche etniche, razziali, socioeconomiche ecc. Henri Tajfel ha mostrato che lo stesso processo cognitivo che è alla base della classificazione può favorire un atteggiamento discriminatorio dovuto al fatto che l'"identità sociale", indispensabile per comprendere e valutare se stessi, determina una "ostilità allo stato iniziale" che si rafforza con la tendenza a valutare se stessi in modo più favorevole rispetto agli altri i quali vengono automaticamente svalutati e al limite discriminati. Per un ulteriore approfondimento si veda la voce Pregiudizio, § 2.

3. Statistica. In questo ambito si parla di *analisi discriminatoria* quando si vogliono inquadrare i valori di un individuo in una popolazione. Per questo è necessario disporre da un lato di più criteri in modo da ridurre l'errore, dall'altro della conoscenza dei corrispondenti valori di altri individui la cui classificazione nelle popolazioni è nota (v. Statistica, § II, 1).

Bibliografia

Flores d'Arcais G. B., *Metodi statistici per la ricerca psicologica*, Editrice Universitaria, Firenze 1964.

Liberto M., *Discriminazione sociale oggi*, Edizioni Paoline, Roma 1974.

Sutherland N. S., *Mechanisms of animal discriminations learning*, Academic Press, New York 1971.

Tajfel H., *Gruppi umani e categorie sociali* (1981), il Mulino, Bologna 1985.

– (a cura di), *Social identity and intergroup relations*, Cambridge University Press, Cambridge 1982.

Vickers D., *Discrimination*, in A. T. Welford, *Reaction times*, Academic Press, London 1980, pp. 25-72.

Discromatopsia, v. Colore, § 3.

Disegno (ingl. *Drawing*; ted. *Zeichnung*; fr. *Dessin*; sp. *Dibujo*). Rappresentazione grafica di un oggetto, reale o immaginario, eseguita con mezzi naturali o con appositi strumenti. Il disegno interessa in particolar modo la psicologia dell'età evolutiva, in quanto costituisce una delle più importanti attività motorie ed espressive del bambino che acquisisce gradualmente il controllo della propria attività manuale, giungendo al disegno rappresentativo verso i 3-4 anni. Nell'adolescenza questa attività subisce generalmente un'inibizione, dovuta sia ad una socializzazione che misconosce l'importanza del disegno, sia all'autocritica del soggetto che blocca la spontaneità. Essendo un mezzo con cui l'individuo, attraverso rappresentazioni simboliche, riesce a visualizzare i propri problemi e i propri desideri interiori, il disegno è utilizzato in psicologia clinica dove si impiegano test di disegno come strumenti psicodiagnostici. Tra i più significativi ricordiamo:

1. Il test del disegno della famiglia. È impiegato per esplorare come sono percepiti dal bambino i rapporti affettivi con i familiari. L'interpretazione avviene a livello *grafico*, *formale* e *contenutistico*, dove l'eliminazione di un personaggio o le sue ridotte proporzioni rispetto agli altri esprimono il desiderio di negarne l'esistenza. A volte il bambino elimina se stesso, significando in tal modo il suo cattivo adattamento in famiglia o la propria svalorizzazione. Indicativo è il posto che il bambino che disegna occupa nel disegno stesso, per cui, per esempio, un bambino coccolato dai genitori e tiranneggiato dal fratello si disegna fra i

due genitori come per farsi proteggere. Significativa è anche la valorizzazione e la svalorizzazione dei personaggi, dove il personaggio valorizzato è disegnato per primo, o più in grande, o con maggior accuratezza e ricchezza di dettagli, mentre quello svalorizzato è disegnato in proporzioni più piccole, in disparte, senza il nome quando gli altri lo hanno e via dicendo. Da questo test si può ricavare il tasso di rivalità tra i fratelli che può manifestarsi o con una reazione *depressiva* attraverso un disegno autosvalutativo, o *regressiva* creando situazioni dove si riproduce il tempo in cui il fratello non era ancora nato. Attraverso il disegno emerge inoltre il modo di vivere la situazione edipica e il livello di superamento.

2. IL TEST DEL DISEGNO DELLA FIGURA UMANA. È utilizzato in senso valutativo e proiettivo. I due più noti sono:

a) Il test di Florence Goodenough, detto anche *Draw-A-Man* (DAM): fu proposto nel 1926 e consiste nell'esecuzione, individuale o collettiva, da parte di bambini dai 4 ai 10-12 anni, del disegno di un uomo. La valutazione non si basa su criteri estetici, ma sul numero di dettagli espressi, sulla loro coerenza e organizzazione spaziale. Al di sotto dei 12 anni il test può fornire delle indicazioni sufficientemente attendibili sullo sviluppo intellettivo del bambino; dopo questa età può invece rappresentare un utile criterio di valutazione di eventuali disturbi psichici perché, essendo fortemente soggetto agli influssi dell'affettività, il disegno della figura umana può essere utilizzato come test proiettivo.

b) Il test di Karen Machover è un test proiettivo elaborato sulla base della prova grafica di intelligenza di Goodenough e consiste nel disegno di una persona a cui viene fatto seguire il disegno di un'altra, di sesso opposto. Questo test, presentato nel 1949, si rifà in massima parte ai concetti della teoria psicoanalitica, in base all'assunto che il disegno della figura umana non è altro che la proiezione dell'immagine interiore del proprio corpo e del proprio Io. L'analisi del disegno viene effettuata tenendo conto di una serie di parametri formali, grafologici e di contenuto, fra cui: la successione e le differenze tra le due figure, l'espressione del volto, le dimensioni e la collocazione del disegno rispetto al foglio, il movimento e la postura della figura, il valore attribuito alle diverse parti del corpo, l'abbigliamento e altre varianti.

3. IL TEST DEL DISEGNO DELL'ALBERO. È un test proiettivo messo a punto da Emil Jucker e successivamente elaborato da Karl Kock che, a partire dal 1949, lo somministrò a numerosi soggetti di differente età, sesso, istruzione, livello mentale, condizione socioculturale. Questo test si basa sull'ipotesi che, essendo l'albero, nella maggior parte delle culture, la rappresentazione simbolica dell'uomo, il suo disegno costituisce l'espressione della personalità globale di un individuo, mentre i vari elementi che lo compongono simbolizzano i differenti aspetti della sua personalità. L'interpretazione fa riferimento innanzitutto al simbolismo spaziale che comprende la posizione del disegno rispetto al foglio, le varie parti dell'albero e la direzione verso cui si estendono. Lo sviluppo dell'albero dal basso verso l'alto consente di considerare la parte inferiore come una rappresentazione dell'aspetto più primitivo e infantile, ma anche inconscio e istintuale della personalità, la parte superiore è identificata con la dimensione spirituale e intellettiva, mentre il tronco, secondo l'interpretazione di Gilbert Durand, rappresenterebbe l'Io. Inoltre la parte sinistra indicherebbe il legame con il passato e l'introversione, la parte destra con l'estroversione e la tensione verso il futuro. Anche l'accentuazione grafologica di alcune zone del disegno o la presenza di disarmonie sono indici utili per la valutazione. Il test dell'albero viene solitamente impiegato come coadiuvante il colloquio unitamente ad altri test proiettivi, in quanto la sua incompleta validazione e l'eccessiva soggettività dell'interpretazione non lo rendono un sicuro strumento diagnostico.

Bibliografia

Balconi M., Del Carlo Giannini G., *Il disegno e la psicoanalisi infantile*, Raffaello Cortina, Milano 1987.

Boutonier J., *Les dessins des enfants*, Du Scarabée, Paris 1937.

Busi M., Bonora M., *Il taccuino di Esculapio. L'arte del disegno tra mito e scienza*, Tipografia Artigiana, Ferrara 1993.

Corman L., *Il disegno della famiglia. Test per i bambini* (1967), Bollati Boringhieri, Torino 1970.

Durand G., *Le strutture antropologiche dell'immaginario* (1963), Dedalo, Bari 1972.

Giani Gallino T., *Il complesso di Laio. I rapporti familiari nei disegni dei ragazzi*, Einaudi, Torino 1977.

Goodenough F., *Measurement of intelligence by drawings*, World Book, Yonkers, New York, 1926.

Kock K., *Il test dell'albero* (1949), Organizzazioni Speciali (O. S.), Firenze 1959.

–, *Il reattivo dell'albero. Il disegno dell'albero come ausilio psicodiagnostico* (1958), Organizzazioni Speciali (O. S.), Firenze 1993.

Machover K., *Il disegno della figura umana* (1949), Le Monnier, Firenze 1969.

Medioli Cavara F., *Il disegno nell'età evolutiva. Esercitazioni psicodiagnostiche*, Bollati Boringhieri, Torino 1986.

Oliverio Ferraris A., *Il significato del disegno infantile*, Bollati Boringhieri, Torino 1973.

Quaglia R., *Il disegno del bambino cattivo*, Bollati Boringhieri, Torino 1994.

–, *Manuale del disegno infantile*, Utet, Torino 2003.

Quaglia R., Saglione G., *Il disegno della classe. Uno strumento per conoscere il bambino a scuola*, Bollati Boringhieri, Torino 1990.
Sunderland M., *Disegnare le emozioni. Espressione grafica e conoscenza di sé* (1995), Erickson, Trento 1997.
–, *Disegnare le relazioni. Espressione grafica e conoscenza degli altri* (2000), Erickson, Trento 2011.
Thomas G. V., Silk A. M. J., *Psicologia del disegno infantile* (1990), il Mulino, Bologna 1998.
Trombetta C., *Strategie cognitive nei disegni infantili*, Armando, Roma 1995.
Wartegg E., *Il reattivo di disegno* (1957), Organizzazioni Speciali (O. S.), Firenze 1972.

Disergasia, v. ERGASIA.

Disestesia (ingl. *Dysesthesia*; ted. *Dysästhesie*; fr. *Dysesthésie*; sp. *Disestesia*). Disturbo della sensibilità tattile, di origine organica o psichica (v. SENSIBILITÀ).

Disfagia (ingl. *Dysphagia*; ted. *Dysphagie*; fr. *Dysphagie*; sp. *Disfagia*). Difficoltà nella deglutizione che, quando non ha basi organiche, rientra nel quadro sintomatico delle manifestazioni isteriche.

Disfasia, v. AFASIA, § 1, *a*.

Disfemia, v. BALBUZIE.

Disfonia (ingl. *Dysphonia*; ted. *Dysphonie*; fr. *Dysphonie*; sp. *Disfonía*). Disturbo della voce legato all'altezza, all'intensità o al timbro della fonazione. Si distinguono: la voce nasale (*rinolalia*), gutturale, in falsetto, monotona e simili. L'origine può essere sia organica sia psicologica. Manifestazioni disfoniche si verificano frequentemente in occasione di emozioni intense.

Disforia (ingl. *Dysphoria*; ted. *Dysphorie*; fr. *Dysphorie*; sp. *Disforia*). Abbassamento del tono dell'umore accompagnato da sconforto, ansia, irritabilità ed eccessiva reattività agli stimoli. Ha un'insorgenza accessuale e si manifesta in personalità labili nell'umore. Differisce dalla DEPRESSIONE (v.) vera e propria, perché più sensibile alle modificazioni causate dagli eventi esterni. La disforia ha il suo contrario nell'EUFORIA (v.).

Disfunzione (ingl. *Dysfunction*; ted. *Funktionsstörung*; fr. *Dysfonction*; sp. *Disfunción*). Disturbo che interferisce nella normale FUNZIONE (v.) di un sistema, dove per sistema si intende anche il corpo e la psiche. Siccome il concetto di disfunzione sottintende la nozione di NORMA (v. § 3), Ludwig Binswanger ritiene che in ambito psichico si possa parlare di disfunzione solo a partire da modelli teorici in grado di descrivere una psiche "normale", rispetto a cui sono valutabili quelle "carenze" o quegli "eccessi" che vanno sotto il nome di "disfunzioni". Se si rinuncia al presupposto che anticipa modelli teorici, per accedere al mondo alienato così come si presenta all'osservazione fenomenologica, allora quelle che rispetto al modello teorico appaiono come "dis-funzioni" si rivelano come "funzioni" di un certo modo di essere-nel-mondo e di progettare un mondo (v. ANALISI ESISTENZIALE, § 2).

Bibliografia

Binswanger L., *Per un'antropologia fenomenologica. Saggi e conferenze psichiatriche* (1921-1941), Feltrinelli, Milano 1970.

Disgrafia, v. AGRAFIA, § 2.

Disgregazione (ingl. *Disintegration*; ted. *Zersetzung*; fr. *Désagrégation*; sp. *Disgregación*). Nella sua accezione generale il termine è sinonimo di SCISSIONE (v.). In senso specifico Pierre Janet ha parlato di *disgregazione mentale* a proposito della "debolezza della sintesi psicologica" che si registra quando le idee restano isolate tra loro senza aggregarsi in unità d'astrazione superiori, o quando il soggetto non è in grado di considerare altra idea oltre a quella che occupa al momento la sua mente (v. PENSIERO, § III, 1, *e*). In psicologia della famiglia si parla di *disgregazione familiare* quando vengono fisicamente meno i componenti del nucleo familiare o i legami affettivi tra i rispettivi membri. Ricerche statistiche hanno mostrato che la disgregazione familiare compare nell'anamnesi del 70% dei soggetti disadattati.

Bibliografia

Janet P., *La force et la faiblesse psychologiques*, Maloine, Paris 1930.
Selvini Palazzoli M., Cirillo S., Selvini M., Sorrentino A. M., *I giochi psicotici nella famiglia*, Raffaello Cortina, Milano 1988.
Ugazio V., *Storie permesse, storie proibite. Polarità semantiche familiari e psicopatologie*, Bollati Boringhieri, Torino 2012.

Disgusto (ingl. *Disgust*; ted. *Ekel*; fr. *Dégoût*; sp. *Disgusto*). Reazione emotiva, spesso associata a nausea, suscitata da un qualsiasi stimolo che risulti particolarmente sgradevole a una persona. Per estensione il termine si applica, oltre che a situazioni reali, anche a sentimenti di repulsione suscitati da rappresentazioni psichiche. Il disgusto diviene patologico quando si manifesta nei confronti di uno stimolo che generalmente viene considerato piacevole. La psicoanalisi interpreta questa forma come una difesa da certi impulsi sessuali, specialmente di carattere orale e anale. A questo proposito Sigmund Freud scrive: «Nel disgusto si vorrebbe scorgere una delle potenze che hanno determinato la delimitazione della meta sessuale. Di regola queste si arrestano ai genitali. Ma non v'è dubbio che anche i genitali dell'altro sesso possono essere in sé e per sé oggetto di disgusto, e anche questo comportamento è una caratteristica di tutti gli isterici (soprattutto delle donne isteriche). La forza della pulsione sessuale ama esplicarsi nel superamento di questo disgusto» (1905, p. 465). Non dissimile è il parere di Otto Fenichel secondo il quale «reazioni molto intense di disgusto tradiscono il loro carattere di formazione reattiva. [...] Il disgusto degli isterici in risposta a tentazioni sessuali può considerarsi una negazione estrema delle inconsce tendenze sessuali ricettive» (1945, p. 159).

Bibliografia

Fenichel O., *Trattato di psicoanalisi delle nevrosi e delle psicosi* (1945), Astrolabio, Roma 1951.
Freud S., *Tre saggi sulla teoria sessuale* (1905), in *Opere* (1967-1993), Bollati Boringhieri, Torino, vol. IV.

Disidentificazione (ingl. *Disidentification*; ted. *Disidentifikation*; fr. *Désidentification*; sp. *Desidentificación*). Termine introdotto nell'ambito della psicosintesi da Roberto Assagioli per liberare il paziente da tutto ciò con cui, nel suo percorso di vita, si è identificato allo scopo di liberare il suo Io da tutte le identificazioni che lo condizionano senza che su di esse possa esercitare alcun potere.

Bibliografia

Assagioli R., *Principi e metodi della psicosintesi terapeutica*, Astrolabio, Roma 1973.
–, *L'atto di volontà*, Astrolabio, Roma 1977.
Ferrucci P., *Crescere. Teoria e pratica della psicosintesi*, Astrolabio, Roma 1981.

Disidentità (ingl. *Disidentity*; ted. *Dysidentität*; fr. *Disidentité*; sp. *Desidentidad*). Termine introdotto da Giampaolo Lai per sradicare il pregiudizio dell'identità personale che, sostenuto dalla cultura occidentale in tutte le sue espressioni, si traduce, in campo psicologico, nella concezione secondo cui la salute psichica consisterebbe nella conservazione della propria identità. In effetti, secondo Lai, le esperienze molteplici che ciascuno elabora sono stratificate ed eterogenee, per cui ciascuno è costretto a sdoppiarsi e a moltiplicarsi in diversi orizzonti spaziali e temporali, trasformandosi incessantemente in una rete proteiforme di scambi, intersezioni, aggregazioni, di nuove "identità", in universi disidentici.

Bibliografia

Lai G., *Disidentità*, Feltrinelli, Milano 1988.

Disiezione (ingl. *Disjection*; ted. *Disjektion*; fr. *Désjection*; sp. *Desiección*). Sensazione, piuttosto frequente nel sogno, che consiste in uno sdoppiamento dell'unità della propria persona per cui l'individuo ha l'impressione, per esempio, di essere contemporaneamente attore e spettatore della medesima situazione, oppure di essere, nello stesso momento, se stesso e un'altra persona.

Disillusione (ingl. *Disillusion*; ted. *Enttäuschung*; fr. *Désillusion*; sp. *Desilusión*). Perdita di illusioni o di ideali provocata da un esame di realtà (v. REALTÀ, § 2).

Disimpasto, v. DEFUSIONE.

Disimpegno (ingl. *Disengagement*; ted. *Entbindung*; fr. *Dégagement*; sp. *Retirada*). Distacco emotivo dell'Io dall'attività che svolge.

1. PSICOANALISI. Si distinguono i *meccanismi di difesa* dell'Io (v. DIFESA, § 2) nei confronti delle pulsioni dell'Es dai *meccanismi di disimpegno* dell'Io rispetto alle proprie operazioni difensive. Questi possono assumere la forma o dell'oggettivazione del proprio vissuto con conseguente distanziamento dell'Io, o della familiarizzazione con i propri meccanismi di difesa che consente di ridurre l'attesa ansiosa della situazione traumatica o fantasmatica.

2. PSICOLOGIA SOCIALE. È stata elaborata da Elaine Cumming e William Henry la *teoria del disimpegno sociale* delle persone che hanno cessato l'attività lavorativa, trovando un AGGIUSTAMENTO (v.) attraverso la composizione della forza economica esterna che impone agli individui di ritirarsi a una determinata età dal proprio ruolo di lavoratori che si guadagnano la vita all'interno di un sistema economico, e un processo interno adattivo mediante cui l'individuo si risolve a convivere con le proprie energie ridotte e ad accettarle. La teoria è molto dibattuta nell'ambito della psicologia del lavoro soprattutto in relazione al prolungamento della vita che offre più tempo a disposizione tra la pensione e la morte (v. PSICOLOGIA DELL'INVECCHIAMENTO, § 2).

Bibliografia

Cumming E., Henry W. E., *Growing old*, Basic Books, New York 1961.
Lagache D., *La psychanalyse et la structure de la personnalité*, in AA.VV., *La psychanalyse*, Puf, Paris 1958, vol. VI.

Disinibizione (ingl. *Disinhibition*; ted. *Enthemmung*; fr. *Désinibition*; sp. *Desinhibición*). Riduzione o scomparsa della funzione inibitoria esplicata dal sistema nervoso centrale (v. INIBIZIONE, § 1). In psicopatologia il termine designa un aumento dell'attività psichica accompagnato da un eccesso di impulsi affettivi e aggressivi, nonché da un'iperattività motoria. Tale condizione si riscontra nella MANIA (v.), in alcuni stati crepuscolari (v. COSCIENZA, § 3, *b*) e a seguito di eccessiva assunzione di alcol e droghe. Si parla anche di *disinibizione sociale* quando particolari condizioni, come le guerre, le rivoluzioni, le crisi economiche, favoriscono la riduzione del controllo sugli impulsi sessuali e aggressivi. Gli atteggiamenti disinibiti di individui o gruppi sociali vengono interpretati dalla psicoanalisi come meccanismi difensivi nei confronti di sentimenti di colpa o come il risultato di una DEFUSIONE (v.) delle pulsioni.

Bibliografia

Freud S., *Inibizione, sintomo e angoscia* (1925), in *Opere* (1967-1993), Bollati Boringhieri, Torino, vol. X.

Fulton J. F., Ingraham F. D., *Emotional disturbance following experimental lesions of the base of the brain*, in "Journal of Psychology", 1929, n. 67, pp. 47-90.

Disintegrazione (ingl. *Disintegration*; ted. *Zersetzung*; fr. *Désintégration*; sp. *Desintegración*). Perdita di organizzazione di una struttura unitaria. Il termine è usato in psichiatria come sinonimo di dissociazione (v. SCISSIONE) e in psicologia sociale con riferimento ai gruppi che non riescono più a riorganizzarsi al livello di funzionamento antecedente la crisi disintegrativa.

Disintossicazione (ingl. *Detoxication*; ted. *Entgiftung*; fr. *Désintoxication*; sp. *Desintoxicación*). Terapia che ha per scopo la liberazione del paziente dall'uso e dal bisogno di sostanze tossiche, sia in ordine alla dipendenza fisica dell'organismo che ha bisogno della sostanza tossica per il proprio metabolismo, sia in ordine alla dipendenza psichica che non consente al soggetto di svolgere, senza l'assunzione della sostanza, la propria attività quotidiana (v. TOSSICODIPENDENZA). Generalmente, oltre al ricovero in ambiente ospedaliero, ritenuto da molti un presupposto necessario al trattamento, si sta diffondendo, come linea di tendenza, l'accoglimento dei tossicodipendenti in comunità terapeutiche, nel tentativo di creare le condizioni di interazione affettiva e sociale, la cui mancanza è ritenuta tra le cause primarie dell'avvio alla tossicodipendenza. Fra le tecniche di disassuefazione ve ne sono alcune che prevedono una brusca interruzione dell'assunzione di droga e altre che mirano a una riduzione graduale per contenere le crisi di astinenza (v. ASTINENZA, § 3). In questo campo le tecniche psicoanalitiche si sono rivelate scarsamente efficaci, mentre un certo successo hanno ottenuto le tecniche di avversione, di ispirazione comportamentista, fondate sulla teoria dell'attrazione-repulsione (v. ATTRAZIONE – REPULSIONE, TEORIA DELL').

Disinvestimento, v. INVESTIMENTO, § 4.

Dislalia (ingl. *Dyslalia*; ted. *Dyslalie*; fr. *Dyslalie*; sp. *Dislalia*). Disturbo dell'articolazione del linguaggio da imputare agli organi periferici: laringe, denti, labbra, lingua. Quando nel disturbo si evidenzia la sostituzione abituale di una lettera con un'altra si parla di *paralalia*. La forma più frequente di dislalia è il *sigmatismo*, detto anche *blesità*, che consiste in un difetto nella pronuncia delle sibilanti (s, z), ricorrente nei bambini anche in assenza di particolari anomalie agli organi della fonazione, perché le sibilanti sono le consonanti più difficili da pronunciare e quindi le ultime di cui il bambino raggiunge la piena padronanza. Quando non è frutto di anomalie congenite o acquisite della disposizione dentaria (sigmatismo dentale, addentale e laterale), il sigmatismo viene letto come frutto di imitazione o come espressione di immaturità. La dislalia, che può essere curata con opportuna rieducazione (v. LOGOPEDIA), va tenuta distinta dall'*alalia* con cui nell'Ottocento si indicavano i disturbi afasici (v. AFASIA).

Bibliografia

De Filippis Cippone A., *Turbe del linguaggio e riabilitazione*, Armando, Roma 1974.

Luchsinger R., Arnold G. E., *Handbuch der Stimm- und Sprachheilkunde*, Springer, Wien 1970.

Pizzamiglio L., *I disturbi del linguaggio*, Etas Kompass, Milano 1968.

Dislessia, v. ALESSIA, § 2.

Dismegalopsia, v. MACROPSIA – MICROPSIA.

Dismenorrea, v. MESTRUAZIONE.

Dismnesia (ingl. *Dysmnesia*; ted. *Gedächtnisschwäche*; fr. *Dysmnésie*; sp. *Dismnesia*). Termine generico riferito a qualsiasi alterazione della memoria sia di tipo quantitativo come le amnesie e le ipermnesie, sia di tipo qualitativo come le paramnesie (v. MEMORIA, §§ 6-8).

Dismorfia, v. DISMORFOESTESIA.

Dismorfoestesia (ingl. *Dysmorphoesthesia*; ted. *Dysmorphoesthesie*; fr. *Dysmorphoesthésie*; sp. *Dismorfoestesia*). Detta anche *dismorfia*, la dismorfoestesia è la sensazione di essere particolarmente brutti, impresentabili, ripugnanti, deformi. Può presentarsi sia in forma monosintomatica come nel periodo dell'adolescenza, dove la trasformazione puberale può essere rifiutata dall'individuo o vissuta con angoscia più o meno marcata anche per una non accettazione della pubertà da parte della famiglia, sia in un quadro di nevrosi ossessiva o di schizofrenia, dove il rifiuto del proprio aspetto può assumere caratteri fobici che disturbano profondamente l'espressione della personalità. In questo caso si parla di *dismorfofobia* che, rispetto alla dismorfoestesia adolescenziale, che è una sensazione transitoria, ha tratti più irriducibili.

Bibliografia

Callieri B., *Dimensioni antropologiche della psicopatologia della corporeità* (1992), in Id., *Percorsi di uno psichiatra* (1955-1992), Edizioni Universitarie Romane, Roma 1993, pp. 427-438.
Hay G. G., *Dysmorphophobia*, in "The British Journal of Psychiatry", 1970, n. 116.
Maffei G., *Dismorfofobia. Gli occhi della bruttezza. Senso estetico e percezione distorta del proprio corpo*, Vivarium, Milano 2012.
Martinotti G., *L'inquieta palude corporea delle dismorfofobie*, in Id., *Fenomenologia della corporeità. Dalla psicopatologia alla clinica*, Edizioni Universitarie Romane, Roma 2009.
Schachter M., *Névroses dysmorphiques-complexes de laideur et délire ou conviction délirante de dysmorphie*, in "Annales Médico-psychologiques", 1971, n. 1/5, pp. 723-746.
Schilder P., *Immagine di sé e schema corporeo* (1935), Franco Angeli, Milano 1973.
Turrini G., *Su alcuni aspetti delle dismorfofobie*, in "Rivista di Psicologia Analitica", 1988, n. 37, pp. 115-119.

Dismorfofobia, v. DISMORFOESTESIA.

Dismorfopsia, v. MACROPSIA – MICROPSIA.

Disordine (ingl. *Disorder*; ted. *Unordnung*; fr. *Désordre*; sp. *Desorden*). Termine generico impiegato in psicologia clinica per indicare un disturbo della più diversa natura ed entità. Può riferirsi sia a lievi disfunzioni (v. DISFUNZIONE), sia a vere e proprie malattie. Il più delle volte ricorre nell'accezione di *disordine mentale* in presenza di disturbi della COSCIENZA (v. § 3), e di *disordine del comportamento* in relazione alle condotte devianti, psicopatiche, tossicomani, o comunque caratterizzate da assenza di inibizioni (v. DISINIBIZIONE) che, dal punto di vista psicoanalitico, sono l'opposto delle condotte nevrotiche caratterizzate da eccesso di inibizione.

Bibliografia

Di Maria F., Lavanco G., Lo Piccolo C., Menarini R., *DisordinataMente*, Il Pensiero Scientifico, Roma 1995.

Disorganizzazione (ingl. *Disorganization*; ted. *Desorganisation*; fr. *Désorganisation*; sp. *Desorganización*). Mancanza di differenziazione e coordinazione delle parti che nel loro insieme non riescono a comporre un tutto funzionale (v. ORGANIZZAZIONE).

Disorientamento (ingl. *Disorientation*; ted. *Desorientierung*; fr. *Désorientation*; sp. *Desorientación*). Disturbo della COSCIENZA (v. § 3) caratterizzato da una riduzione della consapevolezza di sé e del rapporto con la realtà esterna sulla base delle coordinate spazio-temporali e delle relazioni interpersonali (v. ORIENTAMENTO, § 1). Si manifesta negli stati psicotici acuti, nelle demenze e in situazioni non strettamente psicopatologiche, come stati febbrili, processi infettivi, intossicazioni e momenti di acuta tensione emotiva.

Bibliografia

De Masi D., *Disorientamento*, in Id., *Tag. Le parole del tempo*, Rizzoli, Milano 2015, pp. 115-136.

Disortografia, v. ORTOGRAFIA.

Dispareunia (ingl. *Dyspareunia*; ted. *Dyspareunie*; fr. *Dyspareunie*; sp. *Dispareunia*). Forma di vaginismo dove la penetrazione è possibile ma dolorosa, per effetto della contrazione muscolare pelvica o dell'assenza di lubrificazione vaginale per mancanza di eccitazione. Le cause, quando non sono di natura organica, sono da ricercare in quei conflitti psicologici che sono alla base della FRIGIDITÀ (v.) e del VAGINISMO (v.).

Disparità, v. EQUILIBRIO, § 2.

Disperazione (ingl. *Despair*; ted. *Verzweiflung*; fr. *Désespoir*; sp. *Desesperación*). Sentimento che accompagna la persuasione di una sconfitta inevitabile e irreparabile, presente in soggetti incapaci di sopportare sconfitte per una limitata soglia di tolleranza alla frustrazione del desiderio o alla sopportazione del dolore. Søren Kierkegaard ha distinto la disperazione dall'ANGOSCIA (v.) perché, mentre quest'ultima riflette l'incapacità dell'uomo di realizzare pienamente se stesso nel mondo, la disperazione si riferisce al rapporto dell'uomo con se stesso che, a motivo della sua finitezza, non riesce mai ad essere all'altezza delle sue possibilità. Riprendendo questo concetto kierkegaardiano, Karl Jaspers parla di «*disperazione vitale* che nasce dalla consapevolezza di dover morire nell'incertezza d'aver realizzato se stesso. Non so cosa devo volere quando, di fronte a tutte le possibilità che mi si presentano, non vorrei rinunciare ad alcuna di esse, anche se non so se ce ne è una per me veramente essenziale. Non potendo scegliere, mi abbandono alla successione degli eventi consapevole del mio non-essere esistenziale» (1932-1956, p. 745). Sul significato esistenziale e non patologico della disperazione si è orientata di recente anche la psicoanalisi che, con André Haynal, afferma che «la disperazione non è la melanconia, anche se può talvolta diventarlo.

La disperazione è presente nell'abbandono (*Hilflosigkeit*) del neonato e accompagna l'uomo sino alla fine della sua vita, fungendo da motore dell'elaborazione (*Durcharbeitung*) psichica» (1976, p. 15).

Bibliografia

Haynal A., *Il senso della disperazione. La problematica della depressione nella teoria psicoanalitica* (1976), Feltrinelli, Milano 1980.

Jaspers K., *Filosofia* (1932-1956), Libro I: *Orientazione filosofica nel mondo*, Libro II: *Chiarificazione dell'esistenza*, Libro III: *Metafisica*, Utet, Torino 1978.

Kierkegaard S., *La malattia mortale* (1849), Sansoni, Firenze 1965.

Dispersione (ingl. *Scatter*; ted. *Streuung*; fr. *Dispersion*; sp. *Dispersión*). Il termine è impiegato: 1) in *psichiatria* in riferimento all'allentamento dei processi associativi tra idea e idea, con conseguente disturbo dello svolgimento logico-causale del pensiero, come è tipico nei processi dissociativi (v. SCISSIONE, § I). Ciò comporta una dispersione del linguaggio, detta anche *tangenzialità*, caratterizzata da divagazioni dall'argomento tematizzato nell'attualità del contesto discorsivo intersoggettivo. Dette divagazioni, che appaiono non collegate e prive di riferimenti reali, possono rientrare o portare irrimediabilmente il discorso lontano dal suo oggetto, senza possibilità di recupero tematico; 2) in *psicologia clinica* dove il termine dispersione si riferisce all'incapacità, che si riscontra in bambini che hanno vissuto lunghi periodi di separazione dai genitori, a mantenere affezioni stabili e significative e non momentanee o indifferenziate; 3) in *psicoanalisi* dove Erik Erikson ha introdotto il concetto di "dispersione del ruolo" a proposito della tendenza dell'adolescente a "superidentificarsi" con figure mitizzate, fino a compromettere la propria identità (v. RUOLO, § 2); 4) in *statistica* dove indica le misure di variabilità (v. STATISTICA, § I, 3).

Dispiacere, v. PIACERE, § 1.

Displasia (ingl. *Dysplasia*; ted. *Dysplasie*; fr. *Dysplasie*; sp. *Displasia*). Sviluppo corporeo disarmonico caratterizzato da malformazioni, infantilismo, eunucoidismo e mascolinità nella femmina. Nella tipologia costituzionale di Ernst Kretschmer il *tipo displasico*, per le sue proporzioni anomale, si distingue dai tre tipi principali: astenico, picnico e atletico (v. TIPOLOGIA, § 1, *b*).

Bibliografia

Kretschmer E., *Körperbau und Charakter*, Springer, Berlin 1921.

Dispnea (ingl. *Dyspnea*; ted. *Dyspnoe*; fr. *Dyspnée*; sp. *Disnea*). Difficoltà respiratoria caratterizzata da brevità di respiro. Quando non è riconducibile a cause organiche, la dispnea rientra, secondo Sigmund Freud, tra le manifestazioni dell'isteria e della nevrosi d'angoscia. Infatti scrive: «La dispnea e le palpitazioni cardiache nell'isteria e nella nevrosi d'angoscia sono a mio avviso solo frammenti isolati dell'atto del coito, e in molti casi ho potuto collegare il sintomo della dispnea, dell'asma nervosa, alla stessa causa immediata rilevata nel caso di Dora, ossia ad un accidentale ascolto di rapporti sessuali tra adulti» (1901, p. 366).

Bibliografia

Freud S., *Frammento di un'analisi d'isteria (Caso clinico di Dora)* (1901), in *Opere* (1967-1993), Bollati Boringhieri, Torino, vol. IV.

Disposizione (ingl. *Disposition*; ted. *Anlage*; fr. *Disposition*; sp. *Disposición*). Insieme di inclinazioni, tendenze, atteggiamenti, capacità relativamente costanti in ogni individuo che caratterizzano il suo comportamento. Nella disposizione si distingue il *tratto* che è la caratteristica stabile e duratura che differenzia individuo da individuo (v. PERSONALITÀ, § 2), e lo *stato* che è una disposizione psicologica e comportamentale temporanea. Il fatto, per esempio, che una persona sia in ansia prima di una prova o di un verdetto (*stato*) non significa necessariamente che sia una persona dal *tratto* ansioso.

1. PSICOLOGIA. C'è chi ritiene, con Gilbert Ryle, che le disposizioni sono puramente ipotetiche perché caratterizzano lo "stato contingente" di una persona, ossia la sua potenzialità a reagire in un determinato modo se si danno determinate circostanze, e chi invece ritiene che abbiano una base genetica che si manifesterebbe in condizioni ambientali favorevoli, come nel caso delle malattie psichiche dove non è esclusa una trasmissione ereditaria. Al di là della disputa tra innato e acquisito (v. INNATISMO), Gordon Willard Allport definisce la disposizione personale come l'insieme delle unità comportamentali-motivazionali-percettive che caratterizzano un individuo, mentre Raymond Bernard Cattell e Hans Jürgen Eysenck hanno applicato l'analisi fattoriale per individuare le disposizioni fondamentali di una personalità, a partire dalle quali è possibile, a loro parere, predire il suo comportamento in una situazione ben definita (v. PERSONALITÀ, § 2).

2. PSICOPATOLOGIA. Karl Jaspers distingue una disposizione congenita (*Anlage*) e una disposizione acquisita (*Disposition*), riconducendo a questa

distinzione la differenza psicopatologica tra *endogeno* ed *esogeno* (v. ENDOGENO – ESOGENO), e in proposito scrive: «Disposizione è il concetto generale per tutte le condizioni endogene della vita psichica, ed è di una tale vastità che ogni volta che si usa tale termine si deve sapere quale disposizione si intende. Si deve distinguere tra disposizione congenita e disposizione acquisita. [...] Si deve inoltre distinguere tra disposizione visibile e disposizione invisibile, [...] tra disposizione fisica (*Veranlagung*) e disposizione psichica. [...] Ma come perveniamo a singoli momenti disposizionali che non siano costruiti a caso, ma siano di importanza reale? Soltanto studiando la disposizione attraverso intere famiglie. Due fatti ci guideranno in questo: la variazione individuale e la trasmissione ereditaria. Indagando le direzioni della variabile e la eredità similare pensiamo di poter giungere a unità, nelle quali dobbiamo parlare non di disposizioni in generale, ma di determinate disposizioni» (1913-1959, pp. 488-489). Le "determinate disposizioni" sono la risultante del rapporto tra ciò che è tipico, ciò che è ereditario e ciò che è ambientale.

Bibliografia

Allport G. W., *Divenire. Fondamenti di una psicologia della personalità* (1955), Editrice Universitaria, Firenze 1963.
Cattell R. B., *Personality. A systematic, theoretical and factual study*, McGraw-Hill, New York 1950.
Eysenck H. J., *Dimensions of personality*, Routledge & Kegan, London 1947.
Jaspers K., *Psicopatologia generale* (1913-1959), Il Pensiero Scientifico, Roma 2000.
Ryle G., *Lo spirito come comportamento* (1949), Einaudi, Torino 1955.

Disposofobia, v. ACCUMULO.

Disprassia, v. APRASSIA, § 3.

Dissimilazione, v. ASSIMILAZIONE, § 3.

Dissociazione, v. SCISSIONE, § I.

Dissomatognosia, v. SOMATOAGNOSIA, § 1, *b*.

Dissonanza cognitiva (ingl. *Cognitive dissonance*; ted. *Kognitive Dissonanz*; fr. *Dissonance cognitive*; sp. *Disonancia cognoscitiva*). Concetto introdotto da Leon Festinger nell'ambito della psicologia cognitivista per descrivere la condizione di individui le cui credenze, nozioni, opinioni contrastano fra loro, o con le tendenze del comportamento, o con l'ambiente in cui l'individuo si trova a operare. La dissonanza può nascere: *a*) per *incoerenza logica* tra due opinioni incompatibili; *b*) per *costumi culturali* che possono essere in contrasto con il contesto in cui ci si trova a operare; *c*) per *inclusione* quando una determinata opinione è inclusa in una più generale, per cui se un individuo di destra preferisce in una certa elezione un candidato di sinistra vive una discordanza tra gli elementi cognitivi corrispondenti; *d*) per l'*esperienza passata* che ha creato convinzioni che mal si accordano con nuove esperienze. In tutti questi casi, scrive Festinger: «La presenza della dissonanza fa sorgere pressioni per ridurla o eliminarla; la forza delle pressioni per ridurre la dissonanza è in funzione della grandezza della dissonanza. In altre parole la dissonanza agisce nello stesso modo di un impulso o di uno stato di bisogno o di tensione; la presenza della dissonanza spinge all'azione per ridurla, proprio come, per esempio, la presenza della fame spinge all'azione per ridurre la fame. Inoltre, trattandosi di un impulso, quanto maggiore è la dissonanza tanto maggiore sarà l'intensità dell'azione per ridurla, e tanto maggiore la volontà di evitare situazioni che potrebbero accrescerla» (1957, p. 16).

La dissonanza si riduce: attraverso il mutamento *a*) della propria opinione; *b*) del proprio comportamento; *c*) dell'ambiente in cui ci si trova a operare; *d*) o con l'integrazione di un nuovo elemento cognitivo che si aggiunga agli elementi consonanti, così da modificare il rapporto con gli elementi dissonanti. Tuttavia, avverte Festinger, «non sempre è possibile eliminare la dissonanza o anche ridurla materialmente cambiando la propria azione o il proprio sentimento; le difficoltà che si oppongono al cambiamento del comportamento possono esser troppo grandi; oppure il cambiamento stesso, mentre elimina certe dissonanze, può crearne tutta una serie di nuove» (ivi, p. 17). La teoria della dissonanza cognitiva si oppone alla teoria dell'autopercezione (v. AUTOPERCEZIONE, TEORIA DELL') formulata da Darly J. Bem, secondo cui non si dà dissonanza per la semplice ragione che l'individuo non ha una diretta percezione dei suoi stati mentali, ma può solo inferirli, come un osservatore esterno, dal suo comportamento.

Il tema della dissonanza cognitiva è stato messo in relazione con l'esercizio della propria libertà da Robert-Vincent Joule e Jean-Léon Beauvois, secondo i quali noi scambiamo per nostri orientamenti cognitivi norme e valori interiorizzati in contesti gerarchici ed educativi o in determinati contesti sociali, per cui finiamo per legittimare e non entrare in dissonanza con tali prescrizioni, con tali norme sociali e persino con le strutture che le hanno generate, per il semplice fatto di averle assunte e a tal punto interiorizzate da considerarle assolutamente "nostre".

Bibliografia

Amerio P., Bosotti E., Amione F., *La dissonanza cognitiva. Teoria e sperimentazione*, Bollati Boringhieri, Torino 1978.

Bem D. J., *Selfperception theory*, in L. Berkowitz (a cura di), *Advances in experimental social psychology*, Academic Press, New York 1972, vol. VI.
Brehm J., Cohen A., *Explorations in cognitive dissonance*, Wiley, New York 1962.
Cooper J., Fazio R. H., *A new look at dissonance theory*, in L. Berkowitz (a cura di), *Advances in experimental social psychology*, cit., vol. XVII.
Festinger L., *Teoria della dissonanza cognitiva* (1957), Franco Angeli, Milano 1973.
Joule R.-V., Beauvois J.-L., *Petit traité de manipulation à l'usage des honnêtes gens*, Presses Universitaires de Grenoble, Grenoble 1987.
Neisser U., *Psicologia cognitivista* (1967), Martello-Giunti, Firenze 1976.

Distale, v. DISTANZA, § 1.

Distanza (ingl. *Distance*; ted. *Entfernung*; fr. *Distance*; sp. *Distancia*). Intervallo spaziale che esiste tra sé, le altre persone e gli oggetti del mondo. Il termine ha trovato un impiego specifico in questi ambiti:

1. PSICOLOGIA DELLA PERCEZIONE. Egon Brunswik e Kurt Koffka hanno introdotto la distinzione tra *prossimale* e *distale* per differenziare gli eventi ambientali in stretto contatto con l'organismo come gli stimoli, dagli eventi che, senza essere a contatto con l'organismo, agiscono su di esso a distanza. A partire da questa distinzione si definiscono distali: *a)* la vista e l'udito, in contrapposizione ai sensi prossimali del gusto e del tatto; *b)* la capacità, soprattutto delle persone cieche, di percepire gli oggetti in movimento attraverso l'udito in base al fenomeno dell'*ecolocalizzazione*; *c)* la capacità di percepire eventi lontani nello spazio e nel tempo senza l'intervento di alcuno dei cinque sensi (v. PARAPSICOLOGIA, § 1). Rientrano nella psicologia della percezione gli studi sulla valutazione della distanza e della profondità (visione tridimensionale) a partire dalla proiezione retinica che, essendo su una superficie, è a due dimensioni. La visione stereoscopica e gli indizi psicologici sono tra i fattori segnalati per la spiegazione del fenomeno (v. PERCEZIONE, § 5; VISIVO, SISTEMA, § 4).

2. ETOLOGIA. In questo campo si intende per "distanza" lo spazio che l'animale interpone tra sé e un componente della sua specie. L'annullamento di questa distanza segnala manifestazioni affettive come nel rapporto con la prole, sessuali come nell'accoppiamento, o aggressive come nella lotta. A seconda della specie animale, le distanze possono essere molto accentuate come nel caso degli uccelli predatori, o molto ravvicinate come nel caso dei branchi di pesci dove la regolarità della distanza è mantenuta, oltre che da fattori genetici, dall'influenza dell'apprendimento. A determinare la distanza fra gli animali della stessa specie sono per un verso il bisogno di mantenere uno stretto contatto sensoriale e per l'altro verso la necessità di evitare forme di invasione dello spazio individuale. La rottura d'equilibrio tra queste istanze opposte spiega perché, in condizioni di affollamento, ossia di distanza insufficiente, emergono con maggior frequenza comportamenti aggressivi.

3. PSICOLOGIA SOCIALE. In questo ambito si parla di *distanza sociale* in riferimento alla maggiore o minore tendenza di individui o gruppi a istituire contatti con altri individui o gruppi. La distanza sociale comprende, oltre alla distanza spaziale fra due individui, la somiglianza o meno dei loro interessi, delle loro occupazioni, delle loro visioni del mondo. Nelle varie culture le norme di mantenimento della distanza sono assai differenti, così come il significato attribuito a una stretta vicinanza o al contatto fisico varia da società a società e all'interno di una stessa cultura. In generale, però, ad una stretta vicinanza è associato un vissuto di intimità, mentre una notevole distanza manifesta un atteggiamento difensivo. Una pronunciata distanza fra gruppi spesso esprime una differenza di status sociale e favorisce comportamenti ostili o di rigetto. È comunque possibile che in una particolare situazione, del tutto casuale o volutamente costruita, in cui gli individui si trovino tutti coinvolti nella stessa occupazione, vengano meno i pregiudizi e si annullino le ostilità. La distanza sociale viene misurata attraverso il *sociogramma* (v. SOCIOMETRIA), ossia la rappresentazione grafica delle relazioni fra due o più individui, o attraverso la *scala degli atteggiamenti* di Emory S. Bogardus, che ha lo scopo di quantificare il livello di pregiudizio, e quindi di distanza, di un gruppo nei confronti degli individui appartenenti ad altri gruppi.

Bibliografia

Bogardus E. S., *Immigration and race attitudes*, D.C. Heath, Boston 1928.
Bracco M., *Sulla distanza. L'esperienza della vicinanza e della lontananza nelle relazioni umane*, Stilo Editrice, Bari 2003.
Brunswik E., *Wahrnehmung und Gegenstandswelt*, Deuticke, Wien 1934.
Eibl-Eibesfeldt I., *I fondamenti dell'etologia. Il comportamento degli animali e dell'uomo* (1967, edizione ampliata 1987), Adelphi, Milano 1976, edizione ampliata 1995.
Ginzburg C., *Occhiacci di legno. Nove riflessioni sulla distanza*, Feltrinelli, Milano 1998.
Griffin D. R., *Guidandosi con l'eco*, Zanichelli, Bologna 1966.
Ittelson W. H., *Visual space perception*, Springer, New York 1960.
Koffka K., *Principi di psicologia della forma* (1935), Bollati Boringhieri, Torino 1970, nuova edizione riveduta 2006.
Kohler I., *Der Fernsinne der Blinden*, in "Die Umschau", 1952, n. 52.

Lindzey G. (a cura di), *Handbook of social psychology*, Addison-Wesley, Reading, Massachusetts, 1954, vol. I.
Moreno J. L., *Principi di sociometria, di psicoterapia di gruppo e sociodramma* (1953), Etas Kompass, Milano 1964.
Rovatti P. A., *Abitare la distanza*, Feltrinelli, Milano 1994.
Trevi M., *Adesione e distanza*, Melusina, Roma 1991.

Distensione (ingl. *Relaxation*; ted. *Entspannung*; fr. *Relaxation*; sp. *Distensión*). Riduzione della tensione che viene comunemente associata al rilassamento muscolare e nervoso. Tra i metodi più diffusi che utilizzano la pratica sistematica del rilassamento muscolare o distensione vanno ricordati il TRAINING AUTOGENO (v.) di Johannes Heinrich Schultz; l'elaborazione delle resistenze alla distensione messa a punto da Julian de Ajuriaguerra utilizzando i legami tra il tono muscolare, le manifestazioni emotive e la vita affettiva; il metodo dello YOGA (v.) e altri metodi affini.

Bibliografia

Ajuriaguerra J. de, *Les thérapeutiques de relaxation en médecine psycho-somatique*, in "La Presse Médicale", 1953, n. 61.
Aurobindo S., *La sintesi dello Yoga* (1965), vol. I: *Lo yoga delle opere divine*, vol. II: *Lo yoga della conoscenza integrale*, Astrolabio, Roma 1967-1969.
Lemaire J.-G., *La relaxation*, Payot, Paris 1964.
Schultz J. H., *Il training autogeno. Metodo di autodistensione da concentrazione psichica* (1932), vol. I: *Esercizi inferiori*, vol. II: *Esercizi superiori. Teoria*, Feltrinelli, Milano 1968.

Distimia (ingl. *Dysthymia*; ted. *Dysthymie*; fr. *Dysthymie*; sp. *Distimia*). Alterazione del tono dell'umore (in greco θυμός) sia nel senso di un'eccitazione immotivata (*ipertimia*), sia nel senso di una profonda tristezza (*ipotimia*). Si distinguono distimie *monopolari*, quando gli episodi sono soltanto depressivi o soltanto maniacali, e distimie *bipolari*, quando un ciclo maniacale succede a un ciclo depressivo. La distimia bipolare, detta anche "psicosi maniaco-depressiva" o "psicosi ciclotimica" o "psicosi circolare" o "follia a doppia forma", è il quadro classico della "follia affettiva" descritta già in epoche remote e puntualizzata da Emil Kraepelin come forma caratteristica di uno dei due grandi gruppi di psicosi endogene, di cui l'altro era la "dementia praecox", poi ribattezzata da Eugen Bleuler con il termine SCHIZOFRENIA (v.).

Il DSM-III-R distingueva le forme di distimia in: 1. *Disturbi affettivi maggiori* che comprendevano: *a*) le sindromi distimiche monopolari che possono essere a sfondo maniacale (v. MANIA), o a sfondo depressivo (v. DEPRESSIONE); *b*) la sindrome distimica endogena bipolare (v. CICLOTIMIA); 2. *Altri tipi di disturbi affettivi* che comprendevano, fra l'altro, la nevrosi depressiva di origine reattiva o psicogena (v. DEPRESSIONE, § 2, *c*), e le sindromi distimiche del periodo involutivo, che altre classificazioni includono tra le distimie endogene in aggiunta alle forme monopolare e bipolare (v. PSICOLOGIA DELL'INVECCHIAMENTO, § 3). Il DSM-5 unifica nella denominazione "disturbo depressivo persistente" il disturbo depressivo maggiore cronico e il disturbo distimico definiti dal DSM-IV. Sua caratteristica è: «Umore depresso per la maggior parte del giorno, quasi tutti i giorni, per almeno due anni. Nei bambini e negli adolescenti, l'umore può essere irritabile e la durata deve essere di almeno un anno» (2013, p. 194; v. UMORE, §§ 1-3).

Bibliografia

Bleuler E., *Trattato di psichiatria* (1911-1939, aggiornato da M. Bleuler dal 1940 al 1960), Feltrinelli, Milano 1967.
DSM-5. American Psychiatric Association (APA), *DSM-5. Manuale diagnostico e statistico dei disturbi mentali* (2013), Raffaello Cortina, Milano 2014.
Giberti F., *Le sindromi distimiche*, in F. Giberti, R. Rossi, *Manuale di psichiatria*, Piccin, Padova 1983, pp. 245-272.
Kraepelin E., *Trattato di psichiatria* (1883), Vallardi, Milano 1907.
Leonhard K., *Le psicosi endogene* (1962), Feltrinelli, Milano 1968.

Distonia (ingl. *Dystonia*; ted. *Dystonie*; fr. *Dystonie*; sp. *Distonía*). Stato di tensione abnorme che può essere generale come nella distonia catatonica (v. CATATONIA), o locale come in quella neurovegetativa o muscolare.

1. La distonia *neurovegetativa* si manifesta con disturbi alle funzioni gastriche, cefalee, sudorazioni, vertigini, anomalie nell'attività cardiaca e in quella respiratoria, pur in assenza di alterazioni organiche. Questa forma di distonia, che dipende dal cattivo funzionamento del sistema simpatico (v. SIMPATICO, SISTEMA NERVOSO) e parasimpatico, è in stretta relazione al modo con cui il distonico sente e reagisce al mondo circostante, per cui i disturbi sono conversioni somatiche di cause psicogene.

2. La distonia *muscolare psicogena* è caratterizzata da spasmi muscolari come reazione a traumi o conflitti psichici dovuti, per Wilhelm Reich, a un eccesso di repressione delle pulsioni sessuali (v. BIOENERGETICA), per Otto Fenichel al tentativo di arginare emozioni che non si vogliono palesare, per Charles W. Wahl a formazioni reattive in seguito a una privazione di gratificazioni tattili nell'infanzia.

Bibliografia

Fenichel O., *Trattato di psicoanalisi delle nevrosi e delle psicosi* (1945), Astrolabio, Roma 1951.
Lowen A., *Bioenergetica* (1975), Feltrinelli, Milano 1983.
Reich W., *Analisi del carattere* (1933), Sugarco, Milano 1973.
Wahl Ch. W., *Sindromi psicosomatiche comunemente trascurate*, in S. Arieti (a cura di), *Trattato di psichiatria* (1959-1966), Bollati Boringhieri, Torino 1969-1970, vol. II, pp. 1050-1057.

Weiss E., English O. S., *Medicina psicosomatica. Applicazione clinica della psicopatologia ai problemi generali della medicina* (1949), Astrolabio, Roma 1950.

Distorsione (ingl. *Distortion*; ted. *Verstauschung*; fr. *Distorsion*; sp. *Distorsión*). Il termine, che generalmente viene utilizzato nello stesso senso in cui viene impiegato il termine DEFORMAZIONE (v.), mantiene una sua specificità semantica nel campo delle risposte ai test, dove si parla di "distorsione" per indicare la falsificazione intenzionale delle risposte (*faking*) e l'alterazione sistematica delle stesse per motivazioni inconsce (*response set*). È il caso di un candidato che, desideroso di avere un posto di lavoro, affronta un inventario di atteggiamenti sociali, cercando di immaginare qual è il tipo di risposta desiderabile per l'esaminatore, con conseguente alterazione delle sue dichiarazioni. A differenza del *faking*, il response set non ha caratteristiche intenzionali, ma proiettive e come tali inconsapevoli per lo stesso esaminato, per cui la scala finisce per misurare qualcosa di non previsto dal suo ideatore, per esempio non le caratteristiche del soggetto, ma le sue tendenze inconsce (v. RESPONSE SET).

Bibliografia

Boncori L., *Teoria e tecniche dei test*, Bollati Boringhieri, Torino 1993.
–, *I test in psicologia. Fondamenti teorici e applicazioni*, il Mulino, Bologna 2006.
Cronbach L. J., *Essentials of psychological testing*, Harper & Row, New York 1949.

Distraibilità, v. ATTENZIONE, § 4, *c*.

Distrazione, v. ATTENZIONE, § 4, *b*.

Distribuzionalismo, v. LINGUISTICA, § 3, *a*.

Distribuzione, v. STATISTICA, §§ I, 1-2; II, 2.

Distrofia (ingl. *Dystrophy*; ted. *Dystrophie*; fr. *Dystrophie*; sp. *Distrofia*). Disturbo nella nutrizione dei tessuti di un organo o di una parte del corpo con conseguente eccesso (*ipertrofia*), carenza (*ipotrofia*) o arresto (*atrofia*) dello sviluppo. Si danno forme "funzionali" di ipertrofia e di ipotrofia, da ricondursi rispettivamente a intensa attività o immobilità di una parte del corpo, che possono rientrare se si modificano le condizioni che le hanno generate. L'ipertrofia e l'ipotrofia sono relative al *volume* delle cellule e come tali vanno distinte dall'iperplasia e dall'ipoplasia (v. IPERPLASIA – IPOPLASIA) che riguardano il *numero* delle cellule.

Distruttività (ingl. *Destructiveness*; ted. *Zerstörungswut*; fr. *Destructivité*; sp. *Destructividad*). Forma di aggressione tipicamente umana che non risponde a scopi difensivi o reattivi, ma al bisogno di annientare fine a se stesso. In ambito psicoanalitico esistono due letture: quella di Sigmund Freud che vede nella distruttività un'espressione pulsionale, e quella di Erich Fromm che vi vede un'espressione culturale. La lettura freudiana è accolta da Konrad Lorenz e adottata in ambito etologico.

1. FREUD: LA DISTRUTTIVITÀ COME ESPRESSIONE PULSIONALE. Partendo dall'ipotesi che «vi siano due specie essenzialmente diverse di pulsioni: quelle sessuali, intese nel senso più ampio, l'*Eros*, se preferite questa denominazione, e quelle *aggressive*, la cui meta è la distruzione» (1932a, p. 211), Freud introduce il concetto di *pulsione di distruzione* che così giustifica: «Dopo molte esitazioni e oscillazioni ci siamo decisi ad ammettere soltanto due pulsioni fondamentali: l'*Eros* e la *pulsione di distruzione*. (Il contrasto fra pulsione di autoconservazione e pulsione di conservazione della specie, nonché quello tra amore dell'Io e amore oggettuale ricade nell'Eros.) Meta della prima di queste due pulsioni è stabilire unità sempre più vaste e tenerle in vita: unire insieme dunque; meta dell'altra, al contrario, è dissolvere nessi e in questo modo distruggere le cose. Nel caso della pulsione di distruzione possiamo supporre che il suo fine ultimo sia di portare il vivente allo stato inorganico. Per questo l'abbiamo anche chiamata *pulsione di morte*. Se ammettiamo che la materia vivente sia venuta dopo la materia inanimata, e da essa abbia tratto origine, ecco che la pulsione di morte rientra nella formula succitata secondo cui una delle due pulsioni tende al ripristino di una situazione precedente. [...] Questa pulsione rimane muta finché agisce all'interno come pulsione di morte; noi la avvertiamo soltanto quando si volge all'esterno come pulsione distruttiva. Che ciò avvenga sembra essere una necessità per la conservazione dell'individuo» (1938, pp. 575-577).

Alla concezione dualistica delle pulsioni in termini di pulsioni sessuali e pulsioni distruttive, Freud giunse nel 1920 quando modificò la teoria originaria delle pulsioni che prevedeva pulsioni sessuali e pulsioni di autoconservazione (v. PULSIONE, § 2), o pulsioni dell'Io (v. PULSIONE, § 2, *g*). L'introduzione del concetto di NARCISISMO (v. § 3) negli anni 1911-1914 aveva infatti messo in crisi questa prima distinzione, poiché inseriva una componente libidica anche all'interno delle pulsioni dell'Io. A questo problema si affiancò quello dell'AGGRESSIVITÀ (v. § 5) che risultò fondamentale per l'elaborazione definitiva della teoria delle pulsioni. Ritenuta in origine una componente della pulsione sessuale, tra il 1915 e il 1920 l'aggressività viene assegnata da Freud alle pulsioni dell'Io non libidiche, diretta al controllo del mondo esterno. Fu solo in seguito alla formulazione della seconda concezione dell'APPARATO PSICHICO (v. § 5), che ipotizza i sistemi dell'Es, dell'Io e del Super-io, che Freud prese a considerare il fenomeno dell'aggressività come una pulsione autonoma, esistente nell'Es, insieme alla pulsione sessuale. In questa nuova concezione l'aggressività venne letta come una manifestazione della pulsione di morte rivolta all'esterno (v. PULSIONE, § 1, *g*).

Alla concezione della distruttività come espressione pulsionale, Freud giunse attraverso tre considerazioni a partire da: *a*) la *coazione a ripetere* in cui è ravvisabile «la manifestazione dell'inerzia che è propria della vita organica» (1920, p. 222); *b*) il *sadomasochismo*, a proposito del quale Freud scrive: «Non ci sorprenderà di sentire che in determinate circostanze il sadismo (o pulsione distruttiva) che è stato rivolto e proiettato verso l'esterno, può nuovamente essere introiettato, diretto verso l'interno, regredendo in tal modo alla sua situazione precedente. Esso dà luogo allora al masochismo secondario, che viene ad aggiungersi al masochismo originario» (1924, p. 10); *c*) l'*aggressività*, a proposito della quale Freud scrive che «con l'istituzione del Super-io importi considerevoli della pulsione aggressiva vengono fissati all'interno dell'Io, ove operano in senso autodistruttivo. È uno dei pericoli igienici che l'essere umano si addossa nell'evoluzione della civiltà. Trattenere l'aggressività è comunque malsano, porta alla malattia (mortifica). Accade spesso che un individuo, durante un attacco di collera, renda palese il trapasso da un'aggressività impedita all'autodistruzione perché rivolge l'aggressività verso la propria persona, strappandosi i capelli e coprendosi il volto di pugni, mentre è chiaro che avrebbe voluto riservare questo trattamento a qualcun altro. Una parte di autodistruzione rimane comunque all'interno fino a quando, da ultimo, riesce a uccidere l'individuo» (1938, p. 577).

2. FROMM: LA DISTRUTTIVITÀ COME ESPRESSIONE CULTURALE. Rifiutando la distinzione freudiana tra pulsioni di vita e pulsioni di morte, e accogliendo l'impostazione etologica di Konrad Lorenz, Fromm distingue tra *aggressività benigna*, che è biologicamente adattiva, e *aggressività maligna* o distruttività, che è un puro prodotto culturale, perché ciò che in essa si esprime è «la vita che si rivolta contro se stessa nel tentativo di darsi un senso» (1973, p. 27). Questa connessione tra "distruttività" e "senso" porta a concepire la distruttività come un evento culturale, per cui Fromm ritiene di dover proporre «il termine "aggressione" per l'aggressione difensiva, reattiva, biologicamente adattiva, e "distruttività" per la propensione specificatamente umana a distruggere e a cercare il controllo assoluto» (ivi, p. 12). Ne consegue che «essendo specificatamente umana e non derivata dall'istinto animale, la distruttività non contribuisce alla sopravvivenza fisiologica dell'uomo, ma è un elemento importante del suo funzionamento mentale. È una di quelle passioni potenti e dominanti in certi individui e culture, e non in altri. È una delle possibili risposte a esigenze psichiche radicate nell'esistenza umana e ha origine dall'interazione di varie condizioni sociali con i bisogni esistenziali dell'uomo» (ivi, p. 278). Tra le figure eminenti della distruttività, sia Freud sia Fromm indicano la GUERRA (v.), letta a partire dalle rispettive impostazioni teoriche.

3. ETOLOGIA. Lorenz, dopo un'iniziale diffidenza, accoglie in parte la lettura di Freud in ordine alla distruttività: «Trovai accettabili parecchi punti delle teorie di Freud che fino a quel momento avevo rifiutato perché eccessivamente audaci. Discussioni intorno alle sue teorie degli istinti condussero a inaspettate concordanze tra i risultati della psicoanalisi e quelli della fisiologia del comportamento, fatto che mi sembra tanto più significativo se si tien conto della diversità d'approccio, di metodo e soprattutto della diversa base induttiva delle due discipline» (1963, pp. 25-26). Dopo aver osservato che gli animali uccidono per nutrirsi, mentre l'uomo uccide, come peraltro aveva già sottolineato Georg Wilhelm Friedrich Hegel, per il riconoscimento, Lorenz constata che «quel che minaccia direttamente l'esistenza di una specie animale non è mai il "nemico che intende mangiare", ma sempre e soltanto il "concorrente"» (ivi, p. 61) che si nutre della stessa preda e verso cui si rivolge l'aggressività del predatore. Aggiunge inoltre che l'aggressività all'interno della stessa specie si scatena per stabilire la gerarchia, difendere il territorio, conquistare la femmina, ma si tratta di conflitti la cui pericolosità è limitata perché sono "ritualizzati", mentre nella specie umana, scrive Lorenz, «abbiamo buone ragioni per ritenere che l'aggressività intra-specifica sia nell'attuale situazione socio-culturale e tecnologica dell'umanità il più grave di tutti i pericoli. Ma non miglioreremo certo le nostre prospettive d'affrontarla prendendola come qualcosa di metafisico e di ineluttabile; quel che occorre è, piuttosto, risalire la catena delle sue cause naturali» (ivi, p. 66).

Bibliografia

De Zulueta F., *Dal dolore alla violenza. Le origini traumatiche dell'aggressività* (1993), Raffaello Cortina, Milano 1999.
Eibl-Eibesfeldt I., *Amore e odio. Per una storia naturale dei comportamenti elementari* (1970), Adelphi, Milano 1971.
Fornari F., *Psicoanalisi della guerra*, Feltrinelli, Milano 1966.
–, *Dissacrazione della guerra. Dal pacifismo alla scienza dei conflitti*, Feltrinelli, Milano 1969.

Freud S., *Al di là del principio di piacere* (1920), in *Opere* (1967-1993), Bollati Boringhieri, Torino, vol. IX.
–, *Il problema economico del masochismo* (1924), in *Opere*, cit., vol. X.
–, *Il disagio della civiltà* (1929), in *Opere*, cit., vol. X.
–, *Introduzione alla psicoanalisi. Nuova serie di lezioni* (1932a), in *Opere*, cit., vol. XI.
–, *Perché la guerra? (Carteggio con Einstein)* (1932b), in *Opere*, cit., vol. XI.
–, *Compendio di psicoanalisi* (1938), in *Opere*, cit., vol. XI.
Fromm E., *Anatomia della distruttività umana* (1973), Mondadori, Milano 1975.
Gruen A., *La follia della normalità. Per un'interpretazione della distruttività umana* (1987), Feltrinelli, Milano 1994.
Hegel G. W. F., *Fenomenologia dello spirito* (1807), La Nuova Italia, Firenze 1963.
Lorenz K., *L'aggressività. Edizione ampliata de "Il cosiddetto male"* (1963), il Saggiatore, Milano 1976.

Distruzione, Pulsione di, v. DISTRUTTIVITÀ, § 1.

Disturbo (ingl. *Trouble*; ted. *Störung*; fr. *Dérangement*; sp. *Trastorno*). Termine generico che acquista significati diversi in relazione al contesto in cui viene utilizzato.

1. PSICOLOGIA SPERIMENTALE. Si parla di *esperimenti di disturbo* in riferimento a situazioni in cui vengono adottati sistemi che interferiscono sulla percezione del soggetto, alterandola, come, per esempio, l'uso di occhiali con lenti a inversione, introdotto da George M. Stratton. In questo ambito si distingue una *sensibilità al disturbo* costituita dalla soglia a partire dalla quale l'attenzione involontaria di un individuo viene distratta, e una *variabile di disturbo*, o fattore di disturbo, che è l'interferenza di elementi causali e non quantificabili che alterano i risultati di un'osservazione sperimentale e che possono essere ridotti con accorgimenti adeguati.

2. PSICOLOGIA CLINICA. Si utilizza l'espressione *disturbi del comportamento* per indicare le forme meno gravi delle anomalie, frequenti nei bambini e negli adolescenti, che non derivano da alcuna patologia organica e non rinviano a quadri psicotici. Solitamente tali disturbi sono considerati reattivi a un ambiente affettivamente e socialmente deprivato e si manifestano con problemi di sviluppo della personalità, difficoltà scolastiche e tratti nevrotici. In questo ambito si distinguono i *disturbi episodici*, che si verificano quando la condotta abituale di un individuo viene alterata dalla comparsa di comportamenti incoerenti con il carattere dell'individuo stesso e inadeguati al contesto in cui compaiono; e i *disturbi transitori da situazione* che insorgono in modo acuto e repentino come reazione di adattamento ad una situazione stressante, per cui, con la scomparsa della situazione, scompaiono anche i sintomi, il cui perdurare sarebbe invece indizio di una patologia sottostante. Sempre nell'ambito della psicologia clinica si parla di *disturbo funzionale* a proposito dell'alterazione del funzionamento di un organo o di un apparato senza possibilità di riscontrare modificazioni patologiche delle strutture. Impropria è l'identificazione tra "disturbo funzionale" e "disturbo psicogeno", perché se è vero che i disturbi di origine psichica sono disturbi funzionali, non è sempre vero il contrario. Il DSM-5 elenca e descrive i disturbi di personalità suddividendoli in quattro gruppi caratterizzati da «un pattern costante di esperienza interiore e di comportamento che devia marcatamente rispetto alle aspettative della cultura dell'individuo. È pervasivo e inflessibile, esordisce nell'adolescenza o nella prima età adulta, è stabile nel tempo e determina disagio o menomazione» (2013, p. 747; v. PERSONALITÀ, § II, 3).

Bibliografia

DSM-5. American Psychiatric Association (APA), *DSM-5. Manuale diagnostico e statistico dei disturbi mentali* (2013), Raffaello Cortina, Milano 2014.

Disturbo bipolare, v. UMORE, § 2; CICLOTIMIA.

Disubbidienza (ingl. *Disobedience*; ted. *Ungehorsam*; fr. *Désobéissance*; sp. *Desobediencia*). Comportamento piuttosto frequente nel bambino che rifiuta di sottostare agli ordini impartiti da un'autorità, rappresentata dai genitori o dagli insegnanti. La disubbidienza, che è anche una forma di affermazione della propria individualità, è considerata dalla psicoanalisi come un tratto caratteristico della fase anale (v. ANALE, FASE, § 2) dello sviluppo libidico, che si situa fra il secondo e il terzo anno di vita, in cui il bambino compie un'importante differenziazione dalla madre, verso la propria autonomia, attraverso un progressivo controllo delle funzioni del proprio corpo e del mondo esterno (v. DISCIPLINA, § 2; UBBIDIENZA).

Bibliografia

Freud A., *Normalità e patologia nell'età infantile* (1965), in *Opere* (1978-1979), Bollati Boringhieri, Torino, vol. III.
Mahler M. S., Pine F., Bergman A., *La nascita psicologica del bambino. Simbiosi e individuazione* (1975), Bollati Boringhieri, Torino 1978.

Disulfiram, v. ALCOLISMO, § 8.

Disumanizzazione, v. DEUMANIZZAZIONE.

Diurno, Residuo, v. RESTO DIURNO.

Diurno, Sogno, v. FANTASIA, § 2.

Divergenza, v. CONVERGENZA – DIVERGENZA.

Diversabilità, v. DISABILITÀ.

Diversione (ingl. *Diversion*; ted. *Abschweifung*; fr. *Diversion*; sp. *Diversión*). Attività che porta a distrarsi da un pensiero assillante o da un'occupazione fonte di tensione e di stress. Si danno diversioni *distensive* che coincidono con le attività ricreative e diversioni *nevrotiche* che consistono in manipolazioni corporee, come morsicarsi le unghie o le labbra, stirarsi i capelli, che, man mano che diventano abituali, si traducono in veri e propri TIC (v.).

Diversità, v. ALTRO, §§ 2, 4.

Divisione del lavoro, v. ORGANIZZAZIONE, § 1.

Divorzio, v. MATRIMONIO.

DMRS (*Defense Mechanism Rating Scale*), v. DIFESA, § 3.

DNA (*Acido desossiribonucleico*), v. GENETICA, § 1.

Docimologia (ingl. *Docimology*; ted. *Dozimologie*; fr. *Docimologie*; sp. *Docimología*). Studio dei diversi sistemi di misurazione e valutazione del profitto scolastico, a partire dalla constatazione delle rilevanti discordanze tra prove attitudinali e valutazioni scolastiche, nonché delle discrepanze nell'assegnazione dei voti da parte di diversi esaminatori, e anche dello stesso esaminatore a distanza di tempo. Benjamin S. Bloom, nell'introdurre la sua tassonomia degli obiettivi educativi, ha osservato: «Alcuni insegnanti ritengono che i loro studenti dovrebbero "realmente capire", altri che essi dovrebbero "far intimamente proprie" le conoscenze, altri ancora che dovrebbero "cogliere il nucleo o l'essenza", o "comprendere". Voglion dir tutti la stessa cosa? Specificatamente, che cosa fa uno studente quando "realmente capisce", che non faccia quando non capisce?» (1956, p. 11). Per rispondere a queste domande si è proceduto a un'elaborazione di dati che consentono di trasformare il punteggio grezzo in un punteggio che esprima il collocarsi del risultato del singolo in relazione ai risultati di un certo numero di soggetti. I risultati si distribuiscono così allo stesso modo di un fenomeno casuale, secondo la curva di distribuzione normale (v. STATISTICA, § II, 2), ad un estremo della quale emergono i risultati da considerare insufficienti. La docimologia distingue inoltre una valutazione *sommativa*, che ha un carattere complessivo e che si colloca ai momenti terminali di un processo educativo, e una valutazione *formativa*, che si colloca all'interno del processo insegnamento-apprendimento al fine di introdurre le modifiche che si rendono opportune in relazione alle differenze individuali evidenziate dal CURRICOLO (v.) di ciascun allievo. A queste due forme di valutazione c'è chi aggiunge la valutazione *diagnostica* che si riferisce alle abilità specifiche necessarie al conseguimento degli obiettivi, mettendo in evidenza lacune e differenze individuali.

Bibliografia

AA.VV., *Pedagogia della valutazione scolastica*, La Scuola, Brescia 1976.
Bloom B. S., *Tassonomia degli obiettivi educativi* (1956), Giunti e Lisciani, Teramo 1983.
Calonghi L., *Tests e esperimenti*, Pas, Torino 1956.
Gattullo M., *Didattica e docimologia*, Armando, Roma 1968.
Gil F., *Insegnamento*, in AA.VV., *Enciclopedia*, Einaudi, Torino 1979, vol. VII, pp. 710-743.
Skinner B. F., *La tecnologia dell'insegnamento* (1967), La Scuola, Brescia 1970.
Titone R. (a cura di), *Questioni di tecnologia didattica*, La Scuola, Brescia 1975.

Dogmatismo (ingl. *Dogmatism*; ted. *Dogmatismus*; fr. *Dogmatisme*; sp. *Dogmatismo*). Atteggiamento cognitivo caratterizzato dall'uso di principi e affermazioni i cui fondamenti non vengono mai messi in discussione. Il sistema di convinzioni dogmatico è detto anche "chiuso", perché rifiuta le opinioni differenti ed è incapace di cogliere i molteplici aspetti del reale. Generalmente basata sull'adesione acritica a un principio di autorità esterno, la mancanza di flessibilità dell'atteggiamento dogmatico favorisce disposizioni sociali come l'etnocentrismo, l'intolleranza, la discriminazione. È stato riscontrato un alto grado di dogmatismo nelle persone autoritarie che mostrano rigidità negli stili di pensiero, bassa tolleranza alla problematicità e forte sensibilità ai condizionamenti sociali. Sia l'autoritarismo che il dogmatismo rifiutano il progredire della conoscenza perché questa minaccia la loro rigidità difensiva. Esiste una *Scala di dogmatismo*, costruita da Milton Rokeach nel 1960, per quantificare la presenza di tale atteggiamento, e una *Scala F* (fascismo) costruita da Theodor Wiesengrund Adorno per misurare il dogmatismo che si accompagna ad una disposizione autoritaria (v. AUTORITÀ) e antidemocratica tipica dei soggetti che non hanno interiorizzato il Super-io.

Carl Gustav Jung considera il dogmatismo come un disturbo del pensiero, determinato dall'interferenza di sentimenti inconsci rimossi, e a questo proposito scrive: «Quanto più i sentimenti sono rimossi, tanto maggiore è l'influenza dannosa che essi esercitano segretamente sul pensiero, il quale altrimenti funzionerebbe perfettamente. [...] Nonostante la ragione stessa dimostri che ogni formula intellettuale può costituire solo una verità parzialmente valida e non può quindi pretendere un predominio incontrastato, la formula assume praticamente una tale preponderanza che ogni altro punto di vista e ogni altra possibilità passano in secondo piano di fronte ad essa. [...] In tal modo la formula diviene religiosa, e ciò anche se essa, per sua natura, è tale da non aver nulla a che fare con la religione. Con ciò essa acquista anche il carattere assoluto proprio di ogni religione: diventa, per così dire, una sorta di superstizione intellettuale. Tuttavia, tutte le tendenze psichiche che vengono rimosse per suo mezzo si raggruppano nell'inconscio come antitesi e determinano l'insorgere di dubbi. Per difendersi dal dubbio l'atteggiamento cosciente diviene fanatico, giacché il fanatismo altro non è se non un dubbio ipercompensato» (1921, pp. 355-356).

Bibliografia

Adorno Th. W. *et al.*, *La personalità autoritaria* (1950), Edizioni di Comunità, Milano 1973.

Eckhardt W., Newcombe A. G., *Militarism, personality and other social attitudes*, in "Journal of Conflict Resolution", 1969, n. 13 (2), pp. 210-219.

Ferrarotti F., *Una fede senza dogmi*, Laterza, Bari 1991.

Fromm E., *Dogmi, gregari e rivoluzionari* (1955), Edizioni di Comunità, Milano 1973.

Jung C. G., *Tipi psicologici* (1921), in *Opere* (1969-2007), Bollati Boringhieri, Torino, vol. VI.

Rokeach M., *The open and closed mind*, Basic Books, New York 1960.

Dolicomorfismo, v. EUMORFISMO.

Dolore (ingl. *Pain*; ted. *Schmerz*; fr. *Douleur*; sp. *Dolor*). Sensazione di sofferenza che si presenta come risposta soggettiva a uno stimolo avvertito dall'organismo come nocivo o comunque riduttivo del suo benessere. Dal punto di vista psicologico, il dolore è una delle tonalità emotive fondamentali che accompagnano l'esistenza.

1. IL DOLORE FISICO. Dal punto di vista fisiologico il dolore origina dall'eccessiva stimolazione dei diversi recettori (v. RECETTORE) situati sia sulla superficie esterna sia a livello dei tessuti interni dell'organismo, e da qui trasmesso per via nervosa ai centri superiori della corteccia cerebrale. In particolare i recettori della sensibilità dolorifica cutanea sembrano in alcune zone costituiti da speciali terminazioni nervose ramificate nell'epidermide e nel derma, e collegate da una catena di tre neuroni al centro ricevente terminale: la fibra del primo neurone sensitivo si collega nel midollo spinale a quella del secondo, che percorre il tratto spino-talamico, e qui a quella del terzo neurone sensitivo che arriva all'area sensitiva nei lobi parietali della corteccia cerebrale. A causa della differente concentrazione dei recettori nelle diverse aree somatiche, il dolore che proviene dalla superficie del corpo è più facilmente localizzabile rispetto al dolore proveniente dalle regioni interne che risulta più diffuso.

La più bassa intensità di uno stimolo con cui si percepisce il dolore si chiama "soglia del dolore" che varia da soggetto a soggetto e, in uno stesso individuo, in differenti periodi di tempo, in relazione a molteplici fattori sia fisiologici che emotivi e culturali. Si danno così condizioni di minore (*ipoalgesia*) o maggiore (*iperalgesia*) percezione del dolore, fino a casi di insensibilità (*analgesia*) senza che vengano a mancare le altre percezioni sensoriali (v. ALGESIA). Talvolta si assiste a una forma di dolore *differito*, ossia all'irradiazione della sensazione dolorosa da un organo interno alla superficie cutanea, o di dolore *proiettato*, come nel caso dell'arto fantasma (v. SOMATOAGNOSIA, § 1, *e*). Le reazioni fisiologiche a uno stimolo doloroso, come l'inibizione dell'attività gastrointestinale, l'incremento del consumo di ossigeno, l'aumento della pressione e della velocità del polso, si accompagnano, a livello comportamentale, a risposte automatiche di allontanamento (v. ATTRAZIONE – REPULSIONE, TEORIA DELL'). Esistono inoltre, all'interno del corpo, delle sostanze oppiacee come le encefaline e le endorfine (v. ENDORFINA) che riducono la trasmissione dell'informazione dolorifica. I metodi di trattamento del dolore agiscono interrompendo la trasmissione dello stimolo doloroso attraverso il blocco dei nervi conduttori.

2. IL DOLORE PSICHICO. Analogamente al dolore fisico, il dolore psichico provoca un restringimento del campo di coscienza su temi penosi e depressivi. Per Sigmund Freud, se non supera un certo livello, il dolore psichico è essenziale alla costituzione dell'Io che, attraverso la perdita dell'oggetto amato e la conseguente FRUSTRAZIONE (v.), abbandona lo stato di onnipotenza infantile per approdare al principio di realtà (v. REALTÀ, § 3). In termini di vissuto soggettivo, il dolore psichico è per Freud del tutto paragonabile al dolore corporeo nel senso che «nel dolore corporeo si produce un investimento elevato, che possiamo chiamare narcisistico, delle zone dolenti del corpo. [...] L'analogia che ha permesso la trasposizione della sensazione dolorosa nel campo psichico sembra essere questa. L'intenso e, a causa della sua insaziabilità, sempre crescente investimento nostalgico sull'oggetto mancante (perduto) produce condizioni economiche analoghe a quelle generate dall'investimento doloroso della parte lesa del corpo, e rende possibile prescindere da ciò che alla periferia determina il dolore corporeo! Il passaggio dal dolore fisico al dolore psichico corrisponde alla trasformazione da un investimento narcisistico a

un investimento oggettuale» (1925, p. 316). La tolleranza al dolore, e, più in generale, il modo in cui viene vissuta l'esperienza dolorosa, risulta differente in ogni persona, perché è strettamente dipendente dalle precedenti esperienze dolorose attraverso le quali l'individuo si è creato una rappresentazione mentale e un vissuto emotivo del dolore. Per questo si danno fenomeni di ALGOFOBIA (v.), che è un'incontrollabile paura del dolore, o di ALGOFILIA (v.), che è una ricerca del dolore che talvolta si accompagna a eccitamento sessuale (*algolagnia*) come nei casi di SADOMASOCHISMO (v.). La percezione del dolore è infatti legata alla visione del mondo del soggetto, alla sua personalità, al contesto storico-culturale in cui egli è inserito, per cui è possibile dire che l'ambiente fornisce un codice di significati attraverso cui il fenomeno del dolore acquista il suo particolare senso.

3. LE ESPRESSIONI CULTURALI DEL DOLORE. Nella riflessione filosofica sul dolore Ludwig Wittgenstein sostiene che l'uomo contiene e confina il dolore attraverso il linguaggio. Prima della parola, infatti, il dolore ci possiede, come sensazione sorda e muta. Esprimendolo collochiamo l'evento doloroso in un luogo e gli assegniamo un significato. Secondo la ricostruzione di Salvatore Natoli la storia dell'uomo occidentale conosce due fondamentali elaborazioni dell'esperienza del dolore: quella greca che concepisce il dolore come inscindibile dalla vita, per cui l'uomo si fa eroe proprio nel dominio della sofferenza, e quella ebraico-cristiana dove il dolore viene associato alla colpa e la salvezza a una vita senza dolore. Nell'epoca attuale, caratterizzata dal dominio della tecnica, il dolore viene separato dall'esperienza quotidiana e delegato a persone specializzate. Accade così, come nota Michel Foucault, che l'evento doloroso, rimosso dall'esperienza comune, viene relegato nei luoghi competenti, gli ospedali, dove il corpo diventa organismo e il dolore malattia. L'individuo risulta in tal modo privato sia della comprensione della propria sofferenza sia degli strumenti culturali per comunicarla, perché il dolore, essendo inscritto nel linguaggio che lo descrive e lo interpreta, è ormai affidato alla visione organicista propria della clinica che conosce il "male" e ignora, per le caratteristiche oggettivanti del suo metodo, quel vissuto soggettivo che è il "dolore". L'accento sulla dimensione soggettiva del dolore è stato posto dalla fenomenologia per la quale il dolore è la rottura della coincidenza tra corpo ed esistenza, per cui non è l'organo che soffre, ma l'esistenza che si contrae, alterando il rapporto con il mondo che non è più cadenzato dalle intenzioni della vita, ma dal ritmo del dolore. Per questo il dolore lo si "sopporta", ma non lo si "accetta", perché accettarlo significherebbe accogliere un arretramento della presenza nel mondo che si dilegua come sfondo di intenzioni, sostituito dal corpo che, per la presenza del dolore, diventa l'unico oggetto d'attenzione.

4. TECNICHE PER LA MISURAZIONE DEL DOLORE. Quando il dolore era concepito come un processo sensoriale che informa il cervello di un danno in atto, le tecniche di misurazione del dolore si limitavano a misurare l'intensità sensoriale. Quando l'anestesista Ronald Melzack mise in evidenza che il dolore è un fenomeno complesso e multidimensionale perché «la parola "dolore" può riferirsi a una miriade di esperienze molto diverse tra loro anche sul piano prettamente sensoriale» (1971, p. 51), fu messo a punto il *McGill Pain Questionnaire* (MPQ) che prende in considerazione il dolore dal punto di vista sensoriale, motivazionale-affettivo e valutativo-cognitivo. Il test consiste nel sottoporre una novantina di parole utilizzate in inglese per descrivere il dolore a soggetti sani e non influenzati da esperienze personali, affinché attribuissero un punteggio su una apposita scala di intensità. Di tale questionario esiste anche una versione italiana curata da Giuseppina Majani ed Ezio Sanavio, perfezionata e autorizzata da Melzack nel 1982.

Bibliografia

Baldissera F., Pace G. M., *No al dolore. Origine e significato del dolore*, Feltrinelli, Milano 1981.
Bodei R., *La cognizione del dolore*, Asmepa Edizioni, Bologna 2012.
Boltanski L., *Lo spettacolo del dolore. Morale umanitaria, media e politica* (1998), Raffaello Cortina, Milano 2000.
Bonica J. J. (a cura di), *Pain research publications. Association for research in nervous and mental disease*, Raven Press, New York 1980.
Cancrini T., *Un tempo per il dolore. Eros, dolore e colpa*, Bollati Boringhieri, Torino 2002.
Corrado R., Tagliapietra A., *Il senso del dolore. Testimonianza e argomenti*, Edizioni San Raffaele, Milano 2011.
De Zulueta F., *Dal dolore alla violenza. Le origini traumatiche dell'aggressività* (1993), Raffaello Cortina, Milano 1999.
Ercolani M., Pasquini L., *La percezione del dolore*, il Mulino, Bologna 2007.
Foucault M., *Nascita della clinica* (1963), Einaudi, Torino 1969.
Freud S., *Inibizione, sintomo e angoscia* (1925), in *Opere* (1967-1993), Bollati Boringhieri, Torino, vol. X.
–, *Il disagio della civiltà* (1929), in *Opere*, cit., vol. X.
Galimberti U., *Il corpo* (1983), nuova edizione ampliata, Feltrinelli, Milano 2013.
Gioffrè D. (a cura di), *Il dolore superfluo. Da ridurre, da controllare, da "curare"*, Erickson, Trento 2008.
Gnocchi C. *et al.*, *Il dolore innocente*, Ancora, Milano 1999.
Majani G., Sanavio E., *Il McGill Pain Questionnaire. Presentazione di una versione italiana*, in "Bollettino di Psicologia Applicata", 1984, n. 170, pp. 37-50.
Melzack R., *L'enigma del dolore* (1973), Zanichelli, Bologna 1976.

–, *The McGill Pain Questionnaire. Major properties and scoring methods*, in "Pain", 1975, n. 1, pp. 271-299.
Melzack R., Torgerson W. S., *On the language of pain*, in "Anesthesiology", 1971, n. 34, pp. 50-59.
Molinari E., Castelnuovo G., *Psicologia clinica del dolore*, Springer, Milano 2010.
Natoli S., *L'esperienza del dolore*, Feltrinelli, Milano 1986.
Rosa F. (a cura di), *Il mio nome è sofferenza. Le forme e la rappresentazione del dolore*, Università degli Studi di Trento, Trento 1993.
Sanavio E., Sica C., *Dolore*, in Id., *I test di personalità. Inventari e questionari*, il Mulino, Bologna 1999.
Schwob M., *Il dolore* (1994), il Saggiatore, Milano 1997.
Sternbach R. A., *Pain. A psychophysiological analysis*, Academic Press, New York-London 1968.
Wall P., *Perché proviamo dolore* (1999), Einaudi, Torino 1999.
Wittgenstein L., *Ricerche filosofiche* (1953), Einaudi, Torino 1967.

Domanda (ingl. *Request*; ted. *Anfrage*; fr. *Demande*; sp. *Pregunta*). Termine introdotto da Jacques Lacan per indicare il luogo simbolico dove progressivamente si aliena il DESIDERIO (v. § 3). Appartenendo all'ordine del linguaggio, la domanda si sostituisce al dato psichico del piacere a cui tendono le pulsioni e al dato biopsichico del bisogno del completamento materno (v. BISOGNO, § 4, *a*) a cui tende lo stato di mancanza a essere o BÉANCE (v.). Il bisogno primitivo del soggetto di essere un tutt'uno con sua madre è impedito dal PADRE (v.), autore della legge che vieta l'identificazione del soggetto con la madre. Rimossa e misconosciuta, la pulsione è sostituita da un simbolo che è la domanda di conoscere e di possedere. Tra desiderio e domanda esiste per Lacan una DIALETTICA (v. § 4): «Il desiderio si produce nell'*al di là* della domanda perché, articolando la vita del soggetto alle sue condizioni, essa ne sfronda il bisogno; ma esso si scava anche nel suo *al di qua* perché, domanda incondizionata della presenza e dell'assenza, essa evoca la mancanza ad essere (*béance*) sotto le tre figure del *niente* che costituisce il fondo della domanda d'amore, dell'*odio* che giunge a negare l'essere dell'altro, e dell'*indicibile* di quel che ignora nella sua richiesta. In questa aporia incarnata – di cui si può dire per immagini che ricava la sua anima pesante dai getti vivaci della tendenza ferita, e il suo corpo sottile dalla morte attualizzata nella sequenza significante – il desiderio si afferma condizione assoluta» (1961, p. 625). Attraverso la domanda, il desiderio, sempre insoddisfatto e sempre risorgente, si dispiega nella parola, e il luogo di questo dispiegamento si chiama ALTRO (v. § 1), che non è la somma delle persone interlocutrici, ma l'ordine stesso del linguaggio a cui ogni interlocutore deve sottostare.

Bibliografia

Carli R., Paniccia R. M., *Analisi della domanda. Teoria e tecnica dell'intervento in psicologia clinica*, il Mulino, Bologna 2003.
Lacan J., *La direzione della cura e i principi del suo potere* (1961), in *Scritti* (1936-1966), Einaudi, Torino 1974, vol. II.

Dominanza (ingl. *Dominance*; ted. *Dominanz*; fr. *Dominance*; sp. *Dominancia*). Il termine, che genericamente significa superiorità, assume un'accezione specifica nei vari contesti:

1. GENETICA. Proprietà del gene che determina la sua espressione fenotipica. Se entrambi gli alleli di un gene sono dominanti, l'individuo presenterà il carattere determinato dai geni; se uno dei due è dominante e l'altro recessivo, egli manifesterà solo il carattere del gene dominante, ma sarà portatore anche del gene recessivo che potrà manifestarsi nei figli; mentre un carattere recessivo si manifesterà solo se entrambi i geni sono recessivi (v. GENETICA, § 2).

2. NEUROFISIOLOGIA. In questo ambito si parla di *dominanza laterale* per la preminenza di organi o di aree appaiate e disposte specularmente nella parte destra e sinistra del corpo (*lateralità*). In questo senso si parla di *dominanza emisferica* in riferimento alla diversa specializzazione dell'emisfero destro o sinistro per determinate funzioni (v. LATERALIZZAZIONE), di *dominanza oculare* e di *dominanza acustica* in ordine alla maggior acutezza visiva o uditiva, di *manulateralità* per la preferenza dell'uso della mano destra o sinistra. La dominanza laterale ha il suo opposto nell'*ambilateralità* con cui si designa l'uguaglianza morfologica e funzionale delle due parti.

3. ETOLOGIA. Qui la dominanza si riferisce al *modello di relazione*, presente negli animali sociali, in base al quale sono regolate le gerarchie del gruppo, solitamente attraverso un comportamento aggressivo o di minaccia da parte di un animale nei confronti di un altro che risulterà sottomesso. Oltre alla superiorità gerarchica, la dominanza può riguardare la priorità di un animale rispetto all'altro nell'accedere alle risorse alimentari e ai membri dell'altro sesso. Tuttavia la correlazione fra il rango superiore e la priorità di accesso al cibo e all'accoppiamento non è sempre presente e varia a seconda delle specie e delle condizioni ambientali. Quando gli animali sono in condizioni di libertà, i comportamenti aggressivi vengono generalmente ritualizzati, cosicché la lotta si interrompe non appena uno dei due combattenti mostra la sua sottomissione; solo in rari casi il combattimento per la dominanza del gruppo si protrae fino alla morte di uno dei due contendenti. In alcune specie il rango superiore può venire trasmesso in modo ereditario, sia geneticamente, tramite la selezione di ceppi particolarmente aggressivi, sia a livello ambientale, per cui animali ben forniti di cibo, quindi più forti e

vigorosi degli altri, avranno più possibilità di dominare il gruppo quando i criteri di gerarchia si basano sulla minaccia fisica.

4. PSICOLOGIA. Il termine dominanza è utilizzato in *psicologia sociale* in riferimento alla disposizione e alla capacità di un individuo di assumere un ruolo di potere nei confronti degli altri (v. GRUPPO, § II, 6), e in *psicologia individuale*, dove Alfred Adler vede nell'aspirazione alla dominanza «il modo più diffuso con cui si tenta di nascondere un senso di inferiorità, nato nella prima infanzia, attraverso la costruzione d'una soprastruttura psichica compensatoria che tenta, nel modus vivendi nervoso, di riacquistare nella vita la superiorità e un punto d'appoggio con disposizioni e sicurezze bell'e pronte e in pieno esercizio» (1920, p. 37).

Bibliografia

Adler A., *Prassi e teoria della psicologia individuale* (1920), Astrolabio, Roma 1947.
Eibl-Eibesfeldt I., *I fondamenti dell'etologia. Il comportamento degli animali e dell'uomo* (1967, edizione ampliata 1987), Adelphi, Milano 1976, edizione ampliata 1995.
Leukel F., *Psicologia fisiologica* (1976), Zanichelli, Bologna 1980.
Lorenz K., *L'aggressività. Edizione ampliata de "Il cosiddetto male"* (1963), il Saggiatore, Milano 1976.
Marler P., Hamilton W. J., *Mechanisms of animal behavior*, Wiley, New York 1966.

Don Giovanni (ingl. *Don Juan*; ted. *Don Juan*; fr. *Don Juan*; sp. *Don Juan*). Personaggio della letteratura assurto a simbolo della libertà sessuale, dell'infedeltà, dell'amore come impresa della seduzione senza passione, dell'amore non individualizzato che, alla profondità del rapporto, preferisce l'intensità del momento. Espressione dello stadio "estetico" dell'esistenza che per Søren Kierkegaard è quella forma di vita che non conosce la ripetizione e perciò si esprime nell'irripetibilità dell'istante, Don Giovanni è stato considerato, dal punto di vista psicoanalitico, come l'espressione di un'ipersessualità, motivata dall'esigenza di contrastare sentimenti di inferiorità attraverso continue dimostrazioni di successi erotici. Il tipo Don Giovanni, a parere di Otto Fenichel, non è realmente interessato alla donna, ma la utilizza come strumento di soddisfazione dei propri bisogni narcisistici, e la sua ipersessualità è solo una difesa contro tendenze omosessuali inconsce.

Bibliografia

Curi U., *Filosofia del Don Giovanni. Alle origini di un mito moderno*, Bruno Mondadori, Milano 2002.
Fenichel O., *Trattato di psicoanalisi delle nevrosi e delle psicosi* (1945), Astrolabio, Roma 1951.
Kierkegaard S., *Diario del seduttore* (1843), Bocca, Milano 1963.

Dono (ingl. *Gift*; ted. *Gabe*; fr. *Cadeau*; sp. *Don*). Riferisce Marcel Mauss che nel mondo primitivo, in occasione di cambiamenti nelle condizioni delle persone o dei clan, quando un ordine codificato si dissolveva e se ne apriva uno nuovo da codificare, una persona, una famiglia, un clan faceva un dono che non poteva essere rifiutato da chi lo riceveva, ma doveva essere accettato e ricambiato con un dono più grande. Il dono portava quindi in sé il senso di una *sfida* che sottintendeva anche un'umiliazione se chi riceveva il dono, senza poterlo rifiutare, non era in grado di rispondere con un dono più grande. In questo modo nello scambio dei doni si celebrava da un lato la potenza del donatore e dall'altro la sudditanza del beneficiario qualora non avesse la possibilità di ricambiare il dono. Ciò che si valutava in questo "scambio simbolico", come lo chiama Jean Baudrillard, non era tanto il valore "oggettivo" del dono, quanto la celebrazione della "soggettività" di chi era in grado di donare.

Quando, con l'introduzione del mercato, allo "scambio simbolico" si sostituisce il "valore di scambio", il dono non scompare, ma, come scrive Natalie Zemon Davis, convive accanto al mercato, con proprie regole, propri linguaggi e propri gesti che si evidenziano nelle forme in cui si praticano e si riflettono i modi di dare e di ricevere, gli obblighi reciproci, i doveri e le attese verso i vivi e persino verso i morti. Non estinto dal tratto rigorosamente utilitaristico che caratterizza il mercato, il dono, come gesto all'apparenza disinteressato, contrappone all'utilità la gratuità, all'ostilità l'ospitalità, all'obbligo la libertà, oltre a promuovere la capacità di creare relazioni, forme di solidarietà e, addirittura, il "per-dono", tratto tipico della cultura cristiana, che l'ha promosso in antitesi alla vendetta e al risentimento, come evidenziano i filosofi Paul Gilbert e Silvano Petrosino che colgono nel dono il tema dominante della fede e della teologia cristiana nelle forme del dono della vita, del dono della grazia e del perdono di Dio e dell'uomo fatto a sua immagine e somiglianza.

Il filosofo Kurt Bayertz e il sociologo Michael Baurmann scorgono nel dono il principio della solidarietà per far fronte ai processi disintegrativi della globalizzazione e di smantellamento dello stato sociale. Ma si sottolinea che la solidarietà ha un doppio volto: quello altruistico del dono e quello legato agli interessi di chi agisce nelle forme della solidarietà operaia tipica della società industriale (dove la solidarietà con qualcuno spesso è anche contro qualcun altro) e nelle attività no-profit dell'associazionismo nazionale e transnazionale, dove, come scrive Remo Guidieri, non sono rari i casi in cui il dono diventa protagonista di interpretazioni improprie: non più di altruismo, speranza, sacrificio, ma di forme velate di interessi e guadagni.

Jacques Lacan riprende la figura del dono, come era stata esposta da Mauss, per sottolineare non l'aspetto di *sfida*, ma quello di *simbolo*. E a questo proposito scrive: «È con questi doni, o con le parole d'ordine che gli accordano il loro salutare nonsenso, che comincia il linguaggio con la legge? Giacché questi doni sono già simboli, in quanto simbolo vuol dire patto, ed essi sono in primo luogo significanti del patto che costituiscono come significato: come si vede bene dal fatto che gli oggetti dello scambio simbolico, vasi fatti per essere vuoti, scudi troppo pesanti per essere portati, covoni che si seccheranno, picche che si affondano nel terreno, sono senza uso per destinazione, se non superflui per la loro abbondanza» (1953, p. 265). Non quindi il dono come *sfida*, e neppure come *oblatività*, ma come *simbolo*, che ha la sua massima espressione nel "dono della parola". Infatti, scrive ancora Lacan, «l'esperienza psicoanalitica ha ritrovato nell'uomo l'imperativo del verbo, come legge che l'ha formato a sua immagine. Essa maneggia la funzione poetica del linguaggio per dare al suo desiderio la sua mediazione simbolica. Vi faccia essa comprendere, infine, che è nel dono della parola che risiede tutta la realtà dei suoi effetti; giacché è attraverso la via di questo dono che ogni realtà è venuta all'uomo, ed è con il suo atto continuato che egli la mantiene» (ivi, p. 316).

Bibliografia

AA.VV., *Dono, dunque siamo. Otto buone ragioni per credere in una società più solidale*, Utet, Torino 2013.

AA.VV., *Il dono. La sfida della gratuità*, in "Esodo", 2005, n. 1.

Anspach M., *A buon rendere. La reciprocità della vendetta nel dono e nel mercato* (2002), Bollati Boringhieri, Torino 2007.

Bataille G., *La parte maledetta* (1949), Bertani, Verona 1972.

Baudrillard J., *Lo scambio simbolico e la morte* (1976), Feltrinelli, Milano 1979.

Bayertz K., Baurmann M., *L'interesse e il dono. Questioni di solidarietà* (1998), Edizioni di Comunità, Torino 2002.

Davis N. Z., *Il dono. Vita familiare e relazioni pubbliche nella Francia del Cinquecento* (2000), Feltrinelli, Milano 2002.

Derrida J., *Donare il tempo. La moneta falsa* (1991), Raffaello Cortina, Milano 1996.

Giacomini B., *In cambio di nulla. Figure del dono*, Il Poligrafo, Padova 2006.

Gilbert P., Petrosino S., *Il dono*, il melangolo, Genova 2001.

Godbout J. T., *Lo spirito del dono* (1993), Bollati Boringhieri, Torino 2002.

–, *Il linguaggio del dono* (1995), Bollati Boringhieri, Torino 1998.

Guidieri R., *Ulisse senza patria. Etica e alibi del dono*, L'ancora del Mediterraneo, Napoli 1999.

Hyde L., *Il dono. Immaginazione e vita erotica della proprietà* (1983), Bollati Boringhieri, Torino 2005.

Kirchmayr R., *Il circolo interrotto. Figure del dono in Mauss, Sartre e Lacan*, Edizioni Università di Trieste, Trieste 2002.

Köpping K.-P., *Dono*, in Ch. Wulf (a cura di), *Cosmo, corpo, cultura. Enciclopedia antropologica* (1997), Bruno Mondadori, Milano 2002, pp. 837-854.

Lacan J., *Funzione e campo della parola e del linguaggio in psicoanalisi* (1953), in *Scritti* (1936-1966), Einaudi, Torino 1974, vol. I.

Lévi-Strauss C., *Introduzione all'opera di Marcel Mauss* (1950), in M. Mauss, *Teoria generale della magia e altri saggi* (1950), Einaudi, Torino 1965.

Mauss M., *Saggio sul dono. Forma e motivo dello scambio nelle società arcaiche*, in Id., *Teoria generale della magia e altri saggi*, cit.

Molinari E., Cavaleri P. A., *Il dono nel tempo della crisi. Per una psicologia del riconoscimento*, Raffaello Cortina, Milano 2015.

Tagliapietra A., *Il dono del filosofo. Sul gesto originario della filosofia*, Einaudi, Torino 2009.

Zanardo S., *Il legame del dono*, Vita e Pensiero, Milano 2007.

Don't hold test, v. WECHSLER-BELLEVUE, TEST DI.

Dopamina, v. NEUROTRASMETTITORE, § I, 1, a.

Doppia immagine, v. CONVERGENZA – DIVERGENZA, § 1.

Doppia personalità, v. SCISSIONE, § I, 3.

Doppio (ingl. *Double*; ted. *Doppel*; fr. *Double*; sp. *Doble*). Il motivo del doppio è presente nel mito, nella letteratura, nelle versioni cinematografiche, nella psicoanalisi, nell'immaginazione infantile (v. COMPAGNO IMMAGINARIO) in un gioco vertiginoso di ombre e di specchi. Come ci riferisce Wendy Doniger, «le mitologie indù e greca abbondano di sdoppiamenti e biforcazioni incentrati sull'identità sessuale, storie maturate da alcune persone (soprattutto, ma non esclusivamente, uomini) che riguardano altre persone (soprattutto, ma non esclusivamente, donne) che in vario modo hanno subìto una scissione: sono stati scissi in un originale e in un doppio, oppure in un essere maschile e in uno femminile (in racconti sull'androgenia e/o sulla bisessualità), o la testa è stata separata dal corpo (talvolta si tratta anche della separazione tra mente e corpo, anima e corpo, destra e sinistra), o ancora sono stati sedotti da divinità che si presentano come sosia di esseri mortali. Queste storie affrontano problemi che interessano molte culture, compresa la nostra: quale rapporto esiste fra lo stupro e la fantasia del doppio? Perché nei miti sono soprattutto le donne a ingannare gli uomini e non viceversa? Come si distingue un essere umano da un dio? Perché preferire un amante o uno sposo umano a uno divino?» (1999, p. 17).

A queste domande la narrativa ha cercato di rispondere mettendo a tema la nostra identità, divisa secondo un modulo ben delineato da Massimo

Fusillo, secondo il quale «si parla di doppio quando, in un contesto spazio-temporale nuovo, cioè in un unico mondo possibile creato dalla finzione letteraria, l'identità di un personaggio si duplica: uno diventa due. [...] A questo punto sorge l'interrogativo: *come si fa a essere ciò che si è?* Si tratta di una domanda che ci fa uscire da noi stessi non appena la elaboriamo; ci vediamo subito come qualcosa di impossibile. Immediatamente si riproducono lo stupore di essere qualcuno, l'effetto critico provocato dal raddoppiamento dei nostri stessi gesti, delle nostre credenze e delle nostre persone» (2012, pp. 7-8). È quanto accade per esempio in: *La prodigiosa storia di Peter Schemil* di Adelbert von Chamisso (1814), *La principessa Brambilla* di Ernst T. A. Hoffmann (1820-1821), *Il sosia* di Fëdor Dostoevskij (1846), *Lo strano caso del Dr. Jekyll e del Sig. Hyde* di Robert Louis Stevenson (1885), *Il ritratto di Dorian Gray* di Oscar Wilde (1891), *La metamorfosi* di Franz Kafka (1915). In questi romanzi è in gioco l'identità dell'Io, a proposito del quale Jacques Derrida scrive che «l'Io è sempre in certo qual modo uno pseudonimo» (1964, p. 140) dietro cui si agitano le più radicali domande su quel labile confine che delimita l'Io e l'altro da sé.

Si tratta di un confine che la psicoanalisi di Sigmund Freud ha cercato di precisare distinguendo l'Io dall'Es e dal Super-io (v. APPARATO PSICHICO, § 5), mentre la psicologia analitica di Carl Gustav Jung in qualche modo vi allude delimitando l'Io quale cerchio minore nel cerchio maggiore del Sé (v. PSICOLOGIA ANALITICA, § 4). Sempre in ambito psicoanalitico lo studio più approfondito su questo tema è stato condotto da Otto Rank, per il quale il doppio è l'immagine rimossa di se stessi, che quando appare al soggetto da un lato genera angoscia fino a incrinare la sicurezza della propria soggettività, dall'altro gli consente di realizzare surrettiziamente i propri desideri più nascosti e rimossi come il soggetto non oserebbe mai e come la sua coscienza non gli permetterebbe mai di agire.

Bibliografia

AA.VV., *Il doppio. Psicoanalisi del compagno segreto*, Red Edizioni, Como 1990.

Curi U., *Endiadi. Figure della duplicità*, Feltrinelli, Milano 1995.

Davico Bonino G. (a cura di), *Essere due. Sei romanzi sul Doppio*, Einaudi, Torino 2006.

Derrida J., *Violenza e metafisica. Saggio sul pensiero di Emmanuel Levinas* (1964), in Id., *La scrittura e la differenza* (1967), Einaudi, Torino 1971.

Doniger W., *La differenza sdoppiata* (1999), Adelphi, Milano 2009.

Funari E. (a cura di), *Il doppio. Tra patologia e necessità*, Raffaello Cortina, Milano 1986.

Fusillo M., *L'altro e lo stesso. Teoria e storia del doppio*, Mucchi Editore, Modena 2012.

Giani Gallino T., *Il bambino e i suoi doppi. L'ombra e i compagni immaginari nello sviluppo del Sé*, Bollati Boringhieri, Torino 1993.

Guillaume M., *Il capitale e il suo doppio* (1975), Feltrinelli, Milano 1978.

Menarini R., Lavanco G., *Il doppio. Trame della letteratura, della sessualità, della psicopatologia*, Il Pensiero Scientifico, Roma 1997.

Rank O., *Il doppio. Uno studio psicoanalitico* (1925), SE, Milano 2001.

Doppio binario (ingl. *Double binary*; ted. *Doppel-Binär*; fr. *Double binaire*; sp. *Doble vía*). Espressione utilizzata nel linguaggio psichiatrico per indicare quella condizione in cui il delirio non incide in maniera totale sulla vita del soggetto, il quale non perde il contatto con la realtà e, al di fuori dell'area delirante, conserva un buon adattamento sociale.

Doppio-cieco, Esperimento, v. CIECO, ESPERIMENTO.

Doppio legame (ingl. *Double bind*; ted. *Doppelbindung*; fr. *Double lien*; sp. *Doble vínculo*). Concetto introdotto da Gregory Bateson, e ripreso in seguito da Paul Watzlawick e dalla Scuola di Palo Alto, per indicare un particolare tipo di comunicazione interpersonale, caratterizzato da segnali incongrui e contraddittori che pongono il destinatario in una condizione di profondo dilemma. Scrive Bateson: «Noi avanziamo l'ipotesi che, ogni volta che un individuo si trova in una situazione di doppio legame, la sua capacità di discriminazione fra tipi logici subisca un collasso. Le caratteristiche generali di questa situazione sono le seguenti: 1) l'individuo è coinvolto in un rapporto intenso, cioè un rapporto in cui egli sente che è di importanza vitale distinguere con precisione il genere del messaggio che gli viene comunicato, in modo da poter rispondere in modo appropriato; 2) e, inoltre, l'individuo si trova prigioniero di una situazione in cui l'altra persona che partecipa al rapporto emette allo stesso tempo messaggi di due ordini, uno dei quali nega l'altro; 3) e, infine, l'individuo è incapace di analizzare i messaggi che vengono emessi, al fine di migliorare le sue capacità di discriminare a quale ordine di messaggio debba rispondere; cioè egli non è in grado di produrre un enunciato metacomunicativo. Abbiamo avanzato l'ipotesi che questo sia il genere di situazione esistente tra il pre-schizofrenico e sua madre; tuttavia è una situazione che si presenta anche nei rapporti normali. Quando una persona resta intrappolata in una situazione di doppio legame, avrà reazioni di tipo difensivo, simili a quelle dello schizofrenico» (1972, p. 252).

Il doppio legame, come figura principale della comunicazione patologica (v. COMUNICAZIONE, § 7, *e*), non consentendo di cogliere la vera intenzione di un messaggio e di individuare la discrepanza tra i significati manifesti e quelli latenti, genera la convinzione che tutta la realtà sia paradossale, e un comportamento conseguente a questa paradossalità. Tale è per esempio la "comunicazione paradossale" che presenta una contraddizione interna alla comunicazione tra due sensi incompatibili, come nel caso della madre che chiede al suo bambino di "essere spontaneo", dove è evidente che non si può essere spontanei a comando, o come nel caso del "doppio legame" tipico di quelle situazioni in cui la madre esprime verbalmente tenerezza nei confronti del bambino, salvo poi respingerlo ogni volta che si avvicina. La PSICOLOGIA SISTEMICA (v. § 2) suppone che il comportamento schizofrenico sia determinato da un messaggio contraddittorio proveniente da un'unica fonte, generalmente la madre, ossia da un doppio legame *unipolare*, mentre il comportamento delinquente sarebbe caratterizzato da un doppio legame *bipolare* proveniente da due fonti, solitamente il padre e la madre. È stata evidenziata inoltre la possibilità che in una terapia psicoanalitica il terapeuta coinvolga il paziente in una situazione di doppio legame.

Bibliografia

Austin J. L., *Come fare cose con le parole* (1962), Marietti, Genova 1987.
Bateson G., *Verso un'ecologia della mente* (1972), Adelphi, Milano 1976.
Bateson G., Ruesch J., *La matrice sociale della psichiatria* (1951), il Mulino, Bologna 1976.
Bowlby J., *Costruzione e rottura dei legami affettivi* (1979), Raffaello Cortina, Milano 1982.
Laing R. D., Esterson A., *Normalità e follia nella famiglia* (1964), Einaudi, Torino 1970.
Selvini Palazzoli M., Boscolo L., Cecchin G., Prata G., *Paradosso e controparadosso* (1975), Raffaello Cortina, Milano 2003.
Selvini Palazzoli M., Cirillo S., Selvini M., Sorrentino A. M., *I giochi psicotici nella famiglia*, Raffaello Cortina, Milano 1988.
Watzlawick P., Beavin J. H., Jackson D. D., *Pragmatica della comunicazione umana* (1967), Astrolabio, Roma 1971.

Doppler, Effetto (ingl. *Doppler effect*; ted. *Doppler Effekt*; fr. *Effet Doppler*; sp. *Efecto Doppler*). In *acustica*, quando la sorgente del suono si muove verso l'ascoltatore, la frequenza che questi percepisce aumenta rispetto a quella che udirebbe se la sorgente fosse ferma. In *ottica* lo stesso fenomeno si manifesta con un lieve cambiamento di colore, verso il violetto, della luce percepita con spettroscopio.

Dotato, v. INTELLIGENZA, § 2; PSICOPEDAGOGIA, § 2.

Down, Sindrome di (ingl. *Down's syndrome*; ted. *Down-Syndrom*; fr. *Syndrome de Down*; sp. *Síndrome de Down*). Detta anche *mongoloidismo* (e, impropriamente, *mongolismo*) o *trisomia 21*, la sindrome di Down, che prende il nome da John Langdon Down che per primo la descrisse nel 1866, è una particolare forma di ritardo mentale, associata a specifiche caratteristiche fisiche, determinata o dalla presenza di un cromosoma in più nella coppia, per cui il soggetto risulta avere un cariotipo di 47 cromosomi invece dei normali 46, o da una traslocazione per cui il cromosoma in sovrannumero della coppia 21 si attacca ad un altro cromosoma. È stato constatato che la trisomia parziale, in particolare della metà distale del braccio lungo del cromosoma 21, è responsabile di tutte le manifestazioni cliniche (v. GENETICA, § 2). Questa sindrome si presenta con una frequenza piuttosto elevata, 1 su 650 nati vivi indipendentemente dalla razza e dall'estrazione sociale, e costituisce il 25% dei ritardi mentali. L'unica costante finora accertata è l'età della madre, nel senso che la percentuale di rischio aumenta considerevolmente con l'avanzare di quest'ultima. Le caratteristiche cliniche, oltre al ritardo mentale e a malformazioni scheletriche e vascolari, presentano tratti fisici che determinano un aspetto tipico a profilo e occipite piatti, fessure palpebrali oblique, orecchie malformate, naso piccolo e largo, mani corte e tozze con il quinto dito incurvato e dermatoglifi anormali. I soggetti che raggiungono l'età adulta sono fertili. Dal punto di vista psicologico gli affetti da questa sindrome si presentano disponibili ai contatti umani, rivelano una buona capacità imitativa che a volte dà l'impressione di un'intelligenza superiore a quella reale, raramente si rivelano aggressivi. Oggi è possibile diagnosticare il mongoloidismo nei primi mesi di gravidanza tramite un'analisi del liquido amniotico (amniocentesi). Recentemente è stata avanzata l'ipotesi di una correlazione tra la malattia di Alzheimer (v. DEMENZA, § IV, 1) e la sindrome di Down, in quanto i soggetti con trisomia 21 sembrano avere un'alterata funzionalità di una proteina (SNX27) che regola la produzione di β amiloide, proteina tossica per i neuroni, con conseguente accumulo cerebrale.

Bibliografia

Anderton B. H., *Tangled genes and proteins*, in "Nature", 1987, n. 329.
Associazione Italiana Persone Down, *La persona Down verso il 2000. Un nuovo soggetto sociale*, Il Pensiero Scientifico, Roma 1997.
Bigozzi L., Boschi F., Falaschi E., vol. 2: *Lessico e ortografia. Arricchimento del vocabolario, correttezza ortografica e abilità di lettura. Disortografia e dislessia: prevenzione e intervento*, Erickson, Trento 2009.

Bigozzi L., Falaschi E., Limberti C., vol. 1: *Lessico e ortografia. Arricchimento del vocabolario, correttezza ortografica e abilità di lettura*, Erickson, Trento 2009.
Byrne E., Cunningham C., Sloper P., *Le famiglie dei bambini Down. Aspetti psicologici e sociali* (1988), Erickson, Trento 1992.
Collins J. E., Brinkworth R., *I bambini affetti dalla sindrome di Down* (1973), Armando, Roma 1980.
Ferri R., *Il bambino con sindrome di Down. Tecniche di intervento nei primi anni*, Il Pensiero Scientifico, Roma 1996.
Ferri R., Spagnolo A., *La sindrome di Down*, Il Pensiero Scientifico, Roma 1989.
Hanson M., *L'insegnamento al bambino Down. Guida pratica per l'intervento precoce* (1984), Erickson, Trento 1993.
Marotta L., Menghini D., Vicari S., *Lettura, scrittura e calcolo nella sindrome di Down. Percorsi di intervento*, Erickson, Trento 2011.
Mastroiacovo P., Rynders J. E., Albertini G., *La sindrome di Down*, Il Pensiero Scientifico, Roma 1981.
Oliver Ch., Holland A. J., *Down's syndrome and Alzheimer's disease*, in "Psychological Medicine", 1986, n. 16.
Vicari S., *La sindrome di Down*, il Mulino, Bologna 2007.
Zambon Hobart A., *La persona con sindrome di Down*, Il Pensiero Scientifico, Roma 1996.

DPTS (*Disturbo Post-Traumatico da Stress*), v. STRESS.

Drago (ingl. *Dragon*; ted. *Drache*; fr. *Dragon*; sp. *Dragón*). Figura primordiale che compare spesso nella mitologia e nelle fiabe, descritta da Carl Gustav Jung come un ARCHETIPO (v.) dell'inconscio collettivo. Associato alla figura della GRANDE MADRE (v.), il drago rappresenta il custode dei tesori nascosti che l'EROE (v.), ossia colui che ha intrapreso il cammino dell'individuazione (v. PSICOLOGIA ANALITICA, § 5), deve sconfiggere per poter rinascere dal grembo materno dell'inconscio dove sono custodite quelle tendenze oscure e indifferenziate che il drago rappresenta. «Considerato come colui che resta stretto alla madre – scrive Jung – l'eroe è il drago; considerato come colui che rinasce dalla madre, è il vincitore del drago» (1912-1952, p. 365).

Bibliografia

Jung C. G., *Simboli della trasformazione* (1912-1952), in *Opere* (1969-2007), Bollati Boringhieri, Torino, vol. V.
Marchetti E., *Dora e il drago. Strutture archetipiche e psicoanalisi applicata*, Schena Editore, Fasano 1993.
Neumann E., *Storia delle origini della coscienza* (1949), Astrolabio, Roma 1978.

Drammatizzazione (ingl. *Dramatization*; ted. *Dramatisierung*; fr. *Dramatisation*, sp. *Dramatización*). Tecnica messa a punto da Jacob Levi Moreno negli anni venti nell'ambito dello PSICODRAMMA (v.) allo scopo di far vivere al soggetto situazioni passate, presenti o future non soltanto raccontandole, come avviene nelle tradizionali tecniche psicoterapiche, ma rappresentandole in modo da favorire la catarsi e la presa di coscienza. La recitazione consente sia di ripetere un avvenimento passato particolarmente traumatico per giungere ad una conclusione meno dolorosa, sia di interpretare numerose varianti di una situazione futura per prepararsi ad affrontarla. Gli individui particolarmente sensibili alle esperienze di gruppo e dotati di una notevole capacità di drammatizzazione sono chiamati da Moreno *drammatogenici*.

Bibliografia

Moreno J. L., *Principi di sociometria, di psicoterapia di gruppo e sociodramma* (1953), Etas Kompass, Milano 1964.

Dreamy state. Espressione inglese comunemente impiegata per indicare quella riduzione dello stato di vigilanza, che porta la coscienza in una condizione simile al sogno, spesso accompagnata da allucinazioni visive, uditive e olfattive. Fa parte della sintomatologia di alcune forme di epilessia, di malattie che interessano il lobo temporale, e compare tra le conseguenze dell'assunzione di allucinogeni (v. DROGA, § 2).

Dressat. Espressione tedesca comunemente impiegata per indicare quel particolare tipo di INIBIZIONE (v.) a compiere determinate azioni o a provare determinati sentimenti per effetto di un pesante condizionamento divenuto in seguito un tratto caratteriale.

Bibliografia

Künkel F., *Einführung in die Charakterologie*, Hirzel, Leipzig 1928.

Drill. Termine inglese, sostituibile con l'espressione "pratica ripetitiva". Designa un addestramento, solitamente imposto da un insegnante, il *drillmaster*, basato sulla ripetizione sistematica di un compito richiesto, per poterlo eseguire in modo sempre più veloce e automatico. Tale forma di educazione è applicabile a qualsiasi campo e viene utilizzata particolarmente nelle attività professionali del settore industriale che richiedono specifiche abilità.

Drive. Stimolo abbastanza forte da spingere l'individuo verso un'azione che terminerà con la riduzione o l'eliminazione del *drive* stesso. Si distingue, nell'ambito della teoria della motivazione, un *drive primario*, che è uno stimolo, abitualmente interno, che spinge l'individuo a dare una certa risposta sulla base del suo corredo innato, come per esempio gli stimoli da fame, sonno, sete, sesso, e un *drive secondario*, che è solitamente appreso, per cui un individuo finirà per mangiare non solo per fame (*drive primario*), ma anche in base all'ora della giornata e alle consuetudini sociali. Neal Elgar Miller e John Dollard hanno fatto largo uso di questo concetto nello studio della struttura della PERSONALITÀ (v. § I, 4), e John Alcock nello studio del comportamento animale (v. ETOLOGIA, § 2).

Bibliografia

Alcock J., *Animal behavior*, Sinauer, Sunderland 1979.
Miller N. E., Dollard J., *Imitazione e apprendimento sociale* (1941), Franco Angeli, Milano 1977.

Driving psichico (ingl. *Psychic driving*; ted. *Psychischer Driving*; fr. *Driving psychique*; sp. *Drive psíquico*). Tecnica terapeutica, descritta da Donald Ewen Cameron, che prevede la ripetizione ininterrotta, attraverso un registratore, dei contenuti mentali profondi che possono essere suggeriti o dal paziente stesso, come nel *driving autopsichico*, o da altre persone a conoscenza delle dinamiche psichiche del paziente, come nel *driving eteropsichico*.

Bibliografia

Cameron D. E., *Psychic driving*, in "American Journal of Psychiatry", 1956, n. 112.

Droga (ingl. *Drug*; ted. *Droge*; fr. *Drogue*; sp. *Droga*). Il termine conosce diverse definizioni, a seconda dei criteri utilizzati per identificarlo. Dal punto di vista farmacologico, che si rivela il più corretto ed esauriente, l'espressione "droga" si riferisce a qualsiasi sostanza, naturale o sintetica, chimicamente pura o meno, la cui assunzione provoca una modificazione della coscienza, della percezione e dell'umore. Tale definizione comprende, oltre alle droghe considerate illegali e a quelle il cui uso è controllato, le bevande alcoliche, il caffè, il tè, il tabacco, alcuni vegetali e, naturalmente, tutti i farmaci aventi un'azione attiva sulla psiche (v. PSICOFARMACOLOGIA). Esistono varie classificazioni delle droghe; qui utilizzeremo quella redatta da Louis Lewin nel 1927 e aggiornata da Henry Ey nel 1979 perché riconosciuta a tutt'oggi come la più completa e significativa.

1. STUPEFACENTI E OPPIACEI. Rubricati da Lewin sotto la denominazione *euphorica*, comprendono l'oppio e i suoi derivati quali la morfina, l'eroina, la codeina. Nella stessa classe, i preparati sintetici come il metadone, la petidina e la destromoramina. L'oppio si ricava dal *papaver somniferum* già noto ai Sumeri e agli antichi Greci. Nel 1804 Friedrich Wilhelm Sertürner, un farmacista tedesco, ne isola il costituente attivo, la *morfina*; dal 1850, con l'introduzione della siringa ipodermica, se ne diffonde l'uso. Nel 1874 in Inghilterra, per mezzo di una modificazione chimica, si produce l'*eroina*, che dal 1898 viene utilizzata per curare la morfinomania. L'uso prolungato dell'oppio e dei suoi derivati procura un grave stato di assuefazione. Esistono vari tipi di tossicomanie oppiacee tra cui le più comuni sono quelle dei fumatori e dei mangiatori d'oppio in Oriente e quelle dei morfinomani ed eroinomani in Occidente. Il quadro clinico relativo presenta dimagrimento, pallore, stipsi, inappetenza, riduzione della libido, amenorrea, prurito, parestesie e tremori. Dal punto di vista psicologico si hanno torpore, lentezza, inaridimento della vita affettiva, impoverimento della volontà, degradazione morale e, a volte, manifestazioni deliranti e allucinatorie. I derivati dell'oppio, e in particolare la morfina, sono utilizzati in medicina nella terapia del dolore, perché inducono uno stato di particolare benessere e serenità. L'assunzione viene effettuata tramite inalazione, ingestione, iniezione per via intramuscolare o endovenosa. Naturalmente procurano un notevole stato di dipendenza (v. TOSSICODIPENDENZA) con crisi di ASTINENZA (v. § 3) e decadimento psicofisico.

Rientra nello stesso gruppo la *cocaina*, che è un alcaloide della foglia dell'*erythroxylon coca*, una pianta originaria dell'altipiano delle Ande, che produce un effetto prima eccitatorio e in seguito inibitorio sul sistema nervoso centrale. Inoltre, bloccando la conduzione nervosa alla periferia del corpo, agisce come anestetico locale. Se assunta in piccole dosi, per esempio masticando le foglie di *erythroxylon*, la coca determina un effetto di sollievo dalla fatica e aumenta la capacità di resistenza; in dosi più elevate produce uno stato di generale eccitamento con la sensazione di un accrescimento delle capacità fisiche e mentali, innalzamento del tono dell'umore, senso di sicurezza e benessere. A distanza di poche ore il senso di euforia si tramuta in uno stato di depressione in cui il soggetto si sente stanco e abulico. Nei consumatori abituali possono determinarsi assuefazione e dipendenza e, in alcuni casi, deliri persecutori e allucinazioni visive e tattili con reazioni aggressive verso l'esterno.

2. ALLUCINOGENI. Rubricati da Lewin sotto la voce *phantastica*, comprendono: l'*LSD*, derivato dalla segale cornuta e isolato nel 1930 nei laboratori della Sandoz, anche se il suo effetto era già noto da secoli allorché la farina di segale, usata per panificare, era accidentalmente contaminata con segale cornuta; la *psilocibina*, componente di un gruppo di funghi della famiglia delle agaricacee che crescono in Messico; la *mescalina*, che si trova nel *cactus Peyote*. Queste sostanze vegetali e sintetiche hanno una differente struttura chimica, ma una comune capacità di provocare nell'uomo una modificazione dello stato di coscienza, con alterazioni percettive, dell'umore e, nella maggior parte dei casi, allucinazioni. In relazione agli effetti specifici che determinano, gli allucinogeni sono anche detti: *psicotomimetici* in quanto la loro assunzione produce una forma

transitoria avente molti punti in comune con la psicosi, *phantastica* poiché provocano forti esperienze nel campo della fantasia, *psichedelici* in relazione all'ampliamento del campo di coscienza che determinano. A livello di struttura chimica gli allucinogeni mostrano una somiglianza con alcune sostanze presenti nell'organismo umano; così l'LSD e la psilocibina sono analoghi alla serotonina, un neuromediatore del sistema nervoso centrale, mentre la mescalina è affine a due trasmettitori cerebrali, la dopamina e la noradrenalina. Gli allucinogeni non provocano né dipendenza fisica, né assuefazione o crisi di astinenza, ma possono produrre una dipendenza psichica.

L'uso degli allucinogeni si può rintracciare nella storia di molte culture, dove tali sostanze erano e sono, in rari casi, tuttora presenti nei rituali magico-religiosi e nelle pratiche propiziatorie o curative del Sud America, dell'Asia e dell'Africa, o nei rituali sciamanici dei paesi nordici. Numerosi sono gli studi scientifici sugli allucinogeni che, partendo dall'ipotesi di una somiglianza fra la "psicosi sperimentale" da essi prodotta e le psicosi vere e proprie, cercano di rintracciare nei meccanismi di azione delle sostanze psicotomimetiche un modello eziologico della schizofrenia. Attualmente la supposta correlazione è stata smentita, in quanto si è osservato che la natura e le caratteristiche della sindrome provocata dagli allucinogeni sono in larga misura dipendenti dalla personalità che ne fa uso, piuttosto che dalla struttura chimica della droga.

Gli *effetti* degli allucinogeni sono determinati da una serie di variabili, quali: la dose di assunzione, il tipo di molecola, le condizioni psichiche generali e contingenti dell'individuo, come il tono dell'umore, le aspettative e il contesto ambientale e relazionale in cui il soggetto è inserito. Gli effetti maggiormente riscontrati sono: *a*) a *dosi molto piccole* gli allucinogeni provocano un innalzamento del tono dell'umore, per cui sono stati, a volte, impiegati nella terapia dei pazienti depressi; *b*) a *dosi di media entità* determinano un'alterazione dello stato di coscienza, con modificazioni della percezione, soprattutto visiva, illusioni, allucinazioni, intensificazione della percezione del colore, distorsioni del senso del tempo e dello spazio, disturbi del linguaggio e dello schema corporeo. Le trasformazioni del mondo esterno sono accompagnate da trasformazioni interiori che possono generare sensazioni di onnipotenza o dipendenza, di estrema lucidità intellettuale, come pure l'emergenza di ricordi appartenenti alla primissima infanzia, fantasie e sentimenti di grande ricchezza e pregnanza emotiva. Sono frequenti le esperienze cosmico-mistiche accompagnate da stati di illuminazione o di identificazione con uno o più oggetti. La disposizione interiore del soggetto determina i contenuti di tali esperienze e il carattere gradevole o angosciante con cui egli le vive. Generalmente a questo livello l'individuo mantiene la consapevolezza che le distorsioni sensoriali sono provocate dalla sostanza assunta; *c*) a *dosi elevate* le modificazioni sono ancora più intense, si verificano vissuti di depersonalizzazione (v. PERSONA, § 1) e disorientamento spazio-temporale di cui spesso il soggetto non è in grado di riconoscere il carattere indotto. In alcuni individui si sono osservate reazioni di tipo psicotico, caratterizzate da idee deliranti a sfondo paranoico, stati ansioso-depressivi con tendenza al suicidio; inoltre alcuni soggetti hanno sviluppato sindromi schizofreniche acute della durata di alcuni giorni o settimane. La pericolosità degli allucinogeni sta, secondo Luigi Cancrini, nella loro capacità di agire sulle difese dell'Io, determinando l'insorgere di conflitti rimossi che le persone con un insufficiente equilibrio psichico non sono in grado di elaborare adeguatamente.

Rientrano nel gruppo *phantastica* anche i derivati della *cannabis sativa*, fra cui, oltre ad *hashish* e *marijuana*, più conosciuti in Occidente, il *kif* dei paesi arabi, il *ganja* dell'India, il *chira* del Nord Africa. In generale si ritiene che l'uso sporadico di tali sostanze non alteri la struttura di base della personalità, quanto piuttosto alcune percezioni sensoriali, i riferimenti spazio-temporali, come pure il comportamento esteriore, favorendo solitamente la rimozione delle inibizioni ed esasperando alcuni tratti del carattere. In certi casi, soprattutto per un uso prolungato ed eccessivo o per una condizione psicologica particolarmente precaria dell'individuo, possono verificarsi crisi di eccitazione motoria, attacchi di angoscia, fantasie depressive, raramente disorganizzazione del pensiero e allucinazioni. L'hashish e gli altri derivati non inducono dipendenza fisica, per cui la sospensione dell'uso non provoca crisi di astinenza. La nocività psicofisica di tali sostanze è evidentemente proporzionale al livello di assunzione, per cui si ritiene che i rischi legati all'uso sporadico siano modesti e paragonabili a quelli di altre droghe considerate legali, quali alcol e tabacco. L'uso frequente produce una certa dipendenza psicologica, mentre l'ipotesi dell'escalation, secondo cui l'uso di tali prodotti porta progressivamente all'assunzione di droghe "pesanti", specialmente l'eroina, non è stata confermata.

3. INEBRIANTI. Questo gruppo comprende l'alcol etilico, l'etere, il cloroformio, la benzina, il protossido di azoto, le colle, il solvente delle vernici il cui effetto viene ottenuto per inalazione. L'alcol etilico, prodotto dalla fermentazione della frutta, è la sostanza che prima delle altre fu conosciuta per i suoi effetti inebrianti. La distillazione fu introdotta in Europa dagli arabi, che inventarono l'alambicco, e

per i quali l'alcol è sostanza proibita. Circa gli effetti che derivano dalla sua assunzione si veda la voce ALCOLISMO.

4. IPNOTICI O SEDATIVI. Questo gruppo comprende i barbiturici, il cloralio, i bromuri e le benzodiazepine da cui si ottengono il tavor, il valium, il roipnol, l'ansiolin che sono prodotti per sintesi in sostituzione dell'etere impiegato come sedativo. Utilizzati come depressori del sistema nervoso, quando sono sciolti in bevande alcoliche producono un sinergismo, per effetto della mescolanza delle due sostanze, che procura sensazioni non dissimili da quelle dell'eroina. Questi prodotti sviluppano TOLLERANZA (v.) e, se la loro assunzione è stata massiccia e prolungata, la cessazione può provocare deliri e convulsioni.

5. ECCITANTI. Raccolti da Lewin nel gruppo degli *excitantia*, comprendono sostanze di uso quotidiano, il cui abuso, oltre all'alcol etilico, è socialmente accettato, come il *caffè*, il *tè*, la *canfora*, il *tabacco*. In questo gruppo rientrano anche le *anfetamine*, come la benzedrina, la pervitina, il maxiton e la metedrina, che hanno proprietà stimolanti l'attività fisica e psichica. Quando furono sintetizzate in laboratorio nel 1920, le anfetamine servivano da costrittori delle mucose e venivano vendute come prodotti per il raffreddore, ma ben presto si sono evidenziate le loro qualità eccitanti nei confronti del sistema nervoso centrale, ove determinano uno stato di iperattività, resistenza alla fatica, sicurezza, irritabilità, insonnia, anoressia, tachicardia. L'anfetamina provoca assuefazione e dipendenza fisica e psichica. L'uso sporadico consente un lavoro mentale prolungato, non necessariamente migliore, e una maggior capacità di sopportazione della fatica fisica.

Tra le anfetamine psichedeliche entrate a far parte della cultura giovanile merita di essere menzionata la MDMA (*3,4-metilenediossimetanfetamina*), meglio conosciuta con il nome di *ecstasy*, che trova impiego soprattutto in quella che viene definita "techno-scena", composta da techno-sound, techno-droga e techno-party. Brevettata nel 1913 dalla compagnia tedesca Merk come pillola dimagrante, e sperimentata nel 1953 nell'ambito dei test effettuati dall'esercito americano su una serie di droghe per uso militare, l'ecstasy fece la sua comparsa sul mercato nel 1977 come droga terapeutica, e tale fu considerata fino al 1985 quando la DEA, l'Agenzia antidroga statunitense, la rubricò nella "tabella 1", la più restrittiva. Gli effetti piacevoli dell'ecstasy sono sostanzialmente due: uno *fisico* che consiste in un sollievo della tensione muscolare tale da consentire di non avvertire la fatica, in quanto si innalza la soglia della percezione del dolore e dell'affaticamento, e uno *psicologico* che si traduce nel dissolvimento delle paure, sia di quelle annidate nel nucleo profondo della personalità, sia di quelle nei confronti delle altre persone con cui ci si relaziona in modo più aperto, disinibito e affettuoso e soprattutto con meno ansie e difese. Tra gli effetti spiacevoli vanno ricordati, sul versante fisico: secchezza delle fauci, perdita dell'appetito, emicranie, surriscaldamento con la possibilità di collasso da calore (l'ecstasy è cinque volte più tossica in condizioni di affollamento che di isolamento); sul versante psicologico va segnalato il possibile scatenamento di attacchi epilettici o psicotici a sfondo paranoico in personalità già predisposte.

La farmacodipendenza provoca insonnia, anoressia e dimagrimento, mentre la sospensione dell'assunzione determina depressione, astenia, ipersonnia. Nella TOSSICODIPENDENZA (v.), oltre al decadimento fisico e alle reazioni di ansia e insicurezza dovute all'astinenza dal farmaco, si verificano non di rado crisi psicotiche, del tutto analoghe a quelle schizofreniche, con deliri di persecuzione, allucinazioni visive e uditive che scompaiono in genere qualche giorno dopo la sospensione del farmaco.

La maggior parte delle droghe provoca nel soggetto fenomeni di *dipendenza*, ossia il bisogno di assumere la sostanza per il benessere che questa induce e, in seguito, per alleviare la sofferenza causata dall'astinenza, e di *assuefazione*, che comporta la tendenza ad aumentare le dosi di assunzione per mantenerne gli effetti (v. TOSSICODIPENDENZA). La portata della dipendenza e la capacità di disassuefazione sono in relazione sia alla natura della sostanza impiegata, sia alla personalità dell'individuo, alla situazione emotiva presente e alla sua condizione sociale. L'uso delle droghe da parte di un soggetto o di un gruppo è strettamente dipendente dal significato individuale e collettivo che viene attribuito a tali sostanze. Così, mentre nella società occidentale la natura delle droghe impiegate e le modalità con cui vengono assunte portano solitamente ai meccanismi patologici della tossicodipendenza, in alcune popolazioni l'uso di droghe, generalmente allucinogene, costituisce un fenomeno rituale, con implicazioni religiose, che fa parte della cultura stessa.

Bibliografia

Abramson H. A., *The use of LSD in psychotherapy and alcoholism*, Bobbs-Merrill, Indianapolis, Indiana, 1967.

Amendt G., *No drugs no future. Le droghe nell'età dell'ansia sociale* (2003), Feltrinelli, Milano 2004.

Amendt G., Walder P., *Le nuove droghe. Una guida critica* (1997), Feltrinelli, Milano 1998.

Andreoli V., *Il medico e la droga*, Masson, Milano 1978.

–, *Droga, scuola, prevenzione*, Masson, Milano 1986.

Arnao G., *Rapporto sulle droghe*, Feltrinelli, Milano 1976.

–, *Erba proibita. Rapporto su hashish e marihuana*, Feltrinelli, Milano 1978.

–, *Cocaina. Storia, effetti, cultura, esperienze*, Feltrinelli, Milano 1980.
– (con L. Del Gatto), *Il dilemma eroina. Rituali e ricerche*, Feltrinelli, Milano 1985.
–, *Cocaina e crack. Usi, abusi e costumi*, Feltrinelli, Milano 1993.
Benjamin W., *Sull'hascish* (1972), Einaudi, Torino 1975.
Blumir G., *Eroina. Storia e realtà scientifica*, Feltrinelli, Milano 1980.
Cabras M. B., *Cercatori di droga*, Edizioni Dehoniane, Bologna 1996.
Cancrini L. (a cura di), *Esperienze di una ricerca sulle tossicomanie giovanili*, Mondadori, Milano 1972.
–, *Tossicomanie*, Editori Riuniti, Roma 1980.
Cancrini L., Malagoli Togliatti M., Meucci G. P., *Droga*, Sansoni, Firenze 1977.
Cassano G. B. (a cura di), *Disturbi correlati a sostanze*, in G. B. Cassano, P. Pancheri *et al.* (a cura di), *Trattato italiano di psichiatria* (1992), Masson, Milano 1999, vol. II, pp. 1323-1438.
Castaneda C., *A scuola dallo stregone* (1968), Astrolabio, Roma 1970.
Ciapanna C., *Marijuana e altre storie*, Ciapanna Editore, Roma 1979.
Comunità Nuova, *Drugs. Cosa sono, effetti, rischi e precauzioni*, Baldini & Castoldi, Milano 2000.
Derrida J., *Retorica della droga* (1989), Theoria, Roma 1993.
Freud S., *Sulla coca* (1884), in Id., *La cocaina*, Spirali/Vel, Milano 1990.
–, *Sull'azione generale della cocaina* (1885), in Id., *La cocaina*, cit.
–, *Un contributo alla cognizione dell'azione della coca* (1885), in Id., *La cocaina*, cit.
Gessa G. L., *Cocaina*, Rubbettino, Soveria Mannelli 2008.
Glatt M. M., *I fenomeni di dipendenza. Guida alla conoscenza e al trattamento. Farmaci, società e individuo* (1974), Feltrinelli, Milano 1979.
Gnoli A., Volpi F., *Il Dio degli acidi. Conversazioni con Albert Hofmann*, Bompiani, Milano 2003.
Hoffer A., Osmond H., *The hallucinogens*, Academic Press, New York 1967.
Huxley A., *Le porte della percezione. Paradiso e Inferno* (1954), Mondadori, Milano 1986.
Josuttis M., Leuner H., *Die Religion und die Droge*, Kohlhammer, Stuttgart 1972.
Jünger E., *Avvicinamenti. Droghe ed ebbrezza* (1970), Guanda, Parma 2006.
Lamour C., Lamberti M. R., *Il sistema mondiale della droga* (1972), Einaudi, Torino 1973.
Levine J., *LSD. A clinical overview*, in P. Black (a cura di), *Drugs and the brain*, Johns Hopkins Press, Baltimore 1969.
Lewin L., *Phantastica*, Stilke, Berlin 1927.
Margaron H., *Le stagioni degli dèi. Storia medica e sociale delle droghe*, Raffaello Cortina, Milano 2001.
Martignoni G. (a cura di), *A come Alice. Mutamenti generazionali e fenomeno droga. Esiste un nuovo tossicomane?*, Edizioni Alice, Lugano 1986.
Piccone Stella S., *Droghe e tossicodipendenza*, il Mulino, Bologna 1999.
Ravenna M., *Adolescenti e droga. Percorsi e processi socio-psicologici del consumo*, il Mulino, Bologna 1993.
Rigliano P., *Eroina, dolore, cambiamento*, Unicopli, Milano 1991.
Rigliano P., Bignamini E. (a cura di), *Cocaina. Consumo, psicopatologia, trattamento*, Raffaello Cortina, Milano 2009.
Ropp R. S. de, *Le droghe e la mente* (1978), Ciapanna Editore, Roma 1980.
Rubin V. (a cura di), *Cannabis and culture*, Mouton, The Hague-London 1975.
Rusconi M., Blumir G., *La droga e il sistema*, Feltrinelli, Milano 1972.
Saunders N., *E come Ecstasy* (1995), Feltrinelli, Milano 1995.
Silvestrini B., *Malati di droga. Le sostanze d'abuso, danni fisici e psichici, reazione individuale, difese*, Sperling & Kupfer, Milano 1995.
Szasz Th. S., *Il mito della droga* (1974), Feltrinelli, Milano 1977.
Weil A., Rosen W., *Dal cioccolato alla morfina. Tutto quello che dovete sapere sulle sostanze che alterano la mente* (1983), Arcana, Roma 2007.
Wells B., *Le droghe psichedeliche. Aspetti psicologici, medici e sociali* (1975), Feltrinelli, Milano 1977.
Zoja L., *Nascere non basta. Iniziazione e tossicodipendenza*, Raffaello Cortina, Milano 1985.
Zuffa G., *Droga*, in M. Flores (a cura di), *Diritti umani. Cultura dei diritti e dignità della persona nell'epoca della globalizzazione*, Utet, Torino 2007, vol. I, pp. 513-517.

Dromofobia (ingl. *Dromophobia*; ted. *Dromophobie*; fr. *Dromophobie*; sp. *Dromofobia*). Detta anche *odofobia*, la dromofobia è la paura immotivata e l'avversione per il camminare e il viaggiare. Affine all'AGORAFOBIA (v.), nelle forme più accentuate impedisce a chi ne è afflitto di uscire di casa.

Dromomania (ingl. *Dromomania*; ted. *Wandertrieb*; fr. *Dromomanie*; sp. *Dromomanía*). Detta anche *poriomania* o *nomadismo* o *nevrosi da vagabondaggio*, la dromomania si manifesta o come un bisogno insopprimibile di fuga dalla dimora abituale o come un'incoercibile tendenza a vagare da un posto all'altro con fughe improvvise che generalmente avvengono senza un rapporto sufficientemente comprensibile con la situazione che le precede, senza alcun piano e senza una meta prestabilita. Quando non è una reazione a stati di DISFORIA (v.) scatenati da circostanze esterne, la dromomania è interpretata come un tentativo di fuga dalla propria angoscia, dalle proprie voci come nei casi di schizofrenia, o dall'assillo generato dal senso di persecuzione come nei casi di paranoia. In sede clinica Lowell S. Selling ha osservato che «il nomadismo accompagna spesso stati psicotici, mentre nei bambini non di rado si presenta come esito di una encefalite epidemica o di un trauma cerebrale da parto» (1947, p. 58). Dal punto di vista simbolico, la refrattarietà ad abitare stabilmente in un luogo può indicare un'idiosincrasia nei confronti di numerosi e decisivi significati esistenziali connessi alla figura dell'abitare, della casa e della dimora.

Bibliografia

Camporesi P. (a cura di), *Il libro dei vagabondi*, Garzanti, Milano 1973.

Hacking I., *I viaggiatori folli. Lo strano caso di Albert Dadas* (1998), Carocci, Roma 2000.

Selling L. S., *Synopsis of neuropsychiatry*, Mosby, St. Louis, Missouri, 1947.

Drop-out. Il termine si riferisce a chi esce dai modelli comportamentali della società cui appartiene, come gli individui che scelgono di interrompere un'occupazione approvata socialmente per "girare il mondo" o per dedicarsi a forme di agricoltura di sussistenza o ad attività artigianali, ma anche come chi si emargina nei percorsi della droga o negli itinerari delle subculture. In ambito educativo il termine si riferisce a quegli studenti che abbandonano la scuola prima di aver completato un corso o conseguito la laurea, mentre, in ambito psicoterapico, a quei pazienti che interrompono il trattamento senza essersi preventivamente accordati con il terapeuta. Alla base di questi comportamenti si può leggere un desiderio di autenticità o di trasformazione, agito (v. AGIRE) con l'interruzione di qualsiasi azione socialmente approvata e condivisa a livello di condotte medie.

Drunkoressia, v. ALCOLISMO, § 6.

DSA (*Disturbi Specifici di Apprendimento*). Sigla che raccoglie e illustra tutti i disturbi connessi alla lettura (v. ALESSIA), al calcolo (v. ACALCULIA), alla scrittura (v. AGRAFIA) con la segnalazione dei test che ne valutano il livello di difficoltà e l'indicazione dei metodi più efficaci per la riabilitazione.

Bibliografia

Cornoldi C., *Le difficoltà di apprendimento a scuola*, il Mulino, Bologna 1999.

DSM (*Diagnostic and Statistical Manual*), v. DIAGNOSI, § 4; PERSONALITÀ, §§ II, 2, *e*; II, 3.

Dualismo cartesiano, v. DUALISMO PSICOFISICO.

Dualismo psichico, v. SDOPPIAMENTO DELLA PERSONALITÀ; SCISSIONE, § I, 2.

Dualismo psicofisico (ingl. *Psychophysical dualism*; ted. *Psychophysischer Dualismus*; fr. *Dualisme psychophysique*; sp. *Dualismo psicofísico*). La separazione tra anima e corpo, introdotta da Platone, è stata ripresa da René Descartes che ha operato una distinzione tra *res cogitans* e *res extensa*, cioè tra *sostanza pensante*, nelle cui cogitazioni c'è ogni possibile senso del mondo e di ogni Io personale e soggettivo che abita il mondo, e *sostanza estesa* che, per le sue caratteristiche, è misurabile e quantificabile e perciò leggibile in base alle leggi fisiche che regolano l'estensione e il movimento. Come *res extensa* è da considerare anche il corpo umano interpretato come un fascio di processi in terza persona – la vista, l'udito, il tatto, la motilità – per ciascuno dei quali sono previsti un organo, una causa e una scienza specifici. Scrive Descartes: «Ma che cosa sono io? Una cosa che pensa. E che cos'è una cosa che pensa? È una cosa che dubita, che concepisce, che afferma, che nega, che vuole, che non vuole, che immagina anche, e che sente. [...] e siccome ora so che noi non concepiamo i corpi se non per mezzo della facoltà di intendere che è in noi, e non per l'immaginazione, né per i sensi; e che non li conosciamo per il fatto che li vediamo o li tocchiamo, ma solamente per il fatto che li concepiamo per mezzo del pensiero, io conosco evidentemente che non v'è nulla che mi sia più facile a conoscere del mio spirito» (1641, pp. 208-214). Per ulteriori approfondimenti relativi a questa tematica si veda la voce MENTE, § 1.

Il dualismo cartesiano ha posto le premesse per la nascita della scienza esatta, che si propone di conoscere in base a considerazioni oggettive esprimibili nella forma dell'esattezza matematica. Ma proprio qui la psicologia viene a trovarsi in una contraddizione insuperabile perché, se la scienza può nascere solo in presenza di un *cogito* depsicologizzato, se la non interferenza dello psichico è la prima condizione per la produzione di un discorso scientifico, se la soggettività empirica e individuale è proprio ciò che non deve intervenire dove l'analisi pretende di essere oggettiva, come può la psicologia prodursi come scienza senza abolire se stessa? Intorno a questa problematica segnaliamo i tre maggiori interventi che non ritengono idonea l'applicazione della metodologia cartesiana alla psicologia:

1. LA FENOMENOLOGIA DI EDMUND HUSSERL, per il quale «occorre illustrare ed evitare gli errori seducenti in cui sono caduti Cartesio e i suoi successori» (1931, p. 6). Si tratta di quella risposta *fenomenologica* che, anticipata da Franz Brentano (v. ATTO, § 1), ripresa da Martin Heidegger, sviluppata da Jean-Paul Sartre e concretamente articolata da Maurice Merleau-Ponty e in campo psichiatrico da Karl Jaspers e da Ludwig Binswanger, per il quale «la lacerazione dell'uomo in anima (*res cogitans*) e corpo (*res extensa*) è il cancro di ogni psicologia» (1946, p. 22), esclude la possibilità per la psicologia di porsi come scienza esatta perché non si può oggettivare la soggettività che è il riferimento specifico di questo ambito disciplinare.

2. LA PSICOLOGIA ANALITICA DI CARL GUSTAV JUNG, per il quale «la distinzione fra anima e corpo è un'operazione artificiale, una discriminazione che

indubbiamente si basa non tanto sulla natura delle cose, quanto su un elemento peculiare dell'attività conoscitiva dell'intelletto umano» (1921, p. 527). Sul piano epistemologico ne consegue, a parere di Jung, che «la psicologia deve abolirsi come scienza, e proprio abolendosi raggiunge il suo scopo scientifico. Ogni altra scienza ha un "al di fuori" di se stessa; ma non la psicologia, il cui oggetto è il soggetto di ogni scienza in generale» (1947-1954, p. 240).

3. La psicologia dell'azione di Arnold Gehlen che si propone una rifondazione della psicologia a partire dal primato dell'Azione (v. § 6), tratto tipico dell'uomo che "agisce" rispetto all'animale che si limita a "re-agire" agli stimoli. Scrive Gehlen: «Povero di apparato sensoriale, privo di armi, nudo, embrionale in tutto il suo *habitus*, malsicuro nei suoi istinti, l'uomo è l'essere che dipende esistenzialmente dall'*azione*» (1957, p. 11). E questo perché a far sorgere il mondo nell'animale è l'*istinto*, mentre nell'uomo è l'azione che fa emergere nelle cose certe caratteristiche che si evidenziano solo in relazione a una determinata esperienza e che in nessun modo emergerebbero al di fuori di tale relazione. Investite dall'azione le cose assumono un significato la cui *interiorizzazione* costituisce quella che chiamiamo "soggettività". Un'interiorità generata dall'esteriorità e in vista dell'esteriorità, perché la soggettività, sostiene Gehlen, non è una sostanza, ma una funzione, la funzione di rispondere al mondo che l'azione ha creato. Finché la psicologia prenderà avvio dalla soggettività, magari pensata come "sostanza (*res cogitans*)", tralasciando la serie delle azioni che, ripetendosi con o senza successo, l'hanno costituita, la psicologia non può che fraintendere il proprio oggetto, perché trascura la dinamica della sua formazione. Ogni dinamica successiva ipotizzata a partire dalla soggettività, a parere di Gehlen, sarà sempre debitrice della dinamica *produttiva* della soggettività. E ognuno sa che non c'è senso o significato che ceda il suo segreto là dove è stata rimossa la genesi.

Il dualismo cartesiano ha avuto non solo obiezioni radicali da parte della Fenomenologia (v.), della Psicologia analitica (v.) e della psicologia dell'azione, ma anche un'accoglienza abbastanza esplicita nei presupposti teorici della psicoanalisi freudiana (v. Apparato psichico) e uno sviluppo nell'ambito del materialismo scientifico e del comportamentismo logico (v. Fisicalismo).

Bibliografia

Binswanger L., *L'indirizzo antropoanalitico in psichiatria* (1946), in Id., *Il caso Ellen West e altri saggi* (1944-1946), Bompiani, Milano 1973.

Bunge M., *The mind-body problem*, Pergamon, Oxford 1980.

Campbell K., *Il corpo e la mente* (1970), Armando, Roma 1976.

Descartes R., *Meditazioni metafisiche sulla filosofia prima* (1641), in *Opere*, Laterza, Bari 1986, vol. II.

Eccles J. C., *Mind-body problem*, Paragon House, Washington (DC) 1982.

Freud S., *Metapsicologia* (1915), in *Opere* (1967-1993), Bollati Boringhieri, Torino, vol. VIII.

Galimberti U., *Psichiatria e fenomenologia* (1979), nuova edizione ampliata, Feltrinelli, Milano 2017.

–, *Il corpo* (1983), nuova edizione ampliata, Feltrinelli, Milano 2013.

–, *Psiche e techne. L'uomo nell'età della tecnica* (1999), Feltrinelli, Milano 2016.

Gava G., *Mente versus corpo*, Liviana, Padova 1977.

Gehlen A., *L'uomo. La sua natura e il suo posto nel mondo* (1940), Feltrinelli, Milano 1983.

–, *Antropologia filosofica e teoria dell'azione* (1951-1975), Guida, Napoli 1990.

–, *L'uomo nell'era della tecnica* (1957), Sugarco, Milano 1984.

Husserl E., *Meditazioni cartesiane* (1931), Bompiani, Milano 1960.

Jung C. G., *Tipi psicologici* (1921), in *Opere* (1969-2007), Bollati Boringhieri, Torino, vol. VI.

–, *Riflessioni teoriche sull'essenza della psiche* (1947-1954), in *Opere*, cit., vol. VIII.

Merleau-Ponty M., *Fenomenologia della percezione* (1945), il Saggiatore, Milano 1972.

Moravia S., *L'enigma della mente*, Laterza, Bari 1986.

Sartre J.-P., *L'essere e il nulla* (1943), il Saggiatore, Milano 1968.

Wittgenstein L., *Osservazioni sulla filosofia della psicologia* (1946-1949, edito postumo nel 1980), Adelphi, Milano 1990.

Dubbio (ingl. *Doubt*; ted. *Zweifel*; fr. *Doute*; sp. *Duda*). Condizione di incertezza che rende momentaneamente impossibile qualsiasi presa di posizione sul piano della conoscenza e dell'azione.

1. Psicoanalisi. Sigmund Freud, che ha preso in considerazione soprattutto il dubbio coatto e ossessivo, scorge in questa figura una sessualizzazione del pensiero dove si esprime il conflitto irrisolto tra mascolinità e femminilità (v. Bisessualità) e l'Ambivalenza (v. § 2) di amore e odio: «Il dubbio corrisponde alla percezione interna dell'indecisione che, in seguito all'inibizione dell'amore da parte dell'odio, si impadronisce del malato di fronte a qualsiasi prospettiva di azione. Si tratta in fondo di un dubbio circa l'amore (che, soggettivamente, dovrebbe essere la cosa più sicura), il quale si propaga ad ogni altra cosa e si sposta di preferenza sulle inezie più insignificanti. Chi dubita del proprio stesso amore non può forse, o anzi non deve, dubitare anche di tutto il resto che gl'importa molto meno?» (1909, pp. 69-70).

2. Psicologia analitica. Per Carl Gustav Jung il dubbio, che non è considerato dal punto di vista patologico, è letto come origine della coscienza, come ciò che la dischiude. Partendo dall'affinità etimologica

di "dubbio (*Zweifel*)" e "doppio (*Zwei*)", Jung ritiene che «il dubbio esprime la scissione dell'unità originaria, svelando il duplice aspetto delle cose (ambivalenza)» che a questo punto non appaiono più come un tutto positivo o un tutto negativo, ma come partecipanti all'onnipresente duplicità del bene e del male entro cui occorre scegliere. E perciò scrive che «con il dubbio ha luogo uno sviluppo irreversibile, un processo d'autonomia della coscienza umana» (1942-1948, pp. 137-138) che esce da quell'acritica inconsapevolezza tipica di quell'opaca identità non percorsa dal dubbio-doppio. In pratica non è la coscienza che ha dubbi, ma è il dubbio a dischiudere la coscienza come "con-scienza" della compresenza degli opposti.

3. Psichiatria. In questo ambito la nomenclatura psichiatrica di scuola francese aveva introdotto l'espressione "follia del dubbio (*Folie du doute*)", oggi rubricata tra le nevrosi a sfondo ossessivo-coatto, caratterizzata dalla presenza esasperante di dubbi persistenti e ripetitivi che alimentano l'esigenza di continue verifiche e controlli pur nella consapevolezza della loro inutilità. Il dubbio può riferirsi al mondo esterno con continua verifica di tutte le azioni che si compiono, o alla propria interiorità con verifiche automatiche delle proprie capacità mnemoniche, o aritmetiche, o conoscitive.

Bibliografia

Bleuler E., *Trattato di psichiatria* (1911-1939, aggiornato da M. Bleuler dal 1940 al 1960), Feltrinelli, Milano 1967.

Freud S., *Osservazioni su un caso di nevrosi ossessiva (Caso clinico dell'uomo dei topi)* (1909), in *Opere* (1967-1993), Bollati Boringhieri, Torino, vol. VI.

Jung C. G., *Saggio d'interpretazione psicologica del dogma della Trinità* (1942-1948), in *Opere* (1969-2007), Bollati Boringhieri, Torino, vol. XI.

Durata (ingl. *Duration*; ted. *Dauer*; fr. *Durée*; sp. *Duración*). In psicologia il termine viene utilizzato in riferimento alla percezione individuale del tempo, in quanto esperienza soggettiva e immediata. In questo ambito si distingue una *durata soggettiva*, che varia da individuo a individuo senza mai coincidere con la durata oggettiva, e una *durata percettibile* decisa dalla soglia al di sotto della quale due eventi successivi vengono percepiti come simultanei. Introdotto da Henri Bergson, il concetto di durata ha trovato le sue applicazioni in psicopatologia ad opera di Eugène Minkowski che se ne è servito per spiegare gli stati psicologici dell'"attività" contrapposta all'"attesa" e del "desiderio" contrapposto alla "speranza", oltre a tutti gli stati psicopatologici che si possono spiegare attraverso le alterazioni del tempo vissuto (v. Tempo, §§ I, 4, *b*; II, 3).

Bibliografia

Bergson H., *Durata e simultaneità. A proposito della teoria di Einstein e altri testi sulla teoria della relatività* (1922), Raffaello Cortina, Milano 2004.

Borgna E., *Il tempo e la vita*, Feltrinelli, Milano 2015.

Minkowski E., *Il tempo vissuto. Fenomenologia e psicopatologia* (1933), Einaudi, Torino 1971.

–, *L'effimero, durare e avere una durata, e l'eterno* (1953), in Id., *Filosofia, semantica, psicopatologia* (1939-1962), Mursia, Milano 1969.

Durchgangsyndrome, v. Coscienza, § 3, *c*.

Düss, Test, v. Fiaba.

Dynamism. È la più piccola unità nello schema della struttura della personalità. Per Harry Stack Sullivan, per il quale la personalità è un'entità puramente ipotetica che non può essere osservata prescindendo dalle situazioni interpersonali, il *dynamism* è «lo schema relativamente persistente di trasformazioni energetiche (equivalenti a forme di condotta) che caratterizzano l'organismo nella sua esistenza di organismo vivente» (1953, p. 53). Fra i *dynamisms* che tendono a soddisfare i bisogni fondamentali dell'individuo il più rilevante è il *dynamism of self*, che consiste nell'adozione di vari tipi di misure protettive e di controlli sulla propria condotta. Trasmesso originariamente dalla madre, il *dynamism of self* è successivamente mantenuto dalle minacce alla sicurezza personale che l'individuo avverte intorno a sé.

Bibliografia

Cesa-Bianchi M., *Gli aspetti teoretici della personalità*, in L. Ancona (a cura di), *Questioni di psicologia*, La Scuola, Brescia 1962, pp. 437-488.

Sullivan H. S., *Teoria interpersonale della psichiatria* (1953, edito postumo), Feltrinelli, Milano 1962.

E

Eautoscopia, v. AUTOSCOPIA.

Ebbinghaus, Illusione di, v. ILLUSIONE, § 4, *f.*

Ebbinghaus, Legge di (ingl. *Ebbinghaus law*; ted. *Ebbinghaus-Gesetz*; fr. *Loi de Ebbinghaus*; sp. *Ley de Ebbinghaus*). Formulata nel 1885 sulla base di uno studio sperimentale relativo ai processi dell'apprendimento e della memoria, la legge di Ebbinghaus stabilisce un rapporto costante tra l'ampiezza del materiale da memorizzare e il tempo di apprendimento. Per formulare questa legge, Hermann Ebbinghaus si avvalse del metodo delle *sillabe senza senso* per evitare l'influenza dell'apprendimento precedente che avrebbe agito nella memorizzazione di parole d'uso corrente. Le sillabe venivano fatte apparire una per volta nella fessura di un particolare dispositivo detto *mnemometro* e in seguito, durante la seconda rappresentazione delle stesse, veniva richiesto all'individuo sottoposto al test di anticipare uno per uno gli elementi in successione. Gli errori compiuti dal soggetto permettevano di tracciare una curva in grado di indicare la capacità di memorizzazione, il livello di apprendimento e il decorso dell'oblio (v. MEMORIA, § 5).

Bibliografia

Ebbinghaus H., *La memoria* (1885), Zanichelli, Bologna 1975.

Ebbinghaus, Ottaedro di, v. COLORE, § 1.

Ebbrezza, v. ALCOLISMO, § 4.

Ebefrenia, v. SCHIZOFRENIA, § III, 2.

Ebetismo (ingl. *Hebetude*; ted. *Stumpfsinn*; fr. *Hébétude*; sp. *Imbecilidad*). Ottusità affettiva caratterizzata dall'assenza di reazione emotiva agli stimoli esterni, determinata da un ritiro parziale o totale di interesse nei confronti del mondo e di sé. Denominato da Eugen Bleuler *demenza affettiva*, l'ebetismo è un tratto frequente nelle sindromi schizofreniche.

Bibliografia

Bleuler E., *Trattato di psichiatria* (1911-1939, aggiornato da M. Bleuler dal 1940 al 1960), Feltrinelli, Milano 1967.

Eccedenza libidica, v. LIBIDO, § 2, *a.*

Eccentricità (ingl. *Eccentricity*; ted. *Exzentrizität*; fr. *Excentricité*; sp. *Excentricidad*). Modo di pensare e di agire che si discosta dalle convenzioni e dalle consuetudini sociali con comportamenti anticonformisti che però non approdano ad attività significative per la scarsa relazione che l'eccentrico ha con il gruppo sociale di appartenenza. Rubricata insieme alla STRAVAGANZA (v.) tra le forme di PSICOPATIA (v.), l'eccentricità se ne differenzia in quanto l'anomalia del comportamento non pregiudica, come nella stravaganza, un accettabile rapporto con la realtà. Alla base dell'eccentricità possono agire scompensi affettivi, eccessivo autoritarismo, mancanza di sicurezza interiore ed esigenze di autoaffermazione.

Eccitabilità (ingl. *Excitability*; ted. *Reizbarkeit*; fr. *Excitabilité*; sp. *Excitabilidad*). Proprietà fondamentale dell'organismo in grado di reagire a stimoli che abbiano superato un certo livello di intensità (v. SOGLIA). L'eccitabilità è un fenomeno psicofisico di natura complessa, dove convenzionalmente si è soliti distinguere l'*eccitamento*, che è una modificazione fisiologica, dall'*eccitazione*, che ne è il corrispondente psichico.

1. NEUROFISIOLOGIA. L'eccitamento è una proprietà comune a ogni protoplasma vivente capace di rispondere a stimoli mediante determinate modificazioni biologiche. Questa proprietà è particolarmente

evidente nel tessuto neuromuscolare dove l'eccitamento è alla base della CONDUZIONE NERVOSA (v.), ossia la proprietà di trasmettere la modificazione che si determina per effetto dello stimolo lungo i punti susseguenti a quello stimolato. La stimolazione avviene attraverso i recettori (v. RECETTORE), ciascuno dei quali è specificamente sensibile a una data forma di energia, detta *stimolo adeguato*, che è in grado di produrre un impulso solo se raggiunge una data soglia. A questo proposito si distinguono stimoli *liminali*, la cui intensità è appena sufficiente a determinare l'eccitamento, e stimoli *subliminali* che, essendo di intensità inferiore alla soglia, non sono in grado di produrre l'eccitamento. Si possono in ogni caso verificare fenomeni di *sommazione* come la rapida successione di stimoli subliminali in un intervallo di tempo sufficientemente breve. Nella determinazione dell'eccitabilità hanno particolare rilevanza l'*intensità* e la *durata*, per cui si riesce a ottenere l'eccitamento con intensità di stimolo sempre minore purché si aumenti la durata di applicazione (*legge dell'eccitamento*). Tuttavia vi è per ogni substrato eccitabile un'intensità stimolante detta *reobase*, al di sotto della quale non si riesce più a ottenere l'eccitamento. Per avere efficacia stimolante, ogni variazione energetica deve raggiungere il suo massimo di intensità entro breve tempo, perché lo stato eccitatorio che si va producendo nell'elemento stimolato è contrastato, durante la stessa applicazione dello stimolo, da processi restaurativi che tendono a riportare l'elemento stesso allo stato di riposo antecedente. Detti fenomeni restaurativi, in cui consiste il processo di *accomodazione*, agiscono tanto più efficacemente quanto più la variazione energetica è lenta.

Dal punto di vista neuronale, l'eccitazione si riferisce all'attivazione dei neuroni che, come scrive Daniel J. Siegel, «richiede la presenza di un flusso di energia che è sia di natura elettrica, derivante dal movimento di particelle cariche di ioni che attraversano da un lato all'altro la membrana cellulare di neuroni, sia di natura chimica, derivante dal rilascio di neurotrasmettitori, sostanze chimiche che poi si legano ai rispettivi recettori nello spazio sinaptico. L'attivazione di un neurone può portare alla successiva eccitazione o inibizione del neurone successivo (post-sinaptico)» (2012, p. 19).

2. PSICOLOGIA. L'eccitazione è la prima manifestazione del neonato che, nel pianto, nella tensione, nell'agitazione, esprime il suo repertorio di risposte all'ambiente. Nel bambino, l'intensità maggiore o minore del fenomeno dipende dal temperamento individuale, con variazioni nello stesso soggetto dovute ai diversi livelli dello sviluppo psicosomatico, nonché a fattori organici come l'intossicazione o psicologici come i disturbi dell'affettività. La scarica dell'eccitazione ha un'azione tranquillizzante, mentre il suo contenimento può provocare disturbi nell'area emotiva. Sigmund Freud adottò da Franz Serafin Exner, assistente del fisiologo Ernst Wilhelm von Brücke, nel cui laboratorio lavorò lo stesso Freud, l'espressione *somma di eccitazione* per segnalare che le eccitazioni psichiche agiscono solo se si produce una loro sommazione o accumulazione che consente ad esse di superare una soglia di permeabilità. La somma di eccitazione, che proviene dagli stimoli interni a cui non ci si può sottrarre con la fuga, come nel caso degli stimoli esterni, sottopone a una continua stimolazione l'APPARATO PSICHICO (v.) che, per il *principio di costanza* (v. COSTANZA, § 2), «si sforza di mantenere più bassa possibile, o quanto meno costante, la quantità di eccitamento presente nell'apparato stesso» (1920, p. 195). In ambito psicologico si parla di *eccitazione mentale* in riferimento a quel particolare stato di tensione emotiva che caratterizza le attività creative o quelle che richiedono un notevole impegno, dove agisce una forte spinta motivazionale piuttosto che uno stimolo esterno o interno organicamente localizzabile; e di *eccitazione sessuale* a proposito di quella tensione piacevole che caratterizza la prima fase del ciclo di reazione sessuale che, se interrotta, può generare quelle forme di tensione o di ansia che, a parere di Freud, mettono capo alla *nevrosi d'angoscia* (v. ANGOSCIA – ANSIA, § 2, *a*). All'eccitazione sessuale sono connesse alterazioni fisiologiche come l'aumento della frequenza cardiaca, della pressione del sangue, la crescita della tensione muscolare sia volontaria che involontaria, la lubrificazione vaginale nella donna e l'erezione del pene nell'uomo.

3. PSICOPATOLOGIA. In questo ambito si parla di eccitazione quando le reazioni dell'individuo si mantengono, per intensità e durata, oltre i limiti fisiologici (v. STRESS). Compaiono in questi casi disturbi che interessano l'intelletto, la volontà e l'emotività che non riescono a trattenere la traduzione motoria delle tensioni interne. Eccitazioni si registrano negli stati confusionali (v. COSCIENZA, § 3, *c*), in quelli euforici (v. MANIA), in quelli ansiosi che precedono crisi d'angoscia (v. ANGOSCIA – ANSIA), e in quelli schizofrenici che si manifestano con impulsi e gesti incontrollati.

Bibliografia

Bader M., *Eccitazione. La logica segreta delle fantasie sessuali* (2002), Raffaello Cortina, Milano 2018.

Benedetti G., *Neuropsicologia. Le attività psichiche in una sintesi di psicologia sperimentale, neurofisiologia e psichiatria*, Feltrinelli, Milano 1969.

Changeux J.-P., *L'uomo neuronale* (1983), Feltrinelli, Milano 1983.

Freud S., *Progetto di una psicologia* (1895), in *Opere* (1967-1993), Bollati Boringhieri, Torino, vol. II.

–, *Al di là del principio di piacere* (1920), in *Opere*, cit., vol. IX.
Girotti G., *I fondamenti fisiologici dell'attività psichica*, in L. Ancona (a cura di), *Nuove questioni di psicologia*, La Scuola, Brescia 1972, vol. II, pp. 747-868.
Siegel D. J., *Mappe per la mente. Guida alla neurobiologia interpersonale* (2012), Raffaello Cortina, Milano 2014.

Eccitamento, v. ECCITABILITÀ, § 1.

Eccitante, v. DROGA, § 5.

Eccitazione, v. ECCITABILITÀ, § 2.

Ecclesiogene, Nevrosi (ingl. *Ecclesiogenic neurosis*; ted. *Ekklesiogene Neurose*; fr. *Névrose ecclesiogénique*; sp. *Neurosis eclesiógena*). Recente denominazione adottata per i disturbi della vita interiore provocati da un'educazione rigida e repressiva conseguente a una visione religiosa sessuofobica, come può riscontrarsi in comunità o sette religiose dove inconciliabile diventa il conflitto tra mondo ideale e mondo pulsionale, che non consente alla personalità di esprimersi se non in modo ossessivo, scrupoloso e contorto.

Ecclisi, v. CLISI.

Ecforia, v. MEMORIA, § 2, *d*.

Eclissi mentale (ingl. *Mental eclipse*; ted. *Geistesverschwindung*; fr. *Éclipse mentale*; sp. *Eclipse mental*). Espressione adottata da Pierre Janet per indicare il *furto del pensiero* detto anche *nooclopia*, ossia la convinzione, frequente negli schizofrenici, di essere derubati delle proprie idee non appena sono concepite. Il termine viene anche impiegato in un senso più generale in riferimento ai disturbi della COSCIENZA (v. § 3).

Bibliografia

Janet P., *Les obsessions et la psychasthénie*, Alcan, Paris 1903; tr. it. parziale, *La passione sonnambulica e altri scritti*, Liguori, Napoli 1996

Ecmnesia, v. MEMORIA, § 8, *c*.

Ecnoia (ingl. *Ecnoia*; ted. *Eknöe*; fr. *Ecnoie*; sp. *Ecnoia*). Reazione emotiva, eccessivamente prolungata nel tempo, a uno spavento improvviso. È frequente nei bambini, dove si manifesta in continui sussulti, in pianti prolungati e in alterazioni, anche vistose, di funzioni fisiologiche come l'appetito, il sonno, l'evacuazione.

Eco del pensiero, v. ECOFENOMENO.

Ecofenomeno (ingl. *Echophenomenon*; ted. *Ecophänomen*; fr. *Échophénomène*; sp. *Ecofenómeno*). Espressione introdotta da Emil Kraepelin per designare tutte quelle forme di ripetizione abituale, automatica e afinalistica di parole o frasi tipiche del soggetto (*autoecolalia*) o apprese da altri (*ecolalia*), di parole o frasi scritte (*ecografia*), di atteggiamenti mimici (*ecomimia*), di movimenti propri continuamente ripetuti (*autoecoprassia*), o di comportamenti altrui (*ecoprassia*). Eugen Bleuler rubrica i fenomeni di eco tra le forme di AUTOMATISMO (v. § 1) che il soggetto avverte come estranee o indipendenti dal resto della sua attività rappresentativa (v. ALLOCTONO – AUTOCTONO). George W. Jacoby introdusse in questo raggruppamento anche l'*eco del pensiero*, ossia la riproduzione sonora dei propri pensieri percepiti come voci esterne: «Una particolare forma di allucinazione uditiva – scrive Jacoby – è quella in cui le immagini verbali acustiche del pensiero stesso sono proiettate all'esterno in modo tale che il soggetto sente, ripetuta come un discorso, qualsiasi cosa egli pensi. Questa eco dei pensieri non solo ripete i pensieri dei pazienti, ma ne preannuncia anche le azioni future» (1918, p. 35).

Prima di Kraepelin, Carl Wernicke, trattando dei disturbi motori dei malati di mente, classificava i fenomeni di eco tra quelle manifestazioni che avvengono in modo stereotipato sotto l'influenza anche inconsapevole di qualche eccitazione o stimolazione sensoriale esterna, note sotto la denominazione di verbigerazioni ansiose. Secondo Kraepelin, invece, il fenomeno è dovuto ad un eccesso patologico di influenzabilità da comprendere tra i disturbi della volontà e dell'azione. Viceversa, Arnold Pick parla di una forma volitiva inferiore, causata da carenza di funzioni gerarchicamente superiori del sistema nervoso centrale; mentre, secondo Ernst Kretschmer, si tratta di un processo psicopatologico molto complesso originato da un ricordo frammentario del significato di simboli verbali, da un'estrema suggestionabilità, da insufficiente introspezione e assenza di un potere di inibizione verbale superiore. L'approccio neurologico ha constatato con Karl Kleist, in concomitanza con le manifestazioni di eco, lesioni al lobo temporale, compressione del tronco encefalico o lesioni del tronco stesso. I fenomeni di eco si osservano nella forma catatonica della schizofrenia, in presenza di paralisi, encefaliti, demenza arteriosclerotica avanzata e talvolta nell'epilessia sintomatica e nell'isteria. I fenomeni di eco ricorrono anche sotto la denominazione assegnata da Édouard Brissaud alla fine del XIX secolo con la nomenclatura costruita a partire dal prefisso PALI- (v.) per cui avremo "palifrasia", "palilalia", "paliprassia" e simili.

Bibliografia

Bleuler E., *Trattato di psichiatria* (1911-1939, aggiornato da M. Bleuler dal 1940 al 1960), Feltrinelli, Milano 1967.

Bostroem A., *Katatone Störungen*, in O. Bumke (a cura di), *Handbuch der Geisteskrankheiten*, Springer, Berlin 1928.

Brissaud É., *Leçons sur les maladies nerveuses*, Masson, Paris 1895.

Jacoby G. W., *The unsound mind and the law*, Funk & Wagnalls, New York-London 1918.

Kleist K., *Gehirnpathologie*, Barth, Leipzig 1934.

Kraepelin E., *Trattato di psichiatria* (1883), Vallardi, Milano 1907.

Kretschmer E., *Manuale teorico-pratico di psicologia medica* (1922), Sansoni, Firenze 1952.

Pick A., *Die neurologische Forschungsrichtung in der Psychopathologie und andere Aufsätze*, Karger, Berlin 1921.

Wernicke C., *Über den wissenschaftlichen Standpunkt in der Psychiatrie*, Fischer, Kassel 1880.

Ecografia, v. ECOFENOMENO.

Ecoica, Memoria, v. MEMORIA, §§ 3, A; 9.

Ecolalia, v. ECOFENOMENO.

Ecolocalizzazione, v. DISTANZA, § 1.

Ecologia (ingl. *Ecology*; ted. *Ökologie*; fr. *Écologie*; sp. *Ecología*). Il termine è stato introdotto nella seconda metà del XIX secolo da Ernst Heinrich Haeckel con queste parole: «Con il vocabolo ecologia intendiamo la scienza dell'economia degli organismi animali. Essa ha il compito di studiare i rapporti complessivi dell'animale con il suo ambiente organico e inorganico, e soprattutto i rapporti benevoli od ostili con gli animali e le piante con cui esso viene in contatto diretto o indiretto. [...] Questa ecologia ha finora costituito la parte principale della cosiddetta "storia naturale" nel senso abituale della parola» (1870, p. 333). Oggi il termine viene inteso come studio dei rapporti organismo-ambiente, ove per ambiente si può intendere o l'insieme degli organismi della stessa specie (approccio *demografico*), o un insieme di organismi di specie diverse (approccio *biocenotico*), o un singolo fattore chimico o fisico (approccio *autoecologico*), oppure l'ambiente nella sua totalità (approccio *ecosistemico*). Componendo questi approcci sotto un profilo strutturale e funzionale, Eugene Pleasants Odum è approdato a questa definizione: «L'ecologia è lo studio strutturale e funzionale della natura, dove per *struttura* si deve intendere: *a)* la composizione della comunità biologica; *b)* la quantità e la distribuzione dei materiali abiotici; *c)* il gradiente delle variabili ambientali; e per *funzione*: *a)* l'entità del flusso energetico biologico che attraversa l'ecosistema; *b)* l'entità del riciclo della materia e delle sostanze nutrienti; *c)* la regolazione biologica o ecologica» (1971, pp. 108-118).

1. DEMOGRAFIA E BIOCENOSI. Il problema demografico è stato impostato dalle riflessioni di Thomas Robert Malthus che sono ancora oggi di estrema attualità: «Penso di poter fare due postulati. Primo: che il cibo sia necessario per l'esistenza dell'uomo. Secondo: che l'attrazione fra i sessi è necessaria e che sarà sempre più o meno come è attualmente. Assumendo per buoni tali postulati affermo che la potenzialità della popolazione umana è indefinitamente più grande della potenzialità della terra di produrre sostentamento. La popolazione, quando non viene limitata, cresce in modo geometrico. I mezzi di sussistenza crescono solo in modo aritmetico. Una conoscenza anche superficiale dei numeri è sufficiente per far capire l'enorme differenza tra le due potenzialità» (1798, p. 12). Al di là delle critiche avanzate, oggi assistiamo a uno sviluppo divergente, o a forbice, tra popolazione e risorse che ripropone l'importanza della considerazione dello sviluppo geometrico nei sistemi biologici.

Al di sopra del livello di indagine demografica troviamo quello che Odum definisce «livello dell'*integrazione funzionale* in base al quale, con l'aumentare della complessità della struttura, si hanno caratteristiche aggiuntive» (1971, p. 6). Questo livello, comunemente denominato *biocenotico*, è studiato con concetti unificanti quali la produttività, il flusso di energia, di diversità, di stabilità, di maturità e di successione ecologica che introduce la visione evoluzionistica anche a livello di comunità e di ambiente. Non soltanto le specie viventi evolvono in milioni di anni, ma anche la biocenosi in decine di centinaia di anni.

2. ECOSISTEMA. La relazione organismo-ambiente, sufficiente per gli studi a livello demografico e biocenotico, richiede l'introduzione di altre varianti e arricchimenti a livello di ecosistema che può essere definito, con le parole di Francis C. Evans, in questi termini: «Nei suoi aspetti fondamentali, un ecosistema comprende la circolazione, la trasformazione, l'accumulazione di energia e di materia tramite gli esseri viventi e le loro attività. Fotosintesi, decomposizione, pascolo, predazione, parassitismo ed altre relazioni simbiotiche sono i principali processi biologici responsabili del trasporto e del deposito di materiali e di energia; le interazioni degli organismi coinvolti in queste attività determinano il tipo di rete di distribuzione. La catena alimentare è un esempio di tale distribuzione» (1956, p. 1127).

Percorrendo la scala dei livelli di organizzazione (popolazione, comunità, ecosistema) si giunge al concetto più ampio e comprensivo usato in ecologia: la *biosfera*, la cui analisi è in grado di far comprendere compiutamente i bilanci globali della produttività terrestre, i cicli biogeochimici e soprattutto l'impatto dell'uomo sulla natura. Il concetto di biosfera permette in questo modo di pensare gli ecosistemi su scala mondiale e di abbozzare delle previsioni in ordine alla qualità e alla quantità della vita sulla terra. In questo ambito rientra l'*ecologia politica* tesa a individuare gli errori della gestione ambientale da parte delle ideologie e del potere politico che si ispirano allo sviluppo illimitato. Qui il discorso ecologico si intreccia con quello economico per un bilancio tra costi e benefici in ogni scelta produttiva, e con quello politico per le decisioni da prendere sulla base delle informazioni di cui si dispone.

3. PSICHIATRIA SOCIALE. In questo ambito Roger Bastide ha studiato i tassi di ammissione in ospedale psichiatrico tra la popolazione del centro e quella della periferia della città, giungendo alla conclusione che tante malattie mentali sono frutto della "decadenza sociale (*downward drift*)" e, per converso, che chi è psichicamente sofferente trova nella periferia un rifugio migliore che nel centro. Di qui la necessità di organizzare un'équipe pluridisciplinare volta alla trasformazione del "sistema ecologico" per stabilire in quale misura quest'ultimo può influire sulla nascita o l'aggravamento della malattia mentale.

4. PSICOLOGIA SPERIMENTALE. In questo ambito Ulric Neisser ha introdotto il concetto di "validità ecologica" a proposito delle ricerche sulle capacità cognitive e comportamentali condotte in laboratorio che, a suo parere, hanno poca o nessuna rilevanza, per cui occorre compiere «sforzi maggiori per comprendere l'attività cognitiva che si manifesta nell'ambiente ordinario e nel contesto di attività concrete» (1976, p. 31). Ne è prova la differenza che si riscontra nella valutazione delle abilità di apprendimento dei ratti in laboratorio rispetto al loro habitat naturale, dove l'accumularsi delle esperienze sviluppa nel tempo schemi di comportamento finalizzato. Analoghe critiche Neisser le ha rivolte alle ricerche sulla memoria condotte in laboratorio, dove sono ignorate o eliminate le motivazioni e l'esperienza passata che sono di notevole importanza. Lo stesso dicasi per la valutazione delle facoltà cognitive condotta con l'impiego di sillabe senza senso, sillogismi o file di puntini, senza occuparsi di problemi della vita reale, dove contesti, motivazioni e finalità da raggiungere o problemi da risolvere sono fattori importanti se non esclusivi che non possono essere valutati negli esperimenti decontestuati di un laboratorio. Alle stesse conclusioni è giunto James Jerome Gibson a proposito degli studi sulla percezione, dove la percezione di figure molto artificiali presentate nei laboratori o di oggetti bidimensionali statici e al di fuori di qualsiasi contesto circostante non è assolutamente rappresentativa per valutare la capacità percettiva e tantomeno per capire come questa reagirebbe in un ambiente naturale, dove la scena visiva è tridimensionale e molto più ricca e complessa di indizi.

Bibliografia

Bastide R., *Sociologie des maladies mentales*, Flammarion, Paris 1965.

Bateson G., *Verso un'ecologia della mente* (1972), Adelphi, Milano 1976.

Bronfenbrenner U., *Ecologia dello sviluppo umano* (1979), il Mulino, Bologna 1986.

Carson R., *Primavera silenziosa* (1962), Feltrinelli, Milano 1963.

Di Domenico M. G., *Danzando sull'orlo del mondo. Una riflessione sulla bioetica ambientale*, Luciano Editore, Napoli 2004.

Duque F., *Abitare la terra. Ambiente, Umanismo, Città* (2004), Moretti & Vitali, Bergamo 2007.

Evans F. C., *Ecosystem as the basic unit in ecology*, in "Science", 1956, n. 123.

Ferrari C., Pezzi G., *L'ecologia del paesaggio*, il Mulino, Bologna 2013.

Gibson J. J., *Un approccio ecologico alla percezione visiva* (1979), il Mulino, Bologna 1999.

Giddens A., Offe C., Touraine A., Ceri P., *Ecologia politica*, Feltrinelli, Milano 1987.

Goldsmith E., Allen R., *La morte ecologica* (1972), Laterza, Bari 1972.

Haeckel E. H., *Über Entwicklungsgang und Aufgabe der Zoologie*, in "Jenaische Zeitschrift Medizin und Naturwissenschaft", 1870, n. 5.

Iovino S., *Filosofie dell'ambiente. Natura, etica, società*, Carocci, Roma 2004.

Malthus Th. R., *An essay on the principle of population as it affects the future improvement of society* (1798), Everyman's Library, London 1914.

Manghi S., *Il gatto con le ali. Ecologia della mente e pratiche sociali*, Feltrinelli, Milano 1990.

Meadows D. H. *et al.*, *I limiti dello sviluppo*, Mondadori, Milano 1972.

Merrell D. J., *Ecological genetics*, Longman, London 1981.

Neisser U., *Conoscenza e realtà. Un esame critico del cognitivismo* (1976), il Mulino, Bologna 1981.

Odum E. P., *Principi di ecologia* (1971), Piccin, Padova 1973.

Ricklefs R. E., *Ecologia* (1973), Zanichelli, Bologna 1976.

Russo N., *Filosofia ed ecologia. Genealogia della scienza ecologica ed etica della crisi ambientale*, Guida, Napoli 1999.

Simonetta A. M., *Ecologia*, Bollati Boringhieri, Torino 1975.

Tallacchini M. (a cura di), *Etiche della terra. Antologia di filosofia dell'ambiente*, Vita e Pensiero, Milano 1998.

Thompson W. I. (a cura di), *Ecologia e autonomia* (1987), Feltrinelli, Milano 1988.

Tibaldi E., Zullini A., *Ecologia*, in AA.VV., *Gli strumenti del sapere contemporaneo*, vol. I: *Le discipline*, Utet, Torino 1985, pp. 192-199.

Varin D., *Ecologia dello sviluppo e individualità*, Raffaello Cortina, Milano 2005.

Ecologica, Validità, v. ECOLOGIA, § 4.

Ecomimia, v. ECOFENOMENO.

Economico, Punto di vista, v. APPARATO PSICHICO, § 2.

Ecoprassia, v. ECOFENOMENO.

Ecosistema, v. ECOLOGIA, § 2.

Ecstasy, v. DROGA, § 5.

Ectomorfismo, v. TIPOLOGIA, § 1, *c*.

Ectoplasma, v. PARAPSICOLOGIA, § 2.

Edipo, Complesso di (ingl. *Oedipus complex*; ted. *Oedipuskomplex*; fr. *Complexe d'Oedipe*; sp. *Complejo de Edipo*). Struttura psichica in cui si organizzano i sentimenti amorosi e ostili che il bambino avverte nei confronti dei genitori e dal cui superamento dipende, secondo Sigmund Freud, il futuro profilo psicologico del soggetto. Per la sua importanza centrale nello sviluppo libidico, Freud, oltre alla denominazione mitologica che fa riferimento all'*Edipo re* di Sofocle, aggiunge anche quella di "complesso nucleare (*Kernkomplex*)" che, nella sua forma detta *positiva*, si presenta come desiderio della morte del genitore dello stesso sesso e desiderio sessuale per il genitore di sesso opposto, mentre in quella detta *negativa* si presenta capovolto. Il complesso raggiunge la sua acme fra i 3 e i 5 anni durante la fase fallica (v. FALLICA, FASE), e il suo declino segna l'ingresso nel periodo di latenza (v. LATENZA). La modalità del suo superamento decide la scelta oggettuale in età adulta. Freud ritiene che questo complesso abbia una portata universale, e l'antropologia psicoanalitica si è affaccendata per reperire le prove della sua presenza anche in quelle culture in cui non predomina la famiglia coniugale (v. ANTROPOLOGIA, §§ 1, 6).

Scrive Freud: «Due sono i fattori responsabili di tale complessità: il carattere triangolare della situazione edipica e la bisessualità costituzionale dell'individuo. Il caso più semplice si struttura, per il bambino di sesso maschile, nel modo seguente: egli sviluppa assai precocemente un investimento oggettuale per la madre, investimento che prende origine dal seno materno e prefigura il modello di una scelta oggettuale del tipo "per appoggio"; del padre il maschietto si impossessa mediante identificazione. Le due relazioni per un certo periodo procedono parallelamente, fino a quando, per il rafforzarsi dei desideri sessuali riferiti alla madre e per la constatazione che il padre costituisce un impedimento alla loro realizzazione, si genera il complesso edipico. L'identificazione con il padre assume ora una coloritura ostile, si orienta verso il desiderio di toglierlo di mezzo per sostituirsi a lui presso la madre. Da questo momento in poi il comportamento verso il padre è ambivalente; sembra quasi che l'ambivalenza, già contenuta nell'identificazione fin da principio, si faccia manifesta. L'impostazione ambivalente verso il padre e l'aspirazione oggettuale esclusivamente affettuosa riferita alla madre costituiscono per il maschietto il contenuto del complesso edipico nella sua forma semplice e positiva» (1922, p. 494).

Il declino del complesso edipico nel bambino è, per Freud, la minaccia della CASTRAZIONE (v.) da parte del padre, che è determinante nella rinuncia all'oggetto incestuoso. Il processo non è simmetrico nei due sessi, come invece riteneva Carl Gustav Jung quando per la bambina aveva teorizzato il *complesso di Elettra* (v. ELETTRA, COMPLESSO DI). Infatti, nella fase fallica, per Freud al centro c'è, sia per il bambino sia per la bambina, il fallo, la cui perdita è fantasmata nel bambino «come conseguenza di un castigo» e nella bambina «come presupposto» (1924, p. 30). Scrive Freud: «La bambina non intende la sua mancanza attuale come carattere sessuale, bensì la interpreta supponendo di aver posseduto una volta un membro altrettanto grande e di averlo in seguito perduto per evirazione. [...] La rinuncia al pene non viene sopportata senza un tentativo di rivalsa. La bimba scivola (si potrebbe dire sulle tracce di un'equazione simbolica) dal pene al bambino: il complesso edipico culmina nel desiderio, coltivato da tempo, di ricevere dal padre un bambino in regalo, di generargli un figlio. Si ha l'impressione che il complesso edipico venga lentamente abbandonato perché questo desiderio non si esaudisce mai. I due desideri, di possedere un pene e di possedere un bambino, permangono fortemente investiti nell'inconscio, aiutando in tal modo la femmina a prepararsi alla sua futura funzione sessuale. [...] Complessivamente bisogna però riconoscere che le cognizioni da noi acquisite intorno a questo processo evolutivo nella bambina sono insoddisfacenti, lacunose e incerte» (ivi, pp. 32-33).

Dalla risoluzione del complesso di Edipo dipendono per Freud: 1) la scelta dell'oggetto d'amore che, dopo la pubertà, compie degli investimenti che richiamano le identificazioni e le minacce inconsciamente avvertite all'epoca del complesso (v. Attività – PASSIVITÀ, § 1); 2) l'accesso alla genitalità (v. GENITALE, § 2) che non è garantita dalla semplice maturazione biologica, ma richiede l'organizzarsi di tutte le pulsioni intorno a quel "centro" che è il fallo; 3) la strutturazione della personalità e in particolare delle istanze del Super-io e dell'ideale dell'Io. In proposito Freud scrive: «L'autorità paterna o parentale introiettata nell'Io vi costituisce il nucleo del Super-io, il quale assume dal padre la severità, perpetuando il suo divieto dell'incesto, e garantendo così l'Io contro il ritorno di investimenti oggettuali libidici» (ivi, p. 31). Nella bambina, invece, «venendo meno l'angoscia dell'evirazione, viene anche a mancare un potente motivo per l'erigersi del Super-io e per il crollo dell'organizzazione genitale infantile» (ivi, p. 32). La tendenza moderna della psicoanalisi è di considerare il complesso edipico non come la struttura primaria della futura organizzazione psichica, ma come una struttura che richiede a sua volta un'interpretazione in termini di conflitti anteriori all'età edipica. In questa linea di tendenza incontriamo ad esempio Melanie Klein, che annette fondamentale importanza agli stati più precoci dell'infanzia, e fa risalire il complesso edipico alla presenza contemporanea di figure fantasmate "buone" e "cattive" (v. KLEINIANA, TEORIA, § 1).

Freud aveva tentato un'ipotesi antropologica a sostegno dell'universalità del complesso edipico in *Totem e tabù* dove l'uccisione del padre primitivo ad opera dei figli, a cui il padre aveva interdetto l'accesso alle donne del clan, è considerata come un momento originario dell'umanità. Discusso e contraddetto nella sua fondatezza storica, il mito freudiano dell'orda primitiva (v. ANTROPOLOGIA, § 1, *a*) mantiene la sua validità a livello simbolico dove, come precisa Jacques Lacan, è da leggere, nella proibizione che sbarra l'accesso al soddisfacimento incestuoso, l'istanza che lega indissolubilmente il desiderio alla legge. Di parere opposto sono Gilles Deleuze e Félix Guattari per i quali la triangolazione edipica ideata da Freud è un tentativo di contenere la forza del DESIDERIO (v. § 6), potenzialmente rivoluzionaria e sovversiva, nell'ambito delle mura domestiche, a cui dà da consumare mamma e papà, o sogni, fantasmi e miti, in modo che non fuoriesca da questo recinto e non diventi pericolosa per la società.

Sul versante antropologico, infine, in base alle ricerche di Bronisław Malinowski in culture in cui il padre è esente da qualsiasi funzione repressiva, o addirittura non fungerebbe da padre perché non gli è riconosciuto alcun intervento nel processo generativo, non esisterebbe alcun complesso di Edipo, che quindi sarebbe esclusivo della formula familiare monogamica che si è sviluppata in Occidente. Questa ipotesi è stata contraddetta da Claude Lévi-Strauss nel senso che, anche là dove non si incontra un padre materiale, si incontrano strutture e istituzioni organizzate intorno alla proibizione dell'incesto, che pertanto costituisce la legge universale e minima per una differenziazione tra cultura e natura.

Bibliografia

Ceccarelli F., *Il tabù dell'incesto. I fondamenti biologici del linguaggio della cultura*, Einaudi, Torino 1978.
Chasseguet-Smirgel J. (a cura di), *Gli itinerari dell'Anti-Edipo* (1974), Il Pensiero Scientifico, Roma 1976.
Deleuze G., Guattari F., *L'anti-Edipo. Capitalismo e schizofrenia* (1972), Einaudi, Torino 1975.
Freud S., *Totem e tabù. Alcune concordanze nella vita psichica dei selvaggi e dei nevrotici* (1912-1913), in *Opere* (1967-1993), Bollati Boringhieri, Torino, vol. VII.
–, *L'Io e l'Es* (1922), in *Opere*, cit., vol. IX.
–, *Il tramonto del complesso edipico* (1924), in *Opere*, cit., vol. X.
Guattari F., *Una tomba per Edipo* (1972), Bertani, Verona 1974.
Jones E., *Amleto e Edipo* (1949), Il Formichiere, Milano 1975.
Kerényi K., Hillman J., *Variazioni su Edipo* (1966-1987), Raffaello Cortina, Milano 1992.
Klein M., *I primi stadi del conflitto edipico* (1928), in *Scritti 1921-1958*, Bollati Boringhieri, Torino 1978, pp. 214-226.
Lacan J., *Sovversione del soggetto e dialettica del desiderio nell'inconscio freudiano* (1960), in *Scritti* (1936-1966), Einaudi, Torino 1974, vol. II.
Lévi-Strauss C., *Le strutture elementari della parentela* (1947), Feltrinelli, Milano 1972.
Malinowski B., *Sesso e repressione sessuale tra i selvaggi* (1927), Bollati Boringhieri, Torino 1969.
Montefoschi S., *Al di là del tabù dell'incesto. Psicoanalisi e conoscenza*, Feltrinelli, Milano 1982.
Propp V. J., *Edipo alla luce del folclore. Quattro studi di etnografia storico-strutturale* (1928-1947), Einaudi, Torino 1975.
Tatossian A., *Edipo in KaKania. Kafka, Musil, Freud*, Bollati Boringhieri, Torino 2002.

Edonismo (ingl. *Hedonism*; ted. *Hedonismus*; fr. *Hédonisme*; sp. *Hedonismo*). Dottrina filosofica, affermatasi in epoca alessandrina (III secolo a.C.), secondo la quale il piacere è il fine supremo della vita. Sul concetto di piacere si divisero i cirenaici, che considerarono piacere quello raggiungibile al momento, essendo reale solo il presente, e gli epicurei, che introdussero una sorta di calcolo etico volto a dimostrare che spesso la rinuncia al piacere momentaneo porta a un piacere più grande che, nella maggior parte dei casi, consiste nell'assenza di dolore. Alla posizione cirenaica si assegnò il nome di *edonismo*, mentre a quella epicurea il nome di *utilitarismo*. In psicologia si chiama edonistica la teoria secondo la quale la motivazione del comportamento umano si spiega esclusivamente in termini di ricerca di ciò che è piacevole e di fuga da ciò che è spiacevole, mentre in psicoanalisi l'edonismo caratterizza la condizione infantile legata al principio di piacere (v. PIACERE, § 1) che occorre superare per approdare al principio di realtà (v. REALTÀ, § 3).

Bibliografia

Freud S., *Al di là del principio di piacere* (1920), in *Opere* (1967-1993), Bollati Boringhieri, Torino, vol. IX.
Marcuse H., *Eros e civiltà* (1955), con *Prefazione politica* (1966), Einaudi, Torino 1968.

Educazione, v. PEDAGOGIA.

EEG, v. ELETTROENCEFALOGRAFIA.

Efebofilia, v. PEDOFILIA.

Effeminazione, v. METATROPISMO.

Efferente, Nervo, v. AFFERENTE – EFFERENTE, NERVO.

Efferenza, Copia di, v. RIAFFERENZA.

Effetto figurale postumo, v. ILLUSIONE, § 4, *a*.

Effetto, Legge dell', v. APPRENDIMENTO, § I, 2; COMPORTAMENTO, § 4, *a*.

Effettore, v. AFFERENTE – EFFERENTE, NERVO.

Efficacia (ingl. *Effectiveness*; ted. *Wirksamkeit*; fr. *Efficacité*; sp. *Eficacia*). Termine utilizzato: 1) in ambito terapeutico per la valutazione delle psicoterapie sia in ordine al modello teorico adottato, sia in ordine al tipo di disagio dei pazienti e alla personalità del terapeuta; 2) nell'ambito della PSICOLOGIA DEL LAVORO (v.) per verificare la validità delle strutture organizzative in ordine all'efficienza lavorativa e all'eccellenza della produzione. In ambito cognitivista Albert Bandura ha introdotto il concetto di *autoefficacia* denominata anche *agentività umana* in ordine alla capacità di agire attivamente sull'ambiente, con i propri fattori personali e i propri comportamenti, allo scopo di trasformarlo.

Bibliografia

Bandura A., *Human agency. The rhetoric and the reality*, in "American Psychologist", 1991, n. 46.
–, *Autoefficacia. Teoria e applicazioni* (1997), Erickson, Trento 2000.
Fava G., *Guida all'eccellenza. Efficienza ed efficacia nel sistema aziendale*, Franco Angeli, Milano 1995.
Gleeson K., *Come organizzarsi per svolgere più lavoro in meno tempo* (1993), Franco Angeli, Milano 1995.
Jullien F., *Trattato dell'efficacia* (1996), Einaudi, Torino 1998.
Roth A., Fonagy P., *Psicoterapie e prove di efficacia. Quale terapia per quale paziente*, Il Pensiero Scientifico, Roma 1997.
Trovato G., *La salute autoritaria. Dal mito dell'efficacia al rito dell'efficienza*, Cuen, Catania 2000.

Efficienza, v. RENDIMENTO.

Efidrofobia (ingl. *Ephidrophobia*; ted. *Ephidrophobie*; fr. *Éphidrophobie*; sp. *Efidrofobia*). Timore, talvolta immotivato, di emettere sudore soprattutto in occasione di relazioni e contatti personali.

Ego, v. IO.

Egocentrismo (ingl. *Egocentrism*; ted. *Egozentrismus*; fr. *Égocentrisme*; sp. *Egocentrismo*). Tendenza a porre se stesso al centro di ogni evento non per la ricerca di un vantaggio personale, come nel caso dell'EGOISMO (v.), e neppure per componenti erotiche riferite a sé, come nel caso del NARCISISMO (v.), ma, come scrive Jean Piaget, per «una indifferenziazione fra l'*ego* e l'*alter*» (1947, p. 192). Questa condizione è fisiologica nei bambini, che orientano la loro percezione e la loro motricità in uno spazio, in un tempo e in un sistema di relazioni che non sono decentrate rispetto alla loro individualità. Infatti, scrive Piaget: «Per quanto sottomesso egli possa essere alle influenze intellettuali dell'ambiente, il fanciullo le assimilerà sempre a suo modo; le deformerà senza accorgersene, per ridurle alla sua prospettiva, per il fatto stesso che non è ancora in grado di distinguere la propria maniera di pensare da quella degli altri, mancandogli ogni possibilità di coordinazione e di raggruppamento dei vari punti di vista. Egli è dunque egocentrico perché privo di ogni consapevolezza del proprio soggettivismo, sia sul piano sociale che su quello fisico» (ivi, p. 191). All'egocentrismo Piaget riporta anche quella forma di pensiero, nota come pensiero intuitivo, a proposito del quale dice che «rivela sempre l'esistenza di un egocentrismo deformante, in cui ogni rapporto dipende strettamente dall'azione del soggetto e non si decentra in un sistema oggettivo» (*ibid.*).

Bibliografia

Piaget J., *Psicologia dell'intelligenza* (1947), Editrice Universitaria, Firenze 1964.

Ego-diffusion, v. PSICOLOGIA SOCIALE, § 3, *c*.

Egodistonico, v. EGOSINTONICO – EGODISTONICO.

Ego-feeling, v. PSICOLOGIA SOCIALE, § 3, *c*.

Ego-identity, v. PSICOLOGIA SOCIALE, § 3, *c*.

Egoismo (ingl. *Egoism*; ted. *Egoismus*; fr. *Égoïsme*; sp. *Egoísmo*). Termine coniato dai moralisti del XVIII secolo per indicare quella particolare modalità d'essere e di agire acquisita dall'individuo che, scrive Immanuel Kant, «restringe tutti i fini a se stesso e non vede altro utile al di fuori di ciò che giova a lui» (1798, p. 12). Kant distingue questo genere di egoismo, detto *morale*, da quello *logico*, per cui l'individuo non ritiene necessario sottoporre il proprio giudizio alla valutazione altrui, e da quello *estetico*, che rappresenta l'atteggiamento di chi non confronta il proprio gusto con quello degli altri. Elevato a categoria assoluta da Max Stirner che sostiene la morale dell'*egoismo*, essendo il singolo individuo l'unica realtà e l'unico valore, l'egoismo diventa con John Stuart Mill la base per una pratica altruistica, perché la propria felicità include sempre, in misura più o meno larga, la tendenza verso la felicità altrui. Questo motivo, sia pure in un contesto radicalmente diverso, è ripreso in ambito etologico da Richard C. Dawkins secondo il quale l'altruismo è promosso dall'"egoismo del gene" il cui interesse è quello di essere continuamente replicato (v. ALTRUISMO, § 1). Pur non essendo una categoria psicologica, la parola egoismo compare in Sigmund Freud come sinonimo di "interesse dell'Io (*Ichinteresse*)", ossia come investimento da parte delle pulsioni dell'Io preposte all'autoconservazione dell'individuo, la cui energia si distingue da quella che promuove il NARCISISMO (v. § 3) dove a investire l'Io sono le pulsioni sessuali.

Bibliografia

Dawkins R. C., *Il gene egoista* (1976, 2ª ed. ampliata 1989), Mondadori, Milano 1995.
Freud S., *Metapsicologia* (1915), in *Opere* (1967-1993), Bollati Boringhieri, Torino, vol. VIII.
Kant I., *Antropologia pragmatica* (1798), Laterza, Bari 1969.
Manconi L., *Solidarietà, egoismo*, il Mulino, Bologna 1990.
Mill J. S., *Sistema di logica deduttiva e induttiva* (1843), Utet, Torino 1988.
Stirner M., *L'unico e la sua proprietà* (1844), Adelphi, Milano 1979.

Egologia (ingl. *Egology*; ted. *Egologie*; fr. *Égologie*; sp. *Egología*). Termine introdotto da Edmund Husserl per indicare quella particolare esperienza fenomenologica dove l'Io emerge come "datità originaria" distinta da tutto ciò che si riferisce agli altri. Il termine è stato impiegato in un'accezione più generica da Sándor Radó per indicare lo studio dell'Io.

Bibliografia

Husserl E., *Meditazioni cartesiane* (1931), Bompiani, Milano 1960.
Radó S., *Psychoanalysis of behaviour*, Grune & Stratton, New York 1956.

Egomorfismo (ingl. *Egomorphism*; ted. *Egomorphismus*; fr. *Égomorphisme*; sp. *Egomorfismo*). Tendenza dell'individuo a percepire e interpretare la realtà altrui a partire dalla propria esperienza e dalla struttura della propria personalità. Questa tendenza è alla base di tutti i processi proiettivi (v. PROIEZIONE).

Egopatia (ingl. *Egopathy*; ted. *Egopathie*; fr. *Egopathie*; sp. *Egopatía*). Atteggiamento aggressivo e ostile nei confronti degli altri dovuto a una supervalutazione di sé. È frequente nelle personalità psicopatiche (v. PSICOPATIA) che, attraverso l'ostilità e l'aggressione, si rassicurano sulla propria forza e virilità.

Egosintonico – Egodistonico (ingl. *Egosyntonic-Egodystonic*; ted. *Egosyntonik-Egodystonik*; fr. *Égosyntonique-Égodystonique*; sp. *Egosintónico-Egodistónico*). Coppia di termini che si riferisce alla compatibilità (*egosintonico*) o incompatibilità (*egodistonico*) di idee o pulsioni con gli ideali dell'Io e con il concetto che il soggetto ha di sé. Ne consegue un atteggiamento che in un caso è di accoglienza e nell'altro di conflittualità.

Egotismo (ingl. *Egotism*; ted. *Egotismus*; fr. *Égotisme*; sp. *Egotismo*). Ipervalutazione di sé e delle proprie prerogative che induce il soggetto a parlare continuamente di sé e delle vicende della propria vita come delle uniche ad avere un significativo valore. La psicologia della Gestalt utilizza l'espressione "egotismo positivo" quando il soggetto si chiude difensivamente di fronte a elementi provenienti dal mondo esterno percepiti come negativi, e "egotismo negativo" quando c'è una chiusura difensiva e del tutto impermeabile ad accogliere comunque elementi dal mondo esterno.

Bibliografia

Zerbetto R., *La Gestalt. Terapia della consapevolezza*, Xenia Edizioni, Milano 1998.

Ehrenstein, Illusione di, v. ILLUSIONE, § 4, *g*.

Eiaculazione (ingl. *Ejaculation*; ted. *Ejakulation*; fr. *Éjaculation*; sp. *Eyaculación*). Emissione, nel maschio, del liquido seminale, o sperma. L'eiaculazione, anche se va distinta dall'ORGASMO (v.), può esserne considerata il riflesso conclusivo, in quanto l'eccitazione sessuale, portata al suo apice, la determina, provocando successivamente un rapido estinguersi del desiderio sessuale. Quando l'eiaculazione si manifesta quasi immediatamente dopo i primi approcci e, in alcuni casi, anche prima dell'erezione, in seguito alla più lieve eccitazione sessuale, si parla di *eiaculazione precoce*, distinta in *ante portas* e *in antro* a seconda che avvenga prima o dopo l'introduzione del pene nella vagina. Da un punto di vista clinico essa viene considerata il più comune dei disturbi delle funzioni sessuali maschili, con qualche incertezza conseguente al fatto che non esiste unanimità nello stabilire la durata del coito sulla cui base poter definire un'eiaculazione "precoce" o meno. Si osserva frequentemente nelle personalità nevrotiche o, comunque, nei casi in cui il soggetto non ha superato o completato determinate fasi evolutive della propria maturazione sessuale, con conseguente arresto a livello pregenitale (v. PREGENITALE). Non mancano componenti di disprezzo verso la donna o di angoscia di fronte agli organi sessuali femminili, variante dell'angoscia di castrazione (v. CASTRAZIONE). Va distinta dall'eiaculazione precoce la *eiaculazione ritardata*, dove, nonostante la normalità dell'erezione, si ha un eccessivo dilazionamento, interpretato come una manifestazione di componenti narcisistiche o sadomasochistiche che sottendono un rifiuto della relazione o un atteggiamento ostile nei confronti della donna. In proposito Karl Abraham scrive: «È compito del trattamento analitico liberare il paziente dal suo atteggiamento narcisistico e indicargli la via per la normale traslazione emotiva. Se si riesce a eliminare il suo rifiuto narcisistico della donna, la strada è ormai libera per lo svolgersi normale delle funzioni sessuali; in modo del tutto analogo si riesce anche a eliminare l'equivalente femminile dell'ejaculatio praecox: la frigidità» (1917, p. 90).

Bibliografia

Abraham K., *Sulla ejaculatio praecox* (1917), in *Opere*, Bollati Boringhieri, Torino 1975, vol. I.

Eidetismo (ingl. *Eidetic imagery*; ted. *Eidetik*; fr. *Eidétisme*; sp. *Eidetismo*). Fenomeno che ricorre particolarmente tra i bambini e i giovani dai sei anni all'adolescenza, quando il soggetto vede, in modo vivo e ricco di particolari, immagini ottiche, pur essendo conscio che esse non corrispondono a una realtà presente. Questa consapevolezza distingue le immagini eidetiche dall'allucinazione (v. IMMAGINE, § 6). Erich Rudolf Jaensch, che ha studiato il fenomeno, distingue due *tipi eidetici*: in uno le immagini possono venire evocate e cancellate a piacimento, nell'altro si impongono e scompaiono indipendentemente dalla volontà del soggetto. In base a prove farmacologiche, il primo tipo è stato messo in relazione con l'ipersecrezione tiroidea e il secondo con l'ipersecrezione paratiroidea. Tra questi due estremi Jaensch inserisce i *tipi di integrazione* che, a seconda della posizione occupata dal loro centro psichico di gravità, vengono classificati come tipi a prevalente integrazione esterna (*extraintegrati*) o a prevalente integrazione interna (*intraintegrati*). A questi Jaensch contrappone i *tipi sinestesici* che si costruiscono un mondo esterno soggettivo a partire dalla loro interiorità.

Bibliografia

Jaensch E. R., *Die Eidetik und die typologische Forschungsmethode*, Barth, Leipzig 1919.
Spieth R., *Der Mensch als Typus*, Schwab, Stuttgart 1949.

Elaborazione (ingl. *Elaboration*; ted. *Verarbeitung*; fr. *Élaboration*; sp. *Elaboración*). Termine impiegato da Sigmund Freud in tre diverse accezioni che hanno in comune il concetto di *lavoro* applicato a operazioni intrapsichiche.

1. ELABORAZIONE PSICHICA. Lavoro compiuto dall'APPARATO PSICHICO (v.) nel tentativo di dominare le pulsioni il cui accumulo potrebbe divenire patogeno. Questo lavoro consiste nell'integrare le pulsioni, stabilendo tra esse delle connessioni associative che consentono la graduale liquidazione del trauma, che altrimenti costituirebbe un "gruppo psichico separato" e perciò potenzialmente patogeno. Freud desume il termine da Jean-Martin Charcot che aveva già parlato di un tempo di elaborazione psichica fra il trauma, come può essere un lutto, e l'apparizione dei sintomi. Nel riprendere il termine, Freud lo adatta a due contesti: *a*) ai casi di *isteria* dove l'evento traumatico può essere liquidato o con l'ABREAZIONE (v.) o con l'elaborazione, che consente l'integrazione dell'evento nel complesso delle associazioni; *b*) alla *nevrosi attuale* dove, scrive Freud, «la tensione sessuale si trasforma in angoscia in tutti i casi in cui essa si presenta abbondante, ma non subisce l'elaborazione psichica che la trasforma in affetto» (1887-1904, p. 81). L'elaborazione psichica serve quindi a superare la stasi libidica e sottintende la possibilità di trasformazione della quantità fisica di energia in qualità psichica incanalabile in vie associative. Questo è anche il lavoro dell'elaborazione analitica o terapeutica che presenta quindi delle analogie con il funzionamento spontaneo dell'apparato psichico.

2. ELABORAZIONE SECONDARIA. Detta in lingua inglese *secundary revision* e in tedesco *Bearbeitung*, l'elaborazione secondaria è un tentativo di coerentizzazione del SOGNO (v. § II, 2, *d*), già elaborato dai meccanismi di CONDENSAZIONE (v.), SPOSTAMENTO (v.) e raffigurazione (v. RAPPRESENTAZIONE), allo scopo di renderlo comprensibile. L'elaborazione secondaria è un aspetto della CENSURA (v.) che interviene quando il soggetto si avvicina allo stato di veglia o quando racconta il sogno creando collegamenti razionali che lo rendano comprensibile. Scrive Freud: «L'elaborazione secondaria del prodotto del lavoro onirico è un esempio eccellente della natura e delle esigenze di un sistema. Vi è in noi una funzione intellettuale che richiede unificazione, coerenza e comprensibilità da ogni materiale della percezione o del pensiero di cui si impadronisce, e non esita a produrre una falsa coerenza quando, per circostanze particolari, non è in grado di afferrare quella vera. Questa costruzione di sistemi ci è nota non soltanto dal sogno ma anche dalle fobie, dal

pensiero ossessivo e dai deliri. La costituzione di sistemi è sommamente evidente nelle malattie accompagnate da deliri (nella paranoia), ove essa domina il quadro clinico; tuttavia non può essere trascurata in altre forme di neuropsicosi, in cui pure si presenta. In tutti questi casi possiamo dimostrare che ha avuto luogo un riordinamento del materiale psichico in vista di un nuovo scopo, e spesso questo riordinamento dev'essere stato assai violento nel fondo, se ciò che ne risulta appare comprensibile solo dal punto di vista del sistema» (1914, p. 100). In questo senso l'elaborazione secondaria è per Freud accostabile alla RAZIONALIZZAZIONE (v.).

3. ELABORAZIONE ANALITICA O TERAPEUTICA. Detta in inglese *working-through* e in tedesco *Durcharbeitung*, l'elaborazione analitica è un processo in cui l'analizzato assimila un'interpretazione veicolando in un nuovo sistema di associazioni un nucleo psichico isolato, sottraendosi così all'influenza dei meccanismi ripetitivi. Questa elaborazione è favorita dal terapeuta che con le sue interpretazioni mostra che certi significati vanno collocati in contesti diversi rispetto a quelli in cui le resistenze dell'analizzato li avevano collocati. Siccome non è sufficiente che il paziente sia consapevole delle sue difese e dei contenuti inconsci sottostanti, per una nuova ristrutturazione della vita psichica è necessaria una ripetuta rielaborazione, questa volta di natura emotiva e affettiva, per poter superare le resistenze che, per effetto dell'inerzia psichica o coazione a ripetere (v. COAZIONE, § 2), si sono consolidate. L'elaborazione, che è sempre opera dell'analizzato, non va confusa con la COSTRUZIONE (v.), che è la proposizione di elementi e di temi da parte dell'analista in attesa di una convalida o di una confutazione da parte dell'analizzato. La costruzione viene di solito utilizzata, come ricorda Melanie Klein, nell'analisi con i bambini.

4. ELABORAZIONE DEL LUTTO, v. LUTTO.

5. ELABORAZIONE DEL SOGNO, v. SOGNO, § II, 2, *d*.

6. ELABORAZIONE AUTOMATICA. Espressione impiegata in ambito cognitivista per tutte quelle operazioni mentali che non necessitano di un'attivazione cosciente, come nel caso delle parole familiari, dove la presentazione dello stimolo entra in contatto automatico con la sua rappresentazione in un processo che si svolge molto velocemente senza il bisogno che intervenga una riflessione consapevole. Nel caso invece delle parole ambigue, il processo automatico rende disponibili entrambi i significati, poi subentra l'elaborazione cosciente che, evidenziando il contesto, stabilisce quale significato è appropriato. L'elaborazione automatica offre il vantaggio di liberare l'impegno cosciente dalle operazioni mentali abituali, rendendo la coscienza disponibile per operazioni più complesse.

7. ELABORAZIONE DELLE INFORMAZIONI, v. CONNESSIONISMO; MEMORIA; MODULARITÀ.

Bibliografia

Charcot J.-M., *Lezioni alla Salpêtrière* (1887-1889), Guerini & Associati, Milano 1989.
Freud S., *Lettere a Wilhelm Fliess 1887-1904*, Bollati Boringhieri, Torino 1986.
–, *Studi sull'isteria (in collaborazione con Josef Breuer)* (1892-1895), in *Opere* (1967-1993), Bollati Boringhieri, Torino, vol. I.
–, *L'interpretazione dei sogni* (1899), in *Opere*, cit., vol. III.
–, *Totem e tabù. Alcune concordanze nella vita psichica dei selvaggi e dei nevrotici* (1912-1913), in *Opere*, cit., vol. VII.
–, *Ricordare, ripetere e rielaborare* (1914), in *Nuovi consigli sulla tecnica della psicoanalisi* (1913-1914), in *Opere*, cit., vol. VII.
Hasher L., Zacks R. T., *Automatic and effortful process in memory*, in "Journal of Experimental Psychology: General", 1979, n. 108, pp. 356-388.
Klein M., *La psicoanalisi dei bambini* (1932), Martinelli, Firenze 1969.
Parkin A. J., Russo R., *Implicit and explicit memory and the automatic/effortful distinction*, in "European Journal of Cognitive Psychology", 1990, n. 2, pp. 71-80.

Elastico, Tipo, v. TIPOLOGIA, § 2.

Elazione (ingl. *Elation*; ted. *Elation*; fr. *Élation*; sp. *Elación*). Termine impiegato in due diverse accezioni: 1) nell'ambito della psicologia del Sé (v. SÉ, § 3, *b*) Béla Grunberger ne parla in riferimento a quel vissuto di unicità, di pacificazione e di soddisfacimento privo di bisogni che è stato sperimentato nel corso della vita prenatale e che costituisce la base della formazione narcisistica; 2) in ambito psichiatrico David K. Henderson e Robert Dick Gillespie ne parlano come di uno stato di felicità, sproporzionato rispetto alla situazione che dovrebbe motivarlo, frequente negli stati di mania (v. MANIA), come stadio antecedente all'esaltazione dove compaiono elementi di grandiosità ed EUFORIA (v.).

Bibliografia

Grunberger B., *Il narcisismo. Saggio di psicoanalisi* (1971), Laterza, Bari 1977.
Henderson D. K., Gillespie R. D., *Trattato di psichiatria*, Universo, Roma 1972.
Lewin B. D., *The psychoanalysis of elation*, Hogarth, London 1951.

Elementarismo, v. INTROSPEZIONISMO.

Elettra, Complesso di (ingl. *Electra complex*; ted. *Elektrakomplex*; fr. *Complexe d'Electre*; sp. *Complejo de Electra*). Espressione introdotta da Carl Gustav

Jung come equivalente femminile del complesso di Edipo (v. EDIPO, COMPLESSO DI), formulato da Sigmund Freud, per mostrare una simmetria nei due sessi nell'atteggiamento nei confronti dei genitori. Scrive infatti Jung: «Con gli anni nella bambina si sviluppa la specifica inclinazione per il padre e il corrispondente atteggiamento di gelosia verso la madre. Si potrebbe allora definire questo complesso il "complesso di Elettra". Elettra, com'è noto, si vendicò sulla madre Clitemnestra dell'uccisione del marito, che aveva privato lei Elettra del padre amato» (1913, p. 175). Freud rifiuta di introdurre nella teoria psicoanalitica questo complesso e scrive: «Abbiamo già visto che un'ulteriore differenza tra i sessi si riferisce alla loro posizione nei confronti del complesso edipico. È nostra impressione qui che quanto abbiamo asserito su tale complesso valga a rigor di termini solo per il maschio, e che abbiamo pienamente ragione di respingere il termine "complesso di Elettra" con cui si vuol sottolineare l'analogia nel comportamento dei due sessi. La relazione fatale, di amore per uno dei genitori e, contemporaneamente, di odio per l'altro considerato un rivale, si pone solo per il maschio» (1931, pp. 66-67). Il rifiuto freudiano della simmetria dei sessi dipende dalla sua incompatibilità con le altre posizioni assunte da Freud circa la sessualità infantile, e precisamente: i diversi effetti del complesso di castrazione (v. CASTRAZIONE) per ciascun sesso, l'importanza del legame preedipico della bambina con la madre e la prevalenza del fallo per entrambi i sessi.

Bibliografia

Freud S., *Sessualità femminile* (1931), in *Opere* (1967-1993), Bollati Boringhieri, Torino, vol. XI.

Jung C. G., *Saggio di esposizione della teoria psicoanalitica* (1913), in *Opere* (1969-2007), Bollati Boringhieri, Torino, vol. IV.

Elettroconvulsiva, Terapia, v. ELETTROSHOCK.

Elettroencefalografia (ingl. *Electroencephalography*; ted. *Elektroenzephalographie*; fr. *Électroencéphalographie*; sp. *Electroencefalografía*). Messa a punto dallo psichiatra tedesco Hans Berger nel 1929, l'elettroencefalografia (EEG) è una tecnica neurofisiologica deputata alla registrazione delle correnti elettriche dell'encefalo. Essa funziona tramite l'*elettroencefalografo*, uno strumento che consente l'amplificazione di segnali cerebrali di basso voltaggio, rendendoli leggibili mediante quella registrazione grafica che prende il nome di *elettroencefalogramma*, solitamente indicato anch'esso con la sigla EEG. Sono così indicabili i diversi bioritmi fisiologici, ossia le oscillazioni di potenziale elettrico che si producono in modo continuo a livello di CORTECCIA CEREBRALE (v.), e le modificazioni che fanno loro subire le diverse eccitazioni sensoriali, l'attività mentale o alcune patologie come l'EPILESSIA (v.), i disturbi circolatori, i traumi e i tumori.

I *bioritmi cerebrali* sono interpretati come derivanti dalla somma degli stati di depolarizzazione parziale delle cellule corticali, nonché dall'attività lungo i circuiti tra la corteccia e le formazioni sottocorticali. Detti bioritmi sono elencati, in ordine di frequenza, in ritmo *delta* con frequenza inferiore a 4 Hz (cicli al secondo), *teta* dai 4 ai 7 Hz, *alfa* dagli 8 ai 13 Hz e *beta* dai 14 ai 24 Hz. Il ritmo *alfa* è la forma più comune di attività, registrabile applicando sul cuoio capelluto 21 o più elettrodi (fino a un massimo di 256 – High Density EEG) disposti in serie lineari trasversali e longitudinali, in condizioni di riposo e a occhi chiusi. Questo ritmo, prevalentemente registrabile sulle regioni posteriori dell'encefalo, si blocca con l'apertura degli occhi (*reazione di arresto*) e viene sostituito da onde più frequenti e di ampiezza molto minore (*desincronizzazione*). Passando invece da uno stato di riposo vigile a condizioni di quiescenza ancora maggiore sino al sonno profondo (v. SONNO, § 1), il quadro elettroencefalografico muta attraverso fasi caratteristiche fino ad essere dominato da onde sincrone *delta* di frequenza inferiore e di voltaggio maggiore del ritmo *alfa*. Il tracciato EEG, in combinazione con la registrazione di rapidi movimenti oculari, permette di rivelare i periodi di sogno. Il riscontro di una desincronizzazione simultanea delle onde su regioni estese della superficie cerebrale, in seguito alla stimolazione di qualsiasi sistema afferente, ha suggerito l'esistenza di un unico dinamismo centrale regolatore del livello globale dell'attività corticale.

Recentemente sono state individuate nuove bande elettroencefalografiche denominate *gamma*, che evidenziano processi percettivi e cognitivi come ad esempio il riconoscimento di termini "funzionali" come articoli, verbi, avverbi, distinti dai termini che fanno riferimento a un contenuto. L'EEG ha trovato applicazione anche nello studio delle emozioni, constatando che quelle spiacevoli attivano le aree frontali destre, e quelle piacevoli le aree frontali sinistre. Si è anche notata una asimmetria frontale con maggiore attivazione del lobo destro o sinistro a seconda del prevalere rispettivamente dell'umore negativo o di quello positivo.

Bibliografia

Berger H., *Über das Elektrenkephalogramm des Menschen*, in "Archiv für Psychiatrie und Nervenkrankheiten", 1929, vol. 87, n. 1, pp. 527-570.

Elettroencefalogramma (EEG), v. ELETTROENCEFALOGRAFIA.

Elettromiografia (ingl. *Electromyography*; ted. *Elektromyographie*; fr. *Électromyographie*; sp. *Electromiografía*). Tecnica neurofisiologica deputata alla registrazione delle correnti elettriche che accompagnano l'attività muscolare, sede di un'attività tonica che ad ogni istante assicura la tensione, adattandola alle fasi successive del movimento per un'accomodazione plastica dell'organo muscolare. La registrazione dei potenziali d'azione muscolare, che in sigla si denomina PAM, avviene mediante elettrodi di superficie o cutanei che raccolgono l'attività elettrica delle fibre muscolari sottostanti, permettendo di distinguere tre stadi di contrazione (debole, media, massima) ai quali corrispondono tre diversi tipi di tracciato elettromiografico. Le ricerche elettromiografiche hanno evidenziato gli effetti *facilitanti* o *inibenti* della tensione muscolare su diversi tipi di prestazione, e gli effetti *gradienti* che dipendono dall'interrelazione esistente tra tensione muscolare e attività mentali o stati affettivi. A questo proposito si è constatato che l'attività elettrica muscolare può essere messa in rapporto con successi o insuccessi nell'esecuzione di un compito, con gratificazioni (incentivi) o frustrazioni (punizioni), e con le componenti conative o affettive del comportamento, relativamente indipendenti dalle caratteristiche specifiche del tipo di esecuzione richiesta e invece più legate alle caratteristiche della personalità del soggetto.

Elettromotoria, Area, v. CORTECCIA CEREBRALE, § 1.

Elettronarcosi, v. ELETTROSHOCK.

Elettroshock (ingl. *Electroshock*; ted. *Elektroschock*; fr. *Électrochoc*; sp. *Electrochoque*). Terapia elettroconvulsivante (v. CONVULSIVA, TERAPIA), denominata TEC, introdotta nel 1938 da Ugo Cerletti e Lucio Bini e caratterizzata dal passaggio per breve durata (da 0,1 a 0,8 secondi) di corrente elettrica alternata con un voltaggio compreso tra i 110 e i 140 volt, mediante due elettrodi posti simmetricamente sulla cute delle regioni fronto-temporali (elettroshock *bilaterale*) oppure mediante un elettrodo al vertice della teca cranica e uno in regione temporale (elettroshock *unilaterale*). Una variante dell'elettroshock (ES) è l'*elettronarcosi* (EN), che differisce per le modalità di somministrazione della corrente e del suo voltaggio. L'elettroshock viene praticato di solito due o tre volte alla settimana, previa narcosi, per un numero complessivo di 8-12 applicazioni, oggi effettuate in condizioni di anestesia generale. L'impiego di questa terapia, che è andato scemando per le critiche sulla liceità circa l'uso di uno strumento meccanico per curare disturbi psichici, per l'indeterminatezza delle sue modalità d'azione e per i suoi effetti a lunga scadenza, trova indicazioni per le *depressioni endogene* dove si registra il massimo di efficacia, per gli *arresti psicomotori* e per i casi di *schizofrenia catatonica*. Le controindicazioni fanno riferimento ai danni miocardici, alle vasculopatie cerebrali e ai disturbi a carico della memoria specie per i fatti più recenti.

Bibliografia

Breggin P. R., *Elettroshock. I guasti del cervello* (1979), Feltrinelli, Milano 1984.

Cassano G. B. (a cura di), *Terapia elettroconvulsivante*, in G. B. Cassano, P. Pancheri *et al.* (a cura di), *Trattato italiano di psichiatria* (1992), Masson, Milano 1999, vol. III, pp. 3451-3472.

Cerletti U., Bini L., *L'elettroshock*, in "Archivio di Psicologia, Neurologia e Psichiatria", 1938, n. 19.

Kalinowsky L. B., *La terapia convulsivante da shock*, in S. Arieti (a cura di), *Manuale di psichiatria* (1959-1966), Bollati Boringhieri, Torino 1970, vol. III, pp. 1752-1775.

Elettrostimolazione (ingl. *Electrostimulation*; ted. *Elektroreizung*; fr. *Électrostimulation*; sp. *Electroestimulación*). Tecnica di decondizionamento impiegata nella terapia del comportamento (v. COMPORTAMENTO, § 5, *c*) associando al comportamento indesiderato scosse elettriche che ne inducono l'avversione fino all'estinzione della risposta inadeguata.

Élite (ingl. *Elite*; ted. *Elite*; fr. *Élite*; sp. *Elite*). Espressione di lingua francese adottata dalla sociologia per indicare una minoranza di individui che possiede in maniera elevata caratteristiche valutate positivamente in ambito economico o politico o professionale. In tutti i tipi di società le élite si caratterizzano per una elevata coesione interna, un costante processo di interazione fra gli individui, una comune estrazione sociale, un'omogeneità di valori e di atteggiamenti, determinati e costanti contatti personali, indispensabili non solo all'esistenza del gruppo, ma allo svolgersi delle sue dinamiche interne. Da questi tratti si può convenire che l'idea di élite, come sostengono Vilfredo Pareto, Gaetano Mosca e Robert Michels, coincide con l'idea di minoranza politica dirigente che si forma come processo di oligarchizzazione in ogni società, anche democratica, in quanto minoranze organizzate finiscono con il prevalere su maggioranze disorganizzate. In proposito scrive Mosca: «In tutte le società regolarmente costituite, nelle quali vi ha ciò che si dice un governo troviamo costantissimo un fatto: che i governanti, ossia quelli che hanno nelle mani ed esercitano i pubblici poteri, sono sempre una minoranza, e che al di sotto di questi vi è una classe numerosa di persone, le quali, non partecipando mai realmente in alcun grado di governo, non fanno che subirlo; esse si possono chiamare i governati» (1884, p. 263). Dal canto suo Michels associa «all'impotenza congenita della massa il relativo bisogno di organizzazione: ma chi dice organizzazione dice tendenza oligarchica, perché è insito nella natura stessa dell'organizzazione un elemento profondamente aristocratico. Il meccanismo dell'organizzazione, mentre crea una solida struttura, provoca nella massa organizzata mutamenti notevoli, quali il totale capovolgimento del rapporto del dirigente con la massa e la divisione di ogni partito o sindacato in due parti: una minoranza che ha il compito di dirigere ed una maggioranza diretta dalla prima» (1911, pp. 56-57).

Gli aspetti delle élite più frequentemente studiati sono: il fondamento della loro condizione elitaria, il reperimento della loro base, la specifica azione da esse svolta nella dinamica sociale, il tasso di coesione e la modalità di risoluzione dei conflitti al loro interno. Circa i processi di formazione delle élite due sono le linee interpretative: una è quella che fa capo a Pareto secondo il quale a comporre un'élite è «la capacità individuale nell'esercizio e nella pratica di qualsiasi attività umana» (1916, p. 471). Queste capacità, che oggi la sociologia chiama attitudini (v. ATTITUDINE), sono per Pareto disposizioni naturali trasmesse ereditariamente e coltivate dall'ambiente sociale che eserciterebbe influenze decisive sulla formazione delle capacità intellettuali, sulla facoltà di adattamento, d'osservazione, di deduzione e di riflessione. Per Michels, invece, la formazione delle élite seguirebbe grosso modo tre leggi: 1) in ogni organo di una collettività nato da una divisione del lavoro sorge, non appena esso è consolidato, un interesse proprio ricercato in sé e per sé (tendenza oligarchica); 2) alcuni strati sociali, diversi per la funzione che compiono, tendono ad unirsi dando origine a organi che rappresentano i loro particolari interessi (deviazione dai fini originari); 3) nell'organizzazione, un interesse particolare diventa fine a se stesso, con scissione dell'organizzazione dalla classe che rappresenta (abbandono del progetto rivoluzionario). La connessione tra questi tre elementi è assicurata per Michels da un falso principio di identità (uguaglianza è partecipazione) e da un'inferenza indebita dove si nasconde il fatto che «una rappresentanza duratura significa in ogni caso un dominio dei rappresentanti sui rappresentati» (1911, p. 194).

Contro l'assunto dei sociologi, gli storici ritengono che il concetto di élite sia ambiguo, che non si applichi a nessuna realtà storica precisa, e che possa riferirsi contemporaneamente a forze sociali diversissime e persino contraddittorie. Edmond Goblot sostiene che, fin quando non si riesce a definire e a circoscrivere un'élite in termini di rappresentazioni, di valori e di comportamenti comuni, le scienze storiche non sono in grado di utilizzare questo concetto. Va da sé che la sua definizione, implicando la rivisitazione delle nozioni di democrazia, di uguaglianza, di classe e di governo, entra nell'ampia arena dell'ideologia e della conciliabilità di quest'ultima con i parametri della scienza.

Bibliografia

Aron R., *Social structure and ruling class*, in "British Journal of Sociology", 1950.

Deutsch K. W., *Modelli di comunicazione e sistemi di decisione* (1967), in J. C. Charlesworth (a cura di), *Teoria e metodi in scienza politica*, il Mulino, Bologna 1971.

Foucault M., *Microfisica del potere* (1971), Einaudi, Torino 1977.

Goblot E., *La barrière et le niveau*, Alcan, Paris 1925.

Lasch Ch., *La ribellione delle élite. Il tradimento della democrazia* (1995), Feltrinelli, Milano 1995.

Mannheim K., *Ideologia e utopia* (1929), il Mulino, Bologna 1957.

Michels R., *La sociologia del partito politico nella democrazia moderna* (1911), il Mulino, Bologna 1966.

Mosca G., *Teorica dei governi e governo parlamentare* (1884), Utet, Torino 1982.

Pareto V., *Trattato di sociologia generale* (1916), Edizioni di Comunità, Milano 1964.

Elpenore, Sindrome di (ingl. *Elpenore's syndrome*; ted. *Elpenoresyndrom*; fr. *Syndrome d'Elpénore*; sp. *Síndrome de Elpenor*). Compresa tra i disturbi dello stato di coscienza, la sindrome di Elpenore (dal nome del mitico marinaio Elpenore che, inviato da Ulisse ad esplorare l'isola dei Lotòfagi, vi rimase in uno stato di incoscienza felice dopo aver mangiato uno dei frutti di loto) si manifesta attraverso uno stato crepuscolare, caratterizzato da restringimento dell'intero campo della coscienza e da disorientamento spazio-temporale (v. COSCIENZA, § 3).

Elusione (ingl. *Elusion*; ted. *Ausweichung*; fr. *Évitement*; sp. *Elusión*). Il termine ricorre in psicologia sperimentale per connotare il comportamento avversivo attivato dalla comparsa di un incentivo negativo o dall'eliminazione di un incentivo positivo. È il caso della sorveglianza di un insegnante (incentivo negativo) che evita condotte disdicevoli, o l'assenza di un cibo appetibile (incentivo positivo) che evita la consumazione di un pasto (v. ATTRAZIONE – REPULSIONE, TEORIA DELL'). Il termine ricorre anche nel lessico di Ronald David Laing per quelle contraffazioni della realtà ad opera della finzione fantastica allo scopo di evitare la relazione interpersonale e il confronto con sé e gli altri.

Bibliografia

Campbell B. A., Church R. M., *Punishment and aversive behavior*, Appleton-Century-Crofts, New York 1969.

Laing R. D., *L'Io e gli altri. Psicopatologia dei processi interattivi* (1959), Sansoni, Firenze 1977.

Emancipazione (ingl. *Emancipation*; ted. *Emanzipation*; fr. *Émancipation*; sp. *Emancipación*). Il termine, nato in ambito giuridico in riferimento al giovane che con il raggiungimento della maggiore età si libera dalla patria potestà, è impiegato dalle scienze psicologiche e sociologiche in riferimento a sforzi, tentativi, movimenti, individuali o di gruppo, che tendono a ridurre la propria dipendenza per acquisire una specifica autonomia (v. AUTONOMIA – ETERONOMIA).

Emarginazione (ingl. *Marginalization*; ted. *Randerweisung*; fr. *Marginalisation*; sp. *Marginación*). Mancata integrazione nel tessuto sociale di soggetti che, per ragioni etniche, economiche o comportamentali, sono discriminati ed esclusi dai normali circuiti che veicolano le relazioni sociali. Il termine, di recente coniazione, è stato adottato dalla psicologia sociale soprattutto in riferimento alla DEVIANZA (v.).

Ematoencefalica, Barriera (ingl. *Bloodbrain barrier*; ted. *Bluthirn-Schranke*; fr. *Barrière hématoencéphalique*; sp. *Barrera hematoencefálica*). Complesso anatomico e fisiologico che controlla il passaggio di sostanze dal liquido extracellulare del corpo (dal sangue) al liquido extracellulare dell'encefalo. Essa comprende varie strutture: la barriera aracnoidea (*pia madre*), la barriera sangue-liquido cerebrospinale (o *cefalo-rachidiano*) (v. ENCEFALO; MENINGE) e le giunzioni serrate tra le cellule endoteliali adiacenti nei capillari cerebrali. Questa barriera difende il sistema nervoso centrale da sostanze nocive che riescono ad attraversarla solo quando la loro concentrazione è relativamente alta.

Ematofobia, v. EMOFOBIA.

Embolofrasia, v. EMBOLOLALIA.

Embololalia (ingl. *Embololalia*; ted. *Lieblings-Wort*; fr. *Embololalie*; sp. *Embololalia*). Intercalare ripetuto nella struttura del discorso che svolge la funzione di riempitivo o di superamento di un ostacolo o di un'esitazione. Frequente nella balbuzie, l'embololalia si accentua nelle condizioni di stress emotivo o di stanchezza. Quando invece l'intercalare viene ripetuto per abitudine o per un desiderio inconscio di assenso, come nelle espressioni "è vero", "nevvero", allora si preferisce parlare di *embolofrasia*.

EMDR (*Eye Movement Desensitization and Reprocessing*). Pratica terapeutica messa a punto dalla psicologa statunitense Francine Shapiro che, dopo aver verificato su se stessa che il movimento degli occhi sembra ridurre il disagio causato da ricordi traumatici, ipotizzò che detto movimento può stimolare l'innato sistema di elaborazione delle informazioni, permettendo, con l'attivazione di reti neuronali preesistenti, adattive e funzionali, di eliminare informazioni disturbanti e disfunzionali precedentemente immagazzinate, che spesso sono alla base di ansie e di stress. Allo scopo mise a punto un protocollo terapeutico in otto fasi e un protocollo tripartito per la stabilizzazione terapeutica dopo la cura.

Bibliografia

Shapiro F., *Eye movement desensitization and reprocessing. Basic principles, protocols, and procedures*, Guilford, New York 2000.

Shapiro F., Forrest M. S., *EMDR. Una terapia innovativa per l'ansia, lo stress e i disturbi di origine traumatica* (1998), Astrolabio, Roma 2000.

Emeralopia (ingl. *Hemeralopia*; ted. *Hemeralopie*; fr. *Héméralopie*; sp. *Hemeralopía*). Detta anche *cecità notturna*, consiste in una particolare difficoltà alla visione crepuscolare. È dovuta a scarso adattamento retinico all'oscurità in seguito ad alterata funzione dei bastoncelli (v. VISIVO, SISTEMA). Compare in stati di carenza di vitamina A o B2.

Emergenza, v. STRESS.

Emetomania (ingl. *Emetomania*; ted. *Emetomanie*; fr. *Émétomanie*; sp. *Emetomanía*). Compulsione incontenibile al vomito, frequente nella sintomatologia isterica.

Emiagnosia, v. SOMATOAGNOSIA, § 1, *f*.

Emianopsia (ingl. *Hemianopsia*; ted. *Hemianopsie*; fr. *Hémianopsie*; sp. *Hemianopsia*). Perdita della vista per una metà del campo visivo. Può essere *omonima* quando interessa le due metà destre o sinistre degli occhi, *eteronima* quando interessa la parte destra di un occhio e la sinistra dell'altro, *unilaterale* quando interessa un solo occhio, *a quadrante* quando interessa un quadrante del campo visivo di solito in forma omonima. In quanto dipende da lesioni del chiasma ottico, l'emianopsia va distinta dalla cecità psicogena frequente nelle manifestazioni isteriche (v. CECITÀ, § 2).

Emico – Etico (ingl. *Emical-Ethical*; ted. *Emisch-Ethisch*; fr. *Émique-Éthique*; sp. *Émico-Ético*). Distinzione coniata da Kenneth Lee Pike che definì *emiche* le concezioni derivate dalla logica interna di una cultura ed *etiche* le concezioni universali comuni a culture diverse. Il concetto, ampiamente utilizzato in antropologia, è nato in ambito linguistico in cui si distingue tra *fonemica* e *fonetica* dove un approccio emico tiene conto delle relazioni funzionali all'interno di un sistema linguistico, mentre un approccio etico descrive gli schemi fisici del linguaggio trascurando il loro aspetto funzionale.

Bibliografia

Pike K. L., *Language in relation to a unified theory of the structure of human behavior*, Summer Institute of Linguistics, Glendale, California, 1954.

Triandis H. C., *The analysis of subjective culture*, Wiley, New York 1972.

Emicrania, v. CEFALEA, § 2.

Emigrazione, v. MIGRAZIONE.

Emiparesi, v. EMIPLEGIA.

Emiplegia (ingl. *Hemiplegia*; ted. *Hemiplegie*; fr. *Hémiplégie*; sp. *Hemiplejia*). Detta anche *emiparesi*, l'emiplegia è la paralisi di una metà del corpo, determinata perlopiù da trombosi, embolia cerebrale o emorragia, controlaterale rispetto alla zona colpita, con lesione delle vie motorie.

Emisfero cerebrale (ingl. *Cerebral hemisphere*; ted. *Gehirnhemisphäre*; fr. *Hémisphère cérébral*; sp. *Hemisferio cerebral*). Semiovoide che costituisce con l'altro semiovoide, da cui è diviso da una stretta e profonda fessura longitudinale, il *telencefalo* (v. ENCEFALO, § 1, *c*), che è la parte di gran lunga più sviluppata nell'uomo. I due emisferi sono ricoperti da uno strato esterno denominato corteccia cerebrale e divisi in quattro lobi: frontale, parietale, occipitale e temporale, a cui sono deputate le funzioni elencate alla voce CORTECCIA CEREBRALE. I due emisferi hanno ciascuno una diversa specializzazione illustrata alla voce LATERALIZZAZIONE e sono tra loro collegati da fasci di sostanza bianca denominati *connessioni interemisferiche* di cui la più importante è il *corpo calloso*, che è una struttura cerebrale formata da fasci di fibre trasversali che collegano l'emisfero destro e sinistro del cervello, consentendo il passaggio di informazioni in entrambe le direzioni e rendendo possibile sia l'attivazione sia l'inibizione di determinate regioni di ciascun emisfero. Quando per malformazioni, sezioni chirurgiche o alterazioni patologiche si ha una *disconnessione interemisferica* si registra che ogni emisfero è in grado di fornire risposte adeguate e corrette solo in situazioni che non richiedono un trasferimento di informazioni tra i due emisferi. I disturbi che si evidenziano in presenza di una disconnessione interemisferica sono ANOMIA (v.), APRASSIA (v.), SOMATOAGNOSIA (v.) tattile, visiva, sensitiva dell'organo sinistro del corpo correlato all'emisfero destro, e viceversa, per difetto e alterazione del trasferimento delle informazioni tra i due emisferi.

Emisomatoagnosia, v. SOMATOAGNOSIA, § 1, *g*.

Emofilia, v. GENETICA, § 2.

Emofobia (ingl. *Hemophobia*; ted. *Blutphobie*; fr. *Hémophobie*; sp. *Hemofobia*). Fobia del sangue, nota anche come *ematofobia*.

Emotività (ingl. *Emotivity*; ted. *Emotivität*; fr. *Émotivité*; sp. *Emotividad*). Capacità di provare emozioni (v. EMOZIONE), che può essere scarsa, normale o eccessiva a seconda del modo e dell'intensità di reazione del soggetto ai vari stimoli che riceve. Presente a diversi livelli in ogni individuo, quando risulta preponderante rispetto ad altri tratti caratteriali si parla di "personalità emotiva" caratterizzata da un eccesso di reazioni agli stimoli e da fragilità psichica, con conseguente difficoltà nell'adattamento socioambientale. Decisiva in questo campo è la categoria dell'*intensità*, perché stati emotivi moderati sono generalmente tonici e salutari, mentre quelli più forti hanno conseguenze debilitanti e disgregatrici. Ricerche sperimentali condotte da Robert M. Yerkes e John D. Dodson hanno mostrato che quanto più è difficile il compito da svolgere, tanto maggiore è l'effetto disgregante dell'intensità emotiva. Le differenze emotive individuali di carattere permanente sono espresse dal TEMPERAMENTO (v.), le disposizioni transitorie dall'UMORE (v.). Stati emotivi persistenti possono provocare malattie psicosomatiche, come pure un'eccessiva rimozione o repressione del vissuto emotivo (v. PSICOSOMATICA, § II).

Bibliografia

Riva A., *Genesi e dinamica della vita emotiva*, in L. Ancona (a cura di), *Nuove questioni di psicologia*, La Scuola, Brescia 1972, vol. I, pp. 765-794.

Yerkes R. M., Dodson J. D., *The relation of strength of stimulus to rapidity of habit-formation*, in "Journal of Comparative Neurology and Psychology", 1908, n. 18, pp. 459-482.

Emotivo-razionale, Terapia, v. COGNITIVISTA, TERAPIA, § 2.

Emozionale, Memoria, v. MEMORIA, § 3, C, γ.

Emozione (ingl. *Emotion*; ted. *Gemütsbewegung*; fr. *Émotion*; sp. *Emoción*). Reazione affettiva intensa con insorgenza acuta e di breve durata determinata da uno stimolo ambientale. La sua comparsa provoca una modificazione a livello somatico, vegetativo e psichico. Le reazioni *fisiologiche* a una situazione emozionante investono le funzioni vegetative come la circolazione, la respirazione, la digestione e la secrezione, le funzioni motorie tramite un'ipertensione muscolare, e quelle sensorie con vari disturbi alla vista e all'udito. Le reazioni *viscerali* si manifestano con una perdita momentanea del controllo neurovegetativo con conseguente incapacità temporanea di astrazione dal contesto emozionale. Le reazioni *espressive* riguardano la mimica facciale, gli atteggiamenti del corpo, le abituali forme di comunicazione. Le reazioni *psicologiche* si manifestano come riduzione del controllo di sé, difficoltà ad articolare logicamente azioni e riflessioni, diminuzione delle capacità di metodo e di critica. L'etimologia di emozione (da *ex-movere*) lascia intendere che essa è una forza dinamica che ci consente, prima che intervenga una mediazione razionale, di muoverci nel mondo ricercando i piaceri ed evitando i dispiaceri, attraverso meccanismi di comunicazione atti a preservare la specie. In questo senso Daniel Goleman può dire che «le emozioni ci hanno guidato con saggezza nel lungo cammino dell'evoluzione» (1995, p. 23).

I. NATURA E STRUTTURA DELL'EMOZIONE. Circa la natura dell'emozione, due sono le teorie che si contrappongono: quella *innatistica* di Charles Darwin, secondo cui le manifestazioni emotive sono residui di risposte un tempo funzionali al processo evolutivo (ad esempio, il riso beffardo sarebbe il residuo del ghigno ringhioso con cui l'animale si prepara ad attaccare); e quella *anti-innatistica* che si basa sulla constatazione che molte emozioni hanno un significato diverso da cultura a cultura e, nello stesso soggetto, da momento a momento, per cui è impossibile stabilire una corrispondenza tra situazione ed emozione, mentre è probabile un'interpretazione dell'emozione come variabile individuale nella logica della regolazione, quindi come l'effetto di un'individuazione dei meccanismi omeostatici (v. OMEOSTASI).

Se c'è contrasto interpretativo sulla natura innata o acquisita dell'emozione, ce n'è meno sulla sua struttura che prevede tre fasi: *percezione*, *commento*, *ammortizzamento*. *a*) La prima fase corrisponde alla percezione di una situazione o alla sua evocazione che genera una *destabilizzazione* a tutti i livelli di organizzazione, dove è impossibile stabilire un rapporto di proporzionalità tra stimolo e risposta. Questa fase può essere istantanea o differita; in questo secondo caso la reazione è più forte e dura più a lungo. Comunque non c'è percezione che non sia accompagnata da tonalità emotiva. *b*) La seconda fase è caratterizzata da uno stato di *tensione* connotato da "privazione" degli abituali schemi di organizzazione a cui il soggetto solitamente ricorre e da "potenzialità" per una nuova attualizzazione del campo di possibilità. Quanto più ampio è lo scarto tra privazione e potenzialità, tanto più duraturi e destrutturanti finiscono con l'essere gli effetti dell'emozione. *c*) La terza fase è caratterizzata dall'entrata in gioco dei meccanismi omeostatici che ristrutturano schemi di risposte organizzate producendo *distensione*, che non è un ritorno allo stato precedente la tensione, ma un guadagno organizzativo ottenuto dalla potenzialità liberata dalla destrutturazione.

II. CLASSIFICAZIONE DELLE EMOZIONI. La classificazione delle emozioni differisce in base ai principi di ordinamento che si adottano.

1. *Principi logici*. Questo criterio risale ad Aristotele che incluse le emozioni nella categoria della *passività* in quanto "passioni" e non "azioni" (*Categorie*, 9 b, 27-34). Aristotele riteneva anche che le emozioni hanno relazioni con l'apparato cognitivo perché si lasciano modificare dalla persuasione (*Retorica*, II). Dello stesso parere erano gli Stoici, che consideravano le emozioni giudizi irrazionali distinguibili in base alla qualità dell'evento "buono" o "cattivo" e alla sua "presenza" o "attesa", che determinano quattro emozioni principali: il *desiderio* per un evento buono e atteso, la *paura* per un evento cattivo e atteso, la *gioia* per un evento buono e presente e il *dispiacere* per un evento cattivo e presente. In epoca medioevale, oltre alla categoria della qualità dell'evento e della sua presenza, la classificazione si arricchì dell'intenzionalità verso eventi atemporali che consentì di includere tra le emozioni anche la speranza e la disperazione. Con la filosofia moderna le emozioni sono state contrapposte alla ragione e considerate alla base di tutti i comportamenti irrazionali, da quelli religiosi a quelli morali, dove si evocano emozioni più di quanto non si stabiliscano dei fatti, fino alla fondazione kantiana della morale come esclusione di tutte le emozioni. Con il positivismo di fine secolo le emozioni furono considerate coscienza di eventi fisiologici, mentre con la fenomenologia della prima metà del Novecento furono lette o come sentimenti ontologici perché pongono l'uomo di fronte non a questa o quella cosa, ma di fronte alla totalità (Martin Heidegger), o come tentativi di ristabilire un rapporto con il mondo dopo un'improvvisa destrutturazione (Jean-Paul Sartre), confermando la natura dell'uomo come originariamente intenzionato a un mondo (v. ANALISI ESISTENZIALE).

2. *Principi psicologici*. In questo ambito nascono classificazioni che non sono dedotte dal "significato" dell'emozione, ma indotte dal comportamento nel suo adattarsi o disadattarsi alla situazione. Così Charles Osgood assume come criteri la piacevolezza (P),

l'attivazione (A) e il controllo (C) della situazione, dalla cui diversa combinazione risultano le emozioni fondamentali come la gioia (P+, A+, C neutro), la compiacenza (P+, A, C neutro), la ripugnanza (P, A+, C+), l'orrore (P, A+, C), la noia (P, A, C+) e la disperazione (P, A, C). Robert Plutchik cataloga le emozioni in base ai processi adattivi del comportamento, per cui avremo la paura (protezione), la rabbia (distruzione), la tristezza (reintegrazione), la gioia (riproduzione), l'accettazione (affiliazione), il disgusto (rifiuto), l'attesa (esplorazione) e la sorpresa (orientamento). Da queste emozioni considerate *primarie* Carroll E. Izard ricavò quelle *complesse*, come ad esempio l'amore che è un misto di gioia e accettazione. Questi modelli sono paradigmatici del modo di procedere in ambito psicologico, dove o si identifica un piccolo numero di emozioni fondamentali dalla cui combinazione nascono quelle complesse, o si identificano pochi attributi fondamentali di molte emozioni dalla cui combinazione nascono le diverse emozioni. Come si vede i due approcci sono sostanzialmente empirici, perché nulla vieta di considerare come emozione fondamentale quella che nell'altra catalogazione è un attributo di molte emozioni.

3. *Principi sociologici.* In questo ambito si distinguono emozioni "egoistiche", che possono essere di affermazione di sé o di difesa di sé, emozioni "altruistiche", che vanno da quelle sessuali e familiari a quelle propriamente sociali, ed emozioni "superiori", che producono tonalità affettive che oltrepassano la sfera Io-Tu, per abbracciare il sociale o l'umano. In questo ambito le emozioni vengono considerate in relazione alle ideologie, alla convalida e al rafforzamento delle convinzioni di gruppo, alla frequenza di determinate emozioni a seconda dello stato sociale, della cultura di appartenenza, dell'organizzazione gerarchica o egualitaria della società.

4. *Principi biologici.* Considerando le emozioni in relazione ai sistemi biologici a cui sono connesse si ottengono classificazioni che, rispetto alle precedenti, godono di un maggior grado di oggettività, anche se di un minor indice di senso perché, come osserva Sartre, «certe modificazioni quantitative e, perciò stesso, quasi continue nelle funzioni vegetative, come possono corrispondere a una serie qualitativa di stati fra loro irriducibili? Per esempio, le modificazioni fisiologiche che corrispondono alla collera non differiscono che per intensità da quelle che corrispondono alla gioia (ritmo respiratorio un po' accelerato, leggero aumento del tono muscolare, accrescimento degli scambi biochimici, della pressione arteriosa ecc.): e tuttavia la collera non è una gioia più intensa, è ben altro» (1939, p. 121). A criteri biologici rispondono le classificazioni di Albert F. Ax che predispose un piano di rilevatori fisiologici della risposta emotiva (velocità del polso, battito cardiaco, respirazione, temperatura del viso, temperatura delle mani, riflesso cutaneo galvanico, corrente d'azione muscolare registrata al di sopra degli occhi) e poi, individuata l'emozione, prese a studiare i tipi di reazione che variavano da soggetto a soggetto per cui, ad esempio, in presenza di un'emozione di rabbia c'era chi reagiva con l'ira e chi con l'ansia. Invitando i soggetti a descrivere l'emozione di base, non si migliorava il risultato perché le risposte avvenivano in termini che non illustravano l'emozione, ma descrivevano le circostanze di attivazione, cioè quello che li aveva mandati in collera o aveva fatto loro piacere o dispiacere.

III. Interpretazione delle emozioni. Esistono diverse interpretazioni che si rifanno ai principi su cui si basano le diverse classificazioni. Tra le più significative ricordiamo le seguenti:

1. *La teoria di Darwin* offre una lettura evoluzionistica nell'interpretazione delle emozioni fondata su tre principi: *a) il principio delle abitudini associate* per cui, se lottando si mostrano i denti, questo atteggiamento diverrà il modo di esprimere la collera, se si sporgono le labbra per sputare, questo movimento verrà adottato per esprimere ribrezzo; *b) il principio dell'antitesi* per cui se il rannicchiarsi è un movimento con cui ci si difende da un'aggressione, l'aprirsi del corpo indicherà l'emozione contraria; *c) l'azione diretta del sistema nervoso* per cui alcune reazioni come quella di tendersi e contorcersi nel dolore sono un'intensa e diffusa risposta fisiologica, che oggi si chiamerebbe Attivazione (v.), che poi viene assunta per "abitudine associata". Il principio evoluzionistico della teoria di Darwin potrebbe giustificare l'ipotesi diffusa che nell'emozione vi siano delle componenti primitive tra cui il controllo esercitato su di essa dalle parti più antiche del cervello.

2. *La teoria di William James e Carl Lange* sostiene l'importanza della risposta somatica nella percezione soggettiva delle emozioni per cui "si ha paura perché si scappa", "si prova ira perché ci si scontra fisicamente". Questa interpretazione, pur nella sua paradossalità, sottolinea il fenomeno di retroazione o feedback delle risposte somatiche scatenate dalle emozioni, per cui se qualcuno ci insegue scappiamo prima di avere il tempo di riconoscere il nostro stato emotivo. La plausibilità della teoria risiede proprio nel fatto che il riconoscimento dell'emozione avviene dopo la risposta fisiologica.

3. *La teoria funzionalista* elaborata da John Dewey integra la teoria di Darwin e quella di James e Lange interpretando le emozioni come funzioni psichiche che permettono una valutazione delle situazioni

ambientali in funzione dell'adeguamento. Le emozioni si accentuano in presenza di un grave ostacolo che impedisce l'attività adattiva, per cui, se la lotta e la fuga sono attività adattive, i loro connotati emozionali sono modesti se esse possono realizzarsi, si fanno invece più acuti assumendo i toni della rabbia o della paura se un ostacolo impedisce l'azione. La connessione tra cattivo adattamento e reazione emotiva è stata sottolineata anche da Pierre Janet che definisce l'emozione "reazione dello scacco", descrivendola come una forma di comportamento non riuscito o di grado inferiore al buon adattamento. Una funzione adattiva e non di "scacco" è sostenuta da Stanley Hall e James Rowland Angell, esponenti del funzionalismo americano. Secondo quest'ultimo, «le emozioni sembrano in rapporto solamente con l'organismo fisico e così strettamente connesse con le strutture del corpo attraverso l'eredità, che servono a proteggere dal male o a conseguire dei vantaggi, senza l'intervento della riflessione» (1904, p. 26). L'aspetto comune alle posizioni a orientamento funzionalista consiste nel porre l'attenzione sul significato delle funzioni emotive anziché sulla loro descrizione, e sulla relazione dell'emozione all'ambiente anziché alla coscienza o al sistema nervoso.

4. *La teoria gestaltica* interpreta l'emozione come l'effetto di buona o cattiva forma che l'ambiente assume agli occhi dell'individuo. Kurt Koffka afferma: «Un paesaggio può apparire triste anche se personalmente siamo del tutto allegri. Un pioppo non può forse apparire superbo? Una giovane betulla timida? E non ha forse Wordsworth immortalato la gioia degli asfodeli?» (1935, p. 342). Questi connotati emozionali delle nostre percezioni non sono solo il frutto delle proiezioni dei nostri stati d'animo all'esterno, ma derivano dalle forme (*Gestalten*) secondo le quali i dati esperienziali si organizzano nella nostra percezione. La percezione è sempre un'attribuzione di significato, e che uno stimolo risulti emotigeno è già di per sé un'attribuzione di significato.

5. *La teoria comportamentista* di John Broadus Watson interpreta l'emozione come una risposta periferica dell'organismo a stimoli periferici. A partire da questo principio Watson individua tre emozioni fondamentali: la *paura* come risposta a rumori molto intensi o a mancanza d'assistenza, la *collera* come risposta al disagio provocato da fasciature troppo strette, l'*amore* come risposta alle carezze e al dondolamento. Tutte le altre emozioni si instaurano nell'organismo mediante un processo di condizionamento a partire dalle tre emozioni primitive lette come risposte periferiche a stimoli periferici.

6. *La teoria omeostatica* di Walter Bradford Cannon assegna invece al sistema nervoso centrale il ruolo fondamentale nel meccanismo dell'emozione, per cui in risposta ad una stimolazione eccessiva, come avviene nel caso di una situazione emotiva, l'organismo libera una quantità di energia potenziale che consente la preparazione di reazioni intensive adeguate, anche se non disgiunte da una disorganizzazione dei comportamenti dovuti a questa liberazione energetica.

7. *La teoria dell'attivazione* sostenuta da Magda B. Arnold e Donald B. Lindsley integra gli elementi più validi della teoria periferalistica con quella centralistica di Cannon, perché sostiene che lo stimolo determina a livello della corteccia un eccitamento che a sua volta ha il doppio e contemporaneo effetto di suscitare un atteggiamento emotivo e di liberare schemi dinamici ipotalamici che si esprimono a livello periferico, le cui alterazioni vengono percepite come lo stimolo iniziale, e di rimbalzo modificano l'atteggiamento emotivo che ha sede nella corteccia.

8. *La teoria percettivo-motivazionale* accoglie della teoria dell'attivazione il fatto che l'emozione non è solo passione ma anche azione, precisando però che l'azione è anche "organizzazione", il che consente la costruzione di una sequenza che prevede: percezione-valutazione-emozione-espressione. Così, se l'emozione, termine medio di questa serie, si accosta a situazioni spiacevoli, innesca un'azione organizzata volta a evitarle e a porvi fine. Robert W. Leeper articola questa teoria in tre principi: *a)* non bisogna accentuare il carattere di rottura delle emozioni perché i processi emotivi proseguono nell'organizzazione di comportamenti, *b)* questi comportamenti sono motivati, *c)* la motivazione è strettamente connessa alla percezione della situazione.

9. *La teoria fenomenologica* riprende la relazione emozione-motivazione in base al principio che l'uomo abita il mondo con *senso*. Un senso che l'emozione rende incerto e la motivazione ricostruisce a partire da un nucleo di certezze che permette di dirigersi verso oggetti che, dopo l'azione di incertezza provocata dall'emozione, la motivazione riconosce. L'incertezza provocata dall'emozione è dovuta alla sensazione di non poter evadere dal presente, per cui l'esistenza si trova costretta all'"in-sistenza" in un mondo senza passato e senza futuro. A restituire all'e-sistenza queste dimensioni temporali è la motivazione o ricerca di senso che spezza l'insistenza emotiva, dilatandola nelle dimensioni temporali che lo stato emotivo chiude. Sul piano dello spazio, la ricerca di senso apre all'esplorazione preclusa dall'emozione che concentra lo spazio in un punto che sfugge a ogni localizzazione possibile. L'emozione

riflette la costrizione del mondo esterno che rende impossibile ogni rapporto; la ricerca di senso, che si esprime nella motivazione, proietta una necessità interna attraverso la quale un'interiorità si afferma su un ambiente. Nell'interazione di questi due momenti, il soggetto avverte il suo limite (emozione) come relazione (ricerca di senso, o motivazione).

10. *La teoria psicoanalitica* ritiene che le emozioni siano affetti (v. AFFETTO), ossia quanti di energia legati alle idee, e che la loro presenza alteri l'equilibrio psichico e interferisca nell'adattamento. In proposito Heinz Hartmann scrive: «Dal punto di vista della psicologia delle nevrosi, l'azione affettiva, in contrasto con l'ideale teorico dell'azione razionale, appare spesso come un misero residuo di condizioni mentali primitive e come una deviazione dalla norma. [...] Tuttavia noi ben sappiamo la parte cruciale che l'affettività ha nell'organizzare e facilitare molte funzioni dell'Io. Questo intendeva Freud quando disse che non bisogna aspettarsi che l'analisi liberi l'uomo da ogni passione» (1939, p. 131). La psicoanalisi non ha accolto la distinzione introdotta da William McDougall nel 1908 tra emozioni primarie come la paura, l'ira, la tenerezza, ed emozioni complesse come l'ammirazione, l'invidia, il rispetto, perché spesso s'è trovata a interpretare emozioni semplici quale l'odio come conseguenze di quelle complesse come l'ira, o a supporre emozioni complesse come l'invidia all'inizio della vita psicologica.

11. *La teoria insiemistica* di Ignacio Matte Blanco considera l'emozione come il prodotto di uno stimolo che è percepito come esterno anche se proviene dal nostro corpo, perché, «in quanto oggetto di percezione, anche il nostro corpo ci è alieno, cioè alieno alla nostra intimità» (1975, p. 289). Lo stimolo esterno è investito dal "pensiero dell'emozione" che differisce dal pensiero della vita ordinaria per tre caratteristiche: *a*) la *generalizzazione* per cui l'oggetto sembra in possesso di tutte le caratteristiche che in via potenziale possono evocare l'emozione in esame. Così un'emozione d'amore nei confronti di una donna possiede, agli occhi dell'innamorato, tutte le possibili attrattive che evocano l'amore quale si può presumere non solo per quella donna, ma per tutte le donne nella loro capacità di suscitare amore; *b*) la *massimizzazione* per cui le caratteristiche attribuite all'oggetto vengono considerate al loro grado più elevato; *c*) l'*irradiazione* dell'oggetto concreto a tutti gli altri, che in tal modo vengono ad essere rappresentati dall'oggetto stesso. Per questa ragione il pensiero emozionale non vede un individuo, ma un insieme o classe attraverso la generalizzazione, per cui la persona pericolosa diventa la "pericolosità" al massimo grado e in tutti i suoi aspetti. L'identità tra individuo e classe è il modo proprio di pensare dell'inconscio, per cui l'emozione è un pensiero inconscio che pensa «per collezione di insiemi infiniti» (ivi, p. 304).

12. *La teoria cognitivista* ritiene che la risposta emozionale non sia da cercare nella reazione fisiologica o in quella comportamentale, perché esse sono solo sottoprocessi di quel processo che è la *valutazione cognitiva* dell'informazione in ingresso, a sua volta legata al significato che soggettivamente attribuiamo alle esperienze che andiamo facendo. Karl H. Pribram sostiene che ogni individuo, quando si trova in situazione di disquilibrio con l'ambiente, mette in atto dei piani di comportamento elaborati dalla mente prima che qualsiasi sequenza comportamentale abbia inizio. L'emozione insorge quando il piano di comportamento non può essere effettuato e quindi non può essere raggiunta la situazione di equilibrio con l'ambiente. Si attiverebbero allora, come conseguenza dell'emozione, dei "piani di arresto" dell'azione che innescano una fase nuova di raccolta di informazioni per la programmazione di nuovi piani. Quando, dopo reiterati tentativi, non si riesce a superare il blocco dell'esecuzione del piano, allora si ha una sorta di "regressione" verso piani comportamentali più primitivi come la fuga, l'aggressione o tutti quei comportamenti emotivi che indichiamo come conseguenza di una "perdita di controllo". Le reazioni emotive non sono solo connesse alle attività cognitive, ma questa connessione è al servizio dei bisogni biologici, perché lo scopo originario per cui si sono evolute le capacità cognitive è, secondo Robert Plutchik, «quello di mettere in grado l'organismo di costituirsi una mappa del suo ambiente e di predire il futuro in riferimento al significato emozionale o motivazionale degli eventi circostanti» (1980, p. 38). In questo senso va interpretata l'ipotesi cognitivista secondo cui i processi cognitivi si sviluppano all'interno e a partire dalle esperienze emozionali, intese come la prima forma attraverso la quale l'organismo si orienta nel suo ambiente al fine di soddisfare i suoi bisogni biologici. In questa ipotesi il numero e l'intensità delle emozioni sono inversamente proporzionali alla quantità di informazioni di cui ciascun individuo dispone.

13. *Le teorie neuroscientifiche* prendono le mosse dagli studi del fisiologo Paul MacLean che ha formulato la teoria del cervello tripartito in tre sistemi: *rettile*, *viscerale*, *neocorteccia*. Al "cervello viscerale" appartiene il "sistema limbico" deputato al controllo delle emozioni. Per lo psicobiologo Jaak Panksepp le emozioni di base come la paura, l'ira, la gioia, il dolore sarebbero attivate da una serie di circuiti sottocorticali comuni a tutti i mammiferi

che avrebbero una significativa corrispondenza con il mondo dell'Es descritto da Sigmund Freud. Dal canto suo il neuroscienziato Joseph LeDoux ha segnalato il ruolo chiave dell'amigdala nei processi emozionali e negli aspetti della vita di relazione, mentre i contributi più significativi del ruolo svolto dalle emozioni sui processi cognitivi sono gli studi di Antonio R. Damasio, secondo cui «è attraverso i sentimenti – i quali sono diretti verso l'interno e privati – che le emozioni – le quali sono dirette verso l'esterno e pubbliche – iniziano ad avere un effetto sulla mente. Ma l'effetto completo e durevole dei sentimenti richiede la coscienza, perché è soltanto con l'avvento di un senso di sé che l'individuo viene a conoscenza dei sentimenti che ha. [...] Al fine di investigare tali fenomeni, divido in tre stadi uno spettro continuo di elaborazione: *uno stato di emozione*, che può essere innescato e realizzato non consciamente, *uno stato del sentire*, che può essere rappresentato non consciamente, e *uno stato del sentire reso conscio*, cioè noto all'organismo soggetto all'emozione e al sentimento. [...] Affinché i sentimenti possano influenzare il soggetto al di là dell'immediato qui e ora, deve essere presente la coscienza. Il fatto che le conseguenze fondamentali dell'emozione e del sentimento umano siano imperniate sulla coscienza ha un'importanza che non è stata valutata nel modo adeguato. Con ogni probabilità l'emozione viene ben prima della coscienza nella storia evolutiva e affiora in ciascuno di noi per effetto di induttori che spesso non riconosciamo consapevolmente; è vero peraltro che gli effetti più cospicui e durevoli dei sentimenti hanno luogo nel teatro della mente cosciente» (1999, pp. 52-53).

In ambito neurobiologico Daniel J. Siegel osserva: «In seguito a uno stimolo, il cervello e altri sistemi dell'organismo entrano in uno stato di aumentata vigilanza che attiva meccanismi cognitivi ("fare attenzione") che non richiedono consapevolezza conscia. Molto rapidamente il cervello processa le rappresentazioni che si riferiscono agli stati del corpo e dell'ambiente esterno in quel momento. Subentra poi una fase che possiamo definire "di valutazione elaborativa e arousal" che stabilisce se lo stimolo è "buono" o "cattivo", e di conseguenza se dobbiamo avvicinarci o allontanarci da ciò che l'ha generato» (2012, p. 154). Dopo aver precisato che all'interno del cervello le emozioni collegano vari sistemi nella creazione di uno stato della mente, mettono in connessione menti diverse e preparano il cervello e il resto del corpo all'azione, Siegel distingue le *emozioni primarie*, che sono cambiamenti dello stato cerebrale che derivano dai processi di orientamento iniziale e di valutazione/*arousal* (v. ATTIVAZIONE), dalle *emozioni fondamentali* attraverso cui la mente crea significato. Tali sono la tristezza, la rabbia, la paura, la sorpresa e la gioia (ivi, p. 402).

IV. EMOZIONE E MOTIVAZIONE. Gli stati emotivi agiscono sia come *motivo* sia come *concomitante* del comportamento motivato. Il sesso, ad esempio, non è solo una fonte di vissuti emotivi, ma anche una potente motivazione che determina un comportamento; allo stesso modo un'emozione paurosa spinge alla fuga, così come una gioiosa va in cerca della sua ripetizione. Tra le emozioni che promuovono un comportamento motivato ricordiamo:

1. La *paura*, che innesca una tendenza a evitare quelle situazioni in cui è probabile che si manifesti l'oggetto o l'evento temuto o ritenuto minaccioso. La paura può fare la sua comparsa anche in presenza di stimoli in sé non necessariamente paurosi, ma intensi e inattesi, al punto di determinare uno stato di paralisi. Nelle sue forme estreme la paura assume quegli aspetti patologici noti come fobie (v. FOBIA) che determinano pesantemente la condotta di chi ne soffre. Oggetto di fobia possono diventare i luoghi chiusi, quelli aperti, gli animali, lo sporco, le malattie e qualunque cosa caricata di un alto valore emotivo (v. PAURA).

2. L'*ansia*, che è una paura senza oggetto, e quindi indeterminata, che condiziona il comportamento in termini positivi quando i valori d'ansia sono a livelli bassi, destrutturanti quando sono a livelli elevati dove tutto sembra minaccioso e invivibile (v. ANGOSCIA – ANSIA).

3. La *gelosia*, che, come emozione carica del timore di perdere l'affetto di una persona a favore di un terzo che interviene nella situazione affettiva, promuove comportamenti di controllo, reazioni violente, atteggiamenti ostili, dove l'emozione non agisce solo come stato di eccitazione dell'individuo, ma anche come motivazione di determinati comportamenti (v. GELOSIA).

4. L'*ira*, che, come frustrazione dell'attività che tende a uno scopo, è riscontrabile in ogni sequenza motivazionale interrotta per la presenza di un ostacolo al soddisfacimento di un desiderio. Risvegliata, l'ira scatena un'attività di rappresaglia contro l'oggetto o la persona ritenuti responsabili dell'interruzione della sequenza (v. IRA).

5. Il *riso*, che, come manifestazione inconfondibile e universale della gioia, è un'emozione piacevole in se stessa che promuove comportamenti idonei a ottenerlo. Sottesa al riso c'è una scarica di tensione che l'organismo avverte come piacevole e che pertanto ricerca (v. RISO).

6. Il *pianto*, che promuove comportamenti connessi al rapimento che può destare l'ascolto di una musica o la contemplazione di un panorama, al cordoglio che, espresso, produce sollievo, alla partecipazione affettiva al dolore altrui, e all'autocompassione che lenisce un'ira impotente. Il pianto accompagna sofferenze di origine corporea, perdita di legami o rapporti interpersonali, frustrazioni dovute al mancato raggiungimento di aspirazioni o mete su cui si è a lungo investito (v. PIANTO).

7. Il *disgusto*, che, come emozione negativa promossa da stimoli visivi, olfattivi e tattili, promuove un allontanamento dal proprio campo percettivo dell'oggetto disgustoso, onde evitare la sensazione di NAUSEA (v.) e, in soggetti più sensibili, la reazione di vomito. Da questo punto di vista l'emozione del disgusto svolge la funzione protettiva di tenerci lontano da sostanze pericolose, e in particolare da alimenti potenzialmente dannosi (v. DISGUSTO).

Questi esempi mostrano come alcune emozioni forniscano un commento al comportamento motivato, dove è contenuto un segnale che si sta verificando qualcosa di importante dal punto di vista motivazionale.

V. EMOZIONE E TENSIONE. Il binomio motivazione ed emozione è alla base dell'intero campo affettivo e lo si può descrivere in termini di tensione dove si evidenzia il rapporto ambiguo tra interiorità ed esteriorità che è anteriore alla forma conflittuale che lo esprime. Tale tensione si manifesta in ogni essere come tendenza all'apertura e alla chiusura, senza che sia possibile raggiungere l'una o l'altra se non a rischio di un'inevitabile destrutturazione. Il processo di oggettivazione della tensione si realizza secondo tre modelli:

1. *Riduzione della tensione*, per cui tutte le azioni sono interpretabili secondo il modello omeostatico come riduttori di tensione in vista dell'autoconservazione. Naturalmente questa riduzione non deve arrivare all'eliminazione della tensione, perché altrimenti si avrebbe la stasi del sistema e la cessazione di ogni interazione tra individuo e mondo.

2. *Produzione della tensione*, riscontrabile in ogni azione che oltrepassa la visualizzazione logica del sistema in cui l'azione si esprime. Questo "altrove" rispetto alla visione logica è quello che Freud chiama, ad esempio, ES (v.), dove l'esistenza diventa una pura constatazione non giustificata e non giustificabile logicamente perché "è", prima di potersi esprimere in conformità a un disegno. Nell'intervallo tra l'esistere immotivato e la ricerca di motivazioni si danno le condizioni per la produzione di tensione.

3. *Deduzione della tensione* dalle relazioni che la esprimono. Le relazioni danno forma alla tensione, e questa forma permette di rappresentare l'esistenza tensionale. La tensione, che dal punto di vista "e-sistenziale" è privazione, dal punto di vista "in-sistenziale" è potenzialità. Da questa asimmetria si comprende perché la tensione superi qualsiasi rappresentazione che tenti di raffigurarla, e possa solo essere seguita nel suo divenire, e sentita, per dirla con Immanuel Kant, come "esigenza incondizionata".

VI. COMPETENZA E INTELLIGENZA EMOTIVA. Carolyn Saarni ha introdotto l'espressione "competenza emotiva" per designare la capacità di regolare a livello intrapsichico i propri vissuti emotivi e sentimentali e acquisire a livello interpersonale la capacità di leggere i vissuti emotivi degli altri, in modo da facilitare l'EMPATIA (v.) e la comunicazione interpersonale. Una buona competenza emotiva rafforza l'autostima e consente di muoversi con più sicurezza in situazioni difficili o non ancora sperimentate.

Dal canto suo Goleman preferisce adottare l'espressione "intelligenza emotiva" che include «l'autocontrollo, l'entusiasmo e la perseveranza, nonché la capacità di automotivarsi, [...] di tenere a freno un impulso, di leggere i sentimenti più intimi di un'altra persona, di gestire senza scosse le relazioni con gli altri, onde preservare le nostre relazioni più preziose che, in assenza di un'intelligenza emotiva, si deteriorano. [...] Gli insegnamenti emozionali che apprendiamo da bambini a casa e a scuola plasmano i nostri circuiti emozionali, rendendoci più o meno abili nella gestione di elementi fondamentali dell'intelligenza emotiva. Ciò significa che l'infanzia e l'adolescenza offrono opportunità importantissime per stabilire le essenziali inclinazioni emozionali che governano la nostra vita, [...] mentre le carenze a livello di intelligenza emotiva aumentano tutta una gamma di rischi che vanno dalla depressione a una vita violenta, ai disturbi del comportamento alimentare e all'abuso di droghe. [...] Nell'*Etica nicomachea*, la sfida lanciata da Aristotele era quella di controllare la vita emotiva con intelligenza. Le passioni, quando ben esercitate, hanno una loro saggezza: esse guidano il nostro pensiero, i nostri valori, la nostra stessa sopravvivenza. Esse possono, tuttavia, facilmente impazzire, e questo accade fin troppo spesso. Come ben capiva Aristotele, il problema non risiede nello stato d'animo in sé, ma nell'*appropriatezza* dell'emozione e della sua espressione. Il punto è dunque: come portare l'intelligenza nelle nostre emozioni – di conseguenza, come portare la civiltà nelle nostre strade e la premura per l'altro nella nostra vita di relazione» (1995, pp. 14-17).

Bibliografia

Angell J. R., *Psychology*, Holt, New York 1904.
Anolli L., *Le emozioni*, il Mulino, Bologna 2002.
Aristotele, *Categorie*, *Retorica*, in *Opere*, Laterza, Bari 1973.
Arnold M. B., *Emotion and personality*, Columbia University Press, New York 1960.
Ax A. F., *The physiological differentiation between fear and anger in humans*, in "Psychosomatic Medicine", 1953, n. 15.
Barone L., Bacchini D., *Le emozioni nello sviluppo relazionale e morale*, Raffaello Cortina, Milano 2009.
Beck A. T., *Principi di terapia cognitiva. Un approccio nuovo alla cura dei disturbi affettivi* (1976), Astrolabio, Roma 1988.
Bellelli G., *Le ragioni del cuore. Psicologia delle emozioni*, il Mulino, Bologna 2008.
Bertrando P., *Il terapeuta e le emozioni. Un modello sistemico-dialogico*, Raffaello Cortina, Milano 2014.
Bonino S., Lo Coco A., Tani F., *Empatia. La condivisione delle emozioni*, Giunti, Firenze 1998.
Borgna E., *L'arcipelago delle emozioni*, Feltrinelli, Milano 2001.
–, *Le intermittenze del cuore*, Feltrinelli, Milano 2003.
–, *Le emozioni ferite*, Feltrinelli, Milano 2009.
Buechler S., *Valori clinici. Le emozioni nel trattamento psicoterapeutico* (2004), Raffaello Cortina, Milano 2012.
Cannon W. B., *La saggezza del corpo* (1932), Bompiani, Milano 1956.
Cassini A., Dell'Antonio A., *Le basi fisiologiche dei processi motivazionali ed emotivi*, il Mulino, Bologna 1982.
Damasio A. R., *L'errore di Cartesio. Emozione, ragione e cervello umano* (1994), Adelphi, Milano 1995.
–, *Emozione e coscienza* (1999), Adelphi, Milano 2000.
–, *Alla ricerca di Spinoza. Emozioni, sentimenti e cervello* (2003), Adelphi, Milano 2003.
Darwin Ch., *L'espressione delle emozioni nell'uomo e negli animali* (1872), Bollati Boringhieri, Torino 1982.
Delaunay A., *Emozione e motivazione*, in AA.VV., *Enciclopedia*, Einaudi, Torino 1978, vol. V, pp. 339-370.
Denton D., *Le emozioni primordiali* (2005), Bollati Boringhieri, Torino 2009.
Despret V., *Le emozioni. Etnopsicologia dell'autenticità* (2001), Elèuthera, Milano 2002.
Dewey J., *The theory of emotion*, in "Psychological Review", 1895, pp. 13-32.
Di Pietro M., *L'ABC delle mie emozioni. Corso di alfabetizzazione socio-affettiva*, Erickson, Trento 2000.
D'Urso V., De Negri Trentin R. (a cura di), *Psicologia delle emozioni*, il Mulino, Bologna 1988.
Ekman P., Friesen W. V., Ellsworth Ph., *Emotion in the human face*, Pergamon, New York 1972.
Elster J., *Sensazioni forti. Emozioni, razionalità e dipendenza* (1999), il Mulino, Bologna 2001.
Ferro A., *Evitare le emozioni, vivere le emozioni*, Raffaello Cortina, Milano 2007.
Fineman S. (a cura di), *Le emozioni nell'organizzazione. Il potere delle passioni nei contesti organizzativi* (2007), Raffaello Cortina, Milano 2009.
Freud S., *Al di là del principio di piacere* (1920), in *Opere* (1967-1993), Bollati Boringhieri, Torino, vol. IX.
–, *Analisi terminabile e interminabile* (1937), in *Opere*, cit., vol. XI.
Frijda N. H., *Emozioni* (1986), il Mulino, Bologna 1990.
Gaburri E. (a cura di), *Emozione e interpretazione. Psicoanalisi del campo emotivo*, Bollati Boringhieri, Torino 1993.
Galati D. (a cura di), *Le emozioni primarie*, Bollati Boringhieri, Torino 1993.
–, *Prospettive sulle emozioni e teorie del soggetto*, Bollati Boringhieri, Torino 2002.
Goldberg D., Huxley P., *Disturbi emotivi comuni. Un approccio bio-sociale* (1992), Il Pensiero Scientifico, Roma 1993.
Goleman D., *Intelligenza emotiva* (1995), Rizzoli, Milano 1996.
–, *Intelligenza sociale ed emotiva nell'educazione e nel lavoro* (2012), Erickson, Trento 2014.
Grazzani Gavazzi I., *Psicologia dello sviluppo emotivo*, il Mulino, Bologna 2010.
Harré R. (a cura di), *La costruzione sociale delle emozioni* (1986), Giuffrè, Milano 1992.
Harris P. L., *Il bambino e le emozioni* (1989), Raffaello Cortina, Milano 1991.
Hartmann H., *Psicologia dell'Io e problema dell'adattamento* (1939), Bollati Boringhieri, Torino 1966.
Heidegger M., *Che cos'è la metafisica?* (1929), in Id., *Segnavia*, Adelphi, Milano 1987.
Illouz E., *Intimità fredde. Le emozioni nella società dei consumi* (2004), Feltrinelli, Milano 2007.
Izard C. E., *Human emotions*, Plenum Press, New York 1977.
James W., *What is an emotion?*, in "Mind", 1884, n. IX.
Janet P., *De l'angoisse à l'extase*, Alcan, Paris 1926.
Jung C. G., *Psicologia della dementia praecox* (1907), in *Opere* (1969-2007), Bollati Boringhieri, Torino, vol. III.
Klein M., *Invidia e gratitudine* (1957), Martinelli, Firenze 1969.
Klein M., Riviere J., *Amore, odio e riparazione* (1937), Astrolabio, Roma 1969.
Koffka K., *Principi di psicologia della forma* (1935), Bollati Boringhieri, Torino 1970, nuova edizione riveduta 2006.
Làdavas E., *Specializzazione emisferica ed emozioni*, in C. A. Umiltà (a cura di), *Neuropsicologia sperimentale*, Franco Angeli, Milano 1982.
Lange C. G., *Les émotions*, Presses Universitaires de France, Paris 1885.
LeDoux J., *Il cervello emotivo. Alle origini delle emozioni* (1996), Baldini & Castoldi, Milano 1998.
Leeper R. W., *A motivation theory of emotion to replace "emotion as disorganized response"*, in "Psychological Review", 1948, n. 55.
Lindsley D. B., *Emotion*, in S. S. Stevens (a cura di), *Handbook of experimental psychology*, Wiley, New York 1951, pp. 473-516.
Lo Coco A., Pace U., *L'autonomia emotiva in adolescenza*, il Mulino, Bologna 2009.
Lorenz K., *L'aggressività. Edizione ampliata de "Il cosiddetto male"* (1963), il Saggiatore, Milano 1976.
MacLean P. D., *Psychosomatic disease and the "visceral brain"*, in "Psychosomatic Medicine", 1949, n. 11.
–, *The triune brain, emotion and scientific bias*, in F. O. Schmitt (a cura di), *The neurosciences. Second study program*, Rockefeller University Press, New York 1970, pp. 336-348.
–, *Evoluzione del cervello e comportamento umano* (1973-1974), Einaudi, Torino 1984.
Magri T. (a cura di), *Filosofia ed emozioni*, Feltrinelli, Milano 1999.

Matarazzo O., Zammuner V. L. (a cura di), *La regolazione delle emozioni*, il Mulino, Bologna 2009.
Matte Blanco I., *L'inconscio come insiemi infiniti. Saggio sulla bi-logica* (1975), Einaudi, Torino 1981.
McDougall W., *Introduction to social psychology*, Methuen, London 1908.
Merleau-Ponty M., *La struttura del comportamento* (1942), Bompiani, Milano 1963.
Nussbaum M. C., *L'intelligenza delle emozioni* (2004), il Mulino, Bologna 2009.
Nuttin J., Fraisse P., Meili R., *Motivazione, emozione e personalità*, in P. Fraisse, J. Piaget (a cura di), *Trattato di psicologia sperimentale* (1963-1968), Einaudi, Torino 1972-1979, vol. V.
Oatley K., *Psicologia ed emozioni* (1992), il Mulino, Bologna 1997.
–, *Breve storia delle emozioni* (2004), il Mulino, Bologna 2007.
Olievenstein C., *Il non detto delle emozioni* (1988), Feltrinelli, Milano 1990.
Pancheri P., *Stress, emozioni, malattia. Introduzione alla medicina psicosomatica*, Edizioni Scientifiche e Tecniche Mondadori, Milano 1980.
Panksepp J., *Affective neuroscience. The foundation of human and animal emotions*, Oxford University Press, New York 1998.
Plutchik R., *Emotion. A psychoevolutionary synthesis*, Harper & Row, New York 1980.
–, *Psicologia e biologia delle emozioni* (1993), Bollati Boringhieri, Torino 1995.
Pribram K. H., *The biology of emotions and other feelings*, Academic Press, New York 1980.
Rimé B., *La dimensione sociale delle emozioni* (2005), il Mulino, Bologna 2008.
Saarni C., *Emotional competence. How emotions and relationships become integrated*, in R. A. Thompson (a cura di), *Nebraska symposium on motivation*, University of Nebraska Press, Lincoln 1990, vol. 36: *Socioemotional development*, pp. 115-182.
Sartre J.-P., *Idee per una teoria delle emozioni* (1939), in Id., *L'immaginazione. Idee per una teoria delle emozioni*, Bompiani, Milano 1962.
Siegel D. J., *La mente relazionale. Neurobiologia dell'esperienza interpersonale* (2012), Raffaello Cortina, Milano 2013.
Sroufe L. A., *Lo sviluppo delle emozioni. I primi anni di vita* (1995), Raffaello Cortina, Milano 2000.
Sunderland M., *Disegnare le emozioni. Espressione grafica e conoscenza di sé* (1995), Erickson, Trento 1999.
Tagliabue A., *La scoperta delle emozioni*, Erickson, Trento 2004.
Tisseron S., *Verità e menzogna delle emozioni. Comprendere la nostra sfera emotiva* (2005), Ponte alle Grazie, Milano 2006.
Tronick E., *Regolazione emotiva nello sviluppo e nel processo terapeutico*, Raffaello Cortina, Milano 2009.
Watson J. B., Rayner R., *Conditioned emotional reactions*, in "Journal of Experimental Psychology", 1920, n. 3.
Wells A., *Disturbi emozionali e metacognizione. Nuove strategie di psicoterapia cognitiva* (2000), Erickson, Trento 2002.
Wilson E. O., *Sociobiologia. La nuova sintesi* (1975), Zanichelli, Bologna 1979.
Yerkes R. M., Dodson J. D., *The relation of strength of stimulus to rapidity of habit-formation*, in "Journal of Comparative Neurology and Psychology", 1908, n. 18, pp. 459-482.
Zavalloni R., *La vita emotiva*, in L. Ancona (a cura di), *Questioni di psicologia*, La Scuola, Brescia 1962, pp. 367-396.

Empatia (ingl. *Empathy*; ted. *Einfühlung*; fr. *Empathie*; sp. *Empatía*). "Empatia", dall'inglese *empathy*, è un termine introdotto nel 1909 da Edward Bradford Titchener come traduzione dell'espressione tedesca *Einfühlung* che significa "sentire dentro". L'empatia, infatti, designa la capacità di immedesimarsi in un'altra persona fino a coglierne i pensieri e gli stati d'animo. Nella sua formulazione tedesca, il termine era già in uso nell'estetica romantica con Johann Gottfried Herder e Novalis, che lo impiegarono per descrivere la risonanza interiore degli oggetti estetici. Theodor Lipps tentò di spiegarlo con i processi di imitazione e proiezione, per cui ci "si sente" nell'oggetto o nella persona in cui ci si immedesima, pur conservando la coscienza della propria identità come identità separata. A proposito dell'empatia esistono diverse interpretazioni:

1. L'INTERPRETAZIONE FENOMENOLOGICA. Il concetto è stato ripreso da Karl Jaspers e utilizzato per distinguere la comprensione empatica dalla comprensione razionale: «Quando nella nostra comprensione i contenuti dei pensieri appaiono derivare con evidenza gli uni dagli altri, secondo le regole della logica, allora comprendiamo queste relazioni razionalmente (comprensione di ciò che è stato detto); quando invece comprendiamo i contenuti delle idee come scaturiti da stati d'animo, desideri e timori di chi pensa, allora comprendiamo veramente in modo psicologico o empatico (comprensione dell'individuo che parla)» (1913-1959, p. 330). L'empatia è per Jaspers alla base della sua "psicologia comprensiva" che si contrappone alla "psicologia esplicativa", perché quest'ultima interpreta i fatti psichici a partire dalle ipotesi anticipate come vuole il metodo scientifico, mentre la psicologia comprensiva cerca di "comprendere" per empatia il nucleo della visione del mondo che caratterizza ogni persona o, in ambito psicopatologico, il nucleo del delirio del paziente da cui si diramano tutte le sue manifestazioni che in tal modo diventano "comprensibili" (v. PSICOLOGIA COMPRENSIVA). In questo senso, scrive Jaspers: «A evitare ambiguità e fraintendimenti impiegheremo sempre l'espressione "comprendere (*verstehen*)" per la visione interiore di qualcosa dal di dentro, mentre non chiameremo mai comprendere, ma "spiegare (*erklären*)" la conoscenza dei nessi causali oggettivi che sono sempre visti dal di fuori. Comprendere e spiegare hanno dunque sempre un significato preciso. [...] Infatti è possibile

spiegare pienamente qualcosa senza *comprenderlo*» (ivi, p. 30). Là dove non si dà un'esperienza comune, come nel caso di alcune patologie psichiatriche, risulta difficile stabilire un'empatia, e questa difficoltà, tipica di quelle forme che Jaspers definisce "incomprensibili", può essere assunta a livello diagnostico come criterio per distinguere una NEVROSI (v.) da una PSICOSI (v.).

Alla base dell'empatia è rintracciabile quella condizione esistenziale che è l'essere in un mondo comune (*Mit-welt*) a partire dalle prime esperienze di natura puramente emozionale dove, come scrive Max Scheler, «l'uomo vive più negli altri che in se stesso, più nella collettività che come singolo individuo» (1923, p. 14), per cui buona parte delle componenti di fondo che sono alla base della struttura comunicativa hanno la loro radice in quell'originaria possibilità comprensiva che si esprime nella SIMPATIA (v.). Scheler, infatti, critica il concetto di empatia perché, a suo parere, «lo stato affettivo di B, implicito nella pietà che io ne provo, resta per me lo stato affettivo di B: non passa in me che lo compatisco, e non produce in me uno stato simile o uguale» (ivi, p. 69). Anche George Herbert Mead, forse seguendo Scheler, parla sempre di *simpatia*, ma con questo termine intende immedesimazione in un'altra persona, e quindi un'empatia che richiede un assetto recettivo che consenta, come dice Mead, di "entrare nel ruolo dell'altro" per valutare il significato che la situazione che evoca l'emozione riveste per l'altra persona, nonché l'esatta interpretazione verbale e non verbale di ciò che in essa si esprime.

2. L'INTERPRETAZIONE PSICOANALITICA. Sigmund Freud tratta l'empatia come sinonimo di immedesimazione: «L'immedesimazione (*Einfühlung*) è oggi più spesso designata con il termine "empatia" (ingl. *empathy*)» (1921, p. 296). Fatta questa precisazione terminologica, Freud scrive: «Dall'identificazione parte la strada che, passando per l'imitazione, giunge all'immedesimazione, ossia all'intendimento del meccanismo mediante il quale ci è comunque possibile prender posizione nei confronti di un'altra vita psichica» (ivi, p. 298). Questa presa di posizione è per Freud una sorta di intuizione che consente di accedere a quei campi e a quei processi della vita psichica dell'altro estranei alla propria esperienza diretta. Carl Ransom Rogers ha studiato l'importanza dell'empatia nel rapporto terapeutico, in cui la comprensione non avviene a livello "gnosico" ma "patico", dove determinate emozioni che non appartengono ai propri vissuti possono essere valutate per estensione delle proprie esperienze. Su questo tema si è espressa anche Helene Deutsch, secondo la quale l'empatia dell'analista consiste in una "identificazione complementare" con il paziente che può essere riconosciuta quando l'analista comincia a percepire ciò che accade emotivamente in se stesso nel rapporto con il paziente. Dal canto suo Christine Olden afferma che si può parlare di empatia solo quando la sensibilità di una persona per un'altra non è al servizio di bisogni narcisistici, ma di relazioni oggettuali mature che non comportano un'identificazione, ma si mantengono a un livello di chiara consapevolezza di separatezza. Sempre a proposito di narcisismo, Heinz Kohut attribuisce un'importanza fondamentale all'empatia non solo nel rapporto terapeutico, ma soprattutto nella relazione madre/bambino, dove un fallimento empatico pregiudica la formazione di un Sé coeso. Sull'opportunità di differenziare l'INTUIZIONE (v.) dall'empatia è intervenuto Ralph Romeo Greenson, per il quale l'empatia comprende sensazioni, affetti e impulsi, mentre «l'intuizione è una riproduzione di immagini mentali, e perciò mette insieme gli elementi probanti afferrati per empatia» (1961-1962, p. 142). Questa differenza è rintracciabile anche nella distinzione introdotta da Alberto Gaston tra "comprensione empatica" e "intuizione empatica".

3. LE INTERPRETAZIONI PIÙ RECENTI. A partire dagli anni ottanta, Martin L. Hoffman definisce l'empatia una "condivisione affettiva" che non si traduce in una fusione con l'altro, ma mantiene una differenziazione che non impedisce l'accoglimento del punto di vista altrui, anche quando non coincide con il proprio. Riservando il termine empatia alle forme differenziate, Hoffman distingue un'"empatia egocentrica", quando un soggetto attribuisce all'altro lo stato emotivo che egli può aver provato in situazioni analoghe, dall'"empatia per i sentimenti dell'altro", che è una forma più evoluta di empatia resa possibile dalla rappresentazione cognitiva del vissuto altrui. Questo tipo di empatia che Janet Strayer chiama "empatia per risposta partecipatoria" prende a formarsi a partire dai 6-7 anni quando diminuisce nel bambino la fase egocentrica e prende quota, sia pure in modo ancora incerto, la capacità di assumere la prospettiva dell'altro. Gli studi sull'empatia hanno ricevuto un impulso dalle scoperte relative ai NEURONI SPECCHIO (v.), che attivano processi immedesimativi e imitativi, e dalle scoperte relative all'amigdala (v. LIMBICO, SISTEMA) in ordine alla sua connessione alle aree della corteccia prefrontale che sembrano attivarsi quando c'è necessità di intuire pensieri, intenzioni, sentimenti ed emozioni altrui.

Bibliografia

Boella L., *Sentire l'altro. Conoscere e praticare l'empatia*, Raffaello Cortina, Milano 2006.

–, *Empatie. L'esperienza empatica nella società del conflitto*, Raffaello Cortina, Milano 2018.

Bolognini S., *L'empatia psicoanalitica*, Bollati Boringhieri, Torino 2002.
Bonino S., Lo Coco A., Tani F., *Empatia. La condivisione delle emozioni*, Giunti, Firenze 1998.
Dentone A., Bracco M. (a cura di), *Dialogo, silenzio, empatia*, Bastogi, Foggia 2000.
Deutsch H., Roazen P., Zilboorg G., *Il sentimento assente* (1933-1989), Bollati Boringhieri, Torino 1992.
Freud S., *Psicologia delle masse e analisi dell'Io* (1921), in *Opere* (1967-1993), Bollati Boringhieri, Torino, vol. IX.
Gallese V., Guerra M., *Lo specchio empatico. Cinema e neuroscienze*, Raffaello Cortina, Milano 2015.
Gaston A., *Il cammino del tempo nella psicologia: percepire, pensare, intuire*, in "Notiziario della Fondazione San Carlo", 1991, n. 352.
Greenson R. R., *Zum Problem der Empathie*, in "Psyche", 1961-1962, n. 15.
Herder J. G., *Vom Erkennen und Empfinden* (1778), in *Sämtliche Werke* (1877-1913), Suphan, Berlin, vol. VIII.
Hoffman M. L., *Development of prosocial motivation. Empathy and guilt*, in N. Eisenberg (a cura di), *The development of prosocial behavior*, Academic Press, New York 1982.
–, *Empatia e sviluppo morale* (1987), il Mulino, Bologna 2008.
Jaspers K., *Psicopatologia generale* (1913-1959), Il Pensiero Scientifico, Roma 2000.
Kohut H., *Introspezione ed empatia. Raccolta di scritti* (1959-1981), Bollati Boringhieri, Torino 2003.
Lipps Th., *Ästhetik. Psychologie des Schönesund der Kunst*, Suphan, Hamburg 1903-1906.
Mead G. H., *Mente, Sé e Società* (1934), Giunti Barbera, Firenze 1966.
Olden Ch., *Notes on the development of empathy*, in "The Psychoanalytic Study of the Child", 1958, n. 13, pp. 505-518.
Rizzolatti G., Sinigaglia C., *So quel che fai. Il cervello che agisce e i neuroni specchio*, Raffaello Cortina, Milano 2006.
Rogers C. R., *On becoming a person. A therapist's view of psychotherapy*, Houghton Mifflin, Boston 1961.
Scheler M., *Essenza e forme della simpatia* (1923), Città Nuova, Roma 1980.
Stein E., *Il problema dell'empatia* (1917), Studium, Roma 1985.
Strayer J., *Affective and cognitive perspectives on empathy*, in N. Eisenberg, J. Strayer (a cura di), *Empathy and its development*, Cambridge University Press, New York 1987.
–, *Children's concordat emotions and cognitions in response to observed emotions*, in "Child Development", 1993, n. 64, pp. 188-201.
Stueber K. R., *L'empatia* (2008), il Mulino, Bologna 2010.
Titchener E. B., *A textbook of psychology*, Macmillan, New York 1909.
Trevarthen C., *Empatia e biologia. Psicologia, cultura e neuroscienze* (1996), Raffaello Cortina, Milano 1998.

Empowerment. Espressione inglese che sta per "acquisizione di potere" inteso come riconoscimento delle proprie capacità inespresse e delle proprie potenzialità mai attivate in modo da poter meglio governare la propria esistenza ed emanciparsi da vissuti di inferiorità dovuti al mancato riconoscimento delle proprie capacità. In sede terapeutica non ci si concentra sulle cause che sono alla base del disagio del paziente, ma sulle risorse inespresse da scoprire e rendere attive.

Bibliografia

Piccardo C., *Empowerment. Strategie di sviluppo organizzativo centrate sulla persona* (1994), Raffaello Cortina, Milano 1995.
Rappaport J., *In praise of paradox. A social policy of empowerment over prevention*, in "American Journal of Community Psychology", 1981, n. 1.
Zimmerman M. A., *Empowerment e partecipazione della comunità*, in "Animazione Sociale", 1999, n. 2.

Emulazione (ingl. *Emulation*; ted. *Nacheifern*; fr. *Émulation*; sp. *Emulación*). Imitazione conscia e volontaria di altre persone da parte di un soggetto che intende dimostrarsi eguale o migliore nelle attività e nelle qualità pregevoli. L'emulazione si distingue dalla RIVALITÀ (v.) perché non ostenta sentimenti ostili.

Enantiodromia, v. OPPOSTI, § 2, *a*.

Encefalite (ingl. *Encephalitis*; ted. *Enzephalitis*; fr. *Encéphalite*; sp. *Encefalitis*). Processo infiammatorio-infettivo diffuso dell'encefalo che colpisce la sostanza grigia corticale o dei nuclei centrali (*polioencefalite*), o la sostanza bianca (*leucoencefalite*), o entrambe. Si distingue dalle infezioni focali dell'encefalo, solitamente sostenute da batteri, funghi o parassiti e che sono rappresentate dalla *cerebrite*, dall'*ascesso* (evoluzione temporale della cerebrite) e dal *granuloma* (risposta immunitaria all'agente infettivo). Il processo flogistico può istituirsi per continuità (infezioni delle cavità para-nasali ed oto-mastoidee) o per diffusione ematogena dell'agente infettivo (batteri, spirochete, virus, parassiti) o tossico, o ancora per condizioni di ipersensibilità immunologica postinfettiva di tipo acuto o cronico, o infine per reazione immunitaria specifica contro il tessuto cerebrale, senza una chiara relazione con infezioni virali. I caratteri patologici sono differenti per estensione, sede e forma di alterazione, che può essere edematosa, suppurativa, necrotica o emorragica. Al coinvolgimento encefalitico di tipo diffuso si associa frequentemente il risentimento lepto-meningeo (*meningo-encefalite*). In pazienti in condizioni di deficienza immunitaria si riscontra un aumento di incidenza di encefaliti di tipo infettivo, determinate da batteri, virus, funghi o parassiti patogeni o opportunisti. Una di queste è la *leucoencefalopatia* non infrequente e severa in pazienti immunocompromessi, determinata dai virus del gruppo papova che in condizioni di normale efficienza immunitaria non risultano patogeni per l'uomo. Tra le forme principali vanno ricordate anche l'encefalite *metastatica* in cui l'agente infettivo dà luogo a una disseminazione di piccoli focolai di infiammazione, l'encefalite *purulenta* che porta a processi suppurativi e alla formazione di una raccolta ascessuale, l'encefalite *emorragica* la cui natura infiammatoria non è dimostrata, per cui è detta anche "pseudoencefalite", e l'encefalite *letargica* che è una malattia infettiva che si manifesta con oftalmoplegia, disturbi della visione, con difetto dell'accomodazione e spasmo oculare, disturbi del sonno tra cui LETARGIA (v.) e narcolessia (v. SONNO, § 3, *a*); inoltre, dopo un intervallo di alcune settimane o mesi, occasionalmente anni, un'elevata percentuale dei sopravvissuti sviluppa una sindrome parkinsoniana, in alcuni casi disturbi locomotori, del respiro, del metabolismo, oltre a disturbi psichici con tratti di irrequietezza, aggressività e tonalità depressiva. Sul piano anatomo-patologico l'encefalite si rivela un processo infiammatorio-infettivo localizzato prevalentemente a livello del mesencefalo, talamo e subtalamo, dei nuclei oculomotori e dei nuclei adiacenti, mentre nella fase cronica sono colpiti anche la corteccia e i nuclei della base. Dal quadro clinico dell'encefalite va tenuta distinta l'ENCEFALOPATIA (v.), che ha cause molto dissimili fra loro.

Encefalizzazione, v. ENCEFALO, § 3.

Encefalo (ingl. *Brain*; ted. *Gehirn*; fr. *Encéphale*; sp. *Encéfalo*). Centro di raccolta e smistamento di tutti gli impulsi sensitivi e motori e sede di elaborazione di tutte le funzioni psichiche. Insieme al MIDOLLO SPINALE (v.), l'encefalo costituisce il sistema nervoso centrale (v. NERVOSO, SISTEMA, § 1). Entrambi si trovano racchiusi in cavità ossee, avvolti da tre involucri, le *meningi* (v. MENINGE), tra le quali circola il *liquido cefalo-rachidiano*; questi dispositivi hanno il compito di proteggere

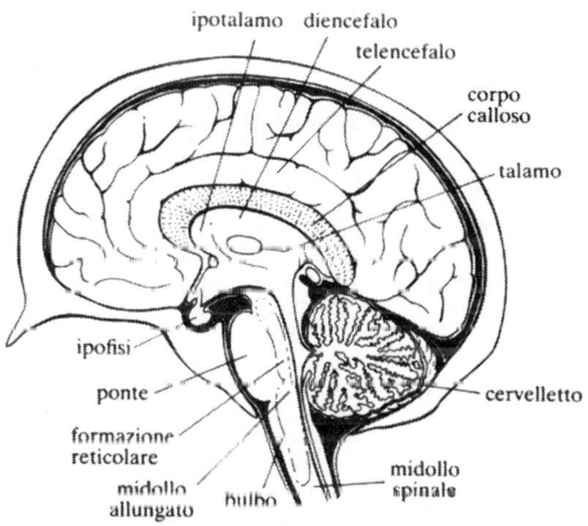

Anatomia dell'encefalo. Rombencefalo: bulbo – ponte – cervelletto; mesencefalo: formazione reticolare; proencefalo: diencefalo – telencefalo.

gli organi nervosi da urti e compressioni. Rinchiuso nella scatola cranica, l'encefalo è la parte più voluminosa del sistema nervoso centrale. Esso è suddivisibile in sostanza grigia e sostanza bianca. La *sostanza grigia* corrisponde alle aree dove vi è una preponderanza di corpi cellulari e dendriti, mentre il termine *sostanza bianca* viene riferito alle aree con una preponderanza di assoni mielinizzati, in quanto la mielina ha una costituzione prevalentemente lipidica e ha perciò l'aspetto del grasso bianco. Le aree di sostanza grigia possono essere definite *nuclei* (o *corpo* o *centro*) se contengono corpi cellulari funzionalmente legati gli uni agli altri, o *corteccia* se formano un involucro superficiale. La suddivisione della sostanza bianca ha dato luogo a una varietà di nomi, quali *fascio*, *fascicolo*, *funicolo*, *lemnisco*, *peduncolo*.

1. ANATOMIA. Dal punto di vista anatomico, procedendo dai segmenti inferiori a quelli superiori, come prevede la schematizzazione generalmente adottata dai neurofisiologi e dai neuroscienziati, incontriamo:

a) *Il rombencefalo* è costituito da due formazioni in diretta continuità con il midollo spinale: il *bulbo* e il *ponte*. Situato dorsalmente ad essi, nella parte posteriore del cranio troviamo il *cervelletto*, da cui dipendono il controllo muscolare, il coordinamento dei movimenti e in parte il mantenimento dell'equilibrio. Quando è danneggiato, queste azioni abituali diventano estremamente difficoltose se non impossibili. Il bulbo e il ponte insieme al mesencefalo formano una specie di cordone anatomico denominato *tronco dell'encefalo*. Quest'ultimo continua caudalmente nel midollo spinale e cranialmente nel diencefalo. Contiene nuclei sensitivi e motori relativi alla funzione dei nervi cranici, fasci ascendenti e discendenti di proiezione al talamo e cervelletto, e compie un numero notevole di attività integrative come le reazioni di attacco e fuga finalizzate alla sopravvivenza e l'organizzazione dell'attività respiratoria, cardiovascolare e dello stato di coscienza. La maggior parte di queste funzioni si svolge nella *sostanza*, o FORMAZIONE RETICOLARE (v.), nota anche come sistema attivante reticolare, che occupa la parte centrale del tronco encefalico. Essa possiede connessioni con il midollo spinale e con il diencefalo (ma generalmente non con la corteccia cerebrale, ad eccezione di alcune cellule contenenti monoamine), riceve stimoli dalle vie sensitive ascendenti e discendenti e dalle strutture che incontra lungo la sua estensione. Si ritiene sia importante nel mediare lo stato di *arousal* e vigilanza, ossia il grado di attivazione di un sistema, talvolta definito "stato di *arousal*" o "stato di attivazione" (v. ATTIVAZIONE), e quindi nel mantenimento dello stato di veglia della corteccia.

b) Il mesencefalo o *istmo del cervello* è un breve segmento con cui il ponte si prolunga verso l'alto. Contiene la parte inferiore del *nucleo rosso*, implicato nel controllo motorio, e della *sostanza nera*, i cui neuroni utilizzano come neurotrasmettitore la dopamina e la cui alterazione dà luogo al morbo di Parkinson (v. PARKINSON, MORBO DI), il *peduncolo cerebrale*, che è un fascio bilaterale e simmetrico costituito principalmente da fibre di sostanza bianca discendenti tra la corteccia e il ponte e tra la corteccia e il midollo spinale, oltre ai *nuclei oculomotori* e di *Edinger-Westphal*, implicati nei movimenti oculari e nella risposta costrittrice alla luce (riflesso pupillare).

c) Il proencefalo, denominato anche *cervello*, è composto dal diencefalo e dal telencefalo. Il *diencefalo* è convenzionalmente diviso in quattro parti, che includono il termine TALAMO (v.) nel proprio nome: l'*epitalamo*, che comprende la ghiandola pineale o epifisi e i nuclei abenulari, la prima responsabile della secrezione della melatonina in assenza di luce e i secondi implicati nella modulazione dell'attività della sostanza reticolare da parte del sistema limbico; i due *talami dorsali* (o semplicemente *talami*), che sono masse di sostanza grigia, una per lato; il *subtalamo*, che contiene la parte superiore del nucleo rosso e della sostanza nera ed è attraversato da parecchie vie di connessione tra cervelletto, gangli della base e talamo; l'*ipotalamo*, che è uno strato appiattito che congiunge inferiormente i due talami. Il *telencefalo* è la parte di gran lunga più sviluppata nell'uomo, ha la forma di un grosso ovoide suddiviso, da una stretta e profonda fessura longitudinale, in due *emisferi cerebrali* (v. EMISFERO CEREBRALE), ciascuno dei quali è costituito all'interno da sostanza bianca, da una massa grigia situata verso la base a lato del talamo detta *corpo striato*, e da sostanza grigia che si estende lungo tutta la superficie dell'emisfero come uno strato di rivestimento, detto *corteccia cerebrale*. Ciascun emisfero è diviso in diversi *lobi* separati da scissure più o meno profonde, ma in diretta continuità fra loro (v. CORTECCIA CEREBRALE). La funzionalità dell'encefalo supera le semplici attività a cui le varie parti sono deputate grazie a numerosi altri centri e formazioni che hanno valore di collegamento, di controllo, di integrazione e di elaborazione senza cui non sarebbero possibili le attività superiori.

2. EVOLUZIONE. Dal punto di vista evolutivo, è possibile visualizzare l'encefalo come composto da tre strati concentrici:

a) Il nucleo centrale, che include parti del romboencefalo, del mesencefalo, del talamo e dell'ipotalamo da cui dipendono processi legati alla sopravvivenza, come la respirazione, il metabolismo, la regolazione delle ghiandole endocrine e il mantenimento dell'OMEOSTASI (v.) che assicura una temperatura corporea normale, una concentrazione salina standard nel sangue, un battito cardiaco e una pressione arteriosa regolari. Gli omeostati, concepiti come strutture sensibili a quelle modificazioni chimiche o di altro tipo che rappresentano informazioni provenienti dal resto del corpo, sono in stretta connessione con la formazione reticolare che mantiene lo stato di attivazione nell'organismo.

b) Il cervello arcaico, o *paleoencefalo*, che è costituito da strutture corticali situate a livello della base del telencefalo, lungo il margine più interno degli emisferi cerebrali: la paleocorteccia e l'archicorteccia (o cortecce primitive) che sono strutturalmente più semplici della neocorteccia e presentano sempre meno di sei strati cellulari; oggi sono indicate rispettivamente come *sistema olfattivo* e *limbico* (v. OLFATTIVO, SISTEMA; LIMBICO, SISTEMA), funzionalmente interconnessi tra loro e con l'ipotalamo e la neocorteccia. Il cervello arcaico è considerato il substrato anatomico dei sentimenti e delle emozioni e regola le *attività sequenziali* come l'alimentazione, l'attacco, la fuga, l'accoppiamento, che hanno luogo in sequenze temporali piuttosto estese.

c) Il nuovo cervello, o *neoencefalo*, che è costituito dalla *corteccia cerebrale* la quale, formata da sei strati cellulari, costituisce il 90% dell'area corticale totale

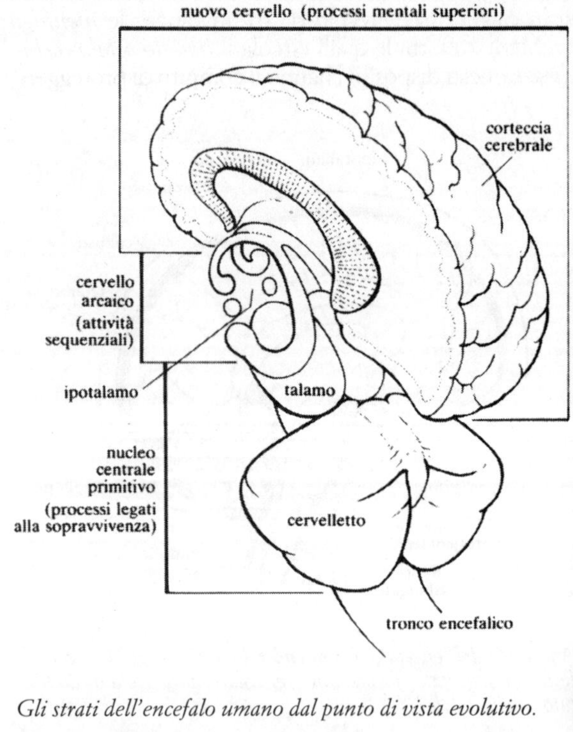

Gli strati dell'encefalo umano dal punto di vista evolutivo.

e controlla i processi mentali superiori, come il pensiero, l'apprendimento, la discriminazione, la scelta, e gli aspetti più flessibili e meno stereotipati del comportamento.

3. Encefalizzazione. Aumento del volume del cervello con conseguente sua differenziazione anatomo-fisiologica nel corso della filogenesi e dell'ontogenesi.

a) *Dal punto di vista filogenetico*, l'encefalizzazione nell'uomo è caratterizzata da un trasferimento delle funzioni dai centri cerebrali inferiori, quali il tronco, il mesencefalo e il diencefalo, a quelli superiori, e in particolare alla Corteccia cerebrale (v.), dove lo sviluppo maggiore si è registrato nelle aree *associative*, da cui dipendono apprendimento e memoria, e in quelle *motorie*, deputate al controllo di movimenti e gesti. La filogenesi del cervello non avviene per sostituzione delle strutture primitive, ma per un loro controllo con inibizione delle loro espressioni più arcaiche. Questo processo è stato segnalato per la prima volta dal neuropsichiatra John Hughlings Jackson, che postulò quelle nozioni di evoluzione e dissoluzione delle funzioni, note come "teoria degli strati" (v. Strati, Teoria degli), a proposito della quale scrive: «Le funzioni evolvono dalle inferiori più semplici, automatiche e organizzate, alle superiori più complesse, volontarie e meno organizzate» (1884, p. 121). Da allora si prese a distinguere gli *strati inferiori*, filogeneticamente più antichi e resistenti, dagli *strati superiori*, più recenti e meno resistenti ai processi di destrutturazione ritenuti responsabili dei processi patologici. Nonostante alcune obiezioni di ordine anatomico, la teoria degli strati è un modello di lettura che ritroviamo ancor oggi nella *gerarchizzazione* delle patologie, per cui, secondo Henry Ey, a livello superiore si incontra la nevrosi, a livello medio la psicosi e a livello inferiore la demenza.

L'ipotesi di Jackson, che postulava le nozioni di evoluzione e dissoluzione delle funzioni, offrirà a Sigmund Freud il modello per la sua teoria dello sviluppo e della regressione della libido, così come la conclusione che la malattia mentale è una dissoluzione disarmonica delle funzioni superiori alle inferiori che, per la loro maggior organizzazione e per il loro automatismo, sono più capaci di resistere all'evento morboso. Infine l'ordine gerarchico con cui Freud descrive l'Apparato psichico (v.) per cui il Super-io sta "sopra" l'Io, e l'Io "sopra" l'Es, la cui analisi è analisi del "profondo", rinvia alla lezione di Theodor Meynert che concepiva la coscienza come epifenomeno della "superficie" della corteccia cerebrale e gli istinti come espressione epifenomenica delle strutture "sub-corticali".

b) *Dal punto di vista ontogenetico*, lo sviluppo del cervello nella fase intrauterina è dettato dal patrimonio genetico. In questa fase i neuroni in sovrannumero vanno progressivamente incontro alla morte programmata denominata *apoptosi*. Con la nascita, il cervello del neonato possiede un numero adeguato di neuroni, ma scarse connessioni, sufficienti comunque per le funzioni motorie elementari come succhiare, piangere, sorridere. Nei primi anni di vita il cervello si sviluppa rapidamente consentendo al bambino il controllo della locomozione, del movimento volontario e successivamente del linguaggio, della memoria e del pensiero. Ad aumentare il numero delle connessioni provvedono l'ambiente, l'esperienza che il neonato incomincia a fare e, successivamente, il linguaggio e la cultura ad esso legata, che formano nuove connessioni e modificano le precedenti. La Plasticità (v. § 2) del cervello (sia di tipo sinaptico che neuronale), elevata nell'infanzia, diminuisce nell'età adulta e, con l'invecchiamento, i neuroni, che hanno scarsa plasticità sinaptica e ridotta capacità di rigenerarsi (fenomeno questo denominato *neurogenesi*, con riferimento alla formazione di nuovi neuroni a partire dalle cellule staminali neuronali, che in alcune regioni cerebrali, per esempio l'ippocampo, può avvenire nel corso di tutta la vita), diradandosi, compromettono le funzioni cerebrali entro limiti fisiologici o patologici come conseguenza di processi degenerativi. La mente, sede della Coscienza (v.), è espressione del livello più elevato dell'attività cerebrale e segna il punto in cui l'evoluzione del cervello è in larga misura indipendente dal patrimonio genetico. Per quanto concerne il rapporto mente-cervello (siglato MBP dall'espressione anglosassone *Mind-Brain-Problem*), si rinvia alla voce Mente, § 4.

Bibliografia

Ameisen J. C., *Al cuore della vita. Il suicidio cellulare e la morte creatrice* (1999), Feltrinelli, Milano 2001.

Benedetti F., *Meccanismi cerebrali dell'attività mentale*, Utet Libreria, Torino 1994.

Benedetti G., *Neuropsicologia. Le attività psichiche in una sintesi di psicologia sperimentale, neurofisiologia e psichiatria*, Feltrinelli, Milano 1969.

Bergson H., *Il cervello e il pensiero* (1919), Editori Riuniti, Roma 1990.

Civita A., *Saggio sul cervello e la mente*, Guerini & Associati, Milano 1993.

Contini M., Fabbri M., Manuzzi P., *Non di solo cervello. Educare alle connessioni mente-corpo-significati-contesti*, Raffaello Cortina, Milano 2006.

Cozolino L., *Il cervello sociale. Neuroscienze delle relazioni umane* (2006), Raffaello Cortina, Milano 2008.

Dennet D. C., *Brainstorms. Saggi filosofici sulla mente e la psicologia* (1978), Adelphi, Milano 1991.

Eccles J. C., *Evoluzione del cervello e creazione dell'io* (1989), Armando, Roma 1990.

Ey H., *Esquisse d'une conception organo-dynamique de la structure, de la nosographie et de l'étiopathogénie des maladies mentales*, in AA.VV., *Psychiatrie der Gegenwart. Forshung und Praxis* (1960-1967), Springer, Berlin 1963.
Freud S., *Progetto di una psicologia* (1895), in *Opere* (1967-1993), Bollati Boringhieri, Torino, vol. II.
–, *Metapsicologia* (1915), in *Opere*, cit., vol. VIII.
Frith Ch., *Inventare la mente. Come il cervello crea la nostra vita mentale* (2007), Raffaello Cortina, Milano 2009.
Giacobini G., *Encefalizzazione*, in AA.VV., *Gli strumenti del sapere contemporaneo*, vol. II: *I concetti*, Utet, Torino 1985, pp. 249-251.
Girotti G., *I fondamenti fisiologici dell'attività psichica*, in L. Ancona (a cura di), *Nuove questioni di psicologia*, La Scuola, Brescia 1972, vol. II, pp. 747-868.
Glees P., *Il cervello umano. Evoluzione, struttura e funzionamento* (1968), Feltrinelli, Milano 1978.
Jackson J. H., *The croonian lectures on evolution and dissolution of the nervous system*, in "British Medical Journal", 1884, n. 1.
Jaynes J., *Il crollo della mente bicamerale e l'origine della coscienza* (1976), Adelphi, Milano 1984.
Le Doux J., *Il Sé sinaptico. Come il nostro cervello ci fa diventare quel che siamo* (2000), Raffaello Cortina, Milano 2002.
Legrenzi P., Umiltà C., *Neuro-mania. Il cervello non spiega chi siamo*, il Mulino, Bologna 2009.
Lurija A. R., *Le funzioni corticali superiori nell'uomo* (1962), Giunti Barbera, Firenze 1967.
–, *Come lavora il cervello. Introduzione alla neuropsicologia* (1973), il Mulino, Bologna 1977.
Matelli M., Umiltà C., *Il cervello. Anatomia e funzione del sistema nervoso centrale*, il Mulino, Bologna 2008.
Mecacci L., *Identikit del cervello*, Laterza, Bari 1984.
Mendoza J.-L. J. de, *Cervello destro e cervello sinistro* (1995), il Saggiatore, Milano 1996.
Meynert Th., *Klinische Vorlesungen über Psychiatrie*, Braumüller, Wien 1890.
Mundo E., *Neuroscienze per la psicologia clinica. Le basi del dialogo mente-cervello*, Raffaello Cortina, Milano 2009.
Nolte J., *The human brain. An introduction to its functional anatomy*, Mosby, St. Louis, Missouri, 1988.
Oliverio A., *Geografia della mente. Territori cerebrali e comportamenti umani*, Raffaello Cortina, Milano 2008.
Restak R., *Il cervello modulare* (1994), Longanesi, Milano 1998.
Rizzolatti G., Sinigaglia C., *So quel che fai. Il cervello che agisce e i neuroni specchio*, Raffaello Cortina, Milano 2006.
Roth G., *Cervello*, in Ch. Wulf (a cura di), *Cosmo, corpo, cultura. Enciclopedia antropologica* (1997), Bruno Mondadori, Milano 2002, pp. 427-437.
Siegel D. J., *Mappe per la mente. Guida alla neurobiologia interpersonale* (2012), Raffaello Cortina, Milano 2014.
Solms M., Turnbull O., *Il cervello e il mondo interno. Introduzione alle neuroscienze dell'esperienza soggettiva* (2002), Raffaello Cortina, Milano 2004.
Soresi E., *Il cervello anarchico*, Utet, Torino 2005.
Swaab D., *Noi siamo il nostro cervello. Come pensiamo, soffriamo e amiamo* (2010), Elliot Edizioni, Roma 2011.
Umiltà C., *Il cervello. La macchina della mente*, il Mulino, Bologna 2011.
Van der Kolk B., *Il corpo accusa il colpo. Mente, corpo e cervello nell'elaborazione delle memorie traumatiche* (2014), Raffaello Cortina, Milano 2015.

Encefalopatia (ingl. *Encephalopathy*; ted. *Enzephalopathie*; fr. *Encéphalopathie*; sp. *Encefalopatía*). Termine generico che indica un insieme di segni e sintomi neurologici (sindrome) dovuti a un'alterazione strutturale o funzionale dell'encefalo acuta o cronica. Queste affezioni dell'encefalo possono essere strettamente secondarie al danno a carico di organi viscerali – come ad esempio cuore (circolazione), polmone (respirazione), reni, pancreas, fegato, ghiandole endocrine – o causate da un danno diretto sull'encefalo. Inoltre queste diverse forme di malattie dell'encefalo hanno un'ampia varietà di terapie e di prognosi, da reversibile a fatale. Tra le forme più significative, oltre all'ENCEFALITE (v.), che è un processo infiammatorio-infettivo, si possono citare:

1. *L'encefalopatia ipertensiva*, che è un disturbo cerebrale diffuso dovuto ad un aumento della pressione endocranica che inizia con disturbi visivi, afasia o emiplegia, per poi procedere con cefalea, vomito, convulsioni e coma.

2. *L'encefalopatia da piombo*, dovuta a cronico avvelenamento (v. PIOMBO, INTOSSICAZIONE DA).

3. *L'encefalopatia del pugile*, dovuta a traumi ripetuti che lasciano un danno cerebrale caratterizzato da lentezza nell'ideazione, povertà di concentrazione, tremori, disartria e, in taluni casi, rigidità parkinsoniana. Possono comparire episodi psicotici con deliri di gelosia o depressione, mentre sono più frequenti irritabilità ed esplosioni di collera immotivata. Dal punto di vista anatomo-patologico, si registrano aree di atrofia cerebrale, particolarmente nelle regioni frontali, e presenza di piccole emorragie puntiformi e di microscopiche degenerazioni neurofibrillari.

4. *L'encefalopatia da shunt porta-cava*. Nella cirrosi epatica si può formare un collegamento (*shunt*) tra vena porta e vena cava, cosicché viene a mancare la neutralizzazione metabolica dell'ammoniaca con conseguenti fenomeni neuropsichiatrici dovuti ad un aumento di ammoniemia dagli effetti neurotossici.

5. *L'encefalopatia traumatica*, dovuta a lesioni del cervello che comportano cefalea persistente, vertigini, scotomi, riduzione della memoria, scarsa capacità di concentrazione e affaticabilità mentale e fisica.

6. *L'encefalopatia di Wernicke*, che si presenta nell'etilista cronico per grave carenza di vitamine del gruppo B. Si manifesta con confusione mentale, agitazione psicomotoria, spunti deliranti persecutori e allucinazioni.

7. *L'encefalopatia spongiforme subacuta* (v. DEMENZA, § V, 2).

Encopresi (ingl. *Encopresis*; ted. *Enkopresis*; fr. *Encoprésie*; sp. *Encopresis*). Defecazione involontaria e incontrollata che, nei bambini che hanno superato i 2-3 anni, se non ha una causa organica come la debolezza del muscolo sfinterico, è di natura psicogena dovuta a carenze affettive o a rapporti inadeguati con le figure parentali.

Bibliografia

Guaraldi G. P., Ruggerini C., Barbieri B., *Disturbi del controllo sfinterico*, in G. B. Cassano, P. Pancheri *et al.* (a cura di), *Trattato italiano di psichiatria* (1992), Masson, Milano 1999, vol. III, pp. 2875-2888.

Rovetto F. M., *Enuresi ed encopresi. Guida pratica al trattamento medico-psicologico*, Masson, Milano 1987.

Endocrina, Psicosindrome, v. PSICORGANICA, SINDROME, § 3.

Endocrino, Sistema (ingl. *Endocrine system*; ted. *Endokrinsystem*; fr. *Système endocrinien*; sp. *Sistema endocrino*). Sistema regolatore di molte funzioni corporee tramite la produzione di sostanze specifiche, dette *ormoni*, che arrivano dalle sedi di produzione a quelle di azione per mezzo del circolo sanguigno. I componenti del sistema endocrino possono avere un'organizzazione differente: organi endocrini (ghiandole), tessuti o singole cellule disperse nella compagine degli altri organi. Le principali strutture endocrine sono:

1. L'IPOFISI. Collegata attraverso molti percorsi nervosi all'IPOTALAMO (v.), l'ipofisi è, fra le ghiandole endocrine, la più importante perché regola anche l'attivazione di numerose altre. Le sue funzioni, molto differenziate, si lasciano ricondurre alla tripartizione anatomica con cui si è soliti considerarla.

a) Ipofisi anteriore o *adenoipofisi*: esercita un continuo controllo su altre ghiandole mediante distinti ormoni trofici ad esse destinati. Tali sono la *somatotropina* (STH), o ormone della crescita (GH), che promuove l'accrescimento mediante la stimolazione del tessuto scheletrico, muscolare, epatico, intestinale, renale – alla sua ipoattività è da imputare il NANISMO (v.), mentre alla sua iperattività il GIGANTISMO (v.); la *tireotropina* (TSH) che stimola la secrezione degli ormoni della tiroide; la *corticotropina* (ACTH) che ha il compito di mantenere la funzionalità surrenalica; le *gonadotropine* che comprendono l'ormone *follicolo-stimolante* (FSH) che nelle ovaie è responsabile della crescita dei follicoli, e nei testicoli della stimolazione della spermatogenesi – in caso di ipoattività si hanno manifestazioni di amenorrea e di impedimento della spermatogenesi; l'ormone *luteinizzante* (LH) che nella donna presiede alla maturazione del follicolo, all'ovulazione e alla formazione del corpo luteo, mentre nell'uomo, unitamente allo FSH, regola la funzione testicolare e per questo è conosciuto come ICSH (ormone stimolante le cellule interstiziali); la *prolattina* (LTH) che è un ormone che agisce sulle ghiandole mammarie, provocando la produzione e la secrezione del latte.

b) Ipofisi posteriore o *neuroipofisi*: è riccamente innervata dall'ipotalamo i cui neuroni (nuclei paraventricolare e sopraottico) sintetizzano gli ormoni, poi trasportati lungo gli assoni fino alla neuroipofisi. Tali ormoni sono l'*ossitocina*, che agisce sulla muscolatura liscia dell'utero provocandone la contrazione (di qui la sua importanza durante il parto) e sulle ghiandole mammarie in attività secretiva favorendo l'eiezione del latte (la sua azione nel maschio è ignota), e la *vasopressina* (ADH), che è l'ormone antidiuretico che regola il metabolismo idrico dell'organismo mediante la concentrazione dell'urina dovuta ad aumentato riassorbimento dell'acqua a livello renale. Esplica inoltre un effetto vasocostrittore.

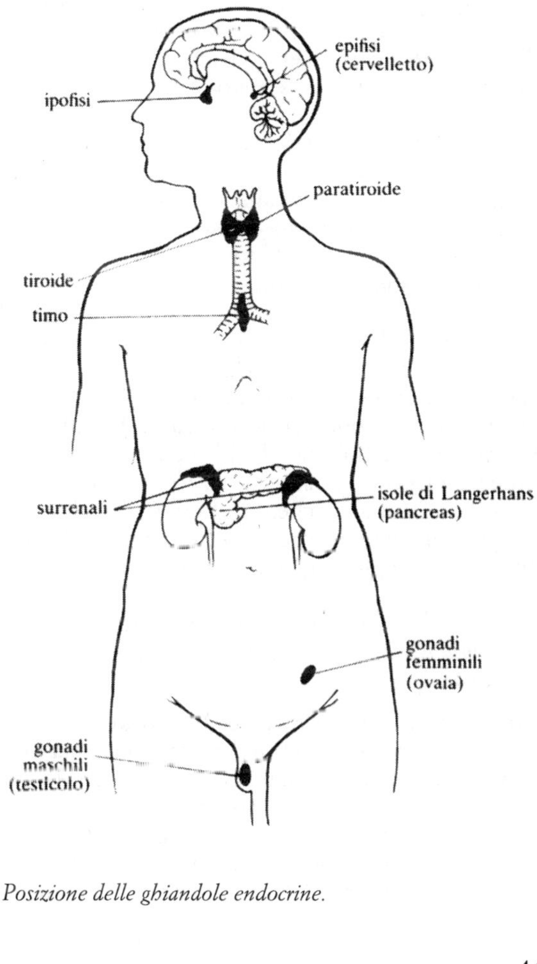

Posizione delle ghiandole endocrine.

c) Ipofisi intermedia: è la sede di produzione della *melanotropina* (MSH), responsabile della pigmentazione della cute. Si ipotizza che agisca migliorando l'adattamento dell'occhio all'oscurità e la sintesi della porpora visiva.

2. LA TIROIDE. È sotto il controllo ipofisario per quanto riguarda la produzione e il rilascio di *triiodotironina* (T3) e *tiroxina* (T4), due ormoni che esercitano la loro azione sul metabolismo, sulla crescita, sullo sviluppo e sulla morfogenesi. L'ipofunzionalità della tiroide (*ipotiroidismo*) in età infantile provoca gravi conseguenze: arresto della crescita, dello sviluppo corporeo e, spesso, ritardo mentale (v. CRETINISMO); in età adulta porta a un cambiamento dell'aspetto fisico, al torpore mentale e a un abbassamento dei valori del metabolismo basale. L'iperfunzionalità (*ipertiroidismo*), al contrario, provoca un incremento dei valori del metabolismo basale e di altri parametri con conseguente dimagrimento e ipereccitabilità nervosa. Un particolare tipo di cellule presenti nel tessuto tiroideo, chiamate C, producono la *calcitonina* (o tireocalcitonina) che viene prodotta anche dalle paratiroidi. Le sintesi e il rilascio di questo ormone sono regolati dalla calcemia, il cui aumento viene riportato alla norma per azione della stessa calcitonina.

3. LE PARATIROIDI. Producono due ormoni: il *paratormone* (PTH) e la *calcitonina* (prodotta anche dalla tiroide), principali responsabili, insieme alla vitamina D, del controllo dell'omeostasi del calcio e del fosfato nell'organismo. Gli effetti di questi due ormoni sulla calcemia sono antagonisti.

4. LE ISOLE DI LANGERHANS. Rappresentano la parte endocrina del pancreas e sono la sede di sintesi di due ormoni: l'*insulina* che, prodotta dalle cellule β, è l'unico ormone ad azione ipoglicemizzante che influisce, oltre che sul metabolismo glucidico, anche su quello lipidico e proteico (la sua carenza porta al diabete mellito), e il *glucagone* che, prodotto dalle cellule α, è iperglicemizzante e, in generale, antagonista dell'insulina anche per gli altri parametri metabolici.

5. I SURRENI. Sono costituiti da una parte *corticale* e da una *midollare* che hanno un significato endocrino molto diverso:

a) La corteccia è sotto controllo ipofisario e produce una serie di ormoni, strutturalmente simili, ma con prevalenze funzionali distinte. I *glicocorticoidi*, tra cui il cortisolo, e i *mineralcorticoidi*, tra cui l'aldosterone, sono tutti in grado di influire nello stesso modo su numerosi parametri dell'organismo, tuttavia si distinguono nei due gruppi in quanto i primi mostrano effetti più marcati sul metabolismo glucidico (iperglicemizzanti), mentre i secondi regolano soprattutto il bilancio idro-salino, favorendo il riassorbimento degli ioni di sodio. I *corticosteroidi*, grazie alle loro molteplici funzioni, conferiscono capacità di fronteggiare situazioni di STRESS (v.) e di adattarsi alle condizioni più diverse. Sono inoltre utilizzati in medicina quali antinfiammatori e immunosoppressivi. Oltre ai corticoidi, il tessuto corticale produce anche modeste quantità di ormoni sessuali, sia maschili che femminili.

b) Il midollo può essere considerato un'estensione del sistema nervoso nel senso che uno stimolo nervoso è convertito direttamente in uno stimolo ormonale. Questa ghiandola endocrina produce due catecolamine: l'*adrenalina* e la *noradrenalina*, che influenzano diversi parametri, quali la pressione sanguigna, il metabolismo lipidico e glucidico; la loro azione sul tessuto bersaglio (attivazione o inibizione) è determinata dal tipo di recettore (α o β) che viene stimolato, perciò la differente distribuzione di tali recettori nei tessuti decide il tipo di risposta. L'adrenalina viene rilasciata anche in circostanze di stress, permettendo un immediato aumento dell'attività muscolare come risposta alla situazione d'emergenza (fuga o combattimento). È anche un NEUROTRASMETTITORE (v.).

6. LE GHIANDOLE SESSUALI. Dette anche *gonadi*, si distinguono in maschili e femminili:

a) I testicoli sono le gonadi maschili che producono, sotto il controllo ipofisario, gli *androgeni* o ormoni sessuali maschili di cui i principali sono il *testosterone* e l'*androsterone*. Da questi ormoni dipendono lo sviluppo e la maturazione degli organi sessuali, la comparsa e il mantenimento dei caratteri sessuali secondari. I testicoli sintetizzano anche piccole quantità di ormoni sessuali femminili.

b) Le ovaie sono le gonadi femminili che producono, sotto il controllo ipofisario, gli estrogeni e i progestinici. Gli *estrogeni* sono responsabili della comparsa dei caratteri sessuali secondari; sono inoltre indispensabili alle funzioni degli organi sessuali e, in particolare, alle modificazioni periodiche caratteristiche come il ciclo mestruale. Il rilascio di questi ormoni, prodotti dalle cellule del follicolo di Graaf, ha un andamento ciclico. I *progestinici*, rappresentati principalmente dal *progesterone* che è l'ormone della gravidanza, sono prodotti dal corpo luteo durante la seconda metà del ciclo mestruale, ma vengono rilasciati immediatamente prima dell'ovulazione e hanno il compito di preparare la mucosa uterina all'annidamento dell'uovo fecondato e all'eventuale mantenimento della gravidanza. Se l'impianto dell'uovo non avviene, la produzione di progesterone diminuisce, portando all'evento mestruale.

Quindi anche il progesterone segue un andamento ciclico. Il corpo luteo produce anche un ormone non steroideo, la *relaxina*, che causa il rilassamento della sinfisi pubica: la sua importanza potrebbe essere limitata al solo periodo del parto. Le ovaie sintetizzano anche piccole quantità di ormoni sessuali maschili.

c) *La placenta* è una formazione endocrina che compare e funziona solamente durante la gravidanza. Produce la *gonadotropina corionica umana* (HCG) che ha effetto sovrapponibile a quello dell'LH ipofisario, perciò sostiene la funzione del corpo luteo che continuerà a produrre progesterone. È inoltre in grado di produrre direttamente gli ormoni sessuali femminili.

7. L'EPIFISI. Denominata anche *ghiandola pineale*, produce la *melatonina* i cui effetti non sono del tutto ancora ben conosciuti. Inibisce l'attività delle gonadi, probabilmente impedendo il rilascio delle gonadotropine. La liberazione in circolo di melatonina segue un ritmo giorno/notte e un ritmo stagionale che influenzano l'andamento di molte funzioni biologiche.

8. IL TIMO. È un organo che raggiunge il massimo sviluppo durante la vita embrionale e l'infanzia, fino al periodo della pubertà; successivamente inizia una lenta involuzione che dura per tutta la vita. Solo recentemente sono state isolate sostanze attive dal punto di vista endocrino; tra queste la *timosina*, che stimola processi legati allo sviluppo del sistema immunitario e che presenta attività antagonista all'ACTH e alle gonadotropine. Questa osservazione potrebbe spiegare la correlazione temporale fra involuzione del timo e pubertà.

9. ORMONI DEI TESSUTI. Sono numerose sostanze ad azione regolatrice che non vengono prodotte da una specifica ghiandola endocrina e non presentano spiccata specificità di bersaglio. Tra le principali vi sono:

a) *le prostaglandine*, che sono un gruppo di sostanze prodotte nella maggior parte delle cellule ed esplicano azioni biologiche molteplici su vari apparati;

b) *gli ormoni gastrointestinali*, che sono prodotti da cellule endocrine della mucosa gastrica e intestinale e regolano funzioni motorie e secretorie dello stomaco, dell'intestino, del fegato, del sistema bilifero e del pancreas. Tra questi la *gastrina*, la *secretina*, la *pancreozimina*;

c) *l'angiotensina*, che ha forte effetto di vasocostrizione, influenza il metabolismo renale e stimola il surrene;

d) *le chinine*, tra cui la *bradichinina* che ha forte effetto vasodilatatore, per cui diminuisce la pressione sanguigna;

e) *la serotonina*, che, oltre ad essere un mediatore sinaptico del sistema nervoso centrale, ha effetto sulla mucosa intestinale, sui vasi sanguigni e viene liberata nel corso della coagulazione del sangue;

f) *gli autocoidi* (o *autacoidi*), che sono ormoni locali che servono alla comunicazione tra le cellule. Possono stimolare crescita e differenziazione, nonché fungere da agenti chemiotattici. Tra questi il *fattore di crescita dei nervi* (NGF).

10. IL SISTEMA NERVOSO CENTRALE E VEGETATIVO. Il sistema nervoso centrale e il sistema nervoso vegetativo (v. NERVOSO, SISTEMA) ospitano quei mediatori chimici o neurotrasmettitori (v. NEUROTRASMETTITORE) che agiscono a livello intersinaptico trasmettendo l'impulso che viene da un neurone al neurone successivo. Le interrelazioni tra sistema nervoso e sistema endocrino, oggetto di studio della *neuroendocrinologia*, si rendono evidenti, fra l'altro, nelle reazioni alle cosiddette "situazioni di stress", come traumi, sollecitazioni emotive, temperature estreme, infezioni ecc., con una mobilitazione delle risorse dell'organismo attraverso i centri ipotalamici, a loro volta interagenti con l'attività dell'ipofisi, collegata anatomicamente e funzionalmente con l'ipotalamo. Il prevalere funzionale di una determinata costellazione ormonale nei singoli individui è decisivo nella costituzione e nel temperamento individuali.

Endogamia – Esogamia (ingl. *Endogamy-exogamy*; ted. *Endogamie-Exogamie*; fr. *Endogamie-exogamie*; sp. *Endogamia-exogamia*). Termini impiegati in antropologia per spiegare la struttura della parentela in base al principio dell'esclusione dell'accoppiamento all'interno del gruppo sociale (*endogamia*) e della sua liceità all'esterno (*esogamia*). Introdotto per la prima volta da John Ferguson McLennan, il concetto di endogamia è ripreso da Sigmund Freud che articola intorno ad esso lo sfondo antropologico del tabù dell'incesto (v. TABÙ, § 4) intorno a cui ruota la dinamica del complesso di Edipo (v. EDIPO, COMPLESSO DI): «Per parte mia presi le mosse dalla vistosa concordanza fra i due precetti tabù del totemismo (non uccidere il totem e non unirsi sessualmente con le donne dello stesso clan totemico) e i due temi del complesso edipico: sopprimere il padre e prendere in moglie la madre. Fui pertanto indotto a mettere l'animale totemico sullo stesso piano del padre, cosa che peraltro i primitivi facevano già espressamente adorando il totem appunto in quanto progenitore del clan. [...] Collegando a questi dati l'ipotesi darwiniana secondo cui gli uomini vivevano originariamente in orde, ciascuna delle quali era dominata da un solo maschio, forte, violento e gelosissimo, ricavai a poco a poco, dai vari elementi a mia disposizione, l'ipotesi o meglio la visione seguente: il padre dell'orda primordiale, da despota incontrastato qual era, si era riservato il possesso esclusivo di tutte le donne, uccidendo e cacciando i propri figli che riteneva pericolosi rivali. Un giorno però i figli, riunitisi insieme, presero il sopravvento e dopo aver ucciso il padre, che era al tempo stesso il loro nemico e ideale, ne divorarono insieme le spoglie mortali. Dopo questa azione criminosa nessuno di loro poté assumersi l'eredità paterna, poiché ciascuno lo impediva all'altro. Dallo scacco subìto e dal rimorso per il crimine commesso i figli impararono a tollerarsi a vicenda, si unirono in un clan fraterno retto dalle prescrizioni del totemismo che garantivano che una simile impresa non si sarebbe ripetuta mai più, e rinunciarono di comune accordo al possesso delle donne, a causa delle quali avevano ucciso il padre. Essi potevano ora unirsi soltanto alle donne estranee al clan. È questa l'origine dell'esogamia e del suo intimo nesso con il totemismo. Il banchetto totemico rappresentava la solenne commemorazione dell'impresa mostruosa dalla quale era derivato l'umano senso di colpa (o peccato originale), punto di partenza a un tempo dell'organizzazione sociale, della religione e delle restrizioni etiche» (1924, pp. 134-135). Per quanto concerne le implicanze teoriche connesse a questo passo, si vedano le voci ANTROPOLOGIA, § 1; TABÙ, § 4; TOTEM, § 2.

Bibliografia

Freud S., *Totem e tabù. Alcune concordanze nella vita psichica dei selvaggi e dei nevrotici* (1912-1913), in *Opere* (1967-1993), Bollati Boringhieri, Torino, vol. VII.

–, *Autobiografia* (1924), in *Opere*, cit., vol. X.

Lévi-Strauss C., *Le strutture elementari della parentela* (1947), Feltrinelli, Milano 1972.

McLennan J. F., *Sistemi arcaici di parentela e loro effetti sulla struttura dei gruppi primitivi* (1885), in U. Fabietti (a cura di), *Alle origini dell'antropologia*, Bollati Boringhieri, Torino 1980.

Montefoschi S., *Al di là del tabù dell'incesto. Psicoanalisi e conoscenza*, Feltrinelli, Milano 1982.

Endogeno – Esogeno (ingl. *Endogenous-Exogenous*; ted. *Endogen-Exogen*; fr. *Endogène-Exogène*; sp. *Endógeno-Exógeno*). Opposizione concettuale impiegata in psichiatria per indicare la causa interna (*endogeno*) o esterna (*esogeno*) di un disturbo psichico. Introdotto da Paul Julius Moebius, il concetto di endogeno significava *disposizione congenita*, per cui «quando si può dimostrare o sospettare una causa fondamentale che dall'esterno penetra nell'individuo determinando la malattia, abbiamo una malattia esogena. Quando esistono solo delle condizioni quantitative variabili, la causa fondamentale deve risiedere nell'individuo e consistere in una disposizione congenita e quindi parliamo di una malattia endogena» (1894, p. 7). Il concetto di Moebius deriva dalla teoria della degenerazione (v. DEGENERAZIONE) connessa alla teoria dell'ereditarietà.

Superata la teoria della degenerazione, il concetto di endogeno entra in una complessità concettuale che Karl Jaspers cerca di chiarire in questi termini: «I concetti di "endogeno" ed "esogeno" hanno un significato diverso a seconda che vengano impiegati soltanto per le malattie fisiche o psichiche. Tutti i fattori che sono esogeni per le malattie fisiche (veleni, batteri, clima) sono anche esogeni per le malattie psichiche, però, rispetto alla disposizione psichica, chiamiamo esogene anche le malattie fisiche e perfino le affezioni cerebrali somatico-endogene» (1913-1959, p. 490). Rispetto alla psiche, infatti, esterno, e quindi esogeno, non è solo il mondo, ma anche il soma. Per quanto concerne l'espressione *disposizione psichica* identificata con "endogeno", Jaspers chiarisce: «Si deve distinguere tra disposizione (*Anlage*) congenita e disposizione (*Disposition*) acquisita, [...] tra disposizione (*Anlage*) visibile e disposizione (*Disposition*) invisibile. [...] Infine si deve distinguere tra disposizione (*Veranlagung*) fisica e psichica. [...] Ma come perveniamo a singoli momenti disposizionali che non siano costruiti a caso, ma siano di importanza reale? Soltanto studiando la disposizione attraverso intere famiglie. Due fatti ci guideranno in questo: la variazione individuale e la trasmissione ereditaria» (ivi, pp. 488-489).

Componendo eredità e variazione individuale si ottiene quella categoria del "tipico" che, sviluppata da Hubertus Tellenbach, viene assunta come terzo campo di causalità accanto al somatico e allo psichico: «Accanto al Soma e alla Psiche viene ora preso in considerazione un "Endon" come "terzo campo causale". La sua caratteristica è fin dall'inizio estremamente incerta. Esso sembra appartenere alla regione del Soma, ma piuttosto come un "Come" che non come una "Cosa" della corporeità». Permanendo come ciò che, «nell'accadere temporale del processo del divenire, rimane uguale a se stesso, [...] l'Endogeno è ciò che è stabile, ciò che, pur trasportato nel fluire della vita, permane nel dover-esser-così, nel non-poter-sfuggir-da-sé. [...] E così noi intendiamo per Endogeno ciò che emerge come unità del carattere fondamentale in ogni cosa che accade nella vita» (1961, pp. 67-68). In tal modo, se "endogeno" nell'accezione di Moebius e in quella di Jaspers poteva ancora contrapporsi a esogeno, in quella di Tellenbach diventa una regione a sé accanto alla regione psichica e a quella somatica su cui si fonda, ma da cui anche si distingue.

Bibliografia

Gaston A., *Genealogia dell'alienazione*, Feltrinelli, Milano 1987.
Jaspers K., *Psicopatologia generale* (1913-1959), Il Pensiero Scientifico, Roma 2000.
Moebius P. J., *Compendio di neuropatologia* (1894), Rosenberg & Sellier, Torino 1894.
Tellenbach H., *Melancolia* (1961), Il Pensiero Scientifico, Roma 1975.

Endomorfismo, v. TIPOLOGIA, § 1, *c*.

Endomusia (ingl. *Endomusia*; ted. *Endomusie*; fr. *Endomusie*; sp. *Endomusia*). Richiamo mentale di una melodia. Talvolta il termine è impiegato per indicare un tipo di pensiero ossessivo.

Endorfina (ingl. *Endorphin*; ted. *Endorphin*; fr. *Endorphine*; sp. *Endorfina*). Trasmettitore chimico endogeno coinvolto nel meccanismo del dolore e nei processi neuronali alla base di sentimenti di gioia, ansia e piacere. La famiglia delle endorfine comprende sostanze capaci di riprodurre tutti gli effetti farmacologici e comportamentali dell'oppio (v. DROGA, § 1), comprese tolleranza e dipendenza fisica; l'endorfina sembra rivestire un ruolo patogenetico nelle sindromi schizofreniche. Quando i recettori sono impegnati da un oppiaceo esogeno come la morfina, per un meccanismo di feedback si sopprime la sintesi degli oppiacei endogeni. Si ipotizza anche che una deficienza genetica di endorfine sia un fattore predisponente all'inclinazione per i narcotici. Oltre alle endorfine vanno ricordati i neuropeptidi attivi come la *leu-encefalina* e la *met-encefalina*, che sono peptidi a più basso peso molecolare che hanno un'azione analgesica.

Endoscopia, v. AUTOSCOPIA.

Endotimico, Substrato (ingl. *Endothymic basis*; ted. *Endothymer Grund*; fr. *Substrat endothymique*; sp. *Sustrato endotímico*). Termine che compare nella teoria degli strati della personalità di Philipp Lersch (v. STRATI, TEORIA DEGLI, § 4) per indicare la profondità istintivo-emozionale della psiche che condiziona il *sentimento della vita* in termini di serenità, riservatezza, malinconia e ansietà, il *sentimento di sé* e quindi le proprie capacità e il proprio valore, i *moti dell'animo* influenzati dalla valutazione dei dati ambientali. Il substrato endotimico può essere controllato dalla volontà e dal pensiero che rappresentano lo strato superiore della vita psichica.

Bibliografia

Lersch Ph., *Il carattere. I sentimenti, le tendenze, la volontà* (1938, 2ª ed. aggiornata e ampliata 1941), Cedam, Padova 1942 (2ª ed. titolata in italiano *La struttura del carattere*, Cedam, Padova 1950).

Energia psichica, v. LIBIDO.

Engramma (ingl. *Engram*; ted. *Engramm*; fr. *Engramme*; sp. *Engrama*). Traccia mnestica, ipotizzata da Richard Semon nel 1908, depositaria di un certo contenuto informativo e conservata nel tessuto nervoso in forma di "neurogramma" per effetto delle modificazioni del "substrato organico" causate da stimoli che lo predispongono a rispondere sempre nello stesso modo allo stesso stimolo. Semon ha ipotizzato che il complesso di tutti gli engrammi acquisiti costituisca la base della memoria, dove tutto ciò che è stato pensato, vissuto o sperimentato si mantiene in condizioni di disponibilità pronto a riemergere e tornare alla memoria dietro un semplice richiamo. Si suppone che la base neurofisiologica che permette il processo mnemonico consista in modificazioni sinaptiche sotto forma di cambiamenti microstrutturali delle sinapsi delle cellule cerebrali. Gli engrammi sarebbero i moduli codificati di tutte queste modificazioni sinaptiche. Quando questi moduli sono attivati portano alla formazione di impulsi che sono copie dei moduli responsabili dell'esperienza originale, e che sono disponibili per una decifrazione e quindi per una riutilizzazione ai fini della memoria. In questo quadro ipotetico, di certo c'è oggi solo il ruolo importante attribuito all'acido ribonucleico (RNA) responsabile di una sintesi specifica da cui dipende lo sviluppo sinaptico e la conseguente attivazione della MEMORIA (v. § 1). Il concetto di engramma è stato utilizzato dalla psicoanalisi e dalla psicologia analitica per spiegare la memoria inconscia e i processi associativi.

1. PSICOANALISI. Secondo Sigmund Freud, la traccia mnestica non è un'immagine della cosa, ma la sua trascrizione nell'apparato neuronico dove gli engrammi sono depositati in diversi sistemi e in relazione con altre tracce tra loro legate per simultaneità, causalità e successione cronologica. Questi sistemi sono alla base delle catene associative, mentre il loro grado di accessibilità alla coscienza dipende dalla riattivazione promossa dall'INVESTIMENTO (v.), dal controinvestimento e dal disinvestimento. Questa concezione si basa sulla distinzione operata da Freud tra RAPPRESENTAZIONE (v.) e importo d'affetto (v. AFFETTO), per cui tutti i ricordi in linea di principio vengono trascritti, ma la loro rievocazione dipende dal modo in cui vengono investiti. Scrive Freud: «Nelle funzioni psichiche

bisogna distinguere qualcosa (importo d'affetto, somma di eccitazione) [...] che può essere aumentato, diminuito, spostato, scaricato e che si stende sulle tracce mnestiche delle rappresentazioni quasi come una carica elettrica sulla superficie dei corpi» (1887-1904, p. 141). La teoria della traccia mnestica costringe Freud a stabilire un'incompatibilità tra coscienza e memoria: «Troviamo difficile credere che l'eccitamento lasci anche nel sistema *P-C* percezione-coscienza tracce permanenti siffatte. Se rimanessero sempre consce, ben presto limiterebbero la capacità del sistema di ricevere nuovi eccitamenti, se invece diventassero inconsce, ci metterebbero di fronte al problema di spiegare l'esistenza di processi inconsci in un sistema il cui funzionamento è per il resto caratterizzato dai fenomeni propri della coscienza. Con la nostra ipotesi che situa il processo del diventare cosciente in un particolare sistema non avremmo per così dire cambiato nulla né guadagnato nulla. Pur ammettendo che questa considerazione non sia probante in modo assoluto, essa può tuttavia indurci a supporre che il diventare cosciente e il lasciare dietro di sé una traccia mnestica siano processi tra loro incompatibili all'interno di uno stesso sistema» (1920, p. 211).

2. Psicologia analitica. Carl Gustav Jung utilizza il concetto di engramma per spiegare la memoria inconscia: «L'inconscio, considerato il campo storico della psiche, contiene in forma concentrata l'intera serie di engrammi che da tempo incommensurabile hanno condizionato l'attuale struttura della psiche. Gli engrammi non sono che tracce funzionali che indicano la frequenza e l'intensità massime secondo le quali generalmente la psiche umana ha funzionato. Questi engrammi funzionali si presentano come motivi e figure mitologiche che si riscontrano talora identici, talora assai simili in tutti i popoli e che si possono agevolmente ravvisare anche nei materiali inconsci dell'uomo moderno» (1921, p. 176). E ancora: «Il simbolo dell'animale in particolare rimanda a qualcosa di extraumano, ossia di sovrapersonale. Infatti i contenuti dell'inconscio collettivo non sono soltanto i residui di modi funzionali arcaici, specificatamente umani, ma anche i residui delle funzioni della serie degli antenati animali dell'uomo, la cui durata è stata infinitamente maggiore dell'epoca relativamente breve dalla quale si fa decorrere l'esistenza specificatamente umana. Quando sono attivi, questi residui – o "engrammi", per usare il termine di Semon – sono quanto mai adatti non soltanto ad arrestare il processo dello sviluppo, ma a trasformarlo in un regresso fin quando la quantità di energia attivata dall'inconscio collettivo sia stata spesa. L'energia diventa però utilizzabile allorché, attraverso il confronto consapevole con l'inconscio collettivo, può essere trascinata in ballo. Le religioni hanno stabilito in maniera concreta questo circuito energetico attraverso il rapporto liturgico con la divinità» (1917-1943, pp. 99-100).

Bibliografia

Adams A. E., *Informationstheorie und Psychopathologie des Gedächtnisses*, Springer, Berlin 1971.

Bussmann H., *Zur Kybernetik des Lernprozesses*, Schwann, Düsseldorf 1971.

Freud S., *Lettere a Wilhelm Fliess 1887-1904*, Bollati Boringhieri, Torino 1986.

–, *Progetto di una psicologia* (1895), in *Opere* (1967-1993), Bollati Boringhieri, Torino, vol. II.

–, *Al di là del principio di piacere* (1920), in *Opere*, cit., vol. IX.

Jung C. G., *Psicologia dell'inconscio* (1917-1943), in *Opere* (1969-2007), Bollati Boringhieri, Torino, vol. VII.

–, *Tipi psicologici* (1921), in *Opere*, cit., vol. VI.

Maschietto G., *Concetto di engramma nelle ricerche sulla psicologia applicata*, in "I Problemi della Pedagogia", 1972, n. 1, pp. 3-14.

Semon R. W., *Die Mneme als erhaltendes Prinzip im Wechsel des organischen Geschehens*, Engelmann, Leipzig 1908.

Entelechia (ingl. *Entelechy*; ted. *Entelechie*; fr. *Entéléchie*; sp. *Entelequia*). Termine aristotelico che indica l'attuazione o compimento di un processo in potenza. Il termine è utilizzato da Carl Gustav Jung a proposito del processo d'individuazione (v. Psicologia analitica, § 5), riguardo al quale scrive: «Scopo del processo d'individuazione è la sintesi del Sé. Secondo un altro punto di vista al termine "sintesi" sarebbe preferibile il termine "entelechia". Vi è una ragione empirica per cui questa espressione potrebbe risultare più adatta: i simboli della totalità si presentano spesso all'inizio del processo d'individuazione, anzi sono già osservabili nei sogni della piccola infanzia. Questa osservazione depone per un'esistenza a priori della potenziale totalità, per cui sarebbe opportuno il concetto di entelechia» (1940, p. 158).

Bibliografia

Jung C. G., *Psicologia dell'archetipo del fanciullo* (1940), in *Opere* (1969-2007), Bollati Boringhieri, Torino, vol. IX, 1.

Enterocettore, v. Recettore, § 1.

Entotico, Rumore (ingl. *Entotic symptom*; ted. *Entotischegeräusche*; fr. *Rumeur entotique*; sp. *Ruido entótico*). Percezione uditiva provocata dalla stimolazione fisiologica dell'organo interno e non da effetti sonori esterni.

Entottico, Fenomeno (ingl. *Entoptic symptom*; ted. *Entoptische Erscheinung*; fr. *Phénomène entoptique*;

sp. *Fenómeno entóptico*). Percezione nel proprio occhio di processi che si svolgono durante l'osservazione e che normalmente non vengono percepiti.

Entropia (ingl. *Entropy*; ted. *Entropie*; fr. *Entropie*; sp. *Entropía*). Forma degradata di energia il cui incremento accompagna lo svolgimento di ogni processo di trasformazione spontanea. Introdotto in connessione con il secondo principio della termodinamica da Nicolas Léonard Sadi Carnot, il concetto di entropia è entrato nel lessico di quasi tutte le scienze, non esclusa la psicoanalisi, che ne parla in relazione all'irreversibilità di determinati mutamenti psichici, per il degrado dell'energia utilizzata nei processi di trasformazione. Scrive in proposito Sigmund Freud: «Non meno che nel campo degli eventi fisici, dunque, quando si tratta di conversione di processi psichici è da tener conto del concetto di una *entropia*, cioè di una certa misura di irreversibilità degli eventi» (1914, p. 587). Nell'entropia, denominata *inerzia psichica*, già Carl Gustav Jung aveva individuato la causa principale di tutti i fallimenti nevrotici e riscontrato la sua presenza in ogni «sistema relativamente chiuso [...] Quanto maggiore è l'isolamento del sistema psicologico, tanto più si afferma il fenomeno dell'entropia. Lo vediamo particolarmente nei disturbi mentali caratterizzati dall'esclusione intensa del mondo circostante. Il cosiddetto "incretinimento affettivo" della dementia praecox o schizofrenia va certo compreso come un fenomeno di entropia. In maniera analoga vanno intesi i cosiddetti fenomeni degenerativi che si sviluppano in atteggiamenti psicologici, i quali a lungo andare escludono il rapporto con il mondo circostante» (1928, pp. 34-35). Questa limitazione del fenomeno dell'entropia alle manifestazioni nevrotiche e psicotiche non convince Freud secondo il quale Jung «ha torto, ritengo, perché si tratta di qualcosa che ha una portata molto più vasta, e che svolge una funzione importante anche nella vita dei non nevrotici» (1914, p. 587). Per quanto concerne l'impiego del termine entropia nella *teoria dell'informazione*, si veda la voce INFORMAZIONE, TEORIA DELL', § 3.

Bibliografia

Buiatti M., *Entropia*, in AA.VV., *Gli strumenti del sapere contemporaneo*, vol. II: *I concetti*, Utet, Torino 1985, pp. 261-262.
Freud S., *Dalla storia di una nevrosi infantile (Caso clinico dell'uomo dei lupi)* (1914), in *Opere* (1967-1993), Bollati Boringhieri, Torino, vol. VII.
Jung C. G., *Simboli della trasformazione* (1912-1952), in *Opere* (1969-2007), Bollati Boringhieri, Torino, vol. V.
–, *Energetica psichica* (1928), in *Opere*, cit., vol. VIII.

Entusiasmo (ingl. *Enthusiasm*; ted. *Begeisterung*; fr. *Enthousiasme*; sp. *Entusiasmo*). Stato di esaltazione che conferisce ai sensi e al pensiero una potenza che abolisce i limiti in cui normalmente ci si contiene. Il termine, di origine greca, dove ἐνθουσιάζω significa essere posseduto dal dio (ἔνθεος), è stato ripreso da Karl Jaspers per descrivere l'atteggiamento psicologico (v. ATTEGGIAMENTO, § 3, *c*) che, a differenza di quello "oggettivo" fondato sulla separazione tra soggetto e oggetto, e di quello "autoriflessivo" dove il soggetto diventa oggetto a se stesso, tende alla fusione con la totalità: «Nell'atteggiamento entusiastico l'uomo si sente toccato nella sua intima sostanza, nella sua essenzialità o, che è lo stesso, si sente afferrato e commosso dalla totalità, dalla sostanzialità, dalla essenzialità del mondo. Si stabilisce un'intima relazione tra l'essenzialità del soggetto e dell'oggetto in un atteggiamento che sembra avere una stretta somiglianza con l'annegamento mistico e la congiunta abolizione della scissione di soggetto e oggetto» (1919, p. 138). Dal punto di vista pedagogico l'entusiasmo, se controllato, può essere una componente significativa ai fini della formazione della personalità e dell'efficacia dell'azione educativa, in quanto stimola l'espansione di sé e il superamento degli atteggiamenti limitativi.

Bibliografia

AA.VV., *Entusiasmo Fiducia Perfezione*, in P. F. Galli (a cura di), *Osservazione psicoanalitica* (1992-1996), Bollati Boringhieri, Torino, vol. X.
Jaspers K., *Psicologia delle visioni del mondo* (1919), Astrolabio, Roma 1950.

Enuresi (ingl. *Enuresis*; ted. *Enuresis*; fr. *Énurésie*; sp. *Enuresis*). Perdita involontaria e incontrollata di urine dopo il quarto anno, età soglia per l'autoregolazione dello sfintere urinario. Una volta escluse le cause organiche, le ragioni vanno cercate nelle influenze psicogene negative dell'ambiente, nei rapporti difficoltosi tra madre e figlio, in cui mancanza d'affetto o eccessiva rigidità spingono ad atteggiamenti di protesta e di NEGATIVISMO (v.). Dal punto di vista psicoanalitico si avanza l'ipotesi che l'enuresi sia una forma di autoerotismo che sostituisce la masturbazione (v. EROTISMO, § 3).

Bibliografia

Giorgi P. L., Rätsch I.-M., *Il bambino con enuresi*, Il Pensiero Scientifico, Roma 1996.
Graziottin A., Chiozza M. L., *L'enuresi vista con gli occhi dei bambini. Un problema negato*, Il Pensiero Scientifico, Roma 1997.
Guaraldi G. P., Ruggerini C., Barbieri B., *Disturbi del controllo sfinterico*, in G. B. Cassano, P. Pancheri *et al.* (a cura di), *Trattato italiano di psichiatria* (1992), Masson, Milano 1999, vol. III, pp. 2875-2888.
Rovetto F. M., *Enuresi ed encopresi. Guida pratica al trattamento medico-psicologico*, Masson, Milano 1987.

Eone, v. AION.

Eonismo, v. TRAVESTITISMO.

Epidemiologia (ingl. *Epidemiology*; ted. *Epidemiologie*; fr. *Épidémiologie*; sp. *Epidemiología*). Studio della frequenza e della distribuzione delle malattie in una popolazione in rapporto all'ambiente e al tipo di vita, allo scopo di individuare le cause determinanti l'insorgenza delle forme morbose, il ritmo e l'intensità con cui queste si manifestano, e le condizioni che le favoriscono o le prevengono. Si danno forme di ricerca *longitudinali* o *diacroniche* che raccolgono dati relativi all'incidenza, in tempi diversi, della stessa malattia, e *trasversali* o *sincroniche* che raccolgono dati relativi all'incidenza della malattia nello stesso tempo in luoghi e contesti diversi (v. LONGITUDINALE – TRASVERSALE, RICERCA). In ambito psichiatrico la ricerca epidemiologica non raggiunge il grado di oggettività proprio della ricerca sulle malattie somatiche, essendo labili il confine tra "salute" e "malattia" (v. NORMA), il tipo di formazione dell'esaminatore, la tolleranza sociale per certe forme di malattie mentali, la capacità maggiore o minore dei soggetti a tollerare o a evidenziare il disturbo. A ciò si aggiunge la difficoltà di stabilire quando insorge la malattia mentale, quando la si può definire tale, quando è rubricabile sotto un determinato criterio diagnostico o sotto un altro (v. DIAGNOSI). Nonostante l'opinabilità dei criteri diagnostici, i punti fermi che godono di una sufficiente documentazione sono: 1) i tipi fondamentali di disturbi mentali a partire dalla distinzione tra NEVROSI (v.) e PSICOSI (v.) e, all'interno di queste ultime, l'ulteriore distinzione tra SCHIZOFRENIA (v.) e psicosi maniaco-depressiva (v. CICLOTIMIA) ecc.; 2) la distribuzione della patologia psichiatrica secondo la stratificazione socioeconomica, per cui si riscontra una maggior incidenza dell'ansia nelle classi agiate, e delle turbe comportamentali in quelle più disagiate; 3) la variazione nel tempo delle forme patologiche, come ad esempio la riduzione delle forme isteriche rispetto a quelle ansiose e depressive.

Le ricerche epidemiologiche vengono solitamente condotte o con la *tecnica del censimento* che si rivolge a tutto quanto viene curato in ambito psichiatrico, o con la *tecnica del sondaggio sulla comunità* con indagini sul campo, screening di massa, applicazione di questionari e di inchieste. Entrambe queste tecniche hanno dei limiti di oggettività dovuti nel primo caso alla formazione dell'osservatore e alle ragioni sociali che premono sul ricovero del paziente, nel secondo caso alla difficoltà di reperire un codice comune di raccolta dei dati e di comunicazione degli stessi tra osservatori che spesso si rifanno a criteri diagnostici differenti. Sia pure con questi limiti, le ricerche epidemiologiche vanno via via perfezionandosi utilizzando principalmente due indici: l'*incidenza* che è il numero di casi comparsi in una determinata unità di popolazione nell'arco di un certo periodo, e la *prevalenza* che è il numero di casi di qualsiasi tipo di fenomeno psicopatologico presenti in una unità di popolazione. Quest'ultimo indice può essere compilato rispetto a una data precisa (prevalenza puntuale), rispetto a un periodo di tempo definito (prevalenza del periodo) o rispetto al numero di persone che sono state caratterizzate in qualche modo da fenomeni psicopatologici durante l'arco della loro vita.

L'iter epidemiologico percorso nell'ambito della psichiatria, integrato dalle moderne e più recenti strumentazioni collegate alla scienza informatica (programmi al computer per sondaggi, test personali e di gruppo, ricerche automatizzate), consiste in due principali strategie di analisi della popolazione. La prima è lo studio del *caso singolo* dove la malattia, per essere identificata, deve essere già presente nel gruppo in cui è inserito il caso, e la seconda è lo studio del *gruppo*, per cogliere ad esempio l'incidenza del ceto sociale sul disturbo psichiatrico e poter stabilire se la condizione sociale fa precipitare una malattia psichiatrica, oppure se la malattia psichiatrica si manifesta diversamente man mano che si sale o si scende nella scala sociale.

I contributi apportati dalle ricerche epidemiologiche hanno evidenziato come siano determinanti nell'insorgenza di alcune psicopatologie i fattori *genetici*, come le affezioni organiche o psichiche ereditate da uno o più componenti della famiglia oppure da parti gemellari; i fattori *somatici*, come le disfunzioni organiche o le malattie contratte prima, durante e dopo la nascita; i fattori *sociali*, come lo stile di vita, l'abitazione, la professione, la mobilità e la migrazione, lo stato civile, l'urbanizzazione e la ruralizzazione, la famiglia, la sicurezza economica e l'aspetto culturale; i fattori *ambientali*, come i difetti di alimentazione, il luogo di lavoro, l'esposizione a infezioni, le conseguenze di radiazioni e simili. Questi fattori vengono poi suddivisi in *predisponenti* o *precipitanti* perché dalla loro natura dipende la qualità dell'intervento. L'epidemiologia, infatti, non si limita all'informazione relativa alla natura dei fenomeni psicopatologici, ma provvede anche a indicare le forme più idonee di intervento, i costi sociali, l'efficienza delle strutture per la terapia e la prevenzione, le operazioni in seno ai modelli culturali per una conoscenza maggiore dei fenomeni psicopatologici sensibilizzando alla consapevolezza e alla prevenzione (v. IGIENE MENTALE).

Gérard Bléandonu sottolinea l'importanza dell'epidemiologia in ordine al fatto che essa «completa gli studi clinici contribuendo all'identificazione e alla descrizione di nuove sindromi; rende possibile l'azione psichiatrica di massa in relazione all'importanza e alla distribuzione delle malattie mentali in una popolazione e di conseguenza la promozione di programmi comunitari; integrata alla psichiatria di comunità, offre i mezzi per valutare l'efficacia dei servizi resi grazie a questi programmi; infine può servire alla ricerca delle cause delle malattie mentali, attraverso il confronto di diversi gruppi umani e lo studio sperimentale dei cambiamenti di ambiente» (1976, p. 100).

Bibliografia

Bastide R., *Sociologie des maladies mentales*, Flammarion, Paris 1965.

Bléandonu G., *Dizionario di psichiatria sociale* (1976), Editori Riuniti, Roma 1980.

Cooper B., Morgan H. G., *Psichiatria epidemiologica* (1973), Bollati Boringhieri, Torino 1981.

Frighi L., *Appunti di igiene mentale*, Bulzoni, Roma 1979.

Goldberg D., Huxley P., *Disturbi emotivi comuni. Un approccio bio-sociale* (1992), Il Pensiero Scientifico, Roma 1993.

Henderson A. S., *Psichiatria sociale ed epidemiologia psichiatrica* (1988), Il Pensiero Scientifico, Roma 1991.

Hollingshead A. B., Redlich F. C., *Classi sociali e malattie mentali* (1962), Einaudi, Torino 1965.

Magherini G., Vigevani R., Ceccatelli Gurrieri G., Nicoletti I., *Salute mentale e territorio*, Le Monnier, Firenze 1977.

Palazzi S., *La ricerca epidemiologica in psichiatria*, Masson, Milano 1991.

Plunkett R., Gordon J. E., *Epidemiology and mental illness*, Basic Books, New York 1960.

Tansella M., *Epidemiologia e psichiatria clinica*, in G. B. Cassano, P. Pancheri *et al.* (a cura di), *Trattato italiano di psichiatria* (1992), Masson, Milano 1999, vol. I, pp. 151-166.

Whittington H. G., *I centri di igiene mentale nel territorio* (1973), Martinelli, Firenze 1976.

Wing J. K., Hailey A. M., *Evaluating a community psychiatric service*, Oxford University Press, London 1972.

Wing J. K. *et al.*, *The concept of a "case" in psychiatric population surveys*, in "Psychological Medicine", 1978, n. 8.

Epidermide, v. PELLE.

Epifenomeno (ingl. *Epiphenomenon*; ted. *Epiphänomen*; fr. *Épiphénomène*; sp. *Epifenómeno*). Manifestazione secondaria o accessoria relativa ad un fenomeno, ma indipendente da esso tanto nella sua costituzione, quanto nella sua evoluzione. In medicina è sinonimo di sintomo collaterale. Il termine è stato introdotto dai positivisti inglesi del XIX secolo in riferimento alla coscienza da loro intesa come epifenomeno del corpo.

Epifisi, v. ENCEFALO, § 1, *c*; ENDOCRINO, SISTEMA, § 7.

Epigenesi (ingl. *Epigenesis*; ted. *Epigenese*; fr. *Épigénèse*; sp. *Epigénesis*). Termine introdotto da Caspar Friedrich Wolff per designare la sua teoria della generazione degli organi di un essere vivente da una materia indifferenziata, in opposizione alla *teoria del preformismo* difesa da Marcello Malpighi e da Charles Bonnet, secondo la quale gli organi di un essere vivente sono preformati nell'ovulo o nell'embrione dalla cui struttura germinale si sviluppano. Il progresso della ricerca biologica ha modificato radicalmente i termini del problema rendendo inutile la distinzione tra epigenesi e preformismo. Espunta dall'ordine biologico, l'epigenesi fa la sua comparsa in sede psicologica con Sigmund Freud che concepisce lo sviluppo dell'Io a partire da un inconscio indifferenziato, e con Jean Piaget che parla di "sequenze epigenetiche" a proposito della genesi psicologica dell'intelligenza, che può essere illustrata mostrando «come l'equilibrio, ancora incompleto nel meccanismo dei fattori che si presentano ad ogni nuovo livello di sviluppo, trova un migliore assestamento per portarsi al livello successivo. Così, di tappa in tappa, possiamo sperare di arrivare a rendere conto della costituzione graduale dell'equilibrio, senza prefigurarla già in partenza o farla sorgere dal niente nel corso del nostro cammino. Dare una spiegazione dell'intelligenza vuol dire dunque, in definitiva, stabilire una continuità fra le operazioni superiori e l'intero sviluppo, concepito come un'evoluzione guidata da necessità interne di equilibrio» (1947, p. 65).

Bibliografia

Freud S., *L'Io e l'Es* (1922), in *Opere* (1967-1993), Bollati Boringhieri, Torino, vol. IX.

Piaget J., *Psicologia dell'intelligenza* (1947), Editrice Universitaria, Firenze 1964.

Epigenetica, v. GENETICA, § 3.

Epilessia (ingl. *Epilepsy*; ted. *Epilepsie*; fr. *Épilepsie*; sp. *Epilepsia*). Attribuita nell'antichità all'intervento di forze sovrannaturali, da cui il nome di *morbus sacer* o *demoniacus* o *deificus*, l'epilessia è stata sottratta all'ordine del sacro e consegnata alla ricerca medica da Ippocrate con questa osservazione: «Circa il male cosiddetto sacro questa è la realtà. Per nulla – mi sembra – è più divino delle altre malattie o più sacro, ma ha struttura naturale (φύσιν) e cause razionali (πϱόφασιν): gli uomini tuttavia lo ritennero in qualche modo opera divina per inesperienza (ἀπειϱίες) e stupore (ϑαυμασιότετος), giacché per nessun verso assomiglia alle altre. E tale carattere divino viene confermato per la difficoltà che essi hanno a comprenderlo» (*Male sacro*, § 1).

Come proposto dalla ILAE (*International League Against Epilepsy*) e dall'IBE (*International Bureau for Epilepsy*) nel 2005, l'epilessia è definita come un disturbo cerebrale caratterizzato da una predisposizione duratura a generare crisi epilettiche che hanno conseguenze neurobiologiche, cognitive, psicologiche e sociali. La definizione di epilessia richiede la presenza di almeno una crisi epilettica, che è un attacco transitorio caratterizzato da segni e/o sintomi dovuti a un'attività neuronale cerebrale anormale, eccessiva o sincrona. L'epilessia si manifesta clinicamente con episodi improvvisi, imprevedibili, che si ripetono con un ampio "range" cronologico (ore o addirittura anni), caratterizzati da diverse espressioni di abnormi attività nervose (motorie, sensitivo-sensoriali, neurovegetative, psichiche), per le quali viene utilizzata la definizione di *crisi epilettiche*, alcune delle quali sono caratterizzate da perdita di coscienza che può essere accompagnata da spasmo tonico e contrazioni cloniche dei muscoli. Segue il risveglio o un breve periodo di sonno o di torpore senza ricordo dell'accaduto. A volte le crisi consistono in brevissime interruzioni della coscienza dette *assenze* (v. ASSENZA), spesso inavvertite e non accompagnate da altri fenomeni.

1. CRITERI DI CLASSIFICAZIONE. Il concetto di *crisi epilettica* non si coniuga sempre con quello di *epilessia* (cioè di malattia o sindrome epilettica) perché alcune forme possono manifestarsi in diretta conseguenza di fattori contingenti – quali ipoglicemia, febbre, ipossia – senza esprimersi come una vera malattia epilettica, in quanto manca l'essenziale parametro della ripetitività nel tempo, al di fuori dell'eventuale causa scatenante. Queste forme sono state definite dalla Commissione ILAE del 1989 "sindromi speciali". Le crisi epilettiche sono state classificate in diversi modi: a) secondo una presunta *eziologia*; b) secondo la *sede* di origine; c) secondo la loro *forma* clinica ed elettroencefalografica (epilessie e sindromi generalizzate; epilessie e sindromi focali/parziali; epilessie e sindromi non ben definite; sindromi speciali); d) secondo la loro *frequenza* (isolate, periodiche, prolungate, ripetute). Resta da precisare che le innovazioni genetiche, tecnologiche e scientifiche portano a una continua revisione e aggiornamento delle conoscenze e a nuove proposte di classificazione. Seguendo il criterio dell'*eziologia* si è soliti distinguere:

a) *Epilessia idiopatica* o *genetica*, in cui risulta impossibile stabilire una base anatomo-patologica, interpretata come il risultato diretto di uno o più difetti genetici noti o presunti, di cui le convulsioni sono il sintomo principale.

b) *Epilessia sintomatica*, collegata o secondaria a una malattia *strutturale* o *metabolica* del cervello, per effetto di tumori, ascessi, esiti di lesioni traumatiche o infiammatorie, atrofie cerebrali circoscritte, microgirie locali, malattie cerebrali.

c) *Epilessia criptogenetica* o *sconosciuta*, nella quale la natura della causa sottostante non è nota, ma potrebbe avere una base genetica o essere la conseguenza di un disturbo strutturale o metabolico non ancora identificato.

Le crisi epilettiche sono solitamente precedute dalla cosiddetta *aura epilettica* che Karl Jaspers così descrive: «In questo momento il mondo esterno scompare, la coscienza si restringe e tuttavia, in questo restringimento, può assurgere alla massima lucidità; da un'angoscia iniziale, in piena lucidità di pensiero, può nascere una felicità immensa fino a diventare terribile e insopportabile; in questa fase si ha la perdita della coscienza e l'attacco» (1913-1959, p. 160). La stragrande maggioranza degli epilettici conduce una vita normale grazie anche ai farmaci antiepilettici che eliminano o riducono la comparsa delle crisi. L'epilessia dura in genere per anni e compare più facilmente nell'infanzia e nell'età giovanile; se compare più tardi, può essere un segno precoce di un tumore cerebrale. Gli epilettici assumono una personalità definita "vischiosa", un po' insistente e noiosa, con problemi psicologici soprattutto nell'adolescenza quando avvertono una difficoltà di accettazione da parte dei coetanei. L'imprevedibilità dell'attacco rende i soggetti epilettici tendenzialmente ansiosi.

2. FORME DI EPILESSIA. Indipendentemente dall'eziologia, i più frequenti tipi di crisi epilettiche generalizzate, parziali o non, ben definite sono:

a) *Crisi di tipo tonico-clonico*, detta anche *Grande male*: consiste in un coma convulsivo breve dove si assiste al grido del soggetto, alla caduta a terra e alla perdita di coscienza. Segue l'irrigidimento in estensione di tutta la muscolatura, l'arresto della respirazione e cianosi. Dopo trenta secondi circa, si assiste alla fase clonica che comporta una serie di scosse muscolari acute e brusche conseguenti a una serie di interruzioni della fase tonica. Cessati questi spasmi, il soggetto può cadere in un sonno profondo con un risveglio privo di ricordi e disorientamento.

b) *Crisi di assenza*, detta anche *Piccolo male*: indicava un tempo un'epilessia minore; oggi con questo termine ci si riferisce alle interruzioni di coscienza o assenze accompagnate da piccole scosse muscolari.

c) *Crisi di tipo tonico*, *atonico* o *mioclonico*: sono crisi generalizzate di breve durata, con o senza perdita della coscienza. Si verificano in bambini con sindromi epilettiche o durante malattie febbrili.

d) *Crisi parziali semplici*: sono crisi focali durante le quali coscienza e memoria sono conservate. I sintomi sono svariati – motori, visivi, uditivi, gustativi, vegetativi o psichici –, perché dipendono dalla localizzazione cerebrale delle scariche elettriche.

e) *Crisi parziali complesse* (definizione che sostituisce la precedente di *Crisi psicomotorie* o *del lobo temporale*): sono crisi focali con alterazione dello stato di coscienza, incapacità di comunicare ed eliminazione della memoria per il tempo della crisi. Questa forma epilettica è anche conosciuta come *equivalente epilettico* (v. EQUIVALENTE, § 4) e rubrica una sconcertante quantità di disturbi che ricorrono periodicamente e che di solito assumono la forma di esecuzione di movimenti altamente organizzati, ma di carattere semiautomatico. Queste crisi sono accompagnate da confusione e da parziale perdita di coscienza, con successivo stato di amnesia.

Oltre ad essere suddivise secondo il tipo di crisi, le epilessie vengono classificate in *sindromi epilettiche* che raggruppano situazioni con caratteristiche cliniche ed elettroencefalografiche (v. ELETTROENCEFALOGRAFIA) non dovute alla stessa eziologia né evolventi verso la stessa prognosi: ad esempio le sindromi epilettiche generalizzate sintomatiche specifiche comprendono forme a base dismetabolica, a progressione ingravescente, ed altre a base malformativa, stabili. Infine, numerose sono le descrizioni delle diverse forme di epilessia, tra cui:

– *acustico-cinetica* o *riflessa*, perché provocata da una stimolazione esterna, come può essere un forte rumore improvviso, con conseguente convulsione muscolare. Questa forma è stata studiata da Eugen Bleuler;

– *affettiva*, caratterizzata da esasperate risposte emotive con culmine in attacchi epilettiformi. Studiata da H. Bratz, fu ribattezzata da Karl Bonhoeffer epilessia *reattiva*;

– *alcolica*, espressione utilizzata per indicare crisi epilettiformi in cui possono incorrere gli alcolisti (v. ALCOLISMO, § 7, *g*);

– *allucinatoria*, caratterizzata da allucinazioni o false percezioni che producono nell'individuo un particolare stato psichico noto come "stato sognante allucinatorio (*dreamy state*)", in cui si ha un restringimento del campo della coscienza. Durante l'attacco, che genera una sensazione di pericolo, accompagnata da un umore piuttosto cupo, si hanno sequenze di carattere scenico e figurativo, dove le immagini appaiono sproporzionate e di aspetto sinistro. All'esperienza percettiva si aggiunge quella spazio-temporale dove il tempo appare fermo e le distanze nello spazio subiscono modificazioni inverosimili, facendo apparire le cose ingrandite (macroscopia) o rimpicciolite (microscopia);

– *continua* o *corticale*, che consiste nella persistenza di contrazioni cloniche in un'area circoscritta e ristretta del corpo. Di norma i cloni interessano gli arti superiori di un solo lato e si evidenziano soprattutto nella mano;

– *coordinata*, perché caratterizzata da una coordinazione apparentemente intenzionale dei movimenti clonici che sembrano dipendere dalla volontà dell'individuo;

– *diencefalica*, detta anche *vegetativa*, che si manifesta con crisi di tachicardia, con iperpnea, aumento della pressione ematica, salivazione e sudorazione. Viene attribuita a una lesione localizzata nell'ipotalamo postero-laterale;

– *digestiva* o *viscerale*, caratterizzata da un'ampia sintomatologia gastrointestinale (coliche, eruttazioni, nausea, vomito, dilatazione epigastrica e diarrea);

– *jaksoniana*, forma focale parziale di epilessia in cui lo stimolo è circoscritto a singole aree cerebrali. Il noto "attacco jaksoniano" può essere motorio e/o sensitivo e può progredire fino a interessare una metà intera del corpo partendo dalle zone esterne degli arti (pollice e indice o alluce) o dalla faccia (angolo della bocca). Non coinvolge la coscienza;

– *larvata*, nella terminologia francese sinonimo di epilessia *mascherata* o, più propriamente, di "equivalente epilettico", con riferimento a quelle manifestazioni simili ai parossismi convulsivi dell'epilessia che però non sono di natura epilettica, come gli attacchi emicranici o i semplici svenimenti;

– *notturna*, frequente nei bambini, che si manifesta esclusivamente durante le ore notturne, provocando stanchezza muscolare, spossatezza e piccole abrasioni sulla lingua che si evidenziano al risveglio;

– *psichica*, stato epilettiforme caratterizzato da eccitamento, confusione, stupore e altre condizioni simili al *dreamy state* o epilessia allucinatoria. Di norma, dopo questo tipo di attacchi epilettici, l'individuo ritorna in sé, senza conservare alcun ricordo di quanto è accaduto.

Bibliografia

AA.VV., *Epilepsie. Diagnose und Therapie*, Karge, München 1969.

Adams R. D., Victor M., *Principi di Neurologia* (8ª ed. a cura di A. H. Ropper, R. H. Brown), McGraw-Hill, Milano 2006.

Bleuler E., *Trattato di psichiatria* (1911-1939, aggiornato da M. Bleuler dal 1940 al 1960), Feltrinelli, Milano 1967.

Boshes L. D., Gibbs F. A., *Le epilessie* (1972), Il Pensiero Scientifico, Roma 1973.

Gastaut H., *Dizionario dell'epilessia*, Il Pensiero Scientifico, Roma 1975.
Ippocrate, *Male sacro* (430-420 a.C.), in *Opere*, Utet, Torino 1976.
Jaspers K., *Psicopatologia generale* (1913-1959), Il Pensiero Scientifico, Roma 2000.
Lishman W. A., *Organic psychiatry. The psychological consequences of cerebral disorders*, Blackwell Scientific-Mosby, Oxford-St. Louis, Missouri, 1978.
Pancheri P., Brugnoli R., *Epilessia e disturbi psichiatrici*, in G. B. Cassano, P. Pancheri *et al.* (a cura di), *Trattato italiano di psichiatria* (1992), Masson, Milano 1999, vol. II, pp. 1187-1226.
Pinkus L. (a cura di), *Epilessia. La malattia sacra*, Borla, Roma 1992.
Rubino A., *Fisiopatologia dell'accesso epilettico*, in *Atti del XVI Congresso Nazionale di Neurologia*, Il Pensiero Scientifico, Roma 1968.
Strauss H., *Le epilessie*, in S. Arieti (a cura di), *Manuale di psichiatria* (1959-1966), Bollati Boringhieri, Torino 1969-1970, vol. II, pp. 1182-1218.

Episodica, Memoria, v. MEMORIA, § 3, C, α.

Epistemofilia (ingl. *Epistemophilia*; ted. *Epistemophilie*; fr. *Épistémophilie*; sp. *Epistemofilia*). Propensione a conoscere e a indagare con scrupolo. La psicoanalisi tende a considerare tale impulso come un derivato della SCOPOFILIA (v.), quindi come un'estensione della curiosità sessuale o come una sublimazione della pulsione orale (v. ORALE) dove l'acquisizione di conoscenze esprimerebbe in forma sublimata la pulsione ad assimilare cibo. Melanie Klein parla in proposito di *pulsione epistemofilica* che sorgerebbe nel bambino in quel periodo in cui egli può fare esperienza della propria pulsionalità senza poterla soddisfare per ragioni fisiche e sociali. È questo il periodo in cui nascono domande sull'argomento sessuale che possono essere inibite o dal bambino stesso o da chi si prende cura di lui. Queste inibizioni possono avere ripercussioni significative sullo stile dell'apprendimento in generale perché, come scrive la Klein, «qualora vengano contrastati la naturale curiosità e l'impulso a indagare quanto ancora non si conosce circa i fatti e i fenomeni su cui si sono già avanzate delle ipotesi, saranno pure bloccate o dissimulate tutte le indagini più approfondite delle cose (indagini nelle quali il bambino ha inconsciamente paura d'imbattersi in ciò che è proibito e peccaminoso). Contemporaneamente diverranno pure inibite anche le tendenze a studiare più a fondo le questioni. Viene così a stabilirsi una riluttanza per la ricerca esauriente come tale, per cui l'innato e insopprimibile piacere di porre domande si manifesterà solo su un piano superficiale e mirerà a soddisfare una curiosità puramente epidermica» (1921, p. 37).

Bibliografia

Klein M., *Lo sviluppo di un bambino* (1921), in *Scritti 1921-1958*, Bollati Boringhieri, Torino 1978, pp. 17-73.
–, *La scuola nello sviluppo libidico del bambino* (1923), in *Scritti 1921-1958*, cit., pp. 74-93.

Epistemologia genetica (ingl. *Genetic epistemology*; ted. *Genetische Epistemologie*; fr. *Épistémologie génétique*; sp. *Epistemología genética*). Teoria che si propone di trovare la corrispondenza tra gli stadi di sviluppo dei processi cognitivi (v. COGNIZIONE, §§ 2-3), campo di competenza proprio della *psicologia genetica*, e lo sviluppo storico delle forme di pensiero che, attraverso il progressivo passaggio dal concreto all'astratto, sono approdate alla forma attuale della procedura logica. In gioco è dunque un confronto tra psicologia, storia e logica, allo scopo di mostrare come le forme attuali del pensiero logico sono riconducibili alle forme genetiche che sono alla base dell'origine e del successivo sviluppo con cui le espressioni mentali si sono progressivamente organizzate.

Introdotta da Jean Piaget, l'epistemologia genetica è, secondo la sua definizione, «una ricerca essenzialmente interdisciplinare che si propone di studiare il significato delle conoscenze, delle strutture operatorie intellettuali o delle nozioni, ricorrendo da un lato alla loro storia e al loro funzionamento attuale in una scienza determinata (e queste informazioni sono date da specialisti di questa scienza e della sua epistemologia), da un altro lato al loro aspetto logico (secondo le ricerche logiche), e infine alla loro formazione psicogenetica o alle loro relazioni con le strutture mentali (quest'ultimo aspetto è esaminato sperimentalmente da psicologi di professione interessati anche all'epistemologia). Essa si propone di cogliere la conoscenza nel suo sviluppo e, supponendo che questo sviluppo dipenda sempre simultaneamente da questioni di fatti e di norme, si sforza di conciliare le sole tecniche che sono in grado di decidere su tali questioni: la logica, l'analisi storico-critica delle idee e la psicologia del loro sviluppo» (1965, p. 89).

Stabilito che la logica procede per assiomatizzazioni e deve evitare ogni PSICOLOGISMO (v.) o passaggio dal fatto alla norma, restano dei problemi che le procedure logiche non riescono a chiarire senza il ricorso alla psicologia genetica; tali sono per Piaget «i rapporti tra i processi stessi della formalizzazione e quelli del pensiero "naturale", di che cosa la logica è la formalizzazione, e perché quest'ultima incontra dei limiti nel senso mostrato da Gödel» (1970, p. 75). Le risposte di Piaget si articolano partendo dal principio che «la formalizzazione costituisce, dal punto di vista genetico, un prolungamento delle astrazioni riflettenti già all'opera nello sviluppo del pensiero, ma un prolungamento che, per mezzo delle specializzazioni e delle generalizzazioni di cui si rende padrone, acquista una libertà e una fecondità combinatoria che supera largamente e da ogni parte i limiti del pensiero naturale, secondo un processo analogo a quelli secondo i quali i possibili giungono a illuminare il reale» (ivi, p. 77).

Bibliografia

Assoun P.-L., *Introduzione all'epistemologia freudiana* (1981), Theoria, Roma 1988.
Bachelard G., *Epistemologia* (1928-1953), Laterza, Bari 1975.
Campbell D. T., *Epistemologia evoluzionistica* (1973), Armando, Roma 1981.
Caramelli N., *Epistemologia genetica e teoria della conoscenza in J. Piaget*, Franco Angeli, Milano 1979.
Ceruti M., *La danza che crea. Evoluzione e cognizione nell'epistemologia genetica*, Feltrinelli, Milano 1989.
Ceruti M., Lo Verso G. (a cura di), *Epistemologia e psicoterapia. Complessità e frontiere contemporanee*, Raffaello Cortina, Milano 1998.
Civita A., *Introduzione alla storia e all'epistemologia della psichiatria*, Guerini & Associati, Milano 1996.
Civita A., Cosenza D. (a cura di), *La cura della malattia mentale. Storia ed epistemologia*, Bruno Mondadori, Milano 1999.
Lentini L., *Epistemologia*, in AA.VV., *Gli strumenti del sapere contemporaneo*, vol. I: *Le discipline*, Utet, Torino 1985, pp. 223-258.
Lombardo G. P., Malagoli Togliatti M., *Epistemologia in psicologia clinica*, Bollati Boringhieri, Torino 1995.
Petter G., *Lo sviluppo mentale nelle ricerche di J. Piaget*, Giunti Barbera, Firenze 1978.
Piaget J., *Introduzione all'epistemologia genetica* (1950), Emme Edizioni, Milano 1982-1983.
–, *Saggezza e illusioni della filosofia* (1965), Einaudi, Torino 1969.
–, *L'epistemologia genetica* (1970), Laterza, Bari 1983.
Schiavone M., *I confini della psichiatria. Aspetti epistemologici e deontologici*, Patron, Bologna 1993.
Tagliagambe S., *L'epistemologia contemporanea*, Editori Riuniti, Roma 1991.
–, *Epistemologia del confine*, il Saggiatore, Milano 1997.

EPI, Test (*Eysenck Personality Inventory*). Test obiettivo elaborato da Hans Jürgen Eysenck a partire dalla sua teoria della personalità (v. PERSONALITÀ, § 2) che prevede due dimensioni fondamentali: stabilità-instabilità, introversione-estroversione. Si compone di 57 domande selezionate in modo da fornire misure attendibili sulla funzione della complessità cognitiva e sui fattori ansiogeni nella situazione di apprendimento. La valutazione non si ottiene solo mediante l'analisi fattoriale, ma anche in base alla corrispondenza tra i risultati del test e il comportamento osservato negli studi di laboratorio. Da un'ulteriore elaborazione di questo test è nata la nuova versione EPQ (*Eysenck Personality Questionnaire*) che, alle due dimensioni di personalità sopra elencate, ne aggiunge una terza denominata *Psychoticism* che si riferisce ai tratti anticonformisti, antisociali e ostili della personalità che comportano un disadattamento sociale.

Bibliografia

Eysenck H. J., Eysenck S. B. G., *The Eysenck Personality Inventory*, Educational and Industrial Testing Service, San Diego 1963.
–, *Manual of the Eysenck Personality Questionnaire*, Hodder & Stoughton, London 1975.
Sanavio E., Sica C., *I test di personalità. Inventari e questionari*, il Mulino, Bologna 1999.

Epitimia, v. CATATIMIA.

Epoché, v. PRESENZA.

EPPS (*Edwards Personal Preference Schedule*). Test obiettivo elaborato da Allen L. Edwards per ridurre la DESIDERABILITÀ SOCIALE (v.) e l'acquiescenza attraverso la scelta obbligata tra item la cui desiderabilità sociale è considerata equivalente. Il carattere obbligato della scelta consente di mettere in luce preferenze relative e non assolute. Gli item si riferiscono ai tratti di dominanza, aggressività e autonomia che per Edwards caratterizzano la personalità individuata.

Bibliografia

Edwards A. L., *Edwards Personal Preference Schedule*, Psychological Corporation, New York 1954.

EPQ, Questionario, v. EPI, TEST.

Equazione personale (ingl. *Personal equation*; ted. *Persönliche Gleichung*; fr. *Équation personnelle*; sp. *Ecuación personal*). Espressione introdotta dall'astronomo Friedrich Wilhelm Bessel per indicare le variazioni interindividuali nella valutazione del tempo basata sull'osservazione delle stelle ad opera di astronomi diversi. Oggi questo termine è impiegato in psicologia *sperimentale* per segnalare le variazioni individuali dello sperimentatore e del soggetto sottoposto a esperimento, onde "uguagliare" o correggere i risultati di un'osservazione, e in psicologia *analitica* per segnalare i limiti di comprensione dello psicologo da imputare alla sua particolare psicologia. Scrive in proposito Carl Gustav Jung. «L'equazione personale entra in azione sin dal momento dell'osservazione, giacché si vede ciò che la propria individualità consente di vedere» (1921, p. 21). Per questa ragione Jung costruisce una TIPOLOGIA (v. § 2) in grado di consentire a ciascuno di riconoscere la propria equazione personale: «La tipologia rappresenta uno strumento fondamentale per determinare l'equazione personale dello psicologo pratico il quale, attraverso un'esatta conoscenza delle sue funzioni differenziate e di quelle meno differenziate, può evitare di commettere non pochi gravi errori nel valutare i suoi pazienti» (ivi, p. 558).

Bibliografia

Jung C. G., *Tipi psicologici* (1921), in *Opere* (1969-2007), Bollati Boringhieri, Torino, vol. VI.

Equifinalità, v. PSICOLOGIA SISTEMICA.

Equilibrio (ingl. *Balance*; ted. *Ausgeglichenheit*; fr. *Équilibre*; sp. *Equilibrio*). L'espressione, che in generale significa bilanciamento di opposti, è utilizzata in tutti quegli ambiti disciplinari dove si impiega la nozione di *sistema*, caratterizzato dalla presenza di forze tra loro contrastanti. In psicologia il termine trova largo uso in:

1. TEORIA DEI BISOGNI. Seguendo il modello omeostatico (v. OMEOSTASI) che è un costrutto eminentemente fisiologico, la teoria dei bisogni concepisce l'equilibrio come l'abolizione, tramite la soddisfazione (v. GRATIFICAZIONE), dell'eccitamento insorto nell'organismo con la comparsa del BISOGNO (v. §§ 1-2).

2. TEORIA DELLE MOTIVAZIONI. In questo ambito si parla di *disparità* a proposito di quella condizione di squilibrio nei processi affettivi, in quelli cognitivi, o tra gli uni e gli altri, da cui un individuo viene disturbato, ma anche motivato. Il concetto di disparità definisce la MOTIVAZIONE (v.) come uno squilibrio dell'organismo che è indotto all'azione per ripristinare la stabilità e la coerenza.

3. TEORIA COGNITIVISTA. In questo ambito, invece di equilibrio, si parla di *fattori di equilibrazione* che intervengono in presenza di una DISSONANZA COGNITIVA (v.) che si verifica ogni volta che il soggetto percepisce un'incoerenza tra le proprie opinioni e i propri comportamenti. Detti fattori intervengono a equilibrare il contrasto per evitare una condizione costante di conflittualità.

4. TEORIA DEL CAMPO. Kurt Lewin ipotizza che l'attività interna del CAMPO (v. § 2) si svolga in termini di "energia psichica" con *tendenza all'equilibrio*, cosicché quando una parte della regione interna della persona presenta una *tensione* che non è in equilibrio con quella delle altre parti (indice di un bisogno che può essere di natura fisiologica o psicologica) si giungerà, attraverso un processo, a un "nuovo equilibrio". La caratteristica dinamica dell'equilibrio è evidenziata da Lewin attraverso la correlazione dei bisogni a *valenze* delle regioni dell'ambiente psicologico, rappresentabili con *vettori* che indicano la direzione, l'intensità e il punto di applicazione delle forze che agiscono nel campo e che consentono la locomozione nello stesso.

5. PSICOANALISI. Nella teoria economica dell'APPARATO PSICHICO (v. § 2) elaborata da Sigmund Freud, l'equilibrio è il risultato dell'azione del principio di costanza (v. COSTANZA, § 2) che «si sforza di mantenere più bassa possibile, o quanto meno costante, la quantità di eccitamento presente nell'apparato stesso» (1920, p. 195), azionando meccanismi di evitamento delle eccitazioni esterne e di difesa o di scarica degli aumenti di tensione di origine interna.

6. PSICOLOGIA ANALITICA. Per Carl Gustav Jung l'equilibrio è la compensazione inconscia dell'unilateralità dell'atteggiamento cosciente, a cui la psiche naturalmente tende attraverso meccanismi di autoregolazione (v. COMPENSAZIONE, § 3). In proposito Jung scrive che «la "compensazione" è, come dice il suo stesso nome, un confronto e un paragone di dati o punti di vista diversi, confronto dal quale emerge un "equilibrio" o una "rettifica"» (1945-1948, p. 310). In caso contrario si ha «lo stato di stagnazione che è sempre caratterizzato dalla *scomposizione delle coppie di contrari*. Durante la progressione della libido le coppie di contrari sono unite nel decorso coordinato dei processi psicologici. La loro cooperazione permette l'equilibrata regolarità del processo, che senza reazione interna diverrebbe *unilaterale* e perciò assurdo. Per questo si concepisce giustamente ogni stravaganza ed esagerazione come una perdita di equilibrio, perché evidentemente manca in tal caso l'azione coordinatrice dell'impulso contrario. È quindi conforme all'essenza della progressione, che è l'opera di adattamento riuscita, il fatto che impulso e controimpulso, sì e no, riescano a esercitare un'azione simmetrica e reciproca. [...] Nella stagnazione della libido, nella quale la progressione è diventata impossibile, sì e no non possono più raggiungere valori uguali capaci di equilibrarsi. [...] La tensione provoca un conflitto; il conflitto porta a tentativi di reciproca rimozione, e quando la rimozione del polo opposto riesce, ecco subentrare la *dissociazione*, la "scissione della personalità", la mancata unità con se stessi, ed ecco quindi nascere una possibilità di nevrosi» (1928, p. 42).

7. PSICOLOGIA SOCIALE. Il concetto di equilibrio designa la congruenza fra gli elementi del sistema dove sono compresi interessi, bisogni, valori, opposte tendenze. In questa accezione l'equilibrio sociale diventa sinonimo di CONSENSO (v.) che, quando si riduce, apre le porte al conflitto che a sua volta innesca nuovi processi equilibratori. Scrive infatti

Vilfredo Pareto che «quando uno stato di equilibrio sussistente viene alterato, nascono forze che tendono a ristabilirlo» (1916, p. 1210) per ridurre l'aggressione e favorire lo scambio su cui si regge la relazione sociale.

8. Neurobiologia interpersonale. In questo ambito si parla di "equilibrio emotivo", definito da Daniel J. Siegel come «movimento della vita interiore e interpersonale verso un livello di intensità degli stati di *arousal* (v. Attivazione) tale da conferire significato all'esistenza; tuttavia l'*arousal* non deve essere eccessivo, perché in tal caso l'esistenza cadrebbe preda del caos, ma neppure insufficiente, perché in questo caso l'esistenza ne risulterebbe impoverita e irrigidita. L'equilibrio emotivo è frutto dell'integrazione a livello prefrontale mediale» (2012, p. 22).

9. Ambito psicoterapeutico. In questo ambito si parla di "equilibrio funzionale" come meta da raggiungere per superare il disagio che un individuo può avvertire nel proprio contesto personale, interpersonale e lavorativo allo scopo di ridurre i fattori ansiogeni. La coppia funzionale/disfunzionale non è da sovrapporre alla coppia normale/patologico, perché non ha nulla di patologico un comportamento disfunzionale che un individuo mette in atto di sua iniziativa per superare una situazione difficile; semplicemente non si rivela adatto al superamento delle difficoltà che intende appianare.

Bibliografia

Cannon W. B., *La saggezza del corpo* (1932), Bompiani, Milano 1956.

Cassini A., Dell'Antonio A., *Le basi fisiologiche dei processi motivazionali ed emotivi*, il Mulino, Bologna 1982.

Freud S., *Al di là del principio di piacere* (1920), in *Opere* (1967-1993), Bollati Boringhieri, Torino, vol. IX.

Heider F., *Psicologia delle relazioni interpersonali* (1958), il Mulino, Bologna 1972.

Joseph B., *Equilibrio e cambiamento psichico* (1989), Raffaello Cortina, Milano 1991.

Jung C. G., *Energetica psichica* (1928), in *Opere* (1969-2007), Bollati Boringhieri, Torino, vol. VIII.

–, *L'essenza dei sogni* (1945-1948), in *Opere*, cit., vol. VIII.

Lewin K., *Principi di psicologia topologica* (1936), Organizzazioni Speciali (O. S.), Firenze 1961.

Pareto V., *Trattato di sociologia generale* (1916), Edizioni di Comunità, Milano 1964.

Piaget J., *Apprentissage et connaissance*, Puf, Paris 1959.

Siegel D. J., *Mappe per la mente. Guida alla neurobiologia interpersonale* (2012), Raffaello Cortina, Milano 2014.

Équipe terapeutica, v. Comunità, § 4.

Equità, Teoria dell' (ingl. *Theory of equity*; ted. *Rechtlichkeitstheorie*; fr. *Théorie de l'équité*; sp. *Teoría de la equidad*). Teoria secondo la quale gli individui tendono a stabilire relazioni sociali e a mantenerle solo se queste rispondono a un criterio di uguaglianza in termini di vantaggi e svantaggi. Là dove questa uguaglianza si spezza, o si tenta di ristabilirla oppure ci si ritira dalla relazione o si modifica il modo di percepirla.

Bibliografia

Walster E., Walster G. W., Berscheid E., *Equity. Theory and research*, Allyn & Bacon, Boston 1978.

Equivalente (ingl. *Equivalent*; ted. *Äquivalent*; fr. *Équivalent*; sp. *Equivalente*). Il termine assume significati diversi a seconda dei contesti: 1) in *diagnostica* si parla di "equivalenza di test" per indicare la correlazione e la corrispondenza nei risultati di due o più test. Ciò consente da un lato di rafforzare gli esiti ottenuti quanto alla loro validità, dall'altro di usare a breve distanza e sullo stesso soggetto un test e poi l'altro per accertare un'eventuale variazione dei risultati, evitando l'inconveniente dato dall'effetto della pratica; 2) in *psicologia sperimentale* si parla di "stimoli equivalenti" a proposito di quegli stimoli, somministrati al soggetto, diversi da quelli che in precedenza hanno prodotto una determinata reazione. Se questi nuovi stimoli provocano la reazione acquisita, è possibile stabilire quali caratteri e in quale misura essi sono determinanti per l'equivalenza degli stimoli; 3) negli *studi sulla percezione* si parla di "principio di equivalenza" per indicare il fenomeno per cui il sistema di percezione sfrutta un segnale equivalente per eliminare un segnale di disturbo; 4) in *psicologia clinica* si parla di "equivalenti" a proposito di quei sintomi che si presentano in luogo di quelli tipici. Tali sono gli "equivalenti epilettici", che sono attacchi sostitutivi rispetto a quelli classici dell'Epilessia (v. § 2, e), come può essere un attacco crepuscolare che prende il posto di un attacco di "Grande male", e gli "equivalenti depressivi", che raggruppano diverse sindromi nevrotiche, caratteriali o psicosomatiche caratterizzate da una scarsa manifestazione della depressione vitale, mentre dominano lamentele somatiche. Altri "equivalenti" sono quelli che, pur manifestandosi con i tratti tipici della fobia, dell'ossessione, dell'isteria e della nevrastenia, danno risposta positiva al trattamento con farmaci antidepressivi (v. Marginale, Sindrome, § 3).

Ereditabilità, v. Genetica, § 5.

Ereditarietà, v. Genetica, § 4.

Eretismo (ingl. *Erethism*; ted. *Erethie*; fr. *Éréthisme*; sp. *Eretismo*). Stato di eccitazione dovuto a cause organiche o psicogene. Il substrato anatomo-fisiologico dell'eretismo risiede nel sistema limbico e nell'ipotalamo, anche se nella maggior parte dei casi la causa è psichica e rimanda a condizioni di ipersensibilità emotiva. Di volta in volta specificato come "eretismo cardiaco", "eretismo sessuale" e simili, a seconda della modalità con cui si manifesta, l'eretismo è stato considerato da Pierre Janet come un aumento del livello di attivazione (v. ATTIVAZIONE) che prepara allo sforzo per il raggiungimento di una meta (v. ASPETTAZIONE).

Bibliografia

Janet P., *Les obsessions et la psychasthénie*, Alcan, Paris 1903; tr. it. parziale, *La passione sonnambulica e altri scritti*, Liguori, Napoli 1996.

Ereutofobia, v. ERITROFOBIA.

Erezione (ingl. *Erection*; ted. *Erektion*; fr. *Érection*; sp. *Erección*). Fenomeno fisiologico per il quale determinati organi cavernosi come il pene, il clitoride, i capezzoli passano, per un'effusione notevole di sangue, da una fase di riposo, caratterizzata dal volume relativamente piccolo e da consistenza molle, ad una fase di rigonfiamento e notevole consistenza. L'erezione del pene, che è condizione necessaria per l'atto dell'accoppiamento (v. COPULAZIONE), può essere insufficiente o del tutto assente e allora, in questi casi, si parla di IMPOTENZA (v. § 2).

Erg. Termine introdotto da Raymond Bernard Cattell nella sua teoria della personalità (v. PERSONALITÀ, § I, 2), i cui tratti dinamici sono distinti in *erg*, che sono innati e identificabili con la costituzione biologica dell'individuo come possono esserlo gli istinti, e *metaerg*, che sono acquisiti e si sviluppano progressivamente in interessi, atteggiamenti e sentimenti.

Bibliografia

Cattell R. B., *Description and measurement of personality*, World Book, Yonkers, New York, 1946.

Ergasia (ingl. *Ergasia*; ted. *Ergasie*; fr. *Ergasie*; sp. *Ergasia*). Termine introdotto da Adolf Meyer per indicare il comportamento globale dell'individuo in condizioni patologiche, al di là del concetto di funzione e disfunzione delle singole facoltà. Meyer distingue: la *merergasia* che si riferisce alle abituali reazioni nevrotiche; la *timergasia* per gli stati depressivi alternati a stati di mania eccitata dovuti a disordine affettivo; la *parergasia* per gli stati schizofrenici incoerenti (v. PARERGASIA); la *disergasia* per gli stati deliranti con abbandono dei dati di realtà; l'*anergasia* per gli stati dovuti a deficienze del sistema organico, e l'*oligoergasia* per gli stati dovuti a deficienze mentali costituzionali.

Bibliografia

Meyer A., *Psychobiology. A science of man*, Charles C. Thomas, Springfield, Illinois, 1958.

Ergasiofobia (ingl. *Ergasiophobia*; ted. *Ergasiophobie*; fr. *Ergasiophobie*; sp. *Ergasiofobia*). Timore fobico di agire per la paura che qualsiasi azione conduca a un esito disastroso per sé e per gli altri. Dal punto di vista psicoanalitico questa fobia sarebbe da collegare ad una mancata risoluzione del complesso di castrazione (v. CASTRAZIONE).

Ergasiomania (ingl. *Ergasiomania*; ted. *Ergasiomanie*; fr. *Ergasiomanie*; sp. *Ergasiomanía*). Bisogno incontenibile di tenersi occupati con qualsiasi attività. È frequente negli stati maniacali (v. MANIA).

Ergastenia (ingl. *Ergasthenia*; ted. *Ergasthenie*; fr. *Ergasthénie*; sp. *Ergastenia*). Condizione di debolezza e di stanchezza dovute a un'attività eccessiva (v. ASTENIA).

Ergonomia (ingl. *Ergonomics*; ted. *Ergonomie*; fr. *Ergonomie*; sp. *Ergonomía*). Disciplina recente, nata dalla PSICOLOGIA DEL LAVORO (v.), che si propone di adattare le condizioni di lavoro alla natura fisico-psicologica dell'uomo. Scrive in proposito Étienne Grandjean: «I problemi ergonomici non sono nuovi; gli uomini hanno sempre cercato di alleviare le fatiche del lavoro progettando degli strumenti pratici. Gli utensili di ieri sono oggi macchine, dispositivi elettronici, impianti chimici o nastri trasportatori. Alle mani sono rimaste pochissime funzioni creative; per contro le infinite funzioni del cervello sono sempre più sfruttate. Il cambiamento delle condizioni di lavoro ha imposto alla scienza di confrontarsi, in maniera sistematica, con la nuova situazione: così è nata l'ergonomia» (1979, p. VII).

In passato l'ergonomia è servita ad aumentare l'efficienza e quindi la produttività, oggi le ricerche ergonomiche hanno come obiettivo la riduzione della fatica nelle operazioni lavorative, il calcolo delle dimensioni e della disposizione dei posti di lavoro che assicurino una corretta posizione del corpo, il miglioramento delle condizioni ambientali, come luce, microclima e rumore, nonché una particolare attenzione alle esigenze fisiologiche dell'uomo. Tutti questi obiettivi, il cui elenco potrebbe naturalmente continuare, hanno come scopo principale quello di umanizzare il lavoro e di migliorare la salute e il benessere del lavoratore in modo scientifico. Ciò comporta lo studio dell'anatomia nelle specificazioni dell'*antropometria* e della *biomeccanica*, della fisiologia intesa come *fisiologia del lavoro* e *fisiologia ambientale*, delle *teorie dei sistemi*, perché la macchina e l'uomo possono essere considerati come elementi di un sistema unico regolato da quello scambio d'informazioni che costituisce l'oggetto dell'*ergonomia cognitiva* (v. CIBERNETICA, § 2). Gli ultimi sviluppi dell'ergonomia sono approdati alla *sociotecnica*, che studia il rapporto tra un'organizzazione di persone al lavoro e lo schema del processo di produzione, allo scopo di evidenziare le strette relazioni che esistono tra la componente sociale che è alla base dell'integrazione delle persone al lavoro e la componente tecnica intesa come disposizione delle attrezzature e loro impiego. Studi effettuati all'Istituto Tavistock a cura di Eric L. Trist e Ken W. Bamforth hanno mostrato che le esigenze tecniche richiedono compiti di lavoro che hanno conseguenze sui tratti psicologici e sulle modalità delle relazioni sociali degli individui. Per ulteriori approfondimenti si vedano le voci ORGANIZZAZIONE, PSICOLOGIA DEL LAVORO e PSICOLOGIA INDUSTRIALE.

Bibliografia

Bagnara S., *L'affidabilità umana dei sistemi uomo-automazione*, in "Studi Organizzativi", 1984, nn. 3-4.

Dowell J., Long J. B., *Towards a conception for an engineering discipline of human factors*, in "Ergonomics", 1989, n. 32, pp. 1513-1535.

Grandjean É., *Il lavoro a misura d'uomo. Trattato di ergonomia* (1979), Edizioni di Comunità, Milano 1986.

Long J. B., *Cognitive ergonomics and human-computer interaction*, in P. Warr, *Psychology at work*, Penguin, Harmondsworth 1987, pp. 73-95.

Mantovani G., *L'interazione uomo-computer*, il Mulino, Bologna 1995.

– (a cura di), *Ergonomia. Lavoro, sicurezza e nuove tecnologie*, il Mulino, Bologna 2000.

Murrell K. F. H., *Ergonomia, l'uomo e il lavoro* (1965), Isper, Torino 1971.

Re A., *Ergonomia per psicologi. Lavoro cognitivo e nuove tecnologie*, Raffaello Cortina, Milano 1995.

Smith H. T., Green Th. R. G., *Human interaction with computers*, Academic Press, London 1980.

Sperandio J.-C., *La psicologia in ergonomia*, il Mulino, Bologna 1983.

Trist E. L., Bamforth K. W., *Some social and psychological consequences of the long-wall method of coal-getting*, in "Human Relations", 1951, n. 4.

Ergoterapia (ingl. *Occupational therapy*; ted. *Ergotherapie*; fr. *Ergothérapie*; sp. *Ergoterapia*). Detta anche *terapia occupazionale* (dall'uso inglese) o *terapia attiva* o *del lavoro* (dall'uso tedesco), l'ergoterapia è un metodo di rieducazione psicomotoria che promuove attività finalizzate. Nel suo ambito si distinguono un'ergoterapia *funzionale* che si articola in attività manuali creative di vario genere come giochi individuali o di gruppo, lavori artigianali, attività necessarie alla vita quotidiana, attività ricreative, come la danza e la musica, con lo scopo di rieducare le insufficienze motorie e gestuali, e un'ergoterapia *attiva* applicata in ambito psicopatologico per rafforzare o recuperare il senso d'identità del paziente attraverso il coinvolgimento dello stesso in attività che lo impegnino emotivamente e mentalmente, favorendo il contatto con gli altri e l'eventuale reinserimento in società. La scelta delle varie tecniche di intervento viene effettuata in base all'età e alle esigenze specifiche di ciascun individuo.

Eritrofobia (ingl. *Erytrophobia*; ted. *Erytrophobie*; fr. *Érytrophobie*; sp. *Eritrofobia*). Detta anche *ereutofobia*, è un tratto fobico caratterizzato dal timore di arrossire. Chi ne è soggetto giustifica questo tratto con problemi di comunicazione o di pudore, ma l'interpretazione psicoanalitica riconduce l'eritrofobia a un meccanismo di difesa che rimuove una forte tendenza all'esibizionismo o a pratiche sessuali censurate perché ritenute riprovevoli. Otto Fenichel connette invece il fenomeno al perdurare della paura di castrazione connessa all'esposizione del collo e del viso genitalizzati. L'eritrofobia si constata anche in occasione dell'adozione di meccanismi di evitamento (v. ATTRAZIONE – REPULSIONE, TEORIA DELL').

Bibliografia

Fenichel O., *Trattato di psicoanalisi delle nevrosi e delle psicosi* (1945), Astrolabio, Roma 1951.

Freud S., *Analisi della fobia di un bambino di cinque anni (Caso clinico del piccolo Hans)* (1908), in *Opere* (1967-1993), Bollati Boringhieri, Torino, vol. V.

Erlebnis, v. VISSUTO; ESPERIENZA.

Ermafroditismo (ingl. *Hermaphroditism*; ted. *Hermaphroditismus*; fr. *Hermaphrodisme*; sp. *Hermafroditismo*). Condizione caratterizzata dalla coesistenza, nello stesso individuo, delle gonadi dei due sessi per una patologica e incompleta differenziazione sessuale fisiologica e morfologica, interna e/o esterna. Dall'ermafroditismo vanno distinti lo *pseudoermafroditismo maschile*, o *androginia*, o *sindrome di Morris*, caratterizzato dalla presenza di gonadi maschili in un individuo con caratteristiche somatiche femminili, che determinano l'erronea attribuzione del soggetto al sesso femminile che verrà poi smascherato nell'adolescenza per la comparsa dei segni somatici maschili, e lo *pseudoermafroditismo femminile* o *ginandria*, molto più raro, dove un'elevata produzione di androgeni da parte della corticale del surrene può portare in un soggetto fisiologicamente femminile alla comparsa di un pene ipospadico, e quindi a un'erronea attribuzione sessuale. La costituzione psicosessuale dell'ermafrodita dipende, oltre che dal sistema ormonale, anche dall'assegnazione sessuale impostagli al momento della nascita e durante la crescita.

1. Psicologia del profondo. Alfred Adler parla di «ermafroditismo psichico e protesta virile» come di «un problema fondamentale delle malattie nervose» (1920, p. 24) con riferimento alla compensazione adottata dall'individuo che, soffrendo di un senso di inferiorità, è costretto ad assumere atteggiamenti di protesta virile per supplire a sentimenti di debolezza e passività che sente al suo interno come caratteristiche femminili. Dell'ermafrodita parla anche Carl Gustav Jung come di un simbolo della copresenza, in ciascuno di noi, delle componenti maschili e femminili che occorre mettere in relazione per un adeguato sviluppo psichico. Il riconoscimento di questa copresenza ha consentito a Jung di formulare il concetto di Anima (v. § 3), Animus (v.) e di Sé (v. Psicologia analitica, § 4), inteso come la totalità psichica di cui l'ermafrodita è un simbolo rudimentale: «In fondo, esso rinvia al Sé che racchiude e ordina tutti i contrari» (1946, p. 318).

2. Psicopatologia. In questo ambito si parla di "ermafroditismo psichico" quando si è in presenza di una destrutturazione o di una mancata costituzione di un'identità sessuale che non consente all'individuo di riconoscersi nei caratteri fenotipici della propria sessualità, con conseguente difficoltà ad assumere i ruoli che la società prevede per il maschio e per la femmina. In alcuni casi, quando il soggetto si persuade di essere dotato di una personalità femminile in un corpo maschile e viceversa, o si traveste (v. Travestitismo) o si sottopone a interventi chirurgici per la modificazione del fenotipo (v. Genetica, § 3). Oggi si tende a derubricare l'ermafroditismo psichico dallo scenario psicopatologico dove è stato inserito per le esigenze sociali di riconoscimento dell'identità di genere con conseguente misconoscimento dell'identità personale.

3. Fenomenologia. Alberto Gaston sostituisce al termine "ermafroditismo psichico", coniato in sede psicopatologica, e al termine Bisessualità (v.), coniato da Sigmund Freud per illustrare la condizione di ogni persona che appare come «un miscuglio del suo carattere sessuale biologico con tratti biologici dell'altro sesso» (1905, p. 525), il termine Ambisessualità (v.), già adottato da Sándor Ferenczi, «per sottolineare, rispetto al carattere troppo biologico accentuato dal termine "bisessualità", l'ambiguità psicologica originaria» a cui la società chiede di rinunciare per identificare ciascun individuo in un sesso: «Così l'Io – scrive Gaston – che già costitutivamente deve confrontare il suo dato "ambi-sessuale" androgino con la sua peculiare forma corporea, verrà coartato dall'esterno verso una scelta rigida ed esclusiva che, oltre a caratteristiche psicologiche, avrà anche quelle dell'ideologia sociale nella quale si trova "gettato". L'Io cioè si troverà nella condizione di dover fare coincidere un solo aspetto della sua sessualità "psichica" con l'aspetto fenomenico di cui è portatore nella forma del corpo. Tutto ciò implica una scelta e una rinuncia, che comunque non sarà mai totale; non a caso Jung ipotizza un'Anima e un Animus, come atteggiamenti polari inconsci, rispettivamente nell'uomo e nella donna» (1987, p. 163).

4. Antropologia. In questo ambito, accanto al termine ermafroditismo, ricorre il termine *androginia* per indicare quella condizione sessuale, potenzialmente bipolare, che nelle società primitive dura finché l'individuo non viene indirizzato verso un sesso preciso attraverso l'esecuzione di un rito di iniziazione (v. Iniziazione) rigorosamente codificato. Alla condizione androgina fa riferimento anche Platone per indicare la condizione originaria dell'uomo, prima della separazione inflitta dagli dèi, per cui ora una parte, che Platone chiama σύμβολον, cerca, mediante Amore, l'altra parte di sé. Ne segue che l'uomo, nella condizione attuale, non è un uomo, ma il simbolo di un uomo. Quest'immagine platonica, attraverso la letteratura alchemica, è ripresa da Jung che l'adotta come simbolo dell'unificazione dei contrari.

Bibliografia

Adler A., *Prassi e teoria della psicologia individuale* (1920), Astrolabio, Roma 1947.

Duval J., *L'ermafrodito di Rouen. Una storia medico-legale del XVII secolo* (1612), Marsilio, Venezia 1988.

Eliade M., *Mefistofele e l'androgine* (1962), Edizioni Mediterranee, Roma 1971.

Ferenczi S., *Maschile e femminile* (1929), in Id., *Fondamenti di psicoanalisi* (1972-1975), Guaraldi, Rimini 1974, vol. III.

Freud S., *Tre saggi sulla teoria sessuale* (1905), in *Opere* (1967-1993), Bollati Boringhieri, Torino, vol. IV.

Gaston A., *Genealogia dell'alienazione*, Feltrinelli, Milano 1987.

Jung C. G., *La psicologia della traslazione illustrata con l'ausilio di una serie di immagini alchemiche* (1946), in *Opere* (1969-2007), Bollati Boringhieri, Torino, vol. XVI.

Money J., *Hermaphroditism. An inquiry into the nature of a human paradox*, Doctoral Dissertation, Harvard University, Cambridge, Massachusetts, 1952.

Platone, *Convito*, in *Opere*, Laterza, Bari 1973.

Singer J., *Androgyny. Toward a new theory of the sexuality*, Routledge & Kegan, London 1976.

Ermeneutica (ingl. *Hermeneutics*; ted. *Hermeneutik*; fr. *Herméneutique*; sp. *Hermenéutica*). Arte dell'interpretazione (v. Interpretazione). Il concetto è stato coniato in ambito filosofico e successivamente applicato alle teorie psicologiche.

1. Filosofia. Il termine, di origine greca, rinvia al dio Ermes che porta agli uomini i messaggi degli dèi, e agli dèi le invocazioni degli uomini. Dell'originaria valenza sacrale s'è perduta la traccia nell'accezione moderna inaugurata da Friedrich Daniel Ernst Schleiermacher, per il quale l'ermeneutica rinvia alla comprensione di un testo il cui senso non è immediatamente evidente per ragioni linguistiche, storiche o psicologiche, cosicché diventa indecidibile fino a che punto l'interpretazione miri a ricostruire il senso inteso dall'autore e fino a che punto apporti sensi nuovi rispetto ai testi.

Con Wilhelm Dilthey l'ermeneutica, organizzandosi intorno alla figura del "comprendere (*Verstehen*)", rispetto a quella dello "spiegare (*Erklären*)" tipico delle scienze della natura, diventa la forma delle scienze dello spirito il cui oggetto proprio non è il Dato (v.), ma il Vissuto (v.) o *Erlebnis*, che «non è un fenomeno dato attraverso i sensi come riflesso del reale nella conoscenza, ma una connessione vissuta dentro di noi» (1900, p. 317).

La posizione di Dilthey è ripresa da Martin Heidegger, secondo il quale non si dà una scienza storica oggettiva, ma solo un'interpretazione a partire dalla storicità dell'esistenza dello storico che fonda in senso esistenziale la storiografia come scienza. Infatti, scrive Heidegger, «l'esposizione concreta dell'origine storico-esistenziale della storiografia si compie nell'analisi della tematizzazione costitutiva di questa scienza: la tematizzazione storiografica ha il suo punto centrale nell'elaborazione della situazione ermeneutica che si costituisce con il decidersi dell'Esserci – esistente storicamente – per l'apertura ripetente dell'essente-ci stato. La possibilità e la struttura della verità storiografica sono da esporsi a partire dall'apertura ("verità") autentica dell'esistenza storica. Ma poiché i concetti fondamentali delle scienze storiografiche, concernenti tanto l'oggetto che i procedimenti, sono concetti di esistenza, ne consegue che la teoria delle scienze dello spirito presuppone un'interpretazione tematicamente esistenziale della storicità. Proprio questo fu il fine a cui cercarono costantemente di avvicinarsi le indagini di W. Dilthey» (1927, § 76, p. 567).

La fenomenologia ermeneutica di Heidegger diventa una vera e propria filosofia ermeneutica con Hans-Georg Gadamer, per il quale «il *comprendere* non è un ideale di rassegnazione che nasce dall'esperienza della vita nell'età della vecchiaia, come pensava Dilthey; ma non è nemmeno, come voleva Husserl, un fondamentale ideale metodico della filosofia di fronte all'ingenuità del vivere immediato; è invece l'*originario modo di attuarsi dell'esserci*, che è essere nel mondo. Prima di qualunque differenziazione nelle diverse direzioni dell'interesse teorico o pratico, il comprendere è il modo di essere dell'esserci in quanto poter-essere e "possibilità"» (1960, p. 306). La storicità dell'uomo rivela l'illusorietà dell'ideale illuministico di una comprensione senza pregiudizi perché, sostiene Gadamer, «i pregiudizi del singolo sono molto più che i suoi giudizi, sono la realtà storica del suo essere» (ivi, p. 318). Per intendere questa proposizione bisogna rifarsi alla figura del *circolo ermeneutico* dove si insiste sull'appartenenza reciproca del soggetto e dell'oggetto dell'interpretazione che precede e predetermina qualsiasi atto esplicito di conoscenza, che è possibile perché il conosciuto è già dentro l'orizzonte del conoscente (v. Precomprensione) e il conoscente è a sua volta dentro il mondo che il conosciuto co-determina. Ne consegue il rifiuto dell'oggettività (che è l'ideale delle scienze positive) per determinati settori del conoscere quali le scienze storiche. Infatti, scrive Gadamer: «Chi si mette a interpretare un testo attua sempre un progetto. Sulla base del più immediato senso che il testo gli esibisce, egli abbozza preliminarmente un significato del tutto. E anche il senso più immediato il testo lo esibisce solo in quanto lo si legge con certe attese determinate. La comprensione di ciò che si dà da comprendere consiste tutta nell'elaborazione di questo progetto preliminare, che ovviamente viene comunemente riveduto in base a ciò che risulta dall'ulteriore penetrazione del testo» (ivi, p. 314).

2. Psicologia. La prospettiva ermeneutica è stata esplicitamente introdotta in psicologia da Mario Trevi che ha approfondito le considerazioni di Carl Gustav Jung, secondo il quale «la psicologia è il "farsi coscienza" del processo psichico, ma in senso più profondo non è una spiegazione di tale processo, perché ogni spiegazione del fatto psichico non può essere altro che lo stesso processo vitale della psiche. La psicologia deve abolirsi come scienza e, proprio abolendosi, raggiunge il suo scopo scientifico. Ogni altra scienza ha un "al di fuori" di se stessa; ma non la psicologia, il cui oggetto è il soggetto di ogni scienza generale» (1947-1954, p. 240). E ancora: «Le teorie sono inevitabili, ma come meri sussidi. Se sono elevate a dogmi, dimostrano che è stato represso un dubbio interiore. Occorrono moltissimi punti di vista teorici per dare un quadro approssimativo della multiformità della psiche; sbaglia perciò chi rimprovera alla psicoterapia di non saper unificare le proprie teorie. Un tale consenso darebbe prova soltanto della sterile unilateralità. Né la psiche né il mondo possono essere ingabbiati in una teoria. Le teorie non sono articoli di fede, ma tutt'al più strumenti di conoscenza e di terapia; altrimenti non servono a nulla» (1945, pp. 98-99).

A partire da queste considerazioni, Trevi invita tutte le forme di psicologia del profondo a rinunciare alla loro presunta oggettività perché, scrive, «fare psicologia, elaborare su basi empiriche delle ipotesi sulla natura della psiche, apre un paradosso che deve essere accettato nel suo aspetto innovatore ed euristico così come il "circolo ermeneutico" è accettato, nella sua doppia natura di ostacolo e di stimolo, nell'arte dell'interpretazione e nella considerazione pensante che su quell'arte si ripiega per penetrarne la problematica. La "psicologia" come scienza si pone così al di fuori di ogni confronto con le altre scienze dell'uomo (e comunque distante da ogni scienza della natura) appunto perché il suo oggetto di indagine coincide con lo stesso soggetto indagante e ogni tentativo di "porsi al di fuori" di quest'ultimo porta inevitabilmente le stimmate della soggettività. Il "testo" che lo psicologo si propone di indagare, la psiche nella sua sconfinata fenomenologia, non può essere colto in un'immobile e atemporale oggettività, ma sempre attraverso quell'orizzonte dischiuso dal soggetto nel momento in cui su quel testo si ripiega. Tale orizzonte è al contempo legittimo (in quanto visuale e osservazione concretamente calate in un'esistenza) e relativo, e pertanto limitato e controvertibile. Anzi, quell'orizzonte in tanto acquista dignità, in quanto, nell'esplorazione sistematica delle sue possibilità, incontra quel confine al di là del quale si schiudono altri orizzonti possibili, talché, in ultima istanza, la verità di un orizzonte sta nel suo autolimitarsi e, in certo senso, negarsi come verità unica per dar luogo alle verità ugualmente autolimitantisi di altri orizzonti. In tal modo la "verità" di una psicologia consapevole è il dialogo aperto e infinito tra possibili orizzonti. Questo esito dialogico della psicologia in quanto scienza costituirà la base metodologica per la soluzione del problema oggi più urgente nella psicologia come scienza» (1987, pp. 16-17).

Per quanto concerne la relazione tra ermeneutica e psicoanalisi, due sono le posizioni di rilievo: quella di Jürgen Habermas che sostiene che solo un'ermeneutica del profondo costruita sul modello della psicoanalisi può dar luogo a una "critica dell'ideologia", e quella di Paul Ricoeur che legge la psicoanalisi come una teoria che inaugura nei confronti dell'Io penso cartesiano lo stesso sospetto che Cartesio aveva sollevato contro la visione ingenua della realtà. Si tratta del gioco che intreccia apparenza e realtà, nascosto e palese, latente e manifesto. L'operazione che Cartesio aveva condotto sull'inganno dell'apparenza, quando in gioco era l'apparenza della realtà, è condotta da Sigmund Freud sull'inganno della coscienza ora che in gioco è la realtà dell'Io penso. La coscienza è una falsa coscienza, e l'ermeneutica di Freud, a parere di Ricoeur, si incarica di smascherarla. Vicina a quella di Ricoeur, ma diversamente contestuata, è la posizione di Jacques Lacan esposta alla voce LACANIANA, TEORIA, § 8.

Bibliografia

Aversa L., *Interpretazione e individuazione. Progetto ermeneutico per la psicologia analitica*, Borla, Roma 1987.
Bertolotti G., Natoli S., Sini C., Vattimo G., Vitiello V., *Ermeneutica*, Raffaello Cortina, Milano 2003.
Bianco F., *Pensare l'interpretazione. Temi e figure dell'ermeneutica contemporanea*, Editori Riuniti, Roma 1991.
Bruns G. L., *Ermeneutica antica e moderna* (1993), La Nuova Italia, Firenze 1998.
Bultmann R., *Credere e comprendere* (1924-1964), Queriniana, Brescia 1977.
De Lorenzo N., *Ermeneutica e psicoanalisi. Per una critica gadameriana della coscienza analitica*, Valter Casini Editore, Roma 2008.
Dilthey W., *Le origini dell'ermeneutica* (1900), in Id., *Ermeneutica e religione*, Rusconi, Milano 1991.
Ferraris M., *Storia dell'ermeneutica*, Bompiani, Milano 1988.
–, *L'ermeneutica*, Laterza, Bari 1998.
Foucault M., *L'ermeneutica del soggetto* (1981-1982), Feltrinelli, Milano 2001.
Freud S., *L'interpretazione dei sogni* (1899), in *Opere* (1967-1993), Bollati Boringhieri, Torino, vol. III.
Fuchs E., *Ermeneutica* (1970), Celuc, Milano 1974.
Gadamer H.-G., *Verità e metodo* (1960), Bompiani, Milano 1983.
–, *Verità e metodo 2* (1986-1993), Bompiani, Milano 1995.
–, *Ermeneutica. Uno sguardo retrospettivo* (1995), Bompiani, Milano 2006.
Habermas J., *Cultura e critica* (1973), Einaudi, Torino 1980.
Heidegger M., *Essere e tempo* (1927), Utet, Torino 1978.
Jaspers K., *Della verità* (1947), Bompiani, Milano 2015.
Jung C. G., *Medicina e psicoterapia* (1945), in *Opere* (1969-2007), Bollati Boringhieri, Torino, vol. XVI.
–, *Riflessioni teoriche sull'essenza della psiche* (1947-1954), in *Opere*, cit., vol. VIII.
Lacan J., *Al di là del "principio di realtà"* (1936), in *Scritti* (1936-1966), Einaudi, Torino 1974, vol. I.
Martini G., *Ermeneutica e narrazione. Un percorso tra psichiatria e psicoanalisi*, Bollati Boringhieri, Torino 1998.
Melchiorre V., *Creazione, creatività, ermeneutica*, Morcelliana, Brescia 1997.
Mura G., *Ermeneutica e verità*, Città Nuova, Roma 1990.
Natoli S., *Ermeneutica e genealogia*, Feltrinelli, Milano 1981.
Pareyson L., *Verità e interpretazione*, Mursia, Milano 1971.
Perissinotto L., *Le vie dell'interpretazione nella filosofia contemporanea*, Laterza, Bari 2002.
Ricoeur P., *Dell'interpretazione. Saggio su Freud* (1965), il Saggiatore, Milano 1966.
–, *Il conflitto delle interpretazioni* (1969), Jaca Book, Milano 1977.
Ruggenini M., *Ermeneutica*, in AA.VV., *Gli strumenti del sapere contemporaneo*, vol. II: *I concetti*, Utet, Torino 1985, pp. 272-275.
Schleiermacher F. D. E., *Sul concetto di ermeneutica* (1829), in Id., *Etica ed ermeneutica*, Bibliopolis, Napoli 1985.
Sini C., *Kinesis. Saggio di interpretazione*, Spirali, Milano 1982.
Trevi M., *Interpretatio duplex*, Borla, Roma 1986.
–, *Per uno junghismo critico*, Bompiani, Milano 1987.
Vattimo G., *Le avventure della differenza*, Garzanti, Milano 1980.
–, *Etica dell'interpretazione*, Rosenberg & Sellier, Torino 1989.
–, *Oltre l'interpretazione*, Laterza, Bari 1994.

Eroe (ingl. *Hero*; ted. *Held*; fr. *Héros*; sp. *Héroe*). Nell'ambito della psicologia del profondo esistono tre interpretazioni della figura dell'eroe. Per Sigmund Freud, «eroe è colui che coraggiosamente si leva contro il padre e alla fine lo supera vittoriosamente» (1934-1938, p. 341). La sua importanza, prosegue Freud, dipende o dall'efficacia della sua personalità o dall'idea che rappresenta; in ogni caso, «sappiamo che nella massa degli uomini vi è grande bisogno di un'autorità da ammirare, a cui inchinarsi, da cui essere dominati, fors'anche maltrattati. Dalla psicologia dell'individuo abbiamo appreso donde provenga questo bisogno della massa. È la nostalgia del padre insita in ognuno dall'infanzia, dello stesso padre che l'eroe della leggenda si vanta di aver vinto. E ora incominciamo a vederci chiaro: tutte le qualità di cui dotiamo il grande uomo sono caratteristiche paterne, e in questa concordanza consiste l'essenza del grande uomo da noi veramente cercata. La risolutezza dei pensieri, la forza di volontà, l'impeto dell'azione appartengono all'immagine paterna, ma più di tutto vi appartengono l'autonomia e l'indipendenza del grande uomo, la sua divina noncuranza che può crescere fino alla mancanza di qualsiasi riguardo. Lo si deve ammirare, è consentita la fiducia in lui, ma non si può fare a meno anche di temerlo. Avremmo dovuto lasciarci guidare letteralmente dalla parola: chi altri se non il padre può essere stato l'"uomo grande" nell'infanzia!» (ivi, pp. 428-429).

Carl Gustav Jung, senza rifiutare l'interpretazione di Freud, la amplifica leggendo nella figura dell'eroe l'immagine del Sé (v. PSICOLOGIA ANALITICA, § 4), espressione con cui Jung nomina la totalità psichica di cui l'Io è solo una parte: «L'eroe rappresenta il *Sé inconscio* dell'uomo, e questo si manifesta empiricamente come la somma e la quintessenza di tutti gli archetipi, incluso perciò anche l'archetipo del "padre" e del vecchio saggio» (1912-1952, p. 327). E ancora: «Nella forma umana visibile non è l'uomo che cerchiamo, ma il superuomo, l'eroe o il dio, essere *somigliante all'uomo*, che esprime le idee, le forme e le forze che hanno presa sull'anima e la plasmano» (ivi, p. 180).

Il motivo paterno che si rintraccia nella figura dell'eroe è interpretato da Erich Neumann come l'elemento che consente l'opposizione alla GRANDE MADRE (v.), e quindi come la separazione dal mondo materno senza la quale non avverrebbe alcun processo individuativo: «Per l'eroe, l'identificazione con il maschile, con ciò che abbiamo chiamato "cielo", è il presupposto che gli consente di accedere al combattimento contro il drago. Il momento culminante dell'identificazione è quando egli sente di essere figlio del dio, di incarnare in sé tutta la potenza del cielo. Questo sta appunto a significare il fatto che gli eroi sono sempre generati da un dio. Solo il sostegno del cielo, il senso di avere la propria origine in alto, nella divinità paterna, nel dio padre, inteso non tanto come capo della famiglia, quanto come spirito creatore, rende possibile la lotta contro il drago della Grande Madre. Ponendosi come rappresentante e difensore di questo mondo spirituale contro il drago, l'eroe diventa il liberatore e il salvatore, l'annunciatore del nuovo, il redentore, il portatore della sapienza e della cultura» (1949, p. 140).

Dal canto suo Jacques Lacan scrive a proposito dell'eroe: «Ho contrapposto l'eroe all'uomo comune, e qualcuno si è offeso. Non li distinguo come due specie umane – in ciascuno di noi c'è la via tracciata per un eroe, ed è appunto da uomo comune che si realizza» (1959-1960, p. 25).

Bibliografia

Brelich A., *Gli eroi greci. Un problema storico-religioso*, Adelphi, Milano 2010.

Campbell J., *L'eroe dai mille volti* (1953), Feltrinelli, Milano 1984.

Dumézil G., *Il libro degli eroi* (1959), Bompiani, Milano 1976.

Freud S., *L'uomo Mosè e la religione monoteistica. Tre saggi* (1934-1938), in *Opere* (1967-1993), Bollati Boringhieri, Torino, vol. XI.

Ieranò G., *Eroi. Le grandi saghe della mitologia greca*, Sonzogno-Marsilio, Venezia 2013.

Jung C. G., *Simboli della trasformazione* (1912-1952), in *Opere* (1969-2007), Bollati Boringhieri, Torino, vol. V.

Kerényi K., *Gli dèi e gli eroi della Grecia* (1955), Garzanti, Milano 1976.

Lacan J., *Il Seminario. Libro VII: L'etica della psicoanalisi, 1959-1960*, Einaudi, Torino 1994.

Neumann E., *Storia delle origini della coscienza* (1949), Astrolabio, Roma 1978.

Regazzoni S., *Sfortunato il paese che non ha eroi. Etica dell'eroismo*, Ponte alle Grazie-Salani, Milano 2012.

Savater F., *La missione dell'eroe. Elementi per un'etica tragica* (1983), Pratiche Editrice, Milano 1998.

Wind E., *Humanitas e ritratto eroico* (1986), Adelphi, Milano 2000.

Erogenità (ingl. *Erogeneity*; ted. *Erogenität*; fr. *Érogénité*; sp. *Erogeneidad*). Termine introdotto da Sigmund Freud per indicare una sensazione di piacere non limitata a una zona erogena, ma diffusa in tutta la superficie cutaneo-mucosa e perfino negli organi interni; «Vi sono zone erogene predestinate, come dimostra l'esempio della suzione. Ma lo stesso esempio insegna anche che qualsiasi altro punto della pelle o della mucosa può assumersi i servigi delle zone erogene, dunque deve contenere già una certa idoneità a ciò. La generazione della sensazione di piacere dipende quindi più dalla qualità dello stimolo che non dalla natura del punto del corpo» (1905, p. 493). L'erogenità, concepita da Freud più come un fattore diffuso che specifico, può ridistribuirsi nell'organismo mediante spostamenti (v. SPOSTAMENTO) e approdare a organi in cui si concentra l'attenzione nella forma del sintomo ipocondriaco (v. IPOCONDRIA).

Bibliografia

Cellerino A., *Eros e cervello. Le radici biologiche di sessualità, estetica, amore*, Bollati Boringhieri, Torino 2002.

Freud S., *Tre saggi sulla teoria sessuale* (1905), in *Opere* (1967-1993), Bollati Boringhieri, Torino, vol. IV.

Eroina, v. DROGA, § 1.

Eros, v. AMORE.

Eros – Logos, v. LOGOS.

Eros – Thanatos. Termini greci utilizzati in ambito psicoanalitico per denominare le pulsioni di vita (*Eros*) in contrapposizione alle pulsioni di morte (*Thanatos*).

1. IL DIBATTITO PSICOANALITICO. Il dualismo, a sfondo mitico, è stato introdotto da Sigmund Freud a partire dal 1920, emancipando il termine Eros dall'uso più generico, quasi un sinonimo di sessualità in cui fino ad allora il termine era confinato, e non utilizzando mai, se non nella corrispondenza, il termine Thanatos a cui viene preferita la parola "distruzione" (v. DISTRUTTIVITÀ, § 1). Scrive Freud: «I due princìpi fondamentali di Empedocle – φιλία e νεῖκος – sia per il nome, sia per la funzione che assolvono, sono la stessa cosa delle nostre due pulsioni originarie *Eros* e *Distruzione*, la prima delle quali tende ad agglomerare tutto ciò che esiste in unità sempre più vaste, mentre l'altra mira a dissolvere queste combinazioni e a distruggere le strutture cui esse hanno dato luogo» (1937, p. 529).

Prima di introdurre questa contrapposizione, Freud utilizzava la parola Eros nell'accezione allargata di sessualità e intendeva il termine nello stesso senso in cui ricorre in Platone: «Vorremmo ricordare, a tutti coloro che guardano altezzosamente e con aria di superiorità alla psicoanalisi, in che misura la sessualità allargata della psicoanalisi coincida con l'Eros del divino Platone» (1905, p. 450). In seguito abbandonò l'uso del termine *Eros* per sostituirlo con *pulsioni di vita* (v. VITA, § 4) nel timore che il suo impiego servisse solo a camuffare la sessualità: «Chi nella sessualità scorge qualcosa di vergognoso e di degradante per la natura umana è libero di servirsi dei più distinti termini "eros" ed "erotismo". Anch'io avrei potuto fare così fin dall'inizio e certo mi sarei risparmiato molte contestazioni. Ma non ho voluto farlo perché preferisco evitare le concessioni alla pusillanimità. Se si prende questa strada non si sa dove si va a finire; si comincia con concessioni sulle parole per finire a poco a poco con concessioni sulle cose» (1921, p. 281).

La contrapposizione Eros e Thanatos non persuade Carl Gustav Jung, per il quale «il contrasto logico dell'amore è l'odio, e se vogliamo parlare di *Eros* l'antitesi è *Phobos* (la paura)» (1917-1943, p. 45). Dal punto di vista della tipologia psicologica, Jung oppone *Eros* a *Logos*, facendo di Eros la base della psicologia femminile, dove la relazione psichica sovrasta il bisogno di un rapporto puramente sessuale, e di Logos la caratteristica della tipologia maschile e della donna posseduta dall'*animus* (v. LOGOS).

2. IL DIBATTITO FILOSOFICO. La coppia freudiana di Eros e Thanatos ha aperto un dibattito in sede filosofica che ha investito la nozione di desiderio, sessualità e piacere. Gilles Deleuze e Félix Guattari ritengono che Eros e Thanatos non siano antitetici, perché il primo presiede alla produzione di libere singolarità, mentre il secondo, come capacità di distruggere e cambiare assetti sociali e istituzionali, è altrettanto fecondo e creativo, per cui «la pulsione di morte è una vera e propria creatività istituzionale» (1972, p. 67). Freud non avrebbe avvertito la creatività della pulsione di morte, perché ha subito incanalato le pulsioni nell'ambito domestico "dando loro da consumare mamma e papà", senza aprirle al sociale dove ogni pulsione è potenzialmente rivoluzionaria. Tutto questo dipende, a parere di Deleuze e Guattari, dal fatto che Freud ha concepito Eros alla maniera di Platone come "mancanza" e non come "produzione". A questa critica non sfugge nemmeno la revisione lacaniana della nozione freudiana di desiderio, perché, se è vero che per Jacques Lacan si accede all'ordine del linguaggio e alla sua "produzione" attraverso la rimozione del desiderio incestuoso, non si esce comunque dalle mura domestiche, perché ci si limita a sostituire al desiderio (della madre) un segno (il Nome-del-padre) rappresentante della Legge.

Il rifiuto dell'antitesi Eros e Thanatos riappare in Herbert Marcuse, per il quale Eros convertirebbe in sé ogni forza distruttiva in energia creatrice, per cui i due termini si fondono in un unico processo che, a suo parere, non deve neppure essere scisso in meta sessuale e meta sublimata perché «la sfera spirituale diventa l'oggetto diretto di Eros e rimane un oggetto libidico: non c'è cambiamento di energia né di meta» (1955, p. 226). Anche Georges Bataille rifiuta l'antitesi di Freud perché ritiene che l'essenza di Eros e del piacere ad esso connesso sia proprio nella gioia di distruggere, di perdere, di dilapidare in un'economia non accumulativa, come nel *potlach* (v. SCAMBIO, § 1) dei primitivi e in tutte quelle forme di consumo e spreco che Bataille chiama *dépense*, per cui il dispendio infruttuoso e la distruzione è ciò di cui si nutre Eros, che svolge un ruolo trasgressivo (v. TRASGRESSIONE) e rivoluzionario rispetto alla cultura occidentale di tipo accumulativo e conservativo. Vicina alla tesi di Bataille è Julia Kristeva, per la quale la prima rinuncia è proprio quella dell'identità sessuale in cui Eros si esprime prima della triangolazione edipica. Anche Michel Foucault rifiuta l'antagonismo freudiano creazione-distruzione connesso a Eros e Thanatos perché è proprio di ogni creazione accadere secondo leggi, ed è proprio di ogni istanza proibitiva e repressiva produrre impianti di regole che sono poi gli spazi in cui il desiderio storicamente si esprime. Attenuando o estinguendo l'opposizione tra pulsioni di vita e pulsioni di morte, il dibattito filosofico storicizza Freud e tende a mostrare che le categorie di cui si serve non sono "leggi eterne", ma amplificazioni di concetti storici ed epocali.

Bibliografia

Bataille G., *L'erotismo* (1957), Mondadori, Milano 1969.
Bottiroli G., *Eros*, in AA.VV., *Enciclopedia*, Einaudi, Torino 1978, vol. V, pp. 657-681.
Deleuze G., Guattari F., *L'anti-Edipo. Capitalismo e schizofrenia* (1972), Einaudi, Torino 1975.
Empedocle, *Frammenti e testimonianze*, Bompiani, Milano 2002.
Foucault M., *Storia della sessualità*, vol. I: *La volontà di sapere* (1976), vol. II: *L'uso dei piaceri* (1984), vol. III: *La cura di sé* (1984), Feltrinelli, Milano 1978-1985.
Freud S., *Tre saggi sulla teoria sessuale* (1905), in *Opere* (1967-1993), Bollati Boringhieri, Torino, vol. IV.
–, *Al di là del principio di piacere* (1920), in *Opere*, cit., vol. IX.
–, *Psicologia delle masse e analisi dell'Io* (1921), in *Opere*, cit., vol. IX.
–, *Analisi terminabile e interminabile* (1937), in *Opere*, cit., vol. XI.
Jung C. G., *Psicologia dell'inconscio* (1917-1943), in *Opere* (1969-2007), Bollati Boringhieri, Torino, vol. VII.
–, *La struttura della psiche* (1927-1931), in *Opere*, cit., vol. VIII.
Kristeva J., *La femme, ce n'est jamais ça*, in "Tel Quel", 1974, n. 59.
Lacan J., *Sovversione del soggetto e dialettica del desiderio nell'inconscio freudiano* (1960), in *Scritti* (1936-1966), Einaudi, Torino 1974, vol. II.
Marcuse H., *Eros e civiltà* (1955) con *Prefazione politica* (1966), Einaudi, Torino 1968.
Melchiorre V., *Metacritica dell'eros*, Vita e Pensiero, Milano 1977.
Platone, *Simposio*, in *Opere*, Laterza, Bari 1973.
Storace E. S., *Eros e thanatos*, Albo Versorio, Milano 2015.

Erotismo (ingl. *Erotism*; ted. *Erotik*; fr. *Érotisme*; sp. *Erotismo*). Termine impiegato da Sigmund Freud in relazione agli eccitamenti e ai soddisfacimenti connessi all'attività pulsionale e avvertiti da quelle specifiche zone erogene che sono poi le aperture del nostro corpo sul mondo, per cui avremo un erotismo orale, anale, uretrale, fallico e genitale.

1. EROTISMO ORALE. Riguarda il soddisfacimento provato con la suzione e poi con l'assunzione di cibo connesso a un piacere sessuale tipico della fase orale (v. ORALE, § 2) dove la meta sessuale consiste nell'INCORPORAZIONE (v.) dell'oggetto secondo il modello arcaico del meccanismo di identificazione (v. IDENTIFICAZIONE) tramite CANNIBALISMO (v.). L'erotismo orale rivela la sua ambivalenza nel fatto che l'amore viene espresso mediante il divoramento e l'eliminazione dell'oggetto. Paure e fobie, sia dei bambini che degli adulti, verso animali che divorano e mordono, derivano da desideri pulsionali non orali regressivamente espressi in termini erotico-orali. Derivati dall'erotismo orale sono i meccanismi operanti nella melanconia con introiezione psichica dell'oggetto perduto, mentre sono da annoverare tra le perversioni i contatti bocca-genitali che fanno la loro comparsa nei rapporti amorosi (v. ORALE, § 3).

2. EROTISMO ANALE. Si riferisce alle pulsioni tipiche della fase anale (v. ANALE, § 2) connesse alla ritenzione e all'espulsione delle feci, rese possibili dal controllo sfinterico, che poi si estende al controllo dell'oggetto o nella forma sadica della distruzione e dell'annientamento, o in quella della conservazione e del possesso. In questa fase la meta sessuale non è giocata, come nella fase genitale, tra maschile e femminile, ma tra attivo e passivo (v. ATTIVITÀ – PASSIVITÀ, § 1). Scrive Freud: «La tendenza attiva viene fornita dalla comune pulsione di appropriazione, che chiamiamo appunto sadismo quando si pone al servizio della funzione sessuale; anche nella vita sessuale pienamente sviluppata al sadismo spettano importanti compiti ausiliari. La corrente passiva viene alimentata dall'erotismo anale, la cui zona erogena corrisponde all'antica cloaca indifferenziata. L'accentuazione di questo erotismo anale nello stadio dell'organizzazione pregenitale lascerà nell'uomo una significativa predisposizione all'omosessualità nello stadio successivo della funzione sessuale, quello del primato dei genitali» (1913, p. 240; v. ANALE, § 3).

3. EROTISMO URETRALE. È connesso alla funzione urinaria interpretata da Freud come un equivalente della masturbazione: «La semeiotica di queste manifestazioni sessuali è scarsa; perlopiù è l'apparato urinario a fornirla, in luogo del non ancora sviluppato apparato sessuale, quasi ne fosse il tutore. La maggior parte delle cosiddette sofferenze della vescica in quest'epoca sono disturbi sessuali; l'enuresi notturna corrisponde, salvo che non rappresenti un attacco

epilettico, a una polluzione» (1905, p. 499). L'erotismo uretrale è invece interpretato da Melanie Klein come base per fantasie di aggressione e distruzione mediante l'urina: «Le analisi degli adulti e quelle dei bambini mostrano che fantasie in cui si immagina che l'urina sia un liquido caustico, dissolvente e corrosivo e un veleno segreto e insidioso ricorrono frequentemente. Queste fantasie sadico-uretrali contribuiscono in larga parte a conferire al pene il significato inconscio di strumento di crudeltà e nel determinare conseguenti disturbi della potenza sessuale nel maschio» (1932, p. 183).

4. EROTISMO FALLICO. È connesso agli impulsi sessuali che caratterizzano la fase fallica (v. FALLICA, FASE) dello sviluppo, quando pene e clitoride sono diventati zone erogene predominanti. L'erotismo fallico va distinto da quello genitale che insorge soltanto nella pubertà quando è istituita la possibilità biologica della scarica del seme e l'orgasmo vaginale ha preso il posto di quello clitorideo. L'erotismo fallico viene soddisfatto con la masturbazione che in questa fase non è autoerotica, perché, scrive Freud, «si può dimostrare che il bambino vive un'impostazione edipica verso i suoi genitori; la masturbazione è soltanto la scarica genitale dell'eccitamento sessuale inerente a questo complesso; a questa relazione la masturbazione deve la sua importanza per tutti i tempi a venire» (1924, p. 30).

5. EROTISMO GENITALE. Si riferisce agli impulsi connessi all'organizzazione sessuale definitiva che si stabilisce dopo la pubertà, in cui la sessualità «è posta al servizio della procreazione». In questa fase, prosegue Freud, «si produce uno stato in cui: 1) alcuni degli antichi investimenti libidici si sono conservati; 2) altri vengono inglobati nella funzione sessuale come atti preparatori e di sostegno, e il loro soddisfacimento dà luogo al cosiddetto "piacere preliminare"; 3) altre tendenze, escluse dall'organizzazione, o vengono represse assolutamente (rimosse), o sono impiegate nell'Io in un modo diverso, dando luogo a certi tratti del carattere o subendo sublimazioni con relativo spostamento di meta» (1938, p. 582; v. GENITALE, § 3).

Bibliografia

Abraham K., *Tentativo di una storia evolutiva della libido sulla base della psicoanalisi dei disturbi psichici* (1924), in *Opere*, Bollati Boringhieri, Torino 1975, vol. I.
Bataille G., *Storia dell'erotismo* (1951), Fazi Editore, Roma 2006.
–, *L'erotismo* (1957), Mondadori, Milano 1969.
Ferrand J., *Malinconia erotica. Trattato sul mal d'amore* (1610), Marsilio, Venezia 1991.
Freud S., *Tre saggi sulla teoria sessuale* (1905), in *Opere* (1967-1993), Bollati Boringhieri, Torino, vol. IV.
–, *La disposizione alla nevrosi ossessiva. Contributo al problema della scelta della nevrosi* (1913), in *Opere*, cit., vol. VII.
–, *Il tramonto del complesso edipico* (1924), in *Opere*, cit., vol. X.
–, *Compendio di psicoanalisi* (1938), in *Opere*, cit., vol. XI.
Klein M., *La psicoanalisi dei bambini* (1932), Martinelli, Firenze 1969.
Onfray M., *Teoria del corpo amoroso. Per un'erotica solare* (2000), Fazi Editore, Roma 2006.

Erotolalia (ingl. *Erotolalia*; ted. *Erotolalie*; fr. *Érotolalie*; sp. *Erotolalia*). Frequente uso di espressioni a contenuto erotico-sessuale.

Erotomania (ingl. *Erotomania*; ted. *Erotomanie*; fr. *Érotomanie*; sp. *Erotomanía*). Forma più o meno pronunciata di delirio a sfondo paranoico in cui il soggetto crede che molte persone del sesso opposto siano innamorate di lui. Questa forma è spesso interpretata come un meccanismo di difesa contro le proprie tendenze omosessuali.

Errore (ingl. *Error*; ted. *Irrtum*; fr. *Erreur*; sp. *Error*). Giudizio o valutazione che contravviene il criterio riconosciuto valido nel campo a cui il giudizio si riferisce, oppure ai limiti di applicabilità del criterio stesso. Il riferimento al criterio di validità e di applicabilità fa sì che il contrario dell'errore non sia la verità, ma l'esattezza o correttezza. In psicologia l'errore rappresenta un momento costitutivo dell'APPRENDIMENTO (v. § I, 2) e si determina tenendo conto dell'informazione di cui si dispone, che si valuta in base a un codice o a un sistema di credenze in possesso del soggetto. Con questa limitazione dell'area dell'errore in psicologia si è superata la posizione del pensiero classico secondo cui vi sarebbe un dato neutro da offrire all'osservazione o, a livello di cognizione, una percezione distinta dall'interpretazione. Sempre in ambito psicologico non si utilizza il concetto di verità o di oggettività della conoscenza che si dichiari indipendente dalla soggettività, essendo la soggettività l'"oggetto" del sapere psicologico.

La posizione via via assunta dalla psicologia è confortata dalla più recente epistemologia che concepisce la verità come un processo di continua rettifica dell'errore, che dunque è essenziale nell'itinerario del progressivo aggiustamento. Scrive in proposito Gaston Bachelard: «L'errore è una delle fasi della dialettica che bisogna necessariamente attraversare. Esso dà origine a indagini più precise ed è l'elemento motore della conoscenza» (1928, p. 249). E ancora: «Lo spirito scientifico è essenzialmente una rettifica del sapere, un ampliarsi dei quadri della conoscenza. Esso giudica il proprio passato storico nel condannarlo. La sua struttura altro non è che la coscienza degli errori storici. Dal punto di vista scientifico, si pensa al vero come ad una rettifica storica d'un errore prolungato, si concepisce l'esperienza come rettifica dell'illusione comune e primitiva. Tutta la vita intellettuale della scienza opera dialetticamente su questo differenziale della conoscenza, al limite dell'ignoto. L'essenza stessa della riflessione consiste nel comprendere di non aver capito» (1934, p. 155).

Dal canto suo Karl Raimund Popper liquida l'immagine di una conoscenza induttiva che, fondata su base empirica sicura, progredisce in modo lineare e cumulativo, espandendo il suo nucleo originario di verità, e ad essa sostituisce quel modello di conoscenza e di razionalità che è esercizio critico della congettura per la progressiva eliminazione degli errori: «La critica delle congetture è di importanza decisiva: mettendo in evidenza i nostri errori, essa ci fa comprendere le difficoltà del problema che stiamo cercando di risolvere. È in questo modo che prendiamo meglio conoscenza del problema e ci mettiamo in grado di proporre soluzioni più avanzate: la stessa confutazione di una teoria, cioè, di qualsiasi serio tentativo di soluzione del problema, è sempre un passo avanti che ci porta più vicino alla verità. E questo è il modo in cui possiamo imparare dagli errori. La nostra conoscenza si accresce nella misura in cui impariamo dagli errori» (1963, pp. 3-4). E ancora: «Evitare errori è un ideale meschino: se non osiamo affrontare problemi che siano così difficili da rendere l'errore quasi inevitabile, non vi sarà allora sviluppo della conoscenza. In effetti, è dalle nostre teorie più ardite, incluse quelle che sono erronee, che noi impariamo di più. Nessuno può evitare di fare errori; la cosa più grande è imparare da essi» (1968, p. 242).

Partendo dall'affermazione di Popper secondo cui il metodo per PROVA ED ERRORE (v.) «è fondamentalmente lo stesso adottato dagli organismi viventi nel processo di adattamento» (1940, p. 531), Luigi Lentini scrive: «Si possono distinguere tre livelli di adattamento: il livello genetico, il livello comportamentale e il livello della conoscenza oggettiva, come ad esempio la formazione di una tesi scientifica. A tutti e tre i livelli i cambiamenti adattivi prendono avvio da strutture ordinate (rispettivamente: la struttura genetica dell'organismo o genoma, il repertorio innato di possibili forme di comportamento e le regole di comportamento tramandate dalla tradizione, le teorie dominanti e i problemi aperti); tali strutture vengono trasmesse sempre per istruzione, mediante il codice genetico o mediante la tradizione. A causa delle sfide a cui esse vengono sottoposte si hanno, come risposta, dei mutamenti che hanno origine dentro la struttura e non sono dovuti a istruzioni provenienti dall'ambiente; essi sono quindi sottoposti a *selezione*, che elimina i tentativi insoddisfacenti e lascia sopravvivere soltanto quelli soddisfacenti, i quali vengono a loro volta trasmessi per istruzione» (1990, pp. 119-120). Da questo punto di vista, e fatta eccezione per quella variante che è il linguaggio, non c'è differenza tra la conoscenza animale e quella scientifica, perché, come sostiene Popper, «dall'ameba a Einstein lo sviluppo della conoscenza è sempre il medesimo: tentiamo di risolvere i nostri problemi, e di ottenere, con un processo di eliminazione, qualcosa che appaia più adeguato nei nostri tentativi di soluzione» (1972, p. 347).

Per quanto concerne gli errori di *campionatura*, di *misurazione* e *standard*, si rinvia alla voce STATISTICA, § II, 4.

Bibliografia

Bachelard G., *Essai sur la connaissance approchée* (1928), Vrin, Paris 1973.
–, *Il nuovo spirito scientifico* (1934), Laterza, Bari 1978.
Coe R. M., Wilden A., *Errore*, in AA.VV., *Enciclopedia*, Einaudi, Torino 1978, vol. V, pp. 682-711.
Donà M., *Filosofia dell'errore. Le forme dell'inciampo*, Bompiani, Milano 2012.
Lentini L., *Errore*, in AA.VV., *Gli strumenti del sapere contemporaneo*, vol. II: *I concetti*, Utet, Torino 1985, pp. 278-279.
–, *Il paradigma del sapere*, Franco Angeli, Milano 1990.
Mach E., *Conoscenza ed errore* (1905), Einaudi, Torino 1982.
Morin E., *Il gioco della verità e dell'errore* (2004), Erickson, Trento 2009.
Popper K. R., *Che cos'è la dialettica?* (1940), in Id., *Congetture e confutazioni* (1963), il Mulino, Bologna 1972.
–, *Congetture e confutazioni* (1963), il Mulino, Bologna 1972.
–, *La teoria del pensiero oggettivo* (1968), in Id., *Conoscenza oggettiva* (1972), Armando, Roma 1975.
–, *L'evoluzione e l'albero della conoscenza* (1972), in Id., *Conoscenza oggettiva*, cit.
Reason J., *L'errore umano*, il Mulino, Bologna 1994.

Es (ingl. *Id*; ted. *Es*; fr. *Ça*; sp. *Ello*). Pronome neutro di terza persona che nella lingua tedesca è impiegato come soggetto di verbi impersonali e che Sigmund Freud trova idoneo, al pari del pronome neutro latino *Id*, per designare il carattere non soggettivo e impersonale dei moti pulsionali. Freud assume questo termine su suggerimento di Georg Groddeck che l'aveva impiegato per designare «quella strana cosa da cui siamo vissuti» (1923, p. 25). Il termine era già stato impiegato da Friedrich Nietzsche, e Groddeck lo apprende dal suo maestro Ernst Schweininger, che di Nietzsche era un fervido ammiratore. Adottato da Freud, l'Es diventa, nella seconda topica dell'APPARATO PSICHICO (v. § 5), il polo pulsionale della personalità, i cui contenuti sono in parte ereditari e innati, in parte rimossi e acquisiti: «Ci accorgiamo – scrive Freud – che non abbiamo il diritto di chiamare "sistema *Inc*" il territorio psichico estraneo all'Io, poiché il carattere di essere inconscio non è esclusivo ad esso. Sta bene, allora non useremo più il termine "inconscio" nel senso sistematico, ma daremo a quanto finora abbiamo così designato un nome migliore, che non si presti più a malintesi. Adeguandoci all'uso linguistico di Nietzsche e seguendo un suggerimento di Georg Groddeck, lo chiameremo d'ora in poi "*Es*". Questo pronome impersonale sembra particolarmente adatto a esprimere il carattere precipuo di questa provincia psichica, la sua estraneità all'Io. Super-io, Io ed Es sono dunque i tre regni, territori, province, in cui noi scomponiamo l'apparato psichico della persona» (1932, p. 184).

Introdotto nel 1922, il termine Es designa, dal punto di vista economico, il serbatoio originario dell'energia psichica e, dal punto di vista dinamico, un polo del conflitto con l'Io e il Super-io che però, dal punto di vista genetico, sono differenziazioni dell'Es. Mentre infatti nella prima topica l'inconscio era il luogo del rimosso dall'Io, nella seconda l'Es include anche l'istanza rimovente, nel senso che le operazioni difensive dell'Io sono in gran parte inconsce. L'Io, in un certo senso, perde l'autonomia che aveva nella prima topica che si reggeva sull'opposizione tra pulsioni sessuali e pulsioni dell'Io, le quali svolgevano un ruolo fondamentale nella motivazione della difesa. Nella seconda topica l'opposizione è tra pulsioni di vita e pulsioni di morte (v. EROS – THANATOS), entrambe inconsce, da cui l'Io attinge la propria energia offrendola in forma desessualizzata e sublimata. «Un individuo – scrive Freud – è dunque per noi un Es psichico, ignoto e inconscio, sul quale poggia nello strato superiore l'Io, sviluppatosi dal sistema *P* preconscio come da un nucleo. [...] L'Io non è nettamente separato dall'Es, ma sconfina verso il basso fino a confluire con esso. Ma anche il rimosso confluisce con l'Es, di cui non è altro che una parte. Il rimosso è separato nettamente soltanto dall'Io, mediante le resistenze della rimozione; può tuttavia comunicare con l'Io attraverso l'Es» (1922, pp. 486-487).

L'introduzione della nozione di Es, con conseguente revisione della topica dell'apparato psichico, costringe Freud a riesaminare anche il grado di appartenenza al sistema conscio di Io e Super-io: «Nel dubbio se l'Io e il Super-io possano essere essi stessi inconsci o soltanto esplicare effetti inconsci, ci siamo decisi per buoni motivi a favore della prima possibilità. Sì, grandi zone dell'Io e del Super-io possono rimanere inconsce, e normalmente sono inconsce. Ciò significa che la persona non sa nulla dei loro contenuti e bisogna fare un certo sforzo per renderglieli coscienti. È un fatto che Io e conscio, rimosso e inconscio non coincidono. Sentiamo il bisogno di rivedere radicalmente la nostra posizione riguardo al problema conscio-inconscio» (1932, p. 182).

Con la seconda topica, aperta dall'introduzione della nozione di Es, le istanze psichiche dell'Io e del Super-io sono viste sotto un profilo *genetico* (v. STRATI, TEORIA DEGLI) come emergenza dei diversi sistemi a partire dall'Es che Freud definisce «un caos, un crogiuolo di eccitamenti ribollenti. Ce lo rappresentiamo come aperto all'estremità verso il somatico, da cui accoglie i bisogni pulsionali, i quali trovano dunque nell'Es la loro espressione psichica, non sappiamo però in quale substrato. Attingendo alle pulsioni, l'Es si riempie di energia, ma non possiede un'organizzazione, non esprime una volontà unitaria, ma solo lo sforzo di ottenere soddisfacimento per i bisogni pulsionali nell'osservanza del principio di piacere. Le leggi del processo logico non valgono per i processi dell'Es, soprattutto non vale il principio di contraddizione. Impulsi contrari sussistono uno accanto all'altro, senza annullarsi o diminuirsi a vicenda; tutt'al più, sotto la dominante costrizione economica di scaricare energia, convergono in formazioni di compromesso. Non vi è nulla nell'Es che si possa paragonare alla negazione, e si osserva pure con sorpresa un'eccezione all'assioma dei filosofi secondo i quali spazio e tempo sono forme necessarie dei nostri atti mentali. Nulla si trova nell'Es che corrisponda all'idea di tempo, nessun riconoscimento di uno scorrere temporale e – cosa notevolissima e che attende un'esatta valutazione filosofica – nessuna alterazione del processo psichico ad opera dello scorrere del tempo. Impulsi di desiderio che non hanno mai varcato l'Es, ma anche impressioni che sono state sprofondate nell'Es dalla rimozione, sono virtualmente immortali, si comportano dopo decenni come se fossero appena accaduti. Solo quando sono divenuti coscienti mediante il lavoro analitico, essi possono esser riconosciuti come passato, esser svalutati e privati del loro investimento energetico, anzi su ciò si fonda, e non in minima parte, l'effetto terapeutico del trattamento analitico» (ivi, pp. 185-186).

A proposito dell'impiego del termine "Es", Carl Gustav Jung scrive: «Non vi so dire come potrei trovare un comune terreno di intesa con Freud, quando egli definisce con il nome "Es" una determinata parte dell'inconscio. Perché assegnare ad essa un nome così curioso? Si tratta dell'inconscio ed è qualcosa che non conosciamo» (1935, p. 120).

Bibliografia

Freud S., *L'Io e l'Es* (1922), in *Opere* (1967-1993), Bollati Boringhieri, Torino, vol. IX.

–, *Introduzione alla psicoanalisi. Nuova serie di lezioni* (1932), in *Opere*, cit., vol. XI.

Freud S., Groddeck G., *Carteggio 1917-1934*, Adelphi, Milano 1973.
Groddeck G., *Il libro dell'Es* (1923), Bompiani, Milano 1981.
–, *Il linguaggio dell'Es* (1933), Adelphi, Milano 1969.
Jung C. G., *Le conferenze alla clinica Tavistock* (1935), in Id., *Psicologia analitica*, Mondadori, Milano 1975.

Esaltazione (ingl. *Exaltation*; ted. *Aufregung*; fr. *Exaltation*; sp. *Exaltación*). Stato emotivo, solitamente temporaneo, caratterizzato da entusiasmo, euforia ed eccessiva sicurezza. Tipica degli stati maniacali, l'esaltazione si manifesta anche in alcune forme di delirio e sotto l'azione di alcol o di droghe. Può inoltre rappresentare una reazione emotiva a una situazione particolarmente stimolante, senza che per ciò siano compromesse le capacità critiche del soggetto. Dall'esaltazione va distinta l'esaltazione fissata (*Verstiegenheit*) di cui parla Ludwig Binswanger nella forma illustrata alla voce FISSAZIONE, v. § 3.

Esame (ingl. *Examination*; ted. *Untersuchung, Prüfung*; fr. *Examen*; sp. *Examen*). Indagine valutativa finalizzata alla comprensione di un individuo in ordine ai quadri di riferimento per cui l'esame è previsto. Distingueremo in proposito:

1. ESAME CLINICO. È impiegato per la DIAGNOSI (v.) delle malattie organiche attraverso l'adozione del metodo induttivo che si esprime nella raccolta dei dati, e del metodo ipotetico deduttivo che colloca questi dati nei quadri diagnostici da cui è possibile dedurre e poi verificare, nel materiale raccolto, i "segni" della malattia. Scrive in proposito Dario Antiseri: «Sintomi, dati di laboratorio, reperti anamnestici, radiografie, esiti di terapie sono tutte cose di rilievo per la medicina clinica, ma lo sono nel senso che sono rilevanti per le congetture diagnostiche formulate dal medico davanti al paziente; e sono rilevanti per le congetture diagnostiche nel senso che queste possono venire confermate o smentite dai sintomi, dai dati anamnestici, dai reperti di laboratorio, dalle radiografie e dal decorso di terapie» (1981, p. 90). In medicina si è soliti distinguere:

a) L'esame clinico sistematico, che si svolge secondo le stesse tappe che caratterizzano lo schema della ricerca scientifica, e precisamente: nascita del problema, formulazione delle ipotesi preliminari, raccolta dei dati addizionali, deduzioni di ulteriori conseguenze, applicazioni pratiche che, nel caso medico, diventano applicazioni terapeutiche.

b) L'esame clinico orientato per problemi, che è preferito da quanti sono consapevoli che non esistono osservazioni pure, per cui i dati osservati, da cui parte l'esame sistematico, sono di fatto già interpretati. Scrive in proposito Giovanni Federspil: «Ogni osservazione clinica è inserita in un contesto di teorie. Ciò è vero, ma non implica necessariamente che le teorie siano diagnostiche. Ci sembra del tutto possibile effettuare su un malato osservazioni sistematiche, le quali, pur disponendo delle conoscenze teoriche anatomo-fisiologiche, prescindono da un consapevole indirizzo diagnostico. In parole diverse, i segni rilevati vengono sempre interpretati alla luce di qualche conoscenza anatomica, biochimica o fisiologica, ma, al momento della loro registrazione, non sono obbligatoriamente inseriti in un complesso sindromico o addirittura in una precisa ipotesi diagnostica, di cui costituiscono la tentata confutazione sperimentale» (1977, p. 120). Questo secondo tipo di esame, dopo la scelta dei rilievi clinici, procede alla formulazione dell'ipotesi diagnostica, quindi alla decisione e alla valutazione del rapporto costi-benefici nella strategia terapeutica adottata.

2. ESAME PSICHICO. Differisce da quello clinico perché deve verificare ciò che il paziente è, e ciò che sente di essere. La comprensione di questa doppia realtà non si basa tanto su elementi oggettivamente rilevabili, ma piuttosto su quella che Karl Jaspers chiama "comprensione" (v. PSICOLOGIA COMPRENSIVA) che, a differenza della "spiegazione" che procede per determinazione di cause, cerca di vivere come propria particolare esperienza quello che il malato prova nella sua interiorità. Questo metodo prevede certi accorgimenti tecnici tra i quali un tipo di colloquio che si avvicini il più possibile a un incontro alla pari, in modo che il paziente sia facilitato nel racconto della propria biografia, che ha da essere il più dettagliato possibile e includere i rapporti anche più lontani nei confronti dei genitori, familiari, scuola, esperienze adolescenziali, socialità, sessualità, lavoro, ambiente socioculturale, spostamenti, malattie fino alla situazione presente. Sarà poi compito del medico discriminare ciò che il paziente è in quel momento da ciò che è costituzionalmente e psicodinamicamente, attraverso l'analisi dei dati rilevabili come l'aspetto, il comportamento, le parole pronunciate, il grado di consapevolezza o di inconsapevolezza del significato di quanto va dicendo. Dopo questa prima fase sarà compito dello psicologo ridare sistematicità cronologica a tutto il materiale raccolto, che potrà essere organizzato in base alle ipotesi psicodinamiche che si ritiene di volta in volta utile adottare, con la collaborazione del paziente a sua volta indotto, come sottolinea Jaspers, «all'auto-osservazione» (1913-1959, p. 876).

3. ESAME SCOLASTICO E PROFESSIONALE. Ha lo scopo di verificare il livello di apprendimento, il grado di cultura e maturità raggiunti e, in certi casi, l'idoneità a un determinato curriculum scolastico o professionale.

La funzione dell'esame è preminentemente selettiva, sia nel caso della carriera scolastica che in quello della carriera professionale, e si svolge attraverso prove oggettive e test studiati in base a quel che si intende verificare. In occasione di questo tipo di verifiche si può assistere all'insorgere della cosiddetta *angoscia nevrotica d'esame*, determinata dalla complessa interazione della triade: esaminando, esaminatore e organizzazione dell'esame. In questo quadro l'ansia dipende dall'inconscia identificazione dell'esaminando con situazioni di pericolo provate nel periodo dello sviluppo specialmente infantile, dall'ansia dell'esaminatore che può scaricarsi sul soggetto in esame, dalle caratteristiche dell'organizzazione dell'esame, come ad esempio la limitazione della ripetibilità.

Bibliografia

Antiseri D., *Teoria unificata del metodo*, Liviana, Padova 1981.
Bertolini P., *L'esistere pedagogico. Ragioni e limiti di una pedagogia come scienza fenomenologicamente fondata*, La Nuova Italia, Firenze 1988.
De Bartolomeis F., *La pedagogia come scienza*, La Nuova Italia, Firenze 1953.
Federspil G., *Il problema del metodo in medicina clinica. Antiche e nuove concezioni*, in "Rassegna Clinico-Scientifica", 1977.
–, *I fondamenti del metodo in medicina clinica e sperimentale*, Piccin, Padova 1980.
Hotyat F., *Esami. Aspetti docimologici e pedagogici*, La Scuola, Brescia 1969.
Jaspers K., *Psicopatologia generale* (1913-1959), Il Pensiero Scientifico, Roma 2000.
Moeller M. L., *Die Prüfung als Kernmodell psychosozialer Konflikte*, in "Sozialpsychologie", 1969.
Shorter E., *La tormentata storia del rapporto medico-paziente* (1985), Feltrinelli, Milano 1986.

Esame di realtà, v. REALTÀ, § 2.

Esaudimento (ingl. *Fulfilment*; ted. *Erfüllung*; fr. *Exaucement*; sp. *Cumplimiento*). Realizzazione di un desiderio, di un'aspirazione, di un auspicio, di una preghiera. Il termine ha rilevanza nell'interpretazione freudiana del sogno come esaudimento di un desiderio. Il sogno, scrive Sigmund Freud, «rimuove l'ottativo e lo sostituisce con un semplice presente. [...] Il presente è il tempo in cui il desiderio viene rappresentato come appagato» (1899, p. 488). L'esaudimento onirico è dovuto, a parere di Freud, da un lato al fatto che ci sono desideri inaccettabili dal dormiente in stato di veglia perché incompatibili con i suoi valori, dall'altro perché il mancato esaudimento provocherebbe il risveglio del dormiente, come nel caso dell'INCUBO (v.) interpretato come un insuccesso del lavoro onirico. Oggi la teoria del sogno come esaudimento dei desideri è in parte abbandonata, da un lato per il materiale psicoanalitico raccolto, che mostra che sogni di questo tipo riguardano solo i bambini o particolari condizioni corporee come la tensione sessuale o il bisogno di urinare, dall'altro per le ricerche fisiologiche che indurrebbero a pensare che non sogniamo per proteggere il sonno, ma, al contrario, dormiamo per sognare (v. SOGNO; SONNO).

Bibliografia

Freud S., *L'interpretazione dei sogni* (1899), in *Opere* (1967-1993), Bollati Boringhieri, Torino, vol. III.

Esaurimento nervoso (ingl. *Nervous break-down*; ted. *Nervenzusammenbruch*; fr. *Dépression nerveuse*; sp. *Agotamiento nervioso*). Termine privo di un preciso significato scientifico che serve, come scrive Giovanni Jervis, «a designare, in modo rassicurante e neutrale, qualsiasi disturbo psichico. Né il sistema nervoso in generale, né in particolare il cervello, sono sistemi o organi che si esauriscono» (1975, p. 265). Il vecchio linguaggio medico chiamava "esaurimento" un generico processo di indebolimento dell'organismo che comporta una modificazione della struttura psicofisica dell'individuo, a seguito del perdurare di situazioni fisicamente o psichicamente sfavorevoli, con riduzione più o meno reversibile del rendimento e dei fattori funzionali psichici e organici. Si distinguevano inoltre due forme principali di esaurimento in base alla loro diversa sintomatologia, mentre restava del tutto indifferenziata l'origine delle stesse: 1) *esaurimento fisico*, contraddistinto da diminuzione della forza muscolare, da disturbi della coordinazione periferica che si ripercuotono sul fisico in generale con conseguenze più o meno gravi sulla respirazione e sull'attività cardio-circolatoria; 2) *esaurimento psichico*, contraddistinto da ipereccitabilità sensitiva, ansia, disturbi della recezione, della percezione, della coordinazione, della concentrazione, del sonno e del pensiero. Tra le cause venivano indicate frustrazioni, dispiaceri e preoccupazioni che, a lungo andare, creano uno stato di tensione tale da indurre modificazioni fisico-chimiche delle cellule del sistema nervoso centrale in persone eccessivamente scrupolose, sovraccariche di lavoro e di responsabilità.

Bibliografia

Durig A., *Die Ermüdung*, Hölder, Wien 1916.
Finke J., *Schlafstörungen. Ursachen und Behandlung*, Thieme, Stuttgart 1970.
Jervis G., *Manuale critico di psichiatria*, Feltrinelli, Milano 1975.

Escapismo (ingl. *Escapism*; ted. *Eskapismus*; fr. *Évasion*; sp. *Escapismo*). Meccanismo di difesa adottato dall'individuo che intende sottrarsi a situazioni indesiderate o fuggire da condizioni che influiscono negativamente sulle proprie funzioni psichiche e fisiche. L'escapismo può manifestarsi anche come amnesia (v. MEMORIA, § 6) delle situazioni spiacevoli o addirittura con paralisi isteriche.

Escissione, v. CIRCONCISIONE.

Escrementi (ingl. *Excrements*; ted. *Exkremente*; fr. *Excréments*; sp. *Excrementos*). Espulsione dall'organismo dei residui alimentari non utilizzabili. Per Sigmund Freud l'atteggiamento del bambino di fronte ai propri escrementi ripercorre gli stessi stadi conosciuti dall'umanità nel corso della sua evoluzione, e in proposito scrive: «Se ci limitiamo alle scoperte relative alle funzioni escretorie, possiamo dire che il principale risultato delle ricerche psicoanalitiche è la scoperta che nella prima fase del suo sviluppo il bambino è costretto a ripetere quell'itinerario del rapporto dell'uomo con gli escrementi che probabilmente ha preso le mosse dal distacco dell'homo sapiens dalla madre terra. Nei primissimi anni dell'infanzia non c'è ancora alcuna traccia di vergogna per le funzioni escretorie né di disgusto per gli escrementi. Il piccolo, di fronte a queste come ad altre escrezioni del suo corpo, ha un atteggiamento di grande interesse, si occupa volentieri di esse e ne sa trarre piacere nelle forme più svariate. Come parti del suo corpo e come prestazioni del suo organismo gli escrementi godono di quell'alta considerazione (che chiamiamo narcisistica) che il bambino tributa a tutto ciò che appartiene alla propria persona. Il bambino è in certo modo orgoglioso delle sue espulsioni, se ne serve per autoaffermarsi contro gli adulti. Sotto l'influenza dell'educazione le pulsioni e le tendenze *coprofile* del bambino soggiacciono progressivamente alla rimozione: il bambino impara a tenerle nascoste, a vergognarsene e a provare disgusto per i loro oggetti. Ma il disgusto se vogliamo essere precisi non arriva mai al punto da estendersi alle proprie espulsioni, si limita alla ripugnanza per questi prodotti quando provengono da altri. L'interesse che era prima rivolto agli escrementi si sposta su altri oggetti, dallo sterco al denaro per esempio, che acquista importanza per il bambino solo in una fase successiva. Grazie alla rimozione delle tendenze coprofile si sviluppano (o si rafforzano) importanti componenti che concorrono alla formazione del carattere. La psicoanalisi aggiunge ancora che inizialmente nel bambino l'interesse per gli escrementi non è separato dagli interessi sessuali; la scissione fra i due interessi compare solo più tardi, e resta comunque incompleta; la comunanza originaria, basata sull'anatomia del corpo umano, riesce a esprimersi in molti modi anche nell'adulto normale» (1913, pp. 187-188).

Bibliografia

Freud S., *Prefazione alla traduzione di "Riti scatologici di tutti i popoli" di J. G. Bourke* (1913), in *Opere* (1967-1993), Bollati Boringhieri, Torino, vol. VII.

Esecuzione, Test di (ingl. *Performance test*; ted. *Sprachfreie Tests*; fr. *Test de performance*; sp. *Test de ejecución*). Test mentali costituiti da item di natura pratica come oggetti da costruire con cubi, pezzi ad incastro, giochi di risoluzione pratica come labirinti, percorsi difficili e disegni da completare che verificano le abilità di manipolazione del soggetto e ne stabiliscono il valore in connessione al grado di intelligenza. Sono considerati test di esecuzione la scala di Alexander (v. ALEXANDER, SCALA DI), la scala di Mary Grace Arthur (v. ARTHUR, SCALA DI), i cubi di Kohs e di Knox (v. CUBO, TEST DEL), i labirinti di Porteus (v. LABIRINTO) e la scala di Borelli-Oléron (v. BORELLI-OLÉRON, SCALA DI).

Bibliografia

Anastasi A., *I test psicologici* (1954), Franco Angeli, Milano 1973.
Boncori L., *Teoria e tecniche dei test*, Bollati Boringhieri, Torino 1993.
–, *I test in psicologia. Fondamenti teorici e applicazioni*, il Mulino, Bologna 2006.
–, *I test in psicologia. Esercitazioni pratiche*, il Mulino, Bologna 2008.

Esempio (ingl. *Example*; ted. *Beispiel*, *Vorbild*; fr. *Exemple*; sp. *Ejemplo*). Descrizione di un fatto o caso particolare per illustrare una generalità teorica quale può essere un principio, una legge, una teoria. In questa accezione venne introdotto da Aristotele come termine tecnico della logica e della retorica dove l'esempio, in greco παράδειγμα, "paradigma", assume il significato di «induzione retorica» (*Retorica*, II, 20) o «argomento fondato sull'esempio» (*Primi Analitici*, II, 24). In ambito pedagogico l'esempio assume due significati: quello di *mezzo* finalizzato a favorire la comprensione degli argomenti insegnati e quello di *testimonianza* che l'educatore deve dare come, scrive Piero Bertolini, «modello dinamico di orientamento esistenziale e culturale» (1988, p. 113). Questo secondo significato si rifà alla concezione kantiana dell'esempio come modello di comportamento etico-morale, il cui valore risiede in quel senso interiore che è in grado di suscitare in ciascuno (v. TESTIMONIANZA).

Bibliografia

Aristotele, *Primi Analitici*, *Retorica*, in *Opere*, Laterza, Bari 1973.
Bertolini P., *L'esistere pedagogico. Ragioni e limiti di una pedagogia come scienza fenomenologicamente fondata*, La Nuova Italia, Firenze 1988.

Esercizio (ingl. *Exercise*; ted. *Übung*; fr. *Exercice*; sp. *Ejercicio*). Ripetuta esecuzione di un'attività fisica o mentale in vista di un addestramento, di un'istruzione o di una formazione. Con l'esercizio si raggiungono delle ABILITÀ (v.) che consentono di compiere azioni con minor sforzo perché l'esercizio le ha iscritte nell'ABITUDINE (v.).

Esibizionismo (ingl. *Exhibitionism*; ted. *Exhibitionismus*; fr. *Exhibitionnisme*; sp. *Exhibicionismo*). Impulso, prevalente nel maschio, a esporre i propri genitali con lo scopo di suscitare una reazione di sorpresa, di terrore e di disgusto. Sigmund Freud, che rubrica l'esibizionismo tra le aberrazioni sessuali, lo considera normale nei bambini, mentre lo interpreta, negli adulti, come una difesa patologica che ha lo scopo di ottenere l'attenzione e la considerazione degli altri. L'esibizionista, infatti, incapace di realizzare un rapporto sessuale con una donna, cerca, con una componente sadica e punitiva, nella reazione di spavento che suscita una conferma illusoria della sua virilità. Oltre a questo significato specifico, per estensione, si parla di esibizionismo per ogni comportamento motivato dal piacere di essere guardato e considerato. In questa accezione l'esibizionismo si estende anche alle donne, il cui desiderio di essere guardate, anche se socialmente accettato, è interpretato psicoanaliticamente come un derivato dell'invidia del pene (v. INVIDIA, § 1), per cui si ha bisogno di provare che si ha qualcosa, a dispetto del fatto di non avere il pene. Oggi si è più propensi a considerare l'esibizionismo, soprattutto nella sua accezione più estesa che consiste anche nel "sentirsi parlare" e nel mostrare gli oggetti che si possiedono, come una difesa maniacale contro la depressione, la frigidità o il timore di perdere la propria identità, nel senso che, "se sono oggetto di sguardi, vuol dire che esisto".

Bibliografia

Freud S., *Tre saggi sulla teoria sessuale* (1905), in *Opere* (1967-1993), Bollati Boringhieri, Torino, vol. IV.

Esistenza, v. ANALISI ESISTENZIALE, § 2, *a*.

Esistenziale, Analisi, v. ANALISI ESISTENZIALE.

Esistenziale, Psicologia, v. ANALISI ESISTENZIALE.

Esoedipico, v. ANTROPOLOGIA, § 6.

Esogamia, v. ENDOGAMIA – ESOGAMIA.

Esogena, Psicosindrome, v. PSICORGANICA, SINDROME, § 4.

Esogeno, v. ENDOGENO – ESOGENO.

Esoterismo (ingl. *Esoterism*; ted. *Esoterik*; fr. *Ésotérisme*; sp. *Esoterismo*). Complesso di dottrine di carattere segreto, dal greco ἐσωτερικός ("interno") che già troviamo in Pitagora e Aristotele per indicare gli insegnamenti riservati ai discepoli in contrapposizione a ἐξωτερικός ("esterno") riferito agli insegnamenti divulgabili. Le dottrine esoteriche caratterizzano quei fenomeni culturali come la MAGIA (v.), l'ALCHIMIA (v.), la cabala (v. QABBALĀH), le religioni misteriche e gnostiche, dove il segreto è concepito o come segreto dell'universo inaccessibile agli stessi iniziati che hanno il compito di venerarlo e non di penetrarlo (tradizione mistica), o come patto di segretezza tra gli iniziati nei confronti dei profani (tradizione magica). Dall'esoterismo va distinto l'OCCULTISMO (v.), che prevede che il segreto sia conoscibile con tecniche appropriate e non chiede il vincolo di segretezza nei confronti dei profani. L'esoterismo è presente nelle culture primitive, soprattutto nei riti di iniziazione (v. INIZIAZIONE), generalmente segreti, in cui veniva trasmesso agli iniziati il patrimonio sacro della tribù; lo ritroviamo a fianco delle religioni ufficiali, come il tantrismo e lo zen accanto al brahmanesimo e al buddhismo, il sufismo accanto all'islamismo, il movimento gnostico e cabalistico accanto al cristianesimo. Forme di esoterismo compaiono nel neopaganesimo rinascimentale nel suo recupero del neoplatonismo, e nella massoneria illuministica con tutto il suo corredo di simboli in cui è custodita la chiave per la lettura simbolica del mondo.

In questo ambito meritano di essere ricordati Ananda Kentish Coomaraswamy per il suo contributo alla lettura simbolica dell'arte, René Guénon per l'illustrazione dei simboli della scienza sacra al di là di tutte le versioni fornite dalle religioni ufficiali, e Henry Corbin che ha inaugurato quell'ermeneutica simbolica per cui il testo manifesto è in realtà un segreto rinviante alle immagini simboliche di cui il testo è solo traccia, indicazione, via: «Col riconoscimento dell'immagine – scrive Corbin – il linguaggio è richiamato dalla sua esteriorità (τὰ ἔξω) dove si alimenta il conflitto delle interpretazioni alla sua radice interiore (τὰ ἔσω) perché non è esprimibile né comunicabile se non attraverso quel simbolismo individuale che è il simbolo della propria individualità» (1954, p. 38). Questa forma di ermeneutica, che Corbin nomina *ta'wîl* che significa "ritorno", si attua tornando «dall'essoterico (τὰ ἔξω) che è l'apparenza, l'evidenza letterale, la legge, all'esoterico (τὰ ἔσω) che è il nascosto. Il compito è allora di occultare il manifesto e manifestare l'occulto. Un'operazione che non si compie a colpi di sillogismi, ma risalendo attraverso ciò che appare, attraverso l'essoterico, a ciò che è nascosto» (1964, p. 29; v. SIMBOLO, § 2).

In ambito psicologico Carl Gustav Jung, accusato per i suoi interessi gnostici e alchemici di esoterismo, si difende fornendo una nuova lettura del "segreto": «Nel corso della nostra conversazione è capitata la parola "esoterico". Si dice che la psicologia dell'inconscio conduca a un'etica esoterica. Ma bisogna usare con prudenza una simile parola. Esoterico ha lo stesso significato di scienza occulta. Ma i veri segreti non li conosciamo, e non li conoscono neanche i cosiddetti esoterici, i quali non dovevano, almeno al tempo, tradirli. Ma i veri segreti non si possono tradire, né si può fingere con essi, "fare dell'esoterismo", appunto perché non si conoscono. I cosiddetti segreti esoterici sono perlopiù segreti artificiali, non veri. L'uomo ha bisogno di segreti, e dato che di quelli veri non ne ha la minima idea, se ne fabbrica di finti. Ma quelli veri lo aggrediscono dalla profondità dell'inconscio, cosicché gli può accadere di rivelare allora cose che avrebbe veramente dovuto tenere segrete. Anche in questo vediamo il carattere numinoso della realtà recondita: non siamo noi ad avere segreti; sono essi, i segreti veri, che ci possiedono» (1959, p. 481).

Bibliografia

Alciato A., *Il libro degli emblemi* (1531-1534), Adelphi, Milano 2009.
Coomaraswamy A. K., *Il grande brivido. Saggi di simbolica e arte* (1932-1947), Adelphi, Milano 1987.
Corbin H., *Avicenne et le récit visionnaire*, Département d'Iranologie de l'Institut Franco-Iranien, Librairie d'Amerique et d'Orient, Paris 1954.
–, *Storia della filosofia islamica* (1964), Adelphi, Milano 1973.
–, *Corpo spirituale e terra celeste* (1979), Adelphi, Milano 1986.
Evola J., *La tradizione ermetica*, Edizioni Mediterranee, Roma 1971.
Fulcanelli (pseudonimo), *Il mistero delle cattedrali e l'interpretazione esoterica dei simboli ermetici della Grande Opera* (1925), Edizioni Mediterranee, Roma 1972.
–, *Le dimore filosofali e il simbolismo ermetico nei suoi rapporti con l'arte sacra e l'esoterismo della Grande Opera* (1929), Edizioni Mediterranee, Roma 1973, voll. I-II.
Guénon R., *Considerazioni sulla via iniziatica* (1946), Bocca, Milano 1949.
–, *La grande triade* (1957), Adelphi, Milano 1980.
–, *Simboli della Scienza sacra* (1962), Adelphi, Milano 1975.
Jung C. G., *Bene e male nella psicologia analitica* (1959), in *Opere* (1969-2007), Bollati Boringhieri, Torino, vol. XI.
Katz D. S., *La tradizione occulta. Dal Rinascimento a oggi. Templari, massoni, rosacroce, teosofi, seguaci della New Age, fondamentalisti* (2005), Garzanti, Milano 2007.
Pareti G., *La tentazione dell'occulto. Scienza ed esoterismo nell'età vittoriana*, Bollati Boringhieri, Torino 1990.
Rossetti G., *Il mistero dell'amor platonico del Medio Evo* (1840), Luni Editrice, Milano 2013.
Schuré É., *I grandi iniziati. Storia segreta delle religioni* (1899), Laterza, Bari 1982.
Wehr G., *Novecento occulto. I grandi maestri dell'esoterismo contemporaneo* (1995), Neri Pozza, Vicenza 2002.
Wind E., *Misteri pagani nel Rinascimento* (1958), Adelphi, Milano 1985.
Zolla E., *Verità segrete esposte in evidenza. Sincretismo e fantasia. Contemplazione ed esotericità*, Marsilio, Venezia 1990.

Espansività (ingl. *Expansiveness*; ted. *Offenherzigkeit*; fr. *Expansivité*; sp. *Expansividad*). Tratto della natura umana originariamente aperta al mondo e agli altri. Se troppo accentuata, si manifesta come mancanza di ritegno dei propri sentimenti e delle proprie emozioni. Talvolta il termine è usato in riferimento a tendenze megalomani i cui deliri, di grandezza e di potenza, sono detti anche *deliri espansivi*. Dal punto di vista psicoanalitico Karen Horney interpreta l'espansività come un'identificazione con il proprio sé idealizzato, con accentuazione del proprio narcisismo e della propria arroganza.

Bibliografia

Horney K., *Nevrosi e sviluppo della personalità. La lotta per l'autorealizzazione* (1950), Fabbri, Milano 2007.

Esperienza (ingl. *Experience*; ted. *Erfahrung*, *Erlebnis*; fr. *Expérience*; sp. *Experiencia*). Il termine, introdotto nell'ambito della filosofia antica per indicare la componente sensibile dell'atto conoscitivo, ha assunto in psicologia due significati, relativi: 1) all'organizzazione scientifica dell'OSSERVAZIONE (v.); 2) all'intuizione diretta dei contenuti emozionali. La distinzione si è resa necessaria a seguito dell'impostazione metodologica inaugurata dalla PSICOLOGIA DESCRITTIVA (v.) di Wilhelm Dilthey, per il quale «le scienze dello spirito si differenziano dalle scienze della natura in quanto queste hanno come loro oggetto dei fatti che si presentano nella coscienza dall'*esterno*, cioè come fenomeni singolarmente dati, mentre in quelle i fatti sorgono originariamente dall'*interno* come una connessione vivente» (1894, p. 143). Stante il diverso modo di presentarsi del fenomeno nelle scienze della natura e nelle scienze dello spirito, il concetto di esperienza non può essere assunto in modo univoco perché «di ogni oggetto "si fa esperienza" in maniera adeguata alla sua natura» (ivi, p. 253).

Per i fenomeni che si presentano dall'esterno occorrerà quel tipo d'esperienza che Dilthey chiama *Erfahrung*, che letteralmente significa "percorrere" le modalità con cui il fenomeno di volta in volta si presenta. A questo tipo di esperienza competono l'induzione, l'ESPERIMENTO (v.) e l'operazione matematica comune a tutte le scienze della natura. Per i fenomeni che si presentano dall'interno, invece, occorrerà rifarsi a quel tipo d'esperienza che si raccoglie intorno all'*Erlebnis*, che letteralmente significa "vissuto" (da *leben*, "vivere"; v. VISSUTO). Questo tipo d'esperienza, proprio delle scienze dello spirito, si articola nella descrizione, nell'analisi, nella comparazione e nell'ermeneutica (v. PSICOLOGIA DESCRITTIVA).

Siccome il fenomeno psichico è polarizzato sia verso l'*interno* nel vissuto soggettivo, sia verso l'*esterno* a cui si riferisce l'azione del soggetto rivolta a un oggetto, sarà necessario un doppio criterio esperienziale: uno rivolto all'azione e al materiale oggettivo (esperienza come *Erfahrung*), e uno rivolto al vissuto soggettivo (esperienza come *Erlebnis*). La prima forma di esperienza trova la sua espressione nella PSICOLOGIA SPERIMENTALE (v.) dove il fenomeno psichico è osservato dal punto di vista *oggettivo*, quantitativamente *misurabile* secondo scale omogenee, in una sequenza di *ripetibilità*, e con procedimenti *causali* e non finalistici. In questo ordine di esperienza rientrano la conoscenza, la percezione, la memoria, il pensiero, l'apprendimento, verificabili sul piano oggettivo e non per il significato che assumono per il soggetto che ne fa esperienza. La seconda forma di esperienza investe l'aspetto affettivo del fenomeno psichico e il senso che questo assume per il soggetto. Come tale si tratta di un'esperienza *qualitativa*, *irripetibile*, *processuale* o *dinamica*, leggibile più in termini di *finalità* che di causalità. Il vissuto varia da soggetto a soggetto, per cui è possibile una comparazione *trasversale*, mettendo a confronto diversi soggetti in presupposte condizioni simili, e una comparazione *longitudinale* in relazione alla diversificazione dell'esperienza nel corso dello sviluppo psichico dello stesso soggetto. All'esperienza come VISSUTO (v.) si rifanno la PSICOLOGIA DESCRITTIVA (v.), la PSICOLOGIA DINAMICA (v.), la PSICOLOGIA DEL PROFONDO (v.) e la FENOMENOLOGIA (v.), che nel "vissuto (*Erlebnis*)" coglie l'essenza dello psichico (v. ANALISI ESISTENZIALE).

La psicologia della Gestalt, accogliendo i contributi dell'analisi fenomenologico-esistenziale, introduce il concetto di *esperienza diretta* o *esperienza immediata* a proposito di quell'esperienza che antecede le rappresentazioni astratte e le concettualizzazioni. Rispetto a Wilhelm Maximilian Wundt, che dal punto di vista comportamentista riteneva l'esperienza immediata un fenomeno complesso e scomponibile, nella prospettiva gestaltica ciò non è possibile per la semplice ragione che l'esperienza immediata nel suo insieme è molto di più della somma degli elementi che la compongono.

In ambito psicosomatico Franz Alexander ha introdotto il concetto di *esperienza emozionale correttiva* per segnalare che i veri cambiamenti non avvengono, come ipotizza la psicoanalisi freudiana, con la semplice rievocazione dei ricordi rimossi di esperienze negative precedenti, ma con esperienze emotive nuove che consentono di correggere le precedenti negative. Questo concetto è stato assunto anche dalla psicologia sistemica relazionale di Paul Watzlawick e Giorgio Nardone, secondo i quali l'esperienza emozionale correttiva, predisposta dal terapeuta, riduce al minimo le resistenze al cambiamento.

Dal punto di vista junghiano, Paolo Francesco Pieri scrive: «Jung intende il termine fondamentalmente come l'incontro del soggetto con qualcosa di extrasoggettivo, attraverso il quale si offre all'Io del soggetto stesso la possibilità di incontrare veramente il mondo, sia quello che è fuori di lui sia quello che è intorno a lui. Con questo termine Jung si riferisce al fatto che all'Io si offre la possibilità di ritrovare un "proprio" mondo, a cui si accompagnano il superamento di un'inconscia dipendenza da esso e la possibilità di una vera articolazione con esso. Ancora più fondamentalmente, Jung considera come prima di ogni esperienza non ci sia coscienza: e cioè non esiste qualcosa che può essere detto "Io", e ovviamente qualcosa che l'Io stesso può ancora indicare come "Sé (*Selbst*)". In questo senso "esperienza" diviene un vero e proprio termine "di transito", o un "ponte" che esprime l'istituirsi di una linea di confine su cui il soggetto e l'oggetto sono elementi psichici che, venendo a distinguersi e a combaciare, si costituiscono veramente» (1998, pp. 259-260).

Bibliografia

Alexander F. G., French Th. M., *Psychoanalytic therapy*, Ronald Press, New York 1946.

Bataille G., *L'esperienza interiore* (1943), Dedalo, Bari 1978.

Bion W. R., *Apprendere dall'esperienza* (1962), Armando, Roma 1972.

Cazzullo A., *Il concetto e l'esperienza*, Jaca Book, Milano 1988.

Dewey J., *Essay in experimental logic*, The University of Chicago, Chicago 1916.

–, *Esperienza e natura* (1925), Mursia, Milano 1973.

–, *Esperienza e educazione* (1938), Raffaello Cortina, Milano 2014.

Dieckmann B., *Esperienza*, in Ch. Wulf (a cura di), *Cosmo, corpo, cultura. Enciclopedia antropologica* (1997), Bruno Mondadori, Milano 2002, pp. 757-763.

Dilthey W., *Ideen über beschreibende und zergliedernde Psychologie* (1894), in *Gesammelte Schriften*, Teubner, Leipzig 1914-1936 (poi riedito a partire dal 1958 in fotocopia anastatica dall'editore Vandenhoeck & Ruprecht, Stuttgart-Göttingen), vol. V.

Galimberti U., *Psichiatria e fenomenologia* (1979), nuova edizione ampliata, Feltrinelli, Milano 2017.

Giannini G., *La nozione di esperienza. Implicazioni filosofiche ed esistenziali*, Città Nuova, Roma 1987.

Husserl E., *Esperienza e giudizio* (1939, edizione postuma), Bompiani, Milano 2007.

James W., *L'uomo come esperienza. Identità, istinti, emozioni* (1884-1904), L'ancora del Mediterraneo, Napoli 1999.

–, *Saggi sull'empirismo radicale* (1912), Laterza, Bari 1971.
Jung C. G., *La struttura della psiche* (1927-1931), in *Opere* (1969-2007), Bollati Boringhieri, Torino, vol. VIII.
Laing R. D., *La politica dell'esperienza* (1967), Feltrinelli, Milano 1968.
Landi P., *Analisi dell'esperienza*, Joppolo Editore, Milano 1994.
Lorenzetti L. M., *La dimensione estetica dell'esperienza*, Franco Angeli, Milano 1995.
Merleau-Ponty M., *Fenomenologia della percezione* (1945), il Saggiatore, Milano 1972.
Nardone G., Watzlawick P., *L'arte del cambiamento*, Ponte alle Grazie, Firenze 1990.
Pieri P. F., *Esperienza*, in Id., *Dizionario junghiano*, Bollati Boringhieri, Torino 1998, pp. 259-266.
Quattrini P., *Fenomenologia dell'esperienza*, Zephyro Editore, Milano 2007.
Ruggenini M., *Esperienza*, in AA.VV., *Gli strumenti del sapere contemporaneo*, vol. II: *I concetti*, Utet, Torino 1985, pp. 284-288.
Tagliapietra A., *Esperienza. Filosofia e storia di un'idea*, Raffaello Cortina, Milano 2017.
Wundt W. M., *Lineamenti di psicologia* (1896), in *Scritti scelti*, Utet, Torino 2006.

Esperimento (ingl. *Experiment*; ted. *Versuch*; fr. *Essai*; sp. *Experimento*). Procedimento della ricerca scientifica che conferma o esclude un'ipotesi causale in situazioni artificiali e controllate. Essenziale all'esperimento è la preesistenza di un'ipotesi formulata con altri procedimenti conoscitivi come l'OSSERVAZIONE (v.) o l'INTUIZIONE (v.). La conferma o il rifiuto dell'ipotesi avviene confrontando la situazione sperimentale con quella di controllo: in entrambe i fattori sono mantenuti uguali ad eccezione di uno, detto *variabile sperimentale* o *indipendente*, che rappresenta l'ipotetica causa. Successivamente, nella situazione sperimentale si cambia la variabile indipendente in base a un piano previsto, si misurano i risultati così ottenuti e si confronta quantitativamente e qualitativamente la situazione sperimentale con quella di controllo, misurando matematicamente le differenze significative.

Introdotto da Francesco Bacone come osservazione e ripartizione dei dati dell'esperienza in modo da poter formulare un'ipotesi relativa al fenomeno indagato, l'esperimento fu corretto da Galileo Galilei con l'introduzione dell'elemento matematico, che consente di predisporre esperimenti artificiali capaci di "provocare" la natura a fornire risposte "esatte", ossia "ottenute da (*ex-actu*)" delle ipotesi anticipate. Il modello galileiano fu messo in questione dall'epistemologia contemporanea che, con Pierre Duhem, fece notare che i dati sperimentali non consentono quasi mai la formulazione di una teoria univoca, perché i criteri della sperimentazione costituiscono già essi stessi una teoria che predetermina il tipo di risultato che si vuol conseguire. Successivamente il principio di indeterminazione di Werner Karl Heisenberg ha mostrato, nel campo della microfisica, che le condizioni dell'osservazione provocano una perturbazione ineliminabile dell'osservato. Di qui la crisi del concetto tradizionale di esperimento che oggi risulta così modificato secondo la proposta di Hugo Dingler, a giudizio del quale l'esperimento non costituisce più un'osservazione oggettiva, o supposta tale, ma un'operazione pratica della quale la scienza si serve non tanto per "conoscere" la realtà, quanto per "formularla" ai propri fini.

In psicologia si impiegano esperimenti *bivariati e manipolativi*, che riproducono le procedure delle scienze fisiche, ed esperimenti *multivariati e non manipolativi*, che sono l'espressione degli apporti statistici e probabilistici. Le variabili della sperimentazione sono fondamentalmente tre: la situazione stimolo (S), il comportamento (C) e la personalità (P). La *situazione stimolo* è composta da un ambiente fisico, dalla presenza di oggetti naturali o artificiali, da animali o altre persone, nel qual caso la situazione è detta "sociale". Essa può essere analizzata a livello di stimolazioni fisiche, come la luce, gli odori, i rumori, che agiscono sui recettori sensoriali, o a livello dei contenuti percettivi che il soggetto coglie. Il *comportamento*, rispetto alla prima formulazione di John Broadus Watson, oggi comprende anche l'espressione delle reazioni interiori e l'interpretazione dei propri atti da parte del soggetto. Considerando il comportamento come una risposta, l'esperimento ne controlla la LATENZA (v.), l'AMPIEZZA (v.), la frequenza (v. STATISTICA, § I, 1) e la DURATA (v.) a diversi livelli: da quello fisiologico a quello psicologico e linguistico. La *personalità* è tra le tre variabili la più complessa, perché mentre lo stimolo e il comportamento sono noti negli aspetti che operano nell'esperimento, i meccanismi che entrano in gioco nella personalità sono in gran parte ignoti. Della personalità si parla allora come di una variabile *interveniente* (I), simile all'incognita di un'espressione della quale si possono conoscere due elementi: lo stimolo e il comportamento, che rappresentano delle variabili *complesse* che possono essere analizzate a livello di molteplici variabili *elementari*.

Lo studio delle relazioni stimolo-comportamento-personalità segue tre modalità sperimentali: 1) studio delle reazioni della stessa personalità e variazioni sistematiche, qualitative o quantitative della situazione, 2) studio di come personalità differenti per uno o più caratteri reagiscono a una stessa situazione, 3) studio della relazione tra risposte date a partire da differenti situazioni. In tutti e tre i casi l'iter dell'esperimento percorre quattro fasi: l'*osservazione* dei dati in ordine alla loro presenza, assenza, intensità, durata, la *formulazione delle ipotesi* sulle relazioni che possono esistere tra i fatti osservati, la *sperimentazione* che verifica l'ipotesi attraverso il confronto tra situazione sperimentale e situazione di controllo, l'*elaborazione* dei dati in vista della loro interpretazione. In psicologia, i campi di applicazione dell'esperimento hanno per oggetto i processi somatici, i fenomeni psichici e sociali oggettivabili, le forme di decorso spontaneo o terapeuticamente modificato, l'ECOLOGIA (v.) e l'epidemiologia psichiatrica (v. EPIDEMIOLOGIA). Per come l'esperimento si inserisce nelle fasi della sperimentazione, si veda la voce PSICOLOGIA SPERIMENTALE, § 3.

Bibliografia

Beveridge W. I. B., *L'arte della ricerca scientifica* (1950), Armando, Roma 1981.
Candland D. K., *Psychology. The experimental approach*, McGraw-Hill, New York 1968.
Cattell R. B., *Handbook of multivariate experimental psychology*, Rand McNally, Chicago 1966.
Cesa-Bianchi M., *Metodi di ricerca in psicologia scientifica*, in L. Ancona (a cura di), *Nuove questioni di psicologia*, La Scuola, Brescia 1972, vol. I, pp. 15-74.
Flores d'Arcais G. B., *Metodi statistici per la ricerca psicologica*, Editrice Universitaria, Firenze 1964.
Hempel C. G., *La formazione dei concetti e delle teorie nella scienza empirica* (1952-1958), Feltrinelli, Milano 1961.
Jung C. G., *Ricerche sperimentali* (1905-1937), in *Opere* (1969-2007), Bollati Boringhieri, Torino, vol. II, 2.
Osgood Ch. E., *Method and theory in experimental psychology*, Oxford University Press, New York 1956.
Pinkus L., *Metodologia clinica in psicologia*, Armando, Roma 1975.
Reuchlin M., *Les méthodes quantitatives en psychologie*, Puf, Paris 1962.
Underwood B. J., *Experimental psychology*, Appleton-Century-Crofts, New York 1966.

Espiazione (ingl. *Atonement*; ted. *Sühne*; fr. *Expiation*; sp. *Expiación*). Effetto curativo della pena inflitta a chi deve riparare un errore o una colpa commessi volontariamente o involontariamente. Dal punto di vista psicodinamico l'espiazione svolgerebbe un ruolo liberatorio nei confronti del senso di colpa (v. COLPA, § 3), mentre si attesterebbe sul versante patologico quando è costantemente ricercata nelle forme dell'autopunizione, frequente nelle personalità ossessive, o quando non se ne trova una adeguata, come nei casi gravi di depressione (v. COLPA, § 2).

Esplicita, Memoria, v. MEMORIA, 3, C, γ.

Esplorazione (ingl. *Exploration*; ted. *Durchsuchung*; fr. *Exploration*; sp. *Exploración*). Processo adattivo che consente al soggetto di orientarsi in una situazione nuova, o perché mutata improvvisamente, o perché inscritta in una configurazione ignota o semplicemente più complessa di quelle abituali. L'esplorazione, che richiede un livello ottimale di attivazione del sistema nervoso (v. ATTIVAZIONE), fa la sua comparsa nella prima infanzia nella forma *locomotoria* quando il bambino muove il suo corpo per prendere le misure dello spazio, *investigativa* attraverso la manipolazione degli oggetti, e *orientativa* in occasione della modificazione dell'ambiente. La disponibilità all'esplorazione, che nel bambino si manifesta nel GIOCO (v.) e nella CURIOSITÀ (v.), è direttamente proporzionale alla sicurezza di base che gli consente di entrare senza troppa ansia in ambiti sconosciuti.

Esplosività (ingl. *Explosiveness*; ted. *Heftigkeit*; fr. *Explosivité*; sp. *Explosividad*). Reazione psicogena caratterizzata, secondo la definizione di Ernst Braun che ha introdotto il termine, dal «manifestarsi di una situazione affettiva a corto circuito che porta al divampare improvviso di una sindrome motoria più o meno sottratta al controllo della volontà» (1928, p. 56). Affine è la definizione di Ernst Kretschmer, per il quale l'esplosività è «un atto affettivo che si manifesta come un parossismo di rabbia, la cui caratteristica più impressionante è data dalla scarica emotiva a tipo esplosivo di origine psicogena» (1922, p. 106). Reazioni di tipo esplosivo sono frequenti in personalità primitive, nei bambini e nei soggetti particolarmente sensibili alle emozioni con scarse capacità di contenimento.

Bibliografia

Braun E., *Psychogene Reaktionen*, in O. Bumke (a cura di), *Handbuch der Geisteskrankheiten*, Springer, Berlin 1928.
Kretschmer E., *Manuale teorico-pratico di psicologia medica* (1922), Sansoni, Firenze 1952.

Esposizione, Tecnica dell', v. COMPORTAMENTO, § 5, *a*.

Espressione (ingl. *Expression*; ted. *Ausdruck*; fr. *Expression*; sp. *Expresión*). Modo di apparire esteriore di un essere vivente, nella sua condotta e nella sua forma fisica, a un altro essere vivente. Dalla definizione emerge che non esiste un'*espressione in sé*, ma sempre e solo un'*espressione per* determinati sistemi di recezione con le loro peculiari condizioni. Contributi in questo campo sono stati forniti dalla psicologia dell'espressione, dalla genetica, dall'etologia e dalla fenomenologia.

1. PSICOLOGIA DELL'ESPRESSIONE. Gli antecedenti dell'indagine moderna sull'espressione sono storicamente rappresentati dalla *fisiognomica* che tenta di individuare i caratteri psicologici e morali di una persona dal suo aspetto fisico (v. FISIOGNOMICA), e dalla *patognomica* che dalle anomalie morfologiche del corpo cerca di dedurre la qualità della degenerazione nevrotica e mentale, oltre alle tendenze criminali. Oggi

la psicologia dell'espressione, partendo dalla considerazione che l'espressione è data dalla struttura "emittente-ricevente", lavora con metodi cibernetici che consentono di formulare, in modo verificabile, le leggi *unipolari* dell'espressione, dove un ricevente osserva inosservato un emittente di espressione, e quelle *bipolari*, dove emittente e ricevente interagiscono, come nel contatto degli sguardi o nelle manifestazioni di imbarazzo che nascono solo in un'interazione sociale.

Con questo impianto metodico, la psicologia dell'espressione esamina i *tratti* della personalità, che sono relativamente permanenti, e le *posizionalità*, che sono gli atteggiamenti di volta in volta assunti dall'emittente-espressione nella sua relazione con l'ambiente. Questi due elementi vengono considerati dal punto di vista *fenografico* per come si determinano i fatti fisiognomici in condizioni particolari; *analitico-funzionale* per il rapporto tra il soggetto e il mezzo d'espressione; *interpretativo-condizionale* per le relazioni tra "interno" ed "esterno" e tra "psichico" e "fisico" del soggetto emittente. A partire dalla distinzione tra fenomeni non-espressivi, come i semplici movimenti funzionali del corpo, e movimenti espressivi che iniziano al di là della funzionalità, la psicologia dell'espressione ha fissato con Ludwig Klages le tre leggi fondamentali dell'espressione: *a*) ogni movimento fisico espressivo realizza l'impulso istintivo del sentimento che in esso si esprime, *b*) l'espressione realizza in intensità, in durata e in sequenza la forma di un'eccitazione psichica, *c*) l'espressione è un'allegoria dell'azione.

2. GENETICA. In questo ambito il neurobiologo Daniel J. Siegel parla di espressione genica come di quel «processo attraverso cui le informazioni contenute nei geni vengono trascritte in acido ribonucleico (RNA) e poi tradotte in proteine dal ribosoma, rendendo in tal modo possibile la modifica delle strutture anatomiche. Nel sistema nervoso, l'espressione genica porta alla creazione di sinapsi. L'espressione genica è regolata da fattori epigenetici» (2012, p. 23). Per ulteriori approfondimenti si veda la voce GENETICA, § 1, *b*.

3. ETOLOGIA. In questo ambito si studiano i movimenti espressivi negli animali, la cui evoluzione è stata favorita dall'esigenza di unità comunicative univoche e pregnanti, tipiche della specie e codificate nel genotipo. Roger Alfred Stamm distingue: «*a*) le strutture espressive periferiche, come i caratteri otticamente attivi della figura fisica, gli organi dell'olfatto, i caratteri cutanei agenti per contatto sugli organi tattili; *b*) i fenomeni espressivi irriflessi come il rizzarsi del pelo e delle penne, il cambiamento di colore, la reazione delle pupille, le oscillazioni nelle reazioni delle ghiandole cutanee e simili; *c*) le azioni espressive riflesse come gli atteggiamenti di minaccia, i falsi attacchi, gli inviti al gioco, i movimenti di contatto e corteggiamento» (1965, p. 242). Lo studio del comportamento espressivo degli animali serve per conoscere le modalità del comportamento sociale, della conservazione della struttura associativa, i rapporti tra i partner preferiti e le differenze individuali.

4. FENOMENOLOGIA. In questo ambito sono state poste le basi teoriche indispensabili per una lettura dell'espressione al di là del tradizionale rapporto anima-corpo, inaugurato da Platone e ribadito da Cartesio, dove ancora si trattiene la psicologia dell'espressione quando interpreta l'espressione come una relazione tra "psichico" e "fisico" (v. DUALISMO PSICOFISICO). Sostituendo al rapporto anima-corpo il rapporto corpo-mondo, la fenomenologia può dire che il corpo non è più "rappresentativo" di moti dell'animo, ma immediatamente "espressivo" della qualità della sua relazione con il mondo. Da questo punto di vista l'espressione è la modalità d'essere che definisce l'uomo in quanto portatore e recettore di un senso che manifesta nel suo modo d'essere e di relazionarsi al mondo. In questo senso Martin Heidegger può dire che, «parlando, l'Esserci si esprime, ma non perché sia innanzitutto incappato in un *dentro* contrapposto a un *fuori*, ma perché, in quanto essere-nel-mondo, comprendendo, è già fuori» (1927, pp. 205-206). Oltre alla parola, qui menzionata da Heidegger, l'uomo dispone di altre forme espressive quali la MIMICA (v.) che accompagna l'espressione linguistica, il GESTO (v.) a cui si affida l'espressività corporea, l'AMBIENTE (v.) che, costruito dall'uomo, rivela la sua cultura e il suo modo di vedere il mondo.

5. PSICOTERAPIA ESPRESSIVA, v. PSICOLOGIA DELL'ARTE, § 6.

Bibliografia

Bühler K., *Ausdruckstheorie. Das System an der Geschichte aufgezeigt*, Fisher, Jena 1933.

Colli G., *Filosofia dell'espressione*, Adelphi, Milano 1969.

Eibl-Eibesfeldt I., *Ausdrucksformen der Säugetiere*, in W. Kükenthal, *Handbuch der Zoologie*, De Gruyter, Berlin 1957, vol. 8 (6), pp. 1-26.

Heidegger M., *Essere e tempo* (1927), Utet, Torino 1978.

Kafka G., *Grundsätzliches zur Ausdruckspsychologie*, in "Acta Psychologica", 1937, n. 3.

Kirchhoff R., *Allgemeine Ausdruckslehre*, Hogrefe, Göttingen 1957.

Klages L., *Grundlegung der Wissenschaft vom Ausdruck*, Barth, Leipzig-Bonn 1936.

Leroi-Gourhan A., *Il gesto e la parola* (1964-1965), Einaudi, Torino 1977.

Lersch Ph., *Gesicht und Seele*, Reinhardt, München 1932-1955.

Lombroso C., *L'uomo delinquente in rapporto all'antropologia, alla giurisprudenza e alla psichiatria* (1876-1897), Bompiani, Milano 2013.

Merleau-Ponty M., *Fenomenologia della percezione* (1945), il Saggiatore, Milano 1972.

Sartre J.-P., *Idee per una teoria delle emozioni* (1939), in Id., *L'immaginazione. Idee per una teoria delle emozioni*, Bompiani, Milano 1962.

Siegel D. J., *Mappe per la mente. Guida alla neurobiologia interpersonale* (2012), Raffaello Cortina, Milano 2014.

Stamm R. A., *Perspektiven zu einer Vergleichenden Ausdrucksforschung*, in R. Kirchhoff, *Handbuch der Psychologie*, Hogrefe, Göttingen 1965, vol. V.

Espressività (ingl. *Expressiveness*; ted. *Ausdrucksfähigkeit*; fr. *Expressivité*; sp. *Expresividad*). Capacità d'espressione (v. ESPRESSIONE) che, come scrive Kurt Pawlik, «quando è riferita all'oggetto, indica la sua capacità di provocare nel soggetto che percepisce un atteggiamento emozionale spontaneo e sentimentalmente orientato, mentre quando è riferita al soggetto indica la capacità individuale di comunicare sentimenti, emozioni, pensieri e idee» (1968, p. 342). Sempre secondo Pawlik, nell'espressività «giocano un ruolo importante fattori attitudinali come la capacità di parola, di associazione, di immaginazione e alcuni tratti del temperamento originario legato all'orientamento estroverso o introverso di ciascun individuo» (ivi, p. 375).

I primi studi sull'espressività risalgono a Charles Darwin, secondo cui le espressioni emotive negli animali e nell'uomo non dipendono dall'ambiente o dalla cultura, ma sono universali e innate. Questa tesi ha avuto conferme negli studi condotti sui ciechi dalla nascita, che non possono aver appreso dall'ambiente le espressioni facciali corrispondenti a determinate emozioni, e nei test di riconoscimento che impiegano immagini standardizzate di espressioni emotive. Oggi la tendenza è di riconoscere il carattere universale e innato dell'espressività alle sole emozioni primarie come la paura, la gioia, il dolore, la vergogna, senza escludere un'incidenza dell'apprendimento e della cultura per quanto riguarda l'espressività di emozioni più sofisticate e complesse.

Da quest'ordine di significati va distinta l'*espressività genetica* che indica il grado in cui un carattere ereditario si esprime a livello fenotipico in un individuo (v. GENETICA, § 1, *b*).

Bibliografia

Darwin Ch., *L'espressione delle emozioni nell'uomo e negli animali* (1872), Bollati Boringhieri, Torino 1982.

Ekman P., Friesen W. V., *Unmasking the face*, Prentice Hall, Englewood Cliffs, New Jersey, 1975.

Izard C. E., *The face of emotions*, Appleton-Century-Crofts, New York 1971.

Pawlik K., *Dimensionen des Verhaltens*, Huber, Bern-Stuttgart 1968.

Esserci, v. ANALISI ESISTENZIALE, § 2, *a*.

Essere-nel-mondo, v. MONDO, § 3.

Estasi (ingl. *Ecstasy*; ted. *Ekstase*; fr. *Extase*; sp. *Éxtasis*). L'espressione, che letteralmente significa "esser fuori di sé", denota quella condizione in cui l'individuo sospende la comunicazione con l'ambiente, riducendo la sensibilità per gli stimoli esterni, e si eleva in una sfera psichica nota a lui solo. Karl Jaspers spiega il fenomeno come un'interruzione della relazione soggetto-oggetto, che è la condizione normale della nostra esperienza, in vista di una ricerca di senso che oltrepassa l'ordine sensibile, e in proposito scrive: «Mentre la maggior parte dei fenomeni psichici che siamo in grado di descrivere sono descritti nell'ambito di una scissione di soggetto e oggetto, come proprietà del lato soggettivo o di quello oggettivo, esistono per altro anche esperienze psichiche nelle quali la scissione di soggetto e oggetto non c'è ancora o è sospesa» (1919, p. 515). L'estasi è una forma di questa sospensione, dove si può constatare che «la vita psichica contiene più che non la sua oggettivazione» (ivi, p. 512).

Si conoscono estasi *religiose* che implicano un'esperienza di trascendenza che oltrepassa i limiti dell'individualità personale per un'espansione fuori di sé in comunione con la Totalità, con l'Infinito, con Dio, a seconda del contesto culturale-religioso in cui l'esperienza si esprime; ed estasi considerate *patologiche* con idee deliranti a contenuto mistico, in associazione o meno a fenomeni allucinatori visivi e uditivi. Il criterio solitamente assunto per distinguere le prime dalle seconde è la compromissione più o meno completa del contatto con la realtà o la possibilità di un suo recupero a esperienza conclusa.

Carl Gustav Jung distingue un'estasi patologica, rilevabile nella psicologia dei fenomeni occulti, nei fenomeni di criptomnesia, nell'isteria, nel sonnambulismo e nella schizofrenia paranoide, e un'estasi connessa alla funzione creativa del processo psichico che, quando non è una regressione a stadi primitivi sotto l'influsso di un determinato complesso, porta al riconoscimento dei limiti della coscienza, consentendo l'oltrepassamento della propria dimensione egoica, in quanto, scrive Jung, «l'Io è solo il soggetto della coscienza, mentre il Sé è il soggetto della mia psiche totale, quindi anche di quella inconscia. In questo senso il Sé sarebbe un'entità (ideale) che include l'Io» (1921, p. 468).

In ambito psicoanalitico l'estasi è stata presa in considerazione nel suo aspetto positivo da Elvio Fachinelli e da lui definita «uno strato percettivo, emozionale, cognitivo, che è stato colto perlopiù come un'area di frontiera, pericolosa dal punto di vista dell'affermazione di un Io personale, ben individuato. Uno strato che, forse, proprio per questo è stato messo da parte nel corso dell'evoluzione dell'uomo detto civile. Sarebbe assurdo criticare o irridere questo accantonamento, che è stato una necessità per la maggioranza degli esseri umani. [...] Si tratta di superare, in definitiva, il nostro generale *disconoscimento* dell'estatico, cogliendo in esso un momento originario di molteplici esperienze, probabilmente delle esperienze più creative nella vita umana. L'*apex mentis*, l'apice della mente, secondo la definizione medioevale, ne è anche la base, e non può essere ridotto alla situazione mistica, che è soltanto *una* delle sue forme. Abbiamo dunque davanti un'*esigenza* antropologica, che sta a noi non perdere né sciupare. È sicuro che questo movimento sarà da taluni, e forse da molti, interpretato come un ricorrente tentativo di distruggere o indebolire la Ragione, e forse l'Io stesso, e di tornare così a un indistinto originario. È forse venuto il tempo che chi pronuncia tali sentenze si chieda piuttosto se non sia in lui questa debolezza, o questa paura di debolezza; e se la temuta abolizione dell'Io nelle esperienze estatiche non significhi in realtà contribuire a salvare questo stesso Io dal rischio impellente di essere assorbito nella Ragione tecnica, scientifica, burocratica» (1989, pp. 11-12).

Bibliografia

Buber M., *Confessioni estatiche* (1909-1921), Adelphi, Milano 1987.
Fachinelli E., *La mente estatica*, Adelphi, Milano 1989.
Gardet L., Lacombe O., *L'esperienza del Sé. Studio di mistica comparata*, Massimo, Milano 1988.
Idel M., *Mistici messianici* (1998), Adelphi, Milano 2004.
Jaspers K., *Psicologia delle visioni del mondo* (1919), Astrolabio, Roma 1950.
Jung C. G., *Psicologia e patologia dei cosiddetti fenomeni occulti* (1900), in *Opere* (1969-2007), Bollati Boringhieri, Torino, vol. I.
–, *Criptomnesia* (1905), in *Opere*, cit., vol. I.
–, *Tipi psicologici* (1921), in *Opere*, cit., vol. VI.
Köpping K.-P., *Estasi*, in Ch. Wulf (a cura di), *Cosmo, corpo, cultura. Enciclopedia antropologica* (1997), Bruno Mondadori, Milano 2002, pp. 556-575.
Vannini M., *Il volto del Dio nascosto. L'esperienza mistica dall'Iliade a Simone Weil*, Mondadori, Milano 1999.
–, *La mistica delle grandi religioni. Induismo, buddhismo, ebraismo, islam, cristianesimo*, Mondadori, Milano 2004.
Weil S., *Attesa di Dio* (1941-1942), Rusconi, Milano 1972.

Estensione, v. SEGNO.

Esternalizzazione, v. PROIEZIONE.

Esterocettore, v. RECETTORE, § 1.

Estesiometria, v. SENSIBILITÀ, § 5.

Estetica, v. PSICOLOGIA DELL'ARTE.

Estinzione, v. APPRENDIMENTO, § I, 1, *b*.

Estraneità (ingl. *Extraneousness*; ted. *Entfremdung*; fr. *Extranéité*; sp. *Extrañeidad*). Nel suo significato generale, accentuato dall'espressione tedesca *Entfremdung* che dice "allontanamento da sé", l'estraneità è sinonimo di ALIENAZIONE (v.). Nella sua accezione specifica indica una perduta familiarità tra l'Io e il mondo, tra l'Io e il proprio corpo, per una destrutturazione delle dimensioni spazio-temporali e intersoggettive che modifica il senso e la misura del proprio corpo, del proprio mondo e degli altri che interagiscono con il soggetto estraniato. Dal punto di vista fenomenologico le esperienze di estraneità investono: 1) il *mondo*, inteso come mondo delle intersoggettività e come orizzonte delle proprie intenzioni. Scrive in proposito Eugenio Borgna: «Nella condizione di estraneità non si appartiene più al mondo-della-vita; si è in una distanza irreale ed enigmatica che toglie consistenza alle realtà cosali e personali immerse in una spirale di negazioni e di dissolvenze» (1988, p. 59); 2) il *corpo*, non più vissuto come "proprio corpo (*Leib*)", ma come mero "organismo (*Körper*)". Ora, il proprio corpo, o corpo vissuto, è il veicolo attraverso cui l'Io abita un mondo che perciò sente familiare, o, come dice Borgna, «muovendosi sul confine tra l'Io e il mondo, il corpo vissuto "mondanizza" l'Io e "umanizza" il mondo» (ivi, p. 60). Nell'estraneità del corpo, ne va della categoria dell'"appartenenza" per cui, ad esempio, il soggetto sente la propria voce, ma non la percepisce come sua; 3) l'*Io*, non più vissuto come luogo della propria identità, ma come una cosa nel mondo. Questa mancanza di accordo con sé o *Stimmung*, come la chiama Viktor Emil von Gebsattel, è la causa di un'angoscia divorante che dice della radicale e profonda metamorfosi dell'Io e della conseguente controrisonanza emozionale che fa riferimento a quel sentire che, nella relazione con il mondo, viene prima del conoscere. Per Borgna «l'estraneità non è solo una manifestazione psicopatologica che si osserva sia nel circolo formale schizofrenico, sia nel circolo formale depressivo, ma è una possibilità originaria della condizione umana dell'esistenza che ritroviamo ad esempio in queste parole di A. Camus: "Scendiamo ancora un gradino, ed ecco l'estraneità: accorgersi che il mondo è denso, intravvedere fino a che punto una pietra sia estranea e per noi irriducibile, con quale intensità la natura, un paesaggio possono sottrarsi a noi. Nel fondo di ogni bellezza sta qualcosa di inumano, ed ecco che le colline, la dolcezza del cielo, il profilo degli alberi perdono, nello stesso momento, il senso illusorio di cui noi li rivestiamo, più distanti ormai che un paradiso perduto"» (ivi, p. 69).

Bibliografia

Borgna E., *I conflitti del conoscere. Strutture del sapere ed esperienza della follia*, Feltrinelli, Milano 1988.
Gebsattel V. E. von, *Prolegomena einer medizinischen Anthropologie*, Springer, Berlin 1954.
Jaspers K., *Psicopatologia generale* (1913-1959), Il Pensiero Scientifico, Roma 2000.

Estrapolazione (ingl. *Extrapolation*; ted. *Extrapolation*; fr. *Extrapolation*; sp. *Extrapolación*). Termine statistico che indica la stima del valore di una funzione al di fuori dell'ambito entro cui i valori della funzione sono noti. Così si può estrapolare il numero degli abitanti di una nazione tra dieci anni, partendo dall'ultimo censimento. Il termine è usato talvolta come sinonimo di ANALOGIA (v.).

Estratensivo, Tipo, v. TIPOLOGIA, § 2.

Estro (ingl. *Heat*; ted. *Brunft*; fr. *Oestrus*; sp. *Estro*). Il termine, che deriva dal greco οἶστρος che significa "smania", "furore", si riferisce allo stato di recettività sessuale, nelle femmine dei mammiferi, legata al ciclo mestruale (v. MESTRUAZIONE). In senso traslato il termine è riferito anche alle condizioni di ispirazione poetica o alla vivificazione delle possibilità fantastiche e immaginative.

Estrogeno, v. ENDOCRINO, SISTEMA, § 6, *b*.

Estroversione – Introversione (ingl. *Extroversion-introversion*; ted. *Extroversion-Introversion*; fr. *Extroversion-introversion*; sp. *Extroversión-introversión*). Coppia di termini introdotti da Carl Gustav Jung per indicare due tipi di ATTEGGIAMENTO (v. § 2) orientati l'uno sui fatti esterni (estroverso), l'altro sui fattori soggettivi (introverso). Combinando questi due tipi di atteggiamento con le quattro funzioni psichiche (v. FUNZIONE, § 2, *b*) individuate nel pensiero, nel sentimento, nella sensazione e nell'intuizione, Jung costruisce la sua TIPOLOGIA (v. § 2).

1. ESTROVERSIONE. Questo atteggiamento è caratterizzato per Jung dal «volgersi della libido verso l'esterno. Con questo concetto indico un esplicito riferimento del soggetto all'oggetto nel senso di un movimento positivo dell'interesse soggettivo verso l'oggetto. [...] Si può parlare di un'estroversione *attiva* quando essa è voluta espressamente, e di un'estroversione *passiva* quando l'oggetto provoca a forza l'estroversione, quando cioè è esso ad attirare l'interesse del soggetto, eventualmente anche contro l'intenzione del soggetto stesso» (1921, p. 438). Per l'estroverso, prosegue Jung, «l'oggetto, in quanto fattore determinante, possiede manifestamente nella sua coscienza un'importanza maggiore che non la sua opinione soggettiva. Naturalmente anch'egli ha opinioni soggettive, ma il loro potere determinante è minore di quello delle condizioni obiettive esterne» (ivi, p. 338). Quando questo atteggiamento è costante, Jung parla di *tipo estroverso*.

2. INTROVERSIONE. Questo atteggiamento, scrive sempre Jung, è caratterizzato dal «volgersi della libido verso l'interno. Con ciò è espresso un rapporto negativo del soggetto con l'oggetto. L'interesse non si muove verso l'oggetto, ma ripiega da esso sul soggetto. Chi è atteggiato nel senso dell'introversione, pensa, sente, agisce in maniera tale da lasciare intendere chiaramente che la sua determinazione principale è il soggetto, mentre all'oggetto compete tutt'al più un valore secondario. L'introversione può avere ora carattere prevalentemente intellettuale, ora prevalentemente affettivo, così come può essere caratterizzata dall'intuizione o dalla sensazione. L'introversione è *attiva* quando il soggetto vuole un certo isolamento dall'oggetto, *passiva* quando il soggetto non è in grado di riportare nuovamente sull'oggetto la libido che da questo rifluisce. Quando l'introversione è abituale, si parla di *tipo introverso*» (ivi, p. 466). Trascurata dall'atteggiamento cosciente, prosegue Jung, «è l'inconscio a prendersi cura della relazione con l'oggetto, e fa ciò in una forma tale da distruggere nel modo più radicale le illusioni di potenza e le fantasie di superiorità nutrite dalla coscienza. Nonostante la svalutazione operata dalla coscienza, l'oggetto assume dimensioni paurose. Ne consegue che l'Io promuove ancor più violentemente il distacco dall'oggetto e i tentativi di giungere al dominio sovra di esso, sino a circondarsi di un sistema formale di difese (secondo l'esatta descrizione compiuta da Adler) con l'intento di tutelare almeno l'illusione di una superiorità» (ivi, p. 384).

3. GLI SVILUPPI SUCCESSIVI DELLA POLARITÀ ESTROVERSIONE-INTROVERSIONE. Sigmund Freud, pur accogliendo il concetto di introversione, lo rifiuta come tipologia e lo interpreta come conseguenza della FRUSTRAZIONE (v.) che il soggetto prova nel contatto con la realtà, a cui segue un ripiegamento sulle proprie immagini e sui propri fantasmi: «La libido si distacca dalla realtà, che ha perduto valore per l'individuo, a causa dell'ostinata frustrazione che da essa gli deriva, e si rivolge alla vita fantastica nella quale crea nuove formazioni di desiderio e ravviva le tracce di formazioni precedenti, di cui si è perso il ricordo. Per l'intimo rapporto tra l'attività fantastica e il materiale infantile, rimosso e divenuto inconscio, presente in ogni individuo, e grazie alla posizione eccezionale concessa alla vita fantastica rispetto all'esame di

realtà, la libido può ora spostarsi sempre più indietro, e sulla via della regressione scoprire piste infantili e perseguire mete ad esse confacenti» (1912, p. 548). Hans Jürgen Eysenck adotta la distinzione di Galeno per identificare l'estroverso con il collerico e il sanguigno, e l'introverso con il melanconico e il flemmatico, confermando l'uso popolare, e non psicologico, che identifica l'estroverso con l'esuberante e l'introverso con il chiuso e il riservato. Sempre secondo Eysenck, tra gli psicopatici e gli isterici prevale l'estroversione, mentre tra i fobici e gli ossessivi vi è una tendenza più alta all'introversione. La distinzione junghiana tra atteggiamento *intravertito* ed *estravertito* riappare sotto altra denominazione in Hermann Rorschach tra *intratensivo* ed *estratensivo* (1921), in Erich Rudolf Jaensch tra *integrato* e *disintegrato* (1930) e in Gerhard Pfahler tra *rigido* ed *elastico* (1929).

Bibliografia

Eysenck H. J., *Dimensions of personality*, Routledge & Kegan, London 1947.

Freud S., *Modi tipici di ammalarsi nervosamente* (1912), in *Opere* (1967-1993), Bollati Boringhieri, Torino, vol. VI.

Jaensch E. R., *Studien zur Psychologie der menschlicher Typen*, Barth, Leipzig 1930.

Jung C. G., *Tipi psicologici* (1921), in *Opere* (1969-2007), Bollati Boringhieri, Torino, vol. VI.

Pende N., *Le debolezze di costituzione*, Libreria di Scienze e Lettere del dr. G. Bardi, Roma 1928.

Pfahler G., *System der Typenlehre*, Barth, Leipzig 1929.

Rorschach H., *Psicodiagnostica* (1921), Edizioni Kappa, Roma 1981.

Età (ingl. *Age*; ted. *Alter*; fr. *Âge*; sp. *Edad*). In psicologia il termine ricorre nell'accezione di *età cronologica*, che indica il periodo di tempo trascorso dall'individuo a partire dalla sua nascita. In quest'arco di tempo si distinguono una prima età (v. PSICOLOGIA DELL'INFANZIA), un'età evolutiva (v. PSICOLOGIA DELL'ETÀ EVOLUTIVA), una maturità e una vecchiaia, detta anche terza età (v. PSICOLOGIA DELL'INVECCHIAMENTO). In rapporto all'età cronologica si evidenzia un'età *mentale* misurata secondo i valori stabiliti dalle varie scale di intelligenza (v. BINET-SIMON, SCALA DI), dove il quozicnte di intelligenza risulta dal rapporto tra età mentale ed età cronologica (v. INTELLIGENZA, § 2). Accanto a questi due significati principali ne ricorrono altri d'uso comune come età *scolare* che riguarda il periodo della scuola dell'obbligo, età *corporea* che può essere superiore o inferiore alla media rispetto all'età cronologica, età *sociale* che misura il grado di autonomia raggiunto dall'individuo e la sua capacità di interrelazionarsi. In tutte queste definizioni c'è un grosso margine di relatività, superabile solo in relazione al contesto in cui la divisione per età viene praticata.

Bibliografia

Abraham G., *Le età della vita*, Mondadori, Milano 1993.

Portmann A., Jaffé A., Franz M.-L. von, *Le stagioni della vita. Sviluppo biologico, fasi creative e spirito del tempo nel ciclo dell'esistenza umana* (rispettivamente: 1959, 1971, 1985), Red Edizioni, Como 1992.

Sgalambro M., *Trattato dell'età*, Adelphi, Milano 1999.

Età evolutiva, v. PSICOLOGIA DELL'ETÀ EVOLUTIVA.

Eteroclito – Omoclito (ingl. *Heteroclite-homoclite*; ted. *Heteroklitisch-Homoklitisch*; fr. *Hétéroclite-homoclite*; sp. *Heteróclito-homóclito*). Coppia di termini impiegata per designare chi devia (eteroclito) e chi si attiene (omoclito) alle norme che vigono all'interno del gruppo di appartenenza.

Eteroerotismo, v. ALLOEROTISMO.

Eteronomia, v. AUTONOMIA – ETERONOMIA.

Eterosessualità (ingl. *Heterosexuality*; ted. *Heterosexualität*; fr. *Hétérosexualité*; sp. *Heterosexualidad*). Fase conclusiva dello sviluppo bio-psico-sessuale in cui, secondo Sigmund Freud, si compie il processo di organizzazione della libido, con un investimento rivolto a persone dell'altro sesso e conseguente rimozione della componente autoerotica (v. AUTOEROTISMO) e omosessuale (v. OMOSESSUALITÀ).

Bibliografia

Freud S., *Tre saggi sulla teoria sessuale* (1905), in *Opere* (1967-1993), Bollati Boringhieri, Torino, vol. IV.

Eterosuggestione, v. SUGGESTIONE.

Eterozigote, v. ALLELE; GENETICA, § 4.

Etica (ingl. *Ethics*; ted. *Ethik*; fr. *Éthique*; sp. *Ética*). Scienza della condotta che, se è considerata dal punto di vista dell'intenzione del soggetto e della sua disposizione interiore, assume, come vuole la distinzione di Georg Wilhelm Friedrich Hegel, il nome di *morale*, mentre se è considerata dal punto di vista dei valori effettivamente realizzati nella storia e nella società prende il nome di *etica*.

Dal punto di vista psicologico – al cui ambito delimitiamo la trattazione di questa voce, affidando alla bibliografia la sua estensione in ambito filosofico, giuridico, politico e religioso e alla voce NEUROETICA le sue implicazioni con le basi cerebrali della vita mentale –, la morale è considerata: *a*) come un *aspetto della coscienza* con riferimento a quei processi cognitivi ed emozionali che sono alla base della formazione di una guida interiore che regola la condotta individuale in armonia con i valori riconosciuti dal gruppo sociale di appartenenza. Per questa trattazione si veda il § 7 della voce COSCIENZA che titola: "La coscienza morale"; *b*) come un *processo di acquisizione* della coscienza morale che trova la sua trattazione nel § 4 della voce PSICOLOGIA DELL'ETÀ EVOLUTIVA sotto il titolo "La maturazione morale".

Per quanto concerne l'etica, le discussioni più significative sono state condotte in ambito psicoanalitico dove la teoria del meccanismo pulsionale mette in gioco molti principi su cui, nella storia, le formulazioni etiche si sono fondate. Sigmund Freud parte dalla persuasione che «di fatto l'uomo primordiale stava meglio, poiché ignorava qualsiasi restrizione pulsionale. In compenso la sua sicurezza di godere a lungo di tale felicità era molto esigua. L'uomo civile ha barattato una parte della sua possibilità di felicità per un po' di sicurezza» (1929, p. 602).

Questa sicurezza è stata ottenuta attraverso la repressione delle pulsioni sessuali e aggressive che, grazie al meccanismo dello SPOSTAMENTO (v.) dalla loro meta naturale, hanno potuto essere sublimate: «La pulsione sessuale [...] mette enormi quantità di forze a disposizione del lavoro d'incivilimento, e ciò a causa della sua particolare qualità assai spiccata di poter spostare la propria meta senza nessuna essenziale diminuzione d'intensità. Chiamiamo facoltà di *sublimazione* questa proprietà di scambiare la meta originaria sessuale con un'altra, non più sessuale, ma psichicamente affine alla prima» (1908, p. 416). Questa affinità è da ricercarsi nel carattere ambivalente delle pulsioni per cui, ad esempio, quelle egoistiche diventano altruistiche perché includono una componente erotica, come l'essere amato dagli altri, che in parte è innata e in parte è il prodotto di una pressione della società attraverso l'educazione familiare. Tuttavia, avverte Freud, esiste un limite a questo spostamento: infatti, «l'esperienza insegna che per la maggior parte degli uomini vi è un limite al di là del quale la loro costituzione non può adeguarsi alla richiesta della civiltà. Tutti coloro che vogliono essere più nobili di quanto la loro costituzione non permetta soccombono alla nevrosi; sarebbero stati più sani se fosse stato loro possibile essere peggiori» (ivi, pp. 419-420).

Un secondo meccanismo attraverso cui si accede a un'etica comune è per Freud l'IDENTIFICAZIONE (v.), definita «la prima manifestazione di un legame emotivo con un'altra persona» (1921, p. 293). Attraverso l'identificazione, la libido viene distolta dalla sua meta naturale e rivolta all'ideale dell'Io, che nella vita individuale infantile è rappresentato dal padre (v. IO, IDEALE DELL'). Quando i componenti di una società scelgono tutti lo stesso ideale dell'Io si identificano fra loro.

Il terzo meccanismo attraverso cui si genera un'etica è l'interiorizzazione dell'autorità resa possibile dal *senso di colpa* (v. COLPA, § 3) che genera il Super-io: «Di coscienza morale non si dovrebbe parlare finché non sia dimostrabile un Super-io; circa il sentimento di colpa si deve ammettere che esiste prima del Super-io, quindi anche prima della coscienza morale. In quello stadio esso è l'espressione immediata del timore dell'autorità esterna, il riconoscimento che esiste una tensione tra l'Io e questa autorità, il diretto derivato del conflitto tra il bisogno di essere amati dall'autorità e la spinta verso il soddisfacimento pulsionale, la cui inibizione genera l'aggressività» (1929, p. 622).

I meccanismi della sublimazione, dell'identificazione e della formazione del Super-io consentono a Freud di concludere che «in ogni tempo si è assegnato all'etica il massimo valore, come se tutti se ne aspettassero importanti conseguenze. Ed è vero che l'etica, com'è facile riconoscere, tocca il punto più vulnerabile di ogni civiltà. Perciò essa va intesa come un esperimento terapeutico, come lo sforzo di raggiungere, attraverso un imperativo del Super-io, ciò che finora non fu raggiunto attraverso nessun'altra opera di civiltà» (ivi, pp. 627-628).

Sulle posizioni di Freud, ma con un'accentuazione della responsabilità dei processi educativi, insiste Wilhelm Reich: «Le istanze morali nell'uomo, ben lungi dall'avere un'origine soprannaturale, derivano dalle misure educative dei genitori e di chi ne fa le veci sin dalla primissima infanzia. Al centro di queste misure educative agiscono quelle misure educative che si rivolgono contro la sessualità del bambino. Il conflitto, che inizialmente si crea fra i desideri del bambino e i divieti dei genitori, continua in seguito a manifestarsi come conflitto tra pulsione e morale nell'uomo» (1933, p. 59).

Per Carl Gustav Jung, infine, l'etica è una modalità d'esistenza collettiva (v. COLLETTIVO), e siccome l'autenticità dell'esistenza dipende dalla sua capacità di individuarsi, cioè di divenir se stessa al di là delle norme collettive, Jung conclude che «la norma diventa sempre più superflua in un orientamento collettivo della vita, e con ciò la vera moralità va in rovina. Quanto più l'uomo è sottoposto a norme collettive, tanto maggiore è la sua immoralità individuale» (1921, p. 464).

Per Jacques Lacan l'etica è connessa alla legge da un duplice legame: da un lato, «la legge è quella che, regolando l'alleanza, sovrappone il regno della cultura al regno della natura, in balia della legge dell'accoppiamento», dall'altro, «è nel *Nome del padre* che dobbiamo riconoscere il supporto della funzione simbolica, che dal sorgere dei tempi storici identifica la propria persona con la figura della legge» (1953, pp. 270-271). La LEGGE (v.) è simbolizzata dal padre che interdice la captazione duale tra il figlio e la madre, consentendo il passaggio dallo stadio naturale a quello simbolico: «L'uomo parla, ma è perché il simbolo lo ha fatto uomo» (ivi, p. 269). Nella dimensione simbolica, a cui l'ha condotto la legge del padre, il Desiderio (v. § 3) desidera le iscrizioni della legge, per cui l'etica è garantita da questa saldatura tra il desiderio e la legge.

Bibliografia

AA.VV., *Morale e valori*, in P. F. Galli (a cura di), *Osservazione psicoanalitica* (1992-1996), Bollati Boringhieri, Torino, vol. XVII.
Adorno Th. W., *Minima moralia* (1944-1947), Einaudi, Torino 1974.
Bauman Z., *Le sfide dell'etica* (1993), Feltrinelli, Milano 1996.
Beauvoir S. de, *Per una morale dell'ambiguità. Contro i "valori" eterni della morale borghese* (1947), Garzanti, Milano 1964.
Bergson H., *Le due fonti della morale e della religione* (1932), Laterza, Bari 1995.
Boella L., *Neuroetica. La morale prima della morale*, Raffaello Cortina, Milano 2008.
Bonhoeffer D., *Etica* (1949), Bompiani, Milano 1969.
Capograssi G., *La vita etica* (1921-1937), Bompiani, Milano 2008.
Cattorini P., *Problemi di etica in psichiatria*, in G. B. Cassano, P. Pancheri *et al.* (a cura di), *Trattato italiano di psichiatria* (1992), Masson, Milano 1999, vol. III, pp. 3877-3886.
Churchland P. S., *Neurobiologia della morale* (2011), Raffaello Cortina, Milano 2012.
Flores d'Arcais P., *Etica senza fede*, Einaudi, Torino 1992.
Freud S., *La morale sessuale "civile" e il nervosismo moderno* (1908), in *Opere* (1967-1993), Bollati Boringhieri, Torino, vol. V.
–, *Psicologia delle masse e analisi dell'Io* (1921), in *Opere*, cit., vol. IX.
–, *Il disagio della civiltà* (1929), in *Opere*, cit., vol. X.
Galimberti U., *La tecnica e l'impotenza dell'etica*, in Id., *Psiche e techne. L'uomo nell'età della tecnica* (1999), Feltrinelli, Milano 2016, pp. 409-435.
Gius E., Zamperini A., *Etica e psicologia. Percorsi per una ricerca psicosociale*, Raffaello Cortina, Milano 1995.
Guardini R., *Virtù. Temi e prospettive della vita morale* (1963), Morcelliana, Brescia 1972.
Guyau J.-M., *Abbozzo di una morale senza obbligo né sanzione* (1885), Paravia, Torino 1999.
Habermas J., *Teoria della morale* (1991), Laterza, Bari 1994.
Hampshire S., *Innocenza ed esperienza. Un'etica del conflitto* (1989), Feltrinelli, Milano 1995.
Hartmann N., *Etica* (1926), vol. I. *Fenomenologia dei costumi*, vol. II: *Assiologia dei costumi*, vol. III: *Metafisica dei costumi*, Guida, Napoli 1972.
Hauser M. D., *Menti morali. Le origini naturali del bene e del male* (2006), il Saggiatore, Milano 2007.
Jankélévitch V., *Il paradosso della morale* (1981), Hopefulmonster, Firenze 1986.
Jung C. G., *Tipi psicologici* (1921), in *Opere* (1969-2007), Bollati Boringhieri, Torino, vol. VI.
Lacan J., *Funzione e campo della parola e del linguaggio in psicoanalisi* (1953), in *Scritti* (1936-1966), Einaudi, Torino 1974, vol. I.
–, *Il Seminario. Libro VII: L'etica della psicoanalisi, 1959-1960*, Einaudi, Torino 1994.
Lavazza A., Sartori G. (a cura di), *Neuroetica. Scienze del cervello, filosofia e libero arbitrio*, il Mulino, Bologna 2011.
Lecaldano E., *Etica*, Utet, Torino 1995.
Lévinas E., *Etica e infinito* (1982), Castelvecchi, Roma 2012.
MacIntyre A., *Dopo la virtù. Saggio di teoria morale* (1981), Feltrinelli, Milano 1988.
Maffettone S., *Valori comuni*, il Saggiatore, Milano 1989.
Melchiorre V., *Ethica*, il melangolo, Genova 2000.
Money-Kyrle R., *Verso uno scopo comune. Un contributo psicoanalitico all'etica* (1948), in *Scritti (1927-1977)*, Bollati Boringhieri, Torino 2002.
Moroncini B., Petrillo R., *L'etica del desiderio. Un commento del seminario sull'etica di Jacques Lacan*, Cronopio, Napoli 2007.
Neumann E., *Psicologia del profondo e nuova etica* (1943), Moretti & Vitali, Bergamo 2005.
Pardi F., *L'indifferenza dell'etica. Studio di sociologia della morale*, Franco Angeli, Milano 1996.
Piaget J., *Il giudizio morale nel fanciullo* (1932), Giunti Barbera, Firenze 1973.
Reich W., *L'irruzione della morale sessuale coercitiva* (1932), Sugarco, Milano 1972.
–, *Psicologia di massa del fascismo* (1933), Einaudi, Torino 2002.
–, *La rivoluzione sessuale* (1936), Feltrinelli, Milano 1963.
Rensi G., *La morale come pazzia* (1942), Castelvecchi, Roma 2013.
Ricoeur P., *Etica e morale* (1975-2000), Morcelliana, Brescia 2007.
Ricoeur P., Marcel G., *Per un'etica dell'alterità* (1968), Edizioni Lavoro, Roma 1998.
Rorty R., *Un'etica per i laici* (2005), Bollati Boringhieri, Torino 2008.
Rovatti P. A., *Etica minima*, Raffaello Cortina, Milano 2010.
Scheler M., *Il formalismo nell'etica e l'etica materiale dei valori* (1913-1916), Bompiani, Milano 2013.
Schmitt C., *La tirannia dei valori. Riflessioni di un giurista sulla filosofia dei valori* (1960), Adelphi, Milano 2008.
Singer P., *Ripensare la vita. La vecchia morale non serve più* (1994), il Saggiatore, Milano 1996.
Varela F. J., *Un know-how per l'etica* (1990), Laterza, Bari 1992.
Viano C. A., *Etica*, Isedi, Milano 1977.
– (a cura di), *Teorie etiche contemporanee*, Bollati Boringhieri, Torino 1990.
Vigna C., *Etica*, in AA.VV., *Gli strumenti del sapere contemporaneo*, vol. I: *Le discipline*, Utet, Torino 1985, pp. 272-291.
– (a cura di), *Introduzione all'etica*, Vita e Pensiero, Milano 2001.
Vigna C., Zanardo S. (a cura di), *La regola d'oro come etica universale*, Vita e Pensiero, Milano 2005.

Etichettamento, Teoria dell', v. Devianza.

Etilismo, v. Alcolismo.

Etiologia, v. Eziologia.

Etnocentrismo (ingl. *Ethnocentrism*; ted. *Ethnozentrismus*; fr. *Ethnocentrisme*; sp. *Etnocentrismo*). Espressione coniata da William Graham Sumner nel 1906 per denotare l'atteggiamento di chi presuppone acriticamente la superiorità della propria cultura rispetto alle altre. Il superamento dell'etnocentrismo è stata la prima conquista, in sede antropologica, per gli studi delle altre culture. Come ci ricorda Melville Jean Herskovits, «l'etnocentrismo è il punto di vista secondo il quale la propria maniera di vivere è preferibile a tutte le altre. Derivando logicamente dal processo di inculturazione della propria infanzia, molti individui provano questo sentimento in rapporto alla loro propria cultura sia che essi lo formulino verbalmente o meno. [...] In qualche forma l'etnocentrismo si deve considerare come un fattore che contribuisce all'adattamento e all'integrazione sociale. Per il rafforzamento dell'Io in termini di identificazione con il proprio gruppo, i cui modi di vita sono implicitamente accettati come i migliori, esso è della massima importanza. Ma quando, come accade nella cultura euro-americana, esso viene razionalizzato e posto alla base di programmi d'azione a danno del benessere di altri popoli, esso dà vita a problemi molto seri» (1948, p. 68). Come superamento dell'etnocentrismo Herskovits propone il *relativismo culturale*, che si articola in quei tre principi che lo stesso Herskovits presentò alla Commissione dei diritti umani delle Nazioni Unite nel 1947: «1) L'individuo realizza la propria personalità attraverso la propria cultura: di conseguenza il rispetto per le differenze individuali implica quello per le differenze culturali. 2) Il rispetto per le differenze fra le culture trova convalida nella scienza che non ha scoperto alcuna tecnica di valutazione qualitativa delle culture. 3) Costumi e valori sono relativi alla cultura da cui derivano» (1947, p. 115). Theodor Wiesengrund Adorno ha interpretato l'etnocentrismo come una caratteristica tipica della personalità autoritaria, per definire la quale ha elaborato un apposito test (v. AUTORITÀ).

Bibliografia

Adorno Th. W. *et al.*, *La personalità autoritaria* (1950), Edizioni di Comunità, Milano 1973.
Herskovits M. J., *Dichiarazione alla Commissione dei diritti umani delle Nazioni Unite* (1947), in C. Tullio-Altan, *Manuale di antropologia culturale*, Bompiani, Milano 1975.
–, *Man and his works*, Knopf, New York 1948.
Vigna C., Zamagni S. (a cura di), *Multiculturalismo e identità*, Vita e Pensiero, Milano 2002.

Etnografia, v. ETNOLOGIA, § 1.

Etnologia (ingl. *Ethnology*; ted. *Ethnologie*; fr. *Ethnologie*; sp. *Etnología*). Sinonimo di ANTROPOLOGIA (v.), anche se Claude Lévi-Strauss, che pur accetta l'impiego equivalente dei termini, tende a mantenere la differenza teorica tra etnografia, etnologia e antropologia con queste definizioni:

1. ETNOGRAFIA. «Tutti i paesi, pare, intendono l'etnografia allo stesso modo. Essa corrisponde ai primi stadi della ricerca: osservazione e descrizione, lavoro sul terreno (*field-work*). Una monografia dedicata a un gruppo sufficientemente ristretto perché l'autore abbia potuto raccogliere la maggior parte del suo bagaglio di informazioni grazie a un'esperienza personale costituisce il modello ideale dello studio etnografico. Basta solo aggiungere che l'etnografia congloba anche i metodi e le tecniche che si riferiscono al lavoro sul terreno, alla classificazione, alla descrizione e all'analisi dei fenomeni culturali particolari (si tratti d'armi, di utensili, di credenze o di istituzioni). Nel caso degli oggetti materiali, queste operazioni si continuano generalmente al museo, che può essere considerato, per quest'aspetto, come un prolungamento del "terreno"» (1958, pp. 388-389).

2. ETNOLOGIA. «Rispetto all'etnografia, l'etnologia rappresenta un primo passo verso la sintesi. Pur senza escludere l'osservazione diretta, essa tende a conclusioni abbastanza estese da rendere difficile fondarle esclusivamente su una conoscenza di prima mano. Questa sintesi può avvenire in tre direzioni: geografica, se vogliamo integrare conoscenze relative a gruppi vicini; storica, se vogliamo ricostituire il passato di una o più popolazioni; infine sistematica, se isoliamo, per dedicargli un'attenzione particolare, un certo tipo di tecnica, di costume o di istituzione. [...] In ogni caso, l'etnologia comprende l'etnografia come suo momento preliminare e ne costituisce il prolungamento» (ivi, p. 389).

3. ANTROPOLOGIA. «Dovunque incontriamo i termini di antropologia sociale o antropologia culturale, ci troviamo di fronte a una seconda e ultima tappa della sintesi, che ha per base le conclusioni dell'etnografia e dell'etnologia. [...] Si può quindi dire, in questo senso, che esiste fra l'antropologia e l'etnologia lo stesso rapporto che si è definito più sopra fra quest'ultima e l'etnografia. Etnografia, etnologia e antropologia non costituiscono tre discipline diverse, o tre concezioni differenti degli stessi studi. Sono, in realtà, tre tappe o tre momenti di una stessa ricerca, e la preferenza per l'uno o per l'altro di questi termini esprime solo un'attenzione predominante rivolta verso un tipo di ricerca che in ogni caso non potrebbe essere mai esclusivo degli altri due» (ivi, p. 390).

Bibliografia

Lévi-Strauss C., *Antropologia strutturale* (1958), il Saggiatore, Milano 1966.

Etnopsichiatria, v. ANTROPOLOGIA, § 7.

Etnopsicoanalisi, v. ANTROPOLOGIA, § 6.

Etnopsicologia, v. ANTROPOLOGIA, § 5.

Etogenia (ingl. *Ethogenia*; ted. *Ethogenie*; fr. *Éthogénie*; sp. *Etogenia*). Teoria e metodologia per lo studio dei meccanismi che regolano l'interazione sociale fra gli individui. Tre sono i tipi di interazione riconosciuti e studiati dall'etogenia: 1) *automatica*, dove gli attori non sono consapevoli né del fatto in sé né del processo di coordinamento. Questo tipo di interazione rientra nell'ordine dei meccanismi causali o quasi causali come le abitudini; 2) *autonoma* è invece quell'interazione in cui gli attori, essendo consapevoli di ciò che compiono e delle regole che adottano, possono essere chiamati a giustificare la mancata o impropria attuazione; 3) *significativa* è infine l'interazione promossa dal significato che essa assume per l'individuo che la attua. Qui confluisce il sistema di conoscenze e di credenze che sono a disposizione dell'individuo come sue risorse personali, anche se ricavate dal discorso collettivo a cui l'individuo appartiene. In quest'ultimo caso l'etogenia intesse un dialogo con il COGNITIVISMO (v.) per studiare le modalità con cui si apprendono quelle nozioni in base alla loro consonanza o dissonanza (v. DISSONANZA COGNITIVA) con il sistema di idee già in possesso dell'individuo, e come queste idee influiscano sull'atto, sull'azione e sul comportamento. In ambito etogenico si definisce *atto* il significato sociale di un'azione, *azione* il comportamento intenzionale che può essere confermato o difformato dall'atto, e *comportamento* qualsiasi risposta che si realizza sul piano fisico. Tra atto e azione c'è una relazione molto simile a quella tra fine e mezzo, dove il criterio di giudizio non è di tipo morale, ma riguarda l'efficacia.

Bibliografia

Goffman E., *La vita quotidiana come rappresentazione* (1959), il Mulino, Bologna 1969.
–, *Stigma. L'identità negata* (1965), Laterza, Bari 1970.
–, *Modelli di interazione* (1967-1969), il Mulino, Bologna 1971.
Goodman N., *Fatti, ipotesi e previsioni* (1983), Laterza, Bari 1985.
Harré R., *Social being*, Basil Blackwell, Oxford 1979.
Reynolds V., *La biologia dell'azione umana* (1976), Edizioni Scientifiche e Tecniche Mondadori, Milano 1978.

Etogramma (ingl. *Ethogram*; ted. *Ethogramm*; fr. *Éthogramme*; sp. *Etograma*). Elencazione completa dei moduli comportamentali di un organismo costruibile a partire da unità di comportamento specifiche e innate. Facilmente compilabile per le specie inferiori, l'etogramma diventa problematico man mano che si sale nelle specie più elevate dove le variazioni di comportamento, dovute all'intervento delle funzioni superiori, rendono problematica la possibilità di un elenco esaustivo.

Bibliografia

Reynolds V., *The origins of a behavioural vocabulary. The case of the rhesus monkey*, in "Journal for the Theory of Social Behaviour", 1976, n. 6.

Etologia (ingl. *Ethology*; ted. *Ethologie*; fr. *Éthologie*; sp. *Etología*). Studio del comportamento (in greco: ἔθος) delle varie specie animali. Un tempo distinta dalla PSICOLOGIA ANIMALE (v.) perché rifiuta lo studio dell'animale nelle condizioni artificiali di laboratorio, e dalla PSICOLOGIA COMPARATA (v.) perché non studia i comportamenti comuni alle varie specie, ma quelli che distinguono una specie dall'altra, oggi l'etologia tende ad assorbire questi due ambiti disciplinari che le sono debitori per l'elaborazione di concetti come innatismo, ambientalismo, istinto e imprinting.

1. L'INNATISMO. Rispetto alle conclusioni raggiunte con gli esperimenti sugli animali condotti da Ivan Petrovič Pavlov e da Edward Chace Tolman sulla base del condizionamento classico e operante (v. APPRENDIMENTO, § I), l'etologia, con Konrad Lorenz, sostiene quella teoria detta "oggettivistica", secondo cui l'azione dell'animale è determinata da due fattori: il primo, interno all'organismo, è definito *energia specifica*, il secondo, di provenienza ambientale, è definito *segnale scatenante* che libera l'energia specifica; questa è comunque innata e non acquisita, non solo nel senso che innata è l'energia, ma che innati sono gli *schemi di messa in azione* o *schema d'avvio* dell'energia stessa (v. ISTINTO, § 1). Lo dimostrano le reazioni di paura e il comportamento di fuga di fronte a un serpente in animali che, allevati in cattività, non ne hanno mai visto uno e quindi non possono aver imparato a temerlo per un processo di apprendimento. Scrive Lorenz: «Due meccanismi fisiologici fondamentalmente diversi fanno parte di quell'unità funzionale del comportamento che Oskar Heinroth ha chiamato "azione istintiva specifica". Primo, il meccanismo scatenante innato, che permette all'animale un "riconoscimento innato" di una situazione biologicamente rilevante; secondo, il movimento a coordinazione ereditaria e filogeneticamente programmato che, messo in moto dal meccanismo scatenante innato, padroneggia questa situazione con una "capacità innata". [...] Questo concetto ha un significato puramente funzionale ed è a priori chiaro che, in animali diversi e a diversi livelli di integrazione delle loro prestazioni cognitive e dei loro moduli comportamentali, vi sono esigenze ben diverse nella

selettività della loro risposta agli stimoli e che ben diversi sono i meccanismi fisiologici che soddisfano a queste esigenze» (1978, pp. 155-156).

Tra le leggi e le regole che governano il mondo animale messe in luce dall'etologia ricordiamo: la legge *species-specific* in base alla quale ci sono comportamenti caratteristici di una sola specie che impediscono ibridazioni, la legge *interspecifica* che spiega i comportamenti di lotta tra animali di specie diversa motivati dal bisogno fisiologico della nutrizione, la legge *intraspecifica* dove la lotta tra animali della stessa specie trova la sua ragione nella difesa del territorio e nella competizione sessuale. Infine, per quanto concerne l'aggressività umana, l'etologia, con Lorenz, non la ritiene innata e neppure confrontabile con quella animale nei suoi caratteri di intensità e gratuità; pertanto è da attribuire a determinanti socioculturali non irreversibili (v. AGGRESSIVITÀ, § 2).

2. IL COMPORTAMENTO. L'etologia legge nell'"energia specifica" interna una sequenza che conduce dal *comportamento appetitivo* all'*atto consumatorio*, secondo lo schema descritto da Aubrey Manning: «Quasi sempre si possono osservare nel comportamento di un animale tre fasi: 1) una fase di ricerca dell'obiettivo; 2) un comportamento orientato verso il raggiungimento dell'obiettivo dopo che questo è stato individuato; 3) una fase di quiescenza successiva al raggiungimento dell'obiettivo. 1) Generalmente lo stadio di ricerca viene definito come la fase del comportamento appetitivo. La descrizione di tale comportamento può essere facilitata stabilendo un parallelo con il comportamento nutritivo, da cui ha probabilmente derivato il nome. [...] Gli schemi comportamentali di un animale intento alla ricerca di cibo, di acqua o di un compagno sono estremamente simili, ma gli stimoli necessari per portare la ricerca a compimento sono altamente specifici in ognuno dei casi. 2) Quando l'animale ha individuato gli stimoli che rappresentano l'obiettivo, si assiste a una modificazione del suo comportamento. Gli schemi di ricerca vengono sostituiti da una serie di risposte finalizzate, spesso stereotipate, cioè da *schemi motori rigidi* (o condizioni motorie ereditarie). Queste manifestazioni vengono definite atti di compimento o consumatori: il mangiare è l'atto di compimento del comportamento nutritivo, il bere è legato alla sete, l'accoppiamento al comportamento sessuale e così via. 3) Gli atti di compimento sono normalmente seguiti da un periodo di quiescenza in cui l'animale non risponde agli stimoli derivanti dall'obiettivo, e non mostra segni di comportamento appetitivo. [...] In alcuni casi la capacità di risposta si ricostruisce lentamente cosicché vi è un rapporto quasi diretto fra la soglia (di risposta) agli stimoli connessi all'obiettivo e il tempo intercorso dopo l'atto consumatorio» (1972, pp. 61-62).

Per spiegare perché accanto a un istinto di predazione subentrino talvolta istinti diversi, come ad esempio quello di nidificazione, l'etologia introduce la nozione di *pulsione specifica* o, nella terminologia anglosassone, di *drive*, per cui si può dire con John Alcock che esiste «un drive di incubazione, un drive di corteggiamento, un drive territoriale, un drive di accoppiamento, un drive di costruzione del nido e così via» (1979, p. 145). Non mancano critiche molto severe a questo concetto, che a taluni pare solamente nominalistico, così come non mancano al concetto di *fitness* o *idoneità genetica* definita da Robert C. King come «la capacità di un individuo di sopravvivere e di trasmettere i suoi geni alla generazione successiva» (1972, p. 111). Esistono inoltre difficoltà per misurare scientificamente dette *fitness*, a proposito delle quali David P. Barash scrive: «Il più delle volte dobbiamo accontentarci di misure che intuiamo essere correlate alla *fitness* [...] come ad esempio efficienza nel foraggiamento, nell'evitare i predatori, successo nel procurarsi un compagno, o spesso semplicemente frequenza di accoppiamento. Inoltre non è neppure chiaro a che punto dovremmo misurare la *fitness*: prole nata (o schiusa), il numero di piccoli che si sono dispersi (o involati) con successo, o il numero che è sopravvissuto fino all'età riproduttiva [...] o forse il successo della prole nel produrre a sua volta una prole» (1980, p. 212). In ogni caso, quando si parla di valore di sopravvivenza in etologia non ci si riferisce alla sopravvivenza della specie, ma solo a quella dell'individuo.

3. L'IMPRINTING. L'innatismo e lo schema dell'azione fissa (SAF) subirono l'attacco degli studiosi di psicologia comparata secondo i quali la flessibilità del comportamento negli animali è maggiore di quanto non affermi la teoria degli istinti (v. ISTINTO, § 1). Lo stesso Lorenz ne tenne conto fino a rielaborare la sua teoria con l'introduzione del concetto di IMPRINTING (v.) o "apprendimento precoce in fase sensibile", per cui il nidiaceo segue l'oggetto che gli viene proposto alla nascita, comportandosi nei suoi confronti come con la madre.

4. LE ATTIVITÀ COGNITIVE. Queste rientrano in una branca dell'etologia introdotta da Donald R. Griffin secondo il quale bisognerebbe riesaminare la continuità evolutiva delle caratteristiche mentali tra l'uomo e gli altri animali. Questi ultimi, a parere di Griffin, sono provvisti: di un'*esperienza mentale* che consente loro di pensare a oggetti o a eventi distanti, nel tempo e nello spazio, dalle sensazioni immediate; di una *consapevolezza* intesa come scorrimento di

immagini mentali interconnesse al fluire degli eventi; di un'*intenzione* proiettata su eventi futuri; di una *coscienza* come presenza di immagini mentali che consentono all'animale di regolare il proprio comportamento.

5. ETOLOGIA UMANA. Negli anni sessanta si è incominciato ad applicare sistematicamente concetti dell'etologia per la comprensione del comportamento umano. Irenäus Eibl-Eibesfeldt ha documentato molti "schemi di azione fissa", come le espressioni facciali e i gesti, analoghi a quelli degli animali. Lo stesso vale per l'attaccamento genitore-figlio, per l'interpretazione dell'aggressività, per le dinamiche innescate dalla "gerarchia di dominanza" o dalla "struttura d'attenzione", e soprattutto per la comunicazione non-verbale (v. COMUNICAZIONE, § 4).

Bibliografia

Alcock J., *Animal behavior*, Sinauer, Sunderland 1979.
Barash D. P., *Predictive sociobiology. Mate selection in damselfishes and brood defence in white crowned sparrows*, in G. W. Barlow, J. Silverberg (a cura di), *Sociobiology: beyond nature/nurture?*, American Association for the Advancement of Science (AAAS), Washington (DC) 1980, pp. 209-226.
Celli G., *Etologia della vita quotidiana*, Raffaello Cortina, Milano 1992.
Continenza B., Somenzi V., *L'etologia*, Loescher, Torino 1979.
Darwin Ch., *L'origine delle specie* (1859), Bollati Boringhieri, Torino 1967.
De Crescenzo G., *L'etologia e l'uomo*, La Nuova Italia, Firenze 1975.
Dessì Fulgheri F., *Etologia*, in AA.VV., *Gli strumenti del sapere contemporaneo*, vol. I: *Le discipline*, Utet, Torino 1985, pp. 292-302.
Eibl-Eibesfeldt I., *I fondamenti dell'etologia. Il comportamento degli animali e dell'uomo* (1967, edizione ampliata 1987), Adelphi, Milano 1976, edizione ampliata 1995.
–, *Amore e odio. Per una storia naturale dei comportamenti elementari* (1970), Adelphi, Milano 1971.
–, *Human ethology. Concepts and implications for the sciences of man*, in "Behavioral and Brain Sciences", 1979, n. 1.
–, *Etologia umana. Le basi biologiche e culturali del comportamento* (1984), Bollati Boringhieri, Torino 1993.
Griffin D. R., *The question of animal awareness. Evolutionary continuity of mental experience*, Rockefeller University Press, New York 1976.
Hinde R. A., Stevenson-Hinde J., *Instinct and intelligence*, Oxford University Press, Oxford 1976.
Illich I., *Nella vigna del testo. Per una etologia della lettura* (1993), Raffaello Cortina, Milano 1994.
Immelmann K., *Introduction to ethology*, Plenum Press, New York 1981.
King R. C., *Dizionario di genetica* (1972), Isedi, Milano 1974.
Kohler W., *L'intelligenza nelle scimmie antropoidi* (1917), Giunti Barbera, Firenze 1961.
Lorenz K., *L'anello di re Salomone* (1949), Adelphi, Milano 1967.
–, *L'aggressività. Edizione ampliata de "Il cosiddetto male"* (1963), il Saggiatore, Milano 1976.
–, *L'altra faccia dello specchio. Per una storia naturale della conoscenza* (1973), Adelphi, Milano 1974.
–, *L'etologia. Fondamenti e metodi* (1978), Bollati Boringhieri, Torino 1980.
Mainardi D., *Etologia*, in AA.VV., *Enciclopedia del Novecento*, Istituto dell'Enciclopedia Italiana, Roma 1977, vol. II.
Manning A., *Il comportamento animale* (1972), Bollati Boringhieri, Torino 1979.
McGrew W. C., *Il comportamento infantile. Uno studio etologico* (1972), Franco Angeli, Milano 1980.
Poli M., *Psicologia animale e etologia*, il Mulino, Bologna 1981.
Thorpe W. H., *L'etologia. Origini e sviluppi* (1979), Armando, Roma 1983.
Tinbergen N., *Lo studio dell'istinto* (1951), Adelphi, Milano 1994.
Vallortigara G., *Altre menti. Lo studio comparato della cognizione animale*, il Mulino, Bologna 2000.
Wilson E. O., *Sociobiologia. La nuova sintesi* (1975), Zanichelli, Bologna 1979.
–, *Sulla natura umana* (1978), Zanichelli, Bologna 1980.

EU (*Expected Utility*), v. RISCHIO.

Euforia (ingl. *Euphoria*; ted. *Euphorie*; fr. *Euphorie*; sp. *Euforia*). Stato emotivo caratterizzato da allegria, esuberanza e felicità in corrispondenza di un evento positivo e gratificante. Spesso accompagnata da un eccitamento psicomotorio, l'euforia può assumere un significato patologico quando la risonanza emotiva è sproporzionata ai dati di realtà, come spesso accade nella MANIA (v.). Da un punto di vista psicoanalitico, Bertram D. Lewin legge l'euforia come una liberazione da parte dell'Io dei tratti oppressivi del Super-io, mentre in ambito psichiatrico Eugen Bleuler parla di *euforia indifferente* quando la gioia e l'allegria sono prive di profondità emotiva o succedono a stati di profonda depressione (v. CICLOTIMIA).

Bibliografia

Bleuler E., *Trattato di psichiatria* (1911-1939, aggiornato da M. Bleuler dal 1940 al 1960), Feltrinelli, Milano 1967.
Lewin B. D., *The psychoanalysis of elation*, Hogarth, London 1951.

Euforizzante, v. DROGA, § 1.

Eugenetica, v. GENETICA, § 5, *a*.

Eumorfismo (ingl. *Eumorphism*; ted. *Eumorphismus*; fr. *Eumorphisme*; sp. *Eumorfismo*). Si dice di un individuo con costituzione fisica di proporzioni normali (*normotipo*). Il termine appartiene alla classificazione dei tipi costituzionali della scuola italiana che prevede, oltre al tipo eumorfo, il tipo *dolicomorfo* in cui prevalgono le linee verticali, e il tipo *brachimorfo* in cui prevalgono le linee orizzontali. Questa tripartizione corrisponde a quella di Ernst Kretschmer che prevede il tipo *atletico* (eumorfo), *astenico* (dolicomorfo) e *picnico* (brachimorfo) (v. TIPOLOGIA, § 1, *b*).

Eunuco (ingl. *Eunuch*; ted. *Eunuch*; fr. *Eunuque*; sp. *Eunuco*). Individuo privo delle ghiandole genitali per difetto organico o a seguito di CASTRAZIONE (v.) che determina la perdita della capacità riproduttiva e l'arresto dello sviluppo dei caratteri sessuali secondari. Se l'evirazione avviene prima della pubertà provoca *eunucoidismo*, ossia lo sviluppo dei caratteri sessuali secondari del sesso opposto e una notevole diminuzione dello stimolo sessuale, mentre in presenza di un deficit dei caratteri sessuali primari e secondari per incompleto sviluppo si parla di individuo *eunucoide*.

Eunucoide, v. EUNUCO.

Eunucoidismo, v. EUNUCO.

Euprassia (ingl. *Eupraxia*; ted. *Eupraxie*; fr. *Eupraxie*; sp. *Eupraxia*). Normale capacità di compiere movimenti coordinati (v. MOVIMENTO, § 1, *b*; GESTO, § 1). Il termine è stato introdotto da Aristotele per indicare il retto agire.

Euristica (ingl. *Heuristic*; ted. *Heuristik*; fr. *Heuristique*; sp. *Heurística*). Metodo di ricerca per la soluzione di un problema, in assenza di un piano sistematico delle varie ipotesi per eccessiva complessità del problema stesso. Quando non si danno *algoritmi* (v. ALGORITMO), ossia una serie di regole che, una volta eseguite, conducono automaticamente alla soluzione corretta, si ricorre a *operatori euristici*, come ad esempio il criterio dell'*analogia* tra il problema presentato e quello di cui si conosce la soluzione. Naturalmente l'operazione euristica non offre le stesse garanzie di quella algoritmica, ma spesso è inevitabile per quei problemi di cui non sono ancora stati scoperti gli algoritmi appropriati, che possono anche non esistere affatto.

Bibliografia

Lindsay P. H., Norman D. A., *L'uomo elaboratore di informazioni. Introduzione cognitivista alla psicologia* (1977), Giunti Barbera, Firenze 1983.

Euritmia (ingl. *Eurythmy*; ted. *Eurhythmie*; fr. *Eurythmie*; sp. *Euritmia*). Termine impiegato in medicina costituzionale per indicare l'armonica disposizione delle varie parti del corpo, e nelle terapie a sfondo antroposofico per indicare la "legge del buon ritmo", mirante all'accordo tra uomo e natura, che può essere raggiunto se l'uomo non si oppone alla natura ma si percepisce, nell'esperienza corporea e mentale, come parte di essa.

Eutanasia (ingl. *Euthanasia*; ted. *Sterbehilfe*; fr. *Euthanasie*; sp. *Eutanasia*). Il termine, che nell'antica Grecia indicava la serena accettazione della morte come naturale compimento della vita, oggi si riferisce a tutte quelle tecniche medico-farmacologiche adottate per accelerare la morte in presenza di sofferenze ritenute insopportabili dal punto di vista fisico o dal punto di vista della dignità personale. L'eutanasia solleva problemi etici e divide le coscienze, perché per alcuni è un vero e proprio omicidio perpetrato nei confronti di persone in condizioni particolarmente vulnerabili con la giustificazione della pietà e della compassione. Per altri è una difesa della dignità umana che non può essere soggetta passivamente ai processi naturali, soprattutto quando sono irreversibilmente scomparsi la coscienza e ogni tratto della vita personale.

Bibliografia

Dworkin G., Frey R. G., Bok S., *Eutanasia e suicidio assistito. Pro e contro* (1998), Edizioni di Comunità, Torino 2001.
Goffi J.-Y., *Pensare l'eutanasia* (2004), Einaudi, Torino 2006.
Sannella A., *Sulle orme di Endimione. Una riflessione sociologica sull'eutanasia*, Franco Angeli, Milano 2003.
Veronesi U., *Il diritto di morire. La libertà del laico di fronte alla sofferenza*, Mondadori, Milano 2005.

Eutenica, v. GENETICA, § 5, *a*.

Eutimia (ingl. *Euthymia*; ted. *Euthymie*; fr. *Euthymie*; sp. *Eutimia*). Introdotto da Democrito per designare una particolare condizione dell'animo caratterizzata da tranquillità e da assenza di timori ed emozioni, oggi il termine viene impiegato come sinonimo di serenità e buon (εὖ) umore (θυμός).

Evento (ingl. *Event*; ted. *Ereignis*; fr. *Événement*; sp. *Acontecimiento*). Accadimento contingente o accidentale non leggibile all'interno di una sistematicità o di una visione organica e unitaria. Appartiene all'esperienza pratica e, come tale, non è paradigmatico e universalizzabile. Non essendo inserito in una sequenza, ma offrendosi piuttosto nella sua irripetibilità, dell'evento non sono reperibili cause vere e proprie, ma al più si possono individuare degli antefatti che genericamente lo giustificano o lo rendono in parte prevedibile. Si danno due tipi di previsione dell'evento: una *soggettiva* fondata sul "grado di fiducia" che un individuo sente nell'avverarsi o meno di un determinato evento ed esprime come "quota di scommessa", e una *oggettiva* dove la probabilità di un evento è in relazione a un insieme (*kollektiv*) di altri eventi o prove. In questo caso, scrive Ludovico Geymonat, «la probabilità di un evento in un *kollektiv* sarà la frequenza limite, nel significato che questo termine ha in analisi matematica, verso cui tendono le prove positive di esso in tale *kollektiv*» (1982, p. 27).

Di particolare rilevanza speculativa sono le considerazioni di Martin Heidegger sull'"Evento (*Ereignis*)", che a suo dire «accorda ai mortali la dimora nel loro vero essere e, con questa, la capacità di essere parlanti» (1959, p. 204). Infatti, "Evento dell'essere" significa per Heidegger che l'essere appartiene all'Evento, che non è dato prima o fuori del suo e-venire. Dell'essere, infatti, non si dice, come dell'ente, che "è", perché l'essere non è, "si dà (*es gibt*)", e perciò, prosegue Heidegger, «l'Evento (*Ereignis*), visto nel mostrare costitutivo del dire originario, non può essere oggettivato né come un fatto né come un avvenimento: può solo essere esperito, all'interno del dire originario, come il donante. Non c'è nulla al di fuori dell'Evento, cui l'Evento possa essere ricondotto, in base a cui esso possa essere spiegato. L'Evento non è il risultato (*Ergebnis*) di qualcos'altro. Esso è al contrario la donazione (*die Er-gebnis*). Solo il generoso dare di questa può concedere qualcosa come quel "si dà (*es gibt*)", del quale "l'essere" ancora ha bisogno, per pervenire, come essere presente, a ciò che è proprio (*eigen*)» (ivi, p. 203).

Bibliografia

Cavazzini A., *Evento e concetto*, Editrice CRT, Pistoia 1999.
Geymonat L., *Il concetto di probabilità*, in D. Costantini, L. Geymonat, *Filosofia della probabilità*, Feltrinelli, Milano 1982.
Heidegger M., *In cammino verso il linguaggio* (1959), Mursia, Milano 1973.
Sasso G., *Tempo, evento, divenire*, il Mulino, Bologna 1996.

Evirazione, v. CASTRAZIONE.

Evitamento, v. ATTRAZIONE – REPULSIONE, TEORIA DELL'.

Evitante, Disturbo di personalità, v. PERSONALITÀ, § II, 3, C, α.

Evoluzione (ingl. *Evolution*; ted. *Evolution*; fr. *Évolution*; sp. *Evolución*). Processo attraverso cui un organismo, al mutare delle condizioni ambientali, passa, nel volger del tempo, da una forma o espressione più semplice a una più articolata e complessa. Il termine "evoluzione" è stato probabilmente introdotto da Herbert Spencer nel suo saggio *Progresso* del 1857, ma la fortuna della parola si deve a Charles Darwin che, smobilitando la teoria aristotelica dell'immutabilità o fissità delle specie viventi, introdusse il concetto della loro evoluzione a partire da due ordini di fatto: 1) l'esistenza di piccole *mutazioni* organiche, che si verificano negli esseri viventi a intervalli regolari di tempo, vantaggiose per gli individui che le presentano; 2) la lotta per la vita che *seleziona* i più idonei alla sopravvivenza, garantendo maggior probabilità a quelli che presentano mutamenti organici vantaggiosi che poi si trasmettono in via ereditaria (v. DARWINISMO). La teoria dell'evoluzione ha permeato sia le scienze naturali sia quelle sociali e in particolare l'antropologia, l'astronomia, la biologia, la botanica, la cosmologia, l'ecologia, la linguistica, la sociologia, la termodinamica, la zoologia, l'ETOLOGIA (v.), la PSICOLOGIA COMPARATA (v.), con riferimento a concetti di cambiamento, ordine, direzione, progresso e perfezione, anche se il processo evolutivo non sempre percorre tutti i gradini.

1. I CONCETTI DELLA TEORIA DELL'EVOLUZIONE. Secondo Richard Charles Lewontin e Richard Levins, tutte le teorie evolutive fanno riferimento a un quadro concettuale che chiama in causa i seguenti concetti:

a) *Cambiamento*: inteso non come alterazione eccezionale in un universo di norma stabile e statico, ma come condizione naturale che, in ogni campo, coglie lo stato attuale come momento di un processo dinamico.

b) *Ordine*: per cui ogni cambiamento approda a un nuovo stato di organizzazione ordinato rispetto al precedente lungo una scala di complessità, omeostasi, adattabilità all'ambiente ecc., che consente una prevedibilità nell'arco di periodi di tempo relativamente brevi, misurabili in generazioni.

c) *Direzione*: la nozione di ordine consente di descrivere i processi evolutivi in forma di aumento o diminuzione unidirezionale di una certa caratteristica. La direzione a cui più spesso si fa ricorso è la *complessità*, nel senso che si presume che l'evoluzione dell'universo organico e sociale si sviluppi nella direzione che dall'omogeneo conduce all'eterogeneo, dal semplice al complesso. L'aumento della complessità si intreccia con il concetto di OMEOSTASI (v.) il cui aumento, nel corso dell'evoluzione, determinerebbe il ritorno del sistema allo stato precedente, dopo una perturbazione. Complessità e omeostasi sono interrelate nella teoria evolutiva attraverso il concetto di *stabilità* dinamica visualizzata come conseguenza di intense interazioni tra elementi diversi con funzioni differenti.

d) *Progresso*: questa categoria era il criterio di lettura con cui nell'Ottocento si interpretava l'evoluzione perché, come scrive Spencer, «dai più antichi mutamenti cosmici rilevabili agli ultimi risultati della civiltà, troviamo sempre che il progresso consiste essenzialmente nella trasformazione dall'omogeneo all'eterogeneo» (1857, p. 447). Oggi questa categoria è stata sostituita con quella di *ottimalità*, misurata dal criterio di minimo tempo e massima resa, o è stata totalmente abbandonata perché giudicata ideologica.

e) Perfezione: Darwin era persuaso che l'evoluzione portasse a «quella perfezione di struttura e coadattamento che giustamente suscita la nostra ammirazione» (1859, p. 78). In realtà, l'organismo perfettamente omeostatico, capace di vivere meglio di qualsiasi forma specializzata in ogni ambiente, è ritenuto una impossibilità biologica. La termodinamica dice che l'ENTROPIA (v.) va crescendo ovunque, sicché in definitiva l'universo raggiungerà uno stato stazionario di entropia massima, in cui non si potrà produrre lavoro per interazione termica. A questo punto si può continuare a parlare di "perfezione", ma solo nel significato specifico di "compimento".

2. I PUNTI IN COMUNE DELLE VARIE TEORIE EVOLUTIVE. Dal punto di vista epistemologico, le teorie evolutive, ciascuna delle quali opera nel rispettivo campo con un apparato concettuale modulato sull'oggetto di studio, convengono su alcuni capisaldi che possono così essere elencati:

a) La separazione dell'idea di evoluzione dall'idea di progresso, soprattutto se si pensa a un progresso lineare, necessario e costante. All'idea di "progresso" si è sostituita quella di *dominanza* che implica quella di "età", per cui in una certa età si assiste alla dominanza di una certa specie rispetto ad un'altra. Un secondo criterio è quello che problematizza la direzione verso la *complessità* per la constatazione che le parti di un organismo tendono a ridursi nel loro numero e a specializzarsi nella loro funzione (legge di Williston). In entrambi i casi, rinunciando sia all'idea di progresso sia a quella di complessità, si mantiene la nozione di *ordine*.

b) L'abbandono del punto di vista finalistico che scaturisce dal privilegiare un solo fattore evolutivo, a partire dal quale leggere il disegno dell'evoluzione, trascurando quelli involutivi o quelli casuali.

c) L'eliminazione di ogni pregiudizio necessaristico costruito sul modello dell'organismo individuale. Normalmente un tipo di organizzazione persiste fino a quando il suo adattamento all'ambiente continua ad essere possibile. Talvolta le stesse condizioni di adattamento producono l'estinzione per incapacità dell'organismo di adattarsi al mutamento dell'ambiente.

d) L'introduzione della categoria della possibilità spezza le alternative ordine-disordine, fine-caso. La vita, infatti, tende ad appigliarsi a tutte le possibilità disponibili e alle opportunità che si offrono. Questo dimostra che la complessità di un organismo non è stata progettata in anticipo, ma è il risultato dello sfruttamento delle possibilità favorevoli che si sono presentate.

e) L'intervallo tra il sapere e la vita non concede che quadri osservati e costruiti scientificamente siano l'esatta riproduzione dei processi vitali, nel senso che, utilizzando gli strumenti a sua disposizione, la scienza ritiene "spiegato" solo ciò che può essere raggiunto con l'aiuto di tali strumenti.

Bibliografia

Bergson H., *L'evoluzione creatrice* (1907), Raffaello Cortina, Milano 2002.

Blanc M., *Les théories de l'évolution aujourd'hui*, in "La Recherche", 1982, n. 129.

Cavalli-Sforza L. L., *L'evoluzione della cultura*, Codice, Torino 2004.

Ceruti M., *La danza che crea. Evoluzione e cognizione nell'epistemologia genetica*, Feltrinelli, Milano 1989.

–, *Evoluzione senza fondamenti*, Laterza, Bari 1995.

Cesa Bianchi G., *La psiche umana. Genesi e processo evolutivo*, PsycoPress, Milano 2004.

Cini M., *Un paradiso perduto. Dall'universo delle leggi naturali al mondo dei processi evolutivi*, Feltrinelli, Milano 1994.

Danchin A., *Evoluzione*, in AA.VV., *Enciclopedia*, Einaudi, Torino 1982, vol. XV, pp. 233-243.

Darwin Ch., *L'origine delle specie* (1859), Bollati Boringhieri, Torino 1967.

Dennett D. C., *L'idea pericolosa di Darwin. L'evoluzione e i significati della vita* (1995), Bollati Boringhieri, Torino 1997.

Dobzhansky Th., Ayala F. J., Stebbing G. L., Valentine J. W., *Evolution*, Freeman, San Francisco 1977.

Eigen M., *Gradini verso la vita. L'evoluzione prebiotica alla luce della biologia molecolare* (1987), Adelphi, Milano 1992.

Gould S. J., *La struttura della teoria dell'evoluzione* (2002), Codice, Torino 2003.

Harris M., *La nostra specie. Natura e cultura nell'evoluzione umana* (1989), Rizzoli, Milano 1991.

Huxley Th. H., *Evoluzione ed etica* (1888-1893), Bollati Boringhieri, Torino 1995.

Jacob F., *Evoluzione e bricolage* (1978), Einaudi, Torino 1978.

Lamarck J.-B., *Ricerche sull'organizzazione dei corpi viventi* (1802), Riza, Milano 1988.

László E., *Evoluzione. I limiti interni della natura umana* (1984), Feltrinelli, Milano 1986.

–, *L'ipotesi del campo Ψ. Fisica e metafisica dell'evoluzione* (1986), Pierluigi Lubrina Editore, Bergamo 1987.

Lewontin R. Ch., *The genetic basis of evolutionary change*, Columbia University Press, New York 1974.

Lewontin R. Ch., Levins R., *Evoluzione*, in AA.VV., *Enciclopedia*, Einaudi, Torino 1978, vol. V, pp. 995-1051.

Mayr E., *Biologia ed evoluzione* (1981), Bollati Boringhieri, Torino 1982.

Merrell D. J., *Ecological genetics*, Longman, London 1981.

Monod J., *Il caso e la necessità* (1970), Mondadori, Milano 1970.

Patterson C., *Evolution*, Cornell University Press, New York 1978.

Pievani T., *La teoria dell'evoluzione. Attualità di una rivoluzione scientifica*, il Mulino, Bologna 2010.

Simpson G. G., *Tempo and mode in evolution*, Columbia University Press, New York 1944.
Spencer H., *Progress. Its law and cause*, in "Westminster Review", 1857, n. XI.
–, *I primi principi* (1862), Bocca, Milano 1901.

Evoluzionismo (ingl. *Evolutionism*; ted. *Evolutionismus*; fr. *Évolutionnisme*; sp. *Evolucionismo*). Complesso di dottrine filosofiche che vedono nell'EVOLUZIONE (v.) il principio idoneo a spiegare qualsiasi tipo di realtà. Il termine va quindi distinto dalla teoria generale dell'evoluzione che non oltrepassa ciò che una teoria scientifica può legittimamente convalidare. Introdotto in epoca positivista da Herbert Spencer come principio esplicativo di tutti gli aspetti del reale, l'evoluzionismo si è espresso in campo filosofico, teologico, sociologico, antropologico e psicoanalitico.

1. FILOSOFIA. Spencer definisce l'evoluzione «una integrazione di materia e una concomitante dissipazione di movimento, durante la quale la materia passa da una omogeneità indefinita e incoerente ad una eterogeneità definita e coerente, e durante la quale il movimento conservato soggiace a una trasformazione parallela» (1862, § 145). L'evoluzione è intesa come progresso, e per di più come progresso necessario che culmina, per ciò che riguarda l'uomo, «nella più grande perfezione e nella più completa felicità» (ivi, § 176). Nel secolo scorso il motivo è stato ripreso da Henri Bergson che concepisce la realtà come "slancio vitale" in virtù del quale la vita si moltiplica e si diversifica in tutti i suoi aspetti e le sue forme anche spirituali, mentre, dove si arresta, genera la materia e, in campo spirituale, la rigidità della dottrina e della ripetizione.

2. TEOLOGIA. L'evoluzionismo ha trovato numerose resistenze per la messa in questione del concetto di creazione. Un tentativo di conciliazione è stato fatto da Pierre Teilhard de Chardin, che interpreta l'evoluzione come manifestazione nella natura di un disegno di Dio, che è possibile leggere se solo si abbandona «l'interpretazione positivistica dell'universo per accedere a quella nuova fisica capace di comprendere l'interno oltreché l'esterno delle cose, sia lo spirito che la materia». Allora l'uomo non apparirà più come l'evento casuale di un processo evolutivo, ma come «l'asse e la freccia dell'evoluzione» (1938-1940, p. 36).

3. SOCIOLOGIA. La teoria della selezione naturale di Charles Darwin fu applicata in campo economico come giustificazione del liberalismo, per cui, se gli uomini perseguono i loro fini egoistici, finiscono con il realizzare il bene comune attraverso la selezione degli individui, con conseguente gerarchizzazione e ordine nella società, dove la concorrenza contempera gli interessi individuali. Sul versante opposto Karl Marx, che voleva dedicare *Il capitale* a Darwin, vede nell'evoluzione la modificabilità delle leggi economiche che il liberismo considerava non storiche, ma naturali, e l'inevitabilità dell'approdo alla società socialista per le contraddizioni interne del capitalismo, giudicato come un organismo che, per effetto delle sue stesse contraddizioni, non poteva che evolvere verso il comunismo.

4. ANTROPOLOGIA. L'evoluzionismo permea la concezione secondo cui tutte le società si sarebbero sviluppate per stadi evolutivi analoghi; perciò diventa possibile l'introduzione del metodo comparativo in base al quale a un fenomeno rilevato in una fase di una successione storica dovrà necessariamente corrispondere un fenomeno omologo nella fase corrispondente di un processo parallelo. Tra i sostenitori dell'evoluzionismo in antropologia ricordiamo Edward Burnett Tylor che, partendo da un'ipotesi eurocentrica, stabilì una gerarchia che prevedeva al vertice la civiltà europea, rispetto alla quale le altre forme di civiltà, per la qualità delle loro credenze e delle loro istituzioni, andavano collocate a livelli più bassi, e Lewis Henry Morgan che, confrontando i vari aspetti tecnologici e istituzionali delle diverse culture, stabilì tre fasi evolutive da lui definite: "selvaggia", "barbarica" e "civile".

5. PSICOANALISI. La coscienza è letta sia da Sigmund Freud sia da Carl Gustav Jung come il risultato di un processo di emancipazione, non ancora concluso, dall'inconscio, per cui, scrive Freud, «la psicoanalisi è uno strumento inteso a rendere possibile la conquista progressiva dell'Es da parte dell'Io» (1922, p. 517). E ancora: «L'intenzione della psicoanalisi è di rafforzare l'Io, di renderlo più indipendente dal Super-io, di ampliare il suo campo percettivo e perfezionare la sua organizzazione, così che possa annettersi nuove zone dell'Es. Dove era l'Es deve subentrare l'Io. È un'opera di civiltà» (1932, p. 190). Dal canto suo Jung scrive che «come il nostro corpo reca in sé le tracce della sua evoluzione filogenetica, così fa anche lo spirito. Non c'è quindi niente di strano che il linguaggio metaforico dei nostri sogni sia un relitto arcaico» (1916-1948, p. 266). E questo perché «l'inconscio è la storia non scritta dell'uomo da tempi immemorabili; la formulazione razionale può bastare al presente o all'immediato passato, ma non all'esperienza umana che, nella sua totalità, esige quella più ampia visione che solo il simbolo può dare» (1942-1948, p. 183). Il pensiero simbolico è infatti per Jung una forma di pensiero più arcaica di quella concettuale.

Bibliografia

Bergson H., *L'evoluzione creatrice* (1907), Raffaello Cortina, Milano 2002.
Cesa Bianchi G., *La psiche umana. Genesi e processo evolutivo*, PsycoPress, Milano 2004.
Freud S., *L'Io e l'Es* (1922), in *Opere* (1967-1993), Bollati Boringhieri, Torino, vol. IX.
–, *Introduzione alla psicoanalisi. Nuova serie di lezioni* (1932), in *Opere*, cit., vol. XI.
Jung C. G., *Considerazioni generali sulla psicologia del sogno* (1916-1948), in *Opere* (1969-2007), Bollati Boringhieri, Torino, vol. VIII.
–, *Saggio d'interpretazione psicologica del dogma della Trinità* (1942-1948), in *Opere*, cit., vol. XI.
Marx K., *Il capitale. Critica dell'economia politica* (1867-1894), Editori Riuniti, Roma 1964, voll. I-III.
Morgan L. H., *La società antica. Le linee del progresso umano dallo stato selvaggio alla civiltà* (1877), Feltrinelli, Milano 1970.
Neumann E., *Storia delle origini della coscienza* (1949), Astrolabio, Roma 1978.
Spencer H., *I primi principi* (1862), Bocca, Milano 1901.
Teilhard de Chardin P., *Il fenomeno umano* (1938-1940), il Saggiatore, Milano 1968.
Tylor E. B., *Lo sviluppo della civiltà* (1871), in U. Fabietti (a cura di), *Alle origini dell'antropologia*, Bollati Boringhieri, Torino 1980.
Wright Ch., *L'evoluzione dell'autocoscienza* (1873), Spirali/Vel, Milano 1990.

Exner, Spirale di, v. PERCEZIONE, § 6, *a*.

Extracorporea, Esperienza, v. PARAPSICOLOGIA, § 2.

Extrapiramidale, Sistema (ingl. *Extrapyramidal system*; ted. *Extrapyramidensystem*; fr. *Système extrapyramidal*; sp. *Sistema extrapiramidal*). Il termine anatomico indica un network neuronale che fa parte del sistema motorio e che controlla i riflessi e i movimenti motori involontari, il tono muscolare, oltre a partecipare alla coordinazione del movimento. Il sistema è definito "extrapiramidale" in opposizione al "sistema piramidale", che è costituito dai tratti di sostanza bianca che dalla corteccia motoria passano a livello delle "piramidi" bulbari (v. PIRAMIDALE, SISTEMA). In ultima analisi, "extrapiramidale" sta ad indicare tutte quelle strutture il cui danno causa una sindrome "extrapiramidale", quindi il cervelletto e i nuclei basali (putamen, nucleo caudato, globus pallidus, nucleo subtalamico, sostanza nera). Normalmente questo termine viene utilizzato in riferimento ai soli nuclei basali. Detto sistema coopera con l'attività muscolare volontaria regolando il tono e la postura attraverso un complesso coordinamento del gioco agonista-antagonista. È inoltre deputato alla regolazione della motilità involontaria associata, nella cinesia fisiologica (v. CINESIA), a movimenti volontari come i movimenti pendolari degli arti superiori nella LOCOMOZIONE (v.). Inibisce infine alcune manifestazioni primitive, superflue ai fini di una cinesia efficiente. Lesioni a questo sistema comportano l'insorgenza di discinesie (v. CINESIA) come nei casi di parkinsonismo, COREA (v.) e spasmi da torsione. Un ipertono extrapiramidale con ipertonia muscolare generalizzata si riscontra nel morbo di Parkinson (v. PARKINSON, MORBO DI) e nel sovradosaggio di farmaci neurolettici (v. PSICOFARMACOLOGIA, § I, 1, *a*).

Extrasensoriale, Percezione (ESP), v. PARAPSICOLOGIA, § 1.

Eziologia (ingl. *Etiology*; ted. *Ätiologie*; fr. *Étiologie*; sp. *Etiología*). Studio dei fattori che sono causa (v. CAUSALITÀ), in greco *αἰτία*, di una malattia.

1. PSICHIATRIA. In ambito psicopatologico, scrive Alberto Gaston, «una polemica violenta e lacerante, spesso sotterranea, caratterizza la ricerca sulle cause dell'alienazione; questo problema è ancor oggi del tutto irrisolto e non è neppure così evidente che sia metodologicamente corretto impostare l'approccio all'alienazione in termini prevalentemente etiologici» (1987, p. 49). La speculazione psichiatrica dell'Ottocento si era orientata sulla base della *Nosografia filosofica* (1798) di Philippe Pinel, che aveva fissato le *sedi* della malattia mentale nel cervello e nella regione epigastrica, e le *cause* o nelle lesioni fisiche, o nelle disposizioni organiche, o nelle forti affezioni morali. Da questa impostazione prenderà il via un doppio registro interpretativo: a orientamento *somatico* e a orientamento *psicologico*, che ancor oggi si confrontano in termini meno categorici di quanto non fossero nell'Ottocento e con le cautele che Gaston così espone: «*a*) Non abbiamo ancora le capacità tecniche e logiche per scoprire le vere cause di quegli stati psicopatologici che rappresentano quadri parziali dell'oggetto *follia*. *b*) Molte *cose*, diversissime, possono far apparire nel campo fenomenico le grandi immagini psicopatologiche della follia; in questo caso ciò che noi fissiamo come puro oggetto causale dovrebbe essere più logicamente considerato come *condizione necessaria* (il "ciò senza di cui" platonico); necessaria appare unicamente la condizione, ma non l'effetto, che è solo possibile. Tanto più numerose sono le condizioni necessarie, tanto più l'*effetto* appare, pur nelle sue numerose varietà, tipizzabile, composto cioè da alcuni elementi invarianti (se così non fosse ci troveremmo di fronte a effetti totalmente diversi, difficilmente unificabili, in una multigenesi causale). In questo caso la follia potrebbe apparire come un fenomeno psichico complesso formato da molti elementi variabili costellati da alcuni elementi invariabili e costituirsi come forma latente dello spirito. La

variabilità causale dovrebbe allora essere responsabile del "perché" della follia, inteso come momento di manifestazione, e degli elementi variabili formali, ma mai responsabile del "come" e degli elementi invariabili. *c*) Dobbiamo considerare la possibilità, almeno come puro espediente euristico, che non esista una causa; ciò potrebbe indirizzare la ricerca verso campi "periferici", ma ricchi di elementi significativi» (ivi, pp. 150-151).

2. PSICOLOGIA DEL PROFONDO. In questo ambito uno dei punti di contrasto tra Sigmund Freud e Carl Gustav Jung fu appunto l'interpretazione causale dei fenomeni psichici, che per Freud era l'unico metodo da adottare, mentre per Jung era da affiancare al metodo finalistico perché, scrive Jung, «se vogliamo lavorare veramente da psicologi, allora dobbiamo conoscere il "senso" dei fenomeni psichici», ma per questo «non dobbiamo considerare la psiche in senso "solo causale", dobbiamo considerarla anche in senso "finale". [...] Naturalmente io considero necessari ambedue i modi di vedere, quello causale e quello finalistico, ma vorrei far notare che, dopo Kant, sappiamo che i due punti di vista non si contraddicono, se vengono considerati come principi regolatori del pensiero, e non come principi costitutivi del processo di natura stesso» (1916-1917, pp. 318-319). Sottesa a questa posizione di Jung è la consapevolezza dell'irriducibilità della psiche ai metodi che si sono rivelati validi a livello organicistico, perché la psiche, a differenza dell'organo corporeo, esprime un "senso" che nessuna indagine causale è in grado di illustrare (v. COSTRUTTIVO, METODO). Su questa posizione è allineata anche la psichiatria a indirizzo fenomenologico (v. ANALISI ESISTENZIALE).

Bibliografia

Binswanger L., *La concezione freudiana dell'uomo alla luce dell'antropologia* (1936), in Id., *Per un'antropologia fenomenologica. Saggi e conferenze psichiatriche* (1921-1941), Feltrinelli, Milano 1970.

Borgna E., *I conflitti del conoscere. Strutture del sapere ed esperienza della follia*, Feltrinelli, Milano 1988.

Gaston A., *Genealogia dell'alienazione*, Feltrinelli, Milano 1987.

Jung C. G., *Prefazioni ai "Collected Papers on Analytical Psychology"* (1916-1917), in *Opere* (1969-2007), Bollati Boringhieri, Torino, vol. IV.

Pinel Ph., *Nosographie philosophique ou la méthode de l'analyse appliquée à la médecine*, Crapelet, Paris 1798.

F

Fabulazione, v. CONFABULAZIONE.

Faccia (ingl. *Face*; ted. *Gesicht*; fr. *Visage*; sp. *Cara*). Dal punto di vista fenomenologico la nostra faccia è un cerchio mancato dove l'intenzione percettiva si confonde con la convenzione della percezione. A nessuno, infatti, è concessa l'immagine fedele del proprio volto. La mia vista non può vedere quel viso che sono e che mi esprime. Anche con lo specchio non raggiungo lo scopo, perché l'immagine riflessa non è sovrapponibile ma simmetrica: la destra diventa la sinistra, e siccome le due parti non sono perfettamente identiche, l'espressione che vedo riflessa non è la *mia* espressione. Il proprio volto è qualcosa che si "costruisce", come lascia intendere la parola "faccia", dal latino *facies* che rinvia a *facio*, verbo dell'attuazione e della prassi. È una costruzione che si compie con lo sguardo, per cui la "faccia" è anche "viso", dal latino *visus*, da cui il francese *visage* e il tedesco *Gesicht*, dove evidenti sono le allusioni all'atto del vedere da parte di chi ci guarda. Guardando il volto di un uomo, solo una nostra supposizione ci fa ritenere che a lui siano noti i tratti che noi vediamo; in realtà per ciascuno di noi il volto è il *vuoto* del nostro corpo. In ambito cognitivista si è sviluppata un'area di ricerca che studia i processi coinvolti nel riconoscimento dei lineamenti facciali, particolarmente utili nelle testimonianze legali. Si è constatato che i volti familiari o di celebrità sono più facilmente riconoscibili, anche se più lenta e difficoltosa è l'attribuzione di un nome al volto. Quando questo riconoscimento risulta molto difficile o addirittura impossibile, si parla di *prosopoagnosia* (v. AGNOSIA, § 4) da ricondurre non di rado a lesioni cerebrali.

Bibliografia

Bruce V., *Recognising faces*, Lawrence Erlbaum Associates, London 1988.

Davies G., Ellis H. D., Shepherd J. W., *Perceiving and remembering faces*, Academic Press, London 1981.

Russell J. A., Fernández-Dols J. M. (a cura di), *Psicologia delle espressioni facciali* (1997), Erickson, Trento 1998.

Schilder P., *Immagine di sé e schema corporeo* (1935), Franco Angeli, Milano 1973.

Young A. W., Ellis H. D., *Handbook of research on face processing*, North Holland, Amsterdam 1989.

Facilitazione (ingl. *Facilitation*; ted. *Erleichterung*; fr. *Facilitation*; sp. *Facilitación*). Il termine trova applicazione in tre contesti: 1) in *fisiologia*, dove è stato introdotto da Theodor Meynert e successivamente ripreso da Georg Theodor Ziehen nei rispettivi studi sulla memoria, secondo i quali l'eccitamento, nel suo passaggio da un neurone all'altro, deve vincere una certa resistenza, aprendo, attraverso il suo ripetersi, una via che viene detta "facilitata" rispetto ad altre che non lo sono; 2) in *psicoanalisi*, dove Sigmund Freud, per illustrare il funzionamento dell'APPARATO PSICHICO (v.) costruito sul modello neurologico, adotta la teoria di Meynert, oggi in disuso perché scarsamente provata; 3) in *psicologia sperimentale*, dove si parla di "facilitazione sociale" nel caso in cui la presenza di una persona ha un effetto motivazionale sul rendimento di un soggetto quando le risposte corrette sono dominanti. Detta facilitazione si trasforma nel suo contrario quando predominanti sono gli errori.

Bibliografia

Freud S., *Progetto di una psicologia* (1895), in *Opere* (1967-1993), Bollati Boringhieri, Torino, vol. II.

Meynert Th., *Klinische Vorlesungen über Psychiatrie*, Braumüller, Wien 1890.

Zajonc R. B., *Social facilitation*, in "Science", 1965, n. 149.

Ziehen G. Th., *Leitfaden der physiologischen Psychologie*, Fischer, Jena 1887.

Facoltà (ingl. *Faculty*; ted. *Vermögen*; fr. *Faculté*; sp. *Facultad*). Termine usato in campo filosofico per indicare le differenti attitudini e potenzialità dell'anima intesa come sostanza dell'uomo. Di origine platonico-aristotelica, la dottrina delle facoltà, che generalmente muove da interessi gnoseologici ed è orientata a definire strategie di controllo del comportamento secondo un orientamento etico-pedagogico, presenta numerose varianti storiche a partire dalla classificazione medioevale delle facoltà distinte fra loro per i diversi atti e operazioni che compiono. Divisa la vita a tre livelli, la scolastica medioevale attribuiva alla vita *vegetativa* la facoltà nutritiva, accrescitiva e generativa, alla vita *sensitiva* la facoltà sensoriale e appetitiva, alla vita *intellettiva* la facoltà conoscitiva e volontaristica. Oltre al conoscere e al desiderare, Immanuel Kant ritenne che all'anima conviene anche la facoltà del sentimento. Dopo il proliferare delle varie *psicologie delle facoltà* nel corso della storia della filosofia, oggi il termine è divenuto desueto e non costituisce più tema di indagine e di dibattiti. Ciò è dovuto all'influenza del COMPORTAMENTISMO (v.) e della PSICOLOGIA DELLA GESTALT (v.), per i quali il comportamento implica la messa in opera simultanea e la fusione di tutti i principi o parti che un tempo venivano attribuiti all'anima, rendendo priva d'interesse la distinzione. Il termine facoltà conserva ancora un suo significato specifico nell'ambito della PSICOLOGIA FORENSE (v.), in riferimento all'assenza di ostacoli giuridici in ordine a un'azione. In questo ambito rientra anche il concetto di *facoltativo* affine a quello di *lecito*.

Fading. Espressione inglese impiegata: 1) in *pedagogia*, in riferimento a quella tecnica didattica che procede alla progressiva limitazione fino alla soppressione dei sussidi didattici prima assegnati in ordine di unità di apprendimento; 2) in *psichiatria*, per indicare il progressivo allentamento dei processi associativi fino alla definitiva sospensione (v. BLOCCO).

Fagofobia (ingl. *Phagophobia*; ted. *Phagophobie*; fr. *Phagophobie*; sp. *Fagofobia*). Profonda avversione all'assunzione di cibo. È un sintomo tipico dell'ANORESSIA (v.).

Fagomania (ingl. *Phagomania*; ted. *Phagomanie*; fr. *Phagomanie*; sp. *Fagomanía*). Incontenibile necessità di mangiare al di là dell'impulso fisiologico della fame. Può comparire nelle forme di depressione come compensazione a una delusione o a un vuoto interiore.

Faking, v. DISTORSIONE.

Fallica, Donna (ingl. *Phallic woman*; ted. *Phallisches Weib*; fr. *Femme phallique*; sp. *Mujer fálica*). Immagine di donna fantasmata o come munita di un fallo esterno o come se trattenesse al suo interno il fallo maschile. Di questo fantasma, che la psicoanalisi incontra frequentemente nei sogni, si danno diverse interpretazioni che variano da un arresto alla fase fallica (v. FALLICA, FASE) a un'attribuzione del pene alla madre come proiezione retrospettiva dell'organo attivo della madre che è il seno. L'analisi di soggetti omosessuali ha mostrato la presenza del fantasma ansiogeno secondo cui la madre avrebbe trattenuto al suo interno il pene ricevuto durante il coito. L'espressione "donna fallica" viene anche riferita, ma senza alcuna giustificazione fantasmatica, a donne o a madri autoritarie dai tratti considerati mascolini. Dal canto suo Sigmund Freud ha mostrato che il feticcio è un sostituto del fallo materno di cui il feticista nega l'assenza.

Bibliografia

Fenichel O., *Trattato di psicoanalisi delle nevrosi e delle psicosi* (1945), Astrolabio, Roma 1951.

Freud S., *Feticismo* (1927), in *Opere* (1967-1993), Bollati Boringhieri, Torino, vol. X.

Fallica, Fase (ingl. *Phallic phase*; ted. *Phallische-Phase*; fr. *Phase phallique*; sp. *Fase fálica*). Termine psicoanalitico che indica la terza fase dello sviluppo della libido, successiva alla fase orale (v. ORALE, § 2) e anale (v. ANALE, § 2). Si distingue dalla fase genitale (v. GENITALE, § 2) che si esprime nella pubertà, perché nella fase fallica l'unico organo conosciuto sia dal maschio sia dalla femmina è il FALLO (v.), che crea tra i due sessi l'opposizione: presenza del fallo e assenza del fallo o CASTRAZIONE (v.). Il fantasma della castrazione pone fine al complesso di Edipo (v. EDIPO, COMPLESSO DI). Il bambino esce dalla sessualità infantile, che Sigmund Freud definisce "polimorfa e pervertita", organizzando tutte le pulsioni parziali intorno alla zona genitale. Questa fase, scrive Freud, «rivela un oggetto sessuale e una certa misura di convergenza delle aspirazioni sessuali, ma si distingue in un punto essenziale dall'organizzazione definitiva della maturità sessuale. Essa infatti conosce soltanto un tipo di genitale, quello maschile. Perciò l'ho chiamata fase di organizzazione "fallica"» (1905, p. 507). La coppia di opposti *attività-passività* che predomina nella fase anale si trasforma nella coppia *fallico-castrato* nella fase fallica, per giungere all'opposizione *mascolinità-femminilità* nella fase genitale. Dal punto di vista maschile la minaccia di castrazione conclude il complesso edipico centrato sull'amore per la madre e fa sorgere nel bambino un interesse narcisistico per il proprio pene. Dal punto di vista femminile l'invidia del pene, provata dalla bambina nei confronti del bambino, suscita un risentimento verso la madre che non le ha dato il pene, con conseguente scelta del padre come oggetto d'amore in quanto può dare il pene o il suo equivalente simbolico che è il figlio.

Nella fase fallica Ernest Jones ha distinto uno stadio *protofallico* in cui il bambino non vive ancora il fantasma della castrazione presumendo che tutti possiedano un organo genitale maschile (pene o clitoride) soddisfacente, e uno stadio *deuterofallico* caratterizzato dalla fantasia che il mondo umano sia diviso, invece che in maschi e femmine, in soggetti forniti di un pene e in soggetti castrati. Karen Horney e Melanie Klein ritengono che la descrizione freudiana della fase fallica sia una diretta conseguenza della sua concezione fallocentrica (v. FALLOCENTRISMO) che non troverebbe giustificazione nei dati che è possibile raccogliere dall'osservazione infantile, dove si constata che la bambina ha un'intuizione primitiva della cavità vaginale, per cui non si darebbe invidia del pene (v. INVIDIA, § 1).

Bibliografia

Freud S., *Tre saggi sulla teoria sessuale* (1905), in *Opere* (1967-1993), Bollati Boringhieri, Torino, vol. IV.
Horney K., *Nuove vie della psicoanalisi* (1939), Bompiani, Milano 1950.
Jones E., *Teoria del simbolismo. Scritti sulla sessualità femminile e altri saggi* (1912), Astrolabio, Roma 1972.
Klein M., *La psicoanalisi dei bambini* (1932), Martinelli, Firenze 1969.
–, *Invidia e gratitudine* (1957), Martinelli, Firenze 1969.

Fallico, Carattere (ingl. *Phallic character*; ted. *Phallischer Charakter*; fr. *Caractère phallique*; sp. *Carácter fálico*). Carattere tipico di chi concepisce il comportamento sessuale come una dimostrazione di potenza, in antitesi al carattere genitale (v. GENITALE, § 4) che lo concepisce come partecipazione in un rapporto. Nella tipologia caratterologica ordinata da Wilhelm Reich, «il carattere fallico-narcisistico si differenzia già esteriormente dal carattere coatto e dal carattere isterico. Mentre il carattere coatto è prevalentemente inibito, contegnoso, depressivo, il carattere isterico è nervoso, agile, apprensivo, incostante, il tipico carattere fallico-narcisistico invece si presenta sicuro di sé, a volte arrogante, elastico, vigoroso, a volte imponente. Più è nevrotico il meccanismo interno e più sono ostentati questi atteggiamenti. [...] Simili individui normalmente nella vita hanno l'abitudine di prevenire ogni attacco previsto con un attacco da parte loro. [...] Negli uomini fallico-narcisistici la potenza erettiva è molto ben sviluppata, contrariamente a quella orgastica. I rapporti con le donne sono normalmente disturbati dalla poca considerazione del sesso femminile; malgrado ciò proprio i rappresentanti di questo tipo sono molto spesso oggetti sessuali ambiti perché sviluppano esteriormente in forma pura tutte le caratteristiche della virilità. Nelle donne il carattere fallico-narcisistico è più raro, ma ciò nonostante è abbastanza diffuso. Le forme nevrotiche sono caratterizzate da un'omosessualità attiva e da una notevole eccitazione del clitoride; le forme genitalmente più sane si distinguono per una grande sicurezza di sé che si basa sulla forza e la bellezza fisica» (1933, pp. 253-256).

Per Alexander Lowen, «il carattere fallico-narcisistico agisce come se fosse sessualmente molto potente. Questi individui si vantano delle loro conquiste e della loro potenza, quest'ultima misurata in base al numero dei rapporti quotidiani. Per la verità, la capacità orgastica, cioè la capacità di provare piacere, viene proporzionalmente a diminuire. La ragione della frequenza dell'atto sessuale è infatti il fallimento nel raggiungere il soddisfacimento in un'unica esperienza. Allo stesso modo, l'aggressività del carattere fallico-narcisistico è esagerata per compensare una debolezza costituzionale» (1958, pp. 252-253).

Bibliografia

Lowen A., *Il linguaggio del corpo* (1958), Feltrinelli, Milano 1978.
Reich W., *Analisi del carattere* (1933), Sugarco, Milano 1973.

Fallico, Culto (ingl. *Phallic cult*; ted. *Phalluskult*; fr. *Culte phallique*; sp. *Culto fálico*). Venerazione rituale del fallo presente in numerose culture dell'antichità. Emblema della forza generativa e vitale, ma anche della gioia e della follia erotiche e del loro potere trasfigurante, il fallo diventa oggetto di culto nelle religioni misteriche, come in occasione delle feste in onore di Dioniso, dette *falloforie*, perché caratterizzate da processioni scortate dal simulacro del fallo. Accanto a questi significati, il culto del fallo indica, a parere di Eva C. Keuls, «un sistema culturale in cui l'organo maschile diviene il simbolo dell'autoritaria presenza del maschio e insieme del potere e della violenza» (1985, p. IX). Da questo punto di vista, «l'ostentazione del fallo non si riferisce all'organo di unione e di piacere reciproco, quanto piuttosto all'arma, alla lancia, alla mazza da guerra, allo scettro di sovranità. Quando il culto del fallo si traduce in *fallocrazia* prende, a livello sessuale, le forme dello stupro, dell'indifferenza per la soddisfazione sessuale della donna, dell'arbitrario disporre del corpo delle prostitute, tenute praticamente in schiavitù o comunque non autorizzate a mantenersi in altro modo. Nella sfera politica significa imperialismo e gestione patriarcale degli affari pubblici» (ivi, p. 6).

Bibliografia

Bachofen J. J., *Il matriarcato* (1861), Einaudi, Torino 1988.
Detienne M., *Dioniso e la pantera profumata* (1977), Laterza, Bari 1981.
Hillman J., *Saggio su Pan* (1972), Adelphi, Milano 1977.

Keuls E. C., *Il regno della fallocrazia* (1985), il Saggiatore, Milano 1988.
Neumann E., *La grande madre. Fenomenologia delle configurazioni femminili dell'inconscio* (1956), Astrolabio, Roma 1981.

Fallico, Erotismo, v. EROTISMO, § 4.

Fallo (ingl. *Phallus*; ted. *Phallus*; fr. *Phallus*; sp. *Falo*). Termine che designa la funzione simbolica del pene in quel processo intersoggettivo e intrasoggettivo che, attraverso il superamento del complesso di Edipo (v. EDIPO, COMPLESSO DI), approda all'assunzione, da parte del soggetto, del proprio sesso. Sigmund Freud, che impiega il termine PENE (v.) per indicare l'organo nella sua realtà anatomica, adotta il termine "fallo" per descrivere la fase fallica (v. FALLICA, FASE) dello sviluppo sessuale, dove le pulsioni ruotano intorno all'avere il fallo o all'essere castrato, in base alla sua teoria, nota come FALLOCENTRISMO (v.), secondo la quale, nella fase fallica, il fallo è il termine di riferimento e di orientamento pulsionale per entrambi i sessi. Sulla funzione simbolica del fallo insiste anche Jacques Lacan, per il quale «nella dottrina freudiana, il fallo non è un fantasma, se con ciò bisogna intendere un effetto immaginario. E neppure un oggetto (parziale, interno, buono, cattivo ecc.) se questo termine tende ad apprezzare la realtà interessata in una relazione. Ancor meno è l'organo, pene o clitoride, che simbolizza. Non senza ragione Freud lo ha riferito al simulacro che esso era per gli Antichi. Giacché il fallo è un significante, la cui funzione, nell'economia intersoggettiva dell'analisi, solleva forse il velo della funzione che occupava nei misteri. Perché è il significante destinato a designare nel loro insieme gli effetti di significato, in quanto il significante li condiziona per la sua presenza di significante» (1958, p. 687). Ne consegue che «bisogna che il bambino assuma questo fallo in quanto significante, in modo tale da costituirlo come strumento dell'ordine simbolico degli scambi che presiedono alla costituzione della progenie» (1956-1957, p. 153). Come significante che distribuisce i significati, il fallo instaura una prima differenza tra l'avere e il non-avere, per cui «la donna si costituisce come colei che nell'amore dà ciò che non ha» (1958, p. 692), e poi una seconda differenza che si costituisce nel riconoscimento che avere il fallo significa non esserlo: «In quanto il fallo c'è e non c'è, è unicamente in base a questo che si instaura la differenziazione simbolica tra i sessi. Ma non avere il fallo simbolicamente significa parteciparne a titolo di assenza» (1956-1957, p. 153). A partire da questo riconoscimento è possibile il passaggio al piano simbolico (v. SIMBOLO, § 5, *e*).

Bibliografia

Freud S., *Tre saggi sulla teoria sessuale* (1905), in *Opere* (1967-1993), Bollati Boringhieri, Torino, vol. IV.
Lacan J., *Il Seminario. Libro IV: La relazione oggettuale e le strutture freudiane, 1956-1957*, Einaudi, Torino 2007.
–, *La significazione del fallo* (1958), in *Scritti* (1936-1966), Einaudi, Torino 1974, vol. II.

Fallocentrismo (ingl. *Phallocentrism*; ted. *Phallozentrismus*; fr. *Phallocentrisme*; sp. *Falocentrismo*). Espressione riferita alla teoria psicoanalitica di Sigmund Freud che assume il fallo come referente di tutte le pulsioni che, se non si orientassero verso «il primato della zona genitale» (1905, p. 515), resterebbero «come nell'età infantile, *prive di un centro*» (ivi, p. 537) e quindi in uno stato "anarchico e polimorfo". Questo perché, scrive Freud, «le singole pulsioni parziali aspirano all'acquisizione del piacere senza essere complessivamente collegate e in modo indipendente le une dalle altre. L'evoluzione ha il suo sbocco nella cosiddetta vita sessuale normale dell'adulto, ove l'acquisizione del piacere è entrata al servizio della funzione procreativa e le pulsioni parziali, sotto il primato di un'unica zona erogena, hanno formato una solida organizzazione per raggiungere la meta sessuale in un oggetto estraneo» (ivi, p. 505). L'approdo alla zona genitale, che ha nel fallo il suo centro, fornisce alle pulsioni il luogo e la direzione degli scambi pulsionali sopprimendo ogni ambivalenza che, là dove è mantenuta, inscrive il comportamento sessuale nell'ambito delle deviazioni e delle perversioni (v. PERVERSIONE).

Bibliografia

Freud S., *Tre saggi sulla teoria sessuale* (1905), in *Opere* (1967-1993), Bollati Boringhieri, Torino, vol. IV.

Fallocrazia, v. FALLICO, CULTO.

Falsa valutazione, v. VALUTAZIONE, § 2.

Falsificazione retrospettiva (ingl. *Retrospective falsification*; ted. *Nachträgliche Fälschung*; fr. *Falsification rétrospective*; sp. *Falsificación retrospectiva*). Processo di manipolazione e conseguente sofisticazione del ricordo di esperienze passate che subentra quando, ai dati originari della memoria, si mescolano informazioni posticce, fantastiche o comunque estranee all'esperienza designata da quei dati. Questo processo, che in alcuni casi può avere un avvio cosciente, sfugge al controllo dell'individuo trasfigurando, insieme ai singoli ricordi, l'immagine di sé che egli riconosce e riflette. Si può supporre che una certa dose di falsificazione retrospettiva sia comune ad ogni attività mnemonica, che sia inintenzionale e in ogni caso irrilevante per il normale funzionamento del processo tramite cui il singolo si rapporta al suo passato. Assume invece forme patologiche nella demenza, nell'isteria e nella paranoia, in cui la memoria viene contaminata da false persuasioni indotte dal delirio. La falsificazione retrospettiva caratterizza anche talune sindromi nevrotiche come risposta all'esigenza inconscia di rimuovere la propria identità passata testimoniata dal ricordo. Qualora non si presenti in aggiunta ad altri sintomi, è difficilmente distinguibile dall'atteggiamento menzognero consapevole.

Falso Io, v. Io, Falso.

Falso riconoscimento, v. Memoria, § 8, *d*.

Fame, v. Alimentazione.

Famiglia (ingl. *Family*; ted. *Familie*; fr. *Famille*; sp. *Familia*). Intesa nel senso più consueto, cioè come nucleo comunitario elementare che unisce due individui di sesso differente e la loro prole, la famiglia rappresenta il punto d'intersezione di numerosi studi e ricerche, appartenenti a campi disciplinari anche molto distanti l'uno dall'altro. Questo interesse è dovuto al fatto che la famiglia è quasi universalmente riconosciuta come via maestra per l'accesso all'individualità, all'orizzonte referenziale immediato, alle modalità reattive primarie che connotano il comportamento interindividuale; perciò essa opera, da un lato, come una specie di schema funzionale che costituisce il tramite tra l'individuo nella sua singolarità e l'individuo come elemento di quell'insieme complesso che è la società, e dall'altro come il correlato più o meno diretto di tutte quelle indagini che riguardano la formazione e normalizzazione dei comportamenti individuali e, in rapporto a ciò, la determinazione genetica delle patologie psichiche.

Precisando che risulta improbabile una valutazione naturalistica della famiglia, e invece più congrua l'idea che si tratti di un fenomeno storicamente determinato, la cui stabilità e tipicità sono legate soltanto a certi tipi di cultura (basti pensare alla famiglia allargata, cioè estesa a più generazioni, tipica delle società feudali e di certe comunità tribali), si può assumere che essa costituisca nel mondo occidentale, almeno negli ultimi quattro secoli, una costante strutturale, organica. Non si tratta però di un'entità definitivamente consolidata e circoscrivibile, ma dello spazio che forse più vistosamente rispecchia le vicende alterne del vissuto sociale. In questo senso la famiglia è tanto un elemento di stabilità e di stabilizzazione, quanto lo spettro dell'inquietudine ideologica e culturale che, anche nei momenti di maggior equilibrio, permea la vita comunitaria.

Questo spazio di istanze contraddittorie si legge chiaramente nella ricostruzione storica della nascita della psichiatria e della psicoanalisi. La prima, sin dall'inizio della sua storia, assegna alla famiglia il ruolo di individuare gli eventuali disturbi mentali di uno dei suoi membri, di denunciarli, per poi assumere la famiglia stessa, nella forma medicalizzata dell'asilo, come luogo privilegiato del recupero. Per Michel Foucault, la psicoanalisi, indagando le pulsioni inconfessate dell'inconscio, scopre, proprio nella famiglia, tanto l'attentato contro il padre, quindi contro il momento istituzionale, quanto la genesi dei comportamenti nevrotici. L'analisi dell'individuo, di cui indistintamente psichiatria, psicologia, psicoanalisi e pedagogia rileggono la genesi storica, implica allora obbligatoriamente il riferimento all'ambito dei rapporti primari che maturano nella famiglia.

Come unità sociale istituzionalizzata e coerente a una certa organizzazione politica ed economica, la famiglia entra infine nel gioco delle responsabilità e delle deresponsabilizzazioni, di cui sono gravidi il vissuto psichico dell'individuo con le sue peculiarità, la sua visione del mondo, le sue eventuali anomalie, e il vissuto sociale per effetto delle sue trasformazioni riconducibili, come vuole l'analisi di Kathleen Gough, al mutamento del rapporto di potere tra i sessi, alla soppressione della distribuzione sessuale dei compiti, all'assegnazione alla società del carico economico della riproduzione in relazione alla produzione, alla trasformazione radicale delle modalità di educazione dei figli, alla scomparsa del vincolo legale del Matrimonio (v.) con conseguenze considerevoli sul mutamento dei sistemi di valori e dello stesso istituto familiare.

I. APPROCCI DISCIPLINARI AL PROBLEMA DELLA FAMIGLIA

Nella consapevolezza della centralità della famiglia per la determinazione e la formazione del comportamento psichico distinguiamo i diversi approcci con cui le discipline psicologiche hanno tematizzato il problema.

1. Psicologia sociale. Lo studio della famiglia è stato promosso dai cosiddetti "ambientalisti" che, contro gli "organicisti", insistono sull'influenza dell'Ambiente (v.) nella formazione dell'individuo. Partendo dagli studi di Talcott Parsons e Robert Freed Bales che hanno adottato la teoria struttural-funzionalista, la psicologia sociale è approdata alle seguenti conclusioni: *a*) la famiglia è un gruppo sociale a carattere eminentemente *privato*, non solo perché la sua nascita è legata al mero impegno contrattuale dei nubendi, ma perché da essa vengono espunte tutte le

funzioni di ordine collettivo, in primo luogo quelle produttive, ma poi anche la responsabilità di natura politica e la socializzazione secondaria; *b*) la sua struttura è destinata a essere *nucleare a dimensioni ridotte*, relativamente isolata quanto ai rapporti di parentela, per far fronte alle richieste del sistema produttivo che esige piena disponibilità, e che non permette un numero di figli superiore al minimo indispensabile per la riproduzione della specie; *c*) le *funzioni* essenziali della famiglia sarebbero ristrette alla socializzazione primaria dei figli e alla maturazione psico-culturale dei coniugi, che dovrebbero trovare nella vita domestica il luogo emozionale delle risoluzioni delle tensioni generate nei rapporti societari di massa. Questi caratteri vengono così sintetizzati da Pierpaolo Donati: «La famiglia diventa un mero "organo" (nel significato letterale di strumento) della società, cui si affidano alcune funzioni, che non possono essere lasciate all'"anarchia del mercato" (funzioni sessuali e riproduzione), o che sarebbe inefficiente volere a tutti i costi routinizzare all'interno di particolari organizzazioni professionali (ivi compresi i servizi sociali), come certe prestazioni di natura domestica che non possono essere assunte in toto dalla società senza gravi sprechi o sforzi organizzativi molto complessi» (1975, pp. 21-22).

2. PSICOANALISI. Assunta la famiglia come base per lo sviluppo psichico di ogni individuo, Sigmund Freud ha elaborato quattro concetti che stabiliscono una relazione tra la configurazione specifica della famiglia e il suo effetto sullo sviluppo del singolo individuo: *a*) la *teoria del trauma psichico* sostiene che intensi sentimenti di ira, di amore o di paura, precipitati nel corso degli eventi familiari, possono divenire l'epicentro della formazione nevrotica; *b*) la *teoria dello sviluppo psicosessuale* prevede che le reazioni specifiche dei genitori e dei fratelli al comportamento del bambino nelle varie fasi influenzino le capacità di quest'ultimo nel risolvere le pressioni delle forze intrapsichiche contrastanti; *c*) una terza formulazione si raccoglie intorno al *complesso di Edipo* (v. EDIPO, COMPLESSO DI) considerato il nucleo di ogni nevrosi; *d*) infine il concetto di IDENTIFICAZIONE (v.) stabilisce che lo sviluppo del SUPER-IO (v.), e in parte dell'Io, ha luogo mediante un processo di interiorizzazione dei genitori e degli altri membri della famiglia come oggetto di una carica libidica e ostile. Questi quattro concetti vanno letti a partire dalla premessa di Freud secondo cui la psiche del bambino non riflette esattamente la realtà familiare, ma piuttosto una versione altamente elaborata e imprecisa di quella realtà distorta dai desideri, generati dalle forze pulsionali inconsce, difficili da controllare.

3. PSICHIATRIA. In questo ambito gli studi hanno assunto tre direzioni: *a*) le caratteristiche delle relazioni tra genitori e figli che si presumono alla base del disturbo mentale con individuazione dell'aspetto patogeno dei genitori; *b*) la struttura della famiglia come l'ordine di nascita, il numero e il sesso dei fratelli, che si presume connessa con la psicopatologia; *c*) l'influenza dei fattori genetici o costituzionali sul bambino e la reazione corrispondente della famiglia. La riflessione di Harry Stack Sullivan sulle premesse metodologiche della psichiatria ha sancito un significativo spostamento nell'analisi delle psicopatologie individuali dalla dimensione intrapsichica a quella interpersonale, introducendo la nozione di *campo relazionale* che inaugura una nuova prospettiva d'indagine sulla famiglia (v. PSICOLOGIA SOCIALE, § 3, *d*). La riflessione psichiatrica così orientata, avvalendosi delle numerose sollecitazioni psicoanalitiche a questo studio, nonché degli apporti delle ricerche sociologiche, sviluppa il concetto di *nevrosi familiare* (v. FAMILIARE, NEVROSI) sconfessando l'occasionalità della presenza di disturbi psichici in più di un membro della stessa famiglia. Questo indirizzo, che si è sviluppato specialmente negli Stati Uniti, abbinando osservazioni cliniche, pratiche psicoterapiche su soggetti schizofrenici, riflessioni psicoanalitiche e psicopedagogiche, è giunto a individuare specifiche funzioni familiari tese a garantire lo sviluppo di una personalità psichica stabile, e in particolare funzioni comunicative, di sostegno, di responsabilizzazione, di adattamento, alla cui deficienza o stortura è almeno parzialmente imputabile lo sviluppo di alcune malattie mentali.

4. ANTIPSICHIATRIA. Intorno agli anni cinquanta il movimento antipsichiatrico propose di rivedere tutta la psichiatria tradizionale a partire dall'ipotesi che la vera origine della sofferenza mentale fosse da ricercarsi nella società, che ha nella famiglia il suo strumento di mediazione e di trasmissione. Scrive David Cooper: «Il potere della famiglia risiede nella sua funzione di mediazione sociale. [...] Così vediamo che il modulo familiare viene ripetuto nelle strutture sociali della fabbrica, dei sindacati, della scuola, dell'università, delle società commerciali, della chiesa, dei partiti politici, dell'apparato governativo, delle forze armate, degli ospedali, dei manicomi e così via. Ci sono sempre delle "madri" e dei "padri" buoni o cattivi, amati o odiati, dei "fratelli" e delle "sorelle" più giovani o più anziani, dei "nonni" defunti o che comandano segretamente. Per usare i termini della scoperta freudiana, ciascuno di noi trasferisce parte della propria originaria esperienza familiare fatta nella "famiglia d'origine" nella "famiglia di procreazione" (cioè in "nostra" moglie e nei "nostri" figli) e nell'ambito del lavoro, qualunque esso sia; e ciò

avviene reciprocamente» (1971, p. 10). Dello stesso avviso sono Ronald David Laing e Aaron Esterson per i quali, sostituendo al modello individuale il modello familiare che ogni individuo ha interiorizzato, «si rendono visibili processi che prima non lo erano, processi che non vengono percepiti nell'ambito del paradigma psichiatrico corrente» (1964, p. XXXIV).

II. STRUTTURA E DINAMICA FAMILIARE

Questo ambito è oggi affrontato a partire dal concetto di TRANSAZIONE (v.) che, a differenza di quello di INTERAZIONE (v.) che riguarda l'azione di un individuo su un altro individuo, visualizza le relazioni a un livello sovrapersonale come un sistema di processi e di rapporti nel loro veicolarsi all'interno di una situazione data. Da questo punto di vista il sistema risulta caratterizzato da tre elementi: *a)* la *totalità* per cui il sistema familiare non coincide con la somma delle parti ma ne è indipendente, perché ciò che conta è la disposizione degli elementi e non gli elementi stessi, e perché le relazioni vengono considerate come aventi un'esistenza oggettiva indipendente dal mutare dell'organizzazione dell'interazione; *b)* l'*omeostasi* per cui la famiglia è considerata come un sistema che, attraverso processi di autocorrezione, tende a mantenersi costante entro una gamma di variazioni definita; *c)* la *trasformazione* dei singoli elementi per il mantenimento dell'equilibrio, per cui si passa da un livello di organizzazione ad un altro livello che implica la trasformazione dei propri bisogni e dei propri desideri consci e inconsci, per mantenere il più possibile i termini della relazione. Per questo c'è chi, come Nathan W. Ackerman, preferisce al termine omeostasi, ricavato dalle scienze fisiche, il termine *omeodinamica* perché, «nel campo delle relazioni interpersonali, una condizione di stasi non può sussistere abbastanza a lungo; il cambiamento, l'interazione e il mutamento continuo a cui l'individuo è sottoposto richiede una definizione più elastica; di qui il termine "omeodinamica"» (1959-1966, p. 1713). Fra le transazioni più significative Anna Riva indica:

1. LA DIADE MADRE-FIGLIO. La nascita del bambino consente nella famiglia la verifica delle attese dei genitori. Il neonato vive all'inizio in una relazione simbiotica con la madre, percependo empaticamente la condizione emotiva di quest'ultima che accede ad una sorta di *regressione funzionale* caratterizzata da un ritorno ai processi primari, in vista della realizzazione di una sintonia con i processi primari del neonato. Se la regressione materna è troppo accentuata, si pongono le basi per una non-strutturazione dell'Io del bambino, per un'incapacità di adattamento della fantasia alla realtà e per una persistenza nell'indifferenziazione primaria neonatale. Le strutture poco organizzate del bambino hanno possibilità adattive praticamente illimitate con una resistenza molto elevata alle frustrazioni imposte dall'ambiente, a proposito delle quali Erik Homburger Erikson dice: «Non sono le frustrazioni a rendere nevrotici i bambini, ma la mancanza, in queste frustrazioni, di un significato sociale» (1950, p. 124).

2. LA TRANSAZIONE GENITORI-FIGLIO. Passa attraverso le attese consce e inconsce dei genitori che desiderano o che il bambino resti sempre piccolo o che sia precocemente adulto. In entrambi i casi i processi adattivi del bambino tendono a oltrepassare le attese dei genitori, da un lato perché gli organismi giovani e ancora poco strutturati non sono in grado di modulare le risposte in termini di *economia* (evitare lo spreco di energia) e di *realismo* (adattarsi a ciò che veramente l'ambiente richiede), dall'altro perché le condizioni di insicurezza in cui il bambino si trova lo spingono a sviluppare un processo adattivo che supera le richieste dell'ambiente allo scopo di garantirsi un largo margine di sicurezza da parte dell'ambiente stesso. La protezione dei genitori ottenuta con un sistema di rapporti superadattivi contrasta con l'autoaffermazione individualizzante, per cui il rapporto con i genitori può configurarsi o come un sistema transazionale *difensivo* caratterizzato da un superadattamento, o come un sistema transazionale *conflittuale* caratterizzato dal pronunciamento dell'autoaffermazione.

Per un sistema transazionale *integrativo* occorre una plasticità nell'omeodinamica della famiglia con capacità di passare da un livello d'equilibrio a un altro. Ciò è particolarmente evidente durante e dopo la fase edipica attraversata dal figlio che mette in discussione anche la coppia dei genitori, perché gli attacchi del bambino intesi a scinderla rendono la transazione genitori-figlio da triadica a bi-diadica, nel senso della formazione di due diadi regolate da rapporti di alleanza e di ostilità. Le richieste emotive del figlio fanno rivivere ai genitori gli aspetti non risolti della loro personale crisi edipica, con conseguente implicazione nel gioco dei bisogni non soddisfatti e delle compensazioni nevrotiche che sono alla base delle alleanze tra padre e figlia contro la madre, o tra madre e figlio contro il padre.

Quanto più alto è il potenziale di aggressività accumulato nelle transazioni familiari, tanto più alto è il potenziale di Super-io che si struttura come barriera difensiva e come meta riparativa. La fusione delle strutture superegoiche individuali con il Super-io del gruppo familiare è un modo per restaurare quella simbiosi che la rottura edipica mette continuamente in pericolo e che viene percepita come il paradiso perduto dell'unità familiare. A questo punto può avvenire o che il figlio introietti il Super-io dei genitori, con scarso sviluppo del proprio, cosa che porta a una situazione di sostanziale dipendenza, o che la maggior violenza delle fantasie aggressive del figlio sviluppi in lui un complesso di difese superegoiche superiori a quelle dei genitori, come nel caso dei comportamenti moralizzatori e perfezionistici imposti dalle nuove generazioni alle più anziane.

3. La relazione tra i fratelli. La nascita del fratello pone per il primogenito difficoltà adattive perché la nuova situazione gli appare rischiosa, nel senso che comporta, nell'elaborazione fantasmatica, la perdita dell'amore da parte dei genitori. Le reazioni a questa situazione possono essere: *accettazione* del fratello con superamento dell'ostilità e perdita dell'autostima, manifestazione di *aggressività* e di sadismo, atteggiamento estremamente *compiacente* come difesa contro le azioni aggressive fantasticate e temute, *negazione* dell'esistenza del fratello come risultato finale di fantasie omicide che non si sono potute arginare o scaricare diversamente, *regressione* alla situazione neonatale in competizione con il neonato. Il secondogenito percepisce l'ostilità del fratello e reagisce con comportamenti analoghi. Il suo adattamento risulta però di solito migliore di quello del primogenito, perché la situazione di nascita prevede già una struttura a tre, e perché i genitori, oltre alla maggior esperienza educativa, hanno meno attese inconsce o comunque di intensità minore rispetto a quelle presenti alla nascita del primogenito.

III. LA TERAPIA FAMILIARE

La psicoterapia della famiglia contiene in sé caratteristiche che sono proprie della psicoanalisi, della terapia di gruppo e della psicoterapia infantile, ma se ne distingue perché ha come suo *oggetto* non individui isolati o gruppi artificialmente costruiti, ma un gruppo naturale come la famiglia, e per *scopo* l'adattamento della personalità all'ambiente o la creazione di un modo nuovo di relazionarsi. Punto di partenza è che uno dei membri della famiglia è considerato "malato" ed è indicato di solito come il "paziente identificato", anche se spesso sono più membri della famiglia, se non tutti, a essere più o meno disturbati. In questo caso il terapeuta non si rivolge a un paziente singolo, ma a una serie di processi morbosi intercompenetrantisi che vengono affrontati con tecniche diverse.

1. L'approccio psicoanalitico. Adattato alla terapia familiare da Ackerman, assegna al terapeuta il compito di: «*a*) demolire le negazioni inopportune, gli spostamenti, le razionalizzazioni del conflitto; *b*) trasformare i conflitti interpersonali sopiti e celati in espressioni interattive aperte ed evidenti; *c*) neutralizzare i modelli di ricorso a un capro espiatorio che fortificano una parte della famiglia e ne vittimizzano un'altra attraverso l'imposizione di una dose eccessiva di sentimenti conflittuali di colpa e di paura. [...] Il terapeuta introduce nella vita emotiva del gruppo atteggiamenti, emozioni, immagini di rapporti più adeguati che l'unità familiare non aveva mai sperimentato fino ad allora. Con questi mezzi egli suscita nei ruoli familiari una migliore complementarietà emotiva. Il terapeuta serve da strumento personale per l'esame di realtà» (1959-1966, p. 1717). Alla base del trattamento psicoterapico deve esserci, secondo Ackerman, il rafforzamento del "Sé sociale" in grado di modificare il "Sé interiore" dei singoli componenti e di costituire un nesso dinamico tra società e individuo.

2. L'approccio transazionale. Sostenuto da John Dewey e Arthur F. Bentley sul terreno filosofico e da John P. Spiegel e Norman W. Bell sul piano applicativo, postula che gli eventi che coinvolgono l'individuo malato e la sua famiglia hanno luogo entro un sistema totale di subsistemi interdipendenti, ciascuno dei quali (per esempio l'individuo, la comunità, il sistema di valori condiviso dalla famiglia) può temporaneamente venir posto al centro dell'attenzione nella supposizione che la modificazione di un subsistema comporti sempre la modificazione dell'intero sistema. Abbandonato il principio di causalità, non ci si chiede più che cosa nella famiglia è causa della patologia dell'individuo, ma quali dei processi che avvengono tra l'individuo e la famiglia sono collegati con i comportamenti che vengono definiti patologici. Dall'approccio transazionale deriva che la comprensione della malattia mentale non è più individuabile in un fattore singolo e neppure in una causalità sovradeterminata, ma nella reciproca influenza dei meccanismi omeostatici che più non si equilibrano. Il trattamento richiede la restaurazione dei controlli omeostatici sul piano culturale, sociologico, psicologico e somatico.

3. L'approccio sistemico-prescrittivo. Elaborato da Mara Selvini Palazzoli, applica «strumenti concettuali derivanti dalla cibernetica, dalla teoria generale dei sistemi e dallo studio pragmatico della comunicazione» che, opportunamente integrati, consentono di considerare «la famiglia come un sistema auto-correttivo basato su regole determinate, dove il terapeuta deve fare il possibile per riportare alla luce le regole segrete (spesso inconsce e non verbalizzate), mediante le quali la famiglia perpetua la propria disfunzione. Scopo del terapeuta sarà quindi cambiare tali regole, cioè la modalità funzionale del sistema. La terapia è un tentativo di indurre una trasformazione in una struttura che ha proprietà cibernetiche. [...]

Come ha giustamente rilevato Kurt Lewin, per capire come funziona una certa cosa, bisogna prima tentare di cambiarne il funzionamento» (1981, pp. 222-223). Il cambiamento avviene attraverso la PRESCRIZIONE (v.), «che invita i membri della coppia a giocare un gioco nuovo fra loro due, e fra loro due e tutti gli altri» (1988, p. 262). La metafora del gioco è richiesta dal carattere interventista del terapeuta che si configura come giocatore nel sistema familiare di cui si prende cura. In questo ambito «qualsiasi mossa che abbia luogo in un gioco di rapporti funzionali *non* può *non* appartenere all'una o all'altra di due categorie. O è una mossa che prosegue il gioco in atto, o è una mossa che inaugura e invita a giocare *un altro* gioco (mossa meta-gioco). Evidentemente, le mosse decisive del terapista devono appartenere alla categoria del meta-gioco» (ivi, p. 259).

4. L'APPROCCIO FUNZIONALE. Integra l'approccio sistemico con quello cognitivo-comportamentale allo scopo di modificare gli schemi di interazione familiare per correggere i comportamenti problematici dei bambini e degli adolescenti a partire da un'impostazione rispettosa e non colpevolizzante. L'azione terapeutica tende a spostare l'attenzione dai problemi degli adolescenti ai *tratti relazionali* che sottostanno ai problemi dei figli e di cui i familiari non hanno consapevolezza. Questo approccio, sviluppato da James F. Alexander e Bruce V. Parsons e da loro denominato *Functional Family Therapy* (FFT), era stato avviato da Paul Watzlawick, John H. Weakland e Richard Fisch con l'introduzione del concetto di "ristrutturazione" definita come «un cambiamento dell'ambientazione concettuale o del punto di vista in relazione al quale una situazione è esperita e posta in altra cornice» (1973, p. 55), con l'obiettivo di cambiare non le funzioni relazionali, ma piuttosto le strategie cognitive, emotive e comportamentali che genitori e figli impiegano nell'affrontarle.

Bibliografia

Ackerman N. W., *Psicodinamica della vita familiare. Dalla patologia della famiglia alla patologia della società* (1958), Bollati Boringhieri, Torino 1968.

–, *Psicoterapia della famiglia*, in S. Arieti (a cura di), *Manuale di psichiatria* (1959-1966), Bollati Boringhieri, Torino 1969-1970, vol. III, pp. 1711-1722.

–, *Patologia e terapia della vita familiare* (1962), Feltrinelli, Milano 1970.

Albini Bravo C., Devescovi P. C., *Figli e genitori. Note a margine di un mito amputato*, Moretti & Vitali, Bergamo 2014.

Alexander J. F., Parsons B. V., *Functional family therapy*, Brooks-Cole, Pacific Grove, California, 1982.

Andolfi M., Angelo C., *Tempo e mito nella psicoterapia familiare*, Bollati Boringhieri, Torino 1987.

Andolfi M., D'Elia A. (a cura di), *Le perdite e le risorse della famiglia*, Raffaello Cortina, Milano 2007.

Andolfi M. *et al.*, *La famiglia rigida. Un modello di psicoterapia relazionale*, Feltrinelli, Milano 1982.

Attili G., *L'amore imperfetto. Perché i genitori non sono sempre come li vorremmo*, il Mulino, Bologna 2012.

Barinbaum L., *I genitori devono sapere* (1970), Feltrinelli, Milano 1972.

Bateson G., *Verso un'ecologia della mente* (1972), Adelphi, Milano 1976.

Bellantoni D., *Ascoltare i figli. Un percorso di formazione per genitori*, Erickson, Trento 2008.

Bertrando P., *Misurare la famiglia. Il metodo dell'emotività espressa*, Bollati Boringhieri, Torino 1997.

Bettelheim B., *Un genitore quasi perfetto* (1987), Feltrinelli, Milano 1987.

Bonetti A., Migliarese Andreoli L., Pinzello A., Sboarina F. (a cura di), *Problemi della famiglia*, Tamburini, Milano 1975.

Bornstein M. H., Venuti P., *Genitorialità. Fattori biologici e culturali dell'essere genitori*, il Mulino, Bologna 2013.

Boszormenyi-Nagy I., Framo J. L., *Psicoterapia intensiva della famiglia* (1965), Bollati Boringhieri, Torino 1969.

Bottino M., Danna D., *La gaia famiglia. Che cos'è l'omogenitorialità*, Asterios Editore, Trieste 2005.

Bruni F., Defilippi P. G., *La tela di Penelope. Origine e sviluppi della terapia familiare*, Bollati Boringhieri, Torino 2007.

Brustia Rutto P., *Genitori. Una nascita psicologica*, Bollati Boringhieri, Torino 1996.

Byng-Hall J., *Le trame della famiglia* (1995), Raffaello Cortina, Milano 1998.

Canevelli F., Lucardi M., *La mediazione familiare. Dalla rottura del legame al riconoscimento dell'altro*, Bollati Boringhieri, Torino 2000.

Casacchia M., Roncone R., *Trattamenti psicosociali familiari*, in G. B. Cassano, P. Pancheri *et al.* (a cura di), *Trattato italiano di psichiatria* (1992), Masson, Milano 1999, vol. III, pp. 3589-3618.

Chasseguet-Smirgel J., *I due alberi del giardino. Saggi psicoanalitici sul ruolo del padre e della madre nel sistema psichico* (1988), Feltrinelli, Milano 1991.

Chicoine J.-F., Germain P., Lemieux J., *Genitori adottivi e figli del mondo. I vari aspetti dell'adozione internazionale* (2003), Erickson, Trento 2004.

Cigoli V., *Psicologia della separazione e del divorzio*, il Mulino, Bologna 1998.

Cirillo S., *Cattivi genitori*, Raffaello Cortina, Milano 2005.

Cirillo S., Di Blasio P., *La famiglia maltrattante. Diagnosi e terapia*, Raffaello Cortina, Milano 1989.

Cirillo S., Selvini M., Sorrentino A. M. (a cura di), *La terapia familiare nei servizi psichiatrici*, Raffaello Cortina, Milano 2002.

Clancier A., Roland J., *Genitori senza difetti* (1978), Feltrinelli, Milano 1980.

Cooper D., *La morte della famiglia. Il nucleo familiare nella società capitalistica* (1971), Einaudi, Torino 1972.

Cusinato M., *Psicologia sociale delle relazioni familiari*, il Mulino, Bologna 1988.

Cusinato M., Panzeri M., *Interventi e valutazioni nel lavoro con le famiglie*, il Mulino, Bologna 2005.

Dewey J., Bentley A. F., *Knowing and the Known*, Beacon Press, Boston 1949.

Donati P., *Sociodinamica delle strutture e funzioni della famiglia contemporanea*, in A. Bonetti, Migliarese Andreoli L., Pinzello A., Sboarina F. (a cura di), *Problemi della famiglia*, cit.

Dunn J., *Affetti profondi. Bambini, genitori, fratelli, amici* (1993), il Mulino, Bologna 1998.

Erikson E. H., *Infanzia e società* (1950), Armando, Roma 1968.

Fabio R. A., *Genitori positivi, figli forti. Come trasformare l'amore in educazione efficace*, Erickson, Trento 2004.

Farri M., Peila Castellani P., *Il figlio del desiderio. Quale genitore per l'adozione?*, Bollati Boringhieri, Torino 1994.

Fava Vizziello G., Disnan G., Colucci M. R., *Genitori psicotici. Percorsi di figli di pazienti psichiatrici*, Bollati Boringhieri, Torino 1991.

Foucault M., *Storia della sessualità*, vol. I: *La volontà di sapere* (1976), vol. II: *L'uso dei piaceri* (1984), vol. III: *La cura di sé* (1984), Feltrinelli, Milano 1978-1985.

Freud S., *Il disagio della civiltà* (1929), in *Opere* (1967-1993), Bollati Boringhieri, Torino, vol. X.

García Badaracco J. E., *Psicoanalisi multifamiliare* (2000), Bollati Boringhieri, Torino 2004.

Giani Gallino T. (a cura di), *Il complesso di Laio. I rapporti familiari nei disegni dei ragazzi*, Einaudi, Torino 1977.

Goldberg A. E., *Omogenitorialità. Famiglie con genitori gay o lesbiche. Studi e ricerche*, Erickson, Trento 2015.

Gough K., *The origin of the family*, in R. R. Reiter (a cura di), *Toward an anthropology of women*, Monthly Review Press, New York 1975.

Gurman A. S., Kniskern D. P., *Manuale di terapia della famiglia* (1981), Bollati Boringhieri, Torino 1995.

Haley J. (a cura di), *Fondamenti di terapia della famiglia* (1971), Feltrinelli, Milano 1980.

Héritier F., *Famiglia*, in AA.VV., *Enciclopedia*, Einaudi, Torino 1979, vol. VI, pp. 3-16.

Herrmann U., *Famiglia*, in Ch. Wulf (a cura di), *Cosmo, corpo, cultura. Enciclopedia antropologica* (1997), Bruno Mondadori, Milano 2002, pp. 306-314.

Horkheimer M. (a cura di), *Studi sull'autorità e la famiglia* (1936), Utet, Torino 1974.

Iafrate R., Rosnati R., *Riconoscersi genitori. I percorsi di promozione e arricchimento del legame genitoriale*, Erickson, Trento 2008.

Iori V., *Separazioni e nuove famiglie*, Raffaello Cortina, Milano 2006.

Laforgue R., *La névrose familiale*, in "Revue Française de Psychanalyse", 1936, vol. IX.

Laicardi C., *Genitori competenti*, Il Pensiero Scientifico, Roma 1998.

Laing R. D., *La politica della famiglia* (1969), Einaudi, Torino 1973.

Laing R. D., Esterson A., *Normalità e follia nella famiglia* (1964), Einaudi, Torino 1970.

Lévi-Strauss C., *Le strutture elementari della parentela* (1947), Feltrinelli, Milano 1972.

–, *La famiglia*, in Id., *Razza e storia e altri studi di antropologia* (1960-1967), Einaudi, Torino 1967.

Lidz Th., *Famiglia e problemi di adattamento* (1963), Bollati Boringhieri, Torino 1972.

Loriedo C., Malagoli-Togliatti M., Micheli M. (a cura di), *Famiglia. Continuità, affetti, trasformazioni. Ricerca e psicoterapia*, Franco Angeli, Milano 1993.

Maiolo G., *L'occhio del genitore. L'attenzione ai bisogni psicologici dei figli*, Erickson, Trento 2000.

Maisondieu J., *Les thérapies familiales*, Puf, Paris 1986.

Malagoli-Togliatti M., Cotugno A., *Psicodinamica delle relazioni familiari*, il Mulino, Bologna 1996.

Malagoli-Togliatti M., Lubrano Lavadera A. L., *Dinamiche familiari e ciclo di vita della famiglia*, il Mulino, Bologna 2002.

Malagoli-Togliatti M., Mazzoni S. (a cura di), *Osservare, valutare e sostenere la relazione genitori-figli*, Raffaello Cortina, Milano 2007.

Manzano J., Palacio Espasa F., Zilkha N., *Scenari della genitorialità. La consultazione genitori-bambini* (1999), Raffaello Cortina, Milano 2001.

Marcuse H., *L'autorità e la famiglia* (1969), Einaudi, Torino 1970.

Martignoni G. (a cura di), *Il messaggero smarrito. La famiglia e la crisi della trasmissione generazionale*, Edizioni Alice, Comano 1992.

Meroni B., Vanzulli L., Doveri N., Kaufman G., *La coppia. Incontri e scontri. Percorsi e conflitti nella relazione d'amore*, Vivarium, Milano 2016.

Milani P., *Progetto genitori. Itinerari educativi in piccolo e grande gruppo*, Erickson, Trento 1993.

– (a cura di), *Manuale di educazione familiare*, Erickson, Trento 2001.

Naldini M. (a cura di), *La transizione alla genitorialità. Da coppie moderne a famiglie tradizionali*, il Mulino, Bologna 2016.

Nanzer N. (a cura di), *Manuale di psicoterapia centrata sulla genitorialità* (2014), Raffaello Cortina, Milano 2016.

Naouri A., *Padri e madri. L'ordine dei ruoli in famiglia* (2003), Einaudi, Torino 2005.

Ossicini A., *La relazione madre-bambino*, Editrice Universitaria, Firenze 1973.

Pankow G., *Struttura familiare e psicosi* (1977), Feltrinelli, Milano 1979.

Papadopoulos R. K., Byng-Hall J. (a cura di), *Voci multiple. La narrazione nella psicoterapia sistemica familiare* (1997), Tavistock Studi Clinici (TSC), Bruno Mondadori, Milano 1999.

Parkinson L., *La mediazione familiare. Modelli e strategie operative* (1997), Erickson, Trento 2003.

Parsons T., Bales R. F., *Famiglia e socializzazione* (1955), Mondadori, Milano 1974.

Pelanda E., *Non lo riconosco più. Genitori e figli per affrontare insieme i problemi dell'adolescenza*, Franco Angeli, Milano 1995.

Reder P., Lucey C., *Cure genitoriali e rischio abuso* (1996), Erickson, Trento 1997.

Ricci S., Spataro C., *Una famiglia anche per me. Dimensioni e percorsi educativi nelle comunità familiari per minori*, Erickson, Trento 2006.

Rigliano P., Siciliani O., *Famiglia, schizofrenia, violenza. Un approccio sistemico e nonviolento al conflitto familiare*, La Nuova Italia Scientifica, Roma 1988.

Riva A., *Problemi di adattamento alla vita familiare nell'infanzia*, in L. Ancona (a cura di), *Nuove questioni di psicologia*, La Scuola, Brescia 1972, vol. II, pp. 89-122.

Riva Crugnola C., *La relazione genitore bambino. Tra inadeguatezza e rischio*, il Mulino, Bologna 2012.

Sameroff A. J., McDonough S. C., Rosenblum K. L., *Il trattamento clinico della relazione genitori-bambino*, il Mulino, Bologna 2006.

Saraceno C., *La famiglia nella società contemporanea*, Loescher, Torino 1975.

Scabini E., *Generazioni familiari in una società multietnica*, Giunti, Firenze 1994.
–, *Psicologia sociale della famiglia. Sviluppo dei legami e trasformazioni sociali*, Bollati Boringhieri, Torino 1995.
Scabini E., Cigoli V., *Alla ricerca del famigliare. Il modello relazionale-simbolico*, Raffaello Cortina, Milano 2012.
Scabini E., Iafrate R., *Psicologia dei legami familiari*, il Mulino, Bologna 2003.
Selvini Palazzoli M., *L'anoressia mentale. Dalla terapia individuale alla terapia familiare*, Feltrinelli, Milano 1981.
Selvini Palazzoli M., Boscolo L., Cecchin G., Prata G., *Paradosso e controparadosso* (1975), Raffaello Cortina, Milano 2003.
Selvini Palazzoli M., Cirillo S., Selvini M., Sorrentino A. M., *I giochi psicotici nella famiglia*, Raffaello Cortina, Milano 1988.
Spiegel J. P., Bell N. W., *La famiglia del paziente psichiatrico*, in S. Arieti (a cura di), *Manuale di psichiatria*, cit., vol. I, pp. 64-102.
Spiegel J. P., Kluckhohn F. R., *Integration and conflict in family behavior*, Group for the Advancement of Psychiatry, Topeka, Kansas, 1954.
Stierlin H., *Dalla psicoanalisi alla terapia della famiglia* (1973), Bollati Boringhieri, Torino 1979.
–, *La famiglia e i disturbi psicosociali* (1978), Bollati Boringhieri, Torino 1981.
Sullivan H. S., *La moderna concezione della psichiatria* (1939), Feltrinelli, Milano 1961.
–, *Teoria interpersonale della psichiatria* (1953, edito postumo), Feltrinelli, Milano 1962.
Ugazio V., *Storie permesse, storie proibite. Polarità semantiche familiari e psicopatologie*, Bollati Boringhieri, Torino 2012.
Van den Broeck J., *Manuale a uso dei bambini che hanno genitori difficili* (1979), Raffaello Cortina, Milano 1993.
Vegetti Finzi S., *La famiglia moltiplicata*, Franco Angeli, Milano 1988.
–, *Il romanzo della famiglia. Passioni e ragioni del vivere insieme*, Mondadori, Milano 1992.
–, *Quando i genitori si dividono. Le emozioni dei figli*, Mondadori, Milano 2005.
Volpi R., *La fine della famiglia*, Mondadori, Milano 2007.
Walsh F., *La resilienza familiare* (1998), Raffaello Cortina, Milano 2008.
Watzlawick P., Beavin J. H., Jackson D. D., *Pragmatica della comunicazione umana* (1967), Astrolabio, Roma 1971.
Watzlawick P., Weakland J. H. (a cura di), *La prospettiva relazionale* (1976), Astrolabio, Roma 1978.
Watzlawick P., Weakland J. H., Fisch R., *Change. Sulla formazione e la soluzione dei problemi* (1973), Astrolabio, Roma 1974.
Winnicott D. W., *La famiglia e lo sviluppo dell'individuo* (1965), Armando, Roma 1968.
–, *Colloqui con i genitori* (1992, edito postumo), Raffaello Cortina, Milano 1993.
Zanatta A. L., *Le nuove famiglie*, il Mulino, Bologna 2008.

Famiglia, Test del disegno della, v. DISEGNO, § 1.

Familiare, Inconscio, v. SZONDI, PROVA DI.

Familiare, Nevrosi (ingl. *Family neurosis*; ted. *Familienneurose*; fr. *Névrose familiale*; sp. *Neurosis familiar*). Con questa espressione si intende l'influenza patogena che la famiglia può esercitare sui singoli membri che la compongono. La patogenicità è individuata dalla *psichiatria* (v. FAMIGLIA, § I, 3) nella non occasionalità della presenza di disturbi psichici in più di un membro della famiglia e nella deficienza o scorrettezza delle funzioni comunicative, di sostegno, di responsabilizzazione, di adattamento riconosciute proprie della famiglia; e dalla *psicoanalisi* (v. FAMIGLIA, § I, 2) nella cosiddetta "costellazione familiare", ossia nella rete delle relazioni inconsce che si instaurano fra i membri della famiglia a partire dal complesso di Edipo (v. EDIPO, COMPLESSO DI), che è alla base della configurazione nevrotica del singolo, fino ai processi di IDENTIFICAZIONE (v.), di interiorizzazione del SUPER-IO (v.), di organizzazione della LIBIDO (v.) con relativa scelta di oggetti di investimento ecc. Con ciò la nevrosi familiare non è individuata come un'entità nosologica, ma come una modalità espressiva in cui si raccolgono le acquisizioni fondamentali della psichiatria e della psicoanalisi.

Familiare, Terapia, v. FAMIGLIA, § III.

Fanatismo (ingl. *Fanaticism*; ted. *Fanatismus*; fr. *Fanatisme*; sp. *Fanatismo*). Atteggiamento tipico di chi, nell'adesione incondizionata a una causa, perde ogni atteggiamento critico, persuadendosi dell'assoluta incontestabilità e dell'incontrovertibile legittimità di ogni atto inteso a realizzarla. Definito da Immanuel Kant come una «trasgressione, intrapresa secondo principi, dei limiti della natura umana» (1788, § I, 1, 3), il fanatismo, che caratterizza i più intransigenti adepti di movimenti politici e religiosi, è spesso responsabile di manifestazioni di intolleranza e di violenza, mentre sul piano psicopatologico ricorre con una certa frequenza come nota caratteristica di alcuni deliri paranoici. A proposito del fanatismo religioso Karl Jaspers scrive che alla volontà di verità (*Wille zur Wahrheit*) che, nel riporre la propria fede in qualcosa, mantiene il proprio contenuto in sospensione (*in dem Schweben*), succede la volontà di potenza (*Wille zur Macht*) che assolutizza ciò in cui si crede e fa del credente (*Glaubende*) un militante della fede (*Glaubenkämpfer*) disposto a qualsiasi forma di lotta per difendere quella fede che impropriamente ha scambiato per verità. Alla volontà di verità si lega allora un sentimento di superiorità e di potenza, a cui subito si aggiunge il desiderio di combattere e di distruggere. L'apparente veracità diventa un mezzo al servizio dell'odio. Per questo, conclude Jaspers, «chi crede di trovarsi nel possesso definitivo della verità non può più parlare veramente con un altro, perché interrompe la comunicazione autentica a favore del proprio contenuto di fede» (1948, p. 133).

Bibliografia

Jaspers K., *La fede filosofica* (1948), Raffaello Cortina, Milano 2005.
Kant I., *Critica della ragion pratica* (1788), Laterza, Bari 1955.
Locke J., *Lettera sulla tolleranza* (composta nel 1667, edita nel 1685), in Id., *Sulla tolleranza e l'unità di Dio*, Bompiani, Milano 2002.
Martini C. M., *Fedi e violenze*, Rosenberg & Sellier, Torino 1997.
Oz A., *Contro il fanatismo* (2002), Feltrinelli, Milano 2004.

Fanciullezza (ingl. *Late childhood*; ted. *Spätere Kindheit*; fr. *Troisième enfance*; sp. *Tercera infancia*). Fase della crescita, compresa tra l'infanzia e la preadolescenza, caratterizzata, da un punto di vista psicoanalitico, da un periodo di latenza (v. LATENZA) dove si assiste a un arresto dello sviluppo libidico che determina nel fanciullo un comportamento meno turbolento dominato da sublimazioni parziali (v. SUBLIMAZIONE), formazioni reattive (v. FORMAZIONE REATTIVA) e dalla tendenza a rivolgere la propria attenzione verso interessi diversi da quelli sessuali, come la scuola, i compagni di gioco, le attività sportive, i libri ecc. Questa modificazione è determinata dal declino del complesso di Edipo (v. EDIPO, COMPLESSO DI), dalle impossibilità reali di soddisfacimento pulsionale, dalla costituzione del Super-io interiorizzato e dalle pressioni sociali esterne che costringono la tensione pulsionale a cercare le proprie soddisfazioni in maniera sostitutiva. Sul piano della relazione con i genitori i desideri libidici assumono espressioni sublimate di tenerezza, devozione e rispetto. L'esperienza scolastica in questa fase concorre in larga misura a consolidare la socializzazione, ad arricchire il patrimonio cognitivo in concomitanza con l'acquisizione di una più raffinata capacità astrattiva. Gli studi più significativi dedicati a questa età sono quelli di Édouard Claparède sulla funzione educativa del GIOCO (v. § 4) e di Jean Piaget sugli stadi di sviluppo dell'intelligenza (v. COGNIZIONE, § 2).

Bibliografia

Berkowitz L., *Lo sviluppo delle motivazioni e dei valori nel bambino* (1964), La Nuova Italia, Firenze 1973.
Claparède É., *Psicologia del fanciullo e pedagogia sperimentale. Lo sviluppo mentale* (1909), Editrice Universitaria, Firenze 1964.
Freud S., *Il tramonto del complesso edipico* (1924), in *Opere* (1967-1993), Bollati Boringhieri, Torino, vol. X.
Josselyn I. M., *Lo sviluppo psicosociale del fanciullo* (1948), Editrice Universitaria, Firenze 1965.
Piaget J., *Il linguaggio e il pensiero nel fanciullo* (1923), Editrice Universitaria, Firenze 1955.
–, *La rappresentazione del mondo nel fanciullo* (1926), Bollati Boringhieri, Torino 1966.
–, *Psicologia dell'intelligenza* (1947), Editrice Universitaria, Firenze 1964.
Singer R. D., Singer A., *Lo sviluppo psicologico del bambino*, La Nuova Italia, Firenze 1977.

Fantasia (ingl. *Fantasy*; ted. *Phantasie*; fr. *Fantaisie*; sp. *Fantasía*). Il termine è impiegato in due accezioni: 1) come *attività immaginativa* in generale che è alla base di ogni processo creativo, e 2) come *fantasma*, espressione di risonanza psicoanalitica, che fa riferimento a quella condizione, sia normale sia patologica, dove si realizza l'appagamento di desideri inconsci. Per quanto concerne il primo significato si rinvia alla voce IMMAGINAZIONE, per quanto concerne il secondo s'è resa necessaria la sua rubricazione sotto la voce FANTASIA perché nella letteratura psicologica inglese e in quella tedesca è identico il termine che denomina sia la fantasia come attività immaginativa sia il fantasma. Dal fantasma, infine, va distinta la *fantasticheria*, o *sogno diurno*.

1. IL FANTASMA. È un prodotto illusorio che non resiste al confronto con la realtà. Sigmund Freud oppone al mondo interiore che tende a soddisfare i propri desideri per via illusoria (fantasma) un mondo esterno che impone al soggetto il principio di realtà (v. REALTÀ, § 3). Come messa in scena del desiderio, il fantasma è anche luogo di operazioni difensive che possono assumere le forme della conversione nell'opposto (v. OPPOSTI, § 1, *a*), del DINIEGO (v.) e della PROIEZIONE (v.). I fantasmi possono essere consci, come nel caso dei sogni diurni, o inconsci, dove il riferimento è al "nucleo originario", come lo chiama Freud, del sogno, del sintomo, dell'AGIRE (v.), delle condotte ripetitive che la cura psicoanalitica deve "enucleare". A parere di Freud, infatti, tutta la vita del soggetto, comprese le sue condotte che sembrano lontane dall'attività immaginativa e dettate dalle esigenze della realtà, è modellata e strutturata da una fantasmatica inconscia.

La vita fantasmatica, quali che siano le esperienze personali dei soggetti, è alimentata, sempre secondo Freud, da *fantasmi originari* che hanno per sfondo la vita intrauterina, la scena del coito parentale o SCENA PRIMARIA (v.) (*Urszene*), la CASTRAZIONE (v.) e la SEDUZIONE (v.), che nel loro insieme costituiscono un patrimonio fantasmatico trasmesso filogeneticamente. A questo proposito Freud scrive: «Reputo che queste *fantasie primarie* – così vorrei chiamarle, senza dubbio insieme ad alcune altre – siano un patrimonio filogenetico. In esse l'individuo, scavalcando la propria esperienza, attinge all'esperienza della preistoria, là dove la propria storia è troppo rudimentale. Mi sembra assolutamente plausibile che tutto quanto oggi ci viene raccontato nell'analisi come fantasia – la seduzione di bambini, l'accendersi dell'eccitamento sessuale osservando i rapporti tra i genitori, la minaccia di evirazione (o meglio, l'evirazione stessa) – sia stato una volta realtà nei primordi della famiglia umana, e che il bambino, con la sua fantasia, abbia semplicemente colmato le lacune della verità individuale con la verità preistorica» (1915-1917, p. 526). Nelle fantasie primarie sono rappresentate quelle fasi di passaggio e di crisi che vanno dall'origine del soggetto nella scena del coito dei genitori, all'origine della sessualità nei fantasmi di seduzione, all'origine della differenza dei sessi nei fantasmi di castrazione. Da questa interpretazione di Freud, propenso a ritenere la scena primaria un'esperienza reale o ricostruita a partire da qualche indizio realmente esperito, si scosta l'interpretazione di Carl Gustav Jung, per il quale la scena primaria è una fantasia retrospettiva indotta da un bisogno di rinascita.

Anche nei suoi successivi sviluppi la psicoanalisi continua a riconoscere, come scrive Charles Rycroft, che «l'attività mentale conscia è accompagnata, sostenuta, mantenuta e influenzata dalla fantasia inconscia, la quale ha inizio nell'infanzia e si occupa primariamente dei rapporti biologici, per poi andare incontro a un'elaborazione simbolica» (1968, p. 58). Vi è comunque una differenza di opinioni per quanto concerne il valore delle interpretazioni relative alla fantasia inconscia. Per gli psicologi dell'Io le cosiddette scene primarie, come il coito parentale o il desiderio di aggredire il seno o il pene, sono interpretazioni drammatizzanti che hanno poco senso per il soggetto adulto, mentre per Melanie Klein il fantasma è la rappresentazione psichica sottesa a ogni processo e attività mentale, nonché alle pulsioni, ivi comprese quelle pregenitali, e persino ai TIC (v.), apparentemente privi di oggetto. Su questa linea Susan Isaacs, della scuola kleiniana, enucleando l'elemento intermedio tra istinto e pensiero scrive che «le produzioni fantasmatiche: *a*) costituiscono l'elemento primario dei processi mentali inconsci; *b*) concernono il corpo e rappresentano gli scopi istintuali nei confronti degli oggetti; *c*) richiedono, per l'adattamento alla realtà e al pensiero secondo realtà, il sostegno di fantasie inconsce concomitanti» (1952, p. 49).

Di tutt'altro avviso è Jacques Lacan il quale, dopo aver definito il fantasma in questi termini: «Il fantasma, nella struttura da noi definitane, contiene il (-φ), funzione immaginaria della castrazione in forma nascosta e reversibile dall'uno all'altro dei suoi termini» (1960, pp. 828-829), sottolinea la centralità del fantasma, e non dell'oggetto, nella promozione del desiderio: «È il fantasma il sostegno del desiderio, non è l'oggetto che è il sostegno del desiderio» (1964, p. 188). Per la determinazione del fondo fantasmatico con mezzi diagnostici si veda la voce RED (*Rêve Éveillé Dirigé*).

2. LA FANTASTICHERIA. Detta anche *sogno diurno* (*day dream*) o *sogno a occhi aperti*, la fantasticheria esprime un desiderio del presente che corre a un'esperienza piacevole passata per riviverla con l'idea di una realizzazione futura. La fantasticheria è sempre di tono piacevole o perché soddisfa allucinatoriamente desideri che nella realtà non possono essere appagati o perché, quando accentua ingiurie o ingiustizie sofferte, conferisce a chi fantastica una sorta di aureola di martirio che comporta una valorizzazione di sé. In proposito Freud scrive: «Le più note produzioni della fantasia sono i cosiddetti "sogni a occhi aperti", soddisfacimenti immaginari di desideri ambiziosi, megalomani ed erotici, che prosperano tanto più rigogliosi quanto più la realtà ammonisce alla moderazione o alla pazienza. L'essenza della felicità procurata dalla fantasia – poter di nuovo conseguire il piacere, liberi dall'assenso della realtà – vi si manifesta in maniera inconfondibile. Noi sappiamo che tali sogni a occhi aperti sono il nucleo e il prototipo dei sogni notturni. In fondo, il sogno notturno non è altro che un sogno diurno diventato fruibile perché di notte le pulsioni sono libere di scatenarsi, e alterato per via della forma che di notte assume l'attività psichica. Ci siamo già familiarizzati con l'idea che anche un sogno a occhi aperti non è necessariamente cosciente, che ci sono anche sogni a occhi aperti inconsci. Tali sogni diurni inconsci sono dunque la fonte tanto dei sogni notturni quanto dei sintomi nevrotici» (1915-1917, pp. 527-528).

Come prodotto dell'attività fantastica costruita con elementi sottratti al reale ed estrapolati dal tempo, dallo spazio e dal significato che è loro proprio, per essere posti al servizio dei desideri più o meno consci, la fantasticheria è lo strumento attraverso cui il soggetto conferisce struttura e coerenza logica a situazioni fittizie, immaginarie o inconsistenti, rendendole convincenti e persuasive. La fantasticheria è frequente nei bambini che hanno maggior facilità di sottrarre al reale la sua concretezza e credibilità nonché peso ai fatti concreti. Dal punto di vista psicoanalitico la fantasticheria è letta come il controeffetto di un desiderio inappagato, attraverso cui l'individuo si emancipa dal limite delle situazioni oggettive, liberando il desiderio altrimenti represso. Anche quando presenta connotati negativi tali da articolare uno scenario che, anziché appagare, sembra contraddire il desiderio del soggetto, la fantasticheria risponde all'esigenza di una legittimazione esistenziale, favorendo, al pari dell'ABREAZIONE (v.), una scarica emotiva che può anche espletare un'azione terapeutica.

Nella fantasticheria si assiste a una contaminazione tra passato, presente e futuro, nel senso che si attinge dal passato un'esperienza piacevole rimasta rilevante nella vita psichica, la si associa a un desiderio presente, per poi proiettarne nel futuro la possibile realizzazione. Freud considera identico il meccanismo che è alla base delle fantasticherie e dei sogni, perché «come i sogni, esse sono appagamenti del desiderio; come i sogni, si basano in buona parte su impressioni di vicende infantili; come i sogni, godono per le loro creazioni di una certa indulgenza da parte della censura. Indagando sulla loro composizione, si scopre che lo spunto di desiderio che si manifesta nella loro produzione ha mischiato, riordinato e congegnato in un nuovo insieme il materiale con cui sono costruite. Con i ricordi infantili, ai quali si rifanno, hanno pressappoco lo stesso rapporto che certi palazzi barocchi di Roma hanno con le antiche rovine, le cui pietre quadre e le cui colonne hanno fornito il materiale per la costruzione più recente» (1899, p. 450).

Nell'interpretazione del contenuto fantastico, Jung affianca al metodo causale adottato da Freud il metodo costruttivo (v. COSTRUTTIVO, METODO) che offre una prospettiva finalistica, per cui «a una spiegazione causale la fantasia appare come un *sintomo* di uno stato fisiologico o personale che è il risultato di avvenimenti precedenti. Alla spiegazione finalistica, invece, la fantasia appare come un *simbolo* che tenta, con l'ausilio dei materiali già esistenti, di caratterizzare o di individuare un determinato obiettivo o piuttosto una determinata futura linea di sviluppo psicologico» (1921, p. 443).

Bibliografia

Ammaniti M., Stern D. N. (a cura di), *Fantasia e realtà nelle relazioni interpersonali*, Laterza, Bari 1995.
Bachelard G., *La poetica della rêverie* (1960), Dedalo, Bari 1972.
Bergson H., *Fantasmi* (1913), Elliot Edizioni, Roma 2015.
Caillois R., *Nel cuore del fantastico* (1965), Feltrinelli, Milano 1984.
Ceserani R., *Il fantastico*, il Mulino, Bologna 1996.
Fossi G., *Fantasia e onnipotenza. La teoria psicoanalitica dell'immaginario*, Bollati Boringhieri, Torino 1981.
Freud S., *L'interpretazione dei sogni* (1899), in *Opere* (1967-1993), Bollati Boringhieri, Torino, vol. III.
–, *Il poeta e la fantasia* (1907), in *Opere*, cit., vol. V.
–, *Fantasie isteriche e loro relazione con la bisessualità* (1908), in *Opere*, cit., vol. V.
–, *Modi tipici di ammalarsi nervosamente* (1912), in *Opere*, cit., vol. VI.
–, *Dalla storia di una nevrosi infantile (Caso clinico dell'uomo dei lupi)* (1914), in *Opere*, cit., vol. VII.
–, *Introduzione alla psicoanalisi* (1915-1917), in *Opere*, cit., vol. VIII.
Hartmann H., *Fondamenti della psicoanalisi* (1927), Feltrinelli, Milano 1981.
Isaacs S., *Developments in psychoanalysis*, Hogarth Press, London 1952.
Jung C. G., *Tipi psicologici* (1921), in *Opere* (1969-2007), Bollati Boringhieri, Torino, vol. VI.
Kamper D., *Fantasia*, in Ch. Wulf (a cura di), *Cosmo, corpo, cultura. Enciclopedia antropologica* (1997), Bruno Mondadori, Milano 2002, pp. 1031-1038.
Klein M., *Contributo alla psicogenesi dei tic* (1925), in *Scritti 1921-1958*, Bollati Boringhieri, Torino 1978, pp. 162-196.
Lacan J., *Sovversione del soggetto e dialettica del desiderio nell'inconscio freudiano* (1960), in *Scritti* (1936-1966), Einaudi, Torino 1974, vol. II.
–, *Il Seminario. Libro XI: I quattro concetti fondamentali della psicoanalisi, 1964*, Einaudi, Torino 1979.
Laplanche J., Pontalis J.-B., *Fantasma originario, fantasmi delle origini, origini del fantasma* (1964), il Mulino, Bologna 1988.
Legrenzi P., *La fantasia. I nostri mondi paralleli*, il Mulino, Bologna 2010.
Oz A., *Contro il fanatismo* (2002), Feltrinelli, Milano 2004.
Person E. S., *Sogni a occhi aperti. Come la fantasia trasforma la nostra vita* (1995), Raffaello Cortina, Milano 1998.
Resnik S., *Sul fantastico. Tra l'immaginario e l'onirico* (1991), Bollati Boringhieri, Torino 1993.
Rigo L., *RED (Rêve Éveillé Dirigé) diagnostico e Rorschach. Contributo alla determinazione del fondo fantasmatico con mezzi psicodiagnostici*, in "Archivio di Psicologia, Neurologia e Psichiatria", 1966, a. XXVII, fasc. IV-V.
Rodari G., *Grammatica della fantasia. Introduzione all'arte di inventare storie*, Einaudi, Torino 2001.
Rycroft Ch., *Imagination and reality*, Hogarth Press, London 1968.
Segal H., *Sogno, fantasia e arte* (1991), Raffaello Cortina, Milano 1991.

Fantasma, v. FANTASIA, § 1.

Fantasticheria, v. FANTASIA, § 2.

Farmaco, v. PSICOFARMACOLOGIA.

Fascinazione (ingl. *Enchantment*; ted. *Bezauberung*; fr. *Fascination*; sp. *Fascinación*). Attrazione disarmata subita al cospetto di qualcosa o di qualcuno la cui forza si impone in modo irresistibile. In psicologia il termine è impiegato in riferimento alle tecniche adottate per produrre IPNOSI (v.) o indurre un'autoipnosi. In questa accezione specifica il termine va distinto da FASCINO (v.). Raul Melandri e Cesare Secchi considerano la fascinazione qualcosa che accade all'interno di una comunicazione empatica, in cui un soggetto affascinante può indurre un soggetto affascinato a sognare che ad attenderlo ci sia un mondo che risponde alle sue aspettative e ai suoi bisogni. Questa esperienza relazionale è riscontrabile sia nella vita affettivo-mentale normale sia in quella patologica, soprattutto nelle forme di seduzione, di plagio o di perversione. Non ne sono immuni le relazioni transferali e controtransferali (v. TRANSFERT) che si verificano nei rapporti analitici, a proposito dei quali Carl Gustav Jung scrive: «Un forte transfert di natura violenta corrisponde a un contenuto scottante; racchiude qualcosa di importante, qualcosa che ha un elevato valore per il paziente. Nella misura in cui ciò viene tuttavia proiettato, l'analista sembra incarnare questa cosa così preziosa e importante. Egli non può introdurre alcun mutamento in questa infelice situazione, ma è costretto a *restituire* questo valore al paziente, e l'analisi non è conclusa finché il paziente non ha ripristinato il tesoro. Se quindi il paziente proietta su qualcuno un complesso del redentore, occorre *restituirgli* qualcosa che non sia da meno di un redentore, qualunque cosa ciò possa significare. Non siamo però *noi* i redentori, questo è sicuro» (1935, p. 143).

Bibliografia

Jung C. G., *Le conferenze alla clinica Tavistock* (1935), in Id., *Psicologia analitica*, Mondadori, Milano 1975.

Melandri R., Secchi C., *La fascinazione. Riflessioni psicoanalitiche*, Pratiche Editrice, Parma 1994.

Fascino (ingl. *Fascination*; ted. *Zauber*; fr. *Charme*; sp. *Encanto*). Particolare forza attrattiva e seducente esercitata da persone o da oggetti. Il fascino, subìto più che esercitato, deve la sua potenza in larga misura al coinvolgimento di colui che ne è preda, alla forte volontà di appropriazione e spesso all'adesione incondizionata che egli tributa al referente del suo fascino. Semanticamente prossimo alle passioni e all'amore, può essere all'origine di varie forme di soggiogamento emotivo, ideologico e, in generale, psichico. La psicoanalisi riconduce l'accettazione supina e acritica che può produrre l'azione intensa del fascino a un residuato di quell'atteggiamento infantile che porta i bambini a provare una sorta di "timore erotico" nei confronti dei genitori. Generalmente vi è una certa corrispondenza tra ciò che esercita il fascino e la fisionomia degli ideali coltivati da colui che lo subisce. Cadono più facilmente in balia di quest'azione soggetti psichicamente fragili. All'intensità del fenomeno concorre in modo cospicuo la possibilità, in esso implicita, di consentire una proiezione migliorativa e soddisfacente di sé nell'altro.

Bibliografia

Volli U., *Fascino. Feticismi e altre idolatrie*, Feltrinelli, Milano 1997.

Fascismo (F), Scala del, v. Autorità.

Fase, v. Stadio.

Fasmofobia (ingl. *Phasmophobia*; ted. *Phasmophobie*; fr. *Phasmophobia*; sp. *Fasmofobia*). Angosciante timore dei fantasmi.

Fasopatia (ingl. *Phasopathy*; ted. *Phasopathie*; fr. *Phasopathie*; sp. *Fasopatía*). Insieme di disturbi connessi al passaggio da una fase dello sviluppo psichico a un'altra (v. Stadio, § 2). Per questo loro carattere, detti disturbi sono solitamente di natura transitoria (v. Crisi).

Fastidio (ingl. *Annoyance*; ted. *Verdruss*; fr. *Gêne*; sp. *Fastidio*). Insofferenza nei confronti di cose, persone o situazioni che procurano disagio e malessere. Oltre ai fattori di disturbo universalmente riconosciuti, come rumori assordanti, odori nauseabondi, condizioni climatiche disagevoli, esistono idiosincrasie individuali per particolari oggetti, persone o situazioni che possono assumere un carattere ossessivo che rimanda a una conflittualità psichica profonda di cui la sensazione di fastidio è solo un sintomo. In questi casi si preferisce parlare di Fobia (v.).

Fatalismo (ingl. *Fatalism*; ted. *Fatalismus*; fr. *Fatalisme*; sp. *Fatalismo*). Atteggiamento di chi ritiene immodificabile e indipendente dalla volontà e dalle azioni umane l'accadere di un evento, nella persuasione che l'evento, per sua stessa natura, si sottrae a ogni forma di progetto inteso a modificarne preventivamente l'andamento e il significato. Il fatalismo caratterizza una visione del mondo che può produrre comportamenti contraddittori, giacché segnala tanto l'accettazione costruttiva degli accadimenti giudicati inesorabili, quanto la supina sottomissione e l'inattività dell'atteggiamento rinunciatario. Il termine cambia di significato a seconda che per "fato" si intenda una forza cieca e indeterminabile che governa il divenire del mondo, rendendolo inintelligibile, oppure un ordine razionale, comunque ineluttabile, facente capo a una volontà intelligente ma non necessariamente comprensibile. La parola, inoltre, può venir riferita sia al mondo naturale sia a quello storico, direttamente riconducibile alla soggettività umana. Il pensiero moderno ha distinto nettamente queste due dimensioni, espungendo quasi senza riserve il dominio del fato dalla sfera psicologica. L'ammissione dell'inevitabilità di certi accadimenti, comunque, indica soltanto un fatalismo parziale, che invece assume toni più esasperati qualora venga accolto in termini radicali come esclusione di qualsiasi concorso umano alla determinazione dell'accadere (v. Destino).

Fatica (ingl. *Fatigue*; ted. *Ermüdung*; fr. *Fatigue*; sp. *Fatiga*). Stato di indebolimento conseguente a uno sforzo eccessivo di natura fisica o psichica, o a un dispendio prolungato di energie profuse in una qualsiasi attività. Ha come effetto una riduzione di rendimento, di funzionalità, di capacità di concentrazione, a cui si accompagna un rifiuto per il lavoro, l'attività o il ruolo che si è tenuti a sostenere. Queste manifestazioni, che rientrano nei sintomi di *affaticamento*, denunciano il superamento del limite di resistenza di cui sono capaci organismo e psiche.

Bibliografia

Chute E., Bartley S. H., *Fatigue and impairment in man*, McGraw-Hill, New York 1947.

Graf O., *Erforschung der geistigen Ermüdung und nervösen Belastung*, Westdeutscher Verlag, Opladen-Köln 1955.

Schmidtke H., *Die Ermüdung*, Huber, Stuttgart 1965.

Fato, v. DESTINO; FATALISMO.

Fatticità, v. ANALISI ESISTENZIALE, § 2, *c*.

Fattore (ingl. *Factor*; ted. *Faktor*; fr. *Facteur*; sp. *Factor*). Elemento che concorre alla determinazione dell'intero, ma suscettibile di essere considerato e analizzato indipendentemente dalle sue correlazioni. In *statistica* lo studio dei fattori ha inaugurato un preciso ambito disciplinare che prende il nome di ANALISI FATTORIALE (v.) la cui applicazione in psicologia trova impiego sia come principio di classificazione, sia, sulla base delle diverse teorie, come criterio per la determinazione del tipo di personalità (v. PERSONALITÀ, § 2), che si ottiene riconducendo a un numero limitato di fattori fondamentali le innumerevoli variabili di riferimento. Oltre che in statistica, si parla di fattori anche in PSICOLOGIA DIFFERENZIALE (v.) e in PEDAGOGIA (v.) dove per "fattori dell'educazione" si intendono le parti interagenti del processo educativo, la cui definizione spetta ai diversi orientamenti teorici.

Fattoriale, Analisi, v. ANALISI FATTORIALE.

Fatuità (ingl. *Fatuity*; ted. *Oberflächlichkeit*; fr. *Fatuité*; sp. *Fatuidad*). Inconsistenza e vacuità di un comportamento, spesso corredato da manifestazioni verbali e gestuali eccessivamente ostentate, a cui non corrisponde un'adeguata risonanza emotiva capace di dare alla parola e al gesto uno spessore di significatività.

Favola, v. FIABA.

Febbre psicogena (ingl. *Psychogenetic fever*; ted. *Psychogenes Fieber*; fr. *Fièvre psychogène*; sp. *Fiebre psicógena*). Aumento della temperatura corporea provocato da fattori psicologici, quale ad esempio la suggestione ipnotica (v. IPNOSI), in soggetti particolarmente sensibili o con personalità a sfondo isterico.

Fechner, Legge di, v. WEBER-FECHNER, LEGGE DI.

Feci, v. ESCREMENTI.

Fecondazione (ingl. *Fecundation*; ted. *Befruchtung*; fr. *Fécondation*; sp. *Fecundación*). Fusione dei patrimoni genetici aploidi di un gamete maschile con uno femminile che rende possibile la riproduzione del vivente. L'atto della fecondazione presuppone la *fecondità* del maschio e della femmina. Nell'uomo il periodo di fecondità comincia dalla fine della pubertà e prosegue ininterrottamente per tutto l'arco della sua vita, nella donna va dalla comparsa del ciclo mestruale, che avviene nella pubertà, fino alla sua scomparsa intorno ai cinquant'anni. In questo periodo la fecondità femminile si attiva a fasi intermittenti comprese generalmente tra il decimo e il ventesimo giorno del ciclo mestruale (v. MESTRUAZIONE). Il progresso delle scienze biologiche e mediche oggi consente la fecondazione medicalmente assistita o *fecondazione artificiale* che può essere *omologa* quando il seme maschile e l'ovulo femminile appartengono alla coppia dei genitori del nascituro, *eterologa* quando il seme o l'ovulo provengono da soggetti esterni alla coppia. In questo secondo caso è aperto un dibattito in ambito bioetico, dove alcuni temono che attraverso la fecondazione eterologa si apra la strada a percorsi eugenetici.

Bibliografia

Testart J., *La procréation médicalisée. Un exposé pour comprendre. Un essai pour réfléchir*, Flammarion, Paris 1993.

Valensin G., *Fecondazione artificiale e naturale della donna* (1957), Feltrinelli, Milano 1962.

Valentini C., *La fecondazione proibita*, Feltrinelli, Milano 2004.

Feedback, v. RETROAZIONE.

Felicità (ingl. *Happiness*; ted. *Glückseligkeit*; fr. *Bonheur*; sp. *Felicidad*). Condizione di benessere di rilevante intensità, caratterizzata dall'assenza di insoddisfazione e dal piacere connesso alla realizzazione di un DESIDERIO (v.). Nel suo nesso con il desiderio la felicità rivela il suo carattere circostanziale, cioè il suo legame a condizioni di fatto complessive e transitorie, da cui dipende anche la sua caducità. La felicità, oltre che al presente, può essere riferita al passato quando si associa a uno stato trascorso, addolcito dal ricordo e reso estraneo alla possibilità di venir contaminato da nuovi eventi, o al futuro come situazione limite, punto estremo della tensione che proietta l'uomo verso l'appagamento dei desideri e delle aspirazioni che accompagnano la sua vita. Accanto alla nozione di felicità come pura e semplice soddisfazione del desiderio è andata storicamente affermandosi una nozione che, connettendo la felicità alla virtù e alla saggezza, approda all'idea di una felicità collettiva, sociale e culturale risultante dal giusto equilibrio tra desideri e dati di realtà, con conseguente analisi del sistema dei piaceri e del loro funzionamento complessivo nell'ambito delle relazioni che legano l'uomo ai suoi simili.

L'idea che la condizione umana esiga una dialettica di dolore, sforzo e impegno per giungere a tale equilibrio inserisce la nozione di felicità nello spazio teorico in cui si compenetrano pubblico e privato, politica e morale. Questo passaggio è così segnalato da Sigmund Freud: «Se la civiltà impone sacrifici tanto grandi non solo alla sessualità ma anche all'aggressività dell'uomo, allora intendiamo meglio perché l'uomo stenti a trovare in essa la sua felicità. Di fatto l'uomo primordiale stava meglio, poiché ignorava qualsiasi restrizione pulsionale. In compenso la sua sicurezza di godere a lungo di tale felicità era molto esigua. L'uomo civile ha barattato una parte della sua possibilità di felicità per un po' di sicurezza» (1929, p. 602).

Dal punto di vista individuale Freud ci ricorda che l'Io vuole la sua identità che nasce al costo di una separazione da quella "comunione con il tutto" che Freud chiama «sentimento oceanico» (ivi, p. 561; v. OCEANICO, SENTIMENTO), che ciascuno di noi ha sperimentato nella condizione prenatale e in quel breve periodo della prima infanzia che, traslata dalla storia personale a quella di un popolo, ha fatto sì che ogni cultura fissasse la propria condizione felice nel tempo remoto della mitica Età dell'oro da cui un giorno, infelici, fuoriuscimmo. Questa primitiva felicità può essere recuperata per brevi istanti, dice Freud, ad esempio, «al culmine dell'innamoramento, dove il confine tra Io e oggetto minaccia di dissolversi. Contro ogni attestato dei sensi, l'innamorato afferma che Io e Tu sono una cosa sola ed è pronto a comportarsi come se fosse davvero così» (ivi, p. 559). Ma, prosegue Freud, questa fusione, in cui la felicità consiste, «non è patologica, solo perché è eccezionale». Donde la conclusione: «Le nostre possibilità di essere felici sono dunque già limitate dalla nostra costituzione. Provare infelicità è assai meno difficile» (*ibid.*).

Riferendosi alla posizione di Freud, Herbert Marcuse ipotizza che le condizioni opulente raggiunte dalla civiltà occidentale potrebbero consentire il costituirsi di una società che non ha più bisogno di essere repressiva, e quindi di ottenere prestazioni lavorative a spese degli impulsi istintuali, ma in cui sia possibile una riconciliazione del principio di piacere (v. PIACERE, § 1) con il principio di realtà (v. REALTÀ, § 3), dove l'eros possa riportare le attività dell'uomo alle loro matrici istintuali in cui è la radice del loro libero esprimersi. A questo proposito, scrive Marcuse: «*Eros e civiltà*: con questo titolo intendevo esprimere un'idea ottimistica, eufemistica, anzi concreta, la convinzione che i risultati raggiunti dalle società industriali avanzate potessero consentire all'uomo di capovolgere il senso di marcia dell'evoluzione storica, di spezzare il nesso fatale tra produttività e distruzione, libertà e repressione, potessero, in altre parole, mettere l'uomo in condizione di apprendere la gaia scienza (*gaya ciencia*), l'arte cioè di utilizzare la ricchezza sociale per modellare il mondo dell'uomo secondo i suoi istinti di vita, attraverso una lotta contro gli agenti di morte. [...] Ma nella società organizzata integralmente, la necessità biologica non si traduce immediatamente in azione: l'organizzazione richiede la contro-organizzazione. Oggi la lotta per la vita, la lotta per Eros, è lotta *politica*» (1966, pp. 33, 45). Sia la posizione di Freud sia la posizione di Marcuse, pur nelle loro evidenti differenze, concordano nell'escludere che si dia una felicità individuale disgiunta dal tessuto storico-sociale in cui l'individuo si trova a esprimersi. In termini freudiani, non si dà una felicità cadenzata solo sul principio di piacere che non tenga conto del principio di realtà.

Eppure, scrive Salvatore Natoli, «la felicità esiste non perché gli uomini ne possiedono il concetto, ma perché talvolta ne sperimentano la condizione. [...] Infatti, una volta vissuta, la felicità non può essere dimenticata, poiché la nostra coscienza mantiene in sé quel che trapassa. Per l'uomo nulla perisce definitivamente, perché il tempo non è in grado di abolire l'esperienza. [...] La felicità può dunque essere perduta come condizione di vita, ma non può essere cancellata come esperienza, e a tale titolo può sempre essere ricreata. [...] Rispetto al dolore che inchioda, stringe e costringe, la felicità lambisce, balena e dispare. [...] Per questo la felicità appare come un bene transitorio, mentre il dolore si rivela condizione più abituale e consueta» (1994, pp. 11-12). Ciononostante, prosegue Natoli, la felicità è più originaria del dolore, se non altro perché è impossibile sperimentare una perdita là dove non c'è stato un possesso, così come non è possibile sperimentare la negatività là dove non c'è stata positività. Ma di che natura è quella positività in cui la felicità consiste? «È quella pienezza – scrive Natoli – che nel momento in cui la si possiede, se ne è, in effetti, posseduti» (ivi, p. 14). In quanto evento che ci possiede, non possiamo *definire* la felicità, ma solo *viverla*. Se ci domandassimo "che cos'è?", oggettiveremmo quello stato di possessione e, così facendo, non coincideremmo più con esso, ma ce ne porremmo già fuori. Per questo, prosegue Natoli, «l'uomo non attinge la felicità per via di riflessione: in senso stretto l'uomo non *sa* di essere felice, ma *si sente* felice» (*ibid.*).

Bibliografia

Al-Fārābī A. N. M., *La via della felicità*, Castelvecchi, Roma 2013.

Argyle M., *Psicologia della felicità* (1987), Raffaello Cortina, Milano 1988.

Bauman Z., *La felicità nell'epoca dei piaceri incerti* (2001), Fondazione Collegio San Carlo, Modena 2004.

Boiron C., *Le ragioni della felicità. Contenuti e definizioni del piacere e della felicità: nuove ipotesi* (1998), Franco Angeli, Milano 2001.
Boniwell I., *La scienza della felicità. Introduzione alla psicologia positiva*, il Mulino, Bologna 2016.
Campbell J., *Percorsi di felicità. Mitologia e trasformazione personale* (2004), Raffaello Cortina, Milano 2012.
Chartier É.-A. (detto Alain), *Propositi di felicità* (1928), Elliot Edizioni, Roma 2013.
Crepet P. (a cura di), *Perché siamo infelici*, Einaudi, Torino 2010.
De Luise F., Farinetti G., *Storia della felicità*, Einaudi, Torino 2001.
–, *I filosofi parlano di felicità*, Einaudi, Torino 2014.
Demichelis L., *Felicità*, in L. Ornaghi (a cura di), *Enciclopedia tematica aperta. Politica*, Jaca Book, Milano 1993, pp. 287-290.
Ferguson W., *Felicità* (2001), Feltrinelli, Milano 2003.
Freud S., *Il disagio della civiltà* (1929), in *Opere* (1967-1993), Bollati Boringhieri, Torino, vol. X.
Galimberti U., *Il mito della felicità*, in Id., *I miti del nostro tempo* (2009), Feltrinelli, Milano 2014, pp. 64-77.
Hadot P., *La felicità degli antichi* (2000), Raffaello Cortina, Milano 2011.
Haidt J., *Felicità: un'ipotesi. Verità moderne e saggezza antica* (2006), Codice, Torino 2007.
Harris R., *La trappola della felicità. Come smettere di tormentarsi e incominciare a vivere* (2007), Erickson, Trento 2010.
Legrenzi P., *La felicità*, il Mulino, Bologna 1998.
Lenoir F., *La felicità. Un viaggio filosofico* (2013), Bompiani, Milano 2014.
Lipovetsky G., *Una felicità paradossale. Sulla società dell'iperconsumismo* (2005), Raffaello Cortina, Milano 2007.
Marcuse H., *Eros e civiltà* (1955) con *Prefazione politica* (1966), Einaudi, Torino 1968.
Natoli S., *La felicità. Saggio di teoria degli affetti*, Feltrinelli, Milano 1994.
–, *La felicità di questa vita. Esperienza del mondo e stagioni dell'esistenza*, Mondadori, Milano 2000.
Onfray M., *Politiche della felicità* (2008), Ponte alle Grazie, Milano 2012.
Rank O., *Essere felici. La forza creativa della volontà* (1929), Castelvecchi, Roma 2015.
Russell B., *La conquista della felicità* (1930), Tea, Milano 1997.
Schmid W., *Felicità* (2007), Fazi Editore, Roma 2009.
Spaemann R., *Felicità e benevolenza* (1989), Vita e Pensiero, Milano 1998.
Torno A., *L'infelicità. Storia di una passione*, Mondadori, Milano 1996.
Trampus A., *Il diritto alla felicità. Storia di un'idea*, Laterza, Bari 2008.
Watzlawick P., *Istruzioni per rendersi infelici* (1983), Feltrinelli, Milano 1984.
Zirfas J., *Felicità*, in Ch. Wulf (a cura di), *Cosmo, corpo, cultura. Enciclopedia antropologica* (1997), Bruno Mondadori, Milano 2002, pp. 827-836.

Fellatio. Parola latina adottata per indicare quella pratica sessuale secondaria contraddistinta dalla stimolazione orale dei genitali maschili, da ascrivere, a parere di Sigmund Freud, al soddisfacimento della zona orale: «Ritengo che nessuno contesterà che la mucosa delle labbra e della bocca debba essere considerata come "zona erogena" primaria, dato che essa ha in parte conservato questo significato nel bacio, atto considerato normale. Un'attività intensa e iniziata per tempo di questa zona erogena costituisce dunque la condizione per l'ulteriore compiacenza somatica da parte del tratto di mucosa che ha inizio con le labbra. Così, allorché poi è già noto il vero oggetto sessuale, il membro maschile, se si producono circostanze che accrescono nuovamente l'eccitamento della zona orale rimasta erogena, non occorrono grandi sforzi inventivi per sostituire al capezzolo originario, o al dito che ne teneva il posto, l'oggetto sessuale attuale, il pene, nella situazione atta al soddisfacimento» (1901, p. 343).

Bibliografia

Freud S., *Frammento di un'analisi d'isteria (Caso clinico di Dora)* (1901), in *Opere* (1967-1993), Bollati Boringhieri, Torino, vol. IV.

Femminicidio, v. ABUSO, § 1.

Femminilità (ingl. *Womanliness*; ted. *Weiblichkeit*; fr. *Féminité*; sp. *Feminidad*). Complesso di note caratteriali, comportamentali e ideologiche che connotano in senso lato la psicologia femminile, particolarmente discussa in ambito psicoanalitico, dove si assiste a un significativo contrasto tra la teoria psicoanalitica classica, che prende le mosse dal dato biologico, e la psicologia interpersonale, che ridefinisce la femminilità a partire dal dato socioculturale.

1. LA TEORIA DELLA PSICOANALISI CLASSICA. Partendo dalla differenza anatomica tra i due sessi (v. ATTIVITÀ – PASSIVITÀ), Sigmund Freud associa alla femminilità la predominanza di atteggiamenti passivi e masochisti, rintracciando all'origine di molte patologie la renitenza della donna ad accettare il proprio sesso, perché ciò comporta la rinuncia al pene, cioè al principio attivo e contrario che compete al sesso maschile: «Il complesso di evirazione della bambina è messo in moto dalla vista dell'altro genitale. Essa nota subito la differenza e, lo si deve ammettere, si rende conto del suo significato. Si sente gravemente danneggiata, dichiara spesso che anche lei "vorrebbe avere qualcosa di simile" e cade quindi in balia dell'*invidia del pene*, che lascerà tracce incancellabili nel suo sviluppo e nella formazione del suo carattere e che, anche nel più favorevole dei casi, non sarà superata senza un grave dispendio psichico. Se la bambina riconosce di fatto la mancanza del pene, questo non vuol dire che a ciò si acconci a cuor leggero. [...] Il desiderio di ottenere ugualmente il sospirato pene può ancora essere uno

dei motivi che spingono la donna matura all'analisi, e in ciò che essa può ragionevolmente aspettarsi dall'analisi – la capacità, per esempio, di esercitare una professione intellettuale – si può spesso ravvisare una modificazione sublimata di questo desiderio rimosso» (1932, p. 231). Partendo da questa premessa Freud deduce i seguenti caratteri della femminilità:

a) Passività: «Si potrebbe pensare di caratterizzare psicologicamente la femminilità con la preferenza per mete passive, il che, naturalmente, non è la stessa cosa della passività; per realizzare una meta passiva può essere necessaria una grande dose di attività. Forse succede che nella donna una predilezione per il comportamento passivo e per aspirazioni passive, derivante dal ruolo che le è riservato nella funzione sessuale, si protenda nella vita più o meno ampiamente, secondo i limiti, circoscritti o estesi, in cui la vita sessuale funge da modello» (ivi, p. 222).

b) Masochismo: «Nella donna la repressione dell'aggressività, così come le è prescritto dalla sua costituzione e imposto dalla società, favorisce lo sviluppo di forti impulsi masochistici, i quali, come sappiamo, riescono a legare eroticamente le tendenze distruttive rivolte all'interno. Il masochismo è dunque, come si suol dire, schiettamente femminile» (ivi, pp. 222-223).

c) Invidia e gelosia: «L'invidia e la gelosia hanno nella vita psichica delle donne una parte ancora maggiore che in quella degli uomini. Non che agli uomini queste qualità facciano difetto o che nelle donne non abbiano altra radice all'infuori dell'invidia del pene, ma noi siamo propensi ad ascrivere il di più presente nelle donne a quest'ultimo influsso» (ivi, pp. 231-232).

d) Debolezza del Super-io: «Sotto l'influsso dell'invidia del pene, la bambina viene distolta dall'attaccamento alla madre e si precipita nella situazione edipica come in un porto sicuro. Venendo per lei a mancare l'angoscia di evirazione, cade anche il principale motivo che aveva indotto il maschio a superare il complesso edipico. La bambina rimane in questo complesso per un tempo indeterminato, lo demolisce solo tardi e mai completamente. La formazione del suo Super-io non può non risentire di queste condizioni, il Super-io non può raggiungere quella forza e quell'indipendenza che tanta importanza hanno per la civiltà umana» (ivi, p. 235).

e) Autosvalutazione: «Il distacco dalla madre non avviene certo tutt'a un tratto, poiché dapprima la bambina ritiene la propria evirazione una disgrazia individuale e solo a poco a poco la estende ad altri esseri femminili, e per finire anche alla madre. Il suo amore era diretto alla madre *fallica*; con la scoperta che la madre è evirata, diventa possibile abbandonarla come oggetto d'amore, così che i motivi di ostilità a lungo accumulati prendono il sopravvento. Ciò significa pertanto che, con la scoperta della mancanza del pene, la donna perde di valore agli occhi della bambina» (ivi, pp. 232-233).

f) Mascolinità: «Quale seconda possibile reazione alla scoperta dell'evirazione femminile abbiamo menzionato lo sviluppo di un forte complesso di mascolinità. Intendiamo con ciò che la bambina si rifiuta, in certo qual modo, di prendere atto di quel fatto spiacevole, e, ribellandosi caparbiamente, esagera ancora di più la sua precedente mascolinità, persiste nella sua attività clitoridea rifugiandosi nell'identificazione con la madre fallica o con il padre. [...] Il risultato estremo di questo complesso di mascolinità sembra essere l'influsso esercitato sulla scelta oggettuale, nel senso di una omosessualità manifesta» (ivi, pp. 235-236).

g) Scarso senso della giustizia: «Esiste un nesso tra lo scarso senso di giustizia della donna e il prevalere dell'invidia nella sua vita psichica; infatti, l'esigenza di giustizia è una metamorfosi dell'invidia, costituisce la condizione in base alla quale è possibile rinunciarvi» (ivi, p. 240). Queste caratteristiche della femminilità hanno un limite, esplicitamente ammesso anche da Freud: «Questo è tutto quanto avevo da dirvi sulla femminilità. È certo incompleto e frammentario e non sempre suona gentile. Non dimenticate però che abbiamo descritto la donna solo in quanto la sua natura è determinata dalla funzione sessuale» (*ibid.*).

2. La teoria della psicologia interpersonale. Spostando il presupposto freudiano e visualizzando la femminilità non più a partire dalla funzione sessuale, ma dalla condizione socioculturale, la psicologia interpersonale capovolge la descrizione di Freud interpretando quei caratteri negativi non come conseguenza della differenza anatomica tra maschio e femmina, ma come interiorizzazione da parte della donna dei valori con cui gli uomini hanno costruito civiltà e cultura al maschile. Questa tesi, inaugurata in sede sociologica da Georg Simmel, è stata promossa in sede psicoanalitica da Karen Horney che scrive: «Al nuovo punto di vista che desidero illustrare sono giunta attraverso la filosofia, e cioè attraverso alcuni saggi di G. Simmel (1911 e 1919). La posizione presentata da Simmel, e successivamente elaborata in vari modi, soprattutto da parte femminile, è questa: la nostra è una civiltà maschile. Lo stato, le leggi, la moralità, la religione, le scienze sono creazioni dell'uomo. A differenza di altri autori, Simmel non ne deduce che le donne siano inferiori, ma approfondisce e analizza questa concezione di civiltà maschile: "I

requisiti dell'arte, del patriottismo, della moralità in genere e delle idee sociali in particolare, la correttezza della valutazione pratica e l'oggettività nella conoscenza teorica, l'energia e la profondità nella vita. Tutte queste sono categorie che appartengono, per così dire, nella loro forma e nelle loro pretese, all'umanità in generale, mentre sono maschili in tutto e per tutto nella loro configurazione storico-reale. Supponendo di descrivere questi elementi, considerati come idee assolute, con la parola 'oggettivi', scopriremo che nella storia della nostra specie è valida l'equazione: oggettivo = maschile"» (1926, p. 14). Partendo da queste premesse la Horney ribalta il quadro descritto da Freud con questi argomenti:

a) *Superiorità fisiologica*: «La prima scoperta sorprendente è che la differenza genitale tra i sessi è stata sempre, o prevalentemente, il punto cardine della concezione analitica, mentre non è stata presa in considerazione l'altra grande differenza biologica, cioè i diversi ruoli di maschi e femmine nella funzione riproduttiva. [...] Eppure dal punto di vista biologico la donna ha, nella maternità e nella sua potenzialità in tal senso, una superiorità fisiologica indiscutibile e per niente trascurabile, che si riflette con estrema chiarezza nell'inconscio della psiche maschile, nell'intensa invidia rivelata dal ragazzo. [...] Rispetto all'invidia del pene nella bambina, l'invidia maschile ha chiaramente migliori prospettive di sublimazione ed è certo una, se non la fondamentale, forza pulsionale nel creare valori culturali. [...] La forza tremenda del lavoro maschile in ogni campo non è forse dovuta proprio al senso di avere un ruolo relativamente modesto nella creazione degli esseri viventi, che li costringe costantemente a una supercompensazione nelle realizzazioni?» (ivi, pp. 17-18).

b) *Maschilismo*: «Il desiderio di essere uomo, tanto familiare nelle analisi di donne adulte, ha ben poco a che fare con la prima, infantile, invidia del pene e si tratta invece di una formazione secondaria che impersona tutti i fallimenti incontrati nello sviluppo della femminilità» (ivi, p. 20), fallimenti dovuti al fatto che, essendo società e cultura organizzate dalla compensazione maschile, alla donna ne è reso difficile l'accesso.

c) *Incertezza interiore*: «Un ulteriore fattore che opera nella stessa direzione è una certa conseguenza della differenza anatomica fra i sessi. Il ragazzo può ispezionare i suoi genitali per controllare se si realizzano le temute conseguenze dell'onanismo; la bambina, invece, resta letteralmente al buio al riguardo, nell'incertezza più assoluta. [...] Questo fattore ha un ruolo considerevole nella vita mentale femminile, contribuendo a quella particolare incertezza così frequente nelle donne» (ivi, pp. 22-23).

d) *Inferiorità indotta*: «A questo proposito Georg Simmel dice che "la maggior importanza attribuita sociologicamente al maschio deriva probabilmente dalla sua superiore posizione di forza" e che storicamente si può brutalmente descrivere la relazione tra sessi in termini di schiavo e padrone. Come sempre, anche in questo caso "il padrone ha, fra gli altri, il privilegio di non dover pensare costantemente alla propria posizione, mentre lo schiavo non può dimenticarsene mai". Così si spiega probabilmente anche perché questo fattore sia sottovalutato nella letteratura analitica. Nella realtà dei fatti la bambina è esposta fin dalla nascita alla suggestione della propria inferiorità – inevitabile, sia se trasmessa con delicatezza o brutalità –, un'esperienza che stimola costantemente il suo complesso di mascolinità. Resta ancora un elemento da considerare. A causa del carattere puramente maschile della nostra civiltà, le donne hanno incontrato molta più difficoltà a raggiungere una sublimazione che soddisfi realmente la loro natura, poiché tutte le professioni normali sono monopolio maschile. Questa situazione deve a sua volta aver influito sui loro sentimenti d'inferiorità e poiché, naturalmente, non potevano affermarsi professionalmente come gli uomini, quest'inferiorità veniva apparentemente confermata» (ivi, pp. 25-26).

e) *Masochismo indotto* non dall'invidia del pene ma dalle condizioni sociali, che determinano nella donna: «*a*) il blocco degli sfoghi di espansività e sessualità; *b*) la dipendenza economica delle donne dagli uomini o dalla famiglia che incoraggia un adattamento emotivo nella direzione della dipendenza emotiva; *c*) confinamento delle donne in sfere della vita che sono basate prevalentemente sui legami emotivi, come la vita familiare. [...] *d*) processi cruenti o addirittura dolorosi come la deflorazione, le mestruazioni e il parto che possono servire da sfogo a tendenze masochistiche; come pure, *e*) l'essere penetrata si presta più facilmente ad un immaginario masochista, mentre la penetrazione maschile può essere vista come attività sadica» (1935, pp. 40, 42).

Partendo da queste premesse, Jean Baker Miller giunge a spiegare «il conflitto che si scatena nella donna quando le sue capacità vengono riconosciute apertamente. Il riconoscimento della sua abilità o di una valida realizzazione provoca in lei visioni spaventose di distruzione. Sembrerebbe che, riconoscendo la propria abilità ed efficienza, tema di perdere quell'unico senso di sé che le è stato concesso, l'intera nozione del significato di femminilità che ha acquisito, l'unica base su cui può essere accettata e stare in rapporto con altri» (1974, p. 246). Prendendo in considerazione il più frequente ricorso alle cure psichiatriche delle donne rispetto agli uomini, Phyllis Chesler confuta la tesi secondo cui c'è più "spessore psichico" nelle donne che negli uomini, sostituendola con la considerazione che le condizioni socioculturali hanno indotto più sofferenza nella donna che ha minor possibilità di realizzazione rispetto all'uomo perché «biologia, cultura patriarcale e rapporti genitori-figlia concorrono a garantire i comportamenti e gli ideali che vengono solitamente riconosciuti come femminili: l'autosacrificio, il masochismo, il narcisismo riproduttivo, la dipendenza, la svalutazione della donna. Il trattamento che i clinici riservano alle donne è la diretta conseguenza di questi stereotipi. Un doppio parametro di salute mentale, uno per le donne, uno per gli uomini, domina la maggior parte delle teorie e una prassi terapeutica fatta di violenza e di paternalismo. La malattia mentale rappresenta dunque uno dei nodi decisivi attraverso i quali passa la presa di coscienza della donna» (1972, p. 21).

Bibliografia

Babini V. P., Minuz F., Tagliavini A., *La donna nelle scienze dell'uomo*, Franco Angeli, Milano 1986.

Bachofen J. J., *Il matriarcato* (1861), Einaudi, Torino 1988.

Baker Miller J. (a cura di), *Le donne e la psicoanalisi* (1974), Bollati Boringhieri, Torino 1976.

Barducci M. C., *Il velo e il coltello. L'aggressività femminile tra cura e cultura*, Vivarium, Milano 2006.

Brownmiller S., *Femminilità* (1984), Feltrinelli, Milano 1985.

Buzzatti G., Salvo A., *Il corpo-parola delle donne. I legami nascosti tra il corpo e gli affetti*, Raffaello Cortina, Milano 1998.

Chasseguet-Smirgel J., *La sessualità femminile* (1964), Laterza, Bari 1995.

Chesler Ph., *Le donne e la pazzia* (1972), Einaudi, Torino 1977.

Deutsch H., *Psicologia della donna* (1944-1945), Bollati Boringhieri, Torino 1977.

Deutsch H., Freud S., Irigaray L., Kohut H., *Invidia del pene?* (1925-1986), Bollati Boringhieri, Torino 1992.

Di Lorenzo S., *La donna e la sua ombra*, Emme Edizioni, Milano 1980.

Foley D., Nechas E., *Enciclopedia delle donne. Il nostro corpo, la nostra mente* (1993), Feltrinelli, Milano 1995.

Franz M.-L. von, *Il femminile nella fiaba* (1971), Bollati Boringhieri, Torino 1983.

Freud S., *Sessualità femminile* (1931), in *Opere* (1967-1993), Bollati Boringhieri, Torino, vol. XI.

–, *La femminilità*, in *Introduzione alla psicoanalisi. Nuova serie di lezioni* (1932), in *Opere*, cit., vol. XI, Lezione 33.

Gilligan C., *Con voce di donna. Etica e formazione della personalità* (1982), Feltrinelli, Milano 1987.

Harding M. E., *La strada della donna* (1932), Astrolabio, Roma 1951.

–, *I misteri della donna. Un'interpretazione psicologica del principio femminile come è raffigurato nel mito, nella storia e nei sogni* (1934), Astrolabio, Roma 1973.

Horney K., *Sulla genesi del complesso di castrazione nelle donne* (1924), in Id., *Psicologia femminile*, Armando, Roma 1973.

–, *Fuga dalla femminilità* (1926), in J. Baker Miller (a cura di), *Le donne e la psicoanalisi*, cit.

–, *Il problema del masochismo femminile* (1935), in J. Baker Miller (a cura di), *Le donne e la psicoanalisi*, cit.

Jones E., *Teoria del simbolismo. Scritti sulla sessualità femminile e altri saggi* (1912), Astrolabio, Roma 1972.

Jung C. G., *Gli aspetti psicologici dell'archetipo della madre* (1938-1954), in *Opere* (1969-2007), Bollati Boringhieri, Torino, vol. IX, 1.

Kaplan L. J., *Perversioni femminili* (1991), Raffaello Cortina, Milano 1992.

Kinsey A. Ch. *et al.*, *Il comportamento sessuale della donna* (1953), Bompiani, Milano 1965.

Moebius P. J., *L'inferiorità mentale della donna* (1900), Einaudi, Torino 1978.

Neumann E., *Gli stadi psicologici dello sviluppo femminile* (1953), Marsilio, Venezia 1974.

–, *La grande madre. Fenomenologia delle configurazioni femminili dell'inconscio* (1956), Astrolabio, Roma 1981.

Salvatici S., *Diritti delle donne, diritti umani*, in M. Flores (a cura di), *Diritti umani. Cultura dei diritti e dignità della persona nell'epoca della globalizzazione*, Utet, Torino 2007, *Atlante*, vol. I: *I soggetti e i temi*, pp. 314-357.

Salza F., *Solo una dea. Mitologie del femminile nel Novecento*, Bollati Boringhieri, Torino 2000.

Simmel G., *Weibliche Kultur*, in "Archiv für Sozialwissenschaft und Sozialpolitik", 1911, n. XXXIII.

–, *Philosophische Kultur*, Klinkhardt und Biermann, Leipzig 1919.

Stocchi I., *Il silenzio delle sirene. Figurazioni della psiche femminile*, Vivarium, Milano 2005.

Valcarenghi M., *L'aggressività femminile*, Bruno Mondadori, Milano 2003.

Vegetti Finzi S. (a cura di), *Psicoanalisi al femminile*, Laterza, Bari 1992.

Whitmont E. C., *Il sorriso della leonessa. Alle sorgenti del femminile* (1982), Piemme, Casale Monferrato 1999.

Woodman M., *Lo sposo nascosto. L'aspetto maschile nella psicologia della donna* (1990), Red Edizioni, Como 1991.

Young-Bruehl E., *Freud sul femminile* (1990), Bollati Boringhieri, Torino 1993.

Femminismo (ingl. *Feminism*; ted. *Frauenbewegung*; fr. *Féminisme*; sp. *Feminismo*). Movimento socioculturale teso a effettuare una ricognizione dell'identità femminile in contrapposizione agli stereotipi ideologici consegnati dalla tradizione storica e determinanti la condizione attuale della donna, dove è leggibile, più o meno esplicitamente, lo scenario delle repliche della subordinazione della donna all'uomo e la sua conseguente esclusione dal mondo delle decisioni storiche. A questa esperienza collettiva corrisponde l'esperienza più intima e individuale di una presa di posizione critica della donna rispetto a ciò che assume la fisionomia di un destino sessuale. Di qui l'esigenza di un raffronto di taluni atteggiamenti e ruoli che si presumono istintivi e connaturati alla FEMMINILITÀ (v. § 1) con le diverse mozioni culturali che scavano dialetticamente il vissuto femminile. Ciò ha condotto a disarticolare il repertorio di categorie su cui si innesta la ripartizione delle figure sociali e psichiche effettuata sulla base della sessualità e ha reso inevitabile la deposizione di molte dicotomie linguistiche, cognitive e scientifiche che funzionano da ordine preliminare specie nell'ambito delle scienze sociali.

Alla reazione femminista hanno contribuito in modo rilevante gli studi psicologici e psicoanalitici, mettendo a nudo i contrasti latenti nella personalità psichica proprio in termini di contrasti sessuali, legati, cioè, allo spessore e all'incidenza del sesso nella vita degli individui. Per un effetto retroattivo, queste stesse discipline si sono viste costrette a percorrere a ritroso le proprie teorie alla luce della sconfessione delle credenze implicite al loro stesso operare. Se niente è più sessuale della psiche, d'altro canto, niente è più compenetrato di ideologia come il mondo della sessualità e la sua regolamentazione. In questa dinamica sono stati rilevati meccanismi di associazione consuetudinari che assimilano la donna a un'etica passiva, rinunciataria, a una debolezza strutturale che rende auspicabile il possesso di caratteri prettamente maschili; la donna sarebbe, nel migliore dei casi, un surrogato monco delle virtù maschili. La rivisitazione di queste categorie ha consentito di pensare a una compresenza di elementi di entrambi i sessi in ogni individuo o di produrre nuove definizioni dell'androginia. La crisi d'identità in cui incorre la donna, e di cui il femminismo è l'espressione macroscopica, ha inevitabilmente un corrispettivo nell'altro sesso, perché mette in circolazione nuove figure sociali e ridefinisce la reciprocità dei ruoli che legano uomo e donna.

Dovendoci qui limitare alla letteratura psicologica che ha fatto da sfondo alla rivisitazione del soggetto femminile operata dal movimento femminista, dobbiamo dire che le prove biologiche e psicologiche dell'inferiorità della donna, con conseguente legittimazione della sua subordinazione al maschio, su cui era cresciuta la formulazione psicoanalitica della femminilità in Sigmund Freud, sono state ridiscusse da Carl Gustav Jung che, con le sue nozioni di ANIMA (v. § 3) e di ANIMUS (v.), ha infranto il modello della contrapposizione di due sessi pieni, uno interamente maschile e uno interamente femminile. Ma il contributo maggiore in questa direzione è stato offerto da Wilhelm Reich e da Ronald David Laing. Per Reich «la nevrosi è il prodotto di una repressione sessuale e del conseguente blocco dell'energia sessuale; la sua cura presuppone la rimozione di tale mortificazione e una sana vita genitale, ma tutto ciò in cui ci si imbatte nella vita sociale si contrappone all'attuazione pratica di questa rigorosa massima» (1933, p. 18). Se a questo punto si considera che l'insieme delle nevrosi femminili è stato costruito a partire dalla natura sessuale della donna, si comprende la necessità di rivedere tutta la psicologia della donna a partire da quell'"opposizione sociale" all'esercizio della sessualità che Reich indica come prima causa della "corazza caratteriale" e dell'"anorgasmia", da leggersi non solo in termini sessuali, ma in termini di circolazione dell'energia psichica, per cui Reich può concludere: «Vediamo dunque che non significa nulla dire che quella o quell'altra donna ha invidia del pene. Ciò che è importante è il suo effetto caratterologico e sintomatico. Molto più decisivo è il fatto che nell'Io si è verificata una identificazione con la madre, che si manifesta in quei tratti caratteriali che vengono definiti "femminili"» (ivi, p. 197).

Dal canto suo Laing, partendo dalla premessa che la civiltà occidentale ha diviso gli individui in stereotipi antitetici come maschio/femmina, nero/bianco, matto/sano e ha incaricato la famiglia di perpetuarli, sostiene che senza un sovvertimento delle categorie psicologiche costruite sui modelli sociali non sarà possibile descrivere una psicologia femminile che non sia il semplice calco degli stereotipi correnti. In ambito psicoanalitico, detti stereotipi sono stati revisionati da Karen Horney per la quale, se si abbandona il presupposto freudiano che considera la donna a partire dalla funzione sessuale e si privilegiano le condizioni socioculturali in cui la donna si trova a vivere, è possibile ribaltare le conclusioni a cui è giunto Freud nelle modalità esposte alla voce FEMMINILITÀ (v. § 1). Partendo dalle stesse premesse e sollevando il problema della relazione tra la singolarità dell'Io psicologico e la collettività della comunità storica, Rossana Rossanda evidenzia un'inevitabile lacerazione: «In questa finitezza dell'Io nel tempo e nello spazio sta l'elemento tragico, in senso proprio irrisolvibile, dell'impossibile identificazione tra persone e società, politico e personale. Nessuno dei grandi meccanismi che surdeterminano la mia esistenza, nessuno degli ingranaggi storici in cui sono irrimediabilmente inserita darà ragione di me; essi non sono la mia identità. Ma non posseggo un'identità che non si foggi nelle relazioni di accettazione, rifiuto, mediazione con essi. [...] Un valico insormontabile sta tra l'interpretazione che diamo della storia, come memoria e sapere significante, e il vissuto di coloro che l'hanno traversata; essa è sempre più e meno della biografia» (1987, p. 13).

La distanza tra il momento biografico-individuale e il momento storico-sociale è da imputare, secondo Luce Irigaray, al fatto che la differenza sessuale è rimasta un dato anatomico e non qualcosa di "pensato" e perciò di positivo e di significativo, in grado di aprire ordini di considerazioni capaci di dischiudere modi di percepire e di pensare il tempo, lo spazio, il divino, l'umano in modo differente da come questi orizzonti sono stati pensati a partire da una psicologia tutta maschile che le donne hanno adattato a sé senza ritrovarcisi. Dello stesso avviso è Carol Gilligan, per la quale nella donna l'acquisizione della capacità di giudizio è strettamente collegata alla specificità della sua identità di genere e si fissa nella relazione con gli altri, dando luogo a un'etica della responsabilità collettiva. L'uomo, invece, attraverso un processo di individuazione e separazione, giunge a elaborare una morale fondata sull'idea di consenso tra uguali, secondo l'etica delle libertà individuali su cui si basa la società dei diritti. In proposito scrive la Gilligan: «La disparità tra l'esperienza femminile e la rappresentazione dello sviluppo umano, messa in evidenza in tutta la letteratura psicologica, è stata generalmente interpretata come il segno di una carenza dello sviluppo della donna. Ma non potrebbe darsi, invece, che l'incapacità della donna a rientrare nei modelli esistenti della crescita umana sia indice di una carenza della rappresentazione, di una visione monca della condizione umana, dell'omissione di certe verità sulla vita?» (1982, pp. 9-10).

Bibliografia

AA.VV., *Personalità e questione femminile*, Bulzoni, Roma 1979.
Ballabio L., *Donne che cambiano. Ambivalenza e nuova femminilità*, Armando, Roma 1995.
Beauvoir S. de, *Il secondo sesso* (1949), il Saggiatore, Milano 1961.
Cerroni U., *Il rapporto uomo-donna nella civiltà borghese*, Editori Riuniti, Roma 1975.
Chesler Ph., *Le donne e la pazzia* (1972), Einaudi, Torino 1977.
Del Miglio C., Fedeli L. (a cura di), *Il problema della donna. Soggettività psicosociale e identità sessuale*, Città Nuova, Roma 1980.
Dio Bleichmar E., *Il femminismo dell'isteria. I disturbi narcisistici della femminilità* (1992), Raffaello Cortina, Milano 1994.
Foley D., Nechas E., *Enciclopedia delle donne. Il nostro corpo, la nostra mente* (1993), Feltrinelli, Milano 1995.
Gilligan C., *Con voce di donna. Etica e formazione della personalità* (1982), Feltrinelli, Milano 1987.
Held V., *Etica femminista. Trasformazioni della coscienza e famiglia post-patriarcale* (1993), Feltrinelli, Milano 1997.
Horney K., *Fuga dalla femminilità* (1926), in J. Baker Miller (a cura di), *Le donne e la psicoanalisi* (1974), Bollati Boringhieri, Torino 1976.
Imbasciati A. (a cura di), *Psicoanalisi e femminilità*, Franco Angeli, Milano 1973.
Irigaray L., *Etica della differenza sessuale* (1985), Feltrinelli, Milano 1987.
–, *Io, tu, noi. Per una cultura della differenza* (1990), Bollati Boringhieri, Torino 1992.
Joannes F. V., *Crisi dell'antifemminismo. Il declino delle motivazioni bibliche, teologiche e psicologiche che hanno determinato l'esclusione della donna dalla vita sociale*, Mondadori, Milano 1973.
Kofman S., *L'enigma donna. La sessualità femminile nei testi di Freud* (1980), Bompiani, Milano 1982.
Laing R. D., *L'io diviso. Studio di psichiatria esistenziale* (1959), Einaudi, Torino 1969.
Marcuzzo M., Rossi-Doria A. (a cura di), *La ricerca delle donne. Studi femministi in Italia*, Rosenberg & Sellier, Torino 1987.
Mead M., *Sesso e temperamento in tre società primitive* (1935), il Saggiatore, Milano 1967.
Millett K., *La politica del sesso* (1969), Rizzoli, Milano 1971.
Mitchell J., *Psicoanalisi e femminismo* (1974), Einaudi, Torino 1976.
Pulici di Suni E., *Diritti delle donne*, in M. Flores (a cura di), *Diritti umani. Cultura dei diritti e dignità della persona nell'epoca della globalizzazione*, Utet, Torino 2007, vol. I, pp. 356-362.
Reich W., *L'irruzione della morale sessuale coercitiva* (1932), Sugarco, Milano 1972.
–, *Analisi del carattere* (1933), Sugarco, Milano 1973.
Resnik S., *Isteria*, in AA.VV., *Enciclopedia*, Einaudi, Torino 1979, vol. VII, pp. 1009-1031.
Roccella E., *Dopo il femminismo*, Ideazione Editrice, Roma 2001.
Rossanda R., *Anche per me. Donna, persona, memoria*, Feltrinelli, Milano 1987.
Shorter E., *Storia del corpo femminile* (1983), Feltrinelli, Milano 1984.
Vegetti Finzi S., *Alla ricerca di una soggettività femminile*, in M. Marcuzzo, A. Rossi-Doria (a cura di), *La ricerca delle donne*, cit.

Fenomenico, Campo, v. CAMPO, § 3.

Fenomeno funzionale (ingl. *Functional phenomenon*; ted. *Funktionales Phänomen*; fr. *Phénomène fonctionnel*; sp. *Fenómeno funcional*). Espressione introdotta da Herbert Silberer per il quale, negli stati ipnagogici (v. IPNAGOGICO – IPNOPOMPICO), le immagini non riproducono il contenuto del pensiero del soggetto, ma il suo attuale funzionamento. Silberer ritiene inoltre che nel simbolismo onirico ci sia la tendenza a passare dal materiale al funzionale, cosicché, se in un primo tempo un oggetto allungato rinvia al fallo, dopo una serie successiva di astrazioni può finire con il significare il senso di potenza in generale. Questa interpretazione, condivisa anche da Carl Gustav Jung, prenderà il nome di interpretazione anagogica (v. INTERPRETAZIONE). Sigmund Freud rifiuta l'interpretazione anagogica del sogno, ma accoglie, limitatamente agli stati ipnagogici, il passaggio dal materiale al funzionale: «Silberer ha descritto come "fenomeno funzionale" una delle poche integrazioni alla teoria del sogno il cui valore è fuori discussione. [...] Questo elemento non è presente in modo costante; io l'avevo trascurato probabilmente perché nei miei sogni esso non svolge una funzione di rilievo; in persone con attitudini filosofiche e avvezze all'introspezione esso può diventare assai spiccato» (1914, p. 467).

Bibliografia

Freud S., *Introduzione al narcisismo* (1914), in *Opere* (1967-1993), Bollati Boringhieri, Torino, vol. VII.

Jung C. G., *Simboli della trasformazione* (1912-1952), in *Opere* (1969-2007), Bollati Boringhieri, Torino, vol. V.

Silberer H., *Bericht über eine Methode, gewisse symbolische Halluzinations Erscheinungen, hervorzurufen und zu beobachten*, in "Jahrbuch für Psychoanalytische und Psychopathologische Forschung", 1909, n. 1, pp. 513-525.

Fenomenologia (ingl. *Phenomenology*; ted. *Phänomenologie*; fr. *Phénoménologie*; sp. *Fenomenología*). Dottrina e metodo inaugurati da Georg Wilhelm Friedrich Hegel e riformulati nel ventesimo secolo da Edmund Husserl che, attraverso la *riduzione eidetica*, purifica i fenomeni psicologici dalle loro caratteristiche reali o empiriche per portarli sul piano delle generalità delle essenze. La fenomenologia nasce in occasione della polemica tra gli psicologisti e i logicisti circa l'origine e la natura dei concetti logico-matematici. Gli "psicologisti", e in particolare Franz Brentano, caposcuola della "psicologia dell'atto" (v. ATTO, § 1), riconducevano ogni concetto all'attività intenzionale della psiche, nel senso che se la coscienza è sempre coscienza di qualcosa, il modo in cui essa si rivolge agli oggetti, ossia li "intenziona", determina il carattere degli oggetti intenzionati. I "logicisti", con a capo Friedrich Ludwig Gottlob Frege, respingevano questa riduzione della logica a psicologia, perché vi scorgevano una confusione tra la genesi psichica di un concetto e la sua natura formale, essenzialmente non psichica. Husserl accolse da Brentano il principio dell'INTENZIONALITÀ (v.) della coscienza, che legge la coscienza come una trascendenza verso l'oggetto che si dà alla coscienza "in carne ed ossa", e da Frege la generalizzazione della nozione di oggetto che non comprende solo le cose, ma anche le forme categoriali, le essenze e gli oggetti ideali (1912-1928, I, § 15). Nella percezione degli oggetti esterni, apparire ed essere restano separati, mentre nella "percezione immanente", ossia nella coscienza che l'Io ha delle proprie esperienze, apparire ed essere coincidono in quell'"esperienza vissuta" (*Erlebnis*) della coscienza che non implica la negazione della natura ideale e universale dell'essenza di quanto viene esperito (v. VISSUTO).

1. LE DIVERSE DEFINIZIONI DI "METODO FENOMENOLOGICO". Dopo Husserl, il metodo fenomenologico, che ha trovato applicazione nell'etica con Max Scheler, nell'ontologia con Nicolai Hartmann, nell'analitica esistenziale con Martin Heidegger, nella psicologia della percezione con Maurice Merleau-Ponty, nella psicopatologia con Karl Jaspers e nella psichiatria con Ludwig Binswanger e Eugène Minkowski, non è assunto ovunque nella stessa accezione, ma con variazioni di significato che fondamentalmente si lasciano ricondurre a tre espressioni:

a) *Per Karl Jaspers* «la parola fenomenologia è stata impiegata da Hegel per indicare la totalità delle manifestazioni dello spirito nella coscienza, nella storia e nel pensiero. Noi la usiamo per il campo molto più limitato dell'*esperienza psichica* individuale. Husserl usò il termine inizialmente per designare la "psicologia descrittiva" delle manifestazioni della coscienza e in questo senso si applica alle nostre indagini, ma in seguito per l'"intuizione dell'essenza" che qui non prendiamo in considerazione. La fenomenologia per noi è un procedimento *empirico*; viene soltanto mantenuto per la comunicazione da parte del malato. Che in tutti questi processi psicologici avvenga diversamente che nelle descrizioni scientifiche naturalistiche è un fatto evidente; l'oggetto non esiste di per sé in modo sensibile di fronte ai nostri occhi; lo sperimentare è solo un render presente. Però il principio logico non è differente. Il *descrivere* esige, oltre che categorie sistematiche, formulazioni felici e confronti contrastanti, esposizione dell'affinità dei fenomeni, del loro ordinamento in serie e del loro apparire in modo isolato, senza transizioni» (1913-1959, p. 58).

b) *Per Martin Heidegger* «l'espressione "fenomenologia" significa prima di tutto un concetto di metodo. Essa non caratterizza la consistenza di fatto dell'oggetto dell'indagine filosofica, bensì il suo *come*. [...] Il termine esprime una massima che potrebbe esser formulata così: "Verso le cose stesse!". E ciò in contrapposizione alle costruzioni campate in aria, ai trovamenti casuali, all'assunzione di concetti giustificati solo apparentemente, agli pseudo-problemi che sovente si trasmettono da una generazione all'altra come "problemi"» (1927a, § 7, p. 86).

c) *Per Maurice Merleau-Ponty*, con il metodo fenomenologico «non si tratta di spiegare o di analizzare, bensì di descrivere. La prima consegna che Husserl impartiva alla fenomenologia esordiente, di essere cioè una "psicologia descrittiva" o di ritornare "alle cose stesse", è anzitutto la sconfessione della scienza. Io non sono il risultato o la convergenza delle molteplici causalità che determinano il mio corpo o il mio "psichismo", non posso pensarmi come una parte del mondo, come il semplice oggetto della biologia, della psicologia e della sociologia, né chiudere su di me l'universo della scienza. Tutto ciò che so del mondo, anche tramite la scienza, io lo so a partire da una veduta mia, o da un'esperienza del mondo senza la quale i simboli della scienza non significherebbero nulla. Tutto l'universo della scienza è costruito sul mondo vissuto, e se vogliamo pensare la scienza stessa con rigore, valutarne esattamente il senso e la portata, dobbiamo anzitutto risvegliare questa esperienza del mondo di cui essa è l'espressione seconda. La scienza non ha e non avrà mai il medesimo senso d'essere del mondo percepito, semplicemente perché essa ne è una determinazione o una spiegazione. [...] Ritornare alle cose stesse significa ritornare a questo mondo anteriore alla conoscenza di cui la conoscenza *parla* sempre, e nei confronti del quale ogni determinazione scientifica è astratta, signitiva e dipendente, come la geografia nei confronti del paesaggio in cui originariamente abbiamo imparato che cos'è una foresta, un prato o un fiume» (1945, pp. 16-17).

2. LE TEMATICHE FENOMENOLOGICHE ADOTTATE IN PSICOLOGIA. Della fenomenologia la psicologia e la psichiatria hanno utilizzato in particolare i seguenti temi:

a) La relazione intenzionale individuo-ambiente, non nel senso che l'individuo sia un'entità che si relaziona ad un'altra entità che è l'ambiente, ma che il rapporto, *l'essere-nel-mondo*, è la situazione originaria che si dà all'esperienza fenomenologica (v. MONDO, § 3).

b) La spazialità, che dispiega intorno al soggetto un mondo-ambiente (*Umwelt*) e che può restringersi, allargarsi, destrutturarsi, riorganizzarsi, perché lo spazio non è una cosa, ma l'apertura originaria dell'uomo al mondo (v. SPAZIO, § 3).

c) La temporalità, intesa non come passato, presente e futuro, ma come capacità di darsi un passato, un presente e un futuro. Quando si destruttura questa capacità abbiamo i fenomeni patologici della depressione che si raccoglie tutta nel passato, o della mania che si esprime in un presente senza passato e senza futuro (v. TEMPO, § II).

d) Il corpo, inteso non come organismo (*Körper*) secondo la descrizione della scienza medica, ma come corpo vivente (*Leib*) aperto a un mondo e intenzionato alle cose. La malattia destruttura questo rapporto originario tra corpo e mondo, facendo del corpo non più un veicolo, ma un ostacolo da superare per essere al mondo (v. CORPO, § 3).

e) Le cose sono rilevanti non in quanto fatti ma in quanto esprimono un *significato*, per cui, come ci ricorda Jean-Paul Sartre, anche se il pianto e il riso dal punto di vista neurologico e anatomico impegnano la stessa muscolatura, non hanno comunque lo stesso significato.

f) L'uomo è al mondo con i suoi simili (*Mit-sein*) che non esistono semplicemente accanto a lui, ma sono cooriginari alla stessa esperienza che il singolo fa di sé.

g) La norma. Non c'è una norma che possa distinguere la salute dalla malattia, perché sia il "sano" sia l'"alienato" appartengono allo stesso mondo, anche se l'alienato vi appartiene con una struttura di modelli percettivi e comportamentali differenti, dove la differenza non ha più il significato della "dis-funzione", ma semplicemente quello della "funzione" di una certa strutturazione della presenza, ossia di un certo modo di essere al mondo (v. NORMA, § 3). Per l'applicazione di questi temi al mondo psichiatrico, si veda la voce ANALISI ESISTENZIALE.

Bibliografia

Ales Bello A., *Il senso delle cose. Per un realismo fenomenologico*, Castelvecchi, Roma 2013.
Binswanger L., *Per un'antropologia fenomenologica. Saggi e conferenze psichiatriche* (1921-1941), Feltrinelli, Milano 1970.
–, *Melanconia e mania* (1960), Bollati Boringhieri, Torino 1971.
Borgna E., *Nei luoghi perduti della follia* (1964-1984), Feltrinelli, Milano 2008.
–, *I conflitti del conoscere. Strutture del sapere ed esperienza della follia*, Feltrinelli, Milano 1988.
Boss M., *Psicoanalisi e analitica esistenziale* (1957), Astrolabio, Roma 1973.
Callieri B., *Quando vince l'ombra. Problemi di psicopatologia clinica* (1982), Edizioni Universitarie Romane, Roma 2001.
–, *Corpo, esistenze, mondi. Per una psicopatologia antropologica*, Edizioni Universitarie Romane, Roma 2007.
Cargnello D., *Alterità e alienità. Introduzione alla fenomenologia antropoanalitica*, Feltrinelli, Milano 1966.
Cazzullo C. L., Sini C., *Fenomenologia. Filosofia e Psichiatria*, Masson, Milano 1984.
Gadamer H.-G., *Il movimento fenomenologico* (1963), Laterza, Bari 1994.
Galimberti U., *Psichiatria e fenomenologia* (1979), nuova edizione ampliata, Feltrinelli, Milano 2017.
–, *Il corpo* (1983), nuova edizione ampliata, Feltrinelli, Milano 2013.
Gaston A., *Genealogia dell'alienazione*, Feltrinelli, Milano 1987.
Gebsattel V. E. von, *Imago hominis. Beiträge zu einer personalen Anthropologie*, Otto Müller, Salzburg 1964.
Hartmann N., *Introduzione all'ontologia critica* (1941), Guida, Napoli 1972.
Heidegger M., *Essere e tempo* (1927a), Utet, Torino 1978.
–, *I problemi fondamentali della fenomenologia* (1927b), il melangolo, Genova 1988.
Husserl E., *Idee per una fenomenologia pura e per una filosofia fenomenologica* (1912-1928), Einaudi, Torino 1965.
–, *Meditazioni cartesiane* (1931), Bompiani, Milano 1960.
–, *La crisi delle scienze europee e la fenomenologia trascendentale* (1936), il Saggiatore, Milano 1972.
Husserl E., Heidegger M., *Fenomenologia. Storia di un dissidio* (1927), Unicopli, Milano 1990.

Jaspers K., *Psicopatologia generale* (1913-1959), Il Pensiero Scientifico, Roma 2000.
Landgrebe L., *Fenomenologia e storia* (1968), il Mulino, Bologna 1972.
Leoni F., *Senso e crisi. Del corpo, del ritmo, del mondo*, Edizioni ETS, Pisa 2005.
Maldiney H., *Pensare l'uomo e la follia* (1991), Einaudi, Torino 2007.
Merleau-Ponty M., *La struttura del comportamento* (1942), Bompiani, Milano 1963.
–, *Fenomenologia della percezione* (1945), il Saggiatore, Milano 1972.
–, *Il visibile e l'invisibile* (1959-1960), Bompiani, Milano 1969.
Minkowski E., *Il tempo vissuto. Fenomenologia e psicopatologia* (1933), Einaudi, Torino 1971.
Molaro A., *Psicoanalisi e fenomenologia. Dialettica dell'umano ed epistemologia*, Raffaello Cortina, Milano 2016.
Paci E., *Tempo e relazione*, il Saggiatore, Milano 1965.
Rossi Monti M., *Psichiatria e fenomenologia*, Loescher, Torino 1978.
Rovaletti M. L. (a cura di), *Psicología y psiquiatría fenomenológica*, Universidad de Buenos Aires, Buenos Aires 1994.
Sartre J.-P., *Idee per una teoria delle emozioni* (1939), in Id., *L'immaginazione. Idee per una teoria delle emozioni*, Bompiani, Milano 1962.
–, *Immagine e coscienza. Psicologia fenomenologica dell'immaginazione* (1940), Einaudi, Torino 1976.
–, *L'essere e il nulla* (1943), il Saggiatore, Milano 1968.
Scheler M., *Il formalismo nell'etica e l'etica materiale dei valori* (1913-1916), Bompiani, Milano 2013.
Schneider K., *Psicopatologia clinica* (1962), Fioriti, Roma 2005.
Sichel A., *I modi dell'incontro. Idee per una psicoterapia fenomenologica*, Lalli, Poggibonsi 1983.
Straus E. W., *Vom Sinn der Sinne. Ein Beitrag zur Grundlegung der Psychologie*, Springer, Berlin 1956.
–, *Psychologie der menschlichen Welt*, Springer, Berlin 1960.
Van den Berg J. H., *Fenomenologia e psichiatria* (1955), Bompiani, Milano 1961.

Fenomenologica, Psichiatria, v. ANALISI ESISTENZIALE.

Fenotiazina, v. PSICOFARMACOLOGIA, § I, 1, *a*.

Fenotipo, v. GENETICA, § 3.

Fente, v. LACANIANA, TEORIA, § 7.

Féré, Effetto (ingl. *Féré phenomenon*; ted. *Féré Effekt*; fr. *Effet Féré*; sp. *Efecto Féré*). Diminuzione della resistenza elettrica, o aumento della conducibilità della superficie della pelle, in caso di emozioni o di accresciuta attività psicologica. L'effetto si manifesta più chiaramente nelle regioni del corpo più soggette a sudorazione, ed è possibile misurarlo con l'applicazione di due elettrodi sulla pelle. L'effetto Féré, detto anche "riflesso psicogalvanico" (v. RIFLESSO, § 2, *a*), offre risposte che vengono utilizzate dalla cosiddetta MACCHINA DELLA VERITÀ (v.).

Festa (ingl. *Feast*; ted. *Festtag*; fr. *Fête*; sp. *Fiesta*). Forma temporale correlata all'organizzazione sociale del tempo che scandisce con ritmo e ritualità il tempo festivo carico di valenze sacrali (v. SACRO) e il tempo feriale caratterizzato dall'attività lavorativa e produttiva. In ambito antropologico e psicoanalitico sono stati evidenziati due significati fondamentali della festa:

1. LA FESTA COME RIGENERAZIONE E RIFONDAZIONE. Questa tesi è sostenuta da Mircea Eliade, per il quale «tutti i popoli primitivi hanno sentito in modo profondo il bisogno di rigenerarsi periodicamente abolendo il tempo trascorso e ritualizzando la cosmogonia. [...] La festa, presso i popoli creatori della storia, assume allora il senso della rigenerazione collettiva resa possibile anche dalla loro mentalità anastorica» (1969, pp. 102-103). Questa rigenerazione è possibile con l'interruzione del tempo profano attraverso l'irruzione del tempo sacro caratterizzato da quella «nostalgia delle origini che è alla base dell'idea primitiva secondo cui la vita non può essere riparata, ma solo rinnovata» (ivi, p. 110).

Su un registro sociologico il motivo era già stato ribadito da Émile Durkheim, per il quale la festa è la restaurazione periodica dell'atto istitutivo della società di cui si riaffermano i valori sociali e la rappresentazione gerarchica. Questa tesi è condivisa anche da Marcel Mauss e da René Girard il quale, accostando la festa al sacrificio del CAPRO ESPIATORIO (v.) che ha un effetto catartico sulla violenza che si accumula nella società, dice che «la festa si fonda su un'interpretazione del gioco della violenza che suppone la continuità tra la crisi sacrificale e la sua risoluzione. Ormai inseparabile dal suo epilogo favorevole, la crisi stessa diventa oggetto di festeggiamento. [...] Accanto alla festa quale abbiamo evocato, deve quindi esistere anche un'antifesta: invece di essere preceduti da un periodo di licenza e di rilassatezza, i riti di espulsione sacrificale coroneranno un periodo di estrema austerità, un accrescimento di rigore nel rispetto dei divieti; in un tale momento, la comunità prenderà precauzioni straordinarie per evitare la ricaduta nella violenza reciproca» (1972, pp. 163-165).

Il motivo della rigenerazione è ripreso da Károly Kerényi, per il quale «nella festa si è innalzati su un piano dove tutto è "come al primo giorno", splendente, nuovo e "primigenio"; dove si è uniti agli dèi, dove anzi si diventa dèi, dove spira un alito di creazione. Questa è l'essenza della festa; e non esclude la ripetizione. Al contrario: appena i segni della natura, la tradizione o la consuetudine rammentano all'uomo la possibilità di festeggiare, egli è sempre di nuovo capace di divenire partecipe di un essere e di un agire inconsueti. Tempo e uomo diventano festivi. *Et renovabitur facies terrae*» (1940, p. 53). A un'ipotesi non dissimile, ma decisamente più funzionale, approda Vittorio Lanternari, che nella festa scorge «un rito di rifondazione periodica del ciclo vitale, del mondo e dell'ordine cosmico. Con la festa di capodanno la catastroficità delle esperienze critiche viene annullata; la collettività si fa avanti fidente verso i nuovi compiti incombenti di lavoro produttivo e fecondo» (1976, p. 144).

2. LA FESTA COME TRASGRESSIONE. Questa tesi è stata illustrata da Georges Bataille per il quale la festa soddisfa il bisogno incontenibile di distruzione e di spreco che le società primitive, a differenza di quelle attuali, sapevano soddisfare rinunciando a quell'economia del risparmio e dell'accumulo in cui gli antichi individuavano la "parte maledetta" (v. SCAMBIO, § 1). Come interruzione del ritmo di produzione, la festa, secondo Bataille, «è rappresentata dalle spese cosiddette improduttive, quali il lusso, i culti, le costruzioni di monumenti sontuosi, i giochi, gli spettacoli, le arti, l'attività sessuale perversa (cioè deviata dalla finalità genitale), espressioni di altrettante attività che, almeno nelle condizioni primitive, hanno il loro fine in se stesse» (1949, pp. 43-44). La ricchezza non sprecata nella celebrazione festiva assume la connotazione di "parte maledetta" perché «il sentimento di una maledizione è legato a questa doppia alterazione del movimento che esige da noi il consumo delle ricchezze» (ivi, p. 86).

Affine a questa interpretazione è la lettura che della festa fa Roger Caillois il quale vede «negli eccessi festivi lo stadio di indifferenziazione originaria da cui è nato l'ordine. L'età dell'oro, infatti, era nello stesso tempo età del caos in cui ogni forma era instabile e sconfinava in ogni altra forma. Ricreando periodicamente una situazione di indifferenziazione, la festa riproduce i primordi e attinge ai loro poteri per ripetere il processo di formazione dell'ordine. In questo senso la festa può essere definita come il "parossismo della società" che purifica e periodicamente rinnova. [...] Per questo tutti gli eccessi sono leciti. Bisogna agire contro le regole, tutto deve accadere alla rovescia. Nell'epoca mitica il corso del tempo era invertito: si nasceva vecchi e si moriva giovani. Così vengono sistematicamente violate tutte le norme che proteggono il giusto ordine naturale e sociale» (1940, pp. 82, 49). Dal canto suo Sigmund Freud ritiene che «la festa è un eccesso permesso, anzi offerto, l'infrazione solenne di un divieto. Gli uomini si abbandonano agli eccessi non perché siano felici per un qualche comando che hanno ricevuto. Piuttosto, l'eccesso è nella natura stessa di ogni festa; l'umore festoso è provocato dalla libertà di fare ciò che altrimenti è proibito» (1912-1913, p. 144).

Bibliografia

Bataille G., *La parte maledetta* (1949), Bertani, Verona 1972.
Caillois R., *Théorie de la fête*, in "Nouvelle Revue Française", 1940.
Durkheim É., *Le forme elementari della vita religiosa* (1912), Edizioni di Comunità, Milano 1971.
Eliade M., *La nostalgia delle origini* (1969), Morcelliana, Brescia 1972.
Freud S., *Totem e tabù. Alcune concordanze nella vita psichica dei selvaggi e dei nevrotici* (1912-1913), in *Opere* (1967-1993), Bollati Boringhieri, Torino, vol. VII.
Galimberti U., *Festa*, in AA.VV., *Gli strumenti del sapere contemporaneo*, vol. II: *I concetti*, Utet, Torino 1985, pp. 314-317.
Girard R., *La violenza e il sacro* (1972), Adelphi, Milano 1980.
Jesi F., *La festa. Antropologia, etnologia, folklore*, Rosenberg & Sellier, Torino 1977.
Kerényi K., *L'antica religione* (1940), Astrolabio, Roma 1951.
Lanternari V., *La grande festa. Vita rituale e sistemi di produzione nelle società tradizionali*, Dedalo, Bari 1976.
Mauss M., *Teoria generale della magia e altri saggi* (1950), Einaudi, Torino 1965.

Festinazione (ingl. *Festination*; ted. *Festinationsgang*; fr. *Festination*; sp. *Festinación*). Accelerazione involontaria dell'andatura che spesso caratterizza gli affetti dal morbo di Parkinson che presentano un'andatura propulsiva (v. LOCOMOZIONE, § 2).

Feticcio (ingl. *Fetish*; ted. *Fetisch*; fr. *Fétiche*; sp. *Fetiche*). Oggetto investito di significato simbolico a cui viene generalmente associato un potere magico o una forza spirituale. Come indica il corrispondente latino *facticius* che significa "fatto", "costruito", il feticcio è il supporto di uno spostamento semantico che trasfigura la cosa nel suo senso e valore comuni per attribuirle un significato personale o di gruppo. Caricato di valori attribuiti, il feticcio diventa oggetto di culto e di rituali privati, a volte limitati al contatto o alla semplice vista dell'oggetto che rinvia o al tutto di cui è parte o al significato ulteriore di cui è richiamo.

In psicoanalisi il termine "feticcio" si riferisce a un oggetto come scarpe, capelli, orecchini, indumenti intimi, piedi, a cui si attribuisce un significato sessuale che prende il posto dell'oggetto d'amore. Frequente nei maschi, il feticcio è utilizzato per negare la paura della castrazione indotta dalla mancanza del pene nella donna. Mediante i processi di CONDENSAZIONE (v.), SPOSTAMENTO (v.) e simbolizzazione (v. SIMBOLO) da altri oggetti, il feticista si comporta come se il feticcio fosse questi altri oggetti, e non è disturbato dalla sua incongruenza o assurdità più di quanto lo sia il sognatore mentre sta sognando (v. FETICISMO, § 4).

Bibliografia

Freud S., *Feticismo* (1927), in *Opere* (1967-1993), Bollati Boringhieri, Torino, vol. X.
Mauss M., *Teoria generale della magia e altri saggi* (1950), Einaudi, Torino 1965.

Feticismo (ingl. *Fetishism*; ted. *Fetischismus*; fr. *Fétichisme*; sp. *Fetichismo*). Culto di un Feticcio (v.) spiegato nelle forme più diverse che rimandano agli ambiti disciplinari da cui provengono e che sinteticamente possono essere così raggruppati:

1. La spiegazione antropologica di Charles de Brosses. Interpreta il feticismo come un rimedio alla sensazione di inquietudine e di impotenza che l'uomo avverte di fronte agli eventi della natura che non controlla. «La sua impotenza – scrive de Brosses – lo rende inquieto e fa lavorare la sua immaginazione che si impiega a formarsi un'idea di certi poteri superiori ai suoi, che fanno ciò che egli non può fare, dal momento che conoscono e reggono le cause di cui egli non ha il potere di determinare gli effetti» (1760, p. 215). Per questo nelle situazioni incontrollabili come il gioco d'azzardo, la guerra, la navigazione, l'uomo tende a diventare sempre più superstizioso perché, come osserva Valerio Valeri, da una parte il timore lo spinge a trascendere il visibile supponendo l'esistenza di poteri invisibili, dall'altra i suoi sensi lo spingono a fissare la sua attenzione su oggetti visibili che egli incarica di rappresentare le forze che sfuggono al suo controllo. Sono quindi le situazioni strane, irregolari e imprevedibili ad essere "divinizzate", non le situazioni regolari e perciò controllabili.

2. La spiegazione positivista di Auguste Comte. Ritiene che il feticismo sia promosso dal desiderio di un rapporto armonico con la natura, per cui ogni volta che la riflessione razionale avverte una disarmonia interviene la vita affettiva a supporlo feticisticamente. Il feticismo ha per Comte tre caratteri: è una forma di conoscenza empirica e non generalizzante, tende a cercare cause e non leggi, tende a umanizzare la natura per meglio trattarla. Per questo il feticismo è il contrario della "scienza positiva" che procede per generalizzazioni, cerca leggi e spiega i fenomeni umani a partire da quelli naturali e non viceversa.

3. La spiegazione economico-sociologica di Karl Marx. Interpreta il feticismo come «una sottigliezza metafisica e un capriccio teologico» che circola nella società capitalistica dove, esattamente come nelle società arcaiche, gli oggetti non sono considerati per ciò che sono (valore d'uso), ma per ciò che valgono (valore di scambio), ossia per la loro capacità di permutarsi con l'oro o con il denaro che, come il "mana" dei primitivi, si diffonde sugli oggetti mascherando la loro natura intrinseca, «il loro corpo», dice Marx, allo scopo di renderli pura espressione del loro valore economico. «Se si prescinde dal valore d'uso delle merci, si prescinde anche dalle parti costitutive o forme corporee che le rendono valore d'uso. La merce, allora, non è più tavola, né casa, né filo, né altra cosa utile. Tutte le sue qualità sensibili sono cancellate [...] a favore di quell'elemento comune che si manifesta nel rapporto di scambio che è il valore» (1867-1894, p. 70). Come il "mana" che i primitivi attribuivano agli oggetti e agli animali cancellava la loro natura di oggetti e di animali, per renderli semplici espressioni di quella forza magica, così il "valore economico" che il mercato delle società capitalistiche attribuisce alle merci cancella la loro vera natura, che pur si palesa nel valore d'uso, per renderle semplici segni di quell'equivalente generale che l'oro o il denaro si incaricano di esprimere. Il feticismo quindi non è la sacralizzazione di questo o quell'oggetto, ma è la sacralizzazione del sistema che, generalizzando il valore di scambio, neutralizza la natura degli oggetti, per diffonderne il valore economico. Più il sistema si fa "sistematico", più il fascino del feticismo si rafforza per l'impossibilità di accedere all'oggetto senza passare per il suo valore che è "artificiale" perché, nel feticismo, a parlare non sono le cose, ma il codice che tutte le esprime, perché in tutte si esprime.

4. La spiegazione psicoanalitica di Sigmund Freud. Lega il feticismo all'angoscia di castrazione (v. Castrazione) che si manifesta quando il bambino, alla vista dell'organo sessuale femminile, scopre che «la donna non possiede il pene» (1927, p. 492). A questo punto il bambino adotta il feticcio come sostituto del fallo, scegliendo l'oggetto dell'impressione che precede l'esperienza traumatica verso cui esprime due atteggiamenti opposti: tenerezza e ostilità, indizio di una scissione dell'Io (v. Scissione, § II, 2). Il feticismo, come osserva Valeri, non è dunque un'allucinazione perché non altera la rappresentazione, ma ne ripudia la realtà. «Nel conflitto fra l'importanza della percezione indesiderata e la forza del contro-desiderio – conclude Freud – col feticcio egli è giunto a un compromesso» (ivi, p. 493).

5. La spiegazione di Carl Gustav Jung. Si muove a tre livelli, e precisamente: *a)* a partire dalla nozione di Proiezione (v.) per cui, scrive Jung, «la potenza del feticcio o il prestigio dello stregone sono un soggettivo inconscio conferimento di valori a questi oggetti: si tratta quindi in fondo di libido che si trova nell'inconscio del soggetto e che viene percepita nell'oggetto, giacché ogni elemento inconscio attivato appare proiettato» (1921, p. 248); *b)* a partire dalla nozione di Concretismo (v.), Jung scrive che «l'influenza magica del feticcio non viene vissuta come uno stato affettivo soggettivo, ma come effetto magico. Questo è concretismo del sentimento. [...] Il concretismo è un concetto che rientra in quello più ampio di *participation mystique*.

Come la *participation mystique* rappresenta un confondersi dell'individuo con gli oggetti esterni, così il concretismo rappresenta un confondersi del pensare e del sentire con la sensazione» (ivi, p. 432); *c*) a partire dalla nozione di IDENTITÀ (v.) e RIFLESSIONE (v.) perché, scrive Jung, «ogni conquista concettuale dell'umanità è legata a un progresso della riflessione: l'uomo si è distinto dall'oggetto e ha guardato alla natura come a un che di distinto da sé. Quindi anche un riorientamento dell'atteggiamento psicologico dovrà percorrere la stessa strada: è illuminante il fatto che l'identità dell'oggetto con l'imago soggettiva conferisca all'oggetto un significato che propriamente parlando non gli compete, ma che l'ha ossessionato da epoche immemorabili. Perché l'identità è un fatto assolutamente originario. [...] Il distacco delle imagines, che attribuiscono agli oggetti un'importanza sproporzionata, ridà al soggetto l'energia scissa della quale esso ha urgente bisogno per il suo sviluppo» (1916-1948, pp. 293-294).

Per diverse che siano, queste interpretazioni hanno in comune la concezione del feticcio come un oggetto costituito da un rapporto contraddittorio con la realtà, che però non impedisce, ma rende possibile e sopportabile, una rappresentazione verosimile, a conforto di una realtà sottostante inquietante, incontrollata o indesiderata.

Bibliografia

Baudrillard J., *Per una critica dell'economia politica del segno* (1972), Mazzotta, Milano 1974.
Comte A., *Corso di filosofia positiva* (1830-1842), Utet, Torino 1967.
De Brosses Ch., *Del culto degli dèi feticci o parallelo dell'antica religione egiziana con la religione attuale della Nigrizia* (1760), Bulzoni, Roma 2000.
Freud S., *Feticismo* (1927), in *Opere* (1967-1993), Bollati Boringhieri, Torino, vol. X.
–, *La scissione dell'Io nel processo di difesa* (1938), in *Opere*, cit., vol. XI.
Jung C. G., *Considerazioni generali sulla psicologia del sogno* (1916-1948), in *Opere* (1969-2007), Bollati Boringhieri, Torino, vol. VIII.
–, *Tipi psicologici* (1921), in *Opere*, cit., vol. VI.
Kaplan L. J., *Falsi idoli. Le culture del feticismo* (2006), Erickson, Trento 2008.
Lévy-Bruhl L., *La mitologia primitiva* (1935), Newton Compton, Roma 1973.
Màdera R., *Identità e feticismo. Forma di valore e critica del soggetto, Marx e Nietzsche*, Moizzi, Milano 1977.
Marx K., *Il capitale. Critica dell'economia politica* (1867-1894), Editori Riuniti, Roma 1964, voll. I-III.
Mauss M., *Teoria generale della magia e altri saggi* (1950), Einaudi, Torino 1965.
Mistura S. (a cura di), *Figure del feticismo*, Einaudi, Torino 2001.
Valeri V., *Feticismo*, in AA.VV., *Enciclopedia*, Einaudi, Torino 1979, vol. VI, pp. 100-114.
Volli U., *Fascino. Feticismi e altre idolatrie*, Feltrinelli, Milano 1997.

Fiaba (ingl. *Fairy tale*; ted. *Märchen*; fr. *Conte*; sp. *Cuento*). Racconto in cui si proiettano i desideri più profondi, che nella fiaba vengono realizzati, e le ansie più segrete, che vengono superate. In ambito pedagogico si è soliti distinguere la favola dalla fiaba perché la *favola* ha una funzione moralistica e precettistica in cui le vicende narrate servono a sottolineare le punizioni a cui va incontro chi trasgredisce le regole sociali, morali e religiose di cui il racconto si fa portavoce, mentre la *fiaba* enfatizza e privilegia l'affermazione individuale, e quindi la divergenza e l'autodeterminazione, contro i valori collettivi di obbedienza e di normalizzazione propri della favola. I sostenitori della fiaba ritengono positivo raccontare storie dove il protagonista, in cui il bambino si identifica, alla fine trionfa, perché la fragile personalità infantile trova una compensazione ai suoi stati depressivi e di paura. Questo soprattutto perché, affermano gli psicoanalisti, le situazioni delle fiabe richiamano simbolicamente le ansie, le paure e le angosce infantili che nel racconto trovano una soluzione positiva e rassicurante. I sostenitori della fiaba sono ovviamente contrari all'uso delle favole, dove individuano ulteriori apporti alle paure e alle ansie infantili.

Nell'ambito della psicologia analitica, Marie-Louise von Franz scrive: «Le fiabe sono l'espressione più pura e semplice dei processi psichici dell'inconscio collettivo. Per l'indagine scientifica dell'inconscio esse valgono perciò più di ogni altro materiale. Le fiabe rappresentano gli archetipi nella forma più semplice, più genuina e concisa. In questa forma così pura, le immagini archetipiche ci offrono i migliori indizi per comprendere i processi che si svolgono nella psiche collettiva. Mentre nei miti, nelle leggende, o in qualunque altro materiale mitologico più elaborato, noi scopriamo i modelli fondamentali della psiche umana rivestiti di elementi culturali, nelle fiabe il materiale culturale specificatamente cosciente è presente in misura molto minore; esse riflettono, perciò, più chiaramente, i modelli fondamentali della psiche» (1969, p. 1). Le fiabe sono utilizzate nei test proiettivi, come nel caso del reattivo elaborato da Louisa Düss nell'ambito della psicoanalisi infantile, che consiste nell'iniziare una fiaba lasciando al bambino la conclusione che, opportunamente interpretata, permette l'individuazione di tratti patologici, sintomatici, o di problematiche profonde; oppure come nel caso del *Test delle fiabe* (FTT – *Fairy Tale Test*) per i bambini dai 6 ai 12 anni, che utilizza come stimolo 21 tavole illustrate che rappresentano i principali personaggi delle fiabe più note, utili per rilevare l'esperienza, i conflitti e le angosce dei bambini.

Bibliografia

Associazione Italiana Ematologia Oncologia Pediatrica, *Favole Favole. 360 favole create da bambini portatori di tumore alla luce della semiotica e della psicologia*, Raffaello Cortina, Milano 2001.
Bettelheim B., *Il mondo incantato. Uso, importanza e significati psicanalitici delle fiabe* (1976), Feltrinelli, Milano 1978.
Burns G. W., *101 storie che guariscono. L'uso di narrazioni in psicoterapia* (2004), Erickson, Trento 2006.
Čapek K., *Favole* (1991), Feltrinelli, Milano 1994.
Colombo B., Fabio R. A., Saur L., *Le favole che fanno crescere*, Erickson, Trento 2005.
Coulacoglou C., *Il test delle fiabe (FTT – Fairy Tale Test)*, Erickson, Trento 2005.
Düss L., *La méthode des fables en psychanalyse infantile*, L'Arche, Paris 1950.
Franz M.-L. von, *Le fiabe interpretate* (1969), Bollati Boringhieri, Torino 1980.
–, *Il femminile nella fiaba* (1971), Bollati Boringhieri, Torino 1983.
–, *L'individuazione nella fiaba* (1985), Bollati Boringhieri, Torino 1987.
–, *Le fiabe a lieto fine* (1987), Tea, Milano 1996.
Jung C. G., *Fenomenologia dello spirito della fiaba* (1946-1948), in *Opere* (1969-2007), Bollati Boringhieri, Torino, vol. IX, 1.
Koch Candela M. C., *Nel tempio nel bosco. Mito e fiaba nella conversazione terapeutica*, Raffaello Cortina, Milano 1988.
Maùti E., *Una fiaba per ogni perché. Spiegare ai bambini perché succedono le cose*, Erickson, Trento 2007.
Propp V. J., *Morfologia della fiaba* (1928), Einaudi, Torino 1966.
–, *Le radici storiche dei racconti di fate* (1946), Bollati Boringhieri, Torino 1985.
Sordano A., *Fiaba, sogno e intersoggettività. Lo psicodramma analitico con bambini adolescenti*, Bollati Boringhieri, Torino 2006.
Sunderland M., *Raccontare storie aiuta i bambini. Facilitare la crescita psicologica con le favole e l'invenzione* (2000), Erickson, Trento 2005.
Verità R., *Con la testa fra le favole. Favole per bambini che pensano serenamente*, Erickson, Trento 2015.

Fideismo (ingl. *Fideism*; ted. *Fideismus*; fr. *Fidéisme*; sp. *Fideísmo*). Adesione acritica e dogmatica (v. DOGMATISMO) a una fede religiosa che non ammette obiezioni, da cui discende una morale rigida e intransigente.

Karl Jaspers fa rientrare nel fideismo tutte le fedi religiose praticate da quelli che egli chiama "militanti della fede (*Glaubenskämpfer*)", animati non da una volontà di verità (*Wille zur Wahrheit*), ma da una volontà di potenza (*Wille zur Macht*). Alla *fede religiosa* egli oppone la *fede filosofica*, che, lungi dall'abbandonare il dubbio circa il contenuto della propria fede, tratta se stessa non come verità assoluta, ma solo come una possibilità di verità, quindi come una cifra enigmatica, mai disgiunta dal rischio della sua negazione, che rinvia alla trascendenza. A questo proposito scrive Jaspers: «La fede filosofica è inseparabile dalla disponibilità incondizionata alla comunicazione, perché la verità autentica nasce dall'incontro delle fedi. Di qui l'affermazione: *solo i credenti possono realizzare la comunicazione*. Di contro, la non-verità nasce dalla fissazione dei contenuti della fede che si respingono l'un l'altro, donde l'affermazione: *non si può parlare coi militanti di una fede determinata*. Per la fede filosofica tutto ciò che costringe a interrompere la comunicazione o tenta di farlo è diabolico» (1948, p. 225).

Bibliografia

Berger P. L., *Questioni di fede. Una professione scettica del cristianesimo* (2004), il Mulino, Bologna 2005.
Bultmann R., *Credere e comprendere* (1924-1964), Queriniana, Brescia 1977.
Ferrarotti F., *Una fede senza dogmi*, Laterza, Bari 1991.
Fromm E., *Il bisogno di credere* (1963), Mondadori, Milano 1997.
James W., *La volontà di credere* (1897), Principato, Milano 1963.
Jaspers K., *La fede filosofica* (1948), Raffaello Cortina, Milano 2005.
–, *La fede filosofica di fronte alla rivelazione* (1962), Longanesi, Milano 1970.
Legrenzi P., *Credere*, il Mulino, Bologna 2008.
Natoli S., *La salvezza senza fede*, Feltrinelli, Milano 2007.
Severino E., *La buona fede*, Rizzoli, Milano 1999.
Vattimo G., *Credere di credere*, Garzanti, Milano 1996.
Žižek S., *Credere* (2001), Meltemi, Roma 2005.

Fiducia (ingl. *Trust*; ted. *Vertrauen*; fr. *Confiance*; sp. *Confianza*). Stato rassicurante che deriva dalla persuasione dell'affidabilità del mondo circostante percepito come ben disposto verso il soggetto. Questa condizione influisce positivamente sul comportamento, eliminando inquietudini e malessere che conducono ad atteggiamenti di chiusura, rifiuto e scetticismo. Erik Homburger Erikson ha introdotto l'espressione *fiducia di base*, poi ripresa da Michael Balint e da Donald Woods Winnicott, per indicare la fase dello sviluppo, corrispondente allo stadio orale (v. STADIO, § 2), durante la quale il bambino percepisce di essere accolto e benvoluto dall'ambiente circostante, acquistando quella sicurezza che gli permette, in opposizione a ciò che sente come affidabile, di riconoscere il male e la negatività. La presenza di circostanze traumatiche in questo periodo può incidere sulla fiducia di base con conseguenti ripercussioni a sfondo depressivo o nevrotico-impulsivo nella psicologia dell'adulto.

Bibliografia

AA.VV., *Entusiasmo Fiducia Perfezione*, in P. F. Galli (a cura di), *Osservazione psicoanalitica* (1992-1996), Bollati Boringhieri, Torino, vol. X.

Balint M., *L'amore primario* (1952), Raffaello Cortina, Milano 1991.
Bianchi E., *Fede e fiducia*, Einaudi, Torino 2013.
Bowlby J., *Cure materne e igiene mentale del fanciullo* (1951), Giunti Barbera, Firenze 1957.
Erikson E. H., *Infanzia e società* (1950), Armando, Roma 1968.
Luhmann N., *La fiducia* (2000), il Mulino, Bologna 2002.
O'Neill O., *Una questione di fiducia* (2002), Vita e Pensiero, Milano 2003.
Orefice S., *La sfiducia e la diffidenza. Metodologia clinica per i casi difficili*, Raffaello Cortina, Milano 2002.
Spitz R. Á., *Il primo anno di vita del bambino* (1958), Editrice Universitaria, Firenze 1962.
Winnicott D. W., *I bambini e le loro madri* (1987, edito postumo), Raffaello Cortina, Milano 1987.

Figlio, v. Famiglia, § II, 2.

Figurale, Effetto postumo, v. Illusione, § 4, *a*.

Figura-sfondo, v. Psicologia della Gestalt, §§ II, 2; IV e Percezione, § 3, *a*.

Figura umana, Test del disegno della, v. Disegno, § 2.

Filantropia (ingl. *Philanthropy*; ted. *Philanthropie*; fr. *Philanthropie*; sp. *Filantropía*). Amore per l'uomo che si trova alla base di posizioni teoriche che pongono la crescita spirituale dell'uomo e il suo benessere complessivo come fine ultimo del progresso conoscitivo e dell'azione collettiva. Assunto come ideale di condotta dallo stoicismo nell'antichità e dall'illuminismo nell'età moderna, oggi il termine è impiegato per designare quell'atteggiamento umanitario che spesso si accompagna a un'ingenua visione del mondo, se non addirittura a un'incapacità di esprimersi in un autentico amore personale, come suppone Karl Jaspers per il quale «chi ama tutti gli uomini non ama nessuno» (1958, p. 395).

Bibliografia

Jaspers K., *La bomba atomica e il destino dell'uomo* (1958), il Saggiatore, Milano 1960.

Filogenesi – Ontogenesi (ingl. *Phylogenesis-Ontogenesis*; ted. *Phylogenese-Ontogenese*; fr. *Phylogénèse-Ontogénèse*; sp. *Filogenia-Ontogenia*). La filogenesi descrive la linea evolutiva di una specie (dal greco φῦλον, che significa "razza", "specie", gruppo sistematico di piante o di animali), l'ontogenesi descrive lo sviluppo del singolo organismo (dal greco ὄν, che significa "ente") dalla fecondazione al suo completamento. Ernst Heinrich Haeckel ha definito "legge biologica fondamentale" la *ricapitolazione* da parte dell'ontogenesi della filogenesi, nel senso che lo sviluppo dell'individuo ripercorre lo svolgimento evolutivo del gruppo specifico di appartenenza. Questo modello biologico è stato accolto in ambito psicoanalitico da Sigmund Freud, che però ha introdotto un correttivo a favore di una relativa autonomia dell'individuo dal modulo filogenetico: «L'ontogenesi può essere considerata come una ripetizione della filogenesi, nella misura in cui quest'ultima non è mutata da un'esperienza vissuta più recente. La disposizione filogenetica si rende osservabile dietro l'evento ontogenetico. In fondo però la disposizione è appunto il precipitato di una precedente esperienza vissuta della specie, al quale l'esperienza vissuta più recente dell'individuo si aggiunge come somma di momenti accidentali» (1914, p. 448). Dal canto suo Carl Gustav Jung, e dopo di lui Erich Neumann, ritengono che l'antropologia e l'indagine delle culture primitive forniscano la chiave per ripercorrere i sedimenti arcaici dell'inconscio collettivo, lo scenario di alcuni sogni e quella stratificazione di esperienze psichiche o archetipi (v. Archetipo) che costituiscono le forme a priori dell'immaginazione individuale e collettiva da cui la coscienza si emancipa a partire dall'inconscio, definito da Jung «la storia non scritta dell'uomo da tempi immemorabili» (1942-1948, p. 183).

Bibliografia

Freud S., *Totem e tabù. Alcune concordanze nella vita psichica dei selvaggi e dei nevrotici* (1912-1913), in *Opere* (1967-1993), Bollati Boringhieri, Torino, vol. VII.
–, *Prefazione alla terza edizione* (1914) in *Tre saggi sulla teoria sessuale* (1905), in *Opere*, cit., vol. IV.
Jung C. G., *Gli archetipi dell'inconscio collettivo* (1934-1954), in *Opere* (1969-2007), Bollati Boringhieri, Torino, vol. IX, 1.
–, *Saggio d'interpretazione psicologica del dogma della Trinità* (1942-1948), in *Opere*, cit., vol. XI.
Lévy-Bruhl L., *Psiche e società primitive* (1910), Newton Compton, Roma 1970.
Neumann E., *Storia delle origini della coscienza* (1949), Astrolabio, Roma 1978.

Filosofica, Psicologia, v. Psicologia filosofica.

Finalismo (ingl. *Finalism*; ted. *Finalismus*; fr. *Finalisme*; sp. *Finalismo*). Posizione teorica che ipotizza che il mondo sia organizzato in vista di un fine e che la spiegazione di ogni evento sia da ricercare nel fine a cui l'evento è diretto. In psicologia l'impostazione finalistica compare: 1) come *visione del mondo* che rifiuta il Determinismo (v.) secondo cui ogni evento psichico è la conseguenza di antecedenti fisiologici e psicologici, con conseguente riduzione dello spazio assegnato alla libertà, alla spontaneità e alla responsabilità; 2) come *metodo interpretativo* che, come a più riprese sottolinea Carl Gustav Jung, vede nell'evento psichico non solo un risultato di eventi precedenti, ma l'abbozzo del futuro sviluppo in vista della realizzazione di sé (v. COSTRUTTIVO, METODO). Una traccia di finalismo la si può scorgere anche in Alfred Adler là dove legge le dinamiche mentali dell'individuo a partire da un "sentimento di inferiorità" che promuove condotte finalizzate al conseguimento della propria autoaffermazione o quantomeno al raggiungimento di una propria sicurezza.

Bibliografia

Adler A., *Il temperamento nervoso* (1912), Astrolabio, Roma 1950.

–, *Prassi e teoria della psicologia individuale* (1920), Astrolabio, Roma 1947.

Jung C. G., *Prefazioni ai "Collected Papers on Analytical Psychology"* (1916-1917), in *Opere* (1969-2007), Bollati Boringhieri, Torino, vol. IV.

Finzione, v. SIMULAZIONE, § 2.

Fisicalismo (ingl. *Physicalism*; ted. *Physikalismus*; fr. *Physicalisme*; sp. *Fisicalismo*). Posizione teorica emersa nell'ambito del neopositivismo logico che afferma la necessità di effettuare una regolamentazione dei linguaggi scientifici, adottando, come paradigma di precisione ed esattezza degli enunciati, il linguaggio della fisica, scevro da implicazioni metafisiche e costituito di enunciati la cui fondatezza e significatività verrebbero provate dalla loro natura di rappresentazioni empiriche, dotate di un valore intersoggettivo. Nella persuasione che questo linguaggio abbia valore paradigmatico tanto in termini di significanza quanto in termini gnoseologici, i fisicalisti esigono che sia proprio il linguaggio della fisica a decidere della legittimità e del valore di verità spettanti agli altri linguaggi scientifici. Di qui il proposito di epurare il lessico delle "scienze umane" dai termini privi di referente empirico e di effettuare una ricognizione grammaticale capace di assicurare a questi linguaggi la precisione e la piena utilizzabilità in senso scientifico. In questa prospettiva riduzionistica, i cui esponenti più eminenti sono stati Otto Neurath e Rudolf Carnap, destano un interesse particolare le scienze psicologiche, in cui è più ampio il margine di approssimazione concettuale e più frequente l'uso di enunciati non derivanti dall'esperienza sensibile. La terminologia invalsa in queste scienze, ad esempio quella utilizzata per designare i fatti mentali, andrebbe così revisionata o nella forma del *materialismo scientifico* sostenuto da John Jamieson Carswell Smart o in quella del *comportamentismo logico* che ha in Carnap il suo maggiore esponente.

1. IL MATERIALISMO SCIENTIFICO. Questo indirizzo parte dal presupposto che, come scrive Smart, «nel mondo tutte le cose si risolvono nelle entità ultime della fisica, non essendoci alcuna entità non fisica e alcuna legge non fisica, per cui uomini e animali non sono che complicati meccanismi fisici» (1963a, p. 651). Queste premesse portano Smart a ritenere non solo che pensieri ed esperienze siano puri e semplici processi cerebrali, ma addirittura che il cervello sia in grado, da solo, di avere pensieri ed esperienze, e a questo proposito scrive: «In qualche situazione futura della tecnologia fisiologica potremmo riuscire a mantenere un cervello umano *in vitro*. Lasciando da parte il problema della moralità di un simile esperimento, supponiamo che l'esperimento venga fatto. Per mezzo di elettrodi opportunamente inseriti nelle parti appropriate di questo cervello otteniamo che esso abbia l'illusione di percepire cose e anche di avere dolori, e che abbia la sensazione di muovere le sue membra inesistenti e così via» (*ibid.*). A questa ipotesi ha reagito Norman Malcolm, che si chiede «se questi fatti, tutti concepibili, sarebbero una prova che il *cervello* isolato di Hansen ha avuto quelle esperienze, o che *Hansen* ha avuto quelle esperienze quando il suo cervello e il suo corpo erano separati» (1971, p. 73). Il senso di questa domanda è che nessun esperimento potrebbe stabilire che un cervello pensa o sente perché, come scrive Ludwig Wittgenstein, «un cervello non è abbastanza simile a un essere umano» (1953, p. 130). Condividendo l'affermazione di Wittgenstein, Malcolm afferma che gli uomini, non i cervelli, vedono, odono, pensano. Un uomo può apparire sorpreso o spaventato, ma non un cervello, che non può esibire interesse o collera per la semplice ragione che non può nemmeno avere interesse o occasioni di collera: «Un cervello non può impegnarsi in alcuna delle attività che sono richieste per l'applicazione di queste esperienze, perché non ha la fisionomia giusta, né la capacità per partecipare ad alcuna delle forme di vita che gli sarebbero richieste per essere un soggetto d'esperienza» (1971, p. 75).

2. IL COMPORTAMENTISMO LOGICO. In questo ambito si ritiene che il significato di termini mentali come "pensiero", "collera", "intenzione" possa essere interamente spiegato a livello di comportamento corporeo, facendo riferimento alle circostanze fisiche in cui esso si verifica, senza alcun bisogno di ricorrere all'introspezione. Per usare le parole di Carnap, «la psicologia è un ramo della fisica» (1932, p. 137) nel senso che, muovendo dalla descrizione di stati e movimenti fisici, si può giungere, per mezzo di costruzioni logiche o di inferenze fondate su leggi fisiche, a descrizioni mentali e viceversa, perché il rapporto di trasferibilità è simmetrico, anche se il lato fisico di questa equivalenza è quello fondamentale e il lato mentale

quello derivato. Inferendo gli stati mentali dalle descrizioni fisiche si fa dell'esperienza non una percezione immediata, ma un'*inferenza derivata*. Contro questa posizione si sono sollevate le critiche di Malcolm e di Maurice Merleau-Ponty. Per Malcolm «la nostra percezione degli uomini in termini di descrizioni mentali è *immediata*, nel senso che queste descrizioni non si basano su descrizioni di altro genere. Il che non significa negare che la mia percezione di qualcuno accigliato o divertito dipenda dalla mia conoscenza delle circostanze in cui si trova, ma che, data questa conoscenza, io vedo il divertimento *sul suo volto* o il cattivo umore *nel suo atteggiamento* senza essere costretto a inferire queste cose da qualcos'altro che veda» (1971, p. 94). Per Merleau-Ponty il riferimento percettivo non è un'imperfezione provvisoria della conoscenza fisica, ma un suo carattere essenziale, perché, di fatto o di diritto, la *legge*, così come la struttura dell'oggetto costruito in base alla legge, è *uno strumento di conoscenza* e come tale ha senso solo in riferimento al mondo percettivo. Infatti, scrive Merleau-Ponty, «la reintroduzione nella scienza moderna delle strutture percettive più inaspettate, anziché rivelare, in un mondo fisico in sé, le forme della vita o addirittura dello spirito, testimonia soltanto che l'universo del naturalismo non ha potuto rinchiudersi in se stesso e che la percezione non è un evento naturalistico» (1942, p. 237), nel senso che il dato percettivo non è qualcosa che si ottiene dalla coordinazione delle leggi fisiche, perché l'unità che queste esprimono è un'unità di *correlazione*, mentre l'unità della percezione è un'unità di *senso* che non scaturisce da leggi, ma dal rapporto originario del corpo con il mondo. Di questo avviso è anche Kurt Goldstein, per il quale «la capacità determinata di reazione di un corpo vivente di fronte al mondo è un modello irriducibile (*Urbild*) al calcolo statistico, perché il corpo modifica da sé il proprio ambiente secondo una norma interiore assolutamente incalcolabile» (1934, p. 258).

Bibliografia

Carnap R., *Psychologie in physikalischer Sprache*, in "Erkenntnis", 1932, vol. 3, n. 2/3, pp. 107-142.

Changeux J.-P., *L'uomo neuronale* (1983), Feltrinelli, Milano 1983.

Galimberti U., *Psichiatria e fenomenologia* (1979), nuova edizione ampliata, Feltrinelli, Milano 2017.

Gava G., *Mente versus corpo*, Liviana, Padova 1977.

Goldstein K., *Der Aufbau des Organismus*, Nijhoff, Den Haag 1934.

Malcolm N., *Mente, corpo e materialismo. Da Descartes a Wittgenstein* (1971), Isedi, Milano 1973.

Merleau-Ponty M., *La struttura del comportamento* (1942), Bompiani, Milano 1963.

Putnam H., *Mente, linguaggio e realtà* (1975), Adelphi, Milano 1987.

Smart J. J. C., *Materialism*, in "Journal of Philosophy", 1963a, vol. 60, n. 22, pp. 651-659.

–, *Philosophy and scientific realism*, Routledge & Kegan, London 1963b.

Wittgenstein L., *Ricerche filosofiche* (1953), Einaudi, Torino 1967.

Fisiognomica (ingl. *Physiognomy*; ted. *Physiognomik*; fr. *Physiognomique*; sp. *Fisiognómica*). Disciplina che si propone di individuare i caratteri psicologici e morali di una persona partendo dal suo aspetto fisico e dalle espressioni del suo volto (v. ESPRESSIONE, § 1). Nell'antichità era considerata una parte della "fisiologia pratica" e mirava a individuare il carattere di una persona dal confronto con le caratteristiche fisiche di certi animali. Il più antico trattato di fisiognomica è attribuito ad Aristotele. Verso la fine del XVIII secolo Johann Kaspar Lavater cercò di fare della fisiognomica una scienza rigorosa alla cui elaborazione collaborò anche Johann Wolfgang Goethe. Sulla linea di questi studi Cesare Lombroso elaborò la sua antropologia criminale volta a dimostrare la corrispondenza tra soma e psiche. Studiando il cranio del brigante Villella, Lombroso riscontrò che alla cresta occipitale era sostituita una fossetta simile a quella che si osserva nelle scimmie antropoidi. Si convinse così che alcune forme criminali derivassero da un ritorno all'istintività incontrollata di lontani progenitori, di cui si riproducevano anche note morfologiche che rendevano possibile l'identificazione del delinquente.

In sede psicologica la fisiognomica trovò uno sbocco psichiatrico con Friedrich Curtius, che tentò di individuare nelle anomalie morfologiche delle forme del corpo la degenerazione nevrotica e mentale oltre alle tendenze criminali, e uno sbocco nell'ambito della caratterologia con Ernst Kretschmer, che abbinò al tipo leptosomico il carattere schizotimico, al tipo picnico il carattere ciclotimico e al tipo atletico il carattere viscoso (v. TIPOLOGIA, § 1, *b*). Karl Jaspers include la fisiognomica, insieme alla mimica e alla grafologia, tra i fenomeni di concomitanza tra espressioni corporee ed espressioni psichiche. Concomitanza non significa corrispondenza né tantomeno causalità, ma semplice coincidenza non scientifica perché «esiste un contrasto insormontabile tra il vedere una forma e il misurare una grandezza, una proporzione» (1913-1959, p. 287). Sia che si proceda con l'intuizione degli artisti, sia che si ricorra alla correlazione statistica che misura la frequenza con cui corpo e carattere coincidono, «ciò che si pone è solo il problema, ma non la natura della relazione» (ivi, p. 286).

Bibliografia

Caroli F., *Storia della fisiognomica. Arte e psicologia da Leonardo a Freud*, Leonardo Editore, Milano 1995.

Curtius F., *Über Degenerationszeichen*, in "Eugenik", 1933, vol. 3, pp. 25-33.
Della Porta G. B., *De Humana Physiognomonia* (1586), in quattro libri, Istituto Suor Orsola Benincasa, Napoli 1986. Edizione in italiano in sei libri dal titolo *Della fisionomia dell'uomo*, Longanesi, Milano 1971.
Gall F. J., *Considerazioni filosofiche sulle qualità morali e facoltà intellettuali* (1825), Marsilio, Venezia 1985.
Gurisatti G., *Dizionario fisiognomico. Il volto, le forme, l'espressione*, Quodlibet, Macerata 2006.
Jaspers K., *Psicopatologia generale* (1913-1959), Il Pensiero Scientifico, Roma 2000.
Kassner R., *I fondamenti della fisiognomica* (1922), Neri Pozza, Vicenza 1997.
Klages L., *Grundlegung der Wissenschaft vom Ausdruck*, Barth, Leipzig-Bonn 1936.
Kretschmer E., *Körperbau und Charakter*, Springer, Berlin 1921.
Kris E., *La smorfia della follia. I busti fisiognomici di Franz Xaver Messerschmidt* (1932), Il Poligrafo, Padova 1993.
Lavater J. K., Lichtenberg G. Ch., *Lo specchio dell'anima. Pro e contro la fisiognomica. Un dibattito del Settecento* (1772-1780), Il Poligrafo, Padova 1991.
Le Brun Ch., *Le figure delle passioni. Conferenze sull'espressione e la fisiognomica* (1698), Raffaello Cortina, Milano 1992.
Lombardo G. P., Duichin M. (a cura di), *Frenologia, fisiognomica e psicologia delle differenze individuali in Franz Joseph Gall. Antecedenti storici e sviluppi disciplinari*, Bollati Boringhieri, Torino 1997.
Lombroso C., *L'uomo delinquente in rapporto all'antropologia, alla giurisprudenza e alla psichiatria* (1876-1897), Bompiani, Milano 2013.
–, *Delitto, genio, follia. Scritti scelti*, Bollati Boringhieri, Torino 2000.

Fisiologica, Psicologia, v. PSICOFISIOLOGIA.

Fisionomia (ingl. *Physiognomy*; ted. *Physiognomie*; fr. *Physionomie*; sp. *Fisionomía*). Profilo complessivo risultante dall'insieme dei tratti caratterizzanti il volto di ciascun individuo. La fisionomia è la base degli studi di FISIOGNOMICA (v.).

Fissazione (ingl. *Fixation*; ted. *Fixierung*; fr. *Fixation*; sp. *Fijación*). Il termine è adottato con significati diversi dalla psicoanalisi e dall'analisi esistenziale.

1. PSICOANALISI. Con fissazione si intende l'arresto di una quantità di LIBIDO (v.) a particolari zone erogene, a fasi di sviluppo, a oggetti, a condizioni o a forme di soddisfacimento esperiti nel passato che non consentono alla parte fissata della pulsione il successivo sviluppo. Le condizioni della fissazione sono per Sigmund Freud di due tipi: particolari fatti storici come un trauma o l'influenza della costellazione familiare, oppure l'incapacità del soggetto di abbandonare una fase libidica dove ha trovato soddisfazione «non fidando nella possibilità di trovare in una posizione libidica nuova un sostituto soddisfacente» (1914, p. 586).

a) Tipi di fissazione. Freud distingue: 1) la fissazione di una *pulsione parziale* che nello sviluppo della libido non si subordina all'organizzazione genitale della sessualità, ma continua a ricercare soddisfacimenti indipendenti, come nel caso delle perversioni (v. PERVERSIONE) dove la pulsione non cerca il suo soddisfacimento nel coito; 2) la fissazione a una *fase della sessualità pregenitale* per cui una parte della libido non riesce a evolversi e rimane fissata alla fase ORALE (v. § 2) o ANALE (v. § 2) o FALLICA (v.); 3) la fissazione all'*oggetto* per cui, ad esempio, una bambina può restare fissata alla madre, in quanto oggetto preedipico, senza riuscire a stabilire con il padre una relazione edipica positiva; 4) la fissazione a un'*esperienza traumatica* che poi si manifesta nelle nevrosi traumatiche (v. TRAUMA, § 2).

b) Fissazione e scelta della nevrosi. Freud stabilisce una relazione tra punti di fissazione e forma della sintomatologia per cui: l'*isteria* avrebbe il suo punto di fissazione nella fase fallica, la *nevrosi ossessiva* nella fase sadico-anale dello sviluppo libidico, la *psicosi* a stadi antecedenti la scelta oggettuale, la *paranoia* nella regressione al narcisismo, la *schizofrenia* all'inizio del corso dello sviluppo dall'autoerotismo all'amore oggettuale, la *melanconia* nella fissazione all'oggetto perduto con abbandono di altri investimenti oggettuali.

c) La fissazione e le sue relazioni con la perversione, la nevrosi e la formazione del carattere. Una stessa fissazione pregenitale può essere causa di una *perversione* quando l'Io accede al soddisfacimento di una tendenza pregenitale, di una *nevrosi* quando l'Io entra in conflitto con la fissazione pregenitale, di una *peculiarità del carattere* quando l'Io o è riuscito a stabilire una difesa permanente contro la fissazione o è riuscito a sublimarla, come nel caso dell'interesse artistico che nasce dalla sublimazione di quella pulsione parziale che è il piacere di guardare.

2. PSICOLOGIA ANALITICA. Secondo Carl Gustav Jung, «se esiste un complesso molto forte, ogni processo di adattamento all'ambiente viene bloccato, le associazioni ruotano intorno al complesso e il progresso della personalità viene bloccato. [...] Se un complesso riesce a fissarsi, si ha la *monotonia*, specialmente la monotonia dei sintomi esteriori. Chi non conosce le lamentele stereotipate e stancanti degli isterici? Così come un dolore costante suscita sempre gli stessi monotoni lamenti, un complesso fissato stereotipizza gradualmente tutto il modo di esprimersi dell'individuo, tanto che alla fine sappiamo esattamente che a una determinata domanda riceveremo, con matematica sicurezza, giorno dopo giorno, l'identica risposta» (1907, p. 100). Sempre secondo

Jung, la fissazione può essere considerata in base al metodo riduttivo (v. RIDUZIONISMO) o in base al metodo costruttivo (v. COSTRUTTIVO, METODO): «Citerò l'esempio della cosiddetta fissazione infantile all'imago parentale, una delle fonti più ricche di significati simbolici. Secondo la concezione analitico-riduttiva l'interesse (la cosiddetta "libido") rifluisce regressivamente verso un materiale di reminiscenze infantili e vi si fissa, se mai se n'è liberato. Secondo la concezione sintetico-anagogica, invece, si tratta di parti della personalità suscettibili di sviluppo che si trovano tuttavia a uno stadio infantile, per così dire ancora nel grembo materno» (1935, p. 12).

3. ANALISI ESISTENZIALE. In questo ambito si parla di fissazione (*Verstiegenheit*) nel senso di un'adesione incondizionata a un ideale che non consente più di aderire al normale flusso dell'esperienza, ma chiede all'esperienza di piegarsi alle esigenze poste dall'ideale fissato (*verstiegene Ideal*). Ludwig Binswanger scrive che «l'esaltazione fissata si basa su un preciso scompaginarsi del rapporto tra l'ascesa e il procedere nel senso dell'ampiezza. Se questo rapporto, quando è "felice", può essere definito "proporzione antropologica", dobbiamo definire l'esaltazione fissata come una forma di sproporzione antropologica, come un rapporto "infelice" tra l'altezza e l'ampiezza in senso antropologico» (1949, pp. 17-18). Questa sproporzione non consente più all'esistenza di fare esperienza estendendola nella dimensione dell'ampiezza, perché l'ideale fissato blocca qualsiasi ulteriore assimilazione: «Sia che si tratti di un'"idea" esaltata o di un'ideologia (le ideologie sono in genere forme di esaltazione fissata), di un ideale o di un "sentimento" esaltati, di un desiderio o di un progetto, di un mero "capriccio" o di un'"azione esaltata", l'espressione "esaltazione fissata" significa sempre che l'esistenza si è "smarrita", si è perduta in una *determinata* "esperienza" che, per usare un'immagine di Hofmannsthal, non è più in grado di "levare le tende", di progettarsi per un altro futuro. Sottratta alla *communio amoris* e alla *communicatio amicitiae*, l'esistenza non è più in grado di ampliare "l'orizzonte della propria esperienza", di rivederlo né di verificarlo perché si è *fissata* su un punto di vista "limitato"» (ivi, p. 18).

L'ideale fissato contiene quell'ordine di cui ha bisogno chi, incapace di lasciar essere le cose come sono, cerca di imporre un ordinamento, nel tentativo di trovare un punto d'appoggio nel disordine e nell'incoerenza della propria esperienza. Nel descrivere il caso di Ellen West, Binswanger osserva che costei, «invece di lasciar essere le cose, le dispone come dovrebbero essere: il corpo non deve ingrassare, ma mantenersi magro, lei stessa non deve essere così ma diversa: "Signore creami un'altra volta, ma creami migliore" scrive in una pagina del suo diario» (1944, p. 71). E così, disponendo arbitrariamente delle cose, delle situazioni, di sé e degli altri, mette in forse qualsiasi coerente sviluppo della presenza, quotidianamente costretta a urtarsi con tutto ciò che si sottrae all'ideale fissato. Lo stesso si può dire per il caso di David descritto da Ronald David Laing, il cui Io, «invece di "andare incontro" alle cose e alle persone del mondo [...] cerca di sopravvivere ricorrendo a compensazioni apparenti, come quelle di accarezzare determinati ideali» (1959, pp. 94-95).

Bibliografia

Binswanger L., *Il caso Ellen West* (1944), in Id., *Il caso Ellen West e altri saggi* (1944-1946), Bompiani, Milano 1973.

–, *L'esaltazione fissata* (1949), in Id., *Tre forme di esistenza mancata. Esaltazione fissata, stramberia, manierismo* (1956), il Saggiatore, Milano 1964.

Freud S., *Tre saggi sulla teoria sessuale* (1905), in *Opere* (1967-1993), Bollati Boringhieri, Torino, vol. IV.

–, *Dalla storia di una nevrosi infantile (Caso clinico dell'uomo dei lupi)* (1914), in *Opere*, cit., vol. VII.

–, *Introduzione alla psicoanalisi* (1915-1917), in *Opere*, cit., vol. VIII.

Jung C. G., *Psicologia della dementia praecox* (1907), in *Opere* (1969-2007), Bollati Boringhieri, Torino, vol. III.

–, *Principi di psicoterapia pratica* (1935), in *Opere*, cit., vol. XVI.

Laing R. D., *L'io diviso. Studi di psichiatria esistenziale* (1959), Einaudi, Torino 1969.

Fitness, v. ETOLOGIA, § 2.

Flagellazione (ingl. *Scourging*; ted. *Geisselung*; fr. *Flagellation*; sp. *Flagelación*). Forma antica di punizione o di penitenza che si effettuava procurandosi forti sofferenze tramite l'uso della frusta. Presente nel rituale sadomasochistico (v. SADOMASOCHISMO) per ottenere l'eccitamento sessuale, questa pratica risponde a un inconscio bisogno di punizione.

Flashback. Espressione inglese che si riferisce al ripresentarsi alla mente di un trauma del passato che viene rivissuto senza che il soggetto si renda conto che si tratta di un ricordo. Secondo Daniel J. Siegel «il fenomeno può essere spiegato con il fatto che l'evento è stato registrato esclusivamente nella memoria implicita, senza essere integrato in una rappresentazione della memoria esplicita. Infatti, una codifica soltanto implicita fa sì che venga a mancare, al momento del richiamo della memoria, la sensazione ecforica che permetterebbe di riconoscerne la natura di ricordo» (2012, p. 24; v. MEMORIA, § 3, C, γ).

Bibliografia

Siegel D. J., *Mappe per la mente. Guida alla neurobiologia interpersonale* (2012), Raffaello Cortina, Milano 2014.

Flemmatico (ingl. *Phlegmatic*; ted. *Phlegmatisch*; fr. *Flegmatique*; sp. *Flemático*). Temperamento caratterizzato da una propensione naturale a rimuovere le tensioni provenienti dal mondo esterno. Secondo Ippocrate, che pensò le patologie e il carattere degli individui come risultato dell'armonia o della disarmonia tra gli elementi dell'organismo, il temperamento flemmatico deriverebbe da una predominanza, nell'organismo, del flegma, un umore freddo di origine cerebrale che raffredderebbe, rallentandola, l'attività della persona (v. TIPOLOGIA, § 1, *a*).

Bibliografia

Ippocrate, *L'antica medicina* (430-415 a.C.), in *Opere*, Utet, Torino 1976.

Flessibilità (ingl. *Flexibility*; ted. *Flexibilität*; fr. *Flexibilité*; sp. *Flexibilidad*). Fattore psicologico che designa la capacità di adattamento e di modificazione di una persona e la malleabilità dei suoi comportamenti in relazione ai fatti interiori o esteriori che attraversano la sua vita (v. ALLOPLASTICA – AUTOPLASTICA). Secondo Daniel J. Siegel «la capacità di rispondere in modo flessibile e creativo a condizioni nuove o in movimento, evitando reazioni automatiche e istintive, è mediata dalla corteccia prefrontale mediale. La flessibilità di risposta consente di inserire un intervallo fra impulso e azione» (2012, p. 24).

Bibliografia

Siegel D. J., *Mappe per la mente. Guida alla neurobiologia interpersonale* (2012), Raffaello Cortina, Milano 2014.

Flooding, v. COMPORTAMENTO, § 5, *a*.

Fluttuante (ingl. *Fluctuating*; ted. *Schwankend*; fr. *Flottant*; sp. *Fluctuante*). Aggettivo adottato in ambito psicoanalitico in riferimento alla forma di attenzione che l'analista riserva ai resoconti del paziente (v. ATTENZIONE FLUTTUANTE) e, in ambito psichiatrico, in riferimento a una forma d'ansia (v. ANGOSCIA – ANSIA, § 5, *d*).

Fobia (ingl. *Phobia*; ted. *Phobie*; fr. *Phobie*; sp. *Fobia*). Timore irrazionale e invincibile per oggetti o specifiche situazioni che, secondo il buon senso, non dovrebbero provocare timore. Tali sono la paura per spazi aperti (v. AGORAFOBIA), per quelli chiusi (v. CLAUSTROFOBIA), la paura di arrossire (v. ERITROFOBIA), la paura dello sporco (v. RUPOFOBIA), la paura delle malattie (v. IPOCONDRIA, detta anche "patofobia"), la paura di affrontare situazioni sociali come parlare in pubblico, partecipare a feste, sostenere colloqui di lavoro (fobia sociale), a cui si aggiungono le fobie denominate dal DSM-5 "fobie specifiche" relative ai fenomeni naturali (tempeste, fulmini), agli animali (insetti, cani) ecc. La fobia si distingue dalla paura perché, a differenza di quest'ultima, non scompare di fronte a una verifica della realtà, e al tempo stesso va tenuta distinta dal delirio perché il fobico è perfettamente consapevole dell'irrazionalità dei suoi timori che tuttavia non riesce a risolvere. Un tempo la psichiatria trattava unitariamente la fobia e l'OSSESSIONE (v.); oggi si tende a differenziare le due figure perché, come precisa Giovanni Jervis, «la fobia è il tentativo di costruire una difesa contro la propria ansia, allontanandone ostinatamente l'occasione di manifestarsi con uno scongiurante e precipitoso atteggiamento di rifiuto che non fa che evocarne continuamente il fantasma; la difesa ossessiva è invece il tentativo di costruire una serie di barriere magiche fra sé e l'ansia, un labirinto di scongiuri, una struttura di comportamenti meticolosamente controllati, utili per allontanare all'infinito il momento del non-controllo, il rischio della crisi» (1975, p. 269).

Le fobie sono cariche di *significati simbolici* nel senso che le cose, le persone o le situazioni temute dal soggetto rinviano in un modo più o meno deformato o a una pulsione repressa, o a una punizione per l'impulso inconscio e inaccettato, o a una combinazione delle due. La condizione fobica rivela solitamente una condizione di dipendenza infantile e quindi di non raggiunta autonomia che si manifesta nella paura di agire e quindi nell'immobilismo. Così il timore di luoghi aperti o di allontanarsi dall'ambiente noto (agorafobia) manifesta una situazione psicologica di insicurezza da far risalire a una condizione di dipendenza dalla famiglia e a sensi di colpa riguardanti la propria autonomia. Allo stesso modo la fobia dello sporco (rupofobia) può nascondere il terrore del sesso, dello sperma e della gravidanza o inconfessabili sentimenti di colpa. Le interpretazioni patogenetiche della fobia più accettate sono quella psicoanalitica e quella comportamentista.

1. PSICOANALISI. La fobia è il prodotto dei meccanismi di difesa dell'Io che, con la RIMOZIONE (v.) e lo SPOSTAMENTO (v.), trasferisce un complesso interiore che causa conflitti e ansia su un oggetto esterno che il soggetto fobico ritiene sia più facile evitare. Sigmund Freud riconduce la nevrosi fobica all'isteria d'angoscia (v. ANGOSCIA – ANSIA, § 2, *e*) dove, scrive Freud, «la libido sprigionata dal materiale patogeno in virtù della rimozione non viene *convertita*, ossia non viene sottratta alla sfera psichica per riapparire in una innervazione somatica, ma viene liberata sotto forma di angoscia. [...] Sin dall'inizio dell'isteria d'angoscia si effettua un costante lavoro psichico inteso a legare di nuovo psichicamente l'angoscia divenuta

libera, ma questo lavoro non può né portare alla ritrasformazione dell'angoscia in libido, né riallacciarsi agli stessi complessi da cui emana la libido. Esso non può far altro che interdire tutte le occasioni atte a provocare lo sviluppo d'angoscia, erigendo contro di esse una barriera psichica fatta di cautele, di inibizioni, di divieti, e sono queste costruzioni protettive che ci appaiono come fobie e che costituiscono ai nostri occhi l'essenza della malattia» (1908, pp. 565-567).

2. Comportamentismo. La fobia è il risultato di un cattivo apprendimento che produce una risposta inadatta e sproporzionata alla situazione reale. In termini pavloviani uno stimolo incondizionato intrinsecamente negativo, se si presenta in coincidenza con uno stimolo neutro, trasferisce a quest'ultimo la capacità di provocare la risposta condizionata, appropriata allo stimolo incondizionato, trasformandolo in stimolo condizionato (v. Apprendimento, § I, 1). Questo schema è stato verificato nel 1920 nell'esperimento di John Broadus Watson e Rosalie Rayner per indurre in un bambino di 11 mesi la fobia per i topi bianchi che, dopo cinque esperimenti, si trasformarono da animaletti divertenti e innocui in oggetti fobici.

3. Biologia. In questo ambito Gilla Cauli riferisce che «i sintomi della fobia sociale sono accompagnati nel 50% dei casi da un aumento di noradrenalina plasmatica, che invece non viene riscontrato negli attacchi di panico. A. J. Fyer, S. Mannuzza, M. S. Gallops hanno evidenziato un'elevata trasmissione familiare omotipica delle diverse fobie, con un rischio triplicato nei parenti di primo grado dei soggetti affetti, mentre K. S. Kendler, M. Neale, R. C. Kessler hanno riconosciuto il ruolo significativo dell'ambiente che concorrerebbe, insieme alla trasmissione genetica, allo sviluppo dei disturbi. Non si conosce ancora, tuttavia, il grado di interazione tra i due fattori patogenetici» (1999, p. 437).

Bibliografia

Amati Mehler J., *Fobie*, in A. A. Semi (a cura di), *Trattato di psicoanalisi*, vol. II: *Clinica*, Raffaello Cortina, Milano 1988-1989, pp. 151-216.

Baldwin D., *La fobia sociale* (1998), Il Pensiero Scientifico, Roma 2000.

Calvi L., *Sulla costituzione dell'oggetto fobico come "esercizio fenomenologico"*, in "Psichiatria Generale e dell'Età Evolutiva", 1963, n. 1, pp. 38-74.

Cargnello D., Calvi L., *Principi ordinativi per un inquadramento antropoanalitico delle fobie*, in "Archives Suisses de Neurologie, Neurochirurgie et Psychiatrie", 1961, vol. 87, n. 2, pp. 327-350.

Cauli G., *Fobia*, in *Enciclopedia di psicologia*, Garzanti, Milano 1999.

DSM-5. American Psychiatric Association (APA), *DSM-5. Manuale diagnostico e statistico dei disturbi mentali* (2013), Raffaello Cortina, Milano 2014, pp. 227-239.

Freud S., *Ossessioni e fobie* (1895), in *Opere* (1967-1993), Bollati Boringhieri, Torino, vol. II.

–, *Analisi della fobia di un bambino di cinque anni (Caso clinico del piccolo Hans)* (1908), in *Opere*, cit., vol. V.

–, *Inibizione, sintomo e angoscia* (1925), in *Opere*, cit., vol. X.

Fyer A. J., Mannuzza S., Gallops M. S. (a cura di), *Familial transmission of simple phobias and fears. A preliminary report*, in "Archive of General Psychiatry", 1990, n. 47, pp. 252-256.

Hesnard A., *Les phobies et la névrose phobique*, Payot, Paris 1961.

Jervis G., *Manuale critico di psichiatria*, Feltrinelli, Milano 1975.

Kendler K. S., Neale M., Kessler R. C. (a cura di), *Major depression and generalized anxiety disorder. Same genes, (partly) different environments*, in "Archives of General Psychiatry", 1992, n. 49, pp. 716-722.

Marks I. M., *Fears and phobias*, Heinemann, London 1969.

Meazzini P., Galeazzi A., *Paure e fobie*, Giunti Barbera, Firenze 1978.

Michaux L., *Les phobies*, Hachette, Paris 1969.

Nardone G., *Paura, panico, fobie. La terapia in tempi brevi*, Ponte alle Grazie, Milano 1999.

Pavlov I. P., *I riflessi condizionati* (1927), Bollati Boringhieri, Torino 1966.

Sassaroli S., Lorenzini R., *Paure e fobie*, il Saggiatore, Milano 1998.

Watson J. B., *Behavior. An introduction to comparative psychology*, Holt, New York 1914.

Focalizzazione, v. Psicologia della Gestalt, § IV, 1, *b*.

Folclore (ingl. *Folklore*; ted. *Folklore*; fr. *Folklore*; sp. *Folklore*). Termine di origine inglese (da *folk*, "popolo", e *lore*, che si riferisce al complesso di usanze e credenze tipiche di una cultura) introdotto da William John Thoms nel 1846 per denotare quel sapere collettivo depositatosi nel patrimonio di canzoni, giochi, filastrocche, fiabe e miti che i popoli hanno tramandato in forma orale. Vladimir Jakovlevič Propp ha tentato di circoscrivere il folclore attraverso l'individuazione di queste caratteristiche:

1. *Il residuato rituale*. «Con la decadenza o la caduta del rito, il folclore si stacca da esso e incomincia a vivere di vita propria» (1947, p. 148), dove per Rito (v.) non si devono intendere tanto «le *rappresentazioni* religiose o le immagini mentali, quanto la *pratica* magico-religiosa, ossia tutto l'insieme di azioni rituali e d'altro tipo con le quali l'uomo primitivo pensa di agire sulla natura e di difendersi da essa. Il folclore risulta quindi parte della pratica religioso-rituale» (ivi, p. 158).

2. *La creazione come riplasmazione*. «Il processo di riplasmazione del vecchio nel nuovo è il processo creativo principale del folclore fino ai nostri giorni.

Dire questo non significa affatto sminuire il principio creativo del folclore. Il concetto di "creazione" non significa affatto la generazione di alcunché di assolutamente nuovo. Il nuovo nasce in modo regolare dal vecchio. Il folclore è creativamente attivo per la sua stessa natura e sostanza, ma la creazione si realizza sulla base di certe *leggi*, e non arbitrariamente, e il compito della scienza è appunto quello di scoprire queste leggi» (*ibid.*).

3. *La variazione.* Ogni registrazione folcloristica è una variante del tema in un duplice senso: *a*) «L'esecuzione non ripete alla lettera ciò che ha sentito, ma porta in ciò che ha sentito le sue variazioni che, anche se si compiono con la lentezza dei processi biologici, caratterizzano la mutabilità delle opere folcloristiche rispetto all'immutabilità delle opere letterarie» (ivi, p. 150); *b*) «Il folclore ereditato entra in contraddizione con l'ordinamento sociale vecchio, che lo aveva creato, e lo nega trasformando le figure da esso create nel loro opposto, per cui ciò che una volta era sacro si trasforma in ostile, ciò che era grande in cattivo e mostruoso. Ma, nello stesso tempo, a volte il vecchio si conserva senza particolari mutamenti, coesistendo pacificamente con le nuove figure e i nuovi rapporti. Così il folclore entra in contraddizione con se stesso, e simili contraddizioni nel folclore sono sempre assai numerose. Le formazioni folcloristiche, quindi, si creano non come riflesso immediato della vita quotidiana, ma come il risultato delle contraddizioni, dello scontro di due epoche o di due sistemi e delle loro ideologie» (ivi, p. 156).

4. *Gli stadi.* Lo studio del folclore avviene per stadi, «intendendo per stadio il grado di cultura determinabile con l'insieme delle caratteristiche della cultura materiale, sociale e spirituale» (ivi, p. 157), e non procede attraverso l'impiego di *categorie logiche*, perché nella mentalità sottesa al folclore «non esistono ancora legami di causa-effetto, e dominano altre forme di connessione, e quali esse siano spesso ancora non lo sappiamo. Non ci sono ancora generalizzazioni, astrazioni, concetti, e al processo di generalizzazione qui corrispondono operazioni mentali diverse, ancora poco conosciute. Lo spazio e il tempo sono percepiti in un modo diverso dal nostro. Le categorie di unità e molteplicità, di qualità, di soggetto e oggetto (l'identificazione di sé con gli animali) svolgono una funzione del tutto diversa da quella che hanno in noi, nel nostro pensiero. Si riconosce reale quello che mai noi riconosceremmo reale e viceversa. L'uomo primitivo vede il mondo delle cose in modo diverso da noi, e ai diversi gradi dello sviluppo lo vede in modo diverso. Perciò a volte dietro la realtà folclorica cercheremo invano una realtà di vita» (ivi, p. 154).

La psicologia del profondo utilizza il materiale folcloristico per trovare, come dice Sigmund Freud, "il significato dei simboli", o, come vuole Carl Gustav Jung, "gli archetipi dell'inconscio collettivo". E questo perché, scrive Jung, «se vogliamo dimostrare che una determinata forma psichica è un evento non unico, ma tipico [...] occorre stabilire che fenomeni analoghi o uguali sono rintracciabili nel folclore di altri popoli e razze e nei testi giunti fino a noi da secoli e millenni passati. Il mio metodo e la mia riflessione generale partono perciò da fatti psichici individuali constatati non solo da me ma anche da altri osservatori. Il materiale folcloristico, mitologico e storico che adduco a prova serve anzitutto a dimostrare l'uniformità di eventi psichici nello spazio e nel tempo» (1947-1954, p. 244). E ciò perché, prosegue altrove Jung, «nei miti e nelle fiabe, come nel sogno, l'anima testimonia di se stessa e gli archetipi si rivelano nella loro naturale combinazione come "formarsi, trasformarsi, eterno gioco dell'eterno senno" (J. W. Goethe, *Faust*, parte 2, "Galleria oscura", p. 557)» (1946-1948, p. 210).

A giustificazione di questo impiego c'è da un lato l'ipotesi filogenetica secondo cui gli stadi di sviluppo dell'umanità sarebbero ripercorsi dall'inconscio di ogni individuo, e dall'altro la mancanza di rigorosi nessi logici che avvicina il materiale folcloristico al materiale inconscio.

Bibliografia

Cocchiara G., *Storia del folklore in Europa*, Bollati Boringhieri, Torino 1952.

De Martino E., *Sud e magia* (1959), Feltrinelli, Milano 2001.

–, *Furore, simbolo, valore* (1962), Feltrinelli, Milano 1980.

–, *La fine del mondo. Contributo all'analisi delle apocalissi culturali*, Einaudi, Torino 1977.

Devereux G., *Saggi di etnopsicoanalisi complementarista* (1972), Bompiani, Milano 1975.

Frazer J. G., *Il ramo d'oro. Studio della magia e della religione* (1890-1915, edizione ridotta dallo stesso autore 1922), Bollati Boringhieri, Torino 1990.

Freud S., *L'interpretazione dei sogni* (1899), in *Opere* (1967-1993), Bollati Boringhieri, Torino, vol. III.

Fromm E., *Il linguaggio dimenticato* (1951), Bompiani, Milano 1962.

Jung C. G., *Gli archetipi dell'inconscio collettivo* (1934-1954), in *Opere* (1969-2007), Bollati Boringhieri, Torino, vol. IX, 1.

–, *Fenomenologia dello spirito della fiaba* (1946-1948), in *Opere*, cit., vol. IX, 1.

–, *Riflessioni teoriche sull'essenza della psiche* (1947-1954), in *Opere*, cit., vol. VIII.

Lévi-Strauss C., *Razza e storia e altri studi di antropologia* (1960-1967), Einaudi, Torino 1967.

–, *Il pensiero selvaggio* (1962), il Saggiatore, Milano 1970.

Lévy-Bruhl L., *Psiche e società primitive* (1910), Newton Compton, Roma 1970.

–, *Sovrannaturale e natura nella mentalità primitiva* (1931), Newton Compton, Roma 1973.

Mauss M., *Teoria generale della magia e altri saggi* (1950), Einaudi, Torino 1965.
Propp V. J., *Lo specifico del folclore* (1947), in Id., *Edipo alla luce del folclore. Quattro studi di etnografia storico-strutturale* (1928-1947), Einaudi, Torino 1975.
Róheim G., *Psicoanalisi e antropologia* (1950), Rizzoli, Milano 1974.

Folla, v. PSICOLOGIA DELLA MASSA.

Follia (ingl. *Folly*; ted. *Wahnsinn*; fr. *Folie*; sp. *Locura*). Il termine, in disuso nel linguaggio scientifico, è presente nel linguaggio letterario, sociologico e antropologico dove nel corso dei secoli ha subìto rimandi a campi di varia significazione che vanno dalla "divina follia" di cui parla Platone nel *Fedro* alla "follia morbosa" di cui si occupa la psichiatria al suo nascere. Qui incontriamo due linee interpretative: quella *illuministica* che, con Denis Diderot e Jean-Baptiste Le Rond d'Alembert, attribuisce la follia al corpo, perché all'anima non sono attribuibili nessi causali che ne possano spiegare la malattia, e quella *romantica* che interpreta la follia come il fondo dello spirito umano che, come dice Friedrich Wilhelm Joseph Schelling, è compito della ragione regolare. Scrive Diderot: «L'anima è sempre nel medesimo stato, essa non è suscettibile di alcuna alterazione; non è dunque a essa che bisogna attribuire questo smarrimento, questo errore, questo difetto di giudizio che costituisce il delirio, ma alla disposizione degli organi del corpo, al quale è piaciuto al Creatore di unirla; ciò è fuor di dubbio» (1751-1772, D, 24). Dal canto suo Schelling scrive: «L'essenza più profonda dello spirito umano, [...] se esso viene considerato nella separazione dall'anima, quindi da Dio, è la follia. La follia, dunque, non nasce ma si manifesta quando ciò che è propriamente non essente, cioè irrazionale, si attualizza. [...] La base della ragione stessa è dunque follia. Quindi la follia è un elemento necessario, che però non dovrebbe manifestarsi, non dovrebbe essere attualizzato. Ciò che chiamiamo ragione [...] è propriamente null'altro che follia regolata» (1810, p. 361).

Nel XX secolo Karl Jaspers, spostando il registro della lettura psichiatrica dalla spiegazione alla comprensione (v. PSICOLOGIA COMPRENSIVA), ha stabilito che la follia in sé è "incomprensibile", e ciò che ci è noto è solo il giudizio di follia che si rifà a una teoria meta-individuale, in riferimento alla quale si stabilisce che cos'è norma e che cosa devianza. Questa impostazione è stata seguita dall'analisi esistenziale di Ludwig Binswanger e dalla psichiatria sociale che, senza negare l'esistenza della follia, con Giovanni Jervis precisa che «la follia non è una finzione, ma la presenza della "malattia mentale" non può essere dedotta da alcun esame clinico o di laboratorio. La follia rimane quindi sempre un'ipotesi: e quindi, ancora una volta, un giudizio. La psichiatria, non riuscendo a comprendere la follia, si affida alla classificazione dei sintomi in immagini di malattia. Quelle che vengono chiamate malattie mentali sono soprattutto e in primo luogo raggruppamenti di *giudizi* sui comportamenti cosiddetti "tipici" (cioè raggruppamenti di quelli che vengono chiamati sintomi psichiatrici) trasformati, con un procedimento che metodologicamente è scorretto, in entità morbose, cioè in surrogati di "malattie" di tipo fisico» (1975, p. 72).

Gli storici della psichiatria e il movimento antipsichiatrico ribadiscono che la follia è il prodotto di un giudizio della ragione e che la ragione "ha ragione" perché dipende da lei fissare le regole di convivenza e le forme di lettura, in quella connessione che Michel Foucault ha evidenziato tra sapere e potere, dove si decidono le procedure di esclusione che creano il recinto della follia. Scrive in proposito Franco Basaglia: «Quando la ragione comincia a giudicare la follia la distanza fra ragione e sragione è già fissata, ed è la distanza che si crea fra il soggetto del giudizio e l'oggetto giudicato. L'oggettivazione della ragione è la premessa indispensabile al dominio, e la ragione potrà ammettere la sragione come parte di sé, solo in quanto l'ha già oggettivata» (1979, p. 264). E ancora: «La follia è una condizione umana. In noi la follia esiste ed è presente come lo è la ragione. Il problema è che la società, per dirsi civile, dovrebbe accettare tanto la ragione quanto la follia, invece incarica una scienza, la psichiatria, per tradurre la *follia* in *malattia* allo scopo di eliminarla. Il manicomio ha qui la sua ragion d'essere che è poi quella di far diventare razionale l'irrazionale. Quando qualcuno è folle ed entra in manicomio smette di essere *folle* per trasformarsi in *malato*. Diventa razionale in quanto malato» (ivi, p. 34).

Dello stesso avviso è Thomas S. Szasz, secondo il quale esiste un'ideologia che rubrica come "folli" quanti si discostano dalle norme sociali accettate dalla maggioranza, per cui la definizione di "malattia mentale" troppo spesso serve come comoda scusante per non impegnarci in un contesto aperto con i conflitti morali e i problemi sociali. Ne consegue che se continuiamo a definire le vicissitudini della vita come malattie mentali e gli interventi psichiatrici come trattamenti medici, finiamo con il cader vittime della tirannia politica mascherata da terapia psichiatrica. Sulla stessa linea è Louis A. Sass che ha evidenziato la correlazione tra la follia e i tratti tipici della cultura della modernità che, a suo parere, ha disumanizzato (v. DEUMANIZZAZIONE) l'uomo e ne ha dissolto il senso della propria identità.

Per quanto concerne il rapporto tra follia e produzione artistica, qui valga per tutti l'osservazione di Jaspers: «Lo spirito creativo dell'artista, pur condizionato dall'evolversi della malattia, è al di là dell'opposizione tra normale e anormale e può essere metaforicamente rappresentato come la perla che nasce dalla malattia della conchiglia. Come non si pensa alla malattia della conchiglia ammirandone la perla, così, di fronte alla forza vitale dell'opera, non pensiamo alla schizofrenia che forse era la condizione della sua nascita» (1922, p. 120). Per ulteriori approfondimenti su questo tema si veda la voce PSICOLOGIA DELL'ARTE, § 4, *a*.

Bibliografia

Agresti E., *Il perché della follia. Il modello ontologico nelle psicosi*, Edizioni del Cerro, Tirrenia 1994.
Basaglia F., *Conferenze brasiliane* (1979), Raffaello Cortina, Milano 2000.
Basaglia F., Ongaro Basaglia F., *Follia/Delirio*, in AA.VV., *Enciclopedia*, Einaudi, Torino 1979, vol. VI, pp. 262-287.
Binswanger L., *Per un'antropologia fenomenologica. Saggi e conferenze psichiatriche* (1921-1941), Feltrinelli, Milano 1970.
Borgna E., *Nei luoghi perduti della follia* (1964-1984), Feltrinelli, Milano 2008.
–, *I conflitti del conoscere. Strutture del sapere ed esperienza della follia*, Feltrinelli, Milano 1988.
–, *Di armonia risuona la follia*, Feltrinelli, Milano 2012.
Cooper D., *Il linguaggio della follia* (1978), Feltrinelli, Milano 1979.
Deleuze G., *Due regimi di folli e altri scritti* (1975-1995), Einaudi, Torino 2010.
Diderot D., d'Alembert J. B. (a cura di), *Encyclopédie ou Dictionnaire raisonné des sciences, des arts et des métiers* (1751-1772), Franco Maria Ricci, Parma 1970.
Dörner K., *Il borghese e il folle. Storia sociale della psichiatria* (1969), Laterza, Bari 1975.
Esterson A., *Foglie di primavera. Un'indagine sulla dialettica della follia* (1970), Einaudi, Torino 1973.
Ferrando G., Visintini G., *Follia e diritto*, Bollati Boringhieri, Torino 2003.
Fiorillo G. P., Cozza M., *Il nostro folle quotidiano. Indagine sulla rappresentazione della follia e della malattia mentale*, Manifestolibri, Roma 2002.
Foucault M., *Malattia mentale e psicologia* (1954), Raffaello Cortina, Milano 1997.
–, *Follia e psichiatria. Detti e scritti 1957-1984*, Raffaello Cortina, Milano 2005.
–, *Storia della follia nell'età classica* (1961), Rizzoli, Milano 2011.
–, *Follia, Scrittura, Discorso* (1961-1970), in *Archivio Foucault*, Feltrinelli, Milano 1996, vol. I.
Galimberti U., *Gli equivoci dell'anima* (1987), Feltrinelli, Milano 2001.
–, *Il mito della follia*, in Id., *I miti del nostro tempo* (2009), Feltrinelli, Milano 2014, pp. 157-206.
Galzigna M., *La malattia morale. Alle origini della psichiatria moderna*, Marsilio, Venezia 1988.
Gaston A., *Follia*, in AA.VV., *Gli strumenti del sapere contemporaneo*, vol. II: *I concetti*, Utet, Torino 1985, pp. 523-524.
Geretto M., Martin A., *Teologia della follia*, Mimesis, Milano-Udine 2013.
Jaspers K., *Psicopatologia generale* (1913-1959), Il Pensiero Scientifico, Roma 2000.
–, *Genio e follia. Analisi patografica di Strindberg, Van Gogh, Swedenborg, Hölderlin* (1922), Raffaello Cortina, Milano 2001.
Jervis G., *Manuale critico di psichiatria*, Feltrinelli, Milano 1975.
Kamper D., *Follia*, in Ch. Wulf (a cura di), *Cosmo, corpo, cultura. Enciclopedia antropologica* (1997), Bruno Mondadori, Milano 2002, pp. 926-932.
Langs R., *Follia e cura* (1987), Bollati Boringhieri, Torino 1988.
Lombroso C., *Delitto, genio, follia. Scritti scelti*, Bollati Boringhieri, Torino 2000.
Maldiney H., *Pensare l'uomo e la follia* (1991), Einaudi, Torino 2007.
Pigeaud J., *La follia nell'antichità classica. La mania e i suoi rimedi* (1987), Marsilio, Venezia 1995.
Platone, *Fedro*, in *Opere*, Laterza, Bari 1973.
Resnik S., *Glaciazioni. Viaggio nel mondo della follia* (2000), Bollati Boringhieri, Torino 2001.
Rovatti P. A., *La follia, in poche parole*, Bompiani, Milano 2000.
Sass L. A., *Follia e modernità. La pazzia alla luce dell'arte, della letteratura e del pensiero moderni* (1992), Raffaello Cortina, Milano 2013.
Schelling F. W. J., *Stuttgarter Privatvorlesungen* (1810), in *Schellings sämmtliche Werke*, Schröter, München 1927, vol. IV.
Severino E., *L'identità della follia*, Rizzoli, Milano 2007.
Szasz Th. S., *Il mito della malattia mentale* (1961), il Saggiatore, Milano 1966.
–, *Disumanizzazione dell'uomo. Ideologia e psichiatria* (1970), Feltrinelli, Milano 1977.
Valent I., *Panta diapánton. Scritti teorici su follia e cura*, Moretti & Vitali, Bergamo 2009.
Verdiglione A. (a cura di), *Follia e società segregativa*, Feltrinelli, Milano 1974.
–, *La follia*, Feltrinelli, Milano 1977.
–, *La follia nella psicoanalisi*, Marsilio, Venezia 1977.

Follia a due (ingl. *Induced folly*; ted. *Kollektiver Wahnsinn*; fr. *Folie à deux*; sp. *"Folie à deux"*). Detta anche follia *indotta*, follia *simultanea*, o follia *collettiva*, denota quella situazione in cui i due membri di una coppia si incontrano sul piano comunicativo tramite un reciproco influenzamento delirante. La sintomatologia ha solitamente carattere persecutorio o mistico-religioso. Siccome la suggestionabilità ha una parte notevole nella follia a due, si estende questa espressione anche a quei casi in cui una personalità paranoica o fanatica condiziona e plagia l'altro membro della coppia particolarmente recettivo o suggestionabile. La follia indotta, oltre che a due, può essere a tre, a quattro, dove identico rimane il meccanismo così descritto da Silvano Arieti: «Il primo ad ammalarsi è di solito un individuo con una personalità forte, prepotente e arrogante. Questi è capace di far accettare il proprio sistema delirante al coniuge, a un figlio, a un fratello, a una sorella o a un amico che vive con lui. Le vittime sono solitamente persone deboli, sottomesse, le quali trovano più facile accettare le idee del donatore, anche se psicotiche, che opporsi ad esse. La convinzione incrollabile del donatore, come pure l'ansia che un rifiuto della sua autorità provocherebbe nelle vittime, fanno sì che queste ultime accettino i suoi deliri. Naturalmente le vittime devono essere preparate dalle loro difficoltà psicologiche personali ad accettare il fardello psicotico altrui. La prognosi è buona per i casi indotti, se vengono separati dal donatore e sottoposti a una terapia adeguata» (1974, p. 238).

Bibliografia

Arieti S., *Interpretazione della schizofrenia* (1974), Feltrinelli, Milano 1978.

Follia del dubbio, v. DUBBIO, § 3.

Follia morale, v. PSICOPATIA.

Fonema, v. LINGUAGGIO, § 1; LINGUISTICA, § 1, *a*.

Fonetica, v. LINGUAGGIO, § 3; LINGUISTICA, § 1, *e*.

Fonoastenia, v. AFONIA.

Fonografismo (ingl. *Phonographism*; ted. *Phonographismus*; fr. *Phonographisme*; sp. *Fonografismo*). Ripetizione automatica, frequente nel bambino autistico (v. AUTISMO), di discorsi che vengono fatti in sua presenza senza che vi sia in apparenza alcun motivo che possa stimolare il bambino a questa ripetizione.

Fonologia, v. LINGUISTICA, § 1, *f*.

Fonte della pulsione, v. PULSIONE, § 1, *b*.

Forclusione (ingl. *Foreclosure*; ted. *Verwerfung*; fr. *Forclusion*; sp. *Forclusión*). Termine introdotto da Jacques Lacan per rendere il termine freudiano *Verwerfung*, tradotto in italiano con *preclusione*, dove si annida, secondo Lacan, la specificità della psicosi. A differenza della RIMOZIONE (v.) che prevede il ritorno del rimosso, la forclusione cancella definitivamente un avvenimento che non rientrerà mai più nella memoria psichica: «Considereremo dunque la *Verwerfung* come forclusione del significante. Nel punto in cui, e vedremo come, è chiamato il Nome-del-Padre, può dunque rispondere nell'Altro un puro e semplice buco, che per carenza dell'effetto metaforico provocherà un buco corrispondente al posto della significazione fallica» (1958, p. 554). In altri termini, nella psicosi la forclusione del significante non consentirebbe l'organizzarsi di un piano simbolico a cui far accedere i vari significati che, privi di un centro, come poteva essere nella metafora freudiana il fallo (v. FALLOCENTRISMO), restano tra loro irrelati. I significanti forclusi, non essendo integrati nell'inconscio del soggetto, non riappaiono dall'interno, ma "in seno al reale" e in particolare nel fenomeno allucinatorio. Questo concetto era già stato anticipato da Sigmund Freud là dove limitava il meccanismo della PROIEZIONE (v.) al soggetto nevrotico perché, nel caso della psicosi, Freud precisava che «non era giusta l'affermazione secondo cui la percezione internamente repressa verrebbe proiettata all'esterno; la verità, di cui ora ci rendiamo conto, è piuttosto un'altra: ciò che era stato abolito dentro di noi, a noi ritorna dal di fuori» (1910, p. 396).

Bibliografia

Freud S., *Osservazioni psicoanalitiche su un caso di paranoia (dementia paranoides) descritto autobiograficamente (Caso clinico del presidente Schreber)* (1910), in *Opere* (1967-1993), Bollati Boringhieri, Torino, vol. VI.
–, *La negazione* (1925), in *Opere*, cit., vol. X.
Lacan J., *Il Seminario. Libro III: Le psicosi, 1955-1956*, Einaudi, Torino 1985.
–, *Una questione preliminare ad ogni possibile trattamento della psicosi* (1958), in *Scritti* (1936-1966), Einaudi, Torino 1974, vol. II.

Forense, Psicologia, v. PSICOLOGIA FORENSE.

Forma (ingl. *Form*; ted. *Gestalt*; fr. *Forme*; sp. *Forma*). Termine di provenienza filosofica che designa l'aspetto (εἶδος) di una cosa in cui si esprime la sua essenza; e in questa accezione il termine è utilizzato da Carl Gustav Jung là dove scrive: «Di fronte alla sconvolgente e impressionante abbondanza degli oggetti animati, l'uomo si crea un'astrazione, cioè un'immagine generale astratta che colleghi in forma logica le impressioni. Quest'immagine ha il magico valore di una difesa contro il caotico succedersi dei dati immediati» (1921, p. 299).

Nell'ambito della PSICOLOGIA DELLA GESTALT (v.) il termine designa la TOTALITÀ (v.) le cui parti non sono legate mediante una semplice relazione di giustapposizione e di contiguità, ma ubbidiscono a una legge intrinseca che determina il loro significato nella totalità. Le leggi principali che regolano l'organizzazione di una forma sono: 1) il *rapporto figura-sfondo*, dove lo sfondo è indifferenziato rispetto alla figura che emerge in una sua unità con tutti i gradi di complessità, stabilità e chiarezza; 2) il *campo percettivo* che appare come un sistema dinamico che tende verso una struttura in cui si esprime l'organizzazione delle forme; 3) le *relazioni formali* tra gli elementi del campo che consentono l'emergere della forma. Tali sono le relazioni di somiglianza, prossimità, simmetria, chiusura e continuità di direzione che, studiate dalla psicologia della Gestalt, hanno consentito di approdare ai seguenti postulati: *a*) esistono fenomeni psichici complessi irriducibili a quelli elementari che, al contrario, derivano da quelli complessi; *b*) se la percezione della forma è immediata, la forma sarà irriducibile a un processo astratto di decostruzione che la riduca a dati più primitivi, ma occorrerà aver fiducia nell'esperienza immediata; *c*) il carattere originario della forma tenderà a farne una proprietà innata, e non acquisita, del sistema nervoso. L'etologia moderna ha dato, con la nozione di IMPRINTING (v.), un argomento a favore di questo innatismo, e quindi della concezione fisiologica delle forme.

Bibliografia

Jung C. G., *Tipi psicologici* (1921), in *Opere* (1969-2007), Bollati Boringhieri, Torino, vol. VI.
Koffka K., *Principi di psicologia della forma* (1935), Bollati Boringhieri, Torino 1970, nuova edizione riveduta 2006.
Köhler W., *La psicologia della Gestalt* (1929), Feltrinelli, Milano 1961.
Webster G. C., Goodwin B. C., *Il problema della forma in biologia* (1982), Armando, Roma 1988.

Forma, Psicologia della, v. PSICOLOGIA DELLA GESTALT.

Formazione (ingl. *Formation*; ted. *Bildung*; fr. *Formation*; sp. *Formación*). Processo teso allo sviluppo compiuto dell'individuo sia in termini di personalità psicologica sia in termini professionali. In ambito *antropologico* si riferisce al processo di civilizzazione che si esprime nel doppio significato della parola CULTURA (v.) intesa come educazione collettiva e come sistema di valori condivisi. In ambito *pedagogico* si riferisce allo sviluppo delle acquisizioni pratiche e teoriche che accompagnano la maturazione dell'individuo e all'esito di questo sviluppo (v. PSICOLOGIA SCOLASTICA). In questa accezione è sinonimo di *educazione* (v. PEDAGOGIA). In ambito *psicologico* se ne parla in PSICOLOGIA DEL LAVORO (v.) e in PSICOLOGIA INDUSTRIALE (v.) a proposito della formazione *professionale* intesa come apprendimento programmato, tramite insegnamento e studio, delle conoscenze e delle abilità di base che rappresentano le condizioni preliminari per intraprendere consapevolmente una professione. Infine, in ambito *psicoanalitico* ci si riferisce alla formazione degli *analisti* che avviene secondo le procedure previste dall'ANALISI DIDATTICA (v.).

Bibliografia

Ambrosini Ajello A. M., Depolo M. (a cura di), *Valutare per migliorare. Una nuova prassi valutativa nella formazione*, il Mulino, Bologna 2008.
Benner D., Brüggen F., *Educazione e formazione*, in Ch. Wulf (a cura di), *Cosmo, corpo, cultura. Enciclopedia antropologica* (1997), Bruno Mondadori, Milano 2002, pp. 783-794.
Carli R., Paniccia R. M., *Psicologia della formazione*, il Mulino, Bologna 1999.
Castagna M., *L'analisi delle esigenze: dal fabbisogno all'intervento formativo. Principi, metodi e strumenti per il formatore*, Franco Angeli, Milano 2010.
Cunti A., *La formazione in età adulta. Linee evolutive e prospettive di sviluppo*, Liguori, Napoli 1995.
De Leo G., Patrizi P., *La formazione psicosociale per gli operatori della giustizia*, Giuffrè, Milano 1995.
Fraccaroli F., *Apprendimento e formazione nelle organizzazioni. Una prospettiva psicologica*, il Mulino, Bologna 2007.
Gennari M., *Filosofia della formazione dell'uomo*, Bompiani, Milano 2001.
Haley J., *Formazione e supervisione in psicoterapia* (1996), Erickson, Trento 1997.
Kaneklin C., Scaratti G. (a cura di), *Formazione e narrazione. Costruzione di significato e processi di cambiamento personale e organizzativo*, Raffaello Cortina, Milano 1998.
Knowles M. S., *La formazione degli adulti come autobiografia* (1989), Raffaello Cortina, Milano 1996.
Pani R., Biolcati R., Sagliaschi S., *Psicologia clinica e psicopatologia per l'educazione e la formazione*, il Mulino, Bologna 2009.
Quaglino G. P. (a cura di), *Autoformazione. Autonomia e responsabilità per la formazione di sé nell'età adulta*, Raffaello Cortina, Milano 2004.
–, *Fare formazione. I fondamenti della formazione e i nuovi traguardi*, Raffaello Cortina, Milano 2005.
Semi A. A., *Formazione dello psicoanalista*, in AA.VV., *Psiche. Dizionario storico di psicologia, psichiatria, psicoanalisi e neuroscienze*, Einaudi, Torino 2006-2007, vol. I, pp. 436-441.
Testoni I., Zamperini A., *Il mantello di Mefistofele. Psicologia sociale e processi di formazione*, Utet Università, Torino 2003.

Formazione di compromesso (ingl. *Compromise formation*; ted. *Kompromissbildung*; fr. *Formation de compromis*; sp. *Formación de compromiso*). Espressione psicoanalitica introdotta da Sigmund Freud per indicare l'appianamento di un conflitto tra due esigenze contrastanti tramite la parziale soddisfazione di entrambe: «Riconosciamo un antagonismo tra due tendenze, una inconscia, solitamente rimossa, che tende al soddisfacimento – appagamento di desiderio –, e una appartenente con ogni probabilità all'Io cosciente, rifiutante e rimovente; risultato di questo conflitto è il formarsi di un compromesso: il sogno, il sintomo, in cui entrambe le tendenze trovano espressione, sia pure incompleta» (1922, pp. 445-446). Il compromesso può assumere diverse tonalità a seconda che accentui la soddisfazione del desiderio o la difesa. Il carattere di appagamento del desiderio predomina nell'isteria dove mette capo a una FORMAZIONE SOSTITUTIVA (v.), mentre il carattere ascetico della difesa prevale nella nevrosi ossessiva dove approda alla FORMAZIONE REATTIVA (v.). E questo perché «i sintomi mirano o a un soddisfacimento sessuale o a una difesa dallo stesso, e precisamente nell'isteria prevale in complesso il carattere positivo di appagamento del desiderio, mentre nella nevrosi ossessiva prevale il carattere negativo di tipo ascetico. [...] Essi sono risultati di compromesso, scaturiti dall'interferenza di due correnti contrastanti, e fanno le veci di tutto ciò che viene rimosso e della forza rimovente, che ha pure cooperato alla loro formazione. La sostituzione può poi riuscire più favorevole all'una o all'altra parte, ma raramente una delle due influenze è del tutto assente» (1915-1917, p. 460). «Le due forze che si sono disgiunte si incontrano di nuovo nel sintomo, si conciliano, se così si può dire, attraverso il compromesso della formazione del sintomo. È anche per questo che il sintomo è così resistente: viene sostenuto da entrambe le parti» (ivi, p. 515).

Freud interpreta anche il DELIRIO (v.) come una formazione di compromesso: «I sintomi del delirio, fantasie e azioni, sono infatti il risultato di un compromesso tra entrambe le correnti psichiche; e in un compromesso si tiene conto delle richieste di ciascuna delle due parti, ma ciascuna di esse deve anche rinunciare a qualche cosa di ciò che avrebbe voluto ottenere. Quando si forma un compromesso vi è stata anteriormente una lotta. [...] Nella formazione di un delirio questa lotta non si conclude mai. Assalto e resistenza si rinnovano dopo la formazione di ogni compromesso, che non è mai, per così dire, del tutto soddisfacente» (1906, p. 300).

Bibliografia

Freud S., *Il delirio e i sogni nella "Gradiva" di Wilhelm Jensen* (1906), in *Opere* (1967-1993), Bollati Boringhieri, Torino, vol. V.

–, *Introduzione alla psicoanalisi* (1915-1917), in *Opere*, cit., vol. VIII.

–, *Due voci di enciclopedia: "Psicoanalisi" e "Teoria della libido"* (1922), in *Opere*, cit., vol. IX.

Formazione di sintomo (ingl. *Symptom formation*; ted. *Symptomsbildung*; fr. *Formation de symptôme*; sp. *Formación del síntoma*). Il sintomo nevrotico è per Sigmund Freud una FORMAZIONE DI COMPROMESSO (v.) risultante dall'antagonismo di due tendenze: una volta al soddisfacimento del desiderio, l'altra alla sua rimozione. La formazione di sintomo è analoga per Freud alla formazione del sogno e alla formazione del motto di spirito, dette rispettivamente "lavoro onirico" e "lavoro arguto". Responsabile della formazione di sintomo non è tanto la rimozione, a cui è da addebitare la FORMAZIONE SOSTITUTIVA (v.), ma il ritorno del rimosso (v. RIMOZIONE). Scrive infatti Freud: «La rimozione produce di norma una *formazione sostitutiva.* [...] Sappiamo che la rimozione lascia dietro di sé dei *sintomi.* È lecito dunque far coincidere formazione sostitutiva e formazione di sintomi, e, se in complesso le cose stanno così, identificare il meccanismo di formazione dei sintomi col meccanismo della rimozione? Lo stato attuale delle nostre provvisorie conoscenze indurrebbe piuttosto a ritenere che si tratta di due meccanismi diversissimi, che non la rimozione in quanto tale produce formazioni sostitutive e sintomi, ma che questi ultimi, in quanto indizi di un *ritorno del rimosso*, devono la loro esistenza a processi di tutt'altra natura» (1915, p. 44).

Bibliografia

Freud S., *Metapsicologia* (1915), in *Opere* (1967-1993), Bollati Boringhieri, Torino, vol. VIII.

Formazione reattiva (ingl. *Reaction formation*; ted. *Reaktionsbildung*; fr. *Formation réactive*; sp. *Formación reactiva*). Processo difensivo che consente di dominare un impulso inaccettabile con l'esagerazione della tendenza opposta. Le formazioni reattive possono essere molto localizzate in tratti ossessivi precisi, o generalizzate fino a costituire tratti del carattere integrati al complesso della personalità; in ogni caso assumono valore sintomatico per i loro aspetti di rigidità e di coazione, per i loro scacchi accidentali, e perché spesso possono provocare il risultato opposto a quello coscientemente voluto. Sigmund Freud è giunto al concetto di formazione reattiva fin dai primi studi sulle nevrosi ossessive dove ha evidenziato quel particolare meccanismo psichico che consiste nell'opporsi a una rappresentazione penosa con un «sintomo primario di difesa o controsintomo», come la scrupolosità o il pudore, che diventano tratti caratteriali per reagire all'impulso sessuale a cui il soggetto si era abbandonato nel periodo dell'«amoralità infantile» (1894, p. 313).

La formazione reattiva va distinta dalla FORMAZIONE DI COMPROMESSO (v.) perché, mentre in quest'ultima è facile rintracciare il soddisfacimento del desiderio rimosso unito all'azione di difesa, nella formazione reattiva sia la rappresentazione sessuale sia il «rimprovero da essa suscitato» sono esclusi dalla coscienza a vantaggio di virtù morali spinte all'estremo, per cui è possibile parlare della formazione reattiva come di una «difesa riuscita», anche se Freud non si nasconde che «l'isterica, la quale tratta con eccessiva tenerezza i suoi bambini che in fondo odia, non diventa per ciò in generale più disposta ad amare di altre donne, e neppure più tenera nei confronti di altri bambini. La formazione reattiva dell'isteria si attiene saldamente a un determinato oggetto, e non assurge a disposizione generale dell'Io. Per la nevrosi ossessiva proprio questa generalizzazione, l'allentarsi delle relazioni oggettuali e la facilità con cui si sposta la scelta oggettuale sono invece segni caratteristici» (1925, p. 304).

La formazione reattiva non è solo un'espressione patologica, ma anche una condizione per lo sviluppo dell'individuo. E questo perché, scrive Freud, «i moti sessuali di questi anni dell'infanzia sarebbero, da un lato, inutilizzabili in quanto le funzioni procreative sono rimandate, e questo è il carattere principale del periodo di latenza, d'altro lato sarebbero in sé perversi, cioè deriverebbero da zone erogene e sarebbero sorretti da pulsioni che, vista la direzione dello sviluppo individuale, potrebbero soltanto provocare sensazioni di dispiacere. Perciò essi risvegliano forze psichiche contrarie (moti di reazione), che costruiscono, per un'attiva repressione di tale dispiacere, i detti argini psichici: il disgusto, il pudore e la morale» (1905, p. 489). Alla formazione reattiva Freud riferisce la nascita del SUPER-IO (v.) e la SUBLIMAZIONE (v.) dove l'impulso infantile non viene più rimosso, ma trasformato.

Sulla formazione reattiva è intervenuto anche Otto Fenichel per sottolineare il carattere *permanente* del controinvestimento difensivo: «La persona che si è costruita una formazione reattiva non sviluppa certi meccanismi di difesa da usarsi quando è minacciata da un pericolo istintivo; essa ha cambiato la struttura della sua personalità, sulla base della continua supposta presenza di questo pericolo in modo da trovarsi pronta se il pericolo si verifica» (1945, p. 172).

Bibliografia

Fenichel O., *Trattato di psicoanalisi delle nevrosi e delle psicosi* (1945), Astrolabio, Roma 1951.
Freud S., *Le neuropsicosi da difesa* (1894), in *Opere* (1967-1993), Bollati Boringhieri, Torino, vol. II.
–, *Tre saggi sulla teoria sessuale* (1905), in *Opere*, cit., vol. IV.
–, *Inibizione, sintomo e angoscia* (1925), in *Opere*, cit., vol. X.

Formazione reticolare (ingl. *Reticular structure*; ted. *Retikulärbildung*; fr. *Formation réticulaire*; sp. *Formación reticular*). Struttura non ben delimitata, situata nella parte profonda del tronco dell'encefalo (v. ENCEFALO) e costituita da una fitta rete di neuroni, i quali hanno un'ampia proiezione dendritica che tende a diffondersi lungo un piano perpendicolare all'asse del tronco encefalico, e ricevono numerose sinapsi dalle fibre corticali discendenti e dai vari sistemi della sensibilità (*sistemi afferenti specifici*). È inoltre collegata in modo diffuso sia al midollo spinale che al diencefalo (ma non alla corteccia, ad eccezione di alcune cellule contenenti monoamine), ed invia collaterali a parecchie strutture che incontra lungo il suo percorso. Essa dà origine a un *sistema attivatore reticolare ascendente* (ARAS) che, raggiungendo il diencefalo, attiva la corteccia, elevando il livello globale dell'attività corticale in modo che tutto l'encefalo sia pronto ad espletare i processi concernenti la recezione, l'elaborazione e l'analisi dei messaggi specifici in arrivo, e a dare risposte adeguate. La formazione reticolare è responsabile del *livello di vigilanza*, del ritmo del *sonno* e della *veglia* e dei meccanismi dell'*attenzione*. Oltre a questa attività *tonica* della formazione reticolare esiste una sua attività *fasica*, di più breve durata, che si esprime in effetti più differenziati e meglio localizzabili che regolano il livello di eccitabilità di determinate aree della CORTECCIA CEREBRALE (v.) rispetto ad altre, con inibizione di modalità sensoriali estranee a quella a cui si rivolge l'attenzione, contribuendo così a circoscrivere il campo della coscienza. Dalla formazione reticolare si origina il *sistema reticolare facilitatore discendente* costituito da fibre dirette ai motoneuroni che agiscono sostenendo il tono muscolare. La formazione reticolare presiede inoltre agli stati di vigilanza (v. COSCIENZA, § 2), agisce come meccanismo di attivazione (v. ATTIVAZIONE), influisce sulla funzione respiratoria e circolatoria e ha strette connessioni con l'IPOTALAMO (v.) e il sistema limbico (v. LIMBICO, SISTEMA).

Formazione scolastica, v. PSICOLOGIA SCOLASTICA.

Formazione sostitutiva (ingl. *Substitutive formation*; ted. *Ersatzbildung*; fr. *Formation substitutive*; sp. *Formación sustitutiva*). Meccanismo che assolve la funzione di soddisfare un desiderio rimosso tramite una forma surrogata. Sigmund Freud annovera tra le formazioni sostitutive gli atti mancati, i lapsus e le battute di spirito. Qui il contenuto rimosso, che riaffiora nel sintomo, consente di registrare un conflitto in cui, rispetto alla difesa, è prevalsa la tendenza di appagare il desiderio. In questo spostamento della libido, i sintomi sono riconducibili ad un meccanismo economico che consente un soddisfacimento sostitutivo del desiderio inconscio. Lo scambio tra i due termini non è casuale, ma poggia sull'esistenza di un nesso simbolico tra il desiderio originario e il suo surrogato che si esprime nel sintomo. In quanto lascia trasparire il desiderio, la formazione sostitutiva va distinta dalla FORMAZIONE REATTIVA (v.) dove prevale la difesa.

Bibliografia

Freud S., *Psicopatologia della vita quotidiana* (1901), in *Opere* (1967-1993), Bollati Boringhieri, Torino, vol. IV.

–, *Inibizione, sintomo e angoscia* (1925), in *Opere*, cit., vol. X.

Fotismo, v. SINESTESIA.

Fotofobia (ingl. *Photophobia*; ted. *Photophobie*; fr. *Photophobie*; sp. *Fotofobia*). Paura della luce che genera una reazione fobica di evitamento.

Fotomo, v. ALLUCINAZIONE, § 1, *b*.

Fototropismo, v. TROPISMO.

Frame, v. ISTRUZIONE, § 1.

Frangia, v. MARGINALITÀ, § 1.

Frase, v. LINGUAGGIO, § 1.

Fraser, Illusione di, v. ILLUSIONE, § 4, *h*.

Fratelli, Relazione tra, v. FAMIGLIA, § II, 3.

Fregola (ingl. *Heat*; ted. *Brunst*; fr. *Chaleur*; sp. *Celo*). Ritmo biologico dell'appetito sessuale che negli animali superiori ha solitamente una cadenza stagionale. Nell'uomo e nella scimmia manca un ritmo definibile, anche se nella donna si osserva una certa oscillazione dell'appetito sessuale legata al ciclo mestruale.

Frenastenia, v. RITARDO MENTALE.

Frenesia (ingl. *Frenzy*; ted. *Raserei*; fr. *Frénésie*; sp. *Frenesí*). Eccitamento e agitazione riscontrabili negli episodi di MANIA (v.).

Frenologia (ingl. *Phrenology*; ted. *Phrenologie*; fr. *Phrénologie*; sp. *Frenología*). Teoria elaborata da Franz Joseph Gall e da Johann Gaspar Spurzheim e oggi abbandonata, secondo cui le facoltà e le caratteristiche psichiche hanno la loro localizzazione in parti specifiche del cervello con una corrispondenza tra l'ipertrofia di una determinata caratteristica e l'ipertrofia della regione cerebrale specifica, per cui sarebbe stata sufficiente un'accurata topografia del cranio per dedurre le caratteristiche psichiche del soggetto. Molto apprezzata da Georg Wilhelm Friedrich Hegel che ne discute a lungo nella *Fenomenologia dello spirito*, la frenologia ha aperto la strada allo studio delle funzioni mentali localizzate (v. LOCALIZZAZIONE) e alla scoperta dei centri del linguaggio (v. LINGUAGGIO, § 2).

Bibliografia

Gall F. J., *Sur les fonctions du cerveau et sur celles de chacune de ses parties*, Baillière, Paris 1822-1823.

Gall F. J., Spurzheim J. G., *Anatomie et physiologie du système nerveux en général et anatomie du cerveau en particulier, avec des observations sur la possibilité de reconnaître plusieurs dispositions intellectuelles et morales de l'homme et des animaux, par la configuration de leurs têtes*, F. Schoell, Paris 1810.

Lombardo G. P., Duichin M. (a cura di), *Frenologia, fisiognomica e psicologia delle differenze individuali in Franz Joseph Gall. Antecedenti storici e sviluppi disciplinari*, Bollati Boringhieri, Torino 1997.

Spurzheim J. G., *Observations sur la phraenologie*, Treuttel et Würtz, Paris 1818.

Frequenza, v. STATISTICA, § I, 1.

Friedmann, Malattia di, v. SONNO, § 3, *a*.

Frigidità (ingl. *Frigidity*; ted. *Frigidität*; fr. *Frigidité*; sp. *Frigidez*). Detta anche *anafrodisia*, la frigidità si riferisce all'incapacità della donna di raggiungere l'ORGASMO (v.) nel coito. Quando non è di natura organica, questa incapacità non è una malattia, ma un sintomo di conflitti nevrotici sottostanti che possono rinviare: a un rifiuto della propria identità sessuale, a un'omosessualità latente, a legami edipici non risolti, a sentimenti di colpa nei confronti del piacere sessuale legati all'educazione, a reminiscenze di esperienze negative o penose come violenze o incesti, a sentimenti di insicurezza e inadeguatezza al rapporto, al timore di perdita dell'autocontrollo, al timore della gravidanza o a disaffezione nei confronti del partner con perdita di attrazione sessuale, fino al disgusto per i suoi comportamenti sessuali deludenti. Sigmund Freud riconduce la frigidità ai «desideri sessuali conservati dall'infanzia (per la donna una fissazione della libido al padre o a un fratello che lo sostituisce); questi desideri spesso non mirano al coito, o lo includevano solo come una meta vagamente percepita. Il marito è per così dire sempre solo un sostituto, non è mai l'uomo giusto; il primo posto nella capacità amorosa della donna lo ha un altro, in casi tipici il padre, il marito ha al massimo il secondo posto. Dipende da quanto intensa è questa fissazione e dalla tenacia con cui si mantiene se il sostituto è rifiutato come insoddisfacente» (1910-1917, p. 443).

La frigidità *completa* comporta una totale anestesia sessuale, quella *relativa* può presentare le forme di: 1) insensibilità vaginale con sensibilità limitata alla zona clitoridea; 2) interruzione dell'eccitazione subito dopo l'orgasmo; 3) angoscia, tensione, insonnia, depressione subito dopo il rapporto, qualunque sia il grado di soddisfazione. Secondo Charles Rycroft, «la frigidità può essere considerata un sintomo nevrotico solo se *a*) è persistente e *b*) si verifica anche nelle circostanze più favorevoli. Altrimenti è un segno di inesperienza e di insincerità (da parte della donna o del suo compagno)» (1968, p. 64).

Bibliografia

Benedek Th. F., *Funzioni sessuali nella donna e loro alterazioni*, in S. Arieti (a cura di), *Manuale di psichiatria* (1959-1966), Bollati Boringhieri, Torino 1969-1970, vol. II, pp. 974-997.

Freud S., *Contributi alla psicologia della vita amorosa* (1910-1917), in *Opere* (1967-1993), Bollati Boringhieri, Torino, vol. VI.

Kinsey A. Ch. *et al.*, *Il comportamento sessuale della donna* (1953), Bompiani, Milano 1965.

Moreno M., *L'impotenza sessuale femminile. La frigidità*, in AA.VV., *L'impotenza sessuale, aspetti clinici e terapeutici*, in "Quaderni di Cultura Junghiana", 1970, a. II.

Rycroft Ch., *Frigidità*, in Id., *Dizionario critico di psicoanalisi* (1968), Astrolabio, Roma 1970.

Frotteurismo (ingl. *Frotteurism*; ted. *Frotteurismus*; fr. *Frotteurisme*; sp. *Frotteurismo*). Impulso a toccare e a strofinarsi contro una persona non consenziente. Il DSM-5 rubrica il frotteurismo tra le forme di PARAFILIA (v.), e in proposito segnala che «atti frotteuristici, che comprendono il toccare sessualmente o strusciarsi contro un altro individuo che non lo desidera, possono verificarsi in una percentuale fino al 30% dei maschi adulti nella popolazione generale. [...] Coloro che ne sono affetti riferiscono di essere diventati consapevoli del loro interesse sessuale per toccare furtivamente delle persone a loro insaputa spesso durante la tarda adolescenza o nella età adulta» (2013, pp. 804-805).

Bibliografia

DSM-5. American Psychiatric Association (APA), *DSM-5. Manuale diagnostico e statistico dei disturbi mentali* (2013), Raffaello Cortina, Milano 2014.

Frustrazione (ingl. *Frustration*; ted. *Versagung*; fr. *Frustration*; sp. *Frustración*). Situazione interna o esterna che non consente di conseguire un soddisfacimento o di raggiungere uno scopo. Il termine è stato introdotto da Sigmund Freud che riteneva la frustrazione utile per lo sviluppo dell'Io e per il suo adattamento alla realtà. Oltre una certa soglia, la frustrazione è considerata dannosa perché innesca meccanismi o *aggressivi* come nel caso di chi raccoglie tutte le sue energie per raggiungere la soddisfazione indipendentemente dalle regole dell'ambiente che lo circonda, o *regressivi* con ritiro dell'energia frustrata dagli oggetti reali per tornare a forme fantastiche in cui sono le tracce di formazioni precedenti. La frustrazione non dipende solo dal mondo esterno, ma anche da quello interno, come può essere un divieto del Super-io al raggiungimento del soddisfacimento: tale è il caso citato da Freud di soggetti che si ammalano nel momento in cui raggiungono il successo: «Sorprenderà e addirittura turberà noi medici la constatazione che le persone talvolta si ammalano proprio quando è stato appagato un loro desiderio profondamente radicato e da lungo tempo accarezzato. Si ha davvero l'impressione che costoro non siano in grado di sopportare la loro felicità, dal momento che la connessione causale fra successo e malattia risulta inequivocabile» (1916, p. 635).

Queste ipotesi di Freud sono sostanzialmente accolte dalla psicologia sperimentale che ha posto l'accento su tre fattori: la *natura* dell'evento frustrante, la *forza della motivazione* sottostante allo scopo frustrato e la *personalità* del soggetto frustrato che, combinandosi fra loro, possono determinare, secondo l'ipotesi di John Dollard un atteggiamento aggressivo (v. AGGRESSIVITÀ, § 3), secondo l'ipotesi di Roger Barker un atteggiamento regressivo, e secondo l'ipotesi di Isabel E. Farber un atteggiamento di fissazione, per cui anche quando lo scopo è raggiungibile non si assiste a un'attivazione per il suo raggiungimento. In ordine all'*apprendimento* la frustrazione, secondo John Seely Brown e Farber, può provocare due effetti: un aumento del livello generale di motivazione, o una reazione di fuga e di allontanamento, ribadendo così la nozione di "soglia" già evidenziata da Freud.

In ordine alle pulsioni, Freud distingue quelle di *autoconservazione* che, siccome richiedono per il loro soddisfacimento un oggetto esterno, sono suscettibili di frustrazioni, e quelle *sessuali* che possono sempre trovare soddisfazione in termini autoerotici o fantasmatici. La frustrazione è alla base della regola d'astinenza (v. ASTINENZA, § 2) nel trattamento analitico, dove il paziente non deve trovare soddisfacimenti sostitutivi ai suoi sintomi, per cui l'atteggiamento frustrante dell'analista è ritenuto più terapeutico di quello gratificante.

Bibliografia

Barker R., Dembo T., Lewin K., *Frustration and regression*, in *University of Iowa studies in child welfare*, University of Iowa Press, Iowa City 1941, vol. 18, pp. 1-314.

Bonino S., Grandi L., Saglione G., *La frustrazione. Teoria e sperimentazione*, Bollati Boringhieri, Torino 1976.

Brown J. S., Farber I. E., *Emotions conceptualized as intervening variables with suggestions toward a theory of frustration*, in "Psychological Bulletin", 1951, n. 48, pp. 465-495.

Dollard J., Doob L. W., Miller N. E., Mowrer O. H., Sears R. R., *Frustrazione e aggressività* (1939), Giunti Barbera, Firenze 1967.

Farber I. E., *Response fixation under anxiety and nonanxiety conditions*, in "Journal of Experimental Psychology", 1948, n. 38, pp. 112-131.

Freud S., *Modi tipici di ammalarsi nervosamente* (1912), in *Opere* (1967-1993), Bollati Boringhieri, Torino, vol. VI.

–, *Introduzione alla psicoanalisi* (1915-1917), in *Opere*, cit., vol. VIII.
–, *Alcuni tipi di carattere tratti dal lavoro psicoanalitico* (1916), in *Opere*, cit., vol. VIII.

FSH (*Follicolo-stimolante, Ormone*), v. ENDOCRINO, SISTEMA, § 1, *a*.

FTT (*Fairy Tale Test*), v. FIABA.

Fuga (ingl. *Flight*; ted. *Flucht*; fr. *Fuite*; sp. *Fuga*). Il termine ha significati diversi a seconda del contesto di riferimento:

1. PSICHIATRIA. Si parla di *fuga psicogena* a proposito di quell'errare senza meta, pur di sfuggire a situazioni intollerabili che possono essere esterne, come ambienti insopportabili, o interne, come conflitti incomponibili che dispongono o attestano una dissociazione della coscienza (v. SCISSIONE, § I, 4). Si parla invece di *fuga delle idee* a proposito di quella produzione ideativa rapida e incalzante in cui le associazioni si instaurano o per pura assonanza fonetica o per condizionamenti esterni, quindi con rapidi passaggi da un argomento all'altro, che tuttavia possono essere colti nella loro connessione da un ascoltatore attento, perché non presentano l'illogicità del pensiero sconnesso. La fuga delle idee è un tratto tipico delle manifestazioni maniacali (v. IDEA, § 9).

2. PSICOANALISI. Si parla di *fuga nella guarigione* come difesa del paziente contro il sondaggio dell'analista. L'abbandono dei sintomi è temporaneo e lo si riscontra, oltre che nei soggetti difesi, anche in quelli che attribuiscono un valore magico all'analista con cui instaurano una relazione passivo-dipendente. Si parla invece di *fuga nella malattia* quando il paziente cerca nella malattia psichica o in quella somatica il modo di sfuggire ai suoi conflitti psichici, riducendone la tensione con la formazione dei sintomi. La fuga nella malattia ha affinità con quello che Sigmund Freud chiama GUADAGNO DELLA MALATTIA (v.).

3. PSICOSOMATICA. Si parla di *fuga viscerale* quando il soggetto, incapace di condurre un'azione adatta al pericolo o alla situazione difficile o ansiogena, come può essere un esame, fa ricorso a un comportamento funzionale infantile dell'apparato viscerale che comportava a suo tempo l'intervento dei genitori vissuti come forti e onnipotenti.

Bibliografia

Alexander F. G., *Medicina psicosomatica* (1950), Giunti Barbera, Firenze 1951.
Binswanger L., *Sulla fuga delle idee* (1933), Einaudi, Torino 2003.
–, *Melanconia e mania* (1960), Bollati Boringhieri, Torino 1971.
Freud S., *Osservazioni generali sull'attacco isterico* (1908), in *Opere* (1967-1993), Bollati Boringhieri, Torino, vol. V.
Laborit H., *Elogio della fuga* (1976), Mondadori, Milano 2013.

Fumetto (ingl. *Comic-strip story*; ted. *Comic*; fr. *Bande dessinée*; sp. *Historietas*). Genere narrativo realizzato attraverso una sintesi tra disegno e parola che attinge dal linguaggio iconico le immagini fisse e il colore, da quello alfabetico le parole, e da quello cinematografico il gioco delle inquadrature, dei piani e della sequenza delle vignette. Qualificato da Marshall McLuhan "il medium freddo", è utilizzato in ambito pedagogico per stimolare la fantasia chiamata a integrare le scarse informazioni espresse dai segni grafici, colmare il vuoto tra una vignetta e l'altra, immaginare l'azione in movimento. La componente fantastica è considerata anche in relazione alla carica emotiva suscitata dal racconto e alla partecipazione del lettore.

Bibliografia

Imbasciati A., Castelli C., *Psicologia del fumetto*, Guaraldi, Rimini 1975.
Taddei N., *Lettura strutturale della foto e del fumetto*, Bulzoni, Roma 1973.
Volpi D., *Didattica dei fumetti*, La Scuola, Brescia 1977.

Funzionale, Equilibrio, v. EQUILIBRIO, § 9.

Funzionale, Fenomeno, v. FENOMENO FUNZIONALE.

Funzionalismo (ingl. *Functionalism*; ted. *Funktionalismus*; fr. *Fonctionnalisme*; sp. *Funcionalismo*). In psicologia il termine si riferisce a quell'indirizzo inaugurato da William James e da John Dewey che, in opposizione all'indirizzo elementarista e introspezionista di Wilhelm Maximilian Wundt (v. INTROSPEZIONISMO), interpreta i fenomeni psichici non come *strutture*, ma come *funzioni* attraverso cui l'organismo si adatta all'ambiente. I principi del funzionalismo sono:

1. *L'evoluzionismo* di Charles Darwin che consente di superare il dualismo soma-psiche, e di interpretare la psiche come un'ulteriore funzione di cui sono forniti gli organismi superiori per meglio adattarsi all'ambiente, per cui, ad esempio, la coscienza compare ogni volta che il comportamento automatico trova ostacoli che pongono problemi la cui soluzione non è contenuta nel repertorio automatico, ma è necessaria per la sopravvivenza. Una volta compiuta la sua funzione adattiva, la coscienza si eclissa, lasciando nuovi automatismi che essa ha instaurato.

2. *L'olismo.* Sul piano epistemologico l'osservazione dei fenomeni psichici non deve avvenire in base alla parcellizzazione degli elementi che li compongono, perché la totalità individuo-ambiente è più esplicativa dell'analisi delle singole parti considerate indipendentemente dalle loro funzioni complessive. In questo modo il funzionalismo anticipa la PSICOLOGIA DELLA GESTALT (v.) e non condivide l'approccio comportamentista che spiega l'adattamento sulla base della separazione concettuale di stimolo e risposta. A questo proposito Dewey, ne *Il concetto dell'arco riflesso in psicologia* del 1896, già aveva mostrato che l'arco riflesso (v. RIFLESSO, § 1) rappresenta un anello di una catena unitaria solo artificialmente scomponibile nelle due unità elementari dello stimolo e della risposta, perché ogni condotta dell'organismo è un processo globale, il cui significato non va cercato negli elementi che lo compongono, ma nella funzione complessiva che svolge.

A una visione olistica si rifà anche quello che oggi viene chiamato "neofunzionalismo", sorto in Italia a partire dagli anni novanta e poi diffusosi all'estero. Muovendo dalla "teoria della complessità" di Edgar Morin, il neofunzionalismo abbandona la dicotomia mente-corpo, che tra l'altro considera troppo vaga e quindi inutilizzabile, per rivolgere la sua attenzione, come scrive Luciano Rispoli, alle «funzioni psicocorporee quali: le emozioni, l'immaginazione, i ricordi, la razionalità, il simbolico; ma anche i movimenti, le posture e i sistemi fisiologici interni (sensazioni, sistema neurovegetativo, sistema neuroendocrino, respirazione, tono muscolare), perché niente è solo mentale o solo corporeo. [...] Tutte le funzioni sono presenti e integrate tra di loro sin dall'inizio della vita, e hanno la medesima importanza, in una concezione che non è più piramidale (con un mentale che controlla tutto gerarchicamente dall'alto), ma i cui termini costitutivi contribuiscono pariteticamente all'organizzazione del Sé. Le funzioni non sono parti, pezzi dell'organismo, ma è l'intera globalità del Sé che si esprime in ogni funzione. [...] Non serve, ad esempio, tener conto di tutti i singoli movimenti di tutte le parti del corpo (braccia, testa, gambe, occhi): è il modo di muoversi in generale che ci fa capire come realmente funziona la persona. Il concetto di "parti", inoltre, porta sempre con sé quello di confine con le altre parti, e dunque inevitabilmente anche di conflitto tra le parti. Invece, una funzione non entra in conflitto con le altre funzioni: l'emozione "gioia" non entra in conflitto con i movimenti, con il sistema neurovegetativo, con la razionalità o il simbolico. Non c'è più da ricercare un compromesso (tra parte adulta e parte bambina, tra Io e Super-io, tra strutture primarie e secondarie) perché non si prendono più in considerazione le strutture o le parti, ma le funzioni, che esprimono, ognuna, l'intero Sé. [...] Un approccio terapeutico, che intervenga in modo integrato su tutti i vari sistemi e sugli elementi essenziali, limitati e ben definiti, che li caratterizzano, potrà ottenere una vera e propria ricostruzione delle "Esperienze Basilari del Sé" carenti o alterate. Ed è allora, attraverso queste nuove potenzialità (generate da una nuova modalità di pensiero che punta alla complessità e all'olismo), che sarà sempre più possibile mettere in atto anche programmi di prevenzione; programmi ampi, concreti e di pieno sviluppo del benessere» (2013, pp. 300-306).

3. *L'utilitarismo.* Non ci si deve chiedere: "che cosa sono i processi mentali" né tantomeno come si possono conoscere introspettivamente, perché la domanda funzionale è: "a che cosa servono globalmente e come funzionano?", con l'avvertenza che mente e corpo, da questo punto di vista, sono trattabili alla stessa stregua perché, ad esempio, considerate in ordine all'adattamento, la respirazione o la percezione svolgono la stessa funzione che è quella di conservare e di proteggere l'organismo nei confronti dell'ambiente. Da ciò risulta che, rispetto alla psicologia introspezionistica europea, il pragmatismo americano, nella sua versione funzionalista, identifica la categoria del "vero" con la categoria dell'"utile", nel senso di ciò che torna utile alla vita e al suo miglioramento etico-sociale. In un altro contesto questa impostazione era già stata anticipata in Europa da Friedrich Nietzsche che, a seguito del suo confronto con Darwin, scrive: «*Le categorie della ragione* potrebbero aver dato di sé buona prova, tra molti tentativi e brancolamenti, grazie alla loro relativa *utilità*. Venne un momento in cui se ne fece un compendio, le si portò alla propria coscienza come un tutto – e in cui furono imposte per *comando*, cioè in cui esse operarono come un *comando*. Da allora in poi valsero come *a priori*, come al di là dell'esperienza, come non rigettabili. Eppure forse non esprimevano altro che una determinata conformità ai fini della razza e della specie – solo la loro "utilità" è la loro "verità"» (1888-1889, fr. 14 [105], p. 73).

4. *Le funzioni psichiche.* Tra le funzioni psichiche più studiate dai funzionalisti in chiave di adattamento all'ambiente incontriamo la *motivazione*, particolarmente sottolineata da Clark Leonard Hull quale stimolo motivante, come ad esempio la fame, la sete, la pulsione sessuale, che, a differenza delle motivazioni prive di funzionalità, persistono nel tempo e regolano il comportamento finché non vengono soddisfatte, l'*apprendimento*, letto come funzione adattiva quando l'ambiente non è favorevole alla soluzione dei problemi che possono rendere difficile la sopravvivenza dell'organismo, l'*emozione* che, quando non paralizza, mobilita energie che aiutano l'individuo

ad affrontare con maggior possibilità di successo le difficoltà ambientali, e la stessa *coscienza* che è considerata una funzione adattiva che è vigile quando si tratta di apprendere un comportamento, mentre poi si dilegua quando il comportamento è diventato automatico. Per James, lo stesso *fenomeno religioso* può essere considerato funzionale alla soddisfazione di bisogni esistenziali e alla ricerca di un senso nella vita.

Questa impostazione metodologica influenzerà quel settore della *linguistica* che reperisce le unità linguistiche in base alla loro funzione, l'*antropologia* di Alfred Reginald Radcliffe-Brown, di Bronisław Malinowski e Carlo Tullio-Altan che guardano alle strutture delle società primitive e contemporanee a partire dalle funzioni che esse svolgono a favore della società o di parti di essa, la *psicologia sociale* che con George Herbert Mead individua nell'utilità etico-sociale il vero criterio di validazione della ricerca psicosociologica, e infine la *pedagogia* di Édouard Claparède che visualizza l'attività pedagogica a partire dalla sua funzionalità al raggiungimento di un equilibrio tra le attitudini dell'educando e le esigenze e i condizionamenti dell'ambiente.

Bibliografia

Angell J. R., *L'area della psicologia funzionale* (1907), in N. Dazzi, L. Mecacci (a cura di), *Storia antologica della psicologia*, Giunti Barbera, Firenze 1982.

Carr H. A., *Psychology. A study of mental activity*, Longmans, New York 1925.

Claparède É., *Psicologia del fanciullo e pedagogia sperimentale. Lo sviluppo mentale* (1909), Editrice Universitaria, Firenze 1964.

Dewey J., *The reflex arc concept in psychology*, in "Psychological Review", 1896, n. 3.

Hull C. L., *I principi del comportamento. Introduzione alla teoria del comportamento* (1943), Armando, Roma 1978.

James W., *Principi di psicologia* (1890), Società Editrice Libraria, Milano 1901.

–, *Le varie forme della coscienza religiosa* (1902), Bocca, Roma-Milano 1954.

Malinowski B., *Teoria scientifica della cultura e altri saggi* (1944), Feltrinelli, Milano 1962.

Mead G. H., *Mente, Sé e società* (1934), Giunti Barbera, Firenze 1966.

Morin E., *Scienza con coscienza* (1982), Franco Angeli, Milano 1982.

–, *Le vie della complessità*, in G. Bocchi, M. Ceruti (a cura di), *La sfida della complessità*, Feltrinelli, Milano 1985.

Nietzsche F., *Frammenti postumi 1888-1889*, in *Opere*, Adelphi, Milano 1984, vol. VIII, 3.

Radcliffe-Brown A. R., *Il metodo nell'antropologia sociale* (1958), Officina Edizioni, Roma 1973.

Rispoli L., *Psicologia funzionale del Sé*, Astrolabio, Roma 1993.

–, *Esperienze di base e sviluppo del Sé*, Franco Angeli, Milano 2004.

–, *Psicoterapia funzionale*, in G. Nardone, A. Salvini, *Dizionario internazionale di psicoterapia*, Garzanti, Milano 2013, pp. 300-306.

Titone R., *Presupposti teoretici della psicologia funzionale*, Pas, Roma 1959.

Tullio-Altan C., *Antropologia funzionale*, Bompiani, Milano 1968.

Funzione (ingl. *Function*; ted. *Funktion*; fr. *Fonction*; sp. *Función*). Qualsiasi attività dell'organismo che concorra alla preservazione della vita individuale e alla conservazione della specie. I processi sfavorevoli vengono indicati come *disfunzioni* (v. DISFUNZIONE). Oltre a questa accezione generica, il termine "funzione" assume un connotato specifico nell'ambito della psicologia dell'Io, della psicologia analitica e della neurobiologia.

1. PSICOLOGIA DELL'IO. In questo ambito Heinz Hartmann ha introdotto il concetto di *funzione autonoma dell'Io* per indicare quelle attività come il parlare, il respirare, il camminare, che, essendosi emancipate dagli istinti, non sono più attaccabili dall'insorgenza di conflitti di origine pulsionale, per cui là dove l'emancipazione è davvero avvenuta non si assiste più a fenomeni come la balbuzie, l'asma, la paralisi. Le attività che rientrano nella funzione autonoma dell'Io utilizzano energia deaggressivizzata e desessualizzata. A conclusioni analoghe giunse, nell'ambito della teoria della personalità, Gordon Willard Allport, che ha introdotto il concetto di *autonomia funzionale* secondo cui abitudini e capacità, originariamente legate a esigenze biologico-istintuali, tendono in seguito a funzionare in modo autonomo (v. AUTONOMIA – ETERONOMIA).

2. PSICOLOGIA ANALITICA. In questo ambito il termine è impiegato in due accezioni:

a) La funzione trascendente che è il motore della dinamica psichica, nel senso che, componendo gli opposti, come possono essere i contenuti "consci" e i contenuti "inconsci", consente di approdare a una situazione psichica nuova. Scrive Carl Gustav Jung: «Col termine *funzione trascendente* voglio intendere con "funzione" non una delle funzioni fondamentali, bensì una funzione complessa composta di altre funzioni, e con "trascendente" non un carattere metafisico, ma il fatto che mercé questa funzione si crea il passaggio da un atteggiamento a un altro. La materia prima, elaborata da tesi e antitesi e che nel suo processo di formazione unifica gli opposti, è il simbolo vivo» (1921, pp. 490-491). E ancora: «Il contrasto delle posizioni comporta una tensione carica di energia che produce qualcosa di vivo, un terzo elemento che non è affatto, secondo l'assioma *tertium non datur*, un aborto logico, ma è invece una progressione che nasce dalla sospensione dell'antitesi, una nascita viva che introduce un nuovo grado dell'essere, una nuova situazione. La funzione trascendente si manifesta come una caratteristica di opposti che si sono reciprocamente avvicinati. Fin quando questi opposti sono mantenuti estranei l'uno all'altro allo scopo naturalmente di evitare conflitti non funzionano, e ne consegue un morto ristagno» (1957-1958, p. 105).

b) *Le funzioni psicologiche* che Jung intende come «manifestazioni della libido che, pur variando le circostanze, rimangono fondamentalmente uguali. [...] Io distinguo in tutto quattro funzioni fondamentali, due razionali e due irrazionali e cioè il *pensare*, il *sentire*, il *percepire sensoriale* e l'*intuire*» (1921, p. 445). Pensiero e sentimento sono detti *razionali* perché vertono su valutazioni o di tipo razionale o di tipo affettivo, sensazione e intuizione sono dette *irrazionali* perché non procedono per giudizi, ma per percezioni. La funzione che nello sviluppo risulta più differenziata decide il *tipo* funzionale che può declinarsi o in ordine all'estroversione o in ordine all'introversione che sono, per Jung, i possibili atteggiamenti (v. ATTEGGIAMENTO, § 2) che un soggetto può assumere a seconda che la sua libido sia più attratta, rispettivamente, dal mondo esterno o dal mondo interno. Combinando funzioni e atteggiamenti risultano otto tipi psicologici (v. TIPOLOGIA, § 2). Il tipo risulta dalla coniugazione della funzione superiore con l'atteggiamento estrovertito o introvertito. A questo proposito, osserva Jung: «L'esperienza ci dice che è praticamente impossibile – per sfavorevoli condizioni generali – che qualcuno giunga a sviluppare contemporaneamente tutte le sue funzioni psicologiche. Già le esigenze sociali fanno sì che l'uomo differenzi anzitutto e al massimo quella funzione per la quale ha una migliore disposizione naturale oppure che gli offre i mezzi più efficaci per il suo successo sociale. Anzi, spesso, quasi di regola, ci si identifica in modo più o meno completo con la funzione più favorita e quindi più ampiamente sviluppata. Da ciò nascono i *tipi psicologici*. Data l'unilateralità del processo evolutivo, una o più funzioni rimangono necessariamente arretrate nel loro sviluppo. Esse si possono quindi designare bene come "inferiori" e ciò in senso psicologico, ma non in senso psicopatologico, giacché queste funzioni rimaste indietro non sono affatto ammalate, ma solo arretrate nei confronti della funzione favorita» (ivi, pp. 445-446).

3. NEUROBIOLOGIA. In questo ambito Daniel J. Siegel distingue: «a) la *funzione riflessiva* che è la capacità di percepire il proprio mondo mentale e quello dell'altro e di farne oggetto di riflessione; b) le *funzioni esecutive* fondamentali, attribuite alle regioni prefrontali; comprendono la regolazione dell'attenzione, delle emozioni, della memoria, della risposta comportamentale e della pianificazione; c) le *funzioni prefrontali* mediali che sono le nuove funzioni controllate dalle regioni prefrontali mediali che regolano l'organismo, la comunicazione sintonizzata, l'equilibrio emotivo, la modulazione della paura, la flessibilità di risposta, l'insight, l'empatia, la moralità e l'intuizione» (2012, pp. 24-25).

Bibliografia

Allport G. W., *Divenire. Fondamenti di una psicologia della personalità* (1955), Editrice Universitaria, Firenze 1963.

Galimberti U., *Funzione*, in AA.VV., *Gli strumenti del sapere contemporaneo*, vol. II: *I concetti*, Utet, Torino 1985, pp. 133-135.

Hartmann H., *Psicologia dell'Io e problema dell'adattamento* (1939), Bollati Boringhieri, Torino 1966.

Jung C. G., *Tipi psicologici* (1921), in *Opere* (1969-2007), Bollati Boringhieri, Torino, vol. VI.

–, *La funzione trascendente* (1957-1958), in *Opere*, cit., vol. VIII.

Siegel D. J., *Mappe per la mente. Guida alla neurologia interpersonale* (2012), Raffaello Cortina, Milano 2014.

Furto, v. CLEPTOMANIA.

Furto del pensiero, v. ECLISSI MENTALE.

Fusione (ingl. *Fusion*; ted. *Verschmelzung*; fr. *Fusion*; sp. *Fusión*). Il termine trova impiego nella psicologia della percezione e in psicoanalisi.

1. PSICOLOGIA DELLA PERCEZIONE. Si parla di fusione *binoculare* quando le immagini leggermente diverse che si imprimono nei due occhi a causa della loro distanza non sono avvertite come immagini doppie, bensì fuse in un'impressione spaziale stereoscopica. Lo stesso dicasi della fusione *tonale* che dà un'impressione unitaria dei suoni che giungono ai due orecchi. Si parla infine di fusione di *stimoli* quando due stimoli, che hanno una differente successione temporale e spaziale, sono percepiti come continui. È il caso della successione delle sequenze filmiche o dello sfarfallamento tra stimolo luminoso e stimolo oscuro per effetto della frequenza della loro successione.

2. PSICOANALISI. In questo ambito Sigmund Freud ha introdotto il concetto di *fusione* o *impasto delle pulsioni* e di loro *defusione* a proposito delle pulsioni di vita e delle pulsioni di morte (v. DEFUSIONE): «Crediamo che il sadismo e il masochismo ci offrano due eccellenti esempi di impasto delle due specie di pulsioni, l'Eros e l'aggressività; e avanziamo l'ulteriore ipotesi che questo rapporto sia tipico, che tutti i moti pulsionali che possiamo studiare consistano di tali impasti o leghe delle due specie di pulsioni. Le pulsioni erotiche apporterebbero in essi la varietà delle loro mete sessuali, mentre le altre

ammetterebbero solo attenuazioni e gradazioni della loro monocorde tendenza» (1932, pp. 212-213). Al concetto di fusione è ricollegabile quello di "sentimento oceanico" con cui il poeta e amico di Freud Romain Rolland designa un particolare sentimento di partecipazione al tutto che sarebbe alla base di ogni forma di religiosità. Secondo Freud, invece, un simile sentimento non può essere considerato la fonte dei bisogni religiosi, ma corrisponde a una condizione originaria di non-separazione dalla realtà, precedente all'emersione del senso dell'Io (v. OCEANICO, SENTIMENTO).

A parere di Sándor Ferenczi, a partire dalla nascita è attiva per tutta la vita la fantasia regressiva di un ritorno alla situazione intrauterina tranquilla e indisturbata che si manifesta nei sogni e nella vita sessuale. Oggi gli sviluppi degli studi psicoanalitici mettono in evidenza l'aspetto positivo della fantasia fusionale come nel caso dell'innamoramento. Detta fantasia può svolgere il ruolo benefico di arginare emozioni negative e potenzialmente angoscianti, così come può costituire un ostacolo a un bisogno di individuazione e di autonomia. Non sono da trascurare gli aspetti patologici del vissuto fusionale che, rendendo difficoltosa la distinzione tra sé e il mondo esterno, non consentono di concepire l'altro come un individuo separato da sé, fino a vivere la sua autonomia come una rottura distruttiva.

Bibliografia

Fachinelli E., *Claustrofilia. Saggio sull'orologio telepatico in psicanalisi*, Adelphi, Milano 1983.

Ferenczi S., *Fasi evolutive del senso della realtà* (1913), in *Opere* (1989-1992), Raffaello Cortina, Milano, vol. II.

–, *Thalassa. Psicoanalisi delle origini della vita sessuale* (1924), in *Opere*, cit., vol. III.

Freud S., *Il disagio della civiltà* (1929), in *Opere* (1967-1993), Bollati Boringhieri, Torino, vol. X.

–, *Introduzione alla psicoanalisi. Nuova serie di lezioni* (1932), in *Opere*, cit., vol. XI.

Lindsay P. H., Norman D. A., *L'uomo elaboratore di informazioni. Introduzione cognitivista alla psicologia* (1977), Giunti Barbera, Firenze 1983.

Neri C., Pallier L., Petacchi G., Soavi G. C., Tagliacozzo R., *Fusionalità. Scritti di psicoanalisi clinica*, Borla, Roma 1990.

Rolland R., *Lettera a Freud del 5 dicembre 1927*, in S. Freud, *Lettere 1873-1939*, Bollati Boringhieri, Torino 1960, pp. 357 sgg.

Futuro, v. TEMPO, § II.

G

GABA (*Acido Gamma-Aminobutirrico*), v. NEUROTRASMETTITORE, § I, 2, b.

Galattorrea (ingl. *Galactorrhea*; ted. *Galaktorrhoe*; fr. *Galactorrhée*; sp. *Galactorrea*). Secrezione lattea continua e persistente al di fuori del puerperio. La si riscontra in presenza di un'eccessiva increzione di prolattina da parte dell'ipofisi (v. ENDOCRINO, SISTEMA, § 1) e talvolta in occasione dell'assunzione di neurolettici (v. PSICOFARMACOLOGIA, § I, 1, *a*).

Galattosemia (ingl. *Galactosemia*; ted. *Galaktosämie*; fr. *Galactosémie*; sp. *Galactosemia*). Malattia ereditaria recessiva dovuta all'assenza di un enzima che impedisce la trasformazione del galattosio in glucosio. Oltre agli inconvenienti derivanti dall'accumulo di questo zucchero nel sangue, la galattosemia è causa di RITARDO MENTALE (v.).

Gall, Teoria di, v. FRENOLOGIA.

Galton, Test di, v. ASSOCIAZIONE, § 3, *b*.

Galvanico, Riflesso, v. RIFLESSO, § 2, *a*.

Gamma, v. STATISTICA, § I, 3.

Gammacismo (ingl. *Gammacism*; ted. *Gammazismus*; fr. *Gammacisme*; sp. *Gamacismo*). Difetto piuttosto frequente del linguaggio infantile consistente nell'incapacità di pronunciare correttamente le lettere "g" e "k", che vengono sostituite dalle dentali "d" e "t".

Gamma movimento, v. PERCEZIONE, § 6, *a*.

Gangli della base (ingl. *Basal ganglia*; ted. *Basalganglien*; fr. *Ganglions de la base*; sp. *Ganglios de la base*). Strutture subcorticali, detti anche *nuclei della base*, sono posti alla base del telencefalo e costituiti da aggregati di neuroni (sostanza grigia) immersi in fasci di assoni di collegamento (sostanza bianca). Originariamente con il termine "gangli" o "nuclei" della base si indicavano tutte le masse di sostanza grigia comprese all'interno del cervello, quindi si includevano il *putamen*, il *nucleo caudato*, il *globus pallidus*, l'*amigdala* e il *claustro*, talvolta anche il *talamo*. Ora il termine viene utilizzato per quelle strutture il cui danno causa una sindrome "extrapiramidale" (caratterizzata da tremore, aumento generalizzato del tono muscolare, difficoltà nell'iniziare un movimento e lentezza nell'eseguirlo), quindi si riferisce all'insieme del *nucleo caudato*, del *putamen*, del *globus pallidus*, del *nucleo subtalamico* e della *sostanza nera*. La combinazione delle differenti parti dei gangli della base dà origine a diversi nomi: putamen e globus pallidus a *nucleo lenticolare*, nucleo caudato e nucleo lenticolare a *corpo striato*, nucleo caudato e putamen a *neostriato* o *striato*. I nuclei della base sono in stretta associazione con il sistema limbico (v. LIMBICO, SISTEMA) a livello di particolari zone dello striato e del globus pallidus, denominate rispettivamente *nucleo accumbens* o *striato ventrale*, e *pallido ventrale*.

I gangli della base sono coinvolti nella regolazione del tono muscolare e del movimento, quest'ultimo in ordine sia alla motivazione, attraverso le connessioni limbiche, che allo svolgimento e alle sequenze motorie eseguite in modo fine. Il nucleo striato è detto anche *centro afferente iniziale*, in quanto ad esso devono pervenire tutte le afferenze, mentre il globus pallidus è considerato la *via efferente finale* principale, perché da qui devono partire tutte le efferenze al talamo, quindi alla corteccia, e al nucleo subtalamico. La sostanza nera invece partecipa alla funzione dei nuclei della base principalmente attraverso connessioni dirette con lo striato. Danni ai gangli della base determinano disordini motori come nel caso del morbo di Parkinson (v. PARKINSON, MORBO DI) dovuto alla degenerazione della sostanza nera, o della corea di Huntington (v. COREA, § 1) dove la parte compromessa è il nucleo caudato. Attraverso le connessioni con il sistema limbico e la corteccia, i gangli della base presiedono anche a diverse funzioni cognitive come la memoria procedurale, la memoria implicita coinvolta nell'apprendimento delle azioni che, ripetute, finiscono per diventare automatiche, l'orientamento nello spazio, il controllo dei movimenti oculari e le espressioni facciali dettate dalle emozioni.

Ganja, v. DROGA, § 2.

Ganser, Sindrome di (ingl. *Ganser syndrome*; ted. *Ganser-Syndrom*; fr. *Syndrome de Ganser*; sp. *Síndrome de Ganser*). Sindrome psichiatrica, descritta per la prima volta da Siegbert Josef Maria Ganser nel 1898, caratterizzata da uno stato di coscienza crepuscolare con disturbi nell'orientamento spazio-temporale, crisi d'ansia e comportamenti bizzarri. Il sistema peculiare che differenzia la sindrome di Ganser da altre malattie psichiche con analogo quadro patologico consiste nelle cosiddette risposte "di traverso", dove il paziente fornisce risposte errate e incomprensibili a domande molto semplici, come se avesse perduto la maggior parte delle conoscenze acquisite e dove sorge anche il sospetto che l'errore sia più intenzionale che reale. La sindrome, frequente nei detenuti in attesa di giudizio, in persone semplici o in soggetti che si trovano in condizioni stressanti, ha una durata che va da qualche giorno a qualche settimana ed è solitamente seguita da amnesia.

Bibliografia

Ganser S. J. M., *Über einen eigenartigen hysterischen Dammerzustand*, in "Archiv für Psychiatrie", 1898, n. 30.

Gargoilismo (ingl. *Gargoylism*; ted. *Gargoylismus*; fr. *Gargoylisme*; sp. *Gargolismo*). Malattia congenita del metabolismo, detta anche *malattia di Hurler-Pfaundler*, che consiste in un difetto enzimatico di origine genetica responsabile di un accumulo di sostanze lipoidee nelle cellule nervose. Il gargoilismo, che si presenta solitamente nei primi mesi di vita, determina gravi alterazioni cerebrali, ritardo mentale, nanismo, macrocefalia e deformazioni scheletriche e cardiache. Tale sindrome ha un'alta percentuale di mortalità precoce.

Bibliografia

Hurler G., *Über einen Typ multipler Abartungen, vorwiegend am Skelettsystem*, in "Zeitschrift für Kinderheilkunde", 1919, n. 24, pp. 220-234.

Pfaundler M. von, *Demonstrationen über einen Typus kindlicher Dysostose*, in "Jahrbuch für Kinderheilkunde und physische Erziehung", 1920, n. 92, p. 420.

Gastrina, v. ENDOCRINO, SISTEMA, § 9, *b*.

Gauss, Curva di, v. STATISTICA, § II, 2.

Gelb, Fenomeno di (ingl. *Gelb's phenomenon*; ted. *Gelbsches Phänomen*; fr. *Phénomène de Gelb*; sp. *Fenómeno de Gelb*). Illusione ottica per cui se diversi stimoli luminosi vengono inviati a distanze spaziali uguali, ma a intervalli di tempo differenti, gli stimoli temporalmente più vicini appaiono anche meno distanti nello spazio. Tale fenomeno viene assunto dalla psicologia della Gestalt come dimostrazione degli effetti di campo, ossia dell'influenza, nel riconoscimento di un evento, del contesto percettivo in cui esso ha luogo.

Gélineau, Sindrome di, v. SONNO, § 3, *a*.

Gelosia (ingl. *Jealousy*; ted. *Eifersucht*; fr. *Jalousie*; sp. *Celos*). Stato emotivo determinato dal timore, fondato o infondato, di perdere la persona amata nel momento in cui questa rivela affezione verso un'altra persona. Secondo gli antropologi, in origine la gelosia non era un evento connesso all'amore, ma un requisito che garantiva le condizioni di sopravvivenza. Attraverso la gelosia, infatti, il maschio, che ha sempre considerato il corpo della donna come sua proprietà, si tutelava dal rischio di allevare figli non suoi, mentre la donna, grazie alla gelosia del maschio, garantiva per sé e per la sua prole cibo e sicurezza. Sigmund Freud distingue tre forme di gelosia, tutte connotate da AMBIVALENZA (v.) per la compresenza di amore e aggressività entrambi rivolti alla medesima persona.

1. *La gelosia competitiva* o *normale* è, a parere di Freud, «essenzialmente composta dall'afflizione, il dolore provocato dalla convinzione di aver perduto l'oggetto d'amore, e dalla ferita narcisistica, ammesso che questa possa esser distinta dal resto; infine, da sentimenti ostili verso il più fortunato rivale, e da una dose più o meno grande di autocritica che tende ad attribuire al proprio Io la responsabilità della perdita amorosa. Anche se la chiamiamo normale, questa gelosia non è certo interamente razionale, ossia determinata dalla situazione attuale, proporzionata alle circostanze effettive e sotto il completo controllo dell'Io cosciente; anzi essa è profondamente radicata nell'inconscio, è la continuazione dei primissimi impulsi della vita affettiva infantile e trae origine dal complesso edipico o da quello fratello-sorella del primo periodo sessuale» (1921, p. 367). Per Otto Fenichel la gelosia normale è una manifestazione dell'incapacità di amare in modo autentico, tipica degli individui le cui relazioni sono finalizzate al soddisfacimento dei propri bisogni narcisistici, per cui la paura di perdere l'amore dell'altro

assume il significato di una diminuzione dell'autostima. Altri infine ritengono che la gelosia sia l'espressione di una forma d'amore infantile, fondato sulla dipendenza, che può venir superato con l'acquisizione di una piena autonomia da parte dell'individuo.

2. *La gelosia proiettiva* è caratteristica di quei soggetti che, avendo rimosso le proprie esperienze reali o i propri desideri di infedeltà perché in disaccordo con la propria coscienza morale, proiettano queste tendenze sul partner, di cui temono in modo ossessivo l'infedeltà, per poter alleviare i propri sensi di colpa verso quegli stessi impulsi.

3. *La gelosia delirante*, o delirio di gelosia, costituisce un vero e proprio disturbo psicopatologico caratterizzato dalla convinzione, solitamente priva di fondamento reale, dell'infedeltà del proprio partner, e da conseguenti reazioni comportamentali nei confronti di quest'ultimo e dei suoi presunti amanti. Una manifestazione caratteristica di tale forma di gelosia è l'affannosa ricerca di indizi che comprovino l'infedeltà sospettata, mediante domande assillanti, interpretazioni deliranti, allusioni o falsi ricordi. Secondo Freud il delirio di gelosia è determinato, come la gelosia proiettiva, da tendenze all'infedeltà rimosse, aventi però come oggetto un individuo dello stesso sesso. «Come tentativo di difesa contro un impulso omosessuale troppo forte – afferma Freud – essa potrebbe essere descritta (nel caso dell'uomo) mediante la formula: "Non sono *io* che lo amo, è *lei* che lo ama"» (ivi, p. 369). Il delirio di gelosia può evolvere in forme di delirio cronico sistematizzato a sfondo paranoico, o può trovarsi associato ad altri disturbi psichici, in particolare all'ALCOLISMO (v. § 7, *d*). Nel paranoico il delirio di gelosia, che mostra sempre un carattere persecutorio, assume la forma di una costruzione logica e coerente, i cui presupposti, anche se assurdi e ingiustificati, sono vissuti dal soggetto con estrema convinzione. Anche nell'alcolista cronico il delirio è sufficientemente sistematizzato, ma tradisce più facilmente la sua falsità nella scelta dei rivali che risultano assai improbabili. Questa forma di delirio trova una spiegazione nei sensi di colpa, nella perdita di autostima e nell'impotenza sessuale che non di rado accompagnano la condizione alcolista.

Come riferisce la psicologa Valentina D'Urso, la gelosia altera la percezione, l'attenzione, la memoria, il pensiero e il comportamento. La *percezione* si accentra e si fa minuziosa nei confronti di tutto ciò che direttamente o indirettamente riguarda la persona amata e i rivali, siano essi reali, potenziali o immaginari. Inoltre aumentano in modo abnorme e selettivo i processi di *attenzione*, mentre la *memoria* diventa fortemente selettiva e concentrata su piccoli eventi normalmente trascurati, come l'orario di una telefonata, le incongruenze nei discorsi, un'insolita cura nell'abbigliamento. Il *pensiero* subisce un vero e proprio stravolgimento nel suo vorticare intorno all'idea del tradimento, fino a sfiorare le soglie del delirio paranoico, dove anche gli eventi più innocenti e insignificanti vengono assunti come prove irrefutabili che la propria gelosia è assolutamente giustificata.

In preda alla gelosia, i maschi tendono a esternare la loro ossessione mettendo sul tavolo il problema, affrontando il loro rivale o aggredendo la loro compagna che, a differenza del rivale, è donna, e per giunta a portata di mano. Le reazioni femminili tendono invece più all'interiorizzazione del dolore, con vissuti di depressione, insicurezza e non di rado autoaccusa. E ciò è dovuto, come fa notare Peter van Sommers, non tanto a un vissuto emozionale, quanto piuttosto a uno squilibrio di potere, perché le donne, insieme ai figli, si trovano in generale in una situazione di più accentuata dipendenza, con la conseguenza che la loro relativa mancanza di risorse economiche e occupazionali ha un effetto maggiormente inibitorio.

Bibliografia

AA.VV., *La gelosia*, in P. F. Galli (a cura di), *Osservazione psicoanalitica* (1992-1996), Bollati Boringhieri, Torino, vol. XVI.
Benvenuto S., *La gelosia*, il Mulino, Bologna 2011.
Blévis M., *La gelosia e il recupero dell'infanzia amorosa* (2006), Castelvecchi, Roma 2008.
Clanton G., Smith L. G., *Gelosia. Cos'è, come nasce, come affrontarla* (1969), Savelli, Roma 1978.
D'Urso V., *Otello e la mela. Psicologia della gelosia e dell'invidia*, La Nuova Italia Scientifica, Roma 1995.
Fenichel O., *Trattato di psicoanalisi delle nevrosi e delle psicosi* (1945), Astrolabio, Roma 1951.
Freud S., *Alcuni meccanismi nevrotici nella gelosia, paranoia e omosessualità* (1921), in *Opere* (1967-1993), Bollati Boringhieri, Torino, vol. IX.
Galimberti U., *Amore e gelosia*, in Id., *Le cose dell'amore* (2004), Feltrinelli, Milano 2013, pp. 92-98.
Jaspers K., *Delirio di gelosia* (1910), Raffaello Cortina, Milano 2015.
Pasini W., *Gelosia. L'altra faccia dell'amore*, Mondadori, Milano 2003.
Scalisi R., *La gelosia tra fratelli. Come aiutare i nostri figli ad accettare il nuovo arrivato*, Franco Angeli, Milano 1995.
Sommers P. van, *La gelosia* (1988), Laterza, Bari 1991.
Sullivan H. S., *Invidia e gelosia come fattori scatenanti di gravi disturbi mentali*, in Id., *Studi clinici* (1956, edito postumo), Feltrinelli, Milano 1976, pp. 125-140.

Gemelli, Studi sui (ingl. *Twins studies*; ted. *Zwillingsforschungen*; fr. *Études sur les jumeaux*; sp. *Estudio de los gemelos*). Esistono vari studi sui gemelli volti a verificare la diversa incidenza: 1) tra ereditarietà e ambiente; 2) tra apprendimento programmato e apprendimento spontaneo; 3) tra processo di individuazione e condizione di coppia.

1. *Ereditarietà e ambiente.* Il primo confronto è tra gemelli con identico patrimonio genetico (*monoovulari*) e gemelli con diverso patrimonio genetico (*biovulari*), per evidenziare la diversa incidenza dell'ereditarietà, identica nei monoovulari, rispetto all'ambiente. In questo ambito si è notato che i tratti maggiormente connessi all'ereditarietà sono la costituzione somatica e il quoziente di intelligenza, meno i tratti psicologici dovuti all'incidenza maggiore o minore del processo di differenziazione che viene ad attuarsi all'interno della coppia gemellare (v. GENETICA, § 4). Per quanto concerne la patologia si è osservato un tasso di concordanza da 60 a 10 nelle coppie monoovulari rispetto a quelle biovulari, e il dato è interessante per l'orientamento che sostiene la matrice organica delle malattie psichiche, anche se è difficile prescindere dalla dinamica dell'interazione organismo-ambiente. Per quanto concerne l'incidenza della genetica negli studi sui gemelli si vedano le voci GENETICA, § 4, e GENETICA PSICHIATRICA, § 1, *b*.

2. *Apprendimento.* Questi studi si basano sul metodo del gemello di controllo, elaborato dallo psicologo dell'età evolutiva Arnold Gesell che, a partire dal 1941, sottopose un gemello monoovulare ad apprendimento intensivo rispetto all'altro, detto gemello di controllo, che continuava naturalmente la sua crescita. Gli esperimenti compiuti hanno mostrato che la maggior abilità del gemello sperimentale, precedentemente addestrato, viene via via eguagliata dal gemello di controllo man mano che questi procede nella sua naturale maturazione.

3. *Individuazione.* Questo terzo tipo di studi inaugurato da Luigi Gedda e da René Zazzo si propone di individuare la specificità delle dinamiche insite nella condizione di coppia, dove l'evoluzione, da un'iniziale condizione di indifferenziazione dalla madre alla consapevolezza di sé, è notevolmente complicata dalla presenza di un altro individuo che, soprattutto nei gemelli monoovulari, è in tutto e per tutto uguale. Di qui dinamiche di identificazione e di differenziazione che non dipendono né dall'ereditarietà né dall'ambiente, ma dalla vita di coppia.

Bibliografia

Burt C., *The genetic determination of differences in intelligence. A study of monozygotic twins reared together and apart*, in "British Journal of Psychology", 1966, n. 57.

Gedda L., *Psicologia della società intrageminale*, in "Rivista di Psicologia", 1948, n. 4.

–, *Studio dei gemelli*, Armando, Roma 1951.

Gesell A., Thompson H., *Twins T and C from infancy to adolescence. A biogenetic study of individual differences by the method of co-twin control*, in "Genetic Psychology Monographs", 1941, n. 24.

Heston L. L., Shields J., *Homosexuality in twins*, in "Archives of General Psychiatry", 1968, n. 18.

Kringlen E., *Schizophrenia in twins*, in "Psychiatry", 1966, n. 29.

Mittler P. J., *The study of twins*, Penguin, Harmondsworth 1971.

Zazzo R., *Les jumeaux. Le couple et la personne*, Puf, Paris 1960, voll. I-II.

Gene, v. GENETICA, § 2.

Genealogico, Reperto (ingl. *Family find*; ted. *Ahnenfundstuck*; fr. *Pièce généalogique*; sp. *Hallazgo genealógico*). Dato anamnestico (v. ANAMNESI), relativo ai membri della stessa linea genetica considerata in senso ascendente o laterale, richiesto per la determinazione dell'ereditarietà patologica in campo psichiatrico.

Generale, Psicologia, v. PSICOLOGIA GENERALE.

Generalizzazione (ingl. *Generalization*; ted. *Verallgemeinerung*; fr. *Généralisation*; sp. *Generalización*). In psicologia *sperimentale* indica quel procedimento di natura probabilistica che consente, dopo la verifica delle ipotesi, di formulare le leggi che regolano l'andamento dei fenomeni osservati (v. PSICOLOGIA SPERIMENTALE, § 3, *d*); mentre in psicologia dell'*apprendimento* (v. APPRENDIMENTO, § I, 1, *c*) indica la capacità di reagire a nuove situazioni quando queste assomigliano ad altre apprese e divenute familiari. La generalizzazione presenta anche un aspetto negativo quando si trasforma un'esperienza in una categoria dell'esperienza, come nel caso di chi, derubato da uno zingaro, stabilisce che tutti gli zingari sono ladri. In questo caso la generalizzazione determina un impoverimento della mappa mentale che si orienta esclusivamente in base a stereotipi (v. STEREOTIPO) e pregiudizi (v. PREGIUDIZIO).

Generativismo, v. LINGUISTICA, § 3, *b*.

Generazione (ingl. *Generation*; ted. *Generation*; fr. *Génération*; sp. *Generación*). Termine derivato dalla biologia dove indica i processi della riproduzione, o un raggruppamento, per successione, della prole generata. In questa seconda accezione, il termine è passato nelle scienze sociali dove indica: 1) uno stadio nella successione della discendenza; 2) una serie di fratelli all'interno di una famiglia; 3) un gruppo di persone coetanee all'interno di una popolazione; 4) gente della stessa epoca con una coloritura statistica; 5) la durata media della vita in una specie o in un gruppo. Le indagini psicologiche si sono rivolte allo studio delle differenze generazionali per mettere a fuoco da un lato l'incidenza delle condizioni storico-culturali sulle caratteristiche psicologiche di una generazione (v. COORTI, ANALISI DELLE), e dall'altro i conflitti generazionali determinati dalle opposte tendenze delle due generazioni a confronto, l'una volta alla conservazione dell'esistente, l'altra al cambiamento e alla fondazione di nuovi valori. Su questo conflitto si basa la dinamica sociale, che è possibile solo quando gli individui, che esprimono l'una o l'altra tendenza, si "sentono" della stessa generazione e, in questa appartenenza, trovano una parte della loro identità.

Bibliografia

Eisenstadt S. N., *Da generazione a generazione* (1966), Franco Angeli, Milano 1971.

Esler A. (a cura di), *The youth revolution. The conflict of generations in modern history*, Heath, Lexington, Massachusetts, 1974.

Liebau E., *Generazione*, in Ch. Wulf (a cura di), *Cosmo, corpo, cultura. Enciclopedia antropologica* (1997), Bruno Mondadori, Milano 2002, pp. 294-305.

Mannheim K., *What is a social generation?*, in A. Esler (a cura di), *The youth revolution*, cit.

Ortega y Gasset J., *The importance of generationhood*, in A. Esler (a cura di), *The youth revolution*, cit.

Sheleff L. S., *Generations apart. Adult hostility to youth*, McGraw-Hill, New York 1981.

Genere (ingl. *Gender*; ted. *Geschlectsidentität*; fr. *Identité de genre*; sp. *Identidad de género*). Termine introdotto nella seconda metà del Novecento dallo psicologo e sessuologo John Money, che lo ha differenziato dal termine "sesso", allo scopo di designare l'*identità di un soggetto* in relazione alle categorie di "maschile" o "femminile", distinta dall'*identità sessuale* che fa riferimento ai dati anatomici. Oggi, più o meno tutti sappiamo che nessuno *per natura* è relegato in un sesso. L'ambivalenza sessuale, l'attività e la passività, per non dire la bisessualità e la transessualità, sono inscritte come differenze in ogni soggetto, e non come un termine assoluto legato a un determinato organo sessuale. Ma questa ambivalenza sessuale profonda, peraltro già riconosciuta da Sigmund Freud e da Carl Gustav Jung, è stata fino ad oggi culturalmente rimossa, perché altrimenti avrebbe sconvolto l'organizzazione genitale e l'ordine sociale.

Da sempre l'ordine culturale ha provveduto a disperdere questa realtà irriducibile, per risolverla nella grande distinzione del *maschile* e del *femminile*, intesi come due sessi pieni, assolutamente distinti e opposti l'uno all'altro. Ridotta la differenza dei *generi* alla differenza degli *organi sessuali*, il soggetto, consegnato alla sua anatomia, è stato indotto a rimuovere la sua originaria ambivalenza, per inscriversi in quello statuto sessuale che, se da un lato ha consentito al soggetto di entrare senza fraintendimenti nell'ordine sociale, ha comunque rappresentato una forma di segregazione, dovuta al fatto che, una volta risolta la *sessualità* nella *genitalità*, quest'ultima è divenuta il principio universale che la cultura ha sempre mantenuto intorno al sesso e al corpo, quasi l'equivalente generale dei valori sociali, il caposaldo e il richiamo ultimo delle istituzioni.

Già nel 1869 John Stuart Mill, nel suo saggio *La soggezione delle donne*, metteva in discussione il fatto che le differenze tra l'uomo e la donna fossero inscritte nella loro "natura" e non fossero piuttosto un prodotto culturale. In ambito psicoanalitico, Freud, pur ammettendo che in ogni individuo sono rintracciabili elementi maschili e femminili, assume come criterio distintivo la base biologica della presenza del pene nei maschi (v. FALLOCENTRISMO) che sviluppano l'angoscia di castrazione, e la sua assenza nelle femmine che sviluppano l'invidia del pene (v. INVIDIA, § 1) compensata dal desiderio di un figlio e dell'uomo che lo possiede. Questa posizione fu contestata dalle psicoanaliste Karen Horney, Melanie Klein, Nancy C. Chodorow che, oltre ad anticipare la formazione dell'identità di genere nella fase preedipica, contrariamente a quanto riteneva Freud (v. EDIPO, COMPLESSO DI), ipotizzano che a concorrere a determinare l'identità di genere sia da un lato la cultura patriarcale responsabile della sottomissione della donna, della sua scarsa autostima e della sua passività, dall'altro la famiglia, le cui modalità educative influenzano i percorsi maschili e femminili. Questa seconda considerazione era già stata anticipata dalla saggistica filosofica di Simone de Beauvoir, poi proseguita da Michel Foucault che minimizza la componente biologica per accentuare il contesto di potere che, al corpo, sovrappone il suo discorso sul corpo, e più di recente da Luce Irigaray che denuncia la dominanza in ogni campo del pensiero maschile, che sottrae alla donna la possibilità di autosignificarsi.

Secondo lo psichiatra e psicoanalista Robert Stoller esiste un'"identità di genere nucleare" che si costituisce entro il primo anno e mezzo di vita e che antecede le linee evolutive della sessualità. Concorrono alla formazione di detta identità fattori biologici, fisiologici e psicologici di natura emotiva e cognitiva che determinano, sia a livello conscio che inconscio, il vissuto di appartenenza a un sesso. Questa linea di pensiero è condivisa anche da Jessica Benjamin, che ritiene l'identità di genere una dimensione relativamente fluida perché, a suo parere, la dicotomia maschile/femminile non è così rigida e dai confini invalicabili, dato che i due opposti sono in continua tensione; per cui, come scrive Nadia Fusini, «di ogni esistenza, della sua singolarità, nessun nome ci svela il mistero. Perché di volta in volta di un essere che definiamo *un* uomo, *una* donna, dovremo poi dire il *come*: come è donna quella donna? E uomo quell'uomo? E troveremo che siamo tutti presi in un gioco di anamorfosi, sempre spostati, sempre obliqui, sempre almeno in parte eccentrici rispetto a quel significante, alla sua legge. Questa è la condizione della donna e dell'uomo moderni» (1995, p. 8).

In ambito psichiatrico il DSM-5 modifica la definizione formulata dal DSM-IV, che parlava di "Disturbo di identità di genere", preferendo l'espressione "Disforia di genere" e giustificando il cambiamento in questi termini: «La disforia di genere è una nuova classe diagnostica del DSM-5, e riflette un cambiamento nella concettualizzazione delle caratteristiche che definiscono il disturbo attraverso l'enfatizzazione del fenomeno dell'"incongruenza di genere", anziché con l'identificazione col sesso opposto, come era il disturbo dell'identità di genere nel DSM-IV» (2013, p. 944).

Bibliografia

Archer J., Lloyd B. B., *Sex and gender in society*, Penguin, Harmondsworth 1982.

Baird V., *Le diversità sessuali* (2001), Carocci, Roma 2003.

Beauvoir S. de, *Il secondo sesso* (1949), il Saggiatore, Milano 1961.

Benjamin J., *Legami d'amore. I rapporti di potere nelle relazioni amorose* (1988), Raffaello Cortina, Milano 2015.

–, *Soggetti d'amore. Genere, identificazione, sviluppo erotico* (1995), Raffaello Cortina, Milano 1996.

Brancatisano M., *Approccio all'antropologia della differenza*, Università della Santa Croce, Roma 2004.

Bucca M., Rossi R., *Disturbi dell'identità di genere*, in G. B. Cassano, P. Pancheri *et al.* (a cura di), *Trattato italiano di psichiatria* (1992), Masson, Milano 1999, vol. III, pp. 2927-2934.

Burr V., *Psicologia delle differenze di genere* (1998), il Mulino, Bologna 2000.

Chodorow N. C., *Femminile, maschile, sessuale. Sigmund Freud e oltre* (1994), La Tartaruga, Milano 1995.

Connell R., *Questioni di genere* (2002), il Mulino, Bologna 2006.

Cristiani E. (a cura di), *Femminile & maschile. Tra nostalgia e trasformazione*, Vivarium, Milano 1997.

De Lauretis T., *Soggetti eccentrici*, Feltrinelli, Milano 1999.

DSM-IV. American Psychiatric Association (APA), *DSM-IV. Manuale diagnostico e statistico dei disturbi mentali* (1994), Masson, Milano 1995.

DSM-5. American Psychiatric Association (APA), *DSM-5. Manuale diagnostico e statistico dei disturbi mentali* (2013), Raffaello Cortina, Milano 2014.

Fanciullacci R., Zanardo S. (a cura di), *Donne, uomini. Il significare della differenza*, Vita e Pensiero, Milano 2010.

Forcina M., *Ironia e saperi femminili. Relazioni nella differenza*, Franco Angeli, Milano 1995.

Foucault M., *Storia della sessualità*, vol. I: *La volontà di sapere* (1976), vol. II: *L'uso dei piaceri* (1984), vol. III: *La cura di sé* (1984), Feltrinelli, Milano 1978-1985.

Fragassi M., *Orientamento sessuale*, in M. Flores (a cura di), *Diritti umani. Cultura dei diritti e dignità della persona nell'epoca della globalizzazione*, Utet, Torino 2007, vol. II, pp. 1014-1018.

Fraisse G., *La differenza tra i sessi* (1996), Bollati Boringhieri, Torino 1996.

Freud S., *Alcune conseguenze psichiche della differenza anatomica tra i sessi* (1925), in *Opere* (1967-1993), Bollati Boringhieri, Torino, vol. X.

Fusini N., *Uomini e donne. Una fratellanza inquieta*, Donzelli, Roma 1995.

Horney K., *Nuove vie della psicoanalisi* (1939), Bompiani, Milano 1950.

Irigaray L., *Speculum. L'altra donna* (1974), Feltrinelli, Milano 1975.

–, *Etica della differenza sessuale* (1985), Feltrinelli, Milano 1987.

Jung C. G., *La sizigia. Anima e Animus*, in *Aion. Ricerche sul simbolismo del Sé* (1951), in *Opere* (1969-2007), Bollati Boringhieri, Torino, vol. IX, 2.

Klein M., *I primi stadi del conflitto edipico* (1928), in *Scritti 1921-1958*, Bollati Boringhieri, Torino 1978.

Mead M., *Maschio e femmina* (1949), il Saggiatore, Milano 1962.

Mill J. S., *La soggezione delle donne* (1869), Jovine, Napoli 1970.

Miller G. F., *Uomini, donne e code di pavone. La selezione sessuale e l'evoluzione della natura umana* (2000), Einaudi, Torino 2002.

Money J., *Hermaphroditism. An inquiry into the nature of a human paradox*, Doctoral Dissertation, Harvard University, Cambridge, Massachusetts, 1952.

–, *The psychologic study of man*, Charles C. Thomas, Springfield, Illinois, 1957.

–, *Gender. History, theory and usage of the term in sexuology and its relationship to nature/nurture*, in "Journal of Sex and Material Therapy", 1985, n. 2, pp. 279-291.

–, *Gendermaps. Social constructionism, feminism, and sexosophical history*, Continuum, New York 1995.

Money J., Tucker P., *Essere uomo, essere donna. Uno studio sull'identità di genere* (1975), Feltrinelli, Milano 1980.

Nadotti M., *Sesso e genere*, il Saggiatore, Milano 1996.

Panepucci A. (a cura di), *Psicoanalisi e identità di genere*, Laterza, Bari 1995.

Pinker S., *Il paradosso dei sessi. Uomini, donne e il vero scarto fra i generi* (2007), Einaudi, Torino 2009.

Reiche R., *Genere senza sesso* (2004), Meltemi, Roma 2007.

Rumiati R., *Donne e uomini*, il Mulino, Bologna 2010.

Simmel G., *Filosofia e sociologia dei sessi* (1911-1923), Cronopio, Napoli 2004.

Stoller R. J., *Sex and gender. On the development of masculinity and femininity*, Science House, New York 1968.

Treusch-Dieter G., *Sesso e genere*, in Ch. Wulf (a cura di), *Cosmo, corpo, cultura. Enciclopedia antropologica* (1997), Bruno Mondadori, Milano 2002, pp. 355-368.

Vianello M., Caramazza E., *Genere spazio potere. Verso una società post-maschilista*, Dedalo, Bari 2006.

Genesi attuale, v. PSICOLOGIA DELLA GESTALT, § II, 10.

Genetica (ingl. *Genetics*; ted. *Genetik*; fr. *Génétique*; sp. *Genética*). Termine coniato nel 1909 da William Bateson per indicare la scienza dell'*ereditarietà*, per cui i caratteri dei discendenti derivano dai caratteri degli ascendenti. In ambito psicologico le basi genetiche sono prese in considerazione non tanto per la derivazione dei caratteri fisici, quanto per quelli *comportamentali*, per i quali il problema non è di decidere tra ereditarietà e ambiente, dove l'interazione è ammessa da tutti in base al fatto che nessun organismo può crescere e svilupparsi senza il sostegno dell'ambiente, ma di apprendere le limitazioni imposte dall'ereditarietà al potenziale evolutivo dell'individuo.

1. Materiale genetico: trasmissione ed espressione. Il depositario del patrimonio genetico è l'acido desossiribonucleico (DNA) che consiste in molecole molto lunghe formate da una concatenazione lineare di unità base (desossiribonucleotidi) presenti in quattro varianti. La sequenza specifica di tali unità base o monomeri decide le caratteristiche specifiche di ogni cellula e di ogni organismo. Ogni molecola di DNA è costituita da due filamenti appaiati per tutta la lunghezza, grazie ad una complementarità specifica fra una parte (basi azotate) dei monomeri. Il DNA esplica le sue funzioni *a*) trasmettendosi inalterato alla progenie, e *b*) determinando l'espressione genetica tramite la sintesi delle proteine.

a) *La trasmissione genetica*. La trasmissione del DNA di una determinata cellula alle cellule figlie è resa possibile dalla sua capacità di *replicazione*, cioè di autoduplicazione, che consiste nella sintesi di una copia molecolare identica. Siccome ciascuno dei due filamenti dirige la sintesi di quello nuovo funzionando da "stampo", le due molecole risultanti sono formate da un filamento parentale e da uno neoformato, per cui si dice che la replicazione del DNA è semiconservativa. Solo dopo che il DNA si è duplicato può iniziare la divisione cellulare o *mitosi* che, a partire da una cellula madre, termina nella formazione di due cellule figlie uguali, contenenti un identico patrimonio genetico.

La trasmissione del patrimonio genetico da due individui genitori all'individuo figlio, in un processo di *riproduzione sessuale*, avviene per mezzo di due cellule speciali chiamate *germinali*: una maschile (*spermatozoo*) e una femminile (*cellula uovo*), caratterizzate dal fatto di possedere la metà del patrimonio genetico presente nelle altre cellule che costituiscono l'organismo (*cellule somatiche*). Ad esempio, l'uomo ha un patrimonio genetico diploide, in quanto tutta l'informazione genetica è presente in doppia copia, ma le sue cellule germinali, attraverso un processo denominato *meiosi*, diventano aploidi, cioè perdono una delle due copie originarie dell'informazione. Naturalmente la fusione delle due cellule germinali, entrambe aploidi, tramite la *fecondazione*, ricostituirà una nuova cellula diploide (*zigote*) che darà origine a un nuovo organismo diploide come i genitori, con un patrimonio genetico proveniente per metà dalla madre e per metà dal padre.

b) *L'espressione genetica*. L'informazione genetica contenuta nel DNA si esprime determinando qualitativamente e quantitativamente la sintesi delle *proteine*. Ciò significa che il corredo proteico presente in una cellula determina direttamente o indirettamente la sua morfologia e le sue capacità funzionali. Nel processo di sintesi proteica, l'informazione genetica, contenuta nel DNA sotto forma di sequenza di desossiribonucleotidi, deve passare nelle proteine che la esprimono in forma di sequenza di aminoacidi. Le proteine infatti sono anch'esse molecole più o meno lunghe, costituite dalla concatenazione lineare in sequenze specifiche di unità base (*aminoacidi*) presenti in 20 varianti. Il passaggio dell'informazione dal DNA alle proteine è possibile grazie all'esistenza del *codice genetico*, che consiste in una corrispondenza tra sequenza di nucleotidi (a triplette) e aminoacidi, per cui una o più sequenze (fino a 6) di tre nucleotidi corrispondono a un determinato aminoacido dei 20 diversi che costituiscono le proteine. Tale passaggio d'informazione non avviene direttamente, ma necessita di un intermediario rappresentato da un altro acido nucleico, l'RNA (*acido ribonucleico*), strutturalmente molto simile al DNA, sul cui "stampo" si forma, ma sempre a singolo filamento e costituito da una sequenza lineare di ribonucleotidi (sempre presenti in 4 varianti).

Vi sono tre tipi principali di RNA che intervengono a diversi livelli rendendo possibile il meccanismo della sintesi proteica: *a*) l'*RNA ribosomale* (rRNA) che, insieme a molte proteine, è costituente dei ribosomi, formazioni sovramolecolari che costituiscono la fase solida su cui avviene la sintesi delle proteine; *b*) l'*RNA di trasferimento* (tRNA) che è presente in molte forme, ciascuna delle quali ha il compito di riconoscere e legare l'aminoacido corrispondente, posizionandolo sul ribosoma in modo opportuno, vale a dire tenendo conto del *codone* in lettura sulla molecola di mRNA. Infatti le molecole di tRNA fungono anche da *adattatori*, perché da una parte riconoscono per complementarità il codone sul messaggero, dall'altra portano quel dato aminoacido che verrà concatenato in quel punto della sequenza della proteina in formazione; *c*) l'*RNA messaggero* (mRNA) che è una molecola che trasporta l'informazione, "copiata" dal DNA, sui ribosomi, permettendo la lettura del messaggio genetico da parte dei vari tRNA.

Il passaggio di informazione da DNA a RNA si chiama *trascrizione* perché si tratta dello stesso linguaggio (sequenza di nucleotidi), mentre il passaggio da RNA a proteine si chiama *traduzione* perché i linguaggi sono diversi (sequenza di nucleotidi contro sequenza di aminoacidi). Gli acidi nucleici (DNA e RNA) e le proteine sono molecole *informazionali* perché, a differenza di tutte le altre molecole costituenti del mondo biologico, portano informazioni. In uno stesso organismo coesistono tipi di cellule morfologicamente e funzionalmente molto diverse, pur contenendo tutte lo stesso patrimonio genetico. Questo è dovuto a una differente qualità d'espressione (corredi proteici differenti) del patrimonio genetico stesso che è alla base dei processi di differenziazione e specializzazione cellulare.

2. GENI E CROMOSOMI. Un *cromosoma* di mammifero è costituito da un'unica molecola di DNA a doppio filamento, formata da una sequenza di molte decine di milioni di nucleotidi (1 megabase è uguale a 1 milione di basi in sequenza) e da un corredo di proteine associate in modo ben definito. Il DNA rappresenta il patrimonio genetico, le proteine hanno un ruolo fondamentale nell'organizzazione strutturale del cromosoma, ma anche nella sua regolazione funzionale.

Nella molecola di DNA coesistono tratti di sequenza che portano informazioni per la sintesi delle proteine e dei vari tipi di RNA, e tratti di sequenza di diverso significato. Una sequenza che codifica per una molecola proteica o di RNA prende il nome di *gene*, le altre parti presentano sequenze non codificanti di regolazione e sequenze ripetitive di significato incerto o ignoto. Si calcola che le sequenze ripetitive coprano il 30% del DNA contenuto in una cellula, mentre il restante 70% è rappresentato da sequenze uniche o presenti in poche copie. Di questo 70% solo una piccola parte (forse appena il 2%) è codificante per le proteine, peraltro corrispondente a diverse decine di migliaia di geni differenti.

Il patrimonio genetico umano è costituito da 23 coppie di cromosomi omologhi. In quanto diploide, ogni cellula dell'organismo (salvo le cellule germinali) contiene 46 cromosomi. I cromosomi si rendono visibili al microscopio ottico solamente al momento della divisione cellulare, quando sono funzionalmente inattivi, in quanto presenti nella forma massimamente compatta per facilitare la propria corretta distribuzione nelle due cellule figlie. Poiché il patrimonio genetico è diploide, rappresentato da due copie omologhe ma non identiche (v. ALLELE), è estremamente improbabile che due esseri umani abbiano lo stesso patrimonio genetico, anche se nati dagli stessi genitori. L'unica eccezione è rappresentata dai gemelli omozigoti.

Un attributo importante del gene è la *dominanza* o la *recessività*. Se entrambi i membri di una coppia di geni sono dominanti, l'individuo presenterà il carattere determinato dai due geni; se uno dei due è dominante e l'altro recessivo, egli manifesterà solo il carattere del gene dominante, ma sarà portatore anche del gene recessivo che potrà manifestarsi nei figli. Un carattere recessivo si manifesta solo se entrambi i geni sono recessivi.

Una coppia di cromosomi che si dimostra di particolare interesse è quella associata al sesso (*eterocromosomi*). Una femmina normale ha due cromosomi X, un maschio normale ha un cromosoma X e uno Y. La femmina eredita un cromosoma X dalla madre e uno dal padre; il maschio eredita il cromosoma X dalla madre e il cromosoma Y dal padre. Negli individui di sesso maschile vi è quindi la presenza di una sola copia del cromosoma X, il che comporta che i geni portati da quest'ultimo si esprimono comunque, anche se sono recessivi. Questo spiega perché certe anomalie ereditarie si manifestino prevalentemente o esclusivamente nei maschi, come ad esempio l'*emofilia*, grave alterazione del processo di coagulazione del sangue dovuta a un gene recessivo portato dal cromosoma X, per cui anche la più piccola ferita comporta il rischio di un'emorragia mortale.

Oltre ad anomalie derivanti da alterazioni a livello molecolare (*mutazioni geniche*), si conoscono anche patologie più complesse dovute a *mutazioni cromosomiche*, in cui le alterazioni interessano parti consistenti di un cromosoma, tanto da essere osservabili a livello di mappa cromosomica, come nel caso della *sindrome del pianto del gatto* che è una forma grave di ritardo mentale e di sviluppo dovuta alla perdita (*delezione*) parziale di un braccio del cromosoma n. 5, che comporta, oltre all'aspetto tipico della testa e del viso, ipotonia muscolare, anomalie scheletriche varie, anomalie cardiache, malformazione laringea. Inoltre, ancor più facili da rilevare sono una serie di sindromi dovute alla presenza di un numero alterato di cromosomi (*mutazioni genomiche*), di cui le più note sono la sindrome di Down (v. DOWN, SINDROME DI) e diverse sindromi che interessano alterazioni del numero dei cromosomi sessuali (v. KLINEFELTER, SINDROME DI; TURNER, SINDROME DI). La mappa che rappresenta i cromosomi tipici di un individuo o di una specie, analizzati sia nel numero sia nella morfologia, prende il nome di *cariotipo*. Nel caso di anomalie come il mongoloidismo, si parla di cariotipo aberrante.

3. GENOTIPO E FENOTIPO. Questi termini, introdotti dal botanico danese Wilhelm Ludwig Johannsen nel 1909, distinguono il carattere genetico di un individuo, cioè il suo corredo di DNA (*genotipo*), dalle caratteristiche manifeste di detto individuo date dall'interazione di fattori genetici e fattori ambientali e sociali (*fenotipo*). Ciò che viene riprodotto e trasmesso alle generazioni future è naturalmente il genotipo e non il fenotipo. Questa distinzione rappresenta uno dei concetti più importanti, ma anche più elusivi della biologia moderna, perché non sono note le connessioni tra genotipo e fenotipo, e per di più il genotipo non è direttamente osservabile, per cui si è costretti a desumerlo dal fenotipo con un'inferenza

spesso rischiosa o impossibile. Il fenotipo porta infatti con sé i condizionamenti ambientali e sociali che dovrebbero essere isolati perché sia possibile dedurre esattamente il genotipo.

Ai cambiamenti che influenzano il fenotipo senza alterare il genotipo si dedicano gli studi di *epigenetica*, che è una branca della genetica che si interessa delle modificazioni ereditabili che variano l'espressione genica pur non alterando la sequenza del DNA, soprattutto con riferimento ai fenomeni ereditari a livello cellulare, meno a quelli transgenerazionali, dal genitore al figlio. Il termine "epigenetica" è stato coniato nel 1942 da Conrad Hal Waddington a cui si deve la definizione di: «Branca della biologia che studia le interazioni causali fra i geni e il loro prodotto cellulare e pone in essere il fenotipo». Un segnale epigenetico è un cambiamento ereditabile che non altera la sequenza nucleotidica di un gene, ma la sua attività, a causa dell'ambiente che altera il grado di attività dei geni senza tuttavia modificare l'informazione contenuta, ossia le sequenze di DNA. In questo senso Arthur D. Riggs definisce l'epigenetica come «lo studio dei cambiamenti mitotici e meiotici ereditabili che non possono essere spiegati tramite modifiche della sequenza di DNA». Dal momento che l'esperienza ambientale modula i livelli e la natura dei segnali epigenetici, essi sono considerati essenziali nel mediare la capacità dell'ambiente di regolare il genoma. L'epigenetica svolge un ruolo fondamentale in tutti i processi di riorganizzazione o ristrutturazione neuronale, compresi quelli che presiedono alla plasticità cerebrale.

4. EREDITARIETÀ. Gli esperimenti di allevamento selettivo eseguiti su animali hanno portato prove convincenti che alcune forme di comportamento sono ereditabili. Tra gli esempi rientrano l'abilità dimostrata nel labirinto da topi nati accoppiando animali che mostravano uno scarso o un ottimo rendimento, il fototropismo nella *Drosophila melanogaster* (moscerino della frutta) e il temperamento nei cani. Siccome l'allevamento selettivo è inapplicabile nelle ricerche sull'uomo, e poiché molte caratteristiche umane sono determinate in modo complesso, si è costretti a ripiegare sulle somiglianze rilevabili in funzione dei legami di parentela. Gli studi più significativi sono stati condotti sull'INTELLIGENZA (v. § 1) per decidere quanto è innato e quanto acquisito. Per ovviare alle difficoltà connesse alla misurazione del quoziente di intelligenza di un bambino sotto i due anni, quando cioè l'influenza dell'ambiente familiare è già considerevole, ci si è rivolti ai figli adottivi che permettono di isolare detta influenza. In questo settore si è constatato che la *correlazione* tra l'intelligenza dei genitori naturali e dei figli resta più elevata di quella che sussiste tra genitori e figli adottivi (anche se il bambino si trasferisce nella famiglia di adozione entro i primi sei mesi di vita), ma anche che nell'atmosfera favorevole della famiglia adottiva l'intelligenza si sviluppa a un livello superiore a quello prevedibile in base all'intelligenza dei genitori naturali.

Un altro campo di indagine è costituito dai *gemelli omozigoti* che sono identici dal punto di vista genetico perché originati dallo stesso uovo fecondato, a differenza dei *gemelli eterozigoti* che dal punto di vista genetico, proprio perché originati da due cellule uovo diverse fecondate da due spermatozoi diversi, non presentano una somiglianza maggiore di quella che si riscontra tra fratelli nati separatamente. Lo studio dei gemelli omozigoti allevati separatamente, quindi in differenti condizioni ambientali, fornisce la misura diretta dell'ereditarietà. E in effetti le correlazioni ottenute per le coppie dei gemelli allevati separatamente si sono rivelate minori di quelle relative ai gemelli allevati insieme. Ma il punto che resta da chiarire non è tanto l'*incidenza* dell'individualità genetica, che ormai è un fatto dimostrato, ma come questa individualità *si esprime* sotto l'influenza di diverse condizioni ambientali e sociali (v. GEMELLI, STUDI SUI).

Lo stesso si può dire circa il rapporto tra ereditarietà e *malattie mentali* dove il fattore ereditario è considerato un substrato organico solo predisponente, mentre sarebbero influenze di tipo ambientale a far nascere su questo terreno il complesso delle alterazioni psicopatologiche del soggetto. Esistono studi che avanzano l'ipotesi che la depressione endogena si trasmetta geneticamente attraverso il cromosoma X come carattere dominante, in particolare in corrispondenza del braccio corto del cromosoma, dove sono localizzati anche il gene responsabile della cecità ai colori (daltonismo) e quello dell'emofilia. Altri studi condotti su casi di schizofrenia in gemelli omozigoti ed eterozigoti hanno mostrato una più alta incidenza nei primi rispetto ai secondi, lasciando supporre una base genetica non tuttavia così evidente come nelle sindromi con marcato deficit mentale.

Carl Gustav Jung ipotizza l'ereditarietà di forme dell'immaginazione inconscia (v. ARCHETIPO) a partire da prodotti del sogno o della fantasia, che non appartengono all'esperienza personale del soggetto e consentono all'uomo di esprimersi in quanto "animale simbolico" (v. SIMBOLO, § 6). «Si tratta – scrive Jung – della massa ereditaria costituita dalle sedimentazioni mnestiche di tutte le esperienze degli antenati, [...] di possibilità ereditate di rappresentazioni, di "binari" che si sono formati progressivamente in base alle esperienze accumulate nell'ascendenza genealogica. [...] Sebbene questi processi possano diventare coscienti soltanto attraverso l'esperienza individuale, e quindi sembrino acquisizioni individuali, tuttavia sono binari preesistenti che l'esperienza individuale si limita a "riempire". Ogni esperienza "che lascia un'impronta" è un'irruzione in un alveo antico, ma fino a quel momento inconscio» (1928, pp. 62-63).

5. Ereditabilità e genetica delle popolazioni. L'*ereditabilità* è definita come la percentuale di variazione del fenotipo in una popolazione, dovuta alla variazione nei genotipi. A causa dei vari fattori selettivi che intervengono con l'accoppiamento dei consanguinei, la morte dei meno adatti e simili, si producono delle fluttuazioni del tipo di geni presenti in un gruppo, per cui, ad esempio, alcuni gruppi umani differiscono quanto a gruppo sanguigno, anche se i tipi fondamentali sono comuni a tutti. Lo studio della distribuzione dei geni nei gruppi formati da tutti gli individui che si accoppiano tra loro va sotto il nome di *genetica delle popolazioni*, che è alla base delle ipotesi eugenetiche, razziali e sociobiologiche.

a) L'eugenetica si propone di studiare le condizioni genetiche più favorevoli per il miglioramento qualitativo della razza umana e di fissare le regole per una buona riproduzione. Come tale si distingue dall'*eutenica* che si propone lo stesso scopo agendo però sulle condizioni ambientali (*peristasi*). Le speranze dei primi sostenitori dell'eugenetica, a partire da Francis Galton che nel 1889 ne coniò il termine, furono ridimensionate quando si capì che la necessaria legislazione sociale ledeva i diritti individuali, e che era quasi impossibile determinare l'ereditabilità del comportamento sociale.

b) Le ipotesi razziali tentano di rintracciare nel materiale genetico la matrice delle differenze che si possono constatare a livello di intelligenza, di comportamento sociale e di stile di vita tra i sessi umani a cui sono generalmente affidati ruoli diversi, e tra le razze umane alcune delle quali sono ritenute genotipicamente superiori alle altre. A parte l'arbitrarietà del criterio assunto come indice della superiorità, è praticamente indecidibile se le differenze constatate abbiano basi genetiche o ambientali, per cui, come scrive Will B. Provine, «oggi è possibile enunciare una sola conclusione: al momento attuale nessuna certezza scientifica può dire se le differenze di capacità intellettuale osservate tra sessi e razze abbiano origine propriamente genotipica o ambientale. Le prove indispensabili per scindere con precisione la varianza nelle sue componenti non sono possibili nelle società civilizzate, e le stime sono poco attendibili» (1979, p. 613).

c) La sociobiologia, accogliendo l'ipotesi neodarwiniana secondo cui l'evoluzione procede per selezione naturale delle specie che manifestano la maggior idoneità complessiva a riprodursi, sostiene che il comportamento sociale degli animali e dell'uomo troverebbe nel patrimonio genetico individuale i supporti alle scelte che favoriscono la realizzazione di tale idoneità. Circa il modo in cui si esercita tale forma di determinazione esistono sostanzialmente tre posizioni: quella di Edward Osborne Wilson che sostiene una corrispondenza puntuale tra geni e comportamenti, quella di Richard C. Dawkins che affida a tratti culturali, denominati *memi*, il ruolo di replicatori delle caratteristiche capaci di rendere più idonea la specie "uomo", e quella intermedia che considera il patrimonio genetico condizionante solo a livello di predisposizione, successivamente plasmabile da parte dell'ambiente. Le maggiori difficoltà della ricerca eugenetica e di quella sociobiologica riguardano i metodi di verifica sperimentale delle ipotesi proposte, difficilmente praticabili soprattutto nel caso dell'uomo. Il futuro di queste discipline è affidato a una conoscenza più profonda del rapporto tra genotipo e fenotipo, e quindi alla nuova embriologia dove questo rapporto è particolarmente studiato.

Bibliografia

Alberts B. *et al.*, *Molecular biology of the cell*, Garland, New York 1989.

Asbury K., Plomin R., *G come geni. L'impatto della genetica sull'apprendimento* (2014), Raffaello Cortina, Milano 2015.

Asimov I., *Il codice genetico* (1962), Einaudi, Torino 1968.

Bateson W., *Mendel's principles of heredity*, Cambridge University Press, London 1909.

Buiatti M., *Genetica*, in AA.VV., *Gli strumenti del sapere contemporaneo*, vol. I: *Le discipline*, Utet, Torino 1985, pp. 366-383.

Carlson E. A., *The gene. A critical history*, Saunders Company, London 1966.

Cavalli-Sforza L. L., *Geni, popoli e lingue* (1996), Adelphi, Milano 1996.

Cavalli-Sforza L. L., Bodmer W. F., *The genetics of human populations*, Freeman, San Francisco 1971.

Cavalli-Sforza L. L., Menozzi P., Piazza A., *Storia e geografia dei geni umani* (1994), Adelphi, Milano 1997.

Danchin A., *Eredità*, in AA.VV., *Enciclopedia*, Einaudi, Torino 1982, vol. XV, pp. 215-225.

Dawkins R. C., *Hierarchical organization. A candidate principle for ethology*, in P. P. G. Bateson, R. A. Hinde (a cura di), *Growing points in ethology*, Cambridge University Press, Cambridge-New York 1976.

Dunn L. C., *Breve storia della genetica* (1965), Isedi, Milano 1978.

Fantini B., *La genetica classica*, Loescher, Torino 1979.

Galton F., *Natural inheritance*, Macmillan, London 1889.

Gates R. R., *Heredity and eugenics*, Constable, London 1923.

–, *Human genetics*, Macmillan, New York 1946.

Jacob F., *La logica del vivente. Storia dell'ereditarietà* (1970), Einaudi, Torino 1971.

Johannsen W., *Elemente der exakten Erblichkeitslehre*, Fischer, Jena 1909.

Jung C. G., *Energetica psichica* (1928), in *Opere* (1969-2007), Bollati Boringhieri, Torino, vol. VIII.
Lerner I. M., *Genetic basis of selection*, Wiley, New York 1958.
Lewin B., *Gene expression*, Wiley, New York 1974.
Lewontin R. Ch., *The genetic basis of evolutionary change*, Columbia University Press, New York 1974.
Mendel G. J., *Versuche über Pflanzenhybriden*, in "Verhandlungen des Naturforschenden Vereins in Brünn", 1864, n. IV.
Monod J., *Il caso e la necessità* (1970), Mondadori, Milano 1970.
Nespor S., *Genetica*, in M. Flores (a cura di), *Diritti umani. Cultura dei diritti e dignità della persona nell'epoca della globalizzazione*, Utet, Torino 2007, vol. I, pp. 328-331.
Plomin R., DeFries J. C., Knopik V. S., Neiderhiser J. M., *Genetica del comportamento* (2011), Raffaello Cortina, Milano 2014.
Provine W. B., *Eredità*, in AA.VV., *Enciclopedia*, Einaudi, Torino 1978, vol. V, pp. 565-610.
–, *Genotipo/fenotipo*, in AA.VV., *Enciclopedia*, cit., 1979, vol. VI, pp. 597-615.
Russo V. E. A., Riggs A. D., Martienssen R. A., *Epigenetic mechanisms of gene regulation*, Cold Spring Harbor Laboratory Press, Plainview, New York, 1996
Sermonti G., *Genetica generale*, Bollati Boringhieri, Torino 1971.
Serra A., *Le basi genetiche del comportamento umano*, in L. Ancona (a cura di), *Nuove questioni di psicologia*, La Scuola, Brescia 1972, vol. I, pp. 121-150.
Skrzypczak J.-F., *L'inné et l'acquis. Inégalités naturelles, inégalités sociales*, in "Chronique Sociale", 1981.
Stern C., *Principles of human genetics*, Freeman, San Francisco 1956.
Terragni F., *Il codice manomesso. Ingegneria genetica. Storia e problemi*, Feltrinelli, Milano 1989.
Terrenato L., *Popolazioni e diversità genetica*, il Mulino, Bologna 2007.
Waddington C. H., *L'evoluzione di un evoluzionista* (1975), Armando, Roma 1979.
Wilson E. O., *Sociobiologia. La nuova sintesi* (1975), Zanichelli, Bologna 1979.
Wright S., *Evolution and the genetics of populations*, The University of Chicago Press, Chicago 1977.

Genetica delle popolazioni, v. GENETICA, § 5.

Genetica, Epistemologia, v. EPISTEMOLOGIA GENETICA.

Genetica psichiatrica (ingl. *Psychiatric genetics*; ted. *Psychiatrische Genetik*; fr. *Génétique psychiatrique*; sp. *Genética psiquiátrica*). Settore della genetica che indaga quanta parte nei disturbi psichiatrici sia da imputare ai *geni ereditati* dai genitori e quanta ai *fattori ambientali*, sia di tipo culturale relativi all'apprendimento dei modelli sociali, sia di tipo familiare relativi all'apprendimento di attitudini o preferenze comportamentali acquisite all'interno della famiglia. L'ipotesi che i tratti patologici potessero essere trasmessi di generazione in generazione (*atavismo*) si fece strada in ambito psichiatrico già nell'Ottocento con Richard von Krafft-Ebing, che introdusse il concetto di "tara degenerativa" responsabile di una predisposizione alla malattia psichica nel volgere di qualche generazione. Nei primi decenni del Novecento, al generico concetto di *tara* si sostituì quello di *gene*, dopo la scoperta delle leggi di trasmissione dei caratteri ereditari codificate nell'Ottocento da Gregor Mendel, con conseguente diffusione della convinzione che di ogni malattia mentale fosse responsabile uno specifico gene abnorme trasmissibile. A questa ipotesi che sosteneva il "determinismo genetico", trascurando del tutto il ruolo delle componenti ambientali nella genesi dei disturbi psichiatrici, si opposero gli "ambientalisti" che sottolineavano la maggior incidenza delle dinamiche familiari nell'insorgenza dei disturbi psichici con interpretazioni sociali e psicodinamiche. Le vie percorse dalla genetica psichiatrica per distinguere i fattori genetici da quelli ambientali sono: l'*epidemiologia clinica* e la *genetica molecolare*.

1. L'EPIDEMIOLOGIA CLINICA si muove in tre direzioni: *a*) *Studi familiari* che si propongono di stabilire le modalità con cui una malattia si distribuisce nelle famiglie. La metodologia prevede che si assuma un paziente affetto dalla malattia oggetto della ricerca, denominato "probando", per verificare come lo stesso disturbo, o disturbi che rientrano nello stesso spettro, si distribuisce tra i suoi consanguinei. *b*) *Studi sui gemelli* monozigoti che condividono il 100% del genoma parentale e dizigoti che ne condividono solo il 50%, esposti, in entrambi i casi, allo stesso ambiente familiare. Per separare il ruolo della componente genetica dalle interferenze ambientali in ordine all'insorgenza della malattia si studia la prole dei gemelli "monozigoti discordanti", cosiddetti perché sono identici dal punto di vista genotipico, ma differenti dal punto di vista fenotipico, cresciuti in ambienti diversi. Se il gemello sano ha un disturbo dovuto alla situazione ambientale, la sua prole non dovrebbe avere un elevato rischio di malattia, se invece la presenta, allora si suppone che all'origine ci sia la predisposizione genetica. *c*) *Studi sugli adottivi* che consentono di distinguere i fattori genetici da quelli ambientali. L'adozione offre infatti una separazione ideale delle influenze genetiche da quelle ambientali, con l'unico inconveniente, non di scarsa rilevanza, che solo una piccola parte di bambini viene adottata subito dopo la nascita, per cui diventa difficile valutare l'incidenza delle influenze ambientali. *d*) *Studi di spettro*. Con il termine "spettro" si intendono tutti i disturbi correlati a un disturbo di base. Ad esempio sono correlati alla schizofrenia il disturbo paranoide, il disturbo schizoaffettivo, il disturbo schizotipico di personalità

ecc. Negli studi familiari si è constatato che dove c'è un caso indice (*probando*) la trasmissione genetica non riguarda solo la malattia del probando, ma altri tipi di disturbi che rientrano nello stesso spettro perché, come scrive Gilla Cauli, «vi intervengono: l'*eredità poligenica*, determinata dall'interazione di più geni con fattori ambientali di vario tipo che insieme determinano la malattia; l'*eredità multifattoriale*, caratterizzata dall'interazione di più geni con fattori ambientali di vario tipo che insieme determinano la malattia; l'*eterogeneità genetica*, per cui una stessa malattia (stesso fenotipo) può essere causata da mutazioni genetiche diverse» (1999, p. 464).

2. La genetica molecolare ricerca il gene responsabile della malattia, partendo dall'analisi del DNA attraverso l'utilizzazione dei cosiddetti "marcatori DNA". Tali marcatori consentono di localizzare la regione cromosomica e poi di individuare, tra i geni presenti in quella zona, quale può essere responsabile, o perlomeno coinvolto, nell'eziologia della malattia, anche se ancora non si conosce lo specifico meccanismo che la condiziona. La ricerca dei geni responsabili della malattia è resa difficile dal fatto che il difetto genetico primario potrebbe non risiedere nel sistema nervoso centrale, così come variazioni all'interno del cervello potrebbero dipendere da un evento immunologico o da un cambiamento nel metabolismo degli ormoni tiroidei o steroidi in grado di provocare alterazioni in particolari periodi della vita. In ogni caso, scrive Henry Ey, «l'ereditarietà delle malattie mentali, che è un dato di fatto conosciuto da sempre, è stata *dimostrata* dalle statistiche, le quali permettono di stabilire che il rischio di certe malattie (come le psicosi schizofreniche, le psicosi maniaco-depressive, certe forme di epilessia, gli stati di ritardo e di squilibrio psichico) è molto maggiore nei soggetti che hanno "precedenti familiari"» (1954, p. 56). Dal canto suo l'Organizzazione Mondiale della Sanità (OMS), nel suo rapporto del 1966, dichiara: «Si ammette generalmente che esistono scarse possibilità di realizzare nuovi progressi, fino a che dei dati ottenuti con altri mezzi, per esempio in seguito a ricerche di *genetica biochimica*, non saranno venuti a completare gli studi di psichiatria genetica» (1966, p. 41).

3. Controversie a proposito delle ricerche genetiche. Non è raro che l'opinione pubblica nutra dei sospetti nei confronti della scoperta dei geni associati al comportamento umano, soprattutto nell'ambito della psichiatria genetica, accusata di assumere un atteggiamento deterministico nei confronti della malattia mentale, aumentando lo stigma già associato ai disturbi psichici, con conseguente discriminazione delle persone a rischio genetico. Ma, come scrive Maria Nobile, «i geni non rappresentano il destino. I fattori genetici rappresentano propensioni probabilistiche e non programmi determinati; essere portatori di specifici geni associati con una malattia non vuol dire che questa sia immodificabile attraverso interventi sull'ambiente» (2006-2007, p. 472). Di fatto la ricerca genetica, qualificando come vere malattie, e non come fallimenti esistenziali, i disturbi psichici, permette una più corretta identificazione della malattia, che consente di predisporre misure preventive e interventi riabilitativi più efficaci perché più mirati. Inoltre una visione puramente ambientalista induce ingiustificati sensi di colpa nei genitori dei figli affetti da malattie psichiatriche, per cui l'atteggiamento corretto nei confronti dei disturbi psichici è quello di evitare di ritenere responsabile unicamente il patrimonio genetico o unicamente l'ambiente, dal momento che entrambi concorrono nell'insorgenza della malattia e anche nella cura.

Bibliografia

Alberts B. *et al.*, *Molecular biology of the cell*, Garland, New York 1989.

Asimov I., *Il codice genetico* (1962), Einaudi, Torino 1968.

Cauli G., *Genetica psichiatrica*, in *Enciclopedia di psicologia*, Garzanti, Milano 1999.

Changeux J.-P., *L'uomo neuronale* (1983), Feltrinelli, Milano 1983.

Crick F. H. C., *Uomini e molecole* (1966), Zanichelli, Bologna 1970.

Ey H., *Études psychiatriques*, Desclée de Brouwer, Paris 1954.

Jacob F., *La logica del vivente. Storia dell'ereditarietà* (1970), Einaudi, Torino 1971.

Jordan B., *Gli impostori della genetica* (2000), Einaudi, Torino 2002.

Kandel E. R., Schwartz J. H., Jessell Th. M., *Principi di neuroscienze* (1981), Editrice Ambrosiana, Milano 2003.

Lombroso C., *L'uomo delinquente in rapporto all'antropologia, alla giurisprudenza e alla psichiatria* (1876-1897), Bompiani, Milano 2013.

Macciardi F., Cavallini M. C., *Genetica psichiatrica*, in G. B. Cassano, P. Pancheri *et al.* (a cura di), *Trattato italiano di psichiatria* (1992), Masson, Milano 1999, vol. I, pp. 167-182.

Molinari E., *Clinica psicologica in sindromi rare. Aspetti genetici e riabilitativi*, Bollati Boringhieri, Torino 2002.

Nobile M., *Genetica in psichiatria*, in AA.VV., *Psiche. Dizionario storico di psicologia, psichiatria, psicoanalisi e neuroscienze*, Einaudi, Torino 2006-2007, vol. I, pp. 468-473.

Organizzazione Mondiale della Sanità (OMS), *The World Health Report 1966. Mental health. New understanding, new hope*, Who Press, Genève 1966.

Plomin R., DeFries J. C., Knopik V. S., Neiderhiser J. M., *Genetica del comportamento* (2011), Raffaello Cortina, Milano 2014.

Rosenthal D., *Genetica delle malattie mentali* (1975), Bollati Boringhieri, Torino 1977.

Terragni F., *Il codice manomesso. Ingegneria genetica. Storia e problemi*, Feltrinelli, Milano 1989.

Vogel F. S. *et al.*, *Surgical pathology of the nervous system and its coverings*, Churchill Livingstone, New York 2002.

Genetica, Psicologia, v. EPISTEMOLOGIA GENETICA; COGNIZIONE, §§ 2-3.

Genetico, Punto di vista, v. STRATI, TEORIA DEGLI; APPARATO PSICHICO, § 4.

Genio (ingl. *Genius*; ted. *Genie*; fr. *Génie*; sp. *Genio*). Termine che denota chi è dotato di eccezionali capacità creative in grado di raggiungere mete che vanno al di là della comune aspettativa, della prevedibilità e talvolta della stessa comprensione del gruppo di appartenenza. Gli esiti della genialità approdano a forme di pensiero nuove e durature che si offrono a ulteriori sviluppi e che costituiscono un punto di riferimento perenne e universale. Definito da Immanuel Kant come quel «talento che dà la regola all'arte», il genio è al di là delle regole non in quanto stravagante, ma in quanto creatore. Per queste sue caratteristiche, Kant dice che «la parola genio deriva da *genius* che significa lo spirito proprio di un uomo, quello che gli è stato dato con la nascita, lo protegge, lo dirige e dalla cui ispirazione provengono quelle idee originali» (1790, § 46). Ripreso da Arthur Schopenhauer, il concetto di genio viene sottratto alla sua soggettività: poiché, egli dice, «la genialità richiede un pieno oblio della propria persona e dei suoi rapporti, ne deriva che la genialità non è che la più completa oggettività, ossia la direzione oggettiva dello spirito che si oppone alla direzione soggettiva la quale tende alla propria persona, ossia alla volontà» (1819, § 36). La posizione di Schopenhauer è ribadita da Friedrich Nietzsche per il quale il genio nasce quando si sacrifica l'Io soggettivo per dar voce alla componente creatrice dello spirito umano.

Nella seconda metà dell'Ottocento, con Cesare Lombroso prende avvio lo studio della relazione genio-follia sulla base dei cosiddetti "fenomeni regressivi dell'evoluzione" per i quali, a uno sviluppo molto avanzato in una certa direzione, si accompagna il più delle volte un arresto nelle altre direzioni. Il tema è stato ripreso da Karl Jaspers che, pur constatando una coincidenza tra i momenti più creativi di genialità patologiche e gli episodi più acuti di schizofrenia, ritiene che la patologia può accompagnare la genialità, ma non spiegarla, e a questo proposito scrive: «Lo spirito creativo dell'artista, pur condizionato dall'evolversi della malattia, è al di là dell'opposizione tra normale e anormale e può essere metaforicamente rappresentato come la perla che nasce dalla malattia della conchiglia. Come non si pensa alla malattia della conchiglia ammirandone la perla, così di fronte alla forza vitale dell'opera non pensiamo alla schizofrenia che forse era la condizione della sua nascita» (1922, p. 120; v. PSICOLOGIA DELL'ARTE, § 4, *a*). Nell'ambito della psicologia differenziale Francis Galton cercò di definire le caratteristiche degli individui geniali rispetto a quelle della popolazione totale, fondando un laboratorio antropometrico dove registrò e misurò un gran numero di prestazioni individuali. Oggi il concetto di genio tende a scomparire o a essere indicato statisticamente con i valori più alti del quoziente intellettivo (v. INTELLIGENZA, § 2), anche se poi si precisa che un indice molto elevato non è di per sé un indicatore di genialità per i caratteri qualitativi di quest'ultima che sfuggono a misurazioni quantitative.

Bibliografia

Brenot Ph., *Geni da legare. Piccole stranezze e grandi ossessioni delle più eccelse menti della storia* (1997), Piemme, Casale Monferrato 1999.

Cremerius J. (a cura di), *Nevrosi e genialità* (1971), Bollati Boringhieri, Torino 1975.

Eysenck H. J., *Genius. The natural history of creativity*, Cambridge University Press, Cambridge 1995.

Fargnoli D., *Gli angeli ribelli del pensiero geniale*, Wichtig Editore, Milano 1995.

Galton F., *Hereditary genius*, Appleton, London 1869.

Jaspers K., *Genio e follia. Analisi patografica di Strindberg, Van Gogh, Swedenborg, Hölderlin* (1922), Raffaello Cortina, Milano 2001.

Kant I., *Critica del giudizio* (1790), Laterza, Bari 1960.

Lombroso C., *Genio e follia*, Giuseppe Chiusi Editore, Milano 1864.

–, *Genio e degenerazione. Nuovi studi e nuove battaglie*, Sandron, Palermo 1897.

Nietzsche F., *La nascita della tragedia* (1873), in *Opere*, Adelphi, Milano 1972, vol. III, 1.

Schopenhauer A., *Il mondo come volontà e rappresentazione* (1819), Laterza, Bari 1978.

Genitale (ingl. *Genital*; ted. *Genital*; fr. *Génital*; sp. *Genital*). Il termine è utilizzato in relazione a una specifica zona erogena, a una fase dello sviluppo libidico, a una forma di erotismo e a una tipologia caratteriale.

1. ZONA GENITALE. Corrisponde agli organi sessuali maschili e femminili adibiti alla riproduzione. Si parla di primato genitale, scrive Otto Fenichel, «quando la funzione dei genitali domina sulle altre zone erogene, e tutte le eccitazioni sessuali sono, infine, orientate genitalmente e scaricate orgasticamente» (1945, p. 75).

2. FASE GENITALE. Stadio dello sviluppo psicosessuale che Sigmund Freud distingue in due fasi relative l'una all'organizzazione genitale infantile e l'altra all'organizzazione adulta. Durante la prima fase, che si verifica nel bambino verso il quarto anno di età, si assiste ad uno spostamento dell'investimento libidico dalle zone pregenitali, ossia dalle zone orale e anale, agli organi genitali e alle loro attività che assumono un'importanza primaria. Questo stadio è detto anche

edipico in quanto corrisponde alla comparsa del complesso di Edipo (v. EDIPO, COMPLESSO DI) nelle relazioni oggettuali, o *fallico* (v. FALLICA, FASE) poiché, a differenza di quanto avviene nella sessualità adulta, per entrambi i sessi l'interesse è focalizzato sul PENE (v.), "posseduto" dal bambino e "invidiato" dalla bambina. La seconda fase, quella propriamente genitale, viene raggiunta soltanto nella pubertà, dopo la risoluzione del complesso edipico e la conclusione di un periodo di latenza sessuale che va dai 6 agli 11 anni circa. «Solo quando nella pubertà – scrive Freud – lo sviluppo sessuale è concluso, la polarità tra i sessi si identificherà col *maschile* da una parte e il *femminile* dall'altra. La mascolinità riunisce in sé le caratteristiche del soggetto, dell'attività e del possesso del pene, la femminilità si assume quelle dell'oggetto e della passività. La vagina è ora vista come la dimora del pene, e diventa l'erede del ventre materno» (1923, p. 567). La trasformazione della sessualità infantile in quella adulta avviene da un lato perché le *zone erogene* genitali acquistano un primato assoluto sulle altre, dall'altro perché il soddisfacimento sessuale, che prima si esplicava in attività cosiddette "parziali", si concreta ora nel rapporto sessuale completo, infine perché l'oggetto verso cui è diretta la pulsione sessuale, che nel bambino è costituito dal proprio corpo o da parti di esso, diviene una persona di sesso opposto, esterna alla famiglia, verso cui si indirizzano sia le correnti sessuali che quelle di tenerezza.

3. EROTISMO GENITALE. È il tratto tipico dell'organizzazione sessuale adulta, in cui le pulsioni parziali vengono inglobate nella relazione sessuale come atti preparatori, la cui soddisfazione costituisce il cosiddetto "piacere preliminare", mentre il piacere sessuale vero e proprio è al servizio della funzione procreativa. Lo sviluppo dell'erotismo genitale (v. EROTISMO, § 5) può subire delle inibizioni, che provocano una regressione o una fissazione della libido a forme di sessualità infantile (v. REGRESSIONE; FISSAZIONE), dando luogo a quelle che Freud chiama perversioni (v. PERVERSIONE). Secondo Wilhelm Reich la genitalità coincide con la capacità di una totale scarica energetica attraverso l'orgasmo, il cui mancato deflusso determina degli ingorghi energetici che si localizzano in varie regioni del corpo, provocando quella che egli definisce "corazza caratteriale" (v. CARATTERE, § 3, *c*). Erik Homburger Erikson sostiene che la genitalità esprime una modalità relazionale che può avere una funzione trasformativa per la società, a condizione che ci sia «1) reciprocità di orgasmo, 2) con un compagno amato, 3) dell'altro sesso, 4) col quale si può condividere una mutua fiducia, 5) e col quale si può e si vuole regolare i cicli di lavoro, procreazione, svago, 6) così da assicurare anche alla prole tutti gli stadi di uno sviluppo soddisfacente» (1950, p. 82). Per Franco Fornari la genitalità è profondamente legata al processo di civilizzazione. Contrariamente a Freud, a Reich e a Herbert Marcuse che, anche se da punti di vista differenti, hanno concepito la sessualità come una forza naturale, in perenne conflitto con la cultura, Fornari ritiene che la genitalità sia espressione stessa di civiltà, a differenza della sessualità infantile o pregenitale, in cui la relazione con l'oggetto è ancora arcaica e non civilizzata. Inoltre, sempre secondo Fornari, l'evoluzione culturale non porta necessariamente a una repressione sessuale perché «la sessualità umana, attraverso la genitalità e attraverso la funzione di stimolo che la cultura esercita su di essa, costituisce una funzione altamente simbolizzata e suscettibile di nuove simbolizzazioni, in una creatività e generatività paragonabili solo a quelle del più specifico strumento culturale umano, cioè alla creatività e generatività del linguaggio» (1975, p. 91).

4. CARATTERE GENITALE. Secondo Fenichel, il carattere genitale è l'espressione della completa normalità e autonomia del soggetto, e costituisce pertanto un concetto ideale che fa riferimento alla capacità di raggiungere la soddisfazione mediante orgasmo genitale, un pieno sentimento d'amore nei confronti dell'oggetto e una notevole capacità di SUBLIMAZIONE (v.). Fenichel afferma inoltre che, «mentre nei caratteri nevrotici gli impulsi pregenitali mantengono il loro carattere sessuale e disturbano i rapporti razionali con gli oggetti, nel carattere normale essi servono in parte allo scopo di procurare un piacere preliminare sotto il primato della zona genitale; ma in gran parte sono sublimati e subordinati all'Io e alla ragionevolezza» (1945, p. 557). Il carattere genitale differisce da quello fallico in cui, nonostante sia presente un primato genitale, la sessualità è vissuta come dimostrazione di potenza con scarsa considerazione dell'altro. In proposito Alexander Lowen scrive: «Il carattere fallico-narcisista agisce come se fosse sessualmente molto potente. Questi individui si vantano delle loro conquiste e della loro potenza, quest'ultima misurata in base al numero dei rapporti quotidiani. Per la verità, la capacità orgastica, cioè la capacità di provare piacere, viene proporzionalmente a diminuire. La ragione della frequenza dell'atto sessuale è infatti il fallimento nel raggiungere il soddisfacimento in un'unica esperienza» (1958, p. 252).

Bibliografia

Chasseguet-Smirgel J., *Creatività e perversione* (1985), Raffaello Cortina, Milano 1987.

Erikson E. H., *Infanzia e società* (1950), Armando, Roma 1968.

Fenichel O., *Trattato di psicoanalisi delle nevrosi e delle psicosi* (1945), Astrolabio, Roma 1951.

Fornari F., *Genitalità e cultura*, Feltrinelli, Milano 1975.
Freud S., *Tre saggi sulla teoria sessuale* (1905), in *Opere* (1967-1993), Bollati Boringhieri, Torino, vol. IV.
–, *Contributi alla psicologia della vita amorosa* (1910-1917), in *Opere*, cit., vol. VI.
–, *L'organizzazione genitale infantile (un'interpolazione nella teoria sessuale)* (1923), in *Opere*, cit., vol. IX.
Lowen A., *Il linguaggio del corpo* (1958), Feltrinelli, Milano 1978.
Marcuse H., *Eros e civiltà* (1955) con *Prefazione politica* (1966), Einaudi, Torino 1968.
Reich W., *Genitalità* (1926), Sugarco, Milano 1980.
–, *Analisi del carattere* (1933), Sugarco, Milano 1973.
–, *La funzione dell'orgasmo – La scoperta dell'orgone. Parte prima* (1942), Sugarco, Milano 1977.

Genitalizzazione (ingl. *Genitalization*; ted. *Genitalisierung*; fr. *Génitalisation*; sp. *Genitalización*). Spostamento della libido genitale su un organo non sessuale. Il fenomeno è frequente nell'isteria di conversione (v. ISTERIA, § 1, *b*).

Genitori, v. FAMIGLIA, § II, 2.

Genotipo, v. GENETICA, § 3.

Geopsicologia (ingl. *Geopsychology*; ted. *Geopsychologie*; fr. *Géopsychologie*; sp. *Geopsicología*). Settore della psicologia, inaugurato da Cesare Lombroso, che studia l'influenza dell'ambiente geofisico sulla psicologia degli individui. In tempi recenti le ricerche geopsicologiche si sono rivolte ai problemi di adattamento e di modificazione psichica in particolari condizioni ambientali come la permanenza in grotte naturali, basi costruite sul fondo marino, spazi interplanetari e simili. Negli ultimi anni, con il progressivo ampliamento del campo d'interesse, la geopsicologia è venuta a convergere per larga parte nell'ECOLOGIA (v.).

Bibliografia

Hellpach W., *Die geopsychischen Erscheinungen*, Engelmann, Leipzig 1923.
–, *Geopsiche* (1944), Edizioni Paoline, Roma 1967.

Gerarchia (ingl. *Hierarchy*; ted. *Rangordnung*; fr. *Hiérarchie*; sp. *Jerarquía*). Ordinamento per gradi di una serie di elementi ognuno dei quali è subordinato a quello immediatamente superiore. L'ordinamento varia in base ai parametri che si assumono e il suo significato dipende dai contesti di riferimento

1. NEUROPSICOLOGIA. Niko Tinbergen ha elaborato una teoria detta "gerarchia dei centri", secondo cui le strutture del comportamento poggerebbero su meccanismi centrali di coordinamento, la cui energia, quando viene stimolata, non si scaricherebbe direttamente nell'azione, ma andrebbe ad attivare dei sottocentri fino a giungere al sistema muscolare e all'atto. Il modello di Tinbergen ha subìto una serie di critiche soprattutto perché non contempla l'esistenza di un meccanismo di feedback, in base al quale l'azione si interrompe non quando, come viene affermato, si esaurisce l'energia contenuta nel centro superiore, bensì quando arriva il segnale retroattivo che l'azione stessa ha raggiunto la meta. In ogni caso l'esistenza di un'organizzazione gerarchica sottostante al comportamento non è stata disconfermata.

2. PSICOLOGIA ANIMALE. Si applica il concetto di gerarchia alle relazioni sociali fra gli animali che vivono in gruppo. La più nota fra le gerarchie osservate è quella dell'"ordine di beccata", in base a cui ogni gallinaceo si sottomette a quelli che risultano superiori nel combattimento e predominano sui più deboli. L'ordine gerarchico può essere sia di tipo lineare, per cui A prevale su B che prevale su C ecc., sia di tipo intransitivo, dove A prevale su B, e B su C in quanto a forza, ma C predomina su A in quanto ad agilità. La gerarchia di dominanza si determina non soltanto in base al parametro dell'aggressività, ma anche, ad esempio, in relazione al grado di attenzione che un animale ottiene dagli altri. Si ritiene che le gerarchie di dominanza vere e proprie, che necessitano di un riconoscimento individuale da parte di ogni animale, siano funzionali al controllo dell'aggressività. È stato inoltre mostrato che la presenza di una gerarchia stabile nelle galline determina un aumento della produzione di uova.

3. PSICOLOGIA SOCIALE. La formazione di una gerarchia è considerata uno dei principali meccanismi della dinamica di gruppo (v. GRUPPO, § II), soprattutto per quanto concerne la scelta di un leader e la differenziazione per ruoli dei componenti. Nella maggior parte dei casi, accanto alla gerarchia ufficiale, basata solitamente sulla ripartizione delle funzioni, ne esiste un'altra, parzialmente indipendente dalla prima, fondata su diverse scale di valori misurabili con il metodo sociometrico elaborato da Jacob Levi Moreno, che consente di rilevare le preferenze di natura affettiva, il desiderio di collaborazione e i contenuti proiettivi. Passando dall'analisi del gruppo ristretto a quel gruppo allargato che è la società, si è constatato che più forte è il tasso gerarchico-funzionalista di una società, minori sono i motivi di novità che dinamizzano e rinnovano l'assetto sociale, la cui scarsa elasticità finisce con l'emarginare tutto ciò che l'ordine gerarchico non considera necessario alla sua funzionalità.

4. PSICOLOGIA DEL LAVORO. Vengono studiate le gerarchie aziendali, quali forme di ordinamento fondate sulla divisione dei ruoli e sulla disposizione per gradi

superiori e inferiori fissati con rigidità e/o flessibilità in base agli obiettivi di rendimento, prestazione e produzione. Il criterio che regola l'analisi è dato dall'equazione vuoto-disfunzione, dove al vuoto gerarchico corrisponde un vuoto decisionale, con conseguente disfunzione nell'organizzazione e nell'esecuzione del lavoro. Il vuoto può essere colmato o con l'inserimento di anelli gerarchici, come accade nell'organizzazione del lavoro che riflette il modello delle società gerarchico-funzionali, o recependo l'ordine dei bisogni, la loro natura, il loro grado di soddisfabilità che ogni disfunzione solitamente esprime.

Bibliografia

Busino G., *Gruppo*, in AA.VV., *Enciclopedia*, Einaudi, Torino 1979, vol. VI, pp. 977-995.

Dawkins R. C., *Hierarchical organization. A candidate principle for ethology*, in P. P. G. Bateson, R. A. Hinde (a cura di), *Growing points in ethology*, Cambridge University Press, Cambridge-New York 1976.

Durkheim É., *La divisione del lavoro sociale* (1893), Edizioni di Comunità, Milano 1971.

Hofstätter P. R., *Dinamica di gruppo. Critica alla psicologia di massa* (1957), Franco Angeli, Milano 1978.

Lefebvre H., *Position: contre les technocrates*, Gonthier, Paris 1967.

Lorenz K., *Über tierisches und menschliches Verhalten*, Piper, München 1965.

Moreno J. L., *Principi di sociometria, di psicoterapia di gruppo e sociodramma* (1953), Etas Kompass, Milano 1964.

Tinbergen N., *Lo studio dell'instinto* (1951), Adelphi, Milano 1994.

White R. K., *An experimental study of leadership and group life*, in Th. M. Newcomb, E. L. Hartley (a cura di), *Readings in social psychology*, Holt, New York 1947.

Gerontofilia (ingl. *Gerontophilia*; ted. *Gerontophilie*; fr. *Gérontophilie*; sp. *Gerontofilia*). Predilezione particolarmente accentuata per le persone anziane che diventano oggetto di uno specifico amore e talvolta di attenzione sessuale. Per Ernest Jones la gerontofilia è da far risalire ad una mancata risoluzione del complesso di Edipo (v. EDIPO, COMPLESSO DI) vissuto a suo tempo, presumibilmente, con genitori anziani.

Bibliografia

Jones E., *Teoria del simbolismo. Scritti sulla sessualità femminile e altri saggi* (1912), Astrolabio, Roma 1972.

Gerontologia, v. PSICOLOGIA DELL'INVECCHIAMENTO.

Gerstmann, Sindrome di, v. SOMATOAGNOSIA, § 1, *l*.

Gesell, Scala di (ingl. *Gesell's scale*; ted. *Gesell Skala*; fr. *Échelle de Gesell*; sp. *Escala de Gesell*). Scala ideata da Arnold Gesell per misurare lo sviluppo psicomotorio nell'infanzia. Rielaborata da Odette Brunet e Irène Lézine, prevede quattro tipi di prove volte a misurare il controllo posturale e motorio, la coordinazione oculomotoria indispensabile per la relazione con gli oggetti, lo sviluppo del linguaggio e i rapporti sociopersonali. La scala, che trova la sua applicazione nei bambini dall'età neonatale fino ai due anni e mezzo, consente di calcolare il quoziente di sviluppo psicomotorio (QSPM) dal rapporto tra età psicomotoria ed età cronologica.

Bibliografia

Lézine I., Brunet O., *Le développement psychologique de la première enfance*, Puf, Paris 1971.

Gestalt, Psicologia della, v. PSICOLOGIA DELLA GESTALT.

Gesto (ingl. *Gesture*; ted. *Geste*; fr. *Geste*; sp. *Gesto*). Tratto espressivo dell'uomo che, unico fra gli animali, ha un corpo capace di gesti perché è il solo che ha esteriorizzato l'ordine degli strumenti. I tratti fondamentali del gesto umano, essendo essenzialmente legati alla prensione, portano in primo piano la mano che Immanuel Kant ha definito «il cervello esterno dell'uomo» (1798, p. 188). A differenza del primate più evoluto, infatti, l'uomo ha la mano libera nel cammino, e ciò consente a tutto il corpo di liberarsi nella manipolazione del mondo e in una gestualità espressiva. A questo si aggiunga il fatto che, nell'animale, utensile e gesto si fondono in un solo organo in cui la parte motrice e la parte che agisce non presentano alcuna soluzione di continuità tra loro. La pinza di un granchio e i suoi elementi mandibolari, ad esempio, si confondono in un programma operazionale mediante il quale si esprime il comportamento dell'animale per l'acquisizione degli alimenti. Negli animali superiori le cose non cambiano molto: la zampa anteriore resta incapace di gesti perché svolge ancora un ruolo di strumento, se è vero che la sua azione non è autonoma ed espressiva, ma funzionale e combinata con le operazioni del volto e, in particolare, delle labbra e dei denti anteriori per risolvere il problema dell'alimentazione. Nell'uomo, invece, la mano e, più in generale, gli organi esterni del corpo si sono affrancati progressivamente dalla concezione funzionale ed, emancipandosi, sono divenuti, da strumenti utili, gesti espressivi.

1. NEUROPSICOLOGIA DEL GESTO. Il gesto è un movimento volontario detto anche *prassia* che si distingue dal movimento riflesso o *automatismo* (v. MOVIMENTO, § 1). Le strutture neurologiche che sono alla base del gesto sono esposte alla voce MOTRICITÀ. Qui ci occuperemo dell'*intenzionalità* del gesto che, in ogni istante della sua esecuzione, necessita di un controllo

sensitivo che è essenzialmente propriocettivo e di un controllo sensoriale che è eminentemente visivo, ma anche labirintico, uditivo, olfattivo. I deficit a questi livelli di controllo sono responsabili delle aprassie. Ogni gesto intenzionale, anche elementare, è frutto di un lungo apprendimento e di un numero elevato di prove per poterlo eseguire in modo quasi automatico. Ogni esperienza sensomotoria ripetuta lascia una traccia sotto forma di ENGRAMMA (v.) nella corteccia associativa degli emisferi cerebrali. L'arricchimento del corredo gestuale avviene sia adattando nuove esperienze ai gesti familiari, sia apprendendo nuovi gesti che con l'esercizio diventano più rapidi e più precisi. In ogni gesto è contenuto un momento conoscitivo e un momento esecutivo, perché per agire non basta "fare", ma occorre anche "sapere" che cosa si fa. Deficit a livello conoscitivo (v. AGNOSIA) o a livello esecutivo (v. APRASSIA) concorrono alle varie forme di APRATTOGNOSIA (v.) in cui si manifesta la disorganizzazione della gestualità.

2. FENOMENOLOGIA DEL GESTO. Da un punto di vista fenomenologico il gesto non è considerato come espressione della reazione nervosa a un'azione di stimolo, ma come risposta del corpo a un mondo che lo impegna. Infatti, al di fuori di questa relazione, non si può cogliere nell'ordine gestuale un'*unità di significato*, ma solo una somma inespressiva di movimenti, a cui il gesto si riduce quando la sua interpretazione non avviene in rapporto al mondo, ma al sistema anatomico che lo produce. Di conseguenza, per la fenomenologia, più che il prodotto di strutture anatomiche preesistenti, il gesto è una *scelta* tra le vie predisposte da queste strutture in vista di un adeguamento al mondo, per cui, come scrive Jean-Paul Sartre, «anche se la gioia e la collera impegnano la stessa muscolatura facciale non possiamo dire che il collerico è un ultra-contento» (1939, p. 121). Se dunque la dinamica gestuale non può prescindere dalla *situazione* che impegna in ugual misura lo spazio occupato dal mio corpo e quello esterno in cui si trovano gli oggetti, per comprendere qualcosa della fisiologia dei gesti bisogna partire dall'*essere-nel-mondo* e non dall'anatomia di un corpo che, isolato dal mondo, può offrire di sé solo l'immagine che corrisponde appunto a un corpo che non è nel mondo.

Tale è l'immagine che, per la fenomenologia, ci dà la visione organicistica quando scompone il comportamento gestuale nei suoi elementi semplici, fino ad incontrare il processo elementare stimolo-reazione su cui costruire tutta la dinamica gestuale. Ora, il riflesso, come viene osservato nell'uomo dopo sperimentazioni condotte in laboratorio su animali, oltre a fondarsi su analogie presupposte, dà non il comportamento del corpo umano in una *situazione reale*, ma la sua risposta a uno stimolo isolato quale si può produrre solo in una situazione sperimentale. La reazione che si ottiene è la risposta che il corpo dà all'anticipazione dello sperimentatore, non alla vita; una risposta che la fenomenologia giudica "catastrofica", da situazioni-limite, quali sono appunto quelle che si riescono a costruire in laboratorio. Per questo, alla stessa stimolazione si hanno risposte diverse, o a stimolazioni diverse la stessa risposta. La ragione è da ricercare nel fatto che l'organicismo, per studiare l'ordine gestuale, è costretto a provocarlo, mentre il gesto non è una *reazione* a uno stimolo, ma è l'*azione* di un organismo su un ambiente complesso e qualificato, come solo la vita, e non la scienza, è in grado di offrire. In ogni gesto c'è infatti la relazione del soggetto con il mondo, il suo modo di vederlo, di sentirlo, la sua eredità, la sua educazione, il suo ambiente, la sua costituzione psicologica. Nella violenza di un gesto o nella sua delicatezza, nella sua tonalità decisa o incerta, c'è tutta una biografia.

3. CINESICA DEL GESTO. Oltre che *espressione*, il gesto è anche *comunicazione*, e già Wilhelm Maximilian Wundt, studiando la stretta connessione tra fattori biologici e fattori culturali, ha rintracciato nella forma comunicativa del gesto l'origine filogenetica del linguaggio verbale. Come comunicazione non-verbale e pre-verbale il gesto è studiato nei suoi differenti aspetti, significati e funzioni dalla *cinesica*, una disciplina derivata dalla SEMIOTICA (v.) che legge la gestualità come un linguaggio che, al pari del linguaggio verbale, è composto da particelle elementari di movimento dette *cini* che corrispondono ai monemi della lingua, da concatenazioni di movimenti detti *cinemorfi* che corrispondono ai fonemi, e da *costruzioni* cinemorfiche complesse che corrispondono ai sintagmi.

Dal punto di vista cinesico la comunicazione gestuale conosce diversi gradi di elaborazione, con un repertorio molto complesso simile a una vera e propria grammatica, differente per i *sistemi gestuali sostitutivi del linguaggio verbale*, come i linguaggi rituali delle pratiche religiose, delle società segrete, o i linguaggi codificati elaborati per sordomuti, e per i *sistemi gestuali correnti e familiari* che non possiedono le caratteristiche rigide di un linguaggio sostitutivo, ma sottendono comunque un codice senza il quale il loro senso sarebbe illeggibile. Tra questi ultimi rientrano: *a*) i *gesti emblematici* come il gesto di saluto o di vittoria, dove il rapporto tra segno e significato è convenuto; *b*) i *gesti illustratori* che svolgono la funzione di rafforzare il linguaggio verbale indicando la direzione di un pensiero (ideografi), un oggetto (deittici), un movimento nello spazio (spaziali) o un movimento del corpo (cinetografi); *c*) i *gesti regolatori* che svolgono la funzione di mantenere un contatto o stabilire una comunicazione tra persone, come i sorrisi, i movimenti di conferma del capo; *d*) i *gesti ostentatori di affetti* che manifestano gioia, paura, timore, dispiacere, dolore; *e*) i *gesti adattatori* che regolano la posizione del proprio corpo nello spazio e nei confronti degli altri. I gesti familiari si differenziano in base al contesto culturale e sociale in cui vengono utilizzati, sebbene alcuni di questi, come quelli ostentatori di affetti, sembrino avere una portata più universale, anche se muta il significato ad essi attribuito dalle norme socioculturali e quindi anche il grado di accettazione o di rifiuto. Un'obiezione alla cinesica, che dà una lettura del gesto sul modello del linguaggio verbale, è sollevata dalla *drammaturgia* che con Antonin Artaud considera la gestualità come una forma di comunicazione in sé completa e autonoma rispetto alla parola, per cui è possibile capovolgere la relazione stabilita dalla cinesica dicendo che «le parole sono gesti, nient'altro che gesti» (1938, p. 73).

4. DISTURBI DELL'ESECUZIONE GESTUALE. Si veda la voce APRASSIA.

Bibliografia

AA.VV., *Paralinguistica e cinesia*, Bompiani, Milano 1970.
Argyle M., *Il corpo e il suo linguaggio. Studi sulla comunicazione non verbale* (1965), Zanichelli, Bologna 1978.
Artaud A., *Il teatro e il suo doppio* (1938), Einaudi, Torino 1968.
Birdwhistell R. L., *Kinesics and context. Essays on body motion communication*, University of Pennsylvania Press, Philadelphia 1970.
Goffman E., *La vita quotidiana come rappresentazione* (1959), il Mulino, Bologna 1969.
Hinde R. A. (a cura di), *La comunicazione non-verbale* (1972), Laterza, Bari 1974.
Kant I., *Antropologia pragmatica* (1798), Laterza, Bari 1969.
Kendon A. (a cura di), *Nonverbal communication, interaction and gesture*, Mouton, Den Haag 1975.
Leroi-Gourhan A., *Il gesto e la parola* (1964-1965), Einaudi, Torino 1977.
Morris D., *L'uomo e i suoi gesti* (1971), Mondadori, Milano 1978.
Morris D. *et al.*, *I gesti. Origini e diffusione* (1979), Mondadori, Milano 1983.
Orlic M. L., *L'educazione gestuale* (1971), Armando, Roma 1976.
Sartre J.-P., *Idee per una teoria delle emozioni* (1939), in Id., *L'immaginazione. Idee per una teoria delle emozioni*, Bompiani, Milano 1962.
Scheflen A. E., *Il linguaggio del comportamento* (1973), Astrolabio, Roma 1977.
Wulf Ch., *Gesto*, in Id. (a cura di), *Cosmo, corpo, cultura. Enciclopedia antropologica* (1997), Bruno Mondadori, Milano 2002, pp. 523-531.
Wundt W. M., *Lineamenti di psicologia* (1896), Utet, Torino 2006.

Gettatezza, v. ANALISI ESISTENZIALE, § 2, *c*.

Giese-Test-System, v. PSICOLOGIA DEL LAVORO, § 5.

Gigantismo (ingl. *Gigantism*; ted. *Gigantismus*; fr. *Gigantisme*; sp. *Gigantismo*). Accrescimento esagerato di tutto il corpo o di alcune sue parti che si riscontra prevalentemente negli individui di sesso maschile. Quando è conseguente a eccessiva produzione di ormone della crescita (GH) da parte dell'ipofisi anteriore (v. ENDOCRINO, SISTEMA, § 1, *a*) prende il nome di gigantismo *ipofisario* ed è caratterizzato da abnorme accrescimento di tutto il corpo (scheletro, muscoli, organi interni) in modo armonico e fisiologicamente equilibrato quando l'iperproduzione di ormone cessa al momento della saldatura delle epifisi ossee. Nella maggior parte dei casi ciò non avviene e l'esagerato sviluppo continua a carico delle estremità distali (naso, mandibola) e allora si indica come gigantismo *acromegalico*. Si riconosce anche una forma di gigantismo *eunucoide* che si instaura quando l'eunucoidismo (v. EUNUCO) insorge prima della pubertà. In questo caso il ritardo della saldatura delle epifisi ossee comporta un esagerato accrescimento con sviluppo sproporzionato degli arti rispetto al tronco, accompagnato da ipotrofia muscolare e dell'apparato cardiovascolare con tendenza alla distribuzione del tessuto adiposo con disposizione femminile.

Gilles de la Tourette, Sindrome di (ingl. *Gilles de la Tourette syndrome*; ted. *Gilles de la Tourette Syndrom*; fr. *Syndrome de Gilles de la Tourette*; sp. *Síndrome de Gilles de la Tourette*). Sindrome caratterizzata dalla comparsa, prima dei dieci anni, di TIC (v.) che interessano inizialmente la faccia, poi la parte superiore del corpo e infine tutto il corpo, con intervalli sempre più brevi e ravvicinati. In certi casi i movimenti convulsivi possono essere accompagnati da frasi ecolaliche (v. ECOFENOMENO) interpretate come tentativo di controllo della fase convulsiva. Nella maggior parte dei casi la sindrome ha un andamento progressivo che può portare al deterioramento mentale.

Ginandria, v. ERMAFRODITISMO.

Ginecocrazia, v. MATRIARCATO.

Ginecomastia (ingl. *Gynaecomastia*; ted. *Gynäkomastie*; fr. *Gynécomastie*; sp. *Ginecomastia*). Ipertrofia unilaterale o bilaterale delle mammelle nel maschio da considerare: *a*) come una variante non patologica e transitoria nello sviluppo puberale, *b*) come sintomo di condizioni intersessuali (v. ERMAFRODITISMO), *c*) come conseguenza di un trattamento ormonale, *d*) come sintomo di malattia del sistema endocrino (v. ENDOCRINO, SISTEMA, § 6), *e*) come fenomeno collaterale di malattie non endocrine.

Ginofobia (ingl. *Gynophobia*; ted. *Gynophobie*; fr. *Gynécophobie*; sp. *Ginofobia*). Paura delle donne che Sigmund Freud riconduce alla fantasia maschile della CASTRAZIONE (v.) che la donna non solo rappresenta, ma attivamente richiama in soggetti che, per le particolari caratteristiche della madre, non hanno raggiunto un soddisfacente risolvimento del complesso edipico. La ginofobia va distinta dalla MISOGINIA (v.), che sottende un conflitto omosessuale irrisolto.

Bibliografia

Freud S., *Il tramonto del complesso edipico* (1924), in *Opere* (1967-1993), Bollati Boringhieri, Torino, vol. X.
Lederer W., *Ginofobia. La paura delle donne* (1968), Feltrinelli, Milano 1973.

Gioco (ingl. *Play*; ted. *Spiel*; fr. *Jeu*; sp. *Juego*). Attività realizzata per se stessa in quanto ha il proprio aspetto gratificante in sé e non nel fine che raggiunge o nel risultato che produce, come invece accade nell'attività lavorativa. Sia nel mondo umano che in quello animale il gioco è prerogativa di individui giovani, tesi all'esplorazione del mondo circostante e all'apprendimento delle regole per controllarlo sul modello adulto. Negli animali, ad esempio, si assiste a giochi che riproducono schemi comportamentali aggressivi e di difesa, inibiti nello scopo, con caratteristiche di innocuità e di finzione. Nel mondo umano questa componente è confermata, anche se si presenta in modalità assai più complesse perché, oltre al patrimonio istintuale, entrano in gioco la vita emotiva, quella intellettiva, i processi di socializzazione e di educazione, che proprio nell'attività ludica trovano le loro prime espressioni.

1. IL GIOCO E LA VITA EMOTIVA. La psicologia dinamica, a partire da Sigmund Freud, individua nel gioco due aspetti:

a) *L'aspetto catartico* per cui il bambino può scaricare su oggetti-simbolo (i giocattoli) ansie, tensioni, paure, insicurezze, forme aggressive riferite a persone o a cose che lo circondano, raggiungendo una distensione dell'Io e una maggiore padronanza dell'ambiente, grazie alla ripetuta rappresentazione ludica della situazione angosciante. Ciò è possibile perché, come ha sottolineato Kurt Lewin, il bambino passa più facilmente dell'adulto dal piano della realtà al piano della rappresentazione, dove, manifestando desideri e tensioni che non troverebbero espressione altrove, può raggiungere un maggior senso di sicurezza di quanto gli sia consentito sperimentare sul piano di realtà. In questo contesto si comprende l'utilità di quegli "oggetti transizionali" (v. OGGETTO, § 6), secondo l'espressione di Donald Woods Winnicott, come bambole, pupazzi, coperte, che molti bambini portano sempre con sé, perché ne ricavano quel senso di sicurezza che fa da base agli ulteriori rapporti affettivi che in seguito stabiliranno con le persone.

b) *Il controllo della realtà* interna ed esterna è, per Freud, il secondo obiettivo che, attraverso il gioco e la sua ripetitività, il bambino è in grado di raggiungere. Nel gioco, infatti, ogni bambino appoggia il suo mondo interiore a oggetti tangibili e reali che può manipolare e ordinare in base alle sue esigenze interne, passando dalla mera fantasia alla realtà che, per il suo carattere fittizio quale si presenta nel gioco, consente al bambino di muoversi con libertà, e al tempo stesso di trasformare in attiva una situazione emotiva che altrimenti egli sarebbe costretto a vivere in modo passivo senza alcuna speranza di poterla controllare. Il senso di potenza, di controllo e di dominio sugli oggetti e sulle situazioni offerte dal gioco consente al bambino di passare da una realtà fittizia a una più cogente e più simile a quella dell'adulto, non appena il gioco si struttura, dapprima con regole inventate sul momento e poi con regole sistematiche, che consentono di verificare l'emozione di darsi un compito finalizzato e di competere con altri secondo schemi codificati.

2. IL GIOCO E LO SVILUPPO INTELLETTIVO. La psicologia cognitiva con Jean Piaget ha individuato nel gioco uno spazio di attività che consente al bambino un'assimilazione dell'esperienza ai propri schemi mentali, come preparazione al successivo adattamento all'ambiente. Piaget ipotizza tre stadi di gioco:

a) *Gioco percettivo-motorio* tipico dei primi anni di vita, in cui il bambino impara ad afferrare, dondolare, gettare, con un esercizio di adattamento a situazioni nuove e un'attività di ripetizione che gli consente il riconoscimento e la generalizzazione. Questo tipo di giochi non presuppone né un'attività di pensiero, né un rapporto sociale, ma solo un piacere "funzionale" legato al movimento e alla recezione sensoriale.

b) *Gioco simbolico* dove gli oggetti sono considerati non solo per ciò che sono, ma anche come simboli di altri oggetti non presenti, il che consente l'evocazione di situazioni passate e l'immaginazione di eventi in cui si esprimono i desideri del bambino. Questo stadio del gioco presuppone un'attività di pensiero, carica di elementi soggettivi ed egocentrici, che permette al bambino di soddisfare i propri desideri attraverso un'attività sostitutiva che fa, ad esempio, di un oggetto un cuscino per "fare la nanna", dove uno schema consueto, come quello di dormire, si adatta a una situazione del tutto nuova. Tra i giochi simbolici Piaget distingue quelli in cui il bambino è *attore*, finge cioè di dormire, di mangiare, di cadere; quelli in cui è *regista* per cui fa dormire, cadere, mangiare gli altri; e quelli in cui il bambino *si trasforma* in un'altra persona visualizzando l'altro da sé, cosa questa che lo prepara al passaggio dal gioco individuale al gioco di gruppo.

c) *Gioco con regole* che interviene quando da individuale il gioco diventa di gruppo con ruoli distinti e complementari, dove prevale l'imitazione delle situazioni o delle attività adulte. Anche in questo stadio continua l'attribuzione agli oggetti e alle situazioni di significati fittizi, ma con un maggior rispetto delle regole oggettive. Essendo organizzati secondo regole, questi giochi di gruppo contribuiscono all'evoluzione mentale del bambino, riducendo il suo egocentrismo e addestrandolo al controllo imposto dalle regole e alla verifica che gli altri le rispettino. L'allenamento al confronto e al coordinamento delle varie prospettive prepara il bambino alla riflessione e alla logica che, per Piaget, sono «geneticamente spiegabili come interiorizzazione di condotte sociali di discussione» (1945, p. 83).

3. Il gioco e la socializzazione. La funzione socializzante del gioco non inizia solo con il gioco di gruppo, ma, a parere di Winnicott, già con gli "oggetti transizionali" che hanno la caratteristica di non essere più parti del corpo, come può essere il dito da succhiare, e quindi costituiscono la prima esperienza di separazione tra Io e non-Io, tra realtà interiore e realtà esterna. Nell'oggetto transizionale Winnicott vede l'origine del gioco come esperienza illusoria di rapporto oggettuale sostitutivo di quello privilegiato con la madre, e come concretizzazione di fantasie che vengono proiettate all'esterno su oggetti consueti e familiari.

Sempre sulla linea della socializzazione nel gioco, il bambino passa da una fase *associativa* dove gioca con gli altri spartendo il materiale e scambiando gli oggetti, a una fase *collaborativa* dove si realizza una vera integrazione, con divisione dei ruoli, disciplina di gruppo, subordinazione dei desideri individuali alle esigenze del gruppo. In questo stadio appaiono la prima divisione dei ruoli, come la tendenza al comando o al gregarismo, e le prime relazioni interpersonali di amicizia e di inimicizia. La standardizzazione dei giochi e i modelli proposti dai media e riprodotti dai bambini nella loro attività ludica producono un patrimonio comune nell'aprire un gioco, dove ciascuno interviene con la propria creatività a variare le figure in base alle proprie caratteristiche individuali.

4. Il gioco e l'educazione. Dal punto di vista educativo il gioco risponde alla dinamica dell'apprendimento dove le risposte vengono modificate da stimolazioni che le rinforzano o le estinguono. Questo processo è assolto dal gioco perché consente di passare gradualmente dai problemi più semplici ai più complessi, di verificare immediatamente il successo o l'errore, e di progredire a ritmo individuale nella sequenza dei problemi espressi in forma di gioco. L'apprendimento attraverso il gioco inizia molto precocemente sin dal livello dei giochi funzionali della prima infanzia, dove il bambino consolida la propria sensomotricità e costruisce gradatamente la propria immagine corporea (v. Corpo, § 1). In seguito, con i giochi simbolici egli impara a evocare situazioni irreali e ad abitare lo spazio tra presenza e assenza, con sviluppo della capacità di rappresentazione e distacco dal condizionamento della situazione oggettiva. Infine nell'età scolare, con i giochi secondo regole, si allena all'ordinamento e alla classificazione, alla consequenzialità delle sue scelte e al controllo delle scelte altrui.

5. Il gioco come diagnosi e terapia. Il gioco può essere considerato anche come un test dello sviluppo raggiunto dal bambino sia a livello percettivo-motorio, sia per quanto riguarda la maturazione intellettuale. Dalla corrispondenza tra età e tipo di attività ludica è possibile dedurre il grado di progressione o di ritardo evolutivo. Inoltre, se nel gioco simbolico il bambino proietta i propri desideri, esercita le proprie difese e libera le proprie tensioni, è possibile trattare il gioco come un *reattivo proiettivo* che manifesta i contenuti psichici del giocatore, quindi il grado di libertà o di inibizione che il bambino manifesta nel gioco, il livello della sua aggressività e distruttività, il senso di colpa dopo la rottura di un giocattolo. Secondo Winnicott, attraverso il gioco si stabilisce uno "spazio transizionale" che consente al bambino di connettere i suoi bisogni e i suoi desideri con la realtà esterna e gli altri esseri umani in cui risiedono le condizioni oggettive per la loro realizzazione. Sulla rilevazione diagnostica interviene la dimensione terapeutica o *ludoterapia* che, a livello psicoanalitico, è stata sperimentata e studiata da Anna Freud e da Melanie Klein. I loro metodi sono stati in seguito applicati anche agli adulti che presentano stati di regressione della personalità alle fasi di sviluppo più primitive, antecedenti alla stessa distinzione tra Io e mondo esterno. In questa situazione il soggetto vive in un mondo in cui realtà e fantasia si confondono, per cui il gioco,

dove le due dimensioni sono fuse, si presta come luogo privilegiato di espressione e di comunicazione. Sempre in ambito terapeutico vanno ricordati i *giochi di ruolo* ideati da Jacob Levi Moreno (v. RUOLO, § 2) e il *gioco della sabbia* ideato da Dora M. Kalff, allieva di Carl Gustav Jung, negli anni cinquanta (v. SABBIA, GIOCO DELLA).

6. IL GIOCO D'AZZARDO. Desiderio irrefrenabile di tentare la sorte, motivato apparentemente dalla prospettiva di un facile guadagno, sottesi alla quale sembrano esserci il piacere di gestire la propria autodistruttività e, in ultima analisi, un desiderio di sfidare la morte. La psicoanalisi ne parla come di una coazione onanistica, di una fantasia di annientare e partorire spontaneamente se stessi attraverso la distruzione e la creazione di insperate fortune, di incertezza di maschile e femminile simboleggiati dal rosso e dal nero di una roulette impazzita, di anale avidità di denaro, mentre per il sociologo Alessandro Dal Lago nell'azzardo in gioco è il nostro carattere, perché il carattere è innanzitutto una "posta sociale" dove l'eccitazione deve essere controllata, l'entusiasmo trattenuto, la delusione mascherata, l'apprensività appena percettibile. Infatti nel gioco d'azzardo ciò che si rischia è la propria PERSONA (v.), quella maschera, secondo l'etimologia latina, che si interpone tra la propria soggettività e la sfera degli altri. Nell'azzardo ciò che si gioca non è tanto il denaro, quanto la soggettività profonda che dorme in ciascuno di noi e che oscuramente si vuol rivelare.

Lo psicologo Rolando De Luca, responsabile di centri di terapia per giocatori d'azzardo, ritiene che, sottesa al gioco d'azzardo, ci sia l'ansia sottile che corrode una vita che al soggetto appare piatta o troppo poco interessante, senza veri stimoli, senza particolari rischi, spinta fino al limite dell'autodistruttività. Se non che, a differenza del giocatore sportivo, il giocatore d'azzardo non può in alcun modo interagire nel suo gioco, non può impegnare la sua intelligenza, né tantomeno la sua forza fisica. La sua è una condizione di *passività*. E anche se si considera superiore agli altri in quanto amante del rischio, in realtà il giocatore d'azzardo se ne sta semplicemente in attesa della sentenza della sorte, confidando in potenze superiori su cui non esercita alcun controllo. La sua personalità, scrive De Luca, è caratterizzata da «una immaturità emozionale, una troppo spiccata sensibilità ansiosa, una timidezza legata a inibizioni verbali, un mascheramento delle emozioni con specifici tratti di impulsività spesso incontrollabili. Il gioco d'azzardo patologico viene considerato pertanto un disturbo del controllo degli impulsi e allo stesso tempo una forma di dipendenza (tossicomania legale senza sostanze stupefacenti), in quanto chi gioca per abitudine difficilmente riesce a controllarsi, anzi, aumenta progressivamente le somme di denaro e il tempo destinato al gioco d'azzardo, nascondendo la gravità del problema a se stesso e ai suoi familiari. [...] Ma il vero gioco d'azzardo, la vera sfida (che in qualche modo, a livello inconscio, tutti i giocatori tentano), non è quello che si affronta dentro il casinò o alle sale delle corse, ma piuttosto il confronto estremo con la morte, confronto che ovviamente può assumere connotazioni variamente simboliche. In un certo senso, il giocatore affronta la sfida della morte con la convinzione di poterla *giocare* e, nell'illusione che ciò avvenga, egli raggiunge un appagamento ineffabile che sa di *onnipotenza*. [...] In molte storie di giocatori emerge questa sfida suprema: superare e sconfiggere, momentaneamente, la morte, perché è la vita, in fondo, e non soltanto il denaro, a essere messa in gioco. Perché allora continuare a chiamarlo gioco e non semplicemente azzardo?» (2002, pp. XIV-XXV).

Affine alla patologia che affligge chi gioca d'azzardo è la patologia che può investire chi gioca in Borsa, talvolta più pericolosa perché, come segnalano Giorgio Nardone e Federica Cagnoni, grazie alla legittimità che gli viene attribuita, il gioco in Borsa non è attraversato dai sensi di colpa che solitamente accompagnano chi gioca d'azzardo, e quindi in chi perde per aver "investito" manca quel leggero freno che il senso di colpa può indurre invece in chi perde per aver "giocato" (2002, pp. 67-70).

7. LA TEORIA DEI GIOCHI. Inaugurata dal matematico John von Neumann nel 1928, la teoria dei giochi è utilizzata nelle scienze del comportamento, dove trova applicazione non solo nei giochi comunemente intesi, ma anche e soprattutto per interpretare i processi decisionali (v. DECISIONE) e per sciogliere i conflitti che si verificano nei fenomeni sociali, politici ed economici. Lo scopo è individuare le decisioni che ciascun soggetto assume in relazione a quelle che possono assumere gli altri soggetti. Emanuele Arielli ce ne offre un esempio tratto dalla storia descritta da Amy Tucker della Stanford University: «Due individui sospettati di un crimine sono tenuti in celle separate. Ci sono prove sufficienti per accusarli di un reato minore, che li porterebbe a scontare una pena di un anno anche senza una loro confessione. Se uno di loro confessa accusando l'altro per il reato più grave (per il quale non ci sono prove), verrà ripagato per la collaborazione e messo a piede libero, mentre l'altro sconterà quattro anni. Tuttavia, se entrambi si accuseranno a vicenda, ognuno avrà una pena di tre anni» (2006-2007, p. 474). In un caso come questo, ma altri simili o più complessi se ne potrebbero considerare, la teoria dei giochi descrive la strategia di gioco facendo riferimento a tre componenti: 1) l'insieme dei giocatori, 2) le mosse che ciascun giocatore

può promuovere, 3) le preferenze che determinano una certa mossa in base al vantaggio che ne consegue per il giocatore che la effettua. La frequenza statistica, verificata a livello empirico, delle decisioni che i vari giocatori assumono potenzia la capacità predittiva della teoria dei giochi.

Bibliografia

Ambrosini C., Pellegatta S., *Il gioco nello sviluppo e nella terapia psicomotoria*, Erickson, Trento 2012.

Arielli E., *Gioco*, in AA.VV., *Psiche. Dizionario storico di psicologia, psichiatria, psicoanalisi, neuroscienze*, Einaudi, Torino 2006-2007, vol. I, pp. 473-478.

Axelrod R., *Giochi di reciprocità. L'insorgenza della cooperazione* (1984), Feltrinelli, Milano 1985.

Bateson G., *Questo è un gioco. Perché non si può mai dire a qualcuno "gioca!"* (1956), Raffaello Cortina, Milano 1996.

Bellisario L., *La dimensione relazionale del gioco*, in S. Marsicano (a cura di), *Comunicazione e disagio sociale*, Franco Angeli, Milano 1987.

– (a cura di), *Gioco e simbologia degli affetti*, Guerini & Associati, Milano 1988.

Berne E., *A che gioco giochiamo* (1964), Bompiani, Milano 1967.

Brezzi F., *A partire dal gioco. Per i sentieri di un pensiero ludico*, Marietti, Genova 1992.

Brown S. (con Ch. Vaughan), *Gioca! Come il gioco può formare la mente, aprire l'immaginazione e costruire la felicità* (2009), Ultra-Lit Edizioni, Roma 2013.

Bruner J. S., Jolly A., Sylva K. (a cura di), *Il gioco. Ruolo e sviluppo del comportamento ludico negli animali e nell'uomo* (1976), vol. I: *La prospettiva evoluzionistica*, vol. II: *Il gioco in relazione agli oggetti e agli strumenti*, vol. III: *Gioco e realtà sociale*, vol. IV: *Il gioco in un mondo di simboli*, Armando, Roma 1981.

Caillois R., *I giochi e gli uomini. La maschera e la vertigine* (1967), Bompiani, Milano 1981.

Carse J. P., *Giochi finiti e infiniti. La vita come gioco e come possibilità* (1986), Mondadori, Milano 1987.

Chateau J., *Le jeu de l'enfant*, Uriu, Paris 1946.

Cristaldi R. V., *Fenomenologia e ontologia del gioco*, in "Accademia di Scienze, Lettere e Belle Arti degli Zelanti e dei Dafnici", 1976, s. II, vol. VI.

Dal Lago A., Rovatti P. A., *Per gioco. Piccolo manuale di esperienza ludica*, Raffaello Cortina, Milano 1993.

De Luca R., *Introduzione* a S. Mazzocchi, *Vite d'azzardo. Storie vere di giocatori estremi*, Sperling & Kupfer, Milano 2002.

Di Pietro M., Dacomo M., *Giochi e attività sulle emozioni*, Erickson, Trento 2007.

Doni M., Tomelleri S., *Giochi sociologici. Conflitto, cultura, immaginazione*, Raffaello Cortina, Milano 2012.

Dostoevskij F., *Il giocatore* (1855), Mondadori, Milano 1993.

D'Urso V., *Giocare*, il Mulino, Bologna 2014.

Erikson E. H., *Infanzia e società* (1950), Armando, Roma 1968.

Fagen R., *Animal play behavior*, Oxford University Press, Oxford 1981.

Freud A., *Osservazioni sullo sviluppo infantile* (1950), in *Opere* (1978-1979), Bollati Boringhieri, Torino, vol. II.

Freud S., *Analisi della fobia di un bambino di cinque anni (Caso clinico del piccolo Hans)* (1908), in *Opere* (1967-1993), Bollati Boringhieri, Torino, vol. V.

–, *Ricordare, ripetere e rielaborare* (1914), in *Nuovi consigli sulla tecnica della psicoanalisi* (1913-1914), in *Opere*, cit., vol. VII.

Gebauer G., *Gioco*, in Ch. Wulf (a cura di), *Cosmo, corpo, cultura. Enciclopedia antropologica* (1997), Bruno Mondadori, Milano 2002, pp. 1063-1074.

Genovesi G., *Il gioco*, Le Monnier, Firenze 1976.

Goffman E., *Modelli di interazione* (1967-1969), il Mulino, Bologna 1971.

Gross K., *Die Spiele der Tiere* (1896), Fischer, Jena 1930.

Guerreschi C., *Giocati dal gioco. Quando il divertimento diventa malattia. Il gioco d'azzardo patologico*, Edizioni San Paolo, Milano 2000.

Huizinga J., *Homo ludens* (1938), Einaudi, Torino 1949.

Klein M., *La tecnica psicoanalitica del gioco. Sua storia e suo significato* (1953), in M. Klein, P. Heimann, R. Money-Kyrle (a cura di), *Nuove vie della psicoanalisi. Il significato del conflitto infantile nello schema del comportamento adulto* (1955), il Saggiatore, Milano 1966, pp. 29-49.

Lewin K., *Il bambino nell'ambiente sociale* (1948), La Nuova Italia, Firenze 1967.

Lowenfeld M., *Il gioco nell'infanzia* (1935), La Nuova Italia, Firenze 1962.

Mazzetti R., *Il bambino, il gioco, il giocattolo*, Armando, Roma 1962.

Mazzocchi S., *Vite d'azzardo. Storie vere di giocatori estremi*, Sperling & Kupfer, Milano 2002.

Millar S., *La psicologia del gioco infantile* (1968), Bollati Boringhieri, Torino 1974.

Morgenstern O., *Teoria dei giochi* (1953), Bollati Boringhieri, Torino 1980.

Nardone G., Cagnoni F., *Perversioni in rete. Le psicopatologie da internet e il loro trattamento*, Ponte alle Grazie, Milano 2002.

Neumann J. von, *Toward a theory of social games* (1928), in J. von Neumann, O. Morgenstern, *Theory of games and economic behavior*, Princeton University Press, Princeton, New Jersey, 1944.

Piaget J., *La formazione del simbolo nel bambino* (1945), La Nuova Italia, Firenze 1972.

–, *Lo sviluppo mentale del bambino e altri studi di psicologia* (1964), Einaudi, Torino 1967.

Piaget J., Inhelder B., *La psicologia del bambino* (1966), Einaudi, Torino 1970.

Quadrio A., *L'attività ludica*, in L. Ancona (a cura di), *Nuove questioni di psicologia*, La Scuola, Brescia 1972, vol. I, pp. 921-962.

Ricchiardi P., Coggi C., Venera A. M., *Gioco e potenziamento cognitivo nell'infanzia*, Erickson, Trento 2011.

Rigo Uberto S., *La terapia del gioco secondo i principi della tecnica immaginativa di analisi e ristrutturazione del profondo (ITP) di L. Rigo, durante l'età evolutiva*, in "Neuropsichiatria Infantile", Roma 1969, fasc. 98.

Rovatti P. A., Zoletto D., *La scuola dei giochi*, Bompiani, Milano 2005.

Rusconi G. E., *Teoria dei giochi e spiegazione sociologica*, in "Stato e Mercato", 1983, n. 8.

Selvini Palazzoli M., Cirillo S., Selvini M., Sorrentino A. M., *I giochi psicotici nella famiglia*, Raffaello Cortina, Milano 1988.

Shafir E., Tversky A., *Thinking through uncertainty. Nonconsensual reasoning and choice*, in "Cognitive Psychology", 1992, n. 4, pp. 449-474.
Trinci M., *Il bambino che gioca*, Bollati Boringhieri, Torino 1993.
Volpicelli L., *La vita del gioco*, Armando, Roma 1962.
Vygotskij L. S., *Il gioco e la sua funzione nello sviluppo psichico del bambino* (1933), in *Antologia degli scritti*, il Mulino, Bologna 1983.
Winnicott D. W., *Oggetti transizionali e fenomeni transizionali* (1953), in Id., *Dalla pediatria alla psicoanalisi. Scritti scelti* (1958), Martinelli, Firenze 1975.
–, *Gioco e realtà* (1971), Armando, Roma 1974.
Zulliger H., *Giuoco e fanciulli*, Editrice Universitaria, Firenze 1969.

Gioia (ingl. *Joy*; ted. *Freude*; fr. *Joie*; sp. *Alegría*). Sensazione di piacere diffuso suscitata dall'appagamento di un desiderio o dalla previsione di una condizione futura positiva. Da questo punto di vista la gioia si contrappone alla tristezza, caratterizzata da una visione negativa del futuro. Quando le condizioni che provocano la gioia si verificano indipendentemente dalle azioni del soggetto, tale emozione è accompagnata da stupore. Se si prescinde dalla connotazione temporale che interviene nell'abituale definizione di gioia, allora questa figura assume i caratteri descritti da Baruch Spinoza in ordine all'accoglimento della Necessità del Tutto, motivo, questo, ripreso in modo più radicale da Emanuele Severino per il quale «come oltrepassamento della totalità della contraddizione del finito, il Tutto è la Gioia. [...] La Gioia è l'inconscio più profondo del mortale» (1980, pp. 594-595). Dal canto suo Martin Heidegger considera la gioia un sentimento ontologico, perché, al pari dell'angoscia (v. ANGOSCIA – ANSIA) e della NOIA (v.), «non riguarda questa o quella cosa, ma l'ente nella sua totalità. Tale rivelazione si nasconde nella gioia che nasce in presenza dell'esserci – e non della mera persona – di un essere amato» (1929, p. 66).

Bibliografia

Fox M., *In principio era la gioia* (1983), Fazi Editore, Roma 2011.
Gobbi L., *Lessico della gioia*, Servitium, Sotto il Monte 2008.
Heidegger M., *Che cos'è la metafisica?* (1929), in Id., *Segnavia*, Adelphi, Milano 1987.
Onfray M., *L'arte di gioire. Per un materialismo edonista* (1991), Fazi Editore, Roma 2009.
Severino E., *Destino della necessità*, Adelphi, Milano 1980.
Spinoza B., *Etica dimostrata secondo l'ordine geometrico* (1662-1675, edito postumo nel 1677), Bompiani, Milano 2007.

Giornaliera, Fluttuazione, v. RITMO.

Giovanilismo (ingl. *Juvenilism*; ted. *Juvenilismus*; fr. *Juvénilisme*; sp. *Juvenilismo*). Persistenza di caratteri giovanili, se non infantili, in persone adulte o anziane. Sotteso a questo atteggiamento psicologico c'è il rifiuto di accettare le tappe della vita o il timore di non essere più accolti o amati come quando si era bambini.

Bibliografia

Hillman J., *Puer aeternus* (1964), Adelphi, Milano 1999.
–, *Saggi sul puer* (1973-1979), Raffaello Cortina, Milano 1988.

Giovinezza (ingl. *Youth*; ted. *Jugend*; fr. *Jeunesse*; sp. *Juventud*). Ultima fase dell'età evolutiva (v. PSICOLOGIA DELL'ETÀ EVOLUTIVA) caratterizzata dall'avvenuta maturazione sessuale e dal progressivo raggiungimento dell'autonomia individuale e della responsabilità personale. Nella giovinezza si assiste alla stabilizzazione dei tratti che si riveleranno caratteristici della personalità adulta. Il permanere di tratti adolescenziali nella giovinezza dipende spesso dalle condizioni più o meno favorevoli a un rapido inserimento nella società adulta, attraverso l'assunzione di ruoli professionali e sociali, oggi particolarmente difficili da realizzare per le ultime generazioni, poiché, come scrivono Miguel Benasayag e Gérard Schmit, «il futuro per i giovani non è più una promessa, ma una minaccia, perché sicuramente il fatto di vivere con un sentimento (quasi) permanente di insicurezza, di precarietà e di crisi produce conflitti e sofferenze psicologiche, anche se l'origine del problema non è psicologico, ma culturale» (2003, p. 10). Situazione questa già annunciata da Friedrich Nietzsche là dove parla dell'età del nichilismo, così connotata: «*Nichilismo*: manca il fine, manca la risposta al "perché?". Che cosa significa nichilismo? – *che i valori supremi perdono ogni valore*» (1887-1888, fr. 9, 35). E Martin Heidegger a commento scrive: «Nietzsche chiama il nichilismo "il più inquietante fra tutti gli ospiti", perché ciò che esso vuole è lo spaesamento come tale. Per questo non serve a niente metterlo alla porta, perché ovunque, già da tempo e in modo invisibile, esso si aggira per la casa. Ciò che occorre è accorgersi di questo ospite e guardarlo bene in faccia» (1955-1956, p. 337).

Bibliografia

Benasayag M., Schmit G., *L'epoca delle passioni tristi* (2003), Feltrinelli, Milano 2004.
Blask F., *Q come caos. Un'etica dell'incoscienza per le nuove generazioni* (1996), Tropea, Milano 1997.
Capeci F., *Generazione 2.0. Chi sono, cosa vogliono, come dialogare con loro*, Franco Angeli, Milano 2014.
Erikson E. H., *Gioventù e crisi di identità* (1968), Armando, Roma 1974.
Galimberti U., *L'ospite inquietante. Il nichilismo e i giovani* (2007), Feltrinelli, Milano 2014.
–, *Il mito della giovinezza*, in Id., *I miti del nostro tempo* (2009), Feltrinelli, Milano 2014, pp. 44-63.

Giannini A. M., Sgalla R. (a cura di), *Giovani e legalità*, il Mulino, Bologna 2011.
Heidegger M., *La questione dell'essere* (1955-1956), in Id., *Segnavia*, Adelphi, Milano 1987.
Mancuso M. S., *Le frecce dell'eroe. Le figure mitiche della giovinezza da Dioniso alla pubblicità dei jeans*, Franco Angeli, Milano 2005.
Nietzsche F., *Frammenti postumi 1887-1888*, in *Opere*, Adelphi, Milano 1971, vol. VIII, 2.
Pistolini S., *Gli sprecati. I turbamenti della nuova gioventù*, Feltrinelli, Milano 1995.

Giro del cingolo (ingl. *Cingulate gyrus*; ted. *Gyrus Cinguli*; fr. *Gyrus cingulaire*; sp. *Circunvolución del cíngulo)*. Circonvoluzione situata a livello della superficie mediale degli emisferi cerebrali che si estende dalla porzione inferiore del rostro del corpo calloso, lungo la parte superiore del corpo calloso, fino a portarsi posteriormente e inferiormente allo splenio del corpo calloso, per continuarsi poi con l'istmo e la circonvoluzione paraippocampica (corteccia entorinale) del lobo temporale. Queste due circonvoluzioni sono disposte a cerchio attorno al diencefalo e fanno parte del sistema limbico (v. LIMBICO, SISTEMA). Il giro del cingolo è una struttura di collegamento tra l'IPPOCAMPO (v.) e la neocorteccia che consente di integrare le risposte viscerali, la memoria emotiva e i processi cognitivi superiori, fornendo in tal modo l'energia necessaria per orientare l'attenzione verso il mondo esterno e pianificare l'attività motoria (v. PAPEZ, CIRCUITO DI). Lesioni al giro del cingolo procurano gravi menomazioni come l'acinesia (v. CINESIA), il mutismo, la riduzione dei movimenti, delle emozioni, dell'attenzione, oltre alla capacità di ragionare. La risonanza magnetica funzionale ha consentito di constatare che i pazienti depressi hanno una significativa riduzione di attività in corrispondenza del giro del cingolo, mentre nei pazienti bipolari si evidenzia un'attivazione in questa zona durante la fase maniacale.

Giudiziaria, Psicologia, v. PSICOLOGIA FORENSE, § 1.

Giudizio (ingl. *Judgement*; ted. *Urteil*; fr. *Jugement*; sp. *Juicio*). A seconda del contesto, il termine si riferisce: 1) all'operazione logica che connette un predicato a un soggetto, esprimendo questa connessione nella proposizione, 2) alla facoltà di distinguere e valutare, 3) all'atto con cui si assente o si dissente da una tesi. Nella seconda e nella terza accezione, il giudizio si rivela largamente condizionato dall'ambiente culturale in cui l'individuo è inserito.

1. PSICOLOGIA COGNITIVISTA. Dal punto di vista cognitivo la capacità di giudizio rientra nell'ambito delle capacità psichiche più elevate, che sono quelle proprie del pensiero che consentono al soggetto di discernere, valutare, decidere, scegliere. Jean Piaget include il giudizio nelle "operazioni formali" che emergono e si consolidano nel corso dello sviluppo psichico e che dipendono, oltre che dall'intelligenza, anche dalle esperienze emotivo-affettive. Dette operazioni, scrive Piaget, «consistono essenzialmente in "implicazioni" (in senso stretto) e "incompatibilità" che vengono a stabilirsi fra le proposizioni che sono espressione a loro volta di classificazioni e seriazioni» (1947, p. 178; v. COGNIZIONE, § 2, *d*). La capacità di giudizio risulta compromessa negli stati di coscienza alterati, in particolari condizioni di stress psichico e fisico, e in molti disturbi psichici fra cui le insufficienze mentali e le demenze.

2. PSICOANALISI. Dal punto di vista psicoanalitico la funzione del giudizio si esplicita nelle prime fasi dello sviluppo psichico come accettazione in sé, o esclusione da sé, dell'oggetto. Sigmund Freud scrive che «la funzione del giudizio ha in sostanza due decisioni da prendere. Deve concedere o rifiutare una qualità a una cosa e deve accordare o contestare l'esistenza nella realtà a una rappresentazione. La qualità sulla quale si deve pronunciare potrebbe essere stata in origine buona o cattiva, utile o dannosa. Espresso nel linguaggio dei più antichi moti pulsionali orali: questo lo voglio mangiare o lo voglio sputare e, in una versione successiva: questo lo voglio introdurre in me e questo escluderlo da me. Cioè: questo ha da essere dentro di me o fuori di me. L'originario Io-piacere vuole introiettare in sé tutto il bene e rigettare da sé tutto il male. Per l'Io ciò che è male, ciò che è estraneo all'Io, ciò che si trova al di fuori, sono in un primo tempo identici. La seconda decisione della funzione del giudizio, quella che concerne l'esistenza reale di una cosa rappresentata, interessa l'Io-reale definitivo, sviluppatosi dall'iniziale Io-piacere (Esame di realtà). Ora non si tratta più di stabilire se qualcosa che è stato percepito (una cosa) debba essere accolto nell'Io oppure no, ma invece se una certa cosa, presente nell'Io come rappresentazione, possa essere ritrovata anche nella percezione (realtà). È di nuovo, come si vede, una questione attinente al *fuori* e al *dentro*. Il non-reale, il puramente rappresentato, il soggettivo è soltanto *dentro*; l'altro, il reale, è presente anche *fuori*. In questo stadio dello sviluppo il riguardo per il principio di piacere è stato messo da parte» (1925, pp. 198-199).

Sempre in ambito psicoanalitico si parla di *giudizio di condanna* (v. CONDANNA) in riferimento al rifiuto da parte del soggetto di appagare un proprio desiderio di cui ha comunque coscienza. Secondo Freud è segno di una crescita psichica sostituire la RIMOZIONE (v.), che è un meccanismo di difesa automatico, con il giudizio di condanna che comporta la presa di coscienza del soggetto. Ma soprattutto, scrive sempre

Freud, «lo studio del giudizio ci consente di penetrare, forse per la prima volta, nella genesi di una funzione intellettuale a partire dal gioco dei moti pulsionali primari. Il giudicare rappresenta l'ulteriore e funzionale sviluppo dell'inclusione nell'Io o dell'espulsione dall'Io, che in origine avvenivano secondo il principio di piacere. La sua polarità sembra corrispondere all'antitesi esistente fra i due gruppi di pulsioni di cui abbiamo supposto l'esistenza. L'affermazione come sostituto dell'unificazione appartiene all'Eros, e la negazione che è una conseguenza dell'espulsione alla pulsione di distruzione. Il generale gusto di dire di no, il negativismo di alcuni psicotici va inteso verosimilmente come indizio di un disimpasto pulsionale avvenuto per detrazione delle componenti libidiche. Tuttavia, il compimento della funzione di giudizio è reso possibile soltanto dal fatto che la creazione del simbolo della negazione ha consentito al pensiero un primo livello d'indipendenza dagli effetti della rimozione e con ciò anche dalla costrizione esercitata dal principio di piacere» (ivi, pp. 200-201).

3. Psicologia analitica. Carl Gustav Jung, dal canto suo, estende la figura del giudizio anche all'ordine sentimentale (v. Sentimento, § 2), perché «come il pensare ordina i contenuti della coscienza secondo concetti, così il sentire ordina i contenuti della coscienza secondo il loro valore. Quanto più concreto è il sentire, tanto più soggettivo e personale è il valore da esso conferito; per contro, quanto più astratto è il sentire, tanto più generale e obiettivo è questo valore. Come un concetto completamente astratto cessa di coincidere con il carattere singolo e particolare delle cose, coincidendo solo con ciò che in esse è generale e indifferenziato, così il sentire completamente astratto non coincide più con il singolo elemento e la sua qualità sentimentale, ma solo con la totalità di tutti gli elementi e con la loro indifferenziazione. Il sentire è pertanto, al pari del pensare, una *funzione razionale*, giacché, come mostra l'esperienza, i valori vengono attribuiti secondo le leggi della ragione, così come vengono formati secondo le leggi della ragione i concetti in genere» (1921, p. 482).

Bibliografia

Freud S., *La negazione* (1925), in *Opere* (1967-1993), Bollati Boringhieri, Torino, vol. X.

Husserl E., *Esperienza e giudizio* (1939, edito postumo), Bompiani, Milano 2007.

Jung C. G., *Tipi psicologici* (1921), in *Opere* (1969-2007), Bollati Boringhieri, Torino, vol. VI.

Piaget J., *Psicologia dell'intelligenza* (1947), Editrice Universitaria, Firenze 1964.

Rumiati R., *Giudizio e decisione. Teorie e applicazioni della psicologia delle decisioni*, il Mulino, Bologna 1990.

Giuramento (ingl. *Oath*; ted. *Schwur*; fr. *Serment*; sp. *Juramento*). Dichiarazione solenne in cui viene invocata la divinità o un altro valore, come la sovranità del popolo, altamente condiviso, a testimonianza della verità di ciò che si afferma o si nega. Oltre che nei tribunali, dove la sua richiesta vuole responsabilizzare la testimonianza, il giuramento è diffuso in alcuni gruppi sociali o organizzazioni come segno di lealtà da parte di ogni membro, per cautelarsi contro il pericolo di una disgregazione interna. Per Otto Fenichel il giuramento, insieme alle bestemmie e alle parole oscene, costituisce un residuo del linguaggio onnipotente infantile, in cui alle parole viene attribuito il magico potere di condizionare la realtà esterna e il succedersi degli eventi. La regressione a questo tipo di linguaggio è frequente in quelle nevrosi ossessive dove ogni affermazione viene vissuta dal soggetto come una benedizione o una maledizione che può influire sul corso degli eventi.

Bibliografia

Fenichel O., *Trattato di psicoanalisi delle nevrosi e delle psicosi* (1945), Astrolabio, Roma 1951.

Giuridica, Psicologia, v. Psicologia forense.

Glande (ingl. *Glans*; ted. *Eichel*; fr. *Gland*; sp. *Glande*). Parte terminale del pene e del clitoride che nei due sessi rappresenta una zona erogena primaria ricca di terminazioni nervose e sensoriali.

Glicemia (ingl. *Glycemia*; ted. *Glykämie*; fr. *Glycémie*; sp. *Glucemia*). Tasso di glucosio nel sangue che può essere al di sotto (*ipoglicemia*) o al di sopra (*iperglicemia*) dei valori normali. In ambito psichiatrico, per la cura della schizofrenia, Manfred Sakel aveva introdotto l'Insulinoterapia (v.) provocando nel paziente condizioni ipoglicemiche, partendo dall'ipotesi che «una riduzione dell'energia spesa dalla cellula si può ottenere bloccandola tramite insulina; il che la costringerà a conservare energia funzionale immagazzinandola, così da averla pronta qualora servisse a rinforzare la cellula stessa» (1933, p. 510). Il suo allievo Heinz Lehmann riferisce che «Sakel iniziò a trattare tossicodipendenti con iniezioni di insulina, nel tentativo di migliorare i sintomi provocati dall'astinenza. Uno di questi giovani, ulteriormente affetto da schizofrenia, cadde in un coma ipoglicemico in seguito a un eccesso di somministrazione di insulina, costringendo Sakel a risvegliarlo con immediate iniezioni di glucosio. La cosa stupefacente fu che, al suo risveglio, il paziente mostrava un miglioramento delle condizioni mentali» (1996, p. 166).

Bibliografia

Hoff H., *History of the organic treatment of schizophrenia*, in M. Rinkel, H. E. Himwich, *Insulin treatment in psychiatry*, Philosophical Library, New York 1959, pp. 10-11.

Lehmann H., *Psychopharmacotherapy*, in D. Healy, *The psychopharmacologists*, Chapman & Hall, London 1996, vol. I, pp. 159-186.

Sakel M., *Neue Behandlung der Morphinsucht*, in "Zeitschrift für die gesamte Neurologie und Psychiatrie", 1933, n. 143, pp. 506-534.

–, *The pharmacological shock treatment of schizophrenia*, in "Nervous and Mental Disease Publication Company", 1938.

Glicocorticoide, v. ENDOCRINO, SISTEMA, § 5, *a*.

Globale, Metodo (ingl. *Global method*; ted. *Globalmethode*; fr. *Méthode globale*; sp. *Método global*). Metodo di apprendimento elaborato da Jean-Ovide Decroly che procede dalla totalità del materiale da apprendere all'analisi dei vari elementi che lo costituiscono, per giungere successivamente a una sintesi finale. Alla base c'è il presupposto che i bambini colgano la realtà come un tutto indifferenziato e solo successivamente pervengano a processi analitici. L'ipotesi è stata convalidata dalla PSICOLOGIA DELLA GESTALT (v. § II, 1) e dalle ricerche di Jean Piaget. Siccome poi la funzione globalizzante si manifesta sotto la spinta di interessi vitali, il programma scolastico, secondo Decroly, deve basarsi non sulle materie tradizionali, ma su un argomento unico che solleciti i "centri di interesse" del bambino.

Bibliografia

Decroly J.-O., *La funzione di globalizzazione e l'insegnamento* (1929), La Nuova Italia, Firenze 1966.

Globo isterico (ingl. *Hysterical globe*; ted. *Hysterische Kugel*; fr. *Boule hystérique*; sp. *Bolo histerico*). Detto anche *bolo isterico* o *esofageo*, consiste in una sensazione dolorosa provocata dall'impressione di un corpo estraneo a livello faringeo che interferisce con il respiro, che può diventare rauco e ansimante. Gli stati d'ansia favoriscono l'insorgenza di tale fenomeno e in generale delle nevrosi esofagee, che la psicoanalisi spiega come manifestazioni di un inconscio rifiuto e insieme desiderio di INCORPORAZIONE (v.), spesso dovuto alla presenza di tendenze aggressive. Otto Fenichel sostiene che nelle donne isteriche, la cui libido ha subìto una regressione alla fase orale, la frequenza del globo alluderebbe a un desiderio inconscio di assimilazione orale del pene.

Bibliografia

Fenichel O., *Trattato di psicoanalisi delle nevrosi e delle psicosi* (1945), Astrolabio, Roma 1951.

Globus pallidus, v. GANGLI DELLA BASE.

Glossolalia (ingl. *Glossolalia*; ted. *Glossolalie*; fr. *Glossolalie*; sp. *Glosolalia*). Pronuncia di suoni inintelligibili o scrittura di frasi incomprensibili che tuttavia mostrano una somiglianza con il linguaggio coerente perché rispettano la distinzione fra le parole e le frasi del discorso. La glossolalia è frequente nel sonnambulismo, negli stati crepuscolari della coscienza, nelle estasi religiose, raramente nelle sindromi schizofreniche. Quando è assolutamente priva di contenuti, la glossolalia prende il nome di *psittacismo*.

Bibliografia

Samarin W. J., *Linguisticality of glossolalia*, in "Hartford Quarterly", 1968, n. 8.

–, *Variation and variables in (religious) glossolalia*, in "Language in Society", 1972, n. 1.

Glossospasmo (ingl. *Glossospasm*; ted. *Glossospasmus*; fr. *Glossospasme*; sp. *Glosoespasmo*). Spasmo della durata di qualche minuto in cui viene protesa e in seguito ritratta la lingua.

Glucagone, v. ENDOCRINO, SISTEMA, § 4.

Glutammato, v. NEUROTRASMETTITORE, § I, 2, a.

Godimento (ingl. *Enjoyment*; ted. *Genuss*; fr. *Jouissance*; sp. *Goce*). Intima soddisfazione e profonda pienezza di natura sessuale, intellettuale o spirituale. Jacques Lacan considera il godimento come la massima antitesi alla LEGGE (v.), che trova il suo fondamento nella proibizione. Il godimento è "interdetto" perché "detto tra le righe" dall'inconscio, il cui desiderio è per la legge un "significato impossibile". Lacan distingue inoltre il *godimento dell'Altro*, che non è l'altro in carne e ossa, ma ciò che, stando al di là del linguaggio, non si lascia esprimere e quindi assomiglia al godimento dei mistici che "pur provandolo, non ne sanno nulla", dal *godimento fallico*, che, riferendosi a un significato concreto, è incluso nel linguaggio e quindi è godimento della parola e del linguaggio.

Proprio perché trattenuto dal linguaggio, il godimento fallico si mantiene sul piano del reale senza accedere all'immaginario, e perciò Lacan scrive: «Che tutto ruoti attorno al godimento fallico è proprio ciò di cui l'esperienza analitica testimonia, per il fatto che la donna si definisce per una posizione da me indicata come *pastout* nei riguardi del godimento fallico. Vado anche un po' oltre – dirò che il godimento fallico è l'ostacolo grazie al quale l'uomo non arriva a godere del corpo della donna, precisamente perché ciò di cui gode è il godimento dell'organo. [...] Da una parte il godimento è segnato da quel buco che non gli lascia altra via che quella del godimento fallico. Dall'altra, può mai essere raggiunto qualcosa in grado di dirci come possa, ciò che fin qui non è che faglia, beanza nel godimento, essere realizzato?» (1972, pp. 8-9).

Bibliografia

Lacan J., *Del godimento* (1972), in Id., *Il Seminario. Libro XX: Ancora, 1972-1973*, Einaudi, Torino 1983.

Verdiglione A. (a cura di), *Il godimento e la legge*, Marsilio, Venezia 1975.

Goffaggine (ingl. *Awkwardness*; ted. *Plumpheit*; fr. *Gaucherie*; sp. *Torpeza*). Impaccio del comportamento, frequente nell'adolescenza, interpretato come scarsa padronanza del proprio corpo in trasformazione e come espressione di problemi relazionali tipici di questa età. In senso più specifico si parla di *goffaggine predisposta* a proposito di quell'incapacità, programmata inconsciamente, con cui il soggetto si mette nella condizione di non eseguire correttamente certi atti che segretamente teme. Tale tipo di goffaggine è frequente nell'esecuzione di atti sessuali.

Bibliografia

Gordon N., McKinlay I. (a cura di), *Helping clumsy children*, Churchill Livingstone, Edinburgh 1980.

Gubbay S., *The clumsy child*, Saunders, London-Philadelphia 1975.

Goldstein, Test di (ingl. *Goldstein-test*; ted. *Goldstein-Test*; fr. *Test de Goldstein*; sp. *Test de Goldstein*). Test elaborato dall'osservazione condotta su soggetti cerebrolesi, a partire dalla distinzione tra due fondamentali comportamenti neuropsicologici: quello *concreto* e quello *astratto*, che rappresentano due possibili modalità di funzionamento mentale in rapporto al mondo esterno e all'esperienza interiore. Questo test di rendimento, che esclude la prestazione verbale, insiste non tanto sull'aspetto quantitativo, quanto su quello qualitativo, per cui decisiva non è la risoluzione del problema, ma la modalità con cui vi si giunge. Il materiale adottato sono i cubi (v. CUBO, TEST DEL), i colori per saggiare il rapporto colore-forma, e i bastoncini composti dall'esaminatore in determinate forme che l'esaminato deve riprodurre graficamente o a memoria.

Bibliografia

Goldstein K., Scheerer M., *Abstract and concrete behavior. An experimental study with special test*, in "Psychological Monographs", 1953, n. 239.

Golosità (ingl. *Gluttony*; ted. *Naschhaftigkeit*; fr. *Gourmandise*; sp. *Golosinar*). Desiderio, talvolta irrefrenabile, per particolari cibi, generalmente di sapore dolce. Frequente nell'infanzia soprattutto in bambini deprivati dal punto di vista affettivo, nell'adulto la golosità è interpretata come una fissazione o una regressione della libido alla fase orale del suo sviluppo (v. ORALE, § 2). In questi casi il piacere procurato dall'assunzione di alcuni cibi sostituisce parzialmente forme di piacere adulto connesse con la sessualità genitale (v. GENITALE).

Bibliografia

Apfeldorfer G., *Mangio, dunque sono. Obesità e anomalie nel comportamento alimentare* (1991), Marsilio, Venezia 1993.

Galimberti U., *Gola*, in Id., *I vizi capitali e i nuovi vizi* (2003), Feltrinelli, Milano 2015, pp. 49-56.

Gonade, v. ENDOCRINO, SISTEMA, § 6.

Gonadotropina, v. ENDOCRINO, SISTEMA, §§ 1, *a*; 6, *c*.

Goodenough, Test di, v. DISEGNO, § 2, *a*.

Gordon, Test di, v. PSICOLOGIA DELLA MUSICA, § 2.

Gradiente (ingl. *Gradient*; ted. *Gradient*; fr. *Gradient*; sp. *Gradiente*). Termine utilizzato in psicologia sperimentale nelle espressioni di gradiente di scopo e gradiente di avversione. Il *gradiente di scopo*, introdotto dallo psicologo comportamentista Clark Leonard Hull, indica la variazione dell'intensità della motivazione in rapporto alla distanza dalla meta: con l'avvicinarsi di quest'ultima la motivazione aumenta, mentre diminuisce, fino a scomparire o a indirizzarsi su un altro scopo, via via che la meta si allontana. In sede sperimentale il gradiente di scopo può essere rilevato misurando l'accelerazione dei movimenti e la minor incidenza di errori in un ratto man mano che si avvicina al cibo. Il gradiente di scopo è in grado di spiegare anche una serie di comportamenti non suscettibili di verifica sperimentale, come, ad esempio, l'intensificarsi dello sforzo fisico nella fase terminale di una competizione sportiva, o l'aumento della motivazione allo studio e al lavoro all'avvicinarsi di una scadenza o di una prova. Il *gradiente d'avversione* indica invece la variazione dell'intensità d'allontanamento da uno stimolo avvertito come dannoso o nocivo (v. ATTRAZIONE – REPULSIONE, TEORIA DELL').

Bibliografia

Hull C. L., *A behavior system*, Yale University Press, New Haven, Connecticut, 1952.

Gradimento sociale, v. DESIDERABILITÀ SOCIALE.

Grafofobia (ingl. *Graphophobia*; ted. *Graphophobie*; fr. *Graphophobie*; sp. *Grafofobia*). Fobia per la scrittura.

Grafologia (ingl. *Graphology*; ted. *Graphologie*; fr. *Graphologie*; sp. *Grafología*). Studio della scrittura ordinato alla conoscenza della personalità dello scrivente. La diagnosi grafologica esige, oltre all'esame analitico della particolarità della scrittura, anche l'impiego di fattori irrazionali come l'INTUIZIONE (v.) e l'IMMEDESIMAZIONE (v.). La scrittura individuale muta nel corso della vita di pari passo con lo sviluppo della personalità. La corrispondenza tra le caratteristiche della scrittura e le caratteristiche psichiche dà correlazioni significative, ma non sufficienti se non suffragate da altri test. La scrittura, infatti, è la fissazione di un movimento espressivo dove sono leggibili la motricità personale e i tratti individuali che la staccano dal modello appreso.

Per l'interpretazione si hanno diversi principi e regole la cui validità poggia su numerose verifiche empiriche. Tra queste ricordiamo: l'*acquisizione* per cui si assumono strutture formali di altre persone delle quali si subisce l'influsso, l'*ambiguità* per cui dalla presenza di un segno si può dedurre o la forza di un impulso o la mancanza di inibizioni, l'*ampiezza* generalmente interpretata come segno di estroversione, il *corso lineare* che quando è ascendente è interpretato come segno di tensione, entusiasmo e slancio, mentre quando è discendente come inibizione, passività e affaticamento, la *direzione* a sinistra o a destra, la *formazione dei margini* letta come espressione d'ordine, la *legatura* che se è curva esprime una preminenza della dimensione sentimentale, mentre se è angolosa di quella intellettuale, la *velocità* che indica un anticipo del pensiero rispetto allo svolgimento della scrittura, la *variazione* nel corso della vita che attesta lo sviluppo delle attitudini, il superamento di periodi di tensione o di crisi nello sviluppo, oltre all'immagine propria del momento attuale. Esistono infine dei criteri diagnostici più precisi per la scrittura dei bambini dove il segno grafico non è ancora stabilizzato dall'abitudine.

Bibliografia

Callewaert H., *Graphologie et physiologie de l'écriture*, Nauwelaerts, Louvain 1954.

Crotti E., Magni A., *Manuale di grafologia*, Gribaudi, Milano 2003.

Klages L., *Perizie grafologiche su casi illustri* (1904-1929), Adelphi, Milano 1994.

–, *La scrittura e il carattere. Principi ed elementi di grafologia* (1910), Mursia, Milano 1982.

Moretti G. M., *Trattato di grafologia. Intelligenza, sentimento* (1914), Edizioni Messaggero, Padova 1985.

Pophal R., *Graphologie in Vorlesungen*, Fischer, Stuttgart 1965.

Pulver M., *La simbologia della scrittura* (1931), Bollati Boringhieri, Torino 1983.

Torbidoni L., Zanin L., *Grafologia*, La Scuola, Brescia 1976.

Wieser R., *Grundriss der Graphologie*, Reinhardt, München 1969.

Grafomania (ingl. *Graphomania*; ted. *Graphomanie*; fr. *Graphomanie*; sp. *Grafomanía*). Impulso incoercibile alla scrittura che si manifesta nella stesura di lettere minacciose o in appelli alle autorità in soggetti paranoici con deliri di grandezza o di persecuzione.

Graforrea, v. LOGORREA.

Grammatica, v. LINGUAGGIO, § 1; LINGUISTICA, § 3.

Grande Madre (ingl. *Great Mother*; ted. *Grosse Mutter*; fr. *Déesse Mère*; sp. *Gran Madre*). Immagine di divinità, molto diffusa nell'area mediterranea, in un periodo antecedente alla nascita degli dèi urani-ci. La sua rappresentazione evidenzia il simbolismo del *vaso pieno* nell'accentuazione delle zone centrali del corpo femminile, mammelle e ventre, che spesso fanno un grappolo unico. La testa, priva di viso, è inclinata verso il centro del corpo, il femore e le cosce gigantesche terminano in gambe molto sottili, mentre i piedi esili sono del tutto incapaci di reggere questo enorme corpo-vaso. Anche le braccia, che con i piedi sono gli elementi attivi dell'azione e del movimento, sono appena accennate. La mancanza di agilità e di forma fa assumere alla Grande Madre una postura sedentaria in stretta aderenza alla terra in cui spesso è incorporata. Seduta, poi, la Grande Madre è la dea troneggiante, quindi la forma originaria del *trono* stesso. Non a caso il nome della maggiore dea madre dei culti primordiali è Iside, cioè il seggio, il trono che la dea reca in testa; e il re, che prende possesso della terra, ossia della dea madre, lo fa sedendosi letteralmente sul suo grembo. Oltre che con riferimento al simbolismo del vaso che, come il grembo materno, contiene l'oscurità primitiva, il cielo notturno generatore, la forza ctonia della terra capace di dare alla luce, la Grande Madre viene rappresentata anche come *albero della vita* che, saldamente piantato con le sue radici nella terra che lo nutre, si innalza verso l'alto e, con i suoi rami e le sue foglie, genera quell'ombra protettiva dove la materia vivente trova il suo rifugio. Non a caso la parola *madera* ("legno") ha parentele con "madre" e "materia", a cui pure si connette il greco μαδαρός ("umido", "inzuppato") e il latino *madidus* ("madido", "bagnato").

Carl Gustav Jung interpreta la Grande Madre come un ARCHETIPO (v.) che condiziona profondamente la relazione madre-bambino, nel senso che quest'ultimo proietta sulla madre reale tutte le qualità positive e negative dell'archetipo: «Ciò che è benevolo, protettivo, tollerante; ciò che favorisce la crescita, la fecondità, la nutrizione; i luoghi della magica trasformazione, della rinascita; l'istinto o l'impulso soccorrevole; ciò che è segreto, occulto, tenebroso; l'abisso, il mondo dei morti; ciò che divora, seduce, intossica; ciò che genera angoscia, l'ineluttabile» (1938-1954, p. 83). Il modo di relazionarsi all'archetipo della Grande Madre risulta differente nei due sessi: più familiare per la donna che condivide con la madre gli attributi femminili, più inquietante nell'uomo che con maggior fatica riesce ad emanciparsi.

Bibliografia

Bachofen J. J., *Il matriarcato* (1861), Einaudi, Torino 1988.
Giani Gallino T. (a cura di), *Le Grandi Madri*, Feltrinelli, Milano 1989.
Jung C. G., *Gli aspetti psicologici dell'archetipo della madre* (1938-1954), in *Opere* (1969-2007), Bollati Boringhieri, Torino, vol. IX, 1.
Neumann E., *La grande madre. Fenomenologia delle configurazioni femminili dell'inconscio* (1956), Astrolabio, Roma 1981.

Grande male, v. EPILESSIA.

Gratificazione (ingl. *Gratification*; ted. *Befriedigung*; fr. *Gratification*; sp. *Gratificación*). Il termine, che nella letteratura psicologica è equivalente a *soddisfazione*, si riferisce in generale allo stato emotivo che accompagna il raggiungimento di una meta o l'appagamento di un bisogno o di un desiderio, mentre, nella sua accezione specifica, fa riferimento alla condizione di OMEOSTASI (v.) con cui Walter Bradford Cannon indica lo stato ottimale di economia corporea al cui mantenimento tendono sia gli istinti sia le pulsioni. A questo proposito Robert Bruce Raup formula il *principio di soddisfazione* secondo cui ogni organismo costituisce un sistema che tende a conservare la situazione stazionaria o a ripristinarla appena viene alterata da qualche variazione interna o esterna all'organismo stesso. In quest'ottica, bisogni, desideri, comportamenti di ritiro, attacco e fuga sono forme diverse con cui l'organismo tende a mantenere costante la propria condizione fisiologica (v. BISOGNO, §§ 1-2). In ambito psicoanalitico la gratificazione è letta come la meta a cui tende il principio di piacere (v. PIACERE, § 1) che governa la condotta infantile prima che il principio di realtà (v. REALTÀ, § 3) si imponga gradualmente, costringendo a dilazionare la gratificazione o a spostarla a livello fantastico. Nell'ambito della terapia analitica vige la regola dell'ASTINENZA (v. § 2) che vieta al terapeuta di soddisfare i desideri del paziente, mentre nel trattamento degli psicotici, che presentano una scarsa strutturazione dell'Io, il terapeuta assume un atteggiamento gratificante, caratterizzato da una forte presenza e da un'incondizionata accettazione, al fine di svolgere la funzione di oggetto riparatore di quelle mancate esperienze gratificanti considerate, nell'età infantile, essenziali alla costituzione dell'Io.

Bibliografia

Cannon W. B., *La saggezza del corpo* (1932), Bompiani, Milano 1956.
Freud S., *Osservazioni sull'amore di traslazione* (1914), in *Nuovi consigli sulla tecnica della psicoanalisi* (1913-1914), in *Opere* (1967-1993), Bollati Boringhieri, Torino, vol. VII.
–, *Al di là del principio di piacere* (1920), in *Opere*, cit., vol. IX.
Greenson R. R., *Tecnica e pratica psicoanalitica* (1967), Feltrinelli, Milano 1974.
Raup R. B., *Toward a new education*, Teachers College, Columbia University, New York 1930.

Gratitudine, v. INVIDIA, § 2.

Gratuità (ingl. *Gratuitousness*; ted. *Unentgeltlichkeit*; fr. *Gratuité*; sp. *Gratuidad*). Il termine può indicare o l'assenza di motivazione nell'azione che risulta priva di senso, o la presenza di motivazioni tali per cui l'azione non necessita di alcuna contropartita, avendo già in se stessa il proprio senso. In questa seconda accezione il termine è impiegato per caratterizzare le attività educative.

Graves, Test di, v. ATTITUDINE, § 2.

Gravidanza (ingl. *Pregnancy*; ted. *Schwangerschaft*; fr. *Grossesse*; sp. *Gravidez*). Condizione femminile che va dal momento del concepimento al momento del parto, caratterizzata sul piano fisiologico dall'aumento dei processi metabolici e, su quello psicologico, dall'accentuazione delle tendenze ricettive e ritentive che portano a una regressione dell'Io a livello orale (v. ORALE) con conseguente riattivazione dei conflitti, delle ansie e delle frustrazioni a suo tempo vissuti nei confronti della madre. Il feto, che la donna gravida porta dentro di sé, viene investito di libido narcisistica come rappresentante del proprio SÉ (v.) "buono" o "cattivo", con conseguente accettazione o rifiuto del nascituro. Numerosi studi statistici raccolti da Natalie Shainess hanno evidenziato che nel primo trimestre di gestazione i problemi psicologici sono connessi alla scelta dell'aborto o del proseguimento della gravidanza, nel secondo trimestre si assiste a reazioni psicosomatiche come ipertensione, cefalea, ansia, reazioni fobiche connesse al modo in cui il conflitto è stato risolto, nel terzo trimestre può registrarsi un ottundimento emotivo o a un'accentuazione dello sfondo depressivo che Helene Deutsch interpreta come conseguenza della regressione narcisistica che comporta il ritiro dell'investimento sugli oggetti esterni. Questa sintomatologia può riscontrarsi anche nella *gravidanza isterica* o *pseudogravidanza* o *pseudociesi* in cui compaiono tutti i sintomi tipici della gravidanza, dall'interruzione delle mestruazioni all'ingrossamento delle mammelle, alla dilatazione dell'utero, sebbene non sia avvenuto alcun concepimento. La pseudogravidanza è solitamente letta come un sintomo di CONVERSIONE (v.) determinato da un inconscio desiderio di partorire o di ottenere, con lo stato di gravidanza, una gratificazione da parte dell'ambiente. Per quanto concerne le psicosi che possono insorgere nel periodo gravidico, si veda la voce PSICOSI, § 2, *b*.

Bibliografia

Ammaniti M. (a cura di), *La gravidanza tra fantasia e realtà*, Il Pensiero Scientifico, Roma 1992.

Benedek Th. F., *Funzioni sessuali nella donna e loro alterazioni*, in S. Arieti (a cura di), *Manuale di psichiatria* (1959-1966), Bollati Boringhieri, Torino 1969-1970, vol. II, pp. 974-997.

Deutsch H., *Psicologia della donna* (1944-1945), Bollati Boringhieri, Torino 1977.

Foley D., Nechas E., *Gravidanza*, in Id., *Enciclopedia delle donne. Il nostro corpo, la nostra mente* (1993), Feltrinelli, Milano 1995, pp. 223-243.

Shainess N., *Problemi psicologici connessi alla maternità*, in S. Arieti (a cura di), *Manuale di psichiatria*, cit., vol. I, pp. 407-425.

Vogt-Hägerbäumer B., *La gravidanza. Un'esperienza che riguarda la donna, l'uomo e la società*, Feltrinelli, Milano 1981.

Gregarismo (ingl. *Gregariousness*; ted. *Herdentrieb*; fr. *Grégarisme*; sp. *Gregarismo*). Detto anche istinto gregario o istinto di gregge, indica una tendenza innata in molte specie, compreso l'uomo, a vivere in gruppo (v. GRUPPO). Sigmund Freud, che riprende il concetto nell'accezione di "pulsione gregaria" per spiegare i fenomeni di reciproca suggestione che si verificano all'interno del gruppo, oltre a non considerare tale istinto come primario, sottolinea che il gregarismo non può essere pienamente compreso se si trascura il ruolo svolto dal capo e il legame esistente tra questi e i singoli individui, i cui sentimenti ostili di invidia e gelosia si trasformano nell'identificazione reciproca (v. PSICOLOGIA DELLA MASSA). In un'accezione più generale il concetto di gregarismo viene utilizzato in riferimento alla tendenza a conformarsi alle scelte del gruppo, rinunciando ad esprimere la propria individualità. Il fenomeno è largamente presente nelle situazioni di disadattamento giovanile.

Bibliografia

Adorno Th. W. *et al.*, *La personalità autoritaria* (1950), Edizioni di Comunità, Milano 1973.

Freud S., *Psicologia delle masse e analisi dell'Io* (1921), in *Opere* (1967-1993), Bollati Boringhieri, Torino, vol. IX.

Napolitani D., *Individualità e gruppalità*, Bollati Boringhieri, Torino 1987.

Grido (ingl. *Shout*; ted. *Schrei*; fr. *Cri*; sp. *Grito*). Suono inarticolato emesso nelle condizioni psicologiche più diverse che vanno dalla gioia al dolore, dalla minaccia al richiamo. Come scrive Emanuele Severino, «il grido sta all'inizio della vita dell'uomo sulla terra. Il grido di caccia, di guerra, d'amore, di terrore, di gioia, di dolore, di morte. Ma anche gli animali gridano; e per l'uomo primitivo gridano anche il vento e la terra, la nube e il mare, l'albero e la pietra, il fiume. Ma *solo l'uomo si raccoglie attorno al proprio grido*, in assenza degli eventi che l'hanno provocato. Al grido sono legati gli aspetti decisivi dell'esistenza e nella rievocazione del grido le più antiche comunità umane non solo scorgono la trama che le forma, ma annodano stabilmente i fili della trama, cioè si stabiliscono e conformano nel loro essere comunità umane» (1985, p. 41). Numerose sono le tecniche che utilizzano il grido a scopo terapeutico perché lo considerano il mezzo privilegiato per mettere in contatto i sentimenti con le loro espressioni e per sbloccare con la voce energie contenute e minacciose.

Bibliografia

AA.VV., *Ridere Piangere Gridare*, in P. F. Galli (a cura di), *Osservazione psicoanalitica* (1992-1996), Bollati Boringhieri, Torino, vol. XX.

Schützenberger A. A., Sauret M.-J., *Terapie e formazione con il grido*, in Id., *Il corpo e il gruppo* (1977), Astrolabio, Roma 1978.

Severino E., *Il grido*, in Id., *Il parricidio mancato*, Adelphi, Milano 1985.

Gruppo (ingl. *Group*; ted. *Gruppe*; fr. *Groupe*; sp. *Grupo*). Insieme di individui che interagiscono fra loro influenzandosi reciprocamente e che condividono, più o meno consapevolmente, interessi, scopi, caratteristiche e norme comportamentali. L'influenza reciproca fra i vari membri del gruppo è tanto più intensa quanto più il gruppo è ristretto e diminuisce via via che questo si allarga, per cui il gruppo si differenzia da altre forme di aggregazione sociale come le folle o le comunità in cui non esiste un'interazione diretta fra tutti gli individui. Claude Lévi-Strauss precisa che è possibile parlare di "gruppo" a proposito di quelle entità che si costituiscono all'interno di comunità o di società i cui componenti giungono a un numero tale che non è più possibile conoscersi direttamente. L'interesse sociologico nei confronti del gruppo, già presente nell'opera di Émile Durkheim, ha segnato il passaggio da una concezione globalistica della società, propria della sociologia ottocentesca, all'approccio più analitico della sociologia contemporanea volta allo studio della realtà sociale nei termini delle molteplici strutture, istituzioni e gruppi che la caratterizzano.

I. Tipologia dei gruppi. Tra i vari tipi di gruppo esistono delle differenziazioni che sono state assunte come caratterizzanti le varie forme associative. Originaria e significativa per la chiarificazione del concetto di gruppo fu la tipologia introdotta da Charles Horton Cooley che prevede la seguente ripartizione:

1. *Gruppi primari e gruppi secondari.* I primari, quali la famiglia o il gruppo dei compagni di gioco, sono caratterizzati da un'interazione diretta fra i membri, detta "faccia a faccia", fondata prevalentemente sull'affiatamento e l'identificazione reciproca. «I gruppi primari – scrive Cooley – sono primari in quanto danno all'individuo la sua prima e completa esperienza dell'unità sociale, ed anche in quanto non mutano nello stesso grado in cui mutano relazioni più elaborate» (1909, p. 25). I gruppi secondari, molto più estesi dei primi, sono invece caratterizzati da relazioni indirette e formali, prevalentemente di tipo contrattuale. Attualmente il concetto di gruppo primario è stato sostituito dalla nozione di "piccolo gruppo", che si rivela metodologicamente più idonea della precedente.

2. *Piccolo gruppo.* Alla base di questa denominazione non è la dimensione del gruppo, ma l'adozione di una logica dualistica rispetto a quella unitaria che considera il gruppo dal punto di vista della sua dinamica interna. La logica dualistica, oltre alla figura dell'*appartenenza* a un gruppo, non prescinde dalla contemporanea e necessaria *disappartenenza* a tutto il non-gruppo. Scrive in proposito Enzo Spaltro: «Quanto più io mi sento di appartenere a un gruppo tanto meno sono sensibile ai fatti esterni al gruppo stesso. Ciò almeno nella generalità dei casi. I processi di socializzazione possono infatti essere intesi come rivolti al gruppo, cioè come aumento di consapevolezza e di investimento libidico nei confronti del gruppo, ma anche come denegazione e disinvestimento libidico nei confronti del non-gruppo. Ritengo che al tradizionale filone dell'analisi della dinamica di gruppo occorra affiancare l'analisi dei risvolti storici di questa dinamica, cioè l'analisi del non-gruppo. Per questo occorre occuparsi davvero dei "piccoli gruppi" e non per dimensioni, ma per logica duale» (1972, p. 208). Nel piccolo gruppo si maturano un livello di *sicurezza* e un controllo della dinamica della *colpa*, le cui forme costituiranno il metro con cui l'individuo appartenente al gruppo tenderà a esprimere i suoi giudizi sul non-gruppo.

3. *Gruppo di appartenenza e gruppo di riferimento.* Il primo è il gruppo a cui l'individuo appartiene e alle cui regole conforma il proprio comportamento, il secondo rappresenta un parametro *comparativo*, per confrontare i propri comportamenti e le proprie realizzazioni, e *normativo* quale fonte di valori e di modelli con cui identificarsi. Queste due forme di gruppo, che possono anche coincidere, contribuiscono a controllare e a guidare il comportamento del singolo, influenzandone le aspettative e di conseguenza il grado di soddisfazione e di insoddisfazione.

4. *Gruppo interno e gruppo esterno.* Il primo è quello in cui una persona è inserita e si identifica, il secondo, che non è il non-gruppo, è un gruppo a cui l'individuo non appartiene e verso il quale può nutrire sentimenti di avversione, di disapprovazione o di timore tali da indurlo ad adottare tattiche di evitamento (v. Attrazione – Repulsione, Teoria dell').

5. *Gruppo naturale e gruppo sperimentale.* Il primo è costituito dal gruppo in cui un individuo nasce, come la famiglia, o si trova, come i compagni di gioco, il secondo è un gruppo che si costituisce in vista di uno scopo, di una realizzazione o di uno specifico intervento.

6. *Gruppo formale e gruppo informale.* Il primo è regolato da una precisa strutturazione delle relazioni interne e delle finalità da perseguire, il secondo da interazioni non organizzate che dipendono da una circostanza contingente.

II. Dinamica di gruppo. L'espressione è stata introdotta da Kurt Lewin e utilizzata dalla psicologia sociale per indicare le relazioni dinamiche che si osservano all'interno di un gruppo e che ne determinano il comportamento e l'evoluzione. Lewin, estendendo la concezione gestaltica (v. Psicologia della Gestalt) dal settore della percezione alla psicologia sociale, interpretò il comportamento del gruppo come espressione della situazione globale di Campo (v. § 2) determinata dai campi psicologici dei singoli membri, dai canali di comunicazione, dai sottogruppi. Lo studio della dinamica di gruppo, pur non avendo a tutt'oggi raggiunto una concezione sistematica dei meccanismi di interazione, ha messo in evidenza una serie di caratteri generali comuni ad ogni gruppo fra cui i principali sono:

1. *Appartenenza.* Sensazione di partecipare e di essere ben accettato da un gruppo secondo modalità che differiscono dalla Dipendenza (v. § 2) per un

maggior grado di scelta, di intimità e di reciprocità. Secondo Roy F. Baumeister e Mark R. Leary, il bisogno di appartenenza è una propensione istintiva ad avere relazioni significative con altre persone. Motivo questo già evidenziato da Aristotele che in proposito scrive: «La società esiste per natura ed è anteriore a ciascun individuo, per cui chi non è in grado di entrare nella comunità, o per la sua autosufficienza non ne sente il bisogno, non è parte della società, e di conseguenza è o bestia o Dio» (*Politica*, 1285 b). Sempre in ordine all'appartenenza, Marilynn B. Brewer sottolinea che questa è controbilanciata dal bisogno dei singoli individui di differenziarsi e distinguersi, onde evitare il rischio della depersonalizzazione per eccesso di identificazione con i membri del gruppo. Quando il senso di appartenenza è forte e il gruppo a cui si appartiene gode di un giudizio positivo, allora, osserva Henri Tajfel, aumenta il senso di autostima dei singoli individui e la difesa del proprio gruppo da minacce esterne che possono compromettere la visione del mondo condivisa dal gruppo. Quest'ultimo fattore può generare vissuti negativi come paura o avversione anche accesa nei confronti dei gruppi esterni, a cui vengono attribuite caratteristiche negative che innescano pregiudizi quando non azioni ostili. All'appartenenza si perviene attraverso: *a*) il *contatto* fra i vari membri del gruppo (quanto più è frequente e intenso, tanto maggiori sono lo scambio relazionale e il sentimento di vicinanza), *b*) l'*identificazione* di ogni componente con le norme, i valori e gli atteggiamenti del gruppo da cui ogni singolo trae un rafforzamento della propria identità, *c*) l'*omogeneità* che attutisce le differenze soggettive degli individui, accentuando i caratteri comuni del comportamento, del modo di pensare e dell'immagine esteriore. Per effetto di tale assimilazione, i membri del gruppo si designano generalmente con il pronome "noi".

2. *Interdipendenza*. L'appartenenza determina una connotazione di interdipendenza dinamica in grado di modificare progressivamente le motivazioni, gli atteggiamenti, i vissuti e i comportamenti di ciascun membro del gruppo, per cui si constata che: *a*) la decisione di gruppo modifica il comportamento di ciascun individuo più della modificazione indotta dall'opera di persuasione individuale anche da parte di una persona particolarmente prestigiosa; *b*) il gruppo costituisce un sistema di riferimento normativo, per cui ciascun membro è portato a giudicare il comportamento altrui in relazione alle regole, più o meno esplicite, presenti nel gruppo. Inoltre, come osserva Michael A. Hogg, più il sistema normativo è codificato, più soddisfa il bisogno di appartenenza oltre a ridurre il sistema di incertezza personale; *c*) la produttività del gruppo è notevolmente superiore alla somma delle produttività dei singoli individui che lo compongono (v. PSICOLOGIA SOCIALE, § 4, *c*).

3. *Coesione*. Legame che tiene insieme i componenti di un gruppo: o per effetto di relazioni interpersonali tra individui che condividono gli stessi interessi, gusti, hobby come nel caso di un gruppo di amici, o per spirito di corpo che nasce da un'appartenenza condivisa, come nel caso delle nazioni o delle confessioni religiose, o da obiettivi comuni, come nel caso delle squadre sportive o dei gruppi di lavoro. Il tasso di coesione agisce come *rinforzo* per i singoli membri nel raggiungimento degli obiettivi che il gruppo si propone. Numerosi sono i fattori che entrano in gioco nel determinare la coesione. Tra questi: le dimensioni del gruppo, l'ubicazione, l'esistenza di elementi simili nel lavoro svolto, il flusso, la posizione o il prestigio del lavoro. La maggior o minor coesione del gruppo decide il grado di *normatività* che il gruppo esercita nei confronti dei singoli membri. Questo è particolarmente evidente nella *coesione difensiva* (v. PSICOLOGIA SOCIALE, § 4, *a*) tipica, ad esempio, dei gruppi di lavoro in contrasto con gli obiettivi dell'amministrazione, e nella *coesione narcisistica* dove si assiste a uno spostamento della propria identità e autostima dall'Io individuale all'Io di gruppo. Infine, più i gruppi sono minoritari nel contesto sociale in cui si trovano a operare, maggiore è la coesione interna. La coesione è inversamente proporzionale all'individuazione (v. PSICOLOGIA ANALITICA, § 5), talché a una diminuzione di coesione corrisponde un aumento di individuazione. Una combinazione tra coesione e individuazione è nell'accettazione da parte del gruppo del cosiddetto "leader informale" le cui idee vengono fatte proprie dall'intero gruppo. L'instaurarsi di stretti contatti fra i componenti del gruppo determina l'allentamento dei rapporti con gli estranei al gruppo, con formazioni *autostereotipe* ed *eterostereotipe* riferite rispettivamente all'immagine che il gruppo si costruisce e all'immagine che riferisce agli estranei al gruppo. La coesione viene favorita dalle pratiche di isolamento, come la segregazione degli ordini religiosi, o dalla proiezione dell'aggressività verso l'esterno, come dice Sigmund Freud: «È sempre possibile riunire un numero anche rilevante di uomini che si amino l'un l'altro fin tanto che ne restino altri per le manifestazioni di aggressività» (1929, pp. 601-602).

4. *Polarizzazione*. Si verifica quando le divergenze all'interno del gruppo non possono più venire eliminate, per cui si formano due sottogruppi la cui riunificazione risulta improbabile, in quanto i meccanismi di aggressività, un tempo proiettati all'esterno, trovano all'interno del gruppo il loro campo di

espressione. La polarizzazione può essere evitata attraverso un'aperta discussione in cui può vincere la maggioranza o la minoranza, a condizione che questa porti avanti le proprie posizioni in modo coerente e unitario. Con il procedere della discussione la posizione condivisa diventa unanime e, per effetto dell'unanimità, può essere scambiata per una verità oggettiva. In questo caso si determina una sorta di uniformità, che può generare condotte conformiste che chiudono ogni dialettica, la quale, quando non è esasperata, è sempre costruttiva perché innesca dinamiche innovative.

5. *Differenziazione dei ruoli.* Si attua in modo spontaneo o prestabilito a seconda del tipo di gruppo. Nei gruppi strutturati esistono regole comportamentali stabilite e ruoli assegnati a partire dai quali è possibile prevedere il comportamento altrui. Kenneth D. Benne e Paul Sheats hanno individuato: *a*) ruoli conformi ai compiti del gruppo come il coordinatore o il promotore; *b*) ruoli relativi alla coesione sociale del gruppo come il mediatore o il gregario; *c*) ruoli finalizzati al mantenimento delle esigenze individuali all'interno del gruppo (v. RUOLO, § 1). Ogni soggetto può assumere differenti ruoli nell'ambito di gruppi differenti o nello stesso gruppo in tempi diversi. La ripartizione dei ruoli, anche quella relativa alle attrazioni e repulsioni affettive tra i componenti, è rilevabile mediante il metodo sociometrico ideato da Jacob Levi Moreno (v. SOCIOMETRIA), che individua e riproduce in grafico le preferenze che ogni membro del gruppo manifesta nei confronti degli altri in base alle sue risposte a determinate domande (v. RUOLO, § 2). Un gruppo è efficiente se la *struttura*, che prevede la ripartizione dei ruoli, e la *coesione*, che è alla base dello spirito di gruppo, sono entrambe compresenti.

6. *Istituzione del leader.* Costituisce il passo decisivo nella differenziazione dei ruoli e dipende dalle caratteristiche e dagli scopi del gruppo, nonché dalle interazioni presenti al suo interno. Di solito il gruppo riconosce il ruolo di guida in base a due scale indipendenti di valori: quella relativa alle capacità tecniche di coordinazione e quella relativa alla capacità di essere benvoluti. Siccome raramente le due capacità sono impersonate da un unico individuo, spesso viene a costituirsi un tipo di reggenza a due, simile al doppio re, come il capo tribù e il sacerdote nelle società primitive, dove un capo riscuote benevolenza e popolarità, mentre l'altro raccoglie in sé doti di efficienza e di organizzazione. In base a uno studio sugli effetti di differenti stili di leadership sui membri del gruppo, Lewin rileva che: *a*) la leadership *autoritaria* determina una forte dipendenza dal leader, aggressività e competizione fra i membri, insoddisfazione da parte degli individui verso le attività del gruppo, buon rendimento nel lavoro; *b*) la leadership *democratica* determina scarsa dipendenza e scarsa aggressività, notevole quantità di proposte, soddisfazione per le attività del gruppo e rendimento quantitativo modesto, ma superiore qualitativamente; *c*) la leadership *permissiva* genera scarsa dipendenza, aggressività fra i membri, elevato numero di proposte creative, insoddisfazione e modesto rendimento. Secondo Freud il leader è colui sul quale tutti i membri proiettano il proprio ideale dell'Io, per cui da un lato egli deve adottare un atteggiamento distaccato e differente rispetto a quello degli altri componenti del gruppo per mantenere la sua funzione di oggetto di proiezione, dall'altro deve manifestare la sua appartenenza al gruppo per favorire i processi di identificazione dei membri su di lui (v. IO, IDEALE DELL'). Il leader può nascere o da un *processo di gruppo*, come Hogg ritiene sarebbe opportuno affinché i subordinati si riconoscano in lui che, proprio perché nato dal gruppo, appare condividere le aspettative e le rivendicazioni di quanti sono alle dipendenze delle sue decisioni, oppure perché possiede una *personalità carismatica*, che il più delle volte, secondo Manfred F. R. Kets de Vries, è caratterizzata da una ipertrofia del proprio Io, affetto non di rado da ALESSITIMIA (v.), che è un superadattamento alla realtà esterna, a compensazione di una povertà interiore che si manifesta in una scarsa capacità empatica, indifferenza e distacco nei confronti dei subordinati, e un bisogno coatto a comparire e a farsi vedere per riscuotere consenso, séguito, riconoscimento e approvazione, in vista della conquista o del mantenimento del potere, a cui il leader si applica con una condotta dominata dal sacrificio e dal senso del dovere spinti all'eccesso, a compensazione degli scarsi riconoscimenti o delle soverchianti richieste genitoriali subite nell'infanzia. Per quanto riguarda la diversa configurazione del leader nell'ambito dell'esercizio del potere carismatico, burocratico, cooperativo, tecnocratico e strategico, si veda la voce POTERE, § 2.

7. *Rendimento.* Rispetto alla somma delle prestazioni singole, il gruppo offre un miglior rendimento a patto che vengano rispettate: *a*) la piena comunicazione fra i componenti, *b*) l'accettazione da parte di tutti di un'adeguata soluzione, anche se proposta da un unico componente, *c*) l'autonomia di ragionamento rispetto ai problemi. Generalmente la divisione del lavoro nell'ambito industriale, amministrativo o scientifico soddisfa le ultime due condizioni, ma ostacola la prima. Alcune ricerche hanno mostrato che una comunicazione in cui le informazioni confluiscono tutte in un'unica persona risulta più efficace nel caso di compiti semplici, mentre nel caso di

problemi più complessi sembra più utile un contatto interindividuale. Il rendimento di un gruppo è valutato positivamente se è superiore al rendimento dei suoi membri presi singolarmente. In caso contrario i problemi possono annidarsi nel fatto che il lavoro dei singoli non sia sufficientemente riconosciuto, per cui c'è un allentamento dell'attività e un esonerarsi dietro il lavoro degli altri. In questo caso si parla di "inerzia sociale", a cui non si rimedia con incentivi individuali che disgregano la coesione sociale, ma agendo sulla motivazione e sul senso di appartenenza.

8. *Socializzazione*. La dinamica di gruppo, come dice Spaltro, «non è altro che l'analisi del processo di socializzazione esaminato nei suoi dettagli, cioè nel suo interno, nella sua direzionalità e dal punto di vista dei fini cui esso tende» (1972, p. 242). Tali fini mediamente sono: *a*) il raggiungimento di un livello di *sicurezza* garantito dall'appartenenza al gruppo che consente, con la sua protezione, di rischiare senza troppa ansia anche in terreni mai esperiti; *b*) il controllo della dinamica della *colpa*, perché il Super-io paterno si trasforma in Super-io di gruppo più facile da controllare; *c*) l'accelerazione dei processi di *apprendimento*, perché il gruppo serve da feedback continuo mediante il paragone con gli altri, e quindi come mezzo per conoscere continuamente i risultati raggiunti; *d*) l'aumento dell'efficienza e della funzionalità delle *difese* perché, seguendo la legge del successo all'interno del gruppo, verranno ad essere potenziati quei meccanismi che hanno determinato un effetto positivo, e verranno abbandonati quelli che al contrario avevano fallito il loro scopo; *e*) l'influenza sul ritmo dello *sviluppo intellettivo* per il rapporto che esiste tra i processi intellettivi e il linguaggio, e tra il linguaggio e la comunicazione che nel gruppo è potenziata; *f*) la *maturazione affettiva* facilitata nel gruppo rispetto alla condizione isolata, e controllata nelle manifestazioni delle pulsioni che l'individuo può anche non saper regolare da solo (v. PSICOLOGIA SOCIALE, §§ 1-3).

III. ANALISI DI GRUPPO. In ambito psicoanalitico Freud non si occupò di "gruppi artificiali" che si compongono in vista di uno scopo, come invece farà la psicoanalisi successiva, ma di "gruppi naturali" come la massa, la comunità religiosa, l'esercito, per sottolineare l'aspetto regressivo che subisce l'individuo in termini di autodeterminazione e di identificazione con il leader quando entra in un gruppo. Vale comunque per Freud l'assunto teorico secondo il quale «nella vita psichica del singolo l'altro è regolarmente presente come modello, come oggetto, come soccorritore, come nemico, e pertanto, in questa accezione più ampia ma indiscutibilmente legittima, la psicologia individuale è al tempo stesso, fin dall'inizio, psicologia sociale» (1921, p. 261).

1. *Le premesse teoriche*. L'analisi di gruppo, qui inteso come "gruppo artificiale" che si compone in vista del conseguimento di determinati obiettivi, è un metodo psicoterapeutico in cui più pazienti, da sei a dodici, di entrambi i sessi, possibilmente rappresentati in ugual misura, alla presenza di uno o più terapeuti, vengono trattati con l'impiego della dinamica di gruppo, che offre indicazioni diagnostiche e terapeutiche che non si rilevano nella situazione analitica classica fondata sulla dualità analista-paziente. I gruppi possono essere chiusi o aperti, a seconda che i membri cambino con minore o maggiore frequenza, e il principio che ne regge la formazione è, come scrive Diego Napolitani, il fatto che «il Noi è il luogo germinativo di qualsiasi possibile Io e di qualsiasi possibile Tu» (1986, p. 26).

All'interno del gruppo si prende coscienza delle relazioni interne, del modo di cooperazione, dell'adesione dei singoli alle norme e ai valori gruppali, del funzionamento di un comune sistema di comunicazione tra i membri, che di solito è assunto come fattore primordiale. Come notava Jean Piaget, nell'analisi di gruppo «in primo piano non sono gli "istinti", ma la polarizzazione di tendenze che scaturiscono dalla vita del gruppo e quindi resistenza alla guida, canalizzazione del temperamento nella linea delle funzioni, reazioni determinate nell'individuo dal gruppo e reazioni determinate nel gruppo dai temperamenti individuali» (1977, p. 350).

Introdotto nel 1907 da Joseph H. Pratt per aiutare dei pazienti tubercolotici ad affrontare la propria malattia, il gruppo divenne, con Michael Balint, un metodo di lavoro che ha come scopo la formazione psicologica del medico e delle altre professioni di cura, per migliorare la relazione con i pazienti e per promuovere una più efficiente gestione lavorativa. I "Gruppi Balint", che da lui presero il nome, sono composti da 8 a 10 medici e operatori sanitari e si basano sul principio che la qualità della relazione del medico con il paziente non solo è parte integrante della cura, ma è decisiva anche in ordine all'efficacia dei farmaci che vengono somministrati. Con Wilfred Ruprecht Bion il gruppo, condotto con strumenti psicoanalitici, fu adottato anche per la cura di ogni suo singolo componente, senza trascurare la lezione di Freud relativa all'aspetto regressivo che l'individuo subisce nel gruppo a partire dalla ricerca dell'anonimato, fino alla delega del proprio pensiero a un leader che nel gruppo dovesse imporsi e all'adesione allo stato emotivo prevalente nel gruppo.

Passi successivi furono compiuti da Siegmund H. Foulkes che prese a considerare il gruppo non come una somma di individui, ma come una vera e propria entità psicologica, da lui denominata "rete", di cui i singoli componenti sono i "nodi" che sciolgono i loro problemi nella relazione. In ordine alle dinamiche che si esprimono nel gruppo, René Kaës pose l'accento sulla dialettica tra gli aspetti collettivi del pensiero di gruppo e quelli del pensiero individuale che, influenzandosi reciprocamente, determinano nell'individuo una riduzione della rigidità della propria visione del mondo che spesso è alla base del disagio psichico.

Moreno introdusse nell'analisi di gruppo, come variante interpretativa e terapeutica, l'"azione" nella forma dello PSICODRAMMA (v.), dove il leader dirige una scena spontanea in cui i membri del gruppo possono ricostruire una determinata situazione della vita di ciascuno. Oggi l'analisi di gruppo viene praticata, oltre che nelle comunità terapeutiche o nei centri diurni con gruppi di pazienti omogenei, anche per iniziativa di singoli terapeuti soprattutto per la cura dei disturbi della personalità e della tossicodipendenza.

Per una buona impostazione dell'analisi di gruppo occorre affrontare problemi epistemologici di primaria importanza, come lo spostamento del *principio di identità* dall'individuo (che si caratterizza per la sua percepibilità nello spazio e nel tempo e per l'indipendenza dalla sua variabilità espressiva e dalle modificazioni legate al suo crescere, al suo riprodursi e al suo deperire) al gruppo che, come scrive Diego Napolitani, «non è un oggetto della nostra percezione sensoriale, perché questa ci dice qualcosa solo dei singoli individui nella loro aggregazione seriale, ma nulla dei "legami" eventualmente esistenti fra loro. Esso inoltre non ha alcun carattere di costanza, né alcun confine oggettivamente definibile, non cresce, né si riproduce o deperisce secondo "leggi naturali", cioè secondo regolarità e ricorsività, ed è per definizione un "insieme" da cui ogni parte, in ogni momento, può separarsi per recuperare la sua piena autonomia» (1987, p. 39).

Se l'individuo è "naturale" e il gruppo è "culturale", si pone il problema di sapere se al gruppo possono essere applicati gli stessi paradigmi teorici e i metodi di indagine impiegati per la ricognizione dell'individuo, o se, essendo la cultura originariamente connessa alla natura dell'uomo, non si devono invece derivare dalla modellistica gruppale paradigmi e metodi per l'indagine dell'individuo. All'analisi di gruppo si pone quindi il problema di inventare una prospettiva epistemologica che implichi il superamento della dicotomia ontologica individuo/gruppo, perché se, come scrive Diego Napolitani, «l'individuo è nella sua identità una molteplicità di relazioni identificatorie storicamente definite, ogni gruppo sociale che egli andrà promuovendo o a cui si troverà a partecipare è innanzitutto replicazione drammatica, cioè strettamente transferale, della sua *gruppalità interna*, intesa come dispositivo che codifica il mondo e il proprio rapporto col mondo» (ivi, p. 48).

2. *I metodi.* Nell'ambito delle psicoterapie di gruppo esiste una distinzione tra quelle basate su tecniche prevalentemente *extraverbali* e quelle basate su tecniche *verbali.* Delle prime sono esempi: le *terapie occupazionali di gruppo*, come l'ERGOTERAPIA (v.) e la ludoterapia (v. GIOCO, § 5), e la SOCIOTERAPIA (v.), con il sistematico impiego di esperienze emotive, attraverso lo svolgimento di ruoli sociali come nella gestione dell'autogoverno dei pazienti in una comunità terapeutica. Tra i gruppi prevalentemente verbali occorre distinguere quelli *non analitici*, come il counseling (v. CONSULENZA, § 4), lo psicodramma, il sociodramma (v. PSICODRAMMA) e il gruppo psicopedagogico, da quelli *analitici*, che hanno in comune il raggiungimento di obiettivi terapeutici con l'impiego sistematico dell'interpretazione. In quest'ultimo ambito Fabrizio Napolitani distingue: *a*) il metodo *rotatorio* dove ogni paziente a turno parla di sé liberamente mentre gli altri assumono il ruolo di spettatori. L'interazione dei membri del gruppo è di solito bassa e le associazioni del paziente sono rivolte quasi esclusivamente al terapeuta che prende l'iniziativa degli interventi. Le interpretazioni vengono date quasi sempre a livello intrapersonale, raramente a livello interpersonale, relativo cioè alle interazioni dei membri del gruppo, e quasi mai a livello transpersonale, cioè del gruppo in sé; *b*) il metodo *collettivo* dove ogni paziente, in tutto ciò che dice, si esprime come portavoce del gruppo e le interpretazioni sono dirette costantemente al gruppo nel suo insieme; *c*) il metodo *relazionale* dove l'attenzione non è sul singolo paziente e neppure sul gruppo in sé, ma sulle dinamiche relazionali, cioè sulle ansie e sulle difese inconsciamente mobilitate nel paziente verso il gruppo e nel gruppo verso il paziente.

L'ipotesi psicoanalitica che sostiene tutte queste forme di analisi di gruppo è che, come dice Fabrizio Napolitani, «esiste un'interdipendenza tra l'Io e il resto della personalità, così come esiste interdipendenza tra il singolo e il suo gruppo. Sembra perciò legittimo ipotizzare che la consapevolezza delle modalità di questa interdipendenza individuo-gruppo promuove una progressiva consapevolezza dell'interdipendenza tra l'Io ed i suoi oggetti interni. Di questi alcuni vengono riconosciuti come propri, e quindi accettati come parte del Sé, solo *dopo* essere stati proiettati nel gruppo dove generalmente qualcuno o il gruppo stesso li personifica. Le interazioni che ne seguono, nella misura in cui portano alla graduale accettazione dell'altro, riportano dentro il Sé, attraverso il processo d'identificazione introiettiva che si stabilisce, proprio quegli oggetti interni la cui alienazione aveva originato processi di identificazione proiettiva. Pertanto ogni componente di un gruppo terapeutico diventa per ciascuno degli altri una "dramatis persona" di tutti quegli aspetti costitutivi della personalità del singolo alienati in seguito ai meccanismi di difesa» (1972, p. 707).

Irvin David Yalom giudica la psicoterapia di gruppo più efficace di quella individuale perché: promuove la *speranza* nel vedere altri superare con successo problematiche simili; fa riconoscere l'*universalità* di certi problemi, consentendo di abbandonare molto presto la persuasione di ritenersi gli unici ad esserne afflitti; consente una *condivisione delle informazioni* traendo vantaggio dalle esperienze altrui; promuove l'*altruismo* offrendo la possibilità di aiutare e di essere aiutati dagli altri; facilita la *correzione del gruppo familiare primario*, dove i disagi hanno avuto origine, attraverso un'altra esperienza di familiarità nel gruppo; migliora i *processi di socializzazione* aumentando le competenze sociali; promuove *comportamenti imitativi* vedendo gli altri superare disagi analoghi; esprimendo in gruppo sentimenti consci e inconsci favorisce, attraverso la *catarsi*, un miglior apprendimento emotivo, una maggiore accettazione di sé accompagnata da una migliore consapevolezza nell'affrontare quei *fattori esistenziali* come l'isolamento, la morte, la difficoltà di reperire un senso nella propria vita, più difficili da accettare senza condivisione; promuove un *apprendimento interpersonale* più corretto rispetto alle distorsioni con cui si è soliti vedere gli altri; infine, attraverso la *coesione di gruppo*, migliorano le condizioni di accettazione reciproca, approvazione e appartenenza.

Bibliografia

Amado G., Guittet A., *La dynamique des communications dans les groupes*, Armand Colin, Paris 1990.

Amerio P., Borgogno F., *Introduzione alla psicologia dei piccoli gruppi*, Giappichelli, Torino 1975.

Amerio P., Quaglino G. P., *Il gruppo. Realtà e rappresentazione sociale*, Book Store, Torino 1979.

Anzieu D., *Il gruppo e l'inconscio* (1975), Borla, Roma 1979.

Anzieu D., Béjarano A., Kaës R., Missenard A., *Il lavoro psicoanalitico nei gruppi* (1973), Armando, Roma 1975.

Anzieu D., Martin J.-Y., *Dinamica dei piccoli gruppi* (1979), Borla, Roma 1997.

Arbinger Institute, *Leadership e autoinganno* (2000), Piccin, Padova 2002.

Aristotele, *Politica*, in *Opere*, Laterza, Bari 1973.

Avron O., *La pensée scénique. Groupe et psychodrame*, Érès, Toulouse 1996.

Badolato G., Di Iullo M. G., *Gruppi terapeutici e gruppi di formazione*, Bulzoni, Roma 1979.

Balint M., *Medico, paziente e malattia* (1957), Feltrinelli, Milano 1961.

Baumaiester R. F., Leary M. R., *The need to belong. Desire for interpersonal attachments as a fundamental human motivation*, in "Psychological Bulletin", 1995, n. 177, pp. 497-529.

Bellotto M., *Gruppo*, in AA.VV., *Gli strumenti del sapere contemporaneo*, vol. II: *I concetti*, Utet, Torino 1985, pp. 370-373.

Benne K. D., Sheats P., *Die Grundlagen der Sozialpsychologie*, Rembrandt, Berlin 1955.

Bion W. R., *Esperienze nei gruppi* (1961), Armando, Roma 1971.

Brewer M. B., *The social self. On being the same and different at the same time*, in "Personality and Social Psychology Bulletin", 1991, n. 17, pp. 475-482.

Brown R., *Psicologia sociale dei gruppi. Dinamiche intragruppo e intergruppi* (1993), il Mulino, Bologna 1996.

Busino G., *Gruppo*, in AA.VV., *Enciclopedia*, Einaudi, Torino 1979, vol. VI, pp. 977-995.

Calcaterra V., *Attivare e facilitare. I gruppi di auto/mutuo aiuto*, Erickson, Trento 2013.

Carli R., Paniccia R. M., *Psicosociologia delle organizzazioni e delle istituzioni*, il Mulino, Bologna 1981.

Contessa G., *Dinamiche di gruppo e ricerca*, La Scuola, Brescia 1977.

Cooley Ch. H., *L'organizzazione sociale* (1909), Edizioni di Comunità, Milano 1963.

Corbella S., *La terapia di gruppo*, in A. A. Semi (a cura di), *Trattato di psicoanalisi*, vol. I: *Teoria e tecnica*, Raffaello Cortina, Milano 1988-1989, pp. 769-837.

De Bartolomeis F., *La pratica del lavoro di gruppo*, Loescher, Torino 1978.

De Negri Trentin R., *Esperimenti di psicologia di gruppo*, Giunti Martello, Firenze 1976.

De Schill S., *Terapia psicoanalitica di gruppo* (1978), Feltrinelli, Milano 1980.

Dilts R. B., *Leadership e visione creativa* (1996), Guerini & Associati, Milano 1998.

Di Maria F., Formica I., *Fondamenti di gruppoanalisi*, il Mulino, Bologna 2009.

Di Maria F., Lo Verso G., *La psicodinamica dei gruppi. Teorie e tecniche*, Raffaello Cortina, Milano 1995.

Doel M., Sawdon C., *Lavorare con i gruppi. Manuale per gli operatori sociali* (1999), Erickson, Trento 2001.

Foulkes S. H., *Analisi terapeutica di gruppo* (1964), Bollati Boringhieri, Torino 1977.

Freud S., *Totem e tabù. Alcune concordanze nella vita psichica dei selvaggi e dei nevrotici* (1912-1913), in *Opere* (1967-1993), Bollati Boringhieri, Torino, vol. VII.

–, *Psicologia delle masse e analisi dell'Io* (1921), in *Opere*, cit., vol. IX.

–, *Il disagio della civiltà* (1929), in *Opere*, cit., vol. X.

Galimberti F., *Corpo, gruppo, istituzione*, Franco Angeli, Milano 2000.

Gardner H., *Personalità egemoni. Anatomia dell'attitudine al comando* (1995), Feltrinelli, Milano 1995.

Guetzkow H. (a cura di), *Groups, leadership and men*, Carnegie, Pittsburgh 1951, pp. 1-70.

Haslam A. S., Reicher S. D., Platow M. J., *Psicologia del leader. Identità, influenza, potere* (2011), il Mulino, Bologna 2013.

Hogg M. A., *Subjective uncertainty reduction through self-categorization*, in W. Stroebe, M. Hewstone (a cura di), *European review of social psychology*, Wiley, Chichester 2000, pp. 223-255.

–, *A social identity theory of leadership*, in "Personality and Social Psychology Review", 2001, n. 5, pp. 184-200.

Kaës R., *Il gruppo e il soggetto di gruppo* (1993), Borla, Roma 1994.

–, *Le teorie psicoanalitiche del gruppo* (1999), Borla, Roma 2000.

Kaneklin C., *Il gruppo in teoria e in pratica. L'intersoggettività come forza produttiva*, Raffaello Cortina, Milano 2010.

Kernberg O. F., *Le relazioni nei gruppi. Ideologia, conflitto, leadership* (1998), Raffaello Cortina, Milano 1999.

Kets de Vries M. F. R., *Leader, giullari e impostori. Sulla psicologia della leadership* (1993), Raffaello Cortina, Milano 1994.

Lai G., *Gruppi di apprendimento. Gruppi di apprendimento e sistemi relazionali*, Bollati Boringhieri, Torino 1976.

Lévi-Strauss C., *Primitivi e civilizzati. Conversazioni con Georges Charbonnier* (1961), Rusconi, Milano 1976.

Lewin K., *Teoria dinamica della personalità* (1935), Giunti Barbera, Firenze 1965.

–, *I conflitti sociali. Saggi di dinamica di gruppo* (1948), Franco Angeli, Milano 1976.

Lo Coco G., Lo Verso G., *La cura relazionale. Disturbo psichico e guarigione nelle terapie di gruppo*, Raffaello Cortina, Milano 2006.

Lorito L., Di Maria F., *Gruppoanalisi e teoria dell'attaccamento*, il Mulino, Bologna 2015.

Lo Verso G., *Clinica della gruppoanalisi e psicologia*, Bollati Boringhieri, Torino 1989.

Lo Verso G., Di Blasi M., *Gruppoanalisi soggettuale*, Raffaello Cortina, Milano 2011.

Luft J., *Introduzione alla dinamica di gruppo* (1968), La Nuova Italia, Firenze 1973.

Malaguti D., *Fare squadra. Psicologia dei gruppi di lavoro*, il Mulino, Bologna 2007.

March J. G., Weil Th., *L'arte della leadership* (2005), il Mulino, Bologna 2007.

Marcoli F., *Wilfred R. Bion e le "Esperienze nei gruppi"*, Armando, Roma 1988.

Maré (de) P., Piper R., Thompson S., *Koinonia. Dall'odio, attraverso il dialogo, alla cultura nel grande gruppo* (1991), Edizioni Universitarie Romane, Roma 1996.

Minguzzi G. F., *Dinamica psicologica dei gruppi sociali*, il Mulino, Bologna 1973.

Money-Kyrle R., *Varietà della formazione dei gruppi* (1948), in *Scritti (1927-1977)*, Bollati Boringhieri, Torino 2002.

Moreno J. L., *Hypnodrama and psychodrama* (1946), Bacon House, Boston 1950.

–, *Principi di sociometria, di psicoterapia di gruppo e sociodramma* (1953), Etas Kompass, Milano 1964.

Napolitani D., *Di palo in frasca*, Corpo 10, Milano 1986.

–, *Individualità e gruppalità*, Bollati Boringhieri, Torino 1987.

Napolitani F., *Il gruppo come strumento terapeutico*, in L. Ancona (a cura di), *Nuove questioni di psicologia*, La Scuola, Brescia 1972, vol. II, pp. 683-710.

Nichols K., Jenkinson J., *I gruppi di sostegno* (2006), il Mulino, Bologna 2008.

Olmsted M. S., *I gruppi sociali elementari* (1959), il Mulino, Bologna 1963.

Ondarza Linares J., *Psicoterapie di gruppo*, in G. B. Cassano, P. Pancheri *et al.* (a cura di), *Trattato italiano di psichiatria* (1992), Masson, Milano 1999, vol. III, pp. 3589-3618.

Ottaway A. K. C., *Apprendimento attraverso l'esperienza di gruppo*, Armando, Roma 1970.

Pauletta d'Anna G. M. (a cura di), *Modelli psicoanalitici del gruppo*, Guerini & Associati, Milano 1990.

Piaget J., *Études sociologiques*, Droz, Genève 1977.

Pichon-Rivière E., *Il processo gruppale. Dalla psicoanalisi alla psicologia sociale* (1971), Lauretana, Loreto 1985.

Pisani R. A., *Elementi di gruppoanalisi. Il gruppo piccolo e intermedio*, Edizioni Universitarie Romane, Roma 2000.

Quaglino G. P. (a cura di), *Leadership. Nuovi profili di leader per nuovi scenari organizzativi*, Raffaello Cortina, Milano 1999.

Quaglino G. P., Casagrande S., Castellano A., *Gruppo di lavoro, lavoro di gruppo. Un modello di lettura della dinamica di gruppo. Una proposta di intervento nelle organizzazioni*, Raffaello Cortina, Milano 1992.

Razzini E., *Lo psicodramma psicoanalitico. Manuale per le istituzioni*, Raffaello Cortina, Milano 2005.

Schützenberger A. A., Sauret M.-J., *Il corpo e il gruppo* (1977), Astrolabio, Roma 1978.

Shaw M. E., *Group dynamics. The dynamics of small group behavior*, McGraw-Hill, New York 1976.

Sherif M., Sherif C. W., *Groups in harmony and tension*, Harper & Brothers, New York 1953.

Silverman Ph. R., *I gruppi di mutuo aiuto. Come l'operatore sociale li può organizzare e sostenere*, Erickson, Trento 1989.

Slavson S. R., Schiffer M., *Psicoterapie di gruppo per bambini* (1962), Bollati Boringhieri, Torino 1979.

Spaltro E., *La dinamica dei piccoli gruppi*, in L. Ancona (a cura di), *Nuove questioni di psicologia*, cit., vol. II, pp. 207-250.

Speltini G., *Stare in gruppo*, il Mulino, Bologna 2002.

Speltini G., Palmonari A., *I gruppi sociali*, il Mulino, Bologna 2007.

Tajfel H., *Gruppi umani e categorie sociali* (1981), il Mulino, Bologna 1985.

Thibaut J. W., Kelley H. H., *Psicologia sociale dei gruppi* (1959), il Mulino, Bologna 1974.

Toniutti E., *La leadership de l'amour*, Éditions IECG, Lugano 2014.

Trentini G. (a cura di), *Il cerchio magico. Il gruppo come oggetto e come metodo in psicologia sociale e clinica*, Franco Angeli, Milano 1987.

–, *Oltre il potere. Discorso sulla leadership*, Franco Angeli, Milano 1997.

Vezzani B., *Narrare il gruppo*, Unipress, Padova 1994.

–, *Gruppi e qualità*, Unipress, Padova 1998.

Vitullo A., *Leadership riflessive. La ricerca dell'anima nelle organizzazioni*, Apogeo, Milano 2007.

–, *Leadershit. Rottamare la mistica della leadership e farci spazio nel mondo*, Ponte alle Grazie, Milano 2011.

Yalom I. D., *Teoria e pratica della psicoterapia di gruppo* (1970), Bollati Boringhieri, Torino 1977.

Zamperini A., Testoni I., *I gruppi sociali*, in Id., *Psicologia sociale*, Einaudi, Torino 2002, pp. 252-294.

Zanasi M., Ciani N. (a cura di), *Manuale di gruppoanalisi. Oltre l'individuo. Teoria e indicazioni della psicoanalisi attraverso il gruppo*, Franco Angeli, Milano 1995.

Guadagno della malattia (ingl. *Morbid gain*; ted. *Krankheitgewinn*; fr. *Bénéfice de la maladie*; sp. *Beneficio de la enfermedad*). Vantaggio che può derivare al soggetto dalla sintomatologia nevrotica. Per la psicoanalisi se ne danno due tipi: il *guadagno primario*, o *paranosico*, che consiste nella riduzione dell'angoscia dovuta alla parziale scarica, mediante il sintomo, dell'energia psichica repressa, e il *guadagno secondario*, o *epinosico*, che consiste nell'utilizzazione del sintomo al fine di manipolare le persone e le situazioni a proprio vantaggio. I benefici secondari del sintomo vanno a soddisfare il più delle volte intensi desideri di passività e dipendenza. Generalmente coloro che stanno vicino al paziente sono ben coscienti dei guadagni secondari da questi ottenuti mediante i sintomi, ma restano inconsapevoli dei guadagni primari che si esprimono direttamente nella "fuga nella malattia" allo scopo di evitare conflitti più penosi.

Bibliografia

Fenichel O., *Trattato di psicoanalisi delle nevrosi e delle psicosi* (1945), Astrolabio, Roma 1951.

Freud S., *Frammento di un'analisi d'isteria (Caso clinico di Dora)* (1901), in *Opere* (1967-1993), Bollati Boringhieri, Torino, vol. IV.

–, *Inibizione, sintomo e angoscia* (1925), in *Opere*, cit., vol. X.

Guarigione (ingl. *Healing*; ted. *Genesung*; fr. *Guérison*; sp. *Curación*). Risolvimento favorevole e positivo di una condizione morbosa che ha avuto un'insorgenza e un decorso. In ambito psicologico il concetto di guarigione è molto ambiguo perché, come scrive Giovanni Jervis, spesso «il disturbo psichico non è una malattia che cambia il corso dell'esistenza, ma è il cambiamento stesso dell'esistenza: è dunque un'esperienza, un pezzo di vita, una crisi e una vicenda che mutano la persona» (1975, p. 146). Considerando che la vita è un continuo passaggio da una precedente situazione di equilibrio psicologico a un'altra che si rende necessaria con il progressivo ampliamento dell'esperienza, è possibile che in queste fasi di passaggio o CRISI (v.) si abbiano degli scompensi (v. SCOMPENSO) superabili attraverso diverse forme di "guarigione" che possono essere *complete* con una remissione dei sintomi psicopatologici precedentemente alterati o *temporanee* per una scomparsa dei sintomi che non esclude una loro ricomparsa, mentre per quanto riguarda i disturbi psicotici si parla di *guarigione sociale* in presenza di una capacità di condurre una propria vita autonoma pur sussistendo una sintomatologia di lieve entità. Tra le varie forme di guarigione distinguiamo:

1. *L'autoguarigione* in cui si esprime la tendenza naturale alla guarigione presente in ogni organismo che, attraverso meccanismi difensivi o evolutivi, tende al ristabilimento dell'integrità perduta. Questo concetto, che risale ad Aristotele, per il quale il medico non guarisce ma aiuta la natura a guarirsi, è stato ribadito dai medici rinascimentali che parlavano di "*vis medicatrix naturae*", e poi esteso per analogia al mondo psichico dove si può assistere a guarigioni, senza intervento esterno, di espressioni nevrotiche, se non addirittura psicotiche. Si dà anche la possibilità di leggere la stessa nevrosi come un tentativo di autoguarigione nel senso precisato da Carl Gustav Jung, per il quale «il disturbo psicologico in una nevrosi e la nevrosi stessa possono essere definiti "un tentativo fallito di adattamento". Questa formulazione mette, se possibile, certi punti di vista di Janet in accordo con l'idea di Freud secondo cui una nevrosi sarebbe in un certo senso un tentativo di autoguarigione: concezione questa che può essere ed è stata applicata a molte malattie» (1916, p. 268).

2. *La guarigione per adattamento* o, come la definisce Jervis, *per difetto*, consiste nel fatto che «l'adattamento è a volte la cronicizzazione di una crisi esplosa improvvisamente; altre volte è un modo per abituarsi a una situazione di squilibrio psichico instauratosi in via lenta e graduale. In tutti questi casi il disturbo può sclerotizzarsi in un suo paradossale equilibrio, per cui non migliora, o peggiora lentamente; o anche può man mano condurre il paziente e il nucleo di persone che vivono con lui a una "normalizzazione" più apparente che reale; ed è questa la guarigione per difetto. La guarigione per difetto può essere di rado la premessa per raggiungere gradatamente una guarigione reale, dopo un certo numero di anni» (1975, pp. 153-154).

3. *La guarigione come crescita e maturazione* esige, là dove è possibile, una *comprensione* delle dinamiche sottese alla crisi, con conseguente revisione degli schemi inadeguati alla comprensione della realtà che hanno portato alla crisi e loro superamento. In questo caso si tratta, come scrive Jervis, di «crescere sulla propria sofferenza, utilizzare tutto quello che accade o è accaduto durante la crisi, capire se stessi e il proprio modo di reagire, reinserire razionalmente tutti gli elementi "psichiatrici" in un'analisi di sé e dei propri rapporti sociali, vivere la crisi come continuità in senso positivo invece che come frattura» (ivi, p. 155). Questo tipo di guarigione è in genere possibile per le forme nevrotiche, meno per quelle psicotiche, dove i significati che si dischiudono nella crisi difficilmente possono essere vissuti e compresi come appartenenti alla propria storia. Come scrive ancora Jervis, «la crisi psicotica ha infatti caratteristiche tali per cui un "apprendimento della crisi" può essere difficile e penoso. In questi casi uscire

stabilmente dalla crisi significa di solito *cambiare*, ma non necessariamente *capire*» (ivi, p. 156).

Bibliografia

Boggio Gilot L. (a cura di), *Sofferenza e guarigione. Psicologia transpersonale e tradizione spirituale*, Cittadella, Assisi 1993.

Jervis G., *La guarigione e la terapia*, in Id., *Manuale critico di psichiatria*, Feltrinelli, Milano 1975.

Jung C. G., *Sulla psicoanalisi* (1916), in *Opere* (1969-2007), Bollati Boringhieri, Torino, vol. IV.

Kohut H., *La guarigione del Sé* (1977), Bollati Boringhieri, Torino 1980.

Guaritore (ingl. *Healer*; ted. *Heiler*; fr. *Guérisseur*; sp. *Curador*). Detto anche "sciamano", la figura del guaritore è presente nelle discipline antropologiche in riferimento a persone che la comunità riconosce in contatto con potenze superiori. Attraverso cerimonie e rituali, il guaritore ristabilisce uno stato di salute, prevalentemente per malattie psicosomatiche, attraverso la suggestione, la trance ipnotica (v. TRANCE), il TARANTOLISMO (v.), vari sortilegi e talvolta anche con uso di droghe, in un contesto di canti, suoni, danze ritmiche che facilitano l'alterazione della coscienza, ritenuta condizione essenziale per una modificazione psicofisica. La medicina scientifica occidentale considera i guaritori alla stregua di materiale etnografico o sopravvivenze di un passato prescientifico. Lo psicopatologo Tobie Nathan, che dirige a Parigi un centro di aiuto psicologico alle famiglie degli immigrati, sostiene che nel mondo esiste un'infinità di sistemi terapeutici efficaci, e la medicina scientifica, prima di svalutarli, dovrebbe risalire alla teoria di tali tecniche, e non fare l'inverso.

Bibliografia

Castaneda C., *A scuola dallo stregone. Una via yaqui alla conoscenza* (1968), Astrolabio, Roma 1970.

De Martino E., *Sud e magia* (1959), Feltrinelli, Milano 2001.

Eliade M., *Lo sciamanesimo e le tecniche dell'estasi* (1946), Edizioni Mediterranee, Roma 1974.

Elkin A. P., *Sciamani d'Australia. Rito e iniziazione nella società aborigena* (1956), Raffaello Cortina, Milano 2002.

Evans-Pritchard E. E., *Stregoneria, oracoli e magia tra gli Azande* (1937), Raffaello Cortina, Milano 2002.

Guidieri R., *Guardaroba sciamanico*, L'ancora del Mediterraneo, Napoli 2003.

Mellina S. (a cura di), *Medici e sciamani fratelli separati. Arte del curare tra cielo e terra. Etnomedicina, etnopsichiatria, antropologia della salute*, Lombardo Editore, Roma 1997.

Müller K. E., *Lo sciamanismo. Guaritori, spiriti, rituali* (1997), Bollati Boringhieri, Torino 2001.

Nathan T., *Medici e stregoni* (1994), Bollati Boringhieri, Torino 1996.

Schmidbauer W., *Schamanismus und Psychotherapie*, in "Psychologische Rundschau", 1969, n. 20.

Zolla E., *I letterati e lo sciamano. L'Indiano nella letteratura americana dalle origini al 1988*, Marsilio, Venezia 1989.

Guerra (ingl. *War*; ted. *Krieg*; fr. *Guerre*; sp. *Guerra*). Dal punto di vista psicoanalitico Sigmund Freud interpreta la guerra come una proiezione all'esterno della pulsione di morte (v. MORTE, § 2) per poterla aggredire, evitando così la condizione di incubo e di angoscia connessa al suo insorgere nella coscienza individuale e collettiva. Da questo punto di vista la guerra non sarebbe un'esplosione dell'irrazionale, ma un meccanismo di difesa che tenta di controllare l'angoscia dell'autodistruzione, proiettando la pulsione di morte all'esterno e razionalizzandola come aggressione al nemico su cui è stata trasferita (v. DISTRUTTIVITÀ, § 1).

A sostegno di questa interpretazione Franco Fornari evidenzia la modalità con cui, in occasione della guerra, entra in azione il meccanismo della componente paranoica: «Personalmente ritengo che la guerra rappresenti un'istituzione sociale volta a curare angosce paranoicali e depressive presenti (in misura più o meno marcata e più o meno risolte in termini di integrazione con la realtà) in ogni uomo. [...] Se però si adopera lo strumento psicoanalitico, lo strumento cioè specificamente inventato per indagare l'inconscio, la parte immersa dell'iceberg, ovvero la parte invisibile della guerra, serve invece a difendersi dal "Terrificante", quale nemico interno e assoluto come l'incubo, attraverso un'operazione che trasformi tale entità terrificante, ma in definitiva inaffrontabile e invulnerabile (proprio come avviene negli incubi), in un nemico esterno in carne e ossa e che possa essere realmente affrontabile e colpito. Se ora ci fermiamo un poco a riflettere su questi singolari rapporti tra questi due sistemi di sicurezza, coimplicati nella guerra, si arriva alla paradossale conclusione che la guerra è un'organizzazione di sicurezza non già perché permette di difenderci da nemici reali, ma perché riesce a trovare e al limite ad inventare dei nemici reali da uccidere, in caso contrario la società rischierebbe di lasciare gli uomini senza difesa di fronte all'emergenza del terrificante come puro nemico interno» (1966, p. 12).

La guerra può produrre nevrosi tipiche denominate *nevrosi traumatiche di guerra*, che Abram Kardiner così descrive: «In un ambiente che rimane tenacemente traumatico non può instaurarsi un Io coerente né un sistema di azione costante. L'Io può solo adattarsi a un ambiente atteso entro limiti di variazione ristretti. L'evento traumatico rompe questo equilibrio tra l'Io e l'ambiente sopraffacendo i dispositivi di adattamento che l'Io ha a sua disposizione. L'ansia è insopportabile e l'Io può anche contrarsi in modo così completo da giungere alla morte.

L'intero apparato di adattamento è così disintegrato. [...] Le conseguenze della contrazione dell'Io sono le seguenti: 1. cambiamenti nell'adattamento efficace al mondo esterno. La manifestazione più importante di questo disadattamento è costituita dalla perdita di interesse per l'attività. L'incentivo è diminuito perché l'apparato è deficiente; 2. la concezione endopsichica di sé è stata modificata, la fiducia è perduta, e l'obiettivo diventa la fuga anziché l'iniziativa. Il mondo è ora un luogo ostile, e il soggetto vive nella paura costante di essere travolto; 3. l'alterata concezione di sé e del mondo esterno è ciò che sottende i sogni catastrofici. Nessuna azione può essere compiuta, e l'Io è travolto come era stato allora. Poiché gli strumenti per tenere a bada il mondo (controllo) sono ora inutilizzabili, il mondo sta travolgendo l'Io. Quindi il mondo ostile e l'Io impoverito sono due aspetti della stessa patologia. La *Weltanschauungsphantasie* dello schizofrenico è un fenomeno simile» (1959-1966, pp. 245-246).

Oltre ai disturbi vegetativi e sensoriali-motori, le nevrosi di guerra presentano, tra i sintomi psicologici più frequenti, l'irritabilità e lo stato di allarme, la tendenza all'aggressività esplosiva, la riduzione delle capacità intellettuali e delle disposizioni affettive, un'alterata concezione di sé rispetto al mondo esterno, sfiducia di base e sogni catastrofici che hanno per tema l'incapacità di riuscire nell'azione. A parere di Kardiner queste nevrosi sono soggette a molta elaborazione simbolica perché l'energia psichica non è libera, ma legata (v. LIBIDO, § 1, *e*) al trauma originario, con conseguenze fobico-ripetitive.

Con la sua capacità di eccitare, con il gusto dell'esotismo, con l'allucinazione del potere che conferisce, con la possibilità di migliorare il proprio rango sociale, con l'animazione delle perversioni più sinistre, da quelle sessuali a quelle necrofile, la guerra può dare a quanti attribuiscono scarso significato alla loro esistenza, ai dannati della terra, ai profughi emarginati, ai senza diritti che emigrano, perfino ai giovani che vivono nella splendida indolenza e sicurezza del mondo opulento, uno scopo, un senso, una nobile ragione per vivere. La guerra, infatti, affascina con il richiamo al coraggio e all'eroismo, ma perché la fascinazione sia efficace la rappresentazione della guerra deve nascondere un elemento essenziale della guerra: il *terrore*, che i combattenti non possono confessare per non apparire vili. I media con i loro reportage e con i loro effetti video celebrano eroismo e compassione, a cui chi non è in guerra partecipa con la tranquillità di chi sa di essere al sicuro.

E in effetti, scrive Chris Hedges, «non sentiamo odore di carne putrefatta, non ascoltiamo i lamenti dell'agonia e non vediamo davanti a noi il sangue e le viscere che erompono dai corpi. Osserviamo, a distanza, l'ardore e l'eccitazione, ma non viviamo l'ansia che torce le budella e l'umiliazione che accompagna un pericolo mortale. Ci vuole l'esperienza della paura e del caos del campo di battaglia, ci vuole il suo rumore assordante e spaventoso per risvegliarci, per farci capire che non siamo come credevamo di essere, che la guerra ricostruita dall'industria dello spettacolo in molti casi ha il realismo di un balletto» (2002, p. 81).

«Il *patriottismo*, – prosegue Hedges – che spesso è solo una forma appena velata di autovenerazione collettiva, esalta la nostra bontà, i nostri ideali, la nostra clemenza e lamenta la perfidia di chi ci odia.» E per effetto di questa logica, «se da una parte veneriamo e piangiamo i nostri morti, dall'altra siamo stranamente indifferenti a quelli che ammazziamo noi. [...] I nostri morti e i loro morti non sono uguali. I nostri morti contano, i loro no» (ivi, pp. 12-16).

La guerra è *necrofila*, non solo perché ammazza, ma perché richiede a ciascun combattente una certa familiarità con la propria morte. «La necrofilia – scrive Hedges – è fondamentale per il mestiere delle armi, così come lo è per la formazione dei kamikaze» (ivi, p. 160). Quando la violenza della guerra raggiunge certi livelli di intossicazione, la necrofilia getta in quello stato di frenesia in cui tutte le vite umane, compresa la propria, sembrano secondarie. Oltre alla necrofilia, la guerra scatena la *lussuria* più sfrenata, carica di un'energia sessuale cruda e intensa che ha il sapore della voluttà autodistruttiva della guerra stessa, dove le uniche scelte sembrano la morte o lo scatenamento della sessualità. *Eros* e *Thanatos* diceva Freud a proposito delle pulsioni primarie che in tempo di guerra esplodono sfrenate. Perché in guerra, ricorda Hedges, «gli esseri umani diventano oggetti, oggetti da distruggere o da usare per gratificazioni carnali. Il sesso casuale e frenetico, assai frequente in tempo di guerra, spesso passa il segno e si trasforma in perversione e violenza, rivelando un grande vuoto morale. Quando la vita non vale niente, quando non si è sicuri di sopravvivere, quando a governare gli uomini è la paura, spesso si ha la sensazione che rimangano solo la morte o un fugace piacere carnale» (ivi, pp. 160-161).

Ai reduci invece la guerra crea problemi talvolta irrimediabili, se è vero, come riferisce sempre Hedges, che «durante la guerra arabo-israeliana del 1973, quasi un terzo di tutte le vittime israeliane fu dovuto a problemi psichiatrici, e il conflitto durò solo qualche settimana. Uno studio sulla seconda guerra mondiale ha stabilito che dopo sessanta giorni di combattimenti continui il 98% di tutti i soldati sopravvissuti hanno subito danni psichiatrici» (ivi, pp. 158-159), che condussero alcuni al suicidio, altri a interminabili cure o a permanenti disadattamenti sociali. Per costoro la guerra non è finita mai, perché, come ci ricorda Platone, «solo i morti hanno visto la fine della guerra» (*Menesseno*, 236 d).

Bibliografia

Augé M., *Diario di guerra* (2002), Bollati Boringhieri, Torino 2002.
Caillois R., *La vertigine della guerra* (1994), Città Aperta Edizioni, Troina (Enna) 2002.
Chiesa G., *La guerra infinita*, Feltrinelli, Milano 2002.
Curi U., *Pensare la guerra. L'Europa e il destino della politica*, Dedalo, Bari 1999.
Dumézil G., *Le sorti del guerriero* (1956-1969), Adelphi, Milano 1990.
Ehrenreich B., *Riti di sangue. All'origine della passione per la guerra* (1997), Feltrinelli, Milano 1998.
Eibl-Eibesfeldt I., *Etologia della guerra* (1998), Bollati Boringhieri, Torino 1999.
Ferenczi S., *Due tipi di nevrosi di guerra (isteria)* (1916), in *Opere* (1989-1992), Raffaello Cortina, Milano, vol. II.
Finzi S., *Nevrosi di guerra in tempo di pace*, Dedalo, Bari 1989.
Fornari F., *Psicoanalisi della guerra*, Feltrinelli, Milano 1966.
–, *Dissacrazione della guerra. Dal pacifismo alla scienza dei conflitti*, Feltrinelli, Milano 1969.
–, *Psicoanalisi della situazione atomica*, Rizzoli, Milano 1970.
Freud S., *Considerazioni attuali sulla guerra e la morte* (1915), in *Opere* (1967-1993), Bollati Boringhieri, Torino, vol. VIII.
–, *Perché la guerra? (Carteggio con Einstein)* (1932), in *Opere*, cit., vol. XI.
Galimberti U., *Il mito della guerra*, in Id., *I miti del nostro tempo* (2009), Feltrinelli, Milano 2014, pp. 324-337.
Galtung J., *Guerra e pace*, in Ch. Wulf (a cura di), *Cosmo, corpo, cultura. Enciclopedia antropologica* (1997), Bruno Mondadori, Milano 2002, pp. 940-947.
Glucksmann A., *Il discorso della guerra* (1968), Feltrinelli, Milano 1969.
Hedges Ch., *Il fascino oscuro della guerra* (2002), Laterza, Bari 2004.
Hillman J., *Un terribile amore per la guerra* (2004), Adelphi, Milano 2005.
Janigro N., *La guerra moderna come malattia della civiltà. Con testi di Freud, Jung, Fromm, Fornari, Eibl-Eibesfeldt, Girard, Ahmed, Čolović, Papadopoulos*, Bruno Mondadori, Milano 2002.
Jaspers K., *La bomba atomica e il destino dell'uomo* (1958), il Saggiatore, Milano 1960.
Kardiner A., *Nevrosi traumatiche di guerra*, in S. Arieti (a cura di), *Trattato di psichiatria* (1959-1966), Bollati Boringhieri, Torino 1969-1970, vol. I, pp. 238-251.
Money-Kyrle R., *Un'analisi psicologica delle cause della guerra* (1934), in *Scritti (1927-1977)*, Bollati Boringhieri, Torino 2002.
–, *Lo sviluppo della guerra. Un approccio psicologico* (1937), in *Scritti (1927-1977)*, cit.
Pace E., *Perché le religioni scendono in guerra?*, Laterza, Bari 2004.
Rossi R., *Psichiatria militare e di guerra*, in G. B. Cassano, P. Pancheri *et al.* (a cura di), *Trattato italiano di psichiatria* (1992), Masson, Milano 1999, vol. III, pp. 3933-3956.
Schmitt C., *Il concetto discriminatorio di guerra* (1938), Laterza, Bari 2008.
Sémelin J., *Purificare e distruggere. Usi politici dei massacri e dei genocidi* (2005), Einaudi, Torino 2007.
Severino E., *La guerra*, Rizzoli, Milano 1992.
Toscano M. A., *Trittico sulla guerra. Durkheim, Weber, Pareto*, Laterza, Bari 1995.
Weil S., *Sulla guerra. Scritti 1933-1943*, Pratiche Editrice, Milano 1998.

Guilford, Test di, v. INTELLIGENZA, § 2.

Guru (ingl. *Guru*; ted. *Guru*; fr. *Gourou*; sp. *Gurú*). Guida spirituale a cui, nell'induismo, si rivolgono quanti intendono intraprendere una via che conduca alla conoscenza di sé e all'ascetismo. Il termine si applica per estensione a qualsiasi maestro di vita spirituale e, ironicamente, a quelle persone a cui viene tributato un rispetto o un carisma ritenuti eccessivi.

Gustativo, Sistema (ingl. *Gustatory system*; ted. *Geschmackssystem*; fr. *Système gustatif*; sp. *Aparato gustativo*). Forma di sensibilità a contatto che risponde a sostanze in soluzione agenti a livello dei recettori che si trovano sulle papille gustative dei margini e della parte posteriore della lingua, e in minor misura sul palato e nella faringe. In realtà il gusto non proviene solo dalla singola stimolazione chimica delle papille gustative, ma è il risultato della combinazione di essa con la stimolazione dei recettori olfattivi e delle terminazioni nervose libere chemisensitive presenti nelle mucose della cavità orale. Ogni papilla gustativa contiene circa 100 cellule gustative che si riproducono continuamente a un ritmo che permette il rinnovamento completo ogni sette giorni. Il numero delle papille gustative decresce con l'età per cui i vecchi sono meno sensibili ai sapori rispetto ai bambini. Gli impulsi delle fibre nervose che originano dalle cellule gustative vengono trasmessi, attraverso vari nervi cranici (principalmente il facciale, il glossofaringeo e il vago) e collegamenti sinaptici con neuroni del tronco dell'encefalo (v. ENCEFALO, § 1, *a*), sino al TALAMO (v.) da cui proseguono verso la corteccia, dove nell'area sensitivo-somatica troviamo la rappresentazione della lingua e della faringe (v. HOMUNCULUS). Inoltre alcune fibre, raggiunto il tronco encefalico, partecipano ai processi della deglutizione, del tossire e della masticazione e si proiettano al nucleo parabranchiale e quindi all'IPOTALAMO (v.) e all'AMIGDALA (v.), per contribuire alla sensazione soggettiva di piacere o disgusto per i cibi. Si riconoscono nel gusto cinque qualità primarie: il dolce, il salato, l'amaro, l'acido e l'umami (saporito), a cui sarebbero deputati recettori diversi principalmente collocati per il dolce sulla punta della lingua, per l'amaro sulla parte posteriore, per l'acido e il salato sui lati, mentre la sensibilità al glutammato di sodio (umami) sarebbe diffusa. Il senso del gusto dà luogo a sensazioni immediate che, a differenza dei suoni e delle immagini, non sono riproducibili mentalmente, ma restano, come gli odori, associate agli elementi presenti nella situazione in cui sono prodotte. Il deterioramento o l'assenza di gusto prende il nome di *ageusia* che è imputabile a lesioni dei nervi cranici o dell'encefalo o a difetti nello sviluppo degli organi di senso o a cause psicogene, come in alcune forme di isteria o di depressione.

Bibliografia

Arielli E., *Farsi piacere. La costruzione del gusto*, Raffaello Cortina, Milano 2016.
Galimberti U., *Riprendiamoci il gusto*, in AA.VV., *Gusto*, Food Editore, Parma 2011, pp. 9-15.
Stracciari A., *Gusto e disgusto*, il Mulino, Bologna 2014.
Vercelloni L., *Viaggio intorno al gusto. L'odissea della sensibilità occidentale dalla società di corte all'edonismo di massa*, Mimesis, Milano 2005.

Guttman, Modello di, v. QUESTIONARIO.

H

Haab, Riflesso di, v. Ideomotorio, § 3.

Habit, v. Abito.

Habitat. Ambiente fisico in cui vive una determinata specie vegetale o animale o quella umana. Il concetto è utilizzato dall'Ecologia (v.), che studia le relazioni intercorrenti fra individui e ambiente. Quando ci si riferisce oltre che al contesto naturale anche a quello sociale, anziché di habitat si parla preferibilmente di Ambiente (v.).

Half-show, v. Marionette, Gioco delle.

Handicap. Menomazione di una o più funzioni fisiche e/o psichiche il cui sviluppo e la cui utilizzazione risultano limitati (v. Disabilità). Il concetto di handicap si riferisce a una gamma estremamente ampia e differenziata di disagi per cui, a seconda delle funzioni compromesse, si parla di handicappati *sensoriali* per chi presenta menomazioni agli organi di senso, *motori* per i soggetti compromessi nella locomozione e *mentali* in riferimento ai mongoloidi, ai portatori di ritardo intellettivo, agli psicotici o agli individui con gravi disturbi della personalità. Solitamente l'handicappato compensa la limitazione della funzione compromessa con lo sviluppo di altre funzioni che risultano potenziate rispetto alla media. La fenomenologia, con Maurice Merleau-Ponty, considera questo potenziamento come una prova che il corpo non è leggibile solo come organismo, ma prima di tutto come risposta al mondo. Questo rilievo fenomenologico ha indotto a considerare l'handicap in relazione non solo ai fattori biologico-costituzionali, ma soprattutto all'interazione, sempre presente, fra questi e le componenti ambientali. Infatti, anche nelle forme di handicap aventi una chiara origine fisiologica, gli influssi psicologici, affettivi e sociali rivestono un ruolo di fondamentale importanza nel determinare, oltre che lo sviluppo globale dell'individuo, il suo specifico modo di vivere il proprio handicap (v. Riabilitazione). Risulta così evidente che l'emarginazione sociale del soggetto portatore di handicap, quale diverso e scarsamente produttivo, impedisce allo stesso il recupero di alcune capacità compromesse o compensatorie, costringendolo a identificarsi con le proprie limitazioni.

In ambito etologico, Amotz e Avishag Zahavi, scostandosi dalla teoria darwiniana secondo cui sarebbero favoriti gli organismi più adatti e funzionali all'ambiente, elaborano la teoria della "selezione per handicap", che si riferisce a quelle specie che sviluppano organi, orpelli e comportamenti, apparentemente inutili, da mostrare ai nemici o ai conspecifici che ne restano colpiti, perché chi li ostenta dà l'impressione di un'effettiva efficienza, anche se queste manifestazioni, per nulla funzionali all'ambiente, comportano un costo per chi le emette. Tale è ad esempio il comportamento della gazzella che, invece di fuggire il più rapidamente possibile davanti al predatore, perde tempo e si mette a saltellare facendo credere di non temere il pericolo, oppure quello del pavone che, proprio perché riesce a evitare i predatori e a trovare cibo, nonostante l'enorme coda che è costretto a trascinarsi, dà alla femmina, in cerca di un padre per la prole, l'impressione di essere un individuo di prima qualità (1997, pp. 3-4).

L'Organizzazione Mondiale della Sanità, a partire dal 1980, pubblica periodicamente un manuale per la valutazione della compromissione e del funzionamento personale, denominato ICIDH (*International Classification of Impairments, Disabilities and Handicaps*). Si tratta di una classificazione internazionale delle disabilità e degli handicap, applicabile anche a qualsiasi individuo che si trovi in una condizione di salute dove vi sia la necessità di valutarne lo stato a livello corporeo, personale e sociale.

Bibliografia

AA.VV., *Educazione degli handicappati*, Franco Angeli, Milano 1977.
AA.VV., *Sessualità e handicappati*, Feltrinelli, Milano 1977.
Antonione Casale M., Peila Castellani P., Saglio F., *Il bambino handicappato a scuola*, Bollati Boringhieri, Torino 1991.
Augenti A. N., *La questione scolastica dei ragazzi handicappati*, La Nuova Italia, Firenze 1977.
Baldini T., *Il corpo rubato*, Armando, Roma 1995.
Cameroni M., *L'handicap dentro e oltre*, Feltrinelli, Milano 1983.
Cancrini L., *Bambini "diversi" a scuola*, Bollati Boringhieri, Torino 1989.
Canevaro A., *Bambini handicappati. Crescere insieme*, Cappelli, Bologna 1979.
Cocchi M. *et al.*, *Protagonisti dell'handicap*, Il Pensiero Scientifico, Roma 1991.
Cottini L., *L'autodeterminazione nelle persone con disabilità*, Erickson, Trento 2016.
Goldfarb L. A., Brotherson M. J., Summers J. A., Turnbull A. P., *La sfida dell'handicap e della malattia cronica* (1998), Erickson, Trento 2000.
ICIDH. Organizzazione Mondiale della Sanità (OMS), *ICIDH. Manuale per la valutazione della compromissione e del funzionamento personale* (1997), Erickson, Trento 2000.
Knill M., Knill Ch., *Motricità e musicoterapia nell'handicap. Consapevolezza corporea, movimento, comunicazione non verbale* (1991), Erickson, Trento 2009.
Medeghini R. (a cura di), *Norma e normalità nei disability studies. Riflessioni e analisi critica per ripensare la disabilità*, Erickson, Trento 2015.
Merleau-Ponty M., *Fenomenologia della percezione* (1945), il Saggiatore, Milano 1972.
Molinari E., *Clinica psicologica in sindromi rare. Aspetti genetici e riabilitativi*, Bollati Boringhieri, Torino 2002.
Nicoletti R., Borghi A. M., *Il controllo motorio*, il Mulino, Bologna 2007.
Nordoff P., Robbins C., *Musicoterapia per bambini handicappati* (1965), Franco Angeli, Milano 1982.
Panier Bagat M., Sasso S., *L'altra crescita. Percorsi osservativi e descrittivi dello sviluppo psicosociale delle persone con disabilità*, Franco Angeli, Milano 1995.
Rosa F., *Diritti dei disabili*, in M. Flores (a cura di), *Diritti umani. Cultura dei diritti e dignità della persona nell'epoca della globalizzazione*, Utet, Torino 2007, vol. I, pp. 338-340.
Soresi S., *Psicologia delle disabilità*, il Mulino, Bologna 2007.
–, *Psicologia dell'handicap e della riabilitazione*, il Mulino, Bologna 2007.
Sorrentino A. M., *Figli disabili. La famiglia di fronte all'handicap*, Raffaello Cortina, Milano 2006.
Valgimigli C., Baldaro Verde J., Govigli G., *La sessualità dell'handicappato*, Il Pensiero Scientifico, Roma 1994.
Vallar G., Papagno C. (a cura di), *Manuale di neuropsicologia. Clinica ed elementi di riabilitazione*, il Mulino, Bologna 2007.
Woods G. E., *Il bambino handicappato* (1977), Il Pensiero Scientifico, Roma 1994.
Zahavi A(motz), Zahavi A(vishag), *Il principio dell'handicap. La logica della comunicazione animale* (1997), Einaudi, Torino 1997.
Zanobini M., Manetti M., Usai M. C., *La famiglia di fronte alla disabilità. Stress, risorse e sostegni*, Erickson, Trento 2002.
Zavalloni R., *Il problema degli handicappati. Sviluppi e prospettive*, Armando, Roma 1977.

Hangover. Espressione inglese che indica la sindrome "del mattino dopo", ossia l'effetto postumo che segue un'eccessiva ingestione di alcol o di sedativi. I sintomi comprendono nausea, vomito, cefalea e ipereccitabilità.

Hashish, v. DROGA, § 2.

Hawthorne, Effetto (ingl. *Hawthorne effect*; ted. *Hawthorne-Effekt*; fr. *Effet Hawthorne*; sp. *Efecto Hawthorne*). Aumento dell'attività lavorativa che si verifica quando i lavoratori sono al corrente di essere oggetto di attenzione o di verifica sperimentale (v. OSSERVAZIONE, § 5), qualunque sia la natura delle valutazioni o dei cambiamenti che verranno apportati in base alla risultanza degli esperimenti effettuati. L'espressione deriva da una serie di ricerche condotte negli anni venti presso le officine Hawthorne della Western Electric di Chicago.

Hebb, Legge di (ingl. *Hebb's law*; ted. *Gesetz der Hebb*; fr. *Loi de Hebb*; sp. *Ley de Hebb*). Teoria formulata dal neurologo Donald O. Hebb, secondo il quale l'attivazione di un insieme di neuroni aumenta la possibilità che gli stessi si attivino insieme anche in futuro.

Bibliografia

Hebb D. O., *A textbook of psychology*, Saunders, London 1966.

Helmholtz, Illusione di, v. ILLUSIONE, § 4, *i*.

Hering, Cerchio di, v. COLORE, § 1.

Hering, Illusione di, v. ILLUSIONE, § 4, *j*.

Hering-Müller, Teoria quadricromatica di, v. COLORE, § 2, *b*.

Holding. Termine coniato da Donald Woods Winnicott in ordine alla capacità della madre di sostenere fisicamente e psicologicamente il bambino adattandosi alle sue modificazioni nel corso dello sviluppo. Il termine è stato successivamente esteso alle capacità del terapeuta di contenere le angosce del paziente adattandosi alla sua esperienza trasformativa.

Bibliografia

Winnicott D. W., *Dalla pediatria alla psicoanalisi. Scritti scelti* (1958), Martinelli, Firenze 1975.
–, *Sviluppo affettivo e ambiente. Studi sulla teoria dello sviluppo affettivo* (1965), Armando, Roma 1970.

Hold test, v. Wechsler-Bellevue, Test di.

Homework. Espressione inglese che potremmo tradurre “compiti a casa”, con riferimento a prescrizioni di esercizi che il terapeuta concorda con il paziente, da svolgere al di fuori della seduta (v. Prescrizione). Tali sono gli *homeworks cognitivi* che consentono di individuare alternative alla previsione negativa connessa a un evento temuto, gli *homeworks comportamentali* relativi a comportamenti da adottare in caso di fobie che possono presentarsi in determinate occasioni, gli *homeworks affettivi* per affrontare emozioni negative che paralizzano, in modo da permettere al paziente una migliore autonomia e padronanza di sé.

Bibliografia

Baldini F., *Homework. Un'antologia di prescrizioni terapeutiche*, McGraw-Hill, Milano 2004.
Nardone G., Watzlawick P., *L'arte del cambiamento*, Ponte alle Grazie, Firenze 1990.

Homunculus. Termine coniato negli anni quaranta del secolo scorso dal neurochirurgo Wilder Graves Penfield che, in occasione di opportune stimolazioni delle aree sensoriali tattili su pazienti epilettici, sottoposti ad anestesia locale, allo scopo di individuare le aree epilettiche, ebbe modo di constatare che i pazienti registravano sensazioni corrispondenti in varie parti del corpo. A quel punto tracciò una Mappa (v. § 1) delle aree motorie e di quelle sensoriali, a cui diede rispettivamente il nome di *homunculus motorio* e *homunculus sensoriale*, che rappresentano, a livello di corteccia, le varie parti del corpo umano, in proporzione tanto più estesa quanto maggiori sono le funzioni di quella parte del corpo, per cui, ad esempio, nell'homunculus sensoriale le parti corrispondenti alla sensibilità delle mani e della bocca, per la loro maggiore funzionalità, sono molto più estese di quelle corrispondenti al tronco e alle gambe. Allo stesso modo, nell'homunculus motorio le aree corticali relative ai muscoli della mano impegnate in movimenti fini, nonché delle labbra e della lingua, impegnate in molte funzioni tra cui la vocalizzazione, sono molto più estese a causa della maggiore densità di innervazione.

La concezione dell'homunculus rientra nella teoria della Localizzazione (v.) inaugurata nell'Ottocento da Paul P. Broca con i suoi studi sull'Afasia (v.), poi ripresa da Joseph Harrison Jackson con la sua teoria degli strati (v. Strati, Teoria degli), che tanta influenza esercitò su Sigmund Freud, e da Carl Wernicke che studiò la localizzazione delle aree percettive, motorie e linguistiche, anche se l'origine di questa teoria è da attribuire a Franz Joseph Gall che, nei primi anni dell'Ottocento, ritenne di poter dedurre le caratteristiche psichiche di un individuo dalla topografia del cranio. Oggi la teoria della localizzazione continua ad essere accettata, ma in modo più sfumato, dopo che si è constatato che molte funzioni, soprattutto di ordine cognitivo, sono distribuite in vari territori corticali e si riorganizzano nel corso della vita di ciascun individuo

A Homunculus sensoriale

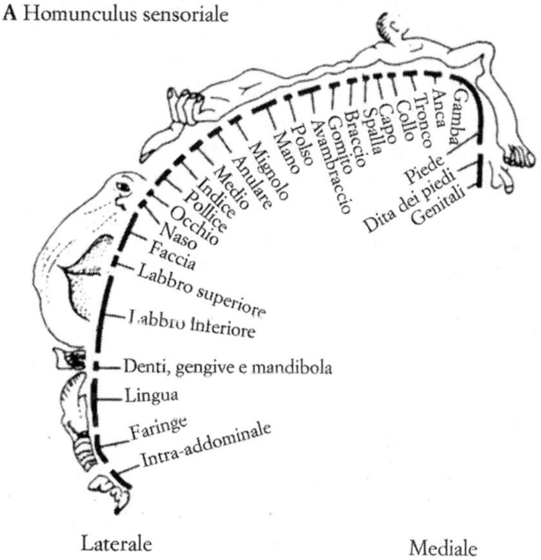

B Homunculus motorio

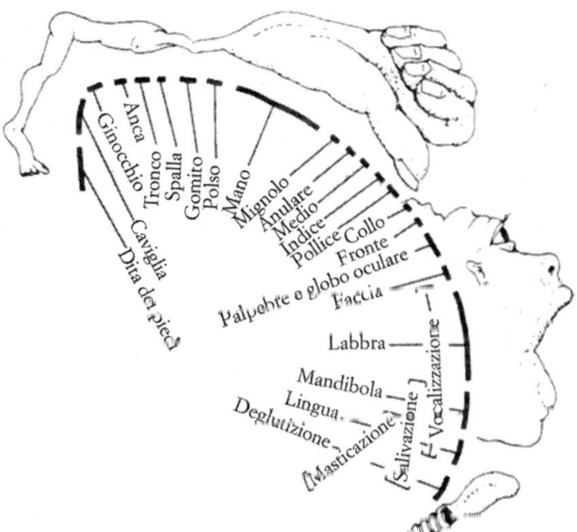

A) Homunculus sensoriale.
B) Homunculus motorio. Da E. R. Kandel, J. H. Schwartz, T. M. Jessel, Principi di neuroscienze, *1994 (2ª edizione).*

in base al suo rapporto con l'ambiente. Per questo la teoria della localizzazione, tuttora valida per le aree motorie e sensoriali della corteccia, è oggi corretta dalla teoria olistica (v. OLISMO) che prevede, soprattutto per le funzioni superiori, una riorganizzazione delle connessioni neuronali e delle rispettive funzioni in presenza di aree cerebrali danneggiate (v. PLASTICITÀ, § 2).

Freud stabilisce un'analogia tra l'homunculus e l'IO CORPOREO (v.) perché «l'Io è anzitutto un'entità corporea, non è soltanto un'entità superficiale, ma anche la proiezione di una superficie. Volendo cercare una analogia anatomica la cosa migliore è identificarlo con l'"homunculus" del cervello degli anatomici. Il quale si trova nella corteccia cerebrale a testa in giù, con i piedi protesi verso l'alto, mentre guarda all'indietro e reca a sinistra, come è noto, la zona del linguaggio» (1922, pp. 488-489).

Bibliografia

Broca P. P., *La sede della facoltà del linguaggio articolato* (1861), in L. Mecacci, A. Zani, *Teorie del cervello*, Loescher, Torino 1982.

Freud S., *L'Io e l'Es* (1922), in *Opere* (1967-1993), Bollati Boringhieri, Torino, vol. IX.

Gardner H., *The shattered mind. The person after brain damage*, Kopf, New York 1975.

Jackson J. H., *The croonian lectures on evolution and dissolution of the nervous system*, in "British Medical Journal", 1884, n. 1.

Lurija A. R., *Le funzioni corticali superiori nell'uomo* (1962), Giunti Barbera, Firenze 1967.

Penfield W. G., *No man alone. A neurosurgeon's life*, Little, Brown and Company, Boston 1977 (edito postumo).

Wernicke C., *Grundriss der Psychiatrie in klinischen Vorlesungen*, Thieme, Leipzig 1894.

Hull, Legge di (ingl. *Hull's law*; ted. *Hullsches Gesetz*; fr. *Loi de Hull*; sp. *Ley de Hull*). Legge formulata da Clark Leonard Hull nell'ambito della teoria dell'APPRENDIMENTO (v.) secondo cui la forza di un'abitudine è direttamente proporzionale al numero delle associazioni stimolo-risposta, ad essa connesse, che hanno subìto un rinforzo.

Bibliografia

Hull C. L., *I principi del comportamento. Introduzione alla teoria del comportamento* (1943), Armando, Roma 1978.

Huntington, Corea di, v. COREA, § 1.

Hurler-Pfaundler, Malattia di, v. GARGOILISMO.

I

Iatrogena, Nevrosi, v. IATROGENESI.

Iatrogenesi (ingl. *Iatrogenesis*; ted. *Iatrogenese*; fr. *Iatrogenèse*; sp. *Iatrogenia*). Patologia indotta da errata diagnosi medica o da terapia inadeguata. Dal punto di vista psichiatrico è oggetto di studio la *nevrosi iatrogena*, che si forma intorno a una sintomatologia apparentemente somatica che viene provocata o rafforzata dal medico incapace di riconoscerne la base emotiva. Ivan Illich, che ha coniato il termine, gli conferisce «quel senso ampio idoneo a designare gli effetti indesiderati che l'intervento medico provoca sulla salute, non soltanto col suo impatto diretto, ma per le trasformazioni che esso opera a livello sociale e a livello simbolico» (1975, p. 8). In questa accezione ampia l'antipsichiatria e la psichiatria sociale possono essere considerate, come scrive Gérard Bléandonu, «come una lotta contro la "non-malattia" iatrogena, vale a dire l'insieme delle manifestazioni aventi per unica origine la diagnosi e il trattamento prescritto» (1976, p. 115), non ultimo il ricovero ospedaliero quale causa della nevrosi istituzionale (v. ISTITUZIONE PSICHIATRICA).

Bibliografia

Berlinguer G., *Medicina e politica*, De Donato, Bari 1973.

Bert G., *Il medico immaginario e il malato per forza*, Feltrinelli, Milano 1974.

Bléandonu G., *Dizionario di psichiatria sociale* (1976), Editori Riuniti, Roma 1980.

Illich I., *La némésis médicale*, Seuil, Paris 1975.

Lachaud J.-C., *Potere medico e malattia. Saggio sulla iatrogenia* (1975), Il Pensiero Scientifico, Roma 1977.

Pancheri P. (a cura di), *Sindromi iatrogene*, in G. B. Cassano, P. Pancheri *et al.* (a cura di), *Trattato italiano di psichiatria* (1992), Masson, Milano 1999, vol. III, pp. 3473-3508.

ICAP, Test (*Individuazione Comportamenti Alimentari Problematici*). Test per l'individuazione dei disturbi alimentari volto a verificare il livello di controllo o discontrollo nell'assunzione di cibo, la compromissione ponderale e il livello di rischio negli atteggiamenti disfunzionali legati all'alimentazione.

Bibliografia

De Meo T., Corbellini P., Vio C., Maschietto D., *Test ICAP. Individuazione Comportamenti Alimentari Problematici*, Erickson, Trento 2014.

ICD (*International Classification of Diseases*), v. DIAGNOSI, § 4.

ICF (*International Classification of Functioning, Disability and Health*). Strumento messo a punto dall'Organizzazione Mondiale della Sanità per misurare la disabilità e la salute della popolazione. Non riguarda solo le persone affette da malattie fisiche o mentali, ma qualsiasi persona che si trovi in qualunque condizione di salute. L'ICF viene utilizzato in campo sanitario e nei settori della sicurezza sociale, delle assicurazioni, dell'istruzione e dell'economia del lavoro. Una variante specifica è rappresentata dall'ICF-CY, che è una versione per bambini e adolescenti fino a 20 anni, particolarmente utilizzata da psicologi e educatori.

Bibliografia

ICF. Organizzazione Mondiale della Sanità (OMS), *ICF. Classificazione internazionale del funzionamento, delle disabilità e della salute*, Erickson, Trento 2015.

ICIDH (*International Classification of Impairments, Disabilities and Handicaps*), v. HANDICAP.

Iconica, Memoria, v. MEMORIA, §§ 3, A; 9.

Ictus amnestico, v. MEMORIA, § 6, *b*.

Id, v. ES.

Idea (ingl. *Idea*; ted. *Idee*; fr. *Idée*; sp. *Idea*). Derivato dal greco ἰδεῖν che significa "vedere", il termine acquista un senso specifico con Platone che lo impiega per indicare l'oggetto di una visione intellettuale in contrapposizione a quella sensibile. In psicologia la parola mantiene lo stesso significato perché indica qualsiasi contenuto del pensiero che non sia in rapporto diretto con le stimolazioni sensoriali, anche se la sua formazione è il prodotto di un processo elaborativo che rinvia a precedenti esperienze sensoriali. La psichiatria si occupa della declinazione patologica delle idee che, a seconda delle caratteristiche che assumono, vengono distinte in:

1. *Idea autoctona*: esiste al di fuori delle relazioni con altre idee, con caratteri persistenti e ossessivi. Nei casi di delirio il soggetto attribuisce l'esistenza di questa idea a cause o influenze esterne.

2. *Idea coatta*: è un contenuto ideativo, un ricordo, un'immagine, un interrogativo che si impone in modo ossessivo alla mente del soggetto, occupandone completamente il pensiero con una presenza afinalistica ed esasperante. Frequenti nelle nevrosi ossessive e in alcune forme di schizofrenia, le idee coatte sono dette anche *ossessive* o *compulsive*.

3. *Idea delirante*: è un contenuto ideativo non confortato dalla realtà e perciò erroneo e falso, che tuttavia risulta impenetrabile sia alla critica che all'esperienza. È frequente nelle schizofrenie.

4. *Idea determinante*: è l'idea intorno a cui si annodano le altre idee che perciò risultano conseguenti e connesse. Uno dei disturbi associativi della schizofrenia è l'incapacità di mantenere l'idea determinante e quindi la coerenza ideativa.

5. *Idea di riferimento*: è l'interpretazione di gesti, parole, opinioni, notizie, di per sé indifferenti, come se contenessero riferimenti al soggetto interpretante. Queste idee non cedono alla critica e all'evidenza e, nei casi di paranoia, hanno un contenuto persecutorio, nei casi di depressione un contenuto colpevolizzante che il soggetto ritiene meritato.

6. *Idea dominante*: è un contenuto ideativo che per la sua accentuata carica affettiva si impone sugli altri e invade il campo del pensiero. Karl Jaspers distingue le idee dominanti da quelle deliranti perché le prime, a differenza delle seconde, sarebbero "comprensibili" in base alla storia e alla personalità del soggetto. Dall'idea dominante si è soliti distinguere l'idea *prevalente* che, pur affacciandosi con frequenza alla mente del soggetto, non assume le caratteristiche di fissità abnorme ora descritta.

7. *Idea fissa*: è un'idea infondata e irragionevole mantenuta caparbiamente a dispetto dell'evidenza dei fatti.

8. *Idea intrusiva*: è un'idea che ritorna continuamente, disturbando il corso dei pensieri.

9. *Fuga delle idee*: è l'incapacità di arrestarsi su un argomento perché costantemente deviati su percorsi ideativi secondari, con continua perdita della direzione del discorso. Jaspers, con la sua distinzione tra processo *associativo* che determina l'argomento e processo *attivo* che decide l'ordine del pensiero, ritiene che la fuga delle idee sia da imputare a una ricchezza enorme del processo associativo con una carenza o addirittura una mancanza di quello attivo (v. FUGA, § 1). Dal punto di vista fenomenologico Ludwig Binswanger, rifiutando le letture che la psichiatria organicista ha dato della fuga delle idee, legge il fenomeno come un tratto tipico del mondo maniacale caratterizzato: «1. da uno stato emotivo ottimistico che include l'ottimismo del pensiero; 2. da una coscienza caratterizzata da un'apertura infinita che comporta un vagare dell'Io con gli oggetti del pensiero; 3. da una condizione temporale caratterizzata dal non sostare, dal precipitarsi, dal proseguire, senza lasciar maturare le proprie idee; 4. dal carattere volubile accompagnato dall'imprecisione degli oggetti di pensiero; 5. dallo scorrere gli uni sugli altri dei significati; 6. dall'aprirsi preponderante al messaggio, nel discorso e nel chiacchierare, distogliendosi dal proprio sé» (1933, p. 255).

Bibliografia

Binswanger L., *Sulla fuga delle idee* (1933), Einaudi, Torino 2003.

Jaspers K., *Psicopatologia generale* (1913-1959), Il Pensiero Scientifico, Roma 2000.

Ideale dell'Io, v. IO, IDEALE DELL'.

Idealizzazione (ingl. *Idealization*; ted. *Idealisierung*; fr. *Idéalisation*; sp. *Idealización*). Processo psichico che porta all'esaltazione del valore e delle qualità dell'oggetto. Sigmund Freud tiene a distinguere l'idealizzazione dalla SUBLIMAZIONE (v.) perché «la sublimazione è un processo che interessa la libido oggettuale e consiste nel volgersi della pulsione a una meta diversa e lontana dal soddisfacimento sessuale. In questo processo l'accento cade sulla deviazione rispetto alla sessualità. L'idealizzazione è un processo che ha a che fare con *l'oggetto*; in virtù di essa l'oggetto, pur non mutando la sua natura, viene amplificato e psichicamente elevato. L'idealizzazione può avvenire sia nell'ambito della libido dell'Io sia nell'ambito della libido oggettuale» (1914, p. 464). Nel primo caso abbiamo la formazione dell'ideale dell'Io (v. IO,

IDEALE DELL'), nel secondo, scrive Freud, abbiamo «l'idealizzazione di un'altra persona che è all'origine del peculiare stato di innamoramento».

L'idealizzazione va anche distinta dall'IDENTIFICAZIONE (v.) perché, mentre quest'ultima richiede una parziale modificazione dell'Io che deve modellarsi sull'oggetto, l'idealizzazione comporta un impoverimento dell'Io a favore dell'oggetto idealizzato. L'idealizzazione differisce anche dall'*ammirazione* perché, diversamente da quest'ultima, che comporta processi di emulazione e imitazione, l'idealizzazione porta alla dipendenza e al servilismo, in quanto il soggetto che idealizza ha bisogno che esista una persona perfetta al punto da negare che abbia quegli attributi negativi che non soddisfano il suo bisogno.

Melanie Klein ha visto nell'idealizzazione una difesa contro gli impulsi distruttivi e le angosce persecutorie che il soggetto sente molto intense. Incapace di sostenere l'ambivalenza degli oggetti, in parte buoni e in parte cattivi, chi idealizza ha bisogno di un oggetto assolutamente buono distinto da un oggetto assolutamente cattivo. Quando poi le idealizzazioni crollano, l'oggetto amato deve essere sostituito, e quello precedente viene sentito come estremamente cattivo e persecutorio. L'insuccesso della difesa costituita dall'idealizzazione porta alla delusione e alla depressione, perché ciò che rimane è la perdita dell'autostima sacrificata nell'idealizzazione dell'altro.

Nell'ambito della psicologia sociale, l'idealizzazione, secondo Eugène Enriquez, è un tratto tipico delle società totalitarie che «appaiono come sacralità trascendenti che non possono che essere venerate come oggetti simbolici che danno un senso prestabilito alle azioni di ciascuno e all'immaginario. Costituiscono dei poli ideali che non propongono ai loro membri che la rinuncia ai desideri personali e la fusione in un "grande tutto", capace teoricamente di elevarli al rango di nuovi dèi o di nuovi uomini, entità superiore per la quale dovrebbero essere pronti a sacrificarsi se fosse richiesto dai capi» (2002, pp. 142-143).

Bibliografia

Enriquez E., *Idealizzazione, sublimazione*, in J. Barus-Michel, E. Enriquez, A. Lévy (a cura di), *Dizionario di psicosociologia* (2002), Raffaello Cortina, Milano 2005.

Freud S., *Introduzione al narcisismo* (1914), in *Opere* (1967-1993), Bollati Boringhieri, Torino, vol. VII

Galimberti U., *Amore e idealizzazione*, in Id., *Le cose dell'amore* (2004), Feltrinelli, Milano 2013, pp. 71-75.

Klein M., *Invidia e gratitudine* (1957), Martinelli, Firenze 1969.

Ideazione (ingl. *Ideation*; ted. *Gedankenbildung*; fr. *Idéation*; sp. *Ideación*). Attività di formazione, ordinamento e connessione delle idee. In psichiatria il termine è impiegato per indicare il normale svolgimento del pensiero in opposizione al suo alterarsi in caso di disturbo mentale (v. IDEA). In questa accezione l'ideazione comprende: *a*) la formazione delle idee; *b*) la strutturazione delle stesse in rapporti di connessione; *c*) il ragionamento e la critica. In ordine al secondo punto l'associazionismo ritiene che l'ideazione sia il risultato della combinazione di elementi di ordine sensoriale che si organizzano sulla base di determinate leggi associative (v. ASSOCIAZIONISMO), mentre il cognitivismo ritiene che l'ideazione non sia guidata dalle associazioni, ma dalla comprensione logica (v. COGNIZIONE, § 2). In psichiatria si parla di *ideazione coatta* o *ossessiva* a proposito di quei meccanismi anancastici, come l'impulso a fare somme, contare i piani delle case, sommare i numeri delle targhe automobilistiche, che si presentano in modo insistente e incoercibile a disturbare il normale flusso del pensiero, innescando un'ideazione estranea che il soggetto non riesce a estromettere pur essendone infastidito e pur riconoscendone l'inutilità e l'illogicità.

Bibliografia

Gardner H., *Formae mentis. Saggio sulla pluralità dell'intelligenza* (1983), Feltrinelli, Milano 1987.

Piaget J., *Psicologia dell'intelligenza* (1947), Editrice Universitaria, Firenze 1964.

Thorndike E. L., *Human intelligence*, Macmillan, New York 1931.

Identificazione (ingl. *Identification*; ted. *Identifizierung*; fr. *Identification*; sp. *Identificación*). Termine psicoanalitico che designa il processo con cui un soggetto assimila uno o più tratti di un altro individuo modellandosi su di esso.

1. A parere di Sigmund Freud, la personalità di ognuno si costituisce e si differenzia attraverso una serie successiva di identificazioni che possono essere: *a*) *eteropatiche* o *centripete* quando il soggetto prende a prestito la sua identità da qualcun altro; *b*) *idiopatiche* o *centrifughe* quando il soggetto identifica l'altro con la propria persona; *c*) *reciproche* quando i due movimenti coesistono con fusione della propria identità con quella degli altri. L'identificazione reciproca è la base per la formazione del "Noi". Freud distingue inoltre un'identificazione *primaria* quando l'individuo deve ancora separare la sua identità da quella degli oggetti, e ancora non è acquisita la distinzione Io e Tu. È questa l'identificazione che caratterizza la prima infanzia e in particolare la relazione con la madre che il bambino ancora non avverte come altro da sé. L'identificazione *secondaria* è invece successiva alla distinzione Io e Tu, ed è l'identificazione propriamente detta che svolge sostanzialmente due funzioni:

a) come identificazione con le figure dei genitori, per cui le istanze psichiche si differenziano dall'originario Es e si strutturano nel complesso edipico in modo da dar forma alla propria soggettività; *b*) come meccanismo di difesa, in quanto l'identificazione riduce la distanza tra sé e l'oggetto, consentendo la negazione delle esperienze di separazione da esso. Questo meccanismo è in azione, ad esempio, nelle esperienze di LUTTO (v.) dove l'oggetto perduto, attraverso l'identificazione, può continuare a vivere nel proprio Io.

2. A queste forme di identificazione Anna Freud ha aggiunto l'*identificazione con l'aggressore* dove il soggetto assume la stessa funzione aggressiva, ne imita i tratti e ne adotta le espressioni di potenza che lo caratterizzano. Questa identificazione è uno stadio preliminare alla formazione del Super-io, in un'epoca in cui l'aggressione è ancora percepita come esterna e non ancora interiorizzata sotto forma di autocritica.

3. Melanie Klein impiega il concetto di *identificazione proiettiva* a proposito del fantasma che immagina di introdurre la propria persona o parti scisse di sé all'interno del corpo materno, onde poterlo possedere, controllare e al limite danneggiare. La scuola kleiniana ha poi elaborato il rovescio di questo meccanismo, introducendo il concetto di *identificazione introiettiva* per il fantasma che immagina che una persona o un oggetto sia dentro di sé o parte di sé.

4. Carl Gustav Jung sottolinea la differenza tra l'imitazione, che a suo parere è conscia, e l'identificazione che è inconscia in questi termini: «L'imitazione è uno strumento indispensabile per la personalità giovanile ancora in via di sviluppo. Essa agisce favorevolmente fin tanto che non serve come strumento di mera comodità, impedendo così lo sviluppo di un metodo individuale adeguato. Del pari, l'identificazione può essere utile fin tanto che manca ancora la possibilità di percorrere una via individuale. Ma non appena si profila una migliore possibilità in tal senso, l'identificazione manifesta il suo carattere patologico, divenendo un impedimento, così come prima era stata inconsciamente di sostegno e di utilità. Essa esplica allora un'azione dissociatrice, dividendo la personalità del soggetto in due parti estranee l'una all'altra» (1921, p. 449).

5. Jacques Lacan parla di *identificazione simbolica* a due livelli: *a*) con l'immagine rinviata dallo specchio (v. LACANIANA, TEORIA, § 5), la cui assunzione costituirà la base per la costruzione dell'immagine unitaria del proprio corpo e la genesi dell'Io; *b*) con il desiderio dell'ALTRO (v. § 1) che consente il passaggio dal piano dell'immaginario al piano del simbolico.

6. George Herbert Mead, nell'ambito della psicologia sociale, adotta il termine *identificazione* in ordine ai "ruoli sociali" che, interiorizzati, consentono all'individuo di integrarsi nella società. E in proposito scrive: «Noi cerchiamo di spiegare la condotta dell'individuo nei termini della condotta organizzata del gruppo sociale, piuttosto che rendere ragione della condotta organizzata del gruppo sociale nei termini della condotta dei separati individui che ne fanno parte. [...] L'insieme (cioè la società) precede la parte (cioè l'individuo) e non viceversa» (1934, p. 38). E questo perché «se l'individuo riesce a possedere un Sé solo attraverso la comunicazione con gli altri, solo attraverso l'elaborazione dei processi sociali per mezzo della comunicazione significativa, allora non è possibile che il Sé sia antecedente all'organismo sociale. Quest'ultimo deve avere carattere di antecedenza temporale» (ivi, p. 240).

7. Abram Kardiner, a differenza di Mead, assume come oggetto di identificazione non i "ruoli sociali", ma i "valori sociali" che, interiorizzati, compongono quella che egli chiama "personalità di base", dove si compenetrano, in una struttura unificata, i valori sociali e l'insieme delle istituzioni primarie e secondarie che assicurano la coerenza della società. Scrive infatti: «L'Ego è la somma totale di tutti i processi di adattamento (i processi dell'Io)» (1939, p. 46), per cui l'identificazione si risolve in un processo di adattamento alla realtà sociale, e là dove non c'è tensione tra l'ideale dell'Io e l'Io non si dà capacità di trasformazione dei processi sociali.

8. Sempre nell'ambito della psicologia sociale, si parla di identificazione in tre accezioni: *a*) come normale processo di acquisizione di un ruolo sociale, assumendo i tratti del comportamento degli adulti nell'infanzia, e delle persone che si ammirano nell'età adulta; *b*) come strumento per accrescere la propria autostima comportandosi come se si fosse la persona con cui ci si identifica; *c*) come identificazione di gruppo (v. GRUPPO, § II, 1) sulla base di ideali e interessi comuni. L'identificazione è considerata dalla psicologia sociale come una forma di apprendimento attraverso l'esperienza altrui, contrapposta all'apprendimento per PROVA ED ERRORE (v.) che si effettua su base personale. La scelta dei modelli con cui ci si identifica cade su persone che sembrano riuscire a soddisfare meglio le loro necessità e le loro aspirazioni.

9. In ambito psichiatrico, infine, si parla di *identificazione multipla* quando gli oggetti o i modelli con cui ci si identifica sono al medesimo tempo più di uno. Gli effetti di questo tipo di identificazione sono osservabili nelle crisi isteriche in cui il soggetto recita

contemporaneamente o in successione la parte delle varie persone con cui si è identificato, fino a giungere a rappresentare un vero e proprio dramma.

Bibliografia

Bernard-Weil E., *Identificazione e transfert*, in AA.VV., *Enciclopedia*, Einaudi, Torino 1979, vol. VI, pp. 1089-1109.

Florence J., *L'identification dans la théorie freudienne*, Facultés Universitaires, Saint-Louis 1978.

Freud A., *L'Io e i meccanismi di difesa* (1936), in *Opere* (1978-1979), Bollati Boringhieri, Torino, vol. I.

Freud S., *Totem e tabù. Alcune concordanze nella vita psichica dei selvaggi e dei nevrotici* (1912-1913), in *Opere* (1967-1993), Bollati Boringhieri, Torino, vol. VII.

–, *Introduzione al narcisismo* (1914), in *Opere*, cit., vol. VII.

–, *Lutto e melanconia*, in *Metapsicologia* (1915), in *Opere*, cit., vol. VIII.

–, *Psicologia delle masse e analisi dell'Io* (1921), in *Opere*, cit., vol. IX.

Green J., *Essere un altro* (1947), Mondadori, Milano 1951.

Jung C. G., *Tipi psicologici* (1921), in *Opere* (1969-2007), Bollati Boringhieri, Torino, vol. VI.

Kardiner A., *L'individuo e la sua società. La struttura della "personalità di base" nelle società primitive. Un incontro tra psicoanalisi e antropologia culturale* (1939), Bompiani, Milano 1965.

Klein M., *La psicoanalisi dei bambini* (1932), Martinelli, Firenze 1969.

–, *Sull'identificazione* (1955), in M. Klein, P. Heimann, R. Money-Kyrle (a cura di), *Nuove vie della psicoanalisi. Il significato del conflitto infantile nello schema del comportamento adulto* (1955), il Saggiatore, Milano 1966, pp. 401-445.

Lacan J., *Lo stadio dello specchio come formatore della funzione dell'io* (1949), in *Scritti* (1936-1966), Einaudi, Torino 1974, vol. I.

–, *Il Seminario. Libro I: Gli scritti tecnici di Freud, 1953-1954*, Einaudi, Torino 1978.

Lagache D., *La psychanalyse et la structure de la personnalité*, in AA.VV., *La psychanalyse*, Puf, Paris 1958, vol. VI.

Mead G. H., *Mente, Sé e Società* (1934), Giunti Barbera, Firenze 1966.

Olivetti Belardinelli M., *Identificazione e proiezione*, Cappelli, Bologna 1971.

Ricoeur P., *Sé come un altro* (1990), Jaca Book, Milano 1993.

Sandler J. (a cura di), *Proiezione, identificazione, identificazione proiettiva* (1987), Bollati Boringhieri, Torino 1988.

Identità (ingl. *Identity*; ted. *Identität*; fr. *Identité*; sp. *Identidad*). Termine ampiamente utilizzato, ma scarsamente sistematizzato a livello concettuale. Come scrive Claude Lévi-Strauss, «l'identità è una sorta di nucleo virtuale al quale ci è indispensabile riferirci per spiegare un certo numero di cose, ma senza che abbia alcuna esistenza reale» (1977, p. 332). Nel Medioevo l'identità era data da quell'entità metafisica chiamata "anima", nell'età moderna, con John Locke e David Hume, l'identità non è più un'identità sostanziale di origine divina come pensavano i medioevali, e neppure quell'entità che Cartesio ha chiamato Io (*Ego*), ma è il prodotto delle relazioni che la memoria instaura tra le impressioni continuamente mutevoli, e tra il presente e il passato. Da questo punto di vista l'identità non è un dato, ma una *costruzione della memoria*.

Dello stesso avviso è Friedrich Nietzsche che, a proposito della nostra identità che chiamiamo Io, scrive: «Una volta si credeva all'"anima", come si credeva alla grammatica e al soggetto grammaticale: si diceva: "Io" è condizione, "penso" è predicato e condizionato: il pensare è un'attività per la quale un soggetto *deve* essere pensato come causa. Si cercò allora, con un'ostinazione e un'astuzia mirabili, se non fosse possibile districarsi da questa rete, ci si domandò se non fosse vero caso mai il contrario: "penso" condizione, "Io" condizionato; "Io" dunque soltanto una sintesi che viene *fatta* dal pensiero stesso» (1886, p. 60). Pur esprimendosi in termini diversi, dello stesso avviso è Paul Ricoeur che introduce il concetto di *identità narrativa* là dove scrive che «la storia di una vita non cessa di essere ridisegnata da tutte le storie veridiche o fittizie che un soggetto racconta di se stesso» (1985, p. 24). E infine Jacques Derrida che, sottolineando il carattere polisemico del concetto di identità, scrive: «Quando dico Io, dico sempre in certo qual modo uno pseudonimo» (1967, p. 140).

Queste riflessioni filosofiche sono state sostanzialmente accolte dalla psicologia che, con il termine "identità", intende il senso del proprio essere *continuo* attraverso il tempo e *distinto*, come entità, da tutte le altre, senza trascurare le crisi di identità in ordine alla solidità o alla fragilità di questa costruzione. Molti problemi relativi all'identità si decidono infatti a livello di IDENTIFICAZIONE (v.) soprattutto con le figure parentali che offrono il primo modello per la costruzione della propria identità (v. PSICOLOGIA DELL'IO, § 3). Il tema dell'identità, in ordine alla coscienza di sé e alla riconoscibilità da parte degli altri, è emerso soprattutto nell'ambito della psicologia sociale e della psicologia dinamica.

1. PSICOLOGIA SOCIALE. In questo ambito si sostiene che l'identità è il frutto del "riconoscimento" sociale, a partire da quel primo gruppo sociale che è la famiglia. Pertanto non è un'entità, ma la qualifica di riconoscibilità attribuita a un individuo e, per estensione, a gruppi di individui omogenei. Questa tesi ha trovato la sua migliore espressione in George Herbert Mead, per il quale «se l'individuo riesce a possedere un Sé solo attraverso la comunicazione con gli altri, solo attraverso l'elaborazione dei processi sociali per mezzo della comunicazione significativa, allora non è possibile che il Sé sia antecedente all'organismo sociale. Quest'ultimo deve avere carattere di antecedenza temporale» (1934, p. 240). Dello stesso avviso è Françoise Héritier, per la quale «l'identità non può

venire al singolo che da fuori, vale a dire dalla società» (1979, p. 71), dove ogni soggetto cerca di distinguersi attraverso svariati segni relativi al tipo di vita, ai consumi, ai ruoli, all'esibizione di uno status, all'appartenenza a gruppi che godono di un certo prestigio, valorizzando la propria assegnazione identitaria quando è favorevole e svincolandosi quando è invalidante. Come scrive infatti Vincent de Gaulejac, «dal momento che la collocazione di un soggetto non è assegnata *a priori*, ogni individuo ha la libertà di cambiarla, ma anche il rischio di perderla. Aumentano le tensioni tra l'*identità ereditata* che viene dalla nascita e dalle origini sociali, l'*identità acquisita* strettamente legata alla posizione socio-professionale, e l'*identità sperata* che è poi quella a cui si aspira per essere riconosciuti» (1987, p. 64). La posizione di Mead e di Héritier è condivisa anche da Giovanni Jervis che in proposito scrive: «L'immagine di noi stessi è elaborata non tanto con gli altri, quanto soprattutto dagli altri. Basta pensarci un attimo: fin dalla più tenera infanzia sono stati gli altri a dirci chi siamo: gli altri ci vedono sotto una certa immagine, che noi tendiamo a far nostra» (1977, p. 31).

2. Psicologia dinamica. Sigmund Freud non si è fondamentalmente occupato di identità, perché nella sua concezione dinamica della psiche, dove interagiscono Io, Super-io ed Es, ha preferito insistere sui processi di identificazione primaria e secondaria, quest'ultima alla base del primo nucleo di identità (v. Identificazione, § 1). Nelle scuole post-freudiane il tema dell'identità è stato riproposto da Erik Homburger Erikson, secondo il quale l'identità è da pensarsi come la riflessione che il soggetto fa sulla propria continuità temporale e sulla sua differenza dagli altri. A suo dire molti aspetti dello sviluppo dell'Io si possono formulare in termini di crescita del senso di identità, che va incontro a crisi di vario genere nell'età evolutiva, o a perdite e a sovvertimenti nei deliri schizofrenici. Con Karen Horney, Harry Stack Sullivan e soprattutto con Heinz Hartmann e Heinz Kohut, l'identità viene ricondotta al Sé (*Self*). Per Hartmann, infatti, «il Sé è il centro organizzatore dell'attività dell'Io» (1939, p. 42), mentre per Kohut «il senso della realtà del Sé, che è la manifestazione della sua coesione dovuta a un investimento stabile con la libido narcisista, porta non solo a una sensazione soggettiva di benessere, ma anche a un miglioramento delle funzioni dell'Io [...] quando si è rafforzata la coesione dell'esperienza del Sé» (1971, p. 122).

Per Carl Gustav Jung, invece, «il Sé è l'intero perimetro che abbraccia coscienza e inconscio insieme; è il centro di questa totalità, così come l'Io è il centro della mente cosciente» (1943, p. 343). E per quanto riguarda la dinamica tra Sé e Io, «il Sé è ciò che offre all'Io motivo di rendersi conto di sé» (1942-1954, p. 253). All'interno di questa dinamica, Jung intende l'identità come un processo, da lui denominato "processo di individuazione" e definito come un processo di *differenziazione* e *integrazione* che ha per meta lo sviluppo della personalità individuale (v. Psicologia analitica, § 5). E in proposito scrive: «La necessità dell'individuazione è una necessità naturale, in quanto che impedire l'individuazione, mercé il tentativo di stabilire delle norme ispirate prevalentemente o addirittura esclusivamente a criteri collettivi, significa pregiudicare l'attività vitale dell'individuo» (1921, p. 463). Per quanto riguarda il termine specifico di "identità", Jung lo assume come sinonimo di "uguaglianza". Un'uguaglianza di tipo inconscio come assenza di differenze cognitive e affettive tra diversi individui e oggetti che si riscontra «nella partecipazione mistica dei primitivi, nello stato mentale della prima infanzia e nell'inconscio dell'uomo civilizzato e adulto [...]. L'identità consiste innanzitutto in un'uguaglianza inconscia con gli oggetti. Essa non è un'equiparazione, un'identificazione, ma un'uguaglianza data a priori che non è mai rientrata nell'ambito della coscienza. Sull'identità si basa l'ingenuo pregiudizio che la psicologia dell'uno sia uguale a quella dell'altro, che dappertutto valgano gli stessi motivi, che ciò che piace a me debba ovviamente piacere anche agli altri, che ciò che è immorale per me debba esserlo anche per gli altri. [...] L'identità si rivela in modo particolarmente perspicuo in casi patologici, per esempio nel delirio paranoico di riferimento nel quale viene presupposta come cosa ovvia negli altri l'esistenza del proprio contenuto soggettivo» (ivi, p. 451).

Bibliografia

AA.VV., *L'identità come problema*, in "La pratica analitica. Saggi di psicologia del profondo", 1983.
AA.VV., *L'identità personale*, Cedam, Padova 1981.
Arciero G., *Studi e dialoghi sull'identità personale*, Bollati Boringhieri, Torino 2002.
Bauman Z. (a cura di B. Vecchi), *Intervista sull'identità*, Laterza, Bari 2003.
Böhme G., *Identità*, in Ch. Wulf (a cura di), *Cosmo, corpo, cultura. Enciclopedia antropologica* (1997), Bruno Mondadori, Milano 2002, pp. 698-709.
De Gaulejac V., *La névrose de classe*, Hommes et Groupes, Paris 1987.
Derrida J., *La scrittura e la differenza* (1967), Einaudi, Torino 1971.
Dumont L., *Homo aequalis* (1977), Adelphi, Milano 1984.
Elias N., *La società degli individui* (1939), il Mulino, Bologna 1990.
Erikson E. H., *I cicli della vita. Continuità e mutamenti* (1959), Armando, Roma 1991.
–, *Aspetti di una nuova identità* (1974), Armando, Roma 1975.
Finkielkraut A., *L'identità infelice* (2013), Guanda, Parma 2015.

Galimberti U., *La funzionalità come forma dell'identità*, in Id., *Psiche e techne. L'uomo nell'età della tecnica* (1999), Feltrinelli, Milano 2016, pp. 547-564.
Girard G., *Simulazione e identità debole*, Tirrenia Stampatori, Torino 1990.
Hartmann H., *Psicologia dell'Io e problema dell'adattamento* (1939), Bollati Boringhieri, Torino 1966.
Heidegger M., *Identità e differenza* (1957), Adelphi, Milano 2009.
Héritier F., *Identità e società* (1979), in C. Lévi-Strauss (a cura di), *L'identità* (1977), Sellerio, Palermo 1996.
Horney K., *Nevrosi e sviluppo della personalità. La lotta per l'auto-realizzazione* (1950), Fabbri, Milano 2007.
Hume D., *Ricerche sull'intelletto umano* (1748), Laterza, Bari 1968.
Jervis G., *La conquista dell'identità. Essere se stessi, essere diversi*, Feltrinelli, Milano 1977.
Jung C. G., *Tipi psicologici* (1921), in *Opere* (1969-2007), Bollati Boringhieri, Torino, vol. VI.
–, *Il simbolo della trasformazione nella messa* (1942-1954), in *Opere*, cit., vol. XI.
–, *Psicologia e alchimia* (1943), in *Opere*, cit., vol. XII.
Kohut H., *Narcisismo e analisi del Sé* (1971), Bollati Boringhieri, Torino 1976.
La Forgia M., *Morfogenesi dell'identità*, Mimesis, Milano 2008.
Lai G., *Disidentità*, Feltrinelli, Milano 1988.
Laplantine F., *Identità e métissage* (1999), Elèuthera, Milano 2004.
Leghissa G., *Il gioco dell'identità. Differenza, identità, rappresentazione*, Mimesis, Milano 2005.
Lévi-Strauss C. (a cura di), *L'identità* (1977), Sellerio, Palermo 1996.
Locke J., *Saggio sull'intelligenza umana* (1690), Bompiani, Milano 2004.
Loretoni A., *Identità*, in M. Flores (a cura di), *Diritti umani. Cultura dei diritti e dignità della persona nell'epoca della globalizzazione*, Utet, Torino 2007, vol. II, pp. 705-710.
Màdera R., *Identità e feticismo. Forma di valore e critica del soggetto, Marx e Nietzsche*, Moizzi, Milano 1977.
Mancini T., *Psicologia dell'identità*, il Mulino, Bologna 2010.
Martignoni G. (a cura di), *Navigare l'incertezza. Educare, curare, assistere o dei percorsi di identità*, Edizioni Alice, Comano 1988.
Mead G. H., *Mente, Sé e Società* (1934), Giunti Barbera, Firenze 1966.
Nietzsche F., *Al di là del bene e del male* (1886), in *Opere*, Adelphi, Milano 1968, vol. VI, 2.
Pesic P., *Il paradosso dell'identità* (2007), Bollati Boringhieri, Torino 2010.
Remotti F., *Contro l'identità*, Laterza, Bari 1996.
Ricoeur P., *Tempo e racconto* (1985), Jaca Book, Milano 1988, vol. III.
Sparti D., *Soggetti al tempo. Identità personale tra analisi filosofica e costruzione sociale*, Feltrinelli, Milano 1996.
Stone Allucquère R., *Desiderio e tecnologia. Il problema dell'identità nell'era di Internet* (1995), Feltrinelli, Milano 1997.
Sullivan H. S., *Teoria interpersonale della psichiatria* (1953, edito postumo), Feltrinelli, Milano 1962.
Taylor Ch., *Le radici dell'io. La costruzione dell'identità moderna* (1989), Feltrinelli, Milano 1993.

Ideologia (ingl. *Ideology*; ted. *Ideologie*; fr. *Idéologie*; sp. *Ideología*). Il termine ha acquistato rilevanza speculativa a partire da Karl Marx che chiama "ideologiche" le idee dominanti che, in realtà, sono le idee della classe dominante. Scrive infatti: «Le idee dominanti non sono altro che l'espressione ideale dei rapporti materiali dominanti, sono i rapporti materiali dominanti presi come idee: sono dunque l'espressione dei rapporti che appunto fanno di una classe la classe dominante, e dunque sono le idee del suo dominio» (1845-1846, pp. 37-38).

Il concetto ha trovato una sua applicazione in ambito psichiatrico perché, come scrive Giovanni Jervis, «dietro i tecnicismi, dietro le classificazioni e le infinite diagnosi e sottodiagnosi di malattia si nascondono altri problemi: e questi sono i problemi umani della vita di tutti i giorni, che sono problemi politici. [...] La distinzione tra problemi privati e personali (non politici) e problemi collettivi (a carattere politico) è una distinzione falsa, ed è uno strumento di difesa del sistema sociale in cui viviamo. [...] La psichiatria è, nella sua pratica e nella sua teoria, uno strumento di potere della classe dominante. Del resto, la borghesia colta utilizza bene, e con naturalezza, il linguaggio e gli strumenti interpretativi della psichiatria e della psicoanalisi; sa *naturalmente* come manipolare i comportamenti altrui; è sottile e preparata a cogliere, con una vasta gamma di strumenti culturali, i problemi psicodinamici. La psichiatria, come insieme articolato di capacità operative e di conoscenze, è, insomma, omogenea alla cultura della classe privilegiata: e resterà anche per questo nelle sue mani. [...] Ritengo che nella nostra società la psichiatria sia oppressione e mistificazione più che strumento terapeutico. E questo perché i problemi collettivi della salute, del benessere e dell'equilibrio psichico, vengono considerati problemi eminentemente tecnici, oltre che individuali e privati. [...] Gli orrori – non debellati – dei manicomi e gli inganni dei manipolatori della mente sono questione che riguarda tutti; e infine nessuno è personalmente privo di problemi psichiatrici. [...] Di qui, da una corretta *critica alla psichiatria*, potrà forse nascere una *psichiatria critica*, una psichiatria che abbia fra le sue caratteristiche quella di non nascere dal cervello di pochi intellettuali, ma dalla pratica e dalla riflessione di molti: di infermieri, di assistenti sociali, psicologi, psichiatri, sindacalisti, studenti, quadri politici e amministrativi di base, pazienti ed ex pazienti» (1975, pp. 15-18).

Analoga denuncia è stata avanzata da Franco Basaglia che ha proposto, e nel 1978 ottenuto, la chiusura dei manicomi a partire da questo principio: «La follia è una condizione umana. In noi la follia esiste ed è presente come lo è la ragione. Il problema è che la società, per dirsi civile, dovrebbe accettare tanto la ragione quanto la follia, invece incarica una scienza, la psichiatria, per tradurre la *follia* in *malattia* allo scopo di eliminarla. Il manicomio ha qui la sua ragion d'essere che è poi quella di far diventare razionale l'irrazionale. Quando qualcuno è folle ed entra in manicomio smette di essere *folle* per trasformarsi in *malato*. Diventa razionale in quanto malato» (1979, p. 34).

Bibliografia

Ansart P., *Idéologies, conflicts et pouvoir*, Puf, Paris 1977.

Basaglia F., *Conferenze brasiliane* (1979), Raffaello Cortina, Milano 2000.

Bauleo A. J., *Ideologia, gruppo e famiglia* (1977), Feltrinelli, Milano 1978.

Curi U., *Psicologia e critica dell'ideologia*, Bertani, Verona 1977.

Galimberti U., *La tecnica e il crollo delle ideologie*, in Id., *Psiche e techne. L'uomo nell'età della tecnica* (1999), Feltrinelli, Milano 2016, pp. 409-435.

Jervis G., *Manuale critico di psichiatria*, Feltrinelli, Milano 1975.

Kaës R., *L'idéologie. Études psychoanalytiques*, Dunod, Paris 1980.

Mannheim K., *Ideologia e utopia* (1929), il Mulino, Bologna 1957.

Marx K., Engels F., *L'ideologia tedesca* (1845-1846, inedito fino al 1932), in *Marx Engels Opere Complete*, Editori Riuniti, Roma 1972, vol. V.

Romano D. F., *Psicologia: tra ideologia e scienza*, Mazzotta, Milano 1974.

Rossi-Landi F., *L'ideologia*, Isedi, Milano 1978.

Van Dijk T. A., *Ideologie. Discorso e costruzione sociale del pregiudizio*, Carocci, Roma 2003.

Ideomotorio (ingl. *Ideomotor*; ted. *Ideomotorisch*; fr. *Idéomoteur*; sp. *Psicomotor*). Il termine definisce, in generale, quei movimenti prodotti involontariamente attraverso rappresentazioni emotive o affettive in persone distratte o assenti. Il termine trova impiego in riferimento a:

1. *Immagine ideomotoria* che è una rappresentazione promossa dall'emozione che porta a movimenti involontari.

2. *Legge ideomotoria*, detta anche *effetto Carpenter* dal nome del fisiologo inglese William Benjamin Carpenter il quale constatò che finché si riesce a mantenere concentrata l'attenzione su movimenti osservati o immaginati si manifesta la tendenza a eseguirli, con conseguente innervazione dei gruppi di muscoli corrispondenti. Detta legge prese successivamente il nome di *legge ideoreale* dopo che William James ne riconobbe l'assoluta regolarità psicologica e la ipotizzò alla base dei fenomeni di suggestione.

3. *Riflesso ideomotorio*, detto anche *riflesso di Haab*: si riferisce al riflesso di contrazione delle pupille che si verifica quando si guarda un oggetto luminoso in un ambiente buio.

Bibliografia

Carpenter W. B., *Principles of human physiology*, Lea & Blanchard, Philadelphia 1845.

–, *Principles of mental psychology*, Appleton, New York 1875.

James W., *Principi di psicologia* (1890), Società Editrice Libraria, Milano 1901.

Ideoreale, Legge, v. IDEOMOTORIO, § 2.

Idiogamico (ingl. *Idiogamic*; ted. *Idiogamisch*; fr. *Idiogamique*; sp. *Idiogámico*). Soggetto in grado di avere rapporti sessuali solo con una o poche donne particolari, mentre in tutti gli altri casi manifesta impotenza.

Idioglossia (ingl. *Idioglossia*; ted. *Idioglossie*; fr. *Idioglossie*; sp. *Idioglosia*). Detta anche *idiolalia*, è un linguaggio personale che si osserva in certi bambini che soffrono di afasia uditiva e che, per il gran numero di sostituzioni, omissioni e trasposizioni di suoni, risulta difficilmente comprensibile. In senso più ampio e non patologico, il termine viene riferito anche a quei linguaggi privati che funzionano tra un gruppo di coetanei affiatati.

Idiografico – Nomotetico (ingl. *Idiographic-Nomothetic*; ted. *Idiographisch-Nomothetisch*; fr. *Idiographique-Nomothétique*; sp. *Idiográfico-Nomotético*). Distinzione introdotta da Wilhelm Windelband per caratterizzare il metodo delle scienze della natura che seguono leggi generali (in greco νόμος), rispetto al metodo delle scienze storiche o dello spirito che non seguono leggi generali, ma colgono eventi nella loro specificità e singolarità (in greco ἴδιος). In campo psicologico, conformemente a questa distinzione, si parla rispettivamente di "studio nomotetico" e di "studio idiografico" a seconda che la descrizione del comportamento, della personalità o della patologia avvenga in base a parametri generali e leggi psicologiche riconosciute come generalmente valide, o segua il caso particolare cercando di coglierne la struttura a partire dal suo mondo. A questa distinzione si rifanno i problemi connessi alla *comprensione* che è sempre idiografica, rispetto alla *spiegazione* che è sempre nomotetica (v. PSICOLOGIA COMPRENSIVA). Lo stesso dicasi del concetto di NORMA (v.) che è idiografico se viene stabilito di volta in volta in base alla struttura complessiva del soggetto in esame, mentre è nomotetico se si impernia sulla frequenza di uno o più tratti della personalità in una certa collettività e in una determinata epoca storica.

Bibliografia

Allport G. W., *Divenire. Fondamenti di una psicologia della personalità* (1955), Editrice Universitaria, Firenze 1963.

Jaspers K., *Psicopatologia generale* (1913-1959), Il Pensiero Scientifico, Roma 2000.
Windelband W., *Preludi. Saggi e discorsi d'introduzione alla filosofia* (1884), Bompiani, Milano 1947.

Idiolalia, v. IDIOGLOSSIA.

Idioretinica, Luce, v. LUCE IDIORETINICA.

Idiosincrasia (ingl. *Idiosyncrasy*; ted. *Idiosynkrasie*; fr. *Idiosyncrasie*; sp. *Idiosincrasia*). Ipersensibilità o ripugnanza per persone, animali, cose, cibi, odori, rumori, che si riscontra con maggior frequenza nelle personalità a sfondo fobico (v. FOBIA).

Idiosincratismo, v. METAFORA, § 2.

Idiozia, v. RITARDO MENTALE.

Idoneità, Test di, v. PSICOLOGIA DEL LAVORO, § 5.

Idrocefalia (ingl. *Hydrocephaly*; ted. *Gehirnwassersucht*; fr. *Hydrocéphalie*; sp. *Hidrocefalia*). Aumento abnorme della quantità di liquido cefalo-rachidiano (v. ENCEFALO; MENINGE) nell'encefalo per un mancato deflusso del liquido o per un difetto di assorbimento. Quando i ventricoli si allargano a spese del tessuto cerebrale circostante si crea una condizione conosciuta come *idrocefalo*. Tra le varie forme di idrocefalia congenita vi sono le malformazioni del sistema nervoso centrale, l'idrocefalo postemorragico, l'idrocefalo postinfettivo, l'idranencefalia e le forme miscellanee. Una forma estrema di necrosi emisferica globale è l'idranencefalia, dove gli emisferi cerebrali sono quasi completamente assenti e sostituiti da ampie cavità liquorali, mentre i GANGLI DELLA BASE (v.), il tronco encefalico (v. ENCEFALO, § 1, *a*) e il cervelletto sono di solito risparmiati. Qualunque sia la causa, l'accumulo del liquido cefalo-rachidiano determina un aumento della pressione intracranica e i segni e sintomi differiscono a seconda dell'età in cui si manifesta. Nel neonato, quando le suture craniche non sono ancora saldate, si verifica un aumento della circonferenza cranica con prominenza della fontanella anteriore, letargia o irritabilità. Dopo la fusione delle suture, l'idrocefalo causa numerosi altri segni e sintomi tra i quali nausea, vomito, cefalea, accessi convulsivi, disturbi visivi e riduzione dello stato di coscienza.

Idrofobia (ingl. *Hydrophobia*; ted. *Hydrophobie*; fr. *Hydrophobie*; sp. *Hidrofobia*). Fobia dell'acqua. Il termine viene usato anche come sinonimo di RABBIA (v.).

Ierofania, v. SACRO, § 7.

Igiene mentale (ingl. *Mental hygiene*; ted. *Geisteshygiene*; fr. *Hygiène mentale*; sp. *Higiene mental*). Serie di misure precauzionali atte a prevenire l'insorgenza di malattie mentali, a mantenere l'equilibrio psichico e a favorire l'adattamento all'ambiente. I movimenti di igiene mentale nascono nei primi anni del Novecento negli Usa, su iniziativa di Clifford Whittingham Beers e Adolf Meyer, per migliorare i metodi terapeutici, la profilassi e l'assistenza ai malati mentali, attraverso un più ampio coinvolgimento di strutture pubbliche e volontariato. Attualmente il compito di tutelare la salute psichica si svolge a tre livelli di prevenzione: 1) *prevenzione primaria*, ovvero miglioramento delle condizioni di vita e di lavoro, educazione sessuale, eugenica e sociale, informazione sanitaria con il risanamento di tutti quei fattori che possono contribuire a far emergere stati di disadattamento, di criminalità o vere e proprie patologie psichiche (v. EPIDEMIOLOGIA); 2) *prevenzione secondaria*, o diagnosi tempestiva di ogni turba mentale e cura immediata già ad un suo primo manifestarsi; 3) *prevenzione terziaria*, o cura degli esiti delle malattie psichiche con programmi di risocializzazione, riabilitazione e reinserimento in ambito familiare e professionale.

Bibliografia

Ahrenfeldt R. H., *La notion de santé mentale*, in *Encyclopédie médico-chirurgicale. Section "Psychiatrie"*, Éditions du Centre de Psychologie Appliquée, Paris 1966.
Beers C. W., *Eine Seele die sich wiederfand*, Benno Schwabe & Company, Basel 1941.
Caplan G., *Principles of preventive psychiatry*, Basic Books, New York 1964.
Frighi L., *Appunti di igiene mentale*, Bulzoni, Roma 1979.
Jervis G., *Manuale critico di psichiatria*, Feltrinelli, Milano 1975.
Vinay M.-P., *Igiene mentale*, Edizioni Paoline, Cinisello Balsamo 1970.
Whittington H. G., *I centri di igiene mentale nel territorio* (1973), Martinelli, Firenze 1976.

Ilarità (ingl. *Hilarity*; ted. *Heiterkeit*; fr. *Hilarité*; sp. *Hilaridad*). Sentimento suscitato da un evento imprevisto e divertente che scatena il RISO (v.). Si distingue dalla GIOIA (v.) perché scarica un'emozione provocata da una situazione momentanea, senza avere in vista appagamenti di desideri a lungo coltivati o positive prospettive future.

Illusione (ingl. *Illusion*; ted. *Täuschung*; fr. *Illusion*; sp. *Ilusión*). Alterazione percettiva per cui la percezione non si conforma alle caratteristiche dello stimolo, determinando una discrepanza tra mondo fisico e mondo percepito. Karl Jaspers scrive: «Illusioni si chiamano tutte quelle percezioni che derivano da trasformazioni delle percezioni reali, nelle quali stimoli sensoriali esterni si combinano con elementi riprodotti in un'unità tale che quelli diretti non si possono distinguere da quelli riprodotti» (1913-1959, p. 70). L'illusione va distinta dall'ALLUCINAZIONE (v.) che è una falsa percezione in assenza di stimoli sensoriali adeguati, per cui è detta anche "percezione senza oggetto", e dall'ERRORE (v.) che viene meno quando viene riconosciuto.

Questa distinzione non è mantenuta in ambito psicoanalitico, dove al termine "illusione" si preferisce il termine "allucinazione" riferito al soddisfacimento fantastico o onirico del desiderio, con due sole eccezioni rappresentate da Carl Gustav Jung, per il quale l'illusione è dovuta a un'interferenza di complessi psichici diversi dall'Io che determinano un'interpretazione della realtà altra rispetto a quella stabilita dall'Io, e da Donald Woods Winnicott, che parla di illusioni a proposito di quelle creazioni promosse dal desiderio infantile non soddisfatto dal comportamento materno e compensato da un oggetto transizionale (v. OGGETTO, § 6). L'illusione, che di per sé non è indicativa di una particolare patologia, è comunque più facilmente riscontrabile in alcuni disturbi dell'affettività e in certi disordini mentali, come negli stati confusionali o in quelli crepuscolari (v. COSCIENZA, § 3). Jaspers distingue tre tipi di illusione che così descrive:

1. ILLUSIONE DA DISATTENZIONE. «Gli stimoli sensoriali esterni che, a causa di un'attenzione di breve durata, sono limitati, quasi sempre vengono completati. Completiamo, per esempio, quando ascoltiamo una conferenza, e ci accorgiamo di tali completamenti solo quando ci siamo sbagliati. Non ci accorgiamo quasi mai di tutti gli errori di stampa di un libro, e li completiamo o li correggiamo esattamente secondo il significato del contesto. Tutte queste illusioni vengono immediatamente corrette quando vi si richiama l'attenzione» (*ibid.*).

2. ILLUSIONE AFFETTIVA. «Quando si cammina da soli attraverso un bosco, impauriti, si scambia un tronco d'albero, un masso di roccia per una forma umana. Il malato melanconico, nell'angoscia di essere ucciso, vede nei vestiti attaccati al muro un cadavere pendente. Un rumore indifferente gli dà l'impressione del tintinnare e dello stridere delle catene con le quali dovrà essere incatenato. Queste illusioni così mutevoli quasi sempre risultano comprensibili in base al contenuto delle emozioni» (*ibid.*).

3. PAREIDOLIA. «Senza emozioni, né giudizio di realtà, ma anche senza che, al richiamo dell'attenzione, le immagini illusorie debbano scomparire, la fantasia "produttiva" crea da impressioni sensoriali incomplete, da nuvole, dalle pareti di un vecchio muro e cose simili, formazioni illusorie assolutamente nitide e col carattere della corporeità» (*ibid.*). La pareidolia è quindi un'elaborazione fantastica di stimoli sensoriali indefiniti resi nitidi da elementi intrapsichici riprodotti. Per il suo valore proiettivo, la pareidolia è prodotta artificiosamente nelle prove del test di Rorschach (v. RORSCHACH, TEST DI) dove si richiede di interpretare liberamente delle macchie di colore. A questi tipi di illusione evidenziati da Jaspers sono da aggiungere le illusioni descritte dalla psicologia sperimentale e qui di seguito elencate.

4. ILLUSIONI OTTICO-GEOMETRICHE. Studiate soprattutto dalla PSICOLOGIA DELLA GESTALT (v.) e in particolare da Kurt Koffka, che in proposito scrive: «Le illusioni, oltre a essere di aiuto per meglio comprendere i processi mentali, ci consentono di abbandonare il *realismo ingenuo* a favore del *realismo critico* per meglio comprendere il confine tra realtà fisica e realtà fenomenica» (1935, p. 87). Le illusioni ottico-geometriche sono dovute a distorsioni visive con riferimento a: *a)* figure di "oggetti impossibili" che non si danno nella realtà; *b)* figure che appaiono distorte rispetto a come sono in realtà (metamorfopsia); *c)* figure che, se guardate per un certo tempo, producono distorsioni in altre figure osservate immediatamente dopo (effetto figurale postumo).

Tra le spiegazioni che sono state avanzate ricordiamo: *a)* la *teoria dell'empatia* secondo cui la distorsione percettiva è indotta dal significato emotivo che le figure illusorie rivestono; *b)* la *teoria dei movimenti oculari* secondo cui la distorsione sarebbe imputabile ai disturbi che alcuni tratti delle figure illusorie inducono nei movimenti oculari; *c)* la *teoria della prospettiva* per la quale, potendosi considerare le figure illusorie come proiezioni piane di visioni tridimensionali, sarebbe la prospettiva a causare la distorsione, nel senso che, essendo la profondità "suggerita" dai tratti prospettici, l'ingrandimento dei tratti più distanti sarebbe dovuto a questo "suggerimento"; *d)* la *teoria della gradazione inappropriata della costanza* che si basa su un ampliamento del concetto di "costanza di dimensione" quale compensazione dei cambiamenti che subisce l'immagine retinica con l'aumentare della distanza degli oggetti, attraverso l'ingrandimento dei tratti più lontani; *e)* la *teoria di James Jerome Gibson* secondo il quale le illusioni sorgono da una stimolazione impoverita che non è caratteristica dell'ambiente visivo, strutturalmente ricco, che si offre normalmente all'osservatore; *f)* la *teoria di Richard L. Gregory* che, all'opposto, sostiene che le illusioni possono essere generate o da un cattivo funzionamento dei meccanismi fisiologici (illusioni "fisiologiche" e "cognitive") o da un'inadeguatezza delle strategie costruite su questi meccanismi (illusioni da "meccanismo" o da "strategia").

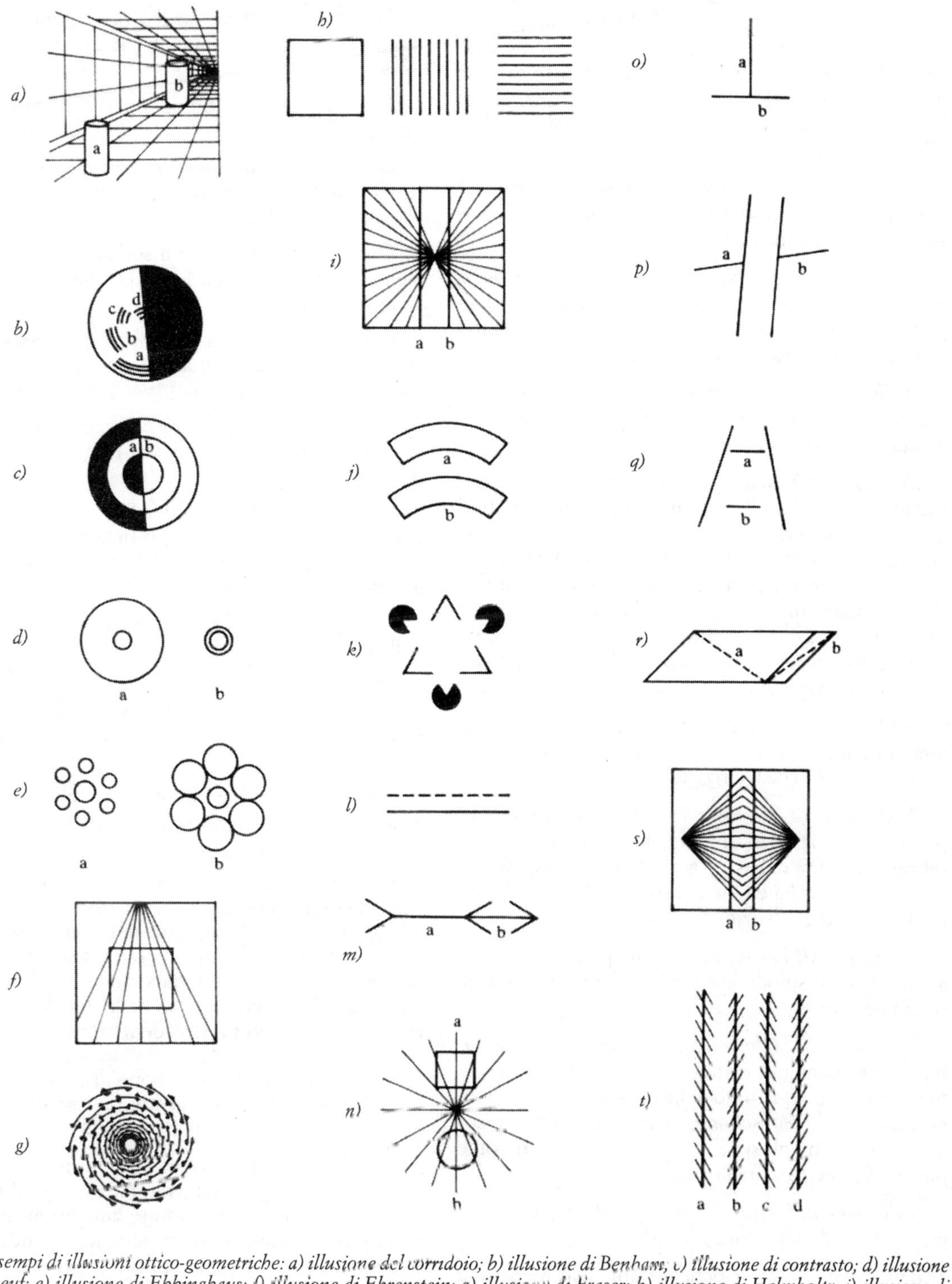

Alcuni esempi di illusioni ottico-geometriche: a) illusione del corridoio; b) illusione di Benham; c) illusione di contrasto; d) illusione di Delboeuf; e) illusione di Ebbinghaus; f) illusione di Ehrenstein; g) illusione di Fraser; h) illusione di Helmholtz; i) illusione di Hering; j) illusione di Jastrow; k) illusione di Kanizsa; l) illusione di Kundt; m) illusione di Müller-Lyer; n) illusione di Orbison; o) illusione orizzontale-verticale; p) illusione di Poggendorff; q) illusione di Ponzo; r) illusione di Sander; s) illusione di Wundt; t) illusione di Zöllner.

A titolo esemplificativo elenchiamo alcune illusioni ottico-geometriche seguendo la nominazione maggiormente in uso o che ricorre più di frequente, anche se per diverse illusioni esistono incertezze circa la loro paternità o la precedenza temporale in ordine alla loro scoperta e illustrazione:

a) *illusione del corridoio*: in una fuga prospettica i cilindri *a* e *b*, che sono della stessa grandezza, appaiono l'uno più grande dell'altro;

b) *illusione di Benham*: la rotazione di un disco bianco e nero in senso orario induce percezioni soggettive di colori diversi lungo le linee che sembrano *a* bluastre, *b* olivastre, *c* rossastre, *d* magenta;

c) *illusione di contrasto*: in base allo sfondo, le due metà *a* e *b* dell'anello non appaiono identiche in luminosità e riflesso pur essendolo;

d) *illusione di Delboeuf*: due cerchi di uguali dimensioni appaiono diversi qualora vengano aggiunti al loro interno o al loro esterno altri cerchi concentrici. Questa illusione è lo sviluppo dell'originaria *illusione di Brentano* per la quale se disponiamo di due cerchi ugualmente grandi e poi circondiamo uno dei due con un cerchio concentrico più grande, il cerchio circondato apparirà più grande dell'altro obiettivamente di uguale grandezza;

e) *illusione di Ebbinghaus*: due cerchi di uguali dimensioni appaiono diversi in funzione della dimensione dei cerchi che li circondano;

f) *illusione di Ehrenstein*: distorsione percettiva dovuta al sovrapporsi di figure geometriche che modificano la figura di base. Classica è la figura quadrata che, se attraversata da linee disposte a raggiera, assume la forma del trapezio;

g) *illusione di Fraser*: distorsione percettiva che fa apparire come spirale linee curve che formano tutte cerchi perfetti;

h) *illusione di Helmholtz*: i quadrati formati da fasce di linee parallele, verticali o orizzontali, appaiono più grandi di un quadrato delle medesime dimensioni in cui sono delineati soltanto i lati esterni. Tale illusione dimostra che gli spazi pieni sono percepiti come più estesi rispetto a quelli vuoti;

i) *illusione di Hering*: le linee parallele *a* e *b* sono percepite come incurvate al centro;

j) *illusione di Jastrow*: benché siano della medesima grandezza, la figura a mezzaluna disposta sopra appare più corta di quella di sotto, che a sua volta appare più vicina di quella di sopra;

k) *illusione di Kanizsa*: il gioco figura-sfondo dà l'impressione di due triangoli che in effetti non sono disegnati;

l) *illusione di Kundt*: linee spezzate sembrano più lunghe di linee intere aventi le stesse dimensioni;

m) *illusione di Müller-Lyer*: il segmento *a* viene percepito come più lungo del segmento *b* per la diversa orientazione delle alette;

n) *illusione di Orbison*: il sovrapporsi di una raggiera deforma il quadrato *a* e il cerchio *b* che in realtà sono regolari;

o) *illusione orizzontale-verticale*: pur essendo della medesima lunghezza, la linea verticale appare più lunga di quella orizzontale;

p) *illusione di Poggendorff*: i segmenti lineari *a* e *b* formano una linea retta che non appare a causa dell'interruzione;

q) *illusione di Ponzo*: se due linee orizzontali uguali sono poste all'interno di un binario che tende alla convergenza, la linea più prossima al punto di convergenza sembra più lunga dell'altra;

r) *illusione di Sander*: le linee tratteggiate *a* e *b* sono della stessa lunghezza, anche se *a*, per l'ampiezza della regione che attraversa, sembra più lunga di *b*;

s) *illusione di Wundt*: le linee verticali *a* e *b*, che appaiono convesse per effetto della figura sovrapposta, sono parallele;

t) *illusione di Zöllner*: le linee verticali sono parallele anche se tali non appaiono per effetto della diversa orientazione della segmentatura obliqua;

u) *effetto figurale postumo*: è un'illusione che distorce la percezione di una figura osservata dopo aver a lungo trattenuto lo sguardo su un'altra, per cui, ad esempio, l'esposizione di una retta, seguita immediatamente a quella di una linea curva, tende a far apparire la prima come piegata nella direzione opposta rispetto alla curvatura precedentemente percepita.

5. Illusioni misura-peso. Sono distorsioni nella valutazione del peso di un oggetto in base alla sua voluminosità. Rientrano in questo ambito:

a) *l'illusione di Demoor*, dove la normale valutazione in eccesso dei pesi più voluminosi e la valutazione in difetto dei pesi di più ridotte dimensioni avvengono in palese sproporzione rispetto alla grandezza-peso o in modo esattamente opposto;

b) *l'illusione Charpentier-Koseleff*, per cui tra due oggetti dello stesso peso, ma di dimensioni differenti, il più piccolo è giudicato più pesante. Tale illusione si verifica anche rispetto al volume, per cui tra due oggetti di dimensione volumetrica uguale, ma di peso diverso, il più pesante viene avvertito come più piccolo.

6. ILLUSIONI DI MOTO APPARENTE, v. PERCEZIONE, § 6, *a-b*.

Bibliografia

Brentano F., *La psicologia dal punto di vista empirico* (1874-1911), Laterza, Bari 1997, voll. I-III.
Brown J. F., *Über gesehene Geschwindigkeiten*, in "Psychologische Forschung", 1928, n. 10, pp. 84-101.
Coren S., Girgus J. S., *Seeing is deceiving. The psychology of visual illusions*, Lawrence Erlbaum Associates, Hillsdale, New Jersey, 1978.
Doniger W., *Sogni, illusioni e altre realtà* (1984), Adelphi, Milano 2005.
Ehrenstein W. (senior), *Probleme der ganzheitspsychologischen Wahrnehmungslehre*, Barth, Leipzig 1947.
Gibson J. J., *Un approccio ecologico alla percezione visiva* (1979), il Mulino, Bologna 1999.
Gregory R. L., *Occhio e cervello. La psicologia del vedere* (1966), Raffaello Cortina, Milano 1991.
–, *Vedere attraverso le illusioni* (2009), Raffaello Cortina, Milano 2010.
Jaspers K., *Psicopatologia generale* (1913-1959), Il Pensiero Scientifico, Roma 2000.
Jastrow J., *A study of Zöllner's figures and other related illusions*, in "American Journal of Psychology", 1981, n. 4.
Jung C. G., *Simboli della trasformazione* (1912-1952), in *Opere* (1969-2007), Bollati Boringhieri, Torino, vol. V.
Kanizsa G., *Grammatica del vedere*, il Mulino, Bologna 1980.
Koffka K., *Principi di psicologia della forma* (1935), Bollati Boringhieri, Torino 1970, nuova edizione riveduta 2006.
Koseleff P., *Eine Modifikation des Charpentier-Effektes*, in "Psychologische Forschung", 1936, n. 21.
Robinson J. O., *The psychology of visual illusion*, Hutchinson, London 1972.
Ross H., Plug C., *The mystery of the moon illusion*, Oxford University Press, Oxford 2002.
Rubin E., *Visuell wahrgenommene Figuren*, Gyldendal, København 1921.
Russo L., *Le illusioni del pensiero*, Borla, Roma 2006.
Warren R. M., Warren R. P., *Helmholtz on perception. Its physiology and development*, Wiley, New York 1968.
Winnicott D. W., *Oggetti transizionali e fenomeni transizionali* (1953), in Id., *Dalla pediatria alla psicoanalisi. Scritti scelti* (1958), Martinelli, Firenze 1975.

Ilozoismo, v. PANPSICHISMO.

Imago. Termine junghiano che designa il prototipo inconscio, elaborato a partire dalle prime relazioni intersoggettive reali o fantasmatiche, con cui il soggetto percepisce gli altri. L'imago, quindi, non è l'IMMAGINE (v.), ma uno schema inconscio con cui il soggetto considera l'altro. Non è nemmeno una rappresentazione del reale, sia pure più o meno deformato, perché, come dice Carl Gustav Jung, l'imago di un padre terribile può benissimo formarsi anche in presenza di un padre reale buono. L'imago è connessa al COMPLESSO (v.) con la differenza che, mentre il complesso si riferisce all'effetto che la situazione interpersonale ha determinato nel soggetto, l'imago designa la sopravvivenza fantasmatica dei membri della situazione relazionale.

Bibliografia

Jung C. G., *Simboli della trasformazione* (1912-1952), in *Opere* (1969-2007), Bollati Boringhieri, Torino, vol. V.

IMAO, v. PSICOFARMACOLOGIA, § II, 1.

Imbarazzo (ingl. *Embarrassment*; ted. *Verlegenheit*; fr. *Embarras*; sp. *Vergüenza*). Stato di temporanea perplessità nella scelta di un atteggiamento o di un comportamento. Valentina D'Urso e Vanda L. Zammuner scrivono in proposito che l'imbarazzo riguarda almeno tre campi d'esperienza: «Quello *materiale*, che fa riferimento a dimensioni fisiche o sensazioni fisiche; quello *cognitivo* dove il risultato di una paralisi o costrizione dei movimenti è invece da attribuirsi a non sapere cosa fare, non voler fare o non poter fare; quello *emotivo*, nei due gradi di disagio manifestato esternamente e di quello più forte e più interno che confina con la vergogna o la sofferenza. [...] L'imbarazzo è dunque uno stato emotivo più o meno intenso e di durata variabile (da pochi secondi a pochi minuti), che comporta tipiche manifestazioni esterne e che può accompagnarsi a modificazioni psicofisiologiche (del ritmo cardiaco, della frequenza respiratoria, della vasodilatazione, della tensione muscolare ecc.). Il concetto che accomuna autorevoli ricercatori di aree diverse è quello di *crisi dell'immagine pubblica*» (1990, pp. 20-21).

Bibliografia

D'Urso V., Zammuner V. L., *Cosa dice l'imbarazzo*, in V. D'Urso (a cura di), *Imbarazzo, vergogna e altri affanni*, Raffaello Cortina, Milano 1990.

Imbecillità, v. RITARDO MENTALE.

Imene (ingl. *Hymen*; ted. *Jungfernhäutchen*; fr. *Hymen*; sp. *Himen*). Piega mucosa situata all'orifizio inferiore della vagina tra la vagina stessa e il vestibolo. La sua rottura segna la DEFLORAZIONE (v.) della donna ed è carica, nelle diverse culture e a livello psicologico, di numerose e diverse significazioni simboliche.

Imitazione (ingl. *Imitation*; ted. *Nachahmung*; fr. *Imitation*; sp. *Imitación*). Riproduzione conscia o inconscia di un modello comportamentale, di una forma di comunicazione verbale o non verbale, di atteggiamenti sociali. Il primo ad occuparsene fu Edward Lee Thorndike che ha definito l'imitazione come l'apprendimento di un'azione per averla vista. Comune a uomini e animali, l'imitazione consente di apprendere comportamenti nuovi a partire dall'osservazione di un modello. Secondo Jean Piaget, l'imitazione è la prima forma di apprendimento del bambino e presenta le seguenti fasi di perfezionamento che vanno di pari passo con lo sviluppo dell'intelligenza: 1) *imitazione riflessa* (da 0 a 2 mesi) legata al contesto sensomotorio anteriore al linguaggio, come rispondere al grido con il grido; 2) *funzionale* (da 2 a 6 mesi) in cui la riproduzione dei gesti avviene per il puro piacere dell'esercizio della funzione, indipendentemente dal loro significato; 3) *significante* (da 6 mesi a un anno) dove l'imitazione tende a un risultato volto alla soddisfazione dei desideri del bambino; 4) *differita* o *indiretta* (2 anni) che si manifesta in assenza di modello e contemporaneamente al costituirsi del gioco simbolico e del linguaggio; 5) *imitazione propriamente detta* attuata per scopi di conoscenza e di adattamento intellettuale all'ambiente. A questo stadio l'imitazione viene interiorizzata con un processo equivalente a quello della trasformazione del linguaggio in linguaggio interiore.

Secondo Andrew N. Meltzoff e M. Keith Moore, i neonati attivano l'imitazione dei movimenti del volto già a 32 ore dalla nascita, mentre tra i 12 e i 21 giorni di vita sono in grado di imitare i movimenti della faccia e della mano della madre. La loro teoria dell'imitazione prevede l'attivazione di tre sistemi: *percettivo* con la percezione del proprio corpo e quello del modello, *rappresentativo* che confronta la posizione del soggetto imitante con quella del modello osservato, *motorio* che consente di eseguire un'azione uguale a quella del modello.

L'attività imitativa, da molti considerata una facoltà innata, nelle sue fasi più mature è motivata dalla simpatia e dall'interesse che l'oggetto imitato esercita sul soggetto. In proposito David Katz scrive che «alla base delle azioni imitative si trova sempre una specie di simpatia. Il comportamento di altre persone diventa attivo in forma di uno stimolo che induce l'imitazione quando corrisponde a un interesse, anche se solo passeggero. Ne derivano rapporti con la psicologia dei bisogni [...] poiché, se nel nostro comportamento subiamo l'influenza del nostro prossimo o se ne restiamo indipendenti, ciò dipende dalla misura in cui questo comportamento serve ai nostri scopi, ai nostri interessi ed ai nostri bisogni. [...] La persona o l'azione che si imita deve avere un valore per il soggetto» (1950, pp. 368-369). Quando alla mera riproduzione si accompagna una produzione originale, l'imitazione, avviandosi verso il superamento del modello, entra in una nuova fase e diviene creativa e artistica.

Sull'imitazione dell'altro ritorna René Girard, secondo il quale il desiderio umano non si rivolge direttamente all'oggetto, come riteneva Sigmund Freud, ma passa per la mediazione di un terzo termine rappresentato dal desiderio dell'altro, per cui si desidera quello che gli altri desiderano e, per effetto di questo processo imitativo, il desiderio non ha una struttura binaria, ma triangolare. Da ultimo va precisato che l'imitazione, come avverte Carl Gustav Jung, non è da confondere con l'IDENTIFICAZIONE (v. § 4).

Bibliografia

Girard R., *Menzogna romantica e verità romanzesca. Le mediazioni del desiderio nella letteratura e nella vita* (1961), Bompiani, Milano 1965.

Jung C. G., *Tipi psicologici* (1921), in *Opere* (1969-2007), Bollati Boringhieri, Torino, vol. VI.

Katz D., *Psicologia sociale*, in D. Katz, R. Katz (a cura di), *Trattato di psicologia* (1950), Bollati Boringhieri, Torino 1960.

Meltzoff A. N., Moore K. M., *Imitation of facial and manual gestures by human neonates*, in "Science", 1977, n. 198, pp. 75-78.

–, *Explaining facial imitation. A theoretical model*, in "Early Development and Parenting", 1997, n. 6, pp. 179-192.

Modica M., *Imitazione*, in AA.VV., *Enciclopedia*, Einaudi, Torino 1979, vol. VII, pp. 3-42.

Mormino G., *Per una teoria dell'imitazione. Una ricerca innovativa sui meccanismi dell'imitazione*, Raffaello Cortina, Milano 2016.

Piaget J., *La formazione del simbolo nel bambino* (1945), La Nuova Italia, Firenze 1972.

Piaget J., Inhelder B., *La psicologia del bambino* (1966), Einaudi, Torino 1970.

Thorndike E. L., *Animal intelligence. An experimental study of the associative process in animals*, in "Psychological Review and Monograf", 1898, n. 2, pp. 551-553.

Immaginale, Mondo, v. IMMAGINARIO, § 1.

Immaginario (ingl. *Imaginary*; ted. *Imaginäre*; fr. *Imaginaire*; sp. *Imaginario*). Il termine ricorre in due accezioni diverse a seconda che il riferimento sia al mondo mitico-archetipico o alla suddivisione lacaniana della psiche:

1. L'IMMAGINARIO MITICO-ARCHETIPICO. Detto anche "mondo immaginale", l'immaginario mitico-archetipico è una forma di rappresentazione del mondo che Gilbert Durand così descrive: «La coscienza dispone di due maniere di rappresentare il mondo. Una diretta nella quale la cosa si presenta essa stessa allo spirito, come accade nella percezione o nella semplice sensazione. L'altra indiretta quando, per una ragione o per l'altra, la cosa non può presentarsi "in carne e ossa" alla sensibilità, come ad esempio nel ricordo della nostra infanzia, nell'immaginazione dei paesaggi

del pianeta Marte, nella rappresentazione degli elettroni che girano intorno al nucleo dell'atomo, o di un aldilà che sta oltre la morte. In tutti questi casi di coscienza indiretta, l'oggetto assente viene ri-presentato alla coscienza da una immagine» (1964, p. 9) generata da quel mondo immaginale che il *Thesaurus Linguae Latinae* definisce come "ciò che è proprio dell'esemplare, dell'archetipo, cioè del paradigmatico".

A questo proposito Henry Corbin, nel proporre l'espressione "mondo immaginale" per tradurre ciò che la lingua araba nomina *âlam al mithâl*, tende a dare all'immaginario lo spessore ontologico di «un mondo intermedio tra quello empirico della percezione sensibile e il mondo dell'intuizione intellettiva dei puri intelligibili: un mondo che è ontologicamente reale quanto quello dei sensi e quello dell'intelletto. Questo mondo esige la propria facoltà di percezione, il potere immaginativo, una facoltà con una funzione cognitiva, con un valore "noetico" che è reale quanto quello della percezione sensoriale o dell'intuizione intellettuale» (1983, p. 15). Ciò che è sempre in azione nell'immaginario è, per Corbin, «l'epifania, cioè il passaggio dallo stato di occultamento di potenza, allo stato luminoso, manifesto e rivelato» (1958, p. 145).

Al mondo immaginale di Corbin fa esplicito riferimento James Hillman là dove teorizza un «Io immaginale diverso dall'Io cartesiano basato sul cogito, o dall'Io della volontà» (1972, p. 211). La sua natura e le sue funzioni sono così descritte: «L'idea di un Io immaginale dà forma concettuale a ciò che accade realmente nella psicoterapia junghiana, dove l'adattamento all'inconscio, o alla memoria, si riflette nella trasformata personalità egoica dell'analizzato. Il suo adattamento è innanzitutto alla "realtà psichica" (Jung), al "mondo immaginale" (Corbin). Come la volontà e la ragione concepivano l'adattamento in termini di controllo e di compensazione alla realtà, così l'adattamento dell'Io immaginale significa poter immaginare la realtà. [...] L'Io del sogno è un altro nome dell'Io immaginale. È quell'aspetto del complesso egoico che prende parte alla realtà immaginale. [...] Il vecchio Io offre un adattamento unilaterale: è inadeguato alla psicologia archetipica perché reprime e trascura la parte immaginale del complesso dell'Io. Il nostro concetto dell'Io ha lasciato fuori dalla soglia ciò che ci avrebbe guarito. Un Io immaginale non significa un Io colmo di immagini portate dalla droga, o un Io colmo di cognizioni sull'immagine. Significa piuttosto comportarsi immaginativamente» (ivi, pp. 193-197).

All'immaginario come proiezione mitica dell'interiorità si rifà anche Gaston Bachelard, che parla di un "logos dell'immaginazione" diverso da quello concettuale, perché si snoda per immagini e simboli che percorrono miti, sogni, creazioni poetiche. L'immaginario così concepito si distingue dall'IMMAGINAZIONE (v.) perché non è una facoltà, ma il mondo dei suoi prodotti.

Il termine "immaginario", assente nel lessico freudiano, fa la sua comparsa con Melanie Klein che sottolinea la precoce attività fantastica del bambino, con Donald Woods Winnicott che nell'"oggetto transizionale" individua il tratto tipico dell'investimento immaginario, e con Wilfred Ruprecht Bion là dove parla di "gemello immaginario" che equivale a uno schermo protettivo proiettato nella realtà (v. DOPPIO).

2. L'IMMAGINARIO LACANIANO. Per Jacques Lacan l'immaginario è una delle tre dimensioni essenziali del campo psichico, da lui articolato in: *reale*, *immaginario* e *simbolico*. La nozione di immaginario è stata elaborata da Lacan nella descrizione dello stadio dello specchio dove il bambino confonde se stesso con la sua immagine riflessa. L'immaginario è quell'Io colto nello specchio, esterno al soggetto e oggettivato. Scrive Lacan: «La sola vista della forma totale del corpo umano dà al soggetto una padronanza immaginaria del proprio corpo, prematura rispetto alla padronanza reale» (1954, p. 98). Siamo sulla linea dell'alienazione prima che il simbolismo restituisca al bambino la sua soggettività e prima della ricaduta nell'immaginario per la mediazione del linguaggio e della dialettica delle identificazioni. Le identificazioni immaginarie sono segnate da un irrimediabile carattere di falsità che conduce a una sequenza di scacchi e delusioni, mentre la vera storia dell'Io può svolgersi solo a livello simbolico dove si articolano il linguaggio e la convenzionalità sociale. Nel simbolico il mondo interiore (*Innenwelt*) si compone con il mondo circostante (*Umwelt*), mentre nell'immaginario si apre il ciclo infinito degli "aggiustamenti" dell'Io alla ricerca della sua realtà (v. LACANIANA, TEORIA, § 5).

Bibliografia

Aversa L., *Il mondo immaginale*, in "Psichiatria e Psicoterapia Analitica", 1984, n. III, 1.

Bachelard G., *Il diritto di sognare* (1970), Dedalo, Bari 1974.

Baczko B., *Les imaginaires sociaux*, Payot, Paris 1984.

Bion W. R., *Il gemello immaginario* (1950), in Id., *Analisi degli schizofrenici e metodo psicoanalitico* (1967), Armando, Roma 1970, pp. 17-44.

Castoriadis C., *L'istituzione immaginaria della società* (1975), Bollati Boringhieri, Torino 1995.

Cavallari G., Frigoli D., Ottolenghi D., Tortorici E., *La forma, l'immaginario e l'uso. Saggi sull'analogia e il simbolismo*, Guerini & Associati, Milano 1993.

Corbin H., *L'immaginazione creatrice. Le radici del sufismo* (1958), Laterza, Bari 2005.

–, *Face de Dieu, face de l'homme*, Flammarion, Paris 1983.

Durand G., *Le strutture antropologiche dell'immaginario* (1963), Dedalo, Bari 1972.

–, *L'immaginazione simbolica* (1964), Il Pensiero Scientifico, Roma 1977.
Gaburri E., *Dal gemello immaginario al compagno immaginario*, in E. Funari (a cura di), *Il doppio. Tra patologia e necessità*, Raffaello Cortina, Milano 1986.
Hillman J., *Il mito dell'analisi* (1972), Adelphi, Milano 1979.
Klein M., *Sullo sviluppo dell'attività psichica* (1958), in *Scritti 1921-1958*, Bollati Boringhieri, Torino 1978, pp. 540-550.
Lacan J., *Lo stadio dello specchio come formatore della funzione dell'io* (1949), in *Scritti* (1936-1966), Einaudi, Torino 1974, vol. I.
–, *La topica dell'immaginario* (1954), in Id., *Il Seminario. Libro I: Gli scritti tecnici di Freud, 1953-1954*, Einaudi, Torino 1978.
Malrieu Ph., *La construction de l'imaginaire*, Bessart, Bruxelles 1967.
Pasini W., Crépault C., Galimberti U., *L'immaginario sessuale*, Raffaello Cortina, Milano 1988.
Stein C., *L'immaginario. Strutture psicoanalitiche* (1971), Feltrinelli, Milano 1972.
Taylor Ch., *Gli immaginari sociali moderni* (2004), Meltemi, Roma 2005.
Winnicott D. W., *Oggetti transizionali e fenomeni transizionali* (1953), in Id., *Dalla pediatria alla psicoanalisi. Scritti scelti* (1958), Martinelli, Firenze 1975.
Wunenburger J.-J., *L'immaginario* (2003), il melangolo, Genova 2008.

Immaginazione (ingl. *Imagination*; ted. *Einbildungskraft*; fr. *Imagination*; sp. *Imaginación*). Capacità di rappresentare un oggetto assente oppure un affetto, una funzione somatica, una tendenza istintuale, non attualmente presenti. Confrontata con l'attività percettiva da un lato e con l'attività del pensiero razionale dall'altro, l'immaginazione sembra corrispondere a un livello più economico del funzionamento psichico e a un grado minore di organizzazione. In essa infatti si prescinde dalle strutture causali e temporali, dalla continuità critica, ma non dagli influssi dell'emotività, per cui l'immaginazione può essere letta sia come una forma di regressione infantile, sia come l'avvio di un processo creativo che trova soluzioni che sfuggono all'impianto logico.

1. L'IMMAGINAZIONE INFANTILE. È la prima forma in cui si anima la psiche, ancora poco differenziata e permeata da contenuti irrazionali e inconsapevoli carichi di affettività. Studiata sotto tale profilo dalla psicoanalisi, l'immaginazione è in questo ambito identificata con la FANTASIA (v.) da cui nascono quei fantasmi allucinatori che, in mancanza di ciò che si desidera, offrono una sorta di soddisfazione sostitutiva. Scrive in proposito David Beres: «Solo con lo sviluppo del processo immaginativo, della capacità di creare una rappresentazione mentale dell'oggetto assente, il bambino procede dalla risposta immediata sincretica, sensoriale-motoria-affettiva, alla risposta dilazionata, astratta, concettualizzata, caratteristicamente umana» (1960, p. 85). Sostituendo l'oggetto assente, l'immaginazione svolge una funzione di difesa contro l'ansia, di controllo delle tendenze istintive e di compensazione della realtà frustrante. Con il graduale differenziarsi delle funzioni dell'Io, il bambino assume la capacità di confrontare le sue prime immaginazioni con il principio di realtà (v. REALTÀ, § 3) che consente l'attività consapevole della percezione del reale e dell'adattamento ad esso. Con ciò l'immaginazione non si estingue, ma si mantiene per tutta la vita svolgendo quelle funzioni che Otto Fenichel definisce come "anticipazione del desiderabile" e "anticipazione del probabile". La funzione compensatoria che l'immaginazione svolge nella vita infantile accompagna anche la vita nevrotica, dove fantasie e sogni a occhi aperti appagano quei desideri che non si possono appagare nella realtà. Verbalizzate nei processi di ASSOCIAZIONE (v.), le immaginazioni costituiscono importanti elementi diagnostici.

2. L'IMMAGINAZIONE ATTIVA. A differenza di Sigmund Freud, Carl Gustav Jung tiene alla distinzione tra immaginazione e fantasia e se ne serve per fondare quel metodo dell'immaginazione attiva che così descrive: «Preferisco l'espressione "immaginazione" a quella di "fantasia" perché tra le due vi è quella differenza che i vecchi medici avevano davanti agli occhi quando dicevano che *opus nostrum*, l'opera nostra, deve realizzarsi *per veram imaginationem et non phantasticam*, attraverso un'immaginazione autentica e non illusoria. In altri termini: secondo questa definizione la fantasia è pura irrealtà, un fantasma, una fugace impressione; l'immaginazione invece è creazione attiva finalizzata a uno scopo. E questa è appunto la distinzione che io ho testé fatto. Una fantasia è più o meno un'invenzione individuale e rimane alla superficie delle questioni personali e delle aspettative coscienti. Al contrario immaginazione attiva significa, come dice l'espressione, che le immagini hanno una loro vita propria e che gli eventi simbolici si svolgono anch'essi secondo la loro logica interna se, cioè, com'è ovvio, la ragione cosciente non interferisce. [...] Se ci concentriamo su un'immagine interiore e badiamo a non interrompere il naturale scorrere degli eventi, il nostro inconscio produrrà una serie di immagini che formeranno una storia completa. [...] Nell'ultima parte dell'analisi l'oggettivazione di immagini prende spesso il posto dei sogni. [...] Ciò accelera il processo di maturazione, giacché infatti l'analisi è un processo di maturazione accelerata» (1936, pp. 62-63).

3. L'IMMAGINAZIONE CREATRICE. È la capacità di combinare e fondere percezioni diverse in un'unità (successiva al momento stesso della percezione e della memoria) che l'immaginazione organizza e struttura prima ancora della sua rappresentazione visualizzata.

È questa l'immaginazione che regola la produzione artistica e che non è mai disgiunta dall'astrazione e dalla concettualità. Scrive in proposito Rudolf Arnheim: «Si hanno paralleli tra le immagini oniriche, o quelle che crea l'arte, da un lato, e le immagini mentali che servono da veicolo al pensiero, dall'altro; ma notando la rassomiglianza ci si rende pure conto delle differenze, e sono appunto queste che possono contribuire a caratterizzare più precisamente le immagini del pensiero. La differenza principale è che le immagini del pensiero, per adempiere alla propria funzione, devono incarnare tutti gli aspetti del ragionamento, dato che tali immagini costituiscono il "medium" in cui si configura il pensiero. Un sogno o un dipinto, d'altro lato, sono il prodotto di pensieri che un osservatore può cercare di estrarre dall'immagine per via di interpretazione. [...] Ma le immagini del pensiero raggiungono ciò che i sogni e i dipinti non raggiungono perché possono combinare livelli diversi e distinti di astrazione in un'unica situazione sensoriale» (1969, pp. 283-284).

4. L'IMMAGINAZIONE SOCIALE. Questa espressione denota da un lato l'orientamento dell'attività immaginativa verso il sociale nel senso di rappresentarne gli attori, le istituzioni e i reciproci rapporti, dall'altro indica la partecipazione dell'immaginazione individuale a un fenomeno collettivo. L'immaginazione sociale si rinnova di epoca in epoca ed è responsabile di quei contrassegni simbolici che, come dice Marcel Mauss, servono alla collettività per percepire se stessa e per elaborare la propria identità, la distribuzione delle posizioni sociali, le credenze comuni, il senso morale e tutti quei parametri di riferimento non codificati che funzionano per i singoli individui come criterio di giudizio sui loro simili e come segno di appartenenza al gruppo. Gli immaginari sociali e i simboli sui quali si basano appartengono a quei sistemi complessi che sono i miti, le religioni, le ideologie e le utopie che, a loro volta, fungono da luoghi privilegiati in cui si costituiscono i discorsi che veicolano gli immaginari sociali.

Bibliografia

Arnheim R., *Il pensiero visivo. La percezione visiva come attività conoscitiva* (1969), Einaudi, Torino 1974.

Baczko B., *Immaginazione sociale*, in AA.VV., *Enciclopedia*, Einaudi, Torino 1979, vol. VII, pp. 54-92.

Bereş D., *Perception, imagination, and reality*, in "International Journal of Psycho-Analysis", 1960, n. 41, pp. 327-334.

Bodei R., *Immaginare altre vite. Realtà, progetti, desideri*, Feltrinelli, Milano 2013.

De Luca Comandini F., Mercurio R. (a cura di), *L'immaginazione attiva. Teoria e pratica nella psicologia di C. G. Jung*, Vivarium, Milano 2002.

Di Lorenzo S., *Il metodo dell'immaginazione attiva nella psicologia di C. G. Jung*, in "Rivista di Psicologia Analitica", 1970, vol. I, n. 2.

Fenichel O., *Trattato di psicoanalisi delle nevrosi e delle psicosi* (1945), Astrolabio, Roma 1951.

Ferraris M., *L'immaginazione*, il Mulino, Bologna 1996.

Harris P. L., *L'immaginazione nel bambino* (2008), Raffaello Cortina, Milano 2009.

Hillman J., *Il mito dell'analisi* (1972), Adelphi, Milano 1979.

Jung C. G., *Simboli onirici del processo d'individuazione* (1936), in *Psicologia e alchimia* (1943), in *Opere* (1969-2007), Bollati Boringhieri, Torino, vol. XII.

Mauss M., *Teoria generale della magia e altri saggi* (1950), Einaudi, Torino 1965.

Mecchia R., *Immaginazione*, in AA.VV., *Enciclopedia*, Einaudi, Torino 1979, vol. VII, pp. 43-52.

Melchiorre V., *L'immaginazione simbolica*, il Mulino, Bologna 1972.

Rocca R., Stendoro G., *La procedura immaginativa. Sviluppo di una radice di senso psicoanalitico*, Masson, Milano 1993.

Sartre J.-P., *L'immaginazione* (1936), in Id., *L'immaginazione. Idee per una teoria delle emozioni*, Bompiani, Milano 1962.

Tibaldi M., *Pratica dell'immaginazione attiva*, La Lepre Edizioni, Roma 2011.

Voltaire, *Immaginazione*, in Id., *Dizionario filosofico* (1769), Bompiani, Milano 2013, pp. 1965-1979.

Warnock M., *Imagination*, Faber and Faber, London 1976.

Wright Mills Ch., *L'immaginazione sociologica* (1959), il Saggiatore, Milano 1962.

Immagine (ingl. *Image*; ted. *Bild*; fr. *Image*; sp. *Imagen*). Rappresentazione di qualcosa in sua assenza. La ricerca psicologica si è applicata ai temi della *produzione* dell'immagine e del *significato* dell'immagine. Per spiegarne la produzione si è ricorsi alla teoria delle associazioni (v. ASSOCIAZIONE) regolate dalle leggi della coesistenza, della successione, della somiglianza e della tendenza alla perseverazione; per quanto riguarda invece il significato si passa dalla posizione di Narziss Kaspar Ach, condivisa dalla scuola di Würzburg, secondo cui le immagini sono semplici illustrazioni del processo del pensiero, alla posizione di Carl Gustav Jung per il quale l'immagine è «espressione dei contenuti inconsci costellati in quel particolare momento. Questa costellazione avviene da un lato per l'attività specifica dell'inconscio e dall'altro in forza dello stato momentaneo della coscienza la quale stimola anche sempre l'attività di materiali subliminali ad essa attinenti, e inibisce nel contempo quelli che ad essa sono estranei. Di conseguenza l'immagine è espressione tanto della situazione inconscia quanto di quella momentanea cosciente. L'interpretazione del suo significato non può quindi partire né dalla sola coscienza, né dal solo inconscio, ma unicamente dal loro mutuo rapporto» (1921, pp. 432-453). L'ambito d'impiego del termine "immagine" è vasto, discontinuo e così poco uniforme che per renderne conto non c'è che l'illustrazione dei suoi usi specifici, che qui esponiamo in ordine alfabetico:

1. *Immagine composta.* È il risultato della CONDENSAZIONE (v.) che, a parere di Sigmund Freud, è costruita nel sogno per ragioni di CENSURA (v.).

2. *Immagine concreta.* È tipica del pensiero primitivo incapace di astrazione. Alfred Storch, che ha studiato la relazione tra pensiero dei primitivi e pensiero degli schizofrenici, scrive che «il pensiero dell'uomo primitivo opera con percetti totali di fenomeni, senza una discriminazione analitica delle loro parti essenziali costituenti; egli pensa secondo immagini concrete piene esattamente come esse si presentano nella realtà» (1924, p. 36).

3. *Immagine consecutiva.* È l'esperienza sensoriale che rimane dopo la scomparsa dello stimolo. Ernest R. Hilgard, Richard Ch. Atkinson e Rita L. Atkinson, che hanno introdotto il termine, dicono che «correttamente ci si riferisce all'esperienza visiva, indicando per esempio l'immagine consecutiva negativa di una figura, o la sequenza di immagini colorate causate dall'aver guardato fissamente il sole» (1953, p. 662).

4. *Immagine corporea.* È la rappresentazione che ciascuno ha del proprio corpo e che mette capo a quello che Paul Schilder definisce "schema corporeo", a proposito del quale scrive: «Il modello posturale del nostro corpo non è un'entità fissa e statica, ma è una continua attività interna di autocostruzione e autodistruzione, ossia vive continuando a differenziarsi e a integrarsi. [...] Il modello posturale del nostro corpo è correlato con quello dei corpi altrui» (1935, p. 40; v. CORPO, § 1). Paul Rozin e April Fallon sottolineano come l'autostima che il soggetto ha di se stesso influenza l'immagine del proprio corpo, e in proposito scrivono che «tra tutti i modi che le persone hanno di pensare a se stesse, nessuno è importante come l'immagine che hanno del proprio corpo. Il modo in cui vediamo i nostri corpi è un riflesso della nostra autostima. È soggetto alla stessa deformazione psicologica della percezione del sé e a sua volta condizionerà il modo che abbiamo di vedere noi stessi» (1988, p. 342). La realizzazione dell'immagine corporea dipende dall'integrità del sistema nervoso, per cui si possono avere disturbi dell'immagine corporea nell'autotopoagnosia, nell'anosognosia, nell'arto fantasma degli amputati (v. SOMATOAGNOSIA), oppure in presenza di disturbi di natura psicogena, come nelle allucinazioni cenestesiche dove il soggetto può percepire modificazioni di qualità o di dimensioni relative a una parte del corpo o al corpo intero (v. CENESTESIA, § 2).

5. *Immagine del mondo.* È l'aspetto oggettivo degli atteggiamenti soggettivi (v. ATTEGGIAMENTO, § 3). Karl Jaspers, che ne ha introdotto il concetto, dice che, «in quanto la psiche esiste entro la scissione di soggetto e oggetto, in tanto l'osservazione psicologica vede dall'angolo del soggetto atteggiamenti, e dall'angolo dell'oggetto immagini del mondo. Descrivere le immagini del mondo significa stabilire in generale i modi, le direzioni e l'ubicazione dell'oggettivo. Si tende a una visione panoramica di cosa che è in sé il contrario dello psichico. [...] Potremmo definire l'immagine del mondo come l'involucro in cui la vita psichica è per un verso imprigionata, e cui, per un altro, può generare parzialmente dal suo grembo e porre all'esterno» (1919, p. 165). Jaspers distingue un'immagine del mondo spazio-temporale, una psicoculturale e una metafisica a cui, sul versante soggettivo, corrispondono gli atteggiamenti: oggettivi, autoriflessivi ed entusiastici.

6. *Immagine eidetica.* È un'immagine ottica che il soggetto, pur conscio che essa non corrisponde a una realtà presente, vede anziché immaginare, per cui può descriverla in modo assai più particolareggiato di quanto non sarebbe possibile con la semplice memoria. Erich Rudolf Jaensch l'ha così descritta: l'immagine eidetica possiede una qualità pseudopercettiva, è più precisa nelle riproduzioni di dettaglio, possiede un grado di coerenza più elevato con lo sfondo della proiezione. Frequente nei bambini, scompare gradatamente nell'adolescenza, mantenendosi in età adulta in alcuni soggetti che per questo vengono detti eidetici (v. EIDETISMO).

7. *Immagine idealizzata.* Termine introdotto da Karen Horney per indicare una difesa nevrotica consistente in un falso quadro delle proprie virtù e delle proprie qualità. Quanto più irrealistica è l'idealizzazione della propria immagine, tanto più vulnerabile sarà il soggetto che l'ha costruita.

8. *Immagine ipnagogica.* È quell'immagine che fa la sua comparsa tra la veglia e il sonno, mentre quella tra il sonno e la veglia, quindi prima del completo risveglio, è detta *ipnopompica*.

9. *Immagine mentale.* È ciò che connette le percezioni che altrimenti resterebbero casuali e irrelate. Evidenziata da Immanuel Kant, per il quale l'esperienza percettiva non è pura recezione passiva delle sensazioni, ma anche azione dell'immaginazione, l'immagine mentale è ripresa da Gilbert Ryle, che la definisce «percezione senza sensibilità» (1949, p. 334), e da Jean-Paul Sartre che rifiuta di «dare all'immagine un contenuto sensibile, perché questo significa farne una *cosa* soggetta alle leggi delle cose e non a quelle della coscienza» (1936, p. 83).

10. *Immagine mnemonica.* È l'anticipazione di un'esperienza passata immediatamente prima che essa ricorra, come accade negli esperimenti di condizionamento, quando il soggetto anticipa la ripetizione

della scossa elettrica. Come predisposizione interna allo stimolo è parte integrante della reazione complessiva dell'individuo, per il quale la situazione passata ritorna al servizio del presente.

11. *Immagine primordiale*. Questa espressione è stata introdotta da Jung: «Denomino primordiale l'immagine, quando essa ha carattere *arcaico*. Parlo di carattere arcaico quando l'immagine presenta una cospicua concordanza con noti motivi psicologici. In questo caso essa è da un lato prevalentemente espressione di materiali *inconsci collettivi* e dall'altro indica che la situazione momentanea della coscienza non è tanto influenzata sul piano personale, quanto piuttosto su quello collettivo. [...] Da un punto di vista causale e particolare alle scienze naturali, si può concepire l'immagine primordiale come un precipitato mnestico, un *engramma* (Semon) che si è costituito mediante la condensazione di innumerevoli processi simili fra loro. [...] L'immagine primordiale è lo stato che precede l'*idea*; è il suo terreno nativo. Da essa la ragione, mercé l'eliminazione del *concretismo* specifico e necessario all'immagine primordiale, sviluppa un concetto – appunto l'idea – che però si distingue da tutti gli altri concetti per il fatto che esso non è dato dall'esperienza, ma si dimostra come un principio che è alla base dell'esperienza. Questa qualità l'idea la riceve dall'immagine primordiale, la quale, come espressione della struttura cerebrale specifica, conferisce a ogni esperienza la sua forma determinata» (1921, pp. 453-455).

Bibliografia

AA.VV., *Immagini e realtà*, in "Annuario di Itinerari Filosofici", 1998.

Ach N. K., *Über die Begriffsbildung*, Buchner, Bamberg 1921.

Bettetini M., *Contro le immagini. Le radici dell'iconoclastia*, Laterza, Bari 2006.

Caprettini G. P., *Immagine*, in AA.VV., *Enciclopedia*, Einaudi, Torino 1979, vol. VII, pp. 93-115.

Cristaldi R. V., *Tempo e immagine. Quattro studi di iconologia*, Pagvs Edizioni, Treviso 1992.

Eliade M., *Immagini e simboli* (1952), Jaca Book, Milano 1980.

Ferrari F., Nancy J.-L., *La pelle delle immagini*, Bollati Boringhieri, Torino 2003.

Frazzetto G., *Museo. Aporia dell'immagine*, De Martinis & C. Editore, Catania 1994.

Freud S., *L'interpretazione dei sogni* (1899), in *Opere* (1967-1993), Bollati Boringhieri, Torino, vol. III.

Galimberti U., *Immagine*, in AA.VV., *Gli strumenti del sapere contemporaneo*, vol. II: *I concetti*, Utet, Torino 1985, pp. 379-383.

Gombrich E. H., *L'immagine e l'occhio* (1982), Einaudi, Torino 1985.

Grassi E., *Potenza dell'immagine. Rivalutazione della retorica* (1970), Guerini & Associati, Milano 1989.

Hannay A., *Mental images. A defence*, Humanities Press, New York 1971.

Hilgard E. R., Atkinson R. Ch., Atkinson R. L., *Psicologia. Corso introduttivo* (1953), Giunti Barbera, Firenze 1976.

Horney K., *Nuove vie della psicoanalisi* (1939), Bompiani, Milano 1950.

Jaensch E. R., *Die Eidetik und die typologische Forschungsmethode*, Barth, Leipzig 1919.

Jaspers K., *Psicologia delle visioni del mondo* (1919), Astrolabio, Roma 1950.

Jung C. G., *Tipi psicologici* (1921), in *Opere* (1969-2007), Bollati Boringhieri, Torino, vol. VI.

Kamper D., *Immagine*, in Ch. Wulf (a cura di), *Cosmo, corpo, cultura. Enciclopedia antropologica* (1997), Bruno Mondadori, Milano 2002, pp. 595-601.

Kant I., *Critica della ragion pura* (1781), Laterza, Bari 1959.

Nancy J.-L., *Tre saggi sull'immagine* (2002), Cronopio, Napoli 2002.

Panofsky E., *Studi di iconologia* (1939), Einaudi, Torino 1975.

Pinotti A., Somaini A. (a cura di), *Teoria dell'immagine. Il dibattito contemporaneo*, Raffaello Cortina, Milano 2009.

Ricoeur P., *Cinque lezioni. Dal linguaggio all'immagine* (1973-1974), Centro Internazionale Studi di Estetica, Palermo 1999.

Rozin P., Fallon A., *Body image, attitudes to weight and misperceptions of figure preferences of the opposite sex. A comparison of men and women in two generations*, in "Journal of Abnormal Psychology", 1988, n. 97 (3).

Ryle G., *Lo spirito come comportamento* (1949), Einaudi, Torino 1955.

Sartre J.-P., *L'immaginazione* (1936), in Id., *L'immaginazione. Idee per una teoria delle emozioni*, Bompiani, Milano 1962.

–, *Immagine e coscienza. Psicologia fenomenologica dell'immaginazione* (1940), Einaudi, Torino 1976.

Schilder P., *Immagine di sé e schema corporeo* (1935), Franco Angeli, Milano 1973.

Shorr J. E. (a cura di), *Imagery. Its many dimensions and applications*, Plenum Press, New York 1980.

Sini C., *I segni dell'anima. Saggio sull'immagine*, Laterza, Bari 1989.

Squilloni D., *Pratica delle immagini*, Liguori, Napoli 1996.

Storch A., *The primitive archaic forms in schizophrenia*, in "Nervous and Mental Disease Publication Company", 1924.

Wright Mills Ch., *L'immaginazione sociologica* (1959), il Saggiatore, Milano 1962.

–, *Immagini dell'uomo* (1960), Edizioni di Comunità, Milano 1982.

Immaturità, v. MATURITÀ.

Immedesimazione (ingl. *Identification*; ted. *Einfühlung*; fr. *Identification*; sp. *Identificación*). Identificazione nell'oggetto. Il termine è stato mutuato dall'estetica di Theodor Lipps per il quale immedesimazione è «l'obiettivazione di me stesso in un oggetto distinto da me, sia che quel che viene oggettivato possa chiamarsi sentimento o meno. Mentre appercepisco un oggetto, io sperimento, come proveniente da esso o come risiedente in esso in quanto appercepito, una spinta verso una determinata modalità del comportamento interiore. Essa m'appare come datami, o partecipatami da esso» (1903-1906, p. 193). Successivamente il termine fu impiegato da Wilhelm Worringer in opposizione ad ASTRAZIONE (v.), e in questa accezione è stato assunto da Carl Gustav Jung per il quale «l'immedesimazione è una specie di processo di percezione caratterizzato dal fatto che per via affettiva un contenuto psichico essenziale viene trasferito nell'oggetto, sicché l'oggetto viene assimilato al soggetto e collegato ad esso in modo tale che il soggetto si sente per così dire nell'oggetto» (1921, p. 293). Il rapporto fiducioso che l'immedesimazione instaura con il mondo dipende dalla convinzione inconscia del carattere inanimato dell'oggetto e quindi della sua impossibilità di recar danno o prendere il sopravvento sul soggetto. Per contro, l'atteggiamento che mette capo all'astrazione percepisce l'oggetto come potente e minaccioso e se ne difende allontanandosene. Ambedue gli atteggiamenti sono, secondo Jung, meccanismi di adattamento e di difesa, perché, «come per chi astrae, l'immagine astratta rappresenta una formula, un baluardo contro le influenze disgregatrici degli oggetti inconsciamente vivificati, così per chi si immedesima la traslazione sull'oggetto è una difesa contro il dissolvimento provocato dai fattori soggettivi interni consistenti nelle infinite possibilità della fantasia e nei corrispondenti impulsi all'azione» (ivi, p. 300). Nei termini in cui è stata descritta, l'immedesimazione va tenuta distinta dall'EMPATIA (v.), fatta eccezione per Sigmund Freud che tratta i due termini come sinonimi: «L'immedesimazione (*Einfühlung*) è oggi più spesso designata col termine "empatia" (ingl. *empathy*)» (1921, p. 296).

Bibliografia

Freud S., *Psicologia delle masse e analisi dell'Io* (1921), in *Opere* (1967-1993), Bollati Boringhieri, Torino, vol. IX.

Galimberti U., *Amore e immedesimazione*, in Id., *Le cose dell'amore* (2004), Feltrinelli, Milano 2013, pp. 119-127.

Jung C. G., *Tipi psicologici* (1921), in *Opere* (1969-2007), Bollati Boringhieri, Torino, vol. VI.

Lipps Th., *Ästhetik. Psychologie des Schönen und der Kunst*, Suphan, Hamburg 1903-1906.

Worringer W., *Astrazione e empatia* (1908), Einaudi, Torino 1997.

Immediatezza, v. PSICOLOGIA DELLA GESTALT, § II, 9.

Immigrazione, v. MIGRAZIONE.

Immoralità (ingl. *Immorality*; ted. *Unsittlichkeit*; fr. *Immoralité*; sp. *Inmoralidad*). Condotta trasgressiva delle norme e dei valori riconosciuti dalla società di appartenenza. Dal punto di vista psicologico l'immoralità è letta come una mancata acquisizione della coscienza morale (v. PSICOLOGIA DELL'ETÀ EVOLUTIVA, § 4) con riferimento a quei processi cognitivi ed emozionali che sono alla base della formazione di una guida interiore che regola la condotta individuale in armonia con i valori condivisi dal gruppo sociale di appartenenza (v. COSCIENZA, § 7).

Impasto delle pulsioni, v. FUSIONE, § 2.

Impegno (ingl. *Engagement*; ted. *Verpflichtung*; fr. *Engagement*; sp. *Compromiso*). Determinazione di un soggetto ad assumersi un compito e ad agire in conformità allo scopo prefissato. L'impegno esige una corretta valutazione dei mezzi e dei fini e non è rilevabile dalle singole azioni, ma dall'atteggiamento generale del soggetto che si impegna. Dal punto di vista psicoanalitico l'impegno rinvia ad un'adeguata strutturazione della componente superegoica.

Bibliografia

Bertin G. M., *Etica e pedagogia dell'impegno*, Marzorati, Milano 1953.

Imperativo (ingl. *Imperative*; ted. *Imperativ*; fr. *Impératif*; sp. *Imperativo*). Termine che ha acquistato uno spessore filosofico con Immanuel Kant, per il quale «la rappresentazione di un principio oggettivo, in quanto costringe la volontà, si chiama un comando della ragione; e la formula del comando si chiama imperativo. Tutti gli imperativi sono espressi col verbo *dovere* (*sollen*) e indicano in tal modo il rapporto d'una legge oggettiva della ragione con una volontà che, secondo la sua costituzione soggettiva, non è necessariamente determinata da questa legge» (1785, p. 103). Partendo da questa definizione Kant distingue un imperativo *ipotetico* in cui la doverosità di una condotta dipende dal fine che ci si propone, e un imperativo *categorico* in cui la doverosità della condotta dipende dalla natura della condotta stessa in quanto risponde ai criteri dell'universalità e della necessità, che sono i caratteri della ragione che fanno dell'imperativo un principio apodittico. In ambito psicoanalitico Wilhelm Stekel distingue un imperativo *autoritario* che proviene dal Super-io e condiziona il comportamento in modo inconscio, come COAZIONE (v. § 2) in cui risuonano gli imperativi infantili, un imperativo *etico* che è espressione della coscienza morale in cui si esprime la tensione dell'uomo verso mete più alte, e un imperativo *immorale* che si esprime in impulsi antisociali inconsci che si traducono in azioni impulsive contro i principi morali.

Bibliografia

Kant I., *Fondamenti della metafisica dei costumi* (1785), La Nuova Italia, Firenze 1958.

–, *Critica della ragion pratica* (1788), Laterza, Bari 1955.

Stekel W., *Die Sprache des Traumes. Eine Darstellung der Symbolik und Deutung des Traumes in ihren Beziehungen zur kranken und gesunden Seele für Ärzte und Psychologen*, Bergmann, Wiesbaden 1911.
–, *Zwang und Zweifel. Für Ärzte und Mediziner dargestellt*, Urban & Schwarzenberg, Berlin-Wien 1923.

Impersonazione, v. ISTERIA, § 3; SIMULAZIONE, § 2, *d*.

Implicita, Memoria, v. MEMORIA, § 3, C, γ.

Implosione (ingl. *Implosion*; ted. *Implosion*; fr. *Implosion*; sp. *Implosión*). Termine introdotto da Ronald David Laing per descrivere quel tratto dell'insicurezza ontologica (v. SICUREZZA) caratterizzato dal fatto «di sentire il mondo come qualcosa che da un momento all'altro può sfondarci e cancellare qualunque traccia della nostra identità. L'individuo si sente "vuoto". Ma questo vuoto è lui stesso: sebbene, in altri modi, desideri che il vuoto venga riempito, egli teme la possibilità che ciò avvenga, perché si è andato convincendo di non essere null'altro che questo vuoto spaventoso. Allora ogni "contatto" con la realtà viene sentito, in sé, come una terribile minaccia, perché questa, così come è vissuta da lui, è necessariamente *implosiva*. [...] La realtà come tale, minacciando di inghiottire o di implodere, è il persecutore» (1959, p. 54).

Bibliografia

Laing R. D., *L'io diviso. Studio di psichiatria esistenziale* (1959), Einaudi, Torino 1969.

Implosiva, Terapia, v. COMPORTAMENTO, § 5, *b*.

Importo d'affetto, v. AFFETTO, § 1.

Imposizione (ingl. *Imposition*; ted. *Auferlegung*; fr. *Imposition*; sp. *Imposición*). Ingiunzione perentoria ritenuta immotivata o arbitraria e per ciò stesso all'origine di molte frustrazioni o atteggiamenti di resistenza e ribellione. In psicologia e in pedagogia l'imposizione è generalmente considerata malaggiustiva (v. AGGIUSTAMENTO) tranne in particolari casi di condotte antisociali.

Impossessamento (ingl. *Taking possession*; ted. *Besitzergreifung*; fr. *Prise*; sp. *Posesionamiento*). Pulsione non sessuale che può comporsi con la sessualità, ma che ha per meta specifica il dominio dell'oggetto con la forza. Sigmund Freud considera questa funzione: *a*) alla base della crudeltà infantile che non avrebbe come scopo la sofferenza altrui ma il possesso dell'oggetto, *b*) alla base dell'attività sadica contrapposta alla passività masochistica. Con la successiva introduzione della pulsione di morte, Freud includerà l'impossessamento come un suo caso specifico. Si discosta dalla lettura di Freud quella di Ives Hendrick che, nell'ambito della psicologia genetica, legge l'impossessamento come un bisogno naturale di dominare l'ambiente e di eseguire una funzione con successo. Come tale si tratta di una pulsione dell'Io, originariamente non sessuale, anche se può essere libidinizzata e fare la sua comparsa con il sadismo (v. PULSIONE, §§ 1, *g*; 2, *c*).

Bibliografia

Freud S., *Tre saggi sulla teoria sessuale* (1905), in *Opere* (1967-1993), Bollati Boringhieri, Torino, vol. IV.
–, *La disposizione alla nevrosi ossessiva. Contributo al problema della scelta della nevrosi* (1913), in *Opere*, cit., vol. VII.
Hendrick I., *The discussion of the "instinct to master"*, in "Psychoanalytic Quarterly", 1943, vol. XII.

Impotenza (ingl. *Impotence*; ted. *Ohnmacht*; fr. *Impuissance*; sp. *Impotencia*). Il termine è utilizzato in un'accezione generale che Sigmund Freud chiama stato di impotenza (*Hilflosigkeit*), e in un'accezione specifica che si riferisce all'impotenza sessuale (*sexuelle Impotenz*).

1. STATO DI IMPOTENZA. Condizione della prima infanzia in cui il bambino è totalmente dipendente dalla madre per la soddisfazione dei propri bisogni. L'assenza temporanea della madre produce uno stato di tensione in cui si creano le condizioni dell'angoscia che, anche nell'età adulta, richiama questa situazione traumatica. Lo stato di impotenza è ricondotto da Freud alla nascita prematura dell'uomo: «L'esistenza intrauterina dell'essere umano appare, in confronto a quella della maggioranza degli animali, relativamente più breve; esso viene mandato nel mondo più incompleto di loro. L'influenza del mondo esterno reale viene perciò rafforzata, la differenziazione dell'Io dall'Es viene promossa precocemente, i pericoli del mondo esterno aumentano in significato, e il valore dell'oggetto, che da solo può proteggere contro questi pericoli e sostituire la vita intrauterina perduta, si accresce enormemente. Questo fattore biologico produce dunque le prime situazioni di pericolo e genera il bisogno di essere amati: bisogno che non abbandonerà l'uomo mai più» (1925, p. 301). Lo stato di impotenza, correlato all'esperienza di soddisfacimento, permette di comprendere: *a*) la soddisfazione allucinatoria del DESIDERIO (v. § 2) e la differenziazione tra processo primario e secondario (v. PROCESSO PRIMARIO – PROCESSO SECONDARIO); *b*) l'influenza della madre nella strutturazione della psiche del figlio, particolarmente visibile nella successiva relazione con l'altro sesso; *c*) il fatto che l'impotenza avvertita sul piano biologico

si ripercuote su quello psicologico come impotenza a dominare le eccitazioni e la tensione interna da cui «derivano all'Io tutte le difficoltà che noi conosciamo come sofferenze nevrotiche» (ivi, p. 302).

2. IMPOTENZA SESSUALE. Incapacità funzionale del maschio a compiere l'atto sessuale nonostante il normale desiderio e l'integrità dell'organo sessuale. Si distinguono un'impotenza *erettiva* che non consente di raggiungere o mantenere l'erezione, un'impotenza *eiaculatoria* che è un'incapacità di espellere il liquido seminale, e un'impotenza *orgasmica* che non consente di raggiungere un orgasmo soddisfacente. Edmund Bergler ha ricondotto: *a*) l'impotenza *erettiva* a meccanismi fallici derivati da un non risolto attaccamento alla madre che, inibito dalla paura di castrazione, porta alla rimozione del desiderio sessuale per la madre, che in seguito si riattiva nei confronti di tutte le donne; *b*) l'impotenza *eiaculatoria* a meccanismi ossessivi che portano all'associazione della sessualità con tutto ciò che è sporco e sudicio e che per queste sue qualità deve essere evitato; a ciò si aggiunge il bisogno di controllare gli impulsi aggressivi e sadici suscitati dall'atto sessuale dove non è assente il piacere di danneggiare la donna con un rapporto prolungato (v. SADISMO); *c*) l'impotenza *orgasmica* a meccanismi orali in base alla correlazione tra il latte materno e il liquido seminale. In ordine all'impotenza orgasmica, Wilhelm Reich avanza l'ipotesi che, siccome l'orgasmo implica la perdita temporanea dell'Io, si rinuncia alla soddisfazione orgasmica per evitare questa angoscia.

Bibliografia

Bergler E., *Le nevrosi di base* (1949), Astrolabio, Roma 1971.
Freud S., *Contributi alla psicologia della vita amorosa* (1910-1917), in *Opere* (1967-1993), Bollati Boringhieri, Torino, vol. VI.
–, *Inibizione, sintomo e angoscia* (1925), in *Opere*, cit., vol. X.
Gutheil E. A., *Disfunzioni sessuali nell'uomo*, in S. Arieti (a cura di), *Manuale di psichiatria* (1959-1966), Bollati Boringhieri, Torino 1969-1970, vol. II, pp. 954-973.
Reich W., *La funzione dell'orgasmo – La scoperta dell'orgone. Parte prima* (1942), Sugarco, Milano 1977.

Impressione (ingl. *Impression*; ted. *Eindruck*; fr. *Impression*; sp. *Impresión*). Il termine è impiegato in riferimento: 1) all'effetto prodotto da uno stimolo esterno sui recettori sensoriali; 2) a un'emozione di elevata intensità che è difficile dimenticare; 3) al giudizio derivante dal primo impatto con persone o situazioni nuove. In quest'ultimo caso si parla di *prima impressione* suscitata dall'inusualità del nuovo incontro, che induce a una ricerca di tipo esplorativo che approda a valutazioni, inevitabilmente non fondate, di tipo psicologico o estetico, basate su criteri dipendenti dal condizionamento culturale (v. PERCEZIONE, § 12).

Imprinting (ingl. *Imprinting*; ted. *Prägung*; fr. *Empreinte*; sp. *Impronta*). Forma di apprendimento per impressione percettiva. Già segnalato dal naturalista inglese Douglas Alexander Spalding nel 1873, il termine, nell'accezione tedesca di *Prägung*, è stato ripreso da Konrad Lorenz e da Niko Tinbergen per segnalare quel fenomeno per cui dei nidiacei, appena usciti dal guscio, seguono il primo oggetto che vedono in movimento comportandosi nei suoi confronti come con la madre, per poi corteggiarlo in età adulta come se si trattasse di un proprio conspecifico. Lorenz ha chiamato questo comportamento "apprendimento precoce in fase sensibile" e l'ha distinto da tutte le altre forme di APPRENDIMENTO (v.) perché non ha bisogno di ricompensa, non è soggetto alla generalizzazione dello stimolo, e non muta per tutta la vita. Grazie agli esperimenti condotti da Lorenz sugli anatroccoli è stato possibile appurare che l'imprinting: 1) è irreversibile, 2) è limitato alle fasi sensibili o critiche della vita che corrispondono ad alcune ore dopo la nascita (v. PLASTICITÀ, § 2), 3) e che l'attività discriminatoria è relativa ai caratteri della specie e non dell'individuo. Studi più recenti contestano l'irreversibilità dell'imprinting che, in condizioni particolari, può essere sostituito da un nuovo stimolo; ritengono che la durata del periodo critico non sia fissa, ma muti a seconda della specie e delle condizioni ambientali; estendono l'ipotesi anche al comportamento umano fino a supporre che l'assenza di stimoli adeguati nel periodo sensibile sia alla base di alcune forme di ritardo mentale. Non mancano naturalmente coloro che riducono l'importanza dell'imprinting riconducendo il suo significato nell'ambito delle risposte legate alla diminuzione dell'ansia provocata dall'oggetto impresso.

Bibliografia

Bateson G., *The characteristics and context of imprinting*, in "Biological Review", 1966, n. 41.
Lorenz K., *L'anello di re Salomone* (1949), Adelphi, Milano 1967.
Tinbergen N., *Lo studio dell'istinto* (1951), Adelphi, Milano 1994.

Impulsiva, Nevrosi, v. IMPULSIVITÀ.

Impulsività (ingl. *Impulsiveness*; ted. *Impulsivität*; fr. *Impulsivité*; sp. *Impulsividad*). Tendenza ad agire in base a un IMPULSO (v.), quindi senza riflettere e senza badare alle conseguenze. Frequente nel bambino, nell'adulto, come scrive Eugen Bleuler, «l'impulsività non è un sintomo ben definito, bensì un modo frequente e di varia genesi in cui si manifestano le azioni patologiche. Una parte di azioni impulsive sono automatiche, altre hanno il carattere di azione imposta e dominata dal quadro affettivo, o di "scarica" di una tensione emotiva dalla quale i pazienti si sentono sempre più messi a disagio» (1911-1960, p. 465). Sull'identificazione bleuleriana tra impulsività e AUTOMATISMO (v.) non è d'accordo Carl Gustav Jung, che dichiara: «Preferirei non denominare impulsivi bensì automatici quei processi che in un individuo una volta erano coscienti, ma che col tempo si sono *automatizzati*. Di regola essi non si comportano infatti come impulsi, giacché, in circostanze normali, non si presentano con un carattere di perentorietà; questa compare solo quando vi è afflusso di energia ad essi estranea» (1921, p. 460).

Le azioni *impulsive* sono egosintoniche (v. EGOSINTONICO – EGODISTONICO) perché il carattere intenzionale prevale sull'aspetto coatto; per questo si distinguono dalle azioni *compulsive* dove la COAZIONE (v.) prevale sull'intenzione. L'azione impulsiva, infatti, è gratificante perché scarica malumori, frustrazioni e depressioni, anche se tale gratificazione, solitamente di carattere sessuale o aggressivo, è patologicamente distorta e denuncia l'incapacità del soggetto a sopportare tensioni e frustrazioni. Nonostante il conflitto intrapsichico, l'impulsività ha spesso la meglio sull'INIBIZIONE (v.) e sul senso di colpa (v. COLPA, § 3); inoltre, anche se l'azione impulsiva è vissuta con soddisfazione, seguono presto rimorsi e pentimenti, che però risultano assenti nelle personalità psicopatiche. Sono azioni impulsive: la CLEPTOMANIA (v.), la PIROMANIA (v.), l'impulso a camminare senza meta (v. DROMOMANIA), la GRAFOMANIA (v.), il bisogno irresistibile di fare acquisti e tutte quelle azioni che Emil Kraepelin rubrica tra le *monomanie* (v. MONOMANIA) e che oggi vengono chiamate *nevrosi impulsive*. Da queste va tenuto distinto il *disturbo impulsivo ipercinetico* del comportamento infantile, caratterizzato da iperattività, scarsa concentrazione, irritabilità, e che si ritiene dipendente da una disfunzione diencefalica.

Bibliografia

Bleuler E., *Trattato di psichiatria* (1911-1939, aggiornato da M. Bleuler dal 1940 al 1960), Feltrinelli, Milano 1967.

Cornoldi C., Gardinale M., Masi A., Pettenò L., *Impulsività e autocontrollo. Interventi e tecniche metacognitive*, Erickson, Trento 1996.

Jung C. G., *Tipi psicologici* (1921), in *Opere* (1969-2007), Bollati Boringhieri, Torino, vol. VI.

Kraepelin E., *Trattato di psichiatria* (1883), Vallardi, Milano 1907.

Impulso (ingl. *Impulse*; ted. *Antrieb*; fr. *Impulsion*; sp. *Impulso*). Il termine "impulso" rende il tedesco *Antrieb*, e va distinto dal termine PULSIONE (v.), in tedesco *Trieb*, che trova il suo impiego nella psicologia del profondo, e dal termine ISTINTO (v.), in tedesco *Instinkt*, nell'accezione in cui viene usato in psicologia.

1. NEUROLOGIA. In questo ambito l'impulso è un'azione elettrochimica esercitata sulla cellula nervosa, la quale è separata dal suo ambiente mediante una membrana la cui superficie esterna ha una carica elettrica positiva e quella interna una carica elettrica negativa. Questo "gradiente elettrico" è dovuto in parte al fatto che la membrana possiede una permeabilità selettiva nei confronti dei vari ioni a carica elettrica positiva e negativa, e in parte alla peculiare capacità della cellula vivente di estromettere certi ioni, in particolare il sodio, attraverso la sua membrana. Quando uno stimolo fisico, elettrico, chimico raggiunge la cellula, ne altera l'equilibrio, aumentando improvvisamente la permeabilità della membrana al sodio, con conseguente trasporto di ioni di sodio all'interno della cellula. Nel punto della membrana così eccitato si ha una profonda modificazione di potenziale, con depolarizzazione della membrana e proseguimento del processo fino all'inversione del potenziale. Questa modificazione del potenziale della membrana è detta "potenziale d'azione". Una volta che il processo è iniziato, esso va avanti indipendentemente dall'intensità dello stimolo, secondo la legge del tutto o nulla (v. AZIONE, § 2, *a*). L'intensità del processo eccitatorio è determinata dall'energia che la cellula può mobilizzare in se stessa, e non dalle caratteristiche dello stimolo. Una volta iniziata l'eccitazione, la cellula è refrattaria a qualsiasi altro stimolo sino a che non sia restaurato il potenziale precedente, e tale periodo di refrattarietà può essere suddiviso in due fasi distinte: il periodo che segue immediatamente il potenziale d'azione durante il quale una nuova eccitazione è impossibile (refrattarietà assoluta) e la fase a quest'ultima successiva durante la quale è possibile fare insorgere un potenziale d'azione solo applicando stimoli d'intensità maggiore della norma (refrattarietà relativa). La durata complessiva di questi periodi di refrattarietà è di pochi millisecondi, per quanto intenso possa essere lo stimolo; una nuova eccitazione è impossibile sino a che non sia restaurato il potenziale precedente, e tale fase refrattaria dura circa un millisecondo. Da queste premesse è possibile dire che l'impulso nervoso viene generato da una migrazione di ioni di sodio verso l'interno della cellula, mentre il potenziale di riposo viene restaurato da un flusso di ioni positivi verso l'esterno della cellula.

2. PSICOANALISI. Sul modello neurologico, Sigmund Freud ha elaborato uno schema di lettura in base al quale gli impulsi passano dall'Es all'Io dove vengono scaricati, o inibiti, o deviati dai meccanismi di difesa, o sublimati in espressioni non pulsionali. In questa accezione l'impulso è l'elemento energetico dell'APPARATO PSICHICO (v.) regolato da una topica, una dinamica e un'economia psichica.

3. PSICHIATRIA. In questo ambito il concetto di impulso si riferisce a una tendenza dettata da una necessità che mette capo a quelle che Karl Jaspers chiama «tendenze impulsive, ossia fenomeni disinibiti, irrefrenabili e incontrollabili» che assumono l'aspetto patologico «quando la nostra comprensione non vede alcuna possibilità per la quale essi potrebbero essere soppressi» (1913-1959, p. 127). In questa accezione ne parla anche Carl Gustav Jung che definisce l'impulso «una *costrizione perentoria* ad agire in un certo modo. Questa costrizione perentoria può derivare da uno stimolo esterno o interno che mette in moto per via psichica il meccanismo dell'impulso, oppure da cause organiche che risiedono fuori dalla sfera dei rapporti psichici causali. *Impulsivo* è ogni fenomeno psichico che non risulta da una causa stabilita da un'intenzione volontaria, ma da una sollecitazione dinamica, sia che questa sollecitazione provenga direttamente da fonti organiche e quindi extrapsichiche, sia che essa sia essenzialmente condizionata da energie messe semplicemente in moto dall'intenzione volontaria; con la riserva, in quest'ultimo caso, che il risultato prodotto sia maggiore dell'effetto cui mirava l'intenzione volontaria. Nel concetto di impulso rientrano a mio avviso tutti quei processi psichici della cui energia la coscienza non dispone» (1921, pp. 459-460).

Per quanto concerne i disturbi dell'impulso si è soliti distinguere l'*eccesso* e il *difetto* di attività impulsiva. I casi di carenza sono caratteristici delle lesioni del lobo frontale e frequenti nelle depressioni endogene, nella demenza senile, fino a giungere a casi estremi nelle forme catatoniche della schizofrenia. L'aumento abnorme degli impulsi si riscontra invece nelle forme maniacali, negli stati di tossicità e negli offuscamenti di coscienza. La letteratura psichiatrica distingue inoltre tra *impulso* e *coazione*, dove il primo si riferisce a rappresentazioni coatte di determinate azioni verso cui il soggetto si sente spinto, ma che in effetti non esegue mai, mentre la seconda si riferisce ad atti effettivamente eseguiti (v. COAZIONE). L'impulso è di solito atroce e abominevole, l'azione è innocua o insignificante. Un'altra distinzione introdotta da Emil Kraepelin è quella tra impulso *collaterale* che subentra a un impulso primario condizionandone lo svolgimento, e impulso *incrociato* che, intervenendo, lo blocca: «Gli impulsi collaterali, che dapprima causano soltanto frange nell'azione, possono diventare impulsi incrociati che portano a un completo deragliamento della volontà» (1913, p. 75).

Nei pazienti schizofrenici, infine, si osserva frequentemente il cosiddetto *impulso verbale* che consiste in improvvise enunciazioni di parole o frasi senza alcun nesso con quanto il soggetto sta facendo o dicendo in quel momento. Sergio Piro scrive in proposito che «l'analisi semantica porta a classificare gli impulsi verbali fra le manifestazioni di dissoluzione semantica: l'uso linguistico del linguaggio è perso, perché il soggetto non è portatore di intenzione di comunicare o di esprimere linguisticamente, e conseguentemente la produzione verbale impulsiva è priva di significato; il distacco del segno dal significato è completo e, anzi, la parola non è più segno (desemantizzazione)» (1967, p. 28). Gli impulsi verbali, se compaiono in persone normali, possono essere letti come un sintomo d'esordio della schizofrenia e allora acquistano un valore diagnostico, mentre se si osservano in schizofrenici cronici vengono interpretati come estremo residuo di una condotta verbale.

Bibliografia

Benedetti G., *Neuropsicologia. Le attività psichiche in una sintesi di psicologia sperimentale, neurofisiologia e psichiatria*, Feltrinelli, Milano 1969.

Freud S., *Pulsioni e loro destini*, in *Metapsicologia* (1915), in *Opere* (1967-1993), Bollati Boringhieri, Torino, vol. VIII.

Hull C. L., *A behavior system*, Yale University Press, New Haven, Connecticut, 1952.

Jaspers K., *Psicopatologia generale* (1913-1959), Il Pensiero Scientifico, Roma 2000.

Jung C. G., *Tipi psicologici* (1921), in *Opere* (1969-2007), Bollati Boringhieri, Torino, vol. VI.

Kraepelin E., *Trattato di psichiatria* (1883), Vallardi, Milano 1907.

–, *Maniac-depressive insanity and paranoia* (1913), Livingstone, Edinburgh 1921.

Piro S., *Il linguaggio schizofrenico*, Feltrinelli, Milano 1967.

Impurità, v. PURO – IMPURO.

Imputabilità, v. RESPONSABILITÀ.

Inaccessibilità (ingl. *Inaccessibility*; ted. *Unzugänglichkeit*; fr. *Inaccessibilité*; sp. *Inaccesibilidad*). Impossibilità di essere raggiunti dagli altri attraverso la comunicazione. Il termine è usato comunemente in psichiatria in riferimento alla condizione di isolamento psichico propria dell'AUTISMO (v.).

Inadeguatezza (ingl. *Inadequacy*; ted. *Unzulänglichkeit*; fr. *Inadéquation*; sp. *Inadecuación*). Sentimento di insufficienza di fronte a determinate situazioni. Sigmund Freud, mutuando il termine da Pierre Janet, parla di *insuffisance psychologique* (inadeguatezza psicologica) alla base dell'isteria e della nevrosi d'angoscia, come incapacità di dominare la tensione sessuale o di realizzarne l'appagamento. Il sentimento di inadeguatezza non implica necessariamente sentimenti di INFERIORITÀ (v.), ma è spesso accompagnato da espressioni di rammarico. Per Alfred Adler, sentimenti di inadeguatezza possono generare forme di compensazione in termini di volontà di potenza (v. POTENZA, § 2).

Bibliografia

Adler A., *Prassi e teoria della psicologia individuale* (1920), Astrolabio, Roma 1947.
Freud S., *Studi sull'isteria (in collaborazione con Josef Breuer)* (1892-1895), in *Opere* (1967-1993), Bollati Boringhieri, Torino, vol. I.
–, *Legittimità di separare dalla nevrastenia un preciso complesso di sintomi come "nevrosi d'angoscia"* (1894), in *Opere*, cit., vol. II.
–, *A proposito di una critica della "nevrosi d'angoscia"* (1895), in *Opere*, cit., vol. II.
Janet P., *L'automatismo psicologico. Saggio di psicologia sperimentale sulle forme inferiori dell'attività umana* (1889-1903), Raffaello Cortina, Milano 2013.

Inanizione, v. ABBANDONO, SINDROME DI.

Inautenticità, v. AUTENTICITÀ – INAUTENTICITÀ.

Incantesimo (ingl. *Spell*; ted. *Zauber*; fr. *Enchantement*; sp. *Encantamiento*). Il termine è impiegato in tre accezioni: 1) in riferimento alle pratiche magiche (v. MAGIA) che si propongono di modificare il corso delle cose in base ai propri desideri positivi o negativi; 2) in riferimento alle situazioni in cui le produzioni fantastiche o oniriche esercitano sul soggetto un dominio incontrastato; 3) in riferimento agli stati di FASCINAZIONE (v.) che il soggetto può subire al cospetto di qualcosa o di qualcuno la cui forza si impone in modo incontrollabile.

Incapacità (ingl. *Inability*; ted. *Unfähigkeit*; fr. *Incapacité*; sp. *Incapacidad*). Termine generico impiegato per designare le ridotte possibilità o l'inidoneità di un soggetto a svolgere un'attività o ad assolvere un compito. In un senso più specifico il termine è adottato dalla PSICOLOGIA FORENSE (v.) nell'accezione di "incapacità di intendere e di volere", assunta come criterio per la riduzione dell'imputabilità e della RESPONSABILITÀ (v.).

Incentivo (ingl. *Incentive*; ted. *Anregung*; fr. *Invitation*; sp. *Incentivo*). Stimolo che fornisce una motivazione per intraprendere un'attività. Si contrappone a *deterrente* che è un incentivo negativo che scoraggia l'azione. I termini sono adottati nella psicologia della *motivazione* (v. MOTIVAZIONE, § 2) e corrispondono al rinforzo positivo o negativo di cui parla la psicologia sperimentale a proposito dell'APPRENDIMENTO (v. § I, 2) e della soddisfazione del *bisogno* secondo la teoria "bisogno-pulsione-incentivo" (v. BISOGNO, § 2, *a*).

Bibliografia

Bolles R. C., *Theory of motivation*, Harper & Row, New York 1975.
Hull C. L., *I principi del comportamento. Introduzione alla teoria del comportamento* (1943), Armando, Roma 1978.

Incesto (ingl. *Incest*; ted. *Inzest*; fr. *Inceste*; sp. *Incesto*). Rapporto sessuale tra persone che hanno legami di parentela. L'incesto è universalmente proibito in tutte le società umane; in alcune è consentito solo ai sovrani per ribadire il loro status al di sopra di ogni legge e proibizione. Le spiegazioni di questo universale divieto, ricercate soprattutto in ambito antropologico e psicoanalitico, sono diverse e quasi tutte, almeno in parte, insoddisfacenti.

1. ANTROPOLOGIA. In questo ambito fra le principali interpretazioni ricordiamo:

a) La teoria *biologica* sostenuta anche da Lewis Henry Morgan, secondo cui i figli nati da rapporti consanguinei sarebbero più predisposti a malformazioni e malattie per il prevalere, in queste unioni, dei caratteri recessivi.

b) La teoria della *familiarità* sostenuta da Bronisław Malinowski, secondo cui la relazione sessuale tra consanguinei incontrerebbe un ostacolo di tipo psicologico dovuto ai rapporti di familiarità che produrrebbero un'istintiva ripugnanza per i rapporti sessuali.

c) La teoria *totemica* di Émile Durkheim, secondo cui gli appartenenti allo stesso clan totemico sarebbero persuasi di avere in comune una medesima sostanza materializzata nel sangue che ispirerebbe la stessa avversione del sangue mestruale con il quale non si deve avere alcun contatto.

d) La teoria *culturale* di Claude Lévi-Strauss, secondo cui la prima regola di sopravvivenza per le comunità primitive era quella di trovare, al loro esterno, o dei nemici o dei parenti. Per evitare lo stato di continua belligeranza che avrebbe distrutto le varie comunità non c'era altro mezzo, scrive Lévi-Strauss, che quello di scambiarsi le donne: «La spiegazione ultima è probabilmente che l'umanità si rese conto molto presto che, per potersi liberare da una selvaggia lotta per l'esistenza, doveva scegliere molto semplicemente fra "lo sposarsi fuori, o l'essere uccisi fuori". L'alternativa era tra famiglie biologiche viventi a contatto e tendenti a rimanere unità chiuse e autoperpetuantisi, sopraffatte da timori, odî e ignoranze, e la sistematica instaurazione, attraverso la proibizione dell'incesto, di vincoli intermatrimoniali fra loro, riuscendo così a costruire, oltre agli artificiali legami di parentela, una vera società umana, nonostante l'influenza isolante della consanguineità, e persino in contrasto con essa» (1960-1967, p. 168). Con il divieto dell'incesto, l'ordine della cultura entra nella natura, esprimendo la vita sessuale come vita sociale; infatti, scrive sempre Lévi-Strauss, «la proibizione dell'incesto non è tanto una regola che vieta di sposare la madre, la sorella o la figlia, quanto invece una regola che obbliga a dare ad altri la madre, la sorella o la figlia» (1947, p. 617).

2. Psicoanalisi. Sigmund Freud fa dell'interdizione dell'incesto il nucleo a partire dal quale si articola il complesso edipico e la sua risoluzione: «La psicoanalisi ci ha insegnato che la prima scelta dell'oggetto sessuale da parte del bambino è incestuosa, si indirizza su oggetti proibiti, la madre e la sorella; la stessa psicoanalisi ci ha consentito di individuare altresì per quali strade il ragazzo che si fa adulto si libera dall'attrazione dell'incesto. Il nevrotico invece rivela invariabilmente un tratto d'infantilismo psichico: o non è stato in grado di liberarsi dalle situazioni psicosessuali infantili, oppure è ritornato ad esse (inibizione nello sviluppo nel primo caso, e regressione nel secondo). Nella sua vita psichica inconscia le fissazioni incestuose della libido continuano perciò ad avere o tornano ad avere un ruolo determinante. Siamo giunti a ritenere che il rapporto con i genitori, caratterizzato fondamentalmente da pretese incestuose, costituisca il *complesso nucleare* della nevrosi» (1912-1913, pp. 25-26; v. Antropologia, § 1). Carl Gustav Jung sposta il problema dell'incesto dal piano letterale a quello simbolico, per scorgere nelle fantasie di incesto da un lato una regressione alle fonti dello sviluppo psichico per una rigenerazione del proprio mondo interiore, dall'altro una rappresentazione che invita a comporre parti della psiche non ancora integrate. Per quanto riguarda le conseguenze psicologiche dell'incesto, si veda la voce Abuso, § 2.

Bibliografia

Ceccarelli F., *Il tabù dell'incesto. I fondamenti biologici del linguaggio e della cultura*, Einaudi, Torino 1978.

Durkheim É., *La prohibition de l'inceste et ses origines*, in "Année Sociologique", 1897, I.

Freud S., *Totem e tabù. Alcune concordanze nella vita psichica dei selvaggi e dei nevrotici* (1912-1913), in *Opere* (1967-1993), Bollati Boringhieri, Torino, vol. VII.

Héritier F., *Incesto*, in AA.VV., *Enciclopedia*, Einaudi, Torino 1979, vol. VII, pp. 234-262.

–, *Due sorelle e una madre. Parentela e relazioni sessuali* (1994), Pratiche Editrice, Milano 1999.

Jung C. G., *Gli archetipi dell'inconscio collettivo* (1934-1954), in *Opere* (1969-2007), Bollati Boringhieri, Torino, vol. IX, 1.

Lévi-Strauss C., *Le strutture elementari della parentela* (1947), Feltrinelli, Milano 1972.

–, *Razza e storia e altri studi di antropologia* (1960-1967), Einaudi, Torino 1967.

Malacrea M., Vassalli A. (a cura di), *Segreti di famiglia. L'intervento nei casi di incesto*, Raffaello Cortina, Milano 1990.

Malinowski B., *Sesso e repressione sessuale tra i selvaggi* (1927), Bollati Boringhieri, Torino 1969.

Montefoschi S., *Al di là del tabù dell'incesto. Psicoanalisi e conoscenza*, Feltrinelli, Milano 1982.

Morgan L. H., *La società antica. Le linee del progresso umano dallo stato selvaggio alla civiltà* (1877), Feltrinelli, Milano 1970.

Inchiesta, v. Opinione; Questionario.

Incidente (ingl. *Accident*; ted. *Unfall*; fr. *Accident*; sp. *Accidente*). Avvenimento inatteso dalle conseguenze dannose per il soggetto. Esiste un'inclinazione agli incidenti interpretata dalla psicoanalisi come un bisogno di punizione messo in atto inconsciamente dal soggetto secondo la dinamica che Sigmund Freud descrive a proposito della "nevrosi di destino" (v. Destino, § 2).

Incidenza (ingl. *Incidence*; ted. *Einfall*; fr. *Incidence*; sp. *Incidencia*). Frequenza nel manifestarsi di un fenomeno. In psichiatria il termine si riferisce al tasso di insorgenza di una malattia psichica in una data popolazione e in un determinato periodo di tempo (v. Epidemiologia).

Inclusione (ingl. *Inclusion*; ted. *Einschliessung*; fr. *Inclusion*; sp. *Inclusión*). Termine introdotto da Ronald David Laing per indicare la condizione di *sicurezza ontologica* caratterizzata dalla consapevolezza di abitare il proprio corpo, vissuto come sede originaria della propria esistenza (v. Sicurezza). Suo opposto è la non-inclusione (*unembodied*) che, per Laing, è la condizione rintracciabile in ogni forma di schizofrenia in cui, scrive Laing, «l'individuo sente il suo Io più o meno diviso o staccato dal proprio corpo. Il corpo è vissuto, più che come il nucleo stesso dell'essere, come oggetto fra i tanti altri oggetti del mondo. Invece di essere il centro del vero Io, il corpo è vissuto come il centro di un *falso Io*, che l'Io "vero", l'Io "interiore", incorporeo e distaccato, può vedere, secondo i casi, con tenerezza, con curiosità, con odio» (1959, p. 79).

Bibliografia

Laing R. D., *L'io diviso. Studio di psichiatria esistenziale* (1959), Einaudi, Torino 1969.

Incoerenza (ingl. *Incoherence*; ted. *Widersprüchlichkeit*; fr. *Incohérence*; sp. *Incoherencia*). Presenza di contraddizione in un sistema, con conseguente incompatibilità delle parti che lo compongono (v. COERENZA; PENSIERO, § III, 1, *f*).

Incompiutezza, v. PSICOLOGIA DELLA GESTALT, § IV, 1, *a*.

Incondizionato, Riflesso, v. APPRENDIMENTO, § I, 1-2.

Incongruenza (ingl. *Incongruity*; ted. *Inkongruenz*; fr. *Incongruité*; sp. *Incongruencia*). In *psichiatria* il termine denota la limitazione, la distorsione o la perdita degli usuali nessi associativi tra idea e idea, tra idea e risonanza emotiva, tra contenuto di pensiero e comportamento che si riscontrano nei fenomeni dissociativi (v. SCISSIONE). In *psicologia* il riferimento è alla contraddizione che può determinarsi tra l'informazione recepita dall'ambiente esterno e quella già immagazzinata in precedenti o analoghe circostanze, o, nel caso della DISSONANZA COGNITIVA (v.), al contrasto tra le nozioni e i valori posseduti dall'individuo e le tendenze comportamentali (v. COERENZA). Ricerche sperimentali hanno mostrato che esiste un livello ottimale di incongruenza, per cui se una situazione è troppo incongrua l'individuo si ritira, se lo è troppo poco subentra la noia per mancanza di novità o stimolazione.

Inconscio (ingl. *Unconscious*; ted. *das Unbewusste, unbewusst*; fr. *Inconscient*; sp. *Inconsciente*). Il termine trova impiego come *aggettivo* per qualificare i contenuti non presenti alla coscienza, e come *sostantivo* per indicare una zona dello psichico. Questo concetto è centrale in tutte le psicologie del profondo, per le quali i contenuti della coscienza non sono originari, ma derivati da processi che, in quanto sfuggono alla coscienza e sono ad essa antecedenti, sono detti "inconsci".

1. GLI ANTECEDENTI FILOSOFICI. Gli antecedenti filosofici della nozione di inconscio sono rintracciabili in Gottfried Wilhelm Leibniz che ha sottolineato l'importanza delle «"piccole percezioni (*petites perceptions*)" che formano quel non so che, quei gusti, quelle immagini delle qualità sensibili, chiare nell'insieme, ma confuse nelle parti; quelle impressioni che i corpi che ci circondano fanno su di noi e che involgono l'infinito; quel legame che ciascun essere ha con tutto il resto dell'universo» (1703, p. 17). La nozione di inconscio ritorna con Immanuel Kant che, rispondendo alla considerazione di John Locke, secondo la quale non si può parlare di rappresentazioni di cui non si è coscienti, scrive che «possiamo essere coscienti mediatamente di una rappresentazione di cui non siamo coscienti immediatamente» (1798, p. 17). Ma è con Friedrich Wilhelm Joseph Schelling che l'inconscio diviene uno degli aspetti fondamentali dell'Assoluto come identità di natura e spirito, nel senso che, scrive Schelling, «l'inconscio è la radice invisibile di cui tutte le intelligenze non sono che le potenze; è l'eterno intermediario tra il soggetto che si autodetermina in noi e l'oggettivo o intuente» (1800, p. 280). Arthur Schopenhauer concepisce l'inconscio come volontà irrazionale al di fuori delle coordinate dello spazio e del tempo e non regolato dal principio di causalità che presiede le nostre rappresentazioni. Partendo da Schelling e da Schopenhauer, Karl Robert Eduard von Hartmann introduce esplicitamente il termine "inconscio" di cui lo spirito e la materia non sarebbero che due diverse rappresentazioni.

Sigmund Freud, che fa dell'inconscio il centro della teoria psicoanalitica, ne riconosce gli antecedenti filosofici: «Probabilmente pochissimi uomini hanno compreso che ammettere l'esistenza di processi psichici inconsci significa compiere un passo denso di conseguenze per la scienza e per la vita. Affrettiamoci comunque ad aggiungere che un tale passo la psicoanalisi non l'ha compiuto per prima. Molti filosofi possono esser citati come precursori, e sopra tutti Schopenhauer, la cui "volontà" inconscia può essere equiparata alle pulsioni psichiche di cui parla la psicoanalisi. Si tratta del resto dello stesso pensatore che, con enfasi indimenticabile, ha anche rammentato agli uomini l'importanza, tuttora misconosciuta, delle loro aspirazioni sessuali. La psicoanalisi ha quest'unico vantaggio: che non si limita ad affermare astrattamente i due principi, tanto penosi per il narcisismo, dell'importanza della sessualità e della inconsapevolezza della vita psichica, ma li dimostra mediante un materiale che riguarda personalmente ogni singolo individuo, costringendolo a prendere posizione di fronte a questi problemi. Ma appunto per questo essa attira su di sé quell'avversione e quelle resistenze che di fronte al gran nome del filosofo non osavano ancora manifestarsi» (1916, pp. 663-664).

Dal punto di vista della psicologia sperimentale centrata esclusivamente sull'esperienza cosciente, Gustav Theodor Fechner aveva ripreso da Johann Friedrich Herbart il concetto di "soglia della coscienza" (al di sotto della quale tutte le idee sono inconsce) per rappresentare la mente umana come un iceberg di cui solo la cima emerge in superficie; mentre in campo medico, oltre a Carl Gustav Carus, il quale sosteneva che «la chiave per la comprensione della vita conscia risiede nella regione dell'inconscio» (1846, p. 148), la psicopatologia francese con Jean-Martin Charcot,

Pierre Janet e Théodule-Armand Ribot si riferì alla vita psichica inconscia per spiegare l'automatismo psicomotorio, la suggestione postipnotica, il sonnambulismo e i sintomi isterici.

2. L'INCONSCIO NELLA TEORIA PSICOANALITICA. In questo ambito l'inconscio è considerato da un punto di vista descrittivo e da un punto di vista topico. Nell'uso *descrittivo*, "inconscio" è un aggettivo che si riferisce a tutti quei contenuti psichici che non compaiono nell'orizzonte attuale della coscienza, mentre nell'uso *topico* "inconscio" è un luogo (in greco, τόπος) dell'APPARATO PSICHICO (v.) dove si trovano tutti quei contenuti a cui è stato rifiutato l'accesso al sistema conscio tramite la RIMOZIONE (v.). Questa definizione si riferisce alla *prima topica* elaborata da Freud, dove l'inconscio è pensato come un sistema, denominato *Inc*, i cui contenuti sono i rappresentanti delle pulsioni e sono regolati da quei meccanismi che sono specifici del processo primario (v. PROCESSO PRIMARIO – PROCESSO SECONDARIO), e in particolare dalla CONDENSAZIONE (v.) e dallo SPOSTAMENTO (v.). Investiti di energia pulsionale o LIBIDO (v.), detti contenuti tentano di accedere al sistema preconscio-conscio (denominato in sigla *Prec-C*), ma vi riescono solo attraverso formazioni di compromesso (v. FORMAZIONE DI COMPROMESSO) dopo essere stati sottoposti alle deformazioni della CENSURA (v.). Quanto alla loro natura, Freud ritiene che si riferiscano ai desideri dell'infanzia che hanno subìto una FISSAZIONE (v.) nell'inconscio.

Scrive in proposito Freud: «Il nucleo dell'*Inc* è costituito da rappresentanze pulsionali che aspirano a scaricare il proprio investimento, dunque da moti di desiderio. [...] In questo sistema non esiste la negazione, né il dubbio, né livelli diversi di certezza. Tutto ciò viene introdotto solo dal lavoro della censura fra l'*Inc* e il *Prec*. [...] Una rappresentazione può cedere tutto l'ammontare del proprio investimento a un'altra rappresentazione, attraverso il processo di *spostamento*; oppure può appropriarsi di tutto l'investimento di parecchie rappresentazioni, attraverso il processo di *condensazione*. Ho proposto di considerare questi due processi come ciò che contraddistingue il cosiddetto *processo psichico primario*. Nel sistema *Prec* domina invece il *processo secondario*. [...] I processi del sistema *Inc* sono *atemporali*, e cioè non sono ordinati temporalmente, non sono alterati dal trascorrere del tempo, non hanno, insomma, alcun rapporto col tempo. Anche la relazione temporale è legata al lavoro del sistema *C*. Parimenti, i processi *inc* non tengono in considerazione neppure la *realtà*. Sono soggetti al principio di piacere; il loro destino dipende soltanto dalla loro forza e dal fatto che soddisfino o meno alle richieste del meccanismo che regola il rapporto piacere-dispiacere. Riassumiamo: *assenza di reciproca contraddizione*, *processo primario* (mobilità degli investimenti), *atemporalità* e *sostituzione della realtà esterna con la realtà psichica* sono i caratteri che possiamo aspettarci di riscontrare nei processi appartenenti al sistema *Inc*. I processi inconsci diventano accessibili alla nostra conoscenza solo nelle condizioni del sogno e della nevrosi, e cioè quando, attraverso una riduzione (regressione), determinati processi del sistema superiore (il sistema *Prec*) vengono retrocessi a una fase precedente. In sé e per sé i processi inconsci sono inconoscibili» (1915, pp. 70-71).

Nella seconda formulazione dell'APPARATO PSICHICO (v. § 5) il termine "inconscio" viene utilizzato non più come sostantivo ma come aggettivo, perché non si riferisce più a un sistema differenziato come nella prima topica, ma a una qualità che caratterizza, oltre all'ES (v.), anche parte dell'Io e del Super-io. Fatta questa precisazione, resta comunque possibile dire che i caratteri riconosciuti all'inconscio nella prima topica sono attribuiti, nella seconda topica, all'Es.

3. L'INCONSCIO COLLETTIVO. Questo concetto è stato elaborato in sede antropologica da Claude Lévi-Strauss e in sede di psicologia analitica da Carl Gustav Jung con un'attribuzione di significato completamente diverso.

a) Per Lévi-Strauss l'inconscio è da un lato il luogo di incontro tra *osservatore* e *osservato* e, dall'altro, il luogo di incontro tra *modello* e *struttura*. Scrive infatti: «Dato che le soggettività sono incomparabili e incomunicabili, la possibilità di comprensione sarebbe impossibile se l'opposizione tra me e gli altri non potesse essere superata su un terreno che è anche quello su cui il soggettivo e l'oggettivo si incontrano, cioè a dire l'inconscio. Infatti le leggi dell'attività inconscia sono sempre, per un verso, al di fuori dell'apprendimento soggettivo (possiamo prenderne coscienza, ma solo come oggetto); per l'altro, tuttavia, sono esse che determinano le modalità di questo apprendimento. [...] Come termine mediatore tra me e gli altri, approfondendo i dati dell'inconscio, noi ci prolunghiamo, se così si può dire, nel senso di noi stessi: raggiungiamo un piano, che non ci sembra estraneo, perché racchiude il nostro io più segreto, ma (molto più normalmente) perché, senza farci uscire da noi stessi, ci pone in coincidenza con forme di attività che sono, insieme, *nostre* e *altrui*, condizioni di tutte le vite mentali di tutti gli uomini e di tutti i tempi» (1950, pp. XXXIV-XXXV).

b) Dal canto suo Jung, dopo aver distinto un inconscio personale da un inconscio collettivo (v. PSICOLOGIA ANALITICA, § 3), scrive che «l'inconscio collettivo è una parte della psiche che si può distinguere in negativo dall'inconscio personale per il fatto che non deve, come questo, la sua esistenza all'esperienza personale. Mentre l'inconscio personale è formato essenzialmente da contenuti che sono stati un tempo consci, ma sono poi scomparsi dalla coscienza perché dimenticati o rimossi, i contenuti dell'inconscio collettivo non sono mai stati nella coscienza e perciò non sono mai stati acquisiti individualmente, ma devono la loro esistenza esclusivamente all'ereditarietà. L'inconscio personale consiste soprattutto in "complessi"; il contenuto dell'inconscio collettivo, invece, è formato essenzialmente da "archetipi". Il concetto di archetipo, che è un indispensabile correlato dell'idea di inconscio collettivo, indica l'esistenza nella psiche di forme determinate che sembrano esser presenti sempre e dovunque. La ricerca mitologica le chiama "motivi"; nella psicologia dei primitivi corrispondono al concetto di *représentations collectives* di Lévy-Bruhl; nel campo della religione comparata sono state definite da Henri Hubert e Marcel Mauss "categorie dell'immaginazione"» (1936, p. 43; v. ANTROPOLOGIA, § 2).

c) Senza impiegare l'espressione "inconscio collettivo", anche Freud, in più di un testo, vi allude quando nell'inconscio riserva un posto a contenuti non acquisiti dall'individuo, quindi non ontogenetici ma filogenetici, che costituiscono il "nucleo dell'inconscio", a proposito del quale scrive: «Il contenuto dell'*Inc* può essere paragonato a una popolazione preistorica della psiche. Se nell'uomo ci sono formazioni psichiche ereditarie, simili all'istinto (*Instinkt*) degli animali, esse costituiscono il nucleo dell'*Inc*» (1915, pp. 78-79).

4. INCONSCIO E LINGUAGGIO. Questo rapporto è stato considerato da Jacques Lacan a partire dalla dislocazione della centralità della coscienza, com'è stata proposta dalla cultura occidentale e in particolare da René Descartes con il suo *Cogito ergo sum*. Per Lacan l'uomo non dimora nel cogito, ma in un "esso (*ça*)" profondo che "lo parla", e nei cui confronti l'uomo si trova in uno stato di radicale assoggettamento: «Penso dove non sono – scrive Lacan – quindi sono dove non penso» (1957b, p. 511). Se l'uomo è il parlato, a parlare è l'ALTRO (v. § 1) dal soggetto conscio, quell'"esso parla (*ça parle*)" a proposito del quale Lacan precisa: «Noi insegniamo, al seguito di Freud, che l'Altro è il luogo della memoria, da lui scoperta sotto il nome di inconscio» (1958, p. 571). Se l'inconscio è linguaggio, prosegue Lacan, «la nostra dottrina non si fonda assolutamente su un'assunzione degli archetipi divini, ma sul fatto che l'inconscio ha la struttura del linguaggio, e che in esso un materiale si muove secondo leggi che sono quelle scoperte dallo studio delle lingue positive, cioè le lingue che sono e furono effettivamente parlate» (1961, p. 589). Proprio perché l'inconscio è linguaggio, o, come dice Lacan, è «desiderio diveniente linguaggio», si rende necessaria una psicoanalisi linguistica ai fini di penetrare nell'«oscuro parlare dell'Es», nei «buchi di senso del discorso conscio dove la verità dell'inconscio si situa *tra le righe*» (1957a, p. 429). Per decifrare la "retorica dell'inconscio", Lacan si rifà alla linguistica strutturale, e in particolare a Roman Jakobson, che gli consente di collegare i meccanismi inconsci illustrati da Freud ai procedimenti retorici della metafora e della metonimia. La METAFORA (v.), infatti, indicando un oggetto con il nome di un altro avente con il primo rapporti di somiglianza, è accostabile alla CONDENSAZIONE (v.), mentre la metonimia, che nomina una cosa o una persona con il nome di un'altra cosa o persona che abbia con essa rapporti di dipendenza o di contiguità, è accostabile allo SPOSTAMENTO (v.), che erano i due meccanismi evidenziati da Freud come tipici del processo primario in cui si esprime l'inconscio.

5. INCONSCIO E LOGICA INSIEMISTICA. L'inconscio descritto da Freud ha trovato una formulazione logico-insiemistica con Ignacio Matte Blanco, che lo legge a partire dal *principio di generalizzazione*, per cui l'inconscio tratterebbe una singola cosa, persona o oggetto come se fosse un elemento di un insieme che contiene altri elementi, e questo insieme come un sottoinsieme di un insieme più ampio e così via all'infinito, e dal *principio di simmetria*, per cui l'inverso di una relazione è trattato come identico alla relazione. Gli effetti di questi due principi sono la soppressione del concetto di successione e quindi di spazio e tempo, l'identità tra la parte e il tutto e la non ottemperanza del principio di non contraddizione, che erano i caratteri descritti da Freud come tipici del processo primario. Il risultato è che l'inconscio tende all'indifferenziazione di ciò che la logica conscia descrive come differenziazione. L'intreccio di questi due modi di procedere: l'inconscio simmetrico, omogeneo e indifferenziato, e il conscio asimmetrico, eterogeneo e differenziato, mette capo a quelle che Matte Blanco chiama *strutture bi-logiche* che corrispondono all'intreccio dei due modi citati, e di cui la rimozione è un luogo eminente.

6. LA CRITICA FENOMENOLOGICA ALLA NOZIONE DI INCONSCIO. È stata formulata nel modo più radicale da Medard Boss che trova ingiustificata la procedura di ragionamento che Freud adotta per la fondazione

dell'inconscio. Scrive infatti Freud: «Tale ipotesi è *necessaria* perché i dati della coscienza sono molto lacunosi; nei sani non meno che nei malati si verificano spesso atti psichici che possono essere spiegati solo presupponendo altri atti che non sono invece testimoniati dalla coscienza. [...] Gli atti coscienti restano quindi slegati e incomprensibili se ci ostiniamo a pretendere che ogni atto psichico che compare in noi debba essere sperimentato dalla coscienza; mentre si organizzano in una connessione ostensibile se li interpoliamo con gli atti inconsci di cui abbiamo ammesso l'esistenza» (1915, p. 50). Secondo Boss, dall'analisi di questo ragionamento risulta che tanto il giudizio che c'è "una lacunosità nella serie degli atti coscienti", quanto l'assunto inferito da questo giudizio che "lo psichico è in sé inconscio", poggiano «sul presupposto scientifico operante nella scienza naturale secondo cui il reale esiste sempre e soltanto in nessi causali rigorosi e senza lacune fra oggetti attualmente presenti» (1957, p. 16). L'inconscio, quindi, non è una realtà psichica, ma un prodotto del metodo con cui Freud ha affrontato questa realtà. Infatti, senza il presupposto scientifico sopra enunciato, Freud non avrebbe potuto "constatare" la lacunosità della vita cosciente e di conseguenza "inferire" un substrato reale in cui trovare i tanto cercati nessi causali privi di lacune. Ne consegue, scrive Boss, che «poiché un inconscio, in quanto inconscio, è per definizione incontrollabile, si potevano senza pericolo pensare inseriti in esso tutti quei nessi causali privi di lacune che non possono essere percepiti nella realtà immediatamente data, e che tuttavia si ritenevano indispensabili per poter attribuire alla psiche una realtà propria» (ivi, p. 17). Dal punto di vista fenomenologico il risultato di una simile procedura discorsiva non è tanto la "comprensione" della vita psichica, quanto la sua "spiegazione", secondo l'ideale esplicativo delle scienze naturali (v. PSICOLOGIA COMPRENSIVA).

7. L'INCONSCIO CEREBRALE. Questa espressione, da non confondere con l'inconscio di cui parla la psicoanalisi, è impiegata nell'ambito delle neuroscienze con riferimento ai meccanismi che, al di là della nostra consapevolezza, agiscono nelle nostre scelte e nelle nostre decisioni, come hanno dimostrato gli esperimenti condotti dal neuroscienziato Lawrence Weiskrantz, illustrati alla voce NEUROSCIENZE, § 1.

Bibliografia

Benussi V., *Sperimentare l'inconscio. Scritti 1905-1927*, Raffaello Cortina, Milano 2006.

Boss M., *Psicoanalisi e analitica esistenziale* (1957), Astrolabio, Roma 1973.

Carotenuto A., *Psiche e inconscio*, Marsilio, Venezia 1978.

Carus C. G., *Psyche. Zur Entwicklungsgeschichte der Seele*, Kröner, Leipzig 1846.

Charcot J.-M., *Lezioni alla Salpêtrière* (1887-1889), Guerini & Associati, Milano 1989.

Dentale F., Gennaro A., *Inconscio. Fra ricerca clinica e scienza cognitiva*, il Mulino, Bologna 2005.

Ellenberger H. F., *La scoperta dell'inconscio* (1970), Bollati Boringhieri, Torino 1980.

Fechner G. Th., *Einige Ideen zur Schöpfungs- und Entwicklungsgeschichte der Organismen*, Breitkopf und Härtel, Leipzig 1873.

Frankl G., *Esplorare l'inconscio. Un nuovo metodo per l'analisi del profondo* (2003), Bollati Boringhieri, Torino 2005.

Freud S., *Nota sull'inconscio in psicoanalisi* (1912), in *Opere* (1967-1993), Bollati Boringhieri, Torino, vol. VI.

–, *L'inconscio*, in *Metapsicologia* (1915), in *Opere*, cit., vol. VIII.

–, *Una difficoltà della psicoanalisi* (1916), in *Opere*, cit., vol. VIII.

–, *L'Io e l'Es* (1922), in *Opere*, cit., vol. IX.

Galimberti U., *Psichiatria e fenomenologia* (1979), nuova edizione ampliata, Feltrinelli, Milano 2017.

Gauchet M., *L'inconscio cerebrale* (1992), il melangolo, Genova 1994.

Hartmann K. R. E. von, *Philosophie des Unbewussten*, Duncker, Berlin 1869.

Herbart J. F., *Introduzione alla filosofia* (1813), Laterza, Bari 1907.

Jakobson R., *Saggi di linguistica generale* (1963), Feltrinelli, Milano 1966.

Janet P., *L'automatismo psicologico. Saggio di psicologia sperimentale sulle forme inferiori dell'attività umana* (1889-1903), Raffaello Cortina, Milano 2013.

Jung C. G., *La struttura dell'inconscio* (1916), in *Opere* (1969-2007), Bollati Boringhieri, Torino, vol. VII.

–, *Psicologia dell'inconscio* (1917-1943), in *Opere*, cit., vol. VII.

–, *L'Io e l'inconscio* (1928), in *Opere*, cit., vol. VII.

–, *Il contrasto tra Freud e Jung* (1929), in *Opere*, cit., vol. IV.

–, *Il concetto di inconscio collettivo* (1936), in *Opere*, cit., vol. IX, 1.

Kant I., *Antropologia pragmatica* (1798), Laterza, Bari 1969.

Lacan J., *La psicoanalisi e il suo insegnamento* (1957a), in *Scritti* (1936-1966), Einaudi, Torino 1974, vol. I.

–, *L'istanza della lettera dell'inconscio o la ragione dopo Freud* (1957b), in *Scritti*, cit., vol. I.

–, *Il Seminario. Libro V: La formazione dell'inconscio, 1957-1958*, Einaudi, Torino 2004.

–, *Una questione preliminare ad ogni possibile trattamento della psicosi* (1958), in *Scritti*, cit., vol. II.

–, *La direzione della cura e i principi del suo potere* (1961), in *Scritti*, cit., vol. II.

–, *Posizione dell'inconscio* (1966), in *Scritti*, cit., vol. II.

Lacôte Ch., *L'inconscio* (2003), Bollati Boringhieri, Torino 2005.

Leibniz G. W., *Nuovi saggi sull'intelletto umano* (1703), Laterza, Bari 1963.

Lévi-Strauss C., *Introduzione all'opera di Marcel Mauss* (1950), in M. Mauss, *Teoria generale della magia e altri saggi*, Einaudi, Torino 1965.

Lévy-Bruhl L., *Psiche e società primitive* (1910), Newton Compton, Roma 1970.

–, *La mentalità primitiva* (1922), Einaudi, Torino 1966.

Locke J., *Saggio sull'intelligenza umana* (1690), Bompiani, Milano 2004.
Matte Blanco I., *L'inconscio come insiemi infiniti. Saggio sulla bi-logica* (1975), Einaudi, Torino 1981.
Montefoschi S., *Dialettica dell'inconscio*, Feltrinelli, Milano 1980.
Recalcati M., *Elogio dell'inconscio. Dodici argomenti in difesa della psicoanalisi*, Bruno Mondadori, Milano 2007.
Ribot Th.-A., *La vie inconsciente et les mouvements*, Alcan, Paris 1914.
Rigo L., *Inconscio e personalità dopo Freud*, Il Fuoco Editore, Roma 1982.
Schelling F. W. J., *Sistema dell'idealismo trascendentale* (1800), Laterza, Bari 1965.
Schopenhauer A., *Il mondo come volontà e rappresentazione* (1819), Laterza, Bari 1978.
Weiskrantz L., *Blindsight. A case study and implications*, Oxford University Press, Oxford 1986.
–, *Consciousness lost and found. A neuropsychological exploration*, Oxford University Press, Oxford 1997.

Incontinenza (ingl. *Incontinence*; ted. *Inkontinenz*; fr. *Incontinence*; sp. *Incontinencia*). Il termine è impiegato in due accezioni con riferimento a: 1) l'*incontinenza sfinterica* che è l'incapacità di trattenere volontariamente urina (v. ENURESI) e feci per cause organiche soprattutto di natura neurologica focale o per cause psichiche che rimandano a stati regressivi di natura psicotica o nevrotica con perdita di controllo da parte dell'Io; 2) l'*incontinenza emotiva* che è l'incapacità di contenere le proprie emozioni con risposta sproporzionata rispetto alla rilevanza dello stimolo. È stata anche avanzata l'ipotesi che l'eccessivo coinvolgimento emotivo spesso sia più apparente che reale, e abbia lo scopo di nascondere la perdita di una vera partecipazione affettiva agli eventi.

Incorporazione (ingl. *Incorporation*; ted. *Einverleibung*; fr. *Incorporation*; sp. *Incorporación*). Introduzione e conservazione, reale o fantasmatica, di un oggetto nel proprio corpo. Tipica della fase orale (v. ORALE, § 2), l'incorporazione può estendersi alla respirazione, alla visione e all'ascolto, oltre che alle fantasie relative all'incorporazione anale e alla ritenzione del pene all'interno del corpo. Sigmund Freud, che utilizza il termine "incorporazione" talvolta come sinonimo di IDENTIFICAZIONE (v. § 1) e talvolta, assumendo il termine da Sándor Ferenczi, di INTROIEZIONE (v.), attribuisce all'incorporazione tre significati: 1) procurarsi un piacere facendo penetrare un oggetto in se stessi, 2) distruggere l'oggetto, 3) assimilare le qualità dell'oggetto conservandolo dentro di sé. Melanie Klein ha visto nel secondo aspetto il tratto tipico della fase sadico-anale, mentre Karl Abraham ha colto la relazione tra l'incorporazione e il CANNIBALISMO (v.) dei primitivi.

Oltre all'incorporazione *attiva* qui descritta, esiste anche un'incorporazione *passiva* che si presenta come fantasia di essere mangiato per divenire parte di una personalità ritenuta più potente o esageratamente sopravvalutata. Otto Fenichel ne parla a proposito di «persone che non hanno mai raggiunto una completa e propria individualità per loro proprio diritto, e perciò necessitano di "partecipare" a un'unione più grande, per poter rendersi conto della propria esistenza. Sono persone oralmente fissate, le quali hanno sempre bisogno di provare a loro stesse che sono amate, senza esser capaci di amare attivamente esse stesse» (1945, p. 396).

Bibliografia

Abraham K., *Vedute psicoanalitiche su alcune caratteristiche del pensiero infantile* (1923), in *Opere*, Bollati Boringhieri, Torino 1975, vol. I.
Fenichel O., *Trattato di psicoanalisi delle nevrosi e delle psicosi* (1945), Astrolabio, Roma 1951.
Freud S., *Tre saggi sulla teoria sessuale* (1905), in *Opere* (1967-1993), Bollati Boringhieri, Torino, vol. IV.
–, *Al di là del principio di piacere* (1920), in *Opere*, cit., vol. IX.
Klein M., *Contributo alla psicogenesi degli stati maniaco-depressivi* (1935), in *Scritti 1921-1958*, Bollati Boringhieri, Torino 1978, pp. 297-325.

Incubazione (ingl. *Incubation*; ted. *Inkubation*; fr. *Incubation*; sp. *Incubación*). La parola, che in generale si riferisce a una fase di sviluppo inosservabile al cui termine si ha la manifestazione del processo che si è svolto, è impiegata in *ambito medico* con riferimento ai processi che si compiono fra la trasmissione e la comparsa di una malattia, e in *ambito cognitivo* alla fase preparatoria che caratterizza il pensiero produttivo (v. PENSIERO, § I, 2) dove si distinguono in successione i momenti della preparazione, incubazione, illuminazione e verifica.

Incubo (ingl. *Nightmare*; ted. *Albtraum*; fr. *Cauchemar*; sp. *Pesadilla*). Reazione di spavento durante il sonno solitamente provocata da un sogno terrificante. Nella demonologia medioevale l'*incubo* è un demone maschile, di aspetto mostruoso, che seduce le donne durante il sonno. Gli corrisponde *succuba*, demone femminile responsabile delle polluzioni notturne degli uomini. In generale il termine ha assunto il significato di sogno spaventoso, angosciante, che si conclude con un risveglio improvviso quanto liberatorio. Secondo l'interpretazione psicoanalitica, gli incubi, che Sigmund Freud chiama *sogni d'angoscia*, risultano da un fallimento del lavoro onirico (v. SOGNO, § II, 2-3) e precisamente da uno scacco della difesa. Infatti, scrive Freud: «L'osservazione è che spesso i sogni d'angoscia hanno un contenuto completamente esente da deformazione, un contenuto che è, per così dire, sfuggito alla censura. Il sogno d'angoscia è spesso lo scoperto appagamento di un desiderio, naturalmente non di un desiderio accettato, ma di un desiderio respinto. Al posto della censura è subentrata l'angoscia. Mentre del sogno infantile si può dire che è l'aperto appagamento di un desiderio ammesso, e del comune sogno deformato che è l'appagamento camuffato di un desiderio rimosso, al sogno d'angoscia si adatta soltanto la formula che è l'aperto appagamento di un desiderio rimosso. L'angoscia è l'indizio che il desiderio rimosso si è mostrato più forte della censura, che il desiderio ha imposto, o era in procinto di imporre, il proprio appagamento contro la censura» (1915-1917, pp. 384-385).

Gli incubi si verificano di solito nel sonno a movimenti oculari rapidi (sonno REM) nella parte finale del sonno notturno. Nei bambini si verificano durante il sonno non-REM senza lasciare ricordi dell'accaduto (v. SONNO, § 1). Secondo Allen Frances, «se c'è una significatività clinica, essa deriva dalla paura di addormentarsi, dall'insonnia e dalle conseguenze che ne derivano» (2013, p. 162).

Bibliografia

Frances A., *La diagnosi in psichiatria. Ripensare il DSM-5* (2013), Raffaello Cortina, Milano 2014.
Freud S., *Introduzione alla psicoanalisi* (1915-1917), in *Opere* (1967-1993), Bollati Boringhieri, Torino, vol. VIII.

Inculturazione, v. CULTURA, § 4.

Indennizzo, Nevrosi da, v. TRAUMA, § 3.

Indifferenza (ingl. *Indifference*; ted. *Gleichgültigkeit*; fr. *Indifférence*; sp. *Indiferencia*). Detta anche *ameleia*, l'indifferenza esprime una mancanza di interesse e partecipazione emotiva. Secondo Sigmund Freud l'atteggiamento di indifferenza verso il mondo esterno è un prodotto del narcisismo primario in cui ad essere investito di interesse non è il mondo, ma l'Io (v. NARCISISMO). Questo tipo di indifferenza va distinto dalla *belle indifférence* di cui parla Pierre Janet a proposito di quei soggetti isterici (v. ISTERIA, § 3) che sembrano sopportare sintomi di CONVERSIONE (v.), spesso penosi, senza un'adeguata espressione emotiva. Secondo Carl Gustav Jung, la *belle indifférence* è dovuta a uno scollamento della rappresentazione psichica di un evento e la dimensione affettiva corrispondente, come ha avuto modo di constatare in una sua paziente isterica la quale, «ogni volta che veniva assillata da oscuri pensieri complessuali, si portava in uno stato d'animo disteso e sereno, con cui rimuoveva il complesso. Quando raccontava qualcosa di triste, che doveva commuoverla molto, lo faceva con continue risate. Altre volte parlava con indifferenza dei suoi complessi come se non la riguardassero. Il fondamento di questa incongruenza tra contenuto della rappresentazione e affetto sembra consistere nel fatto che il complesso è autonomo e perciò si riproduce solo se *esso stesso* lo vuole» (1907, p. 79). La *belle indifférence* va a sua volta distinta dalla labilità affettiva che può accompagnare le manifestazioni schizofreniche.

Dal punto di vista della psicologia sociale, Adriano Zamperini parla dell'indifferenza come di «uno stato della mente patologico: malattia morale e psicologica che si traduce nel sintomo del gesto inevaso. Lemma essenziale di qualsiasi antologia del male. L'indifferenza è infatti comunemente intesa come distacco emozionale tra sé e gli altri: un'assenza di interesse nei confronti del mondo alimentata dal desiderio di non essere coinvolti in alcun modo, né in amore né in lotta, né in cooperazione né in competizione. Un'indipendenza del carattere negativo: punta a sciogliere qualsiasi legame per evitare un senso di obbligo e l'esposizione a processi di influenza. In altri termini, l'indifferenza soffoca qualsiasi tensione o spinta rivolta verso l'esterno» (2007, p. 7).

Bibliografia

Crepet P., *Voi, noi. Sull'indifferenza di giovani e adulti*, Einaudi, Torino 2003.
Freud S., *Introduzione al narcisismo* (1914), in *Opere* (1967-1993), Bollati Boringhieri, Torino, vol. VII.
Ghisu S., *Storia dell'indifferenza. Geometria della distanza dai presocratici a Musil*, Besa Editrice, Nardò 2006.
Janet P., *The major symptoms of hysteria*, Macmillan, New York 1910.
Jung C. G., *Psicologia della dementia praecox* (1907), in *Opere* (1969-2007), Bollati Boringhieri, Torino, vol. III.
Masullo A., *Paticità e indifferenza*, il melangolo, Genova 2003.
Sgalambro M., *Dell'indifferenza in materia di società*, Adelphi, Milano 1994.
Vergani M., *Separazione e relazione. Prospettive etiche nell'epoca dell'indifferenza*, Edizioni ETS, Pisa 2012.
Zamperini A., *L'indifferenza. Conformismo del sentire e dissenso emozionale*, Einaudi, Torino 2007.

Indipendenza (ingl. *Independence*; ted. *Unabhängigkeit*; fr. *Indépendance*; sp. *Independencia*). Capacità di sussistere e di operare in modo autonomo e consapevole. Il raggiungimento di questa condizione, che si acquisisce per gradi, dipende in larga misura dall'atteggiamento dei genitori e dalle opportunità che questi offrono al bambino. Ricerche condotte sugli adolescenti volte a saggiare la fiducia nelle loro convinzioni, la consapevolezza delle loro azioni e la capacità di risolvere problemi personali senza ricorrere ad altri hanno mostrato un minor grado di indipendenza nei figli di genitori autoritari che hanno limitato lo spazio dell'iniziativa personale. I livelli di indipendenza sono proporzionali ai livelli di maturazione raggiunta (v. PSICOLOGIA DELL'ETÀ EVOLUTIVA).

Individuale, Psicologia, v. PSICOLOGIA INDIVIDUALE.

Individualismo (ingl. *Individualism*; ted. *Individualismus*; fr. *Individualisme*; sp. *Individualismo*). Teoria morale e politica che riconosce all'individuo un valore preminente rispetto alla società di cui fa parte. Detta teoria ha ispirato il *giusnaturalismo* che riconosce all'individuo diritti originari e inalienabili in tutti i corpi sociali in cui entra a far parte, il *contrattualismo* che considera la società umana o lo Stato come il risultato di una convenzione fra individui che ne restano quindi il fondamento originario, il *liberismo* che rivendica il primato dell'iniziativa individuale rispetto all'intervento dello Stato. Alla base di tutte queste posizioni c'è la supposta coincidenza dell'interesse dell'individuo con l'interesse comune o collettivo.

Il termine ha anche un uso spregiativo per quelle condotte dove l'individuo non pone alcun limite alla realizzazione dei propri interessi, anche quando questi dovessero nuocere alla collettività, e, in una accezione più psicologica, per tutte quelle condotte antisociali messe in atto per la soddisfazione dei propri particolari bisogni e interessi.

Bibliografia

Bertin G. M., *Educazione alla ragione*, Armando, Roma 1976.
Dumont L., *Saggi sull'individualismo. Una prospettiva antropologica dell'ideologia moderna* (1983), Adelphi, Milano 1993.
Elliott A., Lemert Ch., *Il nuovo individualismo. I costi emozionali della globalizzazione* (2006), Einaudi, Torino 2007.
Lipovetsky G., *L'èra del vuoto. Saggi sull'individualismo contemporaneo* (1983-1993), Luni Editrice, Milano 1995.
Semerari F., *Individualismo e comunità. Modernità, postmoderno e oltre*, Adriatica Editrice, Bari 2005.
Smith A., *La ricchezza delle nazioni* (1776), Utet, Torino 1975.
Spencer H., *Introduzione alla scienza sociale* (1874), Bocca, Milano 1903.

Individualità (ingl. *Individuality*; ted. *Individuum*; fr. *Individualité*; sp. *Individualidad*). Tratto o insieme di tratti della personalità che contraddistinguono un INDIVIDUO (v.). Carl Gustav Jung scrive: «Per individualità intendo la natura specifica e particolare dell'individuo sotto tutti gli aspetti psicologici. Individuale è tutto ciò che non è collettivo, dunque ciò che appartiene solo a un singolo e non a un gruppo maggiore di individui. Difficilmente si potrà affermare il carattere individuale degli elementi psichici, ma probabilmente solo del loro raggruppamento e della loro combinazione particolare specifica» (1921, p. 463).

Bibliografia

Donzelli M., Fimiani M. (a cura di), *Figure dell'individualità*, Marietti, Genova 1993.
Jung C. G., *Tipi psicologici* (1921), in *Opere* (1969-2007), Bollati Boringhieri, Torino, vol. VI.
Petroni A., Viale R. (a cura di), *Individuale e collettivo. Decisione e razionalità*, Raffaello Cortina, Milano 1997.

Individualizzazione (ingl. *Individualization*; ted. *Individualisierung*; fr. *Individualisation*; sp. *Individualización*). Il termine è impiegato: *a*) in *psicoanalisi* da Otto Rank per indicare il processo di autodeterminazione dell'individuo a partire dal suo riscatto dai vincoli biologici e psicologici che lo legano al mondo della madre, letta come simbolo dell'ordine della natura; *b*) in *pedagogia* a proposito di quegli interventi educativi che tengono in maggior conto la specificità del soggetto da educare piuttosto che le esigenze del programma da svolgere (v. CURRICOLO).

Bibliografia

Rank O., *Il trauma della nascita e il suo significato psicoanalitico* (1924), Guaraldi, Rimini 1972.
Stenhouse L., *Dalla scuola del programma alla scuola del curricolo* (1975), Armando, Roma 1977.

Individuazione, v. PSICOLOGIA ANALITICA, § 5.

Individuo (ingl. *Individual*; ted. *Einzel*; fr. *Individu*; sp. *Individuo*). Entità indivisibile (dal latino *in-dividuum*) che può essere considerata o in relazione alla specie di cui fa parte e di cui ripete, per le sue caratteristiche, il tipo generale, o nella sua singolarità. Nella prima accezione il termine ricorre solitamente nelle scienze della natura, nella seconda nelle scienze psicologiche. In questo secondo ambito le posizioni più significative sono quelle assunte da Karl Jaspers e da Carl Gustav Jung. Per il primo l'individuo è il limite della comprensibilità: «L'enigma è il limite rappresentato dall'*individuo* come tale. L'individuo può essere spiegato solo da se stesso. Non è afferrabile nell'insieme: *individuum est ineffabile*. Nonostante sia incastrato come essere biologico entro rapporti ereditari e come essere psicologico nella comunità e nella tradizione spirituale, come, per così dire, nel punto di incrocio di due linee, il patrimonio ereditario e l'ambiente, non è semplice passaggio per questi, non è mai risolvibile, ma rimane se stesso, unico, in sé, in una concrezione storica come pienezza del presente, come unica onda inconfrontabile tra le infinite onde del mare, e nello stesso tempo specchio del tutto» (1913-1959, p. 803).

Dal canto suo Jung, che costruisce una psicologia del profondo centrata sull'individuo e non, come Sigmund Freud, sulla dinamica delle "pulsioni e loro destini", vede l'individuo come punto di intersezione di infiniti assi "collettivi" o "normativi", e ritiene che la sua eccezionalità non sta negli elementi atomici che lo compongono, ma nella modalità della loro composizione. A questa definizione, che potremmo chiamare "statica", se ne aggiunge una "dinamica" che, in coerenza con la tradizione cristiana, che con il concetto di "anima" ha stabilito il primato dell'individuo rispetto alla società, fino alla più recente tradizione "personalistica", considera l'individuo come una finalità da realizzare in quella meta tendenziale e mai raggiungibile che è l'individuazione (v. PSICOLOGIA ANALITICA, § 5). In questa accezione, scrive Jung, «individuo vuol dire singolo. L'individuo psicologico è caratterizzato dalla sua psicologia particolare, e, sotto un certo aspetto, irripetibile. La natura specifica della psiche individuale appare non tanto nei suoi elementi quanto piuttosto nelle sue strutture complesse. L'individuo (psicologico) o individualità psicologica esiste inconsciamente a priori, coscientemente invece soltanto nella misura nella quale sussiste la consapevolezza di un particolare modo d'essere, ossia nella misura nella quale sussiste una consapevole differenza da altri individui. Insieme con l'individualità fisica, e come suo elemento correlativo, è data anche l'individualità psichica, però, come si è detto, dapprima inconsciamente. Per rendere cosciente l'individualità, v'è bisogno di un processo cosciente di differenziazione: l'individuazione» (1921, p. 465).

Alfred Adler, dal canto suo, ha chiamato la sua teoria psicologica, fondata sulla volontà di potenza che ogni individuo cerca di esercitare nei confronti degli altri, "Psicologia individuale (*Individualpsychologie*)" che così definisce: «L'indagine psicologica individuale mira a un approfondimento della conoscenza dell'uomo, a cui si può giungere solo comprendendo la posizione dell'individuo rispetto a un suo compito determinato nella società. Solo la linea del movimento con cui si può rappresentare e intendere l'attività sociale di una personalità può rivelarci il grado di fusione di una persona con le esigenze della vita, dei suoi simili, dell'universo, così come può contribuire a farci comprendere il suo carattere, il suo slancio, la sua volontà fisica e spirituale. [...] Infatti la nostra psicologia individuale ha dimostrato che la linea di movimento delle aspirazioni umane scaturisce da un miscuglio di sentimenti sociali e di tendenza a una posizione di predominio personale. Questi fattori essenziali si possono riscontrare nella vita sociale: l'uno, *innato*, che fortifica la comunità degli uomini, l'altro, *prodotto dall'educazione*, è la tentazione assillante che tende continuamente a sfruttare la comunità a vantaggio del proprio prestigio» (1920, pp. 7-8). Per un ulteriore approfondimento di questa tematica si rimanda alla voce PSICOLOGIA INDIVIDUALE.

Bibliografia

Adler A., *Prassi e teoria della psicologia individuale* (1920), Astrolabio, Roma 1947.
–, *Psicologia individuale e conoscenza dell'uomo* (1926), Newton Compton, Roma 1975.
Bettelheim B., *Il cuore vigile. Autonomia individuale e società di massa* (1960), Adelphi, Milano 1988.
Bodei R., *Scomposizioni. Forme dell'individuo moderno*, Einaudi, Torino 1987.
Cassirer E., *Individuo e cosmo nella filosofia del Rinascimento* (1927), La Nuova Italia, Firenze 1963.
Flores d'Arcais P., *L'individuo libertario*, Einaudi, Torino 1999.
Galimberti U., *L'individuo e la sua illusione*, in Id., *Psiche e techne. L'uomo nell'età della tecnica* (1999), Feltrinelli, Milano 2016, pp. 525-547.
Girard G., *Società conformista e individuo*, Franco Angeli, Milano 1980.
Goodman P., *Individuo e comunità* (1966), Elèuthera, Milano 1995.
Jaspers K., *Psicopatologia generale* (1913-1959), Il Pensiero Scientifico, Roma 2000.
Jung C. G., *Tipi psicologici* (1921), in *Opere* (1969-2007), Bollati Boringhieri, Torino, vol. VI.
Kardiner A., *L'individuo e la sua società. La struttura della "personalità di base" nelle società primitive. Un incontro tra psicoanalisi e antropologia culturale* (1939), Bompiani, Milano 1965.
Malagoli-Togliatti M., Telfener U. (a cura di), *Dall'individuo al sistema. Manuale di psicopatologia relazionale*, Bollati Boringhieri, Torino 1991.
Meyer-Drawe K., *Individuo*, in Ch. Wulf (a cura di), *Cosmo, corpo, cultura. Enciclopedia antropologica* (1997), Bruno Mondadori, Milano 2002, pp. 710-720.
Nancy J.-L., *Ego sum* (1979), Bompiani, Milano 2008.
Pisillo Mazzeschi R., *Individuo*, in M. Flores (a cura di), *Diritti umani. Cultura dei diritti e dignità della persona nell'epoca della globalizzazione*, Utet, Torino 2007, vol. II, pp. 751-758.
Pulcini E., *L'individuo senza passioni. Individualismo moderno e perdita del legame sociale*, Bollati Boringhieri, Torino 2001.
Simondon G., *L'individu et sa genèse psycho-biologique*, Puf, Paris 1964.
–, *L'individuazione psichica e collettiva* (1989), Derive Approdi Editore, Roma 2001.
Trevi M., *Cultura, individuo, individuazione*, in Id., *Per uno junghismo critico*, Bompiani, Milano 1987, pp. 27-60.
Vernant J.-P., *L'individuo, la morte, l'amore* (1989), Raffaello Cortina, Milano 2000.

Indizio percettivo, v. PERCEZIONE, § 5, *b*.

Indotta, Nevrosi, v. SPERIMENTALE, NEVROSI.

Industria, v. PSICOLOGIA INDUSTRIALE.

Inebriante, v. DROGA, § 3.

Inerzia, Principio di (ingl. *Principle of inertia*; ted. *Trägheitsprinzip*; fr. *Principe d'inertie*; sp. *Principio de inercia*). Principio postulato da Sigmund Freud secondo cui i neuroni tendono a scaricare completamente la quantità di energia che ricevono. Assunto come principio di funzionamento di ciò che Freud chiama "sistema neuronico", il principio di inerzia diventerà in seguito il principio fondamentale che regola il funzionamento dell'APPARATO PSICHICO (v.), soprattutto dal punto di vista economico dove, al posto dei neuroni, troviamo le rappresentazioni organizzate in catene o in sistemi dove circola l'energia psichica. Di metafora in metafora, anche il principio del Nirvana (v. NIRVANA, PRINCIPIO DEL), che Freud enuncerà nella sua ultima concezione del mondo psichico, può essere letto come una conferma dell'intuizione di fondo che guidava l'enunciato del principio di inerzia formulato in ambito neurologico a partire da analogie tratte dalla fisica.

Bibliografia

Freud S., *Progetto di una psicologia* (1895), in *Opere* (1967-1993), Bollati Boringhieri, Torino, vol. II.

–, *Metapsicologia* (1915), in *Opere*, cit., vol. VIII.

–, *Il problema economico del masochismo* (1924), in *Opere*, cit., vol. X.

Inerzia psichica, v. ENTROPIA.

Infantile, Analisi, v. PSICOLOGIA DELL'INFANZIA, § 5.

Infantilismo (ingl. *Infantilism*; ted. *Infantilismus*; fr. *Infantilisme*; sp. *Infantilismo*). Persistenza di caratteristiche infantili che possono essere o di ordine *fisico* per un ritardo nello sviluppo corporeo da imputare a squilibri del sistema endocrino (v. ENDOCRINO, SISTEMA), o di ordine *psichico* per la persistenza di tratti tipici dell'età infantile come la dipendenza, la suggestionabilità, l'ostinazione, l'egocentrismo, l'immaturità sessuale, l'immediatezza delle reazioni affettive, la mancanza di senso di realtà e di responsabilità. Rientrano nell'infantilismo le figure psicoanalitiche della FISSAZIONE (v.) e della REGRESSIONE (v.) con cui si intende rispettivamente l'arresto o il ritorno della libido a forme di soddisfacimento esperite nell'infanzia.

Infanzia, v. PSICOLOGIA DELL'INFANZIA.

Infatuazione (ingl. *Infatuation*; ted. *Schwärmerei*; fr. *Infatuation*; sp. *Infatuación*). Entusiasmo di breve durata contraddistinto da un avvio impetuoso che perde velocemente la prima spinta in un rapido e progressivo declino. L'infatuazione, che può essere amorosa, politica, o rivolgersi al campo delle lettere o delle arti, è comune all'età giovanile e il suo perdurare denota la persistenza di tratti infantili.

Infedeltà, v. MATRIMONIO, § 2.

Inferenza (ingl. *Inference*; ted. *Inferenz*; fr. *Inférence*; sp. *Inferencia*). Si parla di "inferenza" ogniqualvolta un ragionamento trae delle conclusioni ulteriori rispetto all'evidenza data. Il termine è impiegato: 1) in *logica* dove si distinguono un'"inferenza deduttiva", quando da una legge generale si deducono conclusioni su un caso particolare, e un'"inferenza induttiva", quando da casi particolari si formula un'ipotesi generale; 2) in *linguistica* dove, per dare coerenza a un'informazione che si riceve, spesso si introducono delle inferenze che non hanno il carattere di necessità come quelle logiche, ma solo un carattere di plausibilità o probabilità che non hanno un valore vincolante come nel caso: "Paolo prese un taxi per arrivare alla stazione"; qui l'inferenza possibile per comprendere compiutamente l'informazione è che "Paolo aveva fretta", ma potrebbe essere che "Paolo voleva viaggiare più comodo"; 3) in *psicologia sociale* dove l'inferenza è detta anche "inferenza pragmatica", nota anche come "teoria dell'attribuzione", perché si attribuiscono meriti o colpe a persone o a cose per delle situazioni che accadono, come nel caso di un incidente stradale dove si "attribuisce" la colpa al conducente che guidava troppo veloce o aveva bevuto, oppure alla strada dissestata; 4) negli studi sulla *percezione delle persone* (v. PERCEZIONE, § 12); 5) in *statistica* (v. STATISTICA, § II).

Bibliografia

Garrod S. C., *Incremental pragmatic interpretation versus occasional inferencing during fluent reading*, in G. Rickheit, H. Strohner, *Inferences in text processing*, Elsevier, Amsterdam 1985.

Kelley H. H., *Attribution theory in social psychology*, in "Nebraska Symposium on Motivation", 1967, n. 15, pp. 192-241.

Money-Kyrle R., *Il processo di inferenza in psicoanalisi* (1960), in *Scritti (1927-1977)*, Bollati Boringhieri, Torino 2002.

Nisbett R. E., Ross L., *L'inferenza umana. Strategie e lacune del giudizio sociale* (1980), il Mulino, Bologna 1989.

Rickheit G., Strohner H., *Inferences in text processing*, Elsevier, Amsterdam 1985.

Rumiati R., *Giudizio e decisione. Teorie e applicazioni della psicologia della decisione*, il Mulino, Bologna 1990.

Schank R. C., Abelson R. P., *Scripts, plans, goals and understanding*, Lawrence Erlbaum Associates, Hillsdale, New Jersey, 1977.

Inferiorità (ingl. *Inferiority*; ted. *Minderwertigkeit*; fr. *Infériorité*; sp. *Inferioridad*). Il termine è impiegato in due accezioni che rinviano a contesti che non hanno alcuna relazione tra loro.

1. COMPLESSO D'INFERIORITÀ. Sentimento di insufficienza fisica o psichica che emerge dal confronto con

gli altri. Alfred Adler fece del complesso d'inferiorità il punto di partenza della sua teoria della nevrosi, individuandone l'origine principalmente in un difetto organico, di varia natura, presente nell'individuo fin dalla nascita. Questa *inferiorità d'organo* (v. ORGANO, § 1), connessa a un sentimento di umiliazione, verrebbe a incidere su tutto lo sviluppo psichico del soggetto, orientandolo verso la costruzione di sovrastrutture difensive e precauzionali nell'intento, dettato dalla volontà di potenza (v. POTENZA, § 2), di esaltare la propria personalità e di assicurarsi una certa superiorità sugli altri.

Ciò che rende possibile il conseguimento di tali fini è il meccanismo di COMPENSAZIONE (v. § 2) che agisce, a livello somatico, rafforzando l'organo debole, mentre, scrive Adler, «la struttura psichica compensatrice si manifesterà in un grado molto pronunciato nei fenomeni psichici del presentimento e dell'anticipazione mentale, e in un'intensificazione attiva di questi fenomeni: memoria, intenzione, introspezione, immedesimazione intuitiva, attenzione, sensibilità esagerata, interesse; per farla breve, in tutte le forze psichiche atte a garantire la sicurezza e alle quali vanno aggiunte inoltre la fissazione e il rinforzo dei tratti di carattere che, nel caos della vita, formano linee d'orientamento utilizzabili e diminuiscono in questo modo lo stato di malsicurezza» (1912, p. 25).

I tratti caratteriali, quali la vanità, la diffidenza, l'aggressività, l'invidia, promossi dal sentimento di inferiorità, costellano il quadro nevrotico che rende il soggetto incapace di un buon adattamento alla realtà e al mondo sociale, in quanto i fini che egli persegue sono volti eminentemente alla compensazione individuale. Per questo, scrive Adler, «il carattere nevrotico si rivela come un fenomeno al servizio di uno scopo fittizio, per modo di dire sospeso a questo scopo. Non è il prodotto logico, naturale, di forze originali, d'ordine biologico o costituzionale; la sua direzione e le sue tendenze gli sono imposte da una superstruttura psichica ipercompensatrice e dalla sua linea d'orientamento schematica» (ivi, p. 17). Partendo da queste premesse, Adler legge nella sintomatologia psichica e psicosomatica del nevrotico una tensione *finalistica* che, già dall'infanzia, orienta il soggetto verso quell'insieme di azioni e fenomeni psichici, rivolti verso il futuro, che costituiranno il suo *stile di vita* (v. STILE). Adler, sebbene nell'indagine sulla genesi del sentimento d'inferiorità sia partito da presupposti organicisti, non manca di attribuire importanza anche a fattori ambientali e comportamentali, come l'educazione, la famiglia, i conflitti economici, la sessualità.

Secondo Sigmund Freud, il senso d'inferiorità non dipende necessariamente da un'inferiorità organica, ma è un sintomo della tensione tra l'Io e il Super-io che lo condanna. Risulta così un'affinità tra senso d'inferiorità e senso di colpa (v. COLPA, § 3) alla cui distinzione ha provveduto Daniel Lagache che fa dipendere il senso di colpa dal "sistema Super-io e ideale dell'Io", e il senso di inferiorità dall'ideale dell'Io rispetto a cui l'Io si sente "inferiore" (1958, p. 42).

2. INFERIORITÀ PSICOPATICA. Espressione coniata verso la fine dell'Ottocento da Julius L. A. Koch per indicare un'entità nosografica in individui sani di mente, e perciò responsabili delle proprie azioni, che tuttavia presentano gravi disturbi di comportamento. La nozione è ripresa da Carl Gustav Jung per indicare «quella zona tanto vasta quanto indistinta tra il "sano" e il "malato"» (1904, p. 201). Nei suoi studi sui fenomeni occulti, Jung scrive: «Se da un lato è molto difficile, talora impossibile, separare questi stati dalle varie nevrosi, dall'altro certe caratteristiche indirizzano, oltre il campo dell'inferiorità patologica, verso una parentela più che meramente analogica con le manifestazioni della psicologia normale, anzi addirittura della psicologia del superdotato, del genio. [...] Assolutamente impossibile è determinare il limite tra inferiorità psicopatica e inferiorità normale. La differenza è sempre data dal "più" o dal "meno"» (1900, pp. 17-18). Come stato intermedio tra normalità e patologia o, su un altro registro, tra il campo della coscienza e il campo dell'inconscio, Jung definisce l'inferiorità psicopatica come il «*locus minoris resistentiae*» (1945, p. 26).

Bibliografia

Adler A., *Il temperamento nervoso* (1912), Astrolabio, Roma 1950.

–, *Prassi e teoria della psicologia individuale* (1920), Astrolabio, Roma 1947.

–, *Psicologia individuale e conoscenza dell'uomo* (1926), Newton Compton, Roma 1975.

Dreikurs R., *Lineamenti della psicologia di Adler* (1950), La Nuova Italia, Firenze 1968.

Freud S., *Introduzione alla psicoanalisi. Nuova serie di lezioni* (1932), in *Opere* (1967-1993), Bollati Boringhieri, Torino, vol. XI.

Jung C. G., *Psicologia e patologia dei cosiddetti fenomeni occulti* (1900), in *Opere* (1969-2007), Bollati Boringhieri, Torino, vol. I.

–, *Perizia medica su un caso di simulazione di malattia mentale* (1904), in *Opere*, cit., vol. I.

–, *Dopo la catastrofe* (1945), in *Opere*, cit., vol. X, 2.

Lagache D., *La psychanalyse et la structure de la personnalité*, in AA.VV., *La psychanalyse*, Puf, Paris 1958, vol. VI.

Infermità mentale (ingl. *Mental illness*; ted. *Geisteskrankheit*; fr. *Maladie mentale*; sp. *Enfermedad mental*). Termine impiegato nell'ambito della PSICOLOGIA FORENSE (v.) con riferimento alla *malattia mentale* di competenza psichiatrica e psicopatologica, e all'*anomalia psichica* (v. ANOMALIA) in ordine ai tratti comportamentali che si discostano dalla norma sistematicamente, e non occasionalmente, con conseguente limitazione della capacità di provvedere alla propria persona e ai propri beni.

Infibulazione, v. CIRCONCISIONE.

Inflazione (ingl. *Inflation*; ted. *Inflation*; fr. *Inflation*; sp. *Inflación*). Termine introdotto da Carl Gustav Jung per indicare «un'espansione della personalità che oltrepassa i limiti individuali, un "rigonfiamento", per dirla in breve. In questo stato si occupa uno spazio che normalmente non si potrebbe occupare. Lo si potrebbe fare solo appropriandosi di contenuti e qualità che, pur esistendo in sé e per sé, dovrebbero esser fuori dei nostri confini» (1928, pp. 141-142). Questa espansione della psiche individuale porta a una sua assimilazione alla psiche collettiva sia conscia sia inconscia; nella terminologia junghiana, che concepisce l'Io come un cerchio minore incluso in quel cerchio maggiore che è la totalità psichica o Sé (v. PSICOLOGIA ANALITICA, § 4), l'inflazione è un'assimilazione dell'Io al Sé a proposito della quale Jung dice: «Il fatto che *l'Io sia assimilato al Sé* va considerato una catastrofe psichica [...] perché l'Io cosciente, che è differenziato, si troverebbe in uno spazio assoluto e in un tempo assoluto. [...] Il suo adattamento risulterebbe turbato e la via spalancata a tutti gli incidenti possibili». D'altro lato, «l'accentuazione della personalità dell'Io e del mondo della coscienza può facilmente assumere proporzioni tali da psicologizzare le figure dell'inconscio con la conseguenza che *il Sé sia assimilato all'Io*. Per quanto ciò significhi proprio il processo opposto a quello sopra descritto, il risultato è lo stesso: l'inflazione. In questo caso il mondo della coscienza dovrebbe essere demolito a favore della realtà dell'inconscio, mentre nel primo caso la realtà deve essere difesa da uno stato arcaico di sogno "eterno" e "ubiquitario"» (1951, pp. 24-25).

Bibliografia

Jung C. G., *L'Io e l'inconscio* (1928), in *Opere* (1969-2007), Bollati Boringhieri, Torino, vol. VII.
–, *Aion. Ricerche sul simbolismo del Sé* (1951), in *Opere*, cit., vol. IX, 2.

Influenza (ingl. *Influence*; ted. *Einfluss*, fr. *Influence*; sp. *Influencia*). Processo psicologico che agisce sulle attività intellettuali, sulle emozioni e sulle azioni di una persona o di un gruppo modificandole in conformità alle attese di un'altra persona o di un altro gruppo. Gli studi sull'influenza, da non confondersi con l'INTERAZIONE (v.), presero avvio verso la fine del XIX secolo ad opera della *psichiatria* che rubricò l'influenza tra le conseguenze della suggestione ipnotica (v. IPNOSI). In seguito l'argomento divenne oggetto della *psicologia sociale* che lo rubricò sotto le figure della SUGGESTIONE (v.), del PLAGIO (v.) e della PSICOLOGIA DELLA MASSA (v.), a partire dalle considerazioni di Gustave Le Bon e Gabriel Tarde, secondo i quali l'influenza si verifica ogni volta che gli individui si trovano insieme, perché in questa condizione si innescano meccanismi di IMITAZIONE (v.) e di CONFORMISMO (v.) promossi dalla suggestione e dall'accettazione irrazionale e acritica dei comandi rivolti alla folla che, in queste situazioni, assume una sorta di "anima collettiva". Tesi questa che sarà accolta in seguito anche da Sigmund Freud.

Dall'analisi delle folle e delle masse, le ricerche sull'influenza si estesero all'analisi dei gruppi con Muzafer Sherif, secondo il quale quando ci si trova in una situazione di incertezza o cambiamento, senza punti di riferimento stabili, c'è la tendenza a creare una norma di gruppo condivisa anche da parte di chi aveva in precedenza un punto di vista individuale, a cui si è disposti a rinunciare per non apparire devianti. Allo stesso risultato sono giunti gli studi di Solomon Asch, Morton Deutsch e Harold B. Gerard che distinsero un'"influenza informativa" che induce a uniformarsi alle opinioni degli altri per interpretare la realtà, e un'"influenza normativa" a cui ci si adegua quando la situazione è incerta, precaria e insicura. Dal canto suo Serge Moscovici sottolinea l'incidenza del potere nei processi di influenza, sia nel senso che il potere ha interesse a influenzare i soggetti sociali allo scopo di mantenerne il controllo, sia nel senso che chi si trova in una posizione più elevata per stato sociale, competenza, disponibilità e informazioni è in grado di esercitare una maggiore influenza. In ambito sociopolitico anche la minoranza può esercitare un'influenza decisiva, ma alla sola condizione di assumere e mantenere una posizione antagonista, attivando una dinamica conflittuale, dimostrando di impegnarsi a costo di sopportare anche sacrifici significativi pur di raggiungere il suo obiettivo, senza assumere per questo posizioni dogmatiche, che solitamente vengono rifiutate, e mostrando una disponibilità negoziale.

In ambito *cognitivista* Leon Festinger ha mostrato che il singolo è privo di difese di fronte alle opinioni condivise ed è portato a credere che l'errore è sempre individuale, mentre la verità è sociale, donde il bisogno di affidarsi agli altri, anche perché il gruppo tende ad espellere chi non accoglie i valori condivisi, a meno che le condizioni non siano tali da consentire al gruppo di dividersi in maggioranza e minoranza quando il consenso non è unanime. L'influenza della maggioranza contribuisce a mantenere l'uniformità sociale, mentre l'influenza della minoranza tende a innescare processi d'innovazione e mutamento sociale.

Bibliografia

Asch S. E., *Effects of group pressure on the modification and distortion of judgements*, in H. Guetzkow (a cura di), *Groups, leadership and men*, Carnegie, Pittsburgh 1951, pp. 1-70.
De Montmollin G., *L'influenza sociale* (1977), SEI, Torino 1977.
Deutsch M., Gerard H. B., *A study of normative and informational social influence upon individual judgment*, in "Journal of Abnormal and Social Psychology", 1955, n. 51, pp. 629-633.
Festinger L., *Teoria della dissonanza cognitiva* (1957), Franco Angeli, Milano 1973.
Freud S., *Psicologia delle masse e analisi dell'Io* (1921), in *Opere* (1967-1993), Bollati Boringhieri, Torino, vol. IX.
Le Bon G., *Psicologia delle folle* (1895), Edizioni Tea, Milano 2004.
Moscovici S., *Psicologia delle minoranze attive* (1976), Bollati Boringhieri, Torino 1981.
Moscovici S., Personnaz B., *Studies in social influence*, in "Journal of Experimental Social Psychology", 1980, n. 16.
Mucchi Faina A., Pacilli M. G., Pagliaro S., *L'influenza sociale*, il Mulino, Bologna 2012.
Mugny G., *The power of minorities*, Academic Press, London 1982.
Reich W., *Psicologia di massa del fascismo* (1933), Einaudi, Torino 2002.
Sherif M., *L'interazione sociale* (1967), il Mulino, Bologna 1972.
Tarde G., *Le leggi dell'imitazione* (1890), in *Scritti sociologici*, Utet, Torino 1979.
Zamperini A., Testoni I., *L'influenza sociale*, in Id., *Psicologia sociale*, Einaudi, Torino 2002, pp. 215-251.

Informazione, Teoria dell' (ingl. *Theory of information*; ted. *Informationstheorie*; fr. *Théorie de l'information*; sp. *Teoría de la información*). Teoria, elaborata da Claude Elwood Shannon e Warren Weaver, che permette di misurare la quantità media di informazione, espressa in *bit* (*binary digit*), che un canale può trasmettere (v. CIBERNETICA, § 1). Sorta inizialmente nell'ambito della radiotelegrafia per calcolare con precisione la perdita di informazione che ha luogo nel corso di una trasmissione tra il segnale in entrata, la sua codificazione e il segnale in uscita decodificato, la teoria è stata applicata in psicologia allo studio della percezione, dell'apprendimento, della memoria, dell'INTELLIGENZA (v. § 3, *e*), e soprattutto della COMUNICAZIONE (v. § 1) a cui esplicitamente si rinvia. Come osserva Luigi Anolli, l'informazione è "espansiva" perché genera altre informazioni, è "diffusiva" perché si riproduce senza essere consumata nel corso del suo impiego, e infine, con gli attuali mezzi di comunicazione, è "trasmissibile" a una velocità molto elevata, e questo comporta da un lato il rischio di un eccesso di informazioni che ne impedisce la metabolizzazione, e dall'altro offre la possibilità, per le persone cognitivamente più attrezzate, di avere una maggior opportunità di informazioni e, di conseguenza, di scelte.

1. INFORMAZIONE E RUMORE. La teoria dell'informazione definisce "varietà" l'insieme di tutte le configurazioni possibili di cui ogni tipo particolare d'informazione rappresenta un sottoinsieme. Nella varietà si distingue l'*informazione* dal *rumore*; la prima rappresenta una varietà codificata e strutturata, il secondo una varietà non codificata. A seconda della qualità della ricerca e di quanto si attende, ciò che è "informazione" da un certo punto di vista diventa "rumore" da un altro, per cui informazione e rumore sono intrinsecamente intercambiabili e sono di volta in volta decisi dal contesto. Così, ad esempio, il processo secondario (v. PROCESSO PRIMARIO – PROCESSO SECONDARIO) con cui, secondo Sigmund Freud, la coscienza ordina i messaggi che provengono dal processo primario inconscio è informazione, mentre il processo primario è rumore, anche se, come vuole Gregory Bateson, «è l'unica fonte possibile di nuove configurazioni» (1972, p. 38). In questo contesto, informazione è sinonimo di ordine, e rumore di disordine. Per un dato sistema biologico, psicologico, sociale, la relazione ordine-disordine è essenziale alla conservazione del sistema, come nel caso della conservazione metabolica nei sistemi biologici, o della sussistenza nei sistemi sociali. La teoria classica definisce l'informazione come il prodotto di una riduzione dell'incertezza di fronte a varie alternative o possibilità. Ma senza alternative non può esservi neppure informazione.

2. MATERIA ED ENERGIA. In quanto varietà codificata, l'informazione dipende sempre, per la trasmissione e la ricezione, da indicatori o veicoli di *materia-energia*, anche se, nei sistemi organici e sociali, la particolare organizzazione della materia e il particolare orientamento dei flussi di energia dipendono a loro volta dai flussi e dagli scambi di informazione nel sistema e tra il sistema e l'ambiente, nel senso che è proprio l'informazione che innesca determinati input e output di energia in modi e momenti particolari, responsabili delle successive combinazioni. Decisiva in questo contesto è la *fissazione dei significati* che agiscono da differenziali ordinatori. Così, ad esempio, l'inconscio è una *significazione* fissata o "digitalizzata" dalla coscienza che ne estrapola dei significati. Allo stesso modo la memoria può essere considerata come un ambito di significazione dove l'azione del ricordo interviene con un'operazione di "digitalizzazione" o di fissaggio attraverso le operazioni logiche dell'opposizione e della contraddizione. Tali sono le opposizioni tra sé e l'altro, su cui ha insistito Jacques Lacan a proposito dei processi di identità e differenza che maturano nello "stadio dello specchio" (v. LACANIANA, TEORIA, § 5). Opposizioni binarie possono ordinarsi in forme gerarchiche come quella tra dominante

e subordinato, o rimanere indistinte creando quelle relazioni paradossali che Bateson ha illustrato nel DOPPIO LEGAME (v.).

3. RIDONDANZA ED ENTROPIA. La teoria dell'informazione ha inoltre elaborato i concetti di *ridondanza* e di *entropia*. Ogni linguaggio, infatti, non si limita a usare il numero di bit indispensabile alla comprensione, ma carica ogni messaggio di un eccesso di informazione che, nel tentativo di favorire la comprensione, finisce con il far smarrire una parte del messaggio, con il risultato di una comunicazione ridondante con deficienze informative. Quando il sistema comunicativo si evolve verso il massimo disordine si parla di *entropia*, da cui si può risalire alla frazione di questa che è possibile liberare come energia ordinata. Il concetto di entropia va tenuto distinto da quello di rumore, perché mentre quest'ultimo esprime un disordine che nasce all'esterno rispetto al sistema finalizzato e quindi può portare a un'evoluzione del sistema stesso, diversa è la situazione determinata dall'entropia dove il disordine è generato internamente. Quando un sistema biologico, fisico, umano, sociale, economico vive in competizione con i suoi ambienti (naturale, umano, spaziale, temporale), è probabile che il disordine, che si cerca di esportare negli ambienti, ritorni al sistema in forme inutilizzabili ed entropiche.

4. L'INFORMAZIONE UMANA. Il modello teorico di Shannon e Weaver, strutturato in termini di cifratura e decifratura dell'informazione, se da un lato ha avuto un'applicazione significativa e una diffusione molto estesa, dall'altro, tralasciando l'attenzione ai contenuti, ha ignorato la dimensione dei *significati*, che sono decisivi nello scambio di informazioni tra gli uomini in quanto produttori e fruitori di informazioni. In questo scenario l'acquisizione di informazioni avviene attraverso i sensi opportunamente stimolati che determinano un'impressione soggettiva che può essere comunicata ad altri e facilmente compresa. Dalla SENSAZIONE (v.), attraverso una serie di processi fisici, fisiologici e psicologici, si passa alla PERCEZIONE (v.) che organizza le informazioni sensoriali secondo le modalità illustrate dalla PSICOLOGIA DELLA GESTALT (v.). Alla percezione segue la categorizzazione delle informazioni nella gerarchia di genere e specie, come insegna la logica platonico-aristotelica. Le informazioni categorizzate vengono successivamente immagazzinate dalla "memoria di lavoro", come la chiama Alan D. Baddeley, che le colloca nei vari depositi della memoria semantica, emotiva, autobiografica, episodica. A questo punto le informazioni sono pronte per essere trasmesse ad altri attraverso la comunicazione verbale e non verbale. L'informazione ha ovviamente una notevole incidenza sociale perché più informazioni si hanno, più ampio è il campo delle scelte che si possono effettuare.

Bibliografia

AA.VV., *Il concetto di informazione nella società contemporanea* (1965), De Donato, Bari 1971.

Adrian E. D., *I fondamenti fisiologici della percezione* (1947), Bollati Boringhieri, Torino 1952.

Anolli L., *Fondamenti di psicologia della comunicazione*, il Mulino, Bologna 2006.

Ashby W. R., *Introduzione alla cibernetica* (1956), Einaudi, Torino 1971.

Baddeley A. D., *La memoria di lavoro* (1986), Raffaello Cortina, Milano 1990.

Bateson G., *Verso un'ecologia della mente* (1972), Adelphi, Milano 1976.

Caianiello E. R., di Giulio E., *La cibernetica*, Le Monnier, Firenze 1980.

Jacob F., *La logica del vivente. Storia dell'ereditarietà* (1970), Einaudi, Torino 1971.

Lacan J., *Lo stadio dello specchio come formatore della funzione dell'io* (1949), in *Scritti* (1936-1966), Einaudi, Torino 1974, vol. I.

Lindsay P. H., Norman D. A., *L'uomo elaboratore di informazioni. Introduzione cognitivista alla psicologia* (1977), Giunti Barbera, Firenze 1983.

Monod J., *Il caso e la necessità* (1970), Mondadori, Milano 1970.

Pierce J. R., *Simboli, codici, messaggi. La teoria dell'informazione* (1961), Mondadori, Milano 1963.

Shannon C. E., Weaver W., *Teoria matematica delle comunicazioni* (1948), Etas Kompass, Milano 1971.

Watzlawick P., Beavin J. H., Jackson D. D., *Pragmatica della comunicazione umana* (1967), Astrolabio, Roma 1971.

Weltner K., *Informationstheorie und Erziehungswissenschaften*, Schnelle, Quickborn 1970.

Wilden A., *Informazione*, in AA.VV., *Enciclopedia*, Einaudi, Torino 1979, vol. VII, pp. 562-628.

Ingorgo della libido, v. LIBIDO, § 1, *d*.

Inibizione (ingl. *Inhibition*; ted. *Hemmung*; fr. *Inhibition*; sp. *Inhibición*). Processo opposto all'eccitamento (v. ECCITABILITÀ, § 1) caratterizzato da una diminuzione o da un ritardo nella reazione agli stimoli che si manifesta con una riduzione dell'attività motoria, accompagnata da un comportamento abulico e privo di iniziativa che può giungere, nei casi limite, fino al blocco dell'azione volontaria. Il termine subisce variazioni di significato a seconda del contesto in cui viene utilizzato.

1. NEUROPSICOLOGIA. L'inibizione è una proprietà operativa del sistema nervoso centrale che, sopprimendo determinate scariche nervose, consente il flusso di altre. In linea generale vige nell'organismo il principio che, nel sistema di conduzione delle informazioni degli

organi di senso, un nucleo di eccitamento si trova sempre in un contesto di inibizione di altri nuclei perché il primo possa esprimersi non contrastato. Così, ad esempio, si parla di *inibizione ricorrente* a proposito di alcuni recettori del sistema ottico che, stimolati da impulsi nervosi, inibiscono l'attivazione di altri recettori, determinando l'adattamento del sistema ottico alle variazioni di illuminazione, oppure di *inibizione reciproca* a proposito di una forma di integrazione nervosa in cui un membro di una coppia di muscoli antagonisti viene attivamente inibito in corrispondenza alle contrazioni dell'altro per consentire un movimento coordinato, o ancora di *inibizione protettiva* o *di difesa* per il decrescere dell'effetto di uno stimolo quando la sua intensità ha oltrepassato un determinato grado.

2. Riflessologia. Ivan Petrovič Pavlov ha chiamato *inibizione interna* quel processo psichico avente luogo nel sistema nervoso che determina l'eliminazione di una risposta appresa, e *inibizione esterna* la soppressione temporanea di una risposta condizionata a causa di uno stimolo di disturbo che accompagna lo stimolo condizionante. Per *inibizione condizionata* si intende la soppressione della risposta condizionata quando non è rinforzata la combinazione tra lo stimolo condizionato, che da solo provoca la risposta condizionata, e un nuovo stimolo a cui lo stimolo condizionato dovesse essere appaiato. Si ha invece *inibizione di ritardo* allorché uno stimolo condizionato manifesta la sua efficacia quando la sua azione è terminata. Durante il periodo di latenza lo stimolo condizionato è attivamente inibito. *Inibizione differenziale* è infine la progressiva mancanza di risposta a stimoli anche significativamente simili, ma non identici a quello condizionato. Detta inibizione è l'opposto della generalizzazione degli stimoli (v. Apprendimento, § I, 1, *c*).

3. Psicologia dell'apprendimento. In questo ambito si distinguono una *inibizione proattiva* quando l'apprendimento precedente interferisce sull'acquisizione di nuovo materiale, e una *inibizione retroattiva* quando, nella rievocazione di qualcosa appreso precedentemente, si ha un'interferenza dovuta al successivo apprendimento di nuovo materiale. Su questa ipotesi si fonda la teoria che spiega l'oblio con l'interferenza di nuovi apprendimenti nella rievocazione del materiale precedentemente memorizzato (v. Apprendimento, § II, 3; Memoria, § 5, *b*). Rientra nell'inibizione retroattiva l'*ipotesi Skaggs-Robinson* secondo cui la somiglianza di due contenuti da apprendere determina una riduzione della ritenzione.

4. Psicologia cognitivista. In questo ambito gli studi si sono concentrati sul rapporto tra memoria e inibizione. Naomi P. Friedman e Akira Miyake hanno dimostrato che un cattivo funzionamento dei meccanismi inibitori determina un sovraccarico di memoria ostacolando in tal modo la selezione delle informazioni, mentre Lynn Hasher, Rose T. Zacks e Cynthia May hanno individuato, tra le funzioni della memoria: a) la *funzione di accesso* che impedisce l'ingresso di informazioni poco rilevanti; b) la *funzione di cancellazione* quando le informazioni presenti nella memoria non sono più utili e vanno quindi eliminate; c) la *funzione moderatrice* che inibisce le informazioni non pertinenti al compito che si sta svolgendo.

5. Psicologia del comportamento. Qui l'inibizione consente la selezione di un comportamento all'interno del repertorio comportamentale globale. Così, ad esempio, l'*inibizione reciproca* tra pulsioni, come la lotta, la fuga o l'attrazione sessuale, può dar luogo ad attività di spostamento più accettabili; allo stesso modo un'*inibizione incompleta* può dar luogo a un'alternanza tra un comportamento e un altro, determinando una condotta ambivalente e movimenti intenzionali troncati. Nella terapia del comportamento (v. Comportamento, § 5) si parla ancora di *inibizione reciproca* quando una risposta viene inibita perché è entrata in gioco una risposta competitiva con la prima. A partire da questo principio Johannes Heinrich Schultz ha dimostrato che il rilassamento muscolare può agire come inibitore dell'ansia in quanto produce, sul sistema nervoso autonomo, effetti che hanno direzione opposta a quelli che sono associati all'ansia (v. Training autogeno).

6. Psichiatria. In questo ambito l'inibizione si riferisce a una diminuzione dell'attività psicomotoria che può variare nella sua intensità, passando da un comportamento generalmente abulico e privo di iniziative a un arresto di ogni azione volontaria, fino alla fissità della mimica e al mutismo. Estrema nella Catatonia (v.) e in alcune gravi depressioni endogene, l'inibizione è presente anche in certi stati confusionali, in alcune schizofrenie e sindromi demenziali. Eugen Bleuler ha distinto un'*inibizione della volontà* e un'*inibizione del pensiero*. La prima è attribuita a un blocco totale della facoltà di decisione: «Se il malato inclina a uscire all'aperto, tale eventualità gli appare orribile; se si propone di rimanere nella sua stanza anche questo gli è insopportabile» (1911-1960, p. 106); oppure a un'eccessiva meticolosità della riflessione dovuta alla tendenza insopprimibile a ponderare tutte le eventuali possibilità. La seconda è spiegata come una fissazione su un'unica idea (v. Monoideismo) con incapacità di procedere da un pensiero all'altro o di relativizzare l'idea centrale solitamente a sfondo doloroso.

7. Psicoanalisi. In questo contesto il termine è utilizzato per indicare la repressione imposta a pensieri, sentimenti o azioni dall'intervento del Super-io o dell'Io alle pulsioni istintuali. Quando i freni inibitori sono particolarmente intensi possono manifestarsi, a livello di sessualità, sintomi come l'Impotenza (v. § 2) o la Frigidità (v.). Sigmund Freud distingue *inibizioni motorie* come le paralisi isteriche e gli atti mancati, *inibizioni sensoriali* come le anestesie isteriche, e *inibizioni mnestiche* come dimenticanze e lapsus. Un rilievo particolare è assegnato all'*inibizione nella meta* riferita alla pulsione che, per ostacoli esterni o interni, non raggiunge il suo modo diretto di soddisfacimento, per esprimersi in forme più approssimate e sfumate, come un sentimento di tenerezza che sta al posto di un atto sessuale inibito. Freud considera l'inibizione nella meta come un inizio di Sublimazione (v.), preoccupandosi tuttavia di tenere distinti i due processi, perché «le pulsioni sociali appartengono a una classe di moti pulsionali che non è ancora necessario chiamare sublimati, pur essendo a questi assai prossimi. Tali impulsi, pur non avendo rinunciato alle loro mete immediatamente sessuali, vengono trattenuti dal raggiungerle da resistenze interne, si accontentano di certe approssimazioni al soddisfacimento, instaurando proprio per questo legami particolarmente solidi e duraturi tra gli uomini. Di tale natura sono in specie i rapporti di tenerezza in origine pienamente sessuali tra genitori e figli, nonché i sentimenti di amicizia e i legami sentimentali che nel matrimonio traggono origine dall'attrazione sessuale» (1922, p. 461).

8. Psicologia sociale. Il fattore inibitorio, quando è eccessivo, caratterizza soggetti apatici, inerti, abulici, riluttanti a prendere iniziative e ad entrare in relazione con i propri simili. Temendo il giudizio degli altri, detti soggetti sono spesso in preda ad ansia sociale (v. Angoscia – Ansia, § 5, *e*).

Bibliografia

Benedetti G., *Neuropsicologia. Le attività psichiche in una sintesi di psicologia sperimentale, neurofisiologia e psichiatria*, Feltrinelli, Milano 1969.

Bleuler E., *Trattato di psichiatria* (1911-1939, aggiornato da M. Bleuler dal 1940 al 1960), Feltrinelli, Milano 1967.

Boakes R. A., Halliday M. S. (a cura di), *Inhibition and learning*, Academic Press, New York 1972.

Freud S., *Due voci di enciclopedia: "Psicoanalisi" e "Teoria della libido"* (1922), in *Opere* (1967-1993), Bollati Boringhieri, Torino, vol. IX.

–, *Inibizione, sintomo e angoscia* (1925), in *Opere*, cit., vol. X.

Friedman N. P., Miyake A., *The relations among inhibition and interference central functions. A latent variable analysis*, in "Journal of Experimental Psychology", 2004, n. 50, pp. 425-443.

Hasher L., Zacks R. T., May C., *Inhibitory control, circadian arousal and age*, in D. Gopher, A. Koriat, *Attention and performance*, Mit Press, Cambridge, Massachusetts, 1999.

Pavlov I. P., *I riflessi condizionati* (1927), Bollati Boringhieri, Torino 1966.

Robinson E. S., *The "similarity" factor in retroaction*, in "American Journal of Psychology", 1927, n. 51.

Schultz J. H., *Il training autogeno. Metodo di autodistensione da concentrazione psichica* (1932), vol. I: *Esercizi inferiori*, vol. II: *Esercizi superiori. Teoria*, Feltrinelli, Milano 1968.

Skaggs E. B., *Further studies in retroactive inhibition*, in "Psychological Monographs", 1925, n. 34.

Underwood B. J., *Interference and forgetting*, in "Psychological Review", 1957, n. 64, pp. 49-60.

Wolpe J., *Psychotherapy by reciprocal inhibition*, Stanford University Press, Stanford, California, 1958.

Iniziativa (ingl. *Initiative*; ted. *Unternehmung*; fr. *Initiative*; sp. *Iniciativa*). Capacità di promuovere cose nuove. Presuppone una forte motivazione, audacia e indipendenza. L'assenza o la presenza di spirito d'iniziativa e il suo carattere razionale o meno danno indicazioni sulla personalità del soggetto e sulla sua intraprendenza.

Iniziazione (ingl. *Initiation*; ted. *Initiation*; fr. *Initiation*; sp. *Iniciación*). Rito, spesso doloroso e cruento, volto a introdurre un membro in un nuovo status comunitario religioso o sociale. Il fenomeno è studiato a livello antropologico e psicologico con diverse assegnazioni di senso.

1. Antropologia. Mircea Eliade distingue tre forme rituali: a) di *pubertà*, frequente nelle società tribali, dove l'adolescente, dopo il superamento di diverse prove, viene ammesso nella comunità degli adulti; b) di *entrata* in società segrete, sette e circoli esoterici a carattere selettivo; c) di *addestramento* per trascendere la condizione media degli uomini e accedere a poteri superiori di tipo sciamanico o magico; d) di *passaggio* da una classe di età all'altra caratterizzate da specifiche gerarchie e tratti distintivi. Queste forme di iniziazione hanno in comune da un lato il superamento di una serie di prove fisiche e psicologiche, le cosiddette "prove di coraggio", al fine di dimostrare la propria idoneità al nuovo ruolo, dall'altro un mutamento psicologico che, passando attraverso fasi di morte e resurrezione simbolica, si consolida in una mutata condizione di vita. In antropologia sociale si è soliti distinguere iniziazioni che si propongono un'*elevazione* di status come quella degli adolescenti che raggiungono la maturità sessuale, e iniziazioni per *inversione* di status come i riti collettivi ciclici al cambio di stagione. Per le une e per le altre c'è una linea interpretativa che legge questi fenomeni in termini di catarsi, di liberazione collettiva o di ritorno alle origini che, ad alcuni, appaiono spiegazioni insufficienti

nella misura in cui né la durata limitata e formale del rito, né l'aspetto caricaturale del medesimo danno garanzia di un'efficacia psicologica; e un'altra linea interpretativa che, rifiutando la lettura simbolica, preferisce quella socio-ideologica secondo cui il rito di iniziazione servirebbe solo a ribadire le regole sociali attraverso la loro rituale "messa in scena".

2. Psicologia. In questo ambito, dove il discorso è condotto a livello intrapsichico, registriamo due interpretazioni: *simbolica* in ambito analitico e *ideologica* in ambito cognitivista. Secondo Carl Gustav Jung, ad esempio, il rito è richiesto quando l'energia psichica deve essere deviata dalle abitudini acquisite verso un'attività nuova o una nuova identità che chiede la morte del vecchio Io in vista di una sua rinascita, esattamente come nella terapia analitica dove, afferma Jung: «Il processo di trasformazione dell'inconscio che ha luogo durante l'analisi è l'analogo naturale delle iniziazioni religiose artificialmente indotte, che si distinguono in via di principio dall'iniziazione naturale mettendo, al posto della produzione simbolica appositamente scelta, simboli prescritti dalla tradizione» (1935-1953, p. 536). In ambito junghiano si tende a leggere l'approccio giovanile alla droga come ricerca di un rito iniziatico in un'epoca e in una cultura in cui, come dice Jung, «l'unico processo di iniziazione tuttora esistente e usato praticamente nella sfera culturale occidentale è l'"analisi dell'inconscio" praticata dai medici» (ivi, p. 528). In ambito cognitivista si preferisce l'interpretazione ideologica a quella simbolica, e perciò si sostiene che la notevole difficoltà che, nelle iniziazioni, caratterizza le "prove di coraggio" ha lo scopo di salvaguardare il prestigio delle funzioni o posizioni sociali alle quali accede l'iniziato, dal momento che il fatto di aver sofferto per raggiungere una meta è incompatibile con l'attribuzione alla meta stessa di uno scarso valore; ciò indurrebbe il soggetto a mantenere alta la dignità della sua condizione.

Bibliografia

Augé M., *Iniziazione*, in AA.VV., *Enciclopedia*, Einaudi, Torino 1979, vol. VII, pp. 631-649.

Di Salvo S., *Iniziazione sciamanica e iniziazione analitica*, Edizioni Libreria Cortina, Torino 1995.

Eliade M., *Il sacro e il profano* (1965), Bollati Boringhieri, Torino 1967.

–, *La nascita mistica. Riti e simboli d'iniziazione* (1967), Morcelliana, Brescia 1974.

Elkin A. P., *Sciamani d'Australia. Rito e iniziazione nella società aborigena* (1956), Raffaello Cortina, Milano 2002.

Guénon R., *Considerazioni sulla via iniziatica* (1946), Fratelli Bocca, Milano 1949.

Jung C. G., *Commento psicologico al "Bardo Thödol" (Il libro tibetano dei morti)* (1935-1953), in *Opere* (1969-2007), Bollati Boringhieri, Torino, vol. XI.

Schuré É., *I grandi iniziati. Storia segreta delle religioni* (1899), Laterza, Bari 1982.

Turner V. W., *Il processo rituale. Struttura e antistruttura* (1969), Morcelliana, Brescia 1972.

Van Gennep A., *I riti di passaggio* (1909), Bollati Boringhieri, Torino 1981.

Zoja L., *Nascere non basta. Iniziazione e tossicodipendenza*, Raffaello Cortina, Milano 1985.

Innamoramento (ingl. *Falling in love*; ted. *Verliebtheit*; fr. *Tomber en amour*; sp. *Enamoramiento*). Definito "amore allo stato nascente" come vuole l'espressione di Francesco Alberoni (v. Amore, § 1), l'innamoramento è considerato da Sigmund Freud una forma di *idealizzazione* che trae spunto da tendenze sessuali più o meno efficacemente rimosse. Nell'innamoramento, scrive Freud, «ci ha colpito fin dall'inizio il fenomeno della sopravvalutazione sessuale, il fatto cioè che l'oggetto amato sfugga entro certi limiti alla critica, che tutte le sue qualità vengano apprezzate più di quelle delle persone non amate o più che nel periodo in cui l'oggetto stesso non era amato. In virtù di una rimozione più o meno efficace, oppure di una messa fuori gioco delle tendenze sessuali, sorge l'illusione che l'oggetto sia amato anche sensualmente a causa dei suoi pregi spirituali, mentre al contrario è solo il fascino sensuale che ha potuto conferirgli quei pregi. La tendenza che qui falsa il giudizio è quella dell'*idealizzazione*» (1921, p. 300).

Come fenomeno di Idealizzazione (v.), l'innamoramento vive la dinamica che è tipica di questa figura, e precisamente, scrive sempre Freud, «l'Io diventa sempre meno esigente, più umile, l'oggetto sempre più magnifico, più prezioso, fino a impossessarsi da ultimo dell'intero amore che l'Io ha per sé, di modo che, quale conseguenza naturale, si ha l'autosacrificio dell'Io. L'oggetto ha per così dire divorato l'Io. In ogni caso d'innamoramento sono presenti elementi di deferenza, di limitazione del narcisismo, di autodanneggiamento. [...] Contemporaneamente a tale "dedizione" dell'Io all'oggetto, la quale già non si distingue più dalla dedizione sublimata a un'idea astratta, le funzioni conferite all'ideale dell'Io vengono interamente meno. La critica esercitata da tale istanza tace; tutto ciò che l'oggetto fa ed esige è giusto e perfetto. La coscienza morale cessa di applicarsi a tutto ciò che giova all'oggetto; nell'accecamento amoroso si può diventare criminali senza provare rimorso. L'intera situazione può venir esaurientemente compendiata in una formula: *L'oggetto si è messo al posto dell'ideale dell'Io*» (ivi, p. 301). Come espressione di un'idealizzazione, l'innamoramento differisce dall'Identificazione (v. § 1), perché nel caso dell'identificazione, osserva Freud, «l'Io si è arricchito delle qualità dell'oggetto, essendoselo, per usare l'espressione di Ferenczi, introiettato»; nel caso invece dell'innamoramento, «l'Io si è impoverito, ha sacrificato se stesso all'oggetto, ha messo quest'ultimo al posto della parte più importante di se stesso» (ivi, p. 300).

Bibliografia

Alberoni F., *Innamoramento e amore*, Garzanti, Milano 1979.
Carotenuto A., *Eros e pathos*, Bompiani, Milano 1987.
Freud S., *Psicologia delle masse e analisi dell'Io* (1921), in *Opere* (1967-1993), Bollati Boringhieri, Torino, vol. IX.
Fromm E., *L'arte di amare* (1956), il Saggiatore, Milano 1963.
Santas G., *Platone e Freud. Due teorie dell'eros* (1988), il Mulino, Bologna 1990.
Sternberg R. J., Barnes M. L., *La psicologia dell'amore* (1988), Bompiani, Milano 1990.

Innatismo (ingl. *Innatism*; ted. *Nativismus*; fr. *Innéisme*; sp. *Innatismo*). Concezione secondo la quale l'organismo porta in sé fin dalla nascita programmi di pensiero e di comportamento precostituiti e trasmessi per via ereditaria. In ambito psicologico si tende a considerare innati i *riflessi*, ossia le attività degli organi effettori (muscoli e ghiandole) attivati in modo regolare e praticamente invariabile dalla stimolazione naturale o sperimentale di un recettore; gli *istinti*, intesi come disposizioni precostituite per lo svolgimento di determinate attività, come l'istinto di riproduzione o l'istinto sessuale, senza precisare nei dettagli quali meccanismi comportamentali vi siano implicati; e infine il *potenziale di una specie* che è determinato geneticamente, per cui, ancorché si dia una certa possibilità di adattamento e di evoluzione che Konrad Lorenz chiama "innata maestria elementare", l'ampiezza e la norma delle reazioni potenziali non sono infinite. Aperta è invece la discussione sull'incidenza del fattore ereditario per quanto concerne le predisposizioni fisiche e psicologiche, di cui si constata l'esistenza e si conosce la legge che ne regola la trasmissione, ma di cui, oltre un certo livello elementare, risulta indecidibile se la causa è da cercarsi in un programma geneticamente determinato o nell'ambiente, inteso non solo come ambiente esterno che ciascuno incontra dopo la nascita, ma anche come ambiente prenatale dove l'organismo può rivelarsi incapace ad assimilare una o più sostanze, o può subire alterazioni dovute a incidenti di gravidanza.

In psicologia la disputa tra innato e acquisito ha impegnato i filosofi a partire da Platone, che ha inaugurato la dottrina delle idee innate, e ha trovato la sua maggiore espressione nel XVIII secolo quando gli *empiristi* sostenevano il carattere acquisito delle idee dovuto ai meccanismi di apprendimento associativo, tesi questa tutt'oggi difesa dalla psicologia del comportamento (v. COMPORTAMENTISMO), mentre i *razionalisti* sostenevano posizioni decisamente innatiste, tesi questa oggi difesa dalla psicologia cognitivista in ordine alla verbalizzazione grammaticale, all'origine innata del ragionamento logico-matematico e alla comprensione del mondo a partire dal principio di causalità (v. COGNITIVISMO). Ma, al di là di questa contrapposizione, oggi la tendenza più diffusa in ambito psicologico è quella che sostiene la doppia azione dell'*ereditarietà* (v. GENETICA, § 4) e dell'*ambiente*, dove non si nega l'evidenza che esistono comportamenti innati e non si esclude la compensazione dell'azione educativa su quanto è ereditato (v. AMBIENTE). A parere di Rémy Droz, questa posizione si giustifica in base al fatto che tutti gli aspetti del potenziale di comportamento di un organismo dipendono interamente dalla sua struttura genetica e quindi, in senso lato, dall'ereditarietà, anche se ciò non significa che il comportamento effettivo sia determinato esclusivamente dal corredo genetico, perché un certo genotipo può dar luogo a fenotipi variabili in funzione degli effetti dell'ambiente (v. GENETICA, § 3). Il problema dell'innatismo si è posto in modo particolare in ETOLOGIA (v. § 1), dove Lorenz distingue, nell'azione dell'animale, un'"energia specifica" che è innata da un "segnale scatenante" di origine ambientale, e negli studi sull'INTELLIGENZA (v. § 1), dove è aperto il dibattito sul suo carattere innato o acquisito.

Bibliografia

Chomsky N., *Linguaggio e problemi della conoscenza* (1981), il Mulino, Bologna 1998.
Droz R., *Innato/acquisito*, in AA.VV., *Enciclopedia*, Einaudi, Torino 1979, vol. VII, pp. 650-666.
Elman J. L. *et al.*, *Rethinking innateness. A connectionist perspective on development*, Mit Press, Cambridge, Massachusetts, 1996.
Fodor J. A., *Representations. Philosophical essay on the foundations of cognitive science*, Mit Press, Cambridge, Massachusetts, 1981.
Hebert J.-P., *Race et intelligence*, Copernic, Paris 1977.
Jensen A. R., *How much can we boost IQ and scholastic achievement?*, in AA.VV., *Environment, heredity and intelligence*, Harvard Educational Review, Cambridge, Massachusetts, 1969.
Lawler J., *Intelligence, génétique, racisme. Le quotient intellectuel est-il héréditaire?*, Éditions Sociales, Paris 1978.
Lorenz K., *Über tierisches und menschliches Verhalten*, Piper, München 1965.
Meade J. E., Parkes A. S. (a cura di), *Biological aspects of social problems*, Oliver and Boyd, Edinburgh 1965.
Pastore N., *The nature-nurture controversy*, King's Crown Press, New York 1949.
Skinner B. F., *Il comportamento verbale* (1957), Armando, Roma 1976.
Surian L., Leslie A., *Competence and performance in false belief understanding. A comparison of autistic and 3-year-old children*, in "British Journal of Developmental Psychology", 1999, n. 17, pp. 131-145.

Watson J. B., *La psicologia così come la vede il comportamentista* (1913), in *Antologia degli scritti*, il Mulino, Bologna 1976.

Innervazione (ingl. *Innervation*; ted. *Innervation*; fr. *Innervation*; sp. *Inervación*). Il termine si usa: 1) in *neuroanatomia* dove indica il percorso di un nervo che termina in un determinato organo. La funzione del nervo può essere attivata o inibita, come nel caso dell'"innervazione reciproca" dove un membro di una coppia di muscoli antagonisti viene inibito in corrispondenza alle contrazioni dell'altro (v. INIBIZIONE, § 1); 2) in *neuropsicologia* dove si parla di "innervazioni espressive" a proposito delle vie nervose collegate ai fenomeni emotivi quali il pianto, il riso, l'eccitazione sessuale. Dette innervazioni sono involontarie, anche se possono essere in parte influenzate; 3) in *psicoanalisi* dove Sigmund Freud adotta il termine per indicare un processo fisiologico che converte (v. CONVERSIONE) energia psichica in energia nervosa, che si canalizza verso una parte del corpo producendo fenomeni motori o sensitivi. A questo proposito, scrive Freud: «Ho mostrato come nel lavoro terapeutico si sia condotti a ritenere: che l'isteria si generi mediante la rimozione di una rappresentazione insopportabile per effetto della difesa; che la rappresentazione rimossa continui a sussistere quale debole (poco intensa) traccia mnestica; che l'affetto tolto a quella rappresentazione venga impiegato per un'innervazione somatica, cioè: conversione dell'eccitamento» (1892-1895, p. 421).

Bibliografia

Benedetti G., *Neuropsicologia. Le attività psichiche in una sintesi di psicologia sperimentale, neurofisiologia e psichiatria*, Feltrinelli, Milano 1969.

Freud S., *Studi sull'isteria (in collaborazione con Josef Breuer)* (1892-1895), in *Opere* (1967-1993), Bollati Boringhieri, Torino, vol. I.

Innovazione, v. PSICOLOGIA DELL'ARTE, § 2, *e*.

Inondamento, v. COMPORTAMENTO, § 5, *a*.

Input – Output. Termini impiegati in CIBERNETICA (v.) per indicare il segnale in entrata (*input*) e il segnale in uscita (*output*) rispetto a un sistema di riferimento. Se il sistema è un canale, come nella teoria dell'informazione (v. INFORMAZIONE, TEORIA DELL'), *input* indica l'entrata di un'informazione, *output* l'uscita. Se il sistema è l'organismo, come in psicologia sperimentale, *input* indica lo stimolo, *output* la reazione.

Inquietante, v. PERTURBANTE.

Insegnamento (ingl. *Teaching*; ted. *Unterricht*; fr. *Enseignement*; sp. *Enseñanza*). Trasmissione formalizzata di conoscenze che nel loro complesso costituiscono l'ISTRUZIONE (v.); questa va tenuta distinta dall'*educazione* (v. PEDAGOGIA) dove, oltre alla trasmissione di contenuti cognitivi, ci si fa carico anche della crescita emotiva. L'insegnamento, nella sua accezione specifica, presuppone l'esistenza di una cultura scritta e quindi l'utilizzazione di particolari segni (*in-signum*) da trasmettere con una certa sistematicità e metodica. Come atteggiamento mediato, cosciente, riflessivo e intenzionale, l'insegnamento si colloca oltre l'esperienza diretta dell'ambiente, da cui pure procedono informazioni ed esperienze, ma in modo occasionale oppure semplicemente rispondenti ai bisogni più immediati della vita. Si è soliti articolare l'insegnamento in quattro fasi:

1. *L'analisi degli obiettivi* a partire dai quali si stabilisce una gerarchia che, dall'esecuzione di un compito che costituisce l'obiettivo, porta a identificare le abilità di livello superiore che esso implica e poi quelle richiamate da tali abilità fino alle più semplici che tutti gli allievi possiedono (v. ABILITÀ). Per ciascun compito si può quindi costruire una gerarchia di insegnamento che ha alla sommità l'obiettivo finale, e che si articola in tanti sotto-obiettivi corrispondenti ad abilità subordinate. L'insegnamento ha il compito di far apprendere e padroneggiare le abilità che l'allievo non conosce, fino al livello più alto della gerarchia. La specificazione degli obiettivi richiede da un lato la loro contestualizzazione, cioè il loro inserimento in una sintassi, dall'altro il loro riferimento alla situazione di istruzione, perché apprendere vuol dire sempre elaborare conoscenze nuove in base all'esperienza passata.

2. *L'accertamento del livello iniziale*, che si focalizza: *a*) sull'intelligenza generale e l'attitudine scolastica dell'allievo attraverso l'uso di test che sono predittivi del successo scolastico; *b*) sulle conoscenze e le abilità già acquisite relativamente a un settore di studio; *c*) sul livello evolutivo in ordine all'individuazione di prerequisiti di tipo percettivo o linguistico necessari per stabilire il livello di insegnamento. L'accertamento dei prerequisiti per l'acquisizione di quanto viene insegnato è decisivo per quei soggetti in condizioni di deprivazione culturale o che presentano ritardi mentali. Costoro infatti sono inevitabilmente penalizzati dai test di intelligenza, che sono buoni predittori del successo o insuccesso scolastico, ma non hanno valore diagnostico e non suggeriscono nulla per un'eventuale azione di recupero.

3. *Le condizioni che favoriscono il raggiungimento degli obiettivi*. Rientrano in questo ambito il dibattito sull'insegnamento espositivo e l'insegnamento per

scoperta, con spostamento nella dinamica dell'apprendere della *centralità* dell'insegnante o dell'allievo, e il dibattito sull'azione di modellamento cognitivo dell'allievo attraverso l'interiorizzazione, da parte di quest'ultimo, dell'intervento esterno dell'insegnante. Il *modellamento* non è un condizionamento, ma piuttosto un'interazione in cui l'alunno viene progressivamente condotto da una regolazione esterna delle sue facoltà cognitive (la guida dell'insegnante) a un'autoregolazione cognitiva, adottando gradualmente tali attività come parte del suo repertorio. Così, ad esempio, nell'ambito dell'insegnamento della lettura, le abilità di comprensione del testo non sono sempre sottoposte a un'istruzione diretta perché, anche se l'insegnante interviene direttamente nella decodificazione del segno scritto, per quanto riguarda la comprensione il suo intervento ha un carattere più informale e indiretto.

4. *La valutazione dell'apprendimento* è volta ad accertare se gli obiettivi di un curricolo o di un corso di studi sono stati raggiunti. Il problema della valutazione ha aperto in ambito pedagogico un nuovo settore di ricerca, la DOCIMOLOGIA (v.), che lavora in stretta connessione con la statistica.

Bibliografia

AA.VV., *Pedagogia della valutazione scolastica*, La Scuola, Brescia 1976.

Blandino G., *Quando insegnare non è più un piacere. La scuola difficile, proposte per insegnanti e formatori*, Raffaello Cortina, Milano 2008.

Boscolo P., *Psicologia dell'apprendimento scolastico. Aspetti cognitivi*, Utet Libreria, Torino 1986.

Canalis M., Novara E., *Elogio dell'insegnamento*, Armando, Roma 2011.

Crowder N. A., *Intrinsically programmed materials for teaching complex skills and concepts*, American Psychological Association, Washington (DC) 1958.

Gagné R. M., *Essentials of learning for instruction*, Dryden, Hillsdale, Illinois, 1974.

Gattullo M., *Didattica e docimologia*, Armando, Roma 1968.

Gil F., *Insegnamento*, in AA.VV., *Enciclopedia*, Einaudi, Torino 1979, vol. VII, pp. 710-743.

Klafki W., *Insegnamento*, in Ch. Wulf (a cura di), *Cosmo, corpo, cultura. Enciclopedia antropologica* (1997), Bruno Mondadori, Milano 2002, pp. 803-814.

Milani L., *L'arte di insegnare. Consigli pratici per gli insegnanti di oggi*, Vallardi, Milano 2013.

Russo G., *Metodologia e didattica per le classi differenziali*, Armando, Roma 1968.

Skinner B. F., *La tecnologia dell'insegnamento* (1967), La Scuola, Brescia 1970.

Titone R. (a cura di), *Questioni di tecnologia didattica*, La Scuola, Brescia 1975.

Tornatore L., *Insegnamento*, in AA.VV., *Gli strumenti del sapere contemporaneo*, vol. II: *I concetti*, Utet, Torino 1985, pp. 410-412.

Vygotskij L. S., *Il processo cognitivo* (1926), Bollati Boringhieri, Torino 1987.

Insicurezza (ingl. *Insecurity*; ted. *Unsicherheit*; fr. *Insécurité*; sp. *Inseguridad*). Condizione psicologica in cui il soggetto avverte una situazione esterna o interna di pericolo che non è in grado di dominare. Alfred Adler considera l'insicurezza come una componente determinante il sentimento di INFERIORITÀ (v. § 1) a cui l'individuo reagisce sviluppando un'artificiosa volontà di potenza, mentre Ronald David Laing ritiene che essa rappresenti il venir meno di quella che, a suo parere, è la condizione ontologica dell'esistenza in cui «un individuo ha esperienza di se stesso come di una cosa viva, reale e intera» (1959, p. 50). In questa accezione l'insicurezza non è più una componente di un quadro nevrotico, ma il prodromo di una scissione psicotica (v. SICUREZZA).

Bibliografia

Adler A., *Il temperamento nervoso* (1912), Astrolabio, Roma 1950.

Laing R. D., *L'io diviso. Studio di psichiatria esistenziale* (1959), Einaudi, Torino 1969.

Insight. Termine inglese che letteralmente significa "vedere dentro". Non traducibile esattamente, in italiano è reso con INTUIZIONE (v. § 5) o "illuminazione", o, letteralmente, con "vista interiore", mentre in tedesco è reso, in modo sempre approssimativo, con *Einsicht*. Con questo termine, che assume significati diversi nei vari ambiti disciplinari, si intende la risoluzione di un problema, da tempo incubato, con un'idea improvvisa, vissuta come esperienza interiore, che permette di rivisualizzare il problema nella sua globalità, raggiungendo in pochi attimi la soluzione cercata.

1. PSICOLOGIA DELLA GESTALT. In questo ambito il concetto di *insight* è stato introdotto da Wolfgang Köhler per spiegare il comportamento delle scimmie antropoidi che riuscivano in modo soddisfacente nella soluzione di un problema quando potevano coglierne i singoli elementi complessivamente nello stesso campo visivo, per cui *insight* è la percezione simultanea di una forma globale significativa (v. PSICOLOGIA DELLA GESTALT, § I, 6). Come forma di apprendimento, l'*insight* si differenzia dagli altri tipi perché nasce da una nuova comprensione di rapporti che avviene in modo immediato e improvviso (v. APPRENDIMENTO, § II, 1).

2. PSICOANALISI. Dopo molte resistenze, anche la psicoanalisi ha adottato questo termine per indicare la capacità di capire la propria dinamica psichica e il tessuto simbolico in cui si esprime. In questo ambito si distingue un *insight intellettivo* che è la capacità di capire razionalmente le proprie movenze psichiche, e un *insight emozionale* che comporta una partecipazione

affettiva. Il primo senza il secondo è interpretato come una DIFESA (v.) perché consente al soggetto di capire e controllare aspetti di sé, senza però accedere a una trasformazione terapeutica. La capacità di *insight* è ritenuta una condizione indispensabile per praticare la psicoanalisi e per capire gli altri.

3. PSICHIATRIA. In questo ambito, più che di *insight* si parla di *mancanza di insight* quando il soggetto non ha la sensazione di essere malato nonostante l'evidenza dei sintomi, o quando attribuisce a cause esterne le ragioni della sua sofferenza (v. PARANOIA).

Bibliografia

Köhler W., *L'intelligenza nelle scimmie antropoidi* (1917), Giunti Barbera, Firenze 1961.
–, *La psicologia della Gestalt* (1929), Feltrinelli, Milano 1961.
Rycroft Ch. (a cura di), *Psychoanalysis observed*, Constable, London 1966.
Schafer R., *Linguaggio e insight* (1971), Astrolabio, Roma 1978.
Wertheimer M., *Il pensiero produttivo* (1945, edito postumo), Giunti Barbera, Firenze 1965.

Insonnia (ingl. *Insomnia*; ted. *Schlaflosigkeit*; fr. *Insomnie*; sp. *Insomnio*). Detta anche *agripnia*, l'insonnia si manifesta nella difficoltà ad addormentarsi pur in uno stato di stanchezza e di bisogno fisiologico di SONNO (v. § 3). Per estensione il termine è adottato anche nei casi caratterizzati dalla sensazione soggettiva di un sonno insoddisfacente. L'insonnia, che si accompagna generalmente ad ansietà e/o spossatezza, può essere: *a*) *occasionale* in situazioni di elevata tensione emotiva, stress, cambiamenti di orari o di luoghi; *b*) *primitiva* o *abituale* frequente in soggetti apparentemente sani, ma che a un esame più approfondito rivelano componenti ansiose e accentuata irrequietezza; *c*) *associata a malattie* di natura organica o psichica; *d*) *senile* tipica della vecchiaia.

Instabilità (ingl. *Instability*; ted. *Instabilität*; fr. *Instabilité*; sp. *Inestabilidad*). Termine generico adottato per indicare tutte le forme di discontinuità comportamentale con implicanze psicomotorie. Si manifesta con scarsa capacità di controllo emotivo, labilità mentale, facile reattività e mancanza di padronanza dei movimenti. In generale il comportamento è contradditorio, volubile e confusionario, con ridotta adattabilità sociale. È imputabile sia a turbe di origine organica che a disturbi dell'affettività o a stati nevrotici.

Insuccesso (ingl. *Failure*; ted. *Misserfolg*; fr. *Échec*; sp. *Fracaso*). Risultato insoddisfacente o fallimentare di una certa attività per incapacità di superare una serie di ostacoli con conseguente perdita dell'obiettivo prefissato. È constatabile una predisposizione all'insuccesso che mette capo alla *condotta di insuccesso* che la psicoanalisi riconduce a una "intenzione dell'inconscio" di negarsi la soddisfazione di un successo perché incompatibile con i sensi di colpa generati o da aggressività rimossa nei confronti del genitore del proprio sesso nel quadro delle relazioni edipiche, o da vergogna e riprovazione nei confronti di desideri di ordine sessuale, autoerotico o incestuoso. L'insuccesso appare allora come la sanzione della colpevolezza e, al tempo stesso, la sua espiazione. Quando l'insuccesso è attribuito al destino abbiamo il configurarsi di quella nevrosi che Sigmund Freud ha chiamato *nevrosi di destino* e René Laforgue *nevrosi di scacco* (v. DESTINO, § 2).

Bibliografia

Freud S., *Il problema economico del masochismo* (1924), in *Opere* (1967-1993), Bollati Boringhieri, Torino, vol. X.
Laforgue R., *Psychopathologie de l'échec*, Payot, Paris 1939.

Insufficienza mentale, v. RITARDO MENTALE.

Insula. Area della corteccia cerebrale situata sul fondo della scissura laterale e nascosta all'osservazione esterna dalle porzioni adiacenti dei lobi frontale, parietale, occipitale e temporale. Essa non viene normalmente compresa in nessuno dei quattro lobi, anche se può, a seconda delle preferenze, essere considerata parte del lobo frontale, o del temporale o del parietale, poiché è in continuità con ciascuno di essi ed è coperta dai loro opercoli. Le connessioni dell'insula sono ancora in gran parte sconosciute; tuttavia nell'uomo la stimolazione dell'insula determina sensazioni riferite ai visceri addominali, nausea e stimolazioni motorie viscerali come eruttazioni, contrazioni gastriche e salivazione. Essa è inoltre coinvolta nell'integrazione di molte funzioni sensitivo-motorie, socioemotive e cognitive, incluso il gusto, sensazioni viscerali e olfattive, somatosensitive (tatto, pressione, temperatura), dolore, attenzione, linguaggio e memoria. Secondo Daniel J. Siegel, «prima la parte dorsale e poi la parte destra anteriore sembrano essere coinvolte nei meccanismi dell'introcezione. I suoi collegamenti diretti con altre aree prefrontali mediali come il cingolo anteriore, mediati da cellule fusiformi, sono stati associati a forme di autoconsapevolezza» (2012, p. 403).

Bibliografia

Siegel D. J., *La mente relazionale. Neurobiologia dell'esperienza interpersonale* (2012), Raffaello Cortina, Milano 2013.

Insulina, v. ENDOCRINO, SISTEMA, § 4.

Insulinoterapia (ingl. *Insulinotherapy*; ted. *Insulintherapie*; fr. *Insulinothérapie*; sp. *Insulinoterapia*). Trattamento terapico introdotto nel 1933 da Manfred Sakel consistente nell'iniezione, prima a piccole dosi, poi a dosi sempre crescenti, di insulina sino ad ottenere un coma ipoglicemico (v. GLICEMIA). Il coma, della durata di trenta minuti, ripetuto dalle trenta alle sessanta volte, con una frequenza di cinque o sei volte alla settimana, viene interrotto mediante la somministrazione di adeguate quantità di glucosio. Il trattamento, che non ha ancora ricevuto spiegazioni univoche e che tende ad essere abbandonato per le critiche sulla sua liceità, è applicato in tutte le forme di schizofrenia e in particolare in quelle paranoidi. La somministrazione di insulina rappresenta anche il trattamento d'elezione per molte forme di diabete.

Bibliografia

Hoff H., *History of the organic treatment of schizophrenia*, in M. Rinkel, H. E. Himwich, *Insulin treatment in psychiatry*, Philosophical Library, New York 1959, pp. 10-11.

Sakel M., *The pharmacological shock treatment of schizophrenia*, in "Nervous and Mental Disease Publication Company", 1938.

Integrazione (ingl. *Integration*; ted. *Integration*; fr. *Intégration*; sp. *Integración*). Composizione delle parti in un ordine dove l'unità prende rilievo rispetto alle componenti. Il termine ha diverse sfumature di significato nei vari ambiti in cui viene adottato.

1. *A livello biologico* lo si impiega per indicare l'*interrelazione* tra le varie parti dell'organismo, come ad esempio tra le funzioni del sistema nervoso e quelle del sistema endocrino, che permettono all'organismo di configurarsi come un'unità capace di autoregolazione provvista di un certo grado di indipendenza dall'ambiente. Sempre in questo ambito Daniel J. Siegel parla di "integrazione neuronale" a proposito del «collegamento fra neuroni differenziati all'interno del cervello, che realizza un'autoregolazione ottimale, caratterizzata dal bilanciamento e coordinamento di regioni diverse in un'unità funzionale» (2012, p. 27).

2. *A livello psichico* occorre distinguere l'impiego freudiano del termine rispetto a quello junghiano. Per Sigmund Freud, la psiche è inizialmente un Es non organizzato che trova la sua forma attraverso quel processo di integrazione che è lo sviluppo dell'Io. In questo processo le difese operano a spese dell'integrazione e consentono una libertà dall'angoscia a costo della rimozione di parti di sé. In questo quadro il trattamento analitico mira al possibile recupero del rimosso in vista della restaurazione nell'Io delle parti non integrate. Per Carl Gustav Jung, il termine "integrazione" va impiegato nell'accezione generica di interazione tra coscienza e inconscio, tra parti maschili e femminili della personalità e in generale tra le diverse coppie di opposti, mentre in senso specifico l'integrazione è un sottoprocesso dell'individuazione (v. PSICOLOGIA ANALITICA, § 5) che, a livello intrapsichico, comporta il recupero delle parti rimosse e, a livello interpsichico, l'assunzione differenziata dei modelli culturali esistenti in sostituzione di quelli che, durante il decorso della crescita, si rivelano insufficienti. Dal punto di vista terapeutico, scrive Jung, «il lavoro compiuto dal paziente attraverso la progressiva assimilazione dei contenuti dell'inconscio porta a una definitiva integrazione della sua personalità e quindi al superamento della dissociazione nevrotica» (1935, p. 24).

3. *A livello percettivo* il termine indica la tendenza a cogliere e a valutare forme, figure e situazioni nel loro insieme e non nelle singole parti (v. PSICOLOGIA DELLA GESTALT, § II).

4. *A livello psichiatrico* Eugen Bleuler intende per integrazione o "sintesi" l'unità della personalità che è l'opposto della SCISSIONE (v. § I, 1).

5. *A livello tipologico* Erich Rudolf Jaensch chiama *integrato* e *desintegrato* (v. TIPOLOGIA, § 2) l'atteggiamento che Jung aveva chiamato *introverso* ed *estroverso* (v. ESTROVERSIONE – INTROVERSIONE, § 3).

6. *A livello sociale* indica la disponibilità degli individui a coordinare i propri comportamenti in modo da ridurre al minimo la conflittualità considerata il primo elemento di disintegrazione. In questo ambito si parla di integrazione *sistemica* a proposito delle regole che sono alla base della coesione sociale, e di integrazione *sociale* per i gruppi emarginati da integrare nel tessuto sociale. A proposito dell'integrazione sistemica esiste: *a*) l'ipotesi di Talcott Parsons secondo cui l'integrazione dipende dalla diffusione di disposizioni comuni derivanti da modelli di valore interiorizzati attraverso l'educazione; *b*) l'ipotesi di Émile Durkheim per il quale l'integrazione è un prodotto contrattuale derivante dall'interdipendenza connessa alla divisione del lavoro; e infine *c*) l'ipotesi di Claude Lévi-Strauss secondo cui l'integrazione è il risultato dello scambio tra individui di beni economici e culturali di ogni tipo.

Bibliografia

Bleuler E., *Trattato di psichiatria* (1911-1939, aggiornato da M. Bleuler dal 1940 al 1960), Feltrinelli, Milano 1967.

Durkheim É., *La divisione del lavoro sociale* (1893), Edizioni di Comunità, Milano 1971.

Freud S., *L'Io e l'Es* (1922), in *Opere* (1967-1993), Bollati Boringhieri, Torino, vol. IX.

Jaensch E. R., *Studien zur Psychologie der menschlicher Typen*, Bart, Leipzig 1930.

Jung C. G., *Fondamenti della psicologia analitica* (1935), in *Opere* (1969-2007), Bollati Boringhieri, Torino, vol. XV.

–, *Riflessioni teoriche sull'essenza della psiche* (1947-1954), in *Opere*, cit., vol. VIII.

Köhler W., *La psicologia della Gestalt* (1929), Feltrinelli, Milano 1961.

Lévi-Strauss C., *Le strutture elementari della parentela* (1947), Feltrinelli, Milano 1972.

Parsons T., *Il sistema sociale* (1951), Edizioni di Comunità, Milano 1965.

Picone M., Viola T., *Lezioni sulla teoria moderna dell'integrazione*, Bollati Boringhieri, Torino 1952.

Siegel D. J., *Mappe per la mente. Guida alla neurobiologia interpersonale* (2012), Raffaello Cortina, Milano 2014.

Intelletto (ingl. *Intellect*; ted. *Verstand*; fr. *Intellect*; sp. *Intelecto*). Il termine rende il greco νοῦς, nell'accezione aristotelica di intuizione dei principi primi, contrapposto a διάνοια, che è il procedimento discorsivo della dimostrazione che la scolastica medioevale ha reso con il termine RAGIONE (v.). Nel corso della storia la nozione di intelletto ha assunto significati differenti desumibili dalla relazione con le altre possibilità conoscitive con cui di volta in volta l'intelletto viene correlato.

1. *L'intelletto e la discorsività dimostrativa*. Nell'antichità e nel Medioevo l'intelletto era pensato come la facoltà preposta all'intuizione dei principi primi non suscettibili di dimostrazione diretta, pena il ricorso all'infinito. Tali sono, ad esempio, i principi di non contraddizione e di identità, oltre alle evidenze e agli assiomi da cui, nelle varie scienze, prendono le mosse le procedure dimostrative.

2. *L'intelletto e la sensibilità*. Nell'età moderna l'intelletto viene assunto o come forma del conoscere in generale, in ciò distinto dalla volontà che presiede l'agire, o come conoscenza superiore rispetto a quel grado inferiore che è la sensibilità. Quest'ultima distinzione ricorre anche in Immanuel Kant il quale però ritiene la differenza tra intelletto e sensibilità non di grado, ma di natura, in quanto l'intelletto "pensa", mentre la sensibilità "riceve". Senza i dati materiali offerti dalla sensibilità l'intelletto non può operare. All'uomo, infatti, non è dato un intelletto intuitivo in grado di cogliere la realtà senza la mediazione della sensibilità.

3. *L'intelletto e la ragione*. Sempre Kant introduce questa distinzione per differenziare la conoscenza condizionata dalla sensibilità che si attiene ai fenomeni (intelletto) dall'esigenza dell'incondizionato, che non si dà fenomenicamente, su cui insiste la ragione. La ragione è superiore all'intelletto quanto alla sua esigenza, ma l'esigenza resta insoddisfatta per la finitezza della conoscenza umana. Questa tesi di Kant viene oltrepassata dall'idealismo di Georg Wilhelm Friedrich Hegel che assegna all'intelletto la conoscenza astratta, ossia la conoscenza della cosa nel suo isolamento, e alla ragione la conoscenza concreta, ossia la conoscenza della cosa in rapporto dialettico con la totalità o assoluto, la cui idea non può essere assente nella conoscenza della parte come parte. Con l'abbandono del concetto di ragione universale e totale, sostituito dal progressivo affermarsi delle ragioni discorsive (v. RAGIONE, § 3), anche la nozione di intelletto cessa di essere tematica nei termini ora descritti.

4. *L'intelletto e la sua funzione psicologica*. Questo tema è trattato a più riprese da Carl Gustav Jung, per il quale l'intelletto è una funzione psicologica che entra a far parte del giudizio, della valutazione, della scelta, della coordinazione, della subordinazione e della decisione intorno alle cose secondo regole già stabilite. Scrive in proposito Jung: «Chiamo intelletto la facoltà del pensare indirizzato [...] in quanto esso, conformemente al presupposto delle norme razionali di cui ho coscienza, ordina i contenuti rappresentativi secondo concetti» (1921, p. 472). «L'atteggiamento intellettuale in un soggetto – prosegue Jung – non è un dato psicologico assoluto, bensì il prodotto di un processo di differenziazione di tipo storico ed evolutivo: e cioè l'intelletto è essenzialmente il prodotto di un passaggio dall'omogeneità all'eterogeneità della psiche che ha radici storico-culturali ed evolutive» (ivi, p. 88). Infatti, scrive sempre Jung, «il primitivo vive nel suo mondo con una tale *participation mystique* (come Lévy-Bruhl chiama questo fatto psicologico), che tra soggetto e oggetto non esiste affatto quell'assoluta differenza che c'è nel nostro intelletto razionale» (1927-1931, p. 172). Nella pratica terapeutica, annota Jung, «l'esperienza psicologica dimostra con tutta la chiarezza auspicabile che "afferrando" intellettualmente un fatto psicologico non si produce null'altro che un "concetto", e che un concetto non significa molto di più che un nome, un *flatus vocis*. [...] Apparentemente è possibile coltivare qualunque scienza con il solo intelletto, non però la psicologia, il cui oggetto possiede più che non i due aspetti mediati dalla percezione sensoriale e dal pensiero. La funzione di valore, ossia il *sentimento*, è parte integrante dell'orientamento cosciente e non deve perciò mancare in un giudizio psicologico più o meno completo; altrimenti il modello del processo reale che vogliamo costruire sarebbe incompleto. [...] È tramite l'"affetto" che il soggetto è coinvolto, attratto, giungendo così a sentire l'intero peso della realtà. La differenza corrisponde pressappoco a quella che esiste tra la descrizione che un libro ci dà di una grave malattia e la malattia vera di cui soffriamo» (1951, p. 32).

Bibliografia

Hegel G. W. F., *Enciclopedia delle scienze filosofiche in compendio* (1817), Laterza, Bari 1968.

Jung C. G., *Tipi psicologici* (1921), in *Opere* (1969-2007), Bollati Boringhieri, Torino, vol. VI.

–, *La struttura della psiche* (1927-1931), in *Opere*, cit., vol. VIII.

–, *Aion. Ricerche sul simbolismo del Sé* (1951), in *Opere*, cit., vol. IX, 2.

Kant I., *Critica della ragion pura* (1781), Laterza, Bari 1959.

Lévy-Bruhl L., *Psiche e società primitive* (1910), Newton Compton, Roma 1970.

Pieri P. F., *Intelletto*, in Id., *Dizionario junghiano*, Bollati Boringhieri, Torino 1998, pp. 371-379.

Intellettualizzazione (ingl. *Intellectualization*; ted. *Intellektualisierung*; fr. *Intellectualisation*; sp. *Intelectualización*). Tendenza a sistemare in termini di formulazione teorica i propri conflitti nel tentativo di meglio padroneggiarli. È stata interpretata da Karl Abraham e da Anna Freud come un meccanismo di difesa nel trattamento analitico quando, all'emergenza degli affetti e dei fantasmi, si preferisce l'astrazione e la concettualizzazione. Anna Freud riconosce all'intellettualizzazione nell'adolescente una sua utilità per «padroneggiare le pulsioni, ricollegandole a idee con cui può giocare coscientemente» (1936, p. 254).

Bibliografia

Abraham K., *Una forma particolare di resistenza nevrotica al metodo psicoanalitico* (1919), in *Opere*, Bollati Boringhieri, Torino, vol. II.

Freud A., *L'Io e i meccanismi di difesa* (1936), in *Opere* (1978-1979), Bollati Boringhieri, Torino, vol. I.

Intelligenza (ingl. *Intelligence*; ted. *Intelligenz*; fr. *Intelligence*; sp. *Inteligencia*). Non esiste una definizione univoca di intelligenza, ma, come vedremo, ogni definizione risente dell'orientamento di pensiero che la formula. Schematicamente le varie definizioni si lasciano suddividere in tre gruppi: 1) *definizioni generali* dove l'intelligenza è vista come quel processo che consente all'uomo o all'animale dotato di struttura cerebrale evoluta di risolvere nuovi problemi che implicano una ristrutturazione del rapporto di adattamento con l'ambiente; 2) *definizioni specifiche* che considerano l'intelligenza come un insieme di processi mentali tipicamente umani che investono il ragionamento logico, la capacità di formulare valutazioni, la capacità di perseguire uno scopo anche a lungo termine scegliendo i mezzi appropriati, la capacità di autocorrezione e autocritica; 3) *definizioni operative* nate dalla difficoltà di approdare a una definizione univoca di intelligenza, per cui si preferisce sottoporne alcuni aspetti a determinati test la cui soluzione definisce di volta in volta il comportamento intelligente. Questo terzo gruppo di definizioni non riguarda né tantomeno misura l'intelligenza nel suo complesso, ma solo quegli aspetti preventivamente stabiliti su cui il test è stato costruito.

1. Il dibattito sul carattere innato o acquisito dell'intelligenza. L'importanza attribuita all'ereditarietà o all'ambiente nella struttura e nella formazione dell'intelligenza ha subìto fasi alterne sia per effetto del progredire degli studi, sia per condizionamenti ideologici e culturali. La credenza nel *carattere innato dell'intelligenza*, regolata esclusivamente da meccanismi genetici, ha dominato il pensiero psicologico sotto l'influsso da un lato degli studiosi di psicologia animale, secondo i quali l'intelligenza è un'organizzazione comportamentale che scaturisce automaticamente dallo sviluppo morfologico, e dall'altro a causa del crescente interesse per i test mentali i quali, nella nozione di intelligenza che cresce con proporzione fissa e invariabile, trovano una significativa rassicurazione al loro valore predittivo. *L'interpretazione ambientalista dell'intelligenza* fu confortata dalle scoperte della psicoanalisi sull'importanza delle prime esperienze infantili, e dalle ricerche sociologiche che riuscirono a mostrare l'incidenza positiva o negativa della situazione ambientale sullo sviluppo dell'intelligenza. Oggi si tende a una lettura dell'intelligenza sulla base dell'interazione dinamica tra ereditarietà e ambiente, dove per ereditarietà si intende l'*equilibrio genico*, ossia l'interazione di alcuni geni particolari con tutti i geni che l'individuo ha ereditato, e per ambiente ogni tipo di *stimolazione* che l'individuo riceve dal concepimento alla morte. Ne consegue che ogni fattore ambientale eserciterà una diversa influenza a seconda del materiale specifico ereditario sul quale opera, così come ogni fattore ereditario opererà differentemente nelle diverse condizioni ambientali.

Un'articolazione più dettagliata del rapporto innato-acquisito (v. Innatismo) è stata fornita da Donald Olding Hebb, il quale distingue: 1. un'*intelligenza A* o intelligenza *potenziale* che fa riferimento alla struttura geneticamente determinata del cervello e alla capacità potenziale dei neuroni di connettersi. Questa intelligenza potenziale è racchiusa nel piano genetico dell'individuo ed è innata. 2. Un'*intelligenza B* che si riferisce alla quantità di potenziale genetico che si è realizzata in seguito all'interazione della composizione genetica dell'individuo con gli effetti dell'ambiente, dove per ambiente si intende anche l'ambiente uterino, per cui, ad esempio, appena l'uovo è stato fecondato, l'organismo che si presenta non rivela più solo un potenziale genetico, ma anche gli effetti dell'ambiente di quel momento sulle strutture che sono in corso di sviluppo. L'intelligenza B è dunque, secondo Hebb, il modo in cui il cervello funziona dopo che l'ambiente ne ha favorito o ostacolato lo sviluppo a partire dal piano genetico delle sue cellule; e siccome è impossibile studiare un potenziale finché non sia stato realizzato, i test di intelligenza, afferma Hebb, misurano solo un campione dell'intelligenza B, quindi un'intelligenza già modificata dall'ambiente. Philip E. Vernon ha proposto un terzo tipo di intelligenza: l'*intelligenza C*, che si riferisce alla quantità ignota di intelligenza B che può essere misurata con i test. Infatti, come B è una porzione ignota di A, così C lo è di B. I test, infatti, non sono in grado di misurare la totalità di intelligenza B di un individuo, perché l'intelligenza B è il modo con cui si risponde all'ambiente nel suo complesso, e non c'è test che fornisca questo risultato complessivo.

2. Il quoziente di intelligenza e i test di misurazione. I primi test di intelligenza furono elaborati nel Regno Unito da Francis Galton e successivamente in Francia da Alfred Binet (v. Binet-Simon, Scala di), cui dobbiamo il concetto di *età mentale*, in base alla quale i ragazzi non-intelligenti vengono considerati in ritardo nello sviluppo quando le loro risposte sono simili a quelle dei ragazzi di età cronologica inferiore, mentre i ragazzi intelligenti sono in anticipo. Questo principio è stato mantenuto nelle revisioni successive della scala Binet fra cui la più nota è la Stanford-Binet, esposta da Lewis Madison Terman, che introdusse il concetto di *quoziente di intelligenza* (QI) come indice dello sviluppo mentale. Al QI, espresso dal rapporto tra l'età mentale (EM) e l'età cronologica (EC), oggi si preferisce il *QI di deviazione*, adottato nella forma più recente della Stanford-Binet. Esso consiste nel fissare i punteggi a ciascuna età cronologica, in modo che il QI medio sia 100 con una deviazione standard di 16. Ne deriva che il QI non è più un rapporto, ma un punteggio adattato all'età del soggetto esaminato. Circa il 70% della popolazione adulta e infantile ha un QI compreso tra 85 e 115.

Stabilita la media, i livelli estremi di intelligenza sono rappresentati dal *subnormale* e dal *superdotato*. Intorno a queste definizioni si sono sollevate le critiche di quanti negano che la normalità possa essere definita dai test di intelligenza, nel senso che gruppi di soggetti che non hanno in comune con lo strato dominante di una determinata popolazione gli stessi valori culturali, che sono alla base dell'impostazione dei test, sono necessariamente svantaggiati e possono apparire subnormali, mentre nella loro cultura sono perfettamente integrati e normali.

Per ovviare a questi inconvenienti e accrescere il valore diagnostico dei test si sono tentate due strade: *a) suddividere gli item di un test in più di una scala*, distribuendo poi i subtest secondo i dati dell'analisi fattoriale, dove la singola prova non esprime più un risultato ma un fattore da interrelare ad altri fattori, in modo che ne risulti un quadro amplificato e complessivo che offra la possibilità di una più variegata descrizione. In questa direzione si è mosso Louis Leon Thurstone; *b) allargare il concetto di intelligenza* come è stato proposto da Joy Paul Guilford a cui si deve la distinzione tra pensiero *divergente*, o pensiero creativo, e pensiero *convergente*, o pensiero logico-matematico (v. Pensiero, § I, 2). Secondo Guilford, il QI non dà rilievo alla produzione divergente, per cui la correlazione tra QI e Creatività (v. § 1) risulta bassa. Ne consegue che, se è vero che i soggetti creativi hanno anche un elevato QI, un alto QI non è sufficiente a garantire la creatività.

I fattori identificati da Thurstone per costruire dei test attendibili sono la comprensione verbale, la fluidità verbale, l'abilità numerica, l'abilità spaziale, la memoria, l'abilità percettiva e il ragionamento, rappresentato soprattutto in quei test che richiedono l'individuazione di una regola generale sulla base dei casi che vengono presentati. I test elaborati da Guilford prevedono invece due tipi di domande che, per la produzione convergente, includono item del tipo: "che cos'è una cosa?", dove l'informazione porta a una sola risposta corretta, mentre per la produzione divergente l'item è "che uso puoi fare di questa cosa?", con possibilità di risposte molto o poco variate.

Le differenze di età mentale tra gruppi di bambini selezionati come intellettualmente più dotati e meno dotati hanno carattere duraturo. I punteggi nei test relativi a diverse abilità primarie raggiungono l'80% dei valori adulti ad età comprese tra i 12 e i 20 anni. Tra i 25 e i 34 raggiunge il suo culmine l'intelligenza verbale, mentre quella non verbale lo raggiunge qualche anno prima. Il declino nei punteggi dei test di intelligenza risulta impreciso quando si basa su studi trasversali, mentre su quelli longitudinali si osserva che i punteggi fondati sulla rapidità di esecuzione declinano velocemente, a differenza di quelli che richiedono prove verbali e di ragionamento, che non danno segno di declino almeno fino ai 60 anni. Eccezioni sono costituite dal *pensiero intelligente senza linguaggio*, come quando si giunge alla soluzione esatta del problema senza riuscire a verbalizzare i concetti dei quali ci si è serviti, o addirittura senza poterli verbalizzare perché il tentarlo produce un'interferenza che allontana dalla soluzione, e dalla *relazione tra intelligenza e motivazione* per cui i processi intellettivi sono resi più acuti quando il problema che si ha davanti risulta vitale per l'adattamento all'ambiente. Per quanto concerne l'esposizione dei diversi reattivi adottati per la misurazione delle varie forme di intelligenza, si veda la voce Test, § II, 1, e i rimandi specifici ivi elencati.

3. Le diverse concezioni dell'intelligenza. Le concezioni dell'intelligenza dipendono dall'orientamento culturale e dall'impostazione metodologica adottati dalle varie correnti di pensiero.

a) La concezione elementarista e associazionista considera l'intelligenza come il prodotto della sommazione e composizione dei processi elementari (v. Introspezionismo). Wilhelm Maximilian Wundt distingue in proposito un'"appercezione analitica", che riguarda il giudizio che isola un contenuto, da un'"appercezione sintetica" che approda al concetto. Questo motivo, ripreso dall'Associazionismo (v.), porta a concepire il processo intellettuale come una progressione di sensazioni e immagini che si associano sommandosi. Questa tesi influenzò Ivan Petrovič Pavlov e la sua teoria dei riflessi condizionati, nonché il comportamentismo americano e in particolare Clark Leonard Hull che, su queste basi, riuscì a spiegare il pensiero riproduttivo ottenuto attraverso meccanismi di apprendimento, ma non il pensiero produttivo che esclude il condizionamento.

b) La concezione della scuola di Würzburg con Oswald Külpe reagì alla teoria associazionista evidenziando, con il metodo dell'introspezione provocata, la presenza di un'attività psichica non afferrabile e non riconducibile alle sensazioni: il cosiddetto "pensiero senza immagini". In seguito, all'interno di questa corrente si corresse l'unilateralità dell'impostazione ammettendo, accanto all'azione di forze organizzatrici e direttrici del pensiero, istanze associative dette "tendenze operanti". La scuola di Würzburg influenzò l'opera di Binet che rapportò l'intelligenza da un lato al giudizio come al suo fulcro, dall'altro alle facoltà dell'attenzione, del ragionamento e dell'astrazione.

c) La concezione della psicologia della Gestalt affianca l'intelligenza alla percezione, nel senso che per entrambe non esistono elementi isolati e in seguito associati, ma totalità che si organizzano originariamente da sé. Secondo Kurt Koffka vi è analogia tra la tendenza a chiudere una figura aperta e la tendenza a chiudere un problema; l'una e l'altra rispondono al *principio della pregnanza* che è da considerare come una forma cognitiva. Dal canto suo Max Wertheimer, nella descrizione del pensiero produttivo, afferma che l'intelligenza coglie il problema come un insieme i cui dati sono legati tra loro da particolari relazioni, tra le quali la più significativa è quella tra la struttura data e la soluzione richiesta che elimina tutte le relazioni inessenziali (v. Psicologia della Gestalt, § III, 2).

d) La concezione del comportamentismo, in polemica con l'introspezionismo della scuola di Würzburg, adotta lo schema stimolo-risposta anche per l'atto mentale, definito da John Broadus Watson come un comportamento identico agli altri, caratterizzato dal fatto di essere implicito. Stando così le cose, il pensiero non è che una risposta priva di parole, gesti e movimenti a un certo stimolo. All'obiezione di John Dewey, secondo il quale la teoria comportamentista non spiega la differenza qualitativa dell'attività mentale, i neocomportamentisti risposero con le ricerche di Walter Samuel Hunter sulle risposte simboliche, e con Hull che propose la teoria degli atti con valore di stimolo che possono attivare risposte generalizzate o concetti, mentre Edward Chace Tolman correlò la differenza qualitativa con il ruolo svolto dalle aspettative.

e) La concezione della teoria dell'informazione introduce nella relazione stimolo (S) e risposta (R), espressi come dati in entrata (*input*) e in uscita (*output*), la nozione di organismo (O) che, pensato alla stregua di un canale di comunicazione, dà la relazione S-O-R, dove però l'organismo non è concepito come un canale inerte, ma come un fattore che interviene attivamente nel processo di comunicazione, raccogliendo informazioni anche da sé. Le caratteristiche dell'organismo, infatti, modificano gli stimoli, e le risposte modificano le proprietà del canale, per cui l'intelligenza risulta un complesso interattivo dove la variazione di una parte ha effetto sull'intero sistema. In quest'ambito si collocano le ricerche di Robert Mills Gagné sulla "soluzione del problema (*problem solving*)" che comprende: 1) la presentazione della situazione-stimolo che predispone schemi di comportamento; 2) la selezione e categorizzazione delle informazioni ricevute; 3) l'individuazione della strategia da perseguire, prudente (*conservative*) o rischiosa (*gambling*) a seconda delle caratteristiche peculiari del soggetto; 4) il processo di decisione in presenza di due o più tipi di azione, ciascuna delle quali offre una soluzione appropriata; 5) la verifica della soluzione a partire dalle conseguenze che derivano dal tipo di soluzione adottata (*information feedback*) (v. Problema).

f) La concezione dell'analisi fattoriale legge l'intelligenza attraverso la valutazione della massima variabilità all'interno di una larga batteria di test nei termini di un numero limitato di abilità o, come dice Thurstone, di "fattori primari", presenti in una certa misura in ogni reattivo, da intendersi come unità operative utili per semplificare la descrizione dell'attività mentale. La posizione di ogni fattore è determinata da tre proprietà: 1) le *operazioni* che sono la comprensione, la memoria, il pensiero convergente, il pensiero divergente e la valutazione; 2) il *prodotto* che indica le modalità con cui si presenta l'informazione; 3) il *contenuto* che può essere figurativo, simbolico, verbale o comportamentale. Raymond Bernard Cattell, all'interno di questo indirizzo di ricerca, ha insistito sulla necessità di inserire i fattori intellettuali nel contesto più ampio dei fattori della personalità, studiando le attitudini su uno sfondo di variabili che non siano le attitudini stesse (v. PERSONALITÀ, § I, 2).

g) La concezione cognitivista prende le mosse da Jean Piaget che concepisce l'intelligenza come forma di adattamento all'ambiente con l'intervento di diverse strutture cognitive nelle varie fasi dell'adattamento, inteso come equilibrio dinamico tra assimilazione e accomodamento, dove per *assimilazione* si intende l'assunzione da parte dell'individuo di nuovi dati desunti dall'esperienza che non modificano i suoi schemi mentali, e per *accomodamento* l'adozione di schemi mentali nuovi più adeguati alla complessità del reale (v. COGNIZIONE, § 3, *a*). Alla base del dinamismo assimilazione-accomodamento c'è il concetto di "schema" o struttura cognitiva che si presenta come totalità organizzata che si riscontra sia nelle forme più semplici come i riflessi del neonato, sia in quelle più complesse quando l'intelligenza raggiunge la sua espressione più compiuta che consiste nella totale reversibilità del pensiero. Per quanto concerne le *fasi di passaggio*, si veda la voce COGNIZIONE, § 1, *c*. Gli sviluppi più recenti in questo ambito sono rappresentati dai lavori di Robert Sternberg, che ha proposto la "teoria tripolare dell'intelligenza", secondo la quale l'intelligenza consiste in *abilità analitiche* impiegate per risolvere problemi logici, *abilità creative* in grado di trovare soluzioni ribaltando l'impostazione del problema, e attive nella creazione di opere artistiche, *abilità pratiche* impiegate per risolvere problemi pratici e relazionali. A differenza di Sternberg, Howard Gardner sostiene che non si può parlare di intelligenza, ma di "intelligenze al plurale", dove l'accentuazione è sulla differenza qualitativa delle intelligenze, la cui *inclinazione* (linguistica, logico-matematica, spaziale, musicale, corporea, interpersonale, intrapersonale) è inversamente proporzionale alla *flessibilità* che dice la versatilità per qualsiasi attitudine, dove però non si giunge alla perfezione dell'intelligenza "inclinata". Decisiva, a parere di Gardner, non è tanto la misurazione quantitativa dell'intelligenza, quanto l'individuazione della sua *forma mentis*, ossia della sua inclinazione.

h) La concezione psicoanalitica legge l'intelligenza come una prerogativa del sistema conscio (v. CONSCIO) e quindi strettamente aderente alle esigenze imposte dal principio di realtà (v. REALTÀ, § 3). Ciò non significa che l'intelligenza sia immune dalle influenze inconsce, che si evidenziano o nella soluzione di alcuni problemi che si presentano in forma improvvisa e intuitiva senza seguire tutti i passaggi intermedi, o nella stimolazione della CURIOSITÀ (v.) che, tale nell'età infantile, diventa intelligenza nell'età adulta, o in un'azione inibitrice (v. INIBIZIONE, § 7) che blocca il normale corso dei processi intellettuali. La posizione di Sigmund Freud, che nell'intelligenza vede un'elaborazione secondaria di quanto si esprime a livello di processo primario (v. PROCESSO PRIMARIO – PROCESSO SECONDARIO), è ripresa da Jacques Lacan che però osserva che l'intelligenza, invece di essere un campo privilegiato dell'Io, è una sottile attività di mascheramento del "testo barrato", che invece è portato in luce dal processo primario o inconscio attraverso le figure della metonimia e della METAFORA (v.). Contro queste posizioni si è schierato Heinz Hartmann, per il quale «l'intelligenza è una funzione organizzatrice invece che un sostituto di tutte le altre funzioni. Ad un certo punto della sua evoluzione l'intelligenza si rende conto della percentuale che le spetta, di essere una funzione tra le altre. [...] Solo dopo che questa maggiore consapevolezza sia stata posta al servizio dell'azione, l'intelligenza può servire alle più alte funzioni di sintesi e di differenziazione dell'Io» (1939, p. 68). La posizione di Hartmann, pur nella sua differenza dalla posizione assunta da Freud, mantiene con quest'ultima la concezione di un'intelligenza "integrata" che, anche nella sua funzione specifica di direzione del processo conscio, trae origine da una dimensione profonda con cui resta costantemente connessa.

Bibliografia

Binet A., *L'étude expérimentale de l'intelligence*, Schleicher, Paris 1903.

Bischof L. J., *Intelligence. Statistical conceptions of its nature*, Doubleday & Company, New York 1954.

Bogetto F., *Intelligenza*, in G. B. Cassano, P. Pancheri *et al.* (a cura di), *Trattato italiano di psichiatria* (1992), Masson, Milano 1999, vol. I, pp. 691-704.

Bruner J. S., Goodnow J. J., Austin G. A., Brown R., *Il pensiero. Strategie e categorie* (1956), Armando, Roma 1969.

Bruner J. S. *et al.*, *Studi sullo sviluppo cognitivo* (1966), Armando, Roma 1968.

Cattell R. B., *Lo stato attuale nella ricerca e costruzione di test fattoriali di attitudine e personalità* (1952), Vita e Pensiero, Milano 1955.

Cianciolo A. T., Sternberg R. J., *Breve storia dell'intelligenza* (2004), il Mulino, Bologna 2007.

Claparède É., *Psicologia del fanciullo e pedagogia sperimentale. Lo sviluppo mentale* (1909), Editrice Universitaria, Firenze 1964.

Cornoldi C., *L'intelligenza*, il Mulino, Bologna 2007.

Dewey J., *La necessità di un recupero della filosofia* (1917), in AA.VV., *Intelligenza creativa*, La Nuova Italia, Firenze 1957.

Duncker K., *La psicologia del pensiero produttivo* (1935), Giunti Barbera, Firenze 1969.

Enzensberger H. M., *Nel labirinto dell'intelligenza* (2007), Einaudi, Torino 2008.

Eysenck H. J., *Le prove di intelligenza* (1966), Rizzoli, Milano 1987.

–, *Q.I. Nuovi test di intelligenza* (1968), Rizzoli, Milano 1995.

Ferry J.-M., *Le grammatiche dell'intelligenza* (2004), Medusa, Milano 2008.
Freud S., *Precisazioni sui due principi dell'accadere psichico* (1911), in *Opere* (1967-1993), Bollati Boringhieri, Torino, vol. VI.
Gagné R. M., *Problem solving*, in "Annual Review of Psychology", 1959, n. 10.
Galton F., *Psychometric facts*, in "Nineteenth Century", 1879, n. V (25), pp. 425-433.
Gardner H., *Formae mentis. Saggio sulla pluralità dell'intelligenza* (1983), Feltrinelli, Milano 1987.
–, *La nuova scienza della mente. Storia della rivoluzione cognitiva* (1985), Feltrinelli, Milano 1988.
–, *Intelligenze creative* (1993), Feltrinelli, Milano 1994.
–, *Intelligenze multiple* (1993), Anabasi, Milano 1994.
Getzels J. W., Jackson Ph. W., *Creativity and intelligence*, Wiley, New York 1962.
Guilford J. P., *The nature of human intelligence*, McGraw-Hill, New York 1967.
Hartmann H., *Psicologia dell'Io e problema dell'adattamento* (1939), Bollati Boringhieri, Torino 1966.
Hebb D. O., *A textbook of psychology*, Saunders, London 1966.
Hull C. L., *Knowledge and purpose as habit mechanism*, in "Psychological Review", 1930, n. 37.
Hunt E. B., *Mechanics of verbal ability*, in "Psychological Review", 1978, n. 85, pp. 109-130.
Hunter W. S., *The symbolic process*, in "Psychological Review", 1924, n. 31.
Huteau M., Lautrey J., *I test di intelligenza* (1997), il Mulino, Bologna 2000.
Koffka K., *The growth of the mind*, Routledge & Kegan, London 1921.
Köhler W., *La psicologia della Gestalt* (1929), Feltrinelli, Milano 1961.
Külpe O., *Grundriss der Psychologie*, Engelmann, Leipzig 1893.
Lacan J., *Il Seminario. Libro II: L'Io nella teoria di Freud e nella tecnica della psicoanalisi, 1954-1955*, Einaudi, Torino 1991.
Mead G. H., *Mente, Sé e Società* (1934), Giunti Barbera, Firenze 1966.
Oléron P., *Les composantes de l'intelligence d'après les recherches factorielles*, Puf, Paris 1957.
Oléron P., Piaget J., Inhelder B., Gréco P., *L'intelligenza*, in P. Fraisse, J. Piaget (a cura di), *Trattato di psicologia sperimentale* (1963-1968), Einaudi, Torino 1972-1979, vol. VII.
Pavlov I. P., *I riflessi condizionati* (1927), Bollati Boringhieri, Torino 1966.
Piaget J., *Giudizio e ragionamento nel bambino* (1924), La Nuova Italia, Firenze 1958.
–, *La nascita dell'intelligenza nel bambino* (1936), La Nuova Italia, Firenze 1977.
–, *Psicologia dell'intelligenza* (1947), Editrice Universitaria, Firenze 1964.
Richardson K., *Che cos'è l'intelligenza* (1999), Einaudi, Torino 1999.
Ronco A., *La scuola di Würzburg. Contributo storico-critico alla psicologia dei processi cognitivi*, Pas Verlag, Zürich 1963.
Scabini E., *L'intelligenza*, in L. Ancona (a cura di), *Nuove questioni di psicologia*, La Scuola, Brescia 1972, vol. I, pp. 429-478.
Sternberg R. J., *Teoria dell'intelligenza. Una teoria tripolare dell'intelligenza umana* (1985), Bompiani, Milano 1987.
Sternberg R. J., Ruzgis P. (a cura di), *Personalità e intelligenza. Teorie e modelli di interconnessione* (1994), Erickson, Trento 2000.
Terman L. M., Merrill M. A., *Stanford-Binet intelligence scale. Manual for the third revision, form L-M*, Houghton Mifflin, Boston 1960.
Thurstone L. L., *Attitudes can be measured*, in "American Journal of Sociology", 1928, n. 33, pp. 529-554.
–, *Current issues in factor analysis*, in "Psychological Bulletin", 1940, n. 37.
Tolman E. Ch., *Cognitive maps in rats and men*, in "Psychological Review", 1948, n. 56.
Trentini G., *Quoziente intellettuale*, in AA.VV., *Enciclopedia*, Einaudi, Torino 1980, vol. XI, pp. 514-530.
Vernon Ph. E., *Intelligence and cultural environment*, Methuen, London 1969.
Viaud G., *L'intelligenza* (1960), Feltrinelli, Milano 1963.
Watson J. B., *La psicologia così come la vede il comportamentista* (1913), in *Antologia degli scritti*, il Mulino, Bologna 1976.
Wertheimer M., *Il pensiero produttivo* (1945, edito postumo), Giunti Barbera, Firenze 1965.
Wundt W. M., *Lineamenti di psicologia* (1896), in *Scritti scelti*, Utet, Torino 2006.
Zubiri X., *Intelligenza senziente* (1980), Bompiani, Milano 2008.

Intelligenza artificiale (ingl. *Artificial intelligence*; ted. *Künstliche Intelligenz*; fr. *Intelligence artificielle*; sp. *Inteligencia artificial*). Settore di ricerca che si propone di far risolvere a macchine problemi che, secondo l'opinione corrente, richiedono intelligenza. Il primo a ideare un calcolatore elettronico denominato "cervello artificiale" fu Alan M. Turing nel 1943, evento che segna la nascita dell'informatica e del successivo sviluppo delle ricerche sull'intelligenza artificiale. Da tempo le macchine non sono più solo strumenti che estendono la forza muscolare dell'uomo o che accentuano la sensibilità dei suoi organi, ma anche strumenti che lo aiutano o lo sostituiscono nella risoluzione di problemi di scelta e di ricerca di strategie ottimali. In questo ambito le ricerche hanno assunto due direzioni tra loro interagenti che possono essere schematicamente ricondotte: 1) alla SIMULAZIONE (v. § 1) del pensiero umano; 2) alla realizzazione di un comportamento. Nel primo caso l'interesse è volto alla conoscenza di quel fenomeno naturale che è l'INTELLIGENZA (v.), nel secondo è volto alla costruzione di una macchina non direttamente reperibile in natura. Il momento *operativo-strumentale* non è semplice applicazione del *modello conosciuto*, ma retroagisce su questo obbligando a una riformulazione della sua definizione.

Di qui l'interazione tra gli studi sull'intelligenza artificiale e la psicologia che, come scrive Manfred Kochen, è costretta a riformulare «le nozioni di pensiero, cognizione, riconoscimento, formazione di concetti, soluzione di problemi, ragionamento induttivo e deduttivo, intelligenza, progetto e comprensione, in un contesto logico-matematico piuttosto che nel linguaggio della psicologia umana da dove questi concetti hanno avuto origine» (1971, p. 280). In relazione alle macchine, *pensare*, scrive ancora Kochen, è «una particolare abilità ad elaborare informazioni», mentre *intelligenza* è «la capacità di adeguarsi a una situazione imprevista» mediante un processo chiamato *apprendimento* che si realizza quando la macchina «è capace di interagire con il proprio ambiente per attingervi le informazioni necessarie alla propria auto-organizzazione» (*ibid.*). A proposito dei rapporti tra intelligenza e apprendimento c'è chi ritiene che, se una macchina impara, allora può diventare "intelligente", e chi ritiene invece che solo una macchina già "intelligente" può imparare. Da questi semplici esempi è facilmente intuibile a quali revisioni terminologiche e definizionali dovrà sottoporsi la psicologia man mano che le condizioni che presiedono la costruzione della macchina obbligheranno a rivedere la conoscenza del fenomeno naturale (come l'intelligenza umana) a suo tempo assunto come modello.

Marvin Minsky ne offre numerosi esempi per cui: *apprendimento* è tutto ciò che porta modifiche a lungo termine della nostra mente; *buon senso* è una struttura molto più complessa rispetto alle abilità mentali che siamo soliti ammirare perché comporta molti tipi di rappresentazione diversi e quindi richiede una gamma di abilità diverse; *cervello* è una correlazione tra un cervello *A*, che vede e agisce su ciò che accade nel mondo esterno, e un cervello *B* che non ha a che fare con il mondo esterno ma esercita una funzione di controllo sul cervello *A* quando questo è confuso o perde tempo in attività ripetitive o si concentra su dettagli sterili; *coscienza* è un termine che si riferisce non alla percezione di quanto accade al proprio interno, perché ciò che effettivamente la coscienza coglie è solo una piccola parte del recente passato, dove l'esame stesso distorce le registrazioni che si tenta di ispezionare; *inconscio* è di conseguenza riferibile a tutto ciò che la mente fa, perché sono pochissimi i processi di cui siamo consapevoli; *memoria* è concetto da limitare al modo in cui noi riproduciamo i nostri stati mentali "parziali" precedenti; *pensiero logico* serve a riassumere quanto è già stato scoperto, perché normalmente noi utilizziamo il pensiero analogico (v. ANALOGIA) basato sull'applicazione alle circostanze attuali di esperienze trascorse apparentemente simili; *Sé* è una concezione mitologica secondo la quale in ciascuno di noi sarebbe compresa una parte speciale che contiene l'essenza della mente, in base all'illusione dell'agente unico (1986, pp. 647-659). Naturalmente queste definizioni possono essere ampliate o ridotte in base a quanto consentono di verificare le procedure di costruzione di macchine intelligenti (v. CIBERNETICA, § 3).

In tempi più recenti Anthony J. Sanford ha posto l'attenzione sui rapporti che occorre tener presenti tra i programmi del computer e i processi cognitivi umani: «Sebbene la realizzazione di programmi e lo studio dei principi sottostanti ai programmi costituiscono una ricerca autonoma, essi hanno delle implicazioni molto ovvie per lo studio della mente. È difficile scrivere programmi che imitano essenzialmente le attività umane senza studiare nello stesso tempo come gli individui umani agiscono, ed è avventato sviluppare teorie della cognizione umana senza considerare l'implementazione computazionale della teoria» (1985, p. 6). Le principali differenze tra cervelli umani e calcolatori sono state messe in evidenza da Patricia Smith Churchland, secondo la quale «sembra che il cervello sia un calcolatore con uno stile radicalmente diverso. Ad esempio, il cervello cambia mentre apprende e immagazzina ed elabora informazioni negli stessi luoghi. [...] È del tutto evidente che il cervello è una macchina in parallelo, in cui avvengono molte interazioni nello stesso tempo in molti canali diversi, mentre il calcolatore richiede un'elaborazione seriale con poche interazioni» (1989, p. 100). Dello stesso avviso è Margaret Boden, che fa osservare in quale modo «la cognizione umana è spesso influenzata da fattori motivazionali ed emozionali allo stesso tempo, e ciò contrasta con la natura uni-mentale propria virtualmente di tutti i programmi attuali su calcolatore» (1988, p. 262). La sua conclusione è che «si è appena entrati nello spazio delle possibilità computazionali, la mente non è stata mai completamente esplorata o descritta in modo soddisfacente. [...] È troppo presto quindi per predire il successo dell'approccio computazionale in generale» (ivi, p. 260).

Bibliografia

Bara B. G. (a cura di), *Intelligenza artificiale*, Franco Angeli, Milano 1978.

Betti R., *Intelligenza artificiale*, in AA.VV., *Enciclopedia*, Einaudi, Torino 1979, vol. VII, pp. 828-862.

Boden M., *Computer models of mind*, Cambridge University Press, Cambridge 1988.

Churchland P. S., *From Descartes to neural networks*, in "Scientific American", luglio 1989.

Churchland P. S., Sejnowski T. J., *Il cervello computazionale* (1992), il Mulino, Bologna 1995.

Collins H. M., *Esperti artificiali. Conoscenza sociale e macchine intelligenti* (1990), il Mulino, Bologna 1994.

Damasio A. R. *et al.*, *Cervelli che parlano. Il dibattito su mente, coscienza e intelligenza artificiale*, Bruno Mondadori, Milano 1987.
Fink D. G., *Mente umana e cervelli elettronici. Introduzione all'intelligenza artificiale* (1966), Zanichelli, Bologna 1967.
Fum D., *Intelligenza artificiale. Teoria e sistemi*, il Mulino, Bologna 1994.
Ganascia J.-G., *Intelligenza artificiale* (1993), il Saggiatore, Milano 1997.
Gillies D. A., *Intelligenza artificiale e metodo scientifico* (1996), Raffaello Cortina, Milano 1998.
Jackendoff R., *Coscienza e mente computazionale* (1987), il Mulino, Bologna 1990.
Johnson-Laird Ph. N., *La mente e il computer. Introduzione alla scienza cognitiva* (1988), il Mulino, Bologna 1990.
Kochen M., *Cognitive learning processes. An explication*, in N. V. Findler, B. Meltzer (a cura di), *Artificial intelligence and heuristic programming*, University Press, Edinburgh 1971.
Koyré A., *I filosofi e la macchina* (1961), in Id., *Dal mondo del pressapoco all'universo della precisione. Tecniche, strumenti e filosofia dal mondo classico alla rivoluzione scientifica*, Einaudi, Torino 1967.
Marr D., *Vision. A computational investigation into the human representation and processing of visual information*, Freeman, San Francisco 1982.
McCorduck P., *Storia dell'intelligenza artificiale* (1979), Muzzio, Padova 1987.
Minsky M., *La società della mente* (1986), Adelphi, Milano 1989.
Pancheri P. (a cura di), *Informatica in psichiatria*, in G. B. Cassano, P. Pancheri *et al.* (a cura di), *Trattato italiano di psichiatria* (1992), Masson, Milano 1999, vol. I, pp. 971-1007.
Pessa E., *Intelligenza artificiale. Teorie e sistemi*, Bollati Boringhieri, Torino 1992.
Pessa E., Penna M. P., *Manuale di scienza cognitiva. Intelligenza artificiale classica e psicologia cognitiva*, Laterza, Bari 2000.
Pratt V., *Macchine pensanti. L'evoluzione dell'intelligenza artificiale* (1987), il Mulino, Bologna 1990.
Russell S. J., Norvig P., *Intelligenza artificiale* (1995), Utet, Torino 1998.
Sanford A. J., *Cognition and cognitive psychology*, Lawrence Erlbaum Associates, London 1985.
Somenzi V. (a cura di), *La filosofia degli automi*, Bollati Boringhieri, Torino 1965.
Somenzi V., Cordeschi R. (a cura di), *La filosofia degli automi. Origine dell'intelligenza artificiale*, Bollati Boringhieri, Torino 1994.
Tabossi P., *Intelligenza naturale e intelligenza artificiale*, il Mulino, Bologna 1994.
Turing A. M., *Intelligenza meccanica* (1945-1950), Bollati Boringhieri, Torino 1994.
Varela F. J., *Scienza e tecnologia della cognizione. Direzioni emergenti* (1986), Hopefulmonster, Firenze 1987.
Viale R. (a cura di), *Mente umana, mente artificiale*, Feltrinelli, Milano 1989.

Intensione, v. SEGNO.

Intenzionalità (ingl. *Intentionality*; ted. *Intentionalität*; fr. *Intentionnalité*; sp. *Intencionalidad*). Termine introdotto, in ambito psicologico, da Franz Brentano per denominare quella caratteristica fondamentale dei fenomeni psichici che è il loro originario riferimento all'oggetto nel suo apparire nell'orizzonte del soggetto esperiente. Brentano distingue le rappresentazioni, i giudizi e i sentimenti in base alla qualità del loro atto intenzionale che nella *rappresentazione* rende l'oggetto semplicemente presente, nel *giudizio* affermato o negato, nel *sentimento* amato o odiato. La struttura bipolare delle ultime due classi spiega la possibilità dell'errore e del comportamento giusto (v. ATTO, § 1).

A Brentano si rifà Edmund Husserl per il quale l'intenzionalità non è da considerare solo come un contrassegno dei fenomeni psichici da contrapporre ai fenomeni fisici, ma come la definizione dello stesso rapporto tra il soggetto e l'oggetto della coscienza in generale: «La caratteristica delle esperienze vissute (*Erlebnisse*) che può essere indicata addirittura come il tema generale della fenomenologia orientata oggettivamente è l'intenzionalità. Essa rappresenta una caratteristica essenziale della sfera delle esperienze vissute, in quanto tutte le esperienze hanno, in qualche modo, intenzionalità. [...] L'intenzionalità è ciò che caratterizza la coscienza in senso pregnante e consente di indicare la corrente dell'esperienza vissuta come corrente di coscienza e come unità di coscienza» (1912-1928, I, § 84). In questo modo Husserl modifica il concetto di COSCIENZA (v. § 4) nel senso che questa non è più, come riteneva René Descartes, una cosa (*res cogitans*) da contrapporre a quell'altra cosa che è il corpo e in generale la materia (*res extensa*), ma è un atto che si esprime nel suo originario "rapportarsi a..." o "tendere verso..." che Martin Heidegger renderà con il termine *trascendenza*, nel senso che la coscienza non è una cosa ma il suo trascendersi in altro.

Ludwig Binswanger, accogliendo la lezione di Husserl e di Heidegger, fonderà quella psichiatria fenomenologica o ANALISI ESISTENZIALE (v.) che, oltrepassando il dualismo cartesiano (v. DUALISMO PSICOFISICO) di anima e corpo, giudicato da Binswanger «il cancro di ogni psicologia» (1946, p. 22), concepirà l'uomo non come una cosa nel mondo secondo il modello delle scienze naturali, ma come quell'essere originariamente *intenzionato* a un mondo che ciascuno struttura secondo le modalità con cui si spazializza, si temporalizza, si rappresenta le cose, co-esiste. Nei differenti modi di aprirsi al mondo è, per Binswanger, da ricercarsi l'essenza dello psichico. E questo perché, scrive Binswanger: «La psicologia non ha a che fare con un soggetto privo del suo mondo perché un simile soggetto non sarebbe altro che un oggetto, né tantomeno con la scissione soggetto-oggetto perché tale scissione non la si potrebbe intendere se non come avente alla base l'umana esistenza. La psicologia inizia quando comprende l'esistenza umana come originario essere-nel-mondo e considera i determinati modi fondamentali in cui l'esistenza di fatto esiste» (1935, p. 101).

Nell'ambito della neurobiologia interpersonale, Daniel J. Siegel definisce l'intenzione come «lo stato mentale che predispone il cervello per un certo tipo di funzionamento. L'intenzione è un atteggiamento o una disposizione a eseguire azioni dirette a uno scopo, che dà origine a schemi di comportamento in sequenze prevedibili che vengono riconosciute dalla persona che le vede (si ritiene che ciò avvenga attraverso un sistema che comprende neuroni a specchio e solco temporale superiore); in tal modo, l'osservatore può creare dentro di sé una mappa delle "intenzioni dell'altro"» (2012, p. 27).

Bibliografia

Binswanger L., *La concezione eraclitea dell'uomo* (1935), in Id., *Per un'antropologia fenomenologica. Saggi e conferenze psichiatriche* (1921-1941), Feltrinelli, Milano 1970.

–, *L'indirizzo antropoanalitico in psichiatria* (1946), in Id., *Il caso Ellen West e altri saggi* (1944-1946), Bompiani, Milano 1973.

Brentano F., *La psicologia dal punto di vista empirico* (1874-1911), Laterza, Bari 1997, voll. I-III.

Dennett D. C., *L'atteggiamento intenzionale* (1987), il Mulino, Bologna 1993.

Galimberti U., *Psichiatria e fenomenologia* (1979), nuova edizione ampliata, Feltrinelli, Milano 2017.

Gozzano S., *Storia e teorie dell'intenzionalità*, Laterza, Bari 1997.

Husserl E., *Idee per una fenomenologia pura e per una filosofia fenomenologica* (1912-1928), Einaudi, Torino 1965.

Siegel D. J., *Mappe per la mente. Guida alla neurobiologia interpersonale* (2012), Raffaello Cortina, Milano 2014.

Interazione (ingl. *Interaction*; ted. *Wechselwirkung*; fr. *Interaction*; sp. *Interacción*). Azione o influenza reciproca tra due variabili nel corso della quale ciascuna subisce una modificazione per effetto dell'altra. Esistono diversi tipi di interazione:

1. *Interazione statistica* in relazione ai piani di ricerca statistica della varianza, dove si misura l'effetto di variabili indipendenti rispetto alla variabile dipendente (v. STATISTICA, § I, 3).

2. *Interazione sociale* tra due soggetti, ciascuno dei quali modifica i propri comportamenti in rapporto a quelli dell'altro, anticipandoli o rispondendovi. Una forma universale di interazione ritualizzata è il gioco che è possibile solo in un sistema di anticipazioni e di risposte. Ogni fenomeno di interazione sociale può essere sezionato a diversi livelli dove i vari soggetti compaiono o in quanto occupano una posizione sociale, o in quanto condividono determinati valori, o in quanto chiamati in causa da dinamiche più profonde, per cui la questione del *soggetto* dell'interazione coincide con la questione del *livello* a cui si effettua l'analisi, come è dettagliatamente esposto alla voce RELAZIONE.

L'interazione va distinta dall'INFLUENZA (v.) perché, mentre quest'ultima prevede che le conoscenze, i sentimenti, i comportamenti di un soggetto sono influenzati dalla presenza o dall'azione di un altro soggetto, l'interazione, come precisa Germaine de Montmollin, implica che vi sia *reciprocità*: «Nella misura in cui la percezione del soggetto che percepisce è modificata dall'attesa di una reciprocità, si ha un'interazione sociale. Allo stesso modo, il fatto che il soggetto percepito si sappia percepito può indurlo a modificare la propria apparenza, i propri atteggiamenti, le proprie parole, i propri comportamenti, ossia gli indizi su cui si fondano i giudizi di colui che percepisce; si è pertanto in presenza di un'interazione sociale» (1977, p. 21).

3. *Interazione simbolica*: è l'aspetto del comportamento umano sul quale George Herbert Mead basò la sua teoria secondo cui l'uomo si distingue dagli animali per l'infinità di significati simbolici che è in grado di apprendere e di immagazzinare vedendosi come è visto dagli altri. Questa visione dell'"Altro generalizzato", come vuole l'espressione di Mead (v. ALTRO, § 2), è ciò che consente a ciascuno di assumere dei ruoli sociali la cui somma costituisce il Sé di ognuno, che dunque è il frutto di un'interazione. La teoria simbolico-interazionista di Mead è uno dei presupposti teorici della psichiatria sociale, che addebita la malattia mentale più ai fattori sociali che a quelli genetici, e delle analisi di gruppo (v. GRUPPO, § III), che si propongono di modificare una scorretta interazione simbolica ritenuta responsabile del disagio individuale.

4. *L'interazione dal punto di vista della psicologia sistemica*. In questo ambito si ritiene che, siccome l'essere umano, per vivere, è obbligato a comunicare, ogni processo interattivo passa attraverso la comunicazione perché, come scrive Gregory Bateson, che può essere considerato il fondatore della teoria sistemica, «la comunicazione non riguarda solo la trasmissione verbale esplicita e intenzionale dei messaggi. Nel senso in cui lo utilizziamo, il concetto di comunicazione dovrebbe comprendere tutti i processi attraverso i quali le persone si influenzano reciprocamente. [...] Questa definizione poggia sulla premessa che tutte le azioni e tutti gli avvenimenti, appena sono percepiti dall'essere umano, possiedono degli aspetti comunicazionali. Ciò implica inoltre che una tale percezione modifichi l'informazione di un individuo e, di conseguenza, eserciti un'influenza su di lui» (1951, p. 18). Forme patologiche di una

comunicazione distorta o contraddittoria sono per Bateson la "comunicazione paradossale" e il "doppio legame" (v. COMUNICAZIONE, § 7, *e*; DOPPIO LEGAME). Sempre nell'ambito della teoria sistemica significativi sono i contributi di Ervin Goffman, per il quale l'interazione è un sistema normativo e autoregolato che è a fondamento di ogni cultura, dove i "rituali di interazione" che si praticano quotidianamente negli incontri sociali sono altrettante occasioni per affermare e perpetuare l'ordine sociale.

Bibliografia

Arielli E., *Cognizione e comunicazione. Le basi psicologiche dell'interazione umana*, il Mulino, Bologna 2006.

Austin J. L., *Come fare cose con le parole* (1962), Marietti, Genova 1987.

Bateson G., *Verso un'ecologia della mente* (1972), Adelphi, Milano 1976.

Bateson G., Ruesch J., *La matrice sociale della psichiatria* (1951), il Mulino, Bologna 1976.

Blumer H., *Symbolic interactionism*, Prentice-Hall, Englewood Cliffs, New Jersey, 1969.

De Montmollin G., *L'influenza sociale* (1977), SEI, Torino 1977.

Doise W., Palmonari A. (a cura di), *Interazione sociale e sviluppo della persona*, il Mulino, Bologna 1988.

Goffman E., *La vita quotidiana come rappresentazione* (1959), il Mulino, Bologna 1969.

–, *Il rituale dell'interazione* (1967), il Mulino, Bologna 1988.

–, *Modelli di interazione* (1967-1969), il Mulino, Bologna 1971.

Habermas J., *Lavoro e interazione* (1968), Feltrinelli, Milano 1975.

Hinde R. A., *Le relazioni interpersonali* (1979), il Mulino, Bologna 1982.

Mead G. H., *Mente, Sé e Società* (1934), Giunti Barbera, Firenze 1966.

Stern D. N., *Le interazioni madre-bambino nello sviluppo e nella clinica* (1971-1998), Raffaello Cortina, Milano 1998.

Watzlawick P., Beavin J. H., Jackson D. D., *Pragmatica della comunicazione umana* (1967), Astrolabio, Roma 1971.

Intercritico, Periodo, v. REMISSIONE.

Intercultura, v. PSICOLOGIA CULTURALE; PSICOLOGIA TRANSCULTURALE.

Interdipendenza, v. GRUPPO, § II, 2; PSICOLOGIA SOCIALE, § 4, *c*.

Interdizione (ingl. *Interdiction*; ted. *Entmündigung*; fr. *Interdiction*; sp. *Interdicción*). Termine giuridico che si riferisce alla limitazione dei diritti della persona e, in particolare, della possibilità di disporre dei propri beni in presenza di una condizione di INFERMITÀ MENTALE (v.).

Interemisferica, Connessione – Disconnessione, v. EMISFERO CEREBRALE.

Interesse (ingl. *Interest*; ted. *Interesse*; fr. *Intérêt*; sp. *Interés*). Fattore dominante della motivazione che si traduce in un comportamento osservabile. I parametri per lo studio dell'interesse sono la *durata* che può essere transitoria o stabile, l'*estensione* relativa al numero degli interessi di un individuo da cui dipende il suo maggiore o minore adattamento all'ambiente, e l'*intensità* o grado con cui un interesse si manifesta rispetto ad altri. L'assenza di interessi caratterizza alcune condizioni patologiche come la depressione e alcune forme di schizofrenia, mentre sulla stimolazione degli interessi è fondata la terapia occupazionale (v. ERGOTERAPIA).

Sulla natura dell'interesse esistono diversi pareri: per Johann Friedrich Herbart l'interesse è un'attività spontanea di natura intellettuale che promuove l'attenzione ed è accompagnata da una tensione affettiva; per John Dewey è una forma differenziata dell'emozione che distingue l'uomo, nella sua evoluzione, dall'animale. Su questa matrice biologica si fonda anche la definizione di Édouard Claparède, che considera l'interesse promosso dal bisogno; quest'ultimo desta solo una tendenza, che poi l'interesse specifica, svolgendo una funzione intermediaria tra l'ambiente interno e quello esterno. Per Jean-Ovide Decroly l'interesse, pur rispondendo alla sollecitazione dei bisogni, richiede l'intervento dell'intelligenza e della cultura che favoriscono la funzione globalizzatrice della conoscenza. In questo senso si esprime anche la psicologia della Gestalt, per la quale è l'interesse a far emergere la figura da uno sfondo, promuovendo in questo modo l'attenzione; per William McDougall l'interesse è invece l'attenzione latente, mentre l'attenzione è l'interesse in azione.

Investiti da interesse, gli oggetti assumono un "carattere di invito" che può essere positivo o negativo, provocando comportamenti appetitivi o avversativi (v. ATTRAZIONE – REPULSIONE, TEORIA DELL'). Quando l'interesse è ambivalente si generano stati di conflitto, come nel caso in cui l'interesse si rivolga a motivi di attrazione disapprovati per ragioni di convenienza morale o sociale. Accanto infatti a interessi che promuovono l'approvazione sociale ci possono essere interessi inconfessati verso il prossimo e anche verso se stessi su cui spesso agisce la PSICOLOGIA DELLA PUBBLICITÀ (v.). Gli interessi, che iniziano con i giochi della fanciullezza e proseguono con le passioni e gli hobby dell'età adulta, influiscono sullo sviluppo della personalità, intervenendo sul processo di autoformazione e indirizzando il soggetto verso la scelta dei settori nei quali specializzerà le proprie cognizioni e le proprie abilità. Siccome non ha carattere coercitivo, l'interesse è un buon rivelatore delle singole individualità i cui interessi possono venir evidenziati attraverso opportuni questionari e test.

In pedagogia si è proceduto a organizzare una metodologia dell'apprendimento fondata sul concetto di "interesse" che ha sostituito il concetto di "sforzo". Secondo Decroly, che ne è stato l'ideatore, occorre organizzare tutte le attività scolastiche intorno a "centri di interesse" adatti all'età e dunque pienamente corrispondenti ai relativi bisogni di base, evitando qualsiasi forma di adultismo. In ambito psicoanalitico Sigmund Freud parla di *interesse dell'Io* (v. IO, INTERESSE DELL') a proposito dell'energia di investimento delle pulsioni di autoconservazione in opposizione alla libido o energia di investimento delle pulsioni sessuali, mentre Alfred Adler parla di *interesse sociale* per indicare il desiderio di appartenere a un gruppo, desiderio a suo avviso innato in tutti gli esseri umani (v. SENTIMENTO, § 3).

Bibliografia

Adler A., *Il temperamento nervoso* (1912), Astrolabio, Roma 1950.
Chiari S., *Il problema psicologico degli interessi. Le motivazioni professionali nell'età evolutiva*, La Nuova Italia, Firenze 1973.
Claparède É., *La scuola su misura* (1915), La Nuova Italia, Firenze 1966.
Decroly J.-O., *La funzione di globalizzazione e l'insegnamento* (1929), La Nuova Italia, Firenze 1966.
Dewey J., *Scuola e società* (1949), La Nuova Italia, Firenze 1960.
Freud S., *Introduzione alla psicoanalisi* (1915-1917), in *Opere* (1967-1993), Bollati Boringhieri, Torino, vol. VIII.
Habermas J., *Conoscenza e interesse* (1968), Laterza, Bari 1973.
Herbart J. F., *Pedagogia generale dedotta dal fine dell'educazione* (1806), Cedam, Padova 1946.
McDougall W., *The energies of men*, Methuen, London 1933.

Interfacie, v. PSICOLOGIA SISTEMICA, § 2.

Interferenza, v. APPRENDIMENTO, § II, 3; MEMORIA, § 5, *b*.

Interiorizzazione (ingl. *Interiorization*; ted. *Verinnerlichung*; fr. *Intériorisation*; sp. *Interiorización*). In ambito *sociopsicologico* il termine si riferisce all'adozione da parte di un individuo di valori, atteggiamenti e modelli di comportamento in vigore nel suo gruppo sociale. Gran parte dell'educazione e della socializzazione è volta appunto all'interiorizzazione di quelle norme sociali a cui prima ci si atteneva a causa della punizione o della ricompensa. In ambito *psicoanalitico*, dove si preferisce la parola INTROIEZIONE (v.), si allude al processo con cui relazioni intersoggettive vengono trasformate in relazioni intrasoggettive, come quando la relazione di autorità tra il padre e il figlio viene interiorizzata nella relazione tra Super-io e Io.

Internet, Disturbo da dipendenza da, v. PSICOLOGIA DEI NUOVI MEDIA, § 2.

Interpersonale, Psicologia, v. PSICOLOGIA SOCIALE, § 3, *d*.

Interpretazione (ingl. *Interpretation*; ted. *Interpretation*; fr. *Interprétation*; sp. *Interpretación*). Attribuzione di un significato a un'apertura di senso dove emergono i differenti strati di significato di un testo, di un'immagine, di un segno. L'arte o tecnica dell'interpretazione ha una storia e delle implicanze teoriche ed epistemologiche illustrate alla voce ERMENEUTICA. Qui ci limiteremo all'interpretazione psicoanalitica, che per Sigmund Freud qualifica la psicoanalisi distinguendola da tutte le altre psicologie. L'interpretazione (*Deutung*) di un sogno, di un sintomo, di un lapsus, scrive Freud, consiste nel determinare il suo significato (*Bedeutung*). Per questo occorre cogliere il significato latente (v. CONTENUTO LATENTE – CONTENUTO MANIFESTO) delle produzioni del paziente e, nella cura, comunicarglielo per consentirgli di render conscio l'inconscio. L'interpretazione psicoanalitica si colloca a metà strada tra la spiegazione causale delle scienze naturali e la comprensione fenomenologica d'origine diltheyana e jaspersiana. Come la spiegazione (*erklären*), infatti, l'interpretazione psicoanalitica tenta di stabilire una connessione causale fra gli eventi, e come la comprensione (*verstehen*), oltre a non essere suscettibile di una verifica sperimentale, si situa nello spazio intersoggettivo del rapporto analista-paziente (v. PSICOLOGIA COMPRENSIVA).

Le interpretazioni possono riguardare: il *contenuto* per rivelarne il significato latente senza pronunciarsi sulle forze che l'hanno mantenuto inconscio o sul rapporto terapeuta-paziente; le *resistenze* che si oppongono al tentativo di render consci i processi inconsci; il *transfert* per evidenziare quanto dei propri contenuti inconsci venga proiettato sul terapeuta. I criteri per valutare la correttezza dell'interpretazione sono la risposta del paziente e l'inserimento armonico dell'interpretazione nel contesto generale del materiale emerso, allo stesso modo, come vuole l'esempio di Freud, della posizione di un singolo pezzo nella composizione generale del mosaico. Nel trattamento analitico l'interpretazione ha a che fare con un materiale già interpretato dal sognatore nell'elaborazione secondaria (v. ELABORAZIONE, § 2) che conferisce una certa coerenza agli elementi prodotti dal lavoro del sogno. A questo proposito,

Freud scrive che «alcuni sogni hanno subìto l'elaborazione più profonda da parte di questa funzione psichica, simile al pensiero vigile; sembrano avere un senso, ma questo senso è anche il più distante dal reale significato del sogno. Analizzandoli, ci convinciamo che l'elaborazione secondaria del sogno ha trattato il materiale nel modo più libero, conservando con esso il minor numero di relazioni. Sono sogni che, per così dire, sono già stati interpretati una volta, prima che noi li interpretiamo nella veglia» (1899, p. 449). Ulteriori approfondimenti sul tema dell'interpretazione in ambito psicoanalitico sono reperibili alle voci SOGNO, § II, 3, e SOVRAINTERPRETAZIONE.

Carl Gustav Jung ha distinto due forme di interpretazione, a seconda che il riferimento sia all'*oggetto* dove le figure del sogno sono assunte per ciò che significano nella vita del paziente, o al *soggetto* dove le figure sono considerate espressioni simboliche di motivi psichici inconsci del sognatore (v. SOGNO, § III, 4). Per quanto concerne il metodo, Jung distingue il *metodo riduttivo*, che a suo parere è tipico di Freud, per cui qualcosa è riconducibile a qualcos'altro di già noto e conosciuto, come, ad esempio, istinti e pulsioni sono da ricondurre alla base organica della psiche, dove la ricerca di senso viene a coincidere con la ricerca delle cause (v. CAUSALITÀ), e il *metodo prospettico* o *costruttivo* in base al quale qualcosa è inteso come pregno di un significato non ancora noto o conosciuto, e pertanto la ricerca di senso risponde non a una logica causale, ma a una logica finalistica (v. FINALISMO).

Wilhelm Stekel ha introdotto l'espressione *interpretazione seriale* riferita a una serie consecutiva di sogni dove si chiariscono aspetti onirici rimasti oscuri all'interpretazione del singolo sogno, mentre Herbert Silberer ha chiamato *interpretazione anagogica* quella che invece di ricondurre il simbolismo onirico alle forze istintuali, come l'interpretazione psicoanalitica, ne esplicita i significati ideali universali. Freud ha criticato questo tipo di interpretazione che a suo parere segna un ritorno a idee pre-psicoanalitiche, se non addirittura a processi di RAZIONALIZZAZIONE (v.) o a formazioni reattive (v. FORMAZIONE REATTIVA) frequenti in chi non accetta la matrice istintuale (v. FENOMENO FUNZIONALE), mentre Ernest Jones accosta l'interpretazione anagogica di Silberer all'interpretazione "prospettica" di Jung per il quale il simbolismo onirico non è necessariamente riducibile all'istintualità sessuale, perché talvolta può essere espressione di una tensione volta al raggiungimento di un ideale da realizzare, per cui, scrive Jung, «non trarrebbe origine da alcunché, ma semmai vorrebbe diventare qualcosa» (1921, p. 488; v. COSTRUTTIVO, METODO).

Bibliografia

Aversa L., *Interpretazione e individuazione. Progetto ermeneutico per la psicologia analitica*, Borla, Roma 1987.
Bion W. R., *Attenzione e interpretazione* (1970), Armando, Roma 1973.
Freud S., *L'interpretazione dei sogni* (1899), in *Opere* (1967-1993), Bollati Boringhieri, Torino, vol. III.
–, *L'impiego dell'interpretazione dei sogni nella psicoanalisi* (1911), in *Opere*, cit., vol. VI.
–, *Sogno e telepatia* (1922), in *Opere*, cit., vol. IX.
Jones E., *Teoria del simbolismo. Scritti sulla sessualità femminile e altri saggi* (1912), Astrolabio, Roma 1972.
Jung C. G., *Simboli della trasformazione* (1912-1952), in *Opere* (1969-2007), Bollati Boringhieri, Torino, vol. V.
–, *Tipi psicologici* (1921), in *Opere*, cit., vol. VI.
Rosenfeld H., *Comunicazione e interpretazione. Fattori terapeutici e antiterapeutici nel trattamento psicoanalitico dei pazienti psicotici, borderline e nevrotici* (1987), Bollati Boringhieri, Torino 1989.
Silberer H., *Problemi della mistica e del suo significato simbolico. Riflessioni sull'approccio junghiano* (1914), Vivarium, Milano 1999.
Stekel W., *Die Sprache des Traumes. Eine Darstellung der Symbolik und Deutung des Traumes in ihren Beziehungen zur kranken und gesunden Seele für Ärzte und Psychologen*, Bergmann, Wiesbaden 1911.
Trevi M., *Interpretatio duplex*, Borla, Roma 1986.

Interpsichico, v. INTRAPSICHICO – INTERPSICHICO.

Intersessualità, v. ERMAFRODITISMO.

Intersoggettività (ingl. *Intersubjectivity*; ted. *Intersubjektivität*; fr. *Intersubjectivité*; sp. *Intersubjetividad*). Comunione delle soggettività che rende possibile un mondo oggettivo in quanto prodotto da convenzioni adottate da tutti i soggetti. Tale è, ad esempio, la produzione scientifica ottenuta dall'assunzione di ipotesi comuni che prescindono dai punti di vista dei singoli soggetti. In questa accezione, inaugurata da René Descartes, l'intersoggettività astrae dalle psicologie individuali. Accanto a questo concetto di origine cartesiana ne esiste uno storico-ermeneutico inaugurato da Edmund Husserl, secondo il quale ogni soggetto, implicando l'esistenza dell'altro, porta già in sé il deposito di una tradizione intersoggettiva che ha carattere storico e che consente ad ognuno di vivere secondo esperienze comuni. Infatti, scrive Husserl, «siamo dei molteplici soggetti sensibili, ma, in quanto comunichiamo, il senso di tutti serve ad ogni soggetto, e ciò in modo tale che ognuno si trova di fronte a un mondo che si è costituito con tutti questi sensi e sa che, per questo rispetto, esperisce un mondo uguale a quello degli altri. È come se ci fosse un mondo collettivo correlativo a un soggetto unico» (1912-1928, p. 126).

Bibliografia

Airenti G., *Intersoggettività e teoria della mente. Le origini cognitive della comunicazione*, Bollati Boringhieri, Torino 2003.
Carli L., Rodini C. (a cura di), *Le forme dell'intersoggettività*, Raffaello Cortina, Milano 2008.
Descartes R., *Discorso sul metodo* (1637), in *Opere*, Laterza, Bari 1986, vol. I.
Husserl E., *Idee per una fenomenologia pura e per una filosofia fenomenologica* (1912-1928), Einaudi, Torino 1965.
Lavelli M., *Intersoggettività. Origini e primi sviluppi*, Raffaello Cortina, Milano 2007.
Masullo A., *Lezioni sull'intersoggettività. Fichte e Husserl* (1964), Editoriale Scientifica, Napoli 2005.
Mitchell S. A., *Il modello relazionale. Dall'attaccamento all'intersoggettività* (2000), Raffaello Cortina, Milano 2002.
Orange D. M., Atwood G. E., Stolorow R. D., *Intersoggettività e lavoro clinico. Il contestualismo nella pratica psicoanalitica* (1997), Raffaello Cortina, Milano 1999.

Intervista, v. Colloquio – Intervista.

Intimità (ingl. *Intimacy*; ted. *Intimität*; fr. *Intimité*; sp. *Intimidad*). Termine che fa riferimento alla sfera dei sentimenti e degli affetti gelosamente custoditi nei confronti della curiosità e dell'indiscrezione altrui. L'intimità si riscontra nella confidenza e nella reciproca intesa tra due o più persone che, pur nel rispetto delle singole identità, coinvolge diversi piani: da quello corporeo a quello sessuale, da quello psicologico a quello intellettuale e spirituale. Secondo Eric Berne l'intimità, insieme alla consapevolezza (v. Coscienza) e alla Spontaneità (v.), è una delle tre caratteristiche che concorrono al conseguimento dell'autonomia (v. Autonomia – Eteronomia) che, per l'Analisi transazionale (v.), è la meta ideale del processo di cambiamento. Secondo Willy Pasini, oggi l'intimità corre due rischi da lui definiti: l'"extimità" tipica di chi, spacciandola per sincerità, espone in pubblico la propria intimità per ragioni esibizionistiche, e la "cyberintimità" con riferimento ai nuovi media (sms, e-mail, video) che cambiano le forme e le leggi del discorso amoroso. Sul versante sociologico Georg Simmel legge l'intimità come una difesa dell'integrità della persona dalla pressione delle relazioni sociali che, se da un lato mettono a disposizione le risorse materiali e simboliche per la costruzione della propria identità, dall'altro non escludono il rischio della propria alienazione. Per effetto di questa ambivalenza l'individuo è sempre sospeso tra autonomia e dipendenza.

Bibliografia

Berne E., *Analisi transazionale e psicoterapia* (1961), Astrolabio, Roma 1971.
Galimberti U., *La casa di psiche e il crollo delle sue mura*, in Id., *Psiche e techne. L'uomo nell'età della tecnica* (1999), Feltrinelli, Milano 2016, pp. 642-679.
Hochschild A. R., *Per amore o per denaro. La commercializzazione della vita intima* (2003), il Mulino, Bologna 2006.
Jullien F., *Sull'intimità* (2013), Raffaello Cortina, Milano 2014.
Meares R., *Intimità e alienazione. Il Sé e le memorie traumatiche in psicoterapia* (2000), Raffaello Cortina, Milano 2005.
Norsa D., Zavattini G. C., *Intimità e collusione. Teoria e tecnica della psicoterapia di coppia*, Raffaello Cortina, Milano 1999.
Pasini W., *La riscoperta dell'intimità. Tra sesso e computer la rivincita dei sentimenti*, Mondadori, Milano 2009.
Simmel G., *Sull'intimità* (1901-1908), Armando, Roma 1996.

Intoppo, v. Blocco.

Intrapsichico – Interpsichico (ingl. *Intrapsychic-Interpsychic*; ted. *Intrapsychisch-Interpsychisch*; fr. *Intrapsychique-Interpsychique*; sp. *Intrapsíquico-Interpsíquico*). Coppia di termini impiegata per indicare il luogo di una dinamica psichica che può essere all'interno del soggetto tra due o più istanze psichiche (intrapsichico), o tra il soggetto e altri soggetti (interpsichico). Sinonimi di intrasoggettivo e intrapersonale contrapposti a intersoggettivo e interpersonale, questi termini sono utilizzati dalla psicologia del profondo nell'interpretazione dei sogni, a seconda che questa faccia riferimento ai personaggi reali indicati dal sogno (*interpretazione interpsichica*) o ai contenuti psichici rappresentati da detti personaggi reali (*interpretazione intrapsichica*).

Intratensivo, Tipo, v. Tipologia, § 2.

Intrauterino (ingl. *Intrauterine*; ted. *Intrauterin*; fr. *Intrautérin*; sp. *Intrauterino*). Termine anatomico riferito a ciò che si trova all'interno dell'utero. In psicoanalisi il termine è adottato in ordine a quei sogni o a quelle fantasie che esprimono il desiderio di ritornare nell'utero materno. Questa Regressione (v.) è letta dalla psicologia analitica come elemento di una più elaborata fantasia di Rinascita (v.).

Intreccio pulsionale (ingl. *Intertwining of drives*; ted. *Triebverschränkung*; fr. *Entrelacement pulsionnel*; sp. *Entrelaziamento pulsional*). Termine introdotto da Alfred Adler e poi ripreso da Sigmund Freud, che ne fornisce due esempi nel caso clinico del piccolo Hans, per indicare quella situazione in cui lo stesso Oggetto (v. § 1) serve al soddisfacimento di più pulsioni (v. Pulsione, § 1, *d*).

Bibliografia

Adler A., *Der Aggressionstrieb im Leben und in der Neurose*, in "Fortschritte der Medizin", 1908, vol. 26.

Freud S., *Analisi della fobia di un bambino di cinque anni (Caso clinico del piccolo Hans)* (1908), in *Opere* (1967-1993), Bollati Boringhieri, Torino, vol. V.
–, *Metapsicologia* (1915), in *Opere*, cit., vol. VIII.

Introcezione, v. INTROSPEZIONE.

Introiezione (ingl. *Introjection*; ted. *Introjektion*; fr. *Introjection*; sp. *Introyección*). Processo attraverso il quale viene incorporata nel sistema dell'Io la rappresentazione mentale di un oggetto esterno, per cui il rapporto dell'Io con l'oggetto si trasforma nel rapporto dell'Io con l'immagine dell'oggetto introiettato. Il termine "introiezione" è stato coniato in simmetria con quello di PROIEZIONE (v. § 3) da Sándor Ferenczi: «Mentre il paranoico espelle dal proprio Io gli impulsi divenuti spiacevoli, il nevrotico cerca una soluzione accogliendo nell'Io quanto può del mondo esterno e facendolo oggetto di fantasie inconsce. [...] Questo processo che è l'opposto della proiezione potrebbe essere chiamato *introiezione*» (1909, p. 84). Il concetto è stato accolto da Sigmund Freud che in proposito dice: «L'originario Io-piacere vuole [...] introiettare in sé tutto il bene e rigettare da sé tutto il male. Per l'Io ciò che è male, ciò che è estraneo all'Io, ciò che si trova al di fuori, sono in un primo tempo identici» (1925, p. 199).

L'introiezione è caratterizzata dal suo legame con l'INCORPORAZIONE (v.) anche se il limite somatico, che è il prototipo di ogni separazione tra interno ed esterno, viene sostituito, nell'introiezione, dal limite dell'APPARATO PSICHICO (v.), dove l'opposizione introiezione-proiezione si esprime secondo il modello dell'incorporazione o, come scrive Freud, «nel linguaggio dei più antichi moti pulsionali orali: questo lo voglio mangiare o lo voglio sputare e, in una versione successiva: questo lo voglio introdurre in me e questo escluderlo da me» (*ibid.*). Il concetto è ripreso da Melanie Klein a proposito dell'introiezione degli oggetti "buoni" e della proiezione di quelli "cattivi" con successiva reintroiezione (v. KLEINIANA, TEORIA, § 1). L'introiezione può essere considerata sia una *difesa* in quanto protegge dall'angoscia di separazione, sia un normale processo di sviluppo in quanto permette di svincolarsi dagli oggetti esterni e raggiungere progressivamente l'autonomia (v. AUTONOMIA – ETERONOMIA). L'introiezione è alla base della formazione del Super-io attraverso l'interiorizzazione della figura del padre ed è intimamente connessa alla teoria freudiana dell'IDENTIFICAZIONE (v.). Secondo Carl Gustav Jung, «l'introiezione è un processo di estroversione in quanto l'assimilazione dell'oggetto richiede una immedesimazione, una presa di possesso dell'oggetto. Si possono distinguere un'introiezione *passiva* e una *attiva*. Alla prima forma appartengono i processi di *traslazione* nel trattamento delle nevrosi e in genere tutti i casi nei quali l'oggetto esercita un'attrazione assoluta sul soggetto; alla seconda forma appartiene l'*immedesimazione* come processo di adattamento» (1921, p. 466).

Anche la psicologia sociale parla di introiezione a proposito dell'accoglimento delle norme e dei valori sociali, da parte del singolo individuo, all'interno della propria struttura motivazionale e comportamentale, e distingue questo processo dalla *socializzazione* in cui la conformità alle norme e ai valori condivisi non è necessariamente interiorizzata.

Bibliografia

Abraham K., *Tentativo di una storia evolutiva della libido sulla base della psicoanalisi dei disturbi psichici* (1924), in *Opere*, Bollati Boringhieri, Torino 1975, vol. I.
Allport G. W., *Divenire. Fondamenti di una psicologia della personalità* (1955), Editrice Universitaria, Firenze 1963.
Erikson E. H., *Infanzia e società* (1950), Armando, Roma 1968.
Ferenczi S., *Introiezione e transfert* (1909), in *Opere* (1989-1992), Raffaello Cortina, Milano, vol. I.
–, *Il concetto di introiezione* (1912), in *Opere*, cit., vol. I.
Freud S., *La negazione* (1925), in *Opere* (1967-1993), Bollati Boringhieri, Torino, vol. X.
Jung C. G., *Tipi psicologici* (1921), in *Opere* (1969-2007), Bollati Boringhieri, Torino, vol. VI.
Klein M., *Il lutto e la sua connessione con gli stati maniaco-depressivi* (1940), in *Scritti 1921-1958*, Bollati Boringhieri, Torino 1978, pp. 326-354.

Introspezione (ingl. *Introspection*; ted. *Introspektion*; fr. *Introspection*; sp. *Introspección*). Osservazione dei propri contenuti psichici. Si distinguono un'introspezione *simultanea* in cui l'osservazione avviene contemporaneamente al compiersi dell'evento psichico, e un'introspezione *retroattiva* in cui i fatti psichici vengono esaminati dopo il loro svolgimento. Inizialmente utilizzata dalla psicologia sperimentale (v. INTROSPEZIONISMO) come metodo di indagine dei processi psichici superiori, fu da questa successivamente abbandonata per sopravvivere come strumento conoscitivo in tutte le correnti psicologiche non comportamentiste e, in particolare, nella psicologia clinica, dove è di notevole rilevanza il resoconto del vissuto soggettivo, e nella psicoterapia, dove è il naturale presupposto dell'interazione tra terapeuta e paziente. La psicoanalisi distingue tra *introspezione* come ininterrotta ricerca nella propria interiorità a sfondo narcisistico, e *autoosservazione* che è un esame il più possibile oggettivo di sé (v. AUTOOSSERVAZIONE). Uno degli scopi del trattamento analitico è quello di diminuire l'aspetto narcisistico dell'introspezione e di accrescere la capacità di autoosservazione e di INSIGHT (v.). In neurobiologia al termine "introspezione" si preferisce il termine *introcezione* intesa come la capacità di sapere ciò che proviamo e di diventare consapevoli dei nostri stati fisici ed emozionali. Secondo Daniel J. Siegel, «questa forma di consapevolezza sembra coinvolgere l'attività dell'insula anteriore ed è correlata alla capacità di empatia per ciò che provano gli altri» (2012, p. 28).

Bibliografia

Ferruzzi F., *L'introspezione nella storia della psicologia*, Bulzoni, Roma 1982.

Kohut H., *Introspezione ed empatia. Raccolta di scritti* (1959-1981), Bollati Boringhieri, Torino 2003.

Lyons W., *La scomparsa dell'introspezione* (1986), il Mulino, Bologna 1993.

Siegel D. J., *La mente relazionale. Neurobiologia dell'esperienza interpersonale* (2012), Raffaello Cortina, Milano 2013.

Introspezionismo (ingl. *Introspectionism*; ted. *Introspektionismus*; fr. *Introspectionnisme*; sp. *Introspeccionismo*). Con questo termine ci si riferisce all'orientamento psicologico, inaugurato da Wilhelm Maximilian Wundt, convenzionalmente riconosciuto come prima espressione di psicologia scientifica e sperimentale, perché adotta il modello della chimica di fine Ottocento nel tentativo di dare forma scientifica a descrizioni altrimenti affidate alla sola intuizione soggettiva. Wundt ritiene che i processi mentali, al pari delle strutture chimiche, possano essere risolti nei loro elementi semplici o atomici, e sottoposti ad analisi come avviene per gli elementi chimici. Ciò spiega le diverse denominazioni di questo orientamento psicologico, noto anche come *elementarismo*, *atomismo* o *strutturalismo*, legate al metodo introspettivo utilizzato da Wundt nell'analisi dei dati della coscienza, ordinati, percorrendo i processi mentali, in quattro fasi: la *stimolazione*, la *percezione* che rende il dato psichico consaputo, l'*appercezione* che ne consente l'identificazione, e la *volontà* che suscita la reazione psichica del soggetto. In tal modo la psicologia si emancipa dalla filosofia, nel cui ambito era cresciuta, per configurarsi come scienza della processualità dell'esperire, attraverso l'autoosservazione e la successiva scomposizione dell'osservato nei contenuti elementari della coscienza, in vista della scoperta delle leggi che regolano la loro successione e combinazione. A questo scopo Wundt procedeva presentando uno stimolo, che poteva essere un oggetto, un'immagine, una parola, e successivamente invitava il soggetto stimolato a render conto della sua esperienza e dei cambiamenti che subiva l'esperienza stessa a seconda dei diversi stimoli presentati.

Questo metodo ebbe un suo seguito con Edward Bradford Titchener, allievo di Wundt, che fondò la scuola dello *strutturalismo*, all'interno della quale, perfezionando il metodo di Wundt, chiedeva ai soggetti sottoposti a sperimentazione di riferire ogni sensazione sotto il profilo della qualità, dell'intensità, della durata e della chiarezza. L'introspezione titcheneriana poneva la sua attenzione soprattutto sulla sensazione di cui il soggetto era cosciente e che quindi era in grado di riferire mediante l'introspezione, fino a giungere alla conclusione che il soggetto che dorme, non essendo cosciente, esula dall'indagine psicologica.

Successivamente, Oswald Külpe abbandona il sensorialismo titcheneriano per passare allo studio del pensiero logico, del giudizio e della relazione tra diversi concetti, invitando il soggetto a riferire le modalità secondo le quali il suo procedimento mentale si era articolato. E tutto ciò perché Külpe rifiuta la riduzione dei processi psichici superiori ai modelli interpretativi elaborati dalla PSICOFISICA (v.), incapaci, a suo parere, di riferire il contenuto psicologico e il modo con cui l'individuo lo vive soggettivamente. Solo con l'*introspezione provocata*, mediante la quale il soggetto riferisce ciò che intercorre tra il compito assegnato e la risposta, si può avere una descrizione dei fenomeni che si producono nel soggetto. Dopo Külpe, Narziss Kaspar Ach e Albert Edouard Michotte stabiliscono un'importante distinzione tra il *contenuto* che è ispezionabile con l'introspezione, e la *funzione* che non è descrivibile introspettivamente, ma solo retrospettivamente, perché è impossibile, ad esempio, provare simultaneamente l'emozione della paura e analizzarla, esattamente come avviene nello studio del mondo subatomico, dove l'energia richiesta per osservare il fenomeno altera il fenomeno stesso.

La psicologia introspezionista è stata fortemente criticata dalla psicologia comportamentista (v. COMPORTAMENTISMO) di John Broadus Watson, secondo il quale l'introspezione informativa è inadatta a cogliere i processi psichici, in quanto esprime non ciò che realmente avviene, ma piuttosto *come* il soggetto *pensa* che la cosa sia avvenuta, e si esaurisce con la comparsa della PSICOLOGIA DELLA GESTALT (v.), che sconfessa il modello titcheneriano della "struttura mentale" come risultato della somma di molteplici elementi semplici, perché con l'adozione del metodo fondato sul "globalismo fenomenologico" si ha la possibilità di osservare il vissuto nel suo organizzarsi e nelle leggi che lo regolano. Solo in seguito la teoria introspezionista o elementarista è stata ripresa e sviluppata dall'ASSOCIAZIONISMO (v.).

Bibliografia

Ach N. K., *Analyse des Willens*, Urban & Schwarzenberg, Berlin 1935.

Koffka K., *Principi di psicologia della forma* (1935), Bollati Boringhieri, Torino 1970, nuova edizione riveduta 2006.

Külpe O., *Vorlesungen über Psychologie* (1912, edito postumo), Hirzel, Leipzig 1920 (edito postumo).
Michotte A. E., *La percezione della causalità* (1946), Giunti Barbera, Firenze 1972.
Soro G., *Il soggetto senza origini. La soggettività empirica nella fondazione wundtiana della psicologia sperimentale*, Raffaello Cortina, Milano 1991.
Titchener E. B., *Experimental psychology. A manual of laboratory practice*, Macmillan, New York 1901-1905.
Watson J. B., *La psicologia così come la vede il comportamentista* (1913), in *Antologia degli scritti*, il Mulino, Bologna 1976.
Wundt W. M., *Grundzüge der physiologischen Psychologie*, Engelmann, Leipzig 1873-1874.
–, *Lineamenti di psicologia* (1896), in *Scritti scelti*, Utet, Torino 2006.

Introversione, v. ESTROVERSIONE – INTROVERSIONE.

Intuizione (ingl. *Intuition*; ted. *Intuition*; fr. *Intuition*; sp. *Intuición*). Comprensione di qualcosa senza mediazione concettuale. Il termine, di pertinenza più filosofica che psicologica, quando non è impiegato in senso generico ha una caratterizzazione differente a seconda del campo di applicazione:

1. EPISTEMOLOGIA GENETICA. Secondo Jean Piaget l'intuizione è un aspetto del pensiero del bambino dai 4 ai 6 anni, quando ancora non possiede la capacità di definire i concetti se non indicando gli oggetti corrispondenti in ordine al loro uso, in funzione dell'azione del momento e in uno spazio egocentrico (v. EGOCENTRISMO). Qui l'intuizione prolunga gli schemi percettivo-motori del periodo preverbale e prepara le nozioni tecniche che si svilupperanno con la crescita.

2. PSICOLOGIA DELLE VISIONI DEL MONDO. In questo ambito l'intuizione è un ATTEGGIAMENTO (v. § 3) che Karl Jaspers così definisce: «L'atteggiamento intuitivo non è un guardare rapido e distratto, bensì uno sprofondare in se stessi. Non è già che si metta in sodo ancora una volta ciò che si sapeva già prima, bensì ci si impadronisce di qualcosa di nuovo e di adempiuto in un processo della perspicuità che si sviluppa. Tutto quanto l'intuitivo è compreso nella scissione di soggetto e oggetto, ma il suo movimento oscilla fra il soggetto e l'oggetto in tal modo che esiste in esso una coscienza della contiguità, dell'affinità, della parentela con l'oggetto, laddove l'atteggiamento razionale crea la distanza tutta intera, e l'atteggiamento mistico la abolisce tutta, eliminando la scissione di soggetto e oggetto» (1919, p. 81).

3. PSICHIATRIA FENOMENOLOGICA. Qui l'intuizione designa un tipo di conoscenza diversa dalle altre: o per la *modalità* con cui si riferisce all'oggetto, come dice Henri Bergson quando definisce l'intuizione una conoscenza immediata e irrazionale, o per il *tipo* di oggetto indagato, come vuole l'insegnamento di Edmund Husserl a proposito dell'intuizione *eidetica*, che è relativa all'essenza delle cose, rispetto all'intuizione *empirica* che coglie gli oggetti individuali. Rifacendosi a Bergson e a Husserl, Eugène Minkowski scrive: «Il semplice sguardo non è sufficiente a cogliere la peculiarità del fenomeno vissuto, qui occorre l'intuizione analogica che è l'atto fenomenologico che non cerca né la causa né la conseguenza di quello, ma si sforza, penetrandolo, di esaurirne il contenuto. [...] Il nostro scopo sarà di afferrare sul vivo il fatto psicopatico nel momento stesso in cui si produce, nel suo tenore vivente e secondo la risonanza particolare che esso trova in noi» (1937, pp. 40-42). Dal canto suo Ludwig Binswanger ritiene che la sola descrizione degli aspetti caratteristici dei "mondi" dei malati, l'analisi del vissuto e delle forme d'esistenza non bastano, occorre spingere l'intuizione al limite massimo cercando di «esaminare la peculiarità di questi mondi nel loro costituirsi, in altre parole, studiarne i momenti strutturali costitutivi, e chiarire le reciproche differenze costitutive» (1960, p. 21).

4. PSICOLOGIA ANALITICA. Carl Gustav Jung considera l'intuizione una delle quattro funzioni della psiche (v. FUNZIONE, § 2, *b*) accanto al PENSIERO (v.), alla SENSAZIONE (v.) e al SENTIMENTO (v.). Suo compito è «trasmettere le percezioni per via inconscia. [...] L'intuizione si presenta in forma *soggettiva* o *oggettiva*; la prima è la percezione di fatti psichici inconsci di provenienza essenzialmente soggettiva; la seconda è la percezione di dati di fatto basati su percezioni subliminali relative all'oggetto e su pensieri e sentimenti subliminali da queste determinati. Occorre distinguere anche forme *concrete* e *astratte* di intuizione, a seconda del grado di compartecipazione della sensazione. L'intuizione concreta fornisce percezioni riguardanti la realtà di fatto delle cose, mentre l'intuizione astratta fornisce la percezione di connessioni ideali. L'intuizione concreta è un processo reattivo giacché deriva direttamente da situazioni di fatto già date. Per contro, l'intuizione astratta ha bisogno, al pari della sensazione astratta, di un determinato elemento che la indirizzi, di una volontà o di un'intenzione. L'intuizione è, come la sensazione, una caratteristica della psicologia infantile e primitiva. Essa fornisce al bambino e al primitivo, di contro al forte risalto posseduto dalle impressioni sensoriali, la percezione delle immagini mitologiche, stadi preliminari delle idee. L'intuizione si comporta nei riguardi della sensazione in senso compensatorio ed è, al pari di questa, la matrice da cui prende le mosse lo sviluppo del pensare e del sentire come

funzioni razionali. L'intuizione è una forma irrazionale, quantunque molte intuizioni possano in seguito essere scomposte nelle loro componenti così che anche il loro prodursi può essere messo d'accordo con le leggi della ragione» (1921, pp. 467-468). Sulle tracce del suo maestro Eugen Bleuler che aveva introdotto il concetto di *intuizione delirante* come sintomo accessorio della patologia schizofrenica, Jung parla di *intuizione patologica* a proposito di quelle intuizioni che non hanno alcuna relazione con il contenuto della percezione e che il soggetto assume come certezze indubitabili e indiscutibili, inaccessibili a qualsiasi critica.

5. Psicologia della Gestalt. In questo ambito l'intuizione si riferisce a quella forma di apprendimento globale che avviene come ristrutturazione del campo mentale, con conseguente riorganizzazione subitanea di esperienze passate che vengono integrate in un assetto nuovo. Questa forma di intuizione, che la psicologia della Gestalt nomina Insight (v. § 1), è stata accolta anche dalla psicoanalisi che, adottando il termine, ha distinto un *insight* intellettivo che è la capacità di capire razionalmente le proprie dinamiche psichiche, e un *insight* emotivo che comporta una partecipazione affettiva (v. Insight, § 2; Psicologia della Gestalt, § II, 8).

Bibliografia

Bergson H., *Saggio sui dati immediati della coscienza* (1889), Raffaello Cortina, Milano 2002.
Binswanger L., *Melanconia e mania* (1960), Bollati Boringhieri, Torino 1971.
Bleuler E., *Trattato di psichiatria* (1911-1939, aggiornato da M. Bleuler dal 1940 al 1960), Feltrinelli, Milano 1967.
Brouwer L. E. J., *Lezioni sull'intuizionismo. Cambridge 1946-1951*, Bollati Boringhieri, Torino 1983.
Jaspers K., *Psicologia delle visioni del mondo* (1919), Astrolabio, Roma 1950.
Jung C. G., *Tipi psicologici* (1921), in *Opere* (1969-2007), Bollati Boringhieri, Torino, vol. VI.
Köhler W., *La psicologia della Gestalt* (1929), Feltrinelli, Milano 1961.
Le Roy É., *La pensée intuitive*, Boivin, Paris 1929.
Masullo A., *Intuizione e discorso* (1955-1964), in Id., *I volti del pensare e il rischio dell'agire*, Editoriale Scientifica, Napoli 2013.
Minkowski E., *La psychopathologie: son orientation, ses tendences*, in "L'Évolution Psychiatrique", 1937, n. 3.
Piaget J., *La nascita dell'intelligenza nel bambino* (1936), La Nuova Italia, Firenze 1977.
Schafer R., *Linguaggio e insight* (1971), Astrolabio, Roma 1978.

Invecchiamento, v. Psicologia dell'invecchiamento.

Inversione, v. Omosessualità.

Investimento (ingl. *Cathexis*; ted. *Besetzung*; fr. *Investissement*; sp. *Investimiento*). Detto anche *carica psichica*, o *catexi*, il termine è impiegato in ambito psicoanalitico per designare l'adesione di una quantità di energia psichica (v. Libido, § 1, *a*) a un oggetto, a una rappresentazione, o a una parte del corpo. Sigmund Freud, che ha introdotto questo concetto nella prospettiva economico-dinamica dell'Apparato psichico (v.), distingue:

a) due *forme* principali di energia di investimento: quella "libera", propria del processo primario (v. Processo primario – Processo secondario), che scorre nel modo più rapido e diretto possibile verso la scarica, e quella "legata", propria del processo secondario, il cui movimento verso la scarica è ritardato e controllato (v. Libido, § 1, *e*);

b) tre *qualità* di energia di investimento: sessuale, aggressiva e neutralizzata, che è l'energia desessualizzata e deaggressivizzata messa a disposizione delle attività sublimate (v. Neutralizzazione);

c) cinque *modalità* in cui può esprimersi l'energia di investimento: assenza di investimento (acatexi), sottoinvestimento, sovrainvestimento, disinvestimento, controinvestimento.

Il concetto di "investimento" ha come suo sfondo teorico la neurologia di fine Ottocento che parla di spostamenti di eccitabilità nel sistema nervoso. Freud applica questa ipotesi al trattamento dell'isteria dove la cura consiste nel ripristinare i nessi tra il ricordo dell'evento traumatico e l'affetto rimosso, favorendo così la scarica o l'Abreazione (v.). La scomparsa dei sintomi somatici è una conseguenza dell'affiorare di esperienze affettive rimosse, così come la creazione del sintomo avviene per conversione dell'energia psichica (v. Conversione), separata dal ricordo dell'evento traumatico, in energia di Innervazione (v.).

Pur essendo uno dei concetti fondamentali della teoria psicologica di Freud, in nessuna sua opera è possibile trovare una trattazione teorica precisa dei processi di investimento in termini psicologici, per il presupposto neurofisiologico che Freud attenua nello sviluppo del suo pensiero senza mai rinunciarvi. Oggi la psicoanalisi parla di:

a) *investimento dell'Io*, quando l'energia psichica è legata alla porzione conscia dell'Io e ai fenomeni all'Io connessi quali l'attenzione, il pensiero e la coscienza;

b) *investimento della fantasia*, quando l'energia psichica è legata a formazioni di desiderio o alle fonti inconsce delle fantasie. Sia l'investimento dell'Io che l'investimento della fantasia sono in relazione con il narcisismo primario (v. Narcisismo, § 1);

c) investimento oggettuale, quando l'energia psichica è legata a un oggetto esterno o alla sua rappresentazione nella mente dell'individuo. L'investimento oggettuale è meno stabile delle altre due forme ed è associato a manifestazioni di narcisismo secondario (v. NARCISISMO, § 2).

Le modalità in cui può esprimersi l'energia di investimento sono:

1. *Acatexi* o assenza di investimento. Il termine è impiegato anche al di fuori della teoria psicoanalitica per indicare assenza emotiva in ordine a determinate idee o vissuti, o per il legame tra affetto e idea che riveste un alto significato per il soggetto.

2. *Sottoinvestimento*, quando la carica di energia psichica investita è scarsa o comunque non adeguata all'importanza che l'oggetto di investimento sembra possedere per il soggetto.

3. *Sovrainvestimento* o *superinvestimento*, quando si è in presenza di un eccesso di carica psichica. Freud utilizza il termine soprattutto in riferimento al processo dell'attenzione nell'ambito della sua teoria della coscienza: «Se appare un segno di realtà, l'investimento percettivo che già è simultaneamente presente deve essere sovraccaricato» (1895, p. 269); e inoltre come difesa di fronte ai traumi: «In tutta una serie di traumi la differenza fra i sistemi impreparati e quelli preparati, perché sovrainvestiti, può essere il fattore che decide l'esito finale» (1920, pp. 217-218).

4. *Disinvestimento*, che è il ritiro della carica psichica da una rappresentazione, un oggetto, un'istanza. L'energia resa disponibile può essere utilizzata per un'altra rappresentazione, un altro oggetto, un'altra istanza. Freud utilizza questo concetto per spiegare ad esempio il NARCISISMO (v.), dove l'investimento sull'Io aumenta proporzionalmente al disinvestimento dagli oggetti.

5. *Controinvestimento*, che è un'attività difensiva dell'Io che investe di energia psichica rappresentazioni capaci di ostacolare l'accesso di desideri inconsci o rappresentazioni spiacevoli alla coscienza e alla motilità. Per Freud il controinvestimento si verifica su un elemento del sistema preconscio-conscio simbolicamente associato alla rappresentazione rimossa. Detto elemento differisce in relazione alle varie forme di nevrosi: nella nevrosi fobica (v. FOBIA, § 1) l'elemento controinvestito è un sostituto, oggetto di particolare vigilanza, destinato a mantenere rimossi desideri e fantasmi connessi; nell'isteria di conversione (v. ISTERIA, § 1, *b*) l'elemento controinvestito è l'organo o apparato corporeo su cui si instaura il sintomo somatico; mentre nella nevrosi ossessiva (v. OSSESSIONE, § 2) ciò che viene controinvestito è un elemento esattamente opposto alla rappresentazione inconscia, come, ad esempio, un'eccessiva tendenza all'igiene che si oppone a desideri anali. In alcuni casi, soprattutto di nevrosi ossessiva, l'Io può sviluppare una controcarica psichica, oltre che verso le rappresentazioni rimosse, anche nei confronti del Super-io e dei sensi di colpa.

Secondo Otto Fenichel tutti i meccanismi di difesa (v. DIFESA), eccetto la SUBLIMAZIONE (v.), utilizzano il processo di controinvestimento; infatti, mentre nella sublimazione l'energia psichica continua a fluire liberamente, canalizzata verso un oggetto e uno scopo differenti rispetto a quelli originari, nelle altre forme difensive, scrive Fenichel, «le controcariche psichiche non trasformano in qualcos'altro gli istinti repressi, piuttosto li sopprimono. Tentano semplicemente di arrestare il loro scarico, e in questo modo li forzano a perdere il nesso con il resto della personalità e a rimanere immutati nell'inconscio» (1945, p. 163). L'uso di una controcarica psichica richiede un consumo permanente di energia da parte dell'Io, con impoverimento delle capacità razionali, stanchezza eccessiva e insufficiente controllo sulle emozioni. Un blocco delle funzioni dell'Io può verificarsi nella nevrosi traumatica (v. TRAUMA, § 2), in cui tutta l'energia psichica è concentrata a creare controinvestimenti indispensabili a dominare l'eccessiva eccitazione proveniente dall'esterno.

Nonostante il largo impiego nel linguaggio psicoanalitico, il concetto di investimento o carica psichica pone problemi che sono da un lato l'impossibilità di accordare l'ipotesi economico-dinamica con le attuali conoscenze di neurofisiologia riguardanti gli effetti di stimolo nel sistema nervoso centrale, dall'altro l'opportunità di usare, per una migliore spiegazione dei fatti clinici, le più recenti ipotesi della CIBERNETICA (v.) o della teoria dell'informazione (v. INFORMAZIONE, TEORIA DELL').

Bibliografia

Fenichel O., *Trattato di psicoanalisi delle nevrosi e delle psicosi* (1945), Astrolabio, Roma 1951.

Freud S., *Progetto di una psicologia* (1895), in *Opere* (1967-1993), Bollati Boringhieri, Torino, vol. II.

–, *L'interpretazione dei sogni* (1899), in *Opere*, cit., vol. III.

–, *Introduzione al narcisismo* (1914), in *Opere*, cit., vol. VII.

–, *Metapsicologia* (1915), in *Opere*, cit., vol. VIII.

–, *Al di là del principio di piacere* (1920), in *Opere*, cit., vol. IX.

–, *Inibizione, sintomo e angoscia* (1925), in *Opere*, cit., vol. X.

Holt R. R., *A critical examination of Freud's concept of bounds vs. free cathexis*, in "Journal of the American Psychoanalytic Association", 1962, n. 10, pp. 475-525.

Invidia (ingl. *Envy*; ted. *Neid*; fr. *Envie*; sp. *Envidia*). Sentimento di ostilità e rancore per chi possiede qualcosa che il soggetto invidioso desidera ma non possiede. In ambito psicoanalitico questo sentimento è stato considerato in contesti differenti da Sigmund Freud e da Melanie Klein.

1. L'INVIDIA DEL PENE. Questo tema occupa un posto centrale nella psicologia della femminilità (v. FEMMINILITÀ, § 1) elaborata da Freud, secondo il quale «il complesso di evirazione della bambina è messo in moto dalla vista dell'altro genitale. Essa nota subito la differenza e – lo si deve ammettere – si rende conto del suo significato. Si sente gravemente danneggiata, dichiara spesso che anche lei "vorrebbe avere qualcosa di simile" e cade quindi in balia dell'*invidia del pene*, che lascerà tracce incancellabili nel suo sviluppo e nella formazione del suo carattere» (1932, p. 231). L'invidia del pene determina un allentamento della relazione della bambina con la madre come oggetto d'amore (fase preedipica), con successivo sviluppo d'amore per il padre (fase edipica) che sottende o il desiderio di avere un pene dentro di sé sotto forma di desiderio di avere un bambino, o di godere del pene nel coito con rinuncia all'attività fallica (masturbazione clitoridea) e sopravvento della passività. «La scoperta della propria evirazione – scrive ancora Freud – è un punto di svolta nello sviluppo della bambina. Da essa si dipartono tre indirizzi evolutivi: uno porta all'inibizione sessuale o alla nevrosi; il secondo a un cambiamento del carattere nel senso di un complesso di mascolinità; l'ultimo, infine, alla femminilità normale» (ivi, p. 232). Sono residui dell'invidia del pene la gelosia, l'invidia, che, a parere di Freud, nelle donne è maggiore che negli uomini, e la sublimazione di questa invidia che si esprime, sempre a parere di Freud, «nella capacità di esercitare una professione intellettuale» (ivi, p. 231).

Ernest Jones ha definito "fallocentrica" questa teoria freudiana che considera la donna un uomo mancato, e ha interpretato il desiderio della bambina di avere un pene come difesa contro l'angoscia suscitata dai desideri provati verso il padre. Ma le critiche più costruttive sono state avanzate da Karen Horney, da Helene Deutsch e dalla Klein, cioè dalle esponenti femminili della psicoanalisi, che hanno confutato la tesi di Freud e tutte le sue conseguenze con una serie di argomenti che si trovano esposti alla voce FEMMINILITÀ, § 2.

2. INVIDIA E GRATITUDINE. Questa coppia di termini esprime la relazione che la Klein indica come "primitiva" perché viene sperimentata fin dalla nascita, e "fondamentale" perché si rivela decisiva nello sviluppo del bambino. Dopo aver definito l'invidia come «un sentimento di rabbia perché un'altra persona possiede qualcosa che desideriamo e ne gode», la Klein prosegue dicendo che «l'impulso invidioso mira a portarla via o a danneggiarla. Inoltre l'invidia implica un rapporto con una sola persona ed è riconducibile al primo rapporto esclusivo con la madre» (1957, p. 14). Nello sviluppo del bambino la gratificazione che egli prova al seno stimola sia sentimenti di invidia che di gratitudine. Se l'invidia non è eccessiva, può essere integrata nell'Io e superata dai sentimenti di gratitudine. Se prevalgono le esperienze buone su quelle cattive, l'invidia diminuisce man mano che aumenta la gratitudine, se invece l'invidia è molto intensa, allora il processo di scissione tra un oggetto ideale e uno persecutorio, necessario per consentire all'Io di uscire dall'ambivalenza, non può essere mantenuto, perché è proprio l'oggetto ideale che dà luogo a invidia e che viene attaccato e guastato. L'impossibilità di trovare un oggetto ideale che consenta di identificarsi con esso riduce la speranza di trovare in qualche luogo amore o aiuto, mentre la distruzione dell'oggetto è fonte di persecuzione senza fine e, più tardi, di sensi di colpa. Un'intensa invidia inconscia è alla base di relazioni terapeutiche negative e avvia a forme patologiche, perché l'invidia impedisce una buona introiezione e ciò aumenta, in una spirale senza fine, l'invidia stessa (v. KLEINIANA, TEORIA).

3. PSICOLOGIA SOCIALE. In questo ambito l'invidia costituisce un problema per la sociologia perché, come scrive Paolo De Nardis, «rischia di sabotare la legittimità di talune costruzioni sociologiche ideologicamente cementate da un certo buonismo teoretico di fondo, elemento essenziale di una proiezione preoccupata di garantire coesione interindividuale non solo nell'equilibrio dell'ordine sociale, ma anche nel conflitto e nel mutamento; perché senza coesione non c'è quel tessuto sociale che legittima, proprio in quanto esistente, la stessa sociologia e che l'acido dell'invidia vorrebbe bruciare e drammaticamente disciogliere» (2000, p. 11).

Bibliografia

AA.VV., *Invidia del pene?*, in P. F. Galli (a cura di), *Osservazione psicoanalitica* (1992-1996), Bollati Boringhieri, Torino, vol. VI.

AA.VV., *L'invidia*, in P. F. Galli (a cura di), *Osservazione psicoanalitica*, cit., vol. XV.

Alberoni F., *Gli invidiosi*, Garzanti, Milano 1991.

De Nardis P., *L'invidia. Un rompicapo per le scienze sociali*, Meltemi, Roma 2000.

Freud S., *Introduzione alla psicoanalisi. Nuova serie di lezioni* (1932), in *Opere* (1967-1993), Bollati Boringhieri, Torino, vol. XI.

Galimberti U., *Invidia*, in Id., *I vizi capitali e i nuovi vizi* (2003), Feltrinelli, Milano 2015, pp. 31-36.

Jones E., *The phallic phase*, in "Papers on Psychoanalysis", 1932.

Klein M., *Invidia e gratitudine* (1957), Martinelli, Firenze 1969.
Miceli M., *L'invidia*, il Mulino, Bologna 2012.
Schoeck H., *L'invidia e la società* (1969), Rusconi, Milano 1974.
Sullivan H. S., *La moderna concezione della psichiatria* (1939), Feltrinelli, Milano 1961.
–, *Teoria interpersonale della psichiatria* (1953, edito postumo), Feltrinelli, Milano 1962.
–, *Il colloquio psichiatrico* (1954), Feltrinelli, Milano 1967.
–, *Invidia e gelosia come fattori scatenanti di gravi disturbi mentali*, in Id., *Studi clinici* (1956, edito postumo), Feltrinelli, Milano 1976, pp. 125-140.
Vegetti Finzi S., *L'invidia*, Scheiwiller, Milano 1990.
Wuehl M. I. (a cura di), *De invidia. Considerazioni cliniche sul tema dell'invidia*, Vivarium, Milano 2012.

Involutiva, Età, v. PSICOLOGIA DELL'INVECCHIAMENTO.

Involuzione, v. SVILUPPO.

Io (ingl. *Ego*; ted. *Ich*; fr. *Moi*; sp. *Yo*). La riflessione filosofica ha dato spessore a questo concetto con René Descartes. Prima di allora la tradizione platonico-agostiniana parlava di "coscienza" in un'accezione sostanzialmente morale. Superando il "realismo ingenuo" della filosofia antica, secondo cui le cose sono così come la visione e il pensiero umano le coglie, Descartes afferma che l'unica conoscenza sicura che si presenta a chi osserva attentamente i propri pensieri non concerne gli oggetti esterni, ma l'esistenza di un Io pensante (*Ego cogito*) rispetto a cui gli oggetti esterni sono solo sue rappresentazioni. Nei secoli successivi la nozione di Io assumerà nel discorso filosofico varie significazioni che oscillano tra una concezione *sostanziale* dell'Io, sede dell'identità personale, e una concezione *funzionale* che concepisce l'Io come principio unificatore dell'esperienza, fino a Friedrich Nietzsche per il quale l'Io è una finzione che risulta da forze eterogenee (desideri e volizioni) irriducibili a un'identità, che dunque non ha alcuna validità né teorica né pratica, anzi, aggiunge Nietzsche, con tutta probabilità «l'Io è un prodotto della grammatica» (1884-1885, p. 203).

Sulla traccia di Nietzsche, Sigmund Freud apre sull'*Io penso* di Descartes lo stesso dubbio che Descartes aveva aperto sul realismo ingenuo che l'aveva preceduto, smascherando nello sguardo innocente dell'Io quello che l'Io, inaugurato da Descartes, aveva cercato di smascherare nello sguardo ingenuo sulla realtà. Si apre così il gioco tra apparenza e realtà, nascosto e mostrato, latente e manifesto, dove l'Io appare come elaborazione secondaria di una realtà che egoica non è, e che Freud, assumendo l'espressione da Nietzsche, chiama Es.

1. LA PSICOANALISI. Questa disciplina è il laboratorio più significativo in cui nel secolo scorso è stata coniugata la nozione di Io, che Freud concepisce come un'istanza dell'APPARATO PSICHICO (v.), distinta dall'ES (v.) e dal SUPER-IO (v.), che si può considerare da diversi punti di vista.

a) Dal punto di vista *topico* l'Io è in una relazione di dipendenza: dalle pulsioni che hanno nell'Es la loro sede, dagli imperativi del Super-io e dalle esigenze della realtà. Come mediatore delle istanze spesso contraddittorie della persona, l'Io, scrive Freud, «soggiace a un triplice servaggio: [...] il pericolo che incombe dal mondo esterno, dalla libido dell'Es e dal rigore del Super-io. [...] Nella sua veste di elemento di confine, l'Io vorrebbe farsi mediatore fra il mondo e l'Es, rendendo l'Es docile nei confronti del mondo e facendo, con la propria attività muscolare, il mondo idoneo a soddisfare i desideri dell'Es» (1922, p. 517).

b) Dal punto di vista *dinamico* l'Io rappresenta, nel conflitto della personalità, il polo difensivo; esso si esprime con i meccanismi di difesa (v. DIFESA) che scattano in presenza di un affetto spiacevole che Freud chiama "segnale d'angoscia": «L'Io è in effetti la vera e propria sede dell'angoscia. Minacciato da un triplice pericolo, l'Io sviluppa il riflesso di fuga ritirando il proprio investimento dalla percezione minacciosa o dal processo dell'Es che egli valuta come una minaccia, ed esprimendolo sotto forma di angoscia. Questa reazione primaria viene in seguito sostituita dall'instaurarsi di investimenti protettivi (è questo il meccanismo delle fobie). Ciò che l'Io propriamente teme dai pericoli esterni o dal pericolo rappresentato dalla libido nell'Es non è determinabile; sappiamo che teme di esser sopraffatto o annientato» (ivi, pp. 518-519).

c) Dal punto di vista *economico* l'Io svolge una funzione di legame dei processi psichici, e ciò anche quando si esprime in operazioni difensive dove, essendo contaminati dai caratteri tipici del processo primario (v. PROCESSO PRIMARIO – PROCESSO SECONDARIO), i tentativi di legame assumono un carattere coatto, ripetitivo e scarsamente aderente ai dati di realtà, come nel meccanismo sopra citato delle fobie.

d) Dal punto di vista *genetico* Freud formula due ipotesi tra loro scarsamente compatibili: la prima considera l'Io una differenziazione dell'Es dovuta al contatto con la realtà esterna, la seconda lo considera come il risultato di identificazioni che portano alla formazione di un oggetto d'amore investito dall'Es. I due punti di vista sono così esposti da Freud: «L'Io si sviluppa dalla percezione delle pulsioni alla loro padronanza, dall'ottemperanza alle pulsioni alla loro inibizione. Partecipa in modo considerevole a questo lavoro l'ideale dell'Io, che in effetti è, parzialmente, una formazione reattiva nei confronti dei processi pulsionali propri dell'Es. La psicoanalisi è uno strumento inteso a rendere possibile la conquista progressiva dell'Es da parte dell'Io. [...] L'Io si comporta proprio come il medico in una cura analitica, giacché, tenendo conto del mondo reale, si offre all'Es come oggetto libidico e mira a che la libido dell'Es venga rivolta su di sé. Non è soltanto l'aiutante dell'Es, è anche dell'Es l'umile servo che implora l'amore del suo padrone» (ivi, pp. 517-518). A partire da questo impianto genetico trovano la loro giustificazione le nozioni di NARCISISMO (v.), in cui l'Io si offre come oggetto d'amore alla libido esattamente come un oggetto esterno, e di IDENTIFICAZIONE (v.) dove l'Io diventa un deposito delle relazioni intersoggettive, con le conseguenti *formazioni interne* che mettono capo all'ideale dell'Io (v. IO, IDEALE DELL'), all'IO IDEALE (v.) e al SUPER-IO (v.) come sistema dei divieti.

Gli sviluppi della teoria freudiana e le sue variazioni si sono svolti sostanzialmente in tre direzioni: la psicologia dell'Io inaugurata da Heinz Hartmann, la psicologia analitica di Carl Gustav Jung e la teoria lacaniana del "supposto soggetto".

2. LA PSICOLOGIA DELL'IO. Questa corrente psicoanalitica studia la progressione dal principio di piacere a quello di realtà in cui l'Io, attraverso processi di maturazione e di apprendimento, sviluppa attitudini per attività la cui esecuzione viene vissuta con piacere (gratificazione funzionale) e che contribuiscono a loro volta ad irrobustire il principio di realtà. Questi processi di apprendimento dipendono per Hartmann da quattro fattori: il grado di maturità dell'Io, le reazioni dell'ambiente, la tolleranza dell'Io nei confronti di frustrazioni e rinunce, la quantità di gratificazione derivante dai processi di apprendimento. Lo sviluppo dell'Io è contrassegnato da alcuni passaggi decisivi quali la *costanza oggettuale* che consente di acquisire un rapporto stabile con gli oggetti anche in loro assenza, e il *segnale d'ansia* prodotto attivamente dall'Io per anticipare i pericoli e prevenirli con una reazione adeguata. Il segnale d'ansia mette in moto anche i *meccanismi di difesa* che sono a disposizione dell'Io contro i pericoli e le minacce degli istinti. Questi meccanismi possono successivamente evolvere in strutture autonome (autonomia secondaria dell'Io), così come possono trovarsi regressivamente al servizio dell'Es o del Super-io, come nel caso del pensiero usato per dubbi ossessivi o della percezione impiegata per esigenze voyeuristiche. In questo caso abbiamo un'aggressivizzazione e una sessualizzazione delle funzioni dell'Io. La liberazione delle funzioni e delle attività dell'Io dal loro stretto legame con le esigenze istintuali è ciò che consente all'uomo un comportamento più variabile e plastico nei confronti delle sollecitazioni interiori ed esteriori.

3. LA PSICOLOGIA ANALITICA. Jung intende l'Io come uno dei tanti complessi che compongono la psiche (v. COMPLESSO, § 2) e a questo proposito scrive: «Per "Io" intendo un complesso di rappresentazioni che per me costituisce il centro del campo della mia coscienza e che mi sembra possedere un alto grado di continuità e di identità con se stesso. Perciò parlo anche di un *complesso dell'Io*. Il complesso dell'Io è tanto un contenuto quanto una condizione della *coscienza*, giacché un elemento psichico per me è cosciente in quanto è riferito al complesso dell'Io. Tuttavia, poiché l'Io è solo il centro del campo della mia coscienza, esso non è identico alla totalità della mia psiche, ma è soltanto un complesso fra altri complessi. Distinguo quindi fra l'*Io* e il *Sé*, in quanto l'Io è solo il soggetto della mia coscienza, mentre il Sé è il soggetto della mia psiche totale, quindi anche di quella inconscia. In questo senso il Sé sarebbe un'entità (ideale) che include l'Io» (1921, p. 468). In questa relazione Io-Sé (v. PSICOLOGIA ANALITICA, § 4) i pericoli sono: che l'Io non emerga dalla sua primitiva identità con il Sé e sia quindi incapace di far fronte alle richieste del mondo esterno; che l'Io venga equiparato al Sé con conseguente inflazione della coscienza (v. INFLAZIONE); che l'Io assuma un atteggiamento rigido senza più alcun riferimento al Sé con conseguente arresto dello sviluppo della personalità; che l'Io non sia in grado di mettersi in relazione con uno specifico complesso per le tensioni che questo genera, con conseguente autonomizzazione del complesso che, a suo piacere, può dominare la vita dell'individuo e sopraffare l'Io.

4. LA TEORIA LACANIANA. Questa teoria radicalizza la posizione di Freud secondo il quale "l'Io non è padrone in casa propria", con dislocazione della coscienza in antitesi alla prospettiva egologica e logocentrica della filosofia e della cultura. In questa prospettiva anticartesiana Jacques Lacan scrive: «Penso dove non sono, dunque sono dove non penso» (1957, p. 513). Essendo parlato dall'inconscio, l'Io non è "soggetto", ma "assoggettato": «L'Io, per la sua funzione difensiva e quindi narcisistica, non è che il soggetto immaginario, cioè l'assoggettato senza vera autonomia o libertà da conflitti o da misconoscimenti alienanti». Ne consegue che «l'Io è strutturato esattamente come un sintomo. Non è altro che un sintomo privilegiato all'interno del soggetto. È il sintomo umano per eccellenza, la malattia mentale dell'uomo» (1953-1954, p. 20). Al primato dell'inconscio di origine freudiana si accompagna in Lacan il primato dell'ordine simbolico di origine strutturalista, secondo cui l'individuo

risulta attraversato da un'impersonale trama di simboli e di significati che lo costituiscono, ma che egli non ha creato e non domina: «Tutti gli esseri umani partecipano all'universo dei simboli, vi sono inclusi e lo subiscono molto più che non lo costituiscano, ne sono molto più i supporti che gli agenti» (ivi, p. 198). Decisivo in Lacan non è dunque l'Io, che è piuttosto un sintomo, ma l'ordine simbolico che preesiste al singolo Io e lo istituisce.

5. Gli studi della personalità. Questi studi conferiscono all'Io un posto centrale sotto diversi profili: *a*) come fonte o fine della *motivazione*, dove gli interessi dell'Io, l'amore di sé, il bisogno di autoaffermazione intervengono a promuovere la quasi totalità dei comportamenti; *b*) come istanza organizzativa dell'*esperienza* che viene costruita in base alle forme migliori, per ciascun individuo, di adattamento all'ambiente; *c*) come luogo dell'*autopercezione* che va dall'immagine di sé alla consapevolezza delle proprie capacità, inclinazioni, avversioni fino alla coscienza dell'esser-qui-e-ora. In ambito comportamentista questa autopercezione avviene attraverso l'esame di comportamenti oggettivabili per mezzo di reattivi. Il contributo più significativo in questo campo è stato dato da George Herbert Mead, per il quale «l'"Io" è la risposta dell'organismo agli atteggiamenti degli altri, il "Me" è l'insieme organizzato di atteggiamenti degli altri che un individuo assume. Gli atteggiamenti degli altri costituiscono il "Me" organizzato e allora l'individuo reagisce ad esso come un "Io". [...] L'"Io" è la sua azione che si contrappone alla situazione sociale all'interno della sua condotta, ed entra nella sua esperienza solo dopo che egli ha effettuato l'azione. Allora egli ne acquista coscienza» (1934, p. 189). In questo contesto l'Io è pensato come una risposta al mondo e solo secondariamente come coscienza di sé (v. Altro, § 2).

6. La critica fenomenologica. La psichiatria fenomenologica critica in modo radicale la nozione psicoanalitica dell'Io perché, come scrive Ronald David Laing, «termini come mente e corpo, psiche e soma, Es, Io, Super-io, oltre a dividere l'uomo secondo il sistema di riferimento presupposto, vi si riferiscono come ad una entità isolata, la cui qualità essenziale non è quella di essere in rapporto con gli altri e col mondo» (1959, p. 23). Ora, se la follia è proprio la "scissione" dell'uomo, la sua "lontananza" dagli altri, la sua "estraneità" al mondo, come si può pensare di guarire applicando una dottrina i cui principi sono l'esatta riproduzione delle componenti della follia? Come si può pensare di condurre all'unità della sua essenza un uomo "a pezzi" servendosi di una dottrina che non ha mai conosciuto l'unità, ma sempre e solo la giustapposizione dei "pezzi"? Lo sforzo di ricostruzione delle scienze psicologiche che non hanno mai conosciuto l'*unità* dell'uomo, ma sempre e solo la *composizione* delle parti che la scienza ha già consegnato ai vari sistemi, assomiglia, conclude Laing, «allo sforzo disperato dello schizofrenico per ricomporre il suo Io e il suo Mondo disgregati» (ivi, p. 24). Alla nozione di Io, la fenomenologia sostituisce la nozione di Presenza (v.), dove non c'è una soggettività (Io) che si relaziona a un'oggettività (mondo), ma una relazione originaria che, come scrive Martin Heidegger, fa dell'uomo un "essere-nel-mondo (*in-der-Welt-sein*)" al di là della "scissione soggetto-oggetto (*Subject-Object-Spaltung*)" denunciata da Karl Jaspers, utile alla scienza e alla sua metodologia, ma incapace di riprodurre e descrivere il modo in cui l'uomo è al mondo (v. Analisi esistenziale, § 1).

Bibliografia

AA.VV., *L'Io a più dimensioni. La formazione dell'Io in un mondo che cambia*, Red Edizioni, Como 1989.

Allport G. W., *Divenire. Fondamenti di una psicologia della personalità* (1955), Editrice Universitaria, Firenze 1963.

Churchland P. S., *L'io come cervello* (2013), Raffaello Cortina, Milano 2014.

Descartes R., *Discorso sul metodo* (1637), in *Opere*, Laterza, Bari 1986, vol. I.

Di Francesco M., *L'io e i suoi sé*, Raffaello Cortina, Milano 1998.

Elster J. (a cura di), *L'io multiplo* (1986), Feltrinelli, Milano 1991.

Freud A., *L'Io e i meccanismi di difesa* (1936), in *Opere* (1978-1979), Bollati Boringhieri, Torino, vol. I.

Freud S., *L'Io e l'Es* (1922), in *Opere* (1967-1993), Bollati Boringhieri, Torino, vol. IX.

–, *Compendio di psicoanalisi* (1938), in *Opere*, cit., vol. XI.

Hartmann H., *Psicologia dell'Io e problema dell'adattamento* (1939), Bollati Boringhieri, Torino 1966.

Heidegger M., *Essere e tempo* (1927), Utet, Torino 1978.

Jaspers K., *Filosofia* (1932-1956), Libro I: *Orientazione filosofica nel mondo*, Libro II: *Chiarificazione dell'esistenza*, Libro III: *Metafisica*, Utet, Torino 1978.

Jung C. G., *Tipi psicologici* (1921), in *Opere* (1969-2007), Bollati Boringhieri, Torino, vol. VI.

–, *L'Io e l'inconscio* (1928), in *Opere*, cit., vol. VII.

Lacan J., *Il Seminario. Libro I: Gli scritti tecnici di Freud, 1953-1954*, Einaudi, Torino 1978.

–, *Il Seminario. Libro II: L'Io nella teoria di Freud e nella tecnica della psicoanalisi, 1954-1955*, cit., 1991.

–, *L'istanza della lettera dell'inconscio o la ragione dopo Freud* (1957), in *Scritti* (1936-1966), Einaudi, Torino 1974, vol. I.

Laing R. D., *L'io diviso. Studio di psichiatria esistenziale* (1959), Einaudi, Torino 1969.

Lasch Ch., *L'io minimo. La mentalità della sopravvivenza in un'epoca di turbamenti* (1984), Feltrinelli, Milano 1985.

Mead G. H., *Mente, Sé e Società* (1934), Giunti Barbera, Firenze 1966.

Melucci A., *Il gioco dell'io. Il cambiamento di sé in una società globale*, Feltrinelli, Milano 1991.

Nietzsche F., *Frammenti postumi 1884-1885*, in *Opere*, Adelphi, Milano 1975, vol. VII, 3.
Petter G., *Io e gli altri. Identità, relazioni, valori*, Erickson, Trento 2007.
Rossi R., Bucca M., *Coscienza dell'Io e vissuti corporei*, in G. B. Cassano, P. Pancheri *et al.* (a cura di), *Trattato italiano di psichiatria* (1992), Masson, Milano 1999, vol. I, pp. 435-444.
Sartre J.-P., *La trascendenza dell'Ego. Una descrizione fenomenologica* (1936), Egea, Milano 1992.
Sibaldi I., *Io*, Mursia, Milano 2014.
Strawson G., *Quel che resta dell'io* (2014), Castelvecchi, Roma 2014.
Taylor Ch., *Radici dell'io. La costruzione dell'identità moderna* (1989), Feltrinelli, Milano 1993.
Wylie R. C., *La struttura della personalità* (1961), Armando, Roma 1967.

Io, Anacoresi dell' (ingl. *Ego anachoresis*; ted. *Ich-Anachorese*; fr. *Anachorèse du moi*; sp. *Anacoresis del yo*). Condizione frequente nella sintomatologia schizofrenica in cui il soggetto non sente più le proprie rappresentazioni come "sue", ma come estranee, guidate da altri e somministrate dal mondo esterno.

Io ausiliario, v. PSICODRAMMA, § 1.

Io, Centro dell' (ingl. *Egocenter*; ted. *Ich-Zentrum*; fr. *Centre du moi*; sp. *Centro del yo*). Espressione introdotta da Paul Schilder per designare un presunto nucleo, o parte interna, dell'Io circondato da una parte periferica rispetto a cui le varie esperienze della vita si dislocano a "distanze diverse". «Sotto questo profilo – scrive Schilder – i nostri problemi, le nostre emozioni, i nostri sentimenti e i nostri atteggiamenti appartengono più intimamente al centro dell'Io che non le esperienze relative al mondo esterno e al nostro corpo» (1938, p. 85). Al centro dell'Io Schilder colloca il dolore, l'eccitazione sessuale e l'angoscia.

Bibliografia

Schilder P., *Psychotherapy*, Norton, New York 1938.

Io collettivo (ingl. *Collective ego*; ted. *Kollektiv-Ich*; fr. *Moi collectif*; sp. *Yo colectivo*). Espressione introdotta da René Laforgue secondo il quale «l'Io non è solo un prodotto individuale, ma è allo stesso tempo un prodotto del gruppo, nella misura in cui ne rispecchia i concetti e ne esprime la mentalità» (1940, p. 48).

Bibliografia

Laforgue R., *The relativity of reality*, Thomas Nelson & Sons, New York 1940.

Io, Complesso autonomo dell', v. COMPLESSO, § 2.

Io, Confini dell' (ingl. *Ego boundaries*; ted. *Ich-Grenzen*; fr. *Confins du moi*; sp. *Límites del yo*). Concetto introdotto da Paul Federn per delimitare, a livello topico e in una prospettiva metapsicologica, l'ambito dell'Io dalla realtà esterna e da quella interna. Ciò consente la distinzione tra Io e non-Io e tra realtà e irrealtà. Il bambino, ad esempio, che vive in uno stato di identificazione primaria con la madre, passa gradualmente a sviluppare un confine dell'Io che gli consente la scoperta degli oggetti come altro da sé. Il confine *interno* delimita l'Io dall'inconscio rimosso; detto confine viene rafforzato da controinvestimenti (v. INVESTIMENTO, § 5) che impediscono l'irruzione del materiale inconscio. La sua flessibilità si rivela negli stati ipnagogici (v. IPNAGOGICO – IPNOPOMPICO) e durante il sonno in cui i confini dell'Io si allentano, consentendo al materiale non egoico di entrare nell'ambito dell'Io. Il confine *esterno* delimita l'Io dal mondo di cose e di persone altre da lui. Processi di rapida e incontrollata identificazione con gli altri denotano un confine labile di cui fa le spese il proprio senso di identità. Lo stesso dicasi nel caso delle psicosi in cui il soggetto si sente invaso dalle cose del mondo o sente se stesso come cosa del mondo (v. COSCIENZA, § 3, *e*).

Bibliografia

Federn P., *Il senso dell'Io nel sogno* (1932), in Id., *Psicosi e psicologia dell'Io* (1952), Bollati Boringhieri, Torino 1976.
–, *L'analisi della psicosi* (1943), in Id., *Psicosi e psicologia dell'Io*, cit.
Pankow G., *L'uomo e la sua psicosi* (1969), Feltrinelli, Milano 1977.

Io corporeo (ingl. *Body ego*; ted. *Körperliches Ich*; fr. *Moi corporel*; sp. *Yo corpóreo*). Termine introdotto da Sigmund Freud, per il quale «l'Io è anzitutto un'entità corporea, non è soltanto un'entità superficiale, ma anche la proiezione di una superficie. Volendo cercare una analogia anatomica la cosa migliore è identificarlo con l'"homunculus" del cervello degli anatomici. [...] L'Io è in definitiva derivato da sensazioni corporee, soprattutto dalle sensazioni provenienti dalla superficie del corpo» (1922, pp. 488-489). Il termine psicoanalitico *Io corporeo*, ripreso da Herman Nunberg secondo cui «il nucleo intorno al quale si raggruppano tutti i concetti del proprio Io è l'Io corporeo la cui funzione principale è la percezione» (1931, p. 125), va tenuto distinto dalle espressioni utilizzate da Paul Schilder che si riferiscono all'*immagine corporea* che designa la concezione che si ha del proprio corpo (v. CORPO, § 1), e allo *schema corporeo* che è un termine neurologico per la rappresentazione organica del corpo nel cervello (v. HOMUNCULUS).

Bibliografia

Freud S., *L'Io e l'Es* (1922), in *Opere* (1967-1993), Bollati Boringhieri, Torino, vol. IX.
Nunberg H., *The synthetic function of the ego*, in "International Journal of Psychology", 1931.
Schilder P., *Immagine di sé e schema corporeo* (1935), Franco Angeli, Milano 1973.

Io, Falso (ingl. *False ego*; ted. *Falsch-Ich*; fr. *Moi faux*; sp. *Falso yo*). Espressione introdotta da Ronald David Laing per indicare la nascita e la crescita di un Io inautentico perché costruito sulle aspettative di un'altra persona, in genere la madre, per cui, accanto a un Io autentico, vero e reale, cresce un falso Io che riflette ciò che gli altri vogliono e si aspettano. Questo falso Io, docile e conciliante, obbliga l'individuo a «vivere come risposta ad altri» (1959, p. 114). Il falso Io è per Laing alla base della costituzione schizoide (v. SCHIZOIDE, § 5).

Bibliografia

Laing R. D., *L'io diviso. Studio di psichiatria esistenziale* (1959), Einaudi, Torino 1969.

Io, Funzione dell' (ingl. *Ego function*; ted. *Ich-Funktion*; fr. *Fonction du moi*; sp. *Función del yo*). Espressione introdotta da Heinz Hartmann, che ha inaugurato la PSICOLOGIA DELL'IO (v.), secondo la quale l'adattamento alla realtà non è, come riteneva Sigmund Freud, un fattore frustrante che nega la soddisfazione dei desideri (v. REALTÀ, § 3), ma è uno stimolo per l'Io le cui funzioni gli consentono di costruire il suo ambiente e di modificarlo, raggiungendo in tal modo quell'autorealizzazione che gli sarebbe negata se la realtà gli fosse "imposta" e non invece "costruita" dalle funzioni del suo Io nel processo di sviluppo individuale e sociale. Per quanto concerne invece la funzione dell'Io che, secondo Jacques Lacan, prende le mosse dallo "stadio dello specchio", si veda la voce LACANIANA, TEORIA, § 5.

Bibliografia

Hartmann H., *Psicologia dell'Io e problema dell'adattamento* (1939), Bollati Boringhieri, Torino 1966.
Lacan J., *Lo stadio dello specchio come formatore della funzione dell'io* (1949), in *Scritti* (1936-1966), Einaudi, Torino 1974, vol. I.

Io ideale (ingl. *Ideal ego*; ted. *Ideal-Ich*; fr. *Moi idéal*; sp. *Yo ideal*). Formazione inconscia caratterizzata da onnipotenza narcisistica. Sigmund Freud identifica l'Io ideale (*Ideal-Ich*) con l'ideale dell'Io (*Ichideal*), ma alcuni autori hanno ripreso questa coppia per indicare due formazioni intrapsichiche differenti (v. IO, IDEALE DELL'). Per Herman Nunberg l'Io ideale è una formazione geneticamente anteriore al SUPER-IO (v.) che il soggetto, nel corso del suo sviluppo, lascerebbe alle sue spalle, senza rinunciare all'aspirazione a ritornarvi come, a parere di Nunberg, si verifica nelle psicosi. Per Daniel Lagache l'Io ideale, concepito come ideale narcisistico di onnipotenza, non si riduce all'unione dell'Io con l'Es come prevedeva l'ipotesi di Nunberg, ma comporta «un'identificazione primaria con un altro essere investito di onnipotenza, cioè con la madre» (1958, p. 43). L'Io ideale, per Lagache, serve da supporto per l'identificazione eroica con i grandi personaggi della storia e della vita contemporanea e, «con il progredire della cura, si vede delinearsi ed emergere l'Io ideale come una formazione irriducibile all'ideale dell'Io» (ivi, p. 42). Per Jacques Lacan, infine, l'Io ideale è una formazione narcisistica che trova la sua origine nello "stadio dello specchio" e appartiene alla dimensione dell'immaginario (v. LACANIANA, TEORIA, § 5). Per quanto concerne il rapporto che Lacan stabilisce tra Io ideale e ideale dell'Io, si veda la voce IO, IDEALE DELL'.

Bibliografia

Freud S., *Introduzione al narcisismo* (1914), in *Opere* (1967-1993), Bollati Boringhieri, Torino, vol. VII.
–, *L'Io e l'Es* (1922), in *Opere*, cit., vol. IX.
Lacan J., *Lo stadio dello specchio come formatore della funzione dell'io* (1949), in *Scritti* (1936-1966), Einaudi, Torino 1974, vol. I.
–, *Ideale dell'io e io-ideale* (1954), in Id., *Il Seminario. Libro I: Gli scritti tecnici di Freud, 1953-1954*, Einaudi, Torino 1978.
–, *Nota sulla relazione di Daniel Lagache: "Psicoanalisi e struttura della personalità"* (1960), in *Scritti*, cit., vol. II.
Lagache D., *La psychanalyse et la structure de la personnalité*, in AA.VV., *La psychanalyse*, Puf, Paris 1958, vol. VI.
Nunberg H., *Allgemeine Neurosenlehre auf psychoanalytischer Grundlage*, Huber, Bern 1932.

Io, Ideale dell' (ingl. *Ego ideal*; ted. *Ichideal*; fr. *Idéal du moi*; sp. *Ideal del yo*). Termine utilizzato da Sigmund Freud in occasione della seconda formulazione dell'APPARATO PSICHICO (v. § 5) per designare una formazione intrapsichica relativamente autonoma a cui l'Io fa riferimento per valutare le sue realizzazioni effettive. Ne *L'Io e l'Es* Freud identifica l'ideale dell'Io e IO IDEALE (v.) con il Super-io, mentre in altri scritti successivi talvolta tiene distinte le due istanze in quanto il conflitto con il Super-io evoca il senso di *colpa*, mentre il confronto con l'ideale dell'Io genera senso di *inferiorità*. Secondo Freud, l'ideale dell'Io ha origini narcisistiche. «Ogni individuo ha costruito in sé un *ideale* rispetto al quale misura il proprio Io attuale. [...] A questo Io ideale si rivolge ora quell'amore di sé di cui l'Io reale ha goduto nell'infanzia. Il narcisismo appare ora spostato su questo nuovo Io ideale che si trova in possesso, come l'Io di quando si era bambini, di tutte le più preziose qualità. [...] Ciò che l'uomo proietta avanti a sé come proprio ideale è il sostituto del narcisismo perduto dell'infanzia, di quell'epoca, cioè, in cui egli stesso era il proprio ideale» (1914, pp. 463-464). Lo stato di narcisismo è abbandonato a causa della critica dei genitori nei confronti del bambino. L'interiorizzazione di tale critica produce quella condizione di autoosservazione che commisura l'Io attuale all'Io ideale.

All'ideale dell'Io Freud riconduce anche la sottomissione al leader (v. GRUPPO, § II, 6), messo dal soggetto al posto dell'ideale dell'Io. In questo modo si spiegano le convergenze che sono alla base della costituzione del gruppo sociale e della PSICOLOGIA DELLA MASSA (v.). Quando infine Freud attribuirà al Super-io le tre funzioni di «autoosservazione, coscienza morale e funzione di ideale» (1932, p. 179), l'ideale dell'Io viene riassorbito nell'istanza del Super-io, anche se la psicoanalisi successiva continuerà a mantenere la distinzione, motivata, come scrive Herman Nunberg, dal fatto che «mentre l'Io obbedisce al Super-io per paura della punizione, si sottomette all'ideale dell'Io per amore» (1932, p. 102).

A proposito del rapporto tra ideale dell'Io e Io ideale, Jacques Lacan scrive: «L'*Ich-Ideal*, l'ideale dell'Io, è l'altro in quanto parlante, l'altro in quanto ha con me una relazione simbolica, sublimata, che nella nostra manipolazione dinamica è contemporaneamente simile e differente dalla libido immaginaria. Lo scambio simbolico è ciò che lega tra loro gli esseri umani, cioè la parola, e che permette di identificare il soggetto. [...] L'*Ich-Ideal*, in quanto parlante, può venire a porsi nel mondo degli oggetti al livello dell'*Ideal-Ich*, cioè al livello in cui può prodursi quella cattura narcisistica di cui Freud ci ripete a sazietà lungo tutto questo testo» (1954, pp. 177-178). E ancora: «La funzione del modello è allora quella di far immaginare come il rapporto con lo specchio, cioè la relazione immaginaria con l'altro e la cattura dell'Io ideale, servono ad attirare il soggetto nel campo in cui esso si ipostatizza nell'ideale dell'Io» (1960, p. 676).

Bibliografia

Chasseguet-Smirgel J., *L'ideale dell'Io. Saggio psicoanalitico sulla "malattia d'idealità"* (1975), Raffaello Cortina, Milano 1991.

Freud S., *Introduzione al narcisismo* (1914), in *Opere* (1967-1993), Bollati Boringhieri, Torino, vol. VII.

–, *Psicologia delle masse e analisi dell'Io* (1921), in *Opere*, cit., vol. IX.

–, *L'Io e l'Es* (1922), in *Opere*, cit., vol. IX.

–, *Introduzione alla psicoanalisi. Nuova serie di lezioni* (1932), in *Opere*, cit., vol. XI.

Lacan J., *Ideale dell'io e io-ideale* (1954), in Id., *Il Seminario. Libro I: Gli scritti tecnici di Freud, 1953-1954*, Einaudi, Torino 1978.

–, *Nota sulla relazione di Daniel Lagache: "Psicoanalisi e struttura della personalità"* (1960), in *Scritti* (1936-1966), Einaudi, Torino 1974, vol. II.

Nunberg H., *Allgemeine Neurosenlehre auf psychoanalytischer Grundlage*, Huber, Bern 1932.

Io incorporeo (ingl. *Bodiless ego*; ted. *Unkörperliches Ich*; fr. *Moi incorporel*; sp. *Yo incorpóreo*). Termine introdotto da Ronald David Laing per indicare quella che, a suo parere, è la condizione di base della schizofrenia, dove «l'individuo sente il suo Io più o meno staccato dal proprio corpo. Il corpo è vissuto, più che come il nucleo stesso dell'essere, come un oggetto fra i tanti altri oggetti del mondo. Invece di essere il centro del vero Io, il corpo è vissuto come il centro di un falso Io, che l'Io "vero", l'Io "interiore", incorporeo e distaccato, può vedere, secondo i casi, con tenerezza, con curiosità, con odio. Tale scissione dell'Io dal corpo priva l'Io incorporeo della possibilità di partecipare direttamente a qualunque aspetto della vita di questo mondo, che è mediata esclusivamente dalle percezioni, dalle sensazioni e dai movimenti del corpo (espressioni, gesti, parole, azioni ecc.). L'Io incorporeo, semplice spettatore di tutto quello che il corpo fa, non si impegna direttamente in nulla» (1959, p. 79).

Bibliografia

Laing R. D., *L'io diviso. Studio di psichiatria esistenziale* (1959), Einaudi, Torino 1969.

Io, Interesse dell' (ingl. *Ego interest*; ted. *Ich-Interesse*; fr. *Intérêt du moi*; sp. *Interés del yo*). Espressione introdotta da Muzafer Sherif e Hadley Cantril, ricorrente nella psicologia sociale dove, attraverso sperimentazioni, si è verificata la possibilità di indurre "bisogni secondari" che coinvolgono l'Io alla stessa stregua dei "bisogni primari". Partendo dalla constatazione che l'organizzazione percettiva tende ad essere consona allo stato motivazionale, per cui soggetti affamati tendono a percepire oggetti neutri come oggetti relativi all'alimentazione, per analogia si è stabilito e verificato, con metodi di induzione sperimentale, che una situazione di coinvolgimento dell'Io fa funzionare un bisogno secondario allo stesso modo di uno primario.

Di interesse dell'Io (*Ich-Interesse*) parla anche Sigmund Freud nell'accezione specifica delle pulsioni dell'Io (v. IO, PULSIONE DELL') preposte all'autoconservazione dell'individuo, la cui energia, scrive Freud, non è "libido", ma "interesse" (v. NARCISISMO, § 3).

Bibliografia

Atkinson J. W., *Motives in fantasy, action, and society*, Van Nostrand, Princeton, New Jersey, 1958.
Freud S., *Introduzione al narcisismo* (1914), in *Opere* (1967-1993), Bollati Boringhieri, Torino, vol. VII.
Sherif M., Cantril H., *The psychology of ego involvements*, Wiley, New York 1947.

Io, Investimento dell', v. INVESTIMENTO.

Io libidico – Io antilibidico, v. SCHIZOFRENIA, § I, 2, *c*; SCHIZOIDE, § 4.

Io, Libido dell' (ingl. *Ego-libido*; ted. *Ich-Libido*; fr. *Libido du moi*; sp. *Libido del yo*). Detta anche *libido narcisistica*, la libido dell'Io è quell'investimento della LIBIDO (v.) che, invece di rivolgersi a un oggetto (libido oggettuale), si rivolge alla propria persona. La libido, secondo Sigmund Freud, comincerebbe con l'investirsi nell'Io (narcisismo primario) prima di essere inviata, a partire dall'Io, sugli oggetti esterni: «Ci formiamo così il concetto di un investimento libidico originario dell'Io di cui una parte è ceduta in seguito agli oggetti, ma che in sostanza persiste e ha con gli investimenti d'oggetto la stessa relazione che il corpo di un organismo ameboidale ha con gli pseudopodi che emette» (1914, p. 445). Naturalmente la *libido* dell'Io, essendo una pulsione sessuale, va tenuta distinta dall'*interesse* dell'Io (v. IO, INTERESSE DELL'), che è una pulsione autoconservativa. Per ulteriori approfondimenti si vedano le voci IO, PULSIONE DELL', e NARCISISMO, § 3.

Bibliografia

Freud S., *Introduzione al narcisismo* (1914), in *Opere* (1967-1993), Bollati Boringhieri, Torino, vol. VII.

Io, Modificazione dell' (ingl. *Ego-alteration*; ted. *Ichveränderung*; fr. *Altération du moi*; sp. *Alteración del yo*). Espressione psicoanalitica impiegata da Sigmund Freud in riferimento all'alterazione che l'Io subisce in seguito all'acquisizione di strutture difensive che mantiene anche dopo la scomparsa del conflitto in riferimento al quale sono state attivate: «L'Io irrobustito dell'adulto continua a difendersi contro pericoli che nella realtà non esistono più, e addirittura si sente costretto a scovare situazioni reali che possano sostituire grosso modo il pericolo originario, così da giustificare, in relazione ad esse, la persistenza delle proprie consuete modalità di reazione» (1937, pp. 520-521).

Bibliografia

Freud A., *L'Io e i meccanismi di difesa* (1936), in *Opere* (1978-1979), Bollati Boringhieri, Torino, vol. I.
Freud S., *Analisi terminabile e interminabile* (1937), in *Opere* (1967-1993), Bollati Boringhieri, Torino, vol. XI.

Io onirico (ingl. *Dream-ego*; ted. *Traum-Ich*; fr. *Moi onirique*; sp. *Yo onírico*). Espressione introdotta da Carl Gustav Jung per designare un frammento dell'Io conscio durante il sogno. «Nel sonno onirico la coscienza non è interamente spenta: una limitata coscienza permane. Nella maggior parte dei sogni si possiede quindi ancora una relativa coscienza del proprio Io, un Io che tuttavia è molto limitato e caratteristicamente mutato, e che viene definito Io onirico. Non è altro che un frammento o una larva dell'Io desto. [...] A questo Io si associano nel sogno contenuti psichici che si confrontano con l'Io come le circostanze esterne reali; ragion per cui anche nel sogno noi siamo trasferiti in situazioni che non hanno nessuna analogia con il pensiero in stato di veglia, ma piuttosto con situazioni reali» (1920-1948, pp. 327-328). In campo psicoanalitico Paul Federn ha fondato sullo studio dell'Io onirico la distinzione tra Io corporeo (*body ego*) e Io psichico (*mental ego*), sostenendo che nel sogno l'Io corporeo scompare, mentre l'Io psichico permane, a differenza dello stato di veglia dove l'Io psichico è percepito come se fosse dentro l'Io corporeo.

Bibliografia

Federn P., *Il senso dell'Io nel sogno* (1932), in Id., *Psicosi e psicologia dell'Io* (1952), Bollati Boringhieri, Torino 1976.
Jung C. G., *I fondamenti psicologici della credenza negli spiriti* (1920-1948), in *Opere* (1969-2007), Bollati Boringhieri, Torino, vol. VIII.
–, *Coscienza, inconscio e individuazione* (1939), in *Opere*, cit., vol. IX, 1.

Io-piacere – Io-realtà (ingl. *Pleasure-ego-Reality-ego*; ted. *Lust-Ich-Real-Ich*; fr. *Moi-plaisir-Moi-réalité*; sp. *Yo placer-Yo realidad*). Termini utilizzati da Sigmund Freud per definire i due modi di funzionamento delle pulsioni dell'Io (v. IO, PULSIONE DELL'), secondo il principio di piacere (v. PIACERE, § 1) e secondo il principio di realtà (v. REALTÀ, § 3). Scrive Freud: «Come l'Io-piacere non può far altro che *desiderare*, adoperarsi al fine di ottenere piacere ed evitare dispiacere, l'Io-realtà non ha altro da fare che mirare all'*utile* e garantirsi contro ciò che è dannoso. Effettivamente il sostituirsi del principio di realtà al principio di piacere non significa la destituzione del principio di piacere, ma una miglior salvaguardia di esso. Un piacere momentaneo e incerto nelle sue conseguenze viene abbandonato, ma soltanto per conseguirne in avvenire, attraverso la nuova via, uno più sicuro» (1911, pp. 457-458).

Nella dialettica tra Io-piacere e Io-realtà c'è una prima fase in cui il soggetto coincide con tutto il piacevole e il mondo esterno con tutto lo spiacevole. Questa divisione si compie con l'INTROIEZIONE (v.) della parte degli oggetti del mondo che è fonte di piacere e con la PROIEZIONE (v.) all'esterno di ciò che all'interno è occasione di dispiacere. Infatti, scrive Freud, «l'originario Io-piacere vuole [...] introiettare in sé tutto il bene e rigettare da sé tutto il male. Per l'Io ciò che è male, ciò che è estraneo all'Io, ciò che si trova al di fuori, sono in un primo tempo identici» (1925, p. 199). In una fase successiva il soggetto cerca di trovare all'esterno un oggetto reale corrispondente all'oggetto interiore soddisfacente e perduto, e da qui prende le mosse l'esame di realtà: «Ora non si tratta più di stabilire se qualcosa che è stato percepito (una cosa) debba essere accolto nell'Io oppure no, ma invece se una certa cosa, presente nell'Io come rappresentazione, possa essere ritrovata anche nella percezione (realtà)» (*ibid.*).

Bibliografia

Freud S., *Precisazioni sui due principi dell'accadere psichico* (1911), in *Opere* (1967-1993), Bollati Boringhieri, Torino, vol. VI.

–, *Pulsioni e loro destini*, in *Metapsicologia* (1915), in *Opere*, cit., vol. VIII.

–, *La negazione* (1925), in *Opere*, cit., vol. X.

Io, Psicologia dell', v. PSICOLOGIA DELL'IO.

Io, Pulsione dell' (ingl. *Ego instinct*; ted. *Ich-Trieb*; fr. *Pulsion du moi*; sp. *Pulsión del yo*). Energia psichica preposta alla conservazione dell'Io e al suo servizio nel conflitto difensivo (v. CONSERVAZIONE, § 2); come tale è opposta alla pulsione sessuale. Scrive in proposito Sigmund Freud: «Non sempre queste pulsioni vanno d'accordo tra loro; i loro interessi entrano spesso in conflitto; i contrasti tra rappresentazioni non sono che l'espressione delle lotte tra le singole pulsioni. D'importanza del tutto particolare per il nostro tentativo di spiegazione è l'innegabile contrasto esistente fra le pulsioni che si pongono al servizio della sessualità, del conseguimento di piacere sessuale, e le altre che hanno per meta l'autoconservazione dell'individuo: le pulsioni dell'Io. Secondo le parole del poeta, possiamo classificare come "fame" o come "amore" tutte le pulsioni organiche che agiscono nella nostra psiche» (1910, pp. 291-292).

Le ragioni dell'opposizione tra i due ordini di pulsioni è da ricercarsi nel fatto che, scrive Freud, «l'individuo conduce effettivamente una doppia vita, come fine a se stesso e come anello di una catena di cui è strumento, contro o comunque indipendentemente dal suo volere. [...] La differenziazione tra pulsioni sessuali e pulsioni dell'Io non farebbe altro che riflettere questa duplice funzione dell'individuo» (1914, p. 448). Nel quadro del funzionamento dell'APPARATO PSICHICO (v.), le pulsioni dell'Io, in quanto tutelano l'autoconservazione, tendono a funzionare secondo il principio di realtà (v. REALTÀ, § 3). Per questo l'energia delle pulsioni dell'Io non è "libido", ma "interesse" (v. IO, INTERESSE DELL').

Con l'introduzione del concetto di NARCISISMO (v.), dove le pulsioni sessuali possono rivolgere la loro energia, invece che su un oggetto esterno (libido oggettuale), sull'Io (libido narcisistica), anche l'autoconservazione promossa dalle pulsioni dell'Io appare riconducibile all'amore di sé, quindi alla libido, in questo caso declinata narcisisticamente. Ciò non significa per Freud un avvicinamento alla teoria monistica dell'energia pulsionale sostenuta da Carl Gustav Jung, anche se, precisa Freud, «parve in tal modo che l'investigazione psicoanalitica, nel suo lento procedere, avesse finito per accostarsi alla speculazione junghiana relativa alla libido originaria, specialmente perché alla trasformazione della libido oggettuale in narcisismo si ricollega inevitabilmente una certa desessualizzazione, una rinuncia alle mete sessuali specifiche. Va invece tenuto presente che, se le pulsioni di autoconservazione dell'Io sono riconosciute come libidiche, ciò non dimostra ancora che nell'Io non siano all'opera anche altre pulsioni» (1922, p. 460). Per ulteriori approfondimenti si vedano le voci PULSIONE, §§ 1, *g*-2, *g*, e NARCISISMO, § 3.

Bibliografia

Freud S., *I disturbi visivi psicogeni nell'interpretazione psicoanalitica* (1910), in *Opere* (1967-1993), Bollati Boringhieri, Torino, vol. VI.

–, *Introduzione al narcisismo* (1914), in *Opere*, cit., vol. VII.

–, *Due voci di enciclopedia: "Psicoanalisi" e "Teoria della libido"* (1922), in *Opere*, cit., vol. IX.

Io-realtà, v. IO-PIACERE – IO-REALTÀ.

Io, Scissione dell', v. SCISSIONE, § II, 2.

Io, Stati dell' (ingl. *Ego states*; ted. *Ich-Zustände*; fr. *États du moi*; sp. *Estados del yo*). Concetto introdotto nell'ambito dell'ANALISI TRANSAZIONALE (v.) da Eric Berne che intende per "stato dell'Io" la struttura organizzata di stili cognitivi, comportamentali ed emotivi, alla cui formazione concorrono: a) uno stato dell'Io acquisito dai genitori di origine "esteropsichica" che garantisce una competenza di sopravvivenza e protezione; b) uno stato dell'Io di origine "archeopsichica", proprio del bambino, che assicura una funzione intuitiva; c) uno stato dell'Io di origine "neopsichica", proprio dell'adulto, che si acquisisce crescendo. Qualora eventuali conflittualità tra le istanze pulsionali proprie del bambino e le istanze protettive del genitore dovessero permanere nell'età adulta, queste influenzerebbero la capacità analitica dell'adulto, creando problemi sia intrapsichici che relazionali.

Bibliografia

Berne E., *Analisi transazionale e psicoterapia* (1961), Astrolabio, Roma 1971.
–, *Intuizione e stati dell'io* (1977), Astrolabio, Roma 1992.
Moiso C., Novellino M., *Stati dell'Io. Le basi teoriche dell'analisi transazionale integrata*, Astrolabio-Ubaldini, Roma 1982.
Novellino M., *Psicoanalisi transazionale*, Franco Angeli, Milano 2004.

IPDA (*Identificazione Precoce delle Difficoltà di Apprendimento*). Questionario messo a punto per valutare aspetti comportamentali, motori, linguistici, cognitivi nei bambini in età prescolare, onde intervenire tempestivamente per migliorare le abilità carenti, facilitando in tal modo il passaggio dalla scuola dell'infanzia alla scuola primaria.

Bibliografia

Terreni A., Tretti M. L., Corcella P. R., *Materiali IPDA per la prevenzione delle difficoltà di apprendimento. Strategie e interventi*, Erickson, Trento 2002.

Iperacusia (ingl. *Hyperacusis*; ted. *Hyperakusis*; fr. *Hyperacousie*; sp. *Hiperacusia*). Eccessiva acutezza uditiva riconducibile a cause organiche o psicofunzionali.

Iperalgesia, v. ALGESIA.

Iperattività, v. ADHD (*Attention-Deficit/Hyperactivity Disorder*).

Ipercinesia, v. CINESIA.

Ipercompensazione, v. COMPENSAZIONE, § 2.

Iperestensione (ingl. *Overinclusion*; ted. *Hyperausweitung*; fr. *Hyperextension*; sp. *Hiperextensión*). Disturbo dell'ASSOCIAZIONE (v.) riscontrabile nella schizofrenia e consistente nell'incapacità di mantenere i limiti concettuali, per cui nel pensiero logico si inseriscono, inaspettatamente, componenti estranee, secondarie e non pertinenti, che lo alterano e lo rendono vago e confuso. Talvolta si usa anche l'espressione *iperinclusione*.

Iperestesia, v. SENSIBILITÀ, § 5.

Iperglicemia, v. GLICEMIA.

Iperinclusione, v. IPERESTENSIONE.

Ipermetropia, v. MIOPIA.

Ipermnesia, v. MEMORIA, § 7.

Iperplasia – Ipoplasia (ingl. *Hyperplasia-Hypoplasia*; ted. *Hyperplasie-Hypoplasie*; fr. *Hyperplasie-Hypoplasie*; sp. *Hiperplasia-Hipoplasia*). Aumento abnorme (*iperplasia*) o diminuzione eccessiva (*ipoplasia*) del numero delle cellule che però mantengono intatte le loro caratteristiche anatomiche e funzionali. L'*iperplasia* va distinta dalla *neoplasia*, che è una produzione incontrollata di cellule differenziate che sono causa di formazioni tumorali. L'*ipoplasia*, che comporta uno sviluppo insufficiente di un tessuto o di un organo, è "primitiva" quando dipende dalla mancanza congenita degli elementi costituenti, "secondaria" quando la causa è rintracciabile in una malattia contratta durante il periodo fetale o subito dopo la nascita. Iperplasia e ipoplasia, in quanto relative al *numero* delle cellule, si distinguono dall'ipertrofia e dall'ipotrofia che riguardano il *volume* delle cellule (v. DISTROFIA).

Ipersonnia, v. SONNO, § 3.

Ipertensione – Ipotensione (ingl. *Hypertension-Hypotension*; ted. *Hyperblutdruck-Hypoblutdruck*; fr. *Hypertension-Hypotension*; sp. *Hipertensión-Hipotensión*). Aumento (*ipertensione*) o calo (*ipotensione*) della pressione sanguigna dovuti a uno stato spastico delle arteriole che provoca l'aumento o la diminuzione della pressione arteriosa. L'origine può essere organica o psicologica. In questo secondo caso sembra sia da ricondurre ad un'inibizione degli impulsi aggressivi. L'attacco aggressivo, infatti, che prevede una progettazione mentale, una modificazione del sistema neurovegetativo e un'attività muscolare, subirebbe un arresto nella seconda fase, dando luogo alla sindrome nei soggetti predisposti ad alterazioni vasomotorie.

Ipertimia, v. DISTIMIA.

Ipertiroidismo, v. ENDOCRINO, SISTEMA, § 2.

Ipertonia, v. TONO MUSCOLARE.

Ipertrofia, v. DISTROFIA.

Ipnagogico – Ipnopompico (ingl. *Hypnagogic-Hypnopompic*; ted. *Hypnagogik-Hypnopompik*; fr. *Hypnagogique-Hypnopompique*; sp. *Hipnagógico-Hipnopómpico*). *Ipnagogico* è lo stato di dormiveglia che precede il sonno, *ipnopompico* lo stato che precede il risveglio. In entrambe le condizioni la coscienza è fluttuante e i pensieri vaghi e sfumati. Possono comparire allucinazioni dette ipnagogiche se precedono il sonno, e ipnopompiche se precedono la veglia. Le prime scompaiono improvvisamente o trapassano nel sogno, le seconde sono residui onirici (v. ALLUCINAZIONE). In entrambi questi stati si sviluppa un ritmo delle onde cerebrali denominate "ϑ" che sono differenti da quelle che caratterizzano il sonno fisiologico.

Ipnoanalisi (ingl. *Hypnoanalysis*; ted. *Hypnoanalyse*; fr. *Hypnoanalyse*; sp. *Hipnoanálisis*). Tentativo di fondere IPNOSI (v.) e psicoanalisi contro l'ortodossia freudiana che aveva inaugurato la psicoanalisi proprio a partire dall'insufficienza, e quindi dall'abbandono, del trattamento ipnotico nella cura delle nevrosi. A differenza dell'IPNOTERAPIA (v.), che si prefigge scopi limitati e specifici, l'ipnoanalisi si propone di accelerare la scoperta della dinamica inconscia attraverso una regressione indotta, effetti ipermnestici, induzione di fantasmi e di sogni, creazione di conflitti artificiali e tecniche affini. L'ipnoanalisi sorse durante la Prima guerra mondiale quando il breve tempo a disposizione e il gran numero delle nevrosi da guerra non consentivano un'analisi nei termini previsti da Sigmund Freud.

Bibliografia

Völgyesi F. A., *Hypnotherapie und psychosomatische Probleme*, Hippokrates, Stuttgart 1950.

Wolberg L. R., *Hypnoanalysis*, Grune & Stratton, New York 1945.

Ipnoide, Stato (ingl. *Hypnoid state*; ted. *Hypnoider Zustand*; fr. *État hypnoïde*; sp. *Estado hipnoide*). Sdoppiamento della coscienza caratterizzato da rappresentazioni molto intense ma separate dal rimanente contenuto della coscienza. Josef Breuer e Sigmund Freud, che hanno introdotto il termine, ritengono lo stato ipnoide uno dei sintomi base dell'isteria: «È nostra convinzione che quella scissione della coscienza così sorprendente nei noti casi classici di *double conscience* (coscienza doppia) esiste in stato rudimentale in ogni isteria, e che la tendenza a tale dissociazione e quindi al manifestarsi di stati anormali della coscienza, che chiameremo congiuntamente "ipnoidi", è il fenomeno basilare di tale nevrosi. [...] Al noto detto: "l'ipnosi è isteria artificiale", vorremmo quindi sostituirne un altro: "base e condizione dell'isteria è l'esistenza di stati ipnoidi". Questi stati ipnoidi, per quanto diversi possano essere, concordano tutti fra loro e con l'ipnosi in un punto: le rappresentazioni in essi affioranti sono molto intense, ma sono tagliate fuori dai rapporti associativi con il rimanente contenuto della coscienza» (1892-1895, pp. 182-183). Come gruppo psichico separato e carico di affetto, dette rappresentazioni sono alla base dello SDOPPIAMENTO DELLA PERSONALITÀ (v.) in cui si manifesta la dissociazione della vita psichica in conscio e inconscio. Successivamente Freud abbandonerà questa concezione per dichiarare: «La tesi degli "stati ipnoidi", in cui alcuni hanno voluto vedere il nocciolo del nostro lavoro, era dovuta esclusivamente all'iniziativa di Breuer. Ritengo superfluo, e atto a indurre in errore, l'interrompere, con questa denominazione, la continuità del problema della natura del processo psichico nella formazione dei sintomi isterici» (1901, p. 321).

Bibliografia

Freud S., *Ipnotismo e suggestione* (1888-1892), in *Opere* (1967-1993), Bollati Boringhieri, Torino, vol. I.

–, *Studi sull'isteria (in collaborazione con Josef Breuer)* (1892-1895), in *Opere*, cit., vol. I.

–, *Frammento di un'analisi d'isteria (Caso clinico di Dora)* (1901), in *Opere*, cit., vol. IV.

Janet P., *L'état mental des hystériques*, Alcan, Paris 1892.

Ipnopompico, v. IPNAGOGICO – IPNOPOMPICO.

Ipnosi (ingl. *Hypnosis*; ted. *Hypnose*; fr. *Hypnose*; sp. *Hipnosis*). Condizione psichica, eteroindotta o autoindotta (v. AUTOIPNOSI), caratterizzata da uno stato intermedio tra la veglia e il sonno (in greco ὕπνος), denominato TRANCE (v.), dove si assiste a una riduzione delle capacità critiche, un aumento della suggestionabilità e una limitazione dell'attenzione alle sole richieste formulate dall'ipnotizzatore. Nota e praticata fin dall'antichità presso le popolazioni dei paesi orientali, l'ipnosi è stata riproposta in Europa da Franz Anton Mesmer che, attraverso opportune tecniche fisiche, ipotizza la possibilità di far passare un fluido magnetico dall'ipnotizzatore all'ipnotizzato (*mesmerismo*), e da James Braid che propone una spiegazione a livello neurologico (*neuroipnologia*) inaugurando il metodo dell'induzione verbale.

Allo studio specifico dell'ipnosi si dedica Jean-Martin Charcot che ne distingue gli stadi (letargo, catalessi, sonnambulismo) e le concomitanti modificazioni organiche relative al tono muscolare e ai movimenti riflessi. Nella clinica di Charcot, Sigmund Freud si interessa allo "stato ipnoide" (v. IPNOIDE, STATO) a cui si applicherà anche Josef Breuer, secondo il quale questo stato è espressione di una scissione nella sfera psichica, che si ritrova all'origine delle manifestazioni isteriche. Breuer e Freud utilizzeranno l'ipnosi nel trattamento dell'isteria seguendo il metodo catartico (v. CATARSI) che consiste nel far defluire o abreagire la carica emotiva inibita, impedendo così che quella carica cerchi vie anormali di sfogo attraverso la manifestazione di sintomi. Successivamente Freud si rese conto che la condizione di semi-incoscienza in cui si trova il paziente in stato ipnotico non consente a quest'ultimo di elaborare il proprio vissuto psichico, per cui il sintomo scomparso può riapparire sotto altra forma. Fu così che Freud abbandonò il metodo catartico indotto per via ipnotica per inaugurare la psicoanalisi, fondata, sul piano clinico, sulla regola delle libere associazioni (v. ASSOCIAZIONE, § 4) e, su quello teorico, sulla nozione di DIFESA (v.), individuata in quella figura che già Freud aveva denominato "isteria da difesa". Oggi, accanto alla psicoanalisi che ha abbandonato ogni forma di trattamento ipnotico perché persuasa della necessità di una partecipazione cosciente del paziente al processo terapeutico, sopravvivono due forme legate al trattamento ipnotico: l'IPNOTERAPIA (v.) e l'IPNOANALISI (v.).

Carl Gustav Jung prende in considerazione l'ipnosi a partire dalla teoria generale dei complessi (v. COMPLESSO) come un'occasione per verificare la presenza, nel soggetto, di "personalità inconsce" che emergono quando si abbassa la vigilanza della coscienza: «Se la coscienza si degrada (*abaissement du niveau mental*, debolezza appercettiva), allora anche i complessi coesistenti con la coscienza si trovano a essere simultaneamente liberati da ogni inibizione e possono irrompere nell'Io-coscienza» (1900, p. 38). Detto questo, per Jung l'ipnosi presenta diversi limiti: la provvisorietà dei risultati terapeutici, la metodologia direttiva della terapia, e soprattutto il fatto che non tiene conto dell'unicità e irripetibilità del soggetto, della natura della nevrosi e dell'assenza di un'autentica relazione tra psicoterapeuta e paziente.

1. L'INDUZIONE IPNOTICA. Per ipnotizzare occorre un soggetto pronto alla collaborazione e ben disposto ad abbandonarsi al controllo dell'ipnotista, il quale di solito chiede al soggetto di fissare lo sguardo su un piccolo oggetto, liberandosi da qualunque altro pensiero, fino a rilassarsi completamente in una condizione simile al sonno, anche se, in stato di *trance*, l'elettroencefalogramma è lo stesso della veglia. Gli aspetti dinamici che caratterizzano l'induzione ipnotica sono di tipo regressivo, e prevedono: *a*) la *riduzione delle afferenze sensoriali*, perché, in assenza di una stimolazione sensoriale significativa, il soggetto "allucina" avendo bisogno di mantenere la sua corteccia sotto l'influsso di una stimolazione continua; *b*) la *restrizione della motilità*, perché l'azione muscolare volontaria è alla base della percezione realistica e dell'orientamento adeguato nel mondo; *c*) la *manipolazione dell'attenzione*, che avviene inducendo il soggetto a concentrare l'attenzione sulle proprie funzioni mentali con conseguente suo trasferimento dall'esterno all'interno, cioè dai recettori di lontananza a quelli somato-estesici. Inoltre, gli stimoli monotoni e ripetitivi, oppure quelli impositivi, a seconda del metodo adottato, esauriscono l'attenzione disponibile e producono un impoverimento ideativo, fonte di regressione, che si manifesta attraverso una sintomatologia che, a seconda dei casi, prevede: emersione di idee, memorie, affetti rimossi, mutamenti di sensazioni corporee, impressione di spersonalizzazione, apparizione o scomparsa di manifestazioni isteriche di CONVERSIONE (v.). L'induzione ipnotica non va confusa con la SUGGESTIONE (v.), se mai può ritenersi un elemento catalizzatore che favorisce il processo suggestivo, in quanto l'abbassamento del livello di coscienza e quindi di critica rende l'ipnotizzato più suscettibile ad accogliere la comunicazione suggestiva.

2. LO STATO IPNOTICO. È il punto d'arrivo dell'induzione che varia da individuo a individuo e nell'ambito della stessa esperienza individuale. I tratti che lo caratterizzano sono: *a*) una *modificazione della funzione dell'Io* per effetto della quale i processi di pensiero subiscono un mutamento che li rende simili ai processi primari (v. PROCESSO PRIMARIO – PROCESSO SECONDARIO), con sostituzione della struttura pulsionale a quella concettuale. Le idee vengono sostituite da immagini visive e acustiche, creando una condizione in cui è possibile indurre sogni su comando e manipolare le opinioni; *b*) un *transfert ipnotico* caratterizzato dal fatto che l'ipnotizzato, incapace di dare inizio ad alcuna attività, aspetta che l'ipnotizzatore gli comunichi che cosa deve fare; l'attenzione diventa selettiva e ascolta solo la voce dell'ipnotizzatore; si riduce il controllo del reale e sono accettate distorsioni della realtà indotte per suggestione a cui, nello stato ipnotico, si è più disposti. Per la stessa ragione il soggetto ipnotizzato assume ruoli inconsueti come la riproduzione di propri comportamenti in età trascorse o tratti di altre persone. Infine, soggetti particolarmente sensibili ubbidiscono al suggerimento di dimenticare gli eventi verificatisi nel corso della seduta una volta svegliati dallo stato di *trance*.

3. LO STATO POSTIPNOTICO. È l'intervallo di tempo tra la conclusione del trattamento ipnotico e l'esecuzione dell'azione suggerita in stato ipnotico quando si sia provveduto a fissarne i tempi. Dopo l'esecuzione dell'azione suggerita, che conclude lo spazio postipnotico, si hanno in genere delle razionalizzazioni volte a giustificare l'azione compiuta.

4. LA RECETTIVITÀ IPNOTICA. Oltre a variare da individuo a individuo e all'interno dello stesso individuo, è maggiore in chi presenta un'inclinazione all'immaginazione o ai sogni a occhi aperti, è più frequente nei bambini che negli adulti e, tra questi, sono più suscettibili i meno dotati intellettualmente. Un contributo positivo all'ipnotizzabilità sembra fornito dall'aver

sperimentato nella fanciullezza punizioni piuttosto severe con conseguente abitudine a un'obbedienza automatica e irriflessiva, mentre nell'ambito della psicologia sperimentale si è potuto constatare la refrattarietà all'ipnosi in soggetti forniti di un buon autocontrollo e di una notevole capacità decisionale.

5. LE IPOTESI INTERPRETATIVE. Sono numerose e diverse fra loro. Tra queste ricordiamo:

a) L'ipotesi di David Rapaport secondo cui lo stato ipnotico appartiene a uno degli "stati di coscienza modificata" che si costituiscono come "organizzazioni quasi stabili" dell'apparato psichico alla stessa stregua del sogno, della fantasticheria, del processo ipnagogico, del vagabondaggio ecc.

b) L'ipotesi di Heinz Hartmann che parte dal concetto di "autonomia relativa dell'Io" che non sarebbe solo mediatore tra l'Es e l'ambiente esterno, come vuole l'ipotesi di Freud, ma disporrebbe di una sua autonomia rafforzata dall'automatizzazione degli apparati che presiedono la motilità, la percezione e il pensiero. L'ipnosi opererebbe sulla riduzione di questa autonomia con conseguente invasione di contenuti inconsci. La tesi di Hartmann è stata ripresa da Merton M. Gill e Margaret Brenman, secondo i quali, con la perdita dell'autonomia dell'Io per effetto dell'induzione ipnotica, il "sotto-sistema dell'Io" si metterebbe a disposizione di un altro soggetto verso cui si stabilisce una relazione interpersonale regressiva.

c) L'ipotesi di Raphael H. Rhodes che sostiene che la mente umana funziona secondo due moduli: uno *diacritico* che corrisponde al funzionamento della mente "oggettiva" in grado di svolgere sia processi induttivi che deduttivi, e uno *protopatico* o modulo della mente "soggettiva" che svolge solo processi deduttivi e che quindi è incapace di mutare le proprie generalizzazioni per effetto dell'esperienza. Nel soggetto adulto normale e in stato di veglia i processi diacritici prevalgono su quelli protopatici, nel soggetto sognante, invece, prevalgono i processi protopatici, per cui tutte le idee che si presentano al soggetto, per quanto fantastiche e anormali, vengono accettate per vere, perché l'impossibilità di induzione non consente una loro correzione. Nel soggetto in ipnosi si assisterebbe a una recessione della mente diacritica e a un avanzamento di quella protopatica.

d) L'ipotesi di Milton Hyland Erickson che ritiene che in condizioni di *trance* si amplifica l'attività delle aree cerebrali analogiche, tipiche degli stati emotivi collegati al sistema limbico-ipotalamico, che utilizzano l'esperienza sensoriale, mentre si riduce l'attività delle aree razionali. Inoltre, nello stato ipnotico si sviluppa il ritmo delle onde cerebrali denominate "τ" che sono tipiche degli stati ipnagogico e ipnopompico (v. IPNAGOGICO – IPNOPOMPICO).

e) L'ipotesi di Nicholas Peter Spanos che stabilisce una distinzione tra chi ritiene che l'ipnosi sia uno "stato" che mette in moto processi specifici che includono le azioni involontarie come la scrittura automatica, le distorsioni della memoria (v. MEMORIA, § 6), le allucinazioni e l'insensibilità al dolore (v. ALGESIA), e chi invece ritiene che l'ipnosi sia un "non stato" perché i processi implicati nei fenomeni ipnotici si riscontrano anche in altre situazioni. Tra i sostenitori dell'ipnosi come "stato" incontriamo Ernest Ropiequet Hilgard che, a partire dalla sua teoria neo-dissociazionista, ritiene che lo stato ipnotico sia determinato dalla dissociazione di una parte del sistema cognitivo, che ha un controllo centrale che dirige i sottosistemi, a causa di "barriere amnestiche"; mentre il sostenitore più acceso della teoria del "non stato" è Theodore X. Barber, secondo il quale tutti i fenomeni ipnotici, tra cui le azioni involontarie, l'amnesia, le allucinazioni, il controllo del dolore, possono essere spiegati anche a prescindere da uno speciale processo ipnotico o alterato della coscienza.

Bibliografia

Ancona L., *L'ipnosi come processo psicodinamico*, in Id. (a cura di), *Nuove questioni di psicologia*, La Scuola, Brescia 1972, vol. I, pp. 565-582.

Barber Th. X., *Ipnosi. Un approccio scientifico* (1969), Astrolabio, Roma 1972.

Benussi V., *La suggestione e l'ipnosi come mezzi di analisi psichica reale* (1923-1925), in Id., *Sperimentare l'inconscio. Scritti 1905-1927*, Raffaello Cortina, Milano 2006.

Bernheim H., *Hypnosis and suggestion in psychotherapy* (1884), University Books, New York 1964.

Braid J., *The power of the mind over the body*, Churchill, London 1846.

Charcot J.-M., *Métallothérapie et hypnotisme* (1890), in D.-M. Bourneville (a cura di), *Oeuvres complètes* (1886-1890), Bureaux du Progrès Médical, Delahaye & Lecrosnier Libraires-Éditeurs, Paris, vol. IX.

Chertok L., *Psychophysiological mechanisms of hypnosis*, Springer, New York-Heidelberg-Berlin 1969.

–, *Ipnosi e suggestione* (1989), Laterza, Bari 1990.

Chertok L., Stengers I., *Il cuore e la ragione. L'ipnosi come problema da Lavoisier a Lacan* (1989), Feltrinelli, Milano 1991.

Del Castello E., Loriedo C. (a cura di), *Tecniche dirette ed indirette in ipnosi e psicoterapia*, Franco Angeli, Milano 1995.

Erickson M. H., *Le nuove vie dell'ipnosi* (1967), Astrolabio, Roma 1978.

Fontana B., *Ipnosi: indicazioni e limiti nella pratica clinica*, in G. B. Cassano, P. Pancheri *et al.* (a cura di), *Trattato italiano di psichiatria* (1992), Masson, Milano 1999, vol. III, pp. 3663-3674.

Freud S., *Ipnotismo e suggestione* (1888-1892), in *Opere* (1967-1993), Bollati Boringhieri, Torino, vol. I.
–, *Studi sull'isteria (in collaborazione con Josef Breuer)* (1892-1895), in *Opere*, cit., vol. I.
Gill M. M., Brenman M., *Hypnosis and related states*, International Universities Press, New York 1961.
Granone F., *L'ipnotismo come fenomeno biologico, mezzo d'indagine e strumento terapeutico*, Bollati Boringhieri, Torino 1962.
–, *Trattato di ipnosi*, Utet, Torino 1989.
Haley J., *Advanced techniques of hypnosis and therapy*, Grune & Stratton, New York 1967.
Hartmann H., *Psicologia dell'Io e problema dell'adattamento* (1939), Bollati Boringhieri, Torino 1966.
Hilgard E. R., *Divided consciousness. Multiple controls in human thought and action*, Wiley-Interscience, New York 1986.
Hull C. L., *Hypnosis and suggestibility. An experimental approach*, Appleton, New York 1933.
Janet P., *L'automatismo psicologico. Saggio di psicologia sperimentale sulle forme inferiori dell'attività umana* (1889-1903), Raffaello Cortina, Milano 2013.
Jung C. G., *Psicologia e patologia dei cosiddetti fenomeni occulti* (1900), in *Opere* (1969-2007), Bollati Boringhieri, Torino, vol. I.
Lago G., *L'illusione di Mesmer. Carisma e pseudoscienza nell'epoca dei Lumi*, Castelvecchi, Roma 2014.
Mesmer F. A., *Mémoire sur la découverte du magnétisme animal* (1779), in Id., *Le magnétisme animal*, Didot, Paris 1971.
Nardone G., Loriedo C., Zeig J., Watzlawick P., *Ipnosi e terapie ipnotiche. Misteri svelati e miti sfatati*, Ponte alle Grazie, Milano 2006.
Parenti F., Fiorenzola F., *Sogno, ipnosi e suggestione*, Feltrinelli, Milano 1964.
Rapaport D., *The theory of Ego autonomy. A generalization*, in "Bulletin Menninger Clinic", 1958, n. 22.
Rausky F., *Mesmer e la rivoluzione terapeutica* (1977), Feltrinelli, Milano 1980.
Rhodes R. H., *Manuale di ipnotismo* (1950), Astrolabio, Roma 1966.
Schilder P., *Über das Wesen der Hypnose*, Springer, Berlin 1922.
Sheehan P. W., Perry C. W., *Methodologies of hypnosis. A critical appraisal of contemporary paradigms of hypnosis*, Wiley, New York 1986.
Spanos N. P., *Hypnotic behavior. A social psychological interpretation of amnesia, analgesia and "Trans Logic"*, in "Behavioral and Brain Sciences", 1986, n. 9, pp. 449-502.
Völgyesi F. A., *Hypnotherapie und psychosomatische Probleme*, Hippokrates, Stuttgart 1950.
Weitzenhoffer A. M., *Hypnotism. An objective study in suggestibility*, Wiley, New York 1953.
Wolberg L. R., *Hypnoanalysis*, Grune & Stratton, New York 1945.
Wundt W. M., *Ipnotismo e suggestione. Studio critico* (1893), Sandron, Palermo 1923.

Ipnoterapia (ingl. *Hypnotherapy*; ted. *Hypnotherapie*, fr. *Hypnothérapie*; sp. *Hipnoterapia*). Terapia che si avvale dell'IPNOSI (v.) o per raggiungere l'effetto catartico sperimentato da Josef Breuer che, in stato di semicoscienza, provocava il riaffiorare alla memoria di rappresentazioni a forte carica affettiva dimenticate o rimosse, o per suggestionare il paziente contro il sintomo o la tendenza che ci si propone di sopprimere come il fumo, la droga, l'alcol, o per ottenere l'effetto genericamente rilassante del sonno ipnotico. In ambito psicoanalitico si ritiene che l'ipnoterapia non sia impiegabile nel trattamento delle nevrosi perché, in assenza dell'elaborazione conscia del paziente, si otterrebbe solo uno spostamento sintomatico, e neppure nel trattamento delle psicosi perché l'effetto derealizzante del trattamento ipnotico avverrebbe su un terreno già dominato dalle forze dell'inconscio. Di diverso parere è Milton Hyland Erickson che ha trasferito nel campo della psicoterapia l'impiego della tecnica ipnotica strutturata in tre fasi: *a*) l'analisi della sintomatologia del paziente che, nel caso ad esempio della depressione, è focalizzata intorno a vissuti di negatività, inattività, assenza di scopi; *b*) l'induzione ipnotica in cui il terapeuta suggerisce uno scenario dove si prospettano possibilità alternative alla fenomenologia depressiva che possono avere una connessione con le risorse latenti nel paziente; *c*) la soluzione del problema attraverso l'acquisizione conscia delle prospettive positive "assorbite" durante lo stato ipnotico.

Bibliografia

Bernheim H., *Hypnosis and suggestion in psychotherapy* (1884), University Books, New York 1964.
Erickson M. H., *Opere*, vol. I: *La natura dell'ipnosi e della suggestione*, vol. II: *L'alterazione ipnotica dei processi sensoriali, percettivi e psicofisiologici*, vol. III: *L'indagine ipnotica dei processi psicodinamici*, vol. IV: *L'ipnoterapia innovatrice*, Astrolabio-Ubaldini, Roma 1982.
Freud S., *Studi sull'isteria (in collaborazione con Josef Breuer)* (1892-1895), in *Opere* (1967-1993), Bollati Boringhieri, Torino, vol. I.
Haley J., *Advanced techniques of hypnosis and therapy*, Grune & Stratton, New York 1967.
Nardone G., Loriedo C., Zeig J., Watzlawick P., *Ipnosi e terapie ipnotiche. Misteri svelati e miti sfatati*, Ponte alle Grazie, Milano 2006.
Völgyesi F. A., *Hypnotherapie und psychosomatische Probleme*, Hippokrates, Stuttgart 1950.
Yapko M. D., *Hypnosis and treating depression. Applications in clinical practice*, Routledge, New York 2006.

Ipnotico, v. DROGA, § 4.

Ipoacusia, v. SORDITÀ.

Ipoalgesia, v. ALGESIA.

Ipobulia, v. ABULIA.

Ipocinesia, v. CINESIA.

Ipocondria (ingl. *Hypochondria*; ted. *Hypochondrie*; fr. *Hypocondrie*; sp. *Hipocondría*). Detta anche *patofobia*, l'ipocondria è una preoccupazione immotivata per le proprie condizioni di salute, accompagnata da disturbi fisici e stati di angoscia e depressione. Nel soggetto si verifica un ritiro della libido dal mondo esterno con conseguente concentrazione della stessa su di sé e sull'organo interessato. Se invece l'ipocondria è latente, si produce una FORMAZIONE REATTIVA (v.) che si esprime nell'assoluta noncuranza per il proprio corpo e per la propria salute. Benché possa costituirsi come una nevrosi a sé, l'ipocondria può anche manifestarsi all'interno di altri quadri morbosi, quali la nevrosi d'angoscia, la nevrosi ossessivo-coatta e gli stati emergenti delle psicosi.

Sigmund Freud collocò l'ipocondria tra le nevrosi attuali (v. NEVROSI, § 2, *c*) considerandola una forma narcisistica derivante dalla paura di castrazione. Karl Jaspers la classificò come sindrome tipica dei "caratteri riflessivi" e quindi la rubricò tra quelle «formazioni che derivano dalla coscienza di se stessi, dall'attenzione diretta alla propria esistenza, dall'intenzione di "voler essere così"» (1913-1959, p. 478). L'interesse dell'ipocondriaco per il proprio corpo non è normale perché l'uomo sano, scrive Jaspers, «sperimenta il proprio corpo, ma non pensa ad esso. [...] L'autoosservazione, l'attesa, il timore portano disordine nelle funzioni somatiche, fanno sorgere dolori, provocano insonnia. La paura di essere malati e il desiderio di esserlo, entrambi, nella riflessione sul corpo, trasformano la vita cosciente in una vita con un corpo malato. Quantunque l'individuo non sia infermo fisicamente, tuttavia non è un simulatore. Si sente realmente malato, il suo corpo si modifica effettivamente ed egli soffre come infermo. Il malato immaginario è, in modo nuovo, proprio per la sua natura, veramente malato» (ivi, p. 480).

Bibliografia

Freud S., *Introduzione al narcisismo* (1914), in *Opere* (1967-1993), Bollati Boringhieri, Torino, vol. VII.

Jaspers K., *Psicopatologia generale* (1913-1959), Il Pensiero Scientifico, Roma 2000.

Leveni D., Lussetti M., Piacentini D., *Ipocondria. Guida per il clinico e manuale per chi soffre del disturbo*, Erickson, Trento 2011.

Sullivan H. S., *L'ipocondria, l'algolagnia e l'evoluzione paranoidea*, in Id., *Studi clinici* (1956, edito postumo), Feltrinelli, Milano 1976, pp. 76-88.

Ipoderma, v. PELLE.

Ipoestesia, v. SENSIBILITÀ, § 5.

Ipofisi, v. ENDOCRINO, SISTEMA, § 1.

Ipofrenia, v. RITARDO MENTALE.

Ipoglicemia, v. GLICEMIA.

Ipomania, v. MANIA.

Ipoplasia, v. IPERPLASIA – IPOPLASIA.

Ipotalamo (ingl. *Hypothalamus*; ted. *Hypothalamus*; fr. *Hypothalamus*; sp. *Hipotálamo*). Complessa zona di sostanza grigia, non superiore per dimensioni alla parte terminale di un mignolo, che si estende in ciascun emisfero, al di sotto del TALAMO (v.). Ha una ricchissima irrorazione sanguigna e contiene dei neuroni sensibili ai cambiamenti di temperatura e di livello di molte sostanze presenti nel sangue per cui, ad esempio, una brusca diminuzione della GLICEMIA (v.) provoca da una parte il flusso dell'informazione all'ipofisi (v. ENDOCRINO, SISTEMA, § 1) che, attraverso la liberazione di un ormone, rialza prontamente la glicemia, e dall'altra trasmette impulsi alla corteccia che, a sua volta, suggerisce all'individuo di procurarsi del cibo. L'ipotalamo è dunque responsabile dell'omeostasi dell'organismo, cioè del mantenimento di un livello abbastanza costante di temperatura, di concentrazione di glucosio, di sali e di ormoni nel sangue (v. OMEOSTASI). Studi condotti sulla stimolazione elettrica e sull'ablazione hanno mostrato che l'ipotalamo riveste un ruolo importante nel controllo dell'attività del sistema nervoso autonomo e delle emozioni, in quest'ultimo caso in stretta connessione con il sistema limbico (v. LIMBICO, SISTEMA). Osservazioni su pazienti con lesioni ipotalamiche hanno consentito di individuare zone responsabili di comportamenti aggressivi e di stati di eccitamento associati a manifestazioni vegetative, come l'aumento della pressione sanguigna e l'accelerazione della frequenza cardiaca, nonché zone responsabili di apatia, depressione e rallentamento globale delle funzioni psichiche e motorie.

All'attività dei centri ipotalamici sono connesse le tensioni inerenti ai bisogni istintivi quali l'assunzione di cibo e di acqua, l'attività sessuale, il sonno. Nella zona intermedia dell'ipotalamo troviamo il centro della *sazietà* che svolge una funzione inibitoria sul centro della *fame* situato nella parte laterale. Alla *sessualità* è deputata la parte anteriore dell'ipotalamo, sensibile alla presenza nel sangue degli ormoni prodotti dalle gonadi (v. ENDOCRINO, SISTEMA, § 6) responsabili delle manifestazioni caratteristiche dell'attività sessuale, a cui non sono estranei fattori ambientali accessibili attraverso le informazioni sensoriali. La stimolazione di una stessa area dell'ipotalamo laterale mediante diversi agenti chimici può indurre, in animali di entrambi i sessi, comportamenti maschili o comportamenti materni; ciò lascia supporre la coesistenza di strutture potenzialmente collegate a manifestazioni maschili e femminili in ciascun individuo.

All'attività dell'ipotalamo sono inoltre connessi il *sonno* e la *veglia* per cui, ad esempio, la stimolazione dell'ipotalamo posteriore provoca il risveglio e uno stato di eccitazione. Questa attività dell'ipotalamo è in stretta connessione con i circuiti corto-reticolari. Infine fanno capo all'ipotalamo i meccanismi centrali della *termoregolazione*, con distinzione dei meccanismi preposti alla difesa contro il freddo da quelli preposti alla difesa contro il caldo, che favoriscono la dispersione di calore attraverso la sudorazione, la vasodilatazione, l'aumento della ventilazione polmonare. I centri dell'ipotalamo operano direttamente o indirettamente sui nuclei motori e sensitivi inferiori del tronco dell'encefalo (v. ENCEFALO, § 1, *a*) e del MIDOLLO SPINALE (v.), e sono a loro volta sottoposti a controlli e integrazioni superiori.

Ipotassia, v. ATASSIA.

Ipotensione, v. IPERTENSIONE – IPOTENSIONE.

Ipotesi, v. PSICOLOGIA SPERIMENTALE, § 3, *b*.

Ipotimia, v. DISTIMIA.

Ipotiroidismo, v. ENDOCRINO, SISTEMA, § 2.

Ipotonia, v. TONO MUSCOLARE.

Ipotrofia, v. DISTROFIA.

Ippocampo (ingl. *Hippocampus*; ted. *Hippocampus*; fr. *Hippocampe*; sp. *Hipocampo*). Struttura del sistema limbico (v. LIMBICO, SISTEMA) collocata nella profondità del lobo temporale, presente in forma simmetrica in entrambi gli emisferi, che ha una notevole rilevanza in ordine: a) alla *memoria*, per quanto riguarda la fissazione delle informazioni relative alle aree dell'encefalo in cui vengono immagazzinate e al loro recupero; b) alle *emozioni*, per quanto riguarda il ricordo di eventi emozionali, soprattutto di quelli spiacevoli e paurosi, nonché del contesto ambientale in cui sono stati vissuti. Siccome nei primissimi anni di vita le strutture che elaborano le risposte emotive per la paura sono già sviluppate e funzionanti, mentre l'ippocampo non è ancora maturo, l'evento traumatico non accede alla coscienza, e perciò non viene ricordato, anche se continua ad agire sulle funzioni mentali e di conseguenza sul comportamento.

Ira (ingl. *Anger*; ted. *Zorn*; fr. *Colère*; sp. *Cólera*). Detta anche *collera* e, per estensione del comportamento animale, RABBIA (v.), l'ira, che va tenuta distinta dall'ODIO (v.) e dall'AGGRESSIVITÀ (v.) che è una componente umana indispensabile per la costruzione della personalità, è uno stato emotivo-affettivo caratterizzato da una crescente eccitazione che si manifesta a livello verbale e/o motorio e che può culminare in comportamenti distruttivi nei confronti di oggetti, di altre persone, o anche di se stessi. In questo senso Aristotele scrive: «Arrabbiarsi è facile, ne sono tutti capaci, ma non è assolutamente facile, e soprattutto non è da tutti adirarsi con la persona giusta, nella misura giusta, nel modo giusto, nel momento giusto e per la giusta causa» (*Etica nicomachea*, 1109 a).

Nel bambino fino a 5-6 anni, le crisi d'ira sono piuttosto frequenti e costituiscono una normale forma di opposizione alle richieste e alle proibizioni dei genitori, o uno strumento di ricatto affettivo nei loro confronti. Dopo la prima infanzia, la permanenza di reazioni di collera può essere indice dell'esistenza di disturbi di carattere affettivo. Secondo Josef Breuer e Sigmund Freud, l'aumento dell'eccitamento che si verifica nella collera viene solitamente compensato mediante una scarica motoria, come, ad esempio, un discorso, un'azione o un pianto. Mentre alcune di tali reazioni possono provocare un cambiamento della situazione, altre non hanno alcuna utilità, se non quella di ristabilire l'equilibrio psichico, riportando l'eccitamento al livello iniziale. Nei casi in cui i comportamenti immediati di scarica motoria vengono inibiti, scrivono Breuer e Freud, «noi trasponiamo l'eccitamento della collera dalla reazione adeguata ad altre reazioni e ci sentiamo sollevati purché venga consumata tramite qualche forte innervazione motoria» (1892-1895, p. 349). Per ulteriori approfondimenti si veda la voce RABBIA.

Bibliografia

Aristotele, *Etica nicomachea*, in *Opere*, Laterza, Bari 1973.

D'Urso V., *Arrabbiarsi. Quando l'ira è funesta, quando infuriarsi conviene*, il Mulino, Bologna 2001.

Freud S., *Studi sull'isteria (in collaborazione con Josef Breuer)* (1892-1895), in *Opere* (1967-1993), Bollati Boringhieri, Torino, vol. I.

Galimberti U., *Ira*, in Id., *I vizi capitali e i nuovi vizi* (2003), Feltrinelli, Milano 2015, pp. 17-22.

IRM (*Innate Releasing Mechanism*), v. ISTINTO, § 1.

IRME (*Innate Releasing Mechanism Modified by Experience*), v. ISTINTO, § 1.

Ironia (ingl. *Irony*; ted. *Ironie*; fr. *Ironie*; sp. *Ironía*). Forma di distaccato umorismo che mira, secondo l'insegnamento socratico, alla relativizzazione delle false sicurezze e alla presa di distanza da atteggiamenti intransigenti e dogmatici. Da un punto di vista psicologico, Sigmund Freud scrive che «l'essenza dell'ironia consiste nell'affermare il contrario di ciò che intendiamo comunicare all'altro, al quale però risparmiamo di doverci contraddire facendogli capire, con l'inflessione della voce, i gesti o, quando si tratta di cose scritte, piccole spie stilistiche, che noi stessi intendiamo affermare il contrario di ciò che diciamo. L'ironia può essere impiegata solo quando il nostro interlocutore è preparato a udire il contrario, di modo che non manchi in lui l'inclinazione a contraddire. Data questa determinazione, l'ironia è particolarmente esposta al pericolo di non essere capita. A chi l'impiega, essa offre il vantaggio di aggirare facilmente le difficoltà delle espressioni dirette, come ad esempio nell'invettiva; mentre nell'ascoltatore genera piacere comico, probabilmente proprio perché lo spinge a un dispendio contraddittorio che viene immediatamente riconosciuto superfluo. Un tale paragone tra il motto e una specie del comico che gli è prossima può rafforzare in noi la supposizione che il rapporto con l'inconscio, peculiare all'arguzia, forse la distingua anche dalla comicità» (1905, pp. 155-156).

Bibliografia

Freud S., *Il motto di spirito e la sua relazione con l'inconscio* (1905), in *Opere* (1967-1993), Bollati Boringhieri, Torino, vol. V.

Mizzau M., *L'ironia. La contraddizione consentita*, Feltrinelli, Milano 1984.

Querini P., Lubrani F., *Ironia, umorismo e disagio psichico*, Franco Angeli, Milano 2004.

Sacerdoti G., *L'ironia attraverso la psicoanalisi*, Raffaello Cortina, Milano 1987.

Irrazionale (ingl. *Irrational*; ted. *Unvernünftig*; fr. *Irrationnel*; sp. *Irracional*). Termine con cui si qualifica tutto ciò che è *altro* dalla ragione. Se la ragione è un sistema di regole, irrazionale sarà: 1) ciò che *deroga* da dette regole; 2) ciò che *è irriducibile* alle categorie con cui la ragione costruisce e spiega un'esperienza. Nella prima accezione l'irrazionale ha una storia definita dalle procedure d'esclusione con cui la ragione di epoca in epoca definisce se stessa (v. RAGIONE). Nella seconda accezione l'irrazionale è ciò che, pur essendo irriducibile al piano categoriale con cui la ragione opera, costituisce l'elemento di cui questo piano necessita per diventare concreto e operante. Applicandosi a questo irriducibile, la ragione opera con l'irrazionale uno scambio continuo nel tentativo incessante di ridurlo alle sue regole esplicative, disposta anche a cambiare l'impianto delle regole se queste si rivelano inidonee.

Sul piano filosofico questo nesso tra ragione e irrazionale è stato tematizzato da Martin Heidegger, per il quale il pensiero (*Denken*) è un'apertura che non deve essere risolta in quel pensiero come calcolo (*Denken als Rechnen*) in cui la ragione consiste, perché un simile risolvimento farebbe della ragione "la peggior nemica del pensiero" che si troverebbe nell'impossibilità di pensare tutto ciò che non rientra in quel modello di pensiero ordinato dalla logica. In ambito psicologico Carl Gustav Jung, a proposito dell'irrazionale, scrive: «Uso questo concetto non nel senso di antirazionale (*Widervernünftig*), ma in quello di extrarazionale (*Ausservernünftig*) ossia di ciò che non può essere fondato sulla ragione. [...] Soltanto un oggetto di cui ci si limiti a supporre l'esistenza può essere spiegato completamente per via razionale, poiché fin da principio non vi è nulla di più di quanto è stato appunto posto dal pensiero raziocinante» (1921, p. 469). Si ribadisce così che la ragione è un impianto di regole la cui connessione non esaurisce la complessità del reale e la cui offerta di senso (*Sinn*) non si risolve nell'insieme dei significati (*Bedeutungen*) fissati dalla ragione; perciò Jung può concludere: «Benché l'irrazionale come tale non possa mai essere oggetto di una scienza, tuttavia una giusta valutazione di questo fattore è cosa di grande importanza agli effetti della psicologia pratica. Questa infatti solleva molti problemi che non possono assolutamente essere risolti razionalmente, ma richiedono una soluzione irrazionale, in modo cioè non conforme alle leggi di ragione. L'aspettativa troppo unilaterale, o addirittura la ferma convinzione che per ogni conflitto debba anche esservi una possibilità di composizione secondo ragione, possono impedire una vera soluzione di carattere irrazionale» (ivi, p. 470).

Bibliografia

Dodds E. R., *I Greci e l'irrazionale* (1951), La Nuova Italia, Firenze 1973.

Heidegger M., *Che cosa significa pensare?* (1954), Sugarco, Milano 1978.

Jung C. G., *Tipi psicologici* (1921), in *Opere* (1969-2007), Bollati Boringhieri, Torino, vol. VI.

Mainardi D., *L'animale irrazionale. L'uomo, la natura e i limiti della ragione*, Mondadori, Milano 2001.

Irrazionalismo (ingl. *Irrationalism*; ted. *Irrationalismus*; fr. *Irrationalisme*; sp. *Irracionalismo*). Termine che designa quelle correnti di pensiero che si prendono cura dell'IRRAZIONALE (v.), nella duplice accezione con cui questo termine è connotato. Si è soliti distinguere un irrazionalismo *gnoseologico*, riferito a quelle posizioni teoriche per le quali l'ordine della ragione non è in grado da solo di render conto della ricchezza e della complessità del reale (tali sono le posizioni assunte dallo scetticismo, dal misticismo, dal romanticismo che, accanto al ruolo svolto dalla ragione, riconoscono un'importanza fondamentale all'intuizione e al sentimento elevati al rango di forme di conoscenza); e un irrazionalismo *ontologico*, riferito a quelle posizioni filosofiche per le quali la realtà è retta da un principio che risponde più alle esigenze della vita che a quelle che approdano a un senso individuabile con gli strumenti della ragione. Appartiene a questa seconda forma di irrazionalismo la filosofia di Arthur Schopenhauer, in cui Sigmund Freud vede l'anticipazione della teoria psicoanalitica: «Probabilmente pochissimi uomini hanno compreso che ammettere l'esistenza di processi psichici inconsci significa compiere un passo denso di conseguenze per la scienza e per la vita. Affrettiamoci comunque ad aggiungere che un tale passo la psicoanalisi non l'ha compiuto per prima. Molti filosofi possono esser citati come precursori, e sopra tutti Schopenhauer, la cui "volontà" inconscia può essere equiparata alle pulsioni psichiche di cui parla la psicoanalisi» (1916, p. 663). La teoria psicoanalitica, infatti, come indagine promossa dall'«intenzione di dimostrare all'Io che non solo egli non è padrone in casa propria, ma deve fare assegnamento su scarse notizie riguardo a quello che avviene inconsciamente nella sua psiche» (1915-1917, p. 446), può essere annoverata tra quelle forme di pensiero che, per il fatto di ammettere un principio non razionale e non risolvibile nell'ordine della ragione come l'inconscio, rientrano nell'ambito dell'irrazionalismo secondo la definizione che di questo termine è stata qui proposta.

Bibliografia

Freud S., *Introduzione alla psicoanalisi* (1915-1917), in *Opere* (1967-1993), Bollati Boringhieri, Torino, vol. VIII.
–, *Una difficoltà della psicoanalisi* (1916), in *Opere*, cit., vol. VIII.

Irreversibilità, v. COGNIZIONE, § 2, *b*; CONCRETISMO.

Irritabilità (ingl. *Irritability*; ted. *Reizbarkeit*; fr. *Irritabilité*; sp. *Irritabilidad*). Ipersensibilità di fronte a stimoli normalmente accettabili. Negli stati d'ansia e in numerose forme nevrotiche e psicotiche la tolleranza agli stimoli è molto ridotta, con conseguente eccessiva risonanza di tutti gli affetti. Quando l'irritabilità produce reazioni verbali o gestuali si parla di *irritazione* che, secondo l'opinione di Josef Breuer e di Sigmund Freud, ha la funzione di ridurre il tasso di eccitamento (v. IRA).

Bibliografia

Freud S., *Studi sull'isteria (in collaborazione con Josef Breuer)* (1892-1895), in *Opere* (1967-1993), Bollati Boringhieri, Torino, vol. I.

Irritazione, v. IRA; IRRITABILITÀ.

Ishihara, Test di, v. COLORE, § 3.

Isolamento (ingl. *Isolation*; ted. *Isolierung*; fr. *Isolement*; sp. *Aislamiento*). Meccanismo di difesa (v. DIFESA, § 2) frequente nelle nevrosi ossessive che consiste nell'isolare un pensiero o dalla carica affettiva che gli è connessa, o dal contesto significativo in cui è inserito. In questo modo, il pensiero, la fantasia o il ricordo possono avere libero accesso alla coscienza, mentre l'emozione o il contesto, di solito dolorosi, ad essi collegati, restano inconsci. Sigmund Freud, che collega l'isolamento a quel meccanismo arcaico di difesa che consiste nel "non toccare" (v. CONTATTO), scrive: «Sappiamo che nell'isteria è possibile che un'impressione traumatica sia lasciata cadere nell'oblio; nella nevrosi ossessiva questo sovente non riesce, l'esperienza non viene dimenticata, ma viene invece spogliata del suo affetto, mentre le sue relazioni associative sono represse o interrotte, cosicché essa sta come isolata e non viene neppure riprodotta nel corso dell'attività del pensiero. L'effetto di questo isolamento è uguale a quello della rimozione accompagnata da amnesia» (1925, pp. 269-270). Dal canto suo Anna Freud sottolinea l'importante ruolo dell'isolamento nel determinare un tipo di resistenza alle libere associazioni durante la terapia: «Sappiamo che, nella formazione sintomatica, l'Io nevrotico-ossessivo usa la tecnica difensiva dell'isolamento. Esso dunque lacera i nessi significativi e in tal modo ritiene i moti pulsionali nella coscienza. Di conseguenza anche la resistenza del paziente nevrotico-ossessivo è diversa. Quest'ultimo non tace; parla anche se si trova in uno stato di resistenza; ma nel parlare, lacera ogni nesso tra le sue associazioni, isola rappresentazione e affetto così che le sue associazioni ci appaiono, su piccola scala, altrettanto insensate quanto, su scala maggiore, i suoi sintomi nevrotico-ossessivi» (1936, pp. 173-174; v. CERIMONIALE).

Bibliografia

Freud A., *L'Io e i meccanismi di difesa* (1936), in *Opere* (1978-1979), Bollati Boringhieri, Torino, vol. I.
Freud S., *Inibizione, sintomo e angoscia* (1925), in *Opere* (1967-1993), Bollati Boringhieri, Torino, vol. X.

Isole di Langerhans, v. ENDOCRINO, SISTEMA, § 4.

Isomorfismo (ingl. *Isomorphism*; ted. *Isomorphismus*; fr. *Isomorphisme*; sp. *Isomorfismo*). Teoria della PSICOLOGIA DELLA GESTALT (v.) secondo la quale vi sarebbe identità di forma tra le nostre esperienze e i processi fisiologici che ne sono alla base. Dato che esistono esperienze che si appartengono l'una all'altra in una modalità specifica, mentre ne esistono altre che, pur verificandosi nello stesso momento, non sono intimamente connesse e vengono percepite come unità a sé stanti, secondo Wolfgang Köhler, «unità di esperienze si accompagnano ad unità funzionali dei sottostanti processi fisiologici, [...] e l'ordine vissuto nell'esperienza si suppone sia la rappresentazione fedele di un ordine corrispondente dei processi dai quali l'esperienza dipende» (1929, p. 49). Perciò, quando il campo visivo mostra una cosa come un'entità distaccata, il processo corrispondente nel cervello è relativamente isolato dai processi circonvicini. Ne consegue la necessità di postulare nel cervello particolari processi sottostanti all'esperienza dell'Io nei suoi vari stati. Ma, prosegue Köhler, «noi non abbiamo soltanto esperienze di oggetti intorno a noi, e dell'Io nei suoi vari stati, bensì anche di una causalità psicologica, nella quale alcuni stati dell'Io si sentono come determinati da parte dell'ambiente, o a volte, viceversa, certi eventi dell'ambiente si sentono come determinati da attività proprie dell'Io. [...] In altre parole, quando si sente l'Io rispondere alle caratteristiche di un certo oggetto, allora nel cervello i processi sottostanti all'esperienza dell'Io devono venire influenzati dai processi che corrispondono all'oggetto. Più in particolare, le caratteristiche specifiche dei processi corrispondenti all'oggetto in qualche modo devono essere rappresentate nell'area in cui figurano i processi sottostanti all'Io, e sotto l'influenza di questo "campo" i processi corrispondenti all'Io devono cambiare in un modo o nell'altro. Per converso, un particolare atteggiamento dell'Io nei confronti di un oggetto deve avere un corrispettivo fisiologico che si estenda al luogo caratteristico in cui questo oggetto è rappresentato fisiologicamente, cosicché il processo corrispondente all'oggetto cambi sotto l'influenza del campo dell'Io. Nel primo caso, quello stato dell'Io che subisce il cambiamento non esisterebbe in modo indipendente; piuttosto verrebbe instaurato e mantenuto dal campo dell'oggetto. Nel secondo caso, lo stesso varrebbe per il cambiamento dell'oggetto, che verrebbe causato e mantenuto dal campo dell'Io» (ivi, pp. 219-220).

Bibliografia

Köhler W., *Die physischen Gestalten in Ruhe und im stationären Zustand*, Vieweg, Braunschweig 1920.
–, *La psicologia della Gestalt* (1929), Feltrinelli, Milano 1961.
Metzger W., *I fondamenti della psicologia della Gestalt* (1941), Giunti Barbera, Firenze 1971.

Ispirazione (ingl. *Inspiration*; ted. *Eingebung*; fr. *Inspiration*; sp. *Inspiración*). Il termine può significare o un'idea improvvisa che permette di rivisualizzare il problema consentendo di raggiungere in pochi attimi la soluzione cercata, e in questo caso è sinonimo di INSIGHT (v.); oppure una sollecitazione creativa avvertita dal soggetto come transpersonale, perché la sua origine è esterna alla coscienza e agli oggetti su cui questa è abitualmente focalizzata (v. CREATIVITÀ, § 1).

Istamina, v. NEUROTRASMETTITORE, § I, 1, e.

Isteria (ingl. *Hysteria*; ted. *Hysterie*; fr. *Hystérie*; sp. *Histeria*). Classe di nevrosi che manifesta quadri clinici tra loro molto differenziati, caratterizzati da sintomi fisici senza base organica e riconoscibili da comportamenti i quali suggeriscono che tali sintomi svolgono funzioni psicologiche che la psicoanalisi, la psichiatria e la fenomenologia hanno cercato, nei rispettivi linguaggi, di evidenziare. Già presente negli scritti di Ippocrate che riteneva l'isteria esclusiva del sesso femminile e la attribuiva a un cattivo funzionamento dell'utero (in greco ὕστερον), pensato come organo mobile in grado di premere sugli altri organi, l'isteria nel Medioevo fu trattata con pratiche esorcistiche e, nei secoli successivi, se ne mantenne il termine per raggruppare tutte quelle malattie che si presentavano, come allora si diceva, *sine materia*. Dinanzi all'assenza di qualsiasi lesione organica, nell'Ottocento si cercò l'interpretazione dell'isteria in due direzioni: attribuire i sintomi alla suggestione se non addirittura alla simulazione, oppure conferire all'isteria la dignità di malattia come le altre con una propria eziologia.

Fu quest'ultima la via seguita da Jean-Martin Charcot, che ritenne l'isteria un'affezione neurologica, che si manifesta con un dolore diffuso nella zona ovarica, a cui seguono delle convulsioni di tipo epilettico e atteggiamenti passionali accompagnati da idee deliranti, risate e talvolta allucinazioni. La tesi di Charcot fu confutata da Hippolyte Bernheim, secondo il quale il comportamento degli isterici era da ricondurre a un fenomeno suggestivo determinato dai medici stessi che, alla Salpêtrière, dove Charcot operava, influenzavano i pazienti, talora direttamente, talora in condizione ipnotica, a produrre i sintomi che avrebbero confermato la nosografia di Charcot. Dal canto suo Joseph Babinski, che in un certo senso pose le basi della neurologia moderna, rifiutando in tale disciplina ogni forma di psichismo, rubricò l'isteria tra le forme di persuasione, seduzione, induzione e, accostandosi alla teoria di Bernheim, la nominò "pitiatismo" dal greco πείθω che significa "persuadere", "convincere", "indurre in errore".

L'allievo di Charcot, Pierre Janet, tenne una posizione intermedia tra le correnti che sostenevano l'origine somatica dell'isteria e quelle che invece ne sostenevano l'origine psicologica, e perciò inscrisse l'isteria nell'ambito degli "automatismi psicologici" a cui appartengono tutti quei fenomeni che si collocano tra la coscienza e il soma. A suo dire, man mano che la coscienza si disgrega e la sua vigilanza degenera, si scende verso i livelli più bassi dell'automatismo, da cui dipendono le amnesie, le anestesie, le paralisi e tutte quelle manifestazioni che caratterizzano l'isteria dovuta a una forma di "depressione mentale" da lui definita "miseria psicologica". Josef Breuer e Sigmund Freud abbandonarono le teorie uterine sull'origine dell'isteria, pur conservando l'idea che essa è connessa in qualche modo con la sessualità. Le ricerche sull'eziologia dell'isteria, dovuta a loro giudizio a una "conversione dell'affetto" che trasferisce l'eccitamento psichico nell'innervazione somatica (v. CONVERSIONE), procedettero di pari passo con le scoperte principali della psicoanalisi.

1. PSICOANALISI. Proprio gli studi sull'isteria convinsero Freud dell'insufficienza dell'IPNOSI (v.), praticata da Breuer nel trattamento dell'isteria, perché questa cela, anziché evidenziare, le resistenze psichiche. Partendo da questa constatazione, Freud elabora il metodo delle libere associazioni (v. ASSOCIAZIONE, § 4), che gli consente di individuare l'origine dell'isteria in una mancata ABREAZIONE (v.) di cariche affettive legate al ricordo dell'evento traumatico. Dopo aver evidenziato l'isteria da *difesa* esercitata dal soggetto contro rappresentazioni capaci di provocare affetti spiacevoli, Freud individua un'isteria da *ritenzione* dovuta a mancata abreazione di alcuni affetti, e un'isteria *ipnoide*, sostenuta da Breuer, che si origina negli "stati ipnoidi" (v. IPNOIDE, STATO). In seguito Freud elimina questa tripartizione per aver maturato la convinzione che il conflitto difensivo contro determinate pulsioni sessuali e rappresentazioni capaci di provocare affetti spiacevoli sia alla base dell'isteria e di tutte le altre nevrosi. Raccogliendo infine una casistica di esperienze infantili di seduzione paterna che non hanno mai avuto luogo nella realtà, ma solo nell'immaginario, Freud classifica l'isteria fra le *nevrosi di transfert* (v. TRANSFERT, § 3) con punto di fissazione nella fase edipica e con la rimozione e la dissociazione quali meccanismi di difesa caratteristici. Tra le forme d'isteria meglio formulate da Freud sul piano sintomatologico ricordiamo:

a) *Isteria d'angoscia* il cui sintomo centrale è la fobia e la cui origine è così descritta da Freud: «Nell'isteria d'angoscia la libido sprigionata dal materiale patogeno in virtù della rimozione non viene *convertita*, ossia non viene sottratta alla sfera psichica per riapparire in una innervazione somatica, ma viene liberata sotto forma di angoscia» (1908, pp. 565-566). La formazione dei sintomi fobici trova la sua origine in un «lavoro psichico inteso a legare di nuovo psichicamente l'angoscia divenuta libera» (*ibid.*). L'oggetto a cui si lega diventa un oggetto fobico (v. ANGOSCIA – ANSIA, § 2, *e*).

b) *Isteria di conversione* che si genera per effetto di un'innervazione somatica di un contenuto psichico rimosso, scegliendo un organo piuttosto che l'altro in funzione di un simbolismo inconscio, come la cecità per il rifiuto di vedere, la paralisi per il rifiuto di camminare (v. CONVERSIONE; COMPIACENZA, § 2).

c) *Isteria da difesa* contro rappresentazioni capaci di provocare affetti spiacevoli. Nella ricerca eziologica è questa la causa preferita da Freud contro lo "stato ipnoide" sostenuto da Breuer.

d) *Isteria ipnoide* che avrebbe la sua origine negli stati ipnoidi (v. IPNOIDE, STATO) durante i quali il soggetto non è in grado di integrare nel proprio vissuto esperienziale le rappresentazioni che in tali stati compaiono.

e) *Isteria da ritenzione* caratterizzata dal fatto che alcuni affetti non hanno potuto essere abreagiti per la natura del trauma che urta o contro le condizioni sociali o contro una difesa del soggetto stesso.

f) *Isteria traumatica* che Charcot aveva introdotto per spiegare sintomi somatici, in particolare le paralisi, a seguito di traumi fisici. Nel prenderla in considerazione, Freud precisa che «c'è un'analogia completa fra la paralisi traumatica e l'isteria comune, non traumatica. L'unica differenza è che in un caso ha operato un grave trauma, mentre nell'altro raramente si può riscontrare l'azione di un singolo avvenimento grave: piuttosto una serie di impressioni affettive, una storia di sofferenze. [...] Nessuno infatti oggi mette più in dubbio che anche nel grave trauma meccanico dell'isteria traumatica non è il fattore meccanico a produrre quell'effetto, ma l'affetto di paura, il trauma *psichico*» (1892-1893, pp. 92-93).

2. PSICHIATRIA. In questo ambito al termine "isteria" si preferisce quello di *personalità isterica* per raccogliere quei tratti di personalità che sembrano ricorrere con una certa regolarità e che hanno in comune quella caratteristica che Karl Jaspers indica nella «tendenza ad apparire piuttosto che a essere» (1913-1959, p. 478). Di qui la mitomania, la continua falsificazione della propria immagine, la teatralità e la ricerca della spettacolarità. Giovanni Jervis scrive in proposito che «i sintomi hanno la caratteristica di esprimersi in modo appariscente, ma senza un'intensa partecipazione di sofferenza da parte del soggetto. Lo spazio che separa l'isteria dalla simulazione di malattia è sottile e ambiguo: l'isteria si distingue dalla simulazione nella misura in cui il

soggetto non è pienamente consapevole del significato e della reale intenzionalità del proprio comportamento» (1975, p. 277).

Esibizione del disturbo e *utilizzazione* del sintomo sono i due meccanismi impiegati dall'isterico che è, scrive sempre Jervis, «un soggetto che si trova in una situazione conflittuale per cui da un lato ha un bisogno che deve esprimere (negarsi agli altri, protestare, ricevere affetto, aggredire) e per un altro egli non può permettersi di esprimere questo bisogno, perché sa che se lo facesse verrebbe censurato, prima che dalla società, dalle sue proprie istanze morali. Il risultato di questa situazione conflittuale è che il bisogno viene espresso in modo distorto e mascherato, spesso simbolico, come *sintomo* (isterico); e che il soggetto convince se stesso e gli altri che la sua volontà non c'entra per nulla. Il sintomo isterico presenta il vantaggio di essere *socialmente accettabile* (in quanto sintomo di una apparente lesione organica); contemporaneamente permette il raggiungimento del fine proposto che può essere la propria non disponibilità, la propria valorizzazione, l'aggressione, l'aiuto da parte di altri» (ivi, pp. 277-278). Tratto fondamentale dell'isteria è un certo tipo di *dissociazione della personalità* descritto alla voce SCISSIONE, § I, 3.

3. FENOMENOLOGIA. In questo ambito l'isteria è descritta come la condizione di chi può vivere *solo* esponendosi all'attenzione degli altri in quella sorta di "presenza alienata" che solo gli altri hanno il potere di render presente. È una presenza che si declina nella direzione dell'*esse est percipi*, dove l'esser percepito, l'esser visto, l'esser ascoltato è condizione indispensabile per poter essere in generale. A ogni *esibizione* segue l'*inibizione* a ogni autentico incontro, perché l'altro non è trattato come un "tu", ma solo come un "mezzo" per poter esistere. La presenza isterica non è mai in ciò che il soggetto sta facendo, e la sua comunicazione si risolve nell'*impressione* e nella *suggestione* che non lasciano libero l'altro di accettare o rifiutare il messaggio, perché queste due componenti agiscono sull'altro producendo una reazione corrispondente all'attesa dell'isterico. I suoi sintomi, infatti, scrive Thomas S. Szasz, sono "eventi che parlano da soli" in termini più chiari di quanto non sia il ricorso alla parola che, in determinate circostanze, risulterebbe inascoltata se non addirittura inespressiva. Di qui la *comunicazione indiretta* tipica dell'isterico, fatta di insinuazioni e allusioni, che permette quei contatti comunicativi a soggetti che temono, nella comunicazione diretta, di esporre eccessivamente i propri lati deboli o le proprie condizioni di bisogno.

Tipica dell'isteria è la figura, illustrata da Jean-Paul Sartre, dell'*impersonazione* (v. SIMULAZIONE, § 2, *d*), in cui l'individuo si lascia catturare da un ruolo, da un personaggio che assume e interpreta. L'isterico impersona il ruolo del malato identificandosi con i suoi sintomi. Il fatto che non lo faccia consapevolmente dice che l'isterico per mentire agli altri è costretto a mentire a se stesso. Ma chi impersona un ruolo non è quel personaggio, chi *fa* il malato non *è* malato. Questa distanza che l'isterico mantiene tra essere e fare, questa *belle indifférence* (v. INDIFFERENZA), come la chiama Janet, non è una finzione, ma l'estremo tentativo di custodire la propria esistenza che, se dovesse coincidere irrimediabilmente con le proprie azioni, si vedrebbe ridotta a cosa e soppressa nella sua possibilità di trascendersi e di esprimersi in un progetto esistenziale. Solitamente il progetto isterico denuncia un repertorio limitato di mezzi, una fuga da un largo settore dell'esistenza; fuga a volte necessaria in personalità che non dispongono di grandi prospettive per il futuro, per cui nel gioco della vita si trovano costrette alla semplice "rappresentazione di una parte" che possa ottenere e riscuotere l'approvazione della società.

Oggi, con l'attenzione sempre più rivolta alle neuroscienze, non si dà più una diagnosi clinica dell'isteria perché non si riscontrano correlati biochimici, per cui, come osserva Stefano Mistura, «ciò che resta, il "carattere istrionico della personalità", si nasconde e si confonde in molti quadri di psicosi schizofreniche, di anoressie e di gravi disturbi narcisistici e di personalità. [...] Ma l'isteria, come risulta dalla sua storia plurimillenaria, è innanzitutto una risposta a certi aspetti della condizione umana e, in questo senso, non può che essere presente sempre e ovunque. Non è facile sostenere che gli esseri umani possano fare a meno dell'isteria; allora si potrebbe fin pensare che il tanto insistere sulla sua scomparsa dia un'indicazione precisa circa il modo contemporaneo di manifestarsi dell'isteria. Nel suo proverbiale mimetismo, l'isteria si presenta oggi come assente» (2006-2007, pp. 566-567).

Bibliografia

Babinski J., *Définition de l'hystérie*, in "Revue Neurologique", 1901, n. 9, pp. 1074-1080.

Bernheim H., *Hypnotisme, suggestion, psychothérapie. Études nouvelles*, Fayard, Paris 1903.

Bollas Ch., *Isteria* (2000), Raffaello Cortina, Milano 2001.

Briquet P., *Traité clinique et thérapeutique de l'hystérie*, Baillière, Paris 1859.

Charcot J.-M., *L'hystérie* (testi scelti), Privat, Toulouse 1871.

–, *Clinique des maladies du système nerveux. Leçons du Professeur, Mémoires, Notes et Observations; parus pendant les années 1889-90 et 1890-91*, Alcan, Paris 1892-1893, voll. 1-2.

Eysenck H. J., *The dynamics of anxiety and hysteria*, Routledge & Kegan, London 1957.

Freud S., *Isteria* (1888), in *Opere* (1967-1993), Bollati Boringhieri, Torino, vol. I.

–, *Studi sull'isteria (in collaborazione con Josef Breuer)* (1892-1895), in *Opere*, cit., vol. I.
–, *Meccanismo psichico dei fenomeni isterici* (1893), in *Opere*, cit., vol. II.
–, *Le neuropsicosi da difesa* (1894), in *Opere*, cit., vol. II.
–, *Etiologia dell'isteria* (1896), in *Opere*, cit., vol. II.
–, *Frammento di un'analisi d'isteria (Caso clinico di Dora)* (1901), in *Opere*, cit., vol. IV.
–, *Analisi della fobia di un bambino di cinque anni (Caso clinico del piccolo Hans)* (1908), in *Opere*, cit., vol. V.
Galimberti U., *L'isteria e la presenza simulata*, in Id., *Psichiatria e fenomenologia* (1979), nuova edizione ampliata, Feltrinelli, Milano 2017, pp. 324-339.
Israël L., *L'isteria, il sesso e il medico* (1976), Masson, Milano 1986.
Janet P., *L'automatismo psicologico. Saggio di psicologia sperimentale sulle forme inferiori dell'attività umana* (1889-1903), Raffaello Cortina, Milano 2013.
–, *The major symptoms of hysteria*, Macmillan, New York 1910.
Jaspers K., *Psicopatologia generale* (1913-1959), Il Pensiero Scientifico, Roma 2000.
Jervis G., *Isteria*, in Id., *Manuale critico di psichiatria*, Feltrinelli, Milano 1975.
Laing R. D., *L'io diviso. Studio di psichiatria esistenziale* (1959), Einaudi, Torino 1969.
Meroni B., *Isteria e pensiero teatrante. Una lettura junghiana dell'isteria maschile/femminile*, Vivarium, Milano 2010.
Mistura S., *Isteria*, in AA.VV., *Psiche. Dizionario storico di psicologia, psichiatria, psicoanalisi, neuroscienze*, Einaudi, Torino 2006-2007, vol. I, pp. 561-567.
Mitchell J., *Pazzi e meduse. Ripensare l'isteria alla luce della relazione tra fratelli e sorelle* (2000), La Tartaruga, Milano 2004.
Resnik S., *Isteria*, in AA.VV., *Enciclopedia*, Einaudi, Torino 1979, vol. VII, pp. 1009-1031.
Roccatagliata G., *Isteria. Il mito del male del XIX secolo*, Il Pensiero Scientifico, Roma 1990.
Rossi R. (a cura di), *Il problema dell'isteria*, in G. B. Cassano, P. Pancheri *et al.* (a cura di), *Trattato italiano di psichiatria* (1992), Masson, Milano 1999, vol. II, pp. 2185-2192.
Sacerdoti G., *Isteria*, in A. A. Semi (a cura di), *Trattato di psicoanalisi*, vol. II: *Clinica*, Raffaello Cortina, Milano 1988-1989, pp. 123-150.
Sartre J.-P., *L'essere e il nulla* (1943), il Saggiatore, Milano 1968.
Sullivan H. S., *L'isteria*, in Id., *Studi clinici* (1956, edito postumo), Feltrinelli, Milano 1976, pp. 199-225.
Szasz Th. S., *Il mito della malattia mentale* (1961), il Saggiatore, Milano 1966.
Veith I., *Hysteria. The history of a disease*, University Press, Chicago 1965.
Žižek S., *L'isterico sublime. Psicoanalisi e idealismo tedesco* (1988), Sa/Turos Edizioni, Milano 1999.

Istinto (ingl. *Instinct*; ted. *Instinkt*; fr. *Instinct*; sp. *Instinto*). Risposta organizzata, tipica di una data specie, filogeneticamente adattata a una determinata situazione ambientale. Questa definizione generale viene di volta in volta specificata nei vari ambiti disciplinari.

1. Etologia. In questo ambito lo zoologo americano Wallace Craig distingue nel comportamento animale uno "stadio appetitivo", ancora poco strutturato perché volto alla ricerca di uno stimolo adeguato, e uno "stadio consumatorio" che entra in azione a contatto con lo stimolo adeguato. Konrad Lorenz, che chiama lo "stadio consumatorio" di Craig "schema di azione fisso", legge l'istinto come il risultato di due fattori nominati *energia specifica*, che è innata e non acquisita, e *schema di messa in azione* o *schema d'avvio* dell'energia stessa in presenza di un *segnale scatenante* di provenienza ambientale (v. Etologia, § 1). Questi concetti sono stati successivamente precisati da Niko Tinbergen, per il quale l'istinto è «un meccanismo nervoso organizzato gerarchicamente, sensibile a determinate stimolazioni ambientali che lo risvegliano, lo mettono in funzione e lo dirigono, alle quali esso risponde con movimenti ben coordinati che hanno per fine la conservazione dell'individuo e della specie» (1951, p. 12). Questa definizione ipotizza una tensione interna definita *potenziale specifico di azione* (v. Azione, § 3, *f*) e un *meccanismo neurosensoriale scatenante* denominato IRM (*Innate Releasing Mechanism*) che libera il potenziale specifico d'azione producendo l'atto istintivo o *schema fisso d'azione* che è tipico per ogni specie ed è generalmente uniforme e rigido.

Secondo Tinbergen, il potenziale specifico d'azione, organizzato da impulsi che provengono da un centro nervoso superiore assieme ad altri di natura ormonale, sarebbe bloccato da un meccanismo inibitorio fisiologico fino a quando l'animale non trova nell'ambiente uno stimolo specifico (acqua, partner, uova, cibo) capace di far scattare il suo IRM, detto anche *schema d'avvio* o *meccanismo d'innesco*, rendendo possibile la realizzazione del comportamento istintivo (nutrizione, fecondazione, emigrazione, conquista del territorio ecc.). Se invece l'animale non riesce a trovare le condizioni per gli atti (consumatori, migratori ecc.), si può avere un abbassamento della soglia del suo IRM fino al suo annullamento che porta l'animale a compiere movimenti a vuoto.

Salendo nella scala evolutiva, Tinbergen ipotizza che lo schema fisso d'azione subisca delle variazioni con l'apprendimento, determinando quell'interazione tra istinto e apprendimento che mette capo a un meccanismo di innesco modificato dall'esperienza, che quando è filogenetico è detto IRME (*Innate Releasing Mechanism Modified by Experience*), mentre quando è acquisito dall'individuo ontogeneticamente è detto ARM (*Acquired Releasing Mechanism*). Nell'uomo, dove il prolungarsi delle cure parentali consente un più largo margine di apprendimento e di variabilità alle espressioni dei bisogni primordiali, il comportamento istintivo è sostituito da un comportamento adattivo, intenzionale, plastico e appreso (v. Etologia, §§ 1-2).

2. Psicologia. In questo ambito si riconoscono al comportamento istintivo: la *preformazione* perché non viene appreso, la *specificità* per cui si ripete a grandi linee in tutti gli animali che appartengono a quella specie, l'*uniformità* che non prevede differenze individuali nell'ambito della stessa specie, la *costanza* durante tutta la vita dell'individuo, la *stabilità* attraverso le generazioni, e l'*ignoranza dello scopo* che viene raggiunto indipendentemente dalla consapevolezza. Il più noto rappresentante dell'interpretazione istintualistica del comportamento, William McDougall, scrive: «L'istinto è una disposizione psicofisiologica innata che determina chi la possiede: 1) a percepire, o fare attenzione a determinati oggetti; 2) a provare una eccitazione emotiva di una determinata qualità nel percepire un tale oggetto; 3) ad agire riguardo ad esso, o almeno sentire impulso per una data azione. [...] Come il riflesso nervoso implica nel sistema nervoso la presenza dell'arco riflesso, così anche l'azione istintiva implica una certa base nervosa durevole ereditaria» (1908, p. 21).

In seguito McDougall distinse, nel comportamento istintivo, tra *propensione* naturale e *abilità* naturale per cui, ad esempio, quando una vespa costruisce un nido esattamente uguale a quello di tutte le vespe della specie, senza averlo appreso, mostra un'"abilità naturale". Ma quando la vespa costruisce il nido è spinta da un bisogno che impegna tutte le sue attività: questa è la "propensione naturale" che nell'animale è indissolubilmente integrata con l'abilità, a differenza di quanto accade nell'uomo dove permane la propensione, mentre l'abilità, cioè il modo di attuarla, può prendere forme diverse. La teoria di McDougall è stata accolta anche nell'ambito della psicologia della personalità il cui maggior rappresentante, Gordon Willard Allport, approva McDougall per aver sostenuto che "la tendenza interna" è il concetto più indispensabile in tutta la scienza della psicologia e afferma che «nessuno psicologo che si occupi della personalità può fare completamente a meno di postulare disposizioni interne dell'organismo, per la coerenza della sua condotta e per la motivazione» (1960, p. 234). In ordine alla disputa relativa a quanto nell'istinto è innato e quanto è appreso per via evolutiva, si veda la voce Innatismo.

3. Psicoanalisi. Sigmund Freud distingue l'istinto (*Instinkt*) dalla pulsione (*Trieb*) considerando il primo uno schema di comportamento ereditario simile all'istinto animale, e la seconda come una forza propulsiva relativamente indeterminata, sia per quanto concerne il comportamento da essa indotto, sia per quanto riguarda l'oggetto a cui si applica. Questa distinzione non è sempre mantenuta nella letteratura freudiana, soprattutto di scuola inglese, e ciò genera una confusione tra lo schema rigido che caratterizza l'istinto animale e il carattere relativamente indeterminato della Pulsione (v.).

4. Antropologia. Se l'istinto è una risposta "rigida" agli stimoli specifici che si rivelano idonei alla sopravvivenza dell'animale, l'uomo, secondo Arnold Gehlen, non disponendo, a differenza degli animali, di un rigido apparato istintuale né tantomeno di un ambiente corrispondente, è un "essere carente (*Mängelwesen*)" la cui natura è caratterizzata dalla mancanza. Questa specificazione negativa fa dell'uomo un problema biologico particolare (*ein biologisches Sonderproblem*) che non può essere compreso a partire dal semplice riferimento alla natura animale. Infatti, scrive Gehlen, «dal punto di vista morfologico – a differenza di tutti i mammiferi superiori – l'uomo è determinato in linea fondamentale da una serie di *carenze* (*Mängel*), le quali di volta in volta vanno definite nel preciso senso biologico di inadattamenti, non specializzazioni, primitivismi, cioè di carenze di sviluppo: e dunque in senso essenzialmente negativo. Manca in lui il rivestimento pilifero, e pertanto la protezione naturale dalle intemperie; egli è privo di organi difensivi naturali, ma anche di una struttura somatica atta alla fuga; quanto ad acutezza di sensi è superato dalla maggior parte degli animali e, in una misura che è addirittura un pericolo per la sua vita, difetta di istinti autentici e durante la primissima infanzia ha necessità di protezione per un tempo incomparabilmente protratto. In altre parole: in condizioni *naturali*, originarie, trovandosi, lui terricolo, in mezzo ad animali valentissimi nella fuga e ai predatori più pericolosi, l'uomo sarebbe già da gran tempo eliminato dalla faccia della terra» (1940, p. 90). Se è sopravvissuto, lo si deve al fatto che ha compensato la carenza istintuale con l'Azione (v. § 6) e successivamente con la tecnica.

Bibliografia

Allport G. W., *Personality and social encounter*, Beacon Press, Boston 1960.

Barnett S. A., *Istinto e intelligenza. Il comportamento degli animali e dell'uomo* (1969), Bollati Boringhieri, Torino 1972.

Baudouin Ch., *Dall'istinto allo spirito* (1970), Franco Angeli, Milano 1976.

Bergson H., *L'evoluzione creatrice* (1907), Raffaello Cortina, Milano 2002.

Bonaparte M., *Introduzione alla teoria degli istinti* (1934), Newton Compton, Roma 1975.

Caprara G. V., Carotenuto A., De Coro A., *Gli istinti nell'uomo*, Marsilio, Padova 1976.

Craig W., *Appetites and aversions as constituents of instincts*, in "Biological Bulletin", 1918, n. 34, pp. 91-107.

Darwin Ch., *L'origine delle specie* (1859), Bollati Boringhieri, Torino 1967.

Delaunay A., *Istinto*, in AA.VV., *Enciclopedia*, Einaudi, Torino 1979, vol. VII, pp. 1032-1082.
Fletcher R., *Instinct in man. In the light of recent work in comparative psychology*, Allen & Unwin, London 1968.
Freud S., *Pulsioni e loro destini*, in *Metapsicologia* (1915), in *Opere* (1967-1993), Bollati Boringhieri, Torino, vol. VIII.
Gehlen A., *L'uomo. La sua natura e il suo posto nel mondo* (1940), Feltrinelli, Milano 1983.
Hediger H., *Instinkt und Territorium*, in AA.VV., *L'instinct dans le comportement des animaux et de l'homme*, Masson et C.ie, Paris 1956.
Invernizzi Descalzi V., *L'istintualismo. Verso una nuova psicologia*, Erga Edizioni, Genova 2002.
Lorenz K., *L'aggressività. Edizione ampliata de "Il cosiddetto male"* (1963), il Saggiatore, Milano 1976.
McDougall W., *An introduction to social psychology*, Methuen, London 1908.
–, *The energies of men*, Methuen, London 1933.
Sdino C., *L'attività istintiva negli animali e nell'uomo*, in L. Ancona (a cura di), *Nuove questioni di psicologia*, La Scuola, Brescia 1972, vol. I, pp. 963-990.
Tinbergen N., *Lo studio dell'istinto* (1951), Adelphi, Milano 1994.
–, *Il comportamento sociale degli animali* (1953), Einaudi, Torino 1969.
Viaud G., *Les instincts*, Puf, Paris 1952.
Zunini G., *L'attività istintiva*, in L. Ancona (a cura di), *Questioni di psicologia*, La Scuola, Brescia 1962, pp. 335-366.

Istituzionale, Nevrosi, v. ISTITUZIONE PSICHIATRICA, § 3.

Istituzionalizzazione, v. ISTITUZIONE PSICHIATRICA, § 3.

Istituzione (ingl. *Institution*; ted. *Institution*; fr. *Institution*; sp. *Institución*). Fenomeno sociale, dalle caratteristiche impersonali e collettive, che stabilisce un ordine superiore agli individui e ai gruppi, caratterizzato da permanenza, continuità e stabilità. L'istituzione garantisce la coesione sociale attraverso norme e vincoli di comportamento stabiliti con regolamentazioni giuridiche e si estende ai gruppi organizzati al cui interno si sviluppano i processi di apprendimento e di socializzazione.

Secondo Arnold Gehlen, l'istituzione non è qualcosa che dall'esterno si impone all'uomo, ma è qualcosa che nasce dall'uomo stesso come condizione per la sua sopravvivenza. Questo dipende dal fatto che l'uomo, a differenza degli animali, è privo di istinti (v. ISTINTO, § 4), e pertanto è un "essere da disciplinare (*Wesen der Zucht*)", perché un'esposizione non discriminata agli stimoli del mondo, come invece accade agli animali il cui comportamento è codificato dagli istinti, non consentirebbe alcuna condotta organizzata e quindi alcuna possibilità di sopravvivenza. A disciplinare l'uomo sono le *istituzioni*, a proposito delle quali Gehlen scrive: «Esse hanno un significato fondamentale se si considera l'inverosimile plasticità, plasmabilità e vulnerabilità di un essere che tanto facilmente viene mutato da ogni impulso non soggetto a vincoli. Dalle istituzioni dipende ogni forma di stabilità che raggiunge il cuore delle pulsioni, ogni capacità di durata e continuità di ciò che di più elevato vi è nell'uomo. Il fatto che l'uomo sia un essere storico comporta, viceversa, che egli debba venir utilizzato dalle realtà che nella storia si sono formate, ossia, nuovamente, dalle istituzioni: lo Stato, la famiglia, le autorità economiche e giuridiche eccetera. Se si comprende questo, ci si trova di fronte al nuovo compito di dedurre le istituzioni, ormai autonome e resesi indipendenti dal singolo, dalla natura dell'uomo, e ciò in termini più realistici di quanto facesse Hegel, riferendosi alla stessa realtà con il concetto di "spirito oggettivo". Gli stessi ordinamenti, dunque, che gli uomini generano tra di loro nel loro agire e nel loro pensare, si rendono autonomi e si trasformano in una potenza che fa valere le sue leggi fin dentro i loro cuori» (1956, p. 14).

Di particolare interesse è l'*analisi istituzionale* che si è affermata verso la fine degli anni sessanta in Francia, a partire dalle considerazioni svolte da Jean-Paul Sartre nella *Critica della ragione dialettica*, che studia il confronto permanente, all'interno di ogni istituzione, tra l'*istituito* che già c'è e cerca di mantenersi e l'*istituente* che sono le forze di cambiamento e al limite di sovversione. A questo proposito Cornelius Castoriadis scrive: «L'istituzione della società da parte della società istituente si appoggia al primo strato naturale del dato e si trova sempre (fino a un punto di origine insondabile) in una relazione di ricezione/alterazione rispetto a ciò che era già istituito. [...] Sia in quanto istituente, sia in quanto istituita, la società è intrinsecamente storia e cioè autoalterazione. [...] L'autoalterazione perpetua la società e il suo essere, che si manifesta attraverso la posizione di forme-figure relativamente fisse e stabili e attraverso l'esplosione di queste forme-figure che può sempre e soltanto essere posizione-creazione di altre forme-figure» (1975, pp. 269-272).

Félix Guattari distingue i *gruppi oggetto*, che sono prodotti dalle istituzioni, come nel caso degli studenti nell'ordinamento scolastico o degli operai nell'impresa industriale, e i *gruppi soggetto* che, all'interno delle istituzioni, liberano energie facendo emergere la loro trasversalità, come nelle forme di auto-gestione o di auto-organizzazione che esprimono istanze tendenti al cambiamento.

Sulla stessa linea, ma con un altro linguaggio, Wilhelm Emil Mühlmann sostiene che le istituzioni nascono e si sviluppano come effetto del fallimento della profezia che anima sia i movimenti rivoluzionari che poi si solidificano in uno Stato burocratico, sia quelli messianici che si trasformano in chiese o sette organizzate, sia i movimenti artistici d'avanguardia che finiscono nell'accademismo. Secondo René Lourau, è possibile generalizzare l'"effetto Mühlmann", ossia il fallimento della profezia per la pressione di altre istituzioni, e in particolare da parte dello Stato o della classe dominante che cercano di far rientrare nei ranghi le forze istituenti di un movimento che si contrappone. Se la cosa riesce, lo stesso movimento istituente abbandona la carica profetica, che costituiva il suo momento fondativo, per istituzionalizzarsi, perdendo in questo modo la sua radicalità.

Bibliografia

Castoriadis C., *L'istituzione immaginaria della società* (1975), Bollati Boringhieri, Torino 1995.
Chevallier *et al.*, *L'institution*, Puf, Paris 1981.
Eder K., *Istituzione*, in Ch. Wulf (a cura di), *Cosmo, corpo, cultura. Enciclopedia antropologica* (1997), Bruno Mondadori, Milano 2002, pp. 152-161.
Gehlen A., *L'uomo. La sua natura e il suo posto nel mondo* (1940), Feltrinelli, Milano 1983.
–, *Le origini dell'uomo e la tarda cultura* (1956), il Saggiatore, Milano 1994.
Goffman E., *Asylums* (1961), Einaudi, Torino 1968.
Guattari F., *Psychanalyse et transversalité*, Maspero, Paris 1973.
Hess R., Authier M., *L'analyse institutionnelle*, Puf, Paris 1994.
Hess R., Savoye A., *Perspectives de l'analyse institutionnelle*, Klincksieck, Paris 1988.
Lourau R., *L'instituant contre l'institué*, Anthropos, Paris 1968.
–, *L'analyse institutionnelle*, Minuit, Paris 1969.
Mühlmann W. E., *Chiliasmus und nativismus*, Reimer, Berlin 1964.
Sartre J.-P., *Critica della ragione dialettica* (1960), il Saggiatore, Milano 1963.

Istituzione psichiatrica (ingl. *Psychiatric institution*; ted. *Psychiatrische Institution*; fr. *Institution psychiatrique*; sp. *Institución psiquiátrica*). Quando la psichiatria, nella seconda metà del Settecento, incomincia ad acquisire uno statuto scientifico, si creano, all'interno degli ospedali, spazi per l'osservazione dei malati mentali, l'acquisizione di conoscenze, l'assistenza e la cura.

1. La nascita delle istituzioni psichiatriche. Il primo a inaugurarle è stato, in Francia, Philippe Pinel, che separò i folli dalle catene e dagli strumenti di contenzione e punizione che li accomunavano alle persone devianti e pericolose, in base al principio che anche nel folle, da lui denominato "alienato" (v. Alienazione, § 2), rimane un residuo di ragionevolezza che consente di instaurare una relazione terapeutica volta al recupero delle regole sociali e morali. Il modello di istituzione psichiatrica inaugurato da Pinel assegnava al medico il compito di organizzare la vita dell'istituzione attraverso una sorveglianza permanente e generalizzata.

Nella prima metà dell'Ottocento Jean-Étienne Dominique Esquirol progettò il primo modello di assistenza psichiatrica pubblica, volto ad accogliere gli alienati su richiesta della famiglia o su disposizione dell'autorità prefettizia, per difendere la società dalla pericolosità dei folli. Verso la fine dell'Ottocento Emil Kraepelin stabilì che la tutela degli alienati mentali dovesse essere di esclusiva competenza dello Stato, a cui spetta il compito di costruire strutture di custodia e osservazione permanente, di regolamentare lo status civile e penale dei ricoverati, di assegnare i malati ai vari reparti in base alla qualità della loro malattia, per poi procedere alla somministrazione differenziata di farmaci, oltre a gestire le occupazioni dei ricoverati, le ricompense e le punizioni, non esclusi i mezzi di coercizione.

Già nella seconda metà dell'Ottocento incominciarono ad affacciarsi le prime contestazioni alle modalità con cui era organizzata l'istituzione psichiatrica, soprattutto in Gran Bretagna ad opera di John Conolly che sosteneva l'inefficacia dei metodi coercitivi perché annullano la personalità degli alienati, riducendoli a soggetti docili e obbedienti alle regole dell'istituzione, senza nessuna evidente efficacia di miglioramento della loro condizione di salute mentale, a cui si aggiunge il fenomeno della cronicizzazione che l'istituzione contribuisce a creare e ad aggravare. Ma fu all'indomani della Seconda guerra mondiale che si cominciò a pensare a una riforma dell'istituzione manicomiale, grazie anche alla nascita e allo sviluppo della Psicofarmacologia (v.), che ha consentito di ipotizzare forme di assistenza e di trattamento extraospedaliere con dimissioni più rapide dagli istituti di cura, e alla diffusione della Psicoanalisi (v.) e della psichiatria fenomenologica (v. Analisi esistenziale) che, per le loro caratteristiche culturali, hanno inaugurato forme di terapia che hanno modificato la concezione della malattia mentale e di conseguenza la necessità dell'internamento.

2. L'antipsichiatria e la soppressione delle istituzioni psichiatriche. Negli anni sessanta e settanta si crea un clima generale di contestazione dell'istituzione psichiatrica – in Francia con Michel Foucault e Félix Guattari, in Gran Bretagna con Thomas Szasz, Ervin Goffman, David Cooper, Ronald David Laing, Aaron Esterson, e in Italia con Franco Basaglia, Giovanni Jervis, Bruno Callieri, Eugenio Borgna – che porterà alla soppressione degli istituti manicomiali. Cooper, che ha coniato il termine "antipsichiatria", ritiene

che la società sia responsabile di tante forme di alienazione, soprattutto nei soggetti più deboli e fragili che non possono essere recuperati con la privazione delle più elementari forme di libertà come accade nei manicomi, responsabili tra l'altro dei fenomeni di cronicizzazione.

La posizione assunta da questo movimento psichiatrico, sia pure con sfumature diverse, ha contribuito al rinnovamento nell'impostazione della PSICOPATOLOGIA (v.) e dell'assistenza psichiatrica, con il rifiuto della concezione manicomiale e di ogni trattamento coatto o imposto d'autorità, partendo dal concetto che i disturbi mentali non possono essere curati come si curano le malattie dell'organismo, perché nella gran parte dei casi le sofferenze psichiche sono il risultato non di malattie o di disfunzioni, ma di condizionamenti ambientali o di contraddizioni sociali. Alla base c'è la premessa teorica del carattere esclusivamente *sociogenetico* delle malattie psichiche, che comporta come suo corollario l'affermazione del carattere ideologico e politico della psichiatria classica (v. IDEOLOGIA) e soprattutto dell'indirizzo medico-biologico che, tramontato nella sua stretta e rigorosa formulazione teorica, recupera nella clinica attraverso la farmacoterapia (v. PSICOFARMACOLOGIA), divenuta struttura portante di ogni trattamento, anche se la sua azione sintomatica e indifferenziata non scioglie i nodi clinici connessi alla manifestazione e allo svolgimento della malattia mentale.

In Italia, con la sua forte opposizione alla legislazione vigente negli anni sessanta, che poneva la psichiatria pubblica sotto la tutela del ministero degli Interni, Basaglia ottiene nel 1978 la legge 180 che stabilisce la chiusura dei manicomi e la riorganizzazione integrale dell'assistenza psichiatrica sul territorio, anche se la chiusura dei manicomi non era lo scopo finale dell'operazione basagliana, ma il mezzo attraverso il quale la società poteva fare i conti con le figure del disagio che la attraversano, quali la miseria, l'indigenza, la tossicodipendenza, l'emarginazione e persino la delinquenza, a cui la follia non di rado si imparenta. Infatti la follia dei ricchi non si esprime con la *segregazione*, ma al massimo con l'*interdizione*, qualora la follia intacchi gli interessi patrimoniali. Per questo, scrive Basaglia: «Non è dunque a questa follia che si rivolge la Ragione, ma a quella segregata, istituzionale, incarcerata che è sempre la follia della miseria – che è essenzialmente miseria se l'altra follia può continuare a esprimersi altrove, fuori dalla segregazione. Il rapporto della ragione con questa follia è dunque rapporto della ragione con la miseria» (1979b, p. 267).

Per controllare e contenere questa miseria non c'è modo migliore che quello di renderla muta come *miseria* e farla parlare solo come *malattia*. In questo modo, scrive Basaglia: «La psichiatria comincia ad erigere il labirinto delle sue classificazioni (la suddivisione dei suoi diversi quadri clinici, le sfumature tra analogie e differenze, la definizione della qualità dei deliri, le diverse specificazioni sui loro contenuti) senza più preoccuparsi, o preoccupandosi sempre meno, di ciò che è la follia, di ciò che esprime e di ciò che rappresenta. Così comincia ad erigere le sue istituzioni – con le loro pratiche di punizione, di controllo, di tortura, avvallate ora dalla scienza – senza preoccuparsi di vedere il nesso profondo fra l'ideologia della norma, che la costituisce e che essa tutela con la sua pratica e la sua ideologia, e l'organizzazione sociale» (ivi, p. 271).

A questo punto, prosegue Basaglia, «la scienza ha definitivamente a che fare con una "malattia" (di cui ignora tutto, tranne le specificazioni nominalistiche che ne ha dato), contenuta in istituzioni curative e di custodia; ma la natura di questa "malattia" e di queste "istituzioni" (quindi la natura della cura e della custodia che in esse si praticano) resterà profondamente legata al rapporto che la razionalità borghese continua a intrattenere con la "miseria", che queste istituzioni hanno il compito di contenere e controllare attraverso la mediazione della "malattia"» (*ibid.*).

Se la clinica ha messo il suo sapere al servizio di una società che non vuole occuparsi dei suoi disagi, Basaglia tenta l'operazione opposta, ossia l'accettazione da parte della società di quella figura, da sempre inquietante, che è la follia, da lui così definita: «La follia è una condizione umana. In noi la follia esiste ed è presente come lo è la ragione. Il problema è che la società, per dirsi civile, dovrebbe accettare tanto la ragione quanto la follia, invece incarica una scienza, la psichiatria, per tradurre la *follia* in *malattia* allo scopo di eliminarla. Il manicomio ha qui la sua ragion d'essere che è poi quella di far diventare razionale l'irrazionale. Quando qualcuno è folle ed entra in manicomio smette di essere *folle* per trasformarsi in *malato*. Diventa razionale in quanto malato» (1979a, p. 34).

La soggettività del paziente, recuperata dall'antipsichiatria rispetto all'oggettivazione che il paziente subiva nell'istituzione manicomiale, oggi è di nuovo messa a rischio dal diffondersi su vasta scala della prospettiva biomedica, che apre nuove problematiche, messe in luce da Mauro Bertani, a partire «dagli sviluppi della genetica, con le virtualità non solo cliniche, ma anche sociali e politiche che essa inaugura; dalla crescita ipertrofica degli inediti apparati tecnologici utilizzati nella pratica diagnostica e terapeutica; dall'estensione degli interventi e delle riproduzioni artificiali che modificano lo statuto del corpo umano, con le attività economico-commerciali che vi si correlano; dagli sviluppi della farmacologia e della chimica del cervello, con la modificazione dello stesso concetto di "identità personale" che essi inducono.

Di fronte a tutto ciò, e di fronte a un mondo che sta evolvendo verso un modello ospedaliero, occorre l'esercizio di una vigilanza critica capace di farci diffidare di tutte le forme di governo che tendono ad assumere una funzione terapeutica e addirittura salvifica» (2006-2007, p. 586).

3. Istituzionalizzazione. Con questo termine si intende la lunga degenza in istituzioni chiuse, come orfanotrofi, prigioni, ospedali psichiatrici, che può provocare, dopo un certo periodo, una sindrome denominata *nevrosi istituzionale* che Jervis così descrive: «Il ricoverato si chiude in se stesso, diviene abulico, dipendente, indifferente, inerte, sporco, spesso scontroso, regredisce a comportamenti infantili, sviluppa atteggiamenti posturali e "tic" stereotipati e singolari, si adatta a una *routine* di vita estremamente circoscritta e povera dalla quale non desidera neppure più uscire, spesso elabora convinzioni deliranti di tipo consolatorio (i cosiddetti "deliri istituzionali"). Il mondo astorico e senza tempo dei reparti per cronici, lo squallore e il vuoto della vita quotidiana sono responsabili di questa sintomatologia, che è stata descritta anche nei campi di concentramento. Questo è il motivo per cui i ricoverati cronici si somigliano tutti. Una conduzione attiva, responsabilizzante e più umana della vita di reparto si traduce lentamente nella scomparsa di questo tipo di comportamento istituzionale, fa svanire i "pazienti catatonici", e determina anche man mano la diminuzione e la scomparsa dei ricoverati catalogati come "incontinenti", "sudici" e "violenti"» (1975, p. 116).

Queste constatazioni costituiscono la motivazione primaria della lotta contro le istituzioni manicomiali condotta dal movimento dell'antipsichiatria, secondo la quale, scrive sempre Jervis, «se è vero che nella società esterna esistono meccanismi psicologici interpersonali di *induzione* di comportamenti giudicati come "abnormi" o "folli", si può osservare che all'interno del manicomio questi meccanismi induttivi sono più attivi e violenti, mentre il paziente ha minori possibilità di difendersene. Nel caso specifico del ricoverato in manicomio, e in particolare del ricoverato cronico, la struttura di vita a cui egli viene piegato è *struttura di comportamento istituzionale*: essa diviene rapidamente il comportamento stesso della persona, ed è fatta di sottomissione e di aggressività, di regressione e rifugio in schemi psicologici impoveriti e in comportamenti rigidi, disarticolati o mostruosi» (ivi, p. 113).

Bibliografia

Antonucci G., *Il pregiudizio psichiatrico*, Elèuthera, Milano 1989.

Babini V. P., *Liberi tutti. Manicomi e psichiatri in Italia. Una storia del Novecento*, il Mulino, Bologna 2009.

Barton R., *Institutional neurosis*, Wright, Bristol 1966.

Basaglia F. (a cura di), *L'istituzione negata. Rapporto da un ospedale psichiatrico*, Einaudi, Torino 1968.

–, *Conferenze brasiliane* (1979a), Raffaello Cortina, Milano 2000.

–, *L'utopia della realtà* (a cura di F. Ongaro Basaglia), Einaudi, Torino 2005.

Basaglia F., Ongaro Basaglia F., *Follia/delirio*, in AA.VV., *Enciclopedia*, Einaudi, Torino 1979b, vol. VI, pp. 262-287.

Beluffi M., *Psichiatria in catene*, Spirali/Vel, Milano 1989.

Bertali M., Bertini F., Segatori A., *Il manifesto di psiche. Per una psichiatria e una società senza farmaci*, Sensibili alle Foglie Editore, Tivoli 1999.

Bertani M., *Istituzioni psichiatriche*, in AA.VV., *Psiche. Dizionario storico di psicologia, psichiatria, psicoanalisi, neuroscienze*, Einaudi, Torino 2006-2007, vol. I, pp. 571-587.

Borgna E., *Al di là della psichiatria istituzionale*, in Id., *Nei luoghi perduti della follia* (1964-1984), Feltrinelli, Milano 2008, Parte VI, pp. 379-434.

–, *I conflitti del conoscere. Strutture del sapere ed esperienza della follia*, Feltrinelli, Milano 1988.

Boulanger N., Chaix J.-F., *Lavoro, famiglia, psichiatria. Il ruolo della psichiatria nelle istituzioni* (1972), Feltrinelli, Milano 1974.

Castel R., *L'ordine psichiatrico* (1976), Feltrinelli, Milano 1980.

Civita A., Cosenza D. (a cura di), *La cura della malattia mentale. Storia ed epistemologia*, Bruno Mondadori, Milano 1999.

Conolly J., *Trattamento del malato di mente senza metodi costrittivi* (1856), Einaudi, Torino 1976.

Cooper D., *Psichiatria e antipsichiatria* (1967), Armando, Roma 1972.

–, *Il linguaggio della follia* (1978), Feltrinelli, Milano 1979.

Dörner K., *Il borghese e il folle. Storia sociale della psichiatria* (1969), Laterza, Bari 1975.

Esquirol J.-É. D., *Des maladies mentales considérées sous les rapports médical, hygiénique et médico-legal*, Baillière, Paris 1838.

Esterson A., *Foglie di primavera. Un'indagine sulla dialettica della follia* (1970), Einaudi, Torino 1973.

Foot J., *La "Repubblica dei matti". Franco Basaglia e la psichiatria radicale in Italia, 1961-1978* (2012), Feltrinelli, Milano 2014.

Foucault M., *Storia della follia nell'età classica* (1961), Rizzoli, Milano 2011.

–, *Nascita della clinica* (1963), Einaudi, Torino 1969.

–, *Il potere psichiatrico. Corso al Collège de France 1973-1974*, Feltrinelli, Milano 2004.

Galzigna M., *La malattia morale. Alle origini della psichiatria moderna*, Marsilio, Venezia 1988.

Gaston A., *Genealogia dell'alienazione*, Feltrinelli, Milano 1987.

Goffman E., *Asylums* (1961), Einaudi, Torino 1968.

Jervis G., *Manuale critico di psichiatria*, Feltrinelli, Milano 1975.

Kraepelin E., *Trattato di psichiatria* (1883), Vallardi, Milano 1907.

Laing R. D., *L'io diviso. Studio di psichiatria esistenziale* (1959), Einaudi, Torino 1969.

–, *La politica dell'esperienza* (1967), Feltrinelli, Milano 1968.

Laing R. D., Cooper D., *Ragione e violenza* (1964), Armando, Roma 1973.
Pinel Ph., *La mania. Trattato medico-filosofico sull'alienazione mentale* (1800), Marsilio, Venezia 1987.
Rosa F., *Diritti dei disabili*, in M. Flores (a cura di), *Diritti umani. Cultura dei diritti e dignità della persona nell'epoca della globalizzazione*, Utet, Torino 2007, vol. I, pp. 338-340.
Sartori M. G., *La barbarie oligárquica. Violencia y salud mental*, El Bloque, Buenos Aires 1993.
Schiavone M., *I confini della psichiatria. Aspetti epistemologici e deontologici*, Patron, Bologna 1993.
Sémelaigne R., *Philippe Pinel et son oeuvre. Au point de vue de la santé mentale*, L'Harmattan, Paris 2001.
Silverstone T., Turner P., *L'impiego dei farmaci in psichiatria* (1974), Feltrinelli, Milano 1980.
Szasz Th. S., *Il mito della malattia mentale* (1961), il Saggiatore, Milano 1966.
–, *Disumanizzazione dell'uomo. Ideologia e psichiatria* (1970), Feltrinelli, Milano 1977.
–, *I manipolatori della pazzia. Studio comparato dell'Inquisizione e del Movimento per la salute mentale in America* (1970), Feltrinelli, Milano 1972.
Tranchina P., *Norma e antinorma. Esperienze di psicoanalisi e di lotte anti-istituzionali*, Feltrinelli, Milano 1979.
Verdiglione A. (a cura di), *Follia e società segregativa*, Feltrinelli, Milano 1974.
Viganò C., *Psichiatria non psichiatria. La follia nella società che cambia*, Borla, Roma 2009.
Volterra V. (a cura di), *Assistenza psichiatrica*, in G. B. Cassano, P. Pancheri *et al.* (a cura di), *Trattato italiano di psichiatria* (1992), Masson, Milano 1999, vol. III, pp. 3713-3742.
White W. A., *Pazzi da slegare. Alle origini della psichiatria umanistica* (1921), Castelvecchi, Roma 2016.
Zilboorg G., Henry G. W., *Storia della psichiatria* (1941), Feltrinelli, Milano 1963.

Istmo del cervello, v. ENCEFALO, § 1, *b*.

Istogramma, v. STATISTICA, § I, 1.

Istrionico, Disturbo di personalità, v. PERSONALITÀ, § II, 3, B, γ.

Istruzione (ingl. *Instruction*; ted. *Schulausbildung*; fr. *Instruction*; sp. *Instrucción*). Aspetto dell'educazione che mira alla formazione intellettuale e mentale dell'individuo (v. PEDAGOGIA). I contributi più significativi della psicologia in questo campo si devono alla scuola comportamentista di Burrhus Frederic Skinner, che pose le basi teoriche per l'istruzione programmata, e all'informatica, che fornì modelli e procedure per l'istruzione computerizzata.

1. L'ISTRUZIONE PROGRAMMATA. Questa forma di istruzione può essere così descritta: l'allievo, attraverso procedure d'insegnamento (metodi didattici) predisposte dall'insegnante, raggiunge determinati obiettivi che vengono confrontati, mediante procedure di controllo, con gli obiettivi posti dall'insegnante. Da tale valutazione deriva un *feedback* (v. RETROAZIONE) sulle procedure d'insegnamento, che comporta una loro revisione e una nuova messa a punto, in modo che gli obiettivi raggiunti tendano sempre più a identificarsi con quelli proposti.

Seguendo la schematizzazione proposta da Mario Groppo, l'istruzione programmata prevede: *a*) la suddivisione della disciplina da apprendere in piccoli *frames*, detti anche *inquadrature*, che rappresentano le unità elementari di un programma, disposte in forma logica, con introduzione di nuovo materiale poco alla volta e con ripresa di quello precedente in modo da assicurare una graduale assimilazione; *b*) l'immediata conferma dell'esattezza della risposta che agisce come rinforzo per fissare nella memoria la nozione. In caso di insuccesso, l'allievo non viene rinforzato e deve ripetere il *frame*, in base alla teoria sottesa a questa procedura che è quella del condizionamento operante (v. APPRENDIMENTO, § I, 2); *c*) la partecipazione attiva dello studente che si può ottenere con un programma che solleciti il suo interesse e che si svolga secondo il ritmo del suo apprendimento; *d*) la revisione del programma secondo i risultati raggiunti. Le regole fondamentali per una buona programmazione sono la *significatività* dei contenuti proposti, la *razionalità* della loro successione, l'*interesse* dello studente, la *revisione* della validità del programma, la *valutazione* degli obiettivi raggiunti usando test di acquisizione inseriti nel programma stesso.

Dal metodo di Skinner si distingue quello di Norman A. Crowder, che utilizza *unità lunghe* con brevi domande e brevi risposte a scelta multipla per lasciare una maggiore autonomia allo studente. Dal punto di vista dell'orientamento psicologico, il metodo di Skinner, fondandosi sulla teoria *comportamentista* dello stimolo-risposta, sottolinea l'importanza del rinforzo, che viene dato dalla conoscenza immediata del risultato, per la stabilizzazione di certe direzioni della condotta e per la creazione di automatismi che consentono di massimizzare la riuscita e di minimizzare gli errori, ritenendo fuorviante il principio secondo cui "sbagliando si impara". Il metodo di Crowder, invece, si rifà alla teoria dell'informazione (v. INFORMAZIONE, TEORIA DELL'), dove è ospitata una concezione positiva dell'errore che ha la funzione di stimolare la riflessione e di attivare la capacità discriminativa, sviluppando un apprendimento di tipo razionale e conoscitivo piuttosto che di tipo meccanico. Crowder dichiara anche che lo scopo del suo modello di istruzione programmata non è tanto quello di offrire un rinforzo, quanto piuttosto di determinare se la comunicazione ha avuto successo, perché, nell'ipotesi che essa fallisca, sono possibili tappe correttive in modo che il processo si realizzi.

Rientra tra le forme di istruzione programmata il *mastery learning*, espressione inglese che può essere resa con "apprendimento per padronanza". Si riferisce a una tecnica di istruzione individualizzata che prevede la suddivisione delle discipline per unità didattiche, con previsione dei tempi complessivi necessari per la padronanza di ciascuna unità, la determinazione degli obiettivi cognitivi che si vogliono raggiungere, con conseguente predisposizione dei materiali didattici costruiti in funzione dei contenuti informativi che si vogliono far apprendere, il controllo delle competenze acquisite dopo un determinato periodo del percorso didattico, e la fase di recupero con predisposizione di itinerari alternativi per chi non ha superato la prova di controllo. Al termine è prevista una prova conclusiva che verifica le *performances* che lo studente ha sostenuto e superato nelle fasi intermedie del *mastery learning*.

2. L'ISTRUZIONE COMPUTERIZZATA. Questa forma di istruzione prevede che lo studente, dopo aver osservato l'immagine o ascoltato il messaggio, formuli una risposta che ritrasmette al computer per la valutazione. Se la risposta è esatta il computer gli presenta la domanda successiva, se invece la risposta è errata gli presenta un adeguato materiale correttivo. Il computer rappresenta lo stadio più avanzato nella serie delle *macchine per insegnare*, che vanno dalla televisione a circuito chiuso alle macchine a risposta unica con un minimo di esposizione e un massimo di partecipazione attiva da parte di chi apprende. Skinner, che ha ideato la prima macchina per insegnare, l'ha modellata in base al metodo della costruzione della risposta da parte dello studente, piuttosto che in base al metodo del riconoscimento, per cui, quando la macchina rivela allo studente l'errore, non deve contemporaneamente comunicargli la risposta esatta perché, solo costruendola, la risposta potrà essere memorizzata.

L'istruzione computerizzata ha il suo centro nel programma (v. PROGRAMMAZIONE, § 1), dove si distingue un programma *lineare* che prevede una successione da un *frame* all'altro indipendentemente dalla soluzione data, e un programma *ramificato* che prevede la presentazione di risposte alternative con passaggi successivi che dipendono dalla risposta che lo studente ha fornito. Anche nell'istruzione computerizzata sono richiesti: *a*) la *partecipazione attiva* dello studente che, interagendo con la macchina, "impara operando"; *b*) il *ritorno dell'informazione* (*feedback*) attraverso cui lo studente viene a sapere immediatamente se la sua risposta è corretta; *c*) l'*individualizzazione dell'istruzione* che consente a ciascuno di apprendere secondo il proprio ritmo, retrocedendo o avanzando in base alle proprie personali fasi di apprendimento.

Bibliografia

Block J. H., Anderson L. W., *Mastery learning in classe* (1975), Loescher, Torino 1978.

Boscolo P., *Psicologia dell'apprendimento scolastico. Aspetti cognitivi*, Utet Libreria, Torino 1986.

Bruner J. S., *Verso una teoria dell'istruzione* (1966), Armando, Roma 1967.

Crowder N. A., *Intrinsically programmed materials for teaching complex skills and concepts*, American Psychological Association, Washington (DC) 1958.

De Montmollin M., *L'istruzione programmata* (1967), SEI, Torino 1968.

Fontana Tommassucci L., *Istruzione programmata e macchine per insegnare*, Armando, Roma 1969.

Fry E. B., *Macchine per insegnare e istruzione programmata* (1963), Loescher, Torino 1969.

Groppo M., *L'istruzione programmata*, in L. Ancona (a cura di), *Nuove questioni di psicologia*, La Scuola, Brescia 1972, vol. II, pp. 711-746.

Laeng M., *L'educazione nella civiltà tecnologica*, Armando, Roma 1970.

Pratesi S., *Istruzione, educazione, sviluppo*, in M. Flores (a cura di), *Diritti umani. Cultura dei diritti e dignità della persona nell'epoca della globalizzazione*, Utet, Torino 2007, *Atlante*, vol. I: *I soggetti e i temi*, pp. 463-495.

Skinner B. F., *La tecnologia dell'insegnamento* (1967), La Scuola, Brescia 1970.

Titone R. (a cura di), *Questioni di tecnologia didattica*, La Scuola, Brescia 1975.

Tornatore L., *Istruzione*, in AA.VV., *Gli strumenti del sapere contemporaneo*, vol. I: *I concetti*, Utet, Torino 1985, vol. II, pp. 433-435.

Weil E., *Educazione e istruzione. Scienze e discipline umanistiche oggi* (1946-1973), Guerini & Associati, Milano 1992.

Item. Termine inglese che sta ad indicare le singole parti costituenti un reattivo. Si tratta di una serie di prove che vengono sottoposte ad analisi e selezione allo scopo di soddisfare criteri formali e di contenuto. L'*analisi degli item* viene intrapresa attraverso il calcolo degli indici statistici di difficoltà, valore medio, deviazione standard, selettività, attendibilità e validità. L'insieme complessivo degli item viene esaminato in dettaglio mediante l'analisi della distribuzione, mentre le correlazioni fra item vengono valutate tramite analisi fattoriale. La *selezione degli item* si verifica sulla base dei dati statistici rilevati in sede di analisi allo scopo di dare una forma definitiva e finalizzata al TEST (v. § I).

Iterazione (ingl. *Iteration*; ted. *Wiederholung*; fr. *Réitération*; sp. *Reiteración*). Il termine è impiegato: 1) in *psichiatria* per indicare il carattere ripetitivo di comportamenti, gesti, azioni, espressioni verbali che caratterizzano le forme di STEREOTIPIA (v.); 2) in *statistica* per quei procedimenti volti a controllare la casualità della scelta del campione (test di iterazione).

J

Jackson, Legge di, v. STRATI, TEORIA DEGLI.

Jamais vu, Esperienza di, v. MEMORIA, §§ 4, *c*; 8, *e*.

Jastrow, Illusione di, v. ILLUSIONE, § 4, *k*.

Job. Termine inglese usato nell'ambito della PSICOLOGIA DEL LAVORO (v.) nell'accezione di *job enlargement*, in riferimento all'ampliamento del campo d'azione professionale mediante assegnamento di nuove mansioni, e di *job rotation*, in riferimento al cambiamento regolare di attività e funzioni lavorative per la formazione e il perfezionamento del lavoratore.

Jost, Legge di (ingl. *Jost's law*; ted. *Jostsche Gesetz*; fr. *Loi de Jost*; sp. *Ley de Jost*). Legge secondo la quale, tra due associazioni, la più remota nel tempo si rivela più resistente e meno soggetta all'oblio (v. MEMORIA, § 5).

Bibliografia

JOST A., *Die Assoziationsfestigkeit in ihrer Abhängigkeit von der Verteilung der Wiederholungen*, in "Zeitschrift für Psychologie", 1897, n. 14.

Junghiana, Analisi, v. ANALISI JUNGHIANA.

Junghiana, Psicologia, v. PSICOLOGIA ANALITICA.

K

Kabbalah, v. QABBALĀH.

KADI (*Krug Asperger's Disorder Index*), v. AUTISMO, § 2.

Kāmasūtra. Trattato indù sull'erotismo, che risale al III secolo d.C., il cui titolo è composto dalle parole in sanscrito *kāma* (desiderio) e *sūtra* (trattato), non è solo e soprattutto, come i più credono, un libro sulle posizioni da assumere nei rapporti sessuali, ma una descrizione dell'arte del vivere nella relazione tra uomo e donna. Il trattato prende le mosse dal desiderio sessuale sottoposto a norme e a veti di ordine sociale e religioso, senza evocare il disagio o le lusinghe del peccato, perché, nella concezione del Kāmasūtra, la soddisfazione dei desideri sessuali concorre al benessere della vita, mentre l'insoddisfazione produce sofferenza e tristezza. Proprio perché nella cultura indiana antica l'esercizio della sessualità non è connesso alla colpa, a differenza dei trattati erotici occidentali, il Kāmasūtra è privo di qualsiasi forma di volgarità e di vizio anche nella sua descrizione delle tattiche di seduzione, nei suoi cataloghi delle carezze, nelle posizioni erotiche raccomandate o da evitare. Come scrive Cinzia Pieruccini, che ha curato una delle tante edizioni del Kāmasūtra, «il libro non si limita a dissertare di erotismo in senso stretto, neppure freme di poesia o di slancio mistico. Il Kāmasūtra è infatti un trattato con intenti scientifici ed educativi, creato per insegnare agli uomini e alle donne il comportamento da assumere dinanzi al desiderio e quali direttive seguire per una felice vita amorosa» (1990, p. 14).

Bibliografia

Doniger W., Kakar S. (a cura di), *Kāmasūtra* (2002), Adelphi, Milano 2003.
Pieruccini C. (a cura di), *Kāmasūtra*, Marsilio, Venezia 1990.

Kanizsa, Illusione di, v. ILLUSIONE, § 4, *l*.

Kaspar Hauser, Esperimento di (ingl. *Kaspar Hauser experiment*; ted. *Kaspar Hauser Versuch*; fr. *Essai de Kaspar Hauser*; sp. *Experimento de Kaspar Hauser*). Metodo volto all'individuazione, nel comportamento animale, delle componenti genetiche e di quelle apprese, tramite l'allevamento, in condizioni sperimentali.

Bibliografia

Lorenz K., *Über tierisches und menschliches Verhalten*, Piper, München 1965.

Kif, v. DROGA, § 2.

Kleiniana, Teoria. Impostazione psicoanalitica inaugurata da Melanie Klein che si differenzia dalla formulazione classica della psicoanalisi per alcune conclusioni a cui la Klein è giunta attraverso l'analisi infantile (v. PSICOLOGIA DELL'INFANZIA, § 5), divenute poi spunti teorici che hanno assunto in ambito freudiano un significativo rilievo. Le differenze più marcate rispetto a Sigmund Freud sono: *a*) la *teoria dell'oggetto*, che prende il posto della classica teoria delle pulsioni, in quanto la Klein assegna un'importanza fondamentale alla risoluzione dell'ambivalenza verso la madre, quindi a una relazione oggettuale (v. OGGETTO, § 4) più che a uno sviluppo pulsionale; *b*) la *fantasia*, che nel bambino sarebbe molto più sviluppata di quanto non ammetta la teoria classica, per cui il compito dell'analisi consiste nell'interpretare le fantasie piuttosto che interpretare le difese contro le pulsioni inconsce. Nel caso dei bambini ciò è possibile con l'impiego di giocattoli che consentono di mettere in scena le rappresentazioni fantastiche da cui si evidenziano le diverse posizioni; *c*) lo *sviluppo dell'Io*, considerato come un processo di continua INTROIEZIONE (v.) e PROIEZIONE (v. § 3) di oggetti, e non come un progresso del Sé attraverso una serie di stadi;

d) la *pulsione di morte* che è particolarmente valutata e vista come una componente dell'innata ambivalenza infantile; *e*) la *nevrosi* che ha le sue origini nel primo anno di vita e consiste nel non riuscire a passare attraverso la posizione depressiva, e non, come aveva previsto Freud, nella fissazione ai vari stadi di sviluppo. I temi centrali del pensiero kleiniano si organizzano intorno ai concetti di *oggetto* e di *posizione*.

1. L'OGGETTO "BUONO" E "CATTIVO". Partendo dalla dualità delle pulsioni di vita e di morte (v. PULSIONE, § 2, *h-i*), che secondo la Klein è operante fin dall'origine dell'esistenza individuale, si ipotizza la loro proiezione sullo stesso oggetto (il seno). L'ambivalenza che così si crea, e che è ansiogena per il bambino, viene da lui bloccata con il meccanismo della scissione dell'OGGETTO (v. § 5) in "buono" e "cattivo", aggettivi che la Klein scrive quasi sempre tra virgolette per indicare il carattere fantasmatico di queste due qualità che, trattate come oggetti reali, hanno poteri l'uno rassicurante, l'altro persecutorio. Il seno è il primo oggetto che viene scisso in *seno buono* che è quello che nutre, assunto come prototipo di tutti gli oggetti soccorrevoli e gratificanti, e in *seno cattivo* che è quello che si ritira o si rifiuta, assunto come prototipo di tutti gli oggetti persecutori interni ed esterni, secondo la definizione che di questa differenza è data sotto la voce OGGETTO (v.). A questa scissione vanno soggetti non solo il seno, ma tutti gli oggetti *parziali* (come il pene, le feci) e *totali* (come la madre, il padre) in una sorta di circolo vizioso, per cui il bambino da un lato *proietta* il suo amore sull'oggetto "buono" e la sua aggressività su quello "cattivo", e dall'altro *introietta* l'amore dell'oggetto "buono" e la persecutorietà di quello "cattivo" avvertiti come rivolti verso di sé.

Scrive in proposito la Klein: «Nella primissima fase dello sviluppo, nella psiche del bambino gli oggetti persecutori e gli oggetti "buoni" (seno) sono tenuti ampiamente separati tra loro. Quando, in concomitanza con l'introiezione dell'oggetto reale e totale, essi si avvicinano per ricongiungersi e unificarsi, l'Io deve ricorrere continuamente a quel meccanismo di grande importanza per lo sviluppo delle relazioni oggettuali che è la scissione delle imago in amate o odiate o, che è lo stesso, in buone o pericolose. È lecito ritenere che sia in realtà a questo punto e in queste circostanze che si instauri l'*ambivalenza*, la quale in fin dei conti attiene alle relazioni oggettuali, riguarda cioè gli oggetti totali o reali. L'ambivalenza che si istituisce in una scissione delle imago mette in grado il bambino in tenera età da un lato di acquistare più fiducia e di credere maggiormente nei suoi oggetti reali e di conseguenza in quelli interiorizzati, nonché di amarli di più e di dar vita in misura sempre crescente a fantasie di restaurazione degli oggetti amati. Dall'altro essa fa sì che le angosce paranoidi e le difese connesse siano indirizzate agli oggetti "cattivi". Il sostegno che l'Io riceve da un oggetto reale "buono" è quindi incrementato da una sorta di meccanismo di fuga, grazie al quale può oscillare tra i suoi oggetti buoni esterni e quelli interni. [...] Questo processo continua finché l'amore per gli oggetti reali e per quelli interiorizzati, e la fiducia in essi, non si stabiliscono saldamente. A questo punto, nello sviluppo normale, l'ambivalenza, che è in parte una protezione contro il proprio odio e contro gli oggetti odiati che incutono spavento, si riduce in misura più o meno grande. Con l'aumento dell'amore per i propri oggetti buoni e reali aumenta la fiducia nella propria capacità di amare e si riducono le angosce paranoidi per gli oggetti cattivi; questi cambiamenti comportano una diminuzione del sadismo e modi più adeguati di controllare l'aggressività e di darle sfogo» (1935, pp. 323-324). La scissione in oggetti buoni e cattivi lascia le sue tracce anche in età adulta, soprattutto nelle valutazioni univoche di un fatto o di una persona, nonché in alcune patologie psichiche, in particolar modo nei casi-limite (v. MARGINALE, SINDROME, § 1).

2. LA POSIZIONE SCHIZOPARANOIDEA E LA POSIZIONE DEPRESSIVA. La Klein adotta il termine *posizione* in luogo di *fase* o *stadio* (v. STADIO, § 2) perché il gioco di ansietà e difese che le posizioni descrivono appare in una certa fase, ma risorge durante i primi anni dell'infanzia e successivamente in determinate condizioni. La posizione *schizoparanoidea* pone l'accento sul meccanismo della scissione dell'oggetto (*schizo*) e sul carattere persecutorio del medesimo (*paranoideo*). Insorge nei primi quattro mesi di vita, ma si può ripresentare successivamente cristallizzandosi negli stati di PARANOIA (v.) o SCHIZOFRENIA (v.). In questa posizione le pulsioni aggressive coesistono con quelle libidiche, l'oggetto è parziale e scisso in due, i processi in atto sono l'INTROIEZIONE (v.) e la PROIEZIONE (v.), l'angoscia ha un carattere persecutorio da cui l'Io "molto poco integrato" si difende, oltre che con la scissione, con il *diniego* che rifiuta qualsiasi realtà all'oggetto persecutorio, e con il *controllo onnipotente* dell'oggetto. La posizione *depressiva* si costituisce verso il quarto mese ed è superata nel corso del primo anno, anche se in fasi successive può cristallizzarsi nello stato depressivo. La scissione tra oggetto "buono" e oggetto "cattivo" si attenua perché il bambino scopre che l'oggetto che odia e l'oggetto che ama sono lo stesso, mentre si riduce lo scarto fra oggetto interno e oggetto esterno. In questa posizione è percepita la persona totale della madre, e l'angoscia, da persecutoria, diventa depressiva per il pericolo fantasmatico di distruggere e di

perdere la madre a causa del proprio sadismo. Il superamento di questa angoscia avviene con l'inibizione dell'aggressività e con la riparazione.

3. LA RIPARAZIONE. È un tentativo di porre rimedio ai propri fantasmi distruttivi che si riferiscono all'oggetto d'amore, ripristinando l'integrità dell'oggetto materno, sia interno che esterno, o attraverso difese maniacali, quindi con un senso di onnipotenza, o con meccanismi ossessivi che comportano la ripetizione coatta delle azioni riparatrici, o con la SUBLIMAZIONE (v.) che rappresenta il successo della riparazione, la vittoria delle pulsioni di vita sulle pulsioni di morte: «Lo sviluppo libidico è stimolato in ogni fase dalla spinta a riparare e, in ultima istanza, dal senso di colpa» (1945, p. 398).

Bibliografia

De Simone Gaburri G., Fornari B., *Melanie Klein e la scuola inglese*, in A. A. Semi (a cura di), *Trattato di psicoanalisi*, vol. I: *Teoria e tecnica*, Raffaello Cortina, Milano 1988-1989, pp. 213-288.

Hinshelwood R. D., *Dizionario di psicoanalisi kleiniana* (1989), Raffaello Cortina, Milano 1990.

Klein M., *Scritti 1921-1958*, Bollati Boringhieri, Torino 1978.

–, *La psicoanalisi dei bambini* (1932), Martinelli, Firenze 1969.

–, *Contributo alla psicogenesi degli stati maniaco-depressivi* (1935), in *Scritti 1921-1958*, cit., pp. 297-325.

–, *Il complesso edipico alla luce delle angosce primitive* (1945), in *Scritti 1921-1958*, cit., pp. 355-408.

–, *Invidia e gratitudine* (1957), Martinelli, Firenze 1969.

Klein M., Riviere J., *Amore, odio e riparazione* (1937), Astrolabio, Roma 1969.

Klein M., Heimann P., Money-Kyrle R. (a cura di), *Nuove vie della psicoanalisi. Il significato del conflitto infantile nello schema del comportamento dell'adulto* (1955), il Saggiatore, Milano 1966.

Lussana P., *La psicoanalisi infantile su base kleiniana*, in A. A. Semi (a cura di), *Trattato di psicoanalisi*, vol. II: *Clinica*, cit., pp. 827-872.

Segal H., *Introduzione all'opera di M. Klein* (1963), Martinelli, Firenze 1968.

Steiner R., *Processo di simbolizzazione nell'opera di Melanie Klein*, Bollati Boringhieri, Torino 1975.

Klinefelter, Sindrome di (ingl. *Klinefelter syndrome*; ted. *Klinefelter-Syndrom*; fr. *Syndrome de Klinefelter*; sp. *Síndrome de Klinefelter*). Sindrome causata da anomalia cromosomica (v. GENETICA, § 2), consistente nella presenza di un cromosoma X in sovrannumero e determinante un quadro trisomico XXY. Si manifesta in soggetti fenotipicamente maschili, con atrofia dei testicoli, sottosviluppo dei caratteri sessuali secondari, ginecomastia, assenza di spermatogenesi e comparsa di tratti eunucoidi. Dal punto di vista psichico sono rilevabili disturbi del carattere e del comportamento improntato a passività, immaturità, insicurezza, apatia e scarsa capacità lavorativa e di apprendimento.

Knox, Cubi di, v. CUBO, TEST DEL, § 1.

Kohs, Cubi di, v. CUBO, TEST DEL, § 2.

Koro. Disturbo psichico, osservato prevalentemente nelle popolazioni della Malaysia e del Sud-Est asiatico, consistente nella convinzione, unita a un forte stato d'ansia, che il proprio pene si stia ritirando progressivamente nell'addome fino a scomparire e causare la morte del soggetto (v. ANTROPOLOGIA, § 7).

Korsakov, Sindrome di, v. ALCOLISMO, § 7, *b*.

Korte, Leggi di, v. PERCEZIONE, § 6, *a*.

K-SADS-PL, Test. Intervista diagnostica per la valutazione dei disturbi psicopatologici nei bambini e negli adolescenti secondo i criteri del DSM-IV (v. DIAGNOSI, § 4), somministrata da psicologi e neuropsichiatri infantili sia ai ragazzi che ai loro genitori. Il test è composto da un'intervista introduttiva, un'intervista diagnostica di screening, una check list complessiva della storia clinica del paziente, una scala per la valutazione globale del funzionamento attuale.

Bibliografia

Kaufman J., Birmaher B., Brent D., Rao U., Ryan N., *Test K-SADS-PL. Intervista diagnostica per la valutazione dei disturbi psicopatologici in bambini e adolescenti* (1997), Erickson, Trento 2004.

Kundt, Illusione di, v. ILLUSIONE, § 4, *m*.

L

Labilità (ingl. *Lability*; ted. *Labilität*; fr. *Labilité*; sp. *Labilidad*). Instabilità della condizione emotiva facilmente modificabile dagli stimoli interni ed esterni, visibile nei primi stadi della schizofrenia dove si assiste a un progressivo cedimento del controllo solitamente esercitato dall'Io sulle altre componenti psichiche della personalità.

Bibliografia

Starnone D., *Labilità*, Feltrinelli, Milano 2005.

Labirinto (ingl. *Labyrinth*; ted. *Labyrinth*; fr. *Labyrinthe*; sp. *Laberinto*). Rete complessa di percorsi, in parte ciechi, in parte con passaggi, impiegata in psicologia sperimentale per studiare l'apprendimento per prove ed errori (v. ERRORE) negli animali e, in particolari condizioni, anche nell'uomo. Nel primo caso, l'animale impara evitando i percorsi ciechi e imboccando nel più breve tempo possibile il percorso aperto, al termine del quale si trova il cibo; nel secondo caso, il labirinto è una rappresentazione grafica dove, partendo dal centro della figura, si segna con una matita il percorso corretto che porta all'uscita. La prova del labirinto è una di quelle che compongono i test di misurazione dell'INTELLIGENZA (v. § 2). Sul versante simbolico il labirinto è letto come un sistema di difesa per la custodia di qualcosa di prezioso e sacro. Il centro protetto dal labirinto è riservato all'iniziato che può accedervi dopo aver superato determinate prove. Tradotto in chiave psicologica, questo centro è il simbolo dell'interiorità più profonda e nascosta dell'uomo. Per quanto concerne il labirinto dal punto di vista anatomico, si veda la voce VESTIBOLARE, SISTEMA.

Bibliografia

Fanelli M. C., *Labirinti. Storia, geografia e interpretazione di un simbolo millenario*, Il Cerchio Iniziative Editoriali, Rimini 1997.

Ferrari A., *Il tempo e il labirinto. Immagini del mito classico*, Tirrenia Stampatori, Torino 1998.

Hermann K., *Labirinti. Forme e interpretazioni. 5000 anni di presenza di un archetipo. Manuale e filo conduttore* (1979), Feltrinelli, Milano 1981.

Kerényi K., *Nel labirinto* (1966), Bollati Boringhieri, Torino 1983.

Porteus S. D., *The Porteus Maze Test and Intelligence*, Pacific Press, Oakland, California, 1950.

Steinberg S., *Il labirinto* (1959), Feltrinelli, Milano 1961.

Lacaniana, Analisi, v. ANALISI LACANIANA.

Lacaniana, Teoria. Le linee principali della teoria di Jacques Lacan prendono le mosse da Sigmund Freud in vista di un avanzamento teorico e critico del messaggio freudiano che, come "cura attraverso la parola", è possibile solo se si prende alla lettera che "l'inconscio è strutturato come un linguaggio", e come tale da trattare con gli strumenti che lo strutturalismo da un lato e la linguistica dall'altro hanno messo a disposizione. Le tappe percorse da questa indagine e gli esiti a cui perviene sono:

1. IL RIFIUTO DELLA PROSPETTIVA EGOLOGICA E LOGOCENTRICA. Questa prospettiva è stata tramandata dalla tradizione filosofica che, a partire da René Descartes, ha collocato l'essenza dell'uomo nel *cogito*, quindi nella coscienza o Io. Accogliendo la lezione di Freud, «l'Io non è padrone in casa propria» (1916, p. 663), Lacan ritiene che l'individuo sia vissuto e abitato da una "x" loquente e profonda (l'"Es" freudiano) nei cui confronti si trova in uno stato di radicale assoggettamento, per cui non è possibile dire che "l'uomo parla", ma piuttosto che "l'uomo è parlato". Da questo atteggiamento anticartesiano, che porta a fondo l'attacco freudiano al narcisismo universale dell'umanità, Lacan può dire: «Penso dove non sono, dunque sono dove non penso» (1957b, p. 512); e ancora: «L'Io è strutturato esattamente come un sintomo. Non è altro che

un sintomo privilegiato all'interno del soggetto. È il sintomo umano per eccellenza, la malattia mentale dell'uomo» (1953-1954, p. 20).

2. L'ORDINE SIMBOLICO. Questa impostazione anti-egologica si accompagna alla tesi del primato dell'ordine simbolico, ossia alla concezione, tipicamente strutturalista, secondo cui l'individuo è attraversato da un'impersonale trama di simboli e di significanti che lo costituiscono e che egli non ha creato, ma nella quale è piuttosto preso dentro come nel retaggio della propria storia e della propria cultura: «Se l'uomo arriva a pensare l'ordine simbolico è perché vi è anzitutto preso nel suo essere» (1955, p. 49). E ancora: «Tutti gli esseri umani partecipano all'universo dei simboli, vi sono inclusi e lo subiscono molto più che non lo costituiscano, ne sono molto più i supporti che gli agenti» (1953-1954, p. 198). Siccome l'ordine simbolico è l'ordine del significante, il significante ha un'indubbia preminenza sul soggetto. Questo tratto avvicina Lacan a Claude Lévi-Strauss e alla problematica svolta da quest'ultimo ne *Le strutture elementari della parentela* in cui l'individuo appare come l'effetto di un codice simbolico radicato nelle strutture inconsce della sua psiche (v. ANTROPOLOGIA, § 3; SIMBOLO, § 5, *e*). Lo dice espressamente Lacan: «Crediamo che il nostro modo di usare il termine "struttura" possa essere autorizzato dal modo introdotto da Claude Lévi-Strauss» (1966a, p. 865). E questo perché, aveva già scritto Lacan, «lo strutturalismo non è forse ciò che ci permette di porre la nostra esperienza come il campo in cui c'è chi parla, in cui ça parle? Se sì, la "distanza dall'esperienza" della struttura si dissolve, perché questa opera nell'esperienza non come modello teorico, ma come la macchina originale che vi mette in scena il soggetto» (1960a, p. 645).

3. L'INCONSCIO COME LINGUAGGIO. Se «l'inconscio è linguaggio» (1966a, p. 871), la psicoanalisi, per svolgere in modo adeguato il proprio compito di ermeneutica del profondo, deve rifarsi alla linguistica: «La linguistica qui ci può servire di guida, poiché è questo il suo ruolo all'apice dell'antropologia contemporanea, e non potremo rimanervi indifferenti» (1953, p. 277). Come "x" loquente, l'inconscio, come "ciò che parla (ça parle)", non può fare a meno di assumere la forma di un discorso o di un messaggio proveniente da "altrove", il "discorso dell'Altro". Con il termine ALTRO (v. § 1) Lacan intende l'ordine simbolico, l'intersoggettività, ma altrove anche la Madre, il Padre. L'Altro coincide allora con la struttura dell'alterità che ha forme diverse a seconda dei contesti. Rispetto all'Io, l'Altro è tanto l'inconscio, quanto il simbolico che offre all'inconscio le leggi del discorso in cui esprimersi. Ma nel simbolico l'inconscio e il suo "oscuro parlare" possono solo "semi-dirsi" per cui «la verità dell'inconscio deve situarsi *tra le righe*» (1957a, p. 429), perché, come vuole la metafora di Lacan, il discorso umano assomiglia a quei manoscritti che contengono due testi, uno dei quali è stato cancellato e ricoperto dall'altro, in modo tale che il primo può venir intravisto solo attraverso le falle del secondo, ovvero tramite i "buchi di senso" del discorso conscio: «L'inconscio, a partire da Freud, è una catena di significanti che da qualche parte (su un'altra scena, egli scrive) si ripete ed insiste per *interferire* nei tagli offertigli dal discorso e dalla sua categorizzazione che informa» (1960b, p. 801). Per ulteriori approfondimenti si rinvia alla voce LINGUAGGIO, § 4, *f*.

4. LA RETORICA DELL'INCONSCIO: SINTOMO, METAFORA E METONIMIA. La parola dell'inconscio si annuncia nel linguaggio dell'Altro che il soggetto riceve già codificato sotto forma di sintomo: «Il sintomo qui è il significante di un significato rimosso dalla coscienza del soggetto. Simbolo scritto sulla sabbia della carne e sul velo di Maia, esso partecipa del linguaggio attraverso l'ambiguità semantica da noi già posta in rilievo nella sua costituzione» (1953, p. 274). Se «l'inconscio è quel capitolo della mia storia che è marcato da un bianco o occupato da una menzogna: se è il capitolo censurato» (ivi, p. 252), la sua verità può essere ritrovata attraverso i sintomi che sono iscritti «nei *monumenti*: e questo è il mio corpo, cioè il nucleo isterico della nevrosi in cui il sintomo isterico mostra la struttura di un linguaggio e si decifra come un'iscrizione che, una volta raccolta, può essere distrutta senza grave perdita; nei *documenti d'archivio*: e sono i ricordi della mia infanzia, impenetrabili al pari di essi, quando non ne conoscono la provenienza; nell'*evoluzione semantica*: e questo corrisponde allo stock e alle accezioni del vocabolario che mi è proprio, così come al mio stile e al mio carattere; nelle *tradizioni*, addirittura nelle leggende che in forma eroicizzata veicolano la mia storia; nelle *tracce*, infine, che di questa storia conservano inevitabilmente le distorsioni rese necessarie dal ricordo del capitolo adulterato con i capitoli che l'inquadrano, e delle quali la mia esegesi ristabilirà il senso» (ivi, pp. 252-253).

Per decifrare la "retorica dell'inconscio" Lacan traduce i meccanismi inconsci illustrati da Freud nelle figure descritte dalla linguistica strutturale di Roman Jakobson (v. ANTROPOLOGIA, § 3, *b*) e in particolare riconduce la *condensazione*, attraverso cui diverse idee o immagini vengono espresse da una singola parola o immagine, alla *metafora*, dove un oggetto è indicato con il nome di un altro oggetto avente con il primo rapporti di somiglianza; e lo *spostamento*, che sostituisce un'idea o immagine con un'altra a cui è associativamente connessa, alla *metonimia*, dove una cosa o una persona sono nominate con il nome di un'altra cosa o persona che ha con esse un rapporto di dipendenza o contiguità. Per l'uso specifico che Lacan fa di questi termini si veda la voce METAFORA, § 2.

5. LO STADIO DELLO SPECCHIO E LA DIMENSIONE DELL'IMMAGINARIO. Con questa espressione Lacan si riferisce alla progressiva conquista dell'identità del soggetto che prende avvio tra i 6 e i 18 mesi, quando il bambino, posto di fronte a uno specchio, reagisce prima come se l'immagine riflessa dallo specchio fosse una realtà che è possibile afferrare, poi si rende conto che non è una realtà, ma un'immagine, infine capisce che questa immagine è la sua, differente da quella dell'adulto che l'ha accompagnato davanti allo specchio. Lo stadio dello specchio si configura come un primo abbozzo dell'Io, un primo schizzo della soggettività attraverso l'immaginario; infatti è attraverso l'immagine del simile che il soggetto, per un meccanismo d'identificazione, si rapporta a sé. A partire da qui, osserva Lacan, si apre la strada al futuro di finzioni e alla «destinazione delirante» (1949, p. 89) dell'Io, costretto in una dialettica incessante di identificazioni narcisistiche con immagini esteriori. Dalla dimensione dell'*immaginario*, che prende avvio con lo stadio dello specchio, si accede al *simbolico* percorrendo la vicenda del complesso edipico.

6. LO STADIO DELL'EDIPO E LA DIMENSIONE SIMBOLICA. Anche qui abbiamo un'articolazione in tre tempi: nel primo il bambino desidera solo le cure della madre, vuol essere tutto per lei, ovvero il completamento di ciò che le manca, il fallo; nel secondo abbiamo l'intervento del padre che priva il bambino dell'oggetto del suo desiderio e la madre del suo completamento fallico: in questa fase il bambino incontra la "Legge-del-Padre" e il suo "Interdetto"; nel terzo, se il bambino accede al Nome-del-Padre o "metafora paterna" che coincide con l'assunzione del PADRE (v.) a livello simbolico, il bambino si identifica con il padre, cessando di "essere" il fallo della madre, per divenire colui che "ha" il fallo; se invece l'interdizione paterna non viene riconosciuta, il bambino, oltre a rimanere identificato con il fallo e sottomesso alla madre, non raggiunge una compiuta autocostituzione della soggettività e un accesso al simbolico, dove la Parola, la Legge, il Discorso e la Norma si manifestano a livello linguistico e a livello sociale, per cui Lacan può dire: «L'uomo parla, ma è perché il simbolo lo ha fatto uomo» (1953, p. 269). Ma il simbolo presuppone l'Edipo e il suo risolvimento nel riconoscimento della legge del padre in cui si esprime il simbolico. Con questa sequenza Lacan si ricollega a Lévi-Strauss che vede nell'interdizione dell'INCESTO (v.) e nella conseguente esogamia (v. ENDOGAMIA – ESOGAMIA) la condizione stessa della vita sociale e dell'ordine simbolico su cui essa si regge.

7. LA SCISSIONE E LE DUE RETI DEL SIGNIFICANTE E DEL SIGNIFICATO. L'accesso al simbolico comporta una scissione (*Spaltung* nella terminologia freudiana, *Fente* o *Refente* in quella lacaniana) che "fende" il soggetto il quale, nel momento in cui si media attraverso il discorso messogli a disposizione dall'ordine simbolico, perde la relazione immediata di sé con sé, relazione che lo caratterizzava nella fase pre-linguistica e pre-simbolica. Tra l'Io del discorso che nomina il soggetto e l'Io vissuto esiste una frattura (*Ichspaltung*), che da un lato separa il soggetto da sé e dall'altro lo genera a se stesso: «*Separare*, *séparer*, va a finire in *se parere*, generarsi da sé. Dispensiamoci dai sicuri favori che troviamo negli etimologi del latino, per questo scivolamento del senso da un verbo all'altro. Si sappia soltanto che questo scivolamento è fondato sul loro comune accoppiamento alla funzione di *pars*» (1966b, p. 846).

La separazione tra conscio e inconscio sottesa alla scissione del soggetto si lascia raffigurare in quello che Lacan chiama l'algoritmo saussuriano

$$\frac{S}{s}$$

«che si legge *significante su significato*, dove il *su* risponde alla *sbarra* che ne separa le due tappe» (1957b, p. 491). Mentre Ferdinand de Saussure pone il significato sopra e il significante, l'elemento materiale del linguaggio che nomina il significato, sotto, racchiudendo il tutto in un'ellisse per indicare la corrispondenza tra significante e significato, Lacan inverte la posizione e legge la barra come una barriera che separa il significante (la lettera o il nome) dal significato (il senso della nostra esperienza trasmessa dal discorso), in quanto il significato, pur esteriorizzandosi nell'insieme dei significanti, non si colloca in nessun luogo del significante. L'ordine del significante e l'ordine del significato sono come «due reti che non si coprono. La prima rete, quella del significante, è la struttura sincronica del materiale del linguaggio, in quanto ogni elemento vi assume il suo esatto impiego per il fatto di essere differente dagli altri; tale è il principio di ripartizione che regola, esso solo, la funzione degli elementi della lingua ai suoi diversi livelli, della coppia di opposizione fonematica fino alle locuzioni composte, isolare le cui forme stabili è il compito della più moderna ricerca. La seconda rete, quella del significato, è l'insieme diacronico dei discorsi concretamente pronunciati, che reagisce storicamente sul primo, così come la struttura di questo ordina le vie del secondo.

A dominare qui è l'unità di significazione, che mostra di non risolversi mai in una pura indicazione del reale, ma di rinviare sempre ad un'altra significazione. Cioè la significazione non si realizza che a partire da una presa delle cose che è d'insieme» (1956, pp. 404-405). Ne discende che «è nella catena del significante che il senso *insiste*, ma che nessuno degli elementi della catena *consiste* nella significazione di cui è capace in quello stesso momento» (1957b, p. 497).

8. NATURA E CULTURA: DUE SERIE PARALLELE. Con l'ispessimento della linea saussuriana di frazione tra significante e significato, trasformata da Lacan in una barra per cui «si impone la nozione di uno scivolamento (*glissement*) incessante del significato sotto il significante» (*ibid.*), Lacan reinterpreta la nozione freudiana di RIMOZIONE (v.) (*Verdrängung*) come «quella sorta di discordanza fra il significato e il significante determinata da ogni censura d'origine sociale» (1954, p. 364). La cultura, in cui il sociale e il simbolico che lo descrive si esprimono, appare come un ordine di significanti "altro" dalla matrice originaria che custodisce la natura dell'uomo, il quale, dunque, nella cultura è sempre alienato. Attestandosi al discorso, all'Io, al comportamento sociale, il soggetto prolifera in forme multiple che si dà o che gli vengono imposte e che equivalgono ad altrettante maschere sotto le quali si nasconde ciò che è stato rimosso, vale a dire la sua natura. Con l'accesso al linguaggio si «sovrappone il regno della cultura a quello della natura» (1953, p. 270) e questa sovrapposizione si ripercuote a tutti i livelli che possono essere così rappresentati:

$$\frac{\text{Esperienza rappresentativa della realtà}}{\text{Realtà biologica, concreta, preconcettuale}} =$$

$$= \frac{\begin{array}{c}\text{S (Significante conscio)}\\ \text{S (Significante inconscio)}\end{array}}{\text{s (significato perduto)}} =$$

$$= \frac{\begin{array}{c}\text{Lingua}\\ \text{Parola}\end{array}}{\text{Cosa}} = \frac{\begin{array}{c}\text{Simbolico}\\ \text{Immaginario}\end{array}}{\text{Reale}} = \frac{\begin{array}{c}\text{Conscio}\\ \text{Inconscio}\end{array}}{\text{Biologico}} = \frac{\begin{array}{c}\text{Domanda}\\ \text{Desiderio}\end{array}}{\text{Bisogno}}$$

La non coincidenza irriducibile tra significante e significato fa sì che il linguaggio non riproduca la verità, ma la distorca, e d'altra parte che la verità non abbia altro modo di dirsi se non nella distorsione linguistica. Tra il linguaggio e il reale c'è incommensurabilità, e la verità del reale non può che annunciarsi nel linguaggio senza che il linguaggio possa adeguatamente esprimerla. In questo senso la verità è inconscio e si fa strada nel sintomo: «La verità si fonda sul fatto che parla, e non ha altro modo per farlo. Ecco pure perché l'inconscio, che dice il vero sul vero, è strutturato come un linguaggio, e perché io, quando insegno questo, dico il vero su Freud che ha saputo, sotto il nome di inconscio, lasciar parlare la verità» (1966a, p. 872). E ancora: «La verità in psicoanalisi è il sintomo. Là dove c'è sintomo, c'è una verità che si fa strada» (1966c, p. 165).

L'irraggiungibilità della verità da parte del linguaggio e del sapere inscrive Lacan in una prospettiva ermeneutica (v. ERMENEUTICA, § 2) per cui nessun sapere può vantare una presa esaustiva o un possesso ultimo della verità. Infatti, scrive Lacan: «Si comprenda bene il nostro pensiero. Non stiamo giocando al paradosso di negare che la scienza abbia di che conoscere circa la verità. Ma noi non dimentichiamo che la verità è un valore che risponde all'incertezza da cui l'esperienza vissuta dell'uomo è fenomenologicamente segnata, e che la ricerca della verità anima storicamente, sotto la voce dello spirituale, gli slanci del mistico e le regole del moralista, le vie dell'asceta e le trovate del mistagogo. Questa ricerca, imponendo a tutta una cultura la preminenza della verità nella testimonianza, ha creato un atteggiamento morale che è stato e resta per la scienza una condizione d'esistenza. Ma la verità nel suo valore specifico resta estranea all'ordine della scienza: la scienza può onorarsi delle sue alleanze con la verità; può proporsi come oggetto il suo fenomeno ed il suo valore; ma non può in alcun modo identificarla come il fine che le è proprio» (1936, p. 73).

9. LA MANCANZA. È il tratto distintivo che caratterizza ogni tappa dell'itinerario che dal *bisogno* conduce al *desiderio* e dal desiderio alla *domanda*. Il BISOGNO (v. § 4, *a*), infatti, nasce dal vissuto di incompletezza conseguente alla separazione dal corpo materno e al connesso tentativo di reintegrare l'unità perduta. L'interdizione del padre alla reintegrazione di detta unità traduce il bisogno in DESIDERIO (v. § 3) che rincorre un'infinità di oggetti assai diversi da quelli primordiali a cui si rivolgeva il bisogno, ma comunque inabili a colmare la BÉANCE (v.) o mancanza iniziale, nonostante la fuga ininterrotta da un significante all'altro nel tentativo di reintegrare la pienezza perduta. Ma i significanti inseguiti dal desiderio, tutti metaforici o metonimici rispetto al vero significato, non consentono al desiderio di raggiungere la sua meta che è "al di qua" della "linea di partenza" da cui il desiderio prende le mosse: «Il desiderio si produce nell'aldilà della domanda perché, articolando la vita del soggetto alle sue condizioni, essa ne sfronda il bisogno; ma esso si scava anche nel suo aldiqua perché, domanda incondizionata della presenza e dell'assenza, essa evoca la mancanza ad essere sotto le tre figure del niente che costituisce il fondo della domanda d'amore, dell'odio che giunge

a negare l'essere dell'altro, e dell'indicibile di quel che si ignora nella sua richiesta. In questa aporia incarnata – di cui si può dire per immagini che ricava la sua anima pesante dai getti vivaci della tendenza ferita, e il suo corpo sottile dalla morte attualizzata nella sequenza significante –, il desiderio si afferma come condizione assoluta» (1961, p. 625).

Attraverso la DOMANDA (v.), il desiderio sempre insoddisfatto e sempre risorgente si dispiega nella parola, e il luogo di questo dispiegamento è l'ALTRO (v. § 1), inteso non come la somma delle persone interlocutrici, ma come l'ordine stesso del linguaggio a cui ogni interlocutore deve sottostare. Il desiderio è *al di là* della domanda perché la sua forza oltrepassa la sua formulazione linguistica, ma al contempo si scava *al di qua* della domanda perché il suo oggetto rinvia alla mancanza d'essere radicale che originariamente si è espressa nel bisogno di pienezza rimosso dalla legge (Il-Nome-del-Padre) nell'inconscio (v. PADRE).

Se l'Es è il luogo dove l'Io deve ritornare per scoprire la matrice del proprio essere, non si dovrà tradurre l'aforisma freudiano "*Wo es war, soll Ich werden*" come solitamente lo si traduce: "Là dove era l'Es, deve venire l'Io", ma: "L'Io deve avvenire là dove era", ossia deve percorrere a ritroso il sentiero che porta all'inconscio: «Il fine che la scoperta di Freud propone all'uomo è stato da lui definito all'apogeo del suo pensiero in termini commoventi: *Wo es war, soll Ich werden. Là où fut ça*, dove fu così, *il me faut advenir*, debbo avvenire. Questo fine è di reintegrazione e di accordo, dirò di riconciliazione (*Versöhnung*)» (1957b, p. 519).

Bibliografia

AA.VV., *Scilicet. Rivista dell'École freudienne de Paris. Scritti di Jacques Lacan e di altri*, Feltrinelli, Milano 1977.
Alemán J., *L'antifilosofia di Jacques Lacan* (2000), Franco Angeli, Milano 2003.
Althusser L., *Freud e Lacan* (1976), Editori Riuniti, Roma 1977.
Bär E., *Semiotica e psicoterapia* (1975), Astrolabio, Roma 1979.
Bonifati L. S., *La psicosi in Jacques Lacan*, Franco Angeli, Milano 2000.
Borch-Jacobsen M., *Lacan, il maestro assoluto* (1991), Einaudi, Torino 1999.
Carmagnola F., *La scienza triste. Il simbolico, l'immaginario e la crisi del reale*, Meltemi, Roma 2002.
Caruso P., *Conversazioni con Lévi-Strauss, Foucault, Lacan*, Mursia, Milano 1969.
Di Ciaccia A., Recalcati M., *Jacques Lacan*, Bruno Mondadori, Milano 2000.
Eco U., *La struttura assente. Introduzione alla ricerca semiologica*, Bompiani, Milano 1968.
Fages J. B., *Che cosa ha veramente detto Lacan* (1971), Astrolabio, Roma 1972.
Forrester J., *Le seduzioni della psicoanalisi. Freud, Lacan, Derrida* (1990), il Mulino, Bologna 1993.
Francioni M., *Psicoanalisi linguistica ed epistemologia in Jacques Lacan*, Bollati Boringhieri, Torino 1978.
Freud S., *Una difficoltà della psicoanalisi* (1916), in *Opere* (1967-1993), Bollati Boringhieri, Torino, vol. VIII.
Galimberti F., *Il corpo e l'opera. Volontà di godimento e sublimazione*, Quodlibet, Macerata 2015.
Jakobson R., *Saggi di linguistica generale* (1963), Feltrinelli, Milano 1966.
Kremer-Marietti A., *Lacan o la retorica dell'inconscio* (1978), Astrolabio, Roma 1981.
Lacan J., *Al di là del "principio di realtà"* (1936), in *Scritti* (1936-1966), Einaudi, Torino 1974, vol. I.
–, *Lo stadio dello specchio come formatore della funzione dell'io* (1949), in *Scritti*, cit., vol. I.
–, *Funzione e campo della parola e del linguaggio in psicoanalisi* (1953), in *Scritti*, cit., vol. I.
–, *Il Seminario. Libro I: Gli scritti tecnici di Freud, 1953-1954*, Einaudi, Torino 1978.
–, *Introduzione al commento di Jean Hyppolite sulla Verneinung di Freud. Risposta al commento di Jean Hyppolite sulla Verneinung* (1954), in *Scritti*, cit., vol. I.
–, *Il seminario su "La lettera rubata"* (1955), in *Scritti*, cit., vol. I.
–, *La cosa freudiana. Senso del ritorno a Freud in psicoanalisi* (1956), in *Scritti*, cit., vol. I.
–, *La psicoanalisi e il suo insegnamento* (1957a), in *Scritti*, cit., vol. I.
–, *L'istanza della lettera dell'inconscio o la ragione dopo Freud* (1957b), in *Scritti*, cit., vol. I.
–, *Nota sulla relazione di Daniel Lagache: "Psicoanalisi e struttura della personalità"* (1960a), in *Scritti*, cit., vol. II.
–, *Sovversione del soggetto e dialettica del desiderio nell'inconscio freudiano* (1960b), in *Scritti*, cit., vol. II.
–, *La direzione della cura e i principi del suo potere* (1961), in *Scritti*, cit., vol. II.
–, *La scienza e la verità* (1966a), in *Scritti*, cit., vol. II.
–, *Posizione dell'inconscio* (1966b), in *Scritti*, cit., vol. II.
–, *Intervista rilasciata a Paolo Caruso* (1966c), in P. Caruso, *Conversazioni con Lévi-Strauss, Foucault, Lacan*, cit.
Lévi-Strauss C., *Le strutture elementari della parentela* (1947), Feltrinelli, Milano 1972.
–, *Antropologia strutturale* (1958), il Saggiatore, Milano 1966.
Recalcati M., *Jacques Lacan. Desiderio, godimento e soggettivazione*, Raffaello Cortina, Milano 2012.
–, *Jacques Lacan. La clinica psicoanalitica. Struttura e soggetto*, Raffaello Cortina, Milano 2016.
Rifflet-Lemaire A., *Introduzione a Jacques Lacan* (1970), Astrolabio, Roma 1972.
Roudinesco É., *Jacques Lacan. Profilo di una vita, storia di un sistema di pensiero* (1993), Raffaello Cortina, Milano 1995.
Saussure F. de, *Corso di linguistica generale* (1916), Laterza, Bari 1976.

LAD (*Language Acquisition Device*), v. LINGUAGGIO, § 3, *e*.

Lallazione (ingl. *Babbling*; ted. *Lallen*; fr. *Lallation*; sp. *Lalación*). Fenomeno fonetico che precede il linguaggio articolato. Verso il terzo mese di vita il bambino incomincia ad articolare dei suoni vocalici o consonantici che ripete per un tempo più o meno protratto con tonalità variamente modulate. Questo stadio, denominato *balbettio* o *vocalizzazione*, caratterizza gli stati euforici del bambino nei primi mesi di vita. Verso il sesto mese la vocalizzazione viene organizzandosi nella forma della *lallazione* dove compaiono le prime sillabe e le parole più semplici. Sia la vocalizzazione sia la lallazione sono connesse, secondo Jean Piaget, a un piacere funzionale, e come tali sono annoverabili tra le reazioni circolari primarie caratteristiche del periodo di sviluppo sensomotorio (v. LINGUAGGIO, § 3, *a*). In queste fasi possono darsi frequenti sostituzioni delle consonanti più difficili, come la "p", con la "r" o con la "l". Questo difetto di articolazione è noto come *lambdacismo*.

Bibliografia

Piaget J., *Il linguaggio e il pensiero nel fanciullo* (1923), Editrice Universitaria, Firenze 1955.

Stern C., Stern W., *Die Kindersprache. Eine psychologische und sprachtheoretische Untersuchung* (1907), Wissenschaftliche Buchgesellschaft, Darmstadt 1965.

Lamarckismo (ingl. *Lamarckism*; ted. *Lamarckismus*; fr. *Lamarckisme*; sp. *Lamarckismo*). Teoria evoluzionistica formulata da Jean-Baptiste Lamarck secondo cui le caratteristiche acquisite dall'individuo possono essere ereditate dai suoi discendenti. Questa teoria, che prevede l'ereditarietà dei caratteri *acquisiti*, è ritenuta incompatibile con il DARWINISMO (v.) che prevede l'evoluzione per selezione naturale con la sopravvivenza e la trasmissione di variazioni casuali. Secondo Ernest Jones la teoria psicoanalitica risente del fatto che «Freud restò, dal principio alla fine della sua vita, un ostinato fautore di questo screditato lamarckismo» (1953, p. 368). Egli infatti suppone una trasmissione delle caratteristiche acquisite, come il senso di colpa maturato dai figli in occasione dell'uccisione del padre (v. ANTROPOLOGIA, § 1, *a*; ENDOGAMIA – ESOGAMIA), come «certe fantasie primitive, soprattutto quelle del coito o della castrazione che Freud suppone venissero ereditate in una forma o nell'altra, con predisposizione a manifestarsi in situazioni opportune» (ivi, p. 366). Alla teoria lamarckiana dell'ereditarietà dei caratteri acquisiti si rifà il primo costrutto junghiano dell'ARCHETIPO (v.).

Bibliografia

Jones E., *Vita e opere di Freud*, vol. III: *Ultima fase (1919-1939)* (1953), il Saggiatore, Milano 1962.

Jung C. G., *Gli archetipi dell'inconscio collettivo* (1934-1954), in *Opere* (1969-2007), Bollati Boringhieri, Torino, vol. IX, 1.

Lamarck J.-B., *Ricerche sull'organizzazione dei corpi viventi* (1802), Riza, Milano 1998.

–, *Filosofia zoologica* (1809), La Nuova Italia, Firenze 1976.

Lambdacismo, v. LALLAZIONE.

Lamentosità, v. QUERULOMANIA.

Langerhans, Isole di, v. ENDOCRINO, SISTEMA, § 4.

Lapses, v. SONNO, § 2.

Lapsus. Termine latino impiegato da Sigmund Freud in riferimento all'uso non intenzionale di parole errate, imputabile non a imperizia o a ignoranza, ma a nascoste motivazioni inconsce. Come deviazione dell'azione rispetto all'intenzione motivante, il lapsus comporta un risultato opposto o comunque diverso rispetto a quello desiderato. Paradigmatico è in proposito l'esempio addotto da Freud: «Ci si ricorderà certamente del modo con cui tempo fa il presidente del Parlamento austriaco *aprì* la seduta: "Onorevoli! registro la presenza del numero legale e dichiaro quindi *chiusa* la seduta!". Soltanto l'ilarità generale lo rese accorto dell'errore, cosicché si corresse. In questo caso, molto probabilmente, la spiegazione è che il presidente *desiderava* in cuor suo di poter già chiudere la seduta che non prometteva nulla di buono, ma questo pensiero secondario, come spesso avviene, riuscì a frapporsi, almeno parzialmente, e ne risultò "chiusa" anziché "aperta", cioè il contrario di quanto aveva l'intenzione di dire» (1901, p. 106). Freud, dopo aver distinto *lapsus* orali (*linguae*), scritti (*calami*) e di lettura, che consistono nello scambio di alcune parole con altre che hanno con quelle scritte una qualche somiglianza, fa rientrare i lapsus, come le dimenticanze, le gaffe, gli smarrimenti nell'ambito degli atti mancati (v. ATTO, § 2, *b*) rivelatori di un conflitto tra l'intenzione cosciente e la tendenza repressa. Approfittando della riduzione della sorveglianza della coscienza, gli impulsi inconsci riescono a esprimersi alterando il comportamento cosciente e, nel caso del lapsus, attraverso il meccanismo dello SPOSTAMENTO (v.) o della SOVRADETERMINAZIONE (v.).

Bibliografia

Freud S., *Psicopatologia della vita quotidiana* (1901), in *Opere* (1967-1993), Bollati Boringhieri, Torino, vol. IV.

Timpanaro S., *Il lapsus freudiano. Psicoanalisi e critica testuale*, Bollati Boringhieri, Torino 2002.

LAP, Test (*Learning Accomplishment Profile*). Test che verifica lo stadio di sviluppo del bambino, stabilendo l'entità e le caratteristiche del ritardo in ordine alle abilità motorie, cognitive, linguistiche, interpersonali, nonché l'autonomia personale rispetto alle tappe dello sviluppo normale.

Bibliografia

Sanford A. R., Zelman J. G., *Test LAP. Diagnosi di sviluppo* (1976), Erickson, Trento 1984.

Lascivia (ingl. *Lasciviousness*; ted. *Lüsternheit*; fr. *Lascivité*; sp. *Lascivia*). Propensione a piaceri amorosi che unisce all'idea della spudoratezza e dello sfrenato eccitamento sessuale anche la componente ludica, come lascia intendere la radice sanscrita *las* che significa "giocare".

Latah. Sindrome patologica del Sud-Est asiatico, come il KORO (v.). Si manifesta con l'arresto improvviso delle normali attività psichiche che risultano turbate da manifestazioni convulsive o che richiamano la CATATONIA (v.), con la differenza che il soggetto è cosciente di quanto gli sta accadendo e se ne rammarica senza poter tuttavia modificare il suo stato. Il *latah* è interpretato come una temporanea disorganizzazione dell'Io con conseguente incapacità di difendersi dall'azione degli stimoli esterni (v. ANTROPOLOGIA, § 7).

Latente, Contenuto, v. CONTENUTO LATENTE – CONTENUTO MANIFESTO.

Latenza (ingl. *Latency*; ted. *Latenz*; fr. *Latence*; sp. *Latencia*). In *psicologia sperimentale* indica il periodo di tempo che intercorre fra l'applicazione di uno stimolo e l'inizio della risposta che può essere osservata (v. APPRENDIMENTO, § I, 1, *a*). In *psicoanalisi* il termine indica invece il periodo compreso tra il quinto-sesto anno e l'inizio della pubertà, dove, a parere di Sigmund Freud, si assiste a un arresto dell'evoluzione sessuale accompagnato da desessualizzazione delle relazioni oggettuali e comparsa di sentimenti come il pudore e la riservatezza da cui in seguito scaturiscono aspirazioni morali ed estetiche. Tutto ciò è spiegato a partire dal declino del complesso edipico (v. EDIPO, COMPLESSO DI) con conseguente intensificazione della RIMOZIONE (v.) che ha come effetto un'amnesia del carattere sessuale dei primi investimenti e l'avvio dei processi di SUBLIMAZIONE (v.). Freud parla di *periodo* di latenza e non di *fase* o *stadio* (v. STADIO) perché questi ultimi due termini sono impiegati per le nuove forme di organizzazione sessuale, mentre la latenza è un lasso di tempo che intercorre fra due diverse organizzazioni della libido. Trattandosi di una pausa biologica, Freud ritiene che la sua genesi non esiga alcuna spiegazione psicologica.

Bibliografia

Freud S., *Tre saggi sulla teoria sessuale* (1905), in *Opere* (1967-1993), Bollati Boringhieri, Torino, vol. IV.
–, *Il tramonto del complesso edipico* (1924), in *Opere*, cit., vol. X.

Lateralità, v. DOMINANZA, § 2.

Lateralizzazione (ingl. *Laterality*; ted. *Lateralisierung*; fr. *Latéralisation*; sp. *Lateralización*). Specializzazione di un EMISFERO CEREBRALE (v.) rispetto all'altro nel controllo di determinate funzioni. Così, per esempio, mentre le funzioni sensoriali, percettive e motorie trovano diffusa rappresentazione in entrambi gli emisferi, quelle linguistiche, nelle persone destrimani, presentano una lateralizzazione (o dominanza) nell'emisfero sinistro. In riferimento a questi due modi o stili cognitivi si parla di *bimodalità* dei due emisferi, individuando nell'emisfero sinistro una specializzazione per le funzioni razionali, analitiche e logiche con conseguente stile operativo che riguarda l'azione nel mondo esterno e l'acquisizione di informazioni in modo sequenziale e temporalmente ordinato, e nell'emisfero destro una specializzazione per l'intuizione, l'immaginazione, la ricezione dei modelli di relazione con conseguente capacità orientativa e acquisitiva secondo modalità globali e olistiche. Nelle nostre azioni adottiamo di volta in volta lo stile cognitivo più appropriato alla situazione, anche se esistono per costituzione personale o per educazione delle preferenze nell'impiego delle due modalità. Le stesse possono essere, nei vari soggetti, integrate o attive in termini di opposizione. La constatazione, infine, che i bambini mostrano una minor specializzazione emisferica rispetto agli adulti suggerisce che la dominanza emisferica può essere parte di un criterio per la valutazione dello sviluppo, così come la constatazione che i due emisferi elaborano informazioni in modi abbastanza diversi può essere un criterio per valutare l'influenza della dominanza emisferica nelle differenze individuali e tra le diverse culture.

Bibliografia

Beaumont J. G., *Divided visual field studies of cerebral organisation*, Academic Press, London 1982.
Bradshaw J. L., Nettleton N. C., *Human cerebral asymmetry*, Prentice Hall, Englewood Cliffs, New Jersey, 1983.
Corballis M. C., *Human laterality*, Academic Press, New York 1983.
Denes G., Umiltà C. (a cura di), *I due cervelli. Neuropsicologia dei processi cognitivi*, il Mulino, Bologna 1978.
Levy J., *Lateralization and its implications for variations in development*, in E. S. Gollin (a cura di), *Development plasticity*, Academic Press, New York 1982.
Mecacci L., *Identikit del cervello*, Laterza, Bari 1984.

Lavoro, v. PSICOLOGIA DEL LAVORO.

Lavoro del lutto, v. LUTTO.

Lavoro del sogno, v. SOGNO, § II, 2.

Lavoro, Memoria di, v. MEMORIA, § 3, B.

Lavoro onirico, v. SOGNO, § II, 2.

Lavoro terapeutico, v. ELABORAZIONE, § 3.

Lavoro, Terapia del, v. ERGOTERAPIA.

Leader, v. GRUPPO, § II, 6.

Lee, Effetto di (ingl. *Lee effect*; ted. *Lee-Effekt*; fr. *Effet de Lee*; sp. *Efecto de Lee*). Disturbo del comportamento linguistico dovuto al ritardo della retroazione acustica.

Bibliografia

Lee B. S., *Effects of delayed feedback*, in "Journal of the Acoustical Society of America", 1950, n. 22.

Legale, Psicologia, v. PSICOLOGIA FORENSE.

Legame, v. LIBIDO, § 1, *e*; DOPPIO LEGAME.

Legastenia, v. ALESSIA, § 2.

Legge (ingl. *Law*; ted. *Gesetz*; fr. *Loi*; sp. *Ley*). In psicologia il termine acquista una sua rilevanza specifica con Jacques Lacan per il quale la legge è rappresentata simbolicamente dal PADRE (v.) che interdice l'incesto. Detta interdizione è alla base del DESIDERIO (v. § 3): «Il detto: "è la legge a fare il peccato" resta fuori dalla prospettiva escatologica della Grazia in cui san Paolo l'ha formulato. Esso è verificato scientificamente dalla constatazione che non c'è società che non comporti una legge positiva, sia essa tradizionale o scritta, di costume o di diritto. E neppure c'è società in cui nel gruppo non appaiano tutti i gradi di trasgressione che definiscono il crimine» (1951, p. 20). Tutto ciò è confermato dall'esperienza analitica dove appare che «il desiderio è il rovescio della legge. Nel fantasma sadiano si vede come l'uno e l'altra si sostengono» (1963, p. 788). Per Lacan l'ordine della legge si identifica con l'ordine del linguaggio perché «la legge primordiale è quella che, regolando l'alleanza, sovrappone il regno della cultura al regno della natura in balìa della legge dell'accoppiamento. [...] Questa legge si lascia dunque riconoscere identica a un ordine di linguaggio» (1953, p. 270). Per quanto concerne il rapporto fra legge e GODIMENTO (v.) Lacan scrive che «ciò cui bisogna attenersi è il fatto che il godimento è proibito a chi parla come tale, o anche per chiunque è soggetto alla Legge il godimento può solo essere detto tra le righe, perché la Legge trova fondamento in questa proibizione» (1960, p. 825).

Commentando l'impostazione lacaniana, Moustapha Safouan scrive che «l'esperienza e la dottrina freudiana ci insegnano che solo la legge dell'interdizione dell'incesto, in quanto funziona nell'inconscio come Legge di castrazione, determina l'accesso al desiderio genitale o all'oggetto. Questo insegnamento ci invita a riconoscere nella Legge il principio di realtà. O la Legge si oppone al desiderio e la discordanza sarà insormontabile, oppure il desiderio è la Legge» (1968, p. 58). La canalizzazione del desiderio in ordine alla legge è un motivo già segnalato da Wilhelm Reich a proposito delle masse che «desiderano il fascismo» (1933, p. 59). Si vedano a questo proposito le voci DESIDERIO, § 4 e PSICOLOGIA DELLA MASSA.

Bibliografia

Cacciari M., *Icone della legge*, Adelphi, Milano 1985.
Lacan J., *Introduzione teorica alle funzioni della psicoanalisi in criminologia* (1951), in *Scritti* (1936-1966), Einaudi, Torino 1974, vol. I.
–, *Funzione e campo della parola e del linguaggio in psicoanalisi* (1953), in *Scritti*, cit., vol. I.
–, *Sovversione del soggetto e dialettica del desiderio nell'inconscio freudiano* (1960), in *Scritti*, cit., vol. II.
–, *Kant con Sade* (1963), in *Scritti*, cit., vol. II.
Reich W., *Psicologia di massa del fascismo* (1933), Einaudi, Torino 2002.
Safouan M. *et al.*, *Che cos'è lo strutturalismo?* (1968), Isedi, Milano 1971.
Verdiglione A. (a cura di), *Il godimento e la legge*, Marsilio, Venezia 1975.

Leniency, Effetto di (ingl. *Leniency effect*; ted. *Leniency-Effekt*; fr. *Effet de leniency*; sp. *Efecto de leniency*). Tendenza sistematica all'errore di valutazione a seconda che la persona da giudicare sia conosciuta o sconosciuta, simpatica o antipatica.

Bibliografia

Cronbach L. J., *Essentials of psychological testing*, Harper & Row, New York 1949.

Lennep, Test di (ingl. *Lennep test*; ted. *Lennep Test*; fr. *Test de Lennep*; sp. *Test de Lennep*). Test proiettivo che offre informazioni sulle relazioni sociali della persona chiamata a comporre, in modo da formare un fatto coerente, quattro tavole a colori, ciascuna delle quali rappresenta un'importante situazione sociale. L'interpretazione segue in genere criteri qualitativi ispirati alla psicologia del profondo.

Bibliografia

Lennep D. J., *Manual for picture test*, Nijhoff, Utrecht 1930.

Lentezza (ingl. *Slowness*; ted. *Langsamkeit*; fr. *Lenteur*; sp. *Lentitud*). Eccessivo impiego di tempo nello svolgimento di qualsiasi attività di tipo intenzionale. La lentezza ha maggior rilievo nell'età evolutiva in quanto interferisce con i processi di apprendimento e può incidere negativamente sulla funzionalità dell'intelligenza.

Quando la lentezza non dipende da una scarsa motivazione, come spesso si registra nell'apprendimento scolastico, ma da cause organiche o psichiche, si adotta il vocabolario psichiatrico che distingue le varie forme di lentezza con una nomenclatura caratterizzata dal prefisso BRADI- (v.).

Leptosomico, v. TIPOLOGIA, § 1, *b*.

Lesbismo (ingl. *Lesbianism*; ted. *Lesbismus*; fr. *Lesbiansme*; sp. *Lesbianismo*). Omosessualità femminile, episodica o permanente, che si manifesta come attrazione amorosa tra donne (v. OMOSESSUALITÀ). Il nome deriva dall'isola greca di Lesbo dove viveva la poetessa Saffo, che si dedicava a questo genere d'amore, da cui anche la denominazione *saffismo*. Nelle relazioni lesbiche si riscontra spesso una divisione dei ruoli: o a immagine di quella esistente nel rapporto eterosessuale dove il soggetto più virile assume una funzione attiva, o a imitazione del rapporto madre-figlia con possibili cambiamenti di ruolo. Alla base del lesbismo ci sarebbe, secondo le varie ipotesi psicoanalitiche, o un *narcisismo* esasperato che promuove una ricerca della propria identità sessuale attraverso un rispecchiamento nella partner, o un'*ostilità materna* che impedisce alla figlia un'adeguata identificazione femminile con conseguente accettazione del proprio ruolo, o un *rifiuto paterno* nei confronti della figlia che induce la stessa a identificarsi in qualche modo con il sesso opposto o ad alimentare una marcata ostilità nei riguardi di esso. Il lesbismo è detto anche *tribadismo*, dal verbo greco τρίβω, che significa "strofinare".

A partire dalla seconda metà del secolo scorso anche la condizione lesbica è stata sottratta alle anacronistiche categorie interpretative sia religiose sia scientifiche che la inscrivevano nella patologia perché, come sostiene lo psichiatra Paolo Rigliano, non esiste prova biologica o psicologica che sia in grado di sostenere che lo sviluppo omosessuale segua vie differenti da quello eterosessuale. Si tratta infatti di un medesimo processo di crescita durante il quale, attraverso una complessa dinamica di interazioni, emozioni e vissuti personali, si forma e si fissa l'esperienza affettiva.

Bibliografia

Bonaparte M., *La sessualità femminile*, in Id., *Introduzione alla teoria degli istinti* (1934), Newton Compton, Roma 1975.
Caprio F. S., *Female homosexuality*, Owen, London 1957.
Ellis H., *Psicologia del sesso* (1897-1910), Newton Compton, Roma 1969.
Hesnard A., *L'inversion sexuelle chez la femme*, in H. Ellis (a cura di), *Études de la pathologie sexuelle* (1911), Club des livres précieux, Paris 1964.
Lupo P., *Lo specchio incrinato. Storia e immagine dell'omosessualità femminile*, Marsilio, Venezia 1998.
Rigliano P., *Amori senza scandalo. Cosa vuol dire essere lesbica e gay*, Feltrinelli, Milano 2001.
Rigliano P., Graglia M. (a cura di), *Gay e lesbiche in psicoterapia*, Raffaello Cortina, Milano 2006.
Simon W., Gagnon J. H., *Sexuelle Aussenseiter. Kollektive Formen sexueller Abweichungen*, Rowohlt, Hamburg 1970.

Lessico, Test del (ingl. *Word choice test*; ted. *Wortschatztest*; fr. *Test du lexique*; sp. *Test del léxico*). Misuratore dell'intelligenza linguistica attraverso prove in cui il soggetto deve prodursi in una ricerca di definizioni, di sinonimi e di contrari che, opportunamente valutati, dicono la sua padronanza del senso delle parole.

Bibliografia

Bigozzi L., Boschi F., Falaschi E., vol. 2: *Lessico e ortografia. Arricchimento del vocabolario, correttezza ortografica e abilità di lettura. Disortografia e dislessia: prevenzione e intervento*, Erickson, Trento 2009.
Bigozzi L., Falaschi E., Limberti C., vol. 1: *Lessico e ortografia. Arricchimento del vocabolario, correttezza ortografica e abilità di lettura*, Erickson, Trento 2009.

Letargia (ingl. *Lethargy*; ted. *Lethargie*; fr. *Léthargie*; sp. *Letargo*). Indifferenza affettiva generalizzata associata a inattività, stanchezza e sonnolenza. È un disturbo tipico dell'ENCEFALITE (v.), e per questa sua base organica va tenuta distinta dall'obnubilamento ipnotico e dalle forme psicogene di diminuzione della vigilanza (v. COSCIENZA, § 3).

Lettera (fr. *Lettre*). Termine lacaniano che denota l'insieme degli elementi materiali del linguaggio o *significante*, distinto dal *significato* che è il senso della nostra esperienza trasmesso con il discorso. Significante e significato, secondo Jacques Lacan, si configurano come due reti le cui relazioni non si corrispondono, in quanto il significato, pur esteriorizzandosi nella successione delle lettere, non si colloca in nessun luogo del significante: «Si può dunque dire che è nella catena del significante che il senso *insiste*, ma che nessuno degli elementi della catena *consiste* nella significazione di cui è capace in quello stesso momento» (1957, p. 497). Per un ulteriore approfondimento si vedano le voci CATENA SIGNIFICANTE e LACANIANA, TEORIA, § 8.

Bibliografia

Lacan J., *L'istanza della lettera dell'inconscio o la ragione dopo Freud* (1957), in *Scritti* (1936-1966), Einaudi, Torino 1974, vol. I.

Lettura (ingl. *Reading*; ted. *Lesen*; fr. *Lecture*; sp. *Lectura*). Processo di acquisizione informativa che consente, previo riconoscimento delle combinazioni segniche che costituiscono le parole del linguaggio scritto, l'associazione del significante (segno) al significato (senso). Il primo livello interessato dalla lettura è quello *percettivo-visivo*, che consente nell'adulto una percezione media di 200-300 parole al minuto resa possibile dal movimento degli occhi in una serie di piccoli e rapidi scatti chiamati "saccadi" intervallati dalle cosiddette "fissazioni" che durano in media un quarto di secondo e consentono la focalizzazione del materiale scorso con il movimento saccadico. La parola scritta viene riconosciuta tramite l'identificazione delle singole lettere che la compongono in un processo influenzato dalla familiarità maggiore o minore con la forma della parola che dipende dall'esercizio.

Allo stadio percettivo-visivo fa seguito quello *semantico* che decodifica il significato delle parole. Questo processo comporta che si passi da una rappresentazione visiva a una rappresentazione interiore del significato in base a quel "lessico interno" che ciascuno possiede a partire dalla propria esperienza linguistica. Ciò spiega la posteriorità, sia dal punto di vista storico che evolutivo, della lettura rispetto al linguaggio parlato. Le ricerche di Walter Jackson Ong in proposito hanno evidenziato la successione storica di questi passaggi che hanno separato la parola dalla voce per reificarla prima sulla pagina e poi sullo schermo televisivo, facendo di quel canale della percezione che è la vista il mezzo privilegiato della conoscenza: «L'affermarsi della scrittura e conseguentemente della lettura ha significato un cambiamento della coscienza umana che ha preso a privilegiare l'"evidenza" nel senso letterale della "visione" da cui dipende la stessa nozione di "oggettività" su cui si misura la scienza» (1977, p. 28).

In ordine allo sviluppo del linguaggio, il modo in cui un bambino apprende a leggere dipende dalla particolarità della lingua e dal sistema di scrittura implicato. La neuropsicologa Uta Frith distingue tre fasi nello sviluppo del linguaggio: a) la *fase logografica* in cui il bambino costruisce un vocabolario visivo sulla base delle differenze puramente visive delle parole familiari, ma non è in grado di leggere parole non familiari; b) la *fase alfabetica* in cui il bambino comincia a convertire i grafemi in fonemi e ad acquisire la capacità di pronunciare parole non familiari; c) la *fase ortografica* in cui il bambino sviluppa una strategia in cui le parole sono divise in unità ortografiche o "stringhe di lettere". Questa fase comprende la conoscenza della morfologia e l'uso di analogie lessicali nella lettura di nuove parole (v. LINGUAGGIO, § 3).

La difficoltà nella lettura, quando non è dovuta a un danno cerebrale che si manifesta attraverso gravi deficit neurologici, si evidenzia al secondo livello, quello semantico, come *ritardo primario* quando non si è in grado di associare i segni con i simboli, e come *ritardo secondario* quando la difficoltà della lettura dipende da fattori esogeni al meccanismo di combinazione tra segni e simboli, quali possono essere l'angoscia, il negativismo, il blocco emotivo o limitate occasioni di istruzione. A partire da questa prima distinzione, si scende in ulteriori specificazioni nominate ALESSIA (v.), dislessia (v. ALESSIA, § 2), bradilessia (v. BRADI-), che differenziano di volta in volta il disturbo a seconda delle cause supposte e delle manifestazioni oggettive. Esistono numerosi test per la valutazione delle capacità di lettura tra i quali vanno ricordati: lo SPEED-TEST (v.) per l'identificazione precoce delle difficoltà di lettura, il TPL (v. TPL, TEST), che valuta l'abilità di lettura dei bambini della prima e seconda classe, e il test VCLA-Parole (v. VCLA-PAROLE, TEST) che valuta le competenze linguistiche alte.

Bibliografia

Bertelli B., Belli P. R., Castagna M. G., Cremonesi P., *Imparare a leggere e scrivere con il metodo sillabico*, Erickson, Trento 2014, voll. I-IV.

Chall J. S., *Learning to read. The great debate*, McGraw-Hill, New York 1967.

Crowder R. G., Wagner R. K., *Psicologia della lettura* (1992), il Mulino, Bologna 1998.

De Beni R., Cisotto L., Carretti B., *Psicologia della lettura e della scrittura. L'insegnamento e la riabilitazione*, Erickson, Trento 2001.

Ferrieri L., Innocenti P., *Il piacere di leggere. Teoria e pratica della lettura*, Unicopli, Milano 1995.

Frith U., *Beneath the surface of developmental dyslexia*, in K. E. Patterson, J. C. Marshall, M. Coltheart, *Surface dyslexia*, Lawrence Erlbaum Associates, London 1985.

Harris M., Coltheart M., *L'elaborazione del linguaggio nei bambini e negli adulti* (1986), il Mulino, Bologna 1991.

Ong W. J., *Interfacce della parola* (1977), il Mulino, Bologna 1989.

Riccardi Ripamonti I., *Le difficoltà di letto-scrittura*, vol. 1: *Un percorso fonologico e metafonologico*, vol. 2: *La decodifica della lettura: attività visuo-percettive*, vol. 3: *Recupero e potenziamento della lettura morfo-lessicale*, Erickson, Trento 2009-2012.

Sartori G., *La lettura. Processi normali e dislessia*, il Mulino, Bologna 1984.

Shuy R. W., *Linguistic theory. What can it say about reading?*, International Reading Association, Newark, Delaware, 1977.

Smith F., *Understanding reading. A psycholinguistic analysis of reading and learning to read*, Holt, Rinehart & Winston, London 1971.

Leuencefalina, v. ENDORFINA.

Levitazione, v. PARAPSICOLOGIA, § 2.

Liberazione (ingl. *Release*; ted. *Befreiung*, *Erlösung*; fr. *Libération*; sp. *Liberación*). Il significato del termine dipende dal contesto in cui viene impiegato:

1. *Neurologia*. Rimozione dell'effetto inibitore dei centri superiori sull'attività dei centri nervosi inferiori.

2. *Riflessologia*. Meccanismo preposto all'eliminazione degli agenti che causano dolore sulla superficie o all'interno del corpo. Tali sono i riflessi che presiedono il lacrimare, lo starnutire, il tossire, il vomitare e simili.

3. *Etologia*. Strutture comportamentali innate che "liberano" in un individuo un tipo di risposta tipico della specie (*liberatore*) come gli istinti di protezione della prole, i segnali di avvertimento, l'attaccamento alla madre che sarebbe "liberato" dal pianto e dal sorriso del bambino stesso e simili. L'azione dei liberatori nel corso dello sviluppo diminuisce progressivamente per essere sostituita dagli stimoli (v. ISTINTO, § 1).

4. *Psicoanalisi*. Atto con cui si integrano nella personalità elementi prima rimossi. Il processo di liberazione va incontro a fenomeni di RESISTENZA (v.).

5. *Psicoterapia*. Trattamento che consente al soggetto di esprimere desideri, pensieri, impulsi che egli non è in grado di scaricare adeguatamente nelle normali condizioni ambientali. In questa accezione, liberazione equivale a CATARSI (v.).

Libertà (ingl. *Freedom*; ted. *Freiheit*; fr. *Liberté*; sp. *Libertad*). In psicologia questo concetto, che ha nella tradizione filosofica la sua sede propria di elaborazione e di approfondimento, è stato affrontato nell'ambito della psicologia della personalità (v. PERSONALITÀ) e qui cadenzato a due livelli: 1) assenza di costrizioni o di impedimenti (*libertà da*...); 2) capacità di determinarsi secondo un'autonoma scelta in vista di fini con ricerca dei mezzi adeguati (*libertà per*...). In entrambe le accezioni non si tratta mai di una libertà assoluta, ma sempre condizionata da limiti esterni (ambiente) e interni (pulsioni). Non si tratta di un *dato*, ma di una *conquista* che richiede riflessione sui propri atti onde potersi dirigere consapevolmente verso i fini scelti, e dominio sulle forze pulsionali che chiedono immediata soddisfazione.

Si è soliti distinguere la libertà dall'autonomia (v. AUTONOMIA – ETERONOMIA) inscrivendo la libertà nell'ambito dell'essere e l'autonomia nel più limitato campo della relazione, essendo l'autonomia una libertà dagli altri, quindi una non-eteronomia più che un'autodeterminazione. Allo stesso modo si distingue la libertà dalla SPONTANEITÀ (v.) che è un semplice e immediato presentarsi di un sentimento o di un'intenzione senza ancora la capacità di sospendere il processo immediato o spontaneo con la riflessione e l'esame critico per una decisione conseguente. Anche l'AUTORITÀ (v.) è in un rapporto dialettico e non antitetico con la libertà, essendo lo spazio della libertà limitato dai cosiddetti "valori attuali", costituiti da fatti e atteggiamenti, e dai "valori attesi", costituiti dai precetti e dalle norme che la coesistenza sociale impone. Nei limiti qui indicati della sua libertà, il soggetto è ritenuto responsabile dei suoi atti, e su questa nozione di RESPONSABILITÀ (v.) trova la sua legittimazione la PSICOLOGIA FORENSE (v.). Naturalmente ha una sua giustificazione anche la negazione della libertà sostenuta dal DETERMINISMO (v.), secondo il quale ogni discorso sulla libertà è promosso dall'ignoranza delle cause che determinano il comportamento. Su questa posizione incontriamo alcuni indirizzi psicoanalitici e comportamentisti.

In ambito psichiatrico la connessione tra follia e libertà è stata tematizzata da Jacques Lacan che, in polemica con la lettura organicistica di Henry Ey, scrive che «lungi dall'essere un difetto contingente delle fragilità del suo organismo, la follia è la virtualità permanente di una falla aperta nella sua essenza. [...] E l'essere dell'uomo non soltanto non si può comprendere senza follia, ma non sarebbe l'essere dell'uomo se non recasse in sé la follia come limite della propria libertà» (1932, p. 289). Successivamente, a proposito della causalità che è alla base della malattia mentale, Lacan scrive che «il soggetto psicotico è tale in quanto ha optato per la libertà dall'identificazione simbolica comune che noi assumiamo per poter convivere e partecipare al discorso collettivo» (1950, p. 151). Sulla stessa linea è Lucien Bonnafé secondo il quale «parlare di psichiatria è parlare di libertà, perché, lo si voglia o no, quali che siano i dibattiti che possono e devono aprirsi intorno a questa fondamentale affermazione, la psichiatria esiste essenzialmente per il fatto che degli uomini sono in difficoltà su una problematica della libertà» (1950, p. 89). Dal canto suo Michel Foucault, a proposito della liberazione dei folli dalle strutture penitenziarie operata da Philippe Pinel, scrive: «Non è di una *liberazione* dei pazzi che si tratta in questo scorcio del XVIII secolo, ma di una *oggettivazione del concetto della loro libertà*. [...] Da Esquirol a Janet, come da Reil a Freud o da Tuke a Jackson, la follia del XIX secolo racconterà instancabilmente le peripezie della libertà. [...] Il pazzo del XIX secolo sarà determinato o colpevole, la sua libertà è più compenetrata di colpa che la libertà per la quale il pazzo classico sfuggiva a se stesso. [...] La libertà che Pinel e Tuke hanno imposto al pazzo lo chiude in una certa verità della follia alla quale egli non può sfuggire che passivamente, se è liberato dalla sua follia» (1973 1974, pp. 18-20).

Bibliografia

Ayers M. R., *The refutation of determinism. An essay in philosophical logic*, Methuen, London 1968.

Azzone G. F., *La libertà umana. Il ruolo della mente nella creazione del mondo*, Bollati Boringhieri, Torino 2005.

Balducci E., *Educazione e libertà*, Piemme, Casale Monferrato 2000.
Bauman Z., *La scienza della libertà. A cosa serve la sociologia* (2013), Erickson, Trento 2014.
Berdjaev N. A., *Schiavitù e libertà dell'uomo* (1939), Bompiani, Milano 2010.
Berlin I., *Libertà* (1958-2002, edito postumo), Feltrinelli, Milano 2005.
–, *La libertà e i suoi traditori* (2002, edito postumo), Adelphi, Milano 2005.
Berofsky B. (a cura di), *Free will and determinism*, Harper & Row, New York 1966.
Binswanger L., *La concezione freudiana dell'uomo alla luce dell'antropologia* (1936), in Id., *Per un'antropologia fenomenologica. Saggi e conferenze psichiatriche* (1921-1941), Feltrinelli, Milano 1970.
Bonnafé L., Ey H., Follin S., Lacan J., Rouart J., *Le problème de la psychogénèse des névroses et des psychoses*, Desclée de Brouwer, Paris 1950.
Carter I., Ricciardi M. (a cura di), *L'idea di libertà*, Feltrinelli, Milano 1996.
Dennett D. C., *L'evoluzione della libertà* (2003), Raffaello Cortina, Milano 2004.
Ferretti G., Mancini R. (a cura di), *La dignità della libertà. Itinerari nel pensiero contemporaneo*, Istituti Editoriali Poligrafici Internazionali, Pisa-Roma 2003.
Foucault M., *Il potere psichiatrico. Corso al Collège de France 1973-1974*, Feltrinelli, Milano 2004.
Franklin R. L., *Freewill and determinism*, Routledge & Kegan, London 1968.
Freud S., *L'inconscio*, in *Metapsicologia* (1915), in *Opere* (1967-1993), Bollati Boringhieri, Torino, vol. VIII.
Fromm E., *Fuga dalla libertà* (1941), Edizioni di Comunità, Milano 1976.
Galimberti U., *La libertà come dissimulata schiavitù*, in Id., *Psiche e techne. L'uomo nell'età della tecnica* (1999), Feltrinelli, Milano 2016, pp. 565-590.
Geymonat L., *La libertà*, Rusconi, Milano 1988.
Heidegger M., *Sull'essenza della libertà umana* (1930), Bompiani, Milano 2016.
Lacan J., *Della psicosi paranoica nei suoi rapporti con la personalità* (1932), Einaudi, Torino 1982.
–, *Discorso sulla causalità psichica* (1950), in *Scritti* (1936-1966), Einaudi, Torino 1974, vol. I.
Lopez D., Corbella S., *Libertà e amore*, Bollati Boringhieri, Torino 1986.
Magatti M., *Libertà immaginaria. Le illusioni del capitalismo tecno-nichilista*, Feltrinelli, Milano 2009.
Musatti C. L., *Libertà e servitù dello spirito*, Bollati Boringhieri, Torino 1971.
Nancy J.-L., *L'esperienza della libertà* (1988), Einaudi, Torino 2000.
Oppenheim F. E., *Dimensioni della libertà* (1961), Feltrinelli, Milano 1982.
Pareyson L., *Ontologia della libertà. Il male e la sofferenza*, Einaudi, Torino 1995.
Popper K. R., *La libertà è più importante dell'uguaglianza* (1963), Armando, Roma 2000.
Savater F., *Il coraggio di scegliere. Riflessioni sulla libertà* (2003), Laterza, Bari 2004.
Searle J. R., *Libertà e neurobiologia. Riflessioni sul libero arbitrio, il linguaggio e il potere politico* (2004), Bruno Mondadori, Milano 2005.
Segatori R., *La libertà possibile. Sociologia dell'autonomia umana*, Franco Angeli, Milano 2016.
Skinner B. F., *La scienza del comportamento. Ovvero il behaviorismo* (1974), Sugarco, Milano 1976.

Libido. Termine latino impiegato da Sigmund Freud per designare l'energia corrispondente all'aspetto psichico della pulsione sessuale, e da Carl Gustav Jung per designare l'energia psichica in generale presente in tutto ciò che è *appetitus* o "tendenza verso", non necessariamente sessuale.

1. Psicoanalisi. Se la pulsione sessuale, come vuole la concezione di Freud, è al limite del somatico e dello psichico, la libido designa il suo aspetto psichico: essa è «l'espressione dinamica nella vita psichica della pulsione sessuale» (1922, p. 448). In una prima fase Freud contrappone la libido alle pulsioni dell'Io che tendono alla sua autoconservazione (v. Io, Pulsione dell'), in una seconda fase del suo pensiero la contrappone alle pulsioni di morte, identificandola con le pulsioni di vita o Eros (v. Eros – Thanatos, § 1).

a) Investimenti della libido. La libido può investire l'individuo stesso (libido dell'Io) o un oggetto (libido oggettuale). Inizia a manifestarsi sul piano psichico investendo l'Io (narcisismo primario) per poi rivolgersi agli oggetti esterni. Esiste secondo Freud un equilibrio energetico tra questi due modi di Investimento (v.) nel senso che la libido oggettuale diminuisce quando aumenta la libido dell'Io (v. Io, Libido dell').

b) Organizzazione della libido. Nel suo sviluppo la libido percorre quei livelli di organizzazione o stadi che in ordine all'*oggetto* si dispongono secondo una serie che porta dall'autoerotismo all'oggetto eterosessuale passando attraverso il narcisismo e l'omosessualità, mentre in ordine alla *zona erogena* investita avremo un'organizzazione orale (v. Orale), anale (v. Anale), fallica (v. Fallica, Fase), fino «alla piena organizzazione raggiunta soltanto con la pubertà in una quarta fase, quella genitale» (1938, p. 582). Il mancato Spostamento (v.) della libido è causa della Fissazione (v.) della libido che apre al soggetto la via alla Regressione (v.).

c) Plasticità e viscosità della libido. Freud parla di plasticità della libido a proposito della sua capacità di cambiare oggetto o modo di soddisfacimento quando non è possibile una scarica diretta nella gratificazione pulsionale. Le figure più frequenti in cui si esprimono le "vicissitudini della pulsione" sono per Freud la Rimozione (v.) con eventuale formazione di sintomi o di sogni, la Sublimazione (v.), il capovolgimento dello scopo della pulsione nel suo opposto (v. OPPOSTI, § 1, *a*), il rivolgimento contro di sé dello scopo pulsionale (v. NARCISISMO, § 2). La plasticità della libido può essere considerata l'opposto della viscosità (*Klebrigkeit*), termine con cui Freud designa la difficoltà della libido a cambiare i suoi investimenti una volta stabilizzati. La viscosità, che varia da individuo a individuo, spiega la lentezza del passaggio da una fase all'altra dello sviluppo libidico che non esclude regressioni appena se ne offra la possibilità, e la lentezza della cura analitica dove i pazienti «non possono decidersi a staccare i propri investimenti libidici da un oggetto per spostarli su un oggetto nuovo» (1937, p. 524).

d) *Stasi (o ingorgo) della libido.* Stadio preliminare della nevrosi e della psicosi caratterizzato dal fatto che la libido non trova più il modo di scaricarsi, accumulandosi su formazioni intrapsichiche che poi si manifestano in sintomi. Esempi di stasi sono per Freud la nevrosi d'angoscia (v. ANGOSCIA, § 2, *a*), l'IPOCONDRIA (v.) come accumulo di libido narcisistica e il DELIRIO (v.) come disperato tentativo di ri-dirigere l'energia libidica su un mondo esterno trasformato.

e) *Energia libera ed energia legata.* Con questi termini Freud descrive il modo con cui l'energia psichica si manifesta nel processo primario (v. PROCESSO PRIMARIO – PROCESSO SECONDARIO) dove si scarica nel modo più rapido e diretto possibile (energia libera), e nel processo secondario dove il movimento verso la scarica è ritardato e controllato (energia legata). Questa distinzione vale per Freud sia a livello *biologico*, dove l'energia legata è trattenuta in alcuni neuroni o sistemi neuronici che la accumulano impedendone o limitandone il passaggio, sia a livello *psichico*, dove un collegamento stabile di rappresentazioni raccoglie l'investimento energetico limitando il libero deflusso dell'energia (v. APPARATO PSICHICO, § 2). Il concetto di legame si riferisce: 1) all'*Io* e alla sua funzione inibente sul processo primario che mette capo al processo secondario e al principio di realtà; 2) al *desiderio* che si esprime lungo catene di rappresentazioni che presuppongono dei legami associativi; 3) alla *fissazione* dove una certa quantità di energia non può più defluire liberamente risultando così legata. Lo slittamento del concetto di *libido* come pulsione esclusivamente sessuale in quello di *energia* sembra avvicinare Freud alla teoria monistica dell'energia pulsionale sostenuta da Jung, ma Freud reagisce a questo accostamento, come si può leggere alla voce pulsione dell'Io (v. IO, PULSIONE DELL'), mantenendo la distinzione tra energia sessuale, aggressiva e neutralizzata che si manifesta nelle attività sublimate (v. NEUTRALIZZAZIONE).

2. PSICOLOGIA ANALITICA

a) Jung considera riduttiva la connotazione sessuale con cui Freud aveva caratterizzato la libido, preferendo «intendere con questo termine un valore energetico suscettibile di comunicarsi a una sfera qualsiasi di attività: potenza, fame, odio, sessualità, religione, senza essere un istinto specifico» (1912-1952, p. 140). Allargato il concetto di libido, Jung introduce le nozioni di *eccedenza libidica*, per quella parte di energia non convogliata in processi materiali, e di *analogia libidica*, per l'azione del simbolo che trasforma l'energia materiale in altre forme: «Nella nostra natura psichica non possiamo sottrarre al decorso naturale se non una piccola parte di energia. [...] Solo dove accade che il simbolo offra un gradiente maggiore che non la natura è possibile tradurre la libido in altre forme. La storia della civiltà ha dimostrato a sufficienza che l'uomo possiede una relativa eccedenza di energia suscettibile di essere impiegata in modo diverso dal suo decorso puramente naturale. Il fatto che il simbolo renda possibile questa deviazione dimostra che non tutta la libido si è fissata in maniera conforme alle leggi di natura, e che ne è residuato un certo quantum di energia che potremmo definire *eccedenza libidica*» (1928, pp. 56-57).

b) La libido per Jung non è leggibile solo in termini causali, ma anche *finalistici*, nel senso che è un "tendere a", un "evolvere verso" un'organizzazione migliore della personalità, anche nel caso-limite della regressione della libido: «La regressione è condizionata causalmente per esempio dalla "fissazione alla madre". Dal punto di vista finalistico però la libido regredisce all'*imago* della madre per ritrovarvi le associazioni mnestiche attraverso le quali può verificarsi per esempio l'evoluzione da un sistema sessuale a un sistema spirituale. La prima spiegazione si esaurisce nel significato della causa e trascura completamente il senso finalistico del processo di regressione. In tal modo la struttura culturale diventa un puro e semplice surrogato, perché l'incesto è appunto impossibile» (ivi, p. 31; v. COSTRUTTIVO, METODO).

c) La nozione di libido è utilizzata da Jung anche per spiegare la tipologia psicologica (v. TIPOLOGIA, § 2) e in particolare la distinzione fra introversione ed estroversione. L'introversione è «il volgersi della libido verso l'interno. Con ciò è espresso un rapporto negativo del soggetto con l'oggetto. L'interesse non si muove verso l'oggetto, ma ripiega sul soggetto» (1921, p. 466), l'estroversione «è il volgersi della libido verso l'esterno. Con questo concetto indico un esplicito riferimento del soggetto all'oggetto, nel senso di un movimento positivo dell'interesse soggettivo verso l'oggetto» (ivi, p. 438).

Bibliografia

Freud S., *Progetto di una psicologia* (1895), in *Opere* (1967-1993), Bollati Boringhieri, Torino, vol. II.
–, *Tre saggi sulla teoria sessuale* (1905), in *Opere*, cit., vol. IV.
–, *Introduzione al narcisismo* (1914), in *Opere*, cit., vol. VII.
–, *Due voci di enciclopedia: "Psicoanalisi" e "Teoria della libido"* (1922), in *Opere*, cit., vol. IX.
–, *Analisi terminabile e interminabile* (1937), in *Opere*, cit., vol. XI.
–, *Compendio di psicoanalisi* (1938), in *Opere*, cit., vol. XI.
Jung C. G., *Simboli della trasformazione* (1912-1952), in *Opere* (1969-2007), Bollati Boringhieri, Torino, vol. V.
–, *Tipi psicologici* (1921), in *Opere*, cit., vol. VI.
–, *Energetica psichica* (1928), in *Opere*, cit., vol. VIII.
Lyotard J.-F., *Economia libidinale* (1974), Colportage, Firenze 1978.
Zoja L., *Libido*, in AA.VV., *Gli strumenti del sapere contemporaneo*, vol. II: *I concetti*, Utet, Torino 1985, pp. 442-445.

Licantropia (ingl. *Lycanthropy*; ted. *Lykanthropie*; fr. *Lycanthropie*; sp. *Licantropía*). Credenza di origine mitologica nella metamorfosi dell'uomo in animale e, in particolare, in lupo. A livello patologico si manifesta come affezione, oggi assai rara, che spinge l'individuo colpito, di solito in coincidenza con le fasi di luna piena, a simulare il comportamento e l'ululato del lupo.

Likert, Modello di, v. QUESTIONARIO.

Limbico, Sistema (ingl. *Limbic system*; ted. *Limbischessystem*; fr. *Système limbique*; sp. *Sistema límbico*). Individuato da Paul Pierre Broca nel 1878, il sistema limbico è una struttura rappresentata da una grande fascia di corteccia a forma di ferro di cavallo, disposta sulla faccia mediale e inferiore di ciascun emisfero cerebrale, nel punto di passaggio tra ciascuno di essi e il diencefalo. Questo anello di corteccia, denominato *lobo limbico* in quanto disposto al margine dell'emisfero (*limbus* in latino), è connesso con parecchie aree corticali e con l'IPPOCAMPO (v.). Anche se non vi è un accordo generale sull'insieme delle strutture includibili nel complesso del sistema limbico, per tutti gli autori esso comprende una parte di corteccia cerebrale (circonvoluzione cingolata e paraippocampica) e alcune strutture sottocorticali come l'*area del setto*, l'*amigdala* e l'*ippocampo* in cui avviene l'integrazione emotivo-istintivo-comportamentale dell'individuo, su un piano più differenziato e complesso rispetto alla prima integrazione che ha luogo a livello di IPOTALAMO (v.). Il sistema limbico svolge un ruolo fondamentale nella fisiologia delle emozioni, dell'affettività e della memoria, mantenendo in sintonia emotiva l'Io del soggetto con il contenuto della sua esperienza presente e passata, dando alle memorie un tono di "vissuto" e consentendo la memorizzazione di fatti che sono stati accompagnati da turbe viscerali, cioè di fatti emozionali.

Esistono interazioni tra il funzionamento epicritico della mente di natura corticale e il funzionamento protopatico di origine limbica, con alternanza o preminenza dell'uno nei riguardi dell'altro a seconda dei momenti, e con possibilità di compromissione funzionale della cooperazione dei due sistemi. Infatti l'ordinamento degli atti è legato allo stabilirsi di condotte apprese a cui concorrono le formazioni limbiche, segnatamente l'ippocampo, a cui in parte

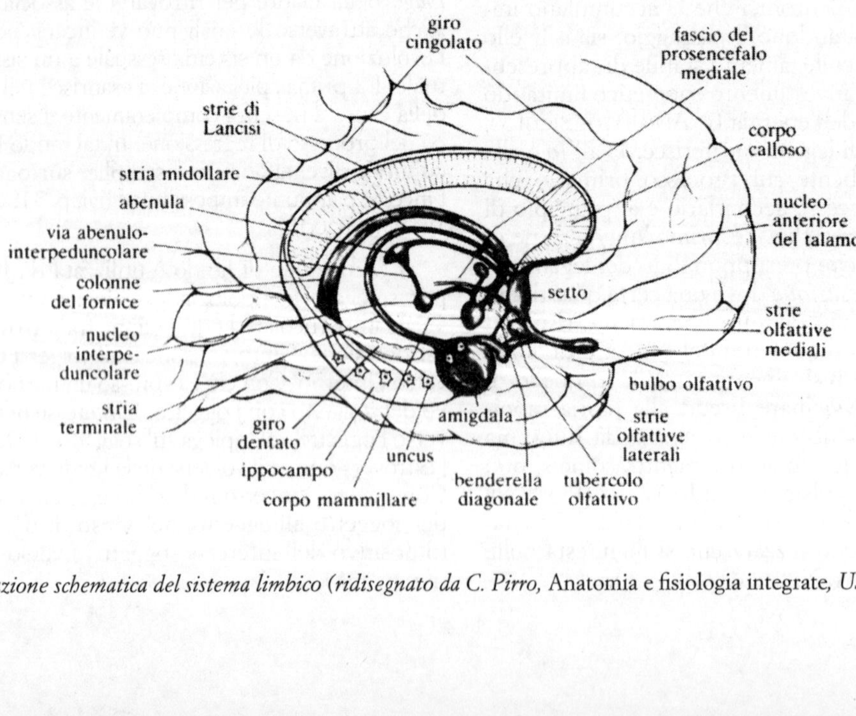

Rappresentazione schematica del sistema limbico (ridisegnato da C. Pirro, Anatomia e fisiologia integrate, *USES, Firenze 1982).*

sono da ricondurre l'acquisizione di comportamenti, il consolidamento di tracce mnestiche e la fissazione di nuovi ricordi correlati alle componenti emotive e motivazionali dell'apprendimento, dove il sistema limbico è specificatamente implicato. Si è infatti constatato che, in seguito a lesioni o a interventi chirurgici in zona prefrontale – area corticale principalmente influenzata dall'attività del sistema limbico attraverso il circuito dei GANGLI DELLA BASE (v.) –, si assiste a una diminuzione della capacità di focalizzare l'attenzione su un dato problema, di fissare un preciso ordinamento seriale degli atti, di anticipare il futuro immediato sulla base del passato recente.

Lingua (ingl. *Language*; ted. *Sprache*; fr. *Langue*; sp. *Lengua*). Termine impiegato per designare i sistemi simbolici che costituiscono le diverse lingue. Come tale viene distinta dal LINGUAGGIO (v.) inteso come capacità cognitiva che i soggetti hanno di acquisire e impiegare una o più lingue. Per quanto concerne lo studio della lingua si veda la voce LINGUISTICA. Particolari specificazioni sono la distinzione saussuriana tra "lingua" e "parola" (v. LINGUISTICA, § 1, *i*), e la distinzione lacaniana tra "lingua" e "lalingua" (v. LINGUAGGIO, § 4, *f*).

Linguaggio (ingl. *Language*; ted. *Sprache*; fr. *Langage*; sp. *Lenguaje*). Insieme di codici che permettono di trasmettere, conservare ed elaborare informazioni tramite segni intersoggettivi in grado di significare altro da sé. Esso, pur essendo dislocato rispetto all'immediatezza sensibile del segno, da questo è richiamato mediante l'atto del denotare e del connotare. La comunicazione, come scambio di informazioni tramite l'uso di segni, è prerogativa comune tanto degli uomini che degli animali. Ma mentre il linguaggio animale è connaturato, non si evolve e si riferisce solo ad eventi immediati e concreti, il linguaggio umano è in massima parte appreso, si evolve nel corso della vita dell'individuo e della specie e può riferirsi a oggetti astratti mediante l'impiego di *simboli* che sono portatori di un significato tramite il riferimento a qualcosa di altro da sé, e di *concetti*, che si riferiscono non a un singolo oggetto, ma ad una classe. Quando il significato si riferisce a un oggetto o a un'azione specifica ha un valore *denotativo*, quando esprime qualche valutazione o preferenza o quando è accompagnato da valenze affettive ha un valore *connotativo*, che può variare da persona a persona in base al *differenziale semantico* che evidenzia le diverse valenze, dimensioni e variazioni del significato (v. DENOTAZIONE).

1. LA STRUTTURA DEL LINGUAGGIO. Tutte le lingue si basano su un certo numero di suoni elementari, detti *fonemi*, che più o meno corrispondono ai diversi modi di pronunciare vocali e consonanti nel rispettivo alfabeto. Le più piccole unità significative della struttura di una lingua prendono il nome di *morfemi* e possono essere radici di parole, prefissi, suffissi ed essere costituiti da due a sei fonemi. Un raggruppamento di morfemi secondo regole mette capo alle *parole* che, quando sono raggruppate in unità significative, strutturano le *frasi*. Nelle frasi si distingue una *struttura superficiale* data dall'effettiva sequenza sonora presente nella formulazione della frase, e una *struttura profonda* che si riferisce al significato trasmesso, al pensiero sotteso alla struttura di superficie. Il sistema di regole che collega le due strutture costituisce la *grammatica* della lingua le cui regole permettono ad una serie arbitraria di suoni o segni di significare qualcosa. Per immagazzinare delle frasi nella memoria occorre ridurre la struttura superficiale della frase alla sua struttura profonda mediante *regole di trasformazione* che percorrono i passaggi attraverso i quali il pensiero è collegato all'effettiva sequenza sonora.

Come messaggio inviato da un mittente a un destinatario, il linguaggio esige un *codice* che è quell'insieme di norme convenzionali che regolano la produzione linguistica delimitandola entro determinati schemi strutturali e semantici che garantiscono l'interscambio comunicativo (v. COMUNICAZIONE, § 1). Essendo i fonemi a disposizione di una comunità linguistica combinabili all'infinito, la comunicazione sarebbe impossibile se a tale operazione non si ponessero dei limiti che, impedendo all'arbitrio individuale di interferire, garantiscano il riconoscimento unanime di un codice comune il quale, oltre a stabilire le regole di combinazione dei fonemi, consente anche l'associazione simultanea di suono e significato una volta che questa sia stata storicamente sancita. Oltre al codice, la comunicazione linguistica esige un *contesto* la cui *funzione referenziale* riduce l'oscillazione del significato che caratterizza potenzialmente la maggior parte dei termini linguistici per effetti di sinonimia e di omonimia. Evidenziando il contesto, la funzione referenziale crea quel consenso, limitato a livello cognitivo, che trasforma il soggettivo in oggettivo, l'individuale in sociale, consentendo a chi parla di riferirsi a qualcosa di noto a chi ascolta. Fra mittente e destinatario la trasmissione del messaggio esige un *canale* che, nel caso del linguaggio verbale, ha come terminali in chi parla l'apparato fonatorio e in chi ascolta l'apparato uditivo. Al codice è connessa la funzione *metalinguistica* volta all'accertamento semantico dei termini utilizzati per esprimere un messaggio; all'utenza (mittente e destinatario) è connessa la funzione *espressiva* del linguaggio tramite la quale si manifestano gli stati affettivi ed emozionali del locutore, quella *conativa* orientata a modificare il comportamento del destinatario, quella *referenziale* per il riferimento a un sistema comune di significati condivisi dal locutore e dall'ascoltatore, quella *fàtica* volta a verificare l'efficienza del canale di comunicazione che il destinatario può ridurre con il calo della sua attenzione, e quella *poetica* relativa alla struttura formale del linguaggio (v. COMUNICAZIONE, § 2).

2. LA BASE NEUROANATOMICA DEL LINGUAGGIO. È costituita da un'unica area corticale dell'emisfero sinistro (più facilmente destro negli individui mancini) che si estende dalle aree di proiezione delle vie acustiche e ottiche (regione temporo-parietale posteriore) fino alle aree proiettive delle vie motorie che controllano la muscolatura bucco-fonatoria e manuale, includendo la parte opercolare e triangolare della circonvoluzione frontale inferiore. In particolare si segnala l'*area di Broca* o centro della produzione del linguaggio (verbo-motore) che è sede delle impronte mnemoniche necessarie all'esecuzione dei movimenti articolari che permettono la pronuncia delle parole, e l'*area di Wernicke* o centro della comprensione del linguaggio (verbo-acustico), sede di associazioni multimodali e delle immagini acustiche del linguaggio.

Un notevole contributo allo studio dei rapporti fra linguaggio e cervello è stato fornito dall'introduzione delle metodiche di neuroimmagine, come la risonanza magnetica funzionale e la tomografia a emissione di positroni (v. DIAGNOSI, § 5), che hanno consentito di verificare la correlazione tra deficit clinici e lesioni cerebrali. I risultati ottenuti dalle neuroimmagini hanno inoltre evidenziato che, al di fuori dell'area di Broca e Wernicke, nell'elaborazione del linguaggio sono coinvolte altre regioni, quali le formazioni sottocorticali come il TALAMO (v.) e i GANGLI DELLA BASE (v.), e le funzioni corticali situate nell'emisfero destro. Queste ultime, che presiedono alla generazione, alla comprensione del ritmo e all'organizzazione più o meno musicale del linguaggio (*prosodia*), sono apparentemente organizzate in modo analogo a quelle nell'emisfero sinistro. La produzione della prosodia avviene a livello della circonvoluzione frontale inferiore, mentre la regione temporo-parietale posteriore presiede alla sua comprensione.

Nel complesso, l'insieme delle strutture corticali e sottocorticali sopra accennate costituisce la *zona strumentale del linguaggio*, alla cui lesione sono da ricondurre alcune forme di AFASIA (v.), ad eccezione di quelle prodotte da un'alterazione psichica o da una difettosa acquisizione del linguaggio (v. CORTECCIA CEREBRALE, § 5). Sembra quindi che, oltre alle sole due aree di Broca e Wernicke inizialmente ipotizzate, il linguaggio possa contare su una rete molto più estesa, che i risultati conseguiti dalle metodiche di neuroimmagine hanno contribuito a ridefinire, oltre a evidenziare la plasticità cerebrale delle aree del linguaggio legata soprattutto a fattori quali l'alfabetizzazione e il multilinguismo, nonché l'esistenza di sistemi funzionali complessi correlati alla fonologia, alla semantica e alla sintassi.

3. LO SVILUPPO DEL LINGUAGGIO. In questo ambito si è soliti distinguere tre livelli: lo *sviluppo fonetico*, che di norma si conclude verso i 3 anni secondo un ordine che rispetta il processo di maturazione dell'apparato fonatorio a partire dalla vocalizzazione prodotta dalla semplice espirazione, attraverso la glottide più o meno aperta, delle consonanti "p" e "m": queste sono le prime a comparire, per cui in tutte le lingue sono presenti nelle parole che designano "mamma" e "papà"; lo *sviluppo morfologico*, relativo all'apprendimento della struttura specifica della lingua che richiede molto tempo prima di compiersi; lo *sviluppo semantico*, che all'inizio avviene in modo accelerato e poi più lento. A 3 anni il bambino padroneggia di solito 2000 parole, per progressiva acquisizione si giunge alle 20.000 considerate la media del linguaggio adulto verso i 20 anni. Il linguaggio è un'attività cognitiva e motoria che si articola a sua volta in tre fasi: la *concettualizzazione* che prepara ciò che si intende dire; la *formulazione linguistica* in cui si scelgono le parole utili a trasmettere quanto è stato concettualizzato; l'*ordine sintattico e semantico* regolato dalle strutture grammaticali che ordinano in suoni le parole e le frasi in modo da riprodurre quanto è stato precedentemente concettualizzato. Sul piano teorico esistono diverse ipotesi relative ai meccanismi responsabili dell'acquisizione e dello sviluppo del linguaggio:

a) L'ipotesi di Jean Piaget ritiene che il linguaggio dipenda dai processi cognitivi e sociali radicati nell'azione, nell'interazione con l'ambiente e nei meccanismi sensomotori. Ritiene inoltre che il linguaggio del bambino, dove non si avverte alcuna esigenza comunicativa, sia originariamente *egocentrico*. Le forme di questo linguaggio sono: l'*ecolalia* che consiste in una ripetizione di sillabe e di parole prive di senso che il bambino pronuncia per gioco; il *monologo* in cui il bambino parla per sé come se pensasse ad alta voce; e il *monologo a due* o *collettivo* in cui il bambino associa altri al suo pensiero o alla sua azione senza curarsi di essere inteso o compreso realmente. La condizione necessaria per passare dal linguaggio *egocentrico* a quello *socializzato* è costituita dallo sviluppo delle strutture del pensiero, che nasce dall'azione e che si realizza come interiorizzazione di essa nelle operazioni intellettuali. Il linguaggio ha una funzione ausiliaria in questo sviluppo, offrendo la possibilità di un sempre maggior distanziamento dalla concretezza del reale e di organizzazione delle strutture logiche preesistenti in forme più rigorosamente codificate. Sull'interazione con l'ambiente insistono anche Dan Isaac Slobin e Annette Karmiloff-Smith, con la differenza che mentre il primo esclude che esistano vincoli strutturali innati, la seconda ammette una dimensione universale innata della dotazione cognitiva che interagisce e si sviluppa con gli stimoli ambientali.

b) *L'ipotesi di Lev Semënovič Vygotskij* ritiene che la funzione originaria del linguaggio, sia nei bambini che negli adulti, è la comunicazione, e quindi anche il linguaggio del bambino è essenzialmente sociale. Esso non deriva dal pensiero e non si pone, originariamente, come suo strumento. Le linee di sviluppo del pensiero e del linguaggio, concepite all'inizio come separate o parallele, nel corso dello sviluppo si incontrano, e allora il pensiero diventa verbale e il linguaggio razionale. Il linguaggio egocentrico è il luogo di incontro e di interrelazione dell'originaria funzione comunicativa del linguaggio con quella strumentale del pensiero.

c) *L'ipotesi di Aleksandr Romanovič Lurija* considera l'apprendimento del linguaggio un fatto esclusivamente sociale, primo fattore dello sviluppo mentale del bambino. Al linguaggio Lurija riconosce una funzione cognitiva nel senso che esso presiede alla strutturazione e allo sviluppo delle varie attività cognitive, esercitando un'azione sulla *percezione* che risulta strutturata e precisata attraverso le categorie veicolate dalla parola, sul *pensiero* liberando il bambino dall'immediatezza degli stimoli fisici e consentendogli di interpretarli attraverso le parole, e sull'*azione* che viene diretta in base a schemi e strutture di pensiero maturati attraverso l'interiorizzazione del linguaggio. Gli studi condotti da Lurija sull'afasia lo inducono ad abbandonare le concezioni della neuropsicologia classica, che faceva riferimento alla localizzazione delle aree ritenute deputate alle varie funzioni, perché, a suo parere, il funzionamento cognitivo dipende dal coinvolgimento di diversi sistemi funzionali e, da questa premessa, legge le sindromi afasiche a partire dai modelli psicolinguistici formulati dalla linguistica generativa (v. LINGUISTICA, § 3, *b*).

d) *L'ipotesi di Burrhus Frederic Skinner*, formulata su basi comportamentiste, spiega lo sviluppo del linguaggio a partire dal rinforzo proveniente dai genitori, e il pensiero come una forma sub-vocalica del linguaggio, inteso a sua volta come forma di comportamento motorio. Man mano che il bambino avverte che le sue emissioni fonatorie provocano reazioni presso gli altri, prende avvio un processo irreversibile dove da una parte il bambino scopre le infinite possibilità del suo apparato fonatorio, dall'altra i genitori e l'ambiente, attraverso rinforzi positivi e negativi, procedono alla progressiva correzione e strutturazione linguistica. Skinner distingue i messaggi verbali in *mand* (da *command* e *demand*) che sono ordini e richieste legati a stati di bisogno, e *tact* (da *contact*) che esprimono contatti con il mondo in forma di descrizione e osservazione. In ordine al rinforzo, decisivi sono i *mand* qualora il loro esito sia positivo. In questo caso vengono continuamente ripetuti, altrimenti si estinguono.

e) *L'ipotesi di Noam Avram Chomsky* prende avvio da una critica all'ipotesi comportamentista perché questa, se spiega l'acquisizione delle singole parole, non spiega la complessità della condotta linguistica nel suo insieme e soprattutto la produzione di frasi sempre variabili. Secondo Chomsky la comprensione e la produzione del linguaggio sono determinate da "regole generative" (v. LINGUISTICA, § 3, *b*) di cui, al pari di un meccanismo innato che Chomsky chiama LAD (*Language Acquisition Device*), ogni individuo dispone fin dalla nascita. Per Chomsky, dunque, il linguaggio è una facoltà autonoma dal pensiero, geneticamente determinata, che matura indipendentemente dallo sviluppo cognitivo e dall'ambiente esterno da cui riceve solo gli input di attivazione necessari. Ne è prova il fatto che i bambini applicano spesso a forme irregolari le regole tipiche delle forme regolari che non possono aver sentito impiegate dagli adulti. A Chomsky si devono la distinzione fra *struttura profonda* di natura cognitiva e *struttura superficiale* di natura fonetica del linguaggio, convertibili l'una nell'altra attraverso le regole di trasformazione, e le nozioni di *competenza* e di *esecuzione* che si riferiscono rispettivamente all'attitudine a generare e a capire l'insieme infinito di frasi di una lingua e all'attitudine a realizzare concretamente le possibilità offerte dalla competenza. Le lingue naturali per Chomsky hanno le loro radici in un apparato innato e universale, da lui denominato "Grammatica Universale (GU)", a partire da cui le lingue naturali istituiscono la loro specificità. L'ipotesi di Chomsky è condivisa anche da Steven Pinker per il quale il linguaggio è di natura istintiva, mentre l'apprendimento è limitato all'acquisizione delle forme idiomatiche delle diverse lingue, le cui strutture sono derivate dai parametri della Grammatica Universale.

f) *L'ipotesi di Benjamin Lee Whorf e Edward Sapir*, detta anche *ipotesi della relatività linguistica*, ritiene che la lingua abbia un'importanza determinante nel modellare e nello strutturare l'universo cognitivo del parlante, per cui non sono le strutture cognitive a modellare le caratteristiche di una lingua, ma al contrario sono le strutture della lingua a condizionare le acquisizioni cognitive. Di qui le conclusioni: 1) il mondo è concepito in modo molto diverso da coloro che si servono di linguaggi dalla struttura completamente dissimile (*relativismo linguistico*, che Sapir in seguito mise in dubbio per giungere infine a negarlo); 2) la struttura del linguaggio determina queste diverse concezioni del mondo e il modo in cui le diverse culture pensano (*determinismo linguistico*).

g) L'ipotesi di Jerry Alan Fodor ritiene che il linguaggio sia un "processo modulare" (v. MODULARITÀ) dove per "modulo" si intende un sistema di input del cervello che tratta un solo tipo di informazione, per cui il modulo del linguaggio tratta solo l'informazione linguistica, come i suoni verbali o la sequenza delle lettere, così come il modulo visivo tratta solo gli input che si riferiscono alla percezione visiva. Detti moduli operano automaticamente ogni volta che ricevono lo stimolo appropriato con un'elaborazione automatica (v. ELABORAZIONE, § 6) indipendentemente da altri processi cognitivi. L'ipotesi del modulo del linguaggio consente a Fodor di sostenere che lo sviluppo del linguaggio nel bambino è innato.

h) L'ipotesi di Margaret Harris stabilisce una stretta correlazione, valutata al 90%, tra il linguaggio dei genitori e l'acquisizione del linguaggio da parte dei bambini nei primissimi stadi, che poi si riduce al 50% negli stadi successivi. C'è inoltre una differenza di parecchi mesi tra il momento in cui i bambini comprendono le parole e il momento in cui incominciano a produrle, grazie anche all'osservazione della regolare corrispondenza tra parole particolari e contesti non verbali particolari.

4. LINGUAGGIO E AFFETTIVITÀ. Questa connessione è stata studiata in ambito psicoanalitico dove è stata visualizzata a partire da due prospettive: una dinamicamente connessa alla soddisfazione dei bisogni biologici e quindi alle situazioni di piacere e dispiacere, l'altra in relazione alle fantasie e alle prime rappresentazioni mentali connesse alle stesse esperienze di soddisfazione e insoddisfazione, ma considerate essenzialmente nell'aspetto della comunicazione.

a) L'ipotesi di Sigmund Freud prevede che la nascita del linguaggio sia connessa all'attività simbolica. Il simbolo è una *rappresentazione della cosa* impiegata in sostituzione dell'oggetto mancante; l'attribuzione di concretezza a ciò che è mera rappresentazione permette al bambino di padroneggiare l'angoscia legata alle situazioni di frustrazione. Accanto alla rappresentazione della cosa Freud ipotizza la *rappresentazione della parola* connessa a residui mnestici di tipo acustico, e in proposito scrive: «Il sistema *inconscio* contiene gli investimenti che gli oggetti hanno in quanto cose, ossia i primi e autentici investimenti oggettuali. Il sistema *preconscio* nasce dal fatto che questa rappresentazione della cosa viene sovrainvestita in seguito al suo nesso con le relative rappresentazioni verbali. Abbiamo il diritto di supporre che siano tali sovrainvestimenti a determinare una più alta organizzazione psichica e a rendere possibile la sostituzione del processo primario con il processo secondario che domina nel *preconscio*» (1915, p. 85). La spiegazione linguistica freudiana vede il rappresentante inconscio strettamente legato all'immagine sensoriale e alle esperienze soggettive dalle quali si genera, e quello conscio come un vero e proprio segno linguistico-verbale risultato dalla concettualizzazione astratta del significante inconscio, operata attraverso il ricorso a un codice socializzato e condiviso, acquisito tramite l'apprendimento del linguaggio. Di qui l'uso terapeutico della parola intesa come possibilità di verbalizzare e, attraverso la verbalizzazione di ricordi, immagini, affetti e pensieri, di rielaborare i propri conflitti inconsci.

b) L'ipotesi di Melanie Klein pone alla base dell'acquisizione del linguaggio il riconoscimento di oggetti esterni e della loro autonomia rispetto al soggetto. Il bambino non può imparare il nome (sostantivo) di una cosa se ancora non è in grado di distinguere sé dagli oggetti esterni e le proprietà dell'oggetto dalle proprie reazioni emotive di fronte ad esso. Il linguaggio è dunque possibile solo con la maturazione dell'Io e lo sviluppo delle relazioni oggettuali, attraverso il passaggio dalla posizione schizoparanoidea a quella depressiva dove l'oggetto e la possibilità della sua assenza sono riconosciuti (v. KLEINIANA, TEORIA, §§ 1-2).

c) L'ipotesi di Donald Woods Winnicott parte dalla constatazione che non esiste il bambino isolato, ma la diade madre-bambino. Dopo un periodo di relazione simbiotica in cui la comunicazione è infra- e pre-verbale, il bambino si avvia verso il linguaggio attraverso esperienze transizionali (v. OGGETTO, § 6) rese possibili da oggetti come il lembo di coperta che il bambino succhia prima di addormentarsi, non più sentito come parte del proprio corpo e neppure come appartenente alla realtà esterna. Dall'area dei fenomeni transizionali nasce anche il linguaggio come oggetto intermedio e oscillante tra gli investimenti narcisistici e quelli oggettuali.

d) L'ipotesi di Wilfred Ruprecht Bion prevede che il linguaggio verbale esterno poggi su un linguaggio interiore che procede da simbolizzazioni antecedenti a quelle di origine auditivo-verbale. Successivamente la madre decodifica i messaggi che il bambino le trasmette, restituendoli al bambino ricodificati in modo più preciso e adeguato alla realtà. Il linguaggio verbale è il punto di arrivo di questo iniziale e continuo processo.

e) L'ipotesi di Franco Fornari accoglie da Freud il principio che il linguaggio nasce dall'attività di simbolizzazione ma, accanto ai simboli oggettivi, Fornari introduce quei simboli intersoggettivi che chiama *coinemi* (v. COINEMA) e in proposito scrive: «La teoria del coinema (dal greco κοινός che significa *comune*) si propone di chiarire i problemi fondamentali della semiosi affettiva, a partire da unità minime di significato affettivo, intese come competenza affettiva innata ad ogni uomo» (1979, p. 16). I coinemi sono elementi di un «linguaggio che parla attraverso *imago*, cioè attraverso rappresentazioni di cose, geneticamente prescritte o iscritte naturalmente nelle strutture biologiche che sottendono l'inconscio umano» (1981, p. 20). Il carattere innato dei codici affettivi che costituiscono il fondamento del linguaggio avvicina la teoria fornariana a quella chomskiana della competenza linguistica innata.

f) L'ipotesi di Jacques Lacan assume il linguaggio come il fondamento costitutivo della globalità della vita psichica dell'uomo. Il linguaggio ha nei confronti della realtà e del soggetto umano una funzione formativa e regolativa. Esso impone nomi, distinzioni e differenze, e, nominando e distinguendo, delimita e specifica ruoli e funzioni non solo degli oggetti, ma anche dei soggetti umani. La funzione nominativa e regolativa del linguaggio, in cui si esprime il patto originario da cui è nata la *cultura* umana, esercita una sorta di tradimento della *natura* biologica che si esprime nei bisogni (v. LACANIANA, TEORIA, § 8). Questi, quando raggiungono la dimensione psicologica, divengono desideri che hanno per oggetto non più qualcosa di concreto, biologicamente determinato, ma un rappresentante simbolico di questo che diviene il nuovo oggetto ricercato, ma non più in grado di garantire un completo soddisfacimento.

Le rappresentazioni psichiche, che Lacan equipara ai significati linguistici, non traducono fedelmente gli oggetti del mondo reale o i bisogni biologici dell'uomo, ma li tradiscono chiudendo l'uomo in una dimensione simbolica invalicabile e fondando la sua vita su un ineludibile scarto rispetto alla sua realtà biologica. Risolta l'attività psichica dell'uomo nell'area del linguaggio, Lacan distingue le rappresentazioni psichiche consce, che appartengono a un codice socializzato e condiviso, da quelle inconsce dal carattere soggettivo e incomunicabile. Linguaggio e affettività trovano in Lacan un punto di unione e insieme di frattura, evidente nel passaggio dal desiderio dell'oggetto alla sua rappresentazione simbolica e idealizzata, accompagnata da un rimpianto dell'oggetto perduto da parte di un uomo prigioniero dei propri simboli linguistici. Il desiderio irrealizzato, infatti, è continuamente rinviato nell'ALTRO (v. § 1), espressione con cui Lacan nomina l'ordine linguistico e l'insieme dei suoi codici. Sottesa è la contrapposizione fra un pensiero-affettività libero e illimitato e un linguaggio che lo fa prigioniero e al tempo stesso adattato alla realtà.

Lacan opera una distinzione tra la *lingua*, che è l'idioma in uso in una comunità, e la *lalingua*, che è l'uso che ne fa chi prende la parola caricandola di un tratto creativo. Ed è proprio a lalingua che l'analista deve prestare attenzione. Infatti, scrive Lacan, «lalingua serve a tutt'altre cose che alla comunicazione. È quello che ci ha mostrato l'esperienza dell'inconscio, in quanto esso è fatto di lalingua, questa lalingua, che come sapete io scrivo in una parola sola, per designare ciò che è affar nostro, di ognuno, la lingua cosiddetta materna, e non a caso così detta. [...] L'inconscio è un sapere, un saper-fare con lalingua. E quel che si sa fare con lalingua supera di molto ciò di cui si può render conto a titolo di linguaggio» (1972-1973, pp. 138-139).

5. DISTURBI DEL LINGUAGGIO. I disturbi del linguaggio possono derivare da una varietà di cause di origine neurologica o psicologica. Se può essere fatto risalire a una lesione o a una malformazione del cervello o del sistema nervoso, il disturbo è definito *funzionale*, solitamente causato da danni cerebro-vascolari, colpi apoplettici, tumori cerebrali, lesioni alla nascita, infezioni e simili. Le ricerche più recenti si sono indirizzate alla specificazione degli aspetti *comportamentali* del disturbo dove, adottando il vocabolario della moderna linguistica, sono stati distinti in: disturbi *centrali*, disturbi di *produzione* o *emissione* (o di output) e disturbi di *recezione* (o di input).

a) I *disturbi centrali* sono raggruppati sotto il titolo generale di AFASIA (v.), dove irrisolto resta il problema se si tratti di disturbo di competenza o di esecuzione. In questo ambito si distinguono le afasie *sintagmatiche* o di combinazione da quelle *paradigmatiche* o di selezione. Gli afasici con lesione nell'area di Broca hanno per esempio difficoltà nel combinare le unità linguistiche in sequenze coerenti, mentre gli afasici di Wernicke sono incapaci di selezionare le unità linguistiche appropriate. Una seconda distinzione viene operata fra due tipi di unità linguistiche: il *fonema* (unità primaria non significativa) e la *parola* (unità significativa). Adottando questo punto di vista di natura semiologica si constata che l'afasico di Broca è incapace di combinare i fonemi in parole correnti, mentre l'afasico di Wernicke produce un flusso di parole fluente ma senza marcatori grammaticali.

b) I *disturbi di produzione* o *emissione* si manifestano: nella BALBUZIE (v.) per incapacità di liberare la tensione prodotta prima dell'articolazione, per cui si osservano schemi di ritorno, prolungamenti di pause, ripetizioni, autocorrezioni e strutture grammaticali incomplete; nell'APLOLOGIA (v.), o *cluttering*, caratterizzata da un'emissione troppo veloce di parole con omissione di unità linguistiche e inversione dell'ordine sequenziale delle unità; nella *dissociazione semantica* tipica dei disturbi dissociativi (v. SCISSIONE, § I, 4).

c) I *disturbi di recezione* vanno sotto il nome di *agnosia uditiva* (v. AGNOSIA, § 2), quando l'ascoltatore non è in grado di riconoscere quelli che dovrebbero essere per lui suoni familiari, e di ASEMIA (v.), quando il soggetto non è in grado di riconoscere segni o simboli, come quelli usati in matematica, in chimica, in musica, anche se prima avevano per lui un significato. In tutti questi casi i sintomi possono essere più lievi e rientrare nelle categorie contrassegnate dai prefissi *bradi-* che significa lento, *dis-* riferito a un disturbo parziale o a un'incapacità specifica, *para-* che si riferisce a un'alterazione qualitativa della facoltà, rispetto al prefisso *a-* che significa assenza totale.

6. COMPRENSIONE DEL LINGUAGGIO, v. LINGUISTICA, § 3, *c*.

7. PERCEZIONE DEL LINGUAGGIO, v. LINGUISTICA, § 3, *d*.

8. PRAGMATICA DEL LINGUAGGIO, v. LINGUISTICA, § 3, *e*.

Bibliografia

Aglioti S. M., Fabbro F., *Neuropsicologia del linguaggio*, il Mulino, Bologna 2006.

Andreoli V., *Il linguaggio malato. Il mito della comprensione in psichiatria*, Masson, Milano 1986.

Angrilli A., *Linguaggio. Correlati anatomici, funzionali e plasticità cerebrale*, in L. Stegagno (a cura di), *Psicofisiologia. Dalla genetica comportamentale alle attività cognitive*, Zanichelli, Bologna 2010, pp. 130-169.

Aulagnier P., Leclaire S., Resnik S., *Psicosi e linguaggio* (1977), Marsilio, Venezia 1978.

Austin J. L., *Come fare cose con le parole* (1962), Marietti, Genova 1987.

Bencivenga E., *Teoria del linguaggio e della mente*, Bollati Boringhieri, Torino 2001.

Bion W. R., *Apprendere dall'esperienza* (1962), Armando, Roma 1972.

Bloomfield L., *Il linguaggio* (1933), il Saggiatore, Milano 1974.

Bresson F., Jodelet F., Mialaret G., *Linguaggio, comunicazione e decisione*, in P. Fraisse, J. Piaget (a cura di), *Trattato di psicologia sperimentale* (1963-1968), Einaudi, Torino 1972-1979, vol. VIII.

Broca P. P., *La sede della facoltà del linguaggio articolato* (1861), in L. Mecacci, A. Zani, *Teorie del cervello*, Loescher, Torino 1982.

Cacciari C., *Psicologia del linguaggio*, il Mulino, Bologna 2011.

Camaioni L. (a cura di), *Psicologia dello sviluppo del linguaggio*, il Mulino, Bologna 2001.

Carnap R., *Psychologie in physikalischer Sprache*, in "Erkenntnis", 1932, vol. 3, n. 2/3, pp. 107-142.

Ceccato S., Zonta B., *Linguaggio, consapevolezza, pensiero*, Feltrinelli, Milano 1980.

Chomsky N., *Le strutture della sintassi* (1957), Laterza, Bari 1970.

–, *Saggi linguistici* (1965), vol. I: *L'analisi formale del linguaggio*, vol. II: *La grammatica generativa trasformazionale*, vol. III: *Filosofia del linguaggio. Ricerche teoriche e storiche*, Bollati Boringhieri, Torino 1969-1970.

–, *The logical structure of linguistic theory*, University of Chicago Press, Chicago 1975.

–, *Linguaggio*, in AA.VV., *Enciclopedia*, Einaudi, Torino 1979, vol. VIII, pp. 352-399.

–, *Linguaggio e problemi della conoscenza* (1981), il Mulino, Bologna 1998.

–, *Knowledge of language. Its nature, origins and use*, Praeger, New York 1986.

Corradi Fiumara G., *Funzione simbolica e filosofia del linguaggio*, Bollati Boringhieri, Torino 1980.

D'Amico S., Devescovi A. (a cura di), *Psicologia dello sviluppo del linguaggio*, il Mulino, Bologna 2013.

De Filippis Cippone A., *Turbe del linguaggio e riabilitazione*, Armando, Roma 1974.

Eco U., *Semiotica e filosofia del linguaggio*, Einaudi, Torino 1984.

–, *La ricerca della lingua perfetta nella cultura europea*, Laterza, Bari 1993.

Fodor J. A., *The language of thought*, Harvard University Press, Cambridge, Massachusetts, 1975.

–, *La mente modulare. Saggio di psicologia delle facoltà* (1983), il Mulino, Bologna 1988.

–, *Mente e linguaggio* (2000), Laterza, Bari 2001.

Fornari F., *I fondamenti di una teoria psicoanalitica del linguaggio*, Bollati Boringhieri, Torino 1979.

–, *Il codice vivente*, Bollati Boringhieri, Torino 1981.

Francescato G., *Linguaggio infantile. Strutturazione e apprendimento*, Einaudi, Torino 1979.

Freud S., *Metapsicologia* (1915), in *Opere* (1967-1993), Bollati Boringhieri, Torino, vol. VIII.

Gainotti G. (a cura di), *Struttura e patologia del linguaggio*, il Mulino, Bologna 1983.

Greene J., *Il linguaggio. Basi biologiche, apprendimento e comunicazione verbale* (1976), Mondadori, Milano 1979.

Grice H. P., *Logic and conversation*, in P. Cole, J. L. Morgan, *Syntax and semantics*, Academic Press, New York 1975, vol. III.

Guasti M. T., *L'acquisizione del linguaggio*, Raffaello Cortina, Milano 2007.

Harris M., Coltheart M., *L'elaborazione del linguaggio nei bambini e negli adulti* (1986), il Mulino, Bologna 1991.

Heidegger M., *In cammino verso il linguaggio* (1959), Mursia, Milano 1973.

Jakobson R., *Il farsi e il disfarsi del linguaggio. Linguaggio infantile e afasia* (1944), Einaudi, Torino 1971.

–, *Saggi di linguistica generale* (1963), Feltrinelli, Milano 1966.

Jaspers K., *Il linguaggio*, in Id., *Della verità* (1947), Bompiani, Milano 2015, pp. 791-899.

Job R., Rumiati R., *Linguaggio e pensiero*, il Mulino, Bologna 1984.

Johnson-Laird Ph. N., *Modelli mentali. Verso una scienza cognitiva del linguaggio, dell'inferenza e della coscienza* (1983), il Mulino, Bologna 1988.
Kainz F., *Psychologie der Sprache*, Enke, Stuttgart 1960.
Kanizsa G., Legrenzi P., Sonino M., *Percezione, linguaggio, pensiero*, il Mulino, Bologna 1983.
Karmiloff-Smith A., *Oltre la mente modulare. Una prospettiva evolutiva sulla scienza cognitiva* (1992), il Mulino, Bologna 1995.
Klein M., *L'importanza della formazione dei simboli nello sviluppo dell'Io* (1930), in *Scritti 1921-1958*, Bollati Boringhieri, Torino 1978, pp. 249-264.
Lacan J., *Scritti* (1936-1966), Einaudi, Torino 1974, voll. I-II.
–, *Il Seminario. Libro XX: Ancora, 1972-1973*, Einaudi, Torino 1983.
Lenneberg E. H., *Fondamenti biologici del linguaggio* (1967), Bollati Boringhieri, Torino 1971.
Linsky L., *Semantica e filosofia del linguaggio* (1952), il Saggiatore, Milano 1969.
Lorenzer A., *Crisi del linguaggio e psicanalisi* (1971), Laterza, Bari 1975.
Lurija A. R., *Neuropsicologia del linguaggio grafico* (1951), Messaggero, Padova 1984.
–, *Linguaggio e comportamento* (1959), Editori Riuniti, Roma 1971.
–, *Le funzioni corticali superiori nell'uomo* (1962), Giunti Barbera, Firenze 1967.
–, *Neuropsicologia e neurolinguistica* (1973), Editori Riuniti, Roma 1974.
–, *La storia sociale dei processi cognitivi* (1974), Giunti Barbera, Firenze 1976.
–, *Neuropsicologia della memoria. Disturbi nelle lesioni cerebrali localizzate* (1974), Armando, Roma 1981.
–, *Linguaggio e sviluppo dei processi mentali nel bambino* (1975), Giunti Barbera, Firenze 1975.
–, *Problemi fondamentali di neurolinguistica* (1975), Armando, Roma 1978.
Massucco Costa A., *Psicologia del linguaggio. Ricerche e problemi*, Bollati Boringhieri, Torino 1967.
Merletti A., Corsi P., *Disturbi del linguaggio e intervento psicomotorio*, Erickson, Trento 2015.
Miller G. A., Johnson-Laird Ph. N., *Language and perception*, Harvard University Press, Cambridge, Massachusetts, 1976.
Morris Ch. W., *Lineamenti di una teoria dei segni* (1938), Paravia, Torino 1954.
–, *Segni, linguaggio e comportamento* (1946), Longanesi, Milano 1963.
Ogden Ch. K., Richards I. A., *Il significato del significato. Studio dell'influsso del linguaggio sul pensiero e della scienza del simbolismo* (1923), il Saggiatore, Milano 1966.
Ong W. J., *Oralità e scrittura* (1982), il Mulino, Bologna 1986.
Parisi D. *et al.*, *Il linguaggio come processo cognitivo*, Bollati Boringhieri, Torino 1972.
Pennisi A., Cavalieri R., *Psicologia del linguaggio e scienze cognitive*, il Mulino, Bologna 2001.
Peterson S. E. *et al.*, *Positron emission tomography studies of the cortical anatomy of single-word processing*, in "Nature", 1988, n. 331, pp. 585-589.
Piaget J., *Il linguaggio e il pensiero nel fanciullo* (1923), Editrice Universitaria, Firenze 1955.
Pinker S., *L'istinto del linguaggio* (1994), Mondadori, Milano 1997.
Pizzamiglio L., *I disturbi del linguaggio*, Etas Kompass, Milano 1968.
–, *Lo sviluppo del linguaggio*, in L. Ancona (a cura di), *Nuove questioni di psicologia*, La Scuola, Brescia 1972, vol. I, pp. 795-828.
Putnam H., *Mente, linguaggio e realtà* (1975), Adelphi, Milano 1987.
Ricoeur P., *Filosofia e linguaggio* (1967-1990), Guerini & Associati, Milano 1994.
Sapir E., *Il linguaggio. Introduzione alla linguistica* (1921), Einaudi, Torino 1969.
–, *Cultura, linguaggio e personalità* (1949), Einaudi, Torino 1972.
Saussure F. de, *Corso di linguistica generale* (1916), Laterza, Bari 1976.
Schick C., *Il linguaggio. Natura, struttura, storicità del fatto linguistico*, Einaudi, Torino 1960.
Searle J. R., *Atti linguistici. Studi di filosofia del linguaggio* (1969), Bollati Boringhieri, Torino 1992.
Severino E., *Oltre il linguaggio*, Adelphi, Milano 1992.
Skinner B. F., *Il comportamento verbale* (1957), Armando, Roma 1976.
Slobin D. I. (a cura di), *The crosslinguistic study of language acquisition*, Lawrence Erlbaum Associates, Hillsdale, New Jersey, 1985.
Stern C., Stern W., *Die Kindersprache. Eine psychologische und sprachtheoretische Untersuchung* (1907), Wissenschaftliche Buchgesellschaft, Darmstadt 1965.
Tabossi P., *Il linguaggio*, il Mulino, Bologna 2002.
Thass-Thienemann Th., *La formazione subconscia del linguaggio* (1967), Astrolabio, Roma 1968.
Valent I., *La forma del linguaggio* (1983), Moretti & Vitali, Bergamo 2012.
–, *Dire di no. Filosofia, linguaggio, follia* (1995), Moretti & Vitali, Bergamo 2007.
Vygotskij L. S., *Pensiero e linguaggio* (1934), Giunti Barbera, Firenze 1966.
Watzlawick P., Beavin J. H., Jackson D. D., *Pragmatica della comunicazione umana* (1967), Astrolabio, Roma 1971.
Wernicke C., *Il complesso dei sintomi dell'afasia* (1874), in L. Mecacci, A. Zani, *Teorie del cervello*, cit.
Whorf B. L., *Linguaggio, pensiero e realtà* (1956), Bollati Boringhieri, Torino 1970.
Winnicott D. W., *Oggetti transizionali e fenomeni transizionali* (1953), in *Dalla pediatria alla psicoanalisi. Scritti scelti* (1958), Martinelli, Firenze 1975.
Wittgenstein L., *Tractatus logico-philosophicus* (1921), Einaudi, Torino 1964.
–, *Osservazioni sulla filosofia della psicologia* (1946-1949, edito postumo nel 1980), Adelphi, Milano 1990.

Linguistica (ingl. *Linguistics*; ted. *Linguistik*; fr. *Linguistique*; sp. *Lingüística*). Scienza che ha per oggetto lo studio della *lingua*, che è un codice verbale umano attraverso cui si realizza, in modi storicamente determinati, la facoltà del LINGUAGGIO (v.). La lingua può essere studiata a diversi livelli che costituiscono altrettanti ambiti disciplinari.

1. LINGUISTICA. In questo ambito lo studio della lingua presenta le seguenti articolazioni:

a) Morfologia. Studio della struttura delle parole, dei processi di flessione, derivazione e composizione. Le parole sono infatti segmentabili in unità minime dotate di significato dette *monemi* o, in altra terminologia, *morfemi*, a loro volta segmentabili in unità successive non dotate di significato dette *fonemi*, dipendenti dagli organi della fonazione e dell'udito. La *flessione* di una parola riguarda le desinenze che uno stesso morfema può assumere in una lingua: le flessioni nominali, aggettivali e pronominali secondo il genere, il numero e il caso si chiamano *declinazioni*, mentre le flessioni verbali secondo i modi, i tempi, le persone e i numeri si chiamano *coniugazioni*. La *derivazione* riguarda la formazione, da una parola data, di altre parole mediante l'aggiunta di uno o più affissi, mentre la *composizione* riguarda le parole ottenute dalla combinazione di due o più parole.

b) Semantica. Studio del significato, ossia della relazione tra il segno linguistico e ciò che esso designa. Si distingue una semantica *sincronica*, che studia il contenuto di una lingua intesa come sistema di significati, e una semantica *diacronica* o storica, che studia i cambiamenti di significato delle parole, quindi la successione degli stati sincronici di una lingua. Problema centrale della semantica è quello di trovare le unità minime di significato scomponendo gli innumerevoli significati di qualsiasi sistema semiotico complesso, quali sono le lingue, in un numero limitato di unità elementari di significato, dette *sememi*, la cui enumerazione possa essere di volta in volta sufficiente a descrivere il significato del segno linguistico considerato. La principale questione al riguardo è se tali unità sono rappresentate nelle lingue dal significato delle parole o da quello degli enunciati, nel qual caso le parole avrebbero una potenzialità di significato che si attuerebbe nel momento in cui entrano a far parte di un enunciato.

c) Sintattica. Studio delle regole che presiedono la combinazione dei segni nella loro successione sequenziale. Siccome i rapporti di dipendenza e di determinazione si instaurano anche fra elementi tra loro non contigui, sia nel caso dei componenti di una stessa frase sia per frasi componenti di enunciati più complessi, la sintassi prevede una *struttura gerarchica* nell'impianto delle sue regole. La sintassi può essere studiata come un sistema "chiuso" o come un sistema "sfumato", cioè aperto a cambiamenti. In questo secondo caso si parla di *creatività sintattica* come possibilità di costruire un numero infinito di messaggi diversi da un insieme di segni e di regole di combinazione. Fra semantica e sintattica c'è un'interconnessione, in quanto l'analisi del significato delle parole non è possibile mediante la semplice somma dei tratti semantici, perché occorre tener conto anche della struttura interna o posizione di questi tratti che è data dalla struttura sintattica.

d) Pragmatica. Studio delle relazioni tra i segni linguistici e chi li usa. Rientra in questo ambito lo studio delle motivazioni, delle intenzioni, delle credenze, delle attese, delle reazioni e delle convenzioni degli utenti dei codici verbali impiegati nella comunicazione, che è un'interazione fra individui mediante sistemi di segni. Per questa sua natura, la pragmatica è, rispetto alla semantica e alla sintattica, la più ricca di implicanze psicologiche (v. COMUNICAZIONE, §§ 1-2; 5; 7, *d-e*).

e) Fonetica. Studio dei suoni delle lingue nella loro realizzazione concreta. Si distinguono una fonetica *articolatoria* relativa alla produzione dei suoni e una fonetica *acustica* relativa alla loro percezione. In ambito sperimentale la fonetica si avvale di metodi come la *palatografia* che analizza la superficie di contatto tra la lingua e il palato nell'articolazione dei suoni, la *stroboscopia* che analizza le vibrazioni laringee e la *spettrografia* che analizza lo spettro acustico dei suoni. Scrive in proposito Carol A. Fowler: «Il sistema fonatorio controlla il respiro, la laringe, la cavità nasale e gli articolatori della cavità orale. Quando si parla si avvicinano le corde vocali alla laringe, ad eccezione dei suoni sordi quali "p", o "s", in modo che l'aria esalata provochi la loro periodica apertura e chiusura. Percepiamo la frequenza di vibrazione come altezza del suono. Le consonanti sono prodotte dalle costrizioni nella cavità orale, mentre per le vocali la cavità orale è libera. Il segnale linguistico acustico riflette le frequenze sonore della sorgente laringea filtrate dalla forma variabile della cavità orale» (1985, p. 220).

f) Fonologia. Studio dei suoni in relazione alla loro funzione comunicativa, cioè alla loro funzione distintiva di significati, classificati secondo unità astratte, o *fonemi*, il cui insieme costituisce il sistema fonologico corrispondente alle diverse lingue. In ciò la fonologia si distingue dalla *fonetica* che studia gli elementi fonici indipendentemente dalla loro funzione nella comunicazione linguistica. Come in semantica, anche in fonologia si distingue una fonologia *sincronica* che considera un sistema fonologico in un determinato stato della lingua e una fonologia *diacronica* che lo studia nella sua trasformazione storica.

g) Atto linguistico. È l'azione che accompagna la dizione. Nella dizione si compiono almeno tre tipi di azioni: una *locutoria* che è l'atto *di* dire qualcosa, una *illocutoria* che si compie *nel* dire qualcosa, come "domandare", "ordinare", "promettere", una *perlocutoria* che si compie *con* il dire qualcosa, come "persuadere", "convincere". Il modo in cui viene interpretata una frase dipende spesso dalla sua forza illocutoria e dai suoi effetti perlocutori, quindi dall'analisi degli atti linguistici che accompagnano la locuzione (v. LINGUISTICA, § 3, *e*).

h) *Universali linguistici*. Sono proprietà o meccanismi comuni a tutte le lingue a livello semantico, sintattico e fonologico, dove sono rintracciabili le condizioni che devono essere soddisfatte da tutte le grammatiche delle lingue umane. Gli universali *sostantivi* descrivono le proprietà delle singole unità linguistiche, mentre gli universali *formali* prescrivono le regole della combinazione dei sostantivi in unità linguistiche effettive. Anche in questo ambito funziona la distinzione fra universali *sincronici*, dedotti dallo stato delle lingue, e universali *diacronici*, relativi al mutamento nel tempo dovuto o al modo con cui vengono risolti squilibri o lacune dei repertori fonetici o lessicali, oppure al modo con cui il contatto fra parlanti diverse lingue influisce sulle rispettive produzioni linguistiche. Resta aperto il problema se gli universali linguistici siano il prodotto di circostanze o storie simili, o siano inerenti al linguaggio come fenomeno mentale e comportamentale distintivo dell'uomo.

i) *Lingua e parola*. Distinzione introdotta da Ferdinand de Saussure per distinguere il codice, o insieme di convenzioni, in cui si esprime una lingua (*langue*), dall'atto dell'individuo che usa quel codice (*parole*). In questa distinzione si riflette quella tra sociale e individuale, nonché quella fra astratto e concreto. Tra lingua e parola c'è interdipendenza nel senso che la lingua è insieme lo strumento e il presupposto della parola, e la parola è la condizione dell'evoluzione della lingua. Ciò consente a de Saussure di parlare di una *paradigmatica* della lingua e di una *sintagmatica* della parola; nella prima si descrive il codice, nella seconda la sua esecuzione: «Separando la lingua dalla parola, si separa a un sol tempo: 1) ciò che è sociale da ciò che è individuale; 2) ciò che è essenziale da ciò che è accessorio e più o meno accidentale. La lingua non è una funzione del soggetto parlante: è il prodotto che l'individuo registra passivamente; non implica mai premeditazione, e la riflessione vi interviene soltanto per l'attività classificatoria. La parola, al contrario, è un atto individuale di volontà e di intelligenza, nel quale conviene distinguere: 1) le combinazioni con cui il soggetto parlante utilizza il codice della lingua in vista dell'espressione del proprio pensiero personale; 2) il meccanismo psico-fisico che gli permette di esternare tali combinazioni» (1916, pp. 23-24).

Fra le articolazioni interdisciplinari delle ricerche linguistiche assumono un particolare rilievo dal punto di vista psicologico la neurolinguistica, la psicolinguistica e la sociolinguistica.

2. NEUROLINGUISTICA. Studio delle relazioni tra il sistema nervoso e l'attività linguistica considerata, dal punto di vista neurologico, come una manifestazione della funzionalità cerebrale. Si suppone che ciascun elemento verbale, che a seconda dei casi rappresenta un'attività audio-verbale o visivo-grafica, sia connesso a una rete neuronale specifica per ciascun frammento di esperienza linguistica, sia che si tratti di un fonema, di una parola, di un sintagma o di una frase, rete che assume nel cervello il ruolo di supporto materiale, di engramma di ciascuna delle esperienze verbali elementari. Si arriva così ad ammettere l'esistenza di una rete particolare relativa alla parola "padre" diversa dalle reti delle sillabe "pa" e "dre", a loro volta diverse dalle reti proprie della rappresentazione dei fonemi "p", "a", "d", "r", "e". Per questo, sentire "padre" e sentire "e" corrisponde a due diversi tipi di esperienza audio-verbale, ciascuna con la sua rappresentazione particolare. Le associazioni tra gli engrammi verbali sono numerose ma non infinite, per cui per esempio non si può parlare alla rovescia perché un simile tentativo cozza con le associazioni già esistenti. Il numero delle associazioni stabilite tra i diversi engrammi verbali serve a moltiplicare le sequenze linguistiche a disposizione e a rendere più o meno rapido e ricco l'eloquio. La patologia conferma l'esistenza anatomica di una rete neuronale preposta al linguaggio, infatti una lesione poco estesa dell'emisfero dominante comporta un'AFASIA (v.) che rende impossibile la comprensione e l'espressione del LINGUAGGIO (v. § 2).

L'esercizio della lingua comporta inoltre: a) l'attività del sistema reticolare ascendente e del talamo (di sinistra, se emisfero dominante) che aumentano il livello di attenzione; b) l'intervento dell'emisfero non dominante che permette la valutazione dei dati visuo-spaziali attuali e della prosodia del LINGUAGGIO (v. § 2); c) l'intervento dei lobi frontali che permettono, in funzione delle esperienze multiple che vi sono registrate, di discernere il senso particolare del discorso dell'altro e di adattare il proprio in dipendenza dei molteplici e specifici legami che caratterizzano le relazioni con l'interlocutore.

Sul piano della patologia, a seconda della parte del cervello lesa, si registrano: a) le varie forme di AFASIA (v.) legate all'azione della zona strumentale del linguaggio; b) le turbe dei comportamenti verbali prodotte dalle lesioni frontali; c) le turbe del linguaggio derivate da lesioni talamiche sinistre (se emisfero dominante); d) le turbe dell'espressione orale e scritta di origine visuo-spaziale e ritmo-musicale osservate in presenza di lesioni della regione temporo-parieto-occipitale dell'emisfero non dominante. Oltre a queste alterazioni, c'è chi aggiunge le disartrie (v. DISARTRIA), che non sono turbe del linguaggio, ma della coordinazione della parola attraverso cui il linguaggio si esprime, conseguenza di lesioni delle varie vie motorie che controllano l'apparato fonatorio.

3. PSICOLINGUISTICA. Settore della linguistica che studia i meccanismi psicologici alla base dell'acquisizione, dell'elaborazione e dell'impiego di una lingua. Due sono le scuole di pensiero che si dividono il campo: il distribuzionalismo e il generativismo.

a) Il *distribuzionalismo* si è affermato negli Stati Uniti negli anni venti con Leonard Bloomfield che adottò la matrice teorica del comportamentismo rifiutando ogni ricorso all'introspezione. Partendo dallo schema stimolo-risposta e limitando l'attenzione ai dati osservabili, il distribuzionalismo considera la lingua come un insieme (*corpus*) di frasi raccolte dal linguista come rappresentativo della lingua stessa, e, trascurando la considerazione del significato, descrive gli elementi in relazione alle strutture e ai contesti in cui si distribuiscono (donde la denominazione "distribuzionalismo") organizzandosi e combinandosi tra loro. L'analisi distribuzionale, dopo aver scomposto le frasi fino a raggiungere quelle unità minime dette "costituenti immediati", rintraccia gli schemi sintattici astratti che sono alla base delle frasi del *corpus*, distinguendo gli "schemi privilegiati", che sono i più ricorrenti, da quelli "minoritari". Così procedendo, il distribuzionalismo è giunto a fondare categorie grammaticali diverse da quelle che presiedono la grammatica tradizionale (nome, predicato, soggetto, verbo), considerate un prodotto della tradizione filosofica piuttosto che di una corretta analisi del linguaggio. Questa corrente di pensiero entrò in crisi verso la fine degli anni cinquanta con l'avvento del generativismo introdotto da Noam Avram Chomsky.

b) Il *generativismo* critica il distribuzionalismo perché questo è in grado di descrivere solo un insieme finito di frasi o *corpus*, contraddicendo in tal modo la natura propria di una lingua che consiste nella capacità di produrre e di comprendere un numero virtualmente infinito di frasi. Di qui la necessità della progettazione di una grammatica in grado di generare (in senso matematico) tutte le possibili frasi di una lingua. Una grammatica quindi che non procede induttivamente ma deduttivamente, attraverso tre insiemi finiti di regole che sono le regole della *struttura sintagmatica*, le regole *trasformazionali* e le regole *morfofonemiche*. Queste regole valgono per il momento esecutivo della lingua. Chomsky distingue infatti la *competenza*, che è il sistema di regole che, interiorizzato dal parlante, consente a quest'ultimo di comprendere un numero infinito di frasi diverse, e l'*esecuzione*, che è definita dall'insieme delle costrizioni che caratterizzano gli usi della competenza, perché l'esecuzione è subordinata a fattori quali la memoria, l'attenzione, la situazione ecc. Anche il generativismo, come già il distribuzionalismo, rifiuta la grammatica tradizionale per articolarne una che prevede tre componenti: una creativa, che corrisponde a quella sintattica, e due interpretative che corrispondono a quella semantica e a quella fonologica. Il generativismo ha assistito al suo interno a una scissione tra semanticisti e sintatticisti, divisi sull'identificazione dell'elemento considerato "generatore linguistico".

c) La *comprensione del linguaggio* si riferisce alla capacità di intendere in modo appropriato i messaggi del linguaggio parlato o scritto, mettendo in connessione il contenuto delle espressioni con le conoscenze del mondo. Le espressioni sono composte da *parole*, che raggruppate compongono le *frasi*, che a loro volta formano i *periodi*, la cui comprensione dipende dal contesto semantico e sintattico. Non tutte le espressioni devono essere prese alla lettera perché alcune sono idiomatiche come: "tocco il cielo con un dito" che equivale a "sono felice", altre sono metaforiche (v. METAFORA, § 1) e altre indirette come: "lasci sempre aperta la porta" che sta per "chiudi la porta". Herbert Paul Grice elenca quattro norme per una comunicazione corretta in ordine alla 1) *quantità*: occorre non essere prolissi o iper-informativi, 2) *qualità*: trasmettere solo proposizioni vere, 3) *relazione*: i contributi informativi devono essere rilevanti, 4) *modalità*: evitare ambiguità.

Per quanto concerne l'interpretazione di un testo orale o scritto Walter Kintsch e Teun Adrianus Van Dijk sostengono che le proposizioni più importanti sono trattenute dalla memoria a breve termine (v. MEMORIA, § 3), mentre quelle meno importanti vengono recuperate dall'insieme del testo che viene udito o letto. Nella comprensione di un testo ci possono essere delle intrusioni prodotte dalle conoscenze generali impiegate per interpretarlo. A questo proposito la teoria degli schemi (v. SCHEMA, § 2), avanzata da Frederic Bartlett, ipotizza che ci siano dei gruppi strutturati di concetti, detti appunto "schemi", che costituiscono una conoscenza generica di azioni, eventi, scenari, oggetti, acquisita con l'esperienza, che interferisce nell'interpretazione del testo. Infine, per quanto riguarda le inferenze (v. INFERENZA, § 2) ce ne sono di *necessarie* per dare coerenza a un testo, *di collegamento* per fornire al testo dei nessi causali, *anaforiche* (v. ANAFORA) quando il testo richiede il richiamo di una persona, di un'entità o di un evento già menzionati.

d) La *percezione del linguaggio* si riferisce ai *suoni* emessi da chi parla e alla *visione* dei suoi movimenti labiali, nel tentativo di comprendere come sia possibile riconoscere unità linguistiche discrete come fonemi o parole nel fluire del linguaggio parlato. I risultati raggiunti hanno messo in evidenza che il linguaggio non è una sequenza di elementi discreti, ma una sequenza sonora continuamente variabile in funzione del contesto, delle condizioni di ascolto, dell'ambiente attraversato dal suono nel suo passaggio dal parlante all'ascoltatore, e di altri suoni provenienti da altri parlanti o da altre fonti sonore. Tra informazione visiva e informazione sonora sembra non ci sia alcun conflitto, perché la prima viene incorporata nel percetto uditivo del cervello. Quanto l'informazione sonora sia aiutata da quella visiva lo si riscontra nei bambini che guardano selettivamente il volto di chi articola suoni vocalici piuttosto che un altro volto e nelle persone che compensano un deficit uditivo con la percezione visiva del movimento labiale. Quando l'inizio o la fine di una parola non sono uditi distintamente è possibile un recupero, da parte dell'ascoltatore, a partire dal contesto precedente e da quello successivo per l'identificazione delle parole non chiaramente percepite.

e) La *pragmatica del linguaggio* studia la relazione dei segni con gli interpreti (che sono chi parla e chi ascolta) per capire cosa intendono quando li usano. Come vuole lo schema di Charles W. Morris, la *pragmatica* si distingue dalla *semantica* che studia la relazione dei segni con gli oggetti che nominano, e dalla *sintassi* che studia la relazione formale che i segni hanno tra loro. Secondo Peter Frederick Strawson i parlanti usano spesso espressioni che presuppongono un terreno comune di conoscenze, credenze, esperienze condivise, conversazioni precedenti, senza le quali espressioni del tipo: "Quello che fuma cinquanta sigarette al giorno" non si saprebbe come identificarlo. Secondo John Langshaw Austin il linguaggio è una forma di *azione* in cui occorre distinguere: un atto *locutivo*, che produce un'espressione del tipo: "Dov'è il tuo telefonino?", uno *prelocutivo*, che cerca di far dire a chi parla dove lo si può trovare, e un atto *illocutivo* con cui, secondo John Rogers Searle, si può esprimere: una *credenza* condivisa, una *persuasione*, nel tentativo di convincere il destinatario a fare cose che si desiderano, un *impegno* per realizzare un progetto comune, un *sentimento*, che si esprime con saluti, ringraziamenti, scuse, congratulazioni, una *dichiarazione* come le sentenze dei giudici o degli arbitri nelle competizioni sportive. Il problema relativo alla pragmatica del linguaggio, secondo Grice, è che nella conversazione chi parla tende a dire molte più cose rispetto a ciò che si propone, e spetta al destinatario interpretare la ridondanza espressiva rispetto allo scopo.

4. SOCIOLINGUISTICA. Studio dei rapporti tra fenomeni *linguistici*, considerati a livello grammaticale, lessicale e fonologico, e fenomeni *sociologici*, come età, sesso, strato sociale, attività dei parlanti, oppure formalità e informalità delle situazioni comunicative. La sociolinguistica ha preso avvio negli anni sessanta quando ci si è resi conto che i fenomeni linguistici non possono essere adeguatamente studiati senza studiare insieme gli utilizzatori di tali schemi. Così ponendosi, la *sociolinguistica* si distingue dalla *sociologia del linguaggio*, perché la sua attenzione non è rivolta all'analisi delle funzioni sociali del linguaggio in tutte le loro manifestazioni espressive e regolative, ma alle variazioni della struttura e dell'uso della lingua in relazione alla variazione del contesto sociale. D'altro lato la sociolinguistica si distingue dalla *linguistica* perché, mentre quest'ultima simula che la comunicazione avvenga in condizioni ideali quali quelle che si creano in un laboratorio per eseguire esperimenti, la sociolinguistica tiene conto anche di quei fattori extrastrutturali rispetto alle strutture linguistiche, che sono le effettive condizioni storiche e sociali in cui le lingue vengono effettivamente parlate. In questo ambito si è soliti distinguere una *macrosociolinguistica* come studio dei sistemi linguistici usati negli eventi comunicativi di una comunità linguistica, dove i parametri di riferimento sono: *a*) le *varietà funzionali-contestuali* che fanno riferimento ai contesti d'uso; *b*) le *varietà geografiche* da cui le lingue nazionali, regionali e i dialetti; *c*) le *varietà sociali* che dipendono dalla classe di appartenenza; e una *microsociolinguistica* che ha per oggetto le regole della conversazione e del discorso che dipendono dal contesto, dalla situazione, dall'oggetto della comunicazione e, in generale, dalle regole di tolleranza o censura esistenti in una determinata società. Di competenza della sociolinguistica è dunque il rapporto tra linguaggio e CULTURA (v.) nell'accezione antropologica del termine.

Bibliografia

Austin J. L., *Come fare cose con le parole* (1962), Marietti, Genova 1987.

Barthes R., *Elementi di semiologia* (1964), Einaudi, Torino 1966.

Bartlett F. Ch., *La memoria. Studio di psicologia sperimentale e sociale* (1932), Franco Angeli, Milano 1974.

Benveniste É., *Problemi di linguistica generale* (1966), il Saggiatore, Milano 1971.

Bernstein B., *Classe sociale, linguaggio e comunicazione* (1970), in P. P. Giglioli (a cura di), *Linguaggio e società*, il Mulino, Bologna 1973.

Berruto G., *La variabilità sociale della lingua*, Loescher, Torino 1980.

Bloomfield L., *Il linguaggio* (1933), il Saggiatore, Milano 1974.

Calabrese A., Renzi L., Vanelli L., *Linguistica*, in AA.VV., *Gli strumenti del sapere contemporaneo*, vol. I: *Le discipline*, Utet, Torino 1985, pp. 441-454.

Chomsky N., *Le strutture della sintassi* (1957), Laterza, Bari 1970.

–, *Saggi linguistici* (1965), vol. II: *La grammatica generativa trasformazionale*, Bollati Boringhieri, Torino 1969-1970.

–, *The logical structure of linguistic theory*, University of Chicago Press, Chicago 1975.
Cinque G. (a cura di), *La semantica generativa*, Bollati Boringhieri, Torino 1979.
Coseriu E., *Lezioni di linguistica generale*, Bollati Boringhieri, Torino 1973.
Durante M., *La linguistica sincronica*, Bollati Boringhieri, Torino 1975.
Eco U., *La ricerca della lingua perfetta nella cultura europea*, Laterza, Bari 1993.
Fishman J. A., *La sociologia del linguaggio* (1970), Officina, Roma 1975.
Fodor J. A., *La mente modulare. Saggio di psicologia delle facoltà* (1983), il Mulino, Bologna 1988.
–, *Psicosemantica. Il problema del significato nella filosofia della mente* (1987), il Mulino, Bologna 1990.
Fowler C. A., *Current perspectives on language and speech production. A critical overview*, in R. Daniloff (a cura di), *Speech science*, College-Hill, San Diego, California, 1985, pp. 193-278.
Gainotti G. (a cura di), *Struttura e patologia del linguaggio*, il Mulino, Bologna 1983.
Geckeler H., *La semantica strutturale* (1971), Bollati Boringhieri, Torino 1979.
Greimas A. J., *La semantica strutturale. Ricerca di metodo* (1966), Meltemi, Roma 2000.
Grice H. P., *Logic and conversation*, in P. Cole, J. L. Morgan, *Syntax and semantics*, Academic Press, New York 1975, vol. III.
Jakobson R., *Saggi di linguistica generale* (1963), Feltrinelli, Milano 1966.
Kintsch W., Van Dijk T. A., *Toward a model of text comprehension and production*, in "Psychological Review", 1978, n. 85, pp. 363-394.
Lass N. J. (a cura di), *Speech and language. Advances in basic research and practice*, Academic Press, New York 1984, vol. X.
Levinson S., *La pragmatica* (1983), il Mulino, Bologna 1985.
Lieberman Ph., *Some effects of semantic and grammatical context on the production and perception of speech*, in "Language and Speech", 1963, n. 6, pp. 172-187.
Linsky L., *Semantica e filosofia del linguaggio* (1952), il Saggiatore, Milano 1969.
Lurija A. R., *Neuropsicologia e neurolinguistica* (1973), Editori Riuniti, Roma 1974.
–, *Problemi fondamentali di neurolinguistica* (1975), Armando, Roma 1978.
Marcellesi J.-B., Gardin B., *Introduzione alla sociolinguistica*, Laterza, Bari 1979.
Morris Ch. W., *Lineamenti di una teoria dei segni* (1938), Paravia, Torino 1954.
–, *Segni, linguaggio e comportamento* (1946), Longanesi, Milano 1963.
Ogden Ch. K., Richards I. A., *Il significato del significato. Studio dell'influsso del linguaggio sul pensiero e della scienza del simbolismo* (1923), il Saggiatore, Milano 1966.
Oldfield R. C., Marshall J. C. (a cura di), *Psicolinguistica* (1973), Bollati Boringhieri, Torino 1974.
Parisi D., *La psicolinguistica*, Le Monnier, Firenze 1981.
Peirce Ch. S., *Semiotica. I fondamenti della semiotica cognitiva* (testi tratti da *Collected Papers* 1931-1935, Harvard University Press, Cambridge, Massachusetts, vol. V), Einaudi, Torino 1980.
–, *Pragmatismo e pragmaticismo* (testi tratti da *Collected Papers* 1931-1935, cit., vol. V), Liviana, Padova 1966, e in AA.VV., *Il pragmatismo*, Utet, Torino 1970, pp. 57-184.
Pellerey R., *Le lingue perfette nel secolo dell'utopia*, Laterza, Bari 1992.
Peters S. (a cura di), *Gli scopi della teoria linguistica* (1974), Bollati Boringhieri, Torino 1976.
Reinhart T., *Anaphora and semantic interpretation*, Croom Helm, London 1983.
Rickheit G., Strohner H., *Inferences in text processing*, Elsevier, Amsterdam 1985.
Sanford A. J., Garrod S. C., *Understanding written language. Explorations of comprehension beyond the sentence*, Wiley, Chichester, New Jersey, 1981.
Sapir E., *Il linguaggio. Introduzione alla linguistica* (1921), Einaudi, Torino 1969.
Saussure F. de, *Corso di linguistica generale* (1916), Laterza, Bari 1976.
Schick C., *Il linguaggio. Natura, struttura, storicità del fatto linguistico*, Einaudi, Torino 1960.
Searle J. R., *A taxonomy of illocutionary acts*, in K. Gunderson, *Language, mind and knowledge*, University of Minnesota Press, Minneapolis 1975, vol. VI.
Skinner B. F., *Il comportamento verbale* (1957), Armando, Roma 1976.
Sperber D., Wilson D., *Relevance, communication and cognition*, Basil Blackwell, Oxford 1986.
Stati S., *La sintassi*, Zanichelli, Bologna 1976.
Strawson P. F., *Sul riferimento* (1950), in AA.VV., *La struttura del linguaggio*, Bompiani, Milano 1973.
Trubeckoj N. S., *Fondamenti di fonologia* (1939), Einaudi, Torino 1971.
Weinreich U., *Lingue in contatto* (1953), Bollati Boringhieri, Torino 1974.
Whitaker H., Whitaker H. A. (a cura di), *Studies in neurolinguistics*, Academic Press, New York 1976-1980, voll. I-IV.
Winograd T., *Understanding natural language*, Academic Press, New York 1972.
Zurif E. B., Caramazza A. (a cura di), *Language acquisition and language breakdown. Parallels and divergencies*, John Hopkins University Press, Baltimore 1978.

Liquido cefalo-rachidiano, v. ENCEFALO; MENINGE.

LIS (*Lingua Italiana dei Segni*). Sistema di comunicazione gestuale e figurativo per l'inserimento sociale e la crescita cognitiva del bambino e dell'adulto sordo dalla nascita.

Bibliografia

Caselli M. C., Maragna S., Volterra V., *Linguaggio e sordità. Gesti, segni e parole nello sviluppo e nell'educazione*, il Mulino, Bologna 2006.
Murolo J., Rossena R., Pasquotto M., *Gioco e imparo con la LIS. Attività e schede per l'apprendimento della Lingua dei Segni Italiana*, Erickson, Trento 2013.
Volterra V. (a cura di), *La lingua dei segni italiana. La comunicazione visivo-gestuale dei sordi*, il Mulino, Bologna 2004.

Litio, Sali di, v. PSICOFARMACOLOGIA, § II, 1.

Little, Morbo di, v. PARALISI, § 3.

Livellamento (ingl. *Levelling*; ted. *Nivellierung*; fr. *Nivellement*; sp. *Nivelación*). Distorsione sistematica del ricordo che porta a una maggiore simmetria e a un'eliminazione delle irregolarità e degli elementi incongrui. Lo si constata a livello sperimentale nella tendenza a riprodurre come regolare e completa una figura geometrica presentata come irregolare e con diverse lacune (v. PERCEZIONE, § 11), e a livello psicoanalitico nella tendenza a riprodurre il materiale onirico secondo una logica e una sua interna coerenza che comporta l'esclusione o la dimenticanza dei particolari incongrui.

Livello mentale, v. BINET-SIMON, SCALA DI.

Lobo, v. CORTECCIA CEREBRALE.

Lobotomia, v. PSICOCHIRURGIA.

Localizzazione (ingl. *Localization*; ted. *Lokalisation*; fr. *Localisation*; sp. *Localización*). Teoria secondo cui determinate funzioni psichiche, non solo semplici come i sensi del tatto, della vista e dell'udito, ma anche complesse come il linguaggio, la scrittura e la rappresentazione delle idee, sono collegate a determinate aree della CORTECCIA CEREBRALE (v.). Questa teoria era incontrastata nell'Ottocento dopo che il chirurgo francese Paul Pierre Broca riferì i casi di due pazienti afasici in conseguenza di lesioni nella porzione inferiore della terza circonvoluzione del lobo frontale, che quindi poteva essere ritenuta la sede del linguaggio espressivo. Successivamente Carl Wernicke e Joseph Jules Déjerine procedettero a ulteriori corrispondenze e localizzazioni. Ricerche successive dimostrarono che lesioni circoscritte della corteccia cerebrale non portano mai alla perdita di funzioni isolate, ma alla disorganizzazione di un intero complesso di attività psichiche, e che una funzione può essere disturbata da lesioni variamente localizzate nella corteccia cerebrale. Allo stesso modo, in presenza di aree cerebrali danneggiate, si assiste anche a una riorganizzazione delle connessioni neuronali soprattutto per quanto riguarda le funzioni superiori. Questa teoria, che prende il nome di OLISMO (v.), ha oggi più credito di quanto non ne goda la teoria della localizzazione (v. HOMUNCULUS).

Bibliografia

Broca P. P., *La sede della facoltà del linguaggio articolato* (1861), in L. Mecacci, A. Zani, *Teorie del cervello*, Loescher, Torino 1982.

Gardner H., *The shattered mind. The person after brain damage*, Kopf, New York 1975.

House E. L., Pansky B., *A functional approach to neuroanatomy*, New York 1967.

Jackson J. H., *The croonian lectures on evolution and dissolution of the nervous system*, in "British Medical Journal", 1884, n. 1.

Lurija A. R., *Le funzioni corticali superiori nell'uomo* (1962), Giunti Barbera, Firenze 1967.

Marie P., *Révision de la question de l'aphasie*, in "Semaine Médicale", 1906, n. 21.

Penfield W. G., *No man alone. A neurosurgeon's life*, Little, Brown and Company, Boston 1977 (edito postumo).

Wernicke C., *Il complesso dei sintomi dell'afasia* (1874), in L. Mecacci, A. Zani, *Teorie del cervello*, cit.

Locomozione (ingl. *Locomotion*; ted. *Lokomotion*; fr. *Locomotion*; sp. *Locomoción*). Insieme di movimenti muscolari coordinati che consentono a un organismo di muoversi con le proprie forze nello spazio in base a coordinazioni motorie innate tipiche della specie. La locomozione rientra nel più vasto capitolo della MOTRICITÀ (v.) presieduta, nel caso dell'uomo, da un livello inferiore, che include il midollo spinale e quello allungato, e da un livello superiore o corticale, e resa possibile dalla presenza di uno scheletro articolato (v. MOVIMENTO).

1. NEUROLOGIA DELLA LOCOMOZIONE. Ciascun muscolo è associato a un contingente di motoneuroni raggruppati secondo una distribuzione strettamente topografica nella porzione ventrale della sostanza grigia spinale. Il *motoneurone* è un'unità motoria costituita da un neurone spinale che raggiunge con le sue terminazioni cilindrassiche le prossimità di singole fibre muscolari, a cui trasmette l'impulso a livello di placca motrice (v. SINAPSI), dove si libera un mediatore chimico che è l'acetilcolina. A questo livello l'intensità dell'effetto meccanico dipende dal numero di fibre contemporaneamente eccitate e dalla frequenza degli impulsi. Al livello spinale viene oggi riconosciuta, rispetto al livello corticale, una propria autonomia, nel senso che non è più considerato come un docile esecutore di comandi che vengono dall'alto, ma come un mediatore degli ordini ricevuti e poi trasmessi in funzione delle sue modificazioni di recettività.

2. DISTURBI DELLA LOCOMOZIONE. In riferimento all'andatura e alle differenti forme di deambulazione si è soliti distinguere: andatura *atassica* dovuta alla perdita di sensibilità all'estremità dei piedi per cui il soggetto cammina a gambe larghe battendo pesantemente i piedi; *atassia cerebellare* dove manca la coordinazione fra i movimenti delle gambe e quelli del corpo, a cui si associano altri segni cerebellari quali la disartria o il nistagmo; andatura *esitante* di origine psicogena che si

riscontra in soggetti isterici e schizofrenici; andatura *ondeggiante* frequente nei casi di distrofia muscolare per cui il soggetto, per camminare, deve impiegare la muscolatura del tronco, oscillando durante la marcia da una parte all'altra; andatura *propulsiva* tipica del parkinsonismo, che inizia con passi striscianti e successiva accelerazione del ritmo man mano che si procede; andatura *spastica* caratterizzata da un comportamento rigido, gambe tese e passi striscianti.

3. INCIDENZA DEI FATTORI PSICOLOGICI NEI DISTURBI DELLA LOCOMOZIONE. Oltre ai disturbi locomotori di chiara natura organica, ne esistono altri dove fattori psicologici giocano un importante ruolo eziologico. Tra questi vanno menzionati: *dolori cronici lombari* in assenza di segni fisici, da imputare a impulsi inconsci di aggressività che il soggetto rivolge a se stesso in uno stato di depressione; *reumatismo psicogeno* caratterizzato da dolori diffusi e rigidità muscolo-scheletrica, un tempo imputato allo STRESS (v.) e oggi a un disturbo del sonno per cui durante la fase non-REM (NREM) comparirebbero ritmi alfa di risveglio con disturbo della funzione di riposo propria della fase NREM (v. SONNO, § 1); *crampo occupazionale*, di cui il più noto è il crampo dello scrivano per cui è ostacolata la capacità di scrivere (v. MOGIGRAFIA). L'indagine psicologica ha evidenziato l'incidenza di circostanze frustranti e conflittuali in soggetti a sfondo ossessivo e perfezionistico che possono causare: *cefalea psicogena* per contrazione muscolare a seguito di sentimenti di rabbia repressa; *artrite reumatoide* che, quando non è imputabile a cause immunologiche e infettive, è attribuita a cause psicologiche, riconducibili a un'estrema rigidità nell'educazione e a figure parentali particolarmente punitive, come risulta da una significativa campionatura dei soggetti esaminati, che, ai test psicometrici, oltre all'artrite reumatoide, hanno mostrato elevati punteggi nelle scale dell'ipocondria, della depressione e dell'isteria.

Bibliografia

Adams R. D., Victor M., *Principi di Neurologia* (8ª ed. a cura di A. H. Ropper, R. H. Brown), McGraw-Hill, Milano 2006.

Carlsöö S., *How man moves. Kinesiological studies and methods*, Heinemann, London 1972.

Gray J., *Animal locomotion*, Weidenfeld & Nicolson, London 1968.

Nicoletti R., Borghi A. M., *Il controllo motorio*, il Mulino, Bologna 2007.

Wickstrom R. L., *Fundamental motor patterns*, Lea & Feloiger, Philadelphia 1970.

Locuzione, v. LINGUISTICA, § 3, *e*.

Lode (ingl. *Praise*; ted. *Lob*; fr. *Éloge*; sp. *Elogio*). Approvazione di una persona, del suo operato o del suo comportamento. In psicologia è impiegata nei metodi di manipolazione del comportamento dove agisce come elemento di rinforzo (v. APPRENDIMENTO, § I, 1-2).

Logoclonia (ingl. *Logoklony*; ted. *Logoklonie*; fr. *Logoclonie*; sp. *Logoclonía*). Ripetizione spasmodica e insensata di frammenti di parole. Si riscontra nel morbo di Alzheimer (v. DEMENZA, § IV, 1), nella paralisi progressiva (v. PARALISI, § 2) e in alcune forme di affezione organica del cervello.

Logopedia (ingl. *Speech therapy*; ted. *Logopädie*; fr. *Logopédie*; sp. *Logopedia*). Detta anche *logoterapia* da non confondersi con la pratica terapeutica di Viktor Emil Frankl (v. LOGOTERAPIA, § 2). Rieducazione dell'espressione linguistica effettuata da terapeuti specializzati per la cura dell'AFASIA (v.), della BALBUZIE (v.), della DISARTRIA (v.), della DISLALIA (v.), della discalculia (v. ACALCULIA), della dislessia (v. ALESSIA, § 2).

Bibliografia

Biancardi A., Mariani E., Pieretti M. (a cura di), *Intervento logopedico nei DSA – La discalculia. Diagnosi e trattamento secondo le raccomandazioni della Consensus Conference*, Erickson, Trento 2013.

De Cagno A. G., Riccardi Ripamonti I., Savelli E. (a cura di), *Intervento logopedico nei DSA – La scrittura. Diagnosi e trattamento secondo le raccomandazioni della Consensus Conference*, Erickson, Trento 2013.

De Filippis Cippone A., *Turbe del linguaggio e riabilitazione*, Armando, Roma 1974.

–, *Nuovo manuale di logopedia*, Erickson, Trento 1998.

Mariani E., Marotta L., Pieretti M. (a cura di), *Intervento logopedico nei DSA – La dislessia. Diagnosi e trattamento secondo le raccomandazioni della Consensus Conference*, Erickson, Trento 2012.

Logorrea (ingl. *Logorrhea*; ted. *Logorrhoe*; fr. *Logorrhée*; sp. *Logorrea*). Eccessiva loquacità. Può riscontrarsi in individui normali come sintomo di copertura della propria insicurezza o di un particolare stato di tensione emotiva, o in comportamenti patologici dove il flusso accelerato dei processi ideativi si ripercuote in un linguaggio caratterizzato da una proliferazione inconcludente di parole tra loro disarticolate, con scarsa consequenzialità e accompagnate da esuberanza mimica ed eccessiva gestualità. Nella sua forma più accentuata la logorrea è tipica degli stati maniacali (v. MANIA), ma può riscontrarsi anche in alcuni stati confusionali e in intossicazioni da alcol, anfetamine e allucinogeni. Nel flusso logorroico, al di là delle molteplici digressioni espressive, è sempre rintracciabile un tema dominante. Alla logorrea corrisponde, nella scrittura, la *graforrea* in cui il soggetto scrive incessantemente, in modo impulsivo, disordinato e ovunque gli capiti, frasi più o meno sconnesse, dove tuttavia è possibile rintracciare, pur nella disarticolazione, un senso.

Bibliografia

Kainz F., *Psychologie der Sprache*, Enke, Stuttgart 1960.

Logos. Termine impiegato in diverse accezioni a partire da quella originaria, nata in Grecia, che fa riferimento all'ordine del mondo. Da qui il significato derivato di ordine del discorso, o *ragione*, che presiede quel modo di argomentare che distingue il Logos dal Mito (v.). Questi due significati sono raccolti dal frammento di Eraclito: «Non ascoltando me, ma il Logos è saggio riconoscere che tutto è uno» (Diels-Kranz, fr. B 50). Con l'avvento del cristianesimo il Logos nomina l'incarnazione del Verbo divino creatore di tutte le cose e si identifica, come vuole il concilio di Nicea (325 d.C.), con la seconda persona della Trinità cristiana.

In psicologia il termine ricorre in Carl Gustav Jung che lo impiega per indicare ora il mondo dello spirito rispetto al mondo della materia, ora gli aspetti razionali che caratterizzano il maschile, come il giudizio, la discriminazione, il discernimento, rispetto a quelli affettivi che caratterizzano il femminile, come l'amore, l'intimità e la capacità di relazione. Sempre secondo Jung, Eros e Logos costituiscono una coppia di opposti che sottostà alla legge dell'enantiodromia (v. Opposti, § 2, *a*) secondo la quale la dipendenza eccessiva da un principio costella il suo opposto, per cui un soggetto che difende troppo rigidamente una propria posizione di Logos è facilmente assediato nel suo inconscio da immagini attivate dall'Eros.

L'instaurarsi del Logos è per Jung la condizione prima per un distacco dal mondo materno e per il dischiudersi della coscienza: «Non c'è coscienza senza differenziazione degli opposti. È questo il principio fondamentale del Logos che eternamente lotta per liberarsi dal calore e dal buio primario del grembo materno, dall'incoscienza. Senza arretrare di fronte a nessun conflitto, dolore o peccato, la divina curiosità aspira a emergere. L'incoscienza è per il Logos il peccato originale, il male per eccellenza. Il suo atto liberatorio, quello che crea il mondo, è il matricidio. [...] Niente può esistere senza il suo opposto, perché entrambi erano al principio Uno e Uno saranno nuovamente alla fine. La coscienza può esistere solo con il costante riconoscimento e rispetto dell'inconscio, così come tutto quello che è vivo deve passare attraverso diverse morti» (1938-1954, p. 95).

La coppia Logos-Eros connota le figure psichiche che Jung nomina Animus (v.) e Anima (v. § 3) a proposito delle quali scrive che «come l'Anima corrisponde all'Eros materno, così l'Animus corrisponde al Logos paterno. Sono ben lungi dal voler definire in modo troppo specifico questi due concetti intuitivi. Eros e Logos mi servono soltanto come strumenti concettuali per descrivere il fatto che la coscienza femminile è caratterizzata più dalla qualità connettiva dell'Eros che da quella discriminante e conoscitiva del Logos. Di solito, nell'uomo, l'Eros, la funzione della relazione, è meno sviluppato del Logos. L'Eros esprime invece la vera natura della donna, mentre non di rado il Logos in lei rappresenta un deplorevole incidente, che suscita in famiglia e fra gli amici incomprensioni e interpretazioni irritate. Perché consiste di opinioni anziché di riflessioni» (1951, p. 14).

Sempre Jung mette in guardia dal rischio dell'unilateralità che consiste nell'irrigidirsi da parte dell'uomo nel Logos e da parte della donna nell'Eros. Accade allora che «nell'uomo, il suo principio del Logos si volge contro di lui e, per così dire, lo tradisce. Lo stesso accade all'Eros della donna, che è il corrispondente del Logos nell'uomo. Questi si irrigidisce, nel modo a lui pregiudizievole, nell'atteggiamento adottato fino ad allora. La donna rimane impigliata nei suoi legami affettivi e trascura di sviluppare l'intelletto e la ragione, al cui posto subentra l'Animus, cioè opinioni ostinate quanto prive di valore. In corrispondenza di ciò il processo di fossilizzazione dell'uomo si avvolge d'un alone di malumori, di suscettibilità ridicole, di sospetti e di risentimenti che dovrebbero giustificare l'irrigidirsi del suo atteggiamento» (1912-1952, p. 296).

Bibliografia

Eraclito, *Frammenti*, in H. Diels, W. Kranz, *I presocratici. Testimonianze e frammenti* (1ª ed. 1903, 12ª ed. ampliata 1966), Laterza, Bari 1969.
Giovanni Evangelista, *Vangelo*, in *Biblia Sacra*, Marietti, Torino 1959.
Jung C. G., *Simboli della trasformazione* (1912-1952), in *Opere* (1969-2007), Bollati Boringhieri, Torino, vol. V.
–, *Gli aspetti psicologici dell'archetipo della madre* (1938 1954), in *Opere*, cit., vol. IX, 1.
–, *Aion. Ricerche sul simbolismo del Sé* (1951), in *Opere*, cit., vol. IX, 2.

Logoterapia (ingl. *Logotherapy*; ted. *Logotherapie*; fr. *Logothérapie*; sp. *Logoterapia*). Il termine nomina due pratiche terapeutiche che non hanno alcuna relazione tra loro.

1. Rieducazione dell'espressione linguistica effettuata da terapeuti specializzati (v. Logopedia).

2. Metodo psicoterapico introdotto da Viktor Emil Frankl che non si rivolge tanto ai conflitti pulsionali,

quanto alle dimensioni psico-noetiche che sono alla base dell'apparato motivante la personalità, affinché questa possa ritrovare il senso della sua esistenza facendo emergere le possibilità rimaste fino ad allora inattive. Partendo dalla massima spinoziana "*Beatitudo non est virtutis premium, sed ipsa virtus* (La felicità non è il premio alla virtù, ma la virtù in se stessa)", Frankl scrive: «Il nevrotico non può essere felice, perché non è affezionato alla vita, la disprezza, la scredita, la odia. Compito dello psicoterapeuta allora è quello di restituirgli in pienezza l'amore per la vita e la comunità, e ciò attraverso una discussione critica, in cui il senso della vita e il valore della comunità risultano evidentemente non dimostrabili ma dati, non perseguibili ma già insiti nell'interesse personale; perché la vita che conduce alla felicità personale, alla soddisfazione, alla "*beatitudo*" passa attraverso il senso di comunità, il coraggio di vivere, la "*virtus*"» (1925, p. 252).

Partendo dalla convinzione che «essere-io vuol dire essere-cosciente ed essere-responsabile» (1938, p. 34), Frankl ritiene che tanto la psicoanalisi di Sigmund Freud, quanto la psicologia individuale di Alfred Adler pecchino di unilateralità perché «la psicoanalisi e la psicologia individuale prendono in considerazione, ognuna nel proprio campo visivo, un aspetto dell'esistenza umana, da cui estrapolare un'interpretazione dell'affezione nevrotica. Questo, non di meno, spiega allo stesso tempo che entrambi i sistemi non sono stati elaborati casualmente, ma che, con una corrispondenza scientifico-teoretica, partono da una necessità ontologica e, sotto questo aspetto, la loro unilateralità e la loro antiteticità rappresentano degli effettivi complementi» (*ibid.*). A parere di Frankl, infatti, la motivazione dell'agire non è come supponeva Freud nella ricerca del piacere, e neppure come supponeva Adler nella ricerca del potere, ma piuttosto nella ricerca di senso della propria esistenza a cui Frankl dà il nome di *logos*.

A partire da questa osservazione, Frankl ritiene che c'è in ogni persona l'esigenza di andare oltre il piano puramente psichico, intrapsichico, ambientale, perché, anche se non si possono negare i condizionamenti biologici, familiari, ambientali, sociali, culturali e religiosi, l'uomo rimane fondamentalmente libero di assumere un *atteggiamento* nei confronti di tali condizionamenti e orientarsi verso una ricerca di valori e di ideali. In questo contesto Frankl coniuga l'espressione *autotrascendenza*, volta alla ricerca di un senso ulteriore rispetto alla soddisfazione dei piaceri o alle aspirazioni di successo, e l'espressione *autodistanziamento* per assumere la giusta distanza dalle difficoltà che si incontrano e dalle situazioni-limite. E questo perché «qualora ci chiedessimo se, oltre l'adattamento e l'organizzazione, non vi sia, per così dire, un'ulteriore dimensione in cui la persona possa inoltrarsi se la si vuole guarire, oppure, quale sia l'ultima categoria da includere nel nostro quadro della persona umana, se si vuol rendere giustizia alla sua realtà psico-spirituale, giungiamo all'idea della realizzazione, del compimento di un senso. [...] La ricerca di senso ha un orientamento, è rivolta verso quella possibilità di valore riservata o, per meglio dire, assegnata a ogni singola persona umana e che deve essere realizzata; è diretta verso quei valori che ogni singolo uomo ha da realizzare nell'unicità della propria esistenza e nella singolarità del proprio spazio vitale» (ivi, p. 35).

Sul piano terapeutico, Frankl ritiene che non spetta al terapeuta dare la vera interpretazione del disturbo psichico lasciando il paziente in uno stato di passività, ma che occorre richiamarlo alla sua responsabilità. Infatti, «non appena, nell'ambito dell'analisi esistenziale e grazie all'intervento dello psicoterapeuta, il paziente diventa cosciente della sua essenziale responsabilità, dovrà rispondere alle seguenti domande: 1) davanti a chi si sente responsabile? (se, per esempio, davanti alla propria coscienza o davanti a Dio) e 2) di che cosa si sente responsabile, cioè a quali valori concreti si dedica, in quale direzione trova il senso della propria vita e quali compiti lo impegnano?» (ivi, p. 38). Queste domande sono essenziali perché, a parere di Frankl, non esiste solo un inconscio pulsionale come pensava Freud, ma esiste anche un "inconscio spirituale" che Freud non ha considerato perché «nella psicoanalisi non viene abbracciata la *totalità della persona* in quanto della triade *Eros-Logos-Ethos* viene preso in considerazione solo il primo elemento, con la conseguente distruzione della triplicità dell'antropologia filosofica. [...] Al contrario la psicoterapia deve considerare proprio la totalità dell'essere umano. La visione della persona come unità corporeo-psichico-spirituale deve essere tenuta presente anche dal punto di vista della persona psichicamente malata, per poter così – e solo così – soddisfare in una certa maniera le esigenze della critica della conoscenza» (1939, p. 708).

Di fronte al dilemma per cui da un lato c'è la necessità e la presupposizione di valori da parte del terapeuta e dall'altro l'impossibilità morale di imporli, Frankl ritiene che l'unica soluzione sia l'appello alla responsabilità, perché «esiste un valore etico formale che costituisce la condizione indispensabile di ogni altra valutazione, senza per questo determinare alcuna gerarchia: la *responsabilità*! Essa rappresenta quel valore limite di neutralità etica verso cui la stessa psicoterapia, in quanto procedimento che esprime una valutazione implicita o esplicita, può e deve inoltrarsi. Il paziente che nel trattamento psicoterapeutico e attraverso di esso giunge a una profonda consapevolezza della propria responsabilità, come caratteristica essenziale della propria esistenza, perviene automaticamente a delle valutazioni che sono in consonanza con se stesso, con la sua personalità unica e con il suo proprio irripetibile destino» (ivi, pp. 708-709).

Partendo dal concetto che la vita ha sempre un suo senso a prescindere dalle limitazioni dovute all'età, alla sofferenza, alla salute, ai fallimenti professionali, occorre, per reperire questo senso che si è oscurato, realizzare quelli che Frankl chiama "valori di atteggiamento" da assumere di fronte alle situazioni-limite che sembrano privare la vita del suo senso, a cui vanno affiancati i "valori di creazione", quali il lavoro o il raggiungimento degli obiettivi che ci si è proposti, e i "valori di esperienza" come l'amore e tutte quelle espressioni estetico-spirituali quali la musica o l'arte. A questo scopo il metodo terapeutico di Frankl tende a promuovere le cosiddette "reazioni paradossali" (v. PARADOSSO) che si ottengono ponendo il paziente in situazioni estreme in cui è costretto a reagire. L'analisi di queste reazioni dovrebbe promuovere quello che Frankl chiama "il logos dell'esistenza", ossia «il fattore spirituale in cui è custodito il significato che il soggetto cerca di dare alla propria vita» (1956, p. 12).

Bibliografia

Bruzzone D., *Autotrascendenza e formazione. Esperienza esistenziale, prospettive pedagogiche e sollecitazioni educative nel pensiero di Viktor E. Frankl*, Vita e Pensiero, Milano 2001.
–, *Ricerca di senso e cura dell'esistenza. Il contributo di Viktor E. Frankl a una pedagogia fenomenologico-esistenziale*, Erickson, Trento 2007.
Fizzotti E., *Logoterapia per tutti. Guida teorico-pratica per chi cerca il senso della vita*, Rubbettino, Soveria Mannelli 2002.
–, *Alla ricerca del senso*, Edizioni Lussografica, San Cataldo 2003.
Frankl V. E., *Le radici della logoterapia. Scritti giovanili 1923-1942*, Libreria Ateneo Salesiano, Roma 2000.
–, *Psychotherapie und Weltanschauung. Zur grundsätlichen Kritik ihrer Beziehungen*, in "Internationale Zeitschrift für Individualpsychologie", 1925, n. 3, pp. 250-252.
–, *Zur geistigen Problematik der Psychotherapie*, in "Zentralblatt für Psychotherapie und ihre Grenzgebiete", 1938, n. 10, pp. 33-45.
–, *Philosophie und Psychotherapie. Zur Grundlegung einer Existenzanalyse*, in "Schweizerische medizinische Wochenschrift", 1939, n. 69, pp. 707-709.
–, *Logoterapia e analisi esistenziale* (1946), Morcelliana, Brescia 1977.
–, *La sfida del significato. Analisi esistenziale e ricerca di senso* (1946-1996), Erickson, Trento 2005.
–, *Senso e valori per l'esistenza* (1947), Città Nuova, Roma 1998.
–, *Teoria e terapia della nevrosi* (1956), Morcelliana, Brescia 1978.

Longitudinale – Trasversale, Ricerca (ingl. *Longitudinal-Cross method*; ted. *Längsschnitt-Querschnittuntersuchung*; fr. *Recherche longitudinale-transversale*; sp. *Investigación longitudinal-transversal*). Metodi di ricerca utilizzati in ambito psichiatrico e psicopatologico.

1. La *ricerca longitudinale*, detta anche *diacronica*, si esprime nella raccolta di dati relativi alla variazione di uno o più fattori in tempi diversi nella vita di uno stesso individuo. Rientrano in questo ambito il *metodo genetico* che, a intervalli regolari di tempo e per la durata di anni, raccoglie osservazioni sistematiche di comportamenti individuali per determinare le fasi in cui si sviluppano sindromi patologiche, e la *storia del caso clinico* che raccoglie con la maggior ampiezza possibile informazioni sul passato del paziente.

2. La *ricerca trasversale*, detta anche *sincronica*, è caratterizzata dalla raccolta di dati relativi alla variazione di un fattore nello stesso momento in individui, in luoghi e in contesti diversi. Fra le procedure trasversali ricordiamo il *metodo statistico* che accerta la frequenza relativa con cui si verificano, in condizioni diverse, le varie forme di comportamento patologico, l'*analisi ambientale* che studia in modo comparativo la patologia in ambienti culturali diversi e il *metodo sperimentale* che quando non può, per ragioni etiche, effettuarsi sull'uomo, si effettua sugli animali, ottenendo dei dati che però hanno un valore solo analogico. Un campo di applicazione della ricerca longitudinale e trasversale è costituito dall'EPIDEMIOLOGIA (v.).

Bibliografia

Baltes P. B., *Longitudinal and cross-sectional sequences in the study of age and generation effects*, in "Human Development", 1968, n. 11.
Baltes P. B., Reese H. W., *Life-span developmental psychology. Introduction to research methods*, Brooks Cole, Belmont 1977.

Love Ability. Espressione inglese che si riferisce all'assistenza sessuale dei disabili a cui si riconoscono facilitazioni e diritti, ma spesso omettendo o rimuovendo il tema della sessualità.

Bibliografia

Reynolds K. E., *Sessualità e autismo. Guida per genitori, caregiver e educatori* (2013), Erickson, Trento 2014.
Ulivieri M. (a cura di), *LoveAbility. L'assistenza sessuale per le persone con disabilità*, Erickson, Trento 2014.

LPAD (*Learning Propensity Assessment Device*). Batteria per la valutazione dinamica della propensione all'apprendimento, ideata dallo psicopedagogista israeliano Reuven Feuerstein, che permette di determinare il grado di modificabilità cognitiva di un soggetto, in modo da poterne sollecitare un cambiamento neuroplastico. In ciò si differenzia dai test psicometrici tradizionali che, dalla misura di una performance, si limitano a trarre previsioni sul futuro di un soggetto. Il metodo Feuerstein trova applicazioni in ambito educativo e clinico, e più in generale in molti casi di malfunzionamento cognitivo come per esempio nel caso degli individui che giungono da contesti culturali diversi.

A Feuerstein si deve anche il PAS (*Programma di Arricchimento Strumentale*) che si propone di arricchire il repertorio delle strategie cognitive di un individuo per giungere a un apprendimento e a una soluzione dei problemi più rapida ed efficace e per recuperare le funzioni cognitive carenti in individui con bisogni particolari.

Bibliografia

Feuerstein R., Feuerstein R. S., Falik L. H., Rand Y., *LPAD. Learning Propensity Assessment Device. Batteria per la Valutazione Dinamica della Propensione all'Apprendimento di Reuven Feuerstein* (2003), Erickson, Trento 2013.

–, *Il programma di arricchimento strumentale di Feuerstein* (2006), Erickson, Trento 2008.

Minuto M., Ravizza R., *Migliorare i processi di apprendimento. Il Metodo Feuerstein. Dagli aspetti teorici alla vita quotidiana*, Erickson, Trento 2008.

LSD, v. DROGA, § 2.

Luce, v. VISIVO, SISTEMA, § 2.

Luce idioretinica (ingl. *Idioretinal light*; ted. *Idioretinisches Licht*; fr. *Lumière idiorétinique*; sp. *Luz idiorretínica*). Impressione luminosa provocata da scariche spontanee dei recettori della retina. Si tratta di un fenomeno fisiologico che avviene anche in assenza di stimoli luminosi e che è riscontrabile in condizioni di assoluta oscurità.

Lucidità (ingl. *Lucidity*; ted. *Klarheit*; fr. *Lucidité*; sp. *Lucidez*). Stato di coscienza integra e orientata. Il termine è impiegato anche per indicare la fase di ritorno a uno stato normale dopo un periodo di confusione mentale (v. COSCIENZA, § 3).

Ludoterapia, v. GIOCO, § 5.

Lue, v. SIFILIDE.

Luminosità, v. VISIVO, SISTEMA, § 2; COLORE, § 1.

Luteinizzante, Ormone (LH), v. ENDOCRINO, SISTEMA, § 1, *a*.

Lutto (ingl. *Mourning*; ted. *Trauer*; fr. *Deuil*; sp. *Duelo*). Stato psicologico conseguente alla perdita di un oggetto significativo che è stato parte integrante dell'esistenza. La perdita può essere di un oggetto esterno, come la morte di una persona, la separazione geografica, l'abbandono di un luogo, o interno, come il chiudersi di una prospettiva, la perdita della propria immagine sociale, un fallimento personale e simili. Dal lutto, che comporta sempre un'identificazione con l'oggetto perduto, si esce attraverso un processo di elaborazione psichica, o "lavoro del lutto" come dice Sigmund Freud, che prevede uno stadio di *diniego* in cui il soggetto rifiuta l'idea che la perdita abbia avuto luogo, uno stadio di *accettazione* in cui la perdita viene ammessa, e uno stadio di *distacco* dall'oggetto perduto con reinvestimento su altri oggetti della libido ad esso legata. Il lavoro del lutto richiede un certo tempo per il ritiro degli investimenti libidici, e l'umanità ha sempre provveduto a occupare questo tempo con cerimonie e pratiche rituali. Un blocco nel lavoro del lutto porta alla melanconia, che insorge quando il soggetto sente l'oggetto perduto come una parte ineliminabile di sé da cui non può separarsi se non separandosi da se stesso. In questo caso il dolore del lutto da normale diventa patologico e si manifesta con autoaccuse, autodenigrazioni e una perdita così radicale del sentimento di sé da sfociare talvolta in impulsi suicidari. Dal canto suo Melanie Klein ritiene che il lavoro del lutto consista nell'introiezione dell'oggetto perduto, un'operazione questa che risulta difficile da effettuare se non è stata superata la posizione depressiva infantile (v. KLEINIANA, TEORIA, § 2).

Allen Frances, nelle sue osservazioni critiche al DSM-5 che parla di "lutto persistente complicato" come di una condizione patologica «quando i sintomi sono presenti nei bambini per almeno 6 mesi e negli adulti per almeno 12 mesi» (2013, pp. 914-918), osserva che «il lutto non è propriamente un disturbo mentale. Non si deve diagnosticare una depressione maggiore quando una persona presenta i sintomi prevedibili conseguenti a una perdita. Questo codice va utilizzato quando una persona in lutto necessita di attenzione clinica, ma non è malata di mente. La depressione maggiore va diagnosticata soltanto quando i sintomi sono gravi, vi è presenza di ideazione suicidaria o di deliri» (2013, p. 199).

Bibliografia

Bastianoni P., Panizza P., *Uno sguardo al cielo. Elaborare il lutto*, Carocci, Roma 2013.

Campione F., *Lutto e desiderio. Teoria e clinica del lutto*, Armando, Roma 2012.

De Martino E., *Morte e pianto rituale*, Bollati Boringhieri, Torino 1958.

DSM-5. American Psychiatric Association (APA), *DSM-5. Manuale diagnostico e statistico dei disturbi mentali* (2013), Raffaello Cortina, Milano 2014.

Frances A., *La diagnosi in psichiatria. Ripensare il DSM-5* (2013), Raffaello Cortina, Milano 2014.

Freud S., *Totem e tabù. Alcune concordanze nella vita psichica dei selvaggi e dei nevrotici* (1912-1913), in *Opere* (1967-1993), Bollati Boringhieri, Torino, vol. VII.

–, *Lutto e melanconia*, in *Metapsicologia* (1915), in *Opere*, cit., vol. VIII.

Kaplan L. J., *Voci dal silenzio. La perdita della persona amata e forze psicologiche* (1995), Raffaello Cortina, Milano 1996.

Klein M., *Il lutto e la sua connessione con gli stati maniaco-depressivi* (1940), in *Scritti 1921-1958*, Bollati Boringhieri, Torino 1978, pp. 326-354.

Lieberman A. F., Compton N., Van Horn P., Ghosh Ippen C., *Il lutto infantile. La perdita di un genitore nei primi anni di vita* (2003), il Mulino, Bologna 2007.

Massimilla B., *La perdita. Lutti e trasformazioni*, Vivarium, Milano 2011.

Oppenheim D., *Dialoghi con i bambini sulla morte. Le fantasie, i vissuti, le parole sul lutto e sui distacchi* (2004), Erickson, Trento 2005.

Parkes C. M., *Il lutto. Studi sul cordoglio negli adulti* (1972), Feltrinelli, Milano 1980.

Prete A., *Trattato della lontananza*, Bollati Boringhieri, Torino 2008.

Sgarro M., *Il lutto in clinica e in psicoterapia*, Centro Scientifico, Torino 2008.

M

Macchina della verità (ingl. *Lie detector*; ted. *Lügendetektor*; fr. *Détecteur de mensonges*; sp. *Detector de mentiras*). Strumento ideato per registrare i cambiamenti fisiologici, quali il ritmo respiratorio, la pressione sanguigna, il ritmo cardiaco, la sudorazione e simili, che, accompagnando il cambiamento del tono emotivo, vengono ritenuti indicativi della difficoltà del soggetto in determinate situazioni. L'ipotesi sottesa è che la repressione di un ricordo reale o l'impatto con un'idea emotivamente significativa, sostituita da una verbalizzazione falsa, determini una reazione del sistema nervoso autonomo con conseguenti cambiamenti fisiologici che la macchina può rilevare. Le condizioni sperimentali in cui la prova si verifica e il frequente manifestarsi di reazioni paradosse riducono il livello di attendibilità dei risultati.

Macchina per insegnare, v. ISTRUZIONE, § 2.

Machover, Test di, v. DISEGNO, § 2, *b*.

Macrobiotica (ingl. *Macrobiotics*; ted. *Makrobiotik*; fr. *Macrobiotique*; sp. *Macrobiótica*). Teoria e pratica dell'alimentazione influenzata dalla concezione ZEN (v.) e in particolare dalla polarità YIN E YANG (v.), che sono rispettivamente il principio femminile, negativo, tenebroso, terrestre, e il principio maschile, positivo, luminoso, celeste, da cui tutti gli alimenti sarebbero contrassegnati. Un'opportuna combinazione porterebbe a un equilibrio dell'alimentazione che favorirebbe la salute del corpo in armonia con l'unità dell'universo. La dieta che ne risulta è astemia e sostanzialmente vegetariana.

Bibliografia

Ohsawa G., *Introduzione alla scienza della macrobiotica*, Arcana, Roma 1975.

Tomshinsky Ch., *Guida alla macrobiotica*, Feltrinelli, Milano 1975.

Macrogenitosomia (ingl. *Macrogenitosomia*; ted. *Macrogenitosomia*; fr. *Macrogénitosomie*; sp. *Macrogenitosomia*). Forma di pubertà precoce, con sviluppo sessuale anticipato dei caratteri sia primari che secondari, dovuta all'iperfunzionalità dell'ipofisi.

Macrogiria – Microgiria (ingl. *Macrogyrus-Microgyrus*; ted. *Makrogyrie-Mikrogyrie*; fr. *Macrogyrie-Microgyrie*; sp. *Macrogiria-Microgiria*). Malformazione congenita dell'encefalo che presenta circonvoluzioni troppo ampie, tozze e appiattite con solchi poco profondi (*macrogiria* o *pachigiria*), o circonvoluzioni troppo minuscole, sottili e numerose (*microgiria*). In entrambi i casi si manifestano forme di RITARDO MENTALE (v.) ed epilessia.

Macrologia (ingl. *Macrology*; ted. *Makrologie*; fr. *Macrologie*; sp. *Macrología*). Discorso prolisso con scarso rigore logico.

Macropsia – Micropsia (ingl. *Macropsia-Micropsia*; ted. *Makropsie-Mikropsie*; fr. *Macropsie-Micropsie*; sp. *Macropsia-Micropsia*). Disturbo della percezione che comporta una visione rimpicciolita (*micropsia*) o ingrandita (*macropsia*) degli oggetti, rispetto alle loro reali dimensioni. In questo ambito si parla anche di *dismorfopsia* quando ad apparire modificata è solo la forma degli oggetti, e di *dimegalopsia* quando lo è la grandezza. Il fenomeno, che si presenta in occasione di lesioni cerebrali delle aree temporo-occipitali, negli stati confusionali prodotti da intossicazioni o da allucinogeni, nel corso di retiniti, croiditi o disturbi dell'accomodazione, oltre che nei deliri febbrili, è spesso associato a un disturbo della coscienza di breve durata che non sconfina nell'allucinazione perché il soggetto si rende conto dell'alterazione percettiva dimensionale.

Macrosomatoagnosia, v. SOMATOAGNOSIA, § 1, *b*.

Madre (ingl. *Mother*; ted. *Mutter*; fr. *Mère*; sp. *Madre*). Il termine ha rilevanza nell'ambito della psicologia del profondo che, pur nella varietà delle sue concezioni, fa comunque riferimento a ciò che gli antropologi chiamano la *famiglia nucleare* composta dal padre, dalla madre e dai figli, che costituiscono i riferimenti fondamentali della prima organizzazione psichica individuale. In questo contesto il riferimento è da un lato al modello originario e archetipico della madre (v. GRANDE MADRE) illustrato da Carl Gustav Jung e da Erich Neumann, dall'altro alla madre reale o a un suo sostituto quale la nonna, la zia, la bambinaia, la sorella maggiore, addirittura lo stesso padre, o al limite un oggetto che abbia caratteristiche identiche alla madre o svolga quelle funzioni protettive che il bambino attende dalla figura materna.

1. LA MADRE E LA SUA RELAZIONE CON IL BAMBINO. Per la psicoanalisi la madre svolge un ruolo essenziale nelle fasi preedipiche dello sviluppo dove, secondo l'ipotesi di Melanie Klein, è dapprima oggetto parziale che soddisfa il bisogno ed è amata unicamente per questa sua capacità, in seguito diventa oggetto totale la cui personalità e i cui bisogni sono in qualche modo riconosciuti dal bambino (v. KLEINIANA, TEORIA, § 1). Come primo riferimento proiettivo, la madre può essere buona o cattiva, ideale, persecutoria o fallica in base a come la mente infantile la visualizza, talvolta incoraggiata dalla personalità reale della madre. Secondo Harry Stack Sullivan, il bambino è in grado assai precocemente di riconoscere nel contatto fisico, nei gesti, nelle espressioni del volto, nel tono della voce, l'amore o l'ostilità della madre, che si associano a esperienze di benessere o di malessere a seconda che la madre sappia soddisfare il bambino (madre buona) o sia incapace di andare incontro all'urgenza dei suoi bisogni, provocando frustrazioni se non addirittura angoscia (madre cattiva). Donald Woods Winnicott, dal canto suo, dando per scontato che le madri non hanno mai condotte perfette, introduce il concetto di "madre sufficientemente buona", a proposito della quale scrive: «La madre sufficientemente buona (*good enough*) incomincia con un adattamento quasi completo ai bisogni del suo bambino, e via via che il tempo procede vi si adatta gradualmente meno e meno completamente, a seconda della capacità crescente che il bambino ha di fronte al suo venire meno» (1971, p. 74).

John Bowlby e René Árpád Spitz hanno condotto studi approfonditi sull'angoscia di separazione (v. SEPARAZIONE) e sulle conseguenze della privazione materna (v. PRIVAZIONE) dovute o all'assenza temporanea o definitiva della madre, o alla sua incuria in ordine al nutrire, manipolare, abbracciare, sorridere, scaldare e simili che, oltre una certa soglia, comportano effetti irreversibili nello sviluppo della personalità. La diade madre-figlio (v. FAMIGLIA, § II, 1) è da tutti riconosciuta come una delle relazioni più significative, perché originaria, da cui l'individuo può emanciparsi oppure arrestarsi in un rapporto simbiotico (v. SIMBIOSI), responsabile di numerose manifestazioni nevrotiche e psicotiche.

2. LA MADRE E IL SUO RAPPORTO CON LA MATERNITÀ. Oltre al rapporto madre-figlio, la figura della madre va considerata anche in relazione al suo essere e al suo sentirsi donna. Questo tema è stato affrontato da Denise Foley e Eileen Nechas, che in proposito scrivono: «Diventare madre è forse il cambiamento più significativo che una donna possa mai affrontare nella propria vita, molto più importante della carriera o del matrimonio. Considerata nella maggior parte delle culture come un'iniziazione all'età adulta, la maternità è il legame più intimo che un essere umano possa stabilire con un altro. È un rapporto che di solito comincia con una simbiosi – la gravidanza – e sarà per sempre influenzato da quella prima sensazione che la donna prova di essere "un tutt'uno" con il proprio figlio. La sensazione presente durante la gravidanza, secondo la quale "qualunque cosa accada al bambino accade anche a me", persiste ben oltre la nascita. [...] Molte madri di oggi sono cresciute nel mito della "mamma italiana", tutto amore, dedizione e sacrificio per i figli, senza nulla concedere a se stessa, nemmeno quando è una donna che lavora. [...] I risultati? Soltanto una madre su quattro ha sentimenti decisamente positivi nei confronti della maternità, mentre una su cinque ne ha una visione del tutto negativa. La maggioranza delle madri prova sentimenti contraddittori» (1993, pp. 317-318).

Questo sentimento contraddittorio si spiega con il fatto che nella donna, molto più marcatamente che nell'uomo, si dibattono due soggettività antitetiche che vivono l'una a spese dell'altra. Una soggettività rappresentata dal proprio "Io" e una soggettività che fa sentire la donna "depositaria della specie". Il conflitto tra queste due soggettività è alla base dell'amore materno, ma anche dell'odio materno, perché il figlio, ogni figlio, vive e si nutre del sacrificio della madre: sacrificio del suo corpo, del suo tempo, del suo spazio, del suo sonno, delle sue relazioni, del suo lavoro, della sua carriera, dei suoi affetti e anche amori, altri dall'amore per il figlio. Questa ambivalenza del sentimento materno, generato dalla doppia soggettività che è in ciascuno di noi, e che il mondo delle madri conosce meglio del mondo dei padri, va riconosciuta e accettata come cosa naturale e non con il senso di colpa che può nascere dall'interpretare come incompiutezza o inautenticità del sentimento quella che è la sua naturale *ambivalenza*.

Questa ambivalenza della maternità, rimasta per molto tempo segreta e nascosta, oggi è sempre più accentuata, per cui è necessario, come scrive Silvia Vegetti Finzi, «distinguere la disposizione alla maternità – la potenza generativa che essa comporta e l'atteggiamento interattivo che implica – rispetto alla sua esclusiva realizzazione nella filiazione, in gran parte socialmente indotta» (1990, p. 4). Secondo Vegetti Finzi, infatti, «la maternità è divenuta, alla fine del XX secolo, quello che era stata la sessualità nella seconda metà dell'Ottocento: un luogo di conflitti non dicibili né pensabili. [...] Le turbe del ciclo mestruale, la sterilità crescente, la difficoltà di accogliere il desiderio di procreazione, il ricorso disperato alle biotecnologie, gli aborti volontari ripetuti, i parti indotti, le depressioni puerperali sono spesso effetto di un malessere profondo dell'identità femminile che non trova le parole per dirsi e che perciò si affida al linguaggio d'organo, alla rappresentazione comunicativa del sintomo per chiedere aiuto. Ma, invece di rispondere alla domanda con un'altra domanda, si preferisce (un secolo dopo la nascita della psicoanalisi!) offrire una soluzione tecnologica, un intervento medico che, mettendo a tacere il sintomo, imbavaglia ogni perturbante quesito. Pur sapendo che il mancato riconoscimento di ciò che determina la malattia farà sì che essa si presenti sotto altre spoglie, con l'insistenza propria dell'inconscio, della sua inesorabile "coazione a ripetere"» (1996, pp. 35-36).

Oltre alla maternità come *sintomo*, dovuta alla sua divaricazione dall'identità femminile, Vegetti Finzi prende in esame la modificazione della maternità per effetto delle biotecnologie, a proposito delle quali scrive: «La procreazione, che per secoli ha proceduto secondo moduli immutabili, è stata sconvolta dapprima dalla diffusione della contraccezione, che la separa dalla sessualità, e poi dalle tecniche di fertilizzazione indotta che disgiungono la generazione dalla fecondità. Il corpo sterile può infatti generare pur rimanendo tale. È ora possibile decidere se, come, quando e con quali apporti diventare genitori. L'esistenza di un ventaglio di scelte apre la filiazione, tradizionalmente affidata alla necessità e all'obbedienza, all'esercizio della libertà e della responsabilità morale. Ma le tecnologie vanno ben oltre la terapia della sterilità: estendendo la fecondazione artificiale al di fuori dei genitori sociali, delegano la gestazione, selezionano e modificano il patrimonio cromosomico, isolano parti del corpo e le ricombinano con altre connettendo tra loro esistenze che non si incontreranno mai, comprese quelle separate dalla barriera, ormai pervia, della morte» (1997, p. 3).

Tutto ciò comporta una modificazione nella concezione della maternità, non solo a livello culturale e sociale, ma all'interno dello stesso vissuto psichico della donna perché, sciogliendo il nesso che dall'origine del mondo ha legato maschi e femmine, le biotecnologie possono provocare nella donna l'ebbrezza dell'onnipotenza, alimentando i fantasmi del narcisismo, e modulare il concetto di libertà sul registro della revocabilità delle scelte, che rende più difficile la costruzione di una biografia che solitamente è scandita da scelte irrevocabili.

Bibliografia

Ammaniti M., Candelori C., Pola M., Tambelli R., *Maternità e gravidanza. Studio sulle rappresentazioni*, Raffaello Cortina, Milano 1996.

Auhagen-Stephanos U., *La maternità negata. La paura inconscia di un figlio desiderato* (1990), Bollati Boringhieri, Torino 1993.

Bettelheim B., *Dialogo con le madri* (1962), Edizioni di Comunità, Milano 1978.

Bowlby J., *Attaccamento e perdita*, vol. I: *L'attaccamento alla madre*, vol. II: *La separazione dalla madre*, vol. III: *La perdita della madre* (1969-1980), Bollati Boringhieri, Torino 1976-1983.

Braconnier A., *Madri e figli* (2005), Raffaello Cortina, Milano 2005.

Campese S., Manuli P., Sissa G., *Madre Materia. Sociologia e biologia della donna greca*, Bollati Boringhieri, Torino 1983.

Carloni G., Nobili D., *La mamma cattiva. Fenomenologia, antropologia e clinica del figlicidio*, Guaraldi, Firenze 1975.

Chasseguet-Smirgel J., *I due alberi del giardino. Saggi psicoanalitici sul ruolo del padre e della madre nel sistema psichico* (1988), Feltrinelli, Milano 1991.

Fiume G., *Madri. Storia di un ruolo sociale*, Marsilio, Venezia 1995.

Foley D., Nechas E., *Maternità*, in Id., *Enciclopedia delle donne. Il nostro corpo, la nostra mente* (1993), Feltrinelli, Milano 1995, pp. 317-339.

Forghieri M., *Madri oscure. Casi clinici*, Vivarium, Milano 2011.

Fornari F., *La vita affettiva originaria del bambino*, Feltrinelli, Milano 1963.

Galimberti U., *Il mito dell'amore materno*, in Id., *I miti del nostro tempo* (2009), Feltrinelli, Milano 2014, pp. 15-22.

Gallo Barbisio C., Leopardo P., Mazzetti S., *L'aggressività materna*, Bollati Boringhieri, Torino 1993.

Giani Gallino T. (a cura di), *Le Grandi Madri*, Feltrinelli, Milano 1989.

Jung C. G., *Gli aspetti psicologici dell'archetipo della madre* (1938-1954), in *Opere* (1969-2007), Bollati Boringhieri, Torino, vol. IX, 1.

Klein M., *Alcune conclusioni teoriche sulla vita del bambino nella prima infanzia* (1952), in *Scritti 1921-1958*, Bollati Boringhieri, Torino 1978, pp. 454-459.

–, *Sull'osservazione del comportamento dei bambini nel primo anno di vita* (1952), in *Scritti 1921-1958*, cit., pp. 494-525.

Leveni D., Morosini P., Piacentini D. (a cura di), *Mamme tristi. Vincere la depressione post-parto*, Erickson, Trento 2009.

Marinopoulos S., *Nell'intimo delle madri. Luci e ombre della maternità* (1998), Feltrinelli, Milano 2006.

Moro M. R., Neuman D., Réal I., *Maternità in esilio. Bambini e migrazioni* (2008), Raffaello Cortina, Milano 2010.

Neumann E., *La grande madre. Fenomenologia delle configurazioni femminili nell'inconscio* (1956), Astrolabio, Roma 1981.
Recalcati M., *Le mani della madre. Desiderio, fantasmi ed eredità del materno*, Feltrinelli, Milano 2015.
Schön B., *Madre*, in Ch. Wulf (a cura di), *Cosmo, corpo, cultura. Enciclopedia antropologica* (1997), Bruno Mondadori, Milano 2002, pp. 324-334.
Spitz R. Á., *Il primo anno di vita del bambino* (1958), Editrice Universitaria, Firenze 1962.
Stern D. N., *Le interazioni madre-bambino. Nello sviluppo e nella clinica* (1971-1998), Raffaello Cortina, Milano 1998.
–, *La costellazione materna. Il trattamento psicoterapeutico della coppia madre-bambino* (1982), Bollati Boringhieri, Torino 1995.
Sullivan H. S., *Teoria interpersonale della psichiatria* (1953, edito postumo), Feltrinelli, Milano 1962.
Vegetti Finzi S., *Il bambino nella notte. Divenire donna, divenire madre*, Mondadori, Milano 1990.
–, *Il mito delle origini. Dalla Madre alle madri, un percorso di identità femminile*, in S. Lagorio, L. Ravasi, S. Vegetti Finzi, *Se noi siamo la terra. Identità femminile e negazione della maternità*, il Saggiatore, Milano 1996.
–, *Volere un figlio. La nuova maternità fra natura e scienza*, Mondadori, Milano 1997.
–, *L'ospite più atteso. Vivere e rivivere le emozioni della maternità*, Einaudi, Torino 2017.
Viganò C., *Madre Donna*, in AA.VV., *Atti del Convegno del Campo Freudiano in Italia*, Marcos y Marcos, Roma 1993.
Vitullo A., Zezza R., *Maam. La maternità è un master che rende più forti uomini e donne*, Rizzoli, Milano 2014.
Winnicott D. W., *Gioco e realtà* (1971), Armando, Roma 1974.
–, *I bambini e le loro madri* (1987, edito postumo), Raffaello Cortina, Milano 1987.

Maestro (ingl. *Teacher*; ted. *Lehrer*; fr. *Maître*; sp. *Maestro*). Il termine si riferisce in senso lato a chiunque svolga una funzione di guida e di insegnamento eccellendo nella scienza, nell'arte, nella vita morale o religiosa; in senso specifico, all'insegnante della scuola elementare o di particolari discipline. Al maestro come guida sono associate le idee di compito spirituale, missione, vocazione e formazione, al maestro come insegnante l'idea di professionalità, frutto di selezione, orientamento, addestramento e aggiornamento.

Bibliografia

Agostino di Ippona, *Il maestro* (389), in *Tutti i dialoghi*, Bompiani, Milano 2006.
Alfieri F., *Il mestiere di maestro*, Emme, Milano 1974.
Dottrens R., *Maestri per il mondo di domani* (1961), La Nuova Italia, Firenze 1968.

Magia (ingl. *Magic*; ted. *Magie*; fr. *Magie*; sp. *Magia*). Credenza nell'efficacia di pratiche, gesti, parole, rituali, formule volti al controllo della natura fisica e psichica. Dal punto di vista psicologico la magia ha la sua radice nella precarietà dell'esistenza, sempre alla ricerca di forme protettive e rassicuranti. In assenza di strumenti di controllo della realtà interiore e della realtà esterna, la prima forma di protezione è rappresentata dalla magia che dischiude un orizzonte mitico, definito da Ernesto De Martino *metastoria*, dove il senso delle azioni degli uomini è già descritto e anticipato nel suo buon fine. Questo fa sì che, quando nella *storia* il negativo assale l'esistenza, l'individuo non naufraga nella negatività sopraggiunta, perché sa che c'è un ordine superiore, un ordine metastorico, che la magia si incarica di descrivere, in cui questa negatività, con particolari rituali, può essere riassorbita e risolta. In tale prospettiva, l'individuo affronta il negativo e le crisi d'esistenza che ogni evento negativo dischiude, appoggiandosi a una sorta di "così-come" che il rito magico ribadisce. *Come* nel mito una determinata serie di eventi trova la sua soluzione positiva, *così*, praticando i riti conformi al disegno del mito, una serie analoga di eventi che sta succedendo a un individuo in un certo frangente della sua esistenza troverà la sua soluzione. In tal modo la protezione magica svolge una duplice funzione che consiste nell'inaugurare un *orizzonte rappresentativo stabile* in cui ogni cosa ha già trovato la sua soluzione, e nel *destoricizzare il divenire storico* la cui drammaticità insorge quando non c'è più una metastoria che contiene un senso ulteriore rispetto a quello che l'irruzione del negativo fa apparire come senso ultimo. Come orizzonte della crisi, la magia *controlla* la negatività del negativo evitandole di espandersi; come luogo di destoricizzazione del divenire la *relativizza*, consentendo di affrontare le prospettive incerte "come se" tutto fosse già risolto sul piano metastorico, secondo i modelli che il desiderio umano di protezione prefigura.

Jean Piaget ha messo in evidenza nei bambini la presenza di un *pensiero magico* dovuto al fatto che, come i primitivi, essi considerano le cose, e gli oggetti in genere, animati e forniti di intenzionalità. Sigmund Freud ha colto invece l'essenza del magico nell'*onnipotenza del pensiero*, riscontrabile tanto nei bambini che ancora non si misurano con i dati di realtà, quanto nei nevrotici ossessivi che con le loro fissazioni e con i loro rituali tentano di controllare, proiettandolo sul mondo esterno, il loro mondo interno animato da forze che temono altrimenti di non poter contenere, con il rischio sempre incombente di una scissione (v. RITO, § 2, *a*). Carl Gustav Jung definisce la magia come un'*identificazione con forze inconsce* al fine di propiziarsele, o di servirsene, o di distruggerle, allo scopo di neutralizzare la loro potenza o di allearsi con esse per poter esercitare sul mondo esterno una maggior influenza. Dette forze agiscono come complessi autonomi dall'Io, che l'Io, se non ne è sopraffatto, tenta di controllare con rituali magici.

Bibliografia

Augé M., *Magia*, in AA.VV., *Enciclopedia*, Einaudi, Torino 1979, vol. VIII, pp. 708-723.
Baigent M., Leigh R., *L'elisir e la pietra* (1997), Tropea, Milano 1998.
De Martino E., *Il mondo magico*, Einaudi, Torino 1948.
–, *Sud e magia* (1959), Feltrinelli, Milano 2001.
Donà M., *Magia e filosofia*, Bompiani, Milano 2004.
Durkheim É., *Le forme elementari della vita religiosa* (1912), Edizioni di Comunità, Milano 1971.
Durkheim É., Hubert H., Mauss M., *Le origini dei poteri magici* (1902-1909), Bollati Boringhieri, Torino 1977.
Evans-Pritchard E. E., *Stregoneria, oracoli e magia tra gli Azande* (1937), Raffaello Cortina, Milano 2002.
Frazer J. G., *Il ramo d'oro. Studi della magia e della religione* (1890-1915, edizione ridotta dallo stesso autore 1922), Bollati Boringhieri, Torino 1990.
Freud S., *Totem e tabù. Alcune concordanze nella vita psichica dei selvaggi e dei nevrotici* (1912-1913), in *Opere* (1967-1993), Bollati Boringhieri, Torino, vol. VII.
Jodorowsky A., *Psicomagia. Una terapia panica* (1995), Feltrinelli, Milano 1997.
Jung C. G., *Studi sull'alchimia* (1929-1957), in *Opere* (1969-2007), Bollati Boringhieri, Torino, vol. XIII.
La Porta G., *La magia*, Marsilio, Venezia 1998.
Lévi-Strauss C., *Il pensiero selvaggio* (1962), il Saggiatore, Milano 1970.
Lévy-Bruhl L., *Psiche e società primitive* (1910), Newton Compton, Roma 1970.
Lloyd G. E. R., *Magia Ragione Esperienza. Nascita e forme della scienza greca* (1979), Bollati Boringhieri, Torino 1982.
Lombardi P., *Il filosofo e la strega. La ragione e il mondo magico*, Raffaello Cortina, Milano 1997.
Malinowski B., *Teoria scientifica della cultura e altri saggi* (1944), Feltrinelli, Milano 1962.
Mauss M., *Teoria generale della magia e altri saggi* (1950), Einaudi, Torino 1965.
Piaget J., *La rappresentazione del mondo nel fanciullo* (1926), Bollati Boringhieri, Torino 1966.
Rigoli A., *Magia e etnostoria*, Bollati Boringhieri, Torino 1978.
Róheim G., *Magia e schizofrenia* (1955), il Saggiatore, Milano 1973.
Seppilli A., *Poesia e magia*, Einaudi, Torino 1971.

Magnetoencefalografia (MEG), v. Diagnosi, § 5, B, d.

Mahler, Sindrome di, v. Simbiosi.

Maieutica (ingl. *Maieutic*; ted. *Mäeutik*; fr. *Maïeutique*; sp. *Mayéutica*). Arte della levatrice alla quale Socrate paragona il suo insegnamento che non consiste nel trasmettere una dottrina, ma nel creare le condizioni perché l'allievo porti alla luce le sue conoscenze. Il metodo maieutico è stato contrapposto al metodo *catechetico* che consiste in una trasmissione del sapere già costituito. Il termine è ripreso da Carl Gustav Jung per nominare l'atteggiamento dello psicoterapeuta che deve partire da una sorta di non-sapere per consentire un'apertura dialogica al paziente, invece di ricondurre il suo discorso a una dottrina precostituita.

Bibliografia

Jung C. G., *Situazione attuale della psicoterapia* (1934), in *Opere* (1969-2007), Bollati Boringhieri, Torino, vol. X, 1.
Platone, *Teeteto*, in *Opere*, Laterza, Bari 1973.

Malaggiustamento, v. Aggiustamento.

Malattia mentale, v. Psichiatria; Psicopatologia.

Male (ingl. *Evil*; ted. *Übel*; fr. *Mal*; sp. *Mal*). Termine correlativo a *bene*, rispetto al quale è stato pensato dalla tradizione mitologica, filosofica e religiosa in due diverse accezioni: *a*) come non-essere del bene (*privatio boni*); *b*) come principio antitetico al bene fornito di una propria realtà o spessore ontologico.

La prima interpretazione risale ad Agostino di Ippona che nelle *Confessioni* scrive: «Tutto ciò che esiste è bene, e il male, di cui cercavo l'origine, non è una sostanza, perché, se fosse tale, sarebbe bene: infatti o sarebbe una sostanza incorruttibile, e allora sarebbe inevitabilmente un grande bene; o una sostanza corruttibile, ma questa non potrebbe corrompersi senza essere buona». E poi, rivolto a Dio, prosegue dicendo: «In Te il male non c'è affatto, non solo in Te, ma in tutta la tua creazione, perché fuori di Te non c'è nulla che possa irrompervi e corrompervi l'ordine che hai imposto» (410, Libro VII, capp. XII-XIII).

Prendendo in esame la posizione di Agostino, Carl Gustav Jung ritiene che il male non è solo un'assenza di bene (*privatio boni*), ma ha una sua realtà, una sua sostanza a cui ricondurre tutte le forme di dolore, sofferenza, malattia, che altro non sono se non il riflesso del male universale. E in proposito scrive: «Nel *Liber sententiarum ex Augustino* si legge: "Il male non ha sostanza: esso infatti, non avendo Dio come autore, non esiste. Il difetto, la corruzione non sono altro perciò che il desiderio o l'azione di una volontà disordinata". Conformemente a ciò, Agostino dice: "Il male non è nel ferro, ma in colui che usa il ferro per compiere il male". […] Da questa tendenza di togliere realtà al male deriva probabilmente il principio: "Ogni bene viene da Dio; ogni male dall'uomo". Ma è un principio che contraddice la verità: questa dice infatti che chi ha creato il caldo è responsabile anche del freddo (o *bonitas inferiorum*). Ad Agostino possiamo concedere che tutte le cose create (*naturae*) sono buone, ma non così buone da non lasciar trasparire la loro iniquità. Difficilmente potremmo oggi definire, se non per scherno, le cose che sono successe e ancora succedono nei campi di concentramento degli Stati totalitari come "accidentale mancanza di perfezione". [...] Il male esiste. La natura umana è capace di malvagità infinita, e le cattive azioni sono altrettanto reali di quelle buone» (1951, pp. 48-51).

A partire da questa premessa, Jung, oltre che come principio costitutivo del Sé che trova la sua configurazione psicologica nell'"ombra" (v. PSICOLOGIA ANALITICA, § 3), considera il male nelle sue figure mitologiche e archetipiche di cui, nella tradizione cristiana, la più eminente è quella del diavolo: «Per la concezione cristiana – scrive Jung – il male è una *privatio boni*. Questa formula classica priva il male dell'esistenza assoluta e ne fa un'ombra, che è soltanto un'esistenza negativa dipendente dalla luce. Invece al bene si attribuisce positività e sostanza. [...] Affermando del male che esso è una semplice *privatio boni*, si nega semplicemente l'antitesi bene-male. Ma come si può parlare del "bene" se non c'è il "male"? Se si attribuisce sostanza al bene è inevitabile che si debba fare lo stesso rispetto al male. [...] Non ci si può difendere dall'impressione che nello sviluppo di questa idea abbiano messo mano tendenze apotropaiche (di rimozione), nel comprensibile intento di risolvere, per quanto si poteva ottimisticamente, il penoso problema del male» (1942-1948, pp. 165-166). Detto questo, il concetto di male ha relazioni sul piano soggettivo con il concetto di COLPA (v.) e su quello oggettivo con quello di PECCATO (v.).

La posizione di Jung che afferma la realtà del male, rifiutando la tesi agostiniana che lo concepisce come semplice "assenza di bene" (*privatio boni*), era già stata anticipata da Gustav Theodor Fechner che ammette in Dio la stessa dualità tra bene e male, tra forze razionali e forze istintive che si riscontra nell'uomo, e da Sigmund Freud che connette il male all'aggressività umana e più in generale alla pulsione di morte contrapposta alla pulsione di vita, e a questo proposito scrive: «L'uomo non è una creatura mansueta, bisognosa d'amore, capace al massimo di difendersi quando è attaccata; è vero invece che occorre attribuire al suo corredo pulsionale anche una buona dose di aggressività. Ne segue che egli vede nel prossimo non soltanto un eventuale soccorritore e oggetto sessuale, ma anche un oggetto su cui magari può anche sfogare la propria aggressività, sfruttarne la forza lavorativa senza ricompensarlo, abusarne sessualmente senza il suo consenso, sostituirsi a lui nel possesso dei suoi beni, umiliarlo, farlo soffrire, torturarlo, ucciderlo. *Homo homini lupus*: chi ha coraggio di contestare quest'affermazione dopo tutte le esperienze della vita e della storia? Questa crudele aggressività è di regola in attesa di una provocazione, oppure si mette al servizio di qualche altro scopo, che si sarebbe potuto raggiungere anche con mezzi meno brutali. In circostanze che le sono propizie, quando le forze psichiche contrarie che ordinariamente la inibiscono cessano di operare, essa si manifesta anche spontaneamente e rivela nell'uomo una bestia selvaggia, alla quale è estraneo il rispetto per la propria specie» (1929, p. 509).

Infatti, prosegue Freud, «la pulsione aggressiva è figlia e massima rappresentante della pulsione di morte, che abbiamo trovato accanto a Eros con il quale spartisce il dominio del mondo. Ed ora, mi sembra, il significato dell'evoluzione civile non è più oscuro. Indica la lotta tra Eros e Morte, tra pulsione di vita e pulsione di distruzione, come si attua nella specie umana. Questa lotta è il contenuto essenziale della vita e perciò l'evoluzione civile può definirsi in breve come la lotta per la vita della specie umana. E questa battaglia di giganti vorrebbero placare le nostre bambinaie con la "canzone del premio celeste"!» (ivi, p. 609).

Questa lotta non può essere edulcorata o rimossa attraverso narrazioni religiose che disimpegnano Dio dal male, e, riprendendo una ballata di Johann Wolfgang Goethe del 1803 che inizia con "I bambini non ascoltano volentieri", Freud scrive: «"I bambini non ascoltano volentieri" quando si parla della tendenza innata dell'uomo al "male", all'aggressione, alla distruzione e perciò anche alla crudeltà. Dio li ha creati a sua immagine e somiglianza, così che a nessuno piace sentirsi ricordare com'è difficile far coincidere l'esistenza innegabile del male con la sua onnipotenza e suprema bontà. Il diavolo sarebbe un'ottima scappatoia per scagionare Dio, economicamente avrebbe la stessa funzione che spetta all'ebreo nel mondo degli ideali ariani. Ma poi? Dio può essere chiamato a rispondere tanto dell'esistenza del diavolo quanto del male che questi incarna. Visto che le cose sono così difficili, è consigliabile per chiunque, al momento debito, fare un profondo inchino di fronte alla natura profondamente morale dell'uomo: gli gioverà per ottenere il favore popolare e molto gli sarà perdonato» (ivi, p. 607).

Bibliografia

Agostino di Ippona, *Confessioni* (410), Fondazione Lorenzo Valla, Mondadori, Milano 1992-1997.

Arendt H., *La banalità del male. Eichmann a Gerusalemme* (1963), Feltrinelli, Milano 1964.

Baron-Cohen S., *La scienza del male. L'empatia e le origini della crudeltà* (2011), Raffaello Cortina, Milano 2012.

Baudrillard J., *La trasparenza del male. Saggio sui fenomeni estremi* (1990), Sugarco, Milano 1991.

–, *Il patto di lucidità e l'intelligenza del male* (2004), Raffaello Cortina, Milano 2006.

Bauman Z., *Le sorgenti del male* (2011), Erickson, Trento 2013.

Bonanate U., *La cultura del male. Dall'idea di colpa all'etica del limite*, Bollati Boringhieri, Torino 2003.

Boncinelli E., *Il male. Storia naturale e sociale della sofferenza*, Mondadori, Milano 2007.

Borne É., *Le problème du mal*, Puf, Paris 1958.

Centro Italiano di Psicologia Analitica (CIPA) (a cura di), *Il male*, Raffaello Cortina, Milano 2000.
Doniger W., *Le origini del male nella mitologia indù* (1976), Adelphi, Milano 2002.
Fechner G. Th., *Zend-Avesta. Pensieri sulle cose del cielo e dell'al di là* (1851), Bocca, Milano 1944.
Freud S., *Il disagio della civiltà* (1929), in *Opere* (1967-1993), Bollati Boringhieri, Torino, vol. X.
Jung C. G., *Saggio d'interpretazione psicologica del dogma della Trinità* (1942-1948), in *Opere* (1969-2007), Bollati Boringhieri, Torino, vol. XI.
–, *Aion. Ricerche sul simbolismo del Sé* (1951), in *Opere*, cit., vol. IX, 2.
Nabert J., *Saggio sul male* (1955), La Garangola, Padova 1974.
Natoli S., *Sul male assoluto*, Morcelliana, Brescia 2006.
Portinaro P. P. (a cura di), *I concetti del male*, Einaudi, Torino 2002.
Raveri M. (a cura di), *Del bene e del male. Tradizioni religiose a confronto*, Marsilio, Venezia 1997.
Rella F. (a cura di), *Il male. Scritture sul male e sul dolore*, Pendragon, Bologna 2001.
–, *Figure del male*, Feltrinelli, Milano 2002.
Ricoeur P., *Finitudine e colpa* (1960), il Mulino, Bologna 1970.
Safranski R., *Il male. Le riflessioni nella cultura occidentale dall'antichità a oggi* (1997), Longanesi, Milano 2006.
Todorov T., *Memoria del male, tentazione del bene* (2000), Garzanti, Milano 2001.

Malessere, v. CENESTESIA; DISAGIO.

Malinconia, v. DEPRESSIONE.

Mana. Termine con cui le popolazioni primitive della Polinesia e della Melanesia indicano lo *spirito della cosa*. Intimamente connesso alla nozione di SACRO (v. § 1), il mana, scrive Robert Henry Codrington, a cui si deve la diffusione del termine in Occidente, «è un potere e un'influenza non fisici, ma in una certa misura soprannaturali. Si manifesta, tuttavia, nella forza fisica o in ogni forma di potere o eccellenza che un uomo possegga. Questo mana non è fissato da alcunché, ma può essere trasmesso ad ogni cosa. [...] È una forza totalmente distinta dal potere fisico, che agisce in tutte le forme per il bene e per il male, e che è del massimo vantaggio possedere e controllare» (1891, pp. 118-119). Per Marcel Mauss, «la nozione di mana, come quella di sacro, non è, in ultima analisi, che quella specie di categoria del pensiero collettivo che dà fondamento a questi giudizi, impone una classificazione delle cose, separa le une e unisce le altre, stabilisce linee di influenza o limiti di isolamento» (1950, p. 124). Partendo dalla considerazione che non solo le cose hanno un mana, ma anche le piante, gli animali, gli uomini, i morti, gli alimenti, Claude Lévi-Strauss afferma che mana significa tutto e niente, è simbolo allo stato puro, suscettibile di caricarsi di qualsiasi contenuto. Grazie a questa eccedenza semantica è possibile, osserva Lévi-Strauss, l'esercizio del pensiero simbolico che può operare solo in presenza di significati non rigidamente definiti, ma in grado di ospitare un'oscillazione di senso che consente di legare cose tra loro anche molto diverse (v. SIMBOLO, § 4, *d*).

Il termine "mana" ricorre nell'*animismo* diffuso nelle culture in cui si ritiene che tutte le cose siano animate, nello *spiritismo* che attribuisce all'azione degli spiriti o dei defunti tutto ciò che non si riesce a spiegare, nelle *religioni primitive* dove, come scrive Carl Gustav Jung, «il mana è una condizione preliminare necessaria o se non altro importantissima per l'avvento di un'idea di Dio» (1928, p. 76), nella *psicologia analitica* dove, come ci ricorda sempre Jung, «nella lingua kiswahili *mana* vuol dire "significativo, importante" e la presenza di questo termine echeggia anche nel latino *numen* e in parte anche in *genius* (per esempio *genius loci*)» (1947-1954, p. 250). Secondo Jung qualcosa è "mana" quando è NUMINOSO (v.), quando è vissuto come qualcosa di potente ed esterno rispetto all'uomo che gli attribuisce potenza, e che perciò possiede un effetto, che può essere benefico o malefico, su colui che ha lasciato esistere una potenza oltre se stesso. Tradotto in termini psicologici, il mana non è attribuibile all'Io, ma a tutto ciò che è altro dall'Io come l'inconscio o i complessi autonomi dall'Io.

Bibliografia

Codrington R. H., *The Melanesians. Studies in their anthropology and folklore*, Clarendon, Oxford 1891.
Jung C. G., *Energetica psichica* (1928), in *Opere* (1969-2007), Bollati Boringhieri, Torino, vol. VIII.
–, *Riflessioni teoriche sull'essenza della psiche* (1947-1954), in *Opere*, cit., vol. VIII.
Lévi-Strauss C., *Introduzione all'opera di Marcel Mauss* (1950), in M. Mauss, *Teoria generale della magia e altri saggi* (1950), Einaudi, Torino 1965.
Mauss M., *Teoria generale della magia e altri saggi* (1950), Einaudi, Torino 1965.

Mancanza, v. LACANIANA, TEORIA, § 9.

Mancato, Atto, v. ATTO, § 2, *b*.

Mancinismo, v. MANO.

Mand, v. LINGUAGGIO, § 3, *d*.

Mandala. Figura geometrica, organizzata sul cerchio e il quadrato come elementi di base, che costituisce oggetto di contemplazione e di meditazione in numerose religioni. Questa forma viene utilizzata in vario modo per delimitare gli spazi sacri (v. TEMENOS), ma essenzialmente a sostegno dell'itinerario meditativo e ascetico, in quanto consente la visualizzazione dei diversi piani della realtà, delle relazioni reciproche e della totalità che tutto include. Per Carl Gustav Jung, il mandala rappresenta l'immagine archetipica del Sé in cui trova espressione la totalità psichica (v. PSICOLOGIA ANALITICA, § 4). Grazie alle sue ricerche transculturali Jung ritiene di poter concludere che il mandala è un ARCHETIPO (v.) diffuso ovunque e che ricorre in ogni epoca storica. A questo proposito scrive: «L'interpretazione che fratel Klaus dà della sua visione di Dio con l'aiuto dei tre cerchi (della cosiddetta ruota) corrisponde a un uso primigenio dell'umanità che risale alle ruote solari dell'epoca del bronzo (rinvenute più volte in Svizzera) e ai mandala (disegni di cerchi, detti ruote solari) che risalgono ai disegni rupestri rhodesiani appartenenti forse al paleolitico. Li troviamo nel Messico, in India, nel Tibet e in Cina. I mandala cristiani si richiamano probabilmente a Sant'Agostino e alla sua spiegazione di Dio per mezzo del cerchio» (1933, p. 307).

Bibliografia

Jung C. G., *Fratel Klaus* (1933), in *Opere* (1969-2007), Bollati Boringhieri, Torino, vol. XI.

–, *Simbolismo del mandala* (1950), in *Opere*, cit., vol. IX, 1.

Mangiare (ingl. *To eat*; ted. *Essen*; fr. *Manger*; sp. *Comer*). Termine che si articola in diversi significati a seconda dei contesti: come pratica quotidiana per il sostentamento del proprio corpo (v. ALIMENTAZIONE); come fissazione a uno stadio dello sviluppo psicosessuale (v. ORALE); come fantasia di mangiare o di essere mangiato al solo scopo di introdurre nel proprio corpo o di essere tutt'uno con il corpo altrui (v. INCORPORAZIONE); come rifiuto nevrotico e protratto all'assunzione di cibo (v. ANORESSIA); come impulso irrefrenabile al cibo a cui il soggetto risponde con una iperalimentazione continua (v. BULIMIA) che ha come sua conseguenza l'OBESITÀ (v.).

Mania (ingl. *Mania*; ted. *Manie*; fr. *Manie*; sp. *Manía*). Condizione psicologica caratterizzata da grande euforia, disinibizione, illimitata fiducia in se stessi, fuga dispersiva di iniziative e idee che prorompono al di fuori di ogni contesto biografico a cui il soggetto si rapporta in modo assolutamente acritico. Karl Jaspers ne dà il seguente quadro psicopatologico: «La mania è caratterizzata da una immotivata e traboccante allegria ed euforia primaria, da una modificazione del corso psichico nel senso della fuga delle idee e dell'aumento delle capacità associative. La gioia di vivere stimola tutte le pulsioni istintive: la sessualità aumenta, così come l'impulso a muoversi, a parlare e ad avere un'attività si eleva dal semplice comportamento vivace fino agli stati di eccitamento. Il corso della vita psichica a tipo "fuga delle idee" fa iniziare vivacemente ogni attività che poi si interrompe e cambia rapidamente. Ogni nuovo stimolo e ogni nuova possibilità distraggono il malato. La massa delle associazioni che egli si trova a disposizione e che si presentano spontaneamente senza che egli le cerchi lo rendono arguto e spiritoso, ma contemporaneamente superficiale e confuso. Le sue capacità gli sembrano superiori. Nel suo ottimismo costante, le cose, il mondo, l'avvenire appaiono al malato nella luce più rosea. Tutto è splendido, tutto raggiunge la massima felicità possibile. Le sue rappresentazioni e i suoi pensieri sono comprensibili sotto questo punto di vista. Non è assolutamente accessibile alle altre rappresentazioni mentali» (1913-1959, p. 640). Una condizione di mania meno accentuata e socialmente più accettabile prende il nome di *ipomania*.

La mania è stata studiata in ambito fenomenologico da Ludwig Binswanger che ne ha colto il nucleo essenziale in una destrutturazione della temporalità, per cui al maniaco è concesso di vivere solo in un assoluto *presente* senza passato e senza futuro. Questo modo di temporalizzarsi produce una frammentazione che rende impossibile la costruzione di una storia interiore, a cui fare riferimento per poter rispondere del proprio passato e per potersi anticipare nel futuro. Ciò spiega la facilità con cui il maniaco intraprende iniziative che poi non porta a termine, produce idee che poi non segue, perché mancano i legami che radicano dette idee nel passato e le proiettano nel futuro. Da qui la libertà di una spensieratezza sfrenata, in quell'assoluta mancanza di riguardi per sé e per gli altri in cui si esprime la sua iperattività esuberante fino all'esaltazione, quasi sempre accompagnata dalla superficialità del suo umore non offuscato né oppresso da alcuna problematica.

La volubilità del maniaco, la sua discontinuità, la sua distraibilità mostrano la sua incapacità a relazionare sé e gli altri al contesto in cui ciascuno è inserito o a cui rimanda. Questo difetto di APPRESENTAZIONE (v.) fa sì che il maniaco percepisca non solo *il tempo come più corto*, ma anche *lo spazio come più piccolo*. Questo spiega le sue manifestazioni di grandezza tipiche di chi ha l'impressione che tutto sia a portata di mano, il suo enorme bisogno di SPAZIO (v. § 3, *a*) che si rivela nella scrittura a grandi lettere, il suo incedere franco e sicuro, tipico di chi non ha ritegno perché non conosce limiti, il suo vociare e il suo esagerato gesticolare come se con la sua corporale presenza volesse testimoniarsi in tutto lo spazio, senza quell'opportuno distanziamento dalle cose che, divenute troppo vicine, troppo a portata di mano, tendono a omogeneizzarsi e a perdere il loro rilievo significativo, fino a quel livellamento che le rende intercambiabili. Nell'atteggiamento maniacale si assiste inoltre ad una prevalenza dell'estensivo sull'intensivo, dell'apertura, della scoperta, della dilatazione sulla profondità, sul radicamento, sulla carica di senso, per cui gli uomini vengono trattati come cose sotto l'esclusivo profilo della funzionalità e strumentalità che, come scrive Danilo Cargnello, non consente di incontrare mai qualcuno, ma solo un «qualsiasi-tutto-nessuno» (1966, p. 269).

Allo stile d'esistenza maniacale, dove la saltuarietà del frammento ha soppresso ogni continuità biografica e ha reso impossibile rintracciare, nell'isolamento dei vari momenti, il senso unitario di una biografia, è spesso sottesa una depressione. Come scrive Giovanni Jervis, «se (con fatica) si riesce a fermare per un attimo la fuga del maniacale, si riesce a entrare in rapporto con lui, a guardare al di là della sua maschera di eccitamento e di euforia, si ha una sensazione che riempie di sgomento: il volto che si scorge è tragico. Il maniacale appare allora come una persona in cui coesistono due anime di significato opposto; al di sotto dell'euforia si scorge la depressione: e si ha la netta sensazione che questa sia la sua realtà più vera» (1975, p. 280). Le condotte che alternano stati di euforia a stati di depressione sono dette maniaco-depressive o anche ciclotimiche (v. CICLOTIMIA).

Bibliografia

Binswanger L., *Melanconia e mania* (1960), Bollati Boringhieri, Torino 1971.

Cargnello D., *Alterità e alienità. Introduzione alla fenomenologia antropoanalitica*, Feltrinelli, Milano 1966.

Galimberti U., *La mania e la presenza momentanea*, in Id., *Psichiatria e fenomenologia* (1979), nuova edizione ampliata, Feltrinelli, Milano 2017, pp. 312-323.

Jaspers K., *Psicopatologia generale* (1913-1959), Il Pensiero Scientifico, Roma 2000.

Jervis G., *Mania*, in Id., *Manuale critico di psichiatria*, Feltrinelli, Milano 1975.

Pinel Ph., *La mania. Trattato medico-filosofico sull'alienazione mentale* (1800), Marsilio, Venezia 1987.

Maniaco-depressiva, Psicosi, v. CICLOTIMIA; UMORE.

Manicomio, v. ISTITUZIONE PSICHIATRICA.

Manierismo (ingl. *Mannerism*; ted. *Manierismus*; fr. *Maniérisme*; sp. *Manierismo*). Stile di comportamento, che investe la mimica, il contegno, l'eloquio, la scrittura, caratterizzato da tratti di artificiosità che non lasciano trasparire spontaneità e immediatezza. Ludwig Binswanger annovera il manierismo tra le forme d'esistenza mancata accanto alla FISSAZIONE (v.) e alla stramberia (v. STRAVAGANZA), e lo definisce «uno stile di vita dove il soggetto segue ora questo ora quell'altro modello offertogli dagli altri, adottando le *maniere* ora di questo "mondo" ora di un altro. Al posto di una vera e propria maturazione della propria ipseità, si presenta un *rispecchiamento* di se stesso nello specchio dell'uno o dell'altro "mondo"» (1956, p. 151).

Per rendere più chiaro questo concetto, Binswanger adotta la distinzione heideggeriana tra essere autentico ed essere inautentico (v. AUTENTICITÀ – INAUTENTICITÀ), che si esprime nei modelli collettivi del "Si" impersonale che Martin Heidegger così descrive: «Ce la spassiamo e ci divertiamo come ci si diverte; leggiamo, vediamo e giudichiamo di letteratura e di arte come si vede e si giudica. Ci teniamo lontani dalla "gran massa" come ci si tiene lontani, troviamo "scandaloso" ciò che si trova scandaloso. Il Si, che non è un Esserci determinato, ma tutti (non però come somma), decreta il modo di essere della quotidianità» (1927, pp. 215-216). Binswanger ritiene che il manierato non sia in grado di vivere il proprio "Esser-*ci*" nell'autenticità della sua concreta situazione biografica, ma sia costretto ad assumere un generico "Esser-*si*" che, come una maschera, supplisce alla mancanza di un volto proprio: «Il *rispecchiamento di sé* attraverso l'adozione di un ruolo o di una "maschera" tolta dalla pubblicità del Si, oppure, ma è lo stesso, di un ruolo o di una maschera nel senso del polivalente Esser-Si» (1956, p. 242). Il manierismo si manifesta nella schizofrenia e in particolare nelle forme ebefreniche e catatoniche come sforzo estremo di mantenere un rapporto interpersonale attraverso l'adozione di un linguaggio e di un comportamento che tuttavia tradiscono la mancanza di un sé autentico e unitario.

Bibliografia

Binswanger L., *Tre forme di esistenza mancata. Esaltazione fissata, stramberia, manierismo* (1956), il Saggiatore, Milano 1964.

Heidegger M., *Essere e tempo* (1927), Utet, Torino 1978.

Manifesto, Contenuto, v. CONTENUTO LATENTE – CONTENUTO MANIFESTO.

Manipolatoria, Test di abilità, v. MANO.

Manipolazione (ingl. *Manipulation*; ted. *Manipulation*; fr. *Manipulation*; sp. *Manipulación*). Con questo termine in psicologia si intende qualsiasi comportamento adattivo, animale o umano, che consente all'organismo di selezionare gli oggetti del proprio ambiente e di declinarli in base alle proprie esigenze, interagendo con essi a livello prevalentemente motorio. Jean Piaget ha indicato nella manipolazione una delle principali attività dello stadio percettivo-motorio che, in seguito all'acquisizione di schemi simbolici, prosegue, in modo più strutturato, nello stadio preoperatorio dello sviluppo cognitivo

(v. COGNIZIONE, § 2). Nell'ambito della PSICOLOGIA DELLA GESTALT (v.), Friedrich Salomon Perls sottolinea che l'individuo, oltre ad adattare sé all'ambiente o l'ambiente alle proprie esigenze, attraverso le funzioni rappresentative e simboliche è in grado di manipolare anche il proprio mondo interno, con l'avvertenza che «è nevrotico qualsiasi uomo che usa il suo potenziale per manipolare gli altri invece di crescere egli stesso» (1968, p. 16).

Il termine manipolazione, infatti, ricorre anche con una valenza negativa a proposito di quelle condotte messe in atto allo scopo di controllare e manovrare gli altri per raggiungere i propri scopi. Tali condotte si riscontrano nei bambini quando utilizzano il pianto o atteggiamenti seduttivi per la soddisfazione dei loro desideri, negli adulti che individuano il lato debole della persona che intendono manipolare, nei nevrotici a sfondo isterico che utilizzano il sintomo per modificare la condotta di chi li circonda, nella comunicazione di massa attraverso l'informazione incessantemente ripetuta o alterata. Nell'ambito della psichiatria fenomenologica (v. ANALISI ESISTENZIALE), Ludwig Binswanger ritiene che la manipolazione raggiunge effetti parossistici nel maniaco perché «il modo con cui questi rappresenta se stesso è tale da non lasciare più gli altri nella loro dignità come "altro-da-sé-analogo-a-sé", ma di degradarli a "cosa-per-sé" iscrivendoli nella sfera della cosalità (*Dinglichkeit*), in un modo di comportarsi quale si avrebbe con una "semplice cosa" o "roba", dunque nel modo del *prendere* l'altro per *qualcosa*» (1960, p. 89).

Bibliografia

Binswanger L., *Melanconia e mania* (1960), Bollati Boringhieri, Torino 1971.

Chioetto V. (a cura di), *Manipolazione*, Anabasi, Milano 1993.

Freud S., *Studi sull'isteria (in collaborazione con Josef Breuer)* (1892-1895), in *Opere* (1967-1993), Bollati Boringhieri, Torino, vol. I.

Perls F. S., *La terapia gestaltica. Parola per parola* (1968), Astrolabio, Roma 1980.

–, *Qui e ora. Psicoterapia autobiografica* (1969), Sovera Edizioni, Roma 1991.

Piaget J., *La nascita dell'intelligenza nel bambino* (1936), La Nuova Italia, Firenze 1977.

Re S., *Mindfucking. Come fottere la mente*, Castelvecchi, Roma 2003.

Santovecchi P., *I culti distruttivi e la manipolazione mentale*, Edizioni Dehoniane, Bologna 2004.

Szasz Th. S., *I manipolatori della pazzia. Studio comparato dell'Inquisizione e del Movimento per la salute mentale in America* (1970), Feltrinelli, Milano 1972.

Victoroff D., *Psicosociologia della pubblicità*, Edizioni Paoline, Roma 1972.

Watzlawick P., Beavin J. H., Jackson D. D., *Pragmatica della comunicazione umana* (1967), Astrolabio, Roma 1971.

Mano (ingl. *Hand*; ted. *Hand*; fr. *Main*; sp. *Mano*). Tratto terminale degli arti superiori dell'uomo che, per la particolare struttura anatomica e per la sensibilità dei tegumenti, è deputato a funzioni d'organo tattile e prensile. A differenza dell'animale, l'uomo ha la mano libera nel cammino e ciò consente a tutto il corpo di liberarsi nella manipolazione del mondo, per cui Immanuel Kant non ha esitato a definire la mano «il cervello esteriore dell'uomo» (1798, p. 188). Costruendo strumenti, che poi sono copie ingrandite delle sue funzioni, la mano instaura tra il corpo umano e il mondo un ordine di rapporti del tutto sconosciuti agli animali che hanno nell'apparato labiale e dentario l'organo di relazione con il mondo, il punto più avanzato del loro sistema corporeo. Esteriorizzando l'ordine degli strumenti, la mano, nell'uomo, s'è resa libera per l'espressione gestuale. Nell'animale, utensile e gesto si fondono in un solo organo in cui la parte motrice e la parte che agisce non presentano alcuna soluzione di continuità fra loro. La pinza di un granchio e i suoi elementi mandibolari si confondono in un programma operazionale mediante il quale si esprime il comportamento dell'animale per l'acquisizione degli alimenti. Negli animali superiori la mano continua ad essere incapace di gesti perché svolge ancora un ruolo di strumento, in quanto la sua azione non è autonoma ed espressiva, ma funzionale e combinatoria con le operazioni del volto e, in particolare, delle labbra e dei denti anteriori per risolvere il problema dell'alimentazione. Nell'uomo, invece, la mano, affrancata progressivamente dalla coercizione funzionale, è divenuta, da strumento utile, gesto espressivo (v. GESTO).

In termini di abilità manipolatorie esiste una DOMINANZA (v. § 2) della mano destra rispetto alla sinistra con corrispondente impegno dell'emisfero controlaterale del cervello. Questa dominanza, detta *manulateralità*, presenta eccezioni in alcuni individui caratterizzati da *mancinismo* con dominanza della mano sinistra rispetto alla destra. Esistono reattivi di abilità manuale tra cui il test di abilità manuale (*Manual ability test*), che misura capacità motoria e abilità specifiche, e il test di abilità manipolatoria (*Manipulation test*), che prende in considerazione due componenti del movimento: la precisione e la rapidità. Detti test sono utilizzati nella selezione del personale per quelle attività lavorative dove queste caratteristiche sono particolarmente richieste. La forma e le linee della mano sono assunte dalla CHIROLOGIA (v.) come indizi per l'interpretazione del carattere.

Bibliografia

Anastasi A., *I test psicologici* (1954), Franco Angeli, Milano 1973.

Aschmoneit W., *Zur Pädagogik der Lateralität*, Frankonius, Limburg 1972.

Gebauer G., *Mano*, in Ch. Wulf (a cura di), *Cosmo, corpo, cultura. Enciclopedia antropologica* (1997), Bruno Mondadori, Milano 2002, pp. 984-994.
Kant I., *Antropologia pragmatica* (1798), Laterza, Bari 1969.
Leroi-Gourhan A., *Il gesto e la parola* (1964-1965), Einaudi, Torino 1977.
Ullmann J. F., *Psychologie der Lateralität*, Huber, Bern 1974.

Mantica (ingl. *Mantic*; ted. *Mantik*; fr. *Mantique*; sp. *Adivinación*). Arte della profezia attraverso la lettura di segni e presagi o attraverso l'ispirazione profetica. Come pratica divinatoria, la mantica, al pari della MAGIA (v.), ha il compito di controllare l'imprevisto e l'imprevedibile attraverso la sua reintegrazione nell'ordine condiviso dal gruppo sociale al cui interno avviene la decifrazione. In termini psicologici questa pratica rivela la sua efficacia nel rafforzare la validità di scelte di comportamento sulla base di una logica di tipo binario dove si tratta di decidere in un'alternativa. Platone rubrica la mantica tra le figure della "divina follia" e dice che «la profetessa di Delfi e le sacerdotesse di Dodona, in condizioni di follia, fecero un gran bene alla Grecia, sia ai singoli sia all'intera comunità, mentre poco o nulla fecero quando erano nelle condizioni di chi può ragionare» (*Fedro*, 244 b).

Bibliografia

Platone, *Fedro*, in *Opere*, Laterza, Bari 1973.

Manuale diagnostico e statistico (DSM), v. DIAGNOSI, § 4; PERSONALITÀ, §§ II, 2, *e*; II, 3.

Manuale diagnostico psicodinamico (PDM), v. PSICOANALISI; PSICOLOGIA DINAMICA.

Manuale, Test di abilità, v. MANO.

Manulateralità, v. MANO.

Mappa (ingl. *Map*; ted. *Karte*; fr. *Carte*; sp. *Mapa*). Il termine ha significati diversi a seconda dei contesti.

1. NEUROFISIOLOGIA. In questo ambito una mappa è la rappresentazione corticale di uno spazio periferico sensoriale e/o motorio, o la localizzazione corticale di una funzione superiore. L'organizzazione corticale dei sistemi sensitivi e motori è di tipo somatotopico, in quanto a ciascuna area corticale corrispondono proiezioni da diverse parti del corpo, le quali sono rappresentate a livello corticale in una mappa distorta del modello corporeo (v. HOMUNCULUS). Il concetto di mappa nasce e si sviluppa nell'ambito delle ricerche sulla localizzazione delle funzioni cerebrali, e lo studio delle mappe corticali ha accompagnato la nascita e lo sviluppo delle neuroscienze. Sono stati l'applicazione di metodi sperimentali che intervengono direttamente sul cervello e lo studio dei risultati di questi interventi sul comportamento a rendere possibili la localizzazione di funzioni cerebrali specifiche e la produzione di mappe corticali che descrivono la distribuzione topografica dei vari centri funzionali. Questi metodi sperimentali sono stati principalmente: 1) l'ablazione chirurgica selettiva di parti del cervello di animali; 2) la stimolazione invasiva (elettrocorticografia) o non invasiva (magnetica e a corrente diretta) del cervello degli animali e dell'uomo; 3) gli studi clinici realizzati su pazienti con deficit neurologici o mentali, i cui cervelli furono esaminati *post mortem* nel tentativo di correlare i loro deficit specifici con precise alterazioni del tessuto cerebrale. Il progresso nello studio delle mappe corticali, anche mediante l'applicazione di tecniche non invasive di neuroimmagine, ha dimostrato che esse non sono rappresentazioni statiche, fisse e immutabili, ma plastiche e modificabili con la variazione degli stimoli sensoriali e motori, con l'apprendimento e, più in generale, con l'interazione dell'individuo con l'ambiente. Inoltre è stata dimostrata l'esistenza di una organizzazione e rappresentazione corticale della realtà in funzione delle differenze individuali e della plasticità cerebrale.

2. PSICOLOGIA COGNITIVA. In questo ambito il termine "mappa" si riferisce alla rappresentazione mentale di qualche area del proprio ambiente utile per pianificare i propri percorsi, prendere scorciatoie, muoversi in modo attento ed economico. Le mappe mentali non sono esatte come quelle che si trovano sulle carte topografiche. Ad esempio, un percorso con molti cambiamenti di direzione per raggiungere una meta è valutato più lungo di quel che effettivamente è; c'è inoltre la tendenza a valutare l'incontro delle strade come se fossero ad angolo retto, perché la rappresentazione mentale semplifica gli incroci sugli assi nord-sud, est-ovest; se infine si dovesse chiedere se Cagliari è più vicina a Tunisi o a Palermo, la maggior parte delle persone risponderebbe erroneamente Palermo, in quanto Cagliari e Palermo appartengono allo stesso Paese.

Bibliografia

Adrian E. D., *Afferent discharges to the cerebral cortex from peripheral sense organs*, in "Journal of Phisiology", 1941, pp. 100-159.
Appleyard D. A., *Planning a pluralistic city*, Mit Press, Cambridge, Massachusetts, 1976.
Dayan E., Censor N., Buch E. R., Sandrini M., Cohen L. G., *Noninvasive brain stimulation. From physiology to network dynamics and back*, in "Nature Neuroscience", 2013, n. 16 (7), pp. 838-844.
Gerard R. W., Marshall W. H., Saul L. J., *Cerebral action potentials*, in "Proceedings of the Society of Experimental Biology and Medicine", 1933, n. 30, p. 1123.

Kaas J. H., *Functional plasticity in adult cortex*, in "Seminars in Neuroscience", 1997, n. 9 (1-2).
Tversky B., *Distorsions in memory for maps*, in "Cognitive Psychology", 1981, n. 13, pp. 407-433.

Marginale, Sindrome (ingl. *Borderline*; ted. *Randsyndrom*; fr. *Syndrome marginal*; sp. *Síndrome marginal*). Sindrome intermedia tra due classi che sfugge all'attribuzione decisa all'una o all'altra. L'isolamento di queste entità cliniche dipende o dall'impossibilità di includerle nei quadri nosologici classici, o dal fatto che presentano un'eziologia multideterminata, o infine dalla presenza in profondità di conflitti di tipo psicotico mascherati in superficie da meccanismi di difesa di tipo nevrotico. Seguendo lo schema proposto da Romolo Rossi e Roberto Peraldo Gianolino, segnaliamo, tra le sindromi marginali più note, le seguenti:

1. FORMA MARGINALE TRA SCHIZOFRENIA E NEVROSI. È detta anche BORDERLINE (v.) o SCHIZOFRENIA PSEUDONEVROTICA (v. § III, 5). Il quadro clinico presenta in superficie uno stato d'ansia accompagnato da astenia e inerzia nei confronti di attività o iniziative e, talvolta, da timori ipocondriaci. In profondità si ritrovano i tratti tipici della schizofrenia con rigidità affettiva, difficoltà nei rapporti interpersonali, distacco dalla realtà e ritiro in se stessi. Mentre a un primo approccio il pensiero e il linguaggio sembrano corretti e senza alterazioni, un esame più attento evidenzia idee singolari e inusuali, concezioni e pregiudizi bizzarri, sospetti e diffidenze ingiustificati, anche se mai un vero deterioramento schizofrenico.

Dal punto di vista *psicodinamico* si ritiene che esista una situazione di tipo psicotico con parziale regressione agli stadi più primitivi dello sviluppo psichico e con produzione di meccanismi nevrotici, come ansie, fobie e ossessioni che, in certo modo, proteggono l'individuo dall'insorgere della psicosi. Ne consegue, nel trattamento, una certa prudenza nell'interpretazione dei conflitti profondi e nella rimozione dei meccanismi di difesa perché, rimossa la difesa, potrebbe insorgere la psicosi sottostante. Il decorso è lungo e, se non trattato rafforzando le difese del paziente e ponendo sempre a confronto le fantasie interiori con la realtà esterna, conduce a un tenace isolamento e ad un'incapacità a realizzarsi nella vita. Distinta dalla personalità *borderline*, ma con alcuni tratti in comune, è la personalità COME SE (v. § 2).

2. FORMA MARGINALE TRA SCHIZOFRENIA E PSICOSI MANIACO DEPRESSIVA. Si situa tra le due grandi classi delle psicosi endogene. L'eziologia è plurideterminata nel senso che si ipotizza un processo schizofrenico in soggetti a sfondo maniaco-depressivo o viceversa. La sintomatologia è polimorfa anche perché complicata dalla ciclicità di fasi coartate con umore depresso e inibizione psicomotoria, e fasi espansive con umore euforico ed eccitamento psicomotorio. Di questa forma marginale si danno tre manifestazioni: *a*) di *ansia-beatitudine* con alternanza periodica; *b*) di *perplessità-incoerenza* con prevalenza della prima in fase depressa e della seconda in fase espansiva; *c*) di *motilità ipocinetica* nei movimenti, nella mimica e nel linguaggio in fase depressa, e *ipercinetica* in quella espansiva.

3. FORMA MARGINALE TRA DEPRESSIONI PSICOTICHE E NEVROTICHE. Questa forma presenta una mescolanza di sintomi nevrotici della depressione e manifestazioni psicotiche tipiche della depressione endogena. Insorge solitamente dopo episodi scatenanti come infezioni, parti, aborti, stress che possono produrre una depressione reattiva che va ad aggiungersi a quella endogena. Sono rare le crisi acute, mentre costante è l'elemento lamentoso per la diminuzione della propria efficienza o per i disturbi somatovegetativi che si accompagnano. Questa forma marginale rivela un'alta tendenza alla cronicizzazione. Si è soliti far rientrare in questo gruppo anche gli equivalenti nevrotici di tipo fobico, ossessivo, isterico, nevrastenico che danno risposta positiva al trattamento con farmaci antidepressivi (v. EQUIVALENTE, § 4).

Bibliografia

Borgna E., *Le esperienze psicopatologiche di confine*, in Id., *Nei luoghi perduti della follia* (1964-1984), Feltrinelli, Milano 2008, Parte II, pp. 57-102.
Cancrini L., *L'oceano borderline*, Raffaello Cortina, Milano 2006.
–, *La cura delle infanzie infelici. Viaggio nell'origine dell'oceano borderline*, Raffaello Cortina, Milano 2012.
Freud S., *Nevrosi e psicosi* (1923), in *Opere* (1967-1993), Bollati Boringhieri, Torino, vol. IX.
Giberti F., *Equivalenti depressivi e depressioni marginali*, in "Relazioni clinico-scientifiche", 1966, n. 93.
Kernberg O. F., *Sindromi marginali e narcisismo patologico* (1975), Bollati Boringhieri, Torino 1978.
Liebowitz M. R., *Is borderline a distinct entity?*, in "Schizophrenia Bulletin", 1979, n. 5.
Maffei C. (a cura di), *Il disturbo borderline di personalità*, Bollati Boringhieri, Torino 1993.
Racalbuto A., *I modelli dei casi-limite*, in A. A. Semi (a cura di), *Trattato di psicoanalisi*, vol. II. *Clinica*, Raffaello Cortina, Milano 1988-1989, pp. 515-578.
Rossi R., Peraldo Gianolino R., *Le sindromi marginali*, in F. Giberti, R. Rossi, *Manuale di psichiatria*, Piccin, Padova 1983, pp. 301-312.
Schmideberg M., *I casi limite*, in S. Arieti (a cura di), *Manuale di psichiatria* (1959-1966), Bollati Boringhieri, Torino 1969-1970, vol. I, pp. 437-557.
Searles H. F., *Il paziente borderline* (1986), Bollati Boringhieri, Torino 1988.
Smith Benjamin L., *Diagnosi interpersonale e trattamento dei disturbi di personalità* (1996), Editrice Las, Roma 1999.

Marginalità (ingl. *Marginality*; ted. *Marginalität*; fr. *Marginalité*; sp. *Marginalidad*). Posizione periferica rispetto a un centro, a una classificazione, a un gruppo. In base al contesto di riferimento si parla di:

1. *Coscienza marginale* a proposito di quella *frangia* di sensazioni, percezioni, pensieri che appartengono all'area della coscienza, ma su cui normalmente non si concentra l'attenzione. Morton Henry Prince, che ha introdotto il termine, ne parla come di «una zona crepuscolare, in cui i contenuti sono così debolmente illuminati dalla consapevolezza da essere scarsamente riconoscibili» (1916, p. 81).

2. *Sindrome marginale* (v. MARGINALE, SINDROME). Entità nosologica intermedia tra nevrosi e psicosi o, all'interno della psicosi, tra schizofrenia e psicosi maniaco-depressiva con tratti che sfuggono all'attribuzione precisa all'una o all'altra classe.

3. *Nevrosi marginale*. Categoria diagnostica introdotta da Johannes Heinrich Schultz in opposizione alla nevrosi nucleare perché, a differenza di quest'ultima che si radica a un livello profondo della personalità, la nevrosi marginale si riferisce a quei disturbi superficiali provocati dall'ambiente circostante.

4. *Personalità marginale*. In generale si riferisce a quelle persone che, pur avendone diritto, non giungono a fruire delle risorse e dei privilegi di cui gode il resto della comunità. In un senso più specifico Robert Ezra Park parla di personalità marginale a proposito di quei soggetti che si trovano in una posizione limite tra due gruppi etnicamente o culturalmente diversi.

Bibliografia

Freud S., *Nevrosi e psicosi* (1923), in *Opere* (1967-1993), Bollati Boringhieri, Torino, vol. IX.
Guarrasi V., *La condizione marginale*, Sellerio, Palermo 1978.
Park R. E., *Human communities. The city and human ecology* (1928), in *Collected Papers*, Hughes, The Free Press, Glencoe 1952, vol. II.
Prince M. H., *The unconscious*, Macmillan, New York 1916.
Schultz J. H., *Die seelische Krankenbehandlung*, Thieme, Stuttgart 1958.
Searles H. F., *Il paziente borderline* (1986), Bollati Boringhieri, Torino 1988.

Marijuana, v. DROGA, § 2.

Marionette, Gioco delle (ingl. *Puppet show*; ted. *Puppenspiel*; fr. *Jeu des marionnettes*; sp. *Juego de las marionetas*). Tecnica diagnostica e psicoterapica che, utilizzando gli stretti rapporti esistenti tra attività ludica e attività psichica, fa giocare liberamente i bambini con burattini, pupazzi e marionette con finalità catartiche e proiettive. Con questo gioco, infatti, il bambino, oltre ad esprimersi in improvvisazioni spontanee e libere, può esternare i suoi desideri profondi, liberare le sue potenzialità e incrementare le capacità di comunicazione e di socializzazione, in quanto il gioco prevede uno spettatore e un interlocutore. Questa tecnica è impiegata soprattutto con bambini inibiti sul piano verbale e bloccati nella relazione comunicativa. Una forma modificata della tecnica del gioco delle marionette è l'*half-show*, dove la rappresentazione viene interrotta quando il dramma messo in scena raggiunge il suo culmine in termini di conflittualità. A questo punto viene chiesto al bambino il possibile esito della storia, e dalle soluzioni suggerite si possono dedurre la situazione psicologica attuale del bambino, il suo atteggiamento nei confronti di quel particolare conflitto, il suo coinvolgimento emotivo e il suo grado di maturità.

Marketing, v. PSICOLOGIA COMMERCIALE.

Maschera, v. PERSONA, § 2.

Maschile – Femminile, v. ATTIVITÀ – PASSIVITÀ; GENERE.

Masochismo (ingl. *Masochism*; ted. *Masochismus*; fr. *Masochisme*; sp. *Masoquismo*). Il termine designa: 1) una *perversione sessuale*, in cui il soggetto trae godimento dalla sofferenza che riceve da altri; 2) un *tratto del carattere* proprio di persone che si procurano maltrattamenti, umiliazioni e sofferenze. Il termine fu introdotto da Richard von Krafft-Ebing che lo derivò dal nome di Leopold von Sacher-Masoch, un romanziere austriaco i cui personaggi traevano piacere erotico da maltrattamenti e umiliazioni. Sigmund Freud, nell'evoluzione del suo pensiero, considera il masochismo in tre modi diversi: in un primo tempo (1905-1919) come una semplice perversione da imputare a una trasformazione del sadismo che si rivolge contro il soggetto che lo esprime; in un secondo tempo (1919-1924) come un fenomeno regressivo causato dal bisogno inconscio di punizione, quindi non solo come perversione sessuale, ma anche come tratto del carattere; in un terzo periodo (1924-1937) connette il masochismo alla pulsione di morte (v. MORTE, § 2), conferendogli, in termini genetici, quella priorità che prima aveva concesso al sadismo, distinguendo così un masochismo primario da un masochismo secondario, e, sotto altro profilo, un masochismo erogeno, femminile e morale.

1) *Masochismo primario e secondario*: il "primario" è causato dalla fusione della pulsione di morte con la libido rivolta contro il soggetto che la esprime;

il "secondario" è determinato dal rivolgersi verso il soggetto di un sadismo originariamente eterodiretto.

2) *Masochismo erogeno, femminile e morale*: "erogeno" è il masochismo primario che ha basi biologiche e comporta il piacere nel dolore. È una modalità della pulsione di morte che non è stata trasferita su oggetti, all'esterno; "femminile" è il masochismo legato a componenti passive, presenti sia nell'uomo che nella donna, che richiamano la condizione infantile del bambino cattivo e indifeso, o quella femminile con fantasmi di evirazione e assoggettamento, purché a infliggere la sofferenza sia la persona amata; "morale" è quello causato da un senso di colpa che chiede punizione. Qui il nesso con la sessualità è sciolto, e sostituito da un Io masochista che inconsciamente chiede punizioni a un Super-io sadico, rappresentante interiore del padre con cui, per una deformazione regressiva, si desidera avere una relazione femminile passiva, con conseguente risessualizzazione della morale e risveglio del complesso edipico. Per quanto concerne le relazioni tra masochismo e sadismo si veda la voce SADOMASOCHISMO.

Ulteriori caratterizzazioni del masochismo sono state fornite da Theodor Reik che ha parlato di masochismo *verbale* per chi ama sentirsi dire parole offensive e umilianti, *sociale* per chi ama un atteggiamento di subordinazione e di sottomissione, *di massa* per la rinuncia alla propria individualità all'interno di masse entusiaste e devote a chi rappresenta una propria immagine idealizzata.

Bibliografia

Deleuze G., *Presentazione di Sacher-Masoch. Masochismo e sadismo* (1967), Bompiani, Milano 1978.
De Masi F., *La perversione sado-masochista. L'oggetto e le teorie*, Bollati Boringhieri, Torino 1999.
Ellis H., *Psicologia del sesso* (1897-1910), Newton Compton, Roma 1969.
Freud S., *Tre saggi sulla teoria sessuale* (1905), in *Opere* (1967-1993), Bollati Boringhieri, Torino, vol. IV.
–, *Al di là del principio di piacere* (1920), in *Opere*, cit., vol. IX.
–, *Il problema economico del masochismo* (1924), in *Opere*, cit., vol. X.
Krafft-Ebing R. von, *Psychopathia sexualis* (1886), Edizioni Mediterranee, Roma 1975.
Nacht S., *Le masochisme*, in "Revue Française de Psychanalyse", 1938, vol. X, n. 2.
Reik Th., *Il masochismo nell'uomo moderno* (1940), Sugarco, Milano 1963.

Massa, v. PSICOLOGIA DELLA MASSA.

Massa, Teoria dell'azione di, v. AZIONE, § 2, *b*; CORTECCIA CEREBRALE, § 6.

Mass media, v. COMUNICAZIONE, § 6; PSICOLOGIA DEI NUOVI MEDIA.

Massoterapia (ingl. *Massage therapy*; ted. *Massagebehandlung*; fr. *Massothérapie*; sp. *Masoterapia*). Pratica e cura fisioterapiche che utilizzano il massaggio allo scopo di migliorare l'irrorazione sanguigna di determinate parti del corpo e di sollecitare processi riparativi.

Masters e Johnson, Terapia di (ingl. *Masters and Johnson therapy*; ted. *Masters und Johnson Behandlung*; fr. *Thérapie de Masters et Johnson*; sp. *Terapia de Masters y Johnson*). Terapia dei disturbi sessuali ideata da William H. Masters e Virginia E. Johnson a partire dal presupposto che gran parte dei disturbi sessuali non è di origine conflittuale, ma relazionale, nel senso che i partner non riescono a comunicare la qualità della loro esperienza sessuale e le fantasie di inadeguatezza che possono essere alla base dell'inibizione. Il trattamento, su base comportamentista, consiste in incontri della coppia con una coppia di terapeuti, uno maschio e uno femmina, dove il problema viene ampiamente discusso e dove si assegnano compiti precisi per diminuire il timore di inefficienza e facilitare la comunicazione.

Bibliografia

Masters W. H., Johnson V. E., *L'atto sessuale nell'uomo e nella donna. Indagine sugli aspetti anatomici e fisiologici* (1966), Feltrinelli, Milano 1967.

Mastery Learning, v. ISTRUZIONE, § 1.

Masturbazione (ingl. *Masturbation*; ted. *Masturbation*; fr. *Masturbation*; sp. *Masturbación*). Detta anche *onanismo* (dalla figura biblica di Onan che si rifiuta di procreare in nome di suo fratello), la masturbazione è una manipolazione dei genitali, che può essere accompagnata da fantasie di natura erotica, diretta al raggiungimento dell'orgasmo. Si parla di masturbazione *psichica* quando è sufficiente la fantasia senza stimolazione dei genitali, di masturbazione *simbolica* quando si verifica uno spostamento su oggetti sostitutivi come attorcigliarsi i capelli, tirare il lobo dell'orecchio e simili, e di masturbazione *coatta* quando è ripetuta in maniera ossessiva senza riferimento a fantasie sessuali o addirittura senza essere accompagnata da piacere sessuale. Si conosce una *masturbazione infantile* come semplice via di sfogo della tensione istintuale, e una masturbazione *adolescenziale* in occasione della maturazione definitiva degli organi genitali. Con l'instaurarsi di un rapporto con un partner, la masturbazione tende a ridursi o addirittura a scomparire per riprendere in tutte quelle circostanze caratterizzate dall'assenza di partner. Considerata una normale tappa dello sviluppo sessuale, la masturbazione non causa alterazioni fisiche o psichiche se non nella misura in cui viene inadeguatamente repressa o accompagnata da sensi di colpa o di inferiorità per l'incapacità di stabilire rapporti sessuali completi. Diventa *patologica* quando è pratica esclusiva o preferita ai normali rapporti sessuali. In questi casi, quando non è una condotta conseguente a stati frenastenici, schizofrenici o nevrotici, è interpretata come sintomo di regressione o fissazione a stadi antecedenti dello sviluppo psicosessuale.

Bibliografia

Brenot Ph., *Elogio della masturbazione* (1997), il melangolo, Genova 2002.

Calvi L., *Antropologia fenomenologica della masturbazione*, in A. Tessari, E. Andreola (a cura di), *Sessualità e handicappati. Atti del Convegno di Milano 8-9 ottobre 1977*, Feltrinelli, Milano 1978.

Freud S., *Tre saggi sulla teoria sessuale* (1905), in *Opere* (1967-1993), Bollati Boringhieri, Torino, vol. IV.

–, *Contributi a una discussione sull'onanismo* (1912), in *Opere*, cit., vol. VI.

Galimberti U., *Amore e solitudine. La masturbazione e la delusione del desiderio*, in Id., *Le cose dell'amore* (2004), Feltrinelli, Milano 2013, pp. 47-56.

Klein M., *La psicoanalisi dei bambini* (1932), Martinelli, Firenze 1969.

Laqueur Th. W., *Sesso solitario. Storia culturale della masturbazione* (2003), il Saggiatore, Milano 2007.

Lütkehaus L., *La solitudine del piacere. Scritti sulla masturbazione* (1992), Raffaello Cortina, Milano 1993.

Marcus I. M., Francis J. J. (a cura di), *La masturbazione* (1975), Feltrinelli, Milano 1979.

Spitz R. Á., *Vers une réévaluation de l'autoérotisme*, in "Psychologie de l'Enfant", 1957, n. 7.

Materiale (ingl. *Material*; ted. *Material*; fr. *Matériel*; sp. *Material*). Termine psicoanalitico che si riferisce all'insieme dei discorsi, dei comportamenti, dei sogni, delle fantasie offerte dal paziente all'interpretazione analitica. Il termine si rifà all'immagine di Sigmund Freud che paragona il lavoro analitico a quello dell'archeologo che ricostruisce a partire dai materiali scoperti. Inoltre rinvia alla teoria degli strati (v. STRATI, TEORIA DEGLI), che è alla base del modello psicoanalitico freudiano.

Materialismo scientifico, v. FISICALISMO, § 1.

Materializzazione (ingl. *Materialization*; ted. *Materialisation*; fr. *Matérialisation*; sp. *Materialización*). Il termine ricorre: 1) in *parapsicologia* in riferimento a quel fenomeno psicocinetico dove la forza emanata dal sensitivo in trance prende forma di oggetti o parti del corpo umano (v. PARAPSICOLOGIA, § 2); 2) nel *vocabolario psicoanalitico* di Sándor Ferenczi che chiama materializzazione la conversione isterica dei conflitti psichici in alterazioni somatiche (v. CONVERSIONE).

Bibliografia

Cavanna R. (a cura di), *Aspetti scientifici della parapsicologia*, Bollati Boringhieri, Torino 1973.

Ferenczi S., *Fenomeni di materializzazione isterica. Idee per una teoria della conversione isterica e del simbolismo* (1919), in *Opere* (1989-1992), Raffaello Cortina, Milano, vol. III.

Maternage (ingl. *Mothering*; ted. *Bemuttern*; fr. *Maternage*; sp. *Maternage*). Termine di origine francese adottato per indicare: 1) *le cure materne* prodigate all'infante dalla madre; 2) *una tecnica di psicoterapia delle psicosi* che mira a instaurare con il paziente una relazione analoga a quella tra una buona madre e il suo bambino, in base all'ipotesi secondo cui la psicosi dipende da frustrazioni precoci, fondamentalmente orali, subite dal bambino nella prima infanzia a causa della madre. Come tecnica soprattutto riparatrice che soddisfa i bisogni di base che, elusi, non consentono un'adeguata costruzione psicologica, la relazione di maternage, scrive Paul-Claude Racamier, «nasce dall'incontro tra un paziente profondamente e vitalmente avido di essere passivamente colmato d'affetto e un terapeuta a un tempo capace di comprenderlo e desideroso di avvicinarsi a lui come una madre a un bambino abbandonato» (1956, p. 601).

Bibliografia

Racamier P.-C., *Psychothérapie psychanalytique des psychoses*, in S. Nacht *et al.*, *La psychanalyse d'aujourd'hui*, Puf, Paris 1956.

Maternità, v. MADRE, § 2.

Matriarcato (ingl. *Matriarchy*; ted. *Mutterrecht*; fr. *Matriarcat*; sp. *Matriarcado*). Sistema sociale, ipotizzato da storici ed etnologi, in cui sarebbe la donna a detenere l'egemonia sul gruppo. Alla base c'è l'ipotesi evoluzionistica, sostenuta da Johann Jakob Bachofen, secondo cui al suo inizio l'umanità avrebbe seguito il modello animale caratterizzato dalla supremazia femminile (*ginecocrazia*) in quanto la femmina è responsabile della specie. L'ipotesi del matriarcato è stata avvalorata anche dalla constatazione, presso alcune popolazioni, della *matrilinearità*, ossia di un sistema di parentela ordinata sulla linea materna che, in condizioni di poliandria, è l'unica che garantisce i rapporti di ascendenza e discendenza. L'identità di matriarcato e di matrilinearità s'è poi rivelata infondata dal punto di vista storico ed etnologico, ma ciò non ha diminuito la rilevanza mitologica del modello ginecocratico che ha trovato la sua espressione nell'archetipo della GRANDE MADRE (v.) a cui si rifanno storici della religione e psicologi di orientamento junghiano.

Bibliografia

Bachofen J. J., *Il matriarcato* (1861), Einaudi, Torino 1988.
Giani Gallino T. (a cura di), *Le Grandi Madri*, Feltrinelli, Milano 1989.
Jung C. G., *Gli aspetti psicologici dell'archetipo della madre* (1938-1954), in *Opere* (1969-2007), Bollati Boringhieri, Torino, vol. IX, 1.
Neumann E., *La grande madre. Fenomenologia delle configurazioni femminili nell'inconscio* (1956), Astrolabio, Roma 1981.

Matrici progressive di Raven (ingl. *Raven's progressive matrices*; ted. *Ravens Matrizentest*; fr. *Matrices progressives de Raven*; sp. *Matrices progresivas de Raven*). Test non verbale di intelligenza, messo a punto da John Carlyle Raven nel 1938, costituito da tavole, graduate progressivamente per difficoltà, che riproducono figure astratte che il soggetto deve completare in base a precisi rapporti intercorrenti tra le parti. La prova, che si compone di 60 item divisi in cinque serie, è molto utilizzata in psicologia applicata per il suo alto grado di attendibilità in ordine alla misurazione della capacità operativa di tipo analogico, della capacità di comprensione della grandezza e di percezione dello spazio, della capacità di analisi logico-astrattiva, nonché delle modalità operative di tipo insiemistico. Il test, che può essere usato per i bambini a partire dal quinto anno di età, è preferibilmente adottato per gli adulti, per coloro che presentano difficoltà linguistiche e, secondo il progetto dello sperimentatore, per individuare quale percorso di pensiero è più familiare al soggetto in esame. Si danno, infatti, tre tipi di matrici: *a) progressive colorate* per bambini dai 5 agli 11 anni; *b) progressive standard* per adolescenti e adulti dai 12 agli 80 anni; *c) progressive avanzate* per adolescenti e adulti con abilità superiori.

Bibliografia

Di Fabio A., Clarotti S., *Le matrici progressive di J. C. Raven*, Giunti, Firenze 1969.

Matrilinearità, v. MATRIARCATO.

Matrimonio (ingl. *Marriage*; ted. *Ehe*; fr. *Mariage*; sp. *Matrimonio*). Vita in comune tra persone prevalentemente di sesso diverso che articola al suo interno la soluzione di alcune esigenze fondamentali della società quali la necessità dell'esogamia (v. ENDOGAMIA – ESOGAMIA), la proibizione dell'incesto (v. INCESTO), la regolamentazione dell'attività sessuale e la divisione dei compiti. Ciò spiega la diffusione del matrimonio e la sua importanza sociale che pongono questo rapporto al centro di numerosi studi antropologici, sociologici e psicologici.

1. LA RELAZIONE DI COPPIA. Dal punto di vista psicologico, il matrimonio si inserisce nel processo dell'evoluzione psichica considerata sotto il profilo dell'*individuazione* e della *coesione* che sono in un rapporto inversamente proporzionale, per cui a una diminuzione di coesione corrisponde un aumento di individuazione. Quando l'individuazione ha raggiunto un sufficiente livello di maturità e non è più semplice separazione reattiva dagli altri, e quando la coesione si è evoluta da bisogno simbiotico a bisogno dell'altro in quanto altro, allora si creano le condizioni di MUTUALITÀ (v.) che, secondo la definizione di Erik Homburger Erikson, è «una relazione i cui membri dipendono l'uno dall'altro per lo sviluppo delle rispettive potenzialità» (1964, p. 231).

A questo livello, osserva Mario Bertini, la mutualità contempla la dipendenza tra due persone indipendenti, dove l'una ha bisogno dell'altra non solo per la soddisfazione dei propri bisogni, ma per crescere attraverso l'esperienza con l'altro. Non sono in linea con questa dinamica evolutiva: *a)* i matrimoni vissuti come una riproposizione del rapporto simbiotico che ciascuno dei contraenti ha vissuto nella relazione infantile con la madre (v. SIMBIOSI), per cui i componenti la coppia fanno del matrimonio un luogo privilegiato di soddisfazione di bisogni regressivi a sfondo sadomasochistico, con manifestazioni di dipendenza di un partner dall'altro in caso di coesione simbiotica con scarsa individuazione; *b)* i matrimoni dove la coesione è sacrificata a vantaggio di una difesa egocentrica della propria indipendenza, per ottenere la quale si attiva una condotta che tende al possesso da parte di uno nei confronti dell'altro per scarsa coesione e tratto egocentrico della propria individuazione. In questo senso si parla di matrimoni precoci o contratti tra persone immature quando la relazione ricalca le forme infantili di coesione caratterizzate dal tratto simbiotico, o le forme incomplete di individuazione caratterizzate dal tratto egocentrico.

Per quanto concerne il tratto *simmetrico* o *complementare* della relazione, a partire dalla configurazione caratteriale dei due partner, si parla di relazione *simmetrica* quando un partner è lo specchio dell'altro, o *complementare* quando uno realizza quello che all'altro manca. Nel primo caso è l'uguaglianza a cementare la coppia, nel secondo la differenza. Da un punto di vista patologico, in una coppia simmetrica può accadere che si liberi una competitività aggressiva, mentre in una complementare può accentuarsi la rigidità della relazione simbiotica a sfondo sadomasochistico, oppure, nei casi-limite, manifestazioni tipiche di FOLLIA A DUE (v.). Per quanto concerne la psicoterapia della coppia, il metodo che si è rivelato più efficace è quello ideato dalla PSICOLOGIA SISTEMICA (v. § 2) dove ci si propone la modificazione degli schemi di interazione.

Nelle società tradizionali c'era poco spazio per le scelte del singolo e la ricerca della propria identità. Fatta eccezione per singoli gruppi e minoranze elitarie che potevano permettersi il lusso di avere desideri di realizzazione personale, l'amore non sanciva tanto la relazione tra due persone, quanto l'unione di due famiglie o gruppi parentali che, attraverso il veicolo del matrimonio, potevano acquisire sicurezza economica, forza lavoro per l'impresa familiare, avere eredi, assicurare il possesso esistente e, nel caso dei privilegiati, ampliare il patrimonio e il prestigio.

Oggi l'unione di due persone non è più condizionata dalla lotta quotidiana per la sopravvivenza, o dal mantenimento e dall'ampliamento della propria condizione di privilegio sociale e di prestigio, ma è il frutto di una *scelta individuale* che avviene in nome dell'amore, su cui le condizioni economiche, le condizioni di classe o di ceto, la famiglia, le leggi dello Stato, le norme del diritto, i precetti della Chiesa non hanno più molta influenza e soprattutto non esercitano più alcun potere, sia in ordine al matrimonio dove due persone in completa autonomia si scelgono, sia in ordine alla separazione e al divorzio dove in altrettanta autonomia i due si congedano.

Come scrive Ulrich Beck, «mai come oggi il matrimonio è stato così etereo e fondato su basi immateriali» (1990, p. 220), come se l'amore, contro la realtà regolata dalle leggi che governano la nostra vita quotidiana, reclamasse una propria realtà, onde poter dispiegare la sua logica interna, che non conosce altra ragione che non sia la spontaneità del sentimento e la sua sincerità. La stessa distinzione tra "pubblico" e "privato", con conseguente tutela della *privacy*, conferma questa *autonomia* dell'amore, questa sua *autofondazione*, che non riconosce altra autorità che non sia la *decisione soggettiva*. E questo sia nel caso del matrimonio sia nel caso del divorzio, in base alla tendenza fondamentale del nostro tempo che chiede di essere padroni della propria felicità. Se poi la felicità è misurata esclusivamente sull'intensità della passione, allora il matrimonio, per il solo fatto di essere una promessa irrevocabile, diventa, come scriveva Lev Tolstoj, «un inferno» (1889, p. 180).

"Ma la passione è l'unico modo in cui può declinarsi l'amore?" si chiede Denis de Rougemont. Se la passione è *patire l'altro*, non si dà un amore che, invece di *patire*, *agisce*, che invece di declinarsi sul solo versante della passione, trascinata dalla discontinuità delle sue oscillazioni, *decide* in modo irrevocabile e, a partire da questa decisione, non *subisce* l'amore, ma lo *crea*? In questo senso de Rougemont può dire: «La fedeltà è *assurda* almeno quanto la passione, ma dalla passione si distingue per un costante rifiuto di subire i suoi estri, per un costante bisogno di agire per l'essere amato, per una costante presa sul reale, che cerca non di fuggire ma di dominare» (1939, p. 364).

Se l'*amore-passione*, che alimenta la visione romantica dell'amore, è una sorta di evasione dal mondo per toccare in sogno la felicità assoluta, l'*amore-azione* che fonda il matrimonio non evade dal mondo, ma assume il proprio impegno in questo mondo, non per un'immotivata presa di posizione a favore della fedeltà, che di per sé non è un valore, ma perché, attraverso la fedeltà, prende avvio quell'azione d'amore che di continuo crea l'altro come si crea un'opera d'arte. In questo senso, scrive de Rougemont: «Dico che una fedeltà così intesa fonda la persona, perché la persona si manifesta come un'opera, nel più largo senso del termine. Essa viene edificata alla maniera di un'opera, con gli stessi criteri, dei quali il primo è la fedeltà a qualcosa che non esisteva, ma che si viene creando. Persona, opera e fedeltà: le tre parole non sono separabili né concepibili isolatamente. E tutte e tre presuppongono un partito preso, una fondamentale attitudine di creatore. [...] Ma siamo ancora capaci di immaginare una grandezza che non abbia nulla di romantico? E che sia il contrario di un esaltato ardore? La fedeltà di cui parlo è una follia, ma la più sobria e quotidiana. Una follia di sobrietà che mima abbastanza bene la ragione, e che non è un eroismo, né una sfida, ma una paziente e tenace applicazione» (ivi, pp. 364-365).

2. LA ROTTURA DELLA RELAZIONE DI COPPIA. Se l'amore-passione vive di ostacoli, intensi eccitamenti, spasmi, congedi, addii, mentre il matrimonio vive di consuetudini e vicinanza quotidiana, in un'epoca come la nostra che ha conservato come ultimo residuo dell'amore, se non la passione, la nostalgia della passione, è ovvio che si faccia strada la tendenza ad accostarsi al matrimonio solo nella prospettiva della possibilità della separazione e del divorzio per incompatibilità dei caratteri, per infedeltà, adulterio, tradimento. Le reazioni possibili a questi eventi sono illustrate da James Hillman che distingue quelle che bloccano la coscienza e quelle che la emancipano.

Innanzitutto la *vendetta*, che è una risposta emotiva che salda il conto ma non emancipa la coscienza, perché quando è immediata non ha altro significato se non quello di scaricare una tensione, mentre quando è procrastinata restringe la coscienza in fantasie di astiosità e crudeltà, impedendole di fare qualsiasi altra esperienza. Non diversamente opera il meccanismo della *negazione* che consiste, quando un rapporto si chiude, nel negare il valore dell'altro prima idealizzato. Non si è voluta vedere l'ombra dell'altro quando si era innamorati, ora, dopo il tradimento, si ricaccia l'altro per intero nella sua ombra.

Più pericoloso è il *cinismo*, che non solo nega il valore dell'altro, ma, generalizzando, fa dire che l'amore è sempre una delusione e che i grandi amori sono per gli ingenui, cercando, con questa generalizzazione cinica, di cicatrizzare la ferita subita. Ma più preoccupante del cinismo è il *tradimento di sé*, per cui una confessione, una poesia, una lettera d'amore, un progetto fantastico, un segreto, un sogno, insomma i valori emotivi più profondi diventano cose ridicole, da sbeffeggiare sguaiatamente, per evitare di vergognarsi di averli un giorno provati.

Ma con la vendetta, la negazione, il cinismo, il tradimento di sé non siamo ancora, secondo Hillman, all'ultimo stadio in cui, per proteggerci dall'eventualità di essere nuovamente traditi, optiamo per la *scelta paranoide* che, per instaurare un rapporto esente dalla possibilità del tradimento, mette in atto ingenue liturgie, quali le dichiarazioni di fedeltà eterna, le prove di devozione, i giuramenti di mantenere il segreto. Sono atteggiamenti, questi, che attengono più alla sfera del potere che alla sfera dell'amore. Quando infatti un marito, una moglie, un amante si sforzano di soddisfare i requisiti di un rapporto paranoide, dando assicurazioni di fedeltà per cancellare la possibilità del tradimento, è garantito che ci si sta allontanando dall'amore, perché amore e tradimento attingono alla stessa fonte.

Se evitiamo di cadere nei pericoli fin qui descritti e quindi di rimanere in essi sterilmente fissati, allora l'esperienza del tradimento può rivelare il suo aspetto più creativo ed evolutivo della coscienza che, per Hillman, come del resto per la tradizione cristiana, trova la sua espressione nel *perdono*. Riconoscendo il tradimento e passando oltre, il perdono toglie all'amore il suo aspetto più infantile, che è l'ingenuità e l'incapacità di amare se appena si annuncia un profilo d'ombra. Del resto, scrive Hillman, «senza l'esperienza del tradimento, né fiducia né perdono acquisterebbero piena realtà. Il tradimento è il lato oscuro dell'una e dell'altro, ciò che conferisce loro significato, ciò che li rende possibili» (1964, p. 41).

Accanto al perdono, e forse meglio del perdono, Hillman segnala anche il *reciproco riconoscimento*, che è possibile dal momento che i due sono ancora legati in un rapporto nei nuovi ruoli di traditore e di tradito. Per questo possono soccorrersi, ma alla sola condizione che il traditore non attenui la crudeltà del tradimento, perché solo se lo riconosce, senza ammorbidirlo con false giustificazioni, può consentire all'altro di trovare da sé la spiegazione, e così di passare dalla beata innocenza della fiducia originaria, dove mai neanche lontanamente si profilava il tradimento, a quella coscienza adulta che ci fa scoprire che ogni volta che siamo in relazione con l'altro mettiamo in atto anche il nostro desiderio di non annullarci nell'altro. Vogliamo essere con l'altro, ma nello stesso tempo, per salvare la nostra individualità, vogliamo non esserci completamente, perché l'amore è una *relazione*, non una *fusione*. Se infatti non esistessimo come individualità autonome, non potremmo incontrare l'altro e metterci in relazione con lui.

Come scrive la sociologa Gabriella Turnaturi, quando lei o lui iniziano un viaggio fuori dal "noi", e che prescinde dal "noi", solo per le attese sociali, solo per i precetti religiosi i due tradiscono, mentre in realtà salvano la loro individualità dall'abbraccio del "noi", quando questo abbraccio più non emancipa, e più non consente né crescite né arricchimenti. Nel viaggio che si intraprende fuori dal "noi" e che prescinde dal "noi", è il "noi" che si tradisce, raramente il "tu". Quel che si imputa al traditore è di essere diventato diverso e di muoversi non più in sintonia, ma da solo. Soltanto se si accetta il cambiamento dell'altro e lo si accoglie come una sfida a ridefinire se stessi e il modo di concepire la relazione, il tradimento può essere anche una via di emancipazione.

Bibliografia

Ancona L., *Psicologia dell'amore coniugale*, in T. Goffi (a cura di), *Enciclopedia del matrimonio*, Queriniana, Brescia 1968.

Andolfi M., *La crisi della coppia. Una prospettiva sistemico-relazionale*, Raffaello Cortina, Milano 2007.

Beck U., Beck-Gernsheim E., *Il normale caos dell'amore* (1990), Bollati Boringhieri, Torino 1996.

Benjamin J., *Legami d'amore. I rapporti di potere nelle relazioni amorose* (1988), Raffaello Cortina, Milano 2015.

Bertini M., *Il matrimonio come processo di evoluzione psichica*, in L. Ancona (a cura di), *Nuove questioni di psicologia*, La Scuola, Brescia 1972, vol. II, pp. 123-154.

Blood R. O., *Marriage*, The Free Press of Glencoe, New York 1962.

Brunetta d'Usseaux F., *Matrimonio*, in M. Flores (a cura di), *Diritti umani. Cultura dei diritti e dignità della persona nell'epoca della globalizzazione*, Utet, Torino 2007, vol. II, pp. 890-894.

Canevelli F., Lucardi M., *La mediazione familiare. Dalla rottura del legame al riconoscimento dell'altro*, Bollati Boringhieri, Torino 2000.

Carli L., Cavanna D., Zavattini G. C., *Psicologia delle relazioni di coppia. Modelli teorici e intervento clinico*, il Mulino, Bologna 2009.

Carotenuto A., *Amare tradire*, Bompiani, Milano 1991.

Christensen H. T., *Handbook of marriage and the family*, Rand McNally, Chicago 1964.

Cigoli V., *Psicologia della separazione e del divorzio*, il Mulino, Bologna 1998.

Cigoli V., Galimberti C., Mombelli M., *Il legame disperante. Il divorzio come dramma di genitori e figli*, Raffaello Cortina, Milano 1988.
Di Lorenzo S., *Il teatro della coppia*, Pratiche Editrice, Milano 1999.
Dunbar R., *Amore e tradimento* (2012), Raffaello Cortina, Milano 2013.
Eisenstein V. W., *Neurotic interaction in marriage*, Basic Books, New York 1956.
Erikson E. H., *Introspezione e responsabilità* (1964), Armando, Roma 1972.
Francescato D., *Quando l'amore finisce*, il Mulino, Bologna 1992.
Freud S., *Contributi alla psicologia della vita amorosa* (1910-1917), in *Opere* (1967-1993), Bollati Boringhieri, Torino, vol. VI.
Fromm E., *L'arte di amare* (1956), il Saggiatore, Milano 1963.
Galimberti U., *Amore e tradimento*, in Id., *Le cose dell'amore* (2004), Feltrinelli, Milano 2013, pp. 99-108.
Giorello G., *Il tradimento. In politica, in amore e non solo*, Longanesi, Milano 2012.
Gius E., Zamperini A., *La relazione di coppia. Percezione di causalità e attribuzione di responsabilità*, Franco Angeli, Milano 1995.
Gruen A., *Il tradimento del sé. La paura dell'autonomia nell'uomo e nella donna* (1988), Feltrinelli, Milano 1992.
Haynes J. M., *Introduzione alla mediazione familiare. Principi fondamentali e sua applicazione*, Giuffrè, Milano 1996.
Hillman J., *Il tradimento* (1964), in Id., *Puer aeternus* (1964), Adelphi, Milano 1999, pp. 11-49.
Jung C. G., *Il matrimonio come relazione psicologica* (1925), in *Opere* (1969-2007), Bollati Boringhieri, Torino, vol. XVII.
Kast V., *La coppia. Realtà e immaginario nelle relazioni d'amore* (1984), Red Edizioni, Como 1991.
Kaufmann J.-C., *La vita a due. Sociologia della coppia* (1993), il Mulino, Bologna 1996.
Lévi-Strauss C., *Le strutture elementari della parentela* (1947), Feltrinelli, Milano 1972.
Lo Iacono G., *D'amore e d'accordo. Guida psicologica per la vita di coppia*, Erickson, Trento 1999.
Meroni B., Vanzulli L., Doveri N., Kaufman G., *La coppia. Incontri e scontri. Percorsi e conflitti nella relazione d'amore*, Vivarium, Milano 2016.
Naouri A., *Adulteri* (2006), Codice, Torino 2007.
Parkinson L., *Separazione, divorzio e mediazione familiare* (1987), Erickson, Trento 1995.
Pincus L., *Marriage. Studies in emotional conflict and growth*, Methuen, London 1955.
Polaino-Lorente A., *Amore coniugale e maturità personale. Fattori psicologici e psicopatologici*, Edizioni San Paolo, Cinisello Balsamo 1994.
Rougemont D. de, *L'amore e l'Occidente* (1939), Rizzoli, Milano 1977.
Russell B., *Matrimonio e morale* (1929), Longanesi, Milano 2007.
Salerno A., *Vivere insieme. Tendenze e trasformazioni della coppia moderna*, il Mulino, Bologna 2010.
Salmieri L., *Coppie flessibili. Progetti e vita quotidiana dei lavoratori atipici*, il Mulino, Bologna 2006.
Tolstoj L., *La sonata a Kreutzer* (1889), in Id., *Quattro romanzi*, Einaudi, Torino 1977.
Turnaturi G., *Tradimenti. L'imprevedibilità delle relazioni umane*, Feltrinelli, Milano 2000.
Vegetti Finzi S., *Quando i genitori si dividono. Le emozioni dei figli*, Mondadori, Milano 2005.
Vella G., Solfaroli Camillocci D., *Né con te né senza di te. La coppia in stallo*, Il Pensiero Scientifico, Roma 1998.
Velotti P. (a cura di), *Legami che fanno soffrire. Dinamiche e trattamento delle relazioni di coppia violente*, il Mulino, Bologna 2012.
Watzlawick P., Beavin J. H., Jackson D. D., *Pragmatica della comunicazione umana* (1967), Astrolabio, Roma 1971.

Maturazione, v. PSICOLOGIA DELL'ETÀ EVOLUTIVA.

Maturità (ingl. *Maturity*; ted. *Reife*; fr. *Maturité*; sp. *Madurez*). Compimento del processo di maturazione (v. PSICOLOGIA DELL'ETÀ EVOLUTIVA) a livello *fisico* con l'adeguato sviluppo dell'organismo, *psichico* comprensivo della componente emotiva e di quella cognitiva, *morale* con il raggiungimento dell'autonomia per avvenuta interiorizzazione dell'obbligazione, e *sociale* per la capacità di interagire con i propri simili a partire dalla comune accettazione di norme superindividuali. Ogni deficienza o ritardo nei processi di integrazione dei vari tratti della personalità in ordine all'età cronologica decide il grado di *immaturità*, che può essere globale o relativa a uno degli aspetti che connotano la maturità complessiva.

Bibliografia

AA.VV., *Immaturità*, in "Servitium. Quaderni di ricerca sperimentale", 2005, n. 160.
Cataluccio F. M., *Immaturità. La malattia del nostro tempo*, Einaudi, Torino 2004.
Demetrio D., *Elogio dell'immaturità. Poetica dell'età irraggiungibile*, Raffaello Cortina, Milano 1998.

MBP (*Mind-Brain-Problem*), v. MENTE, § 4.

MCMI, Test (*Millon Clinical Multiaxial Inventory*). Test di personalità messo a punto da Theodore Millon che, a partire dalla sua ipotesi secondo cui la psicopatologia può essere studiata con un approccio biosociale che prenda in considerazione lo sviluppo filogenetico, ontogenetico e neurobiologico, classifica gli esseri umani in base a quattro categorie bipolari: *Piacere-Dolore*, che riguarda in generale tutti gli aspetti dell'esistenza; *Adattamento-Cambiamento*, che riguarda la sopravvivenza; *Sé-Altro*, che riguarda la riproduzione, e infine *Sensazione-Astrazione*, che riguarda l'emergere di capacità di pianificazione e risoluzione dei problemi. A partire da queste polarità, Millon costruisce diversi modelli di personalità misurati su questi elementi: Comportamento manifesto, Rapporti interpersonali, Stili cognitivi, Esperienze passate interiorizzate, Immagine di sé,

Meccanismi di difesa, Organizzazione intrapsichica e temperamento. Il test di Millon è considerato uno dei quattro test diagnostici principali accanto al Rorschach (v. RORSCHACH, TEST DI), al TAT (v.) e all'MMPI (v. MMPI, TEST).

Bibliografia

Millon Th., *A biosocial approach to maladaptive learning and functioning*, Saunders, Philadelphia 1969.
–, *Toward a new personology. An evolutionary model*, Wiley, New York 1990.
– (a cura di), *The Millon inventories. Clinical and personality assessment*, Guilford, New York 1997.
Sanavio E., Sica C., *I test di personalità. Inventari e questionari*, il Mulino, Bologna 1999.

MDMA (*3,4-metilenediossimetanfetamina*), v. DROGA, § 5.

Me, v. IO, § 5; SÉ, § 2.

Meccanicismo (ingl. *Mechanicism*; ted. *Mechanizismus*; fr. *Mécanicisme*; sp. *Mecanicismo*). Concezione che ammette come unici parametri esplicativi della realtà la materia e il movimento che, in quanto dimensioni quantificabili e misurabili, sono suscettibili di calcolo matematico. Il meccanicismo si è espresso come concezione filosofica del mondo e come metodo di indagine. In questa seconda accezione si assume la fisica come modello di tutte le scienze a cui si riconducono anche le scienze cosiddette "umane", come la sociologia e la psicologia, a cui si chiede di tradurre in espressioni quantitative i risultati delle loro osservazioni. L'adozione di questo metodo ha emancipato la psicologia dai modelli concettuali di derivazione filosofica creando le premesse per la nascita della psicologia scientifica o sperimentale (v. PSICOLOGIA SPERIMENTALE). La concezione meccanicistica è caratterizzata da RIDUZIONISMO (v.), perché riconduce le varie manifestazioni fenomeniche ad un unico substrato che funge da principio esplicativo, e da DETERMINISMO (v.), perché rifiuta ogni ipotesi finalistica regolandosi esclusivamente sul principio di causalità.

Meccanismo di difesa, v. DIFESA, § 2.

Meccanismo d'innesco, v. ISTINTO, § 1.

Media, v. STATISTICA, § I, 2.

Mediana, v. STATISTICA, § I, 2.

Mediazione, v. TRATTATIVA, § 4.

Medica, Psicologia, v. PSICOLOGIA MEDICA.

Meditazione (ingl. *Meditation*; ted. *Meditation*; fr. *Méditation*; sp. *Meditación*). Pratica mentale che, attraverso opportuni esercizi, porta a un oltrepassamento dell'esperienza abituale di tipo egocentrico e razionale, in vista di un assorbimento in una coscienza più vasta che consente di esperire il proprio Sé più profondo e in armonia con il tutto, non più posto di fronte all'Io e così oggettivato, come è tipico del modo occidentale di pensare, ma avvertito come totalità di cui l'Io è parte. Ogni meditazione, che ha metodi e finalità giustificati all'interno della tradizione spirituale da cui è promossa, utilizza la regolazione del respiro, la deprivazione percettiva, l'attenzione concentrata, posture corporee che favoriscono la concentrazione, visualizzazione di simboli che rappresentano gli stadi che si desiderano raggiungere, ripetizione cadenzata di espressioni sonore che distolgono dal mondo della parola regolato da categorie concettuali e razionali.

La meditazione può indurre variazioni elettrofisiologiche del sistema psicosomatico, come l'induzione di onde alfa nel cervello e, negli stadi più avanzati, di onde teta (v. ELETTROENCEFALOGRAFIA), sincronizzazione delle onde antero-posteriori durante la seduta e sincronia tra i due emisferi; si assiste inoltre a cambiamenti nelle risposte galvaniche della pelle, a un rallentamento del ritmo respiratorio, a una diminuzione nel consumo dell'ossigeno e ad altre modificazioni biochimiche. Ne consegue un mutamento nella percezione degli stimoli ambientali con preminenza delle percezioni visive, uditive o di altri sensi a seconda che l'attenzione si concentri sull'una o l'altra fonte di stimoli. La dilatazione della coscienza e l'oltrepassamento dell'abituale visione egoica e razionale di sé e della realtà, con vivificazione di motivi inconsci attivati dalla concentrazione su simboli appropriati, può avere effetti terapeutici e constatabili trasformazioni psicologiche. Trattandosi di esperienze al limite del modo abituale di fare esperienza, la pratica della meditazione, a cui non tutti i soggetti rivelano una particolare predisposizione, avviene solitamente sotto la guida di un maestro, anche per evitare i rischi connessi all'indebolimento dell'Io richiesto da ogni pratica meditativa. Per ulteriori approfondimenti su questa tematica, si veda la voce MINDFULNESS.

Bibliografia

Anagarika Govinda, *Meditazione creativa e coscienza multidimensionale*, Astrolabio, Roma 1984.
Bataille G., *Metodo di meditazione* (1947), Mimesis, Milano 1994.
–, *L'esperienza interiore* (1973), Dedalo, Bari 1978.
Callieri B., *La perplessità. Note di psichiatria fenomenologica* (1977), in Id., *Percorsi di uno psichiatra* (1955-1992), Edizioni Universitarie Romane, Roma 1993, pp. 125-136.
–, *Riflessione, meditazione, contemplazione* (1978), in Id., *Percorsi di uno psichiatra*, cit., pp. 137-148.

Campbell A., *Sette stati di coscienza*, Astrolabio, Roma 1974.
Eliade M., *Tecniche dello yoga* (1948), Bollati Boringhieri, Torino 1984.
Goldstein J., Kornfield J., *Cuore della saggezza. Esercizi di meditazione* (1987), Astrolabio, Roma 1988.
Goleman D., *The varieties of meditative experience*, Ryder, London 1977.
Hadot P., *Esercizi spirituali e filosofia antica* (1981, edizione ampliata 2002), Einaudi, Torino 2005.
Hirai T., *Meditazione Zen come terapia*, Red Edizioni, Como 1984.
Levey J., *Arte del rilassamento, della concentrazione, della meditazione. Tecniche antiche per la mente moderna*, Astrolabio, Roma 1988.
Naranjo C., Ornstein R. E., *On the psychology of meditation*, Viking, New York 1971.
Robinet I., *Meditazione taoista*, Astrolabio, Roma 1987.
Sekida K., *Zen training. Methods and philosophy*, Weatherill, New York 1975.
Tilmann K., *Guida alla meditazione* (1947), Queriniana, Brescia 1970.
Unamuno M. de, *Inquietudini e meditazioni* (1912-1936), Rubbettino, Soveria Mannelli 2007.

Medium. Persona che, in particolari situazioni, solitamente di TRANCE (v.), è ritenuta capace di entrare in contatto con lo spirito dei defunti di cui trasmette i messaggi mediante segni verbali, grafici o mimici. Il medium va distinto dal *sensitivo* a cui la PARAPSICOLOGIA (v. § 1) riconosce capacità percettive di tipo extrasensoriale (v. SENSITIVITÀ).

Megalomania (ingl. *Megalomania*; ted. *Megalomanie*; fr. *Mégalomanie*; sp. *Megalomanía*). Tendenza della personalità a sopravvalutare se stessa e le proprie capacità in assenza di un opportuno vaglio critico. Deliri megalomanici si registrano nelle schizofrenie a sfondo paranoico dove ad essere investita di grandezza è la propria personalità, e nelle forme maniacali (v. MANIA) dove il soggetto vive una sensazione di strapotere sulle proprie risorse e capacità. Per Sigmund Freud la megalomania nasce a spese della libido oggettuale che, sottratta al mondo esterno, investe l'Io in una forma esasperata di narcisismo.

Bibliografia

Freud S., *Osservazioni psicoanalitiche su un caso di paranoia (dementia paranoides) descritto autobiograficamente (Caso clinico del presidente Schreber)* (1910), in *Opere* (1967-1993), Bollati Boringhieri, Torino, vol. VI.
–, *Introduzione al narcisismo* (1914), in *Opere*, cit., vol. VII.
Money-Kyrle R., *Megalomania* (1963), in *Scritti (1927-1977)*, Bollati Boringhieri, Torino 2002.

Megalopsia, v. MACROPSIA – MICROPSIA.

Meiosi, v. GENETICA, § 1, *a*.

Melanconia, v. DEPRESSIONE.

Melanotropina (MSH), v. ENDOCRINO, SISTEMA, § 1, *c*.

Melatonina, v. ENDOCRINO, SISTEMA, § 7.

Melodia, v. PSICOLOGIA DELLA MUSICA, § 3.

Meme, v. MEMORIA, § 9.

Memoria (ingl. *Memory*; ted. *Gedächtnis*; fr. *Mémoire*; sp. *Memoria*). Capacità di un organismo vivente di conservare tracce della propria esperienza passata e di servirsene per relazionarsi al mondo e agli eventi futuri. La funzione in cui si esprime la memoria è il *ricordo*, la cui diminuzione o scomparsa determina l'*oblio*. Come fenomeno normale che descrive la fase discendente di ogni processo mnemonico, l'oblio va tenuto distinto dall'*amnesia*, che è un fenomeno patologico che porta a disturbi del comportamento.

1. NEUROFISIOLOGIA DELLA MEMORIA. Non esiste un centro neuronale della memoria. I corrispondenti neuroanatomici della memoria non sono individuabili in aree specifiche, perché sono diffusi in tutto l'encefalo, sia nella neocorteccia cerebrale che nelle strutture subcorticali che presiedono i processi di apprendimento (associativo, non associativo e procedurale), la fissazione delle tracce mnestiche e la localizzazione per il recupero della memoria. Tra i due principali tipi di memoria, implicita ed esplicita (v. *infra*, § 3, C, γ), quest'ultima, che riguarda la conoscenza fattuale di persone, luoghi e cose, e di ciò che questi fatti significano, e che inoltre richiede uno sforzo deliberato e cosciente, non è localizzata in singole zone, ma è piuttosto il risultato dell'interazione dell'intera attività corticale con strutture sottocorticali.

Studi su pazienti e ricerche sperimentali su animali suggeriscono che la conoscenza immagazzinata come memoria esplicita viene prima acquisita attraverso l'elaborazione di una o più delle tre cortecce associative polimodali (prefrontale, limbica e parieto-occipito-temporale) che sintetizzano le informazioni visive, uditive e somatiche. Da qui l'informazione è trasmessa in serie alle cortecce paraippocampale e peririnale, poi alla corteccia entorinale, al giro dentato, all'ippocampo, al subiculum e infine di nuovo alla corteccia entorinale. Dalla corteccia entorinale le informazioni vengono inviate indietro alla corteccia paraippocampale e peririnale e infine di nuovo alle aree associative polimodali della neocorteccia.

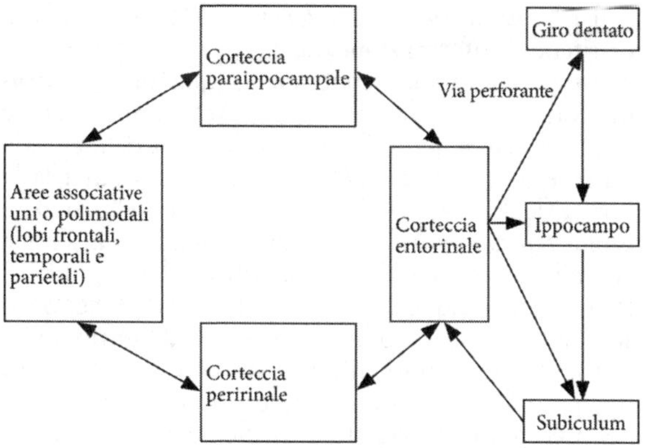

La corteccia entorinale ha quindi una duplice funzione nel trattamento delle informazioni per la memorizzazione della memoria esplicita: 1) in primo luogo è l'ingresso principale all'ippocampo. La corteccia entorinale proietta impulsi al giro dentato attraverso la via perforante e in questo modo fornisce il percorso di ingresso critico attraverso il quale le informazioni polimodali dalle cortecce di associazione raggiungono l'ippocampo; 2) in secondo luogo, la corteccia entorinale è anche la principale via di uscita dell'ippocampo. Le informazioni provenienti dalle cortecce associative (poli- o uni-modali) e dirette verso l'ippocampo e quelle provenienti dall'ippocampo e dirette a quelle stesse cortecce associative convergono nella corteccia entorinale. È quindi comprensibile perché i deficit di memoria associati a danni alla corteccia entorinale siano particolarmente gravi, e perché questi danni colpiscano non solo una, ma tutte le modalità sensoriali. Infatti, i primi cambiamenti patologici nella malattia di Alzheimer (v. DEMENZA, § IV, 1), la principale malattia degenerativa che colpisce la memoria esplicita, si verificano nella corteccia entorinale.

La persistenza dei ricordi lascia supporre che nella struttura del cervello si verifica una trasformazione duratura che prevede, secondo l'ipotesi biochimica, che nelle cellule nervose la traccia mnestica si depositi sotto forma di particolari molecole di acido ribonucleico (RNA) prodotto dall'attività neuronale. Questa ipotesi troverebbe conferma nella possibilità, già sperimentata a livello di animali inferiori, di trasferire biologicamente la memoria da un individuo a un altro. Ci sarebbe infatti un parallelismo fra trasmissione genetica della memoria e trasmissione della memoria genetica, depositata in sequenze di DNA in grado di determinare tutte le caratteristiche di una data specie e trasmetterle alla progenie (v. GENETICA, § 1).

Nella seconda metà del secolo scorso gli studi neurologici si sono concentrati sulla *teoria della plasticità neuronale*, secondo la quale i neuroni possono modificarsi strutturalmente e funzionalmente in maniera più o meno duratura. Eric R. Kandel e W. Alden Spencer hanno identificato nelle sinapsi il punto critico di modificazione dei neuroni sia attraverso una modificazione strutturale che mediante modificazioni biochimiche. Successivamente, impiegando animali dotati di un sistema nervoso più semplice rispetto a quello dei vertebrati, si è messa a punto, per vagliare la plasticità della memoria, una procedura metodologica che prevede: a) l'identificazione del circuito neuronale sotteso alla modalità appresa; b) la localizzazione di siti plastici nel circuito identificato; c) lo studio a livello cellulare e biochimico dei meccanismi responsabili della modificazione plastica. Questi studi consentono di comprendere i processi fisiologici e biochimici sottesi non solo alla memoria, ma a fenomeni molto complessi come la percezione, l'apprendimento e le emozioni.

2. GLI STADI DELLA MEMORIA. La memoria perviene alla sua espressione attraverso degli stadi di cui i principali sono:

a) *La registrazione*, che è l'impressione nel sistema nervoso dell'evento percettivo, quindi lo stadio in cui l'informazione entra nell'organismo rimanendo a disposizione un tempo proporzionale al tempo di esposizione.

b) *La ritenzione*, che consiste nell'immagazzinamento dell'informazione sensoriale (SIS), detto anche *registro sensoriale* (RS), che dà ai sistemi di estrazione delle caratteristiche e ai sistemi di riconoscimento di configurazioni il tempo (compreso tra 0,25 e 2 secondi) di operare, sui segnali in arrivo, scelte precise in ordine agli input rilevanti da discriminare da quelli inutili. Infatti l'enorme quantità di informazione presente in un'immagine sensoriale non è generalmente importante per interpretarne il significato, per cui si rende necessaria una selezione ritentiva.

c) *Il consolidamento della traccia mnestica*, che attualmente è solo una teoria che ipotizza, con buone probabilità convalidate da basi sperimentali, l'esistenza di un processo nervoso perseverativo che porta a un consolidamento della traccia mnestica. Ciò significa che, finché questo processo non è compiuto, la traccia mnestica non è completamente consolidata, per cui può essere cancellata tutta o in parte da eventi o trattamenti che non sono più efficaci quando il processo di consolidamento è concluso. Gli esperimenti vengono effettuati somministrando, dopo un apprendimento, un trattamento amnestico che possa interferire sul processo di consolidamento della traccia mnestica e cancellare o ridurre il ricordo dell'esperienza di apprendimento.

d) Il recupero, o *ecforia*, secondo l'espressione assegnata da Richard Wolfgang Semon, che nel 1908 aveva introdotto anche il concetto di traccia mnestica o engramma, è il richiamo alla mente del materiale precedentemente immagazzinato nel registro sensoriale con la ritenzione e, ipoteticamente consolidato, reso disponibile per l'effettivo ricordo. Il recupero dei ricordi non è un processo semplice che segue la legge del tutto o nulla. È possibile dimenticare qualcosa, ma conservare intorno ad essa informazioni che ne rendono possibile il recupero, come nel fenomeno delle parole "sulla punta della lingua", dove i vocaboli che vengono in mente al loro posto hanno caratteristiche in comune con la parola "dimenticata". Il recupero è inoltre facilitato dalle *immagini mentali* che visualizzano l'azione, dagli *schemi di organizzazione* del materiale da memorizzare, dalla *frequente ripetizione* che compie opera di consolidamento, e dal *sovrapprendimento* al di là della semplice acquisizione del materiale (v. SOVRAPPRENDIMENTO).

3. LA MEMORIA A BREVE E A LUNGO TERMINE. Questa distinzione fu introdotta per la prima volta nel 1890 da William James con la denominazione di "memoria primaria" per le informazioni relative agli eventi presenti alla coscienza dopo essere stati elaborati, e di "memoria secondaria" per il recupero di informazioni relative a eventi che hanno lasciato la coscienza e che perciò fanno parte del passato psicologico. Per comprendere le interconnessioni tra memoria a breve e a lungo termine occorre partire dalla memoria sensoriale, non sempre distinguibile dalla memoria a breve termine, perché le rispettive funzioni sono parzialmente sovrapponibili.

A) *La memoria sensoriale* coinvolge gli organi di senso per l'elaborazione degli stimoli e le cortecce primarie (collocate, ad esempio, per la funzione uditiva nel lobo temporale, per la funzione visiva nelle aree occipitali, per le funzioni tattili nella corteccia somatosensoriale ecc.). La memoria sensoriale dispone di cinque canali diversi capaci di contenere una grande quantità di informazioni, ma per un periodo di tempo molto breve. Così la memoria iconica ritiene l'immagine visiva per circa 0,5 secondi, la memoria ecoica ritiene le informazioni acustiche per circa 2 secondi, e analoghi tempi brevi si registrano per la memoria olfattiva, per quella tattile-percettiva e per quella gustativa. Dopo essere passate attraverso la memoria sensoriale, le informazioni vengono assunte dalla memoria a breve termine che le registra.

B) *La memoria a breve termine* (MBT) è in grado di ritenere informazioni per non più di 30 secondi, mentre, per quanto concerne la quantità di informazioni, uno studio di George Armitage Miller ne stabilisce circa sette. Si danno due tipi di memoria a breve termine: una *visivo-spaziale*, che riguarda la forma degli oggetti e la loro posizione nello spazio, e una *uditivo-verbale*, detta anche *fonologica*, che si attiva in presenza di stimoli acustici, ed è in grado di ritenere dai cinque ai nove elementi che possono essere numeri, sillabe o brevi parole. Saul Sternberg ha introdotto un paradigma per studiare la velocità di recupero della memoria a breve termine, che consiste nel presentare al soggetto degli elementi da uno a sei, denominati "set di memoria"; successivamente viene presentato un elemento "test", e a quel punto il soggetto deve decidere, quanto più rapidamente possibile, se tale elemento appartiene o meno a uno di quelli presentati nel set di memoria. Richard Ch. Atkinson e James F. Juola, intervenendo sull'ipotesi di Sternberg, hanno sperimentato che i soggetti rispondono rapidamente all'elemento test solo se la sua forza o familiarità è molto alta o molto bassa, mentre se è intermedia richiede una ricerca più lenta lungo gli elementi del set di memoria.

Affine alla memoria a breve termine, ma non a questa sovrapponibile, è la *memoria di lavoro* (*working memory*), perché, mentre la memoria a breve termine è impiegata per i processi cognitivi nei quali l'unico compito richiesto al soggetto è di ricordare diversi elementi di informazione, la memoria di lavoro svolge compiti cognitivi di maggiore complessità, come la soluzione di problemi o la comprensione di un testo, che richiedono diversi stadi di elaborazione, oltre a memorizzare e rendere immediatamente disponibile la situazione a cui si applica tale memoria. Alan D. Baddeley e Graham J. Hitch hanno elaborato un modello di memoria di lavoro costituito da tre componenti: un sistema, chiamato "esecutivo centrale", che ricorda da vicino l'attenzione, e ha il compito di controllare il flusso informativo, a cui sono subordinati un "circuito articolatorio" (*articulatory loop*) in grado di trattenere una quantità limitata di informazione fonologica, e un "taccuino per appunti visuo-spaziali" dedicato alla ritenzione dell'informazione visiva e/o spaziale. Questo sistema di memoria di lavoro è gerarchico con al vertice la componente esecutiva e sotto i due sistemi dedicati alla ritenzione a breve termine delle informazioni fonologiche e visuo-spaziali.

C) *La memoria a lungo termine* (MLT). Mentre la memoria a breve termine riguarda il presente psicologico, la memoria a lungo termine riguarda l'informazione che non è in corso di elaborazione e quindi fa parte del passato psicologico. Non c'è accordo su come deve essere suddivisa la memoria a lungo termine. Qui esponiamo le suddivisioni più accreditate.

α) *La distinzione tra memoria episodica e memoria semantica*. La memoria *episodica* permette la rievocazione consapevole di eventi autobiografici del passato. Solo una piccola parte della memoria umana è episodica perché la maggior parte non riguarda il ricordo di particolari eventi personali, ma le conoscenze acquisite e ritenute utili per condurre la propria vita quotidiana. Inoltre la traccia mnestica della memoria episodica si indebolisce con il tempo, soprattutto se l'evento a cui si riferisce non è accompagnato da un vissuto emotivo. La memoria *semantica* comprende le parole, i simboli e più in generale il sapere che si è via via acquisito. Endel Tulving così la definisce: «La memoria semantica è una memoria necessaria per l'uso del linguaggio e può essere considerata come un lessico mentale che organizza le conoscenze che una persona possiede circa le parole e gli altri simboli verbali, i loro significati e referenti, le relazioni esistenti tra di essi, le leggi, le formule, gli algoritmi relativi alla manipolazione di questi simboli, concetti e relazioni. [...] La memoria semantica non registra le proprietà percettibili degli stimoli, ma piuttosto i loro referenti cognitivi» (1972, p. 386). Sempre secondo Tulving, la memoria episodica è *autonoetica* in quanto la rievocazione di un evento è associata a una contingenza temporale di esperienze personali, la memoria semantica è invece *noetica* perché il recupero delle informazioni non è in alcun modo legato alla contingenza temporale in cui sono state apprese. A queste due memorie in cui si articola la memoria a lungo termine, Tulving aggiunge anche la memoria *procedurale* da lui definita *anoetica* in quanto vi si accede senza un coinvolgimento cosciente.

β) *La distinzione tra memoria dichiarativa e memoria procedurale*. La memoria *dichiarativa* è un accesso cosciente a una conoscenza che può essere affermata verbalmente o mediante altri mezzi, mentre la memoria *procedurale* è una successione di azioni che vengono eseguite automaticamente e inconsciamente. Così, ad esempio, la memoria dichiarativa relativa a *che cos'è* un computer può consentirne una descrizione o uno schema illustrativo, mentre la memoria procedurale di una persona abituata a usarlo sa automaticamente e senza doverci pensare *come* lo si usa. La memoria dichiarativa è flessibile, nel senso che vi si può accedere in modi diversi e in situazioni diverse. È aperta all'ispezione cosciente e può essere facilmente modificata da nuove esperienze, così come si può deteriorare se non viene impiegata, o per successive sovrapposizioni di altre operazioni mentali che distorcono le conoscenze esistenti come nel caso delle lingue straniere. Al contrario, la conoscenza procedurale non è flessibile perché è vincolata a un oggetto, a un'azione o a una situazione particolare, e come tale è assai meno soggetta a cambiamenti e a deterioramento, come dimostrano gli studi effettuati su soggetti affetti da amnesia che perdono la memoria dichiarativa, ma non quella procedurale esistente, che in alcuni casi viene addirittura ampliata. John Robert Anderson ha formulato la teoria del controllo adattivo del pensiero (ACT – *Adaptive Control of Thought*) per cui, nell'acquisizione di una qualche abilità, il soggetto si basa all'inizio sull'acquisizione in memoria di una conoscenza dichiarativa (come ad esempio in una scuola guida per imparare a guidare), e poi con la pratica trasferirà la memoria dichiarativa in memoria procedurale.

γ) *La distinzione tra memoria esplicita e memoria implicita*. È questa la distinzione in cui convengono il maggior numero di studiosi della memoria. La *memoria esplicita* comprende: la memoria *episodica*, la memoria *semantica* e la memoria *emozionale* che si riferisce a ricordi di eventi accompagnati da vissuti emotivi piacevoli o spiacevoli. La *memoria implicita* fa riferimento a tutte quelle conoscenze che, senza l'intervento della coscienza, si traducono in azioni e abilità eseguite automaticamente. Questo tipo di memoria coincide con la memoria *procedurale* sopra descritta. Oltre alle abilità *motorie*, la memoria implicita comprende le abilità *percettive*, come riconoscere una persona dal volto, e le abilità *cognitive*, come orientarsi in un quartiere che ci è familiare. La memoria emozionale, se da un lato appartiene alla memoria esplicita per quanto riguarda il ricordo di eventi emozionanti, dall'altro appartiene anche alla memoria implicita per il ricordo immagazzinato di reazioni viscerali connesse a quell'evento.

La memoria esplicita è altamente flessibile e prevede l'associazione di più informazioni che vengono elaborate in un'area neuroanatomica centrale, localizzata a livello temporo-mesiale (v. *supra*, § 1). Al contrario, la memoria implicita è più rigida e strettamente collegata alle condizioni di stimolo originali in base alle quali si è verificato l'apprendimento, e quindi può avere come substrati anatomici alternativamente la neocorteccia, il neostriato, l'amigdala, il cervelletto o le vie dei riflessi automatici. I corrispondenti neuroanatomici della memoria sono l'IPPOCAMPO (v.) per la memoria esplicita, l'amigdala (v. LIMBICO, SISTEMA) e il circuito di Papez (v. PAPEZ, CIRCUITO DI) per la memoria implicita associativa emozionale, i GANGLI DELLA BASE (v.) per la memoria implicita procedurale, le vie dei riflessi automatici per la memoria implicita non associativa (abitudine o sensibilizzazione), e la neocorteccia per le abilità percettive e cognitive di memoria implicita.

D) *Il passaggio dalla memoria a breve termine alla memoria a lungo termine.* Nel 1963 Arthur W. Melton ha ipotizzato l'esistenza di due meccanismi di immagazzinamento delle informazioni che, in entrata, si collocano nella memoria a breve termine (MBT) dove sono soggette a una rapida dissoluzione, restaurata dalla *ripetizione* che può essere di *mantenimento* per la loro conservazione nella memoria a breve termine, o di *integrazione* nelle strutture di memoria a lungo termine (MLT). Il materiale che sfugge alla ripetizione decade nell'oblio. La ripetizione non può aumentare la capacità del sistema di memoria, per cui il mantenimento è possibile solo se il numero delle informazioni in entrata è sufficientemente piccolo. Per questo si è soliti rappresentare il processo di ripetizione come un anello che lascia la memoria a breve termine per poi ritornarvi, dove è evidente che, se devono essere ripetute troppe informazioni, le ultime andranno perse prima che il processo di ripetizione possa iniziare. La velocità di ripetizione ha un ritmo molto simile a quello del linguaggio parlato.

La memoria a breve termine ha una capacità che varia dai 5 ai 7 elementi che, non sottoposti a ripetizione, vengono subito perduti, come quando si comunica oralmente un numero telefonico. La memoria a lungo termine è pensata invece come virtualmente illimitata, così che ogni informazione che passa dalla MBT alla MLT, come ad esempio il proprio numero telefonico, vi troverà una collocazione permanente. Nella MLT l'oblio non è determinato da rapido deterioramento come nella MBT, ma dall'incompletezza dei *richiami* necessari alla sua identificazione, per cui

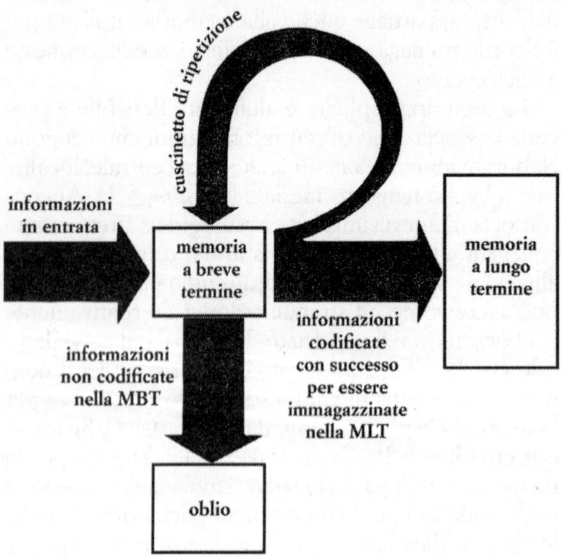

Rappresentazione grafica del processo di ripetizione e memorizzazione (ridisegnato da Hilgard et al., Psicologia, *Giunti Barbera, Firenze 1984).*

risulta difficile "ripescare" l'informazione adeguata, come nel caso delle parole "sulla punta della lingua". La teoria dei due processi della memoria offre diverse spiegazioni circa le cause dell'oblio: nella MBT l'oblio è determinato dal fatto che stimoli successivi hanno espulso l'informazione che non ha potuto essere restaurata dalla ripetizione di mantenimento; nella MLT l'oblio può dipendere o dal fatto che l'informazione non è mai stata trasmessa, o dal fatto che non sono disponibili richiami sufficienti alla sua identificazione.

I meccanismi che favoriscono il passaggio dalla MBT alla MLT sono: l'*attenzione* che, se in generale favorisce la memoria, talvolta la inibisce, come quando pensare a ciò che è stato detto impedisce di fare attenzione a ciò che si sta dicendo; l'*elaborazione concettuale*, che associa le informazioni in entrata a conoscenze già acquisite, migliorando il successivo recupero dell'informazione passata nella MLT; le *mnemotecniche*, che impongono un'organizzazione alle informazioni che non hanno rapporti fra loro, utilizzando i *metodi dei luoghi* dove alcune collocazioni geografiche servono come suggerimenti per ritrovare le informazioni, il *metodo delle associazioni* che collegano le informazioni inserendole in una storia significativa, il *metodo delle parole-chiave* a cui riconnettere informazioni non correlate, e altri espedienti che favoriscono il consolidamento, senza il quale non si ha il passaggio dalla MBT alla MLT. Ne è una conferma l'*amnesia retrograda* che si registra in soggetti che dopo commozioni o lesioni cerebrali manifestano un'amnesia degli eventi immediatamente precedenti l'incidente. Questo fatto conferma la teoria secondo cui l'attività neuronale deve disporre di un periodo di tempo, dopo una determinata esperienza, per il consolidamento delle informazioni, affinché queste possano essere incamerate in maniera stabile e definitiva nella MLT.

4. LE VARIE FUNZIONI DELLA MEMORIA. Tra le funzioni più significative che si registrano nell'attività della memoria segnaliamo:

a) La reintegrazione è il tipo di ricordo più completo in grado di localizzare spazialmente e temporalmente nel proprio passato l'evento ricordato. Le ricerche sulla reintegrazione sono state condotte più in ambito psicoanalitico che in psicologia sperimentale, dove è più difficile controllare i dettagli degli eventi che risalgono all'esperienza personale del soggetto. A livello di reintegrazione Sigmund Freud parla di "amnesia infantile" a proposito dell'estrema difficoltà nel ricordare gli eventi della prima infanzia. Le ipotesi non psicoanalitiche formulate in proposito sono o che il bambino esperisca il mondo in modo diverso dall'adulto per cui da adulto non riesce a rievocare le scene infantili, oppure che lo scarso immagazzinamento dipenda dall'insufficiente sviluppo del linguaggio. Per Freud, invece, alla base dell'amnesia infantile c'è la RIMOZIONE (v.).

b) La rievocazione è il ricordo di qualcosa senza alcun riferimento circostanziato al proprio passato, come quando ci si ricorda come si guida un'automobile senza ricordare però come e quando lo si è imparato, oppure come quando si recita un brano poetico appreso in un lontano periodo di studio. È possibile una misura quantitativa della rievocazione che si ottiene facendo ripetere al soggetto, dopo aver lasciato passare un po' di tempo, del materiale memorizzato, invitandolo, ad esempio, a ricordare le risposte associate a ogni stimolo, nel caso in cui si impieghi il metodo delle coppie associate, e calcolando il numero delle risposte corrette.

c) Il riconoscimento è l'identificazione, in un'esperienza successiva, di uno stimolo precedentemente esperito, come quando un oggetto, una persona o una situazione ci appaiono familiari o "già visti". Così gli animali sarebbero dotati di meccanismi innati di riconoscimento che consentono loro l'individuazione dei propri simili, con conseguente modulazione del proprio comportamento. Lo stesso dicasi per i bambini che, già a sei settimane di vita, reagiscono alla raffigurazione schematica di un volto umano. Oltre al giusto riconoscimento, si dà anche il *falso riconoscimento* dove si ha l'impressione di conoscere qualcosa che in realtà è sconosciuto, come nell'esperienza del *déjà vu* (v. *infra*, § 8, *d*), e il *misconoscimento* di oggetti, situazioni, persone note, come nell'esperienza del *jamais vu* (v. *infra*, § 8, *e*). Numerosi sono i test per la valutazione del riconoscimento: tra i più semplici, quello di mostrare al soggetto un certo numero di fotografie e, dopo un dato periodo di tempo, rimostrargliele mescolate con altre, chiedendogli di indicare quelle che ha già visto.

d) Il riapprendimento è la ripetizione di un'esperienza acquisita un po' di tempo dopo la prima acquisizione. Misura la ritenzione mnemonica mediante il calcolo del tempo e del numero di prove richieste per apprendere lo stesso materiale. Messa a punto da Hermann Ebbinghaus, questa metodologia consente di misurare il risparmio ritentivo (*Esparnmethode*) anche quando la prova di rievocazione o di riconoscimento sembrano deporre per un totale oblio. La differenza di tempo o del numero delle prove, espressa in percentuale, è considerata misura della ritenzione.

5. L'OBLIO. È la dimenticanza parziale o totale delle esperienze passate, descrivibile graficamente con la *curva dell'oblio*, messa a punto per la prima volta nel 1885 da Ebbinghaus, che dimostra come la diminuzione del ricordo sia rapida all'inizio e più lenta in seguito (v. EBBINGHAUS, LEGGE DI). L'intensità della caduta di detta curva dipende ovviamente dalla qualità del materiale appreso (verbale o motorio, con senso o senza senso), dal tipo di memoria misurata (reintegrazione, rievocazione, riconoscimento), dalle condizioni di apprendimento con conseguenti ripercussioni sull'immagazzinamento e sul consolidamento. Per spiegare l'oblio esistono diverse teorie interpretative:

a) La teoria della traccia mnestica che ipotizza, oltre a un decadimento spontaneo della traccia con il passare del tempo per effetto dei normali processi metabolici del cervello, una sua distorsione sistematica responsabile più dei cambiamenti qualitativi che di quelli quantitativi del ricordo. La PSICOLOGIA DELLA GESTALT (v. § III, 1) ha mostrato come una relativa omogeneità fra gli elementi percepiti o la mancanza di una chiara e definita struttura crei condizioni sfavorevoli non solo per la fissazione del ricordo, ma anche un'inibizione retroattiva per gli altri, per cui nel ricordo le figure tendono a divenire più simmetriche di quel che sono, oppure accentuano le loro irregolarità; se poi assomigliano a qualche oggetto specifico, tale somiglianza viene accentuata con conseguenti distorsioni, come nel caso dei racconti successivi di una stessa storia.

b) La teoria dell'interferenza o inibizione che ipotizza un'inibizione dovuta all'attività svolta nell'intervallo di tempo che corre tra l'apprendimento e il ricordo. A questo proposito si distingue un'interferenza o inibizione *proattiva* quando un apprendimento antecedente rende più difficile l'apprendimento di materiale nuovo, e un'inibizione *retroattiva* quando ogni nuova acquisizione rende più difficile il ricordo del materiale precedentemente acquisito (v. INIBIZIONE, § 3). L'interferenza si registra non solo tra compiti differenti, ma anche tra sequenze dello stesso compito, con maggior interferenza retroattiva nei riguardi delle prime parti e maggior interferenza proattiva nei riguardi delle ultime, mentre le parti centrali sono oggetto di entrambe le interferenze, per cui sono le più difficili da ricordare. Una diminuzione dell'interferenza si ha riducendo, e al limite eliminando, l'attività tra l'apprendimento e il ricordo; ciò spiega perché l'oblio, durante il sonno, è assai inferiore all'oblio durante lo stato di veglia (v. APPRENDIMENTO, § II, 3).

c) La teoria della rimozione è stata elaborata da Freud che ha concepito l'oblio come un meccanismo di difesa volto a proteggere la psiche da esperienze dolorose che possono riferirsi a desideri insoddisfatti, a conflitti non risolti o a impulsi socialmente riprovevoli (v. RIMOZIONE). Questo tipo di oblio non comporta la scomparsa o il deterioramento delle tracce mnestiche, ma semplicemente il loro mancato recupero che l'analisi si propone di riattivare. I meccanismi indicati da Freud quali responsabili di questo oblio sono la CONDENSAZIONE (v.) e lo SPOSTAMENTO (v.), non il tempo. Infatti, scrive Freud, «se le tracce mnestiche sono *rimosse*, si può rilevare che esse non subiscono modificazioni durante lunghissimi intervalli di tempo. L'inconscio è soprattutto fuori del tempo. Il carattere più importante e più strano della fissazione psichica è che tutte le impressioni si conservano, non solo nella medesima maniera in cui furono accolte, ma anche in tutte quelle forme che hanno assunto durante gli sviluppi ulteriori. Questo fatto non può essere spiegato per analogia con nessun altro campo. Secondo la teoria, dunque, si potrebbe ripristinare il ricordo di ogni stato precedente del contenuto mnemonico, anche se i suoi elementi hanno da tempo sostituito tutte le relazioni primitive con altre più recenti» (1901, p. 293). Partendo dall'indicazione freudiana, secondo cui l'oblio da rimozione è un meccanismo di difesa psichica, Cesare Musatti formula la *legge dell'ottimismo mnestico*, secondo cui «noi esercitiamo proprio un'azione selettiva sull'insieme dei nostri ricordi, nel senso che ricordiamo più facilmente e durevolmente gli avvenimenti piacevoli che non gli accadimenti spiacevoli del nostro passato. Ciò dimostra l'effettiva tendenza a dimenticare, che si sviluppa in presenza di elementi spiacevoli. Questa tendenza risponde appunto a un'intrinseca finalità biologica: la difesa dal dolore» (1949, p. 40), che agisce anche quando si è ossessionati da ricordi spiacevoli, perché questi hanno sostituito altri ricordi sepolti ancora più spiacevoli.

d) *La teoria dell'immagazzinamento e del recupero*. È la teoria più recente, secondo la quale il nostro cervello contiene una registrazione abbastanza completa della nostra esperienza; le difficoltà a rievocarla nascono da problemi di accessibilità dei ricordi dovuti o a un fallimento nel sistema di immagazzinamento che non consente di ritenere le informazioni memorizzate, o a un insuccesso nel recupero delle informazioni immagazzinate. Le ragioni che sono alla base di questo fallimento della memoria e quindi dell'oblio possono dipendere: 1) secondo Baddeley, dal *contesto*, da lui distinto in "intrinseco" (che riguarda ad esempio il mancato riconoscimento di una persona conosciuta senza occhiali che si presenta con gli occhiali) o "estrinseco" (che dipende dal cambiamento dell'ambiente in cui si è conosciuta una persona); 2) secondo James E. Eich, dallo *stato fisiologico* in cui si trova il soggetto dipendente da alcol, droghe, benzodiazepine, dove si è constatato un minor stato di oblio quando il recupero avviene nello stesso stato fisiologico in cui è avvenuto l'apprendimento; 3) secondo Gordon H. Bower, dalla *congruenza di umore* tra l'apprendimento e il recupero, che avviene più facilmente se il soggetto si trova nello stesso stato di umore che era presente al momento dell'apprendimento; 4) secondo John D. Teasdale, dal *livello di depressione* delle persone che condiziona il recupero, nel senso che le persone depresse impiegano più tempo, rispetto alle persone normali, a rievocare esperienze piacevoli rispetto a quelle spiacevoli.

6. AMNESIA. L'amnesia è una riduzione più o meno grave della capacità di ricordare. Può avere una causa *organica* o *psicogena*. Nel primo caso le amnesie differiscono a seconda delle strutture cerebrali compromesse per cause traumatiche, tossiche, metaboliche, infiammatorie o degenerative. L'entità del disturbo dipende dalla sede, dall'estensione e dall'eventuale irreversibilità. Caratteristica del disturbo amnestico è, come vuole la legge formulata da Théodule-Armand Ribot, di preservare, contrariamente al decorso della memorizzazione, i dati acquisiti in un lontano passato, lasciando decadere per primi quelli di recente acquisizione. Il disturbo può essere circoscritto a un determinato periodo di tempo e allora si parla di *amnesia lacunare* che, in base al tipo di lacuna, può essere semplice, sistematizzata o selettiva. L'amnesia lacunare può essere inoltre transitoria o irreversibile. Se invece il disturbo è *diffuso* con ricordi imprecisi sia per eventi recenti sia per eventi remoti che colpiscono la registrazione, la ritenzione e il recupero, allora si assiste a una modificazione del comportamento e della personalità. L'amnesia può essere *retrograda* se riguarda fatti precedenti l'insorgenza dell'evento amnesiogeno, *anterograda* se riguarda i fatti successivi, *retroanterograda* se investe entrambi i periodi.

a) *Le amnesie organiche*, che differiscono in base alle strutture cerebrali compromesse, si distinguono in: 1) *amnesie assiali*, dove la lesione interessa il sistema reticolare ascendente e il sistema limbico, indispensabili per la memorizzazione e l'utilizzazione delle informazioni. Si manifesta con amnesia di fissazione caratterizzata dall'incapacità di apprendere dati nuovi per i quali, dopo pochi minuti, non rimane alcun ricordo; evocazione mediocre del passato con disturbo della narrazione; adattamento discreto al presente per quel tanto che ha a che fare con situazioni familiari da lungo tempo apprese; 2) *amnesie corticali*, con distruzione parziale o totale dell'immagazzinamento mnestico, rappresentato dagli engrammi della corteccia dei due emisferi e drastica riduzione della possibilità di formare nuove associazioni. Le lesioni che distruggono una parte dell'emisfero non determinano un'amnesia di fissazione, ma turbe del linguaggio, dell'acquisizione ed esecuzione dei gesti, dell'organizzazione del comportamento; 3) *amnesie globali*: sono diffuse con gradi diversi e comportano non solo una riduzione delle possibilità mnestiche, ma anche una progressiva alterazione e diminuzione del patrimonio cognitivo. Le amnesie globali, oltre alla compromissione della memoria, investono tutte le capacità acquisite dal soggetto, linguaggio e gestualità compresi.

b) *Le amnesie organiche transitorie* dipendono da alterazioni organiche passeggere, dove i disturbi della memoria, essendo associati a confusioni mentali e a compromissioni della vigilanza, rendono difficile un'esatta valutazione dei processi mnestici. Queste amnesie si riscontrano di frequente nelle encefalopatie metaboliche, nelle intossicazioni acute, e nelle anossie cerebrali. Tra le forme più ricorrenti ricordiamo: 1) l'*ictus amnestico*, che si manifesta in modo improvviso con un'amnesia di fissazione e rapido oblio di ciò che è stato detto o fatto. Dopo la crisi, che dura diverse ore, il soggetto recupera improvvisamente o progressivamente le sue capacità mnestiche, mantenendo un vuoto di memoria per il periodo critico; 2) l'*amnesia traumatica*, che dipende solitamente da un trauma cranico, determina disturbi mnestici nel periodo post-traumatico (amnesia anterograda) e difficoltà di evocazione per il periodo precedente il trauma (amnesia retrograda).

c) *Le amnesie senili* sono alterazioni fisiologiche che si manifestano con difficoltà ad evocare nomi propri anche familiari, reperire oggetti che rientrano nella normale consuetudine, difficoltà di acquisire nuovi dati se non rientrano nei temi del proprio passato interesse. Quasi annullata è l'acquisizione di nuove tecniche di pensiero e di nuove strategie mentali. Il processo prende avvio in modo significativo a partire dal sesto decennio con una progressione che risulta inferiore nei soggetti che, per il loro buon livello intellettuale, sono in grado di acquisire nuove informazioni nel loro campo di interesse personale.

d) *Le amnesie psicogene* sono prodotte da disturbi affettivi in soggetti con strutture cerebrali indenni. Freud ha individuato la causa del disturbo amnestico di origine psichica nella RIMOZIONE (v.) di particolari eventi di natura affettiva o conflittuale a scopo difensivo. La soppressione della rappresentazione cosciente dell'evento o del conflitto non comporta la soppressione dell'affetto ad essa legato che si sposta su un'altra rappresentazione, in modo che gli elementi rimossi non siano accessibili a tutto ciò che potrebbe attivarli. Questa inattivazione non è però assoluta, come dimostra il trattamento analitico in grado di far emergere il rimosso. Rifiutando l'interpretazione basata sull'immaturità funzionale, Freud scorge nell'*amnesia infantile* una rimozione riguardante la sessualità che si estende alla quasi totalità degli eventi dell'infanzia e che si risolve con il declino del complesso edipico e con l'inizio dell'età della latenza. Nell'amnesia infantile Freud vede inoltre la condizione delle amnesie successive e, in particolare, l'*amnesia isterica* che è un sintomo nevrotico per cui si dimentica quello che non si "vuole" ricordare perché incompatibile con il concetto che uno ha di sé, e riguarda un periodo di tempo circoscritto o un episodio particolare.

7. IPERMNESIA. È un aumento delle capacità mnestiche che si dà in due configurazioni: *a*) l'*ipermnesia permanente*, che comprende sia le capacità mnestiche globali che si rivelano al di sopra della media, sia quelle circoscritte ad alcuni temi particolari come cifre, date, poesie. Tale ipertrofia della memoria non corrisponde necessariamente a un'intelligenza superiore; infatti la possiedono anche alcuni soggetti con deficienze mentali, i cosiddetti *idiots savants*; *b*) l'*ipermnesia transitoria*, che consiste nella capacità di attingere a materiali solitamente inaccessibili alla coscienza. Può verificarsi in casi di trauma o stress emotivi, durante stati febbrili intensi o di elevata tossicità, in caso di lesioni cerebrali, crisi epilettiche o maniacali, nonché durante terapia ipnotica o psicoanalitica.

8. PARAMNESIA. È un'alterazione qualitativa della memoria dove i ricordi vengono deformati nel loro contenuto, nel loro significato e nella loro localizzazione spazio-temporale, in base alla patologia psichica in atto al momento dell'elaborazione. Oltre alla CONFABULAZIONE (v.), che nella varietà delle sue manifestazioni presenta tratti paramnestici, le figure più significative di paramnesia sono:

a) *La reminiscenza*, che può essere definita una rievocazione senza riconoscimento, come nel caso della *criptomnesia*, caratterizzata dalla riemersione di un ricordo scambiato per un'idea completamente nuova, o come nel caso del *plagiarismo inconscio*, per cui ad esempio un musicista o uno scrittore adottano, senza rendersene conto, temi di altri musicisti o scrittori che hanno precedentemente ascoltato o letto.

b) *La pseudoreminiscenza*, che è un'errata rievocazione o perché immaginaria, o perché si riferisce a un'esperienza psichica realmente vissuta in passato, ma ricordata con un contenuto, un significato o una collocazione diversi da quelli reali (*allomnesia*), o perché riferisce come contenuti della memoria esperienze mai vissute (*pseudomnesia*).

c) *L'ecmnesia*, per cui il soggetto vive come se fossero attuali i ricordi della sua infanzia. Il fenomeno compare nella DEMENZA (v. § I, 1) e nell'alterazione dello stato di coscienza dovuta a lesioni cerebrali o all'assunzione di sostanze allucinogene. Questa reviviscenza della memoria, che però sfugge al controllo della coscienza, rende incerta la classificazione psicopatologica del fenomeno tra le forme di ipermnesia e paramnesia. Esiste anche chi rubrica il fenomeno tra i processi di depersonalizzazione (v. PERSONA, § 1; SCISSIONE, § I, 4).

d) *L'esperienza di déjà vu*, in cui una situazione nuova viene percepita come "già vista". Tale esperienza, detta anche *falso riconoscimento*, è spesso vissuta con la sensazione di sapere cosa accadrà dopo. Fenomeni di *déjà vu* sono frequentemente descritti da soggetti epilettici e isterici per i quali l'esperienza può durare ore o giorni, mentre negli individui normali permane al massimo qualche secondo. La sensazione di familiarità del *déjà vu* può essere spiegata: come un'errata generalizzazione di esperienze passate applicata a una situazione che risulta parzialmente somigliante; come la perseverazione di uno stato emotivo precedentemente causato da una difficoltà di adattamento al contesto presente; come il ricordo di fantasie inconsce riattivato dalla situazione attuale. Simili al *déjà vu* sono il *déjà entendu* con la sensazione di aver già sentito ciò che si sta udendo al momento, il *déjà fait* in cui il soggetto è convinto che quello che gli sta succedendo gli sia già accaduto in precedenza, il *déjà pensé* come sensazione di aver già formulato in passato lo stesso pensiero. Secondo alcuni, l'esperienza del *déjà vu* può aver contribuito al sorgere dell'idea della METEMPSICOSI (v.), nel senso che, se si ha l'impressione di aver già vissuto un'esperienza che in realtà è nuova, si può pensare di averla vissuta in un'esistenza precedente.

e) *L'esperienza di jamais vu*, detta anche *misconoscimento*, che è un'esperienza in cui il soggetto percepisce situazioni a lui ben note come nuove ed estranee. Può verificarsi nelle schizofrenie, in alcune crisi epilettiche, in stati di tossicità o di particolare affaticamento. Rientra in questo campo la persuasione che individui o cose abbiano subìto repentini cambiamenti o vere e proprie trasfigurazioni, da uomo a donna, da giovane a vecchio, o abbiano cambiato radicalmente fisionomia (v. CAPGRAS, SINDROME DI).

9. LE PRINCIPALI INTERPRETAZIONI TEORICHE DELLA MEMORIA. La natura della memoria e le modalità del suo funzionamento sono state affrontate in termini diversi e talvolta contrastanti dalle varie scuole psicologiche in base ai rispettivi orientamenti teorici (v. PSICOLOGIA, § II). Le prime ricerche, a partire da Ebbinghaus, si basano sul modello associativo (v. ASSOCIAZIONISMO), che fu in seguito contestato dalla PSICOLOGIA DELLA GESTALT (v. § III, 1), secondo la quale la memoria non è spiegabile in termini di nessi associativi, ma, come per i processi percettivi, in termini di organizzazione dell'insieme memorizzato, che tende sempre ad assumere la struttura più semplice, più economica e più regolare. A questa tesi si oppose il COMPORTAMENTISMO (v.), che legge la memoria come un capitolo dello studio dell'APPRENDIMENTO (v.) che è possibile spiegare in termini di condizionamento sul modello stimolo-risposta. In polemica con questa ipotesi si espresse il COGNITIVISMO (v.), che contesta la tesi comportamentista relativa all'unicità del processo di memorizzazione e distingue una memoria a lungo, a breve e a brevissimo termine, come la *memoria iconica* o *visiva* e la *memoria ecoica* o *uditiva* (misurabili chiedendo a chi è sottoposto all'esperimento di riferire una serie di parole viste o udite per un tempo brevissimo), che non sarebbe sottoposta a fenomeni di interferenza semantica come accade alle prime due forme di memoria. Inoltre la memoria a lungo termine non avrebbe alcun rapporto con l'ambito percettivo, che invece caratterizza la memoria a breve termine e quella iconica.

Il cognitivismo, che ha fatto della memoria l'oggetto specifico del suo studio, ha inoltre elaborato modelli interpretativi mutuati dalle categorie concettuali della teoria dell'informazione (v. INFORMAZIONE, TEORIA DELL') e della CIBERNETICA (v.). Infatti la costruzione di memorie per calcolatori permette di elaborare modelli che si rivelano validi anche per il funzionamento della mente umana e viceversa. Infine, nell'ambito della *sociobiologia* (v. GENETICA, § 5, *c*), Richard Clinton Dawkins ha ipotizzato, come controparte culturale del gene, il *meme*, ossia l'unità dell'ereditarietà culturale che avrebbe alcune proprietà dell'evoluzione biologica con possibilità di trasmissione culturale da individuo a individuo. Dawkins distingue anche i memi, che sono le unità di informazione conservate nella memoria, dai prodotti dei memi, che sono le loro manifestazioni esterne percepibili. Il dibattito su questa ipotesi è ancora aperto. Da ultimo, per quanto concerne la teoria psicoanalitica della memoria e l'incompatibilità, postulata da Freud, tra coscienza e memoria, si veda la voce ENGRAMMA, § 1.

Bibliografia

Agranoff B. W. (a cura di), *Neurobiological basis of learning and memory*, Wiley, New York 1980.

Anderson J. R., *Skill acquisition. Compilation of weak method problem solutions*, in "Psychological Review", 1987, n. 94, pp. 192-210.

Anderson J. R., Bower G. H., *Human associative memory*, Winston & Sons, Washington (DC) 1973.

Atkinson R. Ch., Juola J. F., *Search and decision processes in recognition memory*, in D. H. Krantz, R. Ch. Atkinson,

P. Suppes, *Contemporary developments in mathematical psychology*, Freeman, London 1974.

Atkinson R. Ch., Shiffrin R. M., *Human memory. A proposed system and its control processes*, in K. W. Spence, J. T. Spence, *The psychology of learning and motivation. Advances in research and theory*, Academic Press, London 1968, vol. II.

Augé M., *Le forme dell'oblio. Dimenticare per vivere* (1998), il Saggiatore, Milano 2000.

Baddeley A. D., *La memoria. Come funziona e come usarla* (1982), Laterza, Bari 1984.

–, *La memoria di lavoro* (1986), Raffaello Cortina, Milano 1990.

–, *La memoria umana. Teoria e pratica* (1990), il Mulino, Bologna 1995.

Baddeley A. D., Eysenck M. W., Anderson M. C., *La memoria* (2009), il Mulino, Bologna 2011.

Baddeley A. D., Hitch G. J., *Working memory*, in G. H. Bower, *The psychology of learning and motivation. Advances in research and theory*, Academic Press, London 1974, vol. VIII.

Bara B. G., *Scienza cognitiva*, Bollati Boringhieri, Torino 1990.

Bartlett F. Ch., *La memoria. Studio di psicologia sperimentale e sociale* (1932), Franco Angeli, Milano 1974.

Bergson H., *Materia e memoria* (1896), Laterza, Bari 1996.

Bion W. R., *Memoria del futuro*, Libro 1: *Il sogno* (1975), Libro 2: *Presentare il passato* (1977), Libro 3: *L'alba dell'oblio* (1979), Raffaello Cortina, Milano, editi rispettivamente negli anni 1993, 1998, 2007.

Bower G. H., *Mood and memory*, in "American Psychologist", 1981, n. 36, pp. 129-148.

Cohen N. J., *Preserved learning capacity in amnesia. Evidence for multiple memory systems*, in L. R. Squire, N. Butters, *Neuropsychology of memory*, Guilford, New York 1984.

Coltheart M., *Iconic memory and visible persistence*, in "Perception and Psychophysics", 1980, n. 27.

Cornoldi C., *Apprendimento e memoria nell'uomo*, Utet Libreria, Torino 1986.

Dawkins R. C., *Il gene egoista* (1976, 2ª ed. ampliata 1989), Mondadori, Milano 1995.

Ebbinghaus H., *La memoria* (1885), Zanichelli, Bologna 1975.

Eich J. E., *The cue-dependent nature of state-dependent retrieval*, in "Memory and Cognition", 1980, n. 8, pp. 7-73.

Flores M., *Memoria*, in Id. (a cura di), *Diritti umani. Cultura dei diritti e dignità della persona nell'epoca della globalizzazione*, Utet, Torino 2007, vol. II, pp. 901-906.

Freud S., *Studi sull'isteria (in collaborazione con Josef Breuer)* (1892-1895), in *Opere* (1967-1993), Bollati Boringhieri, Torino, vol. I.

–, *Le neuropsicosi da difesa* (1894), in *Opere*, cit., vol. II.

–, *Psicopatologia della vita quotidiana* (1901), in *Opere*, cit., vol. IV.

–, *La rimozione*, in *Metapsicologia* (1915), in *Opere*, cit., vol. VIII.

Hacking I., *La riscoperta dell'anima. Personalità multipla e scienze della memoria* (1995), Feltrinelli, Milano 1996.

Harth D., *Memoria e ricordo*, in Ch. Wulf (a cura di), *Cosmo, corpo, cultura. Enciclopedia antropologica* (1997), Bruno Mondadori, Milano 2002, pp. 750-756.

Hunter I. M. L., *La memoria* (1957), Feltrinelli, Milano 1962.

Jacoby L. L., Dallas M., *On the relationship between autobiographical memory and perceptual learning*, in "Journal of Experimental Psychology: General", 1981, n. 110, pp. 306-340.

James W., *Principi di psicologia* (1890), Società Editrice Libraria, Milano 1901.

John E. R., *Mechanisms of memory*, Academic Press, New York 1967.

Kandel E. R., Schwartz J. H., Jessell Th., *Principi di neuroscienze* (1981), Editrice Ambrosiana, Milano 2003.

Kandel E. R., Spencer W. A., *Cellular neurophysiological approaches in the study of learning*, in "Physiological Review", 1968, n. 48, pp. 65-133.

Katona G., *Memoria e organizzazione. Studi di psicologia dell'apprendimento e dell'insegnamento* (1940), Giunti Barbera, Firenze 1972.

Kennedy A., Wilkes A., *Studies in longterm memory*, Wiley, New York 1975.

Kintsch W., *Learning memory and conceptual processing*, Wiley, New York 1970.

–, *Memory and cognition*, Wiley, New York 1977.

Lavazza A., Inglese S., *Manipolare la memoria. Scienza ed etica della rimozione dei ricordi*, Mondadori, Milano 2013.

Le Ny J.-F., Montepellier G. de, Oléron G., Florès C., *Apprendimento e memoria*, in P. Fraisse, J. Piaget (a cura di), *Trattato di psicologia sperimentale* (1963-1968), Einaudi, Torino 1972-1979, vol. IV.

Longoni A. M., *La memoria. Noi siamo ciò che ricordiamo e ciò che dimentichiamo*, il Mulino, Bologna 2000.

Lurija A. R., *Neuropsicologia della memoria. Disturbi nelle lesioni cerebrali localizzate* (1974), Armando, Roma 1981.

McGaugh J. L., Herz M. J., *Memory consolidation*, Freeman, San Francisco 1972.

Melton A. W., *Implications of short-term memory for a general theory of memory*, in "Journal of Verbal Learning and Verbal Behavior", 1963, n. 1, pp. 1-21.

Miller G. A., *The magical number seven, plus or minus two. Some limits on our capacity for processing information*, in "Psychological Review", 1956, n. 63, pp. 81-93.

Musatti C. L., *Trattato di psicoanalisi*, Bollati Boringhieri, Torino 1949.

Oliverio A., *Ricordi individuali e memorie collettive*, Einaudi, Torino 1994.

Papagno C., *Come funziona la memoria*, Laterza, Bari 2003.

–, *Neuropsicologia della memoria*, il Mulino, Bologna 2010.

Parkin A. J., *Memory and amnesia. An introduction*, Basil Blackwell, Oxford 1987.

Rapaport D., *Emotions and memory*, Williams & Wilkins, Baltimore 1942.

Ravizza L., *Memoria*, in G. B. Cassano, P. Pancheri *et al.* (a cura di), *Trattato italiano di psichiatria* (1992), Masson, Milano 1999, vol. I, pp. 445-470.

Reed G., *The psychology of anomalous experience. A cognitive approach*, Hutchinson University Library, London 1972.

Robustelli F., *La memoria*, in L. Ancona (a cura di), *Nuove questioni di psicologia*, La Scuola, Brescia 1972, vol. I, pp. 395-428.

Roncato S., *Apprendimento e memoria*, il Mulino, Bologna 1982.

Roncato S., Zucco G., *I labirinti della memoria*, il Mulino, Bologna 1993.

Rosenfield I., *L'invenzione della memoria* (1988), Rizzoli, Milano 1989.
Rosenzweig M. R., Bennett E. L. (a cura di), *Neural mechanism of learning and memory*, Mit Press, Cambridge, Massachusetts, 1976.
Schacter D. L., *Implicit memory. History and current status*, in "Journal of Experimental Psychology. Learning, Memory and Cognition", 1987, n. 13, pp. 501-518.
–, *Alla ricerca della memoria. Il cervello, la mente, il passato* (1996), Einaudi, Torino 2001.
Semon R. W., *Die Mneme als erhaltendes Prinzip im Wechsel des organischen Geschehens*, Engelmann, Leipzig 1908.
Spinnler H., Sterzi R., Vallar G., *Le amnesie* (1974), Franco Angeli, Milano 1977.
Sternberg S., *The discovery of processing stages. Extension of Dondors' method*, in "Acta Psychologica", 1969, n. 30, pp. 276-315.
Tarpy R. M., Mayer R. E., *Foundations of learning and memory*, Scott Foresman, Glenview, Illinois, 1978.
Teasdale J. D., *Affect and accessibility*, in "Philosophical Transactions of the Royal Society of London", 1983, n. 302, pp. 403-412.
Tulving E., *Episodic and semantic memory*, in E. Tulving, W. Donaldson, *Organization of memory*, Academic Press, New York 1972, pp. 382-403.
Underwood B. J., *Interference and forgetting*, in "Psychological Review", 1957, n. 64, pp. 49-60.
Vella G., Siracusano A., *La complessità della memoria*, Il Pensiero Scientifico, Roma 1992.
Viale R. (a cura di), *Mente umana, mente artificiale*, Feltrinelli, Milano 1989.
Weinrich H., *Lete. Arte e critica dell'oblio* (1997), il Mulino, Bologna 1999.
Whitty Ch. W. M., Zangwill O. L. (a cura di), *Amnesia. Clinical, psychological and medicolegal aspects*, Butterworth, London 1977.

Menarca, v. MESTRUAZIONE.

Meninge (ingl. *Meninx*; ted. *Hirnhaut*; fr. *Méninge*; sp. *Meninge*). Il termine si riferisce a ciascuna delle tre membrane, di natura connettivale, che avvolgono l'encefalo e il midollo spinale interponendosi fra essi e le pareti ossee. Dall'esterno all'interno prendono il nome di "dura madre", "aracnoide" e "pia madre", su cui decorrono i vasi che servono all'irrorazione del sistema nervoso centrale. Tra l'aracnoide e la pia madre c'è uno spazio che contiene il liquido cefalo-rachidiano (o cefalospinale) che ha il compito di proteggere gli organi nervosi da urti e compressioni (spazio subaracnoideo). L'infiammazione delle meningi causa la *meningite*, che può essere cerebrale o spinale e che si manifesta con febbri, emicranie, turbe della coscienza, ritrazione e tensione dei muscoli addominali, iperestesia della cute, disturbi della vista e alterazione del liquido cefalo-rachidiano. In caso di guarigione non sono rari disturbi permanenti al sistema nervoso centrale.

Meningite, v. MENINGE.

Menopausa, v. MESTRUAZIONE.

Menorragia, v. MESTRUAZIONE.

Menorrea, v. MESTRUAZIONE.

Mentalismo (ingl. *Mentalism*; ted. *Mentalismus*; fr. *Mentalisme*; sp. *Mentalismo*). Il termine viene impiegato: 1) come sinonimo di PSICOLOGISMO (v.); 2) come sinonimo di ANIMISMO (v.); 3) in senso più specifico, come denominazione di quella teoria condivisa dai cognitivisti, in contrapposizione ai comportamentisti, secondo la quale i processi mentali esistono indipendentemente dalle loro manifestazioni a livello di comportamento e possono fungere da spiegazioni dello stesso.

Mentalità (ingl. *Mentality*; ted. *Mentalität*; fr. *Mentalité*; sp. *Mentalidad*). Insieme di disposizioni psicologiche e intellettuali, di credenze fondamentali e abitudini che caratterizzano un individuo, un gruppo, un popolo, un periodo storico o una fase dello sviluppo individuale o collettivo. In questa accezione si parla di mentalità infantile, di mentalità primitiva o di mentalità dell'epoca, che si traduce in comportamenti istituzionalizzati o in modi di vivere e di pensare tipici.

Mentalizzazione (ingl. *Mentalizing*; ted. *Mentalisierung*; fr. *Mentalisation*; sp. *Mentalización*). Termine introdotto da Édouard Claparède per indicare l'elaborazione psichica di tensioni conflittuali. Il termine è stato adottato dalla psicosomatica di scuola francese per spiegare numerosi disturbi registrati dal corpo per insufficiente presa di coscienza dei conflitti psichici sottostanti. L'insufficiente mentalizzazione delle tensioni emotive, fisiologica nei bambini o gravemente carente negli adulti, determina il loro scaricarsi per via somatica (v. CONVERSIONE).

Nell'ambito delle scienze cognitive si impiega il termine "mentalizzazione" per indicare la capacità di comprendere la mente dell'altro. Peter Fonagy ha inteso la mentalizzazione come la condizione essenziale per la costruzione di un Sé autentico, come nel caso della madre che, se è in grado di rispecchiare lo stato mentale del suo bambino, sa rispondere con una modalità emotiva e affettiva adeguata che, reiterata, favorisce nel bambino la nascita di un Sé autonomo. Scrive in proposito Fonagy: «La mentalizzazione implica sia una componente autoriflessiva sia una componente interpersonale. In modo combinato queste due componenti forniscono la capacità di distinguere la realtà interna da quella esterna, i processi intrapersonali ed emozionali dalle comunicazioni interpersonali. [...]

La comprensione del Sé, come agente mentale, emerge dall'esperienza interpersonale» (2002, p. 4). Dal punto di vista clinico, Mary Main ha mostrato che la madre priva di capacità metacognitive, di cui la mentalizzazione è un'espressione (v. METACOGNIZIONE), si rivela incapace di rappresentare a se stessa il proprio stato mentale e quello del suo bambino, e perciò assume un comportamento poco coerente, che non le consente di rispondere adeguatamente allo stato affettivo del bambino, il quale si trova a quel punto ad esaminare non i propri stati mentali, ma quelli della madre che minacciano di insidiare il suo Sé, rendendolo incerto e vulnerabile. Per ulteriori approfondimenti si veda la voce TEORIA DELLA MENTE.

Bibliografia

Allen J. G., Fonagy P., Bateman A. W. (a cura di), *La mentalizzazione nella pratica clinica* (2008), Raffaello Cortina, Milano 2010.

Bateman A., Fonagy P., *Il trattamento basato sulla mentalizzazione. Psicoterapia con il paziente borderline* (2004), Raffaello Cortina, Milano 2006.

Claparède É., *Psicologia del fanciullo e pedagogia sperimentale. Lo sviluppo mentale* (1909), Editrice Universitaria, Firenze 1964.

Fonagy P., Gergely G., Jurist E. L., Target M., *Regolazione affettiva, mentalizzazione e sviluppo del Sé* (2002), Raffaello Cortina, Milano 2005.

Main M., *L'attaccamento. Dal comportamento alla rappresentazione*, Raffaello Cortina, Milano 2008.

Midgley N., Vrouva I. (a cura di), *La mentalizzazione nel ciclo di vita. Interventi con bambini, genitori e insegnanti* (2012), Raffaello Cortina, Milano 2014.

Siegel D. J., *La mente relazionale. Neurobiologia dell'esperienza interpersonale* (2012), Raffaello Cortina, Milano 2013.

Mente (ingl. *Mind*; ted. *Geist*; fr. *Esprit*; sp. *Mente*). Termine preferito per indicare l'insieme delle facoltà cognitive che, come scrive Daniel J. Siegel, «comprende almeno tre aspetti fondamentali: l'esperienza soggettiva personale; la coscienza con il senso del conoscere e del conosciuto; una funzione regolativa definibile come processo emergente, auto-organizzantesi che trae origine dal sistema nervoso distribuito in tutto il corpo e dalle relazioni, ma allo stesso tempo contribuisce alla loro regolazione. Pertanto, un aspetto fondamentale della mente può essere definito come processo incarnato – in-corpo-rato – e relazionale che *regola* i flussi di energia e informazioni» (2012b, p. 32).

1. GLI ANTECEDENTI FILOSOFICI. La mente fa la sua comparsa nella filosofia antica con il nome di *psyché*, tradotto dai latini con *anima*, che Platone concepisce come una *realtà separata dal corpo*, inaugurando così il DUALISMO PSICOFISICO (v.) che caratterizzerà la storia dell'anima nella cultura occidentale.

a) *Il dualismo platonico*. Nell'anima Platone indica: 1) *il fondamento dell'individualità del soggetto*, la cui identità è salvaguardata rispetto ai tratti mutevoli del corpo che, a differenza dell'anima, è soggetto al divenire, alla forza dissolvente delle passioni, alla malattia e alla morte; 2) *la relazione esclusiva dell'anima con la verità*, contro l'inganno dei sensi corporei incapaci di pervenire a un sapere universale e valido per tutti. Così connotata, l'anima diventa espressione dell'autosufficienza della ragione che procede, scrive Platone, «senza uscire da quel che risulta dai soli termini del discorso» (*Sofista*, 240 a). Questi due motivi ricompaiono identici nella tradizione cristiana, luogo eminente della cultura dell'anima in versione religiosa. Con essa infatti si ribadisce che la verità abita l'interiorità dell'uomo e disabita il mondo. Il motivo agostiniano che recita «*In interiore homine habitat veritas*» (La verità abita nell'interiorità dell'uomo) (415, p. 148) ripropone alla lettera la concezione platonica dell'anima separata dal corpo e raccolta nella sua interiorità assunta come luogo proprio della verità.

b) *Il dualismo cartesiano*. Nell'età moderna il dualismo platonico trova la sua radicalizzazione nel sistema delle scienze esatte, che René Descartes ha inaugurato nell'intento di giungere a quel sapere oggettivo che è il primo tratto tipico della scienza nella sua accezione moderna. La conquista dell'oggettività ha ribadito la divisione dell'uomo in anima e corpo, dove il corpo, da *soggetto* che esplora con i suoi sensi il mondo, viene risolto in *oggetto*, relegato nella *res extensa*, e inteso, al pari di tutti gli altri corpi, in base alle leggi fisiche che presiedono l'estensione e il movimento (v. MECCANICISMO) e seguono la legge deterministica della causalità (v. DETERMINISMO). L'anima, sottratta a ogni influenza corporea, viene pensata come puro intelletto (*res cogitans*), come ego intersoggettivo nelle cui cogitazioni, rigorosamente eseguite con metodo matematico, c'è ogni possibile senso del mondo e di ogni io personale e soggettivo che abita il mondo. Alla *res cogitans*, che, priva di estensione e divisibilità, sfugge al meccanicismo e al determinismo, appartiene il pensiero, concepito da Descartes e dal razionalismo da lui inaugurato come *sostanza*. Il dualismo mente-corpo viene poi attenuato dallo stesso Cartesio che ammette un'interazione tra le due entità tramite la ghiandola pineale deputata a connettere la *res extensa* con la *res cogitans*. Questa spiegazione, apparsa da subito insoddisfacente, generò nel corso del pensiero moderno altre soluzioni qui di seguito brevemente riassunte.

c) *Il parallelismo psicofisico*. Sotto questo titolo possiamo rubricare Nicolas Malebranche, secondo cui mente e corpo seguono ognuno le proprie leggi, e la loro coordinazione è "di volta in volta" garantita dall'intervento di Dio; Baruch Spinoza, che concepisce la mente e il corpo come due attributi dell'unica sostanza che può essere visualizzata sia dal punto di vista delle idee, sia dal punto di vista delle cose, per cui, scrive Spinoza, «l'ordine e la connessione delle idee è identico all'ordine e alla connessione delle cose» (1677, p. 73); Gottfried Wilhelm Leibniz, che, con la sua concezione dell'"armonia prestabilita", prevede che la coordinazione tra il mentale e il corporeo sia garantita "originariamente" da Dio, come quella di due orologi ideali perfettamente sincronizzati in origine.

d) *L'attenuazione del dualismo psicofisico*. È questa la via percorsa dall'empirismo inglese con John Locke che sottolinea il carattere "funzionale" e non "sostanziale" della mente, e in seguito con David Hume che concepisce la mente come un "fascio di percezioni", quindi da pensare più come un palcoscenico in cui si succedono una collezione di percezioni, impressioni e idee, che come un soggetto d'esperienza. In linea con l'attenuazione del dualismo psicofisico è anche la posizione di Immanuel Kant che, operando una sintesi superiore dei contributi offerti dal razionalismo e dall'empirismo, concepisce la mente come l'attività unificante il materiale sintetizzato dalle intuizioni sensibili.

e) *La negazione del dualismo psicofisico*. È questa la via percorsa dalle filosofie idealiste e da quelle materialiste che hanno in comune il fatto di non riconoscere una delle due "sostanze" cartesiane, o con un'esplicita negazione o con una radicale subordinazione dell'una all'altra.

2. LA CONCEZIONE DELLA MENTE NEI DIVERSI INDIRIZZI PSICOLOGICI. Con l'avvento della psicologia scientifica, il significato del termine "mente" è affidato ai vari sistemi di pensiero che lo determinano in base al loro impianto categoriale e alle loro premesse teoriche che trovano la loro esposizione: nell'INTROSPEZIONISMO (v.), noto anche come *elementarismo*, secondo cui la mente può essere scomposta nei suoi elementi semplici seguendo il modello offerto dalla scienza chimica; nel FUNZIONALISMO (v.), che legge la mente come una funzione che consente all'organismo di adattarsi all'ambiente; nell'ASSOCIAZIONISMO (v.), che considera la mente come una combinazione di elementi di ordine sensoriale che si organizzano in base a determinate leggi associative; nel COMPORTAMENTISMO (v.), che nega la possibilità di indagare i processi mentali al di fuori della loro versione nella condotta osservabile; nel COGNITIVISMO (v.), che fa della mente il centro della soggettività intesa come agente attivo in grado di elaborare e trasformare le informazioni derivantigli dall'esperienza; nella PSICOLOGIA DELLA GESTALT (v.), che vede nella mente la sede dell'organizzazione e della configurazione unitaria dei dati psichici la cui complessità non risulta dalla somma dei singoli elementi; nella FENOMENOLOGIA (v.), che, accogliendo dalla *psicologia dell'atto* (v. ATTO, § 1) la nozione di intenzionalità, concepisce la mente come originaria apertura dell'uomo sul mondo; nella PSICOANALISI (v.), che identifica la mente con l'area della coscienza, concepita non come sostanza, ma come processo comprensibile a partire dai condizionamenti inconsci; nella PSICOLOGIA SISTEMICA (v.), che visualizza la mente a partire dai processi comunicativi indagabili secondo la modellistica messa a disposizione dalla CIBERNETICA (v.); nella PSICOLOGIA SOCIALE (v.), che nella mente vede l'espressione delle interazioni tra individui, opponendosi ad ogni sostanzialismo ontologico e a ogni riduzionismo fisiologico; nel FISICALISMO (v.), che nella forma del materialismo scientifico riduce la mente al cervello, mentre nella forma del comportamentismo logico riduce il mentale a un ramo della fisica indagabile a partire dal comportamento corporeo. Ciascuno di questi orientamenti inaugura una propria metodologia che riflette la rispettiva impostazione epistemologica, mettendo tra parentesi il problema ontologico relativo alla natura della mente intorno a cui aveva indagato la psicologia nella sua versione filosofica.

3. L'ODIERNA CONCEZIONE DELLA MENTE. Oggi con il termine *mente* (che sostituisce il termine *intelletto* in uso nella vita quotidiana, e l'antico termine *anima* in uso nella filosofia antica e medioevale, oltre che nelle scienze religiose) si intende la capacità di entrare in relazione con l'ambiente e con i propri simili attraverso la raccolta, l'elaborazione e l'uso delle informazioni che dall'ambiente provengono e motivano all'azione. Si deve alla mente: 1) la costruzione di un modello del mondo di cui si è fatta esperienza e in cui si deve agire dopo aver elaborato un programma d'azione; 2) un modello dei contenuti della propria mente comunemente chiamato *coscienza*; 3) un modello dei contenuti della mente altrui onde poter comunicare ed entrare in relazione.

Anche se la mente ha la sua sede nel cervello, il suo sviluppo dipende in minima parte dall'evoluzione del cervello che è lentissima, e in gran parte dalla nascita del *linguaggio*, che ha consentito la comunicazione dei contenuti della mente che così sono divenuti socializzabili e trasmissibili di generazione in generazione, e dal *lavoro*, che ha consentito l'esternalizzazione dei contenuti della mente negli strumenti, che sono l'oggettivazione delle ideazioni della mente e che, a loro volta, retroagiscono sulla mente provocando nuove ideazioni in cui si esprime quello che siamo soliti chiamare progresso.

Se, come scrive Jared Diamond, il salto della mente naturale è stato determinato dalla nascita del linguaggio e dall'esternalizzazione delle ideazioni della mente, oggi, con la nascita della computabilità che è alla base dell'informatica, siamo in grado di esternalizzare le funzioni mentali non solo negli oggetti esterni, ma anche in quelle "menti artificiali" che sono le macchine intelligenti, le quali non sono più solo strumenti che estendono la forza muscolare dell'uomo o che accentuano la sensibilità dei suoi organi, ma anche e soprattutto strumenti che aiutano o sostituiscono l'uomo nella risoluzione di problemi di scelta e di ricerca di strategie ottimali. Il matematico Alan M. Turing, che nel 1943 ha progettato la prima macchina intelligente, prevedeva infatti la possibilità di costruire programmi tramite una logica simbolica binaria, predisporne l'apprendimento in una macchina che gradatamente sapesse estrarre nuove conoscenze da quelle che già possedeva, interfacciare l'uomo con la macchina in modo da consentirne la necessaria interazione (v. Intelligenza artificiale). Non è escluso che questa macchina faccia fare alla mente umana un secondo salto rispetto a quello che nella storia è avvenuto tramite l'esternalizzazione delle idee della mente negli oggetti e negli strumenti, e attraverso l'impiego di simboli che hanno consentito lo sviluppo di una grammatica mentale.

In ambito neuroscientifico David Premack e Guy Woodruff hanno elaborato la Teoria della mente (v.), che identifica una costruzione teorica sul funzionamento della mente umana, su come essa "lavora" per "comprendere e interpretare" la realtà. Come precisa Gilla Cauli: «La Teoria della mente (ToM) comprende abilità cognitive ed emotive come la memoria, l'attenzione, la capacità di riconoscimento percettivo (l'espressione del viso, la direzione dello sguardo), il linguaggio, le funzioni esecutive (intenzioni, obiettivi e ragionamenti morali), il riconoscimento e il controllo delle emozioni, l'imitazione. Un adeguato livello di funzionamento della ToM è cruciale per una corretta interpretazione del mondo e per un corretto funzionamento intersoggettivo. Le adeguate abilità della ToM permettono di identificare l'obiettivo di un'altra persona, di anticipare il corso degli eventi, di distinguere tra una propria azione e un'azione compiuta da altri, di capire attraverso l'imitazione, di comprendere le proprie emozioni e percepire quelle degli altri, di attrarre e condividere l'attenzione, di avere la capacità di mediazione e di introspezione (Damasio, 1995). L'adeguato funzionamento della ToM è cruciale per l'acquisizione di alcune funzioni socio-cognitive che includono lo sviluppo del linguaggio, la creatività e l'abilità di comprendere i simboli del funzionamento emozionale. Viceversa la compromissione della ToM causa un deficit della capacità di comprendere e interpretare contesti, eventi, comportamenti e della capacità di apprezzare gli stati mentali altrui, di inferire gli stati d'animo e le intenzioni di altri attraverso il loro comportamento, determinando un difetto nell'elaborazione delle informazioni e nel riconoscimento della condizione emotiva delle persone con cui si viene a contatto. La compromissione della ToM provoca una difficoltà a empatizzare e, di conseguenza, limita le interazioni personali, non permette di sviluppare sentimenti di solidarietà e di cooperazione» (2015, pp. 219-220).

4. Mente e cervello. Il problema mente-cervello (siglato MBP dall'espressione anglosassone *Mind-Brain-Problem*) è la riformulazione che le Neuroscienze (v.) hanno dato al più antico problema mente-corpo inaugurato da Platone. Da allora, come abbiamo visto (v. *supra*, § 1), il problema è stato affrontato da differenti impostazioni, che da un lato riflettevano l'orizzonte concettuale dell'epoca e dall'altro offrivano soluzioni che diventavano a loro volta occasioni per la riproposizione del problema su nuove basi concettuali. Oggi, la progressiva affermazione delle neuroscienze ritiene che il nocciolo della questione sia nel capire se e come le funzioni mentali derivino dalle funzioni cerebrali. Questa riformulazione segna anche lo spostamento del problema dall'area propriamente filosofica a quella specificamente scientifica. Qui di seguito vengono passate in rassegna le più significative posizioni emerse dal dibattito promosso dai diversi punti di vista con cui il problema è stato affrontato.

a) *Il materialismo scientifico* è la posizione assunta da John Jamieson Carswell Smart, secondo il quale «nel mondo tutte le cose si risolvono nelle entità ultime della fisica, non essendoci alcuna entità non fisica e alcuna legge non fisica, per cui uomini e animali non sono che complicati meccanismi fisici» (1963a, p. 651). A partire da queste premesse, Smart sostiene che «le esperienze interne sono o potrebbero dimostrarsi identiche ai processi cerebrali», al punto che «in qualche situazione futura della tecnologia fisiologica potremmo riuscire a mantenere un cervello umano *in vitro*. Lasciando da parte il problema della moralità di un simile esperimento, supponiamo che l'esperimento venga fatto. Per mezzo di elettrodi opportunamente inseriti nelle parti appropriate di questo cervello otteniamo che esso abbia l'illusione di percepire cose e anche di avere dolori, e che abbia la sensazione di muovere le sue membra inesistenti e così via. Per questo diremo che ciò che è importante in psicologia è ciò che avviene nel sistema nervoso centrale, non ciò che avviene nella faccia, nella laringe o nelle membra» (ivi, p. 659).

b) *Il comportamentismo logico*, sostenuto da Rudolf Carnap, afferma che il significato di parole come "pensiero", "collera", "intenzione" possa essere interamente spiegato in termini di comportamento corporeo, facendo riferimento alle circostanze fisiche in cui esso si verifica, senza alcun bisogno di ricorrere all'introspezione. Per usare le parole di Carnap, «la psicologia è un ramo della fisica» (1932, p. 107), nel senso che, muovendo dalla descrizione di stati e movimenti fisici, si può giungere, per mezzo di costruzioni logiche o per mezzo di inferenze fondate su leggi fisiche, a descrizioni mentali e viceversa, perché il rapporto di trasferibilità è simmetrico, anche se il lato fisico di questa equivalenza è quello fondamentale e il lato mentale quello derivato. Il punto di vista del *comportamentismo logico*, secondo cui le asserzioni psicologiche sono espressioni approssimative di comportamenti fisici, va tenuto distinto da quello del *comportamentismo metodologico*, che non prende posizione circa l'autonomia dell'universo psichico rispetto all'universo fisico, ma si limita a escludere nella ricerca l'impiego di un vocabolario mentalista, così come ogni riferimento all'introspezione o a eventi interni inosservabili, per attenersi, in ossequio alle esigenze del metodo, alla sola elaborazione teorica dei comportamenti osservabili.

c) *La teoria delle proprietà* sostiene, con William Bechtel, che alcune forme di materia, come il cervello, abbiano proprietà aggiuntive alle proprietà fisiche. Questa impostazione concettuale consente di mantenere distinta l'area fisica da quella mentale, senza però riconoscere alla dimensione mentale il carattere di sostanza altra rispetto alla sostanza fisica. Ne consegue che non ci sono due sostanze, una fisica e una mentale, ma un'unica sostanza alle cui proprietà fisiche si aggiungono proprietà non fisiche come quelle mentali.

d) *La teoria dell'identità* tra fenomeni mentali e fenomeni neurofisiologici, introdotta dal filosofo Herbert Feigl e sostenuta dal neurobiologo Jean-Pierre Changeux, prevede un'*identità di tipo*, per cui gli eventi mentali corrispondono agli eventi cerebrali con conseguente riducibilità della psicologia a neurobiologia. A questa tesi riduzionistica di Changeux, Vernon Benjamin Mountcastle contrappone la teoria dell'*identità dell'occorrenza*, secondo cui ogni evento mentale può essere tradotto in evento cerebrale, senza che ciò comporti la traducibilità della tassonomia psicologica in quella neurologica. Questa tesi è condivisa anche da Donald Davidson, per il quale «esiste una differenza categoriale tra il mentale e il corporeo, per cui i legami tra questi due apparenti poli dell'umano sono infinitamente più tenui e problematici di quanto si sia amato credere» (1980, p. 223).

e) *Il darwinismo neuronale*, sostenuto da Gerald Maurice Edelman (v. DARWINISMO, § 2), si propone come un modello che ha per oggetto i meccanismi selettivi che garantiscono il funzionamento di specifiche aree cerebrali relative ai fenomeni mentali, compresa la coscienza che è intesa come un *processo* e non come un'entità. Secondo Edelman, la selezione dei gruppi neuronali avviene in base alla loro idoneità all'adattamento, in ordine al quale si strutturano secondo specifici codici che consentono la loro organizzazione gerarchica in circuiti di funzionamento, sia a livello di evoluzione della specie sia a livello di sviluppo dell'individuo. Collegata a questo orientamento è la prospettiva correlazionista di John Zachary Young, secondo il quale l'elemento fondamentale da tenere in considerazione nelle discussioni relative al tema mente-cervello è il rapporto tra organismo e ambiente, per cui anche le caratteristiche mentali specifiche dell'uomo, come il pensiero, l'ideazione, la previsione, l'elaborazione attiva dei dati percettivi, non sono altro che risposte di adattamento biologico, utili alla sopravvivenza della specie umana.

f) *L'interazionismo* è una teoria che sostiene una sorta di circolarità tra mente e cervello, nel senso che il cervello è alla base della mente, e la mente controlla a sua volta il cervello. Questa tesi è sostenuta da Karl Raimund Popper e John Carew Eccles per i quali, oltre al corpo ("Mondo 1" costituito dalla materia) e alla mente ("Mondo 2" costituito dal pensiero, dagli stati di coscienza e dall'inconscio), esistono anche i prodotti dell'attività psichica, come ad esempio la cultura, il linguaggio, la conoscenza scientifica e artistica ("Mondo 3") che, retroagendo sia sul cervello che sulla mente, mettono capo a quel terzo polo che si chiama Io, per cui, scrive Popper, «impariamo che siamo un Io per il fatto che parliamo con altri Io» (1977, p. 84). È questa una tesi condivisa anche da Alberto Oliverio, per il quale la mente, come la cultura, è il frutto del cervello, ma la cultura, come la mente, modifica a sua volta il cervello. Sulla stessa linea interpretativa si colloca Sergio Moravia che, rifacendosi alla distinzione binswangeriana tra l'*homo naturalis* e l'*homo existentialis*, ritiene che quelli che tradizionalmente vengono chiamati fenomeni "mentali" sono semplicemente fenomeni "umani", dove per "umani" si intende qualcosa di irriducibile all'ordine meccanicistico della materia.

g) *Il funzionalismo computazionale*, sostenuto da Daniel Clement Dennett, Jerry Alan Fodor e da Hilary Putnam, ritiene che la mente sia una funzione tipica degli organismi superiori, in grado di scegliere, per adattarsi all'ambiente, soluzioni non garantite dal semplice automatismo cerebrale. Anche se la mente si "incarna" in organi e processi fisiologici, non per questo si identifica con essi. Tra mente e cervello si deve immaginare un rapporto analogo a quello che esiste nel computer tra *software* e *hardware*, nel senso che la mente costituisce il *software* che si muove nell'*hardware* cerebrale, dove l'identità riguarda le funzioni, ma non le strutture (analogia computazionale). Come i programmi di un calcolatore possono essere installati su macchine diverse, dal momento che la struttura logica del linguaggio informatico che descrive le funzioni alle quali il computer ha il compito di assolvere è indifferente alla struttura meccanica e materiale dello stesso, così le funzioni mentali non sono intrinsecamente legate a un determinato supporto materiale, quale il cervello umano. Per questo i processi cognitivi da un lato possono essere studiati anche indipendentemente dalla loro realizzazione cerebrale, e dall'altro possono essere realizzati anche da sistemi artificiali. Questa tesi è condivisa anche da Mario Barucci che invita a sostituire il sostantivo "mente" con l'aggettivo "mentale" che consente di de-sostanzializzare la mente, per risolverla in un "processo" da intendersi a sua volta come espressione funzionale del cervello formatosi nel percorso evolutivo di miliardi di anni.

h) *Il connessionismo* porta in un certo senso alle estreme conseguenze l'analogia computazionale, ma rimette in discussione il modello del calcolatore, perché, come osserva Patricia Smith Churchland, il funzionamento dei calcolatori richiede un'*elaborazione seriale* e relativamente poche interazioni, mentre i processi cognitivi possono essere simulati solo da una macchina la cui struttura e il cui funzionamento siano simili a quelli del cervello, che ha un elevato numero di connessioni tra unità neuronali e un'*elaborazione parallela* e non seriale o sequenziale come quella dei calcolatori. Ne consegue che molti processi di elaborazione avvengono contemporaneamente interagendo gli uni con gli altri, e il livello di complessità raggiunto nell'elaborazione stessa fa emergere nel sistema caratteristiche nuove e non prevedibili. A queste considerazioni Margaret Boden aggiunge che «la cognizione umana è spesso influenzata da fattori motivazionali ed emozionali allo stesso tempo, e ciò contrasta con la natura uni-mentale propria virtualmente di tutti i programmi attuali su calcolatore» (1988, p. 262).

i) *La teoria eliminazionista* nega che esista un'entità mentale in grado di designare una realtà determinata sussistente in se stessa, per cui il linguaggio mentalistico è privo di riferimento e viene utilizzato perché ancora non siamo in grado di operare con un calcolatore a elaborazione parallela, ma, sostiene la Churchland, come è stato possibile, attraverso le moderne tecniche di analisi non invasive, svelare particolari sempre nuovi della struttura fisica del cervello, come ad esempio lo schema per le funzioni sensomotorie, allo stesso modo potremo giungere a evidenziare lo schema che presiede le espressioni emotive e morali, fino a ricondurre la nostra coscienza a un meccanismo fisico analizzabile.

l) *L'emergentismo* è una corrente che reagisce agli eccessi riduzionistici del materialismo, del fisicalismo, del funzionalismo computazionale e della teoria eliminazionista perché, come sostiene il filosofo Charlie Dunbar Broad, non si possono spiegare mondi complessi, come può essere l'universo o il nostro cervello, con categorie di tipo semplificatorio. Pertanto, se l'universo è strutturato secondo livelli a cui corrispondono gradi diversi di complessità, la conoscenza di un grado inferiore più semplice non garantisce di prevedere quello superiore più complesso che da questo emerge. Ne consegue che la conoscenza dei singoli neuroni non permette di spiegare la mente, anche se questa è legata al cervello e le sue proprietà emergono dalle funzioni cerebrali, perché la mente è il risultato olistico del cervello non riducibile ad alcuna delle sue parti. Questa tesi, condivisa dalla PSICOLOGIA DELLA GESTALT (v.) e dalla PSICOLOGIA SISTEMICA (v.), è stata in parte accolta da Donald Olding Hebb che, dopo aver introdotto il concetto di *assemblamento cellulare* per definire un gruppo di neuroni che costituiscono un'unità di elaborazione, avanzò la tesi che la combinazione delle connessioni, peraltro in continua mutazione, tra gruppi di neuroni fosse ciò che consente al cervello di rispondere ai diversi stimoli in modo olistico. Nel filone antiriduzionista si inscrive anche la posizione assunta da John Rogers Searle per rivendicare l'esperienza irriducibile della coscienza che non può essere ricondotta a semplice stato neurologico, perché il livello neurologico non è sufficiente a «determinare gli stati e i comportamenti osservabili negli individui», e tantomeno a rendere conto del «carattere sociale della nostra mente» (1992, p. 265).

m) *La neurobiologia interpersonale.* Dal punto di vista neurobiologico, Siegel spiega che «la mente è il prodotto delle interazioni fra esperienze interpersonali e strutture e funzioni del cervello. [...] Le interazioni con l'ambiente, e in particolare i rapporti con gli altri, esercitano un'influenza diretta sullo sviluppo delle strutture e delle funzioni cerebrali. Non è quindi necessario scegliere fra cervello e mente, fra biologia ed esperienza, fra natura e cultura; oltre a essere inutili, queste distinzioni possono essere controproducenti nei nostri tentativi di comprendere un problema importante e complesso: lo sviluppo della mente umana. [...] Lo scopo è quello di individuare e di analizzare i meccanismi con cui i fattori sociali, e quindi le relazioni umane, modellano lo sviluppo del cervello e favoriscono il raggiungimento di un equilibrio emotivo» (2012a, pp. XIII-XV).

Bibliografia

Agostino di Ippona, *Commento alla Prima Lettera di Giovanni* (415), in Id., *Amore assoluto e "Terza navigazione"*, Rusconi, Milano 1994.

Arendt H., *La vita della mente* (1971), il Mulino, Bologna 1987.

Auchincloss E., *Il modello psicoanalitico della mente. Gli sviluppi contemporanei della teoria e della psicoterapia contemporanea* (2014), Raffaello Cortina, Milano 2016.

Barucci M., *Dal neurone all'anima*, Edizioni del Cerro, Tirrenia 1997.

Bateson G., *Verso un'ecologia della mente* (1972), Adelphi, Milano 1976.

–, *Mente e natura* (1979), Adelphi, Milano 1984.

Bechtel W., *La filosofia della mente* (1988), il Mulino, Bologna 1990.

Benedetti F., *Meccanismi cerebrali dell'attività mentale*, Utet Libreria, Torino 1994.

Boden M., *Computer models of mind*, Cambridge University Press, Cambridge 1988.

Bollas Ch., *La mente orientale. Psicoanalisi e Cina* (2013), Raffaello Cortina, Milano 2013.

Borghi A. M., Iachini T. (a cura di), *Scienze della mente*, il Mulino, Bologna 2002.

Broad Ch. D., *Mind and its place in nature*, Kegan Paul, London 1925.

Brentano F., *La psicologia dal punto di vista empirico* (1874-1911), Laterza, Bari 1997, voll. I-III.

Bruner J. S., *La mente a più dimensioni* (1986), Laterza, Bari 1988.

Campbell K., *Il corpo e la mente* (1970), Armando, Roma 1976.

Carnap R., *Psychologie in physikalischer Sprache*, in "Erkenntnis", 1932, vol. 3, n. 2/3, pp. 107-142.

Caruana F., Borghi A. M., *Il cervello in azione. Introduzione alle nuove scienze della mente*, il Mulino, Bologna 2016.

Cauli G., *Teoria della mente e schizofrenia: clinica e riabilitazione*, in S. Pallanti (a cura di), *Oltre la schizofrenia. I progressi delle neuroscienze per superare i preconcetti e la malattia*, Edra Edizioni, Milano 2015, pp. 217-251.

Changeux J.-P., *L'uomo neuronale* (1983), Feltrinelli, Milano 1983.

Churchland P. M., *La natura della mente e la struttura della scienza. Una prospettiva neurocomputazionale* (1989), il Mulino, Bologna 1992.

–, *Il motore della ragione, la sede dell'anima. Viaggio attraverso il cervello umano* (1995), il Saggiatore, Milano 1998.

Churchland P. S., *From Descartes to neural networks*, in "Scientific American", luglio 1989.

Churchland P. S., Sejnowski T. J., *Il cervello computazionale* (1992), il Mulino, Bologna 1995.

Civita A., *Saggio sul cervello e la mente*, Guerini & Associati, Milano 1993.

Crane T., *Fenomeni mentali. Un'introduzione alla filosofia della mente* (2000), Raffaello Cortina, Milano 2003.

Damasio A. R., *On some functions of the human prefrontal cortex*, in "Annals of the New York Academy of Sciences", 1995, n. 769, pp. 241-251.

–, *Emozione e coscienza* (1999), Adelphi, Milano 2000.

–, *Il Sé viene alla mente. La costruzione del cervello cosciente* (2010), Adelphi, Milano 2012.

Davidson D., *Essays on actions and events*, Clarendon, Oxford 1980.

Dennett D. C., *Brainstorms. Saggi filosofici sulla mente e la psicologia* (1978), Adelphi, Milano 1991.

–, *L'atteggiamento intenzionale* (1987), il Mulino, Bologna 1993.

–, *L'idea pericolosa di Darwin. L'evoluzione e i significati della vita* (1995), Bollati Boringhieri, Torino 1997.

Descartes R., *Meditazioni metafisiche sulla filosofia prima* (1641), in *Opere*, Laterza, Bari 1986, vol. II.

Diamond J., *Armi, acciaio e malattie. Breve storia del mondo negli ultimi tredicimila anni* (1997), Einaudi, Torino 1998.

Eccles J. C., *Mind and brain. The many-faceted problems*, Paragon House, New York 1985.

–, *Evoluzione del cervello e creazione dell'io* (1989), Armando, Roma 1990.

Edelman G. M., *Darwinismo neurale. La teoria della selezione dei gruppi neuronali* (1987), Einaudi, Torino 1995.

Feigl H., *The "mental" and the "physical". The essay and a postscript*, University of Minnesota Press, Minneapolis 1967.

Fodor J. A., *The language of thought*, Harvard University Press, Cambridge, Massachusetts, 1975.

–, *La mente modulare. Saggio di psicologia delle facoltà* (1983), il Mulino, Bologna 1988.

–, *Psicosemantica. Il problema del significato nella filosofia della mente* (1987), il Mulino, Bologna 1990.

–, *La mente non funziona così. La portata e i limiti della psicologia computazionale* (2000), Laterza, Bari 2001.

Freud S., *Compendio di psicoanalisi* (1938), in *Opere* (1967-1993), Bollati Boringhieri, Torino, vol. XI.

Gardner H., *La nuova scienza della mente. Storia della rivoluzione cognitiva* (1985), Feltrinelli, Milano 1988.

Gava G., *Mente versus corpo*, Liviana, Padova 1977.

–, *La conoscenza della mente. Dalle molecole al cervello. Per un approccio interdisciplinare*, Bertani, Verona 1980.

Gedo J. E., Goldberg A., *Modelli della mente* (1973), Astrolabio, Roma 1975.

Gozzano S., *La teoria della mente*, in "Sistemi Intelligenti", 2001, a. XIII, n. 1.

Hebb D. O., *Mente e pensiero* (1974), il Mulino, Bologna 1982.

Hofstadter D. R., Dennett D. C., *L'Io della mente* (1981), Adelphi, Milano 1985.

Horgan J., *La mente inviolata. Una sfida per la psicologia e le neuroscienze* (1999), Raffaello Cortina, Milano 2001.

Hume D., *Ricerche sull'intelletto umano* (1748), Laterza, Bari 1968.

Jaynes J., *Il crollo della mente bicamerale e l'origine della coscienza* (1976), Adelphi, Milano 1984.

Johnson-Laird Ph. N., *Modelli mentali. Verso una scienza cognitiva del linguaggio, dell'inferenza e della coscienza* (1983), il Mulino, Bologna 1988.

–, *La mente e il computer. Introduzione alla scienza cognitiva* (1988), il Mulino, Bologna 1990.

Kandel E. R., *Psichiatria, psicoanalisi e nuova biologia della mente* (1983), Raffaello Cortina, Milano 2007.

–, *Alla ricerca della memoria. La storia di una nuova scienza della mente* (2006), Codice, Torino 2007.

Kant I., *Critica della ragion pura* (1781), Laterza, Bari 1959.

Karmiloff-Smith A., *Oltre la mente modulare. Una prospettiva evolutiva della scienza cognitiva* (1992), il Mulino, Bologna 1995.

Legrenzi P., *Come funziona la mente*, Laterza, Bari 1998.

Legrenzi P., Papagno C., Umiltà C., *Psicologia generale. Dal cervello alla mente*, il Mulino, Bologna 2012.

Leibniz G. W., *Nuovi saggi sull'intelletto umano* (1703), Laterza, Bari 1963.
Locke J., *Saggio sull'intelligenza umana* (1690), Bompiani, Milano 2004.
Lostia M., *Modelli della mente, modelli della persona. Le due anime della psicologia*, Giunti, Firenze 1994.
Malebranche N., *La ricerca della verità* (1674), Laterza, Bari 1983.
McClelland J. L., Rumelhart D. E., *A distributed model of human learning and memory*, in Id., *Parallel distributed processing*, vol. II: *Psychological and biological models*, PDP Research Group, Mit Press, Cambridge, Massachusetts, 1989.
Mead G. H., *Mente, Sé e Società* (1934), Giunti Barbera, Firenze 1966.
Minsky M., *La società della mente* (1986), Adelphi, Milano 1989.
Moravia S., *L'enigma della mente*, Laterza, Bari 1986.
Mountcastle V. B., *An organizing principle for cerebral function. The unit module and the distributed system*, in "The Neurosciences Fourth Study Program", Mit Press, Cambridge, Massachusetts, 1978.
Oliverio A., *Storia naturale della mente. L'evoluzione del comportamento*, Bollati Boringhieri, Torino 1974.
–, *Biologia e filosofia della mente*, Laterza, Bari 1995.
–, *Esplorare la mente. Il cervello tra filosofia e biologia*, Raffaello Cortina, Milano 1999.
Parisi D., *Mente. I nuovi modelli della vita artificiale*, il Mulino, Bologna 1999.
Platone, *Sofista*, in *Opere*, Laterza, Bari 1973.
Popper K. R., *La conoscenza e il problema corpo-mente* (1994), il Mulino, Bologna 1996.
Popper K. R., Eccles J. C., *L'io e il suo cervello* (1977), Armando, Roma 1981.
Premack D., Woodruff G., *Does the chimpanzee have a theory of mind?*, in "Behavioral Brain Science", 1978, n. 4, pp. 515-526.
Putnam H., *Mente, linguaggio e realtà* (1975), Adelphi, Milano 1987.
Roccatagliata G., *La teoria della mente. Incontro tra filosofia e neuroscienze*, Borla, Roma 2006.
Ryle G., *Lo spirito come comportamento* (1949), Einaudi, Torino 1955.
Sanford A. J., *La mente dell'uomo. Introduzione alla psicologia cognitiva* (1987), il Mulino, Bologna 1992.
Searle J. R., *Mente, cervello, intelligenza* (1980), Bompiani, Milano 1988.
–, *La riscoperta della mente* (1992), Bollati Boringhieri, Torino 1994.
–, *Il mistero della coscienza* (1997), Raffaello Cortina, Milano 1998.
–, *La mente* (2004), Raffaello Cortina, Milano 2005.
Severino E., *Cervello, mente, anima*, Morcelliana, Brescia 2016.
Shallice T., *Neuropsicologia e struttura della mente* (1988), il Mulino, Bologna 1990.
Siegel D. J., *La mente relazionale. Neurobiologia dell'esperienza interpersonale* (2012a), Raffaello Cortina, Milano 2013.
–, *Mappe per la mente. Guida alla neurobiologia interpersonale* (2012b), Raffaello Cortina, Milano 2014.
Sini C., *La mente e il corpo. Filosofia e psicologia*, Jaca Book, Milano 2004.
Smart J. J. C., *Materialism*, in "Journal of Philosophy", 1963a, vol. 60, n. 22, pp. 651-659.
–, *Philosophy and scientific realism*, Routledge, London 1963b.
Spinoza B., *Etica dimostrata secondo l'ordine geometrico* (1662-1675, edito postumo nel 1677), Bompiani, Milano 2007.
Swaab D., *Noi siamo il nostro cervello. Come pensiamo, soffriamo e amiamo* (2010), Elliot Edizioni, Roma 2011.
Turing A. M., *Intelligenza meccanica* (1945-1949), Bollati Boringhieri, Torino 1994.
Viale R. (a cura di), *Mente umana, mente artificiale*, Feltrinelli, Milano 1989.
Weiss E., *Struttura e dinamica della mente umana* (1960), Raffaello Cortina, Milano 1991.
Weizenbaum J., *Computer power and human reason*, Freeman, San Francisco 1976.
Young J. Z., *A model of the brain*, Oxford University Press, Oxford 1964.

Mente-Cervello, v. MENTE, § 4.

Mente-Corpo, v. DUALISMO PSICOFISICO; MENTE, § 1.

Menzogna (ingl. *Lie*; ted. *Lüge*; fr. *Mensonge*; sp. *Mentira*). Detta anche *bugia* soprattutto in riferimento ai bambini, la menzogna è un occultamento o una falsa riproduzione di fatti allo scopo di ricercare situazioni vantaggiose, evitare situazioni difficili, non recare danno a sé o ad altri. Nel caso della bugia infantile va considerata la difficoltà a stabilire una linea netta di demarcazione tra l'alterazione della realtà e la tendenza infantile alla riproduzione fantastica. In proposito Sigmund Freud scrive: «È comprensibile che i bambini mentano quando, così facendo, imitano le bugie degli adulti. Ma numerose bugie di bambini ben educati hanno un significato particolare e dovrebbero far riflettere gli educatori anziché irritarli. Esse si verificano per l'influsso di impulsi d'amore straordinariamente forti e diventano fatali se provocano un malinteso tra il bambino e la persona che egli ama» (1913, p. 223). Nella persona adulta, oltre alla menzogna consapevole per conseguire determinati scopi, può esistere una tendenza abituale alla menzogna nella forma dell'esagerazione, della millanteria, del falso ricordo o della vera e propria bugia a cui spesso crede l'autore stesso, e allora si parla di PSEUDOLOGIA (v.), frequente in personalità isteriche o psicopatiche. A questo proposito Carl Gustav Jung scrive: «La diagnosi più esatta per Hitler sarebbe stata quella di *pseudologia phantastica*, ossia quella forma di isteria caratterizzata dalla particolare capacità di prestar fede alle proprie bugie. Di solito succede che simili individui abbiano per qualche tempo uno strepitoso successo e che siano perciò socialmente pericolosi.

Nulla è più persuasivo di una bugia a cui presta fede anche colui che l'ha ideata, o di un misfatto o di una cattiva intenzione della cui bontà è convinto l'autore stesso; in ogni caso sono più persuasivi di quanto lo possono essere l'individuo veramente buono o la semplice azione buona» (1945, p. 23). Alfred Adler ha infine introdotto l'espressione "menzogna di vita" per indicare quegli autoinganni con cui molti soggetti compensano il loro complesso di inferiorità.

Bibliografia

AA.VV., *Bugiardi e traditori*, in P. F. Galli (a cura di), *Osservazione psicoanalitica* (1992-1996), Bollati Boringhieri, Torino, vol. XIII.

Adler A., *Il temperamento nervoso* (1912), Astrolabio, Roma 1950.

Agostino di Ippona, *Sulla bugia* (395), Rusconi, Milano 1994.

Anolli L., *Mentire*, il Mulino, Bologna 2003.

Bettetini M., *Breve storia della bugia. Da Ulisse a Pinocchio*, Raffaello Cortina, Milano 2001.

Campbell J., *La grande bugia. La necessità e l'utilità della menzogna in natura, nella storia, nella politica, in amore e nelle arti* (2001), Garzanti, Milano 2001.

Ekman P., *I volti della menzogna. Gli indizi dell'inganno nei rapporti interpersonali, negli affari, nella politica, nei tribunali* (1985), Giunti, Firenze 1995.

Freud S., *Le bugie di due bambine* (1913), in *Opere* (1967-1993), Bollati Boringhieri, Torino, vol. VII.

Girard R., *Menzogna romantica e verità romanzesca. Le mediazioni del desiderio nella letteratura e nella vita* (1961), Bompiani, Milano 1965.

Haenseller H., *Psychodynamik der Pseudologie*, in "Nervenartz", 1968, n. 39.

Jankélévitch V., *La menzogna e il malinteso* (1942), Raffaello Cortina, Milano 2000.

Jung C. G., *Dopo la catastrofe* (1945), in *Opere* (1969-2007), Bollati Boringhieri, Torino, vol. X, 2.

Mendiola I., *Elogio della menzogna* (2006), Tropea, Milano 2008.

Tagliapietra A., *Filosofia della bugia. Figure della menzogna nella storia del pensiero occidentale*, Bruno Mondadori, Milano 2001.

–, *Sincerità*, Raffaello Cortina, Milano 2012.

Vender S., *La maschera della finzione. Realtà, verità e bugia tra malato e istituzione curante*, Il Pensiero Scientifico, Roma 1997.

Weinrich H., *Metafora e menzogna. La serenità dell'arte* (1958-1976), il Mulino, Bologna 1976.

Mercato, v. PSICOLOGIA COMMERCIALE.

Merergasia, v. ERGASIA.

Mescalina, v. DROGA, § 2.

Mesencefalo, v. ENCEFALO, § 1, *b*.

Mesmerismo, v. IPNOSI.

Mesomorfismo, v. TIPOLOGIA, § 1, *c*.

Messaggio, v. COMUNICAZIONE, § 1.

Mestruazione (ingl. *Menstruation*; ted. *Menstruation*; fr. *Menstruation*; sp. *Menstruación*). Emorragia ciclica dovuta a desquamazione della membrana uterina. Dura in media dai quattro ai cinque giorni a intervalli di quattro settimane nelle donne sessualmente mature e non fecondate. La prima mestruazione, che prende il nome di *menarca*, compare intorno ai tredici anni con variazioni da razza a razza in dipendenza dalla costituzione, dal clima e dal modo di vivere. All'inizio le mestruazioni sono irregolari e spesso senza l'ovulazione, che è il presupposto della fecondazione. Quando il flusso mestruale è regolare in termini di quantità e di frequenza si parla di *menorrea*, quando è alterato di *menorragia*, che può manifestarsi come ipermenorrea e ipomenorrea relativamente alla quantità, e come polimenorrea e oligomenorrea relativamente alla frequenza. Si parla infine di *metrorragia* per quelle emorragie uterine indipendenti dal ciclo ovarico.

Le mestruazioni sono accompagnate da dolore pelvico, che prende il nome di *dismenorrea*, più accentuato in soggetti con una soglia del dolore molto bassa o con difficoltà ad accettare il ruolo femminile. Questo dolore può acquistare il significato di linguaggio sintomatologico per comunicare disagio coniugale, paura del sesso, aggressività verso il partner. Le mestruazioni, infatti, portano con sé un alto significato simbolico che va dalla fecondità alla castrazione cruenta, dalla purificazione all'impurità, con ripercussioni sul vissuto psichico. Inoltre, gli squilibri ormonali ed elettrolitici che precedono la fase mestruale portano ad un'esasperazione dei tratti caratteriali, ad un aumento di tensione spesso accompagnata da depressione, ansia ipocondriaca ed emicrania.

Amenorrea è l'assenza di mestruazioni, *fisiologica* nell'età prepuberale, nello stato di gravidanza, puerperio e menopausa, *patologica* quando dipende da difetti anatomici, disfunzioni ormonali, tumori, e *psicogena* come nei casi di anoressia, di cui è un sintomo, e nei soggetti sottoposti a stress emozionali relativi al lavoro, alla vita sessuale, a eventi gravi, o a mutamenti radicali e traumatici della propria esistenza. L'amenorrea può essere *primaria* quando manca il menarca all'inizio della maturità sessuale, o *secondaria* quando si registra un'interruzione dei flussi mestruali in una donna adulta che abbia già avuto un normale ciclo. L'amenorrea è spesso associata a sintomi di gravidanza immaginaria (con gonfiore al ventre, ai seni e nausea, leggibili come indizi di una personalità isterica) e accompagna molte malattie psichiatriche e in particolare le schizofrenie. Esistono diverse interpretazioni dell'amenorrea psicogena che fanno riferimento al timore per l'integrità fisica o alla realizzazione allucinatoria del desiderio di gravidanza.

Menopausa è la fine dell'attività ciclica uterina nella donna, con conseguente scomparsa delle mestruazioni in quel periodo involutivo della vita compreso tra i 45 e i 55 anni che prende il nome di *climaterio*, caratterizzato da una sintomatologia neurovegetativa (sudorazioni, vampate di calore), modificazioni somatiche e disturbi emotivi che si manifestano con stati d'ansia, insonnia, forme ipocondriache, depressioni (v. DEPRESSIONE, § 4, *e*), connessi alla perdita della capacità procreativa e compensati talvolta da un aumento dell'attività sessuale, investimenti affettivi con tratti adolescenziali, relazioni sociali e attività lavorative volte a realizzare un nuovo e soddisfacente livello di aggiustamento. Si parla anche di un climaterio maschile connesso alla diminuzione della potenza sessuale per ragioni fisiologiche dovute all'età o per ragioni psicologiche.

Bibliografia

Alexander F. G., *Medicina psicosomatica* (1950), Giunti Barbera, Firenze 1951.
Benedek Th. F., *Funzioni sessuali nella donna e loro alterazioni*, in S. Arieti (a cura di), *Manuale di psichiatria* (1959-1966), Bollati Boringhieri, Torino 1969-1970, vol. II, pp. 974-997.
Foley D., Nechas E., *Menopausa*, in Id., *Enciclopedia delle donne. Il nostro corpo, la nostra mente* (1993), Feltrinelli, Milano 1995, pp. 346-362.
Harding M. E., *I misteri della donna. Un'interpretazione psicologica del principio femminile come è raffigurato nel mito, nella storia e nei sogni* (1934), Astrolabio, Roma 1973.
Pasini W., *Ginecologia psicosomatica*, in A. Haynal, W. Pasini, *Medicina psicosomatica*, Masson, Milano 1979.
Weideger P., *Mestruazioni e menopausa* (1975), La Salamandra, Milano 1975.

Meta (ingl. *Goal*; ted. *Ziel*; fr. *But*; sp. *Meta*). Obiettivo per il cui conseguimento viene messa in moto un'attività. Il termine ricorre in *psicologia generale* a proposito delle tecniche motivazionali che prevedono l'assegnazione di obiettivi da raggiungere come tappe nello svolgimento di un lavoro finalizzato e organizzato, nella *psicologia sperimentale* come incentivo negli esperimenti di condizionamento e APPRENDIMENTO (v. § I, 1-2), nella *psicoanalisi* come soddisfacimento di una tensione pulsionale, la cui meta può anche essere inibita o sublimata (v. PULSIONE, § 1, *c*).

Metabolismo (ingl. *Metabolism*; ted. *Metabolismus*; fr. *Métabolisme*, sp. *Metabolismo*). Insieme di trasformazioni biochimiche ed energetiche che avvengono nell'organismo e, per estensione metaforica, nella psiche.

1. *Metabolismo organico*. A livello biologico si distinguono due momenti: l'*anabolismo*, che è la trasformazione delle sostanze nutritive nella materia specifica di ogni organo e l'immagazzinamento di materiale di riserva per accrescersi, mantenersi e resistere all'usura; il *catabolismo*, che è la trasformazione delle sostanze specifiche e dei materiali di riserva in costituenti più semplici, gli ultimi dei quali vengono eliminati attraverso gli organi di escrezione.

2. *Metabolismo psichico*. Sigmund Freud adotta lo schema organico come modello in cui si riflettono le pulsioni di vita (anabolismo) e di morte (catabolismo) da lui individuate come i costituenti generali della dinamica psichica (v. PULSIONE, §§ 1, *g*; 2). In un'altra accezione, Karl Abraham adotta l'espressione "metabolismo psichico" per descrivere la condizione tipica dello stato maniacale (v. MANIA) dove il soggetto, disponendo di tutti gli impulsi a suo tempo inibiti e dell'energia allora impiegata per inibirli, ha continuamente fame di nuovi oggetti, dei quali però subito si sbarazza perché non è in grado di operare su di essi un significativo investimento. Otto Fenichel, sottolineando il carattere orale dell'atteggiamento maniacale, scrive che «l'apparente ipergenitalità del maniaco ha un carattere orale e tende all'incorporazione di tutto. Abraham descrisse questa condizione quando affermò che il "metabolismo psichico" è aumentato nella mania. Il paziente ha fame di nuovi oggetti, ma si libera anche molto rapidamente degli oggetti, e li abbandona senza alcun rimorso» (1945, p. 458).

Bibliografia

Abraham K., *Tentativo di una storia evolutiva della libido sulla base della psicoanalisi dei disturbi psichici* (1924), in *Opere*, Bollati Boringhieri, Torino 1975, vol. I.
Fenichel O., *Trattato di psicoanalisi delle nevrosi e delle psicosi* (1945), Astrolabio, Roma 1951.
Freud S., *Analisi terminabile e interminabile* (1937), in *Opere* (1967-1993), Bollati Boringhieri, Torino, vol. XI.
–, *Compendio di psicoanalisi* (1938), in *Opere*, cit., vol. XI.

Metacognizione (ingl. *Metacognition*; ted. *Metakognition*; fr. *Métacognition*; sp. *Metacognición*). La metacognizione è la consapevolezza dei propri processi cognitivi che, secondo Daniel J. Siegel, «inizia a svilupparsi nei primi anni di vita con la scoperta della differenza fra realtà effettiva e realtà apparente (la cosiddetta "distinzione realtà-apparenza") per poi arrivare a includere anche altri aspetti: la consapevolezza del fatto che i sentimenti e le emozioni influenzano il pensiero e il comportamento (consapevolezza che rientra nella "intelligenza emotiva"); sapere che le mie convinzioni e percezioni possono essere diverse da quelle di un'altra persona, anche se entrambe possono essere valide ("diversità rappresentazionale"); la consapevolezza che ciò che si sa in un determinato momento potrebbe cambiare in futuro ("cambiamento rappresentazionale")» (2012, p. 32).

La conoscenza dei propri processi cognitivi incide sulle proprie scelte e sulla modificazione dei propri comportamenti. Se ad esempio uno è consapevole di dimenticare i suoi appuntamenti, prenderà appunti o li scriverà in agenda; se al contrario un automobilista sottostima la possibilità di incidenti, avrà la tendenza a guidare correndo maggiori rischi. Richard Nisbett e Timothy D. Wilson hanno messo in evidenza che la consapevolezza dei nostri processi cognitivi è proporzionale all'importanza della scelta che si sta facendo, per cui ad esempio tutti siamo in grado di descrivere con cura tutte le considerazioni e i ragionamenti fatti per scegliere la nostra abitazione, mentre solitamente non siamo in grado di riferire perché in una discussione abbiamo usato una certa parola invece di un'altra. La consapevolezza dei nostri processi mentali, infatti, è molto limitata e soggetta a errori, come quando si sovrastimano le proprie capacità nell'affrontare un compito con le conseguenze fallimentari che ne derivano, così come quando le sottostimiamo rinunciando ad assumere iniziative. Come si vede, la precisione o l'inadeguatezza della consapevolezza dei nostri processi cognitivi gioca un ruolo fondamentale nel determinare il nostro comportamento. Per ulteriori approfondimenti si veda la voce TEORIA DELLA MENTE.

Bibliografia

Cauli G., *Neurophenomenology and metacognition*, in "Encyclopaideia", 2008, n. XII (23), pp. 77-96.

Cornoldi C., *La conoscenza metacognitiva*, in "Età Evolutiva", 1991, n. 40.

–, *Metacognizione e apprendimento*, il Mulino, Bologna 1995.

Dimaggio G., Lysaker P. H. (a cura di), *Metacognizione e psicopatologia. Valutazione e trattamento*, Raffaello Cortina, Milano 2011.

Dimaggio G., Montano A., Popolo R., Salvatore G., *Terapia metacognitiva interpersonale dei disturbi di personalità*, Raffaello Cortina, Milano 2013.

Morris P. E., Hampson P. J., *Imagery and consciousness*, Academic Press, London 1983.

Nisbett R., Wilson T. D., *Telling more than we can know. Verbal reports of mental processes*, in "Psychological Review", 1977, n. 84, pp. 231-259.

Siegel D. J., *Mappe per la mente. Guida alla neurobiologia interpersonale* (2012), Raffaello Cortina, Milano 2014.

Wells A., *Disturbi emozionali e metacognizione. Nuove strategie di psicoterapia cognitiva* (2000), Erickson, Trento 2002.

Metadone (ingl. *Methadone*; ted. *Methadon*; fr. *Méthadone*; sp. *Metadona*). Sostanza di sintesi del gruppo degli stupefacenti (v. DROGA, § 1), che presenta proprietà farmacologiche sovrapponibili a quelle della morfina, da cui si differenzia per una maggior durata d'azione e una tolleranza che si sviluppa più lentamente. Per queste ragioni è impiegato nel controllo delle sindromi di astinenza da droghe del gruppo degli oppiacei e come trattamento nella terapia di disassuefazione, attraverso la riduzione progressiva delle dosi fino alla completa sospensione. L'applicazione terapeutica di questa sostanza resta comunque in discussione perché il metadone induce a sua volta dipendenza e, a lungo andare, può portare agli stessi effetti degli altri stupefacenti.

Metaerg, v. ERG.

Metafora (ingl. *Metaphor*; ted. *Metapher*; fr. *Métaphore*; sp. *Metáfora*). Trasferimento semantico che prevede la sostituzione di una parola con un'altra per "similarità", a differenza della *metonimia* dove la sostituzione avviene per "contiguità". Questa definizione, pressoché universalmente accolta, è stata formulata da Roman Jakobson, per il quale «lo sviluppo di un discorso può aver luogo secondo due differenti direttrici semantiche: un tema conduce a un altro sia per similarità sia per contiguità. La denominazione più appropriata per il primo caso sarebbe *direttrice metaforica*, per il secondo *direttrice metonimica*» (1956, p. 40). Alla base della metafora c'è, come già aveva colto Aristotele, un rapporto di analogia: «La metafora consiste nel dare a una cosa un nome che appartiene a un'altra cosa: trasferimento che può effettuarsi dal genere alla specie o dalla specie al genere, o da specie a specie o sulla base di un'analogia» (*Poetica*, 21, 1457 b). Se dico: "la sera della vita" esprimo una *metafora* dove $B : A = D : C$ (vecchiaia : vita = sera : giorno), qui il rapporto è di *similarità*; se invece dico: "corona" al posto di "re", esprimo una *metonimia* perché tra corona e re non c'è un rapporto di similarità, ma di contiguità.

1. FILOSOFIA DEL LINGUAGGIO. Le posizioni assunte intorno alla metafora sono sostanzialmente due: *a*) il linguaggio è per sua natura metaforico e ogni convenzione linguistica nasce successivamente per limitare la ricchezza metaforica che caratterizza l'uomo in quanto animale simbolico; *b*) la lingua è un impianto retto da regole che dice quali frasi si possono generare e quali no. Rispetto a queste regole la metafora è un disordine linguistico che non produce conoscenza. Con riferimento alla prima posizione c'è chi ritiene, come Umberto Eco, che la metafora sia leggibile solo all'interno di un codice culturale, e chi come Paul Ricoeur pensa che la metafora sia l'elemento creativo e produttivo della cultura. Scrive Eco: «L'immaginazione sarebbe incapace di inventare (o di riconoscere) una metafora, se la cultura,

sotto forma di possibile struttura del sistema semantico globale, non le provvedesse la rete soggiacente delle contiguità arbitrariamente stipulate. L'immaginazione altro non è che un raziocinio che percorre in fretta i sentieri del labirinto semantico, e nella fretta perde il senso della loro struttura ferrea. L'immaginazione "creativa" compie esercizi spericolati solo perché esiste una spalliera svedese che la sostiene e le suggerisce i movimenti grazie alla sua rete di parallele poste perpendicolarmente l'una all'altra. La spalliera è la lingua. Su di essa la Parola (*performing the competence*) gioca» (1971, p. 108). Dal canto suo Ricoeur è invece persuaso che la metafora sia «la capacità creativa del linguaggio», nel senso che «il luogo della metafora, il suo luogo più intimo e radicale, non è il nome, né la frase e nemmeno il discorso, bensì la copula del verbo essere. L'"è" metaforico significa ad un tempo "non è" ed "è". Se così stanno le cose è fondato il nostro parlare di verità metaforica, ma dando un senso "tensionale" al termine "verità"» (1975, p. 5).

2. PSICOANALISI. Metafora e metonimia corrispondono rispettivamente a quelle figure che Sigmund Freud ha illustrato come CONDENSAZIONE (v.) e SPOSTAMENTO (v.), che sono due modi del funzionamento dei processi inconsci particolarmente visibili nel sogno, nel sintomo e nel motto di spirito. Figure dove un'immagine o una parola rappresenta da sola varie catene associative di cui costituisce il punto di intersezione (condensazione), e il significato di una rappresentazione è trasferito su un particolare di questa, o su qualcosa che con la prima rappresentazione ha un qualche legame (spostamento). Trattandosi di processi inconsci, non sempre il legame che sottende la metafora o la metonimia è sostenuto da un codice culturale condiviso; talvolta, come spesso si constata nel linguaggio schizofrenico, il legame è assolutamente individuale e privato (in greco, ἴδιος), per cui non si parla più di metafora o di metonimia, ma di *idiosincratismo*.

Jacques Lacan che, con Jakobson, ha evidenziato la corrispondenza tra metafora e condensazione, e tra metonimia e spostamento, sostiene che la metafora è intraducibile non perché sarebbe più vicina alla significazione originaria, ma perché sostituisce un significante che manca: «La metafora si costituisce nel punto preciso in cui il senso si produce nel non-senso», per cui «si può dire che è nella catena del significante che il senso insiste, ma che nessuno degli elementi della catena consiste nella significazione di cui è capace in quello stesso momento» (1957, p. 497).

Raffigurando il desiderio inconscio che è mancanza (v. LACANIANA, TEORIA, § 9), la metafora, come catena significante, gira attorno alla mancanza di un significato originario, per cui non sostituisce un oggetto con un altro, ma pone un oggetto al posto di una mancanza d'oggetto, origine del desiderio. Rispetto alla metafora, la metonimia offre la possibilità di raffigurare l'oggetto che soddisferebbe il desiderio inconscio spostandolo senza fine lungo la trama delle allusioni a oggetti contigui. Ciò non significa che seguendo questa trama il desiderio trovi il suo oggetto, perché, per Lacan, è lo stesso desiderio ad essere metonimico: «Di fatto è la proibizione dell'incesto che, privando il soggetto di ogni conoscenza possibile dell'oggetto primordiale, il quale si circonda della minaccia di castrazione, fonda il desiderio sulla mancanza che si instaura così come desiderio metonimico, desiderio di qualcos'altro di ritrovato» (1970, p. 256). Per ulteriori approfondimenti in ordine alla lettura lacaniana dell'inconscio come retorica si veda la voce LACANIANA, TEORIA, §§ 3-4, mentre per la lettura freudiana dei meccanismi retorici dell'inconscio si veda la voce RETORICA.

Carl Gustav Jung assegna alla metafora la capacità di rinviare in modo allusivo a un significato che l'intelletto non è in grado di circoscrivere e descrivere in modo esaustivo, come nel caso dei simboli e dei contenuti archetipici, a proposito dei quali Jung scrive: «Ciò che un contenuto archetipico sempre anzitutto attesta è un simbolo verbale. Che parli del sole identificandolo con il leone, con il re, con il tesoro custodito dal drago, con la vitalità o la salute degli uomini, non si tratterà né dell'una né dell'altra cosa, bensì di un terzo sconosciuto che in tutte quelle similitudini può trovare un'espressione più o meno adeguata, ma che – a eterno dispetto dell'intelletto – rimane fatalmente ignoto e indefinibile» (1940, p. 150).

Bibliografia

Aristotele, *Poetica*, in *Opere*, Laterza, Bari 1973.

Black M., *Modelli, archetipi, metafore* (1954), Pratiche Editrice, Parma 1983.

Blumenberg H., *Paradigmi per una metaforologia* (1960), il Mulino, Bologna 1969.

Boyd R., Kuhn Th. S., *La metafora nella scienza* (1979), Feltrinelli, Milano 1983.

Cacciari C. (a cura di), *Teorie della metafora. L'acquisizione, la comprensione e l'uso del linguaggio figurato*, Raffaello Cortina, Milano 1991.

Eco U., *Le forme del contenuto*, Bompiani, Milano 1971.

–, *Metafora*, in AA.VV., *Enciclopedia*, Einaudi, Torino 1980, vol. IX, pp. 191-236.

Freud S., *L'interpretazione dei sogni* (1899), in *Opere* (1967-1993), Bollati Boringhieri, Torino, vol. III.

–, *Il motto di spirito e la sua relazione con l'inconscio* (1905), in *Opere*, cit., vol. V.

Henry A., *Metonimia e metafora* (1971), Einaudi, Torino 1975.

Jakobson R., *Due aspetti del linguaggio e due tipi di afasia* (1956), in Id., *Saggi di linguistica generale* (1963), Feltrinelli, Milano 1966.

Jung C. G., *Psicologia dell'archetipo del fanciullo* (1940), in *Opere* (1969-2007), Bollati Boringhieri, Torino, vol. IX, 1.

Lacan J., *L'istanza della lettera dell'inconscio o la ragione dopo Freud* (1957), in *Scritti* (1936-1966), Einaudi, Torino 1974, vol. I.

–, *La condensazione e lo spostamento. Un'elucidazione* (1970), in AA.VV., *Scilicet. Rivista dell'École freudienne de Paris. Scritti di Jacques Lacan e di altri*, Feltrinelli, Milano 1977.

Maffei G., *Le metafore fanno avanzare la conoscenza?*, Vivarium, Milano 2001.

Ricoeur P., *La metafora viva* (1975), Jaca Book, Milano 1981.

Rovatti P. A., *Il declino della luce. Saggi su filosofia e metafora*, Marietti, Genova 1988.

Trevi M., *Metafore del simbolo. Ricerche sulla funzione simbolica della psicologia complessa*, Raffaello Cortina, Milano 1986.

Weinrich H., *Metafora e menzogna. La serenità dell'arte* (1958-1976), il Mulino, Bologna 1976.

Metalinguaggio (ingl. *Metalanguage*; ted. *Metasprache*; fr. *Métalangage*; sp. *Metalenguaje*). Linguaggio al cui interno è possibile parlare di un altro linguaggio, detto linguaggio-oggetto, a condizione che il metalinguaggio contenga: i *nomi* per tutte le espressioni del linguaggio-oggetto, la *sintassi* per le relazioni tra queste espressioni, la *semantica* per le relazioni tra le espressioni del linguaggio-oggetto e le entità extralinguistiche nei cui termini esse vengono interpretate. Un esempio di metalinguaggio è la METAPSICOLOGIA (v.) ideata da Sigmund Freud per la lettura del linguaggio psicologico. Analoga al metalinguaggio è la METACOGNIZIONE (v.), che è quella conoscenza che ha per oggetto i propri stati mentali.

Metamorfopsia, v. ILLUSIONE, § 4.

Metanoia. Termine greco proveniente dalla letteratura del Nuovo Testamento con cui si indica un mutamento radicale del modo di pensare e di sentire, a seguito di un'esperienza trascendente i valori che ordinariamente regolano la vita quotidiana. Il termine è ripreso da Ronald David Laing per designare un processo di trasformazione liberatoria attraverso il quale si segue la persona mentalmente disturbata durante il "viaggio" nel proprio caos interiore, al termine del quale si può riemergere con una rinnovata coscienza di sé: «Invece della cerimonia di degradazione dell'esame psichiatrico, della diagnosi e della prognosi, c'è bisogno di un cerimoniale di iniziazione, nel corso del quale l'individuo venga guidato nello spazio e nel tempo interiori, da persone che ci siano già state e ne abbiano fatto ritorno» (1967, p. 140).

Bibliografia

Laing R. D., *La politica dell'esperienza* (1967), Feltrinelli, Milano 1968.

Metapsicologia (ingl. *Metapsychology*; ted. *Metapsychologie*; fr. *Métapsychologie*; sp. *Metapsicología*). Denominazione assegnata da Sigmund Freud alla propria teoria generale della psiche nel tentativo di conferire alla psicoanalisi il carattere e il metodo delle scienze esatte. Scrive in proposito Freud: «Più volte è stata avanzata l'esigenza che una scienza sia costruita in base a concetti chiari ed esattamente definiti. In realtà nessuna scienza, neppure la più esatta, prende le mosse da definizioni siffatte. Il corretto inizio dell'attività scientifica consiste piuttosto nella descrizione di fenomeni, che poi vengono progressivamente raggruppati, ordinati e messi in connessione tra loro. Già nel corso della descrizione non si può però fare a meno di applicare, in relazione al materiale dato, determinate idee astratte: le quali provengono da qualche parte, e non certo esclusivamente dalla nuova esperienza. [...] A stretto rigore queste idee hanno dunque il carattere di convenzioni, benché tutto lasci supporre che non siano state scelte ad arbitrio, ma siano state determinate in base a relazioni significative col materiale empirico, relazioni che supponiamo di arguire prima ancora di aver avuto la possibilità di riconoscerle e indicarle» (1915, p. 13). Le formulazioni metapsicologiche descrivono l'APPARATO PSICHICO (v.) visualizzato dal punto di vista dinamico, economico e topico.

Bibliografia

Bercherie P., *La metapsicologia di Freud. Storia e struttura* (1982-1988), Einaudi, Torino 2003.

Fabozzi P., Ortu F., *Al di là della metapsicologia. Problemi e soluzioni della psicoanalisi statunitense*, Il Pensiero Scientifico, Roma 1996.

Freud S., *Metapsicologia* (1915), in *Opere* (1967-1993), Bollati Boringhieri, Torino, vol. VIII.

Meltzer D., *Studi di metapsicologia allargata. Applicazioni cliniche del pensiero di Bion* (1986), Raffaello Cortina, Milano 1987.

Semi A. A., *Introduzione alla metapsicologia*, Raffaello Cortina, Milano 2001.

Metatropismo (ingl. *Metatropism*; ted. *Metatropismus*; fr. *Métatropisme*; sp. *Metatropismo*). Tendenza ad assumere atteggiamenti e comportamenti tipici dell'altro sesso con prevalenza di ruoli passivi nell'uomo (*effeminazione*) e attivi nella donna (*virilismo*). Questa distinzione dipende, oltre che dai modelli maschili e femminili elaborati dalla cultura di appartenenza, anche dalla distinzione psicoanalitica che riconduce la differenza maschile-femminile al genere più ampio ATTIVITÀ – PASSIVITÀ (v.).

Metempsicosi (ingl. *Metempsychosis*; ted. *Metempsychose*; fr. *Métempsychose*; sp. *Metempsicosis*). Teoria secondo cui le anime, dopo la morte del corpo, vanno soggette a numerose reincarnazioni. Plotino parla più correttamente di *metemsomatosi* (*Enneadi*, II, 9, 6, 3, 13) e riferisce che questa credenza antichissima è di origine orientale. Il motivo, introdotto nella Grecia antica dalla religione orfica, fu ripreso dalla Gnosi che nella metempsicosi vide la via per espiare le colpe e per sviluppare la capacità latente nell'anima di aprirsi alla conoscenza (gnosi) totale. Questa teoria vive nell'induismo e nel buddhismo che prevedono tecniche di liberazione dal ciclo delle nascite e delle morti attraverso l'estinzione del desiderio, o Nirvana. In psicologia si è avanzata l'ipotesi che l'idea della metempsicosi possa essere sorta dall'esperienza psicologica del *déjà vu* (v. MEMORIA, § 8, *d*) nel senso che, se si ha l'impressione di aver già vissuto un'esperienza in realtà nuova, si può pensare di averla vissuta in un'esistenza anteriore.

Bibliografia

Eliade M., *Storia delle credenze e delle idee religiose* (1975-1983), Sansoni, Firenze 1979-1983.

Plotino, *Enneadi*, Laterza, Bari 1959.

Reed G., *The psychology of anomalous experience. A cognitive approach*, Hutchinson University Library, London 1972.

Metencefalina, v. ENDORFINA.

Metodo, v. PSICOLOGIA, § III.

Metonimia, v. METAFORA.

Metrorragia, v. MESTRUAZIONE.

Microcefalia (ingl. *Microcephaly*; ted. *Mikrozephalie*; fr. *Microcéphalie*; sp. *Microcefalia*). Dimensioni ridotte del cranio per incompleto sviluppo dell'encefalo o per anticipata ossificazione. Può essere congenita o prodotta da malattie pre- o peri-natali; in entrambi i casi si accompagna a RITARDO MENTALE (v.).

Microgiria, v. MACROGIRIA – MICROGIRIA.

Micromania (ingl. *Micromania*; ted. *Mikromanie*; fr. *Micromanie*; sp. *Micromanía*). Convinzione che il proprio corpo o qualche sua parte sia rimasto o divenuto troppo piccolo. Ne è un esempio il complesso del pene piccolo.

Micropsia, v. MACROPSIA – MICROPSIA.

Microsomatoagnosia, v. SOMATOAGNOSIA, § 1, *b*.

Microzoopsia (ingl. *Microzoopsia*; ted. *Mikrozoopsie*; fr. *Microzoopsie*; sp. *Microzoopsia*). Allucinazioni visive in cui il soggetto è convinto di vedere piccoli animali striscianti o brulicanti, accompagnate da un'intensa reazione d'ansia. È tipica del *delirium tremens* (v. ALCOLISMO, § 7, *a*).

Midollo spinale (ingl. *Spinal cord*; ted. *Rückenmark*; fr. *Moelle épinière*; sp. *Médula espinal*). Parte assile del sistema nervoso centrale attraversato, lungo

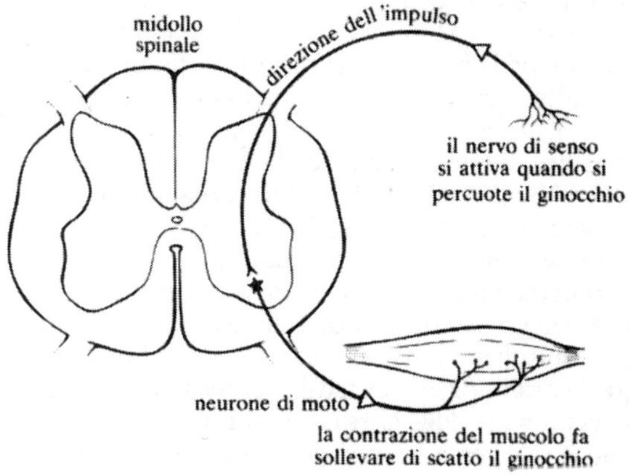

Arco riflesso semplice.

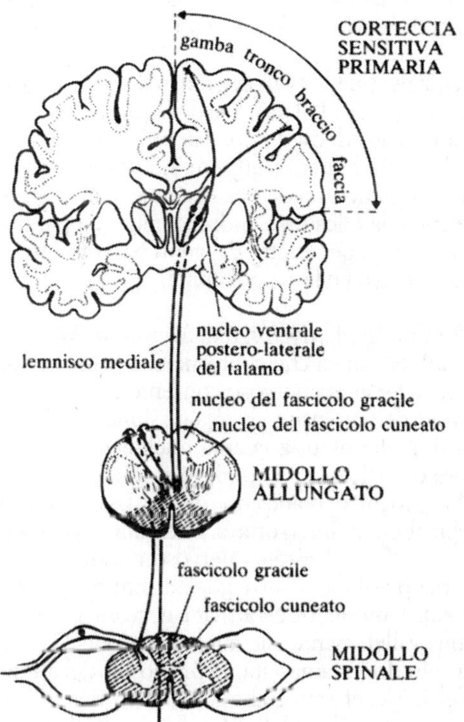

Il percorso del midollo spinale (ridisegnato da E. Meda, G. Avanzino, Fisiologia umana, *UTET, Torino 1987).*

l'asse, da un canale stretto detto ependimale o centrale in continuazione con le cavità dei ventricoli dell'encefalo. In alto il midollo continua con il bulbo (v. ENCEFALO), mentre in basso si restringe a cono. Sezionando in qualsiasi punto il midollo troviamo la sostanza grigia al centro, formata da quattro protuberanze dette *corna anteriori* e *posteriori* congiunte da un tratto trasversale, e la sostanza bianca attorno a quella grigia. Il midollo collega il sistema nervoso centrale a quello periferico, formando un percorso tra l'encefalo e la muscolatura del corpo. Dal midollo dipendono le più semplici risposte a stimoli costituite dal riflesso che impegna un neurone di connessione tra il neurone di senso e il neurone di moto. Questo semplice sistema di connessione è noto come *arco riflesso* (v. RIFLESSO, § 1). Nelle corna anteriori della sostanza grigia si trovano i *motoneuroni* le cui fibre sono destinate ad innervare la muscolatura striata o volontaria, mentre dorsalmente alle zone anzidette la sostanza grigia comprende cellule di natura sensitiva che controllano la sensibilità viscerale (v. SENSIBILITÀ), quella profonda, quella tattile, termica e dolorifica. La maggior parte delle fibre che costituiscono la sostanza bianca sale verso i centri dell'encefalo oppure ne discende, per cui il midollo, oltre ad essere sede dell'apparato elementare riflesso, è da considerarsi anche sistema di conduzione (v. CONDUZIONE NERVOSA).

Midriasi (ingl. *Mydriasis*; ted. *Mydriasis*; fr. *Mydriase*; sp. *Midriasis*). Dilatazione della pupilla, che è fisiologica nel caso di esposizione al buio o in presenza di stimoli emotivi intensi, oppure indotta da stimolazione del simpatico mediante sostanze simpaticomimetiche come la cocaina e l'adrenalina, o da paralisi del parasimpatico per effetto di agenti parasimpaticolitici come l'atropina e la scopolamina.

Mielina (ingl. *Myelin*; ted. *Myelin*; fr. *Myéline*; sp. *Mielina*). Sostanza che contorna come strato isolante le fibre del sistema nervoso consentendo un aumento notevole dell'intensità di trasmissione degli impulsi nervosi. Nell'uomo la guaina mielinica ricopre tutte le fibre con diametro superiore al micron (fibre mieliniche), mentre manca in quelle più sottili (fibre amieliniche). È interrotta a intervalli regolari (nodi di Ranvier) e, nel sistema nervoso periferico, è a sua volta ricoperta da un'altra guaina continua detta *neurilemma*. I modelli dell'attività nervosa vengono regolati parallelamente alla mielinizzazione che si completa solo dopo la nascita. A proposito della mielina, Daniel J. Siegel scrive che «la guaina ricca di lipidi, formata dalle cellule della glia che avvolge l'assone del neurone, grazie alla sua funzione isolante, consente di centuplicare la velocità di eccitazione neuronale, ossia di conduzione dell'impulso nervoso, e di ridurre di trenta volte il periodo di riposo o periodo refrattario. La mielina migliora quindi di tremila volte l'efficienza della comunicazione fra i neuroni interconnessi, consentendo una trasmissione dei segnali nervosi più rapida ed efficace, indispensabile per lo sviluppo delle attività complesse» (2012, p. 32).

Bibliografia

Siegel D. J., *Mappe per la mente. Guida alla neurobiologia interpersonale* (2012), Raffaello Cortina, Milano 2014.

Migrazione (ingl. *Migration*; ted. *Auswanderung*; fr. *Migration*; sp. *Migración*). Spostamento da un'unità spaziale ad un'altra. Nel caso degli animali, si parla di *istinto migratorio* che può essere ontogenetico, come per alcune specie di pesci che dopo vari anni percorrono migliaia di chilometri per riprodursi nel luogo d'origine, o annuale, come per alcune specie di uccelli che si spostano tra il luogo di riproduzione e il luogo di svernamento.

1. LO STRANIERO. Nel caso dell'uomo, la migrazione avviene per cause economiche, politiche, razziali, religiose ed è oggetto della psicologia sociale e della psichiatria che studia i disturbi mentali legati all'emigrazione, già evidenziati nell'antichità dalla cultura gnostica che parla di "vita straniera" per indicare, come scrive Hans Jonas, «chi proviene da altro luogo, e a quelli del luogo appare *strano*, non familiare, incomprensibile. Allo stesso modo il luogo che lo straniero si trova ad abitare è per lui estraneo e perciò carico di solitudine. [...] Angoscia e nostalgia della patria sono parte del destino dello straniero che, non conoscendo le strade del paese estraneo, girovaga sperduto. Se poi impara a conoscerle troppo bene, allora dimentica di essere straniero e si perde in un senso più radicale perché, soccombendo alla familiarità di quel mondo non suo, diventa estraneo alla propria origine. Nell'alienazione da sé l'angoscia sparisce, ma incomincia la tragedia dello straniero che, dimenticando la sua estraneità, dimentica anche la sua identità» (1934-1954, pp. 69-70).

La sindrome più diffusa è la NOSTALGIA (v.) che, rispetto alla depressione, ha acquisito una sua autonomia diagnostica nel 1688 ad opera di Johannes Hofer che, nella sua *Dissertatio medica de nostalgia*, ne introdusse il termine. Sulla base di uno studio longitudinale, l'etnopsichiatra Zulmino de Almeida ha distinto i disturbi mentali conseguenti all'emigrazione in: «1) *psicopatologia di apporto*, costituita da disturbi esistenti prima dello sradicamento; [...] 2) *psicopatologia del trapianto* che comporta dei disturbi a prevalenza nevrotica che si manifestano all'inizio del soggiorno, e a predominanza psicotica che possono sovrapporsi in seguito quando l'inserimento sociale resta incompiuto o imperfetto; [...] 3) *psicopatologia di acquisizione* che mantiene una certa autonomia in rapporto ai fenomeni psicosociali legati all'emigrazione» (1975, pp. 251-252). A integrazione di questa tematica si veda la voce ANTROPOLOGIA, § 7.

2. IL MULTICULTURALISMO. Le migrazioni di massa pongono il problema del *multiculturalismo*, dove la molteplicità etnico-culturale chiede che si reperisca un codice comune. E qui, come scrivono Carmelo Vigna e Stefano Zamagni, «la letteratura sull'argomento oscilla tra due estremi, che paiono non facilmente componibili: da un lato, si cerca la soluzione *per sottrazione*, e si bada al reperimento di alcune costanti dell'umano che dovrebbero da tutti essere riconosciute per via della loro universalità; da altro lato, si nega che un compito siffatto possa essere eseguito e si ricorre a una soluzione *per addizione*. Il molteplice culturale dovrebbe essere semplicemente registrato come tale e tutte le differenze essere onorate» (2002, p. VII).

Ma il multiculturalismo pone un altro problema che riguarda la difesa della propria identità in un contesto dove convivono molte culture. La soluzione prospettata da Vigna e Zamagni sta «nel reciproco rispetto e nel reciproco sostegno delle identità culturali» invece di chiudersi nella gelosa e unilaterale custodia della propria identità. Naturalmente il processo non è semplice, ma può essere praticabile alla condizione che «si riconosca non soltanto l'identità *originaria* (quella intravista dalla tradizione illuministica), ma anche l'identità *utopica* che guarda a un futuro da compiere, a un destino di buona vita e libertà. Per tutti gli esseri umani e nella loro identità *itinerante* (storica)» (ivi, pp. IX-X). La prospettiva del reciproco riconoscimento è condivisa anche da Jürgen Habermas e Charles Taylor.

Bibliografia

Alberoni F., *Contributo allo studio dell'integrazione sociale dell'immigrato*, Vita e Pensiero, Milano 1960.

Almeida Z. de, *Les perturbations mentales chez les migrants*, in "Information Psychiatrique", 1975, n. 51, pp. 249-281.

Baker R. R., *The evolutionary ecology of animal migration*, Holmes & Meier, New York 1978.

Basso P., Perocco F., *Immigrazione e trasformazione della società*, Franco Angeli, Milano 2000.

Benvenuti P., *Diritti dei rifugiati*, in M. Flores (a cura di), *Diritti umani. Cultura dei diritti e dignità della persona nell'epoca della globalizzazione*, Utet, Torino 2007, vol. I, pp. 449-458.

Bianchi E., *Ero straniero e mi avete ospitato*, Rizzoli, Milano 2006.

Curi U., *Straniero*, Raffaello Cortina, Milano 2010.

Dal Lago A., *Non-persone. L'esclusione dei migranti in una società globale*, Feltrinelli, Milano 1999.

De Masi D., *Xénos*, in Id., *Tag. Le parole del tempo*, Rizzoli, Milano 2015, pp. 677-708.

Filoramo G., *Civitas peregrina. Radici cristiane dell'idea di straniero*, Morcelliana, Brescia 1999.

Finocchi Ghersi R., *Diritti degli immigrati*, in M. Flores (a cura di), *Diritti umani*, cit., vol. I, pp. 328-331.

Frigessi Castelnuovo D., Risso M., *A mezza parete. Emigrazione, nostalgia, malattia mentale*, Einaudi, Torino 1982.

Galzigna M. (a cura di), *La sfida dell'altro. Le scienze psichiche in una società multiculturale*, Marsilio, Venezia 1999.

Gozzini G., *Migrazioni, profughi, rifugiati*, in M. Flores (a cura di), *Diritti umani*, cit., *Atlante*, vol. I: *I soggetti e i temi*, pp. 358-393.

–, *Multiculturalismo*, in M. Flores (a cura di), *Diritti umani*, cit., vol. II, pp. 938-941.

Gozzoli C., Regalia C., *Migrazioni e famiglie. Percorsi, legami e interventi psicosociali*, il Mulino, Bologna 2005.

Grinberg L., Grinberg R., *Psychanalyse du migrant et de l'exilé*, Cle, Lyon 1986.

Habermas J., Taylor Ch., *Multiculturalismo. Lotte per il riconoscimento* (1996), Feltrinelli, Milano 1998.

Hofer J., *Dissertatio medica de nostalgia*, Bertsch, Basel 1688.

Jonas H., *Lo gnosticismo* (1934-1954), SEI, Torino 1973.

Koser K., *Le migrazioni internazionali* (2007), il Mulino, Bologna 2009.

Kristeva J., *Stranieri a se stessi* (1988), Feltrinelli, Milano 1990.

Livi Bacci M., *In cammino. Breve storia delle migrazioni*, il Mulino, Bologna 2014.

Losi N. (a cura di), *Vite altrove. Migrazione e disagio psichico*, Feltrinelli, Milano 2000.

Rescigno F., *Diritto d'asilo*, in M. Flores (a cura di), *Diritti umani*, cit., vol. I, pp. 458-461.

Risso M., Böker W., *Sortilegio e delirio. Psicopatologia delle migrazioni in prospettiva transculturale*, Liguori, Napoli 1992.

Sassen S., *Migranti, coloni, rifugiati. Dall'emigrazione di massa alla fortezza d'Europa* (1996), Feltrinelli, Milano 1999.

Sayad A., *L'immigration ou le paradoxe de l'altérité*, De Boeck Université, Bruxelles 1991.

–, *La doppia assenza. Dalle illusioni dell'emigrato alle sofferenze dell'immigrato* (1999), Raffaello Cortina, Milano 2002.

Spinelli B., *Ricordati che eri straniero*, Qiqajon, Comunità di Bose, Magnano 2005.

Vigna C., Zamagni S. (a cura di), *Multiculturalismo e identità*, Vita e Pensiero, Milano 2002.

Wimmer M., *Straniero*, in Ch. Wulf (a cura di), *Cosmo, corpo, cultura. Enciclopedia antropologica* (1997), Bruno Mondadori, Milano 2002, pp. 1093-1105.

Militare, v. PSICOLOGIA MILITARE.

Mimetismo (ingl. *Mimicry*; ted. *Mimikry*; fr. *Mimétisme*; sp. *Mimetismo*). Somiglianza protettiva che alcuni animali e vegetali assumono o con l'ambiente per evitare di essere identificati, o con un altro organismo per i vantaggi che da tale somiglianza derivano. Questo secondo caso è riscontrabile tra gli animali da preda (specie indifesa) che possono assimilarsi a una specie non appetibile, come nel caso di insetti che sviluppano una zona addominale simile a quella delle vespe per essere risparmiati dai predatori che evitano le vespe. In senso traslato il termine è applicato anche a quelle condotte che sono tipiche dei soggetti che evitano di esporsi a livello individuale.

Bibliografia

Wickler W., *Mimetismo animale e vegetale* (1968), il Saggiatore, Milano 1968.

Mimica (ingl. *Mime*; ted. *Mimik*; fr. *Mimique*; sp. *Mímica*). Mezzo espressivo affidato ai gesti (v. GESTO) e ai movimenti facciali. Può essere spontanea quando esprime stati emotivi, o convenzionale quando è il risultato di processi di apprendimento o di caratteristiche culturali. Può accompagnare il linguaggio verbale conferendogli una maggior espressività, o sostituirlo, o tradire un'intenzione diversa da quella espressa a parole. L'assenza di mimica prende il nome di AMIMIA (v.).

Mindfulness. Terapia cognitiva che si avvale della MEDITAZIONE (v.) allo scopo di pervenire a una maggior consapevolezza di sé, accentuando l'attenzione sullo svolgersi della propria personale esperienza, onde evitare gli automatismi dei processi cognitivi ed emotivi che portano alla cristallizzazione dei propri pensieri e dei propri comportamenti. Come scrive Fabio Giommi, «il tratto fondamentale e specifico della prospettiva della mindfulness, che la differenzia dalla psicoanalisi con la dinamica tra conflitti inconsci e coscienza, e dal cognitivismo classico con la sua enfasi sulle credenze profonde e disfunzionali o inadeguate, è il porre l'accento su quella qualità di automaticità che ugualmente caratterizza i *baises* nei processi percettivi e di memoria indotti da ansia e depressione, i pensieri negativi automatici, i pensieri disfunzionali, la ruminazione depressiva, le cognizioni e le compulsioni ossessive. La mindfulness in un certo senso "agisce" in senso contrario rispetto agli effetti dell'automatismo mentale, e sembra in grado di farlo sia nei processi percettivi *low-level*, sia in processi cognitivo-affettivi *high-level* come i modelli mentali "olistici" circa il Sé personale» (2006, p. 40).

La pratica della mindfulness è stata introdotta in Occidente per la prima volta da Jon Kabat-Zinn presso la Clinica della Riduzione dello Stress dell'Università del Massachusetts verso la fine degli anni settanta. Il suo protocollo, denominato MBSR (*Mindfulness-Based Stress Reduction*), è derivato da antiche pratiche buddhiste di meditazione, volte al raggiungimento della consapevolezza di quel che accade nel momento in cui accade, che corrispondono alla pratica indiana detta *vipassana* che significa "chiara visione" non concettuale, analoga a quello che la lingua inglese chiama INSIGHT (v.). L'"attenzione consapevole" che si raggiunge ascolta e osserva le sensazioni fisiche, le emozioni, i pensieri, accettandoli così come sono, senza giudicarli, modificarli o bloccarli, senza lasciarsi coinvolgere, rimuginare o reagire, adottando quella pratica di distanziamento che tratta sensazioni, emozioni e pensieri come semplici eventi mentali con i quali è possibile entrare in relazione senza identificarsi con essi e lasciarsi travolgere dal loro contenuto. Questa pratica si è rivelata efficace nella cura delle depressioni, del disturbo borderline di personalità, dei disturbi ossessivo-compulsivi e dello stress.

Il neurobiologo Daniel J. Siegel, dopo aver avvertito che sulla definizione di mindfulness non c'è ancora un accordo e il concetto è a tutt'oggi in corso di chiarificazione, ne abbozza una definizione in questi termini: «La consapevolezza mindful, o mindfulness, può essere descritta come forma di *consapevolezza* in cui si è recettivi e aperti nei confronti dell'esperienza presente, senza quindi condizionamenti derivanti da giudizi e aspettative pregressi. [...] L'attività di ricerca ha dimostrato che la consapevolezza mindful, con le caratteristiche appena descritte, può migliorare non soltanto la salute del corpo, ma anche quella della *mente*, in particolare in termini di *regolazione emotiva*, flessibilità e tendenza ad affrontare eventi impegnativi anziché a evitarli. Inoltre essere mindful rende più empatici e migliora le *relazioni*. Per quanto riguarda la salute del corpo, il miglioramento riguarda il potenziamento del sistema immunitario e un aumento dell'attività della telomerasi, l'enzima che previene l'accorciamento dei telomeri all'estremità dei cromosomi, rallentando così l'invecchiamento cellulare. La mindfulness aumenta anche la *resilienza* di fronte al dolore cronico. Quindi, la consapevolezza mindful aiuta la mente, le relazioni e la nostra vita *incarnata*» (2012, cap. 6, pp. 1-2).

E ancora: «Creando intenzionalmente, durante un momento di *pratica di consapevolezza mindful*, uno *stato* di curiosità, apertura, accettazione e amore (che potremmo sintetizzare nell'acronimo *COAL*, derivante dal nome inglese di queste caratteristiche: *Curious*, *Open*, *Accepting*, *Loving*), ritagliandoci del tempo dell'interiorità per riflettere sulla natura interiore della vita mentale, possiamo realizzare uno stato integrato di eccitazione neuronale. È stato dimostrato che durante la pratica della mindfulness si attivano aree della *corteccia prefrontale mediale* che collegano fra loro regioni molto diverse e che queste aree mostrano modificazioni strutturali in seguito a una pratica prolungata» (ivi, cap. 14, p. 4).

Nell'ambito delle neuroscienze delle emozioni, Richard Davidson ha verificato che la meditazione mindful è associata a un aumento dell'attività elettrica di base nella regione frontale dell'emisfero sinistro del cervello, e ha denominato questo fatto "spostamento a sinistra" dell'attività elettrica che mantiene stimoli problematici nella sfera della consapevolezza, a differenza di quanto accade nelle regioni frontali dell'emisfero destro dove si tende all'evitamento delle attività controllate o addirittura al loro ritiro.

Bibliografia

Amadei G., *Mindfulness. Essere consapevoli*, il Mulino, Bologna 2014.
Baer R. A. (a cura di), *Come funziona la mindfulness* (2010), Raffaello Cortina, Milano 2012.
Bowen S., Chawla N., Marlatt G. A., *Mindfulness e comportamenti di dipendenza. Guida pratica per la prevenzione delle ricadute* (2010), Raffaello Cortina, Milano 2013.
Davidson R., *Affective neuroscience and psychophysiology. Toward a synthesis*, in "Psychophysiology", 2003, n. 40, 5, pp. 655-665.
Dèttore D., *Il disturbo ossessivo-compulsivo. Caratteristiche cliniche e tecniche di intervento*, McGraw-Hill, Milano 2002.
Didonna F., Kabat-Zinn J., *Clinical handbook of mindfulness*, Springer, New York 2009.
Giommi F., *Saggio introduttivo* a Z. V. Segal, J. M. G. Williams, J. D. Teasdale, *Mindfulness. Al di là del pensiero, attraverso il pensiero* (2002), Bollati Boringhieri, Torino 2006.
Kabat-Zinn J., *Vivere momento per momento* (1990), Tea, Milano 2010.
–, *Riprendere i sensi. Guarire se stessi e il mondo attraverso la consapevolezza* (2005), Corbaccio, Milano 2006.
Kramer G., *Mindfulness relazionale. Insight dialogue, meditazione e libertà* (2007), Bollati Boringhieri, Torino 2016.
McKenzie S., Hassed C., *Il libro della mindfulness* (2014), Erickson, Trento 2016.
Migone P., *Il problema della "traduzione" di aspetti delle filosofie orientali nella psicoterapia occidentale*, in "Psicoterapia e Scienze Umane", 2010, XLIV, n. 1, pp. 35-52.
Montano A., *Mindfulness. Guida alla meditazione di consapevolezza*, Ecomind Editore, Salerno 2007.
Segal Z. V., Williams J. M. G., Teasdale J. D., *Mindfulness. Al di là del pensiero, attraverso il pensiero* (2002), edizione italiana a cura di F. Giommi, Bollati Boringhieri, Torino 2006.
Siegel D. J., *Mindfulness e cervello* (2007), Raffaello Cortina, Milano 2009.
–, *Mappe per la mente. Guida alla neurobiologia interpersonale* (2012), Raffaello Cortina, Milano 2014.
Siegel R. D., *Qui e ora. Strategie quotidiane di mindfulness* (2010), Erickson, Trento 2012.

Mindsight. Il termine, che letteralmente significa "vista della mente", si riferisce alla capacità di vedere il mondo interiore proprio e degli altri al di là dell'osservazione dei comportamenti esteriori. Daniel J. Siegel, a partire dalla sua teoria della mente relazionale, scrive che «attraverso la mindsight, non solo percepiamo i flussi di energia e informazioni nel triangolo costituito da mente, cervello e relazioni, ma riusciamo anche a incanalarli e influenzarli. La mindsight è, quindi, la capacità di monitorare i flussi di energia e informazioni nel corpo e nelle relazioni, e poi di modificarli per raggiungere l'integrazione» (2012, p. 33).

Bibliografia

Siegel D. J., *Mindsight. La nuova scienza della trasformazione personale* (2010), Raffaello Cortina, Milano 2011.
–, *Mappe per la mente. Guida alla neurobiologia interpersonale* (2012), Raffaello Cortina, Milano 2014.

Mineralcorticoide, v. ENDOCRINO, SISTEMA, § 5, *a*.

Minoranza (ingl. *Minority*; ted. *Minderheit*; fr. *Minorité*; sp. *Minoría*). Gruppo omogeneo che, per razza, lingua, cultura o religione, si sente diverso dalla maggioranza della popolazione di un paese. Nel concetto di minoranza sono confluiti per estensione concetti d'altra natura quali disuguaglianza sociale, pregiudizio, esclusivismo culturale, intolleranza, che caratterizzano qualsiasi gruppo che viene a trovarsi in contrasto con i valori condivisi e i costumi praticati dalla maggior parte della collettività. La questione delle minoranze, che è di competenza della psicologia sociale, investe i problemi dell'integrazione, della devianza e della garanzia dei diritti.

Bibliografia

AA.VV., *Le minoranze oppresse*, il Mulino, Bologna 1975.
Park R. E., *Human communities. The city and human ecology* (1928), in *Collected Papers*, Hughes, The Free Press, Glencoe 1952, vol. II.

Minorazione, v. HANDICAP.

Miocinetico, Test (ingl. *Myokinetic test*; ted. *Myokinetischer Test*; fr. *Test myocinétique*; sp. *Test miokinético*). Test oggettivo di personalità messo a punto da Emilio Mira y López in base al principio teorico, sostenuto anche da Ernst Kretschmer, secondo cui esiste nell'uomo una stretta connessione tra processi motori e processi mentali. Il test prevede che il soggetto ripercorra con una matita delle figure geometriche, una prima volta con l'ausilio della vista e una seconda senza, una volta con la mano destra e quindi con la sinistra, in modo da evidenziare le attitudini consapevoli e controllate della personalità, connesse alla metà del corpo funzionalmente dominante, rispetto a quelle inconsce e potenziali, connesse alla metà del corpo funzionalmente meno evoluta.

Bibliografia

Kretschmer E., *Körperbau und Charakter*, Springer, Berlin 1921.
Mira y López E., *Psicodiagnóstica miokinética* (1939), Editorial Paidós, Buenos Aires 1951.

Miopia (ingl. *Myopia*; ted. *Myopie*; fr. *Myopie*; sp. *Miopía*). Anomalia visiva che permette di vedere distintamente solo gli oggetti vicini all'occhio. Si verifica quando il globo oculare è troppo lungo per cui i raggi provenienti da un oggetto distante sono messi a fuoco in un piano anteriore alla retina. Nel caso invece in cui il globo oculare sia troppo corto e i raggi provenienti da un oggetto distante vengano messi a fuoco in un piano posteriore alla retina quando il muscolo ciliare è rilasciato, si parla di *ipermetropia*.

Misantropia (ingl. *Misanthropy*; ted. *Misanthropie*; fr. *Misanthropie*; sp. *Misantropía*). Avversione per l'umanità in genere che si esprime nella ricerca della solitudine e in comportamenti asociali. Può manifestarsi in sindromi paranoiche o depressive. Il termine è stato coniato da Platone che attribuisce la misantropia a una fiducia mal riposta (v. MISOLOGIA).

Misconoscimento, v. MEMORIA, §§ 5, *c*; 8, *e*.

Misofilia (ingl. *Mysophilia*; ted. *Mysophilie*; fr. *Mysophilie*; sp. *Misofilia*). Patologico interesse e desiderio dello sporco, interpretato psicoanaliticamente come fissazione o regressione alla fase anale (v. COPROFILIA).

Misofobia (ingl. *Mysophobia*; ted. *Mysophobie*; fr. *Mysophobie*; sp. *Misofobia*). Fobia per lo sporco accompagnata dal timore di esserne contaminati. Si manifesta con la tendenza a lavarsi continuamente le mani o a toccare gli oggetti con precauzione o con i guanti. Dal punto di vista psicoanalitico sarebbe espressione di una formazione reattiva a una fissazione o regressione alla fase anale (v. COPROFOBIA).

Misogamia (ingl. *Misogamy*; ted. *Misogamie*; fr. *Misogamie*; sp. *Misogamia*). Avversione per il matrimonio interpretabile, dal punto di vista psicoanalitico, a partire da un complesso edipico non risolto.

Misoginia (ingl. *Misogyny*; ted. *Misogynie*; fr. *Misogynie*; sp. *Misoginia*). Avversione per le donne, riscontrabile in ugual misura sia nelle donne che negli uomini, per effetto di un conflitto omosessuale latente. Va distinta dalla GINOFOBIA (v.), che è da ricondurre a una fantasia maschile di castrazione.

Misologia (ingl. *Misology*; ted. *Misologie*; fr. *Misologie*; sp. *Misología*). Avversione per i ragionamenti e le formulazioni logiche. Platone, che ha introdotto il termine, ritiene che nasca dall'aver creduto senza discernimento a ragionamenti che si sono poi rivelati falsi «allo stesso modo della misantropia che si infiltra in noi quando senza pratica della vita ci si affida a qualcuno che poi si trova perverso e sleale» (*Fedone*, 89 d).

Bibliografia

Platone, *Fedone*, in *Opere*, Laterza, Bari 1973.

Mista, Nevrosi, v. NEVROSI, § 3.

Misticismo (ingl. *Mysticism*; ted. *Mystizismus*; fr. *Mysticisme*; sp. *Misticismo*). Esperienza religiosa che prevede una comunicazione diretta tra uomo e Dio, facilitata dal graduale abbandono dell'esperienza sensibile e dal superamento della riflessione razionale, grazie a cui è possibile una percezione del divino in forme sovrannaturali o estatiche (v. ESTASI). Ogni itinerario mistico prevede dei gradi che vanno dalla visione del mondo come luogo di manifestazione di Dio (*cogitatio*), al raccoglimento dell'anima sede dell'immagine di Dio (*meditatio*), alla contemplazione estatica di Dio (*contemplatio*). Questo schema della mistica medioevale è rintracciabile in tutte le forme di misticismo sia orientale sia occidentale che, sia pure sotto altre denominazioni e suddivisioni, tracciano quell'itinerario che prevede un allargamento della coscienza in grado di ospitare percezioni e significati che eccedono l'esperienza religiosa ordinaria (v. PSICOLOGIA DELLA RELIGIONE, § 2). Carl Gustav Jung, che chiama Sé il rappresentante psicologico dell'immagine di Dio, interpreta il misticismo come un'apertura della coscienza alla manifestazione del Sé nel suo aspetto NUMINOSO (v.), secondo il significato che a questo termine ha conferito Rudolf Otto (v. PSICOLOGIA ANALITICA, § 4). Il misticismo va tenuto distinto dalla PARTECIPAZIONE MISTICA (v.) di cui parla Lucien Lévy-Bruhl.

Bibliografia

Gardet L., Lacombe O., *L'esperienza del Sé. Studio di mistica comparata*, Massimo, Milano 1988.
Idel M., *Mistici messianici* (1998), Adelphi, Milano 2004.
Jung C. G., *Psicologia e religione* (1938-1940), in *Opere* (1969-2007), Bollati Boringhieri, Torino, vol. XI.
Leuba J. H., *La psicologia del misticismo religioso* (1925), Feltrinelli, Milano 1960.
Murdoch I., *Esistenzialisti e mistici* (1950), il Saggiatore, Milano 2006.
O'Brien E., *Varieties of mystic experience*, Mentor, New York 1965.
Otto R., *Il sacro. L'irrazionale nell'idea del divino e la sua relazione al razionale* (1917), Feltrinelli, Milano 1984.
Pozzi G., Leonardi C., *Scrittrici mistiche italiane*, Marietti, Genova 1988.

Silberer H., *Problemi della mistica e del suo significato simbolico. Riflessioni sull'approccio junghiano* (1997), Vivarium, Milano 1999.
Staal F., *Introduzione allo studio del misticismo orientale e occidentale* (1975), Astrolabio, Roma 1981.
Terrin A. N., *Mistiche dell'Occidente. New Age, Orientalismo, Mondo Pentecostale*, Morcelliana, Brescia 2001.
Vannini M., *Mistica e filosofia*, Piemme, Casale Monferrato 1996.
–, *Storia della mistica occidentale*, Mondadori, Milano 1999.
Zolla E., *I mistici dell'Occidente*, Rizzoli, Milano 1976-1980.

Mistificazione (ingl. *Mystification*; ted. *Mystifikation*; fr. *Mystification*; sp. *Mistificación*). Distorsione più o meno consapevole della realtà che Ronald David Laing riconduce a una divisione dell'Io in vero Io e falso Io, tipica delle scissioni schizofreniche, dove «sembrerebbe che lo scopo di una manovra simile sia unicamente la difesa di un'identità "intima" dalla distruzione che si immagina possa venire dall'esterno» (1959, p. 159). Riferendo un caso di mistificazione, Laing osserva che «il suo ideale era di non rivelarsi mai a nessuno. Di conseguenza, attuava tutte le mistificazioni più tortuose, sebbene il suo ideale verso se stesso fosse di essere il più completamente sincero e onesto possibile» (ivi, p. 82). In casi simili si è in presenza di «un "io" che non sa trovare un "me"» (ivi, p. 193). Laing accusa la psicoanalisi di essere una "scienza mistificatoria" perché il sistema teorico di riferimento prevede una scissione dell'unità soggettiva, simile alla schizofrenia, dove «invece del legame originale *Io* e *Tu*, si prende un singolo uomo isolato e si concettualizzano i suoi vari aspetti: l'Io, il Super-io, l'Es. L'Altro diviene un oggetto, interno o esterno, creando entità la cui qualità essenziale non è quella di essere in rapporto con gli altri e con il mondo» (ivi, p. 23).

Bibliografia

Laing R. D., *L'io diviso. Studio di psichiatria esistenziale* (1959), Einaudi, Torino 1969.

Misura, v. PSICOMETRIA.

Mito (ingl. *Myth*; ted. *Mythus*; fr. *Mythe*, sp. *Mito*). Termine greco che, nell'ambito di quella cultura, significa ora "parola", "notizia", "novella": «Dammi notizia (μῦθον) del figlio» implora Achille nell'Ade, ora la cosa stessa: «Rimetti la cosa (μῦθον) agli dei». In questa seconda accezione il termine ricorre, oltre che in Omero, anche in Euripide: «Conoscerai la cosa (μῦθον) com'è». Successivamente, con la comparsa di un altro tipo di racconto o discorso chiamato λόγος caratterizzato dall'argomentazione razionale, la narrazione mitica assume il carattere fabulatorio di "leggenda", "favola", "fola", e in questa accezione ricorre in Platone, che, a proposito del sapere che riguarda l'essere, dice: «Mi pare che ciascuno ci abbia raccontato una favola (μῦθον) come se fossimo bambini» (*Sofista*, 242 c).

Il mito ha in comune con il *logos* l'intento di conoscere e di spiegare il mondo, per cui il passaggio dall'uno all'altro non è tanto un passaggio dalla favola alla verità, ma tra due diversi modi di perseguire quell'intento. Per il mito non c'è realtà che non si risolva nel mondo interiore soggettivo, ampliato e proiettato verso l'esterno, così come non c'è mondo interiore, come realtà psichica del soggetto, che non sia proiettato e reificato in forma di potenze divine. La narrazione mitica vive quindi la soggettivazione della realtà esterna e l'oggettivazione del mondo interiore. Per effetto di questa saldatura, per il mito non c'è mondo che non si risolva nella visione collettiva del mondo, per cui in ogni mito è possibile leggere una determinata fase di sviluppo della coscienza sociale collettiva. In questo contesto acquista tutto il suo rilievo l'espressione di Eraclito: «Non ascoltando me, ma il Logos è saggio riconoscere che tutto è uno» (Diels-Kranz, fr. B 50), dove l'esclusione della soggettività e della manipolazione dell'interprete segna il passaggio dal mito al *logos*, dalla descrizione delle cose per come sono vissute da chi le narra, alla loro descrizione per come si danno. Nel corso della storia la parola "mito" ha avuto un campo di applicazione assai ampio e un ventaglio di definizioni che dipendono dai presupposti culturali che le promuovono.

1. L'INTERPRETAZIONE PRELOGICA. È questa la tesi di Lucien Lévy-Bruhl, per il quale il mito è «una forma di conoscenza prelogica che non si organizza in una gerarchia di concetti, gli uni subordinati agli altri, per cui le nozioni rimangono semplicemente senza ordine, formando una specie di ammasso dove le contraddizioni hanno meno probabilità di essere percepite, scoperte e rifiutate» (1935, p. 22). Alla base del mito ci sarebbe, per Lévy-Bruhl, quella PARTECIPAZIONE MISTICA (v.), tipica del pensiero primitivo, che non consente di distinguere il mondo reale da quello immaginario e onirico: «Dal punto di vista del primitivo non esiste questa distinzione. Ai suoi occhi tutte le specie di esseri leggendari sono reali, ed il racconto delle loro gesta vero» (ivi, p. 26). All'obiezione mossa da Paul Wirz, secondo cui «il mondo soprannaturale è nato dal bisogno di trovare la causa di questo o di quest'altro fenomeno particolare» (1925, p. 51), Lévy Bruhl risponde che «questo criterio è valido solo per noi», perché per i primitivi il mondo che noi chiamiamo soprannaturale «è reale, e perfino più profondamente vero di quello dell'esperienza quotidiana e corrente. È anch'esso

oggetto di esperienza, [...] per cui l'esistenza di questa realtà soprannaturale non è "dedotta", perché è immediatamente "data"» (1935, p. 45).

2. L'INTERPRETAZIONE SOCIOLOGICA. Questa interpretazione è condivisa da James George Frazer, Émile Durkheim, Bronisław Malinowski e Vladimir Jakovlevič Propp, per i quali il mito sarebbe una giustificazione retrospettiva degli elementi costitutivi della vita di gruppo. In proposito Malinowski scrive che «il mito è soprattutto una forza culturale, [...] un elemento indispensabile in ogni cultura. Si rigenera continuamente, e ogni cambiamento storico crea la sua mitologia che, tuttavia, si ricollega solo indirettamente al fatto storico. Il mito è un costante prodotto della fede viva che ha bisogno di miracoli, dello status sociologico che ha bisogno di precedenti, della regola morale che ha bisogno di sanzioni» (1926-1927, p. 58). Dal canto suo Durkheim scrive che «quasi tutte le grandi istituzioni sociali sono sorte dalla religione. E perché gli aspetti principali della vita collettiva abbiano cominciato come aspetti particolari della vita religiosa, evidentemente occorre che la vita religiosa fosse la forma eminente, e quasi espressione abbreviata di tutta la vita collettiva. Se la religione ha generato tutto ciò che c'è di essenziale nella società, è perché l'idea della società è l'anima della religione» (1912, pp. 458-459). Condivide questa linea interpretativa anche Propp che, oltre a sottolineare il rapporto costante tra miti e istituzioni sociali, tenta di spiegare la trasformazione storica del motivo mitologico in base all'esigenza sociale di adattare il mito ai mutamenti progressivi delle istituzioni, in corrispondenza ai mutamenti delle condizioni di vita.

3. L'INTERPRETAZIONE STRUTTURALISTA. Questa interpretazione è sostenuta da Claude Lévi-Strauss, il quale non ritiene che il mito sia il frutto di un'«attrezzatura mentale» differente che il primitivo avrebbe rispetto al civilizzato; infatti, come «la scienza crea i suoi strumenti e i suoi risultati grazie alle strutture che fabbrica senza posa e che sono le sue ipotesi e le sue teorie», allo stesso modo «il pensiero mitico elabora strutture combinando assieme eventi, o piuttosto residui di eventi» (1962, p. 34). Per accorgersene occorre ricondurre la molteplicità dei miti al "mito di riferimento" disarticolandolo nelle sue sequenze, ciascuna delle quali costituisce un nucleo di possibili trasformazioni. Badando a queste sequenze si può constatare come «gli schemi conduttori si semplificano, si arricchiscono o si trasformano. Ognuno origina nuovi assi, perpendicolari ai precedenti su altri piani, ove in breve si innestano sequenze tratte sia dai miti provenienti da popolazioni più lontane, sia da miti in un primo tempo trascurati perché sembravano inutili o impossibili da interpretare» (1964, p. 15). Così procedendo si può constatare che nell'«immagine mitica c'è una struttura stabile e ben determinata» (*ibid.*), dove è chiaramente leggibile la struttura organizzativa in cui si riconosce il gruppo.

4. L'INTERPRETAZIONE FENOMENOLOGICA. Questa interpretazione ha i suoi rappresentanti in Rudolf Otto, Gerardus van der Leeuw e Mircea Eliade, che considerano il mito una ierofania che possiede ad un tempo il carattere di evento storico e di modello esemplare astorico (v. ARCHETIPO). Per questo suo carattere archetipico, il mito, secondo l'espressione di Otto, è NUMINOSO (v.), costituisce per van der Leeuw la matrice ultima del linguaggio, e segna, per Eliade, il tratto di demarcazione tra il sacro che scandisce il ritmo immutabile di ciò che sempre ritorna e il profano che ha i tratti della contingenza e della caducità. Archetipico è ad esempio il mito cosmogonico che contiene il "modello esemplare" per tutte le creazioni, da quelle biologiche a quelle spirituali, che possono mutare nelle loro forme storiche e concrete, ma mai nello schema esemplare che il modello mitico si incarica di esporre e ricordare.

5. L'INTERPRETAZIONE SIMBOLICA. Questa interpretazione trova il suo credito in ambito filosofico a partire da Giambattista Vico, per il quale il mito raccoglie l'espressione simbolica in cui un popolo si riconosce, per cui «i poeti dovrebbero essere i primi storici delle nazioni» (1744, § X). Nell'Ottocento Friedrich Wilhelm Joseph Schelling considera il mito come la forma primordiale della coscienza, in cui si testimonia la sua nascita avvenuta quando l'uomo è stato espulso dall'unità edenica con l'essere in cui dimorava, in preda a forze che gli si sono presentate come figure mitologiche. L'interpretazione mitica non deve seguire la via dell'allegoria, ma quella della genealogia della coscienza in cui è il manifestarsi di Dio all'uomo. Nel Novecento Ernst Cassirer legge il mito come il prodotto dell'attività simbolica che, allontanandosi dall'immediatezza del dato sensibile, porta alla formazione di schemi che sono l'antecedente dei modelli concettuali: «Il mito sorge spiritualmente al di sopra del mondo delle cose, ma nelle figure e nelle immagini con le quali esso sostituisce questo mondo, esso non vede che un'altra forma di materialità e di legame con le cose» (1925, p. 24). Sempre secondo Cassirer, «il sostrato reale del mito non è un sostrato di pensiero, ma di sentimento. Il mito e la religione primitiva non sono certo del tutto incoerenti, né interamente privi di senso e di ragione, ma la loro coerenza proviene molto di più da un'unità sentimentale che da regole logiche. Questa unità è uno degli impulsi più forti e più profondi del pensiero primitivo» (1944, p. 109).

6. L'INTERPRETAZIONE TEOLOGICA. Questa interpretazione, con Rudolf Karl Bultmann, legge il mito come espressione dell'apertura dell'uomo a sensi e significati che sono al di là dei dati empirici: «Per il pensiero mitologico il mondo e il suo divenire sono "aperti" all'intervento di potenze ultramondane», in contrasto con quanto afferma «il pensiero scientifico, per il quale il mondo e il suo divenire sono "chiusi" all'intervento di forze non mondane» (1948-1952, p. 393). A partire da queste premesse Bultmann propone una demitologizzazione (v. DEMITIZZAZIONE) relativa all'interpretazione oggettivante del mito, salvaguardando invece la sua intenzionalità, passando dal "che cosa" dice il mito al "perché" lo dice, con conseguente critica della "cosmologia" del mito a vantaggio della sua "interpretazione esistenziale". Nel dibattito aperto da Bultmann si è inserito Ernst Fuchs, per il quale «il mito ha il suo luogo nel dramma culturale e dice come la verità si svolge e accade, mentre il logos dice soltanto che cosa è vero. Se si tiene conto della "località" del mito e del logos, mito e logos, pur nella diversità, rivelano la loro complementarità» (1970, p. 251). In linea con Bultmann, Paul Johannes Tillich definisce il mito come «il simbolo di ciò che è eterno» (1926, p. 68) e come ciò che «fraziona il divino nelle molte rappresentazioni, negando assolutezza a ciascuna di esse, senza sopprimere la loro indicazione verso l'assoluto» (1958, p. 50).

7. L'INTERPRETAZIONE DELL'AUTONOMIA DEL MITO. La tesi secondo cui il mito è l'espressione pura di un'immagine del mondo (*Weltbild*) da leggersi al di là di ogni condizionamento etnico, culturale e linguistico, è sostenuta da Károly Kerényi che, rifiutando ogni orientamento evoluzionistico e storicistico, afferma che il mito è una creazione *dell'*uomo *intorno* all'uomo, e non ha altra legge che l'interna coerenza in cui si esprime. La sua funzione è quella di collocare l'uomo entro un ordine, a partire dal quale l'uomo trova il senso della sua esistenza. A comporre il mito concorrono la realtà umana e la realtà cosmica, che si saldano in un rapporto di reciproca dipendenza a cui si può giungere per via intuitiva. L'autonomia del mito è difesa anche da Furio Jesi per il quale la scienza del mito è «la scienza del girare in cerchio, sempre alla medesima distanza, intorno a un centro non accessibile: il mito». L'orizzonte che così si descrive è una sorta di «macchina mitologica leggibile come uno spazio ove misuriamo questa perenne equidistanza da un centro non accessibile, rispetto al quale non si rimane indifferenti, ma si è stimolati a stabilire il rapporto del "girare in cerchio"» (1980, p. 105).

8. L'INTERPRETAZIONE PSICOANALITICA. Sigmund Freud ritiene che il mito abbia le sue radici profonde nella proiezione dei contenuti dell'inconscio (v. PROIEZIONE, § 3), per cui ogni mito è spiegabile e riconducibile, con le stesse procedure adottate dalle scienze della natura, a un aspetto più o meno patologico della vita psichica ricorrente tanto nella fenomenologia dell'uomo antico, quanto in quella dell'uomo moderno. Per Carl Gustav Jung, invece, il mito è espressione concreta e sensibile di una struttura atemporale dell'inconscio dell'uomo (v. ARCHETIPO); come tale non è da spiegare (*erklären*), ma da comprendere (*verstehen*) nel suo significato simbolico. Accogliendo la lezione di Kerényi sull'autonomia del mito, Jung coglie nella produzione mitologica l'attività autonoma della psiche che nel mito si esprime e si manifesta. Come espressione psichica, il mito non è da "interpretare", ma da "ascoltare" perché in esso la psiche si racconta e si narra.

Bibliografia

Bertoletti P., *Mito e simbolo*, Dedalo, Bari 1986.

Bultmann R. K., *Kerygma und Mythos*, Siebeck, Tübingen 1948-1952.

Caillois R., *Il mito e l'uomo* (1938), Bollati Boringhieri, Torino 1998.

Cassirer E., *Filosofia delle forme simboliche* (1923-1929), La Nuova Italia, Firenze 1961-1966, voll. I-IV.

–, *Linguaggio e mito* (1925), Garzanti, Milano 1961.

–, *Saggio sull'uomo* (1944), Armando, Roma 1968.

Coupe L., *Il mito. Teorie e storie* (1997), Donzelli, Roma 1999.

Creuzer G. F., *Symbolik und Mythologie der alten Völker, besonders der Griechen*, Heyer und Leske, Leipzig 1810-1812; tr. it. della Prima Parte del Libro I dal titolo: *Simbolica e Mitologia. Descrizione generale dell'ambito simbolico e mitico*, in A. Baeumler, F. Creuzer, J. J. Bachofen, *Dal simbolo al mito*, Spirali, Milano 1983, vol. II.

Diels H., Kranz W., *I presocratici. Testimonianze e frammenti* (1ª ed. 1903, 12ª ed. ampliata 1966), Laterza, Bari 1969.

Dumézil G., *Mito e epopea* (1968), Einaudi, Torino 1982.

Durand G., *Le strutture antropologiche dell'immaginario* (1963), Dedalo, Bari 1972.

Durkheim É., *Le forme elementari della vita religiosa* (1912), Edizioni di Comunità, Milano 1971.

Eliade M., *Miti, sogni e misteri* (1957), Rusconi, Milano 1976.

–, *Mito e realtà* (1963), Rusconi, Milano 1974.

Falk M., *Il mito psicologico nell'India antica* (1930-1939), Adelphi, Milano 1986.

Ferraro G., *Il linguaggio del mito. Valori simbolici e realtà sociale nelle mitologie primitive*, Feltrinelli, Milano 1979.

Frazer J. G., *Il ramo d'oro. Studio della magia e della religione* (1890-1915, edizione ridotta dallo stesso autore 1922), Bollati Boringhieri, Torino 1990.

Freud S., *Totem e tabù. Alcune concordanze nella vita psichica dei selvaggi e dei nevrotici* (1912-1913), in *Opere* (1967-1993), Bollati Boringhieri, Torino, vol. VII.

Fuchs E., *Ermeneutica* (1970), Celuc, Milano 1974.

Galimberti U., *Mito*, in AA.VV., *Gli strumenti del sapere contemporaneo*, vol. II: *I concetti*, Utet, Torino 1985, pp. 500-502.
Garello E., *Mitofanie*, Todariana, Milano 1987.
Ginzburg C., *Miti, emblemi, spie*, Einaudi, Torino 1986.
Hillman J., *Figure del mito* (2007), Adelphi, Milano 2014.
Hübner K., *La verità del mito* (1985), Feltrinelli, Milano 1990.
Jaspers K., Bultmann R., *Il problema della demitizzazione* (1954), Morcelliana, Brescia 1995.
Jesi F., *Materiali mitologici. Mito e antropologia nella cultura mitteleuropea*, Einaudi, Torino 1979.
–, *Il mito*, Mondadori, Milano 1980.
Jung C. G., Kerényi K., *Prolegomeni allo studio scientifico della mitologia* (1940-1941), Bollati Boringhieri, Torino 1972.
Kerényi K., *Miti e misteri* (1939-1949), Bollati Boringhieri, Torino 1978.
Kirk G. S., *Il mito* (1969), Liguori, Napoli 1980.
Klages L., *Der Geist als Widersacher der Seele*, Barth, Leipzig-Bonn 1929-1932.
Lévi-Strauss C., *Il pensiero selvaggio* (1962), il Saggiatore, Milano 1970.
–, *Il crudo e il cotto* (1964), il Saggiatore, Milano 1966.
Lévy-Bruhl L., *L'anima primitiva* (1927), Bollati Boringhieri, Torino 1962.
–, *La mitologia primitiva* (1935), Newton Compton, Roma 1973.
Malinowski B., *Il mito e il padre nella psicologia primitiva* (1926-1927), Newton Compton, Roma 1976.
Otto R., *Il sacro. L'irrazionale nell'idea del divino e la sua relazione al razionale* (1917), Feltrinelli, Milano 1984.
Otto W., *Mythos und seine Bedeutung für die Menschheit*, Diederichs, Düsseldorf 1955.
Propp V. J., *Morfologia della fiaba* (1928), Einaudi, Torino 1966.
Scarduelli P., *L'analisi strutturale dei miti*, Celuc, Milano 1971.
Schelling F. W. J., *Filosofia della mitologia* (1842-1846), Mursia, Milano 1990.
Schlesier R., *Mito*, in Ch. Wulf (a cura di), *Cosmo, corpo, cultura. Enciclopedia antropologica* (1997), Bruno Mondadori, Milano 2002, pp. 1106-1113.
Tillich P. J., *Die religiöse Lage der Gegenwart*, Hartmann, Berlin 1926.
–, *Dynamics of faith*, Harper & Row, New York 1958.
Untersteiner M., *La fisiologia del mito*, La Nuova Italia, Firenze 1965.
Van der Leeuw G., *Fenomenologia della religione* (1933), Bollati Boringhieri, Torino 1975.
Veneziani M., *Alla luce del mito*, Marsilio, Venezia 2017.
Vernant J.-P., *Mito e pensiero presso i Greci. Studi di psicologia storica* (1965), Einaudi, Torino 1970.
Vico G., *La scienza nuova seconda* (1744), Laterza, Bari 1953.
Wirz P., *Anthropologische und ethnologische Ergebnisse der Zentral Neu-Guinea Expedition 1921-1922*, in "Nova Guinea", 1925, n. XVI.
Zimmer H., *Miti e simboli dell'India* (1946), Adelphi, Milano 1993.

Mitomania (ingl. *Mythomania*; ted. *Mythomanie*; fr. *Mythomanie*; sp. *Mitomanía*). Mendacità patologica, che rientra nelle forme di PSEUDOLOGIA (v.), indotta dal bisogno che un soggetto ha di valutarsi di fronte agli altri cercando con storie fittizie o fantasiose di crearsi una sua notorietà. Il mitomane talvolta è cosciente della natura fantastica del suo racconto, talvolta invece finisce con il crederci, tanto è viva la sua partecipazione affettiva. Fisiologica nel bambino che ancora confonde fantasia e realtà, la mitomania diventa patologica in soggetti adulti costretti a sostituire una realtà esterna o interna insopportabile con una fittizia.

Mitosi, v. GENETICA, § 1, *a*.

Mixedema congenito, v. CRETINISMO.

MMPI, Test (*Minnesota Multiphasic Personality Inventory*). Test obiettivo tra i più utilizzati in campo clinico elaborato allo scopo di individuare i tratti patologici della personalità mediante il confronto tra le risposte del soggetto in esame e quelle di altri soggetti affetti da diversi disturbi mentali. Comprende 550 domande a cui il soggetto deve rispondere "vero", "falso", "non so". Queste risposte vengono utilizzate per calcolare i punteggi ottenibili su quattro scale di validità: 1) il punteggio del *dubbio* (?), desunto dal numero totale degli item che hanno dato risposta "non so"; 2) il punteggio della *menzogna* (L – *Lie*), che riproduce il numero delle risposte false fornite dal soggetto per apparire in una luce più favorevole; 3) il punteggio di *validità* (F – *Frequency*), che conteggia una serie di esperienze e di pensieri poco comuni nella popolazione normale. Più elevati sono i punteggi, più il soggetto considera gravi i propri problemi; 4) il punteggio d'*atteggiamento* (K – *Correction*), che valuta l'atteggiamento assunto dal soggetto nei confronti del test, che può essere di tipo difensivo, eccessivamente autocritico, o tendente a ottenere deliberatamente risultati scadenti. La combinazione dei quattro punteggi dà il profilo della personalità.

Ulteriori discriminazioni si ottengono con altre scale come: la scala ipocondria (Hs) che contiene item relativi a problemi fisici, la scala depressione (D) relativa a bassa autostima, tristezza, pessimismo, la scala isteria (Hy) che contiene un item che segnala problemi fisici e un altro item che misura la tonalità ottimistica che nega qualsiasi problema, la scala deviazione psicopatica (Pd) che concerne indifferenza alle regole sociali e disadattamento, la scala mascolinità-femminilità (Mf) che misura l'adesione rigida o flessibile al genere sessuale, la scala paranoia (Pa) che misura il grado di sospettosità nei confronti degli altri, la scala psicoastenia (Pt) che misura i livelli d'ansia, la scala schizofrenia (Sc) che misura il grado di confusione mentale e disorientamento, la scala mania (Ma) che misura il grado di energia del soggetto, la scala di introversione sociale (Si) che misura la tendenza del soggetto a isolarsi o, al contrario, a stare con gli altri.

Bibliografia

Abbate L., Roma P., *MMPI-2. Manuale per l'interpretazione e le nuove prospettive di utilizzo*, Raffaello Cortina, Milano 2014.

Armezzani M., *Il MMPI*, in Id., *L'indagine di personalità. Modelli e paradigmi della ricerca*, La Nuova Italia Scientifica, Roma 1995, pp. 93-143.

Butcher J. N., Williams C. L., *Fondamenti per l'interpretazione del MMPI-2 e del MMPI-A*, Giunti-Organizzazioni Speciali (O. S.), Firenze 1996.

Hathaway S. R., McKinley J. Ch., *Minnesota Multiphasic Personality Inventory*, Psychological Corporation, New York 1967.

Sanavio E., Sica C., *I test di personalità. Inventari e questionari*, il Mulino, Bologna 1999.

Mnemotecnica, v. MEMORIA, § 3, D.

Mnemotropismo, v. TROPISMO, § 3.

Mnestica, Traccia, v. ENGRAMMA.

Mobbing, v. PSICOLOGIA DEL LAVORO, § 7.

Moda, v. STATISTICA, § I, 2.

Modellamento, v. INSEGNAMENTO, § 3.

Modello (ingl. *Pattern*; ted. *Modell*; fr. *Modèle*; sp. *Modelo*). Termine impiegato in psicologia in due accezioni: 1) come *modello di una teoria*, dove per teoria si intende un quadro concettuale che si esprime in un linguaggio formalizzato in cui a ogni significato è assegnata una determinata espressione linguistica che, insieme alle altre, è in grado di nominare tutti i dati offerti dall'esperienza. In questa prima accezione il modello è considerabile sotto il profilo *epistemologico* (v. PSICOLOGIA, § I), sotto il profilo dell'*orientamento teorico* (v. PSICOLOGIA, § II) e sotto il profilo del *metodo* (v. PSICOLOGIA, § III); 2) come *modello di un fenomeno* o di un insieme di fenomeni con cui si intende una costruzione più o meno astratta che riproduce le caratteristiche strutturali del fenomeno osservato. In questa accezione si parla di modello dell'istinto animale, modello di sviluppo, modello culturale, modello della personalità e simili.

Modestia (ingl. *Modesty*; ted. *Bescheidenheit*; fr. *Modestie*; sp. *Modestia*). Consapevolezza di sé che rifiuta il compiacimento per coscienza dei propri limiti.

Modificazione, v. CAMBIAMENTO.

Modularità (ingl. *Modularity*; ted. *Modularität*; fr. *Modularité*; sp. *Modularidad*). Termine utilizzato in ambito neuropsicologico in ordine all'ipotesi che i processi cognitivi siano composti da sottosistemi, detti *moduli*, che operano come unità distinte collegate tra loro, secondo modalità specifiche, seriali o parallele, per l'elaborazione delle informazioni. Come è stato descritto alla voce MEMORIA, § 3, ad esempio, lo stimolo ambientale viene registrato a livello sensoriale uditivo o visivo, dove permane per un tempo molto breve (primo modulo). Da qui l'informazione passa alla memoria a breve termine (secondo modulo), dove può decadere oppure, attraverso un ripasso, essere trasferita al terzo modulo rappresentato dalla memoria a lungo termine.

Questa architettura dei processi mentali era già nota ad Aristotele, ed è stata ripresa nel XIX secolo da Ludwig Lichtheim nei suoi studi sul linguaggio. Nella seconda metà del secolo scorso la modularità della mente fu ripresa e sostenuta da Jerry Alan Fodor, secondo il quale i moduli sono a "dominio specifico", ossia possono elaborare un solo tipo di informazione, e lavorano in modo isolato gli uni dagli altri senza avere tra loro una connessione diretta. A questo tipo di elaborazione è stato dato il nome di "incapsulazione". Sempre per Fodor, gli esseri umani hanno sviluppato questi sistemi di elaborazione per orientarsi nel mondo. A questo scopo è stato essenziale il rapporto con l'ambiente che però Fodor ammette solo a livello filogenetico, mentre a livello ontogenetico i moduli cognitivi sono dati biologicamente e quindi innati.

Daniel J. Siegel chiama *modo* o *modalità* «il processo organizzativo del cervello che riunisce moduli rappresentazionali simili in un'unica modalità, come nel caso della modalità visiva, riguardante la percezione. I modi o modalità possono a loro volta essere coordinati per formare un "sistema", come nella percezione crossmodale in cui si realizza il collegamento fra vista e udito. Un termine associato ai precedenti è *modulo*, il quale indica un insieme di circuiti neuronali che trasmettono un determinato tipo (generalmente localizzato) di informazioni e impiegano una forma simile di segnale o codice neuronale. I moduli possono collegarsi a formare una modalità, così come le modalità possono unirsi a formare un sistema. Il termine *modalità* può essere impiegato anche per indicare un processo mentale implicito che influenza le attività mentali: ne sono un esempio la *modalità sinistra* che è un processo mentale implicito influenzato dall'attività neuronale dell'emisfero sinistro del cervello, che comporta una predominanza di processi lineari, linguistici e logici; e la *modalità destra* che è un processo mentale implicito influenzato dall'attività neuronale dell'emisfero cerebrale destro che si caratterizza per il prevalere di aspetti olistici, non verbali, visuo-spaziali e autobiografici, nonché per la creazione di mappe della mindsight, la ricezione di input sottocorticali e l'elaborazione di una mappa integrata della totalità del corpo» (2012, p. 33).

Oggi il dibattito sulla modularità riguarda: 1) la possibilità che i moduli possano strutturarsi anche attraverso un processo di apprendimento; 2) la determinazione delle aree a cui si applica la modularità, che Fodor limitava alla lettura, al calcolo, al riconoscimento dei colori e dei volti, perché riteneva che non potesse essere estesa al ragionamento, alla motivazione, alla creatività; 3) il confronto con i sistemi di elaborazione distribuita in parallelo (PDP), dove alcuni ritengono che i modelli connessionistici (v. CONNESSIONISMO) rendano obsoleti i modelli modulari, altri che i modelli connessionistici si limitino a descrivere modalità di elaborazione dell'informazione all'interno dei moduli.

Bibliografia

Danielli A., Schiaffonati V. (a cura di), *Le forme della mente. Percorsi multidisciplinari tra modularismo e connessionismo*, il Mulino, Bologna 2007.

Fodor J. A., *La mente modulare. Saggio di psicologia delle facoltà* (1983), il Mulino, Bologna 1988.

–, *Psicosemantica. Il problema del significato nella filosofia della mente* (1987), il Mulino, Bologna 1990.

–, *La mente non funziona così. La portata e i limiti della psicologia computazionale* (2000), Laterza, Bari 2001.

Karmiloff-Smith A., *Oltre la mente modulare. Una prospettiva evolutiva sulla scienza cognitiva* (1992), il Mulino, Bologna 1995.

Lichtheim L., *Sull'afasia* (1885), in P. Fabozzi (a cura di), *La parola impossibile. Modelli di afasia nel secolo XIX*, Franco Angeli, Milano 1991, pp. 231-278.

Restak R., *Il cervello modulare* (1994), Longanesi, Milano 1998.

Siegel D. J., *Mappe per la mente. Guida alla neurobiologia interpersonale* (2012), Raffaello Cortina, Milano 2014.

Mogifonia, v. MOGILALIA.

Mogigrafia (ingl. *Mogigraphia*; ted. *Mogigraphie*; fr. *Mogigraphie*; sp. *Mogigrafía*). Detta anche *crampo dello scrivano*, è uno spasmo transitorio, talora doloroso, che compare in limitati gruppi muscolari per l'esecuzione reiterata di determinati atti abituali perlopiù in rapporto con la professione di scrivano, pianista, violinista e simili.

Mogilalia (ingl. *Mogilalia*; ted. *Mogilalie*; fr. *Mogilalie*; sp. *Mogilalia*). Difficoltà di comunicazione caratterizzata da esitazione e fatica a pronunciare le parole. È fisiologica nel bambino soprattutto quando l'interlocutore ispira soggezione. La mogilalia va distinta dalla *mogifonia*, caratterizzata da impotenza vocale e sensazione di costrizione alla gola tipica dei professionisti della parola durante l'esercizio.

Molare (ingl. *Molar*; ted. *Molar*; fr. *Molaire*; sp. *Molar*). Termine di origine chimica, adottato dalla psicologia per indicare quel tipo di indagine la cui ricerca si svolge su un piano dove è in gioco la globalità del comportamento, della personalità, del fenomeno psicosociale, rispetto alle piccole unità sottostanti, oggetto di un'indagine *molecolare*. Nell'analisi del comportamento, ad esempio, se la coppia stimolo-risposta è oggetto di un'analisi molecolare, la corsa di un ratto in un labirinto è oggetto di un'analisi molare.

Molecolare, v. MOLARE.

Molecolarismo, v. COMPORTAMENTISMO, § 2, *a*.

Molestia (ingl. *Stalking*; ted. *Belästigung*; fr. *Harcèlement*; sp. *Molestia*). Termine che riunisce una varietà di comportamenti caratterizzati da intrusività assillante e continua, messa in atto da persone innamorate che non accettano di essere rifiutate, o da persone legate da un vincolo matrimoniale che non accettano la separazione. Esistono poi molestie a sfondo sessuale sul posto di lavoro che le donne subiscono senza denunciare per il timore di non essere credute o di perdere l'impiego, così come esistono molestie messe in atto da persone che ritengono di aver subìto un torto e tolgono la tranquillità al loro presunto persecutore. Spesso tollerate o lievemente sanzionate, le molestie, quando diventano assillanti, si configurano come una vera e propria patologia della relazione, che crea nella vittima uno stato di ansia e inquietudine costanti, così come può condurre il molestatore rifiutato a compiere gesti inconsulti e non di rado tragici (v. ABUSO, § 1).

Bibliografia

Curci P., Galeazzi G. M., Secchi C., *La sindrome delle molestie assillanti*, Bollati Boringhieri, Torino 2003.

Foley D., Nechas E., *Molestia sessuale*, in Id., *Enciclopedia delle donne. Il nostro corpo, la nostra mente* (1993), Feltrinelli, Milano 1995, pp. 355-361.

Hirigoyen M.-F., *Molestie morali. La violenza perversa nella famiglia e nel lavoro* (1996), Einaudi, Torino 2000.

Mondo (ingl. *World*; ted. *Welt*; fr. *Monde*; sp. *Mundo*). Termine impiegato in moltissime accezioni a partire da quella originaria che fa riferimento alla totalità delle cose esistenti assunte nel complesso sistematico delle loro relazioni reciproche. Sotto questo profilo il concetto di mondo è coestensivo a quello di universo. In psicologia il termine ricorre in tre accezioni specifiche che hanno trovato in ambito filosofico la loro fondazione, e nell'indirizzo fenomenologico della psichiatria (v. ANALISI ESISTENZIALE, § 2) la loro applicazione più rigorosa. Ci riferiamo al concetto di visione del mondo (*Weltanschauung*) messo a punto da Wilhelm Dilthey e da Karl Jaspers, al concetto di mondo-della-vita (*Lebenswelt*) descritto da Edmund Husserl, e al concetto di essere-nel-mondo (*In-der-Welt-Sein*) indicato da Martin Heidegger come tratto essenziale dell'umana esistenza.

1. La visione del mondo. Questa espressione si riferisce, in generale, all'universo che ogni popolo, ogni cultura, ogni epoca e ogni individuo si costruisce conferendo al mondo un determinato senso e un determinato valore. Tale visione non è mai definita e conclusa, ma sempre dinamica e aperta, perché dipende dall'attribuzione di senso (*Sinngebung*) che l'uomo di volta in volta dà al mondo. In questa attribuzione consistono la libertà dell'uomo e le radici ultime del suo modo di essere strettamente dipendente dalla visione che egli ha del mondo. Questa concezione, già presente nella cultura tedesca di fine Ottocento, è stata filosoficamente tematizzata da Dilthey che, con *Weltanschauung*, ha indicato la generalizzazione dei dati culturali, artistici e filosofici che incarnano lo spirito di un'epoca, e da Jaspers che nella visione del mondo ha distinto il versante soggettivo costituito dagli atteggiamenti (v. Atteggiamento, § 3) e il versante oggettivo rappresentato dalle immagini (v. Immagine, § 5), con la precisazione che «atteggiamenti e immagini del mondo sono astrazioni, che separano ciò che in pratica coesiste» (1919, p. 255). Gli atteggiamenti sono suddivisi in oggettivi, autoriflessivi ed entusiastici, mentre le immagini del mondo sono prese in considerazione dal punto di vista spazio-sensoriale, psichico-culturale e metafisico.

2. Il mondo-della-vita. È così definito da Husserl: «Le nostre ricerche hanno per oggetto il mondo-della-vita in quanto "terreno" della vita umana nel mondo e, innanzitutto, il modo in cui appunto gli inerisce questa funzione generale di essere "terreno". [...] Il mondo-della-vita è il mondo in cui noi viviamo intuitivamente, con le sue realtà, così come si danno, dapprima nella semplice esperienza, e quindi anche nei modi in cui spesso queste realtà diventano oscillanti nella loro validità» (1936, pp. 182-183). Rispetto al mondo delle scienze, che rivendicano l'obiettività della conoscenza in base all'illusione naturalistica che crede di operare su un mondo in sé essente, il mondo-della-vita, dove i soggetti sono in collaborazione e confronto reciproco per la produzione del proprio mondo-ambiente (*Umwelt*), è percorso dalla consapevolezza che ogni agire e ogni realtà si dà nella dimensione originaria e inoltrepassabile della soggettività. A partire da queste premesse, la psichiatria fenomenologica imputa a ogni "dottrina" psichiatrica di aver obliato questa situazione naturale della coscienza e di aver fatto valere il suo mondo teorico e obiettivante, dimenticando la soggettività e le operazioni intenzionali con cui il soggetto costituisce il suo mondo. Da ciò deriva, come prima conseguenza in ambito psichiatrico, che è impossibile stabilire una Norma (v. § 3) in grado di distinguere il "sano" dall'"alienato" perché sia l'uno che l'altro appartengono allo stesso mondo, anche se l'alienato vi appartiene con una struttura di modelli percettivi e comportamentali differenti, dove la differenza non ha più il significato della "dis-funzione", che può essere decisa solo in base a un quadro teorico di riferimento, ma semplicemente quello della "funzione" di una certa strutturazione della presenza, ossia di un certo modo di essere-nel-mondo.

3. Essere-nel-mondo. Espressione introdotta da Heidegger per designare il tratto costitutivo dell'esistenza umana il cui Esser-ci (*Da-sein*) vuol dire appunto essere-nel-mondo. «Nel "dire-io" si esprime l'Esserci come essere-nel-mondo» (1927, p. 470). Se il mondo appartiene all'esistenza umana, non si dà esistenza umana senza mondo. Così Heidegger radicalizza la critica all'identificazione del mondo con la realtà naturale perché «l'Esserci può scoprire l'ente come natura solo in un determinato modo del suo essere-nel-mondo» (ivi, p. 137), che dunque è originario rispetto a qualsiasi visione e considerazione oggettivante del mondo. Il mondo con cui l'essere ha a che fare è il mondo-ambiente (*Umwelt*) a cui si rapporta in termini di Cura (v.). In questa prospettiva al mondo compete quella valenza ricca di significati legati al progettarsi dell'uomo, e solo secondariamente, nel corso dell'oggettivazione scientifica, il mondo può essere privato di questa valenza e ridotto a pura cosalità. La psichiatria fenomenologica, accogliendo il concetto di essere-nel-mondo, non parlerà più di melanconia, mania, schizofrenia, ma di mondo melanconico, maniacale, schizofrenico, in ognuno dei quali rintraccia la modalità individuale di essere-nel-mondo, la qualità essenziale con cui ciascuno declina la propria esistenza che non si dà senza mondo (v. Analisi esistenziale, § 3).

Bibliografia

Binswanger L., *Essere nel mondo* (1930-1957), Astrolabio, Roma 1973.

Brague R., *La saggezza del mondo. Storia dell'esperienza umana dell'universo* (1992-1997), Rubbettino, Soveria Mannelli 2005.

Dilthey W., *La costruzione del mondo storico nelle scienze dello spirito* (1910), in *Scritti filosofici 1905-1911*, Utet, Torino 2004.

–, *La coscienza storica e le visioni del mondo* (manoscritto pubblicato in *Gesammelte Schriften*, Teubner, Leipzig 1914-1936 – poi riedito a partire dal 1958 in fotocopia anastatica dall'editore Vandenhoeck & Ruprecht, Stuttgart-Göttingen – vol. VIII, pp. 1-71), in *Scritti filosofici 1905-1911*, cit.

Di Petta G., *Il mondo vissuto. Clinica dell'esistenza. Fenomenologia della cura*, Edizioni Universitarie Romane, Roma 2003.

Duque F., *Il mondo dall'interno. Ontogenetica della vita quotidiana* (2000), Mimesis, Milano 2012.

Guardini R., *Mondo e persona. Saggio di antropologia cristiana* (1939), Morcelliana, Brescia 2000.

Heidegger M., *Essere e tempo* (1927), Utet, Torino 1978.

Husserl E., *La crisi delle scienze europee e la fenomenologia trascendentale* (1936), il Saggiatore, Milano 1972.

Jaspers K., *Psicologia delle visioni del mondo* (1919), Astrolabio, Roma 1950.

–, *Filosofia* (1932-1956), Libro I: *Orientazione filosofica nel mondo*, Libro II: *Chiarificazione dell'esistenza*, Libro III: *Metafisica*, Utet, Torino 1978.

Nancy J.-L., *Il senso del mondo* (1997), Lanfranchi, Milano 1997.

–, *La creazione del mondo o la mondializzazione* (2002), Einaudi, Torino 2003.

Monema, v. LINGUISTICA, § 1, *a*.

Mongoloidismo, v. DOWN, SINDROME DI.

Monoaminoossidasi, Inibitori della, v. PSICOFARMACOLOGIA, § II, 1.

Monocromatismo, v. COLORE, § 3.

Monogamia (ingl. *Monogamy*; ted. *Monogamie*; fr. *Monogamie*; sp. *Monogamia*). Unione matrimoniale di un uomo con una sola donna. Si oppone alla monogamia l'unione di un uomo con due (*bigamia*) o più donne (*poligamia*). Il reciproco, ossia l'unione di una donna con più uomini, prende il nome di *poliandria*.

Bibliografia

Barash D. P., Lipton J. E., *Il mito della monogamia. Animali e uomini (in)fedeli* (2001), Raffaello Cortina, Milano 2002.

Monoideismo (ingl. *Monoideism*; ted. *Monoideismus*; fr. *Monoidéisme*; sp. *Monoideísmo*). Insistenza su un'unica idea, frequente tra i disturbi di tipo senile. Il termine, introdotto da René Descartes, consentì la formulazione della teoria secondo cui si danno idee separate dalle altre idee per mancanza di una catena associativa, e fornite di una particolare energia che consente loro di imporsi in modo monotematico. Secondo Pierre Janet, una condizione di monoideismo è artificialmente creata nelle sedute ipnotiche dove si impongono solo le parole dell'ipnotizzatore, mentre per Eugen Bleuler il monoideismo è una forma di inibizione del pensiero (v. INIBIZIONE, § 6) incapace di procedere da un'idea all'altra, relativizzando l'idea centrale solitamente dolorosa.

Bibliografia

Bleuler E., *Trattato di psichiatria* (1911-1939, aggiornato da M. Bleuler dal 1940 al 1960), Feltrinelli, Milano 1967.

Janet P., *L'automatismo psicologico. Saggio di psicologia sperimentale sulle forme inferiori dell'attività umana* (1889-1903), Raffaello Cortina, Milano 2013.

Monologo, v. LINGUAGGIO, § 3, *a*.

Monomania (ingl. *Monomania*; ted. *Monomanie*; fr. *Monomanie*; sp. *Monomanía*). Patologia relativa ad un unico tema in un soggetto con capacità razionali e affettive per il resto normali. Il termine risale a Jean-Étienne Dominique Esquirol che aveva distinto le psicosi in *parziali* o monomanie, e *generali*. Tra le prime aveva segnalato la monomania intellettuale, affettiva e impulsiva, che corrispondono rispettivamente alla paranoia, alla melanconia e al raptus da cui il soggetto successivamente rientra. Oggi questa denominazione tende ad essere abbandonata perché si considera il monomaniaco come un soggetto affetto da una psicopatologia globale.

Bibliografia

Esquirol J.-É. D., *Des maladies mentales considérées sous les rapports médical, hygiénique et médico-légal*, Baillière, Paris 1838.

Kraepelin E., *Trattato di psichiatria* (1883), Vallardi, Milano 1907.

Monotonia (ingl. *Monotony*; ted. *Eintönigkeit*; fr. *Monotonie*; sp. *Monotonía*). Diminuzione della tensione e dell'attività psichica per carenza di stimoli o per uniformità e ripetitività dell'attività in cui è impegnato il soggetto. Si esprime con i caratteri della stanchezza, della distrazione, della noia e del tedio. Studi sulla monotonia sono stati condotti nell'ambito della PSICOLOGIA DEL LAVORO (v.) dove si è dimostrato che ai fini di un buon rendimento si rivela più dannosa la monotonia dell'affaticamento.

Bibliografia

Ferrarotti F., *Sociologia del lavoro*, in AA.VV., *Questioni di sociologia*, La Scuola, Brescia 1966.

Morale, v. ETICA.

Moralità sfinterica, v. ANALE, § 2.

Morfema, v. LINGUAGGIO, § 1; LINGUISTICA, § 1, *a*.

Morfina, v. DROGA, § 1.

Morfologia (ingl. *Morphology*; ted. *Morphologie*; fr. *Morphologie*; sp. *Morfología*). Studio delle forme organizzate in sistema. Il termine ricorre: 1) in *biologia*, dove la morfologia si riferisce allo studio della struttura della cellula (citologia), dei tessuti (istologia) e della struttura macroscopica (anatomia) il cui aspetto (fenotipo) ha consentito la costruzione di diversi quadri tipologici a partire dagli indici morfologici desumibili dalla forma corporea (v. TIPOLOGIA, § 1); 2) in *linguistica*, dove la morfologia, come studio della struttura della parola e dei processi di flessione, derivazione e composizione, si distingue dalla semantica, dalla sintattica, dalla pragmatica, dalla fonetica e dalla fonologia (v. LINGUISTICA, § 1, *a*).

Moria (ingl. *Moria*; ted. *Morie*; fr. *Moria*; sp. *Moria*). Impulso allo scherzo e al riso frequente e spesso immotivato, accompagnato da uno stato di eccitazione psichica ed euforia. Compare prevalentemente nelle forme di demenza di tipo esogeno-organico.

Morris, Sindrome di, v. ERMAFRODITISMO.

Morte (ingl. *Death*; ted. *Tod*; fr. *Mort*; sp. *Muerte*). Cessazione definitiva dei processi vitali di un organismo. Dal punto di vista psicologico, la morte non è interessante come evento fisico finale, ma come anticipazione. L'uomo, infatti, a differenza di tutti i viventi, sa di dover morire. Su questo tema ha sempre insistito la filosofia, da Anassimandro, il cui frammento recita: «Da dove gli esseri hanno origine, ivi hanno anche la distruzione secondo necessità» (Diels-Kranz, fr. B 1), a Martin Heidegger, che definisce la morte come la possibilità più propria dell'esistenza umana perché ne va del suo essere-nel-mondo: «Nessuno può assumersi il morire di un altro. Ognuno può, sì, "morire per un Altro". Ma ciò significa sempre: sacrificarsi per un Altro "in una determinata cosa". Ma questo morire-per... non può mai significare che all'Altro sia così sottratta la propria morte. Ogni Esserci deve assumersi in proprio la morte. Nella misura in cui la morte "è", essa è sempre essenzialmente la mia morte» (1927, p. 364). Non mi è infatti data come morte del mio prossimo, in virtù del mio costitutivo essere-con-altri, perché io non sperimento in senso proprio il morire di nessuno, ma al massimo vi assisto.

1. ANTROPOLOGIA. L'interesse dell'antropologia culturale per la morte si è raccolto intorno a quattro grandi temi:

a) *La morte come fatto culturale* perché, come scrive Louis-Vincent Thomas, «nell'atteggiamento di fronte alla morte si può scorgere quell'aspetto per cui l'uomo si sottrae parzialmente alla natura e diventa animale acculturato. Si può infatti constatare che, fra tutti gli esseri viventi, l'uomo rappresenta la sola specie animale a cui la morte è onnipresente durante tutta la sua vita (sia pure solo a livello di fantasmi); la sola specie animale che accompagna la morte con un rituale funebre complesso e ricco di simboli; la sola specie animale che ha potuto credere, e spesso ancora crede alla sopravvivenza e alla rinascita dei defunti; in breve la sola specie per la quale la morte biologica, fatto di natura, si trova continuamente superata dalla morte come fatto di cultura» (1975, p. 10).

b) *La morte come evento sociale* perché, come scrive Felix Boehm, «in quanto tra i selvaggi le leggi naturali sono sconosciute, essi non possono immaginare alcuna causa cosiddetta naturale per una malattia o la morte, ma è necessario rendere responsabile di ciò un essere personificato, un animale o un uomo malintenzionato, un mago o una strega, uno spirito cattivo o un defunto che dopo la morte non è stato trattato nel modo giusto» (1932, p. 177). Per la stessa ragione, Erich Fromm scrive che «nelle società in cui il processo di individuazione è ancora all'inizio, la fine dell'esistenza individuale non è un gran problema; poiché la stessa esperienza dell'esistenza individuale è meno sviluppata. La morte non è ancora concepita come fondamentalmente diversa dalla vita» (1941, p. 211). Lo stesso concetto è ribadito da Paul Ludwig Landsberg, per il quale «quanto più si sviluppa nell'uomo il senso individuale della vita, tanto più egli si rende conto della necessità della sua morte. L'intensità di questa esperienza della necessità della morte in un uomo è proporzionale al grado della sua individualizzazione» (1960, p. 54).

c) *La morte come scambio* perché, come scrive Jean Baudrillard, «non esiste morte "naturale" per i primitivi: qualsiasi morte è sociale, pubblica, collettiva, ed è sempre effetto d'una *volontà* avversa che dev'essere riassorbita dal gruppo (niente biologia). Questo riassorbimento avviene mediante la festa e i riti» (1976, p. 182). Sul motivo dello scambio insiste anche Claude Lévi-Strauss, per il quale «certe società lasciano riposare i loro morti; se dedicano loro omaggi periodici, questi si asterranno dal turbare i vivi, e se tornano a visitarli, ciò avverrà ad intervalli e in occasioni speciali. E questa visita sarà benefica, perché i morti garantiscono con la loro protezione il ritorno regolare delle stagioni, la fecondità dei giardini e delle donne. Tutto accade come se un contratto fosse intervenuto tra i vivi e i morti: in cambio del culto loro dedicato, i morti resteranno coi vivi e gli incontri periodici tra i due gruppi saranno sempre dominati dalla preoccupazione degli interessi dei vivi» (1955, p. 217).

d) *La morte come passaggio* è ribadita dagli antichi con il rito della doppia sepoltura perché, come scrive Robert Hertz, «nella prima tomba il cadavere viene, in un certo modo, solo deposto. Il tempo che intercorre tra la prima e la seconda sepoltura serve al morto per sciogliere definitivamente tutti i suoi legami sociali e poter ottenere l'ingresso nel regno dei morti e la condizione di avo in quello dei vivi. Così il morto, destinato alle ombre a causa dell'incompiuto processo di putrefazione, si trasforma in antenato» (1905-1906, p. 125). Questo intervallo corrisponde per i vivi al periodo del lutto, necessario, per Ernesto De Martino, «sia perché ciò che si perde è una persona che era quasi noi stessi, sia perché la morte fisica della persona cara ci pone nel modo più crudo davanti al conflitto tra ciò che passa irrevocabilmente senza di noi (la morte come fatto della "natura") e ciò che dobbiamo far passare nel valore (la morte come condizione per l'esplicarsi dell'estrema forza rigenerante della "cultura"). La fatica di "far passare" la persona cara che è passata in senso naturale, cioè senza il nostro sforzo culturale, costituisce appunto quel vario dinamismo di affetti e di pensieri che va sotto il nome di cordoglio e di lutto» (1958, pp. 5-6). Questi dati antropologici hanno trovato ampio impiego nell'ambito della psicologia analitica per una lettura simbolica della morte in connessione con il motivo della rinascita.

2. Psicoanalisi. Nell'ultima elaborazione della sua teoria delle pulsioni (v. Pulsione, § 1, *g*), Sigmund Freud nel 1920 introduce la *pulsione di morte* che, in contrapposizione alla pulsione di vita, tende alla riduzione di tutte le tensioni fino a ricondurre l'essere vivente allo stato inorganico, agendo dapprima verso l'interno come autodistruzione e poi verso l'esterno come pulsione di aggressione e distruzione: «I due principi fondamentali di Empedocle φιλία e νεῖκος, sia per il nome, sia per la funzione che assolvono, sono la stessa cosa delle nostre due pulsioni originarie *Eros* e *Distruzione*, la prima delle quali tende ad agglomerare tutto ciò che esiste in unità sempre più vaste, mentre l'altra mira a dissolvere queste combinazioni e a distruggere le strutture cui esse hanno dato luogo» (1937, p. 529).

A questa conclusione Freud fu portato da tre considerazioni: *a*) la *coazione a ripetere* in cui è ravvisabile «la manifestazione dell'inerzia che è propria della vita organica» (1920, p. 222); *b*) il *sadomasochismo* dove si può vedere che una parte della pulsione viene posta al servizio della sessualità (sadismo) e una parte rimane attiva all'interno dell'organismo agendo su di esso in modo masochistico (1924, p. 10); *c*) l'*aggressività* che, originariamente collegata alla frustrazione conseguente al mancato soddisfacimento del principio di piacere, viene autonomizzata ed assunta come espressione della pulsione di morte, contrapposta alla pulsione di vita che comprende la pulsione sessuale e la pulsione di autoconservazione (v. Aggressività, § 5). Freud ritiene che «ad ognuna di queste due specie di pulsioni corrisponderebbe uno specifico processo fisiologico (costruttivo e distruttivo, anabolico e catabolico); in ogni parte della sostanza vivente sarebbero attive entrambe le pulsioni» (1922, p. 503).

Da queste premesse, la conclusione: «Sulla base di considerazioni teoriche a cui la biologia ha fornito un supporto, abbiamo formulato l'ipotesi di una *pulsione di morte*, a cui competa il compito di ricondurre il vivente organico allo stato privo di vita; l'Eros perseguirebbe invece il fine di complicare la vita, allo scopo naturalmente di conservarla, aggregando in unità sempre più vaste le particelle disperse della sostanza vivente. Entrambe le pulsioni agirebbero in modo conservativo, nel senso più rigoroso di questo termine, poiché mirerebbero al ripristino di uno stato turbato dall'apparire della vita. L'apparire della vita sarebbe dunque la causa della continuazione della vita e al tempo stesso dell'aspirazione alla morte; e la vita stessa sarebbe una lotta e un compromesso fra queste due tendenze» (ivi, pp. 502-503).

Per quanto concerne la propria morte, Freud ci dice che a livello conscio sappiamo di dover morire, consapevoli come siamo del limite della nostra esistenza, mentre inconsciamente lo neghiamo, come «quel marito che, con riferimento alla moglie, dice: "Se uno di noi due muore, io mi trasferisco a Parigi". [...] Riassumendo dunque: il nostro inconscio possiede la stessa incapacità di rappresentarsi la morte dell'uomo dei tempi primitivi, prova lo stesso piacere per la morte di un estraneo, ed è ugualmente duplice (ambivalente) nei confronti della persona amata» (1915, pp. 140-141). La psicoanalisi post-freudiana non ha seguito Freud nell'antagonismo delle due pulsioni di vita e di morte, ad eccezione di Melanie Klein che fa loro svolgere un ruolo fondamentale già all'origine dell'esistenza umana (v. Kleiniana, Teoria).

Bibliografia

AA.VV., *Materia e pulsione di morte*, Marsilio, Venezia 1975.

Baudrillard J., *Lo scambio simbolico e la morte* (1976), Feltrinelli, Milano 1979.

Benasayag M., Mazzeo R., *C'è una vita prima della morte?*, Erickson, Trento 2015.

Boehm F., *Formen und Motive der Anthropophagie*, in "Imago", 1932, n. 18.

Bonaparte M., *L'amore, la morte, il tempo* (1952), Guaraldi, Rimini 1973.

Brown N. O., *La vita contro la morte* (1959), il Saggiatore, Milano 1973.

Caruso I. A., *La separazione degli amanti. Una fenomenologia della morte* (1974), Einaudi, Torino 1988.

Cresti A., *La seduzione di Thanatos. Percorsi di passione e morte nel mito e nell'arte*, L'Editore, Trento 1990.
De Martino E., *Morte e pianto rituale*, Bollati Boringhieri, Torino 1958.
De Masi F., *Il limite dell'esistenza. Un contributo psicoanalitico al problema della caducità della vita*, Bollati Boringhieri, Torino 2002.
Diels H., Kranz W., *I presocratici. Testimonianze e frammenti* (1ª ed. 1903, 12ª ed. ampliata 1966), Laterza, Bari 1969.
Fagioli M., *Istinto di morte e conoscenza* (1970), L'asino d'oro edizioni, Roma 2010.
Franz M.-L. von, *La morte e i sogni* (1979), Bollati Boringhieri, Torino 1986.
Franz M.-L. von, Frey-Rohn L., Jaffé A., Zoja L., *Incontri con la morte* (1980), Raffaello Cortina, Milano 1984.
Freud S., *Noi e la morte* (1915), in *Opere* (1967-1993), Bollati Boringhieri, Torino, vol. dei *Complementi 1885-1938*.
–, *Al di là del principio di piacere* (1920), in *Opere*, cit., vol. IX.
–, *L'Io e l'Es* (1922), in *Opere*, cit., vol. IX.
–, *Il problema economico del masochismo* (1924), in *Opere*, cit., vol. X.
–, *Analisi terminabile e interminabile* (1937), in *Opere*, cit., vol. XI.
Fromm E., *Fuga dalla libertà* (1941), Edizioni di Comunità, Milano 1976.
Fuchs W., *Le immagini della morte nella società moderna. Sopravvivenze arcaiche e influenze attuali* (1969), Einaudi, Torino 1973.
Galimberti U., *Morte*, in AA.VV., *Gli strumenti del sapere contemporaneo*, vol. II: *I concetti*, Utet, Torino 1985, pp. 531-534.
Girard G., *Monos. Liberare la morte dalla paura. Viaggio ai dintorni del nichilismo e dell'eterno*, Rubbettino, Soveria Mannelli 2015.
Guidieri R., *Il cammino dei morti* (1980), Adelphi, Milano 1988.
Heidegger M., *Essere e tempo* (1927), Utet, Torino 1978.
Hertz R., *Contribution à une étude sur la représentation collective de la mort*, in "L'Année Sociologique", 1905-1906, n. 10.
Jankélévitch V., *La morte* (1977), Einaudi, Torino 2009.
–, *Pensare la morte?* (1994), Raffaello Cortina, Milano 1995.
Jung C. G., *Anima e morte* (1934), in *Opere* (1969-2007), Bollati Boringhieri, Torino, vol. VIII.
Landsberg P. L., *Einführung in die philosophische Anthropologie*, Suhrkamp, Frankfurt a.M. 1960.
Lévi-Strauss C., *Tristi tropici* (1955), il Saggiatore, Milano 1975.
Melchiorre V., *Sul senso della morte*, Morcelliana, Brescia 1964.
Money-Kyrle R., *Un contributo non definitivo alla teoria dell'istinto di morte* (1955), in *Scritti (1927-1977)*, Bollati Boringhieri, Torino 2002.
Morin E., *L'uomo e la morte* (1970), Erickson, Trento 2014.
Oppenheim D., *Dialoghi con i bambini sulla morte. Le fantasie, i vissuti, le parole sul lutto e sui distacchi* (2004), Erickson, Trento 2005.
Sciacca M. F., *Morte e immortalità*, L'Epos, Palermo 1990.
Severino E., *La morte e la terra*, Adelphi, Milano 2011.
Severino E., Scola A., *Il morire tra ragione e fede*, Marcianum Press, Venezia 2014.
Smith C., *Vicino alla morte* (1982), Erickson, Trento 1997.
Storace E. S., *Thanatografie. Per un'estetica del morire in Platone, Nietzsche, Heidegger, Michelstaedter e Rilke*, Mimesis, Milano 2012.
Testoni I., *L'ultima nascita. Psicologia del morire e Death Education*, Bollati Boringhieri, Torino 2015.
Testoni I., Ancona D., Ronconi L., *The ontological representation of death. A scale to measure the idea of annihilation versus passage*, in "OMEGA - Journal of Death and Dying", 2015, vol. 71 (1), pp. 60-81.
Thomas L.-V., *Antropologia della morte* (1975), Garzanti, Milano 1976.
Urbain J.-D., *Morte*, in AA.VV., *Enciclopedia*, Einaudi, Torino 1980, vol. IX, pp. 519-555.

Morte apparente, Riflesso di, v. RIFLESSO, § 2, *d*.

Mosaico, Test del (ingl. *Mosaic test*; ted. *Mosaik-Test*; fr. *Test mosaïque*; sp. *Test del mosaico*). Test di personalità introdotto da Margaret Lowenfeld dove il soggetto, che dispone di pezzi di legno di diverse dimensioni e colori, deve costruire dei disegni a mosaico. Questa denominazione viene anche riferita ai cubi di Kohs (v. CUBO, TEST DEL), che è un reattivo mentale inserito nella scala Wechsler-Bellevue (v. WECHSLER-BELLEVUE, TEST DI) per la misurazione del quoziente di intelligenza.

Bibliografia

Falorni M. L., *Lo studio psicologico del carattere e delle attitudini*, Giunti Barbera, Firenze 1975.
Lowenfeld M., *The Lowenfeld Mosaic Test*, Newman Neame, London 1954.

Motilità, v. MOVIMENTO.

Motivazione (ingl. *Motivation*; ted. *Motivierung*; fr. *Motivation*; sp. *Motivación*). Fattore dinamico del comportamento animale e umano che attiva e dirige un organismo verso una meta. Le motivazioni possono essere coscienti o inconsce, semplici o complesse, transitorie o permanenti, primarie, ossia di natura fisiologica, o secondarie di natura personale o sociale, a cui si aggiungono le motivazioni superiori come gli ideali o i modelli esistenziali che l'individuo assume in vista della propria autorealizzazione. Queste distinzioni e i loro livelli di articolazione sono stati esposti alla voce BISOGNO, che, per la stretta dipendenza che ha con il concetto più recente di motivazione, è da assumere come parte integrante di questa trattazione. Qui, dopo una schematica ripartizione delle motivazioni, si prenderanno in esame le varie interpretazioni della motivazione a partire dai diversi orientamenti teorici.

1. CLASSIFICAZIONE DELLE MOTIVAZIONI. Il problema della classificazione deve tener conto dei diversi livelli interpretativi di cui i più significativi sono:

a) l'interpretazione *intellettualistica*, per la quale la motivazione è la tendenza determinante della personalità cosciente che si può intendere come libera volontà e studiare con il metodo dell'introspezione provocata (v. VOLONTÀ); *b*) l'interpretazione *biologica*, che identifica senza residui la motivazione con il bisogno fisiologico (v. BISOGNO) che attiva uno stato di eccitamento nell'organismo che si promuove in vista della sua estinzione; *c*) l'interpretazione *istintiva*, dove, a livello umano, per ISTINTO (v.) si intende qualcosa di più plastico e meno coercitivo di quello animale, perché la componente innata è modificata dall'abitudine appresa; *d*) l'interpretazione *pulsionale* nell'accezione psicoanalitica di PULSIONE (v.), dove la motivazione del comportamento è da cercare nell'ambito dell'inconscio; *e*) l'interpretazione *antropologica*, che considera la motivazione il risultato della matrice culturale in cui il soggetto nasce e cresce; *f*) l'interpretazione *sociologica*, che pone l'accento sul bisogno dell'individuo di sentirsi in sintonia con il gruppo e di valorizzare al suo interno se stesso; *g*) l'interpretazione *umanistico-esistenziale*, che fa una netta distinzione tra bisogni e motivazioni attribuendo queste ultime all'ordine dei valori e degli ideali. Questo ventaglio interpretativo può essere unificato dai concetti di OMEOSTASI (v.) e di EQUILIBRIO (v. § 2), in riferimento ai quali la motivazione, che è alla base del comportamento di un organismo, può essere letta come tendente allo stabilimento o ristabilimento di un equilibrio (processo omeostatico), o come rivolta alla continua rottura degli equilibri preesistenti (processo antiomeostatico):

a) *Le motivazioni omeostatiche* comprendono i motivi fisiologici (caldo, freddo, fame, sete, dolore, sonno) la cui dinamica è stata esposta alla voce BISOGNO, § 1; a questi motivi è possibile connettere quelli relativi alla vita della specie (sessualità, cura della prole, difesa dai nemici e altri) che presentano correlati fisiologici certi, anche se non ancora definiti, come l'attività, la manipolazione e la curiosità. I sostenitori dell'universalità del modello omeostatico, che pensa la motivazione come una *privazione* da soddisfare, riconducono a questo modello anche le motivazioni sociali che trarrebbero la loro origine e la loro forma dalla dipendenza che il bambino manifesta nei confronti della madre per la soddisfazione dei propri bisogni. Bisogni sociali, esplorativi, conoscitivi e di valore sarebbero travestimenti del modello fisiologico qui descritto.

b) *Le motivazioni antiomeostatiche* sono quelle motivazioni che, come vuole la definizione di Joseph Nuttin, non rispondono, come quelle fisiologiche, a una *riduzione del bisogno*, ma mettono piuttosto in evidenza un *bisogno di stimolazione* dell'organismo, quindi non una tendenza all'equilibrio, ma una tendenza alla rottura dell'equilibrio, dove il solo fatto di essersi potuti attivare, di aver potuto percepire e manipolare è una ricompensa sufficiente a motivare un comportamento. Ne deriva che mentre le motivazioni *fisiologiche*, che tendendo alla riduzione della stimolazione, seguono il modello omeostatico, quelle *esplorative*, volte alla ricerca della stimolazione, sfuggirebbero al modello omeostatico, approdando ad azioni che non hanno ripercussioni biologiche sull'organismo, ma sull'oggetto esterno che può essere: il *mondo delle cose concrete*, come nelle motivazioni che sono alla base dell'acquisizione, della conservazione, dell'ordine, della tesaurizzazione, della costruzione; il *mondo sociale*, come nelle motivazioni che sono alla base dell'affiliazione, del potere, del successo, della considerazione, dell'esibizione; o il *mondo ideale*, in ordine all'elaborazione di progetti, alla realizzazione di ideali, alla conquista di conoscenze fino alle motivazioni che sono alla base della realizzazione di sé.

2. LA TEORIA DELLA PSICOLOGIA SPERIMENTALE. In questo ambito le motivazioni vengono spiegate secondo il modello omeostatico della riduzione del bisogno per la cui dinamica sono state approntate due ipotesi interpretative: *a*) la teoria "bisogno-pulsione-incentivo" e *b*) la teoria dell'"attrazione e repulsione", che sono state esposte alla voce BISOGNO, § 2. Oltre a ciò si distingue tra *disposizione motivazionale* e *motivo attivante*, che consente di individuare, tra i soggetti posti di fronte allo stesso motivo attivante, chi, dall'impegno mostrato, rivela una disposizione motivazionale maggiore. Sempre secondo il modello omeostatico, l'attività è pensata come *strumentale* alla meta, tenendo tuttavia presente: *a*) che la stessa meta può essere raggiunta attraverso diversi comportamenti, dove non è escluso che determinate circostanze possano far sì che comportamenti opposti conducano alla stessa meta; *b*) allo stesso modo, differenti mete possono essere raggiunte con il medesimo comportamento; *c*) ogni attività può servire a più scopi che perciò agiscono come plurimotivazione attivante.

Sperimentandola sull'uomo, David Clarence McClelland ha formulato la *teoria della stimolazione affettiva*, secondo cui la motivazione, che è sempre acquisita in base ai processi di apprendimento, avvicina o allontana in base al gradiente piacere/dispiacere (v. ATTRAZIONE – REPULSIONE, TEORIA DELL'), dove il piacere è determinato dall'incremento moderato nell'intensità degli stimoli e il dispiacere da un incremento eccessivo. A loro volta le motivazioni sarebbero acquisite in base all'esperienza trascorsa che ha consentito di associare indizi di piacere e stati emotivi piacevoli. In base a questa associazione, la motivazione è attivata o da un avvicinamento per un'aspettazione di piacere, o da un allontanamento per un'aspettazione di dispiacere, senza alcuna distinzione tra piaceri primari o biogenetici e secondari o psicogenetici.

3. La teoria comportamentista. In questo ambito la motivazione è interpretata in base alla sequenza "bisogno-pulsione-incentivo" che consente di cogliere in ogni motivazione dell'adulto null'altro che un derivato, attraverso il processo di apprendimento, di un limitato numero di motivi presenti nell'infanzia. Per la teoria comportamentista detti motivi sono identificabili nei tre sistemi fisiologici (fame, bisogno di evacuazione e sesso), e nei due sistemi acquisiti (dipendenza e aggressività) per i quali valgono le seguenti regole: 1) la motivazione di un dato comportamento è riconducibile all'infanzia; 2) la diversificazione dipende dall'apprendimento, leggibile secondo il modello stimolo-risposta, in relazione sia all'educazione individuale che può essere gratificante o frustrante, sia alla cultura collettiva che ricompensa con approvazioni o disincentiva con punizioni i comportamenti adeguati o inadeguati.

Ad esempio, la fame innesca un comportamento correlato al cibo che in età adulta si esprime in un comportamento sociale, in abitudini e in istituzioni connessi a questo motivo originario. Tali sono: *a*) produzione e conservazione del cibo (caccia, pesca, attività agricola, essiccazione, immagazzinamento, refrigerazione); *b*) preparazione del cibo e sua consumazione (appetiti, avversioni, abitudini alimentari, modi di stare a tavola); *c*) cerimonie basate sul cibo, ma scarsamente connesse alla pulsione di fame (digiuni, tabù, comunione); *d*) soddisfazioni simboliche della fame (alcolismo, droga, tabacco, abitudine alla continua masticazione); *e*) opposizione all'alimentazione (diete, perdita d'appetito, anoressia). Oltre a questi comportamenti sociali, nascono, in subordine al bisogno primario della fame, profili individuali caratterizzati da dipendenza e gregarismo per soggetti mal nutriti o frustrati nella soddisfazione alimentare durante la prima infanzia, con conseguente carico d'ansia in ogni situazione che richiami la primitiva incertezza circa la possibilità di ricevere cibo.

La lettura comportamentista della motivazione ha preso avvio da John Broadus Watson, per il quale "ciò che l'uomo fa", come vuole la sua espressione, è un comportamento meccanicamente costituito da sequenze di stimoli e risposte. Questa impostazione è stata ripresa da Edward Lee Thorndike, che ha però introdotto il concetto che ogni risposta si stabilizza quando è rinforzata da una ricompensa, concepita come ricerca del piacere e fuga dal dolore secondo la sua legge dell'effetto (v. Apprendimento, § I, 2; Comportamento, § 4, *a*). A sua volta Clark Leonard Hull ha introdotto tra stimolo e risposta il concetto di *drive*, che è una "spinta ad agire" che rinforza le abitudini che si sono formate rispondendo in modo uguale a stimoli uguali.

4. La teoria psicoanalitica. La teoria psicoanalitica sposta la ricerca della motivazione dal piano conscio al piano inconscio, dove le pulsioni sessuali e aggressive determinano i comportamenti in base alle vicissitudini a cui queste pulsioni vanno incontro e che possono essere: 1) la *scarica* della tensione pulsionale che così raggiunge la sua meta (v. Pulsione); 2) la *rimozione* della tensione pulsionale ad opera dei meccanismi di difesa (v. Rimozione; Difesa, § 2); 3) il *conflitto* tra pulsione inconscia e motivazione conscia che porta alla Razionalizzazione (v.), alla Negazione (v.), alla Proiezione (v.), all'Introiezione (v.), alla Regressione (v.), alla Formazione reattiva (v.) e alla Sublimazione (v.).

Sull'interpretazione di Sigmund Freud che sposta l'origine della motivazione dal piano conscio a quello inconscio conviene anche Carl Gustav Jung, che in proposito scrive: «È uno dei più grandi apporti che Freud abbia dato alla psicologia l'aver riscoperto tutta l'opinabilità delle motivazioni consce. Che si sopravvaluti enormemente l'importanza del pensiero conscio per agire è una conseguenza della rimozione delle pulsioni. Freud pone come criterio della psicologia dell'agire non la motivazione conscia, bensì il *risultato* (valutato però non dal punto di vista fisico, ma da quello psicologico). In questa prospettiva l'agire appare in una luce nuova e significativa dal punto di vista biologico» (1909, p. 17).

Nell'ambito della psicologia del profondo, l'impostazione freudiana del problema della motivazione ha subìto modificazioni ad opera di Alfred Adler, per il quale il motivo universale e primario della condotta umana è la compensazione al sentimento di inferiorità determinato da deficienze morfologiche, funzionali o da vissuti psichici di insufficienza (v. Psicologia individuale). Dal canto suo Jung, dopo aver riconosciuto a Freud il merito di aver collocato nell'inconscio l'origine della motivazione, aggiunge che, alla base dell'atteggiamento motivante, c'è anche il desiderio di autorealizzazione che si traduce nel processo di individuazione (v. Psicologia analitica, § 5) in chi ha già raggiunto un buon livello di adattamento, e in un processo di adattamento alla realtà in chi non l'ha ancora raggiunto.

Dall'impostazione psicoanalitica freudiana si è scostata anche la Psicologia dell'Io (v.) di Heinz Hartmann, che riconosce all'Io una sua autonomia genetica originaria in grado di esprimere motivazioni non riconducibili alla natura esclusivamente istintuale. Un tentativo di mediazione tra comportamentismo e psicoanalisi è stato tentato da Paul Thomas Young, per il quale i processi pulsionali e i loro riverberi affettivi non si esprimerebbero in termini meccanicistici, ma si orienterebbero in base ai valori positivi, negativi o indifferenti, e ai valori di intensità e di durata da cui sarebbero connotati tutti gli oggetti che si offrono come mete delle tensioni pulsionali. Il comportamento animale e umano sarebbe motivato dal principio edonistico volto a massimizzare i processi affettivi di segno positivo e a minimizzare quelli di segno negativo.

5. La teoria cognitivista. La teoria cognitivista chiama "motivazione" ciò che attiva un comportamento in vista di uno scopo il cui raggiungimento implica: *a*) un *piano* per la sua realizzazione, dove si misura la cosiddetta "buona volontà" come capacità di perseguire il piano adottato e di attenersi ai "piani di arresto" che si predispongono per evitare un pericolo o un affaticamento; *b*) un *livello di aspirazione*, che non deve essere troppo basso perché altrimenti non c'è una partecipazione dell'Io, né troppo alto da rendere probabile l'insuccesso con conseguente frustrazione. McClelland ha elaborato un metodo per la misurazione della motivazione al successo che utilizza le produzioni immaginative e le fantasie originariamente orientate verso il piacere del successo o la paura del fallimento, con conseguente scelta di obiettivi alti, medi e bassi, servendosi di un apposito questionario in grado di misurare il livello d'ansia e il suo correlato fisiologico che è il riflesso psicogalvanico. John William Atkinson, dal canto suo, propone un'interpretazione della motivazione al successo a partire dal grado di difficoltà delle mete prescelte. Un soggetto fortemente motivato preferisce compiti con difficoltà medie, perché compiti con scarse difficoltà non impegnano il soggetto e quelli con eccessive difficoltà espongono al fallimento. Per converso, i soggetti ansiosi prediligono obiettivi facili che non richiedono troppa ansia o molto difficili perché in un'impresa ardua non c'è vergogna per un eventuale fallimento.

Il modello cognitivista non intende la motivazione come riduzione della tensione secondo il modello omeostatico, perché, come scrive Jean Piaget, «ogni condotta consiste non soltanto nel ristabilire l'equilibrio, ma anche nel tendere verso un equilibrio più stabile di quello dello stato anteriore a questa perturbazione» (1964, p. 15). Le perturbazioni possono essere di due tipi: *a*) la *dissonanza cognitiva* messa in luce da Leon Festinger in individui in cui credenze, nozioni, opinioni contrastano fra loro o con le tendenze del comportamento, con conseguente attivazione di strategie per giungere ad una consonanza (v. Dissonanza cognitiva); *b*) la *soluzione dei problemi* (v. Problema, § 2), già indicata da John Dewey come motivante per eccellenza: «L'atteggiamento scientifico può per così dire venir definito come quello che è capace di trarre godimento dal dubbio. [...] Non si va lontano intellettualmente se non si "ama pensare", né si può dire che ami pensare chi non ha interesse per i problemi in quanto tali» (1929, p. 236). Il problema, come scrive Giuseppe Mosconi, «è un prodotto del soggetto nel duplice senso che è lo stesso soggetto che produce l'incompatibilità nel suo complesso cognitivo, o per diretta produzione o per ricezione dall'esterno di uno o di entrambi gli elementi incompatibili, ed è lo stesso soggetto che la scopre sia avvertendone l'indeterminata presenza, sia determinandola chiaramente» (1981, p. 191).

6. La teoria della psicologia sociale. In questo ambito si riformula la nozione di "istinto" a cui si conferiscono caratteristiche non solo biologiche, ma anche sociali. In questa direzione si muovono gli studi di William McDougall che, accanto agli istinti da lui definiti psicofisiologici, pone istinti sociocognitivi che stimolano l'attenzione verso oggetti materiali o immateriali che producono un'emozione, che a sua volta promuove l'azione retta da un'intenzionalità verso l'oggetto. Sulla stessa linea incontriamo la teoria dell'"autonomia funzionale dei motivi" di Gordon Willard Allport, per il quale lo stato normale dell'individuo non è la passività, ma l'attività, che è automotivante e funzionalmente indipendente dagli antecedenti fisiologici e pulsionali.

Questa tesi è condivisa da Abraham Harold Maslow e da Henry Alexander Murray, che hanno approntato due schemi, qui descritti alla voce Bisogno, § 3, dove è netta la distinzione tra motivazioni dipendenti (*deficiency motives*) e indipendenti (*being motives*) da uno stato di bisogno o di carenza da soddisfare. Entrambi condividono inoltre la tesi che a motivare l'individuo non sono i singoli bisogni, ma la loro collocazione nel contesto globale della personalità che risulta motivata nella sua interezza. Sulla stessa linea incontriamo Kurt Lewin che ha elaborato la teoria del campo (v. Campo, § 2) per spiegare la dinamica motivazionale promossa da una costante interazione con l'ambiente, a partire dalla quale viene riformulata la nozione di "bisogno", inteso da Lewin come ciò che spinge l'uomo a cercare quel che nel mondo già c'è. L'azione non è preceduta da un lavoro mentale in grado di intenzionarla, perché è promossa dalle tensioni e dalle valenze che caratterizzano la dinamica del campo in cui ci si trova, e dalla forza attrattiva della meta che si vuol raggiungere, commisurata con la sua "distanza" che è legata a fattori oggettivi come l'età, il livello economico, culturale, sociale, e a fattori soggettivi relativi al concetto e alla valutazione che ciascuno ha di sé.

Ne consegue che l'intensità che motiva l'azione a raggiungere la meta è inversamente proporzionale alla distanza di quest'ultima.

7. LA TEORIA DELL'AUTOREALIZZAZIONE. In questo raggruppamento rientrano tutte quelle ricerche che collocano l'insorgere della motivazione umana nel progetto della realizzazione di sé. Il presupposto è che l'uomo, a differenza dell'animale, "si propone" di fare qualcosa senza esserne semplicemente costretto o sollecitato. Ne consegue, secondo Narziss K. Ach, che la motivazione, prima che come azione, si estrinseca come rappresentazione conoscitiva e si identifica nel concetto di VOLIZIONE (v.), in cui è possibile distinguere un momento astratto che è l'anticipazione della condotta, e uno concreto che è la sua esecuzione promossa da un "atto di volontà". Ne risulta che la motivazione è relativamente indipendente dallo stato organico e dalla condizione di bisogno. Questa tesi è stata ripresa e aggiornata da Julius Kuhl, secondo il quale esistono due tipi di motivazione: una "centrata sull'azione" che è tipica di individui capaci di realizzare con decisione le azioni che si sono proposti, e una "centrata sulla situazione" che caratterizza quanti sono incerti di fronte ad alternative possibili e quindi insicuri nell'intraprendere l'azione e condurla a compimento.

Condividono la teoria dell'autorealizzazione la PSICOLOGIA DELLA GESTALT (v. § III), le teorie psicoanalitiche culturaliste espresse da Harry Stack Sullivan e da Erich Fromm (v. PSICOLOGIA SOCIALE, § 3, *d*), la psicologia fenomenologico-esistenziale (v. ANALISI ESISTENZIALE) che, con Ludwig Binswanger, insiste sulla differenza radicale tra la concezione dell'*homo natura*, che caratterizza il modello psicoanalitico di Freud, e l'*homo cultura*, che non agisce solo per la sollecitazione pulsionale, ma anche per i suoi progetti trascendenti, la psicologia umanistica e rogersiana che ha messo a punto il metodo del *colloquio motivazionale* che ha il suo focus nel sostegno del percorso di cambiamento di stili di vita dannosi per la salute e il benessere e per emanciparsi dalle dipendenze patologiche. Queste correnti di pensiero individuano alla base della motivazione umana: *a*) il bisogno di *affiliazione* che si manifesta nel desiderio di essere amato e accettato dagli altri, con conseguente integrazione in un gruppo con garanzie di appoggio e protezione; *b*) il bisogno sociale del *potere* che spinge a salire nella gerarchia del gruppo a cui si appartiene assicurandosi prestigio e posizioni di controllo; *c*) il bisogno di *realizzazione* sia interiore come processo individuativo che differenzia in positivo il singolo dal gruppo con un guadagno progressivo di autonomia, sia esteriore nelle forme della responsabilità e della riuscita sociale.

Bibliografia

Ach N. K., *Über die Willenstätigkeit und das Denken*, Quelle und Meyer, Leipzig 1910.

Adler A., *Prassi e teoria della psicologia individuale* (1920), Astrolabio, Roma 1947.

Allport G. W., *Divenire. Fondamenti di una psicologia della personalità* (1955), Editrice Universitaria, Firenze 1963.

Amerio P., *Alcuni aspetti di articolazione tra lo psichico e il sociale. Motivazione, decisione, azione*, in P. Amerio, G. P. Quaglino (a cura di), *Mente e società nella ricerca psicologica*, Book Store, Torino 1980.

Ancona L., *L'aspetto dinamico della motivazione, il conflitto psichico e i meccanismi di difesa*, in Id. (a cura di), *Nuove questioni di psicologia*, La Scuola, Brescia 1972, vol. I, pp. 887-920.

Atkinson J. W., *La motivazione* (1964), il Mulino, Bologna 1973.

Bindra D., Stewart J. (a cura di), *La motivazione* (1965), Bollati Boringhieri, Torino 1969.

Binswanger L., *Per un'antropologia fenomenologica. Saggi e conferenze psichiatriche* (1921-1941), Feltrinelli, Milano 1970.

Bolles R. C., *Theory of motivation*, Harper & Row, New York 1975.

Cannon W. B., *La saggezza del corpo* (1932), Bompiani, Milano 1956.

Cassini A., Dell'Antonio A., *Le basi fisiologiche dei processi motivazionali ed emotivi*, il Mulino, Bologna 1982.

Cattell R. B., *Personality and motivation structure measurement*, Ward Book Co., Yonkers, New York, 1957.

Cattell R. B., Child D., *Motivation and dynamic structure*, Wiley, New York 1975.

Cortese C. G., *Motivare*, Raffaello Cortina, Milano 2005.

De Beni R., Moè A., *Motivazione e apprendimento*, il Mulino, Bologna 2000.

De Candido D., *Guida alla ricerca motivazionale*, Franco Angeli, Milano 1984.

Dewey J., *La ricerca della certezza* (1929), La Nuova Italia, Firenze 1965.

Festinger L., *Teoria della dissonanza cognitiva* (1957), Franco Angeli, Milano 1973.

Freud S., *Pulsioni e loro destini*, in *Metapsicologia* (1915), in *Opere* (1967-1993), Bollati Boringhieri, Torino, vol. VIII.

Fromm E., *Avere o essere?* (1976), Mondadori, Milano 1977.

Haber R. N., *Current research in motivation*, Holt, New York 1966.

Hamilton V., *Strutture e processi cognitivi della motivazione e della personalità* (1984), il Mulino, Bologna 1987.

Hartmann H., *Psicologia dell'Io e problemi dell'adattamento* (1939), Bollati Boringhieri, Torino 1966.

Henry H., *La ricerca motivazionale* (1968), Franco Angeli, Milano 1970.

Hull C. L., *Principi del comportamento. Introduzione alla teoria del comportamento* (1943), Armando, Roma 1978.

Jung C. G., *Conflitti dell'anima infantile* (1909), in *Opere* (1969-2007), Bollati Boringhieri, Torino, vol. XVII.

–, *Tipi psicologici* (1921), in *Opere*, cit., vol. VI.

Kuhl J., *Volitional mediators of cognition-behavior consistency*, in J. Kuhl, J. Beckmann (a cura di), *Action control. From cognition to behavior*, Springer, New York 1985.

Lewin K., *Teoria dinamica della personalità* (1935), Giunti Barbera, Firenze 1965.

–, *Principi di psicologia topologica* (1936), Organizzazioni Speciali (O. S.), Firenze 1961.
–, *Definizione di "campo ad un momento dato"* (1943), in Id., *Teoria sperimentale in psicologia sociale*, il Mulino, Bologna 1972.
Lichtenberg J. D., Lachmann F. M., Fosshage J. L., *I sistemi motivazionali* (2011), il Mulino, Bologna 2012.
Lindzey G. (a cura di), *Assessment of human motives*, Rinehart, New York 1958.
Maslow A. H., *Motivazione e personalità* (1954), Armando, Roma 1973.
McClelland D. C., *Studies in motivation*, Appleton-Century-Crofts, New York 1955.
McDougall W., *An introduction to social psychology*, Methuen, London 1908.
–, *The energies of men*, Methuen, London 1933.
Miller W. R., Rollnick S., *Il colloquio motivazionale. Aiutare le persone a cambiare* (2012, 3ª ed.), Erickson, Trento 2014.
Moè A., *La motivazione*, il Mulino, Bologna 2010.
Mosconi G., *All'origine dei problemi. L'incompatibilità presente nella mente*, in AA.VV., *Educazione alla ricerca e trasmissione del sapere*, Loescher, Torino 1981.
Mosconi G., D'Urso V., *La soluzione dei problemi*, Giunti Barbera, Firenze 1973.
Murray H. A., *Explorations in personality*, Oxford University Press, New York 1938.
Nuttin J., *Tâche, réussite et échec. Théorie de la conduite humaine*, Publications de l'Université de Louvain, Louvain 1953.
–, *Origine et développements des motifs*, in AA.VV., *La motivation*, Puf, Paris 1958.
Nuttin J., Fraisse P., Meili R., *Motivazione, emozione e personalità*, in P. Fraisse, J. Piaget (a cura di), *Trattato di psicologia sperimentale* (1963-1968), Einaudi, Torino 1972-1979, vol. V.
Peters R. S., *The concept of motivation*, Routledge & Kegan, London 1958.
Pfaff D. W. (a cura di), *The physiological mechanisms of motivation*, Springer, Berlin 1982.
Piaget J., *Lo sviluppo mentale del bambino e altri studi di psicologia* (1964), Einaudi, Torino 1967.
Rheinberg F., *Psicologia della motivazione* (2003), il Mulino, Bologna 2005.
–, *Valutare la motivazione. Strumenti per l'analisi dei processi motivazionali* (2005), il Mulino, Bologna 2007.
Schmalt H.-D., *Psicologia della motivazione* (1986), il Mulino, Bologna 1989.
Strologo E., *La motivazione. Prospettiva teorica*, in L. Ancona (a cura di), *Nuove questioni di psicologia*, cit., vol. I, pp. 187-234.
Sullivan H. S., *Teoria interpersonale della psichiatria* (1953, edito postumo), Feltrinelli, Milano 1962.
Thorndike E. L., *Animal intelligence. Experimental studies*, Macmillan, New York 1911.
Tornatore L., *Motivazione*, in AA.VV., *Gli strumenti del sapere contemporaneo*, vol. II: *I concetti*, Utet, Torino 1985, pp. 537-540.
Watson J. B., *La psicologia così come la vede il comportamentista* (1913), in *Antologia degli scritti*, il Mulino, Bologna 1976.
Young P. Th., *Motivation and emotion. A survey of the determinants of human and animal activity*, Wiley, New York 1961.

Moto, v. MOVIMENTO; LOCOMOZIONE.

Moto apparente, v. PERCEZIONE, § 6, *a*.

Motoneurone, v. MOTRICITÀ; LOCOMOZIONE, § 1.

Motricità (ingl. *Motility*; ted. *Motorik*; fr. *Motricité*; sp. *Motricidad*). Capacità di movimento resa possibile da neuroni presenti nella corteccia (v. CORTECCIA CEREBRALE) del lobo frontale che, situata immediatamente davanti alla scissura di Rolando (detta anche scissura centrale), costituisce l'*area motoria* da cui trae origine il *sistema piramidale* (v. PIRAMIDALE, SISTEMA), importante insieme di fibre nervose che discendono fino a raggiungere il tronco dell'ENCEFALO (v. § 1, *b*) e i vari segmenti del MIDOLLO SPINALE (v.), contraendo rapporti sinaptici con i motoneuroni delle corna anteriori. La connessione è controlaterale, nel senso che le fibre piramidali di ogni emisfero cerebrale controllano la motricità del lato opposto del corpo. Gli impulsi effettori o di comando inviati agiscono sui vari muscoli scheletrici realizzando *movimenti volontari* che esprimono una decisione autonoma dell'organismo nei confronti dell'ambiente. La proiezione corticale delle parti del corpo capaci di movimenti fini come, ad esempio, quelli della mano o delle labbra, è maggiore di quelle destinate a compiere movimenti più grossolani, come quelli del tronco o delle parti superiori degli arti.

L'attività volontaria si inserisce sull'attività tonica e riflessa che fa capo all'*area premotoria* e *motoria supplementare*, funzionalmente collegate ai nuclei della base e al cervelletto e quindi coinvolte, almeno nella più ampia accezione del termine, nel *sistema extrapiramidale* (v. EXTRAPIRAMIDALE, SISTEMA). L'esecuzione di un movimento richiede infatti un certo grado di tono muscolare preesistente (v. TONO MUSCOLARE) e comporta a sua volta modificazioni e riaggiustamenti complessi affinché il movimento acquisti quella plasticità e quella scorrevolezza che lo rendono atto allo scopo. Il sistema piramidale e quello extrapiramidale sono strettamente connessi non solo per la parziale sovrapposizione dei punti corticali di origine delle rispettive fibre, ma anche per le interazioni funzionali dei due sistemi. Per i processi motori sono infine decisive le *informazioni sensoriali*, particolarmente quelle della sfera propriocettiva (v. CINESTESIA; SENSIBILITÀ) che permettono un controllo continuo e accurato dei movimenti. Tali informazioni, oltre che attraverso la mediazione del cervelletto, dei nuclei della base e delle zone sensoriali specifiche, convergono anche in modo diretto sui neuroni delle aree della motricità e quindi operano senza l'intervento di percezioni coscienti.

Nell'organizzazione funzionale gerarchica che presiede la motricità, il livello inferiore, che include il midollo spinale e quello allungato, non è più concepito come un semplice esecutore dei comandi che provengono da quello superiore o corticale, ma come un "interprete" degli ordini ricevuti e poi trasmessi in funzione delle modificazioni di recettività, quanto basta per riconoscerlo come una struttura integrativa fornita di una propria autonomia. Per quanto concerne il livello superiore, ossia l'area corticale motoria, Aleksandr Romanovič Lurija ha offerto una sintesi articolata in quattro punti: *a)* la corteccia precentrale "assicura che gli impulsi motori siano condotti alla loro giusta destinazione"; *b)* le regioni parietoccipitali provvedono alla loro "sintesi spaziale"; *c)* l'area premotoria della corteccia è responsabile dell'organizzazione seriale degli atti e della conversione dei singoli atti motori nella fluente melodia cinetica; *d)* infine gli apparati corticali siti nella regione frontale del cervello "programmano" i complessi motori e paragonano gli effetti del movimento avvenuto con l'originale compito motorio. Lurija ha anche evidenziato che un disturbo ai sistemi premotori si manifesta sia nella sfera propriamente motoria sia in quella delle operazioni intellettuali. Per quanto concerne le classificazioni del movimento e il suo sviluppo dal punto di vista neuroanatomico, psicomotorio, cognitivo ed espressivo, si veda la voce MOVIMENTO.

Bibliografia

Adams R., Victor M., *Principi di Neurologia* (8ª ed. a cura di A. H. Ropper, R. H. Brown), McGraw-Hill, Milano 2006.

Benedetti G., *L'area corticale motoria*, in Id., *Neuropsicologia. Le attività psichiche in una sintesi di psicologia sperimentale, neurofisiologia e psichiatria*, Feltrinelli, Milano 1969, pp. 437-447.

Lurija A. R., *Le funzioni corticali superiori nell'uomo* (1962), Giunti Barbera, Firenze 1967.

–, *Come lavora il cervello. Introduzione alla neuropsicologia* (1973), il Mulino, Bologna 1977.

Nicoletti R., Borghi A. M., *Il controllo motorio*, il Mulino, Bologna 2007.

Piéron H. L. Ch., Chocholle R., Leplat J., *Sensazione e motilità*, in P. Fraisse, J. Piaget (a cura di), *Trattato di psicologia sperimentale* (1963-1968), Einaudi, Torino 1972-1979, vol. II.

Motto di spirito (ingl. *Wit*; ted. *Witz*; fr. *Mot d'esprit*; sp. *Chiste*). Frase, battuta o breve racconto che serve a esprimere, in maniera mascherata, e quindi accettabile, ciò che altrimenti sarebbe male accolto o sconveniente. Sigmund Freud vede nel motto di spirito una riduzione delle inibizioni che consente di liberare una tensione psichica ottenendo un «alleviamento del dispendio psichico già in atto e risparmio su quello in procinto di verificarsi». Questi sono per Freud «i due principi ai quali risale ogni tecnica del motto e, quindi, ogni piacere derivante da queste tecniche» (1905, p. 115). Nel motto di spirito intervengono i due meccanismi psichici della CONDENSAZIONE (v.) e dello SPOSTAMENTO (v.) che operano anche nel sogno, per cui Freud trova una corrispondenza tra motto di spirito e sogno dove, in entrambi i casi, è necessario risalire dal contenuto manifesto al contenuto latente (v. CONTENUTO LATENTE – CONTENUTO MANIFESTO). Questo itinerario, rintracciabile oltre che nel sogno anche nel sintomo, fa del motto di spirito una via d'accesso per l'inconscio. Sempre per Freud, il motto di spirito va «inteso come un che di distinto dal comico» (ivi, p. 10) e piuttosto accostato all'*arguzia* che, al pari del motto, deriva il suo piacere dal risparmio di un «dispendio inibitorio», mentre il piacere del comico deriva dal risparmio di un «dispendio rappresentativo (o di investimento)» (ivi, p. 211). Per questa differenza, e per le diverse interpretazioni date al motto di spirito, soprattutto in campo filosofico, si vedano le voci COMICO e UMORISMO.

Bibliografia

Bergson H., *Il riso. Saggio sul significato del comico* (1900), Feltrinelli, Milano 1990.

Freud S., *Il motto di spirito e la sua relazione con l'inconscio* (1905), in *Opere* (1967-1993), Bollati Boringhieri, Torino, vol. V.

Olbrechts-Tyteca L., *Il comico del discorso. Un contributo alla teoria generale del comico e del riso* (1974), Feltrinelli, Milano 1977.

Sully J., *Essai sur le rire. Ses formes, ses causes, son développement et sa valeur*, Alcan, Paris 1904.

Movimento (ingl. *Movement*; ted. *Bewegung*; fr. *Mouvement*; sp. *Movimiento*). Prima manifestazione vitale dell'individuo, già evidenziabile nella vita intrauterina, e prima espressione di cui l'individuo si serve per entrare in contatto con il mondo nella forma della risposta più o meno determinata dall'ambiente (v. RIFLESSO) e nella forma dell'intervento sull'ambiente (v. AZIONE). Le basi neurofisiologiche che rendono possibile il movimento sono state esposte alla voce MOTRICITÀ.

1. CLASSIFICAZIONE DEI MOVIMENTI. Esistono diverse classificazioni dei movimenti che differiscono a seconda del punto di vista adottato come criterio. Se il criterio è esclusivamente motorio avremo i movimenti riflessi e le risposte massive, se è psicomotorio avremo le prassie e i movimenti creativi o simbolici, se è intenzionale avremo movimenti difensivi, appropriativi, informativi o espressivi. Dedicheremo all'esame

di questi aspetti la seconda parte di questa voce, limitandoci per la classificazione alla grande distinzione tra movimenti riflessi e movimenti volontari.

a) Movimenti riflessi, o automatismi. Sono condotte motorie che si attivano di fronte a determinate stimolazioni e che costituiscono un indice di normalità e anormalità dello sviluppo. Sono già presenti nel periodo prenatale dove il feto ha a disposizione un repertorio di pattern di movimento geneticamente già inscritti nelle sue cellule nervose. Privi di un significato funzionale, questi strumenti geneticamente predisposti acquisiscono il loro significato non appena avviene il confronto con l'ambiente. Tra i movimenti fetali funzionalmente più significativi ricordiamo quelli gravitazionali che permettono di cambiare posizione, locomotori di strisciamento e arrampicamento, propulsivi per la nascita ecc. I moduli funzionali che presiedono questi movimenti sono detti *automatismi primari* e costituiscono gli organizzatori dello sviluppo motorio. Dopo la nascita si fanno evidenti le reazioni di adattamento del TONO MUSCOLARE (v.) che consente forme elementari di locomozione, come ad esempio il riflesso di marcia automatica, il riflesso di orientamento verso lo stimolo che svolge un ruolo fondamentale nell'alimentazione, i riflessi di protezione e di evitamento, e altri elencati nella voce RIFLESSO (v.).

b) Movimenti volontari, o prassie, o gesti. Sono movimenti intenzionali rivolti all'oggetto esterno con finalità difensive, appropriative o semplicemente ludiche per il piacere che è intrinseco all'azione stessa, indipendentemente dallo scopo da raggiungere. In quanto comportano l'intenzionalità, le prassie non appartengono esclusivamente all'ambito neuromotorio, ma a quello psicomotorio (v. PSICOMOTRICITÀ). Si realizzano grazie all'esistenza di strutture funzionali comuni alla specie e attraverso l'apprendimento, il cui prodotto terminale è l'ABITUDINE (v.). Le prassie sono, in un certo senso, il prodotto della socializzazione perché, se da un lato realizzano le reazioni istintuali primordiali come l'alimentazione, la difesa, l'esplorazione e l'orientamento, hanno una modalità di svolgimento profondamente influenzata dai fattori ambientali. Gli elementi più significativi che concorrono all'attuazione di un movimento volontario sono: 1) la *motricità*, che consente l'esecuzione di gesti coordinati (v. MOTRICITÀ) collegando le qualità motorie del gesto nei suoi aspetti tonici e cinetici (v. CINESIA); 2) lo *schema corporeo* (v. CORPO, § 1), da cui dipende la coordinazione spaziale, perché il movimento assume il corpo come punto di riferimento e si effettua in uno spazio orientato; 3) l'*affettività*, che conferisce espressività al GESTO (v.) e una motivazione per agire sulla realtà esterna, cosa che non sarebbe possibile se non si fosse creata una rete di rapporti affettivamente significativi con tale realtà; 4) l'*intelligenza*, che presiede l'ordine della rappresentazione e dell'intenzionalità delle prassie o gesti. I disturbi dei movimenti volontari prendono il nome di APRASSIA (v.).

2. SVILUPPO DEL MOVIMENTO. Lo sviluppo del movimento può essere considerato sotto diverse prospettive: neuromotorio, psicomotorio, cognitivo ed espressivo.

a) Dal punto di vista neuromotorio il movimento si manifesta nell'embrione a poche settimane, raggiungendo la sua completezza entro la ventesima settimana. I movimenti fetali possono essere influenzati da stimolazione esterna di natura meccanica, acustica, farmacologica, o da particolari situazioni metaboliche materne. Nel periodo intrauterino già sono predisposti i pattern della propulsione, del respiro, della deglutizione e della suzione che acquisiscono la loro funzionalità con la nascita, quando prende avvio l'integrazione con l'ambiente attraverso i movimenti riflessi, o automatismi, di cui si è detto. A questo stadio segue quello della *motilità spontanea* i cui movimenti sono spesso la risposta a stimoli proprio- e intro-cettivi, e hanno la caratteristica di essere massivi, non adattati, spesso improvvisi e violenti. Lo sviluppo del TONO MUSCOLARE (v.) prende avvio con il controllo della testa, il conseguimento della posizione seduta, la conquista della posizione eretta che è la premessa per la marcia indipendente. Con la LOCOMOZIONE (v.) si assiste anche a un progressivo miglioramento della PRENSIONE (v.), che comporta l'evoluzione del tono della mano, lo sviluppo del riflesso prensorio, fino alla prensione volontaria fornita di intenzionalità.

b) Dal punto di vista psicomotorio Jean Piaget ha delineato sei stadi: 1) esercizio dei riflessi; 2) reazioni circolari primarie caratterizzate dalla ripetizione di un'azione sensomotoria; 3) reazioni circolari secondarie caratterizzate dall'acquisizione di nuovi schemi scoperti accidentalmente durante l'esecuzione delle reazioni circolari primarie; 4) coordinazione di schemi secondari che si evidenziano nell'applicazione degli schemi scoperti di fronte a situazioni nuove; 5) reazioni circolari terziarie con ideazione, e non semplice scoperta accidentale di schemi nuovi; 6) combinazione mentale di schemi nuovi superando i tentativi empirici. Queste fasi sono comprese nello stadio percettivo-motorio che è il primo stadio dello sviluppo cognitivo (v. COGNIZIONE, § 2) e sono promosse dall'ASSIMILAZIONE (v.), che per Piaget «non è che il prolungamento sul piano del comportamento dell'assimilazione biologica nel senso più ampio, perché ogni reazione dell'organismo all'ambiente consiste nell'assimilare questo alle strutture di quello. [...] In ogni azione o prassi il soggetto non si assorbe nell'oggetto, ma l'oggetto è utilizzato e "compreso" in quanto relativo alle azioni del soggetto» (1960, p. 555).

c) Dal punto di vista cognitivo, il movimento ha relazione con il sistema sensitivo, e quindi con la PERCEZIONE (v. § 6), perché non vi può essere azione senza una continua informazione sull'ambiente circostante e sulla posizione del proprio corpo, per cui tra percezione e movimento non c'è un rapporto di passività (percezione) e attività (movimento), ma una continua interazione. Il movimento inoltre è in connessione con la *rappresentazione mentale*, nel senso che la produce con l'instaurazione di nuovi schemi per scoperte accidentali, e, nell'ultima fase dello stadio percettivo-motorio, ne dispone come di un livello di organizzazione, a partire dal quale si organizza l'azione.

d) Dal punto di vista espressivo, il movimento è all'inizio in stretta connessione con il BISOGNO (v.) evidente fin dai primi giorni di vita, quindi con l'EMOZIONE (v.), che si esprime attraverso movimenti e genera movimenti, infine con la *comunicazione* non verbale o gestuale dove si distinguono i gesti convenzionali che possiedono un significato universalmente accettato, e i gesti individuali espressivi della propria personalità o del proprio stato emotivo (v. GESTO, §§ 2-3). La relazione tra movimento e affettività si mantiene anche a livello patologico dove gesti e prassie sono chiamati a mascherare e al tempo stesso a esprimere la conflittualità sottesa.

Bibliografia

AA.VV., *Motricità e vita psichica del feto*, Gruppo Editoriale Medico, Roma 1982.

Bower Th. G. R., *Lo sviluppo neuropsicologico nell'infanzia* (1974), Il Pensiero Scientifico, Roma 1978.

Cannao M. *et al.*, *Psicomotricità e processi educativi*, Vita e Pensiero, Milano 1980.

Carli L., Quadrio A. (a cura di), *Clinica della psicomotricità*, Feltrinelli, Milano 1981.

Gebauer G., *Movimento*, in Ch. Wulf (a cura di), *Cosmo, corpo, cultura. Enciclopedia antropologica* (1997), Bruno Mondadori, Milano 2002, pp. 507-522.

Hinde R. A. (a cura di), *La comunicazione non-verbale* (1972), Laterza, Bari 1974.

Kurtz L. A., *Disturbi della coordinazione motoria. Come aiutare i bambini goffi a casa e a scuola* (2003), Erickson, Trento 2006.

Le Boulch J., *Verso una scienza del movimento umano* (1971), Armando, Roma 1975.

Leroi-Gourhan A., *Il gesto e la parola* (1964-1965), Einaudi, Torino 1977.

Nicoletti R., Borghi A. M., *Il controllo motorio*, il Mulino, Bologna 2007.

Piaget J., *La nascita dell'intelligenza nel bambino* (1936), La Nuova Italia, Firenze 1977.

–, *Les praxies de l'enfant*, in "Revue Neurologique", 1960, n. 102.

Piéron H. L. Ch., Chocholle R., Leplat J., *Sensazione e motilità*, in P. Fraisse, J. Piaget (a cura di), *Trattato di psicologia sperimentale* (1963-1968), Einaudi, Torino 1972-1979, vol. II.

Poggia C., Giannelli P., *Motricità consapevole e riabilitazione logopedica*, Erickson, Trento 2006.

Szanto-Feder A., *L'osservazione del movimento nel bambino. Accompagnare lo sviluppo psico-fisico nella prima infanzia* (2012), Erickson, Trento 2014.

Movimento apparente, v. PERCEZIONE, § 6, *a*.

MPQ (*McGill Pain Questionnaire*), v. DOLORE, § 4.

Müller-Lyer, Illusione di, v. ILLUSIONE, § 4, *n*.

Multiculturalismo, v. MIGRAZIONE, § 2.

Multifattoriale, Analisi, v. ANALISI FATTORIALE, § 2; PERSONALITÀ, § I, 2.

Muscarina (ingl. *Muscarine*; ted. *Muskarin*; fr. *Muscarine*; sp. *Muscarina*). Alcaloide tossico contenuto in alcune specie di funghi velenosi dotato di azioni colinergiche sulla muscolatura liscia, sulle ghiandole e sul cuore. Oltre ad aumentare la motilità del tubo gastrointestinale, provoca broncospasmo e miosi, stimola la secrezione salivare, lacrimale e sudoripara e rallenta la frequenza del cuore, talvolta fino all'arresto e alla caduta della pressione. L'azione di questo veleno è inibita dall'atropina.

Musica, v. PSICOLOGIA DELLA MUSICA.

Musicoterapia, v. PSICOLOGIA DELLA MUSICA, § 6.

Mutacismo, v. MUTISMO.

Mutazione, v. EVOLUZIONE; GENETICA, § 2.

Mutismo (ingl. *Dumbness*; ted. *Stummheit*; fr. *Mutisme*; sp. *Mudez*). Il termine si riferisce: 1) all'*impossibilità di parlare* per insufficiente sviluppo o distruzione degli organi deputati al linguaggio. In questo ambito si distinguono il mutismo primario dell'infanzia, il sordomutismo (v. SORDITÀ), l'audiomutismo che non è indotto da sordità precoce, e il mutismo secondario o AFASIA (v.); 2) all'*inibizione della comunicazione orale*, che si manifesta nelle conversioni isteriche, negli stati stuporosi e in alcune forme di schizofrenia e di depressione melanconica come manifestazione di NEGATIVISMO (v.). In quest'ultimo caso si parla di *mutacismo*. Esiste inoltre un *mutismo elettivo* che si riscontra in bambini taciturni nei loro rapporti interpersonali, fatta eccezione per un ristretto gruppo di persone.

Può dipendere o da situazioni traumatiche, come un'improvvisa separazione dalla madre, o dal rifiuto di nuove situazioni, come ad esempio l'esperienza scolastica. Infine si riscontra anche un *mutismo selettivo* che riguarda l'incapacità di parlare in situazioni sociali in cui ci si aspetta che si parli, come ad esempio a scuola o nelle riunioni di lavoro. Il DSM-5 rubrica il mutismo selettivo tra i disturbi d'ansia (2013, p. 218).

Bibliografia

DSM-5. American Psychiatric Association (APA), *DSM-5. Manuale diagnostico e statistico dei disturbi mentali* (2013), Raffaello Cortina, Milano 2014.

Kainz F., *Psychologie der Sprache*, Enke, Stuttgart 1960.

Pizzamiglio L., *I disturbi del linguaggio*, Etas Kompass, Milano 1968.

Mutualità (ingl. *Mutuality*; ted. *Wechselseitigkeit*; fr. *Mutualité*; sp. *Mutualidad*). Relazione tra due individui nessuno dei quali ha un bisogno egocentrico dell'altro. Sotto questo profilo la mutualità è il contrario della SIMBIOSI (v.), dove la relazione è fondata sulla soddisfazione dei propri bisogni egocentrici (v. MATRIMONIO, § 1). Erik Homburger Erikson, nell'illustrare il concetto di mutualità, osserva che «solo colui che avvicina l'altro, sia consciamente che inconsciamente, con atteggiamento *attivo* e *donativo*, piuttosto che di *richiesta* e di *dipendenza*, sarà in grado di fare dell'altro ciò che l'altro può diventare» (1964, p. 232).

Bibliografia

Erikson E. H., *Introspezione e responsabilità* (1964), Armando, Roma 1972.

N

Nagel, Test di, v. Colore, § 3.

Nanismo (ingl. *Nanism*; ted. *Nanismus*; fr. *Nanisme*; sp. *Enanismo*). Difetto di statura conseguente a stati patologici di diversa natura. Le forme più frequenti sono:

1. *Nanismo ipofisario*: è dovuto a ipofunzione dell'ipofisi anteriore (v. Endocrino, Sistema, § 1, *a*) che insorge prima della pubertà. Le caratteristiche principali della sindrome, riferibili alla deficienza dell'ormone della crescita (GH) e di gonadotropine, si manifestano con difetto di statura spesso associato a ipogonadismo. Il nano ipofisario è ben proporzionato e con intelligenza usualmente normale.

2. *Nanismo ovarico*: è una conseguenza dell'ipergonadismo femminile dovuto a prematura attività delle gonadi (v. Endocrino, Sistema, § 6), che, sotto stimolo delle gonadotropine, producono nella bambina una quantità di ormoni sessuali pari a quella della donna sessualmente matura. Ciò comporta, oltre alla comparsa a pochi anni di tutti i caratteri della pubertà, anche un accrescimento in altezza più spiccato rispetto alle coetanee normali, anche se, a causa della saldatura precoce delle epifisi ossee, da adulte le pazienti risultano basse e tozze.

3. *Nanismo da ipofunzionalità tiroidea precoce*: è una forma di nanismo che, oltre allo sviluppo somatico ritardato, presenta i caratteri del Cretinismo (v.). Questa forma di nanismo è detta anche *ateliosi*, caratterizzata da proporzioni corporee disarmoniche.

Narcisismo (ingl. *Narcissism*; ted. *Narzissmus*; fr. *Narcissisme*; sp. *Narcisismo*). Amore per la propria immagine, come nell'antico mito di Narciso che, innamoratosi della propria figura riflessa nell'acqua, annegò per averla voluta contemplare troppo da vicino. Il termine fu introdotto da Richard von Krafft-Ebing nella sua *Psychopathia sexualis* del 1886 per indicare un tratto del soggetto caratterizzato da esibizionismo, masturbazione e omosessualità. Successivamente il termine fu ripreso da Paul Näcke e da Havelock Ellis nel 1898 per indicare quella «perversione sessuale in cui l'oggetto preferito dal soggetto è il proprio corpo». In ambito psicoanalitico Sigmund Freud ha operato una distinzione tra le seguenti forme di narcisismo.

1. Narcisismo primario. È concepito come uno stadio intermedio tra Autoerotismo (v.) e Alloerotismo (v.), in cui il bambino investe tutta la sua libido su se stesso prima di rivolgerla agli oggetti esterni. Rispetto all'autoerotismo, dove ciascuna pulsione cerca il proprio appagamento legato al funzionamento di un organo, nel narcisismo primario l'appagamento è ancora autoerotico, ma con riferimento a un'immagine unificata del proprio corpo o a un primo abbozzo dell'Io. Questa fase, che in sé è funzionale alla formazione dell'Io, se non viene superata dispone alla paranoia, così come un arresto allo stadio autoerotico dispone alla schizofrenia. Con la riformulazione del suo pensiero in occasione dell'introduzione del concetto di Es (v. Apparato psichico, § 5, b), Freud sopprime la distinzione tra autoerotismo e narcisismo perché colloca il narcisismo primario a uno stadio della vita antecedente alla costituzione dell'Io, il cui modello è la vita intrauterina caratterizzata dall'assoluta assenza di relazioni oggettuali. Questa posizione è stata rifiutata da Melanie Klein, innanzitutto perché il narcisismo come relazione con la propria immagine non può essere pensato in un contesto assolutamente privo di relazioni, e in secondo luogo perché anche il neonato esperisce relazioni oggettuali d'amore e di odio (v. Kleiniana, Teoria, § 1).

2. Narcisismo secondario. È caratterizzato da un ripiegamento sull'Io della libido sottratta ai suoi investimenti oggettuali. Questo è possibile innanzitutto

perché gli investimenti oggettuali non sopprimono gli investimenti dell'Io di cui l'ideale dell'Io è una tipica conferma (v. Io, Ideale dell'), e in secondo luogo perché, scrive Freud, «l'Io va considerato come un grande serbatoio di libido da cui viene emanata la libido sugli oggetti, essendo comunque l'Io sempre pronto ad assumere su di sé la libido che da questi rifluisce» (1922a, p. 460). I casi normali in cui la libido opera un ritiro narcisistico nell'Io sono il sonno e le malattie organiche; i casi patologici sono invece la sindrome schizoparanoide in cui è massima la libido investita sull'Io e minima quella investita sugli oggetti, e lo stato di innamoramento in cui massima è la libido investita sull'oggetto e minima quella investita sull'Io. In *Lutto e melanconia* (1915), Freud collega la riaffermazione del narcisismo alla perdita dell'oggetto, con conseguente ritiro della libido e reinvestimento della stessa sull'Io.

3. Le riformulazioni freudiane e post-freudiane del narcisismo. L'introduzione del concetto di narcisismo ha costretto Freud a modificare la sua teoria delle pulsioni che prima erano distinte, secondo la concezione diffusa in ambito biologico, tra pulsione di autoconservazione o pulsione dell'Io che mira alla conservazione dell'individuo, e pulsione sessuale che mira alla conservazione della specie, e poi unificate nella più ampia categoria delle pulsioni di vita (contrapposte alle pulsioni di morte), al loro interno distinte solo per il riferimento all'oggetto che può essere esterno all'Io o l'Io stesso. Volendo riassumere possiamo distinguere nel pensiero di Freud: 1) una prima fase, intorno al 1910, in cui il narcisismo viene fatto coincidere con la scelta autoerotica del proprio corpo; 2) una seconda fase, che coincide con il saggio *Introduzione al narcisismo* (1914), in cui il narcisismo è sganciato dalla sessualità e collegato con l'onnipotenza del pensiero e con l'interesse dell'Io (v. Io, Interesse dell'); 3) una terza fase dove, nel saggio *Al di là del principio di piacere* (1920), si ritorna a connettere il narcisismo alla pulsione sessuale, distinguendo l'Io-piacere che definisce la pulsione erotica e l'Io-realtà che definisce la pulsione non erotica; 4) una quarta fase, che coincide con la pubblicazione de *L'Io e l'Es* (1922), in cui la libido non è più riferita all'Io ma all'Es; 5) infine una quinta fase, che coincide con *Il problema economico del masochismo* (1924), in cui il narcisismo viene collegato al masochismo che, in quanto espressione di distruttività, è connesso alla pulsione di morte.

Dopo Freud, Karl Abraham e Michael Balint ritengono, al contrario di Freud, che fin dalla nascita l'Io si trova a investire non su di sé, ma sul mondo esterno. Dello stesso avviso è la Klein che rifiuta il concetto di narcisismo primario come stadio a-oggettuale. Ne è prova il fatto che il bambino si relaziona al seno della madre come a un oggetto caratterizzato da amore, odio, angosce e difese. Hanna Segal e Herbert A. Rosenfeld hanno studiato il rapporto tra narcisismo e psicosi, e sono giunti alla conclusione che i disturbi psicotici e borderline sono da connettere a un narcisismo distruttivo come modalità relazionale, caratterizzata da onnipotenza, invidia, gelosia, dovuta alla parte distruttiva del Sé, che agisce contro gli oggetti interni e in particolare contro le relazioni primarie da cui il Sé origina. Con questa lettura Segal e Rosenfeld connettono la psicosi alla pulsione distruttiva, e quindi di morte, condotta sia nella realtà esterna che in quella interna. Questa posizione non è condivisa da Béla Grunberger, che lega il narcisismo a un vissuto di onnipotenza, non dissimile dalla condizione in cui si trova il feto nella sua vita prenatale senza relazioni oggettuali, e da Heinz Kohut, secondo il quale il Sé non è un'istanza distruttiva, al contrario corregge quelle istanze che tendono a idealizzare le figure genitoriali a scapito dell'ideale dell'Io che consente di gestire il mondo delle pulsioni. Infine Otto F. Kernberg distingue un narcisismo normale, caratterizzato da un investimento libidico del Sé che permette di integrare le componenti aggressive, e un narcisismo patologico caratterizzato da tale onnipotenza e aggressività da non consentire al Sé di integrarle. Il narcisismo patologico è letto da Kernberg come una risposta difensiva ad angosce arcaiche, mentre per Kohut è il risultato di un arresto evolutivo da imputare a mancate gratificazioni.

4. Denominazioni. Dal termine narcisismo discendono le seguenti espressioni: *carica narcisistica*, rappresentata dalle rassicurazioni circa il proprio valore che il bambino attende dai genitori, e l'adulto dalla società; *ferita narcisistica*, relativa alle offese alla propria autostima o amor proprio; *scelta narcisistica*, riferita alla natura dell'oggetto prescelto per la sua similarità con il soggetto; *nevrosi narcisistica*, termine che tende a scomparire dall'uso psichiatrico e psicoanalitico, ma che Freud ha utilizzato per indicare il ritiro della libido dagli oggetti e il suo spostamento sull'Io, contrapposto alla nevrosi di transfert (v. Nevrosi, § 1, *a*), dal momento che, per la sua incapacità di investire sull'altro, il narcisista, nella cura analitica, ha difficoltà ad instaurare un Transfert (v.); *carattere fallico-narcisista*, descritto da Wilhelm Reich e da Alexander Lowen soprattutto sotto il profilo sessuale (v. Fallico, Carattere); *stadio dello specchio*, descritto da Jacques Lacan come fase essenziale per la formazione dell'Io e per il passaggio dal biologico all'immaginario (v. Lacaniana, Teoria, § 5). Per quanto concerne il *disturbo narcisistico di personalità* per come è rubricato e descritto dal DSM-5, si veda la voce Personalità, § II, 3, B, δ.

Bibliografia

Abraham K., *Una forma particolare di resistenza nevrotica al metodo psicoanalitico* (1919), in *Opere*, Bollati Boringhieri, Torino 1975, vol. II.
Balint M., *Primi stadi dello sviluppo dell'Io. L'amore oggettuale primario* (1937), in Id., *L'amore primario* (1952), Raffaello Cortina, Milano 1991.
Branca S., *Il peccato di Adamo. La dimensione narcisistica fra psicoanalisi, epistemologia e letteratura*, Istituto Ricerche di Gruppo, Lugano 2006.
Castoldi I., *Narcisi. Uomini in crisi d'identità (visti dalle donne)*, Feltrinelli, Milano 2003.
Ciani N. (a cura di), *Il narcisismo*, Borla, Roma 1983.
DSM-5. American Psychiatric Association (APA), *DSM-5. Manuale diagnostico e statistico dei disturbi mentali* (2013), Raffaello Cortina, Milano 2014.
Eidelberg L., *The concept of narcissistic mortification*, in "International Journal of Psycho-Analysis", 1959, n. 40.
Ellis H., *Psicologia del sesso* (1897-1910), Newton Compton, Roma 1969.
–, *Auto-erotism. A psychological study*, in "The Alienist and Neurologist", 1898, vol. 19, pp. 260-299.
Freud S., *Introduzione al narcisismo* (1914), in *Opere* (1967-1993), Bollati Boringhieri, Torino, vol. VII.
–, *Lutto e melanconia*, in *Metapsicologia* (1915), in *Opere*, cit., vol. VIII.
–, *Al di là del principio di piacere* (1920), in *Opere*, cit., vol. IX.
–, *Due voci di enciclopedia: "Psicoanalisi" e "Teoria della libido"* (1922a), in *Opere*, cit., vol. IX.
–, *L'Io e l'Es* (1922b), in *Opere*, cit., vol. IX.
–, *Il problema economico del masochismo* (1924), in *Opere*, cit., vol. X.
Grunberger B., *Il narcisismo. Saggio di psicoanalisi* (1971), Laterza, Bari 1977.
Kernberg O. F., *Sindromi marginali e narcisismo patologico* (1975), Bollati Boringhieri, Torino 1978.
–, *Disturbi gravi della personalità* (1984), Bollati Boringhieri, Torino 1987.
–, *Narcisismo, aggressività e autodistruttività nella relazione psicoterapeutica* (2004), Raffaello Cortina, Milano 2006.
Klein M., *La psicoanalisi dei bambini* (1932), Martinelli, Firenze 1969.
–, *Note su alcuni meccanismi schizoidi* (1946), in *Scritti 1921-1958*, Bollati Boringhieri, Torino 1978, pp. 409-434.
Kohut H., *Narcisismo e analisi del Sé* (1971), Bollati Boringhieri, Torino 1976.
Krafft-Ebing R. von, *Psychopathia sexualis* (1886), Edizioni Mediterranee, Roma 1975.
Lacan J., *Lo stadio dello specchio come formatore della funzione dell'Io* (1949), in *Scritti* (1936-1966), Einaudi, Torino 1974, vol. I.
Lo Presti S., *La cultura narcisistica. Innamoramento e amore*, in "I Quaderni di Psicologia – Exsistere 3", 1991.
Lowen A., *Il linguaggio del corpo* (1958), Feltrinelli, Milano 1978.
–, *Il narcisismo. L'identità negata* (1983), Feltrinelli, Milano 1985.
Mancia M., *Nello sguardo di Narciso*, Laterza, Bari 1990.
–, *Narcisismo. Il presente deformato dallo specchio*, Bollati Boringhieri, Torino 2010.
Mistura S., *La terribile tenerezza. Saggio sull'amore narcisistico*, Borla, Roma 1991.
Paris J., *La psicoterapia nell'età del narcisismo. Modernità, scienza e società* (2012), Raffaello Cortina, Milano 2013.
Reich W., *Analisi del carattere* (1933), Sugarco, Milano 1973.
Rosenfeld H. A., *Stati psicotici. Un approccio psicoanalitico* (1965), Armando, Roma 1983.
–, *Comunicazione e interpretazione. Fattori terapeutici e antiterapeutici nel trattamento psicoanalitico dei pazienti psicotici, borderline e nevrotici* (1987), Bollati Boringhieri, Torino 1989.
Sandler J., Person E. S., Fonagy P. (a cura di), *Introduzione al narcisismo* (1991), Raffaello Cortina, Milano 1992.
Schwartz-Salant N., *Narcisismo e trasformazione del carattere* (1982), Vivarium, Milano 1996.
Segal H., *Note sulla formazione del simbolo* (1957), in *Scritti psicoanalitici*, Astrolabio, Roma 1981.
Semi A. A., *Il narcisismo*, il Mulino, Bologna 2007.
Strzyz K., *Narcisismo e socializzazione. Trasformazione sociale e il mutamento dei dati caratteriali* (1978), Feltrinelli, Milano 1981.

Narcoanalisi (ingl. *Narcoanalysis*; ted. *Narkoanalyse*; fr. *Narcoanalyse*; sp. *Narcoanálisis*). Tecnica psichiatrica che si avvale della somministrazione di farmaci a effetto narcotico a scopo diagnostico e terapeutico. Questo metodo, originariamente denominato *narcosintesi*, fu introdotto da Roy Richard Grinker, che si serviva di pentothal sodico come aiuto nella psicoterapia delle nevrosi da guerra. Secondo Grinker, «la narcosintesi consente al paziente di rivivere le emozioni intense a suo tempo provate e di affrontarle in modo più economico e razionale» (1945, p. 12). La narcosintesi, successivamente denominata narcoanalisi, sfrutta il principio dell'ABREAZIONE (v.) illustrato da Sigmund Freud, ossia della scarica dell'emozione legata a un fatto o a un ricordo che, se non trova vie di sfogo, genera sintomi patologici. La narcoanalisi, che rispetto alla narcosintesi di Grinker è meno brusca, più lenta e ripetitiva, prevede una maggior presenza interpretativa del medico nel processo terapeutico. Il principio della narcoanalisi è lo stesso che agisce nelle metodiche adottate negli interrogatori giudiziari con la somministrazione del siero della verità (*truth drugs*), oggi non più in uso dopo che si è constatato che anche in condizioni di narcoanalisi il soggetto può mantenere una certa capacità di simulazione.

Bibliografia

Grinker R. R., Spiegel J. P., *War neuroses*, Blakiston, New York 1945.
Horsley J. S., *Narcoanalysis*, in "Journal of Mental Science", 1936, n. 82.

Narcolessia, v. SONNO, § 3, *a*.

Narcosi (ingl. *Narcosis*; ted. *Narkose*; fr. *Narcose*; sp. *Narcosis*). Stato di incoscienza reversibile prodotto con mezzi farmacologici allo scopo di inibire la sensibilità al dolore (v. ALGESIA) a livello centrale. È sinonimo di anestesia generale (v. SENSIBILITÀ, § 5).

Narcosintesi, v. NARCOANALISI.

Narcoterapia (ingl. *Narcotherapy*; ted. *Schlafkur*; fr. *Narcothérapie*; sp. *Narcoterapia*). Trattamento terapeutico adottato per la cura di alcune forme psiconevrotiche mediante induzione e mantenimento di uno stato di sonno quasi ininterrotto per 10-15 giorni.

Narrativa, Psicoterapia, v. NARRAZIONE, § 2.

Narrazione (ingl. *Narration*; ted. *Erzählung*; fr. *Narration*; sp. *Narración*). Bisogno primario profondamente inscritto nella natura umana.

1. LA LETTURA PSICOLOGICA DELLA NARRAZIONE. Dal punto di vista psicologico, la narrazione può essere letta come funzione del Sé e ad un tempo come costituente il Sé. Da questo punto di vista, come scrive Giuseppe Martini, «la narrazione richiede la contemporanea attivazione di tre operazioni: il ricongiungimento, seppur momentaneo, con una dimensione magmatica fatta sia di ricordi strutturati che di sensazioni informi; il distanziamento da questa dimensione, senza il quale essa non potrebbe darsi; e infine la risignificazione, quale obiettivo cui tende già per sua natura, ma che può ricevere una modulazione e una implementazione del campo analitico» (2006-2007, pp. 723-724). Secondo Roy Schafer e Donald Spence, la narrazione in piscoanalisi ricostruisce una seconda realtà che non riproduce la realtà vera e propria, alla quale tuttavia non si potrebbe in altro modo accedere se non attraverso la mediazione della realtà come viene riscoperta dalla narrazione. Ne è un esempio il "sogno" che non coincide con la "narrazione del sogno" che il paziente ricostruisce per dare alle immagini disordinate del sogno una trama di senso. Tuttavia, se è vero che la narrazione non riproduce il sogno, è altrettanto vero che senza narrazione non ci sarebbe alcun accesso al sogno, per cui la narrazione si colloca tra l'inconscio irrappresentabile e la rappresentazione conscia, esattamente dove si compie il lavoro analitico.

Jean Laplanche ritiene invece che la narrazione, ricostruendo un racconto logico, coerente ed esaustivo, svolge un ruolo difensivo, nel senso che il paziente descrive se stesso con rimozione degli aspetti che sarebbero incoerenti con la ricostruzione narrativa. Michèle Bertrand, pur concordando con Laplanche sul carattere difensivo della narrazione, ritiene che questa sia utile nel caso degli psicotici che tendono a destoricizzare e annullare gli eventi, e nel caso dei borderline, i quali, avendo una scarsa capacità di MENTALIZZAZIONE (v.) e un deficit della METACOGNIZIONE (v.), attraverso la narrazione possono giungere a una rappresentazione del proprio Sé.

Trattandosi di un'espressione elaborata di un bisogno umano universalmente riconosciuto, la narrazione è stata presa in considerazione anche dalle neuroscienze, dal momento che, come segnala Alberto Oliverio, se è vero che il sogno nasce da un'attività caotica sottocorticale che produce rappresentazioni visive confuse, è altrettanto vero che queste sono poi ordinate dalle funzioni corticali in narrazioni coerenti, che rispondono al bisogno insopprimibile, tipico dell'uomo, di produrre significati. Nell'ambito della NEUROBIOLOGIA INTERPERSONALE (v.) si parla di "narrazione" a proposito del racconto lineare di una serie di eventi, con particolare attenzione all'azione e agli stati mentali dei personaggi della storia e dello stesso narratore, e di "narrazione coerente" per valutare come una persona ha dato senso alla propria storia di vita e sia consapevole dell'influenza che il passato ha sul suo modo attuale di essere e di comportarsi. A questo proposito Daniel J. Siegel scrive che «la narrazione coerente di un genitore è l'elemento predittivo più forte dell'attaccamento che il figlio avrà nei suoi confronti» (2012, p. 34). Per valutare la coerenza della narrazione ci si serve dell'AAI (*Adult Attachment Interview*), che è un'intervista semistrutturata per la valutazione dell'attaccamento adulto (v. ATTACCAMENTO).

Di "narrazione" si parla anche nell'ambito della psicologia medica a proposito della "medicina narrativa" che consiste nel comunicare, da parte del paziente, la propria esperienza della malattia attraverso un testo strutturato che gli consente di inserirla in una trama di senso e di accettarla più facilmente. Questa pratica migliora il rapporto medico-paziente perché, ascoltando la storia personale all'interno della quale il paziente inserisce il suo percorso di malattia, il medico, oltre a esaminare le condizioni di chi ha in cura dal punto di vista clinico, restituisce al paziente la sua dignità di persona.

2. LA PSICOTERAPIA NARRATIVA. Partendo dal presupposto che è impossibile formulare teorie della psiche che abbiano validità universale, la psicoterapia narrativa adotta l'ipotesi che le persone comprendono le loro esperienze non inserendole nelle categorie formulate da un impianto metapsicologico anticipato, ma in forma di storie. Questa impostazione ha alle sue spalle la distinzione di Jerome Bruner secondo il quale, accanto a un "pensiero paradigmatico" che perviene a una verità oggettiva e valida per tutti attraverso un sistema descrittivo ed esplicativo, esiste un "pensiero narrativo" che esprime una verità soggettiva attraverso una storia, che

ha significato perché connette in un quadro di senso ricordi, vissuti, sentimenti del soggetto che la narra.

La tesi che il linguaggio della psicoanalisi non può essere di tipo paradigmatico, ma solo narrativo è sostenuta in sede filosofica dalla corrente ermeneutica (v. ERMENEUTICA) che ha i suoi esponenti in Paul Ricoeur, Jürgen Habermas, Hans-Georg Gadamer, Gianni Vattimo, e nell'ambito della PSICOLOGIA ANALITICA (v.) da Carl Gustav Jung, secondo il quale «la psicologia deve abolirsi come scienza, e proprio abolendosi raggiunge il suo scopo scientifico. Ogni altra scienza ha un "al di fuori" di se stessa, ma non la psicologia, il cui oggetto è il soggetto di ogni scienza in generale» (1947-1954, p. 240). Il rifiuto del pensiero paradigmatico a favore di quello narrativo è ripreso da Mario Trevi e giustificato dal fatto che «il "testo" che lo psicologo si propone di indagare, la psiche nella sua sconfinata fenomenologia, non può essere colto in un'immobile e atemporale oggettività, ma sempre attraverso quell'orizzonte dischiuso dal soggetto nel momento in cui su quel testo si ripiega. [...] E questo perché il discorso *sulla* psiche, la cosiddetta scienza oggettiva della psiche, tende, se correttamente assunto nella sua storicità, a trasformarsi in discorso *della* psiche o, almeno, ad apparire come una piccola, anche se straordinariamente eccezionale, parte di questo» (1987, pp. 16-17). Questa impostazione è condivisa anche da James Hillman, secondo il quale l'appartenenza della psicoterapia non va cercata nella medicina, ma nell'arte del romanzo, perseguendo il tentativo di «vedere l'arte narrativa nella psicoterapia e la psicoterapia come attività narrativa. La psicoterapia è riuscita a inventare una narrativa che cura. Il Romanzo Terapeutico si differenzia soltanto per lo stile e per la trama usati dagli scrittori delle diverse scuole, però sappiamo tutti come la storia terapeutica dovrebbe andare a finire: con un caso risolto» (1983, p. II).

In ambito cognitivista questo percorso è seguito da Vittorio Filippo Guidano che, anche se non giunge a dire che il Sé è un prodotto delle nostre narrazioni, sostiene comunque che il significato che emerge nella trama narrativa delle conversazioni tra paziente e analista è il modo con cui il Sé organizza la propria esperienza. Nell'ambito della teoria sistemica, Luigi Boscolo e Paolo Bertrando condividono l'idea di Gregory Bateson, secondo il quale il pensiero dell'uomo è di tipo narrativo per cui l'uomo pensa per storie, e pertanto intendono la terapia non come il luogo in cui si costruisce una nuova visione del mondo, ma come una cornice che accoglie le narrazioni, talvolta tra loro incompatibili, con cui il paziente descrive la realtà da prospettive diverse, che offrono la possibilità di uscire da quell'unica narrazione che è l'insistenza sul proprio disagio. Infine Michael White e David Epston, rifacendosi all'analisi di Michel Foucault, rifiutano le categorie psichiatriche, per volgere l'attenzione alle narrazioni dominanti che definiscono i rapporti di potere nelle famiglie e nei gruppi.

Bibliografia

Angus L., McLeod J. (a cura di), *The handbook of narrative and psychotherapy. Practice, theory and research*, Sage Publications, Thousand Oaks, California, 2004.

Arrigoni M. P., Barbieri G. L., *Narrazione e psicoanalisi. Un approccio semiologico*, Raffaello Cortina, Milano 1998.

Atkinson R., *L'intervista narrativa. Raccontare la storia di sé nella ricerca formativa, organizzativa, sociale* (2000), Raffaello Cortina, Milano 2002.

Balbi J., Cimbolli P., *La mente narrativa. Verso una concezione post-razionalista dell'identità personale*, Franco Angeli, Milano 2009.

Bertrand M., *Valeurs et limites du narratif en psychanalyse*, in "Revue Française de Psychanalyse", 1998, n. 3, pp. 713-720.

Boscolo L., Bertrando P., *Terapia sistemica individuale*, Raffaello Cortina, Milano 1996.

Bruner J. S., *La mente a più dimensioni* (1986), Laterza, Bari 1988.

Demetrio D., *Raccontarsi. L'autobiografia come cura di sé*, Raffaello Cortina, Milano 1996.

Freedman J., Combs G., *Narrative therapy. The social construction of preferred realities*, Norton, New York 1996.

Guidano V. F., *Il Sé nel suo divenire. Verso una terapia cognitiva post-razionalista* (1991), Bollati Boringhieri, Torino 1992.

Hillman J., *Le storie che curano* (1983), Raffaello Cortina, Milano 1984.

Jedlowski P., *Storie comuni. La narrazione nella vita quotidiana*, Bruno Mondadori, Milano 2000.

Jung C. G., *Riflessioni teoriche sull'essenza della psiche* (1947-1954), in *Opere* (1969-2007), Bollati Boringhieri, Torino, vol. VIII.

Laplanche J., *Narrativa ed ermeneutica* (1998), in "Ricerca psicoanalitica", 2000, n. 1, pp. 7-12.

Levorato M. C., *Racconti, storie e narrazioni*, il Mulino, Bologna 1988.

Mair M., *Psychology as story telling*, in "International Journal of Personal Construct Psychology", 1988.

Martini G., *Narrazione*, in AA.VV., *Psiche. Dizionario storico di psicologia, psichiatria, psicoanalisi, neuroscienze*, Einaudi, Torino 2006-2007, vol. II, pp. 723-728.

Morpurgo E., Egidi Morpurgo V. (a cura di), *Psicoanalisi e narrazione. Le strategie nascoste della parola*, Il Lavoro Editoriale, Ancona-Bologna 1987.

Oliverio A., *La mente per le neuroscienze* (2003), in AA.VV., *Psicologia analitica e Teorie della mente. Complessi, affetti, neuroscienze. Atti del XII Convegno nazionale Cipa*, Vivarium, Milano 2005.

Papadopoulos R. K., Byng-Hall J. (a cura di), *Voci multiple. La narrazione nella psicoterapia sistemica* (1997), Tavistock Studi Clinici (TSC), Bruno Mondadori, Milano 1999.

Schafer R., *L'atteggiamento analitico* (1983), Feltrinelli, Milano 1984.

–, *Rinarrare una vita. Narrazione e dialogo in psicoanalisi* (1992), Fioriti, Roma 1999.

Siegel D. J., *Mappe per la mente. Guida alla neurobiologia interpersonale* (2012), Raffaello Cortina, Milano 2014.
Smorti A., *Il pensiero narrativo. Costruzione di storie e sviluppo della conoscenza sociale*, Giunti, Firenze 1994.
Spence D., *Verità narrativa e verità storica* (1982), Martinelli, Firenze 1987.
Trevi M., *Per uno junghismo critico*, Bompiani, Milano 1987.
Veglia F. (a cura di), *Storie di vita. Narrazione e cura in psicoterapia cognitiva*, Bollati Boringhieri, Torino 1999.
White M., Epston D., *La terapia come narrazione* (1990), Astrolabio-Ubaldini, Roma 1992.
Zannini L., *Medical humanities e medicina narrativa. Nuove prospettive nella formazione dei professionisti della cura*, Raffaello Cortina, Milano 2008.

Nascita, Trauma della, v. Trauma, § 4.

Natura (ingl. *Nature*; ted. *Natur*; fr. *Nature*; sp. *Naturaleza*). Il termine ricorre in ambito della psicologia del profondo in ordine agli istinti, all'inconscio e alla civiltà.

1. La natura e gli istinti. Per Sigmund Freud la natura è una figura ambivalente, caratterizzata da un aspetto positivo e uno negativo che si connettono da un lato all'istinto di vita e all'istinto di morte, e dall'altro alla figura della madre che, nel suo potere di generare e di uccidere, riproduce gli stessi tratti della natura. E questo perché, scrive Freud sposando la tesi di Ewald Hering, «nella sostanza vivente sono incessantemente in atto due tipi di processi di direzione opposta: i primi costruttivi o di tipo anabolico e gli altri distruttivi o di tipo catabolico. Dovremmo arrischiarci a riconoscere, in questi due orientamenti dei processi vitali, l'attività dei nostri due moti pulsionali, delle pulsioni di vita e delle pulsioni di morte» (1920, p. 235).

Carl Gustav Jung dal canto suo scrive: «L'istinto è natura e vuole natura. Al contrario la coscienza non può che volere la civiltà, o la negazione di essa, e ogniqualvolta, animata da un'aspirazione alla Rousseau, cerca di ritornare alla natura, finisce con il "coltivarla". Quanto più noi apparteniamo ancora alla natura, tanto più siamo inconsci e viviamo nella sicurezza dell'istinto privo di problemi» (1930-1931, p. 417).

2. La natura e l'inconscio. La correlazione tra natura e inconscio avviene per Freud sulla base delle riflessioni di Friedrich Wilhelm Joseph Schelling, il quale concepisce la natura come una produzione inconscia che, al culmine della sua attività e creatività, perviene all'uomo e alla sua razionalità, e di Arthur Schopenhauer che concepisce la natura come una volontà irrazionale in cui si esprime la cieca pulsione che incessantemente produce vita. Come la volontà irrazionale di Schopenhauer, così l'inconscio di Freud è fuori dallo spazio e dal tempo, non rispetta il principio di non contraddizione e quello di causalità, si sottrae alla storia e al principio di individuazione, guarda all'Io come un effetto secondario della sua forza pulsionale, come il risultato biologicamente determinato nello sviluppo della storia naturale. La teoria psicoanalitica di Freud è profondamente schopenhaueriana, ed è lo stesso Freud a riconoscerlo: «Molti filosofi possono essere citati come precursori della psicoanalisi, e sopra tutti Schopenhauer, la cui "volontà" inconscia può essere equiparata alle pulsioni psichiche di cui parla la psicoanalisi» (1916, p. 663).

Jung, dopo aver detto che «la natura, l'oggetto per eccellenza, riflette tutti i contenuti del nostro inconscio che, come tali, non sono coscienti» (1912-1952, p. 118), passa a considerare la natura che è in noi, a proposito della quale scrive: «Le nostre mura razionali ci isolano dall'eternità della natura. La psicologia analitica cerca di far breccia nelle mura, scavando nell'inconscio per trarne fuori quelle immagini fantastiche che l'intelletto razionale aveva rigettate. Queste immagini sono fuori le mura, appartengono alla *natura in noi*, che in apparenza giace profondamente sepolta dentro di noi, e contro la quale ci siamo trincerati dietro le mura della ragione. Da ciò nacque quel conflitto con la natura che la psicologia analitica cerca di risolvere non con "il ritorno alla natura" di Rousseau, ma persistendo nello stadio razionale felicemente raggiunto e arricchendo la nostra coscienza con le nozioni dello spirito naturale» (1928-1931, p. 408).

3. La natura e la civiltà. Freud vede un ineludibile conflitto tra natura e civiltà a scapito della libertà e della felicità dell'uomo. Infatti scrive: «La libertà individuale non è un frutto della civiltà. Essa era massima prima che si instaurasse qualsiasi civiltà, benché in realtà a quell'epoca non avesse mai un grande valore, in quanto difficilmente un individuo era in grado di difenderla. La libertà subisce delle limitazioni a opera dell'incivilimento, e la giustizia esige che queste restrizioni colpiscano immancabilmente tutti» (1929, p. 586). È vero, prosegue Freud, «che il comando da poco raggiunto sullo spazio e sul tempo, questo assoggettamento della natura che appaga un'aspirazione vecchia di migliaia di anni, non ha aumentato la quantità di piacevole soddisfacimento che gli uomini possono aspettarsi dalla vita e non li ha resi, stando alle loro sensazioni, più felici. Dovremmo accontentarci di inferire da ciò che il potere sopra la natura non è la sola condizione della felicità umana – così come non è l'unica meta degli sforzi di incivilimento – ma non per questo dedurne che il progresso tecnico è privo di valore per l'economia della nostra felicità» (ivi, p. 579). Se poi, conclude Freud, concordiamo nel ritenere «che la parola "civiltà" designa la somma delle realizzazioni

e degli ordinamenti che differenziano la nostra vita da quella dei nostri progenitori animali, allora dobbiamo convenire che essi servono a due scopi: a proteggere l'umanità dalla natura e a regolare i rapporti degli uomini tra loro» (ivi, p. 580).

Questa tesi è condivisa anche da Jung, il quale, partendo dalla premessa secondo cui «la natura animale è una componente dell'uomo che si ribella all'opera di incivilimento a cui l'uomo si sottopone» (1912, p. 251), giunge alla conclusione che «il dilemma insolubile del rapporto civiltà-natura è sempre, in ultima analisi, un problema di quantità, di troppo o troppo poco, non un *aut aut*» (1917-1943, p. 34), perché «un eccesso di animalità svisa l'uomo civile, troppa civiltà crea animali ammalati» (ivi, p. 28), e da questo punto di vista Jung non esita a dire che «il nevrotico non è che un caso particolare di mancata unità che dovrebbe comprendere natura e civiltà» (ivi, p. 19).

Bibliografia

Böhme G., *Natura*, in Ch. Wulf (a cura di), *Cosmo, corpo, cultura. Enciclopedia antropologica* (1997), Bruno Mondadori, Milano 2002, pp. 84-110.
Changeux J.-P., Ricoeur P., *La natura e la regola. Alle radici del pensiero* (1998), Raffaello Cortina, Milano 1999.
Freud S., *Una difficoltà della psicoanalisi* (1916), in *Opere* (1967 1993), Bollati Boringhieri, Torino, vol. VIII.
–, *Al di là del principio di piacere* (1920), in *Opere*, cit., vol. IX.
–, *Il disagio della civiltà* (1929), in *Opere*, cit., vol. X.
Hering E., *Zur Lehre vom Lichtsinne*, Gerold, Wien 1878.
Jung C. G., *Vie nuove della psicologia* (1912), in *Opere* (1969-2007), Bollati Boringhieri, Torino, vol. VII.
–, *Simboli della trasformazione* (1912-1952), in *Opere*, cit., vol. V.
–, *Psicologia dell'inconscio* (1917-1943), in *Opere*, cit., vol. VII.
–, *Psicologia analitica e concezione del mondo* (1928-1931), in *Opere*, cit., vol. VIII.
–, *Gli stadi della vita* (1930-1931), in *Opere*, cit., vol. VIII.
Merleau-Ponty M., *La natura. Lezioni al Collège de France 1956-1960*, Raffaello Cortina, Milano 1996.
Pauli W., *Psiche e natura* (1952), Adelphi, Milano 2006.
Plomin R., *Natura ed esperienza* (1994), Raffaello Cortina, Milano 1998.

Nausea (ingl. *Nausea*; ted. *Übelkeit*; fr. *Nausée*; sp. *Náusea*). Sensazione di malessere avvertita a livello epigastrico e faringeo, accompagnata da contrazioni involontarie dei muscoli gastrici e da abbondante salivazione. Questa condizione, quando non dipende da cause organiche, è interpretata da Sigmund Freud come espressione fisica di un profondo sentimento di rifiuto che si manifesta con la nausea e il vomito nei casi di *isteria* (v. ISTERIA, § 1) «quando il sentimento d'insudiciamento morale produce un senso di ribrezzo fisico» (1892-1895, p. 356), e nei casi di *nevrosi d'angoscia* (v. ANGOSCIA – ANSIA, § 2, *a*): «La nevrosi d'angoscia dà luogo a pochi ma caratteristici disturbi dell'attività digestiva quali le sensazioni di vomito e di nausea» (1894, p. 160). L'interpretazione di Freud è accolta anche in ambito psicosomatico, dove Edward Weiss e O. Spurgeon English scrivono che «la nausea, quando non è sostenuta da una causa organica, può talvolta significare che il paziente "non può digerire" questa o quest'altra condizione di adattamento» (1949, p. 36).

Il sentimento della nausea è stato considerato anche in ambito filosofico da Jean-Paul Sartre, per il quale la nausea è l'esperienza emotiva della gratuità dell'esistenza che incombe nella materialità della sua massiccia presenza nella perfetta equivalenza delle possibilità esistenziali: «Tutto era pieno, tutto era in atto, non c'era intervallo, tutto, perfino il più impercettibile sussulto, era fatto con un po' d'esistenza. E tutti questi esistenti che si affaccendavano intorno all'albero non venivano da nessun posto e non andavano in nessun posto. Di colpo esistevano, e poi, di colpo non esistevano più: l'esistenza è senza memoria; di ciò che scompare non conserva nulla, nemmeno un ricordo. L'esistenza dappertutto, all'infinito, esistenza di troppo, sempre e dappertutto; l'esistenza che non è mai limitata che dall'esistenza. Mi sono lasciato andare sulla panchina, stordito, ottuso di quella profusione di esseri senza origine: dappertutto sbocci, sviluppi, le mie orecchie ronzavano d'esistenza, la mia carne stessa palpitava e si schiudeva, s'abbandonava al pullulamento universale, una cosa ripugnante» (1938, p. 179). Per Sartre la nausea non è una sensazione del soggetto, ma una sensazione che invade il soggetto e lo assorbe: «La Nausea non è in me: io la sento *laggiù* sul muro, sulle bretelle, dappertutto attorno a me. Fa tutt'uno col caffè, sono io che sono in essa» (ivi, p. 34).

Bibliografia

Fenichel O., *Trattato di psicoanalisi delle nevrosi e delle psicosi* (1945), Astrolabio, Roma 1951.
Freud S., *Studi sull'isteria (in collaborazione con Josef Breuer)* (1892-1895), in *Opere* (1967-1993), Bollati Boringhieri, Torino, vol. I.
–, *Legittimità di separare dalla nevrastenia un preciso complesso di sintomi come "nevrosi d'angoscia"* (1894), in *Opere*, cit., vol. II.
Sartre J. P., *La nausea* (1938), Einaudi, Torino 1974.
Weiss E., English O. S., *Medicina psicosomatica. Applicazione clinica della psicopatologia ai problemi generali della medicina* (1949), Astrolabio, Roma 1950.

Necessità, v. DESTINO.

Necker, Cubo di, v. CUBO, TEST DEL, § 3.

Necrofagia, v. NECROFILIA.

Necrofilia (ingl. *Necrophilia*; ted. *Nekrophilie*; fr. *Nécrophilie*; sp. *Necrofilia*). Investimento erotico di scene macabre che approda a rituali con significati funerei ricercati, contemplati e talvolta eseguiti, fino a giungere, in casi più rari, a rapporti sessuali con cadaveri. Per Erich Fromm la necrofilia va letta come la forma più radicale dell'aggressività umana che si oppone alla *biofilia* o amore per la vita. Associata a pulsioni sadiche, la necrofilia non è esente da un tratto feticistico nell'accezione del feticismo del cadavere. Rientrano in questo quadro la *necrofagia* che induce a cibarsi di cadaveri, e il *necrosadismo* che consiste nella mutilazione e nello scempio dei cadaveri con cui si sono avuti in precedenza rapporti.

Bibliografia

Callieri B., Semerari A., *Contributo psicopatologico al problema della necrofilia*, in "Sessuologia", 1966, n. 1.

Epaulard A., *Vampirisme, nécrophilie, nécrosadisme*, A. Storck, Lyon 1901.

Fromm E., *Psicoanalisi dell'amore. Necrofilia e biofilia nell'uomo* (1964), Newton Compton, Roma 1971.

–, *Anatomia della distruttività umana* (1973), Mondadori, Milano 1975.

Spoerri Th., *Nekrophilie. Strukturanalyse eines Falles*, S. Karger, Basel 1959.

Necrofobia (ingl. *Necrophobia*; ted. *Nekrophobie*; fr. *Nécrophobie*; sp. *Necrofobia*). Fobia per i cadaveri che può estendersi a tutto ciò che ha attinenza con la morte.

Necrosadismo, v. NECROFILIA.

Need, v. BISOGNO.

Negativismo (ingl. *Negativism*; ted. *Negativismus*; fr. *Négativisme*; sp. *Negativismo*). Tratto frequente nelle forme di CATATONIA (v.) evidenziato da Eugen Bleuler e da lui caratterizzato come negativismo *passivo* quando il soggetto oppone resistenza all'esecuzione di un comportamento, *attivo* quando esegue comportamenti antitetici e opposti, *intellettivo* quando il soggetto, dopo aver formulato un'idea, pensa subito a quella contraria (v. AUTOMATISMO, § 1). Carl Gustav Jung così riassume quelle che, per il suo maestro Bleuler, sono le «cause predisponenti dei fenomeni negativistici: 1) l'*ambivalenza* che suscita contemporaneamente ad ogni impulso un controimpulso; 2) l'*ambitendenza* che alla medesima idea dà due contrastanti tonalità affettive, e fa pensare lo stesso pensiero contemporaneamente in modo positivo e negativo; 3) la *dissociazione schizofrenica*, la quale impedisce che da psichismi contraddittori e coesistenti venga tirata una conclusione» (1911-1960, p. 203). Ricondotte queste cause al più ampio fenomeno della RESISTENZA (v.), Jung fa notare a Bleuler che «la psicoanalisi ha dimostrato a sufficienza che la resistenza non è mai arbitraria o senza senso, e quindi anche che non si verificano dei giochi di contrasto puramente casuali. Il carattere sistematico della resistenza vale anche per la schizofrenia» (ivi, p. 204). Il rilievo ha un'importanza storica perché segna la prima applicazione del metodo analitico al campo delle manifestazioni psicotiche.

Il termine "negativismo" ricorre talvolta anche nell'ambito della psicologia evolutiva in riferimento al rifiuto sistematico del bambino alle richieste dell'adulto (v. RIFIUTO), interpretato da Erik Homburger Erikson come funzionale alla costruzione dell'identità personale.

Bibliografia

Bleuler E., *Trattato di psichiatria* (1911-1939, aggiornato da M. Bleuler dal 1940 al 1960), Feltrinelli, Milano 1967.

Erikson E. H., *Infanzia e società* (1950), Armando, Roma 1968.

Jung C. G., *Critica a Bleuler, "Teoria del negativismo schizofrenico"* (1911), in *Opere* (1969-2007), Bollati Boringhieri, Torino, vol. III.

Negazione (ingl. *Negation*; ted. *Verneinung*; fr. *Dénigation*; sp. *Negación*). Termine psicoanalitico introdotto da Sigmund Freud per indicare quella modalità per cui contenuti rimossi possono accedere alla coscienza alla sola condizione di essere negati con proposizioni che, stando agli esempi riportati da Freud, dicono: «Ora Lei penserà che io voglia dire qualche cosa di offensivo, ma in realtà non ho questa intenzione», oppure: «Lei domanda chi possa essere questa persona del sogno. *Non* è mia madre». A commento Freud scrive: «Il contenuto rimosso di una rappresentazione o di un pensiero può dunque penetrare nella coscienza a condizione di lasciarsi *negare*. La negazione è un modo di prendere conoscenza del rimosso, in verità è già una revoca della rimozione, non certo però un'accettazione del rimosso. Si vede come la funzione intellettuale si scinde qui dal processo affettivo. Con l'aiuto della negazione viene annullata soltanto una conseguenza del processo di rimozione, quella per cui il contenuto della rappresentazione interessata non giunge alla coscienza. Ne risulta una sorta di accettazione intellettuale del rimosso, pur persistendo l'essenziale nella rimozione» (1925, pp. 197-198). Freud distingue la negazione (*Verneinung*) dal diniego (*Verleugnung*), che è invece un rifiuto a riconoscere esperienze penose, impulsi, dati di realtà o aspetti di sé (v. DINIEGO).

Bibliografia

Cohen S., *Stati di negazione. La rimozione del dolore nella società contemporanea* (2001), Carocci, Roma 2002.

Freud S., *La negazione* (1925), in *Opere* (1967-1993), Bollati Boringhieri, Torino, vol. X.

Negligenza (ingl. *Negligence*; ted. *Nachlässigkeit*; fr. *Négligence*; sp. *Negligencia*). Scarsa applicazione nell'esecuzione di un compito per il quale non si è motivati o si prova un rifiuto latente. La negligenza, frequente nell'età evolutiva, può dipendere o dalle difficoltà che l'adolescente incontra nel suo processo di crescita, o dal fatto che gli scopi o i modelli proposti non sono avvertiti come sintonici con i propri ideali o con la struttura profonda della propria personalità.

Negligenza spaziale unilaterale (NSU) (ingl. *Hemispatial neglect*; ted. *Visueller Neglect*; fr. *Négligence spatiale unilatérale*; sp. *Negligencia espacial unilateral*). Incapacità di orientare l'attenzione nell'emispazio sinistro e di avere una percezione o una rappresentazione del corrispondente spazio corporeo ed extracorporeo da parte di soggetti che hanno subìto una lesione nell'emisfero destro. Detta negligenza non si registra nel caso di lesioni nell'emisfero sinistro, perché è l'emisfero destro quello specializzato nella percezione e organizzazione dello spazio e nell'attenzione. Per effetto di questa negligenza il paziente tende a non usare gli arti di sinistra, a non percepire gli stimoli provenienti da sinistra, per cui, ad esempio, tende a mangiare solo quel che c'è nella parte destra del piatto. Il deficit sembra riguardare unicamente l'orientamento automatico dell'attenzione (quello per cui si rivolgono istintivamente gli occhi dalla parte in cui si avverte lo stimolo) e non l'attenzione volontaria, per cui sono possibili miglioramenti della negligenza spaziale con un esercizio che impegna a rivolgere l'attenzione allo spazio normalmente trascurato. Spesso, connessa a detta negligenza, è l'*anosognosia*, ossia l'incapacità di riconoscere il deficit percettivo della parte sinistra del proprio corpo, dovuta alla maggior rilevanza che le cortecce somatosensoriali dell'emisfero destro hanno rispetto a quelle corrispondenti nell'emisfero sinistro. Questa scarsa consapevolezza della propria infermità riduce nel paziente la motivazione ad applicarsi a terapie riabilitative.

Negoziazione, v. TRATTATIVA.

Neoencefalo, v. ENCEFALO, § 2, *c*.

Neofasia (ingl. *Neophasia*; ted. *Neophasie*; fr. *Néophasie*; sp. *Neofasia*). Creazione di un linguaggio esclusivamente personale caratterizzato da conglomerati fonetici, grammaticali e sintattici che non hanno riscontro nella lingua abitualmente parlata e con ricorrenza frequente di neologismi (v. NEOLOGISMO) impiegati nel tentativo di rendere ciò che al soggetto, solitamente schizofrenico, sembra impossibile esprimere nella lingua abituale.

Neofrenia (ingl. *Neophrenia*; ted. *Neophrenie*; fr. *Néophrénie*; sp. *Neofrenia*). Termine introdotto da Karl Ludwig Kahlbaum che, adottando come criterio di classificazione delle malattie mentali l'età del soggetto, distingueva la *neofrenia* o follia dell'infanzia, l'*ebefrenia* o follia dell'adolescenza, oggi rubricata come una delle forme di SCHIZOFRENIA (v. § III, 2), e la *presbiofrenia* o follia della vecchiaia. Quest'ultima espressione è stata adottata anche da Carl Wernicke per indicare una forma particolare di demenza senile (v. DEMENZA, § III).

Bibliografia

Kahlbaum K. L., *Die Gruppierung der psychischen Krankheiten*, Kafemann, Danzig 1863.

Wernicke C., *Grundriss der Psychiatrie in klinischen Vorlesungen*, Thieme, Leipzig 1894.

Neologismo (ingl. *Neologism*; ted. *Neologismus*; fr. *Néologisme*; sp. *Neologismo*). Conio di nuove parole per esprimere in modo adeguato nuove nozioni. Di rilevanza psicologica è il neologismo che caratterizza il linguaggio schizofrenico, il quale, attraverso la combinazione di parole che fanno riferimento a cose tra loro eterogenee, è adottato per esprimere, con una simbologia personale ed esclusiva, l'inafferrabilità di esperienze altrimenti inesprimibili. Karl Jaspers ritiene che «a seconda della loro genesi, sono individuabili quattro gruppi di neologismi: 1) vengono formate *intenzionalmente* parole nuove per indicare sensazioni o cose per le quali il linguaggio non ha parole. Questi termini tecnici di creazione propria sono in parte parole del tutto nuove, etimologicamente incomprensibili; 2) avvengono *senza intenzione*, specialmente nella fase acuta, formazioni di nuove parole, che poi sono usate secondariamente come indicazioni, e si trasferiscono nello stato cronico. Alla domanda "che cosa significa" la risposta è che "le parole vengono in mente così, senza alcuna spiegazione" [...]; 3) i neologismi sono dati ai malati come *contenuti allucinatori*. I malati, in questo caso, come nel precedente, spesso sono meravigliati di queste parole strane a loro stessi ignote [...]; 4) si hanno produzioni di *suoni articolati* a cui probabilmente gli stessi malati non collegano alcun senso. Non si tratta più di forme linguistiche, ma solo di residui linguistici il cui significato è del tutto scomparso» (1913-1959, pp. 316-317).

Alla base della creazione di neologismi, anche nel caso del linguaggio schizofrenico, sta la necessità di riempire un vuoto semantico attraverso procedure che sfruttano *a*) o l'*alone semantico* che ogni parola porta con sé, *b*) o il *significato dominante* di una parola impiegato in contesti che richiederebbero l'uso di significati derivati, *c*) o *i prefissi o i suffissi* delle parole utilizzati per creare rime o similitudini, le quali fanno riferimento a processi associativi che intervengono nell'esposizione del pensiero principale. In quest'ultimo caso il neologismo sarebbe l'esito di un disturbo dell'attenzione che non farebbe scattare l'inibizione progressiva e istantanea delle associazioni irrilevanti al concetto che si sta esprimendo. Una buona conoscenza del paziente schizofrenico consente non di rado di comprendere i neologismi impiegati.

Bibliografia

Chapman L. J., Chapman J. P., Miller G. A., *A theory of verbal behaviour in schizophrenia*, in "Progress in Experimental Personality Research", 1964, n. 1.

Jaspers K., *Psicopatologia generale* (1913-1959), Il Pensiero Scientifico, Roma 2000.

Maher B. A., *The language of schizophrenia. A review and interpretation*, in "British Journal of Psychiatry", 1972, n. 120.

Neoplasia, v. IPERPLASIA – IPOPLASIA.

Nervosa, Conduzione, v. CONDUZIONE NERVOSA.

Nervoso, Esaurimento, v. ESAURIMENTO NERVOSO.

Nervoso, Sistema (ingl. *Nervous system*; ted. *Nervensystem*; fr. *Système nerveux*; sp. *Sistema nervioso*). Complesso di organi interessati alla coordinazione e al controllo delle funzioni della vita vegetativa, di relazione e psichica. Se si considera la comparsa e l'evoluzione di tale sistema nella filogenesi (v. FILOGENESI – ONTOGENESI), si vede che già gli organismi unicellulari (protozoi), pur essendo privi di apparato nervoso, possiedono un protoplasma dove sono presenti due funzioni che sono fondamentali nel sistema nervoso: la funzione *recettiva* o sensibilità agli stimoli (v. RECETTORE) e la funzione *effettrice* o capacità di reazione (v. AFFERENTE – EFFERENTE, NERVO).

Il vero inizio del sistema nervoso è nel *reticolo nervoso* che si trova nei celenterati, come i polipi, dove cellule specializzate dette *neuroni* (v. NEURONE) sono diffuse irregolarmente negli strati superficiali del corpo. Stimolando una parte qualunque del reticolo nervoso, l'impulso si diffonde producendo una contrazione muscolare localizzata nella zona in cui i neuroni sono attivati. Man mano che si sale nella scala zoologica, incomincia a individuarsi la *catena bineuronica* formata da due elementi nervosi differenziati e articolati fra loro: la cellula nervosa di *senso* e la cellula nervosa di *moto* che collegano una zona di superficie a un dato effettore.

Negli *invertebrati* si assiste a una progressiva *centralizzazione* dovuta al raggrupparsi di cellule nervose in modo da costituire masse più o meno circoscritte, situate sempre più in profondità e collegate da una parte alle cellule recettrici rimaste alla superficie e dall'altra agli organi effettori. Ogni segmento del corpo dell'animale è provvisto internamente di un *ganglio* centrale dove sono raccolte le cellule nervose di moto. Al ganglio pervengono i prolungamenti (fibre nervose) delle cellule nervose di senso situate superficialmente, e da esse si dipartono le fibre nervose dirette alle cellule muscolari. Nel ganglio sono inoltre presenti cellule intermedie che connettono i gangli in catena.

Nei *vertebrati*, in luogo dei gangli, compare un vero e proprio cordone continuo di tessuto nervoso, il MIDOLLO SPINALE (v.), in cui si trovano le cellule preposte all'innervazione dei singoli segmenti del corpo. Nei centri superiori, invece del primitivo ganglio cefalico, si trova un organo complesso, l'ENCEFALO (v.), che, elaborando le informazioni ricevute, governa l'attività delle varie parti. Le formazioni superiori del sistema tendono ad evocare a sé la coordinazione e l'integrazione delle funzioni delle formazioni inferiori più antiche e a facilitare, attenuare o impedire le reazioni locali. Sempre nell'evoluzione dei vertebrati si distingue un *sistema nervoso vegetativo*, preposto alle funzioni dei visceri, che permette all'organismo di realizzare sempre meglio l'OMEOSTASI (v.), ossia la stabilità delle funzioni fondamentali indipendentemente dalle condizioni ambientali, accentuando l'autonomia dell'organismo rispetto all'ambiente. Si è soliti suddividere il sistema nervoso in:

1. SISTEMA NERVOSO CENTRALE O NEVRASSE (SNC). Comprende il *midollo spinale* e l'*encefalo*, dai quali si originano rispettivamente i nervi spinali e i nervi cranici. Detto anche *sistema nervoso della vita di relazione*, in quanto presiede ai rapporti dell'organismo con il mondo esterno, il sistema nervoso centrale è collegato con le diverse parti del corpo tramite i nervi che sono connessi con gli organi della sensibilità (recettori cutanei, orecchio, occhio, papille del gusto, dell'olfatto ecc.) e con gli organi della motricità volontaria che sono i muscoli scheletrici. Detto sistema provvede alla recezione degli stimoli provenienti dall'ambiente, alla trasmissione degli impulsi nervosi da essi suscitati fino ai centri superiori (messaggio nervoso), all'elaborazione di tali impulsi (percezione), all'invio di impulsi effettori o di comando dai centri fino ai muscoli. L'evoluzione del sistema nervoso centrale

raggiunge nell'uomo un grado assai elevato che va al di là delle semplici esigenze di un adattamento biologico all'ambiente, fino a consentire attività libere dal determinismo delle sollecitazioni esterne come il pensiero, la volontà e gli affetti.

2. Sistema nervoso autonomo o vegetativo (SNA). Comprende l'*ortosimpatico*, il *parasimpatico* e il *metasimpatico*, detto anche sistema nervoso enterico (v. Simpatico, Sistema nervoso). Da esso originano i nervi simpatici o vegetativi che lo collegano agli organi viscerali del corpo, da cui il SNA riceve i messaggi che segnalano lo stato del loro funzionamento e a cui invia impulsi effettori che ne governano le funzioni. Regolando i rapporti con l'ambiente interno corporeo, il sistema autonomo ha importanza, dal punto di vista psicologico, per quanto concerne il suo intervento nei processi della vita istintiva, emotiva, nelle affezioni psicosomatiche e in altre sintomatologie.

3. Sistema nervoso periferico (SNP). In esso si raggruppano i nervi che provengono dal midollo spinale, dal tronco encefalico e dal sistema nervoso autonomo. La sua funzione è la Conduzione nervosa (v.) dai centri del sistema nervoso centrale verso la periferia nelle fibre che presiedono alla Motricità (v.), e dalla periferia verso i centri superiori nelle fibre che presiedono alla Sensibilità (v.).

Oltre agli elementi funzionali specifici, il sistema nervoso è corredato anche di un tessuto di sostegno detto *nevroglia* (o *cellule gliali* o *glia*) che svolge principalmente tre funzioni: nutrizione, isolamento nei riguardi della conduzione nervosa, riparazione dei fatti distruttivi. Le cellule nervose, infatti, possono essere solo limitatamente sostituite e, ad ogni perdita, si forma una cicatrice del tessuto di sostegno.

Bibliografia

Biondi M., Talamonti F., *Sistema nervoso e sistema immunitario*, in G. B. Cassano, P. Pancheri *et al.* (a cura di), *Trattato italiano di psichiatria* (1992), Masson, Milano 1999, vol. I, pp. 347-370.

Nervo vago (ingl. *Vagus nerve*; ted. *Nervus Vagus*; fr. *Nerf vague*, sp. *Nervio vago*). Il nervo vago è il decimo nervo cranico che riveste una particolare importanza nella sezione parasimpatica del sistema nervoso autonomo. Esce dal midollo allungato, attraversa il collo e il torace, raggiungendo l'addome. Invia rami verso la laringe, la faringe, la trachea, il cuore, i polmoni e l'apparato digerente. Stimola la produzione dell'acido gastrico, l'attività della colecisti, i movimenti dello stomaco e dell'intestino durante la digestione, oltre a determinare il restringimento dei bronchi e il rallentamento della frequenza cardiaca. Nell'ambito della Neurobiologia interpersonale (v.) Daniel J. Siegel scrive che «il nervo vago comprende un antico ramo dorsale, non mielinizzato, coinvolto nelle reazioni difensive di immobilizzazione che si attivano in presenza di pericolo di vita o di danno inevitabile, e una sezione più recente, ventrale, che interviene nel sistema di coinvolgimento sociale» (2012, p. 60).

Bibliografia

Siegel D. J., *Mappe per la mente. Guida alla neurobiologia interpersonale* (2012), Raffaello Cortina, Milano 2014.

Neurilemma, v. Mielina.

Neurite, v. Neurone.

Neurobiologia (ingl. *Neurobiology*; ted. *Neurobiologie*; fr. *Neurobiologie*; sp. *Neurobiología*). Disciplina che studia la biologia del sistema nervoso. Oggi questo settore disciplinare è ricompreso nel più vasto campo dischiuso dalle Neuroscienze (v.) che, oltre agli aspetti biologici, studiano gli aspetti molecolari, cellulari, strutturali, funzionali, evoluzionistici, computazionali e medici del sistema nervoso, fino al funzionamento complessivo del cervello tramite l'utilizzo di tecniche di neuroimmagine funzionale (v. Diagnosi, § 5).

Neurobiologia interpersonale (ingl. *Interpersonal neurobiology*; ted. *Interpersonelle Neurobiologie*; fr. *Neurobiologie interpersonelle*; sp. *Neurobiología interpersonal*). Ambito disciplinare che ha come oggetto di studio le interazioni tra esperienze personali e strutture e funzioni del cervello, allo scopo di comprendere come i processi interpersonali plasmano lo sviluppo della mente, che quindi non dipende esclusivamente da meccanismi biochimici, geneticamente determinati e scarsamente influenzati dalle esperienze dell'individuo. Questa impostazione, che evita l'errore di risolvere la mente nel cervello (v. Mente, § 4), si avvale dei contributi di ogni disciplina scientifica con un approccio basato sulla *consilienza* che Daniel J. Siegel definisce come «la convergenza di conoscenze provenienti da differenti campi del sapere, che indicano come la mente emerga dalla sostanza del cervello e sia plasmata dalle comunicazioni che si stabiliscono all'interno delle nostre relazioni interpersonali» (2012a, p. 1). Le conoscenze derivanti da questo nuovo approccio, che ha il suo maggior centro di ricerca nell'University of California di Los Angeles (UCLA), oltre a esplorare il ruolo delle esperienze interpersonali nel plasmare i circuiti cerebrali, illustrano le interazioni tra connessioni neuronali e interpersonali nella prima infanzia, descrivono come forme di attaccamento non ottimali possono originare problemi di memoria, di autoregolazione e di regolazione delle emozioni, spiegano le modalità con cui le relazioni con gli altri alimentano i processi di integrazione e lo sviluppo della mente nel corso dell'esistenza, attraverso percorsi che approfondiscono le tematiche dell'epigenetica (v. GENETICA, § 3), della MINDFULNESS (v.), della MINDSIGHT (v.) e dei correlati neuronali della coscienza. I risultati finora conseguiti dalla neurobiologia interpersonale trovano applicazione nella vita personale e in diversi ambiti professionali, con l'obiettivo di favorire lo sviluppo di una mente sana, di un cervello integrato e di relazioni empatiche.

Bibliografia

Bateman A., Fonagy P., *Il trattamento basato sulla mentalizzazione. Psicoterapia con il paziente borderline* (2004), Raffaello Cortina, Milano 2006.
Damasio A. R., *L'errore di Cartesio. Emozione, ragione e cervello umano* (1994), Adelphi, Milano 1995.
Kandel E. R., *Alla ricerca della memoria. La storia di una nuova scienza della mente* (2006), Codice, Torino 2007.
Main M., *L'attaccamento. Dal comportamento alla rappresentazione*, Raffaello Cortina, Milano 2008.
Siegel D. J., *Mindsight. La nuova scienza della trasformazione personale* (2010), Raffaello Cortina, Milano 2011.
–, *La mente relazionale. Neurobiologia dell'esperienza interpersonale* (2012a), Raffaello Cortina, Milano 2013.
–, *Mappe per la mente. Guida alla neurobiologia interpersonale* (2012b), Raffaello Cortina, Milano 2014.
Simpson J. A., Belsky J., *La teoria dell'attaccamento nella moderna teoria evoluzionistica* (2008), in J. Cassidy, Ph. R. Shaver (a cura di), *Manuale dell'attaccamento. Teoria, ricerca e applicazioni cliniche* (2008), Fioriti, Roma 2010.
Slingerland E., Collard M. (a cura di), *Consilience. Integrating the sciences and humanities*, Oxford University Press, New York 2011.

Neurochimica, v. PSICOCHIMICA.

Neurochirurgia, v. PSICOCHIRURGIA.

Neuroeconomia (ingl. *Neuroeconomics*; ted. *Neuroökonomie*; fr. *Neuroéconomie*; sp. *Neuroeconomía*). Settore delle neuroscienze che studia come funziona la mente in relazione alle decisioni e alle soluzioni dei problemi economici. Questa disciplina, introdotta da Amos Tversky e Daniel Kahneman, è interdisciplinare perché si avvale dei contributi di diverse scienze, quali la neurologia, la psicologia, la matematica, oltre naturalmente l'economia. In anni recenti ha fatto notevoli progressi grazie alla rappresentazione visiva delle funzioni cerebrali (*brain imaging*; v. DIAGNOSI, § 5) che hanno consentito di verificare come si comporta il cervello durante i processi decisionali (v. DECISIONE). La conclusione a cui è pervenuta l'analisi neuroeconomica è che le decisioni e le scelte in questo ambito, oltre che su base razionale, avvengono su processi neuronali automatici spesso più numerosi di quelli controllati. E ciò accade perché quando si è in presenza di un eccesso di informazioni, per risparmiare risorse cognitive e accelerare i processi decisionali, il cervello attiva i processi automatici condizionati da parti del cervello antico, come l'amigdala o il nucleo accumbens, che sono alla base delle decisioni istintive, rispetto a quelle controllate dai processi razionali attivati dal cervello recente. Questi ultimi sono regolati dalla consapevolezza e promossi dalla volontà, mentre quelli automatici: se sono cognitivi si affidano a esperienze pregresse, se invece sono affettivi avvengono inconsciamente al di fuori di ogni controllo razionale. Ad analoghe conclusioni sono giunti gli studi di *neuromarketing* (v. PSICOLOGIA COMMERCIALE) e di *neuromanagement* (v. ORGANIZZAZIONE, § 2). Queste scoperte mettono in discussione le basi dell'economia classica, secondo la quale le decisioni in campo economico avvengono su base razionale.

Alla neuroeconomia si affianca la *psicoeconomia*, che studia i correlati psicologici delle decisioni economiche che ogni individuo si trova ad assumere nel corso della propria vita, le determinanti del comportamento economico, le condotte dei produttori, dei consumatori, dei contribuenti e dei risparmiatori considerate in ordine alla razionalità e alla capacità di previsione e di decisione, nonché gli effetti psicologici della pubblicità sui bambini, la disuguaglianza di reddito tra uomini e donne in ordine all'autostima, l'effetto del primo reddito nella costruzione di una psicologia adulta e il comportamento economico delle famiglie e del consumatore maturo.

Bibliografia

Antonietti A., Balconi M. (a cura di), *Mente ed economia. Come psicologia e neuroscienze spiegano il comportamento economico*, il Mulino, Bologna 2008.
Kahneman D., Tversky A., *Prospect theory. An analysis of decision under risk*, in "Econometrica", 1979, n. 47 (2), pp. 263-291.
–, *Choices, values and frames*, in "American Psychologist", 1984, n. 39, pp. 341-350.
Ferretti R., Rubaltelli E., Rumiati R., *La mente finanziaria. Economia e psicologia al servizio dell'investitore*, il Mulino, Bologna 2011.
Gabrielli G., *Il neuromanagement*, in V. Russo, *Psicologia della comunicazione e neuroscienze*, Pearson, Milano 2017.
Gironde S., *La neuroeconomia. Come il cervello fa i nostri interessi*, il Mulino, Bologna 2010.
Guéguen N., *Psicologia del consumatore* (2009), il Mulino, Bologna 2010.
Lindström M., *Neuromarketing. Attività cerebrale e comportamenti d'acquisto* (2008), Apogeo, Milano 2009.
Russo V., *Psicologia della comunicazione e neuroscienze*, Pearson, Milano 2017.
Santori S., *Neuroeconomia in azione. Capire e padroneggiare i processi mentali per prendere decisioni consapevoli*, Bruno Editore, Roma 2011.

Spaltro E., *Psicologia economica*, Etas Kompass, Milano 1974.
Tversky A., *Elimination by aspects. A theory of choice*, in "Psychological Review", 1972, n. 79, pp. 281-299.
Tversky A., Shafir E., *Choice under conflict. The dynamics of deferred decision*, in "Psychological Science", 1992, n. 3, pp. 358-361.
Webley P., Burgoyne C. B., Lea S. E. G., Young B. M., *Psicologia economica della vita quotidiana* (2001), il Mulino, Bologna 2004.
Wolff J., *Psychologie économique*, Economica, Paris 1996.

Neuroendocrinologia, v. ENDOCRINO, SISTEMA, § 10.

Neuroetica (ingl. *Neuroethics*; ted. *Neuroethik*; fr. *Neuroéthique*; sp. *Neuroética*). Ambito di studi sugli orizzonti aperti dalle neuroscienze che hanno avuto implicazioni e rilevanti ricadute etiche, sociali, pedagogiche e legali. Sembra infatti che le nostre scelte morali non dipendano esclusivamente dalle nostre riflessioni, così come le nostre credenze siano influenzate non solo dalla nostra cultura, ma anche dall'architettura della nostra mente su cui non abbiamo alcun controllo. Di fronte a questo dato di fatto si è aperto un dibattito tra scienziati e filosofi allo scopo di ridefinire i concetti di coscienza, autocoscienza, persona, scelta, libertà, responsabilità che, a seguito delle ricerche sulle basi cerebrali della vita mentale, non sono più interamente riconducibili alle definizioni tradizionali che poco concedevano ai condizionamenti genetici, ambientali e neuronali che lo sviluppo delle neuroscienze hanno portato alla luce.

All'interno della neuroetica si è aperto un acceso dibattito relativo allo statuto di questa disciplina onde stabilire se questo ambito di studi debba configurarsi come *etica delle neuroscienze* che riguarda l'analisi delle applicazioni delle neuroscienze, o come *neuroscienze dell'etica* che vertono sull'indagine metaetica. Rispetto a queste due possibilità, tematizzate dalla neuroscienziata Adina Roskies, Andrea Lavazza chiarisce che «il terreno specifico della neuroetica dovrebbe attenere alla riflessione circa ciò che apprendiamo su noi stessi e il nostro "funzionamento" grazie principalmente (ma non esclusivamente) alle neuroscienze. In altre parole, è la naturalizzazione forte dell'indagine sull'essere umano a rendere pertinente una metadisciplina che si occupi dell'ambito multidisciplinare descritto. A essere oggetto di studio per il suo carattere nuovo e controverso, quindi, non sarebbe ciò che possiamo fare, ma ciò che sappiamo o che crediamo attendibilmente di sapere» (2011, p. 26).

Bibliografia

Cerroni A., Rufo F. (a cura di), *Neuroetica. Tra neuroscienze, etica e società*, Utet, Torino 2009.
Churchland P. S., *Neurobiologia della morale* (2011), Raffaello Cortina, Milano 2012.
De Caro M., Lavazza A., Sartori G. (a cura di), *Siamo davvero liberi? Le neuroscienze e il mistero del libero arbitrio*, Codice, Torino 2010.
–, *Quanto siamo responsabili? Filosofia, neuroscienze e società*, Codice, Torino 2013.
Lavazza A., Sartori G. (a cura di), *Neuroetica. Scienze del cervello, filosofia e libero arbitrio*, il Mulino, Bologna 2011.
Levy N., *Neuroetica. Le basi neurologiche del senso morale* (2007), Apogeo, Milano 2009.
Roskies A. L., *Neuroethics for the new millenium*, in "Neuron", 2002, n. 35, pp. 21-23.
Roskies A. L., Nichols S., *Bringing moral responsibility down to earth*, in "Journal of Philosophy", 2008, n. 105, pp. 371-388.
Searle J. R., *Libertà e neurobiologia. Riflessioni sul libero arbitrio, il linguaggio e il potere politico* (2004), Bruno Mondadori, Milano 2005.

Neurofisiologia (ingl. *Neurophysiology*; ted. *Neurophysiologie*; fr. *Neurophysiologie*; sp. *Neurofisiología*). Disciplina che studia, mediante tecniche elettrofisiologiche, la fisiologia del sistema nervoso a livello di cellule, tessuti e circuiti nervosi di collegamento tra le diverse strutture. Non di rado questa disciplina si estende anche allo studio del comportamento di cavie con lesioni subcorticali o di individui sottoposti a interventi chirurgici allo scopo di individuare aree con funzioni vitali o cognitive stimolando l'encefalo con elettrodi. Quando la neurofisiologia, che ha come suo specifico ambito di competenza lo studio del sistema nervoso in sé, si estende anche allo studio del comportamento si sovrappone nei metodi e negli intenti alla psicologia fisiologica (v. PSICOFISIOLOGIA, § 2).

Neurogenesi, v. ENCEFALO, § 3, b; PLASTICITÀ, § 3.

Neurogramma, v. ENGRAMMA.

Neuroimmagine, Tecniche di, v. DIAGNOSI, § 5.

Neuroipofisi, v. ENDOCRINO, SISTEMA, § 1, *b*.

Neurolessia (ingl. *Neurolepsy*; ted. *Neurolepsie*; fr. *Neurolépsie*; sp. *Neurolepsia*). Espressione oggi poco usata per indicare uno stato caratterizzato da IPNOSI (v.) e da blocco dei riflessi vegetativi.

Neurolettico, v. PSICOFARMACOLOGIA, § I, 1, *a*.

Neurolinguistica, v. LINGUISTICA, § 2.

Neurologia (ingl. *Neurology*; ted. *Neurologie*; fr. *Neurologie*; sp. *Neurología*). Disciplina medica che studia gli aspetti clinici e patologici della struttura e delle funzioni del sistema nervoso (v. NERVOSO, SISTEMA). Un tempo la trattazione delle malattie del sistema nervoso includeva sia le patologie della mente che le patologie organiche in un unico ambito disciplinare che prendeva il nome di "neuropsichiatria". Oggi, a causa della significativa quantità di dati e conoscenze che si sono accumulati nei due ambiti, neurologia e psichiatria sono praticate separatamente, anche se una loro collaborazione è essenziale per tutti quei disturbi psicologici che sottendono un substrato organico, come i disturbi degenerativi, infiammatori, tossici, traumatici, e in quelli connotati da sindromi psicorganiche (v. PSICORGANICA, SINDROME), come i disturbi della circolazione sanguigna, i difetti metabolici, le problematiche connesse all'alimentazione e i disturbi del linguaggio, mentre scarse sono le indicazioni che su base neurologica si possono trarre per le manifestazioni endogene come la SCHIZOFRENIA (v.) o la CICLOTIMIA (v.). Il contributo di questa scienza alla comprensione dei problemi psicologici è evidenziato con appositi paragrafi titolati "NEURO-" che compaiono nelle diverse voci di questo Dizionario.

Neuromanagement, v. ORGANIZZAZIONE, § 2.

Neuromarketing, v. PSICOLOGIA COMMERCIALE.

Neurometria (ingl. *Neurometry*; ted. *Neurometrie*; fr. *Neurométrie*; sp. *Neurometría*). Tecnica che misura le fluttuazioni di voltaggio delle correnti elettriche del cervello, nonché le oscillazioni temporalmente sincronizzate con gli stimoli ambientali. Dalla descrizione elettroencefalografica è possibile estrarre, mediante tecniche computerizzate, dette oscillazioni, definite POTENZIALI EVOCATI (v.), o potenziali correlati a un evento (ERP: *Event Related Potentials*).

Bibliografia

Mecacci L. (a cura di), *Tecniche psicofisiologiche*, Zanichelli, Bologna 1982.

Neurone (ingl. *Neuron*; ted. *Neuron*; fr. *Neurone*; sp. *Neurona*). Cellula specializzata che costituisce l'unità basilare del sistema nervoso (v. NERVOSO, SISTEMA). Nel suo schema fondamentale è costituita da un *corpo cellulare* che contiene il nucleo, da filamenti ramificati che emergono dal corpo cellulare e sono denominate *dendriti*, da un unico prolungamento detto *assone* (detto anche *neurite* o *cilindrasse*) che quando si prolunga in una *fibra nervosa* si può rivestire, dopo un certo decorso, di un manicotto lipidico di sostanze isolanti detto MIELINA (v.). La *guaina mielinica* che circonda l'assone, avendo un effetto isolante, fa sì che la velocità di conduzione di un impulso sia maggiore rispetto ai neuroni privi di mielina. La velocità con cui un impulso passa lungo un assone può essere anche di 150 metri al secondo per gli assoni mielinici di grande diametro, oppure di 0,5/10 metri al secondo per assoni amielinici di diametro inferiore. L'involucro di mielina è prodotto da cellule gliali circostanti e, a intervalli regolari, viene interrotto dai *nodi di Ranvier*. Un insieme di neuroni interconnessi tra loro prende il nome di RETE NEURONALE (v.), costituita da un gruppo di neuroni, i cui diversi fattori di produzione o di segnalazione definiscono un circuito riconoscibile. L'interfaccia, attraverso cui i neuroni interagiscono tra loro, è costituita da *dendriti*, che sono la linea di entrata della connessione al neurone che, tramite le sinapsi, si collega ad altri neuroni, e da un *assone*, che poi si suddivide in ramificazioni terminali, le quali a loro volta terminano in bottoni terminali o sinaptici, che sono la linea di uscita del neurone.

Si distinguono i neuroni di *senso* che portano le informazioni al cervello a partire dagli organi di senso, i neuroni di *moto* che portano le informazioni dal cervello ai muscoli, e i neuroni di *connessione* (interneuroni o neuroni associativi) che collegano i due tipi di neuroni nel sistema nervoso centrale. Lo stimolo che giunge al neurone deve essere sufficientemente intenso da produrre un impulso, cioè deve essere al di sopra della soglia di risposta, oltrepassata la quale l'impulso non subisce alcun indebolimento nel suo percorso fino al punto terminale dell'assone. L'intensità dell'impulso

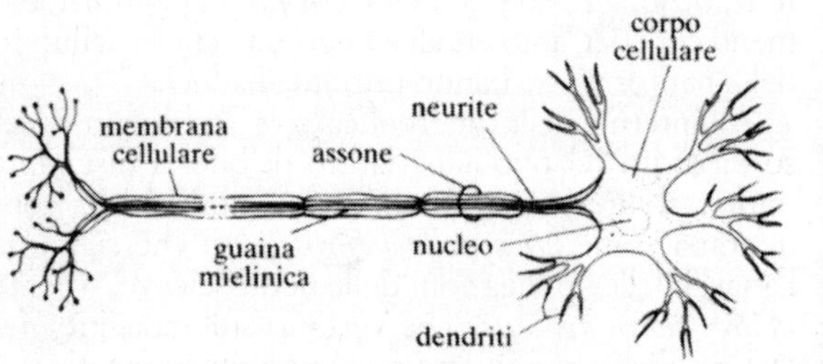

Rappresentazione schematica di una cellula nervosa.

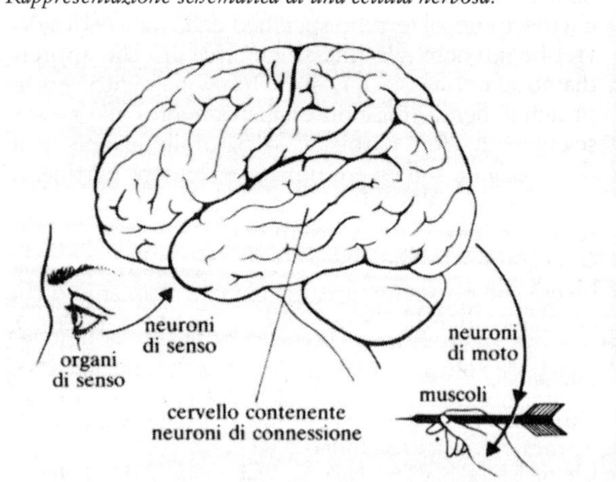

Esempio dell'uso dei neuroni di senso, di moto e di connessione.

lungo l'assone non varia mai, in quanto è presente o manca del tutto. Questo fenomeno è noto come legge del tutto o del nulla (v. AZIONE, § 2, *a*).

A ogni attivazione segue un periodo di refrattarietà assoluta di uno o due millesimi di secondo, durante il quale nessun altro impulso ha la possibilità di passare, qualsiasi sia l'intensità dello stimolo. Segue un periodo di refrattarietà relativa in cui il neurone può essere attivato solo grazie a stimoli intensi con soglia di risposta più alta del solito. La conduzione di qualsiasi messaggio avviene sotto forma di impulsi nervosi, ma la loro interpretazione dipende dalla zona del cervello che riceve il messaggio, che in una parte potrebbe essere interpretato come una macchia di luce, in un'altra come un suono. Le connessioni tra i singoli neuroni avvengono attraverso le SINAPSI (v.), termine che indica il rapporto di contiguità tra i bottoni terminali di un neurite o di una fibra nervosa appartenente a un determinato neurone e le dendriti o il corpo cellulare di un altro neurone. Tra i neuroni non vi è dunque continuità diretta.

Gli assoni dei neuroni di moto che terminano nei muscoli finiscono con una serie di ramificazioni a loro volta terminanti in *placche motrici*, ciascuna delle quali è collegata a una singola fibra muscolare. Un impulso a una placca motrice determina la contrazione del muscolo. Da queste giunzioni neuromuscolari dipendono le migliaia di risposte possibili a seconda del muscolo stimolato. Le attività fisiche provocate dalla stimolazione dei muscoli da parte dei nervi sono dette *risposte motorie* (v. MOTRICITÀ).

Neuroni specchio (ingl. *Mirror neurons*; ted. *Spiegelneuronen*; fr. *Neurones miroirs*; sp. *Neuronas espejo*). Classe di neuroni, con funzioni motorie e percettive, distribuiti in diverse regioni cerebrali, che si attivano alla percezione di un comportamento altrui, caratterizzato da sequenze prevedibili che consentono alle corrispondenti aree cerebrali dell'osservatore di attivarsi in base allo stato intenzionale dell'altro. In questo modo i neuroni specchio rendono possibile la simulazione degli stati interni e l'imitazione del comportamento dell'altro. Se, ad esempio, una persona sta togliendo con un ago le spine di un riccio che ha calpestato inavvertitamente in acqua, e un'altra persona osserva la scena, qualora si studiasse la tensione dei muscoli dell'osservatore si vedrebbe che detti muscoli assumono un tono diverso rispetto al tono muscolare di base, in corrispondenza dei muscoli interessati alle punture dell'ago della persona che si sta togliendo le spine. Ciò significa che l'osservatore sta rispecchiando la situazione della persona punta dal riccio, e il suo tono muscolare si modifica, come dice il neurofisiologo Giacomo Rizzolatti, «attraverso una sorta di ponte tra l'attore e l'osservatore». La stessa cosa siamo in grado di avvertire quando in un film assistiamo a scene violente o aggressive: anche in questo caso i nostri muscoli si irrigidiscono perché risentiamo dell'azione che stiamo osservando, anche se sappiamo che è simulata.

Queste situazioni si spiegano solamente ipotizzando un meccanismo neurofisiologico che ci consente di entrare in relazione con i nostri simili. Tale meccanismo è costituito da neuroni specchio scoperti negli anni novanta nella corteccia premotoria del cervello del macaco (area F5) da un gruppo di neurofisiologi italiani (il gruppo Rizzolatti dell'Università di Parma), i quali hanno constatato che detti neuroni si attivano sia quando la scimmia *esegue* un atto motorio finalizzato, come ad esempio afferrare un oggetto, sia quando *osserva* un suo simile compiere un atto motorio analogo.

Questa scoperta ha evidenziato che, da un punto di vista funzionale, l'*esecuzione* e l'*osservazione* delle azioni sono processi strettamente correlati, e che la nostra capacità di interpretare le azioni degli altri richiede il coinvolgimento del nostro sistema motorio, cosa che distingue i neuroni specchio da altri neuroni "motori" o "sensoriali" il cui scarico è associato con l'esecuzione o con l'osservazione, ma non con entrambe. Inoltre i neuroni specchio sono attivati solo in presenza di un agente e di un oggetto su cui si agisce, mentre la presenza dell'agente senza oggetto o dell'oggetto senza agente non provoca alcuna risposta. La capacità di confrontare l'*azione* di un macaco con l'*osservazione* da parte di un altro macaco dell'azione eseguita dal suo simile lascia supporre che i neuroni specchio costituiscano un sistema neuronale che consente di mettere in relazione le azioni esterne eseguite da un proprio simile con il repertorio interno delle azioni dell'osservatore, come se l'osservazione di un'azione attivasse nell'osservatore lo stesso circuito nervoso che ne simula l'esecuzione.

I neuroni specchio sono stati descritti nella porzione rostrale della corteccia premotoria ventrale (area F5) del cervello del macaco, e successivamente individuati nel lobulo parietale inferiore, comprese le aree laterali e ventrali intraparietali, e nella corteccia premotoria dorsale e motoria primaria. Ma nonostante la vasta gamma di settori in cui i neuroni specchio sono stati individuati, la maggior parte delle ricerche si è concentrata sull'attività dei neuroni specchio nella zona F5.

Le sperimentazioni sui neuroni specchio, avviate da Giuseppe Di Pellegrino, Luciano Fadiga, Leonardo Fogassi, Vittorio Gallese e Giacomo Rizzolatti, hanno condotto ad altre scoperte, come i "neuroni audiovisivi" segnalati da Evelyne Kohler, la quale ha dimostrato che se le azioni sono accompagnate da un rumore, i neuroni specchio si attivano non solo quando la scimmia compie l'atto motorio, ma anche quando ne ascolta il rumore o lo osserva in assenza di rumore. Maria Alessandra Umiltà ha verificato che i neuroni specchio, quando entrano in azione, consentono alla scimmia sottoposta a esperimento di inferire lo scopo finale di un atto motorio precedentemente nascosto alla vista dell'animale. Nel caso che lo stesso atto motorio (prendere una banana) abbia due destinazioni diverse (mangiarla o metterla nel cesto), Fogassi e i suoi collaboratori hanno dimostrato che i neuroni specchio rispondono in maniera diversa a seconda della destinazione finale dell'atto motorio, dal che si deduce che i neuroni specchio hanno anche un valore predittivo in ordine alla finalità che l'azione persegue. Pier Francesco Ferrari ha studiato i "neuroni specchio oro-facciali" che consentono alle scimmie, invitate dal movimento delle labbra o della lingua, di entrare in relazione. Detti neuroni, denominati "comunicativi", si attivano in presenza di gesti che chiedono un rapporto, mentre non si rivelano in presenza di gesti a forte impatto emozionale, come possono essere quelli di rabbia, minaccia, paura.

Anche nell'uomo esistono analoghi neuroni specchio la cui localizzazione anatomica è rilevata dalla risonanza magnetica funzionale (fMRI) e dalla tomografia a emissione di positroni (PET), che sono tecniche la cui funzionalità è stata illustrata nella voce DIAGNOSI, § 5. Oltre alla comprensione delle azioni altrui, sembra che nell'uomo, come ha dimostrato Marco Iacoboni, il sistema specchio consenta anche la comprensione delle intenzioni che determinano le azioni. Un'altra facoltà cognitiva su cui agisce il sistema specchio è il linguaggio, sia in ordine all'aspetto semantico-sintattico-lessicale relativo alla comprensione delle parole e delle frasi che evocano nell'ascoltatore le rappresentazioni corrispondenti, sia in ordine all'aspetto fonetico-fonologico relativo alla comprensione della parola anche in assenza del suo significato (v. LINGUISTICA, § 1). Alvin M. Liberman ha formulato l'ipotesi che i costituenti ultimi del linguaggio non sono i suoni, ma gli atti motori oro-facciali, per cui il linguaggio parlato viene percepito confrontando questi atti motori con il repertorio motorio dell'ascoltatore. I neuroni specchio rivestono inoltre una particolare importanza per comprendere come il bambino, quando ancora non capisce le parole, apprende guardando i movimenti degli adulti con cui entra in risonanza e, anche quando le capisce, non apprende ad esempio un gesto atletico perché glielo si spiega a parole, ma perché, vedendolo, è in grado di imitarlo e di prepararsi all'azione, in quanto i suoi neuroni specchio risuonano. Da ultimo detti neuroni rivestono un'importanza particolare per spiegare quegli aspetti dell'INTERSOGGETTIVITÀ (v.) come la cognizione sociale e l'EMPATIA (v.), per cui, ad esempio, in presenza della sofferenza di un'altra persona entriamo in risonanza con lei fino a essere indotti ad agire per soccorrerla. E questo perché, come scrivono Rizzolatti e Corrado Sinigaglia, «la nostra possibilità di cogliere le reazioni emotive degli altri è correlata a un determinato insieme di aree caratterizzate da proprietà specchio. Al pari delle azioni, anche le emozioni risultano immediatamente condivise: la percezione del dolore o del disgusto altrui attivano le stesse aree della corteccia cerebrale che sono coinvolte quando siamo noi a provare dolore o disgusto. Ciò mostra quanto radicato e profondo sia il legame che ci unisce agli altri, ovvero quanto bizzarro sia concepire un *io* senza un *noi*» (2006, p. 4).

Lo stesso tema è ripreso, con l'invito a muoversi con prudenza in questo campo, da Daniel J. Siegel nell'ambito della sua NEUROBIOLOGIA INTERPERSONALE (v.), dove a questo proposito scrive: «I neuroni specchio rendono possibile la simulazione degli stati interni e l'imitazione del comportamento dell'altro. Il meccanismo ipotizzato per il funzionamento dei neuroni specchio è confermato da una serie di ricerche; tuttavia, alcuni studiosi ritengono che manchino ancora conferme definitive» (2012, p. 35).

Bibliografia

Craighero L., *Neuroni specchio*, il Mulino, Bologna 2010.

Dehaene S., *Coscienza e cervello. Come i neuroni codificano il pensiero* (2012), Raffaello Cortina, Milano 2014.

Di Pellegrino G. *et al.*, *Understanding motors event. A Neurophysiological study*, in "Experimental Brain Research", 1992, n. 91, pp. 176-180.

Fadiga L. *et al.*, *Speech listening specifically modulates the excitability of tongue muscles. A TMS study*, in "European Journal of Neuroscience", 2002, n. 17, pp. 1703-1714.

Ferrari P. F., Gallese V., Rizzolatti G., Fogassi L., *Mirror neurons responding to the observation of ingestive and communicative mouth actions in the monkey ventral premotor cortex*, in "European Journal of Neuroscience", 2003, n. 17, pp. 1703-1714.

Fogassi L., Ferrari P. F., *Neurones miroir, gestes et évolution du langage*, in "Primatologie", 2005, n. 6, pp. 263-286.

Fogassi L., Ferrari P. F., Gesierich B., *Parietal lobe. From action organization to intention understanding*, in "Science", 2005, n. 302, pp. 662-667.

Fogassi L. *et al.*, *Space coding by premotor cortex*, in "Experimental Brain Research", 1992, n. 89, pp. 686-690.

–, *Coding of peripersonal space in inferior premotor cortex (area F4)*, in "Journal of Neurophysiology", 1996, n. 76, pp. 141-157.

Gallese V., *La molteplicità condivisa. Dai neuroni specchio all'intersoggettività*, in S. Mistura (a cura di), *Autismo. L'umanità nascosta*, Einaudi, Torino 2006.

Gallese V., Goldman A., *Mirror neurons and the simulation theory of mind-reading*, in "Trends in Cognitive Sciences", 1998, n. 12, pp. 493-501.

Gallese V., Keysers Ch., Rizzolatti G., *A unifying view of the basis of social cognition*, in "Trends in Cognitive Sciences", 2004, n. 8-9, pp. 396-403.

Gallese V., Migone P., Eagle M. N., *La simulazione incarnata. I neuroni specchio, le basi neurofisiologiche dell'intersoggettività e alcune implicazioni per la psicoanalisi*, in "Psicoterapia e Scienze Umane", 2006, XL, 3, pp. 543-580.

Hickok G., *Il mito dei neuroni specchio. Comunicazione e facoltà cognitive. La nuova frontiera* (2014), Bollati Boringhieri, Torino 2015.
Iacoboni M., *I neuroni specchio. Come capiamo ciò che fanno gli altri*, Bollati Boringhieri, Torino 2008.
Iacoboni M., Molnar-Szakacs I., Gallese V., *Grasping the intentions of others with one's own mirror neuron system*, in "PLoS Biology", 2005, n. 3, pp. 529-535.
Kohler E., Keysers Ch., Umiltà M. A., *Hearing sounds, understanding, action. Action representation in mirror neurons*, in "Science", 2002, n. 297, pp. 846-848.
Liberman A. M., Mattingly I. G., *The motor theory of speech perception revised*, in "Cognition", 1985, n. 21, pp. 1-36.
Rizzolatti G., Craighero L., *The mirror neuron system*, in "Annual Review of Neuroscience", 2004, n. 7, pp. 169-192.
Rizzolatti G., Fadiga L., Gallese V., Fogassi L., *Premotor cortex and the recognition of motor action*, in "Cognitive Brain Research", 1996, n. 3 (2), pp. 131-141.
Rizzolatti G., Sinigaglia C., *So quel che fai. Il cervello che agisce e i neuroni specchio*, Raffaello Cortina, Milano 2006.
Siegel D. J., *Mappe per la mente. Guida alla neurobiologia interpersonale* (2012), Raffaello Cortina, Milano 2014.
Umiltà A. M., Kohler E., Gallese V., *"I know what you are doing". A neurophysiological study*, in "Neuron", 2001, n. 32, pp. 91-101.

Neuroplastica (ingl. *Neuroplastic*; ted. *Neuroplastik*; fr. *Neuroplastique*; sp. *Neuroplásticidad*). Termine impiegato in neurobiologia per designare il processo di modificazione delle connessioni cerebrali ad opera dell'esperienza che comprende anche le modalità di focalizzazione dell'ATTENZIONE (v. § 1).

Neuropsichiatria, v. NEUROLOGIA; PSICHIATRIA, § 1.

Neuropsichiatria infantile, v. PSICOLOGIA DELL'INFANZIA, § 4.

Neuropsicologia (ingl. *Neuropsychology*; ted. *Neuropsychologie*; fr. *Neuropsychologie*; sp. *Neuropsicología*). Settore delle NEUROSCIENZE (v.) che studia la base neuronale delle funzioni mentali e gli effetti delle lesioni cerebrali su processi come il LINGUAGGIO (v. § 5), la MEMORIA (v. §§ 6-8), l'ATTENZIONE (v. § 4) e la PERCEZIONE (v.) e altre funzioni mentali. Michael Anthony Arbib, nella sua ricostruzione storica di questa disciplina, fissa la nascita della neuropsicologia nel 1861, quando il neurologo Paul P. Broca individuò nella parte inferiore della circonvoluzione frontale, la più bassa delle tre circonvoluzioni cerebro-frontali, un'area da lui ritenuta sede del linguaggio, che prese il nome di *area di Broca*, poi confermata da Carl Wernicke che a sua volta individuò l'area della comprensione del linguaggio verbo-acustico che prese il nome di *area di Wernicke* (v. LINGUAGGIO, § 2). Questi studi proseguirono con Ludwig Lichtheim, Jean-Martin Charcot e il giovane Sigmund Freud.

Nel Novecento, come scrive Gaetano Benedetti, «la neuropsichiatria divenne la sintesi dello studio neurofisiologico e psicologico sperimentale delle attività mentali e comportamentali. La neurofisiologia e la psicologia sperimentale sono diverse per metodo e per oggetto di studio. La *neurofisiologia*, infatti, è lo studio delle strutture nervose, mentre la *psicologia sperimentale* è lo studio del comportamento in condizioni rigorosamente definite. La loro sintesi è giustificata da due fatti: da un lato la neurofisiologia dei fenomeni psichici richiede la definizione di situazioni psicologiche sperimentali, senza le quali non è possibile studiare, da un punto di vista neurofisiologico, il comportamento; dall'altro la psicologia sperimentale, che formula leggi sul comportamento a partire dall'osservazione, trova nella neurofisiologia la possibilità di confrontare le sue ipotesi strutturali, di modificare i suoi assunti e di concepire nuovi esperimenti» (1969, p. 3).

Avendo per tema le attività mentali e comportamentali, negli anni sessanta e settanta la neuropsicologia prese a occuparsi sia delle funzioni propriamente *noetiche* sia di quelle *timiche* che si possono distinguere solo teoricamente, perché nell'atto comunicativo sono intimamente fuse. Di queste attività fanno parte la MEMORIA (v.) e l'APPRENDIMENTO (v.) che nella neuropsicologia occupano una posizione centrale, la PERCEZIONE (v.) senza la quale non c'è né memoria né apprendimento, i processi cognitivi (v. COGNIZIONE) e volitivi (v. VOLIZIONE) che costituiscono il capitolo più speculativo della neuropsicologia, la MOTIVAZIONE (v.), il SENTIMENTO (v.) e l'ISTINTO (v.) considerati dal punto di vista psicologico e somatico, e infine quegli aspetti più generali come la vigilanza (v. COSCIENZA, § 2), l'ATTENZIONE (v.), il SONNO (v.) e il SOGNO (v.) che rappresentano le situazioni di base del nostro organismo su cui si innestano i vari stati di COSCIENZA (v.) considerati in relazione alle strutture neurofisiologiche che li sottendono.

Ponendosi ai confini tra il somatico e lo psichico, la neuropsicologia ha aperto nuovi punti di vista che pongono alternative e problemi che passano trasversalmente rispetto a quelli che prima costituivano due settori nettamente separati. Per questo le sue zone di confine sono anche zone di apertura verso la medicina *psicosomatica*, nel tentativo di chiarire quei meccanismi psicobiologici che prima venivano letti solo nelle coordinate della psicologia dinamica, e verso la *psicoanalisi* a cui ha offerto il riconoscimento di alcune sue ipotesi, attraverso reperti sperimentali neuropsicologici. Queste aperture erano legittimate dalla persuasione che l'attività mentale non solo andasse sempre più studiata con metodi fisiologici simili a quelli della ricerca biologica, ma anche che essa, per la sua stessa complessità di sviluppo, imponesse un'evoluzione dei metodi di ricerca che tenessero continuamente conto del fenomeno *comunicativo* e di *integrazione individuale* a cui i meccanismi fisiologici sottesi approdano. Non più dunque l'organo o l'organismo nel suo isolamento, ma l'interazione dell'organismo con gli altri organismi e con l'ambiente, a partire dal quale si tenta di risalire ai meccanismi che sono alla base di questo rapporto.

Oggi la neuropsicologia, dopo essere stata ricompresa nel più ampio scenario delle neuroscienze, si dedica allo studio della correlazione tra anatomia e clinica che, come sottolineano Andrew W. Ellis e Andy W. Young, ha in vista due obiettivi: 1) il primo si propone di spiegare la prestazione intatta o danneggiata riscontrata in pazienti cerebrolesi sulla base di un danno a una o più delle componenti di un modello del normale funzionamento cognitivo. Nel caso ad esempio del modello della modularità della mente (v. MODULARITÀ), la neuropsicologia studia le funzioni mentali, indipendentemente dalla loro localizzazione anatomica, per evidenziare le varie sottocomponenti (i moduli) delle funzioni in esame; 2) il secondo obiettivo è quello di giungere a conoscere, sulla base delle varie forme di capacità danneggiate e intatte riscontrate in pazienti cerebrolesi, la natura e l'organizzazione dei processi cognitivi normali. Oggi, nel perseguire questi due obiettivi, le ricerche neuropsicologiche sono facilitate dall'impiego delle recenti tecniche non invasive di visualizzazione funzionale e di attivazione del cervello, quali la tomografia funzionale a emissione di positroni e la risonanza magnetica funzionale (v. DIAGNOSI, § 5).

Secondo Alfonso Caramazza e Timothy Shallice gli assunti fondamentali su cui si basa la neuropsicologia sono: 1) la concezione modulare della mente (v. MODULARITÀ) per cui, essendo i moduli rappresentati separatamente nel cervello, per questo possono essere colpiti in modo altrettanto specifico; 2) si assume che le prestazioni normali e anormali di un paziente, inclusi gli errori, possano aiutare nella comprensione della natura del deficit sottostante; 3) si assume infine che nel cervello maturo non si sviluppino nuovi moduli per compensare quelli persi per una lesione cerebrale.

Dei contributi offerti dalla neuropsicologia si avvale il COGNITIVISMO (v.) per lo studio delle funzioni mentali, quali la memoria, l'attenzione, la percezione, le emozioni in soggetti sani, il cui grado di efficienza viene misurato da appositi test specifici per valutare l'INTELLIGENZA (v. § 2), i deficit linguistici (v. LINGUAGGIO, § 5), il calcolo (v. ACALCULIA), la MEMORIA (v. §§ 6-8), l'APPRENDIMENTO (v. § III, 3), l'ATTENZIONE (v. § 4) e altre funzioni mentali.

Bibliografia

Arbib M. A., Caplan D., Marshall J. C., *Neurolinguistic in historical perspective*, in Id. (a cura di), *Neural models of language processes*, Academic Press, New York 1982.

Barbizet J., Duizabo Ph., *Neuropsicologia* (1977), Masson, Milano 1983.

Benedetti G., *Neuropsicologia. Le attività psichiche in una sintesi di psicologia sperimentale, neurofisiologia e psichiatria*, Feltrinelli, Milano 1969.

Bisiach E., *Neuropsicologia clinica*, Franco Angeli, Milano 1977.

Broca P. P., *La sede della facoltà del linguaggio articolato* (1861), in L. Mecacci, A. Zani, *Teorie del cervello*, Loescher, Torino 1982.

Caramazza A., *The logic of neuropsychological research and the problem of patient classification*, in "Brain and Language", 1984, n. 21, pp. 9-20.

Cassano G. B. (a cura di), *Aspetti neuropsicologici delle sindromi psichiatriche*, in G. B. Cassano, P. Pancheri *et al.* (a cura di), *Trattato italiano di psichiatria*, Masson, Milano 1999, vol. II, pp. 1055-1084.

Denes G., Pizzamiglio L. (a cura di), *Manuale di neuropsicologia. Normalità e patologia dei processi cognitivi*, Zanichelli, Bologna 1990.

Ellis A. W., Young A. W., *Human cognitive neuropsychology*, Lawrence Erlbaum Associates, London 1988.

Floreano D., Mattiussi C., *Manuale sulle reti neurali*, il Mulino, Bologna 2002.

Grossi D., Trojano L., *Neuropsicologia dei lobi frontali. Sindromi disesecutive e disturbi del comportamento*, il Mulino, Bologna 2013.

Hécaen H., *Introduzione alla neuropsicologia* (1972), Bulzoni, Roma 1976.

Kaplan-Solms K., Solms M., *Neuropsicoanalisi. Un'introduzione clinica alla neuropsicologia del profondo* (2001), Raffaello Cortina, Milano 2002.

Kraepelin E., *Trattato di psichiatria* (1883), Vallardi, Milano 1907.

Làdavas E., Berti A., *Neuropsicologia*, il Mulino, Bologna 2009.

Lurija A. R., *Neuropsicologia e neurolinguistica* (1973), Editori Riuniti, Roma 1974.

Mapelli D., Mondini S., Vestri A., Bisiacchi P. S., *Esame neurologico breve. Una batteria di test per lo screening neuropsicologico*, Raffaello Cortina, Milano 2011.

Marshall J. C., Newcombe F., *Patterns of paralexia. A psycholinguistic approach*, in "Journal of Psycholinguistic Research", 1973, n. 2, pp. 175-199.

McCarthy R. A., Warrington E. K., *Neuropsicologia cognitiva. Un'introduzione clinica* (1991), Raffaello Cortina, Milano 1992.

Papagno C., *Neuropsicologia della memoria*, il Mulino, Bologna 2010.

Shallice T., *Neuropsicologia e struttura della mente* (1988), il Mulino, Bologna 1990.

Vallar G., Papagno C. (a cura di), *Manuale di neuropsicologia. Clinica ed elementi di riabilitazione*, il Mulino, Bologna 2007.

Vicari S., Caselli M. C. (a cura di), *Neuropsicologia dello sviluppo*, il Mulino, Bologna 2010.

Walsh K. W., *Neuropsicologia clinica* (1978), il Mulino, Bologna 1981.

Neuropsicosi da difesa, v. NEVROSI, § 1.

Neuroradiologia, v. DIAGNOSI, § 5.

Neuroscienze (ingl. *Neurosciences*; ted. *Neurowissenschaften*; fr. *Neurosciences*; sp. *Neurociencias*). Sistema integrato di discipline che ha per oggetto lo studio del cervello e del sistema nervoso degli organismi viventi a livello molecolare, biochimico e genetico. Scopo delle neuroscienze è quello di evidenziare la base biologica delle espressioni mentali e comportamentali dell'animale e dell'uomo a partire dallo studio delle singole cellule nervose (neuroni) e di piccoli sistemi neuronali. Questo punto di vista è stato inaugurato negli anni cinquanta dall'opera del premio Nobel John Carew Eccles, *Le basi neurofisiologiche della mente*, in cui si unificavano, sulla relazione portante instaurata tra *neurobiologia* (che studia le singole cellule nervose e i piccoli sistemi neuronali) e *neurochimica* (che studia il sistema nervoso a livello molecolare e biochimico), informazioni precedentemente frammentate negli ambiti dell'anatomia patologica, della fisiologia, della clinica e della fisiologia comparata (fondata sull'approccio evolutivo al sistema nervoso).

1. L'INCONSCIO CEREBRALE. Negli ultimi trent'anni le neuroscienze hanno avuto un significativo sviluppo grazie all'introduzione di nuove tecniche non invasive di indagine del sistema nervoso come la tomografia computerizzata (TC), la risonanza magnetica nucleare (RM), la tomografia a emissione di positroni (PET), la tomografia a emissione di singoli fotoni (SPET) e altre illustrate alla voce DIAGNOSI, § 5. Alcuni di questi strumenti, che rientrano nell'ambito dell'imaging funzionale, ci danno le immagini dinamiche del sistema nervoso mentre parliamo, agiamo, decidiamo, ci emozioniamo, evidenziando sia i meccanismi di cui siamo consapevoli, sia quelli di cui siamo inconsapevoli e che, al di là della nostra consapevolezza, agiscono nelle nostre scelte e nelle nostre decisioni, come ha dimostrato il neuroscienziato Lawrence Weiskrantz che ha introdotto il concetto di "inconscio cerebrale", da non confondere con l'INCONSCIO (v.) di cui parla la psicoanalisi.

Studiando soggetti con lesioni alla corteccia occipitale che producono forme di cecità, Weiskrantz aveva osservato che queste persone avanzavano verso di lui evitando accuratamente tutti gli ostacoli che si frapponevano nel loro percorso senza che li avessero visti. Condotti in laboratorio, i ricercatori hanno potuto constatare che, pur non vedendo, detti soggetti disponevano di una visione che passa attraverso altre vie ottiche, di cui le persone con lesioni non avevano alcuna consapevolezza. Lo stesso dicasi a proposito dell'inchiesta fatta a soggetti a cui si chiedeva se preferivano la Coca Cola o la Pepsi Cola. Quando si mostrava loro la pubblicità delle due bibite, la preferenza cadeva sulla Coca Cola, quando invece si faceva loro assaggiare l'una e l'altra bibita contenute in bicchieri senza etichetta, i soggetti rovesciavano la scelta precedente. L'esperimento consentì di stabilire che quando la scelta dipendeva dalla visione delle etichette, si attivavano reti di memorie, quando invece si assaggiavano le due bibite, si attivavano neuroni associati al piacere. In entrambi i casi la scelta avveniva con qualche centesimo di millesimo di secondo di anticipo rispetto a quanto i soggetti ritenessero. Questa constatazione fu l'occasione per porre il problema filosofico che chiede: chi veramente sceglie? o altrimenti: chi è che agisce?

Questo è solo un esempio per dimostrare come, attraverso la conoscenza particolareggiata del funzionamento del sistema nervoso, resa possibile dalle neuroimmagini di cui si avvalgono gli studi delle neuroscienze, si rende necessaria una rilettura critica dei risultati delle singole discipline filosofiche e scientifiche, oltre a far tesoro delle indicazioni fornite dalle neuroscienze e utili a discipline di confine come l'etologia, la psicologia, la psichiatria, nonché la neuropsicologia e la stessa neurologia.

2. I LIVELLI DI INDAGINE. Le scienze biomediche che confluiscono nelle neuroscienze studiano il sistema nervoso dal punto di vista molecolare, biologico, genetico, psicologico, comportamentale e patologico a diversi livelli. Seguendo lo schema proposto da Alessandro Angrilli, distinguiamo:

a) Un *livello microscopico* che comprende la biochimica della membrana cellulare e la biochimica dei trasportatori di molecole inseriti nella membrana, la bioenergetica che studia i processi biochimici che generano energia, l'elettrofisiologia che studia il comportamento elettrico delle membrane cellulari e dei neuroni e la neurofarmacologia con particolare riguardo allo studio dei neurotrasmettitori (v. NEUROTRASMETTITORE) e dei loro recettori (v. RECETTORE).

b) Un *livello intermedio*, tra micro e macroscopico, che studia il sistema nervoso sia dal punto di vista del singolo neurone tramite tecniche di biologia cellulare, sia dal punto di vista di popolazioni di neuroni tramite procedure istologiche. Lo studio neurofisiologico di gruppi di neuroni, tessuti e fibre nervose che collegano i neuroni avviene sia provocando lesioni nel cervello di animali o anestetizzando per non danneggiare irreversibilmente il tessuto, sia stimolando con elettrodi aree molto ristrette delle strutture nervose.

c) Un *livello macroscopico* che studia aree nervose particolarmente estese, rappresentate da insiemi di cellule e tessuti diversi. A questo livello sono coinvolti settori della psicologia fisiologica (v. PSICOFISIOLOGIA, § 2), dove si producono lesioni nei cervelli di gatti o di cani per verificare le alterazioni comportamentali che ne conseguono, settori della NEUROPSICOLOGIA (v.), dove si studia il comportamento di soggetti umani che hanno subìto lesioni dell'estensione di vari centimetri come nell'ictus o nel trauma cranico, o molto diffuse come nel caso della malattia di Alzheimer (v. DEMENZA, § IV, 1), settori della PSICOFISIOLOGIA (v.), dove i metodi non invasivi delle tecniche di neuroimmagine permettono una risoluzione dell'attività della corteccia molto particolareggiata che varia da uno ad alcuni centimetri.

3. GLI AMBITI DELLA RICERCA. Lo sviluppo delle neuroscienze ha tratto impulso soprattutto dai progressi nei seguenti ambiti di ricerca:

a) *Le ricerche sulla fisiologia neuronale.* Sono imperniate soprattutto su quei mediatori nervosi che sono i neurotrasmettitori (v. NEUROTRASMETTITORE), ossia molecole liberate dalle sinapsi dei neuroni capaci di eccitare o deprimere altri neuroni. All'approfondimento della fisiologia neuronale ha dato un significativo contributo la biologia molecolare, come nel caso del "fattore di accrescimento del nervo" (NGF – *Nerve Growth Factor*), che è una proteina, scoperta dal premio Nobel Rita Levi Montalcini, responsabile della sopravvivenza e della crescita di alcune cellule nervose, o come nel caso della struttura del complesso recettore-proteina, canale del neurotrasmettitore acetilcolina, descritto da Jean-Pierre Changeux.

b) *Le ricerche sulle basi biologiche della memoria.* Sono state condotte a partire dagli studi sulle alterazioni dell'attività elettrica dei neuroni e delle sinapsi. Si è così scoperto che, dopo un'iniziale alterazione di tipo funzionale, come quella prodotta dall'attività elettrica, i neuroni subiscono modifiche di tipo strutturale. È quanto avviene per esempio nel cosiddetto "circuito locale", che si realizza quando uno stimolo di un certo rilievo, giungendo a un neurone, oltre ad aumentare l'efficienza delle sue sinapsi, può con il tempo determinare la formazione di nuove sinapsi che connettono i neuroni in un nuovo circuito, detto appunto "circuito locale" responsabile della codificazione di una specifica esperienza. Lo studio delle basi biologiche della MEMORIA (v. § 1) ha inoltre evidenziato che la memoria viene modulata da vari sottosistemi che rafforzano o attenuano i processi di consolidamento; tra questi ha un ruolo fondamentale l'emozione, cui si devono numerose modificazioni vegetative e somatiche.

c) *Le ricerche sulla localizzazione e sulla plasticità delle funzioni nervose.* Queste ricerche hanno mostrato come le mappe corticali non siano rigide e fisse, ma estremamente plastiche (v. PLASTICITÀ) e soggette a profonde modificazioni che, nel caso della vita, consentono l'adattamento a nuove esigenze e situazioni. Si è inoltre notato che il dinamismo dei rapporti struttura-funzione, unitamente alla plasticità della corteccia, ha la meglio sulla rigidità della LOCALIZZAZIONE (v.) nelle micro- e macro-strutture cerebrali. La localizzazione e la rappresentazione topografica degli schemi motori e sensoriali possono variare nel tempo, determinando il rimaneggiamento delle associazioni che si formano tra funzioni sensoriali e funzioni motorie, nonché della stessa rappresentazione dei ricordi che diventa suscettibile di un rimpasto teso al loro aggiornamento.

4. LE TEORIE DELLA MENTE. A partire dagli ambiti di ricerca sopra descritti e dai risultati ottenuti, negli ultimi decenni si sono notevolmente sviluppati gli studi sulle funzioni superiori del sistema nervoso. Nel campo delle *scienze cognitive* sono state formulate diverse teorie della mente (qui esposte alla voce MENTE, §§ 3-4), tra cui le più significative che meritano un ulteriore approfondimento sono:

a) *La teoria dell'identità.* Introdotta dal filosofo Herbert Feigl, è stata ripresa dal neurobiologo Changeux, secondo il quale «il cervello umano si compone di miliardi di neuroni uniti tra loro da un'immensa rete di cavi e connessioni, in cui circolano impulsi elettrici o chimici integralmente descrivibili in termini molecolari o fisico-chimici, da cui dipende per intero il nostro comportamento che può essere spiegato a partire dalla mobilitazione interna di un insieme topologicamente definito di cellule nervose» (1983, pp. 319-320). A partire da queste premesse non si dà alcun dualismo tra mente e cervello (v. MENTE, § 4), ma una perfetta identità tra i due, non essendoci dato mentale o psichico che non trovi la sua spiegazione nella realtà materiale del funzionamento cerebrale.

b) *La teoria dell'occorrenza.* Proposta dal neurofisiologo Vernon Benjamin Mountcastle e ripresa da Donald Davidson, tenta di mediare tra il riduzionismo spinto, che è alla base della teoria dell'identità proposta da Changeux, e le teorie che ammettono, nella formazione delle reti neuronali, l'apporto dell'ambiente. La teoria di Mountcastle fa riferimento a moduli (v. MODULARITÀ) dotati di numerose entrate e uscite, che consentono all'informazione di seguire molti percorsi in un sistema che si lascia modificare a partire dal modulo divenuto dominante, perché possiede l'informazione di volta in volta più urgente e necessaria. Questa ipotesi ha concorso a modificare la teoria dell'*identità dei tipi* (che prevede che ciascun tipo di processo mentale sia identificabile con un tipo di processo cerebrale o con una sede specifica) in teoria delle *identità delle occorrenze*, secondo cui gli stati mentali non sono rigidamente ancorati a processi cerebrali, ma alla loro dinamica che varia a seconda delle circostanze ambientali e delle differenze individuali.

c) *La teoria funzionalista.* Sostenuta da Daniel Clement Dennett, Jerry Alan Fodor e da Hilary Putnam, considera il cervello umano come una macchina in cui i circuiti locali, rappresentati dalle cosiddette "reti neuronali", sono in grado di analizzare la realtà, risolvere problemi, strutturare il linguaggio sulla base di procedure logiche non dissimili da quelle che sono all'origine dell'intelligenza artificiale. Questa teoria, che ipotizza la dipendenza della mente umana da un ideale software, minimizza l'importanza dell'ambiente (da cui peraltro dipende il significato di ciò che pensiamo, diciamo, facciamo) perché, essendo l'ambiente aperto, variabile e indeterminato, non è possibile darne una descrizione a priori. Tra i sostenitori di questa teoria bisogna distinguere chi ipotizza una netta separazione delle attività corticali-cognitive da quelle corporee-emotive, e quindi ritiene che le attività cognitive si basano su pure e semplici procedure logico-deduttive, da chi invece sostiene che molte delle nostre attività cognitive dipendono da forme di apprendimento, difficilmente formalizzabili, in cui sono implicati il corpo e le emozioni.

d) *La teoria del darwinismo neuronale.* Elaborata dal biologo Gerald Maurice Edelman, sostiene che, come in natura una popolazione di vegetali e di animali può essere selezionata dall'ambiente, così un particolare stimolo o un particolare evento che colpisce il cervello può selezionare un gruppo di neuroni, più adatto a riconoscerlo; da quel momento, questi neuroni si assocerebbero tra loro in una rete nervosa in grado di trattenere la memoria di quello stimolo o di quell'evento e di riconoscerlo in futuro, anche a partire da un singolo particolare capace di innescare un processo di ricostruzione dell'intero evento.

e) *La teoria dell'informazione semantica.* Elaborata da John Zachary Young, ritiene che l'apprendimento comporti la formazione di un modello cerebrale basato sulla presenza di moduli deputati alle diverse configurazioni del mondo esterno, capaci di formare collegamenti tra neuroni e neuroni fino ad approdare a un "modello del cervello" che è una rappresentazione del mondo spiccatamente individualizzata e in continua evoluzione.

5. Il rapporto tra neuroscienze e scienze umane. Come è evidente da questa breve rassegna delle teorie, le spiegazioni che le neuroscienze propongono delle diverse funzioni mentali sono, per le esigenze del mondo scientifico, necessariamente riduzionistiche, per cui resta insoluto il problema della corrispondenza tra *l'oggettività dei meccanismi cerebrali e la soggettività dei significati mentali.* Se infatti le neuroscienze sono in grado di stabilire la corrispondenza tra i meccanismi psichici e i neurotrasmettitori che ne sono alla base, nonché i centri nervosi che ne sono coinvolti, non altrettanta competenza rivelano in ordine al significato che assumono per il soggetto, al loro rapporto con le sue esperienze, al ruolo che ricoprono nell'orientare le scelte, nello strutturare gli schemi mentali e, più in generale, nel dar senso alla vita.

Come scrive Alberto Oliverio, «in attività come vedere, udire, provare dolore, memorizzare, ricordare, contare, una parte specifica del cervello funziona più di quelle circostanti, e questo significa in altre parole che vi sono parti del cervello responsabili di funzioni ben precise. Dopo che il neurologo ha puntato il dito su queste aree, candidandole a rappresentare i diversi aspetti di cui si compone il nostro comportamento, neurofisiologi e biochimici si concentrano su minuscole caratteristiche funzionali o strutturali di quelle parti del cervello che sono "responsabili di", per porre in evidenza quali sono le basi materiali del vedere, udire, memorizzare ecc. In tal modo un evento, ad esempio un dolore, non viene descritto in base a ciò che significa per chi lo prova, ma rispetto alla sede cerebrale in cui esso si verifica e alla modifica delle attività delle cellule nervose interessate dalla sensazione del dolore, indipendentemente da ciò che questa implica per me soggetto di questa esperienza» (1995, p. 7).

A tutt'oggi, all'interno stesso delle neuroscienze, esiste chi sostiene la possibilità di descrivere l'uomo in modo oggettivo, ponendo fine all'era della soggettività, che è stata finora il tratto tipico della cultura antropologica dell'Occidente, e chi invece sostiene che le neuroscienze si stanno trasformando in neurofilosofia, in quanto affrontano temi tipici del discorso filosofico, quali l'identità, la libertà, la coscienza, la relazione mente-corpo, che non possono più essere formulati prescindendo dai risultati ottenuti in campo scientifico.

In realtà le neuroscienze e le scienze umane possono continuare a convivere nei rispettivi ambiti se si tiene fede alla differenza metodologica indicata da Karl Jaspers nella sua *Psicopatologia generale*, dove si opera la distinzione tra l'ordine della *spiegazione*, che accerta una realtà esistente e la legge secondo il principio di *causalità*, e l'ordine della *comprensione*, che ha in vista il *significato* che quella realtà assume per il soggetto. Scrive in proposito Jaspers: «A evitare ambiguità e oscurità impiegheremo sempre l'espressione "comprendere" (*verstehen*) per la visione intuitiva dello spirito, dal di dentro. Non chiameremo mai comprendere, ma spiegare (*erklären*) il conoscere i nessi causali oggettivi che sono sempre visti dal di fuori. Comprendere e spiegare hanno dunque un significato preciso che, se mantenuto costante, ci consente di dire che è possibile spiegare qualcosa senza comprenderlo» (1913-1959, p. 30).

Se si tiene ferma la distinzione che corre tra "spiegare un meccanismo" e "comprendere un significato", si potrà dire che le neuroscienze sono oggi lo strumento più affinato per la comprensione del sistema nervoso, della sua fisiologia e della sua patologia, quindi una chiave di lettura della mente, ma non l'unica, altrimenti dovremmo ipotizzare che per conoscere le esperienze e la psiche di una persona sia sufficiente l'analisi del suo cervello o del suo sistema nervoso. Ma, avvertiva già Ludwig Wittgenstein, «un cervello non è abbastanza simile a un essere umano» (1953, p. 130).

Bibliografia

Angrilli A., *Neuroscienze*, in *Enciclopedia di psicologia*, Garzanti, Milano 1999.

–, *Linguaggio. Correlati anatomici, funzionali e plasticità cerebrale*, in L. Stegagno (a cura di), *Psicofisiologia. Dalla genetica comportamentale alle attività cognitive*, Zanichelli, Bologna 2010, pp. 130-169.

Balconi M., *Far capitare le cose. Pensiero e azione nelle neuroscienze cognitive*, il Mulino, Bologna 2012.

Cacciari C., Papagno C. (a cura di), *Psicologia generale e neuroscienze cognitive*, il Mulino, Bologna 2006.

Caruana F., Borghi A. M., *Il cervello in azione. Introduzione alle nuove scienze della mente*, il Mulino, Bologna 2016.

Changeux J.-P., *L'uomo neuronale* (1983), Feltrinelli, Milano 1983.

Dennett D. C., *Brainstorms. Saggi filosofici sulla mente e la psicologia* (1978), Adelphi, Milano 1991.

Eccles J. C., *The neurophysiological basis of the mind. The principles of neurophysiology*, Clarendon, Oxford 1953.

–, *Evoluzione del cervello e creazione dell'io* (1989), Armando, Roma 1990.

–, *Come l'Io controlla il suo cervello* (1994), Rizzoli, Milano 1994.

Edelman G. M., *Darwinismo neurale. La teoria della selezione dei gruppi neuronali* (1987), Einaudi, Torino 1995.

–, *Seconda natura. Scienza del cervello e conoscenza umana* (2006), Raffaello Cortina, Milano 2007.

Feigl H., *The "mental" and the "physical". The essay and a postscript*, University of Minnesota Press, Minneapolis 1967.

Fodor J. A., *La mente modulare. Saggio di psicologia delle facoltà* (1983), il Mulino, Bologna 1988.

Gallese V., Fadiga L., Fogassi L., Rizzolatti G., *Action recognition in the premotor cortex*, in "Brain", 1996, n. 119, pp. 593-609.

Gallese V., Goldman A., *Mirror neurons and the simulation theory of mind-reading*, in "Trends in Cognitive Sciences", 1998, n. 12, pp. 493-501.

Gazzaniga M. S., Mangun G. R., Ivry R. B., *Neuroscienze cognitive* (2013), Raffaello Cortina, Milano 2015.

Jaspers K., *Psicopatologia generale* (1913-1959), Il Pensiero Scientifico, Roma 2000.

Kandel E. R., *Psichiatria, psicoanalisi e nuova biologia della mente* (1979-1999), Raffaello Cortina, Milano 2007.

Kandel E. R., Schwartz J. H., Jessell Th. M., *Principi di neuroscienze* (1981), Ambrosiana Editrice, Milano 2003.

Levi Montalcini R., *Origine ed evoluzione del nucleo accessorio del nervo abducente nell'embrione di pollo*, Tipografia Cuggiani, Roma 1942.

–, *NGF. Apertura di una nuova frontiera nella neurobiologia*, Theoria, Roma 1989.

Mundo E., *Neuroscienze per la psicologia clinica. Le basi del dialogo mente-cervello*, Raffaello Cortina, Milano 2009.

Oliverio A., *Biologia e filosofia della mente*, Laterza, Bari 1995.

–, *Esplorare la mente. Il cervello tra filosofia e biologia*, Raffaello Cortina, Milano 1999.

Purves D. *et al.*, *Neuroscienze* (1997), Zanichelli, Bologna 2000.

Putnam H., *Mente, linguaggio e realtà* (1975), Adelphi, Milano 1987.

Pylyshyn Z. W., *Computation and cognition. Toward a foundation for cognitive science*, Mit Press, Cambridge, Massachusetts, 1984.

Rizzolatti G., Fadiga L., Gallese V., Fogassi L., *Premotor cortex and the recognition of motor action*, in "Cognitive Brain Research", 1996, n. 3 (2), pp. 131-141.

Smeraldi E. (a cura di), *Neuroscienze e disturbi mentali. Aspetti neurofunzionali*, in G. B. Cassano, P. Pancheri *et al.* (a cura di), *Trattato italiano di psichiatria* (1992), Masson, Milano 1999, vol. I, pp. 291-310.

Solms M., Turnbull O., *Il cervello e il mondo interno. Introduzione alle neuroscienze dell'esperienza soggettiva* (2002), Raffaello Cortina, Milano 2004.

Umiltà C. (a cura di), *Manuale di neuroscienze*, il Mulino, Bologna 1995.

Weiskrantz L., *Blindsight. A case study and implications*, Oxford University Press, Oxford 1986.

–, *Consciousness lost and found. A neuropsychological exploration*, Oxford University Press, Oxford 1997.

Wittgenstein L., *Ricerche filosofiche* (1953), Einaudi, Torino 1967.

Wolpert D. M., Ghahramani Z., *Computational principles of movement neuroscience*, in "Nature Neuroscience", 2000, n. 3, pp. 234-243.

Young J. Z., *A model of the brain*, Oxford University Press, Oxford 1964.

Neurosi, v. NEVROSI.

Neurostimolante, v. PSICOFARMACOLOGIA, § II, 2.

Neurotrasmettitore (ingl. *Neurotransmitter*; ted. *Neurotransmitter*; fr. *Neurotransmetteur*; sp. *Neurotransmisor*). Sostanza chimica che permette il passaggio dell'impulso nervoso da NEURONE (v.) a neurone nel sistema nervoso centrale (SNC), oppure alla placca motrice di un muscolo. Il neurotrasmettitore viene sintetizzato nel neurone pre-sinaptico, immagazzinato nelle vescicole sinaptiche, rilasciato dall'assone terminale del neurone eccitato da un impulso elettrico, in quantità proporzionali all'intensità dello stimolo, e liberato nello spazio sinaptico dove si lega a un RECETTORE (v.) sulla membrana post-sinaptica di un neurone bersaglio o della placca motrice, realizzando così il passaggio dell'impulso nervoso. Dopo aver interagito con il recettore, il neurotrasmettitore viene rapidamente distrutto o riassorbito nel terminale pre-sinaptico onde consentire la trasmissione di un nuovo impulso. I principali sistemi di inattivazione sono rappresentati dalla degradazione enzimatica o dalla ricattura (*reuptake*) a opera della terminazione nervosa stessa che li ha liberati, dove in seguito vengono distrutti o immagazzinati per un successivo utilizzo.

I neurotrasmettitori sono sostanzialmente dei "messaggeri chimici" la cui funzione è di trasmettere le informazioni onde consentire la comunicazione tra le cellule del sistema nervoso centrale (v. NERVOSO, SISTEMA, § 1). Lo studio dei recettori (v. RECETTORE, § 2) ha contribuito in modo significativo alla comprensione del funzionamento del cervello e del sistema nervoso, a chiarire gli aspetti della trasmissione dell'impulso, nonché la capacità di molti farmaci e sostanze tossiche di modificare o addirittura interrompere la trasmissione dei neurotrasmettitori, e infine ad approfondire il ruolo dei recettori, nel senso che le molecole che compongono il neurotrasmettitore si combinano in modo elettivo con quelle di specifici recettori, come la chiave nella sua serratura, evidenziando che la combinazione recettore-mediatore chimico è responsabile degli effetti biologici del mediatore stesso.

I. TIPI DI NEUROTRASMETTITORI. Dei neurotrasmettitori finora identificati e dei quali non di tutti si conoscono i sistemi neuronali di sintesi, accumulo, liberazione, recupero e degrado, i principali sono le amine biogene, gli aminoacidi e i peptidi.

1. AMINE BIOGENE. Sono stati i primi neurotrasmettitori ad essere individuati e la loro caratteristica è quella di essere sintetizzate nella sede del loro rilascio a livello del terminale assonico, dopo di che vengono rapidamente ripristinate. Le principali sono:

a) *Dopamina*. È presente in diverse parti del cervello e si propaga attraverso diverse vie: la via nigro-striatale che controlla la funzione motoria, il tono muscolare e la coordinazione motoria; la via mesolimbica che è coinvolta nella regolazione dei comportamenti emotivi; la via mesocorticale che è implicata nel controllo delle funzioni cerebrali superiori, della motivazione e del comportamento; la via tubero-infundibolare che libera la dopamina nel sistema portale ipofisario (v. ENDOCRINO, SISTEMA, § 1). La degenerazione dei corpi cellulari dei neuroni dopaminergici determina il morbo di Parkinson (v. PARKINSON, MORBO DI), caratterizzato da rigidità, tremori, acinesia (v. CINESIA, § 1). Il blocco dei recettori della dopamina riduce i sintomi psicotici nella schizofrenia, nella demenza e nei disturbi dell'umore, mentre le amfetamine e la cocaina, aumentando la quantità di dopamina nelle sinapsi, possono determinare l'insorgenza di sintomi psicotici.

b) *Adrenalina* e *Noradrenalina*. Sono prodotte da neuroni detti adrenergici, localizzati nel tronco encefalico, principalmente a livello del locus coeruleus e del tegmento, i cui assoni si proiettano verso la CORTECCIA CEREBRALE (v.), il sistema limbico (v. LIMBICO, SISTEMA), il TALAMO (v.) e l'IPOTALAMO (v.). Sono coinvolte nella regolazione del tono dell'umore. Gli antidepressivi triciclici e gli IMAO (v. PSICOFARMACOLOGIA, § II, 1) inibiscono la ricaptazione della noradrenalina e della serotonina bloccandone il metabolismo e aumentandone la concentrazione nello spazio sinaptico.

c) *Serotonina*. I neuroni serotoninergici formano una colonna di nuclei (nuclei del rafe) disposti lungo tutta l'estensione del tronco encefalico (v. ENCEFALO, § 1, *a*) in prossimità della linea mediana, e proiettano i loro assoni verso i GANGLI DELLA BASE (v.), il sistema limbico (v. LIMBICO, SISTEMA) e la CORTECCIA CEREBRALE (v.). La serotonina è implicata nella regolazione dell'ansia e dell'umore, mentre i farmaci che inibiscono la ricaptazione della serotonina sono impiegati nel trattamento della depressione e dei disturbi d'ansia. Nelle vie serotoninergiche agiscono l'acido lisergico (LSD) (v. DROGA, § 2) e l'ecstasy (v. DROGA, § 5).

d) *Acetilcolina*. Gli assoni dei neuroni colinergici si proiettano verso la CORTECCIA CEREBRALE (v.), il sistema limbico (v. LIMBICO, SISTEMA), l'IPOTALAMO (v.) e il TALAMO (v.). Il blocco dei recettori colinergici determina effetti collaterali come annebbiamento della vista, secchezza delle fauci, stipsi e difficoltà nella minzione, mentre una stimolazione dei neuroni colinergici ha dimostrato effetti benefici nel trattamento della malattia di Alzheimer (v. DEMENZA, § IV, 1).

e) *Istamina*. È un neurotrasmettitore presente in un gruppo di neuroni localizzati nell'ipotalamo che proiettano i loro assoni verso la CORTECCIA CEREBRALE (v.), il sistema limbico (v. LIMBICO, SISTEMA) e il TALAMO (v.). Il blocco dei recettori istaminoergici svolge una funzione antiallergica e degli effetti collaterali determinati da farmaci psicotropi per la sedazione e l'ipotensione arteriosa.

2. AMINOACIDI. Sono i neurotrasmettitori più abbondanti (circa il 70%) presenti nel cervello che possono fungere da eccitatori e da inibitori. Tra questi ricordiamo:

a) *Glutammato*. È il principale aminoacido eccitatore. Presiede i processi di apprendimento e della memoria.

b) *GABA*. Sigla dell'acido gamma-aminobutirrico presente nelle sinapsi del sistema nervoso centrale. Svolge un ruolo nella fisiopatologia dell'ansia e dell'epilessia, e la sua attivazione è responsabile degli effetti clinici delle benzodiazepine.

3. Peptidi. Sono i neurotrasmettitori più numerosi nel cervello umano e comprendono gli oppioidi endogeni (come le endorfine; v. Endorfina), l'ormone corticotropo ACTH, e le encefaline, la colecistochinina, la somatostatina, la vasopressina e l'ossitocina.

II. Neurotrasmettitori e Psicofarmacologia. Una produzione carente o eccessiva di uno o più messaggeri chimici può determinare disturbi del comportamento o malattie mentali e neurologiche, come nel caso di una diminuzione di acetilcolina notata nella malattia di Alzheimer, o un eccesso di dopamina nella schizofrenia, mentre la noradrenalina e la serotonina sono associate alla depressione. A partire da questi riscontri si sono approntati psicofarmaci che possono modificare la carenza o l'eccesso del messaggero chimico che si è visto associato alla malattia, agendo sulle varie tappe della trasmissione sinaptica, inibendo o stimolando la sintesi di un neurotrasmettitore. Così l'*amfetamina* favorisce la liberazione della noradrenalina e della dopamina; la *cocaina* blocca la ricattura della dopamina potenziandone l'attività; gli *antidepressivi triciclici* bloccano la rimozione dallo spazio sinaptico della noradrenalina e della serotonina, per cui la trasmissione di questi neurotrasmettitori risulta potenziata e la loro azione dura più a lungo; gli *antidepressivi IMAO*, inibendo le monoaminoossidasi, bloccano il funzionamento degli enzimi deputati all'inattivazione delle monoamine, con conseguente potenziamento della trasmissione monoaminoergica. Il progresso degli studi sui neurotrasmettitori e sulle varie tappe della trasmissione sinaptica – sintesi, immagazzinamento, liberazione, ricaptazione e inattivazione del neurotrasmettitore – possono rappresentare altrettanti siti d'azione dove poter operare con gli psicofarmaci.

Bibliografia

Ravizza L. (a cura di), *Neurotrasmissione*, in G. B. Cassano, P. Pancheri *et al.* (a cura di), *Trattato italiano di psichiatria* (1992), Masson, Milano 1999, vol. I, pp. 183-290.

Neutralità (ingl. *Neutrality*; ted. *Neutralität*; fr. *Neutralité*; sp. *Neutralidad*). Qualità che definisce l'atteggiamento dell'analista che, nel condurre la cura: 1) deve essere neutro in ordine ai valori religiosi, morali e sociali e non privilegiare, in base alle sue convinzioni, certi tratti rispetto ad altri del contenuto da interpretare; 2) deve evitare, oltre alle reazioni di controtransfert (v. Transfert, § 4), anche gli estremi di un distacco emotivo o di un eccessivo coinvolgimento; 3) infine, a proposito delle componenti dell'apparato psichico, deve assumere una posizione equidistante dai bisogni dell'Io, dell'Es e del Super-io. La regola della neutralità, che Sigmund Freud raccomanda a più riprese, è uno dei tanti tratti che distingue la psicoanalisi dai metodi di suggestione che implicano l'influenza deliberata del medico sul paziente (v. Astinenza, § 2).

Contro l'atteggiamento neutrale non tanto del trattamento psicoanalitico, ma della psicoanalisi in quanto tale, si è espresso Robert Castel, secondo il quale «diventa sempre più difficile nascondersi ancora la responsabilità della psicoanalisi in situazioni caratterizzate da un rapporto di potere, nei riguardi del quale essa afferma ostentatamente la propria neutralità» (1973, p. 6). Astenendosi dall'estendere il proprio sguardo sullo scenario sociale e politico, la psicoanalisi si traduce in "psicanalismo", termine con cui Castel intende «l'inclinazione sociopolitica diretta del misconoscimento del sociopolitico, misconoscimento che non è un semplice "dimenticare", ma un processo attivo di invalidazione» (ivi, p. 5), per cui, conclude Castel, «tecnicamente parlando, la neutralità analitica è una condizione di possibilità del transfert; politicamente parlando, è l'incarnazione della politica dell'apoliticismo» (ivi, p. 47).

Sul versante psichiatrico, la posizione di Castel è condivisa da Franco Basaglia che mette sotto accusa il carattere neutrale con cui la psichiatria si presenta in quanto scienza. In realtà, il servizio che essa compie, proprio in quanto scienza neutrale, è di tradurre la follia in malattia, giustificando in tal modo la reclusione dei folli in istituzioni (i manicomi) adibite alla loro cura, ma soprattutto alla loro custodia, liberando in tal modo la società dal compito di prendersi cura della follia. Infatti, scrive Basaglia, «la follia è una condizione umana. In noi la follia esiste ed è presente come lo è la ragione. Il problema è che la società, per dirsi civile, dovrebbe accettare tanto la ragione quanto la follia, invece incarica una scienza, la psichiatria, per tradurre la *follia* in *malattia* allo scopo di eliminarla. Il manicomio ha qui la sua ragion d'essere che è poi quella di far diventare razionale l'irrazionale. Quando qualcuno è folle ed entra in manicomio smette di essere *folle* per trasformarsi in *malato*. Diventa razionale in quanto malato» (1979, p. 34).

Bibliografia

Basaglia F., *Conferenze brasiliane* (1979), Raffaello Cortina, Milano 2000.

Castel R., *Lo psicanalismo. Psicanalisi e potere* (1973), Einaudi, Torino 1975.

Freud S., *Tecnica della psicoanalisi* (1911-1912), in *Opere* (1967-1993), Bollati Boringhieri, Torino, vol. VI.

–, *Osservazioni sull'amore di traslazione* (1914), in *Nuovi consigli sulla tecnica della psicoanalisi* (1913-1914), in *Opere*, cit., vol. VII.

Semi A. A., *Regola fondamentale, sospensione del giudizio, etica psicoanalitica*, in "Rivista di Psicologia", 1994, n. 40, 4, pp. 679-691.

Selvini Palazzoli M., Boscolo L., Cecchin G., Prata G., *Ipotizzazione, circolarità, neutralità. Tre direttive per la conduzione della seduta*, in M. Selvini, *Reinventare la psicoterapia. La scuola di Mara Selvini Palazzoli*, Raffaello Cortina, Milano 2004.

Neutralizzazione (ingl. *Neutralization*; ted. *Neutralisierung*; fr. *Neutralisation*; sp. *Neutralización*). Termine psicoanalitico che indica la desessualizzazione e la deaggressivizzazione dell'energia psichica (v. LIBIDO, § 1, *e*) in vista del suo impiego in attività sublimate (v. SUBLIMAZIONE). Heinz Hartmann scrive in proposito che si può definire «neutralizzazione quella trasformazione dell'energia, sia libidica che aggressiva, con cui questa si allontana dalla forma pulsionale e si approssima alla forma non pulsionale. Il processo di neutralizzazione è fondamentale in ciò che chiamiamo sublimazione» (1947, p. 25). Per Hartmann, e in generale per la PSICOLOGIA DELL'IO (v.), impiegano energia neutralizzata non solo le attività sublimate come prevedeva Sigmund Freud, ma anche le funzioni autonome dell'Io quali la capacità di anticipare, progettare, decidere e stabilire rapporti oggettuali in accordo con i dati di realtà. Per Hartmann i disturbi del processo di neutralizzazione sono alla base delle manifestazioni patologiche e in particolare della schizofrenia.

Bibliografia

Freud S., *L'Io e l'Es* (1922), in *Opere* (1967-1993), Bollati Boringhieri, Torino, vol. IX.
Hartmann H., *Psicologia dell'Io e problema dell'adattamento* (1939), Bollati Boringhieri, Torino 1966.
–, *Saggi sulla psicologia dell'Io* (1947), Bollati Boringhieri, Torino 1976.

Nevralgia (ingl. *Neuralgia*; ted. *Neuralgie*; fr. *Névralgie*; sp. *Neuralgia*). Sensazione dolorosa che si irradia lungo il tracciato di un nervo. Quando non è di origine organica è solitamente rubricata tra le manifestazioni dell'ISTERIA (v.).

Nevrasse, v. NERVOSO, SISTEMA, § 1.

Nevrastenia (ingl. *Neurasthenia*; ted. *Neurasthenie*; fr. *Neurasthénie*; sp. *Neurastenia*). Termine introdotto dal medico statunitense George Miller Beard nel 1879 per designare un quadro clinico caratterizzato da stanchezza fisica e mentale, irritabilità, insonnia, cefalea, riduzione dell'attività sessuale e altri sintomi tra i più vari. Sigmund Freud delimitò il campo di questa sindrome facendola rientrare nel quadro delle nevrosi attuali, separandola dalla nevrosi d'angoscia (v. NEVROSI, § 2), e individuandone la causa in un insufficiente funzionamento sessuale, come la masturbazione rispetto al coito, incapace di liberare in modo adeguato la tensione libidica. In campo psichiatrico il termine è impiegato per quei casi in cui l'ansia è somatizzata, cioè vissuta nel corpo e con il corpo, esperito, scrive Giovanni Jervis, «come fonte di insicurezza e di minaccia. I disturbi nevrastenici hanno di solito le seguenti caratteristiche: *a*) spossatezza con irritabilità e malumore, e un certo modesto grado di depressione dell'umore; *b*) disturbi *apparentemente* dovuti a malattie dei visceri, ma in realtà di natura psichica, cioè *psicogeni* (e quindi non somatici, ma *pseudosomatici*) consistenti in fastidi e dolori "fantasma" sempre vissuti con molta ansia dal paziente; *c*) timore di malattia, e preoccupazione per la propria salute (cioè preoccupazioni *ipocondriache*) in rapporto ai disturbi pseudosomatici; *d*) talora crisi improvvise di *ansia-allarme*, spesso con timore di morte imminente» (1975, p. 281). Le crisi d'ansia polarizzate intorno al proprio stato di salute prendono il nome di *allarme nevrastenico*.

Bibliografia

Beard G. M., *Neurasthenia (nervous exhaustion): with remarks on treatment*, Appleton, New York 1879.
–, *Sexual neuroasthenia (nervous exhaustion), its hygiene, causes, symptoms, and treatment*, Appleton, New York 1884.
Freud S., *Legittimità di separare dalla nevrastenia un preciso complesso di sintomi come "nevrosi d'angoscia"* (1894), in *Opere* (1967-1993), Bollati Boringhieri, Torino, vol. II.
–, *La sessualità nell'etiologia delle nevrosi* (1898), in *Opere*, cit., vol. II.
Jervis G., *Nevrastenia*, in Id., *Manuale critico di psichiatria*, Feltrinelli, Milano 1975.

Nevroglia, v. NERVOSO, SISTEMA, § 3.

Nevrosi (ingl. *Neurosis*; ted. *Neurose*; fr. *Névrose*; sp. *Neurosis*). Disturbo psichico senza causa organica i cui sintomi sono interpretati dalla psicoanalisi come espressione simbolica di un conflitto che ha le sue radici nella storia del soggetto e che costituisce un compromesso tra il DESIDERIO (v.) e la DIFESA (v.).

Storicamente il termine pare sia stato introdotto dal medico scozzese William Cullen in un trattato di medicina del 1773 dove le nevrosi erano considerate affezioni *funzionali*, cioè "senza infiammazione della struttura", con una *sede organica* precisa, per cui si parlava di nevrosi digestiva, nevrosi cardiaca, nevrosi uterina nei casi di isteria. Fu Philippe Pinel a puntualizzare l'assenza di un substrato organico evidenziabile nella nevrosi, Jean-Martin Charcot a definirne la natura solo psicologica, Pierre Janet a classificarla in due quadri: *isteria* caratterizzata dalla drammatizzazione di sintomi ansiosi e *psicoastenia* caratterizzata da sintomi ossessivi; da ultimo fu Sigmund Freud a illustrarne gli aspetti dinamici sottesi, e a fornire una prima classificazione organizzata intorno all'asse che separa le *nevrosi attuali*, in cui l'eziologia è cercata nell'assenza o inadeguatezza della soddisfazione sessuale, dalle *psiconevrosi*, in cui determinante è il conflitto psichico.

1. LE PSICONEVROSI. Denominate nei primi scritti di Freud *neuropsicosi da difesa*, le psiconevrosi esprimono un conflitto tra il desiderio e la difesa, e affondano le loro radici nell'età infantile del soggetto. Questo gruppo comprende:

a) le nevrosi di transfert (v. TRANSFERT, § 3), che vanno a loro volta distinte in due gruppi: il primo comprende l'isteria d'angoscia (v. ISTERIA, § 1, *a*), l'isteria di conversione (v. ISTERIA, § 1, *b*) e la nevrosi ossessiva (v. OSSESSIONE, § 2), il secondo le nevrosi cosiddette artificiali che nascono nel contesto della relazione terapeutica;

b) le nevrosi narcisistiche (v. NARCISISMO), che sono caratterizzate da un ripiegamento della libido sull'Io. Esse furono concepite da Freud in un primo tempo come equivalenti alle psicosi funzionali, e in seguito ridotte alle forme melanconiche, dove la perdita dell'oggetto induce il soggetto a introiettarlo, dirigendo le cariche libidiche, che un tempo investivano l'oggetto esterno, sull'oggetto fantasmatico che è nell'Io.

2. LE NEVROSI ATTUALI. Prendono questo nome perché non sono determinate da conflitti dell'età infantile, ma da conflitti attuali; per questo nelle loro manifestazioni non c'è il meccanismo dello SPOSTAMENTO (v.) che caratterizza invece le psiconevrosi, i cui sintomi sono un'espressione simbolica e sovradeterminata di un antico conflitto, ma ciò che appare è il risultato evidente dell'assenza o dell'inadeguatezza del soddisfacimento sessuale. Freud ha incluso nelle nevrosi attuali:

a) la *nevrosi d'angoscia* (v. ANGOSCIA – ANSIA, § 2, *a*), da non confondersi con l'isteria d'angoscia (v. ANGOSCIA – ANSIA, § 2, *e*), caratterizzata da una mancanza di scarica dell'eccitazione sessuale;

b) la *nevrastenia*, dove la scarica è insufficiente per un inadeguato alleviamento come nel caso della masturbazione (v. NEVRASTENIA);

c) l'*ipocondria*, che è una preoccupazione immotivata per le proprie condizioni di salute, accompagnata da disturbi fisici e stati di angoscia e depressione (v. IPOCONDRIA).

Siccome, a parere di Freud, il fattore principale del disturbo si trova nel campo somatico, mentre nelle psiconevrosi si trova nel campo psichico, le nevrosi attuali non rientrano nel trattamento psicoanalitico perché i loro sintomi non si esprimono a livello simbolico e quindi non si offrono facilmente a un significato che possa essere elucidato. Oggi il concetto di nevrosi attuale tende a scomparire dalla nosografia, perché anche nei sintomi delle nevrosi attuali si trovano tracce simboliche di conflitti più antichi. Inoltre il carattere somatico prevalente nelle nevrosi attuali induce ad accoglierle nell'elenco delle affezioni psicosomatiche (v. PSICOSOMATICA), con la precisazione che in questo ambito non si tiene conto solo del mancato soddisfacimento delle pulsioni sessuali, ma anche della loro repressione.

3. LE NEVROSI MISTE. Nevrosi i cui sintomi rimandano a eziologie fra loro diverse. Oltre al fatto che le nevrosi non si presentano mai allo stato puro, esistono sintomi psiconevrotici spesso combinati con sintomi attuali, oppure sintomi di una psiconevrosi che coesistono con sintomi di un'altra psiconevrosi, fino ai cosiddetti casi-limite o *borderline*, come, dopo Freud, sono state chiamate quelle affezioni in cui intervengono ad un tempo componenti nevrotiche e psicotiche (v. MARGINALE, SINDROME).

4. ALTRE FORME NEVROTICHE. Queste sono state messe in luce non tanto da Freud, quanto dalla successiva pratica analitica. Tra queste ricordiamo:

a) le nevrosi del carattere (v. CARATTERE, § 2, *b*), studiate da Wilhelm Reich, Alexander Lowen, Franz Alexander, Edward Glover, definite anche "asintomatiche" perché il conflitto tra il desiderio e la difesa determina non sintomi specifici e circoscrivibili, ma strutture patologiche stabili della personalità, per cui si parla di caratteri ossessivi, fobici, isterici, oppure, facendo riferimento alle diverse fasi dello sviluppo libidico, di carattere orale (v. ORALE, § 4), anale (v. ANALE, § 4), fallico (v. FALLICO, CARATTERE), genitale (v. GENITALE, § 4);

b) la *nevrosi di abbandono*, che, secondo Charles Odier e Germaine Guex che l'hanno individuata, non rientrerebbe in nessuno dei quadri classici della nosografia freudiana (v. ABBANDONO, SINDROME DI);

c) la *nevrosi di destino* (v. DESTINO, § 2), che ha le sue radici nella coazione a ripetere;

d) la *nevrosi familiare* (v. FAMILIARE, NEVROSI), dove le nevrosi individuali si completano e si condizionano reciprocamente;

e) la *nevrosi di scacco* (v. DESTINO, § 2), individuata da René Laforgue e riferita a quei soggetti che sembra non possano sopportare di ottenere proprio quelle mete che hanno ardentemente desiderato;

f) le *nevrosi traumatiche* (v. TRAUMA, § 2) conseguenti a shock emotivo;

g) le *nevrosi indotte* (v. SPERIMENTALE, NEVROSI).

5. Nevrosi e psicosi. Oggi il pensiero analitico è in larga misura d'accordo con la delimitazione clinica adottata in campo psichiatrico tra nevrosi e psicosi, dove la differenza è stabilita in riferimento a:

a) *l'eziologia*: la nevrosi ha origine esclusivamente psicogena o con scarsi riferimenti somatici; *b*) la *gravità*, che è un criterio discutibile perché si danno manifestazioni nevrotiche di maggior rilievo clinico rispetto ad alcune forme psicotiche; *c*) la *funzione del reale*, che risulta conservata nelle nevrosi e più o meno gravemente danneggiata nelle psicosi; *d*) la *consapevolezza critica* per cui il nevrotico, a differenza dello psicotico, si rende conto dell'insensatezza di certe sue fantasie o di certe sue ansie; *e*) l'*adattamento sociale*, spesso accettabile nelle nevrosi, mentre è problematico o difficilmente tollerabile nelle psicosi.

Da un punto di vista psichiatrico non rientrano nel gruppo delle nevrosi né in quello delle psicosi le cosiddette forme marginali (v. Marginale, Sindrome), le forme di Psicopatia (v.), mentre, entro certi limiti, sono considerati a parte i disturbi sessuali. Negli scritti freudiani appartenenti alla seconda topica dell'Apparato psichico (v. § 5) nella nevrosi l'Io, obbedendo alle esigenze della realtà, rimuove le rivendicazioni pulsionali, mentre nella psicosi si verificherebbe una rottura tra l'Io e la realtà, che in un primo momento lascerebbe l'Io sotto il dominio dell'Es, mentre in un secondo momento l'Io ricostruirebbe, con il delirio, una nuova realtà conforme ai desideri dell'Es. Per quanto concerne la differenza tra nevrosi e psicosi in Carl Gustav Jung, si veda la voce Scissione, § I, 2.

6. Nevrosi e quotidianità. Lo studio delle nevrosi coincide con la storia della psicoanalisi e della psichiatria per quanto da questa è stata influenzata. I disturbi nevrotici entrano nella realtà quotidiana di tutti e, per quanto vari essi siano, presentano tutti un tasso d'ansia intorno a cui la sintomatologia si organizza. L'ansia è un normale stato psicologico di attesa e vigilanza; diventa nevrotica quando è l'espressione di uno stato conflittuale. Freud ha individuato nel desiderio e nella difesa i termini del conflitto che avrebbe le sue radici nella rivalità sessuale da lui descritta sotto il nome di complesso di Edipo (v. Edipo, Complesso di). Jung, che non accetta l'eziologia freudiana, vede nella nevrosi una stagnazione dell'energia psichica, e in proposito scrive: «Io non posso individuare la vera eziologia della nevrosi nelle molteplici manifestazioni di sviluppo sessuale infantile e nelle fantasie che vi sono associate. Il fatto che queste fantasie aumentino e compaiano in primo piano è una conseguenza della stagnazione di energia o libido. Il disturbo psicologico in una nevrosi e la nevrosi stessa possono essere definiti un "tentativo fallito di adattamento"» (1916, p. 268).

Oggi si tende ad allargare i termini del conflitto al di là del recinto familiare e della vicenda sessuale per concepire il disagio nevrotico come un contrasto tra un'istanza *repressiva*, di origine individuale, familiare o sociale, e un'istanza di *libertà* che non riguarda solo la sessualità, ma il concetto di sé, le proprie aspirazioni, per cui fattori nevrotizzanti agiscono sull'intero arco della vita dell'individuo con confini che si possono stabilire solo artificiosamente. La medicalizzazione non giova alla risoluzione del conflitto nevrotico perché, essendo questo radicato nella contraddizione che esiste tra le istanze individuali di libertà e le regole di convivenza, che per il singolo individuo non possono che essere repressive, il conflitto non può essere risolto se non attraverso l'atto esistenziale della *scelta*. Accade però che la situazione non sia sempre chiara, per cui il soggetto può trovarsi ad agire in modi diversi e tra loro contraddittori o comunque incompatibili. Di qui, come scrive Giovanni Jervis, la necessità di «ridefinire la situazione» (1975, p. 289), nel senso di modificare il quadro conoscitivo, in modo da acquisire gli strumenti idonei per compiere delle scelte che rendano compatibili le istanze contraddittorie che sono alla base del conflitto nevrotico. Il rapporto nevrosi e quotidianità conforta la convinzione, oggi sempre più diffusa, secondo la quale la nevrosi non è una malattia, ma un modo scorretto di porre in relazione quei termini in conflitto in cui si articola la normale vita quotidiana.

Rispetto a questa posizione, oggi, sulla spinta della psichiatria americana, si tende a liquidare la categoria della "nevrosi", perché si privilegia quel che appare in superficie (i *sintomi*) rispetto a quel che si agita in profondità (i *conflitti*). Per cui, ad esempio, si considera l'ansia alla stregua di una malattia come le altre e non come una configurazione sintomatica di un conflitto psichico che accompagna tutte le varie forme di nevrosi. Questa tendenza a privilegiare ciò che si manifesta rispetto a ciò che origina quel che si manifesta caratterizza le classificazioni del DSM-5, dove il termine "nevrosi", che compariva nelle prime due edizioni del DSM, è del tutto assente, mentre nell'ICD-10 dell'Organizzazione Mondiale della Sanità la nevrosi compare come sindrome legata allo stress. Allo stesso modo scompare la distinzione tra nevrosi e psicosi, perché sul piano nosografico rimane solo la psicosi, mentre la nevrosi viene smembrata nei sintomi che si manifestano e che costituiscono capitoli a sé nella classificazione dei disturbi. E così in base al principio che occorre giungere a una chiarezza epistemologica basata sulla concretezza e quindi a teoretica, si finisce con il liquidare l'intera Psicopatologia (v.) che Karl Jaspers aveva inaugurato trasformando la psichiatria da *esplicativa* a *comprensiva*, in base al principio secondo il quale «è possibile spiegare qualcosa senza tuttavia comprenderlo» (1913-1959, p. 30).

Bibliografia

Barucci M., *Le nevrosi oggi tra psicoanalisi e psicofarmaci*, Utet, Torino 1992.
Charcot J.-M., *Clinique des maladies du système nerveux. Leçons du Professeur, Mémoires, Notes et Observations; parus pendant les années 1889-90 et 1890-91*, Alcan, Paris 1892-1893, voll. 1-2.
Cullen W., *Trattato di materia medica* (1773), Vincenzo Manfredi e Figli Editore, Napoli 1791.
DSM-5. American Psychiatric Association (APA), *DSM-5. Manuale diagnostico e statistico dei disturbi mentali* (2013), Raffaello Cortina, Milano 2014.
Eidelberg G., *Patologia comparata delle nevrosi* (1956), Bollati Boringhieri, Torino 1959.
Fenichel O., *Trattato di psicoanalisi delle nevrosi e delle psicosi* (1945), Astrolabio, Roma 1951.
Freud S., *Le neuropsicosi da difesa* (1894), in *Opere* (1967-1993), Bollati Boringhieri, Torino, vol. II.
–, *La sessualità nell'etiologia delle nevrosi* (1898), in *Opere*, cit., vol. II.
–, *Introduzione alla psicoanalisi* (1915-1917), in *Opere*, cit., vol. VIII.
–, *Nevrosi e psicosi* (1923), in *Opere*, cit., vol. IX.
Gaston A., *Nevrosi*, in AA.VV., *Gli strumenti del sapere contemporaneo*, vol II: *I concetti*, Utet, Torino 1985, pp. 554-556.
ICD-10. Organizzazione Mondiale della Sanità (OMS), *ICD-10. Decima revisione della classificazione internazionale delle sindromi e dei disturbi psichici e comportamentali* (1992), Masson, Milano 1994.
Janet P., *Nevroses et idées fixes*, Alcan, Paris 1898.
Jaspers K., *Psicopatologia generale* (1913-1959), Il Pensiero Scientifico, Roma 2000.
Jervis G., *Nevrosi*, in Id., *Manuale critico di psichiatria*, Feltrinelli, Milano 1975.
Jung C. G., *Sulla psicoanalisi* (1916), in *Opere* (1969-2007), Bollati Boringhieri, Torino, vol. IV.
Musatti C. L., *Trattato di psicoanalisi*, Bollati Boringhieri, Torino 1949.
Neve M., *Neurosis*, in "The Lancet", 2004, n. 3, 363, p. 1170.
Pinel Ph., *La mania. Trattato medico-filosofico sull'alienazione mentale* (1800), Marsilio, Venezia 1987.
Rossi R., Giberti F., *Il problema delle nevrosi*, in G. B. Cassano, P. Pancheri *et al.* (a cura di), *Trattato italiano di psichiatria* (1992), Masson, Milano 1999, vol. I, pp. 2017-2024.
Semi A. A. (a cura di), *Trattato di psicoanalisi*, vol. I: *Teoria e tecnica*, vol. II: *Clinica*, Raffaello Cortina, Milano 1988-1989.
Zoja L., *Nevrosi*, in AA.VV., *Gli strumenti del sapere contemporaneo*, vol. II: *I concetti*, cit., pp. 556-559.

Nevrosi iatrogena, v. Iatrogenesi.

NGF (*Nerve Growth Factor*), v. Neuroscienze, § 3, a.

Nichilismo (ingl. *Nihilism*; ted. *Nihilismus*; fr. *Nihilisme*; sp. *Nihilismo*). Termine di origine filosofica introdotto da Louis-Sébastien Mercier, che nel 1801 qualificava come *rienniste* la filosofia sottesa all'*Enciclopedia* degli illuministi, in quanto a suo parere essa negava i valori su cui era stata costruita la civiltà occidentale. Da allora il termine acquistò un suo spessore semantico attraversando l'età romantica con Arthur Schopenhauer, Heinrich Heine, Georg Büchner, Max Stirner, la letteratura russa con Ivan Sergeevič Turgenev che rivendica la paternità del termine "nichilista", Fëdor Dostoevskij, e la filosofia di Friedrich Nietzsche che definisce il nichilismo in questi termini: «*Nichilismo*: manca il fine; manca la risposta al "perché?"; che cosa significa nichilismo? *che i valori supremi si svalutano*» (1887-1888, fr. 9, 35). Nietzsche divenne il punto di riferimento delle correnti nichilistiche del Novecento soprattutto in ambito esistenzialista, teologico ed estetico, oscillando tra il significato *ontologico* del termine, dove è messa in questione la consistenza stessa dell'essere, e il significato *etico*, dove è messa in questione la consistenza dei valori. Il termine ha trovato la sua maggior estensione e radicalizzazione con Emanuele Severino, per il quale nichilistica è l'intera storia dell'Occidente nata dalla persuasione, maturata nell'antica Grecia, secondo cui l'ente diviene, passando dall'essere al niente.

In psicologia e in psicopatologia il termine ha trovato la sua più ampia trattazione con Karl Jaspers, per il quale alla base del nichilismo c'è «una volontà che sperimenta e giudica l'essere, il valore, il senso come cose ugualmente nulle, e che agisce in conseguenza nell'unico "senso" rimasto: venir meno per essere "nulla". Questo genere di nichilismo difficilmente si presenta in forma empirica» (1919, p. 332), dove invece, a parere di Jaspers, sono frequenti due atteggiamenti: la difesa dal nichilismo e l'abbandono al nichilismo, a cui si aggiunge il nichilismo nelle psicosi.

1. *La difesa dal nichilismo* si manifesta in una ricerca all'esterno a compenso del nulla interiore: «Si sviluppa un inquieto cercare all'esterno, cercare che ci offre la forma tipica del nichilismo medio dei nostri giorni. [...] Nella scienza non si ricerca la conoscenza ma l'edificazione, nell'arte non l'idea ma l'estasi, nella mistica non la forza ma la dissoluzione ("liberazione"). Sotto il ricco mantello di moti dell'anima irresponsabili si nasconde il nulla» (ivi, pp. 340-341).

2. *L'abbandono al nichilismo* presenta questi tratti: «L'uomo è del tutto sicuro di sé ad onta di tutte le parole e le formule nichilistiche. Non soffre nemmeno di indecisione; è lungi da ogni forma di disperazione. Quest'uomo ha abbracciato tutta la sfera del nichilismo e l'ha fatta sua. Ma tale sfera è, per lui, un mezzo. Egli è dominato incondizionatamente dai suoi istinti, non vuole negarsi nulla; rimane nella sfera del piacere sensuale e della lotta per la conquista dell'autorità e del potere. In questo caso qualsiasi nichilismo è innocuo» (ivi, p. 343).

3. *Il nichilismo nelle psicosi.* Scrive sempre Jaspers: «Esistono stati melanconici – con violentissimo impulso al suicidio, che si può impedire solo con l'artificio di mezzi esteriori – in cui l'uomo vive in una vera disperazione, senza speranza. Nulla esiste più, tutto è pura illusione, tutto è pura mistificazione. Tutti gli uomini sono morti. Il mondo non è più. I medici e gli assistenti che compaiono sono dei semplici "figuranti". Solo il malato non può non esistere. Egli è l'"ebreo errante". Ma non esiste realmente. Anch'egli è una semplice parvenza d'esistenza. Nulla ha un qualsiasi valore. Il malato non può avere alcun sentimento, come egli stesso dice, e così ha i più smisurati slanci di disperazione. Non è l'uomo di una volta. È soltanto un punto. Nei sentimenti e nei vaneggiamenti mentali questa esperienza si specifica nei particolari nella maniera più ricca: il corpo è putrefatto, cavo, il cibo, quando è inghiottito, precipita in uno spazio vuoto. Il sole è spento, eccetera. In questo stato c'è solo l'intensità dell'affetto, la disperazione come tale» (ivi, pp. 348-349).

Bibliografia

Galimberti U., *L'ospite inquietante. Il nichilismo e i giovani* (2007), Feltrinelli, Milano 2014.
Givone S., *Storia del nulla*, Laterza, Bari 1995.
Heidegger M., *Il nichilismo europeo* (1940, edito nel 1961), Adelphi, Milano 2003.
–, *L'essenza del nichilismo* (1946-1948), in Id., *Metafisica e nichilismo*, il melangolo, Genova 2006.
Jaspers K., *Psicopatologia generale* (1913-1959), Il Pensiero Scientifico, Roma 2000.
–, *Psicologia delle visioni del mondo* (1919), Astrolabio, Roma 1950.
Nietzsche F., *Frammenti postumi 1887-1888*, in *Opere*, Adelphi, Milano 1971, vol. VIII, 2.
Ruggenini M., *Nichilismo*, in AA.VV., *Gli strumenti del sapere contemporaneo*, vol. I: *Le discipline*, Utet, Torino 1985, pp. 560-563.
Severino E., *Essenza del nichilismo* (1972), Adelphi, Milano 1982.
Tatasciore C., *In tema di nichilismo*, La Città del Sole, Napoli 2000.
Testoni I., *Psicologia del nichilismo. La tossicodipendenza come rimedio*, Franco Angeli, Milano 1997.
Vercellone F., *Introduzione a "Il nichilismo"*, Laterza, Bari 1992.
Vitiello V., *Utopia del nichilismo tra Nietzsche e Heidegger*, Guida, Napoli 1983.
Volpi F., *Il nichilismo*, Laterza, Bari 1996.

Nictalopia (ingl. *Nyctalopia*; ted. *Tagblindheit*; fr. *Nyctalopie*; sp. *Nictalopía*). Anomalia del sistema visivo (v. VISIVO, SISTEMA) che, per una particolare sensibilità retinica, consente di vedere meglio gli oggetti meno illuminati rispetto a quelli più illuminati. Può essere *congenita*, come nel caso dell'albinismo, dovuto ad assenza di pigmentazione nell'iride, oltre che nella cute e nei peli, o *acquisita*, per offuscamento centrale della cornea o del cristallino, a causa del quale la pupilla è costretta a dilatarsi per la formazione dell'immagine con i raggi periferici, non potendo utilizzare quelli provenienti lungo l'asse centrale.

Ninfomania (ingl. *Nymphomania*; ted. *Nymphomanie*; fr. *Nymphomanie*; sp. *Ninfomanía*). Termine arcaico, se non addirittura residuo culturale ricorrente per designare l'ipererotismo nella donna, che vecchi manuali di clinica specificavano come ninfomania *grave* nei casi in cui il desiderio sessuale giunge a dominare l'intera esistenza della persona, e ninfomania *platonica* quando ad essere in balia dell'irrefrenabile desiderio sessuale è solo la vita psichica. Scrive Silvia Vegetti Finzi: «Sottratta all'obiettivazione neutralizzante dello sguardo medico, la ninfomane si rivela ora per quello che è, una figura dell'immaginario inconscio. Ciò che la rende particolarmente desiderabile sembra essere il ruolo attivo che ella svolge nel rapporto sessuale. Di fronte alla sua intraprendente bramosia, l'uomo si colloca nel polo passivo, in quella posizione di "preda" che tradizionalmente spetta alla donna. Immaginandosi costretto nella presa violenta dell'altra, di una partner sessuale che sostiene da sola tutto il peso del desiderio, l'uomo può vaneggiare di soddisfare le componenti femminili della sua sessualità senza per questo sentirsi iscritto in una posizione omosessuale. Specularmente la donna può rappresentare le sue componenti falliche, penetranti e possessive pur rimanendo ancorata ad una identificazione femminile, ad una sessualità vaginale captativa. Si invertono i ruoli psicologici, restando gli scambi corporei sostanzialmente immutati. [...] Poiché non conosce catarsi, il desiderio ninfomanico si ripropone perpetuamente nella forma della coazione a ripetere, in una reiterata ricerca dell'oggetto che oltrepassa i confini del bisogno e della domanda. Come ricerca d'amore la ninfomane è un'immagine di Eros, del principio della vita che unisce gli esseri tra di loro, ma come figura dell'eterna insoddisfazione, della domanda coercitiva che non ammette risposta, della tensione inappagata, è una figura di Thanatos, di principio di morte. La maschera bifronte della ninfomania rappresenta, al tempo stesso, l'amore e la morte, il desiderio e l'angoscia» (1986, pp. 7-9).

Bibliografia

Bienville J. D. T. de, *La ninfomania, ovvero il furore uterino* (1771), Marsilio, Venezia 1986.
Mati S., *Ninfa in labirinto. Epifanie di una divinità in fuga*, Moretti & Vitali, Bergamo 2006.
Vegetti Finzi S., *Ninfomania. Tempo e mito della sessualità femminile*, saggio introduttivo a J. D. T. de Bienville, *La ninfomania, ovvero il furore uterino*, cit.

Nirvana, Principio del (ingl. *Nirvana principle*; ted. *Nirwanaprinzip*; fr. *Principe de Nirvâna*; sp. *Principio del Nirvana*). Espressione introdotta da Barbara Low e accolta da Sigmund Freud in ordine all'economia dell'APPARATO PSICHICO (v. § 2), per indicare la tendenza dell'apparato stesso a ridurre, e al limite ad azzerare, la quantità di eccitazione proveniente dall'esterno o dall'interno (v. INERZIA, PRINCIPIO DI). Nirvana è un termine sanscrito con cui nel buddhismo tradizionale, come ricorda lo stesso Freud (1920, p. 243), si indicava una delle quattro vie di salvezza consistente nell'ottenere l'estinzione delle passioni e la cessazione della sofferenza inerente alla volontà di vita. Nel pensiero occidentale questo concetto è stato ripreso da Arthur Schopenhauer, che Freud riconosce esplicitamente come suo precursore (1916, pp. 663-664), per indicare «la negazione della volontà di vivere la cui esigenza scaturisce dalla conoscenza della natura dolorosa e tragica della vita» (1819, § 71).

A partire da questi antecedenti, Freud afferma che «l'aver riconosciuto come tendenza dominante della vita psichica, e forse della vita nervosa in genere, lo sforzo che si esprime nel principio di piacere, sforzo inteso a ridurre, a mantenere costante, a eliminare la tensione interna provocata dagli stimoli (il "principio del Nirvana", per usare un'espressione di Barbara Low), è in effetti uno dei più forti motivi che ci inducono a credere nell'esistenza delle pulsioni di morte» (1920, p. 241). L'ipotesi di Freud, secondo cui la "sostanza vivente", resa organica da squilibri energetici, tende a raggiungere nuovamente la condizione di primitiva materia, porterebbe all'identificazione del principio del Nirvana con il principio di piacere (v. PIACERE, § 1) se non intervenisse una variante che Freud così spiega: «Ogni dispiacere dovrebbe coincidere con un innalzamento, e ogni piacere con un abbassamento della tensione psichica provocata dagli stimoli; il principio del Nirvana (e il principio di piacere che con esso si identificherebbe) sarebbe interamente al servizio delle pulsioni di morte miranti a ricondurre l'irrequietezza vitale alla stabilità dello stato inorganico e avrebbe la funzione di preservare l'organismo dalle pretese delle pulsioni di vita (o libido), che mirano a disturbare il corso dell'esistenza così com'è. Eppure questa concezione non può essere esatta. [...] In ogni caso dobbiamo renderci conto del fatto che il principio del Nirvana, che appartiene alla pulsione di morte, nell'organismo vivente ha subìto una modificazione per cui è diventato principio di piacere, e d'ora innanzi eviteremo di identificare questi due principi. Ammesso che si voglia riflettere su questo punto, non è difficile identificare la forza che ha dato origine a questa modificazione. Non può essere che la pulsione di vita, la libido, la quale in tal modo si è conquistata il suo posto accanto alla pulsione di morte nella regolamentazione dei processi vitali. Siamo giunti così a una piccola ma interessante serie di connessioni: il principio del *Nirvana* esprime la tendenza della pulsione di morte, il principio di *piacere* rappresenta le pretese della libido, e la modificazione del principio di piacere, ossia il principio di *realtà*, rappresenta l'influenza del mondo esterno» (1924, pp. 6-7).

Bibliografia

Bataille G., *L'erotismo* (1957), Mondadori, Milano 1969.
Brown N. O., *La vita contro la morte* (1959), il Saggiatore, Milano 1973.
Freud S., *Una difficoltà della psicoanalisi* (1916), in *Opere* (1967-1993), Bollati Boringhieri, Torino, vol. VIII.
–, *Al di là del principio di piacere* (1920), in *Opere*, cit., vol. IX.
–, *Il problema economico del masochismo* (1924), in *Opere*, cit., vol. X.
Low B., *Psycho-analysis. A brief account of freudian theory*, Harcourt, Brace & Howe, New York 1920.
Schopenhauer A., *Il mondo come volontà e rappresentazione* (1819), Laterza, Bari 1978.
Upaniṣad, Utet, Torino 1983.

Nistagmo (ingl. *Nystagmus*; ted. *Nystagmus*; fr. *Nystagmus*; sp. *Nistagmo*). Complesso di movimenti oculari involontari caratterizzati da due fasi: una rapida che definisce la direzione del nistagmo, e una lenta nella direzione opposta. Il nistagmo, che può essere verticale o orizzontale, equilibra la posizione degli occhi in relazione ai movimenti del corpo. Oltre a questo tipo di nistagmo detto *optocinetico* (v. VISIVO, SISTEMA, § 5, *c*) che è di natura fisiologica, si danno altri tipi di nistagmo di natura nervosa annoverati nella classe dei TIC (v.) o degli spasmi d'abitudine.

Nittitazione (ingl. *Nictitation*; ted. *Niktitation*; fr. *Nictitation*; sp. *Nictitación*). Movimento involontario di chiusura e apertura delle palpebre, rapido e ripetuto. Frequente nei bambini, la nittitazione appartiene alle varie forme di TIC (v.) e di spasmi d'abitudine, spesso associata ad altri movimenti simili che interessano altri gruppi di muscoli. Nei casi più acuti con chiusura palpebrale prolungata si parla di BLEFAROSPASMO (v.).

Nocebo, v. PLACEBO.

Noetico (ingl. *Noetic*; ted. *Noetisch*; fr. *Noétique*; sp. *Noético*). Aggettivo che connota l'ambito dei processi cognitivi (v. COGNIZIONE) distinti da quelli emozionali e pulsionali, secondo l'impostazione inaugurata da Platone e da Aristotele, i quali distinguevano l'ambito noetico (dal greco νοεῖν, "pensare") da quello sensibile (αἴσθησις), comprendente la sensazione, la percezione, la passione che dipendono dalla "cosa sensibile" (αἴσθητον) dalla quale il processo noetico prescinde per ASTRAZIONE (v.). In ambito psicologico, nella lettura evolutiva espressa dalla teoria degli strati (v. STRATI, TEORIA DEGLI), Philipp Lersch chiama "sovrastruttura noetica" le operazioni mentali ritenute filogeneticamente successive e qualitativamente superiori alle espressioni del livello endotimico.

Bibliografia

Lersch Ph., *Il carattere. I sentimenti, le tendenze, la volontà* (1938, 2ª ed. aggiornata e ampliata 1941), Cedam, Padova 1942 (2ª ed. titolata in italiano *La struttura del carattere*, Cedam, Padova 1950).

Noia (ingl. *Boredom*; ted. *Langeweile*; fr. *Ennui*; sp. *Aburrimiento*). Condizione psicologica caratterizzata da insoddisfazione, demotivazione, riluttanza all'azione e sentimento di vuoto. Segnalata nelle trattazioni medioevali con il nome di *acedia*, la noia è stata studiata in ambito filosofico e psicopatologico seguendo la tradizione che da Blaise Pascal conduce ai moralisti francesi, per i quali la noia è la risultante dell'alterazione degli umori in presenza di deprecabili condizioni morali tipiche di chi, avendo abusato del piacere, si trova nell'impossibilità di desiderare. Da questo sfondo definitorio sono nate considerazioni più specifiche in ambito filosofico, psichiatrico e psicoanalitico.

1. FILOSOFIA. In questo ambito i maggiori contributi sono quelli di Søren Kierkegaard e di Martin Heidegger che, sia pure con significazioni diverse, vedono nella noia un sentimento ontologico che ha a che fare con la totalità. Scrive in proposito Kierkegaard: «Nel panteismo c'è in genere la determinazione di pieno; con la noia è l'inverso, essa è costruita sul vuoto, ma proprio perciò è una determinazione panteistica. La noia riposa sul nulla che serpeggia per l'esistenza, la sua vertigine è come quella che viene dal guardar giù in un infinito abisso, è infinita. Che quindi quel tal eccentrico divertimento sia costruito sulla noia, si può anche vedere dal fatto che il divertimento risuona senza eco, proprio perché in un nulla non c'è nemmeno quel tanto che renda possibile una risonanza» (1843, tomo III, p. 28). Dal canto suo Heidegger considera la noia, al pari dell'angoscia e della gioia, un sentimento ontologico che consente di cogliere la totalità, perché «anche quando, e proprio quando, noi siamo particolarmente occupati dalle cose e da noi stessi, ci soprassale questo "tutto" per esempio nella noia autentica. Essa è ancora lontana quando ad annoiarci è solo questo libro o quello spettacolo, quell'occupazione o quell'ozio, ma affiora quando "uno si annoia". La noia profonda, che va e viene nella profondità dell'esserci come una nebbia silenziosa, accomuna tutte le cose, tutti gli uomini, e con loro noi stessi in una strana indifferenza. Questa noia rivela l'ente nella sua totalità» (1929, p. 66).

2. PSICHIATRIA. In questo ambito le caratterizzazioni più rilevanti della noia si trovano in Paolo Mantegazza, che individua l'essenza di questo stato psicologico nel conflitto tra richiesta di attività e incapacità soggettiva di soddisfarla, anticipando in tal modo il nucleo teorico delle concezioni psicodinamiche novecentesche, e in Henry Le Savoureux, che considera la noia «un sentimento primario allo stesso titolo del piacere e del dolore», caratterizzato da assenza di interessi, monotonia delle impressioni, sensazione di immobilità, vuoto interiore, rallentamento del corso del tempo, che sono sintomi riconducibili alla presenza di energie non impiegate: «L'uomo sano che non spende sufficientemente le sue energie disponibili, s'annoia» (1914, p. 142). Sempre in ambito psichiatrico Pierre Janet, evidenziando il carattere fasico del presentarsi del sentimento della noia, accosta la noia alla DEPRESSIONE (v.), della quale caratterizzerebbe l'esordio e la convalescenza. Quando invece la malattia si approfondisce fino a estinguere nel soggetto qualsiasi motivo desiderante, allora il quadro clinico risulta caratterizzato più dal vuoto dei sentimenti che dal sentimento del vuoto. In ambito fenomenologico, Eugène Minkowski distingue la noia come sentimento passeggero per carenza di stimolazione dalla noia strutturale caratterizzata dall'arresto del dinamismo vitale e dallo svuotamento dell'esperienza vissuta che cade sotto il dominio del monotono e del simile, mentre Ludwig Binswanger vede nella noia un fenomeno di DEIEZIONE (v.) nel modo di vivere la temporalità: non più la temporalità autentica (*eigentliche Zeitigung*) promossa dall'attesa o dalla tensione verso una meta, ma la temporalità deietta (*verfallene Zeitigung*) che è la temporalità oggettiva del mondo "scandita dal lento avanzare delle lancette dell'orologio", non più un tempo proprio (*eigen*), ma un tempo anonimo e inautentico (*uneigentlich*).

3. PSICOANALISI. In questo ambito il contributo più significativo è stato dato da Otto Fenichel, per il quale la noia è un conflitto tra il bisogno di attività e l'inibizione della stessa per un contrasto tra Es e Io che non trova soluzione; perciò «la tensione della pulsione è presente, ma lo scopo della pulsione è perduto». Ne consegue che «il dispiacere della noia non corrisponde a una mancanza di tensione, ma piuttosto a un eccitamento il cui scopo è inconscio» (1945, p. 25). Da queste premesse, Fenichel conclude che «il senso di essere annoiato è molto probabilmente, per lo meno nella sua esagerazione nevrotica, uno stato di eccitazione il cui scopo è represso; qualsiasi

cosa la persona possa pensare di fare, è percepita come inadeguata a rilassare la tensione intima. Le persone annoiate cercano di distrarsi, ma di solito non vi riescono perché sono fissate al loro scopo inconscio» (ivi, pp. 210-211). L'interpretazione di Fenichel è stata ulteriormente approfondita da Ralph R. Greenson che ha colto l'elemento strutturale e dinamico della noia nell'inibizione della fantasia da parte dell'Io, che vede nella fantasia una minaccia da cui difendersi. La negazione comporta il vissuto sgradevole di mancanza di tensione, mentre l'impossibilità di soddisfacimento pulsionale spiega la lentezza intollerabile del trascorrere del tempo. Sempre secondo Greenson, la noia può essere accompagnata da agitazione quando riaffiorano le fantasie che, sviate o distorte dall'Io che si difende, conducono ad azioni insoddisfacenti e alla riproposizione dei sentimenti di vuoto.

Sul rapporto noia-depressione si è espresso André Haynal, per il quale «la noia è un umore organizzato e difensivo contro la depressione. [...] Il soggetto si annoia quando vive il suo ambiente come povero di stimoli: tale povertà può essere un dato reale, oppure è il soggetto che si rivela incapace di trovare degli stimoli nel mondo esterno o nella ricchezza del suo mondo interiore; oppure ancora, egli svaluta gli stimoli che gli sono offerti [...] come nei pazienti depressivi che lamentano attacchi di noia. All'esame psicoanalitico risulta che gli stimoli ricevuti vengono svalutati dall'Ideale dell'Io o, nei casi più gravi, dal Super-io. Si ha allora l'impressione di trovarsi di fronte a un blocco nell'evoluzione del sistema Super-io – Ideale dell'Io, ad una mancanza di elasticità dell'Ideale dell'Io, che resta megalomanico e perciò svaluta gli stimoli» (1976, pp. 99-100).

La tensione tra Io e ideale dell'Io è individuata alla base della relazione noia e aggressività, dovuta, a parere di Pierre Luquet, al fatto che l'incapacità da parte dell'Io di soddisfare la domanda dell'ideale dell'Io suscita un sentimento di frustrazione che scatena una grande aggressività inutilizzabile a fini sublimati. Partendo da questa premessa, Haynal vede nella noia la spiegazione dell'alternanza tra stati psicopatici e depressivi: «Il sentimento di noia coesiste di frequente con la frustrazione affettiva e la violenza (come distruzione dell'oggetto deludente, frustrante); si ritrova così nell'esperienza clinica una sorta di alternanza fra struttura psicopatica e stati depressivi» (ivi, p. 101).

Bibliografia

AA.VV., *Noia e apatia*, in P. F. Galli (a cura di), *Osservazione psicoanalitica* (1992-1996), Bollati Boringhieri, Torino, vol. III.

Binswanger L., *Schizophrenie*, Neske, Pfullingen 1957.

Fenichel O., *Trattato di psicoanalisi delle nevrosi e delle psicosi* (1945), Astrolabio, Roma 1951.

Ferrari E., *L'esperienza della noia*, in Id., *L'ambiguità del patire. Quando la psicopatologia svela le radici culturali del presente*, Moretti & Vitali, Bergamo 2014.

Galimberti U., *Accidia*, in Id., *I vizi capitali e i nuovi vizi* (2003), Feltrinelli, Milano 2015, pp. 23-30.

Garaventa R., *La noia. Esperienza del male metafisico o patologia dell'età del nichilismo?*, Bulzoni, Roma 1997.

Greenson R. R., *La noia* (1953), in Id., *Esplorazioni psicoanalitiche* (1978), Bollati Boringhieri, Torino 1984.

Haynal A., *Il senso della disperazione. La problematica della depressione nella teoria psicoanalitica* (1976), Feltrinelli, Milano 1980.

Heidegger M., *Che cos'è metafisica?* (1929), in Id., *Segnavia*, Adelphi, Milano 1987.

Janet P., *De l'angoisse à l'extase*, Alcan, Paris 1926.

Jankélévitch V., *L'avventura, la noia, la serietà* (1963), Marietti, Genova 1991.

Kierkegaard S., *Enten-Eller (Aut-Aut)* (1843), Adelphi, Milano 1976-1989, voll. I-V.

Le Savoureux H., *Contribution à l'étude des perversions de l'instinct de conservation. Le spleen*, Steinheil, Paris 1913.

–, *L'ennui normal et pathologique*, in "Journal de Psychologie Normale et Pathologique", 1914, vol. 11.

Luquet P., *Les idéaux du Moi et l'idéal du Je*, in "Revue Française de Psychanalyse", 1973, n. 37.

Maggini C., Dalle Luche R., *Il paradiso e la noia. Riflessioni metapsicologiche sulla noia morbosa*, Bollati Boringhieri, Torino 1991.

Mantegazza P., *Fisiologia del dolore* (1888), Barin, Sesto San Giovanni 1926.

Minkowski E., *Il tempo vissuto. Fenomenologia e psicopatologia* (1933), Einaudi, Torino 1971.

Pascal B., *Pensieri*, Rusconi, Milano 1993.

Schopenhauer A., *Il mondo come volontà e rappresentazione* (1819), Laterza, Bari 1978.

Svendsen L. F. H., *Filosofia della noia* (2002), Guanda, Parma 2004.

Zapparoli G. C., *La paura e la noia*, il Saggiatore, Milano 1979.

Nomadismo, v. DROMOMANIA.

Nome (ingl. *Name*; ted. *Name*; fr. *Nom*; sp. *Nombre*). È stato dimostrato che nominare, dare un nome a un processo psichico interno o a un evento sconosciuto esterno serve a calmare la mente e a stabilizzare l'attenzione, consentendo di percepire con minore ansia e maggior chiarezza la natura di un'esperienza. Per quanto invece concerne l'espressione lacaniana "Nome-del-padre", si veda la voce PADRE.

Nomologico (ingl. *Nomological*; ted. *Nomologisch*; fr. *Nomologique*; sp. *Nomológico*). Aggettivo che fa riferimento a tutto ciò che accade in modo non casuale, ma conforme a una legge (νόμος) che, garantendo la regolarità dell'evento, consente, entro ambiti determinati, di formulare inferenze e predizioni. In questa accezione, in ambito epistemologico si parla di "reti nomologiche" (*nomological netting*) a proposito delle teorie scientifiche a partire dalle quali si giustifica un processo esplicativo.

Bibliografia

Gadenne V., *La validità delle scienze psicologiche* (1976), Città Nuova, Roma 1987.
Royce J. R., *How we can best advance the construction of theory in psychology*, in "Canadian Psychological Review", 1978, n. 19.

Nomotetico, v. IDIOGRAFICO – NOMOTETICO.

Non-Io (ingl. *Non-ego*; ted. *Nicht-Ich*; fr. *Non-moi*; sp. *No-yo*). Con questo termine si intende: in filosofia ciò che è opposto all'Io, in psicologia ciò che è esterno alla sfera egoica di appartenenza.

1. FILOSOFIA. Con la nascita della nozione di IO (v.) coniata da René Descartes, ha acquistato rilevanza la nozione corrispondente di Non-Io, identificato da Johann Gottlieb Fichte con il mondo degli oggetti, opposto all'Io empirico, ma non all'Io trascendentale, che «nell'Io oppone all'Io il Non-Io», per cui «l'Io empirico si pone come determinato dal Non Io» (1794, p. 106). Con la messa in crisi della nozione di Io, prima con Friedrich Nietzsche, che considera l'Io una nozione grammaticale con cui si nominano forze eterogenee irriducibili a una identità, e poi con Martin Heidegger che dissolve la nozione di Io in quella di "Esserci-nel-mondo", anche la nozione di Non-Io decade come opposto a un Io puro, per risolversi nelle nozioni di *alterità* e *differenza* che riformulano l'ambito non-egoico senza più riferirlo a un soggetto.

2. PSICOLOGIA. In questo ambito il termine Non-Io è usato in linea generale per nominare il mondo esterno all'Io che il bambino guadagna gradatamente distinguendo il proprio corpo, prima sfera di appartenenza, dal mondo esterno. Quando questa distinzione non si costituisce o, guadagnata, viene a tratti smarrita, allora si entra nel mondo della PSICOSI (v.), dove molte manifestazioni, in particolare schizofreniche, si comprendono a partire da questa perduta distinzione. In un senso più specifico Harry Stack Sullivan impiega l'espressione Non Io a proposito di quelle parti dissociate dall'Io e mai integrate che si manifestano nell'episodio schizofrenico, determinando, a episodio concluso, la trasformazione paranoide della personalità. «Dopo l'episodio schizofrenico (e di solito subito dopo), si ha quella che io chiamo la trasformazione paranoide della personalità. In queste situazioni diventa impossibile conservare in sufficiente dissociazione le tendenze finora dissociate della personalità; le quali tuttavia sono ancora, in termini dell'Io personificato, *distaccate*. Di conseguenza, la cosa finora dissociata, e che era in un certo senso connessa con il "Non-Io", viene adesso nettamente personificata come "Non-Io": cioè come *altre persone*. E sulle altre persone viene scaricata la colpa di ciò che finora doveva restare in dissociazione, essendo un aspetto intollerabile delle proprie possibilità personali» (1953, p. 403). Carl Gustav Jung utilizza l'espressione Non-Io a proposito dell'esperienza che l'Io fa dell'inconscio e di ogni suo archetipo nel processo di individuazione (v. PSICOLOGIA ANALITICA, § 5). Si tratta, scrive Jung, di «una specie di esperienza primordiale del Non-Io psichico, di un'opposizione interiore che sfida al confronto» (1917-1943, p. 80).

Bibliografia

Descartes R., *Meditazioni metafisiche sulla filosofia prima* (1641), in *Opere*, Laterza, Bari 1986, vol. II.
Fichte J. G., *Dottrina della scienza* (1794), Laterza, Bari 1987.
Freud S., *L'Io e l'Es* (1922), in *Opere* (1967-1993), Bollati Boringhieri, Torino, vol. IX.
Jung C. G., *Psicologia dell'inconscio* (1917-1943), in *Opere* (1969-2007), Bollati Boringhieri, vol. VII.
Sullivan H. S., *Teoria interpersonale della psichiatria* (1953, edito postumo), Feltrinelli, Milano 1962.

Nooanalettico, v. PSICOFARMACOLOGIA, § II, 2.

Nooclopia, v. ECLISSI MENTALE.

Noolettico, v. PSICOFARMACOLOGIA, § I, 2.

Noradrenalina, v. NEUROTRASMETTITORE, § I, 1, b; ENDOCRINO, SISTEMA, § 5, *b*.

Norma (ingl. *Norm*; ted. *Norm*; fr. *Norme*; sp. *Norma*). Regola di carattere descrittivo o prescrittivo a cui si fa riferimento per disporre di un criterio di giudizio, di valutazione o di comprensione. Questa definizione generale trova la sua specificazione nel carattere statistico, assiologico o funzionale della norma, il cui significato dipende dalla modalità paradigmatica di volta in volta assunta.

1. LA NORMA STATISTICA. Viene desunta dalla frequenza media con cui ricorrono gli eventi considerati. Questa norma ha un carattere descrittivo che evidenzia, in termini esclusivamente quantitativi, la ricorrenza di un particolare evento senza alcuna considerazione di ordine qualitativo. Ciò significa che sono ritenuti "normali" tutti quegli eventi che raggiungono una frequenza media tale da poter fungere da norma indipendentemente dal valore positivo o negativo degli stessi a partire da un sistema di valori, mentre saranno ritenuti "anormali" gli

eventi che non raggiungono una frequenza media. Designando il comportamento più frequente in una popolazione esposta a una data situazione, la norma statistica può diventare prescrittiva in quanto uso e costume diffuso; può inoltre essere investita da una carica affettiva tale per cui chi agisce in modo diverso può essere percepito come deviante. In psicologia clinica e in psichiatria la norma statistica finisce con l'avere una notevole incidenza nella definizione della polarità sano/malato a cui fa riferimento la polarità normale/anormale, nel senso che il comportamento medio, essendo il più diffuso, finisce con l'acquisire anche un valore normativo. In questo caso si trattano come costitutive della natura umana, e quindi universali, norme che sono solo storicamente e sociologicamente determinate.

2. La norma assiologica. Viene desunta da un sistema di valori da cui scaturiscono criteri di giudizio per la valutazione degli eventi e dei comportamenti presi in considerazione. Dai valori discendono norme *proscrittive* che impongono di astenersi da determinati comportamenti e norme *prescrittive* che impongono determinati comportamenti. Proscrizioni e prescrizioni sono norme specifiche da intendersi come mezzi procedurali per la realizzazione di quelle norme generali che si avvicinano e talvolta coincidono con i valori stessi. A differenza della norma statistica che si fonda su un parametro quantitativo, la norma assiologica genera valutazioni qualitative in termini di "bene" e di "male", ossia di conformità o difformità dal valore ideale. Questo tipo di normatività è stato inaugurato da Platone che ha fissato nell'*idea* la norma a cui la *cosa* si avvicina o si allontana. In tempi recenti questo tipo di normatività, che esprime i valori su cui si fonda una determinata cultura, è stato riproposto da Émile Durkheim e da William Graham Sumner; quest'ultimo ne ha tracciato una tipologia che prevede: *norme d'uso* che investono le consuetudini radicate e le tradizioni in cui un gruppo sociale si riconosce, *norme di costume* che si riferiscono a situazioni rilevanti quali l'organizzazione della famiglia, la condotta pubblica degli individui, il modo di assolvere le funzioni e simili; tra le norme di costume, quelle più vicine ai valori di fondo che caratterizzano un sistema sociale sono evidenziate come *norme morali* che, codificate in regole di comportamento, diventano *norme giuridiche* a partire dalle quali si stabilisce se un comportamento è corretto o deviante. Anche la norma assiologica non ha mancato di esercitare la sua influenza nei giudizi psichiatrici di "normalità", dove spesso una norma *prescrittiva* culturalmente determinata è stata contrabbandata per norma *costitutiva* della natura umana in generale.

3. La norma funzionale. Viene desunta non dai valori a cui una collettività aderisce, ma dalla funzione che la norma svolge in ordine alla regolazione dei comportamenti, delle azioni, dei rapporti sociali, con la valutazione dei costi e dei benefici che l'adesione o la non adesione alla norma comportano in termini di vantaggio sociale. Questo tipo di normativa è caratterizzata, come sottolinea Talcott Parsons, dal *contenuto*, che deve essere di rilevanza sociale e garantire l'attinenza e la conformità di mezzo e scopo. Da questo primo criterio già nasce un indicatore di devianza nel caso che la conformità ai fini sia disgiunta dalla conformità ai mezzi consentiti, o nel caso che la conformità ai mezzi non sia accompagnata dall'adesione ai fini che una determinata società si propone. Oltre al contenuto, intervengono a connotare la norma funzionale l'*accettazione* sociale deducibile dal consenso, la capacità dell'*autorità* di ottenere la conformità dei soggetti, la qualità della *sanzione* repressiva o restitutiva di vantaggi sociali, la *trasmissione* della norma secondo modalità, tempi e strumenti idonei a farla conoscere, intendere e interiorizzare.

Questo tipo di norma, che non si appella né a una *media* statistica, né a una *valutazione* di tipo ideale, e che non cerca giustificazioni di tipo scientifico-naturalistico, è stata proposta da Karl Jaspers come la più idonea in ambito clinico per *comprendere* l'alienato a partire dal suo statuto e non dal comportamento mediamente più diffuso o dai valori condivisi dal gruppo sociale d'appartenenza (v. Psicologia comprensiva). Ne consegue che la "malattia" non dovrà essere definita e considerata con criteri aprioristici e oggettivi, ma come un modo particolare e soggettivo di far esperienza di sé e del mondo anche se anomalo in ordine al modo e alla funzionalità di declinarsi nel mondo. A partire dalle premesse jaspersiane, Ludwig Binswanger priva la distinzione tra "normale" e "anormale" del suo significato assiologico-ideale, in quanto, evitando di sovraccaricare l'esistente di una struttura teorica a lui estranea, per lasciare che si imponga all'evidenza così come esso è, ciò che appare non saranno le sue "carenze" o i suoi "eccessi", ma i suoi *modi* d'essere che, là dove l'uomo non è precodificato, non si riveleranno come *dis-funzioni*, ma semplicemente come *funzioni* di una certa strutturazione della sua esistenza, ossia di un certo modo di essere-nel-mondo e di progettare un mondo. In questo modo si può rinunciare a privilegiare un mondo rispetto a un altro, il mondo del "sano" rispetto al mondo del "malato", e per distinguere nel loro specifico costituirsi i "mondi" delle diverse forme di alienazione mentale sarà sufficiente, senza ricorrere ad alcuna visione del mondo precostitutivamente assunta a norma o modello, scoprire le incrinature presenti nelle strutture trascendentali che presiedono la formazione di un mondo. Tali sono per Binswanger la struttura con cui l'uomo si temporalizza, si spazializza, si mondanizza, co-esiste ecc.

4. La forma e il contenuto della norma. Una posizione intermedia tra la negazione della possibilità di qualsiasi norma sostenuta dal relativismo culturale, a cui si ispira la psichiatria fenomenologica e l'antipsichiatria, e l'ineliminabilità del concetto di norma che è alla base di ogni atteggiamento scientifico, è epistemologicamente fondata da Maurice Natanson con la sua distinzione tra forma (*Form*) che rimanda alla fattualità della norma, al suo puro e semplice esserci, e contenuto (*Inhalt*) che rimanda a questa o quella contingente tematizzazione della norma. «Nel contesto della condizione umana – scrive Natanson – è cosa universalmente valida che gli uomini, ovunque e in ogni tempo, abbiano a riconoscere *che* si dà una modalità di azione adeguata e corretta per certe situazioni, anche se sono diverse le opinioni su ciò che (*was*) debba essere in determinate situazioni l'azione corretta, sia all'interno di una cultura come anche nel contesto di culture diverse, ma che (*dass*) ci si attenda comunque qualcosa tematizzabile come comportamento normale è una costante dell'esperienza umana» (1960-1967, p. 903). Questa posizione viene riconsiderata da Eugenio Borgna che evidenzia come «nell'esperienza che, nei limiti di una convenzionalità radicale, chiamiamo "psicotica", il mondo-della-vita si ribalta non solo nelle sue articolazioni tematiche (di contenuto), ma anche nelle sue connotazioni formali costituite (appunto) dall'intersoggettività e dalla spazio-temporalità» (1979, p. 28), per cui il problema della norma si ripropone anche dove lo si vorrebbe sospendere.

5. Normatività del senso comune e del senso privato. Un criterio a cui l'alienistica sembra oggi rifarsi è quello antico enunciato da Eraclito: «Bisogna seguire ciò che è comune. Ma pur essendo questo logos comune, la maggior parte degli uomini vivono come se avessero una loro propria e particolare saggezza» (fr. B 2). E ancora, «i desti hanno un mondo comune, ma ciascuno dei dormienti si ritira in un mondo suo proprio e particolare» (fr. B 89). A questo enunciato si rifà Immanuel Kant, per il quale «l'unico segno generale della pazzia è la perdita del senso comune (*sensus communis*) e il subentrare del senso logico personale (*sensus privatus*)» (1798, p. 107): parlando della *vesania* come disordine e deviazione dalla norma, Kant dice che in essa si osserva una «"sragionevolezza positiva", cioè un'altra regola, come se l'anima fosse "spostata" in un punto dal quale vede tutti gli oggetti diversamente, e si trova in un luogo lontano da quel *sensorio communi* che è necessario per l'unità della vita. [...] Ma è degno di meraviglia il fatto che le forze dell'animo messe in disordine si compongano tuttavia in un *certo sistema*, e che la natura cerchi di portare anche nella sragionevolezza un *principio di collegamento*, affinché il pensiero, quand'anche non possa giungere obiettivamente alla vera cognizione delle cose, pure dal lato soggettivo non rimanga inerte appoggio alla vita animale» (ivi, p. 104).

A Kant si rifà esplicitamente Alberto Gaston là dove dice: «Ci accorgiamo con "meraviglia", appunto, che tutto il mentale continua a comporsi in un *certo sistema* e che, al di là del disordine immediato, esiste una tendenza a un altro ordine, un rimando a un altro livello di senso, che afferriamo intuitivamente, ma con il quale non riusciamo a stabilire una relazione significativa. Questo diverso livello di senso si coniuga, come l'osservazione clinica ci mostra quotidianamente, sotto il rigido cono d'ombra del senso privato, logico e, bisogna aggiungere, emozionale. Dalla perplessa, angosciosa e totale me-concernenza dell'esperienza delirante alla monotona e vuota lamentela sulla perdita del depresso, dall'incombenza somatica dell'ipocondriaco alla rabbiosa ripetitività dell'ossessivo, la più o meno profonda prevalenza del *privatus* sul *communis*, nota o ignota, voluta o subita, parziale o totale, ci *disloca* in un altro luogo, nel quale la nostra *continuità* si colora più o meno intimamente di alienità» (1987, p. 152).

Bibliografia

Basaglia F., *Scritti I – 1953-1968. Dalla psichiatria fenomenologica all'esperienza di Gorizia* (a cura di F. Ongaro Basaglia), Einaudi, Torino, 1981.

–, *Scritti II – 1968-1980. Dall'apertura del manicomio alla nuova legge sull'assistenza psichiatrica* (a cura di F. Ongaro Basaglia), Einaudi, Torino 1982.

Bergeret J., *La personalità normale e patologica. Le strutture mentali, il carattere, i sintomi* (1974), Raffaello Cortina, Milano 1984.

Binswanger L., *Per un'antropologia fenomenologica. Saggi e conferenze psichiatriche* (1921-1941), Feltrinelli, Milano 1970.

Biondi M., *La mente selvaggia. Un saggio sulla normalità dei comportamenti umani*, Il Pensiero Scientifico, Roma 1996.

–, *Il concetto di norma in psicopatologia*, in G. B. Cassano, P. Pancheri *et al.* (a cura di), *Trattato italiano di psichiatria* (1992), Masson, Milano 1999, vol. I, pp. 105-134.

Borgna E., *Per una psichiatria fenomenologica*, saggio introduttivo in U. Galimberti, *Psichiatria e fenomenologia* (ed. del 1979), Feltrinelli, Milano.

–, *I conflitti del conoscere. Strutture del sapere ed esperienza della follia*, Feltrinelli, Milano 1988.

Durkheim É., *Le regole del metodo sociologico* (1895), Edizioni di Comunità, Milano 1969.

Eraclito, *Frammenti*, in H. Diels, W. Kranz, *I presocratici. Testimonianze e frammenti* (1ª ed. 1903, 12ª ed. ampliata 1966), Laterza, Bari 1969.

Galimberti U., *Psichiatria e fenomenologia* (1979), nuova edizione ampliata, Feltrinelli, Milano 2017.
Gaston A., *Genealogia dell'alienazione*, Feltrinelli, Milano 1987.
Jaspers K., *Psicopatologia generale* (1913-1959), Il Pensiero Scientifico, Roma 2000.
Kant I., *Antropologia pragmatica* (1798), Laterza, Bari 1969.
Laing R. D., Esterson A., *Normalità e follia nella famiglia* (1964), Einaudi, Torino 1970.
Lombardo G. P., Pedone G., *Normale e patologico nelle teorie della personalità. Un'analisi dei fondamenti storici della psicologia*, Laterza, Bari 1994.
Money-Kyrle R., *Il concetto antropologico e psicoanalitico di norma* (1955), in *Scritti (1927-1977)*, Bollati Boringhieri, Torino 2002.
Natanson M., *Philosophische Grundfragen der Psychiatrie*, in AA.VV., *Psychiatrie der Gegenwart. Forschung und Praxis* (1960-1967), Springer, Berlin 1963.
Parsons T., *Il sistema sociale* (1951), Edizioni di Comunità, Milano 1965.
Sumner W. G., *Costumi di gruppo* (1906), Edizioni di Comunità, Milano 1962.
Tranchina P., *Norma e antinorma. Esperienze di psicoanalisi e di lotte anti-istituzionali*, Feltrinelli, Milano 1979.

Normalizzazione (ingl. *Normalization*; ted. *Normalisierung*; fr. *Normalisation*; sp. *Normalización*). Azione tendente a ricondurre una condotta a una NORMA (v.). Ogni azione rieducativa in campo pedagogico e psicologico può essere considerata come una forma di normalizzazione. Il termine è impiegato anche in STATISTICA (v. § II, 2), dove indica la procedura di trasformazione di distribuzioni non normali in una distribuzione normale.

Normotipo, v. EUMORFISMO.

Nosologia (ingl. *Nosology*; ted. *Nosologie*; fr. *Nosologie*; sp. *Nosología*). Studio delle malattie descritte a partire dai segni e dai sintomi che denunciano l'alterazione delle funzioni, e classificate in entità dal decorso tipico e dall'esito prevedibile. In psichiatria, a differenza di quanto accade nella medicina organicistica, il raggruppamento dei sintomi non porta a un dato eziologico certo (v. EZIOLOGIA), perché le cause delle malattie non risultano da dati oggettivi, ma sono solo ragionevolmente supposte. Infatti nella descrizione delle malattie, in vista della loro composizione in un quadro sistematico, oltre ad incontrare il problema della relazione tra approccio idiografico e nomotetico (v. IDIOGRAFICO – NOMOTETICO), non si può ignorare che i criteri in base ai quali la classificazione viene operata sono legati a teorie scientifico-cliniche passibili per definizione di essere confutate e coerentemente modificate o abbandonate, per cui nessuna classificazione nosologica può pretendere l'ultimità e l'assolutezza che essa propone. Questa precarietà di statuto appare in maniera particolarmente evidente nella nosologia psichiatrica, la cui possibilità è vincolata alla problematica della fondazione della NORMA (v.).

Per fare il punto sull'attuale stato dei problemi che investe la nosologia delle malattie mentali è bene partire da quella che Alberto Gaston indica come «la trasformazione fondamentale che si opera storicamente all'interno della medicina. Si tratta, in sintesi, di un passaggio da quella che si può chiamare medicina *preanatomica*, clinica in senso stretto, alla medicina *anatomica*. All'interno della prima ideologia si descriveva e si classificava un'entità nosologica esclusivamente in base alla sua espressività sintomatica, cioè solo in base a ciò che presentava di manifesto; all'interno della seconda ideologia, diventa fondamentale per la descrizione e la classificazione il riferimento alla "lesione" (intesa, quest'ultima, inizialmente in senso stretto e, progressivamente, in senso sempre più ampio). Diventano fondamentali, cioè, la ricerca e il riferimento a un "difetto" nascosto» (1987, pp. 91-92).

1. IL CRITERIO ANATOMICO. All'interno della concezione anatomica è possibile distinguere tre sottostrutture metodologiche: *a)* la *sottostruttura anatomica* classifica in base al rimando costante e progressivo alla struttura e quindi al reperto anatomico. In questo ambito nasce il concetto di NEVROSI (v.), che interpreta la follia in base a una particolare e privilegiata relazione con il sistema nervoso. Quando si scopriranno malattie senza rimando anatomico, il modello verrà abbandonato a favore di un altro tipo di classificazione nosologica che si rifà alla *b) sottostruttura eziologica*, dove l'elemento causale viene assunto come mezzo unificatore della multiformità del "patico" e quindi come operatore nosologico. L'ideologia eziologica (v. EZIOLOGIA) si sposerà con quella dell'ereditarietà (v. GENETICA, § 4), mettendo capo al concetto di DEGENERAZIONE (v.) o deviazione morbosa che, trasmettendosi, si manifesta con carattere progressivo, di generazione in generazione, fino all'estinzione della discendenza stessa. Con la comparsa di malattie non imputabili all'ereditarietà si abbandonerà il modello eziologico per adottare *c)* la *struttura anatomo-funzionale*. L'insufficienza della possibilità di un raccordo *sintomo-lesione anatomica* spingerà la ricerca verso la possibilità di un raccordo *sintomo-alterazione psichica*, passando attraverso la *funzione*, quindi attraverso la fisiologia. Questa riflessione ha il suo punto di inizio nella nota esposizione di Paul P. Broca, del 1861, sulle afasie (v. AFASIA, § 2, *b*). A questo livello lo psichico e il fisiologico coincidono. Nessuna di queste metodologie produsse una nosologia con tratti di sufficiente completezza in ambito psichiatrico, per cui si dovrà attendere il passaggio a una nuova impostazione basata sulla patologia dell'affettività.

2. Il criterio affettivo. All'interno della concezione affettiva, dove incontriamo Karl Ludwig Kahlbaum e Eugen Bleuler, si "purifica" la grande classe delle *nevrosi* che, costituita per chiudere in un'unità superiore le malattie nervose croniche, alla fine comprenderà, paradossalmente, proprio tutte quelle forme morbose la cui relazione con il sistema nervoso non potrà essere documentata dalla ricerca stessa in maniera specifica e univocamente dimostrabile. Nasce così la grande distinzione nosologica, che è tuttora alla base della psichiatria contemporanea, tra *nevrosi*, ad espressione prevalentemente somatica come l'ipocondria e l'isteria, e *psicosi*, ad espressività prevalentemente psichica come la melanconia e la mania (v. Nevrosi, § 5). Quando, verso la fine del secolo XIX, si spezzerà definitivamente la relazione tra nevrosi e alterazione anatomica del sistema nervoso, si giungerà dapprima a quel limite massimo di indistinzione che darà espressione al termine *psiconevrosi* (v. Nevrosi, § 1), e poi a quella ridefinizione terminologica che prevede l'emancipazione di un genere (la psicosi) dalla classe di appartenenza (le nevrosi). Da queste due grandi classi restavano esclusi i cosiddetti *comportamenti sintomatici*, alcuni dei quali si presentavano come risposte immediate di una persona a determinati avvenimenti o situazioni, altri come uno specifico modo d'essere che per le sue particolari qualità era spesso "al limite" e si scontrava con le regole sociali. Queste affezioni, considerate *sine materia*, verranno suddivise in due ulteriori classi: le *reazioni psicogene* (v. Psicogeno) e le *psicopatie* (v. Psicopatia) o *caratteropatie* (v. Caratteropatia).

Dalla storia dell'evoluzione nosologica emerge, scrive Gaston, che «la nosologia risulta essere una sorta di mera "onomastica", cioè una successione di puri nomi propri con i quali si è deciso di indicare alcune particolari espressioni esperienziali, considerate abnormi; nomi propri che in più, attualmente, hanno per gran parte perduto persino il loro semplice rimando etimologico. Quando Kant, nel suo *Saggio sulle malattie della testa* del 1764, sostiene che non vede niente di meglio che imitare il metodo di quei medici che cercano di essere di grande utilità ai loro malati dando un nome alla loro malattia, ci fa intravvedere come questo sia il primo e necessario passo da compiere per meglio conoscere la genesi, l'eziologia delle stesse malattie» (1987, p. 103). In questo contesto si spiegano le spinte antinosologiche che hanno messo in discussione la possibilità stessa di una nosologia.

3. Antinosologia. In questo ambito possiamo includere: *a*) la *psicologia del profondo*, e in particolare quella di Carl Gustav Jung, dove la patologia è in relazione diretta con la *qualità* dello sviluppo della personalità, e le forme di alienazione sono espressione di meccanismi di difesa e di livelli di maturazione (v. Psicologia analitica); *b*) la *fenomenologia*, la cui impostazione analitico-esistenziale affronta la follia al di qua della dicotomia sanità/malattia (v. Norma, § 3) per cui ogni storia personale è uno stile di vita e travalica sempre i confini di ogni genere e di ogni classe (v. Analisi esistenziale); *c*) l'*antipsichiatria*, che interpreta la follia non come una malattia medica, ma come l'unica risposta possibile alla "patologia sociale", per cui una nosologia non ha senso (v. Istituzione psichiatrica, § 2); *d*) dall'indeterminatezza nosologica è nata l'esigenza di creare un linguaggio comune, polverizzando le vecchie unità morbose in una miriade di sintomi e complessi sintomatici, analizzati statisticamente e classificati nel *Manuale diagnostico e statistico* (DSM), e nella *Classificazione internazionale delle sindromi e dei disturbi psichici e comportamentali* (ICD) predisposta dall'Organizzazione Mondiale della Sanità (v. Diagnosi, § 4), dove ogni individuo è valutato in base ad "assi di riferimento", "categorie", "codici" e "alberi decisionali" lungo i quali, attraverso scelte binarie, si segue un cammino obbligato, statisticamente preformato, che porta alle unità morbose di riferimento. Secondo Gaston, così procedendo «si crea la base per la "computerizzazione" della follia» (1987, p. 104).

Bibliografia

Basaglia F., *Scritti I – 1953-1968. Dalla psichiatria fenomenologica all'esperienza di Gorizia* (a cura di F. Ongaro Basaglia), Einaudi, Torino 1981.

–, *Scritti II – 1968-1980. Dall'apertura del manicomio alla nuova legge sull'assistenza psichiatrica* (a cura di F. Ongaro Basaglia), Einaudi, Torino 1982.

Binswanger L., *Per un'antropologia fenomenologica. Saggi e conferenze psichiatriche* (1921-1941), Feltrinelli, Milano 1970.

Bleuler E., *Trattato di psichiatria* (1911-1939, aggiornato da M. Bleuler dal 1940 al 1960), Feltrinelli, Milano 1967.

Borgna E., *I conflitti del conoscere. Strutture del sapere ed esperienza della follia*, Feltrinelli, Milano 1988.

Broca P. P., *La sede della facoltà del linguaggio articolato* (1861), in L. Mecacci, A. Zani, *Teorie del cervello*, Loescher, Torino 1982.

Cohen R., *Objektive Klassifikationsverfahren*, in "Bulletin der schweizerischen Akademie der medizinischen Wissenschaften", 1970, n. 25.

DSM-5. American Psychiatric Association (APA), *DSM-5. Manuale diagnostico e statistico dei disturbi mentali* (2013), Raffaello Cortina, Milano 2014.

Fenichel O., *Trattato di psicoanalisi delle nevrosi e delle psicosi* (1945), Astrolabio, Roma 1951.

Foucault M., *Storia della follia nell'età classica* (1961), Rizzoli, Milano 2011.

–, *Nascita della clinica* (1963), Einaudi, Torino 1969.

Freud S., *Compendio di psicoanalisi* (1938), in *Opere* (1967-1993), Bollati Boringhieri, Torino, vol. XI.

Gaston A., *Genealogia dell'alienazione*, Feltrinelli, Milano 1987.
ICD-10, Organizzazione Mondiale della Sanità (OMS), *ICD-10. Decima revisione della classificazione internazionale delle sindromi e dei disturbi psichici e comportamentali* (1992), Masson, Milano 1994.
Jaspers K., *Psicopatologia generale* (1913-1959), Il Pensiero Scientifico, Roma 2000.
Jung C. G., *Psicogenesi delle malattie mentali* (1907-1959), in *Opere* (1969-2007), Bollati Boringhieri, Torino, vol. III.
Kahlbaum K. L., *Die Gruppierung der psychischen Krankheiten*, Kafemann, Danzig 1863.
–, *Klinische Abhandlungen über psychische Krankheiten*, Heft 1: *Die Katatonie oder das Spannungsirresein*, Hirschwald, Berlin 1874.
Kraepelin E., *Trattato di psichiatria* (1883), Vallardi, Milano 1907.
Meynert Th., *Klinische Vorlesungen über Psychiatrie*, Braumüller, Wien 1890.
Minkowski E., *Trattato di psicopatologia* (1966), Feltrinelli, Milano 1973.
Morel B. A., *Traité des maladies mentales*, Victor Masson et fils, Paris 1860.
Nagera H. (a cura di), *I concetti fondamentali della psicoanalisi* (1969), vol. I: *Pulsioni e teoria della libido*, vol. II: *Teoria del sogno*, vol. III: *Metapsicologia. Angoscia e altri argomenti*, Bollati Boringhieri, Torino 1972-1974.
Petrella F., *Nosologia e psicoanalisi*, in A. A. Semi (a cura di), *Trattato di psicoanalisi*, vol. II: *Clinica*, Raffaello Cortina, Milano 1988-1989, pp. 3-62.
Romano D. F., *Psicologia: tra ideologia e scienza*, Mazzotta, Milano 1974.
Schneider K., *Psicopatologia clinica* (1962), Sansoni, Firenze 2005.
Volterra V., Rossi R. (a cura di), *La classificazione dei disturbi psichiatrici*, in G. B. Cassano, P. Pancheri *et al.* (a cura di), *Trattato italiano di psichiatria* (1992), Masson, Milano 1999, vol. II, pp. 1011-1053.
Wernicke C., *Grundriss der Psychiatrie in klinischen Vorlesungen*, Thieme, Leipzig 1894.
Zilboorg G., Henry G. W., *Storia della psichiatria* (1941), Feltrinelli, Milano 1963.

Nostalgia (ingl. *Nostalgia*; ted. *Sehnsucht*; fr. *Nostalgie*; sp. *Nostalgia*). Neologismo coniato da Johannes Hofer che, nella sua *Dissertatio medica de nostalgia* del 1688, proponeva di sostituire al termine tedesco *Heimweh* il termine *nostalgia* risultante da due parole greche: νόστος ("ritorno") e ἄλγος ("dolore"), per esprimere il dolore connesso al desiderio di tornare in patria. Il termine ebbe fortuna sia in ambito scientifico, dove fu ripreso da Albrecht von Haller, medico e scienziato considerato, insieme a Lazzaro Spallanzani, il fondatore della fisiologia, e da Philippe Pinel che in Francia, alla scuola medica di Montpellier, inaugurò la psichiatria scientifica, sia in ambito filosofico con Jean-Jacques Rousseau e Immanuel Kant. Quest'ultimo spostò il riferimento del dolore nostalgico dall'ordine *spaziale* (la patria, il paese natio, la casa familiare) all'ordine *temporale*, ossia al tempo della giovinezza in cui si sono conosciuti quella patria, quel paese natio, quella casa familiare: «La nostalgia propria degli Svizzeri (e, per quanto io ho appreso dalla bocca di un generale che l'aveva esperimentata, anche dei cittadini di alcune contrade della Westfalia e della Pomerania), la quale li coglie quand'essi sono sospinti in altri paesi, è l'effetto dell'aspirazione, suscitata dal ritorno delle immagini della serenità e delle compagnie giovanili, verso quei luoghi, dove essi godevano le gioie semplici della vita; ma essi poi, dopo una visita a quei luoghi, si trovano molto delusi nella loro aspettativa, e così anche guariti; ritengono che ciò sia perché colà tutto si è profondamente alterato, ma in verità è perché non vi ritrovano più la propria giovinezza» (1798, p. 64).

Dal punto di vista psicologico la nostalgia rientra nelle sindromi da separazione che può evolvere in un quadro depressivo, anche se, come scrive Sisto Vecchio, questo sentimento può svelarsi come «una dimensione che interviene direttamente, da protagonista, sulla scena analitica, aprendo squarci e finestre su quel mondo della lontananza che, sul calco delle esperienze dolorose e vitali della separazione-individuazione, si propone come l'asse referenziale di un sentimento complesso. Da queste finestre irrompono gli stessi temi che ritroviamo nella mitologia, nell'arte, nella poesia, nei canti e nelle ballate popolari, con una ricorrenza straordinaria, in ogni dove e in ogni tempo» (1989, p. 10).

Bibliografia

AA.VV., *Solitudine e nostalgia*, in P. F. Galli (a cura di), *Osservazione psicoanalitica* (1992-1996), Bollati Boringhieri, Torino, vol. XII.
Eliade M., *La nostalgia delle origini* (1969), Morcelliana, Brescia 1972.
Frigessi Castelnuovo D., Risso M., *A mezza parete. Emigrazione, nostalgia, malattia mentale*, Einaudi, Torino 1982.
Hofer J., *Dissertatio medica de nostalgia*, Bertsch, Basel 1688.
Kant I., *Antropologia pragmatica* (1798), Laterza, Bari 1969.
Prete A. (a cura di), *Nostalgia. Storia di un sentimento*, Raffaello Cortina, Milano 1992.
Vecchio S. (a cura di), *Nostalgia. Scritti psicoanalitici*, Pierluigi Lubrina Editore, Bergamo 1989.

Nostralità, v. Psicologia sociale, § 3, *i*.

Notturno, Residuo, v. Resto diurno.

NREM (*No Rapid Eye Movement*), v. Sonno, § 1.

Nucleare, Complesso, v. Edipo, Complesso di.

Nuclei di base, v. Gangli della base.

Nucleo (ingl. *Nucleus*; ted. *Kern*; fr. *Noyau*; sp. *Núcleo*). Elemento costitutivo ed essenziale di un'entità, dove l'essenzialità può riferirsi o a quella *porzione distinta da peculiarità strutturali* nelle compagini di un organo, come può essere in biologia il nucleo di una cellula, che è un compartimento intracellulare, limitato da una doppia membrana, presente in tutte le cellule, in cui è localizzato il patrimonio genetico (v. GENETICA, § 1), o a quell'*entità primordiale* da cui ha preso avvio un successivo sviluppo, come nel caso del nucleo centrale dell'ENCEFALO (v. § 2, *a*) considerato dal punto di vista evolutivo. In psicologia l'espressione "nucleo" compare in un'accezione specifica in due contesti: 1) in *psicoanalisi*, dove Sigmund Freud parla di "complesso nucleare" a proposito del complesso di Edipo (v. EDIPO, COMPLESSO DI) e di "nucleo dell'inconscio" a proposito dei contenuti inconsci non acquisiti dall'individuo, quindi non ontogenetici, ma filogenetici (v. INCONSCIO, § 3, *c*); 2) in *psicologia dell'Io*, dove Edward Glover ha elaborato un modello dinamico secondo cui l'Io comincia a costituirsi a partire da un certo numero di nuclei separati, che si strutturerebbero durante lo sviluppo, fino a formare il senso continuo dell'identità personale, per cui si ha un'esperienza di sé, dapprima frammentaria e discontinua e poi unitaria e continua. Simmetricamente opposta è invece l'ipotesi elaborata nell'ambito della *teoria dell'oggetto* da William Ronald Dodds Fairbairn, che postula il darsi di un Io originariamente unitario e solo successivamente soggetto a possibili frammentazioni. Infine, per quanto riguarda il significato dei termini: nucleo accumbens, nucleo caudato, nucleo lenticolare, nucleo striato, nucleo subtalamico, si veda la voce GANGLI DELLA BASE.

Bibliografia

Fairbairn W. R. D., *Studi psicoanalitici sulla personalità* (1952), Bollati Boringhieri, Torino 1970.

Freud S., *L'inconscio*, in *Metapsicologia* (1915), in *Opere* (1967-1993), Bollati Boringhieri, Torino, vol. VIII.

–, *L'Io e l'Es* (1922), in *Opere*, cit., vol. IX.

–, *Il tramonto del complesso edipico* (1924), in *Opere*, cit., vol. X.

Glover E., *I fondamenti teorici e clinici della psicoanalisi* (1939), Astrolabio, Roma 1970.

Nucleotide, v. GENETICA, § 1.

Numinoso (ingl. *Numinous*; ted. *Numinos*; fr. *Numinose*; sp. *Numinoso*). Il termine esprime il rapporto ambivalente di timore e venerazione che caratterizza l'incontro con il SACRO (v. § 4). Coniato a partire dal latino *numen* che sta per "potenza divina", il termine è stato introdotto nell'ambito degli studi di fenomenologia delle religioni da Rudolf Otto per il quale «il numinoso si sottrae alla sfera del razionale, ed è un *arreton*, un ineffabile in quanto è assolutamente inaccessibile alla comprensione *concettuale*» (1917, p. 17). Connesso al «senso del *mysterium tremendum* – prosegue Otto – il sentimento che emana dal numinoso può penetrarci come un doloroso flusso di armonioso, riposante, vago raccoglimento. Oppure può trapassare l'anima di una continuamente fluente risonanza che vibra e perdura lungamente finché svanisce per riabbandonare l'anima al suo tono profano. Esso può anche erompere dall'anima subitamente con spasmi e convulsioni. Può trascinare alle più strane eccitazioni, alla frenesia, all'orgasmo, all'estasi. Riveste forme selvagge e demoniache. Può precipitare in un orrore spettrale e pieno di raccapriccio. Ha i suoi antecedenti e le sue manifestazioni primordiali crudi e barbarici, e ha la sua capacità di trasformazione nel bello, nel puro, nel glorioso. Può diventare la silenziosa e tremante umiltà della creatura, al cospetto di chi? – di che cosa? Al cospetto di quel che è il mistero ineffabile, superiore ad ogni creatura» (ivi, p. 23).

Il termine è stato ripreso nell'ambito della psicologia analitica da Carl Gustav Jung, per il quale l'esperienza del numinoso, che di per sé non ha carattere psicopatologico, stabilisce un confronto con una forza che porta con sé un senso non ancora svelato che affascina il soggetto. In proposito Jung scrive: «La religione, come indica il vocabolo latino *religio*, è un'osservanza accurata e scrupolosa di quello che Rudolf Otto definì giustamente il *numinosum*, cioè un'essenza o energia dinamica non originata da alcun atto arbitrario della volontà. Al contrario, questa energia afferra e domina il soggetto umano, che ne è sempre la vittima piuttosto che il creatore. Il *numinosum*, qualunque ne sia la causa, è una condizione del soggetto indipendente dalla sua volontà. In ogni caso, sia le varie dottrine religiose, sia il consensus sempre e ovunque interpretano tale condizione come dovuta a una causa estranea all'individuo. Il *numinosum* è o una qualità di un oggetto visibile o l'influsso di una presenza invisibile che causa un particolare cambiamento nella coscienza» (1938-1940, p. 17). Nel numinoso, Jung fa rientrare l'esperienza degli archetipi (v. ARCHETIPO).

Bibliografia

Jung C. G., *Psicologia e religione* (1938-1940), in *Opere* (1969-2007), Bollati Boringhieri, Torino, vol. XI.

Otto R., *Il sacro. L'irrazionale nell'idea del divino e la sua relazione al razionale* (1917), Feltrinelli, Milano 1984.

Nutrizione, v. ALIMENTAZIONE.

O

Obbedienza, v. UBBIDIENZA.

Obesità (ingl. *Obesity*; ted. *Fettsucht*; fr. *Obésité*; sp. *Obesidad*). Aumento abnorme di peso per eccessivo immagazzinamento di lipidi di riserva (triacilgliceroli) nelle cellule del tessuto adiposo. Nell'eziologia dell'obesità convergono molti fattori: genetici, metabolici, endocrini, neurologici, psicologici e socioculturali. Dal punto di vista *psicobiologico* l'obeso, a differenza del soggetto di peso normale, non riuscirebbe a mantenere il bilancio calorico perché relativamente insensibile alle informazioni interne (indicazioni sulla motilità gastrica, glicemia, livello di insulina serica, livello di accumulo adiposo), e ipersensibile alle informazioni esterne (percezioni dell'appetibilità del cibo, sensazioni cenestesiche orogastriche, fenomeni di apprendimento e abitudini sociali) che giungono ai nuclei ipotalamici. Dal punto di vista *psicodinamico* Hilde Bruch ritiene che l'obesità nasca nella diade madre-figlio, considerata come unità psicosomatica (v. FAMIGLIA, § II, 1), dove la madre, iperprotettiva, offre cibo al figlio non per motivi nutrizionali, ma come espressione di affetto, dedizione e come mezzo per tenerlo legato a sé. L'alimentazione sovrabbondante tranquillizza l'ansia e i sensi di colpa della madre e costituisce una risposta ad altre richieste del figlio che la madre non è in grado di soddisfare. I soggetti obesi crescono senza un adeguato senso di sicurezza, con un'alterata immagine corporea, con difficoltà a riconoscere gli stimoli interni che indicano fame e sazietà, e a volte con incertezza circa la propria identità sessuale. La fissazione a livello orale (v. ORALE), dove l'incorporazione di cibo è spesso l'equivalente simbolico del conforto ricevuto nel rapporto con la madre, associata a sensazione di passività e sottomissione, produce la cosiddetta *obesità reattiva*, dove l'iperfagia è un meccanismo compensatorio a certe difficoltà dell'esistenza, come carenza d'amore, solitudine, eventi traumatici. Circa la correlazione tra obesità e anoressia e i possibili interventi terapeutici si veda la voce BULIMIA.

Bibliografia

Apfeldorfer G., *Mangio, dunque sono. Obesità e anomalie nel comportamento alimentare* (1991), Marsilio, Venezia 1993.
Bosello O., Cuzzolaro M., *Obesità e sovrappeso*, il Mulino, Bologna 2006.
Bruch H., *Patologia del comportamento alimentare. Obesità, anoressia mentale e personalità* (1973), Feltrinelli, Milano 1977.
Cooper P. J., *Bulimia nervosa* (1993), Armando, Roma 1995.
Melloni D., *Forte e sottile è il mio canto. Storia di una donna obesa*, Giunti, Firenze 2014.
Molinari E., Riva G., *Psicologia clinica dell'obesità. Ricerche e interventi*, Bollati Boringhieri, Torino 2004.
Stunkard A. J., *Obesity*, Saunders, Philadelphia 1980.

Oblatività (ingl. *Oblativity*; ted. *Oblativität*; fr. *Oblativité*; sp. *Oblatividad*). Atteggiamento di completa dedizione alle esigenze e ai bisogni altrui privilegiati rispetto ai propri. L'oblatività va distinta dalla CAPTATIVITÀ (v.), dove la dedizione è in funzione di un'autorassicurazione.

Oblio, v. MEMORIA, § 5.

Obnubilamento, v. COSCIENZA, § 3, *a*.

Occhio, v. VISIVO, SISTEMA, § 1.

Occultismo (ingl. *Occultism*; ted. *Okkultismus*; fr. *Occultisme*; sp. *Ocultismo*). Insieme di conoscenze e di pratiche che hanno per oggetto tutto ciò che rimane nascosto, "occulto" appunto, alla normale capacità conoscitiva dell'uomo. Alla base dell'occultismo vi è l'assunto che tutto l'universo celi una realtà misteriosa in cui sono leggibili le corrispondenze tra macrocosmo e microcosmo che si possono cogliere attraverso l'impiego del pensiero intuitivo e analogico (v. ANALOGIA, § 4). Di qui l'uso dei simboli (v. SIMBOLO) che, rispetto ai concetti, sono più idonei a cogliere quella realtà ultima sottesa alla realtà empirica. Alcune scienze occulte come l'ASTROLOGIA (v.) e l'ALCHIMIA (v.) sono state alla base delle moderne scienze sperimentali, mentre altre come la MAGIA (v.) e la PARAPSICOLOGIA (v.) hanno ricevuto interpretazioni significative sul piano teorico, senza però entrare nell'ambito della ricerca scientifica controllata e riconosciuta. La scienza occulta, a cui possono accedere solo gli iniziati, è accompagnata anche da una pratica occulta volta alla realizzazione delle potenzialità latenti nell'uomo, attraverso pratiche *magiche* intese a dominare con riti e cerimonie il proprio dinamismo psichico; *fisiologiche*, con l'adozione di un regime alimentare conforme alla propria costituzione psicofisica; *emotive*, per dominare gli stimoli di origine sensoriale in vista del dominio di sé; *intellettuali*, con la sostituzione del pensiero spontaneo con il pensiero guidato da pratiche di MEDITAZIONE (v.); *spirituali*, attraverso l'applicazione a temi e argomenti che possono risvegliare e acuire l'ascesi e l'astrazione mistica. Dette pratiche hanno trovato un chiarimento da parte della psicologia del profondo e in particolare dalle analisi di Carl Gustav Jung, per il quale l'occulto esprime contenuti che, in quanto inconsci, sfuggono al controllo della coscienza e non si lasciano enunciare con gli strumenti del pensiero razionale.

Bibliografia

Alexandrian S., *Storia della filosofia occulta* (1983), Mondadori, Milano 1984.
Bergson H., *Fantasmi* (1913), Elliot Edizioni, Roma 2015.
Evola J., *La tradizione ermetica*, Edizioni Mediterranee, Roma 1971.
Freud S., *Sogno e occultismo*, in *Introduzione alla psicoanalisi. Nuova serie di lezioni* (1932), in *Opere* (1967-1993), Bollati Boringhieri, Torino, vol. XI, Lezione 30.
Fulcanelli (pseudonimo), *Il mistero delle cattedrali e l'interpretazione esoterica dei simboli ermetici della Grande Opera* (1925), Edizioni Mediterranee, Roma 1972.
–, *Le dimore filosofali e il simbolismo ermetico nei suoi rapporti con l'arte sacra e l'esoterismo della Grande Opera* (1929), Edizioni Mediterranee, Roma 1973, voll. I-II.
Galli G., *Occidente misterioso. Baccanti, gnostici, streghe: i vinti della storia e la loro eredità*, Rizzoli, Milano 1987.
Guénon R., *Considerazioni sulla via iniziatica* (1946), Fratelli Bocca, Milano 1949.
–, *Simboli della Scienza sacra* (1962), Adelphi, Milano 1975.
Jung C. G., *Psicologia e patologia dei cosiddetti fenomeni occulti* (1900), in *Opere* (1969-2007), Bollati Boringhieri, Torino, vol. I.
Katz D. S., *La tradizione occulta. Dal Rinascimento a oggi. Templari, massoni, rosacroce, teosofi, seguaci della New Age, fondamentalisti* (2005), Garzanti, Milano 2007.
Pareti G., *La tentazione dell'occulto. Scienza ed esoterismo nell'età vittoriana*, Bollati Boringhieri, Torino 1990.
Schuré É., *I grandi iniziati. Storia segreta delle religioni* (1899), Laterza, Bari 1982.
Séguy S., Faivre A., Hutin S., *Esoterismo, spiritismo, massoneria* (1970), Laterza, Bari 1977.
Shepard L. A. (a cura di), *Encyclopedia of occultism and parapsychology*, Gale Research Co., Detroit 1978.
Wehr G., *Novecento occulto. I grandi maestri dell'esoterismo contemporaneo* (1995), Neri Pozza, Vicenza 2002.
Yates F., *Giordano Bruno e la tradizione ermetica* (1964), Laterza, Bari 1985.
Zolla E., *Verità segrete esposte in evidenza. Sincretismo e fantasia, contemplazione ed esotericità*, Marsilio, Venezia 1990.

Occupazionale, Terapia, v. ERGOTERAPIA.

Oceanico, Sentimento (ingl. *Oceanic feeling*; ted. *Ozeanisches Gefühl*; fr. *Sentiment océanique*; sp. *Sentimiento oceánico*). Espressione con cui il poeta e amico di Sigmund Freud Romain Rolland designa un particolare sentimento di partecipazione al tutto che sarebbe alla base di ogni forma di religiosità. Secondo Freud, invece, un simile sentimento non può essere considerato la fonte dei bisogni religiosi, ma corrisponde ad una condizione originaria di non-separazione dalla realtà, precedente all'emersione del senso dell'Io, e a questo proposito scrive: «Il lattante non distingue ancora il proprio Io dal mondo esterno in quanto fonte delle sensazioni che lo subissano. Apprende a farlo gradualmente, reagendo a sollecitazioni diverse. [...] In tal modo, dunque, l'Io si distacca dal mondo esterno, anzi, per essere più esatti, in origine l'Io include tutto, e in seguito separa da sé un mondo esterno. Il nostro presente senso dell'Io è perciò soltanto un avvizzito residuo di un sentimento assai più inclusivo, anzi di un sentimento onnicomprensivo che corrispondeva a una comunione quanto mai intima dell'Io con l'ambiente. Se possiamo ammettere che in misura più o meno notevole tale senso primario dell'Io si sia conservato nella vita psichica di molte persone, esso si collocherebbe, come una sorta di controparte, accanto al più angusto e più nettamente delimitato senso dell'Io della maturità, e i contenuti rappresentativi ad esso conformi sarebbero precisamente quelli dell'illimitatezza e della comunione con il tutto, ossia quelli con cui il mio amico R. Rolland spiega il sentimento "oceanico"» (1929, pp. 559-561). Per Freud il sentimento oceanico è dunque riconducibile al sentimento infantile di ONNIPOTENZA (v.) in quanto alla base ci sarebbero le stesse dinamiche che riscontriamo nella sensazione di FELICITÀ (v.).

Bibliografia

Freud S., *Il disagio della civiltà* (1929), in *Opere* (1967-1993), Bollati Boringhieri, Torino, vol. X.

Rolland R., *Lettera a Freud del 5 dicembre 1927*, in S. Freud, *Lettere 1873-1939*, Bollati Boringhieri, Torino 1960, pp. 357 sgg.

Oclofobia (ingl. *Ochlophobia*; ted. *Ochlophobie*; fr. *Ochlophobie*; sp. *Oclofobia*). Fobia della folla.

Ocnofilia (ingl. *Ocnophilia*; ted. *Oknophilie*; fr. *Ocnophilie*; sp. *Ocnofilia*). Termine usato da Michael Balint per designare un rapporto a due di tipo primitivo, con una totale dipendenza del soggetto dall'oggetto sopravvalutato al punto da rendere estremamente difficoltoso ogni progresso verso l'indipendenza.

Bibliografia

Balint M., *L'amore primario* (1952), Raffaello Cortina, Milano 1991.

Oculogirismo (ingl. *Oculogyric spasm*; ted. *Okulogyrismus*; fr. *Oculorotation*; sp. *Oculogirismo*). Crisi ricorrenti di tipo tonico, di durata indeterminata, caratterizzata da deviazione dei bulbi oculari verso l'alto con simultanea torsione del collo, accompagnate da rigidità motoria, rallentamento ideativo e stato d'ansia. L'oculogirismo può presentarsi accanto ad altre manifestazioni di natura extrapiramidale (v. EXTRAPIRAMIDALE, SISTEMA) o come effetto secondario ad una terapia neurolettica (v. PSICOFARMACOLOGIA, § I, 1, *a*).

Odassismo (ingl. *Odaxesmus*; ted. *Odaxesmus*; fr. *Odaxesme*; sp. *Odaxesma*). Termine introdotto dal medico inglese Marshall Hall (1790-1859) in riferimento ai morsi che il paziente si infligge alla lingua, alle guance e alle labbra in occasione di un attacco epilettico. Oggi il termine è impiegato anche per il prurito gengivale che precede l'eruzione dei denti.

Odio (ingl. *Hate*; ted. *Hass*; fr. *Haine*; sp. *Odio*). Risoluta ostilità accompagnata da rifiuto, ripugnanza e talvolta da desiderio di nuocere. Questo sentimento, da sempre considerato antitetico all'amore, ha per Sigmund Freud un'origine propria così descritta: «Amore e odio, che ci si presentano come un'antitesi assoluta quanto a contenuto, non stanno dunque in una relazione semplice l'uno rispetto all'altro. Essi non sono derivati dalla scissione di una originaria unità, ma hanno distinta origine e hanno subìto ciascuno un proprio sviluppo, prima di costituirsi in antitesi sotto l'influsso della relazione piacere-dispiacere. [...] L'odio, come relazione nei confronti dell'oggetto, è più antico dell'amore; esso scaturisce dal ripudio primordiale che l'Io narcisistico oppone al mondo esterno come sorgente di stimoli. In quanto manifestazione della reazione di dispiacere provocata dagli oggetti, l'odio si mantiene sempre in intimo rapporto con le pulsioni di conservazione dell'Io, così che le pulsioni dell'Io e le pulsioni sessuali pervengono facilmente a un'antitesi che riproduce l'antitesi odio-amore. Quando le pulsioni dell'Io dominano la funzione sessuale, come accade nella fase dell'organizzazione sadico-anale, esse conferiscono anche alla meta pulsionale il carattere dell'odio» (1915, pp. 33-34).

Separati quanto alla loro origine, amore e odio coesistono in una sorta di "ambivalenza emotiva", come la chiama Freud, quando il campo è dispiegato dalla relazione piacere-dispiacere. Ciò si verifica qualora «l'amore e l'odio si dirigano contemporaneamente sullo stesso oggetto, realizzando l'esempio più significativo di ambivalenza emotiva» (ivi, p. 28). Su questo tema sono ritornati Melanie Klein nella sua descrizione dell'oggetto buono e cattivo (v. KLEINIANA, TEORIA, § 1), la cui indifferenziazione non consente una chiara distinzione dell'amore dall'odio, e Alfred Adler, che vede nell'odio il sopravvento della volontà di potenza sul sentimento sociale (v. PSICOLOGIA INDIVIDUALE).

Bibliografia

Adler A., *Il temperamento nervoso* (1912), Astrolabio, Roma 1950.
Anders G., *L'odio è antiquato* (1985), Bollati Boringhieri, Torino 2006.
Freud S., *Pulsioni e loro destini*, in *Metapsicologia* (1915), in *Opere* (1967-1993), Bollati Boringhieri, Torino, vol. VIII.
Klein M., *Tendenze criminali nei bambini normali* (1927), in *Scritti 1921-1958*, Bollati Boringhieri, Torino 1978, pp. 197-213.
Klein M., Riviere J., *Amore, odio e riparazione* (1937), Astrolabio, Roma 1969.
Ravenna M., *Odiare*, il Mulino, Bologna 2009.
Recalcati M., *Sull'odio*, Bruno Mondadori, Milano 2004.
Scaffardi L., *Incitamento all'odio*, in M. Flores (a cura di), *Diritti umani. Cultura dei diritti e dignità della persona nell'epoca della globalizzazione*, Utet, Torino 2007, vol. II, pp. 991-994.
Sternberg R. J. (a cura di), *Psicologia dell'odio* (2005), Erickson, Trento 2007.
Stoller R. J., *Perversione. La forma erotica dell'odio* (1975), Feltrinelli, Milano 1978.
Ziccardi G., *L'odio online. Violenza verbale e ossessioni in rete*, Raffaello Cortina, Milano 2016.

Odofobia, v. DROMOFOBIA.

Odore, v. OLFATTIVO, SISTEMA.

Ofidiofobia (ingl. *Ophidiophobia*; ted. *Ophidiophobie*; fr. *Ophidiophobie*; sp. *Ofidiofobia*). Fobia dei serpenti.

Oggettiva, Psicologia, v. PSICOLOGIA OGGETTIVA.

Oggettivo, v. OGGETTO, § 3.

Oggetto (ingl. *Object*; ted. *Objekt*; fr. *Objet*; sp. *Objeto*). Termine ricorrente nel linguaggio psicoanalitico dove è impiegato nelle accezioni qui di seguito elencate:

1. OGGETTO E PULSIONE. A proposito della PULSIONE (v. § 1, *d*), Sigmund Freud distingue una *spinta*, che è la carica energetica che fa tendere l'organismo verso una meta, una *fonte*, che è la zona somatica sede dell'eccitazione, ad esempio la bocca, una *meta*, che è la soddisfazione della tensione pulsionale, ad esempio l'incorporazione, e un *oggetto*, che è ciò attraverso cui la soddisfazione si compie, ad esempio il seno. Dell'oggetto Freud dice: «È l'elemento più variabile della pulsione, non è originariamente collegato ad essa, ma le è assegnato soltanto in forza della sua proprietà di rendere possibile il soddisfacimento. Non è necessariamente un oggetto estraneo, ma può essere altresì una parte del corpo del soggetto. Può venir mutato infinite volte durante le vicissitudini che la pulsione subisce nel corso della sua esistenza. A questo spostamento della pulsione spettano funzioni importantissime. Può accadere che lo stesso oggetto serva al soddisfacimento di più pulsioni, producendo ciò che Alfred Adler chiama un "intreccio pulsionale". Un attaccamento particolarmente forte della pulsione al suo oggetto viene messo in rilievo come "fissazione" della pulsione. La fissazione si produce spesso in periodi remotissimi dello sviluppo pulsionale, e pone fine alla mobilità della pulsione opponendosi vigorosamente al suo staccarsi dall'oggetto» (1915, pp. 18-19).

Da questa e da altre definizioni di Freud è possibile dedurre che l'impiego della parola "oggetto" avviene seguendo due serie contrapposte, nelle quali si raggruppano i vari significati: la prima serie distingue tra oggetto *esterno*, sia nel senso che appartenga al mondo esterno sia che si riferisca a una parte del corpo del bambino vissuta come esterna, e oggetto *interno*, che è la rappresentazione dell'oggetto a cui il soggetto reagisce come di fronte all'oggetto esterno da cui è derivato mediante INTROIEZIONE (v.). La seconda serie distingue tra oggetto *parziale*, che è tanto una parte del corpo (seno, feci, pene) quanto un suo equivalente simbolico (oggetto parziale può essere anche una persona nella sua totalità, come la madre, ma visualizzata come se fosse un oggetto che esiste solo per soddisfare i propri bisogni); e oggetto *totale*, che è la persona con cui il soggetto entra in rapporto, percependola come altro da sé, con cui è possibile instaurare una relazione psicologica.

All'oggetto parziale fanno riferimento le pulsioni parziali, ossia le pulsioni in cerca ciascuna della propria soddisfazione, perché ancora devono trovare un centro intorno a cui organizzarsi. Tale centro è la genitalità (v. GENITALE, § 2), per cui pulsioni e oggetti parziali si riferiscono alle fasi pregenitali (v. PREGENITALE). Freud ha messo in evidenza: gli *spostamenti* (v. SPOSTAMENTO) che si stabiliscono tra i vari oggetti parziali come nella sequenza bambino-pene-feci-denaro-dono, o come nel caso della donna che passa dal desiderio del pene al desiderio dell'uomo, con la possibilità di una REGRESSIONE (v.) dall'uomo al pene come oggetto del suo desiderio, e le *fissazioni* (v. FISSAZIONE) a un oggetto, dette anche *costanza d'oggetto*, come nel caso del FETICISMO (v.) e in tutti quei casi in cui il soggetto rifiuta i sostituti di un oggetto familiare.

2. OGGETTO E AFFETTIVITÀ. Rientrano in questo gruppo tutti i correlati dell'amore e dell'odio che caratterizzano la relazione tra una persona totale o istanza dell'Io e un'altra persona, entità o ideale percepito come oggetto totale. Tali oggetti si incontrano quando si è raggiunta la fase genitale, e con essi il soggetto ha un rapporto non più biologico, ma propriamente psicologico. Alla scelta oggettuale, che riconosce l'altro nella sua alterità e non solo come strumento di soddisfazione dei propri bisogni, si perviene dopo aver superato lo stadio narcisistico (v. NARCISISMO) che assume come oggetto d'amore il proprio corpo. Questo stadio, scrive Freud, «consiste nel fatto che l'individuo nel corso del suo sviluppo, mentre unifica le pulsioni sessuali già agenti autoeroticamente al fine di procurarsi un oggetto d'amore, assume anzitutto se stesso, vale a dire il proprio corpo, come oggetto d'amore, prima di passare alla scelta oggettuale di una persona estranea» (1910, p. 386).

3. OGGETTO E CONOSCENZA. C'è infine una terza connotazione della parola "oggetto", relativa alla psicologia della conoscenza, che si riferisce a ciò che si offre con caratteri fissi e permanenti, e quindi tale da poter essere riconosciuto da tutti, indipendentemente da pulsioni, desideri e opinioni individuali. L'aggettivo corrispondente all'oggetto della conoscenza è *oggettivo*, mentre l'aggettivo corrispondente all'oggetto dell'affettività è *oggettuale*, per cui si parla di "conoscenza oggettiva" e di "scelta oggettuale" per i correlati dell'affettività.

4. LA RELAZIONE OGGETTUALE. Dopo Freud la psicoanalisi ha preferito al termine "oggetto" l'espressione "relazione oggettuale", volendo sottolineare l'originarietà della relazione rispetto all'individuo considerato nel suo isolamento. La relazione è propriamente un'interrelazione, nel senso che non si

limita a indicare il modo con cui il soggetto costituisce i suoi oggetti, ma anche il modo in cui questi agiscono su di lui. Tale è ad esempio la posizione di Melanie Klein secondo la quale gli oggetti proiettati e introiettati esercitano un'azione persecutoria o rassicurante sul soggetto (v. KLEINIANA, TEORIA, § 1). Le relazioni oggettuali si riferiscono: in psicoanalisi ai momenti evolutivi come la relazione oggettuale orale, anale, fallica; in psicopatologia alle forme di estraneazione come, ad esempio, la relazione oggettuale melanconica, maniacale ecc.

5. LA SCISSIONE DELL'OGGETTO. Concetto introdotto dalla Klein secondo la quale l'oggetto, verso cui convergono le pulsioni erotiche e distruttive, è scisso in oggetto "buono" e in oggetto "cattivo" che subiscono destini diversi nel gioco delle proiezioni e delle introiezioni. La scissione è un primitivo meccanismo di difesa (v. DIFESA, § 2) contro l'angoscia e si riferisce nella posizione schizoparanoidea a oggetti parziali, e in quella depressiva all'oggetto totale. Per effetto dell'introiezione degli oggetti, anche l'Io viene scisso in "buono" e "cattivo" (v. KLEINIANA, TEORIA, § 1).

6. OGGETTO TRANSIZIONALE. Termine introdotto da Donald Woods Winnicott per indicare un oggetto materiale, come può essere un lembo della coperta o un pupazzo, che il bambino, tra i 4 e i 12 mesi, tiene presso di sé per addormentarsi. È un fenomeno normale che consente al bambino di passare dalla prima relazione con la madre alla relazione oggettuale. L'oggetto transizionale, pur costituendo un momento di passaggio verso la percezione di un oggetto nettamente separato dal soggetto, non perde la sua funzione nel periodo successivo, dove riappare specialmente in occasione di fasi depressive. Secondo Winnicott, l'oggetto transizionale appartiene a quel campo intermedio dell'esperienza che è il campo dell'ILLUSIONE (v.) i cui contenuti non sono riconducibili né alla realtà interna, né alla realtà esterna. Essa costituisce la parte più importante dell'esperienza del bambino e il suo protrarsi nell'età adulta è alla base della successiva vita immaginativa.

7. OGGETTO SMONTATO. Espressione introdotta da Donald Meltzer all'interno della fenomenologia delle perversioni, dove il coinvolgimento non riguarda l'oggetto totale, ossia la persona colta nella sua totalità, perché questa viene "smontata" e risolta in un organo, in una pratica o in una situazione che consente un'esperienza sensoriale immediata, che però non approda a una relazione oggettuale e neppure risponde a un'organizzazione narcisistica, perché si riduce a un'espressione autoerotica, caratterizzata dalla reciprocità della pratica sessuale, nella modalità del "fallo a me che io lo faccio a te", che impedisce l'emozione che di solito accompagna la sensorialità e condanna il soggetto a una sorta di coazione a ripetere (v. PERVERSIONE).

8. OGGETTO PERCETTIVO. Si veda la voce PERCEZIONE, § 3.

Bibliografia

Abbate L., Massaro V., *La valutazione delle relazioni oggettuali e delle rappresentazioni sociali con il TAT. La Social Cognition and Object Relations Scale di Drew Westen*, Raffaello Cortina, Milano 2007.

Abraham K., *Tentativo di una storia evolutiva della libido sulla base della psicoanalisi dei disturbi psichici* (1924), in *Opere*, Bollati Boringhieri, Torino 1975, vol. I.

Ancona L., *Dinamica della percezione*, Mondadori, Milano 1970.

Bacal H. A., Newman K. M., *Teoria delle relazioni oggettuali e psicologia del Sé* (1990), Bollati Boringhieri, Torino 1993.

Borsari A. (a cura di), *L'esperienza delle cose*, Marietti, Genova 1992.

Cirincione E., *Rapporti oggettuali e dinamica intrapsichica*, Bollati Boringhieri, Torino 1980.

Del Corno F., Lang M., *La diagnosi delle relazioni oggettuali con l'Object Relations Technique*, Raffaello Cortina, Milano 2006.

Figal G., *Oggettualità. Esperienza ermeneutica e filosofia* (2006), Bompiani, Milano 2012.

Freud S., *Osservazioni psicoanalitiche su un caso di paranoia (dementia paranoides) descritto autobiograficamente (Caso clinico del presidente Schreber)* (1910), in *Opere* (1967-1993), Bollati Boringhieri, Torino, vol. VI.

–, *Metapsicologia* (1915), in *Opere*, cit., vol. VIII.

–, *Sintesi generale delle nevrosi di traslazione* (1915), in *Opere*, cit., volume dei *Complementi 1885-1938*.

Greenberg J. R., Mitchell S. A., *Le relazioni oggettuali nella teoria psicoanalitica* (1983), il Mulino, Bologna 1986.

Kernberg O. F., *Teoria della relazione oggettuale e clinica psicoanalitica* (1976), Bollati Boringhieri, Torino 1980.

Klein M., *La psicoanalisi dei bambini* (1932), Martinelli, Firenze 1969.

–, *Contributo alla psicogenesi degli stati maniaco-depressivi* (1935), in *Scritti 1921-1958*, Bollati Boringhieri, Torino 1978, pp. 297-325.

–, *Alcune conclusioni teoriche sulla vita emotiva del bambino nella prima infanzia* (1952), in *Scritti 1921-1958*, cit., pp. 454-459.

Koffka K., *Principi della psicologia della forma* (1935), Bollati Boringhieri, Torino 1970, nuova edizione riveduta 2006.

Meltzer D., *Stati sessuali della mente* (1973), Armando, Roma 1975.

Norman D. A., *La caffettiera del masochista. Psicopatologia degli oggetti quotidiani* (1982), Giunti, Firenze 1990.

Winnicott D. W., *Oggetti transizionali e fenomeni transizionali* (1953), in *Dalla pediatria alla psicoanalisi. Scritti scelti* (1958), Martinelli, Firenze 1975.

–, *L'uso dell'oggetto e l'entrare in rapporto attraverso identificazioni* (1969), in Id., *Gioco e realtà* (1971), Armando, Roma 1974.

Oggettuale, v. OGGETTO, §§ 3-4.

Olfattivo, Sistema (ingl. *Olfactory system*; ted. *Olfaktorisches System*; fr. *Système olfactif*; sp. *Sistema olfativo*). Apparato sensibile a stimoli di natura chimica che vengono percepiti come *odori*. Gli stimoli sono dovuti a sostanze che, diffuse nell'acqua o nell'aria, arrivano a contatto di cellule, i recettori olfattivi, che si trovano localizzate nell'epitelio della parte più alta delle fosse nasali. Le cellule olfattive sono neuroni (v. NEURONE) e danno origine a neuriti che si riuniscono in fascetti e formano i filuzzi del nervo olfattivo che raggiunge il bulbo olfattivo, situato nel rinencefalo, e da qui, mediante connessioni sinaptiche, origina la via olfattiva secondaria (o radiazione olfattiva) che si estende a tutto il telencefalo, centro di raccolta di stimoli olfattivi, da cui originano le fibre efferenti. Una parte degli impulsi olfattivi nell'uomo raggiunge la neocorteccia, per cui siamo coscienti delle sensazioni olfattive che a loro volta determinano risposte motivate. Dal punto di vista evolutivo l'olfatto è uno dei sensi più primitivi: l'area encefalica interessata è enorme nei pesci e comprende gli emisferi cerebrali, mentre nei cani rappresenta un terzo dell'area totale, e nell'uomo un ventesimo.

Vari tentativi di classificazione degli odori sono stati avanzati fin dall'antichità. Una recente si basa sulla similarità della struttura molecolare di composti chimici che hanno odore simile. Si distinguono sette odori primari: canforaceo, muschioso, floreale, di menta, etereo, pungente e putrido. Dal punto di vista psicofisico l'olfatto riveste molta importanza nella ricerca del cibo e nel richiamo sessuale, essendo l'olfatto un sistema rilevatore di sostanze chimiche che hanno un valore comunicativo tra individui. Nell'uomo la composizione delle secrezioni di dette sostanze varia da soggetto a soggetto e, nella stessa persona, a seconda degli stati emotivi. In soggetti molto disturbati si riscontra un'innalzata sensibilità agli odori corporei, come pure un caratteristico afrore in alcune forme di schizofrenia. I bambini si dimostrano più tolleranti degli adulti nei confronti degli odori sgradevoli. Agli odori è inoltre connessa tutta una serie di associazioni di idee, sensazioni e ricordi legati a particolari esperienze.

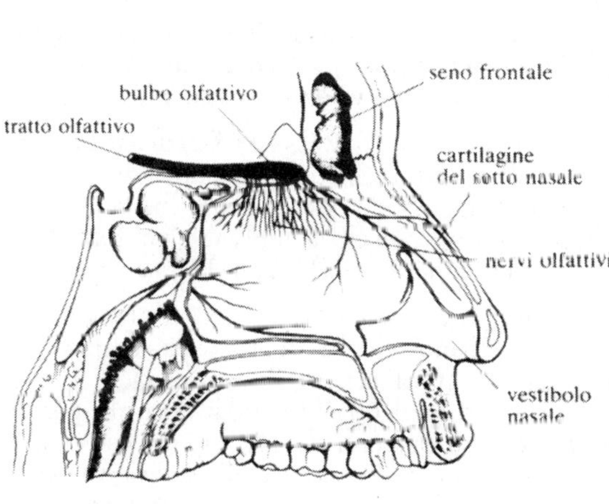

Sezione della parete laterale del setto nasale.

Bibliografia

Ackerman D., *A natural history of the senses*, Random House, New York 1990.

Classen C., *Worlds of sense. Exploring the senses in history and across cultures*, Routledge, London 1993.

Gusman A., *Antropologia dell'olfatto*, Laterza, Bari 2004.

Roubin L. A., *Le monde des odeurs. Dynamique et fonctions du champ odorant*, Méridiens Klincksieck, Paris 1989.

Stoddart D. M., *The scented ape. The biology and culture of human odour*, Cambridge University Press, Cambridge 1990.

Oligoergasia, v. ERGASIA.

Oligofrenia, v. RITARDO MENTALE.

Oligotimia, v. PSICOPATIA.

Olismo (ingl. *Holism*; ted. *Holismus*; fr. *Holisme*; sp. *Holismo*). Teoria secondo la quale l'organismo biologico, come quello sociale, è qualcosa di più della semplice somma delle sue parti la cui giustapposizione non riproduce il tutto (v. TOTALITÀ). Questa concezione si è rivelata particolarmente significativa a livello neurologico, epistemologico, psicopatologico e psicologico.

1. NEUROLOGIA. Dal punto di vista neurologico l'olismo si contrappone alla LOCALIZZAZIONE (v.) perché considera il cervello un organo altamente integrato, implicato per intero in tutte le attività intellettuali, la cui funzione non presenta menomazioni specifiche in conseguenza di lesioni discrete. I sostenitori dell'olismo, tra i quali Kurt Goldstein, Henry Head e soprattutto Pierre Marie, il cui studio sull'afasia dimostrò ingiustificata o perlomeno esagerata la teoria della localizzazione sostenuta dal suo maestro Paul Pierre Broca, parlano di plasticità del sistema nervoso, ossia della capacità delle aree rimaste intatte di assumersi le funzioni di aree danneggiate, e della perdita del pensiero astratto e di altre funzioni in conseguenza dell'*estensione* piuttosto che del *sito* della lesione. La posizione olistica, assunta in neurologia, trovò in campo psicologico i suoi sostenitori tra gli studiosi della percezione nell'ambito della PSICOLOGIA DELLA

GESTALT (v. § IV, 1, *d*) e tra gli studiosi dei processi cognitivi nell'ambito del cognitivismo più recente che ha in Howard Gardner il suo maggior esponente.

2. EPISTEMOLOGIA. Dal punto di vista epistemologico l'olismo ha portato a una forma di approccio psicologico che consente di accostare l'uomo nella sua totalità al di là degli ambiti settoriali e limitati delle discipline specialistiche, per cui, scrive Fritjof Capra, «come avviene in tutte le altre discipline, l'approccio sistemico della nuova psicologia ha una prospettiva olistica e dinamica. La concezione olistica, che spesso è associata in psicologia al principio della Gestalt, sostiene che le proprietà e le funzioni della psiche non possono essere comprese riducendole a elementi isolati, esattamente come l'organismo fisico non può essere inteso appieno analizzandolo nelle sue parti. La visione frammentata della realtà non è solo un ostacolo alla comprensione della mente, ma è anche un aspetto caratteristico dell'infermità mentale. L'esperienza sana di se stessi è un'esperienza dell'intero organismo, corpo e mente, e le infermità mentali sorgono spesso dall'incapacità di integrare le varie componenti di quest'organismo. Da questo punto di vista la scissione cartesiana fra mente e corpo e la separazione concettuale degli individui dal loro ambiente ci appaiono sintomi di un'infermità mentale collettiva condivisa dalla maggior parte della cultura occidentale, e come tali sono spesso percepite da altre culture» (1982, p. 304).

3. PSICOPATOLOGIA. Dal punto di vista psicopatologico il principio olistico è alla base della riformulazione jaspersiana circa il modo di fare psicopatologia, perché, scrive Karl Jaspers, «il problema che cosa sia l'uomo realmente conduce, per quel che riguarda la psicopatologia, alla totalità. Ma ogni totalità che incontriamo nel processo di ricerca è una manifestazione parziale rispetto all'onnicomprensività dell'essere umano. Tutti gli schemi dell'essere umano, che ci si presentano oggettivamente davanti agli occhi e con i quali possiamo operare scientificamente, non sono quell'onnicomprensività in cui l'uomo si esprime, ma sono in essa inclusi [...] anche se i modi dell'onnicomprensività non si possono conoscere, ma solo illuminare, non ci si deve scordare che *l'uomo esiste in ogni momento come un tutto*» (1913-1959, pp. 804-807). Dal punto di vista del metodo, la concezione olistica oltrepassa la separazione tra soggetto e oggetto in cui si esprime la conoscenza scientifica, per approdare alla concezione unitaria dell'uomo e del suo mondo secondo i modelli proposti dalla FENOMENOLOGIA (v.) di Edmund Husserl, che hanno trovato la loro applicazione psichiatrica nell'ANALISI ESISTENZIALE (v. § 1) di Ludwig Binswanger. Questi interpreta l'individuo a partire dalla sua totalità esperienziale, a sua volta leggibile tramite l'evidenziazione delle condizioni a priori (trascendentali) con cui ognuno costruisce la propria esperienza o visione del mondo, e che si esprimono nel modo in cui ogni individuo si spazializza, si temporalizza, si mondanizza, co-esiste.

4. PSICOLOGIA. Dal punto di vista psicologico gli ambiti disciplinari in cui il concetto di olismo è adottato sono:

a) *la psicologia della Gestalt*, dove, come dice Max Wertheimer, «ciò che avviene a livello globale non è deducibile dalle proprietà dei singoli elementi né dal modo con cui questi si articolano reciprocamente, ma al contrario sono le leggi strutturali dell'unità globale che determinano la fenomenologia delle singole parti» (1940, p. 20);

b) *la psicologia sistemica*, che con il concetto di totalità ha superato la concezione atomistica nello studio dei fenomeni psichici, la concezione causale precedentemente adottata per la loro interpretazione, e i dualismi di origine cartesiana che non consentivano di oltrepassare le dicotomie che generavano;

c) *la psicologia analitica* di Carl Gustav Jung, per il quale il concetto di salute psichica coincide con «l'attuazione e il dispiegarsi dell'originaria *totalità* potenziale, dove i simboli che l'inconscio adopera a questo scopo sono gli stessi che l'umanità ha sempre usato per esprimere totalità» (1917-1943, p. 111), dove per totalità Jung intende la relazione dinamica tra coppie di opposti (v. OPPOSTI, § 2, *b*);

d) alcuni indirizzi delle *teorie della personalità* che fanno capo a Goldstein, per il quale «la legge del tutto governa il funzionamento delle parti» (1934, p. 141), Andras Angyal, la cui concezione olistica mette capo al concetto di "biosfera", Abraham Harold Maslow e Prescott Lecky, che individuano il tratto di fondo della personalità nella capacità di mantenere un'organizzazione unificante (v. PERSONALITÀ, § I, 3);

e) *la teoria del campo* (v. CAMPO, § 2) di Kurt Lewin, per il quale «i vettori che determinano la dinamica di un evento non possono essere definiti che in funzione della totalità concreta che comprende, nel contempo, l'oggetto e la situazione» (1977, p. 38);

f) *la psicologia funzionale* (v. FUNZIONALISMO, § 2). Prendendo le mosse dalla "teoria della complessità" di Edgar Morin, ritiene che l'osservazione dei fenomeni psichici non debba avvenire in base alla parcellizzazione degli elementi che li compongono, perché la totalità individuo-ambiente è più esplicativa dell'analisi delle singole parti considerate indipendentemente dalle loro funzioni complessive.

Bibliografia

Angyal A., *Foundations for a science of personality*, Commonwealth Fund, New York 1941.
Bertalanffy L. von, *Teoria generale dei sistemi* (1968), Istituto Librario Internazionale (ILI), Milano 1971.
Binswanger L., *Per un'antropologia fenomenologica. Saggi e conferenze psichiatriche* (1921-1941), Feltrinelli, Milano 1970.
Capra F., *Il punto di svolta* (1982), Feltrinelli, Milano 1984.
Gardner H., *The shattered mind. The person after brain damage*, Kopf, New York 1975.
Goldstein K., *Der Aufbau des Organismus*, Nijhoff, Den Haag 1934.
Heinrich W., Spann O., *Die Ganzheit in Philosophie und Wissenschaft*, Wilhelm Braumüller, Wien 1950.
Jaspers K., *Psicopatologia generale* (1913-1959), Il Pensiero Scientifico, Roma 2000.
Jung C. G., *Psicologia dell'inconscio* (1917-1943), in *Opere* (1969-2007), Bollati Boringhieri, Torino, vol. VII.
Köhler W., *La psicologia della Gestalt* (1929), Feltrinelli, Milano 1961.
Lecky P., *Self-consistency. A theory of personality*, Long Island Press, New York 1945.
Lewin K., *Antologia di scritti*, il Mulino, Bologna 1977.
Marie P., *Révision de la question de l'aphasie*, in "Semaine Médicale", 1906, n. 21.
Maslow A. H., *Motivazione e personalità* (1954), Armando, Roma 1973.
Morin E., *Le vie della complessità*, in G. Bocchi, M. Ceruti (a cura di), *La sfida della complessità*, Feltrinelli, Milano 1985.
Robertson I. H., *Il cervello plastico. Come l'esperienza modella la nostra mente* (1999), Rizzoli, Milano 1999.
Romagnoli D., *Per una concezione olistica dell'uomo*, in "A&P. Anthropology & Philosophy", 1997, n. 1.
Wertheimer M., *Über Gestalttheorie*, in "Symposion", 1940, n. 1.

Olofrase (ingl. *Holophrasis*; ted. *Holophrase*; fr. *Holophrase*; sp. *Holofrasis*). Elemento linguistico che da solo corrisponde ad un'intera frase. È frequente nel linguaggio della prima infanzia dove talune parole contengono il significato di ciò che gli adulti esprimerebbero normalmente in una proposizione.

Olotimia, v. CATATIMIA.

Oltrepassamento, v. ANALISI ESISTENZIALE, § 2, c

Ombelico del sogno, v. SOVRAINTERPRETAZIONE.

Ombra (ingl. *Shadow*; ted. *Schatten*; fr. *Ombre*; sp. *Sombra*).

1. PSICOLOGIA ANALITICA. Concetto junghiano che indica "l'altro lato" della personalità, il lato oscuro, inferiore, indifferenziato che si contrappone all'Io cosciente. «Ognuno di noi è seguito da un'ombra e, meno questa è incorporata nella vita conscia dell'individuo, tanto più è nera e densa. [...] Se le tendenze dell'ombra, che vengono rimosse, non rappresentassero altro che il male, non esisterebbe alcun problema. Ma l'ombra rappresenta solo qualcosa di inferiore, primitivo, inadatto e goffo e non è male in senso assoluto. Essa comprende fra l'altro delle qualità inferiori, infantili e primitive, che in un certo senso renderebbero l'esistenza umana più vivace e bella, ma urtano contro regole consacrate dalla tradizione» (1938-1940, pp. 82-84).

I processi dinamici connessi all'ombra sono stati studiati da Mario Trevi che ha distinto: 1) la *proiezione* dell'ombra, causa di tutte le antipatie e idiosincrasie dovute al fatto che si riferisce all'altro quanto vi è di umbratile nella propria personalità; 2) la *ricognizione* dell'ombra, che avviene attraverso l'analisi delle proiezioni; 3) la *scissione* dall'ombra, che si esprime in un rifiuto, con conseguente vita autonoma dell'ombra senza alcuna relazione con il resto della personalità, come nel racconto di Robert Louis Stevenson *Lo strano caso del dottor Jekyll e del signor Hyde*; 4) l'*identificazione* con l'ombra, che è in un certo senso il calco negativo della scissione dall'ombra, per cui l'energia psichica dinamizza solo le parti buie della personalità; 5) l'*integrazione* dell'ombra che, rispetto alla semplice ricognizione, si traduce nell'accettazione della parte negativa della personalità e nella sua assunzione alla dignità di polo di un campo energetico. Solo a questo punto l'energia, che prima andava dispersa nell'ombra non riconosciuta o rifiutata, diviene disponibile per l'Io. L'integrazione dell'ombra è un passo essenziale nel processo di individuazione (v. PSICOLOGIA ANALITICA, § 5).

2. NEUROBIOLOGIA INTERPERSONALE. Daniel J. Siegel parla di "ombre sinaptiche" a proposito degli effetti dell'apprendimento pregresso sull'esperienza presente, e in proposito scrive: «Il passato, sedimentandosi nelle connessioni sinaptiche che si sono formate con l'apprendimento, proietta le sue ombre, ossia gli influssi derivanti dalle esperienze precedenti, direttamente sulle modalità percettive, emotive e cognitive del presente, arrivando persino a condizionare previsioni, progetti e azioni del futuro. Di per se, le ombre non sono né positive né negative; semplicemente costituiscono una modalità "top-down" attraverso cui il passato plasma il presente e il futuro» (2012, p. 36).

Bibliografia

Callieri B., *Quando vince l'ombra. Problemi di psicopatologia clinica* (1982), Edizioni Universitarie Romane, Roma 2001.
Franz M.-L. von, *L'ombra e il male nella fiaba* (1974), Bollati Boringhieri, Torino 1995.
Jung C. G., *Psicologia e religione* (1938-1940), in *Opere* (1969-2007), Bollati Boringhieri, Torino, vol. XI.

–, *L'ombra*, in *Aion. Ricerche sul simbolismo del Sé* (1951), in *Opere*, cit., vol. IX, 2.
Siegel D. J., *Mappe per la mente. Guida alla neurobiologia interpersonale* (2012), Raffaello Cortina, Milano 2014.
Tappolet Ch., Teroni F., Konzelmann Ziv A. (a cura di), *Le ombre dell'anima. Pensare le emozioni negative* (2011), Raffaello Cortina, Milano 2013.
Trevi M., *Ombra. Metafora e simbolo* (1982), in Id., *Metafore del simbolo. Ricerche sulla funzione simbolica della psicologia complessa*, Raffaello Cortina, Milano 1986, pp. 123-160.
Trevi M., Romano A., *Studi sull'ombra* (1975), Raffaello Cortina, Milano 2009.

Omeodinamica, v. Famiglia, § II.

Omeopatia (ingl. *Homeopathy*; ted. *Homöopathie*; fr. *Homéopathie*; sp. *Homeopatía*). Indirizzo terapeutico illustrato per la prima volta da Chistian Friedrich Samuel Hahnemann (1755-1843) che, opponendosi al principio ippocratico *contraria contrariis curantur*, sostenne che il modo migliore per curare una malattia fosse quello di svilupparne artificialmente una simile in base al principio *similia similibus curantur*. Una delle regole fondamentali dell'omeopatia è quella di somministrare i farmaci sempre isolatamente e in modo il più possibile diluito. Il procedimento di diluizione viene chiamato *potenziazione* del medicamento, a cui deve aggiungersi la *dinamizzazione* che consiste nello scuotere con forza la soluzione tra una diluizione e l'altra per aumentare la carica energetica della sostanza medicamentosa, attraverso un processo di dispersione superficiale a probabile effetto ionizzante.

Mario Paolo Samuele Gozzelino precisa che gli assunti su cui si fonda il metodo clinico e terapeutico dell'omeopatia sono l'Olismo (v.), secondo cui l'uomo è un'entità non divisibile e irriducibile alla semplice somma delle sue parti, e il Vitalismo (v.), secondo cui l'uomo vivo è permeato da un'"energia vitale" che, nello stato di salute, mantiene in equilibrio l'organismo, inteso come unità psico-fisico-energetica da cui dipende lo stato di benessere. Il sintomo è una perturbazione dell'energia vitale che si presenta quando ci si ammala. In questo caso abbiamo a che fare, come vuole il linguaggio omeopatico, con una *malattia naturale* che può essere curata somministrando il rimedio che causa una *malattia artificiale* in grado di ripristinare la salute perché, come hanno dimostrato gli studi di Hahnemann, la malattia artificiale è energeticamente più potente di quella naturale. Per la legge dei simili, infatti, sempre secondo Hahnemann, «due malattie simili non possono coesistere nello stesso organismo, per cui la più forte scaccia la più debole» ripristinando l'equilibrio dinamico. La difficoltà nell'arte medica omeopatica consiste nel valutare correttamente i sintomi naturali del paziente e trovare i rimedi simili artificiali. Questi vengono preparati partendo da una sostanza madre di origine minerale, vegetale, animale che viene diluita e dinamizzata, ottenendone una diminuzione della tossicità ma conservandone la capacità di incidere sull'energia vitale umana. Attualmente l'omeopatia, pur tra mille controversie circa l'efficacia dei suoi rimedi, viene impiegata nella cura dei bambini, delle donne in gravidanza, in patologie neurovegetative, nei disagi esistenziali, potendo essere talvolta associata alle cure allopatiche.

Dal punto di vista terapeutico Jean Meuris scrive che «l'omeopatia è una tecnica di desensibilizzazione di un organismo ammalato. Le ricerche patogenetiche effettuate su sperimentatori hanno permesso di elaborare quadri corrispondenti alle diverse sensibilizzazioni a cui è esposto l'essere vivente. Quando un malato presenta un quadro in accordo con una patogenesi, basta somministrargli la sostanza corrispondente in diluizione sufficientemente alta per desensibilizzarlo e guarirlo. È quanto dimostra una volta di più l'esperienza terapeutica. Se la sostanza viene scelta correttamente ed è somministrata in diluizione sufficientemente alta, il malato guarisce rapidamente, avendo ricevuto il suo *simillimum*, il rimedio i cui segni patogenetici sono più simili a quelli del suo stato morboso» (1971, pp. 18-19).

Il medicamento omeopatico si ritiene agisca su due livelli di espressione: quello fisico e quello mentale. Lo stimolo biologico da esso fornito è in grado di produrre una risposta specifica simultaneamente a livello biologico e a livello psicoemotivo. Di qui, secondo gli omeopati, l'efficacia dell'omeopatia anche nel caso di disturbi nevrotici e psicotici, per cui può fungere da sostegno alla psicoterapia e, in alcuni casi, sostituire la somministrazione dei tradizionali farmaci psicotropi. Il rapporto tra omeopatia e psicologia del profondo è stato evidenziato da Edward C. Whitmont che, sottolineando la dimensione simbolica del *simillimum*, letto come schema formale della costituzione interna, afferma che «l'inconscio ci aiuta esprimendo problemi e difficoltà interiori, spesso dandoci anche la risposta giusta, e tutto ciò nel linguaggio intuitivo dei simboli. Dal momento che il rimedio psicologico si esplica nel riflettersi della difficoltà interiore in un'immagine della natura esterna, a un disturbo interiore corrisponde la sua controparte esterna simile. A livello psicologico, pertanto, il *simillimum* si presenta come un principio-forza correttivo. Ci si rende conto dunque che un approccio omeopatico ci permette di appropriarci del linguaggio della natura creativa, dentro di noi così come fuori di noi» (1980, p. 57).

Bibliografia

Gozzelino M. P. S., *Sensazioni come se...*, Edizioni Ipsa, Palermo 1997.

–, *Così parlò Hahnemann*, Edizioni Liberodiscrivere, Genova 2010.
Granata G., *Le basi della psichiatria omeopatica e i disturbi mentali ed emotivi. Un approccio medico unitario*, Red Edizioni, Como 1986.
–, *Omeopatia in pediatria*, Raffaello Cortina, Milano 1989.
Hahnemann Ch. F. S., *Esposizione della dottrina omeopatica* (1808), Lampato, Venezia 1834.
–, *Organon dell'arte di guarire* (1810), Red Edizioni, Como 2006.
–, *Lo spirito dell'omeopatia* (1813), Edizioni Salus Infirmorum, Padova 2001.
Horvilleur A., *Piccola enciclopedia dell'omeopatia*, Edizioni del Riccio, Firenze 1986.
Meuris J., *Guida alla comprensione dell'omeopatia e materia medica* (1971), Red Edizioni, Como 1982.
Tassoni S., *Omeopatia allopatia. A confronto, per un nuovo modello diagnostico-terapeutico*, Mauro Baroni Editore, Viareggio 2000.
Vannier L., *La tipologia omeopatica e le sue applicazioni. Prototipi e metatipi. I temperamenti* (1976), Red Edizioni, Como 1983.
Whitmont E. C., *La ricerca simbolica. Concetti di base della psicologia analitica* (1969), Astrolabio, Roma 1982.
–, *Omeopatia e psicoanalisi* (1980), Red Edizioni, Como 1987.
Zammarano F., *Medicina omeopatica. Dalle origini a oggi*, Cappelli, Bologna 1951.

Omeostasi (ingl. *Homeostasis*; ted. *Homöostase*; fr. *Homéostasie*; sp. *Homeostasis*). Termine introdotto da Walter Bradford Cannon per indicare la tendenza dell'organismo a mantenere il proprio EQUILIBRIO (v. § 1) e a conservare le proprie caratteristiche morfologiche e fisiologiche contro gli squilibri che possono essere determinati da variazioni interne ed esterne che, qualora non venissero compensati, comporterebbero la disintegrazione dell'organismo stesso. Il concetto, costruito sul modello fisiologico dell'organismo, è stato successivamente esteso all'interpretazione del comportamento che tende all'omeostasi, cioè al benessere contrassegnato dal PIACERE (v. § 1), e alla riparazione mediante un comportamento appropriato di fronte alla rottura dell'omeostasi che si salda con il dispiacere. La coppia piacere-dispiacere orienta i due schemi di comportamento fondamentali che sono, sul piano dell'azione, avvicinamento e allontanamento dallo stimolo e quindi attacco e fuga, e sul piano cognitivo affermazione e negazione. Dal punto di vista omeostatico il comportamento non è un'azione dell'organismo sull'ambiente, ma una retroazione dell'organismo che tende a mantenere il proprio equilibrio nei confronti dell'ambiente, letto come il campo della variazione e del possibile disquilibrio. Come affermazione di una logica di ripetizione, l'omeostasi ha nell'ABITUDINE (v.) la sua linea tendenziale d'espressione, mentre ogni atto creativo si situa al di là del livello attuale di omeostasi, e può essere integrato solo passando ad un livello omeostatico di organizzazione superiore.

Oltre che per la lettura del BISOGNO (v. §§ 1-2) e della MOTIVAZIONE (v. § 1), che alla base del comportamento dell'individuo possono essere considerati come tendenti allo stabilimento o ristabilimento di un equilibrio (*processo omeostatico*), o come rivolti alla continua rottura degli equilibri preesistenti (*processo antiomeostatico*), il concetto di omeostasi è stato impiegato da Nathan W. Ackerman per l'interpretazione della dinamica psichica (*omeodinamica*), sia individuale che di gruppo, e in particolare del gruppo familiare (v. FAMIGLIA, § II): «Nel quadro classico della psicoanalisi, l'omeostasi è il processo integrativo della personalità, lo strumento che mette in relazione reciproca ed equilibrata le funzioni che compongono la personalità. Pensiamo in modo specifico alle interconnessioni così strette tra funzioni dell'Io, quali la percezione, l'associazione, la memoria, il giudizio, la discriminazione, il controllo, la difesa. Non possiamo non renderci conto che ognuna di queste non è una funzione differenziata che opera in isolamento, ma che tutte le funzioni agiscono insieme in una certa armonia. È il quadro di tutte queste operazioni parziali, espresso come un'unità funzionale, che si presenta come pertinente per il problema dell'omeostasi» (1958, p. 105). Inoltre, poiché l'equilibrio intrapsichico non può venir disgiunto da quello interpersonale, «il significato dell'omeostasi consiste nella conservazione di un determinato centro del Sé, con l'aggiunta di nuove dimensioni del Sé in una infinita serie di integrazioni di gruppo» (ivi, p. 107). Nell'ambito della psicoanalisi classica il concetto di omeostasi è presente nella formulazione del *principio di costanza* (v. COSTANZA, § 2) che Sigmund Freud ricava dalla psicofisica di Gustav Theodor Fechner che aveva introdotto il *principio di stabilità*.

Bibliografia

Ackerman N. W., *Psicodinamica della vita familiare. Dalla patologia della famiglia alla patologia della società* (1958), Bollati Boringhieri, Torino 1968.
Bernard C., *Introduzione allo studio della medicina sperimentale* (1865), Feltrinelli, Milano 1951.
Cannon W. B., *La saggezza del corpo* (1932), Bompiani, Milano 1956.
Delaunay A., *Omeostasi*, in AA.VV., *Enciclopedia*, Einaudi, Torino 1980, vol. IX, pp. 1020-1035.
Fechner G. Th., *Einige Ideen zur Schöpfungs- und Entwicklungsgeschichte der Organismen*, Breitkopf und Härtel, Leipzig 1873.
Freud S., *Al di là del principio di piacere* (1920), in *Opere* (1967-1993), Bollati Boringhieri, Torino, vol. IX.
Zullini A., Giulio L., Buiatti M., *Omeostasi*, in AA.VV., *Gli strumenti del sapere contemporaneo*, vol. II: *I concetti*, Utet, Torino 1985, pp. 571-575.

Omissione, v. PENSIERO, § III, 1, *e*.

Omoclito, v. ETEROCLITO – OMOCLITO.

Omoerotismo, v. OMOSESSUALITÀ, § 3.

Omofilia (ingl. *Homophilia*; ted. *Homophilie*; fr. *Homophilie*; sp. *Homofilia*). Predilezione per individui dello stesso sesso che non si traduce necessariamente in atti sessuali come nel caso dell'OMOSESSUALITÀ (v.).

Omogeneità, v. TEST, § I, 2.

Omologia (ingl. *Homology*; ted. *Homologie*; fr. *Homologie*; sp. *Homología*). Somiglianza strutturale dovuta ad affinità filogenetica. Il termine è utilizzato in biologia nella comparazione delle forme e delle strutture dei diversi organismi, per cui due organi si dicono omologhi se originano da abbozzi embrionali corrispondenti e hanno strutture e rapporti simili. In questo senso sono omologhi gli arti anteriori dei vertebrati anche se modificati in relazione ad attività funzionali differenti (ala degli uccelli, arto ambulacrale degli ungulati, arto prensile dei primati, pinna pettorale dei cetacei).

Si usa invece il termine ANALOGIA (v. § 2) per indicare le somiglianze strutturali derivate da condizioni funzionali simili, come l'ala degli uccelli e quella degli insetti che funzionano in modo simile, ma hanno origine embrionale, strutture e rapporti completamente differenti. L'esistenza di organi omologhi, di comune origine quindi, anche se funzionanti in maniera differente, è considerata uno degli argomenti a favore della teoria evolutiva (v. EVOLUZIONE). Omologia e analogia hanno trovato largo impiego in etologia dove sono divenuti metodi conoscitivi, e in psicologia per lo studio, la descrizione e il confronto dei tipi psicologici (v. TIPOLOGIA).

Bibliografia

Cortelli F., Sabelli B., *Omologia*, in AA.VV., *Gli strumenti del sapere contemporaneo*, vol. II: *I concetti*, Utet, Torino 1985, pp. 575-576.

D'Ancona U., *Trattato di zoologia*, Utet, Torino 1966.

Immelmann K., *Introduction to ethology*, Plenum Press, New York 1981.

Jung C. G., *Tipi psicologici* (1921), in *Opere* (1969-2007), Bollati Boringhieri, Torino, vol. VI.

Lorenz K., *L'analogia come fonte di conoscenza* (1985), in "Pegaso", 1985, n. 1.

Omosessualità (ingl. *Homosexuality*; ted. *Homosexualität*; fr. *Homosexualité*; sp. *Homosexualidad*). Detta anche *inversione*, l'omosessualità è l'inclinazione dell'interesse sessuale verso individui appartenenti al proprio sesso. L'inquadramento nosologico dell'omosessualità e la sua rubricazione nelle deviazioni sessuali hanno suscitato numerose controversie. Dal punto di vista culturale si può dire che tutte le culture ospitano persone a comportamento omosessuale, e che ogni individuo passa attraverso una fase omosessuale fisiologica. Le teorie sull'origine dell'omosessualità rientrano in due classi generali: quella *biologica*, che impegna le sue ricerche sulla corrispondenza tra il sesso cromosomico e quello anatomico (v. GENETICA, § 2), e quella *psicologica*, che ha fornito diverse interpretazioni di cui, tra le più significative, ricordiamo:

1. L'INTERPRETAZIONE DI SIGMUND FREUD: IL COMPLESSO DI EDIPO. Freud parte dalla premessa che «un certo grado di ermafroditismo anatomico è proprio della normalità; in nessun individuo di normale formazione maschile o femminile mancano le tracce dell'apparato dell'altro sesso che o continuano a sussistere, senza avere una funzione, come organi rudimentali, oppure sono state trasformate per assumere altre funzioni. La concezione che risulta da questi fatti anatomici da lungo tempo noti è quella di una struttura originariamente bisessuale, che nel corso dell'evoluzione si è mutata fino alla monosessualità con scarsi residui del sesso atrofizzatosi» (1905, p. 457). Fatta questa premessa, Freud rifiuta di «trasferire questa concezione nel campo psichico e intendere l'inversione nelle sue sottospecie come espressione di un ermafroditismo psichico» (*ibid.*), preferendo l'interpretazione psicogenetica, così esposta in una nota del 1909 aggiunta al testo del 1905: «Finora la psicoanalisi non ha potuto chiarire completamente l'origine dell'inversione, ma ha scoperto il meccanismo psichico della sua genesi e arricchito essenzialmente la problematica relativa. In tutti i casi studiati, abbiamo constatato che le persone in seguito invertite attraversano negli anni dell'infanzia vera e propria una fase di fissazione intensa ma breve sulla donna (perlopiù la madre); dopo averla superata si identificano con la donna e assumono se stessi come oggetto sessuale, vale a dire, partendo dal narcisismo, cercano uomini giovani e simili alla loro persona che li vogliano amare come li ha amati la loro madre. Inoltre abbiamo trovato con frequenza che individui pretesi invertiti non erano affatto insensibili all'attrattiva femminile, bensì proseguendo l'eccitamento provocato dalla donna lo trasponevano su un oggetto maschile. Così ripetevano per tutta la vita il meccanismo dal quale era sorta la loro inversione. Il loro desiderio ossessivo di un uomo si rivelava condizionato dalla loro continua fuga dalla donna» (ivi, pp. 459-460).

Approfondendo queste considerazioni, Freud giunge alla conclusione che l'*omosessuale maschile* non eviterebbe il contatto con le donne, di cui anzi si circonda, ma la zona genitale femminile, vissuta, all'epoca del complesso edipico, con fantasie angosciose di CASTRAZIONE (v.), e cercherebbe il rapporto con uomini non per ragioni d'amore, ma per la sola testimonianza dell'esistenza del pene che lo difende dalla fantasia di castrazione. Alla base di questa formazione c'è per Freud l'assenza del padre, «di modo che il ragazzo fu abbandonato in balìa dell'influsso femminile. Pare quasi che la presenza di una forte personalità paterna assicuri al figlio la decisione giusta nella scelta oggettuale, ossia quella del sesso opposto. Dopo questo stadio preliminare subentra una trasformazione, il cui meccanismo ci è noto ma le cui forze motrici non afferriamo ancora. L'amore verso la madre non può prender parte al successivo sviluppo cosciente e soggiace alla rimozione. Il ragazzo rimuove l'amore verso la madre ponendo sé stesso al suo posto, identificandosi con la madre e prendendo a modello la propria persona, a somiglianza della quale sceglie i suoi nuovi oggetti d'amore. È così diventato omosessuale; in verità è di nuovo scivolato nell'autoerotismo, giacché i ragazzi che egli, adolescente, ora ama non sono che sostituti e repliche della sua stessa persona infantile, da lui amata come sua madre lo amò da bambino. Diciamo che egli trova i suoi oggetti d'amore sulla via del narcisismo, poiché la leggenda greca parla di un giovane, Narciso, cui nulla piaceva tanto quanto la propria immagine riflessa e che venne trasformato nel bel fiore che porta questo nome» (1910, p. 244).

Per quanto riguarda l'*omosessualità femminile* (v. LESBISMO), Freud ipotizza che vi si possa giungere o, come in quella maschile, per identificazione con il padre nel tentativo di superare la disillusione edipica, oppure attraverso una regressione alla fase del primo rapporto oggettuale con la madre che, per la femmina, è omosessuale. In ogni caso, precisa Freud in una nota del 1914 aggiunta al testo del 1905: «L'indagine psicoanalitica si rifiuta con grande energia di separare gli omosessuali come un gruppo di specie particolare dalle altre persone. Essa, studiando eccitamenti sessuali diversi da quelli che si manifestano, sa che tutte le persone sono capaci di scegliere un oggetto sessuale dello stesso sesso e hanno anche fatto questa scelta nell'inconscio» (1905, p. 460).

2. L'INTERPRETAZIONE DI MELANIE KLEIN: LA REGRESSIONE AL SENO MATERNO. La regressione alla fase orale, che Freud aveva adottato per spiegare l'omosessualità femminile, viene assunta dalla Klein anche per quella maschile. Ipotesi, questa, che Freud non escludeva anche se nel 1910 affermava: «Lasceremo per ora da parte la questione del nesso che eventualmente congiunge l'omosessualità con l'attività del succhiare al seno materno» (1910, p. 233). Proseguendo questa ipotesi, la Klein scrive: «Nell'analizzare bambini e adulti di sesso maschile, ho osservato un rifiuto precoce del seno materno accompagnato da forte odio, ogniqualvolta forti impulsi orali di suzione si presentavano simultaneamente ad altrettanto forti pulsioni sadico-orali. Queste intense tendenze distruttive contro il seno materno portano alla introiezione predominante di una "cattiva madre" e, all'improvviso abbandono del seno, segue una fortissima introiezione del pene paterno. Quando gli assalti al seno e al corpo della madre siano stati particolarmente forti, tanto che nell'immaginazione la madre sia stata distrutta dal pene del padre e dal proprio, il bambino avrà ancora più bisogno di un "buon pene" con il quale ripristinarla» (1932, p. 332).

3. L'INTERPRETAZIONE DI SÁNDOR FERENCZI: L'OMOEROTISMO. Secondo Ferenczi, «il termine "omoerotismo" è da preferire senz'altro a quello, generatore di equivoci, di "omosessualità", poiché, contrariamente al termine *biologico* "sessualità", mette in evidenza l'aspetto *psichico* della pulsione». Fatta questa premessa, Ferenczi distingue un omoerotismo *passivo o soggettivo* da uno *attivo o oggettivo*: «Solo l'omoerotico passivo merita il nome di "invertito", solo in lui si nota un vero e proprio rovesciamento dei caratteri psichici, e talvolta anche somatici, solo lui rappresenta un'autentica "varietà intermedia". Un uomo che nei rapporti con gli uomini si sente donna è, in relazione al proprio Io, invertito (omoerotismo in seguito a inversione del soggetto, o, più brevemente, *omoerotismo soggettivo*); egli si sente donna, e ciò non solo nel rapporto genitale, ma in tutte le circostanze della vita. Tutt'altro è il caso dell'"omosessuale attivo" vero e proprio: questi si sente uomo in tutti i sensi, e solitamente è molto energico e attivo; nessun elemento femminile, né somatico né psichico, è rilevabile in lui. Solo l'*oggetto* della sua inclinazione è scambiato, così che lo si potrebbe definire *omoerotico in seguito a scambio dell'oggetto d'amore*, o, più brevemente, *omoerotico oggettivo*» (1914, p. 101). Secondo Ferenczi, l'omoerotismo soggettivo è un'autentica «anomalia dello sviluppo», mentre l'omoerotismo oggettivo è una «nevrosi ossessiva» dovuta al fatto che «se l'eteroerotismo viene inibito o fortemente limitato, come avviene necessariamente nell'educazione della gioventù, si ha come conseguenza – dapprima in chi vi è individualmente predisposto – una regressione della coazione dall'eteroerotismo all'omoerotismo, cioè lo svilupparsi di una nevrosi ossessiva omoerotica» (ivi, p. 110).

4. L'INTERPRETAZIONE DI CARL GUSTAV JUNG: LA COMPONENTE CONTROSESSUALE. Per Jung l'omosessualità è una componente della sessualità da considerare da un punto di vista *strutturale* e da un punto di vista *psicogenetico*. Strutturalmente l'omosessualità

può essere considerata come un'identificazione con le componenti controsessuali che nel maschio sono rappresentate dalla sua ANIMA (v. § 3) e nella donna dal suo ANIMUS (v.). La personalità di un uomo identificato con l'anima assume un'inclinazione femminile che lo indurrà a cercare un partner maschile. Dal punto di vista psicogenetico l'omosessualità dipenderebbe da un complesso materno o paterno sovrasviluppato. Il tabù dell'incesto impedirebbe di portare a termine gli impulsi eterosessuali e l'omosessualità sarebbe l'unica maniera di scaricare l'energia sessuale, lasciando tutta la vitalità emotiva entro l'ambito della relazione del bambino con il genitore dello stesso sesso. Riferendosi all'omosessualità come tendenza interiore, Jung ne individua gli aspetti positivi nello «sviluppo del gusto e del senso estetico al quale un certo elemento femminino non nuoce; virtù pedagogiche rese perfette dalla capacità femminile d'immedesimazione; senso della storia conservatore nel senso migliore del termine, in quanto ha il culto dei valori del passato; senso dell'amicizia che tra le anime maschili crea legami di sorprendente tenerezza» (1938-1954, p. 87).

5. L'INTERPRETAZIONE DI GEORG GRODDECK: IL PRIMATO DELL'OMOSESSUALITÀ. Groddeck sostiene la tesi dell'universalità del desiderio omosessuale che risponderebbe alla nostra più autentica inclinazione naturale, rispetto alla quale l'eterosessualità rappresenterebbe una variante successiva e problematica: «L'essere umano ama in primo luogo se stesso, si ama con tutte le varietà della passione; la sua natura lo spinge a procurarsi ogni immaginabile forma di godimento, e quindi, poiché egli stesso è maschio o femmina, è a priori soggetto alla passione per le persone dello stesso sesso. Non può essere altrimenti; e una qualsiasi indagine serena su una qualsiasi persona ce ne darà le prove. Dunque non ha senso chiedersi se l'omosessualità costituisca un'inclinazione abnorme, una perversione. Non si tratta di questo; bisogna piuttosto chiedersi come mai sia così difficile guardare obiettivamente a questo fenomeno dell'amore per gli appartenenti al proprio sesso, giudicarlo e parlarne spassionatamente; e poi bisogna chiedersi come avvenga che, nonostante la sua predisposizione omosessuale, l'essere umano sia anche in grado di provare attrazione per il sesso opposto» (1923, pp. 287-288).

6. L'INTERPRETAZIONE SOCIOCULTURALE: LA REPRESSIONE SESSUALE. I sostenitori di questa tesi non negano le risultanze psicoanalitiche, ma l'ipotesi ad esse sottesa che descrive, come un percorso "naturale", l'evoluzione che dall'AUTOEROTISMO (v.) conduce all'ETEROSESSUALITÀ (v.) attraverso l'omosessualità. A questo proposito Mario Mieli scrive che «la maggior parte degli psicoanalisti riconosce manifestazioni sessuali già nei primissimi mesi e nei primi anni di vita ed elenca tappe evolutive di tendenze più o meno coscienti che si possono riassumere nello schema: *autoerotismo-omosessualità-eterosessualità*. Ma questa "evoluzione" non è *naturale*; essa riflette l'influenza repressiva dell'ambiente socio-familiare sul bambino, né, d'altra parte, la vita reale comporta necessariamente un "superamento dell'autoerotismo" e dello "stadio" omosessuale per l'eterosessualità esclusiva. L'ambiente in cui viviamo (in primo luogo la famiglia, cellula del tessuto sociale) è eterosessuale: in quanto tale costringe il bambino, colpevolizzandolo, a rinunciare alla soddisfazione dei propri desideri auto- e omoerotici e lo obbliga a identificarsi con un modello monosessuale di tipo eterosessuale mutilato. Ma non sempre ci riesce, evidentemente. [...] A coloro che si domandano se si nasce o si diventa omosessuali, bisogna rispondere che si nasce dotati di una disponibilità erotica amplissima, rivolta prima di tutto verso se stessi e la madre e poi via via rivolta verso "tutti" gli altri, indipendentemente dal loro sesso, e verso il mondo, e che si diventa, a causa dell'educastrazione, eterosessuali o omosessuali (rimuovendo gli impulsi omoerotici nel primo caso, rimuovendo quelli eterosessuali nel secondo)» (1977, pp. 7-8).

7. L'INTERPRETAZIONE BIOLOGICA E GENETICA. A partire dagli anni novanta sono state avanzate ipotesi secondo le quali nell'omosessualità sarebbero coinvolti fattori biologici o genetici. A sostegno della prima ipotesi si è ritenuto che una maggiore o minore concentrazione di estrogeni o di ormoni maschili durante la gravidanza sarebbe responsabile dell'orientamento sessuale, o quanto meno nel primo caso di una minor aggressività nei maschi e nel secondo caso di una maggior aggressività nelle femmine. A sostegno dell'ipotesi genetica nel 1991 Simon LeVay riferiva che le cellule di una specifica regione dell'ipotalamo anteriore erano più piccole in maschi omosessuali e nelle donne rispetto ai maschi eterosessuali, mentre nel 1993 Dean Hamer e collaboratori indicavano come in un gruppo di 40 famiglie con due fratelli omosessuali venisse condivisa una regione subtelomerica del braccio lungo del cromosoma X. Più recentemente, nel 2015 Alan Sanders e Michael Bailey del Northshore Research Institute di Chicago pubblicano un articolo in cui segnalavano che, sul genoma di 409 coppie di fratelli omosessuali, nell'area q28 del cromosoma X e nella q12 del cromosoma 8 erano state individuate due varianti, rispetto alla popolazione generale, che potevano ritenersi responsabili dell'orientamento omosessuale. I risultati a cui giungono tutti questi lavori non sono assolutamente conclusivi per stabilire se effettivamente l'omosessualità abbia o meno una

base biologica o genetica, e pertanto sono necessarie ricerche più approfondite per giungere a più probanti riscontri e conferme.

8. Denominazione delle varie forme di omosessualità. Si è soliti distinguere un'omosessualità *attiva* che si esprime nel ruolo maschile, da una *passiva* che si esprime nel ruolo femminile, e, accanto all'omosessualità *manifesta*, si riconosce un'omosessualità *latente* che non si riferisce a sentimenti omosessuali rimossi, ma ad atteggiamenti difensivi di sottomissione adottati verso uomini più forti. Questo atteggiamento è stato evidenziato anche da Konrad Lorenz in animali che assumono condotte intimidite, ingrazianti e sottomesse quando vengono attaccati da un membro della stessa specie. C'è infine un'omosessualità *situazionale* per mancanza di individui di sesso opposto, *anfigena*, che non esclude l'eterosessualità, e *sublimata*, che non si esprime in comportamenti omosessuali, ma lascia la sua traccia in opere e produzioni creative.

9. Le vicissitudini dell'omosessualità nella cultura occidentale. Il legame affettivo tra persone dello stesso sesso è sempre esistito in tutte le culture e interpretato in alcune come evento naturale, in altre come evento contro natura. Platone è il primo ad avanzare l'ipotesi che a discriminare l'omosessualità non sia la natura ma la *legge*, e perciò scrive: «Ovunque è stabilito che è riprovevole essere coinvolti in una relazione omosessuale (letteralmente: "soddisfare gli amanti, *charízesthai erastaîs*"). Ciò è dovuto a difetto dei legislatori, al dispotismo da parte dei governanti, a viltà da parte dei governati» (*Simposio*, 182 d).

Nell'antichità l'omosessualità non era un problema, perché l'attenzione non era rivolta all'atto sessuale, ma all'amore tra persone (*charízesthai herastaîs*) che poteva trascendere il sesso, perché capace di includere dimensioni culturali, spirituali ed estetiche. Questa era la ragione per cui il legislatore attico Solone considerava l'erotismo omosessuale troppo elevato per gli schiavi, ai quali, per questo, andava proibito. Lo stesso motivo ritorna nella letteratura islamica sufi dove la relazione omosessuale è assunta come metafora della relazione spirituale tra uomo e Dio. Di estetica, cultura, spiritualità, coraggio e forza gronda l'erotismo di Achille con Patroclo, di Socrate con Alcibiade, e a Roma di Adriano con Antinoo.

Tutto questo era possibile nel mondo antico perché ciò che si celebrava nell'erotismo omosessuale era l'amore che non escludeva il sesso, ma non si concentrava sul sesso e non elevava il sesso a sintomo. Come ci informa John Boswell, questa tendenza non fu interrotta nell'Alto Medioevo, per cui imputare al cristianesimo la condanna dell'omosessualità non è del tutto corretto. Un manuale per i confessori del VII secolo assegnava un anno di penitenza ad atti impuri tra maschi, 160 giorni tra donne, e ben tre anni a un prete che fosse andato a caccia. Le gerarchie ecclesiastiche fino al Concilio del 1179 non consideravano l'omosessualità un problema che meritasse una discussione. Anselmo d'Aosta, poi elevato agli altari, poteva avere relazioni amorose prima con Lanfranco, poi con una serie di suoi allievi, a uno dei quali, Gilberto, dedica un intero epistolario.

Fino al XII secolo la teologia morale trattò l'omosessualità, nel caso peggiore, alla stregua della fornicazione eterosessuale senza pronunciarsi con un'esplicita condanna. Fu prima con le crociate del XIII e XIV secolo che prese avvio un clima d'intolleranza nei confronti dei musulmani e poi, con l'Inquisizione del XVI secolo, nei confronti degli ebrei, degli eretici, delle donne quando erano ritenute streghe e degli omosessuali. Ma la condanna definitiva dell'omosessualità giunse nell'Ottocento con il nascere della medicina scientifica che, con il suo sguardo puntato esclusivamente sull'anatomia, la fisiologia e la patologia dei corpi, ha stabilito che, siccome gli organi sessuali sono deputati alla riproduzione che è possibile solo tra maschio e femmina, ogni espressione sessuale al di fuori di questo registro è patologica.

Fu così che l'omosessualità da "peccato" divenne "malattia", e alla psicoanalisi nata dalla cultura medica, dopo aver indicato nel superamento del complesso edipico il giusto "verso" dello sviluppo psichico, non rimase che rubricare l'omosessualità tra le "per-versioni". Riconobbe che l'ambivalenza sessuale, l'attività e la passività sono prerogative di ogni soggetto, ma dopo il riconoscimento non esitò a collocare l'omosessualità nel mancato sviluppo psichico. Non più un "vizio" come per la religione, ma una "devianza".

Per una corretta impostazione del problema, scrive lo psichiatra Paolo Rigliano, non è dal sesso che bisogna partire per capire qualcosa della condizione omosessuale e quindi anche di quella eterosessuale. Perché delle due l'una: o si è convinti che la dimensione sessuale sia fondante l'intero essere umano, e quindi in grado di esaurire ogni espressione e ogni legame affettivo, oppure si ritiene che ciò che lega due persone è un'attrazione che è sempre e prima di tutto intellettuale ed emotiva, cognitiva e comportamentale, e dunque solo *dopo* anche sessuale. Ne consegue che il problema dell'omosessualità va portato a quel livello in cui a tema non è la *sessualità*, ma finalmente l'*affettività*, in tutte le forme in cui la specie umana sa esprimerla. E con l'affettività la democrazia, non come semplice accoglienza e rispetto del "diverso", ma come consapevolezza che la *diversità* è il tratto costitutivo di ciascuno di noi, perché, a differenza degli animali, gli uomini non sono "genere", ma "individui" (2001, pp. 15 sgg.).

Su questo concetto insiste anche Nadia Fusini che in proposito scrive: «Di ogni esistenza, della sua singolarità, nessun nome ci svela il mistero. Perché di volta in volta di un essere che definiamo *un* uomo, *una* donna, dovremo poi dire il *come*: come è donna quella donna? E uomo quell'uomo? E troveremo che siamo tutti presi in un gioco di anamorfosi, sempre spostati, sempre obliqui, sempre almeno in parte eccentrici rispetto a quel significante, alla sua legge. Questa è la condizione della donna e dell'uomo moderni» (1995, p. 8). Se si conviene su questa impostazione non ha molto senso promuovere una psicoterapia per omosessuali, a partire da un presunto sapere psicoanalitico e psichiatrico di fine Ottocento, che rispondeva non tanto al rispetto della persona, quanto al compito di estirpare tendenze ritenute "morbose", semplicemente perché diverse dall'ordine costituito. Sottesa alla ripresa di simili pratiche terapeutiche c'è forse la difficoltà ad accettare l'altro nella sua alterità, che pertanto viene confinato, se non proprio nell'ambito della riprovazione morale, senz'altro in quello della "malattia", da cui secondo questi terapeuti, ma senza alcun fondamento scientifico, si può anche "guarire".

Bibliografia

Anselmo d'Aosta, *Epistulae*, 1, 75, in J.-P. Migne, *Patrologia latina*, in Id., *Patrologiae cursus completus*, Paris 1845-1855, t. 158.

Argentieri S., *A qualcuno piace uguale*, Einaudi, Torino 2010.

Bassi F., Galli P. F., *L'omosessualità nella psicoanalisi*, Einaudi, Torino 2000.

Boswell J., *Cristianesimo, tolleranza, omosessualità. La Chiesa e gli omosessuali dalle origini al XIV secolo* (1980), Leonardo Editore, Milano 1989.

Bottino M., Danna D., *La gaia famiglia. Che cos'è l'omogenitorialità*, Asterios Editore, Trieste 2005.

Cohen J., McWilliams D., Smith B., *Piccoli gay crescono. Per una beata educazione dell'omosessualità felice* (1994), Feltrinelli, Milano 1996.

Di Palma S. V., *Omofobia*, in M. Flores (a cura di), *Diritti umani. Cultura dei diritti e dignità della persona nell'epoca della globalizzazione*, Utet, Torino 2007, vol. I, pp. 995-996.

Downing Ch., *Amore per lo stesso sesso. Miti e misteri* (1989), Vivarium, Milano 1998.

Ferenczi S., *L'omoerotismo. Nosologia dell'omosessualità maschile* (1914), in *Opere* (1989-1992), Raffaello Cortina, Milano, vol. II.

Freud S., *Tre saggi sulla teoria sessuale* (1905), in *Opere* (1967-1993), Bollati Boringhieri, Torino, vol. IV.

–, *Un ricordo d'infanzia di Leonardo da Vinci* (1910), in *Opere*, cit., vol. VI.

Fusini N., *Uomini e donne. Una fratellanza inquieta*, Donzelli, Roma 1995.

Girard G., *Omosessualità paradigma di emancipazione?*, Ananke, Torino 2007.

Giuliano G., *Diritti dei gay e delle lesbiche*, in M. Flores (a cura di), *Diritti umani*, cit., vol. I, pp. 340-344.

Goldberg A. E., *Omogenitorialità. Famiglie con genitori gay o lesbiche. Studi e ricerche*, Erickson, Trento 2015.

Groddeck G., *Il libro dell'Es* (1923), Bompiani, Milano 1981.

Hamer D. H., Hu S., Magnuson V. L., Hu N., Pattatucci A. M., *A linkage between DNA markers on the X chromosome and male sexual orientation*, in "Science", 1993, n. 261 (5119), pp. 321-327.

Isay R. A., *Essere omosessuali. Omosessualità maschile e sviluppo psichico* (1989), Raffaello Cortina, Milano 1996.

Jung C. G., *Gli aspetti psicologici dell'archetipo della madre* (1938-1954), in *Opere* (1969-2007), Bollati Boringhieri, Torino, vol. IX, 1.

Klein M., *La psicoanalisi dei bambini* (1932), Martinelli, Firenze 1969.

Le Bitoux J., *Sulla questione gay* (2005), il Saggiatore, Milano 2009.

LeVay S., *A difference in hypothalamic structure between heterosexual and homosexual men*, in "Science", 1991, n. 253 (5023), pp. 1034-1037.

–, *Gay si nasce? Le origini dell'orientamento sessuale*, Raffaello Cortina, Milano 2015.

Lingiardi V., *Compagni d'amore. Da Ganimede a Batman. Identità e mito nelle omosessualità maschili*, Raffaello Cortina, Milano 1997.

–, *Citizen gay. Famiglie, diritti negati e salute mentale*, il Saggiatore, Milano 2007.

Lorenz K., *L'aggressività. Edizione ampliata de "Il cosiddetto male"* (1963), il Saggiatore, Milano 1976.

Lupo P., *Lo specchio incrinato. Storia e immagine dell'omosessualità femminile*, Marsilio, Venezia 1998.

Masters W. H., Johnson V. E., *Omosessualità. Una nuova prospettiva* (1979), Feltrinelli, Milano 1980.

Mieli M., *Elementi di critica omosessuale*, Einaudi, Torino 1977.

Pietrantoni L., Prati G., *Gay e lesbiche*, il Mulino, Bologna 2011.

Platone, *Simposio*, in *Opere*, Laterza, Bari 1973.

Rigliano P., *Amori senza scandalo. Cosa vuol dire essere lesbica e gay*, Feltrinelli, Milano 2001.

Rigliano P., Ciliberto J., Ferrari F., *Curare i gay? Oltre l'ideologia riparativa dell'omosessualità*, Raffaello Cortina, Milano 2012.

Rigliano P., Graglia M. (a cura di), *Gay e lesbiche in psicoterapia*, Raffaello Cortina, Milano 2006.

Robb G., *L'amore e la cultura omosessuale nell'Ottocento* (2003), Carocci, Roma 2005.

Sanders A. *et al.*, *Genome-wide scan demonstrates significant linkage for male sexual orientation*, in "Psychological Medicine", 2015, vol. 45, pp. 1379-1388.

Tóibín C., *Amore in un tempo oscuro. Vite di gay da Wilde ad Almodóvar* (2001), Fazi Editore, Roma 2003.

Welzer-Lang D., *Maschi e altri maschi. Gli uomini e la sessualità* (2004), Einaudi, Torino 2006.

Omozigote, v. ALLELE; GENETICA, § 4.

Onanismo, v. MASTURBAZIONE.

Oneirofrenia (ingl. *Oneirophrenia*; ted. *Oneirophrenie*; fr. *Oneirophrénie*; sp. *Oneirofrenia*). Sindrome caratterizzata da disturbi percettivi che inducono uno stato di isolamento sognante accompagnato da allucinazioni spesso terrificanti e da reazioni emotive intense. Secondo alcuni, alla base di questa sindrome ci sarebbe un'iperattività dell'ipofisi con conseguente alterazione del ricambio glucidico; secondo altri, invece, l'oneirofrenia sarebbe l'inizio di un processo psicotico che, quando non si risolve con una completa remissione dei sintomi, evolverebbe in un processo schizofrenico o in uno distimico a sfondo maniacale.

Onestà (ingl. *Honesty*; ted. *Ehrlichkeit*; fr. *Honnêteté*; sp. *Honestidad*). Condotta improntata a integrità morale, sincerità, rispetto del prossimo e della proprietà altrui. Hubert E. Brogden ha messo a punto un test in grado di misurare il "fattore di onestà" in base all'insincerità, alle bugie e alle esagerazioni accertate dallo sperimentatore.

Bibliografia

Brogden H. E., *A factor analysis of forty character tests*, in "Psychology Monography", 1940, n. 2.
Rigotti F., *L'onore degli onesti*, Feltrinelli, Milano 1998.
–, *Onestà*, Raffaello Cortina, Milano 2014.

Onicofagia (ingl. *Onychophagy*; ted. *Onychophagie*; fr. *Onychophagie*; sp. *Onicofagia*). Impulso a mangiarsi le unghie. Frequente nei bambini, ma riscontrabile anche nell'adulto, l'onicofagia è una via per scaricare ansia con sotteso un simbolismo aggressivo o autodistruttivo, non disgiunto da un aspetto rituale che, paradossalmente, svolge una funzione rassicurante.

Oniomania (ingl. *Oniomania*; ted. *Oniomanie*; fr. *Oniomanie*; sp. *Oniomanía*). Impulso irresistibile a comprare senza una reale necessità. È frequente come forma compensatoria a stati depressivi.

Onirico, Lavoro, v. SOGNO, § II, 2.

Onirismo (ingl. *Oneirism*; ted. *Onirismus*; fr. *Onirisme*; sp. *Onirismo*). Alterazione della coscienza non per suo restringimento come nello stato crepuscolare (v. COSCIENZA, § 3, *b*), ma per la presenza di una vivace produzione fantastica e a volte delirante accompagnata da alterazioni psicosensoriali che si mescolano all'esperienza della realtà. Si è soliti distinguere uno *stato oniroide*, dove il soggetto mantiene una discreta capacità di orientarsi nello spazio e nel tempo, ad eccezione degli elementi elaborati dalle sue credenze fantastiche, e uno *stato onirico*, che si manifesta clinicamente nello stesso modo, ma con l'aggravante che è venuta meno ogni distinzione tra realtà e fantasia. Tra le cause più frequenti possono essere citati gli agenti patogeni del sistema nervoso centrale (encefalite virale, meningite, sifilide), le intossicazioni esogene come l'alcol o le droghe, l'insufficienza vascolare cerebrale, i tumori e i traumatismi cranici.

Onirologia (ingl. *Oneirology*; ted. *Traumforschung*; fr. *Onirologie*; sp. *Onirología*). Studio e interpretazione dei sogni (v. SOGNO, §§ II-V) con gli strumenti approntati dalle diverse teorie psicologiche e in particolare dalla psicoanalisi che Sigmund Freud ha inaugurato, emancipando il materiale onirico dall'*oniromanzia*, largamente praticata nell'antichità e ancora diffusa nella credenza popolare, che legge i sogni in termini di presagio o divinazione.

Bibliografia

Alexandrian S., *Storia della filosofia occulta* (1983), Mondadori, Milano 1984.
Freud S., *L'interpretazione dei sogni* (1899), in *Opere* (1967-1993), Bollati Boringhieri, Torino, vol. III.

Oniromanzia, v. ONIROLOGIA.

Onnipotenza (ingl. *Omnipotence*; ted. *Allmacht*; fr. *Omnipotence*; sp. *Omnipotencia*). Termine desunto dal linguaggio teologico, dove designa l'illimitata potenza di Dio, e adottato dalla psicoanalisi per descrivere il sentimento che caratterizza la prima infanzia in cui il bambino crede di poter controllare con il suo desiderio l'intera realtà. Tale sentimento si riduce con le successive esperienze di frustrazione che accompagnano la progressiva separazione dell'Io dal mondo esterno, che resiste alla soddisfazione immediata del desiderio. Particolare attenzione è stata riservata all'*onnipotenza del pensiero*, comune tanto al mondo dei bambini quanto a quello dei primitivi e dei nevrotici ossessivi che, con rituali di tipo magico, tentano di controllare il mondo circostante o la parte alienata di sé.

Bibliografia

Freud S., *Osservazioni su un caso di nevrosi ossessiva (Caso clinico dell'uomo dei topi)* (1909), in *Opere* (1967-1993), Bollati Boringhieri, Torino, vol. VI.
–, *Totem e tabù. Alcune concordanze nella vita psichica dei selvaggi e dei nevrotici* (1912-1913), in *Opere*, cit., vol. VII.

Onomatomania (ingl. *Onomatomania*; ted. *Onomatomanie*; fr. *Onomatomanie*; sp. *Onomatomanía*). Sindrome ossessiva caratterizzata dalla fissazione su certe parole o frasi particolari che il soggetto è irresistibilmente portato a ripetere in maniera incessante o perché vi attribuisce un valore magico, funesto o benefico, che sarebbe pericoloso dimenticare, o perché, come in alcune forme schizofreniche, il vocabolo è sentito come un corpo estraneo invasore che si vorrebbe espellere dal contesto della propria esperienza.

Onomatopea (ingl. *Onomatopoeia*; ted. *Onomatopoesie*; fr. *Onomatopée*; sp. *Onomatopeya*). Unità lessicale creata a imitazione di un suono ed evocante l'oggetto o l'azione corrispondente. Secondo Eugen Bleuler l'onomatopea è alla base di molti neologismi (v. NEOLOGISMO) coniati dagli schizofrenici.

Bibliografia

Bleuler E., *Trattato di psichiatria* (1911-1939, aggiornato da M. Bleuler dal 1940 al 1960), Feltrinelli, Milano 1967.

Onore (ingl. *Honour*; ted. *Ehre*; fr. *Honneur*; sp. *Honor*). Senso della propria dignità e rispettabilità sul piano sociale. Di grande importanza fin dall'antichità, l'onore era considerato dall'etica greca uno dei beni fondamentali della vita sociale e definito da Aristotele «il premio della virtù e del ben fare» (*Etica*, VIII, 14, 1163 b, 3). Da un punto di vista soggettivo implica una condotta ispirata ad onestà e integrità morale, suscettibile tuttavia di decadere in amor proprio o in forme di rigidità di condotta.

Ontoanalisi, v. ANALISI ESISTENZIALE.

Ontogenesi, v. FILOGENESI – ONTOGENESI.

Ontogenetica, Sequenza (ingl. *Ontogenetic sequence*; ted. *Ontogenetische Sequenz*; fr. *Séquence ontogénétique*; sp. *Secuencia ontogenética*). Modello di sviluppo psicosessuale che Sigmund Freud ipotizza in analogia allo sviluppo epigenetico descritto in embriologia, dove si parla di "periodo critico" a cui va soggetto ogni organo nelle sue fasi di rapida crescita, durante le quali qualsiasi disturbo può risultare definitivamente compromissorio per l'organo e quindi per l'organismo intero. Freud indica come periodi critici le fasi ORALE (v. § 2), ANALE (v. § 2), FALLICA (v.), di LATENZA (v.) e GENITALE (v. § 2), dove una crisi può determinare fenomeni di FISSAZIONE (v.) o di REGRESSIONE (v.) che risultano decisivi nello sviluppo successivo dell'individuo.

Bibliografia

Freud S., *Tre saggi sulla teoria sessuale* (1905), in *Opere* (1967-1993), Bollati Boringhieri, Torino, vol. IV.

Ontologica, Insicurezza, v. SICUREZZA.

Operazionalismo, v. OPERAZIONISMO.

Operazione (ingl. *Operation*; ted. *Operation*; fr. *Opération*; sp. *Operación*). In psicologia questo termine, mediato dalla matematica, è utilizzato in riferimento all'attività mentale, a proposito della quale si distinguono, dopo le operazioni protomentali, quelle concrete e quelle formali a seconda che, come vuole la teoria di Jean Piaget, la trasformazione reversibile di una struttura in un'altra avvenga per modificazione del contenuto o della forma.

1. *Operazioni protomentali* sono le modalità con cui le informazioni costituite dalle afferenze neurologiche possono essere organizzate in modo da acquisire un significato riconoscibile. I primi significati organizzati nella mente neonatale sono dati da quei significati interni primitivi che la psicoanalisi chiama "oggetti interni" (v. OGGETTO, § 1) e che corrispondono a quegli elementi dinamico-affettivi che sono alla base dei successivi processi simbolo-poietici tramite cui avvengono le decodificazioni dei messaggi genitoriali e le interazioni con l'ambiente.

2. *Operazioni concrete* sono azioni che, componendo motricità, percezione e intuizione, approdano a quell'attività di seriazione che raggruppa individui, unità numeriche, lunghezze, larghezze e pesi.

3. *Operazioni formali* nascono quando l'attività mentale si emancipa dalla concretezza e instaura relazioni sul piano astratto che prescindono dai contenuti di volta in volta relati. A questo proposito Piaget scrive che «il pensiero formale matura durante l'adolescenza. Diversamente dal fanciullo, l'adolescente spinge le sue riflessioni al di là dell'immediato presente ed elabora delle teorie su tutte le cose provando un compiacimento particolare nel perdersi in considerazioni inattuali. [...] In questa fase il pensiero non trova più la sua certezza solo sull'accordo delle conclusioni con l'esperienza, ma piuttosto in una sorta di necessità intrinseca al ragionamento stesso (*vis formae*)» (1947, p. 177; v. COGNIZIONE, § 2).

Bibliografia

Piaget J., *Psicologia dell'intelligenza* (1947), Editrice Universitaria, Firenze 1964.

Operazionismo (ingl. *Operationism*; ted. *Operationismus*; fr. *Opérationnisme*; sp. *Operacionismo*). L'operazionismo, detto anche *operazionalismo*, è una teoria sulla definizione dei concetti formulata dal fisico Percy Williams Bridgman secondo la quale il significato di un concetto è dato dall'insieme delle operazioni e dei processi che indica. Vanno quindi banditi tutti quei concetti metafisici, assoluti o troppo vaghi per i quali non esiste alcun metodo di verifica. Applicato in sociologia o in psicologia, questo criterio consente di eliminare le definizioni astratte, sostituendole con i processi effettivi che si compiono per individuare un significato. Un esempio in proposito è offerto da Burrhus Frederich Skinner per il quale «il positivismo logico od operazionismo sostiene che poiché non vi sono due osservatori che si trovino d'accordo su ciò che accade nel mondo della mente, di conseguenza, dal punto di vista della scienza fisica, gli eventi mentali sono inosservabili; non può esservi verità per accordo e noi dobbiamo abbandonare l'esame degli eventi mentali per volgerci invece a come sono studiati. Non possiamo misurare sensazioni e percezioni come tali, però possiamo misurare la capacità dell'individuo a discriminare tra gli stimoli e allora il *concetto* di sensazione o percezione può essere ridotto all'*operazione* di discriminazione» (1945, p. 74). L'operazionismo ha esercitato una particolare influenza sul COMPORTAMENTISMO (v.) e sul FISICALISMO (v.).

Bibliografia

Bridgman P. W., *La logica della fisica moderna* (1927), Bollati Boringhieri, Torino 1965.

–, *La critica operazionale nella scienza* (1934-1959), Bollati Boringhieri, Torino 1969.

Curi U., *L'analisi operazionale in psicologia*, in Id. (a cura di), *L'analisi operazionale della psicologia*, Franco Angeli, Milano 1973.

Skinner B. F., *L'analisi operazionale dei termini psicologici* (1945), in U. Curi (a cura di), *L'analisi operazionale della psicologia*, cit.

–, *Scienza e comportamento* (1953), Franco Angeli, Milano 1971.

Opinione (ingl. *Opinion*; ted. *Meinung*; fr. *Opinion*; sp. *Opinión*). Conoscenza o credenza che non include alcuna garanzia di verità. In filosofia, da Parmenide a Edmund Husserl, ci si è sempre premurati di distinguere l'opinione (δόξα) dalla scienza (ἐπιστήμη); assumendo come discriminante il criterio di validazione e fissandolo di volta in volta in termini sempre più rigorosi. Le opinioni sono attendibili ma apoditticamente incontrollabili, neanche i limiti tra la certezza psicologica e la certezza oggettiva sono tracciabili. Leon Festinger, nel suo studio sulla formazione delle opinioni individuali, sottolinea l'importanza del gruppo di appartenenza con cui ci si confronta per costruire le proprie opinioni o per ridurne la divergenza mutando la propria posizione, cambiando la posizione degli altri o restringendo lo spazio di confronto, o "campo", per non assistere a un eccesso di DISSONANZA COGNITIVA (v.).

Un capitolo importante della psicologia sociale è lo studio dell'*opinione pubblica* per stabilire se sia spontanea o provocata, emergente nei gruppi primari o secondari, discendente da strutture personali profonde, dall'affettività, dalla specificità dell'universo vissuto, da processi di razionalizzazione o altro. Le scale di Louis Leon Thurstone (v. ATTITUDINE, § 4; INTELLIGENZA, §§ 2, *a*; 3, *f*), di Rensis Likert (v. QUESTIONARIO), di Emory Stephen Bogardus (v. BOGARDUS, SCALA DI) e altri tentano di misurare e di determinare quella predisposizione all'opinione che starebbe tra l'innato e l'acquisito, tra il cosciente e l'incosciente, tra l'individuo e la società, parametri a partire dai quali è possibile definire il contenuto dell'opinione, il grado di adesione che essa suscita e le risposte che è capace di stimolare e di provocare.

Per lo studio delle opinioni i principali strumenti utilizzati sono le inchieste e i sondaggi. Viene chiamata *inchiesta* l'insieme delle tecniche che permettono di interrogare con colloqui diretti o con questionari standardizzati una o più persone sull'argomento oggetto dell'inchiesta, mentre, quando gli interrogatori sono effettuati secondo un piano preciso, ordinato nella forma del QUESTIONARIO (v.), allora si parla più correttamente di *sondaggio*.

Le tecniche utilizzate per la raccolta di opinioni sono precedute da una *decisione* riguardo a ciò su cui bisogna interrogare l'opinione pubblica, su chi interrogare e su come. Questa decisione è sempre presa in funzione di una questione pratica da risolvere o da conoscere meglio. I sondaggi psicosociologici sono in generale dei sondaggi empirici sprovvisti di un'armatura teorica. Anche se il criterio della rappresentatività esige che si possano verificare le informazioni ottenute, nei sondaggi sociali questa verifica, che è possibile quando il campione è retto dalla teoria aleatoria, nei fatti è impraticabile, perché non si è in grado di sostituire un elemento nella struttura di un campione, così come è difficile procedere a permutazioni o a interscambi senza modificare i rapporti tra le parti e l'insieme.

Il limite di tutti i sondaggi d'opinione consiste nel fatto che si opera una reificazione dell'intervistato estratto dal suo vissuto esperienziale. In proposito Giovanni Busino scrive: «Il modello di riferimento del ricercatore è un individuo astratto (l'operaio, lo studente, il poliziotto, il terrorista) avulso dalle sue relazioni sociali, sottratto ai suoi desideri, alle sue influenze, alle sue costrizioni, ai suoi controlli, in breve alla sua vita quotidiana fatta sovente di piccole cose e raramente delle cose che interessano i ricercatori, i sindacati, i partiti, la chiesa, gli intellettuali o i governanti. Le interviste per un sondaggio non prendono mai in considerazione la particolarità della vita quotidiana degli intervistati: i dati raccolti fanno sempre astrazione dai contenuti della quotidianità che li fanno nascere e che sovente non arrivano a trovare espressioni adeguate» (1980, p. 14).

Per ridurre l'arbitrarietà dei sondaggi si introducono i seguenti correttivi analitici: l'analisi *fattoriale*, che raggruppa le domande per trovare una rappresentazione d'insieme di risposte assai disperse e il grado di fedeltà della rappresentazione ottenuta; l'analisi *discriminante*, che divide la popolazione in gruppi per trovare le variabili che meglio li caratterizzano; l'analisi *canonica*, che collega due insiemi di variabili misurate sulla stessa popolazione; l'analisi di *segmentazione*, che spiega una variabile con l'altra stabilendo un ordine gerarchico decrescente tra le dimensioni e le loro associazioni successive, a seconda della grandezza delle differenze che comportano per la frequenza di una caratteristica.

A proposito della libertà d'opinione, Serge Moscovici scrive: «Malgrado le enormi pressioni che vengono esercitate perché si raggiunga un'uniformità di pensiero, di gusto e di comportamento, non solo gli individui e i gruppi sono in grado di resistervi, ma giungono per di più a creare nuovi modi di comprendere il mondo, di vestirsi e di vivere, nuove idee politiche, filosofiche e artistiche, e a convincere altri ad accettarle. La lotta tra le forze del conformismo e quelle dell'innovazione non perde mai il suo fascino e resta decisiva per le une come per le altre» (1976, p. 10).

Bibliografia

Alexandre V., *Les échelles d'attitude*, Delarge, Paris 1971.
Allport F. H., *Toward a science opinion*, in "Public Opinion Quarterly", 1937, n. I, 1, pp. 7-23.
Bogardus E. S., *Social distance and its origins*, in "Sociology and Social Research", 1925, n. 9, pp. 216-225.
Boursin J.-L., *Sondage, indices, statistiques. La forme scientifique du mensonge?*, Tchou, Paris 1978.
Busino G., *Opinione*, in AA.VV., *Enciclopedia*, Einaudi, Torino 1980, vol. X, pp. 3-21.
Cavazza N., *Psicologia degli atteggiamenti e delle opinioni*, il Mulino, Bologna 2005.
Childs H. L., *Public opinion, nature, formation and role*, Van Nostrand, Princeton, New Jersey, 1965.
Cristante S. (a cura di), *L'onda anonima. Scritti sull'opinione pubblica*, Meltemi, Roma 2004.
Festinger L., *A theory of social comparison process*, in "Human Relations", 1954, n. 7, pp. 117-140.
Habermas J., *Storia e critica dell'opinione pubblica* (1962), Laterza, Bari 1984.
Lazarsfeld P. F., *La tradizione empirica e la tradizione classica* (1957), in Id., *Metodologia e ricerca sociologica*, il Mulino, Bologna 1967, pp. 891-913.
Likert R., *A technique for the measurement of attitudes*, in "Archives of Psychology", 1932, n. 140, pp. 44-53.
Lippmann W., *L'opinione pubblica* (1922), Donzelli, Roma 2004.
Moscovici S., *Psicologia delle minoranze attive* (1976), Bollati Boringhieri, Torino 1981.
Osgood Ch. E., Suci G. J., Tannenbaum P. H., *The measurement of meaning*, University of Illinois Press, Urbana, Illinois, 1957.
Price V., *L'opinione pubblica* (1992), il Mulino, Bologna 2004.
Sauvy A., *L'opinion publique*, Puf, Paris 1977.
Smith M. B., Bruner J. S., White R. W., *Opinions and personality*, Wiley, New York 1956.
Stoetzel J., *Psicologia sociale* (1963), Armando, Roma 1969.
Thurstone L. L., *Attitudes can be measured*, in "American Journal of Sociology", 1928, n. 33, pp. 529-554.
Trentini G. (a cura di), *Manuale del colloquio e dell'intervista* (1980), Utet, Torino 1995.

Oppio, v. DROGA, § 1.

Opportunismo (ingl. *Opportunism*; ted. *Opportunismus*; fr. *Opportunisme*; sp. *Oportunismo*). Atteggiamento di chi, mirando unicamente al proprio tornaconto, è disposto a rinunciare ai propri principi e alle proprie idee per aderire, in base alle circostanze, a quelle degli altri, accettando compromessi più o meno onorevoli. Sovente è indice di insicurezza e debolezza interiore unite a un sostanziale scetticismo verso la possibilità di affermare con successo convinzioni personali.

Opposizione (ingl. *Opposition*; ted. *Gegensatz*; fr. *Opposition*; sp. *Oposición*). Termine impiegato in psicopedagogia per tutti quegli atteggiamenti che esprimono rifiuto a quanto viene consigliato, richiesto o raccomandato. Tali sono la passività, la disubbidienza, il rifiuto dell'alimentazione, l'indisciplina, la rivolta fino all'adozione di comportamenti antisociali. Tali condotte rappresentano spesso una reazione a un eccesso di autorità o rivelano alla base carenze affettive. La forma patologica dell'opposizione è il NEGATIVISMO (v.).

Opposti (ingl. *Opposites*; ted. *Gegensätze*; fr. *Opposés*; sp. *Opuestos*). Termini antitetici, quanto al loro significato, legati da una relazione che può essere *dialettica* quando mette capo a una sintesi, o *polare* quando mantiene uno stato di tensione che è alla base di ogni dinamismo psichico.

1. PSICOANALISI. Sigmund Freud impiega il termine in due accezioni:

a) Capovolgimento o conversione nell'opposto in riferimento alla trasformazione di una pulsione nel suo contrario. Secondo Freud, «la *trasformazione nel contrario* si risolve, a ben vedere, in due processi di diversa natura: il *cangiamento dall'attività alla passività*, e la *inversione di contenuto*. I due processi vanno trattati separatamente poiché sono diversi nella loro essenza. Esempi del primo processo sono forniti dalle coppie antitetiche sadismo-masochismo e piacere di guardare-esibizionismo; la trasformazione nel contrario riguarda soltanto le mete delle pulsioni: al posto della meta attiva (martoriare, contemplare) viene instaurata quella passiva (essere martoriato, essere contemplato). L'inversione di contenuto (secondo processo) si riscontra solo nel caso del mutamento dell'amore in odio» (1915, p. 22). Per spiegare questo fenomeno Freud introduce il concetto di *riflessione*, nel senso che la meta pulsionale è il soggetto stesso della pulsione: «Una pulsione che abbandona l'oggetto per indirizzarsi sull'Io non è affatto diversa, in linea di principio, da una pulsione che compie il movimento inverso dall'Io all'oggetto» (1920, p. 240). La riflessione, che spiega la conversione nell'opposto, obbliga Freud a modificare la concezione del MASOCHISMO (v.) e di tutte quelle forme in cui si assiste alla correlazione ATTIVITÀ – PASSIVITÀ (v.), perché «il masochismo, e cioè la pulsione parziale complementare al sadismo, può essere inteso come un sadismo che è tornato a rivolgersi contro l'Io del soggetto» (*ibid.*). La conversione nell'opposto è un fenomeno frequente anche nel sogno: «L'opposizione tra due pensieri, il rapporto d'*inversione*, trova nel sogno una raffigurazione molto interessante. Essa viene rappresentata in questo modo: un altro brano del contenuto onirico viene rovesciato per così dire *a posteriori* nel suo contrario» (1900, p. 29). Sul tema della conversione nell'opposto tornerà anche Anna Freud la quale scorge in questo fenomeno uno dei meccanismi di difesa più primitivi, come ad esempio l'identificazione con l'aggressore, che a suo parere è alla base delle formazioni reattive (v. FORMAZIONE REATTIVA).

b) Coppia o polarità di opposti. Secondo Freud, «la vita psichica è dominata in generale da tre *polarità*, e cioè dalle antitesi: Soggetto (Io)-oggetto (mondo esterno), Piacere-dispiacere, Attivo-passivo. L'antitesi soggetto-oggetto si impone precocemente al singolo essere vivente, il quale apprende che mentre può ridurre al silenzio gli stimoli esterni mediante l'azione muscolare, è invece privo di difesa nei confronti degli stimoli pulsionali. [...] La polarità piacere-dispiacere è legata a una serie di sensazioni di cui abbiamo già sottolineato l'importanza per la determinazione delle nostre azioni (ossia della nostra volontà)» (1915, p. 29). L'importanza di questa polarità si rivela nel mantenere costante o più bassa possibile la quantità di eccitamento nell'apparato psichico (v. COSTANZA, § 2), donde la tendenza a procurarsi piacere come riduzione di tensione e a evitare il dispiacere dovuto ad un aumento di essa. «L'antitesi attivo-passivo – prosegue Freud – non va scambiata con quella Io-soggetto realtà esterna-oggetto. L'Io si comporta passivamente rispetto al mondo esterno fintantoché ne accoglie gli stimoli, attivamente quando reagisce ad essi. [...] L'antitesi attivo-passivo viene in seguito a confondersi con quella maschile-femminile, la quale, preliminarmente, non ha alcuna importanza psicologica» (*ibid.*). Fatte queste premesse, Freud conclude: «I moti pulsionali sono soggetti all'influsso delle tre grandi polarità che dominano la vita psichica. Di queste, la polarità "attività-passività" potrebbe esser indicata come polarità *biologica*, quella "Io-mondo esterno" come polarità *reale*, e infine quella "piacere-dispiacere" come polarità *economica*» (ivi, p. 35).

2. PSICOLOGIA ANALITICA. Carl Gustav Jung prende in considerazione gli opposti a partire dal principio che la vita psichica è un sistema autoregolantesi (v. COMPENSAZIONE, § 3) che non può raggiungere l'equilibrio se non attraverso una contemperanza dei contrari che possono esprimersi: o nella forma dell'"enantiodromia" o in quella della *coniunctio oppositorum*:

a) La legge dell'enantiodromia. Con questo termine, mutuato da Eraclito, Jung intende la "corsa nell'opposto" che si verifica ogni volta che si assiste a un'unilateralità dell'atteggiamento della coscienza nella polarità conscio-inconscio: «Questo fenomeno caratteristico – scrive Jung – si verifica quasi universalmente là dove una direttiva completamente unilaterale domina la vita cosciente, così che col tempo si forma una contrapposizione inconscia altrettanto forte, che dapprima si manifesta con un'inibizione delle prestazioni della coscienza e in seguito con un'interruzione dell'indirizzo cosciente» (1921, pp. 437-438). Secondo Jung, «alla legge crudele dell'enantiodromia sfugge soltanto chi sa differenziarsi dall'inconscio, non già rimuovendolo perché altrimenti l'inconscio lo afferra semplicemente alle spalle, bensì ponendoselo chiaramente innanzi come qualcosa di diverso da sé» (1917-1943, p. 74).

b) La coniunctio oppositorum è un'espressione che Jung ricava dalla letteratura alchemica e impiega come metafora per indicare quell'operazione della psiche che tende non ad annullare il contrasto ma a superarlo, operando una sintesi resa possibile dall'azione simbolica che, conformemente all'etimologia greca di συμ-βάλλειν, che significa "mettere assieme", "com-porre" (v. SIMBOLO, § 6), realizza un'unità superiore attraverso l'unione delle opposte polarità che possono essere tanto le polarità presenti nella psiche di ogni individuo, come razionalità e pulsionalità, maschile e femminile, pensiero ed eros, conscio e inconscio, quanto la polarità dei due termini della relazione terapeutica: paziente e analista. «L'uomo senza relazioni – scrive infatti Jung – non possiede totalità, perché la totalità è sempre raggiungibile solo attraverso l'anima, la quale dal canto suo non può esistere senza la sua controparte, che si trova sempre nel Tu. La totalità consiste nella combinazione di Io e Tu, che appaiono come parti di un'unità trascendente, la cui essenza non può essere afferrata che simbolicamente, per esempio mediante il simbolo del *rotundum*, della rosa, della ruota o della *coniunctio Solis et Lunae*» (1946, p. 250). Poiché la *coniunctio* che si verifica all'interno dell'individuo costituisce l'incontro di due processi psichici opposti, quando avviene determina la morte della precedente identità, a cui segue la rinascita del nuovo individuo, corrispondente al *Lapis* degli alchimisti, simboleggiato, nei testi alchemici come nei sogni, dalla figura dell'ermafrodito (v. ERMAFRODITISMO, § 1) del fanciullo divino. La rinascita consiste, secondo Jung, nell'emergere di una nuova configurazione del Sé, ossia di un nuovo centro della personalità che trascende l'Io, e in cui sono compresenti, in un equilibrio dinamico, processi psichici considerati fino a quel momento opposti e inconciliabili (v. PSICOLOGIA ANALITICA, § 4).

3. PSICOLOGIA DEL CARATTERE. Con Albert Wellek, la relazione tra gli opposti è assunta come principio esplicativo della struttura caratteriale, dove però gli opposti sono considerati non nella loro sintesi dialettica, ma nella tensione della loro polarità che ne assicura la dinamica di cui la configurazione caratteriale è di volta in volta l'espressione.

Bibliografia

Eliade M., *Mefistofele e l'androgine* (1962), Edizioni Mediterranee, Roma 1971.

Freud A., *L'Io e i meccanismi di difesa* (1936), in *Opere* (1978-1979), Bollati Boringhieri, Torino, vol. I.

Freud S., *Il sogno* (1900), in *Opere* (1967-1993), Bollati Boringhieri, Torino, vol. IV.

–, *Tre saggi sulla teoria sessuale* (1905), in *Opere*, cit., vol. IV.

–, *Pulsioni e loro destini*, in *Metapsicologia* (1915), in *Opere*, cit., vol. VIII.

–, *Al di là del principio di piacere* (1920), in *Opere*, cit., vol. IX.

–, *L'Io e l'Es* (1922), in *Opere*, cit., vol. IX.

Jung C. G., *Psicologia dell'inconscio* (1917-1943), in *Opere* (1969-2007), Bollati Boringhieri, Torino, vol. VII.

–, *Tipi psicologici* (1921), in *Opere*, cit., vol. VI.

–, *Studi sull'alchimia* (1929-1957), in *Opere*, cit., vol. XIII.

–, *Gli archetipi dell'inconscio collettivo* (1934-1954), in *Opere*, cit., vol. IX, 1.

–, *La psicologia della traslazione illustrata con l'ausilio di una serie di immagini alchemiche* (1946), in *Opere*, cit., vol. XVI.

–, *Mysterium coniunctionis* (1955-1956), in *Opere*, cit., vol. XIV, 1-2.

Wellek A., *Die Polarität im Aufbau des Charakters*, Francke, Bern 1950.

Orale (ingl. *Oral*; ted. *Oral*; fr. *Oral*; sp. *Oral*). Aggettivo impiegato in ambito psicoanalitico con riferimento a una zona del corpo, a una fase dello sviluppo dell'organizzazione libidica, a una forma di erotismo, a un carattere tipologico e a uno spazio primitivo.

1. ZONA ORALE. Regione anatomica che corrisponde alla bocca e alle parti circonvicine o ad essa connesse.

2. FASE ORALE. Secondo Sigmund Freud è la prima organizzazione pre-genitale della libido che si forma nei primissimi mesi di vita del bambino e dura approssimativamente fino al secondo anno d'età. Questa fase è caratterizzata da una parte dall'attività della *suzione*, fonte di piacere, e dall'altra dall'*introiezione*, cioè dall'impossessamento dell'oggetto attraverso l'introduzione orale (v. INCORPORAZIONE). Incorporando gli oggetti il bambino si unisce ad essi, e con essi si identifica. La comunione magica di "diventare la stessa sostanza" è operata dall'atto del mangiare. Per questa ragione la fase orale è chiamata da Freud anche *cannibalica* (v. CANNIBALISMO). Karl Abraham distingue due stadi nella fase orale: il primo, di tendenza recettivo-passiva, anteriore all'eruzione dei denti, nel quale non vi è alcun oggetto, ma solo il piacere di succhiare; il secondo, posteriore alla dentizione, che si esprime mordendo gli oggetti e costellando elementi di aggressività o sadismo orale.

3. EROTISMO ORALE. L'elemento principale dell'erotismo orale è costituito dalla *suzione*, a proposito della quale Freud scrive: «La suzione o il ciucciare, che si presenta già nel poppante e viene proseguita fin negli anni della maturità o può mantenersi per tutta la vita, consiste in un contatto di succhiamento ritmicamente ripetuto con la bocca (le labbra), nel quale lo scopo dell'assunzione di cibo è escluso. Una parte delle labbra, la lingua, un qualsiasi altro raggiungibile punto della pelle persino l'alluce vengono presi per oggetto sul quale si esegue il succhiamento. [...] Il succhiare con delizia è collegato a un completo assorbimento dell'attenzione, e produce o l'assopimento o anche una reazione motoria, una specie di orgasmo. Non di rado il succhiare con delizia si combina a un contatto di sfregamento di certe parti sensibili del corpo, il petto, i genitali esterni. Su questa via, molti bambini giungono dalla suzione alla masturbazione. [...] Il carattere più clamoroso e da sottolineare in questa attività sessuale è che la pulsione non si dirige verso altre persone, ma si soddisfa sul proprio corpo, è "autoerotica". [...] Da principio, il soddisfacimento della zona erogena era associato al soddisfacimento del bisogno di nutrizione. L'attività sessuale si appoggia in primo luogo a una delle funzioni che servono alla

conservazione della vita, e solo in seguito se ne rende indipendente. Chi veda un bambino abbandonare il petto della madre, ne veda le guance arrossate e come egli piombi nel sonno con un sorriso beato, dovrà dire che questa immagine rimane esemplare per l'espressione del soddisfacimento sessuale nel seguito della vita. Ora, il bisogno di ripetere il soddisfacimento sessuale viene diviso dal bisogno dell'assunzione di cibo; questa scissione è inevitabile quando spuntano i denti e il nutrimento non viene più esclusivamente succhiato ma masticato. Il bambino per succhiare non si serve di un oggetto estraneo, bensì piuttosto di un punto della propria pelle, perché questo è per lui più comodo, perché ciò lo rende indipendente dal mondo esterno che egli non è ancora capace di dominare, e perché in tal modo si crea, per così dire, una seconda zona erogena, sebbene di minor valore. Il minor valore di questa seconda zona sarà poi l'occasione di cercare le parti corrispondenti, le labbra, di un'altra persona. ("Peccato che io non possa baciarmi", sembra dire.)» (1905, pp. 490-492). Per ulteriori sviluppi, si veda la voce EROTISMO, § 1.

4. CARATTERE ORALE. Secondo Otto Fenichel, «tutto l'accento positivo o negativo nel prendere e nel ricevere indica un'origine orale. Una soddisfazione orale insolitamente pronunciata risulta in una rimarchevole sicurezza di se stessi e in un ottimismo, i quali possono persistere durante la vita, qualora la delusione seguente questa soddisfazione non abbia creato uno stato di vendicatività, accoppiato ad un esigere continuo. Una eccessiva privazione orale, d'altra parte, determina un atteggiamento pessimistico (depressivo) o sadico che pretende una riparazione. Se una persona rimane fissata al mondo dei desideri orali, presenterà, nel suo comportamento generale, un'avversione ad aver cura di se stessa, e chiederà agli altri di curarsi di lei. In conformità agli scopi contrastanti dei due sottostadi dell'erotismo orale, questa richiesta di assistenza può esprimersi tramite una estrema passività o tramite un comportamento sadico-orale altamente attivo. [...] Le tendenze sadico-orali hanno un carattere simile al vampirismo. Persone di questo tipo chiedono ed esigono sempre molto, non abbandonano il loro oggetto e si attaccano per "succhiamento". [...] Il comportamento di persone con caratteristiche orali mostra spesso segni di identificazione con l'oggetto dal quale vogliono essere nutrite. Certe persone agiscono come nutrici nei rapporti con tutti i loro oggetti. Sono sempre generose e colmano tutti di regali ed aiuti, in condizioni favorevoli dell'economia della libido in modo altruistico e genuino, in condizioni sfavorevoli in maniera molto seccante. Il loro atteggiamento ha il significato di un gesto magico: "Poiché ti copro d'amore, voglio venire coperto d'amore anch'io". [...] Altre persone mancano completamente di generosità, e non danno mai nulla agli altri, un atteggiamento che ha le sue radici in una identificazione con la madre che li disilluse. Il loro è, infatti, un atteggiamento di rivendicazione: "Non ho avuto quanto volevo, e non darò agli altri quello che essi vogliono"» (1945, pp. 549-550).

5. SPAZIO ORALE. Si tratta di una primitiva presa di coscienza dello spazio da parte del bambino. Essa avviene attraverso il tatto e i movimenti di ricerca del seno materno.

Bibliografia

Abraham K., *Contributi dell'erotismo orale alla formazione del carattere* (1924), in *Opere*, Bollati Boringhieri, Torino 1975, vol. I.

Fenichel O., *Trattato di psicoanalisi delle nevrosi e delle psicosi* (1945), Astrolabio, Roma 1951.

Freud A., *Lo studio psicoanalitico dei disturbi infantili dell'alimentazione* (1946), in *Opere* (1978-1979), Bollati Boringhieri, Torino, vol. II.

Freud S., *Tre saggi sulla teoria sessuale* (1905), in *Opere* (1967-1993), Bollati Boringhieri, Torino, vol. IV.

Klein M., *La psicoanalisi dei bambini* (1932), Martinelli, Firenze 1969.

Lowen A., *Il linguaggio del corpo* (1958), Feltrinelli, Milano 1978.

Mattenklott G., *Bocca*, in Ch. Wulf (a cura di), *Cosmo, corpo, cultura. Enciclopedia antropologica* (1997), Bruno Mondadori, Milano 2002, pp. 475-484.

Reich W., *Analisi del carattere* (1933), Sugarco, Milano 1973.

Winnicott D. W., *I bambini e le loro madri* (1987, edito postumo), Raffaello Cortina, Milano 1987.

Orbison, Illusione di, v. ILLUSIONE, § 4, *o*.

Orchiectomia, v. CASTRAZIONE.

Orda primitiva, v. ANTROPOLOGIA, § 1, *a*; ENDOGAMIA – ESOGAMIA.

Orecchio, v. UDITIVO, SISTEMA.

Oressico (ingl. *Orectic*; ted. *Orektisch*; fr. *Orectique*; sp. *Oréctico*). Il termine deriva dal greco ὀρύσσω che significa "scavare" e, per trasposizione metaforica, "scavare nel desiderio". In età alessandrina il termine è impiegato anche con il significato di "mangiare". Questa accezione compare nella letteratura psicoanalitica in riferimento a tutto ciò che ha a che fare con il desiderio e l'appetito. Nell'ambito della teoria della personalità al termine "oressico" Cyril Lodowic Burt preferisce il termine "orettico", da ὀρύττω, che è la variante attica di ὀρύσσω, per indicare l'opposto di "cognitivo".

Bibliografia

Burt C. L., *The analysis of temperament*, in "British Journal of Medical Psychology", 1938, n. 17, pp. 1958-1988.

–, *The factors of the mind*, University of London Press, London 1940.

Oretico, v. ORMETICO.

Orettico, v. ORESSICO.

Organicismo (ingl. *Organicism*; ted. *Organizismus*; fr. *Organicisme*; sp. *Organicismo*). Orientamento teorico che tende a spiegare i disturbi psichici in base a fattori organici, come lesioni anatomiche, disfunzioni fisiologiche e alterazioni biochimiche. Vi si contrappone l'orientamento *psicogenetico* che insiste sul ruolo di fattori psichici di natura inconscia, esperienziale, sociale e culturale. Rispetto alla psichiatria del XIX secolo, oggi il dibattito è ancora vivo, ma con toni meno rigidi per effetto dell'assimilazione della lezione psicoanalitica e fenomenologica (v. PSICHIATRIA, § 1; PSICOPATOLOGIA).

Bibliografia

Borgna E., *I conflitti del conoscere. Strutture del sapere ed esperienza della follia*, Feltrinelli, Milano 1988.

Organi di senso, v. SENSO, ORGANI DI.

Organismo (ingl. *Organism*; ted. *Organismus*; fr. *Organisme*; sp. *Organismo*). Unità vivente composta di parti che compiono funzioni diverse ma coordinate al funzionamento del tutto. In psicologia il termine si applica all'animale, all'uomo e al gruppo sociale organizzato. In PSICOLOGIA SPERIMENTALE (v. § 1), l'organismo è una variabile correlata ad altre due variabili che sono la situazione-stimolo e il comportamento, espresse dalla formula $C = f\ (S \leftrightarrow 0)$ che descrive il comportamento come frutto dell'interazione tra la situazione-stimolo e l'organismo.

Organizzazione (ingl. *Organization*; ted. *Organisation*; fr. *Organisation*; sp. *Organización*). Processo attraverso il quale le parti si differenziano e si coordinano fra loro, così da formare un tutto funzionale. Nella sua accezione specifica il termine è utilizzato in psicologia sociale, in neuroeconomia, in psicologia del lavoro e in psicoanalisi.

1. PSICOLOGIA SOCIALE. In questo ambito si intende per organizzazione un'unità sociale deliberatamente costruita e programmata per il raggiungimento di fini specifici. L'iniziatore dello studio delle organizzazioni è stato Max Weber che individuò nella burocrazia la forma fondamentale delle organizzazioni dello Stato e delle imprese moderne che operano con finalità razionalizzatrici. Degli elementi che costituiscono un'organizzazione sono stati studiati, soprattutto nei paesi anglosassoni, gli *aspetti formali* quali risultano dai modelli teorici di progettazione, gli *aspetti informali* relativi alle motivazioni anche inconsce che agiscono negli individui o nei gruppi che operano nell'organizzazione formale, l'*organizzazione reale*, che è il risultato degli adattamenti e delle modificazioni richiesti dalla verifica sul campo del progetto formale, e infine le *dinamiche* sottese all'organizzazione sociale, quali la coesione difensiva, il conflitto istituzionalizzato e il sistema di interdipendenza trattati alla voce PSICOLOGIA SOCIALE, § 4.

All'interno dell'organizzazione le funzioni si articolano in ruoli interagenti fra loro, dove sono previsti comportamenti definiti che obbediscono a regole conosciute dai membri dell'organizzazione, cosicché, come scrive Talcott Parsons, «ciascun ruolo diventa per gli altri un insieme di *aspettative* riguardo ai comportamenti e ai compiti che costituiscono quel ruolo» (1951, p. 79). La *divisione del lavoro* all'interno dell'organizzazione crea una gerarchia di livelli, ciascuno dei quali controlla quello sottostante in termini normativi, coercitivi e remunerativi, a cui corrispondono, secondo Amitai Etzioni, altrettanti tipi di impiego: morale, utilitaristico e alienato. La congruenza tra potere esercitato e impegno richiesto è condizione necessaria per il conseguimento degli obiettivi da parte dell'organizzazione.

Nell'organizzazione la razionalità viene misurata dal rapporto che esiste tra *decisione* e *informazione*. Più l'informazione è completa, più la decisione è congrua alle finalità dell'organizzazione. Il flusso informativo è ascendente come raccolta di dati, discendente come trasmissione di ordini, e di nuovo ascendente come controllo dell'avvenuta esecuzione, nonché come segnalazione di anomalie e disturbi imprevisti. Settori particolari della sociologia delle organizzazioni sono lo studio della *conflittualità interna* conseguente alla divisione del lavoro e al rapporto gerarchico che ne deriva, del rapporto tra l'organizzazione concepita come sistema chiuso e l'*ambiente sociale* in cui l'organizzazione si inserisce, del rapporto tra la modificazione dell'organizzazione e la *modificazione tecnologica*.

Gli studi sulle organizzazioni si differenziano, come osserva André Lévy, a seconda che assumano il punto di vista di un *sistema di mezzi*, tecnici, materiali e umani, congegnato così da realizzare gli obiettivi di produzione nel modo più efficace possibile, oppure il punto di vista di un *sistema di persone* per risolvere problemi comuni, stabilendo relazioni di collaborazione. Le due logiche, quella della razionalità del sistema che bada all'economicità dell'impiego dei mezzi per raggiungere i fini che ci si è proposti, e quella della soggettività e dell'intersoggettività delle persone in cui prevalgono criteri relazionali, sono difficilmente conciliabili, con il risultato di subordinare la seconda logica alla prima, sottomettendo le istanze psicologiche e sociali a quelle della razionalità dell'organizzazione, anche se oggi si fa strada la constatazione che solo coinvolgendo la soggettività delle persone migliora, anche in termini di produttività, l'efficienza delle organizzazioni.

Dalle organizzazioni industriali, di cui si è occupata particolarmente la PSICOLOGIA DEL LAVORO (v. § 2) e la PSICOLOGIA INDUSTRIALE (v.), si è passati allo studio delle organizzazioni di servizi come scuole, ospedali, enti pubblici, dove la contaminazione dell'elemento ideologico con l'elemento funzionale ottimale crea problematiche diverse rispetto alle organizzazioni regolate da un solo elemento come può essere, per le organizzazioni industriali, il profitto. Non mancano infine studi su modelli alternativi di organizzazione come la divisione orizzontale (e quindi non gerarchica) del lavoro, la rotazione dei ruoli, la libera circolazione delle informazioni e, infine, la possibilità di controllo dell'organizzazione da parte dei suoi membri. Per quanto concerne i diversi tipi di organizzazione: burocratica, cooperativa, tecnocratica, strategica, e le diverse forme che vengono ad assumere i rapporti tra i subordinati, i collaboratori e i loro leader, si rimanda alla voce POTERE, § 2.

2. NEUROECONOMIA. In questo ambito si va affermando un ordine di studi denominato *neuromanagement* che ha introdotto una nuova visione e nuove idee sulla gestione delle organizzazioni. Come scrive Giorgio Gabrielli: «Il *neuromanagement* esplora i meccanismi intellettuali ed emotivi legati alla conduzione e gestione organizzativa seguendo lo sviluppo delle neuroscienze cognitive. Questi studi mirano non solo a migliorare l'efficacia e l'efficienza dei dirigenti e membri dei team all'interno delle organizzazioni, ma anche e fondamentalmente a studiare le dinamiche del cervello che determinano il comportamento e il processo decisionale all'interno di una molteplicità di campi. Questo garantisce una migliore performance nei gruppi di lavoro e in coloro che conducono la pianificazione e selezione del personale, oltre ad aiutare i leader a identificare la base emotiva e razionale nel processo decisionale e di gestione dei momenti di crisi, nei percorsi di selezione e formazione, ma anche la rivalutazione del personale già impiegato. Infine permette di definire il profilo neurocognitivo per ogni posizione, e di valutare ciascun candidato sui suoi punti di forza e di debolezza» (2017, p. 81).

3. PSICOLOGIA DEL LAVORO, si veda la voce PSICOLOGIA DEL LAVORO, § 2.

4. PSICOANALISI. In questo ambito il termine "organizzazione" si riferisce alla LIBIDO (v. § 1, *b*), che nel suo sviluppo percorre quei livelli di organizzazione legati alle zone erogene (orale, anale, fallica, genitale), caratterizzate ciascuna dal predominio di un'attività sessuale e da una specifica relazione oggettuale. Nel definire i livelli di organizzazione della libido Sigmund Freud ha seguito due criteri che non hanno tra loro una perfetta corrispondenza: in base al criterio dell'*oggetto* i diversi modi di organizzazione si dispongono secondo una serie che porta dall'autoerotismo all'oggetto eterosessuale passando attraverso il NARCISISMO (v.) e l'OMOSESSUALITÀ (v.); in base al criterio dell'investimento della *zona erogena* Freud distingue un'organizzazione orale, anale, fallica, fino all'«organizzazione piena raggiunta soltanto con la pubertà in una quarta fase, quella genitale» (1938, p. 582).

Bibliografia

Alvesson M., Berg P. O., *L'organizzazione e i suoi simboli. Il contributo della prospettiva simbolica nell'analisi delle culture organizzative* (1992), Raffaello Cortina, Milano 1993.

Argentero P., *I test nelle organizzazioni*, il Mulino, Bologna 2006.

Argentero P., Cortese C. G., Piccardo C. (a cura di), *Psicologia delle organizzazioni*, Raffaello Cortina, Milano 2009.

Argyris Ch., Schön D., *Apprendimento organizzativo. Teoria, metodo e pratiche* (1978), Guerini & Associati, Milano 1998.

Avallone F., Paplomatas A., *Salute organizzativa. Psicologia del benessere nei contesti lavorativi*, Raffaello Cortina, Milano 2005.

Bass B. M., *Organizational psychology*, Allyn & Bacon, Boston 1965.

Blau P. M., *La dinamica della burocrazia* (1955), Franco Angeli, Milano 1978.

Bonazzi G., *Come studiare le organizzazioni*, il Mulino, Bologna 2006.

Celli P. L., *Impresa e classi dirigenti*, Baldini Castoldi Dalai, Milano 2004.

Contesini S., *La filosofia nelle organizzazioni. Nuove competenze per la formazione e la consulenza*, Carocci, Roma 2016

Cooley Ch. H., *L'organizzazione sociale* (1909), Edizioni di Comunità, Milano 1963.

De Michelis G., *A che gioco giochiamo? Linguaggio, organizzazione, informatica*, Guerini & Associati, Milano 1995.

Depolo M., *Psicologia delle organizzazioni*, il Mulino, Bologna 1998.

Enriquez E., *L'organisation en analyse*, Puf, Paris 1992.

Etzioni A., *Modern organizations*, Prentice Hall, Englewood Cliffs, New Jersey, 1964.

Favretto G., *Lo stress nelle organizzazioni*, il Mulino, Bologna 1994.

Fineman S. (a cura di), *Le emozioni nell'organizzazione. Il potere delle passioni nei contesti organizzativi* (2007), Raffaello Cortina, Milano 2009.
Fraccaroli F., *Il cambiamento nelle organizzazioni. Metodi di ricerca longitudinale applicati alla psicologia*, Raffaello Cortina, Milano 1998.
–, *Apprendimento e formazione nelle organizzazioni. Una prospettiva psicologica*, il Mulino, Bologna 2007.
Fraccaroli F., Balducci C., *Stress e rischi nelle organizzazioni. Valutare e controllare i fattori dello stress lavorativo*, il Mulino, Bologna 2011.
Freud S., *Tre saggi sulla teoria sessuale* (1905), in *Opere* (1967-1993), Bollati Boringhieri, Torino, vol. IV.
–, *Compendio di psicoanalisi* (1938), in *Opere*, cit., vol. XI.
Gabassi P. G., *Psicologia, lavoro, organizzazione*, Franco Angeli, Milano 1995.
Gabrielli G., *Il neuromanagement*, in V. Russo, *Psicologia della comunicazione e neuroscienze*, Pearson, Milano 2017.
Gherardi S., *Il genere e le organizzazioni. Il simbolismo del femminile e del maschile nella vita organizzativa*, Raffaello Cortina, Milano 1998.
Gross E., Etzioni A., *Organizzazioni e società* (1985), il Mulino, Bologna 1987.
Gutmann D., Iarussi O., *La trasformazione. Psicoanalisi, desiderio e management nelle organizzazioni*, Edizioni Sottotraccia, Salerno 1999.
Kaneklin C., Scaratti G. (a cura di), *Sicurezza e organizzazione. Ricerca e formazione per la sostenibilità della vita organizzativa*, Raffaello Cortina, Milano 2010.
Katz D., Kahn R. L., *Psicologia sociale delle organizzazioni* (1966), Etas Kompass, Milano 1968.
Kets de Vries M. F. R., *L'organizzazione irrazionale. La dimensione nascosta dei comportamenti organizzativi* (1999), Raffaello Cortina, Milano 2001.
Kets de Vries M. F. R., Miller D., *L'organizzazione nevrotica. Una diagnosi in profondità dei disturbi e delle patologie del comportamento organizzativo* (1984), Raffaello Cortina, Milano 1992.
Lévy A., *Sciences cliniques et organisations sociales*, Puf, Paris 1997.
March J. G., Simon H. A., *Teoria dell'organizzazione* (1958), Etas Kompass, Milano 2003.
McGregor D., *L'aspetto umano dell'impresa* (1960), Franco Angeli, Milano 1972.
Parsons T., *Il sistema sociale* (1951), Edizioni di Comunità, Milano 1965.
Piccardo C., Benozzo A., *Etnografia organizzativa. Una proposta di metodo per l'analisi delle organizzazioni come "culture"*, Raffaello Cortina, Milano 1996.
Piccardo C., Pellicoro F., *L'organizzazione in scena. La metafora teatrale tra formazione e sviluppo organizzativo*, Raffaello Cortina, Milano 2008.
Quaglino G. P., *La vita organizzativa. Difese, collusioni e ostilità nelle relazioni di lavoro*, Raffaello Cortina, Milano 2004.
Sadler Ph., *Progettare l'organizzazione. Le basi dell'eccellenza* (1992), Franco Angeli, Milano 1995.
Sarchielli G., *Apprendimento e formazione nelle organizzazioni. Una prospettiva psicologica*, il Mulino, Bologna 2007.
Tannenbaum A. S., *Psicologia sociale dell'organizzazione di lavoro*, Franco Angeli, Milano 1969.
Varchetta G., *La solidarietà organizzativa*, Guerini & Associati, Milano 1993.
Weber M., *Economia e società* (1922, edito postumo), Edizioni di Comunità, Milano 1968.
Weick K. E., *Senso e significato nell'organizzazione. Alla ricerca delle ambiguità e delle contraddizioni nei processi organizzativi* (1996), Raffaello Cortina, Milano 1997.
Whyte W. H., *L'uomo dell'organizzazione* (1956), Einaudi, Torino 1971.

Organo (ingl. *Organ*; ted. *Organ*; fr. *Organe*; sp. *Órgano*). Complesso di tessuti, delimitato nei confronti del resto del corpo, che ha assunto una data forma anatomica e compie una determinata funzione. In psicologia del profondo e in psicosomatica il termine ricorre in tre accezioni:

1. INFERIORITÀ D'ORGANO. Concetto introdotto da Alfred Adler, secondo il quale molte manifestazioni psicologiche si spiegano in termini di compensazione di una deficienza organica (v. INFERIORITÀ).

2. NEVROSI D'ORGANO. Concetto introdotto da Franz Alexander per indicare disfunzioni organiche a sfondo psicogeno, senza la concomitante presenza di alterazioni anatomo-patologiche (v. PSICOSOMATICA, § I, 11).

3. PIACERE D'ORGANO. Concetto introdotto da Sigmund Freud per indicare il piacere che caratterizza il soddisfacimento delle pulsioni parziali che avviene nell'organo in cui si producono (bocca, ano, pene), senza relazione diretta con il compimento di una funzione: «Le pulsioni sessuali – scrive Freud – sono molteplici, traggono origine da svariate fonti organiche, si comportano dapprima con reciproca autonomia e soltanto in seguito pervengono contemporaneamente a una sintesi più o meno completa. La meta, cui mira ciascuna di queste pulsioni, è il conseguimento del "piacere d'organo"» (1915, p. 21). Per la relazione tra "piacere d'organo" e "piacere di funzione" si veda la voce PIACERE, § 2.

Bibliografia

Adler A., *Il temperamento nervoso* (1912), Astrolabio, Roma 1950.
Alexander F. G., *Medicina psicosomatica* (1950), Giunti Barbera, Firenze 1951.
Freud S., *Metapsicologia* (1915), in *Opere* (1967-1993), Bollati Boringhieri, Torino, vol. VIII.

Orgasmo (ingl. *Orgasm*; ted. *Orgasmus*; fr. *Orgasme*; sp. *Orgasmo*). Acme dell'eccitamento sessuale con scarica dell'eccitazione accompagnata da sensazioni molto intense di piacere. Si può verificare nella fase finale del coito eterosessuale o omosessuale, ma anche tramite masturbazione e, in alcuni casi, a seguito di fantasie erotiche.

1. Fisiologia dell'orgasmo. Dal punto di vista dell'innervazione centrale è stata accertata l'esistenza di un centro spinale dell'orgasmo nel segmento sacrale del midollo spinale. Questo riceve gli stimoli dai recettori corticali più elevati, per cui l'orgasmo è il risultato di una combinazione di meccanismi corticali e spinali. Le ricerche istologiche, dal canto loro, hanno dimostrato che le cellule sensoriali, note come "corpuscoli genitali", che sono gli organi percettivi terminali dell'orgasmo, sono localizzate prevalentemente nel clitoride (*glans clitoridis*) nelle donne, mentre negli uomini sono localizzate nel glande del pene (*glans penis*). Dette cellule si possono trovare anche nelle piccole labbra e nei muscoli della parte bassa della vagina, ma in generale la vagina non ha nervi sensoriali ed embriologicamente è omologa all'asta del pene. I risultati delle ricerche istologiche smentiscono quindi l'ipotesi psicoanalitica che le sensazioni localizzate al clitoride debbano essere trasferite, con la maturità genitale, alla vagina, e che il clitoride debba perdere la sua importanza ai fini dell'orgasmo.

A questo proposito Therese F. Benedek scrive che «le influenze corticali, l'attrazione sessuale, l'amore, la fantasia, la volontà di accettare il ruolo sessuale non solo stimolano il centro spinale, ma permettono alla donna di rilasciarsi e di sperimentare le sensazioni piacevoli che, cominciando dal clitoride, si diffondono attraverso le pareti vaginali e infine coinvolgono tutto il suo corpo nell'orgasmo. Poiché la stimolazione fisica nel contatto vaginale non si verifica primariamente nella parete e nella mucosa vaginale, e poiché una qualche stimolazione sul clitoride è fattore importante nel determinare l'orgasmo, la differenza tra il cosiddetto orgasmo clitorideo e quello vaginale non è spiegabile in termini della differente origine e localizzazione della risposta orgasmica, ma dalla sua differente intensità e dal grado con cui i differenti fattori corticali vi contribuiscono» (1959-1966, p. 982). Nel maschio l'orgasmo è accompagnato dall'emissione del fluido seminale, ma non coincide con l'Eiaculazione (v.), perché questa può verificarsi anche senza piacere orgasmico. Dopo l'eiaculazione segue nel maschio un periodo di refrattarietà agli stimoli sessuali, cosa che, nella maggior parte dei casi, impedisce un orgasmo immediatamente successivo. La donna, invece, può prolungare l'orgasmo per un periodo di tempo relativamente lungo e ripeterlo più volte consecutivamente (orgasmo multiplo).

2. Psicologia dell'orgasmo. La connessione dei meccanismi spinali con quelli corticali spiega l'incidenza dei fattori psicologici nel raggiungimento o nel mancato raggiungimento dell'orgasmo (*anorgasmia*) nel ciclo della reazione sessuale. Si è soliti distinguere un'anorgasmia *primaria* che riguarda qualsiasi forma di stimolazione sessuale compresa la masturbazione, e un'anorgasmia *secondaria* connessa a determinate pratiche sessuali. La prima forma è rara nel maschio, ma frequente nelle donne o per incompatibilità degli standard sessuali del partner, o per atteggiamenti anomali acquisiti in determinati contesti socioculturali, o per conflitti profondi che fanno apparire minaccioso il raggiungimento del piacere. Il tipo di minaccia varia dalla paura di una Castrazione (v.) al timore di impulsi sadici rimossi, per cui l'Io deve rinunciare alla sensazione di piacere connessa all'orgasmo, per soddisfare le esigenze del Super-io e mantenere così un'accettabile integrazione della personalità.

Dal punto di vista psicologico Sigmund Freud individuò nell'incapacità di raggiungere l'orgasmo l'eziologia della nevrosi d'angoscia (v. Angoscia – Ansia, § 2, *a*), verificabile in molti casi di astinenza sessuale e di pratica del coito interrotto (v. Copulazione): «Questi casi formano un tutto unico, perché l'analisi di un gran numero di esempi induce facilmente a convincersi che il fattore decisivo sta nel fatto che, nel coito, la donna riesca o no a raggiungere il soddisfacimento. Se non riesce abbiamo la condizione necessaria per l'insorgere della nevrosi d'angoscia» (1894, p. 162). Quest'ultima, a parere di Freud, è priva di un'eziologia psichica, perché espressione immediata di un ingorgo della sessualità che non consente quella metabolizzazione delle sostanze sessuali così da rendere le nevrosi d'angoscia simili, nei sintomi, ai fenomeni di intossicazione e di astinenza da determinati alcaloidi, con conseguenti palpitazioni, irregolarità del battito cardiaco, stati ansiosi acuti, sudori improvvisi e altri sintomi che interessano il sistema vegetativo. Scrive in proposito Freud: «Non si può fare a meno di rappresentarci in definitiva tali processi come processi chimici, per cui nelle cosiddette nevrosi attuali si debbono riconoscere gli effetti somatici, nella psiconevrosi gli effetti, oltre che somatici, psichici, di disturbi del metabolismo sessuale. La somiglianza delle nevrosi con i fenomeni di intossicazione e di astinenza da determinati alcaloidi, col morbo di Basedow e col morbo di Addison, si impone senz'altro clinicamente; e così come queste due ultime malattie non vanno più descritte quali "malattie nervose", presto anche le "nevrosi" schiette, malgrado la loro denominazione, dovranno essere escluse da una tale classe» (1905a, p. 224).

Wilhelm Reich condivide questa interpretazione di Freud trovandola «più simpatica e più scientifica dell'interpretazione del significato dei sintomi nelle "psiconevrosi"» (1942, p. 103). A suo parere, «la potenza erettiva e quella eiaculatoria sono soltanto premesse indispensabili alla *potenza orgasmica* che consiste nella capacità di abbandonarsi, senza alcuna inibizione, al flusso dell'energia biologica, e nella capacità di scaricare l'eccitazione sessuale accumulata, attraverso contrazioni piacevoli involontarie del corpo. Non c'è un solo nevrotico che abbia questa capacità, e la stragrande maggioranza degli uomini soffre di nevrosi del carattere» (ivi, p. 116). Da queste premesse, la conclusione: «La gravità di ogni malattia psichica è direttamente proporzionale alla gravità del disturbo genitale. La prognosi e l'esito terapeutico dipendono direttamente dalla possibilità di realizzare la piena capacità di soddisfacimento genitale» (ivi, p. 111).

La posizione di Reich viene contestata da David Cooper: «Voglio dire alcune cose sull'orgasmo in termini di esperienza, anziché in termini meccanicistici descriventi le reazioni corporee alla maniera di Wilhelm Reich. L'orgasmo è l'annientamento della mente all'apice di un'esperienza sessuale. Nell'orgasmo non c'è nessun desiderio, non c'è nessun istinto, non c'è passione né amore. Non ci sono due persone nell'orgasmo perché non resta neppure una persona. Non c'è esperienza del momento orgasmico dato che questo momento è precisamente l'evacuazione di ogni esperienza» (1976, p. 95). Da questo punto di vista la resistenza a provare l'orgasmo è la resistenza a perdere il controllo del proprio Io e della continuità della propria esperienza per cui, scrive Cooper, «se l'orgasmo è raro nella donna, è ancor più raro negli uomini» (ivi, p. 96).

Bibliografia

Benedek Th. F., *Funzioni sessuali nella donna e loro alterazioni*, in S. Arieti (a cura di), *Manuale di psichiatria* (1959-1966), Bollati Boringhieri, Torino 1969-1970, vol. II, pp. 974-997.

Brune É., Ferroul Y., *Il segreto delle donne. Viaggio nel cuore del piacere* (2010), Ponte alle Grazie, Milano 2011.

Cooper D., *La politica dell'orgasmo*, in A. Verdiglione (a cura di), *Sessualità e politica*, Feltrinelli, Milano 1976.

Fisher S., *Fisiologia e psicologia dell'orgasmo femminile. Una grande inchiesta medico-sociologica* (1976), Feltrinelli, Milano 1978.

Foucault M., *Storia della sessualità*, vol. I: *La volontà di sapere* (1976), vol. II: *L'uso dei piaceri* (1984), vol. III: *La cura di sé* (1984), Feltrinelli, Milano 1978-1985.

Freud S., *Legittimità di separare dalla nevrastenia un preciso complesso di sintomi come "nevrosi d'angoscia"* (1894), in *Opere* (1967-1993), Bollati Boringhieri, Torino, vol. II.

–, *Le mie opinioni sul ruolo della sessualità nell'etiologia delle nevrosi* (1905a), in *Opere*, cit., vol. V.

–, *Tre saggi sulla teoria sessuale* (1905b), in *Opere*, cit., vol. IV.

Gutheil E. A., *Disfunzioni sessuali nell'uomo*, in S. Arieti (a cura di), *Manuale di psichiatria*, cit., vol. II, pp. 954-973.

Lowen A., *Amore e orgasmo* (1965), Feltrinelli, Milano 1985.

Maines R. P., *Tecnologia dell'orgasmo. Isteria, vibratori e soddisfazione sessuale delle donne* (1999), Marsilio, Venezia 2001.

Onfray M., *La cura dei piaceri. Costruzione di un'erotica solare* (2008), Ponte alle Grazie, Milano 2009.

Pasini W., Crépault C., Galimberti U., *L'immaginario sessuale*, Raffaello Cortina, Milano 1988.

Reich W., *Genitalità* (1926), Sugarco, Milano 1980.

–, *La rivoluzione sessuale* (1936), Feltrinelli, Milano 1963.

–, *La funzione dell'orgasmo – La scoperta dell'orgone. Parte prima* (1942), Sugarco, Milano 1977.

Orgia (ingl. *Orgy*; ted. *Orgie*; fr. *Orgie*; sp. *Orgía*). Festa collettiva caratterizzata da promiscuità sessuale che rientra, secondo Mircea Eliade, nell'economia del SACRO (v.), dove l'eccesso rappresenta il modo con cui si cerca di mettere in circolazione l'energia vitale: «Gli eccessi rappresentano una parte precisa e salutare nell'economia del sacro. Spezzano le barriere fra uomo, società, natura e dèi; aiutano la circolazione della forza della vita, dei germi, da un livello all'altro, da una zona della realtà a tutte le altre. Quel che era vuoto di sostanza si sazia; il frammento si reintegra nell'unità; le cose isolate si fondono nella grande matrice universale. L'orgia fa circolare l'energia vitale e sacra» (1948, p. 371).

Dal canto suo Georges Bataille vede nell'orgia quella trasgressione del limite che organizza l'erotismo al di là della sessualità animale; valicando ogni limite, l'orgia fa precipitare l'ordine sociale verso il caos come premessa per la ricostituzione di un nuovo ordine: «Il movimento della festa assume nell'orgia quella forza scatenata che generalmente coincide con la negazione di ogni limite. La festa è di per sé negazione dei limiti della vita imposti dal lavoro, ma l'orgia è il segno di un completo travolgimento. Non era certo un caso che durante le orge dei Saturnali l'ordine sociale venisse rovesciato, e il padrone servisse lo schiavo, e lo schiavo se ne stesse disteso sul letto del padrone. Tali eccessi trovano il loro più profondo significato nell'arcaica concordanza di voluttà sessuale e rapimento religioso. Fu in questo senso che l'orgia, quale che fosse il disordine da essa scatenato, organizzò l'erotismo al di là della sessualità animale. [...] L'orgia non si orienta verso la religione *fasta*, la sua efficacia si manifesta nel lato *nefasto*, richiede la frenesia, la vertigine e la perdita di coscienza. Si tratta di impegnare la totalità dell'essere in un cieco precipitare verso la perdita, che è il momento decisivo della religiosità. [...] Anzitutto disordine dell'essere che si perde e non oppone più nulla alla scatenata proliferazione della vita. Tale immenso scatenamento parve divino, tanto innalzava l'uomo al di sopra della condizione cui s'era spontaneamente condannato. Disordine di grida, disordine di gesti violenti e di danze, disordine di amplessi, disordine infine dei sentimenti, animato oltre ogni misura da una convulsione. Le prospettive della perdita rendevano necessaria questa fuga nell'indistinto, in cui gli elementi stabili dell'attività umana scomparivano, in cui non v'era più nulla che non si confondesse» (1957, pp. 121-123).

Se si riportano questi modelli antropologici all'ambito psicologico, si può pensare all'orgia come a una REGRESSIONE (v.) a stadi pre-egoici in cui il campo era occupato dalle pulsioni parziali che, non ancora organizzate in un centro, si esprimevano nei loro tratti che Sigmund Freud definisce "perversi e polimorfi", oppure come un cedimento dell'Io in vista di una nuova rigenerazione di sé. Nell'orgia, infatti, il regime non è regolato dalla relazione Io-Tu, ma piuttosto da un allentamento dell'Io che libera pulsioni parziali che si orientano a oggetti parziali (v. OGGETTO, § 1; PULSIONE, § 2, *e*).

Bibliografia

Bataille G., *L'erotismo* (1957), Mondadori, Milano 1969.

Eliade M., *Trattato di storia delle religioni* (1948), Bollati Boringhieri, Torino 1972.

Orgoglio (ingl. *Pride*; ted. *Hochmut*; fr. *Orgueil*; sp. *Orgullo*). Consapevolezza del proprio valore e delle proprie possibilità che, quando è contenuta nei giusti limiti, rafforza l'autostima e facilita l'assunzione di responsabilità. In caso diverso è sintomo di un'ipertrofia dell'Io o di una compensazione di sentimenti di inferiorità che si traducono in disistima per il prossimo, isolamento e alterazione dei rapporti sociali e affettivi. L'orgoglio può raggiungere livelli patologici in quelle forme di eccitazione mentale accompagnate da indebolimento dell'autocritica, come nei quadri a sfondo maniacale, paranoico e nelle forme di paralisi progressiva a forma ambiziosa.

In ambito psicoanalitico Melanie Klein parla di *orgoglio del pene* per indicare il sentimento di superiorità legato al possesso dell'organo sessuale maschile: «Per il fatto di essere un'arma, prima dell'onnipotenza distruttiva e quindi di quella creativa del bambino, il pene diventa uno dei mezzi più importanti che egli ha per vincere l'angoscia. Così, al servizio del suo sentimento di onnipotenza, coadiuvandolo nel compito della prova della realtà, favorendo i suoi rapporti oggettuali, in realtà assolvendo all'importantissimo compito di dominare l'angoscia, il pene viene a trovarsi in rapporto di particolare affinità con l'Io e si tramuta in rappresentante dell'Io e del conscio» (1932, p. 343).

Bibliografia

Austen J., *Orgoglio e pregiudizio* (1813), Feltrinelli, Milano 2011.

Klein M., *La psicoanalisi dei bambini* (1932), Martinelli, Firenze 1969.

Wharton W., *Orgoglio* (1985), Feltrinelli, Milano 1987.

Orgone (ingl. *Orgone*; ted. *Orgon*; fr. *Orgone*; sp. *Orgón*). Termine introdotto da Wilhelm Reich seguendo una traccia che gli veniva dalla fisica quantistica e dall'idea di Sigmund Freud secondo cui l'energia psichica esiste in forma libera e legata (v. LIBIDO, § 1, *e*). Reich chiamò *orgoni* le forme mobili dell'energia cosmica ovunque presente, e *bioni* le forme fisse e strutturate. La caratteristica principale dell'orgone è la pulsazione, la cui accumulazione è all'origine del bisogno periodico di tutti gli organismi alla scarica orgasmica. La stasi sessuale è la causa principale del cancro dovuto all'accumulo di pulsazioni non scaricate (v. BIOPATIA). Alla scoperta dell'orgone Reich attribuì il merito di oltrepassare la separazione tra psichico e fisico e di poter fondare la psichiatria su basi "oggettive e quantitative" perché «l'energia orgonica cosmica funziona nell'organismo vivente come energia specificamente biologica. Come tale dirige l'intero organismo, e si esprime sia nelle emozioni che nei movimenti organici puramente biofisici. In questo modo la psichiatria, per la prima volta dalla sua nascita, si radica con i propri mezzi nei processi scientifico-naturali oggettivi» (1933, p. 438; v. BIOENERGETICA).

Bibliografia

Reich W., *Analisi del carattere* (1933), Sugarco, Milano 1973.

–, *La funzione dell'orgasmo – La scoperta dell'orgone. Parte prima* (1942), Sugarco, Milano 1977.

–, *La biopatia del cancro – La scoperta dell'orgone. Parte seconda* (1948), Sugarco, Milano 1976, voll. I-II.

–, *Superimposizione cosmica* (1951), Sugarco, Milano 1975.

Orientamento (ingl. *Orientation*; ted. *Orientierung*; fr. *Orientation*; sp. *Orientación*). Consapevolezza di sé e del proprio rapporto con la realtà esterna sulla base delle coordinate spazio-temporali e delle relazioni interpersonali. Il significato primitivo della parola indica l'insieme delle azioni atte a determinare un punto (l'oriente) come parametro di riferimento al fine di disporre qualcosa o di dirigere un'attività. Accanto a questo significato generale esistono degli impieghi specifici del termine in riferimento ai diversi ambiti disciplinari.

1. PSICOLOGIA DELLA PERCEZIONE. A livello psicosensorio esistono diversi tipi di orientamento: *a*) il *riflesso di orientamento* (v. RIFLESSO, § 2, *b*), che, comune ad uomini e animali, esprime la risposta globale del sistema nervoso che innesca un complesso di reazioni fisiologiche in presenza di uno stimolo nuovo che emerge nell'ambiente consueto; *b*) l'*orientamento topografico*, che si riferisce all'inquadramento sia nello spazio geometrico sia nel luogo geografico; *c*) l'*orientamento cronologico*, che si riferisce alla coscienza del tempo passato, presente e futuro con conseguente

capacità di collocare gli avvenimenti nella loro corretta sequenza temporale; *d*) l'*orientamento autopsichico*, che corrisponde a una adeguata coscienza della propria soggettività e della qualità del proprio mondo relazionale; *e*) l'*orientamento situazionale*, che riguarda la capacità di stabilire dei rapporti consoni alla situazione che di volta in volta si presenta, con la capacità di modificare i propri atteggiamenti in base al modificarsi delle situazioni.

In riferimento a queste forme di orientamento, a livello psicosensoriale si parla di difetti dell'orientamento quando per cause organiche, affezioni cerebrali, disturbi di coscienza che compromettono la vigilanza (v. COSCIENZA, § 3) possono presentarsi: *a*) insicurezza o incertezza di orientamento (*difetto di orientamento*); *b*) errore di orientamento (*falso orientamento*); *c*) totale assenza di orientamento (*disorientamento*); *d*) orientamento delirante o *riorientamento nel delirio* (v. DELIRIO, § 2).

2. PSICOLOGIA ANIMALE. Oltre al già citato *riflesso di orientamento*, la psicologia animale parla di orientamento *primario* o *di posizione* per quanto riguarda l'equilibrio del corpo e la posizione di quiete, e di orientamento *secondario* o *teso a una meta* relativo al movimento verso un obiettivo esterno che può essere il cibo o un compagno.

3. PSICOLOGIA DELL'ETÀ EVOLUTIVA. In questo ambito si parla di *orientamento nella vita* che segna tutte le fasi di passaggio e origina dalla distinzione, che si raggiunge intorno ai due anni, tra sé e il mondo esterno verso cui prende avvio un uso *intenzionale* delle proprie risposte motorie ed emotive. In questa fase il bambino passa da uno stadio di onnipotenza a un'acquisizione del principio di *causalità* che, attraverso la presenza degli ostacoli e l'esperienza delle non realizzazioni, consente di apprendere che non basta desiderare per avere, ma occorre mettere in moto strategie di tipo causale che consentano di ottenere un effetto proporzionato all'azione. A questo punto prende avvio l'esperienza della *scelta* in base ai meccanismi disponibili d'azione, con conseguente ipotesi di comportamento e verifica nell'ambiente.

A favorire o a pregiudicare l'orientamento, inteso sia come costruzione della propria identità, sia come fiducia nella propria capacità di intervento nel mondo, è l'ambiente familiare con la qualità di accettazione che riesce a esprimere: se l'accettazione è "personale" e quindi antecedente alla qualità e alla capacità di azione del bambino, si genera quella sicurezza che permette il rischio, l'errore, l'indipendenza e l'iniziativa; se invece è "funzionale" a schemi presupposti o ad aspettative implicite o manifeste, allora l'orientamento è più insicuro e può accompagnarsi all'angoscia del rischio e della colpa.

Nel periodo scolare si amplia e si struttura l'orientamento interpersonale già avviato nella famiglia. In questa fase il fanciullo entra in contatto con adulti con cui non ha un vissuto di "appartenenza", ha la possibilità di ridimensionare le figure parentali mitizzate, incontra altri modelli di riferimento nel modo di pensare, valutare e agire. Al termine del periodo scolare, scrive Harry Stack Sullivan, «si arriva al punto nel quale si può applicare un concetto che io chiamo *orientamento nella vita*. Una persona è orientata nella vita nella misura in cui ha formulato (o può essere facilmente indotta a formulare o ha capacità di intuire) i seguenti tipi di dati: le tendenze integrative (bisogni) che caratterizzano le proprie relazioni interpersonali, le circostanze adatte alle loro soddisfazioni relativamente esenti da angoscia, e le mete più o meno remote per avvicinarsi alle quali la persona è disposta a rinunciare alle varie occasioni di soddisfazione o di aumento del proprio prestigio. In altre parole un aspetto importante nell'orientamento della vita è la misura con la quale la previsione governa l'atteggiamento verso le occasioni che si presentano» (1953, p. 12).

4. PSICOLOGIA DELL'EDUCAZIONE. In questo ambito si parla di *orientamento scolastico* volto a dirigere l'adolescente verso l'insegnamento più consono allo sviluppo delle sue potenzialità, misurabili attraverso tecniche psicometriche e indagini psicodiagnostiche (v. PSICOPEDAGOGIA).

5. PSICOLOGIA DEL LAVORO. Qui i criteri adottati per l'*orientamento professionale*, che ha in vista, oltre ai criteri di efficienza, anche la realizzazione della personalità, sono di natura diagnostico-attitudinale, caratterologico-affettiva, socioculturale e personalistica, illustrati alla voce PSICOLOGIA DEL LAVORO, § 4.

6. PSICOLOGIA ANALITICA. Carl Gustav Jung chiama *orientamento* il principio generale di un ATTEGGIAMENTO (v. § 2) che, a seconda che sia estroverso o introverso, si orienta prevalentemente verso il mondo esterno o interno. Combinandosi con la FUNZIONE (v. § 2, *b*), l'atteggiamento specializza ulteriormente il suo orientamento, configurando il profilo tipologico di ogni individuo (v. TIPOLOGIA, § 2). A titolo di esempio, scrive Jung, «il cosiddetto atteggiamento di potenza si orienta secondo il punto di vista della potenza dell'Io su influenze e condizioni opprimenti. Un atteggiamento intellettuale si orienta secondo il principio logico come suprema legge. Un atteggiamento sensoriale si orienta secondo la percezione sensoriale dei dati di fatto» (1921, p. 471).

7. Psichiatria fenomenologica. Si parla di orientamento a proposito delle modalità con cui l'umana esistenza si temporalizza (*sich zeitigt*) e si spazializza (*Raum gibt*) declinando il proprio modo di essere-nel-mondo. Dal diverso modo di orientarsi, privilegiando una dimensione del tempo rispetto alle altre, mantenendo o abolendo la distanza tra lo spazio proprio e lo spazio esterno, dipendono le varie forme di alienazione secondo quelle modalità che sono descritte alla voce Spazio, § 3, e alla voce Tempo, § II.

Bibliografia

Batini F. (a cura di), *Manuale per educatori. Metodi e scenari per l'empowerment personale e professionale* (1995), Erickson, Trento 2005.

Binswanger L., *Essere nel mondo* (1930-1957), Astrolabio, Roma 1973.

Boncori L., Boncori G., *L'orientamento. Metodi, tecniche, test*, Carocci, Roma 2002.

Castelli C. (a cura di), *Orientamento in età evolutiva*, Franco Angeli, Milano 2002.

Di Fabio A., *Psicologia dell'orientamento. Problemi, metodi e strumenti*, Giunti, Firenze 1998.

Fragassi M., *Orientamento sessuale*, in M. Flores (a cura di), *Diritti umani. Cultura dei diritti e dignità della persona nell'epoca della globalizzazione*, Utet, Torino 2007, vol. II, pp. 1014-1018.

Guichard J., Huteau M., *Psicologia dell'orientamento professionale. Teorie e pratiche per orientare la scelta negli studi e nelle professioni* (2002), Raffaello Cortina, Milano 2003.

Holloran Sh., Bressler E., *Orientamento nella realtà. Riorganizzazione cognitiva in persone con traumi cerebrali*, Erickson, Trento 1997.

Jung C. G., *Tipi psicologici* (1921), in *Opere*, Bollati Boringhieri, Torino, vol. VI.

Mancinelli M. R., *I test in orientamento*, Vita e Pensiero, Milano 1998.

Meschieri L., *L'orientamento scolastico professionale*, in L. Ancona (a cura di), *Questioni di psicologia*, La Scuola, Brescia 1962, vol. I, pp. 707-750.

Pavlov I. P., *I riflessi condizionati* (1927), Bollati Boringhieri, Torino 1966.

Pombeni M. L., *Orientamento scolastico e professionale*, il Mulino, Bologna 1990.

Scarpellini C., *Orientamento della persona verso la professione*, in L. Ancona (a cura di), *Nuove questioni di psicologia*, La Scuola, Brescia 1972, vol. II, pp. 503-558.

Scheller H., *Über das Wesen der Orientiertheit*, in "Nervenarzt", 1963, n. 34.

Sokolov E. N., *Perception and the conditioned reflex*, Pergamon, Oxford 1963

Sullivan H. S., *Teoria interpersonale della psichiatria* (1953, edito postumo), Feltrinelli, Milano 1962.

Voronin L. G., *Orienting reflex and exploratory behavior*, American Institute of Biological Sciences, Washington (DC) 1965.

Orientamento, Riflesso di, v. Riflesso, § 2, *b*.

Originalità, v. Creatività.

Orizzontale-Verticale, Illusione, v. Illusione, § 4, *p*.

Ormetico (ingl. *Hormetic*; ted. *Hormetik*; fr. *Hormétique*; sp. *Hormético*). Il termine, che ricorre anche nella forma "oretico", deriva dal greco ὁρμάω, che significa "metto in moto", "spingo", "eccito", da cui il sostantivo ὁρμή, che significa "assalto", "slancio", "impeto" e, per trasposizione metaforica, "spinta" o "impulso dell'animo". In quest'ultima accezione il termine è stato adottato da William McDougall per caratterizzare la sua teoria psicologica (v. Psicologia ormica).

Bibliografia

McDougall W., *An introduction to social psychology*, Methuen, London 1908.

–, *The Hormic psychology* (1930), in C. Murchison (a cura di), *Psychologies of 1930*, Series: *Classics in psychology*, Arno Press, New York 1973.

Ormismo, v. Psicologia ormica.

Ormone, v. Endocrino, Sistema.

Ormopatia (ingl. *Hormopathy*; ted. *Hormopathie*; fr. *Hormopathie*; sp. *Hormopatía*). Il termine, che deriva dal greco ὁρμή che significa "assalto", "slancio", "impeto", è stato adottato da Rudolf Brun per indicare le alterazioni della sfera affettiva e, in particolare, le turbe impulsive ed emotive riconducibili a cause organiche o psicofunzionali.

Bibliografia

Brun R., *General theory of neuroses*, University Press, New York 1951.

Ornitofobia (ingl. *Ornithophobia*; ted. *Ornithophobie*; fr. *Ornithophobie*; sp. *Ornitofobia*). Fobia per gli uccelli.

Orologio biologico, v. Tempo, § III, 3.

Oroscopo (ingl. *Horoscope*; ted. *Horoskop*; fr. *Horoscope*; sp. *Horóscopo*). Immagine della personalità e delle successive modificazioni dedotte dal rapporto tra la nascita e determinate configurazioni astrali. Dal greco ὥρα ("periodo di tempo") e σκοπεῖν ("osservare"), il termine "oroscopo" indicava in origine il grado del segno zodiacale che sorgeva all'orizzonte orientale nel momento esatto della nascita dell'individuo e fungeva perciò da "indicatore dell'ora". Il termine, che in latino venne chiamato *ascendens* (segno ascendente), in età moderna divenne sinonimo di *tema natale* o *tema della genitura*, con riferimento alla mappa completa delle posizioni planetarie presenti al momento della nascita. Alla base c'è l'idea, che da tempi antichissimi ispira l'ASTROLOGIA (v.), di una corrispondenza tra universo stellare e universo psichico, in base all'intima relazione che lega l'uomo al cosmo, per cui è possibile leggere negli astri (macrocosmo) ciò che accade nell'animo umano (microcosmo).

L'oroscopo viene dedotto da una rappresentazione, inizialmente quadrata e oggi circolare, in cui compaiono: la raffigurazione bidimensionale dell'eclittica con i 12 segni zodiacali, l'orizzonte e il meridiano del luogo di nascita che, intersecandosi, dividono il cerchio in 4 quadranti a loro volta suddivisi in 3 parti che originano le 12 case in cui sono simbolicamente rappresentati i vari stadi della vita dell'uomo, gli 8 pianeti del nostro sistema solare a cui si aggiungono il Sole e la Luna, infine gli aspetti angolari tra pianeti, luminari e punti cardinali del tema natale. Nella combinazione che risulta fra questi elementi, ognuno dei quali portatore di un pregnante simbolismo, e nella loro lettura analogica consiste l'interpretazione dell'oroscopo da cui si ritiene di poter ricavare un quadro delle fondamentali caratteristiche psicologiche della personalità e delle sue potenzialità non ancora attivate. All'oroscopo è stato accordato un certo valore psicodiagnostico da Carl Gustav Jung, per il quale «il senso fondamentale dell'oroscopo consiste nel fatto che, determinando la posizione dei pianeti, nonché le loro relazioni (aspetti) e assegnando i segni zodiacali ai punti cardinali, esso dà un quadro della costituzione prima psichica e poi fisica dell'individuo. L'oroscopo rappresenta dunque in sostanza un sistema delle qualità originarie e fondamentali del carattere di una persona e può essere considerato un equivalente della psiche individuale» (1951, p. 128).

Bibliografia

Barbault A., *Dalla psicoanalisi all'astrologia* (1961), Morini, Siena 1971.

Boll F., Bezold C., Gundel W., *Storia dell'astrologia* (1966), Laterza, Bari 1977.

Bouché-Leclercq A., *L'astrologie grecque*, Ernest Leroux Éditeur, Paris 1899.

Cumont F., *Lo Zodiaco*, Adelphi, Milano 2012.

Garin E., *Lo zodiaco della vita*, Laterza, Bari 1976.

Greene L., *La relazione interpersonale. Guida astrologica a vivere con gli altri su un piccolo pianeta* (1978), Astrolabio, Roma 1989.

Jung C. G., *Aion. Ricerche sul simbolismo del Sé* (1951), in *Opere* (1969-2007), Bollati Boringhieri, Torino, vol. IX, 2.

–, *La sincronicità come principio di nessi acausali* (1952), in *Opere*, cit., vol. VIII.

Pompeo Faracovi O., *Scritto negli astri. L'astrologia nella cultura occidentale*, Marsilio, Venezia 1996.

Rudhyar D., *L'astrologia della personalità* (1970), Astrolabio, Roma 1986.

Sicuteri R., *Astrologia e mito. Simboli e miti dello Zodiaco nella psicologia del profondo*, Astrolabio, Roma 1978.

Orripilazione (ingl. *Horripilation*; ted. *Piloerektion*; fr. *Horripilation*; sp. *Horripilación*). Manifestazione visibile della contrazione dei muscoli erettori dei peli in seguito a freddo o a forte emozione.

ORT (*Object Relations Technique*). Tecnica delle relazioni oggettuali messa a punto da Herbert Phillipson a partire dai presupposti teorici del TAT (*Thematic Apperception Test*) (v.) e dalle teorie psicoanalitiche di Melanie Klein (v. KLEINIANA, TEORIA). Il test, di natura proiettiva, si compone di tavole figurate con le situazioni-tipo delle relazioni oggettuali (v. OGGETTO, § 4) considerate in riferimento a quattro dimensioni: 1) il contenuto di realtà nella situazione; 2) le deviazioni da interpretazioni comunemente date; 3) le relazioni oggettuali dal punto di vista fenomenologico e psicodinamico; 4) la valutazione della storia dal punto di vista della sua struttura, del suo scopo e della sua conclusione.

Bibliografia

Lis A., Zennaro A., Giovannini F., Mazzeschi C., Calvo V., *ORT. Object Relations Technique. Una griglia di valutazione empirico-clinica*, Raffaello Cortina, Milano 2002.

Phillipson H., *La tecnica delle relazioni oggettuali* (1955), Organizzazioni Speciali (O. S.), Firenze 1974.

Orticaria, v. PELLE, § 8.

Ortografia (ingl. *Orthography*; ted. *Orthographie*; fr. *Orthographie*; sp. *Ortografía*). Modo corretto di scrivere corrispondente alla norma grammaticale. Fenomeni di *disortografia*, quando non dipendono da lesioni organiche (v. AGRAFIA) o da difficoltà di apprendimento spesso connesse a dislessia (v. ALESSIA, § 2), rientrano nella norma e vengono superati con appositi esercizi nei primi anni di scuola. Il fenomeno è più accentuato nelle lingue in cui vi è una discrepanza tra fonetica e scrittura. Dal punto di vista psicologico, oltre all'interferenza del *lapsus calami*, che Sigmund Freud indica come sintomo di un conflitto inconscio (v. LAPSUS), Eugen Bleuler segnala la disortografia degli schizofrenici per effetto della loro tendenza a spezzare le parole e a ricomporle in base a loro privati processi associativi.

Bibliografia

Bigozzi L., Boschi F., Falaschi E., vol. 2: *Lessico e ortografia. Arricchimento del vocabolario, correttezza ortografica e abilità di lettura. Disortografia e dislessia: prevenzione e intervento*, Erickson, Trento 2009.

Bigozzi L., Falaschi E., Limberti C., vol. 1: *Lessico e ortografia. Arricchimento del vocabolario, correttezza ortografica e abilità di lettura*, Erickson, Trento 2009.
Bleuler E., *Trattato di psichiatria* (1911-1939, aggiornato da M. Bleuler dal 1940 al 1960), Feltrinelli, Milano 1967.
Ferraboschi L., Meini N., *Recupero in ortografia*, Erickson, Trento 2012.
Freud S., *Psicopatologia della vita quotidiana* (1901), in *Opere* (1967-1993), Bollati Boringhieri, Torino, vol. IV.
Leischner A., *Die Störungen der Schriftsprache (Agraphie und Alexie)*, Thieme, Stuttgart 1957.
Quintarelli E., *Le difficoltà ortografiche*, Erickson, Trento 2013-2014, voll. I-IV.

Ortosimpatico, v. SIMPATICO, SISTEMA NERVOSO, § 1.

Osas, v. PICKWICK, SINDROME DI.

Oscenità (ingl. *Obscenity*; ted. *Obszönität*; fr. *Obscénité*; sp. *Obscenidad*). Ostentazione di ciò che offende il buon gusto e il comune senso del pudore. Stante il carattere relativo e storicamente mutevole di questi criteri, la delimitazione dell'osceno dipende dalle convenzioni di volta in volta vigenti nel gruppo sociale e dalla suscettibilità personale.

Bibliografia

Köpping K.-P., *Oscenità*, in Ch. Wulf (a cura di), *Cosmo, corpo, cultura. Enciclopedia antropologica* (1997), Bruno Mondadori, Milano 2002, pp. 576-592.

Oscillazione giornaliera, v. RITMO.

Oseretzky, Scala di (ingl. *Oseretzky motor development scale*; ted. *Oseretzky motometrische Skala*; fr. *Echelle de développement de la motricité d'Oseretzky*; sp. *Escala de Oseretzsky*). Serie di prove che esaminano aspetti diversi dell'attività motoria in soggetti di età compresa tra i 4 e 16 anni al fine di ricavare l'età motoria (EM) il cui rapporto con l'età cronologica dà il quoziente di sviluppo motorio (QSM).

Bibliografia

Oseretzky N., *Eine metrische Stufenleiter zur Untersuchung der motorischen Begabung bei Kindern*, in "Zeitung für Kinderforschung", 1925, n. 30.

Ospedalismo (ingl. *Hospitalism*; ted. *Hospitalismus*, fr. *Hospitalisme*; sp. *Hospitalismo*). Termine coniato da René Árpád Spitz per indicare le perturbazioni somatiche e psichiche che sopraggiungono ai bambini che durante i primi diciotto mesi hanno subìto un prolungato soggiorno ospedaliero in condizioni di assoluta privazione della madre. Spitz distingue questa carenza affettiva *totale* dalla depressione anaclitica (v. ANACLISI, § 3) che si sviluppa dopo una privazione affettiva parziale in bambini che precedentemente avevano goduto di una normale relazione materna. L'ospedalismo si manifesta con un ritardo dello sviluppo somatico, della padronanza della manipolazione, dell'adattamento all'ambiente, del linguaggio e della percezione affettiva. Il termine non va confuso con *ospedalizzazione*, che si riferisce a prolungati ricoveri ospedalieri, successivi alla prima infanzia o in età adulta, che producono reazioni simili a quelle che si registrano nell'istituzionalizzazione (v. ISTITUZIONE PSICHIATRICA, § 3).

Bibliografia

Klinzing D. R., Klinzing D. G., *Il bambino in ospedale* (1977), La Nuova Italia, Firenze 1980.
Spitz R. Á., *Hospitalism. An inquiry into the genesis of psychiatric conditions in early childhood*, in "The Psychoanalytic Study of the Child", 1945, n. 1, pp. 53-74.
–, *Il primo anno di vita del bambino* (1958), Editrice Universitaria, Firenze 1962.

Ospedalizzazione, v. ISTITUZIONE PSICHIATRICA, § 3.

Osservazione (ingl. *Observation*; ted. *Beobachtung*; fr. *Observation*; sp. *Observación*). Effettuazione di registrazioni percettive che possono essere sistematiche o occasionali. Nel primo caso si parla di osservazione *sperimentale* che è progettata e caratterizzata dal controllo delle variabili, nel secondo di osservazione *naturale* in cui le condizioni dell'osservazione non sono programmate. Questa distinzione si complica in base all'estensione maggiore o minore che si assegna alla parola "osservazione" e in base alla relazione che si instaura tra osservazione e teoria. Scrive Carl Gustav Hempel: «Il concetto di osservazione può venire inteso in modo ampio così da includere non solo la percezione, ma altresì la sensazione e l'introspezione, oppure in un modo più ristretto implicante unicamente la percezione di ciò che in linea di principio è pubblicamente accertabile, ossia percepibile anche da parte di altri» (1952-1958, p. 106).

Il secondo problema che complica la definizione è il rapporto tra osservazione e teoria. Secondo Karl Raimund Popper, «non esiste alcunché che si possa considerare come esperienza osservativa pura, cioè esperienza assolutamente libera da aspettativa e da teoria» (1935, p. 514), perché «un'osservazione è una percezione pianificata e preparata. Non "abbiamo" un'osservazione (come possiamo "avere" un'esperienza di senso), ma "facciamo" un'osservazione. Un'osservazione è sempre preceduta da un particolare interesse, una questione, o un problema, in breve da qualcosa di teorico» (1945, p. 447). Ancora più radicale è la posizione di Paul Karl Feyerabend, per il quale «l'esperienza ha origine assieme ad assunti teorici, non prima di essi, e un'esperienza senza teoria è altrettanto incomprensibile come (si presume sia) una teoria senza esperienza. [...] Tutte queste scoperte richiedono a gran voce una nuova terminologia, la quale non separi più ciò che è connesso così intimamente nello sviluppo tanto dell'individuo quanto della scienza nel suo complesso» (1975, p. 137).

Stanti le differenze di assunti epistemologici che in psicologia definiscono l'oggetto di studio e i differenti modi di indagine, il problema dell'osservazione diventa, come scrive Massimo Bellotto, «un problema-sintomo del conflitto dei diversi approcci psicologici che contendono circa la propria scientificità» (1985, p. 603).

1. L'OSSERVAZIONE NELLA PSICOLOGIA SPERIMENTALE. In questo ambito l'osservazione è intesa come osservazione dell'oggetto mantenuto e supposto indipendente dall'osservatore. Su questa posizione inaugurata da Wilhelm Maximilian Wundt, per il quale «qualunque osservazione accurata implica che l'oggetto dell'osservazione (in questo caso il processo psichico) sia indipendente dall'osservatore» (1873-1874, p. 5), si sono attestati il COMPORTAMENTISMO (v.) e il COGNITIVISMO (v.) nella loro contestazione del metodo introspettivo che non consente di pervenire a risultati controllabili da chiunque e quindi scientifici. In proposito Giancarlo Trentini scrive: «La scienza è veramente tale se deriva da un osservatorio neutro atto a raccogliere i fatti e le relazioni tra i fatti "così come sono", oggettivi e veritieri» (1980, p. 17). A questa posizione si era già opposto Robert Oppenheimer secondo il quale «il peggiore di tutti i possibili malintesi sarebbe che la psicologia volesse prendere a modello una fisica che non c'è più, che è stata completamente superata» (1956, p. 138).

2. L'OSSERVAZIONE NELLA PSICOLOGIA CLINICA. In questo ambito l'osservazione assume un significato completamente diverso perché, come puntualizza Lucio Pinkus, «il punto critico della psicologia clinica si ha nell'osservazione che, invece di essere asettica e controllata come in altre branche della scienza, è di fatto un'osservazione partecipata, un lavoro cioè che è in realtà frutto di un'interazione a vari livelli tra osservatore e osservato. Questa costituisce da un lato la ricchezza specifica e insostituibile della psicologia, [...] dall'altro costituisce o costituirebbe il suo limite "scientifico"» (1975, pp. 78-79). Questa condizione di inevitabile ascientificità della psicologia era già stata evidenziata da Edmund Husserl là dove parla dell'«enigma della psicologia», dovuto al fatto che «la soggettività oggettivata è la stessa soggettività che produce tutte le possibili oggettivazioni, [...] per cui la soggettività non può essere conosciuta da nessuna scienza oggettiva» (1936, p. 353). Sulla stessa linea, sia pure in un contesto diverso, sono le osservazioni di Carl Gustav Jung, secondo il quale «il concetto di realtà tiene conto per principio di effetti inevitabili esercitati dall'osservatore sul sistema che è oggetto di osservazione, per cui la realtà perde in parte il carattere oggettivo, e nell'immagine fisica del mondo è implicita una componente soggettiva» (1947-1954, p. 246). In linea con queste considerazioni è la posizione di Enzo Spaltro che formula il "principio di indeterminazione psicologica" dovuto al fatto che «noi non conosciamo mai gli altri, ma solo il nostro rapporto con loro [...] perché gli altri entrando in rapporto con noi ci influenzano, e quindi non riusciamo a conoscere gli altri per quello che sono, perché ne conosciamo gli aspetti già da noi influenzati, usando meccanismi conoscitivi che hanno subìto, inoltre, il loro influenzamento. Questa impossibilità di conoscere gli altri, e questa nostra necessità di tener conto del doppio influenzamento che deriva dal rapporto con loro, costituisce appunto il "principio di indeterminazione psicologica" simile a quel principio di indeterminazione di Heisenberg che tanta importanza ha avuto nella moderna fisica teorica» (1980, pp. X, 4).

3. L'OSSERVAZIONE NELLA PSICOLOGIA FENOMENOLOGICA. In questo ambito l'osservazione ha spostato l'attenzione dal *sintomo* al *significato* per cui di fronte al disordine della follia non si cercherà di ordinare i dati secondo il principio della clinica psichiatrica ma, come propone Ludwig Binswanger, si cercherà di leggerli come particolari modalità con cui si declina un'esistenza che, proprio attraverso quei sintomi, raggiunge una sua coerenza interna. Così operando diventa possibile trasformare l'osservazione clinica, perché il confronto, come scrive Alberto Gaston, «non dovrebbe più basarsi su *differenze* o *somiglianze* di sintomi, ma su determinati svolgimenti e realizzazioni della *presenza*. Invece di un'entità nosografica avremo analogie tra determinate strutture della *presenza* e determinati svolgimenti di essa» (1987, p. 75). Con l'osservazione fenomenologica cessa lo sguardo naturalistico che oggettiva l'uomo riducendolo allo statuto della "cosa osservata", e prende avvio quella ricerca di "senso" che ogni biografia, per il solo fatto di essere "umana", inevitabilmente esprime.

4. L'OSSERVAZIONE NATURALE. In questo ambito l'osservazione non esercita alcun controllo sull'oggetto e, come tale, si contrappone a quella *artificiale* effettuata in laboratorio, sia essa sperimentale che clinica. L'osservazione naturale può utilizzare il rapporto osservatore-osservato così come può prescinderne. Nel primo caso il processo di conoscenza avviene in modo tale che i due poli funzionino in un processo circolare e la lettura sfrutti questa reciproca influenza, nel secondo caso l'osservatore considera la sua influenza come un fattore dell'ambiente in cui è inserito l'osservato e

quindi come una variabile esterna alla relazione osservatore-osservato. La prima posizione sfrutta la circolarità ermeneutica, la seconda salvaguarda l'oggettività assunta in linea ipotetica. Difensore dell'osservazione naturale è Jean Piaget: «Se si parte da un piano predeterminato, necessariamente ogni cosa risulta falsificata. Tutto ciò che è realmente interessante deve necessariamente cadere al di fuori di ogni piano predeterminato. La ragione per cui non ho piani sperimentali predeterminati è che io cerco cose nuove» (1928, p. 56).

5. LE POSSIBILI DISTORSIONI DELL'OSSERVAZIONE possono dipendere dall'osservatore, dal soggetto osservato o dallo strumento impiegato per l'osservazione. *a*) L'osservatore può incorrere nell'*effetto Rosenthal* dovuto alle aspettative, alle proiezioni, alle ipotesi anticipate e talvolta ai pregiudizi dello sperimentatore che possono influenzare l'esecuzione sperimentale o la valutazione dei dati, con il risultato di privilegiare, anche se non intenzionalmente, le proprie credenze rispetto alla realtà dei fatti. *b*) Il soggetto osservato può incorrere nell'*effetto Hawthorne*, che induce le persone, quando sanno di essere osservate, ad atteggiarsi diversamente rispetto a come si atteggiano abitualmente, accentuando i comportamenti positivi e mascherando quelli negativi. *c*) A seconda dello strumento che si impiega, le possibili distorsioni dipendono: nel caso che l'osservazione avvenga sulla base di un *resoconto* può esserci la tendenza ad alterarlo per renderlo più leggibile; nel caso si utilizzi lo *schema di codifica*, che anticipa delle ipotesi e poi rileva solo quello che è previsto dalle ipotesi anticipate, c'è il rischio di escludere tutto ciò che, pur verificandosi, non rientra nelle ipotesi anticipate; nel caso infine che si utilizzino delle *scale* c'è il rischio di formulare ipotesi esclusivamente sui punteggi medi, trascurando quelli che, in un'ipotetica curva di Gauss, si collocano agli estremi della curva, sfuggendo alle conclusioni tratte unicamente sulla media dei risultati.

Bibliografia

Aureli T., *L'osservazione del comportamento del bambino*, il Mulino, Bologna 1987.

Bellotto M., *Osservazione*, in AA.VV., *Gli strumenti del sapere contemporaneo*, vol. II: *I concetti*, Utet, Torino 1985, pp. 595-598.

Binswanger L., *Per un'antropologia fenomenologica. Saggi e conferenze psichiatriche* (1921-1941), Feltrinelli, Milano 1970.

Bonaminio V., Iaccarino B. (a cura di), *L'osservazione diretta del bambino*, Bollati Boringhieri, Torino 1984.

Borgna E., *I conflitti del conoscere. Strutture del sapere ed esperienza della follia*, Feltrinelli, Milano 1988.

D'Odorico L., *L'osservazione del comportamento infantile*, Raffaello Cortina, Milano 1990.

Feyerabend P. K., *Contro il metodo* (1975), Feltrinelli, Milano 1979.

Galimberti U., *Psichiatria e fenomenologia* (1979), nuova edizione ampliata, Feltrinelli, Milano 2017.

Gaston A., *Genealogia dell'alienazione*, Feltrinelli, Milano 1987.

Hempel C. G., *La formazione dei concetti e delle teorie nella scienza empirica* (1952-1958), Feltrinelli, Milano 1961.

Husserl E., *La crisi delle scienze europee e la fenomenologia trascendentale* (1936), il Saggiatore, Milano 1972.

Jung C. G., *Riflessioni teoriche sull'essenza della psiche* (1947-1954), in *Opere* (1969-2007), Bollati Boringhieri, Torino, vol. VIII.

Lentini L., *Osservazione*, in AA.VV., *Gli strumenti del sapere contemporaneo*, vol. II: *I concetti*, cit., pp. 593-595.

Oppenheimer R., *Analogy in science*, in "American Psychology", 1956, n. 11, pp. 127-135.

Piaget J., *Psicopedagogia e mentalità infantile* (1928), Le Monnier, Firenze 1970.

Pinkus L., *Metodologia clinica in psicologia*, Armando, Roma 1975.

Popper K. R., *Logica della scoperta scientifica* (1935), Einaudi, Torino 1970.

–, *La società aperta e i suoi nemici* (1945), Armando, Roma 1974.

Rosenthal R., *Experimenter effects in behavioral research*, Appleton-Century-Crofts, New York 1966.

Spaltro E., *Interviste, riunioni, gruppi. Teoria dell'intervista di gruppo*, in G. Trentini (a cura di), *Manuale del colloquio e dell'intervista*, Isedi, Milano 1980.

Trentini G., *Tassonomia generale del colloquio e dell'intervista*, in Id. (a cura di), *Manuale del colloquio e dell'intervista* (1980), Utet, Torino 1995.

Wundt W. M., *Grundzüge der physiologischen Psychologie*, Engelmann, Leipzig 1873-1874.

Ossessione (ingl. *Obsession*; ted. *Zwangsvorstellung*; fr. *Obsession*; sp. *Obsesión*). Il termine, che deriva dal latino *obsidere* che significa "assediare", "bloccare", "occupare", descrive la condizione di chi è ostacolato dal bisogno insopprimibile di compiere determinati atti o di astenersi da altri, oppure è costretto a trattenersi con pensieri o idee particolari che non è in grado di evitare, ripetendo indefinitamente questo obbligo a cui non riesce a sottrarsi e di cui non riesce neppure ad appagarsi. Anche se il soggetto è consapevole dell'insensatezza dei suoi atti o delle sue idee ossessive, non può fare a meno di riprodurli in una sorta di rituale che, messo in atto per placare l'ansia, diviene autonomo, trasformandosi in un meccanismo ripetitivo non dissimile dai rituali magici dei bambini, da quelli magico-religiosi dei primitivi, e da quelli superstiziosi degli adulti (v. RITO, § 2). Il *rituale* si trasforma in *disturbo* quando, manifestata la sua inefficacia a contenere l'ansia, diventa a sua volta, per il suo carattere coercitivo, motivo d'ansia.

Le ossessioni includono idee, pensieri, ragionamenti spesso percorsi dal dubbio e dall'interrogazione, immagini, sentimenti, ricordi o impulsi che, senza un nesso ricollegabile a uno stimolo esterno, si propongono in modo iterativo e automatico e contro la volontà del soggetto. Hanno quindi un carattere di *incoercibilità* perché il soggetto non riesce a liberarsene, di *estraneità* perché si impongono contro la volontà di chi li subisce come qualcosa di intrusivo, di *invasività* perché tendono progressivamente ad occupare tutta l'area della coscienza, di *compulsività* perché il soggetto non riesce a sottrarvisi e, per difendersene, organizza dei controrituali che complicano ulteriormente la sua vita irrigidendola in un CERIMONIALE (v.) che limita, se non addirittura sopprime, la sua libertà e la sua autonomia.

1. PSICHIATRIA. In ambito psichiatrico si è soliti distinguere quattro forme principali di ossessioni: *a*) *semplici*, che consistono in immagini, parole, motivi musicali che si impongono automaticamente alla coscienza; *b*) *interrogative*, che riguardano tematiche religiose, filosofiche o morali che impegnano il soggetto in quesiti irresolubili, perché al di fuori della sua portata, fino a giungere alla "follia del dubbio" (v. DUBBIO, § 3) in cui ogni cosa o atto è soggetto a interrogazione, senza alcuna possibilità di uscire dall'alternativa, con conseguente blocco di ogni decisione; *c*) *inibitrici*, in cui scrupoli, sensi di colpa, con conseguenti fobie adottate a scopo cautelativo, paralizzano ogni attività; *d*) *impulsive*, dove il soggetto si sente spinto ad attuare propositi aggressivi, sessuali, criminosi da lui stesso considerati sconvenienti. Al riguardo Karl Jaspers dà dell'impulso coatto (*Zwangsantrieb*) un'interpretazione che può essere estesa a tutte le forme ossessive: «Io mi trovo di fronte a me stesso in questo modo, che voglio seguire un moto dell'istinto eppure combatto contro di esso, che io stesso voglio e contemporaneamente non voglio. [...] Per effetto di questa coazione che proviene dall'interno, il soggetto, invece della normale coscienza di dirigere la sequenza dei contenuti ai quali egli si rivolge, ha la coscienza coatta di non potersi sottrarre ad essi» (1913-1959, p. 144).

Le ossessioni sono fenomeni normali e comuni all'esperienza della maggior parte delle persone. A caratterizzarle come "patologiche" è la loro *persistenza* e *pervasività* che genera sofferenza e induce ad azioni ripetitive allo scopo di liberarsi di queste idee ossessive o di annullare possibili conseguenze negative che queste idee inducono a pensare come inevitabili. Il fatto che il soggetto ritenga che le idee ossessive di cui soffre appartengono al suo Io e non provengono dall'esterno segna il confine tra personalità ossessiva e personalità delirante, un confine molto fragile che può essere oltrepassato in entrambe le direzioni.

Il DSM-5 distingue il disturbo ossessivo-compulsivo dal disturbo ossessivo-compulsivo di personalità. Il *disturbo ossessivo-compulsivo*, siglato DOC, è un disturbo d'ansia caratterizzato da «*ossessioni* che sono pensieri, impulsi o immagini ricorrenti e persistenti che sono vissuti come indesiderati, e da *compulsioni* che sono comportamenti o azioni mentali ripetitive che un individuo si sente obbligato a compiere in risposta a un'ossessione o secondo regole che devono essere applicate rigidamente» (2013, p. 271). Il *disturbo ossessivo-compulsivo di personalità* è invece caratterizzato da «un pattern pervasivo di preoccupazione per l'ordine, perfezionismo e controllo mentale, a spese di flessibilità, apertura ed efficienza, che inizia entro la prima età adulta ed è presente in svariati contesti» (ivi, p. 786), come: la preoccupazione per i dettagli, la cura dell'organizzazione e dei programmi fino a perdere lo scopo principale dell'attività, il perfezionismo che talvolta impedisce di completare un compito, la dedizione completa al lavoro fino ad escludere qualsiasi attività di svago, la coscienziosità intransigente in termini di etica e valori, l'incapacità a gettar via oggetti consumati o di nessuna importanza neppure affettiva, una modalità di spesa improntata all'avarizia, e infine una manifesta rigidità e testardaggine. Tra i più diffusi inventari e i questionari messi a punto per la misurazione del disturbo ossessivo-compulsivo di personalità ricordiamo:

a) Il *Maudsley Obsessional Compulsive Inventory* (MOCI), che ha evidenziato cinque componenti del disturbo ossessivo-compulsivo di personalità: comportamenti di pulizia e decontaminazione (*Cleaning*), comportamenti di controllo mai esaustivo (*Checking*), comportamenti ripetitivi e lungaggine ossessiva nell'esecuzione dei compiti (*Slowness-Repetition*), dubbi e scrupoli ossessivi (*Doubting-Conscientousness*), rimuginazioni mentali interminabili (*Ruminating*).

b) Il *Padua Inventory*, ideato e sviluppato in Italia e poi tradotto in tutte le lingue e diffuso nei paesi europei ed extraeuropei, ha evidenziato quattro fattori della personalità ossessivo-compulsiva: 1. inadeguato controllo sulla propria attività mentale con intrusione di pensieri ossessivi e incapacità di allontanarli; 2. terrore della contaminazione con compulsioni di pulizia, eccessiva attenzione allo sporco e preoccupazioni relative al contagio; 3. operazioni reiterate e ripetitive di controllo e ricontrollo relative a finestre, porte, rubinetti, interruttori, cassetti; 4. preoccupazione di perdere il controllo del proprio comportamento per effetto di impulsi socialmente sconvenienti o pericolosi per sé o per altri, con conseguente evitamento di stimoli o situazioni connesse.

c) L'*Obsessive Compulsive Cognitions Working Group* (OCCWG), che esplora sei aree: 1. eccessiva responsabilità; 2. esagerata importanza assegnata al pensiero che rasenta il pensiero magico; 3. necessità di tenere tutto sotto controllo; 4. sovradimensionamento del pericolo; 5. intolleranza per il dubbio e l'incertezza; 6. perfezionismo esasperato.

2. Psicoanalisi. In ambito psicoanalitico non si parla di ossessione, ma di *nevrosi ossessiva*, entità nosografica universalmente ammessa, isolata da Sigmund Freud nell'ultimo decennio dell'Ottocento: «Ho dovuto iniziare il mio lavoro con una innovazione nosografica: ho ritenuto opportuno affiancare all'isteria la nevrosi ossessiva (*Zwangsneurose*) considerata come affezione autonoma e indipendente, anche se la maggior parte degli autori classifica le ossessioni tra le sindromi della degenerazione mentale o le confonde con la nevrastenia» (1896, p. 292). Dopo Freud, che ha raggruppato in un'affezione psiconevrotica sintomi prima attribuiti a quadri nosografici molto diversi, Pierre Janet ha descritto con il termine *psicastenia* l'equivalente della nevrosi ossessiva da lui attribuita a uno stato deficitario, a una debolezza delle sintesi mentali, a un'astenia psichica, in contrasto con la spiegazione di Freud (v. Astenia, § 2).

Per quest'ultimo la nevrosi ossessiva indica una fissazione o una regressione alla fase anale (v. Anale, § 2) dove si esprime la lotta ambigua del poter rilasciare o trattenere le feci, da cui prende avvio il meccanismo del dubbio, tipico di ogni ossessione, a cui si aggiunge la repressione da parte di un Super-io particolarmente rigido e imperativo di forti pulsioni auto- ed etero-aggressive. Scrive Freud: «La situazione di partenza della nevrosi ossessiva non è certo diversa da quella dell'isteria: è la necessaria difesa dalle pretese libidiche del complesso edipico. Sembra anche che si trovi in ogni nevrosi ossessiva un substrato di sintomi isterici formatisi assai precocemente. Poi, però, la configurazione sintomatica muta in modo decisivo per effetto di un fattore costituzionale. L'organizzazione genitale della libido si dimostra debole e troppo poco resistente. Quando l'Io comincia la sua lotta difensiva, il primo risultato che cerca di raggiungere è che l'organizzazione genitale (della fase fallica) venga respinta totalmente o parzialmente verso lo stadio anteriore sadico-anale. [...] Esser riuscito a ottenere la regressione significa per l'Io un primo successo nella lotta difensiva contro le pretese libidiche. [...] Il Super-io diventa particolarmente severo e avaro d'amore, l'Io sviluppa, obbedendo al Super-io, grandi formazioni reattive di coscienziosità, pietà, pulizia» (1925, pp. 262-263).

Per quanto riguarda i sintomi, Freud scrive: «La tendenza generale della formazione dei sintomi nella nevrosi ossessiva procede dando sempre più posto al soddisfacimento sostitutivo, a spese della frustrazione. Gli stessi sintomi, che significavano all'origine restrizioni dell'Io, prendono più tardi, grazie alla tendenza dell'Io stesso alla sintesi, anche il significato di soddisfacimenti, e non si può non riconoscere che quest'ultimo significato diventa, grado a grado, il più importante. Il risultato di questo processo, che si avvicina sempre più al completo fallimento della lotta difensiva iniziale, è un Io straordinariamente limitato, e costretto a cercare nei sintomi i propri soddisfacimenti. Lo spostamento dei rapporti di forza a favore del soddisfacimento può portare al temuto esito finale di paralizzare le facoltà volitive dell'Io, che per ogni decisione incontra impulsi quasi altrettanto forti sia da una parte che dall'altra. L'acutissimo conflitto fra Es e Super-io, che domina la malattia fin dal principio, può estendersi al punto tale che nessuna azione dell'Io incapace ormai di assolvere il suo compito di mediazione può sfuggire al coinvolgimento in tale conflitto» (ivi, pp. 266-267). Freud ha poi spiegato l'eziologia della nevrosi ossessiva dal punto di vista del *meccanismo* che prevede lo spostamento dell'affetto su rappresentazioni più o meno distanti dal conflitto originario in modo da renderlo irriconoscibile (v. Spostamento), dal punto di vista della *vita pulsionale* con i tratti di Ambivalenza (v.), Fissazione (v.) o Regressione (v.) alla fase anale, e dal punto di vista *topico* come interiorizzazione della relazione sadomasochistica sotto forma di tensione tra Io e Super-io.

3. Psicologia individuale. Sempre nell'ambito della psicologia del profondo incontriamo la spiegazione di Alfred Adler, che ravvisa negli ossessivi un eccesso di soggettivismo che esalta il valore del proprio pensiero, anche se parzialmente avvertito come assurdo, in contrapposizione all'ambiente, all'obiettività e al sentimento sociale. La volontà di potenza assume un ruolo impositivo e aumenta la "distanza nevrotica" del soggetto dai propri simili. Questa interpretazione, unitamente alle altre di derivazione psicoanalitica, è stata confutata dal comportamentismo secondo il quale i meccanismi ossessivi deriverebbero da condizionamenti patologici appresi nei confronti di stimoli esterni.

Bibliografia

Adams P. L., *Le ossessioni nei bambini. Uno studio sociopsichiatrico* (1974), Bollati Boringhieri, Torino 1980.

Adler A., *La nevrosi coatta*, in Id., *Prassi e teoria della psicologia individuale* (1920), Astrolabio, Roma 1947.

Cassano G. B. (a cura di), *Disturbo ossessivo compulsivo*, in G. B. Cassano, P. Pancheri *et al.* (a cura di), *Trattato italiano di psichiatria* (1992), Masson, Milano 1999, vol. II, pp. 2157-2184.

DSM-5. American Psychiatric Association (APA), *DSM-5. Manuale diagnostico e statistico dei disturbi mentali* (2013), Raffaello Cortina, Milano 2014.

Freud S., *L'ereditarietà e l'etiologia delle nevrosi* (1896), in *Opere* (1967-1993), Bollati Boringhieri, Torino, vol. II.

–, *Osservazioni su un caso di nevrosi ossessiva (Caso clinico dell'uomo dei topi)* (1909), in *Opere*, cit., vol. VI.

–, *Inibizione, sintomo e angoscia* (1925), in *Opere*, cit., vol. X.

Fricke S., Hand I., *Avrò chiuso la porta di casa? Affrontare le proprie ossessioni* (2004), Erickson, Trento 2007.

Hollander E., *Obsessive-compulsive related disorders*, in "American Psychiatric Press", Washington (DC) 1993.

Janet P., *Les obsessions et la psychasthénie*, Alcan, Paris 1903; tr. it. parziale, *La passione sonnambulica e altri scritti*, Liguori, Napoli 1996.
Jaspers K., *Psicopatologia generale* (1913-1959), Il Pensiero Scientifico, Roma 2000.
Mancini F. (a cura di), *La mente ossessiva. Curare il disturbo ossessivo-compulsivo*, Raffaello Cortina, Milano 2016.
Montano A., Annicchiarico F., Misuraca S., *Ossessioni e compulsioni nei bambini. Programma di intervento cognitivo-comportamentale*, Erickson, Trento 2015.
Pancheri P., *Ossessioni, compulsioni e continuum ossessivo*, Il Pensiero Scientifico, Roma 1992.
Rachman S., Hodgson R. J., *Obsessions and compulsions*, Prentice Hall, Englewood Cliffs, New Jersey, 1980.
Ravizza L., Bogetto F., Maina G., *Il disturbo ossessivo compulsivo*, Masson, Milano 1997.
Russo F., Vari R., Pancheri P., *Il continuum ossessivo-compulsivo*, in G. B. Cassano, P. Pancheri *et al.* (a cura di), *Trattato italiano di psichiatria*, cit., vol. II, pp. 2131-2156.
Sanavio E., *I comportamenti ossessivi e la loro terapia*, Giunti, Firenze 1978.
–, *Obsession and compulsion. The Padua Inventory*, in "Behaviour Research and Therapy", 1988, n. 26 (2), pp. 169-177.
–, *Ossessioni*, il Mulino, Bologna 2014.
Sanavio E., Sica C., *I test di personalità. Inventari e questionari*, il Mulino, Bologna 1999.
Sanavio E., Vidotto G., *The components of the Maudsley Obsessional-Compulsive Questionnaire*, in "Behaviour Research and Therapy", 1985, n. 23, pp. 659-662.
Sica C. (a cura di), *Disturbo ossessivo-compulsivo. Questionari e interviste per la valutazione clinica*, Erickson, Trento 2012.
Spaçal S., *La nevrosi ossessiva*, in A. A. Semi (a cura di), *Trattato di psicoanalisi*, vol. II: *Clinica*, Raffaello Cortina, Milano 1988-1989, pp. 217-254.

Ossicefalia (ingl. *Oxycephaly*; ted. *Oxyzephalie*; fr. *Oxycéphalie*; sp. *Oxicefalia*). Anomalia congenita caratterizzata dalla chiusura prematura del cranio che produce un allungamento verso l'alto della testa. Tale anomalia non ha conseguenze sullo sviluppo mentale, ma richiede un precoce intervento correttivo per conservare la vista.

Ossitocina, v. ENDOCRINO, SISTEMA, § 1, *b*; NEUROTRASMETTITORE, § I, 3.

Ostentazione (ingl. *Ostentation*; ted. *Schaustellung*; fr. *Ostentation*; sp. *Ostentación*). Atteggiamento promosso per attirare l'attenzione o per intimorire. Nel comportamento sessuale si riscontra durante il corteggiamento, mentre nel comportamento agonistico può assumere il carattere intimidatorio della minaccia.

Ostilità (ingl. *Hostility*; ted. *Feindschaft*; fr. *Hostilité*; sp. *Hostilidad*). Sentimento di avversione manifesto o nascosto verso il prossimo che può esprimersi in forme meditate o impulsive, per ragioni di antagonismo, pregiudizio o inimicizia.

Ostinazione (ingl. *Obstinacy*; ted. *Hartnäckigkeit*; fr. *Obstination*; sp. *Obstinación*). Atteggiamento irremovibile di chi non cede alle ragioni e considerazioni altrui e resta fermo nella propria posizione. Secondo la psicoanalisi esiste un'ostinazione fisiologica che i bambini attraversano nella fase anale quando oppongono una resistenza particolarmente tenace alla disciplina delle funzioni intestinali (moralità sfinterica) e all'azione educatrice e talvolta repressiva degli adulti ad essa connessa (v. ANALE, § 2). Secondo la psicologia dell'età evolutiva l'ostinazione accompagna quei periodi caratterizzati da un'accentuata tendenza all'autonomia (v. AUTONOMIA – ETERONOMIA) che si riscontrano, oltre che nella fase anale, anche nelle crisi adolescenziali.

Ottaedro dei colori, v. COLORE, § 1.

Ottimismo (ingl. *Optimism*; ted. *Optimismus*; fr. *Optimisme*; sp. *Optimismo*). Attitudine psicologica a giudicare favorevolmente la realtà e a guardare al futuro con fiduciosa attesa. In ambito psicoanalitico Otto Fenichel vede le radici dell'ottimismo in un prolungato allattamento accompagnato da soddisfazioni orali: «Una soddisfazione orale insolitamente pronunciata risulta in una rimarchevole sicurezza di se stessi e in un ottimismo, i quali possono persistere durante la vita, qualora la delusione seguente questa soddisfazione non abbia creato uno stato di vendicatività, accoppiato ad un esigere continuo» (1945, p. 549). Cesare L. Musatti ha formulato la *legge dell'ottimismo mnestico* secondo cui «noi esercitiamo proprio un'azione selettiva sull'insieme dei nostri ricordi, nel senso che ricordiamo più facilmente e durevolmente gli avvenimenti piacevoli che non gli accadimenti spiacevoli del nostro passato. Ciò dimostra l'effettiva tendenza a dimenticare, che si sviluppa in presenza di elementi spiacevoli. Questa tendenza risponde a un'intrinseca finalità biologica: la difesa dal dolore» (1949, p. 40).

Bibliografia

Anolli L., *L'ottimismo*, il Mulino, Bologna 2005.
Fenichel O., *Trattato di psicoanalisi delle nevrosi e delle psicosi* (1945), Astrolabio, Roma 1951.
Musatti C. L., *Trattato di psicoanalisi*, Bollati Boringhieri, Torino 1949.

Ottimizzazione, v. RAZIONALITÀ.

Output, v. INPUT – OUTPUT.

Ovaia, v. ENDOCRINO, SISTEMA, § 6, *b*.

Ovariectomia, v. CASTRAZIONE.

P

Pachigiria, v. Macrogiria – Microgiria.

Padre (ingl. *Father*; ted. *Vater*; fr. *Père*; sp. *Padre*). Il termine ha rilevanza in ambito psicoanalitico dove Sigmund Freud lo impiega nella stessa accezione adottata dagli antropologi quando fanno riferimento alla *famiglia nucleare* composta da padre, madre, figli, che costituiscono i riferimenti fondamentali della prima organizzazione psichica individuale (v. Famiglia, § I, 2). In questo contesto il padre è considerato a livello *mitico-simbolico* come padre dell'orda primitiva che interdice l'endogamia (v. Antropologia, § 1, *a*; Endogamia – Esogamia) e a livello *reale* come padre effettivo che interdice l'incesto nello scenario del complesso di Edipo (v. Edipo, Complesso di). A questa seconda accezione fa riferimento anche Jacques Lacan che, con l'espressione *Nome-del-Padre*, sottolinea la funzione simbolica del padre la quale, in quanto rappresentante della Legge (v.), è più decisiva della sua funzione reale di genitore, per consentire al bambino il passaggio dal registro del Bisogno (v. § 4, *a*) a quello del Desiderio (v. § 3) che trova la sua espressione nella domanda dell'Altro (v. § 1) che è l'ordine simbolico: «La preclusione del Nome-del-Padre nel posto dell'Altro, lo scacco della metafora paterna è ciò che dà alla psicosi la sua condizione essenziale, insieme alla struttura che la separa dalla nevrosi» (1958, p. 57; v. Lacaniana, Teoria, § 6).

Sul tramonto della figura del padre, come tratto tipico del nostro tempo, richiamano l'attenzione Massimo Recalcati, che si pone il problema di «ciò che resta del padre nel tempo della sua dissoluzione» (2013, p. 12), e Luigi Zoja, per il quale «è stato detto da Guggenbühl-Craig che il padre si sta trasformando in un lusso. Le sue funzioni psicologiche tradizionali sono esercitate sempre meno. I suoi compiti materiali si trasferiscono alle madri o a qualche istituzione. La corrosione psicologica è ormai accompagnata da una scomparsa concreta. Quanti padri sono lontani dai figli e per quanto tempo?» (2000, p. 230).

Bibliografia

AA.VV., *Il padre. Parola, silenzio, trasformazione*, Vivarium, Milano 2002.

Argentieri S., *Il padre materno. Da San Giuseppe ai nuovi mammi*, Meltemi, Roma 1999.

Bernard Ch., Schlaffer E., *L'alibi di papà. Le colpe sommerse del padre assente* (1992), in "Psicologia contemporanea", 1994, n. 121, pp. 50-57.

Braconnier A., *Padri e figlie* (2007), Raffaello Cortina, Milano 2008.

Cassano G. B., *Il disturbo da attacchi di panico – Agorafobia*, Masson, Milano 1991.

Cavina M., *Il padre spodestato. L'autorità paterna dall'antichità a oggi*, Laterza, Bari 2007.

Chasseguet-Smirgel J., *I due alberi del giardino. Saggi psicoanalitici sul ruolo del padre e della madre nel sistema psichico* (1988), Feltrinelli, Milano 1991.

Di Petta G., *Il mondo di panico e nulla*, in Id., *Il mondo vissuto. Clinica dell'esistenza. Fenomenologia della cura*, Edizioni Universitarie Romane, Roma 2003, pp. 101-110.

Freud S., *Totem e tabù. Alcune concordanze nella vita psichica dei selvaggi e dei nevrotici* (1912-1913), in *Opere* (1967-1993), Bollati Boringhieri, Torino, vol. VII.

–, *Introduzione alla psicoanalisi* (1915-1917), in *Opere*, cit., vol. VIII.

–, *Il tramonto del complesso edipico* (1924), in *Opere*, cit., vol. X.

–, *L'uomo Mosè e la religione monoteistica. Tre saggi* (1934-1938), in *Opere*, cit., vol. XI.

Jarre M., *I padri lontani*, Bollati Boringhieri, Torino 1995.

Juritsch M., *Il ruolo paterno nell'educazione* (1966), La Scuola, Brescia 1969.

Lacan J., *Dei Nomi-del-Padre* (1953-1963), Einaudi, Torino 2006.

–, *Una questione preliminare ad ogni possibile trattamento della psicosi* (1958), in *Scritti* (1936-1966), Einaudi, Torino 1974, vol. II.

Lenzen D., *Padre*, in Ch. Wulf (a cura di), *Cosmo, corpo, cultura. Enciclopedia antropologica* (1997), Bruno Mondadori, Milano 2002, pp. 335-342.
Malinowski B., *Il mito e il padre nella psicologia primitiva* (1926-1927), Newton Compton, Roma 1976.
Mauro W., *Il peso di Anchise. Una riflessione sul rapporto tra padre e figlio nella letteratura e nella cultura occidentale*, Frassinelli, Milano 1997.
Mendel G., *La rivolta contro il padre* (1968), Vallecchi, Firenze 1973.
Mitscherlich A., *Verso una società senza padre. Idee per una psicologia sociale* (1963), Feltrinelli, Milano 1970.
Petterlini A., *Nostalgia del padre. Religione e illusione nel pensiero di Freud*, Il Segno Editrice, Negarine di San Pietro in Cariano 1993.
Quilici M., *Storia della paternità. Dal pater familias al mammo*, Fazi Editore, Roma 2010.
Recalcati M., *Il complesso di Telemaco. Genitori e figli dopo il tramonto del padre*, Feltrinelli, Milano 2013.
Scaparro F., *Talis pater. Padri, figli e altro ancora*, Rizzoli, Milano 1996.
Turgenev I. S., *Padri e figli* (1862), Feltrinelli, Milano 2010.
Zoja L., *Il gesto di Ettore. Preistoria, storia, attualità e scomparsa del padre* (2000), nuova edizione ampliata, Bollati Boringhieri, Torino 2016.

Paleoencefalo, v. ENCEFALO, § 2, *b*.

Paleofrenia (ingl. *Paleophrenia*; ted. *Paläophrenie*; fr. *Paléophrénie*; sp. *Paleofrenia*). Sinonimo di SCHIZOFRENIA (v.) adottato da Raymond Osborne allo scopo di mettere in rilievo quello che a suo parere è il tratto essenziale della schizofrenia, ossia la regressione del pensiero a forme primitive (v. PALEOLOGICO).

Bibliografia

Osborne R., *Paleophrenia. A re-valuation of the concept of schizophrenia*, in "Journal of Mental Science", 1940, n. 86, pp. 1078-1086.

Paleologico (ingl. *Paleologic*; ted. *Paleologik*; fr. *Paléologique*; sp. *Paleológico*). Termine introdotto da Silvano Arieti per indicare il tratto caratteristico del modo di pensare della personalità schizofrenica, il cui processo associativo non avverrebbe secondo i moduli della logica aristotelica, ma secondo modalità che già Lucien Lévy-Bruhl, Eugen Bleuler e Carl Gustav Jung avevano indicato come tipiche delle culture primitive. Infatti, scrive Arieti, «nel pensiero paleologico una classe è un insieme di oggetti che hanno in comune un predicato o una parte (per esempio la verginità); grazie al possesso comune di tale predicato o di tale parte, questi oggetti vengono identificati o diventano equivalenti» (1974, p. 327). Il meccanismo sotteso al pensiero paleologico che crea identità non a partire dal soggetto, ma dalla comunanza di un predicato, è stato considerato anche da Sigmund Freud alla base dei processi di CONDENSAZIONE (v.) e SPOSTAMENTO (v.) che avvengono a livello onirico.

Bibliografia

Arieti S., *Interpretazione della schizofrenia* (1974), Feltrinelli, Milano 1978, voll. I-II.
Freud S., *L'interpretazione dei sogni* (1899), in *Opere* (1967-1993), Bollati Boringhieri, Torino, vol. III.
Jung C. G., *Le due forme del pensare*, in *Simboli della trasformazione* (1912-1952), in *Opere* (1969-2007), Bollati Boringhieri, Torino, vol. V.
Lévy-Bruhl L., *La mentalità primitiva* (1922), Einaudi, Torino 1966.

Pali-. Prefisso di diverse parole composte, con il significato di ripetizione o reiterazione ossessiva, come:

palicinesi, iterazione motoria che si può riscontrare negli stati catatonici;

palifrasia, ripetizione ritmica e stereotipata di una frase;

paligrafia, ossessiva iterazione di una sillaba, di una parola o di una frase nella scrittura;

palilalia, ripetizione ritmica e stereotipata di una parola, frequente nei disturbi con substrato organico come il parkinsonismo (v. PARKINSON, MORBO DI) o la DEMENZA (v.), ma che può manifestarsi anche in alcune forme di schizofrenia;

palilessia, impulso morboso a rileggere più volte la stessa parola o la stessa frase;

paliprassia, ripetizione automatica di un gesto o di un'azione spesso associata ad altre forme di iterazione automatica.

Questi fenomeni furono così denominati da Édouard Brissaud alla fine del XIX secolo e questa denominazione coesiste con quella di ECOFENOMENO (v.).

Bibliografia

Brissaud É., *Leçons sur les maladies nerveuses*, Masson, Paris 1895.

PAM, v. ELETTROMIOGRAFIA.

Pancreozimina, v. ENDOCRINO, SISTEMA, § 9, *b*.

Panico (ingl. *Panic*; ted. *Panik*; fr. *Panique*; sp. *Pánico*). Episodio acuto d'ansia caratterizzato da tensione emotiva e terrore intollerabile che ostacola un'adeguata organizzazione del pensiero e dell'azione. Il panico, che può associarsi a fenomeni di depersonalizzazione (v. PERSONA, § 1; SCISSIONE, § I, 4, *c*) e di DEREALIZZAZIONE (v.), è accompagnato da turbe vegetative quali ipersudorazione, pallore, palpitazioni, dispnea, tremore, senso di svenimento, di soffocamento e tachicardia. Tali attacchi si ripetono nel tempo, e negli intervalli fra un attacco e l'altro si instaura uno stato di ansia anticipatoria dovuta alla paura che l'attacco si ripeta. Una crisi di panico può esprimere un'intensa reazione emotiva che si riferisce o a un pericolo reale o a tensioni interne avvertite come minacciose. Tende a esaurirsi spontaneamente lasciando un senso di marcata prostrazione. Oltre alle forme di panico che si presentano con ripetuti attacchi inattesi e non legati a situazioni specifiche, ce ne sono altre legate a forme fobiche (v. FOBIA) o a particolari situazioni di STRESS (v.). Sono state inoltre evidenziate due forme particolari di panico: 1) il *panico primordiale*, o "angoscia elementare", che viene fatto risalire a difetti primari dell'Io, dovuti a una scarsa differenziazione dal NON-IO (v.), che comporta un insufficiente livello di identità personale e di consapevolezza di sé; 2) il *panico omosessuale* descritto da Edward J. Kempf come un episodio acuto d'angoscia connesso alla paura di essere sul punto di subire un attacco sessuale da parte di una persona dello stesso sesso, o di essere ritenuto omosessuale.

Circa la causa dell'attacco di panico c'è chi ne accentua l'origine psichica e chi invece insiste su quella organica: la prima tesi, esposta da Franco De Masi, sostiene che «la crisi di panico ha un'origine squisitamente psichica, capace di scatenare una risposta neurobiologica specifica e automatica. Una delle ragioni del suo ripetersi ed aggravarsi è il condizionamento che si stabilisce nella mente tra stimolo, immaginazione e risposta. La risposta emotiva e neurovegetativa è un prodotto dell'immaginazione che concretizza la percezione e la realtà del pericolo di morte. Lo scampato pericolo rafforza paradossalmente l'allarme successivo. [...] Questa ipotesi è suffragata anche da ricerche neuroscientifiche contemporanee, che hanno individuato nel circuito primario della paura (amigdaleo e sottocorticale) la via di scarico e di potenziamento di alcune manifestazioni dell'angoscia non psicologizzata. L'angoscia non è psicologizzata perché non percorre il circuito razionale della paura (corticale), che è più lungo del circuito primario, ma permette di discriminare le ragioni del pericolo e di comprendere la natura dell'angoscia» (2006-2007, p. 74).

A sottolineare la base organicistica del disturbo di panico è Rosario Sorrentino, secondo il quale l'attacco di panico è dovuto a una "bugia" del cervello nel senso che «in un soggetto geneticamente predisposto, dopo uno stress prolungato o in seguito alla perdita di una persona cara, quel sensore importante del nostro cervello che è l'amigdala, già allertata per le ragioni sopra citate, interpreta una serie di segnali in maniera anomala. Ecco così che nasce la "bugia" nel cervello: in quel momento la persona è convinta che stia accadendo qualcosa di straordinario, che può mettere a rischio la sua incolumità, la sua vita. L'amigdala suona l'allarme e comincia a coinvolgere altre regioni del cervello: l'ippocampo, la corteccia prefrontale e la corteccia occipitale, ma anche altre aree vicine, informando rapidamente che si sta verificando qualcosa di anomalo» (2008, p. 66). Per ristabilire una sufficiente condizione di controllo e di equilibrio biologico, sempre secondo Sorrentino, è indispensabile la terapia farmacologica, mentre la psicoterapia non è di grande aiuto.

In tutt'altro registro si colloca l'interpretazione di James Hillman che riconduce il panico alla paura della propria istintualità animale che ha in Pan, il dio-capro della natura, la sua espressione mitologica, per cui, scrive: «Essere senza paura, privi di angosce, invulnerabili al panico, significa perdita dell'istinto, perdita di connessione con Pan» (1972, p. 73). Sempre in chiave mitologica, Pietro Prini riconduce il panico a segno della finitezza umana espresso, nel mito di Giove, dall'emozione paurosa del cielo tonante: «Non è una paura a cui l'uomo può reagire difendendosi o dandosi alla fuga o comunque cercando di salvarsi, come di fronte all'arma di un assalitore, all'apparire minaccioso di un animale o nello sconvolgimento provocato da una catastrofe naturale. È la Paura con la maiuscola, il pànico che i Greci chiamavano φόβος, che non si precisa in nessun oggetto di riferimento e contro il quale non c'è nulla da fare» (1989, p. 51).

Bibliografia

De Masi F., *Angoscia*, in AA.VV., *Psiche. Dizionario storico di psicologia, psichiatria, psicoanalisi, neuroscienze*, Einaudi, Torino 2006-2007, vol. I, pp. 70-75.
Fava G. A., Tomba E., *Il panico*, il Mulino, Bologna 2013.
Francesetti G. (a cura di), *Attacchi di panico e postmodernità. La psicologia della Gestalt fra società e clinica*, Franco Angeli, Milano 2011.
Hillman J., *Saggio su Pan* (1972), Adelphi, Milano 1977.
Kempf E. J., *The psychopathology of the acute homosexual panic. Acute pernicious dissociation neuroses*, in Id., *Psychopathology*, Mosby, St. Louis, Missouri, 1920, pp. 477-515.
Nardone G., *Paura, panico, fobie. La terapia in tempi brevi*, Ponte alle Grazie, Milano 1999.
Perna G., *Ansia. Come uscire dalla gabbia e riprendersi la vita*, Piemme, Milano 2011.
Prini P., *L'ambiguità dell'essere*, Marietti, Genova 1989.
Rinaldi L. (a cura di), *Stati caotici della mente*, Raffaello Cortina, Milano 2003.
Sorrentino R., Tani C., *Panico. Una "bugia" del cervello che può rovinarci la vita*, Mondadori, Milano 2008.
Vincelli F., Riva G., Molinari F., *Realtà virtuale in psicologia clinica. Nuovi percorsi di intervento nel disturbo di panico con agorafobia*, McGraw-Hill, Milano 2007.

Panpsichismo (ingl. *Panpsychism*; ted. *Panpsychismus*; fr. *Panpsychisme*; sp. *Panpsiquismo*). Dal greco πᾶν (tutto) e ψυχή (anima), designa l'insieme delle dottrine filosofiche che attribuiscono a tutta la realtà materiale proprietà e attributi psichici. Il panpsichismo si distingue dall'*animismo* in quanto non postula l'esistenza di un'anima nelle singole cose (v. ANIMISMO), ma solo una forza animatrice, e dall'*ilozoismo* che attribuisce alla materia qualità immanenti biologiche ma non psichiche. La concezione panpsichica, rintracciabile nella dottrina neoplatonica dell'anima del mondo, conobbe un'ampia diffusione nel Rinascimento come interpretazione metafisica della magia, spiegata in base alla connessione di tutte le cose fra loro, nella concezione leibniziana della monade come elemento spirituale della materia, nella filosofia della natura di Friedrich Wilhelm Joseph Schelling, e nella riduzione di tutti i fenomeni a una matrice volontaristica di Arthur Schopenhauer. Elementi panpsichici sono riscontrabili anche nelle teorie psicofisiche di Wilhelm Maximilian Wundt e di Gustav Theodor Fechner.

Bibliografia

Eliade M., *Storia delle credenze e delle idee religiose* (1975-1983), Sansoni, Firenze 1979-1983.
Fechner G. Th., *Einige Ideen zur Schöpfungs- und Entwicklungsgeschichte der Organismen*, Breitkopf und Härtel, Leipzig 1873.
Lévy-Bruhl L., *La mitologia primitiva* (1935), Newton Compton, Roma 1973.

Pansessualismo (ingl. *Pansexualism*; ted. *Pansexualismus*; fr. *Pansexualisme*; sp. *Pansexualismo*). Orientamento secondo il quale tutto il comportamento umano potrebbe essere spiegato in base alla motivazione sessuale. Sigmund Freud ha esplicitamente rifiutato qualsiasi legame tra pansessualismo e psicoanalisi: «È infatti errato accusare la psicoanalisi di "pansessualismo" sostenendo che essa deduce tutto l'accadere psichico dalla sessualità e ad essa lo riporta. La psicoanalisi ha al contrario operato sin dall'inizio una distinzione tra le pulsioni sessuali e altre pulsioni, provvisoriamente denominate "pulsioni dell'Io". Non le è mai passato per la mente di voler spiegare "tutto", e neppure le nevrosi le ha derivate soltanto dalla sessualità, ma invece dal conflitto tra gli impulsi sessuali e l'Io» (1922, p. 455).

Bibliografia

Freud S., *Due voci di enciclopedia: "Psicoanalisi" e "Teoria della libido"* (1922), in *Opere* (1967-1993), Bollati Boringhieri, Torino, vol. IX.

Pantoclastia (ingl. *Pantoclastia*; ted. *Allmächtige*; fr. *Pantoclastie*; sp. *Pantoclastia*). Stato parossistico di esaltazione, caratterizzato dal cedimento di ogni inibizione e da forte aggressività e agitazione psicomotoria, che induce comportamenti violenti e distruttivi. Si riscontra nelle manifestazioni acute di alcune forme di schizofrenia e di mania.

Papez, Circuito di (ingl. *Papez circuit*; ted. *Papez-Kreis*; fr. *Circuit de Papez*; sp. *Circuito de Papez*). Circuito neuronale, ipotizzato nel 1937 da James W. Papez, che coinvolge diverse strutture del sistema limbico (v. LIMBICO, SISTEMA) e costituisce il substrato anatomico delle emozioni, delle loro espressioni e della coscienza. Questo circuito collega alcune strutture subcorticali in questo ordine: l'IPPOCAMPO (v.) per il ricordo del contesto associato a una determinata emozione, l'IPOTALAMO (v.) che controlla le risposte neuroendocrine (come il rilascio di corticosteroidi in situazioni di stress) e quelle del sistema nervoso autonomo (come la sudorazione, la frequenza cardiaca ecc.), il TALAMO (v.) che compie una rapida analisi delle informazioni sensoriali, organizzando velocemente l'organismo per reazioni di difesa o fuga, e il GIRO DEL CINGOLO (v.) che, collegando il sistema limbico con la corteccia orbitofrontale, chiude il circuito, integrando le risposte viscerali e la memoria emotiva con i processi cognitivi superiori quali: l'attenzione, la pianificazione, la decisione, l'interazione sociale ecc. Il circuito di Papez consente di ipotizzare che alla base dell'apprendimento ci sia una stretta connessione fra memoria, emozione e motivazione, indispensabile per l'adattamento e la sopravvivenza che altrimenti sarebbero a rischio se l'animale non memorizzasse la situazione appetitiva e piacevole dove ha trovato cibo, o la situazione spiacevole e avversiva dove ha corso un pericolo.

Bibliografia

Papez J. W., *A proposed mechanism of emotion* (1937), in "The Journal of Neuropsychiatry & Clinical Neurosciences", 1995.

Parabulia (ingl. *Parabulia*; ted. *Parabulie*; fr. *Paraboulie*; sp. *Parabulia*). Ambivalenza della volontà (v. AMBIVALENZA, § 1) per cui un individuo che intende adempiere una particolare azione si ferma e la sostituisce con un'altra non relata o opposta alla prima. Il fenomeno è facilmente riscontrabile nelle manifestazioni schizofreniche.

Paracinesia, v. CINESIA, § 2.

Paradosso (ingl. *Paradox*; ted. *Paradoxon*; fr. *Paradoxe*; sp. *Paradoja*). Termine di origine greca che designa tutto ciò che contraddice l'opinione corrente (δόξα). Accanto a questo significato generale ne esiste uno più tecnico, impiegato nella pragmatica della comunicazione umana, che Paul Watzlawick, Janet

Helmick Beavin e Don D. Jackson così definiscono: «Il paradosso è una contraddizione che deriva dalla deduzione corretta da premesse coerenti dove però non si ha cura dei tipi logici o livelli discorsivi che si collocano su piani diversi» (1967, p. 185). Si è soliti distinguere tre tipi di paradosso: *logico-matematico* che mette capo ad antinomie, *definizioni paradossali* che generano antinomie semantiche e *paradossi pragmatici* caratterizzati da ingiunzioni contraddittorie come nel caso del DOPPIO LEGAME (v.) studiato da Gregory Bateson. Quest'ultimo ha evidenziato le caratteristiche dell'interazione che ha luogo nelle relazioni interpersonali dello schizofrenico, a proposito del quale Watzlawick, Beavin e Jackson scrivono che «se lo schizofrenico sta tentando di *non* comunicare, allora la "soluzione" del suo dilemma è l'uso di messaggi indecidibili che dicono di se stessi che non sta dicendo niente» (ivi, p. 221). Oltre al paradosso usato come strumento di non comunicazione, esiste anche la *prescrizione paradossale* come strumento terapeutico per passare dal disturbo della comunicazione alla sua correzione (v. PRESCRIZIONE; PSICOLOGIA SISTEMICA, § 2). Un altro tipo di paradosso evidenziato da Watzlawick è il *paradosso del "sii spontaneo"*, dove chi riceve l'esortazione, essendone richiesto, non riesce ad essere spontaneo e, se si forza di esserlo, lo è per accondiscendenza e quindi ancora una volta non è spontaneo.

Carl Gustav Jung ritiene che il paradosso sia il tratto caratteristico di ogni interpretazione psicologica perché «a differenza di qualunque altra teoria pertinente alle scienze naturali, l'oggetto della spiegazione è, in psicologia, di natura uguale a quella del soggetto: un processo psicologico deve spiegarne un altro. [...] Non esiste infatti uno "spirito oggettivo" che trascenderebbe il processo psicologico e che perciò potrebbe pensare oggettivamente la psiche ad esso sottoposta. [...] Ne consegue che qualunque cosa noi ci sforziamo di sondare con il nostro intelletto sfocerà nel paradosso e nel relativismo, sempre che si tratti di un lavoro onesto e non di una comoda petizione di principio» (1921, p. 500).

Bibliografia

Bateson G., *Verso un'ecologia della mente* (1972), Adelphi, Milano 1976.

Clark M., *I paradossi dalla A alla Z* (2004), Raffaello Cortina, Milano 2011.

Clement U., *Terapia sessuale sistemica* (2008), Raffaello Cortina, Milano 2010.

Jung C. G., *Tipi psicologici* (1921), in *Opere* (1969-2007), Bollati Boringhieri, Torino, vol. VI.

Loriedo C., Vella G., *Il paradosso e il sistema familiare*, Bollati Boringhieri, Torino 1989.

Russell B., Whitehead A. N., *Principia mathematica* (1910-1913), La Nuova Italia, Firenze 1977.

Selvini Palazzoli M., Boscolo L., Cecchin G., Prata G., *Paradosso e controparadosso* (1975), Raffaello Cortina, Milano 2003.

Watzlawick P., Beavin J. H., Jackson D. D., *Pragmatica della comunicazione umana* (1967), Astrolabio, Roma 1971.

Parafasia, v. AFASIA, § 1, *b*.

Parafilia (ingl. *Paraphilia*; ted. *Paraphilie*; fr. *Paraphilie*; sp. *Parafilia*). Termine con cui il DSM-5 (v. DIAGNOSI, § 4) raccoglie in un'unica classe i seguenti disturbi sessuali: ESIBIZIONISMO (v.), FETICISMO (v.), FROTTEURISMO (v.), PEDOFILIA (v.), MASOCHISMO (v.) e sadismo sessuale (v. SADISMO), TRAVESTITISMO (v.) e voyeurismo (v. SCOPOFILIA). A proposito di questi disturbi il DSM-5 distingue una forma *lieve* caratterizzata dalla presenza dell'impulso senza la sua messa in atto, *moderata* quando la messa in atto è occasionale, *grave* quando è ripetuta e abituale. Ad accomunare queste pratiche è il fatto che vengono adottate per eccitarsi. Questa è la ragione per cui, per esempio, Allen Frances nega che lo STUPRO (v.), non di rado rubricato tra i "disturbi parafilici senza specificazione" (DSM-5: 309.2 – ICD: F65.9), possa essere incluso nei disturbi parafilici perché «per stabilire che uno stupratore ha i requisiti per una diagnosi di disturbo parafilico – caso molto raro – bisognerebbe dimostrare che l'uso della violenza gli è indispensabile per eccitarsi sessualmente, e non (come è molto più frequente) che la violenza è soltanto un elemento accessorio e strumentale per ottenere la condiscendenza e la collaborazione forzate della vittima» (2013, p. 178). Per quanto concerne la differenza tra *parafilia* e *disturbo parafilico* si veda la voce PERVERSIONE, § 3.

Bibliografia

DSM-5. American Psychiatric Association (APA), *DSM-5. Manuale diagnostico e statistico dei disturbi mentali* (2013), Raffaello Cortina, Milano 2014.

Frances A., *La diagnosi in psichiatria. Ripensare il DSM-5* (2013), Raffaello Cortina, Milano 2014.

Martinotti G., *La corporeità contesa. La sessualità parafilica*, in Id., *Fenomenologia della corporeità. Dalla psicopatologia alla clinica*, Edizioni Universitarie Romane, Roma 2009.

Parafrasia, v. AFASIA.

Parafrenia (ingl. *Paraphrenia*; ted. *Paraphrenie*; fr. *Paraphrénie*; sp. *Parafrenia*). Psicosi delirante che si manifesta tendenzialmente nell'età adulta e che evolve progressivamente per poi assumere un decorso cronico. Secondo Emil Kraepelin, le costruzioni deliranti, caratterizzate da illusioni e talvolta da allucinazioni perlopiù uditive, olfattive, gustative e cenestesiche, ma soprattutto da fabulazioni a sfondo persecutorio costruite in modo infantile, avvicinano la parafrenia alla schizofrenia, da cui peraltro si differenzia in quanto, al di fuori del delirio, la coesione della personalità e la compartecipazione affettiva alla realtà risultano ben conservate, al punto da consentire al soggetto una discreta autonomia e una relativa capacità di rapporto sociale. Kraepelin distingue la *parafrenia sistematica* con elementi comuni alla paranoia, la *parafrenia espansiva* con idee di grandezza e stati di eccitamento, la *parafrenia confabulatoria* caratterizzata da deliri di persecuzione e di grandezza basati su falsificazioni della memoria e, infine, la *parafrenia fantastica* accompagnata da allucinazioni uditive, deliri non sistematici e racconti fantastici.

Il termine è stato adottato anche da Sigmund Freud come sinonimo di demenza precoce e SCHIZOFRENIA (v. § I, 2, *a*), quindi in un senso completamente diverso rispetto a quello di Kraepelin. Scrive infatti Freud: «Io penso che Kraepelin abbia avuto perfettamente ragione di separare gran parte della sindrome fino ad allora definita paranoica e di assorbirla con la catatonia e altre forme morbose in una nuova unità clinica, benché, a dire il vero, la denominazione di dementia praecox mi sembri una scelta particolarmente infelice. Anche contro il termine "schizofrenia" coniato da Bleuler per designare lo stesso gruppo di forme morbose ci sarebbe da obiettare. [...] Io credo che la soluzione più adeguata sia quella di attribuire alla dementia praecox il nome di *parafrenia*, termine privo di contenuto preciso che esprime il rapporto esistente tra questa affezione e la paranoia (la cui denominazione non va mutata) e che, inoltre, rammenta l'ebefrenia, che attualmente è assorbita nella dementia praecox» (1910, pp. 400-401). In seguito, dinnanzi al successo del termine "schizofrenia" con cui Eugen Bleuler ribattezzò la demenza precoce, Freud rinunciò alla sua proposta terminologica.

Bibliografia

Bleuler E., *Trattato di psichiatria* (1911-1939, aggiornato da M. Bleuler dal 1940 al 1960), Feltrinelli, Milano 1967.

Freud S., *Osservazioni psicoanalitiche su un caso di paranoia (dementia paranoides) descritto autobiograficamente (Caso clinico del presidente Schreber)* (1910), in *Opere* (1967-1993), Bollati Boringhieri, Torino, vol. VI.

Kraepelin E., *Trattato di psichiatria* (1883), Vallardi, Milano 1907.

Paragnosia, v. PARAPSICOLOGIA, § 1.

Paragrafia, v. AGRAFIA, § 1.

Paragrammatismo, v. AFASIA, § 2, *b*.

Paralalia, v. DISLALIA.

Paralessia, v. ALESSIA.

Paralgesia, v. ALGESIA.

Paralisi (ingl. *Paralysis*; ted. *Paralyse*; fr. *Paralyse*; sp. *Parálisis*). Diminuzione o perdita di una funzione, sia sensitiva sia motoria, dovuta a lesioni degli effettori periferici (tessuto muscolare o apparato recettore) o delle vie nervose centrali o periferiche. Nel linguaggio medico si preferisce definire *paresi* un grado minore di paralisi e *paralisi* o *plegia* una riduzione totale o grave della funzione, benché tutti questi termini spesso siano utilizzati indifferentemente. Dal punto di vista psichiatrico rivestono un particolare rilievo la paralisi isterica di origine psicogena e la paralisi progressiva conseguente alla sifilide.

1. LA PARALISI ISTERICA. Si manifesta come risultato di conflitti inconsci senza nessuna patologia organica riscontrabile ed è letta in ambito psicoanalitico come fenomeno di CONVERSIONE (v.). A differenza delle paralisi organiche, la paralisi isterica ha una delimitazione troppo precisa e un'intensità eccessiva. Queste due caratteristiche indicano che il disturbo è completamente indipendente dall'anatomia del sistema nervoso. Infatti, scrive Sigmund Freud, «la paralisi isterica presenta la tendenza a uno sviluppo eccessivo, può essere estremamente intensiva eppure strettamente circoscritta entro una piccola area, mentre la paralisi corticale quanto più è intensa, tanto più è estesa. Nei due tipi di paralisi, il comportamento della sensibilità è opposto. I particolari caratteri della paralisi corticale sono dovuti alla peculiarità della struttura cerebrale e ci consentono di rifarci all'anatomia del cervello. La paralisi isterica, al contrario, si comporta come se l'anatomia cerebrale non esistesse. L'isteria ignora completamente l'anatomia del cervello. L'alterazione che sta alla base della paralisi isterica può non avere alcuna rassomiglianza con lesioni organiche, ma è piuttosto da ricercarsi nelle condizioni di accessibilità di una determinata cerchia di rappresentazioni» (1877-1897, p. 384).

2. LA PARALISI PROGRESSIVA. È una meningoencefalite cronica provocata dal *treponema pallidum* (v. SIFILIDE) che evolve in una forma demenziale progressiva, associata a disturbi neurologici. Esiste una forma infantile congenita, una giovanile e una senile; ma più di frequente la paralisi progressiva si manifesta nell'età media, dopo un'incubazione lunghissima che può durare fino a 40 anni, con anomalie del comportamento, stravaganze, riduzione delle capacità critiche e di giudizio, perdita dell'attenzione e della concentrazione, amnesie, disturbi del linguaggio e della scrittura,

affievolimento dei valori etici e liberazione delle pulsioni che possono portare ad atteggiamenti aggressivi e sessuali fuori della norma. A questo quadro clinico possono aggiungersi o disturbi di tipo maniacale o megalomanico con manifestazioni irragionevoli che possono sfociare in deliri assurdi, o una sindrome depressiva delirante o catatonica. Il trattamento terapeutico è affidato all'uso della penicillina e il successo è collegato alla durata dei sintomi neurologici prima dell'inizio del trattamento. La guarigione organica non comporta di per sé la scomparsa della sintomatologia psichica dovuta alla permanenza di lesioni cerebrali irreversibili.

3. ALTRE FORME DI PARALISI. Meritano una menzione: a) la *paralisi agitante* che corrisponde al morbo di Parkinson (v. PARKINSON, MORBO DI); b) la *paralisi cerebrale* o *morbo di Little* dovuta probabilmente a lesioni intrauterine che comportano un'atrofia bilaterale simmetrica delle cellule nervose e una gliosi, soprattutto dei fasci piramidali, con conseguenze agli arti, specie a quelli inferiori, che divengono deboli e spastici (diplegia). Altri sintomi sono rappresentati da movimenti involontari, ATASSIA (v.) e talvolta da convulsioni epilettiche; c) la *paralisi periodica familiare* dovuta a un disturbo ereditario che si manifesta con attacchi di paralisi periodici e improvvisi che possono durare da alcune ore a 3 o 4 giorni. La malattia, che sembra legata al metabolismo del potassio, comincia generalmente durante l'adolescenza; d) la *paralisi del sonno* che si manifesta generalmente al risveglio e dura pochi secondi durante i quali vi è un'incapacità completa ad effettuare qualsiasi movimento, pur essendo conservato lo stato di coscienza del soggetto e non esistendo lesioni organiche centrali. Questa sindrome sembra dipendere da un'alterazione del biochimismo del SONNO (v. § 3) che protrae alcune inibizioni motorie centrali anche nei primi istanti della veglia.

Bibliografia

Freud S., *Sommari dei lavori scientifici del libero docente dottor Sigmund Freud 1877-1897*, in *Opere* (1967-1993), Bollati Boringhieri, Torino, vol. II.

Zeh W., *Progressive Paralyse*, Thieme, Stuttgart 1964.

Parallasse, v. PERCEZIONE, § 6, *a*.

Parallelismo psicofisico (ingl. *Psychophysical parallelism*; ted. *Psychophysischer Parallelismus*; fr. *Parallélisme psycho-physique*; sp. *Paralelismo psicofísico*). Espressione coniata da Gustav Theodor Fechner per significare che gli eventi fisici e quelli psichici costituiscono due serie parallele di eventi che non agiscono gli uni sugli altri, ma ciascuno è promosso da un evento della sua stessa serie in coincidenza con l'accadere di un evento corrispondente nell'altra serie. A partire da questa concezione, il fisico e il mentale sono due aspetti dello stesso fatto analizzabile secondo i due profili. Questo modello teorico è stato ripreso da Wilhelm Maximilian Wundt per il quale «tutti i contenuti empirici che appartengono contemporaneamente alla sfera di considerazione mediata o scientifica e a quella immediata o psicologica stanno in relazione reciproca, in quanto ogni evento elementare del campo psichico esprime un corrispondente evento nel campo fisico» (1889, p. 602). Questa impostazione metodologica consentì alla PSICOLOGIA SPERIMENTALE (v.) di organizzarsi come scienza autonoma, attraverso lo studio delle sequenze causali dei fenomeni osservabili, senza interferenza dei fenomeni mentali non osservabili.

Bibliografia

Fechner G. Th., *Zend-Avesta. Pensieri sulle cose del cielo e dell'al di là* (1851), Bocca, Milano 1944.

Wundt W. M., *System der Philosophie*, Engelmann, Leipzig 1889.

Paralogia (ingl. *Paralogia*; ted. *Paralogie*; fr. *Paralogie*; sp. *Paralogía*). Disturbo della struttura e dei processi del PENSIERO (v. § III, 1, *e*) che si manifesta, come scrive Karl Jaspers, «con un parlare di traverso caratterizzato da contenuti con un significato ben preciso, ma espressi in modo confuso, disordinato e illogico, malgrado la capacità intellettuale integra» (1913-1959, p. 210). Può configurarsi: come *deragliamento* quando il processo di pensiero, pur non essendo lineare, mantiene una qualche relazione con gli assunti di base; come *negativismo paralogico* quando le risposte del soggetto non hanno alcun rapporto con l'oggetto del discorso; come *paralogia tematica* quando il pensiero viene spostato dall'argomento principale ad uno periferico, ma caro al soggetto che vi si sofferma con insistenza. Secondo Kurt Schneider tutte le paralogie hanno in comune il fatto di avere sempre un riferimento logico in qualche modo afferrabile e riconoscibile dall'esterno.

Bibliografia

Jaspers K., *Psicopatologia generale* (1913-1959), Il Pensiero Scientifico, Roma 2000.

Schneider K., *Die Psychologie der Schizophrenen*, Thieme, Leipzig 1930.

Paramimia, v. PARATIMIA.

Paramnesia, v. MEMORIA, § 8.

Paranoia (ingl. *Paranoia*; ted. *Paranoia*; fr. *Paranoïa*; sp. *Paranoia*). Parola greca già impiegata da Eschilo, Euripide e Platone come sinonimo di follia. Il suo significato si precisò con la psichiatria ottocentesca che la definì una psicosi caratterizzata da un delirio più o meno sistematizzato centrato su temi di persecuzione, grandezza o gelosia. Non è accompagnata da allucinazioni né da sintomi dissociativi o di deterioramento, per cui la personalità paranoica conserva pensiero, intelligenza, volontà e vita di relazione che non presentano grossi turbamenti al di fuori di quelli indotti dalla tematica delirante. Il suo andamento è cronico.

1. La collocazione nosologica. La collocazione nosologica di questa sindrome ha subìto storicamente diverse vicissitudini. Prima di Emil Kraepelin la paranoia era un'entità molto ampia che comprendeva la maggior parte delle forme di deliri cronici. Kraepelin la incluse tra le forme della demenza precoce accanto alla forma ebefrenica e catatonica (v. Schizofrenia, § III). Questo criterio fu accolto anche da Eugen Bleuler che ribattezzò la demenza precoce Schizofrenia (v. § I, 1, *b*) aggiungendo alle forme indicate da Kraepelin anche la forma "semplice". Sigmund Freud accoglie il criterio di Kraepelin: «Io penso che Kraepelin abbia avuto perfettamente ragione di separare gran parte della sindrome fino ad allora definita paranoica e di assorbirla con la catatonia e altre forme morbose in una nuova unità clinica»; tuttavia ritiene sia importante «che la paranoia sia considerata un'entità clinica a sé stante, anche se il quadro che essa offre è assai sovente complicato dalla presenza di tratti schizofrenici; infatti, dal punto di vista della teoria della libido, la paranoia potrebbe essere distinta perfino dalla dementia praecox sia in ragione della diversa localizzazione della fissazione predisponente, sia per il diverso meccanismo di ritorno del rimosso (cioè di formazione dei sintomi); con la dementia praecox la paranoia condividerebbe tuttavia il carattere principale della rimozione propriamente detta, cioè il distacco della libido dal mondo esterno con corrispondente regressione sull'Io» (1910, pp. 400-401).

Il DSM-5 include la paranoia nei disturbi di personalità la cui caratteristica essenziale è «diffidenza e sospettosità pervasive nei confronti degli altri, tanto che le loro motivazioni vengono interpretate come malevole, che iniziano nella prima età adulta e sono presenti in svariati contesti come indicato dai seguenti elementi: 1. Sospetta, senza fondamento, di essere sfruttato, danneggiato o ingannato dagli altri. 2. Dubita, senza giustificazione, della lealtà o affidabilità di amici o colleghi. 3. È riluttante a confidarsi con gli altri a causa del timore ingiustificato che le informazioni possano essere usate in modo maligno contro di lui. 4. Legge significati nascosti, umilianti o minacciosi in osservazioni o eventi benevoli. 5. Porta costantemente rancore (cioè non dimentica gli insulti, le ingiurie o le offese). 6. Percepisce attacchi al proprio ruolo o reputazione non evidenti agli altri ed è pronto a reagire con rabbia o a contrattaccare. 7. Sospetta in modo ricorrente, senza giustificazione, della fedeltà del coniuge o del partner sessuale» (2013, p. 752, n. 301.0).

2. La personalità paranoica. Presenta tratti di diffidenza, sospettosità, riservatezza, timore dell'aggressività altrui, rigidità con impossibilità di mettere in discussione le proprie persuasioni e con ipersuscettibilità alle critiche, alta concezione di sé con ostinazione e intolleranza verso gli altri, e modalità fanatiche di vita. Questi tratti contrastano con l'estrema lucidità della coscienza, la perfetta conservazione della memoria, falsata solo dal contenuto delirante, una logica ben sostenuta da una dialettica impeccabile, a cui si aggiunge un contegno esteriore ordinato e una condotta corretta. Tra le cause supposte alla base della personalità paranoica è stata indicata in ambito psicodinamico la struttura profondamente narcisistica che induce il paranoico a utilizzare abitualmente meccanismi di Negazione (v.) e Proiezione (v. § 3). Freud suppone invece che alla base ci sia un meccanismo di difesa contro la propria omosessualità negata dal soggetto con deliri di gelosia (Non sono io ad amare lui, ma è lei), di persecuzione (Io non lo amo, lo odio e perciò egli mi odia e mi perseguita), di erotomania (Non amo lui, ma lei, perché lei mi ama), o con un assoluto diniego (Non amo nessuno, ma solo me stesso).

3. Il delirio paranoico. Si struttura, dopo i 30 anni, a partire da una disposizione psicologica interna, confortata da fatti occasionali reali o interpretati come reali. I temi deliranti possono essere a sfondo *persecutorio*, dove i persecutori sono individuati in gruppi ben precisi identificabili nella società o nei familiari, di *gelosia* con ricerca minuziosa delle prove, di *rivendicazione* per torti presunti o realmente subiti, di *avvelenamento* che comporta una vigilanza assoluta su ogni cosa, di *erotomania* per la convinzione di essere segretamente amati da qualcuno solitamente importante, a sfondo *mistico-riformista* con conseguente fondazione di sette o di movimenti politico-religiosi. Una varietà particolare di delirio evidenziata da Ernst Kretschmer è il *delirio di rapporto dei sensitivi* dove il soggetto ritiene che fatti, situazioni, persone, discorsi facciano comunque riferimento a lui in termini negativi. Questi temi deliranti sono caratterizzati da interpretazioni abnormi della realtà, sorrette da una consequenzialità molto rigorosa e da un'intensa partecipazione affettiva. Da ultimo, per quanto concerne il delirio paranoico, da leggersi come tentativo di uscire da uno stato insopportabile di vergogna che ha destrutturato il proprio Sé, si veda la voce Vergogna, § 1.

4. ALTRE FORME DI PARANOIA. Per completezza ricordiamo: 1) la *posizione paranoidea* imperniata sul fantasma di persecuzione degli "oggetti cattivi parziali", evidenziata da Melanie Klein come stadio attraversato dal bambino nei primi quattro mesi di vita (v. KLEINIANA, TEORIA, § 2); 2) la *paranoia involutiva* di Karl Kleist a cui vanno incontro talvolta le persone anziane sviluppando alterazioni psichiche anteriori con temi querulomani, rivendicativi o di grandezza; 3) la *paranoia collettiva*, studiata da Luigi Zoja, caratterizzata da un'intensità esplosiva quando fuoriesce dalla patologia individuale e contagia la massa, imprimendo il proprio marchio nella storia: dallo sterminio dei nativi americani alla Grande guerra e ai pogrom, dai totalitarismi del Novecento alle guerre preventive delle democrazie occidentali. Quando il pensiero paranoico, con la sua logica stringente che procede invertendo gli effetti con le cause senza smarrire l'apparenza della ragione, e con il suo pensiero del tutto privo di qualsiasi dimensione morale, è impersonato da una figura carismatica, come Hitler o Stalin, in grado di convincere che ogni male è da attribuire agli altri, allora i tratti paranoici fuoriescono dalla dimensione individuale e, per effetto della loro contagiosità sociale, finiscono per infettare le masse risvegliando la paranoia che dorme in ciascuno di noi; 4) il *disturbo paranoide di personalità* per il quale, per come è rubricato e descritto dal DSM-5, si rinvia alla voce PERSONALITÀ (§ II, 3, A, α).

Bibliografia

Ballerini A., Rossi Monti M., *La vergogna e il delirio. Un modello delle sindromi paranoidee*, Bollati Boringhieri, Torino 1990.

Bleuler E., *Affettività, suggestione, paranoia* (1906), Fattore Umano Edizioni, Roma 2017.

–, *Trattato di psichiatria* (1911-1939, aggiornato da M. Bleuler dal 1940 al 1960), Feltrinelli, Milano 1967.

Borgna E., *Fenomenologia della paranoia*, in AA.VV., *La paranoia e l'antropologismo*, Spirali, Milano 1980.

Callieri B., Maci C., *Paranoia. Passione e ragione*, Anicia Editore, Roma 2008.

Cargnello D., *Il caso Ernst Wagner*, Feltrinelli, Milano 1984.

DSM-5. American Psychiatric Association (APA), *DSM-5. Manuale diagnostico e statistico dei disturbi mentali* (2013), Raffaello Cortina, Milano 2014.

Freud S., *Osservazioni psicoanalitiche su un caso di paranoia (dementia paranoides) descritto autobiograficamente (Caso clinico del presidente Schreber)* (1910), in *Opere* (1967-1993), Bollati Boringhieri, Torino, vol. VI.

–, *Comunicazione di un caso di paranoia in contrasto con la teoria psicoanalitica* (1915), in *Opere*, cit., vol. VIII.

–, *Alcuni meccanismi nevrotici nella gelosia, paranoia e omosessualità* (1921), in *Opere*, cit., vol. IX.

Klein M., *La psicoanalisi dei bambini* (1932), Martinelli, Firenze 1969.

Kleist K., *Las esquizofrenias paranoides*, in "Actas Luso-españolas de Neurología, Psiquiatría y Ciencias afines", 1951.

Kraepelin E., *Trattato di psichiatria* (1883), Vallardi, Milano 1907.

Kretschmer E., *Der sensitive Beziehungswahn*, Springer, Berlin 1918.

Sullivan H. S., *Il dinamismo paranoideo*, in Id., *Studi clinici* (1956, edito postumo), Feltrinelli, Milano 1976, pp. 141-161.

Tondo L., *Qualcuno ce l'ha con me. Dal pregiudizio alla paranoia*, Baldini & Castoldi, Milano 2017.

Verdiglione A. (a cura di), *La paranoia, l'antropologismo*, Spirali, Milano 1980.

Zapparoli G. C., *Paranoia e tradimento. Per una teoria dei bisogni*, Bollati Boringhieri, Torino 1992.

Zoja L., *Paranoia. La follia che fa la storia*, Bollati Boringhieri, Torino 2011.

Paranormali, Fenomeni, v. PARAPSICOLOGIA.

Paraplegia (ingl. *Paraplegia*; ted. *Paraplegie*; fr. *Paraplégie*; sp. *Paraplejia*). Paralisi della parte inferiore del corpo e in particolare degli arti inferiori; può essere solamente motoria, ma perlopiù si accompagna a disturbi della sensibilità. Si distingue la *paraplegia atassica* (v. ATASSIA) che si riferisce all'instabilità di posizione e di marcia associata alla paraplegia.

Paraprassia (ingl. *Parapraxis*; ted. *Parapraxie*; fr. *Parapraxie*; sp. *Parapraxia*). Azione sbagliata o inadeguata alla situazione. In ambito psicoanalitico il termine è stato sostituito con "atto mancato" (v. ATTO, § 2, *b*).

Parapsicologia (ingl. *Parapsychology*; ted. *Parapsychologie*; fr. *Parapsychologie*; sp. *Parapsicología*). Studio di ciò che sta oltre (in greco: παρά) i fenomeni noti alla psicologia. Tali fenomeni, detti anche per questa ragione "occulti" (v. OCCULTISMO), sono stati distinti in due classi:

1. PERCEZIONE EXTRASENSORIALE (ESP). Si riferisce, secondo la denominazione assegnata da Joseph Banks Rhine, alla percezione di un oggetto, di uno stato o di un evento senza l'intervento di alcuno dei cinque sensi. La percezione extrasensoriale, detta anche *criptoestesia* o *paragnosia*, comprende la *chiaroveggenza* per cui un individuo riesce a percepire eventi situati in un luogo e/o in un tempo diverso da quello in cui egli si trova, la *retrocognizione* o percezione di eventi del passato che non dipende da ricordi o da deduzioni, la *precognizione* o percezione di eventi futuri o mediamente inconoscibili attraverso le vie normali della percezione, dell'intelligenza e dell'intuizione, la *telepatia*, detta anche *trasmissione del pensiero* o *telestesia*, che è la conoscenza di pensieri o di stati

d'animo di una persona che in genere si trova spazialmente lontana. Due soggetti in comunicazione telepatica sembra possano comunicare e trasmettere messaggi.

2. Psicocinesi (PK). È l'influenza mentale direttamente esercitata da un soggetto su un sistema fisico, senza l'intervento di alcuna forma di energia attualmente conosciuta. La psicocinesi comprende la *levitazione* o sollevamento del corpo che resta sospeso nell'aria senza appoggio, la *telecinesi* che sposta, solleva, trasporta oggetti senza alcun contatto diretto o indiretto, la *materializzazione* in forma di oggetti della sostanza, detta *ectoplasma* o *teleplasma*, emanata dal medium in trance. A queste due classi di fenomeni parapsicologici c'è chi vorrebbe aggiungere l'*esperienza extracorporea* che è un'alterazione della coscienza la quale ha la sensazione di non essere localizzata nello stesso luogo occupato dal corpo, come accade di frequente nell'esperienza onirica.

3. Verifiche scientifiche. Osservazioni occasionali in merito a fenomeni parapsicologici ci provengono da tutte le epoche e da tutti i paesi, ma l'indagine sperimentale prese ad interessarsene criticamente solo nella seconda metà del XIX secolo con i lavori della "Society for Psychical Research" costituitasi a Londra nel 1882. Sotto la guida di William McDougall, verso il 1930 iniziarono presso la Duke University nella Carolina del Nord i lavori di ricerca sulla percezione extrasensoriale diretti da Rhine, mentre nel 1950 veniva fondata a Freiburg im Breisgau la "Gesellschaft für Parapsychologie und Grenzgebiete der Psychologie" presieduta da Hans Bender. Gli esperimenti più significativi sono stati quelli condotti da Rhine che consistevano: per la percezione extrasensoriale, nell'identificazione di carte da gioco prima che venissero chiamate, e per la psicocinesi nell'influenzare con il desiderio il lancio di dadi effettuato da una macchina. I risultati di queste ricerche condotte con estremo rigore, anche se da un punto di vista statistico hanno un valore abbastanza limitato, bastano a giustificare l'interesse della scienza per il fenomeno, benché le spiegazioni sinora fornite non trovino ancora una formulazione scientifica. Tra queste ricordiamo l'ipotesi di Rhine che fa riferimento a un'attività inconscia, denominata PSI, facilmente influenzabile, che opererebbe fuori dalle dimensioni fisiche di spazio, tempo e materia. Detta PSI, responsabile sia dei fenomeni ESP che di quelli PK, può agire in senso positivo, dando il risultato atteso, negativo, dando il risultato opposto, o mutando indirizzo, facendo indovinare, per esempio, non la carta immediatamente presentata, ma la successiva. Accanto a questa supposizione c'è quella proposta da William Crookes relativa all'intervento di onde elettromagnetiche, secondo l'ipotesi già formulata da Franz Anton Mesmer per il quale esisterebbe un magnetismo che connetterebbe vicende cosmiche. Il problema della parapsicologia, oltre a quello di difendersi dalle superstizioni popolari, è quello di trovare impianti categoriali che consentano di offrire un piano esplicativo attendibile dei fenomeni per ora solo enunciati e in parte scientificamente sperimentati.

Bibliografia

Angela P., *Viaggio nel mondo del paranormale*, Garzanti, Milano 1979.

Bender H., *Parapsychologie. Entwicklungen, Ergebnisse, Probleme*, Wissenschaftliche Buchgesellschaft, Darmstadt 1976.

Biondi M., Tressoldi P. E., *Parapsicologia*, il Mulino, Bologna 2007.

Cavanna R. (a cura di), *Aspetti scientifici della parapsicologia*, Bollati Boringhieri, Torino 1973.

Driesch H., *Parapsychologie*, Bruckmann, München 1952, 3ª ed.

Freud S., *Sogno e telepatia* (1922), in *Opere* (1967-1993), Bollati Boringhieri, Torino, vol. IX.

Green C. E., *Out-of-the-body experiences*, Institute for Psychophysical Research, Oxford 1968.

Huisman D. (a cura di), *Parapsicologia* (1973), Trento Procaccianti Editore, Milano 1975.

Hynds F., Bowles N., Maxwell J., *PSI search. The new investigation of psychic phenomena that separates fact from speculation*, Harper & Row, New York 1978.

Jung C. G., *Psicologia e patologia dei cosiddetti fenomeni occulti* (1900), in *Opere* (1969-2007), Bollati Boringhieri, Torino, vol. I.

La Forgia M., *Sogni di uno spiritista. Empirismo psicologico e parapsicologico in C. G. Jung*, Melusina, Roma 1991.

Rhine J. B., McDougall W., Prince W. F., *Extrasensory perception*, Boston Society for Psychic Research-Humphries, Boston 1934.

Rhine J. B., Pratt J. G., *Parapsychology. Frontier science of the mind*, edizione riveduta, Thomas Springfield, Illinois, 1962.

Shepard L. A. (a cura di), *Encyclopedia of occultism and parapsychology*, Gale Research Co., Detroit 1978.

Tart Ch., *PSI. Scientific studies of the psychic realm*, Dutton, New York 1977.

White R. A. (a cura di), *Surveys in parapsychology. Reviews of the literature with updated bibliographies*, Scarecrow Press, Metuchen, New Jersey, 1976.

Wolman B. B. *et al.*, *Handbook of parapsychology*, Van Nostrand Reinhold, New York 1977.

Paraptia, v. Sensibilità, § 5.

Parasimpatico, v. Simpatico, Sistema nervoso, § 2.

Parassitosi, Delirio di, v. Pelle, § 5.

Paratassia (ingl. *Parataxia*; ted. *Parataxie*; fr. *Parataxie*; sp. *Parataxia*). Distorsione dei rapporti interpersonali dovuta, secondo Harry Stack Sullivan, all'attivazione di impressioni antecedenti, maturate soprattutto nella prima infanzia e proiettate sugli altri con il risultato di trasformare le persone in qualcosa di diverso da quello che sono. Il modo *paratassico* di fare esperienza è successivo a quello *prototassico*, tipico del bambino che non ha ancora raggiunto la distinzione tra sé e il mondo, e antecedente al modo *sintassico* che consente di superare la paratassia confrontando le proprie valutazioni con quelle degli altri in modo da raggiungere quello che Sullivan chiama "validazione consensuale". La distorsione paratassica è rintracciabile anche nel concetto freudiano di TRANSFERT (v. § 1, *a*) che prevede la ripetizione verso gli altri delle modalità relazionali avute verso i genitori all'epoca del complesso edipico ma, a differenza di Sigmund Freud, Sullivan non usa né il concetto di libido, né quello di coazione a ripetere, perché ritiene che le deformazioni paratassiche si sviluppino dai primi rapporti che il bambino ha con persone significative in un tempo antecedente allo schiudersi dello scenario edipico. La deformazione, inoltre, non è da imputare al fantasma sessuale, ma alla frammentarietà dell'esperienza che caratterizza il modo prototassico di relazionarsi al mondo delle cose e delle persone.

Bibliografia

Sullivan H. S., *Teoria interpersonale della psichiatria* (1953, edito postumo), Feltrinelli, Milano 1962.

Paratimia (ingl. *Parathymia*; ted. *Parathymie*; fr. *Parathymie*; sp. *Paratimia*). Disturbo dell'affettività che si traduce in una risposta emotiva contraddittoria rispetto alla situazione, come per esempio l'esplosione in una risata incontenibile all'annuncio di una notizia triste. Quando la paratimia si manifesta attraverso espressioni mimiche o gestuali è detta anche *paramimia*. Entrambe si riscontrano frequentemente nelle personalità schizofreniche (v. SCHIZOFRENIA).

Paratiroide, v. ENDOCRINO, SISTEMA, § 3.

Paratormone (PTH), v. ENDOCRINO, SISTEMA, § 3.

Pareidolia, v. ILLUSIONE, § 3.

Parentela, v. ANTROPOLOGIA, § 3.

Parergasia (ingl. *Parergasia*, ted. *Parergasie*; fr. *Parergasie*; sp. *Parergasia*). Azione inconseguente. Emil Kraepelin adotta questa espressione per quelle forme di PARABULIA (v.) in cui l'impulso a compiere un'azione viene interrotto, prima che il soggetto faccia la prima mossa, da un'altra azione che non ha alcuna relazione con la prima. Da Adolf Meyer il termine è impiegato invece per indicare uno stato di profonda regressione con abbandono della realtà e ricostruzione di sé a partire dai propri contenuti deliranti, con conseguente incongruenza del comportamento (v. ERGASIA; SCHIZOFRENIA, § I, 1, *c*).

Bibliografia

Kraepelin E., *Trattato di psichiatria* (1883), Vallardi, Milano 1907.

Meyer A., *Psychobiology. A science of man*, Charles C. Thomas, Springfield, Illinois, 1958.

Parestesia, v. SENSIBILITÀ, § 5.

Parkinsonismo, v. PARKINSON, MORBO DI.

Parkinson, Morbo di (ingl. *Parkinson's disease*; ted. *Parkinson-Krankheit*; fr. *Maladie de Parkinson*; sp. *Mal de Parkinson*). Malattia cronica e progressiva del sistema nervoso centrale, descritta nel 1817 dal medico inglese James Parkinson, che porta, tra il quarto e il settimo decennio della vita, ad una sintomatologia caratterizzata da acinesia (v. CINESIA, § 1) con rallentamento dei movimenti, irrigidimento della muscolatura sempre più ipertonica e contratta, disturbi vegetativi come ipersalivazione e ipersudorazione, tremori "a riposo" delle estremità e talvolta anche del capo, tronco inclinato in avanti e inespressività del viso, oltre a disturbi psichici caratterizzati dall'insorgenza di uno stato depressivo reattivo dovuto alla malattia. Il morbo è provocato dalla perdita di cellule pigmentate nella *substantia nigra* o in altri nuclei pigmentati (come per esempio il locus ceruleus, nucleo dorsale motore del vago) e dalla presenza di inclusioni intracitoplasmatiche (*corpi di Lewy*) nelle cellule neuronali residue. La cura a tutt'oggi più efficace è l'assunzione di un precursore della dopamina, la L-dopa, che, a differenza della dopamina, riesce a raggiungere il cervello, aiutando in tal modo la modulazione del movimento, la vigilanza e i comportamenti motivazionali appetitivi, essendo la dopamina associata alle sensazioni di piacere come nelle gratificazioni alimentari e sessuali. Il trattamento, che è solo sintomatico, non assicura tuttavia risultati duraturi. Il morbo di Parkinson si distingue dal *parkinsonismo*, o *sindrome parkinsoniana*, che insorge come effetto collaterale dei neurolettici o in seguito a intossicazioni croniche, arteriosclerosi, tumori cerebrali, encefaliti e traumi cerebrali.

Bibliografia

Stocchi F., *Morbo di Parkinson. Strategie terapeutiche e qualità della vita del malato*, Il Pensiero Scientifico, Roma 1998.

Parola, v. LINGUISTICA, § 1, *i*; LINGUAGGIO, § 1.

Paroressia (ingl. *Parorexia*; ted. *Parorexie*; fr. *Parorexie*; sp. *Parorexia*). Disturbo dell'appetito che comprende sia l'ANORESSIA (v.) che la BULIMIA (v.).

Parossismo (ingl. *Paroxysm*; ted. *Paroxysmus*; fr. *Paroxysme*; sp. *Paroxismo*). Estrema intensità nella manifestazione di un sintomo. Per analogia il termine viene anche riferito alla fase eccessiva di una situazione o di una reazione affettiva contrassegnata dalla perdita dell'abituale controllo.

Parricidio, v. ANTROPOLOGIA, § 1, *a*; ENDOGAMIA – ESOGAMIA.

Partecipazione mistica (ingl. *Mystical participation*; ted. *Mystische Teilnahme*; fr. *Participation mystique*; sp. *Participación mística*). Termine introdotto da Lucien Lévy-Bruhl per indicare la modalità con cui, a suo parere, i primitivi percepiscono la realtà. «Userò il termine *mistica* non con allusione al misticismo religioso delle nostre società, che è qualcosa di abbastanza differente, ma nel suo significato letterale per cui con "mistico" si intende la credenza a forze, ad influenze, ad azioni impercettibili ai sensi e tuttavia reali» (1910, p. 62). Animata dalla categoria affettiva del soprannaturale pensato come causa dei fenomeni naturali (v. SACRO, § 2), la mentalità primitiva stabilisce relazioni emozionali tra oggetti che, dal punto di vista della causalità fisica, non rivelano relazioni tra loro. In ambito psicologico Carl Gustav Jung, che adotta questo concetto, scrive: «Questo termine risale a Lévy-Bruhl. Con esso si intende un tipo particolare di legame psicologico con l'oggetto. La partecipazione mistica consiste nel fatto che il soggetto non può distinguersi chiaramente dall'oggetto, ma è legato a questo da un rapporto diretto che si può chiamare identità parziale. Questa identità è fondata sull'originaria unità di oggetto e soggetto; la partecipazione mistica è quindi un residuo di questo stato primordiale. [...] Tra uomini civilizzati essa si verifica di regola tra persone, più di rado fra una persona e una cosa» (1921, p. 471). In ambito psicoanalitico questa condizione illustrata da Jung è descritta come *identificazione proiettiva* dove una parte della personalità è proiettata sull'oggetto, per cui questo viene sperimentato come se si trattasse del contenuto proiettato (v. PROIEZIONE, § 4).

Bibliografia

Jung C. G., *Tipi psicologici* (1921), in *Opere* (1969-2007), Bollati Boringhieri, Torino, vol. VI.

Lévy-Bruhl L., *Psiche e società primitive* (1910), Newton Compton, Roma 1970.

–, *Sovrannaturale e natura nella mentalità primitiva* (1931), Newton Compton, Roma 1973.

Parto (ingl. *Birth*; ted. *Geburt*; fr. *Accouchement*; sp. *Parto*). Espulsione o estrazione del feto dal corpo materno. Per quanto sia naturale, detta espulsione non di rado è accompagnata da ansia e paura che possono attivare nella madre una serie di reazioni *post partum* che vanno dalla *depressione*, conseguente all'interruzione della continuità fisico-emotiva dell'unità madre-bambino, alla *psicosi puerperale*, così detta perché insorge subito dopo il parto nel periodo del puerperio che mette alla prova le risorse sia fisiche, sia psichiche della donna con conseguente aumento della sua vulnerabilità. Nella psicosi puerperale si assiste o a uno stato di disorganizzazione dell'esperienza in cui angoscia, confusione mentale e onirismo si mescolano, o a una successione di stati melanconici, maniacali e catatonici. L'insorgenza è rapida e talvolta brutale, ma nella maggior parte dei casi la prognosi è positiva. Questo andamento fa pensare che la debolezza dell'Io, che caratterizza il periodo che precede e segue il parto, renda manifesti motivi psicotici latenti che poi rientrano con il progressivo guadagno di uno stato di sicurezza a cui concorre la presenza del bambino e il successivo allattamento, che aiuta la madre non ancora pronta ad abbandonare la simbiosi dopo il parto. Dal punto di vista del bambino il parto, quando è distocico, può avere conseguenze fisiche, come encefalopatie, emiplegie, diplegie, o psichiche, connesse al cosiddetto trauma della nascita (v. TRAUMA, § 4).

Bibliografia

Osterman E., *Les états psychopathologiques du postpartum*, in "Encéphale", 1963, n. 5.

Rank O., *Il trauma della nascita e il suo significato psicoanalitico* (1924), Guaraldi, Rimini 1972.

Romito P., *La depressione dopo il parto*, il Mulino, Bologna 1992.

Shainess N., *Problemi psicologici connessi alla maternità*, in S. Arieti (a cura di), *Manuale di psichiatria* (1959-1966), Bollati Boringhieri, Torino 1969-1970, vol. I, pp. 407-425.

Parziale (ingl. *Partial*; ted. *Partiell*; fr. *Partiel*; sp. *Parcial*). Aggettivo che ricorre nel linguaggio psicoanalitico in riferimento: 1) alla PULSIONE (v. § 2, *e*) quando questa tende alla propria soddisfazione senza ancora essere integrata nell'organizzazione che, a vari stadi, è prevista dallo sviluppo della libido; 2) all'oggetto reale o fantasmatico (v. OGGETTO, § 1) a cui tende la pulsione parziale nel suo riferirsi a parti del corpo (seno, feci, pene) e ai loro equivalenti simbolici. Anche una persona (oggetto totale) può essere identificata con un oggetto parziale quando è vissuta come semplice strumento di soddisfazione della propria pulsione.

Bibliografia

Freud S., *Metapsicologia* (1915), in *Opere* (1967-1993), Bollati Boringhieri, Torino, vol. VIII.

Passaggio, Sindrome di, v. COSCIENZA, § 3, *c*.

Passante, Effetto del, v. ALTRUISMO.

Passato, v. TEMPO, § II.

Passione (ingl. *Passion*; ted. *Leidenschaft*; fr. *Passion*; sp. *Pasión*). Termine che appartiene alla tradizione filosofica dove possiede un significato contrario e correlativo all'azione. In preda alla passione il soggetto, infatti, non agisce, ma subisce (in greco: παθεῖν). In ambito psicologico il concetto di passione è stato risolto in tre significati più specifici: 1) AFFEZIONE (v.) che è una modificazione passiva di carattere intenso e durevole; 2) EMOZIONE (v.) che è una reazione ad insorgenza acuta e di breve durata determinata da uno stimolo ambientale; 3) PULSIONE (v.) nell'accezione psicoanalitica della parola.

Oggi, secondo Silvia Vegetti Finzi, siamo entrati in un'epoca "spassionata" al punto che «le passioni, che hanno costituito per secoli il fulcro dell'affermazione di sé e un nesso potente tra l'individuo, i rapporti privati e la vita pubblica, sembrano aver esaurito la loro funzione. Le scelte avvengono più per calcolo della convenienza che per un impeto appassionato, come se la fonte delle emozioni si fosse inaridita e nessuno credesse più alla possibilità di mutare l'esistente. [...] Eppure, persino quando affermiamo la morte delle passioni utilizziamo ancora, seppure in forma negativa, il loro potenziale espressivo. [...] Nel bene e nel male, nella forma della presenza o dell'assenza, dell'affermazione o del diniego, esse orientano ancora la riflessione e l'agire umano» (1995, p. V).

Bibliografia

Benasayag M., Schmit G., *L'epoca delle passioni tristi* (2003), Feltrinelli, Milano 2004.

–, *Oltre le passioni tristi. Dalla solitudine contemporanea alla creazione condivisa* (2015), Feltrinelli, Milano 2016.

Bodei R., *Geometria delle passioni. Paura, speranza, felicità: filosofia e uso politico*, Feltrinelli, Milano 1991.

Celli P. L., *Passioni fuori corso*, Mondadori, Milano 2000.

Curi U., *Passione*, Raffaello Cortina, Milano 2013.

Ghezzani N., *Passioni psicotiche. Progetti oppositivi e crisi di identità*, Melusina, Roma 1998.

Mancuso V., *Il principio passione*, Garzanti, Milano 2013.

Morelli U., Weber C., *Passione e apprendimento. Formazione-intervento: teoria, modello, esperienze*, Raffaello Cortina, Milano 1996.

Moscovici S., *La fabbrica degli dèi. Saggio sulle passioni individuali e collettive* (1988), il Mulino, Bologna 1991.

Roccatagliata G., *Passioni e metafore. Annotazioni ai margini della psichiatria*, Borla, Roma 1993.

Vegetti Finzi S. (a cura di), *Storia delle passioni*, Laterza, Bari 1995.

Passività (ingl. *Passivity*; ted. *Passivität*; fr. *Passivité*; sp. *Pasividad*). Modalità di adattamento all'ambiente e agli altri che esprime una personalità riluttante all'azione, incline alla dipendenza, alla ricettività e alla sottomissione. Può trattarsi di un atteggiamento acquisito in determinate circostanze per esprimere disapprovazione o disinteresse, o di un tratto caratteriale che dice carenza di iniziativa e di risorse. Il termine ha acquisito un significato specifico nella contrapposizione freudiana ATTIVITÀ – PASSIVITÀ (v.) che include la polarità maschile-femminile.

Patofobia, v. IPOCONDRIA.

Patognomica, v. ESPRESSIONE, § 1.

Patografia (ingl. *Pathography*; ted. *Pathographie*; fr. *Pathographie*; sp. *Patografía*). Ricostruzione della patologia di una personalità storica attraverso la testimonianza biografica disponibile e le opere prodotte in quanto espressione dello spirito della personalità. Karl Jaspers dice in proposito che «lo spirito non può ammalarsi. Ma lo spirito è sostenuto dall'esistenza concreta. La malattia dell'esistenza ha conseguenze per la realizzazione dello spirito che può essere inibito, differito, oppure anche favorito e attuato in modo unico» (1913-1959, p. 778). Di qui l'opportunità di patografie che sono «biografie che vogliono presentare allo psicopatologo i lati interessanti della vita psichica e chiarire il significato delle sue manifestazioni e i suoi processi per la genesi delle opere di alcuni individui» (*ibid.*). Le opere non vanno trattate come "sintomi" della malattia, ma come materiali che rivelano la modalità in cui l'autore si è reso conto del proprio mondo spirituale esponendolo nell'opera. Questa modalità è estremamente istruttiva per lo psicopatologo. Infatti, scrive Jaspers, «in condizioni favorevoli un individuo diventa sistematicamente cosciente del proprio mondo attraverso la poesia e l'opera d'arte, i pensieri filosofici e la costruzione di immagini del mondo. Ciò che ci viene comunicato con il linguaggio, e ci viene posto innanzi agli occhi con le opere, fornisce le pietre di costruzione con le quali ci rendiamo conto dell'aspetto che ha il mondo quando un malato ne diviene consapevole. Invece di scoprire indirettamente una semplice configurazione concreta del mondo, cogliamo la totalità di uno spirito nella sua propria oggettivazione» (ivi, p. 321). Le patografie si differenziano a seconda del metodo adottato nell'interpretazione del mondo spirituale dell'autore. Avremo allora patografie fenomenologiche come quelle di Jaspers, o psicoanalitiche come quelle di Sigmund Freud.

Bibliografia

Freud S., *Un ricordo d'infanzia di Leonardo da Vinci* (1910), in *Opere* (1967-1993), Bollati Boringhieri, Torino, vol. VI.

Jaspers K., *Psicopatologia generale* (1913-1959), Il Pensiero Scientifico, Roma 2000.

–, *Genio e follia. Analisi patografica di Strindberg, Van Gogh, Swedenborg, Hölderlin* (1922), Raffaello Cortina, Milano 2001.

Patologia, v. Psicopatologia.

Patonevrosi (ingl. *Pathoneurosis*; ted. *Pathoneurose*; fr. *Pathonévrose*; sp. *Patoneurosis*). Termine coniato da Sándor Ferenczi che scrive: «A proposito delle nevrosi successive a malattie organiche o ferite, a proposito cioè di quelle che io chiamerei *nevrosi da malattia* o *patonevrosi*, in moltissimi casi risulta che la libido ritirata dal mondo esterno non viene rivolta sull'Io nella sua interezza ma, principalmente, sull'*organo* malato o ferito; nella regione colpita dalla malattia o in cui è aperta la ferita notiamo infatti dei sintomi che dobbiamo attribuire a un aumento locale della libido. [...] Forse un giorno sarà possibile spiegare le specifiche trasformazioni caratteriali subite dai malati organici come formazioni reattive dell'Io a questi trasferimenti della libido» (1917, p. 252).

Bibliografia

Ferenczi S., *Le patonevrosi* (1917), in *Opere* (1989-1992), Raffaello Cortina, Milano, vol. II.

Pattern, v. Modello.

Pauli test, v. Concentrazione; Psicologia del lavoro, § 5.

Paura (ingl. *Fear*; ted. *Furcht*; fr. *Peur*; sp. *Miedo*). Emozione primaria di difesa, provocata da una situazione di pericolo che può essere reale, anticipata dalla previsione, evocata dal ricordo o prodotta dalla fantasia. La paura è spesso accompagnata da una reazione organica, di cui è responsabile il sistema nervoso autonomo, che prepara l'organismo alla situazione d'emergenza disponendolo, anche se in modo non specifico, all'apprestamento delle difese che si traducono solitamente in atteggiamenti di lotta e fuga; quando invece è protratta e relativa a oggetti, animali o situazioni che non possono essere considerati paurosi, assume i tratti patologici della Fobia (v.) che la psicoanalisi interpreta come una difesa dall'angoscia. Sempre in ambito psicoanalitico Sigmund Freud distingue la paura, che «richiede un determinato oggetto di cui si ha timore», dall'Angoscia (v. § 2), che «indica una certa situazione che può essere definita di attesa del pericolo e di preparazione allo stesso, che può anche essere sconosciuto», e dallo Spavento (v.), che «designa invece lo stato di chi si trova di fronte a un pericolo senza esservi preparato, e sottolinea l'elemento della sorpresa» (1920, p. 198).

Sulla differenza tra la paura e l'angoscia si esprime anche Martin Heidegger con una posizione non dissimile da quella di Freud. Infatti, a suo parere, «l'angoscia è fondamentalmente diversa dalla paura. Noi abbiamo paura sempre di questo o di quell'ente determinato, che in questo o in quel determinato riguardo ci minaccia. [...] Anche l'angoscia è angoscia di..., ma non di questo o di quello. L'angoscia di... è sempre angoscia per... ma non per questo o per quello. Noi ci angosciamo per la totale impossibilità della determinatezza. [...] Non rimane nessun sostegno. Nel dileguarsi dell'ente, rimane soltanto e ci sorprende questo "nessuno". L'angoscia rivela il niente» (1929, p. 67).

Bibliografia

Bourke J., *Paura. Una storia culturale* (2005), Laterza, Bari 2007.

Ciceri M. R., *La paura*, il Mulino, Bologna 2001.

Delumeau J., *La paura in Occidente (secoli XIV-XVIII)* (1978), SEI, Torino 1979.

Escobar R., *Metamorfosi della paura*, il Mulino, Bologna 1997.

Freud S., *Al di là del principio di piacere* (1920), in *Opere* (1967-1993), Bollati Boringhieri, Torino, vol. IX.

Heidegger M., *Che cos'è la metafisica?* (1929), in Id., *Segnavia*, Adelphi, Milano 1987.

Nardone G., *Paura, panico, fobie. La terapia in tempi brevi*, Ponte alle Grazie, Milano 1999.

Oliverio Ferraris A., *Psicologia della paura*, Bollati Boringhieri, Torino 1980.

Robin C., *Paura. La politica del dominio* (2004), Egea-Università Bocconi Editore, Milano 2005.

Soyinka W., *Clima di paura* (2004), Codice, Torino 2005.

Svendsen L. F. H., *Filosofia della paura. Come, quando e perché la sicurezza è diventata nemica della libertà* (2007), Castelvecchi, Roma 2010.

Wolpe J., Zappone G., *Origine e superamento delle paure inutili*, Masson, Milano 1987.

Zolo D., *Sulla paura. Fragilità, aggressività, potere*, Feltrinelli, Milano 2011.

Pavor nocturnus. Angoscia, che insorge durante la notte, frequente nei bambini che si risvegliano a occhi spalancati in preda al panico. Di solito, dopo una breve rassicurazione c'è una ripresa del sonno tranquillo e al risveglio una totale amnesia dell'accaduto. Se gli episodi sono frequenti, è consigliabile un controllo elettroencefalografico per escludere la possibilità di Epilessia (v.). Di solito il pavor nocturnus non è un sintomo isolato ma si accompagna ad altri disturbi quali Enuresi (v.), irrequietezza motoria, reazioni ansiose solitamente dovute a conflitti con l'ambiente familiare e a incapacità di fronteggiare le situazioni.

Annemarie Dührssen, adottando categorie psicoanalitiche, ha spiegato il pavor nocturnus come una reazione di difesa contro un'eccessiva sottomissione e come una scarica di impulsi motori e aggressivi.

Bibliografia

Dührssen A., *Psychogene Erkrankungen bei Kindern und Jugendlichen*, Verlag für medizinische Psychologie, Göttingen 1965.

Schwidder W., *Zur Ätiologie und Therapie des Pavor nocturnus*, in "Deutsche medizinische Wochenschrift", 1951, n. 2.

Pazzia, v. FOLLIA.

PDM (*Manuale Diagnostico Psicodinamico*), v. PSICOANALISI; PSICOLOGIA DINAMICA.

PDP (*Parallel Distributed Processing*), v. CONNESSIONISMO.

Peccato (ingl. *Sin*; ted. *Sünde*; fr. *Péché*; sp. *Pecado*). Il termine, che appartiene al linguaggio religioso e che pertanto trova il suo senso all'interno delle varie concezioni religiose, si riferisce in generale alla trasgressione di un comando divino. Il concetto di peccato ha connessioni sul versante soggettivo con il concetto di COLPA (v.) e sul piano oggettivo con quello di MALE (v.). Nelle forme religiose più arcaiche prevale la connessione con il *male* e quindi il tratto puramente oggettivo del peccato inteso come diffusione di una realtà malefica che contamina gli uomini senza loro responsabilità personale; con lo sviluppo della riflessione religiosa prevale la connessione con la *colpa* che, quando si riferisce all'interiorità soggettiva e si connette alla libertà individuale, assume il tratto di peccato personale attuale; se invece prevale la connessione con la *finitezza*, intesa come tratto essenziale della condizione umana, il peccato trascende l'orizzonte personale per configurarsi come tratto intimamente connesso alla condizione stessa dell'esistere. In questa accezione si parla di peccato originale (v. COLPA, § 1).

Con l'avvento della psicoanalisi, il versante soggettivo del peccato viene spiegato in termini di senso di colpa, in gran parte inconscio, che si manifesta in effetti nevrotici da cui sarebbe assente ogni colpevolezza percepita come tale. La dinamica sottostante sarebbe da ricondurre, a parere di Sigmund Freud, alla relazione tra Io e Super-io, espressioni interiorizzate della relazione conflittuale che il bambino esperisce nella fase edipica tra sé e i propri genitori (v. COLPA, § 3).

Bibliografia

Buber M., *Colpa e sensi di colpa* (1957), Apogeo, Milano 2008.

Di Blasio P., Vitali R., *Sentirsi in colpa*, il Mulino, Bologna 2001.

Di Nola A. M., *Peccato*, in AA.VV., *Enciclopedia delle religioni*, Nuova Vallecchi, Firenze 1972, vol. IV.

Freud S., *Totem e tabù. Alcune concordanze nella vita psichica dei selvaggi e dei nevrotici* (1912-1913), in *Opere* (1967-1993), Bollati Boringhieri, Torino, vol. VII.

–, *L'Io e l'Es* (1922), in *Opere*, cit., vol. IX.

Hesnard A., *Morale sans péché*, Puf, Paris 1954.

Le Goff J., *Peccato*, in AA.VV., *Enciclopedia*, Einaudi, Torino 1980, vol. X, pp. 561-581.

Mensching G., *Die Idee der Sünde*, Hinrichs, Leipzig 1931.

Ricoeur P., *Finitudine e colpa* (1960), il Mulino, Bologna 1970.

Pedagogia (ingl. *Pedagogy*; ted. *Pädagogik*; fr. *Pédagogie*; sp. *Pedagogía*). Scienza dell'*educazione*: attività tipicamente umana che, attraverso influenze e atti esercitati volontariamente da un individuo su un altro, generalmente da un adulto su un giovane, tende a formare quelle disposizioni che corrispondono ai fini della società e della cultura in cui l'individuo è inserito. Siccome l'educazione è sempre legata alle forme di vita storicamente determinate, la pedagogia, nel declinare i criteri di formazione, risente degli ideali politici, degli interessi economici e del tipo di società in cui si trova a operare. Questa dipendenza ha fatto sorgere la domanda se la pedagogia sia una scienza a sé stante con fini specifici, o non piuttosto un insieme di diverse discipline convocate dal problema educativo. Aperto resta anche il quesito se la pedagogia debba indicare i *fini* dell'educazione, o non piuttosto limitarsi a descriverne le *procedure*, se debba essere *depositaria* nel senso di trasmettere al giovane i valori e il sapere della società d'appartenenza, o *problematizzante* nel senso di liberare nella comunicazione le istanze creative e interrogative dell'educando.

Emancipatasi dalla filosofia, di cui era un corollario pratico, nella seconda metà del XIX secolo, la pedagogia si è espressa in una dimensione *teoretica* dove prendono rilievo le indagini sulla natura dell'uomo e sui valori concepiti come mete o fini da realizzare, e in una dimensione *metodologica* che, su base sperimentale, verifica le tecniche educative che naturalmente non sono disgiunte dalle impostazioni teoriche che le ispirano. Oggi si tende a limitare il concetto di "educazione" per rendere più scientifici e quindi più controllabili i singoli atti del processo. A partire da questa impostazione si parla di educazione in termini di APPRENDIMENTO (v.), e in esso si distinguono gli elementi descrittivi, prescrittivi e valutativi, ciascuno dei quali viene sottoposto ad analisi e accompagnato da verifiche. Su questa base si distingue l'ISTRUZIONE (v.) dalla FORMAZIONE (v.): alla prima vengono riferiti gli atti intenzionali ed espliciti volti all'apprendimento, alla seconda la totalità degli eventi che intenzionalmente esercitano un'influenza sull'individuo.

Nel processo educativo, due sono gli elementi di riferimento universalmente riconosciuti: *a*) l'*educabilità dell'umanità* fondata sul riconoscimento dell'appartenenza dell'uomo a un mondo culturale in cui è ipotizzabile un cambiamento che sia "progressivo", nell'accezione kantiana del termine: «Nell'umanità vi sono molti germi, e spetta a noi svolgere proporzionalmente le nostre disposizioni naturali e dare all'umanità tutto il suo dispiegamento affinché essa raggiunga il suo fine» (1803, p. 49); *b*) l'*età giovanile* dell'educando a cui si riconosce di non essere ancora maturo per la vita come mediamente si svolge a livello adulto (v. PSICOLOGIA DELL'ETÀ EVOLUTIVA).

Il processo educativo affida la sua scientificità da un lato alle conoscenze psicologiche a cui fa riferimento e dall'altro, come tecnica dell'istruzione, alle metodologie di progettazione e di controllo che via via elabora e sperimenta. Naturalmente il riferimento ai diversi ambiti del sapere psicologico decide la diversa accentuazione dell'impostazione educativa con conseguente variazione di metodo e di programmi che risentono, ovviamente, del diverso orientamento teorico a partire dal quale sono stati promossi. Qui ci limiteremo a prendere in esame gli *orientamenti teorici* della pedagogia, perché gli *aspetti metodologici* sono affidati a voci specifiche quali AMMAESTRAMENTO (v.), APPRENDIMENTO (v.), CURRICOLO (v.), DIDATTICA (v.), DOCIMOLOGIA (v.), FORMAZIONE (v.), INSEGNAMENTO (v.), ISTRUZIONE (v.), ORIENTAMENTO (v. § 4) e PSICOLOGIA SCOLASTICA (v.). Infine, per quanto riguarda il rapporto tra psicologia e pedagogia, con particolare attenzione alla pedagogia differenziale, si rinvia alla voce PSICOPEDAGOGIA.

1. LA PEDAGOGIA COME EDUCAZIONE FILOSOFICA. È stato questo il primo avvio della pedagogia a partire da Platone e da Aristotele che, sotto il nome di παιδεία, la intesero come formazione dell'uomo a partire dai presupposti della concezione politica e morale che, rispettivamente, avevano elaborato. Nel Medioevo vien meno l'interesse per il contesto sociale, mentre si accentua, con Agostino di Ippona e Tommaso d'Aquino, l'interesse per l'insegnamento inteso non più in maniera maieutica come aveva previsto Socrate, ma catechetica, nel senso della trasmissione dei contenuti della fede. Nell'Illuminismo Jean-Jacques Rousseau ipotizza, a partire dai suoi presupposti filosofici, una pedagogia attenta all'innocenza della natura che va salvaguardata dall'influsso della società e della cultura, mentre con l'idealismo, riproposto in Italia dall'attualismo di Giovanni Gentile, la pedagogia viene completamente riassorbita nella filosofia con scarsa attenzione per i contributi che potevano giungere dalle scienze positive.

2. LA PEDAGOGIA COME PRASSI. Il primo pronunciamento in questa direzione lo abbiamo con Giovanni Amos Comenio che, con la sua *Didactica magna* (1633-1638), fonda la pedagogia come metodologia dell'educazione. Due secoli dopo, questa impostazione viene ribadita da Johann Henrich Pestalozzi che pone il bambino come soggetto centrale del processo educativo e l'organizzazione della scuola come istituzione fondamentale per lo sviluppo della società. Nell'Ottocento spiccano le figure di Friedrich Wilhelm August Fröbel, che pone il gioco e l'attività spontanea al centro della sua concezione pedagogica, e Johann Friedrich Herbart, a partire dal quale è possibile parlare di pedagogia come di uno specifico campo del sapere, connesso all'etica che detta i fini dell'educazione e alla psicologia che ha il compito di indicarne i mezzi operativi. Ma la pedagogia come prassi trova la sua espressione più compiuta con John Dewey che, capovolgendo il rapporto tradizionale che subordinava la pedagogia alla filosofia, concepisce la filosofia come una teoria dell'educazione, perché è proprio della prassi educativa porre problemi, orientare e finalizzare la riflessione su di sé, ricondurre le teorizzazioni al loro impiego funzionale che diventa il terreno della loro verifica. A partire da queste premesse, Dewey avvia una metodologia educativa basata sull'esperienza attiva del bambino, concepito non come semplice recettore di informazioni, ma come risolutore di situazioni problematiche che gli devono essere gradatamente sottoposte.

3. LA PEDAGOGIA COME SPERIMENTAZIONE. È avviata dall'ideale positivistico di fine Ottocento e trova le sue diverse espressioni in Maria Montessori, Jean-Ovide Decroly e Édouard Claparède, che avviano le prime procedure scientifiche di controllo della metodologia didattica e i primi rapporti fra la pedagogia e la psicologia, mentre sul fronte sociologico Émile Durkheim sviluppa il concetto dell'educazione come socializzazione, auspicando la collaborazione tra pedagogia e sociologia nel senso che «tutte le pratiche educative, qualunque esse possano essere, qualsiasi differenza possa esistere fra loro, hanno in comune un carattere essenziale: esse sono tutte il risultato esercitato da una generazione sulla generazione che viene dopo, allo scopo di adattare quest'ultima all'ambiente sociale nella quale è chiamata a vivere» (1911, p. 29). A partire da questi contributi, la pedagogia abbandona gradatamente la filosofia per accostarsi alla psicologia e alla sociologia, da cui ricava indicazioni che rendono attuabile il processo educativo. Adottando le procedure sperimentali, la pedagogia non si emancipa solo dall'impostazione filosofica che tradizionalmente l'ha condizionata, ma anche dalla pratica empirica perché, come scrivono Donald T. Campbell e Julian C. Stanley, «la sperimentazione interviene come mezzo per aumentare la rilevanza di un processo di verifica, controllo,

selezione. La sperimentazione non è quindi da considerare come una fonte di idee necessariamente in contrasto con la saggezza tradizionale, ma piuttosto come un processo di raffinamento che viene a sovrapporsi all'accumulazione presumibilmente apprezzabile di sagge pratiche» (1963, p. 174). Tra le forme più avanzate di pedagogia sperimentale va menzionata la pedagogia cibernetica (v. CIBERNETICA, § 5).

Bibliografia

Adler A., *Psicologia dell'educazione* (1930), Newton Compton, Roma 1975.

Agostino di Ippona, *Il maestro* (389), in *Tutti i dialoghi*, Bompiani, Milano 2006.

Albanese O., Doudin P. A., Martin D. (a cura di), *Metacognizione ed educazione. Processi, apprendimenti, strumenti*, Franco Angeli, Milano 1995.

Bacchini D. (a cura di), *Il ruolo educativo della famiglia. Essere genitori nella società contemporanea*, Erickson, Trento 2013.

Balducci E., *Educazione e libertà*, Piemme, Casale Monferrato 2000.

Bauman Z. (con R. Mazzeo), *Conversazioni sull'educazione*, Erickson, Trento 2012.

Becchi E., *Problemi di sperimentalismo educativo*, Armando, Roma 1969.

Benner D., Brüggen F., *Educazione e formazione*, in Ch. Wulf (a cura di), *Cosmo, corpo, cultura. Enciclopedia antropologica* (1997), Bruno Mondadori, Milano 2002, pp. 783-794.

Bertolini P., *L'esistere pedagogico. Ragioni e limiti di una pedagogia come scienza fenomenologicamente fondata*, La Nuova Italia, Firenze 1988.

Bocchi G., Ceruti M., *Educazione e globalizzazione*, Raffaello Cortina, Milano 2004.

Boscolo P., *Psicologia dell'educazione*, Giunti Barbera, Firenze 1980.

Brezinka W., *La scienza dell'educazione. Analisi, critica, proposte* (1974), Armando, Roma 1974.

Bruner J. S., *La cultura dell'educazione. Nuovi orizzonti per la scuola* (1996), Feltrinelli, Milano 1997.

Campbell D. T., Stanley J. C., *Experimental and quasi-experimental designs for research on teaching*, in L. Gage (a cura di), *Handbook of research on teaching*, McNally, Chicago 1963.

Capurso M., *Relazioni educative e apprendimento. Modelli e strumenti per una didattica significativa*, Erickson, Trento 2003.

Carugati F., Selleri P., *Psicologia dell'educazione*, il Mulino, Bologna 1996.

Ceccatelli Gurrieri G., *Educazione*, in M. Flores (a cura di), *Diritti umani. Cultura dei diritti e dignità della persona nell'epoca della globalizzazione*, Utet, Torino 2007, vol. I, pp. 521-527.

Cives G., *La pedagogia scomoda. Da Pasquale Villari a Maria Montessori*, La Nuova Italia, Firenze 1994.

Claparède É., *Psicologia del fanciullo e pedagogia sperimentale. Lo sviluppo mentale* (1909), Editrice Universitaria, Firenze 1964.

Comenio G. A., *Didactica magna* (1633-1638), tr. it. *La grande didattica*, La Nuova Italia, Firenze 1993.

Cremerius J. (a cura di), *Educazione e psicoanalisi* (1971), Bollati Boringhieri, Torino 1975.

Decroly J.-O., *Abbozzo di un programma applicato in una scuola sperimentale* (1921), edizione in italiano e tedesco a cura di A. Blichmann, IKS Garamond, Jena 2011.

Demetrio D., *L'educazione non è finita*, Raffaello Cortina, Milano 2009.

Dewey J., *Fonti di una scienza dell'educazione* (1929), Borelli, Firenze 1967.

–, *Esperienza e educazione* (1938), Raffaello Cortina, Milano 2014.

–, *Scuola e società* (1949), La Nuova Italia, Firenze 1960.

Dilthey W., *Über die Möglichkeit einer allgemeingültigen pädagogischen Wissenschaft* (1888), in *Gesammelte Schriften*, Teubner, Leipzig 1914-1936 (poi riedito a partire dal 1958 in fotocopia anastatica dall'editore Vandenhoeck & Ruprecht, Stuttgart-Göttingen), vol. VI.

Di Pietro M., *L'educazione razionale-emotiva*, Erickson, Trento 1992.

Durkheim É., *Pedagogia* (1911), in Id., *La sociologia e l'educazione*, Newton Compton, Roma 1971.

Elkind D., *Educazione e diseducazione. I rischi di un'istruzione precoce* (1987), il Mulino, Bologna 1991.

Frank H., *Pedagogia e cibernetica* (1969), Armando, Roma 1974.

Fröbel F. W. A., *Die Pädagogik des Kindergartens* (1929), in *Friedrich Fröbel's Gesammelte pädagogische Schriften*, Adolph Enslin, Berlin 1874, vol. 2.

Gardner H., *Aprire le menti. La creatività e i dilemmi dell'educazione* (1989), Feltrinelli, Milano 1991.

–, *Educare al comprendere. Stereotipi infantili e apprendimento scolastico* (1991), Feltrinelli, Milano 1993.

–, *Educazione e sviluppo della mente* (2003), Erickson, Trento 2005.

Gentile G., *Sommario di pedagogia come scienza filosofica* (1913), Sansoni, Firenze 1934.

Herbart J. F., *Pedagogia generale dedotta dal fine dell'educazione* (1806), Cedam, Padova 1947.

Iori V., *Essere per l'educazione. Fondamenti di epistemologia pedagogica*, La Nuova Italia, Firenze 1988.

Jaeger W., *Paideia. La formazione dell'uomo greco* (1936-1944), La Nuova Italia, Firenze 1978.

Kant I., *La pedagogia* (1803), La Nuova Italia, Firenze 1946.

Kilpatrick W. H., *Filosofia dell'educazione* (1915), La Nuova Italia, Firenze 1963.

Lumbelli L. (a cura di), *Psicologia dell'educazione. Comunicare a scuola*, il Mulino, Bologna 1985.

Monteil J.-M., *Educare e formare. Prospettive psicosociali* (1988), il Mulino, Bologna 1991.

Montessori M., *Il metodo della pedagogia scientifica applicato all'educazione infantile nelle case dei bambini* (1909-1926), Loescher, Roma 1935.

Morin E., *Insegnare a vivere. Manifesto per cambiare l'educazione* (2014), Raffaello Cortina, Milano 2015.

Necker De Saussure A.-A., *Educazione progressiva, ossia: Studio sul corso della vita* (1828), Paravia, Torino 1960.

Papi F., *Educazione*, Isedi, Milano 1978.

Perini S., *Psicologia dell'educazione*, il Mulino, Bologna 1997.

Pestalozzi J. H., *Idee, esperienze e mezzi per promuovere un'educazione conforme alla natura umana* (1806), in *Scritti scelti*, Utet, Torino 1970.

Peters R. S., *Education as initiation*, in "Philosophical Analysis and Education", Routledge & Kegan, London 1965.
Piaget J., *Psicopedagogia e mentalità infantile* (1928), Le Monnier, Firenze 1970.
Platone, *Repubblica*, in *Opere*, Laterza, Bari 1973.
Pontecorvo C., Pontecorvo M., *Psicologia dell'educazione*, il Mulino, Bologna 1985.
Pratesi S., *Istruzione, educazione, sviluppo*, in M. Flores (a cura di), *Diritti umani. Cultura dei diritti e dignità della persona nell'epoca della globalizzazione*, Utet, Torino 2007, *Atlante*, vol. I: *I soggetti e i temi*, pp. 463-495.
Rousseau J.-J., *Emilio o dell'educazione* (1762), in *Opere*, Sansoni, Firenze 1972.
Russell B., *L'educazione e l'ordinamento sociale* (1932), La Nuova Italia, Firenze 1951.
Sharp R., Green A., *Education and social control*, Routledge & Kegan, London 1975.
Sini C., *Le arti dinamiche. Filosofia e pedagogia*, Jaca Book, Milano 2004.
Tommaso d'Aquino, *De Magistro. Quaestio XI* del *De veritate*, in *Quaestiones disputatae* (1256-1272), Edizioni Studio Domenicano, Bologna 1992, pp. 165-216.
Tornatore L., *Educazione*, in AA.VV., *Gli strumenti del sapere contemporaneo*, vol. II: *I concetti*, Utet, Torino 1985, pp. 241-243.
–, *Pedagogia*, in AA.VV., *Gli strumenti del sapere contemporaneo*, vol. I: *Le discipline*, cit., pp. 571-584.
Visalberghi A., *Problemi della ricerca pedagogica*, La Nuova Italia, Firenze 1965.
–, *Pedagogia e scienze dell'educazione*, Mondadori, Milano 1978.
Weil E., *Educazione e istruzione. Scienze e discipline umanistiche oggi* (1946-1973), Guerini & Associati, Milano 1992.
Zavalloni R., *La pedagogia speciale e i suoi metodi*, La Scuola, Brescia 1969.

Pederastia (ingl. *Pederasty*; ted. *Päderastie*; fr. *Péderastie*; sp. *Pederastia*). Rapporto sessuale di adulti con bambini o adolescenti preferibilmente dello stesso sesso (v. ABUSO, § 2).

Pedofilia (ingl. *Pedophilia*; ted. *Pädophilie*; fr. *Pédophilie*; sp. *Pedofilia*). Detta anche *efebofilia*, la pedofilia è un'attrazione erotica per bambini o adolescenti del proprio o dell'altro sesso che non si traduce necessariamente in atti sessuali come nel caso della PEDERASTIA (v.). In ambito psicoanalitico si fa notare, oltre all'evidente incapacità di reggere un rapporto amoroso adulto, anche una componente narcisistica che si manifesterebbe nella tendenza del pedofilo ad amare, nel bambino, se stesso nel periodo della propria infanzia, adottando lo stesso trattamento subìto o il suo opposto. Scrive infatti Luciano Di Gregorio: «Il soggetto pedofilo, in generale, non è consapevole che nell'incontro sessuale con il bambino è occultata una parte della sua infanzia passata, che in quel singolare incontro amoroso sono nascosti brani della propria verità storica» (2016, p. 89). Non manca infine chi vede nella sublimazione della pedofilia l'origine di una propensione pedagogica.

Nelle sue considerazioni a margine del DSM-5, Allen Frances osserva che «è importante restringere la diagnosi di disturbo pedofilico a uomini che hanno un bisogno reiterato intenso e pressante di procurarsi bambini in età prepuberale come oggetti di eccitazione sessuale. Questi soggetti devono essere distinti dai semplici criminali che usano i bambini come oggetti sessuali in modo opportunistico, perché i bambini sono vulnerabili o perché i genitori in quel momento non ci sono o ancora perché si trovano sotto l'influenza disinibitoria di una sostanza. L'elemento fondamentale è stabilire che l'individuo sceglie i bambini perché sono i suoi oggetti sessuali preferiti o necessari per l'eccitazione sessuale – non perché sono vulnerabili o obiettivi facili. Questa distinzione cruciale è spesso stata ignorata nelle valutazioni forensi» (2013, p. 177).

Bibliografia

Aguglia E., Riolo A., *La pedofilia nell'ottica psichiatrica*, Il Pensiero Scientifico, Roma 1999.
Di Gregorio L., *La voglia oscura. Pedofilia e abuso sessuale*, Giunti, Firenze-Milano 2016.
Frances A., *La diagnosi in psichiatria. Ripensare il DSM-5* (2013), Raffaello Cortina, Milano 2014.
Schinaia C., *Pedofilia pedofilie. La psicoanalisi e il modello del pedofilo*, Bollati Boringhieri, Torino 2001.

Pelle (ingl. *Skin*; ted. *Haut*; fr. *Peau*; sp. *Piel*). Membrana continua che avvolge tutto il corpo, connessa con gli organi sottostanti dal tessuto connettivo sottocutaneo. La pelle, o *cute*, è costituita da tre strati sovrapposti: uno profondo o *ipoderma*, uno intermedio o *derma*, e uno superficiale o *epidermide*, che svolgono compiti di protezione contro l'azione chimica, fisica, microbiologica, e di regolazione idrica e termica. La pelle è inoltre la sede della sensibilità cutanea (v. SENSIBILITÀ, § 1) e oppone una resistenza al flusso della corrente elettrica con valori diversi, a seconda delle parti, che esprimono la misura della sua conduttività. L'attività elettrodermica è comandata dal simpatico (v. SIMPATICO, SISTEMA NERVOSO) attraverso le fibre colinergiche.

Dal punto di vista psicologico la pelle ha rilevanza come sede delle emozioni e come zona erogena. Secondo Roberto Bassi, la pelle è spesso lo specchio delle nostre emozioni, così come le malattie della pelle più resistenti alle cure mediche sono quelle che non di rado si risolvono con un mutamento della situazione emotiva del soggetto. Otto Fenichel ha individuato nella pelle la manifestazione di almeno quattro quadri sintomatici: «1) Allo stesso modo dei muscoli che divengono rigidi quando lottano contro impulsi repressi, anche le funzioni vasomotrici della pelle sono ugualmente usate come una "corazza" che poi si traduce in un attacco di dermatosi. 2) La pelle è un'importante zona erogena. Se l'esigenza di usarla come tale viene repressa, le tendenze ricorrenti pro e contro stimolazioni cutanee trovano la loro espressione somatica in alterazioni cutanee. 3) La pelle, come superficie dell'organismo, è la parte esternamente visibile; per questo essa è il luogo dove si esprimono conflitti circa l'esibizionismo. Questi conflitti, a loro volta, implicano non soltanto la componente di un istinto sessuale al quale si oppone la paura o la vergogna, ma anche veri appoggi narcisistici per rassicurarsi. 4) Gli equivalenti dell'angoscia possono anch'essi essere localizzati come reazioni della pelle. L'angoscia è fisiologicamente uno stato simpatico-tonico, e reazioni simpatico-toniche dei vasi della pelle possono rappresentare angoscia» (1945, pp. 287-288). Tra le manifestazioni dermatologiche prodotte da conflitti psichici meritano una menzione:

1. *L'acne* che è un'alterazione dei follicoli piliferi e delle ghiandole sebacee, con formazione di piccole sporgenze cutanee irritabili e infettabili, provocata da disturbi intestinali o da disfunzioni ormoniche. Una variante è l'acne giovanile, tipica dell'adolescenza, caratterizzata da pustole che si formano perlopiù sulla pelle del viso in concomitanza con lo sviluppo psicosessuale, particolarmente attivo in quel periodo.

2. *Il prurito* che, quando non dipende da disturbi dermatologici o internistici, indica di solito uno spostamento sulla pelle di gratificazioni sessuali, di impulsi masochistici, quando non esprime una deviazione delle tendenze aggressive che non riescono a esprimersi in altro modo.

3. *La dermatite autoprovocata* dal soggetto inconsapevolmente durante il sonno o in momenti di concentrazione. Le lesioni autoprovocate sarebbero da imputare a sentimenti aggressivi erotizzati diretti a persone significative con cui il soggetto si è identificato in modo ambivalente.

4. *La dermatite atopica*, spesso associata ad altre manifestazioni allergiche, da imputarsi a un insufficiente contatto cutaneo tra madre e bambino.

5. *Il delirio di parassitosi* in soggetti persuasi, al di là degli accertamenti dermatologici, che la loro pelle sia infestata da parassiti.

6. *La dermatofobia*, paura eccessiva di subire lesioni alla pelle.

7. *L'alopecia*, caduta dei peli e dei capelli causata da atrofia del bulbo pilifero. Le forme acute e giovanili, oltre alle cause organiche, lasciano sospettare disturbi nevrotici connessi a condizioni di angoscia intensa e inespressa.

8. *L'orticaria* che, quando non è provocata da intossicazione da sostanze alimentari, è interpretata da Leon Saul e Clarence Bernstein come un conflitto emotivo che non ha possibilità di scaricarsi in altro modo. Dello stesso parere è Fenichel, che l'attribuisce a «una reazione allergica a certi ormoni mobilitati dall'emozione» (ivi, p. 289).

Bibliografia

Alexander F. G., *Medicina psicosomatica* (1950), Giunti Barbera, Firenze 1951.
Anzieu D., *L'Io-pelle* (1985), Borla, Roma 1987.
–, *L'epidermide nomade e la pelle psichica* (1990), Raffaello Cortina, Milano 1992.
Bassi R., *La ragazza che odiava gli specchi. Appunti di dermatologia psicosomatica*, Bollati Boringhieri, Torino 1996.
Callieri B., *Su alcuni aspetti psicopatologici della sindrome dermatozoica di Ekbom* (1992), in Id., *Percorsi di uno psichiatra* (1955-1992), Edizioni Universitarie Romane, Roma 1993, pp. 421-426.
Fenichel O., *Trattato di psicoanalisi delle nevrosi e delle psicosi* (1945), Astrolabio, Roma 1951.
Hill O. W. (a cura di), *Modern trends in psychosomatic medicine*, Butterworths, London 1976.
Jolly L., *La pelle illuminata. Studio della comunicazione tattile nell'era della globalizzazione*, Edizioni Siddharta, Cuneo 2002.
König O., *Pelle*, in Ch. Wulf (a cura di), *Cosmo, corpo, cultura. Enciclopedia antropologica* (1997), Bruno Mondadori, Milano 2002, pp. 438-447.
Pillsbury D. M., Shelley W. B., Kligman A. M., *Dermatology*, Saunders, Philadelphia 1956.
Saul L. J., Bernstein C., *The emotional setting in some attacks of urticaria*, in "Psychosomatic Medicine", 1941, n. 4.
Weiss E., English O. S., *Medicina psicosomatica. Applicazione clinica della psicopatologia ai problemi generali della medicina* (1949), Astrolabio, Roma 1950.

Pena (ingl. *Pain*; ted. *Strafe*; fr. *Peine*; sp. *Pena*). Afflizione di natura fisica o morale che si impone all'individuo di fronte all'illecito commesso: o nella modalità della legge che giudica le azioni in base ai codici e punisce il reato (v. PUNIZIONE), o nella modalità dell'esistenza che intende purificarsi dal male attraverso vie di espiazione. Come afferma Georg Wilhelm Friedrich Hegel, «la pena non è soltanto la conciliazione della legge con se stessa o l'affermazione del valore assoluto del diritto, ma anche la conciliazione del reo con la sua legge in cui l'individuo trova l'appagamento della giustizia e la propria ipseità» (1821, p. 190). Dal punto di vista sociologico si assegna alla pena la funzione di *espiazione* dell'errore, di *rieducazione* dell'individuo e di *intimidazione* come prevenzione sociale. In ambito psicologico non manca chi mette in discussione criticamente tali funzioni, ritenendo la pena, soprattutto sul piano rieducativo, psicologicamente controproducente.

Bibliografia

Hegel G. W. F., *Lineamenti di filosofia del diritto* (1821), Laterza, Bari 1954.

Serra C. (a cura di), *Psicologia e giustizia*, Giuffrè, Milano 1980.

Pene (ingl. *Penis*; ted. *Penis*; fr. *Pénis*; sp. *Pene*). Organo sessuale maschile chiamato *pene* quando si riferisce alle sue caratteristiche anatomiche e funzionali, e FALLO (v.) quando il riferimento è alla sua funzione simbolico-immaginaria che dischiude lo scenario di quella fase che Sigmund Freud chiama fallica (v. FALLICA, FASE). Secondo Melanie Klein, il possesso del pene genera nel maschio un sentimento di ORGOGLIO (v.) e di superiorità nei confronti della femmina alla quale Freud attribuisce l'*invidia del pene* (v. INVIDIA, § 1), un sentimento che insorge con la scoperta della differenza sessuale (v. FEMMINILITÀ) che, quando non è assimilata, può generare nella donna disturbi della ricettività sessuale, come FRIGIDITÀ (v.) o VAGINISMO (v.), e nel maschio angoscia di castrazione (v. ANGOSCIA – ANSIA, § 2, *f*), in base all'idea infantile, e secondo alcuni arcaica, dell'esistenza di un pene anche nella donna.

Bibliografia

Aron J.-P., Kempf R., *Il pene e la demoralizzazione dell'Occidente* (1978), Sansoni, Milano 1979.

Deutsch H., Freud S., Irigaray L., Kohut H., *Invidia del pene?* (1925-1986), Bollati Boringhieri, Torino 1992.

Freud S., *Tre saggi sulla teoria sessuale* (1905), in *Opere* (1967-1993), Bollati Boringhieri, Torino, vol. IV.

Klein M., *La psicoanalisi dei bambini* (1932), Martinelli, Firenze 1969.

Lacan J., *La significazione del fallo* (1958), in *Scritti* (1936-1966), Einaudi, Torino 1974, vol. II.

Penetrazione, v. COPULAZIONE.

Pensiero (ingl. *Thought*; ted. *Denken*; fr. *Pensée*; sp. *Pensamiento*). Attività mentale che comprende una serie svariata di fenomeni, come ragionare, riflettere, immaginare, fantasticare, prestare attenzione, ricordare, che permettono di essere in comunicazione con il mondo esterno, con se stessi e con gli altri, nonché di costruire ipotesi sul mondo e sul nostro modo di pensarlo. Può deteriorarsi come nel delirio, o disorganizzarsi come nell'erompere delle emozioni. Esistono diversi tipi di pensiero studiati nella loro forma ed espressione, e definizioni molto differenziate per effetto dei presupposti teorici da cui i vari orientamenti psicologici prendono le mosse.

I. I TIPI DI PENSIERO

Esistono diverse tipologie che rubricano le forme di pensiero secondo dicotomie strettamente dipendenti dai criteri che le varie scuole psicologiche adottano. Tra queste le più significative sono:

1. PENSIERO INTUITIVO E PENSIERO LOGICO. Il primo è un pensiero che afferra la situazione senza essere in grado di descrivere i passaggi compiuti. È frequente nei processi creativi dove rivela connessioni con le strutture del profondo e, per la modalità del suo articolarsi, è detto PRELOGICO (v.). Il secondo utilizza gli strumenti logico-razionali, giustificando a ogni passaggio gli impianti operativi che adotta.

2. PENSIERO PRODUTTIVO E PENSIERO MECCANICO. Questa distinzione è stata introdotta da Max Wertheimer per il quale la produttività non è un arricchimento del pensiero, ma una sua riformulazione per una migliore comprensione della situazione. Alla produttività si contrappone il meccanicismo del pensiero che si attua applicando regole. Sono riconducibili a questa distinzione: *a*) la suddivisione che differenzia il *pensiero creativo* con scarsi vincoli e costrizioni esterne, ma con profonda dipendenza dal mondo interno, dal *pensiero rigido* che si limita all'elaborazione e all'ordinamento delle informazioni; *b*) la distinzione fra *pensiero divergente* capace di risposte flessibili e soluzioni molteplici e originali, e *pensiero convergente* che non si lascia influenzare dagli spunti dell'immaginazione, per limitarsi a utilizzare l'informazione in vista di una sola risposta corretta (v. CREATIVITÀ, § 1; INTELLIGENZA, § 2).

3. PENSIERO REALISTICO E PENSIERO MAGICO. Il primo si attiene ai dati di realtà, il secondo, tipico dello stadio infantile e del modo primitivo di pensare come ha mostrato Lucien Lévy-Bruhl, vive di PARTECIPAZIONE MISTICA (v.) con gli oggetti e le cose vissute come animate e fornite di intenzionalità. Oltre al pensiero magico si oppongono, al pensiero realistico, il *pensiero dereistico* i cui contenuti si riferiscono ai bisogni e alle fantasie del soggetto al punto di misconoscere la realtà come nelle situazioni deliranti, e il *pensiero autistico* che Eugen Bleuler descrive come staccato dalla realtà «in un immaginario mondo intessuto di soddisfazioni, di desideri e di idee di persecuzione» (1911-1960, p. 446).

4. PENSIERO ESTROVERSO E PENSIERO INTROVERSO. È una distinzione introdotta da Carl Gustav Jung che chiama *estroverso* il pensiero che ha in vista l'oggetto nella sua datità, concretezza e realtà, e *introverso* il pensiero che si alimenta della risonanza interiore che

gli oggetti hanno per il soggetto (v. ESTROVERSIONE – INTROVERSIONE).

5. PENSIERO SEQUENZIALE E PROCESSI MULTIPLI. È questa una categorizzazione introdotta dal cognitivista Ulric Neisser che raccoglie tutte le dicotomie sopra illustrate che interagiscono tra loro perché «sia quando siamo svegli che quando siamo addormentati, in noi coesistono spesso flussi di pensiero più o meno indipendenti. Comunque c'è in corso di solito una *sequenza principale* che si occupa di materiali particolari con operazioni successive. Questa sequenza corrisponde al flusso della coscienza e può venire influenzata o meno da altri processi che avvengono simultaneamente, in quanto la coscienza è intrinsecamente concentrata su un solo tema: si può essere coscienti di *un* flusso di pensiero, ma non dei dettagli di parecchi. La sequenza principale di solito ha il controllo dell'attività motoria. Nei casi in cui questo non succede (quando la condotta non corrisponde alla coscienza), il comportamento appare bizzarro e patologico» (1963, p. 143). Adottando questa ipotesi, le forme dereistiche, creative, intuitive, produttive del pensiero dipenderebbero dai *processi multipli* dell'attività mentale. Il criterio adottato da Neisser ha un parallelismo con quello adottato da Sigmund Freud tra processo primario o inconscio e processo secondario che si baserebbe sui processi sequenziali e propri della coscienza (v. PROCESSO PRIMARIO – PROCESSO SECONDARIO).

II. LE DIVERSE CONCEZIONI SULLA NATURA DEL PENSIERO

Definizioni e interpretazioni sulla natura del pensiero dipendono dai diversi orientamenti teorici delle scuole psicologiche e dalle metodiche adottate negli approcci al problema.

1. L'ASSOCIAZIONISMO. Questa corrente ha preso in considerazione i processi elementari del pensiero focalizzando il momento associativo e il momento dell'attenzione su ciò che passa per la mente. I risultati raggiunti da Francis Galton con i suoi esperimenti psicometrici approdano a tre categorie di associazioni, dove l'immagine mentale è legata: *a*) ai suoni delle parole; *b*) alle impressioni sensoriali; *c*) alla componente immaginaria. Le conclusioni raggiunte furono criticate in base al fatto che erano le uniche che si potevano ottenere a partire dal metodo adottato con risultanze significative in ambito quantitativo, ma insufficienti a spiegare la variante qualitativa dei processi di pensiero.

2. L'INTROSPEZIONISMO (v.). Inaugurato da Wilhelm Maximilian Wundt e da Edward Bradford Titchener, l'introspezionismo, detto anche *elementarismo*, fu in seguito ripreso dal COGNITIVISMO (v.) con il metodo dell'introspezione provocata e sistematica a partire dai protocolli verbali (v. PROBLEMA) in cui il soggetto è invitato a descrivere i processi di pensiero che segue nella risoluzione di problemi proposti. I limiti di questo metodo d'indagine sono da ricondurre al fatto che l'atto d'osservazione modifica il processo e che la comprensione della descrizione introspettiva viene filtrata dal mondo esperienziale dell'osservatore.

3. IL COMPORTAMENTISMO (v.). Questa corrente rinuncia ad avvalersi dei dati di coscienza perché sperimentalmente inindagabili, con conseguente riduzione del pensiero a quel dato verificabile che è il linguaggio, interpretato sul modello stimolo-risposta, a partire dal quale il pensiero è una risposta alla stimolazione ambientale. Le critiche a questa impostazione sono giunte dal versante cognitivista che a livello sperimentale ha mostrato che il pensiero non si limita a ricevere passivamente delle informazioni, ma le filtra e le elabora per aggiustare le proprie risposte alle condizioni oggettive esistenti.

4. LA PSICOLOGIA DELLA GESTALT (v. § III, 2). Questo indirizzo ha studiato le valenze produttive del pensiero rispetto alle sequenze meccaniche che risultano dalla pura applicazione di regole, le forme di INSIGHT (v. § 1) che ristrutturano cognitivamente il campo fenomenico attraverso un'intuizione comprensiva rispetto all'applicazione di soluzioni apprese con procedimenti di tipo casuale come quelli per PROVA ED ERRORE (v.), infine la natura globalistica del pensiero che è originaria e non ottenibile dalla semplice sommazione delle sequenze parziali seguite.

5. LA PSICOANALISI (v.). L'orientamento psicoanalitico interpreta il pensiero come la facoltà del processo secondario o conscio che, a differenza del processo primario di natura inconscia (v. PROCESSO PRIMARIO – PROCESSO SECONDARIO), opera secondo il principio di realtà (v. REALTÀ, § 3) per cui ciò che viene rappresentato non è più ciò che è gradevole in quanto soddisfa il desiderio, ma ciò che è reale anche se è sgradevole. Il processo primario elimina la tensione pulsionale allucinando, per esempio, una situazione di soddisfazione, quindi immediatamente e indipendentemente dalla realtà esterna, mentre il processo secondario, dilazionando la soddisfazione, cerca sul piano di realtà e non illusoriamente il soddisfacimento. Ulteriori contributi in questa direzione vengono dalla PSICOLOGIA DELL'IO (v.), secondo la quale a disposizione dell'Io c'è un'energia neutralizzata e non

disturbata dal fluire delle pulsioni che consente all'Io l'esecuzione di molte sue funzioni, e dalla teoria di Wilfred Ruprecht Bion che ipotizza una funzione *alpha* che mentalizza le impressioni sensoriali, anche interne, trasformandole in formazioni di pensieri di cui il pensiero onirico è la prima forma. Alla mentalizzazione corrisponde anche la dementalizzazione dell'esperienza, che trasforma gli elementi *alpha* in elementi *beta* evacuati dalla mente tramite l'identificazione proiettiva, per cui non fanno più parte dell'esperienza interna, ma vanno a popolare gli oggetti esterni che si animano di parti che il soggetto ha proiettato fuori di sé (v. PROIEZIONE, § 3).

6. LA PSICOLOGIA ANALITICA (v.). Jung distingue: a) il pensiero *estroverso* che si rivolge all'oggetto nella sua datità, dal pensiero *introverso* promosso dalla risonanza interiore che l'oggetto determina nel soggetto; b) il pensiero *indirizzato* fondato sulla realtà e regolato dalla razionalità istituita, dal pensiero *non indirizzato* che promuove l'attività fantastica, immaginativa e creativa; c) il pensiero *concreto* che si riferisce alla realtà empirica, dal pensiero *astratto* o *ideologico* che perviene alla conoscenza delle cose attraverso concetti e idee; d) il pensiero *attivo* promosso da un atto di volontà, dal pensiero *passivo* che sopraggiunge alla mente senza una promozione da parte della coscienza; e) il pensiero *conscio* che è promosso dall'Io, dal pensiero *inconscio* che è indipendente dall'Io ed è vissuto dall'Io come qualcosa da cui egli dipende.

7. IL COGNITIVISMO (v.). È la corrente psicologica che in modo più significativo ha rivisitato le teorie tradizionali, nate in ambito filosofico, circa le procedure di astrazione, la verifica delle ipotesi, i processi deduttivi e induttivi attraverso cui il pensiero trova la sua articolazione. Partendo dal presupposto che la mente non si limita a registrare informazioni, ma le filtra e le elabora intervenendo in modo attivo, il cognitivismo ritiene che: *a)* i *concetti* non sono il prodotto dell'astrazione, che consente di raccogliere in una denominazione comune i tratti identici degli oggetti separandoli (*ab-traho*, da cui *astrazione*) da quelli peculiari, ma l'espressione del modo con cui l'esperienza è stata organizzata, per cui i concetti sono predittivi, nel senso che consentono di trattare gli eventi futuri se il soggetto li organizza con lo stesso stile d'esperienza; *b)* l'*esperienza* prende le mosse da un costrutto personale che funziona o da schema *chiuso* il quale impedisce l'arricchirsi dell'esperienza stessa, o da schema *aperto* che riduce la sua componente schematica man mano che accoglie i contenuti empirici che richiedono una continua ristrutturazione del modo di fare esperienza; *c)* l'*effetto atmosfera* agisce sulle procedure logiche per cui, nell'esempio sillogistico, una premessa universale e una particolare producono un'atmosfera particolare, una premessa affermativa con una negativa creano un'atmosfera negativa, un'ipotesi aggiuntiva crea un'atmosfera di cautela intesa ad accettare conclusioni deboli e prudenti e così via; *d)* il *messaggio*, nella comunicazione, può essere alterato dal contesto comunicativo con conseguenti fraintendimenti e misconoscimenti che la logica, che presiede alla programmazione dei computer, rende evidente.

8. LA TEORIA MODULARE (v. MODULARITÀ). Parte dall'ipotesi che la mente sia costituita da un insieme di moduli, che operano indipendentemente gli uni dagli altri, ciascuno dei quali è deputato all'elaborazione di una specifica classe di informazioni, quindi a "dominio specifico", che però, secondo la versione di Jerry Alan Fodor, non è in grado di oltrepassare il livello percettivo. Studi più recenti hanno proposto una nuova versione di questa teoria, secondo la quale i moduli a "dominio specifico" sono in grado di attivare non solo specifiche percezioni, come per esempio il riconoscimento dei volti o dei colori, ma anche processi di livello superiore come il pensiero e il ragionamento.

III. I DISTURBI DEL PENSIERO

Il primo tentativo di descrizione sistematica e di classificazione risale a Philippe Pinel il quale, già alla fine del Settecento, aveva distinto i disturbi di associazione da quelli da imputare alla memoria. Nei paesi di lingua tedesca, Wilhelm Griesinger distinse "il pensiero ad andamento anormale con conservazione del rapporto formale" e l'"anormalità del pensiero derivante da abnormità del contenuto". Questa distinzione è ritenuta ancor oggi un buon criterio differenziatore. Siccome il pensiero si manifesta nel linguaggio, Kurt Schneider diede avvio alle ricerche che, a partire dall'afasia, tentano di individare i disturbi del pensiero sottostanti. Non mancano ricerche volte a stabilire se i disturbi funzionali del pensiero sono di origine focale o globale, e se le disfunzioni si debbono riscontrare a livello associativo come sostiene la scuola di Würzburg, o a livello di strutture sintetizzanti come ritiene la psicologia della Gestalt.

La psicologia clinica, con Hans Walter Gruhle, ha distinto: *a)* un pensiero direzionalmente normale ma disturbato nella sua espressione come nell'inibizione, nella distraibilità, nella confusione, nel decadimento mentale e nel blocco del pensiero; *b)* un pensiero normale che però assume direzioni abnormi come nel caso delle idee coatte, delle idee dominanti e nel delirio; *c)* e infine un pensiero disturbato sia nella direzione che nello svolgimento, come nei disturbi schizofrenici. Oggi ci si orienta adottando la distinzione tra *disturbi formali* e *disturbi del contenuto*; questa distinzione va comunque assunta semplicemente come un comodo criterio ordinatore, perché numerosi sono i casi, come per esempio l'inibizione del pensiero, che possono essere interpretati sia come una diminuita disponibilità di materiale, sia come un'alterazione del ritmo del pensiero.

1. I DISTURBI FORMALI DEL PENSIERO. Rientrano in questo ambito le seguenti forme:

a) *L'inibizione* che è un rallentamento nel fluire del pensiero accompagnato da povertà di idee e da fissità su certi contenuti. È solitamente associata anche a un disturbo della comprensione (v. INIBIZIONE, § 6).

b) *La fuga delle idee* che, in un certo senso, è l'opposto dell'inibizione: il soggetto è pervaso da una profusione di idee che non riesce più a ordinare e a controllare, perché queste fioriscono per via associativa a getto continuo evidenziandosi nel linguaggio dove, come nota Ludwig Binswanger, «la sintassi ipotattica, che si articola in frasi primarie e secondarie, è sostituita dalla paratassi, ossia da un semplice succedersi di frasi» (1945, p. 51; v. FUGA, § 1; IDEA, § 9).

c) *La prolissità* dove la meta del pensiero non è perduta, ma è raggiunta molto indirettamente attraverso l'inferenza di pensieri secondari.

d) *La circostanzialità* in cui il pensiero si perde in dettagli di poco rilievo con facili passaggi ad altri argomenti trattati con la stessa sovrabbondanza di particolari.

e) *La disgregazione* caratterizzata da perdita di controllo nel modo di percepire le impressioni, per cui si pongono in primo piano certi particolari con conseguente frammentazione del campo dell'esperienza dovuta all'eliminazione di orientamenti superiori. Rientrano nella disgregazione: la *fusione* o inclusione di fatti eterogenei con conseguente insensatezza del pensiero; la *digressione* dove l'irruzione di pensieri secondari finisce per sostituire il filo principale; l'*omissione*, detta anche *blocco del pensiero* (v. BLOCCO), in cui tutte le sequenze del pensiero principale si eclissano anche senza l'intervento di pensieri secondari, il *vaneggiamento* dove si assiste a uno scambio tra i pensieri riferiti alle cose e i pensieri riferiti al proprio mondo interiore. Rientrano in questo ambito le formazioni deliranti (v. DELIRIO, § 3), la stramberia (v. STRAVAGANZA) e la PARALOGIA (v.), con mescolanze e confusione di concetti.

f) *L'incoerenza* dovuta prevalentemente a un disturbo dell'attenzione con conseguenti associazioni per assimilazione o per contrasto.

g) *La confabulazione*, attribuita di solito ai disturbi organici del pensiero come la demenza; è interpretata o come un tentativo di mantenere un pensiero iniziato in una direzione coerente, mentre le informazioni reali non sono sufficienti all'assunto, o come un tentativo di colmare le lacune di una memoria gravemente compromessa (v. CONFABULAZIONE).

h) *La deconcentrazione* o incapacità a far convergere su un pensiero l'attività mentale con conseguente riduzione della capacità di riflettere e di arrivare a un giudizio.

2. I DISTURBI DEL CONTENUTO DEL PENSIERO. Rientrano in questo ambito le seguenti forme:

a) *Le idee dominanti* (v. IDEA, § 6) che, legate a una forte componente affettiva, sono vissute dal soggetto come assolutamente vere per il lato affettivo intimamente connesso. Vengono difese e perseguite con tenacia, anche se causano contrarietà e inconvenienti, e prendono il sopravvento su ogni altro pensiero. Si è soliti distinguere idee dominanti *oggettive* che in genere sono di tipo religioso o politico, e idee *soggettive* che riguardano il proprio vantaggio, il proprio onore o malattie immaginarie; e ancora idee *attive* che spingono all'azione, e idee *passive* che si estrinsecano solo con suggestivi impianti teorici.

b) *I deliri* che si organizzano intorno a un pensiero di gelosia, di persecuzione, di grandezza (v. DELIRIO, § 3) che il soggetto utilizza per riorganizzare intorno al pensiero delirante la sua esperienza ormai destrutturata e per ristabilire un contatto con la realtà altrimenti perduta. Scrive in proposito Giovanni Jervis: «Nel delirio la *ristrutturazione* della realtà parte da una *intuizione di significato* intorno alla quale tutto il mondo si riorganizza e, per così dire, ricomincia a funzionare. La *spiegazione* (delirante) rimette in moto un'esistenza che si era bloccata nell'angoscia, nella passività, nella perdita di senso delle cose. Improvvisamente il soggetto *intuisce*: egli è invaso da forze estranee, succede qualcosa, c'è un complotto, o una mascheratura; qualcosa gli viene nascosto ma egli comincia a capire, vede significati nuovi e cifrati» (1975, pp. 245-246).

Bibliografia

Abegg L., *In Asia si pensa diversamente. Antitesi e complementarietà dell'Estremo Oriente e dell'Occidente* (1949), Astrolabio, Roma 1952.

Amerio P., Quaglino G. P. (a cura di), *Mente e società nella ricerca psicologica*, Book Store, Torino 1980.

Antonietti A., *Psicologia del pensiero*, il Mulino, Bologna 2013.
Bartlett F. Ch., *Il pensiero* (1958), Franco Angeli, Milano 1975.
Bergson H., *Il cervello e il pensiero* (1919), Editori Riuniti, Roma 1990.
–, *Il pensiero e il movimento* (1934), Bompiani, Milano 2000.
Binswanger L., *Sulla fuga delle idee* (1933), Einaudi, Torino 2003.
–, *Über die manische Lebensform*, in "Schweizer Medische Wissenschaft", 1945, n. 75.
–, *Tre forme di esistenza mancata. Esaltazione fissata, stramberia, manierismo* (1956), il Saggiatore, Milano 1964.
Bion W. R., *Apprendere dall'esperienza* (1962), Armando, Roma 1972.
Bleuler E., *Trattato di psichiatria* (1911-1939, aggiornato da M. Bleuler dal 1940 al 1960), Feltrinelli, Milano 1967.
Bolton N., *Concept formation*, Pergamon, Oxford 1977.
Bruner J. S., Goodnow J. J., Austin G. A., Brown R., *Il pensiero. Strategie e categorie* (1956), Armando, Roma 1969.
Cantoni R., *Il pensiero dei primitivi*, il Saggiatore, Milano 1963.
Cherubini P., *Psicologia del pensiero*, Raffaello Cortina, Milano 2005.
Claparède É., *La genesi dell'ipotesi* (1933), Giunti Barbera, Firenze 1972.
Duncker K., *La psicologia del pensiero produttivo* (1935), Giunti Barbera, Firenze 1969.
Fodor J. A., *La mente modulare. Saggio di psicologia delle facoltà* (1983), il Mulino, Bologna 1988.
Freud S., *Metapsicologia* (1915), in *Opere* (1967-1993), Bollati Boringhieri, Torino, vol. VIII.
Galton F., *Psychometric experiments*, in "Brain", 1879.
Gardner H., *Formae mentis. Saggio sulla pluralità dell'intelligenza* (1983), Feltrinelli, Milano 1987.
–, *La nuova scienza della mente. Storia della rivoluzione cognitiva* (1985), Feltrinelli, Milano 1988.
Gedo J. E., Goldberg A., *Modelli della mente* (1973), Astrolabio, Roma 1975.
Girotto V., *Il ragionamento*, il Mulino, Bologna 1994.
Girotto V., Legrenzi P. (a cura di), *Psicologia del pensiero*, il Mulino, Bologna 1999.
Griesinger W., *Pathologie und Therapie der psychischen Krankheiten*, Braunschweig, Stuttgart 1845.
Gruhle H. W., *Verstehende Psychologie* (*Elebnislehre*). *Ein Lehrbuch*, Thieme, Stuttgart 1948.
Hebb D. O., *Mente e pensiero* (1974), il Mulino, Bologna 1982.
Heidegger M., *Che cosa significa pensare?* (1954), Sugarco, Milano 1978.
Hofstadter D. R., Dennett D. C., *L'Io della mente* (1981), Adelphi, Milano 1985.
Imbasciati A., Calorio D., *Il protomentale*, Bollati Boringhieri, Torino 1981.
Jaspers K., *Psicopatologia generale* (1913-1959), Il Pensiero Scientifico, Roma 2000.
Jervis G., *Manuale critico di psichiatria*, Feltrinelli, Milano 1975.
Johnson-Laird Ph. N., *Deduzione, induzione, creatività. Pensiero umano e pensiero meccanico* (1991), il Mulino, Bologna 1994.
–, *Pensiero e ragionamento* (2003), il Mulino, Bologna 2008.
Jung C. G., *Le due forme del pensare*, in *Simboli della trasformazione* (1912-1952), in *Opere*, Bollati Boringhieri, Torino, vol. V.
Keats J. A., Collis K. F., Halford G. S., *Cognitive development*, Wiley Sons, London 1978.
Kraepelin E., *Trattato di psichiatria* (1883), Vallardi, Milano 1907.
Legrenzi P., Mazzocco A., *Psicologia del pensiero*, Martello, Milano 1973.
Lévi-Strauss C., *Il pensiero selvaggio* (1962), il Saggiatore, Milano 1970.
Lévy-Bruhl L., *La mentalità primitiva* (1922), Einaudi, Torino 1966.
Mancia M., *Neurofisiologia e vita mentale*, Zanichelli, Bologna 1980.
Minsky M., *La società della mente* (1986), Adelphi, Milano 1989.
Morin E., *La conoscenza della conoscenza* (1986), Feltrinelli, Milano 1989.
Mosconi G., *Discorso e pensiero*, il Mulino, Bologna 1990.
Mosconi G., D'Urso V., *Il farsi e il disfarsi del problema*, Giunti Barbera, Firenze 1974.
Neisser U., *The multiplicity of thought*, in "British Journal of Psychology", 1963, n. 54.
Pancheri P. (a cura di), *Pensiero*, in G. B. Cassano, P. Pancheri *et al.* (a cura di), *Trattato italiano di psichiatria* (1992), Masson, Milano 1999, vol. I, pp. 493-570.
Piaget J., *L'epistemologia genetica* (1970), Laterza, Bari 1983.
Rapaport D., *Affettività e pensiero nella teoria psicoanalitica* (1942), Franco Angeli, Milano 1972.
Rycroft Ch., *Imagination and reality*, Hogarth Press, London 1968.
Schneider K., *Psicopatologia clinica* (1962), Fioriti, Roma 2005.
Sells S. B., *The atmosphere effect. An experimental study of reasoning*, in "Archives of Psychological Association", 1936, n. 29.
Storr A., *La dinamica della creatività* (1972), Astrolabio, Roma 1973.
Titchener E. B., *Lecture on the experimental psychology of the thought-processes*, Macmillan, New York 1909.
Vattimo G., Rovatti P. A. (a cura di), *Il pensiero debole*, Feltrinelli, Milano 1983.
Wason P. C., Johnson-Laird Ph. N., *La psicologia del ragionamento* (1972), Giunti Barbera, Firenze 1977.
Wertheimer M., *Il pensiero produttivo* (1945, edito postumo), Giunti Barbera, Firenze 1965.
Wundt W. M., *Lineamenti di psicologia* (1896), in *Scritti scelti*, Utet, Torino 2006.

Pentimento (ingl. *Repentance*; ted. *Reue*; fr. *Repentir*; sp. *Arrepentimiento*). Sentimento di afflizione morale che accompagna il riconoscimento della propria colpa.

Peotillomania (ingl. *Peotillomania*; ted. *Peotillomanie*; fr. *Péotillomanie*; sp. *Peotilomanía*). Rubricata da alcuni tra le forme di pseudomasturbazione, da altri in quelle che caratterizzano i tic nervosi, la peotillomania consiste nel portare di continuo le mani ai genitali.

Peptidi, v. NEUROTRASMETTITORE, § I, 3.

Percentile, v. STATISTICA, § I, 4.

Percetto (ingl. *Percept*; ted. *Perzept*; fr. *Percept*; sp. *Percepto*). Interpretazione del significato di uno stimolo sensoriale da parte del soggetto. Il termine, che fa riferimento al piano percettivo, è stato coniato per analogia a CONCETTO (v.), inteso come suo corrispondente sul piano intellettuale. È stata messa a punto un'*analisi del percetto* per l'individuazione dei tratti della personalità deducibili dalle risposte del soggetto a immagini che gli vengono sottoposte; mentre si parla di *percettualizzazione* in riferimento alla perdita regressiva dei processi superiori di concettualizzazione che si riscontra in molti schizofrenici, le cui idee si riferiscono sempre più a fatti specifici e concreti, e sempre meno a classi concettuali o categorie logiche. La percettualizzazione è una forma del pensiero paleologico (v. PALEOLOGICO) caratterizzato, fra l'altro, da CONCRETISMO (v.).

Percettualizzazione, v. PERCETTO.

Percezione (ingl. *Perception*; ted. *Wahrnehmung*; fr. *Perception*; sp. *Percepción*). Insieme di funzioni psicologiche che permettono all'organismo di acquisire informazioni circa lo stato e i mutamenti del suo ambiente grazie all'azione di organi specializzati quali la vista, l'udito, l'olfatto, il gusto e il tatto. È inoltre possibile raccogliere informazioni sullo stato del proprio corpo tramite la sensibilità propriocettiva e interocettiva (v. SENSIBILITÀ, §§ 2-3). La percezione, anche se secondo alcuni non è separabile, secondo altri si distingue dalla SENSAZIONE (v.) perché, mentre quest'ultima si riferisce ai dati elementari della conoscenza sensibile che non possono essere scomposti in elementi più semplici, la percezione è un processo più complesso che unifica una molteplicità di sensazioni, riferendole a un oggetto distinto dal soggetto e dagli altri oggetti. Questa forma di percezione, detta *esterna*, si distingue dalla percezione dei propri stati *interiori* che non rientrano negli studi sulla percezione.

1. TEORIA DELLA PERCEZIONE. In ambito filosofico, si hanno sostanzialmente due interpretazioni della conoscenza percettiva: quella *empiristico-associazionista* che, con David Hume e John Stuart Mill, considera la percezione come la somma di sensazioni elementari, e quella *aprioristica* che, con Immanuel Kant, ritiene che la percezione sia un'elaborazione dei dati sensoriali operata dalla coscienza secondo forme a priori. Questa seconda tesi ha finito con il prevalere, sia pure con significative variazioni, nelle successive prese di posizione filosofiche, e in particolare con il pragmatismo di William James e di Charles Sanders Peirce, con il neorealismo di Alfred North Whitehead, con lo spiritualismo evoluzionistico di Henri Bergson, con la fenomenologia di Edmund Husserl e di Maurice Merleau-Ponty che preparò il terreno alla PSICOLOGIA DELLA GESTALT (v.); quest'ultima, con Max Wertheimer, Kurt Koffka e Wolfgang Köhler, sostiene che nella percezione si ha coscienza immediata di un tutto organizzato che non è determinato dalla somma dei suoi elementi, ma da leggi strutturali interne al tutto. Con una serie imponente di prove sperimentali la psicologia della Gestalt cercò di determinare le leggi dell'apparire delle forme e quelle della loro trasformazione. Fatta propria la critica all'associazionismo condotta dalla psicologia della Gestalt, il funzionalismo percettivo con Gordon Willard Allport ha sottolineato l'elemento soggettivo, rappresentato dai bisogni, dalle attese, dai fini, dalle motivazioni, come fattore codeterminante l'atto percettivo. In questo quadro la percezione è apparsa, più che un dato oggettivo, un punto di vista ipotetico sull'oggetto suscettibile di modificazioni. In questa linea si colloca anche il pragmatismo americano con la sua lettura della vita psichica come transazione fra organismo e ambiente. Oggi, nello studio della percezione, prevale l'atteggiamento sperimentale coadiuvato dalle conclusioni a cui è giunta la cibernetica nella comprensione dei processi cognitivi (v. COGNIZIONE, § 1, *a*).

2. STIMOLO E PERCEZIONE. Lo studio classico della percezione ha preso le mosse dal noto schema stimolo-risposta (S-R) dove la risposta del soggetto è in funzione della stimolazione che egli ha subìto, per cui R-f(S). Questo schema prevede che: 1) gli oggetti materiali del mondo esterno sono fonte di stimolazione per particolari recettori, raggruppati in organi di senso, che vengono eccitati; 2) l'eccitazione dei recettori dipende dalla costituzione anatomo-funzionale in relazione alla qualità di energia stimolante; 3) l'eccitazione, una volta avvenuta, dà origine a qualcosa avvertito dal soggetto come "contenuto psichico". Questo schema è complicato dal fatto che il soggetto non si limita a subire delle stimolazioni, ma spesso le cerca attivamente, per cui le componenti comportamentali e quelle interne, come emozioni e motivazioni, determinano quello che egli può percepire. Lo schema elementare viene reso così più complesso perché richiede, ai diversi livelli, risposte differenziate.

a) *A livello psicofisico* si cerca di stabilire il rapporto esistente fra uno stimolo, definito come fenomeno fisico di intensità misurabile, e la risposta che ne consegue, data da una sensazione di determinata intensità. In questo campo si sono definite le *soglie inferiori assolute* date dall'intensità minima di un segnale fisico che scatena una risposta del soggetto; le *soglie superiori assolute* al di là delle quali non esiste più una sensazione specifica; le *soglie differenziali* che stabiliscono quale modificazione in più o in meno un segnale deve subire perché il soggetto lo percepisca come diverso; la costruzione di *scale psicofisiche* per la misurazione delle soglie regolate dalla *legge di Fechner*, per la quale l'intensità di una sensazione soggettiva è proporzionale al logaritmo dell'eccitatore fisico. Questa legge, valida per il rapporto fra eccitatore fisico e reazione fisiologica del recettore, trova un riscontro approssimativo per quanto concerne il rapporto fra l'intensità dell'eccitatore fisico e la sensazione psicologica o soggettiva che ne consegue (v. WEBER-FECHNER, LEGGE DI).

b) A livello psicofisiologico il rapporto fra stimolo e percezione è studiato in ordine ai recettori, organi sensoriali e relative vie nervose. Qui, oltre alla trasformazione fisica subita dallo stimolo, dalla fonte della variazione energetica posta fuori dall'organismo, fino alle variazioni subite dai recettori e da qui a quelle originate dalle vie nervose che conducono alle stazioni neurologiche centrali (v. ECCITABILITÀ), è stato studiato il ruolo della *durata*, ossia del tempo necessario alla sensazione per raggiungere il suo valore definitivo in base alle condizioni ambientali e psicologiche. I processi di adattamento richiedono infatti un certo tempo che può essere di qualche minuto, come nell'adattamento degli occhi alla luce, o di mezz'ora, come nell'adattamento all'oscurità, o ancora più lungo, come nel caso dell'udito sottoposto a una stimolazione prolungata o particolarmente rumorosa. Rientra in questo campo lo studio delle *illusioni percettive* e in particolare di quelle ottico-geometriche (v. ILLUSIONE, § 4) imputate, a seconda degli orientamenti: a inadeguatezze anatomiche dell'occhio, al ruolo svolto dai movimenti oculari, all'accostamento dello stimolo a visioni parziali precedentemente percepite dal soggetto, a particolarità della stessa configurazione stimolante che renderebbero impossibile una corretta percezione di quest'ultima.

c) A livello gestaltico il rapporto stimolo-risposta appare insufficiente a spiegare la percezione che, lungi dall'essere la semplice somma delle sensazioni elementari che la costituiscono, è determinata dall'organizzazione dei suoi costituenti, ossia dai rapporti esistenti tra essi. Inoltre, a livello psicofisico e psicofisiologico non si può spiegare la discrepanza che esiste tra *oggetto reale*, le cui caratteristiche forniscono una stimolazione, e *oggetto fenomenico*, che è il risultato della configurazione o forma percepita. Classico è l'esempio della luna che quando è allo zenit appare molto più piccola di quando è all'orizzonte, pur essendo invece delle medesime dimensioni. Le leggi della Gestalt, o forma, in base a cui si costituisce l'oggetto fenomenico a partire dagli stimoli offerti dall'oggetto reale, sono state formulate dalla PSICOLOGIA DELLA GESTALT (v. § II).

d) A livello fenomenologico la percezione non si riferisce mai a qualcosa, ma a un insieme da cui qualcosa emerge. Il qualcosa che emerge è il risultato del nostro bisogno di senso. Infatti, scrive Merleau-Ponty, «poiché siamo al mondo noi siamo condannati al senso e non possiamo fare nulla e dire nulla che non assuma un nome nella storia» (1945, p. 29). Partendo da queste premesse, la fenomenologia nega che si possa separare l'*atto* della percezione dall'*oggetto* percepito, perché "vedere" significa "vedere qualcosa". Ne consegue, scrive Merleau-Ponty, che «quando Cartesio ci dice che l'esistenza delle cose visibili è dubbia, ma che la nostra visione considerata come semplice pensiero di vedere non lo è, questa posizione non è sostenibile [...] perché la visione coglie se stessa e si raggiunge nella cosa vista» (ivi, pp. 484-486). In questo modo la fenomenologia recupera l'INTENZIONALITÀ (v.) della percezione, rifiutando di poterla considerare indipendentemente dall'oggetto percepito.

e) A livello cognitivo occorre dire che per molto tempo la percezione è stata interpretata come il risultato di processi sensoriali che si inscrivono nella mente considerata come una *tabula rasa*. Negli ultimi decenni, invece, si è venuta affermando la tendenza a considerare la percezione in termini cognitivi, perché, come scrive Ilona Roth, «il termine percezione si riferisce ai mezzi con i quali l'informazione acquisita dall'ambiente attraverso gli organi di senso viene trasformata in esperienze di oggetti, avvenimenti, suoni, gusti ecc.» (1986, p. 62), cosa che non può avvenire senza il ruolo attivo di classificazione e interpretazione che richiede l'intervento dell'attività cognitiva. Lo studio dei cerebrolesi ha fornito un significativo campo di prova per le teorie cognitive della percezione, e ancor più i programmi per calcolatori progettati per spiegare le modalità con cui si verificano i processi cognitivi. In questo campo si è particolarmente distinto David Marr, uno dei maggiori esponenti della *teoria computazionale*, in base alla quale è stato possibile effettuare una serie significativa di simulazioni dei processi cognitivi su calcolatore, come per esempio la realizzazione di sistemi visivi capaci di guidare sofisticati arti artificiali prensili per raccogliere e manipolare oggetti. L'approccio computazionale allo studio della percezione ha consentito di eliminare idee che si sono appurate non valide, formulare con maggior precisione idee vaghe e affrontare problemi teorici prima trascurati, introducendo maggior chiarezza, precisione e dettagli nelle teorie della percezione e più in generale nelle teorie cognitive (v. COGNIZIONE, § 1, *a*).

f) *A livello subliminale* accadono percezioni che prescindono dalla nostra consapevolezza, e quindi si sottraggono all'elaborazione cognitiva, come nel caso della *percezione subliminale*, dove vi è una risposta a stimoli inviati sotto la soglia di consapevolezza, che investono una o più modalità sensoriali come: la presentazione di stimoli a bassa intensità, a breve durata, o a frequenze che non rientrano nella gamma di quelle percepite consciamente. Uno stimolo subliminale, pur svolgendosi al di fuori della sfera della coscienza, ha comunque effetto sui processi interni di costruzione di senso e sui comportamenti esterni, con un'influenza maggiore di uno stimolo presentato a livello di soglia di consapevolezza, per cui non è raro che venga utilizzato in ambito pubblicitario o anche in ambito terapeutico per la riduzione dell'ansia attraverso la presentazione subliminale di messaggi rassicuranti.

3. IL COSTITUIRSI DELL'OGGETTO PERCETTIVO. Dalla gran quantità di stimoli che mettono in moto i nostri recettori noi isoliamo alcuni insiemi che ci danno gli oggetti della percezione. A ciò si perviene attraverso la relazione figura-sfondo e la segmentazione del campo visivo.

a) *La relazione figura-sfondo* è l'elemento fondamentale nella strutturazione degli stimoli che ha il suo primo avvio nella rottura del "campo di stimolazione omogenea" come può essere un cielo senza nuvole. Il passo successivo porta a una differente localizzazione spaziale di stimoli diversi, nel senso che si ha la tendenza a localizzare ciò che si assume come figura più vicino rispetto a ciò che è lasciato come sfondo. Tra le condizioni di base che portano a eleggere una certa figura rispetto allo sfondo ci sono la *grandezza* relativa delle parti e i loro *margini*. A parità di condizioni tende ad emergere come figura quella più piccola, o quella inclusa o quella dai margini concavi anziché convessi secondo i criteri evidenziati da Edgar Rubin (v. REVERSIBILITÀ, § 1).

b) *Le leggi della segmentazione del campo visivo* che concorrono alla sua organizzazione e alla costituzione dell'oggetto percettivo sono: la *vicinanza* per cui le parti più vicine di un insieme tendono a unità figurali, la *somiglianza* di parti nell'insieme percettivo, la *chiusura* per cui le regioni delimitate da margini chiusi tendono ad essere percepite come figure rispetto a quelle con contorni aperti o incompleti, la *continuità di direzione* rispetto alle forme discontinue o cangianti, la *buona forma* che è quella più equilibrata e armonica le cui parti sembrano appartenersi, richiedersi o richiamarsi reciprocamente, l'*esperienza passata* che favorisce l'evidenziarsi di oggetti con cui si ha più familiarità (v. PSICOLOGIA DELLA GESTALT, § I, 2).

4. LA COSTANZA PERCETTIVA. Variando i rapporti spaziali tra osservatore e oggetto, l'identità, la grandezza e la forma dell'oggetto non variano (costanza percettiva) anche quando varia la proiezione retinica dello stesso oggetto. Il valore adattivo di questa costanza è evidente, perché, mantenendo una percezione stabile degli oggetti, nonostante le variazioni delle condizioni percettive, siamo in grado di abitare con più agilità il mondo che ci circonda. In questo campo i contributi migliori vengono dalla fenomenologia che distingue i seguenti tipi di costanza:

a) *La costanza dell'oggetto* per cui una persona familiare viene percepita allo stesso modo e con le sue caratteristiche sia che la si veda in piedi, sdraiata, di fronte, a pochi passi ecc. Questa costanza è data dall'invariabilità dei *rapporti* fra gli elementi di rilievo che abbiamo nel complesso della situazione stimolante.

b) *La costanza di grandezza* che si riferisce al fenomeno per cui, quando un oggetto viene allontanato, noi tendiamo a correggere gli effetti della distanza e vederlo ancora nelle sue dimensioni normali anche se l'immagine retinica è cambiata. Ciò dipende dal rapporto tra la grandezza *reale* dell'immagine retinica e la distanza *apparente* dell'oggetto, valutata attraverso gli indizi di profondità. Finché questo rapporto rimane costante, nel senso che come la grandezza retinica diminuisce vi è un aumento proporzionale nella distanza apparente, la grandezza percepita rimane la stessa.

c) *La costanza di forma* che consente di percepire un tavolo come rettangolare anche quando, per effetto della sua diversa orientazione, l'immagine retinica corrispondente è trapezoidale. Essenziale, in questo caso, è il rapporto tra la forma dell'immagine retinica e l'inclinazione apparente dell'oggetto, percepibile utilizzando gli indizi che lo rivelano.

d) *La costanza di posizione* per cui riconosciamo il perdurare degli oggetti nella loro posizione nonostante l'invio di miriadi di impressioni mutevoli che accompagnano i nostri spostamenti. La stabilità del mondo percettivo dipende anche dalla nostra esperienza passata.

e) *La costanza della luminosità e del colore* che dipende dal fatto che noi giudichiamo la luminosità di un oggetto in rapporto all'ambiente, per cui la percentuale di luce utilizzabile riflessa da un oggetto è la stessa indipendentemente dal grado di illuminazione. La costanza viene a mancare quando l'oggetto e il suo ambiente non sono illuminati dalla stessa sorgente.

Lo stesso dicasi per la costanza del colore di un oggetto che, rispetto alla luce, ha anche, a suo favore, la nostra memoria dell'oggetto, per cui se guardiamo un'arancia attraverso un tubo stretto che non consente di riconoscere l'oggetto, questa apparirà del colore corrispondente alla luce che la illumina e non più del "suo" colore. Le costanze percettive sono molto precoci nel primo sviluppo infantile, per cui resta aperto il problema se la correzione che produce la costanza percettiva sia dovuta alla conoscenza o dipenda da meccanismi innati.

5. La percezione dello spazio: distanza e profondità. La percezione dello spazio pone il problema di come sia possibile vedere in modo tridimensionale, quindi valutando distanza e profondità, a partire dalla proiezione retinica che, essendo su una superficie, è a due dimensioni (v. Visivo, Sistema, § 4). I fattori che intervengono sono i seguenti:

a) La visione stereoscopica che rende possibile apprezzare distanza e profondità attraverso la convergenza degli occhi (per cui più è vicino il punto d'osservazione, maggiore è la convergenza necessaria) e la disparità delle immagini retiniche (per cui l'occhio sinistro non coglie, per effetto della sua distanza dal destro, la stessa immagine). La combinazione di questi due fattori fisiologici non sarebbe sufficiente se non intervenissero gli indizi psicologici che, nella visione monoculare, consentono di apprezzare distanza e profondità in assenza dei meccanismi della visione binoculare.

b) Gli indizi psicologici che sono la sovrapposizione degli oggetti (per cui, se uno ne copre un altro, non si può fare a meno di presumere che il primo sia più vicino), la prospettiva (che produce una convergenza in distanza come si può constatare guardando un binario ferroviario), il chiaroscuro (che aiuta a delimitare i contorni degli oggetti tridimensionali), il movimento (per cui, se ci spostiamo in una direzione, gli oggetti lontani sembrano muoversi con noi, mentre quelli vicini sembrano spostarsi in senso opposto), la conoscenza empirica della grandezza effettiva degli oggetti (per cui, anche se un uomo lontano è percepito come più piccolo, il soggetto lo interpreta semplicemente come lontano).

6. La percezione del movimento. Condizione generale necessaria perché abbia luogo la percezione visiva del movimento è l'esistenza di una *modificazione temporale* nello stato della stimolazione della retina. Qualora questa sia omogeneamente stimolata nel tempo, non abbiamo le premesse per la percezione del movimento. La modificazione temporale, inoltre, non deve essere né troppo lenta né troppo rapida, perché esiste una soglia inferiore e una superiore di velocità per la percezione del movimento. Da queste premesse è facile intuire che la percezione del movimento non dipende esclusivamente dagli effettivi movimenti fisici degli stimoli nell'ambiente, e questa è la ragione per cui possiamo vedere un moto apparente anche in assenza di un movimento reale.

a) Il moto apparente si registra in diverse condizioni regolate dalle *leggi di Korte* che definiscono i rapporti proporzionali che devono sussistere, perché il fenomeno si dia, tra la distanza spazio-temporale degli stimoli e la loro intensità, che deve crescere in modo direttamente proporzionale alla distanza spaziale e inversamente proporzionale a quella temporale determinata dal tempo di esposizione. Le forme di moto apparente più studiate sono:

– l'*effetto autocinetico* per cui, se in un buio completo si osserva un singolo punto luminoso, dopo pochi secondi la luce sembra muoversi o in modo oscillatorio o fuggendo in una direzione. Da questo fenòmeno i piloti dei voli notturni si difendono allineando una struttura di riferimento sul bordo del parabrezza;

– la *parallasse* per cui un osservatore percepisce lo spostamento angolare apparente di un oggetto quando lo osserva da due punti di vista diversi. Il termine si riferisce anche al moto apparente di oggetti, in realtà immobili, che a un osservatore in movimento sembrano procedere gli uni verso gli altri con una velocità più o meno sostenuta a seconda della minore o maggiore distanza dal punto di osservazione. In questa seconda accezione il fenomeno della parallasse è uno dei sussidi per la percezione della profondità e per la valutazione della distanza nella visione monoculare;

– il *movimento stroboscopico* che sta alla base del cinematografo dove l'illusione del movimento è creata dalla rapida successione di stimoli immobili separati; una forma più semplice di movimento stroboscopico è quella nota come *fenomeno Phi* o *beta movimento* dove la rapida successione nell'accensione di una serie di lampadine è percepita come un movimento effettivo della luce.

Altre forme di moto apparente sono:

– l'*alfa movimento* che si rileva nella percezione della variazione della grandezza, come quando si ha l'impressione che il segmento di mezzo si allunghi o si accorci togliendo i segmenti rivolti all'interno o quelli rivolti all'esterno di una figura;

– il *gamma movimento* per cui un oggetto sembra espandersi o contrarsi per effetto dell'aumento o della riduzione improvvisa dell'illuminazione;

– il *delta movimento* per cui un oggetto sembra spostarsi per il rapido cambiamento della luce;

– l'*effetto tunnel* per cui, con l'accensione successiva di due luci tra le quali e davanti alle quali è posto uno schermo, si ha l'impressione che la luce scompaia dietro lo schermo per poi riapparire come se avesse attraversato un tunnel;

– l'*illusione di Charpentier* che è l'apparente moto di un punto luminoso nell'oscurità. Il fenomeno si verifica quando l'affaticamento della muscolatura oculare determina un piccolo movimento degli occhi che, in assenza di punti di riferimento a causa del buio, il soggetto percepisce come esterno. Detta illusione non va confusa con l'illusione di Charpentier-Koseleff relativa alla valutazione del rapporto misura-peso (v. ILLUSIONE, § 5);

– la *spirale di Exner* che è un moto apparente indotto da una figura a spirale disegnata su un disco girevole che suscita l'impressione di separarsi da esso e di ritirarsi in se stessa a seconda che il disco venga ruotato verso destra o verso sinistra. Nell'istante d'arresto si osserva un effetto figurale postumo (v. ILLUSIONE, § 4, *a*) del movimento in direzione contraria a quella del moto inizialmente provocato.

b) *La velocità apparente* è la velocità percepita che differisce da quella fisica per effetto di una discrepanza che, secondo gli esperimenti di Junius Flagg Brown, dipende da tre fattori: 1) *grandezza dell'oggetto* per cui, tra due oggetti di grandezza diversa che si muovono in campi uguali, quello più piccolo sembra spostarsi più velocemente; 2) *dimensioni del campo* per cui, tra due oggetti uguali che si muovono in campi di differente dimensione, quello situato nel campo visivo più piccolo sembra spostarsi in modo più rapido; 3) *distanza occhio-oggetto* per cui, tra due oggetti in movimento situati a diversa distanza dallo spettatore, quello più lontano sembra possedere una velocità maggiore di quello più vicino.

c) *Il movimento reale* dipende dalla relazione tra gli oggetti all'interno del campo visivo. Ogni volta che vi è movimento, l'osservatore deve decidere che cosa si muove e che cosa sta fermo in rapporto a qualche schema di riferimento. Ciò che si muove prende il nome di "unità dinamica" in contrapposizione alle "unità statiche". La percezione della velocità dipende da diversi fattori: la *luminosità* per cui quanto più l'oggetto è illuminato tanto più sembra lento; l'*orientamento* per cui gli oggetti la cui disposizione coincide con la direzione del movimento sembrano più veloci di quelli ortogonali alla direzione; il *campo* per cui quanto maggiore è il campo in cui l'oggetto è visto muoversi, tanto minore è la sua velocità apparente, mentre quanto più il campo è ricco di punti e dettagli interni, tanto più veloce appare l'oggetto. All'interno del movimento reale, si parla infine di *movimento indotto* quando il soggetto percepisce il movimento dell'oggetto mentre a muoversi è lo sfondo. Così accade quando guardiamo la luna attraverso un sottile strato di nubi in movimento, o quando viaggiamo su un treno e disponiamo della sola informazione visiva, a differenza di quando camminiamo o corriamo dove le sensazioni provenienti dagli arti ci informano del nostro movimento.

7. IL RUOLO DELL'APPRENDIMENTO NELLA PERCEZIONE. Uno dei problemi tradizionali della percezione è se la nostra capacità di percepire è frutto di apprendimento o invece è innata. La disputa è antica e ha diviso i filosofi che se ne sono occupati in innatisti, come René Descartes e Gottfried Wilhelm Leibniz, ed empiristi, come John Locke e George Berkeley, che sostenevano che noi impariamo a percepire in un certo modo in base all'esperienza degli oggetti che fanno parte del nostro mondo. La psicologia sperimentale ha confortato questa seconda posizione, non smentita neppure dalla comune osservazione, per cui ad esempio lo sciatore esperto è in grado di percepire la differenza tra i diversi tipi di neve, che può sfuggire invece alla percezione di chi non vive nell'ambiente; oppure parole scritte erroneamente vengono lette correttamente perché la conoscenza di ciò che dovrebbe essere ha la meglio su ciò che è. Lo stesso dicono gli esperimenti con particolari occhiali che producono deformazioni grossolane come l'inversione dell'alto e del basso del campo visivo, o deformazioni sottili come lo spostamento dello sguardo a destra o a sinistra. In tutti questi casi si è assistito a un *riadattamento percettivo* alla nuova visione del mondo per effetto dell'influsso della precedente. Ciò non toglie che animali allevati da piccoli nella completa oscurità rivelino difetti alla retina, da cui s'è dedotto che una certa quantità di luce è necessaria per lo sviluppo anatomico del sistema ottico. Da qui la conclusione che sia il processo di maturazione sia l'esperienza interagiscono nello sviluppo delle capacità percettive.

8. LA SELEZIONE PERCETTIVA. La percezione ha un carattere selettivo perché il soggetto non reagisce a tutti gli stimoli che lo colpiscono, ma, tramite l'ATTENZIONE (v. § 2), ne focalizza un certo numero ignorando quelli che lo distraggono. Così è possibile prestare attenzione a una conversazione astraendo dalle molte voci che ci circondano. Ciò fa pensare che, di tutti gli stimoli che investono i nostri sensi, vengano selezionati solo quelli che i nostri processi mentali superiori ci indicano come rilevanti ai fini dell'attività psicologica che si svolge in quel momento. La capacità di attenzione aumenta fino all'età adulta mentre proporzionalmente diminuisce l'apprendimento accidentale, ossia la capacità di trarre vantaggio dagli aspetti secondari del campo percettivo. Si constata inoltre che i giovani vengono attratti da stimoli nuovi, complessi e inattesi, mentre gli adulti sono attratti da configurazioni né troppo semplici né troppo complesse. Rientrano nella selezione percettiva il *riflesso di orientamento* (v. RIFLESSO, § 2, *b*) che è una risposta, accompagnata

da reazioni fisiologiche, ad ogni mutamento dello stimolo ambientale, e l'*effetto di centramento* per cui lo stimolo meglio percepito viene anche sopravvalutato con conseguente deformazione del campo percettivo. Esistono inoltre fattori soggettivi che agiscono da selezionatori della percezione. Tra questi ricordiamo: *a*) i *bisogni organici* per cui, per esempio, chi ha fame tenderà a selezionare gli stimoli provenienti dal cibo; *b*) il *rinforzo* indotto da ricompense o punizioni in ordine a ciò che è percepito; *c*) i *valori* che il soggetto attribuisce agli oggetti, per cui una banconota attira l'attenzione più di un equivalente pezzo di carta. Esperimenti effettuati dimostrano che il valore individuale conferito all'oggetto influisce sulla velocità di riconoscimento e sulla grandezza percepita.

9. La percezione uditiva. Gli studi sulla percezione si sono concentrati e sviluppati soprattutto sulla percezione visiva, meno su quella uditiva, di cui comunque sappiamo che, sia per gli animali, sia per gli umani, la percezione dei suoni consente di localizzare gli oggetti che vibrano e la loro natura, di riconoscere i suoni generati da oggetti, come per esempio un piatto che cade, o da persone, come il rumore di passi, di individuare la direzione da cui proviene il suono e di distinguere ciascun suono in un contesto di suoni diversi. La percezione dei suoni dipende dalle variazioni di pressione nell'aria che, a loro volta, devono essere trasformate in impulsi nervosi. Ciò è possibile grazie alle cellule ciliate sensibili al movimento che avvertono le vibrazioni di una membrana basilare sintonizzata in modo estremamente selettivo sulle diverse frequenze. Il meccanismo responsabile di questa sintonizzazione non è noto. Quel che si constata è che l'orecchio danneggiato nelle strutture neurosensoriali, oltre a essere meno sensibile, è anche meno sintonizzato, dispone di una gamma dinamica più limitata, non riesce a separare suoni distinti dal rumore di fondo e non sopporta suoni intensi.

La *localizzazione* dei suoni è resa possibile dalle differenze nel tempo di arrivo e nella fase dei suoni a bassa frequenza e dei suoni complessi ad alta frequenza, mentre la *distanza* di un suono può essere valutata a partire dalla maggiore o minore intensità, dal momento che i suoni distanti sono meno intensi e meno ricchi di alte frequenze rispetto ai suoni vicini. Nella percezione del linguaggio e della musica è particolarmente importante l'*altezza* del suono che è l'attributo che dà luogo alle melodie e all'intonazione del linguaggio. Oltre all'altezza, particolare rilevanza riveste il *timbro* che permette di codificare la differenza tra due strumenti diversi che suonano una nota della stessa altezza. Allo stesso modo, in un complesso di suoni provenienti da fonti diverse, il nostro orecchio è in grado di percepire suoni separati ponendo un'attenzione selettiva a uno di essi. Gli esperimenti condotti sull'attenzione selettiva hanno dimostrato che è più facile ascoltare una voce fra le altre quando questa proviene da una *direzione* diversa.

10. Nascita e sviluppo dei processi percettivi nei bambini. La percezione visiva dei neonati è ovviamente molto povera rispetto a quella degli adulti, ma già a 2 mesi il bambino è in grado di mettere a fuoco gli oggetti a distanze diverse e a 3 mesi di distinguere i colori. Tutti i bambini sono molto attivi nella ricerca di stimoli, preferendo quelli in movimento rispetto a quelli stazionari, gli oggetti grandi rispetto ai piccoli, quelli tridimensionali rispetto a quelli bidimensionali, quelli nuovi rispetto a quelli familiari. Per quanto concerne i volti, ricerche fatte hanno documentato che già a 48 ore dalla nascita i neonati hanno una preferenza per il volto materno rispetto al volto di una donna estranea; inoltre prendono progressivamente a imitare i movimenti facciali degli adulti, come l'apertura della bocca, la protrusione della lingua e la contrazione delle labbra, per cui è stata avanzata l'ipotesi che i bambini hanno una rappresentazione innata del viso, alla quale possono riferirsi per i loro movimenti facciali. Infine, intorno ai 5 mesi, sono in grado di rendersi conto che un oggetto che si sottrae alla loro percezione visiva non cessa di esistere. Le conclusioni a cui sono pervenuti gli studi sulla percezione infantile sono che i bambini, pur venendo al mondo con un sistema visivo immaturo, sviluppano velocemente le capacità visive fondamentali, e anche se le loro retine sono piatte e bidimensionali, non percepiscono un mondo bidimensionale, perché non rispondono solo a indizi retinali *prossimali*, ma anche a indizi *distali* che consentono loro di percepire un mondo "fuori". Inoltre, a 4 o 5 mesi, imparano a percepire le forme come insiemi e a classificare gli stimoli visivi che consentono da un lato di percepire un mondo costituito da oggetti spazialmente connessi, interi e permanenti, e dall'altro di usare le informazioni visive per guidare i movimenti del proprio corpo nel mondo.

Per quanto riguarda la coordinazione dei sensi si assiste da un lato a una precoce coordinazione tra la percezione *sonora* e la percezione *visiva*, per cui, all'emissione di un suono, il bambino si aspetta di vedere un oggetto nella direzione dello stimolo sonoro, e dall'altro a un'equivalenza intersensoriale, come dimostrato dai ricercatori Andrew N. Meltzoff e Richard W. Borton, secondo i quali il bambino, dopo aver familiarizzato con un succhiotto liscio o uno nodoso, alla vista dei due succhiotti sceglie quello con cui ha familiarizzato. Per quanto riguarda il *gusto* i bambini distinguono precocemente le quattro sensazioni gustative fondamentali (dolce, salato, acido, amaro). Anche l'*olfatto* è attivo fin dalla nascita, come mostrano gli studi di Aidan Macfarlane, secondo i quali già a 6 giorni i bambini preferiscono l'odore del seno materno rispetto all'odore del seno di un'altra madre. Per quanto riguarda l'*udito* è dimostrato che c'è una percezione prenatale di stimoli uditivi. Alla nascita le soglie uditive sono molto alte, con la capacità da parte del bambino di un anno di distinguere gli stimoli uditivi per intensità e tono; in seguito, durante l'infanzia, le soglie si abbassano, anche se nella seconda metà del primo anno di vita il bambino è in grado di comprendere i suoni linguistici e verso la fine del primo anno mostra una sensibilità al significato delle parole. Infine, per quanto concerne il rapporto fra *percezione* e *cognizione*, alla prima competenza percettiva corrisponde un'incompetenza cognitiva; successivamente lo sviluppo delle strutture cognitive fornisce informazioni per l'organizzazione graduale di oggetti, persone, linguaggi, eventi, che consentono al bambino di costruirsi un mondo coeso e leggibile.

11. PERSONALITÀ E CONTESTO SOCIALE NEL RICONOSCIMENTO PERCETTIVO. La percezione non è modulata solo dall'azione dello stimolo esterno, ma anche dalla struttura della personalità e dal contesto sociale in cui la percezione avviene. Esistono personalità sensibili alle differenze che emergono nel campo percettivo (*accentuatori*) e personalità meno sensibili (*livellatori*) (v. LIVELLAMENTO). I primi, a differenza dei secondi, rivelano disagio in ogni situazione "aperta", e tendenza a "chiudere" le strutture percettive e a mantenerle costanti eliminando ogni sorta di ambiguità. Nei loro giudizi sono rigorosamente dicotomici (vero/falso, buono/cattivo), rifiutando ogni via di mezzo anche sul piano percettivo. Sempre nell'ambito delle differenze individuali si distinguono i soggetti *dipendenti dal campo* che poggiano la loro percezione esclusivamente sui dati offerti dal campo visivo, e i soggetti *indipendenti dal campo* che organizzano il campo visivo facendo riferimento soprattutto alla posizione cenestesica del proprio corpo. Dal punto di vista psicologico si è constatato che i primi, a differenza dei secondi, hanno scarsa fiducia in se stessi, paura dei propri impulsi e mancanza di autostima (v. CAMPO, § 1). Lo stesso dicasi per i soggetti sensibili allo stimolo subliminale che mostrano caratteri di flessibilità e tolleranza, rispetto a quelli insensibili che rivelano un carattere più rigido, più ansioso con meccanismi di difesa accentuati. Per quanto concerne la distinzione tipologica costruita in base alla percezione delle "immagini eidetiche", si veda la voce EIDETISMO.

In ambito percettivo il contesto sociale agisce a due livelli: su *ciò che è percepito* e sulla *percezione interpersonale*. Per il primo caso gli esperimenti hanno dimostrato che un individuo muta le proprie percezioni quando è inserito in un gruppo di "complici" dello sperimentatore che danno valutazioni diverse; se ne deduce una tendenza ad avvicinarsi alla norma proposta dalla maggioranza. Lo stesso dicasi per la percezione interpersonale: nella nostra società un individuo che evita il contatto oculare è percepito come maleducato, freddo, indifferente, mentre chi non interrompe mai questo contatto viene avvertito come intrusivo, sgradevole e indiscreto. Naturalmente in altri contesti sociali possono funzionare regole diverse, per cui è il contesto a decidere il significato della percezione interpersonale. Ma il contesto sociale decide anche la capacità di percepire le differenze ed è alla base di quei giudizi dove la differenza non è apprezzata, come quando si dice: "i ricchi sono tutti uguali" oppure "i cinesi si assomigliano tutti" e simili. Queste ultime considerazioni mostrano le vie per una possibile cooperazione tra psicologia sperimentale, con tutti i suoi dati sulle variazioni percettive, e psicologia del profondo da un lato per l'influenza delle motivazioni inconsce sull'atto percettivo, e psicologia sociale dall'altro per l'influenza del contesto sociale sulla percezione individuale.

12. LA PERCEZIONE DELLE PERSONE. Questa percezione presenta caratteristiche diverse rispetto alla percezione degli oggetti perché, a differenza degli oggetti, le persone sono animate, attive, più difficili da comprendere in modo esauriente, inoltre sono consapevoli di essere osservate e capaci di rappresentazioni false o compiacenti. Sull'altro versante, chi le percepisce può essere coinvolto emotivamente, o interagire attivamente con la persona osservata, o essere disturbato dal fatto di essere a sua volta osservato. In questo campo le ricerche si sono applicate allo studio della formazione delle impressioni e all'utilizzo delle teorie dell'attribuzione.

La formazione delle impressioni è oggetto di ricerche che ne studiano la natura a prescindere dalla precisione o imprecisione delle stesse, stante l'inevitabile tendenza a proiettare negli altri i propri attributi, cosa che impedisce di pervenire a un criterio oggettivo. I fattori che determinano le impressioni sono innanzitutto l'aspetto complessivo del viso e poi i singoli tratti che vengono considerati per stabilire il ceppo etnico, l'età approssimativa, la bellezza fisica che produce valutazioni positive ecc. Le espressioni facciali comunicano gli stati emotivi delle persone, la loro sincerità o insincerità, la postura del corpo e i gesti fisici così come lo stile dell'abbigliamento possono consentire delle deduzioni circa lo stato sociale delle persone e la loro adesione o rifiuto del conformismo. Altre impressioni si possono avere dal tono della voce, che quando è basso trasmette forza e compostezza, mentre quando è esitante o veloce è indizio di nervosismo, e dal contenuto del discorso che può essere compiacente o oppositivo rivelando tratti di personalità debole o aggressiva. Infine, "la prima impressione", secondo i princìpi gestaltici, determina un effetto alone sugli indizi successivi, influenzandone l'interpretazione sia in senso positivo sia in senso negativo.

Le teorie dell'attribuzione presuppongono che i percipienti non stabiliscano che il comportamento della persona percepita sia indicativo di sottostanti caratteristiche della sua personalità. In questo ambito le due teorie più significative sono: a) la *teoria dell'inferenza* che tiene in scarsa considerazione gli atti socialmente desiderabili o attesi dal ruolo che occupa la persona e gli atti che producono effetti non comuni. Nel primo caso perché il comportamento potrebbe riflettere norme o pressioni sociali, nel secondo caso per l'eccessiva incertezza che crea in ordine alle intenzioni e alle motivazioni effettive della persona osservata; b) il *modello Anova* di Harold H. Kelley che assegna poca importanza ai comportamenti ad "alto consenso" relativi al modo con cui la maggior parte delle persone si comporta in una data situazione, e ai comportamenti ad "alta distinzione" o a "bassa consistenza" che sono quelli atipici rispetto a come quella persona si comporterebbe in altre circostanze o in altri momenti. Questo modello presta attenzione agli schemi comportamentali assunti dalle persone in situazioni e tempi diversi, poi valutati con strumenti statistici, e mette in guardia dal trarre inferenze sui tratti a partire dai comportamenti altrui, mentre non lo si farebbe a partire dai propri.

Bibliografia

Adrian E. D., *I fondamenti fisiologici della percezione* (1947), Bollati Boringhieri, Torino 1952.

Ancona L., *Dinamica della percezione*, Mondadori, Milano 1970.

Arnheim R., *Il pensiero visivo. La percezione visiva come attività conoscitiva* (1969), Einaudi, Torino 1974.

Berry D. S., McArthur L. Z., *Perceiving character in faces. The impact of age-related craniofacial changes in social perception*, in "Psychological Bulletin", 1986, n. 100, pp. 3-18.

Broadbent D. E., *Perception and communication*, Pergamon, New York 1958.

Brown J. F., *Über gesehene Geschwindigkeiten*, in "Psychologische Forschung", 1928, n. 10, pp. 84-101.

Brown J. F., Voth A. C., *The path of seen movement as a function of the vector field*, in "American Journal of Psychology", 1937, n. 49, pp. 543-563.

Bruce V., Green P. R., Georgeson M. A., *Visual perception. Physiology, psychology and ecology*, Lawrence Erlbaum Associates, London 1985.

Bruno N., Pavani F., Zampini M., *La percezione multisensoriale*, il Mulino, Bologna 2010.

Canestrari R., *La dinamica del percepire*, in L. Ancona (a cura di), *Nuove questioni di psicologia*, La Scuola, Brescia 1972, vol. I, pp. 279-358.

Cervetto L., Marzi C. A., Tassinari G., *Le basi fisiologiche della percezione*, il Mulino, Bologna 1987.

Dixon N. F., *Preconscious processing*, Wiley, Chichester 1981.

Droz R., *Percezione*, in AA.VV., *Enciclopedia*, Einaudi, Torino 1980, vol. X, pp. 582-602.

Farneti P., Grossi E., *Per un approccio ecologico alla percezione visiva*, Franco Angeli, Milano 1995.

Fechner G. Th., *Elemente der Psychophysik* (1860), Breitkopf und Härtel, Leipzig 1889.

Francès R., *Le développement perceptif*, Puf, Paris 1962.

Gerbino W., *La percezione*, il Mulino, Bologna 1983.

Gibson J. J., *The perception of the visual world*, Houghton Mifflin, Boston 1950.

–, *Un approccio ecologico alla percezione visiva* (1979), il Mulino, Bologna 1999.

Gordon I. E., *Theories of visual perception*, Wiley, Chichester 1989.

Gregory R. L., *Curiose percezioni* (1964), il Mulino, Bologna 1989.

–, *Occhio e cervello. La psicologia del vedere* (1966), Raffaello Cortina, Milano 1991.

Heider F., *Psicologia delle relazioni interpersonali* (1958), il Mulino, Bologna 1972.

Howard I. P., *Human visual orientation*, Wiley, Chichester 1982.

Huxley A., *L'arte di vedere* (1942), Adelphi, Milano 1989.

Ittelson W. H., *Visual space perception*, Springer, New York 1960.

Kanizsa G., *Grammatica del vedere*, il Mulino, Bologna 1980.

–, *Vedere e pensare*, il Mulino, Bologna 1991.

Kanizsa G., Legrenzi P., Sonino M., *Percezione, linguaggio, pensiero*, il Mulino, Bologna 1983.

Katz D., *La psicologia della forma* (1948), Einaudi, Torino 1950.

Kelley H. H., *Attribution theory in social psychology*, in "Nebraska Symposium on Motivation", 1967, n. 15, pp. 192-241.

Koffka K., *Principi di psicologia della forma* (1935), Bollati Boringhieri, Torino 1970, nuova edizione riveduta 2006.

Köhler W., *La psicologia della Gestalt* (1929), Feltrinelli, Milano 1961.

Landi P., *Percezione e inferenza*, Joppolo Editore, Milano 1995.

Ludel J., *I processi sensoriali* (1978), il Mulino, Bologna 1981.

Macfarlane A., *Olfaction in the development of social preferences in the human neonate*, in Ciba Foundation Symposium, *Parent-infant interaction*, Elsevier, Amsterdam 1975.

–, *Psicologia della nascita* (1977), Bollati Boringhieri, Torino 1980.

Marr D., *Vision. A computational investigation into the human representation and processing of visual information*, Freeman, San Francisco 1982.

Massironi M., *Fenomenologia della percezione visiva*, il Mulino, Bologna 1998.

Meltzoff A. N., Borton R. W., *Intermodal matching by human neonates*, in "Nature", 1979, n. 282, pp. 403-404.

Merleau-Ponty M., *Fenomenologia della percezione* (1945), il Saggiatore, Milano 1972.

Metzger W., *Gesetze des Sehens*, Kramer, Frankfurt a.M. 1953.

Miller G. A., Johnson-Laird Ph. N., *Language and perception*, Harvard University Press, Cambridge, Massachusetts, 1976.

Moore B. C. J., *Frequency selectivity in hearing*, Academic Press, London 1986.

Oatley K., *Percezione e rappresentazione. Le basi teoriche della ricerca sul sistema nervoso in psicologia* (1978), il Mulino, Bologna 1981.
Pancheri P., *Percezione*, in G. B. Cassano, P. Pancheri *et al.* (a cura di), *Trattato italiano di psichiatria* (1992), Masson, Milano 1999, vol. I, pp. 471-492.
Piaget J., *I meccanismi percettivi* (1961), Giunti Barbera, Firenze 1975.
Piaget J., Fraisse P., Vurpillot E., Francès R., *La percezione*, in P. Fraisse, J. Piaget (a cura di), *Trattato di psicologia sperimentale* (1963-1968), Einaudi, Torino 1972-1979, vol. VI.
Purghé F., Imbasciati A., *Psicologia dei processi visivi*, Il Pensiero Scientifico, Roma 1981.
Rookes P., Willson J., *La percezione* (1999), il Mulino, Bologna 2002.
Roth I., *An introduction to object perception*, in I. Roth, J. P. Frisby, *Perception and representation. A cognitive approach*, Open University Press, Milton Keynes 1986.
Rubin E., *Visuell wahrgenommene Figuren*, Gyldendal, København 1921.
Searle J. R., *Vedere le cose come sono. Una teoria della percezione* (2015), Raffaello Cortina, Milano 2016.
Slater A., *Visual memory and perception in early infancy*, in A. Slater, J. G. Bremner, *Infant development*, Lawrence Erlbaum Associates, Hove 1989.
Sokolov E. N., *Perception and the conditioned reflex*, Pergamon, Oxford 1963.
Taylor J. G., *The behavioral basis of perception*, Yale University Press, New Haven, Connecticut, 1962.
Vernon M. D., *La psicologia della percezione* (1962), Astrolabio, Roma 1968.
Wertheimer M., *Studi sperimentali sulla percezione del movimento* (1912), in L. Anolli (a cura di), *Psicologia generale*, Il Cisalpino, Bologna 1996.
–, *Untersuchungen zur Lehre von der Gestalt, II*, in "Psychologische Forschung", 1923, n. 4, pp. 301-350.
–, *Il pensiero produttivo* (1945, edito postumo), Giunti Barbera, Firenze 1965.
Zapparoli G. C., Ferradini F. G., *Introduzione allo studio della percezione del movimento*, Ispsiv, Milano 1963.

Percezione-coscienza, Sistema, v. COSCIENZA, § 5.

Perdono (ingl. *Pardon*; ted. *Vergebung*; fr. *Pardon*; sp. *Perdón*). Concetto originato e tuttora ricorrente nella cultura cristiana che ne sottolinea il carattere di gratuità originaria, l'immagine di forza che esprime chi rifiuta la violenza e la capacità di proiettare nel futuro una relazione nuova rispetto all'offesa che l'ha infranta. Il perdono non appartiene solo alla sfera intima delle singole persone, ma anche alla sfera pubblica di intere comunità quando queste sentono la necessità di rompere la catena della violenza e della vendetta e di superare le disarmonie causate dai conflitti tragici del passato per aprirsi a un futuro di pace. Di recente il perdono è stato preso in considerazione in una prospettiva psicologica e psicoterapeutica che ha rivolto la sua attenzione allo studio delle modalità attraverso le quali è possibile passare dallo stato emotivo, cognitivo e comportamentale della vendetta a quello del perdono, e quando invece ci si trova in situazioni dove il perdono è psicologicamente impossibile per la presenza di fattori che ne ostacolano o addirittura ne impediscono il processo. In ambito psicoanalitico, Clara Mucci prende in considerazione l'effetto riparatore del perdono nei confronti di un trauma di cui si è stati vittima, perché con il perdono, qui inteso al di fuori di ogni accezione religiosa, si ha la possibilità di interrompere la catena di identificazioni traumatiche fra una generazione e un'altra e di andare oltre la posizione interna di vittima e di persecutore, facilitando in tal modo l'integrazione intrapsichica delle scissioni interne.

Bibliografia

Barcaccia B., Mancini F. (a cura di), *Teoria clinica del perdono*, Raffaello Cortina, Milano 2013.
Bouchard M., Ferrario F., *Sul perdono. Storia della clemenza umana e frammenti teologici*, Bruno Mondadori, Milano 2008.
Colombo G., *Il perdono responsabile*, Ponte alle Grazie, Milano 2011.
Derrida J., *Perdonare* (2004), Raffaello Cortina, Milano 2004.
Holloway R., *Sul perdono. Come si può perdonare l'imperdonabile* (2002), Ponte alle Grazie, Milano 2004.
Molinari E., Ceccarelli A., *Il processo del perdono. Aspetti psicologici*, in "Rivista di Psicologia Clinica", 2007, n. 3.
Mucci C., *Trauma e perdono. Una prospettiva psicoanalitica intergenerazionale*, Raffaello Cortina, Milano 2014.
Regalia C., Paleari G., *Perdonare*, il Mulino, Bologna 2008.
Shriver D. W. Jr., *Perdono*, in M. Flores (a cura di), *Diritti umani. Cultura dei diritti e dignità della persona nell'epoca della globalizzazione*, Utet, Torino 2007, vol. II, pp. 1066-1072.

Perfezione (ingl. *Perfection*; ted. *Perfektion*; fr. *Perfection*; sp. *Perfección*). Termine impiegato da Carl Gustav Jung per indicare ciò che ha raggiunto il suo fine, in contrapposizione a "completezza" che indica l'integrazione di tutte le parti della personalità, ivi comprese quelle escluse dal raggiungimento della perfezione. In questo senso, scrive Jung, «la *perfezione* è un'aspirazione maschile, mentre la donna per la sua natura mira alla *completezza*. In effetti, ancor oggi l'uomo sopporta meglio e più a lungo una perfezione relativa la quale, invece, per la donna, che come regola generale vi si adatta poco bene, può addirittura divenire pericolosa. Quando la donna aspira alla perfezione dimentica questo suo ruolo complementare, cioè quello della completezza, di per sé imperfetto, ma che proprio per questa ragione rappresenta l'elemento di riscontro tanto indispensabile alla perfezione. Infatti, come la completezza è sempre imperfetta, così la perfezione è sempre incompleta e rappresenta perciò uno stato finale disperatamente sterile. *Ex perfecto nihil fit*, dicono gli antichi maestri, mentre invece l'*imperfectum* porta in sé i germi di futuri miglioramenti. Il perfezionismo termina sempre in un vicolo cieco, mentre la completezza da sola manca dei valori selettivi» (1952, p. 374).

Bibliografia

Jung C. G., *A proposito di "Risposta a Giobbe"* (1952), in *Opere* (1969-2007), Bollati Boringhieri, Torino, vol. XI.

Perfezionismo (ingl. *Perfectionism*; ted. *Perfektionismus*; fr. *Perfectionnisme*; sp. *Perfeccionismo*). Tendenza a chiedere a se stessi o agli altri delle prestazioni al massimo delle proprie o delle altrui possibilità, se non addirittura al di sopra delle rispettive capacità, allo scopo di soddisfare delle aspirazioni che la psicoanalisi vede originate dalle ambizioni dei genitori (*perfezionismo parentale*) e poi introiettate dall'ideale dell'Io che si fa esigente nei confronti dell'Io, con la possibilità di generare una situazione conflittuale tra le mete prefissate e le possibilità a disposizione per attuarle (v. IO, IDEALE DELL').

Pericolo (ingl. *Danger*; ted. *Gefahr*; fr. *Danger*; sp. *Peligro*). Il termine è stato studiato: *a*) nell'ambito della *psicologia dell'infanzia* per conoscere come il bambino acquisisce e si rappresenta soggettivamente il senso del pericolo, e quali meccanismi mette in atto di fronte a situazioni pericolose a partire dagli avvertimenti con cui i genitori hanno cercato di proteggere e salvaguardare il suo benessere fisico e psicologico, creando una rete di segnali destinati a diventare un insieme di modalità introiettate di individuazione del pericolo; *b*) nell'ambito della *psicologia sociale* per individuare quanto la cultura, a cui l'individuo appartiene, è decisiva per la segnalazione dei pericoli e dei rischi. Scrive in proposito Mary Douglas: «Dove si è molto interessati a porre un freno a un comportamento reprensibile (come può essere per esempio l'alcolismo), il mettere in guardia contro probabili pericoli costituisce un'efficace risorsa retorica che chiama a difesa di un bene collettivo. L'interesse pubblico limita le cose degne d'attenzione, si concentra su particolari pericoli e fa sì che altri vengano ignorati. L'effetto della cultura è quello di concentrare l'attenzione su certi pericoli trasformandoli in indicatori morali. È per questo che è un errore cercare di studiare l'accettabilità del rischio senza tentare in alcun modo di valutare lo sfondo culturale. Se la collettività non ha già associato i valori morali ai pericoli in questione, cercare di educarla sui pericoli sarà uno spreco di tempo. Le informazioni appariranno inverosimili e assurde. D'altra parte, se i rischi sono già segnalati come indicatori morali, allora un'educazione specifica su quei rischi sarà superflua» (1985, p. 10). Circa l'influenza della cultura di appartenenza sulla propensione al rischio si veda la voce RISCHIO.

Bibliografia

Douglas M., *Purezza e pericolo. Un'analisi dei concetti di contaminazione e tabù* (1970), il Mulino, Bologna 1975.

–, *Come percepiamo il pericolo. Antropologia del rischio* (1985), Feltrinelli, Milano 1991.

Lis A., Venuti P., Zennaro A., *Se sto attento non mi faccio male. Acquisizione e rappresentazione del senso del pericolo. Un percorso evolutivo*, Bollati Boringhieri, Torino 1994.

Savadori L., Rumiati R., *Nuovi rischi, vecchie paure. La percezione del pericolo nella società contemporanea*, il Mulino, Bologna 2005.

Periferalismo, v. COMPORTAMENTISMO, § 2, *b*.

Periferica, Teoria, v. CENTRALE, TEORIA.

Periferico, Sistema nervoso, v. NERVOSO, SISTEMA, § 3.

Periodo, v. STADIO.

Peristasi, v. GENETICA, § 5, *a*.

Perizia (ingl. *Evaluation*; ted. *Gutachten*; fr. *Évaluation*; sp. *Peritaje*). Indagine conoscitiva che si traduce in una dichiarazione scritta su richiesta di un committente che ha bisogno di consulenza e informazioni in uno dei campi della PSICOLOGIA APPLICATA (v.), o a livello di diagnostica individuale, o a livello delle condizioni di vita dell'individuo, del gruppo o della società su cui la perizia verte.

1. *Diagnostica individuale.* In questo ambito sono possibili: perizie *descrittive* che danno una rappresentazione o un'immagine della personalità su cui si indaga, *valutative* che esigono un confronto fra i dati del soggetto individuale e le norme collettive assunte come riferimento, *consultive* con valore di diagnosi e di prognosi su comportamenti considerati in relazione a quei fattori ambientali e situazionali che li hanno condizionati. Il procedimento della perizia dipende in misura notevole dalla posizione del perito in ordine alla TEORIA DELLA PERSONALITÀ (v.), soprattutto se il metodo adottato non è induttivo con raccolta e valutazione dei dati, ma deduttivo, dove i dati vengono riguardati a partire da una teoria generale. I risultati delle perizie, per il loro carattere empirico, vengono quasi sempre offerti come dichiarazioni di probabilità.

2. *Diagnostica sulle condizioni di vita.* In questo ambito l'oggetto non è più l'individuo, ma la rilevanza

psicologica degli aspetti naturali dell'ambiente, di quelli provocati, delle relazioni interpersonali e delle circostanze esterne favorevoli o sfavorevoli al raggiungimento dello scopo che il committente della perizia ha stabilito. Trattandosi di problemi generali, la perizia deve comunicare lo stato attuale della scienza e l'opinione generale riconosciuta e consolidata. Là dove queste informazioni mancano, la perizia, sia psicologica sia psichiatrica, non è la sede indicata per chiarire rapporti di causalità al momento sconosciuti e neppure per fornire spiegazioni apparenti in cui il perito si pronuncia a favore di una delle opinioni contrastanti. La perizia è particolarmente richiesta nell'ambito della PSICOLOGIA FORENSE (v.), industriale (v. PSICOLOGIA INDUSTRIALE), scolastica (v. PSICOPEDAGOGIA), e ovunque la committenza abbia necessità di informazioni psicologiche o psichiatriche.

Bibliografia

Arnold W., *Angewandte Psychologie*, Kohlhammer, Stuttgart 1970.

Cronbach L. J., *Essentials of psychological testing*, Harper & Row, New York 1949.

Pauli R., Arnold W., *Psychologisches Praktikum. Leitfaden für psychologische Übungen – Diagnostisches Praktikum, motivierende Subjektdiagnosen*, Fischer, Stuttgart 1972.

Permissività (ingl. *Permissivity*; ted. *Permissivität*; fr. *Complaisance*; sp. *Permisividad*). Consenso a che l'individuo compia le proprie esperienze senza essere rigorosamente limitato da fattori esterni come le leggi, o ossessionato da motivi interiori quali i sensi di colpa determinati dall'educazione o dalle convenzioni sociali. In questa accezione si parla di "educazione permissiva" o di "società permissiva", con un significato che di volta in volta oscilla tra la possibilità connessa all'arricchimento della propria esperienza e la negatività legata all'incapacità di attenersi a obblighi e doveri.

Perplessità (ingl. *Perplexity*; ted. *Ratlosigkeit*; fr. *Perplexité*; sp. *Perplejidad*). Disturbo della coscienza accompagnato da ansia e inquietudine, generate in condizioni normali dal dubbio circa le soluzioni da prendere in una determinata situazione e, in condizioni patologiche, da incertezza circa la propria soggettività e la realtà in cui ci si trova. Dal punto di vista fenomenologico la perplessità, scrive Bruno Callieri, «è la problematizzazione più radicale dell'intersoggettività, del porsi in relazione, dell'essere in situazione. [...] Il normale esce dalla perplessità realizzando una delle sue varie possibilità, una decisione. Il perplesso psicotico, invece, non riesce mai a decidersi, perché non può riferirsi al proprio fondo» (1977, p. 131).

Bibliografia

Callieri B., *La perplessità. Note di psicopatologia fenomenologica* (1977), in Id., *Percorsi di uno psichiatra* (1955-1992), Edizioni Universitarie Romane, Roma 1993, pp. 125-136.

Persecuzione (ingl. *Persecution*; ted. *Verfolgung*; fr. *Persécution*; sp. *Persecución*). Sentimento di diffidenza, sospettosità, suscettibilità e sfiducia nel prossimo che porta a un misconoscimento peggiorativo delle intenzioni altrui vissute come malevole. Frequente in soggetti provati da ripetuti insuccessi o da vere e proprie persecuzioni, questo sentimento, quando diventa dominante, può innescare un DELIRIO (v. § 3) che, nelle personalità paranoiche, è in apparenza logico, strutturato, coerente, stabile e tale da poter coesistere con un rimanente psichismo abbastanza integro, mentre nelle personalità schizofreniche è spesso arricchito da allucinazioni uditive e piuttosto assurdo nei suoi contenuti relativi all'immagine del persecutore e dei suoi mezzi di persecuzione. Una sindrome delirante a sfondo persecutorio è rintracciabile anche negli stati confusionali, nella paralisi progressiva, nei processi involutivi degli anziani, nelle sindromi demenziali e nelle tossicomanie. Alla base di sentimenti persecutori la psicoanalisi legge un'inconscia e primitiva onnipotenza della prima infanzia con uno spiccato narcisismo e conseguente incapacità di sopportare limiti e frustrazioni imposti dalla realtà. Melanie Klein vi legge invece un meccanismo inconscio di difesa dell'Io dall'angoscia di annientamento come effetto della propria aggressività che, quando è insopportabile, viene prima negata e poi proiettata sulla realtà esterna e sugli altri (v. ANGOSCIA – ANSIA, § 2, *g*).

Bibliografia

Freud S., *La teoria della libido e il narcisismo*, in *Introduzione alla psicoanalisi* (1915-1917), in *Opere* (1967-1993), Bollati Boringhieri, Torino, vol. VIII, Lezione 26.

Klein M., *Contributo alla psicogenesi degli stati maniaco-depressivi* (1935), in *Scritti 1921-1958*, Bollati Boringhieri, Torino 1978, pp. 297-325.

Perseverazione (ingl. *Perseveration*; ted. *Perseveration*; fr. *Persévération*; sp. *Perseveración*). Ripetizione monotona e afinalistica di un comportamento verbale o gestuale che non si esaurisce neanche dopo che è stato raggiunto lo scopo per cui quel comportamento era stato attivato. Se in ambito clinico la perseverazione indica l'incapacità di un individuo a distaccarsi da un certo contenuto di pensiero in cui resta prigioniero, come è facile constatare nelle sindromi demenziali o predemenziali, nell'ambito della psicologia sperimentale segnala l'incapacità di passare da un compito a un altro, abbandonando un assetto stabilito per perseguire un nuovo obiettivo (v. APPRENDIMENTO, § II, 3).

Persistenza (ingl. *Persistence*; ted. *Ausdauern*; fr. *Persistance*; sp. *Persistencia*). Caratteristica della volontà che persegue uno scopo con disponibilità ad accettare e a superare difficoltà e ostacoli grazie ad una forte motivazione tesa al raggiungimento dell'obiettivo.

Bibliografia

French J. W., *The validity of a persistence test*, in "Psychometrica", 1948, n. 13.

Persona (ingl. *Person*; ted. *Person*; fr. *Personne*; sp. *Persona*). Il termine ricorre in psicologia in due accezioni: 1) come *soggetto di relazioni* secondo i diversi modelli teorici elaborati soprattutto in ambito filosofico e ripresi dalla psicologia nelle diverse costruzioni teoriche della PERSONALITÀ (v.); 2) come *maschera* secondo il significato latino, che riferiva il termine alla maschera che gli attori adattavano al volto e, per estensione, al ruolo che un individuo rappresenta nel sociale.

1. LA PERSONA COME SOGGETTO DI RELAZIONI. La persona è stata pensata, in ambito filosofico, sostanzialmente in tre accezioni che si sono succedute storicamente: *a*) come *sostanza* primaria e indivisibile fondamento dell'individualità dai tratti eccezionali e irripetibili, capace di agire secondo libertà, con conseguente responsabilità delle proprie azioni. Questo concetto, che ha trovato la sua teorizzazione più completa nella nozione cristiana di ANIMA (v. § 2), è tuttora alla base della concezione giuridica dell'individuo (v. PSICOLOGIA FORENSE); *b*) come *autorelazione* dell'individuo con se stesso secondo il modello cartesiano che identifica la persona con l'Io inteso come coscienza e, successivamente con l'idealismo, come autocoscienza; *c*) come *relazione con il mondo* secondo l'ipotesi marxista che concepisce la persona come la risultante dei rapporti che l'uomo ha con la natura e con i propri simili, e secondo l'ipotesi fenomenologico-esistenzialista che, rifiutando la riduzione dell'uomo alla coscienza, concepisce l'individuo come un essere-nel-mondo (v. MONDO, § 3) dove il mondo è pensato come costitutivo dell'essenza umana.

In ambito psicologico la persona è considerata come punto di incontro, sempre dinamico, di fattori genetici e socioambientali responsabili dei costitutivi consci e inconsci di ciascun individuo. Rispetto al concetto di INDIVIDUO (v.), quello di persona si distingue per il *riconoscimento* che viene dagli altri, nel senso che ciascun individuo è in grado di sviluppare adeguate capacità autoreferenziali solo se viene trattato dagli altri come se già le possedesse. Questa interdipendenza psicologica è alla base anche dei processi di *depersonalizzazione* in cui l'individuo non percepisce più se stesso come presente nella vita quotidiana e come interagente con i propri simili. Questa condizione, caratterizzata anche da vuoto emotivo, apatia, difficoltà ad organizzare in modo congruo i propri pensieri, è accompagnata anche da *derealizzazione* o perdita progressiva del senso della realtà (v. DEREALIZZAZIONE; SCISSIONE, § I, 4, *c*).

2. LA PERSONA COME MASCHERA. Per Carl Gustav Jung la persona è l'aspetto che l'individuo assume nelle relazioni sociali e nel rapporto con il mondo: «Io ho indicato con la parola Persona questo segmento ricavato spesso con tanta fatica dalla psiche collettiva. Il termine è veramente appropriato, giacché originariamente *Persona* era la *maschera* che portava l'attore e che indicava la parte da lui rappresentata. [...] Solo perché la Persona è un segmento più o meno accidentale o arbitrario della vita collettiva, possiamo cadere nell'errore di considerarla, anche *in toto*, come qualcosa di individuale; ma, come dice il nome, essa è solo una maschera della psiche collettiva, *una maschera che simula l'individualità*, che fa credere agli altri che chi la porta sia individuale (ed egli stesso vi crede), mentre non si tratta che di una parte rappresentata in teatro, nella quale parla la psiche collettiva» (1928, p. 155).

Come mediatore tra l'Io e il mondo esterno, la *persona* ha il suo opposto nell'*anima* che media tra l'Io e il mondo interiore (v. ANIMA, § 3). A questo proposito Jung scrive: «Io designo con il termine *Persona* l'atteggiamento verso l'esterno, il carattere esteriore; con il termine *anima* l'atteggiamento verso l'interno. [...] Se la Persona è intellettuale, l'anima è certamente sentimentale. Questa complementarità vale anche per il carattere del sesso. Una donna molto femminile ha un'anima maschile, un uomo molto virile ha un'anima femminile, perché quanto più è virile il suo atteggiamento esterno, tanto più sono cancellati in esso i tratti femminili che compaiono perciò nell'inconscio» (1921, pp. 419-420). Se l'anima è l'adattamento a ciò che è personale e interiore, la persona è l'adattamento cosciente a ciò che è collettivo. Come tale non è da leggersi come tratto patologico o falso, anche se può diventarlo quando l'individuo si identifica completamente con la propria persona, con conseguente scarsa consapevolezza della propria interiorità e incapacità di percepire tutto ciò che va al di là del proprio ruolo sociale. Le conseguenze sono visibili nei tratti di rigidità nell'atteggiamento esterno che solitamente nascondono una forma di fragilità psicologica.

Bibliografia

Alpa G., *La persona. Tra cittadinanza e mercato*, Feltrinelli, Milano 1992.
Ayer A. J., *Il concetto di persona* (1964), il Saggiatore, Milano 1966.

Burr V., *La persona in psicologia sociale* (2002), il Mulino, Bologna 2004.
Callieri B., *Tra verità e finzione. Appunti per una fenomenologia della maschera* (1987), in Id., *Percorsi di uno psichiatra* (1955-1992), Edizioni Universitarie Romane, Roma 1993, pp. 293-298.
Cattell J. P., *Fenomeni di depersonalizzazione*, in S. Arieti (a cura di), *Manuale di psichiatria* (1959-1966), Bollati Boringhieri, Torino 1969-1970, vol. I, pp. 522-536.
Chisholm R., *Person and object*, Open Court Publishing, La Salle 1976.
De Monticelli R. (a cura di), *La persona: apparenza e realtà. Testi fenomenologici 1911-1933* (testi di A. Pfänder, D. von Hildebrand, M. Geiger, E. Stein), Raffaello Cortina, Milano 2000.
Doise W., Palmonari A. (a cura di), *Interazione sociale e sviluppo della persona*, il Mulino, Bologna 1988.
Esposito R., *Le persone e le cose*, Einaudi, Torino 2014.
Follin S., Azoulay J., *La dépersonnalisation*, in "Encyclopédie Médico-Chirurgicale. Psychiatrie", 1966.
Guardini R., *Mondo e persona. Saggio di antropologia cristiana* (1939), Morcelliana, Brescia 2000.
Harré R., *Personal being*, Basil Blackwell, Oxford 1983.
Jung C. G., *Tipi psicologici* (1921), in *Opere* (1969-2007), Bollati Boringhieri, Torino, vol. VI.
–, *L'Io e l'inconscio* (1928), in *Opere*, cit., vol. VII.
Lopez D., Zorzi Meneguzzo L., *Dal carattere alla persona*, in A. A. Semi (a cura di), *Trattato di psicoanalisi*, vol. II: *Clinica*, Raffaello Cortina, Milano 1988-1989, pp. 371-512.
Melchiorre V., *Corpo e persona*, Marietti, Genova 1987.
–, *Essere e persona. Natura e struttura*, Fondazione Achille e Giulia Boroli, Milano 2007.
Montefoschi S., *Oltre il confine della persona*, Feltrinelli, Milano 1979.
Mounier E., *Il personalismo* (1949), Garzanti, Milano 1953.
Pareyson L., *Esistenza e persona*, Taylor Editore, Torino 1950.
Resnik S., *Persona e psicosi* (1972), Einaudi, Torino 1976.
Ricoeur P., *La persona* (1983-1990), Morcelliana, Brescia 1997.
Rorty A. (a cura di), *The identities of persons*, University Press, Berkeley 1976.
Zambrano M., *Persona e democrazia* (1958), Bruno Mondadori, Milano 2000.

Personalità (ingl. *Personality*; ted. *Persönlichkeit*; fr. *Personnalité*; sp. *Personalidad*). Insieme di caratteristiche psicologiche, stili cognitivi, modalità di comportamento, atteggiamenti che, nella loro integrazione, costituiscono il nucleo irriducibile di un individuo, la sua IDENTITÀ (v.) che fondamentalmente rimane tale nella molteplicità e diversità delle situazioni ambientali in cui si esprime e si trova a operare. Questo concetto acquista rilievo nella storia della psicologia a partire dagli anni trenta del secolo scorso quando cadono in disuso i concetti di TEMPERAMENTO (v.) e di CARATTERE (v.), anche se grandi aree psicologiche e psicopatologiche continuano a usare i termini "carattere" e "personalità" come sinonimi. Lo studio della personalità è affrontato con il metodo idiografico (v. IDIOGRAFICO – NOMOTETICO) che evidenzia la differenza tra un individuo e un altro, e come tale si distingue dalla TIPOLOGIA (v.) che costruisce dei modelli o "tipi puri" con cui classificare gli individui, ciascuno dei quali, preso per sé, incarna sempre un "tipo misto".

Le modalità di approccio allo studio della personalità possono prendere le mosse: o dal *soggetto* che, cosciente di sé e agente, entra in relazione con il mondo, o dal *punto di vista degli altri* con i quali il soggetto interagisce. Il primo approccio evidenzia il tratto autoriflessivo e proattivo del soggetto, di cui mette in evidenza le strutture e i processi che sono alla base della sua identità personale, il sistema di valori che orientano la sua riflessione e la sua azione individuale nella continuità dell'esperienza in cui la sua individualità trova espressione. Il secondo approccio, che adotta il punto di vista degli altri con cui il soggetto interagisce nei suoi rapporti sociali, oltre ad avvalersi delle modalità con cui una persona è percepita dagli altri (v. PERCEZIONE, § 12), permette di cogliere le somiglianze e le differenze tra le varie persone e ciò che è specifico in ciascuna di loro. Alla base di questa scelta metodologica c'è la persuasione che ciascuna personalità, nel corso della sua vita, è in una continua interazione con i propri simili i quali, con la loro influenza, modificano oppure cristallizzano valori, credenze, comportamenti e qualità personali da cui scaturisce una certa identità e consapevolezza di sé.

In questa voce si espongono dapprima le più significative *teorie della personalità* che riflettono i presupposti teorici su cui le rispettive indagini si basano, quindi i *disturbi della personalità*, mentre per la *valutazione della personalità* si rinvia alla voce TEST, § III.

I. LE TEORIE DELLA PERSONALITÀ

1. LE TEORIE SOMATICO-COSTITUZIONALISTICHE. Studiano la personalità a partire dalle corrispondenze tra le caratteristiche fisiche di un individuo e quelle psicologiche. La prima di queste teorie, inaugurata da Ippocrate e ripresa da Galeno, ha percorso la storia fino a riproporsi oggi nelle tipologie ordinate da Ernst Kretschmer, William Herbert Sheldon, Nicola Pende e altri. Siccome questa teoria approda, più che all'individuazione di una personalità, alla costruzione di modelli, si rinvia la trattazione per esteso alla voce TIPOLOGIA (v. § 1), notando qui solo che una persona che ha una determinata costituzione fisica, e si comporta in conformità alle attese che l'ambiente ha nei suoi riguardi a partire dalla sua costituzione, riceve un rinforzo positivo che favorisce il suo buon aggiustamento con l'ambiente.

2. LE TEORIE FATTORIALI. L'ANALISI FATTORIALE (v.) è stata applicata allo studio della personalità da Raymond Bernard Cattell e da Hans Jürgen Eysenck.

Secondo Cattell la personalità è ciò che consente di predire quel che un individuo farà in una situazione definita a partire dai suoi *tratti* che sono le sue strutture mentali che hanno anche una base biologica. Accanto ai tratti *di superficie*, che sono un gruppo di variabili correlate di scarso interesse perché instabili e diverse da individuo a individuo, esistono tratti *d'origine* che si ottengono con procedimenti più complessi, ma che sono più utili per la predizione perché più stabili. Tali sono i tratti *comuni*, come i tratti di capacità, di temperamento, di dinamismo, e i tratti *unici*, come quelli patologici. Fra i tratti dinamici si distinguono gli *ergs* che sono innati e identificabili con la costituzione biologica degli individui, e i *metaergs* che sono acquisiti e si sviluppano progressivamente in interessi, atteggiamenti e sentimenti. Grande importanza assume lo strumento con cui questi tratti sono ottenuti. Cattell distingue in proposito lo strumento "L" o *biografico* che prevede il giudizio da parte di un osservatore sul comportamento della persona, lo strumento "Q" o di *autovalidazione* ottenibile mediante questionari e inventari, e lo strumento "T" che si avvale di test obiettivi (v. CATTELL-TEST 16 PF).

Eysenck, partendo dal presupposto che è necessario impostare lo studio della personalità in termini di dimensioni o unità di comportamento determinabili e misurabili, definisce la personalità come «la somma totale degli schemi di condotta dell'organismo attuali e potenziali, ereditari e acquisiti. Essa si origina e si sviluppa attraverso l'interazione funzionale dei quattro settori principali nei quali sono organizzati questi schemi di condotta: il settore cognitivo (intelligenza), conativo (carattere), affettivo (temperamento), somatico (costituzione)» (1947, p. 40). Eysenck ha definito la personalità così intesa in termini di entità fattoriali a partire da quattro livelli di organizzazione: il livello dei tipi o fattori generali, dei tratti o fattori di gruppo, delle risposte abituali che ricorrono in circostanze uguali o simili, delle risposte specifiche che compaiono una sola volta.

A cavallo tra la teoria costituzionale e la teoria fattoriale si colloca la teoria dimensionale di Henrik Sjöbring che fa riferimento al substrato neurofisiologico di cui valuta: l'*ampiezza* di ogni processo nervoso in base agli elementi che viene a interessare, la sua *diffusione* e il grado di *resistenza* che incontra. Sulla base di questi concetti Sjöbring ha costruito una tipologia a partire da quattro *radicali*: la *capacità* che corrisponde all'intelligenza, la *validità* che si riferisce all'energia del sistema nervoso, la *solidità* data dalla costanza della struttura della personalità e la *stabilità* proporzionale alla ripetizione che porta all'ABITUAZIONE (v.).

3. LE TEORIE OLISTICHE. Queste teorie sottolineano l'aspetto unitario della personalità nel suo momento biologico e psicologico e affermano con Kurt Goldstein, il quale ha compiuto fondamentali ricerche sui cerebrolesi di guerra, che «la legge del tutto governa il funzionamento delle parti, e pertanto è più utile studiare clinicamente e integralmente una persona che non esaminare in molti soggetti una funzione psichica isolata. [...] Nell'evoluzione di una personalità si manifesta più precocemente una *condotta concreta* che rappresenta una reazione automatica diretta agli stimoli, e successivamente una condotta astratta che è una risposta elaborata e ragionata agli stimoli. In condizioni patologiche l'individuo può perdere la condotta astratta e regredire a quella concreta» (1934, p. 141).

Andras Angyal estende il concetto di integrazione all'ambiente in cui l'individuo vive introducendo il concetto di biosfera, che include individuo e ambiente come aspetti di un'unica realtà che solo astrattamente si possono separare. Nella biosfera si riconoscono tre dimensioni: *verticale* espressa dalla connessione esistente tra condotta esterna e tendenze profonde; *progressiva* data dall'inserimento di ogni atto in una sequenza di atti finalizzati; *trasversale* dove ogni atto è inserito in un comportamento integrato.

Abraham H. Maslow considera la personalità come un'integrazione di *needs* o bisogni di base, distinti in *needs* fisiologici come la fame e la sete, *needs* di sicurezza, di appartenenza, di amore, e *needs* cognitivi ed estetici (v. BISOGNO, § 3, *a*); mentre Prescott Lecky individua il tratto di fondo della personalità nella capacità di mantenere un'organizzazione unificata e autoconsistente in un ambiente instabile da cui il soggetto assimila i valori coerenti a sé, respingendo gli altri.

Gordon Pask, partendo dalla distinzione fra le strategie olistiche e seriali, scrive che «alcuni studenti tendono ad agire "come olisti" (coloro che apprendono per *comprensione*) e altri "come seriali" (coloro che apprendono per *operazioni*) con più o meno successo. Ci sono anche studenti capaci di agire in entrambi i modi, a seconda della materia di studio, e se eccellono in ambedue i tipi di studio, definiamo questi studenti *versatili*. Sono queste differenze che possono essere definite, in modo appropriato, come stili di apprendimento» (1976, p. 133). A parere di Pask la strategia olistica è più efficiente di quella seriale, anche se gli olisti tendono a giungere a conclusioni personali senza dati probanti (comportamento che Pask definisce da "giramondo"), mentre i seriali tendono a presentare i fatti senza una visione di insieme (comportamento da "imprevidenti").

4. LE TEORIE OGGETTIVISTICHE. Sono teorie promosse dall'esigenza di fondare le proprie teorizzazioni a partire da osservazioni empiriche controllabili

sperimentalmente. Rientrano in questo ambito la *scuola riflessologica russa* e il *comportamentismo americano*. Muovendo dalla psicologia animale, Ivan Petrovič Pavlov elabora una teoria della personalità a partire dai concetti di *forza*, che dipende dalla scarsa sensibilità agli stimoli periferici e conseguente soglia sensoriale elevata, *equilibrio*, correlato ad alcuni indici elettroencefalografici, *mobilità*, data dalla capacità di rapido adattamento.

In ambito *comportamentista*, dopo una prima fase legata al nome di John Broadus Watson, con John Dollard e Neal Elgar Miller, psicologo sociale il primo e sperimentalista il secondo, s'è tentato un legame tra la dottrina psicoanalitica e la teoria dell'apprendimento. L'elemento fondamentale nella struttura della personalità è l'ABITO (v.), o *habit*, che è un'associazione tra uno *stimolo* differenziato (v. CUE) e una *risposta* che varia in rapporto all'esperienza individuale. Il fattore dinamico della personalità è il DRIVE (v.) o impulso sufficientemente intenso per mettere in moto l'individuo; esso non dirige la condotta ma soltanto la "energizza" costringendo l'individuo a rispondere per ridurre o eliminare l'impulso. Si distinguono *drives primari*, assimilabili con qualche approssimazione all'istinto, e *drives secondari*, acquisiti con l'apprendimento. L'apprendimento si realizza con l'intervento di quattro elementi: *a*) il *drive* che innesca l'azione; *b*) il *cue* che guida la risposta che può essere "diretta" quando segue immediatamente lo stimolo o "indiretta" quando consente di considerare l'effetto di un'azione prima di eseguirla; *c*) la *risposta* che, con lo sviluppo della personalità, è sempre più influenzata dal tipo di cultura; *d*) il *rinforzo* da cui dipende la possibilità o meno di costruire un abito.

5. LA TEORIA DELL'APPRENDIMENTO SOCIALE. È stata elaborata da Julian B. Rotter che definisce la personalità come «il modo caratteristico di reagire in una situazione identificabile» (1972, p. 462). Le variabili che intervengono in questa modalità sono: il *comportamento potenziale* dato dalla qualità di interazione fra individuo e ambiente, l'*aspettativa* dell'individuo sulla base della sua esperienza passata, il *rinforzo* il cui effetto è in stretta correlazione alla *motivazione*. Da questi quattro elementi si possono ottenere delle formule per la predizione di un comportamento diretto a una meta.

6. LE TEORIE PSICODINAMICHE. Queste teorie hanno dato un contributo notevole all'evoluzione della concezione della personalità considerata in relazione alle varie tendenze che sono in equilibrio instabile, per cui il comportamento è il risultato di interazioni di disposizioni diverse spesso in conflitto. Questa conflittualità spiega il carattere *dinamico* della personalità che affonda le sue radici nei suoi aspetti genetici. Dal punto di vista *genetico* la personalità, secondo Sigmund Freud, si attesta a vari stadi di equilibrio corrispondenti alle fasi dello sviluppo psicosessuale: fase ORALE (v. § 2), ANALE (v. § 2), FALLICA (v.), di LATENZA (v.) GENITALE (v. § 2), caratterizzate ciascuna da una crisi evolutiva che deve essere superata per il raggiungimento dell'identità personale. Una FISSAZIONE (v.) a una fase dello sviluppo determina un arresto nella maturazione della personalità che si rivelerà, nell'età adulta, con manifestazioni tipiche di quella fase. Dal punto di vista *dinamico* Freud ipotizza tre istanze dell'apparato psichico che nomina ES (v.) dove sono le pulsioni sessuali e aggressive innate, IO (v. § 1) che abbraccia l'area della coscienza e presiede il comportamento nel suo adeguarsi alla realtà, e SUPER-IO (v.) che esprime le esigenze della realtà sociale che trova la sua prima incarnazione nella figura del padre. Nell'ultima fase del suo pensiero Freud introduce i concetti di *Eros* e *Thanatos* (v. EROS – THANATOS) in cui si esprime, rispettivamente, la tendenza alla conservazione dell'individuo e della specie, e la tendenza, tipica di ogni vivente, a tornare allo stadio inorganico.

A queste conclusioni Freud perviene dopo un'evoluzione del suo pensiero le cui tappe sono analiticamente considerate ed esposte alla voce CARATTERE (v. § 2) che è il termine propriamente impiegato da Freud. Alla stessa voce (§ 3) si rinvia per le *varianti psicodinamiche* introdotte dalle correnti di pensiero che si sono separate dall'impostazione freudiana della psicoanalisi (Carl Gustav Jung, Alfred Adler, Wilhelm Reich) o che sono rimaste al suo interno ma con significative varianti (Melanie Klein, Karen Horney, Otto Rank, Erich Fromm, Harry Stack Sullivan).

7. LE TEORIE DELLA PERCEZIONE. Sono teorie che prendono le mosse dalla constatazione che la percezione non è modulata solo dall'azione dello stimolo esterno, ma anche dalla struttura della personalità le cui tendenze percettive generano le coppie *analitico-sintetico* in base alla tendenza a cogliere i particolari o l'insieme, *accentuatore-livellatore* in base alla tendenza a chiudere o meno lo spazio fenomenico percepito, *dipendente-indipendente dal campo* a seconda che la percezione dipenda o meno dai dati offerti dal campo visivo. Per l'illustrazione di queste distinzioni si rinvia alla voce PERCEZIONE (§ 9), mentre si rinvia alla voce EIDETISMO per la distinzione fra i soggetti *di integrazione* e i soggetti *sinestesici*.

8. LA TEORIA PRAGMATICO-RELAZIONALE. Sorta a Palo Alto negli anni cinquanta intorno a Gregory Bateson e a Paul Watzlawick, questa teoria considera la personalità come un sistema, ovvero come un ordine

dinamico di parti e di processi mutuamente interagenti dove vigono le leggi: della *totalità* per cui il mutamento di una parte genera il mutamento del tutto, della *retroazione* o circolarità che, abbandonato il concetto di causalità lineare, stabilisce che l'attività di ogni singolo elemento influenza ed è influenzata dall'attività di ogni altro elemento, di *equifinalità* in base a cui si afferma che un sistema è la miglior spiegazione di se stesso perché i parametri del sistema prevalgono sulle condizioni da cui esso ha tratto origine. Ne consegue che la "spiegazione" non va cercata nel passato, ovvero in dati che al sistema non appartengono, ma nei parametri e nelle regole interne al sistema stesso. La personalità umana è contrassegnata, secondo questa teoria, dalla *comunicazione* che non ha un suo opposto, perché sia l'attività che l'inattività, sia le parole che il silenzio hanno un valore di messaggio, ossia influenzano gli altri che, a loro volta, non possono non rispondere alla comunicazione, comunicando essi stessi (v. PSICOLOGIA SISTEMICA).

9. LE TEORIE FENOMENOLOGICO-ESISTENZIALI. Queste teorie hanno trovato la loro espressione in Karl Jaspers e Ludwig Binswanger. Il primo ritiene che la personalità sia espressa dall'ATTEGGIAMENTO (v. § 3), che può essere *oggettivo*, *autoriflessivo*, *entusiastico*, a cui corrisponde rispettivamente l'immagine del mondo *spazio-sensoriale*, *psichico-culturale*, *meta-fisico*. Secondo Jaspers, «solo all'interno degli stessi atteggiamenti gli uomini entrano in comunicazione gli uni con gli altri, comprendendosi reciprocamente. Se gli atteggiamenti sono diversi, l'uno vive, pensa, agisce passando accanto all'altro senza toccarlo» (1919, p. 65).

Dal canto suo Binswanger, partendo dalla concezione heideggeriana dell'uomo (*Dasein*) come originariamente aperto al mondo (*In-der-Welt-sein*) e agli altri (*Mit-dasein*), distingue un'esistenza *autentica* nel senso etimologico di "propria" (αὐτός) da una *inautentica* perché non propria, ma semplicemente "fatta propria" dopo averla mediata dai modelli collettivi d'esistenza (v. AUTENTICITÀ – INAUTENTICITÀ, § 2). Persuaso, secondo l'insegnamento di Edmund Husserl e di Martin Heidegger, della decisività del carattere temporale dell'esistenza, Binswanger distingue i tipi di personalità in base alla modalità di aprirsi al tempo: o privilegiando il *futuro* e quindi la progettualità come accade nella persona realizzata, oppure il *presente* senza relazione con il passato e con il futuro come nella persona maniacale, oppure il *passato* in un mondo di assoluto rimpianto senza possibilità di sporgere verso le altre figure del tempo come nel malinconico. La personalità, nella concezione fenomenologico-esistenziale, è strettamente correlata alla nozione di MONDO (v. § 3) che non è qualcosa che "c'è", ma qualcosa che l'individuo "si dà" in base alle sue modalità di spazializzarsi, temporalizzarsi, coesistere ecc. (v. ANALISI ESISTENZIALE, §§ 2-3).

10. LA TEORIA COGNITIVISTA. Questa teoria elabora un concetto di personalità centrato sulla "mente" da cui dipendono l'attività dell'organismo, le modalità di adattamento e le sequenze comportamentali, perché noi non abbiamo a che fare con il mondo, ma con quell'esperienza del mondo che la nostra mente elabora, una mente intesa come sistema informativo in cui tutti i dati ambientali e sensoriali vengono organizzati secondo codici di entrata per l'immagazzinamento e l'elaborazione, e codici di uscita per le risposte, ognuno con un feedback sugli altri. Lo sviluppo della personalità avviene attraverso l'elisione della DISSONANZA COGNITIVA (v.) descritta da Leon Festinger, che si verifica ogni volta che l'individuo sperimenta informazioni in dissonanza con il suo precedente assetto mentale. L'incongruenza che si genera, siccome risulta intollerabile all'individuo, può essere risolta o con un mutamento dell'ambiente, o con una modificazione del proprio comportamento, o con una ristrutturazione del proprio mondo cognitivo. Questo esercizio, richiesto dalle relazioni con l'ambiente in continua mutazione, è la condizione della crescita della personalità.

Sempre in ambito cognitivista, Hans Jürgen Eysenck e Michael W. Eysenck hanno studiato la relazione che esiste fra personalità e capacità cognitive a partire da tre "superfattori" relativi a: stabilità e nevroticismo, introversione ed estroversione, psicoticismo. In ordine al primo fattore, M. W. Eysenck e Andrew Mathews hanno preso in considerazione lo stato d'ansia che caratterizza gli stati nevrotici, per concludere che le personalità ansiose hanno una ridotta capacità di ritenzione delle informazioni e di efficienza nel recupero della memoria, con conseguenze negative in ordine all'esecuzione di compiti perché «l'elaborazione irrilevante per il compito, ma relativa a preoccupazioni circa la prestazione e a negative autovalutazioni, può esaurire alcune delle risorse» (1987, p. 202). A questo esito concorre anche il fatto che le personalità ansiose sono più sensibili a stimoli relativi a minacce, a cui dedicano molte risorse elaborative sottratte all'esecuzione del compito. Per quanto concerne il fattore introversione-estroversione, H. J. Eysenck e M. W. Eysenck hanno stabilito che gli introversi hanno un'attivazione corticale maggiore degli estroversi che si manifesta in una sviluppata attenzione selettiva, una migliore memoria a lungo termine, accompagnata da una scarsa capacità di immagazzinamento a breve termine, una maggiore rapidità di prestazione accompagnata da una minor precisione e una maggiore tendenza alla distrazione.

11. La teoria funzionalista di Gordon Willard Allport. Detta anche "psicologia dell'individuo", questa teoria pone l'accento sull'unicità di ogni singola persona dovuta al modo assolutamente individuale con cui vengono composti: *a*) le caratteristiche stabili della personalità (v. Proprium); *b*) i meccanismi di difesa; *c*) la percezione della situazione; *d*) le richieste e le attese legate alla situazione in cui hanno un valore essenziale *cultura* e *ruolo*. La maturità della personalità è decisa dal grado di *autonomia funzionale dei motivi*, per cui un sistema motivazionale adulto, pur essendo originato da sistemi propri delle fasi precedenti, appare funzionalmente indipendente da essi. Distinti i fattori congeniti da quelli acquisiti, Allport dichiara che «la struttura dinamica della personalità è unica, anche se somiglianze dovute alla specie, alla cultura, alle fasi di sviluppo possono produrre alcune somiglianze tali da giustificare l'uso di dimensioni universali. [...] Mentre non neghiamo la possibile esistenza di istinti nell'infanzia, o anche il persistere di certe forme istintive di attività per tutta la vita, tuttavia il principio di autonomia funzionale considera la personalità sviluppata come un fenomeno post-istintivo» (1955, p. 545).

12. La teoria del campo di Kurt Lewin. Concepisce i dati psicologici come organizzati in un *campo di forze* analogo a un campo elettromagnetico con tendenza all'equilibrio del sistema. Nel campo la *persona* occupa la posizione centrale circondata dall'*ambiente psicologico* con cui interagisce attraverso un sistema di *tensioni* che possono nascere o dal mutamento dell'ambiente psicologico o all'interno della persona sotto forma di bisogno. Lo stato di tensione attiva dei *processi* come pensare, agire, ricordare, percepire che continuano a operare, fino a che non si raggiunge l'equilibrio del sistema attraverso i percorsi tracciati dalle due geometrie, topologica e odologica, descritte alla voce Campo, § 2. Gli studi sulla dipendenza dal campo e il funzionamento cognitivo condotti da Herman A. Witkin hanno dimostrato che gli individui indipendenti dal campo non solo non hanno particolari impedimenti in ordine alla percezione in difficili condizioni percettive, ma mostrano anche livelli più alti di intelligenza, per come è misurata dai test standard, e di apprendimento rispetto a quelli dipendenti dal campo che hanno bisogno di essere assistiti e guidati da altri, cosa che li rende più sensibili agli stimoli sociali.

13. La personologia di Henry Alexander Murray. Concepisce la personalità come un sistema in cui sono individuabili: i *bisogni* (v. Bisogno, § 3, *b*) legati a stati interni di insoddisfazione, le *pressioni* legate agli oggetti di cui rappresentano le proprietà reali (alfa), o percepite (beta), in ordine al soddisfacimento dei bisogni, il *tema* che è l'unità coerente di bisogni e pressioni e che dà significato a certi comportamenti, e infine la *catexi*, positiva o negativa, con cui gli oggetti attraggono o respingono l'individuo, che ha il suo corrispondente soggettivo nel *sentimento*. Questi tratti che compongono la personalità sono evidenziabili con il Test di Appercezione Tematica (v. TAT) ideato da Murray.

14. La teoria biosociale di Gardner Murphy. Prevede come componenti di base della personalità: le *disposizioni fisiologiche* di origine genetica ed embriologica, le *canalizzazioni* attraverso le quali concentrazioni di energia trovano il modo di scaricarsi nella condotta, le *risposte condizionate* ripetutamente rinforzate e le abitudini *percettive* e *cognitive* che sono il prodotto sia della canalizzazione che del condizionamento. Nello sviluppo della personalità Murphy distingue tre stadi: *globale* in cui il sistema è omogeneo e indifferenziato, *differenziato* con separazione e indipendenza delle parti, *integrato* contraddistinto dall'interdipendenza delle parti.

15. La teoria dei costrutti personali di George Alexander Kelly. Ogni individuo è guidato dalle previsioni che anticipa sugli eventi a cui andrà incontro. Questa attività anticipatoria lo porta a formulare dei "costrutti personali" che sono categorizzazioni dicotomiche che egli adatta ad ogni elemento presente nell'ambiente. L'organizzazione di questi costrutti, la loro estensione, gerarchizzazione e modificazione danno il quadro della personalità dell'individuo (v. Costrutto, § 2).

16. La teoria del Sé di Carl Ransom Rogers. Il concetto di personalità si articola in tre figure principali: l'*organismo* che è l'individuo nella sua totalità, il *campo fenomenico* che è la totalità dell'esperienza, e il *Sé* che si sviluppa grazie all'interazione fra organismo e ambiente in continua mutazione per effetto dei processi di apprendimento e maturazione. Sua caratteristica è la tendenza alla coerenza, per cui tutte le esperienze che non sono in armonia con il Sé vengono percepite come minacce. Una personalità è compiuta quando c'è coincidenza tra il campo fenomenico delle esperienze e la struttura concettuale del Sé, il che comporta, dal punto di vista soggettivo, un'assenza di tensione e, dal punto di vista oggettivo, un adattamento realistico e un sistema di valori identico a quello raggiunto da qualsiasi altro individuo ben adattato (v. Sé, § 5).

17. La teoria marxista della personalità. È stata messa a punto da Lucien Sève, che prende le mosse dalla confutazione dell'impostazione biologistica della

personalità e di quella astratta idealistica: «Illudersi di esaurire la conoscenza dell'uomo con un procedimento sostanzialmente identico a quello valido per gli animali è un'incredibile aberrazione: l'aberrazione fisiologistica» (1969, p. 193). Ma lo stesso si deve dire dell'impostazione idealistica che parte dall'astrazione "uomo" di cui cerca l'essenza prescindendo dalla «teoria dei rapporti e dei processi nel cui ambito si produce una personalità concreta» (ivi, p. 302). Per Sève, solo partendo dallo studio concreto dei rapporti sociali possono essere compresi il processo dell'esistenza individuale e le leggi dello sviluppo storico della personalità perché questa è «l'effetto dell'inserzione particolare di un individuo in un determinato sistema di rapporti sociali» (ivi, p. 316).

Per Sève la personalità umana ha come suo fondamento la *temporalità*, intesa non fenomenologicamente come tempo vissuto (v. TEMPO, § II, 3), ma come insieme di atti compiuti che si inscrivono o nell'*attività astratta* che è l'«attività personale di lavoro socialmente produttivo» (ivi, p. 375), o nell'*attività concreta* che è «tutta l'attività personale che si riferisce direttamente all'individuo stesso, come per esempio gli atti di soddisfazione diretta dei bisogni personali, l'apprendimento di nuove capacità estranee all'esercizio e alle esigenze del lavoro sociale» (*ibid.*). L'attività risponde alla soddisfazione dei *bisogni* che, a sua volta, ne ingenera di più sofisticati secondo lo schema B-A-B che Sève propone di ribaltare nello schema A-B-A in cui si afferma la priorità dell'attività sul bisogno, essendo il bisogno di agire e di esprimersi prioritario rispetto ai bisogni concreti. Attività e bisogno entrano in un rapporto dialettico con la quarta categoria della psicologia della personalità di Sève: la *capacità* che, se da un lato è richiesta come condizione per il compimento di un atto, dall'altro è resa possibile da un insieme di atti che non si limitano a «mettere in opera le capacità già esistenti, ma producono questo o quel risultato che l'esercizio di tali capacità permette di raggiungere» (ivi, p. 346). Lo sviluppo della personalità, secondo Sève, consiste infatti nell'accumulazione progressiva di capacità sempre nuove.

18. LA TEORIA SOCIALE DI LEV SEMËNOVIČ VYGOTSKIJ. Considera la personalità una costruzione sociale dovuta alle relazioni interpersonali che gli individui hanno tra loro, a partire dalle relazioni che il bambino ha con chi si prende cura di lui, da cui originano i modelli che, quando sono interiorizzati, orientano in modo stabile pensiero e azione. Inoltre, con i dialoghi che instaura con gli altri, il bambino impara a riconoscere se stesso, perché ciò che accade a livello interpersonale viene a configurare l'intrapersonale e quindi la forma e la consapevolezza della propria personalità.

II. I DISTURBI DELLA PERSONALITÀ

1. LE CARATTERISTICHE DIAGNOSTICHE. Prendere in esame i disturbi della personalità significa entrare in un'area tutt'altro che omogenea e condivisa, dove una corrente di pensiero legge detti disturbi come un'estremizzazione dei tratti normali di una personalità che diventano patologici quando, superata una certa soglia, si mostrano, per la loro intensità, altamente disadattivi; un'altra corrente li considera veri e propri disturbi psichiatrici difficilmente modificabili sia con cure farmacologiche che psicoterapeutiche; una terza corrente infine li considera forme più lievi e croniche di disturbi psichiatrici che in altri contesti si esprimono in forme acute. Queste diverse posizioni convengono nel considerare "disturbo di personalità" quei tratti che si rivelano costanti, rigidi e non adattivi, al punto da condizionare negativamente il modo di percepire e di rapportarsi a se stessi e all'ambiente, causando significative compromissioni funzionali e sofferenze soggettive.

I disturbi della personalità hanno in comune queste caratteristiche: *a*) una distorsione cognitiva nel modo di percepire e interpretare se stessi, gli altri e il mondo esterno; *b*) una distorsione affettiva caratterizzata da mutevolezza, variazioni di intensità, labilità e inadeguatezza nelle risposte emotive; *c*) disturbi nelle relazioni interpersonali caratterizzati ora da apatia, ora da un eccessivo coinvolgimento; *d*) significative difficoltà nel controllo degli impulsi; *e*) scarsa consapevolezza della presenza di un'alterazione, anche se il soggetto ne soffre e ne patisce le conseguenze dovute alla sua scarsa capacità di adattarsi alle varie situazioni; *f*) nonostante il soggetto registri le ripercussioni negative del proprio comportamento in ambito affettivo, sociale e lavorativo, gli risulta praticamente impossibile modificare il proprio stile di vita; *g*) in termini evoluzionistici è stata avanzata l'ipotesi plausibile così espressa da Gilla Cauli: «I disturbi di personalità si possono spiegare con la rapidità con cui la società si è evoluta rispetto alle strategie innate di adattamento dell'uomo; in alcuni soggetti tale difetto si traduce in patologia» (1999, p. 768).

2. I DIVERSI CRITERI DI CLASSIFICAZIONE. A causa della difficoltà di stabilire un confine netto fra i tratti di una personalità "sana" e quelli di una "patologica" è finora risultato difficile giungere a un inquadramento unico e da tutti condiviso di questi disturbi e della loro relazione con i diversi modelli categoriali con cui vengono interpretati e di conseguenza catalogati. Qui diamo conto dei criteri di classificazione a cui maggiormente ci si riferisce:

a) *Il criterio dimensionale* focalizza l'attenzione sui tratti di base della personalità normale, evidenziati dall'analisi fattoriale di questionari di personalità, quindi misurabili quantitativamente e rappresentabili come "dimensioni" separate tra loro, che diventano patologici solo se "estremizzati".

b) Il criterio di Hans Jürgen Eysenck classifica i disturbi di personalità a partire da tre dimensioni: la *tipologia* che, se è estroversa per un basso livello di *arousal* (v. ATTIVAZIONE), spinge il soggetto a cercare contatti in modo vivace ed eccitato, mentre se è introversa, quindi con un alto livello di *arousal*, il soggetto necessita di poche stimolazioni e quindi appare riservato e chiuso; il *nevroticismo* determinato dalla condizione emotiva che, se è alta, produce nei soggetti stati d'ansia e turbamenti emotivi, se bassa determina quei comportamenti che sono tipici dei soggetti definiti sanguigni; lo *psicoticismo* caratterizzato da uno scarso coinvolgimento relazionale con tratti di insensibilità, impulsività, aggressività che si lasciano inscrivere più in un quadro psicopatico (v. PSICOPATIA) che psicotico (v. PSICOSI).

c) Il criterio di Claude Robert Cloninger stabilisce una correlazione tra il tipo di personalità patologica e i dati biologici in base a tre fattori: la *ricerca di novità* connessa all'attivazione delle strutture cerebrali grazie alla dopamina che induce a evitare la ripetizione dell'esperienza e a promuovere una ricerca esplorativa; l'*evitamento del danno* connesso a sistemi inibitori correlati alla serotonina che inducono a comportamenti passivi volti a evitare situazioni frustranti; la *dipendenza dalla ricompensa* dove un sistema modulatore noradrenergico regola il comportamento in base alla ricerca di ricompense e a evitamento delle punizioni. Dalla combinazione di questi tre fattori Cloninger ricava otto patologie della personalità: passivo-dipendente, passivo-aggressiva, ossessivo-compulsiva, schizoide, schizoide-esplosiva, antisociale, istrionica, ciclotimica.

d) Il criterio dell'ICD-10 (*Decima revisione della classificazione internazionale delle sindromi e dei disturbi psichici e comportamentali*) del 1992 stabilisce i quadri patologici della personalità a partire dalla definizione, formulata dall'Organizzazione Mondiale della Sanità nel 1978, di "modalità disadattive" presenti fin dall'infanzia, riconoscibili nell'adolescenza e permanenti nell'età adulta. L'ICD-10 distingue la *personalità nevrotica* caratterizzata da conflitti intrapsichici e da un precario e sofferto controllo delle pulsioni, dai *disturbi di personalità* caratterizzati da disadattività, rigidità, difficoltà relazionali, intollerabilità di talune persone e situazioni esterne, il tutto vissuto con grandi sofferenze.

L'ICD-10 elenca un centinaio di categorie diagnostiche che, a partire dai sintomi, sono raccolte in diversi quadri patologici, di cui i principali sono: il *quadro schizofrenico* dove si distingue la personalità *schizotipica* caratterizzata da disturbi percettivi, cognitivi, relazionali, la personalità *schizoide* caratterizzata da una sostanziale carenza emotiva che porta a un'accentuata indifferenza nei confronti di persone e situazioni, la personalità *paranoica* caratterizzata da tratti di diffidenza, sospettosità e vissuti persecutori; il *quadro dissociale* caratterizzato da inosservanza delle regole sociali e dei diritti degli altri, scarso senso morale, talvolta del tutto assente, insufficiente controllo delle proprie pulsioni sia sessuali sia aggressive; il *quadro di disturbo emotivamente instabile* suddiviso in due sottotipi: l'impulsivo e il borderline; il *quadro istrionico*, in parte riconducibile all'antica ISTERIA (v.), caratterizzato da comportamenti teatrali, costante ricerca di attenzione da parte degli altri e tratti seduttivi per facilitare rapporti e relazioni; il *quadro dei disturbi d'ansia* che comprende soggetti che si sentono inferiori, evitano rapporti troppo ravvicinati per il timore di critiche, tendono a delegare le decisioni ad altri per il timore di sbagliare; il *quadro anancastico* tipico di soggetti caratterizzati da tratti ossessivo-compulsivi, eccessiva tendenza al controllo in tutti i campi, rigidità nei rapporti interpersonali e inibizione dei vissuti emotivi; il *quadro depressivo* che comprende anche la variante ciclotimica (v. CICLOTIMIA) caratterizzata dall'alternanza di una fase depressiva e una maniacale. A differenza del DSM, per l'ICD questi quadri clinici non autorizzano un'immediata e automatica applicazione diagnostica, perché la diagnosi resta affidata ai clinici, ai quali spetta verificare se i criteri esposti nei quadri si adattano o meno alle caratteristiche specifiche con cui la patologia si manifesta nei singoli pazienti.

e) Il criterio dei vari DSM (*Manuale diagnostico e statistico dei disturbi mentali*) dell'American Psychiatric Association ha avuto finora cinque edizioni:

– Il DSM-I del 1952 descriveva, con termini mutuati dalla psicoanalisi, 27 disturbi della personalità raggruppati in tre sezioni: la prima comprendeva le patologie giudicate poco curabili riferite a personalità inadeguate, schizoidi, ciclotimiche e paranoiche; la seconda comprendeva le personalità emotivamente instabili, passivo-aggressive e compulsive; la terza comprendeva le sociopatie nelle figure delle reazioni antisociali, dissociali, e delle deviazioni a addiction sessuali.

– Il DSM-II del 1968 riduceva i disturbi a 12 e li formulava con definizioni che si ispiravano a concetti psicodinamici, senza delimitare con chiarezza i confini tra un disturbo e l'altro.

– Il DSM-III del 1980 si caratterizzava per uno spiccato interesse per la ricerca empirica e una chiara adesione al modello medico, con elenchi per ogni patologia formulati con denominazioni e categorie diagnostiche specifiche. Erano inoltre indicati due assi, dove nel primo erano collocate le grandi e tradizionali malattie psichiatriche come la schizofrenia, il disturbo maniaco-depressivo, il disturbo d'ansia, nel secondo i disturbi di personalità con l'eventualità che le patologie di personalità potessero coesistere con i quadri del primo asse. Per poter formulare una diagnosi doveva essere presente un numero di criteri di volta in volta indicato per ogni disturbo.

– Il DSM-III-R del 1987 ha tentato una semplificazione dei disturbi di personalità che, in base alle somiglianze fenomeniche, sono stati raccolti in tre gruppi: *bizzarro* o *eccentrico* che comprende i disturbi schizoidi, schizotipici e paranoidi; *drammatico, emozionale, imprevedibile* che comprende i disturbi antisociali, borderline, istrionici e narcisistici; *ansioso* o *timoroso* che comprende i disturbi ossessivo-compulsivi, passivo-aggressivi, di evitamento e di dipendenza.

– Il DSM-IV del 1994 stabiliva che il disturbo di personalità può chiamarsi tale se insorge nell'adolescenza o nella prima età adulta, e si rivela stabile e di lunga durata sia nell'esperienza interna, sia nel comportamento che si discosta in modo significativo dalle aspettative della cultura a cui l'individuo appartiene. Le sue manifestazioni erano rilevabili nell'area *cognitiva* relativa al modo di percepire e di interpretare se stessi, gli altri e gli eventi, nell'area *affettiva* in ordine all'appropriatezza della risposta emotiva, nell'area dei *rapporti interpersonali* e nel *controllo delle pulsioni*.

La diagnosi poteva essere formulata quando il disturbo avesse soddisfatto almeno due degli indicatori sopra esposti e si fosse manifestato in un'ampia gamma di situazioni sociali, con un disagio personale clinicamente significativo.

3. I CRITERI DI CLASSIFICAZIONE DEL DSM-5. Detti criteri definiscono il disturbo di personalità come «un pattern costante di esperienza interiore e di comportamento che devia marcatamente rispetto alle aspettative della cultura dell'individuo. È pervasivo e inflessibile, esordisce nell'adolescenza o nella prima età adulta, è stabile nel tempo e determina disagio o menomazione» (2013, p. 747). I disturbi di personalità sono divisi in quattro grandi gruppi:

GRUPPO A. Comprende i disturbi *paranoide*, *schizoide*, *schizotipico*:

α) *Disturbo paranoide di personalità* (301.0) è caratterizzato da «diffidenza e sospettosità pervasive nei confronti degli altri che iniziano nella prima età adulta. Chi ne è affetto sospetta senza fondamento di essere sfruttato o danneggiato, dubita senza giustificazione della lealtà o affidabilità di amici e colleghi, è riluttante a confidarsi con gli altri nel timore ingiustificato che le informazioni possano essere usate contro di lui, legge significati nascosti umilianti o minacciosi in osservazioni o eventi benevoli, porta costantemente rancore e non dimentica ingiurie, insulti o offese, percepisce attacchi al proprio ruolo o reputazione non evidenti agli altri ed è pronto a reagire con rabbia e a contrattaccare, sospetta in modo ricorrente e senza giustificazione della fedeltà del coniuge o del partner sessuale» (ivi, p. 752).

β) *Disturbo schizoide di personalità* (301.20) è caratterizzato da «un pattern pervasivo di distacco dalle relazioni sociali e da una gamma ristretta di espressioni emotive che inizia nella prima età adulta. Non desidera né prova piacere nelle relazioni affettive incluso il far parte di una famiglia, quasi sempre sceglie attività individuali, dimostra poco interesse per esperienze sessuali con altre persone, prova piacere in poche o nessuna attività, non ha amici o confidenti ad eccezione dei parenti di primo grado, sembra indifferente alle lodi o alle critiche degli altri, mostra freddezza emotiva, distacco e affettività appiattita» (ivi, p. 756).

γ) *Disturbo schizotipico di personalità* (301.22) è caratterizzato da «un pattern pervasivo di deficit sociali e interpersonali caratterizzato da disagio acuto e ridotta capacità riguardanti relazioni affettive, da distorsioni cognitive e percettive ed eccentricità di comportamento, che inizia entro la prima età adulta. Chi ne è affetto ha idee di riferimento, strane convinzioni o pensiero magico (come superstizione, chiaroveggenza, telepatia, sesto senso) che influenzano il comportamento, esperienze percettive insolite incluse illusioni corporee, pensiero ed eloquio iperelaborato o stereotipato, sospettosità o ideazione paranoica, affettività inappropriata o limitata, comportamento eccentrico o peculiare, nessun amico o confidente ad eccezione dei parenti di primo grado, eccessiva ansia sociale associata a preoccupazioni paranoidi piuttosto che a un giudizio negativo di sé» (ivi, p. 759).

GRUPPO B. Comprende i disturbi *antisociale*, *borderline*, *istrionico*, *narcisistico*:

α) *Disturbo antisociale di personalità* (301.7) è caratterizzato da «un pattern pervasivo di inosservanza e di violazione, che si manifesta fin dall'età di 15 anni. Chi ne è affetto si rivela incapace di conformarsi alle norme sociali con conseguente ripetersi di atti passibili di arresto, disonestà come indicato dal mentire ripetutamente, usare falsi nomi, truffare gli altri per profitto o piacere personale, impulsività o incapacità a pianificare, irritabilità e aggressività, noncuranza sconsiderata della sicurezza propria o degli altri, irresponsabilità abituale con incapacità a sostenere un'attività lavorativa o far fronte a obblighi finanziari, mancanza di rimorso dopo aver danneggiato, maltrattato o derubato un altro» (ivi, p. 763).

β) *Disturbo borderline di personalità* (301.83) è caratterizzato da «un pattern pervasivo di instabilità delle relazioni interpersonali, dell'immagine di sé, dell'umore e una marcata impulsività che inizia entro la prima età adulta. Chi ne è affetto compie sforzi disperati per evitare un reale o immaginario abbandono, nelle relazioni interpersonali instabili e intense presenta un'alternanza tra gli estremi di iperidealizzazione e svalutazione, alterazione dell'identità, immagine e percezione di sé marcatamente instabili, impulsività in aree dannose come spese sconsiderate, sesso, abuso di sostanze, guida spericolata, abbuffate, instabilità affettiva dovuta a una mancata reattività dell'umore con intensa disforia, irritabilità o ansia per poche ore o pochi giorni, sentimenti cronici di vuoto, rabbia incontrollata e intensa con frequenti accessi d'ira, ideazione paranoide transitoria, associata allo stress, o gravi sintomi dissociativi» (ivi, p. 768).

γ) *Disturbo istrionico di personalità* (301.50) è caratterizzato da «un pattern di emotività eccessiva e di ricerca di attenzione che inizia entro la prima età adulta. Chi ne soffre è a disagio in situazioni nelle quali non è al centro dell'attenzione, l'interazione con gli altri è spesso caratterizzata da inopportuno comportamento sessualmente seduttivo o provocante, manifesta un'espressione delle emozioni rapidamente mutevole e superficiale, utilizza costantemente l'aspetto fisico per attirare l'attenzione su di sé, lo stile dell'eloquio è eccessivamente impressionistico e privo di dettagli, mostra autodrammatizzazione, teatralità ed espressione esagerata delle emozioni, è suggestionabile, considera le relazioni più intime di quanto non siano realmente» (ivi, p. 772).

δ) *Disturbo narcisistico di personalità* (301.81) è caratterizzato da «un pattern pervasivo di grandiosità nella fantasia e nel comportamento, necessità di ammirazione e mancanza di empatia, che inizia entro la prima età adulta. Chi ne soffre ha un senso grandioso di autostima per cui esagera risultati e talenti, si aspetta di essere considerato superiore senza un'adeguata motivazione, è assorbito da fantasie di successo, potere, fascino, bellezza, o di amore ideale, crede di essere "speciale" e unico, e di poter essere capito solo da, o di dover frequentare, altre persone di successo o di classe sociale elevata, richiede eccessiva ammirazione, ha un'irragionevole aspettativa di speciali trattamenti di favore o di soddisfazione immediata delle proprie aspettative, approfitta di altre persone per i propri scopi, manca di empatia, è incapace di riconoscersi o di identificarsi con i sentimenti o le necessità degli altri, è invidioso degli altri e crede che gli altri lo invidino, mostra comportamenti e atteggiamenti arroganti e presuntuosi» (ivi, pp. 775-776).

Gruppo C. Comprende i disturbi *evitante*, *dipendente*, *ossessivo-compulsivo*:

α) *Disturbo evitante di personalità* (301.82) è caratterizzato da «un pattern pervasivo di inibizione sociale, sentimenti di inadeguatezza e ipersensibilità al giudizio negativo, inizia entro la prima età adulta. Chi ne soffre è caratterizzato da evitamento di attività lavorative che implicano un significativo contatto interpersonale per timore di essere criticato, disapprovato o rifiutato, è riluttante a entrare in relazione con le persone a meno che non sia certo di piacere, mostra limitazioni nelle relazioni intime per timore di essere umiliato o ridicolizzato, si preoccupa di essere criticato o rifiutato in situazioni sociali, è inibito in situazioni interpersonali nuove per sentimenti di inadeguatezza, si vede come socialmente inetto, personalmente non attraente o inferiore agli altri, è insolitamente riluttante ad assumere rischi personali o a impegnarsi in qualsiasi nuova attività, poiché questo può rivelarsi imbarazzante» (ivi, p. 779).

β) *Disturbo dipendente di personalità* (301.6) è caratterizzato da «una necessità pervasiva ed eccessiva di essere accuditi che determina un comportamento sottomesso e dipendente e un timore della separazione, inizia entro la prima età adulta. Chi ne soffre ha difficoltà a prendere le decisioni quotidiane senza un'eccessiva quantità di consigli e rassicurazioni da parte degli altri, ha bisogno che gli altri assumano la responsabilità per la maggior parte dei settori della sua vita, ha difficoltà a esprimere disaccordo verso gli altri per timore di perdere supporto e approvazione, ha difficoltà a iniziare progetti o a fare cose autonomamente per mancanza di fiducia nel proprio giudizio e capacità piuttosto che per mancanza di motivazione o di energia, può giungere a fare qualsiasi cosa pur di ottenere accudimento e supporto da altri, fino al punto di offrirsi per compiti spiacevoli, si sente a disagio o indifeso quando è solo a causa dell'esagerato timore di essere incapace di prendersi cura di sé, quando termina una relazione intima cerca con urgenza un'altra relazione come fonte di accudimento e di supporto, si preoccupa in modo irrealistico di essere lasciato a prendersi cura di sé» (ivi, p. 782).

γ) *Disturbo ossessivo-compulsivo di personalità* (301.4) è caratterizzato da «un pattern pervasivo di preoccupazione per l'ordine, perfezionismo e controllo mentale e interpersonale a spese di flessibilità, apertura ed efficienza, inizia entro la prima età adulta. Chi ne soffre è preoccupato per i dettagli, le regole, le liste, l'ordine, l'organizzazione o i programmi, al punto che va perduto lo scopo principale dell'attività, mostra un perfezionismo che interferisce con il completamento dei compiti, è eccessivamente dedito al lavoro e alla produttività, fino all'esclusione delle attività di svago e delle amicizie, è eccessivamente coscienzioso, scrupoloso e intransigente in tema di moralità etica e valori, è incapace di gettare via oggetti consumati o di nessun valore, anche quando non hanno un significato affettivo, è riluttante a delegare compiti o a lavorare con altri, a meno che non si sottomettano esattamente al suo modo di fare le cose, adotta una modalità di spesa improntata all'avarizia sia per sé che per gli altri, il denaro è visto come qualcosa da accumulare in caso di future catastrofi, mostra rigidità e testardaggine» (ivi, p. 786).

GRUPPO D. Comprende *altri disturbi di personalità*:

α) *Modificazione della personalità dovuta a un'altra condizione medica* (310.1) è caratterizzata da «un'alterazione persistente della personalità che rappresenta una modificazione del precedente pattern di personalità caratteristico dell'individuo, dove vi è evidenza fondata sull'anamnesi, sull'esame fisico o sugli esami di laboratorio che l'alterazione è la conseguenza patofisiologica diretta di un'altra condizione medica, l'alterazione non è meglio giustificata da un altro disturbo mentale, non si verifica esclusivamente durante il decorso di un delirium, provoca un disagio clinicamente significativo o compromissione del funzionamento in ambito sociale, lavorativo o in altre aree importanti» (ivi, p. 790).

β) *Disturbo di personalità con altra specificazione* (301.89): «Questa categoria si applica alle manifestazioni in cui i sintomi caratteristici di un disturbo di personalità, che causano disagio clinicamente significativo o compromissione del funzionamento in ambito sociale, lavorativo o in altre aree importanti, predominano ma non soddisfano pienamente i criteri per uno qualsiasi dei disturbi della classe diagnostica dei disturbi di personalità. Il clinico registra questo disturbo con la notazione: "caratteristiche di personalità miste"» (ivi, p. 793).

γ) *Disturbo di personalità senza specificazione* (301.9): «Questa categoria si applica alle manifestazioni in cui i sintomi caratteristici di un disturbo di personalità, che causano disagio clinicamente significativo o compromissione del funzionamento in ambito sociale, lavorativo o in altre aree importanti, predominano ma non soddisfano pienamente i criteri per uno qualsiasi dei disturbi della classe diagnostica dei disturbi di personalità. Il clinico sceglie di non specificare la ragione perché non ci sono sufficienti ragioni per formulare una diagnosi più specifica» (ivi, p. 793).

4. IPOTESI GENETICHE. Studi familiari sui gemelli e sugli adottivi hanno consentito di formulare ipotesi genetiche circa i disturbi di personalità, giungendo alla conclusione che i disturbi di personalità del gruppo A, e in particolar modo il disturbo schizotipico, sono più comuni nei parenti di primo e secondo grado di soggetti affetti da schizofrenia. Per quanto concerne i disturbi di personalità del gruppo B, e in particolar modo per il disturbo antisociale verificato su figli biologici e figli adottivi, hanno consentito di constatare che la componente genetica si confonde con quella ambientale, anche se Claude R. Cloninger sostiene che i figli biologici di genitori antisociali hanno un maggior rischio di sviluppare questo disturbo di personalità. Il disturbo di personalità borderline e i disturbi dell'umore sono più frequenti tra i consanguinei di primo grado, mentre i disturbi di personalità evitante, dipendente e ossessivo-compulsivo del gruppo C sono più frequenti nei parenti dei pazienti affetti da disturbi di ansia.

Bibliografia

Adler A., *Psicologia individuale e conoscenza dell'uomo* (1926), Newton Compton, Roma 1975.

Allport G. W., *Divenire. Fondamenti di una psicologia della personalità* (1955), Editrice Universitaria, Firenze 1963.

Angyal A., *Foundations for a science of personality*, Commonwealth Fund, New York 1941.

Armezzani M., *L'indagine di personalità. Modelli e paradigmi della ricerca*, La Nuova Italia Scientifica, Roma 1995.

Atkinson J. W., *Personality, motivation and action*, Praeger, New York 1983.

Bateson G., *Verso un'ecologia della mente* (1972), Adelphi, Milano 1976.

Bergeret J., *La personalità normale e patologica. Le strutture mentali, il carattere, i sintomi* (1996), Raffaello Cortina, Milano 2002.

Bernard P., *Lo sviluppo della personalità. Guida alla comprensione del comportamento umano e delle relazioni interpersonali* (1975), Feltrinelli, Milano 1980.

Binswanger L., *Per un'antropologia fenomenologica. Saggi e conferenze psichiatriche* (1921-1941), Feltrinelli, Milano 1970.

Brunas-Wagstaff J., *La personalità* (1998), il Mulino, Bologna 1999.

Caprara G. V., *Studi sulla personalità. Quattro ricerche con il metodo Holt*, Bollati Boringhieri, Torino 1977.

Caprara G. V., Cervone D., *Personalità. Determinanti, dinamiche, potenzialità*, Raffaello Cortina, Milano 2003.
Caprara G. V., Gennaro A., *Psicologia della personalità. Storia, indirizzi teorici e temi di ricerca*, il Mulino, Bologna 1994.
Caprara G. V., Luccio R. (a cura di), *Teorie della personalità*, il Mulino, Bologna 1986.
Carotenuto A., *Trattato di psicologia della personalità e delle differenze individuali*, Raffaello Cortina, Milano 1991.
Cattell R. B., *Description and measurement of personality*, World Book, Yonkers, New York, 1946.
–, *Personality. A systematic, theoretical and factual study*, McGraw-Hill, New York 1950.
Cattell R. B., Kline P., *Personalità e motivazione* (1977), il Mulino, Bologna 1982.
Cauli G., *Personalità, Disturbi della*, in *Enciclopedia di psicologia*, Garzanti, Milano 1999.
Cervone D., Pervin L. A., *La scienza della personalità. Teorie, ricerche, applicazioni* (2007), Raffaello Cortina, Milano 2009.
Cesa-Bianchi M., *Gli aspetti teoretici della personalità*, in L. Ancona (a cura di), *Questioni di psicologia*, La Scuola, Brescia 1962, pp. 437-488.
Cloninger C. R., *A systematic method for clinical description and classification of personality variants*, in "Archives of General Psychiatry", 1987, n. 44, pp. 573-588.
Cloninger C. R. *et al.*, *Implication of sex differences in the prevalences of antisocial personality, alcoholism, and criminality for familial transmission*, in "Archives of General Psychiatry", 1978, n. 35, pp. 941-951.
–, *A psychobiological model of temperament and character*, in "Archives of General Psychiatry", 1993, n. 50, pp. 975-990.
Corriere R., McGrady P. M., *Sincronizzare la personalità. Autoconsapevolezza e crescita interiore* (1995), Erickson, Trento 1998.
De Beni R., Carretti B., Moè A., Pazzaglia F., *Psicologia della personalità e delle differenze individuali*, il Mulino, Bologna 2008.
Dollard J., Miller N. E., *Personalità e psicoterapia* (1950), Franco Angeli, Milano 1975.
DSM-5. American Psychiatric Association (APA), *DSM-5. Manuale diagnostico e statistico dei disturbi mentali* (2013), Raffaello Cortina, Milano 2014.
Emmelkamp P. M. G., Kamphuis J. H., *I disturbi di personalità* (2007), il Mulino, Bologna 2009.
Eysenck H. J., *Dimensions of personality*, Routledge & Kegan, London 1947.
–, *The scientific study of personality*, Routledge & Kegan, London 1952.
–, *The structure of human personality*, Methuen, London 1970.
–, *Dimensions of personality: 16, 5 or 3? Criteria for taxonomic paradigm*, in "Personality and Individual Differences", 1991, n. 12, pp. 773-790.
Eysenck H. J., Eysenck M. W., *Personality and individual differences. A natural science approach*, Plenum, New York 1985.
Eysenck H. J., Wilson G., *Conosci la tua personalità* (1975), Rizzoli, Milano 1995.
Eysenck M. W., *Human memory. Theory, research and individual differences*, Pergamon, Oxford 1977.
Eysenck M. W., Mathews A., *Trait anxiety and cognition*, in H. J. Eysenck, I. Martin (a cura di), *Theoretical foundations of behavior therapy*, Plenum, New York 1987, pp. 197-213.
Fairbairn W. R. D., *Studi psicoanalitici sulla personalità* (1952), Bollati Boringhieri, Torino 1970.
Festinger L., *Teoria della dissonanza cognitiva* (1957), Franco Angeli, Milano 1973.
Fiora E., Pedrabissi L., Salvini A., *Pluralismo teorico e pragmatismo conoscitivo in psicologia della personalità*, Giuffrè, Milano 1988.
Freud S., *Introduzione alla psicoanalisi* (1915-1917), in *Opere* (1967-1993), Bollati Boringhieri, Torino, vol. VIII.
Fromm E., *Fuga dalla libertà* (1941), Edizioni di Comunità, Milano 1976.
Gennaro A., *Introduzione alla psicologia della personalità*, il Mulino, Bologna 2004.
Goldstein K., *Der Aufbau des Organismus*, Nijhoff, Den Haag 1934.
Granieri A. (a cura di), *I test di personalità. Quantità e qualità*, Utet Libreria, Torino 2010.
Guilford J. P., *Personality*, McGraw-Hill, New York 1959.
Gunderson J. G., Links P. S., *La personalità borderline. Una guida clinica* (2002), Raffaello Cortina, Milano 2003.
Guntrip H., *Struttura della personalità e interazione umana* (1961), Bollati Boringhieri, Torino 1971.
Hacking I., *La riscoperta dell'anima. Personalità multipla e scienza della memoria* (1995), Feltrinelli, Milano 1996.
Heider F., *Psicologia delle relazioni interpersonali* (1958), il Mulino, Bologna 1972.
Horney K., *Nevrosi e sviluppo della personalità. La lotta per l'auto-realizzazione* (1950), Fabbri, Milano 2007.
ICD-10. Organizzazione Mondiale della Sanità (OMS), *ICD-10. Decima revisione della classificazione internazionale delle sindromi e dei disturbi psichici e comportamentali* (1992), Masson, Milano 1994.
Imbasciati A., *Individuo e personalità nelle teorie psicologiche*, in Id., *Istituzioni di psicologia*, vol. I: *Introduzione alle scienze psicologiche*, Utet, Torino 1986.
Jaspers K., *Psicologia delle visioni del mondo* (1919), Astrolabio, Roma 1950.
Jung C. G., *Lo sviluppo della personalità* (1909-1946), in *Opere* (1969-2007), Bollati Boringhieri, Torino, vol. XVII.
–, *Tipi psicologici* (1921), in *Opere*, cit., vol. VI.
Kelly G. A., *La psicologia dei costrutti personali. Teoria e personalità* (1955), Raffaello Cortina, Milano 2004.
Kernberg O. F., *Disturbi gravi della personalità* (1984), Bollati Boringhieri, Torino 1987.
–, *Teoria psicoanalitica dei disturbi di personalità*, in J. F. Clarkin, M. F. Lenzenweger (a cura di), *I disturbi di personalità. Le cinque principali teorie* (1996), Raffaello Cortina, Milano 1997, pp. 107-139.
Klein M., *Scritti 1921-1958*, Bollati Boringhieri, Torino 1978.
Krahé B., *Psicologia della personalità e psicologia sociale. Verso una sintesi* (1992), Guerini & Associati, Milano 1994.
Kretschmer E., *Körperbau und Charakter*, Springer, Berlin 1921.
Lecky P., *Self-consistency. A theory of personality*, Long Island Press, New York 1945.
Lewin K., *Teoria dinamica della personalità* (1935), Giunti Barbera, Firenze 1965.
Lingiardi V., *La personalità e i suoi disturbi. Lezioni di psicopatologia dinamica*, il Saggiatore, Milano 2004.

Lingiardi V., Gazzillo F., *La personalità e i suoi disturbi. Valutazione clinica e diagnosi al servizio del trattamento*, Raffaello Cortina, Milano 2014.
Lis A. (a cura di), *Tecniche proiettive per l'indagine della personalità*, il Mulino, Bologna 1998.
Lombardo G. P., Foschi R. (a cura di), *I fondamenti storici della psicologia della personalità*, Bollati Boringhieri, Torino 2000.
Lorenzetti L. M. (a cura di), *Psicologia e personalità*, Franco Angeli, Milano 1995.
Lowen A., *Il linguaggio del corpo* (1958), Feltrinelli, Milano 1978.
Luccio R., *La personalità*, in L. Ancona (a cura di), *Nuove questioni di psicologia*, La Scuola, Brescia 1972, vol. I, pp. 235-275.
Maslow A. H., *Motivazione e personalità* (1954), Armando, Roma 1973.
Mischel W., *Lo studio della personalità* (1981), il Mulino, Bologna 1996.
Murphy G., *Personality. A biosocial approach to origins and structure*, Harper, New York 1947.
Murray H. A., *Explorations in personality*, Oxford University Press, New York 1938.
Nuttin J., Fraisse P., Meili R., *Motivazione, emozione e personalità*, in P. Fraisse, J. Piaget (a cura di), *Trattato di psicologia sperimentale* (1963-1968), Einaudi, Torino 1972-1979, vol. V.
Oldham J. M., Skodol A. E., Bender D. S. (a cura di), *Trattato dei disturbi di personalità* (2005), Raffaello Cortina, Milano 2008.
Pallanti S., Pazzagli A., *Il problema dei disturbi di personalità*, in G. B. Cassano, P. Pancheri *et al.* (a cura di), *Trattato italiano di psichiatria* (1992), Masson, Milano 1999, vol. II, pp. 2325-2340.
Paris J., *Contesto sociale e disturbi di personalità. Diagnosi e trattamento in una prospettiva bio-psico-sociale* (1996), Raffaello Cortina, Milano 1997.
Pask G., *Styles and strategies of learning*, in "British Journal of Educational Psychology", 1976, n. 46, pp. 128-148.
Pavlov I. P., *I riflessi condizionati* (1927), Bollati Boringhieri, Torino 1966.
Pazzagli A. (a cura di), *Disturbi di personalità*, in G. B. Cassano, P. Pancheri *et al.* (a cura di), *Trattato italiano di psichiatria*, cit., vol. II, pp. 2341-2392.
Pende N., *Le debolezze di costituzione*, Libreria di Scienze e Lettere del dr. G. Bardi, Roma 1928.
Pervin L. A., John O. P., *La scienza della personalità. Teorie, ricerche, applicazioni* (1997), Raffaello Cortina, Milano 2003.
Piaget J., *La nascita dell'intelligenza nel bambino* (1936), La Nuova Italia, Firenze 1977.
Reich W., *Analisi del carattere* (1933), Sugarco, Milano 1973.
Rogers C. R., Dymond R. F., *Psychotherapy and personality change. Coordinated studies in the client-centered approach*, University Press, Chicago 1954.
Rotter J. B., *Applications of a social learning theory of personality*, Holt, New York 1972.
Salvini A., *Personalità multipla*, Giunti, Firenze 1994.
Sanavio E., Sica C., *I test di personalità. Inventari e questionari*, il Mulino, Bologna 1999.
Sève L., *Marxismo e teoria della personalità* (1969), Einaudi, Torino 1973.
Sheldon W. H., Stevens S. S., Tucker W. B., *The varieties of human physique. An introduction to constitutional psychology*, Harper, New York 1940.
Sjöbring H., *La personnalité. Structure et développement*, Doin, Paris 1963.
Sullivan H. S., *Teoria interpersonale della psichiatria* (1953, edito postumo), Feltrinelli, Milano 1962.
Vygotskij L. S., *Mind and society*, Harvard University Press, Cambridge, Massachusetts, 1978.
Wallace A. F. C., *Culture and personality*, Random House, New York 1961.
Watson J. B., *Il comportamentismo* (1924-1930), Giunti, Firenze 1985.
Watzlawick P., Beavin J. H., Jackson D. D., *Pragmatica della comunicazione umana* (1967), Astrolabio, Roma 1971.
Westen D., Shedler J., Lingiardi V., *La valutazione della personalità con la SWAP-200* (1998-2000), Raffaello Cortina, Milano 2003.
Witkin H. A. *et al.*, *Personality through perception*, Harper & Row, New York 1954.
–, *La differenziazione psicologica* (1962), Bulzoni, Roma 1976.

Personalità abnorme, v. PSICOLOGIA SOCIALE, § 5; PSICOPATIA.

Personalità di base, v. ANTROPOLOGIA, § 4, *c*.

Personalità doppia, v. SCISSIONE, § I, 3.

Personalità multipla, v. SCISSIONE, § I, 4, *a*.

Personificazione (ingl. *Personification*; ted. *Personifizierung*; fr. *Personnification*; sp. *Personificación*). Attività psicologica che traduce i motivi e i complessi psichici in immagini personificate. Il fenomeno è stato studiato da Carl Gustav Jung nella psicologia dei primitivi che giungono alla personificazione attraverso un processo di identificazione inconscia (v. IDENTIFICAZIONE) e di PROIEZIONE (v.) del proprio vissuto psichico su oggetti o persone reali. La personificazione è un linguaggio tipico dell'ANIMA (v. § 3) che non opera per concetti, ma per immagini. Sotto questo profilo la *spersonificazione* può essere considerata, a parere di Jung, come una "perdita d'anima". Ripreso da James Hillman, questo concetto è stato portato alle sue estreme conseguenze fino a visualizzare l'analisi come un'esplorazione delle relazioni che il paziente ha con le proprie personificazioni.

Di personificazioni si nutrono sia la PSICOLOGIA ANALITICA (v.) sia la psicologia archetipica (v. ANALISI ARCHETIPICA; ARCHETIPO, § 2, *a*) che rendono con immagini (Ombra, Anima, Sé, Grande Madre, Vecchio Saggio, Fanciullo divino ecc.) quello che la psicoanalisi freudiana esprime con concetti, e questo allo scopo di essere il più possibile aderente al linguaggio immaginale dell'inconscio e delle sue produzioni oniriche, dove i motivi psicologici non si esprimono in concetti ma in figure personificate. Infatti, scrive Jung, «la realtà psichica riassunta nel concetto "personificato" di anima è un contenuto estremamente drammatico dell'inconscio. Lo si può descrivere in un linguaggio razionale scientifico, però questo non esprime neppure lontanamente la sua essenza vitale. Perciò, consapevolmente e intenzionalmente, io preferisco il modo di vedere e di esprimersi mitologico e drammatizzante, poiché esso, in considerazione del suo oggetto, costituito dai viventi processi della psiche, è non soltanto molto più espressivo, ma anche più preciso di un'astratta terminologia scientifica, solita a baloccarsi con l'idea che i suoi concetti potrebbero essere sostituiti un bel giorno da equazioni algebriche» (1951, p. 13).

Nell'ambito della teoria interpersonale, Harry Stack Sullivan parla di personificazione a proposito delle immagini che una persona ha di se stessa o di altre figure significative che non coincidono esattamente con le persone reali che vengono personificate. In un'accezione più specifica, Sullivan scrive: «Fra le cose che questo concetto serve a spiegare ve ne è una che si può definire come una quasi-entità: la *personificazione dell'Io.* La personificazione dell'Io è la cosa di cui si parla quando si parla di se stessi usando il pronome "Io", ed è anche la cosa di cui si parla, spesso se non sempre, quando si parla di se stessi usando i pronomi "me" e "mio". Ma ciò che vorrei chiarire una volta per tutte è che la relazione esistente fra le personificazioni e ciò che è personificato è sempre complessa e talvolta multipla; ed inoltre che le personificazioni non costituiscono descrizioni esatte di ciò che è personificato» (1953, p. 194). La personificazione ha ovviamente anche il suo lato patologico in quelle situazioni, solitamente a sfondo paranoico o schizofrenico, dove le personificazioni sono vissute come persone reali.

Bibliografia

Hillman J., *Il mito dell'analisi* (1972), Adelphi, Milano 1979.

–, *Il sogno e il mondo infero* (1973-1979), Adelphi, Milano 2003.

Jung C. G., *Simboli della trasformazione* (1912 1952), in *Opere* (1969-2007), Bollati Boringhieri, Torino, vol. V.

–, *Aion. Ricerche sul simbolismo del Sé* (1951), in *Opere*, cit., vol. IX, 2.

Sullivan H. S., *Teoria interpersonale della psichiatria* (1953, edito postumo), Feltrinelli, Milano 1962.

Persuasione (ingl. *Persuasion*; ted. *Überredung*; fr. *Persuasion*; sp. *Persuasión*). Credenza la cui certezza poggia su base soggettiva, come già indicava Platone quando distingueva «il pensiero che si genera in noi per via di insegnamento e l'opinione per via di persuasione. Il primo si fonda su un ragionamento vero, l'altra manca di base; l'uno rimane ben saldo di fronte alla persuasione, l'altra si lascia modificare» (*Timeo*, 51 e). In psicologia, dove si mantiene la differenza tra persuasione e CONVINZIONE (v.), si definisce *coercitiva* la persuasione indotta in chi è in stato di non-libertà, e *occulta* la formazione o la modificazione dell'opinione di massa ottenuta con stimoli subliminali che operano al di sotto del livello di consapevolezza (v. PERCEZIONE, § 2, *f*). È stata inoltre ideata una *terapia della persuasione* che, invece di agire sui fattori emotivi, agisce su quelli razionali per cui, come scrive Oskar Diethelm, «il medico tenta di chiarire al paziente lo sviluppo dei sintomi, la loro relazione con le difficoltà situazionali e di personalità, le interrelazioni di questi fattori e il modo di superare le difficoltà esistenti» (1936, p. 12). Come procedura comunicativa volta a far cambiare opinione a un soggetto inducendolo ad aderire a un messaggio ricevuto, la persuasione è sottesa a ogni processo terapeutico, sia da parte di chi la adotta deliberatamente, sia da parte di chi cerca di evitarla senza tuttavia poterla eludere.

Bibliografia

Boudon R., *L'arte di persuadere se stessi* (1990), Rusconi, Milano 1993.

Cavazza N., *La persuasione*, il Mulino, Bologna 2006.

Cialdini R. B., *Le armi della persuasione. Come e perché si finisce col dire di sì* (1984), Giunti, Milano 1995.

Diethelm O., *Treatment in psychiatry*, Macmillan, New York 1936.

Michelstaedter C., *La persuasione e la rettorica* (1913, edito postumo), Adelphi, Milano 1995.

Perelman Ch., Olbrechts-Tyteca L., *Trattato dell'argomentazione* (1952), Einaudi, Torino 1966.

Platone, *Timeo*, in *Opere*, Laterza, Bari 1973.

Pratkanis A. R., Aronson E., *Psicologia della comunicazione di massa. Usi e abusi della persuasione* (1992), il Mulino, Bologna 1996.

Preti G., *Retorica e logica. Le due culture*, Einaudi, Torino 1968.

Rigotti F., *La verità retorica. Etica, conoscenza e persuasione*, Feltrinelli, Milano 1995.

Perturbante (ingl. *Uncanny*; ted. *Unheimlich*; fr. *Perturbant*; sp. *Perturbador*). Termine introdotto da Sigmund Freud per il quale «la parola tedesca *unheimlich* (perturbante) è evidentemente l'antitesi di *heimlich* (confortevole, tranquillo, da *Heim*, casa), *heimisch* (patrio, nativo), e quindi familiare, abituale, ed è ovvio dedurre che se qualcosa suscita spavento è proprio perché non è noto e familiare. Naturalmente, però, non tutto ciò che è nuovo e inconsueto è spaventoso, la relazione *non* è reversibile; si può dire soltanto che [...] quanto più un uomo si orienta nel mondo che lo circonda, tanto meno facilmente riceverà un'impressione di turbamento (*Unheimlichkeit*) da cose o eventi» (1919, pp. 82-83). Quando questo orientamento è smarrito, il mondo non è più familiare (*heimlich*), non è più la casa (*Heim*) dell'uomo, ma diventa la dimora del Sinistro, dell'Insolito, dell'Inquietante la cui onnipotenza si ripartisce, secondo le tecniche dell'antica magia, indifferentemente tra persone e cose.

Recuperando anche il secondo significato di *heimlich*, che rinvia a ciò che è nascosto e segreto, Freud afferma che quando ciò che doveva rimanere nascosto e segreto (*heimlich*) è invece affiorato (*Un-heimlich*), il proprio mondo interiore subisce una scossa, e ciò che prima era familiare sorge in-solito: «Questo elemento perturbante non è in realtà niente di nuovo o di estraneo, ma è invece un che di familiare alla vita psichica fin dai tempi antichissimi e ad essa estraniatosi soltanto a causa del processo di rimozione. Il rapporto con la rimozione ci chiarisce ora anche la definizione di Schelling, secondo la quale il perturbante è qualcosa che avrebbe dovuto rimanere nascosto e che è invece affiorato» (ivi, p. 102).

Bibliografia

Carotenuto A., *Freud. Il perturbante*, Bompiani, Milano 2002.
Freud S., *Il perturbante* (1919), in *Opere* (1967-1993), Bollati Boringhieri, Torino, vol. IX.

Perversione (ingl. *Perversion*; ted. *Perversion*; fr. *Perversion*; sp. *Perversión*). Comportamento psicosessuale che si esprime in forme atipiche rispetto alla norma. L'estensione di questo concetto è dunque strettamente dipendente dal tipo di norma che si assume come criterio di riferimento.

1. Psicoanalisi. Sigmund Freud ha avuto il merito di riscattare la perversione dal giudizio moralistico formulato dalla psichiatria ottocentesca, e in particolare da Richard von Krafft-Ebing, per ricondurlo nell'ambito più generale dello sviluppo umano a partire dalla constatazione che a nessun individuo, nel corso dello sviluppo della libido, viene a mancare qualche tratto perverso. Per suffragare questa sua tesi, Freud assume come criterio di riferimento il completo sviluppo della Libido (v.) che, dopo aver percorso la fase Orale (v. § 2), Anale (v. § 2) e Fallica (v.), si esprime nella fase Genitale (v. § 2) come relazione eterosessuale, e definisce perversa ogni condotta che si discosta dalla norma o in ordine all'*oggetto* sessuale come nel caso dell'Omosessualità (v.), della Pedofilia (v.), della Zooerastia (v.), o in ordine alla *zona* corporea quando il piacere sessuale è raggiunto con parti del corpo di per sé non deputate all'esercizio della sessualità, o in ordine alla *meta* sessuale che può essere raggiunta solo in presenza di condizioni di per sé estrinseche come nel caso del Feticismo (v.), del Travestitismo (v.), della Scopofilia (v.), dell'Esibizionismo (v.), del Sadomasochismo (v.) e simili. Da questo repertorio risulta che Freud limita il concetto di perversione alla sfera sessuale, non perché non riconosca altre pulsioni al di fuori della sessualità, ma perché ritiene che le loro deviazioni, come nel caso dei disturbi dell'alimentazione, dipendano dalle ripercussioni della sessualità sulle funzioni nutritive.

Assunta come norma l'organizzazione genitale, tutte le forme di Regressione (v.) o di Fissazione (v.) a stadi precedenti, in cui la sessualità si esprime attraverso pulsioni parziali strettamente legate alle diverse zone erogene, sono considerate perverse. Naturalmente, se si considera la sessualità originariamente "perversa" in quanto non si stacca mai completamente dalla sua origine, quando il piacere non era cercato in un'attività specifica, ma annesso ad attività dipendenti da altre funzioni come l'alimentazione, la defecazione ecc. (v. Anaclisi), allora è perversa ogni attività sessuale che non si sia definitivamente staccata dalla Polimorfia (v.) che caratterizza la sessualità infantile.

Freud definisce la perversione come il negativo della Nevrosi (v.) nel duplice senso *a*) che il perverso mette in atto impulsi che il nevrotico rimuove (v. Rimozione), *b*) che di fronte all'angoscia il perverso si difende regredendo a forme di sessualità infantile, mentre il nevrotico adotta altre forme di difesa successive o sostitutive della regressione. Per converso è possibile leggere la sintomatologia nevrotica come un'espressione mascherata delle stesse tendenze espresse in modo manifesto nelle perversioni. La natura essenzialmente tecnica della norma assunta da Freud sottrae la condotta perversa alla sfera del giudizio morale per consegnarla a un arresto o a un regresso nell'itinerario dello sviluppo della libido: «Nei *Tre saggi sulla teoria sessuale* ho svolto il concetto che l'organizzazione sessuale costituzionale del bambino è assai più complessa di quanto ci si potrebbe attendere, che essa merita di essere definita "perversa polimorfa", e che da questa disposizione, attraverso la rimozione di determinate componenti, deriva il cosiddetto comportamento normale della funzione sessuale. Sono così riuscito a stabilire, mediante il riferimento ai caratteri infantili della sessualità, un semplice nesso tra la salute, la perversione e la nevrosi. La *normalità* risulta dalla rimozione di certe pulsioni parziali e di componenti della disposizione naturale infantile e dalla subordinazione delle rimanenti sotto il primato della zona genitale in servizio della funzione riproduttiva; le *perversioni* corrispondono a disturbi in questo processo di unificazione provocati dal prepotente e coattivo sviluppo di alcune di queste pulsioni parziali; e la *nevrosi* si riferisce a una troppo estesa rimozione delle tendenze libidiche» (1905a, pp. 222-223). Per quanto concerne le perversioni connesse ai piaceri preliminari, si veda la voce PIACERE, § 3.

Gli sviluppi successivi della psicoanalisi sono approdati a diverse teorie circa l'eziologia delle perversioni che Franco De Masi raccoglie in tre paradigmi: *a*) il primo paradigma si mantiene all'interno della teoria freudiana e ha come suoi esponenti Janine Chasseguet-Smirgel e Otto F. Kernberg secondo i quali la perversione sarebbe dovuta a un arresto dello sviluppo libidico in senso genitale dovuto a un'angoscia di castrazione, con conseguente idealizzazione delle pulsioni pregenitali e in particolare anali con negazione delle differenze tra i sessi e le generazioni; *b*) il secondo paradigma, che si rifà alle teorie di Donald Woods Winnicott e di Heinz Kohut, considera la perversione come una difesa o una riparazione: secondo Mohammed Masud Raza Khan al fallimento della relazione madre-bambino, secondo Arnold Goldberg a un'originaria ferita narcisistica, secondo Joyce McDougall a un Sé non sufficientemente protetto o addirittura violato o abusato; *c*) il terzo paradigma di ispirazione kleiniana ritiene con Donald Meltzer che la perversione sia dovuta a una scissione non completa tra sessualità buona e sessualità cattiva, e con Betty Joseph a una sorta di sessualizzazione della violenza tra una parte del Sé contro un'altra parte.

Nella seconda metà del Novecento si è assistito a una liberazione della sessualità le cui pratiche non sono più giudicate a livello morale e sfuggono a qualsiasi classificazione clinica a causa delle loro caratteristiche fantasiose, espresse nelle forme più variegate che vanno dal bisogno di dominio alle pratiche del dolore e della distruttività, dalla ripetizione ritualistica alle pratiche estreme interpretate, come vuole l'espressione di Francesco Barale e Anna Ferruta, da «maschere iperboliche di una soggettività instabile e disseminata» (1997, p. 375) dove è impossibile distinguere il vero dal falso Sé.

2. PSICOLOGIA SOCIALE. Il concetto di perversione si allarga se si assume come norma l'ordinamento sociale dominante i cui valori vengono interiorizzati dall'individuo attraverso il processo educativo. In questo caso, ogni incapacità a contenere i propri impulsi meno socializzabili è fonte di condotte definite "perverse" i cui tratti sono così individuati da Giovanni Jervis: «*a*) Il soggetto ha, da sempre, difficoltà a trattenersi dal soddisfare i propri impulsi; *b*) ha costanti difficoltà a valutare la discrepanza dei propri atti rispetto alle norme dominanti e, insieme, ha difficoltà a valutare le conseguenze di questi atti; *c*) di fatto procura con questi atti imprevisti seri danni (anche psicologici) a se stesso e/o significative sofferenze ad altre persone; *d*) è di intelligenza normale, e non presenta chiari disturbi nevrotici, né reali disturbi psicotici; *e*) tende a reiterare stabilmente forme di comportamento disapprovate dalla moralità dominante, spesso non sempre a contenuto sadico» (1975, p. 293). Per ulteriori approfondimenti si vedano le voci PSICOLOGIA SOCIALE, § 5 e PSICOPATIA.

3. IL DSM-5. Il *Manuale diagnostico e statistico dei disturbi mentali* nelle prime due edizioni (1952 e 1968) rubricava le perversioni sotto il titolo di "sessualità patologica" o "devianza sessuale". Con la terza edizione (1980) si sostituiscono le precedenti denominazioni con "disturbi psicosessuali" rubricati sotto la voce PARAFILIA (v.) che viene mantenuta anche nel DSM-IV (1994) e nel DSM-5 (2013) dove, rispetto al DSM-IV, si distinguono le *parafilie* dai *disturbi parafilici*. Infatti, si legge nel *Manuale*, «un cambiamento generale rispetto al DSM-IV è l'aggiunta degli specificatori di decorso "in ambiente controllato" e "in remissione" ai set di criteri diagnostici per tutti i disturbi parafilici. [...] Nel DSM-5 le parafilie non sono *ipso facto* disturbi mentali. C'è una distinzione tra parafilia e disturbo parafilico. Un *disturbo parafilico* è una parafilia che sta attualmente causando disagio e compromissione all'individuo, o una parafilia la cui soddisfazione implica danno personale, o rischio di danno, per gli altri. Una *parafilia* è una condizione necessaria ma non sufficiente per avere un disturbo parafilico, e una parafilia di per sé non giustifica automaticamente, o richiede, intervento clinico» (2013, p. 947). Robert J. Stoller vede nella riformulazione del termine "perversione" con "parafilia" un modo per sottrarsi al giudizio morale sulle perversioni, quando invece, a suo parere, alla base dell'eccitamento perverso c'è proprio il piacere di trasgredire un tabù o, in termini religiosi, di commettere peccato.

Bibliografia

AA.VV., *Le désir et la perversion*, Seuil, Paris 1967.

Barale F., Ferruta A., *But is Paris really burning? Uncertainty anxieties and the normal chaos of love*, in "International Journal of Psycho-Analysis", 1997, n. 78, pp. 373-378.

Benvenuto S., *Perversioni. Sessualità, etica, psicoanalisi*, Bollati Boringhieri, Torino 2005.

Bergner D., *Il lato oscuro del desiderio. I sentieri deviati dell'attrazione sessuale* (2009), Einaudi, Torino 2009.

Boss M., *Perversioni sessuali. Significati e contenuti* (1951), Vivarium, Milano 1998.

Chasseguet-Smirgel J., *Creatività e perversione* (1985), Raffaello Cortina, Milano 1987.

–, *I due alberi del giardino. Saggi psicoanalitici sul ruolo del padre e della madre nel sistema psichico* (1988), Feltrinelli, Milano 1991.

De Martis D., Kluzer Usuelli A., Masciangelo P. M., *La perversione*, in A. A. Semi (a cura di), *Trattato di psicoanalisi*, vol. II: *Clinica*, Raffaello Cortina, Milano 1988-1989, pp. 255-370.
De Masi F., *La perversione sado-masochista. L'oggetto e le teorie*, Bollati Boringhieri, Torino 1999.
DSM-5. American Psychiatric Association (APA), *DSM-5. Manuale diagnostico e statistico dei disturbi mentali* (2013), Raffaello Cortina, Milano 2014.
Fogel G. I., Myers A., *Perversioni e quasi-perversioni nella pratica clinica* (1991), Il Pensiero Scientifico, Roma 1994.
Freud S., *Le mie opinioni sul ruolo della sessualità nell'etiologia delle nevrosi* (1905a), in *Opere* (1967-1993), Bollati Boringhieri, Torino, vol. V.
–, *Tre saggi sulla teoria sessuale* (1905b), in *Opere*, cit., vol. IV.
Goldberg A., *Perversione e perversioni* (1995), Bollati Boringhieri, Torino 1998.
Jervis G., *Perversione*, in Id., *Manuale critico di psichiatria*, Feltrinelli, Milano 1975.
Joseph B., *Equilibrio e cambiamento psichico* (1989), Raffaello Cortina, Milano 1991.
Kernberg O. F., *Aggressività, disturbi della personalità e perversioni* (1992), Raffaello Cortina, Milano 1993.
Khan M. M. R., *Le figure della perversione* (1979), Bollati Boringhieri, Torino 1982.
Krafft-Ebing R. von, *Psychopathia sexualis* (1886), Edizioni Mediterranee, Roma 1975.
Lorand S., Balint M. (a cura di), *Perversioni sessuali. Psicodinamica e terapia* (1956), Feltrinelli, Milano 1965.
McDougall J., *A favore di una certa anormalità* (1978), Borla, Roma 1993.
Meltzer D., *Stati sessuali della mente* (1973), Armando, Roma 1975.
Nardone G., Cagnoni F., *Perversioni in rete. Le psicopatologie da internet e il loro trattamento*, Ponte alle Grazie, Milano 2002.
Rosen I., *Le deviazioni sessuali*, Bompiani, Milano 1968.
Ruitenbeek H. M., *La psicoterapia delle perversioni* (1967), Astrolabio, Roma 1968.
Stoller R. J., *Perversione. La forma erotica dell'odio* (1975), Feltrinelli, Milano 1978.
–, *La perversion et le désir de faire mal*, in "Nouvelle Revue de Psychoanalyse", 1984, n. 29, pp. 147-172.

Pessimismo (ingl. *Pessimism*; ted. *Pessimismus*; fr. *Pessimisme*; sp. *Pesimismo*). Tendenza a credere, in opposizione all'OTTIMISMO (v.), che nel mondo il male prevalga sul bene e che ogni esistenza sia in generale dolore o, come scrive Arthur Schopenhauer, «volontà di vita che dilania e tormenta se stessa» (1819, p. 349). Ciò avverrebbe, come spiega Karl Robert Eduard von Hartmann, «per una sorta di principio inconscio che, diventando progressivamente consapevole, distrugge le illusioni che reggono il mondo» (1869, p. 85). Secondo la psicoanalisi l'atteggiamento pessimista deriva da una deprivazione infantile (v. PRIVAZIONE, § 3) e in particolare da uno svezzamento precoce, da cui matura una personalità con tratti depressivi tendente alla sopravvalutazione degli ostacoli e delle difficoltà (v. ABBANDONO, SINDROME DI).

Bibliografia

Hartmann K. R. E. von, *Philosophie des Unbewussten*, Duncker, Berlin 1869.
Schopenhauer A., *Il mondo come volontà e rappresentazione* (1819), Laterza, Bari 1978.
Spitz R. Á., *Il primo anno di vita del bambino* (1958), Editrice Universitaria, Firenze 1962.
Winnicott D. W., *Il bambino deprivato* (1984, edito postumo), Raffaello Cortina, Milano 1986.

PET (*Tomografia a Emissione di Positroni*), v. DIAGNOSI, § 5, B, c.

Petting. Termine inglese che si riferisce ai giochi erotici che fanno da preliminari (v. PIACERE, § 3) ai rapporti sessuali veri e propri.

PHI, Fenomeno, v. PERCEZIONE, § 6, *a*.

Piacere (ingl. *Pleasure*; ted. *Lust*; fr. *Plaisir*; sp. *Placer*). Esperienza di benessere puntuale e transitoria che prende avvio dalla soppressione del dolore o dispiacere. Piacere e dispiacere costituiscono i princìpi regolatori di base della vita psichica. A questo proposito i contributi più significativi sono stati offerti dalla psicoanalisi che ha parlato del piacere in diverse accezioni.

1. PRINCIPIO DI PIACERE. L'idea di fondare sul piacere il principio di regolazione dell'attività psichica è stata proposta da Gustav Theodor Fechner che ha enunciato il "principio di piacere dell'azione" da intendersi non come finalità perseguita dall'azione umana come prevedono le teorie edonistiche, ma come effetto della rappresentazione dell'azione da compiere e delle sue conseguenze. Partendo da queste premesse, Sigmund Freud definisce principio di piacere la riduzione della quantità di eccitazione, e *dispiacere* l'aumento di tale quantità. Come principio economico volto alla riduzione della tensione, il principio di piacere ha relazione: *a*) con il *principio di costanza*, già formulato da Fechner come "principio di stabilità" e poi ripreso da Walter Bradford Cannon che lo ha riformulato nel più ampio concetto di OMEOSTASI (v.), dove sotteso è il principio secondo cui «l'apparato psichico si sforza di mantenere più bassa possibile, o quanto meno costante, la quantità di eccitamento presente nell'apparato stesso» (1932, p. 185; v. COSTANZA, § 2); *b*) con il *principio del Nirvana* (v. NIRVANA, PRINCIPIO DEL), che Freud riformula come figura della pulsione di morte, in quanto questo principio prevede la riduzione a zero della tensione: «L'aver riconosciuto come tendenza dominante della vita psichica, e forse della vita nervosa in genere, lo sforzo che si esprime nel principio di piacere, sforzo inteso a ridurre, a mantenere costante, a

eliminare la tensione interna provocata dagli stimoli (il "principio del Nirvana"), è in effetti uno dei più forti motivi che ci inducono a credere nell'esistenza delle pulsioni di morte» (1920, p. 241).

Il principio di piacere è pensato da Freud in opposizione al *principio di realtà* (v. REALTÀ, § 3) nel senso che dapprima le pulsioni tendono a una scarica immediata e, se questa è impossibile, allucinando nel sogno o nella fantasia l'esaudimento del desiderio (v. SOGLIA); in seguito, sperimentando la realtà, imparerebbero a conseguire un soddisfacimento procrastinato nel tempo con un comportamento meno allucinatorio e più adattivo.

Carl Gustav Jung ritiene che il principio di piacere formulato da Freud sia riduttivo, unilaterale e insufficiente per spiegare da solo la dinamica psichica, e a questo proposito scrive: «Freud si fonda, con fanatismo individuale, sulla sessualità, sull'avidità di desiderio, in una parola sul "principio di piacere". Tutto verte intorno alla questione se si possa o meno agire come si desidera. "Rimozione", "sublimazione", "regressione", "narcisismo", "incesto", "soddisfacimento del desiderio" ecc. sono tutti concetti e idee che si riferiscono al dramma del "principio di piacere". Parrebbe quasi che in questa teoria l'avidità del desiderio insita nella natura umana assurga a cardine della sua psicologia» (1934, p. 230). Da queste considerazioni, il giudizio di Jung: «Il fondamentale principio esplicativo freudiano, il "principio di piacere" e dell'appagamento di questo piacere, è, come ha dimostrato l'ulteriore ricerca, unilaterale e quindi insufficiente. Non tutti possono essere spiegati sotto questa angolatura. Senza dubbio un tale principio agisce in tutti, ma non sempre esso è il fattore principale» (1929, p. 75).

2. PIACERE D'ORGANO E PIACERE DI FUNZIONE. È una dicotomia introdotta da Freud per spiegare la sessualità infantile, dove il piacere propriamente sessuale dapprima è appoggiato (v. ANACLISI, § 1) al piacere di una funzione, come per esempio il piacere dell'alimentazione, e poi da questa si autonomizza come ricerca del piacere d'organo, nel nostro esempio della zona erogena buccolabiale, indipendentemente dal bisogno di alimentazione. Nel piacere d'organo, la pulsione parziale trova soddisfacimento nel luogo stesso in cui si realizza indipendentemente dal soddisfacimento di altre zone. In questo senso, scrive Freud, «per caratterizzare in forma generale le pulsioni sessuali, si può enunciare quanto segue: esse sono molteplici, traggono origine da svariate fonti organiche, si comportano dapprima con reciproca autonomia e soltanto in seguito pervengono contemporaneamente a una sintesi più o meno completa. La meta, cui mira ciascuna di queste pulsioni, è il conseguimento del "piacere d'organo", e soltanto dopo che è stata raggiunta la loro sintesi, esse si pongono al servizio della *funzione riproduttiva*, diventando con ciò universalmente riconoscibili come pulsioni sessuali» (1915, p. 21). Il concetto di piacere di funzione viene oggi esteso anche all'esercizio delle proprie capacità e lo si suppone alla base delle successive ripetizioni che si osservano soprattutto nei bambini.

3. PIACERE PRELIMINARE E PIACERE TERMINALE. Sono denominazioni che Freud introduce per distinguere il piacere associato alla tensione crescente (piacere preliminare) e il piacere associato all'effetto di scarica (piacere terminale). Il piacere d'organo in cui si conclude la sessualità infantile diventa preliminare nella sessualità adulta, dove adempie alla "nuova funzione" che non è più quella di scaricare l'eccitamento, ma di creare una tensione sufficiente per rendere possibile il raggiungimento della soddisfazione genitale. Infatti, scrive Freud, «sulla via della copula vi sono certe relazioni intermedie con l'oggetto sessuale, come il toccamento e la contemplazione del medesimo, che sono riconoscibili come mete sessuali provvisorie. Queste operazioni sono da un lato collegate esse stesse al piacere, dall'altro aumentano l'eccitamento, che deve durare fino a che venga raggiunta la meta sessuale definitiva» (1905, pp. 463-464). L'arresto al piacere preliminare, o l'eccessivo indugio, è considerato da Freud PERVERSIONE (v.): «Le perversioni sono: *a*) o prevaricazioni anatomiche delle regioni del corpo destinate all'unione sessuale, o *b*) indugi in relazioni intermedie con l'oggetto sessuale, che normalmente debbono essere rapidamente sorpassate sulla via della meta sessuale finale» (ivi, p. 464).

Bibliografia

Abraham G., Marrama P., Carani C., Gaillard J. M., *Psiconeuroendocrinologia del piacere* (1985), Masson, Milano 1986.

Cannon W. B., *La saggezza del corpo* (1932), Bompiani, Milano 1956.

Fechner G. Th., *Über das Lustprinzip des Handelns*, in "Zeitschrift für Philosophie und philosophische Kritik", 1848.

Foucault M., *Storia della sessualità*, vol. I: *La volontà di sapere* (1976), vol. II: *L'uso dei piaceri* (1984), vol. III: *La cura di sé* (1984), Feltrinelli, Milano 1978-1985.

Freud S., *Progetto di una psicologia* (1895), in *Opere* (1967-1993), Bollati Boringhieri, Torino, vol. II.

–, *Tre saggi sulla teoria sessuale* (1905), in *Opere*, cit., vol. IV.

–, *Pulsioni e loro destini*, in *Metapsicologia* (1915), in *Opere*, cit., vol. VIII.

–, *Al di là del principio di piacere* (1920), in *Opere*, cit., vol. IX.

Jung C. G., *I problemi della psicoterapia moderna* (1929), in *Opere* (1969-2007), Bollati Boringhieri, Torino, vol. XVI.

–, *Situazione attuale della psicoterapia* (1934), in *Opere*, cit., vol. X, 1.

Masters W. H., Johnson V. E., *Il legame del piacere* (1974), Feltrinelli, Milano 1975.
McIntosh D., *The economy of desire. Psychic energy as a purely psychological concept*, in "Psychoanalysis and Contemporary Thought", 1986, 9, 3.
Onfray M., *L'invenzione del piacere. Aristippo e i Cirenaici* (2002), Ponte alle Grazie, Milano 2014.
–, *La cura dei piaceri. Costruzione di un'erotica solare* (2008), Salani Editore, Milano 2009.
Sissa G., *Il piacere e il male. Sesso, droga e filosofia* (1997), Feltrinelli, Milano 1999.

Pianto (ingl. *Tears*; ted. *Weinen*; fr. *Larmes*; sp. *Llanto*). Comportamento espressivo caratterizzato da secrezione lacrimale, modificazione della respirazione e compartecipazione di tutto il corpo che esprime, come il RISO (v.), una reazione emotiva tesa a scaricare tensione. In proposito Karl Jaspers scrive che «il riso e il pianto sono piccole catastrofi della vita corporea, nelle quali questa, essendo senza via d'uscita, in un certo senso si disorganizza. Questa disorganizzazione è anche un simbolo, come vi è del simbolismo in ogni mimica, ma nel riso e nel pianto essa non è trasparente, perché entrambe le risposte sono al limite. Il riso e il pianto esistono solo nell'uomo, e non negli animali, e sono quindi assolutamente umani» (1913-1959, p. 295). Dal punto di vista psicoanalitico l'attacco asmatico sarebbe una trasformazione del pianto a cui il soggetto ha rinunciato.

Bibliografia

AA.VV., *Ridere Piangere Gridare*, in P. F. Galli (a cura di), *Osservazione psicoanalitica*, Bollati Boringhieri, Torino 1992-1996, vol. XX.
Jaspers K., *Psicopatologia generale* (1913-1959), Il Pensiero Scientifico, Roma 2000.
Plessner H., *Il riso e il pianto. Una ricerca sui limiti del comportamento umano* (1941), Bompiani, Milano 2000.

Pianto del gatto, Sindrome del, v. GENETICA, § 2.

Picacismo (ingl. *Picacism*; ted. *Pikacismus*; fr. *Picacisme*; sp. *Pica*). Il termine, che deriva dal latino *pica*, gazza, che è un volatile onnivoro, è riferito al comportamento dei bambini che nel primo anno di vita tendono a trattare come commestibile qualsiasi oggetto. Il protrarsi di questo comportamento è frequente in bambini ritardati, o che vivono in ambienti indigenti con gravi deprivazioni e carenze. Nell'adulto il picacismo è indizio di un atteggiamento regressivo e ricorre con una certa frequenza nelle condotte degli schizofrenici.

Piccolo male, v. EPILESSIA.

Pick, Malattia di, v. DEMENZA, § IV, 2.

Pickwick, Sindrome di (ingl. *Pickwickian syndrome*; ted. *Pickwick-Syndrom*; fr. *Syndrome de Pickwick*; sp. *Síndrome de Pickwick*). Attacco improvviso di sonno con contrazioni muscolari e arresto respiratorio in soggetti obesi. Le crisi, che si ritengono conseguenti a ipersensibilità dei centri respiratori, regrediscono con la perdita di peso. Questa sindrome fu individuata dal medico William Osler che la battezzò "Sindrome di Pickwick" dal romanzo di Charles Dickens, *Il circolo Pickwick* del 1837, dove c'è la descrizione di Joe, il ragazzo grasso affetto da OSAS (Sindrome delle apnee-ipopnee ostruttive durante il sonno).

Bibliografia

Bonsignore G., Bellia V., *Malattie dell'apparato respiratorio* (1995), McGraw-Hill, Milano 2006.

Picnico, v. TIPOLOGIA, § 1, *b*.

Picnolessia (ingl. *Pycnolepsy*; ted. *Pyknolepsie*; fr. *Pycnolepsie*; sp. *Picnolepsia*). Interruzione frequente, ma breve, della coscienza che alcuni considerano unitamente all'epilessia (assenze, piccolo male), mentre altri la classificano come disturbo isterico. La malattia, che si manifesta soprattutto nei bambini, ha un decorso monotono, senza deterioramento intellettuale, con prognosi perlopiù favorevole.

Pietà, v. COMPASSIONE.

Pigmalionismo (ingl. *Pygmalionism*; ted. *Pygmalionismus*; fr. *Pygmalionisme*; sp. *Pigmalionismo*). Tendenza a innamorarsi delle proprie creazioni come accadde a Pigmalione, mitico re di Cipro che, dopo essersi innamorato di una statua di Venere da lui stesso scolpita, volle sposarla. Il termine viene adottato per indicare la tendenza inconscia del terapeuta a plasmare il proprio paziente, mantenendolo in uno stato di dipendenza, per evitare la separazione conseguente al processo di crescita e di progressiva autonomia.

Pigrizia (ingl. *Laziness*; ted. *Faulheit*; fr. *Paresse*; sp. *Pereza*). Disturbo della volontà che si manifesta nella propensione a non affrontare attività che richiedono sforzo e impegno. Quando le cause non sono da attribuirsi a qualche disturbo organico, come l'ipotiroidismo, l'insufficienza surrenale e l'adenoidismo, la pigrizia può essere indizio di conflitti psichici che rinviano a carenze affettive o a incomprensioni parentali che generano avvilimento, apatia e inerzia.

Pineale, Ghiandola, v. ENDOCRINO, SISTEMA, § 7.

Piombo, Intossicazione da (ingl. *Lead poisoning*; ted. *Bleivergiftung*; fr. *Intoxication par le plomb*; sp. *Intoxicación por plomo*). Detta anche *saturnismo*, è un'intossicazione dovuta a protratto assorbimento di piccole quantità di piombo. Può essere acuta o subacuta, per ingestione accidentale, ma più frequentemente cronica. Il piombo assorbito viene in parte depositato in vari organi, in parte eliminato, in parte rimane nel sangue. È quest'ultimo il responsabile delle manifestazioni tossiche che interessano diversi distretti corporei come la muscolatura liscia, i vasi, il sistema emopoietico e il sistema nervoso. L'encefalopatia cronica che ne può derivare si manifesta con cefalea, insonnia, depressione, amnesia e paralisi, mentre quella acuta presenta una sindrome delirante ed è spesso mortale.

Piramidale, Sistema (ingl. *Pyramidal system*; ted. *Pyramidales System*; fr. *Système pyramidal*; sp. *Sistema piramidal*). Sistema di fibre motrici che originano da neuroni (v. NEURONE) dell'area motoria situati nella corteccia della circonvoluzione precentrale e delle aree vicine che si dirigono, attraverso il peduncolo cerebrale, la base del ponte, la piramide del bulbo (dove l'85% delle fibre si incrocia), ai vari segmenti del midollo spinale. Qui si connettono, direttamente o tramite piccoli interneuroni, con i motoneuroni controlaterali delle corna anteriori, in modo tale da controllare la motricità del lato del corpo opposto rispetto all'emisfero cerebrale d'origine. Le fibre piramidali (o fasci corticospinali laterale e anteriore) conducono gli impulsi destinati a realizzare i movimenti volontari dei vari muscoli scheletrici. Nella rappresentazione topografica corticale dei vari distretti muscolari le parti caudali dell'organismo sono localizzate nella porzione superiore dell'area motoria, quelle cefaliche in quella inferiore. Esiste una correlazione diretta fra l'estensione dell'area corticale interessata e le parti del corpo con maggiore (la mano) o minore (il tronco) complessità di movimenti. Le lesioni dell'area motoria compromettono la motilità volontaria del lato opposto del corpo.

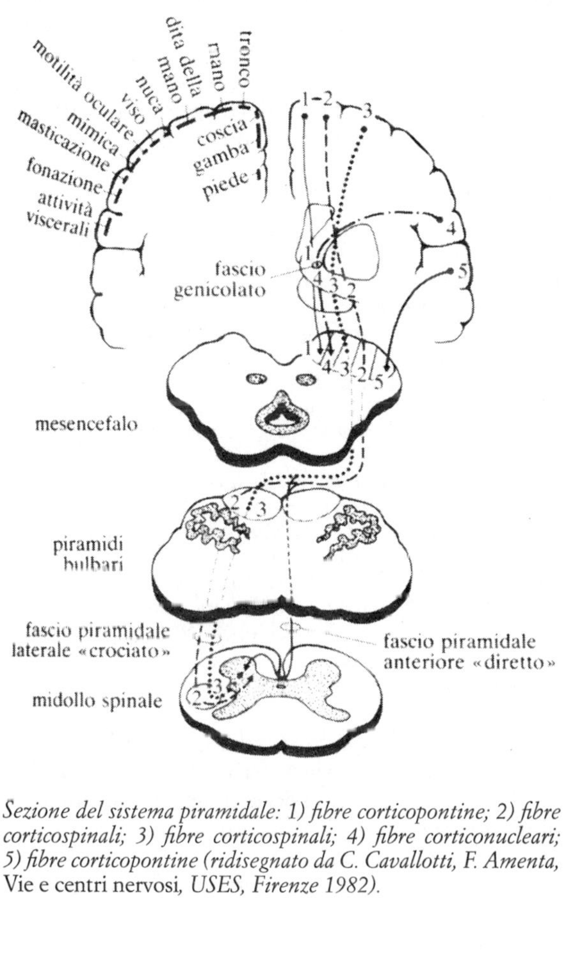

Sezione del sistema piramidale: 1) fibre corticopontine; 2) fibre corticospinali; 3) fibre corticospinali; 4) fibre corticonucleari; 5) fibre corticopontine (ridisegnato da C. Cavallotti, F. Amenta, Vie e centri nervosi, *USES, Firenze 1982).*

Piromania (ingl. *Pyromania*; ted. *Pyromanie*; fr. *Pyromanie*; sp. *Piromanía*). Impulso patologico ad appiccare fuoco in cui sono leggibili, secondo Otto Fenichel, «intense esigenze sadiche che governano la vita sessuale, dove la forza distruttiva del fuoco simbolizza l'intensità del bisogno sessuale. I pazienti sono pieni di impulsi vendicativi, i quali devono la loro forma specifica alla fissazione uretrale» (1945, p. 417). Il rapporto tra piromania e fissazione uretrale si basa sull'ipotesi di Sigmund Freud secondo cui il piromane è mosso dalla fantasia di spegnere il fuoco con il proprio getto di urina. Il DSM-5 inscrive la piromania nei comportamenti antisociali perché il piromane, pervaso da una tensione e un'eccitazione emotiva prima dell'atto, è attratto e affascinato dal fuoco e assiste al suo espandersi con assoluta indifferenza per le conseguenze anche devastanti e mortali che l'incendio può provocare.

Bibliografia

DSM-5. American Psychiatric Association (APA), *DSM-5. Manuale diagnostico e statistico dei disturbi mentali* (2013), Raffaello Cortina, Milano 2014, pp. 557-559.

Fenichel O., *Trattato di psicoanalisi delle nevrosi e delle psicosi* (1945), Astrolabio, Roma 1951.

Freud S., *Tre saggi sulla teoria sessuale* (1905), in *Opere* (1967-1993), Bollati Boringhieri, Torino, vol. IV.

Pitiatismo (ingl. *Pithiatism*; ted. *Pithiatismus*; fr. *Pithiatisme*; sp. *Pitiatismo*). Metodo terapeutico ideato da Joseph Babinski, neurologo francese allievo di Jean-Martin Charcot, che distinse con precisione i fenomeni isterici da quelli neurologico-organici, attribuendo i primi a effetti prodotti da autosuggestione e, in quanto tali, curabili con interventi suggestivi (v. SUGGESTIONE).

Bibliografia

Babinski J., *My conception of hysteria and hypnotism (pithiatism)*, in "The Alienist and Neurologist", 1908, n. 1.

Pittura (ingl. *Painting*; ted. *Malerei*; fr. *Peinture*; sp. *Pintura*). Mezzo espressivo valorizzato da Carl Gustav Jung per la rappresentazione di immagini interiori derivate da sogni, immaginazioni o fantasie che consentono al soggetto, tramite la produzione pittorica, di oggettivare le figure del proprio inconscio e di prendere una certa distanza dalla propria condizione psichica. Aiutando i contenuti inconsci ad assumere un'espressione, se ne facilita la presa di coscienza, e di conseguenza la relazione tra l'Io e l'inconscio che, per Jung, è la condizione essenziale di ogni equilibrio psichico.

Oltre che per questa sua dimensione terapeutica, la pittura è utilizzata anche in campo diagnostico come test proiettivo per lo studio delle differenze individuali in relazione a situazioni di frustrazione (*Picture Frustration Test*; v. ROSENZWEIG, TEST DI) o ai tratti del proprio carattere in base alla scelta dei quadri preferiti tra i 20 sottoposti (*Picture Story Test*). Per lo studio sistematico delle dinamiche della personalità, Gerald S. Blum ha elaborato il *Blacky Pictures* che è un test proiettivo per adulti, applicabile anche ai bambini, composto da 11 vignette che richiamano in maniera esplicita una situazione dello sviluppo psicosessuale come l'erotismo orale, il sadismo anale, l'intensità edipica, la rivalità fraterna ecc. La tecnica del test prevede quattro momenti: commento alla vignetta, risposte a quesiti prefissati, scelta delle preferenze tra vignetta simpatica e antipatica, giustificazione dei motivi della scelta. Dall'esame complessivo del protocollo si evidenziano gli aspetti più significativi della personalità da un punto di vista psicodinamico.

Bibliografia

Blum G. S., *Le Blacky Pictures. Una tecnica per l'esplorazione delle dinamiche di personalità* (1965), Organizzazioni Speciali (O. S.), Firenze 1971.

Jung C. G., *Empiria del processo d'individuazione* (1934-1950), in *Opere* (1969-2007), Bollati Boringhieri, Torino, vol. IX, 1.

Selg H., *Diagnostik der Aggressivität*, Hogrefe, Göttingen 1968.

Symonds P. M., *Symonds' picture story test*, Teachers College Press, Columbia University, New York, 1948.

Placca motrice, v. SINAPSI.

Placebo. Sostanza farmacologicamente inattiva somministrata per rafforzare le aspettative favorevoli riposte dal paziente nel trattamento, che si giova di elementi suggestivi e componenti simboliche connesse al farmaco o alla figura del medico. Impiegato per "compiacere più che per curare il paziente", come recitano i Dizionari del XVIII secolo, il placebo avrebbe come alternativa il non-trattamento, ma, come osserva Egidio Aldo Moja, «il "non trattare" i pazienti non è atto neutro; l'intervento medico, a parte le variabili biologiche che introduce, costituisce sempre anche un messaggio che viene a modificare, spesso marginalmente, ma a volte in modo marcato, il decorso naturale della malattia in modo depressivo ("non si cura di me"), oppure ansioso ("forse questa volta non è chiara l'origine del mio dolore"), in modo aggressivo ("sottovaluta il mio dolore") o, ancora, rassicurante ("non ho nulla di grave")» (1990, p. 14).

Il placebo è usato anche a scopo di controllo nel corso di ricerche sui farmaci per verificare gli effetti della loro somministrazione attraverso il confronto tra un gruppo trattato con il farmaco e un gruppo trattato, a insaputa del medico e del paziente, con una sostanza inattiva. L'effetto della somministrazione, oltre a verificare l'efficacia del farmaco, consente anche di evidenziare i cosiddetti *reattori al placebo*, cioè quei soggetti che, reagendo positivamente alla somministrazione della sostanza inattiva, rivelano tratti marcati di suggestionabilità e di acquiescenza (v. SUGGESTIONE). Quando invece la suggestione produce una risposta negativa dell'organismo si usa l'espressione "effetto nocebo".

Bibliografia

Fisher S., *The placebo reactor*, in "Journal of Central Nervous System Disease", 1967, n. 28.

Kissel P., Barrucand D., *Placebos et effet placebo en médecine*, Masson, Paris 1964.

Moja E. A., *Le ragioni del placebo*, in "Tabloid", 1990, n. 7, pp. 10-15.

Pancheri L., Brugnoli R., *Effetto placebo e fattori terapeutici*, in G. B. Cassano, P. Pancheri *et al.* (a cura di), *Trattato italiano di psichiatria* (1992), Masson, Milano 1999, vol. III, pp. 3167-3200.

Soresi E., *L'effetto placebo*, in Id., *Il cervello anarchico*, Utet, Torino 2005, pp. 92-117.

–, *L'effetto placebo*, in Id., *Mitocondrio mon amour*, Utet-De Agostini, Novara 2015, pp. 177-184.

Steinbook R. M., Jones M. B., Ainslie J. D., *Suggestibility and the placebo response*, in "The Journal of Nervous and Mental Disease", 1965, n. 14, pp. 87-91.

Placenta, v. ENDOCRINO, SISTEMA, § 6, *c*.

Plagio (ingl. *Plagiarism*; ted. *Plagiat*; fr. *Plagiat*; sp. *Plagio*). Termine giuridico derivato dal diritto romano che con questa espressione designava la riduzione di un libero in stato di schiavitù. In psicologia il termine ricorre in due accezioni: *a*) in riferimento a chi riduce una persona in uno stato di totale soggezione al proprio potere; *b*) in riferimento al *plagiarismo inconscio* che può essere definito alla stregua di una rievocazione senza riconoscimento, come nel caso di musicisti o scrittori che, senza rendersene conto, adottano temi di altri musicisti o scrittori precedentemente ascoltati o letti (v. MEMORIA, § 8, *a*). Nella prima accezione del termine, non è da escludere una componente di plagio nei rapporti transferali (v. TRANSFERT, §§ 1-3) che si verificano nelle relazioni psicoterapiche.

Plasticità (ingl. *Plasticity*; ted. *Plastizität*; fr. *Plasticité*; sp. *Plasticidad*). Il termine si riferisce:

1. *Nella sua accezione più ampia* alla capacità di un organismo di compiere trasformazioni in vista di un adattamento sempre migliore alle condizioni d'esistenza. E questo: *a*) a livello *fisiologico* per la riorganizzazione delle connessioni nervose in presenza di mutamenti traumatici e non, che hanno un significato funzionale per l'organismo (v. MEMORIA, § 1); *b*) a livello *psicologico* come capacità di trasformazione in base alle nuove condizioni che si presentano nel corso della crescita e dello sviluppo interiore; *c*) a livello *cognitivo* come capacità di ristrutturazione dell'intelligenza e delle procedure cognitive in occasione di mutamenti del campo esperienziale; *d*) a livello *libidico* come capacità della pulsione di cambiare oggetto o modo di soddisfacimento (v. LIBIDO, § 1, *c*). La plasticità è variabile da individuo a individuo e favorisce le condizioni di adattamento e di crescita.

2. *Nella sua accezione più specifica* il termine si riferisce alla *plasticità neuronale*, ossia alla capacità del sistema nervoso centrale di cambiare temporaneamente o permanentemente, a livello di neuroni e di circuiti nervosi, le proprie caratteristiche biochimiche, fisiologiche e morfologiche, modificando in tal modo la propria organizzazione funzionale e strutturale in seguito a stimoli ambientali di diversa natura, a nuove condizioni che insorgono nel corso dello sviluppo, in risposta a eventi dannosi di qualsiasi natura (traumatica, vascolare, neoplastica, infettiva, degenerativa, infiammatoria o metabolica). Le potenzialità plastiche del sistema nervoso sono massime nei cosiddetti "periodi critici", così definiti dall'anatomico Charles Rupert Stockard, che caratterizzano il sistema nervoso nelle sue fasi di maturazione, a compimento della quale diventa refrattario alle influenze dell'esperienza, mentre i meccanismi della plasticità neuronale diventano meno efficienti. Detti periodi critici, in cui la plasticità del sistema nervoso è massima, sono stati segnalati anche da Sigmund Freud a proposito del primo anno di vita del bambino, e, a suo parere, sono di fondamentale importanza per l'intera vita futura (come già aveva anticipato il poeta romantico William Wordsworth con la sua espressione divenuta famosa: "Il bambino è il padre dell'uomo"), e da Konrad Lorenz secondo il quale esiste una particolare finestra temporale molto ristretta per l'acquisizione di quel particolare apprendimento, da lui chiamato "impronta" (v. IMPRINTING), essenziale per l'acquisizione di un comportamento normale.

Recenti studi hanno dimostrato che anche il cervello adulto ha capacità di recupero e riorganizzazione corticale dovunque c'è apprendimento ed esposizione a nuovi stimoli, mentre nella persona anziana, che fa tesoro della propria esperienza e non si sottrae alle sollecitazioni ambientali, la perdita di neuroni viene compensata da un aumento delle connessioni e delle sinapsi dei neuroni rimanenti, soprattutto nel lobo frontale, da cui dipendono la pianificazione delle azioni, la motivazione e la decisione.

Gerald Maurice Edelman, a partire dalla sua teoria del *darwinismo neuronale* (v. DARWINISMO, § 2), sostiene che nel cervello i neuroni sottostanno a una selezione darwiniana che comincia alla nascita, dove si assiste alla morte dei neuroni ridondanti per un mantenimento dei più adatti, che giungono a maturazione se rafforzati da stimolazioni ambientali, mentre quelli non stimolati degenerano o perdono i contatti con gli altri neuroni. Ne sono prova gli esperimenti compiuti su animali i quali, se al momento della nascita sono sottoposti per 6 mesi alla bendatura di un occhio, da quell'occhio perdono la vista, mentre studi condotti sull'uomo, attraverso tecniche non invasive, hanno dimostrato per esempio che la mano del violinista che preme sulle corde del violino ha, a livello corticale, una rappresentazione più ampia di quella corrispondente alla mano non impegnata; allo stesso modo la mappa corticale relativa alle dita di coloro che leggono attraverso la scrittura Braille è diversa da quella di chi non impiega la mano in quella scrittura. La plasticità del cervello si rivela anche nel recupero parziale o totale delle funzioni danneggiate a seguito di lesioni al sistema nervoso, come nel caso dell'ictus, dopo il quale, se l'area colpita non è troppo estesa, è possibile un recupero attraverso l'esercizio che impegna aree cerebrali adiacenti a quella danneggiata, mentre il recupero è impossibile per le malattie degenerative come il morbo di Parkinson (v. PARKINSON, MORBO DI) o la corea di Huntington (v. COREA, § 1).

3. *Neurogenesi.* Sempre in ordine alla plasticità neuronale studi recenti, condotti da Joseph Altman, Gopal D. Das e Fred H. Gage, hanno dimostrato che esiste una neurogenesi nell'adulto, soprattutto in due regioni encefaliche: il bulbo olfattivo e il giro dentato dell'ippocampo. Circa l'origine di questi precursori neuronali si suppone che derivino da cellule staminali. Siccome però detta neurogenesi nel cervello (v. ENCEFALO,

§ 3, b) è molto limitata, non è sufficiente per la riparazione di gravi infermità.

Bibliografia

Altman J., *Das GD. Autoradiographic and histological evidence of postnatal hippocampal neurogenesis in rats*, in "The Journal of Comparative Neurology", 1965, n. 124, pp. 319-336.
Edelman G. M., *Darwinismo neurale. La teoria della selezione dei gruppi neuronali* (1987), Einaudi, Torino 1995.
Freud S., *Introduzione alla psicoanalisi. Nuova serie di lezioni* (1932), in *Opere* (1967-1993), Bollati Boringhieri, Torino, vol. XI.
Gage F. H., *Brain, repair yourself*, in "Scientific American", 2003, n. 289, pp. 46-53.
Hollis M., *Models of man. Philosophical thoughts on social action*, Cambridge University Press, New York 1977.
Lorenz K., *L'anello di re Salomone* (1949), Adelphi, Milano 1967.
Stockard Ch. R., *The physical basis of personality*, Norton, New York 1931.
Wordsworth W., *Arcobaleno*, in *Poesie scelte*, Rubbettino, Soveria Mannelli 1999.

Pleroma (ingl. *Pleroma*; ted. *Pleroma*; fr. *Plérôme*; sp. *Pleroma*). Termine ricorrente nella letteratura gnostica dove è impiegato per indicare la pienezza dell'essere divino che, nella sua onnicomprensività, racchiude in sé tutte le sue emanazioni. Carl Gustav Jung adotta questo concetto come espressione simbolica del Sé dove gli opposti che la vita psichica dispiega sono raccolti e composti (v. PSICOLOGIA ANALITICA, § 4).

Bibliografia

Jonas H., *Lo gnosticismo* (1934-1954), SEI, Torino 1973.
Jung C. G., *Aion. Ricerche sul simbolismo del Sé* (1951), in *Opere* (1969-2007), Bollati Boringhieri, Torino, vol. IX, 2.

Poggendorff, Illusione di, v. ILLUSIONE, § 4, *q*.

Polarità, v. OPPOSTI, § 1, *b*.

Polarizzazione, v. GRUPPO, § II, 4.

Poliandria, v. MONOGAMIA.

Polideterminazione, v. SOVRADETERMINAZIONE.

Poligamia, v. MONOGAMIA.

Polimorfia (ingl. *Polymorphy*; ted. *Polymorphie*; fr. *Polymorphie*; sp. *Polimorfa*). Tratto tipico della sessualità infantile dove le pulsioni parziali sono legate alle singole zone erogene da cui la sessualità dovrebbe emanciparsi, con il progressivo sviluppo della libido, per acquistare quella "forma" che nella fase genitale si esprime nell'attività eterosessuale in vista della riproduzione (v. GENITALE, § 2). Il permanere nell'età adulta di una sessualità polimorfa è per Sigmund Freud all'origine delle varie forme di PERVERSIONE (v.), e a questo proposito scrive: «Nei *Tre saggi sulla teoria sessuale* ho svolto il concetto che l'organizzazione sessuale costituzionale del bambino è assai più complessa di quanto ci si potrebbe attendere, che essa merita di essere definita "perversa polimorfa", e che da questa disposizione, attraverso la rimozione di determinate componenti, deriva il cosiddetto comportamento normale della funzione sessuale. Sono così riuscito a stabilire, mediante il riferimento ai caratteri infantili della sessualità, un semplice nesso tra la salute, la perversione e la nevrosi. La *normalità* risulta dalla rimozione di certe pulsioni parziali e di componenti della disposizione naturale infantile e dalla subordinazione delle rimanenti sotto il primato della zona genitale in servizio della funzione riproduttiva; le *perversioni* corrispondono a disturbi in questo processo di unificazione provocati dal prepotente e coattivo sviluppo di alcune di queste pulsioni parziali; e la *nevrosi* si riferisce a una troppo estesa rimozione delle tendenze libidiche» (1905a, pp. 222-223).

Bibliografia

Freud S., *Le mie opinioni sul ruolo della sessualità nell'etiologia delle nevrosi* (1905a), in *Opere* (1967-1993), Bollati Boringhieri, Torino, vol. V.
–, *Tre saggi sulla teoria sessuale* (1905b), in *Opere*, cit., vol. IV.

Polinevritica, Psicosi, v. ALCOLISMO, § 7, *b*.

Poliopia, v. DIPLOPIA.

Politica, v. PSICOLOGIA POLITICA.

Polluzione (ingl. *Pollution*; ted. *Pollution*; fr. *Pollution*; sp. *Polución*). Emissione involontaria del liquido seminale accumulato nelle ampolle dei canali deferenti e nelle vescicole seminali che si verifica spontaneamente in soggetti che non praticano una costante attività sessuale coitale o masturbatoria. Si distinguono una polluzione *diurna* o *spermatorrea* con periodico ripetersi del fenomeno durante il giorno (senza erezione o orgasmo) e una polluzione *notturna* che svolge una funzione compensatrice a un'attività sessuale carente.

Ponzo, Illusione di, v. ILLUSIONE, § 4, *r*.

Popolazione, v. STATISTICA, § II, 1.

Popolazioni, Genetica delle, v. GENETICA, § 5.

Popoli, Psicologia dei, v. PSICOLOGIA TRANSCULTURALE; ANTROPOLOGIA, §§ 5-7.

Poriomania, v. DROMOMANIA.

Pornografia (ingl. *Pornography*; ted. *Pornographie*; fr. *Pornographie*; sp. *Pornografía*). Trattazione o raffigurazione di situazioni erotiche dove la sessualità è centripeta e non centrifuga, ossia non rinvia ad altri sensi e ad altri significati che non siano la pura e semplice riproposizione di se stessa. Nella pornografia la sessualità emerge come unico tema, rendendo a sé funzionali o addirittura annullando soggettività e mondo circostante. Dal punto di vista psicoanalitico Otto Fenichel scrive che «coloro che amano la pornografia spesso manifestano due atteggiamenti contradditori volti a rassicurarli: 1) il fatto che dettagli concernenti la sessualità sono stampati prova l'esistenza oggettiva della sessualità; per il meccanismo della "divisione della colpa", questo fatto stesso diminuisce il senso di colpa rendendo le fantasie sessuali più "oggettive"; 2) nondimeno la sessualità temuta non è reale; si gode di questa per immedesimazione leggendola in un libro, non facendone un'esperienza concreta, e così è meno pericolosa» (1945, p. 394).

Segno di degradazione morale per alcuni, strumento di liberazione per altri, crocevia di fantasie complesse, di sogni a occhi aperti, di miti, la pornografia ha assunto negli ultimi decenni la portata di un fenomeno di massa, non solo e non tanto per la diffusione del suo consumo, quanto piuttosto per le implicanze emotive ampiamente condivise che le hanno fatto assumere un significativo rilievo "culturale" nelle moderne società avanzate. Si è infatti aperto un ampio dibattito tra i fautori della repressione e gli alfieri del libero pensiero, con studi significativi su come la pornografia ha alterato le dinamiche psicologiche, affettive e comportamentali all'interno del matrimonio e della famiglia e su come ha radicalmente modificato la concezione che i più giovani hanno della sessualità.

Bibliografia

Adamo P., *La pornografia e i suoi nemici*, il Saggiatore, Milano 1996.

–, *Il porno di massa. Percorsi dell'hard contemporaneo*, Raffaello Cortina, Milano 2004.

Arcand B., *Il giaguaro e il formichiere. La pornografia dal mondo primitivo alle società contemporanee* (1991), Garzanti, Milano 1995.

Fenichel O., *Trattato di psicoanalisi delle nevrosi e delle psicosi* (1945), Astrolabio, Roma 1951.

Gombrowicz W., *Pornografia* (1960), Feltrinelli, Milano 2005.

Grant J. H., *Pornography*, in "Medicine, Science and the Law", 1973, n. 13.

Kronhausen E., Kronhausen Ph., *Pornography and law. The psychology of erotic realism and hard core pornography*, Ballantine Books, New York 1970.

Paul P., *Pornopotere. Come l'industria porno sta trasformando la nostra vita* (2005), Orme Editori, Milano 2007.

Regazzoni S., *Pornosofia. Filosofia del pop porno*, Ponte alle Grazie, Milano 2010.

Stoller R. J., *Il porno. Miti per il XX secolo* (1991), Feltrinelli, Milano 1993.

Posizionalità, v. ESPRESSIONE, § 1.

Posizione, v. KLEINIANA, TEORIA, § 2.

Posizione sociale, v. STATUS.

Posodinica (ingl. *Posodynics*; ted. *Posodynik*; fr. *Posodynique*; sp. *Posodínica*). Capacità di sopportare il dolore che distingue, nella tipologia di Julius Bahnsen, il tipo eucolico, solitamente disposto verso la sopportazione della sofferenza, da quello discolico, totalmente incapace di soffrire.

Bibliografia

Bahnsen J., *Beiträge zur Charakterologie mit besonderer Berücksichtigung pädagogischer Fragen*, Brockhaus, Leipzig 1867.

Posposizione (ingl. *Postposition*; ted. *Nachstellung*; fr. *Postposition*; sp. *Postergación*). Termine psicoanalitico che indica una delle forme di difesa dagli affetti che consiste, come scrive Otto Fenichel, in «esplosioni ritardate degli affetti. Lo spostamento temporale, che risulta semplicemente in un manifestarsi ritardato della reazione affettiva, evitando così la possibilità di comprenderne il motivo, è il caso più frequente di spostamento affettivo. Questo tipo di difesa è solitamente istituito contro gli affetti di rabbia o irritazione o di dolore. La rabbia può ovviamente essere sopportata senza necessità di scaricarla per un breve periodo, ma per un breve periodo soltanto; dopo deve essere sfogata, non importa contro chi. [...] La posposizione è un caso speciale tra i molti tipi di spostamento degli affetti» (1945, pp. 183-184). Per questo suo significato difensivo, la posposizione va distinta dal DIFFERIMENTO (v.), che si riferisce alla soddisfazione della pulsione il cui rinvio, a parere di Sigmund Freud, segna il passaggio dal principio di piacere (v. PIACERE, § 1) al principio di realtà (v. REALTÀ, § 3).

Bibliografia

Fenichel O., *Trattato di psicoanalisi delle nevrosi e delle psicosi* (1945), Astrolabio, Roma 1951.

Possessione (ingl. *Possession*; ted. *Besessenheit*; fr. *Possession*; sp. *Posesión*). Persuasione di essere posseduto da un'entità estranea al proprio Io. Platone attribuisce la possessione alla "divina follia" di cui elenca le quattro forme: profetica presieduta da Apollo, iniziatica presieduta da Dioniso, poetica presieduta dalle Muse, e la follia d'Amore che è un demone possente che media (μεταξύ) tra gli uomini e gli dèi. In questa accezione Socrate parla di Amore come di una forma di possessione. Lo stesso "entusiasmo" allude alla condizione dell'uomo abitato da un dio (ἔν θεός), per cui non è l'anima razionale a parlare, ma il dio che la possiede. Euripide dice che «quando il dio entra possente nel corpo, fa dire il futuro a coloro che infuriano» (*Baccanti*, 299-300), mentre Cicerone, nel *De divinatione* (I, 31), scrive che «a parlare non è Cassandra, ma il dio racchiuso nel suo corpo». Nella terminologia psicoanalitica, al dio è stato sostituito un complesso inconscio che prende il sopravvento sull'Io facendogli compiere azioni non deliberate dall'Io. Alla possessione può essere ricondotta la nozione freudiana di COAZIONE (v.), mentre Carl Gustav Jung fa esplicito riferimento al possesso dell'Io da parte dell'ARCHETIPO (v.). Così, nel caso per esempio dell'archetipo del padre, scrive Jung: «Il pericolo è proprio in questa identificazione inconscia con l'archetipo; essa non ha solo un influsso suggestivo-dominante sul figlio, ma produce in quest'ultimo anche la stessa inconsapevolezza, cosicché egli da un lato soggiace all'influsso esterno e dall'altro non riesce a difendersene dall'interno» (1909-1949, p. 337).

Bibliografia

Beneduce R., *Trance e possessione in Africa. Corpi, mimesi, storia*, Bollati Boringhieri, Torino 2002.

Galimberti U., *La divina follia*, in Id., *La terra senza il male. Jung: dall'inconscio al simbolo* (1984), Feltrinelli, Milano 2013, pp. 166-185.

Jung C. G., *L'importanza del padre nel destino dell'individuo* (1909-1949), in *Opere* (1969-2007), Bollati Boringhieri, Torino, vol. IV.

Platone, *Fedro*, *Simposio*, in *Opere*, Laterza, Bari 1973.

Possessività (ingl. *Possessiveness*; ted. *Besitzanzeigung*; fr. *Possessivité*; sp. *Posesividad*). Tendenza a volersi impadronire in modo esclusivo dell'oggetto amato. Quando l'oggetto è una persona, la possessività si traduce in rapporti esclusivi fondati su vincoli strettissimi e su sentimenti di gelosia tendenziosamente limitanti l'autonomia dell'altro. Per la psicoanalisi la possessività, che insorge nella prima infanzia in concomitanza con la fase ANALE (v. § 2), si esprime nel legame materno dove, oltre alla dipendenza, il bambino manifesta una sostanziale incapacità a reggere le frustrazioni provenienti dalla relazione con la madre, quando questa relazione non ha i tratti dell'esclusività.

Posteriorità (ingl. *Afterwardsness*; ted. *Nachträglichkeit*; fr. *Après-coup*; sp. *Posterioridad*). Rielaborazione di un vissuto che al momento in cui si è verificato non ha potuto essere integrato in un contesto significativo. Il termine, introdotto da Sigmund Freud, si riferisce a esperienze, impressioni, tracce mnestiche che vengono in seguito rielaborate in funzione di nuove esperienze o di una maturazione successiva. In una lettera a Wilhelm Fliess del 6 dicembre 1896, Freud scrive: «Sto lavorando all'ipotesi che il nostro meccanismo psichico si sia formato mediante un processo di stratificazione: il materiale di tracce mnestiche esistente è di tanto in tanto sottoposto a una *risistemazione* in base a nuove relazioni, a una sorta di *riscrittura*» (1896, p. 236). L'evento traumatico, percepito ma non compreso, diventa un trauma solo in occasione della sua rielaborazione. Tale è, per esempio, una scena sessuale percepita ma non compresa dal bambino, che diventa un trauma solo quando, con lo sviluppo della sessualità, riemerge in tutto il suo significato l'evento rimosso. Il concetto di posteriorità è presente anche in Carl Gustav Jung, che parla di "Fantasmi retroattivi (*Zurückphantasien*)", ed è ripreso da Jacques Lacan che scrive: «Il *nachträglich* (ricordiamo che siamo stati i primi a estrarlo dal testo di Freud), il *nachträglich*, l'*après-coup*, il *dipoi* secondo cui il trauma si implica nel sintomo, mostra una struttura temporale di un ordine più elevato» (1966, p. 842). Anche l'analisi esistenziale a orientamento fenomenologico ritiene che il passato non è mai veramente passato perché agisce come elemento strutturante ogni successiva esperienza, allo stesso modo di come un'esperienza presente può riattivare memorie trascorse e rimaste silenti.

Bibliografia

Freud S., *Lettera a Wilhelm Fliess del 6 dicembre 1896*, in Id., *Lettere a Wilhelm Fliess 1887-1904*, Bollati Boringhieri, Torino 1986.

–, *Dalla storia di una nevrosi infantile (Caso clinico dell'uomo dei lupi)* (1914), in *Opere* (1967-1993), Bollati Boringhieri, Torino, vol. VII.

Jung C. G., *Psicologia dell'inconscio* (1917-1943), in *Opere* (1969-2007), Bollati Boringhieri, Torino, vol. VII.

Lacan J., *Posizione dell'inconscio* (1966), in *Scritti* (1936-1966), Einaudi, Torino 1974, vol. II.

Merleau-Ponty M., *Fenomenologia della percezione* (1945), il Saggiatore, Milano 1972.

Post-ipnotico, Stato, v. IPNOSI, § 3.

Post-sinaptico, v. SINAPSI.

Post-traumatica, Nevrosi, v. TRAUMA, § 3.

Postura, v. CORPO, § 1; RIFLESSO, § 1.

Potenza (ingl. *Potency*; ted. *Macht*; fr. *Puissance*; sp. *Potencia*). Concetto relativo a diversi ambiti disciplinari dove assume significati differenti:

1. ANTROPOLOGIA. Forza che i popoli primitivi attribuiscono alle cose fornite di MANA (v.) e in grado di esercitare il loro influsso sugli uomini. Il mana, questa "forza anonima e impersonale" come la definisce Émile Durkheim, è la "potenza" delle cose, che poi passa dal campo magico-religioso a quello sociale di "potere", come proiezione della collettività, e a quello scientifico di "energia". Di potenza non sono fornite solo le cose, ma anche le parole che sono alla base delle forme rituali e sacramentali, dei giuramenti, delle benedizioni, delle maledizioni e dei TABÙ (v.) che hanno la potenza di interdire l'azione.

2. PSICOLOGIA DEL PROFONDO. Al modello antropologico si rifà Carl Gustav Jung che, dopo aver interpretato il "mana" come proiezione sulle cose della "forza" che l'uomo avverte dentro di sé, utilizza la nozione di potenza a proposito delle immagini inconsce di natura archetipica che possono travolgere l'Io e a proposito delle allucinazioni acustiche degli schizofrenici che odono voci che hanno la stessa potenza delle parole rituali e sacramentali dei primitivi. Alfred Adler adotta il concetto di *volontà di potenza* come principio base della psicologia individuale da lui fondata. La volontà di potenza, infatti, è la forza motrice che opera a livello inconscio e conscio per l'affermazione individuale. Ha un valore di compensazione che permette all'individuo di porre un rimedio alla sua intima insicurezza, e assume tratti nevrotici solo quando opera disgiunta dal "sentimento sociale", dove le volontà di potenza dei vari individui trovano il loro limite e la loro misura (v. PSICOLOGIA INDIVIDUALE).

3. SESSUOLOGIA. In questo ambito si parla di *potentia coeundi* in relazione alla capacità di erezione nel maschio e di recezione nella femmina, e di *potentia generandi* in relazione alla capacità generativa riferita alla produzione di cellule germinali mature in entrambi i sessi.

Bibliografia

Adler A., *Il temperamento nervoso* (1912), Astrolabio, Roma 1950.
–, *Prassi e teoria della psicologia individuale* (1920), Astrolabio, Roma 1947.
Durkheim É., *Le forme elementari della vita religiosa* (1912), Edizioni di Comunità, Milano 1971.
Jung C. G., *Energetica psichica* (1928), in *Opere* (1969-2007), Bollati Boringhieri, Torino, vol. VIII.
Mauss M., *Teoria generale della magia e altri saggi* (1950), Einaudi, Torino 1965.
Reich W., *La funzione dell'orgasmo – La scoperta dell'orgone. Parte prima* (1942), Sugarco, Milano 1977.

Potenziale d'azione, v. AZIONE, § 2, *a*.

Potenziale specifico d'azione, v. AZIONE, § 3, *f*.

Potenziali evocati (ingl. *Evoked potentials*; ted. *Evozierte Potentiale*; fr. *Potentiels evoqués*; sp. *Potenciales evocados*). Detti anche *potenziali evento-correlati*, sono onde elettriche registrate in aree corticali subito dopo una stimolazione periferica visiva, acustica o tattile. Uno stimolo visivo, per esempio, "evoca" una variazione di potenziale nell'area occipitale che non può essere individuata in un normale tracciato elettroencefalografico perché confusa con il resto dell'attività elettrica cerebrale. Si usano quindi tecniche speciali che, con l'utilizzo del computer, estraggono la risposta evocata che interessa dall'attività elettrica di fondo. Questo avviene per: 1) la *risposta evocata visiva* (VER) che si ottiene ponendo degli elettrodi sulle regioni occipitali di un soggetto che osserva attentamente un modello di quadri bianchi e neri alternantisi. La stimolazione determina la comparsa di particolari onde con una latenza corrispondente al cambiamento del segnale visivo. L'esperimento serve per lo studio delle vie ottiche e dei processi psicologici legati alla percezione e all'attenzione; 2) la *risposta evocata acustica* (BAER) che si ottiene facendo ascoltare a intervalli regolari un clic che determina la comparsa di onde in corrispondenza dell'attivazione del nervo acustico. Questo procedimento viene utilizzato per la localizzazione di eventuali danni al sistema acustico; 3) la *risposta evocata somato-sensitiva* (SER), attraverso l'applicazione di stimoli elettrici sulle fibre sensitive delle mani e dei piedi, che consente di ottenere informazioni sullo stato di conducibilità degli impulsi e localizzare sedi di danno. Modificazioni nei potenziali evocati possono essere dovute all'azione di farmaci sulla via di conduzione interessata o sulle strutture cerebrali a cui questa conduce. Nell'ambito della PSICOFISIOLOGIA (v.) i potenziali evocati sono considerati tra i più interessanti indici fisiologici dell'attività cognitiva, mentre in NEUROFISIOLOGIA (v.) i potenziali evocati consentono di quantificare i danni cerebrali osservando a che livello vengono elaborati gli stimoli, e di diagnosticare in anticipo malattie, come la sclerosi multipla, misurando il ritardo di conduzione del segnale dalla periferia al cervello.

Potere (ingl. *Power*; ted. *Macht*; fr. *Pouvoir*; sp. *Poder*). Possesso da parte di un soggetto individuale o di un gruppo dei mezzi necessari per raggiungere gli scopi che si propone, superando la resistenza attiva e passiva di altri soggetti o gruppi. Come scrive Michel Foucault, il potere è caratterizzato da una dinamica relativamente instabile e si può descrivere come un gioco di forze dove l'insubordinazione latente può essere prevenuta attraverso la forza, la persuasione, la seduzione, o tacitata andando incontro alle aspettative di sicurezza, stabilità e più in generale alle attese dei subordinati. Nella storia il potere, per legittimarsi, si è ammantato di sacralità. Con la laicizzazione della cultura la dimensione religiosa è stata sostituita dalla dimensione immaginaria che fa perno sulla fede di coloro che si sottomettono, in quanto credono che chi detiene il potere possieda gli strumenti idonei a garantire sicurezza, se non addirittura felicità. A nutrire l'immaginario è la capacità di comunicazione di chi detiene il potere ed è in grado di alimentare la speranza, oppure di amplificare l'angoscia, gonfiando la minaccia e mostrando di possedere le uniche contromisure efficaci per sventarla.

Come opportunamente osserva Eugène Enriquez, il potere ha anche un volto mortifero. E qui non si allude soltanto ai campi di concentramento, ai genocidi, alla schiavitù, allo sfruttamento, ma anche e soprattutto al fatto che il potere opera una radicale separazione tra chi comanda e controlla e chi esegue gli ordini ed è controllato. In questo senso Max Weber diceva che il potere è "l'uso legittimo della violenza", ma talvolta la violenza oltrepassa il suo limite legittimo per impedire ogni rivolta contro l'ordine costituito a difesa di un certo potere. E quando le condizioni di vita diventano impossibili, i sottomessi al potere si trovano a dover lottare fino al sacrificio della loro esistenza per la difesa di accettabili condizioni di vita. Di pertinenza specifica delle scienze sociali e politiche, la nozione di potere interessa la psicologia sociale in ordine alla motivazione che spinge un individuo o un gruppo alla conquista del potere, e in ordine alle figure del potere per il tipo di organizzazione sociale che ne discende.

1. LA MOTIVAZIONE SOCIALE AL POTERE. La motivazione spinge a salire quanto più in alto possibile nella gerarchia del gruppo di appartenenza, assicurandosi una leadership che può essere *autoritaria* con forte dipendenza dal leader, *democratica* con scarsa dipendenza ma superiore in rendimento qualitativo, o *permissiva* con scarsa dipendenza e scarso rendimento (v. GRUPPO, § II, 6). Detenere il potere gratifica il narcisismo, procura privilegi e vantaggi psicologici e materiali, e quando è carismatico consente anche di agire impunemente al di là della legge. Partendo da presupposti psicoanalitici, Theodor Wiesengrund Adorno ha individuato nella personalità "affamata di potere" una mancata interiorizzazione del Super-io in presenza di un Io debole e di un Es molto forte. Dette personalità, caratterizzate da scarse capacità introspettive, tendono ad AGIRE (v.) nell'ambito sociale quelle dinamiche che non riescono ad elaborare dentro di sé. Adorno ha messo a punto la cosiddetta scala F (fascismo) capace di misurare, nelle persone motivate dal potere, il grado di convenzionalismo, superstizione, prepotenza, supponenza, cinismo e ipersessualità (v. AUTORITÀ).

2. LE FIGURE DEL POTERE. Queste figure sono prese in considerazione dalla psicologia sociale per le conseguenze che determinano nell'organizzazione del gruppo e nelle modalità adottate per raggiungere gli obiettivi e per risolvere i conflitti. Il potere, infatti, ha a che fare con l'*operare* e non si dà azione che non impegni collettivamente e non chieda cooperazione dove, oltre alle priorità da realizzare, si stabilisce una divisione del lavoro, un'attribuzione dei compiti ai subordinati e un'organizzazione che, come scrive Weber, è una cristallizzazione storica delle istituzioni all'interno delle quali si individuano le diverse forme e figure di potere. Oltre al potere *tradizionale* legittimato dalla consuetudine e dalla tradizione, si è soliti distinguere:

a) Il *potere carismatico* che trova la sua legittimazione in particolari qualità del capo e nel suo ascendente (v. CARISMA), grazie al quale tutti i membri dell'organizzazione sono leali, fedeli e accolgono senza obiezioni o proteste le sue decisioni. Oltre a disporre di un potere incondizionato, il capo tende a circondarsi di persone che si identificano con lui o con i suoi ideali. Come dice Weber, è un "uomo di convinzioni" che non mette mai in discussione le proprie certezze e tiene sempre in condizioni di instabilità i suoi collaboratori con le sue parole e soprattutto con la sua condotta impenetrabile e imprevedibile. Siccome i suoi collaboratori non hanno il coraggio di dirgli come di fatto stanno le cose, chi incarna un potere carismatico tende a perdere contatto con la realtà, e quando non ha più successo sarà abbandonato e disprezzato. Per il tratto carismatico posseduto dal leader di un'organizzazione si veda la voce GRUPPO, § II, 6.

b) Il *potere burocratico* è legittimato da un sistema di regole funzionali che, oltre a sopprimere l'affettività nell'ambito dei rapporti, determina le possibilità di iniziativa, autorità e responsabilità. Qui il potere non è più fondato sulle caratteristiche personali, ma deriva dalla funzione esercitata all'interno dell'organizzazione e si legittima in base agli scopi che l'organizzazione si propone di raggiungere, secondo norme che regolano le reciproche responsabilità e meccanismi che consentono un controllo reciproco nell'area di potere. Il potere burocratico rappresenta una modalità di controllo delle motivazioni al potere dei singoli e un tentativo di razionalizzazione dell'organizzazione perché, eliminando la *dipendenza* tipica dell'organizzazione carismatica, favorisce l'*interdipendenza* dei soggetti inseriti nei ruoli dell'organizzazione. Per raggiungere questo obiettivo è però necessario evitare la *controdipendenza* conflittuale che porta naturalmente alla paralisi decisionale (v. ORGANIZZAZIONE, § 1; PSICOLOGIA SOCIALE, § 4). A differenza del potere carismatico, il potere burocratico sostituisce all'arbitrio la regola, alla creatività la razionalità, alla genialità la competenza, e al potere indiscusso e illimitato del capo succede una gerarchia di micropoteri che sono: *formali* con riferimento al ruolo e non alla persona, *funzionali* in modo che nessuna funzione si sovrapponga all'altra, *impersonali* senza preferenze o privilegi riferiti alle singole persone, *limitati* da regole e procedure che hanno il valore di legge. I capi hanno poche decisioni da prendere perché il lavoro è standardizzato e ciascuno ha il suo mansionario cui attenersi. Quando una decisione sembra opportuna deve essere comunicata ai superiori, e a questo livello i tempi si allungano per inerzia, obiezioni, esami minuziosi e ossessivi in quanto ogni nuova decisione costituisce un precedente. Di qui la tendenza a non prendere iniziative, con conseguente inerzia di tutta l'organizzazione. Al funzionario burocratico si chiede di separare la vita privata dalla funzione pubblica, di non giudicare il contenuto della sua mansione, perché sarà giudicato solo a partire dall'efficienza con cui la mansione viene eseguita. Sotto questo profilo la burocrazia può prestarsi anche ai compiti più criminali.

c) Il *potere cooperativo* prevede un investimento sulla motivazione delle persone per poter utilizzare tutto il loro potenziale onde favorire il successo dell'organizzazione. Il leader tiene rapporti con i suoi dipendenti, crede e valorizza la loro competenza, è disposto a cambiare opinione su loro sollecitazione, si occupa della loro formazione, coinvolge il gruppo nelle decisioni importanti e non scarica sui subordinati le proprie responsabilità. È disposto a negoziazioni e compromessi se questi tornano utili a risolvere i conflitti. Siccome questo tipo di leadership esige significative componenti umane quali la conoscenza di sé, il riconoscimento degli altri, la disponibilità alla discussione ecc., può realizzarsi solo in piccole organizzazioni, in centri di ricerca, in cooperative di produzione o di aiuto, ma raramente in grandi organizzazioni dove prevale il potere burocratico.

d) Il *potere tecnocratico* è quello esercitato da un esperto in economia, informatica, finanza, biotecnologie, e in generale in quegli ambiti di ricerca che promettono una significativa espansione, che possiede sufficienti conoscenze nelle varie discipline, una notevole capacità di sintesi e grande abilità nel coordinare i vari specialisti per cui, come scrive Enriquez, "ha potere sul sapere degli altri". Il tecnocrate è più umano del burocrate perché lavora in gruppo facendo partecipi i suoi collaboratori degli obiettivi da raggiungere, ma è più direttivo del leader cooperativo perché deve ottenere risultati. Allo scopo sa utilizzare le tecniche delle relazioni umane e non di rado anche quelle manipolatorie per coinvolgere i collaboratori nel conseguimento dell'obiettivo comune.

e) Il *potere strategico* è venuto affermandosi con la globalizzazione e la ricorrenza delle crisi economiche che hanno richiesto organizzazioni e leadership flessibili, agili, capaci di sviluppare strategie che non possono ricalcare quelle del passato, per rispondere con rapidità e successo alla concorrenza e alle Opa aggressive, onde evitare lo smantellamento dell'impresa. I componenti dell'organizzazione e i loro leader non sono legittimati dall'appartenere a una élite di classe o un'élite intellettuale, ma dalla capacità di sapersi sperimentare in un contesto sempre più competitivo e imprevedibile. Il leader deve essere molto vicino ai suoi collaboratori, costretti a lavorare sempre in emergenza e quindi in condizioni di STRESS (v.) a cui lo stesso leader è sottoposto, anche perché, se sbaglia strategia, deve abbandonare immediatamente il proprio posto di comando.

f) Il *potere impersonale*. Il potere non è sempre identificabile in una persona o in un gruppo di persone. Esistono infatti anche poteri impersonali come per esempio la religione, la morale di un popolo, la forza della tradizione che, una volta interiorizzati, decidono il nostro modo di vivere. Oggi, con la globalizzazione e l'egemonia del mercato, il potere, a parere di James Hillman, ha assunto il tratto impersonale dell'economia, «il cui potere, come quello delle religioni, è stato interiorizzato. Governa con mezzi psicologici. È infatti l'Economia a determinare chi è incluso e chi è marginalizzato, distribuendo premi e punizioni quali ricchezza e povertà, vantaggi e svantaggi. Proprio perché questa interiorizzazione delle sue idee è così indiscutibilmente e universalmente accettata, è l'Economia il luogo dove oggi risiede l'inconscio e dove il bisogno di analisi psicologica è maggiore. Non è più la nostra vita personale il luogo dell'inconscio. [...] L'inconscio è esattamente quello che la parola dice: ciò che è meno conscio perché è più usuale, più familiare, più quotidiano. È questo il ciclo quotidiano del business» (1995, p. 11).

Bibliografia

Adorno Th. W. *et al.*, *La personalità autoritaria* (1950), Edizioni di Comunità, Milano 1973.
Blau P. M., *La dinamica della burocrazia* (1955), Franco Angeli, Milano 1978.
Cacciari M., *Il potere che frena*, Adelphi, Milano 2013.
Cappelletti F. A., *Differenza e potere. La politica nel pensiero post-moderno*, Franco Angeli, Milano 1984.
Cazzola F., *Potere*, in M. Flores (a cura di), *Diritti umani. Cultura dei diritti e dignità della persona nell'epoca della globalizzazione*, Utet, Torino 2007, vol. II, pp. 1080-1086.
Chomsky N., *Capire il potere* (2002), Tropea, Milano 2002.
Crozier M., *Il fenomeno burocratico* (1963), Etas Kompass, Milano 1979.
Enriquez E., *Le pouvoir et la mort*, in "Topique", 1974, n. 11/12.
–, *L'organisation en analyse*, Puf, Paris 1992.
Ferrarotti F., *Sociologia del potere*, Laterza, Bari 1972.
Foucault M., *Microfisica del potere* (1971), Einaudi, Torino 1977.
–, *Il potere psichiatrico. Corso al Collège de France 1973-1974*, Feltrinelli, Milano 2004.
Freud S., *Psicologia delle masse e analisi dell'Io* (1921), in *Opere* (1967-1993), Bollati Boringhieri, Torino, vol. IX.
Guénon R., *Autorità spirituale e potere temporale* (1930), Rusconi, Milano 1972.
Hillman J., *Forme del potere* (1995), Garzanti, Milano 1996.
Lasswell H. D., *Potere e personalità* (1948), in Id., *Potere, politica e personalità*, Utet, Torino 1975.
Legendre P., *Godere del potere* (1974), Marsilio, Venezia 1977.
Luhmann N., *Potere e codice politico* (1969), Feltrinelli, Milano 1982.
–, *Potere e complessità sociale* (1975), il Saggiatore, Milano 1979.
Marramao G., *Contro il potere*, Bompiani, Milano 2011.
Mises L. von, *Burocrazia* (1944), Rusconi, Milano 1991.
Parsons T., *Sul concetto di potere politico* (1963), in Id., *Sistema politico e struttura sociale*, Giuffrè, Milano 1975, pp. 507-544.
Plessner H., *Potere e natura umana* (1931), Manifestolibri, Roma 2006.
Popitz H., *Fenomenologia del potere* (1968), il Mulino, Bologna 1990.
Russell B., *Il potere. Una nuova analisi sociale* (1938), Feltrinelli, Milano 1967.
Schmitt C., *Dialogo sul potere* (1954-1955), Adelphi, Milano 2012.
Segatori R., *L'ambiguità del potere. Necessità, ossessione, libertà*, Donzelli, Roma 1999.
Spaltro E., *Sentimento del potere. Analisi dei rapporti umani*, Bollati Boringhieri, Torino 1984.
Stoppino M., *Le forme del potere*, Guida, Napoli 1974.
Tarizzo D., *Giochi di potere. Sulla paranoia politica*, Laterza, Bari 2007.
Touraine A., *La società post-industriale* (1969), il Mulino, Bologna 1970.
Trentini G., *Potere/autorità*, in AA.VV., *Enciclopedia*, Einaudi, Torino 1980, vol. X, pp. 1041-1053.
Weber M., *Economia e società* (1922, edito postumo), Edizioni di Comunità, Milano 1968.

Potlach, v. SCAMBIO, § 1.

Pötzl, Fenomeno di (ingl. *Pötzl's phenomenon*; ted. *Pötzl-Phänomen*; fr. *Phénomène de Pötzl*; sp. *Fenómeno de Pötzl*). Comparsa a livello onirico di materiale che, per la breve esposizione, non ha avuto la possibilità di imprimersi nella memoria cosciente.

Bibliografia

Pötzl O., *Experimentell erregte Traumbilder in ihren Beziehungen zum indirekten Sehen*, in "Zeischrift für die gesamte Neurologie und Psychiatrie", 1967, n. 37.

Praesentatio, v. TEMPO, § II, 2.

Pragmatica, v. LINGUISTICA, §§ 1, *d*; 3, *e*.

Pragmatica della comunicazione, v. PSICOLOGIA SISTEMICA, § 2.

Pragmatico-relazionale, Terapia, v. PSICOLOGIA SISTEMICA, § 2.

Prassia, v. MOVIMENTO, § 1, *b*; GESTO, § 1.

Preclusione, v. FORCLUSIONE.

Precocità (ingl. *Precocity*; ted. *Frühreife*; fr. *Précocité*; sp. *Precocidad*). Anticipazione cronologica sui normali tempi di sviluppo e di maturazione fisica o mentale. Detta anticipazione, che può riguardare l'intera personalità o qualche suo aspetto specifico, non è di per sé indizio di genialità (v. GENIO), e perlopiù tende a rientrare con la crescita e la dinamica evolutiva dell'individuo.

Precognizione, v. PARAPSICOLOGIA, § 1.

Precomprensione (ingl. *Precomprehension*; ted. *Vorverständnis*; fr. *Précompréhension*; sp. *Precomprensión*). Abbozzo preliminare del significato di un testo determinato dalle conoscenze già in possesso del soggetto che si accinge a interpretarlo. La figura della precomprensione, di cui devono tener conto tutte le scienze interpretative fra cui la psicoanalisi, è stata evidenziata da Martin Heidegger e successivamente approfondita da Hans-Georg Gadamer per il quale «chi si mette a interpretare un testo, attua sempre un progetto. Sulla base del più immediato senso che il testo gli esibisce, egli abbozza preliminarmente un significato del tutto. E anche il senso più immediato il testo lo esibisce solo in quanto lo si legge con certe attese determinate. La comprensione di ciò che si dà da comprendere consiste tutta nella elaborazione di questo progetto preliminare, che ovviamente viene continuamente riveduto in base a ciò che risulta dall'ulteriore penetrazione del testo» (1960, p. 314). Per un ulteriore approfondimento si veda la voce ERMENEUTICA.

Bibliografia

Gadamer H.-G., *Verità e metodo* (1960), Bompiani, Milano 1983.
Heidegger M., *Essere e tempo* (1927), Utet, Torino 1978.

Preconscio (ingl. *Preconscious*; ted. *Vorbewusst*; fr. *Préconscient*; sp. *Preconsciente*). Termine utilizzato da Sigmund Freud nel designare la prima topica dell'APPARATO PSICHICO (v. § 5) dove il preconscio, come *sostantivo*, designa un sistema, siglato *Prec*, distinto dall'inconscio e dalla coscienza, mentre come *aggettivo* designa tutto ciò che non è presente nel campo attuale della coscienza, pur rimanendo in linea di diritto accessibile, come per esempio un ricordo. Nella seconda topica, elaborata dopo il 1920, il termine preconscio compare solo come aggettivo. Il preconscio è separato dall'inconscio da una censura che cerca di interdire ai contenuti inconsci l'accesso al preconscio, ed è separato dalla coscienza da un'altra censura il cui compito non è di interdizione, ma di selezione, nel senso che, selezionando, evita che giungano alla coscienza ricordi perturbanti. Dal punto di vista dinamico, l'energia del sistema inconscio è libera, mentre quella del preconscio è legata (v. LIBIDO, § 1, *e*); inoltre il preconscio, al pari della coscienza e a differenza dell'inconscio, è regolato dal processo secondario (v. PROCESSO PRIMARIO – PROCESSO SECONDARIO). Nel trattamento terapeutico, se il riconoscimento di contenuti inconsci urta contro resistenze, la comunicazione di contenuti preconsci può provocare solo reticenze.

Bibliografia

Freud S., *Minute teoriche per Wilhelm Fliess* (1892-1897), in *Opere* (1967-1993), Bollati Boringhieri, Torino, vol. II.
–, *Progetto di una psicologia* (1895), in *Opere*, cit., vol. II.
–, *Metapsicologia* (1915), in *Opere*, cit., vol. VIII.
–, *L'Io e l'Es* (1922), in *Opere*, cit., vol. IX.

Predisposizione (ingl. *Predisposition*; ted. *Anlage*; fr. *Prédisposition*; sp. *Predisposición*). Tendenza a ereditare determinate malattie fisiche o psichiche, oppure specifici tratti caratteriali, o particolari abilità in ordine alle attività fisiche o mentali. La predisposizione non è sempre da ricondurre a fattori naturali; talvolta essa dipende da risposte rinforzate nel tempo (v. APPRENDIMENTO, § I, 1, *a*) o da condizionamenti ambientali, culturali o educativi. Da rilievi statistici risulta confermata la *predisposizione agli incidenti* in determinati soggetti come tratto della loro personalità. Si tratta perlopiù di individui che risolvono tensioni intrapsichiche con azioni autodistruttive, interpretate come un bisogno di autopunizione per la propria aggressività, impulsività o intolleranza alla frustrazione. Questa predisposizione è detta anche *traumatofilia*.

Predizione (ingl. *Prediction*; ted. *Voraussage*; fr. *Prédiction*; sp. *Predicción*). Processo di inferenza riferito a un evento futuro atteso a partire dai dati a disposizione. Sono considerati *valori predittivi* la misurazione di certi fattori, come il punteggio di un test di intelligenza, per anticipare futuri comportamenti come, nel nostro esempio, il successo o l'insuccesso scolastico.

Bibliografia

Unnia M., *L'arte della predizione*, Guerini & Associati, Milano 2015.

Preedipico (ingl. *Pre-oedipal*; ted. *Präoedipal*; fr. *Préoedipien*; sp. *Preedípico*). Aggettivo che qualifica per Sigmund Freud il periodo che precede l'instaurazione del complesso di Edipo (v. EDIPO, COMPLESSO DI). Detto periodo è caratterizzato, per entrambi i sessi, dall'attaccamento alla madre. Siccome nel maschio questo attaccamento caratterizza anche la fase edipica, Freud, per mantenere la distinzione tra le due fasi, afferma che, nella fase preedipica, il padre non è avvertito come rivale. Di parere opposto è Melanie Klein, secondo la quale il padre è precocemente presente, come documentato dal fantasma del pene paterno immaginato nel corpo della madre. Jacques Lacan, sottolineando che il fallo non è il PADRE (v.) e non assume il valore simbolico di istanza proibitrice tipica del padre, distingue dal triangolo edipico quello preedipico caratterizzato dalla relazione madre-bambino-fallo. In quanto si riferisce a una situazione interpersonale, il termine "preedipico" va distinto dal termine PREGENITALE (v.), che si riferisce al tipo di attività sessuale che si esprime nel periodo che precede la fase GENITALE (v. § 2).

Bibliografia

Freud S., *Sessualità femminile* (1931), in *Opere* (1967-1993), Bollati Boringhieri, Torino, vol. XI.
Klein M., *I primi stadi del conflitto edipico* (1928), in *Scritti 1921-1958*, Bollati Boringhieri, Torino 1978, pp. 214-226.
Lacan J., *La significazione del fallo* (1958), in *Scritti* (1936-1966), Einaudi, Torino 1974, vol. II.

Preformismo, Teoria del, v. EPIGENESI.

Pregenitale (ingl. *Pregenital*; ted. *Prägenital*; fr. *Prégénital*; sp. *Pregenital*). Aggettivo impiegato da Sigmund Freud per indicare l'organizzazione della LIBIDO (v. § 1, *b*) e il modo di manifestarsi delle pulsioni sessuali nel periodo che precede il raggiungimento della genitalità (v. GENITALE). Nel periodo pregenitale le pulsioni non hanno un centro e si esprimono fissandosi successivamente nelle zone ORALE (v. § 1), ANALE (v. § 1) e fallica (v. FALLICA, FASE) dove si può rimanere fissati (v. FISSAZIONE) o alle quali si può regredire (v. REGRESSIONE). A livello tipologico si parla di "pregenitale" in riferimento al tipo di personalità che non ha superato positivamente il complesso di Edipo (v. EDIPO, COMPLESSO DI), mentre a livello patologico si parla di "nevrosi pregenitale" quando il tratto prevalente della nevrosi è la fissazione a fasi pregenitali dello sviluppo libidico. Nella pregenitalità sono rintracciabili le radici di quelle che Freud nomina perversioni (v. PERVERSIONE) a cui spesso risultano connesse significative componenti di CREATIVITÀ (v. § 4).

Bibliografia

Chasseguet-Smirgel J., *Creatività e perversione* (1985), Raffaello Cortina, Milano 1987.

Freud S., *Tre saggi sulla teoria sessuale* (1905), in *Opere* (1967-1993), Bollati Boringhieri, Torino, vol. IV.

Marcoli F., Branca S., *Tre storie. Pregenitalità e cultura*, Sestante Edizioni, Bergamo 2014.

Pregiudizio (ingl. *Prejudice*; ted. *Vorurteil*; fr. *Préjugé*; sp. *Prejuicio*). Anticipazione acritica di un giudizio, già denunciata nel periodo prerivoluzionario da Paul-Henri Thiry d'Holbach che in proposito scrive: «Il pregiudizio è tutto ciò che ingombra la strada della verità, è l'errore che occorre sradicare dalla metodologia politica di governo: è l'inganno, la menzogna, l'ideologia di cui il regime si serve come sistema per reprimere i popoli governati» (1770, p. 41). Luigi XV in Francia condannò al rogo l'opera, mentre Federico II di Prussia dichiarò che il re di Francia avrebbe dovuto "stanare l'autore del saggio e strozzarlo".

In ambito psicologico, il pregiudizio può essere considerato dal punto di vista *cognitivo* in ordine alle opinioni che sorreggono il modo globale di vedere le cose, e dal punto di vista *emotivo* in ordine alle motivazioni individuali di natura prevalentemente inconscia, o alle convinzioni maturate nell'appartenenza a un gruppo etnico o sociale. Il pregiudizio è stato considerato a partire da diversi quadri teorici.

1. PSICOANALISI. Sigmund Freud considera il pregiudizio verso il gruppo esterno come elemento coesivo per il gruppo di appartenenza: «È sempre possibile riunire un numero anche rilevante di uomini che si amino l'un l'altro fin tanto che ne restino altri per le manifestazioni di aggressività» (1929, pp. 601-602). Pur partendo dalle premesse teoriche del comportamentismo, John Dollard giunge a conclusioni analoghe a quelle psicoanalitiche, interpretando il pregiudizio in relazione alla frustrazione, per cui, quando l'aggressività che nasce da una frustrazione non può essere scaricata in modo diretto per una qualche inibizione o impedimento interno o esterno, essa viene rivolta sotto forma di pregiudizio nei confronti di qualche obiettivo sostitutivo che è disponibile (v. AGGRESSIVITÀ, § 3). Un'evoluzione dell'ipotesi frustrazione-aggressività è la teoria, elaborata da Walter Garrison Runciman, della "deprivazione relativa" dovuta alla discrepanza tra ciò che si è ottenuto, per esempio nella posizione sociale, e ciò che ci si attendeva di ottenere. Il malcontento che ne deriva tende a sfociare nel pregiudizio, quando non addirittura nel conflitto con le persone o i gruppi concorrenti.

A conclusioni a sfondo psicoanalitico giunge anche Theodor Wiesengrund Adorno che, elaborando il concetto di "personalità autoritaria" (v. AUTORITÀ), ritiene che le persone autoritarie trasformano la loro incapacità a risolvere i propri problemi interni in pregiudizio ostile verso il debole, l'alieno e il diverso. Figli di un'educazione rigida che ha impedito loro, da bambini, di assumere comportamenti anticonvenzionali e di esprimere aggressione e rabbia nei confronti di genitori punitivi o vissuti come minacciosi, da adulti riversano la loro ostilità repressa nell'infanzia verso le figure più deboli che possono essere gli estranei, le persone di uno stato sociale inferiore, le persone vulnerabili, le minoranze ecc.

2. PSICOLOGIA SOCIALE. In questo ambito si parla di "pregiudizio" a proposito di un'opinione o di un atteggiamento negativo nei confronti di un individuo o di un gruppo per il solo fatto di appartenere a una minoranza o a un altro gruppo sociale. Il pregiudizio va distinto dalla DISCRIMINAZIONE (v. § 2), perché, come osservano Adriano Zamperini e Ines Testoni, «in certi casi il pregiudizio nei confronti di un gruppo può essere presente senza alcuna discriminazione, perché determinati vincoli normativi o esigenze di natura politica impediscono agli atteggiamenti negativi di trovare la via dei fatti. In altri, si può manifestare discriminazione, anche violenta, senza pregiudizio perché, per esempio, chi agisce opera sotto la pressione psicologica del proprio gruppo oppure obbedisce a ordini impartiti da un'autorità. Se questa distinzione ha un suo fondamento teorico, nella realtà tali confini appaiono più sfumati e i rapporti tra le due dimensioni più complessi. Infatti, i pregiudizi che non riescono a sfociare nel comportamento, con l'andar del tempo, si indeboliscono, così come una discriminazione senza

una dichiarata ostilità spesso produce pregiudizi per trovare una giustificazione» (2002, p. 278).

Henri Tajfel ritiene che il processo che conduce al pregiudizio prenda le mosse dalla distinzione tra gruppi di appartenenza (*ingroup*) e gruppi estranei (*outgroup*). All'interno del gruppo di appartenenza si crea infatti un'identità collettiva caratterizzata da componenti valutative, cognitive e affettive che determinano una distintività positiva, la quale, a sua volta, conduce a una svalutazione dei gruppi estranei che, al confronto, sono ritenuti inferiori, fino a giungere a una loro discriminazione o addirittura a un conflitto nel caso che il pregiudizio li faccia apparire come pericolosi. Un altro fattore di pregiudizio è legato al *processo di omogeneizzazione* che fa valutare negativamente, senza distinzione alcuna, tutti gli individui che appartengono a un gruppo precedentemente valutato come negativo o ostile. Dal canto suo, David L. Hamilton chiama "correlazione illusoria" l'effetto che si verifica quando accadono due fatti tra loro irrelati, come la presenza di gruppi minoritari ed episodi di comportamenti negativi che, impropriamente connessi e generalizzati, determinano un pregiudizio negativo su quella minoranza. Detto pregiudizio a sua volta si autoalimenta perché, seguendo la logica delle "profezie che si autoavverano", lo schema di giudizio che esso genera tende a filtrare le informazioni presenti nell'ambiente a vantaggio di indicazioni coerenti con il proprio pregiudizio.

Prendendo le mosse dalla "teoria della categorizzazione di sé" inaugurata da John C. Turner, Eliot R. Smith definisce il pregiudizio come uno stato affettivo legato alle appartenenze di gruppo, sottolineando in tal modo, oltre agli aspetti cognitivi, anche quelli affettivi che intervengono nella formazione di stereotipi e pregiudizi, mentre Muzafer Sherif, in base alla sua "teoria del conflitto realistico", porta l'attenzione sul conflitto che si genera tra gruppi che vogliono assicurarsi risorse scarse, oppure difendere i propri interessi al punto da sviluppare un'ostilità accompagnata da pregiudizio e discriminazione. Il pregiudizio, secondo la teoria di Thomas F. Pettigrew e Roel W. Meertens, può essere: *manifesto* quando ritiene che l'outgroup sia una minaccia, per cui evita ogni contatto con i suoi membri, oppure *sottile* quando si articola nella difesa dei propri valori e nell'esagerare le differenze del proprio gruppo rispetto agli altri. Un'altra distinzione è tra pregiudizio *esplicito*, quando è consapevole e volontariamente controllato, e pregiudizio *implicito*, quando non è consapevole e, proprio per questo, agisce in modo automatico e incontrollato.

Gordon Willard Allport interpreta il pregiudizio come una forma di semplificazione cognitiva adottata a livello sociale per muoversi più facilmente nel mondo che ci circonda. Il pregiudizio, infatti, consente di mantenere intatto e di non sottoporre a revisione il sistema dei propri valori, il che comporta una selezione delle informazioni che riceviamo sulle altre persone in sintonia con ciò che sappiamo sulle categorie alle quali esse appartengono. Più marcato è il coinvolgimento emotivo in ordine a certi valori, più forte è la tendenza a filtrare le informazioni che riceviamo sugli altri e la conseguente discriminazione, che diventa particolarmente marcata nelle condizioni di conflitto o di competizione. Fra le tecniche volte alla riduzione dei pregiudizi e degli stereotipi, Allport suggerisce il contatto fra gruppi, un esercizio di empatia con alcuni componenti dell'outgroup, onde evitare di applicare automaticamente al singolo il pregiudizio negativo che investe l'altro gruppo, e iniziative volte alla cooperazione tra gruppi diversi in vista di scopi che anche altri gruppi possono avere in comune.

3. FENOMENOLOGIA ED ERMENEUTICA. In questi ambiti il pregiudizio è considerato una condizione ineliminabile connessa a quella dimensione che Karl Jaspers chiama SITUAZIONE (v.), con riferimento al luogo di nascita, all'educazione ricevuta, alla cultura in cui si è cresciuti, e dalla quale non si può prescindere, per cui il problema non consiste tanto nell'eliminazione dei pregiudizi, quanto nella disponibilità ad una loro continua correzione, attraverso un'incondizionata apertura al mondo dell'esperienza. Analoga è la posizione assunta in ambito ermeneutico da Hans-Georg Gadamer, per il quale «pregiudizio significa solo un giudizio che viene pronunciato prima di un esame completo e definitivo di tutti gli elementi obiettivamente rilevanti» (1960, pp. 317-318). Pregiudizio è anche l'assolutizzazione del metodo scientifico che garantisce la sua obiettività con esclusione di altre forme di conoscenza che non percorrono la metodica delle scienze esatte, come per esempio la conoscenza storico-ermeneutica per la quale, dice Gadamer, l'atteggiamento è quello di "stare nel modo giusto nel proprio pregiudizio", dove per "giusto" si intende "aperto" alle persuasioni altrui in quella circolarità delle interpretazioni che costituisce l'essenza del procedimento ermeneutico (v. ERMENEUTICA). Partendo da queste premesse, Gadamer può concludere dicendo che «"pregiudizio" non significa quindi affatto giudizio falso; il concetto implica che esso può essere valutato sia positivamente, sia negativamente» (ivi, p. 318).

Bibliografia

Adorno Th. W. *et al.*, *La personalità autoritaria* (1950), Edizioni di Comunità, Milano 1973.

Allport G. W., *La natura del pregiudizio* (1954), La Nuova Italia, Firenze 1973.

Arcuri L., Cadinu M., *Gli stereotipi. Dinamiche psicologiche e contesto delle relazioni sociali*, il Mulino, Bologna 1998.
Brown R., *Psicologia sociale del pregiudizio* (1995), il Mulino, Bologna 1997.
Calegari P., *Il muro del pregiudizio. Letture in tema di ecologia della mente*, Liguori, Napoli 1994.
D'Holbach P.-H. Th., *Saggio sui pregiudizi* (1770), Guerini & Associati, Milano 1993.
Dollard J., Doob L. W., Miller N. E., Mowrer O. H., Sears R. R., *Frustrazione e aggressività* (1939), Giunti Barbera, Firenze 1967.
Freud S., *Psicologia delle masse e analisi dell'Io* (1921), in *Opere* (1967-1993), Bollati Boringhieri, Torino, vol. IX.
–, *Il disagio della civiltà* (1929), in *Opere*, cit., vol. X.
Gadamer H.-G., *Verità e metodo* (1960), Bompiani, Milano 1983.
Gould S. J., *Intelligenza e pregiudizio. Contro i fondamenti scientifici del razzismo* (1996), il Saggiatore, Milano 1998.
Hamilton D. L., *Illusory correlations as a basis for stereotyping*, in Id. (a cura di), *Cognitive processes in stereotyping and intergroup behaviour*, Lawrence Erlbaum Associates, Hillsdale, New Jersey, 1981.
Jaspers K., *Filosofia* (1932-1956), Libro I: *Orientazione filosofica nel mondo*, Libro II: *Chiarificazione dell'esistenza*, Libro III: *Metafisica*, Utet, Torino 1978.
Kris E., *Note sulla psicologia del pregiudizio* (1946), in AA.VV., *La propaganda*, Bollati Boringhieri, Torino 1995, pp. 121-131.
Liberto M., *Discriminazione sociale oggi*, Edizioni Paoline, Roma 1974.
Mazzara B. M., *Stereotipi e pregiudizi*, il Mulino, Bologna 1997.
Money-Kyrle R., *Sul pregiudizio. Un approccio psicoanalitico* (1960), in *Scritti (1927-1977)*, Bollati Boringhieri, Torino 2002.
Pettigrew Th. F., Meertens R. W., *Subtle and blatant prejudice in western Europe*, in "European Journal of Social Psychology", 1995, n. 25, pp. 57-76.
Runciman W. G., *Relative deprivation and social justice*, Routledge & Kegan, London 1966.
Sherif M. *et al.*, *Intergroup conflict and cooperation. The Robbers cave experiment*, University of Oklahoma Press, Norman 1961.
Tajfel H., *Gruppi umani e categorie sociali* (1981), il Mulino, Bologna 1985.
– (a cura di), *Social identity and intergroup relations*, Cambridge University Press, Cambridge 1982.
Tondo L., *Qualcuno ce l'ha con me. Dal pregiudizio alla paranoia*, Baldini & Castoldi, Milano 2017.
Turner J. C., *Riscoprire il gruppo sociale. La teoria della categorizzazione di sé* (1987), Patron, Bologna 1999.
Van Dijk T. A., *Ideologie. Discorso e costruzione sociale del pregiudizio*, Carocci, Roma 2003.
Villano P., *Pregiudizi e stereotipi*, Carocci, Roma 2003.
Zamperini A., Testoni I., *Pregiudizio, discriminazione e conflitto intergruppi*, in Id., *Psicologia sociale*, Einaudi, Torino 2002, pp. 277-294.

Pregnanza (ingl. *Pregnancy*; ted. *Prägnanz*; fr. *Prégnance*; sp. *Pregnancia*). Densità di significato. Nella PSICOLOGIA DELLA GESTALT (v. § II, 12) la pregnanza è considerata un fattore strutturante della percezione, per cui forme ambigue, incomplete o leggermente asimmetriche tendono ad essere percepite come più definite, complete e simmetriche. Concorrono alla pregnanza i fattori di vicinanza, somiglianza, buona forma e chiusura.

Preliminari sessuali, v. PIACERE, § 3.

Prelogico (ingl. *Prelogical*; ted. *Vorlogisch*; fr. *Prélogique*; sp. *Prelógico*). Forma di pensiero le cui connessioni non sono regolate da leggi logiche quali il principio di non contraddizione che vieta di identificare una cosa con un'altra, o il principio di causalità che stabilisce nessi vincolanti tra le cose, oltrepassando le associazioni dettate dalla concomitanza spaziale o dalla semplice successione temporale. Questa forma di pensiero caratterizza secondo Lucien Lévy-Bruhl la mentalità dei primitivi, secondo Carl Gustav Jung il pensiero psicotico, e secondo Jean Piaget le prime fasi del pensiero infantile che presentano aspetti analoghi a talune forme del pensiero mitico (v. MITO, § 1; SACRO, § 2).

Bibliografia

Jung C. G., *Simboli della trasformazione* (1912-1952), in *Opere* (1969-2007), Bollati Boringhieri, Torino, vol. V.
Lévy-Bruhl L., *La mentalità primitiva* (1922), Einaudi, Torino 1966.
Piaget J., *La nascita dell'intelligenza nel bambino* (1936), La Nuova Italia, Firenze 1977.

Premio, v. RICOMPENSA.

Prensione (ingl. *Prehension*; ted. *Greifen*; fr. *Préhension*; sp. *Prensión*). Sequenza di movimenti degli arti superiori utilizzata per afferrare volontariamente gli oggetti. Nella sua intenzionalità la prensione può essere studiata a partire dal quarto mese di vita: prima, la mano è dominata dall'ipertonia dei flessori e quindi è spesso chiusa a pugno, dopo il secondo mese il bambino afferra tutto ciò che stimola il palmo della mano condizionata dal *riflesso prensorio*, che poi scompare per lasciare il campo alla *prensione volontaria*, possibile solo quando si affinano le percezioni visive che permettono di valutare la distanza, e quelle cinestesiche che permettono di dare al braccio la posizione adeguata (v. CINESTESIA).

Preoccupazione (ingl. *Worry*; ted. *Besorgnis*; fr. *Préoccupation*; sp. *Preocupación*). Timore preventivo accompagnato da uno stato d'ansia che tiene assorto un individuo impedendogli il contatto affettivo e il rapporto con la realtà esterna. Quando non è giustificata da dati di realtà, la preoccupazione ha tratti patogeni con motivazioni da rintracciare a livello inconscio.

Presbiacusia (ingl. *Presbyacusia*; ted. *Presbyakusie*; fr. *Presbyacousie*; sp. *Presbiacusia*). Abbassamento della soglia superiore dell'udito con l'avanzare dell'età.

Presbiofrenia, v. NEOFRENIA; DEMENZA, § III.

Presbiopia (ingl. *Presbyopia*; ted. *Presbyopie*; fr. *Presbytie*; sp. *Presbicia*). Diminuzione della capacità di accomodazione del cristallino a cui si va incontro con l'avanzare dell'età, per cui risulta difficoltosa la visione degli oggetti vicini. Dalla presbiopia va distinta l'*astenopia*, che è una debolezza visiva per affaticamento dell'occhio nella visione ravvicinata, frequente nei casi di ASTENIA (v.).

Prescrizione (ingl. *Prescription*; ted. *Vorschrift*; fr. *Prescription*; sp. *Prescripción*). Indicazione terapeutica volta a suggerire al paziente i comportamenti e le azioni utili a modificare il proprio modo di essere al mondo ritenuto dal soggetto stesso inidoneo e destabilizzante, nonché l'acquisizione di modalità più corrette per gestire le proprie emozioni e le proprie idee. Questa tecnica è impiegata principalmente: 1) nella *psicoterapia cognitivo-comportamentale* con prescrizioni centrate sul sintomo per soggetti dai comportamenti significativamente destabilizzanti, oppure sull'acquisizione di una maggior consapevolezza per soggetti portati all'interiorizzazione; 2) nell'*approccio sistemico della terapia della famiglia* (v. FAMIGLIA, § III, 3) dove il terapeuta impartisce delle direttive e assegna dei compiti che coinvolgono i membri del gruppo familiare. La prescrizione può essere *ristrutturante* quando ordina l'assunzione di un comportamento o di una condotta, o *paradossale* quando spezza il paradosso a cui il terapeuta è sottoposto dal nucleo familiare che chiede di cambiare senza modificare nulla delle reciproche condotte, o quando prescrive le regole di relazioni, individuate come non funzionali, per costringere il nucleo familiare a trasgredire la prescrizione stessa, innescando il processo di cambiamento (v. PARADOSSO; PSICOLOGIA SISTEMICA, § 2).

Bibliografia

Baldini F., *Homework. Un'antologia di prescrizioni terapeutiche*, McGraw-Hill, Milano 2004.

Dobson K. S., *Psicoterapia cognitivo-comportamentale. Teorie, trattamenti, efficacia: lo stato dell'arte* (2000), McGraw-Hill, Milano 2002.

Nardone G., Watzlawick P., *L'arte del cambiamento*, Ponte alle Grazie, Firenze 1990.

Selvini Palazzoli M., Boscolo L., Cecchin G., Prata G., *Paradosso e controparadosso* (1975), Raffaello Cortina, Milano 2003.

Selvini Palazzoli M., Cirillo S., Selvini M., Sorrentino A. M., *I giochi psicotici nella famiglia*, Raffaello Cortina, Milano 1988.

Watzlawick P., Beavin J. H., Jackson D. D., *Pragmatica della comunicazione umana* (1967), Astrolabio, Roma 1971.

Presente, v. TEMPO, § II; PSICOLOGIA DELLA GESTALT, § IV.

Presentificazione (ingl. *Presentification*; ted. *Vergegenwärtigung*; fr. *Presentification*; sp. *Presentificación*). Termine che ricorre in ambito fenomenologico per indicare: 1) l'atto con cui il soggetto rende presente il passato della sua vita, 2) l'atto con cui si allontana dalla sua presenza per render presente la presenza altrui (v. PRESENZA). In entrambi i casi è richiesta una depresentificazione (*Entgegenwärtigung*) che consente la riattualizzazione del passato e l'APPRESENTAZIONE (v.) altrui.

Bibliografia

Binswanger L., *Per un'antropologia fenomenologica. Saggi e conferenze psichiatriche* (1921-1941), Feltrinelli, Milano 1970.

Presentimento (ingl. *Presentiment*; ted. *Vorgefühl*; fr. *Pressentiment*; sp. *Presentimiento*). Previsione incerta e confusa, generalmente riferita a un evento spiacevole, accompagnata da inquietudine e apprensione.

Presenza (ingl. *Presence*; ted. *Anwesenheit*; fr. *Présence*; sp. *Presencia*). Automanifestarsi di tutto ciò che c'è per il solo fatto di esserci. La presenza è "già lì", offerta alla nostra esperienza prima di ogni giudizio e di ogni riflessione comune o scientifica che la interpreta in un certo ordine, adottando determinate categorie. In questo senso la presenza è un'unità pre-categoriale che fa da sfondo a ogni successiva costruzione categoriale. Per cogliere la presenza Edmund Husserl dice che occorre un'*epoché*, ossia una sospensione del giudizio con cui siamo soliti considerare ciò che abbiamo davanti. Mettendo tra parentesi ogni impianto categoriale giungiamo all'esperienza originaria della presenza. Martin Heidegger distingue tra la presenza delle cose (*Vorhandenheit*) che sono semplicemente lì davanti (*vor*) e perciò alla mano (*zu Hand*) e quindi utilizzabili (*Zuhandenheit*), e la presenza dell'uomo (*Dasein*) che non è al mondo come lo sono le cose, ma *apre* un mondo percorso dalla sua intenzionalità. Per questo Heidegger dice che «il *Dasein* non ha e non può avere il modo di essere proprio di ciò che è semplicemente presente dentro il mondo» (1927, p. 108). Nel *ci* dell'*Esser-ci*, nel *da* del *Da-sein* viene in luce quel senso per cui l'uomo è il luogo in cui *c'è* (*ist da*) la manifestazione dell'essere, in cui si esprime quell'originario rapportarsi dell'essere all'uomo in cui l'essere si fa presente (*an-wesend*) e l'uomo vi si rivolge (*zu-wenden*). Individuato nell'apertura originaria all'essere, o presenza (*Anwesenheit*), il tratto specifico dell'uomo, si comprende come per Heidegger una psicologia che parta dalla considerazione della natura degli enti (dimensione ontica), e non dall'originaria apertura all'essere (dimensione ontologica), fallisca il suo scopo "antropologico", perché non considera che l'uomo non è una cosa del mondo, ma colui per il quale si dischiude un MONDO (v. § 3).

Partendo da queste premesse, Ludwig Binswanger afferma che una psicologia che voglia essere fedele al suo oggetto non deve applicare all'uomo le categorie scientifiche che si applicano alle cose del mondo, ma deve partire dall'uomo e considerare le modalità esistenziali con cui si dischiude al mondo, cioè il modo con cui la presenza (*Dasein*) si spazializza (*Raum gibt*), si temporalizza (*sich zeigt*), si mondanizza (*sich weltlicht*), co-esiste (*Mit-dasein*). Per fondare una psicologia occorre risalire oltre lo psichico, non per ritrovarsi nell'organico che la biologia descrive, ma per attestarsi in quell'orizzonte in cui sono reperibili le condizioni trascendentali dell'accadere psicologico. Binswanger chiama questo orizzonte *presenza*, e *fenomenologico* il metodo che consente a un fatto psichico di mostrare il suo significato, la sua direzione e il suo senso. Così, scrive Heidegger, vien posto l'accento su ciò che Husserl vuol significare quando afferma che la persona non è una cosa, una sostanza, un oggetto, per cui «l'unità della persona esige una costituzione essenzialmente diversa da quella delle cose naturali» (ivi, p. 114). Per quanto concerne l'analisi della presenza (*Daseinsanalyse*) nelle sue modalità di essere-nel-mondo si vedano le voci ANALISI ESISTENZIALE, § 2, *b* e FENOMENOLOGIA, § 2.

Bibliografia

Binswanger L., *Per un'antropologia fenomenologica. Saggi e conferenze psichiatriche* (1921-1941), Feltrinelli, Milano 1970.

–, *Essere nel mondo* (1930-1957), Astrolabio, Roma 1973.

Galimberti U., *Psichiatria e fenomenologia* (1979), nuova edizione ampliata, Feltrinelli, Milano 2017.

Heidegger M., *Essere e tempo* (1927), Utet, Torino 1978.

Husserl E., *La crisi delle scienze europee e la fenomenologia trascendentale* (1936), il Saggiatore, Milano 1972.

Presinaptico, v. SINAPSI.

Prestigio, v. STATUS.

Presunzione (ingl. *Presumption*; ted. *Vermutung, Überheblichkeit*; fr. *Présomption*; sp. *Presunción*). Il termine può riferirsi o al tipo di giudizio formulato su semplici indizi o alla supervalutazione delle proprie qualità e delle proprie azioni.

Prevenzione (ingl. *Bias, Prevention*; ted. *Voreingenommenheit, Vorbeugung*; fr. *Prévention*; sp. *Prevención*). Il termine si riferisce o al giudizio sfavorevole pronunciato in assenza di prove (v. PREGIUDIZIO), o a tutto ciò che concorre a ridurre l'insorgenza di malattie o di devianze (v. EPIDEMIOLOGIA). In questa seconda accezione si usa anche il termine *profilassi* nel caso di malattie organiche, o *psicoprofilassi* quando si tratta di prevenire l'insorgenza di comportamenti patologici, come per esempio l'assunzione di droghe o di alcol, o di preparare a eventi traumatici, come per esempio il parto, attraverso informazioni e pratiche educative. La prevenzione è un settore della PSICOLOGIA CLINICA (v. § 2, *f*).

Bibliografia

Regogliosi L., *La prevenzione possibile. Modelli, orientamenti, esperienze per l'operatore di territorio sulla prevenzione della devianza giovanile e della tossicodipendenza*, Guerini & Associati, Milano 1994.

Priapismo (ingl. *Priapism*; ted. *Priapismus*; fr. *Priapisme*; sp. *Priapismo*). Erezione persistente del pene da imputare a disfunzione organica e non a desiderio sessuale. Il termine è talora impiegato in modo più generico come sinonimo di SATIRIASI (v.).

Primario, Processo, v. PROCESSO PRIMARIO – PROCESSO SECONDARIO.

Primitivo (ingl. *Primitive*; ted. *Primitiv*; fr. *Primitif*; sp. *Primitivo*). Termine utilizzato per definire: 1) l'*oggetto di studio dell'antropologia* dove l'uso del termine deriva dal retaggio evoluzionistico della disciplina condizionata da quell'atteggiamento etnocentrico che presuppone acriticamente la superiorità della propria cultura rispetto alle altre (v. ETNOCENTRISMO). Questa mentalità è stata superata dal relativismo culturale proposto da Melville Jean Herskovits e dallo stesso Lucien Lévy-Bruhl che, dopo aver fatto ampio uso della nozione di "primitivo", scrive: «Con questo termine improprio, ma di uso quasi indispensabile, intendiamo semplicemente designare i membri delle società più semplici che conosciamo» (1910, p. 36); 2) una *forma di pensiero*, detto PRELOGICO (v.), che si riscontra nell'interpretazione mitica della realtà (v. MITO, § 1) a partire dalla PARTECIPAZIONE MISTICA (v.) che il "primitivo" ritiene di avere con un ordine sovrannaturale (v. SACRO, § 2).

Bibliografia

Herskovits M. J., *Man and his works*, Knopf, New York 1948.
Lévy-Bruhl L., *Psiche e società primitive* (1910), Newton Compton, Roma 1970.

Principio di costanza, v. COSTANZA, § 2.

Principio di piacere, v. PIACERE, § 1.

Principio di realtà, v. REALTÀ, § 3.

Priorità, Effetto di, v. RECENZA, EFFETTO DI.

Privazione (ingl. *Deprivation*; ted. *Entsagung*; fr. *Privation*; sp. *Privación*). Mancata o insufficiente soddisfazione di un bisogno ritenuto fondamentale. Anche se la privazione ha luogo in un arco di tempo limitato, i suoi effetti possono ripercuotersi, talvolta in modo irreversibile, nel futuro, con conseguenze più o meno rilevanti a seconda di ciò che è venuto a mancare. Quando invece la privazione è oggetto di una scelta motivata e volontaria si adotta il termine RINUNCIA (v.).

1) In *psicologia sperimentale* è particolarmente studiata la privazione sensoriale (*sensorial deprivation*) che si verifica con la diminuzione della normale stimolazione sensoriale, visiva, uditiva e tattile con conseguenze reversibili di perdita di identità, alterazioni del pensiero organizzato, modificazioni dello schema corporeo e, in casi estremi, allucinazioni e deliri.

2) In *psicologia sociale* il riferimento è alle condizioni di isolamento (*social deprivation*) che influiscono negativamente sull'apprendimento, sullo sviluppo della personalità e sul processo di socializzazione.

3) In *psicoanalisi* Sigmund Freud distingue la frustrazione dalla privazione: «Per attenerci a un criterio di uniformità terminologica, chiameremo "frustrazione" il fatto che una pulsione non possa essere soddisfatta, "divieto" l'ordinamento che istituisce questa frustrazione, e "privazione" la condizione prodotta dal divieto» (1927, p. 440). Freud ha posto l'accento sulle conseguenze della privazione sessuale, mentre la psicoanalisi successiva ha posto l'accento sulla privazione materna in ordine all'assenza definitiva o temporanea della madre, o alla sua incuria in ordine al nutrire, manipolare, abbracciare, sorridere, scaldare e simili, che, oltre una certa soglia, comporta effetti irreversibili nello sviluppo della personalità (v. ABBANDONO, SINDROME DI). Jacques Lacan, nell'ambito della sua teoria, là dove parla di mancanza (v. LACANIANA, TEORIA, § 9) scrive che «la privazione, nella sua natura di mancanza, è essenzialmente una mancanza reale. È un buco» (1956-1957, p. 36), mentre «l'oggetto della privazione, per parte sua, è sempre un oggetto simbolico» (ivi, p. 38).

Bibliografia

Biller H. B., *La deprivazione paterna* (1974), Il Pensiero Scientifico, Roma 1978.
Bowlby J., *Cure materne e igiene mentale del fanciullo* (1951), Giunti Barbera, Firenze 1957.
Freud S., *L'avvenire di un'illusione* (1927), in *Opere* (1967-1993), Bollati Boringhieri, Torino, vol. X.
Lacan J., *Il Seminario. Libro IV: La relazione oggettuale e le strutture freudiane, 1956-1957*, Einaudi, Torino 2007.
Spitz R. Á., *Il primo anno di vita del bambino* (1958), Editrice Universitaria, Firenze 1962.
Spurlock J., *Social deprivation in childhood and character formation*, in "Journal of the American Psychoanalytic Association", 1970, n. 22.
Winnicott D. W., *Il bambino deprivato* (1984, edito postumo), Raffaello Cortina, Milano 1986.
Zubek J. P., *Sensory deprivation*, Appleton-Century-Crofts, New York 1969.

Probabilità (ingl. *Probability*; ted. *Wahrscheinlichkeit*; fr. *Probabilité*; sp. *Probabilidad*). Calcolo delle possibilità relative al verificarsi di un evento. I valori di probabilità vengono indicati su una scala che va da 0 (quando vi è la certezza che un evento non può verificarsi) a 1 (quando si è certi che l'evento si verificherà sempre ogni volta). Si distinguono una probabilità *soggettiva* relativa alla percezione che ciascuno ha degli eventi che presumibilmente si verificheranno, e una probabilità *oggettiva* che si ottiene applicando la teoria matematica della probabilità in grado di determinare quante volte eventi diversi o combinazioni di eventi possono verificarsi. All'elaborazione delle inferenze a partire dai dati raccolti si applica la statistica inferenziale (v. STATISTICA, § II).

Nell'ambito della neurobiologia interpersonale, Daniel J. Siegel parla di *pattern di probabilità* intendendo con questa espressione «la distribuzione delle variazioni di probabilità di un flusso di energia, nel suo passaggio dall'apertura (possibilità infinite, zero probabilità) alla probabilità (eventualità maggiore) fino alla certezza (100% di probabilità). I pattern di probabilità sono rappresentati nel modello del piano delle possibilità e descrivono il modo in cui l'aspetto auto organizzante della mente può plasmare il flusso di energia che attraversa il corpo e le relazioni. Nel modello i pattern sono raffigurati in riferimento sia all'esperienza soggettiva (sopra il piano) sia ai profili di eccitazione neuronale (sotto il piano)» (2012, p. 37).

Bibliografia

Geymonat L., *Il concetto di probabilità*, in D. Costantini, L. Geymonat, *Filosofia della probabilità*, Feltrinelli, Milano 1982.
Siegel D. J., *Mappe per la mente. Guida alla neurobiologia interpersonale* (2012), Raffaello Cortina, Milano 2014.

Problema (ingl. *Problem*; ted. *Problem*; fr. *Problème*; sp. *Problema*). Situazione teorica o pratica che attende una soluzione. Si è in presenza di un problema quando si desidera trasformare un *dato stato* in uno *stato meta* attraverso un processo cognitivo, finalizzato al reperimento di una soluzione (stato meta) che dipende dalle conoscenze a disposizione del solutore del problema e dalla sua capacità di compiere operazioni cognitive su rappresentazioni simboliche interne. John R. Hayes così riassume questa definizione: «Se desideri fare qualcosa ma non sai come, allora hai un problema» (1978, p. 77). Non dissimile è la definizione di George Polya secondo il quale la soluzione di un problema consiste nel «trovare una via d'uscita dalla difficoltà, una via per superare un ostacolo, raggiungere uno scopo che non era ottenibile subito» (1968, p. IX). Infine Karl Duncker scrive che «un "problema" sorge quando un essere vivente ha un obiettivo e non "sa" come raggiungerlo. [...] Il compito del pensiero consiste nel concepire una certa azione che funga da mediatrice tra la situazione data e la situazione desiderata» (1935, p. 7).

1. La tipologia dei problemi. Il cognitivismo si è particolarmente applicato alla soluzione di problemi (*problem-solving*), distinguendo: problemi *ben definiti* che hanno un obiettivo chiaramente espresso e problemi *non ben definiti* che richiedono una riformulazione, problemi *di routine* quando il soggetto ha una strategia pre-esistente per risolverli e problemi *non di routine* quando il soggetto non dispone di alcuna strategia; in questo secondo caso la soluzione del problema dipende dal grado di creatività che consente di valutare nuove alternative su come rappresentare il problema e progettare un piano di risoluzione. Ci sono poi problemi di ragionamento *induttivo* in cui il soggetto deve trovare una regola a partire da un'informazione limitata, e di ragionamento *deduttivo* dove il soggetto si limita ad applicare le procedure corrette a partire da una regola generale.

2. I processi nella soluzione dei problemi prevedono: *a*) la *rappresentazione* mentale degli elementi dati e dei fini da raggiungere, *b*) una *pianificazione* che fissa dei sotto-scopi da realizzare progressivamente in vista della soluzione finale, *c*) un processo di *esecuzione* che prevede una serie di azioni in grado di implementare il piano, *d*) un *controllo* per verificare se i progressi fatti nella soluzione del problema attraverso le azioni eseguite si accordano con il piano di soluzione. La concezione associazionista (v. Associazionismo) con Edward Lee Thorndike prevede che la soluzione dei problemi debba procedere per prove ed errori, mentre la Psicologia della Gestalt (v.) con Max Wertheimer distingue tra pensiero *riproduttivo* che si limita ad applicare procedure pre-esistenti e pensiero *produttivo* capace di trovare, di fronte a un nuovo problema, nuove soluzioni, riformulando o l'impostazione del problema (lo stato dato) o la rappresentazione meglio definita dello scopo finale (lo stato meta). Infine la psicologia della Gestalt sottolinea, nella soluzione dei problemi, l'importanza dell'Insight (v.).

3. Le tappe per la risoluzione prevedono i protocolli, il diagramma del comportamento nella soluzione dei problemi e la decisione.

A. I *protocolli*. Ne esistono di diversi tipi: a livello sperimentale il più impiegato è il *protocollo verbale* che si ottiene obbligando il soggetto a rendere noti i propri processi mentali quando cerca di risolvere un problema. Allo stesso protocollo si ricorre in psicologia clinica quando si cerca di dedurre la natura delle operazioni interne presenti nelle strutture mnestiche del paziente, considerando come esse vengano riflesse dalle descrizioni che i pazienti stessi danno dei propri pensieri. L'analisi che si ottiene dai protocolli verbali è approssimativa e può essere ulteriormente precisata mediante un metodo adatto a individuare gli eventi che intervengono nel processo. Tale metodo prende il nome di "diagramma del comportamento".

B. Il *diagramma del comportamento nella soluzione dei problemi* prevede l'esame dei seguenti fattori:

a) gli *stati di coscienza* che si riferiscono a tutte le informazioni che il soggetto conosce sul problema. Queste informazioni hanno dei limiti dovuti alla memoria a breve termine che riduce la possibilità di produrre previsioni mentali, ma possono essere compensati dalla memoria a lungo termine che consente di evocare e impiegare degli schemi di comportamento già collaudati (v. Memoria, § 3);

b) le *operazioni* che il soggetto mette in atto per risolvere il problema e che determinano una progressione degli stati di coscienza, dove è possibile individuare i vari livelli raggiunti e scomporre il processo in una serie di piccoli passaggi. Dall'analisi risulta che il soggetto riorganizza il problema generale in obiettivi e soluzioni intermedi, ciascuno dei quali riassume tutte le informazioni fino a quel momento raggiunte;

c) la *ricerca delle soluzioni* che può essere *in avanti*, dalle premesse alla soluzione attraverso il superamento delle fasi intermedie, o *all'indietro*, risalendo i passaggi intermedi fino alla posizione iniziale, come quando in una carta geografica si risale al punto di partenza per individuare la strada che conduce in un certo luogo;

d) gli *operatori* che sono i mezzi impiegati per ridurre la distanza fra i termini del problema e la soluzione. Detti operatori possono essere l'Algoritmo (v.) che è una serie di regole che, correttamente seguite, permettono di ottenere la giusta soluzione, e l'EURISTICA (v.) che è l'adozione di procedure verificatesi efficaci nella soluzione di problemi precedenti. Il fondamento dell'euristica è l'ANALOGIA (v.).

C. La *decisione* rappresenta nei problemi pratici l'equivalente della soluzione nei problemi teorici. Dovendo scegliere fra più alternative si opta per il *valore ottimale* espresso dal massimo guadagno con la minima perdita. Naturalmente esiste uno scarto fra le regole che si dovrebbero seguire e quelle che di fatto si seguono, perché quando le scelte non riguardano quantità semplici, come potrebbe essere il denaro, intervengono il sistema personale di valori e il calcolo delle PROBABILITÀ (v.), spesso influenzato dalla categoria soggettiva relativa alla disponibilità al RISCHIO (v.). Oltre a questi dati soggettivi, la prescrizione per il comportamento ottimale è condizionata anche dal "valore atteso" associato alle decisioni possibili, e dalla probabilità degli eventi che non sono in potere del soggetto che deve assumere la DECISIONE (v.).

Bibliografia

Adams J. L., *Conceptual blockbusting. A guide to better ideas*, Freeman, San Francisco 1974.

Barbieri L., Boggian I., Lamonaca D., *Problem solving nella riabilitazione psichiatrica*, Erickson, Trento 2008.

Davis G. A., *Psychology of problem solving. Theory and practice*, Basic Books, New York 1973.

Duncker K., *La psicologia del pensiero produttivo* (1935), Giunti Barbera, Firenze 1969.

Gagné R. M., *Problem solving*, in "Annual Review of Psychology", 1959, n. 10.

Gilhooly K. J., *Thinking. Directed, undirected and creative*, Academic Press, London 1982.

Hayes J. R., *Cognitive psychology. Thinking and creating*, Dorsey Press, Homewood, Illinois, 1978.

Luchins A. S., *Mechanization in problem solving*, in "Psychological Monographs", 1942, n. 54 (6), fasc. 248.

Maier N. R. F., *Problem solving and creativity individuals*, Brooks/Cole, Belmont, California, 1970.

Mayer R. E., *Thinking, problem solving, cognition*, Freeman, New York 1983.

Meazzini P., *Problemi quotidiani*, Giunti, Firenze 2009.

Mosconi G., D'Urso V., *Il farsi e il disfarsi del problema*, Giunti Barbera, Firenze 1974.

Nardone G., *Problem solving strategico da tasca. L'arte di trovare soluzioni a problemi irrisolvibili*, Ponte alle Grazie, Milano 2009.

Newell A., Simon H. A., *Human problem solving*, Prentice Hall, Englewood Cliffs, New Jersey, 1972.

Polya G., *Mathematical discovery. On understanding, learning and teaching problem solving*, Wiley, New York 1968, vol. II.

Thorndike E. L., *Animal intelligence. An experimental study of the associative process in animals*, in "Psychological Review and Monograf", 1898, n. 2 (8), pp. 551-553.

Wason P. C., Johnson-Laird Ph. N., *La psicologia del ragionamento* (1972), Giunti Barbera, Firenze 1977.

Wertheimer M., *Il pensiero produttivo* (1945, edito postumo), Giunti Barbera, Firenze 1965.

Wickelgren W. A., *How to solve problems*, Freeman, San Francisco 1974.

Problem solving, v. PROBLEMA.

Procedurale, Memoria, v. MEMORIA, § 3, C, β.

Processo mentale (ingl. *Mental process*; ted. *Gedankenprozess*; fr. *Processus mental*; sp. *Proceso mental*). Espressione che si riferisce a tutto ciò che modifica lo stato o la condizione della mente. Dal momento che, come scrive Daniel J. Siegel, «tutto ciò che è collegato alla mente si può definire processo», rientrano in questa denominazione l'esperienza soggettiva, la consapevolezza, le attività mentali, le modalità di elaborazione delle informazioni, le rappresentazioni ecc. Scendendo a un livello più specifico, Siegel, nell'ambito della neurobiologia interpersonale, distingue: «*a*) *processi esperienza-dipendenti* (*experience-dependent*): tipo di crescita neuronale, in cui è la presenza di esperienze nuove a indurre l'attivazione di geni e la conseguente sintesi proteica che porta alla formazione di nuove connessioni sinaptiche o di rafforzamento di quelle esistenti; *b*) *processi in attesa di esperienza* (*experience-expectant*): tipo di crescita neuronale in cui le sinapsi si formano sulla base di informazioni genetiche e il loro mantenimento dipende dall'esposizione dell'organismo a stimoli "attesi", per esempio luci, suoni o l'accudimento da parte di un caregiver. Quindi la mancanza di questi stimoli porta alla perdita delle connessioni di origine genetica» (2012b, pp. 39-40).

Sempre nell'ambito dei processi mentali, Siegel distingue: «*a*) *processi mentali espliciti* che sono pattern di flussi di energia e informazioni che, nel manifestarsi nella sfera della consapevolezza, vengono percepiti direttamente come parte dell'esperienza mentale. Comprendono attività mentali esplicite come pensiero, emozione, memoria, percezione, e l'esperienza a esse collegata delle rappresentazioni mentali esplicite. Di fatto si trovano in un continuum con i processi mentali impliciti come l'umore, la modalità e l'intenzione, i quali si collocano più in basso nelle curve di probabilità del piano delle possibilità; *b*) *processi mentali impliciti* che sono attività mentali come umori, intenzioni, atteggiamenti e modalità che plasmano percezioni, emozioni, pensieri e ricordi senza che si sia consapevoli dell'origine mentale di queste influenze. Si trovano in un continuum con i processi mentali espliciti» (ivi, p. 40).

Bibliografia

Siegel D. J., *La mente relazionale. Neurobiologia dell'esperienza interpersonale* (2012a), Raffaello Cortina, Milano 2013.

–, *Mappe per la mente. Guida alla neurobiologia interpersonale* (2012b), Raffaello Cortina, Milano 2014.

Processo primario – Processo secondario (ingl. *Primary process-Secundary process*; ted. *Primärvorgang-Sekundärvorgang*; fr. *Processus primaire-Processus secondaire*; sp. *Proceso primario-Proceso secundario*). Coppia di termini introdotta da Sigmund Freud per indicare due modi di funzionamento dell'APPARATO PSICHICO (v.) corrispondenti all'attività inconscia e al pensiero cosciente.

1. Il *processo primario* è caratterizzato dal fatto che l'energia psichica (v. LIBIDO) fluisce liberamente passando da una rappresentazione all'altra attraverso i meccanismi dello SPOSTAMENTO (v.), dove una rappresentazione può sostituirne un'altra caricandosi dell'intensità libidica connessa alla prima, e della CONDENSAZIONE (v.), dove in un'unica rappresentazione possono confluire i significati connessi a catene associative diverse. L'energia libera che percorre il processo primario ubbidisce al principio di piacere (v. PIACERE, § 1) perché tende alla gratificazione immediata attraverso la scarica della tensione pulsionale mediante la soddisfazione allucinatoria del desiderio. Il processo primario è leggibile nell'attività onirica caratterizzata da assenza di mezzi linguistici, mancanza della nozione di tempo, coesistenza degli opposti, mancato riconoscimento della realtà.

2. Il *processo secondario* è caratterizzato dal fatto che l'energia non scorre in modo incontrollato, ma è legata (v. LIBIDO, § 1, *e*) a rappresentazioni investite in modo stabile. Ubbidisce al principio di realtà (v. REALTÀ, § 3) per cui viene differito il soddisfacimento della pulsione in base alle esigenze della realtà. L'attività mentale del processo secondario si esprime nel pensiero vigile, nell'attenzione, nel giudizio, nel ragionamento e nell'azione controllata dall'Io, il cui compito principale è quello di inibire il processo primario, a cui tuttavia soggiace nei meccanismi di difesa patologici (v. DIFESA, § 2). Freud ritiene che i processi primari siano ontogeneticamente e filogeneticamente anteriori a quelli secondari (di qui la terminologia), essendo lo sviluppo dell'Io successivo alla RIMOZIONE (v.) del processo primario le cui procedure non sono considerate idonee ad affrontare il mondo esterno e i dati di realtà.

Bibliografia

Freud S., *Progetto di una psicologia* (1895), in *Opere* (1967-1993), Bollati Boringhieri, Torino, vol. II.
–, *Metapsicologia* (1915), in *Opere*, cit., vol. VIII.

Prodigalità (ingl. *Prodigality*; ted. *Verschwendung*; fr. *Prodigalité*; sp. *Prodigalidad*). Tendenza a dissipare gli averi che si esprime o come stile di condotta o come manifestazione episodica in una fase euforico-maniacale. Sigmund Freud connette la prodigalità all'erotismo anale come prosecuzione simbolica del piacere connesso all'eliminazione delle feci, in ciò contrapposta all'AVARIZIA (v.) connessa alla loro ritenzione (v. ANALE, § 4).

Bibliografia

Freud S., *Carattere ed erotismo anale* (1908), in *Opere* (1967-1993), Bollati Boringhieri, Torino, vol. V.

Prodromo (ingl. *Prodrome*; ted. *Prodrom*; fr. *Prodrome*; sp. *Pródromo*). Sintomo che precede e segnala l'insorgenza di una malattia.

Produttività, v. RENDIMENTO.

Produttivo, Pensiero, v. CREATIVITÀ, § 1; PENSIERO, § I, 2; PROBLEMA, § 2.

Proencefalo, v. ENCEFALO, § 1, *c*.

Profano, v. SACRO.

Professionale, Orientamento, v. ORIENTAMENTO, § 5; PSICOLOGIA DEL LAVORO, § 4.

Profilassi, v. PREVENZIONE.

Profilo (ingl. *Profile*; ted. *Profil*; fr. *Profil*; sp. *Perfil*). Rappresentazione grafica dei risultati conseguiti da un soggetto sottoposto a una batteria di test. A seconda dei reattivi adottati (v. TEST) è possibile ottenere profili di personalità, profili mentali, pedagogici, professionali ecc.

Profitto, v. PSICOLOGIA SCOLASTICA, § 1.

Profondità, v. PERCEZIONE, § 5; VISIVO, SISTEMA, § 4.

Profondo (ingl. *Deep*; ted. *Tief*; fr. *Profond*; sp. *Profundo*). Aggettivo impiegato per indicare: 1) le *psicologie* che ammettono l'esistenza di strati psichici non direttamente percepiti come pertinenti all'Io, anche se non riconducibili ad un'unica categoria chiamata "inconscio" (v. PSICOLOGIA DEL PROFONDO); 2) il *materiale psichico* che deriva dai primi stadi della vita o da aree rimosse della personalità; 3) l'*interpretazione* che giunge ai primi eventi dell'esistenza individuale o a tutto ciò che è trattenuto dalle resistenze (v. RESISTENZA). In ordine al materiale e all'interpretazione, la metafora geologica della profondità sottintende che gli eventi dei primi stadi della vita siano di più difficile accesso e di maggior importanza rispetto a quelli recenti detti anche "superficiali" (v. STRATI, TEORIA DEGLI).

Progesterone, v. ENDOCRINO, SISTEMA, § 6, *b*.

Progetto (ingl. *Project*; ted. *Entwurf*; fr. *Projet*; sp. *Proyecto*). Piano d'azione che richiede capacità di valutare il futuro anticipandolo a partire da una corretta valutazione del presente e del passato. Il termine assume significati diversi a seconda dei contesti in cui viene impiegato.

1. LA PSICOLOGIA UMANISTA intende per "progetto" il dispositivo attraverso il quale pensare le possibilità presenti di anticipazione del futuro in ordine alla realizzazione del Sé, alla costruzione identitaria e alla dinamica motivazionale. Sono autori di riferimento Russell Lincoln Ackoff e Frederick Edmund Emery, che insistono sul rapporto tra possibilità e finalità, a cui John William Atkinson aggiunge l'intensità della motivazione e Kurt Lewin l'estensione temporale che permette di elaborare una psicologia proattiva che, nelle procedure del progetto, privilegia i concetti di azione e di strategia.

2. LA PSICOANALISI connette il "progetto" all'ideale dell'Io (v. IO, IDEALE DELL') che, agendo come modello da realizzare, può promuovere tanto un atto creativo, quanto una frustrazione se il tentativo fallisce. Janine Chasseguet-Smirgel e André Green ritengono che il progetto che si misura sull'ideale dell'Io può anche rappresentare una sorta di narcisismo difensivo dell'IO IDEALE (v.). L'intervallo che intercorre fra le possibilità a disposizione del progetto dell'Io e il modello dell'ideale dell'Io che si vuol raggiungere lascia intendere quanto ambiguo, in ordine ai suoi esiti, possa essere il lavoro di idealizzazione, quando è caricato da illusioni narcisistiche che si scontrano con le resistenze della realtà e il fragile equilibrio degli ideali sognati.

3. LA PSICOLOGIA SOCIALE si occupa di progetti collettivi e ne studia la partecipazione e insieme la distanza che intercorre fra la società esistente e la società ipotizzata dal progetto. Sono autori di riferimento Herbert Marcuse che progetta l'oltrepassamento dell'unidimensionalità della società industriale, Jürgen Habermas che considera la modernità un progetto incompiuto, Cornelius Castoriadis che nel ricorso al progetto cerca di definire le condizioni per una nuova istituzionalizzazione dei legami sociali e André Gorz che insiste sul carattere di irriducibile fallimento che comporta ogni progetto di radicale cambiamento sociale.

4. LA PSICHIATRIA FENOMENOLOGICA ha il suo maggior rappresentante in Ludwig Binswanger, per il quale il progetto è il tratto costitutivo dell'esistenza umana, che non è al mondo come le cose, ma aperta al mondo come *progetto* dei suoi possibili atteggiamenti e delle sue possibili azioni. Questo concetto è mediato da Martin Heidegger per il quale l'uomo, che nel mondo è gettato (*ge-worfen*), può progettare (*ent-werfen*) un mondo, e in questo progetto trovare la sua identità (*Selbstheit*). La SITUAZIONE (v.) in cui si trova gettato condiziona il suo progetto del mondo, così come questo progetto *trascende* la sua originaria situazione. In quanto gettato, l'uomo non sceglie di occuparsi del mondo, ma consiste in questa occupazione. Il mondo, cioè, non è ciò di cui l'uomo si occupa, ma è ciò che lo pre-occupa, nel senso che lo occupa prima che l'uomo possa scegliere se occuparsene o meno. A questa pre-occupazione Heidegger dà il nome di CURA (v.). Come poter-essere, l'uomo non è solo la possibilità di realizzare il suo progetto, ma è anche la possibilità di mancarlo. Heidegger chiama questa possibilità DEIEZIONE (v.) che, nell'espressione tedesca *Verfallen*, esprime il senso di una caduta (*fallen*) dell'uomo al livello delle cose del mondo. In ciò Binswanger vede il tratto costitutivo del destrutturarsi dell'esistenza «che nega se stessa come autentica possibilità di sé per cadere in un determinato progetto di mondo in cui si sente deietta; in luogo della libertà di far sì che il mondo accada, subentra la non libertà dell'essere dominati da un determinato progetto di mondo» (1946, p. 25). Per ulteriori approfondimenti si veda la voce ANALISI ESISTENZIALE, § 2, *c*.

Bibliografia

Ackoff R. L., Emery F. E., *La teoria dei sistemi. Presupposti, caratteristiche e sviluppi del pensiero sistemico* (1972), Franco Angeli, Milano 1994.

Argan G. C., *Progetto e destino*, il Saggiatore, Milano 1965.

Atkinson J. W., *La motivazione* (1964), il Mulino, Bologna 1973.

Binswanger L., *L'indirizzo antropoanalitico in psichiatria* (1946), in Id., *Il caso Ellen West e altri saggi* (1944-1946), Bompiani, Milano 1973.

–, *Tre forme di esistenza mancata. Esaltazione fissata, stramberia, manierismo* (1956), il Saggiatore, Milano 1964.

Boutinet J.-P., *Anthropologie du projet*, Puf, Paris 1990.

–, *Psychologie des conduites à projet*, Puf, Paris 1993.

Castoriadis C., *L'istituzione immaginaria della società* (1975), Bollati Boringhieri, Torino 1995.

Chasseguet-Smirgel J., *L'ideale dell'Io. Saggio psicoanalitico sulla "malattia d'idealità"* (1975), Raffaello Cortina, Milano 1991.

Gorz A., *Fondements pour une morale*, Galilée, Paris 1977.

Green A., *Il discorso vivente* (1973), Astrolabio, Roma 1974.

Habermas J., *Il discorso filosofico della modernità* (1985), Laterza, Bari 1991.

Heidegger M., *Essere e tempo* (1927), Utet, Torino 1978.

Lacan J., *Ideale dell'io e io-ideale* (1954), in Id., *Il Seminario. Libro I: Gli scritti tecnici di Freud, 1953-1954*, Einaudi, Torino 1978.

Lewin K., *Principi di psicologia topologica* (1936), Organizzazioni Speciali (O. S.), Firenze 1961.
Marcuse H., *L'uomo a una dimensione* (1964), Einaudi, Torino 1967.
Nuttin J., *Motivation et perspectives d'avenir*, Presses Universitaires, Louvain 1980.

Progettuale, Psicoterapia, v. Psicosocioanalisi.

Prognosi (ingl. *Prognosis*; ted. *Prognose*; fr. *Pronostic*; sp. *Pronóstico*). Predizione della probabilità d'evoluzione di un'azione o di uno stato in base al comportamento presente e passato. La prognosi, che è tanto più esatta quanto più lo è la Diagnosi (v.), si distingue, in base al metodo e all'obiettivo, in: *clinica* con particolare riferimento al decorso a venire di una malattia, *statistica* in base al confronto di casi controllati e scientificamente elaborati, *tipologica* per riduzione dei nessi fattoriali ottenuti statisticamente o in base all'esperienza clinica. La prognosi, oltre che nell'ambito clinico, ha rilevanza in Psicologia forense (v.) per individuare fattori di recidività e per mettere a punto condizioni di trattamento penale.

Programma, v. Programmazione.

Programmazione (ingl. *Programming*; ted. *Programmierung*; fr. *Programmation*; sp. *Programación*). Scelta, puntualizzazione e impostazione di un insieme di interventi coordinati che nel loro complesso compongono il *programma*, il cui scopo è predisporre le condizioni per l'organizzazione più razionale possibile di una determinata attività.

1. In *informatica*, programmare significa impostare un programma, ossia una serie di ordini e istruzioni preordinate che, eseguiti nel modo prestabilito, consentono al computer di svolgere il compito desiderato. Le operazioni necessarie sono: *a*) formulazione del problema e scelta del procedimento matematico; *b*) traduzione in codice del programma; *c*) suddivisione del procedimento matematico in operazioni singole; *d*) prescrizione di dette operazioni con ordini o programmi parziali.

2. In *pedagogia* il concetto di programmazione è contrapposto sia a quello di *programma*, con cui si intende un'esposizione particolareggiata dei contenuti e degli strumenti con cui i contenuti vanno attuati con tratti marcatamente prescrittivi, sia a quello di *spontaneismo* che non anticipa un percorso educativo orientato. La programmazione esige: *a*) la definizione degli obiettivi che ci si prefigge; *b*) la conoscenza della realtà educativa entro cui si opera; *c*) l'individuazione degli strumenti di volta in volta adatti alla realizzazione delle scelte metodologiche; *d*) la verifica del lavoro svolto e del metodo impiegato durante il percorso stesso. Per quanto concerne l'istruzione programmata, si veda la voce Istruzione, § 1.

Bibliografia

Bertolini P., Cavallini G., *Metodologia e didattica*, Mondadori, Milano 1977.
Boscolo P., *Cibernetica e didattica*, La Nuova Italia, Firenze 1969.
Maragliano R., Vertecchi B., *La programmazione didattica*, Editori Riuniti, Roma 1977.
Somenzi V. (a cura di), *La filosofia degli automi*, Bollati Boringhieri, Torino 1965.
Stenhouse L., *Dalla scuola del programma alla scuola del curricolo* (1975), Armando, Roma 1977.

Progresso (ingl. *Progress*; ted. *Fortschritt*; fr. *Progrès*; sp. *Progreso*). Processo di avanzamento continuo per accumulo di acquisizioni che concorrono al miglioramento delle condizioni materiali e morali dell'umanità. In ambito scientifico l'idea base per la formulazione della nozione di progresso è quella di Evoluzione (v.) che, introdotta a livello biologico da Charles Darwin, è stata poi estesa dal positivismo alla storia umana. Criticata da Friedrich Nietzsche e poi dalla Scuola di Francoforte e dall'antropologia strutturale di Claude Lévi-Strauss, che ha mostrato quanto sia improprio applicare alle civiltà passate i criteri "cumulativi" che caratterizzano gli esiti della civiltà europea, la nozione di progresso è stata sostituita da quella di Sviluppo (v.), dove non entrano in gioco valutazioni qualitative che sono possibili solo a partire da un sistema di valori assunto come misura.

Bibliografia

Lasch Ch., *Il paradiso in terra. Il progresso e la sua critica* (1991), Feltrinelli, Milano 1992.
Pera M., Pitt J. (a cura di), *I modi del progresso. Teorie e ipotesi della razionalità scientifica*, il Saggiatore, Milano 1985.

Proiezione (ingl. *Projection*; ted. *Projektion*; fr. *Projection*; sp. *Proyección*). Il termine, derivato dalla geometria dove indica la corrispondenza, punto per punto, tra una figura nello spazio e una figura piana, ha diversi usi a seconda dell'ambito disciplinare in cui è adottato, e un suo significato specifico in psicoanalisi dove indica l'operazione attraverso cui un soggetto localizza fuori di sé (*esternalizzazione*), in persone o cose, ciò che rifiuta o non riconosce come proprio.

1. Neurologia. Con proiezione si intende la corrispondenza fra struttura centrale e struttura periferica, per cui si dice che un'area cerebrale costituisce la proiezione di un apparato somatico recettore o effettore in senso centripeto o centrifugo (v. Corteccia cerebrale).

2. PSICOFISIOLOGIA. In questo ambito si intende per proiezione un movimento dal centro alla periferia per cui, ad esempio, le sensazioni olfattive sono localizzate per proiezione al livello dell'apparato recettore, oppure nella posizione che l'oggetto stimolo occupa nello spazio anziché nel punto di stimolazione del corpo.

3. PSICOANALISI. Meccanismo di difesa inconscio (v. DIFESA, § 2) con cui il soggetto reagisce a eccitazioni interne spiacevoli da cui non può fuggire, negandole come proprie e attribuendole a cose o persone esterne. Per Sigmund Freud la proiezione è alla base della SUPERSTIZIONE (v.), della mitologia (v. MITO, § 8) e dell'ANIMISMO (v.): «Credo infatti che gran parte della concezione mitologica del mondo, che si estende diffondendosi sino alle religioni più moderne, non sia altro che *psicologia proiettata sul mondo esterno*. L'oscura conoscenza (per così dire la percezione endopsichica) di fattori e rapporti psichici inerenti all'inconscio si rispecchia – è difficile dire diversamente, l'analogia con la paranoia deve qui esserci di aiuto – nella costruzione di una realtà *sovrasensibile*, che la scienza deve ritrasformare in *psicologia dell'inconscio*» (1901, pp. 279-280). Il meccanismo proiettivo agisce per Freud: nella *paranoia* dove il soggetto riferisce ad altri rappresentazioni intollerabili che misconosce in se stesso, potendo così agirle sotto l'apparenza di un'azione di difesa dai suoi nemici (v. PARANOIA); nella *fobia* dove «l'Io si comporta come se il pericolo dello sviluppo dell'angoscia che lo minaccia non provenisse da un moto pulsionale, ma da una percezione, e può quindi reagire contro questo pericolo esterno con i tentativi di fuga rappresentati dagli scansamenti fobici» (1915, p. 68; v. FOBIA); nella *gelosia proiettiva* dove il soggetto si difende dal proprio desiderio di essere infedele imputando l'infedeltà al proprio partner (v. GELOSIA, § 2).

In base alla propria concezione della PULSIONE (v.) Freud stabilisce: *a*) un accoppiamento fra *introiezione* e *proiezione* dove «l'Io assume in sé gli oggetti offertigli, in quanto costituiscono fonti di piacere, li introietta (secondo l'espressione di Ferenczi), e caccia d'altra parte fuori di sé ciò che nel suo stesso interno diventa occasione di dispiacere (il meccanismo della proiezione)» (ivi, p. 31; v. INTROIEZIONE); *b*) una relazione tra *rimozione* e *proiezione* articolata nel modo seguente: nella nevrosi ossessiva la difesa primaria consiste nella rimozione del ricordo patogeno e nella sua sostituzione con un sintomo primario di difesa che è la sfiducia in se stessi (v. RIMOZIONE); nella paranoia la rimozione avviene con la proiezione nel mondo esterno con un meccanismo primario di difesa che è la sfiducia negli altri. Quando il meccanismo di difesa fallisce si ha il DELIRIO (v.), leggibile come un ritorno del rimosso dall'esterno.

Implicando la differenziazione tra interno ed esterno, Anna Freud ritiene che «l'introduzione e la proiezione compaiano all'epoca che segue la differenziazione dell'Io dal mondo esterno» (1936, p. 185), mentre Melanie Klein assume il meccanismo di introiezione e proiezione dell'oggetto "buono" e "cattivo" (v. KLEINIANA, TEORIA, § 1) come ciò che consente di operare la distinzione fra interno ed esterno.

4. PSICOLOGIA ANALITICA. Per Carl Gustav Jung «la proiezione è un processo di dissimilazione, in quanto un contenuto soggettivo viene estraniato dal soggetto e incorporato, per così dire, nell'oggetto. Può trattarsi tanto di contenuti penosi, incompatibili, dei quali il soggetto si disfa mediante la proiezione, quanto di valori positivi che sono inaccessibili al soggetto per un motivo qualsiasi, per esempio per sottovalutazione di sé» (1921, p. 473). Jung distingue una proiezione *passiva* e una *attiva*: «La prima è la forma abituale di tutte le proiezioni patologiche e di molte fra quelle normali che non scaturiscono da un'intenzione, ma sono solamente un processo che avviene automaticamente. La seconda forma si trova come componente essenziale dell'atto di immedesimazione. L'immedesimazione è realmente, nel suo complesso, un processo di introiezione, giacché serve a mettere l'oggetto in intimo rapporto con il soggetto. Per stabilire questo rapporto il soggetto stacca da sé un contenuto, per esempio un sentimento, lo trasferisce nell'oggetto, il quale viene così ravvivato, e include in questo modo l'oggetto medesimo nella propria sfera soggettiva» (*ibid.*).

5. PSICOSOMATICA. In questo ambito si parla di proiezione a proposito del trasferimento di uno stato di tensione su un organo del corpo, fissandolo a livello organico allo scopo di misconoscerne l'origine affettiva.

6. PSICOLOGIA. Partendo dall'ipotesi che esista una correlazione tra mondo interiore (*Innenwelt*) e mondo circostante (*Umwelt*), che ciascuno interpreta a partire dal proprio mondo interiore, sono state messe a punto tecniche proiettive (v. TEST, § III, 2) in cui il soggetto, posto di fronte a stimoli ambigui, deve fornire risposte interpretative che, adeguatamente decodificate, permettono di individuare i tratti essenziali della sua personalità.

7. FENOMENOLOGIA. In questo ambito si rifiuta il concetto di proiezione perché si considera la psiche come originariamente aperta al mondo e non come un apparato interno da cui idee e sentimenti possono essere estratti e riferiti all'esterno. Per la fenomenologia, alla base del concetto di proiezione c'è il presupposto naturalistico che pensa le qualità psichiche come oggetti fisici, per cui si ritiene di poter spostare

un sentimento o un'idea come si spostano le cose, dimenticando che sentimenti e idee sono originariamente riferiti al mondo.

Bibliografia

AA.VV., *Quattro saggi sulla proiezione*, Vivarium, Milano 2013.
Abt L. E., Bellak L., *Psicologia proiettiva. Introduzione clinica alla personalità totale* (1961), Longanesi, Milano 1967.
Alexander F. G., *Medicina psicosomatica* (1950), Giunti Barbera, Firenze 1951.
Boss M., *Psicoanalisi e analitica esistenziale* (1957), Astrolabio, Roma 1973.
Ferenczi S., *Introiezione e transfert* (1909), in *Opere* (1989-1992), Raffaello Cortina, Milano, vol. I.
Freud A., *L'Io e i meccanismi di difesa* (1936), in *Opere* (1978-1979), Bollati Boringhieri, Torino, vol. I.
Freud S., *Psicopatologia della vita quotidiana* (1901), in *Opere* (1967-1993), Bollati Boringhieri, Torino, vol. IV.
–, *Osservazioni psicoanalitiche su un caso di paranoia (dementia paranoides) descritto autobiograficamente (Caso clinico del presidente Schreber)* (1910), in *Opere*, cit., vol. VI.
–, *Metapsicologia* (1915), in *Opere*, cit., vol. VIII.
Galimberti U., *Psichiatria e fenomenologia* (1979), nuova edizione ampliata, Feltrinelli, Milano 2017.
Jung G. C., *Tipi psicologici* (1921), in *Opere* (1969-2007), Bollati Boringhieri, Torino, vol. VI.
Klein M., *Note su alcuni meccanismi schizoidi* (1946), in *Scritti 1921-1958*, Bollati Boringhieri, Torino 1978, pp. 409-434.
Murstein B. I., *Handbook of projective techniques*, Basic Books, New York 1965.
Sandler J. (a cura di), *Proiezione, identificazione, identificazione proiettiva* (1987), Bollati Boringhieri, Torino 1988.

Prolattina (LTH), v. ENDOCRINO, SISTEMA, § 1, *a*.

Prolessi (ingl. *Prolepsis*; ted. *Prolepse*; fr. *Prolepse*; sp. *Prolepsis*). Alterazione del linguaggio, tipica dell'età infantile, dovuta al fatto che la rappresentazione delle parole è più rapida della formazione dei suoni, per cui un suono previsto per la sillaba successiva compare prima nella sequenza verbale.

Bibliografia

Pizzamiglio L., *I disturbi del linguaggio*, Etas Kompass, Milano 1968.
Stern C., Stern W., *Die Kindersprache. Eine psychologische und sprachtheoretische Untersuchung* (1907), Wissenschaftliche Buchgesellschaft, Darmstadt 1965.

Prolissità, v. PENSIERO, § III, 1, *c*.

Promiscuità (ingl. *Promiscuity*; ted. *Promiskuität*; fr. *Promiscuité*; sp. *Promiscuidad*). Convivenza di maschi e femmine nell'ambito di gruppi, di formazione temporanea, a carattere coatto o volontario. Il termine è connotato da un'allusione alla licenza sessuale tra i componenti del gruppo.

Prompting. Espressione inglese riferita ai suggerimenti (*prompts*) forniti durante un processo di apprendimento. Il suggerimento viene dato in forma di parziale presentazione della risposta immediatamente prima della presentazione dello stimolo. Questa tecnica è impiegata di frequente nell'istruzione programmata, dove la struttura della proposizione, le parole di riferimento o gli esempi addotti fanno intravedere la risposta esatta (v. ISTRUZIONE, § 1). Ricerche compiute hanno mostrato che il metodo del *prompting* può essere più efficace del rinforzo (v. APPRENDIMENTO, § I) mediante conferma della risposta.

Pronuncia, v. LINGUAGGIO.

Propaganda (ingl. *Propaganda*; ted. *Propaganda*; fr. *Propagande*; sp. *Propaganda*). Procedimento sistematico di persuasione di massa attraverso mezzi di comunicazione che trasmettono messaggi ad alto livello suggestivo sintetizzati in slogan facilmente imprimibili nella memoria ed estrapolati dai valori medi e dai canoni valutativi che sono alla base del senso comune. L'intento della propaganda è quello di informare e nel contempo di ridurre lo spazio opzionale in modo da pilotare le opinioni e le scelte individuali attraverso la presentazione reiterata di modelli che assumono i tratti tipici dello stereotipo (v. PSICOLOGIA DELLA PUBBLICITÀ).

Bibliografia

AA.VV., *La propaganda*, in P. F. Galli (a cura di), *Osservazione psicoanalitica* (1992-1996), Bollati Boringhieri, Torino, vol. XVIII.
Kris E., *Il "pericolo" della propaganda* (1941), in AA.VV., *La propaganda*, Bollati Boringhieri, Torino 1995, pp. 41-72.
Labanca N., *Propaganda*, in M. Flores (a cura di), *Diritti umani. Cultura dei diritti e dignità della persona nell'epoca della globalizzazione*, Utet, Torino 2007, vol. II, pp. 1108-1114.
Miotto A., *Psicologia della propaganda*, Editrice Universitaria, Firenze 1953.
Money-Kyrle R., *La psicologia della propaganda* (1941), in *Scritti (1927-1977)*, Bollati Boringhieri, Torino 2002.
Pratkanis A. R., Aronson E., *L'età della propaganda. Usi e abusi quotidiani della persuasione* (2001), il Mulino, Bologna 2003.

Proposito (ingl. *Purpose*; ted. *Vorhaben*; fr. *Propos*; sp. *Propósito*). Determinazione di un obiettivo e ricerca dei mezzi adeguati per raggiungerlo. La ricerca dei mezzi distingue il proposito dall'intenzione o dal semplice desiderio perché, come già osservava Aristotele, «non tutte le cose che vogliamo ce le proponiamo» (*Etica eudemia*, 1226 b, 19), per lo scarto che intercorre fra il desiderio, l'intenzione e la rispettiva realizzazione.

Bibliografia

Aristotele, *Etica eudemia*, in *Opere*, Laterza, Bari 1973.

Propriocettore, v. RECETTORE, § 1.

Propriocezione, v. SENSIBILITÀ, § 2.

Proprium. Termine coniato da Gordon Willard Allport in sostituzione delle espressioni "Io" e "Sé" rese equivoche dagli impieghi più diversificati, per indicare l'ambito centrale della personalità in cui è rintracciabile il nucleo dell'identità personale.

Bibliografia

Allport G. W., *Divenire. Fondamenti di una psicologia della personalità* (1955), Editrice Universitaria, Firenze 1963.

Prosodia, v. LINGUAGGIO, § 2.

Prosopagnosia, v. AGNOSIA, § 4; FACCIA.

Prospettico, Metodo, v. COSTRUTTIVO, METODO.

Prospettiva (ingl. *Perspective*; ted. *Perspektive*; fr. *Perspective*; sp. *Perspectiva*). Fattore che consente di valutare distanza e profondità (v. PERCEZIONE, § 5). Il termine ha anche un uso figurato riferito alla visione che si ha di un fatto in relazione ai punti di vista dai quali lo si prende in considerazione.

Bibliografia

Pierantoni R., *L'occhio e l'idea. Fisiologia e storia della visione*, Bollati Boringhieri, Torino 1981.

Prossemica (ingl. *Proxemics*; ted. *Proxemik*; fr. *Proxémique*; sp. *Proxémica*). Disciplina che studia l'organizzazione dello SPAZIO (v. § 6) come sistema di comunicazione. Nella vita associativa lo spazio è comunicativo sia come canale che consente di emettere e ricevere informazioni, sia perché la quantità e il mutamento della distanza tra persone che interagiscono qualificano il messaggio dandogli tono e rilievo. Le ricerche prossemiche hanno individuato tre tipi di organizzazione spaziale: *a*) *preordinato* è quello spazio determinato dall'intervento dell'uomo in vista dell'attività individuale o sociale che vi si deve svolgere; *b*) *semiordinato* è quello in cui esistono confini, ma le zone funzionali sono flessibili e occasionali; *c*) *informale* è quello che si riferisce alle distanze mantenute o variate dalle persone che interagiscono nei rapporti sociali secondo schemi convenzionali o culturali. In questo ambito si distinguono quattro tipi di distanza: intima, personale, sociale, pubblica, misurate dalla diade *vicinanza-lontananza* articolate in scale graduate nei vari sistemi di messaggio, e dalla diade *contatto-non contatto* da cui partono le percezioni di intimità, freddezza, falsità, invadenza, aggressività ecc. Confini, contorni, zone, schemi, strutture spaziali hanno in ogni cultura determinazioni precise anche se invisibili, e significati profondi e radicati che condizionano comportamenti individuali e sociali.

Bibliografia

Eco U., *La struttura assente. Introduzione alla ricerca semiologica*, Bompiani, Milano 1968.

Hall E. T., *La dimensione nascosta* (1964), Bompiani, Milano 1969.

Hinde R. A. (a cura di), *La comunicazione non-verbale* (1972), Laterza, Bari 1974.

Prossimale, v. DISTANZA, § 1.

Prostaglandina, v. ENDOCRINO, SISTEMA, § 9, *a*.

Prostituzione (ingl. *Prostitution*; ted. *Prostitution*; fr. *Prostitution*; sp. *Prostitución*). Offerta indiscriminata di prestazioni sessuali dietro ricompensa. Considerata sacra in alcune culture antiche, la prostituzione, che può essere sia maschile sia femminile, è stata ammessa, tollerata, regolata nel corso della storia in base ai princìpi morali che si sono di volta in volta imposti come norme di convivenza. La psicologia individuale, nel delineare psicologicamente le persone implicate nella prostituzione, considera: il *cliente* una personalità timorosa di un rapporto interpersonale autentico che si compensa con rapporti a sfondo sadico che possono convivere con un moralismo formale ostentato in famiglia e in società; il *protettore* un individuo gravemente carente di sentimento sociale che trova un'autovalorizzazione patologica nella sottomissione della donna; la *prostituta* come un soggetto che, quando non è condizionato da fattori economici o ambientali, presenta tratti di masochismo e di aggressività sulla linea della PROTESTA VIRILE (v.) che si esprime nell'utilizzo del potere di attrazione della donna sul maschio e nell'autogestione della propria sessualità.

Bibliografia

Corso C., Landi S., *Quanto vuoi? Clienti e prostitute si raccontano*, Giunti, Firenze 1998.

Garofalo Geymonat G., *Vendere e comprare sesso. Tra lavoro, piacere e prevaricazione*, il Mulino, Bologna 2014.

Harding M. E., *I misteri della donna. Un'interpretazione psicologica del principio femminile come è raffigurato nel mito, nella storia e nei sogni* (1934), Astrolabio, Roma 1973.

Millett K., *Prostituzione* (1971), Einaudi, Torino 1975.

Parenti F., *Dizionario ragionato di psicologia individuale*, Raffaello Cortina, Milano 1975.

Simmel G., *Il rapporto tipico tra denaro e prostituzione*, in Id., *Filosofia del denaro* (1900), Utet, Torino 1984, pp. 538-541.

Protanomalia, v. COLORE, § 3.

Protanopia, v. COLORE, § 3.

Proteanica, Condotta (ingl. *Protean behavior*; ted. *Täuschungsverhalten*; fr. *Conduite protéanique*; sp. *Conducta proteica*). Serie di manovre messe in atto da alcuni animali per ingannare il predatore e distoglierlo dall'attacco. Ne sono esempi il MIMETISMO (v.), il riflesso di morte apparente (v. RIFLESSO, § 2, *d*), l'automutilazione della coda nelle lucertole e altre strategie. Per analogia, il termine è esteso anche a livello umano per quelle condotte caratterizzate dal ricorso abituale all'inganno e al raggiro.

Proteina, v. GENETICA, § 1, *b*.

Protentio, v. TEMPO, § II, 2.

Protesta virile (ingl. *Masculine protest*; ted. *Männlicher Protest*; fr. *Protestation virile*; sp. *Protesta viril*). Termine introdotto da Alfred Adler in riferimento sia agli uomini sia alle donne, per descrivere il rifiuto del ruolo femminile dovuto a una distorsione nell'apprendimento delle differenze sessuali, soprattutto in quelle società fondate sulla supremazia maschile. Nella donna la protesta virile assume i tratti dell'aggressività, dell'attivismo con tendenza a dominare chiunque le stia accanto; nel maschio, detta protesta deriva da un dubbio nevrotico sulla propria virilità, giustificato o da un'inferiorità d'organo (v. ORGANO, § 1), o da confronti interpersonali da cui il soggetto ricava un senso di INFERIORITÀ (v.) che compensa con un'idealità fittizia di maschilità prevaricante. La protesta virile, pur avendo radici in prevalenza sociali, imbocca di frequente vie di compenso sessuale come il dongiovannismo (v. DON GIOVANNI), la NINFOMANIA (v.), il SADISMO (v.).

Bibliografia

Adler A., *Prassi e teoria della psicologia individuale* (1920), Astrolabio, Roma 1947.

Demichelis L., *Protesta*, in L. Ornaghi (a cura di), *Enciclopedia tematica aperta. Politica*, Jaca Book, Milano 1993, pp. 403-405.

Protocollo, v. PROBLEMA, § 1.

Protofallico, Stadio, v. FALLICA, FASE.

Protopsiche (ingl. *Protopsyche*; ted. *Urpsyche*; fr. *Protopsyché*; sp. *Protopsique*). Denominazione introdotta da Sándor Ferenczi in riferimento all'insieme di processi riflessi da lui considerati un prototipo della psiche, a cui la psiche evoluta ritorna quando regredisce: «Se dunque consideriamo l'insieme dei processi riflessi non soltanto come una specie di presagio della psiche, ma come un suo precursore, un abbozzo verso cui, pur nella sua complessità, la psiche più evoluta tende a regredire, troveremo meno misterioso il salto dalla psiche al soma; e non ci parranno così stupefacenti i fenomeni di materializzazione isterica con i loro appagamenti di desiderio ottenuti per via riflessa. Tutto ciò non è altro che regressione alla *protopsiche*» (1919, pp. 42-43).

Bibliografia

Ferenczi S., *Fenomeni di materializzazione isterica. Idee per una teoria della conversione isterica e del simbolismo* (1919), in *Opere* (1989-1992), Raffaello Cortina, Milano, vol. III.

Prototassico, Modo, v. PARATASSIA.

Prototrauma, v. TRAUMA, § 4.

Prova ed errore (ingl. *Trial and error*; ted. *Versuch und Irrtum*; fr. *Preuve et erreur*; sp. *Prueba y error*). Forma di APPRENDIMENTO (v. § I, 2) che si adotta quando, per la soluzione di un compito o di un PROBLEMA (v. § 2), non si dispone di alcuno schema prestabilito. La psicologia sperimentale ha verificato l'incidenza del rinforzo (negativo per il comportamento indesiderato e positivo per quello auspicato) sulla formazione del modello di comportamento che via via si acquisisce.

Bibliografia

Hull C. L., *I principi del comportamento. Introduzione alla teoria del comportamento* (1943), Armando, Roma 1978.

Thorndike E. L., *Animal intelligence. Experimental studies*, Macmillan, New York 1911.

Provocazione (ingl. *Provocation*; ted. *Herausforderung*; fr. *Provocation*; sp. *Provocación*). Comportamento messo in atto per suscitare la reazione altrui. Dal punto di vista psicoanalitico la provocazione è considerata un meccanismo di difesa (v. DIFESA, § 2) per giustificare la propria ostilità o aggressività adducendo a pretesto l'ostilità e l'aggressività dimostrate da altri.

Prurito, v. PELLE, § 2.

Pseudoallucinazione, v. ALLUCINAZIONE.

Pseudociesi, v. GRAVIDANZA.

Pseudodemenza (ingl. *Pseudodementia*; ted. *Pseudoschwachsinn*; fr. *Pseudodémence*; sp. *Seudodemencia*). Marcata indifferenza per tutto quanto circonda il soggetto senza un reale deterioramento mentale (v. DEMENZA). Questa forma va distinta dalla *pseudodemenza isterica* descritta da Carl Wernicke che si osserva a seguito di traumi cranici, shock emotivi o intossicazioni, con una sintomatologia molto simile alla sindrome di Ganser (v. GANSER, SINDROME DI).

Bibliografia

Wernicke C., *Grundriss der Psychiatrie in klinischen Vorlesungen*, Thieme, Leipzig 1894.

Pseudoermafroditismo, v. ERMAFRODITISMO.

Pseudoestesia (ingl. *Pseudoesthesia*; ted. *Pseudoesthesie*; fr. *Pseudesthésie*; sp. *Seudoestesia*). Sensazione o percezione senza uno stimolo corrispondente, come nel caso dell'arto fantasma (v. SOMATOAGNOSIA, § 1, *e*).

Pseudogravidanza, v. GRAVIDANZA.

Pseudoinsufficienza mentale, v. RITARDO MENTALE.

Pseudologia (ingl. *Pseudologia*; ted. *Pseudologie*; fr. *Pseudologie*; sp. *Seudología*). Tendenza abituale a inventare bugie, a cui spesso crede l'autore stesso, allo scopo di destare ammirazione, compassione o comunque interesse negli altri. Rientrano in questo ambito l'esagerazione, la millanteria, il falso ricordo, frequenti in soggetti apparentemente sicuri e fantasiosi, in realtà bisognosi di rassicurazioni e conferme che ottengono riducendo gli altri al ruolo di spettatori incantati. Rubricata da Karl Jaspers tra le forme di isteria, la pseudologia è stata interpretata da Heinz Haenseller come un meccanismo di difesa anticonflittuale che consente di respingere e, nello stesso tempo, di vivere in modo gratificante un avvenimento ambivalente, mitomaniacalmente distorto.

Bibliografia

Haenseller H., *Psychodynamik der Pseudologie*, in "Nervenartz", 1968, n. 39.
Jaspers K., *Psicopatologia generale* (1913-1959), Il Pensiero Scientifico, Roma 2000.

Pseudomnesia, v. MEMORIA, § 8, *b*.

Pseudomutualità (ingl. *Pseudomutuality*; ted. *Pseudogegenseitigkeit*; fr. *Pseudomutualité*; sp. *Seudomutualidad*). Relazione, nella coppia e tra i membri di una famiglia, fondata eminentemente sulla soddisfazione dei reciproci bisogni nevrotici (v. MATRIMONIO).

Pseudoreminiscenza, v. MEMORIA, § 8, *b*.

PSI, v. PARAPSICOLOGIA, § 3.

Psicagogia (ingl. *Psychagogy*; ted. *Psychagogie*; fr. *Psychagogie*; sp. *Psicagogia*). Il termine, che nelle religioni primitive indicava l'evocazione dell'anima dei morti da parte di uno stregone-sacerdote, mantiene il suo significato etimologico di "conduzione dell'anima", in grado di agire sull'orientamento degli affetti e dei motivi profondi che è possibile rintracciare nella personalità dell'educando. Strumento della psicagogia è la parola nella sua valenza persuasiva, per cui Aristotele include la retorica nelle arti psicagogiche. Il termine viene anche utilizzato in senso negativo in riferimento all'uso strumentale dell'influenza che si esercita sugli altri, di cui la figura più ricorrente è il PLAGIO (v.).

Bibliografia

Aristotele, *Poetica*, in *Opere*, Laterza, Bari 1973.

Psicalgia (ingl. *Psychalgia*; ted. *Psychalgie*; fr. *Psychalgie*; sp. *Psicalgia*). Dolore che non rinvia ad alcuna causa organica. È frequente nella forma del mal di testa o nelle forme depressive e timopatiche. Spesso l'origine emotiva è riconosciuta dallo stesso paziente.

Psicastenia (ingl. *Psychasthenia*; ted. *Psychasthenie*; fr. *Psychasthénie*; sp. *Psicastenia*). Termine introdotto da Pierre Janet per descrivere il quadro ossessivo (v. OSSESSIONE, § 2) nella sua differenza dal quadro isterico (v. ISTERIA). Al termine "psicastenia" Sigmund Freud preferì quello di "nevrosi ossessiva", individuando alla base della sintomatologia non una carenza (v. ASTENIA, §§ 2-3) nella sintesi mentale come riteneva Janet, ma un conflitto che monopolizza l'energia psichica del soggetto. Oggi, in psichiatria, con questo termine si intendono le sindromi nevrasteniche (v. NEVRASTENIA) con predisposizione costituzionale ad andamento cronico.

Bibliografia

Freud S., *Le neuropsicosi da difesa* (1894), in *Opere* (1967-1993), Bollati Boringhieri, Torino, vol. II.
Janet P., *Les obsessions et la psychasthénie*, Alcan, Paris 1903; tr. it. parziale, *La passione sonnambulica e altri scritti*, Liguori, Napoli 1996.

Psiche (ingl. *Psyche*; ted. *Psyche*; fr. *Psyché*; sp. *Psique*). Parola greca che etimologicamente significa "soffio" che anima e vivifica un corpo. In questo senso Aristotele parla di ψυχή come identica a βίος, alla vita. I latini tradussero "psiche" con *anima* mantenendo il dualismo platonico di anima e corpo che René Descartes riformulerà nel dualismo *res cogitans* e *res extensa*, dove vige la distinzione tra il mentale e il fisico (v. DUALISMO PSICOFISICO). Con la nascita della psicologia scientifica nel secolo XIX (v. PSICOLOGIA), il termine "anima" fu abbandonato, perché gravido di implicanze filosofiche, metafisiche e morali, per adottare il termine "psiche", più neutro e più tecnico. Il suo significato è affidato ai vari sistemi di pensiero che lo determinano in base al loro impianto categoriale e alle loro premesse teoriche raccolte ed esposte alla voce PSICOLOGIA.

Bibliografia

Cantalupi T., Santarcangelo D., *Psiche e realtà. La psicologia e la teoria quantistica*, Tecniche Nuove Editrice, Milano 2014.
Galimberti U., *Gli equivoci dell'anima* (1987), Feltrinelli, Milano 2001.
Rohde E., *Psiche* (1890-1894), Laterza, Bari 2006.
Zoja L., *Psiche*, Bollati Boringhieri, Torino 2015.

Psichedelico, v. DROGA, § 2.

Psichiatria (ingl. *Psychiatry*; ted. *Psychiatrie*; fr. *Psychiatrie*; sp. *Psiquiatría*). Cura dell'anima. Il termine è stato coniato in epoca illuministica per designare quella branca della medicina che si occupa delle malattie mentali che nell'antichità e nel Medioevo erano considerate di origine sovrannaturale, divina o demoniaca. Nel Settecento, Vincenzo Chiarugi in Italia e Philippe Pinel in Francia dettano le prime norme per un trattamento medico razionale dei malati di mente, fino ad allora reclusi in condizioni disumane. Sempre in Francia, nel 1838 Jean-Étienne Dominique Esquirol pubblica un trattato in cui compare una prima distinzione nosografica tra "pazzi" che dalla normalità approdano alla follia, e "deficienti mentali" che presentano tratti di insufficienza fin dalla nascita. Negli anni successivi gli studi psichiatrici si affermano adottando l'osservazione clinica e il metodo anatomo-patologico, in base al presupposto che le malattie mentali sono determinate da alterazioni o lesioni del cervello. Questa impostazione *organicistica* promuove quella scienza, la *neuropsichiatria*, che, nata dalla persuasione dell'inscindibilità tra malattia mentale e malattia neurologica, si esprime oggi come ricerca dei rapporti tra approccio psichiatrico e approccio neurologico (v. NEUROSCIENZE).

La psichiatria ottocentesca, oltre che organicistica, era descrittiva, quindi con un interesse prevalente per la classificazione delle malattie mentali sulla base dei sintomi, come nell'opera di Emil Kraepelin a cui si ispirò anche la psichiatria italiana con Enrico Morselli. Con l'avvento della psicoanalisi, e con la sua progressiva acquisizione da parte della psichiatria, si passò dal livello *descrittivo* a quello *dinamico*, dove all'interpretazione organicistica del disturbo mentale si sostituì l'interpretazione *psicogenetica*, interessata allo studio dei processi e dei meccanismi psicologici che sono alla base della malattia mentale. Con questa novità metodologica, dalla psichiatria, che si aprì a ventaglio in vari indirizzi, si separò la PSICOPATOLOGIA (v.) che ha fatto proprio il concetto di malattia come "processo", le cui cause vanno cercate in ambito psicologico con metodi differenti rispetto a quelli impiegati dalle scienze biologico-naturalistiche.

1. L'INDIRIZZO SCIENTIFICO-NATURALISTICO. Questo modello, detto anche *medico-biologico*, si richiama alla fondazione anatomo-cerebrale e fisiologico-cerebrale della malattia mentale dove la malattia, e non la persona del malato, si configura come orizzonte tematico a partire dalle opere di Wilhelm Griesinger e di Kraepelin, che collocano la psichiatria nel solco delle scienze naturali, regolate dalla concezione di una causalità lineare. Oggi questo indirizzo, che costituisce ancora la base di tanta prassi psichiatrica, si avvale dei contributi della GENETICA (v.) per il ruolo dell'ereditarietà nella malattia mentale, della NEUROPSICOLOGIA (v.) per le correlazioni tra gli aspetti psicopatologici e le alterazioni delle strutture anatomiche, dell'endocrinologia (v. ENDOCRINO, SISTEMA) per le alterazioni dovute ai disturbi della regolazione e della reattività del sistema ormonale, della costituzionalistica (v. TIPOLOGIA, § 1) per i rapporti fra patologia mentale e costituzione fisica, della NEUROLOGIA (v.) per il rilievo che i fattori biologici hanno nei disturbi degenerativi, infiammatori, tossici, traumatici, neoplastici ecc., della PSICOFARMACOLOGIA (v.) per il contributo alla terapia psichiatrica e per il numero significativo di ricerche rese possibili in ambito neurofisiologico. Questo indirizzo ha costruito il vocabolario della clinica e della nosografia, raccogliendo i sintomi in unità sindromiche costruite in base alla loro apparenza fenomenica, alla loro essenzialità o accessorietà a seconda che i sintomi siano sempre presenti e fondamentali o incostanti e concomitanti (v. DIAGNOSI, § 4). Questo approccio riduzionistico, secondo cui tutti i disturbi mentali sono riducibili e identificabili con fenomeni biologici, a tutt'oggi non è compiutamente dimostrabile, anche se l'introduzione della diagnostica strumentale attraverso immagini (*neuroimaging*) ha consentito significativi progressi nell'ambito dello studio delle schizofrenie e dei disturbi dell'umore (v. DIAGNOSI, § 5).

2. L'INDIRIZZO PSICODINAMICO. Questo indirizzo si avvale dei contributi offerti dalla PSICOANALISI (v.) e più in generale dalla concezione psicodinamica (v. PSICOLOGIA DINAMICA) dell'apparato psichico, con la valorizzazione degli aspetti psicologici e interpersonali rispetto a quelli medico-biologici. Presupposto fondamentale, anche se non condiviso da tutte le letture psicodinamiche della psiche, è la nozione

di INCONSCIO (v.), dove sono contenute le tendenze pulsionali-emotive di cui il soggetto non ha coscienza. A partire da questo presupposto si ha una lettura del disturbo psichico in termini di CONFLITTO (v.) fra istanze psichiche diverse, che si può comprendere a partire da una *concezione energetica* della vita psichica (v. LIBIDO), con azione e reazione di quelle tensioni biologiche che sono le pulsioni di fronte ai dati e agli eventi della realtà. La terapia prevede una presa di coscienza di tale conflittualità, con progressivo superamento attraverso modificazione della relazione dei termini in conflitto.

3. L'INDIRIZZO FENOMENOLOGICO-ERMENEUTICO. Questo indirizzo rivolge la sua attenzione non ai sintomi intesi come indizi di malattia, ma al *senso* che l'esperienza psicopatologica ha nel vissuto soggettivo. Delineato da Karl Jaspers (v. PSICOLOGIA COMPRENSIVA) e poi ripreso e perfezionato da Ludwig Binswanger (v. ANALISI ESISTENZIALE), questo indirizzo tematizza la relazione tra mondo interiore (*Innen-welt*), mondo degli altri (*Mit-welt*) e mondo-ambiente (*Um-welt*), che si intrecciano non in un rapporto di causalità lineare, ma nella modalità del circolo ermeneutico (v. ERMENEUTICA) dove anche il disturbo psichico è consegnato a un orizzonte di senso. Questo indirizzo, sostituendo alla "spiegazione" della malattia la "comprensione" del malato psichico, riesce a evidenziare aspetti qualitativi che sfuggono all'analisi quantitativa dell'indirizzo scientifico-naturalistico.

4. L'INDIRIZZO COMPORTAMENTISTA. Questo indirizzo, che ha come suo antecedente la RIFLESSOLOGIA (v.) di Ivan Petrovič Pavlov, interpreta il disturbo psichico come un difetto di APPRENDIMENTO (v.), per cui occorre ricondizionare il paziente affinché possa essere in grado di fornire risposte adatte alla realtà, abbandonando quelle disadatte apprese in situazioni ansiogene. Da questo punto di vista il disturbo psichico è risolto nel sintomo, a cui si limita la ricerca, escludendo esplicitamente la possibilità di un'indagine introspettiva che non offre garanzie scientifiche e oggettivabili (v. COMPORTAMENTISMO).

5. L'INDIRIZZO COGNITIVISTA. Partendo dal presupposto che l'individuo ha a che fare non con il mondo, ma con quell'esperienza del mondo che la sua mente elabora, allo stesso modo di un sistema informatico in cui i dati ambientali e sensoriali vengono organizzati secondo codici di entrata (*input*) per l'immagazzinamento e l'elaborazione, e codici di uscita (*output*) per le risposte, ognuno con un feedback sugli altri, il cognitivismo considera il disturbo psichico come l'effetto di una DISSONANZA COGNITIVA (v.) che si verifica ogni volta che l'individuo sperimenta informazioni che non si accordano con il suo precedente assetto mentale, con conseguente incongruenza che produce tensione non altrimenti risolvibile se non con una ristrutturazione del proprio campo cognitivo (v. COGNITIVISMO; COGNIZIONE).

6. L'INDIRIZZO SISTEMICO. Questo indirizzo, promosso dalla Scuola di Palo Alto negli anni cinquanta intorno a Gregory Bateson e a Paul Watzlawick, considera la singola personalità come originariamente inserita in un sistema di comunicazione, dove, come in ogni sistema, vigono i criteri della *totalità* per cui la parte può essere compresa solo a partire dal tutto, della *retroazione* per cui l'attività di ogni singolo elemento influenza ed è influenzata dall'attività di ogni altro elemento, e dell'*equifinalità* in base a cui ogni sistema è la miglior spiegazione di se stesso, perché i parametri del sistema prevalgono sulle condizioni da cui esso ha tratto origine. Ne consegue che la "spiegazione" del disturbo psichico non va cercata nel passato, ossia in dati che non appartengono al sistema, ma nei parametri e nelle regole interne al sistema stesso, il quale può essere modificato dall'intervento terapeutico che, come un sistema, entra, con la sua comunicazione, a modificare l'altro sistema rappresentato dal paziente, dalla famiglia, dal gruppo o dalla comunità, attraverso quell'*interfacie* o area di contatto dove i due sistemi entrano in relazione (v. PSICOLOGIA SISTEMICA).

7. L'INDIRIZZO INTERPERSONALE. Questo indirizzo è stato inaugurato negli anni trenta da Harry Stack Sullivan a partire dalla considerazione che le persone non sono entità separate, ma il risultato di interazioni interpersonali, perché ciascuno è coinvolto in un CAMPO (v.) dove è influenzato dagli altri e che a sua volta influenza. A partire da queste premesse Sullivan scrive: «A me sembra che in generale la psichiatria riguardi gli stessi argomenti della psicologia sociale. Infatti, come scienza, la psichiatria deve essere definita come lo studio delle relazioni interpersonali, il che rende necessario l'uso di quel sistema di riferimento concettuale che oggi si chiama *teoria del campo*. Da questo punto di vista la personalità è considerata un'ipotesi; la cosa studiata è la configurazione dei processi che caratterizzano l'interazione di alcune personalità in date situazioni ricorrenti, o campi, che "includono" l'osservatore. [...] Come si vede l'osservatore – lo strumento dato in psichiatria per la raccolta dati – è dunque uno strumento che si conosce imperfettamente, e il suo uso può dare alcuni risultati molto ingannevoli. Da ciò si potrebbe concludere che la costituzione di una psichiatria scientifica è impossibile, e che tanto più impossibile è una psichiatria che si possa applicare a tutti gli uomini in tutte le parti del mondo» (1953, p. 410). In questo modo Sullivan abbandona la lettura

intrapsichica della persona, a favore della lettura interpersonale, fondando una teoria della mente su basi relazionali e sottolineando l'importanza dell'ambiente e della comunicazione che si instaura tra le persone sulla formazione della personalità. Il suo indirizzo è stato accolto e seguito da Erich Fromm, Karen Horney, Erik Homburger Erikson, Clara Thompson, Frieda Fromm-Reichmann (v. PSICOLOGIA SOCIALE, § 3, *d*).

8. L'INDIRIZZO SOCIOLOGICO. Questo indirizzo tematizza il rapporto che intercorre fra salute mentale e fattori sociologici. Anticipato dalla teoria interpersonale della psichiatria di Sullivan, questo indirizzo si è sviluppato in Francia con Henri Baruk, che ha studiato l'influenza della vita collettiva sui disturbi psichici individuali, oltre ai disturbi tipici di una società che si ripercuotono sui singoli individui, e con Roger Bastide che, sotto il nome di *psichiatria sociale*, ha raccolto tre ordini di studi: i processi di desocializzazione individuale, le correlazioni tra disorganizzazione sociale e disorganizzazione individuale, e le relazioni fra le malattie mentali e determinati fatti etnici o socioambientali quali la stratificazione in classi, la struttura della famiglia, le particolari forme religiose, oltre al problema relativo alla trasferibilità dei quadri nosologici della psichiatria occidentale ad altre culture (v. ANTROPOLOGIA, § 7).

9. L'ANTIPSICHIATRIA, v. ISTITUZIONE PSICHIATRICA, § 2.

10. LA PSICHIATRIA TRANSCULTURALE, v. ANTROPOLOGIA, § 7.

11. LA PSICHIATRIA DI COMUNITÀ, v. COMUNITÀ, §§ 2-4.

Bibliografia

Abraham G. (a cura di), *Psichiatria pluridimensionale. È possibile una filosofia della medicina?*, Feltrinelli, Milano 1977.
Arieti S. (a cura di), *Manuale di psichiatria* (1959-1966), Bollati Boringhieri, Torino 1969-1970, voll. I-III.
Balestrieri A., *Trattato di psichiatria*, Il Pensiero Scientifico, Roma 1986.
Basaglia F. (a cura di), *L'istituzione negata. Rapporto da un ospedale psichiatrico*, Einaudi, Torino 1968.
Bastide R., *Sociologia e psicoanalisi* (1950), Dedalo, Bari 1972.
Bateson G., *Verso un'ecologia della mente* (1972), Adelphi, Milano 1976.
Bateson G., Ruesch J., *La matrice sociale della psichiatria* (1951), il Mulino, Bologna 1976.
Bettelheim B., *Psichiatria non oppressiva. Il metodo della Orthogenic School per bambini psicotici* (1974), Feltrinelli, Milano 1976.
Binswanger L., *Per un'antropologia fenomenologica. Saggi e conferenze psichiatriche* (1921-1941), Feltrinelli, Milano 1970.
Bleuler E., *Trattato di psichiatria* (1911-1939, aggiornato da M. Bleuler dal 1940 al 1960), Feltrinelli, Milano 1967.
Borgna E., *Il discorso del metodo in psichiatria*, in Id., *Nei luoghi perduti della follia* (1964-1984), Feltrinelli, Milano 2008, Parte I, pp. 3-56.
–, *I conflitti del conoscere. Strutture del sapere ed esperienza della follia*, Feltrinelli, Milano 1988.
Cassano G. B., Pancheri P. *et al.* (a cura di), *Trattato italiano di psichiatria* (1992), Masson, Milano 1999, voll. I-III.
Castel R., *L'ordine psichiatrico* (1976), Feltrinelli, Milano 1980.
Cazzullo C. L., *Studi di psichiatria. Riunioni monotematiche internazionali di psichiatria organizzate dalla Clinica Psichiatrica dell'Università di Milano*, Il Pensiero Scientifico, Roma 1970.
Conci M., Dazzi S., Mantovani M. L. (a cura di), *La tradizione interpersonale. In psichiatria, psicoterapia e psicoanalisi*, Massari Editore, Roma 1997.
Cooper D., *Psichiatria e antipsichiatria* (1967), Armando, Roma 1972.
Disertori B., Piazza M., *Trattato di psichiatria e socio-psichiatria*, Liviana, Padova 1970.
Esquirol J.-É. D., *Des maladies mentales considérées sous les rapports médical, hygiénique et médico-legal*, Baillière, Paris 1838.
Ey H., Bernard P., Brisset Ch., *Manuale di psichiatria*, Masson, Milano 1979.
Eysenck H. J., *Handbook of abnormal psychology*, Basic Books, New York 1961.
Fasullo S., *Trattato di psichiatria. Percorsi di ricerca psicologica attraverso la sofferenza mentale*, Medical Books, Palermo 2002.
Festinger L., *Teoria della dissonanza cognitiva* (1957), Franco Angeli, Milano 1973.
Foucault M., *Storia della follia nell'età classica* (1961), Rizzoli, Milano 2011.
–, *Il potere psichiatrico. Corso al Collège de France 1973-1974*, Feltrinelli, Milano 2004.
Freud S., *Opere*, Bollati Boringhieri, Torino 1967-1993.
Galimberti U., *Psichiatria e fenomenologia* (1979), nuova edizione ampliata, Feltrinelli, Milano 2017.
Gaston A., *Psichiatria*, in AA.VV., *Gli strumenti del sapere contemporaneo*, vol. I: *Le discipline*, Utet, Torino 1985, pp. 585-609.
–, *Genealogia dell'alienazione*, Feltrinelli, Milano 1987.
Giberti F., Rossi R., *Manuale di psichiatria*, Piccin, Padova 1983.
Goffman E., *Asylums* (1961), Einaudi, Torino 1968.
Gray W., Duhl F. J., Rizzo N. D. (a cura di), *Teoria generale dei sistemi e psichiatria* (1969), Feltrinelli, Milano 1978.
Griesinger W., *Pathologie und Therapie der psychischen Krankheiten*, Braunschweig, Stuttgart 1845.
Jaspers K., *Psicopatologia generale* (1913-1959), Il Pensiero Scientifico, Roma 2000.
Jervis G., *Manuale critico di psichiatria*, Feltrinelli, Milano 1975.
Jung C. G., *Psicogenesi delle malattie mentali* (1907-1959), in *Opere* (1969-2007), Bollati Boringhieri, Torino, vol. III.
Kraepelin E., *Trattato di psichiatria* (1883), Vallardi, Milano 1907.
Laing R. D., *L'io diviso. Studio di psichiatria esistenziale* (1959), Einaudi, Torino 1969.
–, *La politica dell'esperienza* (1967), Feltrinelli, Milano 1968.
Lemperière Th., Féline A. (a cura di), *Psichiatria* (1977), Masson, Milano 1981.

Marzuoli U., *Psiche e condizionamento*, Feltrinelli, Milano 1961.
Minkowski E., *Trattato di psicopatologia* (1966), Feltrinelli, Milano 1973.
Morselli E., *Manuale di semejotica delle malattie mentali*, Vallardi, Milano 1885-1894.
Mosher L. R., Burti L., *Psichiatria territoriale. Principi e pratica* (1989), Feltrinelli, Milano 1991.
Pinel Ph., *La mania. Trattato medico-filosofico sull'alienazione mentale* (1800), Marsilio, Venezia 1987.
Roccatagliata G., *La psichiatria da Ippocrate a Kraepelin*, in G. B. Cassano, P. Pancheri *et al.* (a cura di), *Trattato italiano di psichiatria*, cit., vol. I, pp. 3-42.
Rossi R. (a cura di), *I principali riferimenti teorici in psichiatria*, in G. B. Cassano, P. Pancheri *et al.* (a cura di), *Trattato italiano di psichiatria*, cit., vol. I, pp. 43-92.
Rossini R., *Trattato di psichiatria*, Cappelli, Bologna 1969.
Sullivan H. S., *La moderna concezione della psichiatria* (1939), Feltrinelli, Milano 1961.
–, *Teoria interpersonale della psichiatria* (1953, edito postumo), Feltrinelli, Milano 1962.
–, *Studi clinici* (1956, edito postumo), Feltrinelli, Milano 1976.
–, *The fusion of psychiatry and social science*, Norton, New York 1964 (edito postumo).
Szasz Th. S., *Il mito della malattia mentale* (1961), il Saggiatore, Milano 1966.
–, *I manipolatori della pazzia. Studio comparato dell'Inquisizione e del Movimento per la salute mentale in America* (1970), Feltrinelli, Milano 1972.
Watzlawick P., Beavin J. H., Jackson D. D., *Pragmatica della comunicazione umana* (1967), Astrolabio, Roma 1971.
White W. A., *Pazzi da slegare. Alle origini della psichiatria umanistica* (1921), Castelvecchi, Roma 2016.
Zetzel E., Meissner W. W., *Psichiatria psicoanalitica* (1973), Bollati Boringhieri, Torino 1976.
Zilboorg G., Henry G. W., *Storia della psichiatria* (1941), Feltrinelli, Milano 1963.

Psichiatrizzazione (ingl. *Psychiatrization*; ted. *Psychiatrisierung*; fr. *Psychiatrisation*; sp. *Psiquiatrización*). Termine che si riferisce: *a*) alla pratica di leggere la sofferenza psichica esclusivamente con schemi di tipo medico, con conseguente riduzione di ogni disagio psichico a "malattia"; *b*) alle conseguenze negative di tale etichettatura sul soggetto sia dal punto di vista psicologico che sociale. La psichiatrizzazione, oltre al riduzionismo dello psichico all'organico, determina un'ulteriore operazione riduzionistica quando si definiscono le patologie e i relativi quadri diagnostici a partire dall'efficacia dei farmaci utilizzati.

Psichismo da difesa (ingl. *Psychism of defence*; ted. *Abwehrpsychismus*; fr. *Psychisme de défense*; sp. *Psiquismo de defensa*). Pensieri, azioni e omissioni messi in atto nel tentativo di controllare, in modo più o meno magico, l'idea ossessiva principale (v. OSSESSIONE).

Psicoanalettico, v. PSICOFARMACOLOGIA, § II.

Psicoanalisi (ingl. *Psychoanalysis*; ted. *Psychoanalyse*; fr. *Psychanalyse*; sp. *Psicoanálisis*). Disciplina, fondata da Sigmund Freud, che si propone come 1) un *complesso di teorie psicologiche* e 2) una *tecnica esplorativa e psicoterapica.* Qui ci limiteremo all'esposizione della teoria psicologica elaborata da Freud e comunemente detta *psicoanalisi classica*, rinviando alla voce ANALISI per la trattazione della tecnica esplorativa e psicoterapica, e alla voce PSICOLOGIA DEL PROFONDO per gli sviluppi della psicoanalisi ad opera dei maggiori esponenti del neofreudismo e dei fondatori di scuole dissidenti.

1. L'IPNOSI E IL METODO CATARTICO. Nel secolo XIX, quando il disturbo psichico era fondamentalmente considerato come un epifenomeno secondario del disturbo organico, il fenomeno dell'IPNOSI (v.), che consentiva di far sparire o di indurre sintomi negli isterici, fece sì che i medici dell'epoca, e in particolare Jean-Martin Charcot, incanalassero la ricerca in una direzione più psicologica, rivendicando così un'autonomia dello psichico dall'organico. Muovendo da questa premessa, Freud adottò nel trattamento ipnotico il metodo che Josef Breuer aveva chiamato *catartico* (v. CATARSI), che partiva dal presupposto che l'insorgenza del disturbo psichico non era condizionata dall'esistenza di un disturbo organico, ma da un blocco dell'energia affettiva collegata a ricordi penosi dimenticati.

2. IL CONFLITTO PSICHICO. Breuer attribuiva il blocco dell'energia affettiva al fatto che gli avvenimenti penosi erano stati vissuti in uno stato di coscienza *ipnoide* (v. IPNOIDE, STATO). Ipotizzando in tal modo la possibilità di una doppia coscienza, Breuer si accostava alla teoria di Pierre Janet che supponeva un restringimento del campo della coscienza o ABBASSAMENTO DEL LIVELLO MENTALE (v.). Freud respinse queste teorie deficitarie per sostituirvi il concetto di CONFLITTO PSICHICO (v.) che presuppone una concezione dinamica ed energetica della psiche, nel senso che il disturbo non nasce perché *manca* qualcosa all'organizzazione psichica, ma per l'*urto* di energie opposte: la vita pulsionale da un lato e le istanze di controllo dall'altro.

3. IL SOGNO. Come via d'accesso per comprendere il significato del sintomo nevrotico, espressione del conflitto psichico, Freud elesse il SOGNO (v. § II) che poi divenne "la via regia" per accedere all'inconscio. Nel sogno, infatti, i contenuti inconsci hanno la possibilità di manifestarsi per la ridotta sorveglianza della coscienza. Naturalmente questa manifestazione deve fare i conti con il meccanismo della CENSURA (v.) che agisce da forza antagonista al desiderio inconscio che

si manifesta nel sogno (v. DESIDERIO, § 1). Ciò porta a forme di compromesso che a livello onirico si manifestano nei processi di simbolismo (v. SIMBOLO, § 5), SPOSTAMENTO (v.) e CONDENSAZIONE (v.).

4. L'INCONSCIO. La vita psichica va così delineandosi come un'opposizione tra CONSCIO (v.) e INCONSCIO (v. § 2) dove, a differenza della concezione abituale della vita psichica secondo la quale la coscienza sola è lo psichico, Freud afferma che lo psichico è in sé e per sé inconscio, e la coscienza è un suo piccolo aspetto che mantiene la sua importanza perché è "l'unica luce che ci illumina nel buio della vita psichica".

5. LA METAPSICOLOGIA. Dopo questo capovolgimento, Freud prende a elaborare un complesso di teorie, che vanno sotto il nome di METAPSICOLOGIA (v.), volte a descrivere l'APPARATO PSICHICO (v.), dove sono individuabili i fattori psichici, situati al di qua della coscienza, responsabili delle formazioni psichiche. Detto apparato viene considerato da un punto di vista *topico* come un'entità spaziale in cui collocare i fenomeni psichici, *dinamico* in cui sono descritte le forze che si oppongono o meno al passaggio da un sistema all'altro, *economico* dove si considera la quantità di energia impiegata nei processi psichici. In una prima fase Freud ha ipotizzato come sistemi psichici il *conscio*, il *preconscio* e l'*inconscio*, in una seconda fase l'*Es*, l'*Io* e il *Super-io*. La prima topica è costruita a partire dal processo di *rimozione* da cui prenderebbe consistenza l'inconscio (v. RIMOZIONE), mentre la seconda topica, inaugurata con gli scritti successivi al 1920, è caratterizzata da una sorta di *genetismo* (v. APPARATO PSICHICO, § 4) che prevede la differenziazione graduale delle istanze psichiche a partire dall'inconscio, che affonda le sue radici nel substrato biologico.

6. L'ES E LA TEORIA DELLE PULSIONI. L'indagine sui contenuti fantasmatici dell'ES (v.) condusse Freud alla formulazione di una dottrina generale delle pulsioni in cui la LIBIDO (v. § 1) si esprime percorrendo quelle zone erogene ognuna delle quali rappresenta una fase della sua evoluzione. Le fasi principali sono quella ORALE (v. § 2) dove i contenuti dei fantasmi tendono a costituirsi sui dati percettivi primari come quelli gustativi, olfattivi, tattili ecc., ANALE (v. § 2) che prende avvio con l'educazione del controllo degli sfinteri configurando l'esperienza del bambino in rapporto all'ambiente, FALLICA (v.) caratterizzata dal complesso di Edipo (v. EDIPO, COMPLESSO DI) con conseguente angoscia di castrazione (v. ANGOSCIA – ANSIA, § 2, *f*), e GENITALE (v. § 2) che fa la sua comparsa nell'età dello sviluppo con la piena maturazione degli organi sessuali. Lo sviluppo della libido può svolgersi naturalmente, o subire degli arresti per l'interferenza della FISSAZIONE (v.) o della REGRESSIONE (v.) che arrestano lo sviluppo psichico o lo riportano a fasi precedenti, con conseguente formazione di sintomi nevrotici.

7. L'IO E I MECCANISMI DI DIFESA. Se l'Es esprime le esigenze che il biologico presenta allo psichico, l'IO (v.) è ciò che contempera queste esigenze, dettate dal *principio di piacere* (v. PIACERE, § 1), con le esigenze dettate dal *principio di realtà* (v. REALTÀ, § 3), promosse dal mondo esterno con cui l'Io, a differenza dell'Es, ha rapporto. L'Io è in grado di utilizzare l'*angoscia* (v. ANGOSCIA – ANSIA, § 2) come segnale d'allarme di fronte al pericolo del mondo pulsionale, e di organizzare quei *meccanismi di difesa* (v. DIFESA, § 2) che consentono di contemperare le esigenze dell'Es con quelle del mondo esterno. Tali meccanismi sono l'IDENTIFICAZIONE (v.) che, a partire dall'INCORPORAZIONE (v.), consente all'Io di sentire come proprie le qualità positive, e di proiettare (v. PROIEZIONE) fuori di sé quelle avvertite come ostili, la RIMOZIONE (v.) che mantiene inconsce e quindi estranee all'Io le rappresentazioni istintuali temute, e la SUBLIMAZIONE (v.) che consente di spostare la pulsione dalla sua meta sessuale a una meta considerata più nobile e socialmente accettata.

8. IL SUPER-IO E L'ISTANZA MORALE. Nell'evoluzione dell'organizzazione difensiva contro i pericoli dell'Es si viene formando un'istanza superiore, detta SUPER-IO (v.), che guadagna una propria autonomia fino ad imporsi talvolta all'Io stesso con i tratti di incoercibilità propri dell'Es. Il Super-io si forma attraverso l'identificazione del bambino con l'immagine degli educatori nel periodo corrispondente al tramonto del complesso edipico, o attraverso la trasformazione in istanze autopunitive di cariche pulsionali aggressive dell'Es. Al Super-io Freud connette la formazione dell'istanza etica e, a questa, la formazione della civiltà: «Di fatto l'uomo primordiale stava meglio, poiché ignorava qualsiasi restrizione pulsionale. In compenso la sua sicurezza di godere a lungo di tale felicità era molto esigua. L'uomo civile ha barattato una parte della sua possibilità di felicità per un po' di sicurezza» (1929, p. 602).

9. PULSIONE DI VITA E PULSIONE DI MORTE. La contrapposizione tra felicità e sicurezza riproduce quella tra *libido*, o energia pulsionale espressa dall'Es, e *pulsione di conservazione* impersonata dall'Io che interiorizza le proibizioni dell'ambiente, o realtà, alla libera espressione delle pulsioni. A partire dal 1920, con *Al di là del principio di piacere*, il conflitto psichico non viene più considerato tra il biologico da un lato e le esigenze del mondo esterno dall'altro, ma, all'interno del biologico, tra *pulsione di vita*, in cui si esprimono

gli impulsi libidici o *Eros*, e *pulsione di morte*, in cui si esprime la tendenza di ogni vivente all'autodistruttività o *Thanatos* (v. EROS – THANATOS). Se Eros tende a creare organizzazioni della realtà sempre più complesse o armonizzate, Thanatos tende a far tornare il vivente a una forma d'esistenza inorganica, quasi una nostalgia per stadi di organizzazione inferiori antagonista degli impulsi di vita.

Bibliografia

Bastide R., *Sociologia e psicoanalisi* (1950), Dedalo, Bari 1972.
Bercherie P., *La metapsicologia di Freud. Storia e struttura* (1982-1988), Einaudi, Torino 2003.
Bodei R. (a cura di), *Letteratura e psicoanalisi*, Zanichelli, Bologna 1974.
Castel R., *Lo psicanalismo. Psicanalisi e potere* (1973), Einaudi, Torino 1975.
Conte M., Dazzi N. (a cura di), *La verifica empirica in psicoanalisi*, il Mulino, Bologna 1988.
Erdelyi M. H., *Freud cognitivista* (1985), il Mulino, Bologna 1988.
Fenichel O., *Trattato di psicoanalisi delle nevrosi e delle psicosi* (1945), Astrolabio, Roma 1951.
Fine R., *Storia della psicoanalisi* (1979), Bollati Boringhieri, Torino 1982.
Fossi G., *La psicoanalisi applicata. Arte, letteratura, musica, cinema, storia e religione*, Utet, Torino 1994.
Freud S., *Il disagio della civiltà* (1929), in *Opere* (1967-1993), Bollati Boringhieri, Torino, vol. X.
–, *Opere* (1967-1993), Bollati Boringhieri, Torino.
Fromm-Reichmann F., *Psicoanalisi e psicoterapia* (1959), Feltrinelli, Milano 1964.
Glover E., *La psicoanalisi* (1949), Feltrinelli, Milano 1975.
Green A., *La clinica psicoanalitica contemporanea. Una prospettiva nuova per la psicoanalisi del futuro* (2015), Raffaello Cortina, Milano 2016.
Greenson R. R., *Tecnica e pratica psicoanalitica* (1967), Feltrinelli, Milano 1974.
Grünbaum A., *I fondamenti della psicoanalisi. Una critica filosofica* (1984), il Saggiatore, Milano 1988.
Hartmann H., *Fondamenti della psicoanalisi* (1927), Feltrinelli, Milano 1981.
Jervis G., *Il secolo della psicoanalisi*, Bollati Boringhieri, Torino 1999.
Jones E., *Vita e opere di Freud*, vol. I: *Gli anni della formazione e le grandi scoperte (1856-1900)*, vol. II: *Gli anni della maturità (1901-1919)*, vol. III: *L'ultima fase (1919-1939)* (1953), il Saggiatore, Milano 1962.
Jung C. G., *Freud e la psicoanalisi* (1906-1949), in *Opere* (1969-2007), Bollati Boringhieri, Torino, vol. IV.
–, *Psicoanalisi e psicologia analitica* (1932-1961), in *Opere*, cit., vol. XV.
Kohut H., *La cura psicoanalitica* (1984), Bollati Boringhieri, Torino 1986.
Kutter P., Loch W., Roskamp H., Wesiack W., *Psicoanalisi medica. La teoria della malattia nella psicoanalisi* (1971), Feltrinelli, Milano 1975.
Laplanche J., Pontalis J.-B., *Enciclopedia della psicoanalisi* (1967), Laterza, Bari 1968.
Leuzinger-Bohleber M., Target M. (a cura di), *I risultati della psicoanalisi* (2002), il Mulino, Bologna 2006.
Lingiardi V., McWilliams N. (a cura di), *PDM-2. Manuale diagnostico psicodinamico* (2017), Raffaello Cortina, Milano 2018.
Merciai S. A., Cannella B., *La psicoanalisi nelle terre di confine. Tra psiche e cervello*, Raffaello Cortina, Milano 2009.
Mertens W., *La psicoanalisi. Storia e metodi* (1997), Einaudi, Torino 2000.
Meyer C. (a cura di), *Il libro nero della psicoanalisi* (2005), Fazi Editore, Roma 2006.
Migone P., *La differenza tra psicoanalisi e psicoterapia. Panorama storico del dibattito e recente posizione di Merton M. Gill*, in "Psicoterapia e Scienze Umane", 1991, XXV, n. 4, pp. 35-65.
–, *Terapia psicoanalitica* (1995), nuova edizione ampliata e aggiornata, Franco Angeli, Milano 2010.
Mitchell S. A., *Gli orientamenti relazionali in psicoanalisi. Per un modello integrato* (1988), Bollati Boringhieri, Torino 1993.
–, *Teoria clinica psicoanalitica. Scritti scelti*, Raffaello Cortina, Milano 2016.
Mitchell S. A., Black M. J., *L'esperienza della psicoanalisi. Storia del pensiero psicoanalitico moderno* (1995), Bollati Boringhieri, Torino 1996.
Molaro A., *Psicoanalisi e fenomenologia. Dialettica dell'umano ed epistemologia*, Raffaello Cortina, Milano 2016.
Morpurgo E., Egidi Morpurgo V., *Psicoanalisi e narrazione. Le strategie nascoste della parola*, Il Lavoro Editoriale, Ancona-Bologna 1987.
Musatti C. L., *Trattato di psicoanalisi*, Bollati Boringhieri, Torino 1949.
–, *Sulla psicoanalisi* (raccolta di saggi), Bollati Boringhieri, Torino 2012.
Nagera H. (a cura di), *I concetti fondamentali della psicoanalisi* (1969), vol. I: *Pulsioni e teoria della libido*, vol. II: *Teoria del sogno*, vol. III: *Metapsicologia. Angoscia e altri argomenti*, Bollati Boringhieri, Torino 1972-1974.
PDM. American Psychoanalytic Association *et al.* (a cura di), *PDM. Manuale diagnostico psicodinamico* (2006), Raffaello Cortina, Milano 2008.
Person E. S., Cooper A. M., Gabbard G. O. (a cura di), *Psicoanalisi. Teoria, clinica, ricerca* (2005), Raffaello Cortina, Milano 2007.
Rapaport D., *Struttura della teoria psicoanalitica* (1960), Bollati Boringhieri, Torino 1969.
–, *Il modello concettuale della psicoanalisi. Scritti 1942-1960* (1967), Feltrinelli, Milano 1977.
Semi A. A. (a cura di), *Trattato di psicoanalisi*, vol. I: *Teoria e tecnica*, vol. II: *Clinica*, Raffaello Cortina, Milano 1988-1989.
Steiner R., *Sigmund Freud e la psicoanalisi*, Morano, Napoli 1973.
Sulloway F. J., *Freud biologo della psiche. Al di là della leggenda psicoanalitica* (1979), Feltrinelli, Milano 1982.
Vegetti Finzi S., *Storia della psicoanalisi*, Mondadori, Milano 1986.
Zaretsky E., *I misteri dell'anima. Una storia sociale e culturale della psicoanalisi* (2004), Feltrinelli, Milano 2006.

Psicobiologia (ingl. *Psychobiology*; ted. *Psychobiologie*; fr. *Psychobiologie*; sp. *Psicobiología*). La psicobiologia, da distinguersi dalla psichiatria biologica (v. PSICHIATRIA, § 1), è un orientamento psicoterapeutico ideato da Adolf Meyer che, partendo da una concezione dell'uomo come unità indivisibile, propone un trattamento capace di integrare lo psichico con il biologico, ritenendo la separazione un prodotto, delle metodiche di studio. Centrale è il concetto di *integrazione* che, a parere di Meyer, può essere raggiunta a partire da qualsiasi livello: fisico, chimico, fisiologico e psicologico, attraverso "analisi e sintesi distributive" dove il malessere viene prima scomposto ai vari livelli di mancata integrazione e poi ricomposto secondo vie corrette. A questo scopo servono sia le cure psicoterapeutiche sia quelle fisiche, la cui efficacia va verificata a livello di comportamento oggettivamente osservabile (donde la denominazione di "psicobiologia oggettiva"). Lo scopo può essere raggiunto o creando le condizioni della modificazione del comportamento, o modificando l'ambiente quando è ritenuto responsabile dell'anomalia comportamentale.

Bibliografia

Meyer A., *Collected works*, Johns Hopkins University Press, Baltimore 1951.

Muncie W., *L'indirizzo psicobiologico*, in S. Arieti (a cura di), *Manuale di psichiatria* (1959-1966), Bollati Boringhieri, Torino 1969-1970, vol. III, pp. 1609-1625.

Papagno C., Gallace A. (a cura di), *Psicobiologia del comportamento normale e patologico*, il Mulino, Bologna 2014.

Pinel J. P. J., *Psicobiologia* (2000), il Mulino, Bologna 2007.

Psicochimica (ingl. *Psychochemistry*; ted. *Psychochemie*; fr. *Psychochimie*; sp. *Psicoquímica*). Detta anche *neurochimica*, è una specializzazione della PSICOFISIOLOGIA (v.) che studia la biochimica del cervello per individuare rapporti definiti tra stati di coscienza e reazioni chimiche, in particolare i metaboliti cerebrali, con specifica attenzione ai neurotrasmettitori (v. NEUROTRASMETTITORE), in rapporto agli stati mentali normali e patologici.

Psicochirurgia (ingl. *Psychosurgery*; ted. *Psychochirurgie*; fr. *Psychochirurgie*; sp. *Psicocirugía*). Insieme di interventi chirurgici sul cervello per modificare attività psichiche alterate. La psicochirurgia ha rappresentato una prassi terapeutica diffusa, anche se assai discussa per l'irreversibilità delle lesioni prodotte e per le conseguenti modificazioni della personalità. Gli interventi più frequenti sono stati le *lobotomie prefrontali e bilaterali* che, attraverso interruzioni di circuiti neuronici o di connessioni anatomiche, consentivano una mitigazione dell'eccitabilità nervosa con conseguente indifferenza, distacco emotivo, riduzione degli interessi e inerzia (v. ECCITABILITÀ). Detti interventi venivano praticati in casi di schizofrenie ricche di panico, con insufficiente controllo istintivo e affettivo.

Bibliografia

Freeman W., *La psicochirurgia*, in S. Arieti (a cura di), *Manuale di psichiatria* (1959-1966), Bollati Boringhieri, Torino 1969-1970, vol. III, pp. 1776-1796.

Psicocinesi (PK), v. PARAPSICOLOGIA, § 2.

Psicodiagnostica, v. DIAGNOSI.

Psicodietetica (ingl. *Psychodietetics*; ted. *Psychodiätetik*; fr. *Psychodiététique*; sp. *Psicodietética*). Studio della relazione tra alimentazione e stato mentale, vuoi nel caso in cui la dieta sia una causa diretta dei sintomi psichici, vuoi nel caso in cui il disturbo psichico incida sul comportamento alimentare (v. ALIMENTAZIONE).

Psicodinamica, v. PSICOLOGIA DINAMICA.

Psicodislettico, v. PSICOFARMACOLOGIA, § III.

Psicodramma (ingl. *Psychodrama*; ted. *Psychodrama*; fr. *Psychodrame*; sp. *Psicodrama*). Tecnica psicoterapeutica introdotta negli anni venti dal sociologo e psichiatra Jacob Levi Moreno che, opponendosi a quella che a suo parere era l'arbitraria ripartizione della personalità operata da Sigmund Freud, e sostituendo al modello intrapsichico di Freud il modello interpersonale, ribadisce l'unità esistenziale della persona che può essere curata nei suoi disturbi comportamentali, nelle sue esigenze motivazionali e nelle sue fantasie attraverso una rappresentazione scenica improvvisata in cui i partecipanti sono invitati a esteriorizzare sul palcoscenico i loro vissuti.

1. LO PSICODRAMMA CLASSICO. Come è stato ideato da Moreno, lo psicodramma prevede una *scena* dove si svolge l'azione, un *protagonista* della rappresentazione, un'*équipe psicodrammatica* i cui componenti, denominati «Io ausiliari, hanno la funzione di recitare quelle parti di cui il paziente può aver bisogno per presentare adeguatamente la propria situazione [...] dando corpo o a persone reali dell'ambiente del paziente come il padre, la madre o il figlio, o a figure simboliche come Dio, il Giudice o Satana caratteristici del mondo del paziente» (1969, p. 82), e un *uditorio* che, come il coro della tragedia greca, fa da eco al protagonista manifestando le proprie emozioni di fronte alle vicende rappresentate. Proponendo per primo il concetto di *acting out* (v. AGIRE), che assumerà in psicoanalisi un significato regressivo o difensivo, lo *psicodrammatista* che promuove l'azione assume un atteggiamento direttivo invitando i partecipanti ad agire verbalmente, con il contatto fisico e con l'espressione corporea a cui Moreno assegna una funzione catartica (v. CATARSI).

2. LO PSICODRAMMA PSICOANALITICO. Questa forma di psicodramma si è sviluppata intorno agli anni quaranta come tecnica di analisi infantile (v. PSICOLOGIA

DELL'INFANZIA, § 5) e in seguito degli adulti, ma con ragioni tecniche e teoriche diverse rispetto allo psicodramma classico. Rifiutato il metodo catartico per la sua scarsa efficacia trasformativa della struttura psichica profonda, lo psicodramma psicoanalitico vieta il contatto fisico tra i partecipanti, assegna agli analisti presenti il compito di costituire l'oggetto del TRANSFERT (v.) e ai partecipanti quello delle identificazioni (v. IDENTIFICAZIONE), mentre lo scopo della rappresentazione, che avviene in assenza di pubblico, non ha in vista la catarsi, ma l'interpretazione, non della realtà rappresentata, bensì dell'immaginario del paziente-protagonista sul piano simbolico. Le sedute si svolgono in orari che sono regolarmente stabiliti, in spazi che non ospitano accessori teatrali e sono condotte da due analisti, di solito di sesso diverso, a cui spetta il compito dell'interpretazione dei conflitti che lo psicodramma evidenzia.

3. IL SOCIODRAMMA. Sia nella concezione di Moreno sia in quella psicoanalitica, il sociodramma differisce dallo psicodramma perché non si rivolge al paziente-protagonista, ma al gruppo nella sua totalità per risolvere problemi interindividuali, di ruolo e di gruppo.

Bibliografia

Biddle B. J., Thomas E. J., *Role theory. Concepts and research*, Wiley, New York 1966.
Boria G., *Psicoterapia psicodrammatica. Sviluppi del modello moreniano nel lavoro terapeutico con gruppi di adulti*, Franco Angeli, Milano 2005.
Gasca G., *Lo psicodramma gruppoanalitico*, Raffaello Cortina, Milano 2012.
Gasseau M., Gasca G., *Lo psicodramma junghiano*, Bollati Boringhieri, Torino 1991.
Greenberg I. A. (a cura di), *Psychodrama. Theory and therapy*, Behavioral Publications, New York 1974.
Lemoine G., Lemoine P., *Lo psicodramma* (1972), Feltrinelli, Milano 1973.
Moreno J. L., *Hypnodrama and psychodrama* (1946), Bacon House, Boston 1950.
–, *Manuale di psicodramma. Il teatro come terapia* (1946), Astrolabio, Roma 1985.
–, *Il teatro della spontaneità* (1947), Guaraldi, Firenze 1973.
–, *Principi di sociometria, di psicoterapia di gruppo e sociodramma* (1953), Etas Kompass, Milano 1964.
–, *Gruppenpsychotherapie und Psychodrama. Einleitung in die Theorie und Praxis*, Thieme, Stuttgart 1959.
Moreno J. L., Moreno Z. T., *Manuale di psicodramma. Gli spazi dello psicodramma* (1959), Di Renzo, Roma 1995.
–, *Manuale di psicodramma. Tecniche di regia psicodrammatica* (1969), Astrolabio, Roma 1987.
Razzini E., *Lo psicodramma psicoanalitico. Manuale per le istituzioni*, Raffaello Cortina, Milano 2005.
Schützenberger A. A., *Lo psicodramma* (1966), Martinelli, Firenze 1972.
Schützenberger A. A., Sauret M.-J., *Il corpo e il gruppo* (1977), Astrolabio, Roma 1978.

Psicoeconomia, v. NEUROECONOMIA.

Psicofarmacologia (ingl. *Psychopharmacology*; ted. *Psychopharmakologie*; fr. *Psychopharmacologie*; sp. *Psicofarmacología*). Ramo della farmacologia che studia, su base sperimentale e a scopo terapeutico, l'azione delle sostanze chimiche sulle funzioni psichiche. Nata agli inizi degli anni cinquanta con l'introduzione della cloropromazina da parte di Jean Delay e Pierre Deniker, la psicofarmacologia ha bisogno dell'apporto di molti ambiti disciplinari come la genetica, la biochimica, la neurofisiologia, la psicofisiologia in un processo di integrazione non ancora completamente avvenuto. Dopo un iniziale entusiasmo incondizionato, oggi si è persuasi che gli psicofarmaci hanno un'azione più sintomatica che causale, nel senso che l'andamento del disturbo psichico risulta modificato più nelle sue manifestazioni esteriori che nelle sue dinamiche profonde.

La classificazione degli psicofarmaci è un problema controverso per due ragioni: perché le classificazioni strettamente farmacologiche non corrispondono alle distinzioni cliniche, sia sul piano terminologico sia su quello dei criteri generali, e inoltre perché le classificazioni basate sull'attività clinico-terapeutica sono opinabili, in quanto questi farmaci hanno una serie di azioni distinte che si ritrovano in gruppi diversi. Sono stati adottati criteri di classificazione 1) di tipo *pragmatico* che, in base all'effetto terapeutico, dividono gli psicofarmaci in inibitori psichici, attivatori psichici e psicotomimetici o simulatori di psicosi; 2) di tipo *psicofisiologico* che, in base all'effetto sulle attività biochimiche e neurofisiologiche del sistema nervoso, dividono gli psicofarmaci in neurolettici, ansiolitici, antipsicotici, psicotogeni e antidepressivi; 3) di tipo *clinico* che seguono il criterio descrittivo di Delay e Deniker, che prevede una distinzione in psicolettici, psicoanalettici e psicodislettici, a cui in questa sede ci atterremo, rinviando al § IV di questa voce la segnalazione dei più recenti criteri impiegati per la classificazione degli psicofarmaci.

I. PSICOLETTICI. Sono farmaci che producono rilassamento e depressione dell'attività psichica. Si suddividono in *timolettici* o depressori degli affetti, e *noolettici* o depressori della vigilanza.

1. I *timolettici* comprendono i *neurolettici* che svolgono un'attività antipsicotica, e i *tranquillanti* che diminuiscono i livelli d'ansia in tutte le sue forme.

a) I *neurolettici* rispondono a cinque proprietà cliniche elencate da Delay e Deniker: creazione di uno stato di indifferenza psicomotoria, efficacia nella riduzione degli stati di eccitamento e di agitazione, diminuzione progressiva dei sintomi acuti e cronici delle psicosi, tossicità extrapiramidale e produzione di sintomi neurovegetativi. Comprendono gli *alcaloidi della rauwolfia*, di cui il più noto è la *reserpina*, con prevalente effetto antimaniacale e con riduzione di tutte le componenti concomitanti, da quelle motorie a quelle verbali, come logorrea e fuga delle idee; le *fenotiazine* con azione antidelirante e antiallucinatoria, impiegate nella terapia delle psicosi acute e croniche e degli stati di eccitamento dissociativo; i *toxanteni* con azione non molto diversa da quella espletata dalle fenotiazine, ma di intensità minore; per il loro effetto antidepressivo sono utilizzati nelle forme depressive degli stati schizofrenici e in alcune forme paranoidee; i *butirrofenoni* che sono utilizzati in presenza di manifestazioni maniacali perché riducono la motilità, l'agitazione, la logorrea e la fuga delle idee. I neurolettici ad azione protratta si distribuiscono ordinatamente su una curva dalla quale risulta che, ad azione antipsicotica più marcata, corrisponde un effetto sedativo meno intenso e viceversa.

b) I *tranquillanti* o sedativi *ansiolitici* sono sostanze che riducono l'ansietà patologica, la tensione e l'agitazione, senza effetto terapeutico sul disturbo dei processi cognitivi e percettivi. Hanno una modesta azione sull'eccitamento psicotico e mancano di azione neurolettica, ossia non provocano effetti sfavorevoli collaterali neurologici come le sindromi extrapiramidali o le crisi neurodislettiche (distonia acuta). Appartengono a questo gruppo gli *alcandioli* a effetto ansiolitico moderato accompagnato da rilassamento muscolare, e le *benzodiazepine* che diminuiscono i livelli d'ansia nevrotica, reattiva agli avvenimenti, e legata a fenomeni depressivi. Assunte per lunghi periodi e a dosi elevate, le benzodiazepine possono dare assuefazione e talora crisi di astinenza.

2. I *noolettici* sono farmaci che abbassano il livello di vigilanza, deprimono le funzioni mentali e inducono il sonno. In questa classe troviamo i *barbiturici* che sono degli ipnotici impiegati, con somministrazione serale, come sedativi, ansiolitici e riduttori dell'eccitamento psicomotorio. Adottati un tempo nella terapia dell'insonnia, oggi il loro uso va riducendosi con l'avvento di psicofarmaci più specifici. Rientrano nella classe dei noolettici anche gli *anticonvulsivanti* impiegati come antiepilettici.

II. Psicoanalettici. Sono farmaci che stimolano l'attività psichica, distinti in *timoanalettici* o *antidepressivi*, quando la loro azione investe gli affetti, e in *nooanalettici* o *neurostimolanti*, quando investe lo stato di vigilanza.

1. I *timoanalettici* o *antidepressivi* agiscono sul tono dell'umore che tendono a elevare, sulle espressioni del pensiero che tendono a ravvivare, oltre ad avere un effetto ansiolitico e un effetto stimolante sull'azione di vigilanza con conseguente produzione dell'insonnia. Si è soliti dividere i timoanalettici in due gruppi: i *triciclici*, così denominati per la loro struttura chimica, che trovano il loro impiego nelle depressioni endogene, e gli *inibitori della monoaminoossidasi* (IMAO), così definiti in quanto inibiscono gli enzimi deputati a ossidare e degradare le amine biogene, consentendone un accumulo tale nel sistema nervoso centrale da determinare un potenziamento della loro azione a livello dei neurotrasmettitori. Vengono impiegati prevalentemente nelle depressioni reattive. Rispetto ai triciclici, l'azione stimolante degli IMAO è molto maggiore e può determinare, alla fine del trattamento, un effetto euforico. Sebbene non appartengano propriamente ai farmaci psicoanalettici, in questi ultimi anni hanno avuto una larga diffusione i *sali di litio* per le sindromi depressivo-maniacali, perché ne diminuiscono la gravità e aumentano gli intervalli di benessere fino ad arrivare ad una stabilizzazione duratura del tono dell'umore.

2. I *nooanalettici* o *neurostimolanti* stimolano lo stato di vigilanza, aumentano l'acutezza dei processi percettivi e diminuiscono il senso di stanchezza fisica e mentale. Il gruppo più importante è quello degli *anfetaminici* che però, oltre agli effetti positivi sulle prestazioni fisiche e intellettuali, comportano una diminuzione delle capacità associative e, a lungo andare, una farmacodipendenza.

III. Psicodislettici. Sono farmaci che turbano l'attività mentale, come la mescalina, l'LSD e la psilocibina. Un tempo venivano usati per talune tecniche psicoterapeutiche brevi che sfruttavano la particolare vivacità rievocativa ottenibile con questi farmaci; oggi il loro uso è stato abbandonato e l'interesse che suscitano rientra sempre più nel capitolo delle droghe (v. Droga, § 2).

IV. I diversi criteri impiegati per la classificazione degli psicofarmaci. Paolo Pancheri, nel *Trattato italiano di psichiatria*, definisce «farmaci psicoattivi tutte le sostanze che, per un'azione selettiva o prevalente sul cervello, inducono modificazioni cognitive, emozionali o comportamentali. Dette sostanze psicoattive sono utilizzate in un contesto medico per ridurre o eliminare alterazioni che sono causa di sofferenza soggettiva, di alterato funzionamento sociale, familiare, lavorativo e che, più in generale, sono alla base dei disturbi di interesse psichiatrico» (1992, p. 3217). Dei diversi criteri di classificazione degli psicofarmaci esposti da Pancheri, segnaliamo i più significativi, stabiliti in base al loro principio organizzatore:

1. *L'area terapeutica* dove sono elencati farmaci psicoattivi sul sistema nervoso che, in base all'obiettivo terapeutico, comprende: anestetici, analgesici, antiepilettici, antiparkinsoniani, psicolettici, psicoanalettici. Questa classificazione, valida agli inizi della psicofarmacologia, oggi non riveste una particolare significatività per effetto dell'aumento delle molecole disponibili che, valide per una certa area terapeutica, si sono rivelate efficaci anche per altre aree.

2. *La struttura chimica delle molecole* appartenenti all'area terapeutica degli antipsicotici comprende: fenotiazine, buttirofenoni, tioxanteni, difenilbutilpiperidine, benzamidi, dibenzotiapine, dibenzodiazepine, benzisoxazoli. Questa classificazione, precisa e tecnicamente non criticabile, non è di grande utilità perché dà solo un'indicazione approssimativa circa l'efficacia e la tollerabilità dei diversi farmaci.

3. *Il meccanismo d'azione* nella classificazione degli antidepressivi è un criterio che comprende gli inibitori della ricaptazione sia selettivi sia non selettivi, gli inibitori dell'ossidazione (IMAO), i bloccanti presinaptici. Questa classificazione è più utile rispetto a quella basata sulla struttura chimica delle molecole, ma anche più imprecisa per la molteplicità dei meccanismi d'azione che caratterizzano i farmaci psicoattivi.

4. *Il criterio temporale* nella classificazione degli antidepressivi prevede quelli di prima generazione anni sessanta: triciclici, inibitori delle monoaminoossidasi (IMAO); di seconda generazione anni settanta: eterociclici; di terza generazione anni ottanta: inibitori selettivi del riassorbimento della serotonina (SSRI), inibitori selettivi del riassorbimento della serotonina e della noradrenalina (SNRI), inibitori selettivi del riassorbimento della noradrenalina (NARI), modulatori della trasmissione della serotonina e della noradrenalina (NASSA). Nella successione generazionale si evidenzia il progresso, che Pancheri ritiene "non sempre dimostrato", dei vari gruppi di farmaci inteso come un miglioramento del rapporto costi-benefici.

5. *La durata d'azione* nella classificazione delle benzodiazepine con emivita brevissima da 1 a 7 ore: etizolam, triazolam, brotizolam, clotiazepam; con emivita breve minore di 24 ore: clobazam, lorazepam, oxazepam, temazepam, lormetazepam, alprazolam; con emivita intermedia da 24 a 48 ore: flunitrazepam, nitrazepam, bromazepam, estazolam; con emivita di lunga durata maggiore di 24 ore: diazepam, clordiazepossido, clonazepam, medazepam, nordazepam, quazepam, prezepam, clordemetildiazepam. Questa classificazione è utile al fine di scegliere, tra molecole che hanno comuni effetti d'azione ed effetti terapeutici, la molecola più idonea al particolare contesto clinico.

Bibliografia

Baldessarini R. J., *Farmacoterapia in psichiatria* (1978), Masson, Milano 1987.

Cavallaro R., *Antipsicotici*, in G. B. Cassano, P. Pancheri *et al.* (a cura di), *Trattato italiano di psichiatria* (1992), Masson, Milano 1999, vol. III, pp. 3333-3388.

Claridge G. S., *Psicofarmaci. Problemi e prospettive* (1970), Bollati Boringhieri, Torino 1973.

Dotti A., *Introduzione alla psicofarmacologia*, in G. B. Cassano, P. Pancheri *et al.* (a cura di), *Trattato italiano di psichiatria*, cit., vol. III, pp. 3201-3216.

Faravelli C., *Psicofarmacologia per psicologi*, il Mulino, Bologna 2010.

Giberti F., Rossi R., Baconcini C., *Le terapie somatiche in psichiatria*, in F. Giberti, R. Rossi, *Manuale di psichiatria*, Piccin, Padova 1983, pp. 335-372.

Hoch P. H., *Le terapie farmacologiche*, in S. Arieti (a cura di), *Manuale di psichiatria* (1959-1966), Bollati Boringhieri, Torino 1969-1970, vol. III, pp. 1797-1807.

Law J., *Big Pharma. Come l'industria farmaceutica controlla la nostra salute* (2006), Einaudi, Torino 2006.

Maj M., Vizioli R., *Problemi pratici in psicofarmacologia clinica*, Masson, Milano 1992.

Malitz S., *Terapia farmacologica. Gli antidepressivi*, in S. Arieti (a cura di), *Manuale di psichiatria*, cit., vol. III, pp. 1826-1860.

Malitz S., Hoch P. H., *Terapia farmacologica. Neurolettici e tranquillanti*, in S. Arieti (a cura di), *Manuale di psichiatria*, cit., vol. III, pp. 1808-1825.

Manfredonia M. G., *Psicofarmacologia per psicologi. Dalle molecole alla realtà clinica*, Raffaello Cortina, Milano 2010.

Pancheri P., *Classificazione dei farmaci psicoattivi*, in G. B. Cassano, P. Pancheri *et al.* (a cura di), *Trattato italiano di psichiatria*, cit., vol. III, pp. 3217-3226.

Ravizza L. (a cura di), *Farmaci attivi nella terapia dell'ansia*, in G. B. Cassano, P. Pancheri *et al.* (a cura di), *Trattato italiano di psichiatria*, cit., vol. III, pp. 3227-3278.

Serra G., Gessa G. L., *Psicofarmacologia*, Masson, Milano 1990.

Silverstone T., Turner P., *L'impiego dei farmaci in psichiatria* (1974), Feltrinelli, Milano 1980.

Smeraldi E. (a cura di), *Antidepressivi*, in G. B. Cassano, P. Pancheri *et al.* (a cura di), *Trattato italiano di psichiatria*, cit., vol. III, pp. 3279-3304.

– (a cura di), *Regolatori dell'umore*, in G. B. Cassano, P. Pancheri *et al.* (a cura di), *Trattato italiano di psichiatria*, cit., vol. III, pp. 3305-3332.

Vertucci P., *Neuropsicofarmacologia ed età evolutiva*, Guido Gnocchi Editore, Napoli 1994.

Psicofisica (ingl. *Psychophysics*; ted. *Psychophysik*; fr. *Psychophysique*; sp. *Psicofísica*). Disciplina, inaugurata da Ernst Heinrich Weber e Gustav Theodor Fechner, che cerca di stabilire le leggi che regolano i rapporti esistenti tra uno stimolo, inteso come fenomeno fisico di intensità definita e misurabile, e la risposta, costituita da una sensazione di determinata intensità, ad esso corrispondente. Il rapporto tra stimolo e risposta è espresso dalla *legge di Weber-Fechner* secondo la quale l'intensità di una sensazione soggettiva è proporzionale al logaritmo dell'intensità dello stimolo (v. WEBER-FECHNER, LEGGE DI). Con Stanley Smith

Stevens l'interpretazione della legge è stata modificata osservando che la proporzione stabilita da Fechner non conduce tanto alla misura della sensazione, quanto a quella della reazione fisiologica allo stimolo.

Prototipo di tutte le successive concezioni psicologiche quantificazioniste, la psicofisica emancipò la psicologia dall'ambito filosofico in cui fino ad allora questa scienza si era espressa in termini fondamentalmente qualitativi, divenne una componente essenziale dell'elementarismo wundtiano (v. INTROSPEZIONISMO), e proseguì il suo filone di ricerca interessandosi ai problemi della SOGLIA (v.) e dello *scaling* (v. SCALA, § 7), o valutazione scalare, applicato non solo alla connessione funzionale tra stimolo e sensazione, ma anche alla valutazione degli interessi e degli atteggiamenti, fino alla misurazione dell'opinione pubblica. Le teorie psicofisiche sono oggi riprese anche dalla PSICOLOGIA DELL'ARTE (v. § 1) che ne utilizza le tecniche per le proprie indagini estetiche.

Bibliografia

Arnheim R., *L'altro Gustav Theodor Fechner* (1985), in Id., *Intuizione e intelletto. Nuovi saggi di psicologia dell'arte* (1986), Feltrinelli, Milano 1987.

Fechner G. Th., *Elemente der Psychophysik* (1860), Breitkopf und Härtel, Leipzig 1889.

Purghé F., *Metodi di psicofisica e scaling unidimensionale*, Bollati Boringhieri, Torino 1997.

Stevens S. S., *Psychophysics of sensory function*, in W. A. Rosenblith (a cura di), *Sensory communication*, Wiley, New York 1961.

–, *Ratio scales of opinion*, in D. K. Whitla (a cura di), *Handbook of measurement in behavioral sciences*, Addison-Wesley, Reading, Massachusetts, 1968.

Weber E. H., *De pulsu, resorptione, auditu et tactu. Annotationes anatomicae et physiologicae*, F. Koehler, Leipzig 1834.

Psicofisico (ingl. *Psychophysical*; ted. *Psychophysisch*; fr. *Psychophysique*; sp. *Psicofísico*). Aggettivo impiegato o come sinonimo di psicosomatico (v. PSICOSOMATICA), o in riferimento al dualismo che separa la psiche dal soma (v. DUALISMO PSICOFISICO).

Psicofisiologia (ingl. *Psychophysiology*; ted. *Psychophysiologie*; fr. *Psychophysiologie*; sp. *Psicofisiología*). Si include in questa voce, oltre alla psicofisiologia propriamente detta che ha per oggetto di studio l'uomo, la psicologia fisiologica, che ha come principale oggetto di studio l'animale.

1. LA PSICOFISIOLOGIA studia, nell'uomo, i meccanismi fisiologici che presiedono i processi psichici e in particolare le relazioni intercorrenti tra processi mentali e sistema nervoso attraverso tecniche non invasive che quindi non alterano i processi analizzati. Il primo impulso alla ricerca psicofisiologica venne nella prima metà dell'Ottocento da Ernst Heinrich Weber che giunse a cogliere la correlazione tra la variazione della sensazione e la variazione dello stimolo, che poi Gustav Theodor Fechner enunciò in termini psicofisici con la sua nota legge (v. WEBER-FECHNER, LEGGE DI). Seguirono le scoperte di Marie-Jean-Pierre Flourens che, con le sue operazioni chirurgiche effettuate sul cervello di animali, arrivò a ipotizzare un'integrazione globale del sistema nervoso, e di Paul Pierre Broca, che formulò l'ipotesi relativa alla localizzazione della funzione linguistica (v. LINGUAGGIO, § 2) in una zona circoscritta dell'encefalo. Un contributo in ordine alla sperimentazione giunse da Ivan Petrovič Pavlov con le sue ricerche sui riflessi condizionati (v. RIFLESSOLOGIA), per cui in un certo senso è possibile dire che la psicologia si emancipa dalla filosofia e diventa scientifica grazie alla fisiologia, dal momento che sia Weber, sia Fechner, sia Pavlov, sia Wilhelm Maximilian Wundt sono dei fisiologi.

Negli ultimi decenni, grazie alla comparsa dell'ELETTROENCEFALOGRAFIA (v.), l'indagine psicofisiologica ha compiuto notevoli progressi soprattutto nelle ricerche sulla SENSAZIONE (v.), l'ATTENZIONE (v.), la PERCEZIONE (v.), il SONNO (v.), il SOGNO (v.), la veglia (v. SONNO, § 2), l'APPRENDIMENTO (v.), il PENSIERO (v.) e il LINGUAGGIO (v.) e in generale l'attività cerebrale, presentandosi come uno dei settori più scientifici della ricerca sui processi mentali. Rientrano nelle ricerche psicofisiologiche lo studio dell'attività cardiovascolare tramite elettrocardiografia, della tensione muscolare tramite elettromiografia ecc. L'approccio psicofisiologico fu aspramente criticato dalla fenomenologia e accusato di pesante RIDUZIONISMO (v.), mentre continua a rappresentare l'aspetto determinante e più qualificante della scuola psicologica russa che ha il suo maggior esponente in Aleksandr Romanovič Lurija. Oggi la psicofisiologia ritorna ad essere un campo fecondo di ricerche psicologiche, soprattutto in rapporto ai contributi di altre discipline come la NEUROPSICOLOGIA (v.) che studia il ruolo delle singole strutture del sistema nervoso nella determinazione delle attività mentali e comportamentali, la PSICOCHIMICA (v.) che studia i rapporti fra gli stati di coscienza e le reazioni chimiche del sistema nervoso centrale, la psiconeuroimmunologia che studia l'influenza che gli stati psicologici, come per esempio lo STRESS (v.), hanno sul sistema immunitario, sia in ordine all'immunodepressione del sistema sia in ordine alla sua iperattività che sono entrambe cause di gravi malattie. Molti sono infatti gli indici psicofisiologici correlati a stati patologici di interesse clinico.

2. LA PSICOLOGIA FISIOLOGICA si distingue dalla psicofisiologia, con la quale ha alcuni punti di contatto, perché ha come principale *oggetto di studio* non l'uomo, ma l'animale che ha subìto lesioni al sistema

nervoso, e perché utilizza *metodi invasivi* che inducono alterazioni fisiologiche nell'animale allo scopo di studiare i mutamenti che ne conseguono nel comportamento. Tra questi metodi segnaliamo: *a*) la *stimolazione elettrica* dei neuroni situati a valle degli organi di senso che, nel caso venga applicata all'uomo, consente di scoprire le mappe corticali della sensibilità tattile e dell'attività motoria (v. HOMUNCULUS); *b*) la *registrazione* dell'attività elettrica nervosa mediante elettrodi impiantati che servono sia per stimolare sia per registrare l'attività di specifiche regioni cerebrali; *c*) l'*ablazione* che distrugge una o più aree del cervello per studiare quali cambiamenti si verificano nel comportamento animale; *d*) i *metodi anatomici* per individuare con precisione il sito di stimolazione, registrazione e ablazione nel cervello dell'animale, che poi viene sacrificato perché simili sperimentazioni non si possono effettuare con l'animale vivo, per l'impossibilità di determinare con precisione le aree stimolate o lesionate.

Bibliografia

Changeux J.-P., *L'uomo neuronale* (1983), Feltrinelli, Milano 1983.
Helmholtz H. L. F. von, *Handbuch der physiologischen Optik*, Voss, Leipzig 1866.
Lurija A. R., *Le funzioni corticali superiori nell'uomo* (1962), Giunti Barbera, Firenze 1967.
Mancia M., *Neurofisiologia e vita mentale*, Zanichelli, Bologna 1980.
Milner P. M., *Psicologia fisiologica* (1970), Zanichelli, Bologna 1973.
Paillard J., Bloch V., Piéron H. L. Ch., *Psicofisiologia del comportamento*, in P. Fraisse, J. Piaget (a cura di), *Trattato di psicologia sperimentale* (1963-1968), Einaudi, Torino 1972-1979, vol. III.
Palomba D., Stegagno L., *Psicofisiologia clinica*, Carocci, Roma 2004.
Pavlov I. P., *I riflessi condizionati* (1927), Bollati Boringhieri, Torino 1966.
Pinel J. P. J., *Psicologia fisiologica* (1997), il Mulino, Bologna 1999.
Purghé F., *Metodi di psicofisica e scaling unidimensionale*, Bollati Boringhieri, Torino 1997.
Stegagno L., *Psicofisiologia*, vol. I: *Indicatori fisiologici del comportamento umano*, vol. II: *Correlati fisiologici dei processi cognitivi e del comportamento*, Bollati Boringhieri, Torino 1991.
- (a cura di), *Psicofisiologia. Dalla genetica comportamentale alle attività cognitive*, Zanichelli, Bologna 2010.
Thompson R. F., *Fondamenti di psicologia fisiologica* (1967), il Mulino, Bologna 1975.
Wagner H., Silber K., *Psicologia fisiologica* (2004), il Mulino, Bologna 2006.
Wundt W. M., *Grundzüge der physiologischen Psychologie*, Engelmann, Leipzig 1873-1874.

Psicogalvanico, Riflesso, v. RIFLESSO, § 2, *a*.

Psicogenesi (ingl. *Psychogenesis*; ted. *Psychogenese*; fr. *Psychogénèse*; sp. *Psicogénesis*). Studio dell'origine e dello sviluppo delle funzioni psichiche e delle loro alterazioni. In psichiatria il termine si riferisce alla teoria secondo cui tutte le malattie mentali avrebbero un'origine psichica, in contrapposizione all'indirizzo della *somatogenesi* secondo cui la loro origine prima va ricercata nel disturbo organico.

Bibliografia

Jung C. G., *Psicogenesi delle malattie mentali* (1907-1959), in *Opere* (1969-2007), Bollati Boringhieri, Torino, vol. III.

Psicogeno (ingl. *Psychogenic*; ted. *Psychogen*; fr. *Psychogène*; sp. *Psicógeno*). Attributo che qualifica l'origine puramente psichica e non organica del disturbo mentale o dell'anomalia comportamentale (v. PSICOGENESI).

Psicogeriatria, v. PSICOLOGIA DELL'INVECCHIAMENTO, § 3.

Psicolettico, v. PSICOFARMACOLOGIA, § I.

Psicolinguistica, v. LINGUISTICA, § 3.

Psicologia (ingl. *Psychology*; ted. *Psychologie*; fr. *Psychologie*; sp. *Psicología*). Studio della PSICHE (v.). Il termine, coniato dal riformatore e umanista tedesco Philipp Schwarzerdt, più noto con il nome grecizzato Filippo Melantone (1497-1560), si riferisce a contenuti che avevano già trovato modo di enunciarsi nelle costruzioni mitologiche, religiose, culturali e filosofiche a partire dagli albori della civiltà fino alla seconda metà dell'Ottocento quando, con Wilhelm Maximilian Wundt, l'indagine psicologica si stacca dalla filosofia speculativa per aprirsi alla metodologia delle scienze naturali adottando criteri di sperimentazione e di quantificazione. Accanto alla psicologia scientifica, che dunque ha centocinquant'anni di vita, non è venuta meno l'indagine filosofica, che però ha spostato il livello di ricerca dal piano dei *contenuti*, dove si era trattenuta prima della nascita della psicologia scientifica, al piano *epistemologico*, dove in discussione sono i presupposti teorici che sono alla base delle varie costruzioni psicologiche.

La *psicologia scientifica* ha risolto il concetto di *psiche* in quello di *comportamento* che, nel caso degli animali, equivale al "comportamento osservabile dall'esterno", nel caso degli uomini si estende ai "processi psicologici" sia consci che inconsci, attraverso i quali un soggetto costruisce le proprie risposte comportamentali. Tali processi, indicati anche come "meccanismi della mente" o "funzioni psichiche", riguardano l'intelligenza, la memoria, la percezione, le esperienze interiori, come i sentimenti o le aspettative, e i meccanismi inconsci. Del comportamento considerato *normale* si occupa la psicologia, di quello classificato *anormale* la PSICOPATOLOGIA (v.). La psicologia scientifica si articola in forme diverse a seconda del criterio che di volta in volta si adotta. Tra i più diffusi ricordiamo: il criterio *epistemologico* che tende, più che alla classificazione delle varie aree psicologiche, alla definizione delle caratteristiche che accostano la psicologia alle scienze naturali o alle scienze umane; il criterio dell'*orientamento teorico* o *modello di pensiero* che è alla base di una costruzione psicologica; il criterio che definisce i *metodi di ricerca* adottati dai vari ambiti psicologici; e il criterio che designa le *finalità* che le varie ricerche psicologiche si propongono. Criteri minori sono quelli che si rifanno alla *strumentazione*, alla *tecnica* e alla *funzione* specifica oggetto di studio.

I. IL CRITERIO EPISTEMOLOGICO. In questo ambito, più che a una classificazione delle aree psicologiche si tende a individuare il tipo di scientificità che compete alla psicologia. Naturalmente l'orientamento teorico d'appartenenza gioca un ruolo che vede contrapposti i sostenitori di una scientificità di tipo *naturalistico*, per cui i processi psichici vanno considerati in sé prescindendo dal contesto culturale in cui si esprimono, e i sostenitori di una scientificità di tipo *storico-ermeneutico*, che avvicina la psicologia alla metodologia delle scienze dello spirito. Al primo modello si rifanno la PSICOLOGIA SPERIMENTALE (v.) e il COMPORTAMENTISMO (v.), al secondo la psicologia fenomenologico-esistenziale (v. FENOMENOLOGIA; ANALISI ESISTENZIALE) e la teoria della personalità (v. PERSONALITÀ, § I).

A partire da questa prima grande distinzione abbiamo ulteriori differenziazioni tra *riduzionisti*, che postulano una gerarchia delle scienze a partire dalla fisica e dalla biologia con conseguente lettura della psicologia a partire dalla NEUROFISIOLOGIA (v.), e *antiriduzionisti*, che ritengono che la psicologia abbia uno statuto epistemico non riconducibile ad altri statuti. Ne discende un'ulteriore divisione tra *quantificazionisti* secondo cui i dati psicologici possono essere tradotti in costrutti misurabili, e *antiquantificazionisti* secondo cui i dati psichici non sono suscettibili di misurazione.

In ordine al metodo, incontriamo impostazioni a orientamento *soggettivistico*, soprattutto in campo clinico, e impostazioni a orientamento *oggettivistico* dove le modalità di lettura del dato sono precodificate per eliminare qualsiasi variabile soggettiva. Un'altra contrapposizione è quella che divide i cognitivisti, che ritengono che la psicologia possa progredire solo attraverso l'invenzione di *modelli* di lettura dei fenomeni psichici, e i comportamentisti, che ritengono che non ci si debba allontanare dalle regole dell'*esperimento* scientifico per non risolvere il dato psicologico in astrazioni giustificabili solo a livello filosofico. Ognuna di queste posizioni, che animano il dibattito sullo statuto epistemologico della psicologia, crea schieramenti che di volta in volta ridisegnano la geografia delle aree psicologiche.

II. IL CRITERIO DELL'ORIENTAMENTO TEORICO. Se si parte dal modello di pensiero che è alla base della costruzione psicologica, incontriamo: 1) l'INTROSPEZIONISMO (v.), detto anche *elementarismo*, secondo cui i fenomeni psichici vanno scomposti nei loro elementi semplici seguendo il modello offerto dalla scienza chimica; 2) il FUNZIONALISMO (v.) che legge i fenomeni psichici come funzioni attraverso cui l'organismo si adatta all'ambiente; 3) l'ASSOCIAZIONISMO (v.) che considera ogni evento psichico complesso come derivato dall'associazione di idee semplici, ossia dalla combinazione di elementi di ordine sensoriale che si organizzano sulla base di determinate leggi associative; 4) il COMPORTAMENTISMO (v.) che risolve la totalità psichica nella condotta osservabile, la cui dinamica è da leggersi nel processo di apprendimento considerato in funzione dell'adattamento all'ambiente; 5) il COGNITIVISMO (v.) che pone al centro della sua costruzione psicologica non il comportamento, ma la mente, nel tentativo di recuperare il soggetto come agente attivo, capace di elaborare e di trasformare le informazioni derivantigli dall'esperienza; 6) la PSICOLOGIA DELLA GESTALT (v.) che, partendo dallo studio della percezione, adotta l'organizzazione e la configurazione unitaria come principio esplicativo dei dati psichici la cui complessità non risulta dalla somma dei singoli elementi; 7) la PSICOLOGIA DEL PROFONDO (v.) che, a partire dalla PSICOANALISI (v.) di Sigmund Freud, e attraverso le successive diramazioni considerate ortodosse o eterodosse rispetto all'impostazione della psicoanalisi classica, interpreta i processi mentali consci a partire dai condizionamenti inconsci; 8) la PSICOLOGIA COMPRENSIVA (v.), inaugurata da Karl Jaspers, secondo la quale i fenomeni psichici non vanno "spiegati" sul modello delle scienze naturali, ma "compresi" sul modello delle scienze storico-ermeneutiche; 9) la FENOMENOLOGIA (v.) che non considera il soggetto nel suo isolamento, ma nella sua originaria relazione al mondo che può essere letta a partire dalle modalità descritte dall'ANALISI ESISTENZIALE (v.); 10) la PSICOLOGIA SISTEMICA (v.) che studia il soggetto psicologico a partire dai suoi processi comunicativi e relazionali tramite la strumentazione messa a disposizione dalla CIBERNETICA (v.).

III. IL CRITERIO DEL METODO DI RICERCA. A partire dal metodo, le aree psicologiche si lasciano ordinare in quattro grandi gruppi:

1. Il *metodo sperimentale* che accomuna differenti orientamenti caratterizzati dal rigore metodologico che procede per formulazione di ipotesi e verifica sperimentale. Adottano questo metodo: *a*) la PSICOLOGIA SPERIMENTALE (v.) volta a individuare la relazione tra due eventi di cui il secondo (effetto, o variabile dipendente) è conseguente al primo (causa, o variabile indipendente), in una logica di tipo lineare congruente al principio di causalità. La scientificità di questa procedura esige che lo sperimentatore sia al di fuori dell'interazione fra le variabili per non interferire; *b*) il COMPORTAMENTISMO (v.) che colloca l'organismo (O) tra uno stimolo (S) e una risposta (R), onde poterlo studiare come una macchina che converte S in R, e quindi formulare le leggi che correlano stimoli (ambiente) e risposte (movimenti); *c*) il COGNITIVISMO (v.) che indaga i processi mentali costruendo dei modelli, sperimentalmente verificati, in grado di spiegare in che modo l'organismo si organizza per fornire una risposta che non è, come per il comportamentismo, pura reazione a uno stimolo, ma organizzazione del mondo-ambiente a partire dalla sua globalità; *d*) la PSICOLOGIA DIFFERENZIALE (v.) che va alla ricerca delle differenze individuali adottando il metodo comparativo della psicologia sperimentale che prevede la manipolazione di determinate variabili indipendenti nel corso della sperimentazione.

2. Il *metodo clinico* che, a differenza di quello sperimentale, pone l'attenzione sull'aspetto soggettivo che qualifica l'oggetto della psicologia: l'uomo. Qui il termine "clinico" non si riferisce a un obiettivo terapeutico, ma al rapporto interpersonale, tipico della clinica, utilizzato come strumento di conoscenza. Rientrano in questo ambito: *a*) la PSICOLOGIA COMPRENSIVA (v.) che parte dall'interazione fra osservante e osservato per cogliere non tanto le connessioni tra le specifiche variabili in gioco, quanto l'uomo inteso come unità inscindibile e portatore di senso; *b*) la psicologia fenomenologica che, attraverso l'ANALISI ESISTENZIALE (v.), identifica le modalità con cui ogni individuo è al mondo, ospitato dalla sua visione del mondo; *c*) la PSICOLOGIA DELLA GESTALT (v.) che alla concezione comportamentista, la quale concepisce l'individuo come risposta all'ambiente, sostituisce la concezione dell'individuo come organizzatore dell'ambiente; *d*) la PSICOLOGIA DINAMICA (v.) che, pur adottando dal metodo sperimentale la logica lineare della causa e dell'effetto, la utilizza sul versante dell'analisi soggettiva, quale risulta nella relazione di interazione intersoggettiva.

3. Il *metodo statistico* che raccoglie, organizza e analizza i dati relativi all'oggetto considerato in vista dell'utilizzazione delle informazioni ottenute ai fini della previsione di fatti non osservati. In psicologia l'uso della statistica ha un posto rilevante nell'elaborazione dei TEST (v.) e delle scale (v. SCALA), nonché nell'impiego dell'ANALISI FATTORIALE (v.) che risponde all'esigenza di definire in un'equazione matematica il problema della PERSONALITÀ (v. § 2). L'impiego del calcolo non deve far pensare che con l'adozione di questo metodo si pervenga a un livello assoluto di oggettività, perché la scelta dei test e quella dei soggetti ai quali somministrarli viene effettuata sulla base di presupposti fondamentalmente psicologici. In STATISTICA (v.) l'ipotesi formulata deve essere sottoposta, prima che alla prova sperimentale, alla prova logica per consentire a delle verità *possibili* di giungere al livello di verità *probabili*. L'impostazione statistico-probabilistica, oltre ad aver allargato le possibilità della ricerca attraverso l'elaborazione dei dati, ha consentito di stabilire una sorta di corrispondenza tra la metodologia impiegata in ambito sperimentale e quella impiegata in ambito clinico. In ordine all'ambiente, all'oggetto e alla procedura seguita, il metodo *sperimentale* ha per oggetto frazioni di comportamento studiate in un ambiente artificiale con procedura ipotetico-deduttiva, il metodo *clinico* ha per oggetto il comportamento globale studiato in un ambiente naturale con procedura indiziaria, il metodo *statistico* ha per oggetto la variabilità studiata in un ambiente artificiale con una procedura statistica.

4. Il *metodo cibernetico* che, partendo dalla teoria dei sistemi, rinuncia alla spiegazione causale di matrice sperimentale per adottare il metodo olistico dove il senso emerge dall'interazione dinamica delle parti. Oltre alla PSICOLOGIA SISTEMICA (v.), che ha fatto del modello cibernetico la base dei suoi approcci pragmatici e relazionali, il modello cibernetico ha influenzato la psichiatria interpersonale, la psicosociologia dell'organizzazione e lo stesso cognitivismo nella costruzione dei suoi modelli.

IV. IL CRITERIO DELLA FINALITÀ PERSEGUITA. Qui la distinzione cade tra finalità teoriche e finalità operative.

1. *Finalità teoriche* sono perseguite dalla: *a*) PSICOLOGIA GENERALE (v.) che è dotata di un corpus di studi teorico-sperimentali coltivati nei dipartimenti universitari, dove la ricerca è condotta sia a livello nomotetico che ha come obiettivo le leggi generali che regolano i fenomeni psichici, sia a livello idiografico relativo alla descrizione di singoli eventi e situazioni; *b*) PSICOFISICA (v.) che studia le leggi che regolano le relazioni tra gli impulsi fisici e le reazioni sensoriali in risposta a questi; *c*) PSICOFISIOLOGIA (v.) che studia la relazione tra apparato neurologico ed evento psichico; *d*) PSICOLOGIA ANIMALE (v.) che ha fornito la strumentazione concettuale e sperimentale per lo studio del comportamento umano; *e*) PSICOLOGIA DELL'ETÀ

EVOLUTIVA (v.) che si occupa del processo di formazione e sviluppo mentale, emotivo e sociale dell'individuo, a partire dallo stadio infantile fino a quello adulto; *f*) PSICOLOGIA SOCIALE (v.) che si è emancipata dalla psicologia generale e dalla sociologia per studiare le interazioni umane e le relazioni interpersonali a livello di individui, di gruppi e di istituzioni; *g*) psicolinguistica (v. LINGUISTICA, § 3) che studia gli aspetti psicologici del comportamento verbale; *h*) PSICOPATOLOGIA (v.) che studia le caratteristiche dei comportamenti classificati "anormali" di cui mira a trovare le cause e le costanti in ambito psichico e non organico; *i*) PSICOLOGIA DINAMICA (v.) che studia i processi, perlopiù inconsci, che determinano la condotta umana.

2. *Finalità operative* si esprimono nella cosiddetta PSICOLOGIA APPLICATA (v.) che comprende tutti gli ambiti operativi in cui la psicologia viene impiegata. Tra questi ricordiamo:

a) la PSICOLOGIA CLINICA (v.), dove l'aggettivo "clinica" non va letto nel senso del metodo, ma in quello dell'operazione terapeutica. Rientrano in questo settore: 1) la PSICOLOGIA MEDICA (v.) che studia le complesse interrelazioni tra medico e paziente; 2) la psicologia di comunità (v. COMUNITÀ, § 3) quando l'intervento medico avviene in istituzioni di tipo comunitario; 3) la PSICOSOMATICA (v.) che studia l'evolversi delle malattie somatiche in relazione a eventi psichici; 4) la SESSUOLOGIA (v.) che studia e cura i disturbi sessuali sia a livello psicologico sia a livello funzionale; 5) la PSICOLOGIA DELL'INVECCHIAMENTO (v.) che si occupa dell'età involutiva e dei problemi connessi alla vecchiaia; 6) la psicologia dei ciechi (v. CECITÀ, § 1) in ordine ai problemi connessi alla condizione di non vedente; 7) la PSICOLOGIA DIFFERENZIALE (v.) quando la conoscenza delle caratteristiche individuali è essenziale per l'intervento clinico; 8) la PSICOTERAPIA (v.) a orientamento psicoanalitico e non, individuale o di gruppo, per adulti o per bambini, di sostegno o di rieducazione, ed altre ancora che dipendono dagli orientamenti teorici che la ispirano; 9) la psicodiagnostica (v. DIAGNOSI) che si avvale dei metodi e degli strumenti messi a punto dalla PSICOMETRIA (v.), secondo le metodologie dell'elaborazione statistica (v. STATISTICA), e dalle tecniche di neuroimmagine (v. DIAGNOSI, § 5); 10) la psicoprofilassi (v. PREVENZIONE) volta a prevenire l'insorgenza di condotte anomale o pericolose derivanti dal consumo di alcol o di droga.

b) La PSICOLOGIA DEL LAVORO (v.), che abbraccia problemi come l'organizzazione del lavoro, la formazione, l'orientamento, la selezione per migliorare l'efficacia delle prestazioni e la soddisfazione del personale. Rientrano in questo campo: 1) la PSICOLOGIA COMMERCIALE (v.) che indaga bisogni e aspettative dei consumatori esistenti e potenziali; 2) la PSICOLOGIA INDUSTRIALE (v.) che ha per oggetto l'adattamento dell'ambiente tecnico alle esigenze psichiche dell'uomo; 3) la PSICOLOGIA DELLA PUBBLICITÀ (v.) impegnata nei settori della propaganda commerciale e politica; 4) la PSICOSOCIOLOGIA (v.), da non confondersi con la psicologia sociale, che in base a orientamenti teorici in gran parte mediati dalla psicologia del lavoro si occupa delle dinamiche interrelazionali che si instaurano all'interno di gruppi e organizzazioni; 5) la NEUROECONOMIA (v.) che studia come funziona la mente in relazione alle decisioni e alle soluzioni dei problemi economici.

c) La PSICOLOGIA DELL'EDUCAZIONE che si occupa dei vari aspetti dei processi pedagogici e formativi (v. PEDAGOGIA) alla luce dei dati della PSICOLOGIA DELL'ETÀ EVOLUTIVA (v.). Rientrano in questo ambito: 1) la PSICOPEDAGOGIA (v.) che verifica quali incidenze psicologiche hanno le diverse modalità educative; 2) la PSICOLOGIA SCOLASTICA (v.) che, oltre ai problemi di ORIENTAMENTO (v. §§ 3-4) e FORMAZIONE (v.), ha per oggetto l'adattamento e il disadattamento scolastico, l'inserimento di allievi portatori di handicap fisici o psichici (v. HANDICAP). In questo ambito rientrano le applicazioni della psicologia dell'apprendimento e gli studi relativi alle modalità di impartire l'ISTRUZIONE (v.), l'INSEGNAMENTO (v.) e la valutazione (v. DOCIMOLOGIA).

d) La PSICOLOGIA FORENSE (v.) che si occupa dell'accertamento dell'integrità psichica dell'imputato, della perizia sulle testimonianze e delle confessioni raccolte nel corso dell'istruttoria. Rientrano in questo ambito: 1) la *psicologia carceraria* dedita all'assistenza e alla rieducazione dei detenuti; 2) la *psicologia criminale* che studia i diversi fattori che concorrono a determinare i comportamenti antisociali. La psicologia forense coopera con varie discipline di natura sociologica e pedagogica.

e) *Altre psicologie* che rientrano nella psicologia applicata sono: 1) la PSICOLOGIA DELL'ARTE (v.) che collabora con l'estetica e la critica d'arte nell'analisi dei fenomeni e dei prodotti artistici; 2) la psicologia etnica (v. ANTROPOLOGIA, §§ 5-7) che si occupa della psicologia dei popoli che appartengono a culture diverse da quella occidentale; 3) la PSICOLOGIA DELLA MASSA (v.) che studia i fenomeni collettivi e il loro influsso sul comportamento individuale; 4) la PSICOLOGIA POLITICA (v.) che evidenzia le condizioni necessarie per il raggiungimento e il mantenimento del POTERE (v.), e le ragioni del suo indebolimento e della sua degenerazione; 5) la PSICOLOGIA MILITARE (v.) relativa ai molti aspetti di questa realtà tra cui le attitudini individuali al comando e a ruoli specifici; 6) la PSICOLOGIA DELLO SPORT (v.) che comprende la selezione e l'addestramento degli atleti, i rapporti con i compagni di squadra, le motivazioni del tifo; 7) la psicologia ambientale (v. AMBIENTE, § 6) che coopera con i programmatori dell'ambiente allo scopo di migliorarlo in funzione della sua destinazione.

V. IL CRITERIO DELL'OGGETTO DI STUDIO. All'interno di questo criterio si parla di psicologia dell'APPRENDIMENTO (v.), della PERCEZIONE (v.), dei processi cognitivi (v. COGNIZIONE) ecc., con riferimento a quelle che un tempo la psicologia nominava "facoltà" e oggi chiama "funzioni" o "processi"; oppure con riferimento alla totalità dell'individuo, per cui avremo una psicologia della PERSONALITÀ (v.) o dell'IO (v.) o del SÉ (v.) articolate in base ai vari indirizzi teorici che le ispirano.

Bibliografia

Anolli L., Legrenzi P., *Psicologia generale*, il Mulino, Bologna 2006.
Baroni M. R., D'Urso V., *Psicologia generale*, Einaudi, Torino 2004.
Bellotto M., *Psicologia*, in AA.VV., *Gli strumenti del sapere contemporaneo*, vol. I: *Le discipline*, Utet, Torino 1985, pp. 610-619.
Butler G., McManus F., *Psicologia* (1998), Einaudi, Torino 2000.
Cacciari C., Papagno C. (a cura di), *Psicologia generale e neuroscienze cognitive*, il Mulino, Bologna 2006.
Cherubini P. (a cura di), *Psicologia generale*, Raffaello Cortina, Milano 2012.
Darley J. M., Glucksberg S., Kinchla R. A., *Psicologia* (1986), il Mulino, Bologna 1993, voll. I-II.
–, *Fondamenti di psicologia* (1991), il Mulino, Bologna 1998.
Dazzi N., Vetrone G. (a cura di), *Psicologia. Introduzione per le scienze umane*, Carocci, Roma 2000.
Dilthey W., *Introduzione alle scienze dello spirito. Tentativo di fondazione per lo studio della società e della storia* (1883), Bompiani, Milano 2007.
–, *Ideen über beschreibende und zergliedernde Psychologie* (1894), in *Gesammelte Schriften*, Teubner, Leipzig 1914-1936 (poi riedito a partire dal 1958 in fotocopia anastatica dall'editore Vandenhoeck & Ruprecht, Stuttgart-Göttingen), vol. V.
Hardy M., Heyes S., *Introduzione alla psicologia* (1979), Feltrinelli, Milano 1983.
Huisman D. (a cura di), *Psicologia generale* (1971), Trento Procacciainti Editore, Milano 1977.
Imbasciati A., *Istituzioni di psicologia*, vol. I: *Introduzione alle scienze psicologiche*, vol. II: *I grandi temi della ricerca*, Utet, Torino 1986.
Legrenzi P. (a cura di), *Storia della psicologia*, il Mulino, Bologna 1980.
Legrenzi P., Papagno C., Umiltà C., *Psicologia generale. Dal cervello alla mente*, il Mulino, Bologna 2012.
Mecacci L., *Storia della psicologia del Novecento*, Laterza, Bari 1992.
Pewzner É., Braunstein J.-F., *Storia della psicologia* (1999), Einaudi, Torino 2001.
Schönpflug W., Schönpflug U., *Istituzioni di psicologia generale* (1983), Città Nuova, Roma 1991.
Sirigatti S. (a cura di), *Manuale di psicologia generale*, Utet Libreria, Torino 1995.
Smith R., *Storia della psicologia* (1997), il Mulino, Bologna 2004.
Stein E., *Psicologia e scienze dello spirito. Contributi per una fondazione filosofica* (1922), Città Nuova, Roma 1996.
Wittgenstein L., *Osservazioni sulla filosofia della psicologia* (1946-1949, edito postumo nel 1980), Adelphi, Milano 1990.
Zorzi M., Girotto V. (a cura di), *Fondamenti di psicologia generale*, il Mulino, Bologna 2007.

Psicologia accademica, v. PSICOLOGIA GENERALE.

Psicologia adleriana, v. PSICOLOGIA INDIVIDUALE.

Psicologia ambientale, v. AMBIENTE, § 6.

Psicologia analitica (ingl. *Analytical psychology*; ted. *Analytische Psychologie*; fr. *Psychologie analytique*; sp. *Psicología analítica*). Denominazione della psicologia del profondo elaborata da Carl Gustav Jung che si staccò da una precedente adesione al pensiero psicoanalitico di Sigmund Freud nel 1912 con l'opera *Simboli della trasformazione*, nella quale Jung prospetta una lettura dell'energia psichica o LIBIDO (v.) non più limitata alle sole manifestazioni pulsionali, come aveva ritenuto Freud, ma estesa anche alle espressioni culturali con finalità creative. Il simbolo, che Freud concepiva come semplice segno manifesto di un contenuto latente (v. SIMBOLO, § 5, *a*), viene inteso da Jung come istanza operativa che promuove lo sviluppo e la trasformazione dell'uomo (v. SIMBOLO, § 6) in vista di quel processo di individuazione che nel pensiero junghiano sostituisce il concetto di GUARIGIONE (v.).

1. IL SIMBOLO E IL PROCESSO DI TRASFORMAZIONE. Operando una netta distinzione tra il *segno*, che rinvia ad una cosa nota (campanile = fallo; caverna = contenitore materno), e il *simbolo*, che rimanda a qualcosa di fondamentalmente sconosciuto e per il quale non c'è un'espressione razionale adeguata, Jung scorge, nella produzione simbolica individuale e collettiva, delle *eccedenze di senso* rispetto all'insieme dei significati codificati, che promuovono quelle trasformazioni individuali e collettive in cui si esprimono a livello individuale il senso di ogni biografia e a livello collettivo il senso della storia. In questo modo Jung amplia il concetto di *psiche*, lo emancipa dallo sfondo naturalistico in cui Freud l'aveva contenuto identificando la psiche con la pulsionalità dell'uomo in quanto organismo biologico, e introduce in questo concetto la nozione di *storia* che le indagini psicologiche precedenti avevano lasciato fuori dal loro ambito, perché la metodologia delle scienze esatte, a cui tende anche la psicologia, non ne consente il controllo e

la verifica in termini di esattezza. Scrive in proposito Jung: «Là dove accade che il simbolo offra un gradiente maggiore che non la natura è possibile tradurre la libido in altre forme. La storia della civiltà ha dimostrato a sufficienza che l'uomo possiede una relativa eccedenza di energia suscettibile di essere impiegata in modo diverso dal decorso puramente naturale. Il fatto che il simbolo renda possibile questa deviazione dimostra che non tutta la libido si è fissata in maniera conforme alle leggi di natura, e che ne è rimasto un certo quantum d'energia che potremmo definire eccedenza libidica» (1928a, pp. 56-57; v. SIMBOLO, § 6).

2. METODO CAUSALE E METODO FINALISTICO. Questa concezione del simbolo, che, oltre a operare «la trasformazione dell'energia dalla forma biologica alla forma culturale» (ivi, p. 70), esprime un'eccedenza di senso rispetto ai significati individualmente e collettivamente codificati, chiede un mutamento della metodologia interpretativa, e precisamente un passaggio dal metodo causale a quello finalistico, in vista non della *spiegazione* di un determinato disagio, ma del *significato* e del senso che quel disagio oscuramente indica. Aggiungere allo sguardo *esplicativo*, a cui si era limitata la psicoanalisi di Freud, uno sguardo *prospettico* significa leggere i *sintomi* delle malattie non solo come *segni* di destrutturazioni da ristrutturare, ma come simboli di trasformazioni (v. TRASFORMAZIONE) da effettuare. Infatti, scrive Jung, «la *causa* rende impossibile ogni sviluppo. Come esatto contrario di ogni evoluzione prospettica, la *reductio ad causam* blocca la libido ai dati di fatto elementari. Dal punto di vista del razionalismo questo è senz'altro un bene, ma dal punto di vista della psiche è la non vita, è la noia inguaribile. Con ciò non si intende naturalmente negare che per molti uomini la fissazione della libido ai fatti fondamentali è assolutamente necessaria. Ma quando questa esigenza è soddisfatta, la psiche non può ancorarsi in eterno a questo punto, deve continuare a evolversi e perciò le *cause* si trasformano in lei in mezzi per raggiungere un *fine*, in espressioni simboliche di un cammino da percorrere» (ivi, pp. 32-33).

Da questo punto di vista prende avvio una nuova interpretazione dei sintomi, delle fantasie e dei sogni. Così, per esempio, scrive Jung, «la fantasia può essere intesa o in senso causale o in senso finalistico. A una spiegazione causale essa appare come un *sintomo* di uno stato fisiologico o personale che è il risultato di avvenimenti precedenti. Alla spiegazione finalistica invece la fantasia appare come un *simbolo* che tenta, con l'ausilio di materiali già esistenti, di caratterizzare e di individuare un determinato obiettivo o piuttosto una determinata linea di sviluppo» (1921, p. 443). Quello che si è detto per la fantasia vale per l'universo psichico, perché, scrive Jung, «quando si ha a che fare con cose psichiche, il chiedersi "perché si verifica la tal cosa?" non è necessariamente più produttivo che il domandarsi "a che scopo succede?"» (1945-1948, p. 303). In gioco è qui il passaggio dall'ordine della spiegazione (*Erklärung*), presieduta dalle categorie della ragione, all'ordine del senso (*Sinn*) che dette categorie trascende, essendo l'universo psichico più ampio dell'universo razionale (v. COSTRUTTIVO, METODO).

3. L'INCONSCIO E LE SUE FIGURE. Per Jung l'inconscio *precede* la coscienza come sua radice e non la segue come conseguenza della rimozione; il suo contenuto non è solo il resto del passato, ma esprime anche il *progetto d'esistenza* e quindi il possibile futuro. Al pari di Freud, Jung non nasconde che l'inconscio è solo un'*ipotesi*: «Definisco ipotetici i processi inconsci, perché l'inconscio, per definizione, non è accessibile all'osservazione diretta, ma può essere soltanto "inferito"» (1946, p. 182). Ma, prosegue Jung, «sa forse qualcuno un'espressione migliore per una cosa che, in senso moderno, non è stata ancora compresa?» (1942-1948, p. 184).

Giustificato l'uso del termine, Jung ne delinea gli approcci metaforici o figure con cui ci è dato rappresentarlo. Essi sono l'ANIMA (v. § 3) che nella sua accezione generica si riferisce alle caratteristiche interiori dell'uomo non riscontrabili nel suo aspetto esteriore che Jung chiama "persona", mentre in quella specifica si riferisce alla femminilità inconscia del maschio opposta alla sua virilità conscia. L'anima appare personificata nei sogni sotto forma mitica e in questo caso rivela la sua struttura archetipica di base (v. ARCHETIPO, § 1), oppure come madre, come moglie, come amante, come figlia a seconda della figura femminile da cui è presa o su cui, nelle varie fasi del processo psichico, si proietta. Altre figure sono l'ANIMUS (v.) che esprime l'elemento maschile inconscio nella donna, che unisce la donna al mondo dello spirito, mentre, se è invasivo, è ciò che la rende ostinata, aggressiva, testarda, dominatrice; e l'OMBRA (v.) che Jung definisce «la parte negativa della personalità, la somma cioè delle qualità svantaggiose che sono tenute possibilmente nascoste e anche la somma delle funzioni difettosamente sviluppate e dei contenuti dell'inconscio personale» (1917-1943, p. 67). A queste figure resta da aggiungere la PERSONA (v. § 2), termine che Jung impiega nel significato latino di "maschera", per descrivere il comportamento che soddisfa le richieste della vita sociale. Questo atteggiamento esteriore è una delle maschere che l'Io può assumere senza identificarsi per non perdere se stesso. Jung ha riscontrato e descritto numerosi esempi di complementarità tra "persona" e "anima" la cui polarità è di segno opposto.

Per Jung l'inconscio non contiene solo tracce di esperienze vissute dimenticate o rimosse, ma anche uno strato più profondo dove è depositato il patrimonio psicologico dell'umanità. A questo strato Jung ha dato il nome di *inconscio collettivo*, che si distingue dall'inconscio personale perché, scrive Jung, «mentre l'inconscio personale è formato essenzialmente da contenuti che sono stati un tempo consci, ma sono poi scomparsi dalla coscienza perché dimenticati o rimossi, i contenuti dell'inconscio collettivo non sono mai stati nella coscienza e perciò non sono mai stati acquisiti individualmente, ma devono la loro esistenza esclusivamente all'ereditarietà. L'inconscio personale consiste soprattutto in "complessi"; il contenuto dell'inconscio collettivo, invece, è formato essenzialmente da "archetipi". Il concetto di archetipo, che è un indispensabile correlato dell'idea di inconscio collettivo, indica l'esistenza nella psiche di forme determinate che sembrano essere presenti sempre e dovunque. La ricerca mitologica li chiama "motivi"; nella psicologia dei primitivi essi corrispondono al concetto di *représentations collectives* di Lévy-Bruhl; nel campo della religione comparata sono state definite da Henri Hubert e Marcel Mauss "categorie dell'immaginazione"» (1936, p. 43; v. ANTROPOLOGIA, § 2). Con l'introduzione dei modelli archetipici (v. ARCHETIPO, § 1) Jung mostra di preferire, per la descrizione della psiche, il modello *immaginale* rispetto al modello freudiano di tipo *concettuale*. Questo non autorizza a considerare gli archetipi alla stregua di immagini fisse e condizionanti il successivo sviluppo dell'uomo, perché gli archetipi non sono "contenuti", ma "forme a priori" di apprendimento, disposizioni a fare esperienza in un modo piuttosto che in un altro. Per questo, scrive Jung, «mi oppongo all'equivoco secondo cui gli archetipi sarebbero contenutisticamente determinati, sarebbero cioè una sorta di "rappresentazioni" inconsce. Devo perciò ancora una volta sottolineare che essi non sono determinati dal punto di vista del contenuto, bensì soltanto in ciò che concerne la forma, e anche questo in misura assai limitata» (ivi, p. 81).

4. L'ASSE IO-SÉ. Con il termine "Sé" Jung intende il sommo potenziale dell'individuo e l'unità complessiva della personalità. Come principio unificante della psiche, scrive Jung, «il Sé non è soltanto il centro, ma anche l'intero perimetro che abbraccia coscienza e inconscio insieme; è il centro di questa totalità, così come l'Io è il centro della mente cosciente» (1943, p. 444). Del Sé Jung parla in due accezioni: come *momento iniziale* della vita psichica e come sua realizzazione e *meta*. Benché Jung non manchi di sottolineare che si tratta di una forma di approccio alla totalità psichica e non di una formulazione filosofica o teologica, la somiglianza tra la sua ipotesi e le metafore religiose offre una via d'accesso a questa figura e alla dinamica che, a partire da questa figura, si articola come *processo di individuazione* (v. *infra*, § 5) che Jung così definisce: «L'individuazione è un compito eroico o tragico, in ogni caso difficilissimo, perché implica un patire, una *passione dell'Io*, cioè dell'uomo empirico, comune, quale è stato finora, a cui accade di essere accolto in una più vasta sfera, e di spogliarsi di quell'ostinata autonomia che si crede libera. Egli patisce, per così dire, la violenza del Sé» (1942-1948, p. 156).

Come antecedente dell'Io, e quindi del dischiudersi della coscienza razionale (v. IO, § 3), il Sé è l'espressione indifferenziata di tutte le possibilità umane, mitologicamente espressa dalla divinità da cui un giorno l'uomo si è emancipato inaugurando, con la ragione, identità e differenze che gli hanno consentito di uscire dalla notte dell'indifferenziato in cui abita la follia. Come figura *ulteriore* rispetto all'ambito circoscritto della coscienza razionale, il Sé rappresenta il riferimento per una nuova ricerca di senso attraverso il recupero di motivi esistenziali che a suo tempo sono stati rimossi per un'adeguata costruzione dell'Io, per cui se il Sé che *antecede* la nascita della coscienza mostra il volto pericoloso della non riuscita emancipazione dalla follia, il Sé come *ampliamento* della coscienza rappresenta il luogo da cui si attiva la creatività e, più ampiamente, possibili futuri. Questa seconda figura del Sé, a livello terapeutico, va attivata nella seconda metà della vita quando l'Io è abbastanza forte per reggere il confronto con il Sé, e sufficientemente desideroso di nuovi spunti esistenziali per rinnovare la propria vita. Questo processo, che Jung chiama di *individuazione*, non avviene in vista di una GUARIGIONE (v.), ma in vista del raggiungimento della propria autenticità (v. AUTENTICITÀ – INAUTENTICITÀ), di ciò che ciascuno "in fondo" propriamente è.

5. IL PROCESSO DI INDIVIDUAZIONE. Questa espressione si riferisce al processo di costruzione di un'individualità a partire da una natura comune. Jung, che nel processo di individuazione vede esprimersi il fine e il senso dell'esistenza, e di ogni trattamento analitico volto alla ricognizione di sé, definisce l'individuazione come «un processo di differenziazione che ha per meta lo sviluppo della personalità individuale. La necessità dell'individuazione è una necessità naturale, in quanto impedire l'individuazione, mercé il tentativo di stabilire delle norme ispirate prevalentemente o addirittura esclusivamente a criteri collettivi, significa pregiudicare l'attività vitale dell'individuo» (1921, p. 463).

Il processo di individuazione si articola in due operazioni: DIFFERENZIAZIONE (v. § 2) e INTEGRAZIONE (v. § 2), che possono essere considerate a livello *intrapsichico* e a livello *interpsichico*. Nel primo caso, individuarsi significa differenziare l'Io dalle istanze psichiche inconsce, per passare successivamente a un processo di integrazione delle parti rimosse che possono concorrere alla crescita dell'Io. Nel secondo caso, individuarsi significa differenziarsi dall'adesione acritica alle forme collettive d'esistenza, per passare poi ad un livello di integrazione critica di forme e modelli culturali esistenti, da sostituire a quelli che hanno presieduto fino a quel momento la crescita e che in seguito si rivelano inadeguati.

A proposito del processo di individuazione, Paolo Francesco Pieri scrive che «attraverso la dottrina dell'individuazione vengono fondamentalmente attribuiti alla psiche i seguenti caratteri: 1) il carattere della *possibilità* sul piano delle significazioni, che si intreccia con quello della *necessità* sul piano biologico; 2) il carattere dell'*eccezionalità* sul piano normativo, che va tenuto distinto da quello di elitarismo; 3) il carattere dell'*individualità* e della *collettività*, e non già quelli dell'individualismo e del collettivismo; 4) il carattere della *creatività* che è insieme evolutivo e involutivo (oppure costruttivo e distruttivo), e perciò diverso dal carattere puramente evolutivo o progressivo che era stato veicolato dalle correnti evoluzionistiche» (1998, p. 352).

Il processo di individuazione ha luogo dopo che si è esaurito il processo di ADATTAMENTO (v. § 3) che per Jung è un compito inderogabile nella prima parte della vita, mentre l'individuazione è avvertita come un compito specifico di alcuni individui che ne sentono l'esigenza soprattutto nella seconda metà della vita, per cui mentre l'adattamento sarebbe compito indefettibile di tutti, l'individuazione sarebbe appannaggio di pochi. Mario Trevi, nel denunciare la "curvatura aristocratica nella concezione dell'individuazione" di Jung, osserva che «in realtà, in ogni momento dell'esistenza, la personalità incontra problemi di adattamento (e ri-adattamento) e problemi di individuazione (e dis-individuazione). Non mancano in Jung notazioni in questo senso. Il nodo si risolve togliendo di mezzo ogni fittizia opposizione tra adattamento e individuazione, e facendo del primo un aspetto interno e ineliminabile della seconda. L'individuazione, che è un problema di tutta l'esistenza, comporta, per così dire, *al suo interno* il compito sempre aperto dell'adattamento e della ricerca di sempre nuove forme di adattamento. Solo in questo modo l'individuazione (che comporta per definizione un immenso rispetto per le caratteristiche individuali della personalità) getta una luce significativa sull'adattamento, riscattandolo da ogni concezione rigida e insopportabile di supino adeguamento dell'individuo alle esigenze della società e della cultura» (1987, pp. 70-71).

Di parere opposto è James Hillman per il quale «il processo di individuazione non è la legge assiomatica della psiche, l'unico scopo o meta degli esseri infusi d'anima. Asserirlo, sia pure come ipotesi, oppure stabilirlo con degli esempi significa abbandonare la psicologizzazione in favore della metafisica. Significa letteralizzare e imporre un carattere sistematico a una sola idea psicologica, dimenticando che l'*individuazione è una prospettiva*. È uno strumento ideazionale: noi non vediamo l'individuazione, vediamo per mezzo di essa» (1975, p. 256).

6. TIPOLOGIA ED ERMENEUTICA. Il concetto di individuazione non concede di parlare dell'uomo in termini generali illustrando i meccanismi psicologici di una presunta "natura umana" perché, per Jung, gli uomini sono fondamentalmente "individui" e come tali dissimili fra loro nel modo di pensare, di intuire, di sentire e di esperire sé e il mondo. Nasce da qui l'esigenza di una TIPOLOGIA (v. § 2) dove, dopo la grande distinzione fra introversione ed estroversione (v. ESTROVERSIONE – INTROVERSIONE), compaiono i tipi psicologici di pensiero, sentimento, intuizione e sensazione: funzioni, queste, che da individuo a individuo sono alcune differenziate e a disposizione dell'Io, e altre indifferenziate e come tali inconsce (v. FUNZIONE, § 2, *b*). A Jung non interessa tanto la *classificazione*, che può essere anche mutata, ma la sua utilità in ordine al *processo di individuazione* che richiede il riconoscimento e l'accettazione delle funzioni inferiori della personalità rimaste indifferenziate e arcaiche, per una loro integrazione nella dinamica dell'individuo psicologicamente maturo. La tipologia, inoltre, pone problemi ermeneutici nel senso che la qualità tipologica dello psicologo condiziona le sue interpretazioni possibili, e, non essendoci un punto di vista superiore che consenta una visione oggettiva della psiche, questa sarà rintracciabile per vie ed erramenti dovuti alla "qualità tipologica" dell'interprete nell'intendere psicologico (v. EQUAZIONE PERSONALE).

Ponendosi al di fuori di ogni confronto con le altre scienze dell'uomo perché il suo oggetto di indagine coincide con lo stesso soggetto indagante, e ogni tentativo di porsi al di fuori porta inevitabilmente le stimmate della soggettività, la psicologia, a parere di Jung, «deve abolirsi come scienza e, proprio abolendosi, raggiunge il suo scopo scientifico» (1947-1954, p. 240). Questa considerazione apre problemi ermeneutici ed epistemologici che Jung ha indicato, ma non ha svolto per il suo continuo oscillare tra il percorso di una psicologia sovrastorica e presuntivamente "oggettiva", e il percorso più avvertito che, non ignorando il "soggettivismo" implicito in ogni ricerca sulla psiche, evita il relativismo, per accettare il paradosso inevitabile del "circolo ermeneutico" (v. ERMENEUTICA).

7. SVILUPPI DELLA PSICOLOGIA ANALITICA. Dopo Jung la psicologia analitica ha percorso due itinerari che si scostano dallo junghismo classico: l'itinerario

archetipico di Erich Neumann e di James Hillman, e quello *ermeneutico-epistemologico* di Mario Trevi.

a) L'itinerario archetipico. Per Neumann, «nello sviluppo ontogenetico la coscienza egoica dell'individuo deve percorrere i medesimi stadi archetipici che hanno determinato lo sviluppo della coscienza all'interno dell'umanità. Nella propria vita il singolo ricalca le orme che l'umanità ha calcato prima di lui; noi intendiamo mostrare che quell'evoluzione ha lasciato le sue tracce sedimentate nella serie delle immagini archetipiche della mitologia» (1949, pp. 13-14). Dal canto suo Hillman, dopo aver segnalato che «la tradizione filosofica occidentale ha mantenuto un pregiudizio contro le immagini preferendo loro le astrazioni del pensiero» (1972b, p. 57), chiede un rovesciamento della tendenza anche in considerazione del fatto che «l'istinto agisce e nello stesso tempo forma un'immagine della sua azione» (ivi, p. 62). E poiché «il linguaggio onirico, il linguaggio delirante e allucinatorio, il linguaggio popolare parlano in termini di persone, lo stesso deve fare una psicologia che voglia parlare della psiche in quello che è il suo vero discorso» (ivi, p. 57; v. ARCHETIPO, § 2).

b) L'itinerario ermeneutico-epistemologico. Su questo versante Trevi ha inaugurato la distinzione fra *psicologia* e *considerazione psicologica* per risolvere il problema dell'oggettività e della soggettività che non consente alla psicologia di porsi come scienza, e a questo proposito scrive: «Il modulo costruttivo della "psicologia" porta inevitabilmente ad assolutizzare un'ipotesi e a organizzare appunto una descrizione oggettiva della psiche, un discorso conclusivo "sulla" psiche, una "teoria" e infine, come si vedrà, un tessuto dogmatico. Il modulo costruttivo della "considerazione psicologica" porta invece verso l'enucleazione di procedimenti epistemologici sempre più scaltri e sottili, e a quella cautela metodologica che potrebbe andare sotto il nome di arte ermeneutica o esercizio inesauribile dell'interpretazione. Il primo modulo costruttivo conduce all'esclusione delle altre "psicologie" oppure, inavvertitamente, a un sincretismo acritico. Il secondo modulo costruttivo conduce al dialogo dei punti prospettici e perciò stesso delle "psicologie", tutte "vere" purché coerenti alle loro premesse, alle loro scelte di "imputazione causale", e tutte relative, storicamente, psicologicamente ed esistenzialmente condizionate. Il modulo costruttivo della "psicologia" elabora *un* modello e lo universalizza, il modulo costruttivo della "considerazione psicologica" tende all'elaborazione della dialogicità aperta dei modelli possibili. Infine l'uno tende al *logos* psicologico, l'altro al *dialogo*» (1987, p. 93).

Bibliografia

Adler G., *Psicologia analitica* (1966), Bollati Boringhieri, Milano 1972.

Aversa L. (a cura di), *Fondamenti di psicologia analitica*, Laterza, Bari 1995.

–, *Psicologia analitica e teoria della clinica*, Bollati Boringhieri, Torino 1999.

Barone P., *Lo junghismo. Sfiguramento e resti della vita psichica*, Raffaello Cortina, Milano 2004.

Baudouin Ch., *L'opera di Jung* (1963), Garzanti, Milano 1978.

Bernhard E., *Mitobiografia*, Adelphi, Milano 1969.

Cantalupi T., Santarcangelo D., *Psiche e realtà. La psicologia e la teoria quantistica*, Tecniche Nuove Editrice, Milano 2014.

Carotenuto A., *Senso e contenuto della psicologia analitica*, Bollati Boringhieri, Torino 1977.

– (a cura di), *Trattato di psicologia analitica*, vol. I: *La dimensione culturale*, vol. II: *La dimensione clinica*, Utet, Torino 1992.

Fordham M., *La psicoterapia junghiana. Saggio sulla psicologia analitica* (1978), Astrolabio, Roma 1981.

Franz M.-L. von, *Il mito di Jung*, Bollati Boringhieri, Torino 1978.

Galimberti U., *La terra senza il male. Jung: dall'inconscio al simbolo* (1984), Feltrinelli, Milano 2013.

Glover E., *Freud o Jung?* (1950), Sugarco, Milano 1978.

Hall C. S., Nordby V. J., *Jung e la psicologia analitica* (1973), Laterza, Bari 1982.

Hannah B., *Vita e opere di C. G. Jung* (1976), Rusconi, Milano 1980.

Hillman J., *Il mito dell'analisi* (1972a), Adelphi, Milano 1979.

–, *Saggio su Pan* (1972b), Adelphi, Milano 1977.

–, *Re-visione della psicologia* (1975), Adelphi, Milano 1983.

Homans P., *Jung e la costruzione di una psicologia* (1969), Astrolabio, Roma 1982.

Jacobi J., *La psicologia di C. G. Jung* (1939), Bollati Boringhieri, Torino 1973.

Jung C. G., *Simboli della trasformazione* (1912-1952), in *Opere* (1969-2007), Bollati Boringhieri, Torino, vol. V.

–, *Psicologia dell'inconscio* (1917-1943), in *Opere*, cit., vol. VII.

–, *Tipi psicologici* (1921), in *Opere*, cit., vol. VI.

–, *Energetica psichica* (1928a), in *Opere*, cit., vol. VIII.

–, *L'Io e l'inconscio* (1928b), in *Opere*, cit., vol. VII.

–, *Il concetto di inconscio collettivo* (1936), in *Opere*, cit., vol. IX, 1.

–, *Saggio d'interpretazione psicologica del dogma della Trinità* (1942-1948), in *Opere*, cit., vol. XI.

–, *Psicologia e alchimia* (1943), in *Opere*, cit., vol. XII.

–, *L'essenza dei sogni* (1945-1948), in *Opere*, cit., vol. VIII.

–, *La psicologia della traslazione illustrata con l'ausilio di una serie di immagini alchemiche* (1946), in *Opere*, cit., vol. XVI.

–, *Riflessioni teoriche sull'essenza della psiche* (1947-1954), in *Opere*, cit., vol. VIII.

La Forgia M., *Sogni di uno spiritista. Empirismo psicologico e parapsicologico in C. G. Jung*, Melusina, Roma 1991.

Màdera R., *Carl Gustav Jung. Biografia e teoria*, Bruno Mondadori, Milano 1998.

–, *Carl Gustav Jung*, Feltrinelli, Milano 2016.

Mariani O., *Esiste un'identità junghiana? Jung tra molteplicità e unitarietà*, Vivarium, Milano 2014.

Montefoschi S., *C. G. Jung. Un pensiero in divenire*, Garzanti, Milano 1985.
Moreno M., *Introduzione alla prassi della psicologia analitica*, Il Pensiero Scientifico, Roma 1978.
Neumann E., *Storia delle origini della coscienza* (1949), Astrolabio, Roma 1978.
–, *La grande madre. Fenomenologia delle configurazioni femminili dell'inconscio* (1956), Astrolabio, Roma 1981.
Papadopoulos R. K. (a cura di), *Manuale di psicologia junghiana. Orientamenti contemporanei, teoria, pratica, applicazioni* (2004), Moretti & Vitali, Bergamo 2009.
Pieri P. F., *Dizionario junghiano*, Bollati Boringhieri, Torino 1998.
Trevi M., *Interpretatio duplex*, Borla, Roma 1986.
–, *Metafore del simbolo. Ricerche sulla funzione simbolica della psicologia complessa*, Raffaello Cortina, Milano 1986.
–, *Per uno junghismo critico*, Bompiani, Milano 1987.
–, *L'altra lettura di Jung*, Raffaello Cortina, Milano 1988.
–, *Saggi di critica neojunghiana*, Feltrinelli, Milano 1993.
–, *Leggere Jung* (edito postumo a cura di M. Innamorati), Carocci, Roma 2012.
Trevi M., Innamorati M., *Riprendere Jung*, Bollati Boringhieri, Torino 2000.
Trombetta C. (a cura di), *Psicologia analitica contemporanea*, Bompiani, Milano 1989.
Whitmont E. C., *La ricerca simbolica. Concetti di base della psicologia analitica* (1969), Astrolabio, Roma 1982.
Wolff T., *Introduzione alla psicologia di Jung* (1981), Moretti & Vitali, Bergamo 1991.

Psicologia animale (ingl. *Animal psychology*; ted. *Tierpsychologie*; fr. *Psychologie animale*; sp. *Psicología animal*). Settore della psicologia che studia il comportamento animale, mediante l'osservazione, la descrizione e le procedure di sperimentazione. Attualmente questo campo di ricerca viene identificato con la PSICOLOGIA COMPARATA (v. § 2) o con l'ETOLOGIA (v.), a seconda che l'interesse verta rispettivamente sulla comparazione fra animali di diverse specie, o sul rapporto tra l'animale e il suo ambiente.

Psicologia applicata (ingl. *Applied psychology*; ted. *Angewandte Psychologie*; fr. *Psychologie appliquée*; sp. *Psicología aplicada*). Settore della psicologia che, servendosi delle elaborazioni approntate a livello teorico dai vari orientamenti e dalle varie scuole psicologiche, nonché dei modelli di riferimento forniti da altre discipline, ricava tecniche e modalità operative per intervenire su problemi concreti, individuali o collettivi, che possono riguardare tutti gli aspetti del comportamento umano. Le prime applicazioni della psicologia risalgono alla fine del XIX secolo con la *Psychological Corporation*, la prima organizzazione psicologica nordamericana esplicitamente creata per servire gli interessi dell'istituzione scolastica e dell'industria. In Italia un grosso contributo agli studi in psicologia applicata, a suo tempo chiamata *psicotecnica*, venne tra le due guerre ad opera di Agostino Gemelli. Oggi la psicologia applicata copre una grande varietà di settori che possono essere raggruppati in quattro grandi aree: la PSICOLOGIA CLINICA (v.), la PSICOLOGIA DEL LAVORO (v.), la psicologia dell'educazione (v. PSICOPEDAGOGIA) e la PSICOLOGIA FORENSE (v.), comprensive a loro volta di numerose e differenziate forme di applicazione che sono state elencate, limitatamente alle forme più consolidate, nella voce PSICOLOGIA, § IV, 2.

La psicologia applicata si presta a due tipi di intervento: uno orientato al controllo degli individui e al loro adattamento in funzione delle strutture considerate non modificabili. In questo caso la psicologia è subalterna ai quadri di riferimento teorici e tecnici esistenti e il suo compito è quello di intervenire sugli individui per armonizzarli con la situazione ambientale in vista di una miglior produttività scolastica, lavorativa, sanitaria ecc. L'altro orientamento intende invece trasformare queste strutture in funzione degli individui che vi operano in vista di una loro crescita psicosociale e di una maturazione personale. Se il primo orientamento non nasconde l'impiego strumentale e manipolativo della psicologia, per cui ancora oggi riscuote molte critiche, anche il secondo può non essere del tutto innocente, perché il livello di crescita e di maturazione individuale può essere ideologicamente condizionato. Nell'uno e nell'altro caso, comunque, la psicologia applicata gode di minor autonomia scientifica rispetto alla psicologia pura o teorica.

Bibliografia

Anastasi A., *Applicazioni della psicologia* (1964), LAF, Roma 1974.
Arnold W., *Angewandte Psychologie*, Kohlhammer, Stuttgart 1970.
Baritz L., *I servi del potere* (1960), Bompiani, Milano 1963.
Carli R., Paniccia R. M., *Psicosociologia delle organizzazioni e delle istituzioni*, il Mulino, Bologna 1981.
Dorsch F., *Geschichte und Probleme der angewandten Psychologie*, Huber, Bern 1963.
Piéron H. L. Ch., *Traité de psychologie appliquée*, Puf, Paris 1959.
Reuchlin M., *Trattato di psicologia applicata* (1971), Armando, Roma 1973.
Romano D. F., *Psicologia: tra ideologia e scienza*, Mazzotta, Milano 1974.

Psicologia archetipica (ingl. *Archetypal psychology*; ted. *Archetypische Psychologie*; fr. *Psychologie archétypale*; sp. *Psicología arquetípica*). Indirizzo teorico e clinico della psicologia del profondo inaugurato da James Hillman per restituire all'anima, oggetto specifico della psicologia, un linguaggio che non sia astratto e concettuale come quello che presiede, a parere di Hillman, le formulazioni di tutti gli indirizzi della psicologia del profondo, ma *immaginale*

(v. IMMAGINARIO, § 1). Le immagini espresse dagli archetipi hanno la loro descrizione nei miti che non devono essere interpretati con un linguaggio ad essi estraneo, come potrebbe essere quello della psichiatria e della psicopatologia, perché il mito è il modo specifico di narrarsi dell'"anima" che non può essere distorto dalla sovrapposizione di un linguaggio concettuale ad esso estraneo. Scrive Hillman: «La psiche, avendo un regno suo, ha anche una sua logica: la psicologia, che non è una scienza di cose fisiche, né una metafisica di cose spirituali. A questo regno appartengono anche le patologie psicologiche. Avvicinarsi a esse dall'uno o dall'altro lato, cioè vederle in termini di malattia medica o di sofferenza, peccato o salvezza religiosi, manca il bersaglio dell'anima» (1975, p. 132). Per questo è necessario "spodestare l'Io" che, con la sua armatura concettuale, è sempre vigile sui processi psichici che distorce con la sua nomenclatura, per aprirsi all'anima intesa come una "messa in scena di archetipi" che i miti descrivono con quel linguaggio immaginale che è proprio dell'anima. Ciò consente di eliminare quelle che per Hillman sono malattie indotte dal linguaggio psicologico che, rendendo sterili le metafore dell'anima per trasformarle in astrazioni necessarie a formulare categorie diagnostiche, «crea il convincimento che in essa vi è qualcosa di "sbagliato" aggiungendo alla sua "malattia" la visione malata che essa ha di se stessa» per effetto di quelle categorie (1972a, p. 16). Per un ulteriore approfondimento della psicologia archetipica si vedano le voci ANIMA, § 4 e ARCHETIPO, § 2, *a*, mentre per quanto concerne la psicoterapia su base archetipica si veda la voce ANALISI ARCHETIPICA.

Bibliografia

Hillman J., *Il mito dell'analisi* (1972a), Adelphi, Milano 1979.
–, *Saggio su Pan* (1972b), Adelphi, Milano 1977.
–, *Re-visione della psicologia* (1975), Adelphi, Milano 1983.
–, *Anima. Anatomia di una nozione personificata* (1985), Adelphi, Milano 1989.
–, *Psicologia archetipica*, in "L'immaginale", 1987, n. 8.

Psicologia architettonica, v. AMBIENTE, § 6.

Psicologia associazionista, v. ASSOCIAZIONISMO.

Psicologia atomistica, v. INTROSPEZIONISMO.

Psicologia carceraria, v. PSICOLOGIA FORENSE, § 3.

Psicologia clinica (ingl. *Clinical psychology*; ted. *Klinische Psychologie*; fr. *Psychologie clinique*; sp. *Psicología clínica*). Con il termine "clinico" si intende: 1) un *metodo* e 2) una *disciplina* applicativa che occupa un posto preminente nell'ambito della salute mentale.

1. IL METODO CLINICO. A differenza di quello *sperimentale* (v. PSICOLOGIA, § III, 1-2), il metodo clinico utilizza il rapporto interpersonale come strumento di conoscenza. Non possedendo la rigorosa obiettività del metodo sperimentale, perché considera l'individuo nel suo ambiente naturale e non nelle condizioni artificiali di laboratorio, nella globalità del suo comportamento e non in aspetti settoriali, il metodo clinico non raggiunge la scientificità di quello sperimentale, ma ottiene risultati e informazioni che con gli altri metodi è ancora impossibile ottenere. Rispetto al metodo *statistico* (v. PSICOLOGIA, § III, 3) che si occupa di quanto accomuna tutti gli appartenenti ad una specie, il metodo clinico svolge la sua indagine sul singolo individuo o sul singolo gruppo, senza per questo identificarsi con l'impostazione *differenziale* della psicologia (v. PSICOLOGIA DIFFERENZIALE) perché, diversamente da questa, tende a formulare leggi e interpretazioni attraverso la generalizzazione degli indizi desunti dai singoli casi. In ordine al problema della *quantificazione* e della *verifica*, gli psicologi che adottano il metodo clinico sono divisi tra chi ritiene che siano obiettivi da raggiungere e chi ritiene che l'applicazione di questi due caratteri, propri del metodo sperimentale, sia un impedimento all'approccio del fenomeno studiato.

2. LA DISCIPLINA APPLICATIVA. Come disciplina specifica, la psicologia clinica è un settore della PSICOLOGIA APPLICATA (v.) che si avvale delle conoscenze dei principali orientamenti psicologici, quali la PSICOLOGIA GENERALE (v.), la PSICOLOGIA SOCIALE (v.), la PSICOLOGIA DELL'ETÀ EVOLUTIVA (v.), la PSICOLOGIA DINAMICA (v.) e la PSICOLOGIA DEL PROFONDO (v.), per sanare quei problemi di varia estensione e natura che coinvolgono la personalità dell'individuo e incidono più o meno gravemente sul suo benessere psichico. L'accezione *clinica* rimanda alla *patologia* e quindi alla cura come riconduzione alla *normalità* che, nel caso della domanda sanitaria, è fisiologica, mentre nel caso di quella psicologico-clinica si basa su una specifica fenomenologia sociale altamente variabile. Ciò comporta, come scrive Renzo Carli, «una differenza fondamentale: nel primo caso, infatti, la domanda può essere validata e accettata dal medico, quindi accantonata perché irrilevante rispetto al procedimento diagnostico e terapeutico. Nel caso dello psicologo clinico, di contro, la domanda si iscrive storicamente in una relazione passata, si realizza attualmente entro il rapporto con lo psicologo, e non ha la mediazione di alcun sintomo; il vero "sintomo" del paziente che si rivolge allo psicologo clinico è la sua stessa domanda, e come essa si presenta, si declina, si dispiega nel rapporto con lo psicologo stesso» (1987, p. 23).

Due tendenze attraversano quest'area disciplinare: una di *supporto* e una di *intervento*. La prima prevede che lo psicologo clinico fornisca informazioni e supporti conoscitivi, tramite una strumentazione di tipo psicodiagnostico e psicometrico, al personale delle istituzioni come il medico nelle istituzioni sanitarie, l'insegnante nella scuola, il personale dirigente nelle aziende; la seconda si riferisce a qualsiasi intervento terapeutico (v. PSICOTERAPIA) volto o ad adattare l'individuo alle situazioni precostituite o ad accompagnarlo nel suo processo di trasformazione e di crescita. Nell'uno e nell'altro caso, le principali funzioni della psicologia clinica sono:

a) *La diagnosi* o valutazione clinica che consente di ottenere informazioni utili sulla natura, l'entità, ed eventualmente le cause della problematica del paziente, al fine di giungere all'individuazione dei mezzi necessari alla sua risoluzione (v. DIAGNOSI). La scelta del metodo valutativo dipende dallo scopo della valutazione, che può essere esclusivamente descrittivo o funzionale a un eventuale trattamento, dagli aspetti dell'individuo che si vogliono rilevare, e infine dall'orientamento teorico seguito dal clinico. Esistono due principali approcci valutativi legati alle due tradizioni della psicologia clinica: l'*approccio psicometrico* (v. PSICOMETRIA) che si occupa della comparazione degli individui, in base a caratteristiche e tratti ben definiti, attraverso procedure standardizzate come i test obiettivi o proiettivi (v. TEST), allo scopo di inferire gli aspetti del soggetto connessi al disturbo; e l'*approccio psicodinamico* (v. PSICOLOGIA DINAMICA) che utilizza procedure meno obiettive, ma più specifiche perché connesse alle dinamiche psicologiche dell'individuo, allo scopo di identificare il tipo di trattamento più adeguato.

b) *La terapia* dove confluiscono tutti quei modelli terapeutici che fanno riferimento ai diversi orientamenti teorici, che differiscono nella concezione della salute mentale e per i mezzi ritenuti necessari al raggiungimento delle finalità che ci si è proposte. La scelta del modello terapeutico è determinata, oltre che dalla natura del problema, dall'approccio teorico del clinico (v. PSICOTERAPIA).

c) *La ricerca* che riguarda lo studio del *processo* della terapia e la *verifica* dei risultati attraverso il confronto con gruppi di controllo che consentono di appurare l'efficacia del trattamento. Oltre alla verifica dei procedimenti diagnostici e terapeutici, la ricerca riguarda anche la progettazione di nuovi interventi clinici, l'indagine epidemiologica (v. EPIDEMIOLOGIA) e il lavoro interdisciplinare con discipline affini quali la PSICOPATOLOGIA (v.) e la PSICHIATRIA (v.).

d) *La formazione* del personale sanitario, che necessita di una conoscenza psicologica di base e di particolari nozioni relative ai differenti settori di specializzazione. Si estende agli educatori, agli assistenti sociali e agli stessi psicologi interessati alla conoscenza dei metodi terapeutici.

e) *La consulenza* presso centri territoriali come gli asili, le scuole, le carceri, i tribunali per problemi scolastici, familiari, matrimoniali, di disadattamento o devianza allo scopo di correggere l'intervento dell'operatore, informato della natura dei problemi che gli si presentano.

f) *La prevenzione* che mira a evitare l'insorgenza di comportamenti patologici, come l'assunzione di droghe o di alcol, attraverso quell'opera di informazione e di divulgazione scientifica che va sotto il nome di psicoprofilassi (v. PREVENZIONE).

3. IL SAPERE CLINICO E LA SUA PRATICA. Sull'intervento clinico vanno ricordate le riserve di Michel Foucault, secondo il quale l'indagine clinica e la diagnosi fanno riferimento a un corpo artificiale, il *corpo del sapere*, nel quale il corpo dell'uomo malato deve entrare come in un vestito per garantire l'obiettività della ricerca, perché la malattia è ritenuta vera solo se è oggettiva, verificabile e definibile secondo quelle modalità univoche che rendono la sua conoscenza trasmissibile. Il modo soggettivo di vivere la malattia e i legami che questa presenta con il mondo di cui il soggetto fa parte ed è espressione devono interferire il meno possibile per non compromettere l'operazione scientifica in cui ogni sintomo deve corrispondere a un quadro nosografico preciso. Per Foucault gli scopi fondamentali della clinica sono infatti l'organizzazione del sapere medico, l'organizzazione della malattia e l'organizzazione dell'insegnamento. Questa triplice organizzazione svolge la funzione di schermo tra il medico che diventa funzionario di un sapere e l'uomo che si vuol conoscere che diventa un "caso" di quel sapere. Attraverso questo schermo c'è una riduzione della comunicazione e l'inserimento del potere che passa nelle mani di chi detiene il codice cifrato, la possibilità di definire le regole e di stabilire chi devia.

Dal versante fenomenologico analoghe obiezioni contro l'atteggiamento clinico vengono sollevate da Ronald David Laing che si chiede: «Come può uno psichiatra considerare direttamente il paziente per descriverlo, se il vocabolario psichiatrico a sua disposizione serve solo a tenerlo a distanza? [...] I termini del vocabolario tecnico corrente, infatti, hanno l'una o l'altra di queste proprietà: o si riferiscono ad un uomo in isolamento rispetto agli altri e al mondo (cioè ad un'entità la cui qualità essenziale non è quella di essere in rapporto con gli altri e con il mondo), o si riferiscono ad aspetti falsamente elevati a sostanza di questa entità isolata. Termini come mente e corpo, psiche e soma, psicologico e fisiologico; o come personalità, l'io, l'organismo, sono delle astrazioni. Invece del legame originale di *Io* e *Tu*, si prende un singolo uomo isolato, e si concettualizzano i suoi vari aspetti: l'Io, il Super-io, l'Es. L'Altro diviene un oggetto, interno o esterno assieme. Come è possibile parlare veramente di un rapporto fra me e te servendosi del concetto di interazione fra un apparato mentale e un altro?» (1959, pp. 22-23). Le posizioni di Foucault e di Laing tendono a proporre una correzione alla psicologia clinica in termini di costruzione del sapere e di adozioni linguistiche, denunciando l'impossibilità di comprendere persone con procedimenti che, per essere scientifici, sono costretti alla spersonalizzazione.

Bibliografia

Balint M., *Medico, paziente e malattia* (1957), Feltrinelli, Milano 1961.

Bergin A. E., *Some implications of psychotherapy research for therapeutic practice*, in "Journal of Abnormal Psychology", 1966, n. 71.

Carli R., *Psicologia clinica. Introduzione alla teoria e alla tecnica*, Utet, Torino 1987.

Elliott J., Place M., *Interventi di psicologia clinica dello sviluppo. Sindromi e terapie efficaci* (1999), Erickson, Trento 2001.

Eysenck H. J., *Handbook of abnormal psychology*, Basic Books, New York 1971.

Foucault M., *Nascita della clinica* (1963), Einaudi, Torino 1969.

Galimberti U., *Psichiatria e fenomenologia* (1979), nuova edizione ampliata, Feltrinelli, Milano 2017.

Kazdin A. E., *Metodi di ricerca in psicologia clinica* (1992), il Mulino, Bologna 1996.

Kendall Ph. C., Norton-Ford J. D., *Psicologia clinica* (1982), il Mulino, Bologna 1986.

Korchin Sh. J., *Psicologia clinica moderna* (1976), Borla, Roma 1981.

Laing R. D., *L'io diviso. Studio di psichiatria esistenziale* (1959), Einaudi, Torino 1969.

Mackay D., *Clinical psychology. Theory and therapy*, Methuen, London 1975.

Musatti C. L., *Psicologia clinica e clinica psicologica*, in "Archivio di Psicologia, Neurologia e Psichiatria", 1953, n. 1-2.

Ongaro Basaglia F., *Clinica*, in AA.VV., *Enciclopedia*, Einaudi, Torino 1978, vol. III, pp. 222-242.

Phares E. J., *Clinical psychology. Concepts, methods, and profession*, Dorsey Press, Homewood, Illinois, 1979.

Pinkus L., *Metodologia clinica in psicologia*, Armando, Roma 1975.

Rossi N., *Psicologia clinica per le professioni sanitarie*, il Mulino, Bologna 2004.

Sanavio E., Cornoldi C., *Psicologia clinica*, il Mulino, Bologna 2001.

Schraml W. J. (a cura di), *Elementi di psicologia clinica* (1969), il Mulino, Bologna 1978.

Shorter E., *La tormentata storia del rapporto medico-paziente* (1985), Feltrinelli, Milano 1986.

Strotzka H., *Manuale di psicoterapia* (1978), Città Nuova, Roma 1987.

Tambelli R., *Psicologia clinica dell'età evolutiva. Modelli e metodi in psicoterapia*, il Mulino, Bologna 2012.

Trombini G. (a cura di), *Introduzione alla clinica psicologica*, Zanichelli, Bologna 1995.

Psicologia cognitivista, v. COGNITIVISMO.

Psicologia collettiva, v. PSICOLOGIA DELLA MASSA.

Psicologia commerciale (ingl. *Commercial psychology*; ted. *Handelspsychologie*; fr. *Psychologie commerciale*; sp. *Psicología comercial*). Settore della PSICOLOGIA APPLICATA (v.) che ha per oggetto la conoscenza del mercato, i bisogni e le attese psicologiche dei consumatori per realizzare dei prodotti che, attraverso la PSICOLOGIA DELLA PUBBLICITÀ (v.), verranno presentati come idonei a soddisfare determinate esigenze. Fra le tecniche della psicologia commerciale, oltre ai sondaggi d'opinione (v. OPINIONE) e alle ricerche di mercato, c'è l'analisi motivazionale che si propone di trasformare la situazione di mercato a vantaggio di un determinato tipo di produzione, attraverso interviste semidirettive (v. COLLOQUIO – INTERVISTA, § 1), questionari (v. QUESTIONARIO), test di atteggiamenti, di immagine di marca e proiettivi, discussioni guidate di gruppo allo scopo di operare precise scelte di mercato e di individuare il tipo ideale di consumatore, e decidere così il prezzo, la campagna promozionale, il tipo di distribuzione e le forme di vendita.

L'evolversi dei sistemi produttivi e distributivi, l'ampliamento e il mutamento dei sistemi concorrenziali, la trasformazione continua dei bisogni del pubblico, la liberalizzazione degli scambi hanno posto dei problemi la cui soluzione è stata affidata agli operatori di marketing, che esprimono una forma di pensiero manageriale che considera la concorrenza fra case produttrici come una competizione fra teorie previsionali alternative del comportamento del mercato. Occupando la posizione intermedia tra ipotesi teoriche e verifiche empiriche, gli operatori di marketing trasformano le case produttrici in soggetti di predizione circa il modo in cui il mercato reagirà a un dato stimolo, quale un cambiamento di prezzo o la presentazione di un nuovo prodotto, affidando poi al mercato la verifica della validità della propria predizione. In questo modo la concorrenza, prima che sulla natura del prodotto, avviene sulla validità della PREDIZIONE (v.).

Per questo la ricerca di mercato si avvale delle: 1) *indagini esplorative* che cercano di sollevare più domande rispetto a quelle a cui danno risposta, allo scopo di definire le opportunità più significative che il mercato offre, o più semplicemente di giungere a nuove idee con cui rendere più efficace la direzione strategica; 2) *indagini descrittive* volte a rilevare il modo in cui è percepito il prodotto, le motivazioni che sono alla base dell'acquisto, il comportamento effettivamente assunto dal consumatore; 3) *indagini causali* volte a scoprire le correlazioni tra le caratteristiche dei prodotti presenti sul mercato e le caratteristiche psicologiche dei consumatori che li acquistano. Le indagini causali partono da quelle descrittive e operano un lavoro riduttivo dei dati attraverso l'impiego di strumenti statistici come le misurazioni di covarianza e le scale multidimensionali (v. STATISTICA).

Le operazioni di marketing sono state differenziate da Giancarlo Trentini a seconda della visione che è alla base della loro impostazione. Questa può essere: *tecnica* quando è rivolta alle attività che indirizzano il flusso dei beni e dei servizi dal produttore al consumatore, *sociale* quando il consumatore è assunto come fine della produzione, e i bisogni e le esigenze hanno il primato sull'offerta, *manipolativa* quando lo scopo è di creare il cliente inducendogli bisogni ed esigenze, *sintalica* quando si tende a un rapporto di autentica comunicazione tra produttore e consumatore con uno scambio che esprime un reciproco profitto la cui redditività non è semplicemente monetaria.

In questo ambito si è affermato di recente un nuovo settore disciplinare denominato *neuromarketing* finalizzato, come scrive Vincenzo Russo, a «misurare l'efficacia della comunicazione e del marketing attraverso la misura diretta delle emozioni e l'analisi di indicatori fisiologici e neurologici ad essa correlati. Nato dalla convergenza delle più recenti scoperte neuroscientifiche sul funzionamento del cervello e del sistema nervoso, il *neuromarketing* integra le conoscenze della psicologia dei consumi, del marketing e dell'economia comportamentale per misurare l'effetto emozionale delle stimolazioni e gli elementi comunicativi in grado di influenzare il processo decisionale. Si tratta di un campo scientifico a supporto di un modello di analisi dei processi decisionali fondato sul riconoscimento dell'importante ruolo della dimensione affettiva, da una parte, e dell'esistenza di processi inconsapevoli dall'altra. Questi due aspetti rendono necessario l'uso di strumenti in grado di misurare la dimensione emozionale prima dell'intervento della razionalizzazione, le eventuali attivazioni fisiologiche inconsapevoli e la focalizzazione attentiva e visiva, nonché la memorizzazione dei messaggi» (2017, p. 7).

Bibliografia

Alberoni F., *Consumi e società*, il Mulino, Bologna 1964.
Barber B. R., *Consumati. Da cittadini a clienti* (2007), Einaudi, Torino 2010.
Carmagnola F., Ferraresi M., *Merci di culto. Ipermerce e società mediale*, Castelvecchi, Roma 1999.
Churchill G. A., *Marketing research. Methodological foundations*, Dryden, Hillsdale, Illinois, 1979.
Gabrielli G., *Il neuromanagement*, in V. Russo, *Psicologia della comunicazione e neuroscienze*, Pearson, Milano 2017.
Green P. E., Frank R. E., *Introduzione alle ricerche di marketing* (1967), Isedi, Milano 1973.
Guatri L., *Introduzione alla teoria delle ricerche di mercato*, Giuffrè, Milano 1960.
Guéguen N., *Psicologia del consumatore* (2009), il Mulino, Bologna 2010.
Mostyn B. J., *A handbook of motivational and attitude research techniques*, MCB, Bradford 1978.
Nicosia F. M., *Processi di decisione del consumatore nel marketing e nella pubblicità* (1966), Etas Kompass, Milano 1973.
Petroni G., *La sociologia dei consumi*, Franco Angeli, Milano 1969.
Romano D. F., *Immagine marketing e comunicazione*, il Mulino, Bologna 1988.
Russo V., *Psicologia della comunicazione e neuroscienze*, Pearson, Milano 2017.
Sassatelli R., *Consumo, cultura e società*, il Mulino, Bologna 2004.
Strasser S., *Soddisfazione garantita. La nascita del mercato di massa* (1997), il Mulino, Bologna 1999.
Tagliacarne G., *Tecnica e pratica delle ricerche di mercato*, Giuffrè, Milano 1964.
Trentini G., *La ricerca e l'intervento psicosociale impegnati nel marketing*, in L. Ancona (a cura di), *Nuove questioni di psicologia*, La Scuola, Brescia 1972, vol. II, pp. 591-642.
Williams K. C., *Psicologia per il marketing* (1986), il Mulino, Bologna 1988.

Psicologia comparata (ingl. *Comparative psychology*; ted. *Vergleichende Psychologie*; fr. *Psychologie comparée*; sp. *Psicología comparada*).

1. IN SENSO LATO è quel settore della psicologia che si occupa della comparazione della psicologia dei diversi esseri o classi di esseri, per cui avremo una psicologia comparata delle età, dei sessi, dei popoli, degli individui, delle classi sociali, delle professioni ecc. In questa accezione possono essere considerate forme di psicologia comparata: la *psicologia cognitiva* (v. COGNIZIONE, §§ 2-4) che studia gli stadi di sviluppo nei bambini, la *psicologia etnica* (v. ANTROPOLOGIA, §§ 5-7) che mette a confronto gruppi etnici diversi, e la *psicologia differenziale* che studia la variabilità interindividuale nei gruppi omogenei o fra gruppi (v. PSICOLOGIA DIFFERENZIALE).

2. IN SENSO SPECIFICO la psicologia comparata coincide con quel settore della PSICOLOGIA ANIMALE (v.) che mette a confronto i comportamenti tra le varie specie animali o che studia le espressioni più elementari del comportamento umano attraverso la loro sperimentazione su animali trattati in laboratorio. In questa seconda accezione, la psicologia comparata si distingue

dall'ETOLOGIA (v.) che studia l'animale non in condizioni artificiali, ma in relazione al suo ambiente.

L'ipotesi di base della psicologia comparata è già reperibile nella teoria di Charles Darwin relativa alla *continuità biologica* fra le specie, dove l'uomo è considerato come punto d'arrivo di un complesso sviluppo evolutivo (v. EVOLUZIONE), per cui è possibile un'analisi comparata in grado di rintracciare negli atteggiamenti, nelle abitudini, nelle capacità dell'uomo le tracce del suo passato animale. Darwin stesso contribuì alla nascita della psicologia comparata con una ricerca del 1872 sulle emozioni nell'animale e nell'uomo, ma fu soprattutto l'opera di George John Romanes sull'intelligenza animale, del 1882, a dare un impulso a questo nuovo campo di indagine che portò, verso la fine del XIX secolo, a una notevole quantità di dati a sostegno dell'ipotesi della continuità psicologica.

Contro il rischio di ricorrere a spiegazioni antropomorfe nell'interpretazione del comportamento animale, C. Lloyd Morgan espose nel saggio *Introduction to comparative psychology* (1894) la regola secondo cui non si deve interpretare un'azione come il risultato di una facoltà psicologica superiore quando è possibile interpretarla come il risultato di una facoltà psicologica inferiore. A questi studi teorici seguirono quelli sperimentali di Edward Lee Thorndike, che condusse molte ricerche sul comportamento per PROVA ED ERRORE (v.) di gatti e cani tenuti in gabbie sperimentali. Queste ricerche furono criticate da Wolfgang Köhler, secondo il quale i risultati di Thorndike erano inattendibili per le condizioni innaturali in cui erano tenuti gli animali che, in situazioni normali, non avrebbero risolto i problemi per prove ed errori, ma per INSIGHT (v. § 1) o intuizione della situazione che viene affrontata a partire da una *Gestalt* (v. PSICOLOGIA DELLA GESTALT) e non per tentativi. Contemporaneamente il fisiologo Ivan Petrovič Pavlov conduceva le sue ricerche sul riflesso condizionato, ponendo le prime basi per lo studio scientifico dell'APPRENDIMENTO (v. § 1, 1) sia animale sia umano.

Oggetto di studio della psicologia comparata, oltre all'apprendimento, sono l'intelligenza, la memoria, la percezione e l'aggressività, considerate in situazioni sperimentali in cui le azioni possono essere isolate e manipolate, con possibilità di distinguere l'influenza ereditaria da quella ambientale in animali che hanno una medesima discendenza genetica e hanno ricevuto un addestramento controllato. Un particolare sviluppo ha avuto recentemente la *psicologia comparata sociale* effettuata sui primati, dove si sono potute constatare numerose analogie con la condotta umana. Questo genere di studio, richiedendo l'osservazione dell'animale nel suo habitat, è al confine tra la psicologia comparata e l'etologia.

Bibliografia

AA.VV., *Studies on animal and human behaviour*, University Press, Cambridge 1970.

Bandura A., *Principles of behavior modification*, Holt, Rinehart & Winston, New York 1969.

Darwin Ch., *L'espressione delle emozioni nell'uomo e negli animali* (1872), Bollati Boringhieri, Torino 1982.

Dimond S. J., *The social behaviour of animals*, Batsford, London 1970.

Fox M. W., *Abnormal behavior in animals*, W. B. Saunders, Philadelphia 1968.

Gay W. I., *Methods of animal experimentation*, Academic Press, New York 1968.

Köhler W., *L'intelligenza nelle scimmie antropoidi* (1917), Giunti Barbera, Firenze 1961.

Lorenz K., *L'anello di re Salomone* (1949), Adelphi, Milano 1967.

Manning A., *Il comportamento animale* (1972), Bollati Boringhieri, Torino 1979.

Morgan C. L., *Introduction to comparative psychology*, Walter Scott, London 1894.

Pavlov I. P., *I riflessi condizionati* (1927), Bollati Boringhieri, Torino 1966.

Poli M., *Psicologia animale e etologia*, il Mulino, Bologna 1981.

Romanes G. J., *Animal intelligence*, Kegan Paul, London 1882.

Steinberg H. *et al.*, *Animal behaviour and drug action*, Churchill, London 1964.

Thorndike E. L., *Animal intelligence. Experimental studies*, Macmillan, New York 1911.

Tinbergen N., *Lo studio dell'istinto* (1951), Adelphi, Milano 1994.

Tolman E. Ch., *Il comportamento intenzionale negli animali e negli uomini* (1932), Armando, Roma 1983.

Vallortigara G., *Altre menti. Lo studio comparato della cognizione animale*, il Mulino, Bologna 2000.

Werner H., *Psicologia comparata dello sviluppo mentale* (1940), Giunti Barbera, Firenze 1970.

Psicologia complessa, v. COMPLESSO, § 1.

Psicologia comportamentista, v. COMPORTAMENTISMO.

Psicologia comprensiva (ingl. *Comprehensive psychology*; ted. *Verstehende Psychologie*; fr. *Psychologie compréhensive*; sp. *Psicología comprensiva*). Scuola di pensiero che ha introdotto in psicologia un metodo di lettura dei fenomeni psichici differente da quello impiegato nelle scienze della natura perché, come vuole la distinzione di Wilhelm Dilthey, «le scienze dello spirito si differenziano dalle scienze della natura in quanto queste hanno come loro oggetto dei fatti che si presentano alla coscienza *dall'esterno*, cioè come fenomeni singolarmente dati, mentre in quelle i fatti sorgono originariamente *dall'interno* come una connessione vivente», per cui «noi *spieghiamo* la natura, ma *comprendiamo* la vita psichica» (1894, pp. 143-144). Partendo da questa distinzione, Karl Jaspers ha inaugurato la psicologia comprensiva fondata sulla distinzione tra comprendere (*verstehen*) e spiegare (*erklären*): «A evitare ambiguità e fraintendimenti impiegheremo sempre l'espressione "comprendere" per la visione interiore di qualcosa dal di dentro, mentre non chiameremo mai comprendere, ma "spiegare", la conoscenza dei nessi causali obiettivi che sono sempre visti dal di fuori. Comprendere e spiegare hanno dunque sempre un significato preciso» (1913-1959, p. 30).

La *spiegazione* è una riduzione dell'osservato alle ipotesi anticipate secondo il modello delle scienze esatte, mentre la *comprensione* si accosta all'oggetto non per tradurlo in uno schema anticipato, ma per cogliere le strutture di significato che emergono dal suo versante e non dal versante di chi osserva. In questo senso, scrive Jaspers, «è possibile *spiegare* pienamente qualcosa senza *comprenderlo*» (*ibid.*), cioè ricondurlo alle ipotesi anticipate senza far emergere il significato che *in esso* si esprime. Questa correzione metodologica ha emancipato la psicologia dalla metodica delle scienze della natura, sostituendo a quello strumento di lettura che è la *legge universale e valida per tutti*, quell'altro strumento, più propriamente psicologico, che è il *significato* espresso dal singolo caso.

Edmund Husserl tematizzò l'impossibilità per la psicologia di porsi come scienza per l'incompatibilità fra la *tematica* psicologica che riguarda la soggettività e il *metodo* scientifico che, essendo oggettivante, prescinde da ogni condizionamento psicologico. Scrive in proposito Husserl: «Ben presto ci renderemo conto che alla problematicità che è propria della psicologia, non soltanto ai giorni nostri ma da secoli, alla "crisi" che le è peculiare, occorre riconoscere un significato centrale; essa rivela le enigmatiche e a prima vista inestricabili oscurità delle scienze moderne, persino di quelle matematiche, essa rivela l'enigma del mondo di un genere che era completamente estraneo alle epoche passate. Tutti questi enigmi riconducono all'*enigma della soggettività* e sono quindi inseparabilmente connessi all'*enigma della tematica e del metodo della psicologia*» (1936, p. 35). E in effetti la psicologia viene qui a trovarsi in una contraddizione insuperabile perché, se la scienza può nascere solo in presenza e ad opera di un *cogito* de-psicologizzato, se la non-interferenza dello psichico è la prima condizione per la produzione di un discorso scientifico, se la soggettività empirica e individuale è proprio ciò che non deve intervenire dove l'analisi pretende di essere oggettiva, può la psicologia prodursi come scienza senza abolire se stessa?

È un motivo a cui ha rivolto la sua attenzione anche Carl Gustav Jung là dove critica Sigmund Freud per aver adottato il metodo esplicativo, tipico della spiegazione scientifica, che, per il suo carattere riduttivo, non è in grado di comprendere la soggettività della psiche individuale. Infatti, scrive Jung, «spiegazione scientifica vuol dire spiegazione causale. Noi perciò tendiamo naturalmente, ogni volta che pensiamo in modo scientifico, a dare spiegazioni e interpretazioni causali, e a ritenere spiegata una cosa quando è ridotta analiticamente alla causa e al principio generale. [...] In questo, il metodo di spiegazione psicologica di Freud è, nel suo principio, rigorosamente scientifico» (1914, p. 187). Ma così facendo, osserva Jung, di fronte a un fenomeno noi cogliamo ciò che è generalmente umano, e non quell'unicità attraverso la quale in quell'uomo si esprime il generalmente umano. Per questo, conclude Jung, «la psicologia deve abolirsi come scienza e, proprio abolendosi come scienza, raggiunge il suo scopo scientifico. E questo perché ogni scienza ha un "al di fuori" di se stessa; ma non la psicologia, il cui oggetto è il soggetto di ogni scienza in generale» (1947-1954, p. 240; v. COSTRUTTIVO, METODO).

Fu così che, accanto alla *psicologia esplicativa*, si fece strada anche la *psicologia comprensiva* che ha legami con la distinzione introdotta da Wilhelm Windelband tra *metodo nomotetico* e *metodo idiografico* (v. IDIOGRAFICO – NOMOTETICO), e con l'impostazione fenomenologica della psichiatria che Ludwig Binswanger inaugura promuovendo quell'ANALISI ESISTENZIALE (v.) che ricerca le modalità con cui ogni singolo alienato declina il proprio modo di essere al mondo, con una coerenza che non è da cercare nella norma collettiva, ma nell'unità di senso che i suoi modi di esprimersi producono. Avendo in vista questa unità di senso, Jaspers aveva distinto gli atteggiamenti e i comportamenti "comprensibili" da quelli "incomprensibili" a seconda che emerga o non emerga un senso unitario nella molteplicità delle manifestazioni.

In ordine al tema della comprensione in ambito clinico, Eugène Minkowski propone una diagnosi "per penetrazione", in cui la comprensione della configurazione esistenziale dell'altro non è affidata alla conoscenza scientifica in terza persona e neppure alla conoscenza soggettiva in prima persona, ma a quella conoscenza "in seconda persona", come vuole l'espressione di Minkowski, dove risuona l'eco dell'incontro con l'altro che rende possibile il confronto tra esperienze che, come insegna la lezione husserliana, hanno la loro radice comune nel "mondo della vita". A quel mondo partecipano sia l'esperienza dell'alienato sia l'esperienza del medico, il quale, grazie alla risonanza che gli giunge dall'incontro con l'alienato, attiva quell'intuizione che, per Minkowski, è una forma privilegiata di conoscenza che non può essere sostituita da alcuna intelligenza geometrica o codificata di cui si avvale la scienza.

Il modello della comprensione, riproposto da Martin Heidegger e da Hans-Georg Gadamer in ambito filosofico (v. ERMENEUTICA, § 1), è stato ripreso dalle correnti costruttivistiche della psicologia (v. COSTRUTTIVISMO), per cui, come vuole l'interazionismo simbolico di George Herbert Mead, la conoscenza psicologica non è da intendersi come lettura oggettiva della realtà esterna, ma come coinvolgimento dell'osservatore nella realtà osservata, dove in gioco non ci sono solo i processi cognitivi, ma anche quelli emotivi e relazionali, come peraltro viene confermato anche dalla "neurobiologia dell'esperienza interpersonale" di Daniel J. Siegel: «In questi nuovi scenari scientifici – scrive Maria Armezzani – il termine "comprensione" si ripropone con una rinnovata densità, non più come peculiare forma di conoscenza adatta a certi ambiti inaccessibili alla "spiegazione", ma come stato originario di ogni universo linguistico e come necessità epistemologica strutturalmente connessa con la dimensione etica» (2006-2007, p. 231).

Bibliografia

Armezzani M., *Comprensione*, in AA.VV., *Psiche. Dizionario storico di psicologia, psichiatria, psicoanalisi, neuroscienze*, Einaudi, Torino 2006-2007, vol. I, pp. 226-231.

Binswanger L., *Per un'antropologia fenomenologica. Saggi e conferenze psichiatriche* (1921-1941), Feltrinelli, Milano 1970.

Dilthey W., *Ideen über beschreibende und zergliedernde Psychologie* (1894), in *Gesammelte Schriften*, Teubner, Leipzig 1914-1936 (poi riedito a partire dal 1958 in fotocopia anastatica dall'editore Vandenhoeck & Ruprecht, Stuttgart-Göttingen), vol. V.

Egan K., *La comprensione multipla. Sviluppare una mente somatica, mitica, romantica, filosofica e ironica* (1997), Erickson, Trento 2012.

Gadamer H.-G., *Verità e metodo* (1960), Bompiani, Milano 1983.

–, *Ermeneutica. Uno sguardo retrospettivo* (1995), Bompiani, Milano 2006.

Galimberti U., *Psichiatria e fenomenologia* (1979), nuova edizione ampliata, Feltrinelli, Milano 2017.

Heidegger M., *Essere e tempo* (1927), Utet, Torino 1978.

Husserl E., *La crisi delle scienze europee e la fenomenologia trascendentale* (1936), il Saggiatore, Milano 1972.

Jaspers K., *Psicopatologia generale* (1913-1959), Il Pensiero Scientifico, Roma 2000.

Jung C. G., *Sulla comprensione psicologica di processi patologici* (1914), in *Opere* (1969-2007), Bollati Boringhieri, Torino, vol. III.

–, *Riflessioni teoriche sull'essenza della psiche* (1947-1954), in *Opere*, cit., vol. VIII.

Mead G. H., *Mente, Sé e Società* (1934), Giunti Barbera, Firenze 1966.

Siegel D. J., *La mente relazionale. Neurobiologia dell'esperienza interpersonale* (2012), Raffaello Cortina, Milano 2013.

Windelband W., *Preludi. Saggi e discorsi d'introduzione alla filosofia* (1884), Bompiani, Milano 1947.

Psicologia connessionista, v. COGNITIVISMO, § 3; CONNESSIONISMO.

Psicologia costituzionale, v. COSTITUZIONE; TIPOLOGIA, § 1.

Psicologia criminale, v. PSICOLOGIA FORENSE, § 2.

Psicologia culturale (ingl. *Cultural psychology*; ted. *Kulturpsychologie*; fr. *Psychologie culturelle*; sp. *Psicología cultural*). Psicologia che studia come la cultura tipica di una popolazione determina il modo di percepire, di pensare, di agire, di istituire regole sociali e norme etiche in una determinata società e negli individui che la compongono. Il primo a introdurre questa disciplina fu Wilhelm Maximilian Wundt nel 1912 con la sua opera dedicata alla psicologia dei popoli (*Völkerpsychologie*), in cui nega che i processi mentali superiori possano essere studiati in laboratorio, perché, a causa della diversità culturale dei popoli, questi studi possono essere effettuati solo sul campo. Il tema venne ripreso da Lev Semënovič Vygotskij circa il modo con cui dovevano essere considerate le popolazioni dell'Asia centrale, da poco annesse all'Impero russo, per la loro diversità culturale rispetto alla popolazione della Russia europea. Per "cultura" Vygotskij intendeva gli oggetti fisici e gli artefatti di cui le varie popolazioni asiatiche si servivano nella loro attività lavorativa. Negli anni settanta Michael Cole intese la cultura come quell'insieme di conoscenze e di pratiche che fa da "sistema di mediazione" del modo di pensare e di agire degli individui, per cui l'incapacità di astrarre (v. ASTRAZIONE) o la difficoltà di apprendere l'aritmetica da parte dei bambini di alcune popolazioni africane non dipendeva da un deficit intellettivo, ma dalla loro diversa cultura, sconfessando in tal modo la teoria di Jean Piaget, secondo il quale la capacità di astrazione è la forma più alta di intelligenza, quando invece è solo la forma più familiare nelle scuole occidentali. Non tenerne conto significa rafforzare i pregiudizi e gli stereotipi tendenzialmente denigratori nei confronti di altre popolazioni, alimentando così il razzismo che non prende in considerazione il fatto che una stessa pratica, come ad esempio l'educazione, la scuola, i matrimoni, la religione, possa essere declinata in molti modi a seconda delle diverse culture, per cui, come scrive Giuseppe Mantovani, «a rigor di termini non si può più parlare di "noi" o di "loro" come entità distinte, ma di loro in mezzo a noi e noi in mezzo a loro» (2004, p. 27). Ne consegue che rispetto all'impropria applicazione di strumenti standard ai diversi orizzonti culturali, è meglio ricorrere a ricerche etnografiche

(v. ANTROPOLOGIA, §§ 5-7) per far emergere le peculiarità delle varie culture (v. ALTRO, § 4) senza ridurle a un improbabile comun denominatore. Si veda a questo proposito la voce PSICOLOGIA TRANSCULTURALE.

Bibliografia

American Psychiatric Association (APA), *Psichiatria culturale. Un'introduzione* (2003), Raffaello Cortina, Milano 2004.
Berry J. W., Dasen P. R., Poortinga Y. H., Segall M. H., *Psicologia transculturale. Teoria, ricerca e applicazioni* (1992), Guerini & Associati, Milano 1994.
Cole M., Gay J., Glick J. A., *The cultural contexts of learning and thinking*, Harvard University Press, Cambridge, Massachusetts, 1971.
Inghilleri P. (a cura di), *Psicologia culturale*, Raffaello Cortina, Milano 2009.
Mantovani G., *L'elefante invisibile. Tra negazione e affermazione della diversità: scontri e incontri multiculturali*, Giunti, Firenze 1998.
–, *Intercultura. È possibile evitare le guerre culturali?*, il Mulino, Bologna 2004.
Vygotskij L. S., *Storia dello sviluppo delle funzioni psichiche superiori* (1931), Giunti, Firenze 1974.
Wundt W. M., *Elementi di psicologia dei popoli. Linee fondamentali della storia dell'evoluzione psicologica dell'umanità* (1900-1920), in *Scritti scelti*, Utet, Torino 2006.

Psicologia dei ciechi, v. CECITÀ, § 1.

Psicologia dei nuovi media (ingl. *Psychology of the new media*; ted. *Psychologie der neuen Medien*; fr. *Psychologie des nouveaux médias*; sp. *Psicología de los nuevos medios*). In ordine alla COMUNICAZIONE (v.) i nuovi media pongono alla psicologia dei problemi che non possono essere risolti con le conoscenze del passato, soprattutto rispetto alla domanda che molti si pongono e che Giuseppe Riva così formula: «Siamo noi a cambiare i media o sono loro a cambiare noi?». L'uomo, infatti, non può pensare di usare le tecniche di comunicazione come qualcosa di neutrale rispetto alla sua natura, senza neppure il sospetto che la natura umana possa modificarsi proprio in base alle modalità con cui si declina tecnicamente nella comunicazione. L'uomo, infatti, non è qualcosa che prescinde dal modo con cui manipola il mondo, e trascurare questa relazione significa non rendersi conto che a trasformarsi non saranno solo i mezzi di comunicazione, ma, come dice Marshall McLuhan, l'uomo stesso. Infatti, scrive, «Archimede disse una volta: "Datemi un punto di appoggio e solleverò il mondo". Oggi ci avrebbe indicato i nostri *mezzi di comunicazione* elettronici dicendo: "Mi appoggerò ai vostri occhi, alle vostre orecchie, ai vostri nervi, al vostro cervello, e il mondo si sposterà al ritmo e nella direzione che sceglierò io". [...] Ma una volta che abbiamo consegnato i nostri sensi e i nostri sistemi nervosi alle manipolazioni di coloro che cercano di trarre profitti prendendo in affitto i nostri occhi, le orecchie e i nervi, il risultato sarà che non avremo più diritti» (1964, p. 79).

1. LE MODIFICAZIONI DEL MODO DI PENSARE, PERCEPIRE E SOCIALIZZARE INDOTTE DAI NUOVI MEDIA. In quanto estensori dei nostri organi di senso, i nuovi media modificano la nostra percezione, il nostro modo di pensare e di fare esperienza. Infatti, come segnala Raffaele Simone, per effetto dei nuovi media stiamo passando da un pensiero analogico, strutturato, sequenziale e referenziale a uno generico, vago, globale, olistico. L'*intelligenza sequenziale* è quella che usiamo per leggere, essa necessita di una successione rigorosa e rigida che articola e analizza i codici grafici disposti in linea. L'*intelligenza simultanea*, più consona all'immagine che all'alfabeto, è caratterizzata dalla capacità di trattare nello stesso tempo più informazioni, senza però essere in grado di stabilire una successione, una gerarchia e quindi un ordine. È l'intelligenza che usiamo per esempio quando guardiamo un quadro, dove è impossibile dire che cosa vada guardato prima e cosa dopo. Ne consegue un inevitabile arresto dell'alfabetizzazione e una maggior difficoltà nella comprensione di un testo, perché la fatica di leggere non può competere con la facilità di guardare, per cui, come scrive Simone, avremo sempre meno a che fare con l'*homo sapiens*, e sempre più con l'*homo videns*. E questo perché, come spiega Clifford Stoll, il sapere non è una somma di dati come quelli forniti da internet, né tantomeno una serie di risposte senza l'indicazione dei processi attraverso i quali a quelle risposte si perviene, ma è il possesso di metodi di ricerca e capacità di giudizio, a partire dai quali i dati e le risposte sono facilmente ottenibili.

In ambito cognitivista si è segnalato il pericolo di un sempre minor impiego dell'intelligenza *divergente* rispetto a quella *convergente*. Convergente è quell'intelligenza che cerca la soluzione del problema a partire dal modo con cui il problema è stato impostato: nel caso del computer, il "programma". Divergente è quell'intelligenza che trova la soluzione del problema cambiando l'impostazione, come fece Copernico quando formulò l'ipotesi che non fosse la Terra, ma il Sole al centro dell'universo. Come è ovvio tutti i progressi della storia sono stati possibili grazie all'intelligenza divergente che ribalta l'impostazione dei problemi, mentre l'utente del computer può muoversi solo all'interno del "programma" di cui non è l'autore.

La psicologia della Gestalt ha messo in evidenza il rischio di una marginalizzazione della realtà *fisica* a favore di quella *virtuale*, con conseguente alterazione della percezione dello spazio e del tempo che Immanuel Kant aveva indicato come le intuizioni a priori della conoscenza, e che i nuovi media consentono di annullare nel loro spessore fisico con un click. A questo proposito Stoll scrive: «A me pare che le tecnologie cognitive informatizzate siano una drastica forma di *de-realizzazione*, una via per sostituire il "non vero" al "vero", il "non reale" (= il virtuale) al "reale", per *simulare* delle cose che non si possono o non si vogliono *fare*. Il nostro fare si ridurrà solo a una seduta in cui si smanetta su una tastiera e si occhieggia un monitor? Penso a questa eventualità con orrore, ma la vedo minacciosamente in marcia verso di noi» (1999, p. 180).

Oltre ai processi di de-realizzazione che l'uso incontrollato del computer alimenta, la psicologia sociale segnala il rischio di una riduzione drastica dei *processi di socializzazione*, con tutte le conseguenze etiche e psicologiche che la cosa comporta, per effetto dell'isolamento indotto dal rapporto del singolo individuo con il suo computer. Che ne è a questo punto della nostra competenza sociale, e quali le conseguenze in termini di solitudine, di depressione, di timidezza, per essere ormai divenuti incapaci di quel faccia a faccia dove, oltre a sentire quel che dice l'altro, si percepiscono i suoi moti emozionali, la qualità del suo sentimento, e in generale tutto quel linguaggio che non passa attraverso la parola, ma attraverso il corpo, e che è indispensabile per la formazione di un'identità, la quale, al pari della forza del carattere, della fiducia, della determinazione e della perseveranza, non si scarica da un sito web?

Accanto a questa posizione che mette sotto accusa internet, c'è chi sostiene, come Giuseppe Mantovani e Giuseppe Riva, che internet può essere un fattore di liberazione dall'isolamento e quindi di socializzazione, in uno spazio che non è più quello tradizionale del vicinato, della scuola o del lavoro, ma quello creato intorno a interessi comuni, a partire dai quali nascono nuove comunità che creano un nuovo lessico e nuove forme di coinvolgimento. In altre parole, un vero e proprio ambiente che, per il fatto di avvenire in un cyberspazio, non per questo è meno "reale", senza dimenticare l'applicazione delle nuove tecnologie informatiche all'apprendimento, come l'e-learning, anche se ancora manca la fisicità della parola, dell'orientamento della persona nello spazio, del corpo, del gesto, dell'ambiente su cui far convergere l'attenzione congiunta dei partecipanti, così come l'interazione, caratteristiche queste che sono tipiche e frequenti nella vita reale.

2. Le psicopatologie indotte dai nuovi media. Ricerche americane hanno etichettato *Internet Addiction Disorder* il disturbo da dipendenza da internet che presenta gli stessi meccanismi che caratterizzano la dipendenza da droghe, e precisamente: la *tolleranza* che induce ad aumentare gradualmente il tempo in cui si è connessi a internet, l'*astinenza* in seguito a eventi che portano a una riduzione o sospensione della connessione, il *craving* o smania che comporta il desiderio incontenibile di essere connesso, con intensa sofferenza nel caso non si dia questa possibilità.

La dipendenza da internet trova le sue motivazioni nel percepire il mondo reale come ostacolo o impedimento all'esercizio della propria *onnipotenza* che è possibile sperimentare con piacere nel mondo virtuale, sospinti dai tratti ossessivo-compulsivi che tendono ad aumentare la *capacità di controllo* della realtà. E tutto questo con una soddisfazione maggiore rispetto ad altre analoghe capacità di controllo, come per esempio il controllo dell'alimentazione nel caso dell'anoressia, perché, come segnalano Giorgio Nardone e Federica Cagnoni, «la compulsione da internet si basa sul piacere, anziché su una fobia: e proprio perché il sintomo si basa sul piacere, anziché sul disagio e la sofferenza, eliminarlo risulta molto difficile» (2002, p. 49). Così come è difficile sottrarsi alla tentazione dello *shopping compulsivo online* che non risponde tanto al bisogno di eliminare una sensazione spiacevole, quanto al piacere di entrare in qualsiasi centro commerciale del mondo, frugare incuriositi senza essere visti, uscire dal negozio senza esitazione e senza doversi giustificare come di solito accade nella realtà.

Lo stesso dicasi per il *trading online* a cui si applicano quanti giocano in Borsa attraverso internet. A parere di Nardone e Cagnoni, «il trader oscilla solitamente tra due estremi: la paura e l'avidità» che, quando entrano in cortocircuito, minano le capacità di controllo dell'investitore, «spinto da una sensazione di invincibilità a correre rischi sempre più grandi e a prendere decisioni più frettolose». Questo processo viene esaltato da internet «perché la rete aumenta la sensazione di poter tenere sotto controllo la situazione, poiché permette di conoscere l'andamento dei mercati a qualunque ora del giorno e della notte con la contemporanea possibilità di operare online». Questa patologia ha un doppio profilo: «uno legato alla piacevole perversione angoscia eccitazione», comune tanto ai giocatori d'azzardo quanto agli investitori in Borsa, l'altro, tipico degli investitori, «legato al bisogno di mantenere un controllo che, non essendo mai sufficiente, porta alla perdita dello stesso». Rispetto al gioco d'azzardo (v. Gioco, § 6), il gioco in Borsa online è molto più pericoloso perché, grazie alla legittimità che gli viene attribuita, non è attraversato dai sensi di colpa di chi in rete si accosta ai numerosi casinò virtuali oggi esistenti, e quindi manca quel leggero freno che il senso di colpa può indurre in chi perde per aver "giocato", rispetto a chi perde per aver "investito" (ivi, pp. 67-70).

E poi ci sono le *chat*, dove si può essere catturati dal piacere di liberare la propria fantasia, presentandosi agli altri con un'identità sessuale o con caratteristiche fisiche, di età, di occupazione, di stato civile, diverse da quelle reali. Questa possibilità di mentire senza conseguenze, in mancanza di riscontri verificabili, riconduce a quel vissuto infantile dove si sono sperimentati sentimenti di *onnipotenza* e di libertà illimitata, ai quali si aggiunge il piacere di essere affascinanti, almeno nel mondo virtuale, compensando in questo modo tutte le frustrazioni cui si va incontro nel mondo reale. In questo modo chi chatta ha la possibilità di realizzare, anche se solo in modo virtuale, l'ideale del proprio io e di sentirsi finalmente ciò che vorrebbe essere e non riesce a essere.

Resta da ultimo il *cybersesso*, vera e propria dipendenza da sesso virtuale, dove la masturbazione individuale si arricchisce di una rappresentazione condivisa. La possibilità di parlare senza censura, offerta dall'anonimato, consente di liberare tutte quelle fantasie vissute fino ad allora in privato e talvolta con un senso di colpa, da cui la possibilità di condividerle ci libera. Accade però che, giocando con la perversione e l'allucinazione del desiderio, ci si allontana dai rapporti sessuali reali che, rispetto a quelli virtuali, appaiono troppo insignificanti o troppo limitati dall'opacità della materia.

I nuovi mezzi di comunicazione che velocizzano il tempo e riducono lo spazio non sempre provocano nuove patologie, ma certamente amplificano quelle che uno già possiede, le evidenziano, le rendono pubbliche, le mostrano a tutti. Basta prestare attenzione all'uso che facciamo di internet, della posta elettronica, del cellulare, che sono grandi rivelatori del rapporto che abbiamo con la realtà e con gli altri. In particolare l'uso nevrotico del cellulare rivela, secondo Luciano Di Gregorio, diversi aspetti della nostra personalità. Innanzitutto l'*intolleranza della distanza* che il cellulare "placa" in quanto regolatore e moderatore dell'angoscia di separazione, determinata non solo dalla lontananza fisica, ma soprattutto da quella più intollerabile di natura sentimentale che nasce dai vissuti di mancanza e di perdita del contatto con l'altro.

Tra i vissuti infantili, oltre all'intolleranza della distanza che prelude l'angoscia di separazione, c'è anche l'*illusione dell'onnipotenza*, resa possibile dalle nuove tecnologie che garantiscono illusoriamente il dominio e il controllo delle persone e degli eventi che ci interessano, con conseguente ridimensionamento dell'ansia ad essi connessa. Ma se per placare l'ansia abbiamo bisogno del controllo, il controllo a sua volta alimenta i nostri *vissuti paranoici*, per cui incontenibili diventano le nostre verifiche sulla vita delle persone che ci interessano, sui luoghi che frequentano, sugli spostamenti che effettuano nell'arco della giornata, sulle persone che incontrano e sulle cose che fanno in nostra assenza.

Ma l'onnipotenza non è vera onnipotenza se non è esibita, e l'*esibizionismo* è un'altra patologia che il cellulare ostenta, fino a giungere alla pubblicizzazione dell'intimo, del personale, del segreto, del riservato. Come osserva Di Gregorio, «ci sono persone di ogni età che usano il cellulare per strada e danno visibilità ai propri sentimenti e ai propri rapporti affettivi. Aggiungono volentieri dettagli intimi e, senza mostrare vergogna, dicono in pubblico certe frasi volutamente a voce alta, come se fossero in preda a un bisogno, appunto, esibizionistico. Le espressioni del loro viso, dopo la telefonata, non ci fanno pensare a un senso di vergogna, nato dall'essere state colte inopportunamente in un momento delicato della conversazione. Noi siamo stati solo dei testimoni, quasi necessari, del loro bisogno di rendersi visibili. Alla fine esse sembrano molto soddisfatte di essere state colte nella loro intimità da un pubblico ignaro, chiamato a raccolta per l'occasione» (2003, p. 13). In fondo: "non hanno nulla da nascondere, nulla di cui vergognarsi" che, tradotto, significa scambiare la spudoratezza per sincerità e guadagnare visibilità a buon mercato con il solo costo di una telefonata.

Va da sé che l'ininterrotta connessione con internet, la posta elettronica e il cellulare compromettono inesorabilmente la nostra *libertà*, perché siamo raggiungibili in qualsiasi punto della terra, senza poterci sottrarre a quella sorveglianza continua a cui ci siamo sottoposti per il solo fatto di essere connessi. Accesi o spenti che siano, il computer e il cellulare non ci danno scampo. Perché se chiamiamo vuol dire che non sappiamo più attendere e, nell'attesa, non sappiamo pensare ed elaborare, se rispondiamo siamo in ogni momento alla mercé degli altri, se spegniamo il cellulare dobbiamo prima o poi giustificarci. A questo punto, come scrive Günther Anders, «non ha assolutamente senso affermare che questo sistema di apparecchi tra loro connessi, questo *macro-apparecchio* che loro compongono, è un "mezzo" che è a nostra disposizione per una libera scelta di fini. Il sistema di apparecchi è il nostro "mondo". E "mondo" è qualcosa di diverso da "mezzo". Appartiene a una categoria diversa» (1956, p. 38).

Questo "mondo", che oggi siamo soliti chiamare *rete* o *cyberspazio*, proprio perché non è un "mezzo" ma un "mondo", non lascia altra scelta se non quella di parteciparvi o starne fuori. Ma l'ipotetico sciopero privato del singolo individuo non cambia nulla al fatto che, se tutta la vita, da quella occupazionale a quella privata, scorre sulla rete, non disporre di un apparecchio, che alla rete mi collega, mi esclude dal mondo, sia esso quello lavorativo sia esso privato. La mia libertà di acquistare o meno un computer o un telefonino è già stata soppressa. E se è vero, come scrive Furio Colombo, che «il progresso tecnico non sempre è il meglio, anche se è inevitabile» (1995, p. 127), di fronte all'inevitabile, rifiutare è patetico, ma sorvegliare è necessario, perché per la prima volta l'umanità si trova di fronte a una macchina, quella informatica, che, con la sua inarrestabile offerta di nuovi media, interferisce direttamente con la nostra mente, capovolgendo, come scrive Anders, i termini del problema: non più cosa possiamo fare noi con la tecnica, ma che cosa la tecnica può fare di noi.

Bibliografia

Ager A. (a cura di), *Il personal computer in psicologia clinica* (1992), Raffaello Cortina, Milano 1993.

Allegri L., *Mass Media*, in AA.VV., *Gli strumenti del sapere contemporaneo*, vol. I: *Le discipline*, Utet, Torino 1985, pp. 472-485.

Anders G., *L'uomo è antiquato*, Libro I: *Considerazioni sull'anima nell'epoca della seconda rivoluzione industriale* (1956), Bollati Boringhieri, Torino 2003.

Arcuri L., *Crescere con la TV e Internet*, il Mulino, Bologna 2008.

Arcuri L., Pozzetti R., *Lo psicologo e il computer. Ricerca e applicazione psicologica con il personal computer*, il Mulino, Bologna 1986.

Barwise P., Hammond K., *Il futuro dei media* (1998), Garzanti, Milano 1999.

Berger R., *Il nuovo Golem. Televisione e media tra simulacri e simulazione* (1991), Raffaello Cortina, Milano 1992.

Bertolini P., Massa R. (a cura di), *I bambini e la tv. La prima ricerca sull'esperienza televisiva dai 3 ai 6 anni*, Feltrinelli, Milano 1976.

Bettetini G., Colombo F., *Le nuove tecnologie della comunicazione*, Bompiani, Milano 1994.

Blandino G., *Il "parere" dello psicologo. La psicologia nei mass media*, Raffaello Cortina, Milano 2000.

Boni F., *Teorie dei media*, il Mulino, Bologna 2006.

Bourdon J., *Introduzione ai media* (2000), il Mulino, Bologna 2001.

Broadbent S., *Internet, lavoro, vita privata. Come le nuove tecnologie cambiano il nostro mondo* (2011), il Mulino, Bologna 2012.

Calvani A., Rotta M., *Comunicazione e apprendimento in Internet. Didattica costruttivistica in rete*, Erickson, Trento 1999.

Carbone M., *Filosofia-schermi. Dal cinema alla rivoluzione digitale*, Raffaello Cortina, Milano 2016.

Carr N. G., *Internet ci rende stupidi? Come la Rete sta cambiando il nostro cervello* (2010), Raffaello Cortina, Milano 2011.

Colombo F., *Confucio nel computer. Memoria accidentale del futuro*, Rizzoli, Milano 1995.

Crepet P., *Baciami senza rete. Buone ragioni per sottrarsi alla seduzione digitale*, Mondadori, Milano 2016.

Dayan D., Katz E., *Le grandi cerimonie dei media. La Storia in diretta* (1992), Baskerville, Bologna 1993.

De Carli L., *Internet. Memoria e oblio*, Bollati Boringhieri, Torino 1997.

Del Corno F., Mansi G., *SMS. Straordinaria fortuna di un uso improprio del telefono*, Raffaello Cortina, Milano 2002.

Derrida J., Stiegler B., *Ecografie della televisione* (1996), Raffaello Cortina, Milano 1997.

Di Gregorio L., *Psicopatologia del cellulare. Dipendenza e possesso del telefonino*, Franco Angeli, Milano 2003.

Facci M., Valorzi S., Berti M., *Generazione Cloud. Essere genitori ai tempi di smartphone e tablet*, Erickson, Trento 2013.

Ferraris M., *Dove sei? Ontologia del telefonino*, Bompiani, Milano 2005.

–, *Anima e iPad. E se l'automa fosse lo specchio dell'anima?*, Guanda, Parma 2011.

Formenti C., *Incantati dalla rete. Immaginari, utopie e conflitti nell'epoca di internet*, Raffaello Cortina, Milano 2000.

Gui M., *A dieta di media. Comunicazione e qualità della vita*, il Mulino, Bologna 2014.

Lemish D., *I bambini e la tv* (2007), Raffaello Cortina, Milano 2008.

Lévy P., *Il virtuale* (1995), Raffaello Cortina, Milano 1997.

Mammarella N., Cornoldi C., Pazzaglia F., *Psicologia dell'apprendimento multimediale. E-learning e nuove tecnologie*, il Mulino, Bologna 2005.

Mantovani G., *Comunicazione e identità. Dalle situazioni quotidiane agli ambienti virtuali*, il Mulino, Bologna 1995.

–, *L'interazione uomo-computer*, il Mulino, Bologna 1995.

McLuhan M., *Gli strumenti del comunicare* (1964), il Saggiatore, Milano 1999.

Menduni E., *Il mondo della radio. Dai transistor ai social network*, il Mulino, Bologna 2012.

Meyrowitz J., *Oltre il senso del luogo. Come i media elettronici influenzano il comportamento sociale* (1985), Baskerville, Bologna 1993.

Micalizzi A., *Come un altro mondo. Pratiche di socializzazione dell'esperienza della perdita dentro e fuori la Rete*, Edizioni Ledizioni, Milano 2012.

Miconi A., *Teorie e pratiche del web*, il Mulino, Bologna 2013.

Migone P., *Psychoanalysis on the Internet. A discussion of its theoretical implications for both on-line and off-line therapeutic technique*, in "Psychoanalytic Psychology", 2013, n. 30, 2, pp. 281-299.

Nardone G., Cagnoni F., *Perversioni in rete. Le psicopatologie da internet e il loro trattamento*, Ponte alle Grazie, Milano 2002.

Paccagnella L., *La comunicazione al computer*, il Mulino, Bologna 2000.

Paccagnella L., Vellar A., *Vivere online. Identità, relazioni, conoscenza*, il Mulino, Bologna 2016.

Pagels H. R. (a cura di), *La cultura dei computer* (1988), Bollati Boringhieri, Torino 1989.

Pisanelli D. M., *Internet, psichiatria e neurologia*, Il Pensiero Scientifico, Roma 1997.

Rawlins G. J. E., *Schiavi del computer?* (1997), Laterza, Bari 1999.

Rheingold H., *Smart mobs. Tecnologie senza fili, la rivoluzione sociale prossima ventura* (2002), Raffaello Cortina, Milano 2003.

–, *Perché la rete ci rende intelligenti* (2012), Raffaello Cortina, Milano 2013.

Riva G., *Psicologia dei nuovi media. Azione, presenza, identità e relazioni*, il Mulino, Bologna 2004.

–, *I social network*, il Mulino, Bologna 2010.

–, *Nativi digitali. Crescere e apprendere nel mondo dei media*, il Mulino, Bologna 2014.
Robins K., Torchi A. (a cura di), *Geografia dei media. Globalismo, localizzazione e identità culturali* (1989-1992), Baskerville, Bologna 1993.
Roversi A., *Chat line. Luoghi ed esperienze della vita in rete*, il Mulino, Bologna 2001.
Ryan J., *Storia di internet e il futuro digitale* (2010), Einaudi, Torino 2011.
Sartori G., *Homo videns. Televisione e post-pensiero*, Laterza, Bari 1998.
Sartori L., *Il divario digitale*, il Mulino, Bologna 2006.
Simone R., *Presi nella rete. La mente ai tempi del web*, Garzanti, Milano 2012.
Stoll C., *Confessione di un eretico high-tech. Perché i computer nelle scuole non servono e altre considerazioni sulle nuove tecnologie* (1999), Garzanti, Milano 2001.
Stone Allucquère R., *Desiderio e tecnologia. Il problema dell'identità nell'era di internet* (1995), Feltrinelli, Milano 1997.
Thompson J. B., *Mezzi di comunicazione e modernità. Per una teoria sociale dei media* (1995), il Mulino, Bologna 1998.
Tonioni F., *Quando internet diventa una droga. Ciò che i genitori devono sapere*, Einaudi, Torino 2011.
Virilio P., *La bomba informatica* (1998), Raffaello Cortina, Milano 2000.
Volpi B., *Gli adolescenti e la rete*, Carocci, Roma 2012.
Wallace P., *La psicologia di internet* (1999), Raffaello Cortina, Milano 2000.
Ziccardi G., *Internet, controllo e libertà. Trasparenza, sorveglianza e segreto nell'era tecnologica*, Raffaello Cortina, Milano 2015.
–, *L'odio online. Violenza verbale e ossessioni in rete*, Raffaello Cortina, Milano 2016.

Psicologia dei popoli, v. PSICOLOGIA TRANSCULTURALE; ANTROPOLOGIA, §§ 5-7.

Psicologia della comprensione, v. PSICOLOGIA COMPRENSIVA.

Psicologia della comunicazione, v. COMUNICAZIONE.

Psicologia della femminilità, v. FEMMINILITÀ.

Psicologia della folla, v. PSICOLOGIA DELLA MASSA.

Psicologia della forma, v. PSICOLOGIA DELLA GESTALT.

Psicologia della Gestalt (ingl. *Gestalt psychology*; ted. *Gestaltpsychologie*; fr. *Psychologie de la forme*; sp. *Psicología de la forma*). Detta anche *psicologia della forma*, dal momento che il termine *Gestalt* in tedesco significa "forma", "figura", "configurazione", la psicologia della Gestalt è una corrente della psicologia contemporanea secondo la quale i processi mentali della conoscenza, e in particolare dell'esperienza percettiva, si organizzano in configurazioni unitarie la cui totalità, come già sostenevano Platone e Aristotele, è qualitativamente differente dalla somma dei singoli elementi che la compongono e irriducibile ad essi. Oltre che in Platone e in Aristotele, gli antecedenti filosofici di tale concezione sono rintracciabili in Immanuel Kant che, in opposizione all'associazionismo sostenuto dall'empirismo inglese, considerava la percezione come un atto unitario, e in Franz Brentano che, in opposizione all'elementarismo di Wilhelm Maximilian Wundt, aveva rivendicato, con la sua psicologia dell'atto (v. ATTO, § 1), l'intenzionalità della coscienza. Oggi si assiste a una convergenza tra la psicologia della Gestalt e la FENOMENOLOGIA (v.) inaugurata da Edmund Husserl. Questa convergenza ha trovato nella *Fenomenologia della percezione* di Maurice Merleau-Ponty il punto di maggior contatto. Sorta in Germania verso il 1912 intorno alla rivista "Psychologische Forschung" fondata da Max Wertheimer, Kurt Koffka e Wolfgang Köhler, la psicologia della Gestalt si diffuse rapidamente in Europa e poi in America negli stessi anni in cui si andava diffondendo il COMPORTAMENTISMO (v.) di cui la psicologia della Gestalt rappresenta per molti versi l'esatta antitesi.

I. I CAPISALDI DELLA PSICOLOGIA DELLA GESTALT. Detti capisaldi furono raggiunti attraverso progressive scoperte che, nell'ordine, possono essere così elencate:

1. *Le qualità formali*. Christian von Ehrenfels chiamò "qualità formali" determinati oggetti percettivi, come per esempio una melodia, che non possono essere considerati come la semplice somma di sensazioni elementari quali possono essere i suoni. Senza negare che i processi percettivi risultano dalla somma dei processi sensoriali, Ehrenfels distinse due ordini: uno inferiore costituito dalle singole sensazioni, e uno superiore costituito dalle qualità formali che si aggiungono o si sovrappongono alle prime.

2. *I fattori strutturanti*. Wertheimer, ritornando sull'ipotesi di Ehrenfels, negò che rappresentazioni inferiori esistano in modo percettivamente indipendente da quelle superiori e affermò che correnti trasversali strutturano originariamente il dato sensoriale, che a livello percettivo si offre come già inserito in un campo dove ha il suo significato. Sono fattori strutturanti: *a*) la *vicinanza* per cui una serie di figure che non hanno altro criterio di organizzazione si raggruppano, in funzione della loro prossimità, in colonna, in fila, in diagonale (v. figura 1); *b*) la *somiglianza* per cui figure simili si evidenziano nel campo percettivo (v. figura 2); *c*) la *buona continuazione* per cui una distribuzione spaziale di elementi viene percepita come derivante dal movimento continuo di un singolo elemento lungo tutti i punti che costituiscono

la configurazione (v. figura 3); *d*) la *chiusura* per cui, quando una struttura potenzialmente integrata ha dei vuoti o delle parti mancanti, viene percepita ugualmente come una figura chiusa e regolare (v. figura 4). In tal modo la psicologia della Gestalt rivoluziona il concetto di "percezione" da intendersi non più come *passiva acquisizione* di stimoli slegati, ma come *processo attivo* e creativo operato dal soggetto.

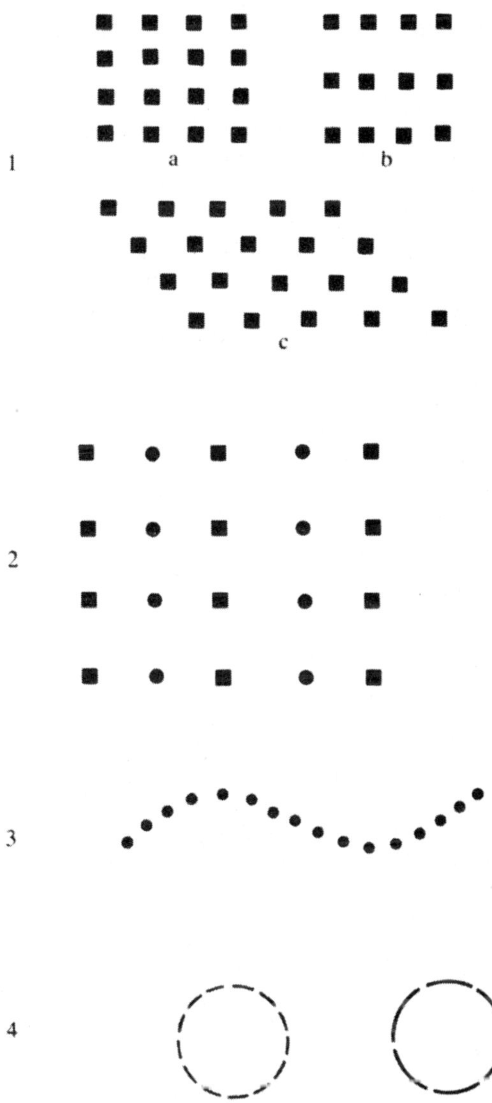

Fattori strutturanti. 1) Raggruppamenti di figure secondo il criterio di vicinanza: a) in colonna; b) in fila; c) in diagonale. 2) Raggruppamento di figure per somiglianza degli elementi. 3) Principio della buona continuazione. 4) Principio di chiusura.

3. *Le correnti trasversali.* Mentre la psicologia associazionista spiegava la percezione degli oggetti, definiti a partire da un numero infinito di stimolazioni, ricorrendo all'ipotesi di una nostra presunta tendenza a collegare tra loro in forma di oggetti un certo numero di sensazioni che altre volte sono state sperimentate unite tra loro, Wertheimer, pur ammettendo una certa influenza dell'esperienza passata, non ritiene che questa sia condizione dei fattori strutturanti, ma al contrario che questi fattori abbiano strutturato anche l'esperienza passata, avanzando l'ipotesi che, quando una zona del sistema nervoso è stimolata contemporaneamente ad un'altra, fra le due zone si stabilirebbero delle correnti nervose secondarie che costituirebbero il correlato fisiologico dell'impressione di forma. Wertheimer chiamò queste connessioni *correnti trasversali.*

4. *La teoria del campo.* Questa teoria è stata elaborata da Köhler ricavandola dalle scienze fisiche, secondo cui alcuni insiemi fisici si possono ottenere sommando le varie parti tra loro, mentre altri risultano inspiegabili utilizzando semplici schemi additivi, come quando una carica elettrica, applicata a un punto di una sfera, si propaga non secondo l'aumento o il decremento della sua quantità, ma secondo una struttura che dipende dalla forma della sfera. A parere di Köhler, lo stesso vale per l'aggregato delle unità percettive e per il loro correlato fisiologico. La teoria del campo fu poi ripresa da Kurt Lewin e sviluppata in ordine alle dinamiche psicologiche (v. CAMPO).

5. *L'isomorfismo.* È un principio postulato da Köhler che ipotizza una corrispondenza tra l'ordine percepito nello spazio ambientale e l'ordine funzionale che caratterizza la dinamica dei processi cerebrali sottostanti all'atto percettivo, per cui il nostro cervello non reagisce a stimoli reciprocamente indipendenti e solo successivamente legati come sosteneva l'elementarismo (v. INTROSPEZIONISMO), ma funziona fin dall'inizio come un sistema totale dinamico e non come «un semplice mosaico, dove l'esperienza sensoriale è un aggregarsi di fatti che si aggiungono l'uno all'altro, formando un mosaico tanto rigidamente fissato quanto la sua base fisiologica» (1929, p. 81; v. ISOMORFISMO).

6. *L'insight.* La risoluzione dei problemi, sia pratici che teorici, non segue solo la via per PROVA ED ERRORE (v.) come sostenevano i comportamentisti a partire dalla sperimentazione sugli animali, ma procede attraverso un'intuizione (*insight*) che, riorganizzando il campo, trova la soluzione del problema indipendentemente dal precedente addestramento in cui si erano sperimentate le vie sbagliate e quelle giuste (v. APPRENDIMENTO, § II, 1). Köhler attribuisce capacità di

insight, oltre che agli uomini, anche alle scimmie antropoidi che, a differenza degli altri animali, prima di agire si fermano a "pensare" (v. INSIGHT, § 1).

II. I CRITERI CHE REGOLANO LA STRUTTURA PERCETTIVA. Mentre per gli associazionisti il tutto è la somma delle parti, per gli psicologi della forma le parti sono in funzione del tutto, per cui, per esempio, un triangolo può percettivamente sparire quando i suoi lati entrano a far parte di una struttura più complessa che provoca un mutamento della loro funzione; ne consegue che non si può più parlare di singole *sensazioni* che, in modo costante, corrisponderebbero a determinati stimoli (ipotesi della costanza), ma soltanto di *percezioni*, ognuna delle quali, nel suo carattere formale, è regolata dai seguenti criteri:

1. *Globalità*: ogni figura ha una sua organizzazione interna, per cui ciascun elemento viene percepito in funzione del tutto nel quale è inserito. Solo partendo dal tutto e non dalle singole sensazioni ottenute dai rispettivi stimoli si comprendono le illusioni ottico-geometriche (v. ILLUSIONE, § 4) come, per esempio, le frecce di Müller-Lyer dove il segmento *a* sembra più lungo di *b*, o le parallele di Hering che appaiono incurvate al centro. La psicologia della Gestalt considera le illusioni ottico-geometriche una riprova degli "effetti di campo", ossia della tendenza originaria della percezione alla configurazione.

2. *Figura-sfondo*: la forma si stacca ogni volta dallo sfondo come entità individuabile perché tende all'unitarietà e alla chiusura. In casi particolari, figura e sfondo possono invertirsi senza modificazione del campo percettivo, come nelle figure reversibili di Edgar Rubin in cui si possono vedere alternativamente un vaso (in bianco) o i profili di due volti (in nero) (v. PERCEZIONE, § 3, *a*; REVERSIBILITÀ, § 1).

3. *Strutturazione*: i fatti percettivi soggiacciono alla tendenza spontanea ad organizzarsi in configurazioni come quando, componendo gruppi stellari, vediamo il cielo articolarsi in costellazioni.

4. *Significanza*: ogni forma è vissuta come significante e, per quanto si alternino i punti di vista, non c'è un momento in cui intervenga l'impressione transitoria o definitiva dell'insignificanza.

5. *Buona forma*: è la forma che, a livello percettivo, si tende a privilegiare rispetto ad altre o perché più continua, o perché più simmetrica, o perché più chiusa, o perché costituita da elementi che si muovono nella stessa direzione. Per il principio della buona forma, gli stimoli che producono forme dalle caratteristiche sopra enunciate hanno una maggiore tendenza al raggruppamento, per cui nella percezione rapida oppure nella rievocazione mnestica la forma irregolare (o cattiva) tende a divenire regolare (o buona). La buona forma tende invece a mantenere la propria caratteristica anche con il modificarsi delle condizioni sotto le quali si presenta.

6. *Trasposizione*: i rapporti comparativi del tipo: A maggiore o minore di B sono trasferibili a combinazioni di altri termini.

7. *Utilizzabilità*: l'idoneità di un mezzo per la realizzazione di un determinato scopo è colta attraverso un'immediata riorganizzazione del campo in cui si trova.

8. *Intuizione*: la strutturazione del campo non avviene solo per "prove ed errori", ma anche per una riorganizzazione del campo percettivo che consente di cogliere intuitivamente la soluzione e l'utilizzabilità (v. INSIGHT, § 1).

9. *Immediatezza*: la percezione delle forme non presuppone necessariamente la scomposizione e l'analisi dell'insieme dei suoi elementi, ma può avvenire immediatamente, come quando si percepisce l'ira di un uomo anche se rimangono ignoti i singoli tratti che ne sostengono l'impressione.

10. *Genesi attuale*: ogni forma è percepita nei suoi elementi dinamici che preludono a uno sviluppo, a partire da una situazione iniziale, verso forme finali articolate e dotate del massimo di pregnanza.

11. *Spazio vitale*: il comportamento di un essere vivente si realizza sempre in un campo o "spazio vitale" dove subisce l'influenza di forze d'attrazione e di repulsione che provengono dai dati ambientali (v. SPAZIO, § 2, *c*).

12. *Pregnanza*: è un principio che spiega perché una certa organizzazione è preferita alle altre. La ragione più frequente è il fatto che si presenta come la più semplice organizzazione possibile. Per questa ragione il "principio della pregnanza" è detto anche "principio del minimo".

III. INTERPRETAZIONE DEI PROCESSI MNESTICI, INTELLETTIVI E AFFETTIVI. I criteri ipotizzati per la struttura percettiva furono utilizzati anche per una diversa interpretazione dei processi mnestici, intellettivi e affettivi, e per l'impostazione di una procedura terapeutica.

1. *I processi mnestici.* Prima della psicologia della Gestalt si riteneva che la fissazione e l'evocazione dei ricordi dipendesse da una traccia cerebrale più o meno durevole, corrispondente a ciascuna sensazione, e che tutto ciò che risvegliava tale traccia potesse riprodurre il contenuto della sensazione primitiva sotto

forma di rappresentazione. Köhler dimostrò che la situazione di privilegio creata per un elemento dell'organizzazione facilita la fissazione tanto quanto una relativa omogeneità fra gli elementi o la mancanza di una chiara e definita struttura crea non solo condizioni sfavorevoli per la fissazione del ricordo, ma anche un'inibizione retroattiva (v. MEMORIA, § 5, *b*) per gli altri. Ciò lo portò a concludere che è la *strutturazione* dei dati, più che i dati stessi, a incidere sulla memoria che, a sua volta, tende a eliminare i caratteri incerti e indefiniti di una forma per accentuarne la regolarità, la miglior definizione e la significatività.

2. *I processi intellettivi.* Il punto di vista classico distingueva fra *termini* e *rapporti* assegnando i primi alla percezione e i secondi all'intelligenza che li coglieva attraverso un processo di astrazione. La psicologia della Gestalt ha mostrato che percepire la relazione fra i termini è più facile che percepire i termini al di fuori della loro relazione, e che la strutturazione del campo non avviene dopo aver esaminato i vari elementi, ma precede la loro ricognizione. Nel processo di strutturazione gli *errori* non sono materiali da scartare e da separare dalle prove che hanno successo, perché sono fasi del progresso verso la soluzione definitiva, per la possibilità che offrono di scoprire negli elementi del problema le proprietà funzionali che vengono poi utilizzate (v. PENSIERO, § II, 4). Nei processi intellettivi, Wertheimer ha inoltre sottolineato l'importanza del *pensiero produttivo* (v. PENSIERO, § I, 2) che non è un arricchimento del pensiero, ma una sua riformulazione per una migliore comprensione della situazione. Infatti, la difficoltà di un problema dipende dalla resistenza dei suoi elementi alla riorganizzazione secondo una diversa struttura, resistenza che è tanto più forte quanto più gli elementi del problema sono conosciuti come aventi abitualmente una data funzione.

3. *I processi affettivi.* Il pensiero classico tendeva a risolvere affetti, emozioni e azioni con la teoria dei riflessi (v. RIFLESSO), presupponendo una struttura anatomica fissa dei conduttori nervosi; la psicologia della Gestalt ritiene invece che lo stimolo non agisca meccanicamente e in modo determinato, ma agisca turbando una situazione di equilibrio e scatenando quella reazione che meglio può risolvere quelle tensioni che esso stesso ha prodotto. Ne consegue che all'idea di riflessi elementari occorre sostituire l'idea che il tutto possiede una sua unità reale. Lewin ha mostrato che l'"ambiente vissuto", determinato dalle nostre percezioni, dalle nostre azioni e dai bisogni attuali, in relazione ai quali i vari punti del CAMPO (v. § 2) avrebbero valenza positiva o negativa, attiva forze di attrazione e di repulsione, registrate dai nostri stati affettivi, che tendono all'equilibrio che si raggiunge attraverso nuove azioni. Un esempio è costituito dalla tensione che si determina quando un compito al quale il soggetto lavora viene improvvisamente interrotto non consentendo il raggiungimento dell'equilibrio a cui quel lavoro tendeva.

IV. LA CONCEZIONE PSICODINAMICA E PSICOTERAPEUTICA. La psicologia della Gestalt, con Friedrich Salomon Perls, elabora una teoria delle relazioni umane fondata non più su fattori inconsci, come prevedono le psicologie del profondo (v. PSICOLOGIA DEL PROFONDO), ma a partire dall'esperienza personale, considerata come una successione di relazioni figura-sfondo, in cui i bisogni specifici del momento "qui e ora" emergono rispetto al contesto, per poi svanire, una volta soddisfatti, ed essere sostituiti da nuove configurazioni. A questo proposito è essenziale l'*esperienza del presente*, perché, scrive Perls, «quanto esiste, esiste qui e ora. Il passato esiste nel presente come memoria, nostalgia, rimpianto, risentimento, fantasia, leggenda o storia. Il futuro come anticipazione, pianificazione, saggio, aspettativa e speranza o timore e disperazione. La psicoterapia della Gestalt assume il presente tale e quale si presenta nel qui-e-ora, non per come è stato o come potrebbe arrivare a essere. È una focalizzazione fenomenologico-esistenziale nella misura in cui è esperienza» (1968, p. 36).

La dinamica figura-sfondo non riproduce la dinamica conscio-inconscio perché, a differenza dell'inconscio, lo sfondo riguarda ciò che è stato assimilato ed eventualmente dimenticato, e pertanto costituisce per la psicologia della Gestalt la condizione necessaria per l'instaurarsi di nuove percezioni, e per la psicoterapia della Gestalt la condizione per l'instaurarsi di nuovi contatti. A differenza dell'inconscio, infatti, lo sfondo, come possibilità di spiegamento di creazioni a partire da una situazione data, non ha a che fare con i meccanismi di RIMOZIONE (v.), ma con la *motivazione* per il contatto e quindi per la crescita. Se un bisogno non è soddisfatto e la forma non è completata, si aprirà un conflitto psichico. Il benessere e la sanità mentale derivano soprattutto dalla consapevolezza da parte del soggetto del continuo processo di formazione, dissoluzione e riformulazione della forma, che di volta in volta assume la propria esistenza in base ai contesti in cui si trova ad esprimersi e alle differenti configurazioni che assume di volta in volta il contesto. Per questo, scrive Perls, «la qualità più importante e interessante di una forma è la sua *dinamica*, la necessità imperiosa che una forma possiede e che la porta a chiudersi e a completarsi. Tutti i giorni sperimentiamo questa dinamica. A volte il migliore nome che si può dare a una forma incompleta è di chiamarla semplicemente situazione inconclusa» (ivi, p. 131).

Scopo della psicoterapia della Gestalt è promuovere la capacità dell'organismo di "fare contatto" con il proprio ambiente, dove organismo e ambiente non sono concepiti come due entità a sé, ma come parti di una stessa totalità, per cui la tensione che può esistere non deve portare al conflitto, ma all'integrazione che è il tratto costitutivo del Sé. Per la psicologia della Gestalt, infatti, il Sé va inteso come "sistema di contatti" per l'adattamento a un campo d'esperienza, dove intervengono: *a*) la "funzione dell'Es" che è lo sfondo dell'esperienza che il soggetto ha in certo qual modo incorporato, *b*) la "funzione di personalità" che definisce chi quel soggetto propriamente è diventato, *c*) la "funzione dell'Io" che, sulla base delle altre due funzioni, consente al soggetto di scegliere quello che gli appartiene e quello che non gli appartiene. Ogni contatto significativo interrompe la Gestalt precedente, lasciandola aperta per nuove esperienze, a cui è possibile accedere se non ci si lascia prendere dall'ansia che si manifesta a livello organico nell'accelerazione di un respiro corto, e a livello relazionale in una mancata risposta immediata da parte dell'ambiente. In questi casi si verifica: a livello di "funzione dell'Es" un irrigidimento corporeo e un affanno respiratorio, a livello di "funzione di personalità" un rifiuto a ritenersi un soggetto suscettibile di provare simili emozioni, e a livello di "funzione dell'Io", onde evitare lo sviluppo dell'eccitazione, si aprono tre vie: introiettare l'eccitazione ("devo calmarmi perché sono agitato"), oppure proiettarla nell'ambiente ("si incontrano solo persone agitate"), o evitare il contatto con l'ambiente ("devo stare solo con me stesso"). Lo scopo della psicoterapia della Gestalt non è l'approdo a una "coscienza di sé", ma a una capacità di consegnarsi alla spontaneità della relazione, a cui si riconosce un valore terapeutico e la precondizione per l'espressione della propria creatività.

1. *La dinamica psichica.* Con in vista questi obiettivi, Perls formula i concetti che sono alla base della concezione psicoterapeutica della Gestalt:

a) *Incompiutezza.* Una situazione inconclusa polarizza una carica energetica destinata a completarla. Il mancato completamento comporta il ripresentarsi ripetitivo della situazione stessa in luoghi e tempi successivi, con difficoltà per l'individuo di passare efficacemente ai nuovi contesti che si presentano.

b) *Focalizzazione.* La capacità di focalizzare gli elementi più significativi, lasciando sullo sfondo gli altri, consente all'individuo sano di mobilitare le sue energie in strategie vantaggiose. Il contatto con lo sfondo deve tuttavia restare aperto e fluido per evitare l'irrigidimento delle figure focalizzate quando, rispetto al nuovo contesto, perdono significato. La tendenza del nevrotico è al contrario quella di lasciare sullo sfondo sintomi che invece andrebbero focalizzati, e in questo soprattutto si concentra l'attività terapeutica.

c) *Interazione.* La dinamica psichica non è sostenuta solo da motivi interni, ma da rapporti con il mondo esterno, dove questi motivi si proiettano e si caricano ulteriormente. In questo ambito la terapia gestaltica fa ampio uso della nozione di CAMPO (v. § 2) ipotizzata da Lewin sul modello del campo magnetico.

d) *Olismo.* La condizione degli individui sarebbe determinata da una sorta di "olismo situazionale" caratterizzato da un'emergenza di bisogni organizzati dalla sopravvivenza e dalla crescita. Questo concetto è stato mediato da Kurt Goldstein per il quale esiste una continua negoziazione tra individuo e ambiente volta al raggiungimento di una situazione ottimale dal punto di vista del riequilibrio energetico, attraverso fasi di accumulazione, distribuzione e scarica dell'energia.

2. *La teoria della nevrosi.* La psicologia della Gestalt ha elaborato una teoria della nevrosi a partire dalla relazione individuo-ambiente dove, per sopravvivere, l'individuo deve continuamente modificare le sue tecniche manipolatorie per soddisfare i suoi bisogni, evitando ogni irrigidimento, fonte prima di ogni nevrosi, dove i fatti esperienziali vengono aggiunti alla personalità e non integrati. In questo senso la psicoterapia gestaltica parla di:

a) *introiezione* per quei contenuti non assimilati alla personalità e, come tali, fonte di concetti e idee contraddittori che generano situazioni di conflitto, oltre ad un esaurimento dell'energia impiegata per tenere a bada questi corpi estranei non assimilati;

b) *proiezione* o tendenza a rendere l'ambiente responsabile di tutto ciò che, non assimilato, genera disagio e conflitto;

c) *confluenza*, quando l'individuo non avverte più alcun confine tra sé e il mondo e, rivivendo questa condizione neonatale, si rivela incapace di contatti adeguati con gli altri e con se stesso. Questa funzione si esprime positivamente nelle prime fasi della crescita, nell'intimità amorosa, nelle condizioni empatiche e nelle esperienze mistiche che trascendono l'Io;

d) *retroflessione*, quando l'individuo traccia una linea di confine tra sé e l'ambiente dirigendo le sue energie non più all'esterno, ma all'interno, assumendo, invece dell'ambiente, se stesso come bersaglio. Le modalità di intervento si differenzieranno in base a questi meccanismi nevrotici, tutti caratterizzati dalla cosiddetta "forma incompiuta (*unfinished business*)".

Bibliografia

Brentano F., *La psicologia dal punto di vista empirico* (1874-1911), Laterza, Bari 1997, voll. I-III.

Ciavarelli M., *Gestalt. L'ovvio per i giorni alterni*, Armando, Roma 2011.

Ehrenfels Ch. von, *Le qualità figurali* (1890), Errano, Faenza 1979.
Ellis W. D., *A sourcebook of Gestalt psychology*, Harcourt, New York 1938.
Fagan J., Shepherd I. L., *Gestalt therapy now. Theory, techniques, applications*, Harper Colophon Books, New York-London 1971.
Francesetti G. (a cura di), *Attacchi di panico e postmodernità. La psicologia della Gestalt fra società e clinica*, Franco Angeli, Milano 2011.
Goldstein K., *Der Aufbau des Organismus*, Nijhoff, Den Haag 1934.
Guillaume P., *La psicologia della forma* (1937), Giunti Barbera, Firenze 1963.
Hartmann G. W., *Gestalt psychology. A survey of facts and principles*, The Ronald Press Company, New York 1935.
Kanizsa G., *Grammatica del vedere*, il Mulino, Bologna 1980.
Kanizsa G., Caramelli N. (a cura di), *L'eredità della psicologia della Gestalt*, il Mulino, Bologna 1988.
Kanizsa G., Legrenzi P., Sonino M., *Percezione, linguaggio, pensiero*, il Mulino, Bologna 1983.
Katz D., *La psicologia della forma* (1948), Einaudi, Torino 1950.
Koffka K., *Principi di psicologia della forma* (1935), Bollati Boringhieri, Torino 1970, nuova edizione riveduta 2006.
Köhler W., *La psicologia della Gestalt* (1929), Feltrinelli, Milano 1961.
Lewin K., *Principi di psicologia topologica* (1936), Organizzazioni Speciali (O. S.), Firenze 1961.
Meinong A., *Gli oggetti d'ordine superiore in rapporto alla percezione interna* (1889), Errano, Faenza 1979.
Merleau-Ponty M., *Fenomenologia della percezione* (1945), il Saggiatore, Milano 1972.
Musatti C. L., *La psicologia della forma* (1929), in G. Mucciarelli (a cura di), *La psicologia italiana*, Pitagora, Bologna 1984, vol. II.
Naranjo C., *Teoria della tecnica Gestalt* (1973), Melusina, Roma 1989.
Perls F. S., *La terapia gestaltica. Parola per parola* (1968), Astrolabio, Roma 1980.
–, *Qui e ora. Psicoterapia autobiografica* (1969), Sovera Edizioni, Roma 1991.
–, *L'approccio della Gestalt. Testimone oculare della terapia* (1973), Astrolabio, Roma 1977.
Perls F. S., Hefferline R. F., Goodman P., *La terapia della Gestalt. Eccitazione e accrescimento nella personalità umana* (1951), Astrolabio, Roma 1997.
Rubin E., *Visuell wahrgenommene Figuren*, Gyldendal, København 1921.
Siegel R. D., *Qui e ora. Strategie quotidiane di mindfulness* (2010), Erickson, Trento 2012.
Spagnuolo Lobb M. (a cura di), *Psicoterapia della Gestalt. Ermeneutica e clinica*, Franco Angeli, Milano 2001.
–, *Il now-for-next in psicoterapia. La psicoterapia della Gestalt raccontata nella società post-moderna*, Franco Angeli, Milano 2011.
Spagnuolo Lobb M., Amendt-Lyon N., *Il permesso di creare. L'arte della psicoterapia della Gestalt* (2003), Franco Angeli, Milano 2007.
Spagnuolo Lobb M., Levi N., Williams A., *Gestalt therapy with children. From epistemology to clinical practice*, Istituto Gestalt, Gestalt Therapy Book Series, Siracusa 2016.
Stern D. N., *Il momento presente. In psicoterapia e nella vita quotidiana* (2004), Raffaello Cortina, Milano 2005.
Wertheimer M., *Untersuchungen zur Lehre von der Gestalt, II*, in "Psychologische Forschung", 1923, n. 4, pp. 301-350.
–, *Drei Abhandlungen zur Gestalttheorie*, Verlag der Philosophischen Akademie, Erlangen 1925.
–, *Il pensiero produttivo* (1945, edito postumo), Giunti, Firenze 1965.
Zerbetto R., *L'immagine dell'uomo secondo la terapia della Gestalt*, in P. Ferrucci, *Immagini dell'uomo*, Rosini Editore, Firenze 1986.
– (a cura di), *Psicoterapia della Gestalt. Per una scienza dell'esperienza*, Centro Studi Psicosomatica, Roma 1994.
–, *La Gestalt. Terapia della consapevolezza*, Xenia Edizioni, Milano 1998.

Psicologia della massa (ingl. *Mass psychology*; ted. *Massenpsychologie*; fr. *Psychologie de la masse*; sp. *Psicología de las masas*). Studio del comportamento di gruppi non organizzati o che presentano un'organizzazione provvisoria, dove i singoli individui agiscono in modo simile senza aver significativi rapporti fra loro. Ad avviare questo genere di studi fu Gustave Le Bon il quale prese in esame l'azione delle masse rivoluzionarie francesi e in generale i comportamenti delle folle dove si riscontra una sorta di "anima collettiva" che, nell'anonima situazione di massa, plasma e modifica l'azione degli individui inducendoli all'assunzione di comportamenti in cui, come singoli, non si riconoscerebbero: «Ciò che più colpisce di una folla psicologica è che gli individui che la compongono indipendentemente dal tipo di vita, dalle occupazioni, dal temperamento o dall'intelligenza acquistano una sorta di anima collettiva per il solo fatto di appartenere alla folla. Tale anima fa pensare ed agire in un modo del tutto diverso da come ciascuno di loro isolatamente sentirebbe, penserebbe e agirebbe» (1895, p. 24). Secondo Le Bon la psiche dell'individuo, ragionevole e cosciente, verrebbe meno in una condizione di massa dove prevalgono istinti immediati e incontrollabili che, a seconda degli stimoli ricevuti, possono essere generosi o crudeli, eroici o vili, ma comunque irrazionali.

Gabriel Tarde spiegò la psicologia della massa a partire dal processo di imitazione che si svilupperebbe tra una folla e un capo che, per quel tanto che riesce a suggestionarla, assicura l'uniformità cognitiva e affettiva della massa e, nel contempo, anche la sua sottomissione. Tarde applica questa sua interpretazione anche ai "leader d'opinione", prevedendo l'era delle comunicazioni di massa con conseguente trasformazione delle folle in pubblico. Su questa linea troviamo anche José Ortega y Gasset secondo il quale è lo stesso sistema produttivo ad accentuata organizzazione tecnica a creare l'uomo massificato, passivo, livellato e fruitore, con aspirazioni che non vanno al di là dei modelli di vita dominanti, opportunamente propagandati e diffusi.

In ambito psicoanalitico Sigmund Freud non condivide l'ipotesi di Le Bon, che descrive un individuo cosciente che nei momenti di aggregazione cede a un inconscio collettivo irrazionale. A suo parere nei fenomeni di aggregazione si assiste a una riduzione della RIMOZIONE (v.) con cui ogni individuo normalmente tiene a bada le proprie pulsioni, per effetto di una REGRESSIONE (v.) a stadi più primitivi e indifferenziati tipici della condizione di massa: «Nella massa l'individuo si trova posto in condizioni che gli consentono di sbarazzarsi delle rimozioni dei propri moti pulsionali inconsci. Le caratteristiche apparentemente nuove che egli manifesta sono appunto le espressioni di tale inconscio, in cui è contenuto, a mo' di predisposizione, tutto il male della psiche umana. Non abbiamo difficoltà a spiegarci il fatto che, in tali circostanze, la coscienza morale o il senso di responsabilità vengono meno» (1921, p. 265). A partire da queste premesse, Freud coglie nella condizione di massa una situazione che consente all'individuo di liberare gli impulsi istintuali inconsci offrendo un esito alla libido repressa, la quale può trovare nella massa e nei modelli di capo emergente una sorta di sublimazione che si esprime in una deviazione degli istinti dalla loro meta originaria. A questo aspetto positivo vanno aggiunti il superamento provvisorio del narcisismo e l'apertura all'alterità per l'attivazione di fattori erotici: «Finché la formazione collettiva persiste e fin dove si estende il suo dominio, gli individui si comportano come se fossero omogenei, tollerano il modo d'essere peculiare dell'altro, si considerano uguali a lui e non provano nei suoi confronti alcun sentimento di avversione. In base alle nostre concezioni teoriche, tale limitazione del narcisismo può essere il prodotto di un solo fattore: il legame libidico con gli altri» (ivi, p. 291; v. CONTAGIO).

Una lettura positiva del concetto di massa è stata elaborata in ambito marxista dove si assegna alla massa non uno sbocco emotivo, ma un'efficace mobilitazione che è possibile quando la massa raggiunge la condizione di coscienza di classe. Le visioni marxista e psicoanalitica coniugate hanno trovato espressione nella Scuola di Francoforte con Max Horkheimer, Theodor Wiesengrund Adorno e Herbert Marcuse, che misero in evidenza come le masse, anche se socialmente emancipate, sono in realtà soggette a un inconsapevole processo di alienazione, determinato dalla persuasione occulta esercitata dal potere economico e politico tramite l'industria culturale e i mezzi di comunicazione di massa (v. COMUNICAZIONE, § 6) che inducono uniformità di comportamenti e di modi di pensare.

In questa linea si inserisce il contributo di Erich Fromm, volto a restituire all'individuo il senso della sua significatività che è recuperabile se il singolo si sottrae al regime alienante dell'"avere" per misurarsi sui valori espressi dal proprio "essere". A una coniugazione di marxismo e psicoanalisi è giunto anche Wilhelm Reich con la sua critica della civiltà contemporanea moralizzatrice e sessuofobica che inibisce l'energia orgastica del singolo con gravi effetti sulla struttura del suo CARATTERE (v. § 3, *c*). I desideri orgastici insoddisfatti delle masse sono per Reich alla base di tutte quelle forme di misticismo organizzato di cui l'esempio più eminente è il fascismo, dove trova espressione la struttura caratteriale dell'uomo medio i cui impulsi libidici sono stati repressi. Scrive in proposito Reich: «Oggi è chiaro a chiunque che il fascismo non è l'opera di un Hitler o di un Mussolini, ma che è l'*espressione della struttura irrazionale dell'uomo di massa*. È più evidente oggi di dieci anni fa che *la teoria della razza è misticismo biologico*. Oggi si è più aperti alle aspirazioni delle masse a raggiungere l'orgasmo di dieci anni fa, e generalmente si sospetta *che il misticismo fascista sia l'aspirazione orgastica condizionata dalla deviazione mistica e dall'inibizione della sessualità naturale*» (1933, p. 23), e ciò perché «dopo che le circostanze e i mutamenti sociali hanno trasformato le esigenze biologiche originarie dell'uomo in struttura caratteriale, la struttura caratteriale riproduce sotto forma di ideologie la struttura sociale della società» (ivi, p. 12).

Una concezione della massa come "alter ego" del potere è espressa da Elias Canetti in un saggio ai confini tra la teoria scientifica e il lavoro onirico, dove la ricerca procede scandendo le categorie formali applicabili alla massa, enucleando le valenze simboliche, il nesso massa-religione, massa-storia, e descrivendo il meccanismo paranoico del potere che esiste solo nutrendosi di moltitudini.

Accanto alla psicologia della massa contrapposta alla psicologia dell'individuo esiste una psicologia della massa come settore della PSICOLOGIA SOCIALE (v.), che ha per oggetto d'indagine i processi di massificazione, il coinvolgimento degli individui in fenomeni dinamici quali la scolarizzazione, l'urbanizzazione, la divisione del lavoro, la migrazione, e il sistema di relazioni sociali che non passa più attraverso le piccole comunità tradizionali (religiose, locali, di mestiere), ma attraverso organizzazioni collettive che esercitano un potere crescente sulle decisioni pubbliche e sulle scelte individuali. Il tutto sostenuto dall'ipotesi che il carattere di massa della società incide sulla psicologia individuale, modificandola.

Bibliografia

Bettelheim B., *Il cuore vigile. Autonomia individuale e società di massa* (1960), Adelphi, Milano 1988.

Canetti E., *Massa e potere* (1960), Adelphi, Milano 1973.

Cantril H., *The psychology of social movement*, Wiley, New York 1941.
Freud S., *Psicologia delle masse e analisi dell'Io* (1921), in *Opere* (1967-1993), Bollati Boringhieri, Torino, vol. IX.
–, *L'uomo Mosè e la religione monoteistica. Tre saggi* (1934-1938), in *Opere*, cit., vol. XI.
Fromm E., *Psicanalisi della società contemporanea* (1955), Edizioni di Comunità, Milano 1976.
Horkheimer M., *Teoria critica* (1968), Einaudi, Torino 1974.
Horkheimer M., Adorno Th. W., *Dialettica dell'illuminismo* (1947), Einaudi, Torino 1966.
Le Bon G., *Psicologia delle folle* (1895), Edizioni Tea, Milano 2004.
Marcuse H., *L'uomo a una dimensione* (1964), Einaudi, Torino 1967.
Moscovici S., *L'âge des foules*, Fayard, Paris 1981.
Ortega y Gasset J., *La ribellione delle masse* (1930), il Mulino, Bologna 1962.
Reich W., *Psicologia di massa del fascismo* (1933), Einaudi, Torino 2002.
Tarde G., *Le leggi dell'imitazione* (1890), in *Scritti sociologici*, Utet, Torino 1979.

Psicologia della motivazione, v. MOTIVAZIONE.

Psicologia della musica (ingl. *Psychology of music*; ted. *Musikpsychologie*; fr. *Psychologie de la musique*; sp. *Psicología de la música*). Settore della PSICOLOGIA APPLICATA (v.) che studia il fenomeno musicale nei suoi aspetti neuropsicologici, psicologici e psicoterapici, nell'intento di far luce su ciò che accade nei fruitori durante la recezione di un'opera musicale, sulla struttura e i caratteri del processo creativo che è alla base della produzione musicale, sul rapporto tra le reazioni mentali sostenute dal valore semantico della musica e le reazioni sentimentali irriflesse e a tonalità affettiva, sul rapporto tra la base sentimentale-emotiva e la simbolicità a cui la musica rinvia.

1. NEUROPSICOLOGIA. La musica è un'attività neuropsicologica molto complessa che coinvolge il lobo temporale destro, indispensabile per riconoscere ed eseguire le melodie, e il lobo temporale sinistro, da cui dipendono l'elaborazione del linguaggio, la scrittura e la composizione. Ricerche sperimentali hanno evidenziato una dominanza dell'orecchio destro-emisfero sinistro per i messaggi verbali, e una dominanza dell'orecchio sinistro-emisfero destro per i messaggi melodici. Lesioni a questi livelli determinano le varie forme di *amusia*, distinta in espressiva e recettiva a seconda che la perdita riguardi rispettivamente la capacità di esprimersi musicalmente o invece di ricordare e riconoscere melodie.

2. PSICOLOGIA SPERIMENTALE. In questo ambito si sono effettuate: *a*) ricerche collegate con la fisiologia dell'udito per verificare la reazione dei vari soggetti agli stimoli musicali, alla percezione dei toni, dell'intensità, del timbro, del volume, della densità; *b*) ricerche sulla capacità musicale in senso lato verificata con test come quello di Seashore relativo all'apprezzamento delle proprietà dei suoni, o quello di Gordon che utilizza l'approccio globale per verificare l'apprezzamento di contenuti musicalmente significativi; *c*) ricerche sulle prestazioni musicali per saggiare il talento creativo, interpretativo o esecutivo onde stabilire l'idoneità all'apprendimento e alla produzione musicale.

3. PSICOLOGIA DELLA GESTALT. In questo campo sono state condotte ricerche sulla *melodia* intesa come successione temporale e ritmica di suoni di diversa altezza, tono e durata che nel loro complesso vengono percepiti come unità significativa. La melodia si compone di unità minori, che prendono il nome di *motivi*, e può subire variazioni all'interno del *tema*. La psicologia della Gestalt ha insistito sul carattere unitario della melodia che trascende la somma delle parti che la compongono e che non è alterata dalle sue variazioni.

4. PSICOANALISI. Qui la musica è considerata sotto il profilo della sublimazione della pulsione sessuale e, con Franco Fornari, si è proceduto alla lettura del suo significato profondo in relazione al recupero dell'esperienza intrauterina che, come esperienza originaria, è alla base della tendenza a sognare e a staccarsi dalla realtà, nella memoria mai sopita di una condizione felice perduta.

5. ANTROPOLOGIA SOCIALE. In questo campo convergono l'*etnologia musicale* che ipotizza, per l'espressione e la recezione della musica, l'esistenza di uno "schema interno" appreso e specifico per ogni cultura, e la *sociologia musicale* che, con Theodor Wiesengrund Adorno, ha evidenziato le relazioni tra il prodotto musicale e la realtà sociale al cui interno si esprime.

6. PSICOTERAPIA. In questo ambito si utilizza la musica, nel suo aspetto creativo, esecutivo e di ascolto, sia per il suo valore *catartico*, sia per quello *espressivo* che si rivela particolarmente idoneo per esternare vissuti difficilmente traducibili nel linguaggio verbale. Impiegata in modo esclusivo o come coadiuvante di altri trattamenti, la musica, depolarizzando l'attenzione e rendendo labili i flussi informativi che non provengono dal messaggio musicale, introduce il soggetto in un'atmosfera psicologica dove si fanno più labili le relazioni con gli aspetti consci della personalità e più favorevoli le condizioni per vivere in modo più intenso i propri contenuti profondi. A questo, che è considerato l'effetto primario, si aggiungono effetti secondari come la riduzione della tensione psichica,

l'abbassamento o l'innalzamento delle formazioni difensive, l'instaurazione di riflessi condizionati, ed altre manifestazioni che, opportunamente controllate e analizzate, possono essere utilizzate a fini terapeutici.

Bibliografia

Adorno Th. W., *Introduzione alla sociologia della musica* (1962), Einaudi, Torino 1971.
Agostino di Ippona, *La musica* (387), in *Tutti i dialoghi*, Bompiani, Milano 2006.
Alain O., *L'harmonie*, Puf, Paris 1965.
Alvin J., *La musica come terapia* (1965), Armando, Roma 1965.
–, *La terapia musicale per il ragazzo autistico* (1978), Armando, Roma 1981.
Anello A., Venturini R., *Musica. Terapia e autorealizzazione*, Bulzoni, Roma 1981.
Benenzon R., *Manuale di musicoterapia*, Borla, Roma 1982.
Callieri B., Petiziol A., *La musica in psicoterapia. Concezioni antiche e direttive moderne* (1962), in B. Callieri, *Percorsi di uno psichiatra* (1955-1992), Edizioni Universitarie Romane, Roma 1993, pp. 43-70.
De La Motte-Haber H., *Psicologia della musica* (1972), La Nuova Italia, Firenze 1982.
Deutsch D., *The psychology of music*, Academic Press, New York 1982.
Di Franco G., De Michele R. (a cura di), *Musicoterapia in Italia. Scuola, Handicap, Salute mentale*, Idelson, Napoli 1995.
Fornari F., *Psicoanalisi della musica*, Longanesi, Milano 1984.
Jankélévitch V., *La musica e l'ineffabile* (1961), Bompiani, Milano 1998.
Lacoue-Labarthe Ph., *La melodia ossessiva. Psicoanalisi e musica* (1979), Feltrinelli, Milano 1980.
Lorenzetti L. M., *Suono e comunicazione*, Unicopli, Milano 1987.
– (a cura di), *Dall'educazione musicale alla musicoterapia*, Zanibon, Padova 1989.
Lorenzetti L. M., Paccagnini A. (a cura di), *Psicologia della musica*, Franco Angeli, Milano 1980.
Matassi E., *Musica*, Guida, Napoli 2004.
Mila M., *L'esperienza musicale e l'estetica*, Einaudi, Torino 1965.
Nattiez J.-J., *Melodia*, in AA.VV., *Enciclopedia*, Einaudi, Torino 1979, vol. VIII, pp. 1942-1967.
Nordoff P., Robbins C., *Musicoterapia per bambini handicappati* (1965), Franco Angeli, Milano 1982.
Rasano C., *Musicoterapia teorica e pratica*, Giunti Barbera, Firenze 1977.
Révész G., *Psicologia della musica* (1944), Giunti Barbera, Firenze 1983.
Romano A., *Musica e psiche*, Bollati Boringhieri, Torino 1999.
Sacks O., *Musicofilia. Racconti sulla musica e il cervello* (2007), Adelphi, Milano 2008.
Schneider M., *Il significato della musica* (1951-1964), Rusconi, Milano 1979.
Schütz A., *Frammenti di fenomenologia della musica* (1976), Guerini & Associati, Milano 1996.
Seashore C. E. (a cura di), *Psychology of music*, McGraw-Hill, New York 1938.
Sequeri P., *Musica e mistica. Percorsi nella storia occidentale delle pratiche estetiche e religiose*, Libreria Editrice Vaticana, Città del Vaticano 2005.
Sequeri P. *et al.*, *Educazione musicale versus psicoterapia. Riflessioni per un produttivo confronto*, in "L'erbaMusica", 1991, n. 2.
Sloboda J. A., *La mente musicale. Psicologia cognitivista della musica* (1988), il Mulino, Bologna 1996.

Psicologia della percezione, v. PERCEZIONE.

Psicologia della personalità, v. PERSONALITÀ.

Psicologia dell'apprendimento, v. APPRENDIMENTO.

Psicologia della pubblicità (ingl. *Psychology of publicity*; ted. *Psychologie der Werbung*; fr. *Psychologie de la publicité*; sp. *Psicología de la publicidad*). Settore della PSICOLOGIA COMMERCIALE (v.) che opera con i sondaggi d'opinione (v. OPINIONE) e con lo studio delle motivazioni (v. MOTIVAZIONE) che sono alla base dell'acquisto di un prodotto. Quest'ultimo, infatti, non riveste solo una funzione reale, che è poi quella di soddisfare un bisogno, ma anche una funzione simbolica che ha le sue radici in motivazioni profonde che la psicologia della pubblicità indaga o in forma diretta con inchieste, o in forma proiettiva, dove ciò che si prende in considerazione non è tanto il contenuto oggettivo delle risposte, quanto l'atteggiamento affettivo che un determinato prodotto riscuote. Ciò consente di studiare la struttura della personalità dei sostenitori o dei detrattori di una determinata merce, gli interessi che essa solleva e le inibizioni che impediscono l'effettuarsi di una scelta. Per accrescere il "carattere di invito" di un prodotto si procede o massimizzandone il valore in termini di realtà (v. PROPAGANDA), o adattandone l'immagine ai gusti dominanti dei consumatori, o mutando gli atteggiamenti dei consumatori per adattarli all'immagine del prodotto. Tutti e tre questi metodi, diminuendo la *distanza semantica* tra l'immagine del prodotto e il consumatore, aumentano il *gradiente di valenza* del prodotto.

Bibliografia

AA.VV., *Pubblicità e televisione*, ERI, Roma 1968.
Alberoni F., *Consumi e società*, il Mulino, Bologna 1964.
Beigbeder F., *Euro 13,89* (2000), Feltrinelli, Milano 2001.
Bindra D., Stewart J. (a cura di), *La motivazione* (1965), Bollati Boringhieri, Torino 1969.
Coccia E., *Il bene nelle cose. La pubblicità come discorso morale*, il Mulino, Bologna 2014.
Dogana F., *Psicopatologia dei consumi quotidiani*, Franco Angeli, Milano 1976.
Fabris G., *Il comportamento del consumatore*, Franco Angeli, Milano 1970.
Frontori L., *Il mercato dei segni*, Raffaello Cortina, Milano 1988.
– (a cura di), *Adolescenza e oggetti*, Raffaello Cortina, Milano 1992.
Metastasio R., *Bambini e pubblicità*, Carocci, Roma 2007.

Miotto A., *Psicologia della propaganda*, Editrice Universitaria, Firenze 1953.
Nicosia F. M., *Processi di decisione del consumatore nel marketing e nella pubblicità* (1966), Etas Kompass, Milano 1973.
Oliverio Ferraris A., Grant T., *Un mondo di spot. Bambini e pubblicità per una pedagogia del consumo*, in "Psicologia Contemporanea", 1994, n. 121.
Quintavalle A. C., *Pubblicità. Modello, sistema, storia*, Feltrinelli, Milano 1977.
Sanna G., *Le uova di Woody Allen. Guida arbitraria ai misteri e ai piaceri della pubblicità*, Bompiani, Milano 1988.
Taplin W., *La pubblicità* (1960), Feltrinelli, Milano 1961.
Testa A., *La pubblicità*, il Mulino, Bologna 2007.
Testa P., Unnia F. (a cura di), *Pubblicità. I vizi capitali*, Giuffrè, Milano 2010.
Victoroff D., *Psicosociologia della pubblicità*, Edizioni Paoline, Roma 1972.

Psicologia della religione (ingl. *Psychology of religion*; ted. *Religionspsychologie*; fr. *Psychologie de la religion*; sp. *Psicología de la religión*). Studio delle caratteristiche psicologiche della religiosità, dove oggetto di indagine non è la realtà religiosa, ma la realtà umana che aderisce a una fede religiosa. Alla psicologia della religione interessa, infatti, solo l'aspetto soggettivo e non oggettivo della realtà religiosa, quindi le forme di esperienza, di comportamento e di interiorizzazione del dato religioso. Al fenomeno religioso si sono accostate sia la psicologia scientifica sia la psicologia del profondo, con differenti modelli interpretativi e metodologici.

1. La psicologia scientifica. In questo ambito si distinguono tre tipi di approccio: *a) oggettivo* che studia il fenomeno religioso in termini di comportamento che definisce la condotta di un individuo nelle sue manifestazioni osservabili e descrivibili; *b) soggettivo* dove il fenomeno religioso è considerato nella sua dimensione profonda come orientamento della personalità e caratterizzazione esistenziale; *c) genetico* dove l'attenzione è rivolta allo sviluppo della dimensione religiosa nelle fasi di crescita dell'individuo, attraverso passaggi che conducono, come vogliono le indagini di Jean Piaget, dall'antropomorfismo alla spiritualizzazione, con conseguente interiorizzazione del sentimento religioso. Rientrano in questo ambito di studi le ricerche di Émile Durkheim sul rapporto fra il sentimento religioso e i vari aspetti della vita sociale; di William James che ha descritto le varie forme della coscienza religiosa offrendo una sorta di tipologia dell'uomo religioso considerato dal punto di vista neuropatologico, psicologico e filosofico; di Théodore Flournoy che declinò i suoi studi sul versante patologico e parapsicologico, e di Harald Høffding che, sotto l'influenza di Søren Kierkegaard, studiò il fenomeno religioso in relazione all'affettività nel suo diversificarsi nelle varie tipologie esistenziali.

2. La psicologia del profondo. In questo ambito abbiamo due differenti letture che si rifanno rispettivamente alla teoria della psicoanalisi e a quella della psicologia analitica. Per Sigmund Freud la religione è un'illusione volta a compensare il senso di impotenza infantile: «Ora, quando l'individuo, crescendo, si accorge che è destinato a rimanere per sempre un bambino, che non potrà mai fare a meno di tutelarsi contro potenze superiori sconosciute, presta a queste i tratti della figura paterna, si crea gli dèi, che teme, che cerca di propiziarsi, e ai quali nondimeno si affida per essere protetto. Il motivo del desiderio ardente del padre coincide pertanto con il bisogno di protezione contro le conseguenze della debolezza umana; la difesa contro l'insufficienza infantile si riflette, con i suoi caratteri, nel modo di reagire dell'adulto contro la propria fatale impotenza, si riflette cioè nella formazione della religione» (1927, p. 454).

Creata dal desiderio più antico dell'umanità, in chiave antropologica (v. Totem, § 2), e dell'infanzia, in chiave individuale, la religione è un'illusione, ma non un delirio perché, osserva Freud, non si pone necessariamente in contraddizione con la realtà. È invece osservabile, sempre a parere di Freud, una corrispondenza tra azioni ossessive e pratiche religiose (v. Rito, § 2, *a*): «Certo non sono io il primo a notare la somiglianza delle cosiddette azioni ossessive dei nevrotici con le pratiche mediante le quali il credente attesta la sua devozione religiosa. Lo dimostra il termine "cerimoniale", con il quale alcune di queste azioni ossessive vengono designate. Tuttavia mi sembra che questa somiglianza non sia soltanto superficiale e si può tentare, in base alla comprensione dell'origine del cerimoniale nevrotico, di trarre per analogia delle conclusioni circa i processi psichici della vita religiosa» (1907, p. 341; v. Tabù, § 4).

Di orientamento opposto è Carl Gustav Jung per il quale «la religione, come indica il vocabolo latino *religio*, è un'osservanza accurata e scrupolosa di quello che Rudolf Otto definì giustamente il *numinosum*, cioè un'essenza o energia dinamica non originata da alcun atto arbitrario della volontà. Al contrario questa energia afferra e domina il soggetto umano, che ne è sempre la vittima piuttosto che il creatore. [...] Il *numinosum* è o una qualità di un oggetto visibile o l'influsso di una presenza invisibile che causa un particolare cambiamento nella coscienza. Questa è, almeno, la regola generale» (1938-1940, p. 17). Jung chiama Sé il rappresentante psicologico dell'immagine di Dio e concepisce il Sé come il principio ordinatore della personalità che ne presiede il senso e la configurazione (v. Psicologia analitica, § 4; Sacro, § 8).

Bibliografia

Aletti M., De Nardi F., *Psicoanalisi e religione. Nuove prospettive clinico-ermeneutiche*, Centro Scientifico Editore, Torino 2002.
Aletti M., Fagnani D., Rossi G. (a cura di), *Religione. Cultura, mente e cervello. Nuove prospettive in psicologia della religione*, Centro Scientifico Editore, Torino 2009.
Aletti M., Rossi G. (a cura di), *Ricerca di sé e trascendenza. Approcci psicologici all'identità religiosa in una società pluralista*, Centro Scientifico Editore, Torino 1999.
– (a cura di), *L'illusione religiosa. Rive e derive*, Centro Scientifico Editore, Torino 2001.
Argyle M., Beit-Hallahmi B., *The social psychology of religion*, Routledge & Kegan, Boston 1975.
Bataille G., *Teoria della religione* (1976, edito postumo), Cappelli, Bologna 1979.
Benedetti G., *Riflessioni ed esperienze religiose in psicoterapia*, Centro Scientifico Editore, Torino 2005.
Bochènski J. M., *La logica della religione* (1965), Ubaldini, Roma 1967.
Caracciolo A., *La religione come struttura e come mondo autonomo della coscienza*, il melangolo, Genova 2000.
Dennett D. C., *Rompere l'incantesimo. La religione come fenomeno naturale* (2006), Raffaello Cortina, Milano 2007.
De Sanctis S., *La conversione religiosa. Studio bio-psicologico*, Castelvecchi, Roma 2015.
Dilthey W., *Il problema della religione* (1911), in Id., *Ermeneutica e religione*, Rusconi, Milano 1991.
Durkheim É., *Le forme elementari della vita religiosa* (1912), Edizioni di Comunità, Milano 1971.
Fizzotti E., *Psicologia dell'atteggiamento religioso*, Erickson, Trento 2006.
Flournoy Th., *Les principes de la psychologie religieuse*, Seuil, Paris 1902.
Freud S., *Azioni ossessive e pratiche religiose* (1907), in *Opere* (1967-1993), Bollati Boringhieri, Torino, vol. V.
–, *Totem e tabù. Alcune concordanze nella vita psichica dei selvaggi e dei nevrotici* (1912-1913), in *Opere*, cit., vol. VII.
–, *L'avvenire di un'illusione* (1927), in *Opere*, cit., vol. X.
Freud S., Pfister O., *Psicoanalisi e fede. Lettere tra Freud e il pastore Pfister 1909-1939*, Bollati Boringhieri, Torino 1990.
Fromm E., *Psicoanalisi e religione* (1950), Edizioni di Comunità, Milano 1972.
Girard R., *La violenza e il sacro* (1972), Adelphi, Milano 1980.
Heidegger M., *Fenomenologia della vita religiosa* (1918-1921), Adelphi, Milano 2003.
Høffding H., *The philosophy of religion* (1901), Macmillan, London-New York 1906.
Hood R. W., Spilka B., Hunsberger B., Gorsuch R., *Psicologia della religione. Prospettive psicosociali ed empiriche* (1996), Centro Scientifico Editore, Torino 1996.
James W., *Le varie forme della coscienza religiosa* (1902), Bocca, Milano 1954.
Jaspers K., *La fede filosofica* (1948), Raffaello Cortina, Milano 2005.
–, *La fede filosofica di fronte alla rivelazione* (1962), Longanesi, Milano 1970.
Jung C. G., *Psicologia e religione* (1938-1940), in *Opere* (1969-2007), Bollati Boringhieri, Torino, vol. XI.
Lacan J., *Il trionfo della religione* (1960-1974), Einaudi, Torino 2006.
Leuba J. H., *La psicologia del misticismo religioso* (1925), Feltrinelli, Milano 1960.
Neumann E., *Evoluzione culturale e religione* (1953), Armando, Roma 1974.
Otto R., *Il sacro. L'irrazionale nell'idea del divino e la sua relazione al razionale* (1917), Feltrinelli, Milano 1984.
Palmer M., *Freud, Jung e la religione* (1997), Centro Scientifico Editore, Torino 2000.
Pattison E. M. (a cura di), *Psichiatria clinica e religione* (1969), Tamburini Editore, Milano 1973.
Piaget J., Inhelder B., *La psicologia del bambino* (1966), Einaudi, Torino 1970.
Pinkus L., *Autorealizzazione e disadattamento nella vita religiosa*, Borla, Milano 1991.
–, *Psicologia e religione*, in AA.VV., *Introduzione allo studio della religione*, Utet Libreria, Torino 1991.
–, *Psicodinamica della vita religiosa*, Elledici, Troina 2000.
Ponziani U., *Psicologia e dimensione spirituale*, il Mulino, Bologna 2004.
Reik Th., *Il rito religioso. Studi psicoanalitici* (1920-1930), Bollati Boringhieri, Torino 1977.
–, *Psicoanalisi della Bibbia* (1959), Garzanti, Milano 1978.
Rorty R., Vattimo G., *Il futuro della religione*, Garzanti, Milano 2005.
Russell B., *Scienza e religione* (1935), Longanesi, Milano 2012.
Unamuno M. de, *Filosofia e religione* (1897-1931), Bompiani, Milano 2013.
Van der Leeuw G., *Fenomenologia della religione* (1933), Bollati Boringhieri, Torino 1975.
Vianello R., *Ricerche psicologiche sulla religiosità infantile*, Giunti Barbera, Firenze 1980.
Weber M., *Sociologia delle religioni* (1904-1921), Utet, Torino 1976, voll. I-II.
Whitehead A. N., *Il divenire della religione* (1926), Paravia, Milano 1963.
Zunini G., *Homo religiosus*, il Saggiatore, Milano 1966.

Psicologia dell'arte (ingl. *Psychology of art*; ted. *Kunstpsychologie*; fr. *Psychologie de l'art*; sp. *Psicología del arte*). Ambito della psicologia che, in collaborazione con l'estetica e la critica d'arte, utilizza teorie e metodi psicologici per l'analisi dei fenomeni e delle produzioni artistiche. Il campo di indagine non si riferisce in senso stretto alle arti figurative, ma anche alla musica, alla letteratura, fino a comprendere le produzioni della cultura in senso lato. Utilizzando i risultati della ricerca psicologica di base, incluse le tecniche sperimentali, gli studi comparativi, le indagini cliniche, la psicologia dell'arte investe quelle aree di studio che riguardano *a*) i *meccanismi* percettivi, visivi e motori; *b*) i *processi* cognitivi, quali l'immaginazione, la memoria, il linguaggio, la creatività; *c*) la *personalità* nelle varie componenti motivazionali, emotive, attitudinali; *d*) la *produzione* come capacità rappresentativa, grafica e simbolica. La ricerca si sviluppa in varie direzioni: analisi del processo creativo, dei prodotti artistici, delle relazioni tra l'artista e l'opera, e tra l'opera e il fruitore.

1. La psicologia scientifica. La psicologia scientifica dell'arte nasce nel XIX secolo per opera di Gustav Theodor Fechner, iniziatore di ricerche sperimentali sui meccanismi della visione e della percezione e di analisi quantitative sulla proporzionalità figurativa, sulla luce, sulle preferenze cromatiche, che si inserivano nel contesto più ampio dei dibattiti già in corso sulle teorie del colore di Michel Eugène Chevreul, di Johann Wolfgang Goethe, di Arthur Schopenhauer e sulla teoria della percezione di Hermann Ludwig Ferdinand von Helmholtz. Fechner distingueva l'estetica filosofica, che muove da princìpi per arrivare alle produzioni artistiche, dall'estetica empirica, che muove dal particolare per cercare princìpi generali verificabili sperimentalmente. Molte delle tesi di Fechner sono oggi superate perché il suo lavoro risente dei limiti di un'impostazione esclusivamente quantitativa, ma gli va riconosciuto il merito di aver avviato numerosissime ricerche specializzate e di aver creato le premesse per l'elaborazione di raffinate tecniche psicometriche utilizzabili nelle indagini estetiche. Di lui Rudolf Arnheim scrive: «La biologia fantastica di Fechner, al pari delle altre sue visioni mistiche, aveva ben poche probabilità di incontrare il favore delle scienze esatte. Ma se contraddice i fatti di natura fisica quali li conosciamo, essa ci fa presente con grande forza ciò che sappiamo della genesi psicologica e in particolar modo il processo creativo proprio delle arti, in cui, in modo affatto tipico, una concezione primaria globale porta ad articolare sempre più la forma attraverso un processo di differenziazione. Gli elementi che compongono una simile concezione sviluppano una forma per loro conto e cercano di assumere il loro posto in un tutto, la cui composizione finale è fortemente influenzata dall'interrelazione delle parti» (1986, p. 66).

2. La psicoanalisi. La teoria psicoanalitica ha promosso nuovi e importanti sviluppi nel settore degli studi sull'arte, centrati sul nesso supposto tra impulsi creativi e motivazioni profonde, allo scopo di svelare gli elementi irrazionali e intuitivi della produzione artistica, fino ad allora valutata solo per il contenuto manifesto (v. Contenuto latente - Contenuto manifesto).

a) *Sigmund Freud*. Nel tracciare le linee essenziali di ricerca per l'approccio all'opera d'arte, Freud s'è mosso in due direzioni: l'una volta a far luce sull'opera in se stessa allo scopo di decifrarne il messaggio, l'altra diretta ai rapporti intercorrenti tra l'opera e la vita dell'artista con particolare attenzione alla sua infanzia. Nella prima direzione si collocano i saggi sulla *Gradiva* di Wilhelm Jensen e sul *Mosè* di Michelangelo, nella seconda il saggio su Leonardo, primo esempio di biografia psicoanalitica dove si tenta di superare ogni rigida barriera tra il normale e il patologico.

Conflittualità, convertibilità delle energie psichiche, reazione, difesa, sublimazione, simbolizzazione: questi concetti base dell'edificio psicoanalitico conducono Freud a definire l'arte come appagamento sostitutivo di un rapporto interrotto con la realtà, e l'artista come colui che, in disaccordo con la vita, è capace di realizzare, attraverso la fantasia e le proprie particolari attitudini, i suoi desideri di amore e di gloria, e di trovare, traducendoli "in una nuova specie di cose vere", la strada per ritornare alla realtà: «L'arte perviene, per una strada sua particolare, a una conciliazione dei due princìpi. L'artista è originariamente un uomo che si distacca dalla realtà giacché non riesce ad adattarsi alla rinuncia al soddisfacimento pulsionale che la realtà inizialmente esige, e lascia che i suoi desideri di amore e di gloria si realizzino nella vita della fantasia. Egli trova però la via per ritornare dal mondo della fantasia alla realtà poiché grazie alle sue doti particolari trasfigura le sue fantasie in una nuova specie di "cose vere", che vengono fatte valere dagli uomini come preziose immagini riflesse della realtà. Così in certo modo egli diventa davvero l'eroe, il sovrano, il creatore, il prediletto che bramava diventare, e questo senza percorrere la faticosa e tortuosa via della trasformazione effettiva del mondo esterno. Può tuttavia raggiungere un tale risultato soltanto perché altri uomini provano la sua stessa insoddisfazione per la rinuncia imposta dalla realtà, e perché dunque questa insoddisfazione, che risulta dal fatto che il principio di piacere è stato sostituito dal principio di realtà, è essa stessa parte del reale» (1911, pp. 458-459).

L'arte viene così a collocarsi in una regione intermedia fra la realtà che frustra i desideri e il mondo della fantasia che li appaga; un dominio in cui sono rimaste vive le aspirazioni dell'onnipotenza primitiva che la sublimazione può valorizzare: «L'osservazione della vita quotidiana degli uomini ci dimostra che ai più riesce di deviare parti molto considerevoli delle loro forze pulsionali sessuali verso l'attività professionale. La pulsione sessuale è particolarmente idonea a fornire contributi di questa natura, perché è dotata della capacità di sublimazione, vale a dire è in grado di scambiare la sua meta immediata con altre mete, che possono essere considerate più elevate e non sessuali» (1910, p. 224).

L'introduzione del concetto di Sublimazione (v.) non esaurisce l'espressione artistica, e Freud tiene a precisarlo definendo i limiti dell'indagine psicoanalitica applicata all'oggetto artistico: «Le pulsioni e le loro trasformazioni sono il dato ultimo che la psicoanalisi possa riconoscere. Da qui in avanti essa cede il passo alla ricerca biologica. Siamo obbligati a ricondurre sia la tendenza alla rimozione che la capacità di sublimare alle basi organiche del carattere, sulle quali anzitutto si eleva l'edificio psichico. Dato che il talento e la capacità artistica sono intimamente connessi con la sublimazione, dobbiamo ammettere che anche l'essenza della creazione artistica ci è inaccessibile dal punto di vista della psicoanalisi. L'indagine biologica della nostra epoca è incline a spiegare i tratti principali della costituzione organica di un uomo con la mescolanza di disposizioni maschili e femminili in senso materiale; a sostegno di questa tesi si potrebbero citare sia la bellezza fisica di Leonardo che il suo mancinismo. Tuttavia non intendiamo abbandonare il terreno della ricerca puramente psicologica. Il nostro obiettivo rimane quello di dimostrare la connessione esistente tra vicende esteriori e reazioni della persona, facendo ricorso all'attività pulsionale. Anche se la psicoanalisi non chiarisce il dato dell'artisticità di Leonardo, ce ne rende però comprensibili le manifestazioni e i limiti» (ivi, pp. 274-275).

Inserendo il tema dell'arte nel quadro più ampio della problematica della cultura nella società contemporanea, Freud conclude: «L'utilità della bellezza non è evidente, che sia necessaria alla civiltà non risulta a prima vista, eppure la civiltà non potrebbe farne a meno. La scienza dell'estetica studia le condizioni per cui il bello è sentito come tale, ma non è stata in grado di fornire spiegazione alcuna circa la natura e l'origine della bellezza; come al solito, l'assenza di risultati è tenuta celata da uno sfoggio di parole altisonanti e povere di contenuto. Purtroppo anche la psicoanalisi ha pochissimo da dire sulla bellezza. Una cosa sola sembra certa: che l'amore per il bello tragga origine dalla sensitività sessuale; esso sarebbe un classico esempio di impulso inibito nella meta. "Bellezza" e "attrattiva" sono originariamente attributi dell'oggetto sessuale» (1929, p. 574).

b) Melanie Klein. Freud aveva riconosciuto i limiti della sua teoria dell'arte ed era consapevole del carattere sacrale del fenomeno artistico; la responsabilità degli eccessi interpretativi, consistenti in un uso indiscriminato e onnicomprensivo della teoria e dei metodi psicoanalitici, deve essere attribuita più ai seguaci del movimento che al fondatore. Tra questi sono da ricordare i contributi di Klein che, richiamando l'attenzione sulle operazioni espresse nei processi di simbolizzazione dell'artista, sviluppa l'ipotesi secondo cui l'operare artistico è una difesa contro la realtà interna abitata dalla fantasia inconscia d'aver distrutto l'oggetto buono, per cui la creatività artistica sarebbe animata da una tendenza riparativa (v. KLEINIANA, TEORIA).

c) Ernst Kris. Le tematiche riguardanti il rapporto fra l'opera d'arte e il fruitore sono invece al centro dei lavori di Kris che fa dell'Io la sede privilegiata dell'elaborazione estetico-formale dell'arte, giungendo alla conclusione che la comunicazione estetica non risiede nell'intenzione originaria dell'artista, ma nella ri-creazione della sua opera da parte del fruitore che attiva le potenzialità simboliche in essa presenti, sconosciute e imprevedibili allo stesso artista.

d) Janine Chasseguet-Smirgel. Cosciente delle resistenze che la psicoanalisi incontra avventurandosi nel campo extraterapeutico, particolarmente tenaci quando si tratta di arte e di processi creativi, Chasseguet-Smirgel affronta i temi della forma, dello stile, della sublimazione, superando i limiti restrittivi del metodo biografico e servendosi dei risultati della psicologia dell'Io, in particolare del concetto di "relazione oggettuale". La sua tesi è che la funzione dell'attività creativa è la riparazione del soggetto, non dell'oggetto come voleva la Klein, e solo l'atto creativo, la cui conclusione è riparazione del sé, costituisce una reale sublimazione. In questo modo l'artista diventa quell'essere libero e autonomo che è in grado di colmare in modo attivo il deficit narcisistico della propria storia, attraverso un'esperienza legata all'armonia e al ritmo, capace di compensare aggressività e angoscia (v. CREATIVITÀ, § 4).

e) Franco Fornari. Sempre nell'ambito del movimento psicoanalitico freudiano, Fornari sviluppa una ricerca sull'arte come produzione di segni. Partendo dal presupposto che ogni discorso umano, non solo verbale, ha un duplice statuto: lessicale-operativo e affettivo-coinemico (v. COINEMA), egli afferma che i linguaggi artistici attivano la componente affettivo-coinemica a partire dai resti collegati alla SCENA PRIMARIA (v.). L'artista si immerge nella significatività indistinta delle relazioni coinemiche per portarla sotto il segno della distintività e della forma, in una spola incessante tra profondità e superficie, tra notte e giorno, interno ed esterno. Il coinema, giunto alla struttura linguistica diurna, alla superficie, si fa visibile, non parla più in funzione di se stesso, ma viene parlato dalla sintassi dei significati che costituiscono l'opera. Si è così in presenza di una produzione di segni nuovi dove creazione e fruizione artistica vengono spostate dal piano soggettivo al piano oggettivo simbolico, linguisticamente comunicabile. Alla classica figura della "sublimazione" Fornari preferisce quella di "innovazione" perché «lo studio psicoanalitico del processo creativo dimostra che l'attività creativa, sia essa artistica che scientifica, è riconducibile a *processi di innovazione* i quali si esprimono attraverso ristrutturazioni sia del campo cognitivo che del campo affettivo, nelle quali è coinvolta tutta la personalità dell'artista e dello scienziato» (1974, p. 306).

3. La psicologia analitica. Carl Gustav Jung si inserisce in modo significativo nel dibattito sulle relazioni tra psicologia e arte, e il contrasto con Freud si fa sentire anche in questa tematica. Jung evidenzia i rischi della metodologia freudiana che, rivolgendosi agli antecedenti psicologici rintracciabili alla base dell'opera, si allontana insensibilmente dal soggetto, facendo di ogni artista un caso clinico e di ogni opera d'arte una malattia. Per Jung l'opera d'arte è una produzione che va oltre l'individuo, poiché il suo significato non è rinvenibile nelle condizioni umane che l'hanno prodotta: «La tecnica interpretativa di Freud, finché è sottoposta all'influenza delle sue ipotesi unilaterali e quindi inesatte, è di una evidente arbitrarietà. Per dare all'opera ciò che le è dovuto, è necessario che la psicologia analitica escluda completamente ogni pregiudizio di carattere medico, poiché l'opera d'arte non è una malattia e quindi richiede un orientamento del tutto diverso da quello medico. [...] L'orientamento esclusivo verso i fattori personali, che è richiesto dalla ricerca della causalità personale, non è assolutamente ammissibile per l'opera d'arte, poiché qui non si tratta di un essere umano, ma di una produzione che va oltre l'individuo. Si tratta di una cosa che non ha personalità e per la quale quanto è personale non può essere un criterio di giudizio. La vera opera d'arte trae il suo significato particolare dal fatto che è riuscita a liberarsi dalla stretta e dall'ostacolo di quanto è personale, lasciando lungi da sé ogni elemento caduco e contingente della pura personalità. [...] Il suo senso e il suo carattere sono in essa stessa e non nelle sue premesse esterne; quasi si potrebbe dire che essa utilizza l'uomo e le sue disposizioni personali semplicemente come terreno nutritivo, impiegandone le energie secondo leggi proprie, e modellando se stessa secondo ciò che vuol divenire» (1922, pp. 341-342).

La psicologia analitica considera l'impulso creativo un "complesso autonomo" che ha una vita psichica indipendente dalla coscienza. Le sue origini non sono da ricercarsi nell'inconscio personale dell'autore, perché in questo caso si tratterebbe di arte "sintomatica" e non "simbolica", ma in quella sfera della mitologia inconscia, le cui immagini primordiali sono quelle proprietà comuni all'umanità che l'inconscio collettivo conserva e attiva come possibilità di rappresentazione, per cui l'opera d'arte ci offre una perfetta immagine che, sottoposta ad analisi, si rivela nel suo valore di *simbolo*, di possibilità archetipica di immagini primordiali (v. Archetipo, § 1). A questo proposito Jung precisa che «non esistono rappresentazioni innate, ma possibilità innate di rappresentazioni che pongono limiti definiti alla fantasia più audace, cioè esistono categorie dell'attività della fantasia, in certo qual modo idee *a priori* di cui l'esistenza non è dimostrabile senza l'esperienza. *Esse appaiono solamente nella materia formata, quali principi regolatori della sua formazione*; il che significa che noi non possiamo ricostruire il modello primitivo dell'immagine primordiale se non per mezzo di conclusioni tratte dall'opera finita. L'immagine primordiale o archetipo è una figura, demone, uomo, o processo, che si ripete nel corso della storia, ogniqualvolta la fantasia creatrice si esercita liberamente. Essa è in prima linea una figura mitologica. Esaminandola da presso, notiamo che essa è in certo qual modo la risultante di innumerevoli esperienze tipiche di tutte le generazioni passate. Si potrebbero scorgere i residui psichici di innumerevoli avvenimenti dello stesso tipo. Essa rappresenta una media di milioni di esperienze individuali e dà un'immagine della vita psichica, suddivisa e proiettata nelle forme multiple del *pandemonium* mitologico» (1929, pp. 48-49). Quando la fantasia creatrice si esercita liberamente, si scatenano queste immagini primordiali nelle quali risuona la voce dell'umanità. L'artista che le impiega è come se parlasse con mille voci, elevando ciò che è precario all'eterno. Ogni relazione con l'archetipo, vissuta o espressa, è "commovente" nel senso che agisce sprigionando in noi una voce che, mediata dall'artista, lavora all'educazione dello spirito.

4. La psicologia fenomenologico-esistenziale

a) Karl Jaspers analizza le produzioni di letterati e artisti collegandole alle fasi salienti della loro vita patologica. Queste patografie si collocano da un lato sul terreno scientifico delle indagini di psichiatria applicata, dall'altro sul terreno filosofico delle complesse problematiche esistenziali, irriducibili a letture di tipo empirico e oggettivo. In questo modo, le opere di August Strindberg, le tele di Vincent Van Gogh o le liriche di Friedrich Hölderlin, lette nella loro correlazione con i tratti patologici della biografia, lungi dall'essere racchiuse negli spazi ristretti dell'alienazione, assumono il significato di momenti paradigmatici delle estreme possibilità umane. In questo senso, scrive Jaspers, «lo spirito creativo dell'artista, pur condizionato dal divenire della malattia, è al di là dell'opposizione tra normale e anormale, e può essere metaforicamente rappresentato come la perla che nasce dal difetto della conchiglia. Come non si pensa alla malattia della conchiglia ammirandone la perla, così di fronte alla forza vitale di un'opera non pensiamo alla schizofrenia che forse era la condizione della sua nascita» (1922, p. 120).

b) Maurice Merleau-Ponty è a sua volta persuaso della relazione tra vita e creazione artistica, perché «è certo che la vita non *spiega* l'opera, ma è altrettanto certo che esse comunicano. La verità è che *quell'opera da fare esigeva quella vita.* [...] Esiste un rapporto fra la costituzione schizoide e l'opera di Cézanne perché l'opera rivela un senso metafisico della malattia – la schizoidia come riduzione del mondo alla totalità delle apparenze irrigidite e "messa tra parentesi" dei valori espressivi –, perché la malattia cessa allora di essere un fatto assurdo e un destino, per diventare una possibilità generale dell'esistenza umana, quando essa affronta con consequenzialità uno dei suoi paradossi – il fenomeno d'espressione – e perché infine è tutt'uno, in quel senso, essere Cézanne ed essere schizoide» (1948, p. 39).

c) *Louis A. Sass*, dal canto suo, ha messo in evidenza le analogie tra follia e modernità, perché, a suo parere, esiste uno stretto legame tra la follia schizofrenica e le caratteristiche della nostra cultura, connotata da una disumanizzazione dilagante e da una dissoluzione di ogni senso di identità, come risulta evidente nelle opere di artisti e scrittori quali Giorgio de Chirico, Marcel Duchamp, Franz Kafka, Samuel Beckett, nella cui produzione traspaiono gli aspetti più alienanti della vita moderna.

5. La critica d'arte e la psicologia. La critica d'arte utilizza approcci psicologici di tipo sperimentale ed elementi di critica estetica, ponendosi in posizione dialettica rispetto ai metodi della psicoanalisi a cui non nega una certa legittimità, soprattutto nell'indagine di tipo biografico.

a) *Rudolf Arnheim* ritiene che psicologia e critica d'arte si incontrano sul versante delle arti figurative dando origine ad un'estetica psicologica fondata sul potenziamento delle tematiche della percezione visiva. Servendosi in modo libero e originale dei princìpi della Psicologia della Gestalt (v.), Arnheim afferma che il processo visivo è atto creativo, percezione di strutture significanti, non registrazione meccanica di elementi parcellari. Se ciò è vero per la semplice percezione di un oggetto, lo è a maggior ragione per l'approccio artistico, sia sul versante della creazione che su quello della fruizione. Alla luce di tali princìpi vengono affrontati i problemi dell'equilibrio, della forma, dello spazio, della luce, del colore, del movimento, con lo scopo di dimostrare, contro la teoria formalistica, che nell'arte si realizza una "transustanziazione" completa della forma nell'espressione significativa, e che ogni produzione artistica è l'incarnazione figurativa di significati che non sono dati, ma prodotti da quella facoltà che Arnheim chiama intuizione: «L'attività mentale non si limita all'elaborazione delle informazioni ricevute dall'esterno. La cognizione ha luogo biologicamente come uno dei modi attraverso i quali l'organismo persegue le sue mete. La cognizione distingue gli obiettivi desiderabili da quelli ostili e si concentra su ciò che è rilevante da un punto di vista vitale; individua ciò che è importante e quindi ristruttura l'immagine secondo la necessità di colui che percepisce. Il mondo del cacciatore non ha la stessa apparenza di quello del botanico o del poeta. L'input di queste varie forze determinanti, quelle cognitive come quelle motivazionali, viene plasmato sino a formare un'immagine percettiva unica da quella facoltà mentale cui diamo il nome di intuizione. L'intuizione insomma è la base di tutto e merita tutto il rispetto che possiamo tributarle» (1986, pp. 32-33).

b) *Ernst Hans Gombrich* si colloca a sua volta nell'ambito della psicologia della percezione, avendo come oggetto delle sue ricerche le arti figurative a cui sono applicati i metodi della psicologia sperimentale, sia pure con aperture dialettiche alla metodologia psicoanalitica. Il pensiero di Gombrich si caratterizza da un lato per l'ipotesi che la storia delle scoperte visive, al pari di quella delle scoperte scientifiche, sia scandita dal processo schema-correzione, secondo il quale gli artisti creano continuamente nuovi codici, rivedendo le ipotesi di partenza se i risultati non rispondono alle aspettative, dall'altro per aver affrontato i problemi derivati dall'applicazione della teoria psicoanalitica all'arte. Le conclusioni a cui conduce l'analisi freudiana non sono, secondo Gombrich, quelle correnti che cercano nel mondo dell'arte i contenuti inconsci, facendo della forma un semplice involucro per quei contenuti. Nell'arte è l'involucro stesso a determinare i contenuti, e solo le idee inconsce che possono essere adeguate alla realtà delle strutture formali divengono comunicabili. Per Freud, infatti, scrive Gombrich, «la creazione artistica viene posta sullo stesso piano della ricerca della verità a opera dello scienziato, e Freud esprime la sua fiducia che un giorno sarà possibile scoprire le sorgenti psichiche di questo atteggiamento mentale. Ma, anche qui, la sua fiducia riguarda una futura psicologia dell'artista, non una psicologia delle arti. Egli non negò mai i limiti del suo metodo, e tanto meno li nascose dietro una cortina fumogena di parole a effetto, come è accaduto così spesso, e tuttora accade, nel campo della teoria dell'arte» (1984, p. 126).

c) *Arnold Hauser* privilegia il punto di vista sociologico rispetto a quello psicologico, perché, a suo parere, «la creazione artistica non può essere spiegata semplicemente con il trasferimento di energie psichiche da un settore all'altro. La sublimazione può essere un fattore del processo creativo, ma non è affatto identica all'atto creativo. Anche a considerarla una premessa necessaria o una forma preliminare dell'opera d'arte, bisogna poi tener conto di molti altri momenti. Di questi fan parte, oltre al desiderio di appagare la propria istintiva libido, la volontà di creare, che non è necessariamente identica a quella della riproduzione; l'aspirazione ad esprimersi e a comunicare, che non è necessariamente un tratto narcisistico; l'ambizione di ottenere il consenso del pubblico, che non può essere fatta derivare interamente dal bisogno d'amore dell'artista» (1958, p. 46). L'interpretazione psicoanalitica dell'arte risente quindi, secondo Hauser, del condizionamento epocale e culturale di Freud, «il cui concetto di alienazione era condizionato storicamente e avrebbe sicuramente assunto un altro aspetto senza il patrimonio di pensiero romantico di cui la sua dottrina restò impregnata» (1974, p. 17). Privilegiando rispetto al metodo psicologico quello sociologico a orientamento dialettico, Hauser evita di lasciarsi irretire nella schematica del metodo adottato, riconoscendo che «non tutto l'accadere è storico e dialettico; molti altri accadimenti si muovono in una direzione semplicemente continua, discorsiva e che introduce semplici differenziazioni nel punto di vista precedente. Ci sono stadi dello sviluppo che non sono stati strutturati dialetticamente e che conducono a costellazioni nelle quali le possibilità che si aprono non si contraddicono a vicenda, bensì si biforcano e permettono di effettuare una scelta fra più di due alternative. Non di meno la dialettica resta una forma basilare del processo storico» (ivi, p. XIX).

6. ARTETERAPIA. Detta anche *psicoterapia espressiva*, è la tecnica utilizzata con pazienti con i quali la psicoterapia basata sulla parola manca il suo obiettivo. I mezzi utilizzati fanno riferimento all'ambito musicale (v. PSICOLOGIA DELLA MUSICA, § 6), al DISEGNO (v.), e più in generale alle arti visive, alla DANZA (v.), all'attività teatrale (v. PSICODRAMMA), queste ultime con persone che devono migliorare il proprio autocontrollo, o in ambiti educativi o riabilitativi con persone con disabilità fisiche, ritardo mentale o difficoltà emotive e relazionali. E questo perché, come scrive Susanne K. Langer, «l'arte è un simbolo non discorsivo che riesce ad articolare ciò che risulta ineffabile in termini verbali, essa esprime consapevolezza diretta, emozione, identità, la matrice del mentale» (1942, p. 88). Dal canto suo Silvano Arieti scrive che «il bisogno di creare si manifesta anche quando il dolore è così intenso da non avere più accesso alla coscienza, quando i pensieri sono così dispersi da non essere più comprensibili ai propri simili, quando i contatti con il mondo sono recisi» (1976, p. 22). L'arteterapia, che ha i suoi antecedenti teorici nel concetto freudiano di SUBLIMAZIONE (v.) e in quello junghiano di *immaginazione attiva* (v. IMMAGINAZIONE, § 2), è stata formalizzata negli anni settanta da Arthur Robbins, membro dell'Institute for Expressive Analysis di New York, dove i pazienti sono curati non solo con la parola, ma con disegni, produzioni artistiche, movimenti corporei, materiali da costruzione, grazie ai quali essi possono vedere rispecchiate parti di sé, proprie difese, fantasie inconsce, bisogni rimossi che trovano espressione nella produzione creativa, che ha la possibilità di diventare un vero e proprio campo di elaborazione di vissuti personali che altrimenti resterebbero inespressi e ignoti al paziente stesso.

Bibliografia

Arieti S., *Creatività. La sintesi magica* (1976), Il Pensiero Scientifico, Roma 1979.

Arnheim R., *Arte e percezione visiva* (1954), Feltrinelli, Milano 1971.

–, *Verso una psicologia dell'arte* (1966), Einaudi, Torino 1969.

–, *Entropia e arte. Saggio sul disordine e l'ordine* (1971), Einaudi, Torino 1974.

–, *Intuizione e intelletto. Nuovi saggi di psicologia dell'arte* (1986), Feltrinelli, Milano 1987.

Boccalon R., *Dall'agire al pensare. Esperienze creative e percorsi terapeutici*, in "Ar-Té. Quaderni Italiani delle Artiterapie", 2007, n. 2.

Cassirer E., *Filosofia delle forme simboliche* (1923-1929), La Nuova Italia, Firenze 1961-1966, voll. I-IV.

Changeux J.-P., *Ragione e piacere. Dalla scienza all'arte* (1994), Raffaello Cortina, Milano 1995.

Chasseguet-Smirgel J., *Per una psicoanalisi dell'arte e della creatività* (1971), Raffaello Cortina, Milano 1989.

Chevreul M. E., *De la loi du contraste simultané des couleurs*, Pitois-Levrault, Paris 1839.

Coomaraswamy A. K., *Il grande brivido. Saggi di simbolica e arte* (1932-1947), Adelphi, Milano 1987.

Dilthey W., *Estetica e poetica. Materiali editi e inediti 1886-1909*, Franco Angeli, Milano 1992.

Donà M., *Arte e filosofia*, Bompiani, Milano 2007.

–, *Teomorfica. Sistema di estetica*, Bompiani, Milano 2015.

Fechner G. Th., *Zur experimentalen Aesthetik*, Hirzel, Leipzig 1871.

Ferraris M., *Estetica razionale*, Raffaello Cortina, Milano 1997.

Formaggio D., *Arte*, Isedi, Milano 1973.

Fornari B., Fornari F., *Psicoanalisi e ricerca letteraria*, Principato, Milano 1974.

Fornari F., *Coinema e icona*, il Saggiatore, Milano 1978.

Freud S., *Il delirio e i sogni nella "Gradiva" di Wilhelm Jensen* (1906), in *Opere* (1967-1993), Bollati Boringhieri, Torino, vol. V.

–, *Un ricordo d'infanzia di Leonardo da Vinci* (1910), in *Opere*, cit., vol. VI.

–, *Precisazioni sui due principi dell'accadere psichico* (1911), in *Opere*, cit., vol. VI.

–, *Il Mosè di Michelangelo* (1913), in *Opere*, cit., vol. VII.

–, *Il disagio della civiltà* (1929), in *Opere*, cit., vol. X.

Givone S., *Estetica*, in AA.VV., *Gli strumenti del sapere contemporaneo*, vol. I: *Le discipline*, Utet, Torino 1985, pp. 259-271.

Goethe J. W., *La teoria dei colori* (1808), il Saggiatore, Milano 1981.

Gombrich E. H., *Arte e illusione* (1960), Einaudi, Torino 1976.

–, *Freud e la psicologia dell'arte. Stile, forma e struttura alla luce della psicoanalisi* (1965), Einaudi, Torino 1967.

–, *Custodi della memoria* (1984), Feltrinelli, Milano 1985.

Handler-Spitz E., *Arte e psiche* (1989), Il Pensiero Scientifico, Roma 1993.

Hauser A., *Le teorie dell'arte. Tendenze e metodi della critica moderna* (1958), Einaudi, Torino 1969.
–, *Sociologia dell'arte* (1974), Einaudi, Torino 1977, voll. I-III.
Heidegger M., *L'origine dell'opera d'arte* (1935-1950), Christian Marinotti Edizioni, Milano 2000.
Helmoltz H. L. F. von, *Die Tatsachen in der Wahrnehmung. Zählen und Messen. Erkenntnistheoretisch betrachtet* (1897), Wissenschaftliche Buchgesellschaft, Darmstadt 1959.
Jaspers K., *Genio e follia. Analisi patografica di Strindberg, Van Gogh, Swedenborg, Hölderlin* (1922), Raffaello Cortina, Milano 2001.
Jones E., *Amleto e Edipo* (1949), Il Formichiere, Milano 1975.
Jung C. G., *Psicologia analitica e arte poetica* (1922), in *Opere* (1969-2007), Bollati Boringhieri, Torino, vol. X, 1.
–, *Il contrasto tra Freud e Jung* (1929), in *Opere*, cit., vol. IV.
Klein M., *L'importanza della formazione dei simboli nello sviluppo dell'Io* (1930), in *Scritti 1921-1958*, Bollati Boringhieri, Torino 1978, pp. 249-264.
Koffka K., *Principi di psicologia della forma* (1935), Bollati Boringhieri, Torino 1970, nuova edizione riveduta 2006.
Kris E., *Ricerche psicoanalitiche sull'arte* (1952), Einaudi, Torino 1967.
Langer S. K., *Filosofia in una nuova chiave. Linguaggio, rito, mito e arte* (1942), Armando, Roma 1972.
Merleau-Ponty M., *Il dubbio di Cézanne*, in Id., *Senso e non senso* (1948), il Saggiatore-Garzanti, Milano 1962.
Moschini L. B., *Arteterapia con pazienti difficili*, Erickson, Trento 2010.
Orioli W., *Teatroterapia. Prevenzione, educazione, riabilitazione*, Erickson, Trento 2007.
Panofsky E., *La prospettiva come "forma simbolica" e altri scritti* (1927), Feltrinelli, Milano 1984.
–, *Il significato nelle arti visive* (1955), Einaudi, Torino 1962.
Pareyson L., *Estetica. Teoria della formatività*, Bompiani, Milano 1988.
Payne H., *Danzaterapia e movimento creativo* (1990), Erickson, Trento 1997.
Pierantoni R., *L'occhio e l'idea. Fisiologia e storia della visione*, Bollati Boringhieri, Torino 1981.
Prinzhorn H., *L'arte dei folli. L'attività plastica dei malati mentali* (1922), Mimesis, Milano 1991.
Ricci Sindoni P., *Arte e alienazione. Estetica e patografia in Jaspers*, Giannini, Napoli 1984.
Robbins A., *Expressive therapy*, Human Sciences Press, New York 1986.
Sass L. A., *Follia e modernità. La pazzia alla luce dell'arte, della letteratura e del pensiero moderni* (1992), Raffaello Cortina, Milano 2013.
Schopenhauer A., *Il mondo come volontà e rappresentazione* (1819), Laterza, Bari 1978.
Sedlmayr H., *La luce nelle sue manifestazioni artistiche* (1979), Centro Internazionale Studi di Estetica, Palermo 1985.
Segal H., *Un approccio psicoanalitico all'estetica*, in M. Klein, P. Heimann, R. Money-Kyrle (a cura di), *Nuove vie della psicoanalisi. Il significato del conflitto infantile nello schema del comportamento dell'adulto* (1955), il Saggiatore, Milano 1966.
–, *Sogno, fantasia e arte* (1991), Raffaello Cortina, Milano 1991.
Warren B. (a cura di), *Arteterapia in educazione e riabilitazione* (2006), Erickson, Trento 2010.

Psicologia della salute, v. SALUTE.

Psicologia dell'attenzione, v. ATTENZIONE, § 5.

Psicologia dell'atto, v. ATTO, § 1.

Psicologia della vita, v. VITA, § 1.

Psicologia della vita quotidiana, v. VITA, § 2.

Psicologia del lavoro (ingl. *Occupational psychology*; ted. *Arbeitspsychologie*; fr. *Psychologie du travail*; sp. *Psicología del trabajo*). Settore della PSICOLOGIA APPLICATA (v.) che si propone di costituire un corpo di conoscenze sulle attività lavorative umane per migliorare l'efficacia delle prestazioni e la soddisfazione delle persone. La frequente inconciliabilità di queste due istanze sposta di volta in volta la psicologia del lavoro o su una concezione strettamente produttivistica o su una concezione basata sullo sviluppo dell'uomo, con diverso sfruttamento dei dati ottenuti dallo studio sugli atteggiamenti verso il lavoro e sull'organizzazione del lavoro.

1. GLI ATTEGGIAMENTI. Gli atteggiamenti verso il lavoro oggetto di particolare attenzione sono: *a)* la *gratificazione* che può essere intrinseca e quindi connessa al contenuto del lavoro, o estrinseca come la retribuzione, il riconoscimento dei superiori, le prospettive di promozione e l'organizzazione in generale; *b)* l'*alienazione* implicita in ogni attività lavorativa dove una parte di sé è esteriorizzata nel prodotto, che spesso il lavoratore non avverte come equivalente all'energia impiegata per la sua produzione; *c)* la *dedizione* all'organizzazione che dipende dalla maggiore o minore accettazione degli scopi e dei valori dell'organizzazione con conseguente disponibilità a compiere sforzi a suo favore; *d)* la *motivazione* misurata dall'impegno speso per ottenere una gratificazione intrinseca o estrinseca. Un atteggiamento positivo verso il lavoro si ripercuote nella miglior quantità e qualità della produzione, e a livello soggettivo in una diminuzione dello stress da lavoro.

2. L'ORGANIZZAZIONE. L'organizzazione del lavoro scaturisce da un'analisi scientifica dei tempi e dei movimenti, da una standardizzazione degli strumenti e delle attrezzature, da un'assegnazione determinata di compiti e obiettivi, da una specializzazione non disgiunta da un'individualizzazione del lavoro, da un'assegnazione di responsabilità mediante una selezione scientifica del personale in modo da accrescere motivazione, gratificazione e produttività. Applicando all'organizzazione i risultati raggiunti dalla teoria sociotecnica dei sistemi, si è potuto constatare che, dal punto di vista del vissuto personale,

la *significatività* del lavoro è influenzata dalle caratteristiche della mansione, la *responsabilità* per gli esiti del lavoro è influenzata dall'autonomia dell'operatore riguardo ai procedimenti e alla scelta dei tempi, mentre la *conoscenza* dei rispettivi risultati dipende dalla retroazione proveniente dal lavoro stesso. Queste tre componenti sono favorite dalla varietà dei compiti, dal loro collegamento a un compito più generale, dalla lunghezza ottimale del ciclo lavorativo, dalla discrezionalità nel fissare gli standard di lavoro, dalla creazione di compiti che richiedono un grado di capacità tale da stimolare la persona a dare un contributo riconoscibile al prodotto finito. Per quanto riguarda i problemi connessi alla *divisione del lavoro*, ai rapporti tra *decisione* e *informazione*, alla *conflittualità* interna e all'influenza dell'*ambiente sociale* in cui si opera, si rinvia alla voce ORGANIZZAZIONE, § 1, mentre per quanto concerne i diversi tipi di organizzazione: burocratica, cooperativa, tecnocratica, strategica, e le diverse forme che vengono ad assumere i rapporti fra i subordinati, i collaboratori e i loro leader, si rimanda alla voce POTERE, § 2.

3. LO STRESS. Lo stress da lavoro nasce quando le esigenze dell'organizzazione mettono alla prova le risposte del soggetto il cui costo in termini psicologici o somatici può essere superiore alle risorse del soggetto stesso (v. BURNOUT, SINDROME DEL). Fonti potenziali di stress sono rappresentate dal ruolo del soggetto nell'organizzazione, dai rapporti interpersonali sul lavoro, da pressioni in senso carrieristico, dal clima e dalla struttura dell'organizzazione, dalla minaccia che questa rappresenta per la libertà e per l'autonomia, dalla modalità con cui avvengono i processi decisionali, dalla qualità degli scambi tra la vita all'esterno e la vita all'interno dell'organizzazione, con conseguente travaso delle crisi e degli stress da un sistema all'altro. Qui la psicologia del lavoro sconfina nella clinica e, in particolare, nel settore che ha per oggetto le sindromi psicosomatiche (v. PSICOSOMATICA) in cui alla fine lo STRESS (v.) si manifesta.

4. L'ORIENTAMENTO PROFESSIONALE. È una ricerca che visualizza l'intera area della personalità in vista di una sua attuazione concreta in un campo socioeconomico precisato, a partire dalla constatazione che una buona affermazione lavorativa è un fattore di primo piano nel raggiungimento dello status adulto, perché da essa dipende la possibilità di una completa emancipazione, di indipendenza economica, di raggiungimento della maturità emotiva, sociale e psicosessuale. Costante Scarpellini indica, fra i criteri adottati per la valutazione della personalità, i seguenti: *a*) il *criterio diagnostico-attitudinale* che individua in ogni soggetto le capacità e le disposizioni congenite che lo rendono più adatto a certe professioni che richiedono proprio quelle tipiche abilità; *b*) il *criterio caratterologico-affettivo* per valutare l'interesse che nei vari soggetti mette in azione e potenzia le attitudini, dove è evidente che con questa analisi si entra nella dinamica psichica della personalità e le tecniche orientative vertono più sui lati affettivi che su quelli psicosensoriali; *c*) il *criterio socioculturale* dove i fattori maggiormente incidenti sull'orientamento sono quelli derivanti dall'habitat dell'individuo che condiziona le aspirazioni e le informazioni su un piano di realismo che limita impianti illusori di onnipotenza; *d*) il *criterio personalistico* dove l'attenzione non è più rivolta esclusivamente alla capacità produttiva, ma alla realizzazione della personalità. Questo orientamento tiene conto sia dell'aspetto evolutivo dell'individuo, sia dell'aspetto psicosociale, perché si innesta nella dinamica fondata sulla percezione di sé che implica confronti con modelli di identificazione, valutazione delle proprie risposte alle aspettative sociali, affermazione di autonomia e di collaborazione.

A partire da queste valutazioni prende avvio la dinamica della scelta che considera: *a*) la *vocazione* che è un'attrazione a sfondo emotivo in cui il soggetto vive uno schema anticipatorio di stato operativo in cui si prevede e nel quale preventiva la sua realizzazione (v. VOCAZIONE); *b*) la *scelta* che deve tener conto della proporzione tra il livello di aspirazione e la capacità di efficienza sul piano personale, nonché del principio di realtà, ossia delle possibilità offerte dal mercato del lavoro sul piano oggettivo. Una scarsa congruenza tra i due livelli produce tutte quelle forme di irrealismo che vanno dall'incapacità all'incompetenza e al disadattamento (v. SCELTA).

5. LA SELEZIONE. La selezione del personale può essere *negativa* con eliminazione dei meno idonei, o *positiva* per elezione dei migliori (v. SELEZIONE, § 4). Esistono in proposito: *a*) *Test di idoneità* messi a punto da Lee J. Cronbach, il quale per idoneità intende «il complesso delle condizioni psichiche che rendono possibile l'espletamento di una particolare attività» (1949, p. 83). Oltre alle capacità intellettuali, espressive e ai talenti propri di ciascun soggetto, i test di Cronbach tengono conto degli "inventari di interesse" per l'aumento di motivazione che si registra quando il soggetto constata che i propri interessi sono presi in seria considerazione nel suo ambito occupazionale; *b*) *Giese-Test-System*, batteria di test messa a punto dallo psicologo tedesco Wilhelm Oskar Fritz Giese e poi rielaborata da Friedrich Dorsch per verificare l'aspetto *qualitativo* di alcuni parametri di rendimento quali l'abilità manuale, l'intelligenza pratica, la capacità tecnica, la capacità direttiva ed altre specificità sempre di ordine qualitativo; *c*) *Pauli test* introdotto da Richard Pauli e poi rielaborato da Wilhelm Arnold per la misurazione della qualità

di concentrazione, attenzione, costanza, rendimento, affaticamento e modalità di svolgimento dell'attività lavorativa.

6. Il dibattito attuale sul lavoro e la sua trasformazione. A partire dagli anni ottanta del secolo scorso sono cresciute le esigenze del mondo del lavoro e nel contempo si sono ridotte le risorse per soddisfarle, a causa della globalizzazione del mercato e dello sviluppo tecnologico sempre più rapido, che ha portato a una marginalizzazione del mondo del lavoro a favore del maggior profitto realizzabile attraverso operazioni finanziarie. Le conseguenze, secondo Dominique Lhuilier, sono: *a)* la *flessibilità* del lavoro dovuta all'incertezza dei mercati e alle esigenze di competitività che hanno come effetto il precariato, la riduzione degli organici, l'assegnazione del lavoro all'esterno dell'organizzazione e lo sviluppo dei subappalti; *b)* la *dequalificazione* del lavoro dovuta al frantumarsi dell'esperienza professionale e al peggioramento delle condizioni di apprendimento; *c)* la *competitività* che crea un rapporto di concorrenzialità tra i lavoratori, lasciando ciascuno solo alle prese con l'organizzazione e i suoi rappresentanti, sfaldando i gruppi di appartenenza e indebolendo le capacità di resistenza; *d)* la *mobilità* dei lavoratori e la richiesta di una maggior polivalenza e adattabilità che porta a un'indeterminatezza delle funzioni con ricadute sulla propria identità; *e)* l'*efficienza* e la *produttività* come unici valori assunti dall'organizzazione, che di anno in anno innalza l'asticella degli obiettivi da raggiungere, con la conseguenza di sopprimere la separazione fra tempo del lavoro e tempo della vita privata, che viene sempre più assorbita dal lavoro, per raggiungere quell'eccellenza che viene poi riconosciuta dall'avanzamento in carriera; *f)* la *deregolamentazione* che indebolisce i riferimenti rispetto alle istituzioni, alla legge, alla comunità professionale, che un tempo erano i fattori di riferimento simbolici e sociali, dal momento che da sempre il lavoro ha costituito il supporto, oltre che della propria identità, anche della relazione sociale.

7. Il mobbing. Espressione che deriva dall'inglese *to mob* che vuol dire assalire, molestare. Impiegato inizialmente dagli etologi per definire l'espulsione di un animale dal branco, il termine è passato nell'uso corrente in riferimento a tecniche di evitamento, svalutazione e sfinimento, impiegate in forme subdole per demotivare e sfiduciare chi si vuol espellere dall'organizzazione, in modo da indurlo a dimettersi spontaneamente. Gli esiti negativi di chi è sottoposto a questo trattamento sono evidenti nella vita personale e in quella familiare. Stress, disagio psicologico e depressione sono le manifestazioni più evidenti che si accompagnano ad ansia, insonnia, attacchi di panico, perdita di concentrazione, ipertensione e non di rado ulcere e problemi cardiaci, fino agli atti estremi in casi di disperazione quando non si vede alcuna via d'uscita.

8. Le discipline affini. Sono affini alla psicologia del lavoro, ma da questa distinte per la loro specificità: l'Ergonomia (v.), la struttura dell'organizzazione (v. Organizzazione, § 1), la Psicologia industriale (v.), la Psicologia commerciale (v.) e la Psicologia della pubblicità (v.).

Bibliografia

AA.VV., *Le vittime del mobbing. Relazioni di lavoro che creano malessere*, in "Famiglia oggi", 2003, n. 1.

Abécassis F., Roche P., *Précarisation du travail et lien social*, L'Harmattan, Paris 2001.

Amerio P., *Giovani al lavoro. Significati, prospettive e aspirazioni*, il Mulino, Bologna 2009.

Andreoni P., *Tempo e lavoro. Storia, psicologia e nuove problematiche*, Bruno Mondadori, Milano 2005.

Argentero P., Cortese C. G., Piccardo C. (a cura di), *Psicologia del lavoro*, Raffaello Cortina, Milano 2009.

Arnold W., *Der Pauli-Test. Anweisung zur sachgemässen Durchführung, Auswertung und Anwendung der Kraepelinschen Arbeitsversuches*, Barth, München 1961.

Baldwin D., *La fobia sociale* (1998), Il Pensiero Scientifico, Roma 2000.

Bauman Z., *La società dell'incertezza* (1999), il Mulino, Bologna 1999.

–, *La società sotto assedio* (2002), Laterza, Bari 2003.

Broadbent S., *Internet, lavoro, vita privata. Come le nuove tecnologie cambiano il nostro mondo* (2011), il Mulino, Bologna 2012.

Cerati G. (a cura di), *La fantasia al lavoro*, Bollati Boringhieri, Torino 1993.

Cervari P., Pollastri N., *Il filosofo in azienda. Pratiche filosofiche per le organizzazioni*, Apogeo, Milano 2010.

Chmiel N., *Tecnologia e lavoro. Un approccio psicologico* (1998), il Mulino, Bologna 2000.

Clot Y., *Le travail sans l'homme?*, La Découverte, Paris 1995.

–, *La fonction psychologique du travail*, Puf, Paris 1999.

Cooper C. L., Marshall J., *Understanding executive stress*, Macmillan, London 1978.

Cortese C. G., Del Carlo A., *La selezione del personale*, Raffaello Cortina, Milano 2008.

Cronbach L. J., *Essentials of psychological testing*, Harper & Row, New York 1949.

Dejours Ch., *L'ingranaggio siamo noi* (2000), il Saggiatore, Milano 2000.

De Masi D., *Lavoro*, in Id., *Tag. Le parole del tempo*, Rizzoli, Milano 2015, pp. 339-380.

Dorsch F., *Geschichte und Probleme der angewandten Psychologie*, Huber, Bern 1963.

Durkheim É., *La divisione del lavoro sociale* (1893), Edizioni di Comunità, Milano 1971.

Edelmann R. J., *Conflitti interpersonali nel lavoro* (1994), Erickson, Trento 1996.

Favretto G. (a cura di), *Le forme del mobbing. Cause e conseguenze di dinamiche organizzative disfunzionali*, Raffaello Cortina, Milano 2005.

Folgheraiter F., *The mystery of social work* (con versione italiana a fronte), Erickson, Trento 2012.
Fraccaroli F., Balducci C., *Stress e rischi nelle organizzazioni. Valutare e controllare i fattori dello stress lavorativo*, il Mulino, Bologna 2011.
Gallino L., *Il lavoro non è una merce. Contro la flessibilità*, Laterza, Bari 2007.
Gentile R., *Il potere senza volto. Un contributo psicologico allo studio dell'angoscia sociale*, Franco Angeli, Milano 1995.
Giese W. O. F., *Berufspsychologie und Arbeitsschule*, Barth, München 1921.
Giorgi G., Majer V., *Mobbing. Virus organizzativo. Prevenire e contrastare il mobbing e i comportamenti negativi sul lavoro*, Giunti, Firenze 2009.
Gorz A., *Metamorfosi del lavoro. Critica della ragione economica* (1988), Bollati Boringhieri, Torino 1992.
Guglielmi D., *Mobbing. Quando il lavoro ci fa soffrire*, il Mulino, Bologna 2015.
Habermas J., *Lavoro e interazione* (1968), Feltrinelli, Milano 1975.
Jünger E., *L'operaio* (1932), Guanda, Parma 1991.
Kornhauser A., *Lavoro operaio e salute mentale* (1965), Franco Angeli, Milano 1973.
Lhuilier D., *Fragilisation des conditions nécessaires à la construction identitaire*, in N. Aubert, V. de Gaulejac, K. Navridis (a cura di), *L'aventure psychosociologique*, Desclée de Brouwer, Paris 1997, pp. 301-310.
–, *Crise ou occultation du travail*, in "Revue internationale de psychosociologie", 1998, n. 8, pp. 45-58.
Malaguti D., *Fare squadra. Psicologia dei gruppi di lavoro*, il Mulino, Bologna 2007.
Mead G. H., *Mente, Sé e Società* (1934), Giunti Barbera, Firenze 1966.
Novara F., Sarchielli G., *Fondamenti di psicologia del lavoro*, il Mulino, Bologna 1996.
Pauli R., *Der Arbeitsversuch als ganzheitlicher Prüfungsversuch insbesondere als charakterologischer Test. Charakter und Erziehung*, in *Akten vom XII Kongress der deutschen Gesellschaft für Psychologie*, Leipzig 1939.
Perulli A., *Il lavoro nella dimensione sociale del mercato globale*, in M. Flores (a cura di), *Diritti umani. Cultura dei diritti e dignità della persona nell'epoca della globalizzazione*, Utet, Torino 2007, *Atlante*, vol. I: *I soggetti e i temi*, pp. 394-461.
Piccinino G., *Il piacere di lavorare*, Erickson, Trento 2006.
Pruna M. L., *Donne al lavoro*, il Mulino, Bologna 2007.
Quaglino G. P., *La vita organizzativa. Difese, collusioni e ostilità nelle relazioni di lavoro*, Raffaello Cortina, Milano 2004.
Sarchielli G., *Psicologia del lavoro*, il Mulino, Bologna 2008.
Scarpellini C., *Orientamento della persona verso la professione*, in L. Ancona (a cura di), *Nuove questioni di psicologia*, La Scuola, Brescia 1972, vol. II, pp. 503-558.
Spaltro E., *La psicologia del lavoro*, Etas Kompass, Milano 1967.
Spencer L. M., Spencer S. M., *Competenza nel lavoro. Modelli per una performance superiore* (1993), Franco Angeli, Milano 1995.
Tannenbaum A. S., *Psicologia sociale dell'organizzazione di lavoro*, Franco Angeli, Milano 1969.
Taylor F. W., *L'organizzazione scientifica del lavoro* (1913), Etas Kompass, Milano 2004.
Thompson N., *Lavorare con le persone* (2005), Erickson, Trento 2006.
Toderi S., Sarchielli G., *Sviluppare la carriera lavorativa. Risorse personali e metodi d'intervento*, il Mulino, Bologna 2013.
Totaro F., *Non di solo lavoro. Ontologia della persona ed etica del lavoro nel passaggio di civiltà*, Vita e Pensiero, Milano 1998.
–, *Il lavoro come questione di senso*, Edizioni Università di Macerata, Macerata 2009.
Vroom V. H., *Work and motivation*, Wiley, New York 1964.
Warr P., Clapperton G., *Il gusto di lavorare. Soddisfazione, felicità e lavoro* (2009), il Mulino, Bologna 2011.
Zaleznik A., Christensen C. R., Roethlisberger F. J., *Motivazione, produttività e soddisfazione nel lavoro* (1961), il Mulino, Bologna 1964.
Zoli S., *Il lavoro smobilita l'uomo. La rapida svolta dall'orgoglio alla paura in una società precaria*, Longanesi, Milano 2008.

Psicologia dell'azione, v. AZIONE, § 6; DUALISMO PSICOFISICO, § 3.

Psicologia dell'educazione, v. PEDAGOGIA; PSICOPEDAGOGIA.

Psicologia delle organizzazioni, v. ORGANIZZAZIONE.

Psicologia dell'espressione, v. ESPRESSIONE, § 1.

Psicologia dell'età evolutiva (ingl. *Developmental psychology*; ted. *Entwicklungspsychologie*; fr. *Psychologie de l'âge évolutif*; sp. *Psicología de la edad evolutiva*). Settore della psicologia che studia il processo di sviluppo e di organizzazione dell'individuo dalla nascita fino a circa 25 anni dell'età cronologica. Durante questo periodo la personalità va acquistando, attraverso processi evolutivi sia biologici che psicologici, una maggiore e più efficiente armonizzazione delle energie di cui dispone, con crescente possibilità di autonomia e di modi nuovi e più maturi di comprensione, di partecipazione affettiva e di socializzazione. Il riferimento all'età cronologica consente di distinguere una *prima infanzia* che abbraccia il primo anno di età, un'*infanzia* dal secondo al terzo anno, una *puerizia* dal terzo al sesto (v. PSICOLOGIA DELL'INFANZIA), una fanciullezza dal sesto al decimo (v. FANCIULLEZZA), una *preadolescenza* dal decimo al tredicesimo, una adolescenza dal tredicesimo al ventesimo anno (v. ADOLESCENZA), e una giovinezza dal ventesimo al venticinquesimo anno (v. GIOVINEZZA). Naturalmente queste suddivisioni sono convenzionali e possono essere accolte solo se si concede quell'elasticità che entra in gioco nelle differenze individuali.

Il passaggio da un'età all'altra avviene solitamente attraversando *periodi di crisi* inevitabili per adattare la propria visione del mondo alle nuove forme più complesse della realtà sia interiore, dove compaiono motivi psichici prima assenti, sia esteriore per l'ampliarsi della sfera della conoscenza (v. CRISI). Questi periodi hanno un valore dinamico e una durata diversa che dipende da fattori di maturazione e di apprendimento, dall'incidenza delle condizioni ambientali e dalla storia dell'individuo, che rendono quest'ultimo più o meno idoneo a bilanciare le forze emotive con lo sviluppo delle capacità di controllo. Questi periodi di crisi comportano sempre il rischio di un impoverimento di energie a scapito dell'equilibrio generale che può spezzarsi, determinando vere crisi patologiche (v. EQUILIBRIO). Siccome non si raggiunge mai un pieno equilibrio, che resta sempre un concetto limite, in psicologia dell'età evolutiva si preferisce parlare di MATURITÀ (v.) con cui si intende un soggetto capace di libertà, di aderenza alla realtà, di impegno esistenziale, di assunzione di responsabilità con riconoscimento dei propri limiti e con la capacità di impegnare in modo creativo le proprie risorse. La maturità psicologica viene anche indicata come *normalità* psicologica, dove nel concetto di NORMA (v.) giocano i valori condivisi dalla cultura in cui l'individuo matura. I processi di maturazione vengono verificati a livello affettivo, cognitivo, sociale e morale.

1. LA MATURAZIONE AFFETTIVA. A questo livello i maggiori contributi sono stati offerti dalla psicoanalisi, secondo la quale si passa da una prima fase dominata dal principio di piacere (v. PIACERE, § 1) a un successivo incanalamento delle energie emotive verso le richieste della REALTÀ (v. § 3) attraverso i meccanismi del differimento delle scariche emotive e il loro orientamento e la loro riorganizzazione in aderenza alle esigenze della realtà. In questo processo assumono particolare rilevanza le *pulsioni libidiche* sia nella direzione oggettuale, sia in quella narcisistica. La LIBIDO (v.) è l'energia che condiziona l'esperienza del piacere che interessa zone erogene diverse (orale, anale, fallica, genitale) in corrispondenza degli stadi specifici di maturazione, per porsi in età adulta al servizio dell'attività sessuale. Accanto alle pulsioni libidiche intervengono le *pulsioni aggressive*, che risultano dall'integrazione fra sistemi innati di natura istintuale e sistemi appresi. Anche per questo genere di pulsioni si assiste a un'evoluzione da un'aggressività *orale* che tende al raggiungimento immediato di ciò che il bambino desidera senza alcuna capacità di attendere, ad un'aggressività *anale* che tende al rifiuto e cerca il possesso, fino ad un'aggressività *fallica* caratterizzata da competitività e rivalità.

Libido e aggressività concorrono a definire la dinamica della relazione oggettuale con un primo livello autoerotico e narcisistico, un secondo dove gli oggetti cominciano ad essere distinti in quanto apportano o meno soddisfazione, un terzo caratterizzato da un narcisismo socializzato, dove il soggetto sviluppa un'abilità nell'utilizzare le persone dell'ambiente per fare cose che da solo non potrebbe fare, un quarto dove raggiunge la capacità di stabilire un rapporto senza ambivalenze che solitamente sfocia in un'unione eterosessuale. I livelli evolutivi della libido, dell'aggressività e della relazione oggettuale (v. OGGETTO, § 4) segnano un progressivo distacco del soggetto da se stesso verso una sempre maggior capacità di socializzazione e un crescente comporsi dell'interesse per se stesso con l'interesse per l'altro. Questa evoluzione approda alla definizione dell'*identità sessuale e personale* attraverso successivi processi di IDENTIFICAZIONE (v.) tramite i quali il soggetto si appropria di un insieme di tratti percepiti negli altri che concorrono alla formazione del carattere e all'integrazione delle funzioni strumentali che sono a sua disposizione.

2. LA MATURAZIONE COGNITIVA. Questo livello riguarda i mutamenti del comportamento intelligente e delle funzioni che gli sono proprie: PERCEZIONE (v.), MEMORIA (v.), LINGUAGGIO (v.), pensiero concettuale (v. PENSIERO), soluzione di problemi (v. PROBLEMA, § 2) ecc. Anche se fortemente influenzato dalle dinamiche delle forze emotive, lo sviluppo cognitivo dipende da una buona maturazione della base neurologica e da un buon adattamento all'ambiente, essendo l'intelligenza un caso tipico di comportamento adattivo, dove occorre far fronte all'ambiente organizzando e riorganizzando il pensiero e l'azione, attraverso quei due processi che Jean Piaget ha chiamato di assimilazione e di accomodamento (v. COGNIZIONE, § 3, *a*). Nel primo, il soggetto adatta gli stimoli ambientali non familiari alle organizzazioni cognitive a sua disposizione guadagnate in situazioni passate; nel secondo, cambia le organizzazioni cognitive quando le risposte apprese non si rivelano più adeguate.

Dalla nascita ai 18 mesi predominano le attività percettivo-motorie, dai 2 ai 6 anni l'intelligenza rappresentativa preoperatoria, dai 6 agli 11 l'intelligenza rappresentativa acquista capacità operatorie concrete, dopo gli 11 l'intelligenza è in grado di compiere operazioni formali (v. COGNIZIONE, § 2, *d*). L'ordine di successione delle diverse tappe è costante anche se l'età nella quale esse si compiono è suscettibile di variazioni per effetto della diversa maturazione, dell'esercizio, dell'ambiente culturale in cui il soggetto si trova a crescere. Quando si ha un buon rapporto tra le forze che presiedono allo sviluppo emotivo e quelle specifiche dello sviluppo intellettivo, il comportamento intelligente ha la possibilità di prodursi in espressioni creative. A differenza dell'intelligenza la cui definizione è convenzionalmente limitata ai processi logici astratti, la CREATIVITÀ (v.) risponde in modo funzionale a situazioni con alto tasso di problematicità, dove si esprime lo stile della personalità. Per questo, allo studio dell'intelligenza, sulla base dei reattivi mentali standardizzati e con impostazione eminentemente intellettualistica (v. INTELLIGENZA, § 2), oggi si preferisce considerare l'intelligenza nel suo rapporto con la personalità da cui emergono le varie "formae mentis" (v. INTELLIGENZA, § 3, *g*).

3. LA MATURAZIONE SOCIALE. Questo aspetto, che si riferisce alla capacità di vivere una relazione sociale soddisfacente, dipende dall'esperienza che l'individuo fa degli altri e con gli altri, e dall'equilibrio dinamico che in lui hanno raggiunto aggressività, dominanza, dipendenza, isolamento, cooperazione, collaborazione e concetto di sé. Da verifiche effettuate, come riferisce Maria Luisa Falorni, si è constatato che dal sesto mese all'inizio del terzo anno il bambino passa da una noncuranza infantile per gli altri ad una maggior attenzione per gli altri bambini, accompagnata da atteggiamenti attivi caratterizzati da manifestazioni affettive o da litigi. Dal terzo al sesto anno si registra uno sviluppo sensibile della socializzazione con le prime formazioni di gruppo, che però necessitano della presenza dell'adulto per contenere i tratti aggressivi e dominanti che tendono a determinare la rottura del gruppo. Dopo il sesto anno la partecipazione al gruppo è più duratura, lo scopo associativo va definendosi meglio, migliora l'attività organizzata anche se la socializzazione è ancora fondamentalmente egocentrica. Già a questi livelli emergono le differenze individuali in ordine alla sicurezza, all'attività, all'iniziativa, alla capacità di comunicare, di manipolare le cose, di assumere ruoli dominanti o gregari. Durante la fanciullezza i rapporti sociali si estendono e si intensificano sia perché il superamento della fase edipica consente di orientarsi in ordine a nuove identificazioni e alla tipizzazione sessuale, sia perché le attese e le pressioni dell'ambiente inducono a conformarsi ai modelli della cultura di appartenenza.

La socializzazione consente di verificare il livello di accettazione o non accettazione da parte del gruppo con conseguenti nuove forme di riflessione su di sé. Le amicizie sono meno casuali, instabili, passeggere, e ciò consente l'avvio di un confronto tra come un soggetto si percepisce e come gli altri lo percepiscono, con conseguente conferma o crisi del proprio Io. Luogo privilegiato di questa verifica è il GIOCO (v.) che, con le sue regole, simula la realtà, consentendo di sperimentare la differenziazione dei ruoli e l'opportunità di stare alle regole. Nella preadolescenza il gruppo assume un significato più preciso di difesa dall'adulto e di prima verifica delle differenze sessuali, costituendosi transitoriamente come gruppo dello stesso sesso in risposta a un bisogno di approfondimento e di conferma della propria tipizzazione sessuale. Carenze affettive nell'infanzia, inadeguato svolgimento dei processi di identificazione sessuale in età infantile, fattori più specificatamente socioculturali possono accentuare difficoltà nella socializzazione e nel realizzare nuove sintesi fra le proprie energie e le proprie esperienze. Queste difficoltà possono essere transitorie e rientrare nelle tipiche crisi dell'adolescenza, o possono configurarsi come vere e proprie forme di disadattamento sociale. La realizzazione di un primo e significativo abbozzo di identità personale caratterizza la conclusione dell'adolescenza; quando questo non si verifica, si assiste a un distanziamento fra età cronologica e maturazione psicologica che risulta limitata o ostacolata con conseguenti fenomeni di disadattamento che pregiudicano l'ulteriore maturazione (v. PSICOLOGIA SOCIALE, § 3, *c*).

4. LA MATURAZIONE MORALE. Questo ambito, che, come sottolinea Falorni, esprime la sintesi di tutti i processi di sviluppo, è denso di difficoltà, da un lato perché fa riferimento all'insieme delle tendenze emotive, cognitive e operative, dall'altro perché comporta giudizi di valore che mutano a seconda degli ambiti culturali e, all'interno della stessa cultura, da epoca a epoca. Piaget ha individuato tre stadi di crescita morale: un primo periodo caratterizzato da *anomia* dove si tende a considerare il proprio punto di vista come unico, senza alcuna percezione dei punti di vista e dei sentimenti altrui (v. ANOMIA); un secondo periodo caratterizzato da *eteronomia* dove il valore delle azioni risiede nell'autorità di chi le ha prescritte e la loro esecuzione dipende dal timore della punizione; un terzo periodo caratterizzato da *autonomia* che prevede l'interiorizzazione dell'obbligazione e la consapevolezza delle esigenze altrui (v. AUTONOMIA – ETERONOMIA). A questo livello si parla di RESPONSABILITÀ (v.) in riferimento alla quale Lawrence Kohlberg ha individuato tre stadi: *premorale* che obbedisce alle regole solo per evitare punizioni, *di conformità* che obbedisce alle regole per evitare il senso di colpa derivante dalla censura dell'autorità, *dei princìpi* che obbedisce alle regole in base a convinzioni maturate e a considerazioni oggettive. A 10 anni ci sarebbero risposte al primo stadio, a 13 quelle allo stadio di conformità. Mentre risposte al terzo stadio, fondate sulla coscienza dei propri princìpi morali, si svilupperebbero solo in età adulta. A livello morale, la risposta comportamentale precede la consapevolezza cognitiva, nel senso che il bambino sembra "fare" più di frequente cose giuste prima di "sapere" che sono giuste. Dal canto suo, la costrizione dell'adulto incoraggia la consapevolezza dei dati di realtà, mentre la cooperazione con i compagni incoraggia l'interiorizzazione soggettiva della norma morale.

Dal punto di vista psicoanalitico la formazione del senso morale dipende dalla costituzione interiore del SUPER-IO (v.) che si forma in relazione prevalente alla figura paterna legata alla dinamica della COLPA (v.). Se il Super-io, per effetto di costrizioni eccessive, è troppo rigido, l'Io trova difficoltà a strutturarsi e, con lo sviluppo dell'angoscia e della colpevolezza, si creano le disposizioni per un orientamento nevrotico della personalità; se invece il Super-io è debole a causa di un atteggiamento educativo opposto, l'Io, rivelandosi incapace di sopportare discipline e regole, finisce con l'assumere atteggiamenti disadattati o comportamenti antisociali. C'è infine una tendenza del soggetto a conoscere e giudicare la sua condotta. In questo ambito Falorni ha individuato tre tipi di risposte di preadolescenti a situazioni di giudizio morale: in termini di punizione, in termini di aderenza alle regole, in termini di conseguenze per gli interessi e i sentimenti altrui. Nel primo caso si parla di moralità esterna dipendente da un Super-io debole, nel secondo di moralità convenzionale basata sulla repressione da parte del Super-io, nel terzo di moralità vera e propria, frutto dell'integrazione fra Io e Super-io. Nell'adolescenza l'individuo giunge a costruire un sistema di valori pressoché definitivo, salvo quando le ambivalenze, prolungandosi eccessivamente, finiscono con il rendere difficoltosa la realizzazione della propria identità personale.

Bibliografia

Baldwin A. L., *Theories of child development*, Wiley & Sons, New York 1967.

Bellisario L., *Età evolutiva e modelli dello sviluppo psichico*, in S. Marsicano (a cura di), *Comunicazione e disagio sociale*, Franco Angeli, Milano 1987.

Bourcier A., *Per una nuova educazione morale* (1966), Borla, Roma 1968.

Canestrari R., Battacchi M. W., *Strutture e dinamiche della personalità nell'antisocialità minorile*, Malipiero, Bologna 1963.

Claparède E., *Psicologia del fanciullo e pedagogia sperimentale. Lo sviluppo mentale* (1909), Editrice Universitaria, Firenze 1964.

Cousinet R., *La vita sociale dei ragazzi. Saggio di sociologia infantile* (1950), La Nuova Italia, Firenze 1955.

De Rita L., *Il problema psicologico della socializzazione*, Cressati, Bari 1955.

Deutsch H., *Problemi dell'adolescenza* (1967), La Nuova Italia, Firenze 1977.

Di Pietro M., Bassi E., *L'intervento cognitivo-comportamentale per l'età evolutiva. Strumenti di valutazione e tecniche per il trattamento*, Erickson, Trento 2013.

Erikson E. H., *Infanzia e società* (1950), Armando, Roma 1968.

Fabbrini A., Melucci A., *L'età dell'oro. Adolescenti tra sogno ed esperienza*, Feltrinelli, Milano 1992.

Falorni M. L., *Aspetti psicologici della personalità nell'età evolutiva*, Giunti Barbera, Firenze 1968.

Fonagy P., Target M., *Psicopatologia evolutiva. Le teorie psicoanalitiche* (2003), Raffaello Cortina, Milano 2005.

Fonzi A., *Problemi di psicologia infantile. Ricerche sperimentali*, Einaudi, Torino 1957.

Fornari F., *La vita affettiva originaria del bambino*, Feltrinelli, Milano 1963.

Freud A., *Osservazioni sullo sviluppo infantile* (1950), in *Opere* (1978-1979), Bollati Boringhieri, Torino, vol. II.

–, *Normalità e patologia nell'età infantile* (1965), in *Opere*, cit., vol. III.

Freud S., *Tre saggi sulla teoria sessuale* (1905), in *Opere* (1967-1993), Bollati Boringhieri, Torino, vol. IV.

–, *Dalla storia di una nevrosi infantile (Caso clinico dell'uomo dei lupi)* (1914), in *Opere*, cit., vol. VII.

–, *L'organizzazione genitale infantile (un'interpolazione nella teoria sessuale)* (1923), in *Opere*, cit., vol. IX.

Guareschi Cazzullo A., Lenti C., Musetti C., Musetti L., *Processi mentali in età evolutiva. Modelli neuropsicologici e clinici*, Franco Angeli, Milano 1995.

Guidetti V. (a cura di), *Fondamenti di neuropsichiatria dell'infanzia e dell'adolescenza*, il Mulino, Bologna 2005.

Haworth M. R., *Psicoterapia infantile* (1964), Armando, Roma 1970.

Isaacs S., *Dalla nascita ai sei anni* (1929), Editrice Universitaria, Firenze 1952.

–, *Lo sviluppo intellettuale dei bambini* (1944), Editrice Universitaria, Firenze 1961.

Jersild A. Th., *Psicologia del bambino* (1955), La Scuola, Brescia 1960.

–, *Psicologia dell'adolescenza* (1967), La Scuola, Brescia 1970.

Josselyn I. M., *Lo sviluppo psicosociale del fanciullo* (1948), Editrice Universitaria, Firenze 1965.

–, *L'adolescente e il suo mondo* (1952), Giunti Barbera, Firenze 1964.

Juritsch M., *Il ruolo paterno nell'educazione* (1966), La Scuola, Brescia 1969.

Klein M., *La psicoanalisi dei bambini* (1932), Martinelli, Firenze 1969.

Kohlberg L., *Development of moral character and moral ideology*, in "Review of Child Development Research", 1964, vol. I.

Lambruschi F. (a cura di), *Psicoterapia cognitiva dell'età evolutiva*, Bollati Boringhieri, Torino 2004.

Lutte G., *L'adolescente e il suo gruppo*, Pas, Zürich 1964.

Mahler M. S., *Le psicosi infantili* (1968), Bollati Boringhieri, Torino 1972.

Maier H. W., *Three theories of child development*, Harper & Row, New York 1965.

Marino C., Battaglia M., *Disturbi somatoformi in età evolutiva*, in G. B. Cassano, P. Pancheri *et al.* (a cura di), *Trattato italiano di psichiatria* (1992), Masson, Milano 1999, vol. III, pp. 2979-2982.

Migone P., *Introduzione alla psichiatria dell'età evolutiva*, in G. B. Cassano, P. Pancheri *et al.* (a cura di), *Trattato italiano di psichiatria*, cit., vol. III, pp. 2679-2692.

Mussen P. H., *La psicologia dell'età evolutiva* (1963), Martello, Milano 1969.

Ossicini A., *La relazione madre-bambino*, Editrice Universitaria, Firenze 1973.

Osterrieth P., *Introduzione alla psicologia del bambino* (1957), Editrice Universitaria, Firenze 1965.

Papini M., Martinetti M. G., *Psicopatologia dell'età evolutiva*, in G. B. Cassano, P. Pancheri *et al.* (a cura di), *Trattato italiano di psichiatria*, cit., vol. III, pp. 2693-2742.
Perugia A., *Gli aspetti evolutivi della personalità*, in L. Ancona (a cura di), *Questioni di psicologia*, La Scuola, Brescia 1962, pp. 489-534.
Petter G., *Problemi psicologici della preadolescenza e dell'adolescenza*, La Nuova Italia, Firenze 1968.
Piaget J., *Dal bambino all'adolescente. La costruzione del pensiero* (1930-1965), La Nuova Italia, Firenze 1969.
–, *Il giudizio morale nel fanciullo* (1932), Giunti Barbera, Firenze 1973.
Piaget J., Inhelder B., *La psicologia del bambino* (1966), Einaudi, Torino 1970.
Ponzo E., Ferrante G., Groppelli A., *Il contributo sperimentale italiano alla psicologia dell'età evolutiva dal 1905 al 1964*, Japadre, L'Aquila 1965.
Quadrio A., *Ricerche ed esperienze sugli adolescenti*, Vita e Pensiero, Milano 1968.
Sacchi M. E. (a cura di), *Relazioni e sviluppo. Metodi e contenuti in psicologia dell'età evolutiva*, Bollati Boringhieri, Torino 1990.
Smeraldi E. (a cura di), *Disturbi d'ansia in età evolutiva*, in G. B. Cassano, P. Pancheri *et al.* (a cura di), *Trattato italiano di psichiatria*, cit., vol. III, pp. 2889-2926.
Spitz R. A., *Il no e il sì* (1957), Armando, Roma 1970.
–, *Il primo anno di vita del bambino* (1958), Editrice Universitaria, Firenze 1962.
Strang R., *Introduzione allo studio del fanciullo* (1959), La Nuova Italia, Firenze 1968.
Sullivan H. S., *Le epoche evolutive*, in Id., *Teoria interpersonale della psichiatria* (1953, edito postumo), Feltrinelli, Milano 1962, pp. 65-348.
Tambelli R., *Psicologia clinica dell'età evolutiva. Modelli e metodi di psicoterapia*, il Mulino, Bologna 2012.
Tobach E., Aronson L. R., Shaw E., *The biopsychology of development*, Academic Press, London 1977.
Volterra V. (a cura di), *Disturbi dell'alimentazione in età evolutiva*, in G. B. Cassano, P. Pancheri *et al.* (a cura di), *Trattato italiano di psichiatria*, cit., vol. III, pp. 2819-2836.
Werner H., *Psicologia comparata dello sviluppo mentale* (1940), Giunti Barbera, Firenze 1970.
Winnicott D. W., *Gioco e realtà* (1971), Armando, Roma 1974.
–, *Il bambino deprivato* (1984, edito postumo), Raffaello Cortina, Milano 1986.
–, *I bambini e le loro madri* (1987, edito postumo), Raffaello Cortina, Milano 1987.

Psicologia dell'infanzia (ingl. *Child psychology*; ted. *Kinderpsychologie*; fr. *Psychologie de l'enfant*; sp. *Psicología infantil*). "Infanzia", termine che etimologicamente rinvia al periodo in cui il bambino ancora non parla (*in-fans*), si riferisce ai primi anni di sviluppo, distinti in *prima infanzia* che va dalla nascita ai 2 anni, e in *seconda infanzia* che va dal terzo al sesto anno. Si parla inoltre di *infanzia fetale* per il periodo di sviluppo del prematuro che si estende dalla nascita alla data approssimativa in cui avrebbe dovuto aver luogo il parto. La psicologia francese adotta l'espressione *troisième enfance* per l'età che va dai 6 ai 12 anni, da noi denominata FANCIULLEZZA (v.). L'importanza dell'infanzia è dovuta al fatto che il bambino è indifeso e dipendente per un periodo di tempo maggiore di quanto accade agli altri mammiferi. Ciò spiega perché i tratti caratteristici del comportamento e della personalità dell'adulto dipendono in gran parte dagli eventi e dalle influenze dell'infanzia.

1. I PROCESSI DI MATURAZIONE. L'infanzia è caratterizzata dallo sviluppo dell'organismo modellato dalla *maturazione* e dall'*apprendimento*. La prima procede secondo un ritmo relativamente indipendente dall'ambiente, il secondo, strettamente dipendente dalla stimolazione ambientale, è cadenzato da "periodi critici" in cui l'organismo è più plastico e pronto ad acquisire forme di comportamento essenziali per lo sviluppo ottimale. Decisivi in questo ambito sono la *deprivazione* ambientale nel primo periodo di vita dove la carenza di stimolazioni si ripercuote nei processi di apprendimento nell'età adulta (v. PRIVAZIONE), e l'*arricchimento* ambientale che determina, oltre che una migliore capacità di apprendimento, un aumento delle dimensioni del cervello. L'accresciuta stimolazione non è comunque in grado di produrre un'accelerazione nello sviluppo prima che il bambino abbia raggiunto un adeguato grado di maturazione (v. PSICOLOGIA DELL'ETÀ EVOLUTIVA).

Ancora aperto è il problema se lo sviluppo sia *continuo* o avvenga per *stadi*. 1) A *livello cognitivo*, Jean Piaget ha distinto quattro stadi: percettivo-motorio, preoperatorio, delle operazioni concrete e delle operazioni astratte (v. COGNIZIONE, § 2). Il passaggio da uno stadio più semplice a uno più complesso avviene attraverso i meccanismi dell'assimilazione, che è l'incorporazione di un nuovo oggetto o idea in uno schema mentale già a disposizione, e dell'accomodamento che è la tendenza a produrre nuovi adattamenti in vista di nuovi eventi (v. COGNIZIONE, § 3). 2) A *livello emotivo* Sigmund Freud ha descritto lo sviluppo delle relazioni affettive nella successione delle fasi da lui denominate ORALE (v. § 2), ANALE (v. § 2), FALLICA (v.) e GENITALE (v. § 2), dove lo sviluppo libidico riorganizza ogni volta l'ordine delle relazioni affettive che hanno il loro snodo decisivo nel complesso di Edipo (v. EDIPO, COMPLESSO DI) che precede l'età della LATENZA (v.), alla cui conclusione si dischiude lo stadio della completa maturazione genitale. Ognuna di queste fasi viene normalmente superata, ma nel caso di un arresto nello sviluppo o, come dice Freud, di una FISSAZIONE (v.), alcuni dei problemi associati a una fase precedente sopravvivono oltre le scadenze normali.

Lo sviluppo della personalità del bambino è influenzato dall'allattamento e dai metodi di addestramento alle funzioni igieniche. Le concomitanti psicologiche del ricambio dell'organismo con l'ambiente a livello di nutrizione e di evacuazione hanno la stessa importanza delle funzioni stesse. Il contatto fisico con la madre determina le linee portanti dei rapporti di FIDUCIA (v.) e sfiducia; in seguito, con l'allargarsi del raggio delle relazioni significative ai genitori, al nucleo familiare, al vicinato e alla scuola, si assiste al configurarsi delle forme di autonomia, dubbio, vergogna, dello spirito di iniziativa, del senso di colpa, fino alla costituzione dell'IDENTITÀ (v. § 2) attraverso i vari e successivi processi di IDENTIFICAZIONE (v.). Qui occorre distinguere l'identificazione nel *ruolo sessuale* dove svolge una funzione essenziale l'imitazione del genitore dello stesso sesso, e l'identificazione *personale* in cui il temperamento e altri tratti caratteriali si modellano su entrambi i genitori, sui fratelli e sui coetanei. Anche altri fattori, come l'ordine di nascita o l'appartenenza a un determinato gruppo sociale, influenzano il modo dell'individuo di percepire se stesso.

Particolare attenzione va riservata a quello che Alice Miller definisce "il dramma del bambino dotato", che è l'orgoglio dei suoi genitori, semplicemente perché il bambino ha avuto la capacità di cogliere i bisogni inconsci dei genitori e di adattarvisi, reprimendo i suoi sentimenti di rabbia, indignazione, paura, invidia, che risultano inaccettabili ai "grandi". Soffocando in questo modo lo sviluppo della sua personalità autentica, che il più delle volte non coincide con quella attesa dai suoi genitori, il bambino da adulto sarà depresso o si nasconderà dietro la maschera di una grandiosità maniacale, soffrendo di un'insicurezza affettiva, quando non addirittura di un impoverimento psichico.

2. I PROCESSI DI SOCIALIZZAZIONE. La socializzazione del bambino riceve un grande impulso dall'acquisizione del linguaggio a partire dal primo anno, in cui compaiono le prime parole pronunciate che sono successive a quelle già comprese. Verso i 2 anni il bambino possiede un vocabolario composto da sostantivi, aggettivi e verbi, verso i 4 il linguaggio si arricchisce di pronomi e congiunzioni, e a 6 è un linguaggio corrente con una disponibilità di circa 700 vocaboli. Fattori che influenzano l'acquisizione del linguaggio sono il sesso (le femmine sono più precoci), il numero dei fratelli (il figlio unico impara più tardi del bambino che ha fratelli di età simile) e la classe sociale che, più è agiata, più facilita l'acquisizione dell'attività verbale.

Infine, per quanto riguarda i metodi disciplinari necessari per interiorizzare i valori sociali da acquisire, esistono tecniche orientate sull'*amore* con lodi, ricompense o privazione d'amore, come le punizioni, e tecniche orientate sull'*oggetto* con riferimento a ricompense tangibili e punizioni fisiche. I metodi punitivi, soprattutto se usati con incoerenza, sembrano poco efficaci, mentre quelli orientati sull'amore sembra favoriscano la formazione della coscienza morale.

3. I DISTURBI DELLA CRESCITA. La diagnostica distingue: 1) i *disturbi del comportamento* che possono essere dovuti a disfunzioni cerebrali organiche con conseguenze permanenti di varia entità, a reazioni transitorie a traumi ambientali, a configurazioni nevrotiche riconoscibili per la presenza di componenti fobiche o anoressiche o iperattive, accompagnate da ansia libera e irritabilità per il ristretto margine di sicurezza nelle possibilità di adattamento; 2) le *psicosi infantili* di cui l'AUTISMO (v.), la SIMBIOSI (v.) e la depressione anaclitica (v. ANACLISI, § 3) sono le più frequenti; 3) il *ritardo mentale* considerato generalmente come un'entità diagnostica a sé stante, nonostante sia di fatto un sintomo che può rinvenirsi in tipi diversi di malattia (v. RITARDO MENTALE). Per la terapia dei disturbi della crescita si ricorre alla neuropsichiatria infantile quando si suppone che il disturbo, oltre che psicologico, sia neurologico, altrimenti all'analisi infantile.

4. NEUROPSICHIATRIA INFANTILE. Questa disciplina si occupa della fisiologia e della patologia dell'apparato neuropsichico del bambino. È una specialità che da anni va acquistando una sua autonomia rispetto alle scienze neurologiche e psichiatriche per due ragioni: 1) perché i quadri e le situazioni cliniche nel bambino sono fluttuanti e variabili in funzione del suo *sviluppo*, per cui i deficit eventualmente riscontrabili sono da mettere in relazione non solo con la normalità, ma anche con le dinamiche della crescita e della loro possibile evoluzione a questa connessa; 2) perché il dialogo medico-paziente si svolge comunque attraverso i genitori. Disciplina pluridimensionale, la neuropsichiatria infantile attinge dalla neurologia la semiotica di base sia clinica sia strumentale, dalla psichiatria l'impostazione diagnostica e terapeutica, e dalla pediatria le conoscenze di patologia prenatale e perinatale, nonché le acquisizioni circa le malattie psicosomatiche, endocrinologiche, dismetaboliche e infettive.

A livello clinico la neuropsichiatria infantile si occupa delle *patologie dello sviluppo del sistema nervoso del neonato* come la patologia neurologica dell'immaturo, la patologia dismetabolica, la patologia malformativa; della *neurologia pediatrica* che va dalle epilessie alle encefalopatie, ai tumori cerebrali; dello *sviluppo affettivo* con le sue turbe che sono alla base delle nevrosi e delle psicosi infantili, delle depressioni e dell'autismo infantile; dello sviluppo delle *funzioni neuropsicologiche* legate soprattutto alla psicomotricità e al linguaggio, oltre alle *problematiche neuropsicopedagogiche* legate al disadattamento scolastico.

Oltre che alla particolarità dei disturbi psichici dell'età infantile, la neuropsichiatria infantile deve la sua autonomia ai suoi speciali metodi diagnostici e terapeutici messi a punto nel corso di vari decenni. Nella *diagnosi*, nel caso di bambini, è determinante, ancor più che nell'adulto, un'accurata indagine dell'ambiente per stabilire l'importanza dei genitori, il tipo di educazione ricevuta, il rapporto con fratelli, sorelle e altri familiari, la situazione scolastica e i problemi di adattamento. Fa parte inoltre della diagnostica neuropsichiatrica infantile l'accertamento di particolarità costituzionali e lo stato di sviluppo, perché si possa decidere quanto è patologico e quanto fisiologico. Inoltre, quanto minore è l'età del bambino, tanto più passa in seconda linea il dialogo esplorativo, mentre acquista rilevanza il GIOCO (v. § 5), spontaneo o guidato, che, nel caso del bambino, assume l'importanza che nell'adulto ha, per esempio, il sogno. Al gioco si aggiungono il DISEGNO (v.) come possibilità di espressione e di libertà, e la narrazione di favole (v. FIABA) per l'osservazione dei processi associativi, appercettivi ed emotivi.

Come la diagnostica, così anche la *psicoterapia* si avvale del gioco in tutte le sue forme, che vanno dal disegno all'esecuzione di piccoli lavori manuali, a rappresentazioni sceniche, e dell'esercizio che tende a sviluppare certe insufficienze funzionali e ad armonizzarle reciprocamente, come nella terapia della dislessia (v. ALESSIA, § 2) o nel trattamento psicomotorio in bambini le cui prestazioni appaiono insufficienti o disturbate. La terapia neuropsichiatrica infantile, infine, non investe solo il bambino, ma coinvolge tutti coloro che hanno un'influenza determinante come genitori ed educatori per dirimere situazioni conflittuali o scorrettezza di interventi.

5. ANALISI INFANTILE. Trattamento psicoanalitico del bambino che differisce da quello dell'adulto: *a*) a *livello tecnico* dove il metodo della libera associazione che caratterizza l'ANALISI (v. § 2, *b*) dell'adulto è sostituito dal gioco, dal disegno, dalla narrazione di fiabe che forniscono all'analista preziosi indizi sulle fantasie inconsce del bambino e sui tratti della sua vita interiore; *b*) a *livello teorico* perché i genitori e i sostituti dei genitori sono per il bambino figure "attuali" dalle quali egli dipende necessariamente per fattori biologici e sociali, per cui tale dipendenza non può essere letta come sintomo nevrotico; inoltre il rapporto fra analista e bambino è il frutto di una decisione dei genitori e quindi estranea al bambino-paziente. I contributi più significativi in questo campo sono stati forniti da Anna Freud e da Melanie Klein. Quest'ultima ha centrato la sua ricerca sul concetto di "fantasma" che risulta dalla proiezione sugli oggetti di aspetti gratificanti (oggetto buono) o distruttivi (oggetto cattivo), in base allo schema teorico delle posizioni "depressiva" e "schizoparanoide" attraversate dal bambino (v. KLEINIANA, TEORIA). Per quanto riguarda il rapporto madre-figlio, importanti sono gli studi di Michael Balint relativi alla fiducia di base (v. FIDUCIA) e di Donald Woods Winnicott relativi alle deprivazioni che subiscono i bambini quando crescono in contesti che non consentono un rapporto positivo con le loro madri, per cui maturano in età giovanile una condotta antisociale.

Bibliografia

Abraham K., *Sessualità infantile e teoria della libido* (1907-1925), in *Opere*, Bollati Boringhieri, Torino 1975, vol. I.

Ammaniti M. (a cura di), *Manuale di psicopatologia dell'infanzia*, Raffaello Cortina, Milano 2001.

Ariès Ph., *Infanzia*, in AA.VV., *Enciclopedia*, Einaudi, Torino 1979, vol. VII, pp. 431-442.

Balint M., *L'amore primario* (1952), Raffaello Cortina, Milano 1991.

Bazzoni D., *Il diritto all'infanzia*, in M. Flores (a cura di), *Diritti umani. Cultura dei diritti e dignità della persona nell'epoca della globalizzazione*, Utet, Torino 2007, *Atlante*, vol. I: *I soggetti e i temi*, pp. 497-541.

Berna J., *Bambini dall'analista* (1975), Bollati Boringhieri, Torino 1977.

Berti A. E., Bombi A. S., *Psicologia del bambino*, il Mulino, Bologna 1985.

Bettelheim B., *Un genitore quasi perfetto* (1987), Feltrinelli, Milano 1987.

Bonaminio V., Iaccarino B. (a cura di), *L'osservazione diretta del bambino*, Bollati Boringhieri, Torino 1984.

Caffo E. (a cura di), *L'ascolto del bambino. Nuove prospettive di intervento sull'infanzia in difficoltà*, Guerini & Associati, Milano 1994.

Calcagno G., *Diritti del fanciullo*, in M. Flores (a cura di), *Diritti umani*, cit., vol. I, pp. 349-356.

Camaioni L., *La prima infanzia. Lo sviluppo psicologico nei primi tre anni di vita*, il Mulino, Bologna 1996.

–, *L'infanzia*, il Mulino, Bologna 1997.

Camaioni L., Aureli T., Perucchini P., *Osservare e valutare il comportamento infantile*, il Mulino, Bologna 2004.

Cancrini L., *La cura delle infanzie infelici. Viaggio nell'origine dell'oceano borderline*, Raffaello Cortina, Milano 2012.

–, *Ascoltare i bambini. Psicopatologia delle infanzie negate*, Raffaello Cortina, Milano 2017.

Chess S., *Psichiatria nei primi tre anni di vita*, in S. Arieti (a cura di), *Manuale di psichiatria* (1959-1966), Bollati Boringhieri, Torino 1969-1970, vol. II, pp. 787-799.

Claparède É., *Psicologia del fanciullo e pedagogia sperimentale. Lo sviluppo mentale* (1909), Editrice Universitaria, Firenze 1964.

Condini A., Battistella P. A., *Lineamenti di neuropsichiatria infantile*, Idelson, Napoli 1995.

Cramer J. B., *Le nevrosi infantili*, in S. Arieti (a cura di), *Manuale di psichiatria*, cit., vol. II, pp. 800-820.

Crepet P., *Non siamo capaci di ascoltarli. Riflessioni sull'infanzia e l'adolescenza*, Einaudi, Torino 2001.

De Benedetti Gaddini R., *La psicoanalisi infantile*, in A. A. Semi (a cura di), *Trattato di psicoanalisi*, vol. II: *Clinica*, Raffaello Cortina, Milano 1988-1989, pp. 755-826.

Despinoy M., *Psicopatologia del bambino e del fanciullo* (1999), Einaudi, Torino 2001.

Di Blasio P., *Psicologia del maltrattamento infantile*, il Mulino, Bologna 2000.

Di Palma S. V., *Infanzia*, in M. Flores (a cura di), *Diritti umani*, cit., vol. II, pp. 761-769.

Dunn J., *Affetti profondi. Bambini, genitori, fratelli, amici* (1993), il Mulino, Bologna 1998.

Emiliani F., Carugati F., *Il mondo sociale dei bambini*, il Mulino, Bologna 1985.

Erikson E. H., *Infanzia e società* (1950), Armando, Roma 1968.

Ferro A., *La tecnica nella psicoanalisi infantile. Il bambino e l'analista: dalla relazione al campo emotivo*, Raffaello Cortina, Milano 1992.

Flanagan C., *La socializzazione infantile* (1999), il Mulino, Bologna 2002.

Flapan D., Neubauer P. B., *La valutazione dello sviluppo nella prima infanzia* (1978), Bollati Boringhieri, Torino 1981.

Freud A., *Normalità e patologia nell'età infantile* (1965), in *Opere* (1978-1979), Bollati Boringhieri, Torino, vol. III.

–, *L'analisi infantile come sottospecialità della psicoanalisi* (1970), in *Opere*, cit., vol. III.

Freud A. *et al.*, *L'aiuto al bambino malato* (1977), Bollati Boringhieri, Torino 1987.

Freud S., *Tre saggi sulla teoria sessuale* (1905), in *Opere* (1967-1993), Bollati Boringhieri, Torino, vol. IV.

Golse B., *L'essere-bebè* (2006), Raffaello Cortina, Milano 2008.

Guidetti V. (a cura di), *Fondamenti di neuropsichiatria dell'infanzia e dell'adolescenza*, il Mulino, Bologna 2005.

Guidetti V., Galli F. (a cura di), *Neuropsichiatria dell'infanzia e dell'adolescenza*, il Mulino, Bologna 2006.

Kagan J., *La natura del bambino. Psicologia e biologia dello sviluppo infantile* (1984), Einaudi, Torino 1988.

Kaye K., *La vita mentale e sociale del bambino* (1982), Il Pensiero Scientifico, Roma 1989.

Klein M., *La psicoanalisi dei bambini* (1932), Martinelli, Firenze 1969.

Lebovici S., Soulé M., *La conoscenza del bambino e la psicoanalisi* (1970), Feltrinelli, Milano 1972.

Lebovici S., Weil-Halpern F. (a cura di), *Psicopatologia della prima infanzia* (1989), Bollati Boringhieri, Torino 1994.

Levorato M. C., *Lo sviluppo psicologico. Dal neonato all'adolescente*, Einaudi, Torino 2002.

Lis A., *Il bambino, l'adolescente e lo psicologo clinico. Consultazioni e psicoterapia*, Bollati Boringhieri, Torino 1993.

Lis A., Di Riso D., Mazzeschi C., Chessa D., *La valutazione dell'adattamento psicologico del bambino. I self-report*, Raffaello Cortina, Milano 2013.

Lussana P., *La psicoanalisi infantile su base kleiniana*, in A. A. Semi (a cura di), *Trattato di psicoanalisi*, vol. II: *Clinica*, cit., pp. 827-872.

Lyard D., *Il bambino in analisi. Psicoterapia junghiana dell'infanzia* (1995), Vivarium, Milano 1999.

Mahler M. S., *Le psicosi infantili* (1968), Bollati Boringhieri, Torino 1972.

Mahler M. S., Furer M., Settlage C. F., *Disturbi affettivi gravi nel bambino. Le psicosi*, in S. Arieti (a cura di), *Manuale di psichiatria*, cit., vol. II, pp. 821-845.

Mahler M. S., Pine F., Bergman A., *La nascita psicologica del bambino. Simbiosi e individuazione* (1975), Bollati Boringhieri, Torino 1978.

Maldonando-Durán J. M. (a cura di), *Infanzia e salute mentale* (2002), Raffaello Cortina, Milano 2005.

Marks Mishne J., *Il lavoro clinico con i bambini* (1983), Martinelli, Firenże 1985.

Marzocchi G. M., *Bambini disattenti e iperattivi*, il Mulino, Bologna 2003.

Mazet Ph., Stoleru S., *Psicopatologia del neonato e della prima infanzia* (1989), Masson, Milano 1991.

Meili R., *Prime fasi nello sviluppo del carattere* (1957), Giunti Barbera, Firenze 1968.

Merleau-Ponty M., *Il bambino e gli altri* (1964, edito postumo), Armando, Roma 1968.

Miller A., *Il dramma del bambino dotato e la ricerca del vero Sé* (1985), Bollati Boringhieri, Torino 2007.

–, *Il bambino inascoltato. Realtà infantile e dogma psicoanalitico* (1989), Bollati Boringhieri, Torino 2010.

Mormando F., *I bambini ad altissimo potenziale intellettivo*, Erickson, Trento 2011.

Neumann E., *La personalità nascente del bambino. Struttura e dinamiche* (1980, edito postumo), Red Edizioni, Como 1991.

Palacio Espasa F., *Psicoterapia con i bambini* (1993), Raffaello Cortina, Milano 1995.

Pavan L. (a cura di), *Problematiche relazionali e disturbi mentali nell'infanzia. Divorzio, adozione e affido*, in G. B. Cassano, P. Pancheri *et al.* (a cura di), *Trattato italiano di psichiatria* (1992), Masson, Milano 1999, vol. III, pp. 3025-3046.

Pennisi Pelizzola L. (a cura di), *Il bambino nei primi tre anni. Esperienze a confronto*, Il Pensiero Scientifico, Roma 1995.

Piaget J., *Il linguaggio e il pensiero nel fanciullo* (1923), Editrice Universitaria, Firenze 1955.

–, *La rappresentazione del mondo nel fanciullo* (1926), Bollati Boringhieri, Torino 1966.

–, *Psicopedagogia e mentalità infantile* (1928), Le Monnier, Firenze 1970.

–, *La nascita dell'intelligenza nel bambino* (1936), La Nuova Italia, Firenze 1977.

–, *Lo sviluppo mentale del bambino e altri studi di psicologia* (1964), Einaudi, Torino 1967.

Piaget J., Inhelder B., *La psicologia del bambino* (1966), Einaudi, Torino 1970.

Pontecorvo M. (a cura di), *Esperienze di psicoterapia infantile. Il modello Tavistock*, Martinelli, Firenze 1986.

Rocca P., Fonzo V., *Disturbi dell'umore nell'infanzia*, in G. B. Cassano, P. Pancheri *et al.* (a cura di), *Trattato italiano di psichiatria*, cit., vol. II, pp. 2935-2954.

Rustin M., Rhode M., Dubinsky A., Dubinsky H. (a cura di), *Stati psicotici nei bambini* (1997), Tavistock Studi Clinici (TSC), Bruno Mondadori, Milano 1999.

Smirnoff V., *La psicoanalisi infantile* (1974), Armando, Roma 1995.

Spagnuolo Lobb M., Levi N., Williams A., *Gestalt therapy with children. From epistemology to clinical practice*, Istituto Gestalt, Gestalt Therapy Book Series, Siracusa 2016.

Spitz R. Á., *Il primo anno di vita del bambino* (1958), Editrice Universitaria, Firenze 1962.

Stern D. N., *Il mondo interpersonale del bambino* (1985), Bollati Boringhieri, Torino 1987.
Vio C., Marzocchi G. M., Offredi F., *Il bambino con deficit di attenzione/iperattività. Diagnosi psicologica e formazione dei genitori*, Erickson, Trento 1999.
Winnicott D. W., *Il bambino deprivato* (1984, edito postumo), Raffaello Cortina, Milano 1986.
–, *I bambini e le loro madri* (1987, edito postumo), Raffaello Cortina, Milano 1987.

Psicologia del linguaggio, v. LINGUAGGIO.

Psicologia dell'invecchiamento (ingl. *Aging psychology*; ted. *Alternspsychologie*; fr. *Psychologie du vieillissement*; sp. *Psicología del envejecimiento*). Settore di ricerca in cui convergono diverse discipline che studiano il fenomeno dell'invecchiamento, i vari processi ad esso connessi e le forme di intervento. Questo campo di indagine si è sviluppato in seguito al progressivo aumento della vita media con conseguente necessità di realizzare forme di previdenza per gli anziani. A questo scopo concorrono le ricerche neurologiche, psicosociali e psichiatriche e ultimamente anche genetiche.

1. LE RICERCHE NEUROLOGICHE. Indagano: *a*) in che misura la progressiva perdita di neuroni che si constata con l'avanzare dell'età possa essere compensata da nuove dendriti che formano nuove connessioni, le quali costituiscono la base biologica dell'immagazzinamento di informazioni nel sistema nervoso centrale; *b*) il grado in cui un danno locale può avere effetti globali sulle funzioni corticali con conseguenze sulle abilità cognitive, gli archivi di memoria, l'apprendimento e la plasticità del sostrato neurofisiologico da cui dipendono i processi cognitivi; *c*) constatato che la perdita di neuroni si verifica lungo il corso di tutta la vita, per cui all'età di 75 anni circa anche le persone sane possono aver perso fino al 10% della loro massa cerebrale, e constatato che l'emisfero cerebrale destro invecchia più velocemente del sinistro, per cui la percezione accurata e la memoria di figure possono declinare più rapidamente del ragionamento logico o dell'abilità linguistica, si è stabilito un criterio per misurare l'invecchiamento cerebrale facendo riferimento alla velocità e all'accuratezza nell'elaborazione dell'informazione che influenza tutte le funzioni mentali.

2. LE RICERCHE PSICOSOCIALI. Si orientano in tre direzioni: la senilità *psicofisica* con tutto il corredo di modificazioni dell'aspetto e le relative ripercussioni psicologiche, la senilità *sociale* decisa dalla comunità con la cessazione dell'attività lavorativa, e infine la senilità *psichica* determinata dal profilo caratteriale e dalla condizione di solitudine che accentuano i tratti depressivi. I risultati di queste tre fonti di informazione, come riferiscono Alessandro Maderna, Doralice Ianni e Patrizia Membrino, dicono che nel breve volgere di pochi anni l'adulto si trova ad affrontare una fase di trasformazione molto rapida a cui spesso è impreparato. Tra i fattori più significativi menzioniamo la condizione di pensionato che elide quella rete di rapporti sociali in cui il soggetto aveva sviluppato la parte centrale della sua vita, la diminuzione del reddito, lo sfaldarsi del gruppo socio-affettivo, in cui aveva costruito i legami più intimi, per l'allontanarsi dei figli, la perdita di congiunti e di amici, il dischiudersi di un tempo libero senza una rete di riferimento che aveva prima riempito il tempo occupato. In questo contesto, scrive Maderna, «si apre lo spazio della solitudine, una solitudine che in realtà è sempre esistita, ma che era stata mascherata da un'ampia gamma di modalità centrate nell'ordine del "fare", a detrimento di altre nell'ordine del "sentire". E per il soggetto "promosso" anziano, al quale vengono a mancare in rapida sequenza i luoghi e i modi del "fare", la disabitudine a "sentire", a svolgere, cioè, una gamma di operazioni centrate sulla convivenza con la propria interiorità, comporta uno sbandamento al quale molti non riescono ad adattarsi» (1987, p. 536).

La depressione che investe l'anziano differisce dalla depressione dell'adulto perché nell'anziano viene a mancare quella progettualità che nell'adulto ha ancora delle basi di realtà, e perché la figura della morte non ha più i caratteri fantasmatici della possibilità, ma quelli ineludibili della vicinanza e della ineluttabilità. A ciò si aggiunga che nella cultura occidentale i valori dell'esteriorità, della salute e della vita, accompagnati dall'esorcismo della morte, educano a una fuga costante da quelle dimensioni dell'esistenza, quali la riflessione, l'emozione, il silenzio e l'attesa, che si aprono dopo decenni a soggetti abituati a considerarli valori secondari. La reazione senile a questo stato può essere quella della prevaricazione o quella della rassegnazione. Il primo spazio è sempre meno praticabile per il progressivo frantumarsi della famiglia in nuclei ridotti e non più sovrapposti, il secondo porta all'attesa della morte o alla ricerca di un rifugio in fantasie, talvolta deliranti, che concedono di vivere in una rappresentazione traslata.

A differenza di quanto accadeva nelle società elementari dove la figura del vecchio era un'espressione simbolica fondamentale per il gruppo, oggi, come scrive Max Weber, «essendo la vita del singolo individuo civilizzato inserita in un progresso all'infinito, per il suo stesso significato immanente non può avere alcun termine. C'è infatti sempre un ulteriore progresso da compiere per chi c'è dentro, per cui nessuno muore per essere giunto al culmine, che è situato all'infinito. Abramo, o un qualsiasi contadino dei tempi antichi, moriva "vecchio e sazio della vita" perché la sua vita, anche per il suo significato, alla sera della sua giornata, gli aveva portato ciò che poteva offrirgli, perché non rimanevano per lui enigmi da risolvere ed egli poteva perciò averne "abbastanza". Ma un uomo incivilito, il quale partecipa dell'arricchimento della civiltà in idee, conoscenze, problemi, può divenire "stanco della vita" ma non sazio. Di ciò che la vita dello spirito sempre nuovamente produce egli coglie soltanto la minima parte, e sempre qualcosa di transeunte e mai definitivo: quindi la morte è per lui un accadimento assurdo. Ed essendo la morte priva di senso, lo è anche la vita civile come tale, in quanto, appunto con la sua assurda "progressività", fa della morte un assurdo» (1919, pp. 20-21).

3. Le ricerche psichiatriche. Si occupano dei disturbi psichici nelle persone anziane le cui forme patologiche, differenziandosi da quelle degli adulti, consentono a queste ricerche di costituirsi in forma autonoma sotto la denominazione di *psichiatria geriatrica* o *psicogeriatria*. Fra gli anziani, infatti, risultano più frequenti le cause organiche dei disturbi psichici soprattutto nelle forme di Demenza (v.); in secondo luogo la senilità conferisce un particolare carattere alle sindromi psichiatriche osservabili negli adulti per cui si parla, per esempio, di schizofrenia o depressione senile; infine si riscontrano spesso sindromi psicoreattive alla specifica esperienza senile che richiedono, oltre ai normali trattamenti psichiatrici, anche interventi di tipo sociale.

Le caratteristiche più comuni della vecchiaia riconosciute dalle ricerche psicologiche e psichiatriche sono: *a*) la riduzione della *memoria a breve termine* mediante cui si riesce a immagazzinare le informazioni molto rapidamente e a richiamarle entro pochi secondi (v. Memoria, § 3); *b*) l'allungamento del *tempo di reazione* che è il tempo impiegato dal cervello per riconoscere la presenza di uno stimolo, selezionare la risposta da mettere in atto e coordinare i muscoli per un movimento adeguato; *c*) la tendenza all'*irrigidimento* con conseguente difficoltà a tradurre una serie di istruzioni verbali in azioni, a comprendere nuove informazioni, a disimparare vecchie abitudini; *d*) il declino dell'*intelligenza* che non sembra però imputabile tanto alla vecchiaia quanto alla mancanza d'esercizio. Studi recenti hanno addirittura dimostrato che, nonostante il declino della memoria a breve termine e l'allungamento del tempo di reazione, il quoziente di intelligenza non subisce un declino corrispondente, anzi taluni aspetti del comportamento intelligente, in alcuni casi, migliorano con la vecchiaia.

4. Le ricerche genetiche. Indagano se l'invecchiamento costituisca un fenomeno secondario alle condizioni di vita in cui versano gli individui o sia invece programmato geneticamente, come vuole per esempio l'ipotesi di Leslie Orgel, secondo cui l'invecchiamento dipenderebbe da una serie di errori di trascrizione delle informazioni genetiche presenti nel DNA. Non si esclude naturalmente l'ipotesi di un'interazione tra influenze genetiche e condizioni vitali dove sono comprese sia le condizioni di fatto in cui una vita è trascorsa, sia le disposizioni psicologiche con cui una vita è stata affrontata.

Bibliografia

AA.VV., *Psichiatria geriatrica*, Masson, Milano 1981.
Augé M., *Il tempo senza età. La vecchiaia non esiste* (2014), Raffaello Cortina, Milano 2014.
Barucci M., *Trattato di psicogeriatria*, Uses, Firenze 1990.
–, *Umore e invecchiamento*, Idelson, Napoli 1995.
Beck W. S., *Invecchiamento*, in AA.VV., *Enciclopedia*, Einaudi, Torino 1979, vol. VII, pp. 950-964.
Burgalassi S., *L'età inutile. Considerazioni sociologiche sull'emarginazione anziana*, Giardini, Pisa 1975.
Butturini U., Passeri M., *Fondamenti di gerontologia e di geriatria*, Oppici, Parma 1972.
Cesa-Bianchi M. (a cura di), *Psicologia della senescenza*, Franco Angeli, Milano 1978.
Dal Sasso F., Pigatto A., *L'anziano e la sua memoria*, Bollati Boringhieri, Torino 2001.
De Beni R. (a cura di), *Psicologia dell'invecchiamento*, il Mulino, Bologna 2009.
Debray R., *Fare a meno dei vecchi. Una proposta indecente* (2004), Marsilio, Venezia 2005.
De Leo D., Magni G., *Disturbi affettivi nella terza età*, Masson, Milano 1997.
Galeno, Bacone R., Cardano G., *De senectute*, Utet, Torino 2004.
Gramiccia R., *La strage degli innocenti. Terza età: anatomia di un omicidio sociale*, Ediesse, Roma 2013.
Kenney R. A., *Fisiologia dell'invecchiamento* (1989), Il Pensiero Scientifico, Roma 1991.
Laicardi C., *Psicologia e qualità della vita della vecchiaia*, Il Pensiero Scientifico, Roma 1987.
Laicardi C., Pezzuti L., *Psicologia dell'invecchiamento e della longevità*, il Mulino, Bologna 2000.
Laicardi C., Piperno A., *La qualità della vita nella terza età*, Borla, Roma 1980.
Lehr U., *Psicologia degli anziani* (1976), SEI, Torino 1979.
Maderna A., Ianni D., Membrino P., *Gli anziani*, in S. Marsicano (a cura di), *Comunicazione e disagio sociale*, Franco Angeli, Milano 1987.
Marshall M., *Il lavoro sociale con l'anziano* (1983), Erickson, Trento 1990.
Moser F., Pezzati R., Luban-Plozza B., *Identità e narrazione nell'anziano*, Bollati Boringhieri, Torino 2003.
Olievenstein C., *La scoperta della vecchiaia* (1999), Einaudi, Torino 1999.
Oliverio A., *Maturità e vecchiaia*, Feltrinelli, Milano 1977.
Orgel L., *The origins of life. Molecules and natural selection*, Wiley & Sons, New York 1973.
–, *The origins of life on the earth*, in "Scientific American", 1994, pp. 77-83.

Pinto Minerva F., *Educazione e senescenza. Introduzione al problema della formazione alla terza età*, Bulzoni, Roma 1974.
Ploton L., *La persona anziana. L'intervento medico e psicologico – I problemi delle demenze* (2001), Raffaello Cortina, Milano 2003.
Poderico C., *L'anziano. Nuove prospettive in psicologia*, Liviana Medicina, Napoli 1993.
Ratti M. T., Amoretti G., *Le funzioni cognitive nella terza età*, La Nuova Italia Scientifica, Roma 1991.
Ravizza L. (a cura di), *Disturbi dell'invecchiamento*, in G. B. Cassano, P. Pancheri *et al.* (a cura di), *Trattato italiano di psichiatria* (1992), Masson, Milano 1999, vol. II, pp. 2595-2644.
Rockstein M., Sussman M., *Biology of aging*, Wadsworth, Belmont, California, 1979.
Salthouse T., *A cognitive theory of aging*, Springer, Berlin 1986.
Samuel D., Algeri S., Gershon S., Grimm V. E., Toffano G. (a cura di), *Aging of the brain*, Raven Press, New York 1983.
Scaparro F., *Storie del mese azzurro. La vecchiaia narrata ai giovani*, Rizzoli, Milano 1998.
Scortegagna R., *Invecchiare*, il Mulino, Bologna 1999.
Sgalambro M., *Trattato dell'età*, Adelphi, Milano 1999.
Spagnoli A., *"...e divento sempre più vecchio". Jung, Freud, la psicologia del profondo e l'invecchiamento*, Bollati Boringhieri, Torino 1994.
Tatarelli R., Granata Q., Girardi P., *Manuale di riabilitazione fisica e psichica dell'anziano*, Il Pensiero Scientifico, Roma 1995.
Tramma S., *Inventare la vecchiaia*, Meltemi, Roma 2000.
Vergani C., Grassi M., *La nuova longevità. Le scoperte della medicina per prolungare e migliorare la nostra vita*, Mondadori, Milano 1997.
–, *Note pratiche di diagnosi e terapia per l'anziano*, Elsevier Masson, Milano 2008.
Vergani C., Schiavi G., *Ancora giovani per essere vecchi*, Edizioni Corriere della Sera, Milano 2014.
Viney L. L., *Storie di vita nel lavoro con l'anziano* (1994), Erickson, Trento 2001.
Weber M., *Il lavoro intellettuale come professione* (1919), Einaudi, Torino 1971.
Westendorp R., *Come invecchiare senza diventare vecchi. La scienza della longevità felice* (2014), Ponte alle Grazie, Milano 2014.
Zeller A., *Alla prova della vecchiaia* (2003), Servitium, Sotto il Monte 2005.

Psicologia dell'Io (ingl. *Ego psychology*; ted. *Ich-psychologie*; fr. *Psychologie du moi*; sp. *Psicologia del yo*). Indirizzo psicoanalitico che integra il modello intrapsichico di Sigmund Freud, fondato sull'economia delle pulsioni e delle fantasie inconsce, con il modello culturalista e interpsichico che privilegia il mondo esterno e i relativi problemi di adattamento a partire dalla biologia evoluzionistica di Charles Darwin.

1. I MECCANISMI DI DIFESA DELL'IO. Lo spostamento dell'asse psicoanalitico dai conflitti Es-Io-Super-io alle relazioni con il mondo esterno era già stato avviato da Anna Freud, per la quale «l'accresciuta attenzione prestata all'Io durante il processo terapeutico pose fine al periodo in cui l'analisi veniva considerata esclusivamente come psicologia del profondo, e l'analisi diventa "analisi della personalità totale" nel vero senso del termine» (1936, p. 1055). Con l'opera *L'Io e i meccanismi di difesa*, Anna Freud assume l'Io come oggetto e strumento di indagine ipotizzandolo come quella struttura psichica che tende a organizzare e a rendere permanenti e funzionali le difese, opponendosi alla destrutturazione degli argini che ha interposto alle richieste pulsionali nonché all'eliminazione del sintomo che, come FORMAZIONE DI COMPROMESSO (v.), è vissuto in modo egosintonico (v. EGOSINTONICO – EGODISTONICO). I meccanismi di difesa (v. DIFESA, § 2) sono messi in moto contro tre tipi di angoscia che colpiscono l'Io di fronte alla morale, alla realtà e alle pulsioni. Il più delle volte il conflitto è endopsichico e deriva da un eccesso di angoscia indotta dal Super-io contro il quale l'Io si difende, inibendo i rappresentanti pulsionali e gli affetti ad essi connessi.

2. L'AUTONOMIA PRIMARIA DELL'IO. Da queste premesse prese le mosse Heinz Hartmann, per il quale la funzione dell'Io è quella di creare un equilibrio tra organismo e ambiente, dove il primo termine è descritto a partire dal funzionamento degli apparati biologici e il secondo con gli strumenti delle scienze sociali. L'ambiente, inoltre, che per Anna Freud era in contrasto con l'economia libidica, viene qui ridisegnato come *habitat* naturale, a cui l'Io si adatta per progressive modificazioni che coincidono con le fasi della sua stessa strutturazione, resa possibile anche dal fatto che, per Hartmann, esistono nello psichico "zone libere da conflitti" in cui i processi razionali avvengono senza l'interferenza dei moti pulsionali. Ciò garantisce l'*autonomia primaria dell'Io*, nel cui ambito maturano la protezione dallo stimolo, la motilità, la percezione e la memoria che consentono quelle modificazioni verso l'interno (*autoplastiche*) e verso l'esterno (*alloplastiche*) attraverso cui l'Io riduce le tensioni che gli si presentano. In questa prospettiva il principio di piacere (v. PIACERE, § 1) cede il suo primato al principio di realtà (v. REALTÀ, § 3), che consente all'Io di valutare le esigenze del mondo esterno e di fornire risposte adeguate. Ma per questo, secondo Hartmann, i rapporti con la realtà devono essere dinamici e di continuo modificati per poter mantenere con essa un giusto equilibrio, perché non è possibile considerare adattivo un rapporto con la realtà solo quando, come pensava Anna Freud, la si incontra con dolore in quanto confligge con il principio di piacere. In questo modo Hartmann sposta l'attenzione sulla parte sana dell'Io, senza peraltro trascurare quella patologica che era al centro dell'impostazione psicoanalitica di Anna Freud. L'orientamento

teorico di Hartmann consente di innestare nel modello psicoanalitico freudiano il modello genetico-cognitivista di Jean Piaget (v. COGNIZIONE, § 2) e di ricollocare al centro dell'indagine psicologica e delle dinamiche del soggetto la coscienza dell'Io (v. IO, § 2).

Il pensiero di Hartmann sarà ripreso da David Rapaport che coniuga psicoanalisi e teoria generale dei sistemi (v. PSICOLOGIA SISTEMICA, § 1) allo scopo di elaborare schemi comuni alle discipline della natura e dell'uomo, e soprattutto da Ernst Kris che, dopo aver elaborato con Hartmann e Rudolph M. Loewenstein il quadro concettuale complessivo della psicologia dell'Io, ha declinato l'analisi psicologica in termini *previsionali*, esaminando le possibilità autocurative insite in ogni soggetto e in particolare in ogni processo di maturazione, aprendosi così ai modelli delle scienze sperimentali e statistiche che fanno della previsione lo scopo delle loro ricerche. La rivendicazione di una certa autonomia dell'Io dall'inconscio ha consentito a Kris di riformulare il concetto di SUBLIMAZIONE (v.) e di autonomizzare in parte i prodotti culturali dalle matrici pulsionali, con conseguente possibilità di analizzare il prodotto artistico indipendentemente dalla biografia del suo autore (v. PSICOLOGIA DELL'ARTE, § 2, *c*).

3. LA COSTRUZIONE DELL'IDENTITÀ EGOICA. Alla psicologia dell'Io si riconnette anche Erik Homburger Erikson che assegna all'Io il compito di sintetizzare le diverse parti del mondo interno fra loro e con la realtà esterna, spostando la centralità della psiche dal mondo delle pulsioni e dello sviluppo sessuale alla costruzione dell'*identità* che si raggiunge con il compimento dell'evoluzione diacronica delle diverse parti della personalità, considerate in stretta relazione con le richieste sociali, perché, scrive Erikson, «crescere significa essere divisi in parti diverse che si muovono a velocità differente» (1950, p. 197), dove l'identità è avvertita come continuità storica dell'Io che resiste ai cambiamenti. L'Io è la sfera in cui confluiscono le esperienze fisiologiche, psicologiche e sociali, perché «l'uomo è contemporaneamente in ogni suo momento un organismo, un io e un membro della società, ed è sempre coinvolto in tutti e tre questi processi di organizzazione: il suo corpo è esposto al dolore e alla tensione, il suo Io all'angoscia e, in quanto membro di una società, egli è sensibile al panico che può invadere il suo gruppo» (ivi, p. 106). Ne risulta uno schema evolutivo che non ripercorre le fasi freudiane dello sviluppo psicosessuale, ma tappe scandite dal fattore psicosociale, che vanno dalla contrapposizione iniziale organizzata sui rapporti di fiducia-sfiducia alla meta finale caratterizzata dall'integrità personale contrapposta all'isolamento (v. VITA, § 1, *b*).

Bibliografia

Blanck G., Blanck R., *Teoria e pratica della psicologia dell'Io* (1974), Bollati Boringhieri, Torino 1978.

Drews S., Brecht K., *Psicologia psicoanalitica dell'Io. Fondamenti e sviluppo* (1976), Bollati Boringhieri, Torino 1979.

Erikson E. H., *Infanzia e società* (1950), Armando, Roma 1968.

–, *Identity and the life cycle*, in "Psychological Issues Monographs", International University Press, New York 1959.

Federn P., *Psicosi e psicologia dell'Io* (1952), Bollati Boringhieri, Torino 1976.

Freud A., *L'Io e i meccanismi di difesa* (1936), in *Opere* (1978-1979), Bollati Boringhieri, Torino, vol. I.

Hartmann H., *Fondamenti della psicoanalisi* (1927), Feltrinelli, Milano 1981.

–, *Psicologia dell'Io e problema dell'adattamento* (1939), Bollati Boringhieri, Torino 1966.

–, *Saggi sulla psicologia dell'Io* (1947), Bollati Boringhieri, Torino 1976.

Hartmann H., Kris E., Loewenstein R. M., *Scritti di psicologia psicoanalitica* (1946), Bollati Boringhieri, Torino 1978.

Kris E., *Ricerche psicoanalitiche sull'arte* (1952), Einaudi, Torino 1967.

Rapaport D., *Affettività e pensiero nella teoria psicoanalitica* (1942), Franco Angeli, Milano 1972.

–, *Struttura della teoria psicoanalitica* (1960), Bollati Boringhieri, Torino 1969.

–, *Il modello concettuale della psicoanalisi. Scritti 1942-1960* (1967), Feltrinelli, Milano 1977.

Rapaport D., Gill M. M., Schafer R., *Reattivi psicodiagnostici* (1945-1946), Bollati Boringhieri, Torino 1975.

Psicologia dello sport (ingl. *Psychology of sport*; ted. *Sportpsychologie*; fr. *Psychologie du sport*; sp. *Psicología del deporte*). Settore della PSICOLOGIA APPLICATA (v.) che studia il comportamento umano prima, durante e dopo l'attività sportiva, in relazione alla personalità, alla motivazione, ai tassi d'ansia e di aggressività, alle dinamiche di gruppo nelle prove collettive, perché l'atleta sperimenta situazioni psichiche estreme e corrispondenti a sensazioni impulsive che non è dato verificare nelle normali attività. Oltre alle indagini di neuropsicologia, che si avvalgono di tecniche psicofisiche come la registrazione elettrofisiologica, e alle indagini comportamentali, come il controllo dei tempi di reazione, la psicologia dello sport ha messo a punto un test per la misurazione dell'ansia denominato SCAT (*Sport Competition Anxiety Test*), dell'aggressività e dell'attivazione il cui livello è in relazione alla motivazione, all'interesse e al grado di difficoltà dell'attività. Per favorire il rendimento sportivo sono state allestite tecniche abilitative come il rilassamento, il TRAINING AUTOGENO (v.), il biofeedback (v. RETROAZIONE), l'IPNOSI (v.), l'addestramento alle relazioni interpersonali in vista delle prestazioni a livello di squadra. Con approcci attribuzionali (v. ATTRIBUZIONE, TEORIA DELL') e cognitivi (v. COGNIZIONE), le ricerche di psicologia dello sport si estendono alle aree della personalità, della motivazione e dell'influenza sociale, con analisi multivariate e interattive.

Bibliografia

Antonelli F., Salvini A., *Psicologia dello sport*, Lombardo, Roma 1978.
Barthes R., *Lo sport e gli uomini* (1961), Einaudi, Torino 1997.
Butler R. J., *Psicologia e attività sportiva. Guida pratica per migliorare la prestazione* (1996), Il Pensiero Scientifico, Roma 1998.
Cei A., *Psicologia dello sport*, il Mulino, Bologna 1999.
Cortili G., Saibene F., Rossi B., *Fisiologia e psicologia dello sport*, Edizioni Scientifiche e Tecniche Mondadori, Milano 1986.
Dal Lago A., *Descrizione di una battaglia. I rituali del calcio*, il Mulino, Bologna 1990.
Elias N., Dunning E., *Sport e aggressività* (1986), il Mulino, Bologna 1989.
Frattini G., Melica S., Salvetti C., *Movimento, sport ed espressività corporea*, Erickson, Trento 2011.
Hackney Ch., *Le virtù guerriere. Arti marziali e psicologia* (2010), Ponte alle Grazie, Milano 2010.
Martens R., *Sport competition anxiety test*, Human Kinetics, Champaign, Illinois, 1977.
Most Ph. H., *Psicologia dello sport* (1982), Masson, Milano 1983.
Prati G., Pietrantoni L., *Attivi e sedentari. Psicologia dell'attività fisica*, il Mulino, Bologna 2012.
Vecchiet L., Calligaris A., Montanari G., Resina A., *Trattato di medicina dello sport applicata al calcio*, Il Pensiero Scientifico, Roma 1991.
Vercelli G., *Vincere con la mente*, Ponte alle Grazie, Milano 2005.

Psicologia dello sviluppo, v. SVILUPPO.

Psicologia del mercato, v. PSICOLOGIA COMMERCIALE.

Psicologia del pensiero, v. PENSIERO.

Psicologia del profondo (ingl. *Depth psychology*; ted. *Tiefenpsychologie*; fr. *Psychologie des profondeurs*; sp. *Psicología de lo profundo*). Termine introdotto da Eugen Bleuler che chiamò la psicoanalisi "Psicologia del profondo (*Tiefenpsychologie*)", con riferimento all'INCONSCIO (v.) che la psicoanalisi ha tematizzato. Successivamente il termine fu esteso a tutte quelle psicologie che adottano un metodo di indagine che opera collegando l'Io a strati psichici non direttamente percepiti come pertinenti all'Io stesso, anche se non riconducibili ad un'unica categoria chiamata "inconscio". Rientrano in questo ambito, oltre alla psicoanalisi inaugurata da Sigmund Freud, detta anche *psicoanalisi classica*, gli orientamenti che da questa si sono sviluppati in successione storica sotto il nome di *neofreudismo*, e gli orientamenti che si sono costituiti in divergenza polemica dando origine a differenti scuole.

1. LA PSICOANALISI CLASSICA. È costituita dal corpus dottrinario di Freud (v. PSICOANALISI) e dagli scritti di contemporanei di Freud che, sia pure con diverse accentuazioni, sono rimasti nel solco tracciato dal maestro. La prima tappa del consolidamento istituzionale della psicoanalisi è stato il Congresso Internazionale di Psicoanalisi svoltosi a Salisburgo nel 1908, in cui si stabilirono le proprietà specifiche della psicoanalisi per distinguerla da altre dottrine che ne utilizzavano il linguaggio e la pratica in modo non corretto e in forme che Freud definì di "psicoanalisi selvaggia" (v. ANALISI SELVAGGIA). Subito dopo questo congresso Freud fondò la Società Psicoanalitica di Vienna, mentre Karl Abraham la Società Psicoanalitica di Berlino. Nel 1911 Ernest Jones fondò l'Associazione Psicoanalitica Americana, nel 1913 Sándor Ferenczi la Società Psicoanalitica di Budapest. Nel 1920 fu fondata la "Internationale Zeitschrift für Psychoanalyse", che fu la principale rivista del movimento psicoanalitico. Detto movimento in parte si sciolse per l'opposizione della cultura nazista, per risorgere dopo la guerra e ricostituirsi nel movimento psicoanalitico internazionale articolato nelle varie società nazionali.

2. GLI SVILUPPI ORTODOSSI. Rientrano in questo gruppo gli indirizzi detti "neofreudiani" che, partendo dai fondamenti metodologici ed epistemologici inaugurati da Freud, hanno sviluppato e talora modificato in alcuni rilevanti aspetti la sua dottrina.

a) Negli *Stati Uniti* i neofreudiani sono stati influenzati dalle tesi dell'ANTROPOLOGIA (v.) culturale e dal COMPORTAMENTISMO (v.) americano. La loro sintesi pone l'accento sull'importanza dei valori ambientali nella genesi e nello sviluppo della personalità. I maggiori rappresentanti sono Karen Horney che nega l'importanza primaria dei fattori sessuali per insistere sui fattori socioculturali; Harry Stack Sullivan che sposta l'analisi della personalità dai conflitti intrapsichici a quelli interpersonali, perché ritiene che la personalità sia un prodotto di interazione di campi di forza interpersonali, dove un posto rilevante hanno le situazioni sociali in cui il soggetto si è venuto a trovare nel corso della sua vita; Erich Fromm che inaugurò una sorta di psicoanalisi sociale, denominata anche "psicologia umanista" per la posizione centrale riconosciuta all'uomo, inteso più nell'accezione di "umanità" (*humanitas*), che nell'accezione di individuo, attingendo, oltre che a Freud, a Karl Marx, onde sviluppare una critica della società capitalistica, incapace di soddisfare i bisogni psichici fondamentali, quali l'amore e la libertà, che sono alla base della crescita dell'uomo (v. PSICOLOGIA SOCIALE, § 3, *d*). Recentemente si è affermato negli Stati Uniti un indirizzo psicoanalitico che ha preso il nome di *psicoanalisi relazionale* e che ha trovato il suo maggior esponente in Stephen A. Mitchell, il quale, al paradigma freudiano che prendeva le mosse dal mondo pulsionale, sostituisce il modello della relazione con gli altri che, a suo dire, è alla base della costruzione mentale.

b) In *Inghilterra* si sono sviluppate quattro correnti di pensiero: una promossa da Anna Freud, che pose l'accento sulla PSICOLOGIA DELL'IO (v.), poi proseguita da Heinz Hartmann, Ernst Kris e Rudolph M. Loewenstein; un'altra che ha sviluppato la teoria dell'oggetto (v. OGGETTO, § 6) e delle relazioni oggettuali e che ha trovato in Donald Woods Winnicott il suo maggior rappresentante; una terza, denominata "Scuola inglese", che con Melanie Klein e il suo discepolo Wilfred Ruprecht Bion ha fornito notevoli contributi clinici e modelli teorici innovativi (v. KLEINIANA, TEORIA); e infine la psicoanalisi degli "indipendentisti" britannici, che si sono autodenominati "Middle Group", tra cui Ella Sharpe Freeman e Michael Balint che non vollero prendere posizione nel conflitto che si era creato tra Anna Freud e Melanie Klein, per assumere una posizione autonoma.

c) In *Francia* sorse, ad opera di Jacques Lacan, la "Scuola freudiana" che legge il modello psicoanalitico a partire dalle indicazioni offerte dalla linguistica già adottata dallo strutturalismo francese (v. LACANIANA, TEORIA).

d) In *Italia* la psicoanalisi, introdotta da Edoardo Weiss che fondò la "Rivista Italiana di Psicoanalisi", trovò i suoi maggiori esponenti in Cesare Musatti, Emilio Servadio e Franco Fornari che formulò la teoria coinemica (v. COINEMA).

3. GLI SVILUPPI DIVERGENTI. Rispetto alla psicoanalisi classica si sono sviluppati indirizzi divergenti che hanno dato origine a scuole diverse di cui le principali sono: la PSICOLOGIA ANALITICA (v.) di Carl Gustav Jung, che oggi ha trovato la sua espressione organizzativa nella International Association of Analytical Psychology articolata nelle diverse società nazionali; la PSICOLOGIA INDIVIDUALE (v.) di Alfred Adler; la teoria di Wilhelm Reich, poi proseguita da Alexander Lowen nella formula della BIOENERGETICA (v.); l'ANALISI TRANSAZIONALE (v.) ideata negli Stati Uniti da Eric Berne; la PSICOSOMATICA (v.) che ha avuto un significativo sviluppo con Franz Alexander e Edward Weiss; l'analisi attiva (v. TECNICA ATTIVA) di Wilhelm Stekel che si discosta da Freud non tanto per i princìpi teorici, quanto per la pratica terapeutica, a differenza della LOGOTERAPIA (v. § 2) di Viktor Emil Frankl che abbandona il paradigma freudiano basato sui conflitti pulsionali, per rivolgere l'attenzione alle dimensioni psico-noetiche che, a suo dire, sono alla base dell'apparato motivante la personalità. Anche all'interno di ciascuna di queste scuole si sono aperti filoni divergenti caratterizzati dalla diversa contaminazione con altre correnti di pensiero e dall'accentuazione di determinati temi e problemi.

Bibliografia

Abraham K., *Opere*, Bollati Boringhieri, Torino 1975.

Adler A., *Prassi e teoria della psicologia individuale* (1920), Astrolabio, Roma 1947.

Alexander F. G., *Medicina psicosomatica* (1950), Giunti Barbera, Firenze 1951.

Berne E., *Analisi transazionale e psicoterapia* (1961), Astrolabio, Roma 1971.

Bleuler E., *Trattato di psichiatria* (1911-1939, aggiornato da M. Bleuler dal 1940 al 1960), Feltrinelli, Milano 1967.

Ferenczi S., *Opere* (1989-1992), Raffaello Cortina, Milano.

Fornari F., *Nuovi orientamenti della psicoanalisi*, Feltrinelli, Milano 1966.

Frankl V. E., *Logoterapia e analisi esistenziale* (1946), Morcelliana, Brescia 1977.

Freud A., *Opere* (1978-1979), Bollati Boringhieri, Torino.

Freud S., *Opere* (1967-1993), Bollati Boringhieri, Torino.

Fromm E., *Psicanalisi della società contemporanea* (1955), Edizioni di Comunità, Milano 1976.

Hartmann H., *Fondamenti della psicoanalisi* (1927), Feltrinelli, Milano 1981.

Hartmann H., Kris E., Loewenstein R. M., *Scritti di psicologia psicoanalitica* (1946), Bollati Boringhieri, Torino 1978.

Horney K., *Nuove vie della psicoanalisi* (1939), Bompiani, Milano 1950.

Jones E., *Saggi di psicoanalisi applicata* (1951), Guaraldi, Rimini 1971-1972.

Jung C. G., *Opere* (1969-2007), Bollati Boringhieri, Torino.

Klein M., *Scritti 1921-1958*, Bollati Boringhieri, Torino 1978.

Lacan J., *Scritti* (1936-1966), Einaudi, Torino 1974, voll. I-II.

–, *Le séminaire* (1951-1979), Édition du Seuil, Paris 1975-1981, voll. I-XXVI. Tr. it. in via di completamento: *I seminari*, Einaudi, Torino 1978 e seguenti.

Lowen A., *Bioenergetica* (1975), Feltrinelli, Milano 1983.

Mitchell S. A., *Gli orientamenti relazionali in psicoanalisi. Per un modello integrato* (1988), Bollati Boringhieri, Torino 1993.

Musatti C. L., *Trattato di psicoanalisi*, Bollati Boringhieri, Torino 1949.

Reich W., *Opere*, Sugarco, Milano 1971-1977.

Semi A. A. (a cura di), *Trattato di psicoanalisi*, vol. I: *Teoria e tecnica*, vol. II: *Clinica*, Raffaello Cortina, Milano 1988-1989.

Stekel W., *Die Sprache des Traumes. Eine Darstellung der Symbolik und Deutung des Traumes in ihren Beziehungen zur kranken und gesunden Seele für Ärzte und Psychologen*, Bergmann, Wiesbaden 1911.

Sullivan H. S., *Teoria interpersonale della psichiatria* (1953, edito postumo), Feltrinelli, Milano 1962.

Vegetti Finzi S., *Storia della psicoanalisi*, Mondadori, Milano 1986.

Weiss E(doardo), *Struttura e dinamica della mente umana* (1960), Raffaello Cortina, Milano 1991.

Weiss E(dward), English O. S., *Medicina psicosomatica. Applicazione clinica della psicopatologia ai problemi generali della medicina* (1949), Astrolabio, Roma 1950.

Winnicott D. W., *Dalla pediatria alla psicoanalisi. Scritti scelti* (1958), Martinelli, Firenze 1975.

Zoja L., *Psicologia del profondo*, in AA.VV., *Gli strumenti del sapere contemporaneo*, vol. I: *Le discipline*, Utet, Torino 1985, pp. 620-635.

Psicologia del Sé, v. Sé.

Psicologia del traffico (ingl. *Traffic psychology*; ted. *Verkehrspsychologie*; fr. *Psychologie du trafic*; sp. *Psicología del tráfico*). Settore della Psicologia applicata (v.) che si occupa dello studio scientifico delle condotte psicologiche abitualmente assunte nel traffico stradale, ferroviario, aereo al fine di ottimizzare il sistema uomo-macchina (*MMS – Man-Machine-System*) composto da percorso-guidatore-veicolo, che può essere rappresentato tramite diagrammi, dove la variazione di un elemento modifica l'intero sistema. Particolare rilevanza hanno le relazioni tra la psicologia del traffico e la psicologia della percezione (v. Percezione), dal momento che le informazioni più importanti provengono dal sistema acustico e da quello visivo, soprattutto in ordine alla capacità di discernimento, di adattamento, di sensibilità alla visione diurna e notturna, alla visione cromatica, alla percezione della profondità. La psicologia del traffico fa inoltre ampio uso dei test di personalità (v. Test, § III) per studiare il rapporto tra affaticamento e rendimento, per valutare la risposta al sovraccarico di stimoli, nonché i valori di concentrazione e distrazione. A ciò si aggiungono i test che valutano la disposizione individuale al Rischio (v.), dove interviene o un'ipervalutazione della propria personalità o una sottovalutazione delle proprie precarie condizioni fisiche dovute all'età o all'assunzione di sostanze che hanno tra i loro effetti un rallentamento dei riflessi e una riduzione delle prestazioni. Le indicazioni desunte dall'osservazione dei comportamenti di guida vengono utilizzate per il miglioramento dei veicoli sia in termini di disposizione degli strumenti, sia in termini di prestazioni meccaniche per rendere il sistema uomo-macchina più organico e armonico.

Bibliografia

Forbes Th. W., *Human factors in highway traffic safety research*, Wiley, New York 1972.

Spörli S., *Kritische Theorie diagnostischer Praxis, dargestellt am Beispiel Verkehrsmedizin*, Piper, Berlin-Heidelberg 1968.

Psicologia descrittiva (ingl. *Descriptive psychology*; ted. *Beschreibende Psychologie*; fr. *Psychologie descriptive*; sp. *Psicología descriptiva*). Corrente di impostazione metodologica inaugurata da Wilhelm Dilthey nel tentativo di emancipare la psicologia dai metodi propri delle scienze della natura che, trasposti in psicologia, minacciano di far perdere quella soggettività che è proprio l'oggetto specifico della psicologia. Scrive Dilthey: «Le scienze dello spirito si differenziano dalle scienze della natura in quanto queste hanno come loro oggetto dei fatti che si presentano alla coscienza *dall'esterno*, cioè come fenomeni singolarmente dati, mentre in quelle i fatti sorgono originariamente *dall'interno* come una connessione vivente», per cui «noi *spieghiamo* la natura, ma *comprendiamo* la vita psichica» (1894, pp. 143-144). Stante il diverso modo di presentarsi del fenomeno nelle scienze della natura e nelle scienze dello spirito, il concetto di Esperienza (v.) non può essere assunto in modo rigidamente univoco perché «di ogni oggetto "si fa esperienza" in maniera adeguata alla sua natura» (ivi, p. 253). Pertanto, se l'*Erfahrung* è l'esperienza richiesta per abbordare i fenomeni che si offrono dall'esterno, l'*Erlebnis* sarà l'esperienza necessaria per accedere a quei fenomeni che si costituiscono solo nell'immediato vissuto.

Dai due ordini di esperienza scaturiscono due ordini di operazioni, che per le scienze della natura sono l'induzione, l'esperimento e l'operazione matematica, mentre per le scienze dello spirito sono la descrizione, l'analisi, la comparazione e l'ermeneutica. Diversamente non potrebbe essere, per il differente rapporto in cui il ricercatore si viene a trovare in ordine al fenomeno studiato e per la differenza dei rispettivi ideali conoscitivi. Infatti, scrive Dilthey, «l'ideale della costruzione delle scienze della natura è la *concettualità*, il cui principio è costituito dall'equivalenza delle cause e degli effetti. [...] L'ideale invece delle scienze dello spirito è la *comprensione* dell'individuazione storico-sociale dell'uomo, in base alla connessione e alla comunanza presente in ogni vita psichica» (1895-1896, p. 265). Ne consegue che «la psicologia deve imboccare la strada contraria a quella imboccata dagli assertori del mondo della costruzione. Il suo procedere deve essere *analitico, non costruttivo*. Essa deve partire dallo sviluppo della vita, non derivare da processi elementari» (1894, pp. 168-169).

Opponendosi alla Psicologia sperimentale (v.) che, a suo parere, prende in esame la psiche dell'uomo come se si trattasse di un mero oggetto di natura, Dilthey propone di mettere da parte il principio di causalità impiegato nelle scienze naturali, per adottare quella modalità di conoscenza che consiste nel comprendere la vita psicologica dall'interno, giacché è propriamente umano solo ciò che è intimamente esperito, *erlebt*, cioè vissuto, con l'avvertenza che l'*Erlebnis*, cioè il "vissuto", richiede metodi di validazione diversi da quelli propri delle scienze naturali (v. Vissuto).

Passare da una psicologia esplicativa (*erklärende*) a una psicologia descrittiva (*beschreibende*) significa allora passare da una psicologia che «vuole spiegare la costituzione del mondo psichico secondo i suoi elementi, le sue forze, le sue leggi, come una specie di "meccanica" psicologica» (ivi, p. 139), a una psicologia che, «partendo dalla connessione della vita psichica considerata nella sua totalità, analizza, ma non con il solo intelletto, bensì con la cooperazione di tutte le forze dell'animo, i singoli membri di questa connessione, descrive e indaga gli elementi e le funzioni che li uniscono il più profondamente possibile, senza intraprendere alcuna costruzione causale dei processi psichici» (ivi, p. 175). Questa descrizione non è una cronaca o un inventario puramente ripetitivo, ma tenta di cogliere nella concatenazione strutturale degli *Erlebnisse* quella connessione di significato in cui si esprime la vita dell'uomo, evitando così lo scoglio di un'interpretazione riduttiva in base a un'ipotesi di partenza. La psicologia descrittiva di Dilthey ha dato un notevole contributo lungo quell'itinerario che, da una psicologia naturalisticamente intesa, conduce, attraverso la PSICOLOGIA COMPRENSIVA (v.) di Karl Jaspers, a quell'ANALISI ESISTENZIALE (v.) di Ludwig Binswanger che si propone di *comprendere* l'uomo senza la necessità di *spiegarlo* attraverso sistemi causali ad esso estrinseci.

Bibliografia

Binswanger L., *Per un'antropologia fenomenologica. Saggi e conferenze psichiatriche* (1921-1941), Feltrinelli, Milano 1970.

Brentano F., *La psicologia dal punto di vista empirico* (1874-1911), Laterza, Bari 1997, voll. I-III.

Dilthey W., *Introduzione alle scienze dello spirito. Tentativo di fondazione per lo studio della società e della storia* (1883), Bompiani, Milano 2007.

–, *Ideen über eine beschreibende und zergliedernde Psychologie* (1894), in *Gesammelte Schriften*, Teubner, Leipzig 1914-1936 (poi riedito a partire dal 1958 in fotocopia anastatica dall'editore Vandenhoeck & Ruprecht, Stuttgart-Göttingen), vol. V.

–, *Beiträge zum Studium der Individualität* (1895-1896), in *Gesammelte Schriften*, cit., vol. V.

–, *Scritti filosofici 1905-1911*, Utet, Torino 2004.

Galimberti U., *Psichiatria e fenomenologia* (1979), nuova edizione ampliata, Feltrinelli, Milano 2017.

Jaspers K., *Psicopatologia generale* (1913-1959), Il Pensiero Scientifico, Roma 2000.

–, *Psicologia delle visioni del mondo* (1919), Astrolabio, Roma 1950.

Psicologia di comunità, v. COMUNITÀ, § 3.

Psicologia differenziale (ingl. *Differential psychology*; ted. *Differentielle Psychologie*; fr. *Psychologie différentielle*; sp. *Psicología diferencial*). Settore della PSICOLOGIA APPLICATA (v.) che ha per oggetto la natura e la grandezza delle differenze, nei comportamenti animali e nei processi psichici, fra individui, gruppi, sessi, classi di età, classi sociali, culture ed etnie. L'antecedente teorico di questa disciplina è nella tesi darwiniana secondo cui le differenze fra gli individui di una medesima specie sono responsabili dell'EVOLUZIONE (v.) di quest'ultima. A partire da questa premessa, Francis Galton cercò di definire le caratteristiche degli individui geniali rispetto a quelle della popolazione totale, fondando un laboratorio antropometrico dove registrò e misurò un gran numero di prestazioni individuali. Dopo di lui William Stern gettò le basi di questa disciplina che ebbe in seguito uno sviluppo in direzione statistica, psicodinamica e psicopedagogica.

1. In *ambito statistico* Alfred Binet mostrò che le differenze individuali (v. INTELLIGENZA, § 2), anziché formare distinte categorie, si distribuiscono lungo una scala continua dove, per la maggior parte delle variabili, la distribuzione si avvicina alla curva a campana di Gauss (v. STATISTICA, § II, 2), caratterizzata da un maggior addensamento di casi al centro e una progressiva diminuzione verso i valori estremi. Charles Edward Spearman, Louis Leon Thurstone, James McKeen Cattell, Raymond Bernard Cattell e Hans Jürgen Eysenck introdussero l'ANALISI FATTORIALE (v.) per lo studio delle differenze di PERSONALITÀ (v. § II, 2), unificando in categorie comuni (fattori) le relazioni già trovate fra le variabili. Per il reperimento delle variabili si ricorre all'uso dei test oggettivi che possono essere relativi o a singole prestazioni o all'intera personalità (v. TEST, § III, 1).

2. In *ambito psicodinamico* lo studio delle differenze individuali ha trovato la sua più significativa fondazione teorica nella TIPOLOGIA (v. § 2) di Carl Gustav Jung, a partire dal principio regolativo della psicologia analitica da lui inaugurata che trova la sua espressione nel processo di individuazione (v. PSICOLOGIA ANALITICA, § 5).

3. In *ambito psicopedagogico* si utilizza la psicologia differenziale per fornire di ogni soggetto una conoscenza relativa in rapporto alla norma e alla situazione degli altri membri del gruppo, in ordine al livello di intelligenza superiore o inferiore, alle differenze nella sfera affettiva e ai livelli di adattamento e di disadattamento (v. PSICOPEDAGOGIA, § 2).

Bibliografia

Anastasi A., *Psicologia differenziale* (1937), Editrice Universitaria, Firenze 1965.

–, *I test psicologici* (1954), Franco Angeli, Milano 1973.

Binet A., Simon Th., *Méthodes nouvelles pour la diagnostic du niveau intellectuel des anormaux*, in "Année psychologique", 1905, n. 11.

Cattell J. M., *The conception and method of psychology*, The Science Press, New York 1904.

Cattell R. B., *Personality. A systematic, theoretical and factual study*, McGraw-Hill, New York 1950.

Dobzhansky Th., *Diversità genetica e uguaglianza umana* (1973), Einaudi, Torino 1975.
Eysenck H. J., *Handbook of abnormal psychology*, Basic Books, New York 1961.
Eysenck H. J., Eysenck S. B. G., *Manual of the Eysenck personality questionnaire*, Hodder & Stoughton, London 1975.
Galton F., *Hereditary genius*, Appleton, London 1869.
Jung C. G., *Tipi psicologici* (1921), in *Opere* (1969-2007), Bollati Boringhieri, Torino, vol. VI.
Piéron H. L. Ch., *La psychologie différentielle*, Puf, Paris 1949.
Piret R., *Psicologia differenziale dei sessi*, Edizioni Paoline, Roma 1971.
Reuchlin M., *La psicologia differenziale* (1967), Armando, Roma 1974.
Spearman Ch. E., *The abilities of man. Their nature and measurement*, Macmillan, London 1927.
Stern W., *Allgemeine Psychologie auf personalistischer Grundlage*, Nijhoff, Den Haag 1935.
Thurstone L. L., *The vectors of the mind*, University Press, Chicago 1936.

Psicologia dinamica (ingl. *Dynamic psychology*; ted. *Dynamische Psychologie*; fr. *Psychologie dynamique*; sp. *Psicología dinámica*). Denominazione che raggruppa quelle correnti psicologiche che valorizzano i meccanismi psicogenetici alla base della costruzione psichica dove si esprimono e si compensano forze diverse. La psicologia dinamica presuppone il modello teorico di energia tratto dalla fisica e la logica lineare della causa e dell'effetto, propria della PSICOLOGIA SPERIMENTALE (v.), utilizzata però sul versante dell'analisi soggettiva quale risulta nella relazione di interazione intersoggettiva. Il termine è stato introdotto da Sigmund Freud per caratterizzare l'indirizzo delle sue ricerche: «Noi non deduciamo la scissione psichica da una congenita incapacità alla sintesi dell'apparato psichico, ma la spieghiamo dinamicamente, attraverso il conflitto di forze psichiche contrastanti, riconoscendo in essa il risultato di un'opposizione attiva dei due raggruppamenti psichici tra loro» (1909, p. 144).

1. *Il punto di vista dinamico* (v. APPARATO PSICHICO, § 1) comporta, oltre alla considerazione della nozione di forza, anche quella di conflitto (v. CONFLITTO PSICHICO) che rinvia in ultima analisi a un dualismo pulsionale, dove, oltre che agli antagonismi delle pulsioni (v. PULSIONE), si fa riferimento alle forze contropulsionali e ai meccanismi di difesa (v. DIFESA, § 2) dalla cui interazione deriva il comportamento umano. La sistemazione teorica di tali concetti implica la postulazione di una METAPSICOLOGIA (v.) che preveda una struttura psichica, che nel caso della psicoanalisi ipotizza un Super-io, un Io e un Es, e uno sviluppo psicologico articolato in fasi o stadi evolutivi caratterizzati dalla localizzazione anatomo-funzionale della LIBIDO (v.). A queste fasi corrispondono le tappe dell'evoluzione biologica e psicologica, oltre all'interpretazione patologica comprensibile a partire dalla struttura dinamica fissata in sede metapsicologica. Appartengono alla psicologia dinamica, oltre alla psicoanalisi freudiana, la PSICOLOGIA ANALITICA (v.) di Carl Gustav Jung, la PSICOLOGIA INDIVIDUALE (v.) di Alfred Adler, la psicoanalisi della scuola inglese inaugurata da Melanie Klein (v. KLEINIANA, TEORIA), la BIOENERGETICA (v.) che ha preso avvio con Wilhelm Reich, la psicoanalisi rivisitata da Jacques Lacan (v. LACANIANA, TEORIA), e le altre teorie psicologiche che si rifanno, nella considerazione della psiche, alle nozioni di energia e di conflitto tra forze opposte. Il concetto di "dinamica" è entrato a far parte anche della PSICOLOGIA GENERALE (v.) e della PSICOLOGIA SPERIMENTALE (v.) dove viene associato a tutti quei fattori psichici, quali bisogni (v. BISOGNO), tendenze, istinti (v. ISTINTO), che fanno parte della MOTIVAZIONE (v.) del comportamento umano.

2. *Il modello concettuale* proprio dell'approccio psicodinamico ha improntato aree di ricerca in PSICOLOGIA SOCIALE (v.), dagli studi sulle dinamiche di GRUPPO (v. § III) a partire da Kurt Lewin, fino alle più recenti analisi delle istituzioni. Il riferimento a Lewin consente di evidenziare le connessioni della psicologia dinamica da un lato con la PSICOLOGIA DELLA GESTALT (v.) e, dall'altro, con la PSICOLOGIA SPERIMENTALE (v.). Partendo dalla persuasione che il progresso della scienza moderna è dovuto in gran parte al fatto che la causa degli eventi non è più cercata nel singolo oggetto, ma nel rapporto tra l'oggetto e ciò che lo circonda, Lewin conclude che «la situazione ambientale assume un'importanza pari a quella dell'oggetto e in particolare la *dinamica* dei processi deve essere sempre derivata dalle relazioni tra l'individuo concreto e la situazione concreta e, nella misura in cui tali processi riguardano forze di origine interiore, dalle mutue relazioni fra i vari sistemi funzionali che compongono l'individuo» (1935, p. 48). Per far ciò Lewin utilizza concetti dinamici come forza, valenza, tensione, fluidità, barriera ecc. e concetti osservativi come ambiente, regione, frontiera, locomozione ecc., con l'intento di pervenire non solo ad una descrizione strutturale dei fenomeni, ma anche alla loro interrelazione e dinamica (v. CAMPO, § 2).

3. *In sede di teoria della personalità*, il punto di vista dinamico è stato assunto e strenuamente difeso da Gordon Willard Allport, per il quale «alcune definizioni della psicologia mettono l'accento sull'esperienza, alcune sul comportamento, altre ancora sulle relazioni psicofisiche, alcune sui processi mentali consci, altre sull'inconscio, altre ancora sulla natura umana, poche sulla "totalità" dell'esistenza psichica dell'uomo» (1955, p. 12). Partendo da questo quadro d'insieme, Allport conclude: «Desidero dimostrare che un'adeguata psicologia del divenire non può essere

espressa esclusivamente in termini di stimolo, eccitazione emotiva, associazione e risposta. Essa richiede dei principi soggettivi e interiori di organizzazione del tipo indicato dai termini di "Sé" o "Io". Che si impieghino o meno queste parole è un fatto di scarsa importanza, purché, nel definire lo sviluppo della personalità, si dia pieno riconoscimento ai principi dinamici che esse implicano» (ivi, p. 85; v. PERSONALITÀ, § I, 11).

4. Appartengono alla psicologia dinamica gli *studi sulla motivazione* affrontati dal punto di vista "genetico" volto a considerare l'origine e il significato delle "variabili motivazionali" in ordine al loro tratto "funzionale" per quanto riguarda la loro organizzazione unitaria in vista di uno scopo, e dal punto di vista "dinamico" in ordine allo studio degli effetti che le variabili motivazionali hanno sul comportamento (v. MOTIVAZIONE). Nel 2006 diverse Associazioni psicoanalitiche americane hanno pubblicato in collaborazione il *Manuale diagnostico psicodinamico* (PDM) che, a differenza del *Manuale diagnostico e statistico dei disturbi mentali* (DSM) che procede per generalizzazioni e con una logica categoriale che inserisce gli individui nelle varie classi diagnostiche (v. DIAGNOSI, § 4), si propone di aiutare il clinico nella comprensione del singolo individuo, attraverso le diverse categorie diagnostiche che però sono presentate come modelli interpretativi e non come un insieme di sintomi con cui identificare le diverse sindromi attraverso le quali catalogare i soggetti.

Bibliografia

Allport G. W., *Divenire. Fondamenti di una psicologia della personalità* (1955), Editrice Universitaria, Firenze 1963.
Casonato M. (a cura di), *Psicologia dinamica*, Bollati Boringhieri, Torino 1992.
Freud S., *Cinque conferenze sulla psicoanalisi* (1909), in *Opere* (1967-1993), Bollati Boringhieri, Torino, vol. VI.
–, *Metapsicologia* (1915), in *Opere*, cit., vol. VIII.
Gabbard G. O., *Psichiatria psicodinamica. Quinta edizione basata sul DSM-5* (2014), Raffaello Cortina, Milano 2015.
Jervis G., *Fondamenti di psicologia dinamica. Un'introduzione allo studio della vita quotidiana*, Feltrinelli, Milano 1993.
Jung C. G., *Energetica psichica* (1928), in *Opere* (1969-2007), Bollati Boringhieri, Torino, vol. VIII.
Klein M., *Sullo sviluppo dell'attività psichica* (1958), in *Scritti 1921-1958*, Bollati Boringhieri, Torino 1978, pp. 540-550.
Lacan J., *Discorso sulla causalità psichica* (1950), in *Scritti* (1936-1966), Einaudi, Torino 1974, vol. I.
Lewin K., *Teoria dinamica della personalità* (1935), Giunti Barbera, Firenze 1965.
Lingiardi V., McWilliams N. (a cura di), *PDM-2. Manuale diagnostico psicodinamico* (2017), Raffaello Cortina, Milano 2018.
Lis A., Stella S., Zavattini G. C., *Manuale di psicologia dinamica*, il Mulino, Bologna 1999.
Lo Verso G. (a cura di), *Le relazioni soggettuali. Fondazione della psicologia dinamica e clinica*, Bollati Boringhieri, Torino 1994.
Maslow A. H., *Motivazione e personalità* (1954), Armando, Roma 1973.
Murray E. J., *Psicologia dinamica* (1964), Martello, Milano 1973.
PDM. American Psychoanalytic Association *et al.* (a cura di), *PDM. Manuale diagnostico psicodinamico* (2006), Raffaello Cortina, Milano 2008.
Safran J. D., *Psicoanalisi e terapie psicodinamiche* (2012), Raffaello Cortina, Milano 2013.
Trentini G., *Compendio di psicologia dinamica*, Vita e Pensiero, Milano 1974.

Psicologia economica, v. NEUROECONOMIA.

Psicologia elementarista, v. INTROSPEZIONISMO.

Psicologia esistenziale, v. ANALISI ESISTENZIALE.

Psicologia esplicativa, v. PSICOLOGIA COMPRENSIVA.

Psicologia estetica, v. PSICOLOGIA DELL'ARTE.

Psicologia etnica, v. PSICOLOGIA TRANSCULTURALE; ANTROPOLOGIA, §§ 5-7.

Psicologia evoluzionistica (ingl. *Evolutionary psychology*; ted. *Evolutionäre Psychologie*; fr. *Psychologie évolutionniste*; sp. *Psicología evolucionista*). Si propone di individuare i fattori adattivi (v. ADATTAMENTO) e selettivi (v. SELEZIONE) che hanno modulato la mente umana nel corso delle generazioni per meglio risolvere i problemi che l'umanità incontrava. Stevens Pinker ha cercato di individuare i "moduli", come lui li chiama, che presiedono alle abilità linguistiche, al mondo emozionale, alle preferenze sessuali, nonché ai tratti disadattivi del comportamento, offrendo in questo modo nuovi spunti alla psicopatologia. Nell'ambito dei processi adattivi, Stephen Jay Gould propone di diversificare i tratti che derivano da un processo di adattamento da quelli che, nati per una certa funzione, ne hanno assunta un'altra per effetto dell'EVOLUZIONE (v.) e della SELEZIONE (v.). A questa seconda categoria Gould assegna il nome di "exattamento (*exaptation*)" dove nel prefisso "ex" si indica che un tratto, che ora svolge una certa funzione, un tempo ne svolgeva un'altra. Come scrive Anna Emilia Berti, «con queste tesi, la psicologia evoluzionistica si propone come alternativa a ciò che i suoi esponenti chiamano il "modello standard delle scienze sociali", che ha pervaso la psicologia, la sociologia e l'antropologia del Novecento, secondo il quale la natura umana (ciò che è innato) consiste in un complesso di abilità generali di apprendimento che consentono di acquisire i particolari contenuti, preferenze, valori, comportamenti propri della cultura del gruppo in cui un individuo vive» (2006-2007, p. 14).

Bibliografia

Berti A. E., *Adattamento*, in AA.VV., *Psiche. Dizionario storico di psicologia, psichiatria, psicoanalisi, neuroscienze*, Einaudi, Torino 2006-2007, vol. I, pp. 12-16.
Cardaci M., *Psicologia evoluzionistica e cognizione umana*, il Mulino, Bologna 2012.
Gould S. J., *La struttura della teoria dell'evoluzione* (2002), Codice, Torino 2003.
Pinker S., *Come funziona la mente* (1997), Mondadori, Milano 2000.

Psicologia fenomenologica, v. FENOMENOLOGIA; ANALISI ESISTENZIALE.

Psicologia filosofica (ingl. *Philosophical psychology*; ted. *Philosophische Psychologie*; fr. *Psychologie philosophique*; sp. *Psicología filosófica*). Detta anche *psicologia razionale* secondo l'espressione introdotta da Christian Wolff nel 1732, la psicologia filosofica è l'antecedente storico della psicologia sperimentale o scientifica, ed esprime le concezioni dell'anima elaborate dalle varie filosofie a partire da Platone fino ai giorni nostri. Le diverse definizioni fornite possono essere ridotte sostanzialmente a due: 1) la concezione dell'anima in senso *costitutivo-ontologico* pensa l'anima come una *sostanza* secondo il modello aristotelico che la definisce «principio degli esseri viventi» (*Dell'anima*, I, 1, 402 a, 6). Questa concezione, che riconosce all'anima l'immortalità e ne fa quindi il principio imperituro dell'uomo, percorre l'intera storia della filosofia antica e medioevale; 2) la concezione dell'anima come principio *regolativo metodologico* pensa l'anima come un'*attività unificante* che, con intuizioni e categorie, costruisce l'esperienza fenomenica, ossia il modo con cui le cose si danno all'attività cognitiva dell'uomo. Questa concezione, inaugurata da René Descartes, ha trovato la sua massima espressione in Immanuel Kant. Con Wilhelm Maximilian Wundt (v. INTROSPEZIONISMO) la psicologia abbandona l'approccio filosofico-deduttivo per quello scientifico-sperimentale.

Bibliografia

Aristotele, *Dell'anima*, in *Opere*, Laterza, Bari 1973.
Descartes R., *Meditazioni metafisiche sulla filosofia prima* (1641), in *Opere*, Laterza, Bari 1986, vol. II.
Kant I., *Critica della ragion pura* (1781), Laterza, Bari 1959.
Wolff Ch., *Psychologia rationalis*, Renger, Frankfurt a.M.-Leipzig 1734.
Wundt W. M., *Lineamenti di psicologia* (1896), in *Scritti scelti*, Utet, Torino 2006.

Psicologia fisiologica, v. PSICOFISIOLOGIA, § 2.

Psicologia forense (ingl. *Forensic psychology*; ted. *Forensische Psychologie*; fr. *Psychologie juridique*; sp. *Psicología forense*). Settore della PSICOLOGIA APPLICATA (v.) che si occupa di tutte le problematiche psicologiche che insorgono nella pratica giudiziaria e in particolare dei casi in cui risulta indispensabile l'accertamento dell'integrità psichica del reo. Alla medicalizzazione della follia, avvenuta intorno alla fine del XVIII secolo, ha fatto seguito l'esigenza di diversificare le responsabilità giuridiche degli individui allo scopo di garantire un trattamento particolare a chi fosse ritenuto malato di mente o comunque affetto da anomalie psichiche. Venne così assunto come principio dell'imputabilità delle azioni, e quindi come criterio per l'attribuzione della responsabilità giuridica, il principio della "capacità di intendere e di volere". La delimitazione delle circostanze che permettono di affermare o di negare questa capacità è andata via via affinandosi con l'ausilio delle casistiche, ma soltanto nel secondo dopoguerra esse hanno acquisito consistenza sufficiente a costituire un vero e proprio repertorio di riferimento per il lavoro di ricerca e per la pratica degli psicologi in questo settore, che si è giovato anche del perfezionamento metodologico a cui sono pervenuti i vari campi di pertinenza della psicologia.

In tutte le sue articolazioni (giudiziaria, criminale e carceraria) il lavoro della psicologia forense si è espresso in due direzioni: quella *diagnostica* e quella *terapeutica*. Nel primo ambito ci si muove utilizzando i metodi propri alla diagnosi della personalità: analisi socioculturale del contesto di provenienza dell'imputato, analisi psicologico-caratteriale, esame accurato delle dichiarazioni rilasciate nel corso del processo per ricostruire la dinamica del gesto trasgressivo e per stabilire la normalità o meno dello stato psichico dell'individuo nel momento in cui ha commesso il fatto delittuoso. Di particolare rilevanza sono le perizie (v. PERIZIA) effettuate sulle testimonianze, con la messa in questione della loro attendibilità sulla base della generale credibilità. Le perizie avvengono attraverso uno studio accurato del contesto giudiziario, delle condizioni psicosociali dei testi e delle loro versioni in rapporto all'andamento globale del processo, alle figure degli avvocati, del giudice e di tutti coloro che assumono uno specifico ruolo nel contesto giudiziario.

Le tendenze giuridiche moderne, che in linea generale riconoscono l'eccezionalità di taluni casi rispetto alla legge, muovono nel tentativo di concepire il diritto in termini preventivi e di applicarlo tenendo conto della singolarità dei casi, specie quando si ha a che fare con fenomeni di delinquenza giovanile, di tossicodipendenza, o comunque di emarginazione sociale, che possono trovare un chiarimento e una corretta valutazione proprio grazie all'intervento della perizia psicologica o psichiatrica e, di conseguenza, l'adattamento della pena, o comunque una diversa destinazione, in istituti psichiatrici o di riabilitazione di coloro che sono ritenuti colpevoli.

La seconda direzione è quella terapeutico-preventiva: lo psicologo agisce allora non più come consulente, ma come operatore che fornisce la sua opera di assistenza nei penitenziari e nei riformatori per favorire la risocializzazione, per prevenire la recidiva e infine per garantire i diritti civili del reo e assecondare un'interpretazione di volta in volta specifica dei termini legali.

Nell'ambito della psicologia forense si distinguono:

1. La psicologia giudiziaria. Questo settore ha per oggetto di studio tutte le figure che appartengono al contesto legale, quindi vittime, imputati, testimoni, avvocati, giudici, estendendo la sua competenza al problema della perizia sulle testimonianze o sulle confessioni raccolte nel corso dell'istruttoria e del processo. Per verificare l'attendibilità di una deposizione ci si avvale di una serie di criteri valutativi e di tecniche diagnostiche che consentono di soppesare la personalità globale del soggetto, le condizioni emotive in cui questi si trovava al momento dell'accaduto e le sue eventuali implicazioni personali. Ma soprattutto la psicologia giudiziaria tende a evidenziare le condizioni sociali, politiche, culturali e professionali presenti nel vissuto collettivo allo scopo di affinare la sentenza giudiziaria e i termini di colpevolezza.

2. La psicologia criminale. Questo settore ha per oggetto di studio i diversi fattori che concorrono a determinare comportamenti antisociali. Esso prevede diversi approcci, esposti alla voce Delinquenza (v.), ognuno dei quali ricerca in un ambito specifico le cause del fenomeno. Altri settori di indagine in stretta relazione sono: la *statistica* criminale che ha per oggetto di studio i crimini più diffusi, il numero degli attori maschili e femminili, le forme recidive e occasionali, la costanza e le varianti del comportamento; la *vittimologia* che studia le dinamiche psicosociali predispositive delle vittime e i danni da queste subite; gli studi per la *prevenzione* della criminalità che tengono conto degli apporti delle discipline sociologiche per l'individuazione dei mezzi più efficaci.

3. La psicologia carceraria. Questo settore ha per oggetto di studio le condizioni psichiche che si vengono a determinare in persone private della libertà ed è finalizzato a individuare e a definire i sistemi di trattamento più idonei a non ingenerare nel soggetto effetti psichici negativi e a ridurre al minimo la possibilità, ad avvenute dimissioni dall'istituto di pena, di recidività nel reato. In questo senso la psicologia carceraria, attraverso specifiche procedure di diagnosi e prognosi, può contribuire a scegliere, per ogni detenuto, il luogo e il sistema di esecuzione della pena più adatti a raggiungere questi scopi, anche se le ultime ricerche sembrano incentrarsi, più che sulla elaborazione di una modalità di carcerazione ideale, sulla delineazione di concrete e fattibili alternative alla tradizionale incarcerazione basata sulla privazione della libertà.

Bibliografia

Amato S., *Sessualità e corporeità. I limiti dell'identificazione giuridica*, Giuffrè, Milano 1985.

Beccaria C., *Dei delitti e delle pene* (1764), in *Opere*, Sansoni, Firenze 1958.

Berti C., *Psicologia sociale della giustizia*, il Mulino, Bologna 2002.

Bisio B., *Psiche e diritto penale*, Bulzoni, Roma 1977.

Bona C., Rumiati R., *Psicologia cognitiva per il diritto. Ricordare, pensare, decidere nell'esperienza forense*, il Mulino, Bologna 2013.

Canepa G., *Personalità e delinquenza. Problemi di antropologia criminale e di criminologia clinica*, Giuffrè, Milano 1978.

Caso L., Vrij A., *L'interrogatorio giudiziario e l'intervista investigativa. Metodi e tecniche di conduzione*, il Mulino, Bologna 2009.

Ceretti A., *L'orizzonte artificiale. Problemi epistemologici della criminologia*, Cedam, Padova 1992.

Ceretti A., Cornelli R., *Oltre la paura. Cinque riflessioni su criminalità, società e politica*, Feltrinelli, Milano 2013.

Ceretti A., Natali L., *Cosmologie violente. Percorsi di vite criminali*, Raffaello Cortina, Milano 2009.

De Leo G., Patrizi P., *La spiegazione del crimine. Un approccio psicosociale alla criminalità*, il Mulino, Bologna 1999.

–, *Psicologia giuridica*, il Mulino, Bologna 2002.

De Leo G., Scali M., Caso L., *La testimonianza. Problemi, metodi e strumenti nella valutazione dei testimoni*, il Mulino, Bologna 2005.

De Vincentiis G., *Psicopatologia forense*, Piccin, Padova 1972.

Di Gennaro G., Bonomo M., Breda R., *Ordinamento penitenziario e misure alternative alla detenzione*, Franco Angeli, Milano 1976.

Feldman M. P., *Criminal behaviour. A psychological analysis*, Wiley, New York-London 1977.

Ferracuti F. (a cura di), *Trattato di criminologia, medicina criminologica e psichiatria forense*, Giuffrè, Milano 1990.

Foucault M., *Sorvegliare e punire. Nascita della prigione* (1975), Einaudi, Torino 1976.

Gallo E., Ruggiero V., *Il carcere in Europa*, Bertani, Verona 1983.

Garland D., *Pena e società moderna. Uno studio di teoria sociale* (1990), il Saggiatore, Milano 1999.

Gulotta G. (a cura di), *Psicologia giuridica*, Franco Angeli, Milano 1979.

Kojève A., *Linee di una fenomenologia del diritto* (1943, edito nel 1981), Jaca Book, Milano 1989.

Lacan J., *Introduzione teorica alle funzioni della psicoanalisi in criminologia* (1951), in *Scritti* (1936-1966), Einaudi, Torino 1974, vol. I.

Lombroso C., *Medicina legale. La medicina legale dell'alienazione studiata secondo il metodo positivo*, Bocca, Torino 1873.

–, *La psicologia dei testimoni nei processi di procedura penale*, Bocca, Torino 1890.

Madinier G., *Coscienza e giustizia*, Giuffrè, Milano 1973.
Musatti C. L., *Elementi di psicologia della testimonianza*, Cedam, Padova 1931.
Palazzo A., *Eros e jus*, Mimesis, Milano-Udine 2015.
Patrizi P., De Gregorio E., *Fondamenti di psicologia giuridica. Un approccio psicologico-sociale*, il Mulino, Bologna 2009.
Pietroni D., Rumiati R., *Il mediatore*, il Mulino, Bologna 2012.
Pitch T., *Responsabilità limitate. Attori, conflitti, giustizia penale*, Feltrinelli, Milano 1989.
Ponti G., Merzagora I., *Psichiatria e giustizia*, Raffaello Cortina, Milano 1993.
Presutti A. (a cura di), *Criminalità organizzata e politiche penitenziarie*, Raffaello Cortina, Milano 1994.
Rawls J., *Una teoria della giustizia* (1971), Feltrinelli, Milano 1984.
Reid J. E., Inbau F. E., *Truth and deception*, Williams & Wilkins, Baltimore 1966.
Rodotà S., *La vita e le regole. Tra diritto e non diritto*, Feltrinelli, Milano 2006.
Romano B., *Il riconoscimento come relazione giuridica fondamentale*, Bulzoni, Roma 1984.
Sandel M. J., *Il liberalismo e i limiti della giustizia* (1982), Feltrinelli, Milano 1994.
Schneider H. J., Schneider U., *Übungen in Kriminologie, Jugendstrafrecht, Strafvollzug*, De Gruyter, Berlin-New York 1995.
Serra C. (a cura di), *Psicologia e giustizia*, Giuffrè, Milano 1980.
Stracciari A., Bianchi A., Sartori G., *Neuropsicologia forense*, il Mulino, Bologna 2010.
Supiot A., *Homo juridicus. Saggio sulla funzione antropologica del diritto* (2005), Bruno Mondadori, Milano 2006.
Volterra V. (a cura di), *Aspetti clinici e medico-legali in psichiatria penitenziaria*, in G. B. Cassano, P. Pancheri *et al.* (a cura di), *Trattato italiano di psichiatria* (1992), Masson, Milano 1999, vol. III, pp. 3957-3976.
–, *Psicologia forense e aspetti di medicina legale rilevanti in psichiatria*, in G. B. Cassano, P. Pancheri *et al.* (a cura di), *Trattato italiano di psichiatria*, cit., vol. III, pp. 3899-3932.
Zatti P., *Persona giuridica e soggettività*, Cedam, Padova 1975.

Psicologia funzionalista, v. FUNZIONALISMO.

Psicologia generale (ingl. *General psychology*; ted. *Allgemeine Psychologie*; fr. *Psychologie générale*; sp. *Psicología general*). Detta anche *psicologia pura* o *psicologia accademica*, la psicologia generale non costituisce propriamente un settore di ricerca, ma piuttosto un'elaborazione e una sintesi delle teorie e dei risultati sperimentali ottenuti in campo psicologico, relativamente ai processi dell'APPRENDIMENTO (v.), dell'EMOZIONE (v.), del LINGUAGGIO (v.), della MEMORIA (v.), della MOTIVAZIONE (v.), del PENSIERO (v.), della PERCEZIONE (v.), considerati in modo prevalentemente indipendente dal contesto esistenziale. Sebbene collaudata da una lunga tradizione storica e da un corpus di studi coltivati negli istituti universitari, la psicologia generale, che alcuni vogliono far coincidere con la PSICOLOGIA (v.) senza aggettivazione e altri con la PSICOLOGIA SPERIMENTALE (v.), ha suscitato obiezioni che si possono riassumere in quella formulata da Gordon Willard Allport, per il quale «voler astrarre lo spirito umano universale da una popolazione di attivi, stimolanti e ben squadrati individui è certo impresa di dubbia validità. Questo spirito umano generalizzato è un mito, ad esso mancano le caratteristiche più essenziali, il luogo, le peculiarità organiche, il rapporto delle singole parti tra loro e la coscienza di sé» (1955, p. 12). Per superare queste giustificate obiezioni, la psicologia generale, oltre ai temi tradizionali della sua ricerca, s'è declinata come psicologia della personalità (v. PERSONALITÀ), articolando al proprio interno un aspetto *nomotetico* che riguarda le leggi generali, e uno *idiografico* che coglie il tratto psicologico nella sua specificità e singolarità.

Bibliografia

Allport G. W., *Divenire. Fondamenti di una psicologia della personalità* (1955), Editrice Universitaria, Firenze 1963.
Ancona L. (a cura di), *Nuove questioni di psicologia*, La Scuola, Brescia 1972.
Anolli L., Legrenzi P., *Psicologia generale*, il Mulino, Bologna 2006.
Baroni M. R., D'Urso V., *Psicologia generale*, Einaudi, Torino 2004.
Cacciari C., Papagno C. (a cura di), *Psicologia generale e neuroscienze cognitive*, il Mulino, Bologna 2006.
Cherubini P. (a cura di), *Psicologia generale*, Raffaello Cortina, Milano 2012.
Dazzi N., Vetrone G. (a cura di), *Psicologia. Introduzione per le scienze umane*, Carocci, Roma 2000.
Hardy M., Heyes S., *Introduzione alla psicologia* (1979), Feltrinelli, Milano 1983.
Hebb D. O., *Psicologia* (1966), La Nuova Italia, Firenze 1970.
Hilgard E. R., Atkinson R. Ch., Atkinson R. L., *Psicologia. Corso introduttivo* (1953), Giunti Barbera, Firenze 1976.
Huisman D. (a cura di), *Psicologia generale* (1971), Trento Procaccianti Editore, Milano 1977.
Imbasciati A., *Istituzioni di psicologia*, vol. I: *Introduzione alle scienze psicologiche*, vol. II: *I grandi temi della ricerca*, Utet, Torino 1986.
Katz D., Katz R. (a cura di), *Trattato di psicologia* (1950), Bollati Boringhieri, Torino 1960.
Legrenzi P., Papagno C., Umiltà C., *Psicologia generale. Dal cervello alla mente*, il Mulino, Bologna 2012.
Lurija A. R., *Corso di psicologia generale* (1975), Editori Riuniti, Roma 1979.
Schönpflug W., Schönpflug U., *Istituzioni di psicologia generale* (1983), Città Nuova, Roma 1991.
Zorzi M., Girotto V. (a cura di), *Fondamenti di psicologia generale*, il Mulino, Bologna 2007.

Psicologia genetica, v. EPISTEMOLOGIA GENETICA; COGNIZIONE, §§ 2-3.

Psicologia geriatrica, v. PSICOLOGIA DELL'INVECCHIAMENTO.

Psicologia giudiziaria, v. PSICOLOGIA FORENSE, § 1.

Psicologia giuridica, v. PSICOLOGIA FORENSE.

Psicologia individuale (ingl. *Individual psychology*; ted. *Individualpsychologie*; fr. *Psychologie individuelle*; sp. *Psicología individual*). Detta anche *psicologia individuale comparata*, è la teoria psicologica elaborata da Alfred Adler che, insieme alla psicoanalisi freudiana e alla psicologia analitica junghiana, costituisce la triade classica delle "psicologie del profondo" (v. PSICOLOGIA DEL PROFONDO). Adler ritiene che ci sono due istanze innate nell'uomo esprimibili come *volontà di potenza* (v. POTENZA, § 2) intesa come bisogno innato di sopravvivere e di affermarsi, e come *sentimento sociale* (v. SENTIMENTO, § 3) da intendersi sia come sentimento di cooperazione con la comunità, sia di compartecipazione emotiva con gli altri individui. La coesistenza di queste due istanze rappresenta la "salute mentale", mentre il loro conflitto porta alla nevrosi. Infatti, scrive Adler, «ogni nevrosi può essere intesa come un tentativo culturalmente sbagliato di liberarsi da un senso di inferiorità per procacciarsi un senso di superiorità. La via della nevrosi non porta sulla linea dell'attività sociale, non tende alla soluzione dei problemi che sono stati posti, ma sbocca invece nella stretta cerchia familiare e costringe il paziente a finire in una posizione di isolamento. La grande cerchia sociale viene eliminata, del tutto o in gran parte, con un *arrangement* d'ipersensibilità e di intolleranza» (1920, p. 30).

Alla base della volontà di potenza, concetto che Adler, per suo stesso riconoscimento, media da Friedrich Nietzsche, «tra tutti i filosofi importanti che ci hanno lasciato qualcosa, Nietzsche è quello più prossimo al nostro modo di pensare» (in Herman Nunberg, Ernst Federn, 1973, p. 351), c'è quel fisiologico *sentimento di inferiorità* (v. INFERIORITÀ) che caratterizza il bambino alla sua nascita e che, non superato, si trasforma in *complesso di inferiorità*. Ad accentuare il complesso di inferiorità possono concorrere quella che Adler chiama inferiorità d'organo, intesa come insufficienza fisica o estetica, e la costellazione familiare, intesa come rivalità tra i fratelli a cui Adler attribuisce un'importanza maggiore che ai genitori.

La psicologia individuale rifiuta il determinismo psicoanalitico (v. DETERMINISMO, § 1) a favore di una *progettualità* e di un *finalismo* che trovano la loro espressione in quello che Adler chiama lo *stile di vita* (v. STILE) che caratterizza ogni individuo: «Non siamo in grado di pensare, di sentire, di volere, di agire senza aver in mente un fine. Perché tutte le causalità non bastano all'organismo vivente per dominare il caos del futuro e per eliminare il disordine di cui saremmo vittime. Ogni azione si fermerebbe allo stadio di assaggio confuso, non si raggiungerebbe l'economia della vita psichica e, senza unità, senza fisionomia e senza una qualsiasi nota personale, noi assomiglieremmo a degli esseri viventi del rango di un'ameba» (1920, pp. 12-13). La dimensione finalistica è assegnata anche all'inconscio che si annuncia nel sogno, letto da Adler come "un ponte gettato verso il futuro". Rifiutato nel suo aspetto topico, l'inconscio è visualizzato nel suo aspetto dinamico come proiezione a venire che si manifesta nella simbolica che produce, da non leggere secondo uno schema valido per tutti, ma in modo "contingente", rispettoso cioè dell'esperienza psichica individuale e dell'ambito culturale in cui il soggetto cresce.

La progettazione da parte dell'uomo di piani di vita può comportare una valutazione di sé e del mondo che si distacca dall'oggettività, producendo quelle *finzioni* che restano nell'ambito della normalità psichica finché non distanziano troppo l'individuo dai suoi simili e non alterano la coerenza del pensiero. Abbandonato il determinismo pulsionale della psicoanalisi, Adler è costretto a rivisitare anche le pulsioni sessuali e aggressive, intendendo le prime come espressioni della "compartecipazione emotiva" e le seconde come espressioni dell'istinto di sopravvivenza, contro l'ipotesi di Sigmund Freud che le leggeva come figure della pulsione di morte (v. MORTE, § 2).

Concependo la nevrosi come il risultato del fallimento della compensazione, con conseguente difficoltà di passaggio dalla posizione egocentrica a quella della cooperazione e integrazione sociale, Adler imposta il problema della nevrosi sul piano dell'Io riconoscendo al soggetto una sostanziale consapevolezza delle proprie motivazioni e quindi una almeno parziale responsabilità nell'evoluzione del proprio stile di vita. In questo modo Adler anticipa quello spostamento dell'interesse analitico dall'inconscio all'Io e al suo rapporto con la società in cui è inserito (v. INDIVIDUO) che troverà la sua formulazione da un lato nella PSICOLOGIA DELL'IO (v.) di Heinz Hartmann, Ernst Kris ed Erik Homburger Erikson, dall'altro nella psicologia interpersonale (v. PSICOLOGIA SOCIALE, § 3, *d*) espressa da Karen Horney, Erich Fromm e Harry Stack Sullivan.

Sul piano psicoterapeutico, la terapia adleriana non ricorre alle libere associazioni (v. ASSOCIAZIONE, § 4), considera il TRANSFERT (v.) come un elemento facilitante ma non fruibile a livello interpretativo, e presuppone una partecipazione attiva da parte del terapeuta tesa a smascherare i falsi obiettivi a cui il paziente tende e a fornire mete esistenziali più idonee e stimolanti. Di qui l'influenza di Adler sul pensiero pedagogico contemporaneo.

Bibliografia

Adler A., *Il temperamento nervoso* (1912), Astrolabio, Roma 1950.
–, *Prassi e teoria della psicologia individuale* (1920), Astrolabio, Roma 1947.
–, *Psicologia individuale e conoscenza dell'uomo* (1926), Newton Compton, Roma 1975.
–, *Aspirazione alla superiorità e sentimento comunitario* (1928-1937), Edizioni Universitarie Romane, Roma 2008.
–, *La psicologia del bambino difficile* (1930), Newton Compton, Roma 1973.
–, *Psicologia dell'educazione* (1930), Newton Compton, Roma 1975.
–, *La tecnica della psicologia individuale* (1930-1932), Newton Compton, Roma 2005.
–, *Il senso della vita* (1933), Newton Compton, Roma 1997.
Ansbacher H. L., Ansbacher R. R., *La psicologia individuale di Alfred Adler* (1956), Martinelli, Firenze 1997.
Cargnello D., *Introduzione allo studio della nevrosi secondo la psicologia individuale di A. Adler*, in "Rivista di Psicologia", 1941, a. 37, n. 4, pp. 201-317.
Dreikurs R., *Lineamenti della psicologia di Adler* (1950), La Nuova Italia, Firenze 1968.
Maiullari F., *Simbolo e sogno nell'età evolutiva alla luce della psicologia individuale*, in "Rivista di Psicologia Individuale", 1978, n. 2.
Nunberg H., Federn E. (a cura di), *Dibattiti della società psicoanalitica di Vienna 1906-1908*, Bollati Boringhieri, Torino 1973.
Parenti F., *Manuale di psicoterapia su base adleriana*, Hoepli, Milano 1970.
–, *La psicologia individuale dopo Adler*, Astrolabio, Roma 1983.
–, *Alfred Adler*, Laterza, Bari 1987.
Sperber M., *Alfred Adler et la psychologie individuelle. L'homme et sa doctrine*, Gallimard, Paris 1972.
Way L., *Introduzione ad Alfred Adler*, Giunti Barbera, Firenze 1969.

Psicologia industriale (ingl. *Industrial psychology*; ted. *Industrielle Psychologie*; fr. *Psychologie industrielle*; sp. *Psicología industrial*). Ramo della PSICOLOGIA APPLICATA (v.) che prende in esame il fattore umano nel contesto industriale. Nasce in Inghilterra con la fondazione dell'Institute of Industrial Psychology da parte di Charles Samuel Myers che così la definisce: «Il suo scopo è quello di scoprire le migliori condizioni umane possibili nei lavori professionali, che siano esse connesse alla migliore scelta di una vocazione, alla selezione del personale più adatta, ai mezzi più efficaci per evitare la stanchezza e la noia, allo studio e alla messa in atto dei più validi incentivi al lavoro, alle cause dell'irritazione, della scontentezza e dell'irrequietezza ed ai relativi rimedi, ai migliori metodi di lavoro e di addestramento, alla riduzione degli sforzi non necessari e delle fatiche dovuti a cattivi movimenti e posizioni, all'illuminazione inadeguata, alla ventilazione e alla temperatura, alla sistemazione sbagliata del materiale o alla difettosa disposizione degli impianti, dei trasporti interni o dell'organizzazione» (1958, pp. 38-39). Oggi quest'ordine di problemi è affrontato da una scienza specifica: l'ERGONOMIA (v.), mentre alla psicologia industriale sono assegnati problemi di *formazione*, in base al principio che, se vengono soddisfatti le aspirazioni e i bisogni dei lavoratori e vengono sviluppate le loro capacità, la produttività stessa aumenta, comportandosi come una variabile dipendente rispetto a quella variabile indipendente che è l'uomo con le sue esigenze, tra cui quelle psichiche di identità e di riconoscimento di ruolo. Le tecniche di formazione attingono a una strumentazione di origine psicosociale e in parte clinica, opportunamente adattate e modificate in quanto rivolte a persone che si suppongono "normali". Per ulteriori approfondimenti si vedano le voci PSICOLOGIA DEL LAVORO e ORGANIZZAZIONE.

Bibliografia

AA.VV., *Il divenire dell'impresa*, Anabasi, Milano 1993.
Accornero A., *Il mondo della produzione. Sociologia del lavoro e dell'industria*, il Mulino, Bologna 2006.
Bize R., Milhaud J., *Psicologia industriale*, Edizioni Paoline, Roma 1958.
Brown J. A. C., *Psicologia sociale dell'industria* (1954), Mondadori, Milano 1961.
Jaques E., *Lavoro, creatività e giustizia sociale* (1970), Bollati Boringhieri, Torino 1978.
–, *Autorità e partecipazione nell'azienda* (1971), Franco Angeli, Milano 1975.
Mayo E., *I problemi umani e sociopolitici della civiltà industriale* (1945), Utet, Torino 1969.
Myers Ch. S., *Introduzione alla psicologia industriale* (1958), Etas Kompass, Milano 1963.

Psicologia infantile, v. PSICOLOGIA DELL'INFANZIA.

Psicologia interpersonale, v. PSICOLOGIA SOCIALE, § 3, *d*.

Psicologia introspezionista, v. INTROSPEZIONISMO.

Psicologia junghiana, v. PSICOLOGIA ANALITICA.

Psicologia legale, v. PSICOLOGIA FORENSE.

Psicologia medica (ingl. *Medical psychology*; ted. *Medizinische Psychologie*; fr. *Psychologie médicale*; sp. *Psicología médica*). Ramo della PSICOLOGIA APPLICATA (v.) che si occupa dei problemi della medicina, con particolare riguardo alle conoscenze psicologiche che ogni medico dovrebbe avere e utilizzare nella sua interazione con i malati. Dal momento che i confini tra malattia psichica e malattia organica appaiono sempre più sfumati, la psicologia può offrire mezzi di indagine e di intervento terapeutico adeguati alle situazioni di disturbo emotivo, indicando come adoperare in maniera tecnicamente corretta le capacità individuali di rapporto umano che ogni medico quotidianamente impiega nell'esercizio della sua professione. Non solo, ma, come osserva Michael Balint, una grande quantità di disturbi fisici giunge all'osservazione del medico prima che abbiano raggiunto lo stadio di malattia "organizzata". In questo caso i pazienti si lamentano di sintomi vaghi e non ben definiti che si rivelano poi connessi a situazioni stressanti (v. STRESS) della loro esistenza, e che non si riescono facilmente a inquadrare in una particolare categoria diagnostica. In tal caso i sintomi richiedono di essere letti e interpretati come risposte psicofisiche a determinate situazioni della vita, specie nei confronti delle persone significative dell'ambiente del paziente, in particolare nell'ambito della famiglia e del lavoro.

Come scrive Pierre B. Schneider, «la psicologia medica fornisce quella serie di atteggiamenti e di capacità operative che consentono di ampliare il concetto di malattia in medicina. In particolare il suo porre costantemente l'accento sull'interazione dei fattori biologici, psicologici e sociali, nonché il rilievo che le modalità di risposta della personalità adulta a situazioni stressanti sono determinate dal precedente sviluppo della personalità stessa durante l'infanzia, rende questo tipo di approccio il più idoneo a fornire la risposta a quella fondamentale domanda che ci dobbiamo porre nei confronti della malattia, e cioè perché questa particolare persona ha sviluppato questo particolare sintomo in questo particolare momento della sua vita» (1969, p. 12). La psicologia medica esige dall'operatore, oltre a una conoscenza dei metodi terapeutici per consigliare questo o quel tipo di terapia, anche una conoscenza delle dinamiche psichiche connesse ai problemi di identificazione, ai conflitti riguardanti il ruolo del sesso, all'azione di esagerati sensi di colpa e di angoscia, ai principali meccanismi di difesa, ai processi di interazione umana, nonché una consapevolezza, da parte del medico, delle proprie reazioni emotive ai problemi suscitati dal contatto con i pazienti. Per la formazione del medico nella sua relazione con il paziente, Balint ha fondato appositi gruppi (v. BALINT, GRUPPO).

Bibliografia

Balint M., *Medico, paziente e malattia* (1957), Feltrinelli, Milano 1961.

Brauman R., *Utopie sanitarie. Umanità e disumanità della medicina* (2000), Feltrinelli, Milano 2012.

Gadamer H.-G., *Dove si nasconde la salute* (1993), Raffaello Cortina, Milano 1994.

Good B. J., *Narrare la malattia. Lo sguardo antropologico sul rapporto medico-paziente* (1994), Edizioni di Comunità, Torino 1994.

Jaspers K., *Il medico nell'età della tecnica* (1950-1955), Raffaello Cortina, Milano 1991.

Jonas H., *Tecnica, medicina ed etica. Prassi del principio di responsabilità* (1985), Einaudi, Torino 1997.

Kretschmer E., *Manuale teorico-pratico di psicologia medica* (1922), Sansoni, Firenze 1952.

Pinkus L., *Psicologia del malato*, Edizioni Paoline, Roma 1985.

Schneider P. B., *Psicologia medica* (1969), Feltrinelli, Milano 1972.

Shorter E., *La tormentata storia del rapporto medico-paziente* (1985), Feltrinelli, Milano 1986.

Tatarelli R., De Pisa E., Girardi P., *Curare con il paziente. Metodologia del rapporto medico-paziente*, Franco Angeli, Milano 1998.

Psicologia militare (ingl. *Military psychology*; ted. *Wehrpsychologie*; fr. *Psychologie militaire*; sp. *Psicología militar*). Settore della PSICOLOGIA APPLICATA (v.) che studia i vari aspetti psicologici della realtà militare. Sorta negli Stati Uniti dopo la Prima guerra mondiale, la psicologia militare ha avuto un notevole impulso per effetto dei moderni sistemi di comando, di armamento, di tecnologia avanzata, con sempre più frequenti rapporti con la PSICOLOGIA INDUSTRIALE (v.) per effetto dell'interconnessione fra tecnologia militare e sviluppo industriale. Gli ambiti specifici di intervento sono: 1) la selezione del personale attraverso opportuni test volti a individuare le attitudini specifiche in vista delle attività e delle aree di applicazione; 2) gli studi ergonomici (v. ERGONOMIA) per il miglior adattamento uomo-attrezzatura, per il controllo del rendimento, dell'affaticamento e dell'efficienza uomo-dispositivo bellico; 3) la razionalizzazione dei sistemi di apprendimento con misurazione del rendimento e della prestazione; 4) le indagini psicosociologiche in vista dei rapporti interpersonali, dello stile di comando, del comportamento in situazioni eccezionali, della motivazione, della relazione tra autorità e obbedienza, del maggior o minor adattamento dell'individuo al gruppo dei compagni e al sistema gerarchico; 5) le tecniche di cooperazione in ordine allo spirito di corpo, alla sopravvivenza, al superamento della sfiducia e delle crisi di angoscia, ingredienti della "guerra psicologica" che mira a rafforzare o a scalzare la fiducia a seconda che si rivolga ai propri soldati o ai nemici.

Bibliografia

Galtung J., *Theories of conflict*, Alien & Unwin, London 1967.

Hill Ch. W., *Military psychology*, in A. A. Roback (a cura di), *Present-day psychology. An original survey of departments, branches, methods, and phases, including clinical and dynamic psychology*, Philosophical Library, New York 1955.

Melorio E., Guerra G., *Giovani e forze armate*, Masson, Milano 1987.

Osgood Ch. E., *Limited war. The challenge to american strategy*, University Press, Chicago 1957.
Rapoport A., *Strategia e coscienza* (1964), Bompiani, Milano 1969.
Rossi R., *Psichiatria militare e di guerra*, in G. B. Cassano, P. Pancheri *et al.* (a cura di), *Trattato italiano di psichiatria* (1992), Masson, Milano 1999, vol. III, pp. 3933-3956.
Simoneit M., *Wehrpsychologie. Ein Abriss ihrer Probleme und politischen Folgerungen*, Bernard & Graefe, Berlin 1933.

Psicologia narrativa, v. NARRAZIONE.

Psicologia oggettiva (ingl. *Objective psychology*; ted. *Objektive Psychologie*; fr. *Psychologie objective*; sp. *Psicología objetiva*). Orientamento e metodo della psicologia che si attiene allo studio del comportamento (v. COMPORTAMENTISMO), che può essere osservato e sottoposto a misura mediante una strumentazione che consente la verifica da parte di qualsiasi osservatore (v. PSICOLOGIA SPERIMENTALE), con conseguente esclusione di tutti quei fattori soggettivi non direttamente osservabili o sottoponibili a sperimentazione.

Psicologia ormica (ingl. *Hormic psychology*; ted. *Hormische Psychologie*; fr. *Psychologie hormique*; sp. *Psicología hórmica*). Teoria degli istinti elaborata da William McDougall, e sostenuta da George Frederick Stout e da John Dewey, secondo la quale alla base del comportamento vi sono pulsioni istintuali primarie (in greco ὁρμή) che, subendo modificazioni in virtù dell'apprendimento e dell'operare dell'intelligenza, si costituiscono in quei fattori psicologici complessi noti come "sentimenti", a cui ricondurre atteggiamenti e credenze a carattere emotivo. L'*istinto*, per McDougall, coinvolge tre componenti: *cognitiva* nel porre attenzione a un determinato stimolo, *emotiva* nell'avvertire una risonanza emozionale rispetto allo stimolo, *conativa* che induce a compiere un'azione a partire dallo stimolo. A ogni istinto descritto nel comportamento animale corrisponde un'emozione negli esseri umani. Così all'istinto genitoriale corrisponde l'emozione della tenerezza, all'istinto di fuga l'emozione della paura, all'istinto del combattimento l'emozione della rabbia, all'istinto di repulsione l'emozione del disgusto, all'istinto di curiosità l'emozione della meraviglia, all'istinto di sottomissione l'emozione della soggezione, all'istinto di autoaffermazione l'emozione del benessere. L'*emozione* è il versante soggettivo della forza che spinge a un comportamento corrispondente ed è presente in tutti gli individui, mentre il *sentimento* è un sistema integrato di risposte emozionali che si formano nei singoli individui in relazione a stimoli specifici e alla loro storia personale. Da ultimo, il comportamento umano è guidato dall'intenzionalità e dalla tensione finalistica (*purposive striving*) che ne costituisce la chiave della comprensione psicologica, inaccessibile agli approcci meccanicistici contro cui McDougall condusse un'aspra polemica. Per estensione si adotta oggi il termine *ormismo* per tutte quelle concezioni psicologiche che assumono l'ipotesi finalistica (v. FINALISMO) come principio esplicativo.

Bibliografia

McDougall W., *An introduction to social psychology*, Methuen, London 1908.
–, *Psychology. The study of behavior*, Williams and Nogat, London 1912.
–, *The hormic psychology* (1930), in C. Murchison (a cura di), *Psychologies of 1930*, Series: *Classics in Psychology*, Arno Press, New York 1973.
–, *The frontiers of psychology*, Methuen, London 1934.
Watson J. B., McDougall W., *The battle of behaviorism. An exposition and an exposure*, Norton, New York 1929.

Psicologia politica (ingl. *Political psychology*; ted. *Politische Psychologie*; fr. *Psychologie politique*; sp. *Psicología política*). Il termine è impiegato in due accezioni: 1) come settore della PSICOLOGIA APPLICATA (v.) finalizzata a ottenere il consenso degli elettori attraverso sondaggi di opinione, inchieste e altre tecniche mediate dalla PSICOLOGIA DELLA PUBBLICITÀ (v.); 2) come studio del comportamento politico a partire da modelli psicologici come il *rapporto amico-nemico*, che visualizza la politica come attività volta ad aggregare e difendere gli amici e disaggregare e combattere i nemici, o come l'*etica di gruppo*, dove il politico agisce ed è giudicato in base alla sua capacità di rappresentare ed esprimere il gruppo che lo ha eletto e le sue esigenze. I due modelli non sono necessariamente antitetici dato che, come scrive Julien Freund, trovano nell'istanza statale o governativa la loro mediazione: «Quanto più un'opposizione si sviluppa nella direzione della distinzione amico-nemico, tanto più essa diviene politica. La caratteristica dello Stato è di sopprimere all'interno del suo ambito di competenza la divisione dei suoi membri o gruppi interni in amici e nemici, allo scopo di non tollerare se non le semplici rivalità agonistiche o le lotte dei partiti, e di riservare al governo il diritto di designare il nemico esterno. [...] È dunque chiaro che l'opposizione amico-nemico è politicamente fondamentale» (1965, p. 445).

Bibliografia

Calvi G., *Psicologia politica*, Eurisko, Milano 1983.
Catellani P., *Psicologia politica*, il Mulino, Bologna 1997.
Freund J., *L'essence du politique*, Dalloz-Sirey, Paris 1965.

Psicologia pragmatico-relazionale, v. PSICOLOGIA SISTEMICA, § 2.

Psicologia razionale, v. PSICOLOGIA FILOSOFICA.

Psicologia riflessiva, v. RIFLESSIONE, § 2.

Psicologia rogersiana (ingl. *Rogersian psychology*; ted. *Psychologie von Rogers*; fr. *Psychologie rogérsienne*; sp. *Psicología rogersiana*). Orientamento teorico e terapeutico ideato da Carl Ransom Rogers sulla base delle sue osservazioni cliniche che lo condussero a rifiutare l'ipotesi psicoanalitica del "conflitto di natura sessuale", a favore di una concezione positiva dell'individuo, chiamato "organismo", che tende naturalmente alla propria realizzazione.

1. TEORIA DELLA PERSONALITÀ. Ogni individuo vive in un mondo di esperienze di cui è il centro. Questo mondo costituisce il suo campo percettivo all'interno del quale ogni organismo cerca la soddisfazione dei propri bisogni. Dall'interazione con il mondo dell'esperienza prende a costituirsi la struttura del SÉ (v. § 5), che è una configurazione dinamica ma coerente di percezioni e di relazioni che consente di acquisire i valori ambientali, i quali possono essere in accordo o in disaccordo con la tendenza del proprio organismo ad attualizzarsi secondo le proprie valutazioni che non sempre coincidono con quelle degli altri. Quanto maggiore è l'incongruenza tra il proprio processo organismico di valutazione e i valori esterni introiettati, tanto maggiore sarà l'area conflittuale e la difficoltà ad essere pienamente se stessi. Le esperienze che vengono registrate nella vita dell'individuo possono essere: *a*) *organizzate* intorno al Sé, determinandone la dinamica e il cambiamento in vista di un miglior adattamento al mondo; *b*) *ignorate* perché in esse non si percepisce alcuna relazione con il proprio Sé; *c*) *simbolizzate* in maniera corretta o distorta con conseguenze sulla percezione del proprio comportamento riconosciuto come "proprio" o "improprio" dall'individuo. Ogni esperienza non coerente con la struttura del Sé può venir percepita come una minaccia, e quanto più numerose sono queste percezioni, tanto più rigida diventa l'organizzazione caratteriale. L'individuo è tanto più "sano", quanto più il suo Sé è dinamico e capace di sostituire il suo sistema di valori con svalutazioni e rivalutazioni in base al fluire dell'esperienza.

2. PSICOTERAPIA. Da questo orientamento teorico scaturisce una terapia detta "non direttiva" o "centrata sul cliente", così denominato, anziché "paziente", per sottolineare le condizioni di parità in cui si svolge il dialogo terapeutico, dove il terapeuta non si pone nel ruolo di esperto o di possessore di un sapere oggettivo in grado di stabilire ciò che è "sano" e ciò che è "malato", e dove il "cliente" non subisce un'interpretazione che gli giunge dall'esterno o da un impianto teorico precostituito, ma esprime il suo "stato di incongruenza", partendo dal quale solamente può diventare davvero se stesso lungo le linee di sviluppo dei propri vissuti esperienziali, con modificazione di quelli distorti e con integrazione di quelli ignorati perché incompatibili con la struttura del proprio Sé. I fattori terapeutici sono per Rogers: *a*) l'*accettazione* positiva e incondizionata del paziente che soddisfa un fondamentale bisogno infantile probabilmente connesso a una matrice biologica; *b*) l'*empatia* come strumento conoscitivo da un lato e come condizione per il dialogo terapeutico dall'altro; *c*) la *congruenza* intesa come capacità del terapeuta di conoscere se stesso, che è poi la condizione necessaria per conoscere il cliente e instaurarlo come "l'altro" nella relazione. Lo scopo della terapia, infatti, non è quello di aiutare il cliente a risolvere un problema, ma quello di facilitarne le innate capacità di autoregolazione e di autorealizzazione.

Bibliografia

Becker A. M., Jandl-Jager E., *La psicoterapia del dialogo centrata sul cliente*, in H. Strotzka, *Manuale di psicoterapia* (1978), Città Nuova, Roma 1987.

Rogers C. R., *La terapia centrata sul cliente* (1951), La Nuova Italia, Firenze 1997.

–, *On becoming a person. A therapist's view of psychotherapy*, Houghton Mifflin, Boston 1961.

Rogers C. R., Kinget G. M., *Psicoterapia e relazioni umane. Teoria e pratica della terapia non direttiva* (1962), Bollati Boringhieri, Torino 1970.

Zucconi A., *Psicologia rogersiana*, in Centro Studi di Psicosintesi "R. Assagioli" (a cura di), *Immagini dell'uomo*, Rosini, Firenze 1986.

Zucconi A., Howell P., *La promozione della salute. Un approccio globale per il benessere della persona e della società*, La Meridiana, Molfetta 2003.

Psicologia scientifica, v. PSICOLOGIA SPERIMENTALE.

Psicologia scolastica (ingl. *School psychology*; ted. *Schulpsychologie*; fr. *Psychologie scolaire*; sp. *Psicología escolar*). Settore della PEDAGOGIA (v.) e della PSICOPEDAGOGIA (v.) che utilizza i metodi e i dati offerti dalla PSICOLOGIA GENERALE (v.), dalla PSICOLOGIA DELL'ETÀ EVOLUTIVA (v.) e dalla PSICOLOGIA DIFFERENZIALE (v.) per affrontare i problemi di inserimento, adattamento e disadattamento, orientamento scolastico e professionale (v. ORIENTAMENTO, §§ 4-5), con un lavoro che si svolge *nella* scuola e *con* la scuola, attraverso interventi informativi per genitori, corsi di formazione per insegnanti, assistenza psicologica di carattere psicodiagnostico e psicoterapeutico per allievi problematici. Rientrano nel suo ambito di competenza i problemi relativi all'APPRENDIMENTO (v.), all'INSEGNAMENTO (v.) e alle procedure impiegate nell'ISTRUZIONE (v.), nella DIDATTICA (v.), nella valutazione (v. DOCIMOLOGIA) e nella formazione scolastica che è un processo pluriennale che ha in vista l'educazione (v. PEDAGOGIA) e l'istruzione dell'individuo, a partire dall'età infantile fino al raggiungimento della maturità, valutata in termini di sviluppo delle funzioni intellettuali e di maturazione della personalità (v. PSICOLOGIA DELL'ETÀ EVOLUTIVA).

1. LE FUNZIONI INTELLETTUALI. Queste funzioni sono valutate in termini di *profitto*, che indica il grado di prestazioni che un allievo riesce a dare in rapporto alle proprie capacità e agli obiettivi prefissati dagli educatori. Normalmente il profitto è progressivo, anche se, per motivi di natura psicologica, può verificarsi un arresto a livelli bassi di SUCCESSO (v.), o addirittura un fallimento indicato come INSUCCESSO (v.). Ricerche di sociologia dell'educazione hanno mostrato che intervengono nel profitto le aspettative dei genitori, che hanno un peso più significativo delle aspettative degli insegnanti, e le aspettative dell'alunno in base al principio formulato da Robert King Merton, secondo cui chi ha delle aspettative su qualche avvenimento spesso agisce in modo che quell'avvenimento accada. Un secondo fattore evidenziato è la correlazione tra profitto e classe sociale, la cui influenza è evidente nei mezzi culturali messi a disposizione e nella percezione, da parte dello studente, della pressione ricevuta in famiglia in ordine alla continuazione degli studi.

Il profitto è misurato a partire da una valutazione *iniziale* che accerta le condizioni degli allievi nel loro accesso ad un determinato segmento del processo formativo, una *intermedia* che consente l'immediata attivazione di procedure compensative per gli allievi in difficoltà, e una *finale* che ha il compito di accertare i risultati individualmente raggiunti e la loro corrispondenza alle esigenze minime richieste dalla scuola. Alla *trasmissione culturale* (v. INSEGNAMENTO) e alla *valutazione* (v. DOCIMOLOGIA), che sono le funzioni didattiche fondamentali tra quelle richieste per la crescita delle funzioni intellettuali, vanno aggiunti l'*incentivazione* degli stati affettivi collegati all'apprendimento, il *consolidamento* dell'apprendimento in modo che quanto è stato acquisito assuma il valore di prerequisito a quanto dovrà essere appreso, e la *differenziazione* dell'apprendimento in modo da rispondere il più possibile ad esigenze di individualizzazione (v. CURRICOLO).

2. LA MATURAZIONE DELLA PERSONALITÀ. Questa maturazione avviene a partire dai primi anni di scuola attraverso un'evoluzione delle funzioni psichiche così illustrate da Giorgio Tampieri: *a*) per prima cosa si raggiunge una *visione oggettiva* della realtà abbandonando la fase che attribuisce alla realtà la propria visione soggettiva. La labilità dei confini tra il proprio Io, da una parte, e le altre persone e le cose, dall'altra, deve progressivamente ridursi, perché persone e cose possano divenire oggetto di genuino interesse e non di momentanea e mobilissima curiosità. *b*) Con il superamento di questa fase, all'attività casuale si sostituisce l'*attività ordinata a un fine* che può essere spontaneamente assunto o suggerito dall'educatore. *c*) A questa condizione, essenziale per padroneggiare una situazione, si aggiunge l'assunzione di una *guida interiore del comportamento* che presuppone l'acquisizione di un sistema di regole e la percezione della possibile trasgressione. *d*) Sul piano *intellettuale* si esige un passaggio dal pensiero analogico a quello deduttivo e induttivo, dall'irreversibilità preoperatoria alla capacità di compiere azioni reversibili, cosa che richiede una rappresentazione meno soggettiva dello spazio e del tempo, una partecipazione al pensiero causale, una progressiva capacità di procedere per ipotesi con possibilità di verificazione e falsificazione, da cui prende avvio l'acquisizione di capacità critiche (v. COGNIZIONE, § 2). *e*) Si ha una progressiva conquista dell'*indipendenza* con un minor bisogno di approvazione (*dipendenza affettiva*) e di aiuto materiale per conseguire i propri fini (*dipendenza strumentale*). La maturazione della personalità non va di pari passo con lo sviluppo delle funzioni intellettuali per cui, alla formazione scolastica spetta anche il compito di ridurre le disarmonie (v. PSICOPEDAGOGIA).

Su questo tema è intervenuto anche Sigmund Freud per il quale «la scuola secondaria deve fare più che evitare di spingere i giovani al suicidio; essa deve creare in loro il piacere di vivere e offrire appoggio e sostegno in un periodo della loro esistenza in cui sono necessitati dalle condizioni del proprio sviluppo ad allentare i loro legami con la casa paterna e la famiglia. Mi sembra incontestabile che la scuola non faccia ciò e che per molti aspetti rimanga al di sotto del proprio compito, che è quello di offrire un sostituto della famiglia e di suscitare l'interesse per la vita che si svolge fuori, nel mondo. [...] La scuola non deve mai dimenticare di aver a che fare con individui ancora immaturi, ai quali non è lecito negare il diritto di indugiare in determinate fasi, seppur sgradevoli, dello sviluppo. Essa non si deve assumere la prerogativa di inesorabilità, propria della vita; non deve voler essere più che un *giuoco* di vita» (1910, pp. 301-302). Oggi disponiamo di diversi test per valutare il disagio scolastico, come il test TVD (v. TVD, TEST) che, oltre al disagio, valuta anche il problema connesso della dispersione scolastica.

Bibliografia

Ardigò A., *Elementi di sociologia della famiglia e dell'educazione*, La Scuola, Brescia 1966.

Bellomo L., Ribolzi C., *L'inserimento degli handicappati nella scuola dell'obbligo*, il Mulino, Bologna 1979.

Blandino G., Cannella B., *La psicologia sociale nella scuola*, Paravia, Torino 1978.
Blandino G., Granieri B., *Le risorse emotive nella scuola*, Raffaello Cortina, Milano 2002.
Boscolo P., *Psicologia dell'educazione*, Giunti Barbera, Firenze 1980.
–, *Psicologia dell'apprendimento scolastico. Aspetti cognitivi*, Utet Libreria, Torino 1986.
Brint S., *Scuola e società* (1998), il Mulino, Bologna 2004.
Brookover W. B. *et al.*, *Elementary school climate and school achievement*, Michigan State University, East Lansing, Michigan, 1976.
Calvani A., Rotta M., *Comunicazione e apprendimento in Internet. Didattica costruttivistica in rete*, Erickson, Trento 1999.
Cornoldi C., *Le difficoltà di apprendimento a scuola*, il Mulino, Bologna 1999.
Di Pietro M., Bassi E., Filoramo G., *L'alunno iperattivo in classe*, Erickson, Trento 2001.
Folgheraiter F. (a cura di), *Problemi di comportamento e relazione di aiuto nella scuola*, Erickson, Trento 1992.
Freud S., *Contributi a una discussione sul suicidio* (1910), in *Opere* (1967-1993), Bollati Boringhieri, Torino, vol. VI.
Gagné R. M., *Le condizioni dell'apprendimento* (1965), Armando, Roma 1973.
Gelb I. J., *Teoria generale e storia della scrittura. Fondamenti della grammatologia* (1963), Egea, Milano 1993.
Hargreaves D. H., *Social relations in a secondary school*, Routledge & Kegan, London 1967.
Lodi M., *La scuola e i diritti del bambino*, Einaudi, Torino 1983.
Mancini G., Gabrielli G., *Test TVD. Valutazione del disagio e della dispersione scolastica*, Erickson, Trento 1998.
Masoni M. V., *La consultazione psicologica nella scuola*, Giuffrè, Milano 1997.
Merton R. K., *The self-fulfilling prophecy*, in "The Antioch Review", 1962, n. 8.
Pani R., Biolcati R., Sagliaschi S., *Psicologia clinica e psicopatologia per l'educazione e la formazione*, il Mulino, Bologna 2009.
Passolunghi M. C., De Beni R., *I test per la scuola*, il Mulino, Bologna 2001.
Petter G., *Il bambino va a scuola*, il Mulino, Bologna 2004.
Pombeni M. L., *Orientamento scolastico e professionale*, il Mulino, Bologna 1990.
Pontecorvo C., *Educazione e scuola di fronte alle differenze di intelligenza*, in Id. (a cura di), *Intelligenza e diversità*, Loescher, Torino 1981.
Russo G., *Metodologia e didattica per le classi differenziali*, Armando, Roma 1968.
Sharp R., Green A., *Education and social control*, Routledge & Kegan, London 1975.
Stoll C., *Confessione di un eretico high-tech. Perché i computer nelle scuole non servono e altre considerazioni sulle nuove tecnologie* (1999), Garzanti, Milano 2001.
Tampieri G., *Aspetti psicologici dell'adattamento scolastico*, in L. Ancona (a cura di), *Nuove questioni di psicologia*, La Scuola, Brescia 1972, vol. II, pp. 287-323.
Testoni I., *Genitori e insegnanti quasi perfetti. Il rapporto scuola-famiglia dal punto di vista di genitori e insegnanti*, Giuffrè, Milano 1995.
Tressoldi P. E., Vio C., *Diagnosi dei disturbi dell'apprendimento scolastico*, Erickson, Trento 1996.
–, *Il trattamento dei disturbi dell'apprendimento scolastico*, Erickson, Trento 1998.
Trombetta C. (a cura di), *Lo psicologo scolastico. Competenze e metodologie professionali*, Erickson, Trento 2011.
Vertecchi B., *La scuola dell'obbligo*, in S. Marsicano (a cura di), *Comunicazione e disagio sociale*, Franco Angeli, Milano 1987.
Woods P., *The divided school*, Routledge & Kegan, London 1979.
Zoletto D., *Straniero in classe. Una pedagogia dell'ospitalità*, Raffaello Cortina, Milano 2007.

Psicologia sessuale (ingl. *Sexual psychology*; ted. *Geschlechtspsychologie*; fr. *Psychologie sexuelle*; sp. *Psicología sexual*). Settore della psicologia che studia gli aspetti psichici soggettivi e comportamentali connessi all'insorgenza, alla maturazione e al declino della SESSUALITÀ (v.). In un senso più specifico, ma oggi un po' obsoleto, con "psicologia sessuale" si intende quel settore della psicologia differenziale che studia le differenze psicologiche tra individui in quanto appartenenti a sessi diversi (v. ATTIVITÀ – PASSIVITÀ, § 1; GENERE).

Psicologia sistemica (ingl. *Systemic psychology*; ted. *Systemische Psychologie*; fr. *Psychologie systémique*; sp. *Psicología sistémica*). Indirizzo psicologico sviluppatosi negli anni cinquanta a Palo Alto, in California, a partire dalla teoria dei tipi logici di Bertrand Russell, dalla teoria dei sistemi del biologo austriaco Ludwig von Bertalanffy e dalla teoria del DOPPIO LEGAME (v.) di Gregory Bateson. Muovendo dal concetto di base secondo cui tutto è COMUNICAZIONE (v. § 7, *d*), anche l'apparente non-comunicazione, la psicologia sistemica ritiene di poter indagare il mondo psichico a partire dal sistema della comunicazione regolato dalle leggi della *totalità* per cui il mutamento di una parte genera il mutamento del tutto, della *retroazione* che prevede l'abbandono del concetto di causalità lineare per quello di circolarità dove ogni punto del sistema influenza ed è influenzato da ogni altro, e dell'*equifinalità* per cui ogni sistema è la miglior spiegazione di se stesso, perché i parametri del sistema prevalgono sulle condizioni da cui il sistema stesso ha tratto origine. Detta psicologia ha come suo presupposto teorico la teoria generale dei sistemi e come sua risultanza pratica la terapia sistemica o pragmatico-relazionale.

1. LA TEORIA GENERALE DEI SISTEMI. Studio dell'organizzazione di una totalità detta *sistema*. La tesi che il tutto non è riconducibile alla somma delle parti era già nota nell'antichità, ma solo con l'avvento della CIBERNETICA (v.) si determinano le regole morfologiche,

strutturali e funzionali che consentono lo studio del sistema nella sua articolazione gerarchica e nella sua interazione con altri sistemi con cui avvengono scambi di materiali, energie o informazioni, come nel caso del "sistema famiglia" costituito da un insieme di unità legate da relazioni significative in continuo interscambio con l'ambiente sociale più vasto (sistema aperto). Secondo von Bertalanffy, che tentò di emancipare la teoria generale dei sistemi dalla cibernetica, «esistono dei modelli, dei principi e delle leggi che si applicano a sistemi generalizzati o a loro sottoclassi, indipendentemente dal loro genere particolare, dalla natura degli elementi che li compongono e dalle relazioni o "forze" che si hanno tra essi. Risulta pertanto lecito il richiedere una teoria non tanto dei sistemi di tipo più o meno speciale, ma dei principi universali che sono applicabili ai sistemi in generale. In questo senso noi postuliamo una nuova disciplina che chiamiamo "Teoria generale dei sistemi". Il suo oggetto di studio consiste nella formulazione e nella derivazione di quei principi che sono validi per i "sistemi" in generale» (1968, p. 66).

In psicologia l'opzione sistemica consente di superare: *a)* la concezione *atomistica* dello studio dei fenomeni psichici che aveva caratterizzato la psicologia sperimentale di Wilhelm Maximilian Wundt (v. INTROSPEZIONISMO), l'ASSOCIAZIONISMO (v.) e il COMPORTAMENTISMO (v.) classico; *b)* la concezione *causale* perché i fenomeni non sono più considerati come entità astratte e isolate spiegabili secondo il principio della causalità lineare, ma come globalità da studiarsi nell'interazione dinamica delle parti; *c)* le forme di *dualismo* (v. DUALISMO PSICOFISICO) sia di origine cartesiana come la dicotomia anima e corpo, sia di origine freudiana come la distinzione tra conscio e inconscio. Scrive in proposito Mara Selvini Palazzoli: «Il cambiamento consiste nell'abbandonare la visione meccanicistico-causale dei fenomeni che ha dominato le scienze fino a tempi recenti per acquisire una visione sistemica. Ciò significa che i membri della famiglia sono considerati come gli elementi di un circuito di interazione. I membri del circuito non hanno alcun potere unidirezionale sull'insieme. In altre parole, il comportamento di un membro della famiglia influenza inevitabilmente il comportamento degli altri. Tuttavia è epistemologicamente errato considerare il comportamento di questo membro come la *causa* del comportamento degli altri membri. E questo per il fatto che ogni membro influenza gli altri ma è anche influenzato dagli altri. [...] Finalmente tale nuova epistemologia permette di superare quei dualismi cartesiani la cui persistenza è ormai di ostacolo invece che di giovamento al progresso. Infatti se si riflette che in un circuito sistemico ogni elemento è inserito, e interagisce, con la sua totalità, le dicotomie organico-psichico, conscio-inconscio perdono di significato» (1975, pp. 13, 16).

Sono considerati precursori della teoria generale dei sistemi Lev Semënovič Vygotskij, per il quale «il risultato più essenziale della psicologia degli ultimi anni è stato il fatto che l'approccio analitico ai processi psicologici è stato sostituito da un approccio olistico-strutturale. [...] L'essenza di questo nuovo punto di vista è nel fatto che è passato in primo piano il concetto di "insieme". L'insieme ha le proprie caratteristiche, e definisce caratteristiche e funzioni degli oggetti che lo caratterizzano» (1934, p. 43); Jean Piaget, che confuta l'elementarismo (v. INTROSPEZIONISMO) dichiarando che «un'operazione isolata non è un'operazione, perché l'essenza delle operazioni è quella di costituire sistemi» (1947, p. 82); e la PSICOLOGIA DELLA GESTALT (v.) che, con Max Wertheimer, afferma che «vi sono relazioni che conducono a uno stato nel quale le cause e la natura dei processi dell'insieme non possono essere note a partire dalla conoscenza dei suoi elementi, che esistono dapprima sotto forma di parti separate, successivamente messe insieme e interconnesse. E viceversa qualsiasi comportamento dell'insieme è governato dalle leggi strutturali interne dell'insieme stesso» (1945, p. 121).

Gli esponenti dell'opzione sistemica, a partire da Bateson, spostano l'attenzione dal *significato* dei fenomeni psichici al *contesto* (v. CONTESTUALISMO) dei medesimi che li rende più comprensibili di quanto non li renda la loro interpretazione endopsichica. La nozione di contesto è alla base della *teoria del campo* (v. CAMPO, § 2) di Kurt Lewin, per il quale «i vettori che determinano la dinamica di un evento non possono essere definiti che in funzione della totalità concreta che comprende, nel contempo, l'oggetto e la situazione» (1936, p. 38), e dell'*approccio relazionale* di Paul Watzlawick, per il quale «un fenomeno resta inspiegabile finché il campo di osservazione non è abbastanza ampio da includere il contesto in cui il fenomeno si verifica» (1967, p. 14).

Questa assunzione metodologica, che ritroviamo nella *teoria della personalità* formulata da Gordon Willard Allport (v. PERSONALITÀ, § I, 11), nella *psicolinguistica* di Noam Chomsky (v. LINGUAGGIO, § 3, *e*; LINGUISTICA, § 3, *b*) e nella *teoria dell'informazione* di Ulric Neisser (v. COGNITIVISMO), conduce alle conseguenze così descritte da Watzlawick: «L'impossibilità di vedere la mente "al lavoro" ha fatto adottare negli ultimi anni un concetto elaborato nel settore delle comunicazioni, cioè quello di "scatola nera". [...] L'hardware elettronico è così complesso che talvolta conviene trascurare la struttura interna di un dispositivo e studiare esclusivamente i suoi rapporti specifici di ingresso-uscita. Anche se è vero che questi rapporti non escludono interferenze con quanto si verifica "realmente" all'interno della scatola, le cognizioni che se ne possono trarre non sono indispensabili per studiare la funzione del dispositivo nel sistema più grande di cui fa parte. Se applichiamo il concetto a problemi psicologici e psichiatrici, si vede subito il vantaggio euristico che presenta: non abbiamo bisogno di ricorrere ad alcuna ipotesi intrapsichica (che è fondamentalmente inverificabile) e possiamo limitarci a verificare i rapporti di ingresso e uscita, cioè la comunicazione» (ivi, pp. 36-37).

Gli strumenti utilizzati dall'approccio relazionale su base sistemica sono stati così riassunti dalla Selvini Palazzoli: «Il concetto di contesto come matrice di significati, la coesistenza nell'uomo dei due linguaggi, analogico e digitale, la nozione di punteggiatura nell'interazione, il concetto di necessità di definizione della relazione e i vari livelli verbali e non verbali su cui tale definizione può aver luogo, la nozione di posizione simmetrica o complementare nel rapporto, le fondamentali nozioni di paradosso sintomatico e di paradosso terapeutico» (1975, p. 16).

2. LA TERAPIA SISTEMICA O PRAGMATICO-RELAZIONALE. Dalla teoria generale dei sistemi è stata ricavata una forma di terapia, detta anche *psicoterapia strategica* (v. PSICOTERAPIA, § 4, *c*), che parte dall'idea che tutte le volte che un sistema viene portato lontano dal suo stato di equilibrio, da un input che può provenire dall'interno o dall'esterno del sistema stesso, si inaugura una fase, caratterizzata da un periodo di riorganizzazione del sistema, incerta e aperta a molti possibili sviluppi. In questa fase si inserisce l'operazione terapeutica dove il terapeuta, con le sue comunicazioni e teorie di riferimento, è considerato come un sistema che entra in contatto con un altro sistema che è il paziente, il gruppo, la famiglia o la comunità. L'incontro dei due sistemi crea un'*interfacie* o area di contatto dove il terapeuta introduce un'informazione che modifica il sistema dell'individuo, della famiglia o del gruppo. L'informazione può essere dotata nello stesso tempo di valore positivo e negativo. La risoluzione di questo PARADOSSO (v.) è una parte della risoluzione della crisi, perché se la dissonanza creata dall'immissione dell'informazione terapeutica si compone, diventano disponibili nell'individuo, nella famiglia, nel gruppo, le nuove strutture per riorganizzare ad un altro livello il sistema entrato in crisi.

In un sistema a livello di famiglia, per esempio, il terapeuta può cercare di individuare la persona che ha la capacità e il potere di iniziare il mutamento o di consentire ad esso di aver luogo. Indagherà quali convinzioni possono essere messe a confronto o quali modelli devono essere abbandonati per rendere possibile il mutamento. In un'organizzazione egli cercherà le persone chiave il cui mutamento di atteggiamento rende possibile il mutamento nel sistema organizzativo. In un individuo cercherà quali atteggiamenti o concetti sono aperti al mutamento senza minacciare l'identità più profonda. In una seconda fase, il terapeuta comunica la sua convinzione sulla presenza di dati paradossali e discordanti come problema da risolvere, controllando il livello d'ansia o di tensione nel sistema. Un'ansia eccessiva conduce infatti o a una regressione disorganizzante o a un tentativo di espellere il terapeuta considerato responsabile delle angosce del sistema. Un livello d'ansia troppo basso fornisce poca motivazione al mutamento. La risoluzione positiva dei problemi comporta un nuovo tipo di stabilità dinamica, una nuova organizzazione cognitiva di dati, una diminuzione dell'ansia e sentimenti di accresciuta competenza e stima di sé.

Da queste premesse si comprende come la terapia fondata sulla pragmatica relazionale cambia radicalmente il paradigma della prassi terapeutica, perché, rispetto alle scuole tradizionali di psicoterapia che si basano sull'interpretazione, la comprensione e la narrazione, sostituisce la narrazione con il dramma e il significato con l'azione.

Bibliografia

Allport G. W., *Divenire. Fondamenti di una psicologia della personalità* (1955), Editrice Universitaria, Firenze 1963.

Bateson G., *Verso un'ecologia della mente* (1972), Adelphi, Milano 1976.

Bertalanffy L. von, *Teoria generale dei sistemi. Fondamenti, sviluppo e applicazioni* (1968), Istituto Librario Internazionale (ILI), Milano 1971.

Boscolo L., Bertrando P., *Terapia sistemica individuale*, Raffaello Cortina, Milano 1996.

Chomsky N., *Le strutture della sintassi* (1957), Laterza, Bari 1970.

Cirillo S., Selvini M., Sorrentino A. M., *Entrare in terapia. Le sette porte della terapia sistemica*, Raffaello Cortina, Milano 2016.

Duhl F. J., *Intervento, terapia e mutamento*, in W. Gray, F. J. Duhl, N. D. Rizzo (a cura di), *Teoria generale dei sistemi e psichiatria* (1969), Feltrinelli, Milano 1978.

Forni E. M. (a cura di), *Teoria dei sistemi e razionalità sociale*, Cappelli Editore, Bologna 1986.

Goffman E., *Modelli di interazione* (1967-1969), il Mulino, Bologna 1971.

Gray W., Duhl F. J., Rizzo N. D. (a cura di), *Teoria generale dei sistemi e psichiatria* (1969), Feltrinelli, Milano 1978.

Laqueur H. P., *La teoria generale dei sistemi e la terapia familiare multipla*, in W. Gray, F. J. Duhl, N. D. Rizzo (a cura di), *Teoria generale dei sistemi e psichiatria*, cit.

Lewin K., *Principi di psicologia topologica* (1936), Organizzazioni Speciali (O. S.), Firenze 1961.

Luhmann N., *Sistemi sociali. Fondamenti di una teoria generale* (1984), il Mulino, Bologna 1990.

Malagoli Togliatti M., Telfener U. (a cura di), *Dall'individuo al sistema. Manuale di psicopatologia relazionale*, Bollati Boringhieri, Torino 1991.
Mead G. H., *Mente, Sé e Società* (1934), Giunti Barbera, Firenze 1966.
Molinari E., Mosconi A., *Il processo terapeutico nell'approccio sistemico. L'interazione tra osservatore e osservato*, Unicopli, Milano 1995.
Morin E., *La conoscenza della conoscenza* (1986), Feltrinelli, Milano 1989.
Nardone G., *Problem solving strategico da tasca. L'arte di trovare soluzioni a problemi irrisolvibili*, Ponte alle Grazie, Milano 2009.
Nardone G., Watzlawick P., *L'arte del cambiamento*, Ponte alle Grazie, Firenze 1990.
Neisser U., *Psicologia cognitivista* (1967), Martello-Giunti, Firenze 1976.
Papadopoulos R. K., Byng-Hall J. (a cura di), *Voci multiple. La narrazione nella psicoterapia sistemica familiare* (1997), Tavistock Studi Clinici (TSC), Bruno Mondadori, Milano 1999.
Paul N. L., *Un approccio sistemico generale alla maturazione umana e alla terapia familiare*, in W. Gray, F. J. Duhl, N. D. Rizzo (a cura di), *Teoria generale dei sistemi e psichiatria*, cit.
Piaget J., *Psicologia dell'intelligenza* (1947), Editrice Universitaria, Firenze 1964.
Rossi Monti M., Vitale S., *Dall'analisi esistenziale alla teoria dei sistemi. Aspetti della psicologia e della psichiatria del XX secolo*, Feltrinelli, Milano 1980.
Selvini Palazzoli M., Boscolo L., Cecchin G., Prata G., *Paradosso e controparadosso* (1975), Raffaello Cortina, Milano 2003.
Selvini Palazzoli M., Cirillo S., Selvini M., Sorrentino A. M., *I giochi psicotici nella famiglia*, Raffaello Cortina, Milano 1988.
Vella G., Loriedo C., *Terapie relazionali e sistemiche*, in G. B. Cassano, P. Pancheri *et al.* (a cura di), *Trattato italiano di psichiatria* (1992), Masson, Milano 1999, vol. III, pp. 3557-3580.
Vygotskij L. S., *Pensiero e linguaggio* (1934), Giunti Barbera, Firenze 1966.
Watzlawick P., *Guardarsi dentro rende ciechi. Scritti scelti con cinque saggi inediti* (1963-2006), Ponte alle Grazie, Milano 2007.
–, *Il linguaggio del cambiamento. Elementi di comunicazione terapeutica* (1977), Feltrinelli, Milano 1980.
– (a cura di), *La realtà inventata. Contributi al costruttivismo* (1981), Feltrinelli, Milano 1988.
–, *Il codino del Barone di Münchhausen. Ovvero: psicoterapia e "realtà"* (1988), Feltrinelli, Milano 1989.
Watzlawick P., Beavin J. H., Jackson D. D., *Pragmatica della comunicazione umana* (1967), Astrolabio, Roma 1971.
Wertheimer M., *Il pensiero produttivo* (1945, edito postumo), Giunti Barbera, Firenze 1965.

Psicologia sociale (ingl. *Social psychology*; ted. *Sozialpsychologie*; fr. *Psychologie sociale*; sp. *Psicología social*). Disciplina che studia le interazioni umane e le relazioni interpersonali a livello di individui, gruppi, istituzioni, nonché le varie tematiche evidenziate dalle situazioni sociali come l'influenza sociale, l'attrazione sociale, la comunicazione, la coesione, il cambiamento che sono alla base delle dinamiche che regolano la vita dei gruppi, delle organizzazioni e delle istituzioni sociali.

1. Il processo di socializzazione. La socializzazione è una caratteristica ontologica, ossia connaturata alla condizione umana, essendo l'uomo un animale sociale, nel senso che guadagna la sua individualità a partire dalla relazione, per tendere, con la sua individualità conquistata, alla relazione. Questo concetto è noto alla filosofia fin dai tempi di Aristotele a cui si deve la definizione dell'uomo come "animale sociale", ed è stato nel nostro secolo ribadito e rifondato dalla Fenomenologia (v.) e, in particolare, da Martin Heidegger in sede filosofica e da Ludwig Binswanger in sede psicopatologica (v. Analisi esistenziale) per i quali l'esistenza (*Dasein*) è originariamente co-esistenza (*Mit-dasein*). In sede psicologica il processo di socializzazione è stato schematicamente scandito in termini relazionali (v. Relazione) in tre fasi:

a) *La relazione diadica* è espressa dalla prima esperienza che il bambino fa con la figura materna, che garantisce la gratificazione dei suoi bisogni fondamentali. Questa gratificazione è alla base della *sicurezza affettiva* assicurata dalla continua presenza di segnali positivi e dalla loro riconferma dopo brevi periodi di assenza. Il progressivo ripetersi di presenza-assenza-presenza della madre genera nel bambino una fiducia nel ritorno o, come la definisce Erik Homburger Erikson, una *fiducia di base*, caratterizzata non più dalla presenza del segnale gratificante, ma dall'accettazione della sua assenza che attenua la dipendenza, consentendo il passaggio alla fase successiva (v. Famiglia, § II). Dal canto suo John Bowlby illustra tre tipi di attaccamento del bambino alla madre: *a*) *attaccamento ansioso-evitante*, tipico del bambino che accosta la madre come qualsiasi estraneo a motivo di una scarsa selettività e un'esigua capacità di reciprocità relazionale; *b*) *attaccamento sicuro*, caratterizzato da una forte relazione con la madre, accompagnata da una forte selettività nei confronti della figura materna rispetto alle altre figure; *c*) *attaccamento ansioso-ambivalente*, che oscilla tra il desiderio del contatto con la madre e il rifiuto, che si riscontra anche nella resistenza a entrare in relazione con estranei.

b) *La relazione triadica*. La progressiva autonomizzazione consente al bambino una più ampia esperienza che favorisce il confronto con la figura paterna, percepita come figura *normativa* e come *oggetto di competizione*. La normatività del padre, segnalata anche dalla madre che tende a utilizzare il ruolo autoritario del padre, riduce l'onnipotenza infantile, favorendo l'esperienza di limitazione delle proprie possibilità che il bambino non rinuncia ad allargare influenzando e condizionando la volontà paterna. Questo esercizio, innescato dal *bisogno di potere*, è alla base del rapporto con la figura paterna che in seguito determinerà il rapporto con l'altro nella relazione sociale. In questa fase il bambino matura il senso di *colpevolezza* determinato dal fatto che la sua autonomizzazione va a scapito della sicurezza affettiva, così come la sicurezza affettiva va a scapito della sua autonomia, con conseguente senso di *dipendenza* che, quando diventa insopportabile, può generare atteggiamenti di *controdipendenza* caratterizzati da aggressività tesa ad affermare la propria autonomia nei confronti dell'ambiente (v. DIPENDENZA, § 2). L'alternarsi di atteggiamenti dipendenti e controdipendenti è l'esercizio indispensabile per la conquista di quello stadio che Erikson ha chiamato di *autonomia* (v. AUTONOMIA – ETERONOMIA).

c) La relazione di gruppo prende avvio dalla relazione fraterna per passare quindi a quella ludica e poi scolastica, caratterizzate dalla relazione di *competitività* che ha per oggetto di riferimento la norma rappresentata dalla coppia genitoriale, dall'insegnante, dal leader del gruppo. Detta norma diventa la base a partire dalla quale si strutturano i processi di gratificazione e di sanzionamento che consentono al bambino di verificare le proprie capacità realizzative e produttive. Quando questa consapevolezza delle proprie capacità è interiorizzata, si riducono le componenti competitive, a favore dei valori di iniziativa e collaborazione che favoriscono, secondo l'espressione di David C. McClelland, l'*achievement positivo*, ossia la probabilità di successo (v. GRUPPO, § II).

2. LA PSICODINAMICA DELLA SOCIALIZZAZIONE. Il processo di socializzazione ha come elementi della sua dinamica due caratteristiche che Karl Jaspers definisce "ontologiche", perché tipiche della condizione umana, rappresentate dall'*angoscia* con il suo correlato positivo costituito dalla sicurezza, e dalla *colpevolezza* che gioca il suo ruolo nei processi di socializzazione e di appartenenza. Trattandosi di caratteristiche ontologiche, angoscia e colpevolezza, come ha evidenziato, partendo da altre premesse, anche Sigmund Freud, sono ineliminabili, ma fisiologicamente riducibili. L'*angoscia* è superabile con la progressiva sperimentazione dell'assenza che consente a poco a poco di tollerare la mancanza di sicurezza garantita dalla presenza dell'oggetto gratificante. Quando il superamento non avviene o risulta difficoltoso si ricorre solitamente a sistemi artificiali di sicurezza come la malattia, il sintomo, la fissazione nello sviluppo psichico, l'assunzione compensatoria di anestetici come l'alcol o la droga. La *colpevolezza*, connessa al concetto di separazione dall'unità originaria, si attiva ogni volta che il soggetto, abbandonata una certa forma di sicurezza, ha il dubbio di non poterla più ritrovare.

I due processi, innescati dall'angoscia e dalla colpevolezza, agiscono nei passaggi dalla famiglia al gruppo ludico e da questo alla scuola, dove il bambino sperimenta l'abbandono di una sicurezza raggiunta nel gruppo primario della famiglia per guadagnarne un'altra nel gruppo successivo, quindi la rottura di un equilibrio per un altro equilibrio. In questo passaggio il bambino sperimenta: *a*) una modificazione dei processi di *identificazione* (dai genitori agli insegnanti); *b*) un'evoluzione dalla sicurezza oggettuale, rappresentata dalla presenza fisica dell'oggetto gratificante, a una *sicurezza anoggettuale* come fiducia in un rapporto pur in assenza temporanea dei soggetti con cui è stipulato; *c*) la maturazione di un senso di *appartenenza* a unità superindividuali come i gruppi, o astratte come i valori, e non solamente di appartenenza interindividuale. L'appartenenza presuppone la sperimentazione precedente di un'appartenenza assoluta, senza la quale in seguito non si vive l'insicurezza ma l'angoscia, non l'estraneità ma l'anonimato; *d*) il passaggio dal mondo delle *funzioni*, ossia dei bisogni biologici, istintivi e affettivi, al mondo dei *valori* che può comportare la rinuncia al proprio bisogno o interesse. Nel mondo dei valori, che consente di accettare la propria colpevolezza e di rinunciare alla propria personale sicurezza sulla base di un ampio sentimento di gruppo, si esprime il punto d'arrivo della maturazione sociale.

3. LE DIVERSE INTERPRETAZIONI DEL PROCESSO DI SOCIALIZZAZIONE. Il processo di socializzazione è oggetto di diverse interpretazioni che dipendono dagli orientamenti teorici da cui prendono le mosse le varie ipotesi. Tra le più significative ricordiamo le seguenti:

a) Il comportamentismo ritiene che la socializzazione sia la risposta alle azioni degli altri, assunte come *stimolo sociale*, rispetto al quale l'individuo si comporta come di fronte allo stimolo fisico, reagendo per condizionamento, generalizzazione dello stimolo e rinforzo delle risposte (v. APPRENDIMENTO, § 1).

b) La psicoanalisi, con Freud, considera il mondo sociale come un polo del conflitto in relazione all'altro polo costituito dalle esigenze pulsionali dell'individuo. L'Io è la risultante di queste due istanze rappresentate dall'ES (v.) e dal SUPER-IO (v.) che interiorizza la normatività sociale, originariamente rappresentata dal padre, e poi estesa al sociale dopo la risoluzione del complesso edipico. Questa posizione fu modificata da Melanie Klein che anticipa la relazione sociale a stadi preedipici nell'attraversamento infantile della posizione schizoparanoidea e di quella depressiva (v. KLEINIANA, TEORIA, § 2), e dalla PSICOLOGIA DELL'IO (v.) di Heinz Hartmann per il quale esistono nell'Io due parti: una, denominata *conflict-born*, che riproduce l'Io freudiano nel suo emergere dal conflitto tra le esigenze pulsionali e le esigenze dell'ambiente, e una, denominata *conflict-free*, libera dal conflitto, che permette all'individuo di assimilare l'ambiente attivamente e non per risultanza conflittuale.

c) La psicologia dell'età evolutiva con Erikson concepisce la socializzazione come una tappa del processo evolutivo che l'individuo raggiunge quando realizza l'*ego-identity*, che ha il suo contrario nell'*ego-diffusion*. L'*ego-identity* non è il sentimento della propria identità con la percezione dell'interumano come altro da sé, ma è, secondo le parole di Erikson, «la condizione della persona che ha una crescente fiducia che la sua capacità di mantenere un'uguaglianza e una continuità interiore combaci con l'uguaglianza e la continuità del significato che essa ha per gli altri» (1950, p. 72). Erikson pone in relazione le fasi di strutturazione dell'*ego-identity* con le strutture della temporalità, dove il passato è espresso dall'organizzazione dei fattori dell'ego, il presente dal loro equilibrio, e il futuro dalla fiducia che tale equilibrio si manterrà. Il concetto di *ego-identity* aveva avuto una sua anticipazione nel concetto di *ego-feeling* di Paul Federn, fondato sul sentimento di sé che si attenua nelle condizioni psicotiche. Il correlato negativo dell'*ego-identity* è l'*ego-diffusion*, che è la dipendenza dall'ambiente interumano considerata come segno di regresso dell'ego. A proposito delle tappe che portano alla maturazione sociale, si veda la voce PSICOLOGIA DELL'ETÀ EVOLUTIVA, § 3.

d) La psicologia interpersonale, espressa da Karen Horney, da Erich Fromm e da Harry Stack Sullivan, emancipa la formazione dell'Io dai condizionamenti biologici a cui Freud l'aveva affidata, per riferirla all'interazione umana considerata come originaria e condizionante la stessa evoluzione biologica. Secondo Sullivan ciascun membro di un rapporto fra due persone viene coinvolto come parte di un campo interpersonale, e non come entità separata, in processi che vengono influenzati dal campo e che a loro volta lo influenzano. Tra questi i più significativi sono i dinamismi *congiuntivi*, come il bisogno di intimità, che portano all'integrazione di una situazione con conseguente riduzione o risoluzione della tensione, e quelli *disgiuntivi*, che portano alla disintegrazione della situazione che diventa condizione necessaria per una nuova configurazione.

e) Il funzionalismo interpreta il processo di socializzazione, sia quello corretto sia quello stereotipato, in termini di "utilità psicologica" in base alla rispondenza dei rapporti sociali ai bisogni, alle idee e agli atteggiamenti di ciascun individuo. Ne consegue che lo studio della socializzazione richiede un'analisi delle leggi psicologiche che regolano la motivazione e la percezione, nel senso che qualcosa può apparire motivante solo se è percepito come utile.

f) Il cognitivismo, in opposizione al comportamentismo che concepisce il processo di socializzazione come la risposta a uno stimolo, ritiene che la socializzazione sia promossa da un interesse reale per l'ambiente, che il soggetto percepisce in base al proprio livello cognitivo che dipende dalle sue precedenti esperienze. Ogni soggetto non interagisce originariamente con gli altri, ma con la rappresentazione che ha degli altri, i quali, a loro volta, hanno una rappresentazione di lui. Ciò comporta l'esistenza di un *campo della rappresentazione* dove sono le condizioni che influenzano l'interazione individuale o sociale, la quale a sua volta riorganizza il campo di rappresentazione riducendo le dissonanze.

g) La psicologia della Gestalt, in base al principio secondo cui gli elementi parziali sono determinati in larga misura dalla struttura totale, sottolinea la tendenza all'assimilazione e al contrasto dell'individuo nei confronti del gruppo, la percezione dell'individuo rispetto al gruppo, nonché la tendenza alla "buona forma", per cui nella relazione sociale ogni cambiamento o contrasto tende ad essere assorbito in modo da ridurre il possibile effetto destrutturante. Ciò spiega perché i messaggi negativi che possono comparire in una relazione tendono ad essere interpretati in modo da non modificare lo stato di amicizia, così come segnali che dovrebbero mettere in crisi la propria ideologia tendono ad essere razionalizzati per evitare il crollo della struttura ideologica.

h) La psicologia sistemica considera la singola personalità come originariamente inserita in un sistema di comunicazione sociale, dove ogni singolo membro influenza ed è influenzato dall'attività di ogni altro membro, in una rete polinodale dove i parametri del sistema prevalgono sulle condizioni da cui esso ha tratto origine, per cui, agendo su quei parametri, piuttosto che sul passato individuale dei singoli, è possibile una modificazione delle relazioni interindividuali che bloccano lo sviluppo delle singole personalità e la modalità del loro relazionarsi.

i) La fenomenologia ha evidenziato nella sua ANALISI ESISTENZIALE (v.) il concetto di *nostralità* (*Wirheit*), dove uno si relaziona all'altro o nella forma autentica dell'accessibilità (*Zugänglichkeit*) o in quella inautentica della manipolabilità (*Handlichkeit*) dove il Tu, da persona, diventa cosa da utilizzare per i propri scopi. In questo secondo caso il mondo delle persone che ci circondano

(*Mitwelt*) si risolve nel mondo delle cose che ci attorniano (*Umwelt*). La relazione sociale cessa di essere tra uomini per risolversi in relazione tra ruoli.

4. L'ORGANIZZAZIONE SOCIALE. Le configurazioni sociali, dal piccolo gruppo alla società nel suo complesso, sono organizzate da dinamiche molto differenti tra loro che Renzo Carli ha studiato e ricondotto a tre figure fondamentali:

a) *La coesione difensiva* è caratterizzata dalla polarizzazione di tutte le energie del gruppo contro un elemento esterno reale o fantasmizzato avvertito come minaccioso. In questo modo i membri ritrovano all'interno del gruppo la possibilità di soddisfare il proprio bisogno di appartenenza e di affiliazione, con rimozione delle proprie tensioni interne che vengono riferite a un oggetto esterno percepito come persecutore e minacciante. Il processo di opposizione alimenta la coesione dei singoli all'interno del gruppo. L'eliminazione delle tensioni interne, tramite il meccanismo descritto, va di pari passo con la gestione del potere, affidato solitamente a una personalità carismatica, che rappresenta simbolicamente l'unità del gruppo, e a cui vengono conferite dai membri del gruppo tutte quelle caratteristiche che essi desidererebbero avere o tenderebbero a ricusare perché percepite come condannabili dal proprio contesto sociale. In un sistema sociale a coesione difensiva si ha una riduzione della comunicazione all'interno del gruppo a favore della convergenza dei membri del gruppo su credenze e atteggiamenti univoci, come se fosse più importante "essere" nel gruppo che "fare" qualcosa nel gruppo. La tematica affiliativa induce ad assumere atteggiamenti di seduzione nei confronti del capo, in cui trapela la profonda dipendenza, con un arresto dell'evoluzione maturativa del gruppo, bloccata in una fase in cui è ricercata soprattutto la sicurezza, e sono evitate le frustrazioni connesse alla partecipazione a decisioni e al rischio di scelte personali (v. GRUPPO, § II, 3).

b) *Il conflitto istituzionalizzato*. In questa seconda forma di organizzazione il conflitto non è avvertito come minaccioso e perciò può essere formalizzato attraverso la radicalizzazione stereotipata delle differenze dei singoli a livello di tensioni ideali. Il rapporto è possibile attraverso l'accentuazione delle differenze individuali in cui la propria funzione nel gruppo si definisce in contrapposizione a quella degli altri. Siccome le reazioni dei singoli sono facilmente prevedibili e corrispondono al copione del gioco che tutti conoscono, tutti i componenti possono esprimere il loro parere purché nella struttura dell'organizzazione nulla cambi. Ne consegue che nel sistema a conflitto istituzionalizzato le comunicazioni sono molto elevate, ma scarsamente efficaci, perché ciò che importa è che le diverse componenti siano costantemente coerenti con il ruolo stereotipato a loro attribuito. Il potere non si basa sulle caratteristiche personali, ma sulle funzioni esercitate all'interno dell'organizzazione. Ai rapporti di *dipendenza* tipici del sistema a coesione difensiva, nei sistemi a conflitto istituzionalizzato la regola è la *controdipendenza*.

c) *Il sistema di interdipendenza* è caratterizzato da una necessità continua di confronto sugli obiettivi del gruppo, percepiti come comuni, e sui metodi da adottare. Ciò limita i gradi di libertà dell'individuo e non offre quei vantaggi di protezione che erano propri dei rapporti di dipendenza, perché l'esercizio del potere viene percepito come responsabilità che il gruppo può affidare ai suoi componenti e non come mezzo di rassicurazione di fronte ai propri vissuti d'impotenza. Il fine comune obbliga a una elaborazione di anticipazioni per leggere il reale e a intervenire con continui test di realtà che costringono a modificare continuamente le anticipazioni formulate sul reale. La minaccia alla propria coesione viene affrontata accettando e mettendo in atto processi di cambiamento, quindi nuove strategie e nuovi significati su cui fondare la propria esperienza sociale. I conflitti non sono superati formalmente, ma analizzati nel loro porsi e generarsi, un atteggiamento, questo, promosso dal comune obiettivo, per la realizzazione del quale i singoli membri si percepiscono come funzionari (v. GRUPPO, § II, 2).

5. SOCIOPATIA E RISOCIALIZZAZIONE. Con *sociopatia* si intende o una mancanza di socializzazione (*asocialità*) o la realizzazione di una relazione sociale in contrasto con le norme della società vigenti (*antisocialità*). Nel primo caso si parla di sociopatia *deficitaria* caratterizzata dall'incapacità di vivere una relazione sociale e l'appartenenza a un gruppo, nel secondo caso di sociopatia *abnorme* che può assumere o le forme tipiche della PSICOPATIA (v.) o quelle della dipendenza assoluta dell'individuo da un gruppo dai tratti marcatamente antisociali e coercitivi. La *risocializzazione* si propone per il secondo tipo di sociopatia, dove è prevista una prima fase desocializzante seguita da una seconda risocializzante su altri tipi di valori e di forme di coesione (v. DELINQUENZA, § 4). Le due fasi sono solo teoricamente disgiunte perché un gruppo di appartenenza viene a cadere come punto di attrazione psichica solo nel caso se ne costituisca un altro in grado di coinvolgere la tensione e gli interessi ancora liberi. Nel caso invece delle sociopatie a carattere deficitario non si può parlare di risocializzazione, ma piuttosto di interventi volti a ridurre la DISSONANZA COGNITIVA (v.) che non ha consentito il processo di socializzazione. Infatti, quando c'è contraddizione fra

gli strumenti cognitivi di cui si dispone e l'ambiente sociale a cui si dovrebbe prender parte, si riduce il conflitto e la conseguente tensione o tramite un cambiamento nel proprio assetto cognitivo o tramite l'astensione dal prender parte alla complessità sociale.

Bibliografia

Adorno Th. W., *Scritti sociologici* (1972), Einaudi, Torino 1976.
Amerio P., *Teorie in psicologia sociale*, il Mulino, Bologna 1982.
–, *Fondamenti di psicologia sociale*, il Mulino, Bologna 1995.
Arcuri L., De Negri Trentin R., Salmaso P., *Aspetti cognitivi del comportamento sociale*, il Mulino, Bologna 1979.
Arcuri L., Zogmaister C., *Metodi di ricerca nella cognizione sociale*, il Mulino, Bologna 2007.
Argyle M., *Il comportamento sociale* (1974), il Mulino, Bologna 1976.
Aronson E., Wilson T. D., Akert R. M., *Psicologia sociale* (1997), il Mulino, Bologna 1999.
Asch S. E., *Psicologia sociale* (1952), SEI, Torino 1968.
Bandura A., *Social learning theory*, Prentice Hall, Englewood Cliffs, New Jersey, 1977.
Bartoli P., *Il condizionamento sociale*, La Nuova Italia, Firenze 1981.
Berti C., *Psicologia sociale della giustizia*, il Mulino, Bologna 2002.
Binswanger L., *Essere nel mondo* (1930-1957), Astrolabio, Roma 1973.
Bloor M., Frankland J., Thomas M., Robson K., *I focus-group nella ricerca sociale* (1999), Erickson, Trento 2002.
Boca S., Bocchiaro P., Scaffidi Abbate C., *Introduzione alla psicologia sociale*, il Mulino, Bologna 2003.
Brown R., *Psicologia sociale* (1965), Einaudi, Torino 1980.
Burr V., *La persona in psicologia sociale* (2002), il Mulino, Bologna 2004.
Cargnello D., *Alterità e alienità. Introduzione alla fenomenologia antropoanalitica*, Feltrinelli, Milano 1966.
Carli R., *Fenomenologia dell'adattamento sociale*, in L. Ancona (a cura di), *Nuove questioni di psicologia*, La Scuola, Brescia 1972, vol. II, pp. 49-88.
Castelli C., Quadrio A., Venini L., *Psicologia sociale e dello sviluppo*, Franco Angeli, Milano 1995.
Clark D. H., *Psichiatria e terapia sociale. Salute mentale e nuova assistenza* (1974), Feltrinelli, Milano 1976.
Cooley Ch. H., *L'organizzazione sociale* (1909), Edizioni di Comunità, Milano 1963.
Coulter J., *Mente, conoscenza, società* (1989), il Mulino, Bologna 1991.
Crespi F., *Teoria dell'agire sociale*, il Mulino, Bologna 1999.
Danziger K., *La socializzazione* (1971), il Mulino, Bologna 1973.
De Grada E., *Introduzione alla psicologia sociale*, Bulzoni, Roma 1972.
De Montmollin G., Lambert R., Pagès R., Flament C., Maisonneuve J., *Psicologia sociale*, in P. Fraisse, J. Piaget (a cura di), *Trattato di psicologia sperimentale* (1963-1968), Einaudi, Torino 1972-1979, vol. IX.
De Negri Trentin R. (a cura di), *Gli atteggiamenti sociali. Teoria e ricerca*, Bollati Boringhieri, Torino 1991.
Di Giacomo J. P., *Rappresentazioni sociali e movimenti collettivi*, Liguori, Napoli 1985.
Di Nuovo S., Hichy Z., *Metodologia della ricerca psicosociale*, il Mulino, Bologna 2007.
Doise W., *Psicologia sociale dei rapporti tra gruppi* (1976), il Mulino, Bologna 1977.
Doise W., Clemence A., Lorenzi-Cioldi F., *Rappresentazioni sociali e analisi dei dati*, il Mulino, Bologna 1995.
Dominelli L., *Il servizio sociale. Una professione che cambia* (2004), Erickson, Trento 2005.
Dubar C., *La socializzazione. Come si costruisce l'identità sociale* (1996), il Mulino, Bologna 2004.
Durkheim É., *Le regole del metodo sociologico* (1895), Edizioni di Comunità, Milano 1969.
–, *La divisione del lavoro sociale* (1902), Edizioni di Comunità, Milano 1971.
Emiliani F., Zani B., *Elementi di psicologia sociale*, il Mulino, Bologna 1998.
Erikson E. H., *Infanzia e società* (1950), Armando, Roma 1968.
Farr R. M., Moscovici S. (a cura di), *Rappresentazioni sociali* (1984), il Mulino, Bologna 1989.
Federn P., *Psicosi e psicologia dell'Io* (1952), Bollati Boringhieri, Torino 1976.
Ferrarotti F., *Società*, Mondadori, Milano 1980.
Festinger L., *Teoria della dissonanza cognitiva* (1957), Franco Angeli, Milano 1973.
Flanagan C., *La socializzazione infantile*, il Mulino, Bologna 2002.
Foa U. G., Foa E. B., *Societal structures of the mind*, Thomas, Springfield, Illinois, 1974.
Folgheraiter F., *The mystery of social work* (con versione italiana a fronte), Erickson, Trento 2012.
Fraser C., Scherer K. R. (a cura di), *Social psychology of language*, University Press, Cambridge 1979.
Fromm E., *Psicanalisi della società contemporanea* (1955), Edizioni di Comunità, Milano 1976.
Galli I., *La teoria delle rappresentazioni sociali*, il Mulino, Bologna 2006.
Gergen K. J., Gergen M. M., *Psicologia sociale* (1986), il Mulino, Bologna 1990.
Girard G., *Società conformista e individuo*, Franco Angeli, Milano 1980.
Habermas J., *Prassi politica e teoria critica della società* (1963), il Mulino, Bologna 1973.
Habermas J., Luhmann N., *Teoria della società e tecnologia sociale* (1971), Etas Libri, Milano 1973.
Harré R., *L'uomo sociale* (1979), Raffaello Cortina, Milano 1994.
Heider F., *Psicologia delle relazioni interpersonali* (1958), il Mulino, Bologna 1972.
Hewstone M., Stroebe W., Stephenson G. M. (a cura di), *Introduzione alla psicologia sociale* (1996), il Mulino, Bologna 1998.
Homans G. C., *Le forme elementari del comportamento sociale* (1961), Franco Angeli, Milano 1975.
Horkheimer M., *La società in transizione* (1972), Einaudi, Torino 1979.
–, *Studi di filosofia della società* (1972), Einaudi, Torino 1981.
Jaspers K., *Filosofia* (1932-1956), Libro I: *Orientazione filosofica nel mondo*, Libro II: *Chiarificazione dell'esistenza*, Libro III: *Metafisica*, Utet, Torino 1978.

Jones M., *Ideologia e pratica della psichiatria sociale* (1968), Etas Kompass, Milano 1970.
Lewin K., *Teoria e sperimentazione in psicologia sociale* (1951), il Mulino, Bologna 1982.
Lindzey G. (a cura di), *Handbook of social psychology*, Addison-Wesley, Reading, Massachusetts, 1954, vol. I.
Lorenzi-Cioldi F., *Metodologia per la ricerca psicosociale*, il Mulino, Bologna 1996.
Luhmann N., *Struttura della società e semantica* (1980), Laterza, Bari 1983.
–, *Sistemi sociali. Fondamenti di una teoria generale* (1984), il Mulino, Bologna 1990.
Marcuse H., *Cultura e società. Saggi di teoria critica 1933-1965*, Einaudi, Torino 1969.
McClelland D. C., *The achieving society*, Van Nostrand, Princeton, New Jersey, 1961.
McDougall W., *An introduction to social psychology*, Methuen, London 1908.
Mead G. H., *Mente, Sé e Società* (1934), Giunti Barbera, Firenze 1966.
Miller N. E., Dollard J., *Imitazione e apprendimento sociale* (1941), Franco Angeli, Milano 1977.
Molinari L., *Psicologia dello sviluppo sociale*, il Mulino, Bologna 2007.
Moscovici S., *Le rappresentazioni sociali* (1984), il Mulino, Bologna 2005, estratto da R. M. Farr, S. Moscovici (a cura di), *Rappresentazioni sociali*, cit.
Mucchi Faina A., *L'influenza sociale. Aspetti della psicologia*, il Mulino, Bologna 1995.
Napolitani D., *Individualità e gruppalità*, Bollati Boringhieri, Torino 1987.
Palmonari A., Cavazza N. (a cura di), *Ricerche e protagonisti della psicologia sociale*, il Mulino, Bologna 2012.
Palmonari A., Cavazza N., Rubini M., *Psicologia sociale*, il Mulino, Bologna 2002.
Palmonari A., Ricci Bitti P. E., *Aspetti cognitivi della socializzazione in età evolutiva*, il Mulino, Bologna 1978.
Pareto V., *Trattato di sociologia generale* (1916), Edizioni di Comunità, Milano 1964.
Parsons T., *Il sistema sociale* (1951), Edizioni di Comunità, Milano 1965.
Parsons T., Bales R. F., *Famiglia e socializzazione* (1955), Mondadori, Milano 1974.
Pisati M., *La mobilità sociale*, il Mulino, Bologna 2000.
Roccato M., *Le tendenze antidemocratiche. Psicologia sociale dell'autoritarismo*, Einaudi, Torino 2003.
Scabini E. (a cura di), *Psicologia sociale*, Bollati Boringhieri, Torino 1982.
Spaltro E., *Fenomenologia e dinamica della socializzazione*, in L. Ancona (a cura di), *Nuove questioni di psicologia*, cit., vol. II, pp. 11-48.
Sullivan H. S., *Teoria interpersonale della psichiatria* (1953, edito postumo), Feltrinelli, Milano 1962.
Tajfel H. (a cura di), *Social identity and intergroup relations*, Cambridge University Press, Cambridge 1982.
Tajfel H., Fraser C., *Introduzione alla psicologia sociale* (1978), il Mulino, Bologna 1978.
Trentini G. (a cura di), *Il cerchio magico. Il gruppo come oggetto e come metodo in psicologia sociale e clinica*, Franco Angeli, Milano 1987.
Turner J. H., *The structure of sociological theory*, Dorsey Press, Homewood 1978.
Vattimo G., *La società trasparente*, Garzanti, Milano 1989.
Weber M., *Il metodo delle scienze storico-sociali* (1904-1917, edito postumo nel 1922), Einaudi, Torino 1958.
–, *Sociologia delle religioni* (1904-1921), Utet, Torino 1976, voll. I-II.
–, *Economia e società* (1922, edito postumo), Edizioni di Comunità, Milano 1968.
White G. E., *Socialization*, Longman, London 1977.
Wright Mills Ch., *L'immaginazione sociologica* (1959), il Saggiatore, Milano 1962.
Zamperini A., *Psicologia sociale della responsabilità. Giustizia, politica, etica e altri scenari*, Utet Libreria, Torino 1998.
– (a cura di), *Responsabilità civica e psicologia della convivenza*, Franco Angeli, Milano 2005.
Zamperini A., Testoni I., *Psicologia sociale*, Einaudi, Torino 2002.
–, *Il mantello di Mefistofele. Psicologia sociale e processi di formazione*, Utet Libreria, Torino 2003.

Psicologia sperimentale (ingl. *Experimental psychology*; ted. *Experimentelle Psychologie*; fr. *Psychologie expérimentale*; sp. *Psicología experimental*). In *senso lato* la psicologia sperimentale coincide con la PSICOLOGIA (v.) come scienza, che si è resa autonoma dalla filosofia grazie all'adozione della metodologia delle scienze naturali che prevede criteri di sperimentazione e di quantificazione. In *senso propriamente metodologico*, la psicologia sperimentale è quel settore della psicologia scientifica che per comprendere la psiche adotta il metodo *sperimentale*, che differisce da quello *clinico* adottato dalla PSICOLOGIA CLINICA (v.) e da quello *cibernetico* adottato dalla PSICOLOGIA SISTEMICA (v.).

1. NASCITA E SVILUPPI DELLA PSICOLOGIA SPERIMENTALE. Il primo laboratorio di psicologia sperimentale è nato all'Università di Lipsia nel 1879 ad opera di Wilhelm Maximilian Wundt sotto la denominazione di *psicologia fisiologica*, dove la sperimentazione era circoscritta all'area della sensazione e della percezione. Gli allievi di Wundt, Edward Titchener e Oswald Külpe, allargarono lo studio sperimentale al pensiero e ai sentimenti, senza tuttavia riuscire a discernere le descrizioni dei contenuti dalle descrizioni delle esperienze. In seguito Hermann Ebbinghaus tentò di annullare l'influenza di associazioni indesiderate negli esperimenti sulla memoria utilizzando sillabe senza senso. Con lo stesso intento, per escludere le variabili delle differenze individuali, Francis Galton utilizzò le ricerche statistiche che si andavano affermando, sottoponendo un considerevole numero di soggetti alla sperimentazione.

In ambito fenomenologico e gestaltico va ricordato Franz Brentano che, negli stessi anni di Wundt, conduceva esperimenti sulle illusioni ottiche. Il suo metodo fu in seguito perfezionato da Georg Elias Müller a Gottinga, dal suo allievo David Katz, da Albert

Michotte a Lovanio, e soprattutto da Max Wertheimer che introdusse la nozione husserliana di *epoché* o "sospensione" dei pregiudizi, delle precognizioni e delle conoscenze che potrebbero inquinare l'osservazione sperimentale compromettendone la neutralità.

In ambito comportamentista John Broadus Watson rifiutò ogni approccio introspezionistico che lo portò a escludere ogni sperimentazione sulla mente e sulla coscienza, perché, a suo parere, solo i comportamenti sono oggettivamente osservabili. Il cognitivismo, dal canto suo, adottò il computer come modello per lo studio del funzionamento della mente (v. COGNITIVISMO, § 2), metodo questo criticato da Ulric Neisser perché le condizioni di sperimentazione in laboratorio non sono generalizzabili nei contesti della vita quotidiana. Sempre in questo ambito James Gibson, nei suoi studi sulla percezione, rinnovò il setting sperimentale, superando il DUALISMO PSICOFISICO (v.) a favore di un modello sistemico che, come per altro aveva già anticipato Arnold Gehlen, prende le mosse dall'AZIONE (v. § 6), da cui si diparte la relazione organismo-ambiente. Infine, nell'ambito della psicologia analitica, merita una menzione l'esperimento associativo messo a punto da Carl Gustav Jung, qui esposto alla voce ASSOCIAZIONE, § 5.

Il metodo *sperimentale* richiede la conoscenza di tutte le condizioni in cui un determinato fatto si manifesta in modo da consentirne la riproduzione (v. ESPERIMENTO). Per questo occorre un esame attento delle *variabili* in gioco e l'attuazione rigorosa delle *fasi* che caratterizzano la procedura sperimentale.

2. LE VARIABILI DELLA SPERIMENTAZIONE. In ambito psicologico le variabili sono sostanzialmente tre: la situazione stimolo (S), la personalità (P), in alcuni casi denominata anche organismo (O), e il comportamento (C).

a) La *situazione stimolo* è costituita da un ambiente fisico con la presenza di oggetti, animali o altre persone. La situazione può essere *sociale* come quella ora descritta, *fisiologica* se fa riferimento alle stimolazioni fisiche come la luce, gli odori, i rumori, *percettiva* se si riferisce al modo con cui il soggetto coglie i contenuti dell'ambiente ecc. Il comportamento dipende dall'interazione fra lo stimolo e la personalità ed è espresso dalla formula $C = f(S \leftrightarrow P)$ (v. STIMOLO).

b) Il *comportamento* può essere osservato a livelli differenti a seconda che l'analisi si riferisca ad un *aspetto*, come potrebbe essere l'aspetto fisiologico, o alla *struttura* di assieme come risultanza globale. Essendo il comportamento una risposta della personalità alla situazione stimolo, negli esperimenti si considerano la latenza della risposta, la sua ampiezza, la sua frequenza e la sua durata.

c) La *personalità* o *organismo* è l'individualità psico-fisico-sociale che differenzia ogni individuo dalla popolazione di soggetti alla quale appartiene. In relazione alle altre due variabili (S e C), la personalità può essere studiata: a livello di *funzioni* psicologiche per vedere come la stessa personalità reagisce alle variazioni sistematiche della situazione, a livello *comparativo* o *differenziale* per verificare come individui diversi reagiscono alla stessa situazione, a livello *strutturale* per confrontare le risposte date a partire da situazioni diverse.

3. LE FASI DELLA SPERIMENTAZIONE. Le fasi che caratterizzano la procedura sperimentale sono:

a) L'*osservazione* che, per essere utilizzata ai fini scientifici, deve essere *sistematica*, in un ambiente che, anche se artificiale come può essere l'ambiente di laboratorio, deve essere sovrapponibile a quello naturale, e *controllata*, cioè tale da consentire di sottoporre i dati descritti a procedimenti di verifica (v. OSSERVAZIONE, § 1).

b) La *formulazione di ipotesi* che si proiettano oltre i fatti osservati allo scopo di promuovere ulteriore comprensione. Tra le ipotesi si distinguono quelle *indotte* che nascono dall'osservazione dei fatti, e quelle *dedotte* da cui si possono ricavare conseguenze verificabili, mentre l'intero corpo ipotetico è validato per approssimazione successiva. La verifica di un'ipotesi è ciò che consente di distinguere un'ipotesi scientifica da qualsiasi altra forma di supposizione. In psicologia la verifica è sempre parziale per la dipendenza del comportamento da due gruppi di variabili, la situazione-stimolo e la personalità, ciascuno dei quali implica a sua volta un numero molto elevato di variabili. Inoltre, la verifica parziale di un'ipotesi esclude l'ipotesi inversa, ma non l'interferenza di altre variabili che possono giocare un ruolo complementare.

c) L'*esperimento* consiste nel creare un *set sperimentale* dove si isolano le variabili la cui modificazione altera il fenomeno osservato. *Indipendente* è detta la variabile fatta variare a piacere dallo sperimentatore, e *dipendente* quella che varia con il variare della prima. In psicologia si impiegano esperimenti *bivariati e manipolativi* che riproducono le procedure delle scienze fisiche, ed esperimenti *multivariati e non manipolativi* che sono espressione degli apporti statistici e probabilistici (v. ESPERIMENTO; STATISTICA).

d) L'*elaborazione dei dati* avviene attraverso procedure statistiche grazie alle quali essi vengono matematizzati, tabulati, esposti in grafico e correlati (v. STATISTICA, § I, 1). L'elaborazione dei dati e il loro confronto mira alla *spiegazione* del fenomeno osservato che, se opportunamente verificata, consente quel procedimento di natura probabilistica detto *generalizzazione*, che porta alla formulazione delle *leggi* che regolano il fenomeno. Tali leggi, che fanno riferimento a una spiegazione causale degli eventi, vengono ulteriormente elaborate e inquadrate in *teorie esplicative* che possono essere o di tipo *riduzionistico* (v. RIDUZIONISMO), dove le varie manifestazioni della personalità vengono ricondotte ad un unico principio esplicativo, come per esempio in Sigmund Freud la teoria della libido, o di tipo *costruttivistico*, che non riconduce tutte le manifestazioni della personalità a un substrato particolare, ma a un modello, improntato alla matematica probabilistica, che funge da denominatore comune a differenti modelli possibili, e che non dovrebbe essere in contraddizione con alcuno di essi. Tale metodo esplicativo è stato indicato come più idoneo all'oggetto specifico della psicologia da Jean Piaget in ambito cognitivista (v. EPISTEMOLOGIA GENETICA) e da Carl Gustav Jung nell'ambito della psicologia del profondo (v. COSTRUTTIVO, METODO).

Bibliografia

Boring E. G., *A history of experimental psychology*, Appleton-Century-Crofts, New York 1950.
Brentano F., *La psicologia dal punto di vista empirico* (1874-1911), Laterza, Bari 1997, voll. I-III.
Candland D. K., *Psychology. The experimental approach*, McGraw-Hill, New York 1968.
Cattell R. B., *Handbook of multivariate experimental psychology*, Rand McNally, Chicago 1966.
Cesa-Bianchi M., *Metodi di ricerca in psicologia scientifica*, in L. Ancona (a cura di), *Nuove questioni di psicologia*, La Scuola, Brescia 1972, vol. I, pp. 15-74.
Ebbinghaus H., *La memoria* (1885), Zanichelli, Bologna 1975.
Fraisse P., Piaget J. (a cura di), *Trattato di psicologia sperimentale* (1963-1968), Einaudi, Torino 1972-1979, voll. I-IX.
Gibson J. J., *Un approccio ecologico alla percezione visiva* (1979), il Mulino, Bologna 1999.
Hearst E. (a cura di), *Cento anni di psicologia sperimentale* (1979), il Mulino, Bologna 1989.
Jung C. G., *Ricerche sperimentali* (1905-1937), in *Opere* (1969-2007), Bollati Boringhieri, Torino 1987, vol. II, 2.
Katz D., *La psicologia della forma* (1948), Einaudi, Torino 1950.
Külpe O., *Grundriss der Psychologie*, Engelmann, Leipzig 1893.
Michotte A. E., *La percezione della causalità* (1946), Giunti Barbera, Firenze 1972.
Naville J.-E., *La logica dell'ipotesi* (1880), Rusconi, Milano 1989.
Neisser U., *Psicologia cognitivista* (1967), Martello-Giunti, Milano 1976.
Osgood Ch. E., *Method and theory in experimental psychology*, Oxford University Press, New York 1956.
Piaget J., *Introduzione all'epistemologia genetica* (1950), Emme Edizioni, Milano 1982-1983.
Stevens S. S., *Handbook of experimental psychology*, Wiley & Sons, New York 1951.
Titchener E. B., *A textbook of psychology*, Macmillan, New York 1909.
Trentini G., *I metodi di indagine in psicologia*, in L. Ancona (a cura di), *Questioni di psicologia*, La Scuola, Brescia 1962, pp. 73-116.
Underwood B. J., *Experimental psychology*, Appleton-Century-Crofts, New York 1966.
Watson J. B., *Il comportamentismo* (1924-1930), Giunti, Firenze 1985.
Wertheimer M., *Studi sperimentali sulla percezione del movimento* (1912), in L. Anolli (a cura di), *Psicologia generale*, Il Cisalpino, Bologna 1996.
–, *Untersuchungen zur Lehre von der Gestalt, I: Prinzipielle Bemerkungen*, in "Psychologische Forschung", 1922, n. 1, pp. 47-58.
–, *Untersuchungen zur Lehre von der Gestalt, II*, in "Psychologische Forschung", 1923, n. 4, pp. 301-350.
Woodworth R. S., Schlosberg H., *Experimental psychology*, Holt, New York 1956.
Wundt W. M., *Grundzüge der physiologischen Psychologie*, Engelmann, Leipzig 1873-1874.
–, *Lineamenti di psicologia* (1896), in *Scritti scelti*, Utet, Torino 2006.

Psicologia storica (ingl. *Historical psychology*; ted. *Historische Psychologie*; fr. *Psychologie historique*; sp. *Psicología histórica*). Studio delle modificazioni e delle trasformazioni nel tempo delle forme di comportamento umano e delle loro basi psicologiche. A inaugurare questo orientamento è stato Wilhelm Maximilian Wundt con la sua *Psicologia dei popoli* dove, nel tentativo di superare le inadeguatezze della metodologia sperimentale incentrata sullo studio di eventi isolati in laboratorio, da lui ritenuti inidonei allo studio delle funzioni superiori, quali il linguaggio, il costume, le concezioni mitologiche ecc., apre la prospettiva secondo cui la comprensione delle forme comportamentali e dei relativi processi psichici può compiersi solo attraverso la ricostruzione delle loro origini e mutazioni nella storia. Rientrano in questo ambito gli studi di Sigmund Freud sul disagio della civiltà, i saggi di Carl Gustav Jung sulla civiltà in transizione, l'analisi di David Clarence McClelland sulla dipendenza della motivazione al successo dalle circostanze storiche, la discussione di Lev Semënovič Vygotskij sulla dipendenza dei processi cognitivi dalle condizioni culturali e l'indagine di Erich Fromm sulla mutazione storica dell'incidenza delle nevrosi. Oggi la psicologia storica si muove in tre direzioni: 1) lo studio dei modelli psicosociali per mostrare la contingenza storica dei postulati universali sulla natura umana; 2) lo studio delle condizioni storiche favorevoli allo sviluppo di particolari qualità psichiche come la creatività, il senso del dovere ecc.; 3) lo studio dei modelli diacronici del CAMBIAMENTO (v.) sia individuale sia collettivo.

Bibliografia

Freud S., *Il disagio della civiltà* (1929), in *Opere* (1967-1993), Bollati Boringhieri, Torino, vol. X.
Fromm E., *Psicanalisi della società contemporanea* (1955), Edizioni di Comunità, Milano 1976.
Jung C. G., *Civiltà in transizione* (1918-1959), in *Opere* (1969-2007), Bollati Boringhieri, Torino, vol. X, 1, 2.
McClelland D. C., *The achieving society*, Van Nostrand, Princeton, New Jersey, 1961.
Vygotskij L. S., *Pensiero e linguaggio* (1934), Giunti Barbera, Firenze 1966.
Wundt W. M., *Elementi di psicologia dei popoli. Linee fondamentali della storia dell'evoluzione dell'umanità* (1900-1920), in *Scritti scelti*, Utet, Torino 2006.

Psicologia strategica, v. PSICOLOGIA SISTEMICA.

Psicologia strutturalista, v. INTROSPEZIONISMO.

Psicologia topologica, v. CAMPO, § 2.

Psicologia transculturale (ingl. *Cross-cultural psychology*; ted. *Transkulturelle Psychologie*; fr. *Psychologie transculturelle*; sp. *Psicología transcultural*). Detta anche *intercultura*, la psicologia transculturale, avviata dagli studi della PSICOLOGIA CULTURALE (v.), è una disciplina che procede in modo comparativo (v. COMPARATIVISMO) paragonando, a proposito di un medesimo aspetto o comportamento, campioni di soggetti appartenenti a diverse culture, per poter distinguere gli aspetti universali del comportamento umano da quelli che si sviluppano esclusivamente in relazione a specifiche pratiche culturali. Nata dall'intersezione fra gli studi di ANTROPOLOGIA (v. § 5), che hanno reso nota la grande varietà di caratteristiche psicologiche che l'uomo può presentare, e di quelli comportamentisti, per i quali questa varietà dipende dai diversi orizzonti culturali, la psicologia transculturale ha affrontato: *a*) il problema della legittimità o meno dell'uso dei medesimi tipi di test in popolazioni differenti; *b*) il rapporto che lega la cognizione dei fenomeni alle categorizzazioni linguistiche culturalmente variabili, secondo una linea di indagine iniziata da Edward Sapir e Benjamin Lee Whorf; *c*) le variazioni riscontrabili nei fenomeni della percezione, registrando per esempio il carattere culturalmente variabile delle illusioni ottiche e della percezione di figure (v. ILLUSIONE, § 4); *d*) i diversi gradi di attitudine al lavoro e di efficacia produttiva dimostrati da soggetti appartenenti a civiltà e culture diverse; *e*) le diverse forme di disturbi mentali non riconducibili ai quadri nosologici messi a punto dalla psichiatria occidentale (v. ANTROPOLOGIA, §§ 5-7).

Bibliografia

Ancora A., *La dimensione transculturale della psicopatologia*, Edizioni Universitarie Romane, Roma 1997.
Beattie J., *Uomini diversi da noi. Lineamenti di antropologia sociale* (1964), Laterza, Bari 1972.
Cole M., Gay J., Glick J. A., *The cultural contexts of learning and thinking*, Harvard University Press, Cambridge, Massachusetts, 1971.
Devereux G., *Saggi di etnopsicoanalisi complementarista* (1972), Bompiani, Milano 1975.
Mantovani G., *L'elefante invisibile. Tra negazione e affermazione della diversità: scontri e incontri multiculturali*, Giunti, Firenze 1998.
–, *Intercultura. È possibile evitare le guerre culturali?*, il Mulino, Bologna 2004.
Sapir E., *Cultura, linguaggio e personalità* (1949), Einaudi, Torino 1972.
Triandis H. C. (a cura di), *Handbook of cross-cultural psychology*, Allyn & Bacon, Boston 1980.
Vygotskij L. S., *Storia dello sviluppo delle funzioni psichiche superiori* (1931), Giunti, Firenze 1974.
Warren N. (a cura di), *Studies in cross-cultural psychology*, Academic Press, London-New York 1977-1980.
Whorf B. L., *Linguaggio, pensiero e realtà* (1956), Bollati Boringhieri, Torino 1970.
Wundt W. M., *Elementi di psicologia dei popoli. Linee fondamentali della storia dell'evoluzione psicologica dell'umanità* (1900-1920), in *Scritti scelti*, Utet, Torino 2006.

Psicologia transpersonale (ingl. *Transpersonal psychology*; ted. *Transpersonale Psychologie*; fr. *Psychologie transpersonnelle*; sp. *Psicología transpersonal*). Teoria psicologica che rifiuta di considerare l'Io personale quale istanza ultima di riferimento come accade nella teoria psicoanalitica e comportamentista, perché ritiene che l'Io appartenga a un Tutto che lo ospita come sua parte e a cui è possibile relazionarsi attraverso esperienze mentali che oltrepassano l'Io per cogliere ciò che lo trascende. Questo principio-guida è rintracciabile nella visione "cosmologica" del pensiero greco antico, della tradizione indiana e di quella cinese, dove l'uomo, tra il cielo e la terra, si pensa come uno dei tre. Gli altri due sono *Urano* e *Gea* nella tradizione greca, *Purusha* e *Prakriti* nella tradizione indiana, *Tien* e *Ti* nella tradizione estremo-orientale, che insieme compongono il cosmo, pensato non tanto come un sistema fisico, quanto come l'ordine necessario a cui l'uomo come parte deve assimilarsi. Successivamente, quando tale simbolo *cosmico* si tradusse in un simbolo *antropo-teologico*, l'oltrepassamento dell'umano avvenne attraverso esperienze mistiche e pratiche meditative, nella direzione di Dio. Secondo la psicologia transpersonale numerosi disagi psicologici derivano dalla rimozione di quelle potenzialità che consentirebbero all'uomo di oltrepassare, senza negarlo, il proprio Io e soddisfare l'esigenza di trascendenza egoica presente in ogni uomo, che, oltre all'Io, dispone di quell'istanza superiore che Carl Gustav Jung aveva nominato Sé (v. PSICOLOGIA ANALITICA, § 4).

Bibliografia

Maslow A. H., *Verso una psicologia dell'essere* (1968), Astrolabio-Ubaldini, Roma 1971.

Pearce J., *Exploring the crack in the cosmic egg. Split minds and meta-realities*, Julian Press, New York 1974.

Tart Ch., *Stati alterati di coscienza* (1969), Astrolabio, Roma 1976.

–, *Transpersonal psychologies*, Harper & Row, New York 1975.

Walsh R., Vaughan F., *Beyond Ego. Transpersonal dimensions in psychology*, Tarcher, Los Angeles 1980.

Psicologia umanistica (ingl. *Humanistic psychology*; ted. *Humanistische Psychologie*; fr. *Psychologie humaniste*; sp. *Psicología humanista*). Orientamento psicologico inaugurato da Abraham Harold Maslow che, persuasosi dell'irrilevanza, in termini di significatività esistenziale, delle ricerche psicologico-sperimentali e dei presupposti deterministici che sono alla base della teoria psicoanalitica, accentua il carattere di irriducibilità di ogni soggetto, le cui motivazioni all'azione non sono immediatamente riducibili alle pulsioni sottostanti, ma sono promosse da valenze non quantificabili, come il bisogno di esplorazione, la creatività, la visione del mondo in cui si esprime la propria identità, la qualità di relazione con gli altri e soprattutto l'AUTOREALIZZAZIONE (v.) che è alla base dell'interpretazione umanistica del BISOGNO (v. § 3), della MOTIVAZIONE (v. § 6) e della PERSONALITÀ (v. § I, 3).

Sul piano teorico le linee orientative sono desunte dall'*esistenzialismo* che offre un'ampia descrizione delle figure dell'esistenza (v. ANALISI ESISTENZIALE), dalla *fenomenologia* che descrive le modalità con cui l'esistenza si declina nei fatti esperienziali (v. FENOMENOLOGIA), e dal *pragmatismo* dove l'attenzione per l'azione viene correlata all'impianto motivazionale di cui Maslow rivendica l'autonomia rispetto alla dinamica pulsionale. La psicologia umanistica ritiene infatti che la conoscenza delle proprie motivazioni, che sono note solo al soggetto e che non possono essere inferite dalle prestazioni, consenta a ciascuno di evitare l'AUTOINGANNO (v.) e di giungere alla conoscenza del proprio SÉ (v. § 5) al di là delle maschere che ciascuno è costretto ad adottare nel momento pubblico della sua esistenza. Sul piano terapeutico la psicologia umanistica non si pone in una posizione escludente le varie tecniche e metodologie, accogliendo metodi *fisici* come la terapia bioenergetica (v. BIOENERGETICA), *affettivi* come l'integrazione di gruppo (v. PSICODRAMMA), *relazionali* come l'ANALISI TRANSAZIONALE (v.) di Eric Berne, con molti motivi di confluenza con la psicoterapia rogersiana (v. PSICOLOGIA ROGERSIANA) e con la LOGOTERAPIA (v. § 2) di Victor Emil Frankl.

Bibliografia

Bühler Ch., Allen M., *Introduzione alla psicologia umanistica* (1972), Armando, Roma 1976.

Christou E., *Il logos dell'anima. Un inedito itinerario interiore sulle tracce dello spirito nella psicologia contemporanea* (1976), Città Nuova, Roma 1987.

Cohen J., *Psicologia umanistica* (1958), Giunti Barbera, Firenze 1964.

Frankl V. E., *Logoterapia e analisi esistenziale* (1946), Morcelliana, Brescia 1977.

–, *La sfida del significato. Analisi esistenziale e ricerca di senso* (1946-1996), Erickson, Trento 2005.

–, *Senso e valori per l'esistenza* (1947), Città Nuova, Roma 1998.

Maslow A. H., *Motivazione e personalità* (1954), Armando, Roma 1973.

–, *Verso una psicologia dell'essere* (1968), Astrolabio-Ubaldini, Roma 1971.

Mastropaolo M., *Il Sé rivelato. Saggi di psicologia umanistico-esistenziale*, Franco Angeli, Milano 1997.

May R., *La psicologia e il dilemma umano* (1967), Astrolabio, Roma 1970.

–, *L'amore e la volontà* (1969), Astrolabio, Roma 1971.

Murray H. A., *Explorations in personality*, Oxford University Press, New York 1938.

Rogers C. R., *La terapia centrata sul cliente* (1951), La Nuova Italia, Firenze 1997.

Psicologia zoologica, v. PSICOLOGIA COMPARATA; ETOLOGIA.

Psicologica, Funzione, v. FUNZIONE, § 2, *b*.

Psicologismo (ingl. *Psychologism*; ted. *Psychologismus*; fr. *Psychologisme*; sp. *Psicologismo*). Il termine designa: 1) dal punto di vista *storico* la tendenza ad assumere come punto di partenza della filosofia i dati della coscienza che si offrono alla riflessione dell'uomo su se stesso, riconducendo la conoscenza della realtà a quella delle modificazioni psichiche. Appartengono a questa corrente Jakob Friedrich Fries e Friedrich Eduard Beneke che, in polemica con l'idealismo hegeliano, assunsero come compito e metodo della filosofia l'autosservazione della coscienza empirica; 2) in senso *polemico* il termine si riferisce a quanti risolvono la validità di una conoscenza nella sua genesi psicologica. In questa accezione polemica il termine fu impiegato da Immanuel Kant a proposito delle forme a priori della conoscenza, la cui validità (*quaestio juris*) non doveva essere risolta nella loro "derivazione fisiologica", cioè nel loro semplice accadere nella mente dell'uomo (*quaestio facti*). Nel Novecento la polemica contro lo psicologismo fu condotta dall'empirismo logico di Rudolf Carnap (v. FISICALISMO, § 2) e dalla fenomenologia di Edmund Husserl, che metteva in guardia dallo "psicologizzare l'eidetico", identificando le essenze con la coscienza che di volta in volta se ne ha (v. FENOMENOLOGIA).

Psicometria (ingl. *Psychometry*; ted. *Psychometrie*; fr. *Psychométrie*; sp. *Psicometría*). Branca della psicologia che tenta di tradurre in termini numerici e quantitativi gli aspetti dell'attività psichica o della personalità, normale o patologica, che altrimenti resterebbero oggetto di una valutazione soggettiva e descrittiva. Dal punto di vista epistemologico essa rappresenta l'applicazione del modello medico-naturalistico alla psicologia, nel tentativo di formulare "oggettivamente" quello che altrimenti resterebbe a livello di intuizione "soggettiva". I metodi psicometrici si avvalgono dei reattivi mentali o TEST (v.) e delle scale di valutazione (v. SCALA) che sono possibili a partire dal concetto di *misura*, con l'avvertenza che in matematica questo concetto si riferisce al rapporto fra una grandezza e un'altra della stessa specie assunta come unità, mentre in psicologia indica da un lato la possibilità di stabilire un'esatta corrispondenza tra numero e fatto empirico misurato (*isomorfismo*), dall'altro la certezza dell'*invarianza* dei fatti empirici sottoposti a misura.

Si deve a Stanley Smith Stevens la precisazione che in ambito psicologico il numero deve avere un significato diverso rispetto a quello che possiede nelle scienze esatte, perché in psicologia non ha senso addizionare, sottrarre, moltiplicare, dividere. Qui il numero non indica tanto una quantità in senso matematico, quanto un *indice* che può essere o di *posizione*, quando segnala la presenza in misura maggiore o minore di una qualità, o di *riferimento* rispetto a un continuum che non può essere utilizzato aritmeticamente. In questo senso i numeri valgono più per la loro relazione che per l'entità che esprimono, e ciò che danno è uno *schema di riferimento* rispetto al quale trattare i dati empirici. Questa posizione assunta dalla psicometria si allinea con le tendenze più recenti della matematica che, con Bertrand Russell e Giuseppe Peano, sottolineano la non indispensabilità della quantità per la misura. Per ulteriori approfondimenti si rinvia alle voci STATISTICA e TEST.

Bibliografia

Conti L., Ruggeri M., Faravelli C., *Strumenti e valutazioni di misura*, in G. B. Cassano, P. Pancheri *et al.* (a cura di), *Trattato italiano di psichiatria* (1992), Masson, Milano 1999, vol. I, pp. 829-856.
Cristante F., Mannarini S., *Psicometria*, il Mulino, Bologna 2003.
Ercolani A. P., Areni A., Leone L., *Statistica per la psicologia*, vol. I: *Fondamenti di psicometria e statistica descrittiva*, vol. II: *Statistica inferenziale e analisi dei dati*, il Mulino, Bologna 2001-2002.
Giannini M., Gori A., Pannocchia L., Schimmenti A., Caretti V., *Principi di psicometria clinica*, Raffaello Cortina, Milano 2014.
Guilford J. P., *Psychometric methods*, McGraw-Hill, New York 1954.
Luccio R., *Tecniche di ricerca e analisi dei dati in psicologia*, il Mulino, Bologna 1996.
Luce R. D., Bush R. R., Galanter E. (a cura di), *Handbook of mathematical psychology*, Wiley & Sons, New York 1963.
Marhaba A., *Antinomie epistemologiche nella psicologia contemporanea*, Giunti Barbera, Firenze 1976.
Meschieri L., *Concetto e possibilità di misura dei fatti psichici*, in L. Ancona (a cura di), *Nuove questioni di psicologia*, La Scuola, Brescia 1972, vol. I, pp. 151-186.
Primi C., Luccio R., Paganucci C., *Statistica psicometrica*, Loggia de' Lanzi, Firenze 2000.
Purghé F., *La misurazione in psicologia*, Tirrenia, Torino 1984.
Stevens S. S., *Handbook of experimental psychology*, Wiley & Sons, New York 1951.

Psicomotricità (ingl. *Psychomotility*; ted. *Psychomotor education*; fr. *Psychomotricité*; sp. *Psicomotricidad*). Il termine si riferisce all'attività motoria (v. MOVIMENTO) in quanto influenzata dai processi psichici e in quanto riflettente il tipo di personalità individuale. Oltrepassando il dualismo corpo-mente, la psicomotricità studia ed educa l'attività psichica attraverso il movimento del corpo. L'educazione psicomotoria deve iniziare nei primi mesi di vita stimolando la facoltà di reazione di fronte alla realtà e favorendo il passaggio dalla tensione spontanea a quella volontaria, attraverso il progressivo miglioramento dei movimenti, che nel bambino sono inizialmente caotici perché provocati da un'eccitazione generalizzata. Nell'età adulta la modalità di muoversi è rivelativa dell'aspetto tipologico dell'individuo e del suo modo di essere al mondo, che si rivela nel camminare, nel gestire, nello scrivere e, in generale, nell'articolazione della propria corporeità dove si palesano non solo lo stato attuale e transitorio della persona, ma anche i suoi tratti costitutivi. Anche nell'età senile, quando i movimenti si fanno incerti, monchi, privi di energia e di varietà, l'educazione psicomotoria consente all'anziano di non allontanarsi eccessivamente dal mondo circostante e di conservare un adeguato concetto di sé. Partendo dal presupposto piagetiano secondo cui le attività cognitive risultano dall'interiorizzazione degli schemi sensomotori (v. COGNIZIONE, § 2), la psicomotricità viene adottata anche per lo sviluppo degli insufficienti mentali che, attraverso un miglior controllo del proprio corpo e delle coordinate spaziali, raggiungono un comportamento generale più adeguato, e uno sviluppo delle funzioni psichiche per la riduzione degli stati d'ansia e di angoscia che sempre accompagnano un insicuro rapporto con il mondo e una mancata padronanza del proprio corpo. Tra i metodi di autoeducazione attraverso il movimento va ricordato il metodo ideato da Moshe Feldenkrais che, con il movimento e la presa di coscienza dei propri schemi motori, consente di espandere la propria consapevolezza di sé nel mondo attraverso l'ascolto delle sensazioni che i movimenti suscitano e l'acquisizione di nuovi modi di muoversi, di atteggiarsi e quindi di percepirsi.

Bibliografia

Ambrosini C., Pellegatta S., *Il gioco nello sviluppo e nella terapia psicomotoria*, Erickson, Trento 2012.
Aucouturier B., *La pratica psicomotoria. Rieducazione e terapia* (1984), Armando, Roma 1995.
Belloni L., *Psicomotricità in acqua. Percorso educativo e terapeutico*, Erickson, Trento 2007.
Berti E., Comunello F., *Corpo e mente in psicomotricità. Pensare l'azione in educazione e terapia*, Erickson, Trento 2011.
Buytendijk F. J. J., *Attitudes et mouvements*, Desclée de Brouwer, Bruges 1957.
Cannao M. *et al.*, *Psicomotricità e processi educativi*, Vita e Pensiero, Milano 1980.
Carli L., Quadrio A. (a cura di), *Clinica della psicomotricità*, Feltrinelli, Milano 1981.
Feldenkrais M., *Il corpo ed il comportamento maturo* (1949), Astrolabio, Roma 1996.
–, *Conoscersi attraverso il movimento* (1972), Celuc, Milano 1998.
–, *Le basi del metodo* (1981), Astrolabio, Roma 1991.
Formenti L. (a cura di), *Psicomotricità. Educazione e prevenzione. La progettazione in ambito psicoeducativo*, Erickson, Trento 2006.
Gison G., Bonifacio A., Minghelli E., *Autismo e psicomotricità. Strumenti e prove di efficacia nell'intervento neuro e psicomotorio precoce*, Erickson, Trento 2012.
Kurtz L. A., *Disturbi della coordinazione motoria. Come aiutare i bambini goffi a casa e a scuola* (2003), Erickson, Trento 2006.
Lapierre A., Aucouturier B., *Il corpo e l'inconscio in educazione e terapia* (1980), Armando, Roma 1982.
Le Boulch J., *Educare con il movimento* (1969), Armando, Roma 1971.
Pancheri P. (a cura di), *Volontà, attività e psicomotricità*, in G. B. Cassano, P. Pancheri *et al.* (a cura di), *Trattato italiano di psichiatria* (1992), Masson, Milano 1999, vol. I, pp. 667-690.
Piaget J., *Perception, motricité et intelligence*, in "Enfance", 1956, n. 2.
Picq L., Vayer P., *Educazione psicomotoria e ritardo mentale* (1968), Armando, Roma 1968.
Piéron H. L. Ch., Chocholle R., Leplat J., *Sensazione e motilità*, in P. Fraisse, J. Piaget (a cura di), *Trattato di psicologia sperimentale* (1963-1968), Einaudi, Torino 1972-1979, vol. II.
Poggia C., *Percorsi di motricità consapevole. Esercizi per adulti e anziani. Metodo Feldenkrais e altre proposte*, Erickson, Trento 2010.
Vayer P., *L'educazione psicomotoria nell'età prescolastica* (1971), Armando, Roma 1973.

Psiconcologia (ingl. *Psycho-oncology*; ted. *Psychoonkologie*; fr. *Psychoncologie*; sp. *Psiconcología*). Il cancro, come malattia che ci costringe a prendere atto della nostra condizione mortale, terrorizza chi ne è affetto, il cui vissuto resta abbastanza impermeabile alla constatazione che i tassi di sopravvivenza nel corso degli anni sono migliorati. Il modo con cui si affronta questa malattia, rappresentata come "malattia mortale", dipende molto da come ciascuno ha affrontato gli eventi fondamentali della sua vita, anche se l'annuncio della malattia e il suo decorso sono spesso accompagnati da stati depressivi che possono richiedere aiuti psicologici o farmacologici. Oltre alla paura di soffrire, questa malattia mette in gioco la propria identità, per quel tanto che è connessa all'immagine del proprio corpo, che può essere deturpata dalle cure chemioterapiche o dalle amputazioni, soprattutto nel caso dei tumori che colpiscono le donne che temono, a causa della malattia, di perdere il loro fascino e la loro sessualità.

È stata avanzata anche l'ipotesi, peraltro controversa, secondo la quale il cancro avrebbe radici psicologiche, in base a studi che segnalano come le persone depresse o solite a reprimere le proprie emozioni correrebbero un rischio maggiore di ammalarsi di cancro rispetto alle altre. Alcune ricerche condotte in Inghilterra al Royal Marsden Hospital hanno anche riscontrato una sorta di legame fra l'atteggiamento mentale e la sopravvivenza al cancro, nel senso che pazienti dallo spirito combattivo, che giungono persino a negare la gravità della diagnosi che li riguarda, hanno la probabilità di vivere più a lungo rispetto a quei pazienti che si sentono impotenti o senza speranza. Secondo altri, l'atteggiamento positivo del paziente è importante nel trattamento della malattia, non perché potenzia il sistema immunitario, ma perché aiuta i pazienti a seguire diligentemente regimi terapeutici anche molto pesanti. Dal punto di vista psicologico, una diagnosi di cancro lascia comunque una traccia indelebile nella propria esistenza. Il paziente ha la sensazione che la sua vita non sia più la stessa: sia in senso negativo, perché teme che il cancro possa tornare, o perché sviluppa una sindrome ipocondriaca per cui ogni sintomo, anche il più insignificante, è interpretato come una possibile ripresa della malattia, sia in senso positivo in ordine al non prendersela più per le piccole cose, al concedersi tutto il tempo necessario per godersi la famiglia, gli amici, i conoscenti, e infine al prendersi cura di sé, del proprio corpo e di come si spendono le proprie energie.

Bibliografia

Axia G. (a cura di), *Elementi di psico-oncologia pediatrica*, Carocci Faber, Roma 2004.
Bellani M. L., Morasso G., Orrù W., Amadori D., Grassi L., Casali P. G., Bruzzi P., *Psiconcologia*, Elsevier-Masson, Milano 2002.
Biondi M., Costantini A., Grassi L., *La mente e il cancro*, Il Pensiero Scientifico, Roma 1995.

Biondi M., Costantini A., Wise Th. N. (a cura di), *Psiconcologia*, Raffaello Cortina, Milano 2014.
Boggio Gilot L. (a cura di), *Sofferenza e guarigione. Psicologia transpersonale e tradizione spirituale*, Cittadella, Assisi 1993.
Chiozza L. A., *Psicoanalisi e cancro. Per una concezione psicoanalitica del cancro* (1978), Borla, Roma 1981.
Cohen J., Cullen J. W., Martin L. R., *Psychosocial aspects of cancer*, Raven Press, New York 1982.
Costantini A., Grassi L., Biondi M., *Psicologia e tumori. Una guida per reagire*, Il Pensiero Scientifico, Roma 1998.
De Santi A., Morosini P., Noviello S., Gruppo CARE (a cura di), *La comunicazione con il paziente oncologico*, Erickson, Trento 2009.
Donghi P., Peluso G., *Di cosa parliamo quando parliamo di cancro*, Raffaello Cortina, Milano 2014.
Fornari F., *Affetti e cancro*, Raffaello Cortina, Milano 1985.
Garusi G. F., Selvestrel C., *La psicoterapia quale parte integrante dell'intervento medico sul malato neoplastico*, Azienda Ospedaliera, Verona 1996.
Grassi L. (a cura di), *Il disagio psichico in oncologia*, Spazio Libri, Ferrara 1993.
Grassi L., Biondi M., Costantini A., *Manuale pratico di psico-oncologia*, Il Pensiero Scientifico, Roma 2003.
Guarino A., *Psiconcologia dell'età evolutiva. La psicologia nella cura dei bambini malati di cancro*, Erickson, Trento 2006.
Jung C. G., *Aion. Ricerche sul simbolismo del Sé* (1951), in *Opere* (1969-2007), Bollati Boringhieri, Torino, vol. IX, 2.
Meerwein F. (a cura di), *Psicologia oncologica* (1981), Bollati Boringhieri, Torino 1989.
Morasso G., *Cancro. Curare i bisogni del malato. L'assistenza in fase avanzata di malattia*, Il Pensiero Scientifico, Roma 1998.
Oppenheim D., *Crescere con il cancro. Esperienze vissute da bambini e adolescenti* (2003), Erickson, Trento 2007.
Palazzo S., *Per un'oncologia sostenibile. Teoria e pratica della Green Oncology*, Il Pensiero Scientifico, Roma 2010.
Ratti M. M., Delli Zotti G. B., Portaluppi A., *Psiconcologia e cure palliative*, Edizioni Accademiche Italiane, Milano-Saarbrücken 2017.
Reich W., *La biopatia del cancro – La scoperta dell'orgone. Parte seconda* (1948), Sugarco, Milano 1976, voll. I-II.
Verusio C., *Doctoring Doctors. Curare un collega ammalato di cancro*, in Attivecomeprima, Fondazione AIOM, *Quando il medico diventa paziente. Progetto Chirone. La prima indagine in Italia sui medici che vivono o hanno vissuto l'esperienza del cancro*, Franco Angeli, Milano 2007.
Verusio C., Marconi M., De Bortoli A., *Programmazione ed organizzazione del supporto psicologico a pazienti e familiari in una unità operativa di oncologia medica*, in "Bios", 2010, a. XII, n. 1, pp. 80-82.

Psiconevrosi, v. NEVROSI, § 1.

Psicopatia (ingl. *Psychopathy*; ted. *Psychopathie*; fr. *Psychopathie*; sp. *Psicopatía*). Detta anche *oligotimia*, la psicopatia è un disturbo della personalità che, incapace di realizzare un'adeguata integrazione nel proprio contesto socioculturale, si trova molto spesso nelle condizioni di trasgredire norme etiche e sociali che condizionano la convivenza umana. Per questo tratto peculiare non episodico, ma fondamentalmente stabile e costitutivo, la psicopatia è detta anche *sociopatia* (v. PSICOLOGIA SOCIALE, § 5). Dalla definizione si comprende quanto il concetto sia discutibile e al limite onnicomprensivo di qualsiasi forma di devianza o di semplice differenza nel modo di interpretare la norma socialmente convenuta. Il termine è stato introdotto da Julius Ludwig August Koch che, nel 1891, ribattezzò come "inferiorità psicopatica" quelle forme d'esistenza che la psichiatria precedente definiva affette da "follia morale" o "imbecillità morale". In questa accezione il termine compare anche in Richard von Krafft-Ebing, che lo impiega per definire le perversioni e le anomalie sessuali, e in psicologia criminale che lo assume per rubricare le forme di "personalità abnorme" con riferimento alla "norma" che regola i rapporti sociali. Kurt Schneider distinse la psicopatia dalla PSICOSI (v.), perché la personalità psicopatica non è destrutturata, e dalla NEVROSI (v.) perché il disturbo non nasce da un conflitto, ma da una predisposizione costituzionale.

I tratti caratteriali della personalità psicopatica intorno a cui si registra un maggior consenso sono: 1) un'*immaturità affettiva* che nasconde una puerilità di fondo con conseguente insofferenza alle frustrazioni, incapacità di esprimere sentimenti positivi come simpatia e gratitudine, vita sessuale impersonale e non coinvolgente; 2) un'*apatia morale* con mancanza di sentimenti di rimorso o di colpa, mancanza di responsabilità, falsità e insincerità sistematiche; 3) e una *condotta antisociale* non episodica o impulsiva, ma costante e programmata che spesso mette capo a condotte delittuose realizzate con freddezza e indifferenza.

Circa le cause, in passato dominò l'interpretazione organicistica formulata da Cesare Lombroso che incluse la psicopatia tra le forme di "degenerazione"; oggi prevale l'interpretazione psicogena che fa risalire la psicopatia a una mancata integrazione dell'affettività nel corso dei primi anni di vita, con conseguenti carenze sul piano emotivo e difficoltà di identificazione che portano a un ideale dell'Io informe e confuso (v. IO, IDEALE DELL'). La psicoanalisi a orientamento freudiano vede l'origine della personalità psicopatica nei primi rapporti del bambino con una figura materna inconsistente, anaffettiva o ambigua, da cui scaturisce la successiva costituzione psicologica caratterizzata da un Io debole, da un Super io assente con conseguente mancanza di rimozione delle richieste pulsionali dell'Es, che verrebbero immediatamente agite e non differite ed elaborate. Di qui la proiezione continua dell'aggressività sul mondo esterno e l'impossibilità di un'elaborazione intrapsichica per mancata interiorizzazione dei conflitti. Nonostante l'incertezza sulle cause della psicopatia e sui confini che ne delimitano i tratti, il termine è ampiamente usato come categoria diagnostica nell'ambito della psicologia criminale (v. PSICOLOGIA FORENSE, § 2).

Bibliografia

Blask F., *Q come caos. Un'etica dell'incoscienza per le nuove generazioni* (1996), Tropea, Milano 1997.
Catalano Nobili C., Cerquetelli G., *Gli psicopatici*, Il Pensiero Scientifico, Roma 1974.
Cleckley H. M., *Gli stati psicopatici*, in S. Arieti (a cura di), *Manuale di psichiatria* (1959-1966), Bollati Boringhieri, Torino 1969-1970, vol. I, pp. 558-582.
Craft M. (a cura di), *Psychopathic disorders and their assessment*, Pergamon, London 1966.
Koch J. L. A., *Die psychopathischen Minderwertigkeiten*, Maier, Ravensburg 1891.
Krafft-Ebing R. von, *Psychopathia sexualis* (1886), Edizioni Mediterranee, Roma 1975.
Lami B., *Psicopatia e pensiero del cuore*, Zephiro Edizioni, Milano 2006.
Lloyd R., Williamson S., *Harry, ritratto di uno psicopatico* (1968), Feltrinelli, Milano 1970.
Lombroso C., *L'uomo delinquente in rapporto all'antropologia, alla giurisprudenza e alla psichiatria* (1876-1897), Bompiani, Milano 2013.
McCord W., McCord J., *Lo psicopatico. Saggio sulla mente criminale* (1964), Astrolabio-Ubaldini, Roma 1970.
Schneider K., *Die psychopathischen Persönlichkeiten*, Deuticke, Wien 1950.
Velotti P., *Comprendere il male. Il disturbo antisociale della personalità*, il Mulino, Bologna 2015.
Wulff E., *Psichiatria e classi sociali* (1974), Laterza, Bari 1977.

Psicopatologia (ingl. *Psychopathology*; ted. *Psychopathologie*; fr. *Psychopathologie*; sp. *Psicopatología*). Disciplina psicologica che indaga nella prospettiva dello sviluppo psichico, anziché delle cause organiche, il funzionamento anormale dell'attività psichica, mirando a individuarne, in forma sistematica, le cause specifiche. Nell'Ottocento la psicopatologia era una branca della PSICHIATRIA (v.) e quindi apparteneva alla medicina piuttosto che alla PSICOLOGIA (v.), allora caratterizzata da un'impronta ancora filosofica. Le ricerche psicopatologiche erano eminentemente rivolte alle cause, reperite in prevalenza nell'organismo, e alle tecniche per curare i sintomi. La sua emancipazione dalla psichiatria avvenne gradatamente grazie al contributo fornito dalla teoria dei livelli di organizzazione di John Hughlings Jackson, dalla considerazione temporale del sintomo di Sigmund Freud, dalla distinzione tra comprensione e spiegazione di Karl Jaspers, dalla relazione intuizione e tempo di Eugène Minkowski e dal criterio distintivo tra anormalità e norma fissato da Ludwig Binswanger. Questi contributi, per quanto eterogenei, hanno consentito alla psicopatologia di costituirsi come scienza autonoma che, a differenza della psichiatria che si esprime nella classificazione sistematica dei sintomi in base a quadri costruiti sul modello: sintomo = disturbo = deviazione di una funzione, guarda al sintomo come a un segno che indica un diverso modo di elaborare l'esperienza, quindi in un orizzonte di lettura non più psichiatrico, ma propriamente psicologico, dove normalità e patologia non riproducono più la "norma" e la "devianza", ma esprimono due diversi modi di fare esperienza che danno risposte diverse, pur obbedendo alle medesime leggi che governano la vita psichica.

1. JOHN HUGHLINGS JACKSON E I LIVELLI DI ORGANIZZAZIONE. Secondo Jackson le funzioni evolvono dalle inferiori, più semplici, automatiche e organizzate, alle superiori, più complesse, volontarie e meno organizzate. Da queste premesse Jackson ne deduce che la malattia mentale è una dissoluzione disarmonica dalle funzioni superiori (o volontarie, e in quanto tali più complesse e meno organizzate) alle inferiori (o automatiche, e in quanto tali più semplici e più organizzate) le quali, proprio per la loro maggior organizzazione e per il loro automatismo, sono più capaci di resistere all'evento morboso (v. STRATI, TEORIA DEGLI).

2. SIGMUND FREUD E LA TEMPORALITÀ DEL SINTOMO. La teoria jacksoniana è ripresa e riformulata da Freud che distingue nell'APPARATO PSICHICO (v.) una formazione superiore o coscienza da una inferiore o inconscio che è possibile indagare a partire dal sintomo: «Dal sintomo la nostra strada ci condusse all'inconscio, alla vita pulsionale, alla sessualità» (1932, p. 170). Risalendo, attraverso i sintomi, ai contenuti regressivi, Freud è in grado di raggiungere una forma di causalità che non è solo negativa, come nel caso della lesione organica ipotizzata dalla psichiatria del suo tempo, ma produttiva nel senso che «quelli che chiamiamo fenomeni (sintomi) di una nevrosi sono conseguenze di certe esperienze e impressioni, che proprio per questo riconosciamo come traumi etiologici» (1934-1938, p. 396). In questo modo il sintomo non è solo un segno, ma l'effetto di una causalità storico-dinamica. Oltre alla nozione di "sintomo", la psicopatologia deriva dalla psicoanalisi, in quanto psicologia dinamica: *a*) la nozione di causalità genetica (v. CAUSALITÀ), ossia la spiegazione della patologia dell'adulto a partire dalle sue esperienze infantili, *b*) la nozione di CONFLITTO PSICHICO (v. § 1), *c*) la nozione di TRANSFERT (v. § 1, *a*).

3. KARL JASPERS E LA DISTINZIONE TRA SPIEGAZIONE E COMPRENSIONE. I sintomi osservati possono essere tra loro connessi adottando o il metodo della spiegazione causale (*erklären*) proprio delle scienze della natura, o quello della comprensione psicologica (*verstehen*) proprio delle scienze dello spirito: «Nel vasto significato della parola "comprendere" noi distinguiamo

anche terminologicamente due differenti significati: il comprendere *statico*, l'attualizzarsi di stati psichici e l'oggettivazione di qualità psichiche, e il comprendere *genetico*, l'immedesimarsi nell'altro, il comprendere le relazioni psichiche» (1913-1959, p. 29). Con Jaspers la relazione medico-paziente diventa il luogo privilegiato dell'esperienza psicopatologica dove è possibile cogliere «l'inquietudine dell'animo, il movimento, la relazione» (*ibid.*). I fatti così "compresi" e posti in relazione tra loro acquistano un nuovo significato in riferimento al tutto, a proposito del quale Jaspers scrive che «nel comprendere genetico si intensifica il "circolo ermeneutico": il tutto si deve comprendere dai dati di fatto particolari, il che d'altra parte è la premessa per la comprensione degli stessi fatti particolari» (ivi, p. 31). In questo modo, «ogni vita psichica è un tutto come forma temporale» (ivi, p. 719), quindi si struttura come un *processo* dove, a livello psicopatologico, si assiste a «uno spostamento, una trasformazione e un'alienazione della personalità» (ivi, p. 741). In questo modo la vita psichica e la sua comprensione non si darebbero mai definitivamente, ma sempre e solo temporalmente, e quindi sempre aperte a un'ulteriorità di senso. Per maggiori approfondimenti si veda la voce PSICOLOGIA COMPRENSIVA.

4. EUGÈNE MINKOWSKI E LA RELAZIONE INTUIZIONE E TEMPO. Minkowski assegna alla psicopatologia uno sguardo diverso dalla semplice osservazione psichiatrica, uno sguardo «centrato sul fenomeno vissuto che non cerca né la causa né la conseguenza di quello, ma si sforza, penetrandolo, di esaurirne il contenuto» (1937, p. 40). Il suo scopo «sarà di afferrare sul vivo il fatto psicopatico nel momento in cui esso si produce, nel suo tenore vivente e secondo la risonanza particolare che esso trova in noi» (ivi, p. 42). Siccome i fatti psichici, scrive Minkowski, sono «incatenati nel tempo, [...] le manifestazioni esteriori e ciò che esse esteriorizzano non esauriscono del tutto la vita mentale», per cui «l'analisi fenomenologica della vita-tempo, da cui la psicopatologia trae la sua ispirazione, ci mette in guardia da ogni forma che cerchi di glissare l'elemento "nel tempo"» (ivi, p. 18). In tal modo Minkowski assegna alla psicopatologia non un'azione interpretativa e riduttiva, come fa la psichiatria quando riferisce il mondo del paziente alle categorie generali e astratte del sapere della tradizione, a cui lo psichiatra appartiene in quanto membro di una specifica comunità scientifica, ma un'azione che sappia tradurre fedelmente il mondo del paziente nel mondo autentico del medico, perché solo a questo livello è possibile una comprensione e quindi una comunicazione autentica, che è la precondizione dell'atto terapeutico. Per ulteriori approfondimenti si veda la voce TEMPO, § II, 3.

5. LUDWIG BINSWANGER E IL PROBLEMA DELLA NORMA. Con Binswanger si passa dalla semplice fenomenologia minkowskiana del tempo vissuto all'analisi dei momenti costitutivi della temporalità, della spazialità, della modalità di relazionarsi alle cose e agli uomini che, guardati fenomenologicamente, non rivelano "carenze" o "eccessi", ma *modi d'essere* che, là dove l'uomo non è precodificato da quadri nosologici precostituiti, non si rivelano come *dis-funzioni*, ma semplicemente come *funzioni* di una certa strutturazione della sua presenza, ossia di un certo modo di essere-nel-mondo e di progettare un mondo. Tutto ciò priva la distinzione psichiatrica tra "normale" e "anormale" del suo significato assiologico-ideale, perché si può rinunciare a privilegiare un mondo rispetto a un altro, il mondo del "sano" rispetto al mondo del "malato", e per distinguere nel loro specifico costituirsi i "mondi" delle diverse forme di alienazione mentale sarà sufficiente, senza ricorrere ad alcuna visione del mondo precostitutivamente assunta a norma o modello, scoprire le incrinature presenti nelle strutture trascendentali che presiedono la formazione di un mondo. Con Binswanger, e più in generale con la FENOMENOLOGIA (v.), la psicopatologia ha raggiunto la sua autonomia disciplinare, che legge l'alienazione come un *processo* le cui cause, se non possono essere *spiegate* con il metodo delle scienze esatte, possono essere *comprese* se si accede alle *forme trascendentali* che presiedono la costruzione che ognuno fa del proprio mondo. Ne consegue che, nella pratica terapeutica, qualsiasi raccolta longitudinale di dati e di fatti empirici, anche la più completa, è rivolta esclusivamente alla conferma del sapere nosografico stabilito di volta in volta dall'ordine psichiatrico, senza la possibilità di cogliere il disegno dell'esistenza di colui che soffre. Ne deriva che all'atteggiamento interpretativo occorre sostituire quell'atteggiamento che Martin Heidegger indica in quel "lasciar essere (*Gelassnheit*)" che consente al paziente di aprirsi a quell'altro da sé, che può annunciarsi nell'incontro con il medico, se questi assume un atteggiamento che non interpreta, ma crea uno spazio libero, dove chi soffre ha la possibilità di esprimere il proprio mondo. Un mondo che, se non è compreso, rende vano qualsiasi intervento terapeutico. Per ulteriori approfondimenti si veda la voce ANALISI ESISTENZIALE.

Bibliografia

Albasi C., *Psicopatologia e ragionamento clinico*, Raffaello Cortina, Milano 2009.

Ammaniti M., Antonucci F., Iaccarino B., *Appunti di psicopatologia*, Bulzoni, Roma 1975.

Ancora A., *La dimensione transculturale della psicopatologia*, Edizioni Universitarie Romane, Roma 1997.

Ballerini A., Callieri B. (a cura di), *Breviario di psicopatologia. La dimensione umana della sofferenza mentale*, Feltrinelli, Milano 1996.
Binswanger L., *Per un'antropologia fenomenologica. Saggi e conferenze psichiatriche* (1921-1941), Feltrinelli, Milano 1970.
–, *Melanconia e mania* (1960), Bollati Boringhieri, Torino 1971.
Borgna E., *Nei luoghi perduti della follia* (1964-1984), Feltrinelli, Milano 2008.
–, *I conflitti del conoscere. Strutture del sapere ed esperienza della follia*, Feltrinelli, Milano 1988.
Callieri B., *Percorsi di uno psichiatra* (1955-1992), Edizioni Universitarie Romane, Roma 1993.
–, *Quando vince l'ombra. Problemi di psicopatologia clinica* (1982), Edizioni Universitarie Romane, Roma 2001.
–, *Corpo, esistenze, mondi. Per una psicopatologia antropologica*, Edizioni Universitarie Romane, Roma 2007.
Cancrini L., *Lezioni di psicopatologia*, Bollati Boringhieri, Torino 1997.
Di Petta G., *Il mondo vissuto. Clinica dell'esistenza. Fenomenologia della cura*, Edizioni Universitarie Romane, Roma 2003.
Fava L., *L'analisi multidimensionale della psicopatologia. Interventi integrati nel trattamento clinico*, il Mulino, Bologna 2014.
Freud S., *Psicopatologia della vita quotidiana* (1901), in *Opere* (1967-1993), Bollati Boringhieri, Torino, vol. IV.
–, *Introduzione alla psicoanalisi. Nuova serie di lezioni* (1932), in *Opere*, cit., vol. XI.
–, *L'uomo Mosè e la religione monoteistica. Tre saggi* (1934-1938), in *Opere*, cit., vol. XI.
Galimberti U., *Psichiatria e fenomenologia* (1979), nuova edizione ampliata, Feltrinelli, Milano 2017.
Gaston A., *Psicopatologia*, in AA.VV., *Gli strumenti del sapere contemporaneo*, vol. II: *I concetti*, Utet, Torino 1985, pp. 655-659.
–, *Genealogia dell'alienazione*, Feltrinelli, Milano 1987.
Gozzetti G., Cappellari L., Ballerini A., *Psicopatologia fenomenologica della psicosi. Sul senso dell'incontro con l'esperienza psicotica*, Raffaello Cortina, Milano 1999.
Jackson J. H., *The croonian lectures on evolution and dissolution of the nervous system*, in "British Medical Journal", 1884, n. 1.
Jaspers K., *Psicopatologia generale* (1913-1959), Il Pensiero Scientifico, Roma 2000.
Lingiardi V., *La personalità e i suoi disturbi. Lezioni di psicopatologia dinamica*, il Saggiatore, Milano 2004.
Martinotti G., *Fenomenologia della corporeità. Dalla psicopatologia alla clinica*, Edizioni Universitarie Romane, Roma 2009.
Minkowski E., *La psychopathologie: son orientation, ses tendances*, in "L'Évolution Psychiatrique", 1937, n. 3.
–, *Filosofia, semantica, psicopatologia* (1939-1962), Mursia, Milano 1969.
–, *Trattato di psicopatologia* (1966), Feltrinelli, Milano 1973.
Nicotra L., *Nuova psicopatologia della vita quotidiana*, Bonanno Editore, Roma 2011.
Scharfetter Ch., *Psicopatologia generale* (1976-1991), Feltrinelli, Milano 1992.
Sims A., *Introduzione alla psicopatologia descrittiva* (1988), nuova edizione, Raffaello Cortina, Milano 2009.
Stanghellini G., *Psicopatologia del senso comune*, Raffaello Cortina, Milano 2006.
Vella G., *Psichiatria e psicopatologia*, Liviana, Padova 1994.
Zennaro A., *Lo sviluppo della psicopatologia. Fattori biologici, ambientali e relazionali*, il Mulino, Bologna 2011.

Psicopedagogia (ingl. *Psychopedagogy*; ted. *Psychopädagogie*; fr. *Psychopédagogie*; sp. *Psicopedagogía*). Detta anche *psicologia dell'educazione*, è un settore della psicologia applicata che utilizza i metodi e i dati offerti dalla PSICOLOGIA GENERALE (v.), dalla PSICOLOGIA DELL'ETÀ EVOLUTIVA (v.) e dalla PSICOLOGIA DIFFERENZIALE (v.) per lo studio dei problemi educativi. Accanto a una psicopedagogia *generale* che si esprime nell'elaborazione dei contenuti dei programmi scolastici e delle modalità didattiche (v. DIDATTICA) in relazione alle capacità cognitive (v. COGNIZIONE) e di APPRENDIMENTO (v.) dell'allievo nelle diverse fasi del suo sviluppo, esiste una psicopedagogia *speciale* o *differenziale* dedita allo studio delle varianti educative per i ragazzi deficitari o superdotati.

1. PSICOPEDAGOGIA GENERALE. In questo ambito gli ordini di studi sono volti da un lato alle modalità psicologiche con cui impartire una certa educazione in vista di un certo apprendimento, dall'altro alle risonanze psichiche che il processo educativo comporta e alle conseguenze psicologiche derivanti dall'applicazione dei vari metodi educativi. Rientrano nel primo ambito i problemi di DIDATTICA (v.), le modalità di INSEGNAMENTO (v.), le procedure impiegate nell'ISTRUZIONE (v.), le problematiche connesse alla formazione scolastica (v. PSICOLOGIA SCOLASTICA), le tecniche psicometriche impiegate per l'ORIENTAMENTO (v. § 4) scolastico e altre ricerche che vedono la psicologia al servizio della PEDAGOGIA (v.). Nel secondo ambito è la psicologia a porsi in termini critici nei confronti delle metodiche educative, quando la cura per lo sviluppo cognitivo finisce per trascurare quello affettivo ed emozionale che, dopo i contributi forniti in tal senso dalla psicoanalisi, si rivela non solo come meta da realizzare, ma anche come condizione che favorisce o ostacola lo stesso apprendimento.

2. PSICOPEDAGOGIA SPECIALE O DIFFERENZIALE. In questo ambito si studiano i casi individuali concreti caratterizzati da deviazione dalla norma, quindi gli *insufficienti mentali*, distinti in *ritardati*, dove l'insufficienza è legata a un problema di sviluppo, e *deficitari*, caratterizzati da un disturbo delle strutture mentali di base che può essere di origine biologica o psicosociologica, quindi da imputare a un difetto di arricchimento da parte dell'ambiente, o ad inibizione delle possibilità recettive da parte del soggetto (v. RITARDO MENTALE). Oltre che degli insufficienti,

la psicopedagogia differenziale si occupa dei *superdotati* che presentano o una facilità fuori del comune nell'apprendimento intellettivo, o un'eccellenza in termini di creatività, che pongono il problema di un adeguato sfruttamento delle loro doti, oltre che di adattamento nel contesto di una popolazione normale (v. INTELLIGENZA, § 2). Tra questi due estremi, insufficienti e superdotati, anche la popolazione normale può presentare problemi da psicopedagogia differenziale in ordine ai processi acquisitivi di *assimilazione* (con cui si percepisce la realtà in base ai propri schemi) e di *accomodamento* (dove è prevista una modificazione dello schema mentale per adeguarsi alla realtà) che, come ha mostrato Jean Piaget, sono alla base dello sviluppo cognitivo (v. COGNIZIONE, § 3, *a*).

Bibliografia

Anastasi A., *Psicologia differenziale* (1937), Editrice Universitaria, Firenze 1965.

Boscolo P., *Psicologia dell'educazione*, Giunti Barbera, Firenze 1980.

Busnelli C., *Il contributo della psicologia ai problemi della pedagogia speciale*, in L. Ancona (a cura di), *Nuove questioni di psicologia*, La Scuola, Brescia 1972, vol. II, pp. 643-682.

Carugati F., Selleri P., *Psicologia dell'educazione*, il Mulino, Bologna 1996.

Claparède É., *Psicologia del fanciullo e pedagogia sperimentale. Lo sviluppo mentale* (1909), Editrice Universitaria, Firenze 1964.

Dozza L., Loiodice I., *0-6 anni. Pedagogia psicologica*, Laterza, Bari 1994.

Gagné R. M., *Le condizioni dell'apprendimento* (1965), Armando, Roma 1973.

Jung C. G., *Psicologia ed educazione* (1934-1946), in *Opere* (1969-2007), Bollati Boringhieri, Torino, vol. XVII.

Metelli Di Lallo C., *Problemi psicopedagogici*, Laterza, Bari 1964.

Pani R., Biolcati R., Sagliaschi S., *Psicologia clinica e psicopatologia per l'educazione e la formazione*, il Mulino, Bologna 2009.

Perini S., *Psicologia dell'educazione*, il Mulino, Bologna 1997.

Piaget J., *Psicopedagogia e mentalità infantile* (1928), Le Monnier, Firenze 1970.

Pontecorvo C., *Educazione e scuola di fronte alle differenze di intelligenza*, in Id. (a cura di), *Intelligenza e diversità*, Loescher, Torino 1981.

Russo G., *Metodologia e didattica per le classi differenziali*, Armando, Roma 1968.

Zavalloni R., *La pedagogia speciale e i suoi metodi*, La Scuola, Brescia 1969.

Psicopompo (ingl. *Psychopomp*; ted. *Psychopompos*; fr. *Psychopompe*; sp. *Psicopompo*). Figura iniziatica che accompagna l'anima nei processi di transizione. Questa funzione, che il mito greco attribuiva a Ermes che accompagnava le anime dei morti, è oggi attribuita a quanti interpretano il ruolo di guida psicologica.

Psicoprofilassi, v. PREVENZIONE.

Psicorganica, Sindrome (ingl. *Psychoorganic syndrome*; ted. *Psychorganische Syndrom*; fr. *Syndrome psychorganique*; sp. *Síndrome psicoorgánico*). Turba psichica che si manifesta in concomitanza con un processo patologico dell'organismo secondo modalità che ne evidenziano la correlazione. Il quadro clinico è individuabile non in base all'eziopatogenesi, ma in base alla localizzazione della malattia, alla sua estensione, alla sua gravità e alla modalità del decorso che presenta variazioni dipendenti dai fattori di personalità e dalle condizioni ambientali. Carmelo Conforto e Anna Maria Risso hanno raccolto le sindromi psicorganiche in quattro gruppi:

1. PSICOSINDROME CEREBRALE DIFFUSA. Dipende da un'estesa lesione cerebrale imputabile a degenerazione senile, malattie degenerative del sistema nervoso, vasculopatie cerebrali, agenti traumatici, intossicazioni che comportano una progressiva involuzione delle funzioni intellettive, che può giungere fino alla DEMENZA (v.) con conseguente disgregazione dell'intera personalità. L'involuzione si manifesta all'inizio con disturbi della memoria soprattutto nel suo aspetto rievocativo (v. MEMORIA, § 4, *b*), difficoltà di attenzione e di concentrazione, compromissione dell'intelligenza, della critica e del giudizio.

2. PSICOSINDROME CEREBRALE A FOCOLAIO. È caratterizzata da una lesione a uno specifico distretto cerebrale con sintomi che variano a seconda dell'area interessata. Per il *lobo frontale*, sede di aree corticali con funzioni associative importanti nell'integrazione delle più elevate funzioni psichiche, i sintomi più caratteristici riguardano le modificazioni dell'affettività e delle funzioni intellettive, oltre a una più o meno significativa alterazione della personalità; per il *lobo parietale*, che presiede la percezione del proprio corpo e dello spazio esterno, i disturbi riguardano lo schema corporeo (v. CORPO, § 1) e l'organizzazione finalistica dei movimenti; per il *lobo temporale*, che gioca un ruolo essenziale nel riconoscimento dei segnali acustici, i sintomi più significativi sono agnosia acustica che si ripercuote sulle modalità espressive, disturbi emotivi e stati sognanti; per il *lobo occipitale*, che integra ed elabora le afferenze visive, i disturbi sono a sfondo allucinatorio: da quelli più elementari relativi a luci e colori, a quelli più complessi come le visioni sceniche.

3. PSICOSINDROME ENDOCRINA. Stante la correlazione tra sistema nervoso e sistema endocrino, alterazioni dell'equilibrio ormonale conducono a disturbi che investono la sfera istintivo-affettiva con turbe allo

sviluppo dell'intelligenza e della personalità quando l'alterazione endocrina insorge nelle fasi evolutive in modo grave e cronico. I disturbi variano a seconda della struttura endocrina interessata, per cui si rinvia alla voce ENDOCRINO, SISTEMA.

4. PSICOSINDROME ESOGENA ACUTA. È una complicazione psichica a decorso acuto delle malattie somatiche, dovuta a tossine che agiscono sulle strutture cerebrali a seguito di malattie infettive, parassitarie, dismetaboliche, di singoli organi (apparato respiratorio, circolatorio, fegato, rene), o per intossicazione da farmaci o droghe. La sintomatologia, quando non si limita all'obnubilamento della COSCIENZA (v. § 3), assume forme che ricordano molto da vicino la sintomatologia delle psicosi endogene (v. PSICOSI, § 2, *c*).

Bibliografia

Bini L., Bazzi T., *Le sindromi psicorganiche*, in Id., *Trattato di psichiatria*, Vallardi, Milano 1954, vol. II.

Bleuler M., *Endokrinologische Psychiatrie*, Thieme, Stuttgart 1954.

Conforto C., Risso A. M., *Le sindromi psicorganiche*, in F. Giberti, R. Rossi, *Manuale di psichiatria*, Piccin, Padova 1983, pp. 125-154.

Psicosi (ingl. *Psychosis*; ted. *Psychose*; fr. *Psychose*; sp. *Psicosis*). Termine psichiatrico, adottato anche dalla psicoanalisi, per indicare condizioni psicologiche le cui caratteristiche consentono di differenziare la psicosi dalla NEVROSI (v.) e dalla PSICOPATIA (v.). Dette caratteristiche, che possono manifestarsi in modo acuto o cronico, temporaneo o permanente, reversibile o irreversibile, si esprimono in una perdita più o meno totale della capacità di comprendere il significato della realtà in cui si vive e di mantenere tra sé e la realtà un rapporto di sintonia sufficiente a consentire un comportamento autonomo e responsabile nell'ambito culturale in cui si vive. Il termine "psicosi" è stato introdotto nel 1845 da Ernst von Feuchtersleben con il significato generale di "malattia mentale" o "follia", ma con al suo interno una prima differenziazione in base alla quale, come riferisce Gregory Zilboorg, «ogni psicosi è al tempo stesso una nevrosi, perché, senza i nervi come intermediari, nessun mutamento psicologico può giungere ad esprimersi, ma non tutte le nevrosi sono psicosi» (1941, p. 423). Con la riformulazione del concetto di nevrosi ad opera della psicoanalisi, il concetto di psicosi si definì per contrasto a quello di nevrosi, in base a quelle differenze che sono state elencate alla voce NEVROSI, § 5.

1. IL QUADRO SINTOMATICO DELLE PSICOSI. In assenza di una definizione univoca di "psicosi" e di un limite preciso di demarcazione da altre malattie o disturbi della mente, si è soliti indicare la condizione psicotica attraverso un quadro sintomatico che prevede: *a*) un'alterazione profonda nella percezione della *realtà* esterna, spesso deformata, con mancanza totale o parziale di rapporto cognitivo con la medesima: ne deriva un comportamento rigido, insicuro o contraddittorio; *b*) disgregazione a livelli profondi della *personalità* con conseguente difficoltà a selezionare i propri pensieri, a controllare la propria immaginazione e i propri sentimenti che ora sembrano assenti e ora eccessivi per ipertrofia dell'affettività, spesso accompagnata da regressione a comportamenti primitivi; *c*) riduzione o smarrimento della *distinzione tra appartenenza ed estraneità* per cui vengono meno i confini tra il proprio corpo e il mondo esterno, così come l'inviolabilità dei propri pensieri, della propria immaginazione, dei propri sentimenti, separati da quelli degli altri; *d*) *allucinazioni* e *deliri* conseguenti all'indistinzione tra sé e il proprio corpo, tra sé e il mondo esterno, tra il proprio corpo e il mondo esterno; a tutto ciò si accompagna una grave alterazione del pensiero logico e della capacità linguistica e non linguistica di comunicare; *e*) grave *disadattamento sociale* dovuto a mancanza di "comprensibilità", nel senso jaspersiano del termine (v. PSICOLOGIA COMPRENSIVA), dei sintomi, di cui spesso lo stesso psicotico, a differenza del nevrotico, non è consapevole.

Queste caratteristiche, che nel loro insieme tentano di delineare il quadro psicotico, possono manifestarsi in modo *acuto* e poi sparire senza lasciare residui, o permanere in modo *cronico* con frammenti di lucidità che non garantiscono però alcuna continuità della propria esperienza. Si dà anche il caso di un'*alternanza* di momenti in cui il soggetto vive in armonia con la continuità della propria esistenza e con le forme elementari della vita sociale, e momenti in cui questo equilibrio si spezza.

2. LA CLASSIFICAZIONE DELLE PSICOSI. Al di là del quadro sintomatico, si è soliti distinguere le psicosi in:

a) *Psicosi organiche* caratterizzate da un quadro sintomatico secondario a una causa che agisce direttamente o indirettamente sul soma. Dette psicosi possono essere di natura infiammatoria, endocrina, metabolica, infettiva, tossica, traumatica, neoplastica, degenerativa e genetica. Possono insorgere in modo *acuto* con disorganizzazione dell'ideazione e dei processi del pensiero, stati onirici in cui si confondono sogno e realtà, allucinazioni, spunti deliranti spesso persecutori, accompagnati a livello affettivo da ansia fino ai livelli di panico, o da eccitamento con euforia e furore. Il comportamento può variare dall'immobilità e dal negativismo fino alla pantoclastia, alle fughe e alle aggressioni. Può durare ore, giorni, settimane, con remissione o tendenza alla cronicizzazione. Le psicosi organiche *croniche*, oltre che come evoluzione di una psicosi organica acuta, possono insorgere in modo subdolo a partire dall'età della crescita fino al deterioramento mentale nell'adulto e all'involuzione senile. Possono avere un decorso stabile o costellarsi di episodi acuti, o evolvere in un decadimento demenziale.

Tra le psicosi organiche meritano di essere ricordate: la *psicosi arteriosclerotica* conseguente alla degenerazione delle arterie cerebrali che comporta un difetto della circolazione del sangue. Si manifesta con la riduzione delle funzioni cognitive, con l'alterazione del linguaggio e stati confusionali (v. ARTERIOSCLEROSI); la *demenza senile* dovuta ad atrofia cerebrale diffusa che comporta diminuzione della memoria, delle capacità critiche, dell'elasticità e duttilità mentale, con conseguente perdita di contatto con la realtà e con la continuità dei propri pensieri e sentimenti (v. DEMENZA, § III); la *psicosi tossica* dovuta a intossicazione da farmaci o da allucinogeni che scompare quando cessa l'assunzione del farmaco o della droga. Questa psicosi è stata anche indotta sperimentalmente come *psicosi modello*, allo scopo di ottenere indicazioni su specifiche anomalie biochimiche e metaboliche esistenti nella schizofrenia; la *psicosi associata* a malattie infettive che generalmente regredisce con il ridursi dello stato febbrile; la *psicosi traumatica* determinata da lesioni organiche o ad esse associata (v. TRAUMA).

b) *Psicosi reattive* che insorgono in seguito a un gravissimo trauma di carattere psichico, e non organico, provocato da eventi esterni, come: la *psicosi da lutto* a seguito della morte di una persona cara; la *psicosi da shock* riscontrata in molti soldati che avevano vissuto esperienze di orrori di guerra o di bombardamento; la *psicosi da detenzione* tipica di chi vive periodi prolungati in stato di isolamento con scarse possibilità di comunicare con l'ambiente. In queste condizioni sono possibili stati d'ansia accompagnati da una tendenza all'interpretazione delirante, quasi sempre di tipo persecutorio, e talvolta da fenomeni allucinatori; le *psicosi gravidiche* che si riscontrano nella seconda metà della GRAVIDANZA (v.) con quadri psicotici acuti che possono manifestare una sintomatologia a sfondo schizofrenico o a sfondo depressivo con fantasie di suicidio. Alla base possono esserci situazioni conflittuali legate allo stato di gravidanza, al timore del parto o all'angoscia del prossimo ruolo materno, come nelle *psicosi puerperali* che si manifestano subito dopo il PARTO (v.) con sentimenti di colpa, impulsi aggressivi, fantasie proiettive sul neonato, stati confusionali ricchi di elementi onirici. La prognosi, dopo un decorso che varia da giorni a mesi, è di solito favorevole se non esistono precedenti episodi di tipo psicotico; la *psicosi indotta* dall'ambiente in cui si vive, dove la presenza di un personaggio, di solito paranoico con elaborazioni deliranti a sfondo megalomanico, persecutorio o mistico, finisce con il condizionare o plagiare un altro individuo che di per sé non presenta una personalità psicotica ma, piuttosto, immatura, suggestionabile e debole.

Vi sono poi forme psicotiche dove la differenziazione tra eziologia organica ed eziologia ambientale è molto incerta, come nel caso dell'autismo infantile che può rendersi manifesto fin dalla nascita o dopo un periodo di normale sviluppo, dove risulta indecidibile se la causa sia una debolezza costituzionale o congenita dell'Io preesistente ai suoi rapporti con la realtà esterna, o sopravvenga nel momento in cui il bambino rifiuta di scindere il suo rapporto simbiotico con la madre (v. AUTISMO, § 1). Lo stesso dicasi per le *psicosi dell'età evolutiva* caratterizzate dall'incapacità di stabilire soddisfacenti rapporti con la realtà sociale in seno e fuori dalla famiglia.

c) *Psicosi endogene* o *funzionali*, così denominate perché non è riscontrabile una causalità eziopatogenetica di natura somatobiologica (v. ENDOGENO – ESOGENO). Dette psicosi, nell'Ottocento, furono viste come espressioni della cosiddetta *psicosi unica*, secondo la denominazione di Ernst Albrecht Zeller, maestro di Wilhelm Griesinger ed esponente dell'interpretazione monistica della pluralità dei fenomeni psicopatologici. Con Emil Kraepelin l'idea della psicosi unica fu sostituita dall'interpretazione bipolare che distinse le psicosi endogene in due grandi gruppi: la SCHIZOFRENIA (v.) e la CICLOTIMIA (v.) o "psicosi maniaco-depressiva". A queste, di recente è stata aggiunta la PARANOIA (v.), che altri mantengono come sottoclasse della schizofrenia. Le psicosi endogene sono state oggetto di studi particolari da parte della psichiatria fenomenologica (v. ANALISI ESISTENZIALE, § 3) che le ha considerate come modalità particolari di declinare quelle che sono le condizioni ontologiche dell'esistenza, quali il temporalizzarsi, lo spazializzarsi, il coesistere, il progettarsi; e da parte della psicoanalisi che, adottando il modello della seconda topica dell'APPARATO PSICHICO (v. § 5, b) elaborata da Sigmund Freud a partire dal 1920, interpreta la psicosi endogena come una rottura tra l'Io e la realtà esterna, dovuta alla pressione esercitata dalle richieste dell'Es sull'Io il quale, nell'impossibilità di rimuoverle in accordo con le esigenze della realtà esterna, come avviene nel processo di formazione delle nevrosi, soccombe all'Es per poi recuperarsi parzialmente con la costruzione di una propria realtà nel delirio che, anche se organizzato in conformità ai desideri dell'Es, rappresenta in qualche modo un recupero del rapporto oggettuale (v. DELIRIO, § 2). Nell'ultima fase del suo pensiero Freud postulò alla base della psicosi endogena quel meccanismo di difesa e di rigetto della realtà che è il

DINIEGO (v.), che ha le sue radici nel rifiuto del bambino di accettare l'assenza del pene nel corpo femminile, continuando a percepire il contrasto con il dettato della realtà oggettiva. Sul piano terapeutico Freud considerava irrealizzabile il trattamento analitico dello psicotico, giacché la discontinuità dell'Io tipica della sua condizione non consente quell'ALLEANZA TERAPEUTICA (v.) giudicata essenziale per ogni trattamento analitico (v. ANALISI, § 2, *g*).

Karl Abraham stabilì che la psicosi è una FISSAZIONE (v.) o una REGRESSIONE (v.) a fasi molto precoci dello sviluppo psicologico, con l'avvertenza che la regressione a fasi evolutive pregresse non è la causa, ma ciò che propriamente accade durante il processo psicotico. Melanie Klein sfumò la distinzione tra nevrosi e psicosi, considerando che, dietro difese apparentemente nevrotiche, si nascondono meccanismi psicotici che si attivano con il riemergere di situazioni tipiche dei primi anni di vita. Ne è prova il fatto che valenze psicotiche e precise potenzialità in questo senso sono presenti sia nei bambini sia negli adulti come difese da angosce persecutorie molto intense e primitive. Dal canto suo Wilfred Ruprecht Bion sostiene che la psicosi è una modalità del funzionamento mentale che coesiste con altre modalità di funzionamento. Ne è prova, per esempio, l'intolleranza alla frustrazione che fa emergere tratti violenti e distruttivi che si scaricano sia sulla realtà esterna sia su quella interna, per poi rientrare e lasciare il posto a funzionamenti mentali normali. Per Carl Gustav Jung, infine, la psicosi è dovuta alla rottura del meccanismo compensatorio della psiche tra parte cosciente e parte inconscia, con sopravvento di complessi autonomi inconsci sul complesso dell'Io che non riesce più a mantenere il controllo delle formazioni inconsce (v. COMPLESSO, § 4).

Bibliografia

AA.VV., *Le psicosi sperimentali*, Feltrinelli, Milano 1962.

Abraham K., *Tentativo di una storia evolutiva della libido sulla base della psicoanalisi dei disturbi psichici* (1924), in *Opere*, Bollati Boringhieri, Torino 1975, vol. I.

Arieti S., *Interpretazione della schizofrenia* (1974), Feltrinelli, Milano 1978, voll. I-II.

Arieti S., Bemporad J., *La depressione grave e lieve* (1978), Feltrinelli, Milano 1981.

Arrigoni Scortecci M., *La costruzione di modelli psicoanalitici nelle psicosi*, in A. A. Semi (a cura di), *Trattato di psicoanalisi*, vol. II: *Clinica*, Raffaello Cortina, Milano 1988-1989, pp. 619-696.

Aulagnier P., Leclaire S., Resnik S., *Psicosi e linguaggio* (1977), Marsilio, Venezia 1978.

Bettelheim B., *La fortezza vuota* (1967), Garzanti, Milano 1976.

Binswanger L., *Essere nel mondo* (1930-1957), Astrolabio, Roma 1973.

–, *Il caso Ellen West e altri saggi* (1944-1946), Bompiani, Milano 1973.

–, *Melanconia e mania* (1960), Bollati Boringhieri, Torino 1971.

Bion W. R., *Criteri differenziali tra personalità psicotica e non psicotica* (1957), in Id., *Analisi degli schizofrenici e metodo psicoanalitico* (1967), Armando, Roma 1970, pp. 73-102.

Bleuler E., *Trattato di psichiatria* (1911-1939, aggiornato da M. Bleuler dal 1940 al 1960), Feltrinelli, Milano 1967.

Borgna E., *Nei luoghi perduti della follia* (1964-1984), Feltrinelli, Milano 2008.

–, *Malinconia*, Feltrinelli, Milano 1992.

–, *Come se finisse il mondo. Il senso dell'esperienza schizofrenica*, Feltrinelli, Milano 1995.

Cargnello D., *Alterità e alienità. Introduzione alla fenomenologia antropoanalitica*, Feltrinelli, Milano 1966.

Cavallaro R., *Antipsicotici*, in G. B. Cassano, P. Pancheri *et al.* (a cura di), *Trattato italiano di psichiatria* (1992), Masson, Milano 1999, vol. III, pp. 3333-3388.

Ey H., *Groupe des psychoses schizophréniques et des psychoses délirantes chroniques*, in *Encyclopédie Médico-Chirurgicale. Psychiatrie*, (2), 37281 A 10, 2, Paris 1955.

Feuchtersleben E. von, *Zur Diätetik der Seele*, H. Tabarelli, Wien 1838.

Freud S., *Le neuropsicosi da difesa* (1894), in *Opere* (1967-1993), Bollati Boringhieri, Torino, vol. II.

–, *L'Io e l'Es* (1922), in *Opere*, cit., vol. IX.

–, *Compendio di psicoanalisi* (1938), in *Opere*, cit., vol. XI.

Galimberti U., *Psichiatria e fenomenologia* (1979), nuova edizione ampliata, Feltrinelli, Milano 2017.

Gaston A., *Genealogia dell'alienazione*, Feltrinelli, Milano 1987.

Ghezzani N., *Passioni psicotiche. Progetti oppositivi e crisi di identità*, Melusina, Roma 1998.

Gozzetti G., Cappellari L., Ballerini A., *Psicopatologia fenomenologica della psicosi. Sul senso dell'incontro con l'esperienza psicotica*, Raffaello Cortina, Milano 1999.

Griesinger W., *Über psychische Reflexaktionen*, in "Abhandlungen", 1843, vol. I.

–, *Pathologie und Therapie der psychischen Krankheiten*, Braunschweig, Stuttgart 1845.

Jaspers K., *Psicopatologia generale* (1913-1959), Il Pensiero Scientifico, Roma 2000.

Jung C. G., *Psicogenesi delle malattie mentali* (1907-1959), in *Opere* (1969-2007), Bollati Boringhieri, Torino, vol. III.

Klein M., *Note su alcuni meccanismi schizoidi* (1946), in *Scritti 1921-1958*, Bollati Boringhieri, Torino 1978, pp. 409-434.

Kraepelin E., *Trattato di psichiatria* (1883), Vallardi, Milano 1907.

Lacan J., *Il Seminario. Libro III: Le psicosi, 1955-1956*, Einaudi, Torino 1985.

–, *Una questione preliminare ad ogni possibile trattamento della psicosi* (1958), in *Scritti* (1936-1966), Einaudi, Torino 1974, vol. II.

Laing R. D., *L'io diviso. Studio di psichiatria esistenziale* (1959), Einaudi, Torino 1969.

Leonhard K., *Le psicosi endogene* (1962), Feltrinelli, Milano 1968.

Mahler M. S., *Le psicosi infantili* (1968), Bollati Boringhieri, Torino 1972.

Minkowski E., *Trattato di psicopatologia* (1966), Feltrinelli, Milano 1973.

Ortoleva R., Testa F., *Psicosi e creatività. Le storie che curano*, Vivarium, Milano 2003.

Pancheri P., Bersani G., *Psicosi acute brevi (disturbi deliranti acuti)*, in G. B. Cassano, P. Pancheri *et al.* (a cura di), *Trattato italiano di psichiatria*, cit., vol. II, pp. 1801-1822.
Pankow G., *L'uomo e la sua psicosi* (1969), Feltrinelli, Milano 1977.
–, *Struttura familiare e psicosi* (1977), Feltrinelli, Milano 1979.
Recalcati M., *Clinica del vuoto. Anoressie, dipendenze, psicosi*, Franco Angeli, Milano 2002.
Resnik S., *Persona e psicosi* (1972), Einaudi, Torino 1976.
–, *L'esperienza psicotica* (1986), Bollati Boringhieri, Torino 1992.
Rustin M., Rhode M., Dubinsky A., Dubinsky H. (a cura di), *Stati psicotici nei bambini* (1997), Tavistock Studi Clinici (TSC), Bruno Mondadori, Milano 1999.
Sullivan H. S., *La psicosi maniaco-depressiva*, in Id., *Studi clinici* (1956, edito postumo), Feltrinelli, Milano 1976, pp. 281-300.
Szasz Th. S., *Il mito della malattia mentale* (1961), il Saggiatore, Milano 1966.
Zapparoli G. C., *La psicosi e il segreto*, Bollati Boringhieri, Torino 1987.
Zapparoli G. C., Torrigiani G., *La realtà psicotica. Un processo di apprendimento*, Bollati Boringhieri, Torino 1994.
Zeller E. A., *Irre*, in *Allgemeine Encyclopädie der Wissenschaften und Künste*, diretta da S. Ersch e J. G. Gruber, edita da J. F. Gleditsch, Leipzig 1818-1889, vol. 24.
Zeller G., *Die Geschichte der Einheitspsychose vor Kraepelin (unveröffentlichte, durch die 77. Wanderversammlung sudwestdeutscher Neurologen und Psychiater 1961 preisgekrönte Abhandlung zum Thema: Geschichte der Einheitspsychose)*, inedito.
Zilboorg G., Henry G. W., *Storia della psichiatria* (1941), Feltrinelli, Milano 1963.

Psicosindrome, v. SINDROME.

Psicosintesi (ingl. *Psychosynthesis*; ted. *Psychosynthese*; fr. *Psychosynthèse*; sp. *Psicosíntesis*). Termine inizialmente impiegato da Carl Gustav Jung per sottolineare il carattere costruttivo e prospettico del suo metodo di indagine psicologica rispetto al procedimento causale adottato da Sigmund Freud (v. COSTRUTTIVO, METODO). Il termine fu successivamente abbandonato e sostituito con PSICOLOGIA ANALITICA (v.). Attualmente il termine titola l'orientamento psicologico inaugurato dallo psichiatra italiano Roberto Assagioli, che fu membro del Circolo freudiano di Zurigo, dove apprese la psicoanalisi attraverso Jung, e dove elaborò negli anni venti un modello teorico e una tecnica psicoterapeutica che chiamò "psicosintesi": una scuola psicologica che può essere considerata precursore della PSICOLOGIA TRANSPERSONALE (v.) e della PSICOLOGIA UMANISTICA (v.).

1. IL MODELLO TEORICO. Il modello teorico prende le mosse dalla concezione dell'uomo come un essere incompleto, percorso da una sensazione di vuoto, mancanza, separazione, nostalgia per un'unità perduta. Di qui il desiderio di completarsi attraverso un processo *maturativo*, che porta all'attuazione delle sue potenzialità, e un processo *unificante* dei vari motivi psichici non ancora armonizzati. Da queste premesse risulta che i conflitti possono essere tra passato e futuro (risolvibili con la maturazione) e tra molteplicità e unità (risolvibili mediante il lavoro di sintesi e autorealizzazione). Centrali in questo "cammino esistenziale" sono il concetto di "Sé", inteso come nucleo dell'identità, rispetto all'Io cosciente immerso e spesso smarrito nella molteplicità delle situazioni esistenziali, e la nozione di "volontà", intesa come coscienza di sé e della propria capacità di agire su se stessi oltre che di reagire agli eventi esterni. Contrapposto all'Io è l'*inconscio*, tripartito in inconscio *inferiore* che corrisponde all'inconscio freudiano come luogo del rimosso, *medio* che comprende i contenuti vicini allo stato di coscienza, *superiore* che si riferisce a tutte le potenzialità attuabili dall'individuo nel corso della sua maturazione.

2. LA TECNICA PSICOTERAPEUTICA. Il trattamento prevede tre fasi: *a*) *analitica* o di comprensione esistenziale in cui si accerta la situazione attuale del paziente secondo lo schema che, partendo dalla sofferenza, prevede o un'involuzione regressiva verso la malattia, oppure un'evoluzione progressiva verso la maturazione; *b*) *disidentificazione* del soggetto dalla situazione esistenziale nella quale si trova, seguita da una progressiva *auto-identificazione* con sé, raggiungibile attraverso un distanziamento psichico dalle problematiche che dominano il campo della coscienza; *c*) *sintetica* dove l'Io agisce sulla situazione per trasformarla attraverso manovre alloplastiche riferite all'ambiente, e autoplastiche riferite a sé. Il processo sintetico e maturativo avviene attraverso lo sviluppo delle proprie potenzialità anziché attraverso la sofferenza e l'accettazione dei limiti. Il trattamento terapeutico ha due scopi fondamentali: la trasformazione del rapporto da dipendente ad autonomo per la raggiunta maturazione del paziente, e la guarigione esistenziale intesa non come perdita dei sintomi, ma come possesso e disponibilità di sé.

Bibliografia

Alberti A., *Psicosintesi. Una cura per l'anima*, L'Uomo Edizioni, Firenze 2008.
Assagioli R., *Psicosintesi. Per l'armonia della vita*, Edizioni Mediterranee, Roma 1966.
–, *Principi e metodi della psicosintesi terapeutica*, Astrolabio, Roma 1973.
–, *L'atto di volontà*, Astrolabio, Roma 1977.
Ferrucci P., *Crescere. Teoria e pratica della psicosintesi*, Astrolabio, Roma 1981.
–, *Introduzione alla psicosintesi. Idee e strumenti per la crescita personale*, Edizioni Mediterranee, Roma 1994.

Guggisberg Nocelli P., *La via della psicosintesi. Una guida completa, con una biografia di Roberto Assagioli*, L'Uomo Edizioni, Firenze 2011.

Psicosocioanalisi (ingl. *Psychosocioanalysis*; ted. *Psychosozioanalyse*; fr. *Psychosocioanalyse*; sp. *Psicosocioanálisis*). Corrente psicoanalitica che assume come struttura di base della vita psichica l'aspetto relazionale, che Wilfred Ruprecht Bion aveva evidenziato rispetto all'impostazione psicoanalitica di Sigmund Freud, centrata sulle dinamiche interne al singolo individuo. Partendo da questo modello, l'indagine psicosocioanalitica prende in considerazione l'individuo, nel suo aspetto di soggetto generato (*genitus*) e di soggetto operante (*faber*), in relazione al gruppo, di qualsiasi dimensione e natura, considerato nel suo aspetto affettivo (*globus*) e nel suo aspetto operativo (*officina*). Questo schema relazionale, scrive Luigi Pagliarani, «evidenzia con *genitus* e *globus* il mondo degli affetti, delle emozioni, delle angosce, dei fantasmi affrontato dalla psicoanalisi individuale e di gruppo, mentre con *faber* e *officina* evidenzia il mondo dell'operatività, del fare, del produrre affrontato dalla socioanalisi» (1990, p. 11).

Dal punto di vista terapeutico, la psicosocioanalisi prevede trattamenti di breve durata che connotano la *psicoterapia progettuale*, le cui caratteristiche sono così evidenziate da Pagliarani: «Con "progettuale" intendiamo una psicoterapia orientata secondo i principi e i metodi della psicoanalisi, focalizzata fondamentalmente sui problemi e sui conflitti attuali, finalizzata all'espansione della persona e alla riprogettazione realistica della sua vita attiva e relazionale, distinta da una psicoanalisi classica per il fatto che le incursioni alle origini con tutte le conseguenze vengono incoraggiate solo in quanto necessarie a rifondare il vivere nel presente (sonda "archeologica", ma sempre per incrementare l'innovazione "architettonica"). Quindi: più architettura che archeologia» (ivi, p. 10).

Bibliografia

Bion W. R., *Esperienze nei gruppi* (1961), Armando, Roma 1971.
Marcoli F., *Wilfred R. Bion e le "Esperienze nei gruppi"*, Armando, Roma 1988.
Pagliarani L., *Il lavoro come momento di connessione tra mondo interno e mondo esterno attraverso la mediazione del principio di realtà*, Cis, Bergamo 1975.
–, *Il coraggio di Venere*, Raffaello Cortina, Milano 1985.
Pagliarani L. *et al.*, *Glossario di psicoterapia progettuale*, Guerini & Associati, Milano 1990.

Psicosociologia (ingl. *Psychosociology*; ted. *Psychosoziologie*; fr. *Psychosociologie*; sp. *Psicosociología*). Esistono tre accezioni correnti di questo termine: 1) una generica che identifica la psicosociologia con la Psicologia sociale (v.); 2) una seconda che impiega il termine per i sondaggi di mercato (v. Psicologia commerciale), di Opinione (v.) e per le analisi motivazionali (v. Motivazione); 3) una terza che adotta il termine in senso specifico per le tecniche di intervento e di formazione nelle organizzazioni (v. Organizzazione) quali la scuola, l'ospedale, l'azienda e in generale le istituzioni, adottando orientamenti teorici e concettuali mediati dalla psicologia sociale, dalla Psicologia del lavoro (v.) e dalla Psicologia clinica (v.) per far fronte a problemi di conflitto, comunicazione, leadership, collaborazione, gerarchia, che affliggono le istituzioni e le organizzazioni complesse.

Bibliografia

Carli R., Ambrosiano L. (a cura di), *Esperienze di psicosociologia*, Franco Angeli, Milano 1982.
Lapassade G., *L'analisi istituzionale* (1970), Isedi, Milano 1974.
Spaltro E., *Il significato della rivoluzione. Psicologia del cambiamento organizzativo*, Guerini & Associati, Milano 2004.
Stella S., Quaglino G. P., *Prospettive di psicosociologia*, Franco Angeli, Milano 1976.

Psicosomatica (ingl. *Psychosomatics*; ted. *Psychosomatik*; fr. *Psychosomatique*; sp. *Psicosomática*). In un'accezione ristretta, con questo termine si intende quella branca della medicina che si occupa di disturbi organici che, non rivelando alla base una lesione anatomica o un difetto funzionale, sono ricondotti a un'origine psicologica. In un'accezione più ampia si intende invece quella concezione che, oltrepassando il Dualismo psicofisico (v.) che, secondo il modello cartesiano, separa il corpo dalla mente, guarda all'uomo come a un tutto unitario, dove la malattia si manifesta a livello organico come sintomo e a livello psicologico come disagio. Adottando questo punto di vista, la medicina psicosomatica ribalta lo schema eziologico classico, che prevedeva la *lesione* dell'organo quale causa della sua *disfunzione*, a sua volta causa della *malattia*, nello schema secondo cui il mantenersi di uno stress funzionale, che ha la sua origine nella vita quotidiana dell'individuo in lotta per l'esistenza, genera quella *disfunzione* dell'organo, causa della *lesione*, a sua volta causa della *malattia* (v. Stress).

I. Modelli interpretativi

1. *Sigmund Freud e la teoria del conflitto*. Secondo Freud il disturbo psicosomatico è l'esito di un conflitto psichico tra la pulsione che tende alla soddisfazione del desiderio e l'istanza difensiva che tende alla sua repressione. Il sintomo organico nella malattia psicosomatica è "significante" perché in esso sono leggibili la soddisfazione deformata e parziale della pulsione e le esigenze di rimozione. A questo proposito Freud

parla di *conversione isterica* (v. ISTERIA, § 1, *b*) quando il sintomo corporeo è il rappresentante di un contenuto psichico inaccettabile e perciò rimosso, e di *nevrosi d'angoscia* (v. ANGOSCIA – ANSIA, § 2, *a*) quando si è in presenza di un'eccitazione sessuale che si trasforma direttamente in sintomo senza mediazione psichica. La linea terapeutica mira a risalire dal sintomo organico al conflitto *rimosso* per trovare a tale conflitto una forma di soluzione o nell'INTEGRAZIONE (v. § 2) della pulsione nel quadro dell'Io con conseguente sua soddisfazione, o nella SUBLIMAZIONE (v.), in modo che non sia più necessaria la rimozione o la scarica nell'organico.

2. *Georg Groddeck e la malattia come difesa.* Secondo Groddeck ogni processo patologico, e quindi non solo la patologia dell'isterico, è un processo difensivo in cui il malato può rifugiarsi proteggendosi dal mondo esterno che lo umilia o che esige da lui prestazioni che superano le sue capacità. Il processo patologico è quindi, a parere di Groddeck, un percorso simbolico in cui sono leggibili le difficoltà che ciascuno incontra a essere al mondo o, come dice Groddeck, le resistenze dell'ES (v.) a esprimersi come l'Io vuole. Per questo, infatti, nel 1917, nel suo *Carteggio* con Freud, Groddeck scrive: «Mi sono convinto che la distinzione tra anima e corpo è solo verbale e non sostanziale, che corpo e anima costituiscono un tutto unico, e che in questa totalità è nascosto un Es, una forza da cui veniamo vissuti, mentre crediamo di essere noi a vivere» (1970, p. 11).

3. *Wilhelm Reich e l'interpretazione energetica.* Tutti i processi biologici seguono il binario di carica e scarica nella formula: tensione meccanica, carica elettrica, scarica elettrica e distensione meccanica. Quando la scarica è impedita, tutto l'organismo vive in uno stato di carica senza sfogo; se questa condizione diventa uno stato cronico, si forma a livello psichico una corazza caratteriale e a livello fisico una corazza muscolare (v. CARATTERE, § 3, *c*). Queste armature sono una continua operazione di controllo delle emozioni e una potente struttura di difesa da esse. Ciò è particolarmente evidente a livello sessuale dove, quando alla carica, avvertita come piacevole, non segue la scarica, l'accumulo di energia si traduce a livello fisico in tensione muscolare e a livello psichico in esperienza angosciante. I disturbi organici e quelli psichici sono quindi riconducibili alle corazze in cui si esprime la sovraccarica cronica, da cui dipendono l'ipertono simpatico e la contrazione muscolare responsabile dei disturbi dei tessuti e delle funzioni sulle quali interferisce. Un diaframma bloccato, per esempio, si oppone come una barriera tra il petto e il ventre, la respirazione è ridotta, così come ridotta risulta la percezione di ogni sensazione profonda, con esclusione del ventre, dei suoi "scomodi messaggi", e loro sostituzione con sensazioni d'ansia e di paura. Le teorie di Reich sono alla base dell'*analisi bioenergetica* inaugurata da Alexander Lowen per il quale non è possibile sciogliere gli irrigidimenti muscolari senza risolvere il conflitto analogo di natura psichica, e neppure è possibile elaborare soltanto nevrosi perché il loro corrispondente corporeo non risolto ne manterrà i disturbi (v. BIOENERGETICA).

4. *Kostantin Mihailovic Bykov e il condizionamento anomalo.* Questo modello interpretativo si basa sull'osservazione dei meccanismi di reazione allo stimolo che coinvolgono le strutture cerebrali superiori, il cui cattivo condizionamento si ripercuote sulle strutture corticali e sui centri vegetativi con conseguente risposta organica patologica. Ne deriva che la terapia conseguente implica la sospensione del legame associativo responsabile delle risposte alterate da condizionamento scorretto e la sua sostituzione con un legame associativo normale.

5. *Medard Boss e la modalità di essere-nel-mondo.* Seguendo l'ipotesi dell'ANALISI ESISTENZIALE (v.) secondo cui lo psichico esprime la modalità con cui un corpo è nel mondo, Boss ritiene che la malattia esprime o l'unica modalità con cui il corpo si apre e si intenziona al mondo, o le modalità escluse che, non esprimendosi in un vissuto globale, si annunciano patologicamente. Da questo punto di vista le regioni del corpo colpite dalla malattia appartengono alla relazione con il mondo patologicamente interrotta o esasperata. Non c'è dunque una psicogenesi o una somatogenesi che interagisce in un rapporto causale, perché, in occasione della malattia corporea, è il rapporto con il mondo ad essere alterato.

6. *Paul Schilder e l'immagine corporea.* Schilder ha sottolineato come la percezione di un sintomo, il suo valore per il soggetto, le fantasie e i timori connessi sono legati all'immagine corporea (v. CORPO, § 1) che il paziente ha. Stress psicosociali e malattie psichiche aumentano l'incidenza dei disturbi dell'immagine corporea che si manifestano attraverso disturbi somatici che vanno a colpire parti e funzioni del corpo, investite di significati simbolici consci e inconsci, che influenzano l'atteggiamento del soggetto verso il proprio corpo.

7. *Viktor von Weizsäcker e il cerchio gestaltico.* Con questa espressione Weizsäcker intende che gli avvenimenti della sfera corporea percepiti come trasformazioni fisiche, quelli della sfera psichica espressi da pensieri, sogni, fantasie, e quelli della sfera sociale che si traducono in rapporti e interazioni con altri, sono tre aspetti in cui si esprime un'unica realtà esistenziale che nelle tre sfere dispone di tre linguaggi differenti,

ma tra loro traducibili se appena si scoprono le leggi che, regolando la decodificazione e la ricodificazione dei messaggi nei tre ambiti, si rivelano indispensabili per la piena comprensione dei fenomeni in corso.

8. *Walter Bradford Cannon e le risposte di "attacco e fuga"*. Secondo Cannon le malattie psicosomatiche sono dovute allo STRESS (v.), ossia a risposte emozionali troppo intense o troppo a lungo mantenute che mettono in moto risposte fisiologiche e psicologiche il cui scopo è quello di attenuare lo stress. Il comportamento messo in atto può essere di "attacco" o di "fuga" secondo Cannon, o di "adattamento" secondo Hans Selye. Quando gli sforzi del soggetto falliscono perché lo stress supera la capacità di risposta, allora si è esposti a una vulnerabilità nei confronti della malattia dovuta a un abbassamento delle difese dell'organismo.

9. *John C. Nemiah e l'interpretazione neurofisiologica*. Partendo dalla constatazione che il paziente psicosomatico presenta: *a*) un'incapacità di descrivere con precisione i propri sintomi; *b*) un'incapacità di individuare sensazioni affettive e distinguerle fra loro; *c*) un'inadeguatezza tra esplosioni emozionali e corrispettivi stati affettivi interni; *d*) rigidità, distacco e disarticolazione nella postura e nella mimica, Nemiah ha ipotizzato che, a causa di fattori genetici o di difetti di sviluppo, esisterebbe una carenza di connessioni neuronali tra le aree del sistema limbico, deputate alla rielaborazione delle pulsioni e degli affetti, e le aree corticali, sede delle rappresentazioni consce, dei sentimenti e delle fantasie. Ne consegue che le stimolazioni delle pulsioni non vengono elaborate a livello corticale, ma deviate sull'ipotalamo che genera stimolazioni troppo intense e prolungate a carico del sistema vegetativo.

10. *Joyce McDougall e l'ipotesi psicodinamica*. Il paziente psicosomatico è un soggetto incapace di formulare fantasie come mezzo di gratificazione di pulsioni istintuali. La carenza di fantasia fa sì che la sua attenzione sia accentrata sull'ambiente e sulla realtà esterna a cui il paziente psicosomatico è superadattato. L'insorgere dell'energia istintuale, in assenza di una rappresentazione fantastica in cui potersi esprimere, si scarica sul corpo con risultati deleteri. In base a questa ipotesi, McDougall è in grado di distinguere l'*isteria di conversione* (v. ISTERIA, § 1, *b*), che è il risultato di fantasie rimosse, dal *sintomo psicosomatico*, che invece deriva dall'incapacità di formulare fantasie che proteggono il corpo dalla malattia in presenza di abnormi stimolazioni psichiche.

11. *Franz Alexander e la nevrosi d'organo*. Alexander introduce la distinzione tra i "sintomi dell'isteria" che scaricano sul corpo una tensione psichica, e le "nevrosi d'organo" causate da modificazioni fisiologiche che accompagnano lo stato emotivo, come per esempio la pressione sanguigna, sotto l'influenza della collera, che non scarica la collera ma si accompagna alla sua comparsa. Sul piano psicodinamico si instaura quindi una differenza tra il *sintomo di conversione* che esprime simbolicamente il conflitto rimosso, e la *nevrosi d'organo* che, come concomitante fisiologica, non simbolizza nulla e non soddisfa alcunché. Per quanto concerne i diversi modi di ammalarsi a livello di nevrosi d'organo, Alexander si rifà alle funzioni del simpatico (v. SIMPATICO, SISTEMA NERVOSO) e del parasimpatico che regolano le funzioni vegetative, perché il simpatico agisce principalmente sui processi catabolici di mobilitazione delle risorse energetiche per far fronte a situazioni d'emergenza, mentre il parasimpatico stimola i processi anabolici di accumulo delle riserve di energia. I due sistemi sono in molti casi antagonisti nel senso che la stimolazione dell'uno inibisce l'attività dell'altro. Da queste premesse Alexander definisce l'attività del simpatico come una preparazione dell'organismo alla lotta e alla fuga, e l'attività del parasimpatico come una recessione delle attività rivolte all'esterno, quindi un "ritiro vegetativo". All'iperattività dei due sistemi Alexander riconduce la prima distinzione delle nevrosi d'organo, e precisamente: alla repressione degli istinti di *lotta e fuga* i quadri sintomatici dei disturbi cardiaci, vascolari, delle cefalee e dell'artrite reumatoide, mentre al *ritiro vegetativo* i disturbi gastrointestinali e i disturbi respiratori dove, invece di un'azione rivolta all'esterno, abbiamo una modificazione autoplastica sostitutiva dell'azione.

II. SINDROMI PSICOSOMATICHE. La varietà dei modelli interpretativi consente in un modo solo approssimativo l'illustrazione delle sindromi cliniche a sfondo psicosomatico, che qui elencheremo a partire dall'apparato coinvolto, rinviando per le singole sindromi alle voci specifiche ad esse dedicate:

1. *Disturbi dell'alimentazione* che si evidenziano intorno ai due eccessi rappresentati dall'ANORESSIA (v.) e dalla BULIMIA (v.) con conseguente OBESITÀ (v.).

2. *Disturbi gastroenterici* connessi a uno sviluppo precoce delle emozioni con sensazioni elementari di sicurezza e fiducia da un lato e insoddisfazione e bisogno dall'altro, connessi a loro volta a condizioni di sazietà e fame. Le manifestazioni più palesi sono l'ULCERA PEPTICA (v.) e la COLITE ULCEROSA (v.).

3. *Disturbi cardiocircolatori* determinati da stress sociali, inadeguatezza del proprio status rispetto alle proprie aspirazioni, perdita di protezione che esigono continua vigilanza e permanente stato di preparazione

a “lotta e fuga”, che si manifestano a livello psicosomatico nella cardiopatia ischemica (v. Cardiopatia) e nell’ipertensione essenziale (v. Ipertensione – Ipotensione).

4. *Disturbi respiratori* determinati da fattori emozionali con fattori predisponenti da ricercarsi nella relazione ambivalente con una madre iperprotettiva. La sindrome più significativa è l’Asma bronchiale (v.).

5. *Disturbi urogenitali* che compaiono o in concomitanza di eventi particolarmente importanti della vita riproduttiva come le mestruazioni (v. Mestruazione), la Gravidanza (v.), la Contraccezione (v.), il Parto (v.), l’Aborto (v.), o con la cessazione della capacità riproduttiva come in menopausa. Rientra in questo gruppo anche l’Enuresi (v.) o incapacità di inibire il riflesso urinario.

6. *Disturbi sessuali* che si manifestano nel Feticismo (v.), nella Zooerastia (v.), nell’Esibizionismo (v.), nella Scopofilia (v.), nel Sadismo (v.), nel Masochismo (v.), nel Transessualismo (v.), nel Travestitismo (v.) e infine in alcune forme di Masturbazione (v.) e di Omosessualità (v.).

7. *Disturbi locomotori* dove il fattore psicologico gioca un importante ruolo eziologico come nei dolori lombari, nel reumatismo psicogeno, nelle artriti reumatoidi, nelle cefalee da contrazione muscolare (v. Cefalea), nel Bruxismo (v.) e nelle diverse forme in cui è interessata la Locomozione (v. § 3).

8. *Disturbi dermatologici* dove la pelle, accanto alla funzione protettiva, termostatica, tattile, dolorifica, immunitaria ed escretoria, svolge anche la funzione di espressione delle emozioni, per cui si arrossisce, si sbianca, si suda, e di significativa zona erogena dove si riflettono anche alcuni disturbi sessuali (v. Pelle).

Dalle ipotesi interpretative sopra esposte e dalle sindromi elencate si può concludere che il soggetto psicosomatico, a differenza del nevrotico e dello psicotico, presenta un’insufficienza, costituzionale o acquisita, di *processi di mentalizzazione*, ossia di elaborazione psichica dell’emozione attraverso il pensiero, sia intellettuale e cosciente sia immaginativo e fantastico, e un’accentuazione del *pensiero operativo*, sempre rigidamente aderente alla realtà concreta e incapace di vita fantastica. L’insufficiente mentalizzazione può dipendere tanto dal soggetto psicosomatico che non l’ha maturata in età infantile, quanto dalla madre, polo psichico della diade madre-figlio, concepita come unità psicosomatica. Occorre infatti tener presente che il bambino molto piccolo è completo solo per mezzo dell’esistenza di sua madre e che il modo d’essere di quest’ultima è essenziale per il suo divenire (v. Famiglia, § II, 1).

Bibliografia

Alexander F. G., *Medicina psicosomatica* (1950), Giunti Barbera, Firenze 1951.
Ammon G., *Psicosomatica* (1974), Borla, Roma 1977.
Baldoni F., *La prospettiva psicosomatica. Dalla teoria alla pratica clinica*, il Mulino, Bologna 2010.
Biondi M., *La psicosomatica nella pratica clinica*, Il Pensiero Scientifico, Roma 1992.
Boss M., *Introduction à la médecine psychosomatique*, Puf, Paris 1959.
Brede K., *Socioanalisi dei disturbi psicosomatici* (1978), Bollati Boringhieri, Torino 1980.
Bykov K. M., *Studies in the physiology of digestion of man*, in “Journal of Physiology”, 1935.
Cannon W. B., *Bodily changes in pain, hunger, fear and rage*, Appleton, New York 1929.
Deutsch F., *Il misterioso salto dalla mente al corpo* (1959), Martinelli, Firenze 1959.
Dinelli U., *Siamo tutti psicosomatici? L’astuzia della mente sull’ingenuità del corpo*, Marsilio, Venezia 2001.
Dunbar H. F., *Psychosomatic diagnosis*, Hoeber, London 1943.
Fenichel O., *Trattato di psicoanalisi delle nevrosi e delle psicosi* (1945), Astrolabio, Roma 1951.
Freud S., *Meccanismo psichico dei fenomeni isterici* (1893), in *Opere* (1967-1993), Bollati Boringhieri, Torino, vol. II.
–, *Legittimità di separare dalla nevrastenia un preciso complesso di sintomi come “nevrosi d’angoscia”* (1894), in *Opere*, cit., vol. II.
–, *Le neuropsicosi da difesa* (1894), in *Opere*, cit., vol. II.
–, *I disturbi visivi psicogeni nell’interpretazione psicoanalitica* (1910), in *Opere*, cit., vol. VI.
Freud S., Groddeck G., *Carteggio 1917-1934* (1970), Adelphi, Milano 1973.
Gabrielli F., *Le sindromi psicosomatiche*, in F. Giberti, R. Rossi, *Manuale di psichiatria*, Piccin, Padova 1983, pp. 155-194.
Groddeck G., *Il libro dell’Es* (1923), Bompiani, Milano 1981.
–, *Il linguaggio dell’Es* (1933), Adelphi, Milano 1969.
Jores A., *L’uomo malato. Introduzione alla medicina psicosomatica* (1956), Giunti Barbera, Firenze 1963.
Lowen A., *Il linguaggio del corpo* (1958), Feltrinelli, Milano 1978.
–, *Bioenergetica* (1975), Feltrinelli, Milano 1983.
Marino C., Battaglia M., *Disturbi somatoformi in età evolutiva*, in G. B. Cassano, P. Pancheri *et al.* (a cura di), *Trattato italiano di psichiatria* (1992), Masson, Milano 1999, vol. III, pp. 2979-2982.
Marty P., *I movimenti individuali di vita e di morte. Ipotesi di economia psicosomatica* (1976), Guaraldi, Rimini 1977.
Marty P. *et al.*, *L’indagine psicosomatica* (1965), Bollati Boringhieri, Torino 1968.
McDougall J., *Teatri del corpo. Un approccio psicoanalitico ai disturbi psicosomatici* (1989), Raffaello Cortina, Milano 1990.
Mitscherlich A., *Malattia come conflitto* (1966-1967), Feltrinelli, Milano 1976.
Nemiah J. C., Freyberger H. J., Sifneos P. E., *Alexithymia. A view of the psychosomatic process*, Hill, London 1976.
Pancheri P., *Stress, emozioni, malattia. Introduzione alla medicina psicosomatica*, Edizioni Scientifiche e Tecniche Mondadori, Milano 1980.

–, *Trattato di medicina psicosomatica*, Uses, Firenze 1984.
Pinkus L., *Psicosomatica. Salute e malattia nell'età tecnologica*, La Nuova Italia Scientifica, Roma 1989.
Porcelli P., *Medicina psicosomatica e psicologia clinica. Modelli teorici, diagnosi, trattamento*, Raffaello Cortina, Milano 2009.
Reich W., *La funzione dell'orgasmo – La scoperta dell'orgone. Parte prima* (1942), Sugarco, Milano 1977.
–, *La biopatia del cancro – La scoperta dell'orgone. Parte seconda* (1948), Sugarco, Milano 1976, voll. I-II.
Rossi R. (a cura di), *Disturbi somatoformi*, in G. B. Cassano, P. Pancheri *et al.* (a cura di), *Trattato italiano di psichiatria*, cit., vol. II, pp. 2193-2216.
Ruggeri V., *Mente, corpo, malattia*, Il Pensiero Scientifico, Roma 1999.
Sacco G., Testa D., *Biofeedback e psicosomatica*, Franco Angeli, Milano 2011.
Santagostino P., *Storia della medicina psicosomatica*, Riza, Milano 1987.
Schilder P., *Immagine di sé e schema corporeo* (1935), Franco Angeli, Milano 1973.
Selye H., *The stress of life*, McGraw-Hill, New York 1976.
Shorter E., *Psicosomatica. Storia dei sintomi e delle patologie dall'Ottocento a oggi* (1992), Feltrinelli, Milano 1993.
Todarello O., Porcelli P., *Psicosomatica come paradosso. Il problema della psicosomatica in psicoanalisi*, Bollati Boringhieri, Torino 1992.
Trombini G., Baldoni F., *Psicosomatica. L'equilibrio tra mente e corpo*, il Mulino, Bologna 1999.
–, *Disturbi psicosomatici. Come ristabilire l'equilibrio tra mente e corpo*, il Mulino, Bologna 2001.
Uexküll Th. von, *Grundfragen der psychosomatischen Medizin*, Rowohlt, Hamburg 1963.
Weiss E., English O. S., *Medicina psicosomatica. Applicazione clinica della psicopatologia ai problemi generali della medicina* (1949), Astrolabio, Roma 1950.
Weizsäcker V. von, *Filosofia della medicina* (1926-1949), Guerini & Associati, Milano 1990.

Psicotecnica, v. PSICOLOGIA APPLICATA.

Psicoterapia (ingl. *Psychotherapy*; ted. *Psychotherapie*; fr. *Psychothérapie*; sp. *Psicoterapia*). Processo interpersonale, consapevole e pianificato, volto a influenzare disturbi del comportamento e situazioni di sofferenza con mezzi prettamente psicologici, perlopiù verbali, ma anche non verbali, in vista di un fine elaborato in comune, che può essere la riduzione dei sintomi o la modificazione della struttura della personalità, per mezzo di tecniche che differiscono per il diverso orientamento teorico a cui si rifanno. Il campo della psicoterapia è così vasto da richiedere, per potersi orientare, dei criteri di suddivisione.

1. IL CRITERIO DEL METODO. Questo criterio inaugura una prima distinzione fra terapie fondate sul *rapporto umano paziente-terapeuta* e terapie fondate su *procedure tecnico-sperimentali*:

a) Rientrano nel primo gruppo le psicoterapie a orientamento psicoanalitico (v. ANALISI), che possono essere o individuali o di GRUPPO (v. § III) e che si propongono una modificazione strutturale della personalità attraverso il superamento della nevrosi di TRANSFERT (v. § 3) e della sottostante nevrosi infantile (v. NEVROSI). A questo gruppo appartengono le terapie che fanno riferimento alla psicoanalisi, alla PSICOLOGIA INDIVIDUALE (v.), alla psicologia analitica (v. ANALISI JUNGHIANA), alla psicologia lacaniana (v. ANALISI LACANIANA), alla psicologia archetipica (v. ANALISI ARCHETIPICA), alla psicologia transazionale (v. ANALISI TRANSAZIONALE), e tutte le forme psicoterapeutiche che fanno riferimento ai diversi orientamenti della PSICOLOGIA DEL PROFONDO (v.).

b) Nel secondo gruppo rientrano invece le terapie cognitivo-comportamentali che si propongono una modificazione del sintomo che si fa risalire a un apprendimento inadeguato, attraverso un "ricondizionamento" del soggetto con un apprendimento più adeguato, e le tecniche di biofeedback (v. RETROAZIONE) per la cura dei disturbi psicosomatici attraverso il controllo appreso delle funzioni fisiologiche (v. COGNITIVISTA, TERAPIA; COMPORTAMENTO, § 5).

c) A metà strada fra questi due tipi di terapia ci sono le forme di cura basate sul metodo della *suggestione*, come l'IPNOSI (v.) dove esiste un rapporto di transfert senza il quale non sarebbe possibile indurre il restringimento di coscienza necessario per l'eliminazione di certi sintomi, e il TRAINING AUTOGENO (v.) fondato sulla pratica del rilassamento muscolare sistematico per la diminuzione della tensione emotiva.

2. IL CRITERIO DEL DESTINATARIO. Destinatario della terapia può essere l'individuo, la coppia, la famiglia o il gruppo. Nel caso della *psicoterapia individuale* occorre distinguere la cura dell'individuo adulto (v. ANALISI) dalla cura del bambino (v. PSICOLOGIA DELL'INFANZIA, § 5), che per le sue caratteristiche esige un trattamento psicoterapeutico differenziato. Nel caso della *psicoterapia di gruppo* esiste un trattamento a orientamento analitico (v. GRUPPO, § III) o a orientamento sistemico (v. PSICOLOGIA SISTEMICA, § 2) che si rivela particolarmente efficace nella psicoterapia della FAMIGLIA (v. § III) e della coppia (v. MATRIMONIO), dove ciò che ci si propone è la modificazione degli schemi di interazione. Una forma particolare di terapia di gruppo è lo PSICODRAMMA (v.) dove l'azione terapeutica non è affidata al solo analista, ma all'interazione fra protagonista e coro.

3. IL CRITERIO DEL FINE PERSEGUITO. Questo criterio consente di distinguere:

a) Le *terapie d'appoggio* o *di sostegno* che si propongono di dare un supporto emotivo al paziente aiutandolo nelle sue difficoltà esistenziali attraverso un intervento attivo del terapeuta che consiglia, guida e talvolta dirige.

b) Le *terapie rieducative* che mirano al riadattamento dell'individuo attraverso la chiarificazione dei suoi conflitti consci. Possono essere incluse in questo gruppo la terapia cognitivista (v. COGNITIVISTA, TERAPIA) che ipotizza una possibilità di guarigione attraverso una ristrutturazione del campo cognitivo; la terapia comportamentista (v. COMPORTAMENTO, § 5) in cui l'interazione verbale non è più l'aspetto qualificante l'atto terapeutico; la psicoterapia rogersiana (v. PSICOLOGIA ROGERSIANA, § 2) che si attua attraverso una progressiva presa di coscienza di sé accompagnata da catarsi; la psicoterapia interpersonale (v. PSICOLOGIA SOCIALE, § 3, *d*) di Harry Stack Sullivan fondata sul principio della socializzazione e dell'acculturazione nel processo di formazione della personalità, dove si privilegiano i fatti coscienti rispetto a quelli inconsci; la psicoterapia sistemica (v. PSICOLOGIA SISTEMICA, § 2) che interpreta il comportamento patologico, e in particolare quello schizofrenico, come effetto di una comunicazione disturbata che la terapia deve correggere; la terapia transpersonale (v. PSICOLOGIA TRANSPERSONALE); la terapia umanistica (v. PSICOLOGIA UMANISTICA) derivata dalla teoria della motivazione; la LOGOTERAPIA (v.) che non si rivolge ai conflitti istintuali, ma alle dimensioni psico-noetiche.

c) Le *terapie ricostruttive* che mirano non al riadattamento, ma alla ricostruzione della personalità attraverso la ricognizione delle sue istanze inconsce e una progressiva maturazione emotiva resa possibile dall'acquisita conoscenza di sé. Appartengono a questo terzo gruppo tutte le terapie a orientamento analitico (v. ANALISI); la psicoterapia corporea inaugurata da Wilhelm Reich (v. BIOENERGETICA); la PSICOLOGIA DELLA GESTALT (v. § IV) che però, alla dinamica conscio-inconscio, sostituisce la dinamica figura-sfondo, dove per "sfondo" si intende tutta l'esperienza assimilata e incorporata che determina la modalità di percepire l'ambiente e di stabilire contatti; e infine le diverse forme di psicoterapia, illustrate alle singole voci e inserite secondo l'ordine alfabetico espresso dall'aggettivo qualificante (per esempio: PSICOTERAPIA COGNITIVISTA, v. COGNITIVISTA, TERAPIA).

4. IL CRITERIO DELLA DURATA. Rientrano in questo gruppo le cosiddette *terapie brevi* di cui, oltre a quelle già esposte nelle rispettive voci come la terapia narrativa (v. NARRAZIONE, § 2) e la MINDFULNESS (v.), menzioniamo:

a) La *psicoterapia breve modello MRI*, inaugurata negli anni settanta da Richard Fisch e Don D. Jackson, fondatore e direttore del Mental Research Institute (MRI) a Palo Alto, è un progetto di terapia articolato in tre passaggi: *a*) invito al paziente a scegliere tra i suoi problemi quello che crea maggiori difficoltà, *b*) prendere in considerazione tutti i tentativi adottati dal paziente che si sono rivelati inadeguati per risolvere i suoi problemi, *c*) identificare ciò che accomuna questi tentativi e adottare un capovolgimento a 180 gradi da conseguire con pratiche, accompagnate dall'esecuzione di compiti assegnati fra una seduta e l'altra, onde pervenire a soluzioni mai prima sperimentate.

b) La *psicoterapia focalizzata sulla soluzione*, messa a punto negli anni ottanta da Insoo Kim Berg e Steve De Shazer, rifiuta il modello analitico che cerca l'origine del disagio nella storia passata delle persone, a favore del modello costruttivista (v. COSTRUTTIVISMO), che investe sul futuro, inteso non semplicemente come tempo che deve venire, ma come tempo in cui ciascuno può essere artefice e costruttore della propria biografia.

c) La *psicoterapia strategica*, che prende le mosse dalla teoria della comunicazione inaugurata da Gregory Bateson e Paul Watzlawick, e che ha trovato in Italia la sua espressione nel Centro di Terapia Strategica di Arezzo fondato da Giorgio Nardone, assume come principio conduttore della terapia non la ricerca a partire dalla storia personale per scoprire il "perché" del disagio attuale, ma l'individuazione del "come" la persona reagisce alla realtà che essa stessa ha costruito con la rappresentazione che ne ha fatto, in modo da favorire l'insorgenza di nuove modalità reattive in grado di ristrutturare le realtà disfunzionali. Le fasi del trattamento prevedono: *a*) l'identificazione del problema e il tipo di resistenza al cambiamento, *b*) lo sblocco del sintomo indotto dal cambiamento del rigido sistema percettivo-reattivo del paziente, *c*) la riorganizzazione delle regole con consolidamento dei cambiamenti avvenuti durante la terapia, *d*) l'acquisizione della consapevolezza, da parte del paziente, delle risorse a cui ha attinto per superare il problema e guadagnare una sua autonomia. Per ulteriori approfondimenti si veda la voce PSICOLOGIA SISTEMICA, § 2.

Bibliografia

Adler A., *Prassi e teoria della psicologia individuale* (1920), Astrolabio, Roma 1947.

Balint M., *Medico, paziente e malattia* (1957), Feltrinelli, Milano 1961.

Bär E., *Semiotica e psicoterapia* (1975), Astrolabio, Roma 1979.

Benedetti G. *et al.*, *Paziente e analista nella terapia delle psicosi*, Feltrinelli, Milano 1979.
Benvenuto S., Nicolaus O. (a cura di), *La bottega dell'anima. Problemi della formazione e della condizione professionale degli psicoterapeuti*, Franco Angeli, Milano 1990.
Bergin A. E., *Handbook of psychotherapy and behavior change*, Wiley, New York 1978.
Bloch S., *What is psychotherapy?*, University Press, Oxford 1982.
Boscolo L., Bertrando P., *Terapia sistemica individuale*, Raffaello Cortina, Milano 1996.
Breggin P. R., *Elettroshock. I guasti del cervello* (1979), Feltrinelli, Milano 1984.
Bruch H., *Apprendere la psicoterapia* (1974), Bollati Boringhieri, Torino 1979.
Cancrini L., *Guida alla psicoterapia*, Editori Riuniti, Roma 1982.
Caracciolo A., Redaelli T., Valsecchi L. (a cura di), *Terapia occupazionale. Ausili e metodologia per l'autonomia*, Raffaello Cortina, Milano 2008.
Casonato M., *Psicoterapia dinamica. Verso una prospettiva sistemico-costruttivistica*, Moretti & Vitali, Bergamo 1991.
Clement U., *Terapia sessuale sistemica* (2008), Raffaello Cortina, Milano 2010.
Conte M., Dazzi N. (a cura di), *La verifica empirica della psicoanalisi*, il Mulino, Bologna 1988.
Dazzi N., Lingiardi V., Colli A. (a cura di), *La ricerca in psicoterapia. Modelli e strumenti*, Raffaello Cortina, Milano 2006.
Del Castello E., Loriedo C. (a cura di), *Tecniche dirette ed indirette in ipnosi e psicoterapia*, Franco Angeli, Milano 1995.
De Shazer S., *Chiavi per la soluzione in terapia breve* (1985), Astrolabio, Roma 1986.
De Shazer S., Dolan Y., Korman H., Trepper T., McCollum E., Berg I. K., *More than miracles. The state of the art of solution focused brief therapy*, Haworth Press, New York 2007.
Dimaggio G., Montano A., Popolo R., Salvatore G., *Terapia metacognitiva interpersonale dei disturbi di personalità*, Raffaello Cortina, Milano 2013.
Erba S., Di Prima C., Semola E., Serra P., *Psicoterapia. Un pensiero, un metodo, una pratica*, Franco Angeli, Milano 2014.
Erba S., Spinosi N., *Diventare terapeuti. Passioni e tormenti della formazione*, Franco Angeli, Milano 1998.
Ferruta A., Foresti G., Vigorelli M. (a cura di), *Le comunità terapeutiche. Psicotici, borderline, adolescenti, minori*, Raffaello Cortina, Milano 2012.
Fisch R., Weakland J. H., Segal L., *Le tattiche del cambiamento* (1982), Astrolabio, Roma 1983.
Flegenheimer W. V., *Psicoterapia breve. Teorie e tecniche di trattamento* (1982), Raffaello Cortina, Milano 1986.
Freedman J., Combs G., *Narrative therapy. The social construction of preferred realities*, Norton, New York 1996.
Freud S., *Tecnica della psicoanalisi* (1911-1912), in *Opere* (1967-1993), Bollati Boringhieri, Torino, vol. VI.
–, *Nuovi consigli sulla tecnica della psicoanalisi* (1913-1914), in *Opere*, cit., vol. VII.
–, *Vie della terapia psicoanalitica* (1918), in *Opere*, cit., vol. IX.
Fromm-Reichmann F., *Principi di psicoterapia* (1950), Feltrinelli, Milano 1962.
–, *Psicoanalisi e psicoterapia* (1959), Feltrinelli, Milano 1964.
Gabbard G. O., *Introduzione alla psicoterapia psicodinamica* (2004), Raffaello Cortina, Milano 2005.
–, *Le psicoterapie. Teorie e modelli di intervento* (2009), Raffaello Cortina, Milano 2010.
Galli P. F. (a cura di), *Psicoterapia e scienze umane*, Feltrinelli, Milano 1973.
Giusti E., *Psicoterapie: denominatori comuni. Epistemologia della clinica qualitativa*, Franco Angeli, Milano 1997.
Grasso M., *La relazione terapeutica. Percorsi di intervento in psicologia clinica*, il Mulino, Bologna 2010.
Guggenbühl-Craig A., *Al di sopra del malato e della malattia. Il potere assoluto del terapeuta* (1983), Raffaello Cortina, Milano 1987.
Haley J. (a cura di), *Fondamenti di terapia della famiglia* (1971), Feltrinelli, Milano 1980.
Harper R. A., *Le nuove psicoterapie* (1975), La Nuova Italia, Firenze 1981.
Hayes S. C., Strosahl K. D., Wilson K. G., *ACT. Teoria e pratica dell'Acceptance and Commitment Therapy* (2012), Raffaello Cortina, Milano 2013.
Jones E. E., *L'azione terapeutica. Una guida alla terapia psicoanalitica* (2000), Raffaello Cortina, Milano 2008.
Jung C. G., *Pratica della psicoterapia* (1921-1959), in *Opere* (1969-2007), Bollati Boringhieri, Torino, vol. XVI.
Klein M., Heimann P., Money-Kyrle R. (a cura di), *Nuove vie della psicoanalisi. Il significato del conflitto infantile nello schema del comportamento dell'adulto* (1955), il Saggiatore, Milano 1966.
Klerman G. L., Weissman M. M., Rounsaville B. J., Chevron E. S., *Psicoterapia interpersonale della depressione* (1984), Bollati Boringhieri, Torino 1989.
Kutter P., Loch W., Roskamp H., Wesiack W., *Psicoanalisi medica. La teoria della malattia nella psicoanalisi* (1971), Feltrinelli, Milano 1975.
Lacan J., *La direzione della cura e i principi del suo potere* (1961), in *Scritti* (1936-1966), Einaudi, Torino 1974, vol. II.
Lemma A., Target M., Fonagy P., *Terapia dinamica interpersonale breve. Una guida clinica* (2011), Raffaello Cortina, Milano 2012.
Leveau J., Vera L., *Psicoterapia cognitivo-comportamentale nei disturbi dell'età evolutiva*, Masson, Milano 1991.
Liotti G., Monticelli F. (a cura di), *Teoria e clinica dell'alleanza terapeutica. Una prospettiva cognitivo-evoluzionista*, Raffaello Cortina, Milano 2014.
Luborsky L., *Principi di psicoterapia psicoanalitica. Manuale per il trattamento supportivo-espressivo* (1984), Bollati Boringhieri, Torino 1989.
MacKenzie K. R., *Psicoterapia breve di gruppo. Applicazioni efficaci "a tempo limitato"* (1997), Erickson, Trento 2002.
Maffei C., *Relazione terapeutica*, in G. B. Cassano, P. Pancheri *et al.* (a cura di), *Trattato italiano di psichiatria* (1992), Masson, Milano 1999, vol. III, pp. 3125-3140.
Marchioro F. (a cura di), *Psicoterapia*, Imago Editore, Bolzano 2002.
Marhaba S., Armezzani M., *Quale psicoterapia? Gli indirizzi psicoterapici in Italia. Confronto e analisi*, Liviana Editrice, Padova 1988.
Migone P., *La differenza tra psicoanalisi e psicoterapia. Panorama storico del dibattito e recente posizione di Merton M.*

Gill, in "Psicoterapia e Scienze Umane", 1991, XXV, n. 4, pp. 35-65.
–, *Psicoterapie a indirizzo psicoanalitico*, in G. B. Cassano, P. Pancheri *et al.* (a cura di), *Trattato italiano di psichiatria*, cit., vol. III, pp. 3545-3556.
–, *Terapia psicoanalitica* (1995), nuova edizione ampliata e aggiornata, Franco Angeli, Milano 2010.
–, *What does "brief" mean? A theoretical critique of the concept of brief therapy from a psychoanalytic viewpoint*, in "Journal of the American Psychoanalytic Association", 2014, n. 62, 4, pp. 631-656.
Molinari E., Mosconi A., *Il processo terapeutico nell'approccio sistemico. L'interazione tra osservatore e osservato*, Unicopli, Milano 1995.
Nardone G., Salvini A., *Il dialogo strategico. Comunicare persuadendo. Tecniche evolute per il cambiamento*, Ponte alle Grazie, Milano 2004.
– (a cura di), *Dizionario internazionale di psicoterapia*, Garzanti, Milano 2013.
Nathan T., Zajde N., *Psicoterapia democratica* (2012), Raffaello Cortina, Milano 2012.
Pankow G., *L'uomo e la sua psicosi* (1969), Feltrinelli, Milano 1977.
Paris J., *La psicoterapia nell'età del narcisismo. Modernità, scienza e società* (2012), Raffaello Cortina, Milano 2013.
Patterson C. H., *Theories of counseling and psychotherapy*, Harper & Row, New York 1980.
Pavan L. (a cura di), *Psicoterapie brevi*, in G. B. Cassano, P. Pancheri *et al.* (a cura di), *Trattato italiano di psichiatria*, cit., vol. III, pp. 3619-3636.
Pazzagli A., Rossi R., *Il problema della psicoterapia*, in G. B. Cassano, P. Pancheri *et al.* (a cura di), *Trattato italiano di psichiatria*, cit., vol. III, pp. 3509-3522.
Rispoli L. (a cura di), *Il corpo e le psicoterapie*, Idelson, Napoli 1985.
Rossi R. (a cura di), *Valutazione dei risultati terapeutici*, in G. B. Cassano, P. Pancheri *et al.* (a cura di), *Trattato italiano di psichiatria*, cit., vol. III, pp. 3141-3166.
Ruggiero G. M., Sassaroli S., *Il colloquio in psicoterapia cognitiva. Tecnica e pratica clinica*, Raffaello Cortina, Milano 2013.
Safran J. D., Segal Z. V., *Il processo interpersonale nella terapia cognitiva* (1990), Feltrinelli, Milano 1993.
Sanavio E., *Le psicoterapie*, il Mulino, Bologna 2011.
Scano G. P., Cadeddu G., Mastroianni A., *Psicoterapia psicoanalitica: verso una rifondazione. Storia, definizione, metodo, diagnosi, teoria, epistemologia*, Franco Angeli, Milano 1995.
Schafer R., *L'atteggiamento analitico* (1983), Feltrinelli, Milano 1984.
Schneider P. B., *Psicologia medica* (1969), Feltrinelli, Milano 1972.
Schultz J. H., *Il training autogeno. Metodo di autodistensione da concentrazione psichica* (1932), vol. I: *Esercizi inferiori*, vol. II: *Esercizi superiori. Teoria*, Feltrinelli, Milano 1968.
Schützenberger A. A., Sauret M.-J., *Il corpo e il gruppo* (1977), Astrolabio, Roma 1978.
Selvini Palazzoli M., Boscolo L., Cecchin G., Prata G., *Paradosso e controparadosso* (1975), Raffaello Cortina, Milano 2003.
Semi A. A., *Tecnica del colloquio*, Raffaello Cortina, Milano 1985.
– (a cura di), *Trattato di psicoanalisi*, vol. I: *Teoria e tecnica*, vol. II: *Clinica*, Raffaello Cortina, Milano 1988-1989.
Shorter E., *La tormentata storia del rapporto medico-paziente* (1985), Feltrinelli, Milano 1986.
Siani R., Siciliani O., Burti L., *Strategie di psicoterapia e riabilitazione. Gli psicotici e il servizio psichiatrico*, Feltrinelli, Milano 1990.
Strotzka H., *Manuale di psicoterapia* (1978), Città Nuova, Roma 1987.
Sullivan H. S., *Teoria interpersonale della psichiatria* (1953, edito postumo), Feltrinelli, Milano 1962.
Szasz Th. S., *Il mito della psicoterapia. La cura della mente come religione, retorica e repressione* (1978), Feltrinelli, Milano 1981.
Thomä H., Kächele H., *Trattato di terapia psicoanalitica*, vol. I: *Fondamenti teorici*, vol. II: *Pratica clinica* (1985-1988), Bollati Boringhieri, Torino 1990-1993.
Vella G., *Psicoterapia relazionale*, Masson, Milano 1984.
Vella G., Loriedo C., *Terapie relazionali e sistemiche*, in G. B. Cassano, P. Pancheri *et al.* (a cura di), *Trattato italiano di psichiatria*, cit., vol. III, pp. 3557-3580.
Vitolo A., *Le psicoterapie*, il Saggiatore, Milano 1997.
Watzlawick P., Beavin J. H., Jackson D. D., *Pragmatica della comunicazione umana* (1967), Astrolabio, Roma 1971.
Watzlawick P., Nardone G. (a cura di), *Terapia breve strategica*, Raffaello Cortina, Milano 1997.
Watzlawick P., Weakland J. H., Fisch R., *Change. Sulla formazione e la soluzione dei problemi* (1973), Astrolabio, Roma 1974.
Weiss J., *Come funziona la psicoterapia* (1993), Bollati Boringhieri, Torino 1999.

Psicotomimetico, v. DROGA, § 2.

Psilocibina, v. DROGA, § 2.

Psittacismo, v. GLOSSOLALIA.

Pubblicità, v. PSICOLOGIA DELLA PUBBLICITÀ.

Pubertà (ingl. *Puberty*; ted. *Geschlechtsreife*; fr. *Puberté*; sp. *Pubertad*). Prima fase dell'ADOLESCENZA (v.) caratterizzata dalla comparsa dei caratteri sessuali secondari e dalla maturazione della funzione sessuale. Come periodo di transizione e di rilevante modificazione fisiologica, la pubertà è caratterizzata da frequenti conflitti psicologici connessi all'accettazione o al rifiuto della modificazione corporea, che comporta una riconfigurazione della propria identità e del proprio modo di relazionarsi al mondo circostante. In condizioni normali la pubertà genera crisi a livello *sessuale* per la rapida e violenta insorgenza dell'istintività in condizioni in cui mancano possibilità di contatto, stabilità di legami, possibilità di far convivere necessità sessuali con atteggiamenti di forte idealizzazione; a livello *sociologico* per l'inizio del distacco definitivo dal gruppo domestico originario a favore di uno spazio sociale dove ricostruire la propria identità; a livello *sintomatico* in quanto questa fase di passaggio è caratterizzata da malumori di solito di natura depressiva, perdita di iniziativa e di motivazione, atteggiamenti di protesta contro l'autorità, fugaci fenomeni isterici, ossessivi o eritrofobici. Nell'età puberale si registrano anche le prime manifestazioni psicotiche o nella forma della SCHIZOFRENIA (v. § III, 2) di tipo ebefrenico, o in quella dell'ANORESSIA (v.). Consapevoli del carattere critico di questa fase di passaggio, già le culture primitive avevano provveduto ad accompagnare questa età con rituali di INIZIAZIONE (v.), tra i più vari a seconda dei modelli culturali, ma tutti volti a facilitare il passaggio dall'infanzia all'età adulta.

Bibliografia

Erikson E. H., *Gioventù e crisi di identità* (1968), Armando, Roma 1974.

Freud A., *Adolescenza* (1958), in *Opere* (1978-1979), Bollati Boringhieri, Torino, vol. II.

Oliverio A., Oliverio Ferraris A., *Maschio-femmina. Biologia, psicologia, sociologia del comportamento sessuale*, Zanichelli, Bologna 1978.

Schofield M., *The sexual behaviour of young people*, Longman, Boston 1965.

Tanner J. M., *Growth at adolescence*, Blackwell Scientific Publications, Oxford 1962.

Pudore (ingl. *Shame*; ted. *Scham*; fr. *Pudeur*; sp. *Pudor*). Tendenza a conservare il possesso della propria intimità difendendola dalla possibile intrusione dell'altro. Per costituirsi, il pudore necessita di tre condizioni: il corpo, l'altro, che può essere tanto una presenza reale quanto una presenza interiorizzata, e la dialettica del guardare e dell'essere guardati. Queste tre condizioni sono state sottolineate da Georg Wilhelm Friedrich Hegel, per il quale «il pudore è l'inizio dell'ira contro qualcosa che non deve essere. L'uomo che diventa cosciente della sua destinazione superiore, della sua essenza spirituale, non può non considerare inadeguato quel che è solo animalesco, e non può non sforzarsi di nascondere quelle parti del suo corpo che servono solo a funzioni animali e non hanno né una diretta determinazione spirituale, né un'espressione spirituale» (1836-1838, p. 981). Il tema è ripreso da Jean-Paul Sartre che considera il pudore una difesa dallo sguardo altrui che ci deruba della nostra soggettività, riducendoci a oggetto del suo sguardo (v. VERGOGNA). Max Scheler, dal canto suo, rifiuta la lettura freudiana che vede nel pudore la semplice manifestazione di un'inibizione, perché a suo parere l'inibizione connessa al pudore non è fine a se stessa, ma è una condizione che prepara al sentimento dell'amore. Infatti, scrive Scheler, «la vera funzione secondaria del pudore consiste nell'azione inibitoria, che impedisce di obbedire alle pulsioni dell'istinto sessuale e dell'istinto di riproduzione senza un amore anteriormente deciso e una pulsione d'amore legata anche al momento. [...] In una sola parola: il pudore è, in tal senso, la "coscienza morale dell'amore"» (1933, p. 88).

Partendo da queste premesse, Giovanni De Vincentiis e Bruno Callieri sottolineano la fondamentale *ambiguità del pudore* che, se da un lato costituisce una difesa della propria soggettività dalla sempre incombente oggettivazione che lo sguardo dell'altro può promuovere, dall'altro lato può nascondere un rifiuto della propria corporeità con il risolvimento della propria soggettività nella dimensione spirituale, come è esplicito nella definizione di Hegel, a cui può aggiungersi un'eccessiva difesa dal prossimo, con conseguente incrinatura di quella dimensione ontologica che la fenomenologia denomina "co-esistenza (*Mit-dasein*)". In questo caso il pudore diventa il sintomo di una patologia particolarmente evidente nella situazione *fobica* (v. FOBIA) dove si ha uno spostamento dell'angoscia sull'oggetto o sulla situazione sessuale che diventano il riferimento costante di una lotta controfobica, e nella *nevrosi ossessiva* (v. OSSESSIONE, § 2) dove la difesa da pulsioni sadico-anali mette capo, secondo Callieri, a «condotte rigide, perfezionistiche, a volte disumane e feroci, con rispetto scrupoloso delle regole, conformismo e "buona tenuta" fino alla più spietata severità con se stessi e all'ipermoralismo» (1974, pp. 84-85). Trasgressioni al pudore si registrano nell'*isteria* dove «l'impudicizia non è fine a se stessa, ma diretta a richiamare l'interesse degli altri» (ivi, p. 83), nella *psicopatia* dove l'impudicizia viene «sovente ostentata a dispetto di ogni norma sociale, con una mescolanza inseparabile di tratti isterici e protestatari più o meno conclamati e con netta mancanza di senso di colpa» (ivi, p. 86), e nella *mania* «in cui si riscontra una perdita radicale di intimità» (ivi, p. 76).

Bibliografia

Appiani M., *Tabù. Elogio del pudore*, Franco Angeli, Milano 2004.

Dal Lago A., Rovatti P. A., *Elogio del pudore. Per un pensiero debole*, Feltrinelli, Milano 1990.

De Vincentiis G., Callieri B., *Psicologia e psicopatologia del pudore*, Il Pensiero Scientifico, Roma 1974.

Hegel G. W. F., *Estetica* (1836-1838), Feltrinelli, Milano 1963.

Perri M. L., *Il pudore tra verità e pratica*, Carocci, Roma 2005.

Sartre J.-P., *L'essere e il nulla* (1943), il Saggiatore, Milano 1968.

Scheler M., *Pudore e sentimento del pudore* (1913, edito postumo nel 1933), Guida, Napoli 1979.

Selz M., *Il pudore. Un luogo di libertà* (2003), Einaudi, Torino 2005.

Tagliapietra A., *La forza del pudore. Per una filosofia dell'inconfessabile*, Rizzoli, Milano 2006.

Wanrooij B. P. F., *Storia del pudore*, Marsilio, Venezia 1990.

Puer aeternus. Espressione introdotta da Carl Gustav Jung per indicare il polo di una coppia archetipica attiva nella psiche che ha il suo opposto nel *senex*. L'"eterno fanciullo" presenta una psicologia che sul versante nevrotico è caratterizzata dalla difficoltà a staccarsi dalla matrice originaria, dalla problematicità a trovare una collocazione stabile, da impazienza, vivacità immaginativa che non oltrepassa la soglia della continua ideazione e il desiderio di ricominciare sempre da capo sui versanti più diversi, mentre sul piano individuativo assume il valore positivo della disponibilità e capacità a rinnovarsi.

Bibliografia

Franz M.-L. von, *L'eterno fanciullo* (1970), Red Edizioni, Como 1989.
Hillman J., *Senex et puer* (1967), Marsilio, Venezia 1973.
–, *Saggi sul puer* (1973-1979), Raffaello Cortina, Milano 1988.
Jung C. G., *Psicologia dell'archetipo del fanciullo* (1940), in *Opere* (1969-2007), Bollati Boringhieri, Torino, vol. IX, 1.

Puerilità, v. INFANTILISMO.

Puerocentrismo (ingl. *Child-centrism*; ted. *Puerozentrismus*; fr. *Puerocentrisme*; sp. *Puerocentrismo*). Indirizzo pedagogico che pone il bambino al centro della dinamica educativa conformando, in relazione alle sue esigenze e necessità, la strumentazione educativa. Antesignani del puerocentrismo furono Jean-Jacques Rousseau e John Dewey le cui premesse teoriche sono ancora riconoscibili nell'indirizzo attivistico della PEDAGOGIA (v. § 2).

Bibliografia

Dewey J., *Esperienza e educazione* (1938), Raffaello Cortina, Milano 2014.
Genco A., *Educazione nuova e non direttività*, La Scuola, Brescia 1977.
Rousseau J.-J., *Emilio o dell'educazione* (1762), in *Opere*, Sansoni, Firenze 1972.

Puerperio, v. PARTO.

Pulsione (ingl. *Drive*; ted. *Trieb*; fr. *Pulsion*; sp. *Pulsión*). Il termine è impiegato: 1) in *psicologia sperimentale* dove nomina la componente psicologica di quello stato fisiologico che è il BISOGNO (v. §§ 1-2); 2) in *ambito psicoanalitico* dove è usato sistematicamente da Sigmund Freud e tenuto opportunamente separato dal concetto di ISTINTO (v.) e da quello di STIMOLO (v.). L'*istinto* è concepito da Freud come un comportamento animale fissato dall'ereditarietà, caratteristico della specie, preformato nel suo svolgimento e adattato al suo oggetto; la *pulsione* invece è una costituente psichica che produce uno stato di eccitazione che spinge l'organismo all'attività, anch'essa geneticamente determinata ma suscettibile di essere modificata dall'esperienza individuale. Nei confronti dello *stimolo*, scrive Freud, «la pulsione si differenzia per il fatto che trae origine da fonti di stimolazione interne al corpo, agisce come una forza costante e la persona non le si può sottrarre con la fuga, come può fare di fronte allo stimolo esterno. Nella pulsione si possono distinguere: fonte, oggetto e meta. La fonte è uno stato di eccitamento nel corpo, la meta l'eliminazione di tale eccitamento; lungo il percorso dalla fonte alla meta la pulsione diviene psichicamente attiva. Noi ce la rappresentiamo come un certo ammontare di energia, che preme verso una determinata direzione. Da questo premere le deriva il nome di "pulsione"» (1932, p. 205).

1. TEORIA DELLE PULSIONI. Per Freud, «la "pulsione" appare come un concetto limite tra lo psichico e il somatico, come il rappresentante psichico degli stimoli che traggono origine dall'interno del corpo e pervengono alla psiche, come una misura delle operazioni che vengono richieste alla sfera psichica in forza della sua connessione con quella corporea» (1915, p. 17). Nella pulsione è possibile individuare una spinta, una fonte, una meta e un oggetto, che Freud così definisce:

a) *La spinta*: «Per *spinta* di una pulsione s'intende l'elemento motorio di questa, la somma di forze o la misura delle operazioni richieste che essa rappresenta. Il carattere dell'esercitare una spinta è una proprietà generale delle pulsioni, è addirittura la loro essenza. Ogni pulsione è un frammento di attività; quando nel linguaggio corrente si parla di pulsioni passive, ciò non può significare altro che pulsioni aventi una meta passiva» (ivi, p. 18).

b) *La fonte*: «Per *fonte* della pulsione s'intende quel processo somatico che si svolge in un organo o parte del corpo il cui stimolo è rappresentato nella vita psichica dalla pulsione. Non si sa se questo processo sia sempre di natura chimica, o se invece possa anche corrispondere allo sprigionamento di altre forze, per esempio meccaniche. Lo studio delle fonti pulsionali non appartiene più alla psicologia: benché la sua provenienza dalla fonte somatica la condizioni certamente in modo decisivo, la pulsione non ci è nota nella vita psichica che attraverso le sue mete. La conoscenza precisa delle fonti pulsionali non è sempre indispensabile per gli scopi dell'indagine psicologica. Talvolta ci è data la possibilità di risalire dalle mete della pulsione alle sue fonti. [...] Ciò che differenzia le prestazioni psichiche delle singole pulsioni può esser fatto risalire alla varietà delle fonti pulsionali» (ivi, p. 19).

c) *La meta*: «La *meta* di una pulsione è in ogni caso il soddisfacimento che può essere raggiunto soltanto sopprimendo lo stato di stimolazione alla fonte della pulsione. Ma, seppure questa meta finale di ogni pulsione rimane invariata, più vie possono condurre alla stessa meta finale; perciò per una pulsione possono darsi molteplici mete prossime o intermedie le quali si combinano o si scambiano tra loro. L'esperienza ci autorizza a parlare altresì di pulsioni "inibite nella meta" quando si tratta di processi che si svolgono per un tratto nella direzione del soddisfacimento pulsionale, ma che subiscono a un certo punto una inibizione o una deviazione. È da supporre che un soddisfacimento parziale si ottenga anche in relazione a processi di questo tipo» (ivi, p. 18).

d) L'oggetto: «*Oggetto* della pulsione è ciò in relazione a cui, o mediante cui, la pulsione può raggiungere la sua meta. È l'elemento più variabile della pulsione, non è originariamente collegato ad essa, ma le è assegnato soltanto in forza della sua proprietà di rendere possibile il soddisfacimento. Non è necessariamente un oggetto estraneo, ma può essere altresì una parte del corpo del soggetto. Può venir mutato infinite volte durante le vicissitudini che la pulsione subisce nel corso della sua esistenza. A questo spostamento della pulsione spettano funzioni importantissime. Può accadere che lo stesso oggetto serva al soddisfacimento di più pulsioni, producendo ciò che Alfred Adler chiama "intreccio pulsionale". Un attaccamento particolarmente forte della pulsione al suo oggetto viene messo in rilievo come "fissazione" della pulsione. La fissazione si produce spesso in periodi remotissimi dello sviluppo pulsionale, e pone fine alla mobilità della pulsione opponendosi vigorosamente al suo staccarsi dall'oggetto» (ivi, pp. 18-19; v. OGGETTO, § 1).

e) Le vicissitudini. Secondo Freud la pulsione può andare incontro a quattro vicissitudini: 1) il *capovolgimento nell'opposto* (v. OPPOSTI, § 1, *a*) che può avvenire o nella forma della sostituzione di un ruolo attivo (per esempio il sadismo) con quello passivo (masochismo) o nell'inversione di contenuto, come nel caso dell'amore che si trasforma in odio; 2) il *volgersi sul soggetto* utilizzato come oggetto pulsionale con conseguente conversione della meta pulsionale attiva in meta pulsionale passiva (v. RIFLESSIONE, § 3); 3) la *rimozione* che include tutti i meccanismi di difesa (v. RIMOZIONE; DIFESA, § 2); 4) la *sublimazione* dove l'energia pulsionale si scarica in attività che conservano solo un nesso simbolico con la meta primaria della pulsione (v. SUBLIMAZIONE).

f) L'ambivalenza. Nell'età infantile si assiste a una tendenza delle pulsioni con meta attiva ad essere associate con pulsioni antitetiche a meta passiva, come il desiderio di mangiare e di essere mangiato. In seguito si ha una DEFUSIONE (v.) delle pulsioni, e il persistere dell'AMBIVALENZA (v. § 2) nell'età adulta è considerato un residuo infantile. Detto fenomeno è noto anche come fenomeno della *pulsione complementare* (v. COMPLEMENTARITÀ, § 2).

g) Il dualismo. Secondo Freud le pulsioni si possono catalogare in due gruppi che, essendo antagonisti fra loro, sono responsabili dei conflitti e quindi delle nevrosi. Questa teoria ha subìto un'evoluzione storica che può essere distinta in quattro fasi:

Prima fase (1894-1911). Freud accoglie la distinzione, diffusa tra i biologi, tra pulsione di autoconservazione (v. CONSERVAZIONE, § 2) o pulsione dell'Io (v. IO, PULSIONE DELL') mirante alla conservazione dell'individuo, e pulsione sessuale diretta alla conservazione della specie.

Seconda fase (1911-1914). L'introduzione del concetto di NARCISISMO (v. § 3) oscura la distinzione tra pulsioni sessuali e pulsioni dell'Io, mantenendola solo in relazione all'oggetto sul quale la libido è diretta, che può essere o un oggetto esterno o il proprio Io. In questa fase Freud pensa ancora che, oltre alla pulsione libidica dell'Io, ve ne sia un'altra non libidica, che egli denomina interesse (v. IO, INTERESSE DELL').

Terza fase (1915-1920). L'aggressività, prima ritenuta una componente della pulsione sessuale, particolarmente evidente nel sadismo, viene ora assegnata alle pulsioni non libidiche dell'Io e intesa come una pulsione diretta al controllo del mondo esterno.

Quarta fase (1920-1939). L'antitesi fra pulsioni sessuali e aggressive viene conservata, ma esse entrano a far parte di entità più ampie che sono rispettivamente le pulsioni di vita e le pulsioni di morte (v. EROS – THANATOS). Le pulsioni di autoconservazione sono accomunate alle pulsioni sessuali come parte delle pulsioni di vita, mentre l'aggressività viene letta come figura delle pulsioni di morte.

2. DEFINIZIONI DELLE SINGOLE PULSIONI. Freud ha sempre mostrato un atteggiamento critico nei confronti di ogni teoria delle pulsioni che porti a stabilirne un catalogo postulando tante pulsioni quanti sono i tipi noti di attività. Ciò non gli ha impedito di aggettivare determinate pulsioni nel percorso di assestamento di quel dualismo pulsionale che sopra abbiamo descritto. Tali sono:

a) Pulsione d'aggressione (*Aggressionstrieb*). Questo concetto è stato introdotto da Adler insieme a quello di INTRECCIO PULSIONALE (v.). Freud lo assume a partire dal 1920 per inscriverlo nella più ampia dicotomia delle pulsioni di vita e delle pulsioni di morte come una figura di queste ultime, che si caratterizza per la sua meta che è la distruzione dell'oggetto (v. AGGRESSIVITÀ, § 5).

b) Pulsione di distruzione (*Destruktionstrieb*). Figura della pulsione di morte distinta dalla pulsione di aggressione perché quest'ultima è rivolta verso l'esterno, mentre la pulsione di distruzione prevede anche l'autodistruzione (*Selbstdestruktion*). Si veda la voce DISTRUTTIVITÀ, § 1.

c) Pulsione d'impossessamento (*Bemächtigungstrieb*). Pulsione non sessuale, che può unirsi alla sessualità, ma che ha per meta specifica il dominio dell'oggetto con la forza (v. IMPOSSESSAMENTO).

d) Pulsione sessuale (*Sexualtrieb*). Spinta interna che Freud vede operare in un campo più ampio di quello dell'attività sessuale, prima come pulsione parziale legata alle singole zone erogene e poi, attraverso un'evoluzione, nella sua organizzazione finale sotto il primato della genitalità. L'aspetto psichico di questa pulsione è designato con il termine LIBIDO (v.), che costituisce un polo del conflitto psichico ed è oggetto privilegiato della rimozione. Contrapposta, nella prima teoria delle pulsioni, alle pulsioni di autoconservazione, nella seconda formulazione della teoria la pulsione sessuale viene assimilata alle pulsioni di vita o Eros, e in questo modo contrapposta alle pulsioni di morte o Thanatos. Pensata inizialmente come sottoposta al principio di piacere (v. PIACERE, § 1) e sempre pronta a minacciare l'equilibrio psichico, la pulsione sessuale viene in seguito riformulata come forza che tende al legame e alla costituzione, nonché al mantenimento di unità vitali (v. SESSUALITÀ, § 2).

e) Pulsione parziale (*Partialtrieb*). Sottodeterminazione della pulsione sessuale che, prima di esprimersi nell'organizzazione finale che si raggiunge con la genitalità (v. GENITALE, § 2) propria dell'età puberale, si manifesta in modo anarchico e polimorfo nelle pulsioni parziali che si differenziano per la loro fonte ancorata a una determinata zona erogena (orale, anale, fallica) e per la specificità della loro meta. Le pulsioni parziali esprimono la sessualità infantile, e nell'adulto si manifestano nelle forme preliminari (v. PIACERE, § 3) dell'atto sessuale e nelle perversioni (v. PERVERSIONE). Scrive Freud: «La pulsione sessuale, la cui espressione dinamica nella vita psichica chiamiamo *libido*, si compone di pulsioni parziali, nelle quali essa può nuovamente frammentarsi e che soltanto gradualmente convergono a unità in determinate organizzazioni. Fonte di queste pulsioni parziali sono gli organi del corpo, in particolare alcune ben precise *zone erogene*; ma anche tutti gli importanti processi funzionali che si svolgono nel corpo danno alla libido il loro contributo. In un primo tempo le singole pulsioni parziali tendono all'appagamento l'una indipendentemente dall'altra, ma nel corso dello sviluppo vengono sempre maggiormente riunite e concentrate» (1922a, p. 448).

f) Pulsione d'autoconservazione (*Selbsterhaltungstrieb*). Pulsione legata alle funzioni somatiche necessarie alla conservazione della vita dell'individuo, come per esempio la fame. Assimilata alle pulsioni dell'Io, in un primo tempo fu contrapposta alle pulsioni sessuali e successivamente unificata a queste ultime nell'ambito delle pulsioni di vita contrapposte alle pulsioni di morte (v. EROS – THANATOS).

g) Pulsione dell'Io (*Ichtrieb*). Pulsione la cui energia è posta al servizio dell'Io nel conflitto difensivo. Assimilata alla pulsione di autoconservazione, fu dapprima contrapposta alle pulsioni sessuali e in seguito, con queste unificata, contrapposta alla pulsione di morte (v. IO, PULSIONE DELL').

h) Pulsione di morte (*Todestrieb*). Nell'ultima formulazione della teoria delle pulsioni, elaborata nel 1920, la pulsione di morte viene contrapposta alla pulsione di vita in quanto tende alla riduzione di tutte le tensioni, fino a ricondurre l'essere vivente allo stato inorganico, agendo dapprima verso l'interno come autodistruzione e poi verso l'esterno come pulsione di aggressione e di distruzione (v. MORTE, § 2).

i) Pulsione di vita (*Lebenstrieb*). Contropolo della pulsione di morte, la pulsione di vita, denominata anche con il termine Eros, comprende, nell'ultima teoria freudiana delle pulsioni, le pulsioni sessuali e le pulsioni di autoconservazione che tendono a instaurare unità di vita sempre più grandi e a mantenerne la coesione (v. VITA, § 4).

3. ALTRE LETTURE DELLA NOZIONE DI "PULSIONE". Per Carl Gustav Jung la pulsione è l'aspetto dinamico della realtà psichica, caratterizzata dall'essere estranea alla coscienza e quindi in grado di metterla in crisi. Per questo, scrive Jung, «quando parlo di pulsione mi riferisco a ciò che è comunemente inteso con questa parola, e cioè una *costrizione perentoria* ad agire in un certo modo. [...] Nel concetto di pulsione rientrano a mio avviso tutti quei processi psichici della cui energia la coscienza non dispone. Secondo questa concezione gli *affetti* appartengono ai processi pulsionali quanto ai processi affettivi. Alcuni processi psichici che, in circostanze normali, sono funzioni della volontà (cioè dunque completamente sottoposti al controllo della coscienza) possono, in casi anormali, diventare processi pulsionali quando ad essi si accompagna energia inconscia. Questo fenomeno si verifica là dove l'ambito della coscienza viene ristretto dalla rimozione di contenuti incompatibili, oppure là dove, in seguito a stanchezza, intossicazioni, processi patologici in genere, si produce un *abbassamento del*

livello mentale (Janet), dove dunque, in una parola, la coscienza non controlla più o non controlla ancora i processi di più forte rilievo» (1921, p. 460).

La teoria freudiana delle pulsioni è stata contestata da William Ronald Dodds Fairbairn per il quale la pulsione non ricerca l'oggetto, ma il piacere, e da Donald Woods Winnicott che ritiene la pulsione modificabile in base all'esperienza che si acquisisce nell'ambiente e con la maturazione dell'affettività, mentre è stata riaffermata da Jacques Lacan che al concetto di "pulsione" ha affiancato quello di "desiderio", e da André Green che, nel ribadire l'autonomia della vita pulsionale dall'esperienza acquisita, descrive la pulsione come una "catena arborea" che, dal radicamento nel soma, attraverso un sistema di rappresentazione pulsionale, conduce a rappresentazioni inconsce e poi coscienti.

Bibliografia

Adler A., *Il temperamento nervoso* (1912), Astrolabio, Roma 1950.

Amati U., *L'uomo e le sue pulsioni. Il lavoro creativo esplorato alle sue radici*, Melusina, Roma 1994.

Fairbairn W. R. D., *Studi psicoanalitici sulla personalità* (1952), Bollati Boringhieri, Torino 1970.

Freud S., *Tre saggi sulla teoria sessuale* (1905), in *Opere* (1967-1993), Bollati Boringhieri, Torino, vol. IV.

–, *Introduzione al narcisismo* (1914), in *Opere*, cit., vol. VII.

–, *Metapsicologia* (1915), in *Opere*, cit., vol. VIII.

–, *Al di là del principio di piacere* (1920), in *Opere*, cit., vol. IX.

–, *Due voci di enciclopedia: "Psicoanalisi" e "Teoria della libido"* (1922a), in *Opere*, cit., vol. IX.

–, *L'Io e l'Es* (1922b), in *Opere*, cit., vol. IX.

–, *Introduzione alla psicoanalisi. Nuova serie di lezioni* (1932), in *Opere*, cit., vol. XI.

Green A., *La pulsione negli scritti terminali di Freud* (1987), in Id., *Propedeutica. Metapsicologia rivisitata*, Borla, Roma 2001.

Jung C. G., *Tipi psicologici* (1921), in *Opere* (1969-2007), Bollati Boringhieri, Torino, vol. VI.

Lacan J., *Del "Trieb" di Freud e del desiderio dello psicoanalista* (1964), in *Scritti* (1936-1966), Einaudi, Torino 1974, vol. II.

–, *Il Seminario. Libro XI: I quattro concetti fondamentali della psicoanalisi, 1964*, Einaudi, Torino 1979.

Nagera H. (a cura di), *I concetti fondamentali della psicoanalisi* (1969), vol. I: *Pulsioni e teoria della libido*, Bollati Boringhieri, Torino 1972.

Winnicott D. W., *Sviluppo affettivo e ambiente. Studi sulla teoria dello sviluppo affettivo* (1965), Armando, Roma 1970.

Punizione (ingl. *Punishment*; ted. *Bestrafung*; fr. *Punition*; sp. *Castigo*). Evento avversativo applicato al fine di eliminare o modificare una condotta. Il suo significato varia a seconda dei campi di applicazione.

1. PSICOLOGIA SPERIMENTALE. La punizione può assumere la forma di un mancato rinforzo positivo (v. RICOMPENSA) o di uno stimolo negativo per estinguere modi comportamentali acquisiti o per facilitarne l'acquisizione di nuovi, come dimostrano le indagini sull'apprendimento differenziato eseguite sui ratti (v. APPRENDIMENTO, § I). La durezza di una punizione è misurata in termini di intensità, durata e frequenza; la sua efficacia dipende dalla vicinanza spazio-temporale tra comportamento e punizione, oltre che dalla proporzionalità tra la gravità del comportamento e la gravità della punizione, perché altrimenti si ottiene il cosiddetto "effetto paradossale" dove una punizione sproporzionata rinforza, invece di inibire, un comportamento che si intende estinguere. I risultati ottenuti nell'ambito della psicologia sperimentale hanno trovato applicazione in quelle terapie del comportamento denominate "avversative" (v. COMPORTAMENTO, § 5, *c*).

2. PSICOLOGIA SOCIALE. La punizione è una risposta di difesa della società nei confronti di comportamenti giudicati pericolosi o dannosi. In questo ambito occorre distinguere tra la sanzione *giuridica* che punisce in base all'oggettività del fatto, e la sanzione *sociale* che ha in vista il riscatto morale del soggetto a cui è stata inflitta la punizione. Un particolare rilievo assume la punizione in ambito *pedagogico* dove coloro che ne sostengono l'efficacia raccomandano la sua eccezionalità per evitare che sia controproducente, che non sia mortificante per non ridurre l'autostima del soggetto, che sia data da chi ha con l'educando un buon rapporto affettivo, che sia tempestiva perché evidente appaia il rapporto colpa-punizione, e che sia seguita da atteggiamenti chiarificatori e rassicuranti per evitare una rottura definitiva con l'adulto. Sull'efficacia educativa della punizione esistono pareri controversi, soprattutto in ordine alla formazione di un atteggiamento morale autonomo o eteronomo, fondato quest'ultimo sulla relazione di dipendenza da premi o punizioni, che non favorisce il senso di responsabilità personale e l'autonomia della condotta (v. AUTONOMIA – ETERONOMIA).

3. PSICOANALISI. In questo ambito si parla di *bisogno di punizione* (v. AUTOPUNIZIONE) come esigenza interna a cercare situazioni penose e umilianti e a compiacersene in modo masochistico (v. MASOCHISMO). Questo bisogno si manifesta nei *sogni* come tributo pagato alla censura per l'appagamento di un desiderio, nelle *nevrosi ossessive* (v. OSSESSIONE, § 2) e nella *terapia* come desiderio inconscio di non liberarsi dalla propria sofferenza (v. RESISTENZA). A questo proposito Sigmund Freud scrive che «l'impressione più importante che si ha delle resistenze nel corso del lavoro analitico è quella di una forza che si oppone con ogni mezzo alla guarigione, ancorandosi con determinazione assoluta alla

malattia e alla sofferenza» (1937, p. 525). Freud spiega i comportamenti autopunitivi ipotizzando un conflitto tra un Super-io particolarmente esigente e l'Io: «Certi soggetti danno l'impressione di essere moralmente inibiti in misura eccessiva, di assoggettarsi al dominio di una coscienza morale particolarmente suscettibile, pur non essendo consapevoli affatto di questa ipermoralità. A un esame più attento ci rendiamo conto della differenza che passa tra una siffatta prosecuzione inconscia della moralità e il masochismo morale. Nel primo caso l'accento cade sull'aumentato sadismo con cui il Super-io infierisce sull'Io, nel secondo invece sul masochismo proprio dell'Io, che vuol essere punito sia dal Super-io sia dai poteri parentali esterni» (1924, pp. 14-15).

Bibliografia

Azrin N. H., Holz W. C., *Punishment*, in W. K. Honig (a cura di), *Operant behavior*, Appleton-Century-Crofts, New York 1966.

Bandura A., *Principles of behavior modification*, Holt, Rinehart & Winston, New York 1969.

Boe E. E., Church R. M., *Punishment. Issues and experiments*, Appleton-Century-Crofts, New York 1969.

Campbell B. A., Church R. M., *Punishment and aversive behavior*, Appleton-Century-Crofts, New York 1969.

D'Ambrosio C., *Psicologia delle punizioni fisiche. I danni delle relazioni educative aggressive*, Erickson, Trento 2004.

Foucault M., *Sorvegliare e punire. Nascita della prigione* (1975), Einaudi, Torino 1976.

Freud S., *Il problema economico del masochismo* (1924), in *Opere* (1967-1993), Bollati Boringhieri, Torino, vol. X.

–, *Analisi terminabile e interminabile* (1937), in *Opere*, cit., vol. XI.

Froidure E., *Premi e castighi nell'educazione giovanile* (1949), SEI, Torino 1963.

Vuri V., *Premi e castighi*, in AA.VV., *La pedagogia*, Vallardi, Milano 1974, vol. X.

Pupillare, Riflesso, v. RIFLESSO, § 2, *e*.

Purkinje, Effetto, v. COLORE, § 1.

Puro – Impuro (ingl. *Pure-Impure*; ted. *Rein-Unrein*; fr. *Pur-Impur*; sp. *Puro-Impuro*). Coppia di opposti che contraddistinguono atteggiamenti, comportamenti e significati riconosciuti alla base di numerosi modelli culturali che adottano questa opposizione per risolvere il problema del MALE (v.), creando schemi d'ordine che poggiano sull'antitesi di un polo positivo e di uno negativo. In molte culture l'impurità è una condizione che interrompe la possibilità di un rapporto con la divinità, collocando l'individuo che ne è portatore in una condizione di separazione dal gruppo che lo evita come si evitano i TABÙ (v.). In quasi tutte le culture l'impurità fa riferimento alla sfera sessuale e riguarda il coito, da evitare in determinati periodi di tempo, l'incesto, il parto, le mestruazioni, la gravidanza, il puerperio, ma anche il contatto con cadaveri e con determinati cibi. All'impurità è connesso il CONTAGIO (v.), con conseguente reazione di terrore e adozione di procedure di isolamento. Dall'impurità si esce con particolari riti che vanno scrupolosamente eseguiti e che, con la loro ripetizione, ribadiscono la distinzione, la separazione, quando non anche la gerarchizzazione sociale con la divisione in caste, o con l'applicazione della categoria negativa a determinati gruppi sociali, come le donne o gli stranieri. La categoria dell'impurità e la ritualità necessaria alla purificazione ricorrono come forma di pensiero e come comportamento frequente nelle nevrosi ossessive (v. OSSESSIONE, § 2). Circa il controverso rapporto tra puro e impuro e tra sacro e profano, si veda la voce SACRO.

Bibliografia

Eliade M., *Il sacro e il profano* (1965), Bollati Boringhieri, Torino 1967.

Freud S., *Totem e tabù. Alcune concordanze nella vita psichica dei selvaggi e dei nevrotici* (1912-1913), in *Opere* (1967-1993), Bollati Boringhieri, Torino, vol. VII.

Jankélévitch V., *Il puro e l'impuro* (1960), Einaudi, Torino 2014.

Putamen, v. GANGLI DELLA BASE.

Q

Qabbalāh. Il termine, che letteralmente significa "tradizione" nell'accezione ebraica di "recezione" delle cose divine, designa la mistica ebraica che si propone di cogliere l'aspetto più profondo e autentico della Legge al di là del suo significato esteriore e puramente legalistico. A questo scopo la qabbalāh impiega metodi e tecniche complessi che fanno riferimento al simbolismo attribuito alle lettere dell'alfabeto ebraico e al loro valore numerico. Secondo il *Sefer Yezirah* o *Libro della creazione* (III-VI secolo), Dio avrebbe proceduto alla creazione attraverso le 32 vie costituite dai 10 *sefiroth* o numeri primordiali e dalle 22 lettere dell'alfabeto ebraico in cui trovano espressione simbolica gli elementi ultimi delle cose. Di qui l'importanza della scienza delle combinazioni delle lettere svolta nel *Sefer Zohar* o *Libro dello splendore* (XIII secolo), dove sono esposte le tre tecniche più usate: il *notariqon*, dove ciascuna lettera di una parola è usata come iniziale di un'altra parola, la *gematriah*, che istituisce equivalenze di significato tra parole formate da lettere i cui valori numerici danno somme uguali, la *temurah*, che consiste nel trasporre le lettere che compongono una parola in modo da ottenerne un'altra che con la prima ha un preciso rapporto di opposizione. Questa «via dei nomi», come afferma il *Sha'areh zedeq* citato da Gershom Scholem, dice che «quanto più essi sono incomprensibili tanto più alto è il loro rango, finché tu giungi all'attività di una forza che non sottostà più al tuo controllo, ma piuttosto è essa stessa che tiene sotto controllo il tuo intelletto e il tuo pensiero» (1957, p. 205).

La cosmologia qabbalistica, che concepì il rapporto tra Dio e il mondo come processo di emanazione dall'*En-sof* infinito alle creature attraverso i *sefiroth*, fu riformulata da Isaac ben Solomon Luria (1534-1572) in termini di contrazione o movimento verso l'interno, per cui «Dio fu costretto a far posto al mondo, abbandonando una regione di se stesso». La psicologia qabbalistica considera l'uomo animato dalla *nefeš* o vitalità animale, che nasce con il corpo e lo abita fino alla morte presiedendo a tutte le manifestazioni psicofisiche, dalla *ruah*, che si risveglia nell'uomo che si è innalzato al di sopra del suo aspetto puramente vitalistico, e dalla *neshamah* o scintilla divina, che è «una parte di Dio lassù». A questa scintilla (*Seelenfunkeln*) fa riferimento Sigmund Freud che ne parla come della «forza motrice – "il primo motore" – di ogni fare umano» (1910, pp. 221-222). Ciò permette ad Harold Bloom di fare un accostamento tra la qabbalāh di Luria e la psicoanalisi di Freud soprattutto per quanto concerne lo *zelem* che tiene uniti l'anima e il corpo, determinando la personalità di ciascun individuo, nel modo enigmatico con cui il nostro corpo reagisce alla nostra anima e la nostra anima al corpo a cui è legata. Scrive infatti Bloom: «Lo *zelem* è il principio di individualità di cui è dotato ogni essere umano, la configurazione o essenza che è esclusivamente sua» (1975, p. 75). Questo motivo individuativo ha consentito raffronti anche con la psicologia analitica di Carl Gustav Jung in ordine al processo di individuazione (v. PSICOLOGIA ANALITICA, § 5) e alla sizigia maschile-femminile (v. SIZIGIA). Per la qabbalāh, infatti, ogni anima è costituita da un elemento maschile e femminile che solo in seguito alla discesa nel mondo si scinde, configurandosi unicamente come maschile o femminile, per poi ricostituirsi in unità al termine del cammino qabbalistico.

Bibliografia

Bloom H., *La Kabbalà e la tradizione critica* (1975), Feltrinelli, Milano 1981.

Dal Pra M., *Cabala*, in AA.VV., *Enciclopedia*, Einaudi, Torino 1977, vol. II, pp. 339-353.

Dan J., *La cabbalà* (2006), Raffaello Cortina, Milano 2006.

Freud S., *Un ricordo d'infanzia di Leonardo da Vinci* (1910), in *Opere* (1967-1993), Bollati Boringhieri, Torino, vol. VI.

Idel M., *Qabbalah. Nuove prospettive* (1988), Adelphi, Milano 2010.

–, *Eros e Qabbalah* (2005), Adelphi, Milano 2007.

Israel G., *La Kabbalah*, il Mulino, Bologna 2005.
Jung C. G., *Aion. Ricerche sul simbolismo del Sé* (1951), in *Opere* (1969-2007), Bollati Boringhieri, Torino, vol. IX, 2.
Michelini Tocci F., *Cabala. Psicologia e storia*, in "Annali dell'Istituto Universitario Orientale di Napoli", 1986, n. 46.
Scholem G., *Le grandi correnti della mistica ebraica* (1957), il Saggiatore, Milano 1965.
–, *La Kabbalah e il suo simbolismo* (1960), Einaudi, Torino 1980.
–, *La cabala* (1974), Edizioni Mediterranee, Roma 1988.

QBS 8-13. Questionario per la valutazione del benessere scolastico e l'identificazione dei fattori di rischio per bambini/ragazzi compresi tra gli 8 e i 13 anni, dove si valuta il grado di soddisfazione scolastica, il livello di riconoscimento, la qualità del rapporto con gli insegnanti e i compagni di classe.

Bibliografia

Tobia V., Marzocchi G. M., *QBS 8-13. Questionario per la valutazione del benessere scolastico e l'identificazione dei fattori di rischio*, Erickson, Trento 2016.

Q-PAD. Questionario per la valutazione della psicopatologia dell'adolescenza, compilato direttamente dai ragazzi, allo scopo di indagare aspetti relativi a: livello di autostima, ansia, depressione, insoddisfazione corporea, incertezza in ordine al futuro, problemi familiari, conflitti interpersonali, abuso di sostanze, rischio psicosociale.

Bibliografia

Sica C., Chiri L. R., Favilli R., Marchetti I., *Q-PAD. Questionario per la valutazione della psicopatologia dell'adolescenza*, Erickson, Trento 2011.

QS4-G. Questionario di osservazione dello sviluppo del bambino di 4 anni e dei suoi genitori allo scopo di identificare precocemente le difficoltà neuropsicologiche, cognitive e comportamentali, senza coinvolgere direttamente il bambino, evidenziando le aree di forza, di debolezza e di rischio.

Bibliografia

Dall'Oglio A. M. *et al.*, *QS4-G. Questionario di osservazione dello sviluppo del bambino di 4 anni-Genitori*, Erickson, Trento 2010.

Quadrato dei colori, v. COLORE, § 1.

Quadro di stato, v. SINDROME.

Qualità (ingl. *Quality*; ted. *Qualität*; fr. *Qualité*; sp. *Cualidad*). Categoria che fa riferimento alle determinazioni che bisogna enunciare per riferire sulla *modalità* con cui una cosa si presenta. Per Aristotele, quattro sono le sue specificazioni: disposizioni e abiti, capacità e incapacità, caratteristiche rilevabili con i sensi come colori, sapori, odori, figura e forma geometrica. Questa catalogazione rimane costante nel Medioevo dove la Scolastica definisce la qualità *esse secundum quid*. René Descartes accoglie delle specificazioni aristoteliche solo la terza: le caratteristiche rilevabili con i sensi, a cui però nega la realtà oggettiva, per attribuire loro solo un carattere soggettivo, nel senso che colori, odori, suoni hanno la loro sede solo in chi li sente e non nelle cose, che sono da considerare esclusivamente da un punto di vista quantitativo. In questo modo ci si congeda dall'universo che il mondo antico e medioevale avevano descritto in termini qualitativi, per accedere a un universo quantitativo misurabile e calcolabile. Uno dei primi compiti assunti dalla scienza moderna è stato infatti quello di tradurre tutte le qualità in quantità. Quando questa operazione verrà adottata in psicologia, si passerà dalla PSICOLOGIA FILOSOFICA (v.) a quella sperimentale o scientifica (v. PSICOLOGIA SPERIMENTALE), dove però resta ancora aperto il problema se l'approccio esclusivamente quantitativo riesce a descrivere o meno lo psichico. A questo proposito è possibile distinguere tre posizioni:

1. LA PSICOLOGIA SPERIMENTALE. Inaugurata dalla PSICOFISICA (v.) di Gustav Theodor Fechner e dalle successive ricerche di Wilhelm Maximilian Wundt (v. INTROSPEZIONISMO), la psicologia sperimentale individuò nello stimolo fisico quantificabile e misurabile l'unità di misura dello psichico (v. WEBER-FECHNER, LEGGE DI), decretando la disponibilità delle qualità psichiche a un trattamento quantitativo e perciò scientifico. La commensurabilità dei due ordini consentì alla psicologia un guadagno in termini di precisione e di osservabilità, ma una perdita in termini di descrizioni del vissuto soggettivo e delle variazioni percettive di fronte allo stesso stimolo.

2. LA PSICOLOGIA FENOMENOLOGICA. Partendo dalla considerazione che il solo riferimento allo stimolo è penalizzante e comunque insufficiente a render conto del valore e del significato che il fatto percettivo assume per il soggetto, nega la sovrapponibilità della realtà fisica e della realtà percettiva, riconferendo alla qualità una nuova valenza gnoseologica, in uno spazio disciplinare che contesta alle scienze sperimentali la capacità di leggere in modo esaustivo il mondo psichico (v. FENOMENOLOGIA).

3. LA PSICOLOGIA DEL PROFONDO. Questo indirizzo psicologico, pur affidandosi a modelli quantitativi come quello di energia psichica o LIBIDO (v.), tratta le sue manifestazioni in termini qualitativi a partire

dalla distinzione tra conscio e inconscio, e verifica con Sigmund Freud che l'attività del sistema nervoso, pur essendo trattabile in termini puramente quantitativi, presenta anche differenze qualitative che si riscontrano nei vari soggetti, ognuno dei quali ha una propria dinamica psichica descrivibile solo in termini qualitativi a partire dalla specificità dei conflitti individuali. Tra le prove sperimentali addotte in questo campo vanno ricordate quelle di Carl Gustav Jung sulle associazioni verbali (v. ASSOCIAZIONE, § 5) dove si registra una varietà di risposte qualitativamente diverse di fronte alla stessa parola stimolo. Dopo aver definito la qualità «un'evidenza dotata di forma», Jung scrive: «Fin quando non possederemo un termine di misura per misurare le "quantità" psichiche, la teoria psicologica non può assumere forma matematica e perciò non abbiamo altra possibilità che ridurci alla "qualità"» (1947-1954, p. 231).

Bibliografia

Aristotele, *Categorie*, in *Opere*, Laterza, Bari 1973.
Descartes R., *Meditazioni metafisiche sulla filosofia prima* (1641), in *Opere*, Laterza, Bari 1986, vol. II.
Fechner G. Th., *Elemente der Psychophysik* (1860), Breitkopf und Härtel, Leipzig 1889.
Freud S., *Progetto di una psicologia* (1895), in *Opere* (1967-1993), Bollati Boringhieri, Torino, vol. II.
Gabassi P. G., Garzitto M. L., Perin G., *Psicologia e qualità. La qualità come pratica e come valore*, Raffaello Cortina, Milano 2005.
Granieri A. (a cura di), *I test di personalità. Quantità e qualità*, Utet Libreria, Torino 2010.
Jung C. G. (in collaborazione con F. Riklin), *Ricerche sperimentali sulle associazioni di individui normali* (1904), in *Opere* (1969-2007), Bollati Boringhieri, Torino, vol. II, 1.
–, *Riflessioni teoriche sull'essenza della psiche* (1947-1954), in *Opere*, cit., vol. VIII.
Kant I., *Critica della ragion pura* (1781), Laterza, Bari 1959.
Katsching H., Freeman H., Sartorius N., *La qualità di vita in psichiatria* (1997), Il Pensiero Scientifico, Roma 1999.
Lerner D. (a cura di), *Qualità e quantità e altre categorie della scienza* (1969), Bollati Boringhieri, Torino 1971.
Mantovani G., Spagnolli A. (a cura di), *Metodi qualitativi in psicologia*, il Mulino, Bologna 2003.
Merleau-Ponty M., *Fenomenologia della percezione* (1945), il Saggiatore, Milano 1972.
Wundt W. M., *Lineamenti di psicologia* (1896), in *Scritti scelti*, Utet, Torino 2006.

Quantificazione, v. PSICOMETRIA.

Quantile (ingl. *Quantile*; ted. *Quantil*; fr. *Quantile*; sp. *Cuantil*). Termine statistico che designa i parametri di posizione che suddividono in parti uguali un insieme di valori ordinati secondo un criterio precedentemente assunto. Quantili sono tanto i *centili* che dividono l'insieme dei dati in cento gruppi di ugual numero, quanto i *decili* che lo dividono in dieci, e i *quartili* che lo dividono in quattro. A titolo di esempio: se la mediana è il quartile centrale che divide la frequenza in quattro gruppi uguali, avremo un primo quartile nel punto alla cui sinistra è espresso il 25% del totale dei dati e alla cui destra è espresso il 75% rimanente. In modo analogo si possono definire il secondo e il terzo quartile. Facendo sempre riferimento alla mediana, questa coincide con il secondo quartile, con il quinto decile e con il cinquantesimo centile.

Quantità (ingl. *Quantity*; ted. *Quantität*; fr. *Quantité*; sp. *Cantidad*). Categoria che fa riferimento all'estensione e alla misurabilità. Per Aristotele la quantità è riferibile sia all'essere nel suo aspetto numerico e continuo, sia al pensiero, dove definisce l'estensione del soggetto di un giudizio, che può essere universale (tutti gli uomini), particolare (qualche uomo), singolare (questo uomo). A questo schema aristotelico si rifà Immanuel Kant che assume la quantità come titolo generale della prima classe dei giudizi (universali, particolari, singolari) a cui corrispondono le categorie della totalità, della pluralità e della singolarità. Nella logica proposizionale contemporanea la quantità nomina la referenza che, nel linguaggio di Friedrich Ludwig Gottlob Frege, è detta significato (*Bedeutung*), distinto dal senso (*Sinn*) che non ha un valore "estensionale" come il significato, ma "intensionale".

Con René Descartes, e successivamente con il pensiero scientifico moderno, la quantità designa le cosiddette "qualità primarie" come la grandezza, la figura e il movimento che sono oggettive e misurabili, e che vanno distinte dalle "qualità secondarie" come il colore, l'odore, il sapore che, risiedendo nei sensi, sono soggettive e non quantificabili. Il progresso del sapere scientifico è stato caratterizzato dalla traduzione dell'ordine qualitativo nell'ordine quantitativo, che consente calcolo e misurabilità. Gli effetti di questa traduzione in ambito psicologico e le diverse posizioni assunte a proposito di questa traducibilità si possono leggere alla voce QUALITÀ.

Bibliografia

Aristotele, *Categorie*, in *Opere*, Laterza, Bari 1973.
Conte S., Renzi P., *La quantificazione del comportamento. Tecniche, strumenti e metodologia*, Raffaello Cortina, Milano 1997.
Descartes R., *Meditazioni metafisiche sulla filosofia prima* (1641), Laterza, Bari 1986, vol. II.
Frege F. L. G., *Sinn und Bedeutung* (1892), in Id., *Begriffsschrift und andere Aufsätze*, I. Angelelli, Hildesheim 1964.
Granieri A. (a cura di), *I test di personalità. Quantità e qualità*, Utet Libreria, Torino 2010.

Guénon R., *Il regno della quantità e i segni dei tempi* (1945), Adelphi, Milano 1982.
Kant I., *Critica della ragion pura* (1781), Laterza, Bari 1959.
Lerner D. (a cura di), *Qualità e quantità e altre categorie della scienza* (1969), Bollati Boringhieri, Torino 1971.

Quantizzazione, v. QUANTO.

Quanto (ingl. *Quantum*; ted. *Quant*; fr. *Quantum*; sp. *Cuanto*). Valore più piccolo in cui è fisicamente divisibile un'entità quantificabile. Il termine è coniato dalla fisica moderna in relazione a grandezze, come l'energia, la radiazione, la luce, l'azione, che nella fisica classica erano considerate continue nella loro trasmissione, mentre la teoria quantistica ne ipotizza la discontinuità con conseguente trasmissione in quanti separati. *Quantizzazione* è l'operazione che trasforma segnali continui in segnali discreti, come nel caso di modelli bidimensionali di immagini risolti in righe e poi in punti di immagine (quanti di informazione), per essere in seguito ricomposti dal ricevitore in un complesso bidimensionale.

In psicoanalisi Sigmund Freud ha postulato l'esistenza di "quanti di energia psichica" generati nell'Es e poi legati alle strutture mentali che costituiscono l'Io. In questa accezione la letteratura psicoanalitica parla di "quanti di affetto" e "quanti di libido", a cui assegna un valore puramente speculativo non disponendo di alcun mezzo per misurare l'energia psichica.

Bibliografia

Freud S., *Progetto di una psicologia* (1895), in *Opere* (1967-1993), Bollati Boringhieri, Torino, vol. II.

Quartile, v. QUANTILE.

Quaternità (ingl. *Quaternity*; ted. *Vierheit*; fr. *Quaternité*; sp. *Cuaternidad*). Dimensione simbolica assunta da Carl Gustav Jung come fondamento archetipico della psiche umana in cui si esprime «la totalità dei processi consci e inconsci» (1921, p. 477). La quaternità è alla base: 1) dell'interpretazione junghiana delle metafore alchemiche (v. ALCHIMIA), dove la trasformazione dall'inferiore al superiore percorre l'ordine quaternario del nero, bianco, rosso e oro; 2) della tipologia psicologica (v. TIPOLOGIA, § 2) decisa dalla disposizione delle quattro funzioni: pensiero, sentimento, intuizione e sensazione; 3) del simbolismo religioso dove la trinità della tradizione cristiana viene riformulata nella quaternità ottenuta dando consistenza ontologica al MALE (v.), che non sarebbe solo *privatio boni*, come vuole la tradizione cristiana, ma una realtà che ha nel diavolo la sua personificazione iconografica e nell'ombra individuale e collettiva il suo riscontro psicologico (v. OMBRA). Questi e altri riferimenti di ordine storico, mitologico, esoterico ed onirico consentono a Jung di dire che «la quaternità è un simbolo del Sé» (1942-1948, p. 184), ossia della totalità psichica (v. PSICOLOGIA ANALITICA, § 4).

Bibliografia

Jung C. G., *Tipi psicologici* (1921), in *Opere* (1969-2007), Bollati Boringhieri, Torino, vol. VI.
–, *Saggio d'interpretazione psicologica del dogma della Trinità* (1942-1948), in *Opere*, cit., vol. XI.
–, *Psicologia e alchimia* (1943), in *Opere*, cit., vol. XII.

Querulomania (ingl. *Paranoia querulans*; ted. *Nörgelei*; fr. *Plaintivité*; sp. *Querulomanía*). Atteggiamento lamentoso protratto che nasce dalla persuasione reale o immaginaria di aver subìto un torto. Può degenerare in DELIRIO (v. § 3) innescando nel soggetto condotte che si esprimono con domande di risarcimento inoltrate per iscritto, manifesti, citazioni giudiziarie e simili.

Bibliografia

Schmideberg M., *La lamentosità*, in AA.VV., *Le rabbie croniche* (1945-1966), Bollati Boringhieri, Torino 1992.

Questionario (ingl. *Questionnaire*; ted. *Fragebogen*; fr. *Questionnaire*; sp. *Cuestionario*). Sequenza prestabilita di domande utilizzata nei sondaggi d'opinione, nello studio della personalità e nell'osservazione psicodiagnostica. Rispetto al COLLOQUIO – INTERVISTA (v.) spontaneo o ad andamento preordinato, il questionario consente di evitare alcuni fattori che rendono più complessa la valutazione comparativa delle risposte, come il coinvolgimento emotivo dello sperimentatore, le risposte impreviste che esigono un repentino adattamento delle nuove domande, lo sconfinamento delle risposte dal campo d'interesse dell'intervista. Il questionario può essere *a risposte chiuse* o *a risposte aperte*: il primo prevede l'alternativa obbligata tra due o più risposte prestabilite, valutabili in base a un protocollo di valori assegnati a ciascuna di esse; il secondo consente al soggetto di articolare risposte autonome, e in questo caso la valutazione dei risultati si fa più complessa perché più ricca di informazioni.

Affinché il questionario sia in grado di fornire informazioni rilevanti per l'ambito che si intende indagare è necessario che coloro che attendono alla sua costruzione dispongano di una profonda competenza in tale ambito, una conoscenza dei problemi metodologici connessi all'elaborazione di quegli "stimoli standardizzati" che sono le domande, una discreta abilità retorica che consenta il pieno controllo della struttura dei quesiti allo scopo di evitare formulazioni ambigue o tendenziose, di cui risulta poi difficile calibrare il grado di difficoltà e di rispondenza. Per evitare la manipolazione delle risposte da parte di coloro che si sottopongono al questionario, si nasconde l'obiettivo del questionario stesso, si organizzano i quesiti in maniera tale che la relazione esistente tra le diverse domande possa in qualche modo provare la sincerità delle risposte fornite, si dà l'impressione che venga esaminato un aspetto delle prestazioni che non corrisponde a quello effettivamente considerato.

Il questionario trova impiego nei *sondaggi d'opinione* (v. OPINIONE), nei test psicoattitudinali per la selezione del personale (v. SELEZIONE, § 4) e nello *studio della personalità*. Il primo caso prevede somministrazioni alternate, più o meno distanti nel tempo, per valutare atteggiamenti espliciti o impliciti, pregiudizi, stereotipi attraverso domande e risposte a cui è stato associato un determinato punteggio. Tra questi ricordiamo il *modello Likert*, che presenta una serie di asserzioni accordate a un certo tipo di atteggiamento con una scala di punteggi che consentono di misurare la prossimità o la distanza dalla posizione standardizzata, e il *modello Guttman*, che misura le aspettative e i presumibili atteggiamenti che potranno essere assunti da soggetti che nelle risposte alle domande rivelano una determinata posizione.

Nei questionari per lo studio della personalità si è soliti adottare due tipi di scale: quelle *teoriche*, la cui costruzione avviene in rapporto a una teoria preliminare, all'interno della quale verrà posizionato l'atteggiamento della persona testata, come nel caso dell'EPI test (*Eysenck Personality Inventory*) (v.) costruito sulla base della teoria della personalità elaborata da Hans Jürgen Eysenck, oppure con scale *empiriche* costruite dopo aver testato due gruppi eterogenei di soggetti, come nel caso del MMPI test (*Minnesota Multiphasic Personality Inventory*) (v.), dove si esaminano i tratti patologici della personalità mediante il confronto tra le risposte dei soggetti esaminati e quelle dei pazienti affetti da diversi disturbi mentali.

Riserve sono state avanzate circa la neutralità e l'obiettività di queste procedure, specie nell'ambito psicodiagnostico dove esiste il rischio della generalizzazione e del condizionamento che la struttura della domanda produce sulla risposta. Un'altra obiezione riguarda l'interpretazione quantitativa delle prestazioni ottenute che, se da un lato ne consente la misurabilità, dall'altro corre il pericolo dell'omologazione, con conseguente esclusione delle variabili individuali che in ambito psicologico costituiscono lo specifico della ricerca.

Bibliografia

Anastasi A., *I test psicologici* (1954), Franco Angeli, Milano 1973.

Calvi G., *La diagnosi psicologica e i suoi strumenti*, in L. Ancona (a cura di), *Nuove questioni di psicologia*, La Scuola, Brescia 1972, vol. II, pp. 330-390.

Dautriat H., *Il questionario. Guida per la preparazione e l'impiego nelle ricerche sociali di psicologia sociale e di mercato* (1980), Franco Angeli, Milano 1982.

Ercolani A. P., Perugini M., *La misura in psicologia. Introduzione ai test psicologici*, Led, Milano 1997.

Eysenck H. J., *The scientific study of personality*, Routledge & Kegan, London 1952.

Likert R., *A technique for the measurement of attitudes*, in "Archives of Psychology", 1932, n. 140, pp. 44-53.

Oppenheim A. N., *Questionnaire design and attitude measurement*, Heinemann, London 1966.

Sanavio E., Sica C., *I test di personalità. Inventari e questionari*, il Mulino, Bologna 1999.

Tyler L. E., *Reattivi mentali e misure nell'esame psicologico*, Martello, Milano 1972.

Qui e ora, v. PSICOLOGIA DELLA GESTALT, § IV.

QUIT (*Questionari Italiani del Temperamento*). Batteria di strumenti che misurano il temperamento del bambino a partire da un mese fino a 11 anni, prendendo in considerazione: l'attenzione, l'attività motoria, l'emozionalità positiva e negativa, l'inibizione alla novità, l'orientamento sociale. Detti questionari sono solitamente impiegati per scopi diagnostici, per attività di counseling con genitori e insegnanti, e per seguire nel loro sviluppo bambini con problemi pediatrici, neurologici, scolastici e psicosociali.

Bibliografia

Axia G., *QUIT. Questionari Italiani del Temperamento*, Erickson, Trento 2002.

Quotidianità, v. VITA, § 2.

Quoziente (ingl. *Quotient*; ted. *Quotient*; fr. *Quotient*; sp. *Cociente*). Indice di misura. Tra i quozienti più impiegati in psicologia ricordiamo: il quoziente di intelligenza (QI) (v. INTELLIGENZA, § 2); il quoziente di intelligenza pratica (QIP) (v. ALEXANDER, SCALA DI); il quoziente di sviluppo motorio (QSM) (v. OSERETZKY, SCALA DI); il quoziente di sviluppo psicomotorio (QSPM) (v. GESELL, SCALA DI); il quoziente sociale (QS) (v. VINELAND, SCALA), e il quoziente d'azione (QA) (v. AZIONE, § 3, *f*).

Bibliografia

Meili R., *Manuale di diagnostica psicologica* (1955), Giunti Barbera, Firenze 1967.

R

Rabbia (ingl. *Rage*; ted. *Wut*; fr. *Rage*; sp. *Rabia*). Infezione virale del sistema nervoso trasmessa dal morso di un animale (cane, gatto) che ne è affetto. I sintomi sono, nello stato prodromico: irritabilità, malessere generale, sonno agitato, dolori che si irradiano a partire dalla ferita; nello stadio di eccitamento: oltre a un'esaltazione dei sintomi premonitori, una sete intensa che non può essere soddisfatta a causa di spasmi laringo-faringei; con il progredire della malattia si registrano convulsioni con manifestazioni di furia e tendenza a mordere, infine uno stadio di paralisi in cui cessano le convulsioni, i muscoli si rilasciano, fino al sopraggiungere della morte per paralisi bulbare.

Il termine è esteso alle manifestazioni intense e violente di IRA (v.) frequenti nei bambini. Walter Bradford Cannon ha introdotto il concetto di *falsa rabbia* per quelle manifestazioni esplosive, simili alla rabbia, accompagnate da iperattività motoria, che si registrano in animali decorticati e negli esseri umani che presentano un danno corticale con attività non inibita dell'ipotalamo, mentre Sándor Radó parla di *rabbia insolente* per la resistenza o l'opposizione rabbiosa dei bambini alle richieste degli adulti a partire dall'età in cui prende avvio l'educazione degli sfinteri. Alla rabbia insolente si accompagna la "paura colpevole" che costituisce, a parere di Radó, la base del successivo comportamento ossessivo.

Per estensione, a partire dal comportamento animale e da quello infantile, il termine "rabbia" viene riferito anche ai comportamenti degli adulti accecati dall'ira, come ben segnala, dal punto di vista fenomenologico, Enrico Ferrari che in proposito scrive: «La rabbia, movimento psichico che cerca a viva forza un interlocutore, non può non essere ascoltata. Ne è ingrediente naturale la costrizione dell'altro a prestarvi attenzione, anche per il carattere di acuta sensorialità che l'accompagna. Nel senso delle espressioni somatiche che la manifestano, come la mimica corrugata, lo sguardo torvo, la voce strozzata o urlata. E nel senso della necessità d'urto che la caratterizza: l'urto del corpo che converge "contro" l'altro o contro le cose; oppure l'urto degli oggetti fatti convergere "contro", in rappresentanza del corpo stesso; o infine l'urto delle parole, reificate a oggetti contundenti atti a scuotere e a ferire. Della rabbia è l'indilazionabilità e la radicalità. Anche là dove essa assume la fisionomia meno destruente, quella della parola, essa esige il tempo presente e l'estremismo del particolare. La rabbia disdegna lo sfondo ed elude la sintesi. Quasi una sfiducia nell'armonia e nella neutralità dell'ascolto, nella possibilità che l'altro sia interessato al prossimo senza che lo si debba costringere» (2014, p. 137). Per quanto concerne la rabbia scatenata dalla vergogna e che costituisce una via d'uscita da questo sentimento divenuto intollerabile, si rimanda alla voce VERGOGNA, § 2.

Bibliografia

AA.VV., *Rabbia e vendicatività*, in P. F. Galli (a cura di), *Osservazione psicoanalitica*, Bollati Boringhieri, Torino 1992-1996, vol. II.

AA.VV., *Le rabbie croniche* (1945-1966), Bollati Boringhieri, Torino 1992.

Cannon W. B., *La saggezza del corpo* (1932), Bompiani, Milano 1956.

D'Urso V., *Arrabbiarsi. Quando l'ira è funesta, quando infuriarsi conviene*, il Mulino, Bologna 2001.

Ellis A., Tafrate R. Ch., *Che rabbia! Come controllarla prima che lei controlli te* (2000), Erickson, Trento 2013.

Ferrari E., *L'intolleranza del torto. L'esperienza della rabbia*, in Id., *L'ambiguità del patire. Quando la psicopatologia svela le radici culturali del presente*, Moretti & Vitali, Bergamo 2014.

Plummer D., *Esprimere la rabbia. Esercizi e attività per gestire positivamente collera e aggressività*, Erickson, Trento 2010.

Radó S., *La nevrosi ossessiva*, in S. Arieti (a cura di), *Manuale di psichiatria* (1959-1966), Bollati Boringhieri, Torino 1969-1970, vol. I, pp. 339-371.

Raffigurazione, v. RAPPRESENTAZIONE, § 1, *c*.

Raggruppamento, v. AGGRUPPAMENTO.

Ragionamento (ingl. *Reasoning*; ted. *Vernunftschluss*; fr. *Raisonnement*; sp. *Razonamiento*). Procedimento discorsivo che, in base a procedure argomentative, articola passaggi e approda a una conclusione. Fin dall'epoca di Aristotele si è soliti distinguere:

a) *il ragionamento deduttivo* dove una conclusione particolare è inferita da una premessa generale seguendo le regole dell'argomentazione formale o dimostrativa;

b) *il ragionamento induttivo* che giunge a una conclusione generale partendo dall'esame di casi particolari;

c) *il ragionamento probabilistico* dovuto ai vincoli del nostro sistema cognitivo rispetto alla complessità e talvolta all'ambiguità dell'informazione che il sistema stesso si trova a dover elaborare. In questo caso Amos Tversky e Daniel Kahneman consigliano di procedere con quella che loro chiamano "teoria della scelta razionale" che consente, in condizioni di incertezza, di risolvere i problemi scegliendo le soluzioni che hanno maggior probabilità di produrre migliori benefici, anche se questi benefici, come sottolinea Herbert A. Simon, teorico della "razionalità limitata", non sono sempre garantiti;

d) *l'argomentazione informale* quando gli argomenti che sostengono il ragionamento rispondono a regole di inferenza statistica o a principi di analogia, che evidenziano o uguaglianze di rapporti o estensioni probabili di conoscenze, consentite da somiglianze generiche riscontrate in situazioni diverse. Per quanto concerne il raggiungimento dello stadio delle operazioni formali in cui si esprimono le varie forme di ragionamento, si veda la voce COGNIZIONE, § 2, *d*;

e) *il ragionamento quotidiano*, così denominato perché abitualmente impiegato nelle conversazioni e nelle dispute. Per essere persuasivo è necessario che le premesse siano *coerenti*, ossia non si contraddicano tra loro, *accettabili*, se sono probabilmente vere o ragionevolmente credibili, e abbastanza *forti* per sostenere la conclusione.

Bibliografia

Aristotele, *Primi Analitici*, in *Opere*, Laterza, Bari 1973.
Girotto V., *Il ragionamento*, il Mulino, Bologna 1994.
Govier T., *A study of argument*, Wadsworth, Belmont, California, 1985.
Holland J. H., Holyoak K. J., Nisbett R. E., Thagard P. R., *Induction. Processes of inference, learning and discovery*, Mit Press, Cambridge, Massachusetts, 1986.
Johnson-Laird Ph. N., *Deductive reasoning ability*, in R. J. Sternberg (a cura di), *Human abilities. An information-processing approach*, Freeman, New York 1985, pp. 173-194.
Nickerson R. S., *Reflections on reasoning*, Lawrence Erlbaum Associates, Hillsdale, New Jersey, 1986.
Simon H. A., *Rational choice and the structure of the environment*, in "Psychological Review", 1956, n. 63, pp. 129-138.
Tversky A., Kahneman D., *Extensional versus intuitive reasoning. The conjunction fallacy in probability judgment*, in "Psychological Review", 1983, n. 90, pp. 293-315.

Ragione (ingl. *Reason*; ted. *Vernunft*; fr. *Raison*; sp. *Razón*). Il termine ricorre in due fondamentali accezioni: 1) una generale, che fa riferimento al λόγος greco che Marco Tullio Cicerone tradusse con *ratio*; 2) una specifica, che fa riferimento alla διάνοια greca intesa come procedimento discorsivo che si esprime nella dimostrazione, in opposizione al νοῦς che la scolastica medioevale rese con *intellectus*, nell'accezione aristotelica dell'intuizione dei principi primi. Rinviando alla voce RAGIONAMENTO la trattazione specifica della conoscenza razionale di tipo discorsivo, è possibile tracciare una storia della nozione di "ragione" come si è evoluta nel corso del tempo.

1. LA RAGIONE COME ORDINE ONTO-TEO-LOGICO. La ragione è inizialmente pensata come ordine del cosmo in cui si esprime quella relazione universale che è la composizione delle parti con il Tutto. La filosofia nasce come riflessione sulla relazione tra i molti e l'Uno in cui si esprimono la causa del loro essere e il significato della loro essenza. Il pensiero umano è tanto più ragionevole quanto più conforme all'ordine cosmico in cui questa relazione si esprime, e che Platone rappresenta nel modello iperuranico, al di là del mondo sensibile, dove la ragione trova la sua prima organizzazione e articolazione. La distribuzione delle idee in generi e specie crea quel reticolo di inclusione e di esclusione che, oltre a consentire l'identificazione dei significati attraverso le procedure di identità e differenza, pone le basi per l'elaborazione delle regole di inferenza. Se c'è errore, esso risiede o nell'indeterminatezza del genere inclusivo, quindi in un deficit di identità, o nella combinazione di generi tra loro incompatibili, quindi in una deroga al principio di non contraddizione.

Questa grande costruzione platonica, che, a partire dall'antichità, ha inaugurato una grammatica e una lingua logica, non è riconosciuta da Platone come una semplice posizione di regole linguistiche, ma è identificata con l'oggettività dell'essere stesso (*ontologia*) che trova la sua più alta espressione nell'idea di Sommo Bene (*teologia*) da cui tutte le altre idee dipendono. Quando il fondamento della ragione, da onto-teo-logico, diventerà egologico, il convenzionalismo implicito in Platone diventerà esplicito, ossia l'uomo si persuaderà che a presiedere l'ordine delle idee non è un Dio, ma il suo Io, cioè la sua rappresentazione, le cui forme decidono le modalità con cui le cose appaiono e sono conosciute. Da René Descartes a Georg Wilhelm Friedrich Hegel sarà l'*ordo idearum* a decidere l'*ordo rerum*, le idee cesseranno di essere sostanze, per apparire sempre di più come categorie conoscitive anticipate dall'uomo.

2. La ragione legislatrice e l'ordine scientifico. Con l'avvento della scienza, nell'età moderna, la ragione anticipa delle convenzioni a partire dalle quali promuove la conoscenza del mondo. Il suo fondamento non è più teologico, ma *egologico*, non si appella più alle leggi della natura o alle leggi di Dio, ma alle anticipazioni dell'Io: la ragione diventa *legislatrice*, detta cioè le leggi della rappresentazione del mondo. Questa funzione legislativa della ragione inaugura un sapere che, anticipando metodi e ipotesi, conosce le cose per come si dispongono nel campo della rappresentazione anticipata. Lo "stare" della cosa è uno "star di contro (*ob-jectum*)" all'*ego* intersoggettivo che ha disposto l'ordine della rappresentazione. L'oggettività che nasce è il prodotto della rappresentazione intersoggettiva che consente alla cosa di apparire nelle modalità anticipate e predisposte. Quando al *soggetto* impersonale della rappresentazione si sostituirà l'*ordine* della rappresentazione, cioè l'insieme dei discorsi che comprendono anche il discorso che parla del soggetto, diventerà insostenibile un modello universale e unitario di ragione umana, che perciò verrà sostituito dalle diverse *ragioni discorsive* il cui valore è da rintracciare nella loro funzionalità.

3. La ragione funzionale e l'ordine strumentale. Con il congedo da ogni fondamento unitario e universale, la ragione non ha più un carattere sostanziale, ma *funzionale*, nel senso che non è più il principio di un ordinamento ma il *funzionamento* di un ordine, con strumenti sempre più stipulativi sul piano della forma e sempre più congetturali sul piano del contenuto. I contenuti empirici vengono evidenziati attraverso la formalizzazione degli strumenti di osservazione, mentre il campo di osservazione subisce un progressivo ampliamento in forza degli strumenti teorici che fanno da quadro alle condizioni di esperienza. La ragione funzionale produce un tipo di conoscenza la cui articolazione non è decisa dai *campi* del sapere, ma dagli *strumenti* che li producono.

Il passaggio dalla nozione tradizionale di "campo" a quella di "strumento" delinea una spazialità che non ha a che fare tanto con l'estensione, quanto con l'operazione. Ogni disciplina è uno spazio operativo dove gli strumenti che interagiscono sono ciascuno riflesso del sistema. Per sistema non si intende un assoluto logico o ontologico, né una totalità realizzata una volta per tutte, ma l'insieme delle unità discorsive che gli strumenti hanno prodotto nello spazio operativo che essi hanno creato. Sistemi del genere possono ovviamente essere smontati, per cui il sapere prodotto dalle ragioni discorsive risponde a una logica di costruzione e decostruzione, dove è possibile vedere come ogni strumento muti senso con il mutar di luogo, e come ogni luogo sia aperto all'aleatorietà delle migrazioni linguistiche e all'iscrizione in giochi sempre diversi.

4. Il carattere psichico della ragione. È questa la lettura che Carl Gustav Jung dà della ragione, da lui considerata come una delle diverse modalità della conoscenza, divenuta, nella cultura occidentale, psichicamente dominante. E a questo proposito scrive: «Durante i duecentocinquant'anni dalla comparsa della *Critica della ragion pura*, si è fatta strada a poco a poco l'intuizione che il pensiero, la ragione, l'intelletto ecc. non siano processi esistenti per sé, affrancati da ogni condizionamento soggettivo, sottomessi unicamente alle leggi eterne della logica, ma siano funzioni psichiche coordinate e subordinate alla personalità» (1938-1954, p. 180). Da queste premesse Jung conclude che l'atteggiamento razionale altro non è che il prodotto di specifiche determinanti psichiche, che sono in atto e si rivelano nei procedimenti gnoseologici e nei comportamenti pratici.

Riguardo poi al carattere extrapsichico solitamente assegnato alla ragione, Jung osserva che «sussiste ancora l'ingenua ipotesi che, grazie all'intelletto o alla ragione, l'uomo può in certo qual modo liberarsi dal suo condizionamento psichico e trasferirsi in uno stato sovrapsichico, razionale. Ci si vergogna ancora di prendere sul serio il dubbio di chi si domanda se le asserzioni dello spirito non siano in fondo "sintomi" di determinate condizioni psichiche. Questa domanda sarebbe quasi ovvia, ma implica conseguenze quasi rivoluzionarie e di portata così vasta che è fin troppo comprensibile che non solo le epoche passate, ma anche quella moderna, cerchino per quanto possibile di scansarla. Oggi siamo ancora ben lontani dal considerare con Nietzsche la filosofia, o addirittura la teologia, come *ancilla psychologiae*, poiché neanche lo psicologo è pienamente deciso a considerare le sue asserzioni come una professione di fede condizionata – almeno in parte – soggettivamente» (1947-1954, p. 180). Il diverso configurarsi della nozione di ragione nelle varie epoche storiche decide di conseguenza anche il significato che di volta in volta assume la nozione di Irrazionale (v.).

Bibliografia

Aristotele, *Dell'espressione*, in *Opere*, Laterza, Bari 1973.

Bachelard G., *La ragione scientifica* (1928-1938), Bertani, Verona 1974.

Berti E., *Le vie della ragione*, il Mulino, Bologna 1987.
Bubner R., *Azione, linguaggio e ragione. I concetti fondamentali della filosofia pratica* (1976), il Mulino, Bologna 1985.
Colli G., *La ragione errabonda*, Adelphi, Milano 1982.
Descartes R., *Meditazioni metafisiche sulla filosofia prima* (1641), in *Opere*, Laterza, Bari 1986, vol. II.
Gadamer H.-G., *La ragione nell'età della scienza* (1976), il melangolo, Genova 1982.
Gargani A. (a cura di), *Crisi della ragione. Nuovi modelli nel rapporto tra sapere e attività umane*, Einaudi, Torino 1979.
Hegel G. W. F., *Scienza della logica* (1812-1816), Laterza, Bari 1974.
Heidegger M., *Il principio di ragione* (1957), Adelphi, Milano 1991.
Horkheimer M., *Eclisse della ragione. Critica della ragione strumentale* (1947), Einaudi, Torino 1969.
Jaspers K., *Ragione ed esistenza* (1935), Marietti, Torino 1971.
–, *Ragione e antiragione nel nostro tempo* (1950), Sansoni, Firenze 1970.
Jung C. G., *Gli aspetti psicologici dell'archetipo della madre* (1938-1954), in *Opere* (1969-2007), Bollati Boringhieri, Torino, vol. IX, 1.
–, *Riflessioni teoriche sull'essenza della psiche* (1947-1954), in *Opere*, cit., vol. VIII.
Kant I., *Critica della ragion pura* (1781), Laterza, Bari 1959.
Laing R. D., Cooper D., *Ragione e violenza* (1964), Armando, Roma 1973.
Pieri P. F., *Ragione*, in Id., *Dizionario junghiano*, Bollati Boringhieri, Torino 1998, pp. 597-603.
Platone, *Repubblica*, in *Opere*, Laterza, Bari 1973.
Sartre J.-P., *Critica della ragione dialettica* (1960), il Saggiatore, Milano 1963.
Simon H. A., *La ragione nelle vicende umane* (1983), il Mulino, Bologna 1984.
Whitehead A. N., *La funzione della ragione* (1929), La Nuova Italia, Firenze 1958.

Rallentamento psicomotorio, v. INIBIZIONE, § 6.

Rancore (ingl. *Grudge*; ted. *Groll*; fr. *Rancoeur*; sp. *Rencor*). Ostilità, che raramente si traduce in esplicita aggressione, contro chi è ritenuto responsabile di un comportamento offensivo o frustrante di taluni bisogni fondamentali o aspettative essenziali alla propria realizzazione. Può registrarsi anche in presenza di eventi vissuti come tradimenti affettivi, quali l'abbandono per assenza prolungata o per morte, causa non rara di un rancore inconscio in grado di compromettere lo sviluppo normale dell'affettività. Il rancore non va confuso con il RISENTIMENTO (v.), che scaturisce da un profondo senso di impotenza che vanifica ogni tentativo di ritorsione.

Bibliografia

Rizzi R. (a cura di), *Itinerari del rancore*, Bollati Boringhieri, Torino 2007.

Rango (ingl. *Rank*; ted. *Rang*; fr. *Rang*; sp. *Rango*). Il termine è impiegato: 1) in *statistica* dove indica la posizione di ciascun dato in una serie ordinata quantitativamente (v. STATISTICA, § I, 4) e 2) in *psicologia sociale* dove definisce la posizione di un individuo o di un gruppo in una classificazione gerarchica dall'alto in basso. Il rango può essere unidimensionale quando è basato su un solo criterio, come il grado di servizio tra i militari, o pluridimensionale quando è basato su diversi criteri, in relazione ai quali un individuo può assumere una posizione alta rispetto a un certo parametro e bassa rispetto a un altro, con tendenza ad adattare la posizione bassa (ad esempio quella culturale) a quella alta (ad esempio quella economica). La differenza di rango evidenzia la distribuzione del potere sociale, lo spazio di libertà goduto, e le correnti di comunicazione tra i membri del gruppo che risultano influenzate dal rango di appartenenza.

Ranvier, Nodi di, v. NEURONE.

Rapporto, v. RELAZIONE.

Rappresentante (ingl. *Representative*; ted. *Repräsentant*; fr. *Représentant*; sp. *Representante*). Termine freudiano che, nel quadro della teoria delle pulsioni (v. PULSIONE, § 1), designa l'espressione psichica della pulsione stessa (*rappresentante ideativo*, *Vorstellungrepräsentant*), o la pulsione stessa in quanto *rappresentante psichico* dell'eccitazione endosomatica (*rappresentante psichico*, *psychischer Repräsentant*).

Sigmund Freud considera la pulsione un concetto limite tra lo psichico e il somatico, nel senso che essa ha la sua *fonte* nell'eccitazione endosomatica e la sua *meta* nell'orizzonte psichico. Tra soma e psiche Freud concepisce un rapporto che non è regolato né da un parallelismo, né dalla causalità, ma da una relazione che può essere paragonata a quella che esiste tra un mandante e un suo rappresentante, o, in termini linguistici, tra il significato e il suo significante. Quando nel contesto discorsivo il mandante è l'eccitazione endosomatica (*Reiz*), è la pulsione a svolgere la funzione di rappresentante psichico; quando invece, sempre nel contesto discorsivo, il mandante è la pulsione (*Trieb*), allora il rappresentante della pulsione (*Triebrepräsentant*) è la rappresentanza o rappresentante ideativo (*Vorstellung-repräsentant*), che viene nominato rappresentante psichico (*psychischer Repräsentant*) quando la rappresentanza è considerata unitamente all'affetto che la investe (v. RAPPRESENTAZIONE, § 1, *a*).

Queste distinzioni sono essenziali per comprendere la RIMOZIONE (v.) che investe il rappresentante ideativo e non l'affetto, e la FISSAZIONE (v.) conseguente. Scrive infatti Freud: «Abbiamo dunque motivo di supporre l'esistenza di una *rimozione originaria*, e cioè di una prima fase della rimozione che consiste nel fatto che alla "rappresentanza" psichica (ideativa) di una pulsione viene interdetto l'accesso alla coscienza. Con ciò si produce una *fissazione*: la rappresentanza in questione continua da allora in poi a sussistere immutata, e la pulsione rimane ad essa legata» (1915, p. 38).

Bibliografia

Freud S., *Metapsicologia* (1915), in *Opere* (1967-1993), Bollati Boringhieri, Torino, vol. VIII.

Nicolaïdis N., *La rappresentazione. Dall'oggetto referente alla rappresentazione simbolica* (1984), Bollati Boringhieri, Torino 1988.

Rappresentazione (ingl. *Representation*; ted. *Vorstellung*; fr. *Représentation*; sp. *Representación*). Il termine indica sia l'*atto* con cui la coscienza riproduce un oggetto esterno come può essere una cosa, o interno come uno stato d'animo, o un prodotto fantastico, sia il *contenuto* di tale operazione riproduttiva. In filosofia questo concetto ha fatto sorgere un problema gnoseologico che ha visto divisi quanti, come René Descartes, ritengono che la coscienza sia una scena in cui trovano un'esistenza di secondo grado (*iterum praesens*) gli oggetti della realtà, e quanti, come Edmund Husserl, considerano la rappresentazione come il mezzo con cui la coscienza si rivolge intenzionalmente agli oggetti, che pertanto le sono presenti in modo immediato e non duplicato.

In psicologia si intende per rappresentazione il rinnovarsi dell'esperienza percettiva in assenza dello stimolo sensoriale. Come tale, la rappresentazione occupa uno spazio intermedio tra la particolarità della percezione e l'universalità del concetto a cui si perviene per astrazione. Oltre a questa significazione generale, il termine "rappresentazione" ha un uso specifico in psicoanalisi, in psicologia analitica, in psicologia sociale e in psicologia cognitivista.

1. Psicoanalisi. Il concetto di rappresentazione ricorre in Sigmund Freud in quattro accezioni, ciascuna delle quali rinvia a quattro contesti della sua teoria:

a) Rappresentazione e affetto. La rappresentazione è ciò che dell'oggetto viene trascritto nei "sistemi mnestici" (v. Engramma, § 1). Questi sistemi, che legano le tracce mnestiche per simultaneità, causalità, successione cronologica, vengono riattivati dall'Investimento (v.) o dal controinvestimento affettivo (v. Affetto, § 1), che ne consente la rievocazione. Scrive Freud: «Nelle funzioni psichiche bisogna distinguere qualcosa (importo d'affetto, somma di eccitazione) che può essere aumentato, diminuito, spostato, scaricato e che si stende sulle tracce mnestiche delle rappresentazioni quasi come una carica elettrica sulla superficie dei corpi» (1887-1904, p. 141). Così, nella nevrosi ossessiva l'importo d'affetto viene spostato dalla rappresentazione legata all'evento traumatico a un'altra rappresentazione insignificante, mentre nell'isteria l'importo d'affetto viene convertito in energia somatica e la rappresentazione spostata su una zona o un'attività somatica. La rimozione interessa esclusivamente la rappresentazione, perché l'importo d'affetto non viene rimosso, ma propriamente represso (v. Repressione).

b) Rappresentazione di cosa e rappresentazione di parola. La prima è essenzialmente visiva ed è tipica del sistema inconscio, la seconda è acustica ed è tipica del sistema preconscio-conscio perché suppone il sistema di verbalizzazione. Il legame tra rappresentazione di parola e rappresentazione di cosa è stabilito dal sistema conscio regolato dal processo secondario, mentre la rappresentazione della sola cosa, non necessariamente in se stessa, ma nei sistemi mnestici in cui per qualche sua qualità è inserita, come dimostrano le catene associative, è propria del sistema inconscio regolato dal processo primario (v. Processo primario – Processo secondario). Infatti, scrive Freud, «la rappresentazione conscia comprende la rappresentazione della cosa più la rappresentazione della parola corrispondente, mentre quella inconscia è la rappresentazione della cosa e basta» (1915, p. 85). Nel sogno e nella schizofrenia le rappresentazioni di parole sono trattate come rappresentazioni di cose.

c) Rappresentazione onirica. Detta anche *raffigurazione* (*Darstellung*), la rappresentazione onirica è la traduzione di tutti i significati, di tutti i pensieri astratti e di tutti i nessi logici in immagini, che costituiscono l'unico strumento a disposizione del sogno. Freud interpreta la raffigurazione come una forma di regressione all'infanzia dove gli affetti si sono legati a determinate immagini che il sogno riutilizza. Scrive infatti: «Tra i diversi annodamenti secondari ai pensieri essenziali del sogno, sarà preferito quello che permette una rappresentazione visiva» (1899, p. 316). Per questo, «non occorre ammettere alcuna particolare attività di simbolizzazione, da parte della psiche, nel lavoro onirico: il sogno si serve delle simbolizzazioni già pronte nel pensiero inconscio, perché meglio rispondono, per la loro rappresentabilità e per lo più anche perché esenti da censura, alle esigenze della creazione onirica» (ivi, p. 321). Alla raffigurazione concorrono i meccanismi della Condensazione (v.) e dello Spostamento (v.).

d) Rappresentazione finalizzata. Con questa espressione Freud si riferisce all'orientamento seguito dalle rappresentazioni sia consce che inconsce, il cui concatenamento non è regolato solo da leggi meccaniche, ma dall'attrazione che una rappresentazione privilegiata esercita su altre rappresentazioni. Nel caso di pensieri consci, l'attrazione è esercitata dalla rappresentazione della meta perseguita, mentre nell'inconscio ad esercitare l'attrazione è la rappresentazione del desiderio che proviene dall'esperienza del soddisfacimento.

2. Psicologia analitica. Carl Gustav Jung impiega il termine "immagine" come sinonimo di "rappresentazione" giocata su tre registri: *a)* come *contenuto di coscienza*: «Io uso la parola "immagine" nel senso generico di rappresentazione. Un'entità psichica può essere, naturalmente, un contenuto di coscienza solo quando può essere rappresentata sotto forma di immagine. Perciò chiamo immagini tutti i contenuti di coscienza, perché sono immagini di processi cerebrali» (1926, p. 348); *b)* come *immagine che mi rappresenta*, nel senso che una qualsiasi rappresentazione di oggetti non è tale, a livello psichico, se non mi rappresenta. Infatti, scrive Jung, «psicologicamente "mondo" significa il mio modo di vedere il mondo; il mio atteggiamento nei riguardi del mondo può essere considerato come "la mia volontà" e "la mia rappresentazione"» (1921, p. 196); *c)* come *rappresentazioni collettive*, a proposito delle quali scrive Jung: «Chiamo collettivi tutti quei contenuti psichici che non sono peculiari di un solo individuo, ma contemporaneamente di molti individui: cioè di una società, di un popolo o dell'umanità. Tali contenuti sono le *rappresentazioni collettive mistiche* dei primitivi descritte da Lévy-Bruhl e così pure i *concetti generali* di diritto, stato, religione, scienza ecc. comunemente usati dagli uomini civili. Ma non solo concetti e opinioni vanno chiamati collettivi, bensì anche i *sentimenti*, perché, come mostra Lévy-Bruhl, per i primitivi le rappresentazioni collettive costituiscono anche sentimenti collettivi. A causa di questo valore collettivo di sentimento egli denomina le *représentations collectives* anche *mystiques*, perché queste rappresentazioni non sono di ordine meramente intellettuale, ma anche emozionale» (ivi, p. 429). Per ulteriori approfondimenti si veda la voce Antropologia, § 2.

3. Psicologia sociale. Il concetto di rappresentazione sociale è stato formulato a partire dalla nozione di "rappresentazione collettiva" (v. Collettivo) elaborata da Émile Durkheim in opposizione alle rappresentazioni individuali. La sua utilità è, come scrive Serge Moscovici, quella di «definire sistemi di valori, idee e pratiche con una doppia funzione: innanzitutto quella di stabilire un ordine che permetta alla persona di orientarsi nel suo mondo sociale materiale e di padroneggiarlo, e in secondo luogo quella di facilitare la comunicazione tra i membri di una comunità fornendo loro un codice al fine di chiamare e classificare i vari aspetti del loro mondo e la loro storia individuale e di gruppo» (1961, p. 54). Coordinando gli elementi dell'ambiente sociale e dando loro una coerenza, la rappresentazione sociale conferisce significato al comportamento, integrandolo in un sistema relazionale più esteso.

I processi che mettono capo alla rappresentazione sociale sono l'*ancoraggio* di ogni elemento sociale nella rete di categorie della società, per rendere familiare ciò che altrimenti sarebbe difficilmente percettibile o perché estraneo o perché nuovo, e l'*oggettivazione* in immagini di quell'entità altrimenti astratta che è il sistema sociale, allo scopo di facilitarne la comprensione. Come sottolineano Adriano Zamperini e Ines Testoni, «l'oggettivazione avviene attraverso tre meccanismi: *ontologizzazione* che permette di far corrispondere a idee o parole delle cose appartenenti al mondo fisico; *figurazione* con aggiunta o sostituzione dei concetti con immagini; *personificazione* per cui, ad esempio, ogni teoria o scoperta scientifica viene associata a una persona che la rappresenta e che ne diventa il simbolo; sicché la psicoanalisi è connessa alla figura di Freud e la teoria della relatività ad Einstein. In altre parole, all'impersonale della scienza subentra la personalizzazione delle conoscenze» (2002, p. 124).

André Lévy, dopo aver sottolineato che le rappresentazioni traducono solo visioni parziali, che compongono un discorso frammentato, in cui si contrappongono logiche diverse che rimandano a posizioni e ottiche contraddittorie, ritiene che, perché possano partecipare alla costruzione della realtà a cui si riferiscono, occorre che le rappresentazioni siano tra loro collegate attraverso relazioni logiche e necessarie, che approdano a quelli che Lévy chiama «discorsi che rappresentano» , i quali, connessi attraverso i loro rispettivi significati, «sono riferiti a rappresentazioni culturali di oggetti sociali come la famiglia, l'amministrazione, la burocrazia, l'attività, la medicina, le classi sociali [...] cioè a modelli teorici caratterizzati da tratti specifici interconnessi» (1997, p. 121).

Denise Jodelet, nelle sue ricerche relative al rapporto tra la follia e la rappresentazione sociale della malattia mentale, studia come, in un ambiente sociale reale, si producono e si attualizzano delle rappresentazioni, a proposito delle quali osserva che «ogni rappresentazione sociale è rappresentazione di qualcosa e di qualcuno, significa sempre qualcosa per qualcuno (se stesso o altri), e mette in luce qualcosa di colui che la esplicita» (1989a, p. 77). Partendo da questo presupposto, nell'analisi dei processi sociali la Jodelet evidenzia i significati relativi ai modelli culturali, alle pratiche sociali, ai quadri istituzionali, agli eventi psicologici collettivi che hanno a che vedere con le rappresentazioni.

4. PSICOLOGIA COGNITIVISTA. In questo ambito si intendono per rappresentazioni le immagini e i concetti per mezzo dei quali la mente umana, ma anche un sistema intelligente, immagazzina e organizza le sue conoscenze, come è esposto alla voce COGNIZIONE, § 1, *b*.

Bibliografia

Baczko B., *Les imaginaires sociaux*, Payot, Paris 1984.
Castoriadis C., *L'istituzione immaginaria della società* (1975), Bollati Boringhieri, Torino 1995.
Chartier R., *La rappresentazione del sociale* (1982-1985), Bollati Boringhieri, Torino 1989.
Descartes R., *Meditazioni metafisiche sulla filosofia prima* (1641), in *Opere*, Laterza, Bari 1986, vol. II.
Di Giacomo J. P., *Rappresentazioni sociali e movimenti collettivi*, Liguori, Napoli 1985.
Doise W., *La forza delle idee. Rappresentazioni sociali e diritti umani* (2001), il Mulino, Bologna 2002.
Doise W., Clemence A., Lorenzi-Cioldi F., *Rappresentazioni sociali e analisi dei dati*, il Mulino, Bologna 1995.
Durkheim É., *Rappresentazioni individuali e rappresentazioni collettive* (1898), in Id., *Sociologia e filosofia*, Edizioni di Comunità, Milano 1969.
Farr R. M., Moscovici S. (a cura di), *Rappresentazioni sociali* (1984), il Mulino, Bologna 1989.
Freud S., *Lettere a Wilhelm Fliess 1887-1904*, Bollati Boringhieri, Torino 1986.
–, *Progetto di una psicologia* (1895), in *Opere* (1967-1993), Bollati Boringhieri, Torino, vol. II.
–, *L'interpretazione dei sogni* (1899), in *Opere*, cit., vol. III.
–, *Metapsicologia* (1915), in *Opere*, cit., vol. VIII.
Galli I., *La teoria delle rappresentazioni sociali*, il Mulino, Bologna 2006.
Herzlich C., *La représentation sociale*, in S. Moscovici, *Introduction à la psychologie sociale*, Larousse, Paris 1972, pp. 303-325.
Husserl E., *Meditazioni cartesiane* (1931), Bompiani, Milano 1960.
Jodelet D., *Rappresentazione sociale. Fenomeni, concetti, teorie* (1984), in S. Moscovici (a cura di), *Psicologia sociale*, Borla, Roma 1996.
–, *Folies et représentations sociales*, Puf, Paris 1989a.
– (a cura di), *Le rappresentazioni sociali* (1989b), Liguori, Napoli 1992.
Jung C. G., *Tipi psicologici* (1921), in *Opere* (1969-2007), Bollati Boringhieri, Torino, vol. VI.
–, *Spirito e vita* (1926), in *Opere*, cit., vol. VIII.
Lévy A., *Sciences cliniques et organisations sociales*, Puf, Paris 1997.
Miller G. A., Johnson-Laird Ph. N., *Language and perception*, Harvard University Press, Cambridge, Massachusetts, 1976.
Moscovici S., *La psychanalyse. Son image et son public*, Puf, Paris 1961.
–, *Le rappresentazioni sociali* (1984), il Mulino, Bologna 2005, estratto da R. M. Farr, S. Moscovici (a cura di), *Rappresentazioni sociali*, cit.
–, *Dalle rappresentazioni collettive alle rappresentazioni sociali. Elementi per una storia* (1989), in D. Jodelet (a cura di), *Le rappresentazioni sociali*, cit.
Nicolaïdis N., *La rappresentazione. Dall'oggetto referente alla rappresentazione simbolica* (1984), Bollati Boringhieri, Torino 1988.
Palmonari A., *Processi simbolici e dinamiche sociali*, il Mulino, Bologna 1995.
Palmonari A., Emiliani F., *Paradigmi delle rappresentazioni sociali*, il Mulino, Bologna 2009.
Piaget J., *La rappresentazione del mondo nel fanciullo* (1926), Bollati Boringhieri, Torino 1966.
Putnam H., *Rappresentazione e realtà* (1988), Garzanti, Milano 1993.
Villone Betocchi G. (a cura di), *Problemi di metodologia di studio delle rappresentazioni sociali*, in "Psicologia e Società", 1986, n. 1.
Zamperini A., Testoni I., *Cognizione e rappresentazioni sociali*, in Id., *Psicologia sociale*, Einaudi, Torino 2002, pp. 83-127.

Rappresentazione collettiva, v. ANTROPOLOGIA, § 2; RAPPRESENTAZIONE, § 3.

Raptus. Impulso violento e improvviso che porta ad atteggiamenti distruttivi fino all'omicidio e al suicidio per effetto di un sovraccarico affettivo o per mancanza di controllo in situazioni impreviste e imprevedibili. Può riscontrarsi in crisi depressive (*raptus melancholicus*), nella schizofrenia, in episodi di DISPERAZIONE (v.), oppure in presenza di eventi insopportabili o in circostanze stressanti come *reazione psicogena a cortocircuito* (v. REAZIONE, § 4). Il raptus non è mai la causa dell'atteggiamento distruttivo, ma solo la condizione scatenante.

RAS (*Rathus Assertiveness Schedule*), v. ASSERTIVITÀ, § 1.

Rating Scales, v. SCALA, § 8.

Rauwolfia, v. PSICOFARMACOLOGIA, § I, 1, *a*.

Raven, Matrici di, v. MATRICI PROGRESSIVE.

Razionale-emotiva, Terapia (ingl. *Rational-emotive therapy*; ted. *Rational-emotive Therapie*; fr. *Thérapie rationelle émotive*; sp. *Terapia racional emotiva*). Terapia ideata negli anni cinquanta dallo psicologo statunitense Albert Ellis secondo il quale il nostro modo di reagire emotivamente è condizionato dalla nostra concezione della realtà. Negli anni novanta questa terapia prese in considerazione anche gli effetti della nostra visione del mondo sul comportamento e assunse il nome di REBT (*Rational Emotive Behavior Therapy*), ma già nella prima versione detta terapia aveva influenzato in modo significativo la terapia cognitivo-comportamentale. L'assunto di fondo è che la nostra visione del mondo può essere condizionata da fattori irrazionali come persuasioni non convalidate, deduzioni erronee, esagerazioni indebite, generalizzazioni improprie, posizioni assolutistiche che influiscono sul nostro apparato emotivo e di conseguenza sul nostro comportamento. Allo stesso modo alcune emozioni scatenate da eventi esterni possono aver influenzato il nostro modo di pensare deviandolo su derive irrazionali. Il compito della terapia consiste: a) nell'individuare l'evento attivante un certo modo di pensare; b) nell'esaminare le convinzioni più o meno fondate che si sono prodotte; c) nel considerare gli effetti emotivi e comportamentali che ne conseguono; d) nell'intervenire sui fattori irrazionali utilizzando tre tipi di argomentazione: *empirica* per verificare la veridicità di un'idea, di un pensiero, di una convinzione; *logica* per verificare la coerenza di un processo di pensiero; *funzionale* per verificare se un determinato modo di pensare è idoneo a raggiungere gli scopi che ci si propone e in generale il proprio benessere; e) nel farci approdare, grazie agli effetti di questo processo di *disputing* o *confutazione* degli aspetti irrazionali del nostro modo di pensare, a una visione realistica degli eventi, senza ingigantirne, ma nemmeno eluderne, gli aspetti negativi, con un pensiero logico, flessibile e congruente con la realtà, in grado di determinare cambiamenti, oltre che a livello cognitivo, anche a livello emotivo e comportamentale.

Bibliografia

Bernard M. E. (a cura di), *Using rational-emotive therapy effectively. A practitioner's guide*, Academic Press, San Diego, California, 1991.

De Silvestri C., *Fondamenti teorici e clinici della terapia razionale-emotiva*, Astrolabio, Roma 1981.

Di Pietro M., *L'educazione razionale-emotiva*, Erickson, Trento 1992.

Ellis A., *L'autoterapia razionale emotiva. Come pensare in modo psicologicamente efficace* (1990), Erickson, Trento 1993.

Ellis A., Bernard M. E. (a cura di), *Clinical applications of rational-emotive therapy*, Plenum Press, New York 1985.

MacLaren C., *Rational emotive behavior therapy. A therapist's guide*, Impact Publishers, Atascadero, California, 1998.

Razionale, Psicologia, v. PSICOLOGIA FILOSOFICA.

Razionalità (ingl. *Rationality*; ted. *Vernünftigkeit*; fr. *Rationalité*; sp. *Racionalidad*). Il termine assume rilevanza storica e speculativa in coincidenza con la critica della ragione universale che, a partire dai Greci, aveva percorso la filosofia occidentale fino alla concezione idealistica la quale, con Georg Wilhelm Friedrich Hegel, enuncia: «Ciò che è razionale è reale, e ciò che è reale è razionale» (1821, p. 15). Quando il modello universale e unitario di ragione verrà sostituito dalle diverse ragioni discorsive il cui valore è affidato alla funzionalità (v. RAGIONE, § 3), il concetto di razionalità acquisterà spessore definendosi: 1) in ordine all'*individuo* come coerenza della sua condotta in riferimento al sistema di valori e di fini adottati; 2) in ordine ai *gruppi* e alle istituzioni come capacità di esprimere gli interessi collettivi; 3) in ordine ai *sistemi* quando esprimono al loro interno un ordine intelligibile.

In *psicologia* si parla di razionalità nell'ambito della teoria delle decisioni (v. DECISIONE) a proposito della scelta delle condotte e dei mezzi più idonei in ordine ai fini che ci si propone di raggiungere. Criteri di razionalità sono la *coerenza* tra pensiero e azione e tra mezzo e fine, la *transitività* che consente di passare dal progetto alla sua attuazione attraverso il percorso delle preferenze giudicate in ordine alla loro funzionalità, per cui se A è più funzionale di B, e B di C, A è preferito a C secondo la legge della transitività, l'*ottimizzazione* che consente di raggiungere lo scopo con il minor impiego possibile di mezzi. Ciò richiede la più ampia informazione possibile sulle alternative praticabili, e quindi un tasso di CREATIVITÀ (v.), che pertanto risulta inclusa tra i coefficienti di razionalità, soprattutto quando c'è sproporzione tra le possibilità di informazione e di elaborazione e la complessità della situazione in cui si opera (v. PROBLEMA).

Nell'ambito della *psicologia analitica*, Carl Gustav Jung considera razionale «ciò che è conforme ai valori obiettivi che si costituiscono attraverso la media delle esperienze concernenti i fatti psicologici sia interni che esterni. [...] E questo perché la ragione umana non è null'altro che l'espressione dell'avvenuto adattamento alla media di ciò che accade e che si è condensato nei complessi rappresentativi gradualmente organizzatisi, i quali a loro volta costituiscono i valori obiettivi. Le leggi della ragione sono dunque le leggi che contrassegnano e regolano l'atteggiamento adattato, l'atteggiamento medio "giusto". Razionale è tutto ciò che concorda con queste leggi, mentre irrazionale è tutto ciò che con esse non coincide» (1921, p. 474). In ambito psicologico Jung non ritiene che la soluzione razionale sia sempre la più indicata; spesso il processo di individuazione richiede soluzioni che oltrepassano "l'atteggiamento medio giusto" (v. COLLETTIVO), e che quindi, per definizione, si collocano nell'ambito dell'IRRAZIONALE (v.).

Bibliografia

Bachelard G., *Il razionalismo applicato* (1949), Dedalo, Bari 1975.

Elster J., *Uva acerba. Visioni non ortodosse della razionalità* (1983), Feltrinelli, Milano 1989.

Habermas J., *La crisi della razionalità nel capitalismo maturo* (1973), Laterza, Bari 1975.
Hegel G. W. F., *Lineamenti di filosofia del diritto* (1821), Laterza, Bari 1954.
Jung C. G., *Tipi psicologici* (1921), in *Opere* (1969-2007), Bollati Boringhieri, Torino, vol. VI.
Kekes J. A., *A justification of rationality*, State University Press, New York 1976.
MacIntyre A., *Giustizia e razionalità* (1987), Anabasi, Milano 1995, voll. I-II.
Nozick R., *La natura della razionalità* (1993), Feltrinelli, Milano 1995.
Olson M., *La logica dell'azione collettiva. I beni pubblici e la teoria dei gruppi* (1965), Feltrinelli, Milano 1983.
Pera M., Pitt J. (a cura di), *I modi del progresso. Teorie e ipotesi della razionalità scientifica*, il Saggiatore, Milano 1985.
Searle R., *La razionalità dell'azione* (2001), Raffaello Cortina, Milano 2003.
Williams B. A. O., *Ragioni interne ed esterne*, in Id., *La sorte morale* (1981), il Saggiatore, Milano 1987.
Wilson B. R., *Rationality*, Schocken Books, New York 1971.

Razionalizzazione (ingl. *Rationalization*; ted. *Rationalisierung*; fr. *Rationalisation*; sp. *Racionalización*). Termine psicoanalitico introdotto da Ernest Jones per indicare le procedure con cui un soggetto cerca di dare una spiegazione che risulti coerente sul piano logico e accettabile sul piano morale a un sentimento, a un'azione, a una condotta, a un rituale o a un sintomo di cui non si vogliono scorgere le motivazioni profonde. Come tentativo di far apparire coerenti e accettabili determinati stili di vita, la razionalizzazione non è da confondere con l'INTELLETTUALIZZAZIONE (v.), che è invece la formulazione in termini teorici dei propri conflitti, nel tentativo di padroneggiarli meglio. Nel suo lavoro la razionalizzazione fa riferimento a ideologie, a convinzioni morali, a credenze religiose, a fedi politiche, dove è evidente l'azione del Super-io a rinforzo delle difese dell'Io, anche se taluni ritengono che la razionalizzazione non sia propriamente un meccanismo di difesa (v. DIFESA, § 2) perché, a differenza di quest'ultimo, non è finalizzata contro la soddisfazione pulsionale, ma piuttosto al mascheramento del conflitto. Si parla di razionalizzazione anche a proposito del SOGNO (v. § 2) le cui immagini vengono inserite in un contesto coerente come vuole l'ELABORAZIONE SECONDARIA (v. § 2), e a proposito del DELIRIO (v. § 4), nel tentativo di renderlo meno assurdo e quindi più sistematico e accettabile.

Bibliografia

Freud S., *L'interpretazione dei sogni* (1899), in *Opere* (1967-1993), Bollati Boringhieri, Torino, vol. III.
–, *Osservazioni psicoanalitiche su un caso di paranoia (dementia paranoides) descritto autobiograficamente (Caso clinico del presidente Schreber)* (1910), in *Opere*, cit., vol. VI.
Jones E., *La razionalizzazione nella vita quotidiana* (1908), in Id., *Teoria del simbolismo. Scritti sulla sessualità femminile e altri saggi* (1912), Astrolabio, Roma 1972.

Razzismo (ingl. *Racism*; ted. *Rassismus*; fr. *Racisme*; sp. *Racismo*). Mancato riconoscimento dell'altro a cui non si attribuisce dignità pari alla propria. Se possono considerarsi superate le dottrine che si fondano sull'affermazione di una gerarchia tra le razze umane, non lo sono assolutamente i meccanismi che stanno alla base di ideologie e di sentimenti, nonché quelli che regolano la loro trasmissione, che si radicano in opinioni, pregiudizi, stereotipi, fino ad approdare al senso comune che attua, appoggia o approva l'ostilità verso gli immigrati, la XENOFOBIA (v.), la persecuzione delle minoranze etniche, linguistiche o religiose, le manifestazioni e le guerre etnonazionaliste. Il razzismo cresce soprattutto nelle società sviluppate, attraverso processi di destrutturazione che minacciano l'identità collettiva, la garanzia dei posti di lavoro e dei servizi sociali, a cui si aggiunge l'ansia connessa al timore di una diffusione della criminalità ad opera degli stranieri, come effetto di pregiudizi radicati, discriminazione vissuta, segregazione invocata, e non di rado violenza attuata. Alla base di ognuna di queste forme elementari di razzismo c'è un sentimento radicale di intolleranza giustificato da una presunta difesa della propria identità etnica. Secondo Beppino Disertori e Marcella Piazza, «possiamo considerare il razzismo una forma morbosa che colpisce epidemicamente tutti gli individui di una società, o un gran numero di essi, sia come malattia di questa società presa come un tutto, sia infine, dal punto di vista dell'umanità intera, come una perturbazione psicopatologica del processo evolutivo che tende al progresso e all'integrazione armonica della noosfera tellurica» (1970, p. 117).

Bibliografia

Balbo L., Manconi L., *Razzismi possibili*, Feltrinelli, Milano 1990.
–, *Razzismi reali*, Feltrinelli, Milano 1992.
Basso P., *Razze schiave e razze signore. Vecchi e nuovi razzismi*, Franco Angeli, Milano 2000.
Cavalli-Sforza L. L., *Geni, popoli e lingue* (1996), Adelphi, Milano 1996.
Cavalli-Sforza L. L., Menozzi P., Piazza A., *Storia e geografia dei geni umani* (1994), Adelphi, Milano 1997.
Disertori B., Piazza M., *Trattato di psichiatria e socio-psichiatria*, Liviana, Padova 1970.
Galimberti U., *Il mito della razza*, in Id., *I miti del nostro tempo* (2009), Feltrinelli, Milano 2014, pp. 356-388.
Gould S. J., *Intelligenza e pregiudizio. Contro i fondamenti scientifici del razzismo* (1996), il Saggiatore, Milano 1998.
Huxley J. S., Haddon A. C., *Noi Europei. Un'indagine sul problema razziale* (1935), Edizioni di Comunità, Torino 2002.

Rivera A., *Razzismo*, in M. Flores (a cura di), *Diritti umani. Cultura dei diritti e dignità della persona nell'epoca della globalizzazione*, Utet, Torino 2007, vol. II, pp. 1138-1145.
Siebert R., *Il razzismo. Il riconoscimento negato*, Carocci, Roma 2003.
Taguieff P.-A., *Il razzismo. Pregiudizi, teorie, comportamenti* (1997), Raffaello Cortina, Milano 1999.
Voegelin E. H. W., *Razza. Storia di un'idea* (1933), Medusa, Milano 2006.
Wieviorka M., *Lo spazio del razzismo* (1991), il Saggiatore, Milano 1996.

Realizzazione, v. AUTOREALIZZAZIONE.

Realizzazione simbolica (ingl. *Symbolic realization*; ted. *Symbolische Verwirklichung*; fr. *Réalisation symbolique*; sp. *Realización simbólica*). Espressione introdotta da Marguerite A. Sechehaye per indicare il metodo con cui si tenta di riparare le frustrazioni subite dal paziente schizofrenico durante i suoi primi anni di vita, attraverso la soddisfazione simbolica dei suoi bisogni, allo scopo di aprirgli un accesso alla realtà. La tecnica è inscrivibile nelle forme di MATERNAGE (v.) in cui lo psicoterapeuta svolge il ruolo di "madre buona".

Bibliografia

Sechehaye M. A., *Symbolic realization*, International University Press, New York 1947.
–, *Diario di una schizofrenica* (1950), Giunti Barbera, Firenze 1965.

Realtà (ingl. *Reality*; ted. *Realität*; fr. *Réalité*; sp. *Realidad*). In psicologia questo termine è impiegato in diverse accezioni alla cui formulazione ha contribuito, in modo particolare, la psicologia del profondo.

1. REALTÀ PSICHICA. Con questa espressione la psicologia del profondo intende la realtà interna fatta di desideri, immagini, pensieri, fantasie, sentimenti, distinta dalla realtà esterna costituita da cose e persone. Conferire realtà all'interiorità significa riconoscere che le sue espressioni agiscono sul soggetto allo stesso modo degli stimoli che provengono dalla realtà esterna, nel senso che, come nota Sigmund Freud, «a tutt'oggi non siamo riusciti a dimostrare una diversità di conseguenze a seconda che la parte maggiore di questi avvenimenti infantili spetti alla fantasia oppure alla realtà» (1915-1917, p. 526). Da qui la conclusione: «Queste fantasie possiedono una realtà *psichica* in contrasto con quella *materiale*, e noi giungiamo a poco a poco a capire che *nel mondo delle nevrosi la realtà psichica è quella determinante*» (ivi, p. 524). Oltre che nelle nevrosi, la realtà psichica si manifesta nei sogni, dove i processi inconsci non tengono conto della realtà esterna, ma la sostituiscono con la realtà psichica. Le relazioni tra realtà psichica e realtà esterna o materiale sono regolate per Freud dai processi di INTROIEZIONE (v.), dove gli oggetti si trasferiscono dalla realtà esterna a quella interna, e di PROIEZIONE (v. § 3), dove vissuti interiori vengono riferiti a cose e persone della realtà esterna.

Carl Gustav Jung ritiene che la realtà psichica sia più reale della realtà materiale, non solo perché fantasie e immagini influenzano la percezione e ancor più le interpretazioni della percezione della realtà esterna, ma anche perché sia la realtà sensibile (mondo della materia) sia quella intelligibile (mondo dello spirito) sono accessibili solo tramite le immagini prodotte dalla realtà psichica, per cui, scrive Jung, «è un pregiudizio quasi ridicolo non ammettere altra esistenza all'infuori di quella corporea. In realtà la sola forma di esistenza di cui abbiamo conoscenza immediata è quella psichica. Potremmo ben dire, anzi, che l'esistenza fisica non è che una deduzione, poiché noi conosciamo la materia solo in quanto percepiamo delle immagini psichiche trasmesse attraverso i sensi. Commettiamo certamente un grosso errore dimenticando questa semplice eppur fondamentale verità. Anche se una nevrosi non avesse altra causa che l'immaginazione, sarebbe ugualmente un fatto reale. Se un uomo immaginasse di vedere in me il suo peggiore nemico e mi uccidesse, io sarei morto per una pura immaginazione. Le immaginazioni esistono e possono essere reali, perniciose e pericolose come le condizioni fisiche» (1938-1940, pp. 21-22).

2. ESAME DI REALTÀ. Funzione dell'Io che consente di distinguere gli stimoli provenienti dal mondo esterno da quelli interni, evitando la confusione tra la *percezione* degli oggetti esterni e la loro *rappresentazione* provocata dall'intensità di un desiderio o di un ricordo. Definito da Freud come una «fra le grandi *istituzioni* dell'Io» (1915, p. 100), l'esame di realtà è attribuito al sistema della coscienza che, inibendo l'investimento del desiderio, del ricordo o dell'immagine, non permette al sistema percettivo di essere sopraffatto dalle eccitazioni interne. Questa inibizione: *a*) manca nell'*infanzia*, dove è frequente la soddisfazione allucinatoria del desiderio; *b*) vien meno nel *sogno*, dove, scrive Freud, «venendo a mancare l'investimento del sistema coscienza cade la possibilità dell'esame di realtà; e gli eccitamenti che, indipendentemente dallo stato di sonno, si sono messi sulla strada della regressione, troveranno via libera fino al sistema coscienza, in cui si faranno valere come realtà incontestabile» (ivi, p. 101); *c*) è alla base dei *deliri* (v. DELIRIO) e delle *allucinazioni* (v. ALLUCINAZIONE) frequenti nelle psicosi che, da questo punto di vista, possono essere definite come fallimenti dell'esame di realtà.

3. PRINCIPIO DI REALTÀ. Insieme al principio di piacere (v. PIACERE, § 1) il principio di realtà è uno dei due principi che regolano il funzionamento della psiche. Nell'infante, la cui vita psichica è regolata esclusivamente dal principio di piacere, c'è la tendenza a scaricare immediatamente nella realtà e, se non è possibile, in modo allucinatorio, la tensione pulsionale la cui crescita è fonte di dispiacere. In seguito, scrive Freud, «la mancanza dell'atteso soddisfacimento, la disillusione, ha avuto per conseguenza l'abbandono di questo tentativo di appagamento per via allucinatoria. L'apparato psichico ha dovuto risolversi a rappresentare a se stesso, anziché le condizioni proprie, quelle reali del mondo esterno, e a sforzarsi di modificare la realtà. Con ciò si è instaurato un nuovo principio di attività psichica: non è più stato rappresentato quanto era piacevole, ma ciò ch'era reale anche se doveva risultare spiacevole. Con questa instaurazione del *principio di realtà* è stato compiuto un passo denso di conseguenze» (1911, p. 454).

La comparsa del principio di realtà avviene con lo sviluppo delle funzioni coscienti quali l'attenzione, il giudizio, la memoria, il pensiero, e sostituisce, alla scarica immediata della pulsione, una trasformazione della realtà per renderla appropriata a una soddisfazione, rinviata nel tempo, del desiderio. In questo processo il principio di piacere non scompare, ma continua a regnare e a presiedere i processi inconsci e le loro manifestazioni oniriche. In ordine all'APPARATO PSICHICO (v.), dal punto di vista *economico* il principio di realtà corrisponde a una trasformazione dell'energia libera in energia legata (v. LIBIDO, § 1, *e*), dal punto di vista *topico* interessa il sistema preconscio-cosciente, dal punto di vista *dinamico* pone al servizio dell'Io una parte dell'energia pulsionale, mentre dal punto di vista *genetico* oltre alle pulsioni di autoconservazione (v. CONSERVAZIONE, § 2), che già riconoscono il principio di realtà, anche le pulsioni sessuali vi si adeguano progressivamente, anche se solo parzialmente. Infatti, scrive Freud, «sotto l'influenza delle pulsioni di autoconservazione dell'Io il principio di piacere è sostituito dal *principio di realtà*, il quale, pur senza rinunciare al proposito finale di ottenere piacere, esige e ottiene il rinvio del soddisfacimento, la rinuncia a svariate possibilità di conseguirlo e la temporanea tolleranza del dispiacere sul lungo e tortuoso cammino che porta al piacere. Il principio di piacere continua tuttavia per molto tempo a informare il modo in cui operano le pulsioni sessuali, che sono difficilmente "educabili", e accade continuamente che, a partire da queste pulsioni, oppure nello stesso Io, il principio di piacere riesca a sopraffare il principio di realtà, a detrimento dell'organismo nel suo insieme» (1920, p. 196).

4. IL "REALE" NELL'ACCEZIONE DI JACQUES LACAN. Per Lacan, "reale" è ciò che resiste alla simbolizzazione perché «non c'è alcuna speranza di raggiungere il reale attraverso la rappresentazione» (1975, p. 184). La non coincidenza irriducibile tra significante e significato fa sì che il linguaggio non riesca a esprimere adeguatamente la verità del reale che resta sempre al di là, «giacché il reale non attende, e non attende il soggetto, perché non attende nulla dalla parola. Ma è lì, identico alla sua esistenza, e pronto a sommergere dei suoi bagliori quel che "il principio di realtà" vi costruisce sotto il nome di mondo esterno» (1936, p. 380). In questo modo Lacan ripropone l'incommensurabilità tra natura e cultura come tratto tipico del suo pensiero (v. LACANIANA, TEORIA, § 8). Infatti, scrive ancora Lacan, «il reale qui è ciò che torna sempre allo stesso posto – a quel posto in cui il soggetto, in quanto cogita, o la *res cogitans*, non lo incontra» (1964, p. 172).

5. CONTROLLO DELLA REALTÀ. Questa espressione è stata coniata nel 1981 da Marcia K. Johnson e Carol L. Raye in ordine alla capacità di distinguere i *ricordi esterni*, basati su informazioni sensoriali che rappresentano eventi realmente accaduti, dai *ricordi interni* che sono costruzioni mentali che rappresentano eventi solo immaginati o sognati, azioni solo pianificate, parole unicamente pensate ma mai pronunciate. Gli studi sulla memoria, fino ad allora rivolti prevalentemente alla capacità di trattenere le informazioni, si sono estesi anche alla *fonte* dell'informazione, per discriminare tra fonte esterna o interna. Questa distinzione non è facile perché, come insegna la teoria costruttivistica della memoria (v. COSTRUTTIVISMO), un ricordo può essere composto da un'informazione sensoriale derivata esternamente e poi integrata da una conoscenza interna a partire da precedenti schemi immagazzinati. Un criterio per distinguere i ricordi esterni da quelli interni è il *contesto*, che nei ricordi esterni è più ricco di attributi sensoriali come il suono, il colore, la trama, mentre nei ricordi interni è più schematico e privo di riferimenti sensoriali, oltre a contenere tracce di operazioni cognitive come l'IMMAGINAZIONE (v.), l'INFERENZA (v.) o il RAGIONAMENTO (v.). Si è anche constatato che i bambini piccoli faticano a distinguere ciò che hanno detto da ciò che hanno fatto, mentre le persone anziane faticano a distinguere le azioni immaginate da quelle realmente compiute, così come gli eventi immaginati da quelli reali. Infine il controllo della realtà si spezza nella schizofrenia, nella demenza e in altri disturbi che comportano allucinazioni, mentre si interrompe momentaneamente nel delirio, nell'ubriachezza o in seguito ad assunzione di sostanze stupefacenti. Il controllo della realtà ha una notevole rilevanza in sede di PSICOLOGIA FORENSE (v.)

per valutare i resoconti dei testimoni, dove può verificarsi una mescolanza tra ricordi veri e ricordi basati su schemi interni precedentemente immagazzinati.

Bibliografia

Anderson R. E., *Did I do it, or did I only imagine doing it?*, in "Journal of Experimental Psychology: General", 1984, n. 113, pp. 594-613.

Berlin I., *Il senso della realtà* (1996), Adelphi, Milano 1998.

Cantalupi T., Santarcangelo D., *Psiche e realtà. La psicologia e la teoria quantistica*, Tecniche Nuove Editrice, Milano 2014.

Eliade M., *Mito e realtà* (1963), Rusconi, Milano 1974.

Freud S., *L'interpretazione dei sogni* (1899), in *Opere* (1967-1993), Bollati Boringhieri, Torino, vol. III.

–, *Tre saggi sulla teoria sessuale* (1905), in *Opere*, cit., vol. IV.

–, *Precisazioni sui due principi dell'accadere psichico* (1911), in *Opere*, cit., vol. VI.

–, *Supplemento metapsicologico alla teoria del sogno*, in *Metapsicologia* (1915), in *Opere*, cit., vol. VIII.

–, *Introduzione alla psicoanalisi* (1915-1917), in *Opere*, cit., vol. VIII.

–, *Al di là del principio di piacere* (1920), in *Opere*, cit., vol. IX.

Johnson M. K., *Reality monitoring. An experimental phenomenological approach*, in "Journal of Experimental Psychology: General", 1988, n. 117, pp. 390-394.

Johnson M. K., Raye C. L., *Reality monitoring*, in "Psychological Review", 1981, n. 88, pp. 67-85.

Jung C. G., *Realtà e surrealtà* (1933), in *Opere* (1969-2007), Bollati Boringhieri, Torino, vol. VIII.

–, *Psicologia e religione* (1938-1940), in *Opere*, cit., vol. XI.

–, *Riflessioni teoriche sull'essenza della psiche* (1947-1954), in *Opere*, cit., vol. VIII.

Lacan J., *Al di là del "principio di realtà"* (1936), in *Scritti* (1936-1966), Einaudi, Torino 1974, vol. I.

–, *Il Seminario. Libro XI: I quattro concetti fondamentali della psicoanalisi, 1964*, Einaudi, Torino 1979.

–, *La troisième*, in "Lettres de l'École Freudienne", 1975, n. 16.

Maldonado T., *Reale e virtuale*, Feltrinelli, Milano 1992.

Montefoschi S., *Psicoanalisi e dialettica del reale*, Bertani, Verona 1984.

Putnam H., *Mente, linguaggio e realtà* (1975), Adelphi, Milano 1987.

–, *Rappresentazione e realtà* (1988), Garzanti, Milano 1993.

Rovelli C., *La realtà non è come ci appare. La struttura elementare delle cose*, Raffaello Cortina, Milano 2014.

Vattimo G., *Della realtà*, Garzanti, Milano 2012.

Reattività, v. REAZIONE.

Reattivo mentale, v. TEST.

Reazione (ingl. *Reaction*; ted. *Reaktion*; fr. *Réaction*; sp. *Reacción*). Risposta a uno stimolo e, più in generale, a un evento che agisce come fattore stimolante. Il termine trova appropriate specificazioni nei vari contesti.

1. PSICOLOGIA DELL'APPRENDIMENTO E DEL COMPORTAMENTO. In questo ambito si considera "reazione" quell'unità comportamentale dell'organismo che si esprime come risposta a uno stimolo determinato dall'ambiente. Se il rapporto causale che relaziona la risposta allo stimolo è congenito si parla di reazione *incondizionata*, se è appreso di reazione *condizionata*. Quando lo stimolo, oltre alla reazione ad esso collegata, ne provoca altre simili alla prima e ad essa in qualche modo connesse si parla di *generalizzazione* dello stimolo, mentre è detta reazione *avversativa* quella che si caratterizza come evitamento di uno stimolo spiacevole o doloroso.

Si definisce *tempo di reazione* l'intervallo che intercorre tra l'esposizione allo stimolo e l'emissione della risposta che, rispetto ai risultati medi delle prove, può essere *anticipata* o *ritardata*. I tempi di reazione variano da individuo a individuo e, nello stesso individuo, da momento a momento. Oltre che dal tempo, la reazione è misurata anche dalla sua *ampiezza* valutata in termini di quantità (come la quantità di saliva secreta in occasione della stimolazione che la prevede), dalla sua *capacità discriminatoria* e dal tempo necessario alla sua *estinzione* a seguito dell'eliminazione del rinforzo. Per l'esposizione dettagliata di questi concetti si veda la voce APPRENDIMENTO, § I, 1-2.

2. RICERCHE SULL'ASSOCIAZIONE VERBALE. In questo ambito si intende per "reazione" la parola pronunciata in risposta a una parola stimolo. Carl Gustav Jung, nelle sue ricerche sperimentali, constatò che i tempi di reazione risultavano alterati, rispetto al tempo consueto, in presenza di parole stimolo connesse a un complesso inconscio. Questo ritardo, accompagnato da errori, si riscontrava anche nella riproduzione della parola stimolo a cui il soggetto era invitato nella seconda prova del test. I risultati di queste ricerche furono utilizzati da Jung per l'individuazione di complessi inconsci e, per un certo periodo, anche dalla psicologia forense per appurare la veridicità dei testi (v. ASSOCIAZIONE, § 3, *b*).

3. PSICOLOGIA COGNITIVISTA. Jean Piaget ha individuato nello sviluppo percettivo motorio nei primi 18 mesi di vita del bambino delle *reazioni circolari*, in cui è ravvisabile un aspetto cognitivo a partire dalle reazioni *primarie* che mettono capo a *ritmi* (come la protrusione sistematica della lingua o la suzione del pollice) che portano da uno stato a un altro, per ricominciare in seguito nel medesimo ordine a livello di reazioni *secondarie*, che differenziano i ritmi iniziali secondo *schemi multipli*. Questi sono l'abbozzo delle prime abitudini, che mettono capo alle reazioni *terziarie* dove si ha un inizio di *reversibilità*, fonte delle future operazioni di pensiero (1966, pp. 25-26). In

questa sequenza si passa da una fase completamente egocentrica a una orientata sugli oggetti, per approdare alla distinzione tra oggetti e persone, perché queste ultime agiscono secondo schemi che possono essere messi in relazione con quelli della propria azione. Per ulteriori approfondimenti si veda la voce COGNIZIONE, § 2.

4. PSICHIATRIA. In questo ambito si distinguono la *reazione acuta di tipo esogeno* che è di origine somatica, tossica o psicofarmacologica (per gli effetti collaterali dei medicamenti) e che può esprimersi in manifestazioni maniacali, depressive, ipocondriache, paranoiche, e la *reazione psicogena* che è una risposta caratterizzata da forte carica affettiva e profondo coinvolgimento emotivo senza il freno di un giudizio o di una riflessione razionale, come effetto di circostanze traumatizzanti (catastrofi naturali, incidenti, vicende belliche ecc.) o di meccanismi che scaturiscono dal profondo della psiche e che sfuggono al controllo dell'Io. In questo secondo caso la reazione psicogena rientra nel più vasto campo dei disturbi della personalità (v. PERSONALITÀ, § II).

Le reazioni psicogene sono solitamente di breve durata e riproducono meccanismi elementari impulsivi con manifestazioni quali lo stato stuporoso, la completa immobilità, la perdita di iniziativa che ricorda il comportamento riflesso di morte apparente (v. RIFLESSO, § 2, *d*) proprio di certi animali minacciati. In questi casi si riscontra sempre un nesso comprensibile tra circostanza traumatizzante e quadro sintomatologico. Altre volte la reazione psicogena non insorge subito dopo l'evento, ma più tardi con manifestazioni più complesse e protratte nel tempo, come nei casi di depressione reattiva o di reazione maniacale, con l'intenzione di negare l'evento sofferto. Rientrano infine nelle reazioni psicogene quelle denominate *a corto circuito*, che si manifestano con fughe da casa, aggressioni, tentativi di omicidio o di suicidio, in conseguenza di frustrazioni protratte o divieti reiterati in personalità immature in preda a spinte emotive che sfuggono alla riflessione critica. In questi casi il giudizio di responsabilità ha grande importanza in PSICOLOGIA FORENSE (v.) dove è indispensabile sapere se il soggetto era in grado di riflettere razionalmente. Per questo si considera se l'atto ha l'aspetto di un'entità estranea alla vita del soggetto, se è stato attuato senza pianificazione, se il soggetto mentre compiva l'atto non ha avuto riguardi neppure per se stesso, circostanze, queste, atte a provare la sua capacità di intendere e volere.

5. PSICOANALISI. In questo ambito il termine "reazione" ricorre in riferimento alla: *a*) *abreazione*, che è un deflusso dell'emozione, legata a un fatto o al ricordo di un fatto che, se non trovasse vie di sfogo, si manifesterebbe in sintomo patogeno (v. ABREAZIONE); *b*) *formazione reattiva*, che è un processo difensivo che consente di dominare un impulso inaccettabile con l'esagerazione della tendenza opposta (v. FORMAZIONE REATTIVA); *c*) *reazione terapeutica negativa*, che è una resistenza alla guarigione che si registra in alcuni trattamenti psicoanalitici, dove si assiste ad un aggravamento dei sintomi ogni volta che il progresso dell'analisi giustificherebbe dei miglioramenti. Sigmund Freud, dopo aver attribuito il fenomeno alla difficoltà per il soggetto a rinunciare alle proprie fissazioni, al transfert negativo, al desiderio di provare la propria superiorità nei confronti dell'analista, all'inaccessibilità narcisistica, al guadagno della malattia, conclude che alla base c'è un senso di colpa inconscio che può essere espiato solo con il mantenimento della sofferenza in soggetti dalle marcate strutture masochistiche.

6. FENOMENOLOGIA. Alberto Gaston denomina *reattivo* uno dei quattro campi fenomenici (v. CAMPO, § 3), distinto dal conflittuale, dal periodico e dallo stabile, perché, nel reattivo, i tratti che caratterizzano le forme di alienazione sono: *a*) reazioni prevalentemente *affettive*, dove «l'individuo è impotente nell'emozione, trascinato da una spirale affettiva che la riflessione non riesce a interrompere»; *b*) reazioni prevalentemente *passionali*, dove «il desiderio assolutizza l'elaborazione dell'evento, distorcendone, tramite una riflessione rigida, cupa, profondamente egocentrica, l'aspetto comune e comunicabile di senso»; *c*) reazioni prevalentemente *iponoiche*, che «si svolgono all'interno di una coscienza alterata (dal restringimento crepuscolare, all'oniroidismo, all'onirismo) dove l'esperienza psichica presenta profonde analogie con l'esperienza del sogno. [...] L'esperienza reattiva interrompe la continuità temporale del soggetto. Cessata la reazione, se l'amnesia non è totale, l'Io stabilisce in generale con l'esperienza subita un rapporto analogo a quello che stabilisce con il sogno» (1987, pp. 114-117).

7. PSICOPEDAGOGIA. In questo ambito si definiscono *disturbi reattivi* tutti quei comportamenti, come gli insuccessi scolastici non motivati, le forme di insubordinazione o le condotte antisociali, che risultano conseguenti a traumi subiti o a situazioni conflittuali non risolte.

Bibliografia

Freud S., *Inibizione, sintomo e angoscia* (1925), in *Opere* (1967-1993), Bollati Boringhieri, Torino, vol. X.

–, *Analisi terminabile e interminabile* (1937), in *Opere*, cit., vol. XI.

Gaston A., *Genealogia dell'alienazione*, Feltrinelli, Milano 1987.
Hull C. L., *I principi del comportamento. Introduzione alla teoria del comportamento* (1943), Armando, Roma 1978.
Jaspers K., *Psicopatologia generale* (1913-1959), Il Pensiero Scientifico, Roma 2000.
Jung C. G. (in collaborazione con F. Riklin), *Ricerche sperimentali sulle associazioni di individui normali* (1904), in *Opere* (1969-2007), Bollati Boringhieri, Torino, vol. II, 1.
Kretschmer E., *Manuale teorico-pratico di psicologia medica* (1922), Sansoni, Firenze 1952.
Piaget J., Inhelder B., *La psicologia del bambino* (1966), Einaudi, Torino 1970.

Recenza, Effetto di (ingl. *Recency effect*; ted. *Letzen Gedächtnisses Effekt*; fr. *Effet mémoire récente*; sp. *Efecto de recencia*). L'espressione segnala il fatto che, in una serie di eventi, la memoria varia a seconda della posizione che un certo evento ha nella serie. Questo effetto è illustrato graficamente dalla cosiddetta "curva di posizione seriale" che assomiglia alla lettera "U". Dopo la prima serie di elementi (effetto di priorità), la prestazione della memoria declina nella parte centrale per rialzarsi di nuovo verso l'ultima serie di elementi (effetto di recenza).

Bibliografia

Atkinson R. Ch., Shiffrin R. M., *The control of short-term memory*, in "Scientific American", 1971, n. 225 (2), pp. 82-90.
Greene R. L., *Sources of recency effects in free recall*, in "Psychological Bulletin", 1986, n. 99, pp. 221-228.

Recessività, v. GENETICA, § 2.

Recettività (ingl. *Receptivity*; ted. *Empfänglichkeit*; fr. *Réceptivité*; sp. *Receptividad*). Capacità di accogliere. Il termine ricorre in riferimento: 1) alla *sensibilità* che accoglie gli stimoli che provengono dal mondo, in contrapposizione all'attività intellettuale che li elabora. Questo significato, maturato in ambito filosofico, è stato accolto anche in campo scientifico dove si nominano recettori (v. RECETTORE) gli organi di senso; 2) a un *tipo psicologico* sensibile ai messaggi che provengono dal mondo esterno e dal mondo circostante, in contrapposizione al tipo chiuso e arroccato; 3) alla *condizione femminile* che Sigmund Freud considera psicologicamente passiva come conseguenza della sua fisiologia recettiva (v. FEMMINILITÀ, § 1).

Recettore (ingl. *Receptor*; ted. *Rezeptor*; fr. *Récepteur*; sp. *Receptor*). Il termine assume significati diversi a livello fisiologico e a livello molecolare.

1. FISIOLOGIA. A livello fisiologico il recettore è la struttura o cellula deputata alla recezione di stimoli e che, una volta eccitata (v. ECCITABILITÀ), trasmette l'eccitamento al sistema di conduzione e quindi ai centri nervosi. Ciò comporta che le diverse forme di energia vengano trasformate in impulsi nervosi (trasduzione). Nelle forme di organizzazione biologica più evoluta, quale l'uomo, ogni recettore risponde solamente a un tipo particolare di stimolo adeguato, e su questa base è possibile una classificazione che distingue meccanorecettori, termorecettori, fotorecettori, sonorecettori, chemiorecettori e così via. Grazie ai recettori, l'organismo è in grado di ricevere e di elaborare informazioni che originano nell'ambiente.

A seconda della sede in cui gli stimoli agiscono e delle finalità a cui tali strutture sono adibite, si distinguono tre grandi gruppi di recettori: *a*) gli *esterocettori*, distribuiti sulla superficie dell'organismo e deputati alla recezione degli stimoli ambientali per il compimento della vita di relazione (v. SENSO, ORGANI DI); *b*) gli *enterocettori* che, localizzati all'interno dei visceri, recepiscono stimoli che in essi originano per il compimento della vita vegetativa; *c*) i *propriocettori*, situati nei muscoli, nei tendini, nelle articolazioni e nel labirinto non acustico, dove sono adibiti alla recezione di stimoli interni originati dal movimento dell'organismo, e quindi indirettamente coinvolti nella vita di relazione.

2. BIOCHIMICA. A livello molecolare il recettore si riferisce a strutture di natura proteica che hanno la funzione di riconoscere e legare specificamente una seconda molecola, permettendole così di agire localmente. Tali recettori possono essere localizzati sulla superficie esterna delle membrane cellulari oppure all'interno delle cellule, e svolgono una funzione essenziale nei processi di comunicazione tra le varie parti dell'organismo, onde assicurare lo svolgimento armonico e coordinato delle funzioni di ciascun distretto in base alle necessità del momento. Nel sistema nervoso, essi si localizzano prevalentemente a livello delle sinapsi neuronali e permettono l'attivazione, l'inibizione o la modulazione del potenziale d'azione cellulare. Le informazioni sono portate ai recettori dagli *ormoni* che, attraverso il sangue, raggiungono le cellule-bersaglio anche a notevole distanza, da *mediatori chimici locali* in grado di agire solo su cellule nelle immediate vicinanze, e da *neurotrasmettitori* (v. NEUROTRASMETTITORE) che rendono possibile il passaggio dell'impulso nervoso a livello di SINAPSI (v.).

Nell'ambito della PSICOFARMACOLOGIA (v.), particolare rilievo assumono i *recettori neurotrasmettitoriali*, che in una sinapsi possono essere situati sia a livello del neurone *presinaptico* denominato anche *autorecettore*, il cui ruolo fisiologico è quello di impedire un'eccessiva attività del neurone a livello del quale sono situati, sia a livello del neurone *postsinaptico*, il cui ruolo è quello di aumentare l'attività del neurone.

Si è soliti distinguere i recettori neurotrasmettitoriali in: 1) *recettori associati a un canale ionico* che determina la trasmissione del messaggio da una cellula alla successiva, garantendo un trasporto veloce delle informazioni all'interno del cervello. Detti recettori esplicano un'attività eccitatoria o inibitoria a seconda del canale ionico a cui sono collegati; 2) *recettori che attivano una proteina G* intracellulare, legata al nucleotide guanina, attraverso la quale trasmettono l'informazione. Le proteine G modulano la risposta dei neuroni alle stimolazioni successive dei neurotrasmettitori come il GABA e il glutammato; 3) *recettori associati a un enzima*, definiti anche *recettori catalitici*, nei quali il legame di un ligando extracellulare causa un'attività enzimatica sul lato intracellulare (ad esempio recettori tirosin-chinasici).

Situati nel sistema nervoso centrale, i recettori neurotrasmettitoriali sono siti d'azione dei farmaci che si legano al recettore del neurotrasmettitore imitando l'azione (*agonista*), o impedendo l'azione (*antagonista*) del neurotrasmettitore naturale sul recettore. Agonista è ad esempio la morfina che attiva i recettori per gli oppiacei, i cui neurotrasmettitori naturali sono le endorfine. Antagonisti sono invece i farmaci antipsicotici che, nel sistema nervoso centrale, bloccano i recettori della dopamina impedendone l'azione. Nell'ambito delle neuroscienze, l'identificazione di nuovi recettori e sottotipi recettoriali e la comprensione del loro funzionamento e ruolo nei processi mentali e neuronali hanno contribuito e contribuiscono alla conoscenza dell'eziopatogenesi delle malattie neurologiche e psichiatriche e alla formulazione di nuovi farmaci innovativi per il trattamento dei disturbi del sistema nervoso.

Recidività (ingl. *Recidivism*; ted. *Rückfälligkeit*; fr. *Récidivité*; sp. *Recidiva*). Il termine si riferisce: 1) alla ricomparsa di una malattia, di un sintomo o di un disturbo psichico che sembrava rimesso; 2) alla ricaduta in un comportamento antisociale da parte di un individuo sottoposto a un trattamento rieducativo. In questo secondo caso la recidività, più che esprimere una tendenza che pare irreversibile all'antisocialità, rinvia all'insufficienza o all'inadeguatezza degli interventi rieducativi.

Recupero (ingl. *Recovery*; ted. *Wiedererlangung*; fr. *Recouvrement*; sp. *Recuperación*). Il significato del termine dipende dai contesti: 1) in *fisiologia* indica la ripresa della normale eccitabilità di una fibra nervosa dopo la fase refrattaria che segue ad ogni fase di eccitamento; 2) in *psicologia clinica* indica la ripresa della funzionalità di un organo o dell'intero organismo dopo una menomazione; 3) nel funzionamento della *memoria* indica il richiamo del materiale precedentemente immagazzinato nel registro sensoriale con la ritenzione in modo che sia disponibile per l'effettivo ricordo (v. MEMORIA, § 2, *d*).

RED (*Rêve Éveillé Dirigé*). Procedura onirica immaginativa che prende avvio da un'immagine iniziale proposta dal terapeuta al paziente in uno stato di veglia attenuata, ottenuta attraverso il rilassamento, durante la quale il paziente, a partire dall'immagine proposta, incomincia una produzione immaginativa. Questa procedura, che Robert Desoille ritiene più idonea del sogno per scoprire le dinamiche inconsce, in quanto il sogno, quando viene narrato, è già sottoposto a un'opera di RAZIONALIZZAZIONE (v.), è utilizzata come strumento diagnostico per la determinazione del "fondo fantasmatico", ossia dei fantasmi che si manifestano nella produzione di un soggetto e che rivestono un'importanza significativa per il suo comportamento.

Bibliografia

Desoille R., *Il Rêve Éveillé Dirigé in psicoterapia, via règia dell'immaginario* (inediti scritti prima del 1966 e raccolti negli anni 1973-2000), Alpes Italia, Roma 2010.

Rigo L., *RED (Rêve Éveillé Dirigé) diagnostico e Rorschach. Contributo alla determinazione del fondo fantasmatico con mezzi psicodiagnostici*, in "Archivio di Psicologia, Neurologia e Psichiatria", 1966, a. XXVII, fasc. IV-V.

Refente, v. LACANIANA, TEORIA, § 7.

Referente (ingl. *Referent*; ted. *Referent*; fr. *Référent*; sp. *Referente*). Entità semiotica o extrasemiotica a cui un SEGNO (v.) fa riferimento. Il referente va distinto dal significato perché, come scrive Umberto Eco, «è di ogni segno la possibilità di significare (e dunque di comunicare) qualcosa a cui non corrisponde alcuno stato reale» (1975, p. 89). Intorno al problema del referente, ossia di ciò a cui il linguaggio e i segni fanno riferimento, esistono sostanzialmente due posizioni: quella di chi ritiene che il segno faccia sempre riferimento a un'entità reale, e quella di chi ritiene che non esista la possibilità di uscire dall'ambito semiotico (v. SEMIOTICA) perché, scrive sempre Eco: «Prendiamo il termine "sedia". Il referente non sarà la sedia su cui siedo mentre scrivo. Anche per i sostenitori di una semantica referenziale il referente sarà in tal caso tutte le sedie esistenti (esistite o che esisteranno). Ma "tutte le sedie esistenti" non è un oggetto percepibile coi sensi. È una classe, una entità astratta. [...] Il significato di un termine (e cioè l'oggetto che il termine "denota") è una unità culturale. In ogni cultura una unità culturale è semplicemente qualcosa che quella cultura ha definito come unità distinta diversa da altre» (ivi, pp. 98-99). In semiotica si attribuisce al referente un carattere estensionale, e al significato un carattere intensionale, dove per *estensione* si intende, ad esempio, la classe di tutti gli oggetti blu, e per *intensione* la proprietà di esser blu (v. SEGNO). Per quanto concerne il particolare significato che il referente assume nella teoria lacaniana, si veda la voce LACANIANA, TEORIA, § 7.

Bibliografia

Carnap R., *Controllabilità e significato* (1953), in A. Pasquinelli (a cura di), *Il neoempirismo*, Utet, Torino 1969, pp. 541-611.

Ducrot O., *Referente*, in AA.VV., *Enciclopedia*, Einaudi, Torino 1980, vol. XI, pp. 703-724.

Eco U., *Trattato di semiotica generale*, Bompiani, Milano 1975.

Jori M., *Referente*, in AA.VV., *Gli strumenti del sapere contemporaneo*, vol. II: *I concetti*, Utet, Torino 1985, pp. 680-684.

Peirce Ch. S., *Semiotica. I fondamenti della semiotica cognitiva* (testi tratti da *Collected Papers* 1931-1935, Harvard University Press, Cambridge, Massachusetts, vol. V), Einaudi, Torino 1980.

Refrattarietà (ingl. *Refractoriness*; ted. *Unempfindlichkeit*; fr. *Nature réfractaire*; sp. *Refractariedad*). Il termine, derivato dalla fisica dove definisce la caratteristica dei corpi che resistono ad elevate temperature senza fondersi, è impiegato in senso figurato per indicare resistenza e insensibilità a sollecitazioni. In neurofisiologia si parla di *periodo refrattario* a proposito del lasso di tempo immediatamente successivo allo stimolo, durante il quale un nervo o un muscolo non rispondono a un secondo stimolo. Analogamente, in psicologia dell'attenzione e della memoria si parla di *impermeabilità psicologica* a proposito di quell'intervallo di tempo, della durata di mezzo secondo, in cui non è possibile fornire alcuna risposta dopo averne data una precedente, perché i meccanismi centrali sono occupati dal feedback proveniente dalla risposta precedente.

Bibliografia

Bagnara S., *L'attenzione*, il Mulino, Bologna 1984.

Welford A. T., *Fundamentals of skill*, Methuen, London 1968.

Registrazione, v. MEMORIA, § 2, *a*.

Registro sensoriale, v. MEMORIA, § 2, *b*.

Regola fondamentale (ingl. *Fundamental rule*; ted. *Grundregel*; fr. *Règle fondamentale*; sp. *Regla fundamental*). Regola che struttura la situazione analitica (v. ANALISI, §§ 1, *a*; 2, *b*), dove l'analizzato è invitato a dire tutto ciò che pensa senza scegliere o tralasciare nulla di ciò che gli viene in mente. Questo procedimento, rendendo più accessibile il determinismo inconscio sotteso alle idee che a livello conscio appaiono casuali e improvvise (*Einfall*), è indicato da Sigmund Freud come una delle tre vie di accesso all'inconscio: «L'elaborazione delle idee che si presentano al paziente quand'egli si sottopone alla regola psicoanalitica fondamentale non è l'unico dei mezzi tecnici di cui disponiamo per dischiudere l'inconscio. Al medesimo scopo servono altri due procedimenti: l'interpretazione dei sogni del paziente e l'utilizzazione delle sue azioni mancate e casuali» (1909, p. 150). Questo metodo che, scrive Freud, è stato ricavato «dall'*esperimento associativo*, come è stato elaborato da Jung e dai suoi allievi» (*ibid.*), successivamente è stato riconsiderato da Jacques Lacan e interpretato come ciò che consente di tradurre la relazione tra analista e analizzato in un rapporto di linguaggio (v. LACANIANA, TEORIA, § 3).

Bibliografia

Freud S., *Cinque conferenze sulla psicoanalisi* (1909), in *Opere* (1967-1993), Bollati Boringhieri, Torino, vol. VI.

–, *Due voci di enciclopedia: "Psicoanalisi" e "Teoria della libido"* (1922), in *Opere*, cit., vol. IX.

Jung C. G. (in collaborazione con F. Riklin), *Ricerche sperimentali sulle associazioni di individui normali* (1904), in *Opere* (1969-2007), Bollati Boringhieri, Torino, vol. II, 1.

Lacan J., *La direzione della cura e i principi del suo potere* (1961), in *Scritti* (1936-1966), Einaudi, Torino 1974, vol. II.

Regolazione, Teoria della, v. CIBERNETICA, § 2.

Regressione (ingl. *Regression*; ted. *Regression*; fr. *Régression*; sp. *Regresión*). Ritorno a stadi precedenti dello sviluppo psichico che si manifesta nelle forme di pensiero, nelle relazioni oggettuali e nella strutturazione del comportamento. Il termine, d'uso frequente nel linguaggio psicologico e psichiatrico, è stato elaborato in ambito psicoanalitico da Sigmund Freud che in un capoverso aggiunto nel 1914 a *L'interpretazione dei sogni* (1899) scrive: «Distinguiamo tre varietà di regressione: *a*) *topica*, nel senso dello schema dei sistemi ψ, che abbiamo esposto; *b*) *temporale*, quando si tratta del regredire a formazioni psichiche più antiche; *c*) *formale*, quando primitivi modi di espressione e di raffigurazione sostituiscono quelli abituali. Tutti e tre i tipi di regressione ne costituiscono tuttavia in fondo uno solo e nella maggioranza dei casi coincidono, perché ciò che è cronologicamente più antico è nello stesso tempo formalmente primitivo e, nella topica psichica, più vicino all'estremità percettiva» (1899, pp. 500-501).

La regressione *topica*, che fa riferimento al punto di vista topico dell'APPARATO PSICHICO (v. § 3), è particolarmente evidente nei sogni, dove l'energia, che nello stato di veglia andrebbe ai muscoli e sarebbe scaricata in azione, viene costretta dalle inibizioni operanti nel sonno a regredire negli organi di senso provocando allucinazioni. La regressione *temporale* si riferisce a un ritorno del soggetto a fasi superate nello sviluppo libidico (v. LIBIDO, § 1, *b*), nella relazione oggettuale (v. OGGETTO, § 4), nei processi di IDENTIFICAZIONE (v. § 1) ecc. La regressione *formale* fa riferimento a un ritorno a modi di espressione e di comportamento meno differenziati rispetto alle funzioni psichiche più complesse e più strutturate che sono state raggiunte. Questo concetto, che si appoggia alla teoria degli strati (v. STRATI, TEORIA DEGLI) che Freud ha ricavato da John Hughlings Jackson, è stato ripreso dalla psicologia della forma a proposito della strutturazione e della destrutturazione di una forma, di un comportamento, della coscienza ecc.

Tutto ciò è possibile perché, come scrive Freud, «lo stato psichico precedente può per lunghi anni non esprimersi esteriormente, pur continuando a sussistere tanto da potere un bel giorno tornare a divenire la forma di espressione delle forze psichiche: e anzi l'unica loro forma d'espressione, come se tutti gli sviluppi successivi si fossero disfatti e annullati» (1915a, p. 133). La regressione è letta da Anna Freud come un processo difensivo, per cui il soggetto cerca di evitare l'angoscia di fronte a una situazione, mediante un ritorno a uno stadio precedente del suo sviluppo, anche se poi questo ritorno contribuisce ad aumentare le sue difficoltà. Questo motivo è ripreso dai teorici della psicologia dell'Io Heinz Hartmann, David Rapaport e Ernst Kris, per i quali la regressione può essere breve e temporanea come il pianto dell'adulto, lo scatto d'ira che ripete il comportamento infantile di fronte a situazioni che non si riescono ad affrontare, oppure grave e duratura con effetti catastrofici come nella schizofrenia o nella catatonia, che riproducono rispettivamente lo stato del lattante e lo stato fetale. A una regressione si va incontro anche nella cura analitica dove il paziente, ritornando a stadi precedenti, ha l'occasione per ripartire verso una nuova organizzazione psichica. Questa lettura *finalistica* della regressione è frequentemente richiamata da Carl Gustav Jung (v. LIBIDO, § 2, *b*).

Bibliografia

Balint M., Balint E., *La regressione. "The Basic Fault". "Thrills and Regressions"*, Raffaello Cortina, Milano 1983.
Freud A., *L'Io e i meccanismi di difesa* (1936), in *Opere* (1978-1979), Bollati Boringhieri, Torino, vol. I.
Freud S., *L'interpretazione dei sogni* (1899), in *Opere* (1967-1993), Bollati Boringhieri, Torino, vol. III.
–, *Considerazioni attuali sulla guerra e la morte* (1915a), in *Opere*, cit., vol. VIII.
–, *Metapsicologia* (1915b), in *Opere*, cit., vol. VIII.
–, *Introduzione alla psicoanalisi* (1915-1917), in *Opere*, cit., vol. VIII.
Hartmann H., *Psicologia dell'Io e problema dell'adattamento* (1939), Bollati Boringhieri, Torino 1966.
Jung C. G., *Energetica psichica* (1928), in *Opere* (1969-2007), Bollati Boringhieri, Torino, vol. VIII.
Salvemini T., *Regressione e correlazione*, Bollati Boringhieri, Torino 1959.

Reichiana, Teoria, v. BIOENERGETICA; CARATTERE, § 3, *c*.

Reiezione parentale (ingl. *Parental rejection*; ted. *Ablehnung des Kindes*; fr. *Rejet de l'enfant*; sp. *Rechazo paterno*). Sentimento di avversione che i genitori possono nutrire nei confronti di un figlio e che di solito compensano con ostentate premure ed eccessive attenzioni che non portano ad un definitivo distacco. La psicoanalisi, che considera la reiezione un fenomeno inconscio, interpreta la manifestazione di sentimenti positivi come una FORMAZIONE REATTIVA (v.) volta a compensare le pulsioni inconsce intollerabili sul piano dell'accettabilità sociale.

Reificazione (ingl. *Reification*; ted. *Verdinglichung*; fr. *Réification*; sp. *Reificación*). Processo che porta a trattare concetti astratti come se fossero cose concrete. Il termine è stato introdotto da Karl Marx, e poi sviluppato da György Lukács, a proposito della società capitalistica, dove i rapporti sociali tra gli uomini si presentano come rapporti tra "cose", espressi dalla forma universale della produzione e circolazione della merce. In ambito psicologico si parla di reificazione quando modelli interpretativi o concetti metapsicologici, come Io, Super-io, Es, seno buono, seno cattivo, oggetto interno ecc., sono ingenuamente trattati come realtà.

Di reificazione si parla anche a proposito di alcune esperienze schizofreniche dove le parole e i pensieri assumono lo spessore e la consistenza delle cose, modificando di conseguenza il comportamento del soggetto che, scrive Carl Gustav Jung, «resta in uno stato di dipendenza primitiva dalle sole parole. Le parole, infatti, volendo sostituire le cose (ciò che in realtà non possono fare) assumono forme ipertrofiche, diventano stravaganti, strane, inconsuete; divengono quello che gli schizofrenici chiamano "parole potenti"» (1942-1954, p. 277). Sul concetto di reificazione come essenza dell'alienazione si veda la voce ALIENAZIONE, § 2.

Bibliografia

Gabel J., *La falsa coscienza. Saggio sulla reificazione* (1962), Dedalo, Bari 1967.
Jung C. G., *Il simbolo della trasformazione nella messa* (1942-1954), in *Opere* (1969-2007), Bollati Boringhieri, Torino, vol. XI.

Lukács G., *Storia e coscienza di classe* (1923), Mondadori, Milano 1973.
Marx K., *Il capitale. Critica dell'economia politica* (1867-1894), Editori Riuniti, Roma 1964, libro I.

Reincarnazione, v. METEMPSICOSI.

Reintegrazione, v. MEMORIA, § 4, *a*.

Reiterazione (ingl. *Reiteration*; ted. *Wiederholung*; fr. *Réitération*; sp. *Reiteración*). Il termine si riferisce a una specifica strategia di apprendimento che favorisce la ritenzione di informazioni verbali, attraverso la ripetizione di una o più informazioni a voce alta o in silenzio nel tentativo di cercare di ricordarle. Secondo alcuni la reiterazione è un processo che trasferisce una nuova informazione da un magazzino della memoria temporaneo a uno permanente (v. MEMORIA, § 3, D).

Bibliografia

Nelson Th. O., *Repetition and depth of processing*, in "Journal of Verbal Learning and Verbal Behaviour", 1977, n. 16, pp. 151-172.
Rundus D., *Analysis of rehearsal processes in free recall*, in "Journal of Verbal Learning and Verbal Behaviour", 1971, n. 89, pp. 63-77.

Relativismo culturale, v. ETNOCENTRISMO.

Relatività, Principio della (ingl. *Principle of relativity*; ted. *Relativitätssatz*; fr. *Principe de la relativité*; sp. *Principio de la relatividad*). Norma che chiede di valutare i fenomeni psicologici nello specifico campo di relazioni all'interno del quale è dato di volta in volta di registrarli. Dette relazioni sono tanto le condizioni sperimentali quanto l'ambiente culturale, la cui specificità va conosciuta per poter stabilire l'ordine dei valori e delle norme vigenti in riferimento ai quali è decidibile cos'è "normale" e cos'è "deviante" (v. NORMA).

Relaxina, v. ENDOCRINO, SISTEMA, § 6, *b*.

Relazione (ingl. *Relation*; ted. *Beziehung*; fr. *Relation*; sp. *Relación*). Rapporto tra due variabili colte in una situazione determinata secondo le forme dell'identità, della successione, dell'opposizione, della coesistenza, della dipendenza, della causalità e simili. In questa accezione generale si parla ad esempio in PSICOLOGIA MEDICA (v.) di *relazione terapeutica* a proposito del rapporto medico-paziente, in psicoanalisi di *relazione analitica* (v. ANALISI, § 2, *g*), connotata dalle proiezioni transferali e controtransferali (v. TRANSFERT); sempre in psicoanalisi si parla di *relazione oggettuale* a proposito del rapporto del soggetto con gli oggetti del mondo esterno e con gli oggetti interiori (v. OGGETTO, § 4); in psicologia della famiglia si parla di *relazione duale* a proposito del rapporto madre-figlio, di *relazione triadica* e di *relazione fraterna* a proposito dei rapporti familiari che si sviluppano dopo la prima relazione con la madre (v. FAMIGLIA, § II). Questi esempi, tratti dai diversi ambiti disciplinari, dimostrano la tendenza, sempre più diffusa in psicologia, a considerare la *relazione come fenomeno originario* rispetto alla costituzione individuale, nel senso, come afferma Donald Woods Winnicott, che un neonato esiste soltanto in relazione alla madre (v. ATTACCAMENTO), e nel senso che l'individuo si costituisce sempre a partire da una relazione e non come individualità isolata che instaura relazioni.

La relazione è oggetto di studio specifico nell'accezione di *relazione sociale* o INTERAZIONE (v. § 2) di cui si occupano la sociologia e la psicologia sociale. I contributi forniti dalla sociologia risalgono: a Gabriel Tarde che individuò nell'imitazione, nell'adattamento e nell'opposizione i tre tipi fondamentali di relazione; a Georg Simmel per il quale le relazioni sono le risultanti di due processi: di avvicinamento, che è alla base della relazione associativa, e di distanziamento, che è alla base dell'isolamento e dell'indipendenza; a Talcott Parsons che studiò le disposizioni a sviluppare certe relazioni da lui distinte in relazioni acquisite dal soggetto attraverso la socializzazione e relazioni prescritte al soggetto dal sistema sociale.

In psicologia sociale l'attenzione è stata rivolta alla dinamica delle relazioni fondata sul principio *attrazione-repulsione* (v. ATTRAZIONE – REPULSIONE, TEORIA DELL'), che ha alla sua base la nozione di *piacere*, dalla cui crescita o decrescita dipende lo sviluppo o la diminuzione della relazione, fino alla SOLITUDINE (v.) determinata dalla discrepanza tra i livelli di interazione desiderati e quelli raggiunti nella relazione diadica (bambino-madre), triadica (bambino-madre-padre) e di gruppo, illustrate alla voce PSICOLOGIA SOCIALE, § 1. Urie Bronfenbrenner ha segnalato quattro livelli di interazione in cui sono coinvolti bambini e adolescenti: *a*) *microsistema* costituito dalle relazioni familiari; *b*) *mesosistema* che investe persone estranee ma prossime alla vita familiare; *c*) *esosistema* in cui il bambino o l'adolescente si aprono alle relazioni extrafamiliari che modificano il micro- e il meso-sistema; *d*) *macrosistema* che è rappresentato dalla cornice culturale e sociale dell'ambiente a cui l'individuo appartiene.

Siccome la relazione ha proprietà che non sono rintracciabili nel comportamento di un solo partecipante, lo studio dell'interazione si rivela fortemente dipendente dalle possibilità di comunicazione verbale e non verbale, dai paradigmi di apprendimento operanti in un tessuto sociale e dagli aspetti funzionali che una relazione esprime in termini di riduzione conflittuale o di vantaggio individuale e collettivo. L'etologo Robert Aubrey Hinde, assemblando queste componenti, ha stabilito alcuni parametri che consentono di definire una relazione. Tra questi, il contenuto dell'interazione, la quantità, la qualità e la frequenza di relazione, i limiti di reciprocità con conseguente valutazione di profitti e perdite, le percezioni interpersonali di ciascun partner e il grado di affidabilità che ciascun partner della relazione dà all'altro. A partire da questi parametri relazionali è possibile una descrizione della struttura sociale che è la somma statistica delle strategie dei comportamenti individuali.

La vita relazionale di ciascun individuo si esprime in un rapporto di reciproca interdipendenza che, a parere di Alan Page Fiske, è definibile secondo quattro dimensioni: *a*) *condivisione comune*, dovuta al fatto che lo stesso orizzonte di significati condiviso dal gruppo promuove una comprensione reciproca e dispone alla solidarietà; *b*) *gerarchie di autorità* che decidono le modalità di interazione dei soggetti a partire dai ruoli sociali a cui corrispondono specifiche forme di potere; *c*) *relazioni tra pari* con riferimento ai rapporti che si instaurano tra individui che hanno lo stesso status; *d*) *valutazione mercantile*, che induce a stabilire rapporti secondo parametri condivisi e riconoscibili di comparazione come ad esempio il denaro.

Come sottolineano Adriano Zamperini e Ines Testoni, «i processi di socializzazione orientano la formazione del "sé" e dell'identità, costrutti che implicano un rapporto di interdipendenza tra relazioni sociali e sviluppo della persona, e che ineriscono alla capacità del soggetto di orientare intenzionalmente le proprie azioni verso scopi, di controllare se stesso e il proprio comportamento. Il "sé", in quanto forma organizzata del modo di vedere il mondo e di rappresentarsi in rapporto a esso, è una dimensione "interpsichica" – anziché solo "intrapsichica" – che inizia a strutturarsi fin dalla prima infanzia: la relazione con gli altri permette al bambino, e poi all'adulto, il costituirsi di un'immagine relativa alle persone, la quale si condensa nella rappresentazione dell'"altro generalizzato". Tale concetto, ideato da Mead, indica il potere del gruppo di offrire al soggetto un'unità distintiva; l'universo simbolico condiviso tra più persone è ciò che rende i contenuti dell'interazione comprensibili permettendo a ognuno di porsi agli altri e di modificarsi in funzione di reciproche aspettative» (2002, pp. 143-144).

Dal punto di vista neurobiologico, Daniel J. Siegel spiega che «la mente è il prodotto delle interazioni fra esperienze interpersonali e strutture e funzioni del cervello. [...] Le interazioni con l'ambiente, e in particolare i rapporti con gli altri, esercitano un'influenza diretta sullo sviluppo delle strutture e delle funzioni cerebrali. Non è quindi necessario scegliere fra cervello e mente, fra biologia ed esperienza, fra natura e cultura; oltre a essere inutili, queste distinzioni possono essere controproducenti nei nostri tentativi di comprendere un problema importante e complesso: lo sviluppo della mente umana. [...] Lo scopo è quello di individuare e di analizzare i meccanismi con cui i fattori sociali, e quindi le relazioni umane, modellano lo sviluppo del cervello e favoriscono il raggiungimento di un equilibrio emotivo» (2012, pp. XIII-XV).

Bibliografia

Aron L., *Menti che si incontrano* (1996), Raffaello Cortina, Milano 2004.

Bowlby J., *Attaccamento e perdita*, vol. I: *L'attaccamento alla madre*, vol. II: *La separazione dalla madre*, vol. III: *La perdita della madre* (1969-1980), Bollati Boringhieri, Torino 1976-1983.

Bronfenbrenner U., *Ecologia dello sviluppo umano* (1979), il Mulino, Bologna 1986.

Cavaleri P. A., *Vivere con l'altro. Per una cultura della relazione*, Città Nuova, Roma 2007.

Cavicchi I., *La clinica e la relazione*, Bollati Boringhieri, Torino 2004.

Di Blasio P. (a cura di), *Contesti relazionali e processi di sviluppo*, Raffaello Cortina, Milano 1995.

Duck S. W., Gilmour R., *Personal relationships*, Academic Press, New York 1981.

Goffman E., *Relazioni in pubblico* (1971), Raffaello Cortina, Milano 2008.

Guénoun D., *Relation*, Les Cahiers de l'Égaré, Marseille 1997.

Heider F., *Psicologia delle relazioni interpersonali* (1958), il Mulino, Bologna 1972.

Hinde R. A., *Le basi biologiche del comportamento sociale umano* (1974), Zanichelli, Bologna 1977.

–, *Le relazioni interpersonali* (1979), il Mulino, Bologna 1982.

Horner A. J., *Relazioni oggettuali. Teoria e trattamento* (1991), Raffaello Cortina, Milano 1993.

Kernberg O. F., *Le relazioni nei gruppi. Ideologia, conflitto, leadership* (1998), Raffaello Cortina, Milano 1999.

Lo Verso G. (a cura di), *Le relazioni soggettuali. Fondazione della psicologia dinamica e clinica*, Bollati Boringhieri, Torino 1994.

Mead G. H., *Mente, Sé e Società* (1934), Giunti Barbera, Firenze 1966.

Menditto M., *Comunicazione e relazione. Come gestire dialoghi e legami nel quotidiano*, Erickson, Trento 2008.

Mitchell S. A., *Gli orientamenti relazionali in psicoanalisi. Per un modello integrato* (1988), Bollati Boringhieri, Torino 1993.

–, *Il modello relazionale. Dall'attaccamento all'intersoggettività* (2000), Raffaello Cortina, Milano 2002.

Moscovici S. (a cura di), *La relazione con l'altro* (1994), Raffaello Cortina, Milano 1997.

Paci E., *Tempo e relazione*, il Saggiatore, Milano 1965.

Parsons T., *Il sistema sociale* (1951), Edizioni di Comunità, Milano 1965.

Petrini P., Zucconi A. (a cura di), *La relazione terapeutica negli approcci psicoterapici*, Alpes Italia, Roma 2007.

Riva Crugnola C., *Il bambino e le sue relazioni. Attaccamento e individualità tra teoria e osservazione*, Raffaello Cortina, Milano 2007.
Sacchi M. E. (a cura di), *Relazioni e sviluppo. Metodi e contenuti in psicologia dell'età evolutiva*, Bollati Boringhieri, Torino 1990.
Schwartz-Salant N., *La relazione. Psicologia, clinica e terapia dei campi interattivi* (1998), Vivarium, Milano 2002.
Siegel D. J., *La mente relazionale. Neurobiologia dell'esperienza interpersonale* (2012), Raffaello Cortina, Milano 2013.
Simmel G., *Forme e giochi di società. Problemi fondamentali della sociologia* (1917), Feltrinelli, Milano 1983.
Sullivan H. S., *Teoria interpersonale della psichiatria* (1953, edito postumo), Feltrinelli, Milano 1962.
Sunderland M., *Disegnare le relazioni. Espressione grafica e conoscenza degli altri* (2000), Erickson, Trento 2011.
Tarde G., *Le leggi dell'imitazione* (1890), in Id., *Scritti sociologici*, Utet, Torino 1979.
Winnicott D. W., *I bambini e le loro madri* (1987, edito postumo), Raffaello Cortina, Milano 1987.
Zamperini A., Testoni I., *Relazioni sociali e formazione del Sé*, in Id., *Psicologia sociale*, Einaudi, Torino 2002, pp. 128-160.

Religione, v. PSICOLOGIA DELLA RELIGIONE.

REM (*Rapid Eye Movement*), v. SONNO, § 1.

Reminiscenza, v. MEMORIA, § 8, *a*.

Remissione (ingl. *Remission*; ted. *Nachlassen*; fr. *Rémission*; sp. *Remisión*). Attenuazione o scomparsa dei sintomi o dei segni (v. SEGNO, § 4) di un disturbo che si manifesta in occasione di un miglioramento della condizione psichica. Se la remissione è temporanea, si parla di *periodo intercritico* come fase transitoria tra una precedente e una successiva comparsa dei sintomi.

Rendimento (ingl. *Achievement*; ted. *Leistung*; fr. *Rendement*; sp. *Rendimiento*). Rapporto fra il risultato ottenuto e lo sforzo compiuto per ottenerlo. Per la misurazione del *livello di rendimento* o *efficienza* o *produttività*, si fa riferimento alla quantità e alla qualità di compiti svolti in un'unità di tempo che è possibile registrare attraverso i *test di rendimento* (v. TEST, § II). Questi consistono in una serie di prove scelte con difficoltà crescenti, su un campione sufficientemente rappresentativo, allo scopo di valutare determinate funzioni psichiche o determinate attitudini. Sul rendimento agisce il cosiddetto *effetto di riscaldamento* (*warming-up*), che consiste in una familiarizzazione con la situazione in cui si deve operare che determina un mutamento favorevole di disposizione. Si parla invece di *perdita di riscaldamento* (*warming-up decrement*) quando un'attività viene interrotta e poi ripresa. Il rendimento, che immediatamente dopo la pausa sarà inferiore, tende poi a salire e a superare il livello precedente. Per quanto concerne la differenza di rendimento tra la somma delle prestazioni singole e la prestazione di gruppo, si veda la voce GRUPPO, § II, 7. In ambito scolastico e in ambito professionale si parla di *sovrarendimento* e di *sottorendimento* per esprimere la differenza tra il livello di rendimento raggiunto e la previsione iniziale, basata sulla valutazione delle capacità dell'individuo in relazione ai compiti assegnati.

Bibliografia

Fava G., *Guida all'eccellenza. Efficienza ed efficacia nel sistema aziendale*, Franco Angeli, Milano 1995.
Gleeson K., *Come organizzarsi per svolgere più lavoro in meno tempo* (1993), Franco Angeli, Milano 1995.
Trovato G., *La salute autoritaria. Dal mito dell'efficacia al rito dell'efficienza*, Cuen, Catania 2000.

Reobase, v. ECCITABILITÀ, § 1.

Replicazione, v. GENETICA, § 1, *a*.

Repressione (ingl. *Suppression*; ted. *Unterdrückung*; fr. *Répression*; sp. *Supresión*). Atto conscio con cui il soggetto esclude dal campo attuale della sua coscienza un contenuto psichico spiacevole. La repressione, per il suo carattere conscio, va distinta dalla RIMOZIONE (v.) che è inconscia. Dal punto di vista topico (v. APPARATO PSICHICO, § 3) la repressione agisce a livello della CENSURA (v.), che Sigmund Freud ipotizza tra conscio e preconscio, dove nel preconscio viene represso il RAPPRESENTANTE (v.) ideativo del contenuto psichico, mentre l'importo d'affetto (v. AFFETTO, § 1), ad esso connesso, viene spostato su un'altra rappresentazione o viene soppresso. Dal punto di vista dinamico la repressione ha luogo per motivazioni morali.

Bibliografia

Freud S., *L'interpretazione dei sogni* (1899), in *Opere* (1967-1993), Bollati Boringhieri, Torino, vol. III.
–, *Metapsicologia* (1915), in *Opere*, cit., vol. VIII.

Repulsione, v. ATTRAZIONE – REPULSIONE, TEORIA DELL'.

Reserpina, v. PSICOFARMACOLOGIA, § I, 1, *a*.

Residuo diurno, v. RESTO DIURNO.

Resilienza (ingl. *Resilience*; ted. *Widerstandsfähigkeit*; fr. *Résilience*; sp. *Resiliencia*). Il termine deriva dal latino *resilire* che significa "rimbalzare", con riferimento alla proprietà dei metalli di riprendere la forma originaria dopo aver subìto un colpo. In ambito psicologico il riferimento è alla "forza d'animo" che Platone nominava ϑυμοειδής e ne indicava la sede nel cuore (ϑυμός). Il cuore è l'espressione metaforica del "sentimento", una parola dove ancora risuona la platonica ϑυμοειδής. Il sentimento è forza. Quella forza che riconosciamo al fondo di ogni decisione quando, dopo aver analizzato tutti i pro e i contro che le argomentazioni razionali dispiegano, decidiamo, perché in una scelta piuttosto che in un'altra ci sentiamo a casa, presso di noi. Questa è la salute: una sorta di coincidenza di noi con noi stessi, che ci evita tutti quegli "altrove" della vita che non ci appartengono e che spesso imbocchiamo per il bisogno di essere accettati o il desiderio di essere amati, che ci fanno percorrere strade che il nostro sentimento ci fa avvertire come non nostre, e così l'animo si indebolisce, si ripiega su se stesso nell'inutile fatica di compiacere gli altri. Alla fine l'anima si ammala, per effetto della devianza dal sentiero della propria vita.

Ma non è solo questa la forza d'animo. Come scrive Anna Oliverio Ferraris, «il termine resilienza viene normalmente usato per indicare un tratto della personalità composito, in cui convergono fattori di varia natura – cognitivi, emotivi, familiari, sociali, educativi, esperienziali, maturativi – che con la loro azione congiunta mobilitano le risorse dei singoli, dei gruppi e della comunità. In questo senso l'azione della resilienza può essere paragonata all'azione del sistema immunitario con cui il nostro organismo risponde alle aggressioni dei batteri. Di fronte agli stress e ai colpi della vita, la resilienza dà infatti luogo a risposte flessibili che si adattano alle diverse circostanze ed esigenze del momento. Se si considerano gli elementi che la caratterizzano, la resilienza risulta in gran parte iscritta nel nostro patrimonio genetico; ma ha anche la capacità di svilupparsi nel corso dell'esistenza, di rafforzarsi e di indebolirsi a seconda delle esperienze che si vivono soprattutto negli anni infantili, nel proprio ambiente, a contatto con le figure di attaccamento o in loro assenza» (2003, p. 7).

Consuelo C. Casula, dopo aver definito la resilienza come un processo di rielaborazione cognitiva, emotiva e comportamentale della rappresentazione del dolore, che porta a fronteggiare perdite, lutti e traumi con la volontà di ricominciare a costruire, distaccandosi emotivamente, durante il periodo critico, da quanto sta accadendo, intravede, alla base della resilienza, la forza della vulnerabilità che aiuta a superare un trauma e a sviluppare energie e risorse che prima del trauma non si conoscevano, scoprendo in tal modo, di fronte alle avversità, di essere più determinati e più creativi nel trovare soluzioni che le avversità avevano obnubilato. La forza della vulnerabilità, che è alla base della resilienza, è in grado di anticipare il meglio mentre si vive il peggio, la guarigione dopo la ferita, nuovi valori esistenziali e un nuovo senso della vita che altrimenti non avrebbero potuto essere scoperti.

Esiste anche un test, denominato RPQ *(Resilience Process Questionnaire)*, per la valutazione della resilienza negli adolescenti, costituito da 15 item utilizzati per interventi psicopedagogici finalizzati al sostegno e allo sviluppo del soggetto o all'interno di percorsi di indirizzo e orientamento.

Bibliografia

Berndt Ch., *Il segreto della resistenza psichica. Che cosa ci rende forti contro le piccole e grandi crisi della vita* (2013), Feltrinelli, Milano 2015.

Casula C. C., *La forza della vulnerabilità. Utilizzare la resilienza per superare le avversità*, Franco Angeli, Milano 2011.

Cyrulnik B., Malaguti E., *Costruire la resilienza. La riorganizzazione positiva della vita e la creazione di legami significativi*, Erickson, Trento 2005.

Ferraro Bologna G., *Resilienza. Il pozzo dei desideri*, Vivarium, Milano 1998.

Inguglia C., Lo Coco A., *Resilienza e vulnerabilità psicologica nel corso dello sviluppo*, il Mulino, Bologna 2013.

Laudadio A., Fiz Pérez F. J., Mazzocchetti L., *RPQ. Resilience Process Questionnaire. Valutazione della resilienza negli adolescenti*, Erickson, Trento 2011.

Malaguti E., *Educarsi alla resilienza. Come affrontare crisi e difficoltà e migliorarsi*, Erickson, Trento 2005.

Oliverio Ferraris A., *La forza d'animo*, Rizzoli, Milano 2003.

Putton A., Fortugno M., *Affrontare la vita. Che cos'è la resilienza e come svilupparla*, Carocci, Roma 2006.

Short D., Casula C. C., *Speranza e resilienza*, Franco Angeli, Milano 2004.

Walsh F., *La resilienza familiare* (1998), Raffaello Cortina, Milano 2008.

Resistenza (ingl. *Resistance*; ted. *Widerstand*; fr. *Résistance*; sp. *Resistencia*). Termine psicoanalitico che si riferisce all'opposizione inconscia, da parte del soggetto sottoposto ad ANALISI (v. § 2, *c*), ad accedere alle proprie dinamiche profonde. Secondo Sigmund Freud la resistenza, che si accentua man mano che nel trattamento analitico ci si avvicina al nucleo centrale patogeno, svolge una funzione difensiva, messa in atto, oltre che dall'Io attraverso la RIMOZIONE (v.), la resistenza di transfert (v. TRANSFERT) e il guadagno secondario della malattia (v. GUADAGNO DELLA MALATTIA), anche dall'Es attraverso la coazione a ripetere (v. COAZIONE, § 2) e dal Super-io attraverso il bisogno di punizione (v. AUTOPUNIZIONE; PUNIZIONE, § 3). Secondo Freud, «abbiamo da lottare contro cinque tipi di resistenze, che provengono da tre parti, e cioè dall'Io, dall'Es e dal Super-io, laddove l'Io risulta esser la fonte di tre di queste forme, diverse nella loro dinamica. La prima di queste tre resistenze dell'Io è la resistenza di *rimozione* trattata poc'anzi, e sulla quale vi è pochissimo di nuovo da dire. Da essa si distingue la resistenza di *traslazione*, che è della stessa natura, ma che nell'analisi si manifesta in modo diverso e molto più perspicuo, dato che essa è riuscita a stabilire una relazione con la situazione analitica e con la persona dell'analista, e ha potuto perciò ravvivare in un certo senso *ex novo* una rimozione che dovrà invece essere semplicemente ricordata. Ancora una resistenza dell'Io, di tutt'altra natura però, è quella che proviene dal *tornaconto della malattia*, e che si fonda sull'inclusione del sintomo nell'Io. Essa corrisponde alla lotta che l'Io conduce contro la rinunzia a un soddisfacimento o a una facilitazione. La quarta specie di resistenza – quella dell'Es – l'abbiamo attribuita or ora alla necessità della rielaborazione. La quinta resistenza, quella del Super-io, la cui esistenza è stata riconosciuta per ultima, è la più oscura anche se non sempre la più debole; sembra che scaturisca dal sentimento di colpa o dal bisogno di punizione; questa resistenza ostacola qualsiasi successo, e perciò anche la guarigione attraverso l'analisi» (1925, p. 306).

Il termine "resistenza" si riferisce anche all'individuo, alla coppia, alla famiglia, al gruppo che resistono al cambiamento del proprio stato, anche se l'equilibrio che si è venuto a creare è decisamente disfunzionale. Nel modo di affrontare la resistenza al cambiamento c'è un *metodo diretto* tramite l'interpretazione della resistenza come accade in ambito psicoanalitico, o la sua razionalizzazione e comprensione come accade in ambito cognitivo-comportamentale, e un *metodo sistemico-strategico* (v. PSICOLOGIA SISTEMICA, § 2) che non affronta in modo diretto la resistenza, ma la aggira attraverso comunicazioni suggestive e ingiuntive che, evitando di allertare un sistema rispetto al suo cambiamento, riducono al minimo la resistenza e di conseguenza facilitano il cambiamento.

Bibliografia

Freud S., *Psicoterapia* (1904), in *Opere* (1967-1993), Bollati Boringhieri, Torino, vol. IV.

–, *Inibizione, sintomo e angoscia* (1925), in *Opere*, cit., vol. X.

–, *Analisi terminabile e interminabile* (1937), in *Opere*, cit., vol. XI.

Nardone G., Watzlawick P., *L'arte del cambiamento*, Ponte alle Grazie, Firenze 1990.

Watzlawick P., *Il linguaggio del cambiamento. Elementi di comunicazione terapeutica* (1977), Feltrinelli, Milano 1980.

Responsabilità (ingl. *Responsibility*; ted. *Verantwortung*; fr. *Responsabilité*; sp. *Responsabilidad*). Consapevolezza delle conseguenze delle proprie azioni che consente di modulare, in base ad esse, le proprie scelte. Il concetto di responsabilità presuppone quello di LIBERTÀ (v.) nella duplice accezione di assenza di costrizioni o di impedimenti, e di capacità di determinarsi secondo una scelta autonoma in vista di fini con ricerca dei mezzi adeguati. La responsabilità non va confusa con l'*imputabilità* che è la semplice attribuzione di un'azione a un soggetto, assunto come causa di quell'azione, indipendentemente dalle condizioni di libertà interiore o esteriore in cui il soggetto stesso si trova ad agire. Elaborata nell'ambito della filosofia del diritto, la nozione di responsabilità risulta decisiva nel lavoro a cui è chiamata la PSICOLOGIA FORENSE (v.), quando deve stabilire i margini di libertà a disposizione del soggetto al momento dell'azione e il suo livello di consapevolezza e di capacità di valutazione delle conseguenze connesse all'azione stessa.

Tra le scienze che concorrono a indicare i limiti della responsabilità incontriamo: la *psicologia genetica* che, con Jean Piaget, ha mostrato che prima dei 7 anni i bambini sono in grado di valutare un'azione non sulla base dell'intenzione che l'ha promossa, ma solo sulla base delle conseguenze che ha prodotto, per cui ritengono più responsabile chi ha provocato un danno maggiore, nonostante le sue intenzioni, di chi ne ha prodotto uno minore intenzionalmente; l'*antropologia culturale* che, adottando il principio della relatività (v. RELATIVITÀ, PRINCIPIO DELLA), individua la priorità dei valori vigenti in una data cultura e il grado di consapevolezza degli agenti sociali in base al loro livello culturale; la *psicologia sociale* che distingue la responsabilità individuale dalla "diffusione della responsabilità" che riduce in un individuo inserito in un gruppo o in una massa il senso della sua coscienza morale, aumentandone l'indifferenza (v. PSICOLOGIA DELLA MASSA); la *psicoanalisi* che, oltre a segnalare tutti i condizionamenti inconsci, è in grado di mostrare che molte azioni, anche delittuose e criminali, che possono sembrare irresponsabili, sono invece prodotte da un eccesso di responsabilità che induce nel soggetto disposizioni autopunitive (v. AUTOPUNIZIONE; PUNIZIONE, § 3).

Nell'età della tecnica, la cui razionalità prevede il raggiungimento del massimo degli scopi con l'impiego minimo dei mezzi, la responsabilità non riguarda più il contenuto dell'azione, ma soltanto la modalità della sua corretta esecuzione in termini di efficienza e produttività che sono gli unici valori riconosciuti dalla tecnica. Ne consegue che la responsabilità non è più in ordine alle conseguenze delle proprie azioni, ma unicamente in ordine alla loro corrispondenza al mansionario prescritto e a chi l'ha predisposto. In questo senso Stanley Milgram osserva che «un individuo, una volta accettata la volontà dell'autorità, non si considera più responsabile delle proprie azioni» (1974, p. 9), ma solo della loro corretta esecuzione, secondo le disposizioni emanate dall'apparato di appartenenza o dall'autorità che lo presiede.

Bibliografia

Arendt H., *Responsabilità e giudizio* (1959-1975), Einaudi, Torino 2004.
Borgna E., *Responsabilità e speranza*, Einaudi, Torino 2016.
Cacciari M., *Sulla responsabilità individuale. Conversazione di Massimo Cacciari con Paolo Bettiolo*, Servitium, Gorle 2002.
Darley J. M., Latané B., *Bystander intervention in emergencies. Diffusion of responsibility*, in "Journal of Personality and Social Psychology", 1968, n. 8.
Daskalakis E., *Réflexions sur la responsabilité pénale*, Puf, Paris 1975.
Erikson E. H., *Introspezione e responsabilità* (1964), Armando, Roma 1972.
Freud S., *Osservazioni su un caso di nevrosi ossessiva (Caso clinico dell'uomo dei topi)* (1909), in *Opere* (1967-1993), Bollati Boringhieri, Torino, vol. VI.
Gil J., *Responsabilità*, in AA.VV., *Enciclopedia*, Einaudi, Torino 1980, vol. XI, pp. 1014-1026.
Giuliani A., *Imputation et justification*, in "Archives de Philosophie du Droit", 1977, n. XXII.
Henriot J., *Note sur la date et le sens de l'apparition du mot "responsabilité"*, in "Archives de Philosophie du Droit", 1977, n. XXII.
Jaspers K., *La questione della colpa. Sulla responsabilità politica della Germania* (1946), Raffaello Cortina, Milano 1996.
Jonas H., *Il principio responsabilità. Un'etica per la civiltà tecnologica* (1979), Einaudi, Torino 1990.
Lacan J., *Introduzione teorica alle funzioni della psicoanalisi in criminologia* (1951), in *Scritti* (1936-1966), Einaudi, Torino 1974, vol. I.
Milgram S., *Obbedienza all'autorità. Il celebre esperimento di Yale sul conflitto tra disciplina e coscienza* (1974), Bompiani, Milano 1975.
Piaget J., *Il giudizio morale nel fanciullo* (1932), Giunti Barbera, Firenze 1973.
Pitch T., *Responsabilità limitate. Attori, conflitti, giustizia penale*, Feltrinelli, Milano 1989.
Vattimo G., *Vocazione e responsabilità del filosofo*, il melangolo, Genova 2000.
Vergani M., *Responsabilità. Rispondere di sé, rispondere all'altro*, Raffaello Cortina, Milano 2015.
Viviani A., Pisillo Mazzeschi R., *Responsabilità*, in M. Flores (a cura di), *Diritti umani. Cultura dei diritti e dignità della persona nell'epoca della globalizzazione*, Utet, Torino 2007, vol. II, pp. 1160-1171.
Zamperini A., *Psicologia sociale della responsabilità. Giustizia, politica, etica e altri scenari*, Utet, Torino 1998.

Response Set. Espressione inglese che sta per *tendenza a rispondere*, e che si riferisce a tutti quei fattori che concorrono alla falsificazione delle risposte fornite a un test psicologico. Si distinguono fattori *formali*, quando le falsificazioni sono indotte dalle caratteristiche di costruzione di un test, e fattori *contenutistici*, quando dipendono dalle circostanze di accettazione del test (v. TEST, § I). Tra i fattori che più ricorrono vanno ricordati la DESIDERABILITÀ SOCIALE (v.) che induce il soggetto a rispondere nel senso socialmente approvato, il calcolo degli effetti che possono essere di neutralità o di estremismo, disposizioni difensive o di fuga, simulazione, dissimulazione e menzogna. Esistono scale di valutazione, come la scala K e L incluse nel MMPI (*Minnesota Multiphasic Personality Inventory*) (v. MMPI TEST), per stimare la tendenza a produrre volontariamente prestazioni negative per ragioni difensive o per propensione autocritica (scala K), o a fornire risposte in grado di dare un'immagine di sé favorevole e positiva (scala L). Per ridurre le risposte conformi alla desiderabilità sociale, Allen L. Edwards ha introdotto un test obiettivo denominato EPPS (*Edwards Personal Preference Schedule*) (v.); mentre per la misurazione del bisogno di approvazione sociale, Douglas P. Crowne e David Marlowe hanno ideato un test che rispecchia una posizione mentale comunemente approvata e dunque socialmente gratificante, in grado di fornire una misurazione sulla base del numero delle risposte affermative fornite dal soggetto.

Bibliografia

Berg I. A., *Response set personality assessment*, Aldine, Chicago 1967.
Crowne D. P., Marlowe D., *The approval motive. Studies in evaluative dependence*, Wiley, New York 1964.
Edwards A. L., *Edwards Personal Preference Schedule*, Psychological Corporation, New York 1954.

Restituzione (ingl. *Restitution*; ted. *Rückerstattung*; fr. *Restitution*; sp. *Restitución*). Il termine è impiegato in ambito psicoanalitico: 1) come sinonimo di riparazione (v. KLEINIANA, TEORIA, § 3), che secondo Melanie Klein è quel processo difensivo che riduce la colpa facendo ammenda nei confronti di un oggetto investito da valenze distruttive; 2) nella costruzione di deliri che hanno lo scopo di "restituire" al paziente un senso che non riesce più a cogliere nella realtà del mondo, come nel caso descritto da Sigmund Freud, dove «il paranoico ricostruisce il mondo, non più splendido in verità, ma almeno tale da poter di nuovo vivere in esso. Lo ricostruisce col lavoro del suo delirio. La formazione delirante che noi consideriamo il prodotto della malattia costituisce in verità il tentativo di guarigione, la ricostruzione» (1910, p. 396; v. DELIRIO, § 2).

Bibliografia

Freud S., *Osservazioni psicoanalitiche su un caso di paranoia (dementia paranoides) descritto autobiograficamente (Caso clinico del presidente Schreber)* (1910), in *Opere* (1967-1993), Bollati Boringhieri, Torino, vol. VI.
Klein M., Riviere J., *Amore, odio e riparazione* (1937), Astrolabio, Roma 1969.

Resto diurno (ingl. *Day's residue*; ted. *Tagesrest*; fr. *Reste diurne*; sp. *Resto diurno*). Presenza nel sogno di eventi o dettagli di eventi della vita del giorno o dei giorni precedenti. Sigmund Freud esclude che ciò avvenga per il protrarsi della preoccupazione che investe detti eventi, e ritiene invece che essi servano come materiale attraverso cui il desiderio inconscio fa la sua comparsa nel sogno, evitando la censura grazie proprio all'insignificanza del resto diurno utilizzato: «Suppongo che il desiderio conscio possa diventare un suscitatore del sogno soltanto se riesce a destare un desiderio affine inconscio, con cui si rafforza» (1899, p. 504). Per analogia si parla anche di *resto notturno*, a proposito della permanenza del materiale onirico durante la veglia, limitatamente al suo contenuto manifesto (v. CONTENUTO LATENTE – CONTENUTO MANIFESTO).

Bibliografia

Freud S., *L'interpretazione dei sogni* (1899), in *Opere* (1967-1993), Bollati Boringhieri, Torino, vol. III.

Restorff, Effetto (ingl. *Restorff effect*; ted. *Restorffeffekt*; fr. *Effet Restorff*; sp. *Efecto Restorff*). Vantaggio nella ritenzione di certi stimoli percepiti come più differenziati rispetto agli altri. La differenziazione, che può essere di ordine percettivo o semantico, produce un'evidenziazione dell'item, con conseguente maggior attenzione nella codifica e nell'elaborazione del dato. Detto effetto è stato accostato all'articolazione figura-sfondo evidenziata da Kurt Koffka nell'ambito della PSICOLOGIA DELLA GESTALT (v. § II, 2).

Bibliografia

Restorff H. von, *Über die Wirkung von Bereichsbildung in Spurenfield*, in "Psychologische Forschung", 1933, n. 18.

Rete neuronale (ingl. *Neural network*; ted. *Neuronaler Netzwerk*; fr. *Réseau de neurones*; sp. *Red neuronal*). Insieme di neuroni interconnessi tra loro, i cui diversi fattori di produzione o di segnalazione definiscono un circuito riconoscibile. Una rete neuronale ha tre principali tipi di unità (neuroni) collegate tra loro: le unità di input come ad esempio i recettori sensoriali, le unità interne o interneuroni, e le unità di output come ad esempio i neuroni motori. Le unità di input sono attivate da eventi fisici o chimici che provengono dall'esterno dell'organismo, mentre le unità interne e quelle di output sono attivate da sinapsi eccitatorie o inibitorie che giungono da altre unità. Le unità di output producono cambiamenti all'esterno della rete come il movimento di parti dell'organismo. Le connessioni della rete hanno un certo numero di siti sinaptici che cambia in base all'attività della rete stessa e, per effetto di questo cambiamento, si hanno modificazioni nel comportamento e nell'apprendimento.

Le reti neuronali vengono studiate per comprendere come possono associare uno stimolo a una risposta, come possono generalizzare, categorizzare, prevedere, ricordare, selezionare il comportamento in base allo stimolo o alla motivazione. Per quanto concerne l'associazione di uno stimolo a una risposta, la rete viene esposta a una successione di input e, quando scopre una certa regolarità negli input che riceve, impara a *generalizzare* e ad apprendere in modo sempre più rapido gli input successivi. Inoltre impara a *categorizzare* quando risponde in modo corretto a input mai prima incontrati. È in grado di *prevedere* quando l'output della rete, nel rispondere a un input, codifica quale sarà l'input successivo. Oltre alla capacità di prevedere, la rete ha anche la capacità di ritenere in memoria input precedenti e quindi di *ricordare*, estendendo la propria prospettiva in direzione del passato.

Le modificazioni che vengono apportate ai pesi sinaptici della rete sono tracce permanenti di quello che è accaduto in passato e costituiscono quello che in psicologia si chiama memoria a lungo termine, mentre nel caso della memoria a breve termine (v. MEMORIA, § 3), che contiene un numero limitato di informazioni, le unità della rete non sono attivate solo dagli input che giungono dall'esterno, ma anche dal livello di attivazione di tali unità nel ciclo precedente, per cui, in funzione di quello che è avvenuto in un momento antecedente, la rete è in grado di rispondere in modo diverso al medesimo input. La stessa cosa accade quando l'input è di natura *motivazionale*, nel senso che le motivazioni, attivando l'attenzione in modo selettivo, consentono all'organismo di scegliere a quale input rispondere tra quelli simultaneamente presenti. Le reti neuronali, oltre ad attivare comportamenti reattivi, sono in grado anche di presiedere a comportamenti più complessi e ad abilità cognitive superiori, grazie a circuiti interni costituiti da connessioni che tornano dall'output all'input, nel senso che la rete non risponde solo agli input provenienti dall'esterno, ma anche agli input autogenerati dalla rete stessa che consentono, ad esempio negli esseri umani, di avere immagini, ricordi, ragionamenti, previsioni, piani d'azione, prevedendo anche le conseguenze delle azioni pianificate, cosa che facilita le decisioni.

Come osserva Domenico Parisi, «le reti neurali sono il principale strumento di lavoro di quel nuovo tipo di scienza cognitiva che viene definito "neurale" e che ha l'obiettivo di integrare pienamente lo studio del comportamento nelle neuroscienze e nelle scienze biologiche in genere, abbandonando il tradizionale vocabolario mentalistico della psicologia e interpretando e spiegando il comportamento e le capacità cognitive degli organismi facendo direttamente riferimento al loro sistema nervoso» (2006-2007, p. 944).

Bibliografia

Floreano D., Mattiussi C., *Manuale sulle reti neurali*, il Mulino, Bologna 2002.

Parisi D., *Reti neurali*, in AA.VV., *Psiche. Dizionario storico di psicologia, psichiatria, psicoanalisi, neuroscienze*, Einaudi, Torino 2006-2007, vol. II, pp. 944-948.

Retentio, v. TEMPO, § II, 2.

Retenzione, v. RITENZIONE.

Retest, v. TEST, § I, 2.

Reticenza (ingl. *Reticence*; ted. *Zurückhaltung*; fr. *Réticence*; sp. *Reticencia*). Tendenza a nascondere o a non dire, congiunta al desiderio di lasciar sottintendere ciò che si ritiene sconveniente o socialmente non approvabile. Graficamente la reticenza è espressa dall'interruzione della frase seguita da puntini di sospensione.

Reticolare, Formazione, v. FORMAZIONE RETICOLARE.

Retifismo (ingl. *Retifism*; ted. *Retifismus*; fr. *Rétifisme*; sp. *Retifismo*). Feticismo del piede o della scarpa (v. FETICISMO). Il termine deriva dal nome dello scrittore francese Rétif de La Bretonne (1734-1806) che presentava questo tipo di comportamento sessuale, dove il piede e la scarpa assumono il valore solitamente attribuito agli organi sessuali.

Retorica (ingl. *Rhetoric*; ted. *Rhetorik*; fr. *Rhétorique*; sp. *Retórica*). Definita dagli antichi come arte del persuadere mediante l'impiego di strumenti linguistici, oggi la retorica è la scienza della generazione e della comprensione del testo mediante l'individuazione delle regole che sono alla base del suo costituirsi. La psicoanalisi di Sigmund Freud ha dato in questo senso un significativo contributo quando, indicando il doppio binario discorsivo di cui si serve la psiche a livello conscio e a livello inconscio, ha indicato nei meccanismi della CONDENSAZIONE (v.) e dello SPOSTAMENTO (v.), che corrispondono alle figure retoriche della metafora e della metonimia, le modalità con cui l'inconscio si manifesta nel sogno, nel lapsus, nel motto di spirito, con deformazioni che si riscontrano anche nel linguaggio utilizzato nell'ambito di determinate patologie. La corrispondenza è particolarmente evidente nella descrizione freudiana del *lavoro del sogno* (v. SOGNO, § II, 2) che risponde a «una costrizione ad avviare dei collegamenti proprio in direzione dell'impressione recente, anche se indifferente; e questa deve rivelarsi, attraverso un attributo qualsiasi, particolarmente idonea. In caso contrario, potrebbe succedere con altrettanta facilità che i pensieri del sogno spostassero il loro accento su una componente inessenziale della loro cerchia di rappresentazioni» (1899, p. 170). Questi collegamenti avvengono attraverso le quattro operazioni della condensazione, dello spostamento, della rappresentazione e dell'elaborazione secondaria, esposte alla voce SOGNO, § II, 2.

Nel tentativo di individuare gli effetti dell'inconscio sul discorso, Freud ha dato un significativo contributo alla retorica, riconosciuto anche dal linguista Émile Benveniste che in proposito scrive: «L'inconscio si serve di una vera e propria retorica che, come lo stile, ha le sue figure, e il vecchio elenco dei tropi offrirebbe un repertorio adatto ai due registri dell'espressione» (1966, p. 106). Dal canto suo, un altro linguista, Roman Jakobson, afferma: «La concorrenza fra i procedimenti metonimico e metaforico è evidente in ogni processo simbolico, sia intrasubiettivo, sia sociale. Così, in uno studio sulla struttura dei sogni, il problema fondamentale è quello di sapere se i simboli e le sequenze temporali utilizzate sono fondate sulla contiguità ("spostamento" metonimico e "condensazione" sineddochica di Freud), o sulla similarità ("identificazione" e "simbolismo" di Freud)» (1956, p. 41).

Riflettendo su queste analogie, Jacques Lacan osserva che «nel lavoro del sogno si trovano i due versanti dell'incidenza del significante sul significato. La *Verdichtung*, o *condensazione*: cioè la struttura di sovrapposizione dei significanti in cui prende campo la *metafora*, e il cui nome, condensando in sé la *Dichtung*, indica la connaturalità di questo meccanismo con la poesia, fino al punto di includere la funzione propriamente tradizionale di quest'ultima. La *Verschiebung*, o *spostamento*: cioè il viraggio della significazione dimostrato dalla *metonimia* e che, fin dalla sua apparizione in Freud, è presentato come il mezzo dell'inconscio più adatto per eludere la censura» (1957, p. 506). Risulta evidente, conclude Lacan, che «la *Traumdeutung*, l'interpretazione freudiana dei sogni, è molto in anticipo sulle formalizzazioni della linguistica, alle quali si potrebbe indubbiamente dimostrare aver aperto la strada grazie unicamente al suo peso di verità» (ivi, p. 507). Per quanto riguarda la corrispondenza tra condensazione e spostamento da un lato e metafora e metonimia dall'altro, si veda la voce METAFORA, mentre per quanto riguarda la lettura dell'inconscio come retorica si veda la voce LACANIANA, TEORIA, §§ 3-4.

Bibliografia

Aristotele, *Retorica*, in *Opere*, Laterza, Bari 1973.

Barilli R., *Retorica*, Isedi, Milano 1979.

Barthes R., *La retorica antica* (1970), Bompiani, Milano 1972.

Benveniste É., *Problemi di linguistica generale* (1966), il Saggiatore, Milano 1971.

Bottiroli G., *Retorica. L'intelligenza figurale nell'arte e nella filosofia*, Bollati Boringhieri, Torino 1993.
Boudon R., *L'arte di persuadere se stessi* (1990), Rusconi, Milano 1993.
Freud S., *L'interpretazione dei sogni* (1899), in *Opere* (1967-1993), Bollati Boringhieri, Torino, vol. III.
–, *Psicopatologia della vita quotidiana* (1901), in *Opere*, cit., vol. IV.
–, *Il motto di spirito e la sua relazione con l'inconscio* (1905), in *Opere*, cit., vol. V.
Gianformaggio L., *Retorica*, in AA.VV., *Gli strumenti del sapere contemporaneo*, vol. I: *Le discipline*, Utet, Torino 1985, pp. 636-650.
Jakobson R., *Due aspetti del linguaggio e due tipi di afasia* (1956), in Id., *Saggi di linguistica generale* (1963), Feltrinelli, Milano 1966.
Kremer-Marietti A., *Lacan o la retorica dell'inconscio* (1978), Astrolabio, Roma 1981.
Lacan J., *L'istanza della lettera dell'inconscio o la ragione dopo Freud* (1957), in *Scritti* (1936-1966), Einaudi, Torino 1974, vol. I.
Michelstaedter C., *La persuasione e la rettorica* (1913, edito postumo), Adelphi, Milano 1995.
Rigotti F., *La verità retorica. Etica, conoscenza e persuasione*, Feltrinelli, Milano 1995.

Retroazione (ingl. *Feedback*; ted. *Rückwirkung*; fr. *Rétroaction*; sp. *Retroalimentación*). Azione di ritorno dell'effetto sulla causa che l'ha prodotto (*feedback*), con conseguente modificazione a posteriori del principio che ha attivato il processo. Elaborato in ambito cibernetico, il concetto di retroazione s'è rivelato particolarmente utile per spiegare molti fenomeni biologici (*biofeedback*) e psicologici. Si distinguono una retroazione negativa e una positiva a seconda che il ritorno dell'informazione sull'informatore riduca o accresca il rendimento di quest'ultimo, come quando il successo diminuisce o aumenta l'attività, o come quando il cibo satura o incrementa l'appetito. I processi di retroazione sono stati particolarmente studiati in *psicologia sociale* dove si assiste a uno spontaneo adeguamento o rettifica del proprio comportamento in relazione alle informazioni che provengono dal comportamento altrui, in *psicologia sistemica* che al concetto di causalità lineare sostituisce quello di circolarità, dove ogni punto del sistema influenza ed è influenzato da ogni altro, e in *psicologia dell'apprendimento* dove il livello di conoscenze raggiunto facilita la recezione di nuovi dati e, per un effetto di ritorno, accresce la padronanza delle informazioni acquisite. In ambito *comportamentista* si interpreta la retroazione come una forma di condizionamento operante (v. Apprendimento, § I, 2), dove la ricompensa è data dalla conferma del segnale di ritorno.

Una forma di retroazione è il *biofeedback*, o retroazione biologica, che consiste in una particolare tecnica che consente al soggetto di controllare sia le risposte fisiologiche autonome, come il ritmo cardiaco, la pressione sanguigna, la temperatura cutanea, il grado di rilassamento muscolare, l'attività elettrica del cervello (*neurofeedback*), sia quelle che, pur essendo sotto il controllo volontario, risultano alterate da un trauma o da una malattia, ottenendo un'informazione immediata sugli eventi sottoposti a controllo tramite apparecchiature elettrofisiologiche e attrezzature di monitoraggio. La tecnica del biofeedback si è rivelata efficace nel trattamento della cefalea muscolo-tensiva, dell'insonnia e dell'ansia generalizzata.

Bibliografia

Anchisi R., Gambotto Dessy M., *Manuale del biofeedback. Psicologia e medicina comportamentale*, Edizioni Libreria Cortina, Torino 1996.
Basmajian J. V. (a cura di), *Il biofeedback. Aspetti teorici ed applicazioni pratiche* (1979), Piccin, Padova 1985.
Blanchard E. B., Epstein L. H., *Biofeedback. Manuale introduttivo* (1978), Bollati Boringhieri, Torino 2000.
Chiari G., *Biofeedback, emozione e malattia*, Franco Angeli, Milano 1982.
Pancheri P., *Biofeedback. Tecniche di controllo in psichiatria, psicosomatica e medicina*, Bulzoni, Roma 1979.
Sacco G., Testa D., *Biofeedback e psicosomatica*, Franco Angeli, Milano 2011.

Retrocognizione, v. Parapsicologia, § 1.

Retroflessione, v. Psicologia della Gestalt, § IV, 2, *d*.

Retrogenesi (ingl. *Retrogenesis*; ted. *Rückentstehung*; fr. *Arrière-genèse*; sp. *Retrogénesis*). Concetto introdotto da August Staercke per segnalare che ogni sviluppo comporta una retrocessione a fasi più primitive, per cui la linea di crescita nell'ambito della coscienza non è regolata dall'*evoluzione*, che presuppone l'articolarsi della nuova formazione su quella immediatamente precedente, ma dalla *rivoluzione*, come vuole l'espressione di Staercke, caratterizzata da continue rotture rispetto alle acquisizioni più recenti, rese possibili dall'attivarsi di stadi inferiori fino a quel momento non sviluppati.

Bibliografia

Staercke A., *Das Gewissen und die Wiederholung*, in "International Journal of Psycho-Analysis", 1929, n. 15.

Retrogressione (ingl. *Retrogression*; ted. *Rückwirkung*; fr. *Rétrogression*; sp. *Retrogresión*). Concetto introdotto da Kurt Lewin per indicare la riattivazione di un comportamento attivato in un'altra fase biografica dell'individuo. Lewin tiene distinta la retrogressione dalla Regressione (v.) per evitare implicazioni psicoanalitiche e perché la regressione tende ad attivare un comportamento primitivo che può anche non essere mai stato adottato in passato.

Bibliografia

Lewin K., *Teoria dinamica della personalità* (1935), Giunti Barbera, Firenze 1965.

Retrospezione (ingl. *Retrospection*; ted. *Rückblick*; fr. *Rétrospection*; sp. *Retrospección*). Analisi dei contenuti mnestici consci che si riferiscono al proprio passato e che costituiscono il punto di partenza di ogni INTROSPEZIONE (v.).

Reumatismo psicogeno, v. LOCOMOZIONE, § 3.

Reversibilità (ingl. *Reversibility*; ted. *Umkehrbarkeit*; fr. *Réversibilité*; sp. *Reversibilidad*). Proprietà di una sequenza i cui termini sono suscettibili di un'inversione.

1. PSICOLOGIA DELLA GESTALT. In questo ambito si parla di reversibilità a proposito di quelle immagini contigue dove, in tempi diversi, l'una fa retrocedere l'altra a sfondo della figura emergente. Edgar Rubin, a cui si devono gli studi più approfonditi sulle figure reversibili di cui la più nota è quella in cui compaiono alternativamente un vaso (in bianco) o due profili di volti (in nero), ha isolato tre fattori fondamentali a cui sottostanno le immagini: *a*) la grandezza relativa delle parti che fa assumere la funzione di sfondo a quella più grande; *b*) la convessità o concavità dei margini che fa prevalere con funzione di figura la zona con margine chiuso; *c*) l'orientamento spaziale che assegna il ruolo di figura alla zona disposta secondo la verticale e l'orizzontale. La reversibilità risulta quando nessuna di queste condizioni privilegia una zona rispetto all'altra. Lo studio delle figure reversibili ha condotto a problematizzare la riduzione dell'intera realtà percettiva (v. PERCEZIONE, § 3, *a*) alla realtà fisica, come riteneva l'elementarismo (v. INTROSPEZIONISMO), e ha consentito alla PSICOLOGIA DELLA GESTALT (v. § II, 2) di parlare di oggetto fenomenico indipendentemente dal riferimento alle sensazioni.

Figura reversibile in cui compaiono alternativamente un vaso (in bianco) o due profili di volti (in nero), da Edgar Rubin.

2. COGNITIVISMO. Jean Piaget ha parlato di reversibilità a proposito di quell'operazione mentale che il bambino acquisisce tra i 6 e gli 11 anni nello stadio delle operazioni concrete (v. COGNIZIONE, § 2, *c*), quando è in grado di ritornare al punto da cui è partito per compiere un'operazione, con la consapevolezza che si tratta dello stesso percorso e che la cosa non cambia per l'inversione di senso. La reversibilità, che è indice di flessibilità del pensiero, include due operazioni: *a*) l'*inversione* o *negazione* per cui ogni operazione compiuta in un senso può essere compiuta anche nel senso opposto, di modo che, se 3 + 5 = 8, allora 8 – 5 = 3; *b*) la *compensazione* o *reciprocità* per cui all'interno dello stesso sistema c'è la possibilità di compensare l'effetto di un'operazione, come nel caso della conservazione del volume del liquido, pur nella diversa altezza osservabile, dopo averlo rovesciato in recipienti di diversa grandezza.

Bibliografia

Piaget J., *Il linguaggio e il pensiero nel fanciullo* (1923), Editrice Universitaria, Firenze 1955.

–, *Psicologia dell'intelligenza* (1947), Editrice Universitaria, Firenze 1964.

Rubin E., *Visuell wahrgenommene Figuren*, Gyldendal, København 1921.

Riabilitazione (ingl. *Rehabilitation*; ted. *Ehrenrettung*; fr. *Réhabilitation*; sp. *Rehabilitación*). Il termine, che deriva dal diritto romano dove indica il ripristino dello stato giuridico precedente una condanna dopo la dimostrazione di non colpevolezza, è successivamente passato nell'ambito della medicina sociale come quarta branca della pratica medica dopo la PREVENZIONE (v.), la DIAGNOSI (v.) e la terapia (v. PSICOTERAPIA). In ambito psichiatrico il concetto di "riabilitazione" si è affermato dopo la Seconda guerra mondiale in riferimento ai soggetti civili e militari afflitti da turbe psichiche per effetto degli eventi bellici. L'Organizzazione Mondiale della Sanità nel 1952 commissionò a Maxwell Jones, che presiedeva una comunità terapeutica nella forma di ospedale aperto, un rapporto dedicato per la prima volta alla riabilitazione psichiatrica, mentre nel 1966 Silvano Arieti ospitava nel suo *Manuale di psichiatria* il primo saggio sulla riabilitazione scritto da Francis Braceland, in cui si abbandonava la concezione di Emil Kraepelin, secondo il quale la schizofrenia aveva un decorso progressivo per concludersi in un esito sfavorevole, a favore di una tesi più ottimista, confortata da studi longitudinali, che facevano emergere una grande eterogeneità degli esiti: dalla grave disabilità invalidante alla parziale o completa guarigione. Da allora presero avvio percorsi di riabilitazione impostati sull'importanza del lavoro come mezzo di recupero, con la creazione di laboratori protetti, ERGOTERAPIA (v.) e terapia industriale, cosiddetta perché collegata con le imprese esistenti nelle aree circostanti la comunità terapeutica, anche se Benedetto Saraceno, dopo anni dall'istituzione di questi laboratori, afferma che le attività che vi si svolgevano si sono rivelate più che altro forme di intrattenimento, che non sono mai state determinanti nel favorire un reale ingresso nel mondo del lavoro dei pazienti psichiatrici.

In Italia, nel 1971, Franco Basaglia, con uno sguardo in ogni suo aspetto innovativo, stabilì che per un'autentica riabilitazione occorreva individuare: l'oggetto *individuale* che è il malato e la sua malattia, l'oggetto *sovrastrutturale* che è l'istituzione in cui il malato viene ricoverato e l'oggetto *strutturale* che è il ruolo che l'istituzione svolge nel sistema sociale di cui è espressione. Testimonianza dell'interesse per questa impostazione è la nascita della rivista, e della relativa associazione scientifica, "Psychological Rehabilitation Journal" pubblicata negli Stati Uniti nel 1978 e dell'Associazione Mondiale di Riabilitazione Psicosociale fondata nel 1986, mentre nel 1980 e più convintamente nel 1996 l'Organizzazione Mondiale della Sanità accolse in linea di principio la correlazione tra i sintomi psicopatologici con le loro ricadute e il funzionamento sociale o lavorativo che può migliorare o peggiorare la qualità della vita del soggetto malato, sottolineando che la riabilitazione necessita da un lato di un aumento di potere (v. EMPOWERMENT) da parte del paziente nei confronti del medico, in modo che il paziente possa partecipare attivamente al processo stesso di riabilitazione, e dall'altro dell'introduzione di modifiche ambientali per creare migliori condizioni di qualità di vita.

Scopo della riabilitazione è quello di togliere il paziente dallo stato di emarginazione in cui si trova per effetto della sua minorazione, per inserirlo in una condizione occupazionale e sociale il più possibile identica a quella degli altri soggetti sociali. Le tappe della riabilitazione sono: 1) il *riconoscimento delle difficoltà* del soggetto destinate a pesare sulla sua vita futura; 2) l'*integrazione sociale* attraverso la RIEDUCAZIONE (v.) delle facoltà minorate, accompagnata dall'attivazione di quelle residue, e la collocazione professionale che metta il soggetto in condizione di operare con riconoscimento oggettivo delle sue capacità; 3) l'*accettazione sociale* dei membri della comunità sia a livello psicologico per facilitare i rapporti personali in un ambiente gratificato dall'impegno interumano, sia a livello pratico con la creazione di centri di assistenza caratterizzati dalla combinazione delle varie attività riabilitative, e di comunità terapeutiche dove il paziente partecipa attivamente al proprio processo di riabilitazione. Centri di assistenza e comunità terapeutiche arricchiti da terapie occupazionali hanno progressivamente sostituito, per i soggetti afflitti da disturbi psichici, gli ospedali psichiatrici la cui funzione era più di contenimento che di riabilitazione (v. ISTITUZIONE PSICHIATRICA). Circa gli strumenti per la valutazione e la pianificazione degli interventi riabilitativi si rinvia alla voce VADO.

Bibliografia

Basaglia F., *Riabilitazione e controllo sociale* (1971), in *Scritti II – 1968-1980. Dall'apertura del manicomio alla nuova legge sull'assistenza psichiatrica* (a cura di F. Ongaro Basaglia), Einaudi, Torino 1982.

Braceland F., *Riabilitazione*, in S. Arieti (a cura di), *Manuale di psichiatria* (1959-1966), Bollati Boringhieri, Torino 1969-1970, vol. III, pp. 2071-2086.

Hume C., Pullen I., *La riabilitazione dei pazienti psichiatrici* (1992), Raffaello Cortina, Milano 1994.

Jaeggi F., *Aspects sociologiques de l'hospitalisation et de l'évolution des psychoses chroniques*, in "Encéphale", 1963, n. 52, pp. 97-160.

Jones M., *Rehabilitation in psychiatry*, Who Press, Genève 1952.

–, *Social psychiatry in the community*, Springfield, New York 1962.

–, *Al di là della comunità terapeutica* (1968), il Saggiatore, Milano 1974.

Liberman R. P. (a cura di), *La riabilitazione psichiatrica* (1995), Raffaello Cortina, Milano 1997.

Molinari E., Taverna A., *La riabilitazione psicologica nel disturbo mentale*, CSE, Torino 2000.

Morosini P., Magliano L., Brambilla L., *VADO. Valutazione di Abilità. Definizione di Obiettivi. Manuale per la riabilitazione in psichiatria*, Erickson, Trento 1998.

Organizzazione Mondiale della Sanità (OMS), *Psychological rehabilitation. A consensus statement*, Who Press, Genève 1996.

Rosa F., *Diritti dei disabili*, in M. Flores (a cura di), *Diritti umani. Cultura dei diritti e dignità della persona nell'epoca della globalizzazione*, Utet, Torino 2007, vol. I, pp. 338-340.

Saraceno B., *La fine dell'intrattenimento. Manuale di riabilitazione psichiatrica*, Etas Libri, Milano 1995.

Scala A., *L'agire riabilitativo. Manuale della riabilitazione psicosociale*, Il Pensiero Scientifico, Roma 1998.
Siani R., Siciliani O., Burti L., *Strategie di psicoterapia e riabilitazione. Gli psicotici e il servizio psichiatrico*, Feltrinelli, Milano 1990.
Soresi S., *Psicologia dell'handicap e della riabilitazione*, il Mulino, Bologna 2007.
Wing J. K., Morris B., *Handbook of psychiatric rehabilitation practice*, University Press, Oxford 1981.
Zavalloni R., *Il problema degli handicappati. Sviluppi e prospettive*, Armando, Roma 1977.

Riadattamento, v. ADATTAMENTO, § 2.

Riafferenza (ingl. *Reafference*; ted. *Reafferenz*; fr. *Réafférence*; sp. *Reaferencia*). Teoria elaborata da Erich von Holst per spiegare la capacità di distinguere gli stimoli che originano all'interno dell'organismo da quelli esterni prodotti dall'ambiente. Il movimento degli occhi, ad esempio, non produce la percezione del movimento degli oggetti quando questi sono immobili, ma la produce quando gli oggetti si muovono effettivamente. Ciò è possibile perché il movimento volontario degli occhi è accompagnato dall'invio, dai centri nervosi alla periferia, di impulsi che simulano le conseguenze del movimento stesso (*copia di efferenza*). Tale informazione ritorna poi ai centri nervosi tramite impulsi afferenti che permettono di percepire le conseguenze attese. Quando queste coincidono con quelle effettive, percepite grazie alla "riafferenza", non viene percepito il movimento; quando non coincidono si ha la percezione di movimento. Lo scarto tra la percezione attesa (che consegue alla copia di efferenza) e quella effettiva (riafferenza) rappresenta quindi una modificazione reale che avviene nell'ambiente.

Bibliografia

Holst E. von, *Relations between the central nervous system and the peripheral organs*, in "British Journal Animal Behavior", 1954, n. 2, pp. 89-94.
Holst E. von, Mittelstaedt H., *Das Reafferenzprinzip. Wechselwirkungen zwischen Zentralnervensystem und Peripherie*, in "Naturwissenschaft", 1950, n. 37.

Riaggiustamento, v. AGGIUSTAMENTO.

Riapprendimento, v. MEMORIA, § 4, *d*.

Riattivazione (ingl. *Reactivation*; ted. *Reaktivierung*; fr. *Réactivation*; sp. *Reactivación*). Termine impiegato in ambito psicoanalitico per indicare il riapparire di una conflittualità o di una configurazione psichica appartenente a una fase anteriore dello sviluppo. In questo senso si parla di riattivazione del complesso di Edipo o di altri vissuti infantili, come è facile constatare ad esempio nell'esperienza di TRANSFERT (v.).

Ribellione (ingl. *Rebellion*; ted. *Auflehnung*; fr. *Rébellion*; sp. *Rebelión*). Gesto o condotta che esprime rifiuto di norme stabilite o di vincoli di autorità attraverso una resistenza aggressiva o espliciti atti di rivolta. La si riscontra nei bambini quando sono costretti ad adattare la loro condotta al principio di realtà (v. REALTÀ, § 3), negli adolescenti nella fase di emancipazione dai genitori e negli adulti quando resistono o rifiutano un ordine costituito. Karen Horney parla di *ribellione nevrotica* a proposito della resistenza attiva che adolescenti, rassegnati nella vita reale, sviluppano a livello fantastico.

Bibliografia

Horney K., *Nevrosi e sviluppo della personalità. La lotta per l'autorealizzazione* (1950), Bompiani, Milano 1952.
Maffei L., *Elogio della ribellione*, il Mulino, Bologna 2016.

Ribot, Legge di, v. MEMORIA, § 6.

Ricapitolazione, v. FILOGENESI – ONTOGENESI.

Ricatto (ingl. *Blackmail*; ted. *Erpressung*; fr. *Chantage*; sp. *Chantaje*). Condizionamento della condotta altrui attraverso la minaccia di attuare qualcosa che possa recare danno. In psicologia si parla di ricatto affettivo a proposito di quei comportamenti che implicitamente o esplicitamente lasciano intravedere condotte autodistruttive allo scopo di promuovere l'attenzione o l'amore altrui. Il ricatto affettivo è una condotta frequente nei bambini, negli adolescenti e in quanti vivono un rapporto di assoluta dipendenza da un'altra persona.

Ricettività, v. RECETTIVITÀ.

Richiamo, v. MEMORIA, § 2, *d*.

Ricompensa (ingl. *Reward*; ted. *Belohnung*; fr. *Récompense*; sp. *Recompensa*). Premio elargito per il conseguimento di un risultato positivo. Oltre a soddisfare il bisogno di gratificazione, la ricompensa stimola il soggetto alla ripetizione di quanto operato con successo e all'acquisizione di nuovi comportamenti suscettibili di ricompensa. In questo senso la ricompensa agisce come *rinforzo positivo* nell'APPRENDIMENTO (v. § I, 1-2), così come la PUNIZIONE (v. § 1) agisce come stimolo negativo per estinguere comportamenti acquisiti. In ambito pedagogico l'utilizzo sistematico della ricompensa non facilita l'acquisizione di un comportamento autonomo, ma solo il comportamento condizionato dall'attesa della premiazione promessa o usuale. Ne consegue che all'uomo mal si adattano le conclusioni a cui il comportamentismo è giunto nell'ambito della sperimentazione animale, dove ha mostrato che gli animali non rinforzati dal premio, pur avendo appreso l'esecuzione corretta del compito a cui erano sottoposti, utilizzavano concretamente le cognizioni latenti solo in vista della ricompensa.

Bibliografia

Froidure E., *Premi e castighi nell'educazione giovanile* (1949), SEI, Torino 1963.
Thorndike E. L., *Animal intelligence. Experimental studies*, Macmillan, New York 1911.
Vuri V., *Premi e castighi*, in AA.VV., *La pedagogia*, Vallardi, Milano 1974, vol. X.

Ricondizionamento, v. COMPORTAMENTO, § 5.

Riconoscimento (ingl. *Recognition*; ted. *Anerkennung*; fr. *Reconnaissance*; sp. *Reconocimiento*). Il termine ricorre come figura della MEMORIA (v. § 4, *c*) con riferimento all'identificazione, in un'esperienza successiva, di uno stimolo precedentemente esperito, e come figura della MOTIVAZIONE (v. § 7) che è alla base di quella forma di autorealizzazione che in ambito sociale induce al raggiungimento del prestigio, del potere e dell'affermazione di sé, per soddisfare quelle che dal punto di vista psicoanalitico sono indicate come esigenze connesse al NARCISISMO (v.), all'ideale dell'Io (v. IO, IDEALE DELL') o a tendenze aggressive sublimate. Il riconoscimento è anche alla base della costruzione della propria IDENTITÀ (v.) e della propria AUTOSTIMA (v.).

Bibliografia

Cornoldi C., *Apprendimento e memoria nell'uomo*, Utet Libreria, Torino 1986.
Cortese C. G., *Motivare*, Raffaello Cortina, Milano 2005.
Jervis G., *La conquista dell'identità. Essere se stessi, essere diversi*, Feltrinelli, Milano 1977.
La Forgia M., *Morfogenesi dell'identità*, Mimesis, Milano 2008.
Maslow A. H., *Motivazione e personalità* (1954), Armando, Roma 1973.
Miceli M., *L'autostima*, il Mulino, Bologna 1998.
Pierantoni R., *Riconoscere e comunicare. I messaggi biologici*, Bollati Boringhieri, Torino 1977.
Quassoli F., *Riconoscersi. Differenze culturali e pratiche*, Raffaello Cortina, Milano 2007.
Roncato S., Zucco G., *I labirinti della memoria*, il Mulino, Bologna 1993.

Ricordo, v. MEMORIA.

Ricordo di copertura (ingl. *Screenmemory*; ted. *Deckerinnerung*; fr. *Souvenir-écran*; sp. *Recuerdo encubridor*). Espressione psicoanalitica riferita a quei ricordi infantili che si presentano con una chiarezza e con una insistenza che contrasta con l'apparente insignificanza del loro contenuto. A parere di Sigmund Freud, detti ricordi si riferiscono a esperienze rimosse (v. RIMOZIONE) o a fantasmi ad esse connessi che, non potendo essere accolti dalla coscienza, vi compaiono mascherati d'innocenza in una sorta di FORMAZIONE DI COMPROMESSO (v.) analoga a quella che è alla base dell'atto mancato (v. ATTO, § 2, *b*) o del SINTOMO (v.). Il meccanismo sotteso è lo SPOSTAMENTO (v.), analogo allo spostamento in azione nei sogni. Infatti, scrive Freud, «nei ricordi di copertura non si conservano soltanto *alcuni*, ma *tutti* gli elementi essenziali della vita infantile. È solo questione, attraverso l'analisi, di imparare a ricavarli. I ricordi di copertura fungono da rappresentanti degli anni dimenticati dell'infanzia con la stessa adeguatezza con cui il contenuto manifesto del sogno rappresenta i pensieri onirici» (1914, p. 354).

Bibliografia

Freud S., *Ricordi di copertura* (1899), in *Opere* (1967-1993), Bollati Boringhieri, Torino, vol. II.
–, *Ricordare, ripetere e rielaborare* (1914), in *Nuovi consigli sulla tecnica della psicoanalisi* (1913-1914), in *Opere*, cit., vol. VII.

Ricreazione (ingl. *Recreation*; ted. *Erholung*; fr. *Récréation*; sp. *Recreación*). Interruzione temporanea di un'attività impegnativa, come quella scolastica o lavorativa, per scaricare la tensione accumulata e ridurre l'affaticamento attraverso il rilassamento e lo svago necessari per ri-creare le condizioni di concentrazione e di impegno per il proseguimento dell'attività.

Ricupero, v. RECUPERO.

Ridondanza, v. INFORMAZIONE, TEORIA DELL', § 3.

Riduttivismo, v. RIDUZIONISMO.

Riduzionismo (ingl. *Reductionism*; ted. *Reduktionismus*; fr. *Réductionnisme*; sp. *Reduccionismo*). In senso stretto il termine si riferisce a quella tesi epistemologica che stabilisce un ordine gerarchico delle varie forme del sapere a partire dalla fisica, a cui la chimica, la biologia, la psicologia e la sociologia sono subordinate in scala discendente. In senso lato si parla di riduzionismo per ogni ipotesi esplicativa che riconduce le varie manifestazioni fenomeniche a un unico substrato che funge da principio esplicativo. Tali sono, ad esempio: il *riduzionismo fisiologico* come quello di John Broadus Watson che riconduce i processi cognitivi, gli aspetti del comportamento, e in generale le manifestazioni psichiche, alle condizioni fisiologiche (v. COMPORTAMENTISMO, § 2); il *riduzionismo neurofisiologico* che elabora modelli dei processi cognitivi relativi alla percezione, alla memoria e al linguaggio come reti neuronali (v. RETE NEURONALE); il *riduzionismo cibernetico-informatico* che assume le macchine come modelli, spiegando i processi cognitivi in termini di processi computazionali (v. CIBERNETICA; INTELLIGENZA ARTIFICIALE); il *riduzionismo animale* che utilizza osservazioni etologiche sul comportamento sociale animale per evidenziare analogie con il comportamento sociale umano (v. ETOLOGIA; PSICOLOGIA COMPARATA, § 2); il *riduzionismo psicoanalitico* che caratterizza il metodo adottato da Sigmund Freud, che interpreta la psiche con il solo impiego dell'ipotesi causale a partire dalla teoria della libido (v. LIBIDO, § 1), assegnando alla biologia e alla neurofisiologia il compito di spiegare in che modo le modificazioni di tale energia si traducono in comportamenti o normali o patologici. Sarà poi lo stesso Freud a limitare il valore esplicativo di tale riduzionismo, là dove scrive: «Sarà opportuno rammentare che per il momento le nostre ipotesi non pretendono di possedere altro valore che quello di rappresentazioni illustrative» (1915, p. 58). Sempre Freud non esita ad affermare che la psicoanalisi è una scienza provvisoria in attesa che la biologia spieghi quello che ora ci si trova a descrivere con linguaggio psicologico.

Il riduzionismo va distinto dal *riduttivismo*, perché, mentre quest'ultimo riconduce un sistema complesso a pochi principi esplicativi rimanendo all'interno della stessa scienza, il riduzionismo consegna la spiegazione ultima a un'altra scienza che abbia maggiori possibilità di verificare la fondatezza dei fenomeni descritti, come fa Freud quando passa alla biologia il compito di spiegare quello che la psicoanalisi si limita ad illustrare.

Al riduzionismo si oppone il COSTRUTTIVISMO (v.) che non riconduce le manifestazioni psicologiche a un substrato particolare, ma a un modello interpretativo che funge da denominatore comune a differenti modelli possibili con nessuno dei quali è in contraddizione. Tale metodo è stato indicato come più idoneo alla natura dell'oggetto psicologico da Jean Piaget in ambito cognitivista (v. EPISTEMOLOGIA GENETICA) e da Carl Gustav Jung nell'ambito della psicologia del profondo (v. COSTRUTTIVO, METODO).

Bibliografia

Eibl-Eibesfeldt I., *I fondamenti dell'etologia. Il comportamento degli animali e dell'uomo* (1967, edizione ampliata 1987), Adelphi, Milano 1976, edizione ampliata 1995.
Floreano D., Mattiussi C., *Manuale sulle reti neurali*, il Mulino, Bologna 2002.
Freud S., *L'interesse per la psicoanalisi* (1913), in *Opere* (1967-1993), Bollati Boringhieri, Torino, vol. VII.
–, *Metapsicologia* (1915), in *Opere*, cit., vol. VIII.
Jackendoff R., *Coscienza e mente computazionale* (1987), il Mulino, Bologna 1990.
Johnson-Laird Ph. N., *La mente e il computer. Introduzione alla scienza cognitiva* (1988), il Mulino, Bologna 1990.
Jung C. G., *Psicologia dell'inconscio* (1917-1943), in *Opere* (1969-2007), Bollati Boringhieri, Torino, vol. VII.
Pavlov I. P., *I riflessi condizionati* (1927), Bollati Boringhieri, Torino 1966.
Piaget J., *L'epistemologia genetica* (1970), Laterza, Bari 1983.
Searle J. R., *Minds, brain and programs*, in "The Behavioral and Brain Sciences", 1980, n. 3, pp. 417-467.
Watson J. B., *La psicologia così come la vede il comportamentista* (1913), in *Antologia degli scritti*, il Mulino, Bologna 1976.

Rieducazione (ingl. *Re-education*; ted. *Umerziehung*; fr. *Rééducation*; sp. *Reeducación*). Il concetto, che ha la stessa estensione di significato di "educazione", si riferisce a tutti quei processi di ADDESTRAMENTO (v.) e di RIABILITAZIONE (v.) svolti nei confronti di soggetti handicappati, disadattati, disturbati, tossicomani, allo scopo di riportarli ad un livello di aggiustamento sociale e di formazione personale in cui possano esprimere nella forma più alta le loro competenze e capacità. In campo psicologico le tecniche rieducative variano, a seconda del tipo di disadattamento, dalle forme di ricondizionamento (v. COMPORTAMENTO, § 5) a quelle che prevedono una ricostruzione della personalità attraverso esperienze esistenzialmente significative (v. PSICOTERAPIA, § 3).

Bibliografia

AA.VV., *Educazione degli handicappati*, Franco Angeli, Milano 1977.
Bertolini P., *Per una pedagogia del ragazzo difficile*, Malipiero, Bologna 1965.
Pranzini V., *Giovani in carcere. Momenti e problemi di vita educativa*, Armando, Roma 1978.
Zavalloni R., *Il problema degli handicappati. Sviluppi e prospettive*, Armando, Roma 1977.

Rielaborazione, v. ELABORAZIONE.

Rievocazione, v. MEMORIA, § 4, *b*.

Riferimento (ingl. *Reference*; ted. *Hinweis*; fr. *Référence*; sp. *Referencia*). Il termine assume significati diversi a seconda dei contesti. In *psicologia della Gestalt* si parla di schema di riferimento o a proposito dello sfondo rispetto a cui emerge una figura, o a proposito della presenza nell'orizzonte percettivo di elementi che configurano diversamente o deformano il dato percettivo. In *psichiatria* si parla di idee di riferimento a proposito della tendenza a cogliere un significato personale in tutto ciò che avviene (v. DELIRIO, § 3). In *psicologia analitica* Carl Gustav Jung distingue nell'interpretazione dei sogni un riferimento all'oggetto (*Objektstufe*) o al soggetto

(*Subjektstufe*) a seconda che le figure oniriche vengano interpretate per ciò che significano nella vita del sognatore, o come espressioni simboliche di suoi costituenti psichici inconsci (v. INTERPRETAZIONE).

Rifiuto (ingl. *Refusal*; ted. *Ablehnung*; fr. *Refus*; sp. *Rechazo*). Misconoscimento cosciente o inconscio di eventi dolorosi o spiacevoli, tramite il meccanismo più semplice della RIMOZIONE (v.) o quello più grave del NEGATIVISMO (v.), che può compromettere una valutazione adeguata dei dati di realtà e il conseguente adattamento alle circostanze esterne. Erik Homburger Erikson, ipotizzando nell'adolescente un'acquisizione di identità a partire da uno stadio di dispersione, colloca il rifiuto del diverso da sé e il distanziamento dall'altro come uno stadio che tratteggia in negativo la nuova identità del soggetto.

Bibliografia

Erikson E. H., *Infanzia e società* (1950), Armando, Roma 1968.

Freud S., *La rimozione*, in *Metapsicologia* (1915), in *Opere* (1967-1993), Bollati Boringhieri, Torino, vol. VIII.

Riflessione (ingl. *Reflection*; ted. *Überlegung*; fr. *Réflexion*; sp. *Reflexión*). Consapevolezza delle proprie modalità di conoscere. A tale significato generale fa riferimento anche l'uso più corrente che definisce "riflessiva" quella condotta che, prima di giudicare o di agire, prende coscienza critica delle sue modalità di giudicare e di agire.

1. FILOSOFIA. Nell'antichità il termine riflessione (ἐπιστροφή) si riferiva alla conoscenza che l'intelletto ha di sé in quanto non solo conosce, ma sa di conoscere. Questo significato, che si è protratto anche nella filosofia scolastica, ha subìto una modificazione nell'età moderna con John Locke che distinse la riflessione, che ci dà le idee delle nostre operazioni mentali, come il percepire, il dubitare, il credere, il ragionare, dalla sensazione, che ci dà le idee che vengono dall'esterno. Per David Hume la riflessione è una riproduzione delle impressioni immediate, da cui si originano le idee che si distinguono dalle impressioni per la loro minor forza e vivacità. Immanuel Kant distingue la "riflessione logica" che è la comparazione tra molteplici esperienze per trovare ciò che hanno in comune, dalla "riflessione trascendentale" che determina le relazioni reciproche tra le cose in base alle seguenti coppie di concetti: identità e diversità, comunanza e opposizione, interno ed esterno, materia e forma. Georg Wilhelm Friedrich Hegel distingue una riflessione intellettuale, che contrappone soggetto a oggetto, da una riflessione razionale, che esprime l'immanenza reciproca degli opposti. In questa seconda accezione la riflessione oltrepassa l'astrattezza dell'intelletto. Edmund Husserl parla di riflessione fenomenologica a proposito di quel pensare che non ha per oggetto il mondo, ma le modalità del suo darsi. In questa accezione il concetto di riflessione è stato ripreso dalla psichiatria fenomenologica (v. ANALISI ESISTENZIALE, § 2).

2. PSICOLOGIA RIFLESSIVA. È il nome assegnato a quella corrente psicologica che considera gli elementi dell'esperienza nel loro rapporto con la soggettività che analizza le condizioni generali delle proprie attività mentali. Il metodo utilizzato è l'INTROSPEZIONE (v.).

3. PSICOANALISI. Sigmund Freud intende per riflessione l'abbandono da parte della pulsione del proprio oggetto per ripiegarsi sull'Io, come nel caso del masochismo letto come sadismo rivolto contro di sé (v. OPPOSTI, § 1, *a*).

4. PSICOLOGIA ANALITICA. Carl Gustav Jung parla della riflessione come di un impulso, tipicamente umano, che, prima di scaricare all'esterno l'istintività, la devia in un'attività endopsichica, trasformando un processo naturale in un contenuto di coscienza: «Noi non pensiamo abitualmente che la riflessione sia mai stata istintiva, ma associamo questo termine con uno stato cosciente dello spirito. *Reflexio* significa ripiegamento, e nell'ambito psicologico si definirebbe con questo termine il fatto che il processo di riflesso, il quale convoglia lo stimolo nello scarico istintuale, è *interrotto* dalla psichificazione. I processi psichici esercitano un'azione attrattiva sull'istinto di attività che procede dallo stimolo in conseguenza dell'intromissione della riflessione, cosicché l'impulso viene deviato in un'*attività endopsichica* prima di scaricarsi all'esterno. La *reflexio* è una sterzata verso l'interno con la conseguenza che, in luogo di una reazione istintiva, sorge una *successione di contenuti o stati* che si potrebbero definire all'incirca come *riflessione* o ripensamento. In tal modo all'obbligatorietà subentra una certa libertà, e in luogo della prevedibilità una relativa imprevedibilità delle conseguenze. L'istinto della riflessione è ciò che costituisce l'essenza e la ricchezza della psiche umana. [...] Attraverso l'impulso di riflessione il processo di stimolazione viene trasformato più o meno completamente in contenuti psichici, cioè diventa un'*esperienza vissuta*: *un processo naturale trasformato in un contenuto della coscienza*. La riflessione è *l'istinto civilizzatore "par excellence"* e la sua forza si palesa nell'autoaffermazione della civiltà di fronte alla nuda natura» (1937, pp. 135-136).

Oltre che come determinante psicologica del comportamento umano e quindi come attività endopsichica che trasforma la natura in cultura, la riflessione consente di uscire dalla condizione psichica di identità inconscia con l'oggetto e quindi di riconoscere le proprie proiezioni come proiezioni e non come dati di realtà. Infatti, scrive Jung, «chiunque non possegga in misura eminente capacità di riflessione non riesce a tenersi al di sopra delle proprie proiezioni. [...] Il carattere coatto di questi rapporti (vale a dire l'elemento "magico" o di "coazione mistica") è completamente inconscio in lui "finché tutto va bene". Ma se subentra un'alterazione mentale paranoide, queste relazioni inconsce di carattere proiettivo emergono come altrettanti legami coatti, adorni di regola dei materiali inconsci, che però – si noti – formavano già il contenuto di queste proiezioni quando lo stato del paziente era ancora normale» (1916-1948, p. 283).

5. Neurobiologia interpersonale. In questo campo Daniel J. Siegel scrive che «riflessione significa rivolgere l'attenzione sull'esperienza mentale interiore propria o degli altri. Il "sentire" lo stato mentale interno di un'altra persona modifica il nostro stato interno; quindi rivolgere lo sguardo verso il nostro mondo interiore serve a favorire l'empatia nei confronti dell'esperienza mentale degli altri. Pertanto, la riflessione è una via interiore e interpersonale verso l'insight, la compassione e l'empatia» (2012, p. 46).

Bibliografia

Callieri B., *La perplessità. Note di psichiatria fenomenologica* (1977), in Id., *Percorsi di uno psichiatra* (1955-1992), Edizioni Universitarie Romane, Roma 1993, pp. 125-136.

–, *Riflessione, meditazione, contemplazione* (1978), in Id., *Percorsi di uno psichiatra*, cit., pp. 137-148.

Hegel G. W. F., *Enciclopedia delle scienze filosofiche in compendio* (1817), Laterza, Bari 1968.

Hume D., *Ricerche sull'intelletto umano* (1748), Laterza, Bari 1968.

Husserl E., *Idee per una fenomenologia pura e per una filosofia fenomenologica* (1912-1928), Einaudi, Torino 1965.

Jung C. G., *Considerazioni generali sulla psicologia del sogno* (1916-1948), in *Opere* (1969-2007), Bollati Boringhieri, Torino, vol. VIII.

–, *Determinanti psicologiche del comportamento umano* (1937), in *Opere*, cit., vol. VIII.

Kant I., *Critica della ragion pura* (1781), Laterza, Bari 1959.

Locke J., *Saggio sull'intelligenza umana* (1690), Bompiani, Milano 2004.

Marc A., *Psychologie réflexive*, L'Édition Universelle, Bruxelles 1949.

Siegel D. J., *Mappe per la mente. Guida alla neurobiologia interpersonale* (2012), Raffaello Cortina, Milano 2014.

Riflesso (ingl. *Reflex*; ted. *Reflex*; fr. *Réflexe*; sp. *Reflejo*). Risposta automatica e involontaria agli stimoli che agiscono sull'organismo. Sono azioni riflesse le contrazioni muscolari, le secrezioni di ghiandole, le variazioni del tono muscolare, le modificazioni dell'attività cardiaca, circolatoria e respiratoria con la possibilità di una regolazione in modo da adattarsi alle necessità vitali di ciascun momento, come esposto alla voce Movimento, § 1, *a*.

1. L'arco riflesso. La base anatomica dell'azione riflessa è l'arco riflesso, costituito, seguendo la schematizzazione di Giuseppe Girotti, da: *a*) un *organo recettore* che può essere una semplice terminazione nervosa sensitiva o un organo di senso più o meno complesso; *b*) una *via afferente* rappresentata da un neurone sensitivo; *c*) uno o più *neuroni internunciali* che fungono da intermediari e che possono anche mancare; *d*) una *via efferente* rappresentata dal neurone o dai neuroni motori; *e*) un *organo effettore* che può essere una formazione muscolare o una ghiandola. Per lo svolgersi di un'azione riflessa occorre che tutti i punti dell'arco corrispondente siano integri.

Per lo studio sperimentale dei riflessi si fa spesso riferimento ai *riflessi motori* che consentono la misurazione dell'intensità della risposta in base al diverso grado di tensione sviluppato da un dato muscolo. In questo ambito si distinguono *riflessi flessori*, che si riferiscono alla flessione di un arto in seguito, ad esempio, a uno stimolo dolorifico allo scopo di allontanarsi

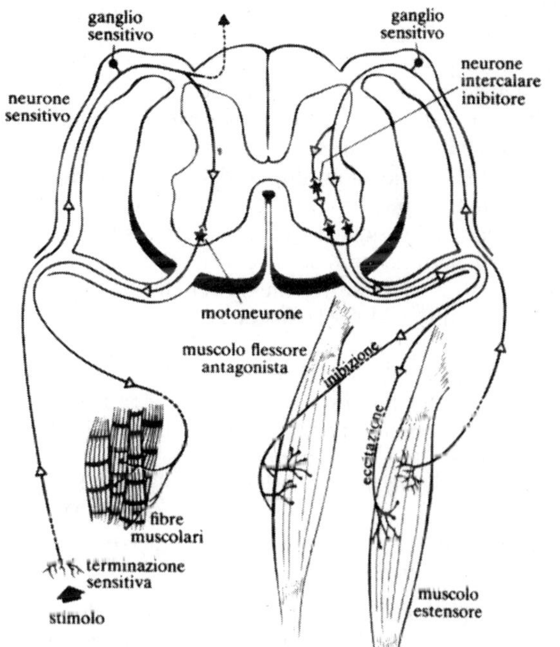

Rappresentazione schematica di un riflesso: a sinistra il principio dell'arco riflesso semplice, a destra quello dell'innervazione reciproca.

dalla causa perturbante, e *riflessi estensori* o antigravitari come quelli che permettono di tenere alto il capo e altre parti del corpo. I muscoli scheletrici sono mantenuti in un modico grado di contrazione definito TONO MUSCOLARE (v.) che coinvolge poche unità motorie del muscolo, con un continuo avvicendamento, atto ad evitare fenomeni di fatica. La particolare distribuzione del tono nei vari muscoli del collo, del tronco e degli arti determina la *postura*, ossia il peculiare atteggiamento del corpo.

Le principali caratteristiche dei riflessi sono: *a*) la *localizzazione* dovuta al fatto che ogni singolo arco riflesso corrisponde a una determinata parte del corpo e provoca l'entrata in attività di un determinato gruppo muscolare; *b*) la *sommazione* per cui due stimoli, singolarmente insufficienti a provocare il riflesso, applicati in rapida successione (sommazione temporale) o su due vie sensitive convergenti sullo stesso neurone effettore (sommazione spaziale) possono determinare la risposta; *c*) il *reclutamento* per cui continuando a stimolare una via sensitiva la contrazione del muscolo aumenta gradualmente fino a raggiungere un massimo; *d*) la *scarica postuma* per cui, al cessare di uno stimolo riflessogeno che abbia avuto una certa durata, la contrazione del muscolo continua per qualche tempo decrescendo lentamente; *e*) l'*innervazione reciproca* per cui l'eccitazione riflessa di un dato gruppo muscolare si accompagna di regola con l'inibizione riflessa del gruppo muscolare antagonista; *f*) la *via finale comune* costituita dal neurone effettore dell'arco riflesso in cui convergono numerose vie facilitanti e inibenti che esercitano molteplici e spesso discordanti influenze. Grazie allo sviluppo dell'encefalo raggiunto dai mammiferi superiori e soprattutto dall'uomo, l'autonomia funzionale dell'apparato assile elementare del midollo spinale si è ridotta notevolmente a favore dei dispositivi riflessi dei diversi segmenti dell'encefalo (v. MIDOLLO SPINALE).

2. ALTRI IMPIEGHI DEL TERMINE "RIFLESSO" DI RILEVANZA PSICOLOGICA. Le ricerche sui riflessi hanno offerto significativi contributi allo studio dei livelli di ATTIVAZIONE (v.) del sistema nervoso le cui misure fisiologiche sono affidate, oltre che all'ELETTROENCEFALOGRAFIA (v.), all'ELETTROMIOGRAFIA (v.) e ai POTENZIALI EVOCATI (v.), al riflesso psicogalvanico e al riflesso di orientamento.

a) *Il riflesso psicogalvanico* è l'insieme delle modificazioni di corrente elettrica che si registrano applicando sulla cute due elettrodi. Dette modificazioni, correlabili all'attività delle ghiandole sudoripare, si rivelano quando vengono presentati al soggetto degli stimoli visivi, acustici, olfattivi ecc. Si è potuto constatare, ad esempio, che se uno stimolo ha uno specifico significato emotivo, come nel caso di parole tabù, dopo un tempo di latenza di circa due secondi dall'inizio della stimolazione vi è prima una diminuzione nella resistenza, con un'alterazione di alcuni secondi, seguita da un ritorno al livello di base. Si è inoltre constatata una stretta correlazione tra il riflesso psicogalvanico e gli stati di attivazione e di all'erta, i processi di condizionamento, la difesa percettiva, gli stati emotivi, senza tuttavia riuscire a definire la natura biofisica di questo processo, i cui dati sono comunque utilizzati dalla cosiddetta MACCHINA DELLA VERITÀ (v.).

b) *Il riflesso di orientamento*, messo in evidenza da Ivan Petrovič Pavlov, è la risposta globale del sistema nervoso che innesca un complesso di reazioni fisiologiche in presenza di uno stimolo nuovo che emerge nell'ambiente consueto. Dette reazioni, che aumentano la capacità percettiva e il comportamento esplorativo diretto all'elemento sconosciuto, sono di tipo: *somatico* con movimenti degli occhi, delle orecchie e della testa verso la fonte dello stimolo; *vegetativo* con modificazioni cardiache, vascolari e cutanee che comportano aumento della tensione muscolare, caduta della respirazione cutanea, vasocostrizione periferica con vasodilatazione nella testa, reazioni pupillari e respiratorie; *elettroencefalografico* con modificazione della frequenza del potenziale di base e desincronizzazione del ritmo alfa (v. ELETTROENCEFALOGRAFIA); *sensoriale* con abbassamento della soglia percettiva. Il riflesso di orientamento ha una reazione aspecifica alle modalità dello stimolo e una sua estinzione dopo un certo tempo. La ripetizione dello stesso stimolo provoca ABITUAZIONE (v.), mentre uno stimolo che non si conforma al riflesso di orientamento acquisito ne provoca uno nuovo. Dal punto di vista comportamentale, il riflesso di orientamento produce un aumento delle capacità discriminative e selettive degli stimoli, una focalizzazione dell'ATTENZIONE (v. § 1) e un abbassamento della soglia percettiva. Pavlov, dopo aver studiato questo riflesso nel suo laboratorio, ha scritto che «il riflesso di orientamento sbocca in una curiosità (istinto cognitivo) che è all'origine di ogni scienza e porta a un orientamento illimitato nel mondo circostante» (1927, p. 142), ipotizzando un legame tra la motivazione cognitiva e l'aspetto emozionale del riflesso di orientamento. Nella letteratura nordamericana detto riflesso è indicato con il termine *arousal* (v. ATTIVAZIONE), che si riferisce sia alle misure comportamentali quali le capacità selettive, discriminative e mnemoniche, sia alle misure fisiologiche quali l'elettroencefalografia, l'elettromiografia e il riflesso psicogalvanico.

c) *Il riflesso incondizionato o condizionato* è la risposta a uno stimolo. Se la risposta è congenita, si parla di riflesso incondizionato; se è appresa, di riflesso condizionato. Quest'ultimo è alla base di tutte le forme di apprendimento associativo sia nel condizionamento classico sia nel condizionamento operante (v. APPRENDIMENTO, § I, 1-2).

d) *Il riflesso di morte apparente* si riferisce alla rigidità motoria che talune specie animali oppongono a gravi situazioni di pericolo, simulando la morte. Questo meccanismo filogenetico riemerge nell'uomo di fronte a circostanze traumatiche di forte intensità che, oltrepassando le risorse psichiche del soggetto, gli impediscono risposte adattive più articolate. Ernst Kretschmer attribuisce la paralisi isterica, accompagnata dal restringimento della sfera cosciente e da stato stuporoso ipnoide, alla matrice biologica di questo riflesso.

e) *Il riflesso pupillare* è la modificazione dell'ampiezza della pupilla per contrazione o dilatazione dell'iride a cui si assiste o in occasione del passaggio repentino dalla luce intensa al buio, o in presenza di emozioni come la paura o stati ansiosi in genere.

f) *Il riflesso di salivazione* determina la secrezione della saliva come risposta alla stimolazione interna della mucosa (riflesso incondizionato) o alla percezione o immaginazione di alimenti (riflesso condizionato).

g) *Il riflesso di Babinski* è un riflesso patologico, individuato dal neurologo parigino nella zona del midollo spinale e della via piramidale che interviene in malattie nervose organiche. Si manifesta non appena si sfiorano le piante dei piedi, e si esprime in una flessione dorsale dell'alluce, invece che in una normale flessione plantare. Nei lattanti questa manifestazione è fisiologica finché la via piramidale non è del tutto formata.

Naturalmente esistono numerosi altri tipi di "riflesso" la cui struttura formale, esposta alla voce MOVIMENTO, § 1, *a*, non differisce da quella leggibile negli esempi di "riflesso" qui riportati.

Bibliografia

Claridge G. S., *Personality and arousal*, Pergamon, Oxford 1969.

Dewey J., *The reflex arc concept in psychology*, in "Psychological Review", 1896, n. 3.

Duffy E., *Activation and behavior*, Wiley, New York 1962.

Girotti G., *I fondamenti fisiologici dell'attività psichica*, in L. Ancona (a cura di), *Nuove questioni di psicologia*, La Scuola, Brescia 1972, vol. II, pp. 747-868.

Giulio L., *Riflesso*, in AA.VV., *Gli strumenti del sapere contemporaneo*, vol. II: *I concetti*, Utet, Torino 1985, pp. 704-705.

Kretschmer E., *Manuale teorico-pratico di psicologia medica* (1922), Sansoni, Firenze 1952.

Lynn R., *Attention, arousal and the orientation reaction*, Pergamon, Oxford 1966.

Magoun H. W., *The waking brain*, Thomas, Springfield, Illinois, 1958.

Mecacci L. (a cura di), *Tecniche psicofisiologiche*, Zanichelli, Bologna 1982.

Pavlov I. P., *I riflessi condizionati* (1927), Bollati Boringhieri, Torino 1966.

Strelau J., Eysenck H. J., *Arousal and personality dimensions*, Plenum, New York 1986.

Thorndike E. L., *Animal intelligence. Experimental studies*, Macmillan, New York 1911.

Riflessologia (ingl. *Reflexology*; ted. *Reflexologie*; fr. *Réflexologie*; sp. *Reflexología*). Corrente di pensiero inaugurata da Ivan Petrovič Pavlov, fondatore della scuola riflessologica russa, che descrive in termini neurofisiologici ciò che l'ASSOCIAZIONISMO (v.) prospettava dal punto di vista psichico, e cioè che ogni processo, anche il più complesso, è la combinazione di elementi semplici a cui deve essere ricondotto. L'elemento semplice è, per Pavlov, il riflesso condizionato (v. APPRENDIMENTO, § I, 1), ossia l'associazione corticale di una risposta appresa ad una innata. L'intero apprendimento, e quindi l'apparato mentale, si sviluppa per progressiva differenziazione di risposte via via apprese e associate a precedenti acquisizioni (v. RIFLESSO).

Bibliografia

Pavlov I. P., *I riflessi condizionati* (1927), Bollati Boringhieri, Torino 1966.

Rigidità (ingl. *Rigidity*; ted. *Starrheit*; fr. *Rigidité*; sp. *Rigidez*). Il termine, che in linea generale si riferisce a stati inflessibili caratterizzati da un'assoluta prevedibilità e immutabilità, acquista un significato specifico in ordine ai vari contesti.

1. In *neurofisiologia*, rigidità è l'ipertonia muscolare (v. TONO MUSCOLARE) che si verifica in alcune patologie del sistema extrapiramidale (v. EXTRAPIRAMIDALE, SISTEMA) e che si manifesta con l'aumento del tono plastico e di postura come nel caso del morbo di Parkinson (v. PARKINSON, MORBO DI).

2. In *bioenergetica*, con questo termine ci si riferisce alla repressione degli impulsi emozionali piacevoli, causa di una serie di blocchi che si esprimono in una sorta di armatura o corazza caratteriale (v. CARATTERE, § 3, *c*), accompagnata da spasmi della muscolatura responsabili della corazza muscolare che riduce la mobilità delle cellule e l'irrorazione sanguigna dei tessuti (v. BIOENERGETICA).

3. In *psicologia dell'adattamento*, con rigidità si intende una scarsa flessibilità nell'attivare manovre autoplastiche che prevedono la modificazione di sé e dei propri atteggiamenti in vista delle mutate condizioni ambientali (v. ALLOPLASTICA – AUTOPLASTICA).

Si distinguono una rigidità *primaria*, che è un'abituale incapacità a cambiare disposizione, e una rigidità *secondaria*, che alcuni identificano con la PERSEVERAZIONE (v.), che si esprime in una sorta di inerzia psichica che non consente di rinunciare a certe abitudini di percezione e di pensiero, sia in ordine a singole convinzioni, sia in ordine a interi sistemi di persuasioni e disposizioni. Esistono numerosi test per la valutazione della rigidità psichica, a partire da quello approntato da Raymond Bernard Cattell e Lyla Ghose Tiner.

4. In *psicologia cognitiva* si parla di rigidità a proposito di quelle forme di percezione e di pensiero che si limitano all'elaborazione e all'ordinamento delle informazioni con rigorosi vincoli e costrizioni interne che non consentono alcuna manifestazione di CREATIVITÀ (v. § 2).

5. In *tipologia* Gerhard Pfahler chiama rispettivamente "rigido" ed "elastico" gli atteggiamenti che Carl Gustav Jung aveva definito "introverso" ed "estroverso" (v. ESTROVERSIONE – INTROVERSIONE, § 3).

Bibliografia

Cattell R. B., Tiner L. G., *The varieties of structural rigidity*, in "Journal of Personality", 1949, n. 17, pp. 321-341.
Ferenczi S., *Autoplastica e alloplastica* (1930), in Id., *Fondamenti di psicoanalisi* (1972-1975), Guaraldi, Rimini 1974, vol. IV.
Pfahler G., *System der Typenlehre*, Barth, Leipzig 1929.
Reich W., *Analisi del carattere* (1933), Sugarco, Milano 1973.
Wertheimer M., *Il pensiero produttivo* (1945, edito postumo), Giunti Barbera, Firenze 1965.

Rilassamento (ingl. *Relaxation*; ted. *Entspannung*; fr. *Relaxation*; sp. *Relajamiento*). Allentamento della tensione fisica e psichica grazie alla riduzione dell'eccitabilità corticale, sinaptica e ipotalamica che diminuisce l'intensità degli stati emotivi. Allo scopo esistono terapie apposite come la tecnica di desensibilizzazione sistematica di Joseph Wolpe, il TRAINING AUTOGENO (v.), la tecnica del biofeedback (v. RETROAZIONE), le tecniche di MEDITAZIONE (v.) e la tecnica della MINDFULNESS (v.). Dal punto di vista psicoanalitico la volontaria inibizione della tensione può rivelarsi un fenomeno di copertura per non affrontare la conflittualità sottesa responsabile dello stato tensionale.

Bibliografia

Baer R. A. (a cura di), *Come funziona la mindfulness* (2010), Raffaello Cortina, Milano 2012.
Goldwurm G. F., Sacchi D., Scarlato A., *Le tecniche di rilassamento nella terapia comportamentale*, Franco Angeli, Milano 2003.
Levey J., *Arte del rilassamento, della concentrazione, della meditazione. Tecniche antiche per la mente moderna*, Astrolabio, Roma 1988.
Montano A., *Mindfulness. Guida alla meditazione di consapevolezza*, Ecomind Editore, Salerno 2007.
Pancheri P., *Biofeedback. Tecniche di controllo in psichiatria, psicosomatica e medicina*, Bulzoni, Roma 1979.
Schultz J. H., *Il training autogeno. Metodo di autodistensione da concentrazione psichica* (1932), vol. I: *Esercizi inferiori*, vol. II: *Esercizi superiori. Teoria*, Feltrinelli, Milano 1968.
Segal Z. V., Williams J. M. G., Teasdale J. D., *Mindfulness. Al di là del pensiero, attraverso il pensiero* (2002), edizione italiana a cura di F. Giommi, Bollati Boringhieri, Torino 2006.
Wolpe J., *Psychotherapy by reciprocal inhibitions*, Stanford University Press, Stanford, California, 1958.

Rimorso (ingl. *Remorse*; ted. *Gewissensbiss*; fr. *Remords*; sp. *Remordimiento*). Disagio interiore connesso a sensi di colpa (v. COLPA) per aver trasgredito istanze di ordine morale che fanno apparire al soggetto la propria condotta deplorevole. Ricorre frequentemente negli stati di DEPRESSIONE (v.) dove il soggetto si rimprovera o si autoaccusa di colpe che ingigantisce o che addirittura non ha commesso.

Rimozione (ingl. *Repression*; ted. *Verdrängung*; fr. *Refoulement*; sp. *Represión*). Termine psicoanalitico che si riferisce a un processo inconscio che consente di escludere dalla coscienza determinate rappresentazioni connesse a una pulsione il cui soddisfacimento sarebbe in contrasto con altre esigenze psichiche (v. MEMORIA, § 5, *c*). In quanto processo inconscio, la rimozione va distinta dalla REPRESSIONE (v.) che è cosciente; inoltre ciò che viene rimosso non è la pulsione, ma il suo rappresentante ideativo (v. RAPPRESENTANTE), mentre l'affetto ad esso connesso viene spostato (v. SPOSTAMENTO) o soppresso.

Sigmund Freud distingue nella rimozione tre fasi: 1) la *rimozione originaria*, che previene l'accesso alla coscienza dei rappresentanti ideativi (pensieri, immagini, ricordi) della pulsione. Questa prima forma di rimozione costituisce il nucleo inconscio che agisce come polo di attrazione nei confronti degli elementi da rimuovere. Ciò spiega anche perché Freud parli spesso dell'inconscio come del "rimosso"; 2) la *rimozione secondaria*, che è la rimozione propriamente detta, ossia la repulsione da parte dell'Io o del Super-io di rappresentazioni incompatibili con le proprie esigenze; 3) il *ritorno del rimosso*, dove gli elementi rimossi, che non vengono mai soppressi dalla rimozione, tendono a ricomparire in forma alterata tramite i meccanismi dello SPOSTAMENTO (v.), della CONDENSAZIONE (v.) e della CONVERSIONE (v.), assumendo il tratto tipico dei sintomi.

La rimozione originaria e quella secondaria sono tra loro connesse secondo una modalità che Freud così descrive: «Abbiamo dunque motivo di supporre l'esistenza di una *rimozione originaria*, e cioè di una prima fase della rimozione che consiste nel fatto che alla "rappresentanza" psichica (ideativa) di una pulsione viene interdetto l'accesso alla coscienza. Con ciò si produce una *fissazione*: la rappresentanza in questione continua da allora in poi a sussistere immutata, e la pulsione rimane ad essa legata. Il secondo stadio della rimozione, la *rimozione propriamente detta*, colpisce i derivati psichici della rappresentanza rimossa, oppure quei processi di pensiero che pur avendo una qualsiasi altra origine sono incorsi in una relazione associativa con la rappresentanza rimossa. In forza di tale relazione queste rappresentazioni incorrono nello stesso destino di ciò che è stato originariamente rimosso. La rimozione propriamente detta è perciò una post-rimozione. È inoltre erroneo dar rilievo soltanto alla ripulsa che viene esercitata dalla coscienza su quanto ha da esser rimosso. Entra pur sempre in giuoco anche l'attrazione che il rimosso originario esercita su tutto ciò con cui può collegarsi. E probabilmente la tendenza rimovente non raggiungerebbe il suo scopo se queste due forze non agissero congiuntamente, se cioè non vi fosse un rimosso anteriore, pronto ad accogliere quanto la coscienza allontana da sé» (1915, pp. 38-39). Secondo Freud lo sviluppo dell'Io e l'adattamento all'ambiente dipendono dalla rimozione originaria, senza la quale le pulsioni verrebbero scaricate immediatamente tramite l'esaudimento allucinatorio del desiderio. Nello stesso tempo, una rimozione secondaria eccessiva conduce a uno sviluppo difettoso dell'Io e alla comparsa di sintomi.

Il concetto di rimozione viene messo in secondo piano da Melanie Klein che, privilegiando i meccanismi di scissione, proiezione e diniego, riduce la rimozione a un meccanismo tardivo e circoscritto di stabilizzazione di uno psichismo già ripartito, e da Anna Freud che considera la rimozione uno dei tanti meccanismi di difesa senza una particolare evidenziazione. Sulla nozione freudiana di rimozione ritorna invece Jacques Lacan che la reinterpreta come «quella sorta di discordanza tra il significato e il significante, determinata da ogni censura d'origine sociale» (1954, p. 364), che è responsabile di quella scissione, per Lacan incomponibile, tra natura e cultura (v. LACANIANA, TEORIA, § 8).

Bibliografia

Ey H. (a cura di), *L'inconscient*, Desclée de Brouwer, Paris 1966.

Freud A., *L'Io e i meccanismi di difesa* (1936), in *Opere* (1978-1979), Bollati Boringhieri, Torino, vol. I.

Freud S., *Le neuropsicosi da difesa* (1894), in *Opere* (1967-1993), Bollati Boringhieri, Torino, vol. II.

–, *Nuove osservazioni sulle neuropsicosi da difesa* (1896), in *Opere*, cit., vol. II.

–, *Osservazioni psicoanalitiche su un caso di paranoia (dementia paranoides) descritto autobiograficamente (Caso clinico del presidente Schreber)* (1910), in *Opere*, cit., vol. VI.

–, *La rimozione*, in *Metapsicologia* (1915), in *Opere*, cit., vol. VIII.

–, *Introduzione alla psicoanalisi. Nuova serie di lezioni* (1932), in *Opere*, cit., vol. XI.

Klein M., *Analisi infantile* (1923), in *Scritti 1921-1958*, Bollati Boringhieri, Torino 1978, pp. 94-125.

Lacan J., *Introduzione al commento di Jean Hyppolite sulla Verneinung di Freud. Risposta al commento di Jean Hyppolite sulla Verneinung* (1954), in *Scritti* (1936-1966), Einaudi, Torino 1974, vol. I.

Laplanche J., *Tre accezioni del termine "inconscio" nella cornice della Teoria della Seduzione Generalizzata*, in "Rivista di Psicoanalisi", 2004, n. 50, pp. 11-26.

Rapaport D., *Analisi teorica del concetto di Super-io*, in Id., *Il modello concettuale della psicoanalisi. Scritti 1942-1960* (1967), Feltrinelli, Milano 1977, pp. 435-459.

Rimpianto (ingl. *Regret*; ted. *Bedauern*; fr. *Regret*; sp. *Lamentar*). Rammarico per un'esperienza piacevole o significativa del passato non interamente vissuta e comunque non ripetibile. Spesso il malessere associato a questo stato d'animo alimenta fantasie compensatorie in corrispondenza con i desideri rimasti inappagati.

Rimprovero (ingl. *Reproach*; ted. *Vorwurf*; fr. *Reproche*; sp. *Reproche*). Appunto verbale che si propone di sottolineare la scorrettezza o la gravità di un'azione allo scopo di evitarne il ripetersi e di offrire all'interessato la possibilità di riconsiderare nei suoi giusti termini la situazione in cui l'infrazione è avvenuta. Nei casi di DEPRESSIONE (v.) sono frequenti i rimproveri che il soggetto rivolge a se stesso per colpe che egli ingigantisce o che addirittura non ha commesso.

Rinascita (ingl. *Rebirth*; ted. *Wiedergeburt*; fr. *Renaissance*; sp. *Renacimiento*). Concetto che ricorre nella letteratura religiosa e antropologica in riferimento a esperienze spirituali o rituali di trasformazione. Ripreso da Carl Gustav Jung e riformulato in termini psicologici, il concetto di rinascita accompagna il processo di individuazione (v. PSICOLOGIA ANALITICA, § 3) i cui passaggi sono scanditi dalla morte della vecchia personalità e da una rinascita caratterizzata da un "ampliamento" di personalità. Questo processo, che ha il suo corrispondente antropologico nei riti iniziatici, può anche palesarsi nel simbolismo onirico.

Bibliografia

Jung C. G., *Simboli della trasformazione* (1912-1952), in *Opere* (1969-2007), Bollati Boringhieri, Torino, vol. V.

Van Gennep A., *I riti di passaggio* (1909), Bollati Boringhieri, Torino 1981.

Zoja L., *Nascere non basta. Iniziazione e tossicodipendenza*, Raffaello Cortina, Milano 1985.

Rinforzo, v. APPRENDIMENTO, § I, 1-2.

Rinnegamento, v. DINIEGO.

Rinolalia, v. DISFONIA.

Rinuncia (ingl. *Renunciation*; ted. *Verzicht*; fr. *Renonciation*; sp. *Renuncia*). Astensione volontaria dalla fruizione di qualcosa di soddisfacente. In ambito psicoanalitico Sigmund Freud tematizza la rinuncia, da parte dell'Io, delle richieste pulsionali che provengono dall'Es: 1) o in ottemperanza al principio di realtà (v. REALTÀ, § 3) perché mancano le condizioni per la soddisfazione di una determinata richiesta o perché il soddisfacimento recherebbe un danno all'Io; 2) o in ottemperanza alle richieste del Super-io che, come succedaneo interiorizzato delle figure parentali, ribadisce i divieti a suo tempo appresi dai genitori. Ciò spiega perché l'ubbidienza al Super-io può essere accompagnata da piacere, lo stesso piacere che il bambino prova quando, sperimentando determinate rinunce, si garantisce l'amore dei genitori. Per Freud la rinuncia pulsionale è uno dei modi tipici di "ammalarsi nervosamente".

Bibliografia

Freud S., *Modi tipici di ammalarsi nervosamente* (1912), in *Opere* (1967-1993), Bollati Boringhieri, Torino, vol. VI.
–, *Alcuni tipi di carattere tratti dal lavoro psicoanalitico* (1916), in *Opere*, cit., vol. VIII.

Riparazione, v. KLEINIANA, TEORIA, § 3.

Ripetere, Coazione a, v. COAZIONE, § 2.

Ripetizione (ingl. *Repetition*; ted. *Wiederholung*; fr. *Répétition*; sp. *Repetición*). Il termine ricorre in due accezioni:

1. PSICOLOGIA COGNITIVA. In questo ambito la ripetizione è il meccanismo che restaura quelle informazioni che nella memoria a breve termine (MBT) sono soggette a una rapida dissoluzione. L'informazione restaurata dalla ripetizione può essere di *mantenimento* per la sua conservazione nella memoria a breve termine, o di *integrazione* nelle strutture di memoria a lungo termine (MLT). Il materiale che sfugge alla ripetizione decade nell'oblio. Per un ulteriore approfondimento si veda la voce MEMORIA, § 3, D.

2. PSICOANALISI. In questo ambito il termine compare già nei primi scritti di Sigmund Freud sull'isteria e sulla nevrosi ossessiva, dove si sostiene la tesi che le reminiscenze non risolte, e i desideri ad esse correlati, costringono il soggetto che non le ha elaborate a riviverle in una condizione ripetitiva del sintomo. Successivamente, nello scritto *Ricordare, ripetere e rielaborare*, Freud interpreta la ripetizione come una resistenza al trattamento psicoanalitico, dove il paziente, invece di ricordare e comunicare verbalmente le sue esperienze passate onde poterle rielaborare, si esprime in una serie di comportamenti agiti (v. AGIRE), dove la ripetizione di scenari del passato si sostituisce al ricordo e alla rielaborazione. A questo proposito Freud parla di coazione a ripetere, che dapprima svolge il ruolo di far fronte a eventi spiacevoli o insopportabili, e sotto questo profilo non si allontana dal principio di piacere, successivamente assume la valenza distruttiva connessa all'immutabilità della ripetizione che correla la coazione a ripetere alla pulsione di morte. Per un ulteriore approfondimento si veda la voce COAZIONE, § 2.

Jacques Lacan, dal canto suo, considera la ripetizione uno dei quattro concetti fondamentali della psicoanalisi, precisando che "ripetere" non è solo "riprodurre" la stessa cosa come riteneva Freud, ma anche "prodursi" in una dimensione simbolica che, attraverso spostamenti e trasformazioni, porta con sé sempre qualcosa di diverso e di nuovo rispetto alla scena originaria. Lacan legge questo "qualcosa di nuovo" come un tentativo di realizzare quello che inconsciamente il soggetto avverte come non realizzato, e a cui, se non risponde, è costretto ad essere sottomesso all'immutabilità della ripetizione coatta.

Bibliografia

Focchi M., *Evento e ripetizione*, Teda Edizioni, Castrovillari 1995.
Freud S., *Studi sull'isteria (in collaborazione con Josef Breuer)* (1892-1895), in *Opere* (1967-1993), Bollati Boringhieri, Torino, vol. I.
–, *Ossessioni e fobie* (1895), in *Opere*, cit., vol. II.
–, *Progetto di una psicologia* (1895), in *Opere*, cit., vol. II.
–, *Ricordare, ripetere e rielaborare* (1914), in *Nuovi consigli sulla tecnica della psicoanalisi* (1913-1914), in *Opere*, cit., vol. VII.
–, *Costruzioni nell'analisi* (1937), in *Opere*, cit., vol. XI.
Lacan J., *Il Seminario. Libro XI: I quattro concetti fondamentali della psicoanalisi, 1964*, Einaudi, Torino 1979.
Melton A. W., *Implications of short-term memory for a general theory of memory*, in "Journal of Verbal Learning and Verbal Behavior", 1963, n. 1, pp. 1-21.

Riscaldamento, Effetto di, v. RENDIMENTO.

Rischio (ingl. *Risk*; ted. *Wagnis*; fr. *Risque*; sp. *Riesgo*). Aspetto negativo della possibilità. Ogni possibilità implica, infatti, oltre al poter essere, anche il poter non essere. Implicito in ogni scelta e in ogni decisione, il rischio connesso alla scelta della propria esistenza è stato considerato in ambito filosofico da

Søren Kierkegaard (v. ANGOSCIA – ANSIA) e in ambito psicopatologico da Karl Jaspers (v. DECISIONE, § 6), mentre in ambito psicologico è oggetto di attenta analisi da parte della psicologia sociale, per la quale il rischio accompagna la SCELTA (v.) in un'alternativa tra due o più possibilità, a ciascuna delle quali sono associati esiti positivi e negativi. Nel rischio giocano un ruolo decisivo le probabilità offerte dalla situazione in cui ci si trova a operare e la valutazione delle stesse da parte di chi deve assumere la decisione. In questa valutazione intervengono il ruolo svolto dagli argomenti persuasivi, la forza della motivazione, la capacità di corrette comparazioni, il tasso di responsabilità che ciascuno si sente di assumere, per cui i questionari messi a punto per misurare la capacità di assunzione di rischio, come il CDQ (*Choice Dilemmas Questionnaire*), finiscono per rivelarsi come veri e propri questionari di personalità.

Il criterio del rischio resta sempre la RAZIONALITÀ (v.) secondo il modello EU (*Expected Utility*: utilità attesa), per il quale un individuo razionale sceglie quell'opzione di rischio che ritiene possa ottimizzare l'utilità attesa dalla scelta. Questa ottimizzazione risulta da un prodotto i cui fattori sono la *probabilità* di un certo esito connesso alla scelta e il *valore* che possiede quell'esito. Supponendo che una persona abbia la capacità di costruirsi teoricamente un punto di riferimento neutrale e che gli esiti vengano valutati come derivazioni positive o negative a partire da questo punto di riferimento, si constata che le probabilità minime hanno sulle decisioni un influsso maggiore di quanto non ne abbiano quelle alte, e che il peso della decisione è più rilevante della semplice probabilità.

Queste considerazioni inducono a strutturare il rischio come una sequenza di decisioni dove a ogni stadio del processo possono essere attribuiti pesi e criteri differenti (v. DECISIONE, § 5). In questa distribuzione di pesi e criteri sono determinanti i successi e gli insuccessi trascorsi, dove l'insuccesso favorisce la condotta di rischio, mentre il successo favorisce l'atteggiamento prudente in linea con una condotta di consolidamento e conservatorismo. Altri fattori sono il sesso, l'età, la condizione sociale, l'appartenenza a un gruppo, dove s'è potuto dimostrare che il gruppo è solitamente più prudente del singolo, mentre il singolo, all'interno di un gruppo, può assumere più facilmente una condotta di rischio perché la responsabilità è ripartita. A questi fattori va aggiunta la considerazione generale della società che tende ad attribuire un più alto valore alla condotta di rischio rispetto a quella prudente, e anche questo fattore interviene nell'elemento decisionale.

Circa l'influenza del contesto culturale sulla propensione al rischio, Mary Douglas scrive: «Per le culture individualistiche è giusto essere opportunisti. In tali culture saranno biasimati gli individui che non assumono rischi nel proprio interesse. Nelle culture settarie e in quelle gerarchiche viene data la priorità alla comunità. Poiché mirano a interiorizzare un'alta considerazione per il bene comune e si sforzano di inculcarne il valore, i loro membri codificano i pericoli in modo da consolidare i comuni principi morali. Ma in tali comunità, per quanto nei loro discorsi politici possono retoricamente far ricorso alla riluttanza al rischio, i membri si incoraggiano a vicenda ad assumere rischi nell'interesse della comunità. Le pressioni della comunità coinvolgono l'ambiente e ogni genere di pericolo nel compito di conservare il bene collettivo, il che potrebbe però comportare maggiori rischi e non maggiore protezione per gli individui. Autenticamente avversa ai rischi è soltanto la cultura fatalista» (1985, p. 11). Se ne deduce che l'individuazione del pericolo, e di conseguenza l'assunzione del rischio, non è una questione esclusiva di scelta personale, perché questa scelta è comunque influenzata dall'orientamento che caratterizza la cultura a cui si appartiene. Infine per quanto concerne la correlazione tra rischio e pericolo, ben evidenziata da Mary Douglas, si veda la voce PERICOLO.

Bibliografia

Blascovich J., Ginsburg G. P., *Conceptual analysis of risk-taking in "risk-shift" research*, in "Journal for the Theory of Social Behaviour", 1978, n. 8.

Coombs C. H., *Portfolio theory and the measurement of risk*, in M. F. Kaplan, S. Schwartz (a cura di), *Human judgement and decision processes*, Academic Press, New York 1975.

Dion K. L., Baron R. S., Miller N., *Why do groups make riskier decisions than individuals?*, in L. Berkowitz (a cura di), *Advances in experimental social psychology*, Academic Press, New York 1978, vol. V.

Douglas M., *Come percepiamo il pericolo. Antropologia del rischio* (1985), Feltrinelli, Milano 1991.

–, *Rischio e colpa* (1992), il Mulino, Bologna 1996.

Fadda R., *La cura, la forma, il rischio. Percorsi di psichiatria e pedagogia critica*, Edizioni Unicopli, Milano 1997.

Gigerenzer G., *Imparare a rischiare. Come prendere decisioni giuste* (2014), Raffaello Cortina, Milano 2015.

Jaspers K., *Psicopatologia generale* (1913-1959), Il Pensiero Scientifico, Roma 2000.

Kierkegaard S., *Enten-Eller* (*Aut-Aut*) (1843), Adelphi, Milano 1976-1989, voll. I-V.

Kogan N., Wallach M. A., *Risk taking as a function of the situation, the person and the group*, in G. Mandler (a cura di), *New directions in psychology*, Holt, Rinehart & Winston, New York 1967.

Lupton D., *Il rischio. Percezione, simboli, culture* (1999), il Mulino, Bologna 2003.

Maso S., *Rischio*, Cafoscarina, Venezia 2003.

Savadori L., Rumiati R., *Nuovi rischi, vecchie paure. La percezione del pericolo nella società contemporanea*, il Mulino, Bologna 2005.

Sofsky W., *Rischio e sicurezza* (2005), Einaudi, Torino 2005.

Risentimento (ingl. *Resentment*; ted. *Ressentiment*; fr. *Ressentiment*; sp. *Resentimiento*). Avversione e odio per tutto ciò che non si può essere o non si può avere. Per la sua connessione a un profondo senso di impotenza che vanifica ogni possibilità di ritorsione, il risentimento non riesce a tradursi in vendetta, ma può creare, come pensava Friedrich Nietzsche a proposito della "morale del risentimento", valori individuali e collettivi in cui si esprime la vendetta immaginaria dei risentiti: «Nella morale la rivolta degli schiavi ha inizio da quando il *ressentiment* diventa esso stesso creatore e genera valori; il *ressentiment* di quei tali esseri a cui la vera reazione, quella dell'azione, è negata e che si consolano soltanto attraverso una vendetta immaginaria. Mentre ogni morale aristocratica germoglia da un trionfante sì pronunciato a se stessi, la morale degli schiavi dice fin dal principio no a un "al di fuori", a un "altro", a un "non Io"; e *questo* no è la sua azione creatrice. Questo rovesciamento del giudizio che stabilisce valori – questo *necessario* dirigersi all'esterno, anziché a ritroso verso se stessi – si conviene appunto al *ressentiment*: la morale degli schiavi ha bisogno, per la sua nascita, sempre e in primo luogo di un mondo opposto ed esteriore, ha bisogno, per esprimerci in termini psicologici, di stimoli esterni per potere in generale agire – la sua azione è fondamentalmente una reazione» (1887, § 10, pp. 235-236).

Bibliografia

Girard R., *Il risentimento. Lo scacco del desiderio nell'uomo contemporaneo* (1996), Raffaello Cortina, Milano 1999.

Nietzsche F., *Genealogia della morale* (1887), in *Opere*, Adelphi, Milano 1968, vol. VI, 2.

Risimbolizzazione (ingl. *Resymbolization*; ted. *Wiedersymbolisierung*; fr. *Resymbolisation*; sp. *Resimbolización*). Processo di reinvestimento simbolico che si realizza in occasione di ogni nuovo adattamento alla vita, in cui occorre ridefinire le proprie concezioni e in particolare quelle relative ai propri conflitti modificando l'orizzonte semantico di riferimento. Questo processo non si manifesta solo in occasione di trasformazioni favorevoli della propria personalità, ma anche nelle situazioni psicotiche o deliranti quando si concepiscono psicosi e delirio come estremi tentativi di reperire un senso modificando l'orizzonte dei significati (v. DELIRIO, § 2).

Riso (ingl. *Laughter*; ted. *Lachen*; fr. *Rire*; sp. *Risa*). Fenomeno mimico-fonetico caratterizzato dalla contrazione dei muscoli facciali e da espirazioni intermittenti dovute a spontanee contrazioni del diaframma. Secondo Charles Darwin il riso risponde a una funzione adattiva, in quanto rinsalda il legame del piccolo con la madre fungendo da veicolo spontaneo, analogamente al pianto, dei bisogni del bambino. Per René Árpád Spitz la comparsa del sorriso, intorno al secondo-terzo mese di vita, segna il passaggio dallo stadio non oggettuale allo stadio pre-oggettuale (v. OGGETTO), caratterizzato dalla prima percezione esterna, che di solito è un volto umano, con cui il bambino istituisce una prima relazione preferenziale, anche se il dato percettivo è ancora indifferenziato. Interpretato come prima e rudimentale strutturazione dell'Io, il riso, che ancora non può essere letto come espressione di un fatto emotivo, acquista un significato sociale grazie al rinforzo positivo che riceve dal mondo circostante; quindi, traducendosi da automatismo fisiologico in espressione intenzionale di uno stato affettivo, viene elaborato secondo modulazioni differenziate atte ad esprimere risposte emotive di vario grado e natura che vanno dal compiacimento alla soddisfazione, al sarcasmo, all'ironia, al disprezzo ecc.

Oltre all'interpretazione psicopatologica di Karl Jaspers che legge il riso e il pianto come piccole catastrofi corporee (v. PIANTO), c'è l'interpretazione psicoanalitica di Sigmund Freud per il quale il riso è una diversione dell'energia psichica che, disinvestita dai luoghi sui quali abitualmente si attesta, viene diretta verso l'esterno e scaricata come episodio somatico (v. MOTTO DI SPIRITO). La disponibilità di energia psichica è dunque la condizione preliminare del riso che, nelle manifestazioni psicopatologiche, assume la forma di riso coatto spesso in contrasto con lo stato emotivo del soggetto. Per le diverse interpretazioni date al riso, soprattutto in campo filosofico, si rinvia alla voce COMICO.

Bibliografia

AA.VV., *Ridere Piangere Gridare*, in P. F. Galli (a cura di), *Osservazione psicoanalitica* (1992-1996), Bollati Boringhieri, Torino, vol. XX.

Berger P. L., *Homo ridens. La dimensione comica dell'esperienza umana* (1997), il Mulino, Bologna 1999.

Bergson H., *Il riso. Saggio sul significato del comico* (1900), Feltrinelli, Milano 1990.

Ceccarelli F., *Sorriso e riso. Saggio di antropologia biosociale*, Einaudi, Torino 1988.

Darwin Ch., *L'origine delle specie* (1859), Bollati Boringhieri, Torino 1967.

Farnè M., *Guarir dal ridere. La psico-biologia della battuta di spirito*, Bollati Boringhieri, Torino 1995.

Fasolo F., *Grottesche. Immagini del comico in psichiatria*, Edizioni Libreria Cortina, Padova 1991.

Francescato D., *Ridere è una cosa seria. L'importanza della risata nella vita di tutti i giorni*, Mondadori, Milano 2002.

Freud S., *Il motto di spirito e la sua relazione con l'inconscio* (1905), in *Opere* (1967-1993), Bollati Boringhieri, Torino, vol. V.

Jaspers K., *Psicopatologia generale* (1913-1959), Il Pensiero Scientifico, Roma 2000.

Mizzau M., *Ridendo e scherzando. La barzelletta come racconto*, il Mulino, Bologna 2005.
Olbrechts-Tyteca L., *Il comico del discorso. Un contributo alla teoria generale del comico e del riso* (1974), Feltrinelli, Milano 1977.
Plessner H., *Il riso e il pianto. Una ricerca sui limiti del comportamento umano* (1941), Bompiani, Milano 2000.
Prezzo R., *Ridere la verità. Scena comica e filosofia*, Raffaello Cortina, Milano 1994.
Querini P., Lubrani F., *Ironia, umorismo e disagio psichico*, Franco Angeli, Milano 2004.
Sclavi M., *Ridere dentro. Un seminario sull'umorismo in carcere*, Anabasi, Milano 1993.
Solfaroli Camillocci D., Vella M., *Ridere, ridere, ridere ancora. Il riso e l'umorismo nelle relazioni familiari e in psicoterapia della famiglia*, Bollati Boringhieri, Torino 2005.
Spitz R. Á., *Il primo anno di vita del bambino* (1958), Editrice Universitaria, Firenze 1962.
Sully J., *Essai sur le rire. Ses formes, ses causes, son développement et sa valeur*, Alcan, Paris 1904.
Tagliapietra A., *Non ci resta che ridere*, il Mulino, Bologna 2013.

Risocializzazione, v. PSICOLOGIA SOCIALE, § 5.

Risonanza (ingl. *Resonance*; ted. *Resonanz*; fr. *Résonance*; sp. *Resonancia*). Traccia più o meno profonda e duratura lasciata nella psiche umana da tutto ciò che è percepito. Il termine ha un impiego specifico: 1) in *psicofisica* dove Hermann Ludwig Ferdinand von Helmholtz formulò la "teoria della risonanza" per spiegare la recezione delle diverse tonalità in base all'ipotesi che il nostro orecchio elabora gli stimoli in entrata in modo da scomporre un'onda sonora nelle sue componenti, producendo per ciascuna di esse una risonanza specifica; 2) nel *test di Rorschach* dove si distinguono i "tipi di risonanza interna" il cui approccio con l'ambiente dipende soprattutto dall'attività intrapsichica; 3) nel *metodo di risonanza*, secondo la denominazione di Karl Bühler, relativo alla modalità di percepire, soprattutto le forme a contenuto espressivo, in modo più intuitivo e suggestivo che analitico; 4) in *neurobiologia* dove il termine è riferito a due o più entità che, influenzandosi reciprocamente, formano una totalità funzionale, come nel caso della risonanza interemisferica dove avviene il reclutamento di gruppi neuronali attraverso le connessioni tra i due emisferi del cervello.

Bibliografia

Bühler K., *Die Gestaltwahrnehmungen. Experimentelle Untersuchungen zur psychologischen und ästhetischen Analyse der Raum- und Zeitanschauung*, Spemann, Stuttgart 1913.
Helmholtz H. von, *Die Lehre von den Tonempfindungen als physiologische Grundlage für die Theorie der Musik*, Voss, Leipzig 1863.
Rorschach H., *Psicodiagnostica* (1921), Edizioni Kappa, Roma 1981.
Siegel D. J., *Mappe per la mente. Guida alla neurobiologia interpersonale* (2012), Raffaello Cortina, Milano 2014.

Risonanza Magnetica (RM), v. DIAGNOSI, § 5, A, b.

Risonanza Magnetica Funzionale (fRM), v. DIAGNOSI, § 5, B, a.

Risparmio ritentivo, v. MEMORIA, § 4, *d*.

Rispetto (ingl. *Respect*; ted. *Respekt*; fr. *Respect*; sp. *Respeto*). Riconoscimento della dignità propria e altrui con comportamento conseguente a questo riconoscimento. Aristotele incluse il rispetto nel novero delle emozioni escludendolo dalle virtù (*Etica*, II, 7, 1108 a), mentre Immanuel Kant, pur includendolo nell'ordine dei sentimenti, lo assunse come unico sentimento morale, perché il sentimento del rispetto, che si riferisce sempre alle persone e mai alle cose, «è prodotto dalla ragione e non serve al giudizio delle azioni, né a fondare la legge morale oggettiva, ma semplicemente come *movente* a fare in sé di questa legge la massima» (1788, Parte I, Libro I, cap. III). Il rispetto, per Kant, è ciò che consente di trattare il proprio simile, e più in generale l'uomo, sempre come un fine e mai come un mezzo.

Bibliografia

Aristotele, *Etica nicomachea*, in *Opere*, Laterza, Bari 1973.
Kant I., *Critica della ragion pratica* (1788), Laterza, Bari 1955.
Mordacci R., *Rispetto*, Raffaello Cortina, Milano 2012.
Zagrebelsky G., *Rispetto, legalità, equità*, Asmepa Edizioni, Bologna 2012.

Rispondere, Tendenza a, v. RESPONSE SET.

Risposta a lato (ingl. *Approximate answer*; ted. *Seitenantwort*; fr. *Réponse à côté*; sp. *Respuesta vaga*). Disturbo del pensiero, frequente nella condizione schizofrenica, dove nella risposta l'interlocutore non tiene conto di ciò che gli viene chiesto con la domanda. Il fenomeno è rilevabile anche nella sindrome di Ganser (v. GANSER, SINDROME DI), dove però l'incoerenza non è totale e lascia sospettare una possibile intenzionalità anche nella non pertinenza della risposta.

Ritardo mentale (ingl. *Mental retardation*; ted. *Schwachsinn*; fr. *Retard mental*; sp. *Retardo mental*). Condizione clinica caratterizzata da difficoltà nello sviluppo, nell'apprendimento, nell'autonomia personale e nell'adattamento sociale. Il termine "ritardo" lascia intendere la possibilità di un recupero completo nelle successive fasi dello sviluppo. In realtà, un recupero completo delle capacità intellettive e delle abilità adattive non si realizza, e questa evidenza contribuisce a rafforzare l'ipotesi che il "ritardo mentale" sia in realtà un "deficit strutturale".

Nella revisione della nomenclatura psichiatrica compiuta nel 1987 dal DSM-III-R (v. DIAGNOSI, § 4; PERSONALITÀ, § II, 2, e) l'espressione *ritardo mentale* ha sostituito tutti quei termini (*oligofrenia*, *insufficienza mentale*, *frenastenia*, *ipofrenia*, *deficienza mentale*) con cui ci si riferiva a un difetto dell'intelligenza, dipendente da un insufficiente sviluppo o da un rallentamento delle capacità intellettive per cause prenatali (ereditarie, congenite), perinatali e postnatali di diversissima natura. Il ritardo mentale, in quanto mancato o insufficiente sviluppo, va tenuto distinto dalla DEMENZA (v.) che è un indebolimento delle facoltà intellettive dovuto alla morte di un numero rilevante di cellule della corteccia cerebrale.

In base al grado di gravità, il DSM-III-R distingue un ritardo mentale *gravissimo* con Quoziente Intellettivo (QI) inferiore a 20 (precedentemente nominato *idiozia*); *grave* con QI da 20 a 35 (che la vecchia nomenclatura nominava *imbecillità*); *moderato* con QI da 35 a 50 (noto anche come *debolezza mentale* o *debilità*); *lieve* con QI da 50 a 70 (o *subnormalità*). Il DSM-5 del 2013 colloca il ritardo mentale tra i «disturbi del neurosviluppo con quattro livelli di gravità della disabilità intellettiva: lieve, moderato, grave, estremo» (2013, pp. 35-47). Al deficit di intelligenza si accompagna un'inadeguatezza nel funzionamento adattivo, ossia un'incapacità del soggetto a corrispondere agli standard propri della sua età o del suo gruppo culturale in aree come l'attività e la responsabilità sociali, la comunicazione, le attività della vita quotidiana, l'indipendenza personale e l'autosufficienza.

I criteri diagnostici fissati dal Committee on Terminology and Classification, e adottati nel 1992 dall'American Association on Mental Retardation (AAMR), per diagnosticare il ritardo mentale sono: *a)* QI inferiore al 70%; *b)* capacità di adattamento in ordine all'autonomia, alla cura di sé, alla comunicazione, all'abilità sociale scadente; *c)* insorgenza di queste due condizioni prima del diciottesimo anno di età. Studi recenti hanno preso in grande considerazione le capacità adattive, che sono senz'altro correlate con l'efficienza cognitiva, ma non vi coincidono, perché risentono e talvolta dipendono dalle differenze culturali e linguistiche, dalla presenza o meno di fattori di sostegno individualizzato della persona, e infine dalla compensazione di specifiche limitazioni adattive con altre abilità e capacità personali. Inoltre accanto all'*intelligenza cognitiva* sono state prese in considerazione anche l'*intelligenza pratica* e l'*intelligenza sociale* che non di rado compensano il deficit intellettivo.

I fattori eziopatologici alla base del ritardo mentale possono essere *congeniti*, cioè dovuti a un'alterazione esistente fin dalla cellula-uovo come: errori del metabolismo legati ad anomalie genetiche quale la sindrome di Down (v. DOWN, SINDROME DI) o mongoloidismo, disturbi endocrini come nel caso del CRETINISMO (v.), mancanza di particolari enzimi come nel caso dell'oligofrenia fenilpiruvica dovuta a un'intossicazione dell'organismo, e quindi anche del cervello, per impossibilità di eliminare sostanze tossiche prodotte dall'organismo.

Tra i fattori eziopatologici *acquisiti* si è soliti distinguere quelli *prenatali* che si riferiscono a infezioni dell'embrione come ad esempio il virus della rosolia quando aggredisce la madre in gravidanza, malattie infettive o parassitarie, intossicazioni esogene materne, o tossicosi endogene come uremia o diabete; *perinatali* dovuti a traumi ostetrici o ad asfissia del bambino durante un parto prolungato o difficoltoso; *postnatali* per effetto di meningo-encefaliti che possono guarire, lasciando però estese distruzioni di tessuto cerebrale. Accanto a questa patogenesi organica esistono anche ritardi mentali (nominati anche *pseudo-insufficienze mentali*) che non derivano da lesioni anatomiche, ma da una sotto-utilizzazione del cervello in soggetti deprivati con scarsità di stimolazione (v. PRIVAZIONE), soprattutto nell'infanzia dove si assiste a una più rapida capacità d'acquisizione, e in soggetti socialmente svantaggiati o per isolamento affettivo, o per grave carenza di mezzi economici e culturali.

Per quanto riguarda le cause del ritardo mentale e la sua possibile eziopatogenesi organica, le conoscenze sono ancora molto limitate, al punto che l'American Association on Mental Retardation ritiene che nel 30% dei ritardi gravi e nel 50% di quelli lievi le cause sono ancora sconosciute, mentre il DSM-5 afferma che il 30-40% dei ritardi mentali è dovuto «a un'altra condizione medica senza specificazione» (2013, p. 822) e quindi a eziologia incerta. Oggi, dagli strumenti di *neuroimaging* (v. DIAGNOSI, § 5) si attendono significativi contributi in ordine all'individuazione di fattori lesionali, che potrebbe concorrere a una più chiara diagnosi del ritardo mentale.

Rientrano nei ritardati mentali i cosiddetti *idiots savants*, espressione usata per indicare un insieme eterogeneo di persone che presentano un ritardo mentale, ma anche prestazioni ad altissimo livello, o comunque superiori al livello della loro competenza intellettiva, soprattutto in ordine alla memoria aritmetica, alle abilità musicali o artistiche a cui partecipano anche emotivamente, nonostante fuori da tali ambiti queste persone appaiano rigide e prive di emozioni. Alcuni *idiots savants* sono anche autistici (v. AUTISMO).

Bibliografia

Baldi P. L., *Sviluppare il pensiero nella disabilità intellettiva. Dal ragionamento induttivo alla metacognizione*, Erickson, Trento 2014.
Benda C., *Mongolism and cretinism*, Grune & Stratton, New York 1949.
Deb S., Matthews T., Holt G., Bouras N., *Linee guida per la diagnosi psichiatrica nel ritardo mentale* (2001), Erickson, Trento 2003.
DSM-III-R. American Psychiatric Association (APA), *DSM-III-R. Manuale diagnostico e statistico dei disturbi mentali. Terza edizione riveduta* (1987), Masson, Milano 1988.
DSM-5. American Psychiatric Association (APA), *DSM-5. Manuale diagnostico e statistico dei disturbi mentali* (2013), Raffaello Cortina, Milano 2014.
Fau R. *et al.*, *Psicoterapia dei deboli mentali* (1968), Edizioni Paoline, Roma 1971.
Grossman H. J., *Classification in mental retardation*, American Association on Mental Retardation, Washington (DC) 1983.
Hill A. L., *Savants. Mentally retarded individuals with special skills*, in N. R. Ellis (a cura di), *International review of research in mental retardation*, Academic Press, New York 1978, vol. IX, pp. 277-299.
Howe M. J. A., *Fragments of genius. The strange feats of idiots savants*, Routledge, London 1989.
Jervis G., *Le deficienze mentali*, in S. Arieti (a cura di), *Manuale di psichiatria* (1959-1966), Bollati Boringhieri, Torino 1969-1970, vol. II, pp. 1369-1398.
–, *Insufficienza mentale*, in Id., *Manuale critico di psichiatria*, Feltrinelli, Milano 1975.
Kirman B. H., *The mentally handicapped child*, Nelson, London 1972.
Kohler C., *Jeunes déficients mentaux*, Dessart, Bruxelles 1967.
Luckasson R. *et al.*, *Mental retardation. Definition, classification and system of support*, American Association on Mental Retardation, Washington (DC) 1992.
Mannoni M., *Il bambino ritardato e la madre* (1964), Bollati Boringhieri, Torino 1971.
Masi G., Marcheschi M., Pfanner P., *Ritardo mentale*, in G. B. Cassano, P. Pancheri *et al.* (a cura di), *Trattato italiano di psichiatria* (1992), Masson, Milano 1999, vol. III, pp. 2743-2758.
O'Connor N., Hermelin B., *Le langage et la pensée dans la déficience mentale profonde*, Gauthier-Villars, Paris 1966.
Passow A. H., Goldberg M., Tannenbaum A., *L'educazione degli svantaggiati* (1967), Franco Angeli, Milano 1971.
Pfanner P., Marcheschi M., *Il ritardo mentale*, il Mulino, Bologna 2005.
Selfe L., *Nadia. A case of extraordinary drawing ability in an autistic child*, Academic Press, London 1977.
Stella G., *Segni critici nel funzionamento cognitivo nel Ritardo Mentale Lieve*, in "Psichiatria dell'Infanzia e dell'Adolescenza", 2004, n. 71, I, pp. 93-104.
Viscott D. S., *A musical idiot savant*, in "Psychiatry", 1970, n. 33, pp. 494-515.
Zazzo R., *I deboli mentali*, SEI, Torino 1970.

Ritenzione (ingl. *Retention*; ted. *Verhaltung*; fr. *Rétention*; sp. *Retención*). Il termine può riferirsi: 1) allo *stadio della memoria* che consiste nell'immagazzinamento dell'informazione sensoriale che segue alla registrazione e precede il consolidamento della traccia mnestica e il recupero (v. MEMORIA, § 2, *b*); 2) a un *comportamento* che caratterizza lo stadio anale dello sviluppo libidico ipotizzato da Sigmund Freud che si esprime nella ritenzione delle feci (v. ANALE, § 2); 3) a una *capacità dell'apparato psichico di contenere l'eccitazione* evitando atti (v. AGIRE) volti a scaricare la tensione, in modo da consentire di elaborarla, diminuendone la portata traumatica; 4) a un'*estasi temporale*, ossia a quella modalità costitutiva dell'esistenza, denominata con il termine latino *retentio*, grazie alla quale l'esistenza è in grado di darsi un passato (v. TEMPO, § II, 2).

Ritiro vegetativo, v. PSICOSOMATICA, § I, 11.

Ritmo (ingl. *Rhythm*; ted. *Rhythmus*; fr. *Rythme*; sp. *Ritmo*). Periodicità di un processo scandito dalla successione regolare di fasi opposte.

1. BIOLOGIA. In questo ambito il riferimento è al decorso, cadenzato da successioni regolari, dei processi vitali quali le pulsazioni del cuore e dei vasi arteriosi, le oscillazioni del potenziale elettrico registrabile nell'ELETTROENCEFALOGRAFIA (v.), i ritmi respiratori e, più ampiamente, i cicli della fame, della sete, del sonno, con periodicità diurna, o mensile come i cicli mestruali, o stagionale in sintonia con la variazione di temperatura. La configurazione che in ogni individuo assume questa cadenza di ritmi endogeni ed esogeni prende il nome di *bioritmo*, la cui desincronizzazione frequente o prolungata può provocare conseguenze a livello di salute fisica e psichica. Tra i bioritmi i più noti sono i *ritmi circadiani*, o ritmi giorno-notte, che derivano il loro nome dal latino *dies* ("giorno"). Si tratta di variazioni cicliche di attività biologiche che si compiono in un periodo di circa 24 ore. Tra i molti parametri con periodicità circadiana vi sono il metabolismo basale, il controllo centrale della temperatura corporea, la frequenza cardiaca, diversi aspetti della funzione renale, la sensibilità ai veleni e alle tossine, molte funzioni endocrine e così via. Sembra comunque che la sincronizzazione principale sia il ritmo sonno-veglia (v. SONNO, § 2) che, variando da soggetto a soggetto, consente la distinzione tra "tipi mattutini" e "tipi serali" in base al momento della giornata in cui un individuo fornisce una migliore prestazione intellettiva e motoria. La regolarità del ritmo circadiano viene meno quando si verificano dei cambiamenti nell'attività quotidiana, come una variazione del fuso orario o l'avvio di un'attività lavorativa notturna. I tempi di adattamento sono soggettivi, con una media di tre giorni per riequilibrare uno spostamento di 12 ore.

2. PSICOLOGIA. In questo ambito si constata che la periodicità dei processi biologici è alla base del ritmo dei più svariati comportamenti psichici e in particolare degli umori, di cui è facilmente constatabile l'*oscillazione* o *fluttuazione giornaliera*. Tipica è, ad esempio, l'oscillazione d'umore nella personalità depressa, dove si riscontra che, se la depressione è endogena, vi è un abbassamento dell'umore al mattino e un miglioramento alla sera, mentre se è di tipo reattivo la depressione presenta un aggravamento nelle ore serali (v. DEPRESSIONE, § 2). Si è inoltre constatato che le oscillazioni giornaliere hanno un ritmo di 12 ore e non sono influenzate dalla durata del sonno o dalla qualità del disturbo. In psicopatologia hanno andamento ritmico le manifestazioni ciclotimiche con periodi di depressione e periodi di esuberanza maniacale (v. CICLOTIMIA), mentre in ambito psicoanalitico Sigmund Freud riconduce al ritmo i comportamenti connessi alla produzione di piacere: «Non vi è dubbio che gli stimoli generatori di piacere sono legati a condizioni particolari; noi non le conosciamo. Tra queste deve avere una sua parte la ritmicità» (1905, p. 493). Dal canto suo Carl Gustav Jung ritiene che la ritmicità «non passa solo nella sfera della sessualità in senso stretto, ma anche in quella dei meccanismi di seduzione, musica e danza, e infine in quella del lavoro propriamente detto» (1912-1952, p. 157). Contestando l'opinione di Freud che riconduce il ritmo alla fase nutritiva, Jung afferma che «esso rappresenta un carattere peculiare di tutti i processi emotivi in generale», perché «ogni eccitazione, poco importa in quale fase della vita, tende a esplicarsi ritmicamente, tende cioè a ripetizioni e a perseverazioni» (*ibid.*).

Il filosofo Carlo Sini coglie nel ritmo l'origine del tempo, e in proposito scrive: «*Non è il tempo che fonda il ritmo, è il ritmo che fonda il tempo*. [...] Il ritmo a cui facciamo riferimento è il semplicissimo ritmo binario, quello del battere e levare, quello del musicista: battere e levare... battere e levare... uno/due... uno/due» (1993, p. 54). È il ritmo del nostro respiro, il ritmo del battito del nostro cuore, il ritmo sonno e veglia, il ritmo sazietà e fame, il ritmo del coito, il ritmo che nella vita intrauterina scandisce la prima figura del tempo. Infatti, prosegue Sini: «Facciamo l'esempio che si riferisce a un'esperienza descritta dai neurofisiologi e poi variamente elaborata dagli psicologi, secondo la quale il fanciullo, nel ventre materno, percepisce il battere del cuore materno. Prima ancora di nascere vi è un certo momento in cui questo essere, che ancora non è diviso, che ancora è confuso con la madre, a un certo punto mostra, attraverso tracciati cerebrali, che percepisce il ritmo del cuore materno, cioè il suo pulsare, il pulsare del suo sangue, del suo cuore, non è più il ritmo della madre; piuttosto *ha* il ritmo della madre, fa esperienza di questo ritmo, lo ascolta, lo percepisce e, in una certa misura, che non sappiamo quale sia, lo riconosce, ne fa esperienza» (ivi, pp. 55-56). Un'esperienza che si cancella, ma che continuamente deve essere riscritta: «Perché l'incanto del ritmo non è appunto un modello teorico, ma una provocazione a vivere. È l'unico punto in cui è in gioco la vita che fronteggia la morte, alla quale da sempre non si risponde con delle teorie» (ivi, p. 65).

Bibliografia

Arieti S., Bemporad J., *La depressione grave e lieve* (1978), Feltrinelli, Milano 1981.
Arndt M., *Über täglichen Wechsel psychischer Krankheitszustände*, in "Allgemeine Zeitschrift für Psychiatrie", 1930, n. 92.
Baratta G., *Ritmo* (1981), in AA.VV., *Enciclopedia*, Einaudi, Torino 1981, vol. XII, pp. 185-209.
Freud S., *Tre saggi sulla teoria sessuale* (1905), in *Opere* (1967-1993), Bollati Boringhieri, Torino, vol. IV.
Jung C. G., *Simboli della trasformazione* (1912-1952), in *Opere* (1969-2007), Bollati Boringhieri, Torino, vol. V.
Meschonnic H., *Ritmo*, in Ch. Wulf (a cura di), *Cosmo, corpo, cultura. Enciclopedia antropologica* (1997), Bruno Mondadori, Milano 2002, pp. 616-625.
Oliverio A., *I ritmi circadiani*, in "Le Scienze", 1981, n. 14.
Oliverio Ferraris A., *I ritmi della vita*, Editori Riuniti, Roma 1983.
Sini C., *L'incanto del ritmo*, Tancrida Editori, Milano 1993.
Zani A., *Ritmi biologici e lavoro a turni*, in "Sapere", 1983, n. 5.

Rito (ingl. *Rite*; ted. *Ritus*; fr. *Rite*; sp. *Rito*). Il rito, che deriva dal latino *ritus* che sta per "ordine stabilito", che a sua volta deriva dall'indoeuropeo vedico *rta* o *arta* che fa riferimento all'ordine del cosmo, è una sequenza di atti regolati da norme rigorosamente codificate. A differenza del MITO (v.) che è una rappresentazione che si affida alla narrazione verbale, il rito è una sequenza gestuale ad espressione pragmatica. Secondo alcuni, come William Robertson Smith, «le religioni primitive sono costituite prevalentemente da sistemi di comportamenti pragmatici che solo in una fase posteriore di evoluzione hanno fornito lo spunto a elaborazioni fantastiche come i miti» (1889, p. 341); secondo altri, come Émile Durkheim, «il rito non è altro che il mito messo in azione. [...] Se separiamo il rito dal mito non si comprende come per secoli gli uomini abbiano potuto continuare a compiere gesti senza scopo» (1912, p. 87). A livello funzionale i riti svolgono una funzione: *semiotica* facilitando la comunicazione; *psicologica* regolando e contenendo le pulsioni; *interazionale* agevolando il contatto interpersonale; *simbolica* di affermazione e difesa dei valori di una cultura e dell'ordine sociale ad essa connesso. Queste funzioni del rito sono illustrate dall'antropologia culturale, dalla psicologia del profondo, dall'etologia e dalla psicologia sociale.

1. Antropologia culturale. In questo campo la tendenza è di rintracciare il *significato* del rito nella *funzione* che esso svolge e per la quale è messo in atto. Tra le funzioni più significative, sono state evidenziate:

a) Il controllo del soprannaturale. Tesi sostenuta da Bronisław Malinowski, per il quale «il rito è una modalità di attività che permette all'uomo, per costrizione o per persuasione, di agire nel mondo soprannaturale fatto esistere dai suoi desideri, dalle sue speranze, dai suoi timori e dalle sue previsioni» (1922, p. 940).

b) Il controllo delle forze naturali che l'insufficienza tecnica non consentiva di dominare. È questa la tesi di James George Frazer, per il quale «le credenze magiche e religiose hanno lo scopo di spiegare i fenomeni naturali, i riti quello di controllarli» (1890-1915, p. 941).

c) Il bisogno di protezione. Questa tesi, oltre che da Malinowski, che nella ripetizione rituale e codificata vede un efficace strumento di riduzione dell'ansia, è sostenuta anche da Arnold Van Gennep, che assegna al rito il compito di proteggere l'individuo nelle fasi di passaggio dall'adolescenza all'età adulta, dal celibato al matrimonio, dalla vita alla morte, e simili. Sulla stessa linea è l'interpretazione di Ernesto De Martino, per il quale il rito aiuta a superare e a sopportare le difficoltà che quotidianamente si incontrano in quanto fornisce modelli di comportamento rassicuranti garantiti dalla tradizione (v. Magia).

d) La garanzia dell'ordine sociale. Non condivide l'interpretazione protettiva del rito in ordine all'ansia individuale Alfred Reginald Radcliffe-Brown, per il quale non è vero che, «in mancanza del rito e delle credenze associate, l'individuo proverebbe ansia, al contrario è il rito che ha per effetto psicologico di creare un sentimento di insicurezza e di pericolo. È poco verosimile che un insulare Andaman stimerebbe pericoloso consumar carne di dugong, di porco o di tartaruga, se non esistesse un complesso di riti speciali, il cui scopo dichiarato è di proteggere da questi pericoli» (1952, p. 145). Se ne deduce che la funzione del rito è di proteggere il gruppo sociale dai pericoli, minacciando pericoli maggiori, e di «mantenere e trasmettere da una generazione all'altra le disposizioni emozionali da cui dipende l'esistenza stessa della società così com'è costituita» (1922, p. 88). Questo parere è condiviso anche da Max Gluckman per il quale la funzione del rito è di riprodurre l'equilibrio sociale in situazioni di conflitto potenziale, soprattutto quando «l'ordine sociale entra in conflitto con le aspirazioni individuali» (1963, p. 54). Dello stesso parere è Victor Witter Turner, per il quale «il rito può essere considerato un formidabile strumento per esprimere, mantenere e periodicamente depurare un ordine societario secolare privo di una forte centralizzazione politica e fin troppo carico di conflitti sociali» (1968, p. 21).

e) La funzione cognitiva del rito è sottolineata sempre da Turner che nella "drammatizzazione" e "rappresentazione" rituale vede l'elemento che «permette di portare in luce il conflitto (che viene pertanto riconosciuto collettivamente), e di chiarirne la natura, operando anche con metodi razionali per stabilire responsabilità, sanzioni, riparazioni. L'importanza di questo aspetto conoscitivo è testimoniata dall'idea ndembu secondo cui il rito smaschera, rivela, rende pubblico ciò che è privato, nascosto» (ivi, pp. 190-191). Sul valore cognitivo del rito, argomentato in altro modo, insiste anche Valerio Valeri, per il quale «il rito si presenta come un insieme di segni senza offrire il codice che permette di interpretarli completamente. Esso appare da una parte come dotato di senso, dall'altra come privo di un senso apparente. Questo contrasto attira potentemente l'attenzione ed è stuzzicante: può avere l'effetto di stimolare la ricerca di un significato in ciò che non ce l'ha ordinariamente, ma è "messo tra virgolette" come se l'avesse. [...] Poiché stimola le tendenze proiettive, gioca con le aspettative, i paradossi e i punti oscuri dell'esperienza, il rito tende a mettere in evidenza sia ciò che è contraddittorio o senza un senso chiaro nell'esperienza *esterna* (della società o della natura), sia ciò che è problematico nell'esperienza *interna* dei soggetti» (1981, p. 230).

f) La funzione comunicativa del rito è evidenziata da Raymond William Firth, per il quale «il rito è una serie formale di procedimenti di natura simbolica che coinvolge un codice di comunicazione sociale e che si fonda nella credenza di possedere una specifica efficacia, per cui può agire nelle condizioni tecniche e sociali del celebrante e dei partecipanti» (1967, p. 73). Dello stesso avviso è Edmund Ronald Leach che intende il rito come «un'attività caratterizzata dal fatto di "dire qualcosa" sugli individui che sono coinvolti nell'azione, in particolare evidenziando lo status-ruolo ed esplicitando la struttura sociale del gruppo. Nel rito si esprime un codice di informazioni di importanza vitale per la società che lo pratica» (1968, p. 522).

g) La garanzia della continuità dell'esperienza è il tratto messo in evidenza da Claude Lévi Strauss per il quale, «mentre il mito volta decisamente le spalle al continuo per ritagliare il mondo tramite distinzioni, contrasti, opposizioni, il rito segue un moto in senso inverso: partito dalle unità discontinue, impostegli da questa concettualizzazione preliminare del reale, esso corre dietro al continuo e cerca di raggiungerlo, benché la rottura iniziale operata dal pensiero renda questo compito eternamente impossibile. Da ciò quel miscuglio caratteristico di ostinazione e di impotenza che spiega come mai il rituale abbia sempre un aspetto maniacale e disperato. [...] Come gioco complicato ed essenzialmente irrazionale, contrariamente al pensiero mitico, il rito rimane purtuttavia indispensabile, perché introduce in qualsiasi impresa appena un po' seria un elemento di lentezza e di riflessione, delle pause, delle tappe intermedie, e riesce così a temperare persino la guerra» (1971, p. 641).

h) Il significato inconscio del rito è stato evidenziato da Lucien Lévy-Bruhl, che nel rito vede l'esplicitazione delle rappresentazioni collettive inconsce (v. ANTROPOLOGIA, § 2), e da Alfred Gell che, partendo dalla constatazione che il rito è una comunicazione attraverso simboli non verbali, ritiene che in esso trovino espressione i contenuti inconsci di individui e gruppi che, in quanto inconsci, sfuggono alla verbalizzazione. Scrive infatti Gell: «I simboli del rito sono simboli di una realtà inconscia che è possibile cogliere solo attraverso il simbolo stesso» (1975, p. 214).

2. PSICOLOGIA DEL PROFONDO. In questo ambito, due sono le interpretazioni del rito e della ritualità:

a) La psicoanalisi coglie un parallelismo tra la pratica rituale e il cerimoniale ossessivo che promuove una serie più o meno complessa e stereotipata di atti, nel tentativo di ridurre l'angoscia determinata da pulsioni che il soggetto non può soddisfare perché le giudica inaccettabili (v. CERIMONIALE). Scrive Sigmund Freud: «È facile rendersi conto dove risieda la somiglianza del cerimoniale nevrotico con le azioni sacre del rito religioso: nell'angoscia morale dell'omissione, nel completo isolamento da ogni altra azione (divieto di interruzione) e nella scrupolosità dell'esecuzione dei particolari» (1907, p. 343), per cui «in base a queste coincidenze e analogie ci si potrebbe arrischiare a considerare la nevrosi ossessiva come un equivalente patologico della formazione religiosa, e a descrivere la nevrosi come una religiosità individuale e la religione come una nevrosi ossessiva universale. La somiglianza essenziale risiederebbe nella fondamentale rinuncia all'attività di pulsioni date costituzionalmente; e la differenza principale nella natura di tali pulsioni, che sono nella nevrosi di origine esclusivamente sessuale, nella religione di origine egoistica» (ivi, p. 349). La psicoanalisi riconosce al rito un particolare valore terapeutico che, nell'attività analitica (v. ANALISI), trova espressione nella struttura del SETTING (v.), nella regolarità cadenzata delle sedute e dei pagamenti, nei tempi assegnati agli incontri, e in altri accorgimenti che ribadiscono la regolarità e la ritualità ritenute terapeutiche.

b) La psicologia analitica interpreta il rito come un contenitore psichico della TRASFORMAZIONE (v.) che si rende necessario quando l'equilibrio psichico del soggetto è minacciato dalla transizione da un modo d'essere a un altro, per cui se un rituale adeguato non venisse fornito, come di solito accade nell'esperienza religiosa, è l'individuo a escogitare spontaneamente e inconsciamente dei rituali che salvaguardino la stabilità della personalità, mentre è in corso la transizione da una condizione psicologica a un'altra. Il rituale non incide sulla trasformazione, ma la contiene evitando possibili scompensi. In questo senso Carl Gustav Jung scrive: «La religione mi sembra un atteggiamento peculiare della mente umana che si potrebbe definire, in armonia con l'uso originario del termine *religio*, come la *considerazione* e l'*osservanza scrupolosa* di certi fattori dinamici, riconosciuti come "potenze": spiriti, demoni, dèi, leggi, idee, ideali, o comunque l'uomo abbia voluto chiamare tali fattori, dei quali ha sperimentato nel proprio mondo la potenza e i pericoli, abbastanza per giudicarli degni della più scrupolosa considerazione» (1938-1940, p. 18).

Oltre alla funzione di *contenitore*, Jung riconosce al rito anche la funzione di *passaggio* e *trasformazione* da uno stato ad un altro nel corso della vita, e a questo proposito scrive: «Poiché la metamorfosi da figlio a genitore è esistita ovunque e sempre, e con lo sviluppo della coscienza è stata sperimentata anche soggettivamente come difficoltosa, dobbiamo presupporre l'esistenza di uno o più sistemi psicoterapeutici generali grazie ai quali l'uomo poteva superare quei difficili passaggi. Già al livello più primitivo è possibile riscontrare la presenza di alcune misure radicali, adottate in tutti quei momenti della vita in cui devono essere superati stadi di transizione psichici. Mi riferisco anzitutto ai riti di iniziazione al momento della pubertà, alle usanze relative alle nozze, alla nascita, alla morte. Tutte queste cerimonie, celebrate con la massima precisione e cura nelle culture primitive ancora esenti da influssi estranei, hanno forse soprattutto lo scopo di tener lontani i danneggiamenti psichici che in quel momento minacciano l'iniziando, ma mirano altresì a procurargli la preparazione e gli insegnamenti necessari alla vita. [...] Il dissolversi di una tradizione, per quanto necessario può essere a volte, costituisce sempre un pericolo e una perdita: pericolo per la psiche, perché la vita istintuale, ossia quanto di più conservativo esiste nell'uomo, si esprime proprio nelle usanze tradizionali» (1945, pp. 107-109).

3. ETOLOGIA. In questo ambito è stata studiata la ritualità dei comportamenti che gli animali assumono per prepararsi a un combattimento o a un accoppiamento. Konrad Lorenz ha indagato soprattutto le

analogie tra i comportamenti animali e quelli umani, e in proposito scrive: «La formazione dei riti tradizionali è certamente cominciata dall'alba della cultura umana, allo stesso modo in cui, a un livello inferiore, la formazione di riti filogenetici è stata alle prime origini della vita sociale degli animali superiori. Le analogie fra i due sviluppi si spiegano facilmente con le esigenze imposte a entrambi dalla funzione comune all'uno e all'altro. In tutti e due i casi un tipo di comportamento serve dapprima, sia a una specie sia a una cultura, a comporre con l'*ambiente esterno*, per poi acquisirla, una funzione interamente nuova, quella di comunicazione o informazione all'*interno* di una comunità. La funzione primaria può ancora venire svolta, ma spesso recede vieppiù nel sottofondo, fino a scomparire completamente. In tal modo si arriva a un tipico cambiamento di funzione. Dalla comunicazione possono nascere due nuove funzioni di uguale importanza, che conservano entrambe un certo numero di elementi di comunicazione: la prima è la canalizzazione dell'aggressione verso degli esiti inoffensivi, la seconda la creazione di legami fra due o più individui» (1963, pp. 117-118).

Julian Huxley, che al pari di Lorenz ha studiato la ritualizzazione negli animali e nell'uomo, ha stabilito che un rituale è un comportamento emotivamente carico, ma canalizzato e codificato per soddisfare il bisogno di socializzazione.

4. Psicologia sociale. In questo ambito gli studi hanno preso avvio da Durkheim che ha posto la sua attenzione sul "rito sacro" per affermare che i riti sono figure fondamentali delle religioni, il cui compito è di tenere separato il Sacro (v.) dal profano e di impartire regole di condotta che prescrivono come l'uomo deve comportarsi in ordine alle cose sacre tramite offerte e sacrifici. Detti riti sono chiamati da Durkheim *riti positivi*, distinti dai *riti negativi* che consistono nel non trasgredire divieti e tabù e nell'assumere atteggiamenti di mortificazione o addirittura di Ascesi (v.) che consentono di accedere ai percorsi che conducono ai riti positivi.

Tra i sociologi che, nello studio dei riti, hanno abbandonato le comparazioni con le società primitive per rivolgersi alla società attuale incontriamo Erving Goffman, che è un punto di riferimento importante per lo studio dei rituali di interazione quotidiana (v. Interazione), e François Isambert che attribuisce ai riti tre significati: uno *psicologico* riferito «a degli atti ripetitivi, compulsivi e senza uno scopo apparente» come sono illustrati dalla psicoanalisi; uno *semiologico* perché «il rito è prima di tutto un segno e la sua standardizzazione ripetitiva è necessaria alla sua funzione di quasi-linguaggio»; e uno *sociologico* che «definisce il rito attraverso il suo oggetto, l'oggetto religioso, a partire dal quale si ritrovano il carattere compulsivo legato all'obbligazione e al tabù, e il carattere simbolico legato alla comunicazione con gli esseri dell'aldilà» (1979, p. 18).

A questa impostazione Goffman obietta innanzitutto che il simbolo non ha solo un significato semiologico, ma anche simbolico con riferimento a un sistema di valori; in secondo luogo che non si può ridurre la valenza sociologica del rito unicamente al rito religioso, perché quest'ultimo è solo uno dei temi centrali della sociologia, ma non l'unico né tantomeno quello esclusivo. Le tesi di Goffman sono condivise anche da Pierre Bourdieu, per il quale «ogni rito tende a consacrare o a legittimare, cioè a far riconoscere come legittimo e naturale, un limite arbitrario, istituendo una differenza permanente tra quelli che sono coinvolti nel rito e quelli che ne sono esclusi» (1982, p. 58).

Sempre sui "riti profani" si è espresso Claude Rivière, che nel rito individua una *forma* caratterizzata da una rigidità ripetitiva, un *senso* che è da cercarsi in un significato simbolico o affettivo, e una *funzione* che consiste nella fede che i gesti rituali siano efficaci e propiziatori per raggiungere gli scopi desiderati. In questo senso, scrive Rivière: «Che siano fortemente istituzionalizzati o un po' fuori dalle righe, che reggano situazioni di comune adesione a dei valori o esistano come sistema di regolazione di conflitti personali, i riti sono sempre da considerare come un insieme di comportamenti individuali o collettivi, relativamente codificati, con una base corporea (verbale, gestuale, posturale...) a carattere più o meno ripetitivo, con una forte carica simbolica per i loro attori e per i loro testimoni, fondati su un'adesione mentale – a volte inconscia – a dei valori che riguardano scelte ritenute importanti, e di cui l'efficacia attesa non deriva da una logica puramente empirica che si ridurrebbe alla strumentazione tecnica del legame causa-effetto» (1995, p. 11).

Nell'esame del rito profano, Rivière, in polemica con Durkheim, scrive: «A differenza di quello che diceva Durkheim a proposito dei riti religiosi, il rito profano non ricrea periodicamente l'essere morale della società: ne traduce piuttosto le norme culturali attraverso dei comportamenti più o meno codificati» (ivi, p. 233). Si comprende allora, scrive Rivière, che «i riti profani sono meno legati a delle credenze forti di cui costituirebbero una rivitalizzazione, come nelle religioni, che alle adesioni labili, molli o ordinarie a una cultura o sottocultura determinata, intesa come stile di vita, come insieme di valori e di comportamenti. Essi indicano più una partecipazione a un sistema istituzionale, che l'interiorizzazione di un insieme di credenze» (ivi, p. 75).

Bibliografia

Allovio S., *Riti di iniziazione. Antropologi, stoici e finti immortali*, Raffaello Cortina, Milano 2015.
Aversa L., *Esperienza analitica e riti iniziatici*, in "Psichiatria e Psicoterapia Analitica", 1984, n. III, 1.
Bonino S., *I riti del quotidiano. Studio psicologico della ritualizzazione personale*, Bollati Boringhieri, Torino 1987.
Bourdieu P., *Les rites comme actes d'institution*, in "Actes de la Recherche en Sciences Sociales", 1982, n. 43.
Cannadine D., Price S. (a cura di), *Rituals of royalty. Power and ceremonial in traditional societies*, Cambridge University Press, Cambridge 1987.
Cazeneuve J., *La sociologia del rito* (1971), il Saggiatore, Milano 1996.
De Martino E., *Morte e pianto rituale*, Bollati Boringhieri, Torino 1958.
Durkheim É., *Le forme elementari della vita religiosa* (1912), Edizioni di Comunità, Milano 1971.
Elkin A. P., *Sciamani d'Australia. Rito e iniziazione nella società aborigena* (1956), Raffaello Cortina, Milano 2002.
Firth R., *Tikopia ritual and belief*, Routledge & Kegan, London 1967.
Frazer J. G., *Il ramo d'oro. Studio della magia e della religione* (1890-1915, edizione ridotta dallo stesso autore 1922), Bollati Boringhieri, Torino 1990.
Freud S., *Azioni ossessive e pratiche religiose* (1907), in *Opere* (1967-1993), Bollati Boringhieri, Torino, vol. V.
–, *Totem e tabù. Alcune concordanze nella vita psichica dei selvaggi e dei nevrotici* (1912-1913), in *Opere*, cit., vol. VII.
–, *L'avvenire di un'illusione* (1927), in *Opere*, cit., vol. X.
Galimberti U., *Rito*, in AA.VV., *Gli strumenti del sapere contemporaneo*, vol. II: *I concetti*, Utet, Torino 1985, pp. 706-707.
Gell A., *Metamorphosis of the Cassowaries. Umeda society, language and ritual*, Athlone, London 1975.
Gluckman M., *Il rituale nei rapporti sociali* (1962), Officina, Roma 1972.
–, *Order and rebellion in tribal Africa*, Cohen & West, London 1963.
Goffman E., *La vita quotidiana come rappresentazione* (1959), il Mulino, Bologna 1969.
–, *Il rituale dell'interazione* (1967), il Mulino, Bologna 1988.
–, *Modelli di interazione* (1967-1969), il Mulino, Bologna 1971.
Huxley J. S. (a cura di), *A discussion of ritualization of behaviour in animals and man*, in "Philosophical Transactions of the Royal Society of London", 1966, vol. 251, pp. 247-526.
Isambert F., *Rites et efficacité symbolique*, Cerf, Paris 1979.
Jung C. G., *Psicologia e religione* (1938-1940), in *Opere* (1969-2007), Bollati Boringhieri, Torino, vol. XI.
–, *La psicoterapia oggi* (1945), in *Opere*, cit., vol. XVI.
Kluckhohn C., *Myths and ritual. A general theory*, in "Harvard Theological Review", 1942, n. 35.
Leach E., *Ritual*, in *International Encyclopedia of the Social Sciences*, Macmillan, New York 1968.
Lévi-Strauss C., *L'uomo nudo* (1971), il Saggiatore, Milano 1974.
Lévy-Bruhl L., *Psiche e società primitive* (1910), Newton Compton, Roma 1970.
Lorenz K., *L'aggressività. Edizione ampliata de "Il cosiddetto male"* (1963), il Saggiatore, Milano 1976.
Maisonneuve J., *Les pratiques rituelles*, Puf, Paris 1995.
Malinowski B., *Argonauti del Pacifico occidentale* (1922), Newton Compton, Roma 1973.
Picard D., *I rituali del saper vivere* (1995), Editori Riuniti, Roma 1997.
Radcliffe-Brown A. R., *The Andaman islanders*, University Press, Cambridge 1922.
–, *Struttura e funzione nella società primitiva* (1952), Jaca Book, Milano 1968.
Reik Th., *Il rito religioso. Studi psicoanalitici* (1920-1930), Bollati Boringhieri, Torino 1977.
Rivière C., *I riti profani* (1995), Armando, Roma 1998.
Scarduelli P., *Antropologia del rito. Interpretazioni e spiegazioni*, Bollati Boringhieri, Torino 2000.
Segalen M., *Riti e rituali contemporanei* (1998), il Mulino, Bologna 2002.
Smith W. R., *Religion of the Semites*, Meridian Books, New York 1889.
Terrin A. N., *Il rito. Antropologia e fenomenologia della ritualità*, Morcelliana, Brescia 1999.
Turner V. W., *The drums of affliction*, Clarendon, Oxford 1968.
–, *Il processo rituale. Struttura e antistruttura* (1969), Morcelliana, Brescia 1972.
Valeri V., *Rito* (1981), in AA.VV., *Enciclopedia*, Einaudi, Torino 1981, vol. XII, pp. 210-243.
Van Gennep A., *I riti di passaggio* (1909), Bollati Boringhieri, Torino 1981.
Wulf Ch., *Rito*, in Id. (a cura di), *Cosmo, corpo, cultura. Enciclopedia antropologica* (1997), Bruno Mondadori, Milano 2002, pp. 1054-1062.

Ritorno del rimosso, v. RIMOZIONE.

Rivalità (ingl. *Rivalry*; ted. *Rivalität*; fr. *Rivalité*; sp. *Rivalidad*). Contesa, prolungata nel tempo, tra due persone o gruppi motivati dal desiderio di conquistare ciascuno una superiorità sull'altro. La psicologia si è particolarmente interessata alla rivalità tra i fratelli (v. FAMIGLIA, § II, 3) in competizione emotiva per guadagnare l'attenzione e l'amore dei genitori. In questo tipo di rivalità, detta anche GELOSIA (v.), sono leggibili importanti esperienze della prima infanzia e in particolare il rapporto edipico con i genitori (v. EDIPO, COMPLESSO DI).

Rivalsa (ingl. *Revenge*; ted. *Schadloshaltung*; fr. *Revanche*; sp. *Revancha*). Desiderio di vendicarsi per un'offesa ricevuta che, nella dinamica psicologica interna, può portare a una paura di rappresaglia che induce a negare o a rimuovere la propria aggressività.

RNA (*Acido ribonucleico*), v. GENETICA, § 1, *b*.

Rodopsina, v. VISIVO, SISTEMA, § 2.

Rogersiana, Terapia, v. PSICOLOGIA ROGERSIANA, § 2.

Romanzo familiare (ingl. *Family romance*; ted. *Familienroman*; fr. *Roman familial*; sp. *Novela familiar*). Espressione introdotta da Sigmund Freud in riferimento ai fantasmi con cui il soggetto modifica o elabora in modo immaginario la figura dei suoi genitori: o per la disillusione provata con i genitori reali non all'altezza dell'onnipotenza di cui il bambino li aveva dotati, o come difesa contro gli elementi sessuali del periodo edipico, o come espressione della rivalità fraterna. Appartengono a questo genere di fantasia il sospetto di non essere figlio dei propri genitori, l'immaginazione di salvare la vita del padre o della madre, l'attribuzione di avventure amorose all'uno o all'altro dei genitori. Simili fantasmi sorgono sotto l'influenza del complesso di Edipo (v. EDIPO, COMPLESSO DI).

Bibliografia

Freud S., *Il romanzo familiare dei nevrotici* (1908), in *Opere* (1967-1993), Bollati Boringhieri, Torino, vol. V.

Rombencefalo, v. ENCEFALO, § 1, *a*.

Rorschach, Test di (ingl. *Rorschach test*; ted. *Rorschach Test*; fr. *Test de Rorschach*; sp. *Test de Rorschach*). Test proiettivo ideato dallo psichiatra svizzero Hermann Rorschach per indagare le caratteristiche fondamentali della personalità attraverso le risposte verbali che un soggetto fornisce di fronte a stimoli visivi ambigui. Il test consiste in una serie di 10 tavole che riproducono macchie d'inchiostro con due parti simmetriche: 5 sono grigio-nere con sfumature differenti l'una dall'altra, 2 sono grigio-rosse, 3 sono policrome. Riferendo che cosa vede o che cosa quelle macchie gli evocano, il soggetto rivela le proprie modalità di percepire, le proprie tendenze cognitivo-affettive e la configurazione di base della propria personalità. Il test di Rorschach è la tecnica proiettiva di più ampia applicazione in psicologia e in psicopatologia; è utilizzata per ottenere in breve tempo un profilo della struttura caratterologica dell'individuo, e come test di ricerca sull'influenza esercitata dall'ambiente sullo sviluppo dell'intelligenza e della personalità.

Tecnicamente il test prevede quattro momenti: 1) la *raccolta* del protocollo che deve avvenire salvaguardando alcune disposizioni relative al tipo di ambiente scelto, all'illuminazione e alle rispettive posizioni del soggetto e dell'esaminatore; 2) l'*inchiesta* che consiste nella richiesta di delucidazioni sulle risposte fornite; 3) la *siglatura* delle risposte che avviene in base a tre elementi: *a*) l'area scelta dove si rivela se la risposta interessa tutta la figura o un dettaglio, *b*) il contenuto che può essere umano, animale, anatomico, geografico, astratto ecc., *c*) i fattori determinanti che hanno innescato il processo percettivo-associativo quali la forma della macchia, il colore, il movimento ecc. Con la siglatura, dove si decide anche la "banalità" o l'"originalità" della risposta, si giunge a una formulazione in codice di tutti i dati ottenuti che consentono di accedere a 4) lo *spoglio* dove, in base al numero delle risposte, alla loro qualità, alla durata della prova, al tipo di percezione, ai fattori determinanti, si costruisce uno psicogramma che permette di valutare quantitativamente e qualitativamente le capacità attuali e potenziali del soggetto. In particolare i punteggi di localizzazione mettono in luce il funzionamento delle attività cognitive, le risposte relative alla forma evidenziano le capacità di strutturazione, le risposte-movimento la creatività, le risposte-colore la permeabilità del soggetto rispetto all'ambiente, le risposte chiaro-scuro gli stati emotivi sia generali che umorali.

Il test di Rorschach può essere interpretato da un punto di vista psicoanalitico con riferimento soprattutto ai contenuti, dal punto di vista fenomenologico con riferimento al modo in cui il soggetto vive la prova, e dal punto di vista della psicologia differenziale con riferimento ai dati che si possono quantificare per isolare gli elementi caratteristici delle varie tipologie caratteriali e delle diverse sindromi psichiatriche nel caso di un'applicazione psicopatologica.

Bibliografia

Ames L. B., Métraux R. W., Rodell J. L., Walker R. N., *Risposte al test di Rorschach*, vol. I: *Il bambino*, vol. II: *L'adolescente*, vol. III: *L'anziano* (1971-1974), Bollati Boringhieri, Torino 1978-1980.

Armezzani M., *Il test di Rorschach*, in Id., *L'indagine di personalità. Modelli e paradigmi della ricerca*, La Nuova Italia Scientifica, Roma 1995, pp. 165-186.

Berengo G., *Prontuario Rorschach per l'orientamento alla siglatura e all'interpretazione*, Organizzazioni Speciali (O. S.), Firenze 1994.

Bohm E. B., *Manuale di psicodiagnostica di Rorschach* (1951), Giunti Barbera, Firenze 1969.

–, *Risposte al test di Rorschach* (1967), Giunti Barbera, Firenze 1969.

Exner J., Porcelli P., Appoggetti P. (a cura di), *Il test di Rorschach secondo il sistema Exner*, Erickson, Trento 2001.

Giambelluca F. C., Parisi S., Pes P., *Interpretazione psicoanalitica del Rorschach. Modello dinamico-strutturale*, Edizioni Kappa, Roma 1995.

Lerner P. M., *Il Rorschach. Una lettura psicoanalitica* (1998), Raffaello Cortina, Milano 2000.

Lis A., Zennaro A., Salcuni S., Parolin L., Mazzeschi C., *Il Rorschach secondo il Sistema Comprensivo di Exner*, Raffaello Cortina, Milano 2007.

Meyer G. J., Viglione D. J., Mihura J. L., Erard R. E., Erdberg Ph., *Rorschach Performance Assessment System. Somministrazione, siglatura, interpretazione e manuale tecnico* (2011), Raffaello Cortina, Milano 2015.

Passi Tognazzo D., *Il metodo Rorschach. Manuale di psicodiagnostica su modelli di matrice europea*, Giunti, Firenze 1994.

Rorschach H., *Psicodiagnostica* (1921), Edizioni Kappa, Roma 1981.
Schafer R., *L'interpretazione psicoanalitica del Rorschach. Teoria e applicazione* (1954), Bollati Boringhieri, Torino 1981.

Rosenthal, Effetto, v. CIECO, ESPERIMENTO; OSSERVAZIONE, § 5.

Rosenzweig, Test di (ingl. *Rosenzweig picture-frustration study*; ted. *Rosenzweig PF Test*; fr. *Test de frustration de Rosenzweig*; sp. *Test de frustración de Rosenzweig*). Test proiettivo elaborato da Saul Rosenzweig che permette di valutare i comportamenti che possono venire indotti da circostanze frustranti. Il test prevede la presentazione di 24 vignette, ciascuna raffigurante il confronto tra due individui di cui uno in una situazione frustrante. Il soggetto testato, immedesimandosi nella parte di colui che subisce la frustrazione, deve rispondere all'altro individuo il cui messaggio scritto compare nel fumetto sovrastante. Per quanto riguarda il tipo di reazione si distinguono risposte *extrapunitive* che sono rivolte verso l'ambiente o contro altre persone, *intrapunitive* che il soggetto rivolge a se stesso, *non punitive* quando il soggetto sfugge all'aggressività e assume un tono conciliante. Per quanto concerne il tipo di aggressività si distinguono: il *dominio della situazione*, la *difesa dell'Io*, o la *persistenza del bisogno* quando viene ribadita la soluzione del problema frustrante. Un metodo di siglatura permette di combinare il tipo di reazione con il tipo di aggressività per la valutazione dell'effetto delle frustrazioni nelle diverse età della vita e nei differenti contesti socioculturali.

Bibliografia

Rosenzweig S., *The Rosenzweig picture-frustration study, a children's form*, in A. I. Rabin, M. R. Haworth (a cura di), *Projective techniques with children*, Grune & Stratton, New York 1960, pp. 149-179.

Rossore, v. ERITROFOBIA.

Rotacismo (ingl. *Rhotacism*; ted. *Rhotazismus*; fr. *Rhotacisme*; sp. *Rotacismo*). Difetto nella pronuncia corretta della lettera "r".

Rottura, v. SCISSIONE.

RPQ (*Resilience Process Questionnaire*), v. RESILIENZA.

Ruminazione (ingl. *Rumination*; ted. *Wiederkäuen*; fr. *Rumination*; sp. *Rumiación*). Il termine si riferisce ai pensieri negativi continui e insistenti che caratterizzano gli stati depressivi, perpetuando, aumentando e aggravando l'umore già depresso.

Bibliografia

Papageorgiou C., Wells A. (a cura di), *Ruminazione depressiva. Teoria e trattamento* (2004), Erickson, Trento 2008.

Rumore, v. INFORMAZIONE, TEORIA DELL', § 1; UDITIVO, SISTEMA.

Rumore endotico, v. ENDOTICO, RUMORE.

Ruolo (ingl. *Role*; ted. *Rolle*; fr. *Rôle*; sp. *Rol*). Insieme delle norme e delle aspettative che convergono su un individuo in quanto occupa una determinata posizione in un sistema sociale. Se la posizione è lo STATUS (v.), il ruolo, come scrive Ralph Linton, è l'aspetto dinamico dello status, ossia il comportamento formale e prevedibile che ne consegue, con il margine di variazione espresso dal *grado di conformità* al ruolo, che dipende da quanto un individuo si avvicina con le sue azioni al modello astratto descritto e prescritto dall'impianto normativo. La parola "ruolo" deriva infatti dal latino *rotulus* come si chiamava il rotolo di pergamena sul quale l'attore leggeva la sua parte. Nella rappresentazione teatrale interessante non era l'attore in quanto persona privata, ma il "carattere" che l'attore, in virtù del suo ruolo, rappresentava nel contesto drammatico. Da quando la situazione teatrale divenne schema interpretativo del sistema sociale, la nozione di ruolo servì per definire l'*identità sociale o pubblica* distinta dall'*identità personale o privata*. Nel concetto di ruolo è quindi implicita una discrepanza tra essere e apparire, tra ciò che uno veramente è e le attese che dagli altri convergono su di lui, in base alle caratteristiche strutturali del GRUPPO (v. § II, 5), dell'ISTITUZIONE (v.) e del sistema sociale, che stabiliscono i ruoli in base al tipo di relazioni vigenti nel sistema stesso.

1. PSICOLOGIA SOCIALE. In questo ambito si sottolinea il carattere *prescrittivo* del ruolo, collegato al bisogno sociale di fissare a priori le funzioni e i comportamenti, in modo da assicurare al sistema sociale una relativa stabilità. Rispetto a questo tratto prescrittivo, i singoli individui tendono istintivamente a sfuggire alle regole e alle aspettative imposte dal ruolo per conservare un certo grado di libertà. Quando la conformità è completamente disattesa o intenzionalmente trasgredita si parla di *devianza*. L'imprecisione prescrittiva determina situazioni di *ambiguità di ruolo* dovuta a informazioni inadeguate circa le mansioni e gli obiettivi da conseguire, di *sovraccarico di ruolo* che può essere di tipo quantitativo

o qualitativo, di *conflitto di ruolo* quando c'è un'eccessiva discrepanza tra ruolo e personalità, quando le mansioni di un ruolo sconfinano in quelle di un altro ruolo, o quando un individuo si trova a dover svolgere più ruoli per ciascuno dei quali sono previsti comportamenti diversi, e di *elasticità del ruolo* quando la qualità delle mansioni prevede possibilità di gioco o di improvvisazione al di là dello schema prescrittivo.

La Scuola di Francoforte, con Theodor Wiesengrund Adorno, ha visto nel ruolo la prima forma di alienazione, collegata alla divisione del lavoro propria della società borghese, di cui tuttavia sembra difficile il superamento per l'ineliminabile funzione di mediazione che il ruolo svolge tra la dimensione individuale e quella collettiva. Il ruolo, infatti, non è mai una prerogativa privata, ma sempre collettiva, perché riguarda il soggetto agente in relazione con altri. Il ruolo, inoltre, richiede ogni volta la presenza di almeno due persone per la semplice ragione che non si dà il ruolo di padre senza il riferimento a un figlio, o il ruolo di insegnante senza riferimento a un allievo. Nell'analisi di ruolo non si fa riferimento alla persona, ma alla sfera di prestazioni interdipendenti dei protagonisti sulla scena, in cui ciascuno interpreta il proprio ruolo ed entra in relazione con gli altri a partire dalla mansione che il ruolo gli assegna.

2. Psicologia dinamica. In questo ambito si considera l'assunzione di un ruolo, a partire dall'infanzia in ordine alle attese dei genitori nei confronti del bambino, come la prima forma di strutturazione dell'*identità*. Detto ruolo viene interiorizzato in base al sesso, all'età, alla posizione nella famiglia, attraverso i processi di Identificazione (v.) che costituiscono i canali delle prime transazioni tra bambino e genitori, e successivamente tra bambino e insegnanti. Nell'adolescenza, annota Erik Homburger Erikson, quando l'individuo deve ridefinire la sua identità, c'è la possibilità che un eccesso di identificazione nel ruolo acquisito ostacoli l'affermazione della propria identità autentica. Questo concetto è analogo a quello di Carl Gustav Jung, che distingue il processo di individuazione (v. Psicologia analitica, § 5) da un'eccessiva identificazione con la Persona (v. § 2), ossia con la maschera che a livello sociale ciascuno assume.

Sull'aspetto psicodinamico del ruolo si è espresso Jacob Levi Moreno, con la sua nozione di "gioco di ruolo (*role playing*)", dove il ruolo è concepito come un'interpretazione spontanea, da parte di un individuo inserito in un gruppo, di un suo problema, di un suo aspetto psicologico, di una sua potenzialità che possono essere rappresentati sia in un'azione drammatica dove il paziente-protagonista assegna i ruoli della sua storia personale ai pazienti che collaborano come attori o "ego ausiliari" (v. Psicodramma), sia nella vita reale dove ciascuno ha la possibilità, maggiore o minore, di muoversi tra posizioni e modi di agire diversi. Dal canto suo George Herbert Mead reputa il ruolo una condizione necessaria per la formazione della personalità, che si struttura e si diversifica grazie alla capacità di ciascuno di "prendere il ruolo dell'altro" interiorizzandone gli atteggiamenti, cosa che permette di controllare il proprio comportamento sulla base delle aspettative altrui. Ciò sottintende: *a*) l'efficacia del ruolo nella regolazione del comportamento; *b*) la sua essenzialità nell'apprendimento, che sarebbe impossibile in assenza di comportamenti propri e altrui relativamente prevedibili. Per quanto concerne la differenziazione dei ruoli, si veda la voce Gruppo, § II, 5.

Bibliografia

Adorno Th. W., *Scritti sociologici* (1972), Einaudi, Torino 1976.

Amerio P., Quaglino G. P., *Il gruppo. Realtà e rappresentazione sociale*, Book Store, Torino 1979.

Bates F. L., *Position, role and status. A reformulation of concepts*, in "Social Forces", 1956, n. 34.

Biddle B. J., Thomas E. J., *Role theory. Concepts and research*, Wiley, New York 1966.

Collett P. (a cura di), *Social rules and social behaviour*, Basil Blackwell, Oxford 1977.

Durkheim É., *Le regole del metodo sociologico* (1895), Edizioni di Comunità, Milano 1969.

Erikson E. H., *Infanzia e società* (1950), Armando, Roma 1968.

Goffman E., *Relazioni in pubblico* (1971), Raffaello Cortina, Milano 2008.

Harré R., *Social being*, Basil Blackwell, Oxford 1979.

Jung C. G., *Tipi psicologici* (1921), in *Opere* (1969-2007), Bollati Boringhieri, Torino, vol. VI.

Linton R., *The cultural background of personality*, Appleton-Century-Crofts, New York 1945.

Mead G. H., *Mente, Sé e Società* (1934), Giunti Barbera, Firenze 1966.

Moreno J. L., *Manuale di psicodramma. Il teatro come terapia* (1946), Astrolabio, Roma 1985.

–, *Principi di sociometria, di psicoterapia di gruppo e sociodramma* (1953), Etas Kompass, Milano 1964.

Parsons T., *Toward a common language for the area of social science. Status and role*, in Id., *Essays in sociological theory, pure and applied*, Free Press, Glencoe 1949.

–, *Il sistema sociale* (1951), Edizioni di Comunità, Milano 1965.

Rupofobia (ingl. *Rupophobia*; ted. *Mysophobie*; fr. *Rupophobie*; sp. *Rupofobia*). Fobia per lo sporco, che innesca un meccanismo ossessivo che costringe il soggetto ad affaccendarsi in continue pulizie. Secondo la psicoanalisi la rupofobia può nascondere un inconfessato rifiuto della sessualità, dello sperma, delle mestruazioni, della gravidanza che il soggetto vive in modo conflittuale.

S

Sabbia, Gioco della (ingl. *Sandplay*; ted. *Sandspiel*; fr. *Jeu de sable*; sp. *Juego de arena*). Pratica analitica ideata negli anni cinquanta da Dora M. Kalff, allieva di Carl Gustav Jung, impiegata inizialmente per la terapia dei bambini e degli adolescenti e successivamente adottata anche per gli adulti. Lo spazio della relazione terapeutica, dove vige il setting analitico (v. SETTING), è costituito da una stanza dove sono disposte due vasche contenenti sabbia asciutta e bagnata, e alle pareti degli scaffali con la riproduzione in miniatura di personaggi attuali o del passato, animali domestici e non, alberi, fiori, edifici e quant'altro possa essere impiegato dal paziente per descrivere in modo figurativo il suo stato attuale, la sua storia trascorsa, le prospettive a venire, nonché le sue espressioni fantastiche, immaginative, creative, simboliche e individuative. In tal modo, senza una compiuta consapevolezza, il paziente mette in scena e rende così visibili le sue problematiche inconsce che traspaiono nella scelta degli oggetti per la costruzione della scena, nella sequenza e nei tempi impiegati per la loro disposizione, nelle parole pronunciate in corso d'opera, nelle emozioni manifeste o appena sottaciute, ma rese visibili dalla rappresentazione che si va configurando, nonché i vissuti transferali che vengono in evidenza grazie al contatto con la materia, la fungibilità degli oggetti e la plasticità della sabbia che si presta a far emergere, talvolta meglio della verbalizzazione, vissuti inconsci che in altro modo non giungerebbero a coscienza e di conseguenza non verrebbero elaborati.

Bibliografia

Aite P., *Paesaggi della psiche. Il gioco della sabbia nell'analisi junghiana*, Bollati Boringhieri, Torino 2002.

Ammann R., *Sandplay. Immagini che curano e trasformano* (1989), Vivarium, Milano 2000.

Garzonio M., *Teatro di terra, di acqua, di mani*, in M. I. Wuehl (a cura di), *Nella stanza dell'analista junghiano*, Vivarium, Milano 2002.

Kalff D. M., *Il gioco della sabbia e la sua azione terapeutica sulla psiche* (1966), Organizzazioni Speciali (O. S.), Firenze 1974.

Màdera R., *Il "gioco della sabbia" come gioco del mondo*, in "Rivista di Psicologia Analitica", 1994, n. 50, pp. 181-189.

Montecchi F., *Giocando con la sabbia. La psicoterapia con bambini e adolescenti e la "sand play therapy"*, Franco Angeli, Milano 1993.

Rocco P., Sampaolo A. (a cura di), *L'analisi con il gioco della sabbia*, Franco Angeli, Milano 2012.

Ryce-Menhuin J., *Il gioco della sabbia. La terapia delle meraviglie* (1991), Edizioni Magi, Roma 2004.

Weinrib E. L., *Immagini del Sé. Il processo della terapia del gioco della sabbia* (1983), Edizioni del Faro, Trento 2012.

Sabotatore interno (ingl. *Internal saboteur*; ted. *Innere Saboteur*; fr. *Saboteur intérieur*; sp. *Saboteador interno*). Termine introdotto da William Ronald Dodds Fairbairn per indicare l'Io antilibidico o aggressivo, contrapposto all'Io libidico, che si forma nella fase schizoide in cui l'Io, originariamente unitario, si scinde nel corso delle prime relazioni oggettuali. Il "sabotatore interno" contribuisce alla formazione del Super-io (v. SCHIZOFRENIA, § I, 2, *c*).

Bibliografia

Fairbairn W. R. D., *Studi psicoanalitici sulla personalità* (1952), Bollati Boringhieri, Torino 1970.

Sacrificio (ingl. *Sacrifice*; ted. *Opfer*; fr. *Sacrifice*; sp. *Sacrificio*). Offerta di un oggetto, che nell'atto dell'offerta diventa SACRO (v.), per stabilire una mediazione tra l'uomo e la divinità. L'oggetto dapprima viene "posto in mezzo" tra i due e poi "tolto di mezzo", attraverso la sua distruzione, per creare una comunione immediata. Il sacrificio si distingue dalla MAGIA (v.) perché, mentre quest'ultima tende a forzare la divinità a concedere i suoi favori, il sacrificio tende invece a creare una situazione di comunicazione o comunione.

1. Antropologia. In questo ambito il sacrificio è letto come momento della rifondazione del gruppo sociale. Questa tesi, enunciata da Émile Durkheim, è stata riproposta da René Girard, che nel sacrificio vede il ricostituirsi della coesione sociale, attraverso l'espulsione della violenza che circola nel gruppo tramite la sua attribuzione al Capro espiatorio (v.), su cui si scaricano le tensioni che altrimenti distruggerebbero la comunità. La distruzione del capro espiatorio, la sua uccisione sacrificale, svolge per la comunità un ruolo catartico e rifondativo (v. Sacro, § 12).

2. Psicoanalisi. Sigmund Freud riconduce il sacrificio alla situazione edipica primordiale presente all'origine sia della storia sociale sia di quella individuale. Dando credito alla teoria di William Robertson Smith secondo la quale, offrendo una parte dell'animale sacrificato al dio e consumandone il resto, gli uomini affermavano la loro parentela con il dio e si assicuravano il suo aiuto, Freud sviluppa l'idea del pasto totemico che segue l'assassinio del padre-totem, dove l'ambivalenza dei sentimenti di lutto per la morte dell'animale totem e di gioia al momento del banchetto totemico rinvia all'ambivalenza dei sentimenti nei confronti del padre che, al pari del totem, proibisce l'incesto (sposare la madre) e l'uccisione del totem (uccidere il padre). La corrispondenza tra divieti totemici e divieti paterni e poi, attraverso l'interiorizzazione del padre, superegoici, rinvia ai due desideri repressi dal complesso di Edipo (v. Edipo, Complesso di) che la ritualità del sacrificio richiama, perché sono alla base dell'istituzione sociale e della costruzione individuale (v. Totem, § 2).

3. Psicologia analitica. Carl Gustav Jung parla di sacrificio in una duplice accezione: come passione (*Passion*) dell'Io che subisce la violenza del Sé, e come offerta (*Opfer*) dell'Io che rinuncia alla sua autonomia perché riconosce un principio ordinatore sovraordinato alla coscienza individuale (v. Psicologia analitica, § 4). Scrive in proposito Jung: «L'individuazione è un compito eroico o tragico, in ogni caso difficilissimo, perché implica un patire, una *passione dell'Io*, cioè dell'uomo empirico, quale è stato finora, a cui accade di essere accolto in una più vasta sfera, e di spogliarsi di quella ostinata autonomia che si crede libera. Egli patisce, per così dire, la *violenza del Sé*» (1942-1948, p. 156). Se il sacrificio dell'Io è un suo cedimento alle potenze del Sé, abbiamo l'esito che Jung definisce "tragico" della psicosi; se invece il sacrificio è cosciente, se, scrive Jung, «io decido contro il mio Io e annullo la mia rivendicazione per quell'istanza sovraordinata alla mia egoicità» (1942-1954, p. 248) che è il Sé, allora si apre quel dialogo tra Io e Sé in cui Jung individua l'essenza del processo di individuazione psicologica (v. Psicologia analitica, § 5; Sacro, § 8).

Bibliografia

Burkert W., *Homo necans. Antropologia del sacrificio cruento nella Grecia antica* (1972), Bollati Boringhieri, Torino 1981.

Detienne M., Vernant J.-P., *La cucina del sacrificio in terra greca* (1979), Bollati Boringhieri, Torino 1982.

Durkheim É., *Le forme elementari della vita religiosa* (1912), Edizioni di Comunità, Milano 1971.

Freud S., *Totem e tabù. Alcune concordanze nella vita psichica dei selvaggi e dei nevrotici* (1912-1913), in *Opere* (1967-1993), Bollati Boringhieri, Torino, vol. VII.

Galimberti U., *Individuazione e sacrificio*, in Id., *La terra senza il male. Jung: dall'inconscio al simbolo* (1984), Feltrinelli, Milano 2013, pp. 221-230.

Girard R., *La violenza e il sacro* (1972), Adelphi, Milano 1980.

–, *Il capro espiatorio* (1982), Adelphi, Milano 1987.

–, *Il sacrificio* (2003), Raffaello Cortina, Milano 2004.

Grottanelli C., Parise N. F. (a cura di), *Sacrificio e società nel mondo antico*, Laterza, Bari 1988.

Jung C. G., *L'io e l'Inconscio* (1928), in *Opere* (1969-2007), Bollati Boringhieri, Torino, vol. VII.

–, *Saggio d'interpretazione psicologica del dogma della Trinità* (1942-1948), in *Opere*, cit., vol. XI.

–, *Il simbolo della trasformazione nella messa* (1942-1954), in *Opere*, cit., vol. XI.

Money-Kyrle R., *Il significato del sacrificio* (1929), Bollati Boringhieri, Torino 1994.

Recalcati M., *Contro il sacrificio. Al di là del fantasma sacrificale*, Raffaello Cortina, Milano 2017.

Smith W. R., *Lectures on the religion of the Semites. Fundamental institutions* (1889), Meridian Library, New York 1956.

Sacro (ingl. *Sacred*; ted. *Heilig*; fr. *Sacré*; sp. *Sagrado*). Il termine "sacro" significa "separato". La sacralità quindi non è una condizione morale, ma una qualità che inerisce a ciò che ha relazione e contatto con potenze che l'uomo, non potendo dominare, avverte come superiori a sé e, come tali, attribuibili al divino, pensato come "separato" e "altro" rispetto al mondo umano. Al contatto con il mondo sacro sono preposte persone consacrate e separate dal resto della comunità (i sacerdoti), spazi separati dagli altri in quanto carichi di potere (sorgenti, alberi, monti e poi templi, sinagoghe, chiese, moschee), tempi separati dagli altri e nominati festivi (v. Festa), che delimitano i periodi sacri da quelli profani dove, fuori dal tempio (*fanum*), si svolge la vita di ogni giorno scandita dal lavoro e dai divieti (v. Tabù) da cui traggono origine le regole e le trasgressioni (v. Trasgressione).

L'opposizione sacro-profano riproduce l'opposizione puro-impuro (v. Puro – Impuro) con cui si circoscrive la sfera del Male (v.), creando schemi d'ordine che poggiano sull'antitesi di un polo positivo e di uno negativo. All'impurità è connesso il Contagio (v.) con conseguente reazione di terrore e di procedure di isolamento, da cui si esce con particolari pratiche rituali (v. RITO), magiche (v. MAGIA) e sacrificali (v. SACRIFICIO). Rito, magia e sacrificio servono a tenere lontani gli effetti malefici delle potenze superiori che abitano la sfera del sacro, e a propiziare quelli benefici. Del sacro si danno diverse interpretazioni antropologiche e psicologiche perché il sacro non è solo *esterno* all'uomo, ma anche *interno* ad esso, potendosi leggere tutte le mitologie (v. MITO) come proiezioni dell'inconscio collettivo di una tribù, di un popolo, di un'epoca.

1. LA SCUOLA SOCIOLOGICA FRANCESE, con Émile Durkheim e Marcel Mauss, sottolinea come caratteristica del sacro la sua *superiorità* e la sua *eterogeneità* rispetto al profano. In proposito Durkheim scrive: «La divisione del mondo in due domini, che comprendono l'uno tutto ciò che è sacro, e l'altro tutto ciò che è profano, è il carattere distintivo del pensiero religioso. [...] Le cose sacre sono *superiori* per dignità e potere alle cose profane, e particolarmente all'uomo, quando questo non è che un uomo e non ha di per sé nulla di sacro. [...] Non esiste nella storia del pensiero un altro esempio di due categorie di cose tanto profondamente *diverse*, tanto radicalmente *opposte* l'una all'altra. [...] Le energie dell'una non sono semplicemente quelle che si incontrano nell'altra, fornite di qualche grado in più; esse sono di un'altra natura. [...] Questa *eterogeneità* è anzi tale da degenerare spesso in un vero antagonismo. I due mondi sono concepiti non soltanto come separati, ma anche come ostili e gelosamente rivali l'uno dell'altro» (1912, pp. 39-42).

Le cose sacre sono cariche di MANA (v.) con cui esprimono il loro potere e la loro influenza, e ad esse si accede tramite il SACRIFICIO (v.), che Mauss legge come il momento emblematico dell'esperienza del sacro in cui, attraverso la mediazione della vittima, si realizza una "rottura di livello", tra il piano del sacro e quello del profano, che permette il passaggio da uno stato all'altro attraverso processi di sacralizzazione e desacralizzazione: «La nozione di *mana*, come quella di sacro, non è, in ultima analisi, che quella specie di categoria del pensiero collettivo che dà fondamento ai giudizi di valore, impone una classificazione delle cose, separa le une, unisce le altre, stabilisce linee di influenza o limiti di isolamento» (1950, p. 124).

Per Durkheim le cose sacre sono contagiose (v. CONTAGIO) e perciò occorrono riti per contenerne la contagiosità. Dal momento che infrangono la barriera che interdice il rapporto tra sacro e profano, questi riti hanno il sapore della *profanazione* e del *sacrilegio.* E questa è la ragione per cui «ogni profanazione implica una consacrazione, che però è temibile per il soggetto consacrato ed anche per quelli che lo avvicinano» (1912, p. 350). Nell'antagonismo sacro/profano, Durkheim legge l'espressione di un antagonismo psichico che così descrive: «Il mondo sacro ha un rapporto di antagonismo con il mondo profano: essi corrispondono a due forme di vita che si escludono, o che almeno non possono essere vissute nello stesso momento e con la medesima intensità. [...] Sono qui di fronte due sistemi di stati di coscienza che sono orientati e che orientano la nostra condotta verso due poli contrari. [...] Ma tale antagonismo psichico, tale esclusione reciproca delle idee deve naturalmente arrivare all'esclusione delle cose corrispondenti. Perché le idee non coesistano, occorre che le cose non si tocchino, che non siano in alcun modo in rapporto: è lo stesso principio dell'interdizione» (ivi, pp. 346-347).

2. LUCIEN LÉVY-BRUHL legge il sacro come un tentativo di interpretazione tipico del pensiero prelogico della mentalità primitiva che, a differenza della nostra, che di fronte a un fenomeno inspiegabile assume una posizione di sospensione del giudizio, ricorre subito a "spiegazioni mistiche" (v. PRELOGICO). Scrive infatti Lévy-Bruhl: «Se è interessato da un fenomeno, se non si limita a percepirlo, per così dire passivamente, e senza reagire, il primitivo penserà subito, come per una specie di riflesso mentale, a una potenza occulta e invisibile di cui questo fenomeno è la manifestazione» (1922, p. 20). Per Lévy-Bruhl, non c'è un'opposizione tra sacro e profano, ma, per il ruolo esplicativo che svolge il sacro, c'è un'invadenza ontologica del sacro in tutta la realtà, letta attraverso quella PARTECIPAZIONE MISTICA (v.) che la mentalità "logica", che riduce tutto al "naturale" o "profano", respinge.

3. NATHAN SÖDERBLOM, dopo aver definito il sacro come «tratto essenziale del divino in senso religioso», precisa che «sacro è la parola che più conta in religione; essa è perfino più importante della nozione di Dio. Una religione può realmente esistere senza una concezione precisa della divinità, ma non esiste alcuna religione reale senza la distinzione tra sacro e profano» (1913, pp. 731-732). Partendo dal valore di "separato" incluso nel concetto di "sacro", Söderblom stabilisce una corrispondenza tra sacro = impuro e profano = puro in base al tabù che obbliga di evitare cose o persone che vengono considerate "impure", e cose o persone che vengono considerate "sacre". Solo in seguito, per un processo di evoluzione nella concezione della divinità, «si è unito "profano" e "impuro" da un lato, e "puro" e "sacro" dall'altro» (ivi, p. 737).

4. RUDOLF OTTO ha colto l'essenza del sacro nel NUMINOSO (v.) in cui si esprime il rapporto ambivalente di timore e venerazione che caratterizza l'incontro con tutto ciò che è «ineffabile in quanto è assolutamente inaccessibile alla comprensione concettuale» (1917, p. 17). Per questo, scrive Otto, «io formo la parola *numinoso* (se si può dire di *omen* ominoso, si può fare anche da *numen* numinoso), intendendo parlare di una speciale categoria numinosa che interpreti e valuti, e di uno stato d'animo numinoso che subentra ogniqualvolta quella sia applicata, vale a dire, quando un oggetto è pensato come numinoso. [...] Il numinoso non si può propriamente pensare, ma si può soltanto provare, destare. [...] Esso costituisce l'intima essenza di *ogni* religione, senza la quale la religione non sarebbe» (ivi, pp. 18-19). Rispetto alla numinosità del sacro, «l'uomo sente il sentimento deprezzativo di sé» in una profanità che non si riferisce solamente a singole azioni profane, bensì a tutto il suo essere creaturale, al cospetto di ciò che è al di sopra di ogni creatura.

5. GERARDUS VAN DER LEEUW compone i due significati di sacro proposti da Söderblom e Otto, nel senso che se "sacro", come del resto "tabù", è ciò che è "separato", l'irruzione del sacro nella vita dell'uomo produce, come vuole Otto, "stupore" perché il sacro è il *ganz Anderes*, e perciò, scrive van der Leeuw, «di fronte all'assolutamente altro, l'inclinazione istintiva porterebbe ad evitarlo, tuttavia si è spinti anche a ricercarlo. L'uomo deve scostarsi, allontanarsi, dalla potenza, eppure deve interessarsene. Non sarebbe più capace di sopportare né un *perché* né un *conseguentemente*. Söderblom ha certo ragione quando, cogliendo in questo rapporto l'essenza della religione, la definisce mistero. Ciò fu presentito prima ancora di invocare qualsiasi divinità; infatti nella religione Dio è arrivato in ritardo» (1933, p. 29).

6. BRONISŁAW MALINOWSKI non considera la distinzione sacro-profano un tratto essenziale del fenomeno religioso, che a suo parere «non è un prodotto di fantasia né frutto di stati emozionali», ma un fattore determinante di fatti culturali. Infatti, scrive Malinowski, «il sacro nelle prime società umane non è un'oziosa rappresentazione o un pretesto immaginato per la soddisfazione delle curiosità o anche di uno stimolo emozionale. Il sacro, insieme come atteggiamento mentale e come forma di comportamento, è un *principio dinamico di cultura*, che governa alcuni dei campi più importanti dell'attività umana: la magia, la religione, la morale e l'organizzazione sociale. Nella magia il sacro, il potere che sta nelle parole e l'efficacia che discende da gesti appropriati, consente all'uomo di realizzare, in modo soprannaturale, ciò che i suoi mezzi e le sue abilità pratiche sono incapaci di compiere. [...] Nella religione, il sacro agisce come una forza vitale che stringe i membri di un gruppo e, con lo stabilimento dei valori morali, opera un'integrazione della mente degli individui nelle crisi della vita, morte, pubertà, matrimonio e nascita» (1928, p. 291).

7. MIRCEA ELIADE, partendo dalla considerazione che le manifestazioni del sacro (*ierofanie*) non sono mai disgiunte da manifestazioni di forza (*cratofanie*), ragione per cui sono temute e venerate, precisa che «l'ambivalenza del sacro non è esclusivamente di carattere psicologico (nella misura in cui attira e respinge), ha anche un carattere assiologico: il sacro è, nello stesso tempo, "sacro" e "contaminato"» (1948, p. 19). Fatta questa precisazione, Eliade coglie nel sacro «la realtà ultima da cui trae potenza e forza la vita» (ivi, p. 40). Se il sacro è il fondo ontologico dell'universo, tutto l'universo può essere sacralizzato. Questa posizione, che Alfonso M. Di Nola definisce *pan-ontismo* e tiene distinta dal *pan-teismo*, chiede, a parere di Eliade, che si guardi al divenire non come a una *storia*, ma come a una *ierofania*. Il sacro è dunque una "visione del mondo" a cui si può accedere solo se si resiste «all'attrazione esercitata dalla "storia" e all'attitudine della vita umana a essere nella storia e a fare storia» (ivi, pp. 477-478).

8. CARL GUSTAV JUNG individua nella figura del Sé il corrispondente psicologico del sacro (v. PSICOLOGIA ANALITICA, § 4), a cui attribuisce i due significati storici connessi al termine "sacro": il "terribile" e il "benefico". Il Sé, a cui Jung conferisce esplicitamente il carattere di "numinoso" che Lévy-Bruhl aveva assegnato al sacro, se da un lato è l'orizzonte indifferenziato della coincidenza degli opposti, da cui l'Io emerge differenziandosi e procedendo per differenziazioni (come è evidente nel pensiero razionale), dall'altro è ciò a cui l'Io deve aprirsi per evitare quella pericolosa unilateralità che lo rende chiuso ai messaggi del Sé. In questo senso, scrive Jung, «il fatto che l'*Io sia assimilato al Sé* va considerato una catastrofe psichica [...] perché l'Io cosciente che è differenziato, cioè separato dall'inconscio, se cade sotto il controllo di qualche fattore inconscio, il suo adattamento ne risulta turbato e la via spalancata a tutti gli incidenti possibili. [...] D'altro lato l'accentuazione della personalità dell'Io e del mondo della coscienza possono facilmente assumere proporzioni tali da psicologizzare le figure dell'inconscio con la conseguenza che il *Sé sia assimilato all'Io*. Per quanto ciò significhi proprio il processo opposto a quello sopra descritto, il risultato è lo stesso: l'inflazione. In questo caso il mondo della coscienza dovrebbe essere demolito a favore della realtà dell'inconscio, mentre nel primo caso la realtà deve

essere difesa da uno stato arcaico di sogno "eterno" e "ubiquitario"» (1951, pp. 24-25). Per quanto concerne le figure del sacro interiorizzate dal Sé, si veda la voce ARCHETIPO, § 1.

9. JEAN CAZENEUVE, influenzato dalla psicologia junghiana, vede nel sacro i momenti archetipici in cui si integra e tende a realizzarsi la condizione umana, attraverso una sintesi tra ARCHETIPO (v.) e dato storico che tende a riflettere l'archetipo. E in proposito scrive che «vi deve essere nella definizione del sacro qualche cosa che spiega insieme la sua distinzione dal profano e la possibilità di una partecipazione. Il sacro, per sua natura e non per accidente, deve essere tale che si distingue certamente dal profano, ma lo richiama contemporaneamente alla consacrazione. [...] La sintesi non può essere realizzata che a mezzo di simboli suscettibili di rappresentare l'ordine della condizione umana e, nello stesso tempo, di avere la potenza di ciò che sfugge a tale ordine, di ciò che non è limitato ad esso. Tali simboli devono garantire le regole dell'universo umano e, tuttavia, avere la forma e la figura di ciò che è extra-umano. Il sacro partecipa insieme a ciò che è regolare e a ciò che è eccezionale» (1958, p. 261).

10. GEORGES BATAILLE legge il rapporto tra sacro e profano in connessione al rapporto che esiste tra divieti e trasgressioni: «Il mondo *profano* è quello dei divieti. Il mondo *sacro* si apre a trasgressioni limitate. È il mondo della festa, dei sovrani, degli dèi. Per questo le feste sono tutte "comandate". [...] Il termine sacro ha due significati dialetticamente contrari. Fondamentalmente, sacro è tutto ciò che è fatto oggetto di divieto, ma il divieto che designa negativamente la cosa sacra non ha soltanto il potere di impartirci, in senso religioso, un sentimento di paura, di tremore. Al proprio limite, tale sentimento si tramuta in devozione, addirittura in trasporto. Gli dèi, che incarnano il sacro, inducono al tremore coloro che li venerano, e tuttavia costoro li venerano. Gli uomini sono in pari tempo sottoposti a due movimenti: uno di terrore che respinge, l'altro di attrazione che comanda rispetto. Il divieto e la trasgressione rispondono a questi due movimenti contraddittori: il primo respinge, ma l'attrazione introduce alla trasgressione» (1957, p. 76). Con il cristianesimo questo scenario viene capovolto: il negativo è espulso dal sacro e ricondotto al profano. Nel divino non c'è più traccia del male, che trova la sua incarnazione nell'avversario di Dio, Satana, che insidia il mondo profano.

11. ROGER CAILLOIS ritiene che il sacro non sia relegabile nel campo dei sentimenti, perché «il sacro appartiene come *proprietà* stabile o effimera a certe cose (gli strumenti del culto), a certi esseri (il re, il sacerdote), a certi spazi (il tempio, la chiesa), a certi tempi (la domenica, il giorno di Pasqua, di Natale ecc.). Non c'è nulla che non possa diventarne la sede e assumere così un incomparabile prestigio agli occhi dell'individuo o della collettività. Non c'è nulla che non possa risultarne spossessato. È una qualità che le cose non possiedono per se stesse: una grazia misteriosa interviene a incorporarvela. [...] Nella sua forma elementare, il sacro rappresenta dunque innanzitutto un'*energia* pericolosa, incomprensibile, difficile da maneggiare, eminentemente efficace. Per chi decide di farvi ricorso, il problema consiste nel captarla e utilizzarla al meglio nel proprio interesse, proteggendosi al contempo dai rischi inerenti all'impiego di una forza così difficilmente dominabile. Più è importante lo scopo che si persegue, più il suo intervento è necessario, più la sua messa in opera è rischiosa» (1939, pp. 14-16).

12. RENÉ GIRARD individua l'essenza del sacro nella violenza dell'atto fondativo di ogni gruppo sociale da cui ci si purifica con il SACRIFICIO (v. § 1). Nel sacrificio la vittima (v. CAPRO ESPIATORIO) attrae su di sé la violenza diffusa nel gruppo sociale e, con la sua morte, la espelle trasferendola nel mondo del sacro a cui appartiene, riconsegnando ai membri del gruppo la loro innocenza: «È l'intera comunità che il sacrificio protegge dalla *sua* stessa violenza, è l'intera comunità che esso volge verso vittime a lei esterne. Il sacrificio polarizza sulla vittima i germi di dissenso sparsi ovunque e li dissipa proponendo loro un parziale appagamento» (1972, p. 21). Stabilita l'equazione tra sacro e violenza, Girard conclude che «nessuna società può vivere "nel sacro", vale a dire nella violenza. Vivere in società è sfuggire la violenza. [...] Ma la tendenza a cancellare il sacro, a eliminarlo interamente, prepara il ritorno surrettizio del sacro, in una forma non trascendente, bensì immanente, nella forma della violenza e del sapere della violenza» (ivi, pp. 417-418).

13. WALTER BURKERT, dopo avere constatato che né la storia né l'antropologia conoscono società da cui la religione sia del tutto assente, e che «all'ubiquità della religione si accompagna la sua persistenza attraverso i millenni» (1996, p. 11), avanza l'ipotesi che il ricorso umano a "potenze non visibili" può trovare una spiegazione su base biologica: «Io propongo l'esistenza di schemi biologici di azioni, reazioni e sentimenti attivati ed elaborati mediante pratiche rituali e insegnamenti verbali, con un ruolo primario svolto dall'ansia. La religione offre soluzioni a svariate situazioni critiche ricorrenti nella vita individuale. Attraverso molteplici forme e funzioni di comportamento rituale e interpretazioni culturali

si può vedere che la religione abita ancora le valli profonde del paesaggio della vita. La religione segue le orme della biologia, anche se è strettamente connessa con la primordiale invenzione del linguaggio, portatore di una grande possibilità di un mondo mentale condiviso» (ivi, p. 211).

14. Ernesto De Martino desacralizza in un certo senso il sacro individuando in questa figura un rimedio alle crisi storiche e alle crisi dell'esistenza. Per questo, a suo parere, «il sacro non è una categoria, ma una formazione correlativa a una determinata fase della storia umana, per cui, miti, riti, chiese e cleri non sono l'essenziale della vita religiosa» (1941, p. 118). De Martino parte dalla considerazione che l'uomo, immerso nella precarietà e nella contingenza, difficilmente potrebbe sopravvivere se non disponesse di quella forma protettiva, rappresentata dalla magia, dalla mitologia, dalla religione, che dischiudono quella *metastoria* dove il senso delle azioni e degli uomini è già descritto e anticipato nel suo buon fine. Questo fa sì che quando nella *storia* il negativo assale l'esistenza, la comunità o l'individuo non naufragano nella negatività sopraggiunta, perché sanno che c'è un ordine superiore, un ordine metastorico, che la magia, la mitologia e la religione si incaricano di descrivere, in cui questa negatività viene riassorbita e risolta.

15. Vittorio Lanternari ritiene che in ogni civiltà coesiste un orientamento *razionale* che presiede il senso comune e la conoscenza empirica e un orientamento *irrazionale* che presiede la magia, la religione e ne ispira i miti e i riti. Questi due orientamenti hanno tra loro un rapporto dialettico che Lanternari così descrive: «Il rapporto tra fatti religiosi e fatti non-religiosi, cioè tra sacro e profano, non è di natura statica, né risponde a rigide norme naturalistiche, bensì risponde a una norma dialettica ben distinguibile nei suoi due precisi momenti. [...] Da un lato i fatti non religiosi (momento "profano") hanno un ruolo egemonico e determinante rispetto ai fatti religiosi (momento del "sacro"), quando essi siano considerati nella loro genesi e nel loro sviluppo interno di una data cultura. [...] Quando, dall'altro lato, tradizioni religiose e culturali di differente origine e livello vengono a incontrarsi urtandosi e unificandosi, i fatti religiosi interni assurgono a loro volta a un ruolo egemonico e determinante, verso l'esterno, anche rispetto ai fatti non religiosi» (1959, p. 453).

16. Alfonso Di Nola legge la polarità sacro/profano da un punto di vista laico, a partire dal quale scrive: «L'intera dinamica del sacro/profano riproduce la contrapposizione tra lavoro quotidiano produttivo e aspirazione umana a qualcosa di diverso dalla routine del quotidiano e del banale, quasi che l'uomo non si senta realizzato nei ritmi più o meno automatizzati di produzione e sia costretto a proiettare in qualcos'altro la soluzione delle sue angustie e del suo disagio del tempo. In tal senso eminentemente laico, il sacro si costituisce nell'ambito delle realizzazioni sperate e possibili (per esempio l'utopia, la festa, il sogno), contrapposto all'usato e al non significante apparentemente. E, tuttavia, la realtà della storia, anche in questa ultima prospettiva, legittima la validità e l'importanza liberatrice del momento sacro, ma non consente che l'uomo si soffermi in esso, perché il nucleo dell'esistere resta nel profano» (1981, p. 362).

17. Sabino Acquaviva legge la storia del progresso umano come una storia di *desacralizzazione* nella misura in cui il controllo razionale sulla realtà si amplia riducendo l'area del sacro. A ciò concorrono anche la religione cattolica e quella protestante nella loro rivalutazione del valore umano del profano, che non è più, come un tempo, da contrapporre al sacro. In questo contesto, Acquaviva avanza anche il sospetto che il carattere afinalistico della società tecnologica generi un'incertezza in ordine al senso dell'esistenza, che può assumere i caratteri dell'angoscia e del terrore che sono le premesse per il ripresentarsi della figura del sacro.

Bibliografia

Acquaviva S., *L'eclissi del sacro nella civiltà industriale*, Edizioni di Comunità, Milano 1961.

Bataille G., *L'erotismo* (1957), Mondadori, Milano 1969.

Burkert W., *La creazione del sacro. Orme biologiche dell'esperienza religiosa* (1996), Adelphi, Milano 2003.

Caillois R., *L'uomo e il sacro* (1939), Bollati Boringhieri, Torino 2001.

Callieri B., *Il mondo del sacro*, in Id., *Corpo, esistenze, mondi. Per una psicopatologia antropologica*, Edizioni Universitarie Romane, Roma 2007, pp. 209-222.

Cazeneuve J., *Les rites et la condition humaine d'après des documents ethnographiques*, Puf, Paris 1958.

De Martino E., *Naturalismo e storicismo nell'etnologia*, Laterza, Bari 1941.

Di Nola A. M., *Sacro/Profano*, in AA.VV., *Enciclopedia*, Einaudi, Torino 1981, vol. XII.

Durkheim É., *Le forme elementari della vita religiosa* (1912), Edizioni di Comunità, Milano 1971.

Eliade M., *Trattato di storia delle religioni* (1948), Bollati Boringhieri, Torino 1972.

–, *Il sacro e il profano* (1965), Bollati Boringhieri, Torino 1967.

Galimberti U., *Orme del sacro. Il cristianesimo e la desacralizzazione del sacro*, Feltrinelli, Milano 2000.

Girard R., *La violenza e il sacro* (1972), Adelphi, Milano 1980.

Gius E., Morelli R., Tosetti C., *Il sacro. Antropoanalisi, psicosomatica, comunicazione*, Riza, Milano 1983.

Jung C. G., *Psicologia e religione* (1938-1940), in *Opere* (1969-2007), Bollati Boringhieri, Torino, vol. XI.

–, *Aion. Ricerche sul simbolismo del Sé* (1951), in *Opere*, cit., vol. IX, 2.
Lanternari V., *La grande festa. Storia del capodanno nelle società primitive*, il Saggiatore, Milano 1959.
Lévy-Bruhl L., *La mentalità primitiva* (1922), Einaudi, Torino 1966.
Malinowski B., *The life of myth* (1928), in Id., *Sex, culture and myth*, Hart-Davis, London 1963.
Maranini P., *Miseria dell'opulenza. Il sacro nella società della tecnica*, il Mulino, Bologna 1998.
Mauss M., *Teoria generale della magia e altri saggi* (1950), Einaudi, Torino 1965.
Otto R., *Il sacro. L'irrazionale nell'idea del divino e la sua relazione al razionale* (1917), Feltrinelli, Milano 1984.
Ries J., *Il sacro nella storia religiosa dell'umanità* (1978), Jaca Book, Milano 1982.
Söderblom N., *Holiness (general and primitive)*, in J. Hastings (a cura di), *Encyclopaedia of religion and ethics*, Clark, Edinburgh 1913, vol. VI.
Van der Leeuw G., *Fenomenologia della religione* (1933), Bollati Boringhieri, Torino 1975.
Vitiello V., *Oblio e memoria del sacro*, Moretti & Vitali, Bergamo 2008.
Zunini G., *Homo religiosus*, il Saggiatore, Milano 1966.

Sadismo (ingl. *Sadism*; ted. *Sadismus*; fr. *Sadisme*; sp. *Sadismo*). Il termine designa: 1) una *perversione sessuale* in cui il soggetto trae godimento dalla sofferenza che infligge ad altri; 2) un *tratto del carattere* proprio di chi si compiace della crudeltà. Il termine fu introdotto da Richard von Krafft-Ebing che lo derivò dal nome del marchese Donatien-Alphonse-François de Sade. Sigmund Freud, che utilizza il termine talora per indicare la fusione di sessualità e violenza, talora per l'esercizio della sola violenza senza implicanze sessuali, concepì il sadismo dapprima come un fenomeno primario capace di convertirsi in MASOCHISMO (v.), quindi come deviazione all'esterno della pulsione di morte che si manifesterebbe originariamente come masochismo. In termini dinamici non è chiaro se il sadismo come fusione di pulsioni libidiche e aggressive sia una manifestazione di tendenze innate aggressive o la reazione a frustrazioni e umiliazioni. Analogamente non è chiaro se il piacere che deriva dall'attività sadica risieda nella vista del dolore altrui o nel senso di potenza che deriva dall'essere in grado di infliggere dolore.

Nella letteratura psicoanalitica si incontrano espressioni che, in corrispondenza con le fasi dello sviluppo libidico, parlano di sadismo *orale* connesso alla funzione fantasticata della bocca e dei denti in grado di mordere e lacerare, *anale* connesso a fantasie di controllo e di coercizione, *fallico* dove il pene è vissuto come arma di violenza e distruzione. In ordine, invece, alle componenti dell'apparato psichico si parla di *sadismo dell'Es*, riferito a spinte istintuali distruttive per paura di rappresaglie esterne o per procurarsi l'approvazione esterna, e di *sadismo del Super-io*, rigido e crudele nei confronti dell'Io che, bisognoso di punizioni, svolge un ruolo masochista (v. MASOCHISMO). Per le relazioni intrapsichiche e interpsichiche tra sadismo e masochismo, si veda la voce SADOMASOCHISMO.

Del sadismo, oltre alla psicoanalisi, si occupano anche l'etologia e l'antropologia in relazione al problema dell'aggressività, considerata da alcuni un istinto primario che è servito a selezionare gli individui più resistenti, da altri come un comportamento reattivo alla frustrazione. La prima ipotesi è condivisa da Melanie Klein, che reputa l'aggressività una componente primaria dell'apparato psichico, la seconda da Wilhelm Reich, che considera il sadismo in termini di difese e di adattamenti.

A proposito del sadismo sessuale, Allen Frances precisa che «non deve venir confuso con l'uso strumentale della violenza, che è una parte intrinseca e abituale di tutti gli stupri. Nel disturbo di sadismo sessuale, il soggetto si eccita sessualmente infliggendo sofferenza o umiliazione alla sua vittima. Infliggere sofferenza è l'obiettivo dell'atto sessuale, non un risultato incidentale della violenza impiegata per ottenere la collaborazione della vittima. Provocare sofferenza deve essere il mezzo preferito o indispensabile per ottenere l'eccitazione, e l'atto sessuale viene di solito eseguito in una forma ritualizzata e stereotipata per amplificare le sofferenze della vittima. Il disturbo da sadismo sessuale va anche distinto dall'atto di infliggere deliberatamente sofferenza come espressione di rabbia o di vendetta e dall'occasionale disinibizione provocata dall'intossicazione di sostanze» (2013, p. 178).

Bibliografia

Ellis H., *Psicologia del sesso* (1897-1910), Newton Compton, Roma 1969.
Frances A., *La diagnosi in psichiatria. Ripensare il DSM-5* (2013), Raffaello Cortina, Milano 2014.
Freud S., *Tre saggi sulla teoria sessuale* (1905), in *Opere* (1967-1993), Bollati Boringhieri, Torino, vol. IV.
–, *Pulsioni e loro destini*, in *Metapsicologia* (1915), in *Opere*, cit., vol. VIII.
–, *Al di là del principio di piacere* (1920), in *Opere*, cit., vol. IX.
–, *L'Io e l'Es* (1922), in *Opere*, cit., vol. IX.
–, *Il problema economico del masochismo* (1924), in *Opere*, cit., vol. X.
Klein M., *Tendenze criminali nei bambini normali* (1927), in *Scritti 1921-1958*, Bollati Boringhieri, Torino 1978, pp. 197-213.
Krafft-Ebing R. von, *Psychopathia sexualis* (1886), Edizioni Mediterranee, Roma 1975.
Lorenz K., *L'aggressività. Edizione ampliata de "Il cosiddetto male"* (1963), il Saggiatore, Milano 1976.
Reich W., *Analisi del carattere* (1933), Sugarco, Milano 1973.
Sade D.-A.-F. de, *Le 120 giornate di Sodoma* (1785), Sonzogno, Milano 1986.

–, *Justine, ovvero le disgrazie della virtù* (1787), in *Opere*, Mondadori, Milano 1976.
–, *I crimini dell'amore. Novelle eroiche e tragiche* (1800), L'Orma Editore, Roma 2014.

Sadomasochismo (ingl. *Sadomasochism*; ted. *Sadomasochismus*; fr. *Sadomasochisme*; sp. *Sadomasoquismo*). Relazione complementare e simmetrica di SADISMO (v.) e MASOCHISMO (v.) che, nell'evoluzione della vita pulsionale, si manifesta sia a livello interpsichico come relazione *dominio-sottomissione*, sia a livello intrapsichico come *autopunizione*. Sigmund Freud, che eredita l'espressione da Richard von Krafft-Ebing e da Havelock Ellis, considera sadismo e masochismo come i due versanti della stessa perversione, le cui forme attiva e passiva si incontrano nello stesso individuo: «La caratteristica più sorprendente di questa perversione risiede nel fatto che di regola se ne incontra la forma attiva e passiva nella stessa persona. Chi prova piacere a infliggere dolore agli altri in relazioni sessuali è anche capace di godere il dolore come un piacere che da queste può derivare. Un sadico è sempre in pari tempo un masochista, sebbene l'aspetto attivo o quello passivo della perversione possa essere in lui più fortemente sviluppato e costituire la sua attività sessuale prevalente» (1905, p. 472).

In una *prima fase* del suo pensiero (1905-1919) Freud considerò il sadismo come originario e il masochismo come un sadismo riflesso sulla propria persona, con conseguente conversione dell'attività in passività che può esprimersi in due forme: una in cui il soggetto fa soffrire se stesso come nella nevrosi ossessiva (v. OSSESSIONE, § 2), l'altra in cui il soggetto si fa infliggere del dolore da una persona estranea a cui cede il proprio sadismo, mentre il sadico gode masochisticamente per un'identificazione con il soggetto che soffre.

In una *seconda fase* (1919-1937), connettendo il masochismo alla pulsione di morte, Freud postula il masochismo come originario e il sadismo come un masochismo secondario, caratterizzato dal volgersi del sadismo sulla persona stessa che lo esprime: «Una parte di questa pulsione di distruzione è messa direttamente al servizio della funzione sessuale nel cui ambito ha un ruolo importante da svolgere. È questo il vero e proprio sadismo. Un'altra parte, invece, non viene estroflessa, permane nell'organismo, e con l'aiuto dell'eccitamento sessuale concomitante che abbiamo menzionato sopra viene libidicamente legata. In questa parte dobbiamo riconoscere il masochismo originario, erogeno» (1924, pp. 9-10). La coppia sadismo-masochismo è considerata da Freud come una delle grandi polarità che caratterizzano la vita sessuale, reperibile nelle coppie ATTIVITÀ – PASSIVITÀ (v.), maschile-femminile, fallico-castrato.

Bibliografia

De Masi F., *La perversione sado-masochista. L'oggetto e le teorie*, Bollati Boringhieri, Torino 1999.
Ellis H., *Psicologia del sesso* (1897-1910), Newton Compton, Roma 1969.
Freud S., *Tre saggi sulla teoria sessuale* (1905), in *Opere* (1967-1993), Bollati Boringhieri, Torino, vol. IV.
–, *Pulsioni e loro destini*, in *Metapsicologia* (1915), in *Opere*, cit., vol. VIII.
–, *"Un bambino viene picchiato" (Contributo alla conoscenza delle perversioni sessuali)* (1919), in *Opere*, cit., vol. IX.
–, *Al di là del principio di piacere* (1920), in *Opere*, cit., vol. IX.
–, *Il problema economico del masochismo* (1924), in *Opere*, cit., vol. X.
Krafft-Ebing R. von, *Psychopathia sexualis* (1886), Edizioni Mediterranee, Roma 1975.
Lagache D., *Situation de l'agressivité*, in "Bulletin de Psychologie", 1960, vol. XIV, n. 1.

SAF (*Schema di Azione Fissa*), v. ETOLOGIA.

Saffismo, v. LESBISMO.

Salivazione, Riflesso di, v. RIFLESSO, § 2, *f*.

Salute (ingl. *Health*; ted. *Gesundheit*; fr. *Santé*; sp. *Salud*). Il concetto di "salute" varia a seconda che si adotti il *modello bio-medico*, secondo il quale la salute è assenza di malattia, a sua volta intesa come deviazione dalla norma di variabili biologiche misurabili, oppure il *modello bio-psico-sociale*, assunto anche dall'Organizzazione Mondiale della Sanità che, nel preambolo del suo Atto Costitutivo, afferma che la salute non è solo assenza di malattia, ma «lo stato di benessere completo fisico, mentale e sociale». Questa definizione prevede che si tenga conto di almeno tre condizioni: *a)* assenza di sintomi o segni di malattia verificati a livello biologico, fisiologico, biochimico, *b)* sentimento di benessere con riferimento a fattori personali di natura percettiva, comportamentale, affettiva e psicologica (v. BENESSERE), *c)* capacità di agire e di interagire con riferimento a fattori interpersonali, sociali e culturali. Quest'ultima condizione, siccome varia a seconda delle diverse culture o delle diverse fasi della stessa cultura, non può essere tipizzata in modo definitivo. Il concetto di salute va inoltre distinto da quello di NORMA (v.), i cui parametri sono definiti dai sistemi di riferimento adottati. Dal momento che il tratto specifico dell'uomo è quello di essere al mondo per decifrarne i significati attraverso un sistema di segni, ogni compromissione di questa capacità di lettura investe globalmente il suo stato di salute, che ha dunque riferimenti non solo organici, ma anche culturali.

A partire dal modello bio-psico-sociale, in ambito psicologico è nata negli anni ottanta e si è progressivamente affermata la *psicologia della salute*, che è una disciplina di interfaccia tra psicologia e medicina, nel tentativo di creare un linguaggio comune ai due mondi, per potersi accostare con maggior competenza e aderenza ad alcuni temi importanti del lavoro clinico, soprattutto in ordine alle conoscenze e ai comportamenti connessi alle condizioni di malattia e di salute, al dolore, alla RIABILITAZIONE (v.), alla qualità della vita e al diritto di assistenza personalizzata e non parcellizzata tra le singole competenze, attraverso processi psicologici e psicosociali nella promozione della salute. Questa disciplina, che prevede anche un'attenzione all'educazione alla salute nella scuola, è molto diffusa all'estero, mentre muove i suoi primi passi in Italia, dove è stata istituita la Scuola di Specializzazione in Psicologia della Salute all'Università di Torino, nonché una Società Italiana di Psicologia della Salute che intende promuovere il concetto che la salute, come condizione di piena efficienza funzionale, è qualcosa di più della semplice assenza di malattia, e per questo non può essere ridotta a categoria medica.

Bibliografia

Bettinardi O., Gremigni P. (a cura di), *Psicologia della salute*, Erickson, Trento 2013.
Capurso M. (a cura di), *Gioco e studio in ospedale*, Erickson, Trento 2001.
Cassidy T., *Stress e salute* (1999), il Mulino, Bologna 2002.
Dentico N., *La salute, un diritto incompiuto*, in M. Flores (a cura di), *Diritti umani. Cultura dei diritti e dignità della persona nell'epoca della globalizzazione*, Utet, Torino 2007, *Atlante*, vol. I: *I soggetti e i temi*, pp. 114-171.
Engel G. L., *The need for a new medical model. A challenge for biomedicine*, in "Science", 1977, n. 196, pp. 129-136.
Gadamer H.-G., *Dove si nasconde la salute* (1993), Raffaello Cortina, Milano 1994.
Lazzari D., *Mente & Salute. Evidenze, ricerche e modelli per l'integrazione*, Franco Angeli, Milano 2007.
Majani G., *Introduzione alla psicologia della salute*, Erickson, Trento 1999.
Marhaba S. (a cura di), *Salute, ben-essere e soggettività. Nuovi orizzonti di significato*, McGraw-Hill, Milano 1999.
Mariani U., *Educazione alla salute nella scuola. Costruzione del benessere e prevenzione del disagio*, Erickson, Trento 2001.
Michelstaedter C., *Il dialogo della salute* (1910), Adelphi, Milano 1988.
Missoni E., Pacileo G., *Il diritto alla salute e le politiche globali*, in M. Flores (a cura di), *Diritti umani*, cit., vol. III, pp. 172-211.
Molinari E., *Salute ed equilibrio nutrizionale*, Springer, Milano 2006.
Ongaro Basaglia F., *Salute/malattia. Le parole della medicina*, Einaudi, Torino 1982.
Organizzazione Mondiale della Sanità (OMS), *The World Health Report 1946*, Who Press, Genève 1948.
Petrillo G. (a cura di), *Psicologia sociale della salute*, Liguori, Napoli 1996.
Prodi G., *Salute/malattia*, in AA.VV., *Enciclopedia*, Einaudi, Torino 1981, vol. XII.
Ripamonti C. A., Clerici C. A., *Psicologia e salute. Introduzione alla psicologia clinica in ambito sanitario*, il Mulino, Bologna 2008.
Tibaldi G., *L'intervento psicologico nella salute*, Masson, Milano 1989.
Zani B., Cicognani E., *Psicologia della salute. Il ruolo fondamentale della psicologia nella salvaguardia della salute e nella prevenzione della malattia*, il Mulino, Bologna 2000.

Saluto (ingl. *Greeting*; ted. *Gruss*; fr. *Salut*; sp. *Saludo*). Segno di riconoscimento tra due individui che nel mondo umano si traduce in un GESTO (v. § 3, *a*) emblematico dove il rapporto tra segno e significato è convenuto in base alla cultura di appartenenza, mentre nel mondo animale si traduce in elaborati rituali differenti da specie a specie.

Bibliografia

Leroi-Gourhan A., *Il gesto e la parola* (1964-1965), Einaudi, Torino 1977.

Sander, Illusione di, v. ILLUSIONE, § 4, *s*.

Sapere, v. LACANIANA, TEORIA, § 8.

Sapir-Whorf, Ipotesi di, v. WHORF, IPOTESI DI.

Sapore, v. GUSTATIVO, SISTEMA.

SAR (*Scala Alessitimica Romana*), v. ALESSITIMIA.

Satiriasi (ingl. *Satyriasis*; ted. *Satyriasis*; fr. *Satyriasis*; sp. *Satiriasis*). Detta anche *satirismo*, e nell'accezione inglese *sex addiction*, la satiriasi è un'accentuazione, più quantitativa che qualitativa, della sessualità maschile accompagnata a tal punto da tratti compulsivi e perdita di inibizioni da assumere caratteristiche patologiche. È frequente in soggetti oligofrenici e nelle sindromi maniacali. Suo corrispondente femminile è la NINFOMANIA (v.).

Bibliografia

Poudat F.-X., *La dipendenza amorosa. Quando l'amore e il sesso diventano una droga* (2005), Castelvecchi, Roma 2006.
Reynaud M., *L'amore è una droga leggera* (2005), Ponte alle Grazie, Milano 2006.

SAT-P, Test (*Soddisfazione soggettiva e qualità della vita*). Test che permette di valutare la soddisfazione soggettiva in 32 aspetti della propria vita quotidiana con particolare riguardo alla propria efficienza fisica. È impiegato nei contesti medici e in quelli psicosociali in cui sia opportuna una valutazione della soddisfazione soggettiva trasversale o lungitudinale dell'utente.

Bibliografia

Majani G., Callegari S., *Test SAT-P. Satisfaction Profile. Soddisfazione soggettiva e qualità della vita*, Erickson, Trento 1998.

Saturazione (ingl. *Saturation*; ted. *Sättigung*; fr. *Saturation*; sp. *Saturación*). Il termine è impiegato in varie accezioni, tra cui le più ricorrenti sono: *a) saturazione cromatica* o grado di pienezza con cui una tonalità è presente in un'impressione cromatica. Il grado di saturazione è definito dalla sua distanza dal grigio (v. COLORE, § 1); *b) saturazione semantica*, che designa la riduzione o la perdita di significato di una parola o di un'espressione troppo frequentemente ripetute; *c) saturazione psichica*, che indica lo stato di avversione emotiva verso un'azione ripetuta continuamente in una situazione uniforme che dura a lungo. La tensione emotiva prodotta dalla saturazione si diffonde alle azioni collaterali (saturazione associata) generando una valenza positiva per le azioni contrarie al compito verso cui si è avvertita saturazione.

Saturnismo, v. PIOMBO, INTOSSICAZIONE DA.

Sazietà, v. ALIMENTAZIONE.

Sbarramento, Test di, v. CANCELLAZIONE, TEST DI.

Scacco, Nevrosi di, v. DESTINO, § 2.

Scala (ingl. *Scale*; ted. *Skala*; fr. *Echelle*; sp. *Escala*). Base oggettiva per la misura, il confronto e la classificazione che consente di trasformare un sistema empirico in un sistema numerico. Esistono vari tipi di scale contraddistinte dalle varie operazioni necessarie per costruirle.

1. *La scala nominale*, cosiddetta perché qui i numeri sono nomi, nel senso che denotano oggetti, persone o eventi, come i numeri del telefono o le classificazioni "celibe", "sposato", "vedovo", "divorziato" in ordine allo "stato di famiglia". Le operazioni statistiche che corrispondono a questa scala sono il "numero dei casi" e la "moda", che corrispondono alle operazioni empiriche della determinazione dell'uguaglianza o della differenza e dell'enumerazione.

2. *La scala ordinale*, dove i numeri rappresentano dei ranghi, come ad esempio le votazioni scolastiche. La maggior operazione statistica che fa riferimento a questa scala è la "mediana", che corrisponde all'operazione empirica che determina il "maggiore" e il "minore". L'operazione con cui si sceglie tra le possibili scale dipende dalla natura dell'oggetto per cui, nel caso del sesso, dove sarebbe difficile stabilire una differenza di rango tra le due classi maschile e femminile, si adotta la scala nominale, mentre per l'intelligenza, in base ai test che ne indicano il quozicnte, si adotta la scala ordinale.

3. *La scala a intervalli*, che è costruita sull'uguaglianza delle distanze senza però conoscere lo zero, che è assunto convenzionalmente come nella scala del termometro o nelle date del calendario. La maggior operazione statistica che fa riferimento a questa scala è la "deviazione standard", che corrisponde all'operazione empirica che determina l'uguaglianza degli intervalli e che si offre alle operazioni matematiche della somma e della sottrazione.

4. *La scala proporzionale*, che differisce dalla precedente perché lo zero è reale, come nelle scale delle lunghezze e dei pesi. L'operazione statistica più rilevante è la "media geometrica", che corrisponde all'operazione empirica che determina l'uguaglianza tra i rapporti e che si offre alle operazioni matematiche della moltiplicazione e della divisione.

5. *La scala assoluta*, dove il rapporto tra numero e oggetto è così rigido da non consentire alcun cambiamento, come nel caso di numeri di oggetti che si trovano in mucchi differenti.

6. *La scala multidimensionale*, quando le varianti sono molte e ciascun componente è un indicatore dell'oggetto misurato, per cui, ad esempio, il benessere di un individuo o di una popolazione può essere espresso da indicatori, come la quantità degli alimenti, la qualità delle abitazioni, gli standard di istruzione, la varietà dei divertimenti, che, trasposti in numeri, diventano ognuno indicatore del benessere considerato nei suoi elementi costitutivi precedentemente ordinati e calcolati in base a scale diverse. Per i termini statistici qui introdotti si veda la voce STATISTICA.

7. *Lo scaling*. Termine inglese che sta a indicare la quantificazione delle nostre percezioni attraverso numeri. La misurazione viene espressa in una scala e le procedure attraverso cui si perviene alla quantificazione sono, tra quelle attualmente più diffuse: 1) *lo scaling di confusione*, dove la distanza psicologica fra due oggetti è espressa dal numero delle volte che gli oggetti sono stati confusi fra loro; 2) *lo scaling diretto*, dove si chiede ad alcune persone di dare dei valori numerici agli attributi fisici in modo che i valori assegnati siano proporzionali alle loro impressioni soggettive. Oltre che per valutare in termini di grandezza, potenza, qualità e quantità, lo scaling trova applicazione anche in campo sociologico per valutare, ad esempio, la gravità che la società attribuisce a certi crimini o a certe punizioni (v. OPINIONE).

8. *Le Rating Scales* (RS) sono scale di valutazione di uso frequente in psichiatria per quantificare e classificare i dati clinici ottenuti in base a parametri standardizzati. Sorte per valutare gli effetti clinici degli psicofarmaci, le *rating scales* hanno trovato impiego nella valutazione quantitativa della sintomatologia clinica e delle sue possibili variazioni nel tempo. Si differenziano dai TEST (v.) perché non hanno una funzione diagnostica, né tendono a individuare le caratteristiche strutturali della personalità, ma semplicemente a valutare in modo oggettivo le caratteristiche di un quadro psicopatologico. Naturalmente ognuna di queste scale presuppone sempre un orientamento nosografico preciso e quindi l'adozione di convenzioni per superare le variazioni semantiche e le differenze linguistiche.

Scaling, v. SCALA, § 7.

Scambio (ingl. *Exchange*; ted. *Austausch*; fr. *Echange*; sp. *Intercambio*). Relazione del dare e dell'avere secondo una regola di reciprocità e di equivalenza. La nozione di scambio è stata oggetto di numerosi studi in ambito antropologico e psicologico.

1. ANTROPOLOGIA. Marcel Mauss ne ha fatto il principio esplicativo di molti comportamenti presso i primitivi, dove «tutto è materia di trasmissione e di restituzione, tutto va e viene, come se ci fosse scambio costante di una sostanza spirituale comprendente uomini e cose tra i clan e gli individui, suddivisi per ranghi, sessi, generazioni» (1950, p. 175). Lo scambio aveva delle regole rigorose che prevedevano «l'obbligo di dare, l'obbligo di ricevere, l'obbligo di ricambiare» (ivi, p. 217). Siccome da questi obblighi nessuno era escluso, nemmeno i defunti e gli dèi, Mauss parla di regime di *prestazioni totali*, dove «i contatti perpetui tra i clan mettono in comune le donne, gli uomini, i bambini, i riti, ecc.» (ivi, p. 165), stabilendo fra gruppi diversi una rete di rapporti sociali garantita ritualmente e magicamente. Siccome a ogni bene ricevuto bisognava rispondere con un dono maggiore, «consumazione e distruzione sono veramente senza limiti» (ivi, p. 212). A questo dispendio sontuoso Mauss ha dato il nome di *potlach*, che Georges Bataille interpreta come consumo della *parte maledetta*, che è l'eccesso di energia che circola nel sociale e che se non è consumata nella forma piacevole del godimento verrà comunque sprecata nella forma spiacevole della guerra (v. FESTA, § 2). Jean Baudrillard assegna a questa forma di scambio totale e di spreco sontuoso il *valore simbolico* di far incontrare le parti, contro il *valore di scambio*, che, in vigore nelle società occidentali, regola anonimamente la circolazione di tutti i sensi, di tutti i beni e di tutte le cose. Sulla nozione di scambio, che Claude Lévi-Strauss considera «uno dei pochi insegnamenti che hanno esercitato un'influenza profonda in tutti i campi» (1950, p. XV), l'antropologo francese costruisce il suo modello per la lettura delle strutture elementari della parentela (v. ANTROPOLOGIA, § 3).

2. PSICOLOGIA. In questo ambito la nozione di scambio è stata oggetto di studio: 1) in *psicologia sperimentale*, dove George C. Homans ha evidenziato che a quella nozione sono da ricondurre il concetto di rinforzo (v. APPRENDIMENTO, § I, 1, *a*), che è un dono che si scambia contro una prestazione positiva, e i concetti di profilo, perdita, vantaggio e costo che regolano l'economia del comportamento; 2) in *psicologia sociale*, dove John Walter Thibaut e Harold H. Kelley colgono nella nozione di scambio la base per i rapporti di negoziazione, di fiducia, di contrattazione, nonché gli effetti delle minacce, delle ricompense e di altre forme di pressione e di sollecitazione che regolano i rapporti tra individui e gruppi.

Bibliografia

Bataille G., *La parte maledetta* (1949), Bertani, Verona 1972.
Baudrillard J., *Lo scambio simbolico e la morte* (1976), Feltrinelli, Milano 1979.
Blau P. M., *Exchange and power in social life*, Wiley, New York 1964.
Ekeh P. P., *Social exchange theory. The two traditions*, Harvard University Press, Cambridge, Massachusetts, 1974.
Galimberti U., *Scambio*, in AA.VV., *Gli strumenti del sapere contemporaneo*, vol. II: *I concetti*, Utet, Torino 1985, pp. 727-729.
Homans G. C., *Le forme elementari del comportamento sociale* (1961), Franco Angeli, Milano 1975.
Kelley H. H., Thibaut J. W., *Interpersonal relations. A theory of interdependence*, Wiley-Interscience, New York 1978.
Lévi-Strauss C., *Le strutture elementari della parentela* (1947), Feltrinelli, Milano 1972.
–, *Introduzione all'opera di Marcel Mauss* (1950), in M. Mauss, *Teoria generale della magia e altri saggi* (1950), Einaudi, Torino 1965.
Mauss M., *Teoria generale della magia e altri saggi* (1950), Einaudi, Torino 1965.
Thibaut J. W., Kelley H. H., *Psicologia sociale dei gruppi* (1959), il Mulino, Bologna 1974.

SCAN. Acronimo che sta per "Stimolare la Crescita e l'Attivazione Neuronale", modificando intenzionalmente le connessioni sinaptiche attraverso l'attenzione focalizzata.

Bibliografia

Siegel D. J., *Scan: "I neuroni che si attivano insieme, si collegano insieme"*, in Id., *Mappe per la mente. Guida alla neurobiologia interpersonale* (2012), Raffaello Cortina, Milano 2014, cap. 9.

Scansamento, v. ATTRAZIONE – REPULSIONE, TEORIA DELL'.

Scarica (ingl. *Discharge*; ted. *Abfuhr*; fr. *Décharge*; sp. *Descarga*). Termine adottato da Sigmund Freud in riferimento al deflusso verso l'esterno dell'energia accumulata dall'apparato psichico per effetto delle eccitazioni di origine sia interna sia esterna. La scarica, che svolge la funzione economica di mantenere al livello più basso possibile la tensione presente nell'APPARATO PSICHICO (v. § 2) ristabilendo l'OMEOSTASI (v.), è alla base del meccanismo di piacere (v. PIACERE, § 1), così come la ritenzione lo è del dispiacere. La scarica diventa patogena quando è totale, con disinvestimento massiccio dello psichico e conseguente scarica nel somatico, o nell'intolleranza di qualsiasi forma di tensione con conseguente ABREAZIONE (v.) di ogni eccitazione anche minima.

Bibliografia

Freud S., *Progetto di una psicologia* (1895), in *Opere* (1967-1993), Bollati Boringhieri, Torino, vol. II.

–, *Precisazioni sui due principi dell'accadere psichico* (1911), in *Opere*, cit., vol. VI.

–, *Metapsicologia* (1915), in *Opere*, cit., vol. VIII.

Scarto, v. STATISTICA, § I, 4.

SCAT (*Sport Competition Anxiety Test*), v. PSICOLOGIA DELLO SPORT.

Scatofagia, v. COPROFAGIA.

Scatofilia, v. COPROFILIA.

Scatofobia, v. COPROFOBIA.

Scelta (ingl. *Choice*; ted. *Wahl*; fr. *Choix*; sp. *Elección*). Atto o sequenza di atti che conducono a preferire qualcosa invece di qualcos'altro. Tale atto, che ha come suo presupposto la LIBERTÀ (v.) e come sua componente il RISCHIO (v.), si colloca tra la DELIBERAZIONE (v.) e l'esecuzione. È assunto come fondamento della responsabilità individuale (v. RESPONSABILITÀ) e in questa accezione acquista un particolare rilievo nell'ambito della PSICOLOGIA FORENSE (v.). Il termine è impiegato come sinonimo di DECISIONE (v.) quando si riferisce alla formulazione di un giudizio in merito all'attuazione o meno di un'azione, e di SELEZIONE (v. § 4) quando il riferimento è agli elementi migliori di una serie in base a caratteristiche misurate con criteri funzionali.

La parola ha inoltre un impiego specifico in ambito psicoanalitico, dove si parla di una *scelta della nevrosi* relativa ai processi per cui, partendo dagli stessi meccanismi generali che sono alla base delle formazioni nevrotiche, un soggetto realizza una certa nevrosi piuttosto che un'altra, e di una *scelta d'oggetto* che si riferisce al tipo di persona assunto come oggetto d'amore. Detta scelta può essere *anaclitica* quando, sulla base della dipendenza infantile, è orientata su persone diverse dal soggetto che la compie, o *narcisistica* quando avviene sulla base di qualche rassomiglianza reale o immaginaria con il soggetto che sceglie (v. ANACLISI, § 2). È stata sottolineata una certa incongruenza da parte di Sigmund Freud nell'adozione del termine "scelta" all'interno del suo sistema basato su un fondamentale determinismo.

Bibliografia

Mainardi D., *La scelta sessuale nell'evoluzione della specie*, Bollati Boringhieri, Torino 1968.

Rosenthal E. C., *L'età della scelta* (2005), Apogeo, Milano 2006.

Scena primaria (ingl. *Primal scene*; ted. *Urszene*; fr. *Scène originaire*; sp. *Escena originaria*). Il termine è stato introdotto da Sigmund Freud dapprima per indicare esperienze infantili traumatizzanti, in seguito per la scena del rapporto sessuale dei genitori che il bambino avrebbe osservato, o ricostruito fantasticamente (v. FANTASIA, § 1) a partire da certi indizi. Questa esperienza, in cui il bambino vive il coito, interpretato come coito anale, come un atto d'aggressione del padre nei confronti della madre, fornisce un supporto all'angoscia di castrazione (v. ANGOSCIA – ANSIA, § 2, *f*; CASTRAZIONE). L'interpretazione della scena primaria è stata oggetto di discussione tra Freud, propenso a ritenerla un'esperienza reale o ricostruita a partire da qualche indizio realmente esperito, e Carl Gustav Jung, per il quale la scena primaria è una fantasia retrospettiva indotta da un bisogno di rinascita. Freud, che non nega l'incidenza delle fantasie retrospettive nelle formazioni delle nevrosi, continua a sostenere l'idea che la scena primaria appartenga al passato ontogenetico o filogenetico dell'individuo e, a partire dai casi da lui esaminati, conclude che «vanno a picco purtroppo le semplificazioni proposteci dalle teorie di Jung e di Adler. Data la situazione, mi sembra più probabile che la fantasia della rinascita sia una propaggine della scena primaria piuttosto che viceversa quest'ultima sia un riflesso di quella fantasia. Si potrebbe forse obiettare che il paziente, all'età di quattro anni, era ancora troppo piccolo per desiderare già di nascere una seconda volta» (1914, p. 575).

Bibliografia

Freud S., *Dalla storia di una nevrosi infantile (Caso clinico dell'uomo dei lupi)* (1914), in *Opere* (1967-1993), Bollati Boringhieri, Torino, vol. VII.

Jung C. G., *Simboli della trasformazione* (1912-1952), in *Opere* (1969-2007), Bollati Boringhieri, Torino, vol. V.

Sceno-test. Test proiettivo formulato da Gerdhild von Staabs con materiali ludici costituiti da figure pieghevoli di persone, animali e piante, con cui inscenare una rappresentazione della vita familiare o sociale. La simbologia di cui sono cariche le varie scene riproduce la conflittualità dell'ambiente, la vita familiare e i rapporti con i genitori. Elaborato con finalità terapeutiche per i bambini, è impiegato come test proiettivo anche in età successive a quella infantile.

Bibliografia

Staabs G. von, *Lo sceno-test* (1951), Organizzazioni Speciali (O. S.), Firenze 1971.

Schafer-Murphy, Effetto di (ingl. *Schafer-Murphy effect*; ted. *Schafer-Murphy Effekt*; fr. *Effet de Schafer-Murphy*; sp. *Efecto de Schafer-Murphy*). Selettività percettiva di aspetti e di immagini che emergono dall'interpretazione di una figura ambigua, dove si può osservare che la percezione si orienta verso l'aspetto della figura il cui rilevamento è stato precedentemente connesso a un'approvazione.

Bibliografia

Schafer R., Murphy G., *The role of autism in a visual figure-ground relationship*, in "Journal of Experimental Psychology", 1943, n. 32, pp. 335-343.

Schema (ingl. *Scheme*; ted. *Scheme*; fr. *Schéma*; sp. *Esquema*). Lo schema è una struttura cognitiva ricavata da esperienze che, ripetute nel tempo, consentono di estrarre delle *regolarità* che fanno da guida nell'elaborazione delle informazioni future. Il termine "schema" ha avuto, tra i suoi precursori, Solomon E. Asch, che l'ha impiegato per descrivere il modo in cui elaboriamo gli aspetti di una personalità per giungere a un'impressione integrata, che poi decide le modalità con cui vengono interpretate le informazioni che successivamente giungono intorno a quella persona, e Fritz Heider, secondo il quale lo schema è la codificazione in una singola unità tra diversi elementi e le relazioni tra loro intercorrenti qualora esse si lascino connettere in una sorta di equilibrio, come può essere ad esempio l'amicizia di due persone accomunate dalla stessa passione (la musica, l'arte, lo sport), che qualifica la loro relazione. Gli ambiti dove lo "schema" ha avuto le più significative connotazioni sono la psicologia della Gestalt e la psicologia cognitivista.

1. La psicologia della Gestalt, dopo aver rifiutato la logica *elementarista*, dominante fino agli anni venti, secondo la quale un fenomeno è comprensibile se lo si scompone nelle sue parti costitutive, a favore della logica *olistica* (v. Olismo), secondo la quale il tutto è qualitativamente diverso e superiore alla somma delle sue parti, sostiene che la Percezione (v.) non è solo un processo recettivo, ma anche e soprattutto un processo ricostruttivo, che prende le mosse da schemi di precedenti esperienze che il soggetto ha interiorizzato, e che, quando si offrono con le caratteristiche della coerenza e della stabilità, consentono di comprendere nuove esperienze a partire dagli schemi introiettati. Naturalmente, proprio perché la percezione non è una fotografia del mondo esterno, ma una ricostruzione a partire dagli schemi che ciascuno può aver introiettato, non sono esclusi equivoci di comprensione e di comunicazione.

La psicologia della Gestalt distingue: *a*) *schemi di persona* che si riferiscono ad attributi ritenuti specifici di individui, sia nella loro individualità, sia nella loro appartenenza a gruppi, e in questo caso possono intervenire nello schema anche pregiudizi (v. Pregiudizio) e stereotipi (v. Stereotipo); *b*) *schemi di sé* che, secondo Hazel Rose Markus, sono strutture cognitive, ma anche emotivo-affettive, che assolvono il compito di organizzare le conoscenze rilevanti su di sé e di modulare l'apprendimento di nuove informazioni circa le proprie caratteristiche psicologiche, come nei casi di depressione, segnalati da John A. Bargh e Mary E. Tota, dove la depressione non è indotta da esperienze negative, ma da uno schema di sé organizzato intorno a valutazioni negative con esclusione di quelle positive; *c*) *schemi di ruolo* che si riferiscono a comportamenti attesi da parte di chi riveste un ruolo a partire dalle caratteristiche del ruolo; *d*) *schemi di eventi* detti anche *scripts* o Copione (v.), che è la conoscenza di eventi che si ripetono sempre uguali, per cui è sufficiente che si annunci l'evento "esame" o "colloquio di lavoro" e già si sa come ci si deve comportare.

2. La psicologia cognitivista. In questo ambito, il termine "schema", introdotto da Frederic Bartlett, fa riferimento a un insieme strutturato di concetti che costituiscono una conoscenza generica di azioni, oggetti, eventi, scenari, acquisita a partire dall'esperienza passata. Applicato soprattutto nell'ambito della Linguistica (v. § 3, *c*), Bartlett sostiene che, nella comprensione di una comunicazione o di un testo orale o scritto, lo schema pre-esistente interviene a razionalizzare, elaborare e talvolta anche a distorcere la comunicazione o il testo. Così lo schema "porta" potrebbe essere legato ad altri schemi come "casa", "locale", "serratura", "sicurezza". L'effetto è che i dettagli dell'informazione vanno perduti, mentre le caratteristiche comuni ad altre esperienze vengono trattenute. Roger C. Schank e Robert P. Abelson hanno esteso il concetto di schema al concetto di Copione (v. § 2) per spiegare come è rappresentata la conoscenza di complesse sequenze di eventi.

Lo schema influenza tre processi cognitivi: *a*) la *codifica*, che si riferisce alla selezione delle informazioni che sopraggiungono e che vengono selezionate a partire dalla loro congruenza allo schema adottato per interpretarle; *b*) la *memoria*, che trattiene le informazioni rilevanti per lo schema, dimenticando quelle che a partire dallo schema sono irrilevanti. Quando lo schema è stabile e consolidato, allora, come scrivono Susan T. Fiske e Shelley E. Taylor, il ricordo è migliore per le informazioni coerenti con lo schema, quando invece lo schema è debole o ancora in costruzione le informazioni non coerenti con lo schema ricevono una maggiore attenzione; *c*) l'*inferenza*, che interviene in presenza di informazioni mancanti, che hanno senso solo se completate con informazioni fornite dallo schema, a sua volta costruito su esperienze precedenti (v. INFERENZA). Questo vale anche per la percezione, come quando, ad esempio, diciamo di vedere una casa mentre in realtà vediamo solo una facciata, per cui, per dar senso a ciò che vediamo, dobbiamo inferire, anche se non si offrono alla nostra immediata percezione, l'esistenza di altre dimensioni che compongono la casa. Per quanto concerne la formazione degli schemi, oltre alle esperienze personali, intervengono anche le relazioni interpersonali, le influenze sociali e quelle indotte dai mezzi di comunicazione di massa, nonché i fattori motivazionali, particolarmente evidenti nel bisogno di avere un'immagine positiva di sé, o un partner ideale le cui caratteristiche sono influenzate dallo schema che il soggetto possiede di sé.

Al livello attuale degli studi, la teoria dello schema non spiega a sufficienza come sono acquisiti all'inizio gli schemi, e come si può dare senso a eventi unici per i quali non esistono schemi, oppure come sono ricordati gli aspetti insoliti o devianti delle esperienze pre-esistenti. Inoltre, come sottolinea Alberto Voci, lo schema spiega solo l'incidenza delle conoscenze precedenti nell'elaborazione cognitiva. Questa modalità di elaborazione, definita *top-down*, necessita di un'altra elaborazione, definita *bottom-up*, caratterizzata dalla sensibilità per gli stimoli nuovi. L'elaborazione *top-down* serve per una comprensione semplificata del mondo, da cui non ci si scosterebbe se non intervenisse anche un'elaborazione *bottom-up* che non è alternativa, ma complementare alla prima. Sembra che i due processi abbiano dei correlati neurologici, nel senso che il sistema neocorticale sarebbe preposto all'attivazione di categorie apprese, mentre il sistema dell'IPPOCAMPO (v.) sarebbe responsabile della codificazione di nuovi stimoli in entrata. La teoria degli schemi non è applicabile universalmente a tutte le culture, perché, come scriveva Lily Abegg nel secondo dopoguerra e più recentemente Richard E. Nisbett, l'Occidente ha privilegiato il *pensiero analitico*, dove gli elementi di un contesto vengono distinti, oggettivati, inseriti in categorie astratte, mentre l'Oriente ha privilegiato il *pensiero olistico* che rifiuta l'astrazione generalizzante a favore del contesto globale dove, più degli elementi, sono significative le relazioni tra gli elementi. La teoria degli schemi, che rifiuta la logica elementarista, sembra più vicina al pensiero orientale che privilegia la visione sintetica e le relazioni reciproche che le parti di un contesto hanno fra loro.

Bibliografia

Abegg L., *In Asia si pensa diversamente. Antitesi e complementarietà dell'Estremo Oriente e dell'Occidente* (1949), Astrolabio, Roma 1952.

Asch S. E., *Forming impressions of personality*, in "The Journal of Abnormal and Social Psychology", 1946, n. 41, pp. 258-290.

Bargh J. A., Tota M. E., *Context-dependent automatic processing in depression*, in "Journal of Personality and Social Psychology", 1988, n. 54, pp. 925-939.

Bartlett F. Ch., *La memoria. Studio di psicologia sperimentale e sociale* (1932), Franco Angeli, Milano 1974.

Bower G. H., Black J. B., Turner T. J., *Scripts in text comprehension and memory*, in "Cognitive Psychology", 1979, n. 11, pp. 177-220.

Fiske S. T., Taylor Sh. E., *Social cognition*, McGraw-Hill, New York 1991.

Graesser A. C., Nakamura G. V., *The impact of a schema on comprehension and memory*, in G. H. Bower, *The psychology of learning and motivation. Advances in research and theory*, Academic Press, New York 1982, vol. XVI.

Heider F., *Attitudes and cognitive organization*, in "Journal of Psychology", 1946, n. 21, pp. 107-112.

Markus H. R., *Self-schemata and processing information about the self*, in "Journal of Personality and Social Psychology", 1977, n. 35, pp. 63-78.

Nisbett R. E., Peng K., Choi I., Norenzayan A., *Culture and systems of thought. Holistic vs. analytic cognition*, in "Psychological Review", 2001, n. 108, pp. 291-319.

Sanford A. J., *La mente dell'uomo. Introduzione alla psicologia cognitiva* (1987), il Mulino, Bologna 1992.

Schank R. C., Abelson R. P., *Scripts, plans, goals and understanding*, Lawrence Erlbaum Associates, Hillsdale, New Jersey, 1977.

Voci A., *Schema*, in AA.VV., *Psiche. Dizionario storico di psicologia, psichiatria, psicoanalisi, neuroscienze*, Einaudi, Torino 2006-2007, vol. II, pp. 976-980.

Schema corporeo, v. CORPO, § 1.

Schema d'avvio, v. ETOLOGIA, § 1; ISTINTO, § 1.

Schema d'azione, v. ETOLOGIA, § 1; ISTINTO, § 1.

Schermo antistimolo (ingl. *Protective shield*; ted. *Reizschutz*; fr. *Pare-excitation*; sp. *Protección contra las excitaciones*). Protezione contro le eccitazioni esterne. Il termine è stato introdotto da Sigmund Freud in riferimento a un apparato che avrebbe la funzione di proteggere l'organismo contro gli stimoli provenienti dal mondo esterno, i quali, con la loro intensità, rischierebbero di indebolire e, al limite, di distruggere l'organismo stesso. Successivamente, sulla base di questo modello neurofisiologico, Freud ha attribuito allo schermo antistimolo un significato psicologico dove la protezione contro lo stimolo è garantita da un investimento e un disinvestimento del sistema percezione-coscienza (v. COSCIENZA, § 5), che garantisce una «periodica non suscettibilità all'eccitamento» (1924, p. 68).

Bibliografia

Freud S., *Progetto di una psicologia* (1895), in *Opere* (1967-1993), Bollati Boringhieri, Torino, vol. II.
–, *Nota sul "notes magico"* (1924), in *Opere*, cit., vol. X.

Schermo del sogno (ingl. *Dream screen*; ted. *Traumhintergrund*; fr. *Ecran du rêve*; sp. *Pantalla del sueño*). Espressione introdotta da Bertram D. Lewin secondo il quale ogni sogno sarebbe proiettato su uno schermo bianco corrispondente al seno materno che il bambino allucinerebbe nel sonno che segue la suzione del latte. Lo schermo soddisferebbe il bisogno di dormire. Quando appare da solo, in quella forma onirica denominata "sogno bianco", segnalerebbe una regressione al narcisismo primario.

Bibliografia

Lewin B. D., *Sleep, the mouth and the dream screen*, in "The Psychoanalytic Quarterly", 1946, n. 15.

Schizoanalisi, v. DESIDERIO, § 6.

Schizofasia (ingl. *Schizophasia*; ted. *Schizophasie*; fr. *Schizophasie*; sp. *Esquizofasia*). Termine introdotto da Emil Kraepelin nell'ottava edizione del suo *Trattato* in luogo di "confusione verbale" (*Sprechverwirrtheit*) per indicare le alterazioni tipiche del linguaggio degli schizofrenici, caratterizzato da neologismi, paralogismi, asintassia, distorsione semantica, astrazionismo, generalizzazioni, a cui possono corrispondere una *schizografia* e una *schizomimia*. La *schizofasia* va distinta dalla *catafasia*, detta anche *verbigerazione*, caratterizzata dalla ripetizione monotona e continua di frasi, parole o combinazioni vocaliche in cui non è rintracciabile alcuna funzione espressiva, informativa o comunicativa. È riscontrabile nelle forme di STEREOTIPIA (v.) e di CATATONIA (v.), dove la ripetizione reiterata di espressioni decontestuate è interpretata come un rituale di difesa contro impulsi e allucinazioni che non si saprebbe controllare in altro modo.

Bibliografia

Kainz F., *Psychologie der Sprache*, Enke, Stuttgart 1960.
Kraepelin E., *Trattato di psichiatria* (1883), Vallardi, Milano 1907.
Piro S., *Il linguaggio schizofrenico*, Feltrinelli, Milano 1967.
Pizzamiglio L., *I disturbi del linguaggio*, Etas Kompass, Milano 1968.

Schizofrenia (ingl. *Schizophrenia*; ted. *Schizophrenie*; fr. *Schizophrénie*; sp. *Esquizofrenia*). Termine psichiatrico coniato da Eugen Bleuler per designare una classe di psicosi endogene funzionali, a decorso lento e progressivo, la cui unità era già stata individuata da Emil Kraepelin sotto il titolo di *demenza precoce*. A parere di Kraepelin, ne erano individuabili tre forme, poi divenute classiche: ebefrenica, paranoide e catatonica. Introducendo il termine *schizofrenia* (dal greco σχίζω, "scindo", e φρήν, "mente"), Bleuler intende mettere l'accento sul tratto considerato tipico della schizofrenia, che è la dissociazione (*Spaltung*) in parti reciprocamente indipendenti della vita psichica.

Impostasi in psichiatria e in psicoanalisi, sia pure con notevoli divergenze, la schizofrenia si articola in forme significativamente differenziate da cui si desumono, quali tratti comuni: *a*) la *dissociazione* come limitazione, distorsione o perdita dei comuni nessi associativi nello svolgimento logico del pensiero, nella corrispondenza tra idea e risonanza emotiva, tra contenuto del pensiero e comportamento (v. SCISSIONE, § 1); *b*) l'*autismo*, da quello infantile a quello più generale che si esprime in un distacco nei confronti della realtà, con ripiegamento su se stessi e predominio della vita interiore popolata da produzioni fantastiche incontrollate (v. AUTISMO); *c*) *disturbi dell'affettività*, sia nel senso di un'inadeguatezza affettiva rispetto alla situazione (v. PARATIMIA), sia in quello di una coesistenza di sentimenti o di atteggiamenti contrastanti (v. AMBIVALENZA); *d*) *disturbi della personalità*, con perdita della coscienza della propria identità, dei limiti del proprio Io e in alcuni casi del proprio corpo che mal si percepisce come distinto dal mondo esterno (v. PERSONALITÀ, § II); *e*) *allucinazioni* percettive, soprattutto uditive e visive (v. ALLUCINAZIONE, § 1); *f*) *deliri* che, a differenza di quelli tipici della PARANOIA (v.), non sono mai molto sistematizzati e organici (v. DELIRIO); *g*) *disturbi del linguaggio*, sia nel lessico caratterizzato dalla frequenza di neologismi, paralogismi, metafore e simboli, sia nella sintassi spesso telegrafica e paragrammatica (v. LINGUAGGIO, § 5), fino alla totale incomprensibilità tipica della SCHIZOFASIA (v.).

I. LE INTERPRETAZIONI DELLA SCHIZOFRENIA

La schizofrenia è stata diversamente interpretata e definita in ambito psichiatrico, psicoanalitico, fenomenologico e sistemico.

1. L'APPROCCIO PSICHIATRICO

a) *Emil Kraepelin* fu il primo a distinguere le psicosi endogene (v. PSICOSI) in due grandi gruppi: la psicosi maniaco-depressiva o CICLOTIMIA (v.) e la demenza precoce in cui riunì la "ebefrenia", la "catatonia" e la "paranoia" già descritte da Karl Ludwig Kahlbaum, accettando successivamente una quarta forma, la "semplice", suggerita da Bleuler. Dalla demenza precoce Kraepelin distinse la "parafrenia", dove non si assiste a un decadimento della personalità (v. PARAFRENIA). Considerandola endogena, Kraepelin escluse che le cause della schizofrenia fossero reperibili nelle condizioni esterne, e perciò pensò dapprima ad una patologia organica del cervello, poi a un disturbo del metabolismo.

b) *Eugen Bleuler* motivò il cambiamento del nome dell'entità nosologica individuata da Kraepelin in questi termini: «Io chiamo la demenza precoce "schizofrenia" perché (come spero di dimostrare) la dissociazione (*Spaltung*) delle differenti funzioni psichiche è una delle sue più importanti caratteristiche. Per motivi di convenienza io uso la parola al singolare sebbene sia evidente che il gruppo include diverse malattie» (1911, p. 5). Bleuler classificò i sintomi della schizofrenia in *fondamentali*, che non sono necessariamente primari, ma semplicemente presenti in ogni caso di schizofrenia latente o conclamata, e *accessori*, che possono comparire o essere assenti. Tra i sintomi fondamentali Bleuler indicò l'associazione compromessa, l'affettività inadeguata, l'ambivalenza e l'autismo; tra gli accessori le allucinazioni, i deliri, i disturbi del linguaggio e i sintomi catatonici. Rispetto a Kraepelin, che considerava la sindrome schizofrenica come un corso più o meno rapido verso la demenza, Bleuler ne colse il tratto principale nel disturbo associativo e nella scissione delle funzioni fondamentali della personalità, come analiticamente esposto alla voce SCISSIONE, § I, 1.

c) *Adolf Meyer* introduce una componente dinamica nell'interpretazione della schizofrenia valorizzando i fattori psicogeni e i fattori ambientali precoci che agiscono durante l'infanzia del soggetto. A suo parere la schizofrenia è «l'esito generalmente inevitabile di: 1) conflitti di istinti o conflitti di complessi dell'esperienza, e di: 2) incapacità di attuare un adattamento costruttivo non dannoso» (1910, p. 387). Chiamò la sua concezione "psicobiologica" perché teneva conto tanto dei fattori biologici, quanto di quelli psicologici da studiare longitudinalmente, cioè nel decorso della vita a partire dai primi stadi, e nominò il disturbo PARERGASIA (v.), con riferimento all'incongruenza del comportamento e delle azioni.

d) *Silvano Arieti* descrive, attraverso una ricerca longitudinale, quattro stadi della schizofrenia: 1) alla base c'è «uno stato d'ansia e di vulnerabilità le cui origini sono da ricercarsi nella primissima infanzia, e a cui il malato non sa far fronte se non ricorrendo a meccanismi arcaici che si trovano allo stato latente in ogni essere umano. In questo primo stadio il paziente sta ancora dibattendosi fra il mondo della realtà e il mondo dei suoi sintomi»; 2) «una volta raggiunto il secondo stadio, questa lotta tra realtà e malattia ha già avuto fine. Non si manifestano più turbamenti emotivi evidenti. Ci si accorge che il malato è regredito in modo più completo a un livello arcaico più basso, dove prevalgono il pensiero paleologico e la desocializzazione»; 3) «il paziente ha raggiunto il terzo stadio quando la sua vita volontaria è molto impoverita e talune abitudini primitive cominciano a prevalere. Gli oggetti esterni non esistono più in se stessi come oggetti di contemplazione, e i concetti vengono distrutti gradualmente dalla cognizione primitiva»; 4) nel quarto stadio si assiste all'«abitudine di accumulare che ha tra le altre finalità quella importante di controbilanciare la trasmutabilità e di conservare alcuni oggetti interiori in un mondo che diventa sempre più vago ed evanescente. Col progredire della regressione il paziente presenta una tendenza non soltanto a raccogliere questi oggetti, ma a farli diventare quasi parte di sé infilandoseli nelle cavità naturali del corpo (vagina, bocca, ano, canali uditivi ecc.). Quando la regressione è ancora più avanzata e raggiunge lo stadio terminale, il paziente non afferra più gli oggetti per accumularli, bensì per ingerirli» (1974, pp. 586-588).

e) Il *DSM-5* individua come tratti caratteristici della schizofrenia: 1) «I DELIRI che sono convinzioni fortemente sostenute che non sono plausibili di modifica alla luce di evidenze contrastanti. Il loro contenuto può comprendere una varietà di temi come nel caso dei deliri di *persecuzione*, di *riferimento*, di *grandezza*, deliri *erotomaniaci*, *religiosi*, *somatici*, *nichilistici* che comportano la convinzione che si verificherà un evento catastrofico». 2) «Le ALLUCINAZIONI che sono esperienze simil-percettive che si verificano senza uno stimolo esterno. Sono vivide e chiare, con il pieno impatto e tutta la forza delle percezioni normali, e non sono sotto il controllo volontario. Esse possono presentarsi in qualsiasi modalità sensoriale, ma le allucinazioni uditive sono le più comuni nella schizofrenia e nei disturbi correlati.» 3) «Il PENSIERO DISORGANIZZATO (*disturbo formale del pensiero*) tipicamente dedotto dall'eloquio dell'individuo che può passare da un argomento all'altro (*deragliamento* o *allentamento dei nessi associativi*). Le risposte alle domande possono essere correlate in modo marginale o completamente non correlate (*tangenzialità*). Raramente l'eloquio può essere così gravemente disorganizzato da essere quasi incomprensibile e assomigliare all'afasia ricettiva della disorganizzazione linguistica (*incoerenza* o "insalata di parole").» 4) «Il COMPORTAMENTO MOTORIO GROSSOLANAMENTE DISORGANIZZATO O ANORMALE che può manifestarsi in una varietà di modi spaziando da una "stolidità" di tipo infantile all'agitazione imprevedibile.» In questo tratto caratteristico è incluso «il COMPORTAMENTO CATATONICO che è una marcata diminuzione della reattività all'ambiente. Ciò può variare dalla resistenza a istruzioni impartite (*negativismo*) al mantenere una postura rigida, inappropriata o bizzarra, fino alla completa mancanza di risposte verbali e motorie (*mutismo* e *stupor*). Il comportamento catatonico può comprendere anche un'attività motoria non finalizzata ed eccessiva senza motivazione evidente (*eccitamento catatonico*)». 5) «SINTOMI NEGATIVI spiegano una parte sostanziale della morbilità associata alla schizofrenia. Particolarmente significativi sono: la *diminuzione dell'espressione delle emozioni*, l'*abulia* che è una diminuzione delle attività finalizzate volontarie spontanee, l'*alogia* che si manifesta in una diminuzione della produzione verbale, l'*anedonia* che è una diminuzione nella capacità di provare piacere da stimoli positivi, l'*asocialità* che si riferisce all'apparente mancanza di interesse alle interazioni sociali» (2013, pp. 101-103).

2. L'APPROCCIO PSICOANALITICO

a) *Sigmund Freud* fu il primo a tentare una spiegazione della schizofrenia, per la quale aveva proposto il nome di PARAFRENIA (v.), in termini psicodinamici, a partire dall'ipotesi che le psicosi condividono con le nevrosi funzioni e meccanismi fondamentali quali la RIMOZIONE (v.) non riuscita di idee intollerabili, il ritiro dell'INVESTIMENTO (v.) libidico, la REGRESSIONE (v.) a stadi precedenti dello sviluppo psichico, con successiva FISSAZIONE (v.). Nel caso della PARANOIA (v.) si ha un ritiro dell'investimento libidico dagli oggetti dell'ambiente sull'Io che viene investito narcisisticamente, mentre nel caso della schizofrenia, scrive Freud, «la regressione non giunge solo fino allo stadio narcisistico (che trova nel delirio di grandezza la sua espressione), ma perviene fino all'abbandono completo dell'amore oggettuale e al ritorno all'autoerotismo infantile. La fissazione predisponente deve in conseguenza trovarsi molto più lontano nel tempo che nella paranoia, dev'essere cioè situata all'inizio dell'evoluzione, che procedendo dall'autoerotismo tende all'amore oggettuale» (1910, p. 402). A questo punto riemerge il processo primario (v. PROCESSO PRIMARIO – PROCESSO SECONDARIO), ossia il modo di funzionamento dell'inconscio, nonché della vita mentale della prima infanzia, prima che entri in funzione il sistema preconscio. Nella schizofrenia, secondo Freud, non c'è solo una perdita di realtà, ma anche un tentativo di restituzione tramite l'allucinazione e il delirio, dove si tenta di ristabilire, sia pure in modo distorto, una relazione con il mondo (v. DELIRIO, § 2): «Possiamo considerare la fase delle allucinazioni violente come un momento della lotta che si svolge tra la rimozione e un tentativo di guarigione che cerca di ricondurre la libido ai suoi oggetti. Jung ha riconosciuto, con straordinario acume analitico, nei deliri e nelle stereotipie motorie presenti in questa malattia i residui, serbati spasmodicamente, di antichi investimenti oggettuali. Ma questo tentativo di guarigione che gli osservatori scambiano per la malattia non si serve, come accade nella paranoia, d'un meccanismo di proiezione, bensì d'un meccanismo allucinatorio (isterico)» (ivi, pp. 401-402). Da queste premesse Freud conclude, nel saggio *Nevrosi e psicosi* (1923), che mentre nella nevrosi, in virtù della sua ubbidienza alla realtà, l'Io sopprime una parte dell'Es, nella psicosi, al servizio dell'Es, si ritira da una parte della realtà e accetta parte dell'Es.

b) *Carl Gustav Jung*, partendo dal concetto di scissione (*Spaltung*) di Bleuler, riconosciuto come tratto fondamentale della schizofrenia, ritiene che questa non dipenda dalla debolezza della coscienza come ritenevano Pierre Janet e lo stesso Bleuler, ma «dalla forza primaria dell'inconscio» (1939, p. 236), come è analiticamente esposto alla voce SCISSIONE, § I, 2, a cui esplicitamente si rinvia. Qui ci limitiamo a elencare i contributi di Jung che fu il primo ad applicare concetti psicoanalitici alla schizofrenia e a studiare con metodo sperimentale i processi di associazione, evidenziando il legame tra contenuto ideico e carica affettiva (v. ASSOCIAZIONE, § 5). Egli ritenne che, accanto al «complesso dell'Io che, a causa del suo diretto legame con le sensazioni somatiche, è il complesso più stabile e più ricco di associazioni» (1907, p. 49), esistono altri complessi carichi affettivamente che possono prendere il sopravvento sull'Io che cede al loro dominio soccombendo; allora «il complesso dell'Io viene privato della sua consueta preminenza e incomincia la disintegrazione della personalità» (1939, p. 250). Una volta assunto il complesso dell'Io come punto critico, «la nevrosi sta al di qua del punto critico, la schizofrenia sta al di là» (*ibid.*). Quando «il soggetto psicologicamente non riesce più a liberarsi di un certo complesso, fa associazioni solo con questo complesso e perciò lascia costellare tutte le sue azioni dal complesso per cui compare necessariamente un certo impoverimento della personalità» (1907, p. 77). Inoltre, «se il complesso rimane presente inalterato, cosa che naturalmente è possibile solo al prezzo di un grave danneggiamento del complesso dell'Io e delle sue funzioni, allora dobbiamo parlare di una dementia praecox» (ivi, p. 76).

A connotare i complessi non egoici, oltre che motivi personali, possono essere anche motivi arcaici (v. ARCHETIPO, § 1) che mal si adattano alla vita dell'uomo civilizzato, e allora la disintegrazione della personalità è ancor più catastrofica. Con la sua interpretazione Jung minimizza il ruolo delle forze ambientali e personali, per sottolineare l'importanza dei fattori congeniti, non esclusi quelli organici: «Lo studio della schizofrenia è, a mio parere, uno dei compiti più importanti della psichiatria del futuro. Il problema ha due aspetti: uno fisiologico e uno psicologico, perché per quanto possiamo vedere oggi, questa malattia non permette una spiegazione a orientamento unilaterale. La sua sintomatologia rimanda da un lato a un processo distruttivo basilare, probabilmente di natura tossica, e dall'altro lato, nella misura in cui un trattamento psicologico si rivela, in casi appropriati, efficace, rimanda a un fattore psicologico della stessa importanza» (1957-1959, p. 268).

c) Melanie Klein e *William Ronald Dodds Fairbairn* interpretano la schizofrenia a partire dalle relazioni oggettuali, dove gli "oggetti" sono per la Klein il risultato della proiezione e dell'introiezione operate da due forze, amore e aggressività, che ne decidono la connotazione positiva o negativa, mentre per Fairbairn sono gli oggetti reali, a cui si riferisce la libido promossa dalla natura gratificante o frustrante dell'oggetto. Per la Klein la schizofrenia è il risultato del mancato superamento della "posizione schizoparanoidea" caratterizzata dalla scissione dell'oggetto in "buono" e "cattivo", con introiezione degli oggetti "buoni" e proiezione di quelli "cattivi" in cui le parti scisse del Sé si riflettono (v. KLEINIANA, TEORIA, §§ 1-2). Per Fairbairn la schizofrenia non dipende da una regressione a stadi antecedenti dello sviluppo libidico, ma dal perpetuarsi delle tecniche (v. TECNICA) impiegate per difendersi dall'angoscia nell'esperienza schizoide attraversata nel corso delle vicende oggettuali (v. SCHIZOIDE). In questa fase il bambino incontra oggetti buoni (gratificanti) e cattivi (frustranti), e poiché a questo livello non conosce altro funzionamento che quello identificatorio, sente tali oggetti come parti di sé. Nel tentativo di controllarli li introietta, preferendo sentirsi cattivo che ammettere l'esistenza di genitori cattivi. La sicurezza esterna viene quindi pagata a scapito di quella interna, dove si assiste a una scissione dell'Io in un Io "centrale" dotato di forza propria, in un Io "libidico" connesso all'immagine buona dell'oggetto, e in un Io "antilibidico", detto anche "sabotatore" (v. SABOTATORE INTERNO), connesso all'immagine cattiva dell'oggetto. L'Io "libidico" e l'Io "sabotatore" o aggressivo sono alla base della formazione, rispettivamente, dell'Es e del Super-io della teoria psicoanalitica classica. La schizofrenia è da ricondursi alla mancata integrazione di queste forme di egoità.

d) Harry Stack Sullivan interpreta la schizofrenia come un disturbo leggibile a partire dalla relazione interpersonale. Già Freud aveva indicato il tratto essenziale di questa forma di psicosi nel mutamento che interviene nel rapporto tra l'individuo e l'ambiente, ma mentre Freud attribuiva questo mutamento a un ritiro dell'energia libidica, Sullivan lo attribuisce alle difficoltà che si generano nelle relazioni interpersonali e che approdano a distorsioni paratassiche (v. PARATASSIA), dove impressioni antecedenti, soprattutto infantili, vengono proiettate sugli altri con il risultato di trasformare le persone in qualcosa di diverso da ciò che sono. La distorsione paratassica, se non viene corretta, conduce a una validazione sempre minore da parte degli altri della stima di sé. Il Sé non validato diventa il Sé cattivo che l'individuo cerca di dissociare dalle esperienze della sua coscienza. Le parti dissociate «regrediscono nella funzione ai livelli più arcaici dell'ontologia psichica» (1953, p. 361) con un ritorno a funzioni psichiche infantili o addirittura fetali. Alla base di questa interpretazione della schizofrenia c'è dunque un'ipotesi genetico-evolutiva ai cui stadi primitivi la condizione schizofrenica regredisce.

e) Ping-Nie Pao, raccogliendo i dati dell'esperienza terapeutica svolta a Chestnut Lodge dove avevano lavorato Sullivan e Frieda Fromm-Reichmann, ritiene che la schizofrenia sia il risultato di un'interazione negativa tra ereditarietà e ambiente: «Il problema natura-ambiente era alla base di tutte le considerazioni riguardanti l'eziologia. Quando si ipotizza la "natura" come causa primaria della schizofrenia, si pensa che all'"interno" della persona qualcosa si riveli gradatamente; l'"esterno" è considerato un fatto secondario. Quando si ipotizza l'"ambiente" come causa primaria, si pensa che la persona sia stata traumatizzata da qualcosa di "esterno"; l'"interno" (ereditarietà-costituzione) gioca un ruolo insignificante. La conoscenza accumulata negli ultimi decenni indica che né la natura né l'ambiente possono da soli condurre alla schizofrenia. Piuttosto l'interazione dei due fattori nella primissima fase della vita dell'infante determina alcune esperienze che più tardi si evolvono nei molteplici sintomi della malattia schizofrenica» (1979, p. 117). Disturbi basici dell'esperienza, come li chiama Pao, si verificano «quando la capacità di rispondere dell'infante è deteriorata da un difetto costituzionale o quando la madre è incapace di provare empatia per il figlio. La mancanza di segnalazione reciproca provoca una serie di esperienze disturbanti che, fondendosi, possono essere di portata tale che diventano fondamentali per la successiva evoluzione della schizofrenia. Sebbene si cristallizzino a uno stadio molto remoto della vita dello schizofrenico potenziale, essi non hanno necessariamente luogo nello stesso momento. Alcuni si verificano prima di altri. Ma ciascun disturbo, una volta instaurato, troverà la propria espressione, relativamente indipendente (e chiaramente tracciata) nel quadro clinico definitivo della schizofrenia. [...] Alcuni tra i maggiori disturbi basici dell'esperienza, capaci di potenziare l'evoluzione della schizofrenia, hanno luogo nelle sfere della relazione oggettuale, dell'equilibrio libido-aggressività, del potenziale d'angoscia, dei meccanismi di mantenimento, delle risposte percettive e affettive, e delle immagini corporee del sé» (ivi, pp. 124-125).

3. L'APPROCCIO FENOMENOLOGICO. In questo ambito si guarda alla schizofrenia, al di fuori di ogni ricerca *causale* o *sintomatica*, come a un diverso modo di declinarsi delle strutture trascendentali che sono alla base di ogni esistenza. Questo sguardo è stato promosso da Karl Jaspers che, nel campo delle malattie mentali, rifiutò l'indagine causale tipica delle scienze della natura, perché la malattia non è un oggetto naturale, ma un *processo*. Cercare la causa significa compiere uno sforzo ricostruttivo ed esplicativo che si giustifica solo a partire da qualcosa di già presupposto, e non interpretare un'esperienza vissuta. Dal canto suo Kurt Schneider ritiene che i segni della malattia mentale non possono essere considerati *sintomi*, perché il sintomo rinvia a una causa che, nel caso delle malattie mentali, non si dà se non presupponendola a partire da una teoria; quindi i segni vanno considerati come *significati* che esprimono qualcosa, anche se questo qualcosa è fondamentalmente diverso dall'esperienza comune. Pertanto, scrive Schneider, «occorre abbandonare il significato medico del termine "sintomo", perché una formazione psicopatologica di stato o di decorso non è una malattia che può produrre sintomi» (1962, p. 93).

Abbandonati cause e sintomi come strumenti di ricerca, la fenomenologia, con Ludwig Binswanger, insiste sul tema (*Worüber*) in cui l'esistenza schizofrenica si declina rendendosi comprensibile a partire da quel TEMA (v.). Da questo punto di vista non c'è più la possibilità di parlare di "schizofrenia" come di un'entità clinica, ma di esperienze schizofreniche di volta in volta individuate dal loro tema, che declina le condizioni trascendentali comuni a ogni esistenza, come il tempo, lo spazio, il passato, il futuro, la distanza e la prossimità delle cose, il vissuto corporeo, il dentro e il fuori, secondo modalità differenti dal modo comune di esperirle. La stessa dissociazione, da tutti riconosciuta come il tratto tipico dell'esperienza schizofrenica, è una figura costitutiva dell'esistenza umana. Infatti, come scrive Eugenio Borgna, «l'esperienza dell'esser-lacerati e dell'esser-frantumati (dell'esser-scissi) sigilla l'esistenza schizofrenica come una mondanizzazione altra dalla nostra, ma non gettata nel gorgo del *non*senso e della insignificanza» (1988, pp. 71-72).

Una conferma viene dalla corrispondenza tra l'esperienza schizofrenica e quella artistico-poetica sottolineata da Borgna: «Certo nell'esperienza schizofrenica si vive in un *altro mondo* incrinato dalla frattura della intersoggettività, dalle trasformazioni spaziotemporali, dal dilagare della irrealtà, dall'immaginario e dall'immersione nella solitudine autistica, dalla dissolvenza della identità e dell'unità dell'Io, dalle controrealtà dell'allucinare e del delirare; e nondimeno in questo *autre monde* sono presenti strutture di significato che, capovolte nella loro genesi ma temerarie nella loro somiglianza, si ritrovano nella fenomenologia letteraria di Hofmannsthal e di Pessoa: capaci di cogliere nella propria rabdomantica interiorità le tracce e le indicazioni di quella scissione dell'Io che è tale da trascendere ogni semplice connotazione psicopatologica e da rientrare, come le estraneità, del resto, nell'area delle possibilità immanenti alla condizione umana» (ivi, p. 81).

Se la schizofrenia non è da leggersi come un'entità clinica, ma come una forma d'esperienza umana, anche il metodo non dovrà essere quello dell'*osservazione*, tipico delle scienze della natura, ma, come scrive Eugène Minkowski, quello della *penetrazione* o, come vuole la letteratura psicologica tedesca, l'*Einfühlung* o EMPATIA (v.), dove strumento conoscitivo è la funzione cognitiva del sentimento (*Gefühldiagnose*), che permette di entrare nell'esperienza schizofrenica prima di ogni disaggregazione in "parti" o "sintomi" che consegnano un'immagine astratta e artificiale della schizofrenia. Nella "diagnosi attraverso il sentimento" è in gioco quel tratto universale dell'umano che è la partecipazione comunicativa (*Mitteilung*) rintracciabile alla base dell'intersoggettività. Nel naufragio della comunicazione, che nell'esperienza schizofrenica caratterizza ogni incontro interpersonale, si esprime quell'atmosfera inobiettivabile tra medico e paziente che, come scrive Henricus Cornelius Rümke, è alla base della fondazione diagnostica della schizofrenia: «Nell'incontro con il paziente schizofrenico sentiamo una curiosa esitazione e un sentimento di estraneità che corrispondono alla rottura della normale reciprocità di rapporto che avviene quando due persone si incontrano. [...] Ci si confronta con qualcosa che è del tutto estraneo, naufraga la immedesimazione, la mimica e il linguaggio perdono il loro carattere di comunicazione» (1950, p. 125). Queste caratteristiche dell'incontro, che descrivono quello che Rümke chiama "sentimento di schizofrenia" (*Schizophreniegefühl*), dimostrano quello che per Binswanger è il tratto più evidente dell'esperienza schizofrenica: la rottura del mondo-comune (*Mit-welt*). Si veda in proposito la voce ANALISI ESISTENZIALE, § 3, *c*.

Partendo da queste premesse, Ronald David Laing osserva che se la schizofrenia è proprio la "scissione" nell'uomo, la sua "lontananza" dagli altri, la sua "estraneità" al mondo, come si può pensare di rapportarvisi applicando una dottrina i cui principi sono l'esatta riproduzione della scissione schizofrenica? Infatti, scrive Laing, «i termini del vocabolario tecnico corrente hanno l'una o l'altra di queste proprietà: o si riferiscono a un uomo in isolamento rispetto agli altri e al mondo (cioè ad un'entità la cui proprietà essenziale *non è* quella di essere in rapporto con gli altri e col mondo), o si riferiscono ad aspetti falsamente elevati a sostanza di questa entità isolata. Termini come mente e corpo, psiche e soma, psicologico e fisiologico; o come personalità, l'io, l'organismo, sono delle astrazioni. Invece del legame originale di *Io* e *Tu*, si prende un singolo uomo isolato, e si concettualizzano i suoi vari aspetti: l'Io, il Super-io, l'Es. L'Altro diviene un oggetto, interno o esterno, oppure interno ed esterno insieme. Come è possibile parlare veramente di un rapporto fra me e te servendosi del concetto di interazione fra un apparato mentale e un altro?» (1959, p. 23), dove di nuovo si sottolinea l'impossibilità di comprendere l'esperienza schizofrenica con i metodi oggettivanti con cui il sapere psicologico, sul modello delle scienze esatte, ha cercato di edificare se stesso.

4. L'APPROCCIO SISTEMICO. Partendo dalla persuasione che tutto è comunicazione, anche l'apparente non-comunicazione, Gregory Bateson ha ipotizzato che la schizofrenia nasca da una forma patologica di comunicazione interpersonale, caratterizzata da segnali incongrui e contraddittori che pongono il destinatario in quella condizione di profondo dilemma che Bateson ha chiamato doppio legame (*Double bind*), le cui caratteristiche sono illustrate alla voce corrispondente (v. DOPPIO LEGAME). Non consentendo di cogliere la vera intenzione di un messaggio in un rapporto che l'individuo sente di importanza vitale, come nel caso del bambino con sua madre, si può ingenerare la convinzione che tutta la realtà sia paradossale e quindi innestare un comportamento conseguente a questa paradossalità. A partire da queste premesse è stata messa a punto una terapia, detta sistemica o pragmatico-relazionale, che opera nelle modalità descritte alla voce PSICOLOGIA SISTEMICA, § 2.

II. I FATTORI PATOGENETICI

Dall'esame delle varie interpretazioni fornite dai diversi orientamenti di pensiero risulta evidente che non c'è concordanza sull'essenza intima del processo schizofrenico, quando addirittura, come nel caso della fenomenologia, non si ritiene fuorviante la stessa ricerca delle cause. Fatta questa premessa, si conviene che alla base della schizofrenia non c'è mai un solo fattore, ma, tra quelli indicati, molti (*ipotesi multifattoriale*) che alcuni ricercano nell'ambito descritto dal *modello medico*, orientando le loro ricerche nell'ordine genetico, biochimico, costituzionale, altri nell'ambito descritto dal *modello relazionale-dinamico* con riferimento alle influenze familiari, socioculturali o individuali in ordine allo sviluppo affettivo-istintuale secondo il modello psicoanalitico. Oltre all'età, che prevalentemente è quella giovanile, sono stati presi in considerazione i seguenti fattori che Franco Giberti così ordina:

1. *Fattori genetici* intesi come predisposizione ad ammalarsi, ipotizzati a partire dalla constatazione della maggior frequenza di casi di schizofrenia in famiglie con uno o entrambi i genitori schizofrenici. Irving Isadore Gottesman e James Shields hanno dimostrato che, rispetto a un rischio medio della popolazione generale pari allo 0,9%, nei parenti di primo grado dei soggetti affetti da schizofrenia il rischio di morbilità è circa del 6% per i genitori, del 10% per i fratelli e del 13% per i figli. Gli studi sui gemelli condotti da Margit Fischer hanno dimostrato che il tasso di concordanza nei gemelli monozigoti può essere da due a sei volte maggiore rispetto al tasso di concordanza riscontrato nei gemelli dizigoti, mentre Gottesman e Aksel Bertelsen hanno constatato che i figli dei gemelli monozigoti non schizofrenici hanno lo stesso rischio dei figli dei gemelli affetti da questo disturbo, per cui se ne deduce che i gemelli sani, nonostante l'aspetto normale, hanno il genotipo schizofrenico, che può esprimersi in uno spettro che va dalla normalità alla patologia, il che dimostra l'importanza dei fattori ambientali nella patogenesi del disturbo. Resta tuttora sostanzialmente ignota la natura dei fattori scatenanti e il modo di trasmissione ereditaria.

2. *Fattori biochimici* con riferimento ad alterazioni nel metabolismo di alcune sostanze e in particolare delle catecolamine, e alla produzione di sostanze tossiche endogene che presentano somiglianze con la struttura chimica di sostanze tossiche come LSD.

3. *Fattori costituzionali* come quelli evidenziati da Ernst Kretschmer tra indici morfologici del corpo, caratteristiche di personalità e predisposizione psicotica (v. TIPOLOGIA, § 1, *b*), o come quelli evidenziati da Jung che ha sottolineato una costanza tra introversione e schizofrenia (v. TIPOLOGIA, § 2).

4. *Fattori di personalità* come una precoce incapacità a differenziare sé dal mondo esterno, ad acquisire autonomia e indipendenza nell'ambito psicomotorio,

affettivo, intellettuale, a regolare i processi psicofisiologici con conseguente eccesso o difetto nella reazione a stimoli o a stress.

5. *Fattori familiari* la cui incidenza è dimostrata dalla minor probabilità di ammalarsi di un gemello monovulare cresciuto in una famiglia diversa da quella d'origine. Tra i fattori più incidenti sono elencati la madre aggressiva, punitiva e rifiutante con padre passivo, assente e distaccato; le modalità transazionali con cui si svolgono i rapporti tra i genitori e tra genitori e figli; le alleanze distorte tra i membri della famiglia, tra cui emerge la situazione simbiotica in età adulta tra madre e figlio o tra padre e figlia; il tipo di comunicazione con messaggi ambigui o contraddittori come evidenziato dall'approccio sistemico; il caso del figlio, assunto come punto focale delle tensioni familiari, che si vede costretto a ritirarsi in un mondo fantastico, irreale e autistico.

6. *Fattori sociali* come l'insicurezza socioeconomica, le variazioni rapide del proprio status, l'urbanizzazione, l'emigrazione con conseguente modificazione dei propri ruoli personali.

7. *Fattori psicodinamici* con riferimento a un difettoso sviluppo dell'Io, a una regressione con ritiro dell'interesse per il mondo, a un'incapacità a controllare le pulsioni aggressive, a un uso arcaico e primitivo nell'impiego delle difese come nel caso del DINIEGO (v.) della realtà spiacevole. In questo campo si distinguono i sintomi regressivi come la DEREALIZZAZIONE (v.) e la depersonalizzazione (v. PERSONA, § 1), da quelli reintegrativi come le allucinazioni e i deliri letti come tentativo di ricostruire le parti perdute della realtà (v. DELIRIO, § 2).

8. *Fattori tossici, traumatici, infettivi* che possono produrre le cosiddette schizofrenie sintomatiche o pseudoschizofrenie, in cui il tratto più evidente è la sintomatologia dissociativa.

III. I QUADRI CLINICI

L'impossibilità di indicare con precisione dei fattori patogenetici che possono essere causa della schizofrenia non consente di delineare dei quadri clinici su base eziologica. Si adotta allora il criterio sintomatologico, in base al quale si distinguono le *schizofrenie propriamente dette* che riproducono la classificazione di Kraepelin che aveva distinto una schizofrenia ebefrenica, paranoidea e catatonica, a cui Bleuler aggiunse la semplice. Vengono incluse in questo gruppo, pur presentando una sintomatologia più diversificata: *a*) le *sindromi pseudonevrotiche, pseudopsicopatiche e parafreniche*; *b*) le *sindromi a forma schizofrenica* la cui sintomatologia non è sovrapponibile a quelle precedenti; *c*) le *pseudoschizofrenie* di origine tossica, infettiva, infiammatoria, traumatica.

1. *Schizofrenia semplice.* È caratterizzata da mancanza di sintomi cosiddetti produttivi come allucinazioni, deliri, idee di riferimento, mentre predomina un impoverimento graduale delle sfere affettiva, intellettiva e volitiva. Gli inizi risalgono a un'epoca anteriore alla pubertà per manifestarsi tra i 16 e i 22 anni con un'evoluzione molto lenta, caratterizzata da un progressivo affievolimento dei rapporti interpersonali, riduzione dell'affettività, indolenza, scarso apprezzamento della realtà, isolamento. A livello di pensiero non si assiste tanto a dissociazione quanto a un crescente impoverimento di idee e a un rallentamento del flusso. L'evoluzione tende alla cronicità con sempre più marcato distacco dalla vita.

2. *Schizofrenia ebefrenica.* Compare in età adolescenziale e giovanile con inizio subdolo, mascherato da sintomi di tipo nevrotico o depressivo. Progredendo, l'affettività oscilla tra l'irritabilità e l'euforia; il comportamento diventa incoerente e immotivato; a livello di pensiero, oltre a un deficit nell'attenzione, si nota una regressione a modalità primitive e disorganizzate che si esprimono con condotte inopportune, manierate, e a volte sguaiate e scurrili. I deliri sono numerosi e scarsamente sistematizzati. I disturbi del linguaggio sono vistosi con associazioni per assonanze, neologismi, insalata di parole. Il declino della personalità risulta ben presto evidente nella scarsa cura della propria persona, nel comportamento infantile, talvolta grottesco e grossolanamente assurdo. La prognosi è sfavorevole con rare guarigioni e remissioni.

3. *Schizofrenia paranoide.* È distinta dalla PARANOIA (v.) per la presenza di evidenti sintomi dissociativi e per la compromissione globale della personalità. Compare tra i 25 e i 45 anni, manifestandosi con episodi acuti che tendono a cronicizzarsi. I deliri, a sfondo persecutorio, nascono dall'attribuzione agli altri di un sentimento negativo che il paziente prova nei confronti di se stesso, dopo di che tutta la realtà assume un significato particolare a conferma del delirio, con reinterpretazione e adattamento della stessa all'idea fondamentale del soggetto. Circa la natura dei deliri si veda la voce PARANOIA, § 3.

4. *Schizofrenia catatonica.* Ha come suo tratto saliente il disturbo psicomotorio che può assumere le forme acinetiche, caratterizzate da immobilità, obbedienza automatica, negativismo, rigidità, mutacismo, o le forme ipercinetiche, con agitazione motoria spesso violenta e incontrollabile, impulsi

aggressivi e distruttivi, e verbigerazioni. Le due forme possono presentarsi alternativamente o isolatamente (v. CATATONIA).

5. *Schizofrenia pseudonevrotica e pseudopsicopatica*. Sono cosiddette perché la struttura dissociativa non è immediatamente rilevabile, mentre i sintomi nevrotici o psicopatici rappresentano gli elementi più evidenti. Per questo si parla di casi limite, o *borderline* (v. MARGINALE, SINDROME, § 1).

6. *Sindrome parafrenica*. Comprende diversi quadri dissociativi caratterizzati da una buona conservazione della personalità che riesce a far convivere aspetti psicopatologici produttivi con una vita sociale relativamente normale (v. PARAFRENIA).

7. *Sindrome a forma schizofrenica*. Con questa espressione si fa riferimento a quadri psicotici che, pur avendo significativi aspetti schizofrenici, presentano sintomi di altro tipo come la ciclotimia, la nevrosi ossessiva, lo stato oniroide-confusionale, o tratti di tipo caratteriale come asocialità, difficoltà di rapporto ecc. Questo gruppo di sindromi nasce dalla difficoltà di costringere in una ripartizione rigida la varietà dei comportamenti psicotici. Per questo c'è chi la derubrica dalle forme di schizofrenia per includerla nelle forme marginali (v. MARGINALE, SINDROME, § 2).

8. *Pseudoschizofrenie* o *schizofrenie sintomatiche*. Si distinguono da quelle endogene perché è constatabile l'alterazione organica, tossica, infettiva o traumatica (v. ENCEFALOPATIA; PSICORGANICA, SINDROME; TRAUMA; DROGA).

IV. IL DECORSO E LE TERAPIE

1. I PERCORSI TERAPEUTICI. La scarsa conoscenza della natura intima della schizofrenia si ripercuote anche sulla prognosi, che varia da individuo a individuo, con riferimento alle rispettive risorse personali e ai fattori familiari, ambientali, lavorativi e sociali che possono essere favorevoli o sfavorevoli. L'osservazione clinica ha constatato che più l'episodio psicotico insorge acutamente a seguito di eventi occasionali, più alte sono le probabilità che sia breve e si risolva in modo definitivo; più invece i fattori che portano all'esperienza schizofrenica hanno agito insidiosamente e sistematicamente nello spazio di anni, più la prognosi è sfavorevole e tende a cronicizzarsi con deterioramento progressivo della personalità, anche se meno frequenti si fanno le manifestazioni deliranti o allucinatorie. Nei casi di remissione possono restare dei residui o "difetti schizofrenici" che vanno dal restringimento degli interessi all'inadeguatezza emotivo-affettiva, a qualche singolare atteggiamento intellettuale e comportamentale in un contesto di personalità un po' inaridita e talvolta irrigidita.

Per quanto concerne la terapia, oltre alle applicazioni elettroconvulsivanti (v. ELETTROSHOCK) e all'INSULINOTERAPIA (v.), oggi sempre meno impiegate, si ricorre: a) alla *terapia farmacologica* con trattamenti neurolettici (v. PSICOFARMACOLOGIA, § I, 1, *a*) che agiscono soprattutto sui sintomi allucinatori, deliranti e comportamentali, sedando l'angoscia e le reazioni aggressive eccessive, e questo sia nelle fasi acute del disturbo sia nel trattamento di mantenimento per ridurre gli episodi acuti. Allo scopo vengono associati anche farmaci stabilizzanti e antidepressivi; b) ai *trattamenti psicoterapici* volti soprattutto alla ricostruzione dei rapporti interpersonali, al reperimento di un'identità, all'indicazione di obiettivi raggiungibili e motivanti, con lo scopo di evitare ulteriori regressioni e fughe nel delirio. L'approccio psicoterapico tende a coinvolgere anche i familiari, allo scopo di ridurre tensioni e malintesi che favoriscono l'isolamento o lo scatenamento degli affetti o dell'aggressività. Allo scopo viene loro insegnato come riconoscere i sintomi premonitori di una fase acuta al fine di attuare interventi rapidi; viene inoltre raccomandato di non concentrare tutta l'attenzione sul malato, e soprattutto di non colpevolizzarsi per una condizione per la quale non sono necessariamente responsabili; si consiglia infine di controllare le loro manifestazioni emotive sia positive che negative; c) alla *terapia riabilitativa* che ha lo scopo di aiutare il paziente a risolvere i problemi quotidiani, che vanno dalla cura della persona alla gestione della vita domestica, di migliorare le capacità di comunicazione spesso particolarmente compromesse, con l'obiettivo di accrescere l'autonomia e di conseguenza l'autostima e di favorire l'inserimento sociale.

2. I CONTRIBUTI DELLE NEUROSCIENZE. In questo ambito, Stefano Pallanti scrive: «Il concetto generale di schizofrenia, la visione che ne ha la maggior parte dei medici, ma anche la visione pubblica della malattia, è che si tratti di una condizione cronica caratterizzata da esito infausto. [...] Il risultato di questo atteggiamento è un "pessimismo prognostico" che esercita un notevole impatto negativo sul trattamento della schizofrenia: per decenni i pazienti sono stati sottoposti a interventi finalizzati alla "gestione" dei sintomi piuttosto che alla "guarigione" degli stessi. Tuttavia si può notare un deciso incremento della percentuale dei soggetti "guariti" o significativamente migliorati a partire dagli anni cinquanta del Novecento, in corrispondenza cioè dell'introduzione dei farmaci antipsicotici» (2015, pp. 2-3). Dopo aver denunciato l'effetto negativo del pessimismo prognostico, Pallanti scrive che «la visione della

schizofrenia come malattia a prognosi infausta ed entità clinica unica è oggi superata grazie a una sua riconcettualizzazione come una famiglia di disturbi a base neuroevolutiva, caratterizzati da alterazioni neuroanatomiche, neurofunzionali e genetiche. I fenomeni neurodegenerativi sono ampiamente documentati già a partire dagli stadi precoci dell'infanzia, nonché nei soggetti ad alto rischio di psicosi, e consistono principalmente in una progressiva perdita di materia grigia nelle aree temporali e orbitofrontali. Queste alterazioni si correlano all'*outcome* funzionale dei soggetti e dunque alla remissione, nella quale si osserva invece un incremento del *thickness* corticale. [...] Sempe più attenzione viene riservata alle forme prodromiche, agli stadi precoci o a rischio di psicosi e alle forme attenuate: si parla di soggetti ad alto rischio (HR), ad altissimo rischio (UHR) e di sindrome psicotica attenuata (APS)» (ivi, p. 20).

Partendo dalla Teoria della mente (v.), che è una costruzione teorica che simula il funzionamento della mente umana per comprendere il suo modo di procedere nella comprensione della realtà, attraverso il riconoscimento percettivo, le abilità cognitive ed emotive come la memoria, l'attenzione e il linguaggio, le funzioni esecutive e le relazioni intersoggettive, Gilla Cauli, in ordine al rapporto tra la ToM e la schizofrenia, scrive: «Il deficit di ToM è un elemento importante alla base dello sviluppo di numerose patologie psichiatriche (per esempio schizofrenia, disturbo dello spettro autistico, disturbo bipolare). I principali fattori di rischio delle malattie psichiatriche agiscono in epoca precocissima dello sviluppo individuale, per poi condizionare la maturazione delle capacità della ToM e della metacognizione nella prima adolescenza e per tutto il corso della vita. L'individuazione dei fattori di rischio e un intervento precoce in tali ambiti costituisce il principale intervento da attuare per le prevenzioni delle malattie mentali, strettamente connesse ai deficit iniziali della ToM» (2015, p. 244).

Sempre nell'ambito delle neuroscienze, lo psichiatra inglese Timothy J. Crow interpreta la schizofrenia come il prezzo che l'uomo ha pagato e paga per l'acquisizione del linguaggio che ha la sua regolazione nella dominanza di un emisfero. A partire da questa ipotesi la schizofrenia viene letta come l'espressione di una variante genica sfavorevole che determina una perdita della dominanza emisferica per il linguaggio. Nei suoi lavori sperimentali, il ricercatore Alessandro Angrilli, che ha collaborato con Crow, ha trovato conferme della sua teoria e verificato che i maggiori deliri sono quelli che registrano un'asimmetria-attivazione linguistica più spostata nelle aree frontali di destra, e che i pazienti con maggior riduzione di attività EEG Gamma, che è correlata con l'attivazione corticale cognitiva, durante un compito fonologico avevano, nelle aree frontali di sinistra, livelli di allucinazione più alti, in corrispondenza di una maggiore attività EEG Delta che, come indice di inibizione, segnala una minore attivazione cerebrale.

Bibliografia

Alanen Y. O., *La schizofrenia. Le sue origini e il trattamento adattato al bisogno* (1997), Fioriti, Roma 2005.

Andreasen C. N., *Schizofrenia. Scale per la valutazione dei sintomi positivi e negativi* (1995), Raffaello Cortina, Milano 1997.

Andreoli V., *Demonologia e schizofrenia*, Tamburini, Milano 1973.

Angrilli A., Crow T. J. *et al.*, *Schizophrenia as failure of left hemispheric dominance for the phonological component of language*, in "PLoS ONE", 2009, vol. 4, 2, e4507.

Arieti S., *Interpretazione della schizofrenia* (1974), Feltrinelli, Milano 1978, voll. I-II.

–, *Capire e aiutare il paziente schizofrenico* (1979), Feltrinelli, Milano 1981.

Aversa L., *La schizofrenia: una patologia della funzione simbolica*, in "Atque", 1991, n. 4.

Ballerini A., Rossi Monti M., *Dopo la schizofrenia. Mutamento e invarianza attraverso la psicosi*, Feltrinelli, Milano 1983.

Bateson G., *Verso un'ecologia della mente* (1972), Adelphi, Milano 1976.

Benedetti G. *et al.*, *Paziente e analista nella terapia delle psicosi*, Feltrinelli, Milano 1979.

Bertrando P. (a cura di), *Vivere la schizofrenia*, Bollati Boringhieri, Torino 1999.

Bettelheim B., *La fortezza vuota* (1967), Garzanti, Milano 1976.

Binswanger L., *Schizophrenie*, Neske, Pfullingen 1957.

Bion W. R., *Analisi degli schizofrenici e metodo psicoanalitico* (1967), Armando, Roma 1970.

Blankenburg W., *La perdita dell'evidenza naturale. Un contributo alla psicopatologia delle schizofrenie pauci-sintomatiche* (1967), Raffaello Cortina, Milano 1998.

Bleuler E., *Dementia praecox o il gruppo delle schizofrenie* (1911), La Nuova Italia Scientifica, Roma 1984.

–, *Trattato di psichiatria* (1911-1939, aggiornato da M. Bleuler dal 1940 al 1960), Feltrinelli, Milano 1967.

Bollas Ch., *Se il sole esplode. L'enigma della schizofrenia* (2015), Raffaello Cortina, Milano 2016.

Borgna E., *L'area tematica della schizofrenia*, in Id., *Nei luoghi perduti della follia* (1964-1984), Feltrinelli, Milano 2008, Parte III, pp. 103-222.

–, *La schizophrenia sine schizophrenia*, in "Rivista di Psichiatria", 1976, vol. XI, n. 3.

–, *I conflitti del conoscere. Strutture del sapere ed esperienza della follia*, Feltrinelli, Milano 1988.

–, *Come se finisse il mondo. Il senso dell'esperienza schizofrenica*, Feltrinelli, Milano 1995.

Callieri B., *Contributo allo studio psicopatologico dell'esperienza schizofrenica della fine del mondo*, in "Archivio di Psicologia, Neurologia e Psichiatria", 1954, n. 16.

–, *Quando vince l'ombra. Problemi di psicopatologia clinica* (1982), Edizioni Universitarie Romane, Roma 2001.

Cancrini L. (a cura di), *Verso una teoria della schizofrenia*, Bollati Boringhieri, Torino 1977.

Cargnello D., *Alterità e alienità. Introduzione alla fenomenologia antropoanalitica*, Feltrinelli, Milano 1966.

Cauli G., *Teoria della mente e schizofrenia: clinica e riabilitazione*, in S. Pallanti (a cura di), *Oltre la schizofrenia. I progressi delle neuroscienze per superare i preconcetti e la malattia*, Edra Edizioni, Milano 2015, pp. 217-251.

Ciompi L., *Logica affettiva. Una ricerca sulla schizofrenia* (1982), Feltrinelli, Milano 1994.

Conrad K., *Die beginnende Schizophrenie*, Thieme, Stuttgart 1966.

Crow T. G., *Schizophrenia as the price that Homo sapiens pays for language. A resolution of the central paradox in the origin of the species*, in "Brain Research Reviews", 2000, n. 31, pp. 118-129.

DSM-5. American Psychiatric Association (APA), *DSM-5. Manuale diagnostico e statistico dei disturbi mentali* (2013), Raffaello Cortina, Milano 2014.

Ey H., *La notion de schizophrénie*, Desclée de Brouwer, Paris 1977.

Fairbairn W. R. D., *Studi psicoanalitici sulla personalità* (1952), Bollati Boringhieri, Torino 1970.

Fischer M., *Psychosis in the offspring of schizophrenic monozygotic twins and their normal co-twins*, in "The British Journal of Psychiatry", 1971, n. 118, pp. 43-52.

Freeman Th., Cameron J. L., McGhie A., *Schizofrenici cronici* (1958), Bollati Boringhieri, Torino 1972.

Freud S., *Osservazioni psicoanalitiche su un caso di paranoia (dementia paranoides) descritto autobiograficamente (Caso clinico del presidente Schreber)* (1910), in *Opere* (1967-1993), Bollati Boringhieri, Torino, vol. VI.

–, *Introduzione al narcisismo* (1914), in *Opere*, cit., vol. VII.

–, *Nevrosi e psicosi* (1923), in *Opere*, cit., vol. IX.

–, *La perdita di realtà nelle nevrosi e nelle psicosi* (1924), in *Opere*, cit., vol. X.

–, *La scissione dell'Io nel processo di difesa* (1938), in *Opere*, cit., vol. XI.

Frith Ch., *Neuropsicologia cognitiva della schizofrenia* (1992), Raffaello Cortina, Milano 1995.

Galimberti U., *La schizofrenia e la presenza scissa* (1979), in Id., *Psichiatria e fenomenologia* (1979), nuova edizione ampliata, Feltrinelli, Milano 2017, pp. 324-357.

Giberti F., *Le sindromi schizofreniche*, in F. Giberti, R. Rossi, *Manuale di psichiatria*, Piccin, Padova 1983, pp. 273-300.

Gottesman I. I., Bertelsen A., *Confirming unexpressed genotypes for schizophrenia. Risk in the offspring of Fischer's Danish identical and fraternal discordant twins*, in "Archives of General Psychiatry", 1989, n. 26, pp. 867-872.

Gottesman I. I., Shields J., *Schizophrenia. The epigenetic puzzle*, Cambridge University Press, Cambridge 1982.

Jackson D. D. (a cura di), *Eziologia della schizofrenia* (1960), Feltrinelli, Milano 1964.

Jaspers K., *Psicopatologia generale* (1913-1959), Il Pensiero Scientifico, Roma 2000.

Jung C. G., *Psicologia della dementia praecox* (1907), in *Opere* (1969-2007), Bollati Boringhieri, Torino, vol. III.

–, *Critica a Bleuler, "Teoria del negativismo schizofrenico"* (1911), in *Opere*, cit., vol. III.

–, *Psicogenesi della schizofrenia* (1939), in *Opere*, cit., vol. III.

–, *Nuove considerazioni sulla schizofrenia* (1957-1959), in *Opere*, cit., vol. III.

Kahlbaum K. L., *Klinische Abhandlungen über psychische Krankheiten*, Heft 1: *Die Katatonie oder das Spannungsirresein*, Hirschwald, Berlin 1874.

Klein M., *Note su alcuni meccanismi schizoidi* (1946), in *Scritti 1921-1958*, Bollati Boringhieri, Torino 1978, pp. 409-434.

Kraepelin E., *Trattato di psichiatria* (1883), Vallardi, Milano 1907.

Lacan J., *Una questione preliminare ad ogni possibile trattamento della psicosi* (1958), in *Scritti* (1936-1966), Einaudi, Torino 1974, vol. II.

Laing R. D., *L'io diviso. Studio di psichiatria esistenziale* (1959), Einaudi, Torino 1969.

–, *L'io e gli altri. Psicopatologia dei processi interattivi* (1959), Sansoni, Firenze 1977.

–, *La politica dell'esperienza* (1967), Feltrinelli, Milano 1968.

Laing R. D., Esterson A., *Normalità e follia nella famiglia* (1964), Einaudi, Torino 1970.

Lasalvia A., Penta E., Sartorius N., Henderson S., *Should the label "schizophrenia" be abandoned?*, in "Schizophrenia Research", 2015, vol. 162, fasc. 1-3, pp. 276-284.

Lasalvia A., Tansella M., *What is in a name? Renaming schizophrenia as a starting point for moving ahead with its re-conceptualization*, in "Epidemiology Psychiatric Sciences", 2013, vol. 22, fasc. 4, pp. 303-305.

Lidz Th., *Famiglia e origine della schizofrenia* (1973), Sansoni, Firenze 1975.

Maj M., *Disturbi schizoaffettivi*, in G. B. Cassano, P. Pancheri *et al.* (a cura di), *Trattato italiano di psichiatria* (1992), Masson, Milano 1999, vol. II, pp. 2009-2016.

Martinotti G., *Il corpo "oggetto" nella psicosi schizofrenica*, in Id., *Fenomenologia della corporeità. Dalla psicopatologia alla clinica*, Edizioni Universitarie Romane, Roma 2009.

Meyer A., *The dynamic interpretation of Dementia praecox*, in "American Journal of Psychology", 1910, n. 21.

Minkowski E., *La schizofrenia. Psicopatologia degli schizoidi e degli schizofrenici* (1927-1953), Einaudi, Torino 1998.

Pallanti S., *Il mito della prognosi negativa e la guarigione nella schizofrenia*, in Id. (a cura di), *Oltre la schizofrenia. I progressi delle neuroscienze per superare i preconcetti e la malattia*, Edra Edizioni, Milano 2015, pp. 1-23.

Pancheri P., *Il problema della schizofrenia e del suo spettro*, in G. B. Cassano, P. Pancheri *et al.* (a cura di), *Trattato italiano di psichiatria*, cit., vol. II, pp. 1487-1508.

– (a cura di), *Schizofrenia*, in G. B. Cassano, P. Pancheri *et al.* (a cura di), *Trattato italiano di psichiatria*, cit., vol. II, pp. 1509-1782.

–, *Schizofrenia ad inizio precoce*, in G. B. Cassano, P. Pancheri *et al.* (a cura di), *Trattato italiano di psichiatria*, cit., vol. III, pp. 2955-2968.

Pancheri P., Biondi M., *Terapia della schizofrenia. Dieci anni di progressi*, Il Pensiero Scientifico, Roma 1991.

Pankow G., *L'uomo e la sua psicosi* (1969), Feltrinelli, Milano 1977.

Pao P.-N., *Disturbi schizofrenici* (1979), Raffaello Cortina, Milano 1984.

Pazzagli A., Rossi R., *Schizofrenia. Cronicità o bisogno inappagabile?*, Il Pensiero Scientifico, Roma 1991.

Perris C., *Terapia cognitiva con i pazienti schizofrenici* (1989), Bollati Boringhieri, Torino 1996.

Piro S., *Il linguaggio schizofrenico*, Feltrinelli, Milano 1967.

Racamier P.-C., *Gli schizofrenici* (1980), Raffaello Cortina, Milano 1983.

Resnik S., *Persona e psicosi* (1972), Einaudi, Torino 1976.
Rossi Monti M., Stanghellini G., *Psicopatologia della schizofrenia. Prospettive metodologiche e cliniche*, Raffaello Cortina, Milano 1999.
Rümke H. C., *Signification de la phénoménologie dans l'étude clinique des délirants*, in AA.VV., *Psychopathologie des délires*, Congrès International de Psychiatrie, Hermann, Paris 1950.
Rustin M., Rhode M., Dubinsky A., Dubinsky H., *Stati psicotici nei bambini* (1997), Tavistock Studi Clinici (TSC), Bruno Mondadori, Milano 1999.
Schneider K., *Die Psychologie der Schizophrenen*, Thieme, Leipzig 1930.
–, *Psicopatologia clinica* (1962), Fioriti, Roma 2005.
Searles H. F., *L'ambiente non umano nello sviluppo normale e nella schizofrenia* (1960), Einaudi, Torino 2004.
–, *Scritti sulla schizofrenia* (1965), Bollati Boringhieri, Torino 1974.
Sechehaye M. A., *Diario di una schizofrenica* (1950), Giunti Barbera, Firenze 1965.
Selvini Palazzoli M., Boscolo L., Cecchin G., Prata G., *Paradosso e controparadosso* (1975), Raffaello Cortina, Milano 2003.
Selvini Palazzoli M., Cirillo S., Selvini M., Sorrentino A. M., *I giochi psicotici nella famiglia*, Raffaello Cortina, Milano 1988.
Spironelli C., Angrilli A., *Language-related gamma EEG frontal reduction is associated with positive symptoms in schizophrenia patients*, in "Schizophrenia Research", 2015, n. 165, pp. 22-29.
Sullivan H. S., *Teoria interpersonale della psichiatria* (1953, edito postumo), Feltrinelli, Milano 1962.
–, *Scritti sulla schizofrenia* (1962), Feltrinelli, Milano 1993.
Warner R., *Schizofrenia e guarigione* (1985), Feltrinelli, Milano 1991.
Watzlawick P., Beavin J. H., Jackson D. D., *Pragmatica della comunicazione umana* (1967), Astrolabio, Roma 1971.
Weinberger D. R., *Implications of normal brain development for the pathogenesis of schizophrenia*, in "Archives of General Psychiatry", 1987, n. 44, pp. 660-669.
Zubin J., Spring B., *Vulnerability. A new view on schizophrenia*, in "Journal of Abnormal Psychology", 1977, n. 86, pp. 103-126.

Schizofrenogeno (ingl. *Schizophrenogenic*; ted. *Schizophrenogen*; fr. *Schizophrénogène*; sp. *Esquizofrenógeno*). Aggettivo riferito a un genitore, solitamente la madre, la cui personalità si presume giochi un ruolo nel determinare la schizofrenia del figlio. Si tratta solitamente di madri ansiose, iperprotettive, assillanti, possessive che nascondono, sotto questi tratti, una profonda ostilità per il figlio che resta irretito nella contraddittorietà del DOPPIO LEGAME (v.) di amore e odio. Per estensione l'aggettivo viene anche riferito alla famiglia dello schizofrenico dove funzionano canali di comunicazione ambigui o contraddittori (v. PSICOLOGIA SISTEMICA, § 2).

Bibliografia

Bateson G., *Verso un'ecologia della mente* (1972), Adelphi, Milano 1976.
Laing R. D., Esterson A., *Normalità e follia nella famiglia* (1964), Einaudi, Torino 1970.
Selvini Palazzoli M., Boscolo L., Cecchin G., Prata G., *Paradosso e controparadosso* (1975), Raffaello Cortina, Milano 2003.
Selvini Palazzoli M., Cirillo S., Selvini M., Sorrentino A. M., *I giochi psicotici nella famiglia*, Raffaello Cortina, Milano 1988.
Watzlawick P., Beavin J. H., Jackson D. D., *Pragmatica della comunicazione umana* (1967), Astrolabio, Roma 1971.

Schizoide (ingl. *Schizoid*; ted. *Schizoid*; fr. *Schizoïde*; sp. *Esquizoide*). Il termine è stato introdotto da:

1. Eugen Bleuler in riferimento ai soggetti che presentano una scissione tra le funzioni emotive e quelle intellettive, in cui Bleuler individuava uno dei tratti tipici della schizofrenia.

2. Ernst Kretschmer lo riprese per indicare il tipo psicologico con i tratti caratteristici della SCHIZOTIMIA (v.) che, in caso di psicosi, sviluppa più facilmente la schizofrenia che la psicosi maniaco-depressiva a cui invece è predisposto il ciclotimico (v. TIPOLOGIA, § 1, *b*). Per estensione il termine si riferisce a una persona ritirata e sospettosa, più protesa verso i contenuti fantastici che i dati di realtà.

3. Melanie Klein usa l'espressione "schizoparanoidea" per indicare una posizione, nello sviluppo libidico, caratterizzata dalla scissione dell'oggetto in "buono" e "cattivo" con introiezione degli oggetti buoni e proiezione di quelli cattivi (v. KLEINIANA, TEORIA, § 2).

4. William Ronald Dodds Fairbairn chiama "schizoide" la posizione che la Klein aveva definito "schizoparanoidea" e la descrive come quell'esperienza della prima infanzia in cui il bambino interpreta la frustrazione come prova che il suo amore è distruttivo. Per difendersene opera una scissione dell'Io in un "Io libidico" che è attaccato a un'immagine buona e accogliente del seno, e un "Io antilibidico", detto anche SABOTATORE INTERNO (v.), connesso a un'immagine cattiva e respingente del seno (v. SCHIZOFRENIA, § I, 2, *c*). Dall'uso infantile di queste difese, per estensione si chiama "schizoide" la personalità che in età adulta vi ricorre adottando SCISSIONE (v.), DINIEGO (v.), INTROIEZIONE (v.) e PROIEZIONE (v.) per difendersi dal senso di colpa e dalla depressione.

5. Ronald David Laing impiega il termine schizoide in questa accezione: «L'Io, nell'organizzazione schizoide, è di solito più o meno incorporeo, viene cioè vissuto come un'entità mentale e si trova in quella condizione che Kierkegaard ha chiamato "chiusura". L'individuo non vive le sue azioni come altrettante espressioni di sé, ma queste, dissociate e rese parzialmente autonome, vengono a formare il sistema del "falso Io". Di queste azioni l'Io non si sente

partecipe, ma anzi esse sembrano sempre più false e futili; mentre l'Io, chiuso in sé, considera "vero" solo se stesso. [...] Estremamente conscio di sé, l'Io osserva con acuto senso critico il falso Io, avvertendo anche il pericolo di essere invaso dal sistema del falso Io o da una parte di questo. [...] I rapporti con se stesso divengono rapporti pseudointerpersonali. L'Io tratta i falsi Io come se fossero altrettante persone diverse e li spersonalizza. [...] L'individuo si costruisce un microcosmo interiore; ma si tratta solo di un mondo autistico, privato, intraindividuale, che naturalmente non può sostituire l'unico mondo che esiste realmente, quello che si divide con gli altri. Se un progetto simile potesse riuscire, allora non insorgerebbero le psicosi» (1959, pp. 84-85).

6. Il DSM-5 rubrica e descrive il *disturbo schizoide di personalità* nella forma in cui è descritto alla voce PERSONALITÀ, § II, 3, A, β.

Bibliografia

Bleuler E., *Trattato di psichiatria* (1911-1939, aggiornato da M. Bleuler dal 1940 al 1960), Feltrinelli, Milano 1967.
DSM-5. American Psychiatric Association (APA), *DSM-5. Manuale diagnostico e statistico dei disturbi mentali* (2013), Raffaello Cortina, Milano 2014.
Fairbairn W. R. D., *Studi psicoanalitici sulla personalità* (1952), Bollati Boringhieri, Torino 1970.
Klein M., *Note su alcuni meccanismi schizoidi* (1946), in *Scritti 1921-1958*, Bollati Boringhieri, Torino 1978, pp. 409-434.
Kretschmer E., *Körperbau und Charakter*, Springer, Berlin 1921.
Laing R. D., *L'io diviso. Studi di psichiatria esistenziale* (1959), Einaudi, Torino 1969.

Schizomania (ingl. *Schizomania*; ted. *Schizomanie*; fr. *Schizomanie*; sp. *Esquizomanía*). Sindrome psicotica dall'eziologia multideterminata con sovrapposizione di sintomi schizofrenici e sintomi maniacali (v. MARGINALE, SINDROME, § 2).

Schizoparanoidea, Posizione, v. KLEINIANA, TEORIA, § 2.

Schizotimia (ingl. *Schizothimia*; ted. *Schizothimie*; fr. *Schizothimie*; sp. *Esquizotimia*). Accentuata tendenza all'introversione e all'isolamento psichico in cui Ernst Kretschmer vede il tratto fondamentale del tipo leptosomico o astenico caratterizzato sul piano somatico dalla predominanza delle misure verticali (v. TIPOLOGIA, § 1, *b*). A differenza della CICLOTIMIA (v.) che prevede un'oscillazione dell'umore dalla depressione all'euforia, la schizotimia è caratterizzata dalla profondità dei vissuti intimi che, invece di avere una reazione immediata come nella ciclotimia, ha lunghi tempi di risonanza nell'interiorità soggettiva dove avvengono processi di elaborazione e intellettualizzazione. Al ritiro dell'interesse per la realtà esterna si accompagna una notevole difficoltà nei rapporti interpersonali, solitamente mascherata dal formalismo sociale con cui lo schizotimico difende la propria sfera privata e l'adesione ai suoi ideali per i quali è capace di grandi sacrifici. A differenza del ciclotimico soggetto a scoppi collerici destinati a esaurirsi rapidamente, lo schizotimico vive una collera fredda, prodotta dall'accumulo di piccole frustrazioni, che si scarica molto raramente. Il ritiro dalla realtà e l'investimento sulla propria interiorità sono disposizioni che, nel caso dell'insorgere di una psicosi, si esprimono nella SCHIZOFRENIA (v.).

Bibliografia

Kretschmer E., *Körperbau und Charakter*, Springer, Berlin 1921.

Schizotipico, Disturbo di personalità, v. PERSONALITÀ, § II, 3, A, γ.

Sciamanesimo, v. GUARITORE.

Scientifica, Psicologia, v. PSICOLOGIA SPERIMENTALE.

Scissione (ingl. *Splitting*; ted. *Spaltung*; fr. *Clivage*; sp. *Escisión*). I termini *scissione* e *dissociazione* traducono entrambi l'espressione tedesca *Spaltung* introdotta da Eugen Bleuler. Nonostante l'equivalenza del loro significato, nella lingua italiana i due termini hanno un uso distinto a due livelli: 1) dissociazione è impiegato nella letteratura psichiatrica, scissione in quella psicoanalitica; 2) c'è inoltre la tendenza a usare il termine dissociazione per riferirsi alle funzioni (per cui si parla, ad esempio, di dissociazione della coscienza o del pensiero), e scissione per riferirsi a strutture (per esempio: scissione dell'Io). Termini descrittivi equivalenti sono *discordanza*, *disgregazione*, *disintegrazione*, *dispersione*, *incongruenza*, *sconnessione*, che fanno riferimento alla scissione dell'unità psichica in elementi che restano separati o arbitrariamente connessi.

I. PSICHIATRIA: LA DISSOCIAZIONE

Nell'accezione sopra specificata il termine dissociazione acquista il suo significato in base ai criteri prescelti per la sua delimitazione. In generale esso designa la distorsione, la limitazione o la perdita dei normali nessi associativi con conseguente incongruenza tra idea e idea, tra idee e risonanza emotiva, tra contenuto di pensiero e comportamento, dove è leggibile una separazione e nel contempo un allacciamento arbitrario tra i diversi elementi della vita psichica.

1. EUGEN BLEULER E I DUE LIVELLI DI SCISSIONE. Bleuler ha introdotto il termine *Spaltung* per designare il sintomo fondamentale della SCHIZOFRENIA (v. § I, 1, *b*): «La *Spaltung* è la condizione preliminare della maggior parte delle manifestazioni più complicate della malattia; essa imprime il suo particolare sigillo a tutta la sintomatologia. Ma dietro questa *Spaltung* sistematica in complessi ideativi determinati, abbiamo trovato una *Zerspaltung* incoerente di formazioni altrettanto solide quanto i concetti concreti. Nel termine schizofrenia ho incluso questi due tipi di *Spaltung*, i cui effetti spesso si fondono insieme» (1911, p. 296). In altri termini la dissociazione (*Spaltung*), in quanto rafforzamento di gruppi associativi, è successiva a una dissociazione più originaria (*Zerspaltung*) che consiste in un vero e proprio disgregamento del processo mentale. Questa concezione bleuleriana della dissociazione presenta analogie con la "debolezza della sintesi psicologica" ipotizzata da Pierre Janet (v. DISGREGAZIONE) e con ciò che Sigmund Freud ha descritto come caratteristica dell'inconscio, ossia la giustapposizione di raggruppamenti di rappresentazioni indipendenti gli uni dagli altri, anche se per Freud l'inconscio non deriva dalla "debolezza della sintesi psicologica" ipotizzata da Janet, ma dalla RIMOZIONE (v.).

Per Bleuler la dissociazione non è solo un dato dell'osservazione, ma un'ipotesi sul funzionamento mentale, il cui disturbo primario o *Zerspaltung* è costituito da un allentamento delle associazioni: «Le associazioni perdono la loro coesione. Tra mille fili che guidano i nostri pensieri, la malattia ne rompe qua e là, in modo irregolare, ora l'uno o l'altro, ora un certo numero, ora una gran parte. Per questo il risultato del pensiero è insolito, e spesso scorretto dal punto di vista logico» (ivi, p. 10). Il disturbo secondario o *Spaltung* è invece il raggruppamento delle idee, in mancanza di rappresentazioni finalizzate, sotto il dominio di complessi affettivi: «Dato che tutto ciò che si oppone all'affetto è represso più del normale e ciò che va nel senso dell'affetto è favorito in modo altrettanto anormale, ne risulta alla fine che il soggetto non può più pensare affatto ciò che contraddice un'idea carica di affetto: lo schizofrenico nella sua pretensione non pensa che ai suoi desideri; ciò che potrebbe impedire la loro realizzazione non esiste per lui. Per questo certi complessi di idee, il cui legame è piuttosto un affetto comune, anziché una relazione logica, vengono non solo formati, ma rafforzati. Non essendo utilizzate, le vie associative che conducono da tale complesso ad altre idee perdono, per quanto concerne le associazioni adeguate, la loro transitabilità; il complesso ideativo carico d'affetto si separa sempre più e giunge a una indipendenza sempre più grande (*Spaltung* delle funzioni psichiche)» (ivi, p. 293).

2. CARL GUSTAV JUNG E L'AUTONOMIA DEI COMPLESSI. Per Jung la psiche si mostra "largamente scindibile", perché si presume che sia costituita da un "complicato insieme" di unità legate tra loro in modo blando. Ne consegue che «la psiche non è un'unità, bensì una contraddittoria molteplicità di complessi» (1928, p. 199), per cui è possibile teorizzare, come dato di fondo, una "dissociabilità della psiche". Questa, chiamata anche «molteplicità di centri di gravità» (1946, p. 185), è «una caratteristica che consiste nel fatto che la connessione reciproca dei processi psichici è assai limitata. Non solo accade che i processi inconsci sono spesso assai indipendenti dagli eventi sperimentati dalla coscienza; ma anche i processi coscienti lasciano intravedere con chiarezza di essere connessi con tenui legami, quando non mostrano addirittura una separazione» (1947-1954, p. 193).

Partendo da queste premesse, Jung è d'accordo con Bleuler, suo maestro, per quanto concerne il disturbo secondario della dissociazione (*Spaltung*) inteso come raggruppamento di idee sotto il dominio di complessi affettivi, mentre per quanto riguarda il disturbo primario (*Zerspaltung*) Jung scrive che è «estremamente difficile decidere se si tratti di una debolezza primaria della coscienza e della corrispondente dissociabilità della coscienza oppure della forza primaria dell'inconscio. Quest'ultima possibilità non può venire semplicemente esclusa, perché si può pensare che il ricco materiale arcaico nella schizofrenia sia l'espressione di una mentalità infantile, e quindi primitiva, tuttora presente. Può trattarsi di atavismo. Io prendo seriamente in considerazione la possibilità di un cosiddetto "arresto dello sviluppo", in cui una parte di psicologia primitiva maggiore della normale rimane intatta e non si adatta alle condizioni moderne. È naturale che in tali condizioni una parte considerevole della psiche non riesca ad andare di pari passo con il normale progredire della coscienza. Nel corso degli anni la distanza tra l'inconscio e il conscio aumenta, e suscita un conflitto, dapprima latente. Ma quando diviene necessario un particolare sforzo di adattamento e la coscienza deve ricorrere alle sue forze istintive inconsce, il conflitto diviene manifesto; lo spirito primitivo, fino allora latente, erompe improvvisamente con contenuti che sono troppo incomprensibili e troppo bizzarri per poter venire assimilati. In un gran numero di casi un simile momento segna l'inizio d'una psicosi» (1939, pp. 255-256).

Dopo aver individuato, oltre che nella "debolezza primaria della coscienza", nella "forza primaria dell'inconscio" la causa della dissociazione,

Jung coglie nella preminenza del complesso dell'Io (v. COMPLESSO, § 2) il punto critico che consente di distinguere la nevrosi dalla psicosi, e precisamente: «Quando il complesso dell'Io viene privato della sua consueta posizione di preminenza [...] incomincia la disintegrazione della personalità» (ivi, p. 252), e ancora: «La nevrosi sta al di qua del punto critico, la schizofrenia sta al di là» (ivi, p. 250). Da queste premesse Jung prende le mosse per differenziare la dissociazione isterica da quella schizofrenica: «La differenza fondamentale tra nevrosi e psicosi sta nella conservazione dell'unità potenziale della personalità. [...] In un paziente schizofrenico il legame tra l'Io e alcuni complessi è rotto più o meno completamente. La scissione non è relativa, ma assoluta. Un paziente isterico può soffrire di un delirio di persecuzione che si avvicina molto a un'autentica paranoia, ma la differenza consiste nel fatto che nel primo caso si può riportare il delirio sotto il controllo della coscienza, mentre ciò non è possibile nel caso di una paranoia. È vero che una nevrosi è caratterizzata dalla relativa autonomia dei suoi complessi; in una schizofrenia, però, i complessi sono divenuti frammenti autonomi, staccati, che o non si reinseriscono nella totalità psichica oppure, in caso di remissione, si trovano inaspettatamente ricollegati tra loro, come se nulla fosse accaduto. La dissociazione in una schizofrenia è non solo di gran lunga più grave, ma molto spesso irreversibile. Non è più fluida e variabile come in una nevrosi, ma è piuttosto come uno specchio rotto. L'unità della personalità, che nel caso dell'isterismo dà alle sue personalità secondarie un carattere umanamente comprensibile, è definitivamente fatta a pezzi» (ivi, pp. 246-247). In questo modo Jung stabilisce una continuità tra normalità, nevrosi e psicosi, scandita di volta in volta dal grado di controllo che il complesso dell'Io è in grado di esercitare sugli altri complessi o personalità autonome.

3. FENOMENOLOGIA DELLA DISSOCIAZIONE. Sul tema della continuità insiste anche Ronald David Laing, per il quale la dissociazione non è altro che un'accentuazione dell'insicurezza ontologica (v. INSICUREZZA) comune a tutti gli uomini, per cui, «anche in circostanze di vita ordinarie, un individuo può sentirsi più irreale che reale, letteralmente più morto che vivo, differenziato in modo incerto e precario dal resto del mondo, così che la sua identità e la sua autonomia sono sempre in questione. Può mancargli la sensazione della continuità temporale; può fargli difetto il senso della propria coerenza o coesione personale. Si può sentire come impalpabile, e incapace di ritenere genuina, buona e di valore la stoffa di cui è fatto. Può sentire il suo Io parzialmente disgiunto dal suo corpo» (1959, p. 50). In ambito fenomenologico si è soliti distinguere una dissociazione *isterica* da una dissociazione *schizofrenica*, perché l'isterico si scinde a livello molare, mentre lo schizofrenico a livello molecolare.

a) La dissociazione isterica dà come risultato quella che Théodore Flournoy e Alfred Binet chiamano *doppia personalità* e Karl Jaspers *coscienza alternante*. Scrive infatti Binet: «Credo sia stato dimostrato esaurientemente come nella mente di un paziente isterico possano coesistere due stati di coscienza che si ignorano contemporaneamente, e che il problema che resta da risolvere è quello di comprendere come e perché si verifichi questa divisione» (1890, p. 22). Dal canto suo Jaspers, a proposito della "coscienza alternante", scrive che è «una condizione dove la vita psichica distaccata si presenta con uno sviluppo così ricco che si crede di avere a che fare con un'altra personalità; però, una volta passato questo stato, la personalità normale non ne conserva alcun ricordo» (1913-1959, p. 436). In termini più esplicativi, la dissociazione isterica viene descritta da Giovanni Jervis nel modo seguente: «Il soggetto isterico *dissocia* dalla propria persona ciò che egli stesso produce: invece di affermare "io faccio questo", è come se egli dicesse "questo mi accade". Il sintomo isterico viene *presentato* come un guasto o un blocco accidentale nel funzionamento del corpo, di cui il soggetto si proclama assolutamente irresponsabile. Nel caso di una paralisi isterica a un braccio, ad esempio, il disturbo viene vissuto come distante da ogni controllo (esso è là nel braccio); nel caso di una convulsione o di una pseudoperdita di coscienza, l'isterico afferma "non ho saputo più niente", nel caso di un comportamento più complesso (come una crisi di rabbia clamorosa, o di aggressività), l'isterico afferma "non ho voluto, non ero io, non ricordo nulla, qualcosa agiva in me". In altre parole, il soggetto si scinde fra personaggio sociale e organismo "malato", e attribuisce al proprio organismo ciò che sottrae al personaggio sociale» (1975, p. 276).

b) La dissociazione schizofrenica è invece descritta da Laing come «una frattura che divide l'Io dal corpo. Questa scissione spacca in due l'essere dell'individuo in modo che il senso dell'Io si fa incorporeo, mentre il corpo diventa il centro di un sistema del falso Io. Questa frattura primaria coesiste con la successiva frattura Io/corpo/mondo, dove il corpo viene ad occupare una posizione particolarmente ambigua, [...] dove è gettato il seme di una persistente fusione o confusione nel punto di incontro fra qui e là, fra il dentro e il fuori, giacché il corpo non viene sentito con sicurezza come "me" in contrasto con "non me"» (1959, p. 197).

4. CLASSIFICAZIONE DEI DISTURBI DISSOCIATIVI. Il DSM-5 riconosce come disturbi dissociativi:

a) Il disturbo dissociativo dell'identità «caratterizzato dalla presenza di due o più stati di personalità distinti o di un'esperienza di possessione e da episodi ricorrenti di amnesia. La frammentazione dell'identità può variare a seconda della cultura di appartenenza. [...] Gli individui con disturbo dissociativo dell'identità fanno esperienza di *a*) intrusioni ricorrenti e inspiegabili nel loro funzionamento cosciente e nella propria identità (per esempio: voci, azioni e discorsi dissociati, pensieri, emozioni e impulsi intrusivi); *b*) alterazione del senso di sé (per esempio: attitudini, preferenze e sensazione di estraneità nei confronti del proprio corpo e delle proprie azioni); *c*) bizzarri cambiamenti della percezione (per esempio: depersonalizzazione o derealizzazione, come sentirsi distaccati dal proprio corpo mentre ci si taglia); *d*) sintomi neurologici funzionali intermittenti» (2013, pp. 337-338).

b) L'amnesia dissociativa «caratterizzata da incapacità di ricordare informazioni autobiografiche. Tale amnesia può essere circoscritta (per esempio: un evento o un periodo di tempo), selettiva (per esempio: l'aspetto specifico di un evento), o generalizzata (per esempio: identità e storia personale). Può comportare o non comportare un viaggio intenzionale o un vagare disorientato (per esempio: fuga)» (ivi, p. 338).

c) Il disturbo di depersonalizzazione/derealizzazione «caratterizzato da persistente o ricorrente depersonalizzazione (per esempio: esperienze di irrealtà o distacco dalla propria mente, da se stessi o dal proprio corpo) clinicamente significativa e/o da derealizzazione (per esempio: esperienze di irrealtà o di distacco dall'ambiente circostante). Tali alterazioni dell'esperienza sono accompagnate da un esame di realtà integro. [...] Individui con questo disturbo possono presentare depersonalizzazione, derealizzazione o entrambe» (*ibid.*).

d) Il disturbo dissociativo con altra specificazione «ha sette esempi: sintomi dissociativi misti cronici o ricorrenti che si avvicinano, senza raggiungerli, ai criteri diagnostici per il disturbo dissociativo dell'identità; stati dissociativi secondari a lavaggio del cervello o rieducazione; due manifestazioni acute, della durata di meno di un mese, di sintomi dissociativi misti, una delle quali anche caratterizzata dalla presenza di sintomi psicotici; e tre manifestazioni dissociative monosintomatiche: trance dissociativa, stupor dissociativo o coma e sindrome di Ganser (dare risposte vaghe e approssimative)» (*ibid.*).

I disturbi dissociativi hanno ripercussione sul linguaggio dove si distinguono le seguenti forme di *dissociazione semantica*: 1) *aumento* dell'alone semantico, per cui il linguaggio è ambiguo e indeterminato, ma ancora comprensibile; 2) *distorsione* semantica, dove il significato di una parola viene trasferito a un nuovo simbolo (v. NEOLOGISMO) o a un'altra parola (v. PARALOGIA); 3) *dispersione* semantica, in cui il significato è ridotto o totalmente perduto, per cui il linguaggio diventa incoerente; 4) *disintegrazione* semantica, dove il significato e la capacità di comunicare sono completamente perduti e il linguaggio viene utilizzato come un gioco.

II. PSICOANALISI: LA SCISSIONE

La psicoanalisi descrive i disturbi dissociativi con gli stessi strumenti utilizzati per descrivere il processo primario (v. PROCESSO PRIMARIO – PROCESSO SECONDARIO) e il SOGNO (v.), quindi in termini di: 1) CONDENSAZIONE (v.), per cui due o più frammenti di idee si fondono in una nuova idea che risulta perciò incongrua; 2) SPOSTAMENTO (v.) dell'intensità e dell'accentuazione connessa a una rappresentazione ad un'altra rappresentazione richiamata dalla prima attraverso una personale catena associativa; 3) DERAGLIAMENTO (v.), con passaggio improvviso da un tema di pensiero a un altro in funzione dell'emergenza di un'idea non pertinente al tema originale; 4) BLOCCO (v.) del pensiero per interruzione del flusso ideico dovuto a un arresto dei processi associativi; 5) IPERESTENSIONE (v.), quando nel tema di un pensiero logico si inseriscono, alterandolo, idee o concetti non pertinenti o impropri.

In ambito psicoanalitico, al termine "dissociazione" si preferisce il termine "scissione" (*Spaltung*) in riferimento: all'APPARATO PSICHICO (v.), separato in sistemi (inconscio, preconscio, conscio) e in istanze (Es, Io e Super-io); alla *coscienza* con le espressioni "scissione di coscienza", "scissione del contenuto di coscienza", "scissione psichica"; all'*Io* dove entra in azione il meccanismo del diniego evidente nelle psicosi e nel feticismo; all'*oggetto* separato in "buono" e "cattivo".

1. SCISSIONE DELLA COSCIENZA (*Bewusstseinspaltung*). È la forma tipica della dissociazione isterica, caratterizzata, secondo Freud, dalla coesistenza di due personalità che possono ignorarsi reciprocamente: «Che il complesso di sintomi dell'isteria, o almeno quanto di esso possiamo per ora comprendere, giustifichi l'ipotesi di una scissione della coscienza con conseguente formazione di gruppi psichici separati, è un dato che, dopo gli eccellenti lavori di Pierre Janet, Josef Breuer e altri, dovrebbe avere ormai ottenuto il generale consenso» (1894, pp. 121-122). Janet, dal canto suo, aveva ipotizzato, alla base della scissione, una debolezza dell'Io, in parte congenita, in parte indotta da traumi o da circostanze sfavorevoli all'adattamento, che non consentono al soggetto

di tenere insieme tutte le funzioni della personalità. Infatti, scrive Freud, «secondo la dottrina di Janet, la scissione della coscienza costituisce un carattere distintivo primario dell'alterazione isterica. Essa si basa su di una deficienza costituzionale della capacità di sintetizzare gli elementi della vita psichica, su di una limitazione del campo di coscienza (*champ de conscience*) che, in qualità di sistema psichico, attesta la degenerazione del soggetto isterico». A differenza di Janet, Freud tiene a precisare che «la scissione della coscienza non può assolutamente essere considerata primaria nel senso di Janet. Mi è più volte riuscito di dimostrare che *la scissione del contenuto di coscienza è conseguenza di un atto di volontà del malato*, e che cioè essa è indotta da uno sforzo di volontà la cui motivazione è comunque individuabile» (ivi, p. 122). Prende avvio da qui la nozione freudiana di inconscio come separato dalla coscienza per effetto della RIMOZIONE (v.).

2. SCISSIONE DELL'IO (*Ichspaltung*). Con questa espressione Freud si riferisce a un processo per cui in seno all'Io si costituiscono due atteggiamenti psichici di cui l'uno tiene conto della realtà, l'altro la nega sostituendola con il contenuto di un desiderio. In azione è il meccanismo specifico del DINIEGO (v.), il cui prototipo è il diniego della castrazione. Il diniego, a parere di Freud, consente di spiegare i tratti tipici della psicosi e del feticismo: «Il problema della psicosi sarebbe semplice e facilmente penetrabile se il distacco dell'Io dalla realtà potesse essere davvero attuato completamente. Ma sembra che ciò accada assai di rado, se non forse mai». Ne consegue, secondo Freud, che possiamo supporre «una *scissione* psichica in tutti quei casi in cui si sono formate due impostazioni psichiche anziché una sola, una, quella normale, che tiene conto della realtà e l'altra, che sotto l'influsso pulsionale, stacca l'Io dalla realtà. Sussistono ambedue, una accanto all'altra. L'esito dipende dalla loro forza relativa. Se l'ultima è o diventa più forte della prima, la condizione della *psicosi* è data. [...] Il punto di vista che postula in tutte le psicosi una *scissione dell'Io* non meriterebbe tanta attenzione se non si rivelasse pertinente anche per altri stati che assomigliano piuttosto alle nevrosi, e in definitiva per le nevrosi stesse. Di ciò mi sono persuaso innanzitutto nei casi di *feticismo*. Questa anomalia, che può essere annoverata tra le perversioni, si fonda com'è noto sul fatto che il paziente, il quale è quasi sempre un maschio, non riconosce l'assenza del pene nella donna, non riconosce cioè qualcosa di altamente indesiderabile per lui in quanto prova della possibilità della sua stessa evirazione. Egli rinnega perciò la propria percezione sensoriale che gli ha mostrato come il genitale femminile manchi del pene e si attiene fermamente alla convinzione opposta. La percezione rinnegata non è rimasta però totalmente priva di conseguenze, giacché dopo tutto egli non ha il coraggio di affermare di aver davvero visto un pene. In compenso si aggrappa a qualcos'altro, parte del corpo o oggetto, ad esso ascrivendo il ruolo di pene di cui non vuole ammettere la mancanza» (1938a, pp. 628-629). La scissione dell'Io è stata riconsiderata da Jacques Lacan e ipotizzata come condizione del "generarsi" dell'Io stesso (v. LACANIANA, TEORIA, § 7).

3. SCISSIONE DELL'OGGETTO (*Objektspaltung*). È un meccanismo ipotizzato da Melanie Klein come la forma più primitiva di difesa contro l'angoscia. L'oggetto, verso cui si dirigono le pulsioni erotiche e distruttive, è scisso in oggetto "buono" e "cattivo" con ripercussioni nella dinamica delle introiezioni e delle proiezioni (v. KLEINIANA, TEORIA, § 1). Terminologicamente affine, ma teoricamente diversa, è la scissione dell'Io in "Io libidico" e "Io antilibidico o sabotatore" ipotizzata da William Ronald Dodds Fairbairn come conseguenza della scissione dell'oggetto (v. SCHIZOFRENIA, § I, 2, *c*).

Bibliografia

Binet A., *On double consciousness experimental psychological studies*, Open Court Publishing Company, Chicago 1890.

–, *Les altérations de la personnalité*, Alcan, Paris 1892.

Bleuler E., *Dementia praecox o il gruppo delle schizofrenie* (1911), La Nuova Italia Scientifica, Roma 1984.

Bromberg Ph. M., *Clinica del trauma e della dissociazione. Standing in the spaces* (1998), Raffaello Cortina, Milano 2007.

DSM-5. American Psychiatric Association (APA), *DSM-5. Manuale diagnostico e statistico dei disturbi mentali* (2013), Raffaello Cortina, Milano 2014.

Fairbairn W. R. D., *Studi psicoanalitici sulla personalità* (1952), Bollati Boringhieri, Torino 1970.

Flournoy Th., *Dalle Indie al pianeta Marte. Il caso di Hélène Smith: dallo spiritismo alla nascita della psicoanalisi* (1899), Feltrinelli, Milano 1985.

Freud S., *Le neuropsicosi da difesa* (1894), in *Opere* (1967-1993), Bollati Boringhieri, Torino, vol. II.

–, *Compendio di psicoanalisi* (1938a), in *Opere*, cit., vol. XI.

–, *La scissione dell'Io nel processo di difesa* (1938b), in *Opere*, cit., vol. XI.

Hacking I., *La riscoperta dell'anima. Personalità multipla e scienze della memoria* (1995), Feltrinelli, Milano 1996.

–, *I viaggiatori folli. Lo strano caso di Albert Dadas* (1998), Carocci, Roma 2000.

Janet P., *L'automatismo psicologico. Saggio di psicologia sperimentale sulle forme inferiori dell'attività umana* (1889-1903), Raffaello Cortina, Milano 2013.

–, *La force et la faiblesse psychologiques*, Maloine, Paris 1930.

Jaspers K., *Psicopatologia generale* (1913-1959), Il Pensiero Scientifico, Roma 2000.

Jervis G., *Manuale critico di psichiatria*, Feltrinelli, Milano 1975.

Jung C. G., *Critica a Bleuler, "Teoria del negativismo schizofrenico"* (1911), in *Opere* (1969-2007), Bollati Boringhieri, Torino, vol. III.

–, *L'Io e l'inconscio* (1928), in *Opere*, cit., vol. VII.
–, *Psicogenesi della schizofrenia* (1939), in *Opere*, cit., vol. III.
–, *La psicologia della traslazione illustrata con l'ausilio di una serie di immagini alchemiche* (1946), in *Opere*, cit., vol. XVI.
–, *Riflessioni teoriche sull'essenza della psiche* (1947-1954), in *Opere*, cit., vol. VIII.
Klein M., *Note su alcuni meccanismi schizoidi* (1946), in *Scritti 1921-1958*, Bollati Boringhieri, Torino 1978, pp. 409-434.
Lacan J., *Una questione preliminare ad ogni possibile trattamento della psicosi* (1958), in *Scritti* (1936-1966), Einaudi, Torino 1974, vol. II.
Laing R. D., *L'io diviso. Studio di psichiatria esistenziale* (1959), Einaudi, Torino 1969.
Rossi R. (a cura di), *Disturbi dissociativi*, in G. B. Cassano, P. Pancheri *et al.* (a cura di), *Trattato italiano di psichiatria* (1992), Masson, Milano 1999, vol. II, pp. 2217-2256.
Steinberg M., Schnall M., *La dissociazione. I cinque sintomi fondamentali* (2001), Raffaello Cortina, Milano 2006.
Suttie I. D., *Le origini dell'amore e dell'odio* (1935), Centro Scientifico Editore, Torino 2007.
Winnicott D. W., *L'uso dell'oggetto e l'entrare in rapporto attraverso identificazioni* (1969), in Id., *Gioco e realtà* (1971), Armando, Roma 1974.

Sclerosi (ingl. *Sclerosis*; ted. *Sklerose*; fr. *Sclérose*; sp. *Esclerosis*). Il termine si riferisce a diverse malattie neurologiche tra cui le più significative sono:

1. *La sclerosi cerebrale diffusa*, che si riferisce a un gruppo di malattie progressive, che si presentano prevalentemente nell'infanzia o nell'adolescenza, e sono caratterizzate da una demielinizzazione assai estesa della sostanza bianca degli emisferi cerebrali. Dal punto di vista anatomo-patologico, è assai simile alla sclerosi multipla e, sul piano clinico, comporta disturbi visivi fino alla cecità e disturbi mentali fino alla demenza.

2. *La sclerosi laterale amiotrofica* (SLA), caratterizzata da degenerazione dei neuroni motori centrali e periferici. I sintomi sul piano clinico sono rappresentati, in varie combinazioni, da deficit di forza, atrofia muscolare e segni di disfunzione del tratto cortico-spinale (debolezza spastica, iperriflessia e segno di Babinski), mentre sul piano psicologico da mancanza di controllo volontario sulle reazioni emotive. L'età più colpita è tra i 30 e i 50 anni, con esito negativo in un arco di tempo compreso tra i 3 e i 10 anni.

3. *La sclerosi multipla* o *a placche*, che interessa la sostanza bianca del sistema nervoso centrale. L'alterazione anatomo-patologica è rappresentata da aree di demielinizzazione (placche) cui consegue una reazione gliale. In ordine all'eziologia è stato ipotizzato che l'abnorme risposta del sistema immunitario contro la mielina che avvolge gli assoni e le fibre nervose sia dovuta all'interazione di diversi fattori (ambientali, genetici e infettivi). Attualmente la classificazione prevede la distinzione di quattro quadri clinici: *a*) una forma *isolata* nella quale il primo episodio di sintomatologia neurologica, pur indicativo di sclerosi multipla, non soddisfa i criteri diagnostici vigenti, *b*) una forma con andamento progressivo (*primariamente progressiva*), *c*) una forma dal decorso oscillatorio con remissione dei sintomi durante gli intervalli fra le crisi acute (*recidivante-remittente*) *d*) e una forma *secondariamente progressiva* quando a un iniziale andamento recidivante-remittente segue un periodo con peggioramento progressivo delle funzioni neurologiche. Sul piano psicologico sono stati riscontrati labilità emotiva, episodi ansiosi con agitazione psicomotoria, indebolimento della memoria e dell'attenzione, crisi di riso e pianto spastico.

4. *La sclerosi posterolaterale*, detta anche *mielosi funicolare*, che è caratterizzata da focolai degenerativi che interessano i cordoni posteriori e laterali del midollo spinale. I sintomi fondamentali sono disturbi motori e alterazioni della sensibilità profonda.

5. *La sclerosi tuberosa*, che è una malattia congenita a eziologia sconosciuta che insorge nella prima infanzia e si manifesta con una serie di lesioni a livello del sistema nervoso, della cute, del cuore, dei reni e di altri organi. Sul piano psicologico è accompagnata da insufficienza mentale.

6. *La sclerosi corticale laminare* (o *sclerosi laminare di Morel*), che è caratterizzata da necrosi, gliosi e atrofia delle cellule corticali delle regioni frontali, tipica dell'alcolismo, che comporta degenerazione delle cellule corticali, con conseguente deterioramento psichico e caratteristiche tipiche della demenza.

7. *La sclerosi mesiale temporale*, che interessa le strutture mesiali del lobo temporale, le quali includono l'ippocampo, l'amigdala e il giro paraippocampale, ed è tra le cause dell'epilessia. Compare fin dall'infanzia o per traumi della nascita o per convulsioni epilettiche.

Scolastica, Formazione, v. PSICOLOGIA SCOLASTICA.

Scompenso (ingl. *Breakdown*; ted. *Dekompensation*; fr. *Déséquilibre*; sp. *Descompensación*). Cedimento di un precedente equilibrio acquisito che non si rivela più idoneo a far fronte alla situazione che di volta in volta si presenta. Gli scompensi possono accompagnare le fasi critiche della crescita e dell'evoluzione della vita (v. CRISI), possono presentarsi in forma più o meno accentuata, con esiti negativi o positivi come illustrato alla voce GUARIGIONE. A partire dal proprio impianto concettuale, la psicoanalisi definisce lo scompenso un cedimento dei meccanismi di difesa dell'Io che, pertanto, si rivela incapace di mantenere gli abituali rapporti con la realtà esterna e il controllo delle proprie pulsioni.

Scomposizione (ingl. *Decomposition*; ted. *Zerlegung*; fr. *Décomposition*; sp. *Descomposición*). Scissione di una personalità in entità separate. Il termine è impiegato da Sigmund Freud in riferimento ai deliri paranoici (v. PARANOIA) dove la figura del persecutore è scissa in personalità separate, ciascuna delle quali va incontro a ulteriori scomposizioni.

Bibliografia

Freud S., *Osservazioni psicoanalitiche su un caso di paranoia (dementia paranoides) descritto autobiograficamente (Caso clinico del presidente Schreber)* (1910), in *Opere* (1967-1993), Bollati Boringhieri, Torino, vol. VI.

Sconnessione, v. SCISSIONE.

Scopofilia (ingl. *Scopophilia*; ted. *Schaulust*; fr. *Voyeurisme*; sp. *Escopofilia*). Piacere sessuale derivato dal guardare (dal greco σκοπέω) le attività e gli organi sessuali di un'altra persona (*scopofilia attiva*), o i propri (*autoscopofilia*). La scopofilia, detta anche *voyeurismo*, è simmetrica all'ESIBIZIONISMO (v.), ossia al piacere di essere guardati, così come il sadismo lo è del masochismo. Secondo Sigmund Freud, si tratta di una pulsione parziale non integrata e quindi non governata dal primato della genitalità (v. GENITALE, § 2) per cui, nell'atto sessuale, le componenti voyeuristiche hanno il primato rispetto a quelle propriamente genitali. Se sublimata, la scopofilia può tradursi in curiosità intellettuale (v. CURIOSITÀ).

Bibliografia

Freud S., *Tre saggi sulla teoria sessuale* (1905), in *Opere* (1967-1993), Bollati Boringhieri, Torino, vol. IV.

Scopofobia (ingl. *Scopophobia*; ted. *Skopophobie*; fr. *Scopophobie*; sp. *Escopofobia*). Paura di essere guardati o osservati.

Score. Termine inglese con cui si indica il punteggio attribuito a un soggetto in base ai risultati ottenuti in un test.

Scotofobia (ingl. *Scotophobia*; ted. *Skotophobie*; fr. *Scotophobie*; sp. *Escotofobia*). Paura del buio.

Scotomizzazione (ingl. *Scotomization*; ted. *Skotomisierung*; fr. *Scotomisation*; sp. *Escotomización*). Processo difensivo per cui il soggetto o rifiuta di percepire determinati aspetti della sua situazione ambientale o di se stesso, oppure evita di incontrare qualsiasi cosa entri in conflitto con il proprio Io. A differenza della RIMOZIONE (v.), la scotomizzazione è un processo cosciente, e deriva il suo nome da *scotoma*, che è l'area oscura o parzialmente cieca del campo visivo per effetto di danni alla retina o ad aree cerebrali.

Bibliografia

Rycroft Ch., *Imagination and reality*, Hogarth Press, London 1968.

Scrittura (ingl. *Writing*; ted. *Schreiben*; fr. *Ecriture*; sp. *Escritura*). Insieme definito di segni convenzionalmente adottati per esprimere, conservare e trasmettere informazioni. Le unità minime di scrittura che esprimono i significanti visivi sono dette *grafemi*. Storicamente il sistema della scrittura si è sviluppato verso un massimo di economia, passando dall'impiego di *pittogrammi*, i cui segni visivi sono di tipo figurativo con riferimento a significati concreti, agli *ideogrammi*, dove il segno serve alla notazione globale di un'idea o di un gruppo di idee, ai *fonogrammi*, dove al segno corrisponde un suono sillabico, consonantico o vocalico. Oltre alle scienze storiche, della scrittura si occupa la *fisiologia* in riferimento alle componenti nervose e muscolari impegnate nella scrittura, la *psichiatria* in ordine alla perdita della capacità di scrittura o alle sue anomalie, la *psicologia* che sotto il nome di GRAFOLOGIA (v.) assume il tipo di scrittura come indice di tratti caratteriali, la *psicoanalisi* in ordine ai valori simbolici connessi al fenomeno della scrittura.

1. NEUROPSICHIATRIA. In questo ambito sono presi in considerazione i disturbi della scrittura che vanno dall'omissione delle parole al raddoppiamento delle lettere, agli errori di significato tipici dei processi di demenza o di paralisi progressiva, alle alterazioni tipiche della grandezza e della pressione che si riscontrano nelle condizioni maniacali, ai fenomeni di GRAFOMANIA (v.), frequenti in personalità paranoiche. Per quanto invece concerne l'AGRAFIA (v.), ossia la perdita completa della capacità di scrivere e leggere (v. ALESSIA), è stata avanzata l'ipotesi di una sconnessione tra aree visive e aree uditive anche in presenza di una loro sostanziale integrità. Rientrano in questo campo anche gli studi sulla *scrittura automatica*, eseguita senza la direzione consapevole di chi scrive, come durante uno stato di trance ipnotica (v. AUTOMATISMO, § 1, d). Lewis R. Wolberg ha avanzato l'ipotesi che la parte del cervello che controlla la scrittura automatica abbia accesso a materiale non disponibile per i centri che controllano il linguaggio, per cui la verbalizzazione ipnotica non fornirebbe informazioni così significative come quelle ricavabili dalla scrittura automatica. Infine, nella *scrittura speculare* lettere e parole sono ordinate da destra a sinistra dando come risultato una scrittura comune

riflessa in uno specchio. È la scrittura istintuale normale della mano sinistra che poi viene corretta con l'apprendimento.

2. PSICOANALISI. Jacques Lacan ha chiamato scrittura il linguaggio dell'inconscio, giustificando l'impiego di questa metafora in riferimento al concetto, adottato da Sigmund Freud, di traccia mnestica o ENGRAMMA (v. § 1), che è la trascrizione del ricordo in base a catene associative riattivabili dai processi di investimento. A parere di Lacan, l'inconscio scrive perché non può dirsi: «Uno scritto come l'intendo io è fatto per non leggersi» (1964, p. 283), ma il fatto che io non lo possa leggere non dice che l'inconscio «non cessi di scriversi» (1972-1973, p. 132). A scrivere è il desiderio del soggetto che, per effetto della rimozione, adotta il regime di scrittura della nevrosi. La scrittura sta dalla parte del reale e dell'inarticolabile, in opposizione alla parola che appartiene al simbolico (v. LACANIANA, TEORIA, § 8).

3. PSICOLOGIA COGNITIVA. In questo ambito ci si occupa della comprensione dei processi di lettura e scrittura. Allo scopo sono stati approntati strumenti per la valutazione delle abilità di scrittura e dei disturbi ad essa connessi, ivi compresi i processi cognitivi sottesi alla scrittura, quali l'attenzione, la memoria, senza trascurare gli aspetti emotivi e motivazionali.

Bibliografia

Bara B. G., *Il sogno della permanenza. L'evoluzione della scrittura e del numero*, Bollati Boringhieri, Torino 2003.

Barthes R., Mauriès P., *Scrittura*, in AA.VV., *Enciclopedia*, Einaudi, Torino 1981, vol. XII.

Cometa M., *La scrittura delle immagini. Letteratura e cultura visuale*, Raffaello Cortina, Milano 2012.

De Beni R., Cisotto L., Carretti B., *Psicologia della lettura e della scrittura. L'insegnamento e la riabilitazione*, Erickson, Trento 2001.

De Cagno A. G., Riccardi Ripamonti I., Savelli E. (a cura di), *Intervento logopedico nei DSA – La Scrittura. Diagnosi e trattamento secondo le raccomandazioni del Consensus Conference*, Erickson, Trento 2013.

De Certeau M., *La scrittura dell'altro* (1975), Raffaello Cortina, Milano 2005.

Demetrio D., *La scrittura clinica. Consulenza autobiografica e fragilità esistenziali*, Raffaello Cortina, Milano 2008.

Derrida J., *Della grammatologia* (1967), Jaca Book, Milano 1969.

–, *La scrittura e la differenza* (1967), Einaudi, Torino 1971.

Gelb I. J., *Teoria generale e storia della scrittura. Fondamenti della grammatologia* (1963), Egea, Milano 1993.

Havelock E. A., *La musa impara a scrivere. Riflessioni sull'oralità e l'alfabetismo dall'antichità al giorno d'oggi* (1986), Laterza, Bari 1987.

Lacan J., *Il Seminario. Libro XI: I quattro concetti fondamentali della psicoanalisi, 1964*, Einaudi, Torino 1979.

–, *Il Seminario. Libro XX: Ancora, 1972-1973*, Einaudi, Torino 1983.

Leischner A., *Die Störungen der Schriftsprache (Agraphie und Alexie)*, Thieme, Stuttgart 1957.

Ong W. J., *Oralità e scrittura* (1982), il Mulino, Bologna 1986.

Pratelli M., *Disgrafia e recupero delle difficoltà grafo-motorie*, Erickson, Trento 1995.

Sini C., *Etica della scrittura*, il Saggiatore, Milano 1992.

–, *Filosofia e scrittura*, Laterza, Bari 1994.

Sting S., *Scrittura*, in Ch. Wulf (a cura di), *Cosmo, corpo, cultura. Enciclopedia antropologica* (1997), Bruno Mondadori, Milano 2002, pp. 639-646.

Wolberg L. R., *Hypnoanalysis*, Grune & Stratton, New York 1945.

Scrupolosità (ingl. *Scrupolosity*; ted. *Gewissenhaftigkeit*; fr. *Méticulosité*; sp. *Escrupolosidad*). Dubbio costante sulla bontà e la correttezza delle proprie azioni eseguite con puntigliosa meticolosità per evitare colpe o infrazioni. Frequente in soggetti che hanno ricevuto una rigida educazione morale e religiosa, la scrupolosità rientra nelle condotte rituali (v. RITO, § 2) caratterizzate da un CERIMONIALE (v.) ossessivo, che promuove una serie più o meno complessa e stereotipata di atti, allo scopo di ridurre l'angoscia determinata da pulsioni che il soggetto non può soddisfare perché giudica inaccettabili (v. OSSESSIONE). Da queste premesse si giustifica la lettura della scrupolosità come un meccanismo di difesa nei confronti di un possibile sottostante processo dissociativo.

Scuola, v. PSICOLOGIA SCOLASTICA.

Sdoppiamento della personalità (ingl. *Dual personality*; ted. *Verdopplung der Persönlichkeit*; fr. *Dédoublement de la personnalité*; sp. *Desdoblamiento de la personalidad*). Disturbo dissociativo dovuto, secondo Karl Jaspers, al fatto che «due serie di processi psichici si sviluppano contemporaneamente l'una accanto all'altra, per cui si può parlare di due personalità, le quali vivono entrambe in maniera singolare, in modo che esistono da entrambe le parti rapporti di sentimenti che non si fondono con quelli dell'altro lato, ma rimangono estranei l'uno all'altro» (1913-1959, p. 135). Oggi lo sdoppiamento della personalità è rubricato tra le figure della *personalità multipla* (v. SCISSIONE, § I, 4, *a*).

Bibliografia

Janet P., *La force et la faiblesse psychologique*, Maloine, Paris 1930.

Jaspers K., *Psicopatologia generale* (1913-1959), Il Pensiero Scientifico, Roma 2000.

Sé (ingl. *Self*; ted. *Selbst*; fr. *Soi*; sp. *Sí mismo*). Il termine acquista il suo significato a partire dall'orientamento teorico che ne dispone l'impiego e ne decide l'uso. In linea generale, tre sono i significati fondamentali finora attribuiti: 1) nucleo della coscienza autoriflessiva; 2) nucleo permanente e continuativo nel corso dei cambiamenti somatici e psichici che caratterizzano l'esistenza individuale; 3) totalità delle istanze psichiche relative alla propria persona in contrapposizione alle relazioni oggettuali.

1. PSICOLOGIA. In questo campo la nozione di Sé fa la sua comparsa con William James, che parlò di tre costituenti del Sé: il *Sé materiale* che deriva dalla coscienza del proprio corpo, del proprio ambiente e dei propri beni; il *Sé sociale* costituito da una parte dalle percezioni o immagini che ciascuno presume gli altri abbiano di lui, e dall'altra dalle norme e dai valori sociali che fanno parte della visione comune del mondo; il *Sé spirituale* che è l'autoconsapevolezza che ciascuno ha di sé e della propria esistenza. Da allora le ricerche sul concetto di Sé si sono sviluppate nella direzione di un possibile approccio allo studio dell'integrazione personale, e in questo senso il Sé viene percepito come: 1) *agente* delle proprie azioni a partire da quelle corporee, accompagnate dal vissuto che ciò che riguarda il corpo riguarda me; 2) *continuo*, dove la continuità è garantita dai ricordi che hanno una collocazione precisa nel passato personale in cui è rintracciabile un'identità al di sotto delle mutazioni; 3) *in rapporto agli altri* i cui comportamenti di accettazione o di rifiuto incidono sul concetto di sé; 4) *come portatore di valori* in base ai quali si costruisce un *Sé ideale* che rappresenta ciò che una persona vorrebbe realizzare. Un'incongruenza tra ciò che si è e ciò che si desidera essere genera ansia, così come un'incongruenza tra il *Sé interiore* e il *Sé esteriore* o "falso" o "irreale" può generare distorsione nel flusso dell'esperienza e del concetto di sé. La valutazione di sé è affidata all'AUTOSTIMA (v.), su cui agiscono il successo, l'insuccesso e la congruenza tra la valutazione che un individuo ha di sé e il valore che gli altri gli assegnano. È stato constatato che il bisogno di essere approvato è superiore al bisogno di *realizzazione di sé* (v. AUTOREALIZZAZIONE), ossia di affermazione della propria identità.

Gordon Willard Allport ha illustrato con un esempio tutte queste componenti che intervengono nella formazione del concetto di Sé: «Supponiamo che voi dobbiate affrontare un esame difficile e critico. Senza dubbio sentirete un'alterazione nel battito del vostro polso e dei disturbi allo stomaco (*sé corporeo*); inoltre sarete consapevoli del significato di quell'esame rispetto al vostro passato e al vostro futuro (*identità personale*), della vostra orgogliosa partecipazione (*autostima*), di ciò che il successo o il fallimento significherebbe per la vostra famiglia (*estensione del sé*), delle vostre speranze o aspirazioni (*immagine di sé*), del vostro ruolo di risolutore dei problemi in esame (*agente razionale*), e della pertinenza dell'intera situazione per i vostri fini a lunga scadenza (*tendenza del proprium*)» (1961, p. 53). Il concetto di Sé opera come guida del comportamento e criterio di condotta, anche se un'eccessiva attenzione su di sé può rendere più difficile risolvere una situazione dagli aspetti illogici o incongruenti. Il Sé è dinamico, e alla sua variazione concorrono emozioni, disposizioni, grado di consapevolezza, livello di coerenza logica, tolleranza della contraddizione e delle discrepanze che, nell'interazione sociale, il concetto di Sé è inevitabilmente costretto a subire.

2. PSICOLOGIA SOCIALE. In questo ambito si evidenzia la natura interpersonale del Sé, lasciando in ombra le qualità unificanti e stabilizzatrici sottolineate dalla psicoanalisi e dalla psicologia umanistica. In quest'ottica il Sé è una costruzione fatta dagli atteggiamenti che gli altri assumono nei nostri confronti, da cui, in un secondo momento, si sviluppa quell'autoriflessività che consente a ciascuno di considerare sé come oggetto della propria consapevolezza. A questo proposito George Herbert Mead distingue «l'Io e il Me come differenti fasi del Sé, nel senso che il Me risponde agli atteggiamenti organizzati degli altri che noi assumiamo in modo preciso, e che determinano di conseguenza la nostra condotta per quanto ciò è proprio di un carattere cosciente del Sé. Ora il Me può essere considerato come ciò che dà la forma all'Io. La novità è prodotta dall'azione dell'Io, ma la struttura, la forma del Sé è convenzionale» (1934, p. 218). Da questo punto di vista il Sé è un fenomeno del tutto *interpsichico* piuttosto che intrapsichico, essendo il riflesso delle opinioni e degli atteggiamenti che gli altri direttamente o indirettamente ci comunicano, fino alla conclusione radicale secondo cui la società costituisce lo specchio in cui ognuno vede riflessa la propria immagine o concetto di sé. Data la reciproca influenza tra il concetto di sé e i continui mutamenti dell'ambiente sociale, la stabilità del Sé non può che essere relativa. In questa relatività Stephen C. Jones vede la condizione più vantaggiosa per tutti quei processi che intendono favorire un cambiamento di sé.

3. PSICOANALISI. In questo ambito la nozione di Sé è un'acquisizione successiva al modello teorico proposto da Sigmund Freud, dove tuttavia sono rintracciabili alcune premesse quali: *a*) la distinzione tra piacere e dispiacere con tendenza a spostare all'esterno le fonti interiori di dispiacere, attribuendo ad esse quella carica aggressiva che il soggetto avverte dentro di sé, per proteggere sé da un eccesso dannoso di aggressività non neutralizzata; *b*) gli studi sul narcisismo, o amore di sé che, opportunamente approfonditi, avrebbero condotto, a parere di Freud, alla

comprensione delle psicosi. E in effetti, quando l'Io verrà visualizzato come sedimentazione degli oggetti interiorizzati, si leggerà la SCISSIONE (v. § II) come rottura della sua precaria funzione sintetica; *c*) l'ampliamento del concetto di Io, che la psicoanalisi classica aveva considerato eminentemente dal punto di vista delle sue funzioni difensive a scapito di quelle relazionali. Posto l'Io in relazione con l'ambiente esterno e con i suoi oggetti, nascono, in contrapposizione alle rappresentanze oggettuali, le rappresentanze del Sé nell'Io, o, se si preferisce, l'Io nella forma riflessiva di sé. Gli esponenti più significativi della cosiddetta *psicologia del Sé* sono:

a) *Heinz Kohut* concepisce il Sé come sistema organizzato dei ricordi, indicati comunemente come rappresentazioni di sé, a cui è da riconoscere un significato dinamico e genetico, in quanto non si tratta di semplici contenuti mentali, ma di una costellazione psicologica organizzata che continua a esercitare un'attiva influenza dinamica sul comportamento. Partendo da queste premesse, Kohut sollecita uno spostamento della psicologia del profondo dall'Io al Sé, in ciò sollecitato anche dalle mutate condizioni sociologiche che tengono spesso lontano i genitori dai figli, provocando nei bambini, invece della tradizionale situazione edipica, un "disturbo narcisistico del Sé" che ha bisogno dell'oggetto come l'organismo dell'ossigeno. Quando manca l'oggetto-madre, capace di accogliere le richieste infantili, il bambino, invece di sperimentare la "gioia del Sé intero", si raccoglie in modo narcisistico in un frammento della sua esperienza psicologica, che mette capo ad un Sé difeso, che è alla base di quelle due figure antropologiche che Kohut dipinge come "Uomo colpevole" che tende alla soddisfazione delle pulsioni, e "Uomo tragico" volto disperatamente alla realizzazione del Sé.

Dalle idee di Kohut trae origine la *psicologia del Sé*, che si differenzia dalla *psicoanalisi* di Freud per la quale la dinamica è interamente intrapsichica, caratterizzata dalla conflittualità tra Io-Es-Super-io, mentre per Kohut la conflittualità è tra il Sé e l'ambiente che, a seconda di determinate proprie caratteristiche (come la cura e l'empatia dei genitori), può far crescere o arrestare la formazione del Sé, che Kohut concepisce come il "centro della psiche" "sovraordinato" all'Io-Es-Super-io, e non come una delle "funzioni dell'Io", e precisamente la "rappresentazione del Sé", cioè della persona, da parte dell'Io, come lo concepisce la PSICOLOGIA DELL'IO (v.) di Heinz Hartmann.

b) *Otto Friedmann Kernberg* condivide la teoria del Sé come polo d'investimento narcisistico, ma a sua volta elabora una nuova prospettiva teorica a partire dai *borderline* o casi limite (v. MARGINALE, SINDROME, § 1), dove gli oggetti sono interiorizzati ma non metabolizzati, per cui il Sé non risulta integrato ma si esprime di volta in volta con atteggiamenti che non presentano una continuità fra loro, con conseguente carenza di una solida identità. Sulla stessa linea interpretativa troviamo anche Béla Grunberger, per il quale lo stato di ELAZIONE (v.), ossia il vissuto di unicità, pacificazione e soddisfacimento privo di bisogni sperimentato nel corso della vita prenatale e base di ogni espressione narcisistica, rende difficoltoso il rapporto con gli oggetti, con conseguente mancata interiorizzazione e metabolizzazione, senza le quali è impossibile un processo maturativo e una continuità nello scambio con il mondo.

c) *Karen Horney* distingue un *Sé attuale* che è l'intera persona somatica e psichica, conscia e inconscia come si dà nella realtà in un dato momento, il *Sé reale* che è il potenziale di crescita e di sviluppo ulteriori, e il *Sé idealizzato* che è un'identificazione con un'immagine idealizzata di sé a cui il nevrotico ricorre per difendersi contro il riconoscimento della discrepanza tra ciò che è e ciò che vorrebbe essere. Un'identificazione completa con il Sé ideale comporta il rifiuto del Sé attuale, con conseguenti sentimenti di autodisprezzo e dipendenza da altre persone su cui l'immagine idealizzata di sé si è formata.

d) *Bruno Bettelheim*, con le sue numerose ricerche sull'AUTISMO (v.), interpretato come una conferma del mondo reale delle angosce fantasmatiche che hanno caratterizzato la vita neonatale, ha particolarmente insistito sugli effetti psicotici della mancata costituzione di un Sé. La coincidenza tra elementi terrificanti del mondo interno e del mondo esterno costringe il bambino a interrompere la comunicazione con se stesso e con gli altri. La cura consiste nel raggiungere il bambino nella sua "fortezza vuota" con un arricchimento del Sé e del non-Sé, attraverso l'esperienza di una completa accettazione da parte del mondo esterno, che spezzi la coincidenza negativa tra i fantasmi del mondo interiore e le conferme di quello esteriore.

e) *Silvano Arieti* ha condotto un'organica riflessione sul Sé a partire dall'idea che «i sentimenti, le idee, le scelte e le azioni dell'uomo raggiungono il loro più alto sviluppo nella reciprocità sociale, ma iniziano e terminano nell'intimità del Sé cosciente» (1967, p. 15). Vi sono diversi Sé e immagini di sé a seconda dello stadio di sviluppo, a partire dal livello sensomotorio fino a quello di un'entità dotata di volontà, a cui si perviene attraverso un percorso evolutivo, in atto anche nelle psicosi, dove i processi cognitivi non riescono a controllare quelli affettivi. Per Arieti il processo psichico non trova il suo compimento nell'adattamento o nell'autorealizzazione, ma in una meta che trascende la realtà e le potenzialità individuali e che si esprime nell'"espansione del Sé" attraverso azioni creative che vanno dalle intuizioni dello schizofrenico alla produzione dell'artista, alla scoperta dello scienziato, che hanno in comune uno "scarto" rispetto alla logica comunemente condivisa.

f) *Donald Woods Winnicott* ha elaborato la nozione di "falso Sé" in riferimento a un parte scissa della personalità, utile per proteggere il "vero Sé" dalle pressioni dell'ambiente vissute come troppo forti o imprevedibili. Allo scopo il bambino assume un atteggiamento compiacente nei confronti del mondo genitoriale che in seguito ostacola la realizzazione autentica di sé. Secondo Vittorio Lingiardi il falso Sé sviluppa in forma ipertrofica l'attività intellettuale a scapito della vita emotiva, immaginativa e fisica.

4. PSICOLOGIA INTERPERSONALE. Emancipando la formazione dell'Io dai condizionamenti biologici a cui Freud l'aveva affidata per riferirla all'interazione umana, considerata come originaria e condizionante la stessa evoluzione biologica, Harry Stack Sullivan chiama *sistema del Sé* i tratti costanti e definitivi della personalità, selezionati fra i molti possibili in seguito all'influenza determinante dei rapporti interpersonali e in particolare di quelli fra genitori e bambino, perché le azioni o le qualità del bambino che incontrano disapprovazione tendono ad essere escluse dalla consapevolezza e dissociate. Gli impulsi dissociati non sono di per sé distruttivi, ma possono indurre angoscia perché vi è un interesse emotivo a mantenere il sistema del Sé immune da qualsiasi cosa lo minacci. Non lontana dall'ipotesi di Sullivan è la concezione del *vero Sé* (*true Self*) elaborata da Erich Fromm, che così chiama la somma totale delle potenzialità di una persona che potrebbero svilupparsi in condizioni sociali e culturali favorevoli. Leggendo la nevrosi in termini di relazioni interpersonali e di pressioni culturali che spesso ostacolano le potenzialità individuali, Fromm concepisce la terapia non come adattamento alla propria cultura, ma come sviluppo del proprio vero Sé, le cui nevrosi sono da imputare o alle deprivazioni culturali o ai nuovi bisogni indotti dalla cultura, rispetto ai quali l'inadeguatezza produce sentimenti di vergogna e perdita di autostima.

5. PSICOLOGIA UMANISTICO-ESISTENZIALE. Per questo orientamento teorico il Sé non è una componente psichica, ma un processo di AUTOREALIZZAZIONE (v.), considerata come unica e autentica motivazione del comportamento a cui le stesse pulsioni sono subordinate. Seguono questa ipotesi Rollo May, per il quale «la più importante capacità che emerge nell'essere umano è l'autorealizzazione (*self-relatedness*)» (1967, p. 79), a partire da quel "centro" che ogni essere umano cerca di affermare e che non si mantiene automaticamente come nelle piante e negli animali, perché la partecipazione con altri esseri, se da un lato arricchisce questa centralità, dall'altro la può compromettere per la qualità dell'interrelazione. Sulla stessa linea interpretativa è Abraham Harold Maslow, per il quale la realizzazione di sé deve affermarsi al di là delle maschere che ciascuno è costretto a adottare nel momento pubblico della sua esistenza (v. PSICOLOGIA UMANISTICA). La dinamica tra "Io" e "Sociale", che nei confronti dell'Io svolge un ruolo di contenitore, è sviluppata, sia pure attraverso percorsi diversi, da Jacob Levi Moreno che ha ideato una tecnica, lo PSICODRAMMA (v.), per la compensazione degli aspetti deficitari del Sé, e da Carl Ransom Rogers, ideatore della "terapia non direttiva" (v. PSICOLOGIA ROGERSIANA, § 1), volta a favorire quelle che per Rogers sono le innate tendenze all'integrazione, all'attualizzazione di sé e alla relazione con gli altri che, insieme, costituiscono quell'unità della PERSONALITÀ (v. § I, 16) che non è strutturale, ma dinamica, e che può essere colta solo nel suo divenire, anche se questo è spesso impedito dalla paura del nuovo o dall'assunzione dei valori ambientali a cui il soggetto fatica a rinunciare per il timore di perdere le relazioni affettive.

6. PSICOLOGIA ANALITICA. Carl Gustav Jung, che fa della relazione Io-Sé l'asse portante della sua concezione della psiche, ritiene che «il Sé non è soltanto il centro, ma anche l'intero perimetro che abbraccia coscienza e inconscio insieme; è il centro di questa totalità, così come l'Io è il centro della mente cosciente» (1951, p. 444). A partire da questa definizione generale, il Sé viene declinato da Jung in diverse accezioni: *a*) come *legge morale del singolo* che presiede il processo di individuazione (v. PSICOLOGIA ANALITICA, § 5) e che può confliggere con la legge morale generale espressa dal Super-io; *b*) come *fattore soggettivo* che permette e insieme limita la percezione e la conoscenza del mondo; *c*) come *Io oggettivo* in cui si esprime ciò che un individuo è al di là delle apparenze e delle teorie con cui lo si osserva; *d*) come *struttura psichica complessiva* dove sono comprese, combinate e integrate tutte le parti psichiche; *e*) come *inconscio collettivo* in cui trovano espressione gli archetipi (v. ARCHETIPO) accessibili non per via concettuale, ma simbolica; *f*) come *espressione del rapporto uomo-mondo* con tutti i tratti cognitivi e affettivi che sono venuti a costruire un certo uomo e un certo mondo; *g*) come *unione degli opposti*: Conscio e Inconscio, Io e Non-io, Individuale e Collettivo, che non raggiungono la sinteticità, ma restano in quella continua tensione che è alla base della dinamica psichica; *h*) infine, per quanto concerne le due accezioni

junghiane del Sé: come momento iniziale della vita psichica e come sua realizzazione e meta, si veda PSICOLOGIA ANALITICA, § 4.

7. PSICOLOGIA INDIVIDUALE. Alfred Adler introduce la nozione di *Sé creativo* per indicare un sistema soggettivo altamente personalizzato che presiede le esperienze psichiche, ordinandole in uno stile di vita (*Lebensstil*) (v. STILE), da cui ciascun individuo è riconoscibile.

8. PSICOLOGIA COMPORTAMENTISTA. In questo ambito si è soliti distinguere un *Sé fenomenico* che è il Sé di cui il soggetto è consapevole nella percezione di sé, e un *Sé inferito* che è il Sé percepito dall'osservatore esterno e che risulta non da materiale introspettivo, ma dai test proiettivi e dalle interviste cliniche. Dal punto di vista comportamentista, l'attenzione è rivolta al Sé inferito, in quanto l'immagine di sé che risulta da ciò che ciascuno pensa di sé è il più delle volte falsificata da componenti inconsce.

9. PSICOLOGIA COGNITIVISTA. Ha luogo qui la critica più radicale al concetto di Sé che nasce, scrive Marvin Lee Minsky, «da un'antica credenza errata, un assunto così radicato in noi che non ci viene mai in mente di porlo in discussione. L'assunto è che dentro di noi vive una Persona che pensa per noi; questa Persona noi la consideriamo il nostro Sé. Come funziona la visione? Semplice: il nostro Sé guarda attraverso i nostri occhi, allo stesso modo che noi guardiamo da una finestra. Come facciamo a parlare? Anche qui tutto sembra venire da dentro: è il nostro Sé che ha qualcosa da comunicare. Come prendiamo delle decisioni? Il nostro Sé usa il suo "libero arbitrio". Ora è chiaro che queste risposte non sono affatto risposte, bensì parole pressoché vuote che assomigliano a delle risposte quel tanto che basta per non farci più fare domande» (1986, pp. 19-20). Minsky ritiene che sia più proficua un'indagine che, invece di rivolgersi al Sé, si rivolga alle idee che mettono capo alla nozione di Sé. Esse rappresentano «le convinzioni su ciò che noi *siamo*. Queste a loro volta comprendono le convinzioni sia su ciò che siamo capaci di fare, sia su ciò che siamo eventualmente disposti a fare, e noi le sfruttiamo ogni volta che risolviamo un problema o che progettiamo di fare qualcosa. Le chiamerò, con un'espressione piuttosto vaga, *autoimmagini*. Oltre alle nostre autoimmagini, le idee che abbiamo su noi stessi comprendono anche le idee di ciò che *vorremmo* essere e le idee su ciò che *dovremmo* essere. Queste idee, che chiamerò *autoideali*, influiscono fin dall'infanzia sullo sviluppo, ma di solito sono difficili da esprimere, perché sono inaccessibili alla coscienza» (ivi, p. 67).

Bibliografia

Adler A., *Il temperamento nervoso* (1912), Astrolabio, Roma 1950.

Allport G. W., *Psicologia della personalità* (1961), Pas, Zürich 1973.

Ammaniti M. (a cura di), *La nascita del Sé*, Laterza, Bari 1989.

Arciero G., *Sulle tracce di sé*, Bollati Boringhieri, Torino 2006.

Arieti S., *Il Sé intrapsichico* (1967), Bollati Boringhieri, Torino 1969.

–, *Creatività. La sintesi magica* (1976), Il Pensiero Scientifico, Roma 1979.

Bacal H. A., Newman K. M., *Teoria delle relazioni oggettuali e psicologia del Sé* (1990), Bollati Boringhieri, Torino 1993.

Bettelheim B., *La fortezza vuota* (1967), Garzanti, Milano 1976.

Bianca M. L., *Il Sé emergenziale. Introduzione allo studio del Sé*, Angelo Pontecorboli Editore, Firenze 1992.

Burns R. B., *The self concept in theory, measurement, development and behavior*, Longman, London 1979.

Capello C., *Il Sé e l'altro nella scrittura autobiografica*, Bollati Boringhieri, Torino 2001.

Del Miglio C., *Ecologia del sé. Dalla percezione alla concettualizzazione del sé*, Bollati Boringhieri, Torino 1989.

Dweck C. S., *Teorie del Sé. Intelligenza, motivazione, personalità e sviluppo* (1999), Erickson, Trento 2000.

Elliott A., *I concetti del sé* (2007), Einaudi, Torino 2010.

Fonagy P., Gergely G., Jurist E. L., Target M., *Regolazione affettiva, mentalizzazione e sviluppo del Sé* (2002), Raffaello Cortina, Milano 2005.

Foucault M., *Tecnologie del sé* (1988), Bollati Boringhieri, Torino 1992.

Freud S., *Introduzione al narcisismo* (1914), in *Opere* (1967-1993), Bollati Boringhieri, Torino, vol. VII.

–, *Al di là del principio di piacere* (1920), in *Opere*, cit., vol. IX.

Fromm E., *Avere o essere?* (1976), Mondadori, Milano 1977.

Gergen K. J., *The concept of self*, Holt, Rinehart & Winston, New York 1971.

Grunberger B., *Il narcisismo. Saggio di psicoanalisi* (1971), Laterza, Bari 1977.

Guidano V. F., *La complessità del Sé. Un approccio sistemico-processuale alla psicopatologia e alla terapia cognitiva* (1987), Bollati Boringhieri, Torino 1988.

–, *Il Sé nel suo divenire. Verso una terapia cognitiva post-razionalista* (1991), Bollati Boringhieri, Torino 1992.

Harré R., *La singolarità del Sé. Introduzione alla psicologia della persona* (1998), Raffaello Cortina, Milano 2000.

Hartmann H., *Psicologia dell'Io e problema dell'adattamento* (1939), Bollati Boringhieri, Torino 1966.

Horney K., *Nevrosi e sviluppo della personalità. La lotta per l'auto-realizzazione* (1950), Fabbri, Milano 2007.

James W., *Principi di psicologia* (1890), Società Editrice Libraria, Milano 1901.

Jones S. C., *Self and interpersonal evaluations. Esteem theories versus consistency theories*, in "Psychological Bulletin", 1973, n. 79.

Jung C. G., *L'Io e l'inconscio* (1928), in *Opere* (1969-2007), Bollati Boringhieri, Torino, vol. VII.

–, *Riflessioni teoriche sull'essenza della psiche* (1947-1954), in *Opere*, cit., vol. VIII.

–, *Aion. Ricerche sul simbolismo del Sé* (1951), in *Opere*, cit., vol. IX, 2.

Kernberg O. F., *Sindromi marginali e narcisismo patologico* (1975), Bollati Boringhieri, Torino 1978.
–, *Mondo interno e realtà esterna* (1980), Bollati Boringhieri, Torino 1985.
Khan M. M. R., *Lo spazio privato del sé* (1974), Bollati Boringhieri, Torino 1979.
–, *I Sé nascosti. Teoria e pratica psicoanalitica* (1983), Bollati Boringhieri, Torino 1990.
Kohut H., *Narcisismo e analisi del Sé* (1971), Bollati Boringhieri, Torino 1976.
–, *La guarigione del Sé* (1977), Bollati Boringhieri, Torino 1980.
–, *La ricerca del Sé* (1978), Bollati Boringhieri, Torino 1982.
Lasch Ch., *La cultura del narcisismo* (1979), Bompiani, Milano 1981.
LeDoux J., *Il Sé sinaptico. Come il nostro cervello ci fa diventare quello che siamo* (2002), Raffaello Cortina, Milano 2002.
Lingiardi V., *La personalità e i suoi disturbi. Lezioni di psicopatologia dinamica*, il Saggiatore, Milano 2004.
Maslow A. H., *Motivazione e personalità* (1954), Armando, Roma 1973.
Mastropaolo M., *Il Sé rivelato. Saggi di psicologia umanistico-esistenziale*, Franco Angeli, Milano 1997.
May R., *La psicologia e il dilemma umano* (1967), Astrolabio, Roma 1970.
Mead G. H., *Mente, Sé e Società* (1934), Giunti Barbera, Firenze 1966.
Meares R., *Intimità e alienazione. Il Sé e le memorie traumatiche in psicoterapia* (2000), Raffaello Cortina, Milano 2005.
Minsky M., *La società della mente* (1986), Adelphi, Milano 1989.
Mischel Th. (a cura di), *The Self. Psychological and philosophical issues*, Basil Blackwell, Oxford 1977.
Mitchell S. A., *Le matrici relazionali del Sé* (1988), Il Pensiero Scientifico, Roma 1992.
Moreno J. L., *Principi di sociometria, di psicoterapia di gruppo e sociodramma* (1953), Etas Kompass, Milano 1964.
Neisser U. (a cura di), *La percezione del Sé. Le fonti ecologiche e interpersonali della conoscenza di sé* (1993), Bollati Boringhieri, Torino 1999.
Neumann E., *Il Sé, l'individuo, la realtà. Significati e contenuti* (1952-1957), Vivarium, Milano 2000.
Redfearn J. W. T., *Il mio Sé, i miei molti sé. L'interazione tra le nostre "sub-personalità"* (1985), Vivarium, Milano 2004.
Rogers C. R., *La terapia centrata sul cliente* (1951), La Nuova Italia, Firenze 1997.
Siani R., *Psicologia del Sé. Da Kohut alle nuove applicazioni cliniche*, Bollati Boringhieri, Torino 1992.
Sullivan H. S., *Teoria interpersonale della psichiatria* (1953, edito postumo), Feltrinelli, Milano 1962.
Wegner D. M., Vallacher R. R. (a cura di), *The self in social psychology*, Oxford University Press, Oxford 1980.
Winnicott D. W., *La distorsione dell'Io in rapporto al vero e al falso Sé*, in Id., *Sviluppo affettivo e ambiente. Studi sulla teoria dello sviluppo affettivo* (1965), Armando, Roma 1970.
Zamperini A., Testoni I., *Relazioni sociali e formazione del Sé*, in Id., *Psicologia sociale*, Einaudi, Torino 2002, pp. 128-160.

Seashore, Test di, v. PSICOLOGIA DELLA MUSICA, § 2.

Secondario, Guadagno, v. GUADAGNO DELLA MALATTIA.

Secondario, Processo, v. PROCESSO PRIMARIO – PROCESSO SECONDARIO.

Secretina, v. ENDOCRINO, SISTEMA, § 9, *b*.

SEDS, Test (*Social Emotional Dimension Scale*). Test che consente di individuare precocemente i bambini che potrebbero aver bisogno di interventi per i loro disturbi psicologici, o i soggetti a rischio di problemi comportamentali o relazionali. Può essere somministrato a soggetti dai 5 ai 19 anni.

Bibliografia

Hutton J. B., Roberts T. G., *SEDS. Test di valutazione dei problemi comportamentali ed emozionali* (1990), Erickson, Trento 1994.

Seduzione, Teoria della (ingl. *Seduction theory*; ted. *Verführungstheorie*; fr. *Théorie de la séduction*; sp. *Teoría de la seducción*). Teoria elaborata da Sigmund Freud tra il 1895 e il 1897, secondo cui alla base delle nevrosi ci sarebbe il ricordo di scene reali di seduzione subite nell'infanzia in un periodo in cui il bambino, incapace di emozioni sessuali, è nell'impossibilità di integrarne l'esperienza. In un secondo momento, quando, per alcuni tratti associativi, un ricordo si lega alla scena seduttiva, si produce un afflusso di eccitazione endogena da cui il soggetto si difende con la rimozione del ricordo. Questo meccanismo sarebbe alla base sia delle nevrosi ossessive sia dell'isteria. In una lettera del 21 settembre 1897, Freud confessa a Wilhelm Fliess di aver abbandonato questa teoria: «Voglio subito confidarti il grande segreto che ha cominciato lentamente a chiarirsi in me negli ultimi mesi. Non credo più ai miei *neurotica*» (1892-1897, p. 297). A partire da quella data Freud ritiene che la scena di seduzione non appartenga necessariamente a un fatto realmente accaduto, ma esprima il più delle volte una ricostruzione fantasmatica che serve al soggetto a dissimulare l'attività autoerotica dei primi anni dell'infanzia.

In un'accezione più generale, il termine "seduzione" si riferisce a quel comportamento volto ad attrarre a sé (*se ducere*) l'altro, attraverso messaggi verbali e non verbali, gesti o segnali volontari e involontari, impliciti ed espliciti per i più svariati scopi: da quelli sentimentali a quelli sessuali o a quelli relazionali, al fine di ottenere favori in termini di potere o di beni. In ambito psicoterapeutico il termine "seduzione" può riferirsi al terapeuta quando, consapevolmente, adotta atteggiamenti seduttivi per indurre il paziente ad assumere comportamenti funzionali al suo benessere, oppure può riferirsi al paziente che, in seduta, può adottare inconsapevolmente comportamenti seduttivi per evitare o controllare processi di cambiamento da lui paventati come minacciosi.

Bibliografia

Anonima, *Seduzione sul lettino o il malinteso amoroso* (1988), Bollati Boringhieri, Torino 1990.

Baudrillard J., *Della seduzione* (1979), Cappelli, Bologna 1980.

Chebel M., *Il libro delle seduzioni, seguito da Dieci aforismi sull'amore* (1996), Bollati Boringhieri, Torino 2001.

Freud S., *Lettere a Wilhelm Fliess 1887-1904*, Bollati Boringhieri, Torino 1986.

–, *Minute teoriche per Wilhelm Fliess* (1892-1897), in *Opere* (1967-1993), Bollati Boringhieri, Torino, vol. II.

–, *Tre saggi sulla teoria sessuale* (1905), in *Opere*, cit., vol. IV.

–, *Dalla storia di una nevrosi infantile (Caso clinico dell'uomo dei lupi)* (1914), in *Opere*, cit., vol. VII.

Saraval A. (a cura di), *La seduzione. Saggi psicoanalitici*, Raffaello Cortina, Milano 1989.

Segnale (ingl. *Signal*; ted. *Signal*; fr. *Signal*; sp. *Señal*). Il termine è utilizzato in *etologia* a proposito delle espressioni sonore, olfattive, visive e comportamentali che servono alla comunicazione all'interno della stessa specie (v. ETOLOGIA, § 2); nella *teoria dell'informazione*, in riferimento a qualsiasi stimolo che contenga informazioni, in contrapposizione a "rumore" che non contiene alcuna informazione (v. INFORMAZIONE, TEORIA DELL', § 1); in *psicoanalisi*, dove si parla di "segnale d'angoscia" per designare un dispositivo azionato dall'Io di fronte a una situazione di pericolo (v. ANGOSCIA – ANSIA, § 2, *d*); nella *psicologia dell'apprendimento* in riferimento a quella forma di apprendimento cognitivo detta "apprendimento per segnali" (v. APPRENDIMENTO, § II, 2).

Segno (ingl. *Sign*; ted. *Zeichen*; fr. *Signe*; sp. *Signo*). Relazione tra un significante e un significato, dove per *significante* si intende il piano dell'espressione e per *significato* il piano del contenuto. Definito dalla scolastica medioevale come "qualcosa che sta per qualcos'altro" (*aliquid stat pro aliquo*), il segno ha trovato la sua formulazione in ambito linguistico con Ferdinand de Saussure: «Il segno linguistico unisce non una cosa e un nome, ma un concetto e un'immagine acustica. Quest'ultima non è il suono materiale, cosa puramente fisica, ma la traccia psichica di questo suono, la rappresentazione che ci viene data dalla testimonianza dei nostri sensi; essa è sensoriale, e se ci capita di chiamarla "materiale", ciò avviene solo in tal senso e in opposizione all'altro termine dell'associazione, il concetto, generalmente più astratto. [...] Proponiamo di conservare le parole *segno* per designare il totale, e di rimpiazzare *concetto* e *immagine acustica* rispettivamente con *significato* e *significante*: questi due ultimi termini hanno il vantaggio di rendere evidente l'opposizione che li separa sia tra di loro sia dal totale di cui fanno parte. Quanto a segno, ce ne contentiamo per il fatto che non sappiamo come rimpiazzarlo, poiché la lingua usuale non ce ne suggerisce nessun altro» (1916, pp. 83-85).

Il modello saussuriano del segno come entità a due facce (significante e significato) è stato ripreso da Louis Trolle Hjelmslev che, estendendo la nozione di segno anche al di fuori dell'ambito linguistico, ha sostituito i termini "immagine acustica" e "concetto" con quelli più generali di "piano dell'espressione" e "piano del contenuto". Successivamente la diade segnica si è trasformata in triade, rappresentata con un triangolo, dove il piano dell'espressione, o veicolo segnico, o segno in senso stretto, rinvia al vertice superiore dove si trova il *significato* o *intensione* del termine, e al vertice collocato sul lato destro dove si trova il *referente* o *estensione* del termine, che si riferisce alla classe degli oggetti, per menzionare la quale si utilizza il veicolo segnico (v. REFERENTE).

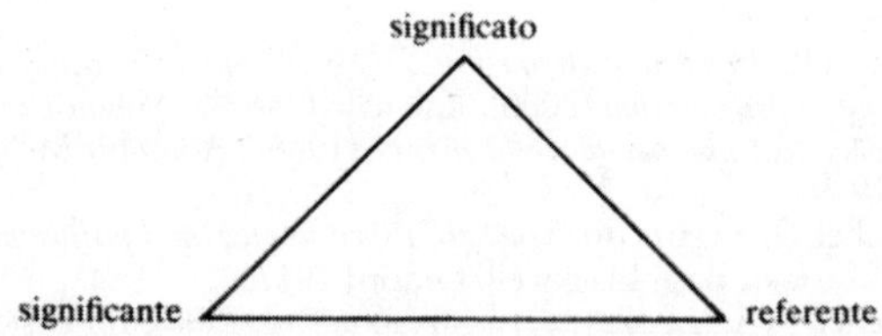

1. SEGNO E COMUNICAZIONE. Impiegato per trasmettere un'informazione, il segno si inserisce nella serie fonte-emittente-canale-messaggio-destinatario, dove occorre distinguere il *segnale* (che è di ordine quantitativo e che si caratterizza per la sua presenza o assenza nel tragitto che da una fonte di informazioni, attraverso un apparato trasmittente, un emittente fa passare in un canale per un apparato ricevente che lo possa captare) dal *segno*, che è il significato del segnale, leggibile solo in presenza di un CODICE (v. § 1) che trasforma il segnale in un messaggio percepibile e comprensibile a un destinatario (v. INFORMAZIONE, TEORIA DELL').

2. SEGNO E SIGNIFICAZIONE. Da questo punto di vista il segno è la relazione triangolare sopra illustrata che rinvia intensivamente a un significato ed estensivamente a un referente. Questa triade era già apparsa embrionalmente a Platone e ad Aristotele e fu poi sviluppata dagli stoici, che avevano distinto un *semainon*, che è il segno vero e proprio come entità fisica, un *semainomenon*, che è ciò che viene detto dal segno, e un *pragma*, che è l'oggetto, l'evento o

l'azione a cui il segno si riferisce. Tra i segni vige la legge della progressività o della *semiosi illimitata*, per cui qualsiasi oggetto può essere istituito come significante di un altro oggetto. Il segno non esiste come entità fisica osservabile, ma come *relazione* tra il piano dell'espressione (significante) e il piano del contenuto (significato), caratterizzati il primo dalla forma e il secondo dalla sostanza. La relazione tra significante e significato è convenzionale, e a presiedere la convenzione è un codice da cui dipende il carattere denotativo o connotativo del segno (v. DENOTAZIONE), oltre che il suo *senso*, che è un percorso di lettura che si sceglie all'interno del collegamento che il codice ha fissato tra elementi espressivi e unità culturali.

3. SEMANTICA, SINTATTICA E PRAGMATICA DEL SEGNO. Introducendo questa distinzione, Charles William Morris ha chiamato *semantica* la relazione del segno con ciò che significa, *sintattica* le regole di combinazione che inseriscono un segno in una sequenza di altri segni, e *pragmatica* l'uso che si fa di un segno o il suo effetto sul destinatario (v. LINGUISTICA, § 1).

4. IL SEGNO NELLA PSICOLOGIA DEL PROFONDO. In questo ambito si è soliti distinguere il *segno*, che è un indice di un processo patologico osservabile dal medico, dal *sintomo*, che è la manifestazione di questo processo che causa sofferenza al paziente (v. SINTOMO). Ovviamente ogni sintomo è segno di un processo sottostante, ma i termini vanno tenuti distinti perché si dà il caso, come nell'isteria di conversione, che il paziente lamenti sintomi fisici, mentre non è evidenziabile alcun segno di malattia fisica.

Più articolata è la distinzione tra *segno* e *simbolo*. Sigmund Freud adotta il termine "segno" per indicare la presenza di qualcosa, e il termine "simbolo" quando il qualcosa che appare rinvia a qualcos'altro che può essere raggiunto solo attraverso l'interpretazione (v. SIMBOLO, § 5, *a*). Per Carl Gustav Jung, invece, quello che per Freud è un simbolo rientra nella categoria del segno, perché segno è tutto ciò di cui si conosce il significato, mentre simbolo è ciò che rinvia a qualcosa di ignoto o di relativamente sconosciuto, per cui, scrive Jung, «significato simbolico e significato semeiotico sono cose completamente diverse» (1921, p. 483). Per Jung, infatti, il simbolo contiene un'eccedenza di senso rispetto al significato conosciuto e la sua forza simbolica dura finché dura questa eccedenza. Quando si scopre il significato di un simbolo, questo cessa di essere un simbolo e si risolve in segno. Una fantasia, ad esempio, spiegata dal punto di vista della sua *genesi* è un segno di un determinato conflitto, guardata dal punto di vista del suo *senso* è un simbolo di possibilità non ancora conosciute (ivi, p. 443; v. SIMBOLO, § 6).

Nell'interpretazione del segno e nella sua relazione con l'ordine simbolico, Jacques Lacan si attiene al linguaggio proprio della semiotica, stabilendo però tra significante e significato non una relazione, come prevede de Saussure, ma una scissione (*Refente*) tra la rete del significante e quella del significato, per cui, scrive Lacan, «è nella catena del significante che il senso *insiste*, ma nessuno degli elementi della catena *consiste* nella significazione di cui è capace in quello stesso momento» (1957, p. 497; v. LACANIANA, TEORIA, § 7).

Bibliografia

Barthes R., *Elementi di semiologia* (1964), Einaudi, Torino 1966.
–, *L'impero dei segni* (1970), Einaudi, Torino 1984.
Baudrillard J., *Per una critica dell'economia politica del segno* (1972), Mazzotta, Milano 1974.
Benedetti G., *Segno, Simbolo, Linguaggio*, Bollati Boringhieri, Torino 1971.
Cinque G. (a cura di), *La semantica generativa*, Bollati Boringhieri, Torino 1979.
Eco U., *Segno*, Isedi, Milano 1973.
–, *Trattato di semiotica generale*, Bompiani, Milano 1975.
–, *Segno*, in AA.VV., *Enciclopedia*, Einaudi, Torino 1981, vol. XII, pp. 628-668.
Freud S., *L'interpretazione dei sogni* (1899), in *Opere* (1967-1993), Bollati Boringhieri, Torino, vol. III.
Greimas A. J., *La semantica strutturale. Ricerca di metodo* (1966), Meltemi, Roma 2000.
Hjelmslev L. T., *I fondamenti della teoria del linguaggio* (1943), Einaudi, Torino 1968.
Jori M., *Segno*, in AA.VV., *Gli strumenti del sapere contemporaneo*, vol. II: *I concetti*, Utet, Torino 1985, pp. 720-724.
Jung C. G., *Tipi psicologici* (1921), in *Opere* (1969-2007), Bollati Boringhieri, Torino, vol. VI.
Kallir A., *Segno e disegno. Psicogenesi dell'alfabeto* (1961), Spirali/Vel, Milano 1994.
Lacan J., *L'istanza della lettera dell'inconscio o la ragione dopo Freud* (1957), in *Scritti* (1936-1966), Einaudi, Torino 1974, vol. I.
Merleau-Ponty M., *Segni* (1960), il Saggiatore, Milano 1967.
Morris Ch. W., *Lineamenti di una teoria dei segni* (1938), Paravia, Torino 1954.
–, *Segni, linguaggio e comportamento* (1946), Longanesi, Milano 1963.
Ogden Ch. K., Richards I. A., *Il significato del significato. Studio dell'influsso del linguaggio sul pensiero e della scienza del simbolismo* (1923), il Saggiatore, Milano 1966.
Peirce Ch. S., *Semiotica. I fondamenti della semiotica cognitiva* (testi tratti da *Collected Papers* 1931-1935, Harvard University Press, Cambridge, Massachusetts, vol. V), Einaudi, Torino 1980.
Saussure F. de, *Corso di linguistica generale* (1916), Laterza, Bari 1976.
Sini C., *Passare il segno. Semiotica, cosmologia, tecnica*, il Saggiatore, Milano 1981.
–, *I segni dell'anima. Saggio sull'immagine*, Laterza, Bari 1989.
–, *Il sapere dei segni. Filosofia e semiotica*, Jaca Book, Milano 2012.

Trabant J., *Segno*, in Ch. Wulf (a cura di), *Cosmo, corpo, cultura. Enciclopedia antropologica* (1997), Bruno Mondadori, Milano 2002, pp. 647-656.
Verdiglione A. (a cura di), *Psicoanalisi e semiotica*, Feltrinelli, Milano 1975.

Selezione (ingl. *Selection*; ted. *Auswahl*; fr. *Sélection*; sp. *Selección*). Scelta degli elementi migliori di una serie in base a caratteristiche misurate con criteri funzionali. Il termine, che è derivato dalla teoria evolutiva di Charles Darwin (v. EVOLUZIONE), è impiegato nei diversi ambiti della psicologia nelle seguenti accezioni:

1. NEUROPSICOLOGIA. L'organizzazione nervosa seleziona le informazioni rilevanti ai fini dell'adattamento della condotta, coinvolgendo in tale selezione i sistemi afferenti specifici che convogliano i messaggi sensoriali, le vie efferenti del controllo centrale di tali informazioni, i sistemi afferenti non specifici della formazione reticolare e dei nuclei talamici a proiezione diffusa. Seleziona inoltre le influenze motivazionali che promuovono l'apprendimento, connesse alla vita emotivo-istintiva e ai mutamenti dell'ambiente interno, avvertiti come stati di bisogno, quali la fame, la sete, la pulsionalità sessuale.

2. PSICOLOGIA DELLA PERCEZIONE. Nella quantità di stimoli che riempiono uno spazio percettivo si opera sempre una selezione che consente di evidenziare una figura da uno sfondo, un suono da un rumore. Analogamente, nello spazio psichico si selezionano quei tratti che nel passato si sono dimostrati significativi o che nel presente si rivelano utili per la soluzione di qualche problema. Una selezione avviene anche in campo patologico quando ad esempio, come nel caso della paranoia, tra i mille messaggi si selezionano e si percepiscono solo quelli che confermano il proprio vissuto persecutorio. Rientrano in questo ambito tutte quelle forme in cui "si vede solo quel che si vuol vedere o ci si aspetta di vedere" (v. PERCEZIONE, § 8).

3. PSICOMETRIA. In questo ambito il termine "selezione" si riferisce alla qualità di un item del test che serve a differenziare il grado in cui una caratteristica si manifesta in vari soggetti. La selezione viene qui definita come correlazione di un item con il valore dell'insieme.

4. PSICOLOGIA DEL LAVORO. Scelta dei più idonei per attitudini e capacità di prestazioni con eliminazione dei meno idonei (selezione negativa). La selezione professionale avviene attraverso lo studio del comportamento, l'esame della motivazione, l'intervista e l'impiego di test. La scelta avviene privilegiando gli elementi oggettivi (comportamento) rispetto a quelli soggettivi (motivazione), perché questi ultimi sono meno valutabili e lo stesso individuo può ingannarsi sul valore della sua motivazione, per cui la selezione professionale, se può aiutare l'organizzazione nella scelta degli individui, può non aiutare l'individuo nella scelta della propria professione. Per quanto concerne i test di selezione si veda la voce PSICOLOGIA DEL LAVORO, § 5.

5. PSICOLOGIA SCOLASTICA. Nel processo di formazione scolastica la selezione avviene in base alla valutazione del profitto che indica il grado di prestazione di un allievo in rapporto agli obiettivi prefissati dagli educatori. Nella scuola dell'obbligo, oltre agli obiettivi si tiene conto di quella variante soggettiva che sono le capacità individuali (v. PSICOLOGIA SCOLASTICA, § 1).

Selvaggia, Analisi, v. ANALISI SELVAGGIA.

Semantica, v. LINGUISTICA, § 1, *b*.

Semantica, Memoria, v. MEMORIA, § 3, C, α.

Semema, v. LINGUISTICA, § 1, *b*.

Semiologia, v. SEMIOTICA.

Semiotica (ingl. *Semiotics*; ted. *Semiotik*; fr. *Sémiotique*; sp. *Semiótica*). Il termine, introdotto da Galeno per indicare la scienza dei sintomi nella medicina, oggi, pur mantenendo questo significato, designa la teoria generale dei segni sia verbali (v. LINGUISTICA) sia non verbali (v. GESTO, § 3), in ordine alla loro significazione, produzione, trasmissione e interpretazione. Pur avendo origini lontanissime nel tempo, la semiotica si è costituita come scienza con Charles Sanders Peirce e Ferdinand de Saussure, da cui la duplice denominazione di *semiotica* in ambito anglofono e di *semiologia* in ambito francofono. Il SEGNO (v.) è un'entità costituita da un *significante* e da un *significato*, ed è analizzabile sul piano dell'espressione e sul piano del contenuto.

Si deve a de Saussure la considerazione del segno come elemento di un sistema o CODICE (v.), senza di cui il segno risulta incomprensibile. Questa posizione ha trovato la sua radicalizzazione con Ludwig Wittgenstein per il quale il significato di un segno non è una cosa, ma dipende dalle regole in base alle quali i linguaggi, le parole, i giochi linguistici vengono giocati: «Ogni segno, *da solo*, sembra morto. *Che cosa* gli dà vita? Nell'uso, esso *vive*» (1953, § 432). Questa posizione indebolisce la distinzione tra *denotazione* del segno, che sottintende l'esistenza di un significato, e *connotazione*, che fa riferimento agli aspetti variabili e soggettivi della significazione; in un caso e nell'altro si tratterebbe sempre di convenzione, sia pure a livelli diversi (v. DENOTAZIONE).

Partendo da queste premesse, Umberto Eco può dire che «la semiotica o scienza dei segni è la scienza di come si costituisce storicamente il soggetto. A questo probabilmente pensava Peirce quando scriveva: "Poiché l'uomo può pensare solo per mezzo di parole o di altri simboli esterni, questi potrebbero volgersi e dire: Tu non significhi niente che non ti abbiamo insegnato noi, e quindi significhi solo in quanto indirizzi qualche parola come l'interpretante del tuo pensiero. Di fatto, dunque, gli uomini e le parole si educano reciprocamente: ogni accrescimento di informazione in un uomo comporta ed è comportato da un corrispondente accrescimento d'informazione di una parola. [...] La parola o segno che l'uomo usa è l'uomo stesso" (1868, p. 84)» (1981, p. 665).

La semiologia d'ispirazione saussuriana ha successivamente percorso due itinerari. Il primo, inaugurato da Eric Buyssens, indaga quei sistemi di segni fortemente codificati in cui è primaria l'intenzione comunicativa (*semiologia della comunicazione*); il secondo, che ha il suo maggior rappresentante in Roland Barthes, prende in esame tutti i fenomeni significativi da un punto di vista sociologico, declinando la semiologia in una sorta di teoria generale della cultura (*semiologia significativa*).

In ambito anglofono, Peirce articola una semiotica intorno alla nozione di *interpretante*, per cui un segno ne interpreta un altro, e intorno alla tripartizione dei segni in indici, icone e simboli a seconda che abbiano un rapporto di contiguità, similarità o convenzionalità con il loro referente. A Peirce si richiama Charles William Morris nella sua tripartizione dei livelli in cui è possibile accostare un segno: *semantico* per quanto concerne il suo significato dato dalla relazione del segno con il suo referente, *sintattico* dato dal rapporto tra i segni nella loro combinazione reciproca, *pragmatico* che scaturisce dal rapporto tra il segno e chi ne fa uso (v. LINGUISTICA, § 1).

Bibliografia

Bär E., *Semiotica e psicoterapia* (1975), Astrolabio, Roma 1979.

Barthes R., *Elementi di semiologia* (1964), Einaudi, Torino 1966.

Bettetini G., Calabrese O., Lorusso A. M., Violi P., Volli U., *Semiotica*, Raffaello Cortina, Milano 2005.

Buyssens E., *Les langages et le discours*, Office de Publicité, Bruxelles 1943.

Calabrese O., *Breve storia della semiotica. Dai presocratici a Hegel*, Feltrinelli, Milano 2001.

De Mauro T., *Senso e significato. Studi di semantica teorica e storica*, Adriatica, Bari 1971.

Eco U., *Trattato di semiotica generale*, Bompiani, Milano 1975.

–, *Segno*, in AA.VV., *Enciclopedia*, Einaudi, Torino 1981, vol. XII.

–, *Semiotica e filosofia del linguaggio*, Einaudi, Torino 1984.

Husserl E., *Semiotica* (1890), Spirali, Milano 1984.

–, *La teoria del significato* (1908), Bompiani, Milano 2008.

Jori M., *Semiotica*, in AA.VV., *Gli strumenti del sapere contemporaneo*, vol. I: *Le discipline*, Utet, Torino 1985, pp. 678-698.

Morris Ch. W., *Lineamenti di una teoria dei segni* (1938), Paravia, Torino 1954.

Peirce Ch. S., *Pensiero-segno-uomo* (1868), in Id., *Semiotica. I fondamenti della semiotica cognitiva* (testi tratti da *Collected Papers* 1931-1935, Harvard University Press, Cambridge, Massachusetts, vol. V), Einaudi, Torino 1980.

Saussure F. de, *Corso di linguistica generale* (1916), Laterza, Bari 1976.

Sini C., *Il sapere dei segni. Filosofia e semiotica*, Jaca Book, Milano 2012.

Verdiglione A. (a cura di), *Psicoanalisi e semiotica*, Feltrinelli, Milano 1975.

Wittgenstein L., *Ricerche filosofiche* (1953), Einaudi, Torino 1967.

Senescenza, v. PSICOLOGIA DELL'INVECCHIAMENTO.

Senilità, v. PSICOLOGIA DELL'INVECCHIAMENTO.

Seno (ingl. *Breast*; ted. *Brust*; fr. *Sein*; sp. *Seno*). Il termine è impiegato in riferimento sia all'organo anatomico, sia all'idea e alla fantasia ad esso collegate. Sigmund Freud considera il seno materno il punto di partenza dell'intera vita sessuale, il modello mai raggiunto di ogni successivo soddisfacimento al quale la fantasia fa spesso ritorno in periodi di privazione: «Il primo oggetto erotico del bambino è il seno della madre che lo nutre, l'amore nasce in appoggio al bisogno soddisfatto del nutrimento. Certo, all'inizio, il bambino non distingue tra il seno materno e il proprio corpo; quando il seno, separandosi dal corpo del bambino, viene portato *fuori*, esso si accaparra, in quanto oggetto, una parte dell'originario investimento libidico narcisistico, dal momento che il bambino ne sente molto spesso la mancanza. Questo primo oggetto si completa in seguito fino a comprendere tutta la persona della madre, la quale non solo nutre il bambino, ma pure lo accudisce, suscitando in lui una serie di altre sensazioni corporee, ora piacevoli ora spiacevoli. Occupandosi del corpo del bambino, la madre diventa la sua prima seduttrice. In queste due relazioni affonda le sue radici l'importanza particolarissima, inconfrontabile e inalterabile della madre come primo e più forte oggetto d'amore, che fungerà da prototipo per tutte le successive relazioni amorose di entrambi i sessi» (1938, p. 615). Melanie Klein introduce il concetto di *scissione del seno* in ordine al processo psicologico attraverso cui il bambino separa un seno "buono" amato perché fonte di soddisfazione, da un seno "cattivo" odiato per il suo effetto insoddisfacente e frustrante. Questa scissione è un meccanismo con cui il bambino si difende dall'ambivalenza dell'amore e dell'odio rivolti allo stesso oggetto: il seno, la madre (v. KLEINIANA, TEORIA).

Bibliografia

Freud S., *Compendio di psicoanalisi* (1938), in *Opere* (1967-1993), Bollati Boringhieri, Torino, vol. XI.
Klein M., *Scritti 1921-1958*, Bollati Boringhieri, Torino 1978.
–, *La psicoanalisi dei bambini* (1932), Martinelli, Firenze 1969.
–, *Invidia e gratitudine* (1957), Martinelli, Firenze 1969.
Klein M., Riviere J., *Amore, odio e riparazione* (1937), Astrolabio, Roma 1969.

Sensazione (ingl. *Sensation*; ted. *Empfindung*; fr. *Sensation*; sp. *Sensación*). Il termine è impiegato in psicologia dove indica gli *elementi* della conoscenza sensibile, non ulteriormente scindibili, provocati da stimoli esterni agenti sugli organi sensoriali, e in psicologia analitica dove indica una *funzione* psichica e un *tipo* psicologico.

1. PSICOLOGIA. In questo ambito esistono due posizioni: una che rivendica l'autonomia della sensazione, e una che la risolve senza residui nella PERCEZIONE (v.).

a) La prima posizione è sostenuta dalla psicologia a orientamento fisiologico che identifica la sensazione con la SENSIBILITÀ (v.), ossia con la stimolazione degli organi di senso che, a livello dei centri nervosi superiori, produce la rilevazione delle tracce provocate dagli stimoli raccolti dagli apparati sensoriali e propriocettivi. Questa tesi è sostenuta in ambito psicologico da Wilhelm Maximilian Wundt e da Edward Bradford Titchener, rappresentanti dell'elementarismo (v. INTROSPEZIONISMO), un orientamento di pensiero secondo il quale la sensazione si riferisce ai dati elementari della coscienza sensibile che non possono essere scomposti in elementi più semplici, mentre la percezione è un processo più complesso che unifica una molteplicità di sensazioni. In ambito psicofisico Ernst Heinrich Weber e Gustav Theodor Fechner elaborarono una legge, detta appunto di Weber-Fechner (v. WEBER-FECHNER, LEGGE DI), per la misurazione della sensazione.

b) La seconda posizione è invece quella sostenuta dalla PSICOLOGIA DELLA GESTALT (v.), che risolve senza residui la sensazione nella *percezione* perché, come scrive Agostino Gemelli, «per lo psicologo non esiste la sensazione pura, essa è un'astrazione: per lo psicologo esiste la stimolazione dei recettori sensoriali, che è un fatto biologico, ed esiste la percezione che è il prodotto di un processo complesso, in cui i dati sensoriali sono elaborati, modificati, trasformati sino a dare la conoscenza di un determinato oggetto percepito in quelle determinate condizioni» (1952, pp. 52-53). In altri termini, l'individuo può solo entrare in contatto con la "realtà oggettiva" degli stimoli attraverso la sua "realtà soggettiva" che richiede l'integrazione della sensazione con altri elementi di natura mnestica, affettiva, esperienziale che rendono indiscernibile il dato sensoriale dal dato percettivo.

2. PSICOLOGIA ANALITICA. Carl Gustav Jung considera «la sensazione identica alla percezione. [...] Essa da un lato è un elemento della rappresentazione in quanto trasmette l'immagine percettiva dell'oggetto esterno alla rappresentazione, dall'altro un elemento del sentimento, in quanto conferisce al sentimento stesso il carattere di affetto mediante la percezione delle alterazioni somatiche. In quanto trasmette alla coscienza le alterazioni somatiche, la sensazione rappresenta anche gli istinti fisiologici; ma non è loro identica, essendo una funzione meramente percettiva. [...] Sensazione e intuizione rappresentano per me una coppia di opposti, ovvero due funzioni che si compensano a vicenda come il pensiero e il sentimento. La funzione del pensare e quella del sentire si sviluppano, come funzioni autonome, sia ontogeneticamente che filologicamente, dalla sensazione. La sensazione, in quanto fenomeno elementare, è un semplice dato di fatto non sottoposto alle leggi della ragione, all'opposto del pensiero e del sentimento. Io la considero perciò una *funzione irrazionale*, e ciò benché l'intelletto riesca a ordinare un gran numero di sensazioni in un complesso razionale. Un individuo che orienta il suo atteggiamento generale secondo il principio della sensazione appartiene al *tipo sensoriale*» (1921, pp. 478-480). Il tipo di sensazione, a seconda dell'atteggiamento, può essere estroverso e allora è catturato da tutto ciò che gli proviene dalla percezione degli oggetti esterni, o introverso, e allora «si orienta in base all'intensità della componente sensoriale soggettiva messa in azione dallo stimolo obiettivo. In questo caso non è mai possibile prevedere dal di fuori ciò che produrrà un'impressione e ciò che non la produrrà» (ivi, p. 400). Per ulteriori chiarimenti si vedano le voci ATTEGGIAMENTO, § 2; FUNZIONE, § 2, *b*; TIPOLOGIA, § 2.

Bibliografia

Fechner G. Th., *Elemente der Psychophysik* (1860), Breitkopf und Härtel, Leipzig 1889.
Gemelli A., *Introduzione alla psicologia*, Vita e Pensiero, Milano 1952.
Jung C. G., *Tipi psicologici* (1921), in *Opere* (1969-2007), Bollati Boringhieri, Torino, vol. VI.
Ludel J., *I processi sensoriali* (1978), il Mulino, Bologna 1981.
Mach E., *L'analisi delle sensazioni e il rapporto fra fisico e psichico* (1886-1890), Feltrinelli, Milano 1975.

Piéron H. L. Ch., Chocholle R., Leplat J., *Sensazione e motilità*, in P. Fraisse, J. Piaget (a cura di), *Trattato di psicologia sperimentale* (1963-1968), Einaudi, Torino 1972-1979, vol. II.
Titchener E. B., *Experimental psychology. A manual of laboratory practice*, Macmillan, New York 1901-1905.
Wundt W. M., *Beiträge zur Theorie der Sinneswahrnehmung* (1858-1862), C. F. Winter, Leipzig-Heidelberg 1862.

Sensibilità (ingl. *Sensitivity*; ted. *Empfindlichkeit*; fr. *Sensibilité*; sp. *Sensibilidad*). Capacità di un RECETTORE (v.) di rispondere in modo selettivo e differenziato a stimolazioni sensoriali. Si è soliti distinguere una *sensibilità generale*, suddivisa in *somatica* e *viscerale*, distribuita in tutto il corpo e collegata a recettori sparsi, con uno scarso o modesto grado di differenziazione, e delle *sensibilità speciali* distinte in *visiva*, *acustica*, *statocinetica*, *olfattiva* e *gustativa*. Rinviando, per la trattazione delle sensibilità speciali, alle voci relative al sistema visivo (v. VISIVO, SISTEMA), acustico (v. UDITIVO, SISTEMA), vestibolare (v. VESTIBOLARE, SISTEMA), olfattivo (v. OLFATTIVO, SISTEMA) e gustativo (v. GUSTATIVO, SISTEMA), qui ci occuperemo della sensibilità generale che, dal punto di vista somatico, comprende due sistemi: la *sensibilità cutanea*, distinta in *tattile*, *termica* e *dolorifica*, proveniente dai recettori situati nello spessore dei tessuti cutanei, e la *sensibilità profonda o propriocettiva*, proveniente dai recettori situati nei muscoli, nei tendini, nei legamenti, nelle articolazioni e nelle ossa, che si suole distinguere in *conscia* e *inconscia*. Dal punto di vista evolutivo la sensibilità cutanea suole essere distinta in *protopatica*, che è la prima a comparire nella serie animale, ha una localizzazione approssimativa e comprende la sensibilità tattile indiscriminata, la termica e la dolorifica, e in *epicritica*, di comparsa più recente, localizzata con precisione e che comprende la sensibilità tattile discriminativa, la termica alle temperature intermedie e, forse, una componente della sensibilità profonda discriminativa. Per integrare le varie classificazioni Giuseppe Girotti adotta questo schema:

- Sensibilità generale
  - somatica
    - cutanea
      - tattile-epicritica
      - tattile, termica, dolorifica } protopatica
    - profonda o propriocettiva
      - conscia
      - inconscia
  - viscerale o interocettiva
- Sensibilità speciali
  - visiva
  - acustica
  - statocinetica
  - olfattiva
  - gustativa

1. LA SENSIBILITÀ CUTANEA O ESTEROCETTIVA. Questa sensibilità utilizza molteplici recettori che possono essere o semplici ramificazioni terminali di fibre nervose o microscopici corpuscoli che inglobano una terminazione nervosa. Essendo questi recettori frammisti e diffusi in tutta la superficie cutanea, la finezza con cui vengono avvertite le impressioni relative al contatto, alla pressione, al caldo, al freddo e al dolore in ciascuna zona è in rapporto con la densità locale dei recettori propri di quella zona. Le fibre appartenenti alla sensibilità tattile *protopatica* passano nel lato del midollo opposto al lato d'origine, salendo fino al talamo e da qui alla corteccia del lobo parietale nella regione denominata area sensitivo-somatica. Le fibre, invece, appartenenti alla sensibilità tattile *epicritica* proseguono sino al bulbo; qui terminano in corrispondenza di cellule le cui fibre procedono, portandosi controlateralmente, fino al talamo, dove altri neuroni conducono gli impulsi fino all'area sensitivo-somatica. In tutti i sistemi sensitivo-somatici la rappresentazione corticale si stabilisce nell'area dell'emisfero opposto al lato del corpo in cui si trovano i recettori d'origine.

2. LA SENSIBILITÀ PROFONDA O PROPRIOCETTIVA. Questa sensibilità proviene dai recettori situati nell'apparato muscolare e scheletrico e concerne informazioni sul grado di trazione e di tensione dei muscoli, dei tendini, delle fasce connettivali e sulla posizione e il movimento delle varie parti del corpo. Questa forma di sensibilità comprende una *modalità conscia*, che segue la stessa via della sensibilità tattile epicritica e a cui sono riferibili le impressioni soggettive circa la posizione e il movimento degli arti, e una *modalità inconscia*, che segue le vie dirette al cervelletto, fornendo le informazioni necessarie alla sua funzione di coordinamento della motricità.

3. LA SENSIBILITÀ VISCERALE O INTEROCETTIVA. Proviene dai recettori situati nei visceri e nelle pareti dei vasi sanguigni. È considerata parte del sistema vegetativo, anche se è poco conosciuta, e discussa è la sede della sua rappresentazione corticale.

4. CARATTERISTICHE DELLA SENSIBILITÀ. Le sensazioni differiscono tra loro per:

a) *qualità*, ossia possono essere tattili, dolorifiche, visive, uditive ecc. Le differenti qualità sensoriali non sono mediate da una presunta energia specifica dei vari nervi, bensì dai diversi sistemi di sensibilità implicati, quindi dai diversi recettori periferici e dalle diverse aree di proiezione corticali ove giungono i messaggi;

b) *intensità*, ossia per il diverso numero di impulsi che percorre ciascuna fibra nell'unità di tempo e per il diverso numero di fibre eccitate nell'ambito di una data via afferente. Entrambi questi fattori variano in funzione dell'intensità della stimolazione agente sui recettori;

c) *durata*, che dipende direttamente dal tempo della stimolazione e dai suoi effetti fisiologici condizionati dall'interferenza di fenomeni quali l'ADATTAMENTO (v.) e l'ABITUAZIONE (v.). Per la misurazione della sensazione si ricorre al concetto di SOGLIA (v.), atto a individuare una caratteristica variazione della sensazione da uno stimolo minimo, in grado di suscitare una sensazione, a quello superiore al di là del quale la sensazione non aumenta più o scompare.

5. ANESTESIA, IPERESTESIA, IPOESTESIA. Di fronte agli stimoli sensoriali possono darsi delle variazioni in eccesso (*iperestesia*) o in difetto (*ipoestesia*) in seguito ad alterazioni periferiche o centrali. Dette variazioni, che possono essere studiate e misurate con i metodi messi a punto dall'*estesiometria*, possono essere anche di tipo qualitativo come nel caso della *parestesia*, che è un'alterazione soggettiva della sensibilità, caratterizzata da ritardo nella percezione o da sensazioni particolari come formicolio o crampi, oppure di tipo specifico come la *paraptia*, che è un'alterazione della sensibilità tattile. In presenza di un'insensibilità totale, si parla di *anestesia* che, generalizzata nella NARCOSI (v.), può essere indotta, in modo totale o localizzato ad aree circoscritte, con sostanze farmacologiche che interrompono fasci di conducibilità nervosa. In senso traslato, il termine anestesia ricorre in *sessuologia* per indicare l'incapacità a provare piacere a livello genitale (v. FRIGIDITÀ) e in *tipologia* costituzionale, dove Ernst Kretschmer distingue il "tipo anestetico" per indicare un soggetto freddo ed emozionalmente povero "per perdita di immediatezza tra stimolo affettivo e reazione motoria", e il "tipo iperestetico" per indicare un soggetto timido, ipersensibile, nervoso, insicuro, appartenente alla categoria degli schizotimici (v. TIPOLOGIA, § 1, *b*).

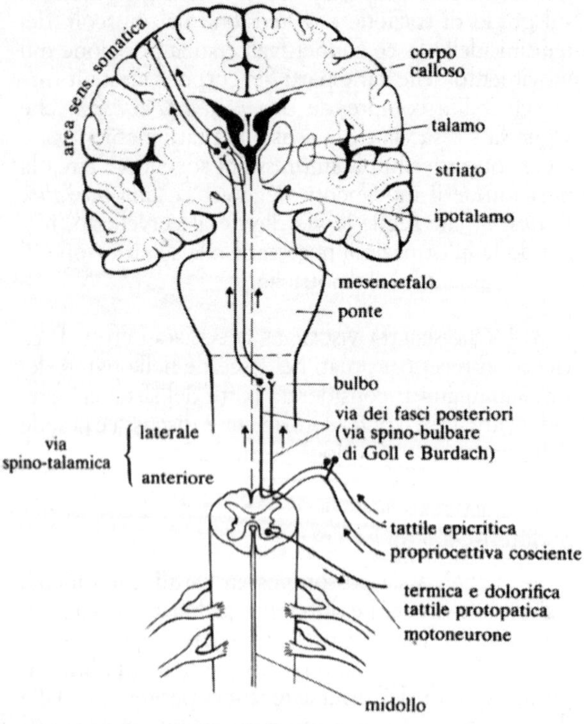

Le vie della sensibilità generale somatica.

Bibliografia

Benedetti G., *Neuropsicologia. Le attività psichiche in una sintesi di psicologia sperimentale, neurofisiologia e psichiatria*, Feltrinelli, Milano 1969.

Fechner G. Th., *Elemente der Psychophysik* (1860), Breitkopf und Härtel, Leipzig 1889.

Girotti G., *I fondamenti fisiologici dell'attività psichica*, in L. Ancona (a cura di), *Nuove questioni di psicologia*, La Scuola, Brescia 1972, vol. II, pp. 747-868.

Kandel E. R., Schwartz J. H., Jessell Th. M., *Principi di neuroscienze* (1981), Ambrosiana Editrice, Milano 2003.

Ludel J., *I processi sensoriali* (1978), il Mulino, Bologna 1981.

Stevens S. S., *Psychophysics of sensory function*, in W. A. Rosenblith (a cura di), *Sensory communication*, Wiley, New York 1961.

Weber E. H., *De pulsu, resorptione, auditu et tactu. Annotationes anatomicae et physiologicae*, F. Koehler, Leipzig 1834.

Sensitività (ingl. *Sensitiveness*; ted. *Empfindungsfähigkeit*; fr. *Sensitivité*; sp. *Sensitividad*). Termine impiegato in parapsicologia in riferimento a capacità dette "paranormali" che consentono di percepire stimoli normalmente non avvertiti dagli organi di senso. Rientrano nella percezione extrasensoriale, di cui è dotato il sensitivo, la chiaroveggenza, la precognizione e la telepatia (v. PARAPSICOLOGIA, § 1). Il sensitivo va distinto dal MEDIUM (v.), che interagisce con i trapassati.

Senso (ingl. *Meaning*; ted. *Sinn*; fr. *Sens*; sp. *Sentido*). Quando non è riferito agli organi di senso (v. SENSO, ORGANI DI), il termine riguarda il significato che per ciascuno assume la propria esistenza e il mondo in cui si esprime. Su questa accezione di "senso" hanno particolarmente insistito:

1. LA FENOMENOLOGIA. Secondo questo orientamento l'uomo, a differenza dell'animale, è originariamente aperto al senso (*Sinn*), inteso come

orizzonte al cui interno ognuno fissa determinati significati (*Bedeutungen*) in cui esprime la propria esistenza. Il senso non è già dato, ma ogni volta conferito, ed è in questa accezione che la fenomenologia parla dell'uomo come di un donatore di senso (*Sinngebung*). Sotto questo profilo le diverse malattie mentali possono essere lette come altrettante modalità in cui il soggetto si rivela incapace di conferire senso all'esistenza e al mondo che essa inaugura (v. ANALISI ESISTENZIALE, §§ 2-3).

2. LA PSICOLOGIA ANALITICA. In questo ambito si ritiene che la capacità di reperire un senso sia la funzione specifica della psiche, così come l'incapacità di trovarlo la causa di fondo delle psiconevrosi. In proposito Carl Gustav Jung scrive: «La psiconevrosi è in ultima analisi una sofferenza della psiche che non ha trovato il proprio senso. Ma dalla sofferenza della psiche deriva ogni creazione spirituale e ogni progresso dell'uomo spirituale; e la sofferenza è dovuta al ristagno spirituale, alla sterilità psichica» (1932, p. 314). Partendo da queste premesse, Jung non accetta di leggere le nevrosi esclusivamente dal punto di vista causale come voleva il metodo di Sigmund Freud, e perciò inaugura il metodo costruttivo (v. COSTRUTTIVO, METODO) volto al reperimento del senso, in assenza del quale si istituisce la nevrosi. Detto senso, non essendo una verità assoluta ma un'interpretazione della coscienza individuale, ha i tratti del mito personale, all'interno del quale la vita di ciascuno trova il suo senso.

3. LA PSICOLOGIA UMANISTICA, che ha i suoi maggiori esponenti in John Cohen, Abraham Harold Maslow, Rollo May, Henry Alexander Murray, Viktor Emil Frankl, incentra il percorso terapeutico in ordine alla ricerca di senso ritenuta essenziale per la conduzione dell'esistenza di chiunque. Frankl scrive in proposito: «La vita è potenzialmente significativa sotto qualsiasi condizione, piacevole o miserabile, e questa pietra angolare di questa dottrina logoterapeutica [...] è stata corroborata su basi rigorosamente empiriche, attraverso test e statistiche con decine di migliaia di soggetti. Il risultato complessivo delle ricerche [...] è che il senso è per principio disponibile a ogni persona indipendentemente dal sesso, dall'età, dal quoziente di intelligenza, dal grado di istruzione, dalla struttura della personalità, dall'ambiente e, ultimo ma non da ultimo, indipendentemente dall'essere religioso o meno e, se sì, indipendentemente dalla confessione di appartenenza. Coloro che soffrono di sindromi ossessive-compulsive e fobiche da trattarsi con intenzione paradossa sono solo una minoranza. La maggioranza, tuttavia, non è silenziosa. Per chi sa ascoltare, essa è piuttosto una maggioranza che invoca, invoca un senso! Per troppo tempo quell'invocazione è rimasta inascoltata. La psicoterapia deve dare ascolto all'inascoltata invocazione di un senso» (1985, p. 123).

Bibliografia

Binswanger L., *Funzione della vita e storia della vita interiore* (1928), in Id., *Per un'antropologia fenomenologica. Saggi e conferenze psichiatriche* (1921-1941), Feltrinelli, Milano 1970.

Cohen J., *Psicologia umanistica* (1958), Giunti Barbera, Firenze 1964.

Deleuze G., *Logica del senso* (1969), Feltrinelli, Milano 1975.

Frankl V. E., *Senso e valori per l'esistenza* (1947), Città Nuova, Roma 1998.

–, *Logos, paradosso e ricerca di senso* (1985), in Id., *La sfida del significato. Analisi esistenziale e ricerca di senso* (1946-1996), Erickson, Trento 2005.

Jung C. G., *I rapporti della psicoterapia con la cura d'anime* (1932), in *Opere* (1969-2007), Bollati Boringhieri, Torino, vol. XI.

Maslow A. H., *Verso una psicologia dell'essere* (1968), Astrolabio-Ubaldini, Roma 1971.

May R., *La psicologia e il dilemma umano* (1967), Astrolabio, Roma 1970.

Merleau-Ponty M., *Senso e non senso* (1948), il Saggiatore-Garzanti, Milano 1962.

Murray H. A., *Explorations in personality*, Oxford University Press, New York 1938.

Straus E. W., *Vom Sinn der Sinne. Ein Beitrag zur Grundlegung der Psychologie*, Springer, Berlin 1956.

Totaro F., *Produzione di senso. Forme del valore e dell'ideologia*, Vita e Pensiero, Milano 1979.

Senso comune, v. BUON SENSO.

Senso di sé (ingl. *Sense of self*; ted. *Selbstwahrnehmung*; fr. *Sens de soi-même*; sp. *Sentido de sí mismo*). Stato interiore caratterizzato dalla consapevolezza di sé. Nell'ambito della neurobiologia interpersonale Daniel J. Siegel distingue un senso di sé *a*) *ansioso*, caratterizzato dall'assenza di un senso di identità coerente, dominato da un vissuto d'ansia e talvolta di agitazione tipico di chi nell'infanzia ha avuto un attaccamento ansioso o ambivalente (v. ATTACCAMENTO), *b*) *frammentato*, caratterizzato da una sensazione interiore di discontinuità e disgregazione. Può manifestarsi nelle esperienze di lutto, di trauma irrisolto e nei vissuti dissociativi; *c*) *disconnesso*, caratterizzato da una mancanza di consapevolezza dei propri ricordi, delle sensazioni corporee e delle emozioni. È frequente in persone dal comportamento evitante o distanziante.

Bibliografia

Siegel D. J., *Mappe per la mente. Guida alla neurobiologia interpersonale* (2012), Raffaello Cortina, Milano 2014.

Senso, Organi di (ingl. *Sense organs*; ted. *Sinnesorgane*; fr. *Organes de sens*; sp. *Órganos de los sentidos*). Sistemi sensibili a determinati stimoli provenienti dall'ambiente esterno. Recettori specializzati traducono tali stimoli in impulsi nervosi (v. RECETTORE). Se ne distinguono cinque particolarmente differenziati illustrati alla voce SENSIBILITÀ (v.): il sistema gustativo (v. GUSTATIVO, SISTEMA), olfattivo (v. OLFATTIVO, SISTEMA), tattile, uditivo (v. UDITIVO, SISTEMA), visivo (v. VISIVO, SISTEMA), per la cui trattazione si vedano le voci specifiche.

Senso relazionale (ingl. *Relational sense*; ted. *Relational Sinn*; fr. *Sens relationnel*; sp. *Sentido relacional*). Termine impiegato nell'ambito della neurobiologia relazionale da Daniel J. Siegel che definisce il senso relazionale come «l'ottavo senso che si riferisce al meccanismo sensoriale con cui percepiamo il legame che ci unisce ad altre persone o entità oltre i confini corporei del Sé. I primi cinque sensi (vista, udito, olfatto, gusto, tatto) ci consentono di percepire il mondo esterno; il "sesto senso" – l'introcezione – ci permette di percepire gli stati interni del corpo (muscoli, scheletro, visceri, ossia gli organi interni come cuore, polmoni e intestino); il "settimo senso" è la percezione delle attività mentali; infine l'"ottavo senso" è appunto quello relazionale» (2012, pp. 48-49).

Bibliografia

Siegel D. J., *Mappe per la mente. Guida alla neurobiologia interpersonale* (2012), Raffaello Cortina, Milano 2014.

Sensorium. Termine latino utilizzato in senso specifico per indicare la sede centrale delle sensazioni localizzata nella circonvoluzione parietale ascendente (o post centrale), in senso generico per l'intero apparato sensoriale del corpo. Si definisce *integro* il sensorio di una persona conscia di sé e orientata nel tempo e nello spazio, *alterato* quello di una persona confusa e disorientata.

Sensualità (ingl. *Sensuality*; ted. *Sinnlichkeit*; fr. *Sensualité*; sp. *Sensualidad*). Condizione soggettiva o oggettiva connessa con la sollecitazione dei sensi e con il piacere ad essa associato, con particolare riferimento alla dimensione erotica o estetica. Il termine assume un significato più specifico con Sigmund Freud, che distingue una corrente di TENEREZZA (v.) dei genitori che «concorre in grande misura ad accrescere nel bambino i contributi dell'erotismo agli investimenti delle pulsioni dell'Io e a portarli a un livello che acquista necessariamente importanza nel successivo sviluppo, soprattutto se vi cooperano determinate altre circostanze. Queste fissazioni di tenerezza del bambino continuano per tutta l'infanzia e implicano ogni volta dell'erotismo, che in tal modo viene distolto dalle sue mete sessuali. Nel periodo della pubertà si aggiunge ad esse la potente corrente "sensuale", che non disconosce più le sue mete. A quel che pare essa non tralascia mai di percorrere le vie precedenti e di investire ora con importi libidici molto più forti gli oggetti della scelta infantile primaria» (1910-1917, p. 423).

Bibliografia

Freud S., *Contributi alla psicologia della vita amorosa* (1910-1917), in *Opere* (1967-1993), Bollati Boringhieri, Torino, vol. VI.

Sentimento (ingl. *Feeling*; ted. *Gefühl*; fr. *Sentiment*; sp. *Sentimiento*). Risonanza affettiva meno intensa della PASSIONE (v.) e più duratura dell'EMOZIONE (v.), con cui il soggetto vive i propri stati soggettivi e gli aspetti del mondo esterno. In psicologia il sentimento è stato oggetto di analisi fenomenologiche e di considerazioni specifiche nell'ambito della psicologia del profondo.

1. FENOMENOLOGIA. In questo campo i contributi più significativi sono quelli di Max Scheler che, partendo dal motivo pascaliano secondo cui "il cuore ha ragioni che la ragione non conosce", rivendica uno specifico tratto conoscitivo della dimensione sentimentale che consiste nel modo di apprendere, acquisire e atteggiarsi di fronte a uno stato emotivo. Inoltre, mentre lo stato emotivo ha un legame *causale* con l'evento che l'ha prodotto, il sentimento è originariamente aperto al suo oggetto che è il *valore* dell'evento, per cui soffriamo di non poterci rallegrare quanto il valore dell'evento meriterebbe, o viceversa. Prima di qualsiasi morale, religione e filosofia, il sentimento istituisce i valori che si distribuiscono in una scala promossa dai sentimenti connessi con la percezione (*Empfindungsgefühle*) come il piacere e il dolore; dai sentimenti vitali (*Lebensgefühle*) come la pienezza, il vuoto interiore, la tensione; dai sentimenti animici (*seelische Gefühle*) come l'amore, l'odio, la gioia, la tristezza, e dai sentimenti spirituali (*geistige Gefühle*) relativi al senso dell'esistenza e del mondo, come la speranza, la disperazione, la beatitudine, l'estasi.

Anche Martin Heidegger coglie nella situazione affettiva (*Befindlichkeit*) una caratteristica ontologica dell'esistenza umana in cui si esprime la tonalità emotiva con cui l'uomo è aperto al mondo: la situazione affettiva «non solo caratterizza ontologicamente l'Esserci, ma, in virtù del suo aprire, assume un'importanza metodica fondamentale per l'analitica esistenziale» (1927, p. 232). La situazione affettiva designa quel "trovarsi lì" (*be-finden*) dell'uomo nella sua apertura al mondo, che è un'apertura sempre sentimentalmente determinata: «Ciò che in sede ontologica designiamo con l'espressione "situazione emotiva" è anticamente notissimo e quotidianissimo sotto il nome di tonalità emotiva, umore» (ivi, p. 225). Tra i sentimenti ontologici fondamentali Heidegger menziona la NOIA (v.), la GIOIA (v.) e l'angoscia (v. ANGOSCIA – ANSIA, § 1), la cui caratteristica è di insorgere in presenza della totalità, e non di questo o quell'oggetto. A tale tematica si riallaccia anche Jean-Paul Sartre con le sue analisi relative al sentimento della NAUSEA (v.), in cui si rivela l'impenetrabilità del mondo e il tratto insignificante dell'esistenza umana.

2. PSICOLOGIA ANALITICA. Carl Gustav Jung annovera il sentimento fra le quattro funzioni psichiche fondamentali (v. FUNZIONE, § 2, *b*); pensiero e sentimento sono definiti razionali (v. GIUDIZIO, § 3), mentre sensazione e intuizione irrazionali: «Il sentimento è anzitutto un processo che si svolge fra l'Io e un dato contenuto, e precisamente un processo che conferisce al contenuto un determinato *valore* nel senso di un'accettazione o di un rifiuto ("piacere" o "dolore"). [...] Il sentire è anche una sorta di *giudizio*, diverso tuttavia dal giudizio fondato sul pensiero, in quanto non si produce con l'intenzione di stabilire un nesso concettuale, ma avendo di mira un'accettazione o un rifiuto anzitutto di carattere soggettivo. [...] Il sentimento si distingue dall'*affetto* per il fatto che esso non provoca innervazioni somatiche avvertibili, ossia ne provoca quanto un comune processo di pensiero, né più né meno» (1921, pp. 480-481). Jung distingue inoltre un sentimento *attivo*, come amare, da uno *passivo*, come essere innamorato, e precisa: «A rigore solo il sentire attivo, indirizzato, può essere designato come razionale, mentre il sentire passivo è *irrazionale*, in quanto produce valori senza la partecipazione e in alcuni casi addirittura contro l'intenzione del soggetto» (ivi, p. 483). Componendosi con l'ATTEGGIAMENTO (v. § 2), estroverso o introverso, il sentimento configura una tipologia psicologica (v. TIPOLOGIA, § 2) dove i tipi di sentimento si distinguono a seconda che il loro sentire sia promosso dagli oggetti esterni (estroverso) o dalla loro risonanza interiore (introverso).

3. PSICOLOGIA INDIVIDUALE. Alfred Adler parla di sentimento a proposito: *a*) della *personalità*, con riferimento al complesso delle risonanze emotive generate dall'immagine o valutazione, con vari gradi di obiettività o distorsione, della propria personalità; *b*) della *malattia*, con riferimento al modo di viverla inserendola più o meno nel proprio stile di vita; *c*) di *inferiorità*, dove si esprime una condizione di inadeguatezza e di disagio che nasce da un'obiettiva o fittizia condizione di inferiorità derivante da confronti interpersonali negativi (v. INFERIORITÀ, § 1); *d*) di *insicurezza*, in cui l'individuo avverte una situazione esterna di pericolo che non è in grado di padroneggiare (v. INSICUREZZA), e infine *e*) di *sentimento sociale*, che è un'istanza innata nell'uomo che determina un bisogno di cooperazione e di compartecipazione emotiva con i suoi simili (v. PSICOLOGIA INDIVIDUALE).

Bibliografia

Adler A., *Psicologia individuale e conoscenza dell'uomo* (1926), Newton Compton, Roma 1975.
Andolfi M., Angelo C., De Nichilo M. (a cura di), *Sentimenti e sistemi*, Raffaello Cortina, Milano 1996.
Böhme H., *Sentimento*, in Ch. Wulf (a cura di), *Cosmo, corpo, cultura. Enciclopedia antropologica* (1997), Bruno Mondadori, Milano 2002, pp. 532-555.
Deutsch H., Roazen P., Zilboorg G., *Il sentimento assente* (1933-1989), Bollati Boringhieri, Torino 1992.
Heidegger M., *Essere e tempo* (1927), Utet, Torino 1978.
–, *Che cos'è la metafisica?* (1929), in Id., *Segnavia*, Adelphi, Milano 1987.
Jung C. G., *Tipi psicologici* (1921), in *Opere* (1969-2007), Bollati Boringhieri, Torino, vol. VI.
Moser T., *Grammatica dei sentimenti. Congetture sui primi anni di vita* (1979), Raffaello Cortina, Milano 1991.
Pasini W., *La qualità dei sentimenti*, Mondadori, Milano 1991.
Rossena M., *La rivincita del sentimento. Una psicoterapia del quotidiano per ripristinare la civiltà degli affetti*, Idelson-Gnocchi, Napoli 1998.
Sartre J.-P., *La nausea* (1938), Einaudi, Torino 1974.
–, *L'essere e il nulla* (1943), il Saggiatore, Milano 1968.
Scheler M., *Essenza e forme della simpatia* (1923), Città Nuova, Roma 1980.
Slepoj V., *Capire i sentimenti*, Mondadori, Milano 1996.

Separazione (ingl. *Separation*; ted. *Trennung*; fr. *Séparation*; sp. *Separación*). Distacco che può essere accompagnato da angoscia per il timore di perdere la persona amata o ritenuta indispensabile per soddisfare il proprio bisogno di protezione e cura. Secondo Otto Rank, detta angoscia è una ripresa dell'esperienza traumatica che ha caratterizzato la separazione dal corpo materno in occasione della nascita (v. TRAUMA, § 4). Per Michael Balint, invece, è una reiterazione dell'angoscia primaria (v. ANGOSCIA – ANSIA, § 2, *g*), avvertita quando la libido investita sulla madre è rimasta inutilizzata per l'assenza di questa. Dello stesso avviso è René Árpád Spitz, per il quale la separazione può assumere nel bambino forme patologiche fino alla depressione anaclitica (v. ANACLISI, § 3), mentre nell'adulto, secondo l'ipotesi di Melanie Klein, è una ripresa dell'angoscia depressiva o persecutoria, per difendersi dalla quale si ha bisogno della presenza di un'altra persona: o come difesa contro il timore di perdere il contatto con l'oggetto interno capace di proteggere, o contro il timore di non riuscire a padroneggiare una crescente tensione pulsionale interna (v. KLEINIANA, TEORIA, § 2).

Jacques Lacan considera la separazione come un tratto tipico di ogni soggetto che, nel suo essere parlante, è sempre separato dal significato del suo stesso dire. Questa separazione non è una conseguenza patogena, ma rappresenta la normale struttura del soggetto lacaniano, indicato con la sigla "$".

Il DSM-5 segnala, tra i criteri che caratterizzano il *disturbo d'ansia da separazione*: «*a*) Ricorrente ed eccessivo disagio quando si prevede o si sperimenta la separazione da casa o dalle principali figure di attaccamento; *b*) persistente ed eccessiva preoccupazione riguardo alla perdita delle figure di attaccamento, o alla possibilità che accada loro qualcosa di dannoso, come malattie, ferite, catastrofi o morte; *c*) persistente ed eccessiva preoccupazione riguardo al fatto che un evento imprevisto comporti separazione dalla principale figura di attaccamento (per es. perdersi, essere rapito/a, avere un incidente, ammalarsi» (2013, p. 219). Seguono indicazioni di altre caratteristiche come la riluttanza a uscire di casa, a stare da soli, a dormire fuori casa, a cui si aggiungono talvolta incubi che implicano il tema della separazione e/o sintomi fisici come mal di testa, dolori allo stomaco, nausea, vomito.

Bibliografia

Balint M., *L'amore primario* (1952), Raffaello Cortina, Milano 1991.

Bowlby J., *Attaccamento e perdita*, vol. I: *L'attaccamento alla madre*, vol. II: *La separazione dalla madre*, vol. III: *La perdita della madre* (1969-1980), Bollati Boringhieri, Torino 1976-1983.

DSM-5: American Psychiatric Association (APA), *DSM-5. Manuale diagnostico e statistico dei disturbi mentali* (2013), Raffaello Cortina, Milano 2014.

Klein M., *Alcune conclusioni teoriche sulla vita del bambino nella prima infanzia* (1952), in *Scritti 1921-1958*, Bollati Boringhieri, Torino 1978, pp. 454-459.

–, *Sull'osservazione del comportamento dei bambini nel primo anno di vita* (1952), in *Scritti 1921-1958*, cit., pp. 494-525.

Lacan J., *Il Seminario. Libro XI: I quattro concetti fondamentali della psicoanalisi, 1964*, Einaudi, Torino 1979.

–, *Posizione dell'inconscio* (1966), in *Scritti* (1936-1966), Einaudi, Torino 1974, vol. II.

Rank O., *Il trauma della nascita e il suo significato psicoanalitico* (1924), Guaraldi, Rimini 1972.

Spitz R. Á., *Il primo anno di vita del bambino* (1958), Editrice Universitaria, Firenze 1962.

Stern D. N., *Le interazioni madre-bambino. Nello sviluppo e nella clinica* (1971-1998), Raffaello Cortina, Milano 1998.

–, *La costellazione materna. Il trattamento psicoterapeutico della coppia madre-bambino* (1982), Bollati Boringhieri, Torino 1995.

Winnicott D. W., *I bambini e le loro madri* (1987, edito postumo), Raffaello Cortina, Milano 1987.

Sequenziale, Analisi, v. ANALISI SEQUENZIALE.

SER (*Risposta Evocata Somato-sensitiva*), v. POTENZIALI EVOCATI.

Serie complementare (ingl. *Complementary series*; ted. *Ergänzungsreihe*; fr. *Série complémentaire*; sp. *Serie complementaria*). Espressione introdotta da Sigmund Freud in ordine alla controversia se "le nevrosi sono malattie endogene o esogene". La risposta di Freud prevede che «dal punto di vista eziologico i casi di malattie nevrotiche si dispongono in una serie entro la quale entrambi i fattori costituzione sessuale ed esperienza, oppure, se preferite, fissazione della libido e frustrazione sono presenti in modo tale che quando l'uno cresce, l'altro diminuisce. A un capo della serie vi sono i casi estremi, dei quali potete dire con convinzione: questi individui, in seguito al singolare sviluppo della loro libido, si sarebbero ammalati in ogni caso, quali che fossero state le loro esperienze, per quanto accuratamente la vita li avesse risparmiati. All'altro capo vi sono i casi di coloro a proposito dei quali, viceversa, dovete ritenere che sarebbero certamente scampati alla malattia se la vita non li avesse messi in questa o in quella situazione. Nei casi all'interno della serie, un più o un meno di costituzione sessuale predisponente si combina con un meno o un più di esigenze infauste della vita» (1915-1917, pp. 503-504).

Bibliografia

Freud S., *Introduzione alla psicoanalisi* (1915-1917), in *Opere* (1967-1993), Bollati Boringhieri, Torino, vol. VIII.

Serotonina, v. ENDOCRINO, SISTEMA, § 9, *e*; NEUROTRASMETTITORE, § I, 1, c.

SES, v. STRATEGIE EVOLUTIVE STABILI.

Sessuale, Psicologia, v. PSICOLOGIA SESSUALE.

Sessualità (ingl. *Sexuality*; ted. *Sexualität*; fr. *Sexualité*; sp. *Sexualidad*). Complesso di caratteri fisici, funzionali, psichici e culturali atti alla perpetuazione della specie. Nell'uomo, l'atto sessuale si manifesta come un fenomeno molto complesso dove, accanto alle espressioni genetiche, alla funzionalità endocrina e nervosa, si aggiungono componenti psicologiche individuali e norme culturali che influenzano in maniera diversa il vissuto e la condotta sessuale di ciascun individuo.

1. BIOLOGIA. A livello organico, tre sono i sistemi che interagiscono nella determinazione e nella funzionalità sessuale: il sistema genetico, il sistema endocrino e il sistema nervoso, che Emilio Maura così descrive nel loro reciproco relazionarsi:

a) A livello genetico il sesso è determinato al momento della fecondazione. Nella specie umana i gameti femminili contengono ciascuno un cromosoma *X*, mentre i gameti maschili contengono per metà il cromosoma *X* e per l'altra metà il cromosoma *Y*. Nell'atto della fecondazione, se alla cellula uovo (*X*) si unisce lo spermatozoo con cromosoma *Y* si ha la combinazione *XY* che corrisponde all'individuo maschile, se si unisce lo spermatozoo con cromosoma *X* si ha la combinazione *XX* che corrisponde all'individuo femminile. Già a questo livello possono manifestarsi anomalie che incidono sulla differenziazione sessuale, come la mancanza del secondo cromosoma (soggetti *XO*) che ha il suo corrispondente clinico nella sindrome di Turner (v. TURNER, SINDROME DI), o come la presenza di un cromosoma in più (soggetti *XXY*) come nella sindrome di Klinefelter (v. KLINEFELTER, SINDROME DI).

b) A livello endocrino, dopo la sesta settimana di vita intrauterina incomincia la differenziazione dell'embrione di sesso maschile sotto l'influsso del testosterone (v. ENDOCRINO, SISTEMA, § 6, *a*) che inibisce lo sviluppo di strutture femminili. Il testosterone, agendo sull'IPOTALAMO (v.), ne determina il funzionamento in direzione maschile, mentre le correlazioni tra il sistema ipotalamico e il sistema limbico (v. LIMBICO, SISTEMA) sono responsabili in età adulta dell'EREZIONE (v.) e dell'ORGASMO (v.). Sul versante femminile l'influsso dell'ipotalamo sull'ipofisi consente a quest'ultima, attraverso le gonadotropine, di stimolare le gonadi (v. ENDOCRINO, SISTEMA, § 6), determinando la maturazione del follicolo e le modificazioni uterine responsabili del ciclo femminile (v. MESTRUAZIONE).

c) A livello nervoso il meccanismo dell'erezione e dell'eiaculazione è regolato dai sistemi simpatico (v. SIMPATICO, SISTEMA NERVOSO) e parasimpatico che determinano una vasodilatazione arteriosa e una contrazione venosa simultanea da cui dipende l'erezione del pene e del clitoride. Lesioni midollari o periferiche determinate da fenomeni dismetabolici, come ad esempio il diabete, da lesioni traumatiche o da processi degenerativi, come nel caso di sclerosi vasale, portano disturbi parziali o totali dell'erezione e dell'eiaculazione. Nella donna gli stimoli a livello clitorideo sono essenziali per determinare l'orgasmo che consiste in una scarica neuromuscolare circumvaginale, mentre nell'uomo la stimolazione deve interessare la testa e il corpo del pene, perché si abbia l'orgasmo, che consiste in spasmi clonici dei muscoli situati alla radice del pene e del perineo. Erezione e orgasmo sono determinati, oltre che da influssi spinali, ipotalamici e limbici, anche dall'azione che su questi esercita l'attività mnestica e fantasmatica corticale (v. ORGASMO, § 1).

2. PSICOANALISI. Siccome l'attività sessuale, a differenza di altre funzioni, ha bisogno dell'altro per potersi esprimere compiutamente, dal punto di vista psicologico l'evoluzione della sessualità coincide con l'evoluzione dei *processi relazionali*. In questo ambito il contributo più significativo è stato offerto dalla psicoanalisi che ha introdotto il concetto di sessualità infantile a partire dalla relazione duale madre-bambino. Ciò comporta un'*estensione del concetto di sessualità* che non è regolata esclusivamente dal funzionamento degli organi sessuali finalizzati al coito in vista della conservazione della specie, ma anche dal mondo della relazione che matura la personalità, portandola dalla condizione predatoria infantile e onnipotente allo sviluppo genitale che si concreta nell'incontro con l'altro, per poi trovare ulteriori espressioni mediate dalla simbolizzazione e dalla SUBLIMAZIONE (v.). A partire da questo criterio è possibile tracciare un itinerario detto "normale" della sessualità: esso percorre una fase ORALE (v. § 2), ANALE (v. § 2) e FALLICA (v.), nei primi anni di vita, per poi esprimersi nella complessità edipica (v. EDIPO, COMPLESSO DI) dove matura l'orientamento sessuale attraverso l'IDENTIFICAZIONE (v.) con il genitore dello stesso sesso che, vietando la relazione incestuosa (v. INCESTO, § 2) con il genitore di sesso opposto, favorisce, con il timore della CASTRAZIONE (v.), la formazione del SUPER-IO (v.), il quale interdice la soddisfazione immediata del desiderio, creando le condizioni per un'elaborazione simbolica dello stesso. Dopo una fase di LATENZA (v.), che dura fino alla pubertà, si accede alla fase genitale (v. GENITALE, § 2), dove trova attuazione il rapporto con l'altro nella forma sessuale compiuta.

In questo processo di maturazione possono aver luogo forme di FISSAZIONE (v.) ai diversi stadi dello sviluppo o forme di REGRESSIONE (v.) agli stessi stadi dove si è trovata un'eccessiva o una troppo carente soddisfazione. Gli effetti manifesti di questi processi sono visibili nelle cosiddette "perversioni" (v. PERVERSIONE), che sono deviazioni rispetto all'atto sessuale definito come coito (v. COPULAZIONE), ossia penetrazione genitale con una persona dell'altro sesso. Le "perversioni" si distinguono in base all'*oggetto* sessuale, come nei casi di PEDOFILIA (v.), ZOOERASTIA (v.), alla *zona corporea*, come nel coito orale, anale ecc., a *condizioni estrinseche* ritenute indispensabili per ottenere piacere, come il FETICISMO (v.), l'ESIBIZIONISMO (v.), la SCOPOFILIA (v.), il SADOMASOCHISMO (v.) e il TRAVESTITISMO (v.). La MASTURBAZIONE (v.) è considerata in parte fisiologica nell'itinerario che conduce dalla condizione narcisistica infantile alla condizione matura della relazione con l'altro, e patologica quando è indice di un difetto di relazione, o sintomo di disturbi mentali come la masturbazione sfrenata in casi di oligofrenia e schizofrenia.

Dalle perversioni vanno distinte le *insufficienze sessuali* in cui vi è un'alterazione solo quantitativa, come nell'IMPOTENZA (v.), nell'eiaculazione precoce (v. EIACULAZIONE), nella FRIGIDITÀ (v.), nel VAGINISMO (v.) e nella DISPAREUNIA (v.). Questi disturbi possono avere alla base cause fisiche e/o psichiche. Queste ultime possono generare un circolo vizioso, innescando processi d'ansia che inibiscono il normale svolgimento dell'atto sessuale.

3. ANTROPOLOGIA SOCIALE. Sia a livello biologico che a livello psicologico l'ambivalenza sessuale, l'attività e la passività, è inscritta come differenza nel corpo di *ogni* soggetto e non come termine assoluto legato a un determinato organo sessuale (v. BISESSUALITÀ). Ma questa ambivalenza sessuale profonda è stata culturalmente messa in secondo piano per le esigenze dell'organizzazione genitale e dell'ordine sociale. L'antropologia sociale, con i lavori di Bronisław Malinowski e di Claude Lévi-Strauss, ha mostrato che la cultura, soprattutto quella primitiva, ha sempre cercato di disperdere questa realtà irriducibile, per ridurla semiologicamente alla grande distinzione del maschile e del femminile, intesi come due sessi pieni, assolutamente distinti e opposti l'uno all'altro. Risolta la differenza dei sessi nella differenza degli organi sessuali, la distinzione maschile/femminile fu il primo principio d'ordine intorno a cui si organizzarono le culture primitive che, ad esempio, non conoscevano alcuna forma di lavoro a cui partecipassero insieme uomini e donne. L'opposizione sessuale, che diventa opposizione dello spazio e del tempo vissuti rispettivamente dall'uomo e dalla donna, si esprime in opposizione socio-economica tra un gruppo di produttori e un gruppo di raccoglitori-consumatori, per cui la differenza sessuale, se da un lato è la causa della *riproduzione della specie*, dall'altro è l'effetto della *produzione sociale*. E questo non solo nel senso che ogni riproduzione sessuale è sottoposta all'ordine di una cultura che controlla le nascite in base alle risorse del territorio, ma in quello più profondo secondo cui il dispositivo significante della differenza sessuale gioca a livelli che oltrepassano a tal punto le modalità biologiche della riproduzione da far ritenere, nella distribuzione dei ruoli e delle mansioni, che quella differenza sia più *sessuata* che *sessuale*.

Divieti sessuali sostanziano TABÙ (v.), riti (v. RITO) e miti (v. MITO), dividono lo spazio e il tempo in SACRO (v.) e profano, gli atti in puri e impuri (v. PURO – IMPURO), determinano le tappe della crescita come l'INIZIAZIONE (v.) che, nella forma di una rinascita simbolica, segna il passaggio dall'adolescenza all'età adulta, caratterizzata dalla relazione sessuale ordinata dall'esogamia (v. ENDOGAMIA – ESOGAMIA), che prevede lo scambio delle donne e la proibizione della relazione sessuale all'interno del gruppo visualizzata sotto il segno dell'INCESTO (v. § 1). Queste regole culturali fanno sì che la coppia parentale, paritaria sotto il profilo della generazione, diventi gerarchica nella rappresentazione sociale, per cui il concetto sociale di "madre" viene assorbito in quello biologico di "genitrice", mentre il significato biologico di "genitore" viene assorbito in quello sociale di "padre". Attraverso questa rappresentazione sociale il figlio interiorizza la sua identità sessuale insieme ai valori gerarchici della società in cui si trova a vivere. Questa interiorizzazione ha le sue ripercussioni in ambito psicologico in termini di vissuti e di comportamenti, quando non addirittura a livello biologico per l'influsso che le componenti psichiche hanno sui meccanismi fisiologici.

Bibliografia

Abraham G., Caruso C., *Sessuologia clinica*, Masson, Milano 1992.

Abraham G., Marrama P., Carani C., Gaillard J. M., *Psiconeuroendocrinologia del piacere* (1985), Masson, Milano 1986.

Abraham G., Pasini W., *Introduzione alla sessuologia medica* (1974), Feltrinelli, Milano 1975.

Amato S., *Sessualità e corporeità. I limiti dell'identificazione giuridica*, Giuffrè, Milano 1985.

Archer J., Lloyd B. B., *Sex and gender in society*, Penguin, Harmondsworth 1982.

Bataille G., *L'erotismo* (1957), Mondadori, Milano 1969.

Benagiano G., Pasini W. (a cura di), *Attualità in biosessuologia. Le psicoterapie sessuali*, Masson, Milano 1988.

Bergner D., *Il lato oscuro del desiderio. I sentieri deviati dell'attrazione sessuale* (2009), Einaudi, Torino 2009.

Boggi Cavallo P., *Immagine di sé e ruolo sessuale. Analisi psicologica della condizione femminile*, Guida, Napoli 1978.

Butler J., *Corpi che contano. I limiti discorsivi del "sesso"* (1993), Feltrinelli, Milano 1996.

Ceccarelli F., *Il tabù dell'incesto. I fondamenti biologici del linguaggio della cultura*, Einaudi, Torino 1978.

Centro Italiano di Psicologia Analitica (CIPA) (a cura di), *Il sesso*, Raffaello Cortina, Milano 2004.

Clement U., *Terapia sessuale sistemica* (2008), Raffaello Cortina, Milano 2010.

Comfort A., *Sesso e società* (1963), Feltrinelli, Milano 1967.

Di Gregorio L., *Le connessioni pericolose. Sesso e amori virtuali*, Unicopli, Milano 2012.

Donà M., *Eroticamente. Per una filosofia della sessualità*, Il Prato Editore, Saonara 2013.

Dufourmantelle A., *Sesso e filosofia* (2003), Donzelli, Roma 2004.

Ellis H., *Psicologia del sesso* (1897-1910), Newton Compton, Roma 1969.

Foucault M., *Storia della sessualità*, vol. I: *La volontà di sapere* (1976), vol. II: *L'uso dei piaceri* (1984), vol. III: *La cura di sé* (1984), Feltrinelli, Milano 1978-1985.

Freud S., *Tre saggi sulla teoria sessuale* (1905), in *Opere* (1967-1993), Bollati Boringhieri, Torino, vol. IV.

–, *Totem e tabù. Alcune concordanze nella vita psichica dei selvaggi e dei nevrotici* (1912-1913), in *Opere*, cit., vol. VII.

–, *Alcune conseguenze psichiche della differenza anatomica tra i sessi* (1925), in *Opere*, cit., vol. X.

–, *Sessualità femminile* (1931), in *Opere*, cit., vol. XI.
Galimberti U., *Il corpo* (1983), nuova edizione ampliata, Feltrinelli, Milano 2013.
Giommi R., *Sesso under 18*, Sperling & Kupfer, Milano 2010.
Kaplan H. S., *Le nuove terapie sessuali*, Bompiani, Milano 1976.
Kinsey A. Ch. *et al.*, *Il comportamento sessuale dell'uomo* (1948), Bompiani, Milano 1963.
–, *Il comportamento sessuale della donna* (1953), Bompiani, Milano 1965.
Krafft-Ebing R. von, *Psychopathia sexualis* (1886), Edizioni Mediterranee, Roma 1975.
Leites E., *Coscienza puritana e sessualità moderna* (1986), il Saggiatore, Milano 1988.
Lévi-Strauss C., *Le strutture elementari della parentela* (1947), Feltrinelli, Milano 1972.
Maccoby E. E., Jacklin C. N., *The psychology of sex differences*, University Press, Stanford 1975.
Mainardi D., *La scelta sessuale nell'evoluzione della specie*, Bollati Boringhieri, Torino 1975.
Malinowski B., *Sesso e repressione sessuale tra i selvaggi* (1927), Bollati Boringhieri, Torino 1969.
Marrama P., Carani C., Boldrini F., Comelli D. (a cura di), *Bio-psicosessuologia*, Università degli Studi di Modena, Modena 1987.
Masters W. H., Johnson V. E., *L'atto sessuale nell'uomo e nella donna. Indagine sugli aspetti anatomici e fisiologici* (1966), Feltrinelli, Milano 1967.
Maura E., *Le sindromi psicosessuali*, in F. Giberti, R. Rossi, *Manuale di psichiatria*, Piccin, Padova 1983, pp. 195-218.
Mead M., *Sesso e temperamento in tre società primitive* (1935), il Saggiatore, Milano 1967.
–, *Maschio e femmina* (1949), il Saggiatore, Milano 1962.
Millett K., *La politica del sesso* (1969), Rizzoli, Milano 1971.
Nancy J.-L., *Il "c'è" del rapporto sessuale* (2000), SE, Milano 2002.
Oliverio A., Oliverio Ferraris A., *Maschio-femmina. Biologia, psicologia, sociologia del comportamento sessuale*, Zanichelli, Bologna 1978.
Onfray M., *La cura dei piaceri. Costruzione di un'erotica solare* (2008), Ponte alle Grazie, Milano 2009.
Panzeri M., *Psicologia della sessualità*, il Mulino, Bologna 2013.
Pasini W., Crépault C., Galimberti U., *L'immaginario sessuale*, Raffaello Cortina, Milano 1988.
Reich W., *L'irruzione della morale sessuale coercitiva* (1932), Sugarco, Milano 1972.
–, *La rivoluzione sessuale* (1945), Feltrinelli, Milano 1963
Reik Th., *Psicologia dei rapporti sessuali* (1945), Feltrinelli, Milano 1968.
Rifelli G., *Psicologia e psicopatologia della sessualità*, il Mulino, Bologna 1998.
Rosen I., *Le deviazioni sessuali*, Bompiani, Milano 1968.
Savater F. (a cura di), *Filosofia e sessualità* (1988), Tranchida Editore, Milano 1992.
Seward G. H., *Il sesso e l'organizzazione sociale* (1946), Feltrinelli, Milano 1959.
Steiner F. B., *Tabù* (1956), Bollati Boringhieri, Torino 1980.
Szasz Th. S., *Sesso a tutti i costi. L'allarmante verità sulle odierne terapie sessuali* (1980), Feltrinelli, Milano 1982.
Vegetti Finzi S., Catenazzi M., *Psicoanalisi ed educazione sessuale*, Laterza, Bari 1994.
Verdiglione A. (a cura di), *Sessualità e politica*, Feltrinelli, Milano 1976.
– (a cura di), *Sessualità e potere*, Marsilio, Venezia 1976.
– (a cura di), *Sessualità nelle istituzioni*, Marsilio, Venezia 1976.
Volterra V. (a cura di), *Disturbi psicosessuali*, in G. B. Cassano, P. Pancheri *et al.* (a cura di), *Trattato italiano di psichiatria* (1992), Masson, Milano 1999, vol. II, pp. 2423-2460.
Weininger O., *Sesso e carattere* (1903), Feltrinelli, Milano 1978.
Weitz Sh., *Sex roles*, Oxford University Press, New York 1977.
Wittig M. A., Petersen A. C. (a cura di), *Sex-related differences in cognitive functioning. Developmental issues*, Academic Press, New York 1979.
Wulf Ch., *Sessualità*, in Id. (a cura di), *Cosmo, corpo, cultura. Enciclopedia antropologica* (1997), Bruno Mondadori, Milano 2002, pp. 277-293.

Sessuofobia (ingl. *Sexophobia*; ted. *Sexophobie*; fr. *Sexophobie*; sp. *Sexofobia*). Fobia per la sessualità e per tutto ciò che la richiama.

Sessuologia (ingl. *Sexology*; ted. *Sexualwissenschaft*; fr. *Sexologie*; sp. *Sexología*). Scienza che studia gli aspetti normali e patologici della SESSUALITÀ (v.) considerata dal punto di vista genetico, endocrinologico, neurologico, psicologico e socioculturale. Per quanto concerne i disturbi connessi alla sessualità, si vedano le voci specifiche che sono in gran parte elencate alla voce SESSUALITÀ, § 2.

Set. Termine inglese impiegato per indicare un orientamento temporaneo, una disposizione, un'accentuazione dell'attenzione per una particolare situazione stimolo. Derivato dall'*Aufgabe* con cui la scuola di Würzburg indicava l'*attesa percettiva* del soggetto sperimentale nei confronti di un elemento specifico della situazione stimolo, il set è stato esteso all'ambito della *motricità* come disposizione a eseguire una particolare reazione muscolare, e all'ambito *mnemonico* come attivazione della disposizione a ricordare, per cui il soggetto avvertito fornisce un rendimento mnestico maggiore del soggetto non avvertito.

Sete, v. ALIMENTAZIONE.

Setting. Termine inglese impiegato per indicare il *contesto di ricerca*, delimitato nel modo più rigoroso possibile, affinché quanto si osserva, si descrive, si comprende, si spiega, possa avere un'attendibilità scientifica. Il concetto di setting quale contenitore di ricerca è impiegato fondamentalmente in due ambiti.

1) *Psicologia sperimentale*, dove si stabiliscono le regole di applicazione di un test in assenza delle quali è impossibile una rilevazione che abbia una sua consistenza scientifica. Per questo si determina la

sequenza di presentazione delle singole prove, il tipo di comunicazione verbale, le modalità di un eventuale incoraggiamento in caso di reazione ansiosa o di insuccesso. Ci garantisce inoltre della neutralità di chi somministra il test nei confronti del soggetto, per evitare contaminazioni tra i livelli di valutazione professionale o affettiva, il tutto per non inficiare il processo di conoscenza e l'attendibilità dei dati.

2) *Psicoanalisi*, dove il setting delimita un'area spazio-temporale vincolata da regole che determinano ruoli e funzioni in modo da poter analizzare il significato affettivo dei vissuti del paziente in una situazione specificatamente costruita per questa rilevazione, che alcuni definiscono quasi-sperimentale, in modo da evitare la messa in atto di stili relazionali tipici della vita quotidiana, alterando il regime delle proiezioni (v. PROIEZIONE) e del TRANSFERT (v.), difficilmente valutabili, perché scarsamente discernibili in una situazione non protetta dal setting. Il setting psicoanalitico classico, dove si determinano il ritmo delle sedute, la loro durata, le modalità dell'incontro, il divieto di incontrarsi altrove, può subire delle modificazioni per adattarsi ad esigenze particolari, come nel caso dell'analisi dei bambini, degli adolescenti o degli psicotici (v. ANALISI).

Bibliografia

Anastasi A., *I test psicologici* (1954), Franco Angeli, Milano 1973.
Balint M., *Medico, paziente e malattia* (1957), Feltrinelli, Milano 1961.
Gabbard G. O., Lester E. P., *Violazioni del setting* (1995), Raffaello Cortina, Milano 1999.
Genovese C. (a cura di), *Setting e processo psicoanalitico. Saggi sulla teoria della tecnica*, Raffaello Cortina, Milano 1988.
Semi A. A., *Tecnica del colloquio*, Raffaello Cortina, Milano 1985.
– (a cura di), *Trattato di psicoanalisi*, vol. I: *Teoria e tecnica*, vol. II: *Clinica*, Raffaello Cortina, Milano 1988-1989.

Setto, Area del, v. LIMBICO, SISTEMA.

Sex addiction, v. SATIRIASI.

Sfarfallamento (ingl. *Flicker*; ted. *Flimmern*; fr. *Papillotement*; sp. *Mariposeo*). Rapida variazione della frequenza di stimolazione che produce un corrispondente cambiamento periodico nella percezione visiva o acustica. Quando l'intermittenza dello stimolo è lenta la sensazione corrispondente è discontinua, quando si fa più rapida si ha la sensazione di sfarfallamento, quando la rapidità si fa maggiore si raggiunge uno stadio in cui si ha una sensazione uniforme. Il ritmo più lento di intermittenza richiesto per la produzione di una sensazione uniforme prende il nome di *frequenza critica* o di *punto critico di fusione*.

Sfera (ingl. *Sphere*; ted. *Sphäre*; fr. *Sphère*; sp. *Esfera*). Termine introdotto da Paul Schilder e ripreso da Ernst Kretschmer per indicare la zona marginale della coscienza alla cui periferia, secondo questa immagine topografica, si raccoglierebbero, «come in un alone nuvoloso, nozioni consce e sentimenti associati che hanno un'oscura influenza sull'origine di ogni azione e di ogni discorso» (1922, p. 85). A questa sfera sono da ricondurre le radici del pensiero intuitivo, produttivo e artistico.

Bibliografia

Kretschmer E., *Manuale teorico-pratico di psicologia medica* (1922), Sansoni, Firenze 1952.
Schilder P., *Über Gedankenentwicklung*, in "Zeitschrift für die gesamte Neurologie und Psychiatrie", 1920, n. 59.

Sfintere (ingl. *Sphincter*; ted. *Schliessmuskel*; fr. *Sphincter*; sp. *Esfínter*). Banda anulare di fibre muscolari che serra un passaggio o chiude un orifizio naturale. In ambito psicoanalitico si conferisce un particolare significato psicologico al controllo degli sfinteri anali a cui sono connessi una fase dello sviluppo della libido, una forma di erotismo e un carattere tipologico (v. ANALE).

Sfondo, v. PSICOLOGIA DELLA GESTALT, § II, 2; PERCEZIONE, § 3, *a*.

Sforzo (ingl. *Effort*; ted. *Anstrengung*; fr. *Effort*; sp. *Esfuerzo*). Impiego elevato di energia psichica e/o fisica necessaria al raggiungimento di determinati scopi o risultati. Si distingue un aspetto *negativo* dello sforzo, che viene percepito dal soggetto come tensione o fatica nel caso in cui vi sia una scarsa motivazione in direzione dell'obiettivo, e un aspetto *positivo*, proporzionato alla spinta motivazionale che si esprime nell'impegno. Quando lo sforzo è eccessivo e prolungato può subentrare una condizione di STRESS (v.) che è alla base di numerosi disturbi di origine psicosomatica.

SGA (*Sindrome generale di adattamento*), v. STRESS.

Sguardo (ingl. *Look*; ted. *Blick*; fr. *Regard*; sp. *Mirada*). Forma fondamentale di interazione tra gli esseri umani a partire dai primi stadi della vita quando, dopo poche settimane, prende avvio la relazione madre-bambino. I segnali trasmessi dallo sguardo, pur essendo differenziati da cultura a cultura, esprimono il mondo delle emozioni e delle intenzioni, a partire da quelle più semplici, come le forme di avvicinamento e di evitamento, fino alle più complesse, che danno espressione all'amore e all'odio. In ambito fenomenologico lo sguardo è stato considerato come la forma originaria dell'essere-per-altri in quel gioco delle soggettività dove lo sguardo, come scrive Jean-Paul Sartre, è la fonte di ogni oggettivazione: «Prima di tutto, lo sguardo altrui, come condizione necessaria della mia obiettività, è distruzione di ogni obiettività per me. Lo sguardo altrui mi raggiunge attraverso il mondo e non è solamente trasformazione di me stesso, ma metamorfosi totale del mondo. Io sono guardato in un mondo guardato. Lo sguardo altrui nega le mie distanze dagli oggetti e dispiega le sue distanze» (1943, pp. 340-341). Dallo sguardo Sartre fa discendere la VERGOGNA (v.), il PUDORE (v.), lo spazio delle possibilità dell'esistenza e l'essenza nascosta del potere.

Bibliografia

Foucault M., *Sorvegliare e punire. Nascita della prigione* (1975), Einaudi, Torino 1976.
Sartre J.-P., *L'essere e il nulla* (1943), il Saggiatore, Milano 1968.

Shock (ingl. *Shock*; ted. *Schock*; fr. *Choc*; sp. *Shock*). Stato di sospensione o di grave rallentamento di funzioni fondamentali come il respiro e la circolazione, con perdita o obnubilamento della coscienza provocati improvvisamente e in genere inaspettatamente da azioni lesive diverse, come traumi accidentali o chirurgici, intense emozioni, passaggio di forti correnti elettriche attraverso il corpo, introduzione di particolari farmaci. In *psicologia sperimentale* si sottopongono animali a shock per le ricerche sul condizionamento, sulla memoria e sulla frustrazione, mentre in *ambito psichiatrico* i mezzi più in uso per provocare lo shock del sistema nervoso centrale sono, anche se il loro impiego è andato via via decrescendo, o mezzi elettrici come l'ELETTROSHOCK (v.) o farmacologici come l'INSULINOTERAPIA (v.).

SIB (*Scale for Interpersonal Behaviour*), v. ASSERTIVITÀ, § 3.

Sicurezza (ingl. *Security*; ted. *Sicherheit*; fr. *Sûreté*; sp. *Seguridad*). Stabilità raggiunta attraverso la soddisfazione dei bisogni vitali e delle aspirazioni socialmente e culturalmente indotte.

In ambito *psichiatrico* Ronald David Laing parla di *sicurezza ontologica* a proposito di «un individuo che ha esperienza di se stesso come di una cosa viva, reale e intera; differenziata dal resto del mondo, in circostanze ordinarie, tanto chiaramente da non mettere mai in dubbio la propria identità e la propria autonomia; un'autonomia continua nel tempo; dotata di coerenza interna, di sostanzialità, di genuinità e di valore; spazialmente identica al proprio corpo; e, di solito, come qualcosa che ha avuto inizio con la nascita, o approssimativamente con essa, e che si estinguerà con la morte. Tutto questo rappresenta il solido nucleo della sicurezza ontologica» (1959, p. 50). Il destrutturarsi di questa sicurezza o IMPLOSIONE (v.) è per Laing alla base di ogni processo psicotico.

In ambito psicoanalitico Karen Horney ha introdotto la nozione di *dispositivo di sicurezza* per qualsiasi mezzo di protezione e di difesa messo in atto dall'individuo contro le minacce dell'ambiente o del proprio fondo pulsionale, mentre Harry Stack Sullivan interpreta una vasta gamma di sentimenti come la noia, la collera, il disprezzo, l'irritazione, in un contesto apparentemente privo di motivazioni comprensibili, come difese contro l'insicurezza. Per quanto riguarda il ruolo giocato dalla sicurezza nella psicodinamica della socializzazione, si veda la voce PSICOLOGIA SOCIALE, § 2.

Bibliografia

Castel R., *L'insicurezza sociale. Che significa essere protetti?* (2003), Einaudi, Torino 2004.
Horney K., *I nostri conflitti interni. Una teoria delle nevrosi* (1945), Martinelli, Firenze 1971.
Laing R. D., *L'io diviso. Studio di psichiatria esistenziale* (1959), Einaudi, Torino 1969.
Sofsky W., *Rischio e sicurezza* (2005), Einaudi, Torino 2005.
Sullivan H. S., *Studi clinici* (1956, edito postumo), Feltrinelli, Milano 1976.

Siero della verità, v. NARCOANALISI.

Sifilide (ingl. *Syphilis*; ted. *Syphilis*; fr. *Syphilis*; sp. *Sífilis*). Detta anche *lue*, la sifilide è una malattia venerea infettiva a decorso ciclico dovuta a un batterio o spirocheta conosciuto come *Treponema pallidum* che, penetrando negli spazi linfatici perivascolari, produce una reazione specifica che consiste in un accumulo di cellule mononucleate, principalmente linfociti e plasmacellule, che formano un tessuto molto vascolarizzato. Il quadro clinico distingue una sifilide *acquisita* che si sviluppa in quattro stadi, e una *congenita* contratta dai genitori e presente fin dalla nascita con i sintomi tipici del secondo e del terzo stadio: *a*) lo *stadio primario* è caratterizzato dalla presenza di un'ulcera iniziale nel punto di ingresso del treponema. L'ulcera, che compare dopo otto giorni circa, non suppura e non è dolente. Si rimargina spontaneamente nell'arco di un mese; *b*) lo *stadio secondario* è caratterizzato da eruzioni (sifilodermi) in diverse parti del corpo. In particolare compaiono macchie rossastre sul torace, chiamate "roseole", che scompaiono dopo qualche settimana; *c*) lo *stadio latente*, che può durare diversi anni ed è caratterizzato da scarsa o assente sintomatologia; *d*) lo *stadio terziario* è caratterizzato dalla presenza di sintomi dovuti alla diffusione delle spirochete negli organi vitali, quali il sistema nervoso centrale e periferico, l'apparato osteo-articolare e muscolare, il fegato, i testicoli, gli occhi.

Localizzandosi nel sistema nervoso, le spirochete possono determinare due malattie: la *paralisi progressiva*, che è una malattia mentale vera e propria (v. PARALISI, § 2), e la *tabe dorsale* o *atassia locomotoria*, che è una malattia del midollo in cui si perde il senso della posizione degli arti, con conseguente difficoltà nella deambulazione, per degenerazione delle fibre nervose dovuta alla compromissione dei nervi spinali. Quando le caratteristiche della paralisi progressiva e della tabe dorsale si sommano si parla di *taboparesi*. La sifilide può essere curata e debellata con trattamento antibiotico tanto più efficace quanto più tempestivo. Negli stadi più avanzati, quando ormai risulta compromesso il sistema nervoso, la sifilide altera le capacità dell'individuo e l'organizzazione della sua personalità. Si può assistere allora alla comparsa di idee deliranti o di tipo espansivo con temi megalomanici (v. MEGALOMANIA) o di tipo depressivo con temi ipocondriaci (v. IPOCONDRIA) molto vari nelle loro espressioni.

Sigmatismo, v. DISLALIA.

Significante, v. SEGNO.

Significanza, v. PSICOLOGIA DELLA GESTALT, § II, 4.

Significatività, v. STATISTICA, § II, 4.

Significato, v. SEGNO.

Silenzio (ingl. *Silence*; ted. *Schweigen*; fr. *Silence*; sp. *Silencio*). Il termine ha un significato tecnico e speculativo. Nella prima accezione il silenzio è la condizione della parola che, senza l'intervallo del silenzio, non potrebbe enunciarsi nel suo suono e nel suo significato; nella seconda accezione dice l'*inesprimibile* al di là di ciò che può essere detto e descritto, e in questo senso va letta l'espressione di Ludwig Wittgenstein: «Su ciò di cui non si può parlare, si deve tacere» (1921, p. 82). Il silenzio segna il limite della comprensione (v. PSICOLOGIA COMPRENSIVA) di fronte a quella che Karl Jaspers chiama l'*indecifrabilità* che si incontra dopo la decifrazione di tutti i segni del mondo: «Di fronte all'essere cessa nell'esserci, oltre al pensiero, anche la parola. Di fronte al silenzio che regna nell'esserci non c'è altra possibilità che tacere. Se poi la risposta vorrà rompere il silenzio, allora parlerà senza dire nulla» (1932-1956, p. 1180).

1. *In ambito fenomenologico* Pier Aldo Rovatti vede nel *silenzio* il contraltare del *soggetto* che, nominando tutte le cose, le ha sottratte alla loro oscillazione di senso per produrle in quell'unico significato inscritto nel nome assegnato. Se si supera l'*horror vacui* che il silenzio può richiamare, se «non si ha orrore di riconoscere questo vuoto che ci si affretta a riempire, e lo si lascia agire», allora «il linguaggio può entrare in una sorta di oscillazione: nomi e cose si trovano rallentati nella loro corrispondenza. Si rendono più visibili gli scarti e gli slittamenti semantici: la parola, inerzialmente attratta dalla normale organizzazione concettuale, viene portata a manifestare il proprio alone metaforico. In certo modo avviene, in questo esercizio di correzione, il contrario di quello che di solito si pensa: non una saturazione degli spazi e, come dire, una registrazione dei concetti, bensì un'apertura o una maggiore visualizzazione degli effetti metaforici, a vantaggio di qualcosa che non so se si può chiamare semplicemente "chiarezza": certamente è una densificazione del linguaggio, come se le parole chiedessero per sé un volume, uno spessore (un gioco di pieni e di vuoti), che l'artificiosità della scrittura immediata tende perlopiù a comprimere» (1992, p. 130).

2. *In ambito ermeneutico* Vincenzo Vitiello individua nel silenzio il luogo in cui la filosofia può dischiudere l'orizzonte della domanda come «*Destruktion* di ogni *Weil* nella costante riproposizione del *Warum*». Così facendo la filosofia testimonia «la "mortalità" della parola. Perché se non c'è parola-risposta, non c'è parola definitiva: la risposta è sempre definitiva. Ma questo non si racconta, "si prova", "si esperisce". Sempre di nuovo. La stessa morte dunque è per la parola filosofica un "compito". Una domanda, *la* domanda da porre *immer wieder*, da comprendere sempre di nuovo e sempre meglio. La "morte" resta l'interlocutore primo del dialogo filosofico. Gli altri interlocutori – tutti gli altri – sono soltanto "figure" della morte. Figure dell'Altro. Del Silenzio. La parola filosofica nel suo domandare dà sempre la parola all'Altro, al Silenzio, alla morte. È suo compito *dire il Silenzio*. Il Silenzio *delle* cose, *nelle* cose, *nei* nomi, *nei* "suoni" delle cose. [...] Nel dire le cose, nel dire il Silenzio presente nei suoni delle cose, la parola filosofica riaccende la meraviglia per l'essente, la meraviglia *che l'essente è*. Meraviglia che non è incanto, o superamento estatico della ragione, è, e continua ad essere, riflessione. La riflessione del *cogito* che "prova" insieme l'angoscia del Silenzio e la gioia della parola *nel* suono delle cose» (1991, pp. 218-219).

3. *In ambito religioso* il silenzio esprime sul piano rituale l'astensione da ogni parola profanatrice, sul piano ascetico la tranquillità dei sensi e delle facoltà

spirituali, mentre sul piano propriamente mistico il momento supremo del vissuto religioso. A questo proposito Giovanni Pozzi e Claudio Leonardi precisano che «in senso mistico, il silenzio, detto della creatura, è l'abbandono dell'attività discorsiva per la pura contemplazione; detto di Dio, designa il sentimento, provato dall'orante, che Dio non risponda alla preghiera dell'uomo» (1988, p. 745).

Bibliografia

Aversa L., *Dinamica e significati del silenzio*, in "Quaderni di Hermes", 1980, pp. 145-149.
Dinouart J.-A.-T., *L'arte di tacere* (1771), Sellerio, Palermo 1989.
Di Petta G., *Il mondo del silenzio*, in Id., *Il mondo vissuto. Clinica dell'esistenza. Fenomenologia della cura*, Edizioni Universitarie Romane, Roma 2003, pp. 175-184.
Fumaroli M., *La scuola del silenzio* (1994), Adelphi, Milano 1995.
Heidegger M., *In cammino verso il linguaggio* (1959), Mursia, Milano 1973.
Jaspers K., *Filosofia* (1932-1956), Libro I: *Orientazione filosofica nel mondo*, Libro II: *Chiarificazione dell'esistenza*, Libro III: *Metafisica*, Utet, Torino 1978.
Lévinas E., *Parola e silenzio e altre conferenze inedite* (1947-1964), Bompiani, Milano 2012.
Picard M., *Il mondo del silenzio* (1948), Servitium, Sotto il Monte 1996.
Pozzi G., *Tacet*, Adelphi, Milano 2001.
Pozzi G., Leonardi C., *Scrittrici mistiche italiane*, Marietti, Genova 1988.
Rovatti P. A., *L'esercizio del silenzio*, Raffaello Cortina, Milano 1992.
Sim S., *Manifesto per il silenzio* (2007), Feltrinelli, Milano 2008.
Sini C., *Il silenzio e la parola. Luoghi e confini del sapere per un uomo*, Marietti, Genova 1989.
–, *Il gioco del silenzio*, Mondadori, Milano 2006.
Vitiello V., *Dire il silenzio*, in AA.VV., *Filosofia 90*, Laterza, Bari 1991.
Volli U., *Apologia del silenzio imperfetto. Cinque riflessioni intorno alla filosofia del linguaggio*, Feltrinelli, Milano 1991.
Wittgenstein L., *Tractatus logico-philosophicus* (1921), Einaudi, Torino 1964.
Wulf Ch., *Silenzio*, in Id. (a cura di), *Cosmo, corpo, cultura. Enciclopedia antropologica* (1997), Bruno Mondadori, Milano 2002, pp. 1148-1156.

Sillabe senza senso, v. EBBINGHAUS, LEGGE DI.

Simbiosi (ingl. *Symbiosis*; ted. *Symbiose*; fr. *Symbiose*; sp. *Simbiosis*). Termine mutuato dalla biologia dove indica un rapporto di stretta dipendenza ecologica tra due organismi di specie diversa che dalla loro interdipendenza traggono un mutuo vantaggio. Il concetto è stato esteso anche a livello sociobiologico per indicare le interazioni ecologiche e comportamentali di intere società nella produzione dei mezzi di sussistenza e degli scambi. In psicologia Margaret Mahler ha introdotto il concetto di *fase simbiotica* per i primi trenta mesi di vita del bambino, caratterizzata da una dipendenza totale ed esclusiva dalla madre. Per la Mahler questa fase è fisiologica e alla sua assenza sono da imputare alcune forme di AUTISMO (v.). Se non si risolve, la simbiosi mette capo alla cosiddetta *sindrome di Mahler*, che si manifesta tra il secondo e il terzo anno di vita nei bambini che non maturano la capacità di separarsi dalla madre. Il quadro clinico è caratterizzato da crisi di collera, agitazione, panico, soliloquio allucinatorio, dove il bambino si difende dal mondo, percepito come ostile e distruttivo, con delirio di onnipotenza e ritiri autistici. Quando è protratta, la simbiosi impedisce l'individuazione (v. PSICOLOGIA ANALITICA, § 5) e, a livelli più o meno evidenti, si ripercuote nell'età adulta nelle scelte matrimoniali (v. MATRIMONIO) dove ciascuno dei due partner ha bisogno dell'altro secondo modalità che assomigliano a quelle della dipendenza infantile. La simbiosi è considerata l'esatto contrario della RELAZIONE (v.), dove l'uno e l'altro si riconoscono e sono reciprocamente riconosciuti nelle rispettive autonomie.

Bibliografia

Mahler M. S., *On child psychosis and schizophrenia. Autistic and symbiotic infantile psychoses*, in "The Psychoanalytic Study of the Child", 1952, vol. VII.
–, *Le psicosi infantili* (1968), Bollati Boringhieri, Torino 1972.

Simbolo (ingl. *Symbol*; ted. *Symbol*; fr. *Symbole*; sp. *Símbolo*). La parola deriva dal greco συμβάλλειν che significa "mettere assieme". Nell'antica Grecia era diffusa la consuetudine di tagliare in due un anello, una moneta o qualsiasi oggetto, e darne una metà a un amico o a un ospite. Queste metà, conservate dall'una e dall'altra parte, di generazione in generazione, consentivano ai discendenti dei due amici di riconoscersi. Questo segno di riconoscimento si chiamava *simbolo*. Platone, riferendo il mito di «Zeus che, volendo castigare l'uomo senza distruggerlo, lo tagliò in due», conclude che da allora «ciascuno di noi è il simbolo di un uomo» (*Simposio*, 189-193), la metà che cerca l'altra metà, il simbolo corrispondente. Il simbolo, dunque, come il segno, è caratterizzato dal *rinvio*; ciò ha consentito da un lato di includere il simbolo nell'ordine del SEGNO (v.) come un suo caso specifico, dall'altro di opporlo al segno perché, mentre il segno compone in modo convenzionale qualcosa con qualcos'altro (*aliquid stat pro aliquo*), il simbolo, evocando la sua parte corrispondente, rinvia ad una determinata realtà che non è decisa dalla convenzione, ma dalla ricomposizione di un intero.

1. TEOLOGIA. La teologia è stato il primo grande scenario delle operazioni simboliche volte a colmare

il divario tra la *lettera* e lo *spirito*. La storia dell'esegesi prevede che la Scrittura sia fonte infinita di interpretazioni, ma ciò che l'interpretazione scopre deve già trovarsi nella Scrittura. In questo circolo si aprono due itinerari, quello *allegorico* che deve avere un codice per tradurre le proprie figure in significati socializzabili e comunicabili, e quello *simbolico* che non può avere codice e resta perciò aperto e disponibile a tutte le proiezioni dell'interprete. Quando una determinata lettura simbolica si afferma e, da proiezione inizialmente privata, diventa modo comune di vedere e di intendere, allora è la lettura simbolica a fornire le regole di quella allegorica, in caso contrario è il simbolo ad essere codificato allegoricamente. Questi due itinerari contraddistinguono l'esperienza mistica da quella codificata dalla tradizione condivisa.

2. Fenomenologia della religione. I contributi di Gerardus van der Leeuw, Mircea Eliade, René Guénon e Henry Corbin, pur nella peculiarità dei rispettivi approdi, convengono nell'individuare nel simbolo un *richiamo all'origine*, dove resta nascosta e gelosamente custodita o la verità originaria (Guénon), o la fonte da cui si dischiudono nuovi sensi e nuovi significati, peraltro mai esaustivi (Corbin). Dal simbolo, come parola originaria, nascono tutte le parole successive che parlano in linea con la parola originaria, ma senza risolverla in sé, per cui ogni discorso sul simbolo è sempre un discorso *dal* simbolo e *nel* simbolo, mai il simbolo nel discorso. In quanto parola originaria entro cui ogni parola, ogni enunciazione esplicita diventa possibile, il simbolo, come ogni leggenda che parla delle origini teogoniche, cosmologiche o più semplicemente etniche, popolari o personali, dischiude un mondo e le cose che, solo in quanto incluse in quel mondo, sono significanti. Il simbolo per sé non è significante, il suo modo di dire non è il significare, ma l'indicare, il mostrare, il far apparire. Significanti sono le parole in quanto riconducono a ciò che è indicato dal simbolo.

Questo ricondurre, che la tradizione islamica chiama *ta'wil*, è un ricondursi delle parole sulle vie dischiuse dal simbolo. Il simbolo, da questo punto di vista, non è una rivelazione, una parola che scende dall'alto, ma uno sfondo originario a cui ricondursi. Come scrive Corbin: «*Ta'wil* significa *far ritornare a*, ricondurre all'origine e perciò rinvenire il senso vero e originario. Siccome fa giungere una cosa alla sua origine, colui che pratica il *ta'wil* è uno che distoglie l'enunciato dalla sua apparenza esteriore e lo fa ritornare alla sua verità» (1954, p. 33). Praticare il *ta'wil* in cui si esprime l'attività simbolica significa per Corbin «occultare l'apparente e manifestare l'occulto» (1964, p. 29). Un'operazione, questa, che «non si compie a colpi di sillogismi, e neppure abbandonando l'essoterico per l'esoterico, ma adunando i due in una composizione simbolica. È vero, infatti, che l'essoterico è l'apparente, l'evidenza letterale, la legge; mentre l'esoterico è il nascosto, ma è pur sempre attraverso ciò che appare, attraverso l'essoterico che si può risalire a ciò che è nascosto» (*ibid.*). «Il simbolo infatti – conclude Corbin – non è un *segno* artificialmente costruito, ma è ciò che nell'anima spontaneamente si schiude per annunciare qualcosa che non può essere espresso altrimenti. Esso è l'*unica* espressione attraverso cui una realtà si fa *trasparente* all'anima, mentre in se stessa rimane al di là di ogni possibile espressione» (1954, p. 34).

3. Filosofia. Le prime organiche riflessioni sul simbolo presero avvio nel XIX secolo nel circolo romantico di Heidelberg con Georg Friedrich Creuzer che parla del simbolo come di un'epifania del divino: «come un raggio che giunge dalle profondità dell'essere e del pensiero» (1810-1812, p. 35). La posizione di Creuzer fu condivisa anche da Johann Jakob Bachofen, per il quale il simbolo è qualcosa di in sé concluso e autosufficiente che può offrirsi a varie spiegazioni, restando tuttavia nella sua essenza completamente autonomo da ogni spiegazione. Questa posizione non è condivisa da Georg Wilhelm Friedrich Hegel che, confutando la concezione di Creuzer, che pensa il simbolo come qualcosa in sé autonomamente concluso e per se stesso sufficiente, afferma: «Simbolo in generale è un'esistenza esterna che è immediatamente presente o data all'intuizione, ma che non deve essere presa in base a lei stessa, così come immediatamente si presenta, bensì in un senso più ampio e più universale. Quindi nel simbolo vanno subito distinti due lati: il *significato* e la sua *espressione*. Il *primo* è una rappresentazione o un oggetto, qualunque ne sia il contenuto, la *seconda* è un'esistenza sensibile o un'immagine di qualsiasi specie» (1836-1838, p. 402).

Dopo l'età romantica e idealistica, incontriamo, tra quanti risolvono il simbolo nel segno, Charles Sanders Peirce che distingue l'*icona* che si riferisce all'oggetto in virtù di caratteri propri come ad esempio la similarità, l'*indice* che vi si riferisce in virtù di una determinazione come la causalità fisica, e il *simbolo*, «che è un segno che si riferisce all'oggetto che esso denota in virtù di una legge, di solito un'associazione di idee» (1931-1935, p. 140), dove è evidente che il simbolo rientra nell'ordine dei segni, essendo legato all'oggetto da una convenzione sociale. A un'identificazione tra simbolico e semiotico giunge anche Ernst Cassirer, che, partendo dalla premessa kantiana secondo cui la scienza non rispecchia la struttura dell'essere, ma pone i propri oggetti di conoscenza «come simboli intellettuali liberamente creati», considera l'attività simbolica come produzione delle condizioni di conoscibilità e «il simbolo non come un rivestimento meramente accidentale del pensiero, ma il suo organo necessario ed essenziale»; di qui la conclusione: «Ogni pensiero veramente rigoroso ed esatto trova il suo punto fermo solo nella simbolica, nella semiotica, sulla quale esso poggia» (1923-1929, p. 20). Dopodiché Cassirer riconosce una differenza tra le forme simboliche "di natura concettuale" e le forme simboliche "di natura puramente imitativa", ma raccoglie queste differenze sotto l'identica categoria del simbolico-semiotico.

Una lettura del simbolo in stretta correlazione con il problema ermeneutico dell'interpretazione è riscontrabile in Paul Ricoeur e in Gianni Vattimo, per il quale «l'ermeneutica heideggeriana si fonda sul presupposto che ciò che rimane nascosto non costituisce il limite e lo scacco del pensiero, ma anzi il terreno fecondo su cui, solo, il pensiero può fiorire e svilupparsi» (1963, p. 150). Contrapponendo l'interpretazione all'ideale dell'esplicitazione totale, Vattimo guarda alla parola non come a un segno, ma come a un richiamo non dissimile dal modo con cui i romantici leggevano i simboli. Infatti, scrive Vattimo, «ciò per cui un pensiero vale non è quello che esso dice, ma quello che lascia non detto facendolo tuttavia venire in luce, richiamandolo in un modo che non è quello dell'enunciare» (ivi, p. 152).

Umberto Eco, infine, legge il simbolo come una decisione: «Il mondo simbolico presuppone sempre e comunque un processo di *invenzione* applicato a un *riconoscimento*. Trovo un elemento che potrebbe assumere o già ha assunto funzione segnica e decido di vederlo come la proiezione di una porzione sufficientemente imprecisa di contenuto. [...] Il modo simbolico è dunque un procedimento non necessariamente di produzione, ma comunque e sempre di uso del testo, che può essere applicato a ogni testo e a ogni tipo di segno, attraverso una decisione pragmatica ("voglio interpretare simbolicamente") che produce a livello semantico una nuova funzione segnica, associando ad espressioni già dotate di contenuto codificato nuove porzioni di contenuto, quanto più possibile indeterminate e decise dal destinatario. Caratteristica del mondo simbolico è che, qualora ci si astenga dall'attuarlo, il testo rimane dotato di un senso indipendente a livello letterale e figurativo» (1981, pp. 910-911).

4. ANTROPOLOGIA. I criteri adottati per delimitare l'ambito del simbolico sono fondamentalmente due. In base al primo appartiene all'ordine simbolico tutto ciò che ha carattere mentale ma non si presenta in termini razionali, in base al secondo appartiene al simbolico tutto ciò che è semantico ad eccezione della lingua. Queste due posizioni hanno al loro interno diverse articolazioni che prevedono:

a) Il simbolo come espressione dell'irrazionale: è la tesi sostenuta da Edward Burnett Tylor, per il quale le operazioni simboliche espresse dai primitivi sono il frutto di ragionamenti difettosi, di inferenze non giustificate perché fondate su dati insufficienti a causa «dell'intelligenza ancora rozza e grossolana applicantesi ai fatti della vita quotidiana e modellante, con l'aiuto di essi, la trama di una filosofia primitiva» (1871, p. 70). Dello stesso avviso è James George Frazer, che considera l'ordine simbolico con cui i primitivi legano magicamente le cose tra loro come il prodotto «di un'errata associazione di idee come quella secondo cui il simile produce il simile, o come quella alla base della relazione di simpatia per cui le cose che sono state una volta in contatto debbano rimanerlo sempre nonostante la loro eterogeneità» (1890-1915, p. 63). Per Lucien Lévy-Bruhl, infine, il simbolismo non è tanto il prodotto di una razionalità che fallisce, quanto l'espressione della PARTECIPAZIONE MISTICA (v.), che prescinde dai principi di causalità e di non contraddizione, per cui «mentre per noi la causa e l'effetto sono dati entrambi nel tempo e quasi sempre nello spazio, la mentalità primitiva ammette a ogni istante che uno solo dei due termini sia percepito; l'altro appartiene all'insieme degli esseri invisibili e non percepibili» (1922, p. 77).

b) Il simbolo come segno arbitrario: è la tesi sostenuta da Leslie Alvin White, per il quale «il senso dei simboli deriva e dipende da chi li adopera; gli esseri umani conferiscono un certo significato a fatti o accadimenti che perciò diventano simboli» (1949, p. 52). Questa arbitrarietà simbolica viene riconosciuta, ma ridotta, da Raymond Firth che distingue i "segnali" regolati da un codice comune a emittente e destinatario, dai "simboli" dove «si riscontra una più accentuata mancanza di aderenza, anche forse intenzionalmente, nelle attribuzioni di produttore e interprete» (1973, p. 55). Ciò dipende, secondo John Beattie, dal fatto che «i simboli, a differenza dei segnali, rappresentano o implicano qualche concetto astratto: essi non si riferiscono semplicemente a un fatto o a un oggetto concreto, ma a concetti astratti come il potere, la solidarietà di gruppo, l'autorità familiare o politica, oppure a qualcosa di importante, qualcosa di difficile o impossibile da trasmettere direttamente» (1964, p. 106).

c) Il simbolo come struttura categoriale: è questa la tesi di Victor Witter Turner che propone di distinguere tre livelli di operazioni simboliche: 1) la significazione esegetica data dal commento indigeno; 2) la significazione operazionale legata all'uso che se ne fa e alla componente affettiva che accompagna questo uso; 3) a significazione posizionale che «dipende dalle relazioni strutturali che alcuni simboli instaurano tra loro» (1967, p. 42). Claude Lévi-Strauss critica l'impostazione di Turner giudicandola «un pio omaggio all'affettività» (1971, p. 630), per collocare il simbolo «simultaneamente nel linguaggio e al di là del linguaggio» (1958, p. 234) a significare «ogni grande unità costitutiva che ha la natura di una *relazione*» (ivi, p. 237), nel senso che mentre l'uso comune del linguaggio utilizza categorie per enunciare delle proposizioni sul mondo, il pensiero simbolico si serve delle proposizioni sul mondo per stabilire dei rapporti tra categorie. Ma se nel linguaggio simbolico non è rilevante il contenuto, bensì la relazione categoriale, le contraddizioni della mentalità primitiva, messe in evidenza da Lévy-Bruhl, si riducono, perché, a livello categoriale, «le forme di contraddizione sono molto meno varie dei loro contenuti empirici» (1962, p. 110).

d) *Il simbolo come altro dal segno* con conseguente irriducibilità dell'ordine simbolico all'ordine semantico: è la tesi sostenuta, oltre che da Carl Gustav Jung di cui si dirà più avanti, da Raymond Ruyer, per il quale «il simbolismo, nell'accezione più stretta della parola, fa riferimento a una realtà che trascende la realtà quotidiana di tutti gli uomini. In questo senso il simbolismo rende possibile l'aspetto metafisico della cultura» (1964, p. 106). Più netta è la distinzione di Dan Sperber per il quale l'ordine simbolico è una "memoria enciclopedica" che evoca rappresentazioni là dove il segno concettuale che definisce le cose fallisce: «Il dispositivo simbolico è un dispositivo mentale accoppiato al dispositivo concettuale. [...] Le rappresentazioni concettuali, che non hanno potuto essere regolarmente costruite e valutate, costituiscono l'input del dispositivo simbolico. In altri termini, il dispositivo simbolico ha per input l'output difettoso del dispositivo concettuale. [...] Se poi l'evocazione simbolica va a buon fine, se è stata trovata una soluzione valida che permette di dare alla domanda iniziale una risposta univoca, l'evocazione può arrestarsi qui. [...] Ne consegue che l'output del dispositivo simbolico serve da input al dispositivo concettuale; in altri termini il dispositivo simbolico è un meccanismo di feed-back accoppiato al dispositivo concettuale» (1974, pp. 136-139). Una concessione all'irriducibilità del simbolo al segno la fa anche Lévi-Strauss quando avverte che presso i primitivi esistono significazioni che sfuggono alla relazione significante/significato, come nel caso della parola MANA (v.) che significa «forza, azione, qualità, stato; sostantivo, aggettivo e verbo a un tempo; astratto e concreto; onnipresente e localizzato. E infatti il *mana* è tutto questo insieme, e lo è appunto perché non è niente di tutto ciò, ma semplice forma, o, più esattamente, simbolo allo stato puro, suscettibile, perciò, di caricarsi di qualsivoglia contenuto» (1950, p. LII).

5. PSICOANALISI. In ambito psicoanalitico il simbolo rientra nella categoria dei segni in quanto esiste un rapporto costante, e attraverso l'interpretazione individuabile, tra il simbolo e il simbolizzato. Questa costanza non è affermata soltanto a livello individuale, ma anche a livello culturale nelle espressioni simboliche del mito, della religione, del folclore, del linguaggio.

a) *Sigmund Freud* coglie l'essenza del simbolo nel rapporto costante tra l'espressione manifesta di un sogno, di un lapsus, di un sintomo e il suo riferimento latente reperibile a livello inconscio (v. CONTENUTO LATENTE – CONTENUTO MANIFESTO). Questo rapporto costante è fondato sull'analogia reperibile se si individuano le operazioni di CONDENSAZIONE (v.), SPOSTAMENTO (v.) e SOSTITUZIONE (v.), di cui la CENSURA (v.) si serve per appagare in modo mascherato un desiderio represso o rimosso. Per l'interpretazione dei simboli esistono secondo Freud due vie: la prima che si basa sulle associazioni del sognatore (v. ASSOCIAZIONE, § 4); la seconda, quando il soggetto è incapace di fornire associazioni al riguardo, consiste nell'interpretazione propriamente detta dei simboli (v. INTERPRETAZIONE). Freud, infatti, ritiene che «se anche la censura onirica venisse esclusa non saremmo ugualmente in grado di comprendere i sogni. [...] Viene in tal modo la tentazione di interpretare questi elementi onirici "muti", di intraprenderne la traduzione con i nostri mezzi. Sta di fatto che, ogniqualvolta si osa fare questa sostituzione, si ottiene un senso soddisfacente, mentre finché non ci si decide a questo intervento, il sogno rimane senza senso e il nesso è interrotto» (1915-1917, pp. 321-322). E ciò è tanto più vero se si considera che «il simbolismo non appartiene in modo esclusivo al sogno, ma alla rappresentazione inconscia, soprattutto del popolo, e lo si ritrova, più compiuto che nel sogno, nel folklore, nei miti, nelle leggende, nelle locuzioni, nella saggezza dei proverbi e nelle battute popolari correnti» (1899, p. 323). È vero che esiste pur sempre la possibilità per il sognatore di declinare all'uso simbolico le cose più varie, ma Freud ritiene che anche queste declinazioni sono più facilmente leggibili in presenza di un *codice simbolico* che, a partire dai suoi presupposti teorici, Freud si impegna a costruire, in ciò distinguendosi da Jung che privilegia l'inesauribilità, e quindi l'incodificabilità, del materiale simbolico.

b) *Sándor Ferenczi*, affrontando il problema relativo a come l'umanità ha prodotto questi simboli e a come se ne è appropriato il singolo, individua «nell'insufficiente capacità di discernimento propria dell'infanzia la condizione fondamentale per l'insorgere delle fasi preliminari ontogenetiche e filogenetiche dei processi cognitivi. A questo proposito – scrive Ferenczi – vorrei fare un'obiezione relativa all'uso della parola "simbolo" per denominare tutte quelle fasi cognitive preliminari; anche paragoni, allegorie, metafore, allusioni, parabole, rappresentazioni indirette di ogni specie possono, in un certo senso, essere interpretati come prodotti di tali confuse distinzioni e definizioni, e tuttavia, in senso psicoanalitico, essi non sono simboli. Simboli in senso psicoanalitico sono soltanto quelle cose (o rappresentazioni) a cui nella coscienza compete un investimento affettivo logicamente inspiegabile e infondato e delle quali è possibile stabilire per via analitica che debbono tale rilievo affettivo all'identificazione *inconscia* con un'altra cosa (rappresentazione) cui, in realtà, quell'eccedenza appartiene. Non tutti i paragoni sono dunque simboli, ma solo quelli in cui uno dei termini dell'equazione è rimosso nell'inconscio» (1913, pp. 88-89).

c) Ernest Jones conviene con Ferenczi sulla tesi che «viene simboleggiato solo ciò che è rimosso, e solo ciò che è rimosso ha bisogno di essere simboleggiato. Questa conclusione deve essere considerata la pietra di paragone della teoria del simbolismo» (1912, p. 106). Accogliendo questa versione Géza Róheim ritiene che in tal modo sia spiegata la funzione del simbolo, ma non l'origine che risiede, invece, nella necessità di trasformare un oggetto potenzialmente pericoloso in oggetto libidico: «Vedere nel serpente un pene costituisce un tentativo di trasformare l'oggetto pericoloso in libidico. In secondo luogo, ovunque ci si trovi di fronte alla necessità di trasmettere un significato, in pari tempo mascherandolo, "serpente" sarà l'equivalente simbolico di "pene". L'istituzione di tale nesso è di quelle che io definisco "potenzialmente universali", nel senso che esso sorge su una base universalmente umana che non richiede un tipo specifico di personalità, cultura o nevrosi» (1950, p. 37).

d) Melanie Klein e *Wilfred Ruprecht Bion* non limitano la nozione di simbolo alla trasformazione in contenuto manifesto di un contenuto latente, ma la estendono agli "oggetti interni", come ad esempio il seno "buono" e "cattivo", che, essendosi radicati con un significato profondo nella mente, condizionano la modalità di percepire la realtà esterna. Questo simbolismo originario, che la Klein connette alla dinamica depressiva e Bion alla tolleranza e al contenimento del dolore, rimane attivo nel generare i processi mentali più evoluti, tra cui la rappresentazione degli oggetti della realtà esterna, anche se non c'è più corrispondenza tra il seno interiorizzato e alcun seno reale (v. KLEINIANA, TEORIA, § 1).

e) Jacques Lacan assume l'ordine simbolico come ordine originario a cui rifiuta di assegnare un significato perché, seguendo l'impostazione di Ferdinand de Saussure e di Lévi-Strauss, il significante non rinvia a un significato, ma a un sistema significante caratterizzato da opposizioni differenziali che il singolo soggetto non ha creato, ma in cui, piuttosto, è inserito come nel retaggio della propria storia e della propria cultura, per cui Lacan può dire: «Se l'uomo arriva a pensare l'ordine simbolico è perché vi è anzitutto preso nel suo essere» (1955, p. 49). E ancora: «Tutti gli esseri umani partecipano all'universo dei simboli, vi sono inclusi e lo subiscono molto più che non lo costituiscano, ne sono molto più i supporti che gli agenti» (1953-1954, p. 198). Come ordine a cui è sottomessa la comunità umana, il simbolico detta legge agli altri ordini: l'immaginario e il reale, che al simbolico si subordinano (v. LACANIANA, TEORIA, § 8). D'altra parte, essendo strutturato intorno a una mancanza, il significante simbolico può essere equivocato in quanto evoca «l'assenza nella presenza e la presenza nell'assenza» (ivi, p. 196). In ogni caso, il desiderio dell'uomo diventa veramente umano quando non è più alienato nell'immaginario ma si riconosce nel simbolico: «Se si dovesse definire in quale momento l'uomo diventa uomo, diremmo che è nel momento in cui, per quanto poco, entra nella relazione simbolica» (ivi, p. 195). Per ulteriori approfondimenti, si veda su questo punto la voce LACANIANA, TEORIA, § 9.

6. PSICOLOGIA ANALITICA. La distinzione tra segno e simbolo è netta in Jung, che in proposito scrive: «A mio modo di vedere il concetto di simbolo va rigorosamente distinto dal concetto di mero *segno*. Significato *simbolico* e significato *semeiotico* sono cose completamente diverse. [...] La ruota alata dell'impiegato delle ferrovie non è un simbolo della ferrovia, ma un segno che denota l'appartenenza alla società ferroviaria. Il simbolo, invece, presuppone sempre che l'espressione scelta sia la migliore indicazione o formulazione possibile di un dato di fatto relativamente sconosciuto, ma la cui esistenza è riconosciuta o considerata necessaria. [...] Fintanto che un simbolo è vivo, è espressione di una cosa che non si può caratterizzare in modo migliore. Il simbolo è vivo soltanto finché è pregno di significato. Ma quando ha dato alla luce il suo significato, quando cioè è stata trovata quell'espressione che formula la cosa ricercata, attesa o presentita ancor meglio del simbolo in uso fino a quel momento, il simbolo *muore*. [...] Un'espressione proposta per una cosa nota rimane sempre un mero segno e non costituirà mai un simbolo. È perciò assolutamente impossibile creare da connessioni note un simbolo vivo, cioè pregno di significato, giacché ciò che così si crea non contiene mai più di quanto

vi è stato messo dentro. [...] Ogni fenomeno psicologico è un simbolo, se si suppone che esso affermi o significhi anche qualcosa di più e di diverso che per il momento si sottrae alla nostra conoscenza. Questa supposizione è senz'altro possibile ovunque vi sia una coscienza orientata verso ulteriori possibili significati delle cose. [...] Che una cosa sia un simbolo o no dipende anzitutto dall'atteggiamento della coscienza di chi osserva: dall'atteggiamento, ad esempio, di un intelletto, che consideri il fatto dato non solo come tale, ma anche come espressione di fattori sconosciuti. È quindi possibilissimo che un certo fatto non appaia per nulla simbolico a colui che lo ha prodotto, ma che tale invece sembri a un'altra coscienza» (1921, pp. 483-485). Da questa esposizione si deduce che per Jung: *a*) non esistono contenuti simbolici se non per una *coscienza* che li instaura; *b*) i simboli sono *storici* perché non appena partoriscono il loro significato cessano di essere simboli e diventano segni; *c*) il simbolo non è un significato, ma un'*azione* che mantiene in tensione gli opposti dalla cui composizione nascono i processi trasformativi; *d*) nel simbolo c'è un'*eccedenza di senso* verso cui si orienta il processo di trasformazione psichica (v. PSICOLOGIA ANALITICA, §§ 1-2).

Mario Trevi individua la differenza tra il simbolo freudiano e quello junghiano in questi termini: «Mentre la natura del simbolo freudiano si chiarisce nella sua funzione *omeostatica* (ritrovamento dell'equilibrio turbato attraverso la duplice funzione del veicolare fantasticamente la pulsione e al contempo occultarla), la funzione del simbolo junghiano è per eccellenza *ana-omeostatica* nel senso che detto simbolo suscita una tensione, invece di annullarla, crea una spinta in avanti, apre un nuovo dislivello energetico, si protende verso un equilibrio che rimane costantemente al di là di esso. Da questo punto di vista, che potremmo chiamare dinamico, si può adeguatamente contrapporre il simbolo freudiano al simbolo junghiano, nel senso che il primo può essere definito *sinizetico* (da *synizànein*, tornare allo stato di prima), e il secondo può essere al contrario definito *metapoietico* (da *metapoiéin*, trasformare)» (1986, p. 8).

Bibliografia

AA.VV., *Simbolo e simbolizzazione*, in "Quaderni di Psicoterapia Infantile", 1981.

Alleau R., *La scienza dei simboli. Contributo allo studio dei principi e dei metodi della simbolica* (1976), Sansoni, Firenze 1983.

Bachofen J. J., *Il matriarcato* (1861), Einaudi, Torino 1988.

Beattie J., *Uomini diversi da noi. Lineamenti di antropologia sociale* (1964), Laterza, Bari 1972.

Benedetti G., *Segno, Simbolo, Linguaggio*, Bollati Boringhieri, Torino 1971.

Bertoletti P., *Mito e simbolo*, Dedalo, Bari 1986.

Bion W. R., *Gli elementi della psicoanalisi* (1963), Armando, Roma 1973.

Briosi S., *Il simbolo e il segno*, Mucchi Editore, Modena 1993.

Callieri B., *Il simbolo. Istanza umana di base e rischio di esperienza psicotica* (1992), in Id., *Percorsi di uno psichiatra* (1955-1992), Edizioni Universitarie Romane, Roma 1993, pp. 405-420.

Carmagnola F., *La scienza triste. Il simbolico, l'immaginario e la crisi del reale*, Meltemi, Roma 2002.

Cassirer E., *Filosofia delle forme simboliche* (1923-1929), La Nuova Italia, Firenze 1961-1966, voll. I-IV.

Cavallari G., Frigoli D., Ottolenghi D., Tortorici E., *La forma, l'immaginario e l'uno. Saggi sull'analogia e il simbolismo*, Guerini & Associati, Milano 1993.

Corbin H., *L'immagine del tempio* (1950-1974), Bollati Boringhieri, Torino 1983.

–, *Avicenne et le récit visionnaire*, Département d'Iranologie de l'Institut Franco-Iranien, Librairie d'Amérique et d'Orient, Paris 1954.

–, *Storia della filosofia islamica* (1964), Adelphi, Milano 1973.

Corradi Fiumara G., *Funzione simbolica e filosofia del linguaggio*, Bollati Boringhieri, Torino 1980.

Crespi F., *Esistenza e simbolico. Prospettive per una cultura alternativa*, Feltrinelli, Milano 1978.

Creuzer G. F., *Symbolik und Mythologie der alten Völker, besonders der Griechen*, Heyer und Leske, Leipzig 1810-1812; tr. it. della Prima Parte del Libro I dal titolo: *Simbolica e Mitologia. Descrizione generale dell'ambito simbolico e mitico*, in A. Baeumler, F. Creuzer, J. J. Bachofen, *Dal simbolo al mito*, Spirali, Milano 1983, vol. II.

Douglas M., *Simboli naturali. Esplorazioni in cosmologia* (1970), Einaudi, Torino 1979.

Durand G., *L'immaginazione simbolica* (1964), Il Pensiero Scientifico, Roma 1977.

Eco U., *Simbolo*, in AA.VV., *Enciclopedia*, Einaudi, Torino 1981, vol. XII, pp. 877-915.

Eliade M., *Immagini e simboli* (1952), Jaca Book, Milano 1980.

Ferenczi S., *La raffigurazione simbolica dei principi di piacere e di realtà nel mito di Edipo* (1912), in *Opere* (1989-1992), Raffaello Cortina, Milano, vol. I.

–, *Sull'ontogenesi dei simboli* (1913), in *Opere*, cit., vol. II.

Firth R., *Simboli pubblici e privati* (1973), Laterza, Bari 1977.

Florenskij P. A., *Il simbolo e la forma. Scritti di filosofia della scienza* (1904), Bollati Boringhieri, Torino 2007.

Fornari F., *Simbolo e codice*, Feltrinelli, Milano 1976.

Franzini E., *I simboli e l'invisibile. Figure e forme del pensiero simbolico*, il Saggiatore, Milano 2008.

Frazer J. G., *Il ramo d'oro. Studio della magia e della religione* (1890-1915, edizione ridotta dallo stesso autore 1922), Bollati Boringhieri, Torino 1990.

Freud S., *L'interpretazione dei sogni* (1899), in *Opere* (1967-1993), Bollati Boringhieri, Torino, vol. III.

–, *Introduzione alla psicoanalisi* (1915-1917), in *Opere*, cit., vol. VIII.

Fromm E., *Il linguaggio dimenticato* (1951), Bompiani, Milano 1962.

Galimberti U., *La terra senza il male. Jung: dall'inconscio al simbolo* (1984), Feltrinelli, Milano 2013.

–, *Simbolo*, in AA.VV., *Gli strumenti del sapere contemporaneo*, vol. II: *I concetti*, Utet, Torino 1985, pp. 748-751.

Giaconia G., Racalbuto A. (a cura di), *I percorsi del simbolo. Teoria e clinica psicoanalitica*, Raffaello Cortina, Milano 1990.
Guénon R., *Simboli della Scienza sacra* (1962), Adelphi, Milano 1975.
Hegel G. W. F., *Estetica* (1836-1838), Feltrinelli, Milano 1963.
Jacobi J., *Complesso, archetipo, simbolo* (1957), Bollati Boringhieri, Torino 1971.
Jones E., *Teoria del simbolismo. Scritti sulla sessualità femminile e altri saggi* (1912), Astrolabio, Roma 1972.
Jung C. G., *Simboli della trasformazione* (1912-1952), in *Opere* (1967-1993), Bollati Boringhieri, Torino, vol. V.
–, *Tipi psicologici* (1921), in *Opere*, cit., vol. VI.
–, *Energetica psichica* (1928), in *Opere*, cit., vol. VIII.
–, *Psicologia e religione* (1938-1940), in *Opere*, cit., vol. XI.
Jung C. G. *et al.*, *L'uomo e i suoi simboli* (1959-1967), Raffaello Cortina, Milano 1983.
Klein M., *La psicoanalisi dei bambini* (1932), Martinelli, Firenze 1969.
–, *Note su alcuni meccanismi schizoidi* (1946), in *Scritti 1921-1958*, Bollati Boringhieri, Torino 1978, pp. 409-434.
Lacan J., *Lo stadio dello specchio come formatore della funzione dell'io* (1949), in *Scritti* (1936-1966), Einaudi, Torino 1974, vol. I.
–, *Il Seminario. Libro I: Gli scritti tecnici di Freud, 1953-1954*, Einaudi, Torino 1978.
–, *Il seminario su "La lettera rubata"* (1955), in *Scritti*, cit., vol. I.
Lévi-Strauss C., *Introduzione all'opera di Marcel Mauss* (1950), in M. Mauss, *Teoria generale della magia e altri saggi* (1950), Einaudi, Torino 1965.
–, *Antropologia strutturale* (1958), il Saggiatore, Milano 1966.
–, *Il pensiero selvaggio* (1962), il Saggiatore, Milano 1970.
–, *L'uomo nudo* (1971), il Saggiatore, Milano 1974.
Lévy-Bruhl L., *La mentalità primitiva* (1922), Einaudi, Torino 1966.
Marchianò G., *La parola e la forma*, Dedalo, Bari 1977.
Melchiorre V., *L'immaginazione simbolica*, il Mulino, Bologna 1972.
Moreno M., *La dimensione simbolica*, Marsilio, Padova 1973.
Palmonari A., *Processi simbolici e dinamiche sociali*, il Mulino, Bologna 1995.
Peirce Ch. S., *Semiotica. I fondamenti della semiotica cognitiva* (testi tratti da *Collected Papers* 1931-1935, Harvard University Press, Cambridge, Massachusetts, vol. V), Einaudi, Torino 1980.
Platone, *Simposio*, in *Opere*, Laterza, Bari 1973.
Pulver M., *La simbologia della scrittura* (1931), Bollati Boringhieri, Torino 1983.
Ricoeur P., *Il conflitto delle interpretazioni* (1969), Jaca Book, Milano 1977.
–, *La metafora viva* (1975), Jaca Book, Milano 1981
Róheim G., *Psicoanalisi e antropologia* (1950), Rizzoli, Milano 1974.
Ruyer R., *L'animale, l'uomo e la funzione simbolica* (1964), Bompiani, Milano 1972.
Saussure F. de, *Corso di linguistica generale* (1916), Laterza, Bari 1976.
Segal H., *Note sulla formazione del simbolo* (1957), in *Scritti psicoanalitici*, Astrolabio, Roma 1981.
Sini C., *Il simbolo e l'uomo*, Egea, Milano 1991.
Sperber D., *Per una teoria del simbolismo* (1974), Einaudi, Torino 1981.
Todorov T., *Teorie del simbolo* (1977), Garzanti, Milano 1984.
Trevi M., *Metafore del simbolo. Ricerche sulla funzione simbolica della psicologia complessa*, Raffaello Cortina, Milano 1986.
Tullio-Altan C., *Sullo specifico del simbolico*, in "Metodi e ricerche", 1990, n. IX, 1.
Turner V. W., *La foresta dei simboli* (1967), Morcelliana, Brescia 1976.
Tylor E. B., *Lo sviluppo della civiltà* (1871), in U. Fabietti (a cura di), *Alle origini dell'antropologia*, Bollati Boringhieri, Torino 1980.
Van der Leeuw G., *Fenomenologia della religione* (1933), Bollati Boringhieri, Torino 1975.
Vattimo G., *Essere, storia e linguaggio in Heidegger*, Edizioni di "Filosofia", Torino 1963.
Werner H., Kaplan B., *La formazione del simbolo* (1984), Raffaello Cortina, Milano 1989.
White L. A., *La scienza della cultura* (1949), Sansoni, Firenze 1969.
Whitehead A. N., *Simbolismo* (1927), Raffaello Cortina, Milano 1998.
Whitmont E. C., *La ricerca simbolica. Concetti di base della psicologia analitica* (1969), Astrolabio, Roma 1982.
Zimmer H., *Miti e simboli dell'India* (1946), Adelphi, Milano 1993.

Simillimum, v. OMEOPATIA.

Simmonds, Morbo di, v. CACHESSIA.

Simpatia (ingl. *Sympathy*; ted. *Sympathie*; fr. *Sympathie*; sp. *Simpatía*). Sentimento connesso alla partecipazione e alla comunicazione degli stati affettivi. Introdotta dagli stoici per indicare l'affinità oggettiva tra le cose, e ripresa in questa accezione dall'ALCHIMIA (v.) che ne ha fatto la condizione per l'attrazione e la repulsione degli elementi alchemici, la simpatia è stata considerata da Adam Smith come l'unico canale attraverso cui ci mettiamo in comunicazione con gli altri: «Siccome non abbiamo alcuna esperienza immediata di ciò che sentono gli altri, non possiamo formarci alcuna idea di ciò che agli altri accade se non concependo, attraverso la simpatia, ciò che noi stessi avvertiamo in una situazione simile» (1759, III, 1). Nel secolo scorso Max Scheler distingue la simpatia dai fenomeni similari con cui spesso è confusa, in particolare dal contagio affettivo, perché, lungi dall'avere un carattere automatico e passivo, la simpatia, che per Scheler sconfina nell'EMPATIA (v. § 1), esprime l'intenzione di ri-sentire la gioia o la tristezza degli altri per altruismo: «La simpatia è una funzione e non comporta uno stato affettivo nella persona che la prova. Lo stato affettivo di *B*, implicito nella pietà che io ne provo, resta per me lo stato affettivo di *B*: non passa in me che lo compatisco, e non produce in me uno stato simile o uguale» (1923, p. 69). In campo psicologico Leopold Szondi ha costruito una complessa teoria sui comportamenti di attrazione e di repulsione simpatetici che sarebbero condizionati dalla presenza di qualità fenotipiche e genotipiche ereditarie, mentre Jacob Levi Moreno ha fatto della simpatia la base di un test sociometrico per determinare la struttura delle relazioni interpersonali in un dato individuo, assegnando all'attrazione simpatetica il significato di liberazione della propria spontaneità.

Bibliografia

Lecaldano E., *Simpatia*, Raffaello Cortina, Milano 2013.
Moreno J. L., *Principi di sociometria, di psicoterapia di gruppo e sociodramma* (1953), Etas Kompass, Milano 1964.
Scheler M., *Essenza e forme della simpatia* (1923), Città Nuova, Roma 1980.
Smith A., *Teoria dei sentimenti morali* (1759), Rizzoli, Milano 2001.
Szondi L., *Lehrbuch der experimentellen Triebdiagnostik*, Huber, Bern-Stuttgart 1960.

Simpatico, Sistema nervoso (ingl. *Sympathetic nervous system*; ted. *Sympathikus Nervensystem*; fr. *Système nerveux sympathique*; sp. *Sistema nervioso simpático*). Parte del sistema nervoso, denominato anche *autonomo* o *vegetativo* in quanto controlla l'attività dei visceri, della muscolatura liscia, del cuore e delle ghiandole, che si verifica indipendentemente dalla volontà (v. NERVOSO, SISTEMA, § 2). Comprende le fibre nervose afferenti ed efferenti che provvedono all'innervazione di questi organi. Tali fibre raggiungono il distretto corporeo di destinazione solo dopo essersi collegate per via sinaptica a un secondo neurone, sempre situato al di fuori del sistema nervoso centrale. Il sistema nervoso vegetativo è sottoposto al controllo, anche se non cosciente, dei centri implicati nelle funzioni della vita di relazione e si distingue in tre sezioni generalmente antagoniste: l'ortosimpatico e il parasimpatico, con funzioni generalmente antagoniste, e il sistema nervoso enterico.

1. L'*ortosimpatico* è costituito da fibre efferenti che originano nella porzione toraco-lombare del midollo spinale (fino al II o III lombare) e si connettono ai neuroni presenti nei gangli che, insieme alle fibre, formano due cordoni laterali con decorso parallelo alla colonna vertebrale, da cui originano le fibre destinate ai vari organi interni.

2. Il *parasimpatico* è costituito dalle fibre efferenti che originano nel tronco encefalico e nella porzione sacrale del midollo spinale, e si collegano a neuroni presenti in gangli più distali, localizzati in prossimità dell'organo innervato.

Le azioni dei due sistemi sono usualmente antagoniste quando innervano una stessa struttura, ma si conoscono anche interazioni più complesse, come nell'atto sessuale del maschio che richiede l'erezione (parasimpatico) seguita dall'eiaculazione (ortosimpatico). Inoltre la connessione delle fibre del sistema vegetativo con aree encefaliche quali l'IPOTALAMO (v.), a sua volta in relazione con il sistema limbico (v. LIMBICO, SISTEMA) e con la FORMAZIONE RETICOLARE (v.), fa sì che questo sistema intervenga nei processi della vita istintiva ed emotiva, nelle manifestazioni psicosomatiche (v. PSICOSOMATICA), quindi con rilievi significativi dal punto di vista psicologico.

3. Il *sistema nervoso enterico* è costituito da due plessi interconnessi (plesso di Meissner e Auerbach), situati nel tubo digerente e predisposti alla coordinazione della motilità intestinale. Essi comprendono neuroni

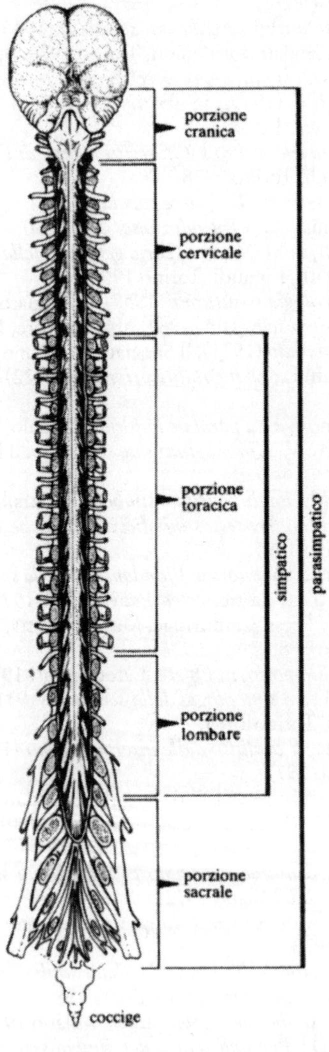

Rappresentazione schematica del sistema nervoso simpatico.

motori e sensitivi viscerali ed interneuroni completamente al di fuori del sistema nervoso centrale e quindi dotati di ampia autoregolazione, anche se modulati dalle connessioni orto- e para-simpatiche presenti tra il tubo digerente e il sistema nervoso centrale.

Simulazione (ingl. *Simulation*; ted. *Vortäuschung*; fr. *Simulation*; sp. *Simulación*). In psicologia il termine è impiegato in due contesti tra loro differenti che hanno in comune il significato generico di *finzione*.

1. SIMULAZIONE DEI PROCESSI COGNITIVI. Stesura di programmi computerizzati che ipotizzano gli stadi dei processi che intervengono nella COGNIZIONE (v.) o per ricavare in linea di principio la soluzione di determinati problemi a partire da principi generali, o per individuare e isolare le tappe che si suppongono percorse nello svolgimento dei processi intellettuali, o infine per raccogliere i dati empirici statisticamente selezionati come base per la costruzione di una teoria generale. L'efficacia della simulazione dipende, a seconda dei casi, dalla validità della teoria generale assunta, o dalla bontà dei dati immessi per la formulazione della teoria. Oltre al settore della psicologia del pensiero e della percezione, dove ogni informazione deve essere preparata e codificata per essere accessibile all'elaborazione, la simulazione è impiegata per lo studio del rapporto tra apprendimento e soluzione dei problemi, e per il completamento di impianti teorici che presentano lacune per carenza di dati sperimentali.

Rientrano nella simulazione dei processi cognitivi la capacità degli esseri umani di attribuire stati mentali ai propri simili come previsto dalla TEORIA DELLA MENTE (v.) e dalla Teoria dei neuroni specchio (v. NEURONI SPECCHIO). A queste si aggiunge la Teoria dei "modelli interni" che riguarda la modalità con cui il nostro cervello controlla il movimento attraverso modelli proiettivi anticipatori (*forward models*) che permettono di prevedere le conseguenze delle azioni prima che queste siano intraprese. Nell'ambito della psicologia sociale si sottolinea l'importanza della simulazione nelle relazioni interpersonali quando, a vari livelli, mettiamo in atto comportamenti che simulano quelli espressi dal nostro interlocutore, altrimenti non si darebbe alcuna risposta reattiva o semplicemente attentiva, come nel caso della sindrome autistica dove si ipotizza un deficit di tale meccanismo che rende immediata e automatica la comprensione della situazione.

2. SIMULAZIONE DELLA MALATTIA. La finzione della malattia sottintende un problema epistemologico che ha una storia e diverse interpretazioni.

a) Psicoanalisi. Prima di Sigmund Freud l'ISTERIA (v.) era considerata una sorta di inganno perpetrato dal paziente nei confronti del medico, perché l'organicismo imperante non consentiva di considerare "malattia" le manifestazioni che non rivelavano un'alterazione organica. La riduzione del CORPO (v. § 3) a puro organismo consentiva di ricompensare il malato "vero" con esenzioni dal lavoro, diritto al riposo, attenzioni particolari, e di riprovare o addirittura punire il malato che si limitasse a simulare la "vera" malattia. Freud, introducendo il concetto di nevrosi, propose di chiamare "malati" anche i "simulatori". In questo modo allargò il concetto di malattia, per cui malati non sono solo coloro il cui imperfetto funzionamento dell'organismo presenta delle difficoltà nell'adattamento sociale, ma anche coloro il cui cattivo adattamento sociale è determinato non dall'organismo ma da quanti (genitori, famiglia, società) sono preposti alla sua crescita e alla sua cura. Modificando il sistema di classificazione, Freud ha sottratto il simulatore al giudizio "morale" per consegnarlo a quello "clinico" che dovrà trovare a livello inconscio le ragioni della simulazione che, da allora in poi, sarà letta sempre meno come inganno e sempre più come meccanismo di difesa.

b) Psichiatria. In questo ambito, dove la nozione di inconscio non era operativa, si procedette nella stessa direzione considerando, sia pure in modo più grossolano, "pazzo" e quindi psichicamente malato chi fosse in grado di simulare. Così Eugen Bleuler scrive: «Coloro che simulano turbe mentali con una certa abilità sono quasi tutti psicopatici e alcuni pazzi effettivi. Comprovare la simulazione, di conseguenza, non significa affatto dare la dimostrazione che il paziente è mentalmente sano e responsabile delle proprie azioni» (1911-1960, p. 191), mentre Kurt R. Eissler scrive che «si può a ragione sostenere che la simulazione è sempre il sintomo di uno stato patologico, spesso più grave di quanto non lo sia un'alterazione nevrotica, in quanto denuncia la presenza di un arresto dello sviluppo a una fase precoce» (1951, p. 252).

c) Antipsichiatria. Thomas Stephen Szasz legge la simulazione non come una malattia, ma come un *protolinguaggio* dettato dal fatto che, quando determinate circostanze rendono difficile o impossibile la diretta espressione verbale, l'individuo, per comunicare, non ha altra possibilità che ricorrere, come i bambini che ancora non sanno parlare, all'espressione somatica; per cui fenomeni quali le paralisi, le cecità, le sordità isteriche, prima di essere simulazioni di malattie, sono «eventi che parlano da soli in termini più chiari di quanto non sia il ricorso alla parola che, in determinate circostanze, risulterebbe inascoltata se non addirittura inespressiva. [...] In un contesto culturale dove non si nega nulla al malato, il ricorso al linguaggio della malattia è inevitabile per chi si sente incapace di smuovere l'altro col semplice linguaggio di carattere informativo. Sotto questo profilo la simulazione non è una malattia, ma un semplice *mutamento linguistico* allo scopo di orientare diversamente le azioni di chi ascolta. [...] Il significato di molte certificazioni mediche e di altrettante perizie psichiatriche è da ricercare in questo protolinguaggio che, tradotto in linguaggio comune, suonerebbe pressappoco così: "Faccia in modo che dal mio certificato risulti che devono smetterla di tormentarmi"; "Dica alla corte e al giudice che io non ero responsabile" e via dicendo» (1961, pp. 150-155).

d) *Fenomenologia*. In questo ambito si legge la simulazione come una delle tante forme di *impersonazione* (v. ISTERIA, § 3), dove un individuo si lascia catturare da un ruolo o da un personaggio che assume e interpreta. All'impersonazione ci allena la stessa società: non ci sarebbe distinzione tra pubblico e privato se la vita pubblica non richiedesse l'impersonazione di ruoli; non ci sarebbe crescita e formazione dell'Io se il bambino non si allenasse, durante l'infanzia, a impersonare modelli adulti. L'impersonazione, che Jean-Paul Sartre definisce come «la condizione di chi *non è* mai in ciò che *sta facendo*» (1943, p. 86), obbliga il simulatore a identificarsi con i suoi sintomi. Il fatto che non lo faccia consapevolmente dice che il simulatore, per "mentire" agli altri, è costretto innanzitutto a "mentire" a se stesso. Questo non poter permettersi neppure di dire a se stesso la verità conferma quanto ristretto sia lo spazio di libertà del simulatore e quanto sia urgente per lui difendersi da questa angustia, impersonando un ruolo. L'impersonazione rinvia a un restringimento della co-esistenza (*Mit-dasein*), che costringe un individuo a un'esistenza "inautentica" nell'accezione etimologica di "non-propria" (v. AUTENTICITÀ – INAUTENTICITÀ).

Bibliografia

Bara B. G. (a cura di), *Intelligenza artificiale*, Franco Angeli, Milano 1978.

Bleuler E., *Trattato di psichiatria* (1911-1939, aggiornato da M. Bleuler dal 1940 al 1960), Feltrinelli, Milano 1967.

Cordeschi R., *La teoria dell'elaborazione umana dell'informazione*, in B. Continenza *et al.*, *Evoluzione e modelli*, Editori Riuniti, Roma 1984.

Eissler K., *Malingering*, in AA.VV., *Psychoanalysis and culture*, International Universities Press, Oxford 1951.

Fodor J. A., *La mente modulare. Saggio di psicologia delle facoltà* (1983), il Mulino, Bologna 1988.

Freud S., *Studi sull'isteria (in collaborazione con Josef Breuer)* (1892-1895), in *Opere* (1967-1993), Bollati Boringhieri, Torino, vol. I.

Gallese V., Fadiga L., Fogassi L., Rizzolatti G., *Action recognition in the premotor cortex*, in "Brain", 1996, n. 119, pp. 593-609.

Gallese V., Goldman A., *Mirror neurons and the simulation theory of mind-reading*, in "Trends in Cognitive Sciences", 1998, n. 12, pp. 493-501.

Gopnik A., Meltzoff A. N., *Costruire il mondo* (1997), McGraw-Hill, Milano 1999.

Hunt E. B., Marin J., Stone Ph. J., *Experiments in induction*, Academic Press, New York 1966.

Jung C. G., *Simulazione di malattia mentale* (1903), in *Opere* (1969-2007), Bollati Boringhieri, Torino, vol. I.

Minsky M., *La società della mente* (1986), Adelphi, Milano 1989.

Morin E., *La conoscenza della conoscenza* (1986), Feltrinelli, Milano 1989.

Newell A., Simon H. A., *Human problem solving*, Prentice Hall, Englewood Cliffs, New Jersey, 1972.

Parisi D., *Simulazioni. La realtà rifatta nel computer*, il Mulino, Bologna 2001.

Pylyshyn Z. W., *Computation and cognition. Toward a foundation for cognitive science*, Mit Press, Cambridge, Massachusetts, 1984.

Rizzolatti G., Fadiga L., Gallese V., Fogassi L., *Premotor cortex and the recognition of motor action*, in "Cognitive Brain Research", 1996, n. 3 (2), pp. 131-141.

Rosenfield I., *L'invenzione della memoria* (1988), Rizzoli, Milano 1989.

Sartre J.-P., *L'essere e il nulla* (1943), il Saggiatore, Milano 1968.

Szasz Th. S., *Il mito della malattia mentale* (1961), il Saggiatore, Milano 1966.

Wolpert D. M., Ghahramani Z., *Computational principles of movement neuroscience*, in "Nature Neuroscience", 2000, n. 3, pp. 234-243.

Young R. M., *Production systems as models of cognitive development*, in "Artificial Intelligence and the Simulation of Behavior", 1974, n. 1.

Sinapsi (ingl. *Synapse*; ted. *Synapse*; fr. *Synapse*; sp. *Sinapsis*). Il termine, coniato dal fisiologo inglese Charles Scott Sherrington dal greco "abbracciare insieme", identifica la zona di contiguità tra neuroni (v. NEURONE) che si stabilisce tra le ramificazioni terminali di un neurite appartenente a un dato neurone (elemento *pre-sinaptico*) e le dendriti o il corpo cellulare di un altro neurone (elemento *post-sinaptico*). Quando un impulso raggiunge un *bottone sinaptico*, cioè uno dei rigonfiamenti microscopici che si trovano sulle ultime ramificazioni del neurite, vengono liberate delle *sostanze di trasmissione* di natura chimica che oltrepassano lo spazio sinaptico e trasmettono l'impulso al neurone successivo.

La morfologia delle sinapsi varia notevolmente: ogni varietà di neurone del sistema nervoso centrale possiede terminazioni sinaptiche di aspetto caratteristico, talora appartenenti a molti tipi morfologici diversi. Un neurone è di solito collegato con molti altri, spesso disseminati in differenti distretti dell'encefalo e del midollo spinale, e forma intricate concatenazioni di cellule nervose che costituiscono complesse vie per le informazioni afferenti ed efferenti nell'ambito del sistema nervoso centrale, che sono alla base del comportamento, dell'apprendimento e della memoria.

Oltre alle sinapsi interneuroniche, esistono anche quelle in corrispondenza delle giunzioni neuro-muscolari, dove la terminazione di una fibra nervosa motrice si dispone in prossimità di una fibra muscolare

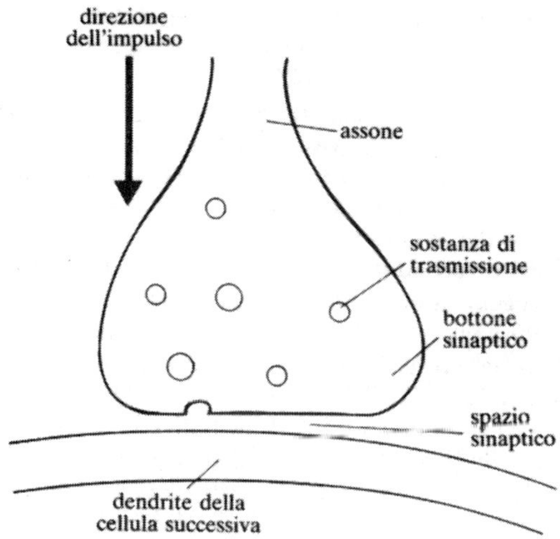

Rappresentazione schematica di una sinapsi.

Rappresentazione schematica di più sinapsi che terminano in un solo neurone.

scheletrica: tale zona prende il nome di *placca motrice*. La soglia di eccitabilità non è raggiungibile con un semplice impulso, ma il rapido susseguirsi di diversi impulsi provoca la liberazione di una quantità di mediatore chimico sufficiente a generare l'impulso del neurone successivo. La sinapsi determina la conduzione nervosa polarizzata perché permette la trasmissione dell'impulso nervoso in una sola direzione, ed è la causa del ritardo centrale che subisce l'eccitamento nella sua propagazione interneuronica (v. CONDUZIONE NERVOSA).

Si distinguono sinapsi *eccitatorie*, *inibitorie* e *modulatorie*. Le prime eccitano il neurone contiguo causandone l'attivazione. Il processo attraverso il quale l'attivazione di alcuni neuroni si aggiunge alla produzione di uno stimolo sufficientemente intenso da attivare un altro neurone viene definito *sommazione*. Questa può essere temporale per il rapido susseguirsi di diversi impulsi, o spaziale per gli effetti che si determinano in differenti punti della membrana cellulare in corrispondenza di altrettanti bottoni sinaptici. Sono invece dette inibitorie le sinapsi che impediscono l'attivazione della cellula successiva, e modulatorie quelle che influenzano indirettamente l'attività del neurone postsinaptico, regolando la quantità di neurotrasmettitori liberata.

Dopo che una sostanza di trasmissione ha raggiunto il neurone contiguo viene distrutta e non può quindi stimolare nuovamente la cellula. I gas nervini, ad esempio, funzionano impedendo la distruzione delle molecole di trasmissione; la morte è il risultato della continua eccitazione e avviene per paralisi respiratoria. Lo stesso dicasi dell'allucinogeno LSD che, essendo simile alla serotonina, che è una sostanza di trasmissione di alcune sinapsi del cervello, causa l'attivazione di neuroni anche se nessun impulso è stato trasmesso dagli organi di senso, per cui i consumatori di LSD vedono cose che in realtà non ci sono. Controllando la diffusione dell'eccitazione, le sinapsi inibitorie mantengono l'attività incanalata in reti o circuiti appropriati. Gli attacchi epilettici, ad esempio, possono essere dovuti alla simultanea eccitazione di numerosi circuiti cerebrali diversi.

Nell'ambito della neurobiologia interpersonale Louis Cozolino ha introdotto il termine di "sinapsi sociale" che sta alla comunicazione interpersonale come la sinapsi neuronale sta alla trasmissione degli impulsi nervosi tra i neuroni. La sinapsi funge da collegamento tra i neuroni così come tra le persone; una connessione indispensabile per la sopravvivenza di entrambi, che si realizza attraverso flussi di energia elettrochimica per la sinapsi neuronale, e di energia luminosa e cinetica, che rende possibile la percezione di stimoli visivi e uditivi, nonché il contatto fisico per stimoli tattili, per la sinapsi sociale. A parere di

Cozolino, infatti, nel corso dell'evoluzione si è formato un cervello sociale che rende possibile il passaggio di informazioni all'interno delle relazioni, garantendo in tal modo l'interconnessione sociale che caratterizza gli esseri umani, mentre Joseph LeDoux afferma che sono le connessioni sinaptiche a tenere insieme il Sé sempre a rischio di disgregazione.

Bibliografia

Cozolino L., *Il cervello sociale. Neuroscienze delle relazioni umane* (2006), Raffaello Cortina, Milano 2008.
LeDoux J., *Il cervello emotivo. Alle origini delle emozioni* (1996), Baldini & Castoldi, Milano 1998.
Sherrington Ch. S., *The integrative action of the nervous system*, Scribner's Sons, New York 1906.
–, *Uomo e natura* (1940), Bollati Boringhieri, Torino 1960.
Siegel D. J., *Mappe per la mente. Guida alla neurobiologia interpersonale* (2012), Raffaello Cortina, Milano 2014.

Sincinesia (ingl. *Synkynesis*; ted. *Synkinesia*; fr. *Syncinésie*; sp. *Sincinesia*). Movimento involontario che accompagna un movimento volontario senza rivestire un significato funzionale. È caratteristico delle emiplegie dove il soggetto, contraendo volontariamente un muscolo, presenta altri movimenti non voluti e non necessari come, ad esempio, l'elevazione della palpebra superiore durante i movimenti della mandibola.

Sincronica, Ricerca, v. LONGITUDINALE – TRASVERSALE, RICERCA.

Sincronicità (ingl. *Synchronicity*; ted. *Synchronizität*; fr. *Synchronicité*; sp. *Sincronicidad*). Concetto introdotto da Carl Gustav Jung per indicare quella correlazione tra fatti interiori ed esteriori che sfuggono ad una spiegazione causale. A parere di Jung si danno tre tipi di sincronicità: «1. Coincidenza di uno stato psichico con un evento esterno contemporaneo e obiettivo che corrisponde allo stato o contenuto psichico, dove tra stato psichico ed evento esteriore non è visibile alcun rapporto di causalità. 2. Coincidenza di uno stato psichico con un evento esterno (più o meno contemporaneo) corrispondente, il quale però si svolge al di fuori della sfera di percezione dell'osservatore, e quindi distanziato nello spazio, e può essere verificato soltanto successivamente. 3. Coincidenza di uno stato psichico con un evento corrispondente, non ancora esistente, futuro, quindi distante nel tempo, il quale a sua volta può essere verificato solo a posteriori» (1952b, p. 545). Il concetto di sincronicità non deve essere accostato ai fenomeni di PARAPSICOLOGIA (v.), ma piuttosto inserito in una visione degli eventi come partecipanti a un tutto strutturato sul modello della "simpatia" di cui parla Ippocrate, dell'"armonia prestabilita" di Gottfried Wilhelm Leibniz, o sul modello schopenhaueriano della "simultaneità di termini non connessi causalmente". Gli espliciti riferimenti a questi antecedenti (ivi, pp. 457-459) collocano il concetto junghiano di sincronicità in quella direzione di ricerca nella quale il significato degli eventi è cercato, oltre che nei loro antecedenti causali, nell'ambito dei loro rapporti strutturali, dove lo strutturalismo sotteso suppone, oltre al fatto che spazio e tempo non sono categorie assolute ma psichicamente relative, anche una forma di armonia esperienziale tra gli eventi e la nostra comprensione degli stessi.

Bibliografia

Jung C. G., *La sincronicità* (1952a), in *Opere* (1969-2007), Bollati Boringhieri, Torino, vol. VIII.
–, *La sincronicità come principio di nessi acausali* (1952b), in *Opere*, cit., vol. VIII.

Sindrome (ingl. *Syndrome*; ted. *Syndrom*; fr. *Syndrome*; sp. *Síndrome*). Il termine fu introdotto da Ippocrate per indicare un *complesso di sintomi* (v. SINTOMO) ciascuno dei quali non esprime un particolare significato, ma, unitamente agli altri, rinvia ad un quadro clinico riconoscibile. Il termine ricorre con particolare frequenza e rilevanza in psichiatria dove, a differenza di quanto avviene in medicina, la relazione che dal sintomo rinvia alla causa patogena non è evidente come in ambito somatico, né inducibile con lo stesso grado di verosimiglianza ed elevata probabilità.

Persuasi che nelle malattie psichiche tutto si manifesta sintomatologicamente senza poter giungere a una causa, ma tutt'al più alle condizioni di insorgenza, da Wilhelm Griesinger a Karl Jaspers si è adottato il concetto di *sindrome psichica* o *psicosindrome* o *tipi di quadri di stato* a cui si è giunti attraverso un percorso che Jaspers così descrive: «Nel corso dello sviluppo storico, quasi tutte le unità psicopatologiche hanno avuto funzione di unità morbose. Nei tempi passati le allucinazioni erano "una" malattia, il delirio era "una" malattia, i contenuti particolari di varie azioni costituivano "una" malattia (piromania, cleptomania, dipsomania, e così via). Tali concezioni, che conducono ad infinite registrazioni e fanno soffrire una stessa persona e allo stesso tempo di numerose "malattie", sono universalmente superate, e in tempi recenti i soli punti di vista che servono sono i *quadri di stato*» (1913-1959, p. 607).

Ora, prosegue Jaspers, «da quando si è imparato a considerare l'evoluzione della malattia come uno dei segni più importanti per la classificazione delle malattie, si distinguono *quadri di stato*, che costituiscono la manifestazione transitoria di una malattia, dall'intero processo patologico. Per poter caratterizzare più facilmente questi quadri di stato si è creato il concetto di complesso sintomatico; si sono trovati determinati raggruppamenti di sintomi che possono essere considerati come *tipi di quadri di stato* che permettono un ordinamento delle numerose variazioni» (ivi, p. 625).

I criteri adottati da Jaspers per individuare i complessi sintomatici sono: «1. le manifestazioni oggettive e soggettive che si impongono per se stesse; 2. la frequenza dell'apparizione simultanea; 3. la relazione dei sintomi; 4. la distinzione tra sintomi primari e secondari» (ivi, pp. 625-628). Fanno eccezione a questo criterio inaugurato da Jaspers le *sindromi organiche*, espressioni di disturbi di certe funzioni, come nel caso delle psicosi esogene descritte da Karl Bonhoeffer, determinate da «agenti nocivi esogeni del tipo più svariato che determinano una sintomatologia psichica acuta sostanzialmente uniforme» (1909, p. 500), o come nel caso di lesioni di unità anatomo-funzionali (v. PSICORGANICA, SINDROME).

Trattandosi di un complesso di sintomi, allo studio delle sindromi si è applicata la statistica, dal cui punto di vista, secondo la descrizione di Hans Jürgen Eysenck, «una sindrome è fondamentalmente una nozione statistica basata su una covariazione; è ovvio che la sua derivazione poggia su più sicuri argomenti quando è attuata: 1) sulla base di uno schema correttamente formulato; 2) con la media dei requisiti statistici e delle difficoltà implicate; 3) sul fondamento sicuro della misurazione quantitativa di un risultato oggettivo di prova; 4) in relazione ad esempi correttamente scelti fra la popolazione in questione; 5) in armonia con le regole significative ampiamente accettate dalla statistica biologica» (1961, p. 16). Adottando questi criteri diventa possibile un confronto statistico fra i diversi "profili sindromici" e tra le diverse fasi della stessa sindrome, ivi compreso il *cambiamento di sindrome*.

Bibliografia

Bonhoeffer K., *Zur Frage der exogenen Psychosen*, in "Allgemeine Zeitschrift für Psychiatrie", 1909, n. 32.
Eysenck H. J., *Handbook of abnormal psychology*, Basic Books, New York 1961.
Gaston A., *Genealogia dell'alienazione*, Feltrinelli, Milano 1987.
Griesinger W., *Pathologie und Therapie der psychischen Krankheiten*, Braunschweig, Stuttgart 1845.
Jaspers K., *Psicopatologia generale* (1913-1959), Il Pensiero Scientifico, Roma 2000.

Sinergia (ingl. *Synergy*; ted. *Synergie*; fr. *Synergie*; sp. *Sinergia*). Il termine, di derivazione biologica, indica la relazione fra più agenti il cui effetto combinato è maggiore della somma degli effetti di ciascuno. Così, ad esempio, narcotici e alcol hanno un effetto depressivo maggiore rispetto alla somma dei loro effetti presi separatamente. La sinergia può essere negativa o positiva a seconda della favorevole o sfavorevole combinazione degli elementi del sistema. Il termine ricorre frequentemente in CIBERNETICA (v.), nella teoria generale dei sistemi (v. PSICOLOGIA SISTEMICA, § 1) e, in senso allargato, per tutte le forme di collaborazione, soprattutto in campo economico e manageriale (v. PSICOLOGIA COMMERCIALE).

Sinestesia (ingl. *Synesthesia*; ted. *Synästhesie*; fr. *Synesthésie*; sp. *Sinestesia*). Detta anche sensazione secondaria, la sinestesia è un interessamento di altri sistemi sensoriali oltre a quello specifico, per cui, ad esempio, accanto a una sensazione uditiva è possibile provare una sensazione visiva di accompagnamento (*sinopsia*). Lo stesso dicasi per la *verbocromia*, per cui certe parole sono accompagnate da una sensazione di colore, e in generale per le forme di *fotismo*, dove sensazioni di colore possono accompagnare percezioni di gusto, tatto, dolore, caldo, freddo e simili. Secondo Karl Jaspers, la sinestesia dipende dalla «confusione della sensorialità che abolisce la chiara oggettività del percepito» (1913-1959, p. 80; v. ALLUCINAZIONE, § 1, *n*). A partire da questa sintomatologia Erich Rudolf Jaensch distingue il tipo *integrato* dal tipo *sinestesico* o *desintegrato* che, a causa di un'indifferenziazione originaria dei campi sensoriali, presenta una menomazione del principio integrativo dell'esperienza percettiva (v. EIDETISMO).

Bibliografia

Jaensch E. R., *Studien zur Psychologie der menschlicher Typen*, Barth, Leipzig 1930.
Jaspers K., *Psicopatologia generale* (1913-1959), Il Pensiero Scientifico, Roma 2000.

Sinopsia, v. SINESTESIA.

Sintassico, Modo, v. PARATASSIA.

Sintattica, v. LINGUISTICA, § 1, *c*.

Sintesi (ingl. *Synthesis*; ted. *Synthese*; fr. *Synthèse*; sp. *Síntesis*). In psicologia il termine ricorre o come sinonimo di integrazione degli opposti (v. INTEGRAZIONE), resa possibile, nella concezione junghiana della dinamica psichica, dalla dimensione simbolica (v. SIMBOLO, § 6), o come denominazione di un orientamento psicologico da cui discende una tecnica psicoterapeutica denominata PSICOSINTESI (v.).

Sintetico, Metodo, v. COSTRUTTIVO, METODO.

Sintetico, Tipo, v. TIPOLOGIA, § 5.

Sintimia, v. CATATIMIA.

Sintomatico, Atto, v. Atto, § 2, *c*.

Sintomo (ingl. *Symptom*; ted. *Symptom*; fr. *Symptôme*; sp. *Síntoma*). Indizio di uno stato morboso. In medicina vige la distinzione tra il *segno*, che è un fenomeno oggettivo che l'esaminatore assume come indice di un processo patologico (v. Segno), e il *sintomo*, che è un fenomeno soggettivo avvertito dal paziente e che va poi decodificato. Come manifestazione di un processo sottostante, il sintomo è comprensibile soltanto in una logica causale, all'interno della quale, come scrive Karl Jaspers, «si distinguono, a seconda della prossimità della causa, i sintomi fondamentali (primari, assiali) dai sintomi accessori (secondari, marginali). Analogamente tra le cause dei sintomi si distinguono quelle patogenetiche (che provocano fenomeni) e quelle patoplastiche (che solo danno loro forma)» (1913-1959, p. 493). Pur mantenendosi sempre in una logica causale, in ambito psicopatologico il sintomo assume significati diversi a seconda dei quadri teorici di riferimento all'interno dei quali avviene la lettura del disturbo psichico.

1. Psicologia del profondo. In psicoanalisi Sigmund Freud individua nella Rimozione (v.) l'evento responsabile della Formazione di sintomo (v.), che può esprimersi come Formazione di compromesso (v.) tra due esigenze contrastanti tramite la parziale soddisfazione di entrambe, come Formazione reattiva (v.) che consente di dominare un impulso inaccettabile con l'esagerazione della tendenza opposta, come Formazione sostitutiva (v.) che consente di soddisfare un desiderio rimosso tramite un altro desiderio. Carl Gustav Jung, introducendo nella lettura dei processi psichici l'ipotesi finalistica accanto all'ipotesi causale (v. Costruttivo, Metodo), perché «quando si ha a che fare con cose psichiche, il chiedersi "perché si verifica la tal cosa" non è necessariamente più produttivo che il domandarsi "a che scopo succede"» (1945-1948, p. 303), ritiene che lo stesso segno letto in una logica causale appaia come *sintomo*, mentre letto in una logica finalistica appaia come Simbolo (v. § 6). Così, ad esempio, «la fantasia può essere intesa in un senso causale o in un senso finalistico. A una spiegazione causale essa appare come un *sintomo* di uno stato fisiologico o personale che è il risultato di avvenimenti precedenti. Alla spiegazione finalistica invece la fantasia appare come un *simbolo* che tenta, con l'ausilio di materiali già esistenti, di caratterizzare o di individuare un determinato obiettivo o piuttosto una determinata linea di sviluppo» (1921, p. 443). Jacques Lacan, adottando la terminologia saussuriana che distingue tra significante e significato, tratta il sintomo come un segno linguistico che funge da significante di un elemento inconscio, a sua volta trattato come un segno linguistico, essendo l'inconscio strutturato come un linguaggio (v. Lacaniana, Teoria, § 3).

2. Psichiatria fenomenologica. In ambito fenomenologico si contesta la possibilità di impiegare la nozione di sintomo a proposito delle malattie mentali, perché il sintomo rinvia a una causa che non si dà se non presupponendola a partire da una teoria; pertanto i segni vanno considerati non come *sintomi*, ma come *significati* che esprimono qualcosa, anche se questo qualcosa è fondamentalmente diverso dall'esperienza comune. In questo senso Kurt Schneider scrive che «occorre abbandonare il significato medico del termine "sintomo", perché una formazione psicopatologica di stato o di decorso non è una malattia che può produrre sintomi» (1962, p. 93). Questa impostazione era già stata anticipata da Jaspers per il quale, nel campo delle malattie mentali, non si può adottare l'indagine causale tipica delle scienze della natura, perché la malattia non è un "oggetto naturale", ma un "processo" (v. Psicologia comprensiva).

Bibliografia

Freud S., *Introduzione alla psicoanalisi* (1915-1917), in *Opere* (1967-1993), Bollati Boringhieri, Torino, vol. VIII.
Jaspers K., *Psicopatologia generale* (1913-1959), Il Pensiero Scientifico, Roma 2000.
Jung C. G., *Tipi psicologici* (1921), in *Opere* (1969-2007), Bollati Boringhieri, Torino, vol. VI.
–, *L'essenza dei sogni* (1945-1948), in *Opere*, cit., vol. VIII.
Lacan J., *Scritti* (1936-1966), Einaudi, Torino 1974, voll. I-II.
Schneider K., *Psicopatologia clinica* (1962), Fioriti, Roma 2005.

Sintonia (ingl. *Syntony*; ted. *Syntonie*; fr. *Syntonie*; sp. *Sintonía*). Termine introdotto da Eugen Bleuler per indicare la condizione dell'individuo la cui «affettività è all'unisono con la gente che sta intorno e con le circostanze dell'ambiente, e i cui sentimenti attuali sono tutti interamente armonizzati e, come le aspirazioni, unificati» (1922, p. 47). Il termine è stato ripreso da Ernst Kretschmer per indicare un'armonia interiore tra sentimento e pensiero: quindi, in termini cognitivisti, l'opposto della Dissonanza cognitiva (v.). Nell'ambito della neurobiologia interpersonale Daniel J. Siegel parla di "sintonizzazione interpersonale" a proposito di quella «sintonizzazione aperta ed empatica verso lo stato interno di un'altra persona»; di "sintonizzazione interiore" «quando il Sé osservante si concentra in modo aperto, ricettivo e amorevole sul vissuto del Sé esperente nel qui e ora»; di "comunicazione sintonizzata" a proposito di «scambi comunicativi in cui gli stati interni emotivi e fisici diventano oggetto di attenzione e appunto di "sintonizzazione" senza preconcetti, e quindi possono essere "visti" e compresi dai partecipanti all'interazione o, nell'ambito delle relazioni fra bambino e caregiver, dalla persona adulta» (2012, pp. 50-51).

Bibliografia

Bleuler E., *Die Probleme der Schizoide und Syntonie*, in "Zeitschrift für di Gesamte Neurologie und Psychiatrie", 1922, n. 78.

Kretschmer E., *Manuale teorico-pratico di psicologia medica* (1922), Sansoni, Firenze 1952.

Siegel D. J., *Mappe per la mente. Guida alla neurobiologia interpersonale* (2012), Raffaello Cortina, Milano 2014.

Sistema (ingl. *System*; ted. *System*; fr. *Système*; sp. *Sistema*). Complesso di elementi connessi in una totalità organica e unitaria dal punto di vista funzionale. Il concetto di sistema rinvia a quello di STRUTTURA (v.) che esprime certe caratteristiche costitutive che distinguono un sistema da un altro. Si deve a Ludwig von Bertalanffy l'elaborazione della teoria generale dei sistemi volta a mettere a punto un modello matematico formale per ogni sistema, per poi riunire i vari modelli in una formulazione matematica più ampia. Questa teoria fu utilizzata da Gregory Bateson e da Jurgen Reusch e applicata al sistema della comunicazione, che si stabilisce quando due o più persone comprendono di essere entrate in un "campo di coscienza comune". Questa teoria fu successivamente sviluppata e articolata da Paul Watzlawick e dalla Scuola di Palo Alto da lui presieduta (v. PSICOLOGIA SISTEMICA), mentre Ronald David Laing e Aaron Esterson hanno adottato la teoria di Bateson nei loro studi sulle famiglie degli schizofrenici.

Il concetto di sistema ha trovato la sua maggiore applicazione nell'ambito della psicologia sociale delle organizzazioni aziendali, a partire dagli anni quaranta, con Andras Angyal, che in proposito scrive: «Un sistema è una disposizione di varie componenti in riferimento a un insieme da cui dipendono. Non si tratta solo di prendere in considerazione tutti i rapporti che esistono tra gli oggetti. Ciò che importa nel sistema è il posto relativo che ogni parte, o sotto insieme, occupa rispetto all'entità complessiva. Le proprietà e le funzioni dell'insieme sono distinte da quelle dei differenti oggetti che le compongono» (1941, p. 44).

Sempre in questo ambito si è soliti distinguere: *a*) il *sistema chiuso*, che considera l'azienda sufficientemente indipendente dall'ambiente, per cui si tende ad analizzare la maggior parte dei problemi in riferimento unicamente alle sue componenti interne. La conseguenza, come sottolinea Robert K. Merton, è di concentrare l'attenzione sulle componenti statiche delle strutture sociali e trascurare lo studio dei cambiamenti strutturali; *b*) il *sistema aperto*, descritto da von Bertalanffy e da molti altri autori, che prevede che l'azienda, come accade per qualsiasi altro organismo, debba adattarsi all'ambiente, per cui ogni elemento interno del sistema deve essere analizzato tenendo conto del più ampio contesto ambientale a cui il sistema deve adattarsi, anche se il livello di complessità raggiunto dall'ambiente esterno, con i suoi rapidi mutamenti in ordine alla specificità dei problemi umani e sociali, comporta che la teoria dei sistemi può correre il rischio di salvaguardare se stessa a costo di semplificazioni eccessive, dal momento che il "sociale", come fa notare Yves Barel, per il suo carattere paradossale, è contemporaneamente sistema e non-sistema.

Bibliografia

Angyal A., *Foundations for a science of personality*, Commonwealth Fund, New York 1941.

Barel Y., *Le paradoxe et le système*, Presses Universitaires de Grenoble, Paris 1979.

Bateson G., *Verso un'ecologia della mente* (1972), Adelphi, Milano 1976.

Bateson G., Ruesch J., *La matrice sociale della psichiatria* (1951), il Mulino, Bologna 1976.

Bertalanffy L. von, *Teoria generale dei sistemi. Fondamenti e sviluppo, applicazioni* (1968), Istituto Librario Internazionale (ILI), Milano 1971.

Celli P. L., *L'illusione manageriale*, Laterza, Bari 1997.

–, *Impresa e classi dirigenti*, Baldini Castoldi Dalai, Milano 2004.

Crozier M., Friedberg E., *Attore sociale e sistema. Sociologia dell'azione organizzata* (1977), Etas Libri, Milano 1978.

Forni E. M. (a cura di), *Teoria di sistemi e razionalità sociale*, Cappelli Editore, Bologna 1986.

Katz D., Kahn R. L., *Psicologia sociale delle organizzazioni* (1966), Etas Kompass, Milano 1968.

Laing R. D., Esterson A., *Normalità e follia nella famiglia* (1964), Einaudi, Torino 1970.

Luhmann N., *Sistemi sociali. Fondamenti di una teoria generale* (1984), il Mulino, Bologna 1990.

Merton R. K., *Teoria e struttura sociale* (1949), il Mulino, Bologna 1959.

Schoderbek P. P., *Management systems*, Wiley, London 1967.

Watzlawick P., *Il linguaggio del cambiamento. Elementi di comunicazione terapeutica* (1977), Feltrinelli, Milano 1980.

Sistema nervoso, v. NERVOSO, SISTEMA.

Sistematica, v. CLASSIFICAZIONE.

Sistemica, Terapia, v. PSICOLOGIA SISTEMICA, § 2.

Sistemi, Teoria generale dei, v. PSICOLOGIA SISTEMICA, § 1.

Situazione (ingl. *Situation*; ted. *Situation*; fr. *Situation*; sp. *Situación*). Termine introdotto da Karl Jaspers per indicare il rapporto che ogni uomo ha con il mondo, da cui riceve limiti e condizionamenti in quanto ognuno è nato in un luogo, da certi genitori e non da altri, in una certa cultura, con un certo carattere, con determinate possibilità connesse al suo ambiente da cui non può prescindere perché lì affondano le sue radici. Ma la situazione si offre anche al suo trascendimento, inteso come oltrepassamento e spazio in cui si dischiudono le possibilità dell'esistenza, che dunque vive una tensione (*Spannung*) tra ciò che la condiziona e ciò che le consente di oltrepassare, a partire da quella condizione, il limite. Ma, sempre a parere di Jaspers, esistono anche *situazioni-limite* come quella «di dover essere sempre in una situazione, di non poter vivere senza lotta e dolore, di dover assumere inevitabilmente la propria colpa, di dover morire», che sono invalicabili. Esse «sfuggono alla nostra comprensione, così come sfugge alla nostra realtà esistenziale ciò che sta al di là di esse. Sono come un muro contro cui urtiamo e naufraghiamo» (1932-1956, p. 678). La psichiatria fenomenologica vede nel rifiuto della situazione tre forme di esistenza mancata che si esprimono nel rifiuto delle proprie radici, nella rinuncia alla progettualità dell'esistenza come oltrepassamento della situazione, e nel rifiuto della finitezza inscritta in ogni situazione limite. Per quanto concerne l'*ansia da situazione* riferita alle forme fobiche, si veda la voce ANGOSCIA – ANSIA, § 5, *c*.

Bibliografia

Jaspers K., *Filosofia* (1932-1956), Libro I: *Orientazione filosofica nel mondo*, Libro II: *Chiarificazione dell'esistenza*, Libro III: *Metafisica*, Utet, Torino 1978.

Sizigia (ingl. *Syzygy*; ted. *Syzygie*; fr. *Syzygie*; sp. *Sicigia*). Complementarità interna a una coppia di opposti (v. OPPOSTI, § 2). Il termine ricorre nella psicologia analitica junghiana per descrivere la dinamica maschile-femminile espressa nella relazione tra ANIMA (v. § 3) e ANIMUS (v.). In proposito Carl Gustav Jung scrive: «La sizigia consta di tre elementi e cioè: della parte femminile che compete all'uomo e di quella di virilità che compete alla donna, dell'esperienza che l'uomo ha della donna e viceversa, e infine dell'immagine archetipica femminile e maschile. Il primo elemento può essere integrato nella personalità mediante la presa di coscienza; l'ultimo no» (1951, p. 21). Dal momento che gli opposti non arrivano mai a una sintesi totale, la sizigia esprime lo stato di tensione tra gli opposti che è alla base del dinamismo psichico.

Bibliografia

Jung C. G., *Sull'archetipo, con particolare riguardo al concetto di Anima* (1936-1954), in *Opere* (1969-2007), Bollati Boringhieri, Torino, vol. IX, 1.

–, *Aion. Ricerche sul simbolismo del Sé* (1951), in *Opere*, cit., vol. IX, 2.

Skaggs-Robinson, Ipotesi di, v. INIBIZIONE, § 3.

SMBM (*Shirom Melamed Burnout Measure*), v. BURNOUT, SINDROME DEL.

Smembramento (ingl. *Dismemberment*; ted. *Zergliederung*; fr. *Démembrement*; sp. *Desmembramiento*). Termine impiegato da Paul Schilder per indicare la completa destrutturazione dello schema corporeo (v. CORPO, § 1) nelle psicosi evolutive e nelle schizofrenie, dove il soggetto proietta nel mondo esterno parti del suo corpo che poi vive come oggetti persecutori. Il termine è ripreso da Gisela Pankow: «Col termine smembramento definisco la distruzione dell'immagine del corpo in modo che le sue parti perdono il loro legame con il tutto per riapparire nel mondo esterno sotto forma di voci o di allucinazioni visive» (1969, pp. 88-89).

Bibliografia

Pankow G., *L'uomo e la sua psicosi* (1969), Feltrinelli, Milano 1977.

Schilder P., *Immagine di sé e schema corporeo* (1935), Franco Angeli, Milano 1973.

Sociale, Psicologia, v. PSICOLOGIA SOCIALE.

Socializzazione, v. PSICOLOGIA SOCIALE, §§ 1-3; GRUPPO, § II, 8.

Società, v. PSICOLOGIA SOCIALE.

Sociobiologia, v. GENETICA, § 5, *c*.

Sociodramma, v. PSICODRAMMA, § 3.

Sociogramma, v. SOCIOMETRIA.

Sociolinguistica, v. LINGUISTICA, § 4.

Sociometria (ingl. *Sociometry*; ted. *Soziometrie*; fr. *Sociométrie*; sp. *Sociometría*). Metodo elaborato da Jacob Levi Moreno per «lo studio della struttura psicologica affettiva della società umana. Questa struttura, raramente visibile alla superficie dei processi sociali, consiste in complessi modelli interpersonali, che vengono studiati attraverso procedimenti quantitativi e qualitativi» (1953, p. 37). Tra questi il più significativo è il *test sociometrico* che evidenzia, e rappresenta graficamente nel *sociogramma*, i cosiddetti *sentimenti tele*, ossia i fattori di attrazione e di rifiuto fra i membri del gruppo, mediante una serie di domande che sollecitano ogni componente a esprimersi in termini di "scelta", di "rifiuto" o di "indifferenza" nei confronti di ognuno degli altri membri. Il raffronto fra i vari punteggi consente di accertare il grado di reciprocità nelle scelte, di individuare i membri semplicemente ignorati e quelli attivamente rifiutati, e di appurare il livello di integrazione globale del gruppo. Detta organizzazione ha le sue radici in quello che Moreno chiama *atomo sociale*, che è la struttura sociale più piccola di una comunità in cui si esprimono i rapporti psicologici tra individui, a partire dal primo rapporto del bambino con la madre (v. FAMIGLIA, § II, 1), dove si esprime il primo nucleo dell'atomo sociale che poi ogni individuo ingrandisce e con il passare del tempo modifica, aggiungendo quelle persone che gli sono gradite o sgradite e da cui risulta accettato o rifiutato.

Bibliografia

Moreno J. L., *Principi di sociometria, di psicoterapia di gruppo e sociodramma* (1953), Etas Kompass, Milano 1964.
Moreno J. L., Moreno Z. T., *Manuale di psicodramma. Tecniche di regia psicodrammatica* (1969), Astrolabio, Roma 1987.
Rossi F., *Per un uso didattico del sociogramma*, Giunti & Lisciani, Teramo 1994.
Schützenberger A. A., *La sociometria* (1962), Armando, Roma 1975.

Sociopatia, v. PSICOLOGIA SOCIALE, § 5; PSICOPATIA.

Sociopatologia (ingl. *Sociopathology*; ted. *Sozialpathologie*; fr. *Pathologie sociale*; sp. *Sociopatología*). Studio dei fenomeni patologici dell'organismo sociale, considerato come un tutto, che si ripercuotono sulla patologia individuale dei componenti di una determinata società. Gli ambiti di ricerca fanno riferimento: 1. al rapporto tra patologia mentale e condizioni culturali e socioeconomiche; 2. alla diversa incidenza del disturbo mentale in relazione al tipo di società o ai differenti strati della stessa società; 3. alla variazione nel tempo delle espressioni psicopatologiche in base ai mutati assetti sociali e alle trasformazioni culturali.

Bibliografia

Fromm E., *Psicanalisi della società contemporanea* (1955), Edizioni di Comunità, Milano 1976.
Hollingshead A. B., Redlich F. C., *Classi sociali e malattie mentali* (1962), Einaudi, Torino 1965.
Wulff E., *Psichiatria e classi sociali* (1974), Laterza, Bari 1977.

Sociopsichiatria, v. PSICHIATRIA, § 8.

Sociopsicoanalisi (ingl. *Sociopsychoanalysis*; ted. *Sozialpsychoanalyse*; fr. *Sociopsychanalyse*; sp. *Sociopsicoanálisis*). Movimento sorto verso la fine degli anni sessanta intorno all'opera di Gérard Mendel, secondo il quale la PSICOANALISI (v.), limitandosi allo schema familiare, non recepisce le forze che organizzano la società capitalistica e che pure agiscono sull'inconscio individuale. Di qui la necessità di un'articolazione tra la logica dell'inconscio e la logica dell'economia e della politica, senza cui i soggetti, trattenuti nell'isolamento della relazione duale tipica del trattamento psicoanalitico, non hanno alcuna possibilità di diventare adulti. Questi concetti sono stati anticipati, sotto diversi profili, da Wilhelm Reich, che ha ricondotto numerosi nuclei nevrotici alla morale sessuale coercitiva della società capitalistica (v. BIOENERGETICA; DESIDERIO, § 4); da Gilles Deleuze e Félix Guattari, che accusano la psicoanalisi di non uscire dal recinto familiare per non fare i conti con il potenziale rivoluzionario inscritto in ogni struttura desiderante (v. DESIDERIO, § 6); da Erich Fromm, che delinea una tipologia caratteriale (v. CARATTERE, § 3, *f*) in base al tipo di società in cui l'individuo si trova a vivere; e da Herbert Marcuse, che denuncia l'influenza del sociale sull'uniformità che caratterizza le crescite individuali (v. DESIDERIO, § 5).

Bibliografia

Deleuze G., Guattari F., *L'anti-Edipo. Capitalismo e schizofrenia* (1972), Einaudi, Torino 1975.
Fromm E., *La crisi della psicoanalisi* (1970), Mondadori, Milano 1971.
Marcuse H., *L'uomo a una dimensione* (1964), Einaudi, Torino 1967.
Mendel G., *La rivolta contro il padre* (1968), Vallecchi, Firenze 1973.
Reich W., *L'irruzione della morale sessuale coercitiva* (1932), Sugarco, Milano 1972.

Sociotecnica, v. ERGONOMIA.

Socioterapia (ingl. *Sociotherapy*; ted. *Soziotherapie*; fr. *Sociothérapie*; sp. *Socioterapia*). Forma di trattamento psichiatrico dove l'ambiente sociale del paziente è costruito e fatto funzionare in modo da costituire di per sé un fatto terapeutico. La socioterapia non va quindi confusa con le terapie di gruppo (v. GRUPPO, § III), la terapia della famiglia (v. FAMIGLIA, § III), la terapia occupazionale (v. ERGOTERAPIA), che si basano sulla stimolazione o la ristrutturazione della dimensione comunicativa e sociale dell'Io, ma va pensata come psicoterapia istituzionale, dove vengono favorite iniziative individuali dirette verso la comunità, con il fine della piena partecipazione di tutti i membri alla vita quotidiana, in vista del loro recupero a una vita piena nella società. Il regime terapeutico è stato sintetizzato da Robert Norman Rapoport in quattro punti: democraticità, comunità, permissività ed esame di realtà, nel senso di fornire al paziente un modello di gruppo sociale democratico, di permettergli un apprendimento tramite un'esperienza permissiva, di inserirlo in un sistema di comunicazione tramite la riunione della comunità che consente a ciascuno un esame di realtà a partire dalla reazione del gruppo al suo comportamento. Per ulteriori approfondimenti si veda la voce ISTITUZIONE PSICHIATRICA.

Bibliografia

AA.VV., *Deistituzionalizzazione*, La Nuova Italia, Firenze 1977.
Basaglia F. (a cura di), *L'istituzione negata. Rapporto da un ospedale psichiatrico*, Einaudi, Torino 1968.
Clark D. H., *Psichiatria e terapia sociale. Salute mentale e nuova assistenza* (1974), Feltrinelli, Milano 1976.
Edelson M., *Socioterapia e psicoterapia* (1970), Astrolabio, Roma 1974.
Goffman E., *Asylums* (1961), Einaudi, Torino 1968.
Jones M., *Ideologia e pratica della psichiatria sociale* (1968), Etas Kompass, Milano 1970.
Rapoport R. N., *Community as a doctor. New perspectives on a therapeutic community*, Tavistock, London 1960.
Szasz Th. S., *I manipolatori della pazzia. Studio comparato dell'Inquisizione e del Movimento per la salute mentale in America* (1970), Feltrinelli, Milano 1972.

Soddisfacimento, Esperienza di (ingl. *Experience of satisfaction*; ted. *Befriedigungserlebnis*; fr. *Expérience de satisfaction*; sp. *Experiencia de satisfacción*). Espressione impiegata da Sigmund Freud in riferimento alla soppressione, nel lattante, di una tensione interna creata dal bisogno, tramite un intervento esterno. L'immagine dell'oggetto che garantisce il soddisfacimento è successivamente reperibile al fondo del costituirsi del desiderio del soggetto che, in assenza dell'oggetto, ne investirà l'immagine in modo allucinatorio. La formazione dell'Io permetterà di evitare la confusione del soggetto tra allucinazione e percezione.

Bibliografia

Freud S., *Progetto di una psicologia* (1895), in *Opere* (1967-1993), Bollati Boringhieri, Torino, vol. II.
–, *Precisazioni sui due principi dell'accadere psichico* (1911), in *Opere*, cit., vol. VI.
–, *Al di là del principio di piacere* (1920), in *Opere*, cit., vol. IX.

Soddisfazione, v. GRATIFICAZIONE.

Sodomia (ingl. *Sodomy*; ted. *Sodomie*; fr. *Sodomie*; sp. *Sodomía*). Il termine, che deriva dal racconto biblico (*Genesi*, 19) relativo al comportamento sessuale degli abitanti di Sodoma, indica il coito omosessuale maschile. C'è però una differenza nell'uso del termine fra gli autori di lingua inglese per i quali sodomia indica qualsiasi coito anale, e gli autori di lingua tedesca per i quali il termine va esteso anche ai rapporti con animali, per cui diventa sinonimo di bestialità o ZOOERASTIA (v.).

Soggetto (ingl. *Subject*; ted. *Subjekt*; fr. *Sujet*; sp. *Sujeto*). Il termine, che deriva dal latino *subiectum* che traduce il greco ὑποκείμενον, significa "ciò che soggiace", "ciò che sta sotto". Di rilevanza eminentemente filosofica, la problematica del soggetto si è imposta anche in ambito psicoanalitico soprattutto con Sigmund Freud e Jacques Lacan.

1. *Il pensiero greco* ha considerato il soggetto sotto due profili: *a*) come *sostanza* a cui si attribuiscono qualità e determinazioni, *b*) come *individuo* inteso a livello ontologico come attore nell'ordine della conoscenza e dell'azione, e a livello logico-grammaticale come supporto della proposizione.

2. *Il pensiero moderno*, con René Descartes, intende il soggetto: *a*) come *sostanza* pensante (*res cogitans*) in contrapposizione alla sostanza estesa (*res extensa*), *b*) come *attività* conoscitiva (*cogito*, Io penso), che risolve il mondo in una rappresentazione del soggetto. Il soggetto in questione non è il soggetto individuale, ma il soggetto trascendentale a partire dal quale è conoscibile anche il soggetto individuale.

3. *Il pensiero contemporaneo*, e in particolare la filosofia del Novecento, ritiene che il soggetto non esista in sé, ma sia posto dalle procedure discorsive che parlano di lui. Questa riflessione, inaugurata da Friedrich Nietzsche che considera il soggetto un prodotto della grammatica, è condivisa su registri diversi e con impianti giustificativi differenti dalla critica marxista della coscienza, intesa come sovrastruttura ideologica, dallo STRUTTURALISMO (v.) adottato in linguistica e in antropologia, dalla FENOMENOLOGIA (v.) di Edmund Husserl, dall'ontologia di Martin Heidegger, dall'ERMENEUTICA (v.), che rifiuta la contrapposizione soggetto-oggetto, e dalla psicoanalisi, che sposta l'asse di riferimento dalla soggettività dell'Io (v. IO) a quello sfondo non egoico che Freud chiama ES (v.), e Lacan chiama *ça*.

E proprio a Lacan si devono, in ambito psicologico, i contributi più significativi e specifici sulla problematica del soggetto, a suo parere diviso tra il linguaggio del desiderio che parla (*ça parle*) attraverso i lapsus, i sogni, i sintomi, di cui il presunto soggetto non è autore, e il linguaggio simbolico o intersoggettivo che non è prodotto dal presunto soggetto perché si tratta di un sapere che preesiste alla singola soggettività, anzi la istituisce e la ospita: «Tutti gli esseri umani partecipano all'universo dei simboli, vi sono inclusi e lo subiscono molto più che non lo costituiscano; ne sono molto più i supporti che gli agenti» (1953-1954, p. 198). Partendo da queste premesse, Lacan parla di una *divisione del soggetto* alienato da un lato dall'alterità di un desiderio che parla a sua insaputa, e dall'altro dall'alterità del linguaggio che preesiste al soggetto e lo istituisce (v. LACANIANA, TEORIA, §§ 1-3). Con Lacan, anche la psicoanalisi conviene senza residui con le conclusioni a cui è giunta per vie diverse la filosofia del Novecento, che al *soggetto* del discorso ha sostituito l'*ordine* discorsivo, cioè l'insieme dei discorsi che comprendono anche il discorso che "parla" del soggetto.

Bibliografia

Barus-Michel J., *Le sujet social. Étude de psychologie sociale clinique*, Dunod, Paris 1987.

Bruno A., *La crisi del soggetto nel pensiero contemporaneo*, Franco Angeli, Milano 1988.

Danziger K., *La costruzione del soggetto. Le origini storiche della ricerca psicologica* (1990), Laterza, Bari 1995.

Foucault M., *Le parole e le cose* (1966), Rizzoli, Milano 1967.

–, *L'ordine del discorso* (1970), Einaudi, Torino 1972.

–, *L'ermeneutica del soggetto* (1981-1982), Feltrinelli, Milano 2001.

Freud S., *L'Io e l'Es* (1922), in *Opere* (1967-1993), Bollati Boringhieri, Torino, vol. IX.

Gadamer H.-G., *Verità e metodo* (1960), Bompiani, Milano 1983.

Girard G., Vecchiato T., *Per una teoria debole della soggettività*, Tirrenia Stampatori, Torino 1988.

Heidegger M., *Essere e tempo* (1927), Utet, Torino 1978.

Husserl E., *Meditazioni cartesiane* (1931), Bompiani, Milano 1960.

Jakobson R., *Saggi di linguistica generale* (1963), Feltrinelli, Milano 1966.

Jonas H., *Potenza o impotenza della soggettività?* (1979), Medusa, Milano 2006.

Lacan J., *Il Seminario. Libro I: Gli scritti tecnici di Freud, 1953-1954*, Einaudi, Torino 1978.

–, *Sovversione del soggetto e dialettica del desiderio nell'inconscio freudiano* (1960), in *Scritti* (1936-1966), Einaudi, Torino 1974, vol. II.

Lévi-Strauss C., *Antropologia strutturale* (1958), il Saggiatore, Milano 1966.

Merleau-Ponty M., *Fenomenologia della percezione* (1945), il Saggiatore, Milano 1972.

Natoli S., *Soggetto e fondamento* (1979), Bruno Mondadori, Milano 1996.

Nietzsche F., *Su verità e menzogna in senso extramorale* (1873), in *Opere*, Adelphi, Milano 1973, vol. III, 2.

Olivetti M. M., *Analogia del soggetto*, Laterza, Bari 1992.

Ollivier B., *L'acteur et le sujet*, Desclée de Brouwer, Paris 1995.

Perussia F., *Storia del soggetto. La formazione mimetica della persona*, Bollati Boringhieri, Torino 2000.

Ricoeur P., *Il conflitto delle interpretazioni* (1969), Jaca Book, Milano 1977

–, *Sé come un altro* (1990), Jaca Book, Milano 1993.

Rovatti P. A., *Trasformazioni del soggetto*, Il Poligrafo, Padova 1992.

Ruggenini M., *Verità e soggettività*, Fiorini, Verona 1972.

–, *Il soggetto e la tecnica*, Bulzoni, Roma 1977.

Soro G., *Il soggetto senza origini. La soggettività empirica nella fondazione wundtiana della psicologia sperimentale*, Raffaello Cortina, Milano 1991.

Vattimo G., *Il soggetto e la maschera*, Bompiani, Milano 1974.

–, *Al di là del soggetto*, Feltrinelli, Milano 1981.

Wittgenstein L., *Osservazioni sulla filosofia della psicologia* (1946-1949, edito postumo nel 1980), Adelphi, Milano 1990.

Žižek S., *Il soggetto scabroso* (1999), Raffaello Cortina, Milano 2003.

Soglia (ingl. *Threshold*; ted. *Schwelle*; fr. *Seuil*; sp. *Umbral*). Valore minimo di uno stimolo che dà luogo a una risposta dell'organismo. Per un dato tipo di sensazione si è soliti distinguere: 1. la *soglia assoluta inferiore* o *soglia iniziale*, che è definita dallo stimolo minimo in grado di suscitare una sensazione; 2. la *soglia assoluta superiore* o *soglia terminale*, che corrisponde al valore massimo dello stimolo al di là del quale la sensazione non aumenta più o scompare; 3. la *soglia differenziale*, che è la minima variazione, in termini di incremento o di decremento nella grandezza di uno stimolo, necessaria per ottenere la minima variazione apprezzabile dalla sensazione. La necessità di considerare più variabili della situazione obiettiva di stimolazione, per meglio definire le soglie e le variazioni di un determinato aspetto della sensazione stessa, ha promosso lo sviluppo della *psicofisica multidimensionale* rispetto alla psicofisica classica inaugurata da Gustav Theodor Fechner, che si limitava alla considerazione di un solo stimolo, a partire dal quale era formulabile la legge secondo cui l'intensità di una sensazione soggettiva è proporzionale al logaritmo dell'eccitatore fisico (v. WEBER-FECHNER, LEGGE DI).

In ambito psicoanalitico Sigmund Freud, dopo aver stabilito che tutti gli stati psichici sono derivati pulsionali che tendono a scaricarsi in attività motoria o in altri stati psichici allo scopo di diminuirne l'intensità (v. PIACERE, § 1), definisce *soglia motoria* il livello oltre il quale uno stato psichico si trasforma in azione, e *soglia psichica* il livello oltre il quale si trasforma in un altro stato psichico, e FACILITAZIONE (v.) qualsiasi abbassamento di soglia conseguente a iterazione della medesima trasformazione. Carl Gustav Jung parla di "soglia della coscienza" (*Bewusstseinsschwelle*) a proposito del confine tra coscienza e inconscio che può essere più o meno permeabile, per cui, ad esempio, scrive Jung: «Il nevrotico si differenzia dall'uomo normale perché in lui la soglia della coscienza è più spostabile, perché il diaframma tra coscienza e inconscio è più permeabile. Lo psicotico, poi, è interamente soggetto all'influenza diretta dell'inconscio» (1957-1958, p. 84). Ne discende che, a livello psicoterapeutico, nel caso del nevrotico occorre focalizzare l'attenzione sull'eccesso di permeabilità, e nel caso dello psicotico occorre ripristinare il diaframma che separa la coscienza dall'inconscio.

Bibliografia

Fechner G. Th., *Elemente der Psychophysik* (1860), Breitkopf und Härtel, Leipzig 1889.

Freud S., *Al di là del principio di piacere* (1920), in *Opere* (1967-1993), Bollati Boringhieri, Torino, vol. IX.

Jung C. G., *La funzione trascendente* (1957-1958), in *Opere* (1969-2007), Bollati Boringhieri, Torino, vol. VIII.

McIntosh D., *The economy of desire. Psychic energy as a purely psychological concept*, in "Psychoanalysis and Contemporary Thought", 1986, 9, 3.

Sogno (ingl. *Dream*; ted. *Traum*; fr. *Rêve*; sp. *Sueño*). Attività mentale che si svolge durante il sonno e di cui è possibile conservare, dopo il risveglio, immagini, pensieri, emozioni che hanno caratterizzato la scena onirica. Questa, essendo interamente governata dalle leggi dell'affettività, presenta una strutturazione che è completamente svincolata dai principi che regolano il pensiero logico e l'orientamento nella realtà, soprattutto per quanto concerne il principio di identità, di causalità, di non contraddizione e le coordinate spazio-temporali che subiscono profonde alterazioni rispetto all'esperienza diurna.

I. NEUROFISIOLOGIA. Gli studi neurofisiologici evidenziano, come documentato da Mario Bertini, che non appena l'organismo entra nella fase REM del SONNO (v. § 1), o sonno onirico, si ha, rispetto al sonno non onirico (non-REM) che immediatamente precede e segue, una significativa ATTIVAZIONE (v.) caratterizzata da processi: *a*) *vegetativi* come l'accelerazione del battito cardiaco, del ritmo respiratorio, l'aumento della pressione sistolica del sangue, l'erezione del pene, l'aumento della resistenza cutanea con riduzione dei riflessi galvanici spontanei; *b*) *muscolari* con movimenti oculari rapidi, motilità ridotta, diminuzione del tono muscolare con accentuazione dei movimenti fini specie nelle mani e nella faccia; *c*) *neurofisiologici* in ordine all'attività della corteccia, all'attivazione dell'ippocampo e delle aree subcorticali e mesoencefaliche, riduzione dei potenziali evocati, soglie di risveglio relativamente basse; *d*) *metabolici cerebrali* con aumento del flusso sanguigno corticale, del consumo dell'ossigeno cerebrale e della temperatura cerebrale; *e*) *neuroendocrini* con attivazione dell'ipofisi, alterazione dell'ormone somatotropo, tiroideo e degli ormoni gonadici; *f*) *farmacologici* che riducono il tempo onirico come i barbiturici e le anfetamine o che lo aumentano come la reserpina e l'LSD.

Circa la genesi dell'attività mentale onirica REM esistono diverse teorie illustrate da J. Allan Hobson e collaboratori: a) la teoria della genesi *troncoencefalica* del sonno REM in base al modello dell'inibizione reciproca; b) la teoria della genesi, durante il sonno REM, per *attivazione generale* della corteccia cerebrale, e successiva sintesi dei meccanismi mentali di questa informazione entro il sistema nervoso; c) la teoria dell'*attivazione e informazione modulare* (v. MODULARITÀ), che tenta di conciliare e unificare le ipotesi sopra descritte.

Negli intervalli non-REM, che precedono e seguono le fasi REM del sonno caratterizzate dalla presenza di sogni, il cervello non cessa il processo ideativo, che però risulta meno vivace e tende ad assumere forme simili al pensiero dello stato di veglia, anche se, da resoconti ottenuti nei risvegli effettuati nei periodi non-REM, sono riconoscibili tracce di ideazione tipica del periodo REM. In ordine al contenuto si è osservato inoltre che, con il protrarsi dell'attività onirica, i sogni si riferiscono a luoghi, situazioni, eventi, attività sempre più lontani nel tempo o sepolti nell'oblio.

Per quanto concerne la *funzione* del sogno si sono fatte diverse ipotesi di tipo biologico e di tipo psicologico tra le quali ricordiamo: *a*) la pulizia del sistema nervoso dai metaboliti endogeni prodotti durante l'attività; *b*) la stimolazione della corteccia, essenziale nel bambino per il suo sviluppo; *c*) la riorganizzazione degli schemi eccitatori del sistema nervoso centrale che si disorganizzano durante il sonno non-REM; *d*) il recupero della deprivazione sensoriale del sonno non onirico dove il funzionamento corticale è ridotto; *e*) la selezione delle informazioni accumulate durante il giorno in modo da favorire i processi di immagazzinamento delle memorie; *f*) la scarica di impulsi fisiologici nel bambino e istintuali nell'adulto; *g*) la soddisfazione in forma mascherata dei desideri e soluzione di problemi emotivi per un miglior adattamento alla vita reale.

Per quanto concerne l'*oblio* del sogno rilievi sperimentali hanno segnalato: *a*) che il ricordo del sogno cade velocemente dopo la fine del periodo REM; *b*) che risvegli notturni o bruschi concedono un ricordo maggiore dei sogni rispetto ai risvegli graduali; *c*) che si ritengono meglio i sogni mattutini, nonché quelli più lunghi e più ricchi di intensità emotiva. A queste condizioni generali vanno aggiunte le differenze individuali, che a livello sperimentale hanno dato i seguenti risultati: *a*) ricordano di *più* i sogni coloro che hanno una totalità di tempo onirico maggiore, coloro che presentano un maggior grado di ansietà, coloro che tendono ad essere più introspettivi; *b*) ricordano di *meno* coloro che hanno una personalità più repressa e meno creativa, come hanno rilevato prove condotte su studenti di ingegneria rispetto a studenti di discipline artistiche, coloro che fanno sogni abbastanza realistici e logici, e coloro che hanno una maggior memoria visiva e che quindi si meravigliano meno dei loro sogni in quanto possono più facilmente integrarli con il pensiero diurno. A queste considerazioni vanno aggiunte le ipotesi psicoanalitiche che fanno riferimento al fenomeno della CENSURA (v.) e alle condizioni di TRANSFERT (v.) che si instaura tra chi fa il resoconto del proprio sogno e l'ascoltatore.

Prove sperimentali basate sull'elettroencefalografia e sulla registrazione dei movimenti oculari hanno evidenziato caratteristiche tipiche della fase REM nei mammiferi, negli uccelli e non nei rettili. Ciò ha fatto ritenere che nell'evoluzione della specie lo stadio REM sia subentrato successivamente. Nell'uomo, detto stadio è ipotizzato persino nella vita fetale e, dopo la nascita, ancor prima che il bambino acquisisca percezione visiva e memoria. La proporzione del sonno REM rispetto al sonno totale è massima nell'infanzia dove raggiunge valori che si aggirano intorno al 50%, per poi ridursi nell'età adulta intorno al 25% fino a scendere, dopo i 60 anni, intorno al 15%. Nel sogno infantile, inoltre, è massima la componente fisiologica e minima quella contenutistico-soggettiva, che invece aumenta nell'età adulta. La maggior parte dei sogni è priva di tonalità cromatiche anche se esistono dubbi in proposito dovuti al fatto che l'incidenza del colore aumenta in rapporto alla vicinanza temporale tra il sogno e il suo resoconto. Nei ciechi, infine, si hanno sogni visivi quando la cecità è insorta dopo il sesto-settimo anno di vita, mentre i ciechi dalla nascita riferiscono sogni in cui sono implicate immagini non visive ma collegate ad altre modalità sensoriali. Ciò ha fatto pensare che i movimenti oculari non siano collegati tanto alla visione quanto all'immaginazione del sogno.

II. PSICOANALISI. Sigmund Freud assegna al sogno un significato psicologico rintracciabile attraverso l'INTERPRETAZIONE (v.) che compie all'inverso il cammino percorso dal *lavoro del sogno* che trasforma il contenuto latente in contenuto manifesto (v. CONTENUTO LATENTE – CONTENUTO MANIFESTO). Il lavoro del sogno non è creativo, ma trasformativo; esso risponde a «una specie di coazione a *comporre in unità* nel sogno tutte le fonti di stimolo esistenti» (1899, p. 170). Tali sono gli stimoli somatici, i resti diurni (v. RESTO DIURNO), i pensieri del sogno che vengono unificati ed espressi nel contenuto manifesto dopo la DEFORMAZIONE (v.) effettuata, per ragioni di CENSURA (v.), dal lavoro del sogno attraverso quattro operazioni: la *condensazione*, lo *spostamento*, la *rappresentazione* e l'*elaborazione* secondaria.

1. *La natura e le funzioni del sogno* sono indicate dalla teoria freudiana in questi termini:

a) *Il sogno è un prodotto psichico*, quindi non è esclusivamente un prodotto somatico: «Non è privo di senso, non è assurdo, non si basa sulla premessa che una parte del nostro patrimonio rappresentativo dorme, mentre un'altra incomincia a destarsi. Il sogno è un fenomeno psichico pienamente valido e precisamente l'appagamento di un desiderio; va inserito nel contesto delle azioni psichiche della veglia, a noi comprensibili; è frutto di un'attività mentale assai complessa» (ivi, p. 121).

b) *Il sogno è una forma di pensiero*: «Una *forma* particolare del nostro pensiero resa possibile dalle condizioni dello stato di sonno. È il *lavoro onirico* che produce questa forma ed esso solo è l'essenziale del sogno, la spiegazione della sua peculiarità» (ivi, p. 463). Questa forma di pensiero, a parere di Freud, non va identificata con l'inconscio perché «il sogno non è l'"inconscio"; il sogno è la forma nella quale un pensiero scartato dal preconscio, o persino dalla coscienza della vita vigile, ha potuto rifondersi grazie alle favorevoli condizioni create dallo stato di sonno. Nello stato di sonno questo pensiero è stato rafforzato da inconsci moti di desiderio ed è stato pertanto deformato dal "lavoro onirico" in un modo che è determinato dai meccanismi che vigono nell'inconscio» (1920b, p. 160).

c) *Il sogno protegge il sonno*: «Il sogno è il custode, non il perturbatore, del sonno. [...] Il desiderio di dormire (sul quale si è concentrato l'Io cosciente e che rappresenta accanto alla censura onirica e all'"elaborazione secondaria", di cui dovremo parlare in seguito, il suo contributo al sogno), dev'essere quindi ogni volta incluso tra i motivi della formazione del sogno, e ogni sogno riuscito è un appagamento di questo desiderio» (1899, pp. 218-219).

d) «*Il sogno è l'appagamento (mascherato) di un desiderio (represso, rimosso)*» (ivi, p. 154). Ciò dipende dal fatto che «esso è un prodotto del sistema Inconscio, il quale non conosce altra meta per il proprio lavoro se non l'appagamento di un desiderio e non dispone di altre forze se non di quelle costituite dai moti di desiderio» (ivi, p. 518).

e) *Il sogno è una formazione di compromesso*: «Esso ha una doppia funzione: da una parte è in sintonia con l'Io, per il fatto che, eliminando gli stimoli che turbano il sonno, serve al desiderio di dormire; dall'altra parte esso permette a una spinta pulsionale rimossa il soddisfacimento possibile in queste condizioni, sotto forma di un appagamento allucinatorio di desiderio. L'intero processo della formazione del sogno, permesso dall'Io dormiente, sottostà però alla condizione della censura, che viene esercitata da quel tanto di rimozione che si è conservata. Non mi riesce di esporre il processo in modo più semplice: più semplice esso non è» (1932, p. 134).

2. *Il lavoro del sogno*, detto anche *lavoro onirico*, è definito da Freud come "essenza del sogno" ed è caratterizzato dalle seguenti operazioni:

a) la CONDENSAZIONE (v.), descritta da Freud in questi termini: «La prima cosa che appare chiara a chi confronti contenuto e pensieri del sogno è che è stato fatto un enorme lavoro di *condensazione*. Il sogno è scarno, misero, laconico, in confronto alla mole e alla ricchezza dei pensieri del sogno» (1899, p. 259). Attraverso la condensazione, diversi elementi, come persone, oggetti o luoghi, vengono fusi in un'unica immagine;

b) lo SPOSTAMENTO (v.), per cui certi elementi carichi di una valenza affettiva, per ragioni di censura, vengono trasferiti su altri elementi marginali o di scarso interesse. Scrive in proposito Freud: «Nella formazione del sogno hanno luogo una *traslazione* e uno *spostamento delle intensità psichiche* dei singoli elementi, donde deriva la differenza esistente tra il testo del contenuto e quello dei pensieri del sogno. Il processo che qui supponiamo è addirittura la parte essenziale del lavoro onirico: esso merita il nome di *spostamento onirico*. *Spostamento e condensazione* sono i due artefici, alla cui attività possiamo principalmente attribuire la configurazione del sogno» (ivi, p. 284);

c) la RAPPRESENTAZIONE (v. § 1, *c*), dovuta al fatto che, siccome si esprime attraverso immagini, il sogno ricorre all'impiego di forme simboliche per dare espressione a concetti astratti, relazioni logiche, come i rapporti di causalità, identità, somiglianza, concordanza, connessione (ivi, pp. 286-311);

d) l'ELABORAZIONE SECONDARIA (v. § 2), che, «con le sue pezze e le sue toppe, tura le lacune esistenti nella struttura del sogno» (ivi, p. 448) che viene rimaneggiato per renderlo coerente e accettabile dal sognatore. Questi meccanismi retorici sono presenti, a parere di Freud, anche nelle psiconevrosi: «Le deformazioni verbali del sogno somigliano molto a quelle che ci sono familiari nella paranoia, le quali però non mancano nemmeno nell'isteria e nelle rappresentazioni ossessive. Il modo di parlare dei bambini, che in determinati periodi trattano realmente le parole come oggetti e inventano nuove lingue e strutture verbali artificiali, è in questo caso la fonte comune tanto del sogno quanto delle psiconevrosi» (ivi, p. 280).

Il lavoro del sogno descritto da Freud si articola dunque in due momenti: la produzione dei pensieri inconsci e la loro trasformazione nel sogno manifesto. Sulla produzione dei pensieri inconsci, a cui Freud aveva dedicato minor attenzione rispetto al sogno manifesto, è intervenuto Wilfred Ruprecht Bion che parla di "funzione del sogno α" o "funzione α" per segnalare la trasformazione di esperienze sensoriali ed emotive in rappresentazioni psichiche, da lui denominate "elementi α", dalle quali dipende la successiva costruzione di pensieri sia inconsci che consci.

3. *L'interpretazione del sogno* è considerata da Freud «la via regia che porta alla conoscenza dell'inconscio nella vita psichica» (ivi, p. 553). Essa compie all'indietro il cammino percorso dal lavoro del sogno, retrocedendo dal contenuto manifesto al significato latente a cui conducono le libere associazioni (v. ASSOCIAZIONE, § 4) del sognatore e la conoscenza del simbolismo onirico (v. SIMBOLO, § 5, *a*). Sulla scorta di queste indicazioni si giunge a evidenziare alcuni temi centrali che rinviano al desiderio rimosso, di norma di natura infantile o sessuale, che costituisce ad un tempo la forza del sogno e il suo significato latente: «Gli elementi del contenuto onirico che devono essere considerati simbolicamente ci costringono a una tecnica combinata, che da un lato si basa sulle associazioni di chi sogna, dall'altro inserisce ciò che manca, attingendo all'intelligenza dei simboli di chi interpreta» (ivi, p. 325). «La conoscenza del simbolismo onirico si rivelerà invece come il mezzo più prezioso per l'interpretazione proprio là dove le associazioni del sognatore fanno difetto o diventano insufficienti» (1900, p. 48).

Le eccezioni alla teoria per cui tutti i sogni sono appagamento di desideri sono per Freud solo apparenti, per cui ad esempio nei *sogni di punizione* ciò che si soddisfa è il desiderio del sognatore di essere punito per i suoi impulsi di desiderio rimossi o illeciti, nei *sogni di controdesiderio*, dove il tema è la frustrazione di un desiderio, ciò che viene soddisfatto è un desiderio masochistico appagato da un'apparente frustrazione. Lo stesso dicasi per i *sogni d'angoscia* (v. INCUBO) dovuti a un fallimento del lavoro onirico che non riesce a mascherare sufficientemente il desiderio proibito e a creare un compromesso tra l'appagamento del desiderio inconscio e il desiderio preconscio di dormire che esige la soppressione dell'eccitamento inconscio.

Un'apparente eccezione è costituita dai *sogni nelle nevrosi traumatiche*, a proposito dei quali Freud scrive: «Nelle nevrosi traumatiche i sogni riportano abitualmente il malato nella situazione dell'incidente; e in questo caso va detto che essi non assolvono certo la funzione loro assegnata dal principio di piacere di appagare i desideri in forma allucinatoria. Possiamo invece supporre che essi aiutino a venire a capo di un altro compito, che deve essere risolto prima che possa instaurarsi il dominio del principio di piacere. Questi sogni cercano di padroneggiare gli stimoli retrospettivamente, sviluppando quell'angoscia la cui mancanza era stata causa della nevrosi traumatica. Essi ci permettono così di farci un'idea di una funzione dell'apparato psichico che, senza contraddire al principio di piacere, è però indipendente da esso, e pare più primitiva del proposito di ottenere piacere ed evitare dispiacere» (1920a, p. 218). Per quanto concerne l'*oblio del sogno*, Freud ritiene responsabile non tanto il passaggio dal sonno alla veglia, quanto l'azione congiunta della CENSURA (v.) e della RESISTENZA (v.).

Oggi, in ambito psicoanalitico ci si divide tra quanti si caratterizzano per l'ipervalutazione del sogno ritenuto essenziale per la formulazione del pensiero e dell'azione e come tale difficilmente distinguibile dal pensiero della veglia, e quanti sono portati a svalutarne il significato e a ritenerlo scarsamente rivelatore di qualcosa di essenziale per l'esperienza umana. Tra queste due posizioni estreme c'è una vasta gamma di posizioni intermedie tra cui quella di interpretare il sogno come un gioco o, come scrive Stefano Bolognini, giocare con il sogno rispettando il suo carattere illusorio e addirittura favorirlo.

III. Psicologia analitica. Carl Gustav Jung definisce il sogno «un'autorappresentazione spontanea della situazione attuale dell'inconscio espressa in forma simbolica. Questa concezione contrasta con la formula freudiana solo in quanto rinuncia a dare una formulazione precisa del senso del sogno e, pur affermando che il sogno è una rappresentazione simbolica di un contenuto inconscio, lascia in forse il problema se questi contenuti siano anche sempre soddisfacimenti di desideri» (1916-1948, p. 282). Partendo da queste premesse, Jung offre la sua linea di lettura del sogno che, schematicamente, può essere indicata nei seguenti punti.

1. I sogni possono essere letti, oltre che con il metodo causale, anche con quello *prospettico* o *costruttivo* (v. Costruttivo, Metodo), perché «quando si ha a che fare con cose psichiche il chiedersi "Perché si verifica la tal cosa?" non è necessariamente più produttivo che il domandarsi "A che scopo succede?"» (1945-1948, p. 303). Ciò consente a Jung di leggere nel sogno le *linee di sviluppo* di un processo psichico a partire dalle potenzialità che nel sogno si manifestano come non ancora realizzate.

2. Per questo occorre rinunciare a una simbologia onirica valida per tutti e fare riferimento al *contesto biografico* e *psicologico* del sognatore: «Per stabilire il significato del sogno ho messo a punto, in base alle constatazioni sopra ricordate, un procedimento al quale ho dato il nome di "rilevamento del contesto", e che consiste in questo: ogni volta che emerge dal sogno un qualcosa di particolare, si stabilisce attraverso le associazioni del paziente quale sfumatura di significato assume per lui quel particolare» (ivi, pp. 307-308).

3. Per quanto concerne il carattere compensatorio del sogno, Jung scrive: «Dal momento che il significato della maggior parte dei sogni *non* coincide con le tendenze della coscienza, ma mostra deviazioni caratteristiche, dobbiamo supporre che l'inconscio, matrice dei sogni, possieda una funzione autonoma» (ivi, p. 309). A questa funzione Jung dà il nome di *compensazione*, che definisce «un confronto e un paragone di dati o punti di vista diversi, confronto dal quale emerge un "equilibramento" o una "rettifica". Esistono, a questo riguardo, tre possibilità. Se l'atteggiamento della coscienza verso la situazione vitale è in larga misura unilaterale, il sogno si situa all'estremità opposta. Se la coscienza ha un atteggiamento relativamente vicino al "punto medio", il sogno si accontenta di varianti. Ma se l'atteggiamento della coscienza è "corretto" (adeguato), il sogno coincide con la tendenza della coscienza e quindi la sottolinea, senza perdere però la sua caratteristica autonomia» (ivi, p. 310).

4. Per quanto concerne l'interpretazione, questa può riferirsi all'oggetto (*Objektstufe*) o al soggetto (*Subjektstufe*) a seconda che le figure oniriche vengano interpretate per ciò che significano nella vita del sognatore, o come espressione simbolica dei suoi costituenti psichici.

5. Oltre che dell'inconscio personale, il sogno può farsi rappresentante di temi propri dell'*inconscio collettivo*. In questo caso Jung parla di «"Grandi" sogni, ossia di sogni ricchi di significato che provengono da questo strato più profondo. La loro significatività trapela a prescindere dall'impressione soggettiva già dalla loro plasticità, che mostra non di rado forza e bellezza poetica. Tali sogni si presentano perlopiù in periodi decisivi della vita, vale a dire nella prima giovinezza, durante la pubertà, a mezzo del cammino (fra i trentasei e i quarant'anni) e in *conspectu mortis*. La loro interpretazione implica spesso difficoltà considerevoli perché il materiale che può mettere a disposizione colui che fa il sogno è troppo esiguo. Non si tratta più, nel caso delle immagini archetipiche, di esperienze personali, ma in certo qual modo di idee generali il cui significato fondamentale va rintracciato nel senso che è loro caratteristico e non in un qualche contesto di eventi personali» (ivi, pp. 313-314).

IV. Analisi esistenziale. L'analisi esistenziale interpreta il sogno come un "modo di essere al mondo", sia pure diverso da quello della veglia, perché nel sogno non vi è distinzione tra Io e mondo, con conseguente soppressione del rapporto comunicativo del soggetto con il suo ambiente e sottrazione al soggetto del campo delle sue esperienze, per cui il soggetto da attivo diventa passivo, privo di libertà, incapace di integrare e differenziare. In questo contesto non ha molto senso cercare il significato dei sogni, perché, come scrive Ludwig Binswanger, «sognare significa: non so che cosa mi succede, né come mi succede. Nell'Io, nel "Mi", ricompare la singolarità, il *Quisque*, l'ἕκαστος, ma esso non è affatto colui che fa il sogno, è bensì colui a cui, "ed egli non sa come", esso accade» (1930, p. 95).

Riprendendo il frammento 89 di Eraclito «Coloro che sono desti hanno un mondo comune, mentre tra i dormienti ciascuno si volge a un mondo privato», Binswanger sottolinea che «già Eraclito si era accorto che la rottura del mondo comune, la sua interruzione riveste un'importanza fondamentale per la caratterizzazione della vita psichica nel sogno e per la sua delimitazione rispetto a quella dello stato di veglia» (ivi, p. 89). Inoltre, mentre nello stato di veglia il soggetto è artefice della storia della sua vita, nel sogno diventa una funzione di vita in cui, più che vivere, è vissuto dalla vita: «Fintanto che sogna l'uomo "è", per riprendere una mia vecchia distinzione, "funzione di vita", quando è desto egli fa "storia di vita". E precisamente egli fa la storia della sua propria vita, la storia interiore della sua vita, che non va confusa con la storia esterna, con la storia del mondo, perché la sua partecipazione o la sua astensione da quest'ultima non dipende soltanto da lui» (ivi, pp. 95-96).

V. Cognitivismo. Il cognitivismo interpreta il sogno come una funzione essenzialmente conoscitiva che consente di accedere a materiale ideativo differente rispetto a quello a cui ha accesso la coscienza diurna. Detto materiale ideativo è connotato dalla creatività, liberata dal fatto che nel sonno le forme di pensiero abituali si attenuano consentendo alle idee, tenute in disparte durante l'elaborazione diurna, di affacciarsi e generare associazioni feconde. Il sogno libererebbe quindi vie di comunicazione solitamente inibite dalla forma del pensiero diurno. Secondo alcuni studi i soggetti a pensiero "divergente" in cui domina l'emisfero destro, lo stesso che è particolarmente attivo nel sogno, ricordano più facilmente il sogno di coloro il cui stile di pensiero è di tipo "convergente", in cui domina l'emisfero sinistro (v. Pensiero, § I, 2). Questa ipotesi è stata messa in dubbio da Cristiano Violani e Luigi De Gennaro, secondo i quali non esistono risultati chiari a dimostrazione di un coinvolgimento differenziale degli emisferi cerebrali nell'attività onirica.

Bibliografia

AA.VV., *Il sogno e le civiltà umane*, Laterza, Bari 1966.

Bachelard G., *La poetica della rêverie* (1960), Dedalo, Bari 1972.

–, *Il diritto di sognare* (1970), Dedalo, Bari 1974.

Bakan P., *The right brain is the dreamer*, in "Psychology Today", 1976, n. 9, pp. 66-68.

Benelli E. (a cura di), *Per una nuova interpretazione dei sogni*, Moretti & Vitali, Bergamo 2006.

Bertini M., *La dinamica psicofisiologica del sogno*, in L. Ancona (a cura di), *Nuove questioni di psicologia*, La Scuola, Brescia 1972, vol. I, pp. 583-636.

Bertini M., Violani C. (a cura di), *Cervello e sogno. Neurobiologia e psicologia*, Feltrinelli, Milano 1982.

Binswanger L., *Sogno ed esistenza* (1930), in Id., *Per un'antropologia fenomenologica. Saggi e conferenze psichiatriche* (1921-1941), Feltrinelli, Milano 1970.

Bion W. R., *Cogitations. Pensieri* (1958-1979), Armando, Roma 1996.

–, *Memoria del futuro*, Libro 1: *Il sogno* (1975), Libro 2: *Presentare il passato* (1977), Libro 3: *L'alba dell'oblio* (1979), Raffaello Cortina, Milano, editi rispettivamente negli anni 1993, 1998, 2007.

Bolognini S. (a cura di), *Il sogno cento anni dopo*, Bollati Boringhieri, Torino 2000.

Bosinelli M., Cicogna P. C., *Sogni. Figli di un cervello ozioso*, Bollati Boringhieri, Torino 1991.

Bromberg Ph. M., *Destare il sognatore* (2006), Raffaello Cortina, Milano 2009.

Caillois R., *L'incertezza dei sogni* (1956), Feltrinelli, Milano 1983.

Cardano G., *Sogni* (1562), Marsilio, Venezia 1993.

–, *Sul sonno e sul sognare* (1562), Marsilio, Venezia 1989.

Conci M., Marchioro F. (a cura di), *Il sogno dell'interpretazione*, Media 2000 Editrice, Melpignano 1996.

D'Ippolito B. M., Mazzarella E., Piromallo Gambardella A. (a cura di), *Sogno e mondo. Ai confini della ragione. Studi fenomenologici*, Edizioni Scientifiche Italiane, Napoli-Roma 1995.

Doniger W., *Sogni, illusioni e altre realtà* (1984), Adelphi, Milano 2005.

Eliade M., *Miti, sogni, misteri* (1957), Rusconi, Milano 1976.

Fossi G., *I sogni e le teorie psicodinamiche*, Bollati Boringhieri, Torino 1995.

Foucault M., *Il sogno* (1994, edito postumo), Raffaello Cortina, Milano 2003.

Franz M.-L. von, *Sguardo dal sogno* (1985), Raffaello Cortina, Milano 1989.

Freud S., *L'interpretazione dei sogni* (1899), in *Opere* (1967-1993), Bollati Boringhieri, Torino, vol. III.

–, *Il sogno* (1900), in *Opere*, cit., vol. IV.

–, *Introduzione alla psicoanalisi* (1915-1917), in *Opere*, cit., vol. VIII.

–, *Al di là del principio di piacere* (1920a), in *Opere*, cit., vol. IX.

–, *Psicogenesi di un caso di omosessualità femminile* (1920b), in *Opere*, cit., vol. XI.

–, *Introduzione alla psicoanalisi. Nuova serie di lezioni* (1932), in *Opere*, cit., vol. XI.

Hartmann E. L., *Biologia del sogno* (1967), Bollati Boringhieri, Torino 1973.

Hillman J., *Il sogno e il mondo infero* (1973-1979), Adelphi, Milano 2003.

–, *Presenze animali* (1982), Adelphi, Milano 2016.

Hobson J. A., *La macchina dei sogni. Come si creano nel cervello il senso e il non senso del sognare* (1988), Giunti, Firenze 1992.

Hobson J. A., McCarley R. W., *The brain as a dream state generator. An activaction-synthesis hypothesis of the dream process*, in "American Journal of Psychiatry", 1977, n. 134, pp. 1335-1348.

Hobson J. A., McCarley R. W., Wyzinski P. W., *Sleep cycle oscillation. Reciprocal discharge by two brainstem neuronal groups*, in "Science", 1975, n. 185, pp. 55-68.
Hobson J. A., Pace-Schott E. F., Stickgold F., *Dreaming and the brain. Toward a cognitive neuroscience of conscious state*, in "Behavioral and Brain Sciences", 2000, n. 23, pp. 793-842.
Iapoce A., *Il sogno. Una ferita per il Logos*, Vivarium, Milano 1997.
Jones R. M., *The new psychology of dreaming*, Grune & Stratton, New York 1970.
Jung C. G., *Considerazioni generali sulla psicologia del sogno* (1916-1948), in *Opere* (1969-2007), Bollati Boringhieri, Torino, vol. VIII.
–, *L'applicabilità pratica dell'analisi dei sogni* (1934), in *Opere*, cit., vol. XVI.
–, *L'essenza dei sogni* (1945-1948), in *Opere*, cit., vol. VIII.
Koestler A., *L'atto della creazione* (1964), Astrolabio, Roma 1980.
La Rocheterie J. de, *La natura dei sogni. Dizionario d'interpretazione dei simboli della natura* (1984), Red Edizioni, Como 1988.
Malcolm N., *Sogno e scetticismo* (1956), Castelvecchi, Roma 2013.
Malerba L., *La composizione del sogno*, Einaudi, Torino 2002.
Mancia M., *Il sogno come religione della mente*, Laterza, Bari 1987.
–, *Il sogno e la sua storia*, Marsilio,Venezia 2004.
Moss R., *Storia segreta dei sogni* (2009), Castelvecchi, Roma 2012.
Nathan T., *Una nuova interpretazione dei sogni* (2011), Raffaello Cortina, Milano 2011.
Oswald I., *Sleeping and waking. Physiology and psychology*, Elsevier, Amsterdam 1962.
Parenti F., Fiorenzola F., *Sogno, ipnosi e suggestione*, Feltrinelli, Milano 1964.
Quinodoz J.-M., *I sogni che voltano pagina* (2001), Raffaello Cortina, Milano 2003.
Resnik S., *Il teatro del sogno*, Bollati Boringhieri, Torino 1982.
Rezzonico G., Liccione D. (a cura di), *Sogni e psicoterapia. L'uso del materiale onirico in psicoterapia cognitiva*, Bollati Boringhieri, Torino 2004.
Róheim G., *Le porte del sogno*, vol. I: *Il ventre materno*, vol. II: *La discesa agli inferi* (1952), Guaraldi, Rimini 1973.
Rose S., *Il cervello e la coscienza* (1973), Mondadori, Milano 1976.
Rycroft Ch., *L'innocenza dei sogni* (1979), Laterza, Bari 1980.
Segal H., *Sogno, fantasia e arte* (1991), Raffaello Cortina, Milano 1991.
Sharpe Freeman E., *L'analisi dei sogni* (1937), Bollati Boringhieri, Torino 1981.
Testa F., *Il silenzio delle parole. Sogno e cura*, Vivarium, Milano 2015.
Violani C., De Gennaro L., Solano L., *Hemispheric differentiation and dream recall. Subjective estimates of sleep and dreams in different handedness groups*, in "International Journal of Neuroscience", 1988, n. 39, pp. 9-14.

Sogno diurno, v. FANTASIA, § 2.

Solipsismo (ingl. *Solipsism*; ted. *Solipsismus*; fr. *Solipsisme*; sp. *Solipsismo*). Termine filosofico che allude all'assoluta invalicabilità della coscienza, per cui l'Io conosce, a rigore, solo se stesso (*solus ipse*), e gli altri solo come contenuti della propria coscienza. Per estensione il termine è stato impiegato in ambito psicoanalitico da Ian D. Suttie a proposito della fase narcisistica del bambino che vive il mondo solo come luogo di soddisfazione dei propri desideri e gli altri solo come strumenti per il proprio appagamento.

Bibliografia

Suttie I. D., *Le origini dell'amore e dell'odio* (1935), Centro Scientifico Editore, Torino 2007.

Solitudine (ingl. *Solitude*; ted. *Einsamkeit*; fr. *Solitude*; sp. *Soledad*). Condizione psicologica che nasce dalla mancanza di significativi rapporti interpersonali o dalla discrepanza tra le relazioni umane che un soggetto desidera avere e quelle che effettivamente ha, le quali possono essere insoddisfacenti per la loro natura, per il loro numero o per incapacità del soggetto stesso a stabilire o a mantenere rapporti positivi e significativi con gli altri. C'è un senso in cui la solitudine è un dato inoltrepassabile dell'esistenza umana che non può mai uscire dal "suo" mondo e dal "suo" modo di percepire e vedere le cose. Questa situazione, che la filosofia chiama SOLIPSISMO (v.), sottolinea l'assoluta invalicabilità della coscienza personale. C'è poi una solitudine *scelta* come stile di vita per favorire esperienze di senso ulteriore a quello comunemente condiviso, e una solitudine che deriva dalla *percezione del mondo come ostile*, negativo o indifferente, che induce a rifugiarsi presso di sé finché non sopraggiunge, in alcuni casi, anche il disgusto di sé, dovuto al fatto che, per aver tagliato i legami con tutto, l'esistenza si trova nell'impossibilità di conferire altro senso a se stessa che non sia quello della prigionia nella propria individualità. Queste tre forme di solitudine sono state descritte a livello fenomenologico come *finitezza* dell'esistenza, *pienezza* dell'esperienza e *vuoto* d'esperienza.

Bibliografia

AA.VV., *Solitudine e nostalgia*, in P. F. Galli (a cura di), *Osservazione psicoanalitica* (1992-1996), Bollati Boringhieri, Torino, vol. XII.
Amerio P., *L'altro necessario. Contro la solitudine della società moderna*, il Mulino, Bologna 2013.
Bauman Z., *La solitudine del cittadino globale* (1999), Feltrinelli, Milano 2000.
Bianca M. L. (a cura di), *Discorsi sulla solitudine*, Marsilio, Venezia 1986.
Borgna E., *La solitudine dell'anima*, Feltrinelli, Milano 2011.
Caccamo R., *Solitudine: ricerca e fuga*, Anabasi, Milano 1994.
Cacioppo J. T., Patrick W., *Solitudine. L'essere umano e il bisogno dell'altro* (2008), il Saggiatore, Milano 2009.

Callieri B., *Il mondo della solitudine*, in Id., *Corpo, esistenze, mondi. Per una psicopatologia antropologica*, Edizioni Universitarie Romane, Roma 2007, pp. 275-286.
Castellazzi V. L., *Dentro la solitudine*, Città Nuova, Roma 1998.
Crepet P., *Solitudini. Memorie di assenze*, Feltrinelli, Milano 1997.
Dumm Th., *Apologia della solitudine* (2008), Bollati Boringhieri, Torino 2010.
Ficara G., *Solitudini*, Garzanti, Milano 1993.
Liotta E., *Le solitudini nella società globale*, La Piccola Editrice, Celleno 2003.
Miceli M., *Solitudine. Indirizzi e problemi di ricerca*, in "Giornale Italiano di Psicologia", 1981, n. 8.
–, *Sentirsi soli*, il Mulino, Bologna 2003.
Morpurgo E., Egidi Morpurgo V. (a cura di), *La solitudine. Forme di un sentimento*, Franco Angeli, Milano 1995.
Oliverio A., *La società solitaria*, Editori Riuniti, Roma 1979.
Storr A., *Solitudine. Il ritorno a se stessi* (1988), Mondadori, Milano 1989.

Soma, v. CORPO.

Somatizzazione, v. PSICOSOMATICA.

Somatoagnosia (ingl. *Asomatognosia*; ted. *Asomatognosie*; fr. *Asomatognosie*; sp. *Somatoagnosia*). Disturbo della conoscenza e dell'uso del proprio corpo o per distorsione della rappresentazione corticale di alcune regioni del corpo, o per lesioni nella zona corticale associativa con conseguente alterazione dello schema corporeo (v. CORPO, § 1). Accanto a questa interpretazione neuropsicologica esiste una lettura fenomenologica della somatoagnosia che non parte dal dualismo corpo-psiche, ma dalla relazione corpo-mondo.

1. NEUROPSICOLOGIA. In questo ambito si è operata una distinzione tra le varie forme di somatoagnosia, che prevede tra le più significative:

a) Autotopoagnosia: incapacità di indicare esattamente le parti del proprio corpo e del corpo altrui.

b) Alloestesia: incapacità di localizzare gli stimoli cutanei che vengono percepiti.

c) Astereognosia: incapacità di identificare un oggetto con il tatto.

d) Anosognosia: incapacità di riconoscere uno stato morboso nel proprio corpo, per cui il soggetto attribuisce alla parte sana del suo corpo la menomazione che afferisce alla parte malata, o ignora la paralisi o la cecità o la sordità dell'organo affetto. Dipende da emiplegia sinistra massiva a cui può associarsi un meccanismo di difesa che rifiuta di prendere atto della menomazione.

e) Arto fantasma: sensazione di possedere ancora l'arto dopo la sua amputazione o menomazione. Può essere avvertita come presenza indolore segnalata solo da lievi formicolii, o come sensazione dolente, intensa, prolungata, accompagnata da prurito, bruciore, stiramento. Si danno anche *illusioni di amputazione* caratterizzate dall'impressione che parti del proprio corpo siano staccate.

f) Emiagnosia: assenza di reazione agli stimoli dolorosi limitata al lato colpito.

g) Emisomatoagnosia: incapacità di riconoscere come proprio l'emicorpo paralizzato.

h) Allucinazioni cenestesiche: impressioni di trasformazione e cambiamento di volume, lunghezza e peso del proprio corpo. Frequenti le sensazioni di *dissomatognosia*, nella duplice forma di *microsomatoagnosia* e di *macrosomatoagnosia*, dove le parti del proprio corpo vengono vissute come più piccole o più grandi (v. CENESTESIA).

i) Sindrome di Anton-Babinski: comprende l'anosognosia, l'emisomatoagnosia e le allucinazioni cenestesiche. Si riscontra nelle emiplegie sinistre massive con lesioni parietali destre, e si spiega con la distruzione della rappresentazione corticale dello schema corporeo che il soggetto non sa interpretare, se non utilizzando engrammi verbali e concettuali acquisiti nell'infanzia e concernenti un corpo normale che ha mantenuto intatte tutte le sue potenzialità.

l) Sindrome di Gerstmann: mancato riconoscimento del lato destro dal sinistro, accompagnato in alcuni casi da ACALCULIA (v.), AGRAFIA (v.), agnosia digitale che non consente di distinguere le dita fra loro (v. AGNOSIA), e da gravi disturbi dell'orientamento spaziale. Sembra essere determinata da una lesione cerebrale a livello del giro angolare dell'emisfero dominante.

2. FENOMENOLOGIA. Lo studio delle varie forme di somatoagnosia ha aperto un problema epistemologico di notevole interesse nell'ambito della fenomenologia, che propone di abbandonare la ricerca di corrispondenze tra psiche e soma (v. CORPO, § 3) a cui si rifanno le ricerche neuropsicologiche, perché psiche e soma non sono due realtà, ma due modi di vedere la stessa realtà che non è né organica né psichica, ma "relazionale". Si tratta, come scrive Maurice Merleau-Ponty, di estendere il concetto di corpo dalla sua anatomia alla sua relazione con il mondo, perché «se il corpo è il veicolo dell'essere al mondo, per un vivente avere un corpo significa unirsi a un ambiente definito, confondersi con certi progetti e impegnarvisi continuamente. In questo contesto il rifiuto della deficienza è solo il rovescio della nostra inerenza al mondo, la negazione implicita di

quanto si oppone al movimento naturale che ci getta nei nostri compiti, nelle nostre preoccupazioni, nella nostra situazione, nei nostri orizzonti familiari. Avere un braccio fantasma significa rimanere aperti a tutte le azioni di cui solamente il braccio è capace, conservare il campo pratico che avevamo prima della mutilazione» (1945, p. 130). Da questo punto di vista «l'arto fantasma non è il semplice effetto di una causalità oggettiva, e nemmeno una *cogitatio*. Esso potrebbe essere una commistione dei due solo se trovassimo il mezzo per articolare l'uno sull'altro, lo "psichico" e il "fisiologico", il "per sé" e l'"in sé", e per combinare il loro incontro, e solo se i processi in terza persona e gli atti personali potessero venire integrati in un ambito comune a entrambi» (ivi, pp. 125-126).

Se si rinuncia al DUALISMO PSICOFISICO (v.) di origine cartesiana che, dopo aver separato *res cogitans* e *res extensa*, organismo e psiche, si trova nell'impossibilità di comporli e di spiegare quei fenomeni che smentiscono questa separazione, si è nelle condizioni di poter scoprire che, scrive sempre Merleau-Ponty, «il nostro corpo comporta due strati distinti, quello del *corpo abituale* e quello del *corpo attuale*. Nel primo figurano i gesti propri del maneggiare che sono scomparsi dal secondo, e il problema di sapere come io possa sentirmi provvisto di un arto che non ho più si riduce, di fatto, a quello di sapere come il corpo abituale possa farsi garante per il corpo attuale. In che modo posso percepire degli oggetti come maneggevoli, se non posso maneggiarli?» (ivi, p. 131). A questa domanda non può dare una risposta il dualismo psicofisico di origine cartesiana, ma solo la visione fenomenologica che legge il corpo a partire dal mondo, per cui «nel momento stesso in cui il mio mondo consueto fa sorgere in me intenzioni abituali, non posso più, se sono amputato, unirmi effettivamente ad esso: proprio perché si presentano come maneggevoli, gli oggetti maneggevoli interrogano una mano che non ho più. Così, nell'insieme del mio corpo si delimitano regioni di silenzio. Il malato conosce quindi la sua menomazione proprio perché la ignora, e la ignora proprio perché la conosce» (ivi, pp. 130-131). La somatoagnosia, in tutte le sue manifestazioni, costituisce per la fenomenologia una prova che il nostro corpo è destinato al mondo, e perciò rifiuta di ignorare quel mondo o quella zona di mondo che nella sua integrità raggiungeva.

Bibliografia

Babinski J., *Anosognosie*, in "Revue Neurologique", 1918, n. 31.

Bay E., *Agnosie und Funktionswandel. Eine hirnpathologische Studie*, Springer, Berlin 1950.

Galimberti U., *Psichiatria e fenomenologia* (1979), nuova edizione ampliata, Feltrinelli, Milano 2017.

Gelb A., Goldstein K., *Psychologische Analysen hirnpathologischer Fälle auf Grund von Untersuchungen Hirnverletzter*, in "Zeitschrift für Psychologie und Physiologie der Sinnesorgane", 1920, n. 83.

Gerstmann J., *Reine taktile Agnosie*, in "Monatsschrift für Psychiatrie und Neurologie", 1918, n. 44.

–, *Some notes on the Gerstmann Syndrome*, in "Neurology", 1957, n. 7.

Merleau-Ponty M., *Fenomenologia della percezione* (1945), il Saggiatore, Milano 1972.

Schilder P., *Immagine di sé e schema corporeo* (1935), Franco Angeli, Milano 1973.

Somatogenesi, v. PSICOGENESI.

Somatosensitiva, Area, v. CORTECCIA CEREBRALE, § 2.

Somatostatina, v. NEUROTRASMETTITORE, § I, 3.

Somatotonia, v. TIPOLOGIA, § 1, *c*.

Somatotropina (STH), v. ENDOCRINO, SISTEMA, § 1, *a*.

Sommazione, v. ECCITABILITÀ, § 1; SINAPSI.

Sondaggio, v. OPINIONE; QUESTIONARIO.

Sonnambulismo, v. SONNO, § 3, *c*.

Sonno (ingl. *Sleep*; ted. *Schlaf*; fr. *Sommeil*; sp. *Dormir*). Stato fisiologico caratterizzato da un'interruzione dei rapporti sensoriali e motori che legano l'organismo al suo ambiente, e passibile di modificazioni in seguito a stimolazioni adeguate. Le due più antiche teorie sul sonno sono quelle di Ivan Petrovič Pavlov, per il quale il sonno è dovuto a un'inibizione della corteccia cerebrale, e quella di Walter Rudolf Hess, che riconduce il sonno a un'attivazione di strutture ipnogene diencefaliche. La concezione moderna può essere vista come una sintesi delle due teorie a cui si è giunti attraverso la conoscenza di due sistemi: il primo, responsabile dello *stato di veglia*, è la FORMAZIONE RETICOLARE (v.) ascendente la cui attività provoca non solo desincronizzazione elettroencefalografica, ma anche modificazioni della periferia nel senso di un'attivazione dell'intero organismo con variazione del tono muscolare e dei recettori sensoriali, che a loro volta agiscono sulla formazione reticolare, stimolandone ancora la funzione e provocando anche eccitazione reciproca. Il secondo sistema, responsabile del *sonno*, secondo i recenti studi di Mark Peplow, è rappresentato fondamentalmente dalla porzione anteriore dell'ipotalamo (*Ventrolateral Preoptic Nucleus* – VLPO), la cui attivazione determina il rilascio di un neurotrasmettitore che inibisce la formazione reticolare ascendente.

1. Le fasi del sonno. Usando un elettroencefalografo per controllare l'attività elettrica di un cervello che dorme, si rivelano due forme di sonno: uno caratterizzato da rapidi movimenti oculari che, dall'espressione inglese *rapid eye movement*, prende il nome di sonno REM, e uno caratterizzato da assenza di movimenti oculari, detto non-REM o NREM. Il sonno NREM si compone di quattro stadi: lo *stadio 1* è caratterizzato da sonno leggero con perdita progressiva del ritmo alfa (v. Elettroencefalografia); l'individuo si risveglia facilmente e spesso riferisce fantasie simili a sogni. Le soglie di risveglio sono più alte durante lo *stadio 2*, caratterizzato da onde brevi e isolate, chiamate complessi K, e da un'attività di fondo di basso voltaggio; il contenuto mentale è frammentario e più simile a pensieri, mentre il ricordo è sparso e meno attendibile. Gli *stadi 3* e *4* vengono chiamati sonno delta perché presentano un rallentamento ulteriore del tracciato elettroencefalografico con ritmi delta e con riduzione progressiva del tracciato elettromiografico che indica il rilascio del tono muscolare (v. Elettromiografia).

Il sonno REM, oltre ad essere caratterizzato da rapidi movimenti oculari, presenta un'attività elettroencefalografica veloce e di basso voltaggio, perdita del tono muscolare, aumento della temperatura, del flusso sanguigno e del ritmo respiratorio. Il sonno REM è sonno con sogni e si verifica principalmente nell'ultimo terzo della notte anche se il ciclo del sonno ha grandi variazioni individuali. Il ricordo dei sogni dopo il risveglio dal sonno REM è ricco e dettagliato. Sia il tempo totale trascorso da addormentati, sia la distribuzione dei particolari stadi di sonno sono strettamente correlati all'età. In generale il tempo totale di sonno è massimo nell'infanzia per poi declinare verso gli schemi dell'età adulta con una media di sette o otto ore concentrate in un singolo periodo della notte. La proporzione di sonno REM è massima durante l'infanzia, dove raggiunge la metà o più del sonno totale del neonato, per poi declinare fino a occupare un quinto o un quarto del sonno totale nell'età adulta. Di norma il sonno REM e il sonno NREM si alternano quattro-cinque volte per notte. Ogni ciclo comprende una fase NREM e una REM che può durare dai 70 ai 120 minuti. Nel primo periodo della notte prevalgono gli stadi 3 e 4 del sonno più profondo, nell'ultimo periodo lo stadio 2 e quello REM. La percentuale dei vari stadi, in rapporto al tempo di durata complessiva del sonno normale, prevede un 5-10% per lo stadio 1, un 50% per lo stadio 2, un 20% per lo stadio 3 e 4, e un 20-25% per lo stadio REM.

2. Il ciclo sonno-veglia. La quantità di veglia che precede il sonno influenza sia il periodo di tempo impiegato per addormentarsi (latenza di sonno), sia il tempo che si trascorre da addormentati. I soggetti privati di sonno in situazioni sperimentali riferiscono sensazioni di confusione, disorientamento e irritabilità. Anche gli schemi di sonno successivi a una veglia prolungata si modificano accentuando lo stadio 4 del sonno NREM durante la prima notte di recupero, e di REM nella seconda notte. Le difficoltà a addormentarsi sembrano correlate all'ansia della veglia, mentre la difficoltà a rimanere addormentati o la tendenza a svegliarsi troppo presto sembrano invece correlate alla depressione. L'uso di farmaci ipnotici riduce il sonno REM, e la sua interruzione ha un effetto, detto "di rimbalzo", caratterizzato da insonnia e talvolta da incubi. Uno dei fenomeni più tipici di una lunga privazione di sonno è costituito dai *lapses*, cioè da brevi episodi di interruzione della vigilanza (v. Coscienza, § 2), micro-sonni che diventano più frequenti e più durevoli man mano che la privazione si protrae nel tempo. Al risveglio dal micro-sonno il soggetto può avere un'amnesia retrograda per ciò che è avvenuto e, come è stato notato a livello elettroencefalografico, un netto decremento dell'attività di fondo del ritmo alfa come nell'intossicazione alcolica.

3. I disturbi del sonno. Oltre all'*insonnia*, che ha influenze significative sulle prestazioni durante la veglia e sull'umore (v. Insonnia), e all'*ipersonnia* associata a disfunzioni della fisiologia e della chimica del sonno, i disturbi del sonno prevedono:

a) La narcolessia (detta anche *sindrome di Gélineau* o *malattia di Friedmann*), in cui il soggetto passa direttamente dalla veglia al sonno REM con un corredo di sintomi che prevedono: brevi ma quasi irresistibili attacchi di sonno diurno; Cataplessia (v.), che va da una debolezza transitoria alla totale paralisi di tutti i muscoli volontari; paralisi da sonno con incapacità di eseguire movimenti volontari all'inizio del sonno o al risveglio (v. Paralisi, § 3); allucinazioni ipnagogiche quando il soggetto si sta addormentando.

b) L'apnea, in cui il soggetto smette letteralmente di respirare quando si addormenta. In questo ambito si distinguono le apnee delle vie respiratorie superiori, che si verificano solitamente in soggetti obesi che lamentano un'eccessiva sonnolenza diurna causata dai frequenti risvegli notturni dovuti ad apnea; le apnee centrali, caratterizzate dall'assenza di qualsiasi sforzo respiratorio che genera il risveglio nel paziente, il quale tuttavia non lamenta sonnolenza diurna; dette forme di apnea vanno distinte dall'Apnea psicogena (v.) frequente nei bambini.

c) La verbalizzazione e il sonnambulismo. Sono considerati disturbi minori del sonno la *verbalizzazione*, che si verifica soprattutto durante il sonno NREM, e probabilmente senza alcun rapporto con l'attività onirica, e il *sonnambulismo*, in cui il soggetto che dorme improvvisamente si alza, cammina e compie atti più o meno complessi, dimostrando così di riuscire a percepire, almeno fino a un certo punto, la realtà esterna. Una caratteristica del sonnambulismo è l'amnesia, per cui il sonnambulo al risveglio non ricorda nulla. Sembra che l'isteria predisponga al sonnambulismo.

d) La sonnolenza e il sopore. Appartengono ai disturbi della veglia la *sonnolenza*, che è un leggero ottundimento della vigilanza con un calo globale delle diverse attività psichiche, e il *sopore*, quando l'abbassamento della vigilanza scende al di sotto della sonnolenza, arrivando a un intorpidimento pronunciato della psiche, che può evolvere verso un pieno recupero dello stato di coscienza attraverso stimoli di una certa intensità, oppure approfondirsi fino al coma (v. COSCIENZA, § 3, *d*), in cui anche stimoli molto intensi non permettono una ripresa della vigilanza.

Bibliografia

Barucci M., *Sonno e insonnia*, Utet Libreria, Torino 1991.
Bertini M., Violani C. (a cura di), *Cervello e sogno. Neurobiologia e psicologia*, Feltrinelli, Milano 1982.
Bosinelli M. (a cura di), *Processi mentali durante il sonno*, Franco Angeli, Milano 1981.
Cardano G., *Sul sonno e sul sognare* (1562), Marsilio, Venezia 1989.
Cohen D. B., *Sleep and dreaming. Origins, nature and functions*, Pergamon, Oxford-New York 1979.
Dement W. C., *E c'è chi veglia e c'è chi può dormire. Introduzione allo studio del sonno e dell'attività onirica* (1972), Zanichelli, Bologna 1977.
–, *Il sonno e i suoi segreti* (1999), Baldini e Castoldi, Milano 2001.
Dunkell S., *Le posizioni del sonno. Il linguaggio notturno del corpo* (1977), Sonzogno, Milano 1978.
Fargnoli D., *Il sonno e la nascita*, Masson, Milano 1985.
Gritti I., *Il sonno e la sua storia*, Aracne, Roma 2010.
Hartmann E. L., *The functions of sleep*, Yale University Press, New Haven, Connecticut, 1973.
Hess W. R., *The diencephalic sleep centre*, in J. F. Delafresnaye, *Brain mechanism and consciousness*, Blackwell, Oxford 1954.
Jouvet M., *The role of monoamines and acetylcholine-containing neurons in the regulation of the sleep-waking cycle*, in "Ergebnisse der Physiologie", 1972, n. 64, pp. 1-165.
Lavie P., *Il meraviglioso mondo del sonno. Viaggio alla riscoperta dei segreti che abitano le nostre notti* (1996), Einaudi, Torino 1999.
Lugaresi E., *Il sonno e i suoi disturbi*, il Mulino, Bologna 2008.
Lugaresi E., Coccagna G., Pazzaglia P., *I disturbi del sonno*, Gaggi, Bologna 1972.
Moruzzi G., *I meccanismi del sonno e della veglia* (1972), in Id., *Fisiologia della vita di relazione*, Utet, Torino 1975.
–, *Fisiologia della vita vegetativa*, Utet, Torino 1978.
Orem J., Barnes Ch. D. (a cura di), *Physiology in sleep*, Academic Press, New York 1980.
Oswald I., *Sonno e sogno* (1966), De Donato, Bari 1968.
Pavlov I. P., *Twenty years' experience of the objective study of the higher nervous activity (behavior) of animals*, Biomedigz, Moskva-Leningorod 1938.
Peplow M., *Structure. The anatomy of sleep*, in "Nature", 2013, n. 497, pp. 2-3.
Sacks O., *Risvegli* (1973), Adelphi, Milano 1987.
Salzarulo P., *La fine del sonno. Le porte del risveglio*, Bollati Boringhieri, Torino 1999.
–, *Il primo sonno. Sviluppo dei ritmi sonno-veglia nel bambino*, Bollati Boringhieri, Torino 2003.
Snyder F., Hobson J. A., Goldfrank F., *Blood pressure changes during human sleep*, in "Science", 1963, n. 142, pp. 1313-1314.
Volterra V. (a cura di), *Disturbi del sonno*, in G. B. Cassano, P. Pancheri *et al.* (a cura di), *Trattato italiano di psichiatria* (1992), Masson, Milano 1999, vol. II, pp. 2571-2594.

Sonno, Cura del, v. NARCOTERAPIA.

Sonnolenza, v. SONNO, § 3, *d*.

Sopore, v. SONNO, § 3, *d*.

Sopportazione, v. TOLLERANZA.

Soppressione (ingl. *Suppression*; ted. *Unterdrückung*; fr. *Suppression*; sp. *Supresión*). Meccanismo di difesa dell'Io che volontariamente e coscientemente tende a evitare i sentimenti spiacevoli e gli impulsi conflittuali. Va distinto dalla RIMOZIONE (v.), il cui meccanismo si instaura a livello inconscio.

Sopravvalutazione, v. AUTOSTIMA.

Sordità (ingl. *Deafness*; ted. *Taubheit*; fr. *Surdité*; sp. *Sordera*). Mancanza parziale (*ipoacusia*) o totale (*anacusia*) del senso dell'udito (v. UDITIVO, SISTEMA) dovuta a cause congenite o acquisite. Se precoce, la sordità si accompagna al mutismo (*sordomutismo*). In questo caso le possibilità di comunicazione sono affidate a tecniche di ammaestramento basate su principi ottici e tattili e all'acquisizione del linguaggio dei sordomuti che si affida a un impianto di segni e di simboli basato sulla mimica e sulla gestualità (v. DATTILOLOGIA). Le persone sorde tendono a una personalità isolata, insicura, diffidente, sospettosa nei confronti degli altri, quindi con tratti paranoidei (v. PARANOIA) dovuti alla sensazione di isolamento conseguente all'incapacità di udire che potenzia interpretazioni erronee

Bibliografia

Caselli M. C., Maragna S., Volterra V., *Linguaggio e sordità. Gesti, segni e parole nello sviluppo e nell'educazione*, il Mulino, Bologna 2006.
Cimino E., *Psicopedagogia del bambino sordo. Storia, metodi, prospettive*, Giunti Barbera, Firenze 1978.

Del Bo M., De Filippis Cippone A., *La sordità infantile grave*, Armando, Roma 1978.
Montanini Manfredi M., Fruggeri L., Facchini M., *Dal gesto al gesto. Il bambino sordo tra gesto e parola*, Cappelli, Bologna 1979.
Volterra V. (a cura di), *La lingua dei segni italiana. La comunicazione visivo-gestuale dei sordi*, il Mulino, Bologna 2004.

Sordomutismo, v. SORDITÀ.

Sorpresa (ingl. *Surprise*; ted. *Überraschung*; fr. *Surprise*; sp. *Sorpresa*). Emozione che insorge quando interviene un evento inaspettato o contrario all'aspettativa. Nell'ambito dell'informazione Helmar Frank ha introdotto il *valore di sorpresa* determinato dal rapporto tra l'informazione del messaggio e l'insicurezza che questo messaggio elimina. In base a questo criterio è possibile costruire una scala che va dal "banale" al "sorprendente". A livello di comportamento, la sorpresa provoca generalmente un'improvvisa modificazione della direzione dell'attività.

Bibliografia

Frank H., *Kybernetische Analysen subjectiver Sachverhalte*, Schnelle, Quickborn 1964.

Sorriso (ingl. *Smile*; ted. *Lächeln*; fr. *Sourire*; sp. *Sonrisa*). Moto espressivo che compare tra il primo e il secondo mese di vita del bambino come reazione a stimoli esterni quali i suoni, le voci, le immagini e la presenza di figure familiari. René Árpád Spitz coglie nel sorriso il tratto qualificante il secondo stadio dello sviluppo infantile, in cui il bambino passa da una condizione di indifferenziazione tra mondo esterno e mondo interno a una prima forma di riconoscimento del mondo esterno, che si palesa nella risposta del sorriso (v. STADIO, § 2). Nell'adulto, il sorriso è un mezzo di comunicazione interpersonale impiegato in occasione di atteggiamenti formali assunti per cortesia o in presenza di sentimenti di benevolenza e simpatia. Il sorriso va distinto dal RISO (v.), a cui è sottesa una dinamica psicologica completamente diversa.

Bibliografia

Spitz R. Á., *Il primo anno di vita del bambino* (1958), Editrice Universitaria, Firenze 1962.

Sospettosità (ingl. *Suspiciousness*; ted. *Misstrauen*; fr. *Méfiance*; sp. *Suspicacia*). Atteggiamento acquisito dall'individuo che avverte la realtà con timore, dubbio e altri sentimenti ostili maturati da esperienze negative reali o immaginarie che, quando si solidificano, predispongono a vissuti paranoici (v. PARANOIA).

Sostanza bianca, v. ENCEFALO; GANGLI DELLA BASE.

Sostanza grigia, v. ENCEFALO; GANGLI DELLA BASE.

Sostanza nera, v. GANGLI DELLA BASE.

Sostegno, Psicoterapia di, v. PSICOTERAPIA, § 3, a.

Sostituzione (ingl. *Substitution*; ted. *Ersetzung*; fr. *Substitution*; sp. *Sustitución*). Termine psicoanalitico impiegato in due accezioni: 1) per indicare il meccanismo che assolve la funzione di soddisfare un desiderio rimosso tramite una FORMAZIONE SOSTITUTIVA (v.), che conserva con il desiderio rimosso una relazione simbolica; 2) per indicare il trasferimento di stati affettivi da una persona all'altra, come accade nella crescita, quando il primo oggetto d'amore, la madre, viene sostituito da altre figure, la sorella, l'insegnante, l'amica, la donna amata, dove le somiglianze tra il sostituto e l'originale si riducono progressivamente. In questa accezione, nella letteratura psicoanalitica, oltre al termine *sostituto*, è impiegato anche il termine *surrogato*, mentre l'atto con cui si trasferisce il vissuto affettivo è detto *trasposizione*.

Soteria (ingl. *Soteria*; ted. *Soterie*; fr. *Sotérie*; sp. *Sotería*). Espressione introdotta da Henry Prather Laughlin per indicare le nevrosi caratterizzate da bisogno di rassicurazione che innesca condotte protese alla ricerca di oggetti rassicuranti. Per questa ragione Laughlin legge la soteria come il contrario della FOBIA (v.), che promuove condotte di evitamento.

Bibliografia

Laughlin H. P., *The ego and its defenses*, Appleton-Century-Crofts, New York 1970.

Sottoinvestimento, v. INVESTIMENTO, § 2.

Sottomissione (ingl. *Submission*; ted. *Unterwürfigkeit*; fr. *Soumission*; sp. *Sumisión*). Accettazione della supremazia o del dominio di un altro. Il termine ha rilevanza in etologia dove i gesti di sottomissione sono descritti come inibitori delle minacce aggressive da parte dei membri della stessa specie, e nella letteratura psicoanalitica che rubrica l'atteggiamento sottomesso tra le figure di passività e di MASOCHISMO (v.).

Bibliografia

Lorenz K., *L'aggressività. Edizione ampliata de "Il cosiddetto male"* (1963), il Saggiatore, Milano 1976.

Sottorendimento, v. RENDIMENTO.

Sottovalutazione, v. AUTOSTIMA.

Sovracompensazione, v. COMPENSAZIONE, § 2; FORMAZIONE REATTIVA.

Sovradeterminazione (ingl. *Overdetermination*; ted. *Überdeterminierung*; fr. *Surdétermination*; sp. *Sobredeterminación*). Caratteristica frequente delle formazioni dell'inconscio, quali i sintomi o i sogni, che risultano determinate da una pluralità di fattori, per cui si parla anche di *polideterminazione*, che rinviano o a più cause o a diverse sequenze significative, ciascuna delle quali possiede una propria coerenza, senza però essere in grado di dar conto per intero e in modo esaustivo della formazione inconscia. La sovradeterminazione è l'effetto della CONDENSAZIONE (v.), che nel sogno o nel sintomo compone diversi elementi che possono essere, a parere di Sigmund Freud, o due termini in conflitto, come il desiderio e la censura, o elementi diversi condensati là dove si intersecano, realizzando una FORMAZIONE DI COMPROMESSO (v.). In proposito Freud scrive: «I risultati della condensazione possono essere veramente straordinari. Con il suo aiuto diviene talora possibile riunire in un sogno manifesto due processi di pensiero totalmente diversi, cosicché si può ottenere un'interpretazione onirica apparentemente sufficiente, ma nel contempo ci si può lasciar sfuggire una possibile "sovrainterpretazione"» (1915-1917, p. 344).

Carl Gustav Jung ritiene che la sovradeterminazione dipende dalla «polivalenza delle singole immagini oniriche», per cui è impossibile determinare razionalmente le cause delle rappresentazioni costellate dai complessi psichici. A parere di Jung questo fatto è da intendersi fondamentalmente come «un segno dell'oscurità e dell'indeterminatezza del pensiero onirico e di ogni immagine psichica» (1907, pp. 71-72).

Dal concetto freudiano di sovradeterminazione Jacques Lacan trae conferma alla sua tesi che interpreta l'inconscio e le sue formazioni come un linguaggio: «Giacché, se per ammettere un sintomo nella psicopatologia psicoanalitica, sia esso nevrotico oppure no, Freud esige quel minimo di sovradeterminazione che un doppio senso costituisce, simbolo di un conflitto defunto al di là della sua funzione in un conflitto presente *non meno simbolico*, se ci ha insegnato a seguire nel testo delle associazioni libere la ramificazione ascendente di questa discendenza simbolica, per reperirvi nei punti in cui le forme verbali si rincrociano i nodi della sua struttura, è già assolutamente chiaro che il sintomo si risolve per intero in un'analisi del linguaggio, poiché è esso stesso strutturato come un linguaggio, è linguaggio la cui parola deve essere liberata» (1953, p. 262; v. SINTOMO).

Bibliografia

Freud S., *Introduzione alla psicoanalisi* (1915-1917), in *Opere* (1967-1993), Bollati Boringhieri, Torino, vol. VIII.

Jung C. G., *Psicologia della dementia praecox* (1907), in *Opere* (1969-2007), Bollati Boringhieri, Torino, vol. III.

Lacan J., *Funzione e campo della parola e del linguaggio in psicoanalisi* (1953), in *Scritti* (1936-1966), Einaudi, Torino 1974, vol. I.

Sovrainterpretazione (ingl. *Overinterpretation*; ted. *Überdeutung*; fr. *Surinterprétation*; sp. *Sobreinterpretación*). Interpretazione successiva a un primo livello interpretativo che appare coerente e sufficientemente completo. La sovrainterpretazione è una conseguenza della SOVRADETERMINAZIONE (v.) della formazione inconscia, a sua volta dovuta alla CONDENSAZIONE (v.) di più istanze psichiche in un'unica espressione sintomatica o onirica. A questo proposito Sigmund Freud scrive: «Spesso il sogno sembra avere più di un significato; non soltanto, come dimostrano gli esempi, possono trovarsi riuniti, uno accanto all'altro, vari appagamenti di desiderio; ma un significato o un appagamento di desiderio possono coprirne altri via via, sinché alla fine s'incontra l'appagamento di un desiderio della prima infanzia. E anche in questo caso ci si chiede se non sarebbe giusto sostituire "spesso" con "regolarmente"» (1899, p. 205). Anche la sovrainterpretazione ha tuttavia un limite in quello che Freud chiama l'*ombelico del sogno*, dove si affonda nell'ignoto: «Anche nei sogni meglio interpretati è spesso necessario lasciare un punto all'oscuro, perché nel corso dell'interpretazione si nota che in quel punto ha inizio un groviglio di pensieri onirici che non si lascia sbrogliare, ma che non ha nemmeno fornito altri contributi al contenuto del sogno. Questo è allora l'ombelico del sogno, il punto in cui esso affonda nell'ignoto. I pensieri onirici che s'incontrano nell'interpretazione sono anzi in generale costretti a rimanere inconclusi e a sfociare da ogni lato nell'intricato groviglio retiforme del nostro mondo intellettuale. Da un punto più fitto di quest'intreccio si leva poi, come il fungo dal suo micelio, il desiderio onirico» (ivi, pp. 479-480).

Bibliografia

Freud S., *L'interpretazione dei sogni* (1899), in *Opere* (1967-1993), Bollati Boringhieri, Torino, vol. III.

Sovrainvestimento, v. INVESTIMENTO, § 3.

Sovrapprendimento (ingl. *Overlearning*; ted. *Überlernen*; fr. *Surapprentissage*; sp. *Sobreaprendizaje*). Proseguimento dell'esercizio di memorizzazione anche dopo essere stati in grado di riprodurre senza incertezze o errori il materiale da memorizzare. Ottimo per la ritenzione a breve durata, il sovrapprendimento rivela un'efficacia progressivamente decrescente secondo la curva dell'accelerazione negativa.

Bibliografia

Foppa K., *Apprendimento e comportamento* (1970), Armando, Roma 1975.

Sovrarendimento, v. RENDIMENTO.

Sparizione (ingl. *Disappearance*; ted. *Verschwinden*; fr. *Disparition*; sp. *Desaparición*). In ambito psicologico il termine fa riferimento: *a*) a un estremo tentativo di autorealizzazione in un mondo che non concepisce l'esistenza se non come presenza e dove l'identità di ciascuno è telematicamente controllata dai nuovi media; *b*) al timore di scomparire che si riscontra nei percorsi che conducono alla demenza, a proposito della quale Sergio Finzi scrive: «Il "pensiero instabile" e i "vuoti di memoria" di cui tutti si lamentano attribuendoli personalmente a un possibile Alzheimer, socialmente allo stress, sono in realtà la marca di una "paura di scomparire". Dopo un trasloco, i mobili spostati lasciano un disegno sul pavimento che sembra una specie di mappa. Ma quale mappa possiamo consultare per ritrovare il punto dove ci siamo persi? E si può fare il lutto di se stessi? La "scrittura" non dà più l'immortalità, e l'autore abbandonato dai suoi libri si rifugia in una "macchina desiderante". Ed è qui che incontra la demenza. Perché non scompaia il soggetto, deve scomparire l'autore» (2005, p. 351).

Bibliografia

D'Arino F., *Manuale di sparizione. La sfida dell'invisibilità nella società del controllo*, Castelvecchi, Roma 2006.
Finzi S., *L'ombra del grillo parlante. Analisi della paura di scomparire*, Moretti & Vitali, Bergamo 2005.

Spasmo (ingl. *Spasm*; ted. *Spasmus*; fr. *Spasme*; sp. *Espasmo*). Contrazione improvvisa e involontaria di un muscolo o di un gruppo di muscoli in qualsiasi parte del corpo che assume diverse denominazioni in corrispondenza dei muscoli interessati. Si distinguono, tra i più frequenti, lo *spasmo di Bell* o tic convulsivo; lo *spasmo di chiusura* con contrazioni alla mano, come nel crampo o spasmo dello scrivano (v. MOGIGRAFIA); lo *spasmo masticatorio* o *di Romberg*, che interessa i muscoli della masticazione. Lo si osserva nei casi di isteria, tetano ed epilessia; lo *spasmo oculogiro* con deviazione tonica dei globi oculari verso l'alto, talvolta accompagnato dalla deviazione del capo e da rigidità muscolare (v. OCULOGIRISMO); lo *spasmo di Salaam* o *assenziente*, caratterizzato da movimenti ritmici e periodici del capo e della parte superiore del corpo, caratteristico di una grave forma epilettica infantile; lo *spasmo saltatorio*, con contrazioni dei muscoli delle estremità inferiori che inducono il soggetto a movimenti saltellanti (v. LOCOMOZIONE, § 2).

Spastico (ingl. *Spastic*; ted. *Spastisch*; fr. *Spastique*; sp. *Espástico*). Soggetto affetto da SPASMO (v.), con ipertonicità muscolare, rigidità del corpo e mancanza di coordinazione nei movimenti. Questa forma va distinta dalla *paralisi spastica*, in cui è sospeso il movimento volontario dei grandi muscoli dello scheletro che restano tonicamente contratti.

Spavento (ingl. *Fright*; ted. *Schreck*; fr. *Frayeur*; sp. *Susto*). Reazione a un pericolo inaspettato. L'elemento "sorpresa", a parere di Sigmund Freud, distingue lo spavento dalla paura e dall'angoscia: «I termini "spavento", "paura" e "angoscia" sono usati a torto come sinonimi; in realtà corrispondono a tre diversi atteggiamenti di fronte al pericolo. L'*angoscia* indica una certa situazione che può essere definita di attesa del pericolo e di preparazione allo stesso, che è sostanzialmente sconosciuto (v. ANGOSCIA – ANSIA). La *paura* è un meccanismo di difesa nei confronti di un determinato oggetto o situazione di cui si ha timore (v. PAURA). Lo spavento designa invece lo stato di chi si trova di fronte a un pericolo senza esservi preparato, e sottolinea l'elemento della sorpresa. Non credo che l'angoscia possa produrre una nevrosi traumatica; nell'angoscia c'è qualcosa che protegge dallo spavento e quindi anche dalla nevrosi da spavento» (1920, pp. 198-199). Concepita l'angoscia come attesa del pericolo e preparazione ad esso, Freud può dire che «l'uomo si protegge dallo spavento con l'angoscia» (1915-1917, p. 548). Lo spavento provoca reazioni psicofisiche che vanno dalla modificazione del comportamento motorio, con rigidità e contrazione corporea, a stati di trasognamento, astrazione, cambiamento dell'esperienza del tempo, mancanza di risposta affettiva, disturbi di orientamento, disturbi vasovegetativi, come cardiopalma, vertigini, disturbi del sonno che, se prolungati nel tempo, determinano la cosiddetta *nevrosi da spavento*.

Bibliografia

Freud S., *Introduzione alla psicoanalisi* (1915-1917), in *Opere* (1967-1993), Bollati Boringhieri, Torino, vol. VIII.
–, *Al di là del principio di piacere* (1920), in *Opere*, cit., vol. IX.

Spazio (ingl. *Space*; ted. *Raum*; fr. *Espace*; sp. *Espacio*). Nell'accezione più comune il termine si riferisce all'estensione tridimensionale capace di contenere oggetti sensibili. A partire da questa nozione generale il pensiero occidentale ha elaborato diverse concezioni che investono la natura dello spazio, la sua realtà, la sua misurabilità e l'esperienza che se ne ha, cosa quest'ultima che costituisce il campo specifico della psicologia.

1. La filosofia e le diverse concezioni dello spazio. La prima concezione filosofica dello spazio è quella pitagorica che concepisce lo spazio come una dimensione geometrica divisibile all'infinito. Le difficoltà logiche sollevate dalla scuola eleatica circa questa infinita divisibilità che non consente, secondo il paradosso di Zenone di Elea, ad Achille di superare la tartaruga, vengono aggirate dall'atomismo di Democrito che concepisce lo spazio come un vuoto infinito che circonda gli atomi materiali. Per Platone lo spazio è lo sfondo costante (χώρα) del divenire; è invisibile e partecipa all'intelligibile, per cui le figure geometriche, che sono sue determinazioni, possono formare oggetto di scienza razionale. Per Aristotele lo spazio è il luogo (τόπος) dei corpi e coincide con il loro limite; ne consegue che non c'è spazio dove non c'è oggetto materiale.

La concezione di Aristotele è accolta dalla filosofia medioevale e riesposta da René Descartes nei termini della sua geometria che risolve lo spazio nell'estensione; questa è la proprietà essenziale della materia, per cui non si dà vuoto. All'estensione spaziale come dimensione assoluta, immobile e infinita, distinta dai corpi, secondo il modello neoplatonico, ritorna Isaac Newton a cui si oppone Gottfried Wilhelm Leibniz, che nega la realtà oggettiva e assoluta dello spazio che, a suo parere, altro non è che "l'ordine di coesistenza" degli oggetti e quindi qualcosa di relativo e non separabile da essi. Leibniz polemizza anche con la riduzione cartesiana dello spazio ad estensione, in quanto l'estensione non è altro che una conseguenza e un'espressione della forza. In ambito empirista George Berkeley e David Hume considerano lo spazio una mera funzione psicologica derivante dall'associazione di impressioni contigue, mentre Immanuel Kant assume lo spazio, al pari del tempo, come una forma a priori alla base della conoscenza sensibile.

Nel secolo scorso, le posizioni più significative assunte a proposito dello spazio sono state: *a*) la concezione di Albert Einstein che coniuga lo spazio con il Tempo (v. § I, 4), affermando, in polemica con Descartes, che oltre alle tre dimensioni dell'estensione va aggiunto il tempo nell'accezione dell'istante in cui si verifica l'evento: «Il nostro spazio fisico, così come lo concepiamo per il tramite degli oggetti e del loro moto, possiede tre dimensioni e le posizioni vengono caratterizzate da tre numeri. L'istante in cui si verifica l'evento è il quarto numero» (1938, p. 217); *b*) la concezione di Henri Bergson che concepisce lo spazio come un arresto ripetitivo dello slancio vitale; *c*) la concezione di Martin Heidegger che considera lo spazio come una condizione originaria dell'esistenza in quanto essere-nel-mondo (v. Mondo, § 3), che si spazializza aprendosi a un mondo inteso come luogo della sua progettualità.

2. La percezione dello spazio. Con questo titolo ci riferiamo ai meccanismi percettivi come sono stati elaborati dalla psicologia della Gestalt, alle valenze antropologiche e simboliche che condizionano la percezione e alla dinamica dell'azione che connota i dati percettivi.

a) *I meccanismi percettivi* sono quei fattori che rendono possibile quella visione tridimensionale, che valuta distanza e profondità, a partire dalla proiezione retinica che, essendo su una superficie, è a due dimensioni. Tra questi fattori meritano particolare attenzione la visione stereoscopica e gli indizi percettivi di cui si è discusso alla voce Percezione, § 5. Altri fattori strutturanti la percezione spaziale sono la vicinanza, la somiglianza, la buona forma, la chiusura, il rapporto figura-sfondo, la significanza come sono stati esposti dalla Psicologia della Gestalt (v. § II).

b) *L'orientamento spaziale* assume come punto di riferimento il proprio corpo, rispetto al quale si stabilisce un *sopra* e un *sotto* con un corredo simbolico che fa riferimento al cielo e alla terra, e una *destra* e una *sinistra* cariche di un significato antropologico connesso alla "destrezza" maggiore o minore nel manipolare le cose. Questi significati antropologici oltrepassano la valenza puramente geometrica dello spazio, per cui, se di una pagina diritta e di una capovolta si può dire che esprimono un'identica spazialità geometrica, non si può dire la stessa cosa per quanto concerne il loro significato. Capovolgere un oggetto significa infatti privarlo del suo significato, così come la sua oscillazione porta con sé l'oscillazione dello spazio visivo. Sempre rispetto al corpo chiamiamo *vicine* o *lontane* le cose che richiedono uno spazio minore o maggiore per essere raggiunte, e *confine* la frontiera delle nostre azioni. Sempre dal punto di vista antropologico, lo spazio si organizza a partire da un punto fisso come può essere la casa o, per gli animali, il proprio territorio, separato dallo spazio esterno percepito come estraneo. Questi connotati hanno riverberi mitologico-simbolici, per cui la mitologia dei cacciatori-raccoglitori si organizza intorno a uno spazio itinerante, mentre la mitologia degli agricoltori-sedentari si organizza intorno a uno spazio radiante ordinato in cerchi concentrici intorno alla propria casa.

c) *Lo spazio vitale* è un concetto che si incontra in Etologia (v. § 2) in riferimento al territorio difeso dall'animale in quanto indispensabile al proprio sostentamento, e nella teoria dinamica della personalità elaborata da Kurt Lewin che chiama "spazio vitale" la rappresentazione psicologica dell'ambiente in cui un individuo opera e delle alternative che gli si aprono in base alle valenze positive o negative di cui le cose si caricano in quanto desiderate o avversate (v. CAMPO, § 2).

3. LA PSICHIATRIA FENOMENOLOGICA E LO SPAZIO VISSUTO. Partendo dalle premesse fenomenologiche di Edmund Husserl e da quelle analitico-esistenziali di Heidegger, la psichiatria fenomenologica con Ludwig Binswanger oppone allo spazio geometrico, quale è descritto dalle scienze della natura, lo spazio antropologico per cui l'uomo *non è* nello spazio come tutte le cose del mondo, ma *dischiude* uno spazio come distanza e prossimità delle cose e come orizzonte della progettualità. Allo spazio *oggettivo* si sostituisce uno spazio *espressivo* per cui lo spazio di una casa non è nel numero dei metri quadri, ma nell'avere "nelle mani e nelle gambe" le distanze e le direzioni principali, caricate da quell'intenzionalità che fa di uno spazio geometricamente misurabile un dominio familiare. In questo senso allo spazio *posizionale*, in cui le cose si dispongono in base a un sistema astratto di coordinate presupposte da uno spirito geometrico che prescinde da qualsiasi punto di vista, la fenomenologia sostituisce lo spazio *situazionale* che si misura a partire dalla situazione in cui viene a trovarsi il corpo di fronte ai compiti che si propone e alle possibilità di cui dispone. Il corpo, infatti, è l'unico sfondo da cui può nascere uno spazio esterno, è il "rispetto a cui" un oggetto può apparire, è la frontiera che non solo le ordinarie relazioni di spazio non oltrepassano, ma da cui queste stesse relazioni si dipartono.

A fare dello spazio corporeo e dello spazio esterno un sistema unico è l'*azione*. Pilotando una canoa o scagliando una freccia contro un bersaglio, si conosce lo spazio come campo d'azione, perché lo spazio della canoa non esiste se non nel movimento ritmico del remo che la fa scivolare sul letto del fiume, così come lo spazio della freccia non esiste se non come una certa potenza del corpo su un certo mondo. Perché l'azione sia efficace, oltre alla percezione dello spazio *attuale*, è necessaria la percezione dello spazio *virtuale* senza il quale nessuna azione sarebbe realizzabile, perché ogni gesto sarebbe concluso in se stesso in un'opacità che non rinvia ad alcun senso. La scelta è un ulteriore elemento che interviene a relativizzare le coordinate spaziali avvicinandoci o allontanandoci dagli oggetti. Una meta, infatti, è vicina o lontana a seconda dei mezzi che decido di impiegare per raggiungerla; la scelta dei mezzi dipende, inoltre, dalle possibilità di cui dispongo o dall'interesse che mi fa apparire la meta "abbastanza vicina" o "troppo lontana". Qui lo spazio viene ad assumere un connotato che non è geometrico, ma esistenziale, e si lascia percorrere dalla corrente del desiderio o della rinuncia, dove in gioco è la mia libertà che decide di percorrerlo o di lasciarlo come definitiva separazione tra me e le cose. Come struttura dell'esistenza, lo spazio può destrutturarsi secondo quelle modalità in cui l'esistenza si declina.

a) La destrutturazione dello spazio nella mania è dovuta alla perdita dello spazio virtuale, per cui ciò che resta è lo spazio attuale che, insufficiente a contenere intenzionalità e progetti, è percepito come *troppo piccolo* per non essere interamente occupato dal corpo e dalla sua gestualità. Le cose appaiono tutte a portata di mano e, prive di distanza e di spessore, diventano intercambiabili. La prevalenza dell'estensivo sull'intensivo e la radicale incapacità di distanziare le cose fa sì che queste perdano rilievo significativo e tendano a omogeneizzarsi. Come conseguenza si ha l'incapacità dell'esistenza maniacale a trattenersi presso le cose e presso le persone, con conseguente irrefrenabile distraibilità e incapacità a costituire un mondo comune (*Mit-welt*). Ne deriva, come scrive Danilo Cargnello, un'esistenza che si declina in uno spazio connotato: «La presenza maniacale, nel suo peculiare esistere, appare con rapida permutazione pluridirezionata (da un incerto qui a un vago e, comunque, mal determinato dappertutto). [...] Trascorre e scivola, sfiora e sorpassa, scavalca e abbandona alternativamente cose e persone; e ciò con estrema facilità, vagando da una parte e dall'altra senza requie, ma restando in questo suo vagabondare pur sempre alla superficie, ai margini, alla periferia di tutto e di tutti. Anche questa peculiare movimentazione è costitutiva del suo modo di essere» (1966, pp. 252-253).

b) La destrutturazione dello spazio nella schizofrenia dipende dall'incapacità di distanziare una minaccia, ovunque diffusa e impersonata, con conseguente abolizione dei confini tra lo spazio proprio (*Eigen-raum*) e lo spazio esterno (*Fremd-raum*) che il corpo delimita. Allora si può essere in drammatica contemporaneità qui e là; le parti del proprio corpo, smarrito ogni limite e ogni confine, si confondono con parti di corpi estranei, in quella "livellata omogeneizzazione", come scrive Alfred Storch, per cui altri corpi abitano il mio che a sua volta risulta frantumato e sbriciolato fuori di sé e fuori da ogni dimensione umana.

Questa destrutturazione della spazialità consente a Eugenio Borgna di spiegare i fenomeni allucinatori che contrassegnano l'esperienza schizofrenica: «La relazione, che un'esperienza visiva (un colore, ad esempio) ha con l'oggetto colorato, è radicalmente diversa dalla relazione che un'esperienza uditiva ha con la sua sorgente sonora. Un suono *si stacca*, come acqua che scaturisce da una fonte, dalla sua sorgente sonora, mentre un colore *aderisce* fenomenicamente a un oggetto. Il contenuto di una percezione visiva *resta* insomma al suo posto, mentre quello di una percezione uditiva *si muove* e si avvicina. Un suono ci insegue e ci assale: non ci si può "difendere" se non *dopo* essere stati afferrati. Dal contenuto di un'esperienza visiva si può invece "fuggire" *prima* di essere stati afferrati» (1974, p. 214). La deformazione spaziale vissuta dall'esperienza schizofrenica confonde queste due forme di contatto con il mondo, e perciò lo schizofrenico si sente perseguitato e assediato da immagini e voci che non riesce a "distanziare" e alla cui ossessiva "vicinanza" si sente consegnato e indifeso. Dello stesso avviso è Maurice Merleau-Ponty, secondo il quale «ciò che garantisce l'uomo sano contro il delirio o l'allucinazione non è la sua critica, ma la struttura dello spazio. [...] L'allucinazione, infatti, nasce dal restringimento dello spazio vissuto, dal radicarsi delle cose nel nostro corpo, dalla vertiginosa prossimità dell'oggetto, dalla compattezza dell'uomo col mondo» (1945, p. 354).

4. La psicoanalisi e il modello topico. Lo spazio è per Sigmund Freud la metafora che consente di visualizzare la psiche come un insieme di sottosistemi dotati di caratteri e funzioni disposti secondo un ordine che permette di raffigurarli in modo spaziale come luoghi psichici, secondo quella disposizione che è stata illustrata alla voce Apparato psichico, § 3.

5. La psicologia analitica e lo spazio analitico. Nell'ambito della psicologia junghiana, con questa espressione si intende: *a*) *lo spazio come luogo* in cui si svolge la terapia analitica, di cui lo stereotipo più diffuso è il "lettino" in quanto spazio della regressione terapeutica finalizzata alla messa in evidenza dell'identità del paziente, anche se Carl Gustav Jung preferisce il rapporto frontale; *b*) *lo spazio come contenitore* degli oggetti psichici di cui siamo costituiti in vista di una progressiva presa di coscienza di sé e di una successiva trasformazione; *c*) *lo spazio come linea di demarcazione* che insieme congiunge e disgiunge un interno e un esterno, un ciò che siamo e un ciò che non siamo (v. Non-Io), da cui prende avvio il processo di individuazione (v. Psicologia analitica, § 5) strettamente personale e singolare e, a prescindere dal successo o meno nel conseguimento della Guarigione (v.), ha luogo comunque una continua ricerca di Senso (v. § 2) di quel che nello spazio analitico accade.

6. Psicologia sociale. Sul modello della fisica, in psicologia sociale si è adottato il concetto di spazio sociale per indicare l'universo dei processi di avvicinamento e di distanziamento tra soggetti individuali e collettivi secondo leggi non dissimili da quelle che presiedono l'attrazione e la repulsione dei corpi fisici. Nello spazio sociale ogni individuo è indicabile a partire da determinate coordinate, quali il sesso, l'età, la professione, la religione, la nazionalità ecc., che sono alla base della comunicazione, del lavoro, dell'interazione e della produzione di significato. Dallo *spazio sociale* Arthur Fisher Bentley distingue lo *spazio sociologico*, che è l'ambito delle costruzioni teoriche elaborate per l'analisi razionale dello spazio sociale. La disciplina che studia lo spazio come sistema di comunicazione per i significati antropologici che assume è detta Prossemica (v.).

7. Neuroscienze. In questo ambito gli studi hanno preso avvio negli anni ottanta, e il primo problema che si pose fu quello di stabilire quali criteri assumere e quali coordinate adottare per giungere a una codificazione univoca dello spazio. In termini biologici, infatti, si può adottare il criterio dello "spazio sensoriale" con riferimento ai vari tipi di modalità sensoriali coinvolte, così come si può riconoscere uno spazio corporeo legato alla sensorialità somatica, uno spazio extracorporeo legato alla sensorialità visiva e acustica, oppure uno spazio motorio se il riferimento è alla direzione del nostro movimento e alla distanza che tramite esso si percorre. Al giorno d'oggi tra gli spazi sensoriali più studiati c'è lo "spazio motorio", di cui il bambino ha una rappresentazione già prima della nascita e, dopo la nascita, l'acquisizione di un'ulteriore conoscenza ottenuta muovendosi ed esplorando il mondo circostante. In seguito il bambino può validare le acquisizioni raggiunte con la progressiva maturazione del sistema acustico e visivo, a cui si applicano gli studi più recenti per cogliere il sistema centrato sulla retina e definito "retinocentrico" o "oculocentrico". Allo stato attuale, scrive Leonardo Fogassi, «le acquisizioni più importanti sono le seguenti: *a*) lo spazio è rappresentato non come un costrutto unico, ma suddiviso, e ogni suddivisione corrisponde a un circuito anatomo-funzionale dedicato, coinvolto nella trasformazione senso-motoria relativa a uno specifico effettore; *b*) lo spazio è codificato a livello di singolo neurone anche in coordinate non oculocentriche; *c*) la percezione dello spazio è legata a un concetto di spazio motorio» (2006-2007, p. 1048).

Nell'ambito della neurobiologia interpersonale Daniel J. Siegel introduce il concetto di "spazio mentale" così definito: «Apertura nei confronti delle possibilità di fermarsi prima di tradurre in atto un pensiero, un impulso comportamentale o una reazione emotiva. Se la mente è un processo emergente e auto-organizzantesi che trae origine dai flussi di energia e informazioni, allora "spazio mentale" indica, letteralmente, la distribuzione di probabilità incluse nell'intera gamma di possibili pattern di energia» (2012, p. 54). Lo "spazio mentale" è dunque uno spazio riflessivo in cui l'azione è preceduta da un'elaborazione interna che consente di riflettere prima di agire.

Bibliografia

Bachelard G., *La poetica dello spazio* (1957), Dedalo, Bari 1975.
Bentley A. F., *Sociology and mathematics*, in "Sociological Review", 1931, n. XXIII.
Bergson H., *L'evoluzione creatrice* (1907), Raffaello Cortina, Milano 2002.
Berti A., Frassinetti F., *When far becomes near: re-mapping of space by tool use*, in "Journal of Cognitive Neuroscience", 2000, n. 12, pp. 415-420.
Binswanger L., *Essere nel mondo* (1930-1957), Astrolabio, Roma 1973.
Borgna E., *La metamorfosi schizofrenica della spazialità* (1974), in Id., *Nei luoghi perduti della follia* (1964-1984), Feltrinelli, Milano 2008, pp. 196-221.
Callieri B., *Lo spazio vissuto* (1977), in "Psyche", 1989, nn. 3-4, pp. 59-74.
Cargnello D., *Alterità e alienità. Introduzione alla fenomenologia antropoanalitica*, Feltrinelli, Milano 1966.
Casement P., *Spazio e processo psicoanalitico* (1989), Raffaello Cortina, Milano 1991.
Condominas G., *Spazio sociale*, in AA.VV., *Enciclopedia*, Einaudi, Torino 1981, vol. XIII, pp. 315-344.
Derleth A., *Beyond space and time*, Berkley Publishing Corporation, New York 1950.
Einstein A., Infeld L., *L'evoluzione della fisica. Sviluppo delle idee dai concetti primitivi alla relatività ed ai quanti* (1938), Einaudi, Torino 1948.
Fogassi L., *Spazio*, in AA.VV., *Psiche. Dizionario storico di psicologia, psichiatria, psicoanalisi, neuroscienze*, Einaudi, Torino 2006-2007, vol. II, pp. 1047-1053.
Fogassi L., Gallese V., Di Pellegrino G., *Space coding by premotor cortex*, in "Experimental Brain Research", 1992, n. 89, pp. 689-690.
Freud S., *Metapsicologia* (1915), in *Opere* (1967-1993), Bollati Boringhieri, Torino, vol. VIII.
Galimberti U., *Lo spazio del corpo*, in Id., *Il corpo* (1983), nuova edizione ampliata, Feltrinelli, Milano 2013, pp. 134-141.
Galletti C., Battaglini P. P., Fattori P., *Parietal neurons encoding spatial locations in craniotopic coordinates*, in "Experimental Brain Research", 1993, n. 96, pp. 221-229.
Graziano M. S. A., Yap G. S., Gross Ch. G., *Coding of visual space by premotor neurons*, in "Science", 1994, n. 266, pp. 1054-1057.
Heidegger M., *Corpo e spazio* (1964), il melangolo, Genova 2000.
–, *L'arte e lo spazio* (1969), il melangolo, Genova 2000.
Husserl E., *Idee per una fenomenologia pura e per una filosofia fenomenologica* (1912-1928), Einaudi, Torino 1965.
Jammer M., *Storia del concetto di spazio* (1954), Feltrinelli, Milano 1963.
Jung C. G., *Principi di psicoterapia pratica* (1935), in *Opere* (1969-2007), Bollati Boringhieri, Torino, vol. XVI.
Khan M. M. R., *Lo spazio privato del sé* (1974), Bollati Boringhieri, Torino 1979.
Lefebvre H., *La produzione dello spazio* (1974), Moizzi, Milano 1976.
Lewin K., *Principi di psicologia topologica* (1936), Organizzazioni Speciali (O. S.), Firenze 1961.
Merleau-Ponty M., *Fenomenologia della percezione* (1945), il Saggiatore, Milano 1972.
Raciti G., *Dello spazio*, CUECM, Catania 1990.
Resnik S., *Spazio mentale. Sette lezioni alla Sorbona*, Bollati Boringhieri, Torino 1990.
Saumells R., *La dialéctica del espacio*, Departamento de Filosofía de la Cultura, Madrid 1952.
Siegel D. J., *Mappe per la mente. Guida alla neurobiologia interpersonale* (2012), Raffaello Cortina, Milano 2014.
Storch A., *Wege zur Welt und Existenz des Geisteskranken*, Hippokrates, Stuttgart 1965.
Straus E. W., *Il movimento vissuto* (1935) e *Sulle tracce mnestiche* (1960), in Id., *Forme dello spazio. Forme della memoria*, Armando, Roma 2011.
Vitiello V., *Elogio dello spazio. Ermeneutica e topologia*, Bompiani, Milano 1994.
Zur Lippe R., *Spazio*, in Ch. Wulf (a cura di), *Cosmo, corpo, cultura. Enciclopedia antropologica* (1997), Bruno Mondadori, Milano 2002, pp. 162-172.

Specchio, Regola dello, v. TRANSFERT, § 4, *a*.

Specchio, Stadio dello, v. LACANIANA, TEORIA, § 5.

SPECT (*Tomografia computerizzata a emissione di singoli fotoni*), v. DIAGNOSI, § 5, B, b.

Speed-test (ingl. *Speed-test*; ted. *Geschwindigkeitstest*; fr. *Test de vitesse*; sp. *Test de velocidad*). Test di rendimento che misura la velocità con cui si svolgono uno o più compiti in una certa unità di tempo. È impiegato per misurare l'attenzione, la concentrazione, la perseveranza e la destrezza motoria. In ambito psicopedagogico SPEED (*Screening prescolare età evolutiva*) è uno strumento di screening che permette di individuare precocemente il rischio di dislessia (v. ALESSIA, § 2) in bambini, valutati nell'ultimo anno della scuola d'infanzia, in ordine alla conoscenza delle lettere che, nella letteratura internazionale, è considerato il miglior predittore del successivo apprendimento della lettura e della scrittura.

Bibliografia

Savelli E., Franceschi S., Fioravanti B., *SPEED. Screening Prescolare Età Evolutiva – Dislessia. Test per l'identificazione precoce delle difficoltà di apprendimento della letto-scrittura nella scuola dell'infanzia*, Erickson, Trento 2013.

Spell System, v. DATTILOLOGIA.

Speranza (ingl. *Hope*; ted. *Hoffnung*; fr. *Espoir*; sp. *Esperanza*). Fiducia nel futuro, anche dopo insuccessi o vane aspettative, che dal punto di vista psicologico funziona da difesa dalle conseguenze patologiche delle frustrazioni. Dal punto di vista *comportamentista*, Thomas M. French distingue «una speranza basata su opportunità di soddisfazioni e una basata su ricordi di precedenti soddisfazioni. La prima stimola i meccanismi necessari ai fini di una desiderata realizzazione, la seconda si risolve nella semplice rappresentazione della soddisfazione anticipata, quindi nella fantasticheria e nel sogno a occhi aperti» (1952, p. 50).

Dal punto di vista fenomenologico, la speranza è, insieme all'attività, l'attesa e il desiderio, una delle modalità con cui il soggetto *si dà* il futuro (v. TEMPO, § II, 3). Scrive in proposito Eugène Minkowski: «Nella speranza, io vivo il divenire nella stessa direzione dell'attesa, cioè nella direzione avvenire-presente e non nella direzione presente-avvenire. Quando spero, attendo la realizzazione di quanto spero, vedo l'avvenire venire verso di me. La speranza va più lontano nell'avvenire dell'attesa. Io non spero nulla né per l'istante presente né per quello che immediatamente gli succede, ma per l'avvenire che si dispiega dietro. Liberato dalla morsa dell'avvenire immediato, vivo, nella speranza, un avvenire più lontano, più ampio, pieno di promesse. E la ricchezza dell'avvenire si apre adesso davanti a me» (1933, p. 102).

Eugenio Borgna, condividendo con Minkowski la differenza esistenziale tra la speranza e l'attesa, precisa: «Il tempo della speranza (il tempo dell'*espérance*) come matrice di trascendenza, non è il tempo delle singole speranze (degli *espoirs*), che segnano il cammino della vita nelle sue quotidiane (banali) sequenze. Il tempo della speranza è quello dell'infinitudine dell'avvenire (del futuro): di un avvenire a-tematico: non legato, cioè, a questo evento, o a quello, che ci auguriamo accada e che sostanzia di sé l'*espoir*. La lingua francese consente di distinguere i due diversi modi di sperare: i due diversi modi di vivere il tempo nell'*espérance* e nell'*espoir*. La prima è come la fiaccola sotto il moggio, invisibile ma presente nella vita di ogni giorno al di là dei naufragi delle singole speranze; il secondo si destituisce di ogni orizzonte meta-fisico» (2005, p. 52).

In quanto oltrepassa l'immediato futuro, la speranza è stata assunta da Ernst Bloch come una delle possibili chiavi di lettura della filosofia della storia, perché, scrive, «la filosofia avrà coscienza del domani, prenderà partito per il futuro, saprà della speranza, o non saprà nulla. E nuova filosofia, secondo la via aperta da Marx, significa filosofia del nuovo, di questa essenza che ci attende tutti e che ci annienterà o ci realizzerà» (1938-1959, p. 10). Dal canto suo Jürgen Moltmann legge la speranza come substrato di ogni atteggiamento religioso perché, scrive, «la speranza si fonda sulla differenza ontica tra ciò che è e ciò che non è ancora» (1964, p. 353).

Bibliografia

Bloch E., *Il principio speranza* (1938-1959), Garzanti, Milano 1994, voll. I-III.

Borgna E., *La malinconia come metamorfosi della speranza* (1977), in Id., *Nei luoghi perduti della follia* (1964-1984), Feltrinelli, Milano 2008, pp. 313-339.

–, *L'attesa e la speranza*, Feltrinelli, Milano 2005.

–, *Responsabilità e speranza*, Einaudi, Torino 2016.

–, *L'arcobaleno sul ruscello. Figure della speranza*, Raffaello Cortina, Milano 2018.

Callieri B., *Il mondo della speranza*, in Id., *Corpo, esistenze, mondi. Per una psicopatologia antropologica*, Edizioni Universitarie Romane, Roma 2007, pp. 223-256.

French Th. M., *The integration of behavior*, University of Chicago Press, Chicago 1952.

Fromm E., *La rivoluzione della speranza* (1968), Etas Kompass, Milano 1969.

Melchiorre V., *Sulla speranza*, Morcelliana, Brescia 2000.

Melchiorre V., Vigna C., *La politica e la speranza*, Edizioni Lavoro, Roma 1999.

Menegoni F., *Le ragioni della speranza*, Il Poligrafo, Padova 2001.

Minkowski E., *Il tempo vissuto. Fenomenologia e psicopatologia* (1933), Einaudi, Torino 1971.

Mitchell S. A., *Speranza e timore in psicoanalisi* (1993), Bollati Boringhieri, Torino 1995.

Moltmann J., *Teologia della speranza* (1964), Queriniana, Brescia 1969.

Sperimentale, Nevrosi (ingl. *Experimental neurosis*; ted. *Experimentelle Neurose*; fr. *Névrose expérimentale*; sp. *Neurosis experimental*). Comportamento disorganizzato per incapacità di controllare la situazione sperimentale dove, sotto condizioni conosciute e controllate, l'animale è sottoposto simultaneamente a forti ma incompatibili tendenze all'azione. Inaugurate da Ivan Petrovič Pavlov, le nevrosi sperimentali o indotte tendono a stabilizzarsi e a riprodursi in forma acuta quando l'animale viene riportato nel luogo dell'esperimento, anche in assenza degli stimoli responsabili del conflitto. La psicologia dell'apprendimento assume come principio esplicativo delle nevrosi sperimentali il riflesso condizionato (v. APPRENDIMENTO, § I, 1), mentre la psicoanalisi, con Otto Fenichel, interpreta le nevrosi sperimentali come l'effetto di un'insufficienza di controllo dovuto o a uno stimolo eccessivo che il soggetto non riesce a controllare come nella nevrosi traumatica (v. TRAUMA, § 2), o a un blocco della scarica che porta a un accumulo di tensione, in maniera tale che gli stimoli, innocui in altre condizioni, agiscono come se fossero traumatici. Le nevrosi sperimentali, oltre che negli animali, possono essere verificate anche nell'uomo attraverso l'induzione di un conflitto, di uno stato ipnotico o di un farmaco, allo scopo di comprendere comportamenti anormali sotto condizioni conosciute e controllate.

Bibliografia

Fenichel O., *Trattato di psicoanalisi delle nevrosi e delle psicosi* (1945), Astrolabio, Roma 1951.

Pavlov I. P., *I riflessi condizionati* (1927), Bollati Boringhieri, Torino 1966.

Sperimentale, Psicologia, v. PSICOLOGIA SPERIMENTALE.

Sperimentazione, v. PSICOLOGIA SPERIMENTALE.

Spermatorrea, v. POLLUZIONE.

Spersonificazione, v. PERSONIFICAZIONE.

Spettrofobia (ingl. *Spectrophobia*; ted. *Spektrophobie*; fr. *Spectrophobie*; sp. *Espectrofobia*). Fobia degli specchi, a proposito della quale Sándor Ferenczi scrive: «La fobia isterica degli specchi e la paura angosciosa di vedere allo specchio il proprio viso hanno una doppia radice: "funzionale" e "materiale". La radice funzionale consiste nell'angoscia che si prova di fronte alla conoscenza di se stessi, la radice materiale nella fuga davanti a tendenze voyeuristiche ed esibizionistiche. Come accade in molti casi, nelle fantasie inconsce del paziente, le parti del viso rappresentano parti degli organi genitali» (1915, p. 177).

Bibliografia

Ferenczi S., *Spettrofobia* (1915), in *Opere* (1989-1992), Raffaello Cortina, Milano, vol. II.

Spettroscopia a risonanza magnetica (SRM), v. DIAGNOSI, § 5, A, c.

Spiegazione, v. PSICOLOGIA COMPRENSIVA.

Spinta della pulsione, v. PULSIONE, § 1, *a*.

Spiritismo (ingl. *Spiritism*; ted. *Spiritismus*; fr. *Spiritisme*; sp. *Espiritismo*). Credenza nell'esistenza degli spiriti, spesso identificati con le anime dei morti, in grado di interagire e comunicare con i viventi attraverso particolari esperienze e rituali medianici. Secondo Carl Gustav Jung, «il subconscio del soggetto usa percezioni elementari per la costruzione automatica di scene complesse che si impossessano poi della sua coscienza indebolita» (1900, p. 26). «Questo stato oniroide patologico – prosegue Jung – è tipico di chi si lascia affascinare dalle sue fantasie e si comporta esattamente come il bambino che si smarrisce nel proprio gioco o come l'attore che si assorbe totalmente nella sua parte. La differenza con la scissione sonnambolica della personalità non è di principio, ma è soltanto una differenza di grado, basata solo sull'intensità dell'autosuggestionabilità e sulla disaggregazione degli elementi psichici. Più la coscienza si dissocia più acquistano plasticità le situazioni sognate e di conseguenza più si riduce la parte cosciente della menzogna e in sostanza la parte della coscienza. Questo essere trascinato dall'oggetto che accentra l'interesse è quanto Freud definisce *identificazione isterica*» (ivi, p. 78).

Bibliografia

Flournoy Th., *Dalle Indie al pianeta Marte. Il caso di Hélène Smith. Dallo spiritismo alla nascita della psicoanalisi* (1899), Feltrinelli, Milano 1985.

Guénon R., *Errore dello spiritismo* (1923), Rusconi, Milano 1974.

Jung C. G., *Psicologia e patologia dei cosiddetti fenomeni occulti* (1900), in *Opere* (1969-2007), Bollati Boringhieri, Torino, vol. I.

Mendeleev D. I., *Sullo spiritismo* (1876), Bollati Boringhieri, Torino 1992.

Wundt W. M., *Der Spiritismus. Eine sogenannte wissenschaftliche Frage*, Engelmann, Leipzig 1879.

Spirito (ingl. *Spirit*; ted. *Geist*; fr. *Esprit*; sp. *Espíritu*). Il termine, che traduce il greco πνεῦμα e l'ebraico *ruah*, significa, nella sua più antica accezione, "soffio animatore", "respiro" che dà vita a tutta la realtà. La teologia e la filosofia cristiane fanno dello spirito il tratto caratteristico di Dio, della realtà soprannaturale e dell'anima in quanto relazionata a detta realtà. La filosofia moderna, con René Descartes, identifica lo spirito con la realtà pensante (*cogito*), mentre Blaise Pascal distingue nello spirito il momento intuitivo (*esprit de finesse*) dal momento razionale (*esprit de géométrie*). In epoca illuministica lo spirito, come prodotto dell'educazione e dei costumi, viene contrapposto all'anima come realtà psichica che deriva dalla natura. Per Immanuel Kant lo spirito si riferisce all'originalità creativa della ragione che è alla base delle produzioni estetiche e, in questa accezione, il termine verrà assunto dalla filosofia romantica dove guadagnerà un suo spessore ontologico. Con George Wilhelm Friedrich Hegel il termine "spirito" diventa espressione della totalità articolata in spirito soggettivo, oggettivo e assoluto. A partire dall'impiego hegeliano, Wilhelm Dilthey chiamerà scienze dello spirito (*Geisteswissenschaften*) le scienze umane, in contrapposizione alle scienze della natura (*Naturwissenschaften*).

In ambito psicologico, la nozione di spirito compare in Carl Gustav Jung che ne parla come del precipitato inconscio dell'impianto normativo e educativo ereditato, quindi in un'accezione illuministica tradotta in realtà psichica. Così concepito, lo spirito diventa l'opposto della pulsionalità, con la quale instaura quel rapporto tensionale che dischiude lo scenario della conflittualità psichica: «La limitazione delle pulsioni mediante processi spirituali si afferma nell'individuo con la stessa forza e con lo stesso successo che si constata nella storia dei popoli. Il contenimento delle pulsioni è un processo normativo o, meglio, *nomotetico*, la cui forza deriva dalla realtà inconscia dei binari ereditati» (1928, p. 63). Accusata di «unilateralità teorica la teoria sessuale freudiana» (ivi, p. 65) per aver rifiutato la nozione di spirito, Jung ritiene che «se si definisce la sessualità come il portavoce delle pulsioni, si comprende perché il punto di vista spirituale scorge in essa il suo avversario principale, [...] perché lo spirito fiuta nella sessualità un suo pari, anzi un che di affine. [...] Che cos'è mai dopotutto lo spirito, se non gli si opponessero pulsioni a lui pari? Vuota forma e nient'altro» (ivi, p. 67).

Bibliografia

Dilthey W., *Introduzione alle scienze dello spirito. Tentativo di fondazione per lo studio della società e della storia* (1833), Bompiani, Milano 2007.
Jung C. G., *Energetica psichica* (1928), in *Opere* (1969-2007), Bollati Boringhieri, Torino, vol. VIII.
Konner M., *L'ala impigliata. I condizionamenti biologici dello spirito umano* (1982), Feltrinelli, Milano 1984.
Noica C., *Sei malattie dello spirito contemporaneo* (1978), il Mulino, Bologna 1993.
Ruggenini M., *Spirito*, in AA.VV., *Gli strumenti del sapere contemporaneo*, vol. II: *I concetti*, Utet, Torino 1985, pp. 788-791.
Ryle G., *Lo spirito come comportamento* (1949), Einaudi, Torino 1955.
Stein E., *Psicologia e scienze dello spirito. Contributi per una fondazione filosofica* (1922), Città Nuova, Roma 1996.

Split-half, v. TEST, § I, 2.

SPM-Test. Test che misura l'abilità di soluzione dei problemi matematici in bambini e adolescenti dagli 8 ai 14 anni, indagando tutti i modelli psicologici implicati nel *problem solving* (v. PROBLEMA, § 1) in ordine alla comprensione, alla rappresentazione, alla categorizzazione, alla pianificazione e alla valutazione del problema, nonché le cause principali di ordine neuropsicologico, cognitivo e psicopedagogico alla base di possibili disturbi specifici di apprendimento.

Bibliografia

Lucangeli D., Tressoldi P. E., Cendron M., *Test SPM. Test delle abilità di soluzione dei problemi matematici*, Erickson, Trento 1998.

Spontaneità (ingl. *Spontaneity*; ted. *Freiwilligkeit*; fr. *Spontanéité*; sp. *Espontaneidad*). Caratteristica dei comportamenti non condizionati da una stimolazione esterna. I comportamenti spontanei sono intenzionali ed esplicativi delle inclinazioni personali. Jacob Levi Moreno parla di *stato di spontaneità* come della «condizione che un soggetto deve raggiungere al fine di provare un'emozione o ricoprire un ruolo volontariamente» (1947, p. 17), mentre Eric Berne annovera la spontaneità fra le tre caratteristiche, insieme a consapevolezza (v. COSCIENZA) e INTIMITÀ (v.), che concorrono al conseguimento dell'autonomia (v. AUTONOMIA – ETERONOMIA) che, per l'ANALISI TRANSAZIONALE (v.), è la meta ideale del processo di cambiamento. Scrive Berne: «Spontaneità significa scelta, significa liberazione dalla coazione dei giochi e dal dominio dei sentimenti che ci sono stati inculcati » (1964, p. 21). Al principio della spontaneità si richiamano le idee pedagogiche di Jean-Jacques Rousseau e di Édouard Claparède, da cui discendono in ambito educativo gli indirizzi attivistici volti a promuovere lo sviluppo naturale dell'educando e la sua autonomia in chiave non-direttiva. Per quanto concerne il *tipo spontaneo* descritto da Friedrich von Schiller, si veda la voce TIPOLOGIA, § 3, *a*.

Bibliografia

Berne E., *Analisi transazionale e psicoterapia* (1961), Astrolabio, Roma 1971.
–, *A che gioco giochiamo* (1964), Bompiani, Milano 1967.
Claparède É., *La scuola su misura* (1915), La Nuova Italia, Firenze 1966.
Genco A., *Educazione nuova e non direttività*, La Scuola, Brescia 1977.
Moreno J. L., *Il teatro della spontaneità* (1947), Guaraldi, Firenze 1973.
Rousseau J.-J., *Emilio o dell'educazione* (1762), in *Opere*, Sansoni, Firenze 1972.

Sport, v. PSICOLOGIA DELLO SPORT.

Spostamento (ingl. *Displacement*; ted. *Verschiebung*; fr. *Déplacement*; sp. *Desplazamiento*). Trasferimento dell'accentuazione e dell'intensità di una rappresentazione ad un'altra, collegata alla prima da una catena associativa. Insieme alla CONDENSAZIONE (v.), lo spostamento è uno dei caratteri principali del processo primario (v. PROCESSO PRIMARIO – PROCESSO SECONDARIO) che regola il modo di funzionare dell'inconscio e del suo contenuto latente (v. CONTENUTO LATENTE – CONTENUTO MANIFESTO). Secondo Sigmund Freud, alla base c'è quella relativa indipendenza dell'affetto dalla rappresentazione che consente al primo di spostarsi da una ad un'altra. Infatti, scrive Freud: «*Spostamento e condensazione* sono i due artefici, alla cui attività possiamo principalmente attribuire la configurazione del sogno. Penso che sia facile per noi riconoscere la forza psichica che si manifesta negli effetti dello spostamento onirico. Il risultato di questo spostamento è che il contenuto onirico non somiglia più al nucleo dei pensieri del sogno e che il sogno riflette soltanto una deformazione del desiderio onirico esistente nell'inconscio» (1899, p. 284).

Oltre che nel SOGNO (v. § II), lo spostamento agisce nella *nevrosi ossessiva* dove l'angoscia risulta circoscritta a una serie di rituali insignificanti

(v. OSSESSIONE, § 2), nella CONVERSIONE (v.) dove l'energia cambia registro passando dal campo rappresentativo a quello somatico, nella RAPPRESENTAZIONE (v. § 1, *c*) che è facilitata quando, con lo spostamento, si effettua il passaggio da un'idea astratta a un equivalente capace di essere visualizzato, nell'ELABORAZIONE SECONDARIA (v. § 2) che tende a rendere coerenti sogni e sintomi in vista di determinate finalità che Freud individua nella figura della difesa: «La deformazione onirica ci è ormai nota; l'abbiamo ricondotta alla censura, esercitata, nella vita del pensiero, da un'istanza psichica nei confronti di un'altra. Lo spostamento onirico è uno dei mezzi capitali per raggiungere questa deformazione. *Is fecit, cui profuit*. Possiamo supporre che lo spostamento onirico si attui per influsso di quella censura, la difesa endopsichica» (ivi, p. 285). Sia nelle nevrosi ossessive sia nel sogno, la censura utilizza il meccanismo di spostamento privilegiando, a scopo difensivo, le rappresentazioni indifferenti capaci di inserirsi in contesti associativi molto lontani dal vero conflitto. Secondo Roman Jakobson e Jacques Lacan, allo spostamento sono sottesi gli stessi processi che in ambito linguistico mettono capo alla metonimia (v. METAFORA).

Non condividendo la teoria freudiana relativa allo "spostamento", Carl Gustav Jung scrive: «Sviati dai cosiddetti "meccanismi onirici" immaginati da Freud – spostamenti, inversioni e altri simili – si è creduto di potersi sganciare dalla cosiddetta "facciata" del sogno, mentre i veri pensieri espressi dal sogno starebbero celati dietro questa facciata. In contrasto con questa tesi, io sostengo da tempo che non è affatto giustificato imputare al sogno una manovra mistificatrice e in certo modo intenzionale. La natura è spesso oscura e impenetrabile, ma non astuta al modo dell'uomo. Dobbiamo dunque ammettere che il sogno è esattamente ciò che dev'essere né di più né di meno. Se raffigura qualcosa sotto un aspetto negativo, non c'è motivo di ritenere che intenda invece qualcosa di positivo e via dicendo. [...] Il sogno in se stesso non mira a niente; è semplicemente un contenuto che raffigura se stesso. [...] Un particolare sogno non è un ammonimento, perché siamo noi e noi soltanto, se siamo perspicaci e sappiamo interpretare rettamente i sogni della natura, che in quel particolare caso ne traiamo un ammonimento» (1917-1943, pp. 101-102).

Bibliografia

Freud S., *L'interpretazione dei sogni* (1899), in *Opere* (1967-1993), Bollati Boringhieri, Torino, vol. III.

–, *Psicopatologia della vita quotidiana* (1901), in *Opere*, cit., vol. IV.

–, *Il motto di spirito e la sua relazione con l'inconscio* (1905), in *Opere*, cit., vol. V.

–, *Introduzione alla psicoanalisi. Nuova serie di lezioni* (1932), in *Opere*, cit., vol. XI.

Jakobson R., *Due aspetti del linguaggio e due tipi di afasia* (1956), in Id., *Saggi di linguistica generale* (1963), Feltrinelli, Milano 1966.

Jung C. G., *Psicologia dell'inconscio* (1917-1943), in *Opere* (1969-2007), Bollati Boringhieri, Torino, vol. VII.

Lacan J., *L'istanza della lettera dell'inconscio o la ragione dopo Freud* (1957), in *Scritti* (1936-1966), Einaudi, Torino 1974, vol. I.

Squalificazione (ingl. *Disqualification*; ted. *Disqualifizierung*; fr. *Disqualification*; sp. *Descalificación*). Concetto introdotto nella pragmatica della comunicazione per indicare quelle forme discorsive volte, come scrivono Paul Watzlawick e collaboratori, a «invalidare le proprie comunicazioni o quelle dell'altro. Rientra in questa tecnica una vasta gamma di fenomeni della comunicazione: contraddirsi, cambiare argomento o sfiorarlo, dire frasi incoerenti o incomplete, ricorrere a uno stile oscuro o usare manierismi, fraintendere, dare un'interpretazione letterale delle metafore e una interpretazione metaforica di osservazioni letterali, ecc.» (1967, p. 68).

Bibliografia

Watzlawick P., Beavin J. H., Jackson D. D., *Pragmatica della comunicazione umana* (1967), Astrolabio, Roma 1971.

Squilibrio, v. SCOMPENSO.

SR 4-5 (*School Readiness*). Due diverse batterie di prove, rispettivamente per bambini di 4 e di 5 anni, allo scopo di verificare il possesso dei prerequisiti necessari per il passaggio dalla scuola d'infanzia alla scuola primaria. Le aree indagate riguardano le abilità linguistiche, fonologiche, logico-matematiche e numeriche, lo sviluppo psicomotorio, la simbolizzazione e i rapporti sociali.

Bibliografia

Zanetti M. A., Miazza D., *SR 4-5. School Readiness. Prove per l'individuazione delle abilità di base nel passaggio dalla scuola d'infanzia alla primaria* (2002), Erickson, Trento 2012.

Stabilità, Principio di, v. COSTANZA, § 2.

STA-DI. Strumento di screening utile per riconoscere eventuali tratti autistici (v. AUTISMO) in soggetti che presentano disabilità intellettive allo scopo di programmare specifici trattamenti per questo tipo di disturbo e consentire a psichiatri e psicologi di approfondire i tratti di vulnerabilità e psicopatologia associate alla condizione di disabilità intellettiva.

Bibliografia

Kraijer D. W., Lassi S., La Malfa G., *STA-DI. Scala di valutazione dei tratti autistici nelle persone con disabilità intellettiva*, Erickson, Trento 2006.

Stadio (ingl. *Stage*; ted. *Stufe*; fr. *Stade*; sp. *Estadio*). Il termine, che ricorre anche nell'accezione di *fase* o *periodo*, indica, in un processo di sviluppo, delle unità riconoscibili e distinguibili dalle altre per la comparsa di determinati caratteri indicativi di sostanziali modificazioni. La determinazione degli stadi, per quanto non arbitraria, non trova unanime accordo nella determinazione delle varie unità, anche perché è sottesa alla nozione di stadio una connotazione statica che, visualizzata in un processo di sviluppo, può essere considerata solo in un contesto di grande flessibilità.

1. PSICOLOGIA GENERALE. In questo ambito si parla di *stadi della vita* secondo tempi descrivibili in base alla teoria interpretativa di volta in volta adottata come esposto alla voce VITA, § 1.

2. PSICOANALISI. In questo ambito il termine ricorre o nell'accezione di stadio (*Stufe*) o in quella di fase (*Phase*). Sigmund Freud distingue: *a*) *stadi della libido* che, in ordine alla zona erogena investita, danno un'organizzazione orale (v. ORALE, § 2), anale (v. ANALE, § 2), fallica (v. FALLICA, FASE), genitale (v. GENITALE, § 2); *b*) *stadi dell'evoluzione dell'Io* lungo il percorso che dal principio di piacere (v. PIACERE, § 1) porta al principio di realtà (v. REALTÀ, § 3), attraverso lo stadio dell'AUTOEROTISMO (v.), del NARCISISMO (v.), della scelta omosessuale (v. OMOSESSUALITÀ) e di quella eterosessuale (v. ETEROSESSUALITÀ) con progressiva differenziazione tra sé e il mondo, differimento del piacere e relativo dominio delle stimolazioni pulsionali attraverso meccanismi di difesa (v. DIFESA, § 2). All'interno dello stadio orale Karl Abraham distingue uno stadio del succhiare e uno stadio del mordere corrispondente alla comparsa dei denti (v. CANNIBALISMO). Erik Homburger Erikson rifiuta la lettura freudiana del ciclo vitale a partire dalla sessualità, ed elabora una visione completa del ciclo di vita a partire dall'IDENTITÀ (v.) che si struttura percorrendo una crescita che Erikson articola in otto fasi, ciascuna delle quali è caratterizzata da specifici compiti che l'individuo dovrebbe compiere per giungere a una soddisfacente struttura di personalità. Queste fasi non si discostano molto da quelle indicate da Freud se non per il principio organizzatore, secondo il quale non è tanto la libido freudiana che investe l'organo da cui si origina una certa struttura mentale, ma è l'esercizio di un organo a generare strutture tipiche.

In ordine al rapporto oggettuale René Árpád Spitz distingue uno stadio pre-oggettuale caratterizzato da indifferenziazione tra mondo esterno e mondo interno; uno stadio dell'oggetto precursore caratterizzato dalla risposta del sorriso letto come segno di riconoscimento; uno stadio dell'oggetto libidico caratterizzato dall'angoscia per assenza della madre, e uno stadio organizzato dal gesto e dalla parola. La ricerca sullo sviluppo delle fasi iniziali infantili elaborata da Spitz sarà ripresa da Margaret S. Mahler, la quale distingue una fase *autistica normale* al primo mese di vita, a cui segue intorno ai due mesi una fase *simbiotica normale* con la madre, per poi passare a una terza fase caratterizzata dalla *differenziazione* tra sé e il mondo esterno che il bambino incomincia a padroneggiare, per giungere alla fine alla fase di *separazione-individuazione* che consente al bambino di evolvere in modo significativo dalla fase simbiotica acquistando una sua configurazione specifica e individuata.

Melanie Klein al termine "stadio" preferisce il termine "posizione" (*Position*) per il significato più flessibile e fluttuante connesso a questa espressione che è riferita alle forme depressiva e schizoparanoidea (v. KLEINIANA, TEORIA, § 2). Un significato a sé assume lo *stadio dello specchio* studiato da Jacques Lacan come fase in cui avviene la prima identificazione tra il bambino e la sua immagine (v. LACANIANA, TEORIA, § 5).

3. PSICOLOGIA COGNITIVISTA. Jean Piaget ha illustrato gli stadi dello sviluppo cognitivo che prevede uno stadio percettivo-motorio, uno preoperatorio, uno delle operazioni concrete e uno delle operazioni formali, regolati dai meccanismi dell'assimilazione e dell'accomodamento (v. COGNIZIONE, § 2). La teoria di Piaget secondo la quale esiste un parallelismo tra lo sviluppo biologico e quello cognitivo, con la precisazione che il motore dello sviluppo è biologico, non è condivisa da Lev Semënovič Vygotskij, secondo il quale lo sviluppo biologico definisce le possibilità dello sviluppo cognitivo nei vari stadi, ma non necessariamente la loro concreta realizzazione, che dipende dalle opportunità offerte dalla cultura in cui il bambino si trova a crescere. Inoltre non va trascurata la grande variabilità interindividuale tra bambini che hanno raggiunto lo stesso stadio, e la variabilità intraindividuale tra le diverse funzioni cognitive nello stesso individuo in un dato momento del suo sviluppo.

Bibliografia

Abraham K., *Sulla sessualità del bambino* (1920), in *Opere*, Bollati Boringhieri, Torino 1975, vol. I.

Case R., *Neo-piagetian theories of child development*, in R. Sternberg, C. A. Berg (a cura di), *Intellectual development*, Cambridge University Press, Cambridge 1991, pp. 161-196.

Doise W., Mugny G., *La costruzione sociale dell'intelligenza* (1981), il Mulino, Bologna 1982.

Erikson E. H., *Infanzia e società* (1950), Armando, Roma 1968.
–, *I cicli della vita. Continuità e mutamenti* (1959), Armando, Roma 1991.
Freud S., *Tre saggi sulla teoria sessuale* (1905), in *Opere* (1967-1993), Bollati Boringhieri, Torino, vol. IV.
–, *Due voci di enciclopedia: "Psicoanalisi" e "Teoria della libido"* (1922), in *Opere*, cit., vol. IX.
Jung C. G., *Gli stadi della vita* (1930-1931), in *Opere* (1969-2007), Bollati Boringhieri, Torino, vol. VIII.
Klein M., *I primi stadi del conflitto edipico* (1928), in *Scritti 1921-1958*, Bollati Boringhieri, Torino 1978, pp. 214-226.
–, *Contributo alla psicogenesi degli stati maniaco-depressivi* (1935), in *Scritti 1921-1958*, cit., pp. 297-325.
Lacan J., *Lo stadio dello specchio come formatore della funzione dell'io* (1949), in *Scritti* (1936-1966), Einaudi, Torino 1974, vol. I.
Mahler M. S., *Le psicosi infantili* (1968), Bollati Boringhieri, Torino 1972.
Mahler M. S., Pine F., Bergman A., *La nascita psicologica del bambino. Simbiosi e individuazione* (1975), Bollati Boringhieri, Torino 1978.
Mounoud P., *Dal pensiero all'azione*, La Nuova Italia Scientifica, Roma 1995.
Piaget J., *Il linguaggio e il pensiero nel fanciullo* (1923), Editrice Universitaria, Firenze 1955.
–, *La rappresentazione del mondo nel fanciullo* (1926), Bollati Boringhieri, Torino 1966.
–, *Psicologia dell'intelligenza* (1947), Editrice Universitaria, Firenze 1964.
Spitz R. Á., *Il primo anno di vita del bambino* (1958), Editrice Universitaria, Firenze 1962.
–, *Teoria di un campo genetico della formazione dell'ego* (1959), La Nuova Italia, Firenze 1976.
Vygotskij L. S., *Storia dello sviluppo delle funzioni psichiche superiori* (1931), Giunti, Firenze 1974.
–, *Pensiero e linguaggio* (1934), Giunti, Firenze 1966.

Stalking, v. MOLESTIA.

Standard. Termine inglese utilizzato per indicare il tipo o il modello assunto come termine di riferimento, di misura e di confronto. L'espressione è utilizzata nell'*accezione comune* per indicare gli atteggiamenti e i valori che determinano il comportamento medio dell'uomo; in *psicofisica* per indicare lo stimolo mantenuto costante, in una situazione proposta, rispetto agli stimoli variabili o alla variazione di stimolazione; in STATISTICA (v. § I, 3) in riferimento alla deviazione, all'errore e al punteggio.

Standardizzazione (ingl. *Standardization*; ted. *Standardisierung*; fr. *Standardisation*; sp. *Estandarización*). Uniformità di procedura nella somministrazione di un TEST (v.) e nella determinazione del punteggio relativo. Se non c'è standardizzazione, non è possibile la comparazione tra i punteggi ottenuti da persone differenti, perché non si rispetta la regola che, nel caso dei test, prevede che l'unica variabile indipendente sia l'individuo sottoposto a prova. Per la standardizzazione di un test occorrono norme statistiche che si ottengono applicando un test a un ampio campione rappresentativo del tipo di soggetti ai quali il test è destinato. Tale gruppo, detto *campione di standardizzazione*, serve per determinare le norme che indicano non solo il rendimento medio, ma anche la frequenza relativa dei vari gradi di scostamento al di sopra o al di sotto della media (v. STATISTICA, § II, 1). Il procedimento che fissa i valori normali di risposta per un test di nuova costruzione, ricavandoli dall'esame della distribuzione dei dati ottenuti nel campione standardizzato, prende il nome di *taratura*.

Bibliografia

Anastasi A., *I test psicologici* (1954), Franco Angeli, Milano 1973.

Stanford-Binet Test, v. INTELLIGENZA, § 2.

Stasi della libido, v. LIBIDO, § 1, *d*.

Statistica (ingl. *Statistics*; ted. *Statistik*; fr. *Statistique*; sp. *Estadística*). Scienza che raccoglie, organizza e analizza i dati relativi ai fenomeni del mondo (statistica descrittiva) in vista dell'utilizzazione delle informazioni che essi forniscono ai fini della previsione di fatti non osservati (statistica inferenziale). In psicologia l'uso della statistica ha un posto rilevante nell'elaborazione dei TEST (v.) e delle scale (v. SCALA).

I. STATISTICA DESCRITTIVA. Si propone di offrire i dati raccolti in forma di tabelle e grafici in modo da evidenziare le principali peculiarità di un insieme di dati.

1. LA RACCOLTA E LA REGISTRAZIONE DEI DATI. Questa raccolta avviene allineando i dati in ordine numerico e raggruppandoli in una *distribuzione di frequenze*, dividendo in intervalli la scala lungo la quale si allineano, e contando i casi che cadono in ciascun intervallo, che prende il nome di *intervallo di classe*. La scelta degli intervalli dipende da ciò che lo sperimentatore intende fare con i dati raccolti, dalla gamma di valori da coprire e dal numero effettivo dei punteggi da raggruppare. Le forme grafiche più usate per esprimere una distribuzione di frequenza sono l'*istogramma di frequenze* che si ottiene disegnando dei rettangoli che hanno per base gli intervalli e per altezza le frequenze, e il *poligono di frequenze* che si ottiene dall'istogramma congiungendo con dei segmenti i punti centrali della sommità delle colonnine dell'istogramma. Il poligono dà le stesse informazioni dell'istogramma per mezzo di linee, anziché di rettangoli.

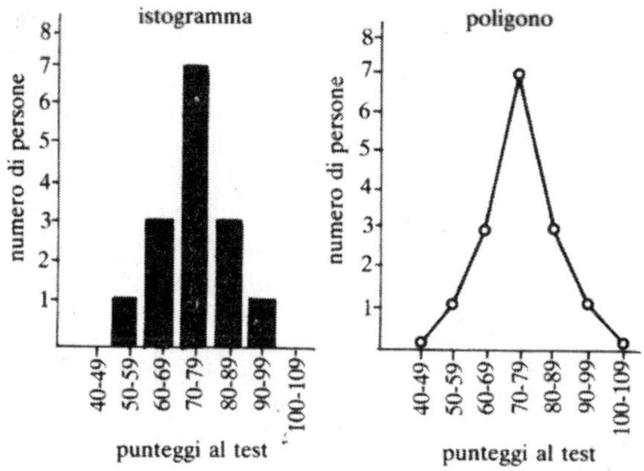

Diagrammi di frequenza.

2. LE MISURE DELLA TENDENZA CENTRALE. Sono misure che danno sulla scala il punto centrale da cui i punteggi si dipartono simmetricamente. Tre sono le misure di questo genere: *a*) la *media aritmetica* (M) che si ottiene sommando i punteggi e dividendo per il numero dei casi; *b*) la *mediana* (Mdn) che è il punto della scala che divide la distribuzione in due metà uguali, nel senso che al di sopra e al di sotto del punto sta il 50% dei dati. Si ottiene allineando in ordine i dati e poi contando il numero dei casi che intercorrono fra ciascuno dei due estremi e il punto centrale; *c*) la *moda* corrisponde al punteggio più frequente in una data distribuzione. In una distribuzione vi possono essere naturalmente più mode, per cui l'insieme dei dati sarà detto, a seconda dei casi, *unimodale* o *bimodale*. In una distribuzione normale, in cui i casi si dispongono equilibratamente ai due lati a partire dal punto centrale, media aritmetica, mediana e moda coincidono e la distribuzione si dice *simmetrica*, mentre *asimmetrica* è quella distribuzione dove si ha un innalzamento della media aritmetica, come nel caso di un treno che parte sempre o puntuale o in ritardo, ma mai in anticipo, per cui avremo un'asimmetria verso il ritardo con una *coda di distribuzione*, che è la direzione dei punteggi estremi, nella direzione di destra.

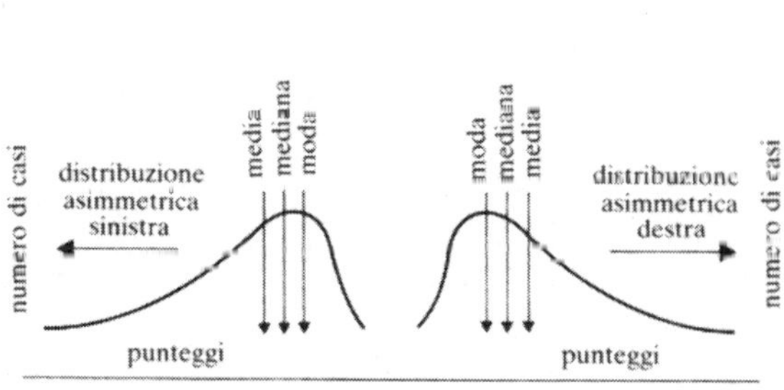

Curve di distribuzione asimmetriche.

3. LE MISURE DELLA VARIABILITÀ O DISPERSIONE. Sono misure che indicano se dei punteggi, invece di raggrupparsi intorno al loro valore centrale, si disperdono in una gamma estesa. Se la variabilità è scarsa significa che i casi individuali non si discostano troppo dalla media, se invece la variabilità è elevata, allora l'uso della media come valore rappresentativo si rivela molto scarso. Tra gli indici impiegati per misurare la variabilità sono largamente usati in psicologia: *a*) la *gamma totale* che è data dalla distanza tra il punteggio massimo e minimo; *b*) la *varianza* che rappresenta il rapporto tra la somma dei quadrati degli scarti dalla media e i gradi di libertà che esprimono il numero dei dati "indipendenti"; *c*) la *deviazione standard* che è la radice quadrata della varianza. Varianza e deviazione standard tengono conto di tutti i punteggi e non solo degli estremi, come nel caso della gamma totale. Ad esempio, se ci riferiamo alla gamma totale, la media espressa da una classe di alunni con votazioni comprese tra il 5 e il 7 non differisce dalla media della classe con votazioni comprese tra il 3 e il 9, mentre se ci riferiamo alla varianza e alla deviazione standard, la differenza tra le due classi emerge perché detti indici misurano lo scarto dei punteggi dalla media aritmetica.

4. I PERCENTILI E GLI SCARTI RIDOTTI. La posizione di un individuo rispetto, ad esempio, alle prove di un test non è mai data da una singola misura, come potrebbe essere il numero delle prove superate, ma da quell'unità di misura che consente di confrontare tra loro i risultati ottenuti da un soggetto nella stessa prova o in prove differenti. Per risolvere questo problema si determina il *rango* di ciascun dato, cioè la sua posizione relativa nella serie delle misure ordinate secondo la grandezza, per cui il rango 10 in una distribuzione di 20 dati indica una posizione centrale, mentre in una distribuzione di 80 dati indica una posizione piuttosto marginale. Il *percentile* è la misura che si ottiene rapportando i ranghi al numero totale dei soggetti del campione, per cui, se il 30% dei soggetti di un campione esaminato in una certa prova ha raggiunto un punteggio inferiore a 74 punti, in questo caso il rango percentile di 74 è 30, mentre 74 è il 30° percentile. L'uso dei ranghi percentili consente da un lato di descrivere la posizione di dati individuali nell'ambito di una distribuzione e di confrontare dati individuali di diverse distribuzioni senza dover di volta in volta riferire ogni punteggio al totale dei dati della distribuzione, dall'altro di creare un comodo sistema di riferimento per l'applicazione dei test. Adottando i ranghi percentili si perde quella parte di informazione offerta dai dati che è la distanza delle misure fra di loro. Il problema può essere risolto assumendo i singoli dati come *scarti dalla media*. In questo caso

la media viene resa uguale a zero e gli scarti saranno positivi se superiori alla media, negativi se inferiori.

II. STATISTICA INFERENZIALE. Detta anche *induttiva*, si propone di elaborare delle inferenze a partire dai dati raccolti.

1. UNIVERSO E CAMPIONE. Si distingue l'*universo statistico* o *popolazione*, che è l'insieme di tutti gli oggetti della stessa specie assunti a campo di studio, per esempio la totalità dei cittadini in un censimento, dal *campione*, che è un sottoinsieme scelto con determinati caratteri che lo rendono idoneo ad essere rappresentativo di tutti gli oggetti dell'universo in questione, come quando, nelle inchieste sull'opinione pubblica, invece di interrogare tutti i cittadini, ci si rivolge a una frazione della popolazione.

Il metodo di rilevamento dei campioni è detto *campionamento*, che può essere ragionato o casuale. Nel primo caso (*non-probability sampling*) il campionamento viene fatto in base a una o più qualità prestabilite che i soggetti devono possedere, nel secondo (*probability sampling*) la scelta avviene a caso e, non essendoci selezioni sistematiche o polarizzazioni indebite, l'indice di attendibilità è maggiore. Siccome in un campione non entrano tutti i dati presenti nella *popolazione*, ossia nella collezione degli elementi che compongono un fenomeno, si verificano degli *errori di campionamento*, detti anche *variabilità campionaria*, che decresce tanto più rapidamente quanto più aumenta la consistenza numerica dei campioni. È possibile individuare le caratteristiche di un universo statistico basandosi unicamente sulle informazioni derivate da un solo campione di tale universo. L'attendibilità di questo procedimento, detto *inferenza statistica*, dipende dalla dimensione del campione e dalla fedeltà con cui esso rappresenta l'universo statistico. I metodi di campionamento sono usati in tutti i rami della psicologia e in particolare per la valutazione delle differenze individuali, per l'elaborazione di schemi sperimentali e per le inchieste sugli atteggiamenti e sulle opinioni.

2. LA DISTRIBUZIONE NORMALE O DI GAUSS. È la forma grafica che assume solitamente una raccolta tabulata di dati il cui maggior addensamento è al centro con un numero decrescente verso gli estremi. L'addensarsi della massima concentrazione dei casi presso la media dà alla distribuzione normale la forma di campana. Siccome si ottiene questa curva anche quando si rappresentano eventi legati al caso, come il lancio dei dadi o il giro della roulette, la distribuzione normale ha grande importanza nella teoria della probabilità, e più in generale nei problemi di inferenza statistica. Conoscendo la media (M) e la deviazione standard (σ) di una curva di Gauss, sappiamo che i due terzi dei casi (68%) tendono a cadere nell'intervallo di un σ dalla media (± 1 σ), il 95% entro 2 σ e quasi tutti i casi entro 3 σ. Partendo da questi dati è possibile avanzare previsioni, per cui, se supponiamo di aver determinato il QI di un gruppo di persone e di sapere che la media del gruppo è di 120 con una deviazione standard di 10 punti, possiamo affermare, da un punto di vista probabilistico, che vi sono più di 68 probabilità su 100, estraendo a caso un soggetto dal gruppo, di scegliere un individuo con il QI tra 110 e 130. Il concetto è utile per la costruzione di scale interpretabili indipendentemente dal tipo di unità impiegata in ciascuna misurazione perché, conoscendo le proprietà della distribuzione normale, è possibile far assumere alla distribuzione ottenuta sul campione la forma della distribuzione gaussiana, ossia *normalizzare* le misure grezze trasformandole in *unità standard*.

A seconda dell'aspetto che assumono nell'istogramma o nel poligono che le rappresentano, le distribuzioni di frequenza vengono distinte, a livello descrittivo, in distribuzione "inclinata", "simmetrica", "rapida", "schiacciata", "a uno o più vertici", a "U", a "J", a "L" ecc. Tra queste merita una particolare attenzione la *curva cumulativa di frequenza*, o *cumulazione*, che è un procedimento di calcolo statistico in cui a ogni valore vengono aggiunti i valori inferiori, calcolando in ascisse i valori della variabile presa in esame e in ordinate le frequenze cumulate relative a quei valori. Ad esempio, se al valore 0 della variabile x corrisponde una frequenza 2 e al valore 1 una frequenza 3, la frequenza cumulativa corrispondente al valore 1 sarà 5. Le frequenze cumulative, o fc, possono essere trasformate in frequenze cumulative percentuali, o fc%, dividendo fc per il numero delle osservazioni e moltiplicando per 100. Al valore massimo della variabile corrisponderà la somma di tutte le frequenze e il 100% delle frequenze cumulate. La curva cumulativa di frequenza consente di determinare il numero complessivo dei casi che rientrano all'interno di un determinato valore della variabile.

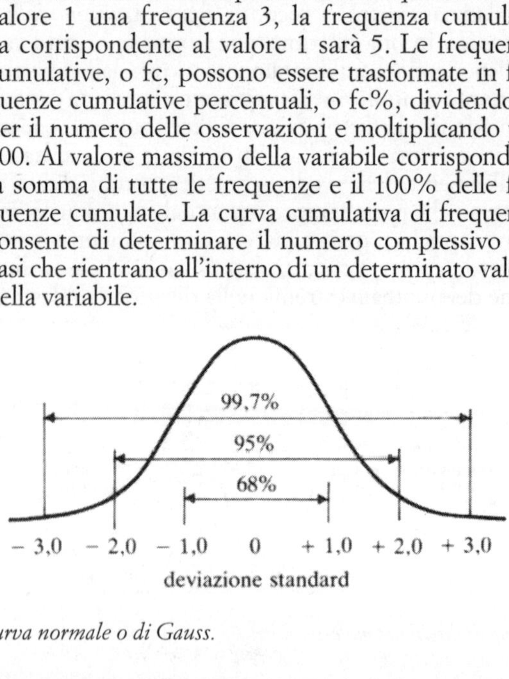

Curva normale o di Gauss.

3. La correlazione. Esprime la corrispondenza tra due variabili e può essere *positiva* quando a valori alti o bassi dell'una corrispondono valori alti o bassi dell'altra, *negativa* quando a valori alti dell'una corrispondono valori bassi dell'altra, *nulla* quando non c'è corrispondenza tra le due variabili. L'indice del grado in cui due variabili sono correlate tra loro si chiama *coefficiente di correlazione*, che esprime una misura che informa di quanto le grandezze di una variabile sono associate a grandezze nell'altra variabile. L'indice statistico che, in una distribuzione bivariata, designa il prodotto medio delle deviazioni dalla media di entrambe le variabili, prende il nome di *covarianza*, utilizzata nel calcolo del coefficiente di correlazione.

Per questo calcolo il metodo più usato è quello del *prodotto dei momenti* (r) che varia da + 1,00 (correlazione perfettamente positiva) a – 1,00 (correlazione perfettamente negativa), passando attraverso lo 0,00 (correlazione nulla). Oltre a questo indice, formulato da Karl Pearson e adatto solo quando i dati delle due distribuzioni sono misurati almeno su scala a intervalli, esiste anche il coefficiente di correlazione a *ranghi* formulato da Charles Edward Spearman per le misure che non superano il livello della scala ordinale, e il coefficiente di correlazione *tetracorico* (φ) nei casi di variabili dicotomiche, come ad esempio la correlazione tra due item con risposta giusta o sbagliata. Anche il coefficiente di correlazione serve per elaborare predizioni: se, ad esempio, abbiamo un test di ammissione all'università di cui è stata accertata una correlazione con i voti della maturità, possiamo predire il livello delle successive votazioni per quelle matricole. Naturalmente non sono esclusi errori dovuti al fatto che le correlazioni sono quasi sempre inferiori a 1,00 per cui, quanto più il coefficiente di correlazione è vicino a 0,00, tanto maggiori saranno gli errori delle previsioni che vi si fondano.

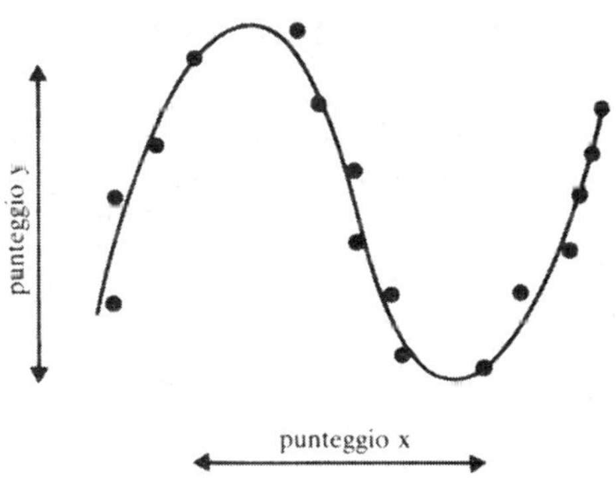

Matrice di dispersione ipotetica.

Occorre precauzione nell'uso del coefficiente di correlazione *a*) perché la correlazione misura *relazioni lineari* tra due variabili e quindi non evidenzia corrispondenze che potrebbero apparire in una disposizione grafica a "S" detta "matrice di dispersione ipotetica", *b*) perché la correlazione *non dimostra un rapporto causale*, per cui l'esistenza di una correlazione tra i voti riportati a scuola e il numero delle ore di studio non autorizza a concludere che il numero delle ore è causa di quella votazione.

4. L'inferenza statistica. L'inferenza statistica si occupa di due problemi fondamentali: il *controllo delle ipotesi* e la *stima dei parametri*. In questo ambito sono presi in considerazione soprattutto:

a) *Errori di misurazione* per cui la stessa lunghezza misurata da due persone diverse può dare un risultato non perfettamente identico. In questo caso vige la legge che, man mano che il numero delle osservazioni di ciascun campione cresce, diminuisce la dispersione delle medie dei vari campioni intorno al parametro.

b) *Errori di campionamento* che si hanno quando campioni casuali estratti successivamente dalla stessa popolazione, o universo statistico, normalmente distribuita, rivelano medie diverse che formano una distribuzione di medie di campione attorno alla vera media della popolazione. Tali medie di campioni formano a loro volta una distribuzione di valori con una propria media (μ) e deviazione standard; tale deviazione prende il nome di *errore standard*. In altri termini, come è possibile esprimere in unità standard la distanza di un dato dalla media della distribuzione, così è possibile esprimere in unità standard la deviazione delle medie dalla media delle medie.

c) *Significatività di una differenza fra medie*, che dipende dalla sua ampiezza e dalla variabilità delle medie che sono messe a confronto; questo per evitare che differenze casuali, dovute ad esempio a errori di campionamento, siano assunte come differenze "significative". Se, per esempio, somministrando un test a due gruppi: *A* e *B*, si constata che il gruppo *A* ottiene "in media" un punteggio superiore al gruppo *B*, ma con una sovrapposizione notevole per cui alcuni individui del gruppo *A* danno dei risultati scadenti, mentre alcuni individui del gruppo *B* danno un'ottima prestazione, non si può parlare di significatività statistica nella differenza delle medie se prima non si è verificato se le differenze osservate nei campioni riflettono differenze reali negli universi statistici o sono invece il prodotto di errori di campionamento. Per valutare la significatività statistica sono stati introdotti dei test di *significatività* come il "*chi quadrato*" (χ^2) che serve a valutare la differenza fra due o più gruppi relativamente alla distribuzione di frequenze in due o più classi nominali, come nel caso della sperimentazione di un nuovo farmaco, dove vengono somministrati a due o più gruppi di pazienti due diversi farmaci, o lo stesso farmaco a diversi dosaggi, per valutare se le differenze osservate nelle due distribuzioni sono casuali o possono essere considerate "significative".

L'impiego di metodi statistici in psicologia va sempre più ampliandosi. Introdotti dalla psicofisica per la misurazione dei valori di soglia, detti metodi furono estesi alla valutazione dell'intelligenza, delle differenze individuali e delle differenze tra i risultati del gruppo sperimentale e del gruppo di controllo, alle inchieste sugli atteggiamenti e le opinioni, ma soprattutto alla costruzione delle scale e dei test con la correzione meccanica dei medesimi, oggi anche con procedimenti di calcolo elettronico che permettono di elaborare rapidamente una grande quantità di dati.

Bibliografia

Anastasi A., *I test psicologici* (1954), Franco Angeli, Milano 1973.

Bloor M., Frankland J., Thomas M., Robson K., *I focus-group nella ricerca sociale* (1999), Erickson, Trento 2002.

Bohrnstedt G. W., Knoke D., *Statistica per le scienze sociali* (1982), il Mulino, Bologna 1998.

Boldrini M., *Statistica. Teoria e metodi*, Giuffrè, Milano 1960.

Cifarelli D. M., Regazzini E., *Statistica*, in AA.VV., *Gli strumenti del sapere contemporaneo*, vol. I: *Le discipline*, Utet, Torino 1985, pp. 707-715.

De Carlo N. A., *Introduzione al campionamento*, Liviana, Padova 1979.

Edwards A. L., *Statistical analysis*, Holt, Rinehart & Winston, New York 1969.

Ercolani A. P. (a cura di), *Strumenti statistici per la ricerca, la valutazione e la diagnosi in psicologia*, Raffaello Cortina, Milano 2007.

Ercolani A. P., Areni A., Leone L., *Statistica per la psicologia*, vol. I: *Fondamenti di psicometria e statistica descrittiva*, vol. II: *Statistica inferenziale e analisi dei dati*, il Mulino, Bologna 2001-2002.

Flores d'Arcais G. B., *Metodi statistici per la ricerca psicologica*, Editrice Universitaria, Firenze 1964.

–, *Introduzione alla teoria dei test*, Cleup, Padova 1968.

Gini C., *La logica nella statistica*, Bollati Boringhieri, Torino 1962.

Gradara E., *La rappresentazione grafica dei fenomeni statistici*, Einaudi, Torino 1959.

Guilford J. P., *Fundamental statistics in psychology and education*, McGraw-Hill, New York 1942.

Hays W. L., *Statistics for psychologists*, Holt, Rinehart & Winston, New York 1963.

Lorenzi-Cioldi F., *Metodologia per la ricerca psicosociale*, il Mulino, Bologna 1996.

Luccio R., *Tecniche di ricerca e analisi dei dati in psicologia*, il Mulino, Bologna 1996.

–, *Ricerca e analisi dei dati in psicologia*, vol. I: *La raccolta dei dati*, vol. II: *L'analisi dei dati*, il Mulino, Bologna 2005.

McNemar Q., *Psychological statistics*, Wiley, New York 1969.

Pearson K., *Tables for statisticians and biometricians*, University Press, Cambridge 1914.

Pedon A., Gnisci A., *Metodologia della ricerca psicologica*, il Mulino, Bologna 2004.

Rubini V., *Basi teoriche del testing psicologico*, Patron, Bologna 1975.

Spearman Ch. E., *The abilities of man. Their nature and measurement*, Macmillan, London 1927.

Vidotto G., Xausa E., Pedon A., *Statistica per psicologi*, il Mulino, Bologna 1996.

Walker H. M., Lev J., *Statistical inference*, Holt, Rinehart & Winston, New York 1953.

Zammuner V. L., *I Focus Group* (2001), il Mulino, Bologna 2003.

Statocinetico, Sistema, v. Vestibolare, Sistema.

Stato della mente (ingl. *State of mind*; ted. *Geistesverfassung*; fr. *État d'esprit*; sp. *Estado mental*). Espressione impiegata da Daniel J. Siegel nell'ambito della neurobiologia interpersonale per indicare «il modo in cui i processi mentali, per esempio emozioni, schemi di pensiero, ricordi e la pianificazione del comportamento, vengono riuniti in un'unità coesa e funzionale. Uno stato della mente trae origine dall'insieme dei pattern di attivazione presenti a livello cerebrale in un dato momento. Lo stato della mente coordina l'attività del momento, dando origine a sua volta a un pattern di eccitazione cerebrale che ha maggiori probabilità di ripetersi in futuro. Gli stati della mente consentono al cervello di realizzare un funzionamento coeso» (2012b, p. 55). A partire da questa definizione Siegel distingue: *a*) uno *stato dipendente* che denota processi influenzati dal contesto interno o esterno; *b*) uno *stato reattivo* in cui la percezione di una minaccia porta all'attivazione di reazioni di attacco e fuga con riduzione drastica della disponibilità a rispondere a segnali provenienti dagli altri. A uno stato mentale reattivo si perviene anche quando nell'infanzia il soggetto si è sentito ripetere parecchie volte "no"; *c*) uno *stato ricettivo* di apertura ai segnali provenienti dall'esterno a cui si risponde con flessibilità, con il rilassamento del corpo e con l'attivazione del sistema di coinvolgimento sociale. Lo si riscontra più frequentemente in soggetti che nella loro infanzia hanno sentito ripetere parecchie volte la parola "sì"; *d*) *stati attrattori*: sono così denominati quei pattern neuronali o stati della mente che sono piuttosto stabili in condizioni e contesti specifici. Per questa loro caratteristica "attraggono" particolari modalità di comportamento o pattern di eccitazione neuronale che a loro volta si autorinforzano, consentendo al sistema di organizzarsi e acquisire stabilità in un determinato momento.

Bibliografia

Siegel D. J., *La mente relazionale. Neurobiologia dell'esperienza interpersonale* (2012a), Raffaello Cortina, Milano 2013.
–, *Mappe per la mente. Guida alla neurobiologia interpersonale* (2012b), Raffaello Cortina, Milano 2014.

Status. Termine latino impiegato nell'antica Roma per designare la condizione giuridica di una persona. Nella sociologia contemporanea il termine è impiegato in due accezioni che si riferiscono o alla posizione sociale o al prestigio. La *posizione sociale* fa parte di un sistema di relazioni a cui sono connessi determinati diritti e doveri che hanno una loro oggettivazione nel compenso, che si esprime in qualche forma di ricchezza, di reddito, di potere o di autorità. Quando questi compensi non sono equilibrati tra loro, si parla di "incongruenza di status". Il *prestigio* è invece la valutazione di cui è oggetto una persona sulla base di certe sue proprietà che possono derivare o dai suoi sforzi personali, come la capacità professionale (status *acquisito*), o dalla nascita (status *ascritto*). A questi due significati classici, Luciano Gallino ne aggiunge un terzo, secondo il quale «lo status è un complesso pluridimensionale di risorse sociali, di cose positivamente valutate o ambite in una società – in prevalenza, qualche forma di ricchezza o possesso o proprietà, di potere o di influenza, di prestigio – che sono attribuite o che comunque confluiscono ad una data posizione, ossia a chi la occupa. In questa accezione lo status è l'aspetto allocativo di una posizione sociale, mentre il ruolo è il suo aspetto prescrittivo» (1978, p. 676). In tutte le società lo status è corredato di simboli (*status symbol*) che lo connotano e che si manifestano negli abiti, nell'arredamento, negli oggetti posseduti che si caratterizzano per il loro tratto distintivo. Per quanto concerne la differenza tra *status* e *ruolo*, si veda la voce RUOLO.

Bibliografia

Bates F. L., *Position, role and status. A reformulation of concepts*, in "Social Forces", 1956, n. 34.
Blumberg P., *The decline and fall of the status symbol. Some thoughts on status in a post-industrial society*, in "Social Problems", 1974, n. XXI.
Gallino L., *Status*, in Id., *Dizionario di sociologia*, Utet, Torino 1978.
Parsons T., *Toward a common language for the area of social science. Status and role*, in Id., *Essays in sociological theory, pure and applied*, Free Press, Glencoe 1949.

Stendhal, Sindrome di (ingl. *Stendhal's syndrome*; ted. *Stendhal-Syndrom*; fr. *Syndrome de Stendhal*; sp. *Síndrome de Stendhal*). Evento psicosomatico caratterizzato da tachicardia, vertigini, capogiro, confusione mentale che affligge alcuni soggetti al cospetto di opere d'arte che suscitano una sorta di incantamento. Il nome di questa sindrome lo si deve allo scrittore francese Stendhal, pseudonimo di Marie-Henri Beyle (1783-1842), che la descrisse in un suo libro (*Roma, Napoli e Firenze*) in cui riferisce le impressioni vissute nella sua visita in Italia del 1817. Di questo disturbo dà conto la psichiatra Graziella Magherini nella sua decrizione di alcuni casi di turisti stranieri, in viaggio d'arte a Firenze, colpiti da sofferenze psichiche di breve durata che interessano il pensiero, la percezione con comparsa di allucinazioni visive o uditive, l'affettività in senso depressivo oppure euforico o estatico, crisi d'ansia generalizzata o panico. Già Sigmund Freud si era interessato alle risposte patologiche di alcuni fruitori di opere d'arte, dovute al fatto che dette opere comunicano conflitti infantili o fantasie edipiche rimosse che riemergono, come peraltro accade nei sogni. Nell'ambito delle neuroscienze è stata avanzata l'ipotesi che, attraverso la simulazione tipica dei neuroni specchio, potrebbero generarsi, in modo automatico e inconsapevole nell'osservatore, gli stessi stati emozionali sia consci che inconsci dell'autore dell'opera d'arte.

Bibliografia

Freud S., *Il perturbante* (1919), in *Opere* (1967-1993), Bollati Boringhieri, Torino, vol. IX.
Gallese V., Migone P., Eagle M. N., *La simulazione incarnata. I neuroni specchio, le basi neurofisiologiche dell'intersoggettività e alcune implicazioni per la psicoanalisi*, in "Psicoterapia e Scienze Umane", 2006, XL, 3, pp. 543-580.
Innocenti C., Fioravanti G., Spiti R., Faravelli C., *The Stendhal Syndrome between psychoanalysis and neuroscience*, in "Rivista di Psichiatria", 2014, n. 49 (2), pp. 61-66.
Magherini G., *La sindrome di Stendhal. Il malessere del viaggiatore di fronte alla grandezza dell'arte*, Ponte alle Grazie, Milano 2003.
–, *Mi sono innamorato di una statua*, NICOMP, Firenze 2007.
Stendhal, *Roma, Napoli e Firenze nel 1817* (1817), Bompiani, Milano 1943.
–, *Storia della pittura in Italia* (1817), Editori Riuniti, Roma 1983.

Stereocinesi (ingl. *Stereokinesis*; ted. *Stereokinesie*; fr. *Stéréocinésie*; sp. *Estereokinesis*). Percezione tridimensionale di un oggetto bidimensionale in movimento. Quando l'oggetto è fermo, è percepito a due dimensioni. La stereocinesi, che appartiene alla percezione mono-oculare della profondità, è un effetto del mutamento simultaneo della lunghezza e della direzione della linea d'ombra.

Bibliografia

Metzger W., *Tiefenerscheinungen in optischen Bewegungsfeldern*, in "Psychologische Forschung", 1935, n. 20.

Stereoscopia, v. PERCEZIONE, § 5, *a*.

Stereotipia (ingl. *Stereotypy*; ted. *Stereotypie*; fr. *Stéréotypie*; sp. *Estereotipia*). Tratti di comportamento, caratterizzati da un alto grado di fissità e costanza, che interessano la postura del corpo, il movimento, la comunicazione scritta o parlata e che, indipendentemente dalla situazione, si ripetono come un rituale in modo automatico e vagamente simbolico. Le stereotipie comprendono un campo molto ampio; le più frequenti sono quelle che si riscontrano nelle sindromi schizofreniche che Jakob Klaesi ha classificato, in base al loro significato intrinseco più o meno simbolico e in base alla loro correlazione con altri sintomi, in: 1) movimenti di difesa contro allucinazioni somatiche, come toccare ripetutamente parti del proprio corpo; 2) movimenti iterativi con uno scopo chiaro solo al malato; 3) condotte cerimoniali con riferimento a spunti deliranti; 4) movimenti "residuali", come per esempio i movimenti professionali. Nel test di Rorschach una stereotipia delle risposte indica una mancanza di immaginazione.

Bibliografia

Klaesi J., *Über die Bedeutung und Entstehung der Stereotypien*, Karger, Berlin 1922.

Stereotipo (ingl. *Stereotype*; ted. *Stereotyp*; fr. *Stéréotype*; sp. *Estereotipo*). Opinione precostituita su una classe di individui, di gruppi o di oggetti che riproducono forme schematiche di percezione e di giudizio. È stato dimostrato che l'opinione su un gruppo di popolazione influenza il comportamento di tale gruppo provocando comportamenti conformi allo stereotipo. Anche se sono valutati negativamente in quanto tendono a mantenere i pregiudizi sociali, gli stereotipi contengono comunque verità sufficienti a predire il comportamento di individui e di gruppi. Per un ulteriore approfondimento si veda la voce PREGIUDIZIO.

Bibliografia

Allport G. W., *La natura del pregiudizio* (1954), La Nuova Italia, Firenze 1973.

Arcuri L., Cadinu M., *Gli stereotipi. Dinamiche psicologiche e contesto delle relazioni sociali*, il Mulino, Bologna 1998.

Brown R., *Psicologia sociale del pregiudizio* (1995), il Mulino, Bologna 1997.

Campbell D. T., *Stereotypes and the perception of group differences*, in "American Psychologist", 1967, n. 22.

Duijker H. C. J., Frijda N. H., *National character and national stereotypes*, North-Holland, Amsterdam 1960.

Howard J. W., Rothbart M., *Social categorization and memory for in-group and out-group behavior*, in "Journal of Personality and Social Psychology", 1980, n. 38 (2), pp. 301-310.

Lippmann W., *L'opinione pubblica* (1922), Donzelli, Roma 2004.

Mazzara B. M., *Stereotipi e pregiudizi*, il Mulino, Bologna 1997.

Villano P., *Pregiudizi e stereotipi*, Carocci, Roma 2003.

Sterilità (ingl. *Sterility*; ted. *Sterilität*; fr. *Stérilité*; sp. *Esterilidad*). Incapacità di concepire e procreare in età feconda. Se non è determinata da cause organiche, la sterilità può essere considerata una difesa contro i timori connessi alla funzione procreativa. Therese F. Benedek ritiene che questi timori possano agire o come inibizione sessuale (v. FRIGIDITÀ), per cui si evitano i rapporti, o come influenza organica, come nel caso di un mutamento del ciclo per cui l'ovulazione si verifica durante le mestruazioni quando di solito non si hanno rapporti. Interagendo con i processi ormonali e neurologici, i processi psichici, scrive Benedek, «possono agire attraverso dei riflessi che hanno origine in primitive sensazioni di paura e di rabbia. L'azione riflessa può contribuire alla sterilità causata dallo spasmo delle trombe di Falloppio, così che l'uovo non può raggiungere l'utero. Lo spasmo può essere transitorio o persistente; vale a dire, può essere il risultato della risposta a una paura acuta della gravidanza, o può essere un sintomo di conversione. Questa forma di sterilità si verifica nelle donne ansiose e isteriche» (1959-1966, p. 992).

Bibliografia

Benedek Th. F., *Funzioni sessuali nella donna e loro alterazioni*, in S. Arieti (a cura di), *Manuale di psichiatria* (1959-1966), Bollati Boringhieri, Torino 1969-1970, vol. II, pp. 974-997.

Stile (ingl. *Style*; ted. *Stil*; fr. *Style*; sp. *Estilo*). Modalità di essere e di agire acquisita dall'individuo che, nel processo della propria individuazione (v. PSICOLOGIA ANALITICA, § 5), matura un proprio sistema di valori a cui corrispondono atteggiamenti e caratteri che sono distintivi della sua personalità. Alfred Adler ha introdotto la nozione di stile di vita (*Lebensstil*) per indicare «il comportamento di un uomo che nasce dal fine ultimo che egli si è prefisso, identificabile con il raggiungimento della potenza, della superiorità, del predominio sugli altri. Questo scopo influisce sulla concezione del mondo, sull'immagine della vita, sulla dinamica espressiva» (1926, p. 143). Adler considera lo stile di vita, che ciascun individuo manifesta fin dall'infanzia, decisivo per il successivo sviluppo della personalità, dove è evidente l'analogia con l'ipotesi di Sigmund Freud che considera determinanti le prime fasi dello sviluppo psicosessuale (v. LIBIDO, § 1, *b*).

Bibliografia

Adler A., *Psicologia individuale e conoscenza dell'uomo* (1926), Newton Compton, Roma 1975.
–, *I concetti fondamentali della psicologia individuale* (1935), in "Rivista di Psicologia Individuale", 1993, n. 33, pp. 5-9.

Stima (ingl. *Estimation*; ted. *Schätzung*; fr. *Estime*; sp. *Estimación*). Il termine, che in senso generico esprime la valutazione positiva che un soggetto può avere di un altro in base a parametri soggettivi, è impiegato in senso specifico in statistica quando lo sperimentatore utilizza i dati osservati per congetturare il valore di qualche parametro nel modello che sta usando. La stima di un parametro può essere *puntuale*, quando fornisce un numero, detto "stima", che plausibilmente si approssima al valore "vero" del parametro, o *zonale*, quando fornisce un intervallo che plausibilmente contiene il valore vero. I problemi di stima vengono classificati in *parametrici* quando gli elementi della famiglia delle distribuzioni differiscono fra loro solo per i valori dei parametri, e *non parametrici* quando differiscono, oltre che per i valori dei parametri, anche per la forma funzionale delle distribuzioni. Così, in una serie di lanci di una moneta la frequenza osservata nella caduta di testa è uno *stimatore* per la probabilità che il lancio dia testa; la probabilità, in una parametrazione zonale, che l'intervallo contenga il valore del parametro si chiama *livello di fiducia*, mentre come misura dell'*errore di stima* si assume l'errore standard (v. STATISTICA, § II, 4, *b*). Si definisce infine *scala di stima* una scala graduata (v. SCALA) in cui il soggetto colloca, secondo la sua valutazione soggettiva, le caratteristiche rilevanti in riferimento alle quali prendono le mosse i successivi procedimenti scalari.

Bibliografia

Blackwell D., *Conditional expectation and unbiased sequential estimation*, in "Annals of Mathematical Statistics", 1947, n. 18, pp. 105-110.
Cifarelli D. M., *Stima*, in AA.VV., *Gli strumenti del sapere contemporaneo*, vol. II. *I concetti*, Utet, Torino 1985, pp. 805-809.
De Finetti B., *Teoria della probabilità*, Einaudi, Torino 1970.

Stimolazione affettiva, Teoria della, v. MOTIVAZIONE, § 2.

Stimolo (ingl. *Stimulus*; ted. *Reiz*; fr. *Stimulus*; sp. *Estímulo*). Qualsiasi manifestazione o variazione di energia all'esterno o all'interno dell'organismo che abbia luogo con una certa rapidità, che raggiunga una determinata intensità e che perduri per un determinato periodo di tempo.

1. NEUROFISIOLOGIA. Il sistema nervoso viene stimolato attraverso formazioni apposite dette recettori (v. RECETTORE), ciascuno dei quali è specificamente sensibile a una data forma di energia, detta *stimolo adeguato*, per quanto possa essere eccitato anche da stimoli impropri, come gli stimoli elettrici opportunamente applicati. Qualunque stimolo, naturale o artificiale, esterno o interno all'organismo, è sempre un *agente esterno* rispetto al substrato eccitabile a cui si applica, e pertanto non deve essere confuso con il suo effetto, ossia con le modificazioni biologiche che si determinano all'interno dell'elemento eccitabile in conseguenza della stimolazione stessa. Per quanto concerne le caratteristiche dello stimolo in ordine alla durata, all'intensità, alla soglia e alla sommazione, si veda la voce ECCITABILITÀ, § 1.

2. PSICOLOGIA SPERIMENTALE. In questo ambito lo stimolo è una variante in relazione ad altre due varianti che sono il comportamento e la personalità (o organismo) tra loro correlate dalla formula C = f (S↔P), che descrive la dipendenza del comportamento dall'interazione tra stimolo e personalità (v. PSICOLOGIA SPERIMENTALE, § 1). Lo stimolo, inoltre, è alla base degli studi sulla PERCEZIONE (v. § 2), mentre, per quanto concerne la relazione stimolo-risposta che è alla base del *condizionamento* classico e operante, si vedano la voce APPRENDIMENTO, § I, 1 e la legge di Weber-Fechner che ne stabilisce il rapporto proporzionale (v. WEBER-FECHNER, LEGGE DI).

3. PSICOANALISI. Sigmund Freud, nell'elaborazione più matura del suo pensiero, tende a differenziare radicalmente lo stimolo dalla pulsione, nel senso che «una pulsione si differenzia dunque da uno stimolo per il fatto che trae origine da fonti di stimolazione interne al corpo, agisce come una forza costante e la persona non le si può sottrarre con la fuga, come può fare di fronte allo stimolo esterno. Nella pulsione si possono distinguere: fonte, oggetto e meta. La fonte è uno stato di eccitamento nel corpo, la meta l'eliminazione di tale eccitamento; lungo il percorso dalla fonte alla meta la pulsione diviene psichicamente attiva. Noi ce la rappresentiamo come un certo ammontare di energia, che preme verso una determinata direzione. Da questo premere le deriva il nome di "pulsione"» (1932, p. 205; v. PULSIONE, § 1).

Bibliografia

Adrian E. D., *I fondamenti fisiologici della percezione* (1947), Bollati Boringhieri, Torino 1952.
Freud S., *Introduzione alla psicoanalisi. Nuova serie di lezioni* (1932), in *Opere* (1967-1993), Bollati Boringhieri, Torino, vol. XI.

Hull C. L., *I principi del comportamento. Introduzione alla teoria del comportamento* (1943), Armando, Roma 1978.
Ludel J., *I processi sensoriali* (1978), il Mulino, Bologna 1981.
Pavlov I. P., *I riflessi condizionati* (1927), Bollati Boringhieri, Torino 1966.
Skinner B. F., *The behavior of organisms*, Appleton-Century-Crofts, New York 1938.

Stocastico, Processo (ingl. *Stochastic process*; ted. *Stochastischer Prozess*; fr. *Processus stochastique*; sp. *Proceso estocástico*). Sequenza di eventi regolata da leggi probabilistiche che ne consentono la predizione. Gli eventi possono essere stocasticamente dipendenti o indipendenti in base alla maggiore o minore costanza del loro legame sequenziale. In psicologia la teoria del processo stocastico è utilizzata per costruire modelli che consentono un'approssimazione al comportamento degli oggetti della ricerca.

Storica, Psicologia, v. PSICOLOGIA STORICA.

Strabismo, v. CONVERGENZA – DIVERGENZA, § 1.

Stramberia, v. STRAVAGANZA.

Strange Situation, v. ATTACCAMENTO.

Straniero, v. MIGRAZIONE, § 1.

Strategie evolutive stabili (SES) (ingl. *Stable evolutionary strategies*; ted. *Evolutionär stabile Strategien*; fr. *Stratégies évolutives stables*; sp. *Estrategias evolutivas estables*). Concetto desunto dalla sociobiologia (v. GENETICA, § 5, *c*) che prevede debba considerarsi evolutivamente stabile quella strategia divenuta patrimonio della maggior parte di una popolazione e quindi con scarsissime possibilità di poter essere sostituita da una strategia alternativa. Il concetto di SES è stato sviluppato da John Maynard Smith che ha distinto una *SES pura*, quando in una data condizione si attua sempre una particolare strategia, da una *SES mista*, quando sono disponibili varie strategie con probabilità prescritte. In questo caso l'ottimalità della strategia scelta dipende in maniera decisiva dalla conoscenza della strategia messa in atto dai concorrenti. Le SES sono state studiate in relazione ai processi di condizionamento e applicate alle varie teorie sul gioco.

Bibliografia

Maynard Smith J., *The theory of games and the evolution of animal conflicts*, in "Journal of Theoretical Biology", 1974, n. 47.
–, *Game theory and the evolution of behaviour*, in "Proceedings of the Royal Society of London", 1979, n. 205.
–, *Will a sexual population evolve to an SES?*, in "American Naturalist", 1981, n. 117.

Strati, Teoria degli (ingl. *Strata theory*; ted. *Schichtenlehre*; fr. *Théorie des strates*; sp. *Teoría de los estratos*). Metafora geologica impiegata per illustrare la struttura gerarchica delle funzioni psichiche dove, come scrive Karl Jaspers, «la vita psichica è immaginata come un insieme, in cui tutti gli elementi hanno il loro posto, ma in modo che ognuno di questi è disposto per così dire in una piramide di strati, la cui cima è considerata come il fine o come la realtà massimamente vitale» (1913-1959, p. 575). La teoria degli strati è già prefigurata in Platone che, nella sua tripartizione dell'anima, aveva assegnato le funzioni mentali alla testa, quelle emotive al petto e quelle epitimiche o concupiscenti all'addome. Ma fu verso la fine del XIX secolo che si prese a distinguere gli *strati inferiori*, filogeneticamente più antichi e resistenti, dagli *strati superiori*, più recenti e meno resistenti ai processi di destrutturazione ritenuti responsabili dei processi patologici.

Seguendo questa ipotesi, John Hughlings Jackson postulò quelle nozioni di evoluzione e dissoluzione delle funzioni che offriranno a Sigmund Freud il modello per la sua teoria dello sviluppo e della regressione della libido. Secondo Jackson, infatti, le funzioni evolvono dalle inferiori, più semplici, automatiche e organizzate, alle superiori, più complesse, volontarie e meno organizzate. Da queste premesse, la conclusione che la malattia mentale è una dissoluzione disarmonica dalle funzioni superiori alle inferiori che, per la loro maggior organizzazione e per il loro automatismo, sono più capaci di resistere all'evento morboso (*legge di Jackson*) rivela un'analogia con l'opposizione freudiana tra la "forza" dell'Es e la "fragilità" dell'Io, con conseguente REGRESSIONE (v.) e FISSAZIONE (v.) dell'apparato psichico agli stadi inferiori del suo sviluppo. La stessa descrizione topologica dei sistemi psichici per cui il Super-io sta "sopra" l'Io, e l'Io "sopra" l'Es, la cui analisi è analisi del "profondo", rinvia alla lezione di Theodor Meynert che concepiva la coscienza come epifenomeno della "superficie" della corteccia cerebrale e gli istinti come espressione epifenomenica delle strutture "sub-corticali". La metafora geologica sottesa alla teoria degli strati implica anche che il "materiale" remoto sia più inaccessibile di quello successivo e che le malattie gravi siano anteriori per origine a quelle più leggere. La disgregazione del funzionamento gerarchico comporta, ai livelli superiori, la comparsa di sintomi "negativi", mentre, ai livelli inferiori, la disintegrazione funzionale libera sintomi "positivi".

Nonostante alcune obiezioni di ordine anatomico, la teoria degli strati è un modello di lettura che ritroviamo: 1) nella *gerarchizzazione delle patologie*, per cui a livello superiore si incontra, secondo Henry Ey, la nevrosi, a livello medio la psicosi e a livello inferiore la demenza; 2) nelle interpretazioni ispirate alla *psicologia della forma* che, con Klaus Conrad, interpreta l'involuzione funzionale come un cambiamento di forma nel campo esperienziale con graduale decadimento delle capacità o prestazioni psichiche da un livello "epicritico" verso un funzionamento di tipo "protopatico" indifferenziato e disintegrato; 3) nell'*ipotesi strutturale* di Albert Wellek che, ipotizzando una strutturazione orizzontale combinata con una stratificazione verticale, introduce una dimensione di profondità nel senso di nuclearità; 4) nelle interpretazioni e *classificazioni dei caratteri e dei tipi* dove si distingue un substrato endotimico (v. ENDOTIMICO, SUBSTRATO) da una sovrastruttura personale (Philipp Lersch), una personalità corticale superficiale da una personalità profonda (Friedrich Kraus), uno strato razionale distinto da uno affettivo e da uno istintivo (Hermann Hoffmann); 5) nelle ricerche di *psicologia sperimentale* dove Detlev Walter Ploog, con stimolazioni e sottrazioni di stimoli in esperimenti condotti su animali da laboratorio, avrebbe confermato che ogni comportamento organizzato presenta una graduatoria gerarchica.

Bibliografia

Conrad K., *Die symptomatischen Psychosen*, in AA.VV., *Psychiatrie der Gegenwart. Forschung und Praxis* (1960-1967), Springer, Berlin 1960.

Ey H., *Esquisse d'une conception organo-dynamique de la structure, de la nosographie et de l'étiopathogénie des maladies mentales*, in AA.VV., *Psychiatrie der Gegenwart. Forschung und Praxis* (1960-1967), Springer, Berlin 1963.

Freud S., *Progetto di una psicologia* (1895), in *Opere* (1967-1993), Bollati Boringhieri, Torino, vol. II.

–, *Metapsicologia* (1915), in *Opere*, cit., vol. VIII.

Hoffmann H., *Studien über Vererbung und Entstehung geistiger Störungen*, Springer, Berlin 1921.

Jackson J. H., *The croonian lectures on evolution and dissolution of the nervous system*, in "British Medical Journal", 1884, n. 1.

Jaspers K., *Psicopatologia generale* (1913-1959), Il Pensiero Scientifico, Roma 2000.

Kraus F., *Die Allgemeine und spezielle Pathologie der Person*, Thieme, Leipzig 1919-1926, voll. I-II.

Lersch Ph., *Il carattere. I sentimenti, le tendenze, la volontà* (1938, 2ª ed. aggiornata e ampliata 1941), Cedam, Padova 1942 (2ª ed. titolata in italiano *La struttura del carattere*, Cedam, Padova 1950).

Meynert Th., *Klinische Vorlesungen über Psychiatrie*, Braumüller, Wien 1890.

Ploog D. W., *Verhaltensforschung und Psychiatrie*, in AA.VV., *Psychiatrie der Gegenwart. Forschung und Praxis* (1960-1967), Springer, Berlin 1964.

Wellek A., *Die Polarität im Aufbau des Charakters*, Francke, Bern 1950.

Stratton, Esperimento di (ingl. *Stratton's experiment*; ted. *Strattonscher Versuch*; fr. *Essai de Stratton*; sp. *Experimento de Stratton*). Esperimento introdotto da George Malcolm Stratton per lo studio dell'orientamento e dell'adattamento percettivo. Per molti giorni egli usò occhiali con lenti di inversione che capovolgevano l'ambiente. Uno dei risultati più significativi fu che dopo un certo tempo egli non vedeva più l'ambiente capovolto, ma aveva ristabilito la precedente coordinazione videomotoria. La tecnica di Stratton fu in seguito impiegata per lo studio delle circostanze di sviluppo della percezione.

Bibliografia

Stratton G. M., *Vision without inversion of the retinal image*, in "Psychological Review", 1897, n. 4.

Stravaganza (ingl. *Oddness*; ted. *Verschrobenheit*; fr. *Extravagance*; sp. *Extravagancia*). Forma di PSICOPATIA (v.) caratterizzata da un grado di ECCENTRICITÀ (v.) spinto fino alla compromissione di un accettabile rapporto con la realtà. Nota anche come *stramberia* o *bizzarria*, che al pari di *stravaganza* compaiono nella letteratura psichiatrica italiana come traduzioni del tedesco *Verschrobenheit*, la stravaganza è rubricata da alcuni tra le forme di psicopatia e da altri tra le forme iniziali di schizofrenia. In effetti, come scrive Ludwig Binswanger, «il quadro della stramberia, nel senso di una costituzione psicopatica da un lato e come processo schizofrenico dall'altro, sono talmente simili che la maggior parte degli studiosi vede negli psicopatici strambi degli schizofrenici» (1952, p. 32). Questa sindrome, prima di Binswanger, era stata descritta con particolare attenzione da Immanuel Kant e da Eugen Bleuler che l'hanno distinta dalla CREATIVITÀ (v.), in quanto, a differenza di quest'ultima, la stravaganza non tiene conto dei dati di realtà.

1. *La descrizione di Kant*: «La stravaganza (*vesania*) è la malattia di una ragione perturbata. L'ammalato fugge a ogni guida dell'esperienza, e segue principi che possono essere del tutto superiori al criterio dell'esperienza, e vaneggia di comprendere l'incomprensibile. [...] In questa specie di perturbazione mentale non vi è soltanto disordine e deviazione dalla regola dell'uso della ragione, ma anche sragionevolezza positiva, cioè un'altra regola, un punto di vista del tutto diverso, nel quale, per così dire, l'anima è spostata, e dal quale essa vede tutti gli oggetti diversamente, e così si trova trasferita in un luogo lontano da quel *sensorio communi* che è necessario per l'unità della vita» (1798, pp. 103-104).

2. *La descrizione di Bleuler*: «Gli stravaganti hanno una vita psichica priva di unità e coerenza. Distorto intendimento delle situazioni, bislacche operazioni

logiche, opinioni e spesso anche modo di esprimersi singolarissimi li pongono esteriormente su un piano assai vicino agli schizofrenici latenti, dai quali non è ancora facile distinguerli, benché sia assodato che tali tipi possono anche ascendere ad un'anomalia congenita. Sono gli unici tra gli psicopatici nei quali palesemente è perturbata non soltanto o fondamentalmente l'affettività, ma anche il corso del pensiero» (1911-1960, p. 612).

3. *La descrizione di Binswanger*: «Lo "spazio" per un autentico "progresso", per lo sviluppo, per la creazione – sia che si tratti di creazione esistenziale, artistica, scientifica o filosofica – presuppone che il rapporto con la "cosa" sia conforme alla cosa, che le corrisponda e che vi si attenga; in altre parole, che colui che ha a che fare con essa non soltanto tenga conto della sua obiettività e della sua realtà, ma che anche le ubbidisca e che in questa ubbidienza realizzi se stesso. È impossibile creare sul e col vuoto, cioè soltanto nella trascendenza soggettiva; la creazione è possibile soltanto attraverso un concorso "corrispondente" della trascendenza soggettiva e della trascendenza obiettiva. [...] Il soggetto strambo è sordo di fronte alla "natura della cosa", vuole soltanto ciò che "si è messo in testa", in quanto singolo, senza riguardi, non soltanto per la cosa stessa, ma anche per gli altri che hanno a che fare con lo stesso "mezzo". Ma di qualsiasi genere sia la "cosa", che sia un oggetto, un'idea, un'azione, o la condotta di vita in generale: chi non ha riguardi per essa, chi non l'affronta e chi non le pon mano giustamente, chi non la tratta conformemente alla sua natura, [...] costui distorce, storta la cosa, la manca o la trascura, e così manca e trascura se stesso *in essa*» (1952, pp. 113-114).

Bibliografia

Binswanger L., *La stramberia* (1952), in Id., *Tre forme di esistenza mancata. Esaltazione fissata, stramberia, manierismo* (1956), il Saggiatore, Milano 1964.

Bleuler E., *Trattato di psichiatria* (1911-1939, aggiornato da M. Bleuler dal 1940 al 1960), Feltrinelli, Milano 1967.

Kant I., *Antropologia pragmatica* (1798), Laterza, Bari 1969.

Stress (ingl. *Stress*; ted. *Stress*; fr. *Stress*; sp. *Estrés*). Reazione emozionale intensa a una serie di stimoli esterni che mettono in moto risposte fisiologiche e psicologiche di natura adattiva. Alcuni tipi di stress sono definiti "eu-stress" perché favoriscono un miglior funzionamento delle prestazioni, come nel caso dell'ansia prima dell'esame che può concorrere a migliorare l'esito della prova, e altri invece dannosi, soprattutto se prolungati, perché causano squilibri nella secrezione del cortisolo, denominato "ormone dello stress", con conseguenze negative sul proprio benessere. Se gli sforzi del soggetto falliscono perché lo stress supera le capacità di risposta, l'individuo è sottoposto a una vulnerabilità nei confronti della malattia psichica, di quella somatica o di entrambe.

Il termine, largamente usato anche nel linguaggio corrente con significati spesso in contrasto tra loro, è stato introdotto in biologia da Walter Bradford Cannon, ma solo successivamente ebbe una definizione univoca grazie a Hans Selye, secondo il quale «lo stress è la risposta non specifica dell'organismo a ogni richiesta effettuata ad esso» (1974, p. 12). La richiesta comprende una gamma molto ampia di stimoli, detti *agenti stressanti*, che vanno dagli stimoli fisici come il caldo e il freddo, agli sforzi muscolari, all'attività sessuale, allo shock anafilattico, agli stimoli emozionali, mentre la risposta biologica, che è sempre la stessa, è la conseguenza di una reazione difensiva dell'organismo che consiste nell'attivazione dell'asse ipotalamo-ipofisi-ACTH-corteccia del surrene, da cui si liberano in circolo i corticosteroidi (v. ENDOCRINO, SISTEMA).

Tale reazione difensiva e adattiva, denominata *emergenza* o anche *Sindrome Generale di Adattamento* (SGA), è caratterizzata, secondo il modello proposto da Selye, da: *a*) una fase di *allarme* in cui sono sollecitati vari sistemi dell'organismo, come ad esempio il simpatico, il surrenale, il corticosurrenale, con conseguenti modificazioni biochimiche e ormonali; *b*) una fase di *resistenza* attraverso l'attivazione di strategie di COPING (v.), termine che indica l'insieme di processi mentali e comportamentali che sono messi in atto per fronteggiare una certa situazione. Si tratta di una gestione attiva volta a reperire una risposta efficace per risolvere il problema che si presenta. Se la fase di resistenza si prolunga eccessivamente subentra *c*) una fase di *esaurimento* in cui avviene il crollo delle difese, l'incapacità di adattarsi ulteriormente e non di rado la comparsa di sintomi somatici, come ulcere, ipertensione e simili. Secondo Selye, lo stress non può e non deve essere evitato perché costituisce l'essenza stessa della vita, perciò non è una condizione patologica dell'organismo, anche se in alcune circostanze può produrre patologia, come quando lo stimolo agisce con grande intensità e per lunghi periodi.

Ricerche successive hanno permesso di rendere più flessibile la concezione di Selye, come nell'ipotesi di John Wayne Mason, secondo il quale alla base della risposta biologica ci sarebbe, oltre alle strutture anatomo-funzionali responsabili dell'attivazione emozionale a livello fisiologico, l'apparato psichico a cui ricondurre le reazioni endocrine di varia natura, in molti casi personalizzate e specifiche. L'importanza delle emozioni nelle reazioni di stress ha originato il concetto di *stress psicologico*, che differisce da quello *fisiologico* in quanto la risposta dipende dalla valutazione cognitiva del significato dello stimolo e dai fattori che intervengono nella scelta della reazione fisiologica e comportamentale. Da questo punto di vista lo stress appare come un processo multifattoriale che coinvolge aspetti cognitivi, affettivi, sensoriali, viscerali e comportamentali che interagiscono tra loro, con risultati positivi quando concorrono a migliorare il *coping*, e negativi quando oltrepassano le capacità di resistenza del singolo individuo, indebolendo il suo sistema immunitario ed esponendolo in tal modo a ogni rischio di malattia.

Gli studi più recenti, come quelli di Richard Lazarus e Susa Folkman, leggono lo stress con un approccio transazionale a partire dalla relazione tra la persona e l'ambiente, dove determinante è la valutazione cognitiva della persona che considera da un lato la rilevanza dell'elemento stressante per stabilire se costituisce o meno una minaccia al proprio benessere, e dall'altro le proprie abilità e le risorse di *coping* per farvi fronte. La misura in cui lo stress viene vissuto varia da individuo a individuo perché dipende dalle risorse *fisiche*, come stato di salute e quantità di energia disponibile, *psicologiche* come autostima, capacità di controllo, ottimismo, e *sociali* come le abilità relazionali e la possibilità di fruire di un sostegno.

Il fattore sociale è stato messo a fuoco da Cynthia A. Berg, Sean P. Meegan e Frances P. Deviney, che prendono in considerazione i fattori stressanti a partire dalla valutazione (*appraisal*) del rapporto delle richieste dell'ambiente e i valori, le credenze, gli scopi, le motivazioni e le risorse personali dell'individuo nell'affrontare i problemi, nonché la sua influenza, in termini di dipendenza o indipendenza dal gruppo in cui si trova ad operare. A partire da questa impostazione gli autori distinguono quattro tipi di *appraisal*: *a*) *individuale solitaria*, in cui il soggetto decide a prescindere da un confronto con gli altri; *b*) *individuale parallela*, in cui ci si confronta con gli altri, ma poi ognuno assume soluzioni diverse a partire da come la situazione problematica appare a ciascuno; *c*) *relazione indiretta*, quando lo stress di un soggetto influenza anche gli altri causando stress anche in loro; *d*) *relazione condivisa*, quando la valutazione della situazione stressante è condivisa, per cui si adotta insieme un'unica soluzione.

Thomas H. Holmes e Richard Rahe riferiscono lo stress all'accumulo di cambiamenti importanti nella vita del soggetto, che lo costringono a un notevole sforzo di adattamento. Allo scopo hanno elaborato una scala che individua, tra i fattori più rilevanti: la gravità di un evento, la perdita di una persona cara, la durata di un'attesa, il grado di minacciosità della situazione e la capacità o meno di controllo delle alternative prevedibili. Senza smentire la correlazione tra cambiamenti rilevanti nella propria vita e particolari patologie, numerose ricerche hanno sottolineato che non meno insidiosi e stressanti sono le preoccupazioni della vita quotidiana, che tengono il soggetto sempre con un grado elevato di vigilanza, quando non di rado in uno stato di allerta, a cui si accompagnano irritazioni, frustrazioni, seccature che possono produrre effetti non meno insidiosi di quelli prodotti da eventi esistenziali più significativi.

Esistono definizioni di stress in base all'intensità dello *stimolo*, altre formulate in base alla qualità della *risposta* fisiologica, altre ancora che descrivono lo stress in base al *costo* richiesto all'individuo dalla sua modalità specifica di affrontare i problemi e rispondere all'ambiente. Oltre agli stress *psicofisiologici* determinati da un eccesso di stimolazione, sono descritti anche gli stress *psicosociali*, la cui dinamica prevede: 1) una *situazione esterna* caratterizzata da difficoltà interpersonali, sociali o individuali quali solitudine, abbandono, fallimento lavorativo, eccessive richieste di rendimento e simili; 2) una *risposta interna* che trova le sue espressioni nell'ansia, nella colpa, nell'ira o nella depressione; 3) un *comportamento esterno*, suscitato da quella risposta ora adeguata e realistica, ora inadeguata, con liberazione di impulsi incontrollati di natura psichica o funzionale psicosomatica. Oggi lo stress è riconosciuto da tutti come elemento predisponente le sindromi psicosomatiche (v. PSICOSOMATICA, § II). Per quanto concerne lo stress da lavoro, si vedano le voci PSICOLOGIA DEL LAVORO, § 3, e BURNOUT, SINDROME DEL.

Il DSM-5 distingue: a) un *disturbo dell'adattamento* con sintomi emotivi e comportamentali in risposta a un evento stressante, come può essere la fine di una relazione sentimentale, problemi coniugali, difficoltà economiche, con una marcata sofferenza sproporzionata alla gravità e all'intensità dell'evento, e conseguente compromissione significativa del funzionamento in ambito sociale, lavorativo e relazionale; b) un *disturbo da stress acuto* dovuto al fatto di fare esperienza diretta di un evento traumatico o di assistere direttamente a un evento traumatico accaduto ad altri, con ricorrenti e involontari ricordi spiacevoli dell'evento, o sogni ad esso collegati, quando addirittura non si presentano reazioni dissociative in cui il soggetto sente e agisce come se l'evento traumatico si stesse ripresentando; c) un *disturbo post-traumatico da stress* (DPTS) che provoca un trauma in chi ne è coinvolto quando si trova esposto a morte reale o a minaccia di morte, a grave lesione della propria integrità psicofisica o a violenza sessuale. I sintomi che lo connotano sono un evitamento persistente degli stimoli associati all'evento, alterazioni negative di pensieri ed emozioni ad esso associate, marcate alterazioni dell'*arousal* (v. ATTIVAZIONE) e della reattività all'evento, e talvolta sintomi dissociativi nella forma della *depersonalizzazione* (v. PERSONA, § 1; SCISSIONE, § I, 4, *c*) con persistenti esperienze di sentirsi distaccati da sé come se si fosse osservatori esterni dei propri processi mentali ed emotivi, oppure nella forma della DEREALIZZAZIONE (v.) con persistenti e ricorrenti vissuti di irrealtà del proprio ambiente circostante, avvertito come onirico, distante o distorto. Recentemente sono stati rubricati come disturbi post-traumatici i traumi conseguenti a incidenti stradali, stupri, molestie sul lavoro, condizione di reclusione come accade ai detenuti o di emarginazione sociale come spesso accade ai senzatetto o agli immigrati (v. MIGRAZIONE). L'Organizzazione Mondiale della Sanità ha incluso in questo tipo di disturbo i disastri naturali improvvisi, come terremoti, maremoti, eruzioni vulcaniche, disastri sanitari come le epidemie, disastri ecologici come le carestie, disastri improvvisi causati dall'uomo, come incendi, esplosioni, incidenti nucleari, o a lungo termine, come le guerre, le diaspore e le migrazioni.

Bruna Zani osserva che sul tema del *coping* ci sono importanti problematiche irrisolte, e a questo proposito scrive: «Quattro domande chiave rimangono ancora senza risposta: 1) Quali sono le dimensioni o le caratteristiche fondamentali del *coping*? Su questo punto non c'è chiarezza. [...] 2) Quali fattori (biologico, cognitivo, sociale e del contesto) influenzano l'acquisizione e l'uso del *coping*? [...] 3) Che cosa rende efficace il *coping*, e come è collegata l'efficacia ai fattori sociocontestuali e alle difficoltà individuali? [...] 4) Quali aspetti del *coping*, se inefficaci, sono modificabili con un programma di intervento, e quali sono invece resistenti al cambiamento? [...] Non ci sono risposte definitive a queste domande» (2006-2007, pp. 1062-1063).

Bibliografia

Berg C. A., Meegan S. P., Deviney F. P., *A social-contextual model of coping with everyday problems across the lifespan*, in "International Journal of Behavioral Development", 1998, n. 22, pp. 239-261.

Biondi M., *Disturbi dell'adattamento, Disturbo acuto da stress, Disturbo post-traumatico da stress*, in G. B. Cassano, P. Pancheri *et al.* (a cura di), *Trattato italiano di psichiatria* (1992), Masson, Milano 1999, vol. II, pp. 2291-2321.

Biondi M., Pancheri P., *Lo stress. Psiconeurobiologia e aspetti clinici in psichiatria*, in G. B. Cassano, P. Pancheri *et al.* (a cura di), *Trattato italiano di psichiatria*, cit., vol. I, pp. 311-346.

Cabib S., Puglisi Allegra S., *Lo stress*, Laterza, Bari 1989.

Cannon W. B., *La saggezza del corpo* (1932), Bompiani, Milano 1956.

Cassidy T., *Stress e salute* (1999), il Mulino, Bologna 2002.

Compas B. E., *An agenda for coping research and theory. Basic and applied developmental issues*, in "International Journal of Behavioral Development", 1998, n. 22, pp. 231-237.

Cooper C. L., Marshall J., *Understanding executive stress*, Macmillan, London 1978.

Cox T., *Stress*, Macmillan, London 1978.

–, *The nature and measurement of stress*, in "Ergonomics", 1985, n. 28, pp. 1155-1163.

–, *Stress, coping and problem solving*, in "Works & Stress", 1987, pp. 5-14.

Dancu C. V., Foa E. B., *Posttraumatic stress disorder*, in A. Freeman, F. M. Dattilio (a cura di), *Comprehensive casebook of cognitive therapy*, Plenum Press, New York 1992, pp. 79-88.

DSM-5. American Psychiatric Association (APA), *DSM-5. Manuale diagnostico e statistico dei disturbi mentali* (2013), Raffaello Cortina, Milano 2014.

Endler N. S., Parker J. D. A., *The multidimensional assessment of coping. A critical evolution*, in "Journal of Personality and Social Psychology", 1990, n. 58, pp. 844-854.

Farnè M., *Lo stress*, il Mulino, Bologna 1999.

Favretto G., *Lo stress nelle organizzazioni*, il Mulino, Bologna 1994.

Gallwey W. T., Horton J., Hanzelik E., *Il Gioco Interiore nello Stress* (2009), Ultra-Lit Edizioni, Roma 2016.

Holmes Th. H., Rahe R. H., *The social readjustment rating scale*, in "Journal of Psychosomatic Research", 1967, n. 11, pp. 213-218.

Horowitz M. J., *Sindromi di risposta allo stress. Valutazione e trattamento* (2002), Raffaello Cortina, Milano 2004.

Lazarus R. S., *Psychological stress and the coping process*, McGraw-Hill, New York 1966.

–, *Patterns of adjustment*, McGraw-Hill, New York 1976.

Lazarus R. S., Folkman S., *Stress, appraisal and coping*, Springer, New York 1984.

Lazzari D., *La Bilancia dello stress. Uno strumento per capire, misurare, gestire*, Liguori, Napoli 2009.

Mason J. W., *A re-evaluation of the concept of "non-specificity" in stress theory*, in "Journal of Psychiatric Research", 1971, n. 8, pp. 323-330.

–, *An historical view of the stress field*, in "Journal of Human Stress", 1975, n. 1, pp. 6-12, 22-36.

McGrath J. E., *Social and psychological factors in stress*, Holt, Rinehart & Winston, New York 1970.

Meichenbaum D., *Al termine dello stress. Prevenzione e gestione secondo l'approccio cognitivo-comportamentale* (1985), Erickson, Trento 1990.

Organizzazione Mondiale della Sanità (OMS), *Psychosocial consequences of disasters. Prevention and management*, Who Press, Genève 1992.

Pancheri P., *Stress, emozioni, malattia. Introduzione alla medicina psicosomatica*, Edizioni Scientifiche e Tecniche Mondadori, Milano 1980.

Reitano M. (a cura di), *Psicofisiologia dello stress*, Edizioni Kappa, Milano 1986.

Sanavio E., Sica C., *Risorse psicologiche e gestione dello stress*, in Id., *I test di personalità. Inventari e questionari*, il Mulino, Bologna 1999, pp. 259-282.

Selye H., *Stress senza paura* (1974), Rizzoli, Milano 1976.

–, *The stress of life*, McGraw-Hill, New York 1976.

Sloterdijk P., *Stress e libertà* (2011), Raffaello Cortina, Milano 2012.

Solano L., Coda R., *Relazioni, emozioni, salute. Introduzione alla psicoimmunologia*, Piccin, Padova 1994.

Stora J.-B., *Lo stress* (1991), Carocci, Roma 2004.

Summerfield D., *The invention for post-traumatic stress disorder and the social usefulness of a psychiatric category*, in "British Medical Journal", 2001, n. 322, pp. 95-98.

Van der Kolk B., *Il corpo accusa il colpo. Mente, corpo e cervello nell'elaborazione delle memorie traumatiche* (2014), Raffaello Cortina, Milano 2015.

Zani B., *Stress*, in AA.VV., *Psiche. Dizionario storico di psicologia, psichiatria, psicoanalisi, neuroscienze*, Einaudi, Torino 2006-2007, vol. II, pp. 1058-1063.

Stroboscopico, Movimento, v. PERCEZIONE, § 6, *a*.

Struttura (ingl. *Structure*; ted. *Struktur*; fr. *Structure*; sp. *Estructura*). Ordine intrinseco che garantisce a qualsiasi organismo la sua funzione e la sua conservazione. Così si parla della struttura di un edificio in riferimento alla correlazione delle sue parti che assicura la stabilità e la funzionalità del tutto. Questo significato generale ha trovato una sua specificazione ad opera dello STRUTTURALISMO (v.), dove, come scrive Claude Lévi-Strauss, «pensiamo che, per meritare il nome di struttura, i modelli debbano soddisfare esclusivamente a quattro condizioni. In primo luogo, una struttura presenta il carattere di un sistema. Essa consiste in elementi tali che una qualsiasi modificazione di uno di essi comporti una modificazione di tutti gli altri. In secondo luogo, ogni modello appartiene a un gruppo di trasformazioni ognuna delle quali corrisponde a un modello della stessa famiglia, in modo che l'insieme di tali trasformazioni costituiscano un gruppo di modelli. In terzo luogo, le proprietà indicate qui sopra permettono di prevedere come reagirà il modello, in caso di modificazione di uno dei suoi elementi. Infine, il modello deve essere costruito in modo tale che il suo funzionamento possa spiegare tutti i fatti osservati» (1958, pp. 311-312).

In psicologia incontriamo il termine: 1) nel suo uso generico quando si parla di *struttura della personalità* nelle teorie della personalità (v. PERSONALITÀ, § I), o di *struttura psichica* in psicologia dinamica a proposito delle componenti psichiche che interagiscono tra loro; 2) in senso specifico il termine è invece utilizzato: *a*) da Jacques Lacan per il quale la struttura non è riducibile a un fenomeno naturale, né a un modello teorico, ma «agli effetti che la pura e semplice combinatoria del significante determina nella realtà in cui essa si produce». Così, ad esempio, la struttura del linguaggio, che preesiste ad ogni soggetto, è «la macchina originale che vi mette in scena il soggetto» (1960, p. 645; v. ANTROPOLOGIA, § 3; LACANIANA, TEORIA, § 2), *b*) dall'ANALISI TRANSAZIONALE (v.) di Eric Berne, che con il termine "struttura" intende l'insieme coerente degli stati dell'Io: Genitore, Adulto, Bambino, che promuovono pensieri, emozioni e comportamenti che costituiscono la struttura della personalità (v. IO, STATI DELL'); *c*) dalla PSICOLOGIA DELLA GESTALT (v. § II, 3), dove il senso che emerge dal tutto precede ed è superiore al senso che si ottiene dalla somma delle parti; *d*) dalla CIBERNETICA (v.), da cui la PSICOLOGIA SISTEMICA (v.) desume la modalità del proprio approccio psicologico, dove la struttura è il modello delle possibili relazioni tra le parti che rende possibili previsioni probabili; *e*) dalla LINGUISTICA (v. § 3, *b*) con Noam Avram Chomsky che, nella frase, distingue una struttura profonda che corrisponde al suo significato e una struttura superficiale che si riferisce alle diverse modalità sintattico-grammaticali di generare quel significato.

Bibliografia

Allport G. W., *Divenire. Fondamenti di una psicologia della personalità* (1955), Editrice Universitaria, Firenze 1963.

Berne E., *Intuizione e stati dell'io* (1977), Astrolabio, Roma 1992.

Chomsky N. A., *Le strutture della sintassi* (1957), Laterza, Bari 1970.

Freud S., *Metapsicologia* (1915), in *Opere* (1967-1993), Bollati Boringhieri, Torino, vol. VIII.

Galimberti U., *Struttura*, in AA.VV., *Gli strumenti del sapere contemporaneo*, vol. II: *I concetti*, Utet, Torino 1985, pp. 834-836.

Koffka K., *Principi di psicologia della forma* (1935), Bollati Boringhieri, Torino 1970, nuova edizione riveduta 2006.

Lacan J., *Nota sulla relazione di Daniel Lagache: "Psicoanalisi e struttura della personalità"* (1960), in *Scritti* (1936-1966), Einaudi, Torino 1974, vol. II.

Lévi-Strauss C., *Antropologia strutturale* (1958), il Saggiatore, Milano 1966.

Lewin K., *Principi di psicologia topologica* (1936), Organizzazioni Speciali (O. S.), Firenze 1961.

Luhmann N., *Struttura della società e semantica* (1980), Laterza, Bari 1983.

Masullo A., *Struttura, soggetto, prassi*, Edizioni Scientifiche Italiane, Napoli 1994.

Watzlawick P., Beavin J. H., Jackson D. D., *Pragmatica della comunicazione umana* (1967), Astrolabio, Roma 1971.

Strutturalismo (ingl. *Structuralism*; ted. *Strukturalismus*; fr. *Structuralisme*; sp. *Estructuralismo*). Il termine si riferisce in generale a qualsiasi metodo o procedimento che faccia uso del termine STRUTTURA (v.), in particolare a quel movimento di pensiero che negli anni sessanta estese all'antropologia, alla critica letteraria, alla psicoanalisi e all'epistemologia la nozione di "struttura" nell'accezione specifica in cui il termine veniva impiegato in LINGUISTICA (v. § 3) da Roman Jakobson e da Émile Benveniste. Il metodo trovò applicazione in ANTROPOLOGIA (v. § 3) con Claude Lévi-Strauss, in psicoanalisi con Jacques Lacan (v. LACANIANA, TEORIA, § 2), in filosofia con

Louis Althusser, in semiotica e in critica letteraria con Roland Barthes.

Secondo l'ipotesi strutturalista è possibile trattare il mondo umano alla stessa stregua di come le scienze naturali trattano i loro campi, purché si scoprano quelle relazioni sistemiche o strutture che intercorrono tra i fenomeni socioculturali. La struttura è una costante di qualsiasi campo fenomenico non empiricamente osservabile, ma individuabile mediante una regola di trasformazione che riconduca le differenze che appaiono sul piano empirico a una medesima combinatoria. Ne consegue che la forma ha il primato rispetto ai contenuti, la struttura rispetto agli elementi, la costante rispetto alle variabili empiriche, il sistema di relazione rispetto ai suoi termini. In base a questi presupposti teorici, lo strutturalismo si oppone: 1) alla distinzione tra scienze umane e scienze esatte in quanto non prevede alcuna differenza di metodo; 2) allo storicismo che privilegia la categoria del tempo come ambito in cui gli eventi storici acquistano il loro significato; 3) all'ERMENEUTICA (v.), come rinvio di interpretazioni nella cui circolarità si crea lo spazio in cui è leggibile l'uomo; 4) alla FENOMENOLOGIA (v.) e all'esistenzialismo, che considerano l'uomo irriducibile ai metodi di lettura delle scienze esatte.

In ambito psicologico il termine "strutturalismo" nomina: 1) la *psicologia sperimentale di Wilhelm Maximilian Wundt*, che legge la coscienza sul modello della "struttura chimica" scomponendola nei suoi elementi semplici (v. INTROSPEZIONISMO); 2) la *concezione lacaniana del soggetto* inteso come punto d'intersezione delle strutture linguistico-simboliche che lo attraversano e lo determinano (v. ANTROPOLOGIA, § 3; LACANIANA, TEORIA, § 2).

Bibliografia

Althusser L., *Freud e Lacan* (1976), Editori Riuniti, Roma 1977.
Barthes R., *Elementi di semiologia* (1964), Einaudi, Torino 1966.
Benveniste É., *Problemi di linguistica generale* (1966), il Saggiatore, Milano 1971.
Boudon R., *Strutturalismo e scienze umane* (1968), Einaudi, Torino 1970.
Foucault M., *Le parole e le cose* (1966), Rizzoli, Milano 1967.
Jakobson R., *Saggi di linguistica generale* (1963), Feltrinelli, Milano 1966.
Lacan J., *Nota sulla relazione di Daniel Lagache: "Psicoanalisi e struttura della personalità"* (1960), in *Scritti* (1936-1966), Einaudi, Torino 1974, vol. II.
Lévi-Strauss C., *Antropologia strutturale* (1958), il Saggiatore, Milano 1966.
–, *Antropologia strutturale due* (1973), il Saggiatore, Milano 1978.
Piaget J., *Lo strutturalismo* (1968), il Saggiatore, Milano 1968.
Rosiello L. (a cura di), *Letteratura e strutturalismo*, Zanichelli, Bologna 1974.
Schaff A., *Marxismo, strutturalismo e il metodo della scienza* (1974), Feltrinelli, Milano 1976.
Wundt W. M., *Grundzüge der physiologischen Psychologie*, Engelmann, Leipzig 1873-1874.

Strutturazione, v. PSICOLOGIA DELLA GESTALT, § II, 3.

Stupefacente, v. DROGA, § 1.

Stupidità (ingl. *Stupidity*; ted. *Dummheit*; fr. *Stupidité*; sp. *Estupidez*). Limitazione nei processi ideativi e nella capacità di giudizio.

Stupore (ingl. *Stupor*; ted. *Erstaunen*; fr. *Stupeur*; sp. *Estupor*).

a) In *ambito psichiatrico* lo stupore è uno stato psicopatologico caratterizzato da un rallentamento psicomotorio, da un pensiero improduttivo e da un comportamento passivo associato a un obnubilamento della coscienza e a un'inibizione delle capacità volitive. Lo stupore non costituisce una sindrome unitaria, ma la forma esteriore di diversi stati interiori come apatia, inibizione, angoscia, torpore, perplessità. Si manifesta nelle psicosi organiche, negli stati confusionali della schizofrenia, nelle depressioni endogene e nell'isteria;

b) nell'*ambito della psicoterapia narrativa* (v. NARRAZIONE, § 2) lo stupore è l'emozione, sperimentata dal paziente, che in un certo senso lo spiazza, distogliendolo dalle sue abituali convinzioni favorendo la moltiplicazione dei punti di vista che destrutturano la rigidità dei propri pensieri e atteggiamenti.

Bibliografia

Bleuler E., *Trattato di psichiatria* (1911-1939, aggiornato da M. Bleuler dal 1940 al 1960), Feltrinelli, Milano 1967.
Freedman J., Combs G., *Narrative therapy. The social construction of preferred realities*, Norton, New York 1996.
Lishman W. A., *Organic psychiatry. The psychological consequences of cerebral disorders*, Blackwell Scientific-Mosby, Oxford-St. Louis, Missouri, 1978.
White M., Epston D., *La terapia come narrazione* (1990), Astrolabio-Ubaldini, Roma 1992.

Stupro (ingl. *Rape*; ted. *Vergewaltigung*; fr. *Viol*; sp. *Violación*). Violenza sessuale esercitata su un soggetto non consenziente in prevalenza femminile. Anche se per scopi forensi viene spesso rubricato tra i "disturbi parafilici senza specificazione" (v. DSM-5: 309.2 e ICD: F65.9), le pratiche parafiliche (v. PARAFILIA; PERVERSIONE, § 3), a differenza dello stupro, vengono adottate per eccitarsi. Allen Frances ritiene invece che «il disturbo parafilico senza specificazione, non consenziente, è una diagnosi per lo più fallace e del tutto inaffidabile, creata per scopi forensi. È stata ampiamente applicata in modo inadeguato agli stupratori per far loro ottenere un trattamento sanitario obbligatorio in processi riguardanti "predatori sessualmente violenti". Ciò non tiene in considerazione il fatto che lo stupro è stato respinto come disturbo mentale dal DSM-III, DSM-III-R, DSM-IV, DSM-5. Lo stupro è quasi sempre un comportamento opportunistico che rimanda a un semplice atto criminale – non a un disturbo mentale. Per stabilire che uno stupratore ha i requisiti per una diagnosi di disturbo parafilico – caso molto raro – bisognerebbe dimostrare che l'uso della violenza gli è indispensabile per eccitarsi sessualmente, e non (come è molto più frequente) che la violenza è soltanto un elemento accessorio e strumentale per ottenere la condiscendenza e la collaborazione forzate della vittima» (2013, p. 178).

Denis Foley ed Eileen Nechas spiegano che molte vittime di stupro combattono per anni con sentimenti di colpa che si attribuiscono nel tentativo di riconquistare il proprio equilibrio dopo uno stupro, che è un evento che può modificare irrevocabilmente la buona opinione che una donna ha di sé e la sua fiducia nel mondo. Oppure possono seppellire i propri sentimenti con un atto di NEGAZIONE (v.), ma raramente questi restano sepolti, dal momento che, come diversi studi hanno dimostrato, solo l'esperienza della guerra ha maggiori ripercussioni sulla vita di una persona. Essendo un trauma serio con conseguenze che durano a lungo, dopo uno stupro, riferisce Mary Koss, molte donne continuano a soffrire per disturbi post-traumatici da stress che può comportare l'insorgenza di malattie mentali anche significative, oltre a far rivivere il trauma con ricordi improvvisi, pensieri intrusivi, incubi e altre immagini che possono ricomparire persino per decenni dopo l'evento originario (v. STRESS). Constance V. Dancu e Edna B. Foa riferiscono che, dopo uno stupro, «alcune donne possono soffrire di disfunzioni sessuali, possono trovare molto difficile provare sentimenti d'amore. Soltanto l'essere abbracciate o toccate da un maschio le sconvolge, persino se si tratta del padre o di uno zio, o di qualche altra persona importante nella loro vita che sanno che non vuol far loro del male» (1992, p. 82). Raramente le donne sono in grado di riprendersi da sole da un simile trauma, e la maggior parte degli esperti concorda sul fatto che i luoghi migliori dove cercare aiuto sono i centri per le crisi da stupro che, proprio perché non fanno parte del sistema istituzionale per la salute mentale, sollevano le donne dall'idea che ciò che hanno subìto ha danneggiato irrimediabilmente la loro psiche.

Bibliografia

Dancu C. V., Foa E. B., *Posttraumatic stress disorder*, in A. Freeman, F. M. Dattilio (a cura di), *Comprehensive casebook of cognitive therapy*, Plenum Press, New York 1992, pp. 79-88.

DSM-5. American Psychiatric Association (APA), *DSM-5. Manuale diagnostico e statistico dei disturbi mentali* (2013), Raffaello Cortina, Milano 2014.

Foley D., Nechas E., *Stupro*, in Id., *Enciclopedia delle donne. Il nostro corpo, la nostra mente* (1993), Feltrinelli, Milano 1995, pp. 502-510.

Frances A., *La diagnosi in psichiatria. Ripensare il DSM-5* (2013), Raffaello Cortina, Milano 2014.

ICD-10. Organizzazione Mondiale della Sanità (OMS), *ICD-10. Decima revisione della classificazione internazionale delle sindromi e dei disturbi psichici e comportamentali* (1992), Masson, Milano 1994.

Koss M. P., White J., Kazdin A., *Violence against women and girls*, vol. I: *Mapping the problems*, vol. II: *Navigating the solutions*, American Psychological Association, Washington (DC) 2011.

Subconscio (ingl. *Subconscious*; ted. *Unterbewusst*; fr. *Subconscient*; sp. *Subconsciente*). Termine impiegato nell'ambito della psicologia e della psicopatologia di fine Ottocento, e in particolare da Pierre Janet, per spiegare i fenomeni di SDOPPIAMENTO DELLA PERSONALITÀ (v.) in base all'ipotesi di una seconda coscienza, più attenuata, responsabile della scissione psichica (v. SCISSIONE, § II, 1). Sigmund Freud, dopo aver impiegato il termine nel periodo della sua collaborazione con Josef Breuer, lo rifiuta perché, come coscienza attenuata, la nozione di subconscio porta a risolvere lo psichico nell'ambito del conscio, perciò scrive: «Dobbiamo tenerci lontani anche dalla distinzione fra *coscienza superiore* e *coscienza inferiore*, che tanto favore ha incontrato nella letteratura più recente sulle psiconevrosi, poiché proprio essa accentua l'equivalenza tra psichico e conscio» (1899, p. 559). Inoltre, dice ancora Freud, «quando qualcuno parla di subcosciente non posso mai sapere se egli parla in senso topico e si riferisce a qualche cosa che si trova nella psiche al di sotto della coscienza, o in un senso qualitativo per indicare un'altra coscienza sotterranea, per così dire» (1926, p. 365). Per queste ragioni Freud e la psicoanalisi da lui fondata non utilizzano mai il termine SUBCONSCIO (v.), ma il termine INCONSCIO (v.).

Dello stesso avviso è Carl Gustav Jung, secondo il quale «ogni tentativo di dedurre l'inconscio dalla coscienza diviene un vuoto artifizio, sterile giuoco intellettualistico. Vi è ragione di sospettare di ciò ogniqualvolta gli autori parlano allegramente di "subconscio", senza rendersi conto di quanto sia presuntuosa la pregiudiziale che essi avanzano in tal modo. Come fanno a sapere con tanta certezza che l'inconscio è "sotto" e non "sopra" la coscienza? Di sicuro in questa terminologia vi è solo il fatto che la coscienza si immagina di stare più in alto degli stessi dèi. C'è da augurarsi che un giorno essa cominci "ad aver paura di questa sua rassomiglianza con Dio"» (1912-1952, p. 418).

Bibliografia

Freud S., *Studi sull'isteria (in collaborazione con Josef Breuer)* (1892-1895), in *Opere* (1967-1993), Bollati Boringhieri, Torino, vol. I.
–, *L'interpretazione dei sogni* (1899), in *Opere*, cit., vol. III.
–, *Il problema dell'analisi condotta da non medici. Conversazione con un interlocutore imparziale* (1926), in *Opere*, cit., vol. X.
Janet P., *L'automatismo psicologico. Saggio di psicologia sperimentale sulle forme inferiori dell'attività umana* (1889-1903), Raffaello Cortina, Milano 2013.
–, *La force et la faiblesse psychologiques*, Maloine, Paris 1930.
Jung C. G., *Simboli della trasformazione* (1912-1952), in *Opere* (1969-2007), Bollati Boringhieri, Torino, vol. V.

Sublimazione (ingl. *Sublimation*; ted. *Sublimierung*; fr. *Sublimation*; sp. *Sublimación*). Termine psicoanalitico che indica il meccanismo responsabile dello spostamento di una pulsione sessuale o aggressiva verso una meta non sessuale e non aggressiva che trova una valorizzazione a livello sociale, come l'attività artistica o la ricerca intellettuale. Sigmund Freud scrive in proposito: «La pulsione sessuale mette enormi quantità di forze a disposizione del lavoro d'incivilimento, e ciò a causa della sua particolare qualità assai spiccata di poter spostare la prima meta senza nessuna essenziale diminuzione d'intensità. Chiamiamo facoltà di *sublimazione* questa proprietà di scambiare la meta originaria sessuale con un'altra, non più sessuale ma psichicamente affine alla prima» (1908, p. 416).

La sublimazione impiega energia neutralizzata (v. NEUTRALIZZAZIONE) che ha subìto un processo di *desessualizzazione* e di *deaggressivizzazione*, dove l'energia libidica, che secondo le leggi del processo primario (v. PROCESSO PRIMARIO – PROCESSO SECONDARIO) tende naturalmente a una scarica immediata diretta verso la meta sessuale o aggressiva, viene neutralizzata e resa disponibile per attività sublimate, in accordo con lo sviluppo dell'Io e del mondo culturale e sociale in cui l'Io si trova ad esprimersi. In questo senso, scrive Freud: «Un certo tipo di modificazione della meta e di cambiamento dell'oggetto, in cui entrano in considerazione i nostri valori sociali, è da noi designato come "sublimazione"» (1932, p. 205). Nel tentativo di spiegare il meccanismo della sublimazione Freud è ricorso a tre ipotesi:

a) La sublimazione riguarda le *pulsioni parziali* (v. PULSIONE, § 2, *e*) non integrate nella genitalità e che, se non sono sublimate, innescano condotte perverse (v. PERVERSIONE) come la curiosità sessuale infantile che può degenerare in SCOPOFILIA (v.) o sublimarsi in curiosità intellettuale: «Le forze utilizzabili per il lavoro d'incivilimento vengono così in gran parte ottenute mediante la repressione delle componenti cosiddette *perverse* dell'eccitamento sessuale» (1908, p. 417).

b) La *teoria dell'appoggio* (v. ANACLISI, § 1), in base alla quale le pulsioni sessuali si appoggiano a pulsioni di autoconservazione, consente di ipotizzare che «le stesse vie per le quali i disturbi sessuali sconfinano nelle altre funzioni corporee dovrebbero servire, in stato di salute, ad altre importanti operazioni. In esse dovrebbe compiersi l'attrazione delle forze pulsionali sessuali verso mete diverse da quelle sessuali, dunque la sublimazione della sessualità» (1905, p. 513).

c) La *teoria del narcisismo*, che prevede un ritiro dell'energia libidica dall'oggetto all'Io, comporta anche una desessualizzazione di questa energia che la rende disponibile per la sublimazione: «L'osservazione della vita quotidiana degli uomini ci dimostra che ai più riesce di deviare parti molto considerevoli delle loro forze pulsionali sessuali verso l'attività professionale. La pulsione sessuale è particolarmente idonea a fornire contributi di questa natura, perché è dotata della capacità di sublimazione, vale a dire è in grado di scambiare la sua meta immediata con altre mete, che possono essere considerate più elevate e non sessuali» (1910, p. 224). E ancora: «Se questa energia spostabile è libido desessualizzata, essa può anche esser definita energia *sublimata*; essa si atterrebbe infatti fermamente a quello che è il fine dell'Eros, e cioè l'unire e il legare, in quanto serve a quella unità, o tendenza all'unità, che caratterizza l'Io» (1922, p. 507). Adottando quest'ultima ipotesi, la sublimazione sarebbe strettamente legata alla dimensione narcisistica dell'Io (v. NARCISISMO, § 2).

Il concetto di sublimazione è stato considerato da Anna Freud come un meccanismo di difesa non patologico (v. DIFESA, § 2): «A questi nove metodi di difesa ben noti nella pratica e descritti esaurientemente nella teoria psicoanalitica (rimozione, regressione, formazione reattiva, isolamento, rendere non avvenuto, proiezione, introiezione, volgersi contro la propria persona, inversione nel contrario) se ne aggiunge un decimo che pertiene più allo studio della normalità che a quello della nevrosi, e cioè la sublimazione o spostamento della meta pulsionale» (1936, p. 180), mentre Melanie Klein riconduce la sublimazione nell'ambito della riparazione o ripristino dell'oggetto "buono" frantumato dalle pulsioni distruttive perché «lo sviluppo libidico è stimolato e rafforzato in ogni fase dalla spinta a riparare e, in ultima analisi, dal senso di colpa» (1945, p. 398; v. KLEINIANA, TEORIA, § 3). Per quanto riguarda il rapporto tra sublimazione e produzione artistica, si veda la voce PSICOLOGIA DELL'ARTE, § 2, *a*.

Bibliografia

Chasseguet-Smirgel J., *Creatività e perversione* (1985), Raffaello Cortina, Milano 1987.

Enriquez E., *Le processus de sublimation dans la société*, in "Les Temps Modernes", 2000, n. 609.
Freud A., *L'Io e i meccanismi di difesa* (1936), in *Opere* (1978-1979), Bollati Boringhieri, Torino, vol. I.
Freud S., *Tre saggi sulla teoria sessuale* (1905), in *Opere* (1967-1993), Bollati Boringhieri, Torino, vol. IV.
–, *La morale sessuale "civile" e il nervosismo moderno* (1908), in *Opere*, cit., vol. V.
–, *Un ricordo d'infanzia di Leonardo da Vinci* (1910), in *Opere*, cit., vol. VI.
–, *Introduzione al narcisismo* (1914), in *Opere*, cit., vol. VII.
–, *L'Io e l'Es* (1922), in *Opere*, cit., vol. IX.
–, *Introduzione alla psicoanalisi. Nuova serie di lezioni* (1932), in *Opere*, cit., vol. XI.
Klein M., *Il complesso edipico alla luce delle angosce primitive* (1945), in *Scritti 1921-1958*, Bollati Boringhieri, Torino 1978, pp. 355-408.
Laplanche J., *Pour situer la sublimation*, in "Psychoanalyse à l'université", 1976, n. 3, pp. 434-461.
Loewald H. W., *La sublimazione. Ricerche di psicoanalisi teorica* (1988), Bollati Boringhieri, Torino 1992.

Subliminale (ingl. *Subliminal*; ted. *Unterschwellig*; fr. *Subliminal*; sp. *Subliminal*). Aggettivo riferito allo STIMOLO (v.) che opera al di sotto della soglia della percezione (v. PERCEZIONE, § 2, *f*) e della consapevolezza. Il termine, diffuso da Frederic William Henry Myers per segnalare che tutto ciò che si anima sotto la soglia della coscienza attiva processi di creazione geniale, è stato ripreso da Carl Gustav Jung, che in proposito scrive: «Bisogna comprendere non solo i materiali *rimossi*, ma anche tutto quel materiale psichico che non raggiunge la soglia della coscienza. È impossibile spiegare col principio della rimozione il carattere subliminale di tutti questi materiali, perché, se così fosse, sopprimendo la rimozione l'uomo acquisterebbe una memoria portentosa, che non dimenticherebbe più nulla. Noi pertanto rileviamo che nell'inconscio, oltre al materiale rimosso, si trova tutto il materiale psichico divenuto subliminale, comprese le percezioni sensoriali subliminali. Sappiamo inoltre non solo per copiosa esperienza, ma anche per ragioni tecniche, che l'inconscio contiene anche quel materiale che non ha ancora raggiunto la soglia della coscienza» (1916, p. 265). Siccome il concetto di "percezione subliminale" rappresenta una minaccia al concetto di libertà, ci sono molte resistenze ad accettare che i messaggi presentati a livello subliminale possano modificare gli atteggiamenti dei destinatari.

Bibliografia

Dixon N. F., *Preconscious processing*, Wiley, Chichester 1981.
Jung C. G., *La struttura dell'inconscio* (1916), in *Opere* (1969-2007), Bollati Boringhieri, Torino, vol. VII.
McConnell J. V. *et al.*, *Subliminal stimulation. An overview*, in "American Psychologist", 1958, n. 13.
Myers F. W. H., *La personalità umana e la sua sopravvivenza* (1903), Bocca, Milano 1949.

Subnormalità, v. INTELLIGENZA, § 2; RITARDO MENTALE.

Substantia nigra, v. GANGLI DELLA BASE.

Successo (ingl. *Success*; ted. *Erfolg*; fr. *Succès*; sp. *Éxito*). Esito di un'azione o di un'attività che conferma gli obiettivi del soggetto incidendo positivamente sullo sviluppo psichico e intellettivo, oltre che sul comportamento e sulla motivazione. Per Robert Ladd Thorndike, il successo è il principio esplicativo dell'apprendimento secondo il metodo dell'*apprendimento strumentale*, ove vige la *legge dell'effetto*, in base alla quale la connessione stimolo-reazione aumenta in presenza di un successo che funge da rinforzo, mentre si riduce in sua assenza con conseguente difficoltà ad apprendere (v. APPRENDIMENTO, § I, 2). Per quanto riguarda la *motivazione al successo*, David Clarence McClelland ha mostrato che le persone con una forte motivazione al successo preferiscono i rischi e gli obiettivi moderati, piuttosto che quelli facili o difficili, per avere un feedback rapido e concreto sulla loro prestazione; inoltre preferiscono compiti che dipendono più dalla responsabilità personale che dalla sorte (v. MOTIVAZIONE, § 5). Si ritiene che il bisogno di successo sia stimolato da quei metodi educativi che incoraggiano l'autonomia dei bambini e dalle condizioni ambientali che possono aumentare o ridurre la motivazione al successo. Dal punto di vista psicoanalitico non si parla di motivazione, ma di *sentimento di successo* considerato come appagamento delle aspirazioni dell'ideale dell'Io (v. IO, IDEALE DELL').

Bibliografia

Caprara G. V., *Le ragioni del successo*, il Mulino, Bologna 1996.
Fromm E., *Avere o essere?* (1976), Mondadori, Milano 1977.
Heckhausen H., *The anatomy of achievement motivation*, Academic Press, New York 1967.
Thorndike R. L., *The concepts of over and underachievement*, Columbia University, New York 1963.

Suggerimento, v. PROMPTING.

Suggestionabilità, v. SUGGESTIONE.

Suggestione (ingl. *Suggestion*; ted. *Suggestion*; fr. *Suggestion*; sp. *Sugestión*). Accettazione acritica di un'opinione, di un'idea, di un comportamento che nasce o dal soggetto stesso (*autosuggestione*) o dall'influenza di altri (*eterosuggestione*). La suggestione ha un meccanismo ideativo-motorio simile all'IMITAZIONE (v.)

tipica dei bambini nei confronti degli adulti e svolge un ruolo importante nelle relazioni interpersonali, per cui è oggetto di studio nell'ambito della psicologia sociale, nei trattamenti terapeutici come l'*ipnosi* che si fonda quasi esclusivamente sulla suggestione (v. IPNOSI), nel *trattamento psicoanalitico* dove non è escluso l'elemento suggestivo (v. ANALISI), e nella *terapia suggestiva* che consiste nell'offrire al paziente immagini positive che modificano adeguatamente il suo stato (v. PITIATISMO). Il grado di influenzabilità individuale attraverso suggestione prende il nome di *suggestionabilità*, che assume forme patologiche nelle personalità isteriche e immature, fino ai livelli di obbedienza automatica nelle schizofrenie catatoniche. Si parla invece di *suggestività* a proposito di segni, oggetti, situazioni in grado di provocare emozioni o azioni a sfondo emozionale.

Sono stati approntati dei test di suggestività, come il *test di Wartegg* che misura la reazione di fronte a certi segni a cui è stato attribuito un certo significato per ottenere dei dati nella diagnosi sulla personalità. La suggestione è certamente la forma più antica di trattamento dei malati psichici e ha un rapporto molto stretto con il pensiero magico (v. MAGIA). Émile Coué ha messo a punto una tecnica terapeutica fondata sull'autosuggestione attraverso la quale un individuo cerca di indurre un effetto desiderato, come l'AUTOSTIMA (v.) o l'autoincoraggiamento, con benefici effetti sulla propria condotta. Questa tecnica, detta *coueismo*, prevede anche metodiche autosuggestive centrate sui propri disturbi, con progressiva autoconvinzione della loro graduale scomparsa. La suggestione è alla base anche della somministrazione del PLACEBO (v.).

Da un punto di vista generale, la suggestione è un effetto psicologico connesso alla reciproca influenza che si determina in qualsiasi forma di comunicazione umana. In senso specifico, oltre alla suggestione che governa tutte le pratiche magiche e non di rado anche quelle a sfondo religioso, la suggestione è considerata in ambito terapeutico l'elemento imprescindibile delle sedute ipnotiche, che si attiva in presenza di una relazione empatico-affettiva tra medico e paziente, opportunamente sorvegliata e indirizzata al buon esito terapeutico. Sigmund Freud, che l'ha praticata prima di abbandonarla e accedere al metodo analitico, la definisce un "enigma", dovuto al fatto che non è reperibile una spiegazione scientifica soddisfacente della sua non sempre acclarata azione psicologica. Infatti, scrive Freud, «l'ipnosi si era allora rivelata come un ausilio terapeutico, ma anche come un ostacolo alla conoscenza scientifica della situazione reale, in quanto eliminava le resistenze psichiche da una certa zona per accumularle ai confini della medesima, sino a formare un baluardo insormontabile» (1909, p. 169). E a chi gli obietta che la suggestione è presente anche nella cura psicoanalitica, e precisamente nel rapporto transferale (v. TRANSFERT) tra medico e paziente, Freud risponde: «Non crediate che il fenomeno della traslazione, sul quale posso fermarmi troppo poco in questa sede, sia creato dall'influsso psicoanalitico. La traslazione si instaura spontaneamente in tutte le relazioni umane, esattamente come nel rapporto tra malato e medico; essa è dunque l'autentico supporto dell'influsso terapeutico e agisce tanto più vigorosamente quanto meno se ne sospetta la presenza. La psicoanalisi dunque non crea la traslazione, semplicemente la svela alla coscienza e se ne impossessa per guidare i processi psichici verso la meta desiderata» (*ibid.*).

Dal canto suo, Carl Gustav Jung illustra: *a*) *i fattori suggestivi generalmente presenti nella vita quotidiana*, che a suo parere sono lo spirito del tempo e gli ideali nonché i pregiudizi collettivi che influenzano gli "spiriti deboli"; *b*) *i fattori specifici presenti nella cura*, rappresentati dalla soggettività del terapeuta e dall'oggettività del metodo qualora il terapeuta lo assuma come un valore assoluto, indiscutibile e dogmatico; *c*) *i fattori alla base della suggestione*, che consistono fondamentalmente nell'indifferenziazione tra il soggetto e l'oggetto non sufficientemente separati. Per Jung il metodo suggestivo è incompatibile con il metodo analitico perché «l'intervento analitico è qualcosa di notevolmente più elevato – dal punto di vista della maturazione della personalità – che non l'azione suggestiva, la quale è una sorta d'incantesimo che agisce nell'ombra e non ha mai una pretesa etica sulla personalità» (1934, p. 158). E a proposito della "pretesa" freudiana che all'interno del trattamento accada il fenomeno del transfert, Jung ritiene che sia un residuo non analizzato del metodo suggestivo. La conclusione è che il transfert non è mai qualcosa che sia possibile "pretendere", anche perché nell'analisi, scrive Jung, «le suggestioni avvengono *eo ipso*, senza che il terapeuta possa impedirle e senza che debba compiere il minimo sforzo per produrle» (1946, p. 184).

Bibliografia

Benussi V., *La suggestione e l'ipnosi come mezzi di analisi psichica reale* (1923-1925), in Id., *Sperimentare l'inconscio. Scritti 1905-1927*, Raffaello Cortina, Milano 2006.

–, *Suggestione e psicoanalisi*, Principato, Messina-Milano 1932.

Bleuler E., *Affettività, suggestione, paranoia* (1906), Fattore Umano Edizioni, Roma 2017.

Coué É., *Self-mastery through conscious auto-suggestion*, American Library Service, New York 1922.

Freud S., *Ipnotismo e suggestione* (1888-1892), in *Opere* (1967-1993), Bollati Boringhieri, Torino, vol. I.

–, *Cinque conferenze sulla psicoanalisi* (1909), in *Opere*, cit., vol. VI.

Hull C. L., *Hypnosis and suggestibility. An experimental approach*, Appleton, New York 1933.
Jung C. G., *Psicologia e patologia dei cosiddetti fenomeni occulti* (1900), in *Opere* (1969-2007), Bollati Boringhieri, Torino, vol. I.
–, *L'applicabilità pratica dell'analisi dei sogni* (1934), in *Opere*, cit., vol. XVI.
–, *La psicologia della traslazione illustrata con l'ausilio di una serie di immagini alchemiche* (1946), in *Opere*, cit., vol. XVI.
Parenti F., Fiorenzola F., *Sogno, ipnosi e suggestione*, Feltrinelli, Milano 1964.
Schmidbauer W., *Schamanismus und Psychotherapie*, in "Psychologische Rundschau", 1969, n. 20.
Schultz J. H., *Il training autogeno. Metodo di autodistensione da concentrazione psichica* (1932), vol. I: *Esercizi inferiori*, vol. II: *Esercizi superiori. Teoria*, Feltrinelli, Milano 1968.
Wartegg E., *Il reattivo di disegno* (1957), Organizzazioni Speciali (O. S.), Firenze 1972.
Wundt W. M., *Ipnotismo e suggestione. Studio critico* (1893), Sandron, Palermo 1923.

Suggestiva, Terapia, v. SUGGESTIONE.

Suggestività, v. SUGGESTIONE.

Suicidio (ingl. *Suicide*; ted. *Selbstmord*; fr. *Suicide*; sp. *Suicidio*). Atto intenzionale con cui ci si toglie la vita. Prima che un sintomo di patologia mentale, il suicidio è un concetto familiare all'individuo normale per il quale possiede un valore affettivo, un valore etico e un significato esistenziale.

1. EPIDEMIOLOGIA. L'epidemiologia del suicidio è oggetto di approfondite ricerche perché, nei paesi maggiormente industrializzati, il suicidio è incluso fra le dieci cause di morte più frequenti. Raro nella fanciullezza, il suicidio aumenta la sua incidenza con il passare degli anni, con una frequenza doppia negli uomini rispetto alle donne. Si è registrata anche una fluttuazione circadiana (v. RITMO, § 1) con un massimo di frequenza dopo la mezzanotte e una fluttuazione annuale con punte massime in primavera. Siccome l'isolamento favorisce il suicidio, si è constatata una maggiore incidenza nei grossi centri urbani e tra persone che vivono sole rispetto ai coniugati; più numerosi si sono rivelati i suicidi nelle classi economicamente più agiate rispetto a quelle meno abbienti. Oggi le modalità più diffuse di suicidio sono rappresentate da superdosaggio di farmaci, dall'avvelenamento da gas domestico, mentre più rari sono i metodi violenti.

2. PATOLOGIA. La patologia sottesa al suicidio rinvia, nella maggior parte dei casi, a sfondi depressivi (v. DEPRESSIONE), e in particolare alle depressioni endogene rispetto a quelle nevrotiche e reattive. Anche nell'ambito delle schizofrenie e delle tossicodipendenze si possono verificare suicidi, ma, a differenza di quanto avviene nelle depressioni endogene, non c'è una vera consapevolezza delle conseguenze del proprio atto. Nello studio della predisposizione al suicidio, si è unanimemente riconosciuto il ruolo importante ricoperto dall'isolamento interumano, strettamente legato alla perdita di significato e di senso della propria esistenza.

3. IL TENTATO SUICIDIO (TS). È un suicidio mancato a causa dei mezzi impiegati o delle circostanze esterne che lo hanno impedito. A differenza del suicidio, solitamente considerato intenzionale, il tentato suicidio è definito *controintenzionale*, perché è promosso non tanto da un impulso autodistruttivo, quanto da un tentativo, anche se inadeguato, di affermazione di sé e di richiesta di aiuto. Il tentato suicidio si presenta con una frequenza quasi doppia nelle donne rispetto agli uomini e la sua incidenza diminuisce con l'età. È frequente nelle persone immature e fragili dove spesso rappresenta un'inadeguata difesa e una protesta nei confronti di una frustrazione che si ha l'impressione di non poter reggere, con l'intento di indurre negli altri sentimenti di colpa o di solidarietà. Nei giovani esprime di solito un comportamento reattivo a una delusione sentimentale con la segreta speranza di recuperare il partner, o anche un atto di ribellione nei confronti di genitori ritenuti oppressivi, per punirli o per ottenere in futuro una maggiore autonomia.

4. LE INTERPRETAZIONI. L'interpretazione del suicidio varia a seconda dell'ordine delle categorie impiegate.

a) A livello sociologico Émile Durkheim distingue quattro tipi di suicidio: *egoistico* quando un individuo non è integrato in modo adeguato nella società ed è costretto a fare affidamento unicamente sulle sue risorse personali, *altruistico* quando l'individuo si identifica con la cultura o con l'ideale del gruppo di appartenenza, *anomico* quando l'individuo, per il disgregarsi delle relazioni in cui è inserito, non trova più la sua identità, *fatalista* quando l'individuo si sente parte di un destino da cui non può separarsi senza una grave perdita di senso per la propria esistenza. Dopo Durkheim le interpretazioni sociologiche si sono arricchite di considerazioni psicologiche, intese però non come cause del suicidio, ma come conseguenze di una mancata integrazione sociale. Tale è la tesi di Maurice L. Farber, secondo il quale i soggetti più inclini al suicidio sono gli individui che hanno vissuto situazioni di deprivazione (v. PRIVAZIONE), caratterizzate da isolamento (*social deprivation*), che ha influito sullo sviluppo della personalità e sul processo di socializzazione al punto da non consentire l'acquisizione di una consapevolezza del proprio valore e delle proprie capacità. Dello stesso avviso è Ronald Maris, secondo il quale l'insoddisfazione di sé, il senso di totale fallimento e la mancanza di speranza nel futuro, che caratterizzano la condizione depressiva dei potenziali suicidari, dipendono da una serie continua di esperienze negative in ordine alle relazioni interpersonali che alla fine sono culminate nell'isolamento sociale.

b) A livello filosofico Karl Jaspers rifiuta la riduzione del suicidio a problema clinico preferendo la sua riconduzione nel più ampio problema della libertà umana. La clinica, infatti, rivela le condizioni che sono alla base del suicidio, ma non ciò che vi è di *incondizionato* in questo gesto: «L'azione suicida non la si può conoscere nella sua incondizionatezza, ma solo nelle condizioni e nei motivi che la determinano. Per quel tanto che può essere un'azione libera dell'esistenza, nella situazione-limite, essa è aperta all'esistenza possibile, al suo problema, al suo amore, al suo sgomento. Come tale, è oggetto di una valutazione etico-religiosa, sia che venga condannata, permessa o addirittura incoraggiata. L'origine incondizionata del suicidio rimane un segreto incomunicabile del singolo» (1932-1956, p. 785).

c) A livello fenomenologico, oltre alla posizione di Ludwig Binswanger, che segue Jaspers nell'interpretazione del suicidio come tentativo di trovare l'estrema significazione della propria esistenza, c'è l'interpretazione di Erwin Stengel, secondo il quale «quelli che tentano il suicidio tendono a rimanere vicino agli altri o ad andare verso gli altri. I tentativi di suicidio agiscono come segnali di allarme e hanno l'effetto di un'invocazione e di un aiuto, anche se nessuna invocazione del genere può venire intesa sul piano cosciente» (1964, p. 31). Sempre in ambito fenomenologico, Jack D. Douglas sostiene che il suicidio appartiene al mondo delle emozioni, dei significati e delle idee, per cui le cause esterne, come lutti, divorzi, fallimenti, possono portare al suicidio alla sola condizione che si connettano con il mondo interiore. Questo mondo, infatti, è sempre alla ricerca di un senso della vita che, non reperito, può condurre al gesto estremo che alcuni chiamano "suicidio razionale", in quanto l'individuo, a cui la vita non si presenta più degna di essere vissuta, decide freddamente e attentamente di esercitare il proprio diritto di autodeterminazione scegliendo la morte.

Carlo Lorenzo Cazzullo, Giordano Invernizzi e Antonino Vitali considerano astratta ogni interpretazione generale del suicidio perché «se la psichiatria si confronta con questi eventi radicali (e ultimi) della condizione umana, essa non può non considerarli nella loro realtà e nella loro dimensione empirica. Alla psichiatria compete, cioè, di valutare la fenomenologia e l'articolazione storica di ogni suicidio, al fine di analizzare e di cogliere quale sia *in ogni singolo caso* la misura di libertà e di illibertà dal gesto compiuto. Il problema essenziale è infatti quello della possibilità che, nel suicidio, si abbia una reale capacità di decisione libera: di una libertà nella scelta. Ovviamente si ha a che fare in psichiatria con una libertà intesa *non* astrattamente, *ma* immersa nel contesto di una prassi e di un'indagine clinica, e, cioè, empirica» (1987, p. 18).

d) A livello psicoanalitico Sigmund Freud interpreta il suicidio come il prevalere dell'istinto di morte (*Thanatos*) su quello di vita (*Eros*). Alla base c'è la distruttività che si riscontra sia nell'omicidio che nel suicidio, che per Freud è un omicidio rivolto a se stessi. A partire dalle proprie premesse teoriche, Melanie Klein sostiene che nel suicidio è leggibile l'ostilità trasposta dall'oggetto al soggetto, per cui l'atto suicida è a un tempo un gesto vendicativo e riparativo, una vendetta e un'espiazione, perché il suicida recita nel dramma della sua vita il doppio ruolo di colpevole e di vittima innocente. La tesi freudiana della pulsione di morte è stata ripresa da Karl Menninger, secondo il quale il suicidio è al termine di un percorso caratterizzato da un'ostilità inconscia, dove si alternano il desiderio di uccidere e il desiderio di essere ucciso, che poi si conclude con il desiderio di morire. Questa posizione è condivisa anche da Gregory Zilboorg, secondo il quale i soggetti suicidi hanno anche, come caratteristica comune, l'incapacità di amare. A proposito delle persone depresse a rischio di suicidio, Aaron T. Beck ha segnalato la mancanza di aspettative per il futuro, l'affievolirsi della speranza, l'azzeramento della stima di sé a causa del fallimento vero o presunto della propria esistenza, di cui più non si reperisce il senso, mentre Edwin S. Shneidman ritiene che a condurre al suicidio sia la raggiunta intollerabilità del dolore psichico e l'insopportabilità della sola idea di continuare a soffrire.

Bibliografia

Beck A. T., *Principi di terapia cognitiva. Un approccio nuovo alla cura dei disturbi affettivi* (1976), Astrolabio, Roma 1988.

Binswanger L., *Il caso Ellen West e altri saggi* (1944-1946), Bompiani, Milano 1973.

Blondel Ch., *Le suicide*, Alcan, Paris 1933.

Callieri B., *L'ambiguità esistenziale del suicidio* (1990), in Id., *Percorsi di uno psichiatra* (1955-1992), Edizioni Universitarie Romane, Roma 1993, pp. 333-336.

Camus A., *Il mito di Sisifo* (1942), Bompiani, Milano 1969.

Cazzullo C. L., Invernizzi G., Vitali A., *Le condotte suicidarie*, Uses, Firenze 1987.

Cendon P., Gaudino L., *Colpa vostra se mi uccido. Il suicidio e la responsabilità*, Marsilio, Venezia 1996.

Choron J., *Suicide*, Scribner's, New York 1972.

Crepet P., *Le dimensioni del vuoto. I giovani e il suicidio*, Feltrinelli, Milano 1993.
Douglas J. D., *The social meanings of suicide*, Princeton University Press, Princeton, New Jersey, 1967.
Durkheim É., *Il suicidio* (1896), Utet, Torino 1969.
Farber M. L., *Theory of suicide*, Funk & Wagnalls, New York 1968.
Festini Cucco W., Cipollone L., *Suicidio e complessità. Punti di vista a confronto*, Giuffrè, Milano 1992.
Freud S., *Lutto e melanconia*, in *Metapsicologia* (1915), in *Opere* (1967-1993), Bollati Boringhieri, Torino, vol. VIII.
Garaventa R., *Il suicidio nell'età del nichilismo*, Franco Angeli, Milano 1994.
Haim A., *Les suicides d'adolescents*, Payot, Paris 1969.
Hillman J., *Il suicidio e l'anima* (1964), Adelphi, Milano 2010.
Jamison K. R., *Rapida scende la notte. Capire il suicidio* (1999), Longanesi, Milano 2001.
Jaspers K., *Filosofia* (1932-1956), Libro I: *Orientazione filosofica nel mondo*, Libro II: *Chiarificazione dell'esistenza*, Libro III: *Metafisica*, Utet, Torino 1978.
Klein M., *Le influenze reciproche nello sviluppo dell'Io e dell'Es* (1952), in *Scritti 1921-1958*, Bollati Boringhieri, Torino 1978, pp. 536-539.
Maris R. W., *Pathways to suicide. A survey of self-destructive behaviors*, Johns Hopkins University Press, Baltimore-London 1981.
Martinotti G., *Dal suicidio alla speranza. Antropologia della morte e del morire*, in Id., *Fenomenologia della corporeità. Dalla psicopatologia alla clinica*, Edizioni Universitarie Romane, Roma 2009.
Menninger K., *The crime of punishment*, Penguin Books, New York 1968.
Moron P., *Il suicidio. Le scienze umane di fronte all'uomo che sceglie la morte* (1975), Garzanti, Milano 1976.
Pandolfi A. M., *Il suicidio. Voglia di vivere, voglia di morire*, Franco Angeli, Milano 2000.
Pavan L., *Paura della morte e suicidio*, Il Pensiero Scientifico, Roma 1995.
– (a cura di), *Suicidio*, in G. B. Cassano, P. Pancheri *et al.* (a cura di), *Trattato italiano di psichiatria* (1992), Masson, Milano 1999, vol. II, pp. 2393-2422.
Pietropolli Charmet G., Piotti A., *Uccidersi. Il tentativo di suicidio in adolescenza*, Raffaello Cortina, Milano 2009.
Poland S., *Prevenzione del suicidio nell'adolescenza. Interventi nella scuola* (1989), Erickson, Trento 1995.
Shneidman E. S., *Suicide as psychache. A clinical approach to self-destructive behavior*, Jason Aronson, Northvale, New Jersey, 1993.
–, *The suicidal mind*, Oxford University Press, New York 1996.
Stengel E., *Il suicidio e il tentato suicidio* (1964), Feltrinelli, Milano 1977.
Tatarelli R., *Suicidio. Psicopatologia e prevenzione*, Il Pensiero Scientifico, Roma 1992.
Zilboorg G., *The psychology of the criminal act and punishment*, Harcourt, Brace, New York 1954.

Suono, v. UDITIVO, SISTEMA.

Supercompensazione, v. COMPENSAZIONE, § 2; FORMAZIONE REATTIVA.

Supercosciente (ingl. *Superconscious*; ted. *Überbewusst*; fr. *Surconscient*; sp. *Superconsciente*). Termine impiegato nell'ambito della PSICOSINTESI (v.) per nominare il livello più evoluto della dimensione inconscia, sede di ispirazione creativa, illuminazione, stati estatici, slanci altruistici. Vi si accede attraverso la meditazione e il dialogo interiore, così come ci si difende, con i meccanismi di difesa (v. DIFESA, § 2) illustrati dalla psicoanalisi, per la paura dell'ignoto, per il timore di accedere a un mondo vissuto come transpersonale o per l'angoscia connessa alla sensazione di una disintegrazione della propria personalità. L'energia che si sperimenta venendo a contatto con il supercosciente è avvertita come un'esperienza positiva e rigenerante, che Abraham Maslow chiama *peak experience*, anche se in soggetti più deboli può produrre effetti inflattivi (v. INFLAZIONE) o disorientanti.

Bibliografia

Alberti A., *Psicosintesi. Una cura per l'anima*, L'Uomo Edizioni, Firenze 2008.
Assagioli R., *Principi e metodi della psicosintesi terapeutica*, Astrolabio, Roma 1973.
Ferrucci P., *Crescere. Teoria e pratica della psicosintesi*, Astrolabio, Roma 1981.
–, *Introduzione alla psicosintesi. Idee e strumenti per la crescita personale*, Edizioni Mediterranee, Roma 1994.
Maslow A., *Verso una psicologia dell'essere* (1968), Astrolabio-Ubaldini, Roma 1971.

Superdotato, v. INTELLIGENZA, § 2; PSICOPEDAGOGIA, § 2.

Superinvestimento, v. INVESTIMENTO, § 3.

Super-io (ingl. *Super-ego*; ted. *Über-Ich*; fr. *Surmoi*; sp. *Superyó*). Termine psicoanalitico introdotto da Sigmund Freud nell'ambito della seconda teoria dell'APPARATO PSICHICO (v. § 5), che prevede tre istanze della personalità: l'ES (v.), l'IO (v. § 1) e il Super-io. Quest'ultimo svolge la funzione di giudice o censore nei confronti dell'Io, su cui esercita un ruolo di critica, autosservazione e formazione degli ideali. Non coincide con la coscienza morale della tradizione occidentale perché il suo modo di operare è in gran parte inconscio. Preparata dai concetti di CENSURA (v.) e di senso di colpa (v. COLPA, § 3), l'espressione Super-io compare per la prima volta ne *L'Io e l'Es* del 1922, anche se già nella *Metapsicologia* del 1915 Freud aveva affermato di constatare che «una parte dell'Io si contrappone all'altra parte, la valuta criticamente e la assume, per così dire, quale suo oggetto. Il nostro sospetto che l'istanza critica, prodottasi in questo caso per scissione dell'Io, possa dimostrare la sua autonomia anche in altre circostanze sarà confermato da tutte le osservazioni ulteriori. Troveremo davvero che esistono dei motivi validi per separare questa istanza dal resto dell'Io» (1915, pp. 106-107).

Successivamente ne *L'Io e l'Es* Freud identifica il *Super-io* con l'ideale dell'Io (v. IO, IDEALE DELL'): «I motivi che ci hanno indotto ad ammettere un gradino, una differenziazione all'interno dello stesso Io a cui va data la denominazione di ideale dell'Io o Super-io, sono stati esposti altrove. Tali motivi sono tuttora validi. La novità che richiede un chiarimento è data dal fatto che questa parte dell'Io ha un rapporto meno stretto con la coscienza» (1922, p. 491). Questa identificazione tra Super-io e ideale dell'Io non è sempre mantenuta negli scritti successivi, dove talvolta si tende a distinguere la funzione del divieto assegnata al Super-io e quella dell'ideale e del modello assegnata all'ideale dell'Io.

Per Freud la formazione del Super-io prende avvio con il declino del complesso edipico, quando il bambino, intorno ai cinque anni, rinuncia al soddisfacimento dei suoi desideri incestuosi e ne interiorizza il divieto. Successivamente questa istanza viene rafforzata dall'educazione e dalle esigenze morali, religiose e sociali. Esiste però una differenza nella formazione del Super-io tra il maschio e la femmina: «Nel maschio sotto l'influsso del pericolo di perdere il pene, il complesso edipico viene abbandonato, rimosso e, nel più normale dei casi, radicalmente distrutto, e come suo erede viene istituito un severo Super-io. Quello che accade nella bambina è pressappoco il contrario. Il complesso di evirazione prepara il complesso edipico anziché distruggerlo; sotto l'influsso dell'invidia del pene, la bambina viene distolta dall'attaccamento alla madre e si precipita nella situazione edipica come in un porto sicuro. Venendo per lei a mancare l'angoscia di evirazione, cade anche il principale motivo che aveva indotto il maschio a superare il complesso edipico. La bambina rimane in questo complesso per un tempo indeterminato, lo demolisce solo tardi e mai completamente. La formazione del Super-io non può non risentire di queste condizioni, il Super-io non può raggiungere quella forza e quell'indipendenza che tanta importanza hanno per la civiltà umana, e i femministi non ameranno certo sentir dire quali sono gli effetti di questa debolezza sul carattere femminile medio» (1932, p. 235). Sempre in ordine al rapporto genitori-bambini, Freud precisa: «Il Super-io del bambino non viene costruito secondo il modello dei genitori, ma su quello del loro Super-io; si riempie dello stesso contenuto, diventa il veicolo della tradizione, di tutti i giudizi di valore imperituri che per questa via si sono trasmessi di generazione in generazione» (ivi, p. 179).

Dopo Freud s'è manifestata una tendenza ad anticipare la formazione del Super-io, che Sándor Ferenczi colloca all'epoca della fase anale (v. ANALE, § 2), in occasione dell'educazione sfinterica, Melanie Klein all'epoca dell'interiorizzazione degli oggetti "buoni" e "cattivi" con successivo passaggio da un Super-io sadico animato da un senso di colpa persecutorio a un Super-io maturo che caratterizza la posizione depressiva (v. KLEINIANA, TEORIA, §§ 1-2), mentre René Árpád Spitz indica come anticipazioni del Super-io le azioni fisiche imposte al bambino, il tentativo di dominio e l'identificazione con l'aggressore.

Bibliografia

Ferenczi S., *Psicoanalisi delle abitudini sessuali* (1925), in *Opere* (1989-1992), Raffaello Cortina, Milano, vol. III.

Freud S., *Lutto e melanconia*, in *Metapsicologia* (1915), in *Opere* (1967-1993), Bollati Boringhieri, Torino, vol. VIII.

–, *L'Io e l'Es* (1922), in *Opere*, cit., vol. IX.

–, *Introduzione alla psicoanalisi. Nuova serie di lezioni* (1932), in *Opere*, cit., vol. XI.

Klein M., *Il primo sviluppo della coscienza morale nel bambino* (1933), in *Scritti 1921-1958*, Bollati Boringhieri, Torino 1978, pp. 282-292.

Sandler J. (a cura di), *La ricerca in psicoanalisi*, vol. I: *Il Super-io, l'ideale dell'Io e altri scritti*, vol. II: *Verso un nuovo modello concettuale*, Bollati Boringhieri, Torino 1980-1981.

Spitz R. Á., *On the genesis of superego components*, in "The Psychoanalytic Study of the Child", 1958, n. 13, pp. 375-404.

Superiorità, Complesso di (ingl. *Superiority complex*; ted. *Überlegenheitskomplex*; fr. *Complexe de supériorité*; sp. *Complejo de superioridad*). Sovracompensazione (v. COMPENSAZIONE, § 2) di un sentimento di inferiorità mediante la quale, secondo Alfred Adler, si struttura una finzione che ingigantisce l'autostima e abbassa la valutazione degli altri: «Questo sforzo psichico compensatorio si svolge spesso, per poter superare le situazioni difficili della vita, su nuove vie, ed appare abbastanza esperto per adempiere in modo meraviglioso allo scopo di mascherare il deficit di cui si ha la sensazione. Il modo più diffuso, con cui si tenta di nascondere un senso di inferiorità nato nella prima infanzia, consiste nella costruzione di una soprastruttura psichica compensatoria, che tenta, nel modus vivendi nervoso, di riacquistare nella vita la *superiorità* e un punto d'appoggio, con disposizioni e sicurezze bell'e pronte e in pieno esercizio» (1920, p. 37). Il raggiungimento della superiorità è, per Adler, alla base di ogni atteggiamento nevrotico: «Il nervoso ha messo la sua vita psichica in funzione della sua aspirazione a una *posizione di predominio* sui suoi simili in misura maggiore di quanto lo facciano le persone relativamente normali. Il suo desiderio di tale predominio fa sì che egli, con la "malattia", respinga coazioni estranee, esigenze di terzi e obblighi sociali» (ivi, p. 32).

Bibliografia

Adler A., *Studie über Minderwertigkeit der Organen*, Urban & Schwarzenberg, Wien 1907.
–, *Prassi e teoria della psicologia individuale* (1920), Astrolabio, Roma 1947.
–, *Psicologia individuale e conoscenza dell'uomo* (1926), Newton Compton, Roma 1975.

Superstizione (ingl. *Superstition*; ted. *Aberglaube*; fr. *Superstition*; sp. *Superstición*). Credenza o insieme di credenze prive di un fondamento razionale, ma incondizionatamente accolte e, quando hanno un risvolto pratico, scrupolosamente eseguite per il valore protettivo che il soggetto vi attribuisce. Il loro senso va rintracciato nel contesto più vasto della MAGIA (v.).

Supervisione, v. ANALISI DIDATTICA, § 2.

Surménage. Termine francese con cui si indica uno stato di affaticamento intellettuale e fisico dovuto a eccessivo sforzo, la cui sintomatologia comprende insonnia, stanchezza mattutina, spossatezza, disattenzione e cefalea. Quando è protratto espone l'individuo alla vulnerabilità propria dello STRESS (v.).

Surrene, v. ENDOCRINO, SISTEMA, § 5.

Surrogato, v. SOSTITUZIONE.

Suscettibilità (ingl. *Susceptibility*; ted. *Reizbarkeit*; fr. *Susceptibilité*; sp. *Susceptibilidad*). Accentuata sensibilità emotiva che si manifesta in un eccessivo grado di eccitabilità e ricettività interiore, soprattutto in occasione di giudizi critici o negativi.

Suzione (ingl. *Sucking*; ted. *Saugen*; fr. *Sucement*; sp. *Succión*). Comportamento istintivo del neonato per la soddisfazione alimentare a cui, secondo Sigmund Freud, si accompagna una soddisfazione libidica (v. ANACLISI, § 1), la quale trova il suo proseguimento nella suzione del pollice, che svolge una funzione calmante e distensiva interpretata da Freud come attività autoerotica (v. ORALE, § 3) e da Melanie Klein come attività sostitutiva alla mancanza di un oggetto esterno (capezzolo).

Bibliografia

Freud S., *Tre saggi sulla teoria sessuale* (1905), in *Opere* (1967-1993), Bollati Boringhieri, Torino, vol. IV.
Klein M., *La psicoanalisi dei bambini* (1932), Martinelli, Firenze 1969.

Svalutazione (ingl. *Depreciation*; ted. *Entwertung*; fr. *Dépréciation*; sp. *Devaluación*). Sottovalutazione non giustificata di sé o di altri. Nel primo caso è spesso conseguenza di sentimenti di inferiorità (v. INFERIORITÀ, § 1), a volte connessi con inconsci sensi di colpa (v. COLPA, § 3); nel secondo caso è l'effetto di una supercompensazione del proprio senso di inferiorità (v. COMPENSAZIONE, § 2). Nell'ambito dell'analisi transazionale Jacqui L. Schiff ne parla come di un meccanismo di difesa che induce il soggetto a minimizzare o ignorare aspetti della realtà, in modo da percepire se stessi, gli altri e il mondo in maniera tale da confermare il proprio COPIONE (v.), riproponendo le strategie apprese nell'infanzia anche quando pervengono a risultati dolorosi e autolesionisti. In questo quadro, la svalutazione consente di ignorare un elemento utile alla soluzione del proprio problema e insieme di conferire eccessiva importanza a un elemento che ne impedisce la soluzione. Contrastare le svalutazioni permette di ricreare una situazione utile alla soluzione dei problemi.

Bibliografia

Schiff J. L., *Analisi transazionale e cura delle psicosi* (1975), Astrolabio, Roma 1980.
Stewart I., Joines V., *L'analisi transazionale* (1987), Garzanti, Milano 1990.

Svantaggio (ingl. *Disadvantage*; ted. *Nachteil*; fr. *Désavantage*; sp. *Desventaja*). Termine impiegato in ambito pedagogico per indicare quelle situazioni educative depresse che sono all'origine di molte prestazioni individuali insufficienti, soprattutto per quei bambini nati e cresciuti in ambienti deprivati (v. PRIVAZIONE). Questo concetto discende dagli studi sul comportamento animale condotti da Donald Olding Hebb e William R. Thompson, i quali avevano scoperto che la privazione di sollecitazioni sensoriali nelle prime fasi della vita ostacola lo sviluppo degli affetti e delle abilità. Il passaggio dalla privazione sensoriale a quella culturale, denominata *svantaggio sociale*, è stato ritenuto da molti poco giustificato e improprio, pur non negando l'esistenza di problemi sociali e educativi in soggetti culturalmente deprivati.

Bibliografia

Deutsch M. *et al.*, *The disadvantaged child*, Basic Books, New York 1967.
Hebb D. O., Thompson W. R., *The social significance of animal studies*, in G. Lindzey (a cura di), *Handbook of social psychology*, Addison-Wesley, Reading, Massachusetts, 1954, vol. I.
Passow A. H., Goldberg M., Tannenbaum A. J., *L'educazione degli svantaggiati* (1967), Franco Angeli, Milano 1971.

Svenimento (ingl. *Faint*; ted. *Ohnmachtsanfall*; fr. *Evanouissement*; sp. *Desvanecimiento*). Perdita momentanea della sensibilità e della coscienza provocata da una forte commozione o da un forte stato d'ansia. Quando non ha cause organiche, lo svenimento è interpretato psicoanaliticamente come una strategia inconscia per sottrarsi a un conflitto (v. ISTERIA, § 1).

Bibliografia

Freud S., *Studi sull'isteria (in collaborazione con Josef Breuer)* (1892-1895), in *Opere* (1967-1993), Bollati Boringhieri, Torino, vol. I.

Sviluppo (ingl. *Development*; ted. *Entwicklung*; fr. *Développement*; sp. *Desarrollo*). Processo evolutivo di un organismo con modificazioni di struttura, di funzione e di organizzazione per tre ordini di cause: *maturazione intrinseca*, *influenza dell'ambiente* e *apprendimento* che avviene assumendo posizione attiva nei confronti dell'ambiente. In ogni forma di sviluppo si assiste a un processo graduale di *differenziazione* da complessi funzionali indifferenziati, da cui si articolano funzioni specifiche sempre nuove, e di contemporanea *centralizzazione* che prevede una convergenza funzionale per far fronte a esigenze che investono diverse funzioni specifiche. Allo sviluppo si contrappone l'*involuzione* che coesiste con lo sviluppo in ogni periodo della vita, nel senso che lo sviluppo stesso può essere letto come demolizione di strutture funzionali più vecchie e rese inidonee. Si parla infine di *arresto dello sviluppo* in presenza di una cessazione dei normali processi di crescita.

1. I FATTORI DELLO SVILUPPO. I due fattori individuati come responsabili dello sviluppo sono quello *endogeno* legato allo sviluppo biologico e quello *ambientale*, con una diversa accentuazione a seconda delle diverse correnti di pensiero:

a) Il comportamentismo con John B. Watson ha ricondotto lo sviluppo all'influenza dell'ambiente, senza riconoscere alcun condizionamento di natura genetica e nessuna disposizione biologica o caratteristica individuale che ne indirizzi l'evoluzione (v. COMPORTAMENTISMO, § 2).

b) La psicoanalisi, al contrario, ritiene che lo sviluppo sia determinato dall'energia psichica di origine endogena e di derivazione pulsionale, mentre l'ambiente non è un elemento strutturante lo sviluppo, perché la sua incidenza è solo nel favorire o inibire la soddisfazione pulsionale.

c) Il modello organismico ha il suo maggior rappresentante in Jean Piaget, per il quale lo sviluppo è regolato all'interno dell'organismo, su base biologica, per un miglior adattamento all'ambiente, grazie allo sviluppo dei processi cognitivi e delle funzioni psichiche superiori (v. COGNIZIONE, § 2). Lo sviluppo, precisa Heinz Werner, procede attraverso una progressiva differenziazione e gerarchizzazione degli aspetti della realtà in un rapporto sempre più articolato e flessibile con essa.

d) Il modello neurofisiologico, privilegiato dalle neuroscienze, approfondisce e radicalizza il modello organismico, individuando nelle modalità di funzionamento del sistema nervoso i modelli di funzionamento della psiche, i quali hanno come scopo il miglior adattamento all'ambiente, che avviene soprattutto in base alla programmazione genetica (v. GENETICA) e allo sviluppo neurofisiologico (v. NEUROSCIENZE).

e) Il modello storico-culturale, inaugurato da Lev Semënovič Vygotskij, sostiene che lo sviluppo è un processo autonomo di maturazione attraverso il rapporto con la realtà che è essenzialmente di tipo sociale. Il fattore biologico esprime solo l'ambito delle possibilità di sviluppo, mentre la loro effettiva attuazione dipende dalla maturazione dei processi psichici e delle funzioni superiori che sono di natura sociale. Questa posizione è condivisa da Jerome Seymour Bruner, per il quale l'attività principale della mente è dare un senso alla realtà che ci circonda in modo da conferirle un significato. Processi questi che non possono avvenire a prescindere dal contesto sociale e culturale in cui l'individuo cresce.

f) Il modello olistico-probabilistico è l'orientamento che si è affermato nella seconda metà del Novecento e che concepisce la relazione individuo-ambiente come un sistema integrato dove entrambi, alla stregua di due elementi inseparabili, si influenzano reciprocamente. Per effetto di questo condizionamento reciproco, la mente umana non è determinata unicamente dalle condizioni biologiche dell'individuo o dagli eventi esterni, ma, come scrive Silvia Bonino, «la mente riorganizza attivamente le proprie relazioni con l'ambiente e con l'organismo: essa non è soltanto reattiva, ma proattiva. In questa concezione lo sviluppo è di tipo qualitativo e incrementale, e si differenzia, quindi, dal semplice cambiamento. Questo modello ritiene che lo sviluppo non sia limitato all'età evolutiva, ma che, per le caratteristiche neurofisiologiche umane e per il peso dell'azione individuale, esso sia possibile lungo tutta l'esistenza. Lo sviluppo non segue percorsi obbligati, bensì percorsi possibili, fortemente individualizzati e differenziati. [...] I percorsi di sviluppo sono dunque di tipo probabilistico e pluridirezionale, ed è riconosciuta l'esistenza di una grande variabilità interindividuale e intraindividuale» (2006-2007, pp. 1077-1078).

2. LE AREE SPECIFICHE DELLO SVILUPPO. Di sviluppo si parla a livello biologico (v. EVOLUZIONE) e a livello psicologico a proposito dei processi pulsionali

(v. LIBIDO, § 1, *b*), dei processi cognitivi (v. COGNIZIONE, § 2), del LINGUAGGIO (v. § 3), del COMPORTAMENTO (v. § 4), della socializzazione (v. PSICOLOGIA SOCIALE, §§ 1-3; GRUPPO, § II, 8). Il tema dello sviluppo è inoltre oggetto specifico di studio della PSICOLOGIA DELL'INFANZIA (v. §§ 1-2), dell'ADOLESCENZA (v.) e soprattutto della PSICOLOGIA DELL'ETÀ EVOLUTIVA (v.). Sono state messe a punto scale per la misurazione dello sviluppo dell'intelligenza (v. INTELLIGENZA, § 2), dell'intelligenza pratica (v. ALEXANDER, SCALA DI), della motricità (v. OSERETZKY, SCALA DI), della psicomotricità (v. GESELL, SCALA DI), del comportamento infantile (v. BAYLEY, SCALE), della maturità sociale (v. VINELAND, SCALA).

3. I DISTURBI DELLO SVILUPPO. Il DSM-5 distingue un disturbo "generale" dello sviluppo dai "disturbi specifici":

a) «*Il disturbo generale del neurosviluppo* – si legge nel DSM-5 – si manifesta tipicamente nelle prime fasi dello sviluppo, spesso prima che il bambino inizi la scuola elementare, ed è caratterizzato da deficit di sviluppo che causa una compromissione del funzionamento personale, sociale, scolastico e lavorativo. Il range del deficit dello sviluppo varia da limitazioni molto specifiche dell'apprendimento o del controllo delle funzioni esecutive fino alla compromissione globale delle abilità sociali o dell'intelligenza» (2013, p. 359).

b) *I disturbi specifici dello sviluppo* sono disabilità frequenti nel corso dello sviluppo in soggetti che non hanno patologie neurologiche, come ad esempio l'EPILESSIA (v.) o gravi deficit sensoriali a livello acustico o visivo, ma presentano una disabilità costituzionale e specifica, ad esempio: per la comprensione e l'espressione del linguaggio (v. LINGUAGGIO, § 5), per l'apprendimento in ordine alla lettura (v. ALESSIA, § 2), al calcolo (v. ACALCULIA), alla scrittura (v. AGRAFIA), rubricati sotto lo sigla DSA (*Disturbi specifici di apprendimento*), perché in comune hanno la caratteristica specificità del deficit, riconoscibile e indipendente dal livello cognitivo del soggetto che ha un'intelligenza adeguata e non evidenzia particolari condizioni di svantaggio culturale. Un grande contributo alla conoscenza dei disturbi specifici dello sviluppo è dato dalle neuroimmagini dinamiche come la PET o la risonanza magnetica funzionale (v. DIAGNOSI, § 5), in grado di evidenziare le differenze di funzionamento della corteccia cerebrale in conseguenza di determinati compiti assegnati. L'evoluzione dei disturbi specifici dello sviluppo è generalmente favorevole per la maggior parte dei soggetti che, nell'arco dell'età evolutiva, tendono a compensare il deficit e raggiungere un livello soddisfacente per l'apprendimento scolastico.

Bibliografia

Ammaniti M. (a cura di), *Psicopatologia dello sviluppo. Modelli teorici e percorsi a rischio*, Raffaello Cortina, Milano 2010.

Bernard P., *Lo sviluppo della personalità. Guida alla comprensione del comportamento umano e delle relazioni interpersonali* (1975), Feltrinelli, Milano 1980.

Berti A. E., Bombi A. S., *Introduzione alla psicologia dello sviluppo. Storie, teorie, metodi*, il Mulino, Bologna 2001.

Bonino S., *Sviluppo*, in AA.VV., *Psiche. Dizionario storico di psicologia, psichiatria, psicoanalisi, neuroscienze*, Einaudi, Torino 2006-2007, vol. II, pp. 1073-1078.

Bornstein M. H., Lamb M. E. (a cura di), *Lo sviluppo percettivo, cognitivo e linguistico* (1988), Raffaello Cortina, Milano 1992.

Bronfenbrenner U., *Ecologia dello sviluppo umano* (1979), il Mulino, Bologna 1986.

Bruner J. S., *Studi sullo sviluppo cognitivo* (1966), Armando, Roma 1968.

–, *La ricerca del significato. Per una psicologia culturale* (1990), Bollati Boringhieri, Torino 1992.

Camaioni L. (a cura di), *Psicologia dello sviluppo del linguaggio*, il Mulino, Bologna 2001.

Camaioni L., Di Blasio P., *Psicologia dello sviluppo*, il Mulino, Bologna 2007.

Camaioni L., Simion F., *Metodi di ricerca in psicologia dello sviluppo*, il Mulino, Bologna 1990.

Cannao M., Moretti G., *I disturbi mentali e i diversi momenti dello sviluppo*, in G. B. Cassano, P. Pancheri *et al.* (a cura di), *Trattato italiano di psichiatria* (1992), Masson, Milano 1999, vol. III, pp. 2759-2776.

Castelli C., Quadrio A., Venini L., *Psicologia sociale e dello sviluppo*, Franco Angeli, Milano 1995.

Craig G. J., *Lo sviluppo umano* (1976), il Mulino, Bologna 1982.

DSM-5. American Psychiatric Association (APA), *DSM-5. Manuale diagnostico e statistico dei disturbi mentali* (2013), Raffaello Cortina, Milano 2014.

Elliott J., Place M., *Interventi di psicologia clinica dello sviluppo. Sindromi e terapie efficaci* (1999), Erickson, Trento 2001.

Fava Vizziello G., *Psicopatologia dello sviluppo*, il Mulino, Bologna 2003.

Flavell J. H., Miller P. H., Miller S. A., *Psicologia dello sviluppo cognitivo* (1993), il Mulino, Bologna 1996.

Freud S., *Introduzione alla psicoanalisi. Nuova serie di lezioni* (1932), in *Opere* (1967-1993), Bollati Boringhieri, Torino, vol. XI.

Gobbo C., Morra S., *Lo sviluppo mentale. Prospettive neopiagetiane*, il Mulino, Bologna 1997.

Grazzani Gavazzi I., *Psicologia dello sviluppo emotivo*, il Mulino, Bologna 2009.

Hendry L. B., Kloep M., *Lo sviluppo nel ciclo di vita* (2002), il Mulino, Bologna 2003.

Kagan J., *Lo sviluppo umano. Tra genetica ed esperienza* (2013), Raffaello Cortina, Milano 2014.

Levorato M. C., *Lo sviluppo psicologico. Dal neonato all'adolescente*, Einaudi, Torino 2002.

Macchi Cassia V., Valenza E., Simion F., *Lo sviluppo della mente umana. Dalle teorie classiche ai nuovi orientamenti*, il Mulino, Bologna 2004.
Mazzoncini B., Musatti L., *I disturbi dello sviluppo. Bambini, genitori e insegnanti*, Raffaello Cortina, Milano 2012.
McShane J., *Lo sviluppo cognitivo* (1991), il Mulino, Bologna 1994.
Miller P. H., *Teorie dello sviluppo psicologico* (1983), il Mulino, Bologna 1992.
Molinari L., *Psicologia dello sviluppo sociale*, il Mulino, Bologna 2007.
Moretti G., Borgatti R., Molteni M., *Disturbi specifici dello sviluppo*, in G. B. Cassano, P. Pancheri *et al.* (a cura di), *Trattato italiano di psichiatria*, cit., vol. III, pp. 2777-2794.
Piaget J., *La nascita dell'intelligenza nel bambino* (1936), La Nuova Italia, Firenze 1977.
Quaglia R., Longobardi C., *Psicologia dello sviluppo. Teorie, modelli e concezioni*, Erickson, Trento 2007.
Riva Crugnola C. (a cura di), *Lo sviluppo affettivo del bambino. Tra psicoanalisi e psicologia evolutiva*, Raffaello Cortina, Milano 1993.
Rogoff B., *La natura culturale dello sviluppo* (2003), Raffaello Cortina, Milano 2004.
Schaffer H. R., *Lo sviluppo sociale* (1996), Raffaello Cortina, Milano 1998.
–, *Psicologia dello sviluppo. Un'introduzione* (2004), Raffaello Cortina, Milano 2005.
–, *I concetti fondamentali della psicologia dello sviluppo* (2006), Raffaello Cortina, Milano 2008.
Sroufe L. A., *Lo sviluppo delle emozioni. I primi anni di vita* (1995), Raffaello Cortina, Milano 2000.
Stella G., *I disturbi specifici del linguaggio*, in L. Camaioni (a cura di), *Psicologia dello sviluppo del linguaggio*, cit.
Strepparava M. G., Iacchia E., *Psicopatologia cognitiva dello sviluppo. Bambini difficili o relazioni difficili?*, Raffaello Cortina, Milano 2012.
Vicari S., Caselli M. C. (a cura di), *I disturbi dello sviluppo. Neuropsicologia clinica e ipotesi riabilitative*, il Mulino, Bologna 2002.
Vygotskij L. S., *Lo sviluppo psichico del bambino* (1934), Editori Riuniti, Roma 1973.
Watson J. B., *Il comportamentismo* (1924-1930), Giunti, Firenze 1985.
Werner H., *Psicologia comparata dello sviluppo mentale* (1940), Giunti Barbera, Firenze 1970.
Zappella M., *Disturbi generalizzati dello sviluppo (Disturbo dello spettro autistico)*, in G. B. Cassano, P. Pancheri *et al.* (a cura di), *Trattato italiano di psichiatria*, cit., vol. III, pp. 2795-2806.

SWAP-200 (*Shedler Westen Assessment Procedure-200*). Strumento diagnostico messo a punto da Drew Westen e Jonathan Shedler, in grado di fornire una notevole quantità di informazioni clinicamente rilevanti sul singolo caso preso in esame relativamente a dodici fattori di funzionamento della personalità e undici disturbi di personalità. Inoltre, a differenza di altri analoghi strumenti diagnostici, la SWAP-200 permette di evidenziare il grado di sensibilità al cambiamento del paziente che si sottopone al test.

Bibliografia

Westen D., Shedler J., Lingiardi V., *La valutazione della personalità con la SWAP-200* (1998-2000), Raffaello Cortina, Milano 2003.

Sydenham, Corea di, v. COREA, § 2.

Szondi, Prova di (ingl. *Szondi test*; ted. *Szondi-test*; fr. *Test de Szondi*; sp. *Prueba de Szondi*). Test proiettivo della personalità introdotto dallo psichiatra ungherese Leopold Szondi per l'analisi delle pulsioni dominanti che, secondo l'autore, si formano nell'*inconscio familiare*, da lui concepito come un inconscio intermedio tra quello personale e quello collettivo, in cui trovano la propria origine i comportamenti selettivi e le scelte dell'individuo. Il materiale del test consiste in 48 cartelle, divise in 6 serie di otto, ognuna delle quali riproduce la fotografia di pazienti psichiatrici classificati secondo la personalità omosessuale, sadica, epilettica, isterica, catatonica, paranoide, depressa e maniaca. Dopo la prima presentazione di una serie, durante la quale il soggetto deve scegliere i due personaggi più simpatici e successivamente i due più antipatici, la prova viene ripetuta dopo dieci giorni con serie diverse. Questi personaggi costituirebbero situazioni-stimolo idonee a individuare le tendenze pulsionali del soggetto sottoposto alla prova, da cui emergerebbero i tratti fondamentali della sua personalità. Nonostante il risultato insoddisfacente della prova di validazione, il test di Szondi mantiene in psicologia clinica una certa considerazione per le tre ipotesi che sostiene: l'ipotesi *fisiognomica*, che ipotizza di individuare il carattere dei soggetti dal loro aspetto corporeo (v. FISIOGNOMICA), l'ipotesi dell'*inconscio familiare* e l'ipotesi *genetica*, secondo cui la vita individuale sarebbe governata da un piano nascosto determinato da "geni recessivi latenti". Questa è anche la ragione per cui Szondi chiamò il suo test *Schicksals-Analyse* ("analisi del destino"), perché metterebbe in luce tendenze innate, determinate geneticamente.

Bibliografia

Szondi L., *Schicksalsanalyse*, Schwabe & Co., Basel 1944-1963, voll. I-V; tr. it. dell'Introduzione e del secondo dei cinque volumi con il titolo *Diagnostica sperimentale degli istinti*, Astrolabio, Roma 1975.
–, *Lehrbuch der experimentellen Triebdiagnostik*, Huber, Bern-Stuttgart 1947.

T

Tabagismo (ingl. *Nicotine addiction*; ted. *Nikotinabhängigkeit*; fr. *Tabagisme*; sp. *Tabaquismo*). Sindrome tossica dovuta a un uso eccessivo e prolungato di tabacco che crea dipendenza psicologica e assuefazione fisica.

Tabe, v. SIFILIDE.

Taboparesi, v. SIFILIDE.

Tabù (ingl. *Taboo*; ted. *Tabu*; fr. *Tabou*; sp. *Tabú*). Termine polinesiano, introdotto in Europa nel 1777 da James Cook, che ne aveva notato l'uso in alcune isole del Pacifico, dove si interdiceva il contatto con cose ritenute sacre o impure. Il significato del termine è affidato alle varie interpretazioni fornite in ambito antropologico e psicoanalitico.

1. IL SIGNIFICATO RELIGIOSO. Questo significato è stato sottolineato da William Robertson Smith, per il quale «le cose sacre e quelle impure hanno questo in comune, che in entrambi i casi la possibilità del contatto e del loro uso da parte degli uomini subisce delle restrizioni, la cui violazione comporta pericoli sovrannaturali» (1889, p. 446). Questa tesi, condivisa da quanti, nell'opposizione sacro/profano, identificano il SACRO (v.) con l'impuro (v. PURO – IMPURO), è stata introdotta da Emile Durkheim, secondo il quale «l'interdizione religiosa implica necessariamente la nozione di sacro; essa deriva dal rispetto che l'oggetto sacro ispira, ed ha il fine di impedire che si manchi a questo rispetto. Al contrario, le interdizioni magiche presuppongono soltanto la nozione totalmente laica di proprietà. Le cose che il mago raccomanda di tener separate sono quelle che, a causa delle loro proprietà caratteristiche, non possono essere mescolate o avvicinate senza pericoli» (1912, p. 329).

2. IL SIGNIFICATO SOCIALE. Questo significato è stato messo in primo piano da Franz B. Steiner, per il quale «il tabù riguarda: 1) tutti i meccanismi sociali di ubbidienza che abbiano un significato rituale; 2) gli specifici comportamenti restrittivi in situazioni pericolose. Si potrebbe dire che esso riguarda la sociologia stessa del pericolo, poiché vi rientrano anche: 3) la protezione degli individui che sono in pericolo; 4) la protezione della società dagli individui compromessi e quindi pericolosi» (1956, p. 8). Dello stesso avviso è Robert Ranulph Marrett, per il quale «i tabù sono delle pratiche consuetudinarie, una porzione della legge non scritta della società; a ciò deve quindi essere attribuita almeno una parte della forza che li rende effettivi» (1909, p. 81).

3. IL SIGNIFICATO LOGICO-CLASSIFICATORIO. Questo significato è stato messo in luce da Lucien Lévy-Bruhl, per il quale la funzione fondamentale che nella mentalità primitiva ha svolto la nozione di tabù è stata quella di educare alla classificazione attraverso l'identificazione dei tipi di trasgressione. Inoltre la rete di relazioni che i tabù stabiliscono tra cose, persone, possibilità o interdizione di contatto, relazione con il puro, l'impuro e il sacro, favorisce, se non proprio una connessione causale, quelle che Lévy-Bruhl chiama "preconnessioni", che sono l'antecedente del pensiero logico (v. PRELOGICO). Questa linea interpretativa è seguita anche da Claude Lévi-Strauss, per il quale il senso dei tabù non emerge dalla loro analisi e nemmeno dai lunghi elenchi riportati dagli antropologi come James George Frazer, ma solo dalla connessione tra TOTEM (v.) e tabù, che consente di evidenziare come l'uomo abbia ordinato il mondo e denotato gli elementi «non già attraverso il principio dell'analogia, bensì attraverso il principio della differenza e dell'opposizione» (1962, p. 145). Infatti, «proibire talune specie non è altro che uno dei tanti mezzi per renderle significative, e la regola pratica appare quindi come

un operatore a servizio del senso, in una logica che, essendo qualitativa, può operare con i comportamenti altrettanto bene che con le immagini» (ivi, p. 116). Per Lévi-Strauss, dunque, il significato del tabù non è da cercare a livello di contenuto ma a livello di forma, e precisamente in quella forma disgiuntiva che, in coppia con il totem, fa «della proibizione il metodo differenziale più redditizio. [...] Proibizioni e prescrizioni alimentari non sono dunque che mezzi teoricamente equivalenti per "significare il significato" in un sistema logico» (ivi, p. 117).

4. IL SIGNIFICATO PSICOANALITICO. Questo significato è stato segnalato da Sigmund Freud in questi termini: «Per noi il significato del tabù si sviluppa in due direzioni opposte e divergenti. Da un lato vuol dire: santo, consacrato. Dall'altro lato: perturbante, pericoloso, proibito, impuro. L'opposto del tabù si chiama in lingua polinesiana *noa*, ossia "usuale", "generalmente accessibile". Di conseguenza col tabù è connessa la nozione di una sorta di riserva: esso si esprime infatti essenzialmente in divieti e restrizioni. Il significato del tabù potrebbe coincidere spesso con la nostra espressione "orrore sacro"» (1912-1913, p. 27). Nei tabù dell'incesto (v. ENDOGAMIA – ESOGAMIA; INCESTO) e dell'uccisione del padre (v. ANTROPOLOGIA, § 1), nonché nel sacrificio rituale dell'animale totemico (v. TOTEM, § 2; SACRIFICIO, § 2) che ribadisce questi tabù, Freud ravvisa una corrispondenza con le proibizioni del complesso edipico, a partire dalle quali prende a strutturarsi il Super-io. Inoltre, a parere di Freud esiste una corrispondenza tra il tabù e la nevrosi ossessiva (v. OSSESSIONE, § 2) evidenziabile: *a*) nella mancanza di motivazione che, in entrambi i casi, è alla base dei divieti; *b*) nella loro convalidazione per effetto di una necessità interiore; *c*) nella contagiosità (v. CONTAGIO) degli oggetti proibiti; *d*) nella creazione di pratiche cerimoniali e rituali (v. RITO, § 2, *a*) derivante dai divieti.

Bibliografia

Appiani M., *Tabù. Elogio del pudore*, Franco Angeli, Milano 2004.
Durkheim É., *Le forme elementari della vita religiosa* (1912), Edizioni di Comunità, Milano 1971.
Frazer J. G., *Taboo*, in *Encyclopaedia Britannica*, Scribner's Sons, New York 1878, IX edizione, vol. 23, pp. 15-18.
Freud S., *Totem e tabù. Alcune concordanze nella vita psichica dei selvaggi e dei nevrotici* (1912-1913), in *Opere* (1967-1993), Bollati Boringhieri, Torino, vol. VII.
Galimberti U., *Tabù – Antropologia culturale*, in AA.VV., *Gli strumenti del sapere contemporaneo*, vol. II: *I concetti*, Utet, Torino 1985, pp. 834-835.
Lévi-Strauss C., *Il pensiero selvaggio* (1962), il Saggiatore, Milano 1970.
Lévy-Bruhl L., *La mentalità primitiva* (1922), Einaudi, Torino 1966.
Marrett R. R., *The threshold of religion*, Methuen, London 1909.
Mead M., *Tabù*, in E. Seligman, A. Johnson (a cura di), *Encyclopaedia of the social sciences*, Macmillan, London 1937, vol. 7, pp. 502-505.
Smith W. R., *Religion of the Semites*, Meridian Books, New York 1889.
Steiner F. B., *Tabù* (1956), Bollati Boringhieri, Torino 1980.
Zoja L., *Tabù – Psicologia del profondo*, in AA.VV., *Gli strumenti del sapere contemporaneo*, vol. II: *I concetti*, cit. pp. 835-836.

Tachicardia (ingl. *Tachycardia*; ted. *Tachykardie*; fr. *Tachycardie*; sp. *Taquicardia*). Aumento di frequenza delle pulsazioni cardiache oltre i limiti ritenuti normali. Si distinguono: una tachicardia *parossistica*, con esordio e termine bruschi, verificabili a livello elettrocardiografico e avvertiti soggettivamente con sensazioni di costrizione toracica e palpitazioni; una *sinusale*, di tipo funzionale, secondaria a uno stato di ansia cronica, da ascrivere più a disturbi psicofisiologici che a disturbi cardiocircolatori veri e propri; una *ortostatica*, che dipende dal mutamento della posizione corporea da reclinata a eretta e viceversa. Quando non è di origine organica, la tachicardia dipende da condizioni psicologiche contrassegnate da STRESS (v.), ansia cronica o stati di eccitazione acuta.

Bibliografia

Pancheri P., *Stress, emozioni, malattia. Introduzione alla medicina psicosomatica*, Edizioni Scientifiche e Tecniche Mondadori, Milano 1980.

Tachifemia, v. APLOLOGIA.

Tact, v. LINGUAGGIO, § 3, *d*.

TAD, Test. Strumento multidimensionale impiegato per soggetti compresi tra i 6 e i 19 anni, allo scopo di individuare l'entità dei problemi emozionali del soggetto e in particolare i disturbi d'ansia e di depressione che possono insorgere nell'adolescenza.

Bibliografia

Newcomer Ph. L., Barenbaum E. M., Bryant B. R., *Test TAD. Ansia e depressione nell'infanzia e nell'adolescenza* (1992), Erickson, Trento 1995.

Talamo (ingl. *Thalamus*; ted. *Thalamus*; fr. *Thalamus*; sp. *Tálamo*). Stazione di scambio per i percorsi che portano dalla e alla corteccia. Situato a lato del III ventricolo, ha forma di ovoide scomponibile in nuclei secondari che, in rapporto alle loro connessioni, possono essere raggruppati in tre sistemi: 1) di *proiezione specifica*, ove giungono specifici fasci nervosi che trasportano informazioni a particolari aree funzionali, quali la sensibilità generale e le sensibilità specifiche (acustica, visiva, gustativa) (v. SENSIBILITÀ), dalla periferia alla CORTECCIA CEREBRALE (v.); 2) di *proiezione aspecifica*, che proiettano ad aree corticali estremamente diffuse; 3) di *associazione*, che ricevono informazioni da diverse regioni e proiettano a zone abbastanza ampie delle aree associative dei lobi frontale, temporale, parietale e occipitale; 4) *sottocorticali*, che non danno dirette proiezioni alla corteccia, quale il *nucleo talamico-reticolare* che, attraversato da fibre che connettono reciprocamente il talamo e la corteccia, nonché connesso con numerose formazioni sottocorticali, esercita sulla corteccia cerebrale un'attività che è strettamente integrata con quella della FORMAZIONE RETICOLARE (v.) del tronco encefalico, essenziale nel mantenimento dello stato di veglia (v. SONNO, § 2). Nel talamo verrebbe inoltre elaborata la componente *protopatica* emozionale delle sensazioni, mentre nella corteccia la componente *epicritica* intellettiva. Ciò spiega perché nelle lesioni distruttive della corteccia parietale vada perduta la capacità epicritica di analizzare esattamente le caratteristiche degli stimoli, ma non quella protopatica di riconoscerne grossolanamente la natura e di avvertirne le implicazioni affettive piacevoli o dolorose. L'esaltazione del contenuto emozionale delle sensazioni, per cui, ad esempio, una lieve puntura suscita un dolore immenso, si osserva nelle lesioni parziali del talamo (di natura circolatoria o tumorale) che ne determinano l'irritazione o che lo liberano da influenze inibitrici provenienti dalla corteccia, mentre lesioni che provocano la distruzione totale conducono alla perdita completa della sensibilità.

TALEIA-400A, Test (*Test for AxiaL Evaluation and Interview – for Clinical, Personnel, and Guidance – Applications*). Il test per la valutazione assiale e intervista per utilizzazione nella clinica, nelle applicazioni al personale, in orientamento, effettua una valutazione degli aspetti psicopatologici della personalità in soggetti compresi tra i 17 e i 65 anni. Il questionario è strutturato su 18 scale basate sui criteri diagnostici dell'ICD-10 e del DSM-IV-TR (v. DIAGNOSI, § 4), di cui 8 riferite ai disturbi clinici, 10 ai disturbi di personalità e 3 scale di controllo. È utilizzato per scopi di ricerca, per una valutazione psicologica, come supporto al processo diagnostico, per la selezione del personale, per l'orientamento dei giovani e per il ri-orientamento degli adulti.

Bibliografia

Boncori L. (a cura di), *TALEIA 400A. Test for axial evaluation and interview for clinical, personnel, and guidance applications*, Erickson, Trento 2007.

Talento (ingl. *Talent*; ted. *Talent*; fr. *Talent*; sp. *Talento*). Abilità specifica presente a livello spiccato in un individuo. In questa accezione si parla di talento artistico, musicale, matematico, organizzativo e simili. Il problema del talento oppone *genetisti*, come Cyril Lodowic Burt, la cui tesi si colloca nella tradizione Darwin-Galton, sostenitori dell'origine "naturale" del talento, e *ambientalisti*, come Torsten Husén, secondo cui l'ambiente è responsabile dell'origine di un talento e della sua modificazione. Aperta resta anche la questione se il talento sia una figura dell'intelligenza e come tale suscettibile di misurazione, oppure esprima i tratti tipici di una personalità non suscettibili di misurazione quantitativa. Intorno all'utilizzazione e allo sviluppo dei talenti esistono due orientamenti educativi: uno teso al *potenziamento* del talento per i vantaggi pratico-economici che ricadrebbero sul sociale, l'altro teso alla *compensazione* del talento attraverso l'applicazione alle aree dove l'individuo si rivela meno dotato in vista di uno sviluppo più completo della sua personalità.

Bibliografia

Andreani Dentici O., Orio S., *Le radici psicologiche del talento*, il Mulino, Bologna 1972.
Boudon R., *L'inégalité des chances*, Colin, Paris 1973.
Burt C. L., *Inheritance of general intelligence*, in "American Psychologist", 1972, n. 3.
Husén T., *Talento, uguaglianza e meritocrazia* (1974), La Nuova Italia, Firenze 1977.

Tangenzialità, v. DISPERSIONE, § 1.

Tantrismo (ingl. *Tantrism*; ted. *Tantrismus*; fr. *Tantrisme*; sp. *Tantrismo*). Complesso dottrinale che trova la sua codificazione nei *Tantra*, voce sanscrita che significa "tessuto", quindi "sistema" di riti e dottrine in cui, in epoca posteriore al V secolo d.C., viene raccolta per iscritto la tradizione mistico-magica dell'induismo. Nel tantrismo è individuabile un percorso psicologico che ha come sua meta l'unificazione dei contrari, e in particolare del principio maschile e femminile presenti in ogni uomo, in corrispondenza al modello cosmico che prevede un Assoluto concepito come divinità maschile che nulla può se non è animato dall'energia, la cui personificazione è espressa da una divinità femminile. La pratica rituale scandisce i modi di un itinerario psicologico che, partendo dalla condizione carnale dell'uomo, celebra nell'unione sessuale la composizione degli opposti, i quali, secondo la dottrina tantrica, sono alla base sia della vibrazione emozionale, sia della tensione intellettuale che conduce all'Assoluto.

La psicologia tantrica rappresenta per Carl Gustav Jung una conferma del significato non esclusivamente "sessuale" della sessualità, nel senso che la sessualità è innanzitutto simbolo della composizione dei contrari, la cui polarità costituisce il principio del dinamismo psichico, e non mera "pulsione" da interpretare, come voleva Sigmund Freud, da un'ottica puramente biologica. Infatti, scrive Jung, «la psicoanalisi freudiana si è fermata in sostanza alle esperienze del *Sidpa-bardo*, cioè alle fantasie sessuali e simili tendenze "incompatibili" che causano angoscia e altri stati affettivi. La teoria freudiana è però il primo tentativo occidentale di investigare, per così dire da sotto, cioè dalla sfera istintuale animale, quella zona psichica che nel lamaismo tantrico corrisponde al *Sidpa-bardo*. Certo una anche troppo giustificata paura metafisica ha impedito a Freud di fare irruzione nella sfera "occulta". [...] Ma chi penetra nell'inconscio con preconcetti biologici, rimane fermo nella sfera sessuale, né può procedere verso l'esterno, ma continuare soltanto a retrocedere verso l'esistenza fisica» (1935-1953, pp. 529-530). L'interpretazione di Jung è condivisa anche da Mircea Eliade, per il quale «nel tantrismo, le pratiche corporee e in particolare l'unione sessuale non sono più un atto biologico istintivo, ma un rituale per mezzo del quale la coppia umana si trasforma in coppia divina» (1948, p. 190).

Bibliografia

Abhinavagupta, *Tantraloka. Luce delle Sacre Scritture*, Utet, Torino 1972.

Bhagwan Shree Rajneesh (Osho), *Tantra. La comprensione suprema* (1991), Bompiani, Milano 1993.

Dasgupta S. B., *Introduzione al buddhismo tantrico* (1974), Ubaldini, Roma 1977.

Eliade M., *Tecniche dello yoga* (1948), Bollati Boringhieri, Torino 1984.

Garrison O. V., *Tantra. Lo yoga del sesso* (1964), Edizioni Mediterranee, Roma 1966.

Jung C. G., *Commento psicologico al "Bardo Thödol" (Il libro tibetano dei morti)* (1935-1953), in *Opere* (1969-2007), Bollati Boringhieri, Torino, vol. XI.

Schneider W. S., *Tantra. Il gioco dell'amore* (2002), Feltrinelli, Milano 2007.

Tao, v. YIN E YANG.

TAP-D, Test (*Test di Abilità Prassiche nella Disabilità*). Strumento che valuta le abilità motorie del soggetto con disabilità in ordine alle competenze lavorative. Il test valuta le difficoltà nell'utilizzare correttamente gli oggetti, nel rappresentarli nello spazio e nel coordinare i movimenti.

Bibliografia

Friso G., Tressoldi P. E., *Test TAP-D. Test di Abilità Prassiche nella Disabilità*, Erickson, Trento 2005.

Tara (ingl. *Taint*; ted. *Erbfehler*; fr. *Tare*; sp. *Tara*). Il termine, che deriva dall'arabo *tarh* che significa "detrazione", è di accezione generica e viene talvolta impiegato nelle scienze mediche per indicare un'anomalia ereditaria trasmessa a livello genotipico che può anche non manifestarsi a livello fenotipico (v. GENETICA, § 3).

Tarantismo, v. TARANTOLISMO.

Tarantolismo (ingl. *Tarantism*; ted. *Tarantismus*; fr. *Tarentisme*; sp. *Tarantulismo*). Sistema terapeutico istituzionalizzato e socializzato di manifestazioni a sfondo isteroide o epilettoide che la popolazione attribuisce al morso della tarantola, anche se questo animale non entra affatto nella vicenda se non nella fantasia popolare. Ernesto De Martino, che ha studiato il fenomeno nell'Italia meridionale, scrive che «la "cura" consisteva innanzitutto nell'impiego di determinati ritmi musicali aventi la funzione di sbloccare il blocco psichico, di suscitare un accesso di agitazione maniaca e di ricondurre tale agitazione nel solco istituzionale di una danza saltellante, iterata per tre giorni dall'alba al tramonto» (1959, p. 142). Pratiche simili si riscontrano nei paesi islamici dell'Africa settentrionale fino alla penisola arabica, nel Sudan e in Etiopia dove, come riferisce Henri Jeanmaire, "si assiste ad analoghe ritualità caratterizzate da danze frenetiche a cui il posseduto si abbandona. [...] Esse non hanno per fine la soppressione degli stati affettivi e deliranti che risultano dallo stato di possessione, quanto piuttosto la loro trasformazione mediante la eliminazione del fattore depressivo e la loro utilizzazione in vista di un nuovo equilibrio della personalità, mediante una sorta di simbiosi con lo spirito protettore e mediante una normalizzazione, sotto forma di trance provocata, dello stato di crisi» (1949, p. 64). Tali pratiche diffuse nell'area mediterranea e africana hanno per De Martino evidenti rapporti con il tarantolismo. Infatti, «lo stato di crisi, la trance provocata a comando da "direttori di scena", la funzione ordinatrice del ritmo musicale, la danza, il bisogno di ripetere periodicamente la pratica, e soprattutto la "guarigione" come controllo rituale di una crisi che senza il controllo del rito oscillerebbe nella polarità di depressione melanconica e di eccitazione maniaca, costituiscono elementi caratteristici del tarantolismo» (1959, p. 143).

De Martino e Jeanmaire concordano nel ritenere che questa pratica terapeutica fosse già nota a Platone, che ne *Le leggi* (790 e-791 b) scrive: «La condizione dei bambini e degli agitati si esprime in uno stato d'ansia che proviene da qualche non buona disposizione dell'anima. Quando ad agitazioni siffatte si contrappone una scossa esteriore, il movimento che viene dal di fuori padroneggia il movimento interno di spavento e di follia, e, padroneggiandolo, riconduce nell'anima la calma e la tranquillità turbate dai penosi soprassalti del cuore. Ed è questo un grande beneficio, perché i bambini trovano il dono del sonno, mentre gli altri, desti, si sentono travolti nel furore di una danza al suono dei flauti, e con l'aiuto degli dèi, ai quali ciascun infermo sacrifica e a cui fa opportune offerte, pervengono, dopo frenesia e furore, alla quiete e alla retta ragione. E questa mia teoria, pur esposta in così brevi parole, dà una spiegazione probabile di tale fenomeno». Accostando questo passo di Platone ad altri, come ad esempio nel *Fedro* (244 a-245 c) dove si distingue dalla follia quella "giusta mania" che ha luogo nei riti iniziatici, Jeanmaire conclude che «detta mania è "giusta" perché si riferisce a pratiche che consistono essenzialmente nel regolarizzare l'accesso di follia dando ad essa un'orientazione telestica» (1951, p. 138).

Bibliografia

De Martino E., *Sud e magia* (1959), Feltrinelli, Milano 2001.
– (a cura di), *La terra del rimorso*, il Saggiatore, Milano 1961.
Jeanmaire H., *Le traitement de la manie dans les mystères de Dionysos et des Corybantes*, in "Journal de Psychologie", 1949, n. 42, pp. 64-82.
–, *Dioniso* (1951), Einaudi, Torino 1972.
Platone, *Fedro, Le leggi*, in *Opere*, Laterza, Bari 1973.

Taratura, v. STANDARDIZZAZIONE.

Tassi, v. TROPISMO.

Tasso (ingl. *Rate*; ted. *Ziffer*; fr. *Taux*; sp. *Tasa*). In psicologia il termine è impiegato nell'accezione statistica che indica la frequenza e l'incidenza di un evento in una popolazione. In questo ambito si distingue un tasso *specifico* che si basa su una popolazione o una classe di tale popolazione omogenea rispetto a un carattere specifico, come ad esempio l'incidenza di morte in soggetti maschili compresi tra i 30-40 anni su 1.000 individui maschi di 30-40 anni; e un tasso *standardizzato* che è il valore che risulta se una data popolazione ha la stessa distribuzione, relativa a un determinato carattere, di un'altra popolazione assunta come modello standard (v. STANDARDIZZAZIONE). L'analisi dei tassi consente alle ricerche di EPIDEMIOLOGIA (v.) un orientamento decisivo per la qualità dell'intervento.

Tassonomia, v. CLASSIFICAZIONE.

TAT (*Thematic Apperception Test*). Reattivo di appercezione tematica ideato da Henry Alexander Murray per evidenziare timori, speranze, desideri, paure, bisogni del soggetto che vi si sottopone e che è chiamato a interpretare scene raffigurate a forte contenuto emotivo o a costruire una storia a partire da situazioni o personaggi ambigui nella loro espressione. Secondo Murray il racconto è lo specchio di predisposizioni, impulsi, desideri, sentimenti, pensieri, frustrazioni e conflitti della persona che interpreta o narra. Gli elementi da ricercare nella storia sono: l'*eroe* con cui il soggetto di solito si identifica, i *fattori intrinseci* rappresentati dai sentimenti e dalle tendenze che caratterizzano la condotta dell'eroe, e i *fattori estrinseci* che rivelano il suo adattamento all'ambiente. Oltre alla valutazione numerica per ognuno di questi fattori, esiste un'analisi tematica che tenta di cogliere i significati psicodinamici presenti nella storia. A differenza del test di Rorschach (v. RORSCHACH, TEST DI) che mira ad un'analisi formale della personalità, il test di Murray mette in evidenza le situazioni emozionali e interpersonali.

Bibliografia

Abbate L., Massaro V., *La valutazione delle relazioni oggettuali e delle rappresentazioni sociali con il TAT. La Social Cognition and Object Relations Scale di Drew Westen*, Raffaello Cortina, Milano 2007.
Brelet F., *Il TAT. Fantasma e situazione proiettiva* (1986), Raffaello Cortina, Milano 1994.
Imbasciati A., Ghilardi A., *Manuale clinico del TAT. La diagnosi psicoanalitica*, Giunti, Firenze 1995.
Murray H. A., *Explorations in personality*, Oxford University Press, New York 1938.
–, *Thematic apperception test manual*, Oxford University Press, New York 1943.

Tatto, v. SENSIBILITÀ, § 1.

Ta'wil, v. SIMBOLO, § 2.

Taylorismo (ingl. *Taylorism*; ted. *Taylorismus*; fr. *Taylorisme*; sp. *Taylorismo*). Organizzazione del lavoro, ideata da Frederick Winslow Taylor, che prevede l'aumento della produttività aziendale e l'utilizzazione di personale privo di competenze specifiche, attraverso una radicale divisione del lavoro in piccoli segmenti sempre identici e ripetitivi che compongono la lavorazione a catena. Dal punto di vista psicologico si è constatato che tale metodo induce demotivazione e scarso investimento emotivo da parte del lavoratore che, oltre alla noia della ripetitività, diminuisce la stima di sé per scarso coinvolgimento e per autopercezione in termini esclusivamente funzionali.

Bibliografia

Taylor F. W., *Principi di organizzazione scientifica del lavoro* (1911), Franco Angeli, Milano 1975.

TCD, Test (*Creativity and Divergent Thinking*). Test che consente di valutare le capacità di pensiero divergente (v. PENSIERO, § I, 2) attraverso l'analisi delle produzioni grafiche e delle titolazioni di fantasia, nonché i tratti tipici della personalità creativa (v. CREATIVITÀ) in soggetti dai 6 ai 18 anni.

Bibliografia

Williams F., *Test TCD. Test della creatività e del pensiero divergente* (1993), Erickson, Trento 1994.

TCR, Test (*Test of Relational Concepts*). Il test valuta il grado di comprensione cognitiva e linguistica di concetti di relazione spaziale, temporale, quantitativa, dimensionale ecc.

Bibliografia

Edmonston N. K., Thane N. L., *Test TCR. Test dei concetti di relazione spaziale temporale* (1988), Erickson, Trento 1998.

TCS-A, Test (*Test sul superamento dei Compiti di Sviluppo in Adolescenza*). Per "compiti di sviluppo" il test intende: l'accettazione del proprio corpo, la capacità di integrare le pulsioni sessuali, le abilità cognitive, la dimensione relazionale, la competenza emotiva, l'inserimento sociale, l'acquisizione di un'identità e la consapevolezza del proprio sé. Può essere somministrato ad adolescenti dai 14 ai 19 anni.

Bibliografia

Gambini P., *TCS-A. Test sul superamento dei Compiti di Sviluppo in Adolescenza. Sessualità, abilità cognitive e socio-relazionali e identità*, Erickson, Trento 2015.

TDM-CC (*Teoria della mente e coerenza centrale*). Test che valuta gli aspetti cognitivi e sociali in bambini dai 6 agli 11 anni affetti da disturbo dello spettro autistico. In particolare il test valuta l'acquisizione della TEORIA DELLA MENTE (v.), ossia la capacità di attribuire a sé e ad altri gli stati mentali, come i desideri, le credenze, l'immaginazione ecc., e l'acquisizione della "coerenza centrale" che consente di integrare informazioni differenti a differenti livelli, dando la priorità alla comprensione del significato, senza perdersi in dettagli. I risultati si ottengono attraverso le risposte date alle domande poste a partire da un racconto illustrato.

Bibliografia

Vio C., De Meo T., *TDM-CC. Teoria della mente e coerenza centrale*, Erickson, Trento 2014.

Tecnica (ingl. *Technique*; ted. *Technik*; fr. *Technique*; sp. *Técnica*). Termine adottato da William Ronald Dodds Fairbairn per indicare processi, simili alle difese (v. DIFESA), adottati nello stadio di "semi-indipendenza" che segna la transizione dalla dipendenza materna all'autonomia. Fairbairn distingue una tecnica *a*) *fobica*, con cui il bambino, dopo essersi costruito due immagini della madre, una "buona" e una "cattiva", le esternalizza immaginandosi protetto dall'immagine buona e a rischio per gli attacchi di quella cattiva. Una volta esternate, queste immagini determinano un'oscillazione tra la CLAUSTROFOBIA (v.), promossa dal desiderio di sfuggire alla soffocante protezione dell'immagine buona, e l'AGORAFOBIA (v.), promossa dal desiderio di sfuggire a un mondo che si immagina popolato da soggetti cattivi; *b*) *isterica*, con esternalizzazione dell'immagine buona e internalizzazione dell'immagine cattiva con la conseguenza di considerare buoni gli oggetti esterni e cattivi i propri impulsi interiori; *c*) *ossessiva*, con internalizzazione di entrambe le immagini che consentono una semi-indipendenza nei confronti della madre; *d*) *paranoide*, con internalizzazione dell'immagine buona ed esternalizzazione di quella cattiva, con conseguente considerazione positiva dei propri impulsi e delle proprie intenzioni, e considerazione negativa degli oggetti esterni vissuti come persecutori.

Bibliografia

Fairbairn W. R. D., *Studi psicoanalitici sulla personalità* (1952), Bollati Boringhieri, Torino 1970.

Tecnica analitica, v. ANALISI.

Tecnica attiva (ingl. *Active technique*; ted. *Aktive Technik*; fr. *Technique active*; sp. *Técnica activa*). Variante tecnica introdotta nella procedura analitica (v. ANALISI) da Sándor Ferenczi secondo il quale è opportuno che, in alcuni casi, l'analista non limiti il suo intervento all'interpretazione attenendosi per tutto il resto alla regola freudiana dell'ASTINENZA (v. § 2), ma intervenga con comandi soprattutto in presenza di coazioni a ripetere (v. COAZIONE, § 2). Così, ad esempio, scrive Ferenczi: «Nella nevrosi ossessiva il paziente tenta, secondo il suo solito, di spostare tutta l'analisi sul terreno intellettuale e di utilizzare le associazioni come strumenti delle sue ruminazioni ossessive. Ebbene, non si potrà mai portare a termine il trattamento di una nevrosi ossessiva se prima non si riesce con l'aiuto, appunto, di prescrizioni attive a spostare il campo di battaglia dal terreno intellettuale a quello emozionale, vale a dire a far diventare l'ossessivo provvisoriamente isterico» (1925, pp. 331-332). In seguito Ferenczi rivide questa sua teoria in base alla constatazione che, attraverso comandi e divieti, l'analista finiva con lo svolgere il ruolo del Super-io parentale aumentando le resistenze del paziente, per cui, scrive Ferenczi, «l'esperienza mi insegnò che non bisogna dare ordini e divieti intesi ad ottenere determinati mutamenti di comportamento. [...] Dobbiamo contentarci di interpretare le tendenze nascoste del paziente ad agire ed appoggiare i suoi timidi tentativi per superare le inibizioni nevrotiche ancora attive, *senza* averlo prima sospinto in questa direzione con prescrizioni coercitive; anzi, *senza neppure avergli dato dei consigli in tal senso*» (1927-1928, p. 314). Tecnica attiva è detta anche la procedura adottata da Wilhelm Stekel nell'interpretazione dei sogni: «Occorre lavorare intorno all'interpretazione che si estrae dall'involucro simbolico del sogno senza alcun aiuto da parte del paziente» (1911, p. 27).

Bibliografia

Ferenczi S., *Psicoanalisi delle abitudini sessuali* (1925), in *Opere* (1989-1992), Raffaello Cortina, Milano, vol. III.

–, *L'elasticità della tecnica psicoanalitica* (1927-1928), in Id., *Fondamenti di psicoanalisi* (1972-1975), Guaraldi, Rimini 1974, vol. III.

Stekel W., *Die Sprache des Traumes. Eine Darstellung der Symbolik und Deutung des Traumes in ihren Beziehungen zur kranken und gesunden Seele für Ärzte und Psychologen*, Bergmann, Wiesbaden 1911.

Tele, v. SOCIOMETRIA.

Telecinesi, v. PARAPSICOLOGIA, § 2.

Telencefalo, v. ENCEFALO, § 1, *c*.

Teleologia (ingl. *Teleology*; ted. *Teleologie*; fr. *Téléologie*; sp. *Teleología*). Il termine, introdotto da Christian Wolff per indicare «quella parte della filosofia naturale che spiega i fini delle cose» (1728, § 85), è adottato: 1) dalla *psicologia analitica* in riferimento al metodo costruttivo (v. COSTRUTTIVO, METODO), che consente di leggere i fenomeni psichici in chiave finalistica; 2) dalla *fenomenologia* che, con il termine *telos*, non intende la sostituzione della spiegazione finalistica alla spiegazione causale, ma l'analisi di ciò che, in termini di motivazione e di ricerca di senso, sta alla base della stessa costruzione delle leggi scientifiche, senza distinzione tra scienze della natura e scienze dello spirito.

Bibliografia

Binswanger L., *Funzione della vita e storia della vita interiore* (1928), in Id., *Per un'antropologia fenomenologica. Saggi e conferenze psichiatriche* (1921-1941), Feltrinelli, Milano 1970.

Frankl V. E., *Senso e valori per l'esistenza* (1947), Città Nuova, Roma 1998.

Jung C. G., *Prefazioni ai "Collected Papers on Analytical Psychology"* (1916-1917), in *Opere* (1969-2007), Bollati Boringhieri, Torino, vol. IV.

Wolff Ch., *Philosophia rationalis sive logica*, Renger, Frankfurt a.M.-Leipzig 1728.

Telepatia, v. PARAPSICOLOGIA, § 1.

Teleplasma, v. PARAPSICOLOGIA, § 2.

Telestesia, v. PARAPSICOLOGIA, § 1.

Telotropismo, v. TROPISMO.

Tema (ingl. *Theme*; ted. *Worüber*; fr. *Thème*; sp. *Tema*). Termine impiegato dall'ANALISI ESISTENZIALE (v.) per indicare il motivo di fondo intorno a cui si organizzano i contenuti ideativi ed emotivi delle varie forme di alienazione che, considerate dal punto di vista fenomenologico, rivelano un'interna coerenza che si raccoglie intorno a un nucleo tematico (*Kern*) a cui sono riconducibili le varie manifestazioni sintomatiche altrimenti incomprensibili (v. PSICOLOGIA COMPRENSIVA). In un'altra accezione, il termine è impiegato anche da Henry Alexander Murray nell'ambito della sua teoria della personalità (v. PERSONALITÀ, § I, 13).

Bibliografia

Binswanger L., *Tre forme di esistenza mancata. Esaltazione fissata, stramberia, manierismo* (1956), il Saggiatore, Milano 1964.

Borgna E., *I conflitti del conoscere. Strutture del sapere ed esperienza della follia*, Feltrinelli, Milano 1988.

Murray H. A., *Explorations in personality*, Oxford University Press, New York 1938.

TEMA, Test (*Test di Memoria e Apprendimento*). Il test consente di ottenere indici e punteggi di memoria, di capacità di apprendimento, attenzione e concentrazione, attraverso prove verbali, come rievocazioni di storie, parole, oggetti, sequenze, cifre, e non verbali, come riconoscimento di figure, volti, configurazioni spaziali, sequenze di forme e di movimenti. Il principio teorico sotteso è che i disturbi specifici di apprendimento, se non sono dovuti a problemi neurologici specifici, sono riconducibili a disturbi della memoria.

Bibliografia

Reynolds C. R., Bigler E. D., *Test TEMA. Memoria e apprendimento* (1995), Erickson, Trento 1997.

Temenos. Recinto che delimita l'area del SACRO (v.). Il termine è impiegato da Carl Gustav Jung per descrivere metaforicamente sia l'area psicologicamente carica di tensione che circonda un COMPLESSO (v.) che la coscienza non è in grado di avvicinare direttamente, sia l'ambito analitico in cui si esprimono le forze inconsce dell'analista e del paziente, sia l'area psichica caratterizzata dalla numinosità del Sé (v. PSICOLOGIA ANALITICA, § 4) e simbolicamente rappresentata dal MANDALA (v.). Allo stesso ordine di significati si riferisce l'espressione alchemica *vaso ermetico*, che designa il recipiente in cui avviene la trasformazione degli opposti, grazie alla presenza di un elemento sacro e sconosciuto che rende aleatorio il risultato positivo del processo di trasformazione. A questo proposito Jung scrive che «nel simbolo del mandala si cela un effetto magico molto antico, che deriva originariamente dal "cerchio protettivo", dal "cerchio magico", la cui magia si è conservata in infinite usanze popolari. L'immagine ha lo scopo evidente di tracciare un *sulcus primigenius*, un magico solco intorno al centro, *templum*, *temenos* (recinto sacro) della personalità più intima, per evitare la "dispersione", o per tenere lontano apotropaicamente le distrazioni provocate dal mondo esterno» (1929-1957, p. 35).

Bibliografia

Jung C. G., *Commento al "Segreto del fiore d'oro"* (1929-1957), in *Opere* (1969-2007), Bollati Boringhieri, Torino, vol. XIII.

–, *Fondamenti della psicologia analitica* (1935), in *Opere*, cit., vol. XV.

Temperamento (ingl. *Temperament*; ted. *Temperament*; fr. *Tempérament*; sp. *Temperamento*). Il termine esprime la risultante dei tratti emotivi della PERSONALITÀ (v. § I) che dipendono da un lato dai costituenti fisiologici di natura soprattutto endocrina e dall'altro dalla configurazione tipologico-costituzionale. Dal latino *temperies*, che letteralmente significa "umore", gli antichi, a partire da Ippocrate e poi con Galeno, facevano dipendere l'indole dell'individuo dalla prevalenza di un umore rispetto all'altro. Questa dipendenza fisiologica è oggi sostenuta dalla teoria somatico-costituzionalistica che ha costruito su questo presupposto diverse tipologie a partire dal riferimento somatico adottato (v. TIPOLOGIA, § 1).

A tutt'oggi non esiste una definizione univoca di "temperamento", anche se le diverse concezioni convengono nel considerarlo come l'insieme delle differenze individuali di origine biologica, che si manifestano precocemente nelle tendenze comportamentali e che, nel corso dello sviluppo, permangono relativamente stabili nei vari contesti e lungo il corso della vita. Le differenze interpretative si collocano nella maggior rilevanza che alcuni studiosi danno al bagaglio biologico ereditato e altri alla sua modificabilità in base all'esperienza e all'interazione che il soggetto ha con il contesto culturale a cui appartiene. Alexander Thomas e Stella Chess hanno individuato tre tipi temperamentali con riferimento ai criteri di ritmicità, adattabilità, intensità, umore, e definito: "facile" il temperamento che presenta regolarità delle funzioni biologiche, approccio positivo a situazioni nuove, adattabilità al cambiamento; "difficile" il temperamento caratterizzato da irregolarità nelle funzioni biologiche, reazioni negative a contatto con persone nuove con tendenza a chiudersi in se stesso, difficoltà di adattamento, umore intenso, negativo e non di rado violento; "lento a scaldarsi" il temperamento che presenta gli stessi tratti di quello difficile, ma, a differenza di quest'ultimo, ha minore irregolarità nelle funzioni biologiche, non ha reazioni violente e, di fronte a situazioni nuove a cui non riesce ad adattarsi, si sottrae in silenzio e senza particolari proteste.

Nella storia della psicologia, al termine *temperamento* s'è sostituito il termine CARATTERE (v.) e, successivamente, il termine PERSONALITÀ (v.). In questa successione è leggibile un graduale trapasso da una concezione "fisiologica" a una sempre più "psicologica", dove l'individuo è considerato in termini più globali e complessi di quanto non sia la sua semplice dipendenza dai fattori somatico-costituzionali. Analoga sorte è toccata, di conseguenza, al termine COSTITUZIONE (v.).

Bibliografia

Bates J. E., Rothbart M. K. (a cura di), *Temperament in childhood*, Wiley, Chichester 1989.

Chess S., Thomas A., *Conosci tuo figlio* (1987), Giunti, Firenze 1989.

Kagan J., *Galen's prophecy. Temperament in human nature*, Basic Books, New York 1994.

Mead M., *Sesso e temperamento in tre società primitive* (1935), il Saggiatore, Milano 1967.

Zuckerman M., *Behavioral expressions and biosocial bases of sensation seeking*, Cambridge University Press, Cambridge-New York 1994.

Tempo (ingl. *Time*; ted. *Zeit*; fr. *Temps*; sp. *Tiempo*). Nozione elaborata in ambito filosofico, dove è stata variamente definita in base agli ordinamenti speculativi, a partire dai quali anche la psicologia ha formulato in modi diversi la sua nozione di temporalità.

I. FILOSOFIA

In questo ambito è possibile focalizzare quattro epoche in cui sono state formulate quattro diverse concezioni del tempo.

1. LA GRECITÀ. Nel mondo greco sono rintracciabili due figure del tempo:

a) Il tempo ciclico (κύκλος) scandito dalla successione delle stagioni che, con la cadenza del loro ritmo, esprimono quella regolarità del ciclo, dove nulla può accadere che non sia già accaduto e nulla può avvenire se non conformandosi al già avvenuto. Nel tempo ciclico non c'è futuro che non sia la semplice ripresa del passato che il presente ribadisce, per cui non c'è nulla da attendere se non ciò che deve ritornare. L'uniformità, come identica riproduzione delle forme e delle specie, è il tratto caratteristico di questo tipo di temporalità dove si registra un'identità tra il fine e la fine, perché la necessità che amministra il ciclo non destina la temporalità a qualcosa, ma semplicemente la ribadisce come eterno ritorno.

b) Il tempo progettuale (σκοπός) spezza il tempo ciclico che scandisce il ritmo della natura, inaugurando un tempo dell'uomo misurato dalle sue intenzioni. Questa temporalità non guarda al passato, ma al futuro, e a presiederla non è la figura del ritorno, ma quella del perseguimento del bersaglio. Il campo di gioco è definito dall'"oggi" e dal "domani", ossia da quel breve intervallo che corre tra l'elezione dei mezzi e la realizzazione dei fini, in un futuro strettamente connesso al presente, altrimenti ne potrebbe risultare una sostanziale inefficacia dei mezzi.

I testi filosofici in cui nel mondo greco la temporalità trova espressione sono il *Timeo* (37 d) di Platone, dove il tempo viene definito come «immagine mobile dell'eternità che procede secondo il numero» con riferimento al cielo che, con i suoi astri, fornisce la misura del divenire temporale, e la *Fisica* (219 b) di Aristotele, dove il tempo è definito come «il numero del movimento secondo il prima e il poi», e siccome «nella natura delle cose soltanto l'anima o l'intelletto che è in essa, hanno la capacità di numerare, risulta impossibile l'esistenza del tempo senza quella dell'anima» (ivi, 223 a). Con Aristotele la connessione tempo e psiche è resa esplicita.

2. La Cristianità. Nell'epoca cristiana si fa strada un'altra figura del tempo, il *tempo escatologico* (ἔσχατον), caratterizzato dalla persuasione che la storia dell'uomo abbia un senso già scritto all'origine del tempo e da realizzare con il tempo. Rispetto al tempo ciclico, dove il fine era espresso dalla fine, nel tempo escatologico è la fine a far apparire in tutta luce il fine di tutto ciò che appare nel tempo. Alla fine si adempie ciò che all'inizio era stato annunciato. Nasce la "storia", che sottrae la temporalità all'insignificanza della ciclicità della natura e alla brevità della progettualità dell'individuo. Interprete di questo nuovo modo di figurarsi il tempo è Agostino di Ippona.

3. L'età moderna. Nell'età moderna si afferma la concezione scientifica del tempo fondata sulla meccanica galileiana che concepisce il tempo come una serie idealmente reversibile di istanti omogenei. A questa visione si oppongono sia l'empirismo che ribadisce il carattere psicologico della temporalità, assegnando al tempo fisico il valore di pura astrazione o finzione, sia il razionalismo che, con Gottfried Wilhelm Leibniz, nel tempo ravvisa qualcosa di ideale e non un "essere reale". Questa contrapposizione tra tempo oggettivo e tempo psicologico viene mediata da Immanuel Kant che definisce il tempo "forma a priori" della conoscenza sensibile, da cui prende avvio il processo di costruzione dell'esperienza e della successiva conoscenza scientifica.

4. Il Novecento. Nella seconda metà dell'Ottocento e nel Novecento la concezione scientifica della temporalità entrò in crisi con la scoperta dell'irreversibilità dei fenomeni termodinamici che non si concilia con l'omogeneità equivalente degli istanti temporali della meccanica classica, perché ogni istante è eterogeneo rispetto al precedente, e la serie non è reversibile. Nel secolo scorso, tre sono le figure del tempo che hanno assunto maggior rilievo filosofico:

a) L'unità spazio-temporale ipotizzata da Albert Einstein, per il quale non ha senso parlare di un tempo assoluto, ma occorre indicare sempre le coordinate spaziali a cui ci si riferisce perché, ad esempio, due fatti contemporanei rispetto al sole non sono contemporanei rispetto alla terra. Ne consegue che la separazione del tempo dallo spazio non è realizzabile nell'esperienza fisica, e la loro reciproca indipendenza è un postulato arbitrario della vecchia meccanica. Dello stesso avviso è Eugène Minkowski, per il quale, come non c'è durata unica per qualsiasi luogo, così non c'è lunghezza unica per qualsiasi tempo o movimento, per cui tempo e spazio non hanno senso al di fuori della loro unione.

b) Il tempo come durata contro il tempo spazializzato è alla base della concezione di Henri Bergson, che al tempo scientifico astratto contrappone la continuità della durata vissuta nello scorrere incessante della nostra vita psichica. Nella durata, o tempo vissuto, non è possibile distinguere gli "stati" perché ogni momento trapassa nell'altro con una continuità ininterrotta.

c) Il tempo come dimensione ontologica dell'esistenza è inaugurato sotto il profilo fenomenologico da Edmund Husserl, per il quale nella Presenza (v.) c'è il reciproco implicarsi della ritenzione del passato e della protensione del futuro, e sotto il profilo ontologico da Martin Heidegger, per il quale il tempo è costitutivo dell'esistenza, il cui passato rinvia al suo essere gettata nel mondo (*Geworfenheit*) in vista di un progetto (*Entwurf*) in cui si esprime il suo futuro. In quanto proiettata verso il futuro, l'esistenza ha come possibilità sua più propria la morte che definisce l'essenza della condizione umana e la sua storicità. Questi orientamenti filosofici costituiscono la base delle varie concezioni psicologiche del tempo a cui hanno dedicato particolare attenzione la psichiatria fenomenologica, la psicologia sperimentale e la psicoanalisi.

II. PSICHIATRIA FENOMENOLOGICA

In questo ambito quattro sono i contributi più significativi:

1. Karl Jaspers e la coscienza del tempo. Per Jaspers l'individuo è compreso tra la nascita e la morte, e quindi la temporalità gli compete per una necessità interiore, nel duplice senso di *tempo vitale* e di *coscienza del tempo*. Il tempo vitale è connesso con la propria specie e ha una periodicità che coincide con la curva della propria vita. È scandito dagli eventi fisiologici che sono il substrato delle nostre modificazioni, da cui dipende l'esperienza del tempo e la coscienza che ne abbiamo, dove il *passato* non è mai definitivamente passato, ma sostanzia il presente, non perché me lo ricordo o me lo rappresento, ma perché lo sono e quotidianamente lo riprendo nello stile dei miei atti in cui è rintracciabile la mia identità. Il *presente*, che in sé è nulla, ha il potere di far essere il "non più" del mio passato e il "non ancora" del mio futuro. Ce ne danno conferma, dice Jaspers, certi malati psichici e taluni sofferenti di lesioni cerebrali che, chiusi nella pura attualità del presente senza memoria del passato e senza proiezione nel futuro, sono incapaci di dar senso al mondo e ai loro gesti nel mondo. Con un passato e un futuro raggrinziti nel puro presente, si è nell'impossibilità di collocare lo stesso presente, perché manca l'arco intenzionale che proietti intorno al soggetto, oltre al passato e al futuro, l'ambiente umano popolato da cose e persone. Il *futuro* esiste solo per l'attesa umana, le cose non hanno futuro. Ad esprimerlo è un duplice non-essere: il non-essere di ciò che attendo e la possibilità di non-esserlo. Per questo il futuro è sempre attraversato da un vissuto d'ansia e trepidazione che si fa più evidente quando l'avanzare del passato rende impossibili tutti i possibili irrealizzati, tutti i percorsi che potevano dischiudersi ai lati del sentiero percorso. In ciò risiede la "storicità" della realtà umana, dove le decisioni future danno al passato un senso definito, in forza di un certo avvenire, in base al quale si dirà, a cose fatte, che il passato ne era la preparazione.

2. Ludwig Binswanger e le estasi temporali. L'intenzionalità della coscienza umana si declina secondo quelle modalità che Husserl aveva indicato come *retentio*, *praesentatio* e *protentio*, che consentono alla singola soggettività di darsi rispettivamente un passato, un presente e un futuro che sono gli *oggetti* temporali costituiti dalle modalità con cui la coscienza si intenziona. Binswanger così illustra queste forme a priori della temporalità: «Mentre parlo, dunque nella *praesentatio*, ho già delle protensioni, altrimenti non potrei terminare la frase; allo stesso modo ho, "durante" la *praesentatio*, anche la *retentio*, altrimenti non saprei ciò di cui parlo» (1960, p. 33). A partire da queste tre modalità costitutive della temporalità vissuta, Binswanger ritiene che il malinconico sia imprigionato nella *retentio* senza alcuna capacità protentiva e quindi possibilità di darsi un futuro (v. Depressione, § 3, *b*), mentre il maniaco vive in un'assoluta *praesentatio* senza capacità ritentive e protensive (v. Mania). Con il turbamento di una modalità intenzionale, scrive Binswanger, «è turbato *tutto* il "processo", *tutto* il flusso o il carattere di continuità non solo della temporalizzazione, ma anche soprattutto del "pensiero" in generale» (ivi, p. 35).

3. Eugène Minkowski e il tempo vissuto. Considerando il tempo dal punto di vista psichico, ciò che conta, dice Minkowski, non sono le categorie logiche con cui lo oggettiviamo, ma il modo di viverlo a cui ci consegniamo. In questo ambito è constatabile una differenza qualitativa tra il passato e il futuro che non possono essere messi sullo stesso piano come pure e semplici estasi temporali, perché, ad esempio, il futuro porta con sé quella *creatività* di cui il passato non può che essere privo. Al futuro è inoltre connessa quell'*attività* che non ha il suo contrario nella passività, ma nell'attesa: «Nell'attività tendiamo verso l'avvenire, nell'attesa, invece, viviamo per così dire il tempo in senso inverso; vediamo l'avvenire venire verso di noi e attendiamo che divenga presente» (1933, p. 89), come si può constatare nella patologia della malinconia, dove all'attività si sostituisce il vuoto dell'attesa, dove il tempo non è vissuto, ma subìto. Al futuro è inoltre connesso il desiderio e la speranza che ci consentono di oltrepassare l'immediatezza del presente allargando la prospettiva all'avvenire. Nel *desiderio* supero la mia attività e le opere che essa ha realizzato e che nel loro complesso compongono l'orizzonte del mio avere. Fermarsi all'avere significa incapacità a trascendere le proprie opere che diventano l'orizzonte concluso della propria identità. Per questo, scrive Minkowski, «trovare perfetto ciò che si è creato è mettere una cosa morta là dove non c'è posto che per una cosa viva, è trasformare in deserto il campo fertile dell'esistenza» (ivi, p. 61). La chiusura del futuro è l'estinzione della *speranza* che è la struttura portante della condizione umana in quanto fonda e rende possibile la vita come orizzonte aperto. Per questo, scrive Eugenio Borgna, «le modalità della sofferenza malinconica, dall'angoscia all'esperienza della morte e del morire, sono tematizzate nel loro ultimo orizzonte di significato dalla terrificante esperienza del non-poter-più-sperare,

e cioè della frattura della speranza come orizzonte di trascendenza» (1977, p. 35). L'opposizione futuro-passato può essere assunta come principio di opposizione tra *bene* e *male*, nel senso che i valori positivi prodotti dal passato diventano male se, irrigiditi, non dischiudono il futuro e non si offrono come tappe per un'ulteriore esperienza.

4. ERWIN STRAUS E LA DOPPIA TEMPORALITÀ. Straus distingue un tempo dell'Io (*Ich-Zeit*) da un tempo del mondo (*Welt-Zeit*), distinzione che si può sperimentare nella vita quotidiana quando si ha l'impressione che il tempo scorra troppo rapidamente o troppo lentamente. Nella depressione malinconica il tempo dell'Io sembra subire un arresto per l'incapacità di acquisire un'indipendenza dal passato e di liquidare le situazioni trascorse. L'attività dell'Io non raggiunge più il mondo, e un sentimento di fatalità o un irreparabile "troppo tardi" pregiudicano ogni abbozzo d'azione. Pur lamentandosi dell'ossessione del passato, il malinconico sembra cercare in esso un appoggio e una sicurezza nei confronti del mondo che fugge. Le sue "idee-ricordo" diventano le sue "idee-rifugio". Essendosi in lui spezzato quel sincronismo vissuto che è alla base della propria sintonia con il mondo, ha la continua sensazione di "restare indietro" rispetto agli avvenimenti dell'ambiente e al corso della vita, che si colora di quel senso di impotenza dove il cammino verso l'avvenire diventa un rapido incamminarsi verso la morte, la quale diventa a sua volta il profilo della sua esistenza: «La *vita* in me va verso l'avvenire e *io* invece vado verso la morte» (1933, p. 141), scrive Minkowski. Questa, che in linea teorica potrebbe essere una verità, denuncia la disperata distanza del tempo dell'Io dal tempo del mondo.

III. PSICOLOGIA SPERIMENTALE

In questo ambito le aree di ricerca si sono sviluppate intorno ai seguenti aspetti:

1. *L'acquisizione della nozione di tempo* che, secondo Jean Piaget, prende corpo attraverso le azioni compiute dal bambino stesso e percepite più come fenomeni di processo che come fenomeni temporali in sé (v. COGNIZIONE, § 2).

2. *Il tempo di reazione* o intervallo che intercorre tra l'esposizione allo stimolo e l'emissione della risposta che, rispetto ai risultati medi delle prove, può essere anticipata o ritardata (v. REAZIONE, §§ 1-2).

3. *L'orologio biologico* che è un meccanismo fisiologico, di natura ancora sconosciuta, che conferisce il senso del tempo cadenzato da ritmi endogeni ed esogeni responsabili delle variazioni fisiologiche e psicologiche (v. RITMO).

4. *L'esperienza del tempo* è strettamente dipendente: *a*) dai *bisogni* connessi alle aspettative di appagamento; *b*) dagli *stimoli* la cui intenzionalità, frequenza e durata configurano il tempo come "vuoto" o "pieno", dove il primo è vissuto come più lungo del secondo, mentre in retrospettiva un'ora piena di stimoli è ricordata come più lunga di un'ora senza stimoli; *c*) dall'*età*, per cui per i vecchi il tempo passa soggettivamente più presto, con conseguente valutazione di un periodo di tempo come più breve di quanto non sia valutato dai giovani; *d*) dal *sesso*, per cui le donne sono meno precise dei maschi nella valutazione del tempo; *e*) dallo *stress*, che comporta una diversa valutazione dello stesso periodo di tempo; *f*) dalle *differenze individuali e ambientali* dipendenti, rispettivamente, dalle condizioni dell'organismo e dalla sollecitazione che questi riceve dall'ambiente.

IV. PSICOANALISI

In questo ambito occorre distinguere la teoria classica da quella lacaniana.

1. Per *Sigmund Freud* il tempo è: *a*) un tratto distintivo del *processo secondario* rispetto al processo primario (v. PROCESSO PRIMARIO – PROCESSO SECONDARIO) che non considera il tempo, mentre il primo ne prende cognizione. Ciò è dovuto, a parere di Freud, al fatto che il senso del tempo nasce dall'esperienza del dilazionamento tra il desiderio e la sua soddisfazione, per cui il processo primario che tende all'immediato esaudimento del desiderio nega il tempo, mentre le propensioni all'adattamento, al di là del principio di piacere, tipiche del processo secondario, portano alla scoperta del tempo; *b*) un tratto costitutivo della *memoria*, per cui esperienze passate sono in grado di esercitare un effetto sul presente con conseguenze nevrotiche, quando l'avvenire non porta alcuna novità perché il soggetto è imbrigliato in un modo tipico di fare esperienza acquisito nel passato e non superato; *c*) un tratto costitutivo dell'*identità*, dove il passato continua al presente e prefigura il futuro come stile di vita.

2. Per *Jacques Lacan* il tempo psicologicamente significativo non è quello cronologico, ma quello *logico* la cui scansione non è decisa dai minuti, ma dalle unità di significazione, ognuna delle quali si modula in tre momenti: «L'istante dello sguardo, il tempo per comprendere, il tempo per concludere» (1945, p. 198). Il tempo dell'analisi è, per Lacan, il TRANSFERT (v.), la cui liquidazione è correlativa alla caduta del "soggetto supposto sapere" (v. SOGGETTO, § 3), che non avviene con il riconoscimento di una nuova visione del mondo, ma con il movimento del desiderio inconscio (v. DESIDERIO, § 3).

Bibliografia

Adam B., *Timewatch. Per un'analisi sociale del tempo* (1995), Baldini Castoldi Dalai, Milano 2005.
Aristotele, *Fisica*, in *Opere*, Laterza, Bari 1973.
Barsanti G., *Dimensione temporale*, in G. B. Cassano, P. Pancheri *et al.* (a cura di), *Trattato italiano di psichiatria* (1992), Masson, Milano 1999, vol. I, pp. 705-730.
Benini A., *Neurobiologia del tempo. Il tempo è nel mondo o è dentro di noi?*, Raffaello Cortina, Milano 2017.
Bergson H., *Materia e memoria* (1896), Laterza, Bari 1996.
–, *Durata e simultaneità. A proposito della teoria di Einstein e altri testi sulla teoria della relatività* (1922), Raffaello Cortina, Milano 2004.
Binswanger L., *Melanconia e mania* (1960), Bollati Boringhieri, Torino 1971.
Blumenberg H., *Lebenszeit und Weltzeit*, Klostermann, Frankfurt a.M. 1986.
Bodei R., *Piramidi del tempo. Storie e teoria del déjà vu*, il Mulino, Bologna 2006.
Bonaparte M., *L'amore, la morte, il tempo* (1952), Guaraldi, Rimini 1973.
Boncinelli E., *Gli enigmi del tempo*, Castelvecchi, Roma 2016.
Borgna E., *L'esperienza del tempo nella schizofrenia e nella malinconia* (1969), in Id., *Nei luoghi perduti della follia* (1964-1984), Feltrinelli, Milano 2008, pp. 149-165.
–, *La malinconia come metamorfosi della speranza* (1977), in Id., *Nei luoghi perduti della follia*, cit., pp. 313-339.
–, *Il tempo e la vita*, Feltrinelli, Milano 2015.
Boscolo L., Bertrando P., *I tempi del tempo. Una nuova prospettiva per la consulenza e la terapia sistemica*, Bollati Boringhieri, Torino 1993.
Callieri B., *Fenomenologia dell'attesa* (1981), in Id., *Percorsi di uno psichiatra* (1955-1992), Edizioni Universitarie Romane, Roma 1993, pp. 167-182.
D'Annessa D., Rossi S., *Tempo e psiche*, Guerini & Associati, Milano 1994.
Doob L., *Patterning of time*, Yale University Press, New Haven, Connecticut, 1971.
Elias N., *Saggio sul tempo* (1974-1984), il Mulino, Bologna 1986.
Fachinelli E., *La freccia ferma. Tre tentativi di annullare il tempo*, Adelphi, Milano 1992.
Ferrari A., *Il tempo e il labirinto. Immagini del mito classico*, Tirrenia Stampatori, Torino 1998.
Ferrarotti F., *Il ricordo e la temporalità*, Laterza, Bari 1987.
Fraser J. Th., *Il tempo. Una presenza sconosciuta* (1987), Feltrinelli, Milano 1991.
Freud S., *L'interpretazione dei sogni* (1899), in *Opere* (1967-1993), Bollati Boringhieri, Torino, vol. III.
Galimberti U., *L'anima e le figure del tempo*, in Id., *Gli equivoci dell'anima* (1987), Feltrinelli, Milano 2001, pp. 140-150.
Giovanelli G., Mucciarelli G., *Lo studio psicologico del tempo*, Cappelli, Bologna 1978.
Gorman B. S., Wessman A. E. (a cura di), *Personal experience of time*, Plenum Press, New York 1977.
Gould S. J., *La freccia del tempo, il ciclo del tempo. Mito e metafora nella scoperta del tempo geologico* (1987), Feltrinelli, Milano 1989.
Hammond C., *Il mistero della percezione del tempo*, Einaudi, Torino 2013.
Heidegger M., *Il concetto di tempo* (1924), Adelphi, Milano 1998.
–, *Essere e tempo* (1927), Utet, Torino 1978.
Holford-Strevens L., *Storia del tempo* (2005), Codice, Torino 2007.
Husserl E., *Idee per una fenomenologia pura e per una filosofia fenomenologica* (1912-1928), Einaudi, Torino 1965.
Jaspers K., *Psicopatologia generale* (1913-1959), Il Pensiero Scientifico, Roma 2000.
Jedlowski P., *Il tempo dell'esperienza. Studi sul concetto di vita quotidiana*, Franco Angeli, Milano 1986.
Klein É., *Le strategie di Crono* (2004), Meltemi, Roma 2005.
Kubler G., *La forma del tempo* (1972), Einaudi, Torino 1976.
Lacan J., *Il tempo logico e l'asserzione di certezza anticipata* (1945), in *Scritti* (1936-1966), Einaudi, Torino 1974, vol. I.
Luce G. G., *Body time. The natural rhythms of the body*, Pantheon, New York 1971.
Marramao G., *Minima temporalia*, il Saggiatore, Milano 1990.
Minkowski E., *Il tempo vissuto. Fenomenologia e psicopatologia* (1933), Einaudi, Torino 1971.
Paci E., *Tempo e relazione*, il Saggiatore, Milano 1965.
Piaget J., *Lo sviluppo della nozione di tempo nel bambino* (1946), La Nuova Italia, Firenze 1979.
Platone, *Timeo*, in *Opere*, Laterza, Bari 1973.
Redondi P., *Storie del tempo*, Laterza, Bari 2007.
Ricoeur P., *Tempo e racconto* (1983-1985), Jaca Book, Milano 1986-1988, voll. I-III.
Rosa H., *Accelerazione e alienazione. Per una teoria critica del tempo nella tarda modernità* (2014), Einaudi, Torino 2015.
Rovelli C., *L'ordine del tempo*, Adelphi, Milano 2017.
Sasso G., *Tempo, evento, divenire*, il Mulino, Bologna 1996.
Straus E. W., *Das Zeiterlebnis in der endogenen Depression und in der psychopathischer Verstimmung*, in "Monatsschrift für Psychiatrie und Neurologie", 1928, n. LXVIII.
Toraldo di Francia G., *Tempo, cambiamento, invarianza*, Einaudi, Torino 1994.
Vicario G. B., *Tempo psicologico ed eventi*, Giunti Barbera, Firenze 1973.
–, *Il tempo. Saggio di psicologia sperimentale*, il Mulino, Bologna 2005.
Voyat G., *Perception and concept of time. A developmental perspective*, in B. S. Gorman, A. E. Wessman (a cura di), *Personal experience of time*, cit.
Weinrich H., *Tempus. Le funzioni dei tempi nel testo* (1964), il Mulino, Bologna 1978.
Zimbardo Ph. G., Boyd J., *Il paradosso del tempo* (2008), Mondadori, Milano 2009.

Tenacia (ingl. *Tenacity*; ted. *Tenazität*; fr. *Ténacité*; sp. *Tenacidad*). Il termine, che nella sua accezione generica allude alla costanza e alla determinazione dell'atteggiamento nell'esecuzione di un compito o nel perseguimento di un proposito, è impiegato in senso specifico relativamente al grado di attenzione, variabile da individuo a individuo, nell'esecuzione del compito. La tenacia dell'attenzione può essere misurata con i test di cancellazione (v. CANCELLAZIONE, TEST DI).

Bibliografia

Piéron H. L. Ch., Toulouse É., Vaschide N., *Technique de psychologie expérimentale*, Colin, Paris 1904.

Tendenza (ingl. *Tendency*; ted. *Tendenz*; fr. *Tendance*; sp. *Tendencia*). Disposizione, ereditaria o acquisita, a una determinata attività o forma di comportamento.

Per il suo carattere costante e abituale si distingue dall'*impulso* (*Trieb*), che è una spinta all'azione improvvisa e non duratura. Oltre a questo significato generale, il termine ha un impiego specifico: *a*) in *statistica*, dove indica il mutamento uniforme e regolare in una determinata direzione di un fenomeno, oppure l'incremento o la diminuzione, costante o sporadica, di un insieme di dati nel tempo. Qualunque universo statistico può essere sottoposto a un'"analisi di tendenza" per verificare il significato dei dati e la credibilità delle previsioni; *b*) in *psicoanalisi*, dove Wilhelm Stekel distingue una tendenza "catagogica" dove impulsi psichici inibitori impediscono a una persona di raggiungere i fini che si propone, e una tendenza "analogica" di tipo costruttivo che ne consente la realizzazione; *c*) in *psicologia individuale*, dove Alfred Adler nomina "tendenza finale" la struttura dominante che guida un percorso nevrotico. Un concetto, questo, che ha i suoi antecedenti nella concezione dell'"idea fissa" di Pierre Janet e dell'"idea sovraccarica" di Carl Wernicke; *d*) nella *psicologia cognitiva*, dove Narziss Kaspar Ach distingue una tendenza "determinante" che organizza la successione dei pensieri in ordine alla rappresentazione dell'azione, "anticipatoria" quando, appresa una determinata sequenza, si tende ad anticipare la risposta conforme alla sequenza appresa prima della presentazione del nuovo input informativo, "perseverativa" quando nell'apprendimento si rivela una dipendenza da ciò che è stato appena appreso; *e*) nei *test psicologici* si considera la "tendenza a rispondere" in modo vero o falso, come illustrato alla voce RESPONSE SET.

Bibliografia

Ach N. K., *Analyse des Willens*, Urban & Schwarzenberg, Berlin 1935.

Adler A., *Prassi e teoria della psicologia individuale* (1920), Astrolabio, Roma 1947.

Boldrini M., *Manuale di statistica*, Giuffrè, Milano 1960.

Stekel W., *Nervöse Angstzustände und ihre Behandlung*, Urban & Schwarzenberg, Berlin-Wien 1908.

Tenerezza (ingl. *Tenderness*; ted. *Zärtlichkeit*; fr. *Tendresse*; sp. *Ternura*). Atteggiamento affettuoso e delicato che può tradursi in vera dedizione, come nel caso della tenerezza materna o filiale. La tenerezza non è un sentimento occasionale, ma un atteggiamento che caratterizza la personalità. Sigmund Freud assegna al termine un significato preciso distinguendo una corrente sensuale "che non disconosce più le sue mete" da una corrente di tenerezza dove il piacere sessuale si appoggia al soddisfacimento delle pulsioni di autoconservazione. Rispetto alla SENSUALITÀ (v.), scrive Freud, «la tenerezza è più antica. Essa deriva dai primissimi anni dell'infanzia, si è formata sul terreno degli interessi della pulsione di autoconservazione, e si rivolge ai membri della famiglia del bambino o a coloro che di lui si prendono cura. [...] La "tenerezza" dei genitori e di chi cura il bambino, la quale di rado smentisce il suo carattere erotico ("il bambino come giocattolo erotico"), concorre in grande misura ad accrescere nel bambino i contributi dell'erotismo agli investimenti delle pulsioni dell'Io e a portarli a un livello che acquista necessariamente importanza nel successivo sviluppo» (1910-1917, pp. 422-423).

Bibliografia

Freud S., *Contributi alla psicologia della vita amorosa* (1910-1917), in *Opere* (1967-1993), Bollati Boringhieri, Torino, vol. VI.

Tensione (ingl. *Tension*; ted. *Spannung*; fr. *Tension*; sp. *Tensión*). Contrasto tra due o più forze tra loro opposte che, in maniera *strutturale* e quindi insuperabile, o in maniera *accidentale* e quindi superabile, può caratterizzare il modo d'essere di qualsiasi entità o situazione.

1. *La tensione strutturale* è riconosciuta sia dalla tradizione occidentale a partire da Eraclito, per il quale «gli uomini non sanno come ciò che è discorde è in accordo con sé: armonie di tensioni opposte, come quelle dell'arco e della lira» (Diels-Kranz, fr. B 51), sia dalla tradizione orientale per la quale il Tutto è governato dalle due energie primarie opposte dello YIN E YANG (v.). Questa antica concezione delle energie di segno opposto che non si conciliano in una superiore unità è stata accolta dalla psicologia del profondo sia da Sigmund Freud che parla di coppia o polarità di opposti (v. OPPOSTI, § 1, *b*), sia da Carl Gustav Jung che enuncia la legge dell'enantiodromia (v. OPPOSTI, § 2, *a*) e il principio della *coniunctio oppositorum* (v. OPPOSTI, § 2, *b*).

2. *La tensione accidentale* discende dalla concezione aristotelica con riferimento all'intervallo che separa la potenza dalla sua piena attuazione nell'atto. Questo modo di pensare, molto diffuso anche nel linguaggio comune, tradotto psicologicamente, si riferisce all'intervallo che separa il BISOGNO (v.) o il DESIDERIO (v.) dalla rispettiva soddisfazione in cui si esprime l'OMEOSTASI (v.), ossia la tendenza dell'organismo a mantenere il suo equilibrio in base al principio che Gustav Theodor Fechner aveva chiamato di stabilità, e Freud di COSTANZA (v. § 2). Lo stato di tensione è accompagnato da una condizione emotiva la cui dinamica è stata esposta alla voce EMOZIONE, § V.

Bibliografia

Cannon W. B., *La saggezza del corpo* (1932), Bompiani, Milano 1956.

Eraclito, *Frammenti*, in H. Diels, W. Kranz, *I presocratici. Testimonianze e frammenti* (1ª ed. 1903, 12ª ed. ampliata 1966), Laterza, Bari 1969.

Fechner G. Th., *Einige Ideen zur Schöpfungs- und Entwicklungsgeschichte der Organismen*, Breitkopf und Härtel, Leipzig 1873.
Freud S., *Al di là del principio di piacere* (1920), in *Opere* (1967-1993), Bollati Boringhieri, Torino, vol. IX.
Jung C. G., *Mysterium coniunctionis* (1955-1956), in *Opere* (1969-2007), Bollati Boringhieri, Torino, vol. XIV, 1-2.

Tentazione (ingl. *Temptation*; ted. *Versuchung*; fr. *Tentation*; sp. *Tentación*). Condizione conflittuale suscitata dal desiderio di ottenere una soddisfazione o un vantaggio personale in contrasto con la norma socialmente convenuta e interiorizzata dal soggetto, che avverte l'impulso a trasgredirla. La tentazione può essere contenuta o da meccanismi di controllo esterni o da meccanismi interni segnalando, a seconda del tipo di controllo inibente, il carattere eteronomo o autonomo della morale del soggetto (v. AUTONOMIA – ETERONOMIA). La capacità di resistenza alla tentazione, per la quale sono stati individuati dei test, è assunta come uno dei fattori che intervengono nella valutazione della capacità a delinquere.

Teoria del campo, v. CAMPO, § 2.

Teoria della mente. Questa teoria, siglata in inglese con ToM (*Theory of Mind*), è una costruzione teorica sul funzionamento della mente umana e sul suo modo di lavorare per comprendere e interpretare la realtà. Come scrive Gilla Cauli, «furono David Premack e Guy Woodruff nel 1978 a sistematizzare la capacità di attribuire stati mentali e di predire il comportamento degli umani in situazioni intenzionali. La capacità di comprensione degli stati mentali intenzionali (desideri, obiettivi, ecc.) ed epistemici (pensieri, inferenze) permette agli umani di predire il proprio e l'altrui comportamento. Gli individui non possono direttamente osservare gli stati mentali, in quanto essi sono astratti e "interni", tuttavia possono "teorizzarli", intuirli sulla base della percezione della mimica, dello sguardo o attraverso la percezione delle emozioni e dei sentimenti» (2015, p. 219).

La costruzione teorica della ToM simula (v. SIMULAZIONE): le abilità percettive che consentono il riconoscimento delle intenzioni dell'altro a partire dagli indizi che provengono dall'espressione del viso, dalla qualità e dalla direzione dello sguardo; le abilità cognitive come la memoria, l'attenzione, il linguaggio; le funzioni esecutive a partire dalle intenzioni che le promuovono, dagli obiettivi che si vogliono raggiungere, dalle conseguenze che si possono prevedere; il controllo delle emozioni, non disgiunto da considerazioni morali, allo scopo di pervenire a una corretta interpretazione del mondo e a un'appropriata comprensione intersoggettiva. Un adeguato funzionamento della ToM consente, attraverso l'imitazione, di percepire le emozioni degli altri a partire dalla comprensione delle proprie; le intenzioni e gli obiettivi che promuovono l'azione altrui, distinti dalle intenzioni e dagli obiettivi che promuovono le proprie; di attrarre l'attenzione altrui, e, attraverso un'attenzione introspettiva, di attivare processi di condivisione e capacità di mediazione. Dette abilità consentono l'acquisizione di significative funzioni sociocognitive che, oltre a favorire lo sviluppo del linguaggio e della creatività, aiutano a comprendere i simboli del funzionamento emozionale che è alla base dei processi empatici.

Esistono diversi test per la valutazione della teoria della mente in bambini dai 6 agli 11 anni. Tra questi ricordiamo il test TVSM (*Test Vocale sugli Stati Mentali*), che esamina la comprensione di un'ampia gamma di stati mentali attraverso quel particolare stimolo uditivo costituito dalla voce umana, e il test TDM-CC (*Teoria della mente e coerenza centrale*) (v.) che valuta gli aspetti cognitivi e sociali in bambini dai 6 agli 11 anni affetti da disturbo dello spettro autistico. Per ulteriori approfondimenti su questa tematica si veda la voce MENTE, § 3, mentre, per quanto riguarda le conseguenze psicopatologiche dovute a una difettosa maturazione delle capacità della ToM e della METACOGNIZIONE (v.), si veda la voce SCHIZOFRENIA, § IV, 2.

Bibliografia

Abu-Akel A., *Neurobiological mapping of theory of mind*, in "Brain Research Reviews", 2003, n. 43, pp. 29-40.
Allen J. G., Fonagy P., Bateman A. W. (a cura di), *La mentalizzazione nella pratica clinica* (2008), Raffaello Cortina, Milano 2010.
Cauli G., *Teoria della mente e schizofrenia: clinica e riabilitazione*, in S. Pallanti (a cura di), *Oltre la schizofrenia. I progressi delle neuroscienze per superare i preconcetti e la malattia*, Edra Edizioni, Milano 2015, pp. 217-251.
Cavalli G., Fabio R. A., Liverta Sempio O., Marchetti A., *Test TVSM. Test Vocale sugli Stati Mentali*, Erickson, Trento 2013.
Damasio A. R., *Emozione e coscienza* (1999), Adelphi, Milano 2000.
–, *Il Sé viene alla mente. La costruzione del cervello cosciente* (2010), Adelphi, Milano 2012.
Fodor J. A., *La mente modulare. Saggio di psicologia delle facoltà* (1983), il Mulino, Bologna 1988.
Gallese V., *La molteplicità condivisa. Dai neuroni specchio all'intersoggettività*, in S. Mistura (a cura di), *Autismo. L'umanità nascosta*, Einaudi, Torino 2006.
Gallese V., Fadiga L., Fogassi L., Rizzolatti G., *Action recognition in the premotor cortex*, in "Brain", 1996, n. 119, pp. 593-609.
Gallese V., Goldman A., *Mirror neurons and the simulation theory of mind-reading*, in "Trends in Cognitive Sciences", 1998, n. 12, pp. 493-501.
Gopnik A., Meltzoff A. N., *Costruire il mondo* (1997), McGraw-Hill, Milano 1999.

Nisbett R. E., Wilson T. D., *Telling more than we can know. Verbal reports of mental processes*, in "Psychological Review", 1977, n. 84, pp. 231-259.
Premack D., Woodruff G., *Does the chimpanzee have a theory of the mind?*, in "Behavioral Brain Science", 1978, n. 4, pp. 515-526.
Pylyshyn Z. W., *Computation and cognition. Toward a foundation for cognitive science*, Mit Press, Cambridge, Massachusetts, 1984.
Rizzolatti G., Fadiga L., Gallese V., Fogassi L., *Premotor cortex and the recognition of motor action*, in "Cognitive Brain Research", 1996, n. 3 (2), pp. 131-141.
Rizzolatti G., Sinigaglia C., *So quel che fai. Il cervello che agisce e i neuroni specchio*, Raffaello Cortina, Milano 2006.
Siegel D. J., *La mente relazionale. Neurobiologia dell'esperienza interpersonale* (2012), Raffaello Cortina, Milano 2013.
Sperber D., Wilson D., *Pragmatics, modularity and mind-reading*, in "Mind & Language", 2002, n. 17, pp. 3-23.
Vio C., De Meo T., *TDM-CC. Teoria della mente e coerenza centrale*, Erickson, Trento 2014.
Wolpert D. M., Ghahramani Z., *Computational principles of movement neuroscience*, in "Nature Neuroscience", 2000, n. 3, pp. 234-243.

Terapeutica, Comunità, v. COMUNITÀ, § 2.

Terapia, v. PSICOTERAPIA.

Terminale (ingl. *Terminal*; ted. *End-*; fr. *Terminal*; sp. *Terminal*). Compimento di una fase che comporta soddisfacimento. Il termine è impiegato in riferimento: 1) alla meta raggiunta dall'azione (*Endhandlung*) promossa dalla base istintuale, come il raggiungimento del cibo nel caso della condotta appetitiva, o la sconfitta dell'avversario nel caso della condotta aggressiva; 2) al piacere (*Endlust*) associato all'effetto di scarica della tensione precedentemente accumulata, come nel caso dell'orgasmo all'apice dell'eccitazione sessuale (v. PIACERE, § 3).

Termotropismo, v. TROPISMO.

Territorialità (ingl. *Territoriality*; ted. *Territorialität*; fr. *Territorialité*; sp. *Territorialidad*). Termine introdotto dall'etologo Henry Eliot Howard per indicare la tendenza degli animali a circoscrivere una determinata area ritenuta idonea all'approvvigionamento del cibo e alla riproduzione. La delimitazione del territorio da parte di un gruppo di animali della stessa specie avviene o con secreti corporei quali l'urina, le feci, le emissioni odorifere, o con vocalizzi di allerta dagli effetti minacciosi. All'interno del territorio hanno luogo la regolazione della popolazione e quelle modalità di collaborazione dove il singolo si prodiga per il gruppo nella forma dello scambio del cibo, della cura della prole, fino, in alcuni casi, al sacrificio della vita in difesa del gruppo.

Bibliografia

Davies N. B., *Ecological questions about territorial behaviour*, in J. R. Krebs, N. B. Davies (a cura di), *Behavioural ecology. An evolutionary approach*, Blackwell Scientific, Oxford 1978.
Howard H. E., *Territory in bird life*, Arno Press, New York 1920.
Lindauer M., *Sulle tracce dell'altruismo. Il funzionamento delle società animali* (1991), Feltrinelli, Milano 1993.

Terrore, v. PANICO.

Test. Reattivo psicologico impiegato per ottenere una misurazione obiettiva e standardizzata che consenta di analizzare le differenze fra le reazioni psichiche di più individui o le reazioni psichiche dello stesso individuo in diversi momenti o condizioni. La standardizzazione del test implica un'uniformità di procedura affinché sia possibile la comparazione fra i diversi punteggi del medesimo individuo o di più individui. In questa voce ci si limita a esporre le caratteristiche fondamentali di un test, con riferimento sia ai test di rendimento sia ai test di personalità, mentre l'illustrazione dei singoli test è distribuita nell'intero dizionario a partire dal nome proprio che contraddistingue il test.

1. LE CARATTERISTICHE FONDAMENTALI DI UN TEST

Un test mentale, per essere utilizzabile, deve possedere almeno le seguenti caratteristiche:

1. *Validità*. Capacità di un test di misurare esattamente ciò che si propone, quindi la sua selettività fra ciò che deve essere misurato e ciò che non interessa. All'interno di questo criterio si distinguono: la validità di *contenuto* relativa alle funzioni o ai meccanismi mentali da prendere in considerazione quando si costruisce il test; la validità *concettuale* o esattezza con cui un test aderisce al modello ipotetico della funzione presa in esame; la validità di *congruenza* che risulta dal confronto dei risultati forniti dal test con quelli ottenuti con strumenti analoghi; la validità *concorrente* che risulta dal confronto dei risultati del nuovo test con quelli ottenuti con altri metodi nello stesso periodo di tempo, la validità *predittiva* che risulta dal confronto dei risultati del test con gli indici di successo professionale o scolastico ottenuti in un periodo successivo all'applicazione del test. Impediscono o limitano l'accertamento della validità diversi fattori, come la scarsa purezza di *criterio* di cui non si riesce a stabilire se sia davvero espressione dell'attitudine studiata dal test; il ricorso a *giudici parziali* che hanno già un giudizio soggettivo sul soggetto esaminato; la forma degli ITEM (v.) che possono richiedere una risposta che lascia spazi che il caso può saturare; il limite di *tempo* nell'esecuzione della prova che si rivela particolarmente incongruo per

prove di carattere creativo; lo scarso *adattamento* del test alle caratteristiche sociali, culturali e professionali del campione, e simili.

2. *Attendibilità*. Questa seconda caratteristica, detta anche *affidabilità*, è data dall'*accuratezza* con cui il test misura, e dalla *costanza* delle sue misurazioni che devono fornire risultati identici se il test viene somministrato ripetutamente allo stesso individuo nelle stesse condizioni. Il primo carattere è assicurato dall'*omogeneità* degli item che non possono riferirsi a prove eterogenee tra loro, e dalla loro *capacità discriminativa* nel senso che un item poco discriminativo è inutile. Il secondo carattere, detto anche *stabilità*, è verificabile con tre metodi: *a*) il *test-retest* che consiste nell'applicazione ripetuta a distanza di tempo dello stesso test allo stesso gruppo di soggetti, onde verificare, attraverso la correlazione, l'*indice di costanza*; *b*) le *forme parallele* per cui si approntano due prototipi della stessa natura e dello stesso grado di difficoltà allo scopo di ottenere, attraverso la loro correlazione, l'*indice di equivalenza*; *c*) la *divisione a metà* (*split-half*) che consiste nella comparazione dei risultati di una metà del reattivo con quelli dell'altra metà. La scelta delle due metà avviene fra gli item pari e dispari, e ciò che si ottiene è l'indice di omogeneità.

3. *Sensibilità*. Questa caratteristica è rilevabile verificando la capacità del test di discriminare fra individuo e individuo, e fra i diversi livelli evolutivi e di apprendimento dello stesso individuo. Per la prima verifica occorre una gamma piuttosto estesa di valutazioni all'interno della quale distribuire la popolazione da esaminare, per la seconda occorre che gli item siano costruiti in modo da abbracciare l'intero tratto evolutivo dell'attitudine che si vuole valutare.

4. *Praticità ed economia*. Sono caratteristiche di limitato valore teorico, ma che decidono di fatto l'adozione di un reattivo rispetto a un altro. Per *praticità* si intende la comodità di impiego, la semplicità della correzione, la facilità del conteggio dei punteggi; per *economia* si intende il costo limitato, il tempo di applicazione e la rapidità dello spoglio dei risultati. Nell'ambito dei test, la distinzione fondamentale è fra *test di rendimento* o prestazione o efficacia e *test di personalità*, dove si distinguono i test *obiettivi* e i test *proiettivi*.

II. TEST DI RENDIMENTO

Consistono in una serie di prove scelte con difficoltà crescenti e standardizzate su un campione sufficientemente rappresentativo, allo scopo di valutare determinate funzioni psichiche o determinate attitudini.

1. *Test di intelligenza*. Il primo reattivo mentale risale ad Alfred Binet per la determinazione del quoziente intellettuale (v. INTELLIGENZA, § 2) attraverso un rapporto tra età mentale ed età anagrafica. Questo test, noto come scala di Binet-Simon (v. BINET-SIMON, SCALA DI), fu rielaborato nel 1908 e successivamente nel 1916, quando prese il nome di scala Stanford-Binet; successivamente, sia per una serie di difficoltà tecniche di natura statistica sia perché le metodiche impiegate nell'infanzia non danno risultati soddisfacenti negli adulti, fu abbandonato e sostituito dal test Wechsler-Bellevue (v. WECHSLER-BELLEVUE, TEST DI), che ancora oggi è il più usato nella determinazione del livello di intelligenza. In questo ambito rientrano il test di John Carlyle Raven (v. MATRICI PROGRESSIVE) per la valutazione globale dell'intelligenza, il test associativo di Francis Galton (v. ASSOCIAZIONE, § 3, *b*), la scala di Alexander (v. ALEXANDER, SCALA DI) per la valutazione dell'intelligenza pratica, la scala di Borelli-Oléron (v. BORELLI-OLÉRON, SCALA DI) per la misurazione dell'intelligenza in bambini con difetti all'apparato uditivo, il test del lessico (v. LESSICO, TEST DEL) per l'intelligenza linguistica, ed altri ancora, come il Guilford-Test e il Thurstone-Test esposti alla voce INTELLIGENZA, § 2.

2. *Test per facoltà specifiche* come il test di cancellazione (v. CANCELLAZIONE, TEST DI) per la misurazione dell'attenzione, la scala di Oseretzky (v. OSERETZKY, SCALA DI) per l'attività motoria, lo SPEED-TEST (v.) per la velocità nell'esecuzione di un compito, le prove di Willibald Nagel per la capacità di distinguere i colori (v. COLORE, § 3), mentre nell'ambito della psicologia del lavoro abbiamo il test di idoneità, che è di tipo previsionale in ordine al successo in un'eventuale attività futura, il Giese-Test-System per la valutazione dell'attitudine professionale, e il Pauli test per la misurazione della concentrazione, della costanza e della qualità di svolgimento dell'attività lavorativa (v. PSICOLOGIA DEL LAVORO, § 5).

3. *Test clinico-diagnostici* impiegati quando si tratta di stabilire se il disordine è di tipo funzionale o di tipo organico. Rientrano in questo ambito i test *psicofisiologici* che studiano le modificazioni biologiche durante gli eventi psichici sia nel soggetto normale che patologico, e i test *neuropsicologici* che calcolano con precisione e affidabilità aspetti come la velocità di risposta, il livello di comprensione, il linguaggio, la memoria visiva, l'abilità psicomotoria. Tra questi ricordiamo le matrici progressive di Raven (v. MATRICI PROGRESSIVE) per lo studio del ragionamento e la soluzione dei problemi, il test di Goldstein (v. GOLDSTEIN, TEST DI) applicato ai cerebrolesi, il test di Benton (v. BENTON, TEST DI) per lo stato di compromissione delle funzioni mentali nei bambini e negli adolescenti, il test Bender Gestalt (v. BENDER GESTALT TEST) per la misurazione delle funzioni visuo-percettive e visuo-costruttive.

III. TEST DI PERSONALITÀ

Si prefiggono di esplorare la personalità o nella sua globalità o in qualche sua dimensione, come i test di dominanza-sottomissione o quelli di introversione-estroversione, allo scopo di riferirla a una classificazione o a una TIPOLOGIA (v.). In questo caso l'interpretazione dei dati, a differenza di quanto avviene nei test di rendimento, è sottoposta a un'interpretazione non solo quantitativa, ma anche qualitativa. In questo ambito si distinguono due grandi categorie: 1) i *test obiettivi* costruiti su principi omologhi ai test di rendimento, quindi con prove o domande le cui risposte vengono dapprima quantitativamente conteggiate e poi qualitativamente valutate; 2) i *test proiettivi* idonei all'indagine dei processi inconsci, ma non facilmente assoggettabili a una generalizzazione delle risposte entro schemi prefissati e quindi conteggiabili.

1. I TEST OBIETTIVI. In questo ambito si sono adottati diversi metodi per affrontare le difficoltà inerenti alla costruzione degli invarianti di personalità:

a) Il metodo della costruzione empirica che si serve delle risposte di gruppi di riferimento formati da individui che presentano le caratteristiche che si intendono valutare. Questa standardizzazione, ottenuta dal campione di popolazione di riferimento, permette di trasformare i punteggi "grezzi" ricavati dal campione esaminato in punteggi "ponderati". Tale è il MMPI, TEST (*Minnesota Multiphasic Personality Inventory*) (v.), con cui si esaminano i tratti patologici della personalità mediante il confronto tra le risposte dei soggetti esaminati e quelle dei pazienti affetti da diversi tipi di disturbi mentali.

b) Il metodo che utilizza l'analisi fattoriale dove, considerando un numero significativo di supposte manifestazioni di capacità mentale e calcolando per ciascuna il coefficiente di correlazione con tutte le altre, si procede alla costruzione di insiemi che codificano un determinato tratto o funzione mentale in rapporto alle rispettive correlazioni. A questo criterio risponde il questionario CATTELL-TEST 16 PF (v.).

c) Il metodo della costruzione del test in base a un modello teorico con validazione sperimentale come l'EPI (*Eysenck Personality Inventory*) (v. EPI, TEST), costruito sulla base della teoria della personalità elaborata da Hans Jürgen Eysenck.

d) Il metodo della correlazione per lo stile di risposta come l'EPPS, TEST (*Edwards Personal Preference Schedule*) (v.) di Allen L. Edwards, ideato per ridurre la DESIDERABILITÀ SOCIALE (v.) da parte dell'intervistato nella formulazione delle sue risposte.

e) Le Rating Scales (*RS*) (v. SCALA, § 8) che, rispetto ai questionari di personalità sopra elencati, non mirano a focalizzare le caratteristiche strutturali di una personalità, ma a qualificare una sintomatologia clinica e le sue possibili variazioni nel tempo.

2. I TEST PROIETTIVI. Sono test non rigidamente strutturati dove il soggetto, rispondendo più liberamente, mette qualcosa di più personale nelle sue risposte, che, opportunamente esaminate, consentono di scorgere gli aspetti inconsci della sua personalità. Il termine "proiettivo" fa riferimento al meccanismo della PROIEZIONE (v. § 3) illustrato dalla psicoanalisi, in cui il soggetto espelle da sé e localizza nell'altro, persona o cosa, qualità, sentimenti, desideri che egli non riconosce o rifiuta in sé. Nelle tecniche proiettive il termine "proiezione" viene usato in un'accezione più ampia e si riferisce alla modalità con cui il soggetto organizza le proprie esperienze, proiettando in un materiale non strutturato la struttura della sua personalità. Questo tipo di test fa appello alla produzione immaginativa in cui il soggetto è libero di creare il proprio mondo, rivelando nella sua creazione anche le tendenze inconsce di cui non è pienamente consapevole. Le caratteristiche principali di questo test sono: l'*ambiguità dello stimolo* fornito, la *molteplicità delle risposte* possibili, non sottoposte al giudizio vero/falso, giusto/sbagliato, e l'*interpretazione* della prova che, a differenza delle tecniche psicometriche, non esclude un rapporto interpersonale con l'esaminatore.

Rientrano in questo gruppo: il TAT (*Thematic Apperception Test*) (v.), che rivela i temi fondamentali che ricorrono nelle produzioni immaginative del soggetto; il test di Rorschach (v. RORSCHACH, TEST DI), che si basa sull'ipotesi che le risposte verbali fornite dal soggetto, riflettendo le sue modalità cognitivo-affettive, forniscano un quadro della sua struttura di personalità; il CAT, TEST (*Children's Apperception Test*) (v.), elaborato da Leopold Bellak per lo studio della personalità dei bambini; l'ORT, TEST (*Object Relations Technique*) (v.), elaborato da Herbert Phillipson a partire dai presupposti teorici che sono alla base della relazione oggettuale (v. OGGETTO, § 4); il Blacky Pictures (v. PITTURA), elaborato da Gerald S. Blum per valutare le varie componenti di competenza psicoanalitica; il metodo delle favole (v. FIABA), elaborato da Louisa Düss per valutare le reazioni normali, patologiche e sintomatiche nel modo in cui il bambino conclude una favola iniziata dallo sperimentatore; i test che impiegano il disegno della famiglia, dell'albero, della figura umana come altrettanti schermi su cui proiettare il proprio vissuto, la percezione di sé e le tendenze del proprio inconscio (v. DISEGNO).

Oltre a questi elencati esistono, naturalmente, molti altri test proiettivi che si differenziano per le tecniche impiegate che possono essere: *costruttive*, in cui il soggetto dà una struttura a un materiale non strutturato; *elaborative*, dove, in presenza di elementi ben definiti, si compongono scenari più ampi come il test del mosaico di Margaret Lowenfeld, il test del mondo di Charlotte Bühler, il test del villaggio di Henri Arthus; *ludiche*, usate per l'esplorazione della personalità del bambino e non per il suo trattamento terapeutico; *rifrattive*, dove la personalità del soggetto si rivela nel modo con cui impiega un mezzo convenzionale di comunicazione come può essere la scrittura.

Bibliografia

Anastasi A., *I test psicologici* (1954), Franco Angeli, Milano 1973.
Anzieu D., *Les méthodes projectives*, Puf, Paris 1960.
Boncori L., *Teoria e tecniche dei test*, Bollati Boringhieri, Torino 1993.
–, *I test in psicologia. Fondamenti teorici e applicazioni*, il Mulino, Bologna 2006.
–, *I test in psicologia. Esercitazioni pratiche*, il Mulino, Bologna 2008.
Calvi G., *La diagnosi psicologica e i suoi strumenti*, in L. Ancona (a cura di), *Nuove questioni di psicologia*, La Scuola, Brescia 1972, vol. II, pp. 330-390.
Conti L., Ruggeri M., Faravelli C., *Strumenti e valutazioni di misura*, in G. B. Cassano, P. Pancheri *et al.* (a cura di), *Trattato italiano di psichiatria* (1992), Masson, Milano 1999, vol. I, pp. 829-856.
Cronbach L. J., *Essentials of psychological testing*, Harper & Row, New York 1949.
Ercolani A. P., Perugini M., *La misura in psicologia. Introduzione ai test psicologici*, Led, Milano 1997.
Granieri A. (a cura di), *I test di personalità. Quantità e qualità*, Utet Libreria, Torino 2010.
Guilford J. P., *Psychometric methods*, McGraw-Hill, New York 1954.
Huteau M., Lautrey J., *I test di intelligenza* (1997), il Mulino, Bologna 2000.
Lis A. (a cura di), *Tecniche proiettive per l'indagine della personalità*, il Mulino, Bologna 1998.
Mannino G., *Test mentali*, in G. B. Cassano, P. Pancheri *et al.* (a cura di), *Trattato italiano di psichiatria*, cit., vol. I, pp. 347-370.
Meili R., *Manuale di diagnostica psicologica* (1955), Giunti Barbera, Firenze 1967.
Miragliotta A., Catalano S., Cerniglia I., *Teoria e metodo nei test psicologici*, Aracne Editrice, Roma 2009.
Murray H. A., *Explorations in personality*, Oxford University Press, New York 1938.
Passi Tognazzo D., *Metodi e tecniche nella diagnosi della personalità*, Giunti Barbera, Firenze 1975.
Passolunghi M. C., De Beni R., *I test per la scuola*, il Mulino, Bologna 2001.
Pedrabissi L., Santinello M., *I test psicologici. Teorie e tecniche*, il Mulino, Bologna 1997.
Purghé F., *La misurazione in psicologia*, Tirrenia, Torino 1984.
Rapaport D., Gill M. M., Schafer R., *Reattivi psicodiagnostici* (1945-1946), Bollati Boringhieri, Torino 1975.
Rorschach H., *Psicodiagnostica* (1921), Edizioni Kappa, Roma 1981.
Rubini V., *Test e misurazioni psicologiche*, il Mulino, Bologna 1984.
Sanavio E., Sica C., *I test di personalità. Inventari e questionari*, il Mulino, Bologna 1999.
Stevens S. S., *Handbook of experimental psychology*, Wiley & Sons, New York 1951.
Tyler L. E., *Reattivi mentali e misure nell'esame psicologico*, Martello, Milano 1972.
Wartegg E., *Il reattivo di disegno* (1957), Organizzazioni Speciali (O. S.), Firenze 1972.

Testicolo, v. ENDOCRINO, SISTEMA, § 6, *a*.

Testimonianza (ingl. *Testimony*; ted. *Aussage*; fr. *Témoignage*; sp. *Testimonio*). Termine che ha acquistato la sua rilevanza semantica all'interno dell'esistenzialismo dove, a partire da Søren Kierkegaard, si stabilisce un rapporto assoluto tra l'irripetibile esistenza del singolo e la verità. Questo rapporto è illustrato da Karl Jaspers a proposito di Giordano Bruno e Galileo Galilei: la ritrattazione di Galileo non toglie nulla alla verità scientifica della teoria eliocentrica, mentre la verità filosofica di Bruno esiste solo nella testimonianza che egli rende, per cui una ritrattazione distruggerebbe anche la sua verità filosofica. Per Jaspers, «qui sta la differenza: c'è una verità che, ritrattata, muore; e c'è una verità che nessuna ritrattazione è in grado di estinguere. I due accusati si comportano conformemente al tipo di verità da loro rispettivamente rappresentata. La verità dalla quale io traggo la mia esistenza vive solo se io mi identifico con essa; storica nel suo apparire, non possiede una validità universale pari alla sua enunciazione oggettiva, ma è incondizionata. La verità che io posso dimostrare, può sussistere anche senza di me, essa è universalmente valida, non è storica, non dipende dal tempo, ma non è neppure incondizionata, perché dipende dalle premesse e dai metodi della conoscenza in connessione ai fini» (1948, p. 57). L'essenza della testimonianza come rapporto esclusivo del singolo con la verità ritorna anche in Martin Heidegger nel concetto di autenticità contrapposto al modo inautentico di esistere nell'anonimato del "Si" (*Man*) impersonale (v. AUTENTICITÀ – INAUTENTICITÀ, § 1).

Di parere opposto è Friedrich Nietzsche, il quale nega nella maniera più assoluta che con la testimonianza si attesti una qualche forma di verità: «Che i martiri stiano a dimostrare qualcosa in ordine alla verità di un fatto, è tanto poco vero, da farmi negare che un martire abbia in genere qualcosa in comune con la verità. Già nel tono con cui un martire getta in faccia al mondo la sua convinzione di verità, si esprime un grado così basso di onestà intellettuale, una tale ottusità per il problema della verità, che non si ha mai bisogno di confutare un martire. La verità non è qualcosa che uno possiede e un altro no. [...] Il sangue è il testimone peggiore della verità; il sangue avvelena anche la dottrina più pura e la trasforma in delirio e in odio dei cuori» (1895, § 53). Come "passione per la verità" la testimonianza è una passione come le altre che attesta non tanto la verità quanto gli interessi a cui una certa forma di vita è legata, e a cui non può rinunciare se non rinunciando alla propria vita. Indicando nella passionalità il fondamento della testimonianza, Nietzsche anticipa il modello psicoanalitico che non riconosce un primato alla coscienza, ma alle pulsioni che in vari modi la determinano. A queste conclusioni è giunta anche la psicologia sperimentale che, a proposito della testimonianza giuridica, constata che essa non è mai un ricordo imparziale e assoluto, ma un'interpretazione che implica un intervento selettivo conscio o inconscio del testimone, il quale rielabora la verità fattuale in base alla sua cultura, alla sua personalità e ai suoi pregiudizi. A questo scopo sono stati elaborati test di idoneità a testimoniare che misurano la capacità del testimone a ridurre la propria componente interpretativa.

Bibliografia

De Leo G., Scali M., Caso L., *La testimonianza. Problemi, metodi e strumenti nella valutazione dei testimoni*, il Mulino, Bologna 2005.
Gulotta G. (a cura di), *Psicologia giuridica*, Franco Angeli, Milano 1979.
Heidegger M., *Essere e tempo* (1927), Utet, Torino 1978.
Jaspers K., *La fede filosofica* (1948), Raffaello Cortina, Milano 2005.
Kierkegaard S., *Enten-Eller* (*Aut-Aut*) (1843), Adelphi, Milano 1976-1989, voll. I-V.
Mazzoni G., *Si può credere a un testimone? La testimonianza e le trappole della memoria*, il Mulino, Bologna 2003.
Musatti C. L., *Elementi di psicologia della testimonianza*, Cedam, Padova 1931.
Nietzsche F., *L'anticristo* (1895), in *Opere*, Adelphi, Milano 1970, vol. VI, 3.
Vattimo G., *Tramonto del soggetto e problema della testimonianza*, in Id., *Le avventure della differenza*, Garzanti, Milano 1980, pp. 47-70.

Testosterone, v. ENDOCRINO, SISTEMA, § 6, *a*.

Teta, Ritmo, v. ELETTROENCEFALOGRAFIA.

Tetatranopia, v. COLORE, § 3.

TFL, Test (*Test Fono-Lessicale*). Strumento che valuta la capacità recettiva ed espressiva dei bambini in età prescolare. È costituito da 188 figure che vengono presentate al bambino che dovrà indicare la figura nominata dall'esaminatore individuandola tra quattro alternative di cui una sola è quella corretta (v. ABILITÀ, § 4).

Bibliografia

Vicari S., Marotta L., Luci A., Romano A. *TFL Test Fono-Lessicale. Valutazione delle abilità lessicali in età prescolare*, Erickson, Trento 2007.

TGM, Test (*Test of Gross Motor Development*). Il test consente di valutare il livello della motricità dai 3 ai 10 anni in ordine alle abilità locomotorie come correre, saltare ecc., e al controllo degli oggetti che si manifesta nel ricevere, dare, far rimbalzare, lanciare ecc.

Bibliografia

Ulrich D. A., *Test TGM. Valutazione delle abilità grosso-motorie* (1992), Erickson, Trento 1996.

Thanatos, v. EROS – THANATOS.

Thurstone-Test, v. ATTITUDINE, § 4; INTELLIGENZA, §§ 2, *a*; 3, *f*.

Tic (ingl. *Tic*; ted. *Tick*; fr. *Tic*; sp. *Tic*). Movimento rapido, ripetitivo, coordinato e stereotipo, ripetuto nella mimica e nella gestualità, che si presenta in relazione alla tensione del soggetto senza poter essere impedito dalla volontà. Dette manifestazioni ipercinetiche, che interessano il sistema extrapiramidale (v. EXTRAPIRAMIDALE, SISTEMA), compaiono con frequenza nell'età infantile e adolescenziale, per poi ridursi nell'età adulta e riapparire in quella senile. L'affezione, quando non dipende da lesioni organiche, è di origine psicogena e si accentua in situazioni emotive e stressanti.

In ambito psicoanalitico questi disturbi vengono interpretati come fenomeni di SPOSTAMENTO (v.) o di CONVERSIONE (v.) nel senso descritto da Otto Fenichel, per il quale «le situazioni represse, le cui intenzioni motorie ritornano nel tic, sono altamente emotive, poiché rappresentano nuovamente le tentazioni istintuali o le punizioni per gli impulsi tenuti lontani. Nei tic, un movimento che una volta era un segno concomitante di un affetto (eccitazione sessuale, rabbia, angoscia, rammarico, trionfo, imbarazzo) equivale ora allo stesso affetto, manifestandosi invece di quello represso. Ciò può avvenire in modi diversi: 1) il tic rappresenta una parte dell'originale sindrome affettiva, il cui significato mentale rimane inconscio; 2) il tic rappresenta un movimento, il cui significato inconscio è una difesa contro un affetto che si sta preparando; 3) il tic non rappresenta direttamente l'affetto o difesa contro l'affetto ma, piuttosto, altri movimenti o impulsi motori che ebbero luogo durante un eccitamento emotivo represso, sia nel paziente sia in un'altra persona con la quale il paziente si era identificato istericamente» (1945, pp. 357-358).

Per Giovanni Jervis il tic è una forma particolare di rituale ossessivo (v. OSSESSIONE). Infatti, «esso ha sempre una origine e un significato abbastanza precisi: lo strizzare un occhio può servire a ingraziarsi gli altri, o la buona fortuna, in un momento difficile; l'alzare una spalla è uno scongiuro verso un pensiero molesto o fonte di ansia; l'arricciare il naso è un gesto di allontanamento e di diffidenza, e così via. Di rado il soggetto ne è consapevole, ma spesso questi significati divengono evidenti se egli riflette su quali sono i momenti in cui ripete il tic, e ricorda il contenuto della sua mente in quei momenti. Il tic, come tutti i rituali ossessivi, tende col tempo a diventare autonomo, cioè a ripetersi nelle circostanze più varie in modo quasi automatico come meccanismo di allontanamento e di "scarico" dell'ansia» (1975, p. 267).

Bibliografia

Fenichel O., *Trattato di psicoanalisi delle nevrosi e delle psicosi* (1945), Astrolabio, Roma 1951.

Ferenczi S., *Osservazioni psicoanalitiche sul tic* (1921), in *Opere* (1989-1992), Raffaello Cortina, Milano, vol. III.

Jervis G., *Fobie e ossessioni*, in Id., *Manuale critico di psichiatria*, Feltrinelli, Milano 1975.

Klein M., *Contributo alla psicogenesi dei tic* (1925), in *Scritti 1921-1958*, Bollati Boringhieri, Torino 1978, pp. 162-196.

Verdellen C., Griendt J. van de, *I tic nei bambini. Programma di intervento cognitivo comportamentale* (2014), Erickson, Trento 2016.

Volterra V. (a cura di), *Disturbi da tic*, in G. B. Cassano, P. Pancheri *et al.* (a cura di), *Trattato italiano di psichiatria* (1992), Masson, Milano 1999, vol. III, pp. 2858-2870.

Timbro, v. UDITIVO, SISTEMA.

Timergasia, v. ERGASIA.

Timidezza (ingl. *Shyness*; ted. *Schüchternheit*; fr. *Timidité*; sp. *Timidez*). Disagio di fronte ad estranei che si manifesta in un comportamento esitante, ritroso o impacciato in situazioni di natura sociale. Espressioni di timidezza sono l'arrossamento del viso, difficoltà d'espressione verbale, impaccio gestuale e altre inibizioni fisiche e psichiche. La timidezza può essere *occasionale* quando fa la sua comparsa in situazioni nuove o comunque insolite per il soggetto, o *tipica*, dovuta a senso di inferiorità da addebitare a una scarsa confidenza con se stessi o a errori educativi in ordine alla socializzazione. Otto Fenichel rubrica la timidezza tra le forme dell'*angoscia sociale* che «può rappresentare o una parte della paura infantile dei genitori, mai completamente interiorizzata, o una riproiezione del Super-io sull'ambiente» (1945, p. 583). Accanto a questa spiegazione Fenichel non esclude un rapporto tra la timidezza e la SCOPOFILIA (v.), dove la timidezza sarebbe l'esito dell'inibizione del desiderio di guardare.

Bibliografia

Axia G., *La timidezza*, il Mulino, Bologna 1999.

Fenichel O., *Trattato di psicoanalisi delle nevrosi e delle psicosi* (1945), Astrolabio, Roma 1951.

Zimbardo Ph. G., Radl Sh. L., *Il bambino timido* (2000), Erickson, Trento 2003.

Timo, v. ENDOCRINO, SISTEMA, § 8.

Timoanalettico, v. PSICOFARMACOLOGIA, § II, 1.

Timolettico, v. PSICOFARMACOLOGIA, § I, 1.

Timopatico (ingl. *Thymopathic*; ted. *Thymopathisch*; fr. *Thymopathique*; sp. *Timopático*). Termine introdotto da Eugen Bleuler per indicare la tipologia del soggetto maniaco-depressivo, caratterizzato da mancanza di stabilità emotiva, con eccessi di euforia e di tristezza non imputabili a eventi esterni, ma a una disposizione caratteriale.

Bibliografia

Bleuler E., *Trattato di psichiatria* (1911-1939, aggiornato da M. Bleuler dal 1940 al 1960), Feltrinelli, Milano 1967.

Timore (ingl. *Dread*; ted. *Furcht*; fr. *Crainte*; sp. *Temor*). Il termine deriva dal contesto religioso, dove indica il sentimento che pervade l'uomo che avverte la presenza di un essere che lo trascende e che manifesta la sua potenza senza rivelare la sua natura nascosta. L'aspetto del *tremendum* è un tratto che sempre accompagna la percezione del divino e del sacro. Distinto dalla PAURA (v.), che riguarda sempre qualcosa di determinato di cui si conosce la pericolosità, il timore, quando è interiorizzato, concorre alla formazione della coscienza morale che argina le spinte trasgressive.

Bibliografia

Freud S., *Totem e tabù. Alcune concordanze nella vita psichica dei selvaggi e dei nevrotici* (1912-1913), in *Opere* (1967-1993), Bollati Boringhieri, Torino, vol. VII.

Mitchell S. A., *Speranza e timore in psicoanalisi* (1993), Bollati Boringhieri, Torino 1995.

Otto R., *Il sacro. L'irrazionale nell'idea del divino e la sua relazione al razionale* (1917), Feltrinelli, Milano 1984.

Zunini G., *Homo religiosus*, il Saggiatore, Milano 1966.

Timosina, v. ENDOCRINO, SISTEMA, § 8.

TINV, Test (*Test di Intelligenza Non Verbale*). Strumento che valuta le abilità cognitive di persone con problemi linguistici: o perché non udenti o perché affette da AFASIA (v.) o da deficit neurologici. Il test, applicabile anche a chi non parla la lingua locale, valuta il ragionamento analogico, il ragionamento sequenziale e la classificazione per categorie in ordine a oggetti noti e a figure geometriche.

Bibliografia

Hammill D. D., Pearson N. A., Wiederholt J. L., *Test TINV. Intelligenza non verbale* (1996), Erickson, Trento 1998.

Tipologia (ingl. *Typology*; ted. *Typologie*; fr. *Typologie*; sp. *Tipología*). Classificazione degli individui in base al loro *tipo*, termine con cui si indica da un lato l'insieme delle *caratteristiche* comuni a un certo numero di individui, dall'altro il *modello ideale* costruito per astrazione a partire da quelle caratteristiche. Il metodo tipologico è indicato quale primo orientamento nello studio di quei settori che ancora non si prestano ad un'analisi quantitativa, con l'avvertenza che i *tipi misti* sono molto più frequenti dei *tipi puri* ottenuti sopravvalutando i caratteri differenziali. L'uso acritico del tipo produce lo *stereo-tipo* (v. STEREOTIPO), che nasce dall'uso rigido e cristallizzato del quadro di riferimento. Le tipologie si differenziano in base ai criteri adottati per la loro costruzione e articolazione.

1. IL CRITERIO SOMATICO-COSTITUZIONALE

a) Galeno ha introdotto la prima distinzione tipologica a partire dalla teoria degli umori responsabili delle differenze emotive osservabili. La sua distinzione in *sanguigni*, *flemmatici*, *collerici* e *melanconici*, a seconda del prevalere nel sangue del flegma, della bile gialla e della bile nera, ha percorso i secoli lasciando una sua traccia nel linguaggio popolare.

b) Ernst Kretschmer ha stabilito una correlazione fra indici morfologici del corpo umano (fenotipo) e determinate caratteristiche della personalità che valgono sia per individui normali, sia per psicotici con differenze solo quantitative. I tipi sono quattro, di cui tre fondamentali e uno accessorio: il tipo *picnico*, caratterizzato sul piano somatico da rotondità di contorni, ampiezza delle cavità del corpo, abbondanti depositi di grasso, e sul piano psicologico da una predisposizione *ciclotimica* con fasi maniacali e depressive; il tipo *leptosomico* o *astenico*, caratterizzato sul piano somatico dalla predominanza delle misure verticali, e sul piano psicologico da una disposizione *schizotimica* che nel caso di psicosi si volge in schizofrenia; il tipo *atletico*, caratterizzato sul piano somatico da un sistema muscolare ben sviluppato, e sul piano psicologico da una disposizione *viscosa* con lentezza di pensiero, perseverazione e irritabilità. Infine il tipo *displasico*, predisposto all'epilessia e con molte varietà dismorfiche. Secondo Kretschmer, la suddetta tipologia corrisponde anche a differenze fisiologiche con riferimento soprattutto alle ghiandole endocrine e al metabolismo.

c) William Herbert Sheldon inaugura una tipologia che, a differenza di quella di Kretschmer, si basa su soggetti normali ed è costruita a partire da un sistema morfologico a tre dimensioni che corrispondono ad altrettanti stadi evolutivi dei tessuti derivati dai tre foglietti embrionali: ectoderma, mesoderma ed endoderma. All'*ectomorfismo* corrisponde il tipo *cerebrotonico*, dove prevale la razionalità con tratti di ipersensibilità, tendenza alla solitudine e alla vita interiore; al *mesomorfismo* corrisponde il tipo *somatotonico*, con tratti di dinamismo, facilità nei rapporti sociali e tendenza all'esercizio fisico; all'*endomorfismo* corrisponde il tipo *viscerotonico*, dove prevale l'affettività con tratti di passività, socievolezza e tendenza alla vita sedentaria.

d) Nicola Pende, nell'ambito della medicina costituzionale, ha descritto una varietà di tipi psicologici a partire dal difetto o dall'eccesso di funzionamento delle ghiandole endocrine, con conseguenti effetti sulla costituzione fisica e sulla disposizione psicologica. Tali sono il tipo *ipertiroideo* contrapposto all'*ipotiroideo*, distinti per l'eccesso o il difetto della secrezione della tiroide; il tipo *iperpituitarico* e *ipopituitarico*, differenziati dallo sviluppo eccessivo o insufficiente dell'ipofisi; con lo stesso criterio Pende distingue l'*ipertimico* dall'*ipotimico*, l'*ipersurrenalico* dall'*iposurrenalico*, e così di seguito a partire da tutti i centri di secrezione ormonale (v. ENDOCRINO, SISTEMA).

e) Altre classificazioni a sfondo somatico-costituzionale sono quelle di Léon Rostan e Claude Sigaud, che distinguono il tipo *cerebrale*, *muscolare*, *digestivo*, *respiratorio* a seconda della predominanza di un apparato sugli altri, e numerose altre denominazioni che rivelano corrispondenze con la classificazione di Kretschmer, e tali sono il tipo macro-micro-normoschelico di Achille De Giovanni, il tipo macro-picno-normosplancnico di Giacinto Viola, il tipo iper-ipo-normo-tonico di Julius Tandler, e altre ancora che riproducono lo stesso schema (v. EUMORFISMO).

2. IL CRITERIO PSICOLOGICO: ATTEGGIAMENTI E FUNZIONI. Questo criterio è stato introdotto da Carl Gustav Jung a partire dall'ATTEGGIAMENTO (v. § 2), che può essere orientato all'introversione o all'estroversione (v. ESTROVERSIONE – INTROVERSIONE), il quale

combinandosi con la FUNZIONE (v. § 2, *b*) dominante delle quattro previste da Jung – pensiero, sentimento, sensazione e intuizione – genera otto tipi psicologici. L'estroverso si orienta in base ai dati oggettivi, mentre l'introverso in base alla risonanza soggettiva che gli stessi dati producono. Nell'ambito delle funzioni il pensiero e il sentimento sono detti razionali perché procedono rispettivamente per "valutazioni" di ordine mentale e affettivo, mentre la sensazione e l'intuizione procedono per "percezioni" che si riferiscono rispettivamente a ciò che è immediatamente presente e a ciò che l'immediatamente presente lascia presagire. Nel precisare il criterio che ispira la propria tipologia rispetto al criterio somatico-costituzionale, Jung scrive che «la tipologia fisiologica mira anzitutto alla definizione di contrassegni fisici esteriori grazie ai quali è possibile classificare gli individui e analizzarli nelle loro altre caratteristiche. Le ricerche di Kretschmer hanno mostrato che la particolarità fisiologica si estende fino a condizionamenti psichici. La tipologia psicologica procede in linea di principio nello stesso modo, ma il suo punto di partenza si trova, per così dire, non fuori, ma dentro. Essa non mira a classificare contrassegni esteriori, ma cerca di scoprire i principi interiori degli atteggiamenti psicologici medi. Mentre una tipologia fisiologica deve applicare essenzialmente, se vuole raggiungere i suoi risultati, una metodologia propria delle scienze naturali, l'assenza di visibilità e misurabilità dei processi psichici impone il ricorso a una metodologia che sia propria delle scienze dello spirito, cioè a una metodologia di tipo analitico» (1929, pp. 125-126). La distinzione tra *introversione* ed *estroversione* di Jung riappare sotto altra denominazione in Hermann Rorschach tra *intratensivo* e *estensivo* (1921), in Erich Rudolf Jaensch tra *integrato* e *disintegrato* (1930), e in Gerhard Pfahler tra *rigido* ed *elastico* (1929).

3. IL CRITERIO FENOMENOLOGICO-INTUITIVO DELLE SCIENZE DELLO SPIRITO. Questo criterio stabilisce una correlazione tra la creazione culturale e la modalità psicologica con cui l'individuo vede il mondo.

a) *Friedrich von Schiller* evidenziò per la prima volta questo rapporto all'interno del poetico, distinguendo l'atteggiamento *spontaneo* dove il poeta «segue, con semplicità, natura e sensazione, limitandosi alla mera imitazione della realtà», e l'atteggiamento *sentimentale* dove il poeta «riflette sull'impressione che gli oggetti fanno su di lui, e solo su questa riflessione è fondata la commozione nella quale egli stesso è trasferito e trasferisce noi» (1796, pp. 248-249). A proposito di questa distinzione schilleriana, Jung scrive che «Schiller è giunto a stabilire l'esistenza di due tipi psicologici ai quali, nella sua concezione, spetta lo stesso significato che io attribuisco all'introverso e all'estroverso» (1921, p. 141).

b) *Friedrich Nietzsche* introduce la distinzione tra *apollineo* e *dionisiaco*, che la psicologia successiva utilizzerà come modelli tipologici. Dal canto suo Nietzsche se ne serve per leggere lo spirito dell'antica grecità, a suo parere basato sul contrasto e la successiva composizione dell'elemento armonico, formale e luminoso rappresentato da Apollo, e quello oscuro, estatico e creativo rappresentato da Dioniso: «Dal substrato dionisiaco del mondo può passare nella coscienza dell'individuo solo esattamente quello che può essere poi di nuovo superato dalla forza di trasfigurazione apollinea, sicché questi due istinti artistici sono costretti a sviluppare le loro forze in stretta proporzione reciproca, secondo la legge dell'eterna giustizia. Dove le forze dionisiache si levano così impetuosamente come noi possiamo sperimentare, là deve essere già disceso sino a noi, avvolto in una nube, Apollo» (1873, p. 162). Commentando la dicotomia nietzscheana in chiave psicologica, Jung scrive che «l'apollineo è la percezione delle immagini interiori della bellezza, della misura e dei sentimenti armonicamente disciplinati» (1921, p. 145), mentre «il dionisiaco è la liberazione dell'istinto insofferente di ogni limite, lo scatenarsi della sfrenata *dynamis* animalesca e divina, la rottura del principio di individuazione, e insieme l'"estasi delirante", perché è infranto» (ivi, p. 150).

c) *Wilhelm Dilthey* distingue tre tipi psicologici a cui ricondurre altrettante visioni del mondo: il tipo *naturalistico-materialista* che articola la sua intuizione del mondo sul concetto di *causa*, per cui la natura appare come un insieme di fatti che costituiscono un ordine necessario senza alcuno spazio ai concetti di valore e di fine; il tipo *idealistico-oggettivo* fondato sulla vita del *sentimento* per cui il mondo appare ordinato dalle categorie del senso, del valore e del significato in quanto manifestazione di un principio spirituale; il tipo *idealistico-libertario* che interpreta il mondo in termini di *volontà* con conseguente affermazione dell'indipendenza dello spirito dalla natura e ammissione della trascendenza.

d) *Karl Jaspers* ripropone lo schema diltheyano tra atteggiamento psicologico e visione del mondo stabilendo una corrispondenza tra atteggiamento *oggettivo*, *autoriflessivo* ed *entusiastico* a cui corrisponde un'immagine del mondo *spazio-sensoriale*, *psichico-culturale* e *metafisica*, come è stato illustrato alla voce ATTEGGIAMENTO, § 3. Al criterio fenomenologico-intuitivo si rifanno anche Ludwig Klages e Eduard Spranger, che però non parlano di "tipo psicologico", ma di CARATTERE (v.).

4. Il criterio psicoanalitico e gli sviluppi psicodinamici. La psicoanalisi ha dato un contributo essenziale allo studio dei "caratteri" considerati dal punto di vista genetico e dinamico. Siccome non si tratta di "modelli ideali" a cui risponde la definizione di "tipo psicologico", ma di "formazioni" che hanno una genesi e una dinamica, solo con grande approssimazione si possono considerare "tipi psicologici" i "caratteri" descritti dalla psicoanalisi classica e dai suoi sviluppi successivi (v. Carattere, §§ 2-3).

5. Il criterio percettivo. Partendo dalla constatazione che la percezione non è modulata solo dall'azione dello stimolo esterno, ma anche dalla struttura della personalità, si è proceduto alla costruzione di sistemi tipologici che, a seconda del criterio adottato, generano le coppie: *analitico-sintetico* se la tendenza è a cogliere i particolari o l'insieme; *accentuatore-livellatore* a seconda della tendenza a "chiudere" o meno lo spazio fenomenico percepito; *dipendente-indipendente dal campo* a seconda che la percezione poggi o meno sui dati offerti dal campo visivo. Per queste distinzioni si veda la voce Percezione, § 11, mentre si rinvia alla voce Eidetismo per la distinzione tra *tipi di integrazione* e *tipi sinestesici*.

6. Il criterio sperimentale. Rientrano in questo gruppo tutte le tipologie ottenute con test proiettivi dove il tipo psicologico è il risultato del principio di volta in volta assunto nella costruzione della batteria dei test (v. Test, § III, 2).

Bibliografia

Dilthey W., *I tipi di visioni del mondo e la loro formazione nei sistemi metafisici* (1911), in *Scritti filosofici 1905-1911*, Utet, Torino 2004.
Galimberti U., *Tipologia*, in AA.VV., *Gli strumenti del sapere contemporaneo*, vol. II: *I concetti*, Utet, Torino 1985, pp. 877-881.
Jaensch E. R., *Studien zur Psychologie der menschlicher Typen*, Barth, Leipzig 1930.
–, *Körperform, Wesensart, Rasse*, Barth, Leipzig 1934.
Jaspers K., *Psicologia delle visioni del mondo* (1919), Astrolabio, Roma 1950.
Jung C. G., *Tipi psicologici* (1921), in *Opere* (1969-2007), Bollati Boringhieri, Torino, vol. VI.
–, *Il significato della costituzione e dell'eredità in psicologia* (1929), in *Opere*, cit., vol. VIII.
Klages L., *Die Grundlagen der Charakterkunde*, Barth, Leipzig-Bonn 1926.
Kretschmer E., *Körperbau und Charakter*, Springer, Berlin 1921.
Nietzsche F., *La nascita della tragedia* (1873), in *Opere*, Adelphi, Milano 1972, vol. III, 1.
Pende N., *Le debolezze di costituzione*, Libreria di Scienze e Lettere del dr. G. Bardi, Roma 1928.
Pervin L. A., John O. P., *La scienza della personalità. Teorie, ricerche, applicazioni* (1997), Raffaello Cortina, Milano 2003.
Pfahler G., *System der Typenlehre*, Barth, Leipzig 1929.
Rorschach H., *Psicodiagnostica* (1921), Edizioni Kappa, Roma 1981.
Schiller F. von, *Über naive und sentimentalische Dichtung* (1796), in H. G. Thalheim *et al.*, *Sämtliche Werke*, Aufbau Verlag, Berlin 1980.
Sheldon W. H., Stevens S. S., *The varieties of temperament. A psychology of constitutional differences*, Harper, New York 1942.
Spieth R., *Der Mensch als Typus*, Schwab, Stuttgart 1949.
Spranger E., *Lebensformen. Geisteswissenschaftliche Psychologie und Ethik der Persönlichkeit*, Niemeyer, Halle 1914.
Vannier L., *La tipologia omeopatica e le sue applicazioni. Prototipi e metatipi. I temperamenti* (1955), Red Edizioni, Como 1983.

TIP, Test (*Test di Intelligenza Potenziale*). Strumento che misura la modificabilità cognitiva e la capacità di adattamento a situazioni nuove in bambini e adolescenti dai 3 ai 19 anni, nonché le potenzialità di sviluppo delle capacità cognitive.

Bibliografia

Fabio R. A., *TIP. Test di Intelligenza Potenziale. Valutazione e indici normativi di misura*, Erickson, Trento 2007.

Tireotropina (TSH), v. Endocrino, Sistema, § 1, *a*.

Tiroide, v. Endocrino, Sistema, § 2.

Tiroxina (T4), v. Endocrino, Sistema, § 2.

TLR, Test (*Test of Receptive Language*). Misura la capacità del bambino di decodificare e comprendere il linguaggio parlato. Il risultato si ottiene attraverso la somministrazione di prove oggettive di comprensione, nelle quali si presentano contemporaneamente al bambino stimoli visivi e uditivi da associare correttamente.

Bibliografia

Mainardi M., *Test TLR. Valutazione del Linguaggio Ricettivo*, Erickson, Trento 1992.

TMA, Test (*Test Multidimensionale dell'Autostima*). Strumento che misura l'Autostima (v.) in bambini e adolescenti dai 9 ai 19 anni in ordine all'area scolastica (successi o fallimenti sperimentati), familiare (grado in cui il soggetto si sente amato e valorizzato), interpersonale (come considera i suoi rapporti con i coetanei e con gli adulti), emozionale (in ordine alla capacità di controllare le emozioni negative), corporea (autovalutazione del suo aspetto e delle sue capacità fisiche e sportive), competenza nel controllo dell'ambiente e nella capacità di governare gli eventi della propria vita.

Bibliografia

Bracken B. A., *Test TMA. Valutazione multidimensionale dell'autostima* (1992), Erickson, Trento 1996.

Tolleranza (ingl. *Tolerance*; ted. *Toleranz*; fr. *Tolérance*; sp. *Tolerancia*). In ambito psicologico il termine è impiegato fondamentalmente in tre accezioni: 1) come sinonimo di *sopportazione* in riferimento alla capacità di sostenere tensioni e frustrazioni padroneggiando e adattando la propria condotta anche di fronte a mancate gratificazioni istintuali o esistenziali immediate, sia nei confronti del proprio vissuto sia nei confronti di quello altrui, astenendosi dal penalizzare, anche solo con un giudizio negativo, atteggiamenti, costumi e opinioni diversi per contenuto o finalità dai propri; 2) per estensione si parla di *tolleranza* o *sopportazione sociale* in riferimento al limite posto o acquisito da un contesto sociale verso atteggiamenti anomali o poco conformi alle regole di convivenza; 3) di tolleranza si parla infine in riferimento all'assunzione di *sostanze tossiche* per indicare lo stato adattivo dell'organismo in rapporto a una certa quantità assunta (v. TOSSICODIPENDENZA).

Bibliografia

Bencivenga E., *Oltre la tolleranza. Per una proposta politica esigente*, Feltrinelli, Milano 1992.
Caricchio M., *Tolleranza*, in M. Flores (a cura di), *Diritti umani. Cultura dei diritti e dignità della persona nell'epoca della globalizzazione*, Utet, Torino 2007, vol. II, pp. 1276-1282.
Dini V. (a cura di), *Tolleranza e libertà*, Elèuthera, Milano 2001.
Locke J., *Lettera sulla tolleranza* (composta nel 1667, edita nel 1685), in Id., *Sulla tolleranza e l'unità di Dio*, Bompiani, Milano 2002.
Sacerdoti G., Racalbuto A. (a cura di), *Tolleranza e intolleranza*, Bollati Boringhieri, Torino 1995.
Veca S., *Tolleranza*, Asmepa Edizioni, Bentivoglio 2012.
Voltaire, *Trattato sulla tolleranza* (1763), Feltrinelli, Milano 1995.
Walzer M., *Sulla tolleranza* (1997), Laterza, Bari 1998.
Žižek S., *Difesa dell'intolleranza* (1998), Città Aperta Edizioni, Troina 2003.

TOL, Test (*Torre di Londra*). Valuta le abilità di decisione strategica e di problem solving in bambini dai 4 ai 13 anni, con particolare attenzione alle loro capacità esecutive che riguardano tanto la vita quotidiana quanto la soluzione di problemi matematici o più in generale di problemi complessi.

Bibliografia

Sannio Fancello G., Vio C., Cianchetti C., *TOL. Torre di Londra. Test di valutazione delle funzioni esecutive (pianificazione e problem solving)*, Erickson, Trento 2006.

ToM (*Theory of Mind*), v. TEORIA DELLA MENTE.

Tomografia a emissione di positroni (PET), v. DIAGNOSI, § 5, B, c.

Tomografia computerizzata (TC), v. DIAGNOSI, § 5, A, a.

Tomografia computerizzata a emissione di singoli fotoni (SPECT), v. DIAGNOSI, § 5, B, b.

Tonalità, v. COLORE, § 1.

Tono muscolare (ingl. *Muscle tonus*; ted. *Muskeltonus*; fr. *Tonus musculaire*; sp. *Tono muscular*). Leggera tensione permanente dei muscoli mantenuta con l'interessamento di poche unità motorie. Sostenuto per via riflessa (v. RIFLESSO) dagli impulsi propriocettivi (v. SENSIBILITÀ), il tono è graduato e distribuito in modo diverso tra i vari gruppi muscolari in base agli atteggiamenti assunti dalle varie parti del corpo per cui, ad esempio, nella postura eretta sarà più pronunciato il tono degli estensori, mentre nella postura in flessione quello dei flessori. L'attività volontaria richiede un certo grado di tono muscolare preesistente e comporta a sua volta modificazioni complesse nella distribuzione del tono in modo da permettere plasticità, fluidità e una gestualità morbida. Se infatti il tono è troppo elevato, come nelle paralisi spastiche, non sono possibili movimenti fini. Al tono muscolare cooperano i riflessi da stiramento, il cervelletto, i nuclei vestibolari e la formazione reticolare. La perdita di tonicità dell'apparato muscolare prende il nome di *atonia*, mentre l'aumento o la diminuzione sono dette rispettivamente *ipertonia* e *ipotonia*. L'ipertonia può essere causata da interruzione delle vie piramidali, con conseguente spasticità e contrattura muscolare, o da lesioni extrapiramidali che causano rigidità, mentre l'ipotonia può dipendere da interruzione delle vie nervose afferenti, da lesioni del neurone motore periferico, da malattie che interessano il sistema piramidale o il cervelletto.

Topico, Punto di vista, v. APPARATO PSICHICO, § 3.

Topologia, v. CAMPO, § 2.

Torpore, v. COSCIENZA, § 3, *a*.

Tossicodipendenza (ingl. *Drug addiction*; ted. *Rauschgiftsucht*; fr. *Toxicomanie*; sp. *Toxicodependencia*). Dipendenza da sostanze tossiche quali il tabacco (v. TABAGISMO), l'alcol (v. ALCOLISMO), gli stupefacenti (v. DROGA), gli psicofarmaci (v. PSICOFARMACOLOGIA), il gioco d'azzardo (v. GIOCO, § 6), l'attività sessuale irrefrenabile (v. SATIRIASI), e di recente anche internet

(v. PSICOLOGIA DEI NUOVI MEDIA), con riferimento a quanti ne fanno un uso eccessivo per soddisfare sul piano virtuale quello che non riescono a ottenere sul piano della realtà, fino al punto di percepire il mondo reale come un semplice ostacolo o impedimento all'esercizio della propria *onnipotenza* che sperimentano con immenso piacere nel mondo virtuale.

Si è soliti distinguere la "dipendenza da droghe" dalla "dipendenza senza droghe" o "dipendenza comportamentale", che è una modalità ripetitiva di un determinato comportamento di cui non si può fare a meno, anche a seguito di una perdita di controllo, perché produce un'immediata gratificazione, come nel caso della dipendenza da acquisti, da gioco, da sesso, da lavoro, da internet, da videogiochi, da palestra ecc. Constance Holden ritiene che queste dipendenze siano dovute a esperienze che si sono ripetute con una significativa frequenza, accompagnate da una notevole carica emotiva, fino a determinare a livello cerebrale una modificazione dei circuiti neuronali, che poi finiscono per perpetuare il comportamento assunto. La base fisiologica di questi comportamenti che creano dipendenza è il sistema cerebrale che, attraverso il circuito della dopamina, neurotrasmettitore che svolge un ruolo significativo nelle sensazioni di piacere, crea un'immediata gratificazione.

Giorgio Nardone e Federica Cagnoni osservano che «la dipendenza implica tre meccanismi: la tolleranza (che comporta la necessità di aumentare gradualmente le dosi di una sostanza per ottenere lo stesso effetto), [...] l'astinenza (con comparsa di sintomi specifici in seguito alla riduzione o alla sospensione di una particolare sostanza), il "craving" (o smania) che comporta un fortissimo e irresistibile desiderio di assumere una sostanza; desiderio che, se non soddisfatto, causa intensa sofferenza psichica e a volte fisica, con fissazione del pensiero, malessere, alterazione del senso della fame e della sete, irritabilità, ansia, insonnia, depressione dell'umore e, nelle condizioni più gravi, sensazioni di de-realizzazione e de-personalizzazione» (2002, p. 47).

A questo proposito è opportuno, come sottolinea Giovanni Jervis, distinguere la *tossicodipendenza*, che si verifica quando il soggetto introduce stabilmente nelle proprie abitudini la sostanza tossica perché ne è *psicologicamente* condizionato, fino a non riuscire se non con difficoltà a svolgere senza di essa le proprie attività quotidiane, dall'*assuefazione*, che si riferisce alla dipendenza *fisica* dell'organismo che ne ha bisogno per il proprio metabolismo, fino al punto di richiederne dosi sempre maggiori per evitare i sintomi di ASTINENZA (v. § 3) che accompagnano chi se ne priva improvvisamente. L'uso sporadico di sostanze tossiche non costituisce tossicodipendenza, anche se chi diventa tossico se ne accorge quando ormai è troppo tardi, perché fa parte della psicologia del tossicomane minimizzare la propria dipendenza e illudersi di poterne interrompere l'uso abituale a suo piacimento.

La tendenza a prendere in considerazione solo i disturbi fisici (assuefazione) e non quelli psicologici (dipendenza) s'è rivelato un grave errore perché la dipendenza psicologica non è meno tenace dell'assuefazione fisica. Nel comportamento dei tossicomani, scrive Jervis, «è possibile constatare con particolare chiarezza l'esistenza di un problema psicologico che costituisce uno degli enigmi fondamentali della psichiatria: la tendenza a tornare a ripetere molte volte schemi di comportamento chiaramente fallimentari. In termini un po' tecnici, si può sostenere l'ipotesi che i tossicomani, come altri, abbiano la tendenza a metastoricizzare una situazione di scacco, e di crisi, ritualizzandola attraverso la ripetizione. Ma in molti casi, soprattutto di alcolisti e di eroinomani, la tossicomania diventa, da un certo punto in poi, volontà di morte: cioè in pratica un progressivo suicidio» (1975, p. 343).

Dal punto di vista psicoanalitico Luigi Zoja legge la tossicodipendenza come un tentativo fallito di INIZIAZIONE (v.). E a questo proposito scrive che «il volgersi alla droga può essere visto come un tentativo di iniziazione, carente già nella premessa per mancanza di consapevolezza. Le tappe del processo si potrebbero riassumere così: 1) situazione di partenza da trascendere perché insignificante; [...] 2) morte iniziatica con accettazione di una fase di chiusura al mondo; [...] 3) rinascita iniziatica favorita psicologicamente dalla condivisione dell'esperienza con altri. [...] Il tossicodipendente della nostra società fallisce nel processo complessivo, non tanto per le modalità con cui consuma la droga, quanto perché salta interamente la seconda fase. In questo modo mostra di essere già in partenza intossicato: non da una sostanza, ma dal non ammettere rinunce, depressioni, spazi psichici vuoti. Egli non dispone insomma dello spazio interiore che, insieme ai rituali esterni, deve fungere da contenitore per l'esperienza di rinnovamento» (1985, pp. 7-8).

Sulla premessa di questa ipotesi convengono anche le ricerche sociologiche che leggono nella tossicodipendenza un tentativo di risposta individualistica e anestetizzante adottata dai singoli individui contro gli aspetti più disumani e insopportabili della vita che sono costretti a vivere. Dennis Thombs ritiene che a tutt'oggi la dipendenza sia considerata fondamentalmente da tre punti di vista dai quali scaturiscono i diversi percorsi di cura: *a*) il *modello morale*, che imputa la dipendenza a una libera scelta per cui il mezzo di correzione più efficace è la punizione; *b*) il *modello medico*, che legge la dipendenza come una malattia in soggetti la cui vulnerabilità è su base genetica. Il trattamento deve seguire il modello della malattia con particolare attenzione alle complicazioni che accompagnano lo stato di dipendenza; *c*) il *modello del comportamento appreso*, secondo il quale l'individuo non è vittima di una scelta sbagliata o di un processo morboso, ma di condizioni di apprendimento distruttive che vanno corrette con un ri-apprendimento di nuove modalità di comportamento che si rivelino idonee ad evitare ricadute.

Dal punto di vista biologico i neurotrasmettitori o i recettori neurotrasmettitoriali su cui agisce la maggior parte delle sostanze tossiche sono quelli degli oppiacei, della dopamina e dell'acido gamma-aminobutirrico (GABA) (v. NEUROTRASMETTITORE, § I, 2, b). Secondo Eric J. Nestler, alla base dell'abuso di sostanze si riscontra o una carente attività degli oppiacei endogeni come l'endorfina, o una troppo elevata attività degli antagonisti degli oppiacei. Per quanto concerne le patologie psichiatriche che si riscontrano nel 70% dei soggetti che abusano di sostanze, Edgar P. Nace e collaboratori elencano tra le più frequenti: il disturbo antisociale di personalità (v. PSICOLOGIA SOCIALE, § 5; PSICOPATIA), i disturbi d'ansia (v. ANGOSCIA – ANSIA), il disturbo depressivo maggiore (v. DEPRESSIONE, § 2), la DISTIMIA (v.), il disturbo bipolare (v. UMORE, § 2; CICLOTIMIA), mentre William M. Grove e collaboratori hanno evidenziato una componente genetica nell'abuso di alcol (v. ALCOLISMO) e nella dipendenza da sostanze tossiche.

Bibliografia

Addenbrooke M., *Uscire dalle dipendenze. Testimonianze di recupero da alcol e droga* (2011), Vivarium, Milano 2014.

Andreoli V., Cancrini L., Gessa G. L., Fratta W., *Tossicodipendenze*, Masson, Milano 1988.

Cancrini L. (a cura di), *Esperienze di una ricerca sulle tossicomanie giovanili*, Mondadori, Milano 1972.

–, *Tossicomanie*, Editori Riuniti, Roma 1980.

–, *Schiavo delle mie brame. Storie di dipendenza da droghe, gioco d'azzardo, ossessione di potere*, Frassinelli, Milano 2003.

Cirillo S., Berrini R., Cambiaso G., Mazza R., *La famiglia del tossicodipendente*, Raffaello Cortina, Milano 1996.

Di Petta G., *Il mondo del tossicomane*, in Id., *Il mondo vissuto. Clinica dell'esistenza. Fenomenologia della cura*, Edizioni Universitarie Romane, Roma 2003, pp. 111-122.

Galanter M., *La terapia di rete per alcolisti e tossicodipendenti* (1993), Bollati Boringhieri, Torino 2001.

Glatt M. M., *I fenomeni di dipendenza. Guida alla conoscenza e al trattamento. Farmaci, società e individuo* (1974), Feltrinelli, Milano 1979.

Grove W. M. *et al.*, *Heritability of substance abuse and antisocial behavior*, in "Biological Psychiatry", 1990, n. 27, pp. 1293-1304.

Jervis G., *Tossicomanie*, in Id., *Manuale critico di psichiatria*, Feltrinelli, Milano 1975.

Lamour C., Lamberti M. R., *Il sistema mondiale della droga* (1972), Einaudi, Torino 1973.

Martignoni G. (a cura di), *A come Alice. Mutamenti generazionali e fenomeno droga. Esiste un nuovo tossicomane?*, Edizioni Alice, Lugano 1986.

Nace E. P., Davis C. W., Gaspari J. P., *Axis II comorbility in substance abusers*, in "American Journal of Psychiatry", 1991, n. 148, pp. 118-120.

Nardone G., Cagnoni F., *Perversioni in rete. Le psicopatologie da internet e il loro trattamento*, Ponte alle Grazie, Milano 2002.

Nestler E. J., *Molecular mechanism of drug addiction*, in "The Journal of Neuroscience", 1992, n. 12, pp. 2439-2450.

Perrella E., *Per una clinica delle dipendenze*, Franco Angeli, Milano 1998.

Piccone Stella S., *Droghe e tossicodipendenza*, il Mulino, Bologna 1999.

Pinkus L., *Tossicodipendenza e intervento educativo*, Erickson, Trento 1999.

Pulvirenti L., *Il cervello dipendente*, Salani, Milano 2007.

Ravenna M., *Psicologia delle tossicodipendenze*, il Mulino, Bologna 1997.

Rigliano P., *Eroina, dolore, cambiamento*, Unicopli, Milano 1991.

Rusconi M., Blumir B., *La droga e il sistema*, Feltrinelli, Milano 1972.

Schuckit M. A., *Drug and alcohol abuse. A clinical guide to diagnosis and treatment*, Plenum Medical Book Company, New York-London 1979.

Teesson M., Degenhardt L., Hall W. D., *Le tossicodipendenze* (2002), il Mulino, Bologna 2006.

Testoni I., *Psicologia del nichilismo. La tossicodipendenza come rimedio*, Franco Angeli, Milano 1997.

Thombs D., *Introduction to addictive behaviors*, Guilford, New York 1994.

Turoldo F., *Le malattie del desiderio. Storie di tossicodipendenza e anoressia*, Cittadella, Assisi 2011.

Zoja L., *Nascere non basta. Iniziazione e tossicodipendenza*, Raffaello Cortina, Milano 1985.

Tossicomania, v. TOSSICODIPENDENZA.

Totalità (ingl. *Totality*; ted. *Ganzheit*; fr. *Totalité*; sp. *Totalidad*). Insieme che esprime un significato superiore rispetto alla somma delle parti che lo compongono e che nella totalità sono organicamente connesse a partire da un principio unitario. Detto principio stabilisce la differenza tra "totalità" e "molteplicità", dove le parti sono tra loro irrelate. Categoria eminente della filosofia, che come ambito disciplinare prende avvio storicamente con la ricerca del principio di *tutte* le cose, il concetto di totalità è stato adottato in psicologia in stretta connessione con il concetto di STRUTTURA (v.), dove si evidenziano i principi che sono alla base della formazione di una totalità, e con il concetto di FORMA (v.), che esprime il significato che le parti assumono nel tutto, significato irriducibile alla somma delle parti. Per quanto concerne gli ambiti disciplinari in cui la nozione di totalità trova maggiori applicazioni, si rinvia alla voce OLISMO.

TOTE (*Test-Operate, Test-Exit*). Unità di misura ideata nell'ambito del cognitivismo che sostituisce all'unità di misura rappresentata dal RIFLESSO (v.), adottata in ambito comportamentista, il "piano di comportamento" fondato sulla premessa che l'individuo non si limita a reagire agli stimoli ambientali, ma interagisce con l'ambiente verificando la congruenza fra il proprio progetto comportamentale e le condizioni oggettive esistenti. Costruito su un modello cibernetico, il TOTE misura il rapporto tra la situazione attuale (*state of organism*) e la situazione attesa (*state to be tested*). In caso di incongruenza tra la disposizione a reagire e il piano di reazione, si procede a una correzione per ridurre l'incongruenza (*operate*), mentre, in caso di congruenza, ha luogo la reazione finale (*exit*).

Bibliografia

Miller G. A., Galanter E., Pribram K. H., *Piani e struttura del comportamento* (1960), Franco Angeli, Milano 1973.

Totem (ingl. *Totem*; ted. *Totem*; fr. *Totem*; sp. *Tótem*). Oggetto naturale, solitamente un animale o una pianta, che gode di una particolare venerazione da parte di un gruppo sociale che riconosce uno specifico legame tra sé e il totem, assunto come emblema del gruppo, fondamento della sua mitologia e garanzia della sua solidarietà. Il termine è stato introdotto nel 1791 da John Long, un viaggiatore inglese che ricava il termine dal vocabolo *ototeman* che, nella lingua degli indiani dei Grandi Laghi, significa "è del mio clan". Sul totemismo esistono interpretazioni antropologiche e psicoanalitiche.

1. LE INTERPRETAZIONI ANTROPOLOGICHE. In questo ambito si assegnano al totem significati molto diversi. Secondo Émile Durkheim, il totem svolge una funzione sociale e religiosa, perché da una parte lega in modo indissolubile i membri del clan, dall'altra, essendo il totem il clan stesso, ipostatizzato e rappresentato sotto la specie sensibile del vegetale o dell'animale, adorando il totem il clan adora se stesso.

Più funzionalista è l'ipotesi di Bronisław Malinowski, che vede una stretta relazione tra il vegetale e l'animale prescelto come totem e il tipo di nutrimento abituale nella tribù: «Breve è la strada che porta dalla foresta vergine allo stomaco, e poi allo spirito del selvaggio: il mondo gli si offre come un quadro confuso dal quale si staccano soltanto le specie animali e vegetali utili, e in primo luogo quelle che sono commestibili». Di qui la conclusione: «Il totemismo ci sembra come una benedizione data dalla religione all'uomo primitivo nel suo sforzo per trarre dall'ambiente quanto può essergli utile, e nella sua lotta per la vita» (1948, pp. 27-28).

L'interpretazione di Malinowski è rifiutata da Alfred Reginald Radcliffe-Brown che ritiene essenziale, per scoprire la funzione del totem, prestare attenzione alla differenza degli animali totemici, dove è rappresentata l'articolazione delle relazioni sociali: «Le rassomiglianze e le differenze tra le specie animali sono tradotte in termini di amicizia e di conflitto, di solidarietà e di opposizione. In altre parole, l'universo della vita animale viene rappresentato in forma di relazioni sociali, come quelle che prevalgono nella società degli uomini» (1958, pp. 133-134).

Franz Boas ritiene che il totemismo sia una fonte primitiva di classificazione, nel senso che «l'omologia dei segni distintivi delle divisioni sociali, all'interno di una tribù, prova che il loro uso ha origine in una tendenza alla classificazione» (1916, p. 323). In questo modo Boas riprende la tesi di Edward Burnett Tylor che aveva avvertito di «tener conto della tendenza dello spirito umano a sviscerare l'universo per mezzo della classificazione», per cui non esita «a protestare contro il modo in cui i totem sono stati posti alla base della religione o quasi» (1899, pp. 143-144).

Un'ipotesi psicologistica è stata avanzata da Edward Evan Evans-Pritchard, secondo il quale nel totem si esprimono i contenuti proiettivi del gruppo: «Di conseguenza, la relazione totemica non può venir ricercata nella natura particolare del totem, ma nelle associazioni che esso evoca per lo spirito, perché sulle creature vengono proiettate nozioni e sentimenti la cui origine si trova altrove e non in esse» (1956, p. 82).

Adolphus Peter Elkin definisce il sistema totemico attraverso tre criteri: «La *forma* o maniera per la quale i totem sono distribuiti tra gli individui e i gruppi (in funzione del sesso, o dell'appartenenza a un clan, a una metà ecc.); il *significato* del ruolo svolto dal totem nei confronti dell'individuo (come assistente, custode, compagno o simbolo del gruppo sociale o del gruppo culturale); infine la *funzione* che corrisponde al ruolo svolto dal sistema totemico nel gruppo (prescrizione di matrimoni, sanzioni sociali e morali)» (1933-1934, pp. 62-63). I membri del clan, infatti, non possono sposarsi con una persona che possieda il loro stesso totem (v. ENDOGAMIA – ESOGAMIA), non possono mangiare il loro totem e, se ciò accade, avviene nella forma rituale del SACRIFICIO (v. §§ 1-2), che ha lo scopo di rinsaldare la solidarietà del gruppo.

Per Claude Lévi-Strauss, infine, il totemismo è un'«illusione che proviene da una distorsione del campo semantico dalla quale derivano fenomeni dello stesso tipo. Certi aspetti del campo sono stati privilegiati a spese di altri, per conferir loro un'originalità e una stranezza che in proprio non avevano: li si rendeva misteriosi, infatti, in quanto venivano sottratti dal sistema di cui facevano integralmente parte come sue trasformazioni» (1962, p. 28). La conclusione è che il totemismo non fa che esprimere correlazioni e opposizioni che potrebbero essere formulate diversamente. Il suo carattere distintivo sta nell'uso della nomenclatura vegetale o animale, ma le specie naturali scelte dal linguaggio totemico non furono adottate perché "buone da mangiare", bensì perché "buone da pensare".

2. L'INTERPRETAZIONE PSICOANALITICA. Sigmund Freud coglie nel totemismo un duplice sistema di proibizioni: il divieto dell'incesto e il divieto di uccidere il padre, che sono le stesse proibizioni del complesso di Edipo (v. EDIPO, COMPLESSO DI). Questo parallelismo consente a Freud di stabilire che il modo di strutturarsi dell'individuo passa attraverso le stesse interdizioni (v. TABÙ, § 4) che hanno segnato la nascita della società: «Per parte mia presi le mosse dalla vistosa concordanza fra i due precetti tabù del totemismo (non uccidere il totem e non unirsi sessualmente con le donne dello stesso clan totemico) e i due temi del complesso edipico: sopprimere il padre e prendere in moglie la madre. Fui pertanto indotto a mettere l'animale totemico sullo stesso piano del padre, cosa che peraltro i primitivi facevano già espressamente adorando il totem appunto in quanto progenitore del clan» (1924, p. 134). Per quanto concerne gli effetti dell'appartenenza totemica sull'organizzazione sociale, sulla religione e sulle restrizioni etiche, si veda la voce ENDOGAMIA – ESOGAMIA, mentre per quanto concerne l'incidenza del sistema totemico in ordine al passaggio dell'umanità dal principio di piacere a sfondo regressivo al principio di realtà, si veda la voce ANTROPOLOGIA, § 1, *a*.

Bibliografia

Boas F., *The origin of totemism*, in "American Anthropologist", 1916, n. XVIII.

Durkheim É., *Le forme elementari della vita religiosa* (1912), Edizioni di Comunità, Milano 1971.

Elkin A. P., *Studies in australian totemism*, in "Oceania", 1933-1934, n. IV, 1.

Evans-Pritchard E. E., *Nuer Religion*, University Press, Oxford 1956.

Freud S., *Totem e tabù. Alcune concordanze nella vita psichica dei selvaggi e dei nevrotici* (1912-1913), in *Opere* (1967-1993), Bollati Boringhieri, Torino, vol. VII.

–, *Autobiografia* (1924), in *Opere*, cit., vol. X.

–, *Il disagio della civiltà* (1929), in *Opere*, cit., vol. X.

Galimberti U., *Totem*, in AA.VV., *Gli strumenti del sapere contemporaneo*, vol. II: *I concetti*, Utet, Torino 1985, pp. 886-888.

Lévi-Strauss C., *Il totemismo oggi* (1962), Feltrinelli, Milano 1964.

Malinowski B., *Magic, science and religion and other essays*, Glencoe, Boston 1948.

McLennan J. F., *L'origine del totemismo. Il culto degli animali e delle piante* (1869), in U. Fabietti (a cura di), *Alle origini dell'antropologia*, Bollati Boringhieri, Torino 1980.

Radcliffe-Brown A. R., *Il metodo dell'antropologia sociale* (1958), Officina Edizioni, Roma 1973.

Testart A., *Totem*, in AA.VV., *Enciclopedia*, Einaudi, Torino 1981, vol. XIV, pp. 388-413.

Tylor E. B., *Remarks on totemism*, in "Journal of the Royal Anthropological Institute", 1899, n. 1.

Van Gennep A., *L'état actuel du problème totémique*, Nourry, Paris 1920.

Toxantene, v. PSICOFARMACOLOGIA, § I, 1, *a*.

TPL, Test (*Test di Prima Lettura*). Il test indaga la capacità di decodificare le lettere alfabetiche e il loro legame in modo che le stringhe di lettere corrispondano a significati precisi riconosciuti dal bambino. Il test conteggia la percentuale dei grafemi correttamente decifrati, la percentuale di parole correttamente riconosciute e il tipo di decifrazione che ha preceduto il riconoscimento.

Bibliografia

Fanari R., Orsolini M., *TPL. Test di prima lettura per bambini di prima e seconda classe di scuola primaria*, Erickson, Trento 2014.

TPV, Test (*Developmental Test of Visual Perception*). Strumento che valuta le capacità visuo-percettive e di integrazione visuo-motoria. È utilizzato nelle diagnosi dei disturbi specifici dell'apprendimento e in particolare per la dislessia (v. ALESSIA, § 2) e la disgrafia (v. AGRAFIA, § 2).

Bibliografia

Hammill D. D., Pearson N. A., Voress J. K., *TPV. Test di percezione visiva e integrazione visuo-motoria* (1987), Erickson, Trento 1994.

Traccia mnestica, v. ENGRAMMA.

Tradimento, v. MATRIMONIO, § 2.

Tradizione (ingl. *Tradition*; ted. *Überlieferung*; fr. *Tradition*; sp. *Tradición*). Il termine, che deriva dal latino *traditio* che significa "consegna", si riferisce al patrimonio culturale che si trasmette da generazione a generazione, costituendo la base a partire dalla quale prendono le mosse i processi innovativi che mantengono con la tradizione un rapporto dialettico. Dal punto di vista psicologico la tradizione è presa in considerazione soprattutto per l'aspetto inconscio della sua trasmissione che si evidenzia a livello: *a) ermeneutico*, dove il patrimonio della tradizione costituisce la base di quella disposizione precomprensiva (v. PRECOMPRENSIONE) che condiziona ogni comprensione. Come scrive Hans-Georg Gadamer, «la tradizione possiede un certo diritto e determina in larga misura le nostre posizioni e i nostri comportamenti» (1960, p. 329), e questo perché «ciò che riempie la nostra coscienza storica è sempre una molteplicità di voci, nelle quali risuona il passato. Solo nella molteplicità di tali voci il passato c'è: questo costituisce l'essenza della tradizione» (ivi, p. 326); *b*) *antropologico*, dove a parere di Claude Lévi-Strauss la tradizione costituisce quell'inconscio collettivo senza il quale «l'opposizione tra me e gli altri non potrebbe essere superata» (1950, p. XXXIV) e non si darebbe alcuna possibilità di comprensione; *c*) *psicodinamico* nel senso precisato da Carl Gustav Jung, per il quale la tradizione costituisce quel terreno di rappresentazioni collettive che, sotto forma di archetipi (v. ARCHETIPO), sono rintracciabili nell'inconscio collettivo come «forme a priori della rappresentazione, dove ereditate non sono le rappresentazioni, ma la forma» (1938-1945, p. 81).

Bibliografia

Gadamer H.-G., *Verità e metodo* (1960), Bompiani, Milano 1983.

Jung C. G., *Gli aspetti psicologici dell'archetipo della Madre* (1938-1945), in *Opere* (1969-2007), Bollati Boringhieri, Torino, vol. IX, 1.

Lévi-Strauss C., *Introduzione all'opera di Marcel Mauss* (1950), in M. Mauss, *Teoria generale della magia e altri saggi* (1950), Einaudi, Torino 1965.

Veneziani M., *Di padre in figlio. Elogio della tradizione*, Laterza, Bari 2001.

Zolla E., *Che cos'è la tradizione*, Adelphi, Milano 1998.

Traduzione, v. GENETICA, § 1, *b*.

Traffico, v. PSICOLOGIA DEL TRAFFICO.

Tragico (ingl. *Tragic*; ted. *Tragisch*; fr. *Tragique*; sp. *Trágico*). Visione del mondo che evidenzia l'assurdità dell'esistenza e la sua insensatezza sulla scena del mondo. La filosofia occidentale, di fronte alla dimensione tragica messa in scena dalla grecità antica, ha offerto sostanzialmente due interpretazioni: *a*) quella hegeliana che prevede il risolvimento del tragico nella relazione della parte con il Tutto: «La soluzione tragica è legittima e necessaria quanto la collisione tragica. Infatti per mezzo di essa la giustizia eterna si esercita sui fini e sugli individui in modo tale da restaurare la sostanza etica mediante la distruzione dell'individualità che disturba la loro quiete» (1836-1838, p. 1596); *b*) quella schopenhaueriana secondo cui il tragico inerisce allo stesso principio costitutivo della realtà (la volontà irrazionale) rispetto al quale il senso che ciascun individuo consegna alla propria esistenza è un semplice inganno: «La tragedia è la rappresentazione della vita nel suo aspetto terrificante. Il dolore senza nome, l'affanno dell'umanità, il trionfo della perfidia, la schernevole signoria del caso e il fatale precipizio dei giusti e degli innocenti ci vengono presentati da essa; sicché essa costituisce un segno significante della natura propria del mondo e dell'essere» (1819, § 51).

Friedrich Nietzsche concorda con la lettura schopenhaueriana, ma, ai rimedi dell'arte, della compassione e dell'ascesi proposti da Arthur Schopenhauer, sostituisce l'invito a liberare tutte le forme di vita in una visione estetica dell'esistenza. Nel *Tentativo di autocritica*, preposto alla *Nascita della tragedia* nel 1886, Nietzsche scrive: «Nel libro ritorna più volte l'allusiva frase che solo come fenomeno estetico l'esistenza del mondo è giustificata. E in effetti tutto il libro, dietro a ogni accadimento, vede soltanto un senso e un senso recondito d'artista, un "Dio" se si vuole, ma certo solo un Dio-artista assolutamente incurante e immortale, che nel costruire come nel distruggere, nel bene come nel male, vuole sperimentare un uguale piacere e dispotismo e che, creando mondi, si libera dall'oppressione della pienezza e della sovrabbondanza, dalla sofferenza dei contrasti in lui compressi. Il mondo è in ogni momento la raggiunta liberazione di Dio, come visione eternamente nuova dell'essere più sofferente, più contrastato, più ricco di contraddizioni, che sa di liberarsi solo nell'illusione» (1886, p. 9).

Per Karl Jaspers la coscienza tragica nasce quando la domanda intorno alla verità, portata al limite, si dibatte nell'estremo conflitto annunciato nei termini «O vivere ed errare, o afferrare la verità e in ciò morire» (1947, p. 960). L'alternativa è tragica perché non consente alla vita di vivere nella verità, ma richiede, per la conquista della verità, il sacrificio della vita. Questo è il destino di Edipo e di Amleto, per i quali il sacrificio della vita è il prezzo della conquista della verità. La tragedia è il tratto tipico della grecità: infatti nella visione cristiana non c'è spazio per la tragedia perché, scrive Jaspers, «la redenzione cristiana si oppone alla coscienza tragica, dal momento che la possibilità che ha il singolo di salvarsi distrugge il senso tragico di una rovina senza scampo. Ecco perché non esiste una vera e propria tragedia cristiana, dato che nel dramma cristiano il mistero della redenzione costituisce la base e l'atmosfera dell'azione, e la coscienza tragica è risolta a priori dalla certezza di venir perfezionati e salvati dalla grazia» (ivi, p. 924).

Sigmund Freud interviene sul tema affrontando il problema della *rappresentazione del tragico* a proposito della quale Aristotele aveva detto che è «imitazione di vicende che suscitano pietà e terrore e che mettono capo alla purificazione di tali emozioni» (*Poetica*, 6, 1449 b). Freud ne conviene. «Se scopo del dramma, come si ritiene dai tempi di Aristotele, è quello di suscitare "pietà e terrore", di provocare una "purificazione degli affetti", potremo dire, ampliando tale descrizione, che l'intento è di far scaturire fonti di piacere o di godimento dalla nostra vita affettiva, allo stesso modo che il comico, il motto di spirito e simili le fanno sgorgare dalla nostra attività intellettuale la quale, per altro verso, aveva rese inaccessibili molte di queste fonti» (1905, p. 231). La tragedia, prosegue Freud, «è una tragedia di rivolta, dove l'autore e lo spettatore parteggiano per il ribelle» (ivi, p. 233); la sua rappresentazione «placa, per così dire, l'incipiente rivolta contro l'ordine divino del mondo che ha decretato la sofferenza» (ivi, p. 232).

Bibliografia

Aristotele, *Poetica*, in *Opere*, Laterza, Bari 1973.
Freud S., *Personaggi psicopatici sulla scena* (1905), in *Opere* (1967-1993), Bollati Boringhieri, Torino, vol. V.
Gargano M., *Il gioco e il tragico*, Edizioni Scientifiche Italiane, Napoli 1991.
Givone S., *Disincanto del mondo e pensiero tragico*, il Saggiatore, Milano 1988.
Hegel G. W. F., *Estetica* (1836-1838), Feltrinelli, Milano 1963.
Jaspers K., *Il sapere tragico*, in Id., *Della verità* (1947), Bompiani, Milano 2015.
Nietzsche F., *Tentativo di autocritica* (1886), in *La nascita della tragedia* (1873), in *Opere*, Adelphi, Milano 1972, vol. III, 1.
Schopenhauer A., *Il mondo come volontà e rappresentazione* (1819), Laterza, Bari 1978.
Vernant J.-P., Vidal-Naquet P., *Mito e tragedia nell'antica Grecia. La tragedia come fenomeno sociale estetico e psicologico* (1972), Einaudi, Torino 1976.
–, *Mito e tragedia due. Da Edipo a Dioniso* (1986), Einaudi, Torino 1991.

Training, v. ADDESTRAMENTO.

Training analitico, v. ANALISI DIDATTICA.

Training autogeno (ingl. *Autogenic training*; ted. *Autogenes Training*; fr. *Training autogène*; sp. *Entrenamiento autógeno*). Metodo pratico di psicoterapia, che si colloca tra i trattamenti comportamentali e quelli a orientamento psicoanalitico, elaborato dal neurologo berlinese Johannes Heinrich Schultz che, dopo dodici anni di ricerca, espose nel 1932 questa tecnica di autodistensione psichica e somatica volta a ristabilire equilibri funzionali alterati, a decondizionare situazioni patologiche anche da tempo stabilizzate e a trasferire dinamismi positivi negli strati più profondi della personalità. Servendosi di tecniche autoipnotiche, si apprende gradualmente una serie di sei esercizi volti a modificare il tono muscolare, la funzionalità vascolare, l'attività cardiaca e polmonare fino all'equilibrio neurovegetativo e lo stato di coscienza. Lo scopo è quello di raggiungere una condizione di passività assoluta, priva di atti volitivi, realizzata nell'indifferente contemplazione di quanto spontaneamente accade nel proprio organismo e nella propria mente. Come conseguenza dell'apprendimento di questo nuovo e insolito atteggiamento si sviluppano spontaneamente modificazioni psichiche e somatiche di senso opposto a quelle provocate nella nostra mente e nel nostro corpo da uno stato di tensione, di ansia e di stress.

Alla serie di esercizi del ciclo inferiore seguono quelli del ciclo superiore, non più orientati sul soma, ma sulla psiche. Con essi è possibile favorire la produzione di un ricco materiale di provenienza inconscia e affrontare, attraverso la realizzazione di esperienze simboliche e "domande all'inconscio", problemi esistenziali connessi alla qualità della propria costituzione psichica e al proprio modo di relazionarsi al mondo. Il training autogeno non è però solo un metodo terapeutico, ma anche un'impostazione teorica che consente un superamento di quello che Sigmund Freud chiamava "il muro della biologia". Con il training autogeno, infatti, il rapporto psiche e soma è colto direttamente in atto nelle sue supponibili correlazioni fondamentali, e il tentativo che si persegue è quello di trovare i punti di contatto tra il mondo dei conflitti e il soma.

Bibliografia

Bazzi T., Giorda G., *Il training autogeno*, Città Nuova, Roma 1982.
Caponio I., *Il training autogeno*, Sperling & Kupfer, Milano 1980.
Eberlein G., *Il libro del training autogeno* (1977), Feltrinelli, Milano 1987.
Gastaldo G., Ottobre M., *Il training autogeno in quattro stadi*, Armando, Roma 1995.
Langen D., *Der Weg des Autogenen Training*, Wissenschaftliche Buchgesellschaft, Darmstadt 1968.
Schultz J. H., *Il training autogeno. Metodo di autodistensione da concentrazione psichica* (1932), vol. I: *Esercizi inferiori*, vol. II: *Esercizi superiori. Teoria*, Feltrinelli, Milano 1968.

Trance (ingl. *Trance*; ted. *Trance*; fr. *Transe*; sp. *Trance*). Alterazione dello stato di coscienza simile al sonno, ma con caratteristiche elettroencefaliche non dissimili da quelle dello stato di veglia. Durante lo stato di trance l'individuo perde consapevolezza e contatti con la realtà fino al ritorno alla condizione normale accompagnata da amnesia. Lo stato di trance può riscontrarsi nella suggestione ipnotica (v. IPNOSI), nella sintomatologia dell'ISTERIA (v.), in alcune forme di EPILESSIA (v.), o in stati di eccitazione che possono investire interi gruppi impegnati in rituali magico-religiosi. Questa interpretazione dello stato di trance non è condivisa da etnologi e studiosi dei fenomeni religiosi, i quali obiettano all'ipotesi psicopatologica che, come scrive ad esempio Mircea Eliade, «gli sciamani, in apparenza tanto simili agli epilettici e agli isterici, danno prova di una costituzione nervosa più che normale: essi riescono a concentrarsi con un'intensità sconosciuta ai profani; resistono ai massimi sforzi, controllano i loro movimenti estatici e così via» (1951, p. 48). Dal loro punto di vista lo stato di trance è un'esperienza di passaggio e di trasformazione, come indica l'etimologia latina *transitus*, scandita da una fase di crisi, trascendimento e ripresa di sé, a cui corrispondono motivi e significati diversi a seconda del contesto culturale, ma tutti volti a determinare o a controllare il passaggio da uno stato di disordine individuale o collettivo a uno stato di ordine, dove nel disordine entrano la malattia fisica o lo stato di squilibrio psichico, e nell'ordine la guarigione o la creazione di un nuovo equilibrio.

Bibliografia

Baudouin Ch., *Dall'istinto allo spirito* (1970), Franco Angeli, Milano 1976.
De Martino E., *Sud e magia* (1959), Feltrinelli, Milano 2001.
Eliade M., *Lo sciamanismo e le tecniche dell'estasi* (1951), Edizioni Mediterranee, Roma 1974.
Janet P., *De l'angoisse à l'extase*, Alcan, Paris 1926.
Lapassade G., *Saggio sulla transe* (1976), Feltrinelli, Milano 1980.
Métraux A., *Il vodu haitiano* (1958), Einaudi, Torino 1971.

Tranquillante, v. PSICOFARMACOLOGIA, § I, 1, *b*.

Transazionale, Analisi, v. ANALISI TRANSAZIONALE.

Transazionale, Terapia, v. ANALISI TRANSAZIONALE.

Transazione (ingl. *Transaction*; ted. *Transaktion*; fr. *Transaction*; sp. *Transacción*). Concetto introdotto da John Dewey e adottato in ambito psicologico da Adelbert Ames, Hadley Cantril e William H. Ittelson, che ne hanno fatto il principio del loro orientamento che ha preso il nome di "transazionalismo", secondo cui gli elementi psichici non sono precostituiti, ma determinati dalla partecipazione attiva del soggetto agli eventi con cui interagisce. Tipici esempi di transazione sono rappresentati dalla PERCEZIONE (v.) che, secondo i transazionalisti, non è da considerarsi come una semplice reazione a stimoli provenienti dall'ambiente esterno, ma come un processo attivo dove il percipiente costruisce il mondo della propria esperienza percettiva, e dalla FAMIGLIA (v. § II), dove le caratteristiche psicologiche dei rispettivi componenti sono evidenziabili solo nel contesto della loro transazione.

Bibliografia

Dewey J., Bentley A. F., *Knowing and the known*, Beacon Press, Boston 1949.
Ittelson W. H. (a cura di), *La psicologia dell'ambiente* (1970), Franco Angeli, Milano 1978.

Transculturale, Psichiatria, v. ANTROPOLOGIA, § 7.

Transculturale, Psicologia, v. PSICOLOGIA TRANSCULTURALE.

Transessualismo (ingl. *Transexualism*; ted. *Transexualismus*; fr. *Transsexualisme*; sp. *Transexualismo*). Desiderio, in soggetti che dal punto di vista genotipico e fenotipico appartengono a un determinato sesso, di appartenere al sesso opposto. Come tale, il transessuale va tenuto distinto dall'ermafrodita (v. ERMAFRODITISMO) nel quale esistono le gonadi dei due sessi, e dallo pseudoermafrodita nel quale si ha presenza di gonadi maschili in una persona con tratti somatici femminili e viceversa. A differenza del travestito (v. TRAVESTITISMO), che teatralizza i simboli della femminilità e della mascolinità, il transessuale rifiuta il suo sesso e ne persegue la trasformazione assumendo ormoni sessuali contrari, ricorrendo a pratiche di mutilazione, o sottoponendosi a interventi chirurgici che prevedono nell'uomo una penectomia e una ginecomastia mediante estrogeni o protesi mammarie, mentre nella donna una mastectomia bilaterale accompagnata da sterilizzazione radiologica e operazioni di plastica ai genitali. Rispetto al DSM-IV che, a proposito del transessualismo, parlava di "disturbo di identità di genere (DIG)", il DSM-5 ha introdotto l'espressione "disforia di genere", che «riflette un cambiamento nella concettualizzazione delle caratteristiche che definiscono il disturbo attraverso l'enfatizzazione del fenomeno dell'"incongruenza di genere" anziché dell'identificazione col sesso opposto, com'era il disturbo dell'identità di genere nel DSM-IV» (2013, p. 944).

Bibliografia

Baumann H., *Das doppelte Geschlecht. Studien zur Bisexualität in Ritus und Mythos*, Dietrich Reimer, Berlin 1955.
Benjamin H., *Transexualismus. Wesen und Behandlung*, in "Nervenarzt", 1964, n. 35.
DSM-5. American Psychiatric Association (APA), *DSM-5. Manuale diagnostico e statistico dei disturbi mentali* (2013), Raffaello Cortina, Milano 2014.
Ellis H., *Études de psychopathologie sexuelle*, Mercure, Paris 1933.
Garfinkel H., *Agnese. Saggio sul transessualismo* (1967), Armando, Roma 2000.
Green R., Money J., *Transsexualism and sex reassignment*, Johns Hopkins University Press, Baltimore 1969.

Transfer, v. APPRENDIMENTO, § II, 3.

Transfert (ingl. *Transference*; ted. *Übertragung*; fr. *Transfert*; sp. *Transferencia*). Detto anche *traslazione*, il transfert designa in generale la condizione emotiva che caratterizza la relazione del paziente nei confronti dell'analista, e in senso specifico il trasferimento sulla persona dell'analista delle rappresentazioni inconsce proprie del paziente. Il transfert dell'analista sul paziente è comunemente denominato *controtransfert*.

1. La natura del transfert

a) Sigmund Freud elaborò gradatamente il concetto di transfert partendo dalla nozione di Spostamento (v.) perché, nel transfert, il paziente sposta sull'analista i propri conflitti intrasoggettivi che a loro volta sono residui delle relazioni intersoggettive reali o fantasmatiche che il paziente ha vissuto nell'infanzia: «È dunque normalissimo e comprensibile – scrive Freud – che l'investimento libidico, parzialmente insoddisfatto, tenuto in serbo con grande aspettativa dall'individuo, si rivolga anche alla persona del medico. In conformità con le nostre premesse, questo investimento si atterrà a certi modelli, procederà da uno dei clichés esistenti nella persona interessata, oppure, in altri termini, inserirà il medico in una delle "serie" psichiche che il paziente ha formato sino a quel momento. Se l'"imago paterna" (per usare la felice espressione di Jung) diventa il fattore dominante di questo inserimento, il risultato corrisponderà ai rapporti reali del soggetto con il medico. Ma il transfert non è legato necessariamente a questo modello, esso può effettuarsi anche secondo l'imago materna o fraterna e così via» (1911-1912, p. 524).

Si conosce un transfert *positivo* o *negativo* in base alla qualità del sentimento che può essere affettuoso o ostile, riproducendo la componente positiva e negativa del complesso di Edipo (v. Edipo, Complesso di): «Poiché il transfert riproduce la relazione con i genitori, è chiaro che ne assume anche l'ambivalenza. È quasi inevitabile che l'atteggiamento positivo verso l'analista si converta prima o poi, repentinamente, in un atteggiamento negativo e ostile. Anche questo rappresenta di norma una ripetizione del passato. L'arrendevolezza verso il padre (se si trattava del padre), il tentativo di accattivarsi il suo favore, era radicato in un desiderio erotico a lui diretto. Prima o poi questa pretesa si manifesterà prepotentemente anche nel transfert reclamando soddisfazione. Nella situazione analitica, però, essa dovrà essere immancabilmente frustrata» (1938, p. 603). Il carattere positivo o negativo del transfert si riferisce alla qualità dell'affetto espresso e non all'esito favorevole o sfavorevole del transfert nella cura. Infatti, come osserva Daniel Lagache, «si sa che il transfert di sentimenti positivi può avere effetti negativi; inversamente la manifestazione di sentimenti negativi può costituire un progresso decisivo» (1952, p. 102).

b) Carl Gustav Jung ritiene che il transfert non possieda necessariamente una natura sessuale e non esprima inevitabilmente i rapporti edipici già vissuti, perché può anche essere espressione di tendenze psichiche che chiedono di essere attualizzate. Scrive infatti: «Sul transfert siamo un po' tutti condizionati dalla definizione che ha dato Freud: si è propensi ad attribuirgli sempre una connotazione erotica. Ma la mia esperienza non ha confermato la teoria che vengano proiettati soltanto contenuti erotici o provenienti dall'infanzia. Ho invece potuto constatare che qualsiasi cosa può dare origine a una proiezione, e che il transfert erotico è soltanto una delle molte possibili forme. Nell'inconscio umano vi sono altri contenuti di natura fortemente emotiva, che possono essere proiettati come quelli sessuali. Tutti i contenuti dell'inconscio, una volta attivati, tendono a manifestarsi nella proiezione» (1935, p. 149). Per quanto riguarda l'intensità del transfert e la dinamica che presiede la sua attivazione e il suo rientro, Jung scrive che «l'intensità del transfert è sempre corrispondente all'importanza che rivestono i suoi contenuti per il soggetto. Se il transfert è particolarmente intenso si può star certi che i contenuti della proiezione, una volta che siano stati individuati e resi consci, saranno per il paziente tanto importanti quanto lo era il transfert. Quando un transfert viene a cessare non si dissolve nell'aria; la sua intensità, o una quantità corrispondente di energia, si manifesterà altrove, per esempio in un'altra relazione o in una qualsiasi altra importante forma psicologica. L'intensità del transfert è un'emozione che appartiene totalmente al presente. Quando il transfert si risolve, tutta quella energia proiettata ricade nel soggetto, il quale rientra così in possesso del tesoro che precedentemente, nel corso del transfert, aveva praticamente sprecato» (ivi, p. 150).

c) Melanie Klein ritiene che nel transfert si manifestino non tanto le componenti edipiche, quanto le *relazioni oggettuali* (v. Kleiniana, Teoria, § 1) dei primissimi anni di vita che il paziente non può ricordare, ma che possono essere ricostruite proprio a partire dalle reazioni di transfert del paziente: «Il paziente, infatti, è portato inevitabilmente a far fronte ai conflitti e alle angosce che rivive nei confronti dell'analista avvalendosi degli stessi sistemi usati nel lontano passato. Ciò vuol dire che egli cerca di distaccarsi dall'analista così come cercava di distaccarsi dai suoi oggetti originari» (1952, p. 534). La tesi kleiniana del transfert come rivelatore delle relazioni oggettuali è stata accolta da William Ronald D. Fairbairn, Donald Woods Winnicott e Michael Balint il quale, oltre a raccomandare «l'interpretazione del transfert del paziente in termini di relazioni oggettuali» (1952, p. 225), ipotizza la possibilità di cogliere nell'evoluzione del transfert la successione genetica delle fasi attraverso le quali il paziente è passato nel corso del suo primo sviluppo.

2. L'interpretazione del transfert

a) A parere di Freud il transfert può essere la manifestazione di: 1) una *resistenza* al lavoro analitico e alla rievocazione di memorie e fantasie del passato, la cui comunicazione risulta limitata dal contesto seduttivo o ostile instaurato dal paziente: «Il transfert nella cura analitica ci appare così in primo luogo, sempre e soltanto, come l'arma più forte della resistenza, e da ciò possiamo trarre la conclusione che l'intensità e la perseveranza del transfert siano effetto ed espressione della resistenza» (1911-1912, p. 528); 2) una *coazione a ripetere* lo stile dei rapporti parentali vissuti all'epoca del complesso edipico; 3) un'*attualizzazione* dei conflitti inconsci che nel transfert non «intendono essere ricordati, come la cura vorrebbe, bensì tendono a riprodursi in modo corrispondente all'atemporalità e alla capacità allucinatoria dell'inconscio. Come nel sogno, il malato attribuisce attualità e realtà agli esiti del risveglio dei suoi impulsi inconsci; egli vuole mettere in atto le sue passioni senza tener conto della situazione reale. Il medico vuole obbligarlo a inserire questi impulsi emotivi nel contesto del trattamento e in quello della storia della sua vita, a sottoporli alla considerazione intellettuale e a identificarli secondo il loro valore psichico. Questa lotta tra medico e paziente, tra intelletto e vita pulsionale, tra coscienza e volontà di agire si svolge quasi esclusivamente nell'ambito dei fenomeni di transfert. È su questo terreno che dev'essere vinta la battaglia, e la vittoria si esprime nella guarigione definitiva della nevrosi. È innegabile che il controllo dei fenomeni di transfert crea allo psicoanalista le maggiori difficoltà, ma non bisogna dimenticare che proprio essi ci rendono il servizio inestimabile di rendere attuali e manifesti gli impulsi amorosi, occulti e dimenticati, dei malati. Infatti, checché se ne dica, nessuno può essere battuto *in absentia* o *in effigie*» (ivi, p. 531). Individuando questi diversi significati del transfert, Freud è passato da una concezione originaria che considerava il transfert come un qualsiasi altro sintomo che si frapponeva come un ostacolo alla normale relazione terapeutica, a una concezione che, senza smentire la prima, ne coglie l'aspetto positivo ai fini della terapia: «Il transfert, che nella sua forma positiva come in quella negativa si pone al servizio della resistenza, si trasforma nelle mani del medico nel più potente ausilio del trattamento, e sostiene, nella dinamica del processo di guarigione, una parte cui non sarà mai dato troppo rilievo» (1922, p. 450).

b) Diversa è l'interpretazione di Jung, che iscrive il transfert nel fenomeno più ampio della PROIEZIONE (v.). E in proposito scrive che «il fondamento psicologico generale di una proiezione è sempre costituito da un elemento inconscio attivato che cerca di esprimersi. L'intensità del transfert corrisponde alla significatività del contenuto proiettato. Un forte transfert di natura violenta corrisponde a un contenuto scottante; racchiude qualcosa di importante, qualcosa che ha un elevato valore per il paziente. Nella misura in cui ciò viene tuttavia proiettato, l'analista sembra incarnare questa cosa così preziosa e importante. Egli non può introdurre alcun mutamento in questa infelice situazione, ma è costretto a restituire questo valore al paziente, e l'analisi non è conclusa finché il paziente non ha ripristinato il tesoro. Così se un paziente proietta su qualcuno un complesso del redentore, occorre restituirgli qualcosa che non sia da meno di un redentore, qualunque cosa ciò possa significare. Non siamo però noi i redentori, questo è sicuro. Le proiezioni di natura archetipica presentano particolari difficoltà all'analista. Ogni professione possiede il suo specifico rischio, e il pericolo dell'analisi consiste nel fatto di lasciarsi contagiare dalle proiezioni di transfert, soprattutto da quelle di natura archetipica» (1935, p. 159). Qui Jung sottolinea il motivo della *restituzione* del contenuto trasferito sull'analista in quanto può essere un motivo particolarmente significativo nell'economia psichica del paziente, e il motivo del *contagio* che consente di inscrivere il fenomeno del transfert nel più ampio contesto della mentalità primitiva (v. SACRO, § 8) che rappresenta, per Jung, un modello in cui è possibile leggere il modo in cui si articolano i processi inconsci.

3. La nevrosi di transfert

È un'espressione introdotta da Jung e accolta da Freud che vi assegna un duplice significato: nosografico e psicoterapeutico.

a) In senso nosografico Jung aveva distinto le nevrosi di transfert dalle psicosi in base alla direzione della libido, che nelle psicosi è "introversa", cioè non si trasferisce sugli oggetti, per cui i pazienti sono poco accessibili alla cura analitica per mancanza di proiezione e quindi di transfert. Freud distingue invece la nevrosi di transfert, ossia l'isteria d'angoscia e di conversione (v. ISTERIA, § 1, *a-b*) e la nevrosi ossessiva (v. OSSESSIONE, § 2), dalle nevrosi narcisistiche dove la libido è sottratta agli oggetti e riversata sull'Io (v. NARCISISMO). Per questa ragione le nevrosi di transfert sono più accessibili al trattamento analitico per la loro maggior componente proiettiva e transferale. Nel trattamento delle nevrosi di transfert può instaurarsi una "nevrosi di transfert" nell'accezione psicoterapeutica.

b) In senso psicoterapeutico Freud chiama "nevrosi di transfert" una nevrosi artificiale che nasce nella relazione transferale e in cui si evidenziano le nevrosi infantili. Nella relazione transferale, infatti, il complesso dei sintomi delle manifestazioni patologiche assume una nuova configurazione in relazione alla situazione analitica: «Se il paziente è tanto compiacente da rispettare le condizioni indispensabili per la continuazione stessa del trattamento, ci riesce in genere di dare a tutti i sintomi della malattia un nuovo significato in base al transfert, facendo in modo che la normale nevrosi sia sostituita da una "nevrosi di transfert", dalla quale il paziente può essere guarito mediante il lavoro terapeutico. Il transfert crea così una provincia intermedia fra la malattia e la vita, attraverso la quale è possibile il passaggio dalla prima alla seconda. Il nuovo stato ha assunto su di sé tutti i caratteri della malattia, ma costituisce una malattia artificiale completamente accessibile ai nostri attacchi» (1913-1914, p. 360). Nonostante questo aspetto positivo ai fini della cura, Freud non tralascia di evidenziare i pericoli connessi alla coazione a ripetere che ogni nevrosi di transfert comporta, per cui «il medico si è sforzato di restringere al massimo l'ambito di questa nevrosi di transfert, di convogliare quanto più materiale possibile nella sfera dei ricordi e di fare in modo che una parte minima di esso riemerga sotto forma di ripetizione. Il rapporto che si stabilisce fra ciò che è ricordato e ciò che è riprodotto varia di caso in caso. Di regola il medico non può risparmiare al malato questa fase della cura; deve consentire che il paziente riviva una certa parte della sua vita passata, e provvedere, d'altro lato, affinché egli conservi un certo grado di razionale distacco, che gli permetta di rendersi conto che quella che gli appare come realtà è in effetti soltanto l'immagine riflessa di un passato dimenticato» (1920, pp. 204-205).

4. Il controtransfert

Detto anche *controtraslazione*, il controtransfert indica, nella sua accezione più *estesa*, il vissuto emotivo globale dell'analista nei confronti del paziente. Detto vissuto costituisce uno strumento essenziale per la comprensione e la comunicazione con il paziente, nonché per l'orientamento delle proprie risposte emotive, mentre, nella sua accezione più *specifica*, si riferisce alle reazioni inconsce che il transfert del paziente induce nell'analista. A questo proposito Lagache ritiene che transfert e controtransfert non riprodurrebbero i processi propri rispettivamente del paziente e dell'analista, ma sia l'uno che l'altro andrebbero incontro a transfert e controtransfert, intendendo con quest'ultimo la reazione al transfert dell'altro. Sul significato del controtransfert e sull'uso che se ne può fare esistono pareri diversi.

a) *Sigmund Freud*, che ne parla a partire dal 1910, scrive: «Abbiamo acquisito la consapevolezza del controtransfert che insorge nel medico per l'influsso del paziente sui suoi sentimenti inconsci, e non siamo lungi dal pretendere che il medico debba riconoscere in sé questo controtransfert e padroneggiarlo. Da quando è aumentato il numero delle persone che esercitano la psicoanalisi e si comunicano reciprocamente le proprie esperienze, abbiamo notato che ogni psicoanalista procede esattamente fin dove glielo consentono i suoi complessi e le sue resistenze interne, e pretendiamo quindi che egli inizi la sua attività con un'autoanalisi e la approfondisca continuamente mentre compie le sue esperienze sui malati. Chi non riesce a concludere nulla in siffatta autoanalisi, può senz'altro abbandonare l'idea di essere capace di intraprendere un trattamento analitico sui malati» (1910, pp. 200-201). In seguito Freud si rese conto che l'Autoanalisi (v.) era insufficiente a comprendere e a isolare i conflitti dell'analista, per cui propose ai terapeuti di sottoporsi ad un'analisi prima personale e poi didattica.

Nell'accezione freudiana il controtransfert costituisce, di fondo, un elemento di ostacolo al progredire della terapia, poiché invalida quell'atteggiamento di impassibilità e di distacco emotivo che Freud raccomanda mediante la cosiddetta *regola dello specchio*: «Il medico dev'essere opaco per l'analizzato e, come una lastra di specchio, mostrargli soltanto ciò che gli viene mostrato» (1911-1912, p. 539). In caso contrario, sentimenti, resistenze, conflitti interiori dell'analista influiscono negativamente sulla terapia alterandone l'andamento, come nel caso di un'aggressività inconscia, di profondi sensi di colpa che possono causare atteggiamenti di eccessiva mediazione o sollecitazione terapeutica o impedire all'analista di cogliere determinate resistenze del paziente. Lo stesso dicasi a proposito del bisogno inconscio di gratificazione narcisistica che può produrre nell'analista un'esagerata ambizione terapeutica, accompagnata da ostilità nei confronti dei pazienti che non progrediscono nella cura.

b) *Carl Gustav Jung*, dal canto suo, partendo dal concetto secondo cui il trattamento analitico è innanzitutto una relazione, ritiene il controtransfert non solo ineliminabile, ma talvolta indispensabile alla terapia stessa come strumento di conoscenza e di partecipazione, per cui scrive: «Non giova affatto a chi cura difendersi dall'influsso del paziente, avvolgendosi in una nube di autorità paternalistico-professionale: così facendo egli rinuncia a servirsi di un organo essenziale di conoscenza. Il paziente esercita lo stesso, inconsciamente, la propria influenza sul terapeuta e provoca mutamenti nel suo inconscio: quei perturbamenti psichici (vere lesioni professionali) che sono ben noti a tanti psicoterapeuti, e illustrano clamorosamente l'influenza quasi "chimica" del paziente. Una delle manifestazioni più note di questo genere è il "controtransfert" indotto dal transfert, ma sono frequenti gli effetti di natura assai più sottile. A darne un'idea può servire l'antica concezione del demone della malattia: la malattia può essere trasmessa a una persona sana che, grazie alla sua salute, sottometterà il demone, senza pregiudicare però il proprio benessere. Esistono nel rapporto fra terapeuta e paziente fattori irrazionali che operano una reciproca "trasformazione", alla quale la personalità più forte, più stabile, dà il colpo decisivo. Ho però assistito a molti casi in cui il paziente ha assimilato il terapeuta nonostante tutte le sue teorie e i suoi intenti professionali, e il più delle volte, anche se non sempre, a svantaggio di quest'ultimo» (1929, pp. 80-81). Per Jung il controtransfert non va respinto, ma accolto e controllato perché è alla base di quella reciprocità trasformativa che conferisce alla relazione quell'aspetto dinamico che le è proprio, dove in azione non è solo l'Io dell'analista e l'Io del paziente, ma anche l'inconscio dell'analista e l'inconscio del paziente, la cui comunicazione costituisce l'elemento più autenticamente analitico.

c) Melanie Klein assimila la relazione dell'analista nei confronti del paziente a un contenitore materno dove il paziente, al pari del bambino, può modificare il suo modo di leggere l'esperienza, introiettando le modalità con cui è stato trattato. La scuola kleiniana, con Betty Joseph, giunge a considerare il controtransfert lo strumento privilegiato per comprendere la natura della relazione instaurata, perché «molto di ciò che noi sappiamo del transfert proviene dalla nostra comprensione di come il paziente agisca su di noi per le più svariate ragioni; di come i pazienti cerchino di attirarci nel loro sistema difensivo; di come essi agiscano inconsciamente con noi nel transfert, cercando di farci agire con loro; di come essi trasmettano aspetti del loro mondo interno, costruito nell'infanzia e poi elaborato nella fanciullezza e nell'età adulta, esperienze che spesso non trovano espressione in parole e che noi possiamo captare solo a partire dai sentimenti che sorgono in noi, attraverso il controtransfert» (1975, p. 62).

d) Gli studi più recenti hanno messo capo a tre correnti di pensiero. 1) La prima delimita l'uso del termine "controtransfert" alle problematiche che ostacolano la comprensione, per effetto delle dinamiche transferali dell'analista da ricondurre ai suoi bisogni e conflitti inconsci. Sostiene questa tesi Annie Reich, che distingue un controtransfert "acuto", stimolato da un particolare paziente, da un controtransfert "cronico", dovuto alla personalità dell'analista. Questa posizione è condivisa anche da Maxwell Gitelson e da Winnicott. 2) La seconda corrente considera il controtransfert uno strumento privilegiato per la comprensione delle problematiche del paziente. Sostengono questa tesi Paula Heimann, secondo la quale è proprio l'inconscio dell'analista la dimensione idonea per comprendere l'inconscio del paziente, Heinrich Racker, che distingue un controtransfert "concordante", con cui l'analista identifica le parti della sua personalità con le parti corrispondenti del paziente, e un controtransfert "complementare", con cui l'analista finisce per identificarsi con un oggetto interno del paziente e interagire negativamente. León Grinberg attribuisce il controtransfert complementare di cui parla Racker a conflitti nevrotici irrisolti dell'analista. 3) La terza corrente, sostenuta da Harry Stack Sullivan, Harold F. Searles e Theodore J. Jacobs, ritiene che transfert e controtransfert sono semplici figure della relazione simmetrica tra analista e paziente, caratterizzata da un'ininterrotta interazione, dove fondamentale ai fini terapeutici è l'atteggiamento empatico dell'analista.

Bibliografia

Abend S. M., *An inquiry into the fate of the transference in psychoanalysis*, in "Journal of the American Psychoanalytic Association", 1993, n. 41.

Balint M., *Transfert e controtransfert* (1939), in Id., *L'analisi didattica* (1965), Guaraldi, Rimini 1974.

–, *L'amore primario* (1952), Raffaello Cortina, Milano 1991.

–, *Medico, paziente e malattia* (1957), Feltrinelli, Milano 1961.

Benedetti G. *et al.*, *Paziente e analista nella terapia delle psicosi*, Feltrinelli, Milano 1979.

Bernard-Weil E., *Identificazione e transfert*, in AA.VV., *Enciclopedia*, Einaudi, Torino 1979, vol. VI, pp. 1089-1109.

Fiumanò M. (a cura di), *Il tempo del transfert*, Guerini & Associati, Milano 1989.

Freud S., *Studi sull'isteria (in collaborazione con Josef Breuer)* (1892-1895), in *Opere* (1967-1993), Bollati Boringhieri, Torino, vol. I.

–, *Le prospettive future della terapia psicoanalitica* (1910), in *Opere*, cit., vol. VI.

–, *Tecnica della psicoanalisi* (1911-1912), in *Opere*, cit., vol. VI.

–, *Nuovi consigli sulla tecnica della psicoanalisi* (1913-1914), in *Opere*, cit., vol. VII.

–, *Al di là del principio di piacere* (1920), in *Opere*, cit., vol. IX.

–, *Due voci di enciclopedia: "Psicoanalisi" e "Teoria della libido"* (1922), in *Opere*, cit., vol. IX.

–, *Analisi terminabile e interminabile* (1937), in *Opere*, cit., vol. XI.

–, *Compendio di psicoanalisi* (1938), in *Opere*, cit., vol. XI.

Fromm-Reichmann F., *Psicoanalisi e psicoterapia* (1959), Feltrinelli, Milano 1964.

Gitelson M., *La posizione emotiva dell'analista nella situazione psicoanalitica* (1952), in Id., *Psicoanalisi: scienza e professione*, Bollati Boringhieri, Torino 1980.

Grinberg L., *Controtransfert e controidentificazione proiettiva* (1979), in C. Albarella, M. Donadio (a cura di), *Il controtransfert. Saggi psicoanalitici*, Liguori, Napoli 1986.

Heimann P., *Sul controtransfert* (1950), in C. Albarella, M. Donadio (a cura di), *Il controtransfert*, cit.

Jacobs Th. J., *Countertransference past and present. A review of the concept*, in "International Journal of Psycho-Analysis", 1999, n. 80, pp. 97-160.

Joseph B., *The patient who is difficult to reach*, in P. Giovacchini (a cura di), *Tactics and techniques in psychoanalytic therapy*, Jason Aronson, New York 1975.

Jung C. G., *I problemi della psicoterapia moderna* (1929), in *Opere* (1969-2007), Bollati Boringhieri, Torino, vol. XVI.

–, *Fondamenti della psicologia analitica* (1935), in *Opere*, cit., vol. XV.

–, *La psicologia della traslazione illustrata con l'ausilio di una serie di immagini alchemiche* (1946), in *Opere*, cit., vol. XVI.

Klein M., *Le origini della traslazione* (1952), in *Scritti 1921-1958*, Bollati Boringhieri, Torino 1978, pp. 526-535.

Lacan J., *Intervento sul transfert* (1952), in *Scritti* (1936-1966), Einaudi, Torino 1974, vol. I.

Lagache D., *Le problème du transfert*, in "Revue Française de Psychanalyse", 1952, vol. XVI.
Moreno M., *Venti argomenti per un seminario di psicoterapia*, Bollati Boringhieri, Torino 1975.
Person E. S., Hagelin A., Fonagy P., *Studi critici su "L'amore di transfert"* (1993), Raffaello Cortina, Milano 1994.
Racker H., *Il significato e l'impiego del controtransfert* (1957), in Id., *Studi sulla tecnica psicoanalitica*, Armando, Roma 1970.
Reich A., *Sul controtransfert* (1951); *Ulteriori osservazioni sul controtransfert* (1960), in C. Albarella, M. Donadio (a cura di), *Il controtransfert*, cit.
Schafer R., *L'atteggiamento analitico* (1983), Feltrinelli, Milano 1984.
Searles H. F., *Il controtransfert* (1979), Bollati Boringhieri, Torino 1994.
Sullivan H. S., *Teoria interpersonale della psichiatria* (1953, edito postumo), Feltrinelli, Milano 1962.
Winnicott D. W., *Hate in the countertransference*, in "International Journal of Psycho-Analysis", 1949, n. 30.
–, *Il controtransfert* (1960), in Id., *Sviluppo affettivo e ambiente. Studi sulla teoria dello sviluppo affettivo* (1965), Armando, Roma 1970.
Zoja L., *Transfert*, in AA.VV., *Gli strumenti del sapere contemporaneo*, vol. II: *I concetti*, Utet, Torino 1985, pp. 888-890.

Transinformazione, v. COMUNICAZIONE, § 1.

Transitivismo (ingl. *Transitivism*; ted. *Transitivismus*; fr. *Transitivisme*; sp. *Transitivismo*). Incompleta differenziazione tra sé e gli altri, normale nei bambini e patologica negli schizofrenici, che comporta una sostanziale incapacità di attribuire a sé i propri pensieri e i propri vissuti che vengono solitamente riferiti ad altre persone. Dal punto di vista fenomenologico il transitivismo è considerato un effetto della destrutturazione della "sfera di appartenenza" (*Eigenheitsphäre*), che consente a ciascuno di distinguere ciò che è proprio (*eigen*) da ciò che è altro da sé. Il termine fu introdotto da Carl Wernicke per indicare la proiezione all'esterno dei propri contenuti psichici.

Bibliografia

Binswanger L., *Per un'antropologia fenomenologica. Saggi e conferenze psichiatriche* (1921-1941), Feltrinelli, Milano 1970.
Laing R. D., *L'io diviso. Studio di psichiatria esistenziale* (1959), Einaudi, Torino 1969.
Wernicke C., *Grundriss der Psychiatrie in klinischen Vorlesungen*, Thieme, Leipzig 1894.

Transito, Sindrome di, v. COSCIENZA, § 3, *c*.

Transizionale, Oggetto, v. OGGETTO, § 6.

Transpersonale, Psicologia, v. PSICOLOGIA TRANSPERSONALE.

Trasalimento (ingl. *Startle*; ted. *Erschrecken*; fr. *Tréssaillement*; sp. *Sobresalto*). Risposta emotiva, rapida e improvvisa, a inattesi stimoli sensoriali, generalmente uditivi, che modificano la situazione in termini di inaspettato pericolo per il quale non erano state predisposte particolari difese. A livello corporeo il trasalimento si manifesta con movimenti riflessi incontrollati, sussulti e scosse viscerali.

Trascendente, Funzione, v. FUNZIONE, § 2, *a*.

Trascendenza, v. ANALISI ESISTENZIALE, § 2, *c*.

Trascrizione, v. GENETICA, § 1, *b*.

Trasferenza (ingl. *Transference*; ted. *Transferenz*; fr. *Transférence*; sp. *Transferencia*). Tendenza a trasferire l'esperienza passata nell'interpretazione della situazione presente. Questo concetto generale assume significati specifici: *a*) nella *teoria dell'apprendimento* e in particolare nei casi di *generalizzazione* (v. APPRENDIMENTO, § I, 1, *c*), in cui, di fronte a nuove situazioni che assomigliano ad altre precedenti, si tende a reagire allo stesso modo, e di *transfer* (v. APPRENDIMENTO, § II, 3), dove si assiste all'influenza che l'apprendimento di un'attività esercita sull'apprendimento di un'altra attività; *b*) nella *teoria psicoanalitica* dove si impiegano i termini più specifici di *transfert* e *controtransfert* (v. TRANSFERT, § 4).

Trasfigurazione (ingl. *Transfiguration*; ted. *Veränderung*; fr. *Transfiguration*; sp. *Transfiguración*). Metamorfosi dei significati che gli oggetti, le persone, le situazioni assumono nelle esperienze deliranti, allucinatorie o più semplicemente quando il soggetto è in preda a passioni amorose, politiche o a esperienze artistiche o mistiche, dove la datità degli oggetti è solo il punto di partenza di un processo interpretativo che inaugura una nuova visione del mondo, altra dalla visione del mondo comunemente condivisa. In proposito Eugenio Borgna scrive che «la coscienza di un reale diverso (altro da quello che sta abitualmente davanti a noi) non è, in fondo, se non la coscienza che *nel* reale i significati si trasformano vertiginosamente» (1988, p. 90). Il susseguirsi di esperienze trasfigurative incide sulla configurazione dell'identità personale.

Bibliografia

Borgna E., *Il mondo del delirio*, in Id., *I conflitti del conoscere. Strutture del sapere ed esperienza della follia*, Feltrinelli, Milano 1988.

Trasformazione (ingl. *Transformation*; ted. *Verwandlung*; fr. *Transformation*; sp. *Transformación*). Transizione psichica, indicata da Carl Gustav Jung come meta della psicoterapia, che ha il suo opposto nella RIMOZIONE (v.). La trasformazione avviene, infatti, portando alla coscienza contenuti che, se fossero rimasti inconsci, non avrebbero consentito quello sviluppo dell'Io verso la realizzazione di sé che Jung chiama *individuazione* (v. PSICOLOGIA ANALITICA, § 5). Questo sviluppo comporta una temporanea REGRESSIONE (v.) o, come dice Jung, una "perdita di senso dell'Io" onde consentire ai contenuti inconsci di emergere per poter esser poi integrati (v. INTEGRAZIONE, § 2). Ogni trasformazione comporta un'esperienza di trascendenza (v. FUNZIONE, § 2, *a*) al cui interno si articola una morte simbolica, riferita alla condizione psichica precedente, e una RINASCITA (v.). La trasformazione non è un cambiamento radicale, ma relativo, altrimenti ci si troverebbe di fronte a una scissione della personalità, senza più alcuna continuità egoica (v. SCISSIONE, § I, 2). Inoltre non ha solo un significato positivo, perché si danno anche trasformazioni negative come, ad esempio, la perdita d'anima (v. ANIMA, § 3). Il tema della trasformazione, che caratterizza l'intera concezione analitica di Jung, ha segnato la rottura tra Sigmund Freud e Jung, che proprio con il concetto di trasformazione si è allontanato dal modello naturalistico freudiano per introdurre nella psicologia la dimensione dello spirito, nell'accezione diltheyana del termine, e la dimensione della storia che, nei suoi aspetti antropologici, religiosi e sociali, fornisce numerosi simboli che si possono leggere come "simboli di trasformazione" da uno stato all'altro (v. INIZIAZIONE).

Il concetto di "trasformazione" assume un significato centrale anche nel pensiero di Wilfred Ruprecht Bion, secondo il quale le teorie, le narrazioni, le rappresentazioni percettive e verbali, le immagini e in generale tutte le forme di pensiero sono, a differenti gradi di astrazione, trasformazioni simboliche di esperienze sensoriali ed emozionali. Ne consegue che il lavoro analitico non è solo un reperimento di significati inconsci o rimossi, ma anche un lavoro di produzione simbolica, capace di conferire significato a contenuti che non sono mai stati ospitati dalla coscienza, la quale, al pari dell'inconscio, non è da intendere come una regione psichica, ma come un processo complementare al processo inconscio in continua e reciproca trasformazione. Al termine "trasformazione", adottato da Jung e da Bion nel significato qui esposto, gli altri orientamenti psicologici preferiscono il termine CAMBIAMENTO (v. § 2).

Bibliografia

Bion W. R., *Trasformazioni* (1965), Armando, Roma 1973.
Dilthey W., *Introduzione alle scienze dello spirito. Tentativo di fondazione per lo studio della società e della storia* (1883), Bompiani, Milano 2007.
Jung C. G., *Simboli della trasformazione* (1912-1952), in *Opere* (1969-2008), Bollati Boringhieri, Torino, vol. V.
–, *Energetica psichica* (1928), in *Opere*, cit., vol. VIII.
–, *La funzione trascendente* (1957-1958), in *Opere*, cit., vol. VIII.
Neumann E., *L'uomo creativo e la trasformazione* (1955), Marsilio, Venezia 1975.

Trasgressione (ingl. *Transgression*; ted. *Übertretung*; fr. *Transgression*; sp. *Trasgresión*). Azione che eccede o infrange l'ordine delle leggi, delle proibizioni e dei divieti vigenti in un determinato ambito culturale. Michel Foucault ha sottolineato il carattere ambivalente di ogni gesto trasgressivo perché «limite e trasgressione devono l'uno all'altra la densità del loro essere. Non c'è limite al di fuori del gesto che l'attraversa, non c'è gesto se non nell'attraversamento del limite. La trasgressione non sta quindi al limite come il bianco sta al nero, come l'escluso all'incluso, come il permesso al proibito; ciò verso cui la trasgressione si scatena è il limite che la incatena. La trasgressione è la glorificazione del limite» (1963, pp. 58-59).

Luogo privilegiato della sospensione delle regole è lo spazio del SACRO (v.) dove, scrive Roger Caillois, si celebra la festa degli dèi e dei sovrani in opposizione allo spazio *pro-fano* dove, fuori dal tempio (*fanum*), si svolge la vita di ogni giorno, scandita dalle regole del lavoro e da quei divieti che la festa infrange consumando, in una prodigalità che ignora ogni misura, i beni raccolti nei giorni feriali.

Su questa linea interpretativa troviamo anche Georges Bataille, per il quale sacra è la legge impartita dai sovrani e dagli dèi che, proprio perché la emanano, ne sono al di fuori, e quindi abitano la trasgressione. Ai sovrani e agli dèi tutto è lecito, e di questa liceità partecipano i sudditi e i fedeli quando si celebrano le feste dei sovrani e degli dèi. La FESTA (v. § 2) non sospende i divieti, ma permette che si compiano atti di regola vietati. Introducendo in questo modo la trasgressione, la festa ribadisce il divieto. Per questo le religioni, dove massimamente si raccolgono i divieti, «introducono le feste "comandate", e nelle feste "ordinano le trasgressioni"» (1957, p. 77). A partire da queste premesse, Bataille coglie nella trasgressione l'essenza della sessualità umana: «Quel che c'è di notevole nel divieto sessuale è il suo pieno rivelarsi nella trasgressione. [...] Tanto che l'essenza dell'erotismo è costituita dall'inestricabile associazione fra piacere sessuale e divieto. Mai, umanamente, il divieto appare senza la rivelazione del piacere, né mai il piacere senza il sentimento del divieto. [...] Nella sfera umana, l'attività sessuale si discosta dalla semplicità animale, è essenzialmente una trasgressione» (ivi, pp. 116-117).

Bibliografia

Bataille G., *L'erotismo* (1957), Mondadori, Milano 1969.
Caillois R., *L'uomo e il sacro* (1939), Bollati Boringhieri, Torino 2001.
Foucault M., *Prefazione alla trasgressione* (1963), in *Scritti letterari*, Feltrinelli, Milano 1971.
Galimberti U., *Corpo e trasgressione*, in Id., *Il corpo* (1983), nuova edizione ampliata, Feltrinelli, Milano 2013, pp. 454-465.
Khan M. M. R., *Trasgressioni* (1989), Bollati Boringhieri, Torino 1992.

Traslazione, v. TRANSFERT.

Trasmissione (ingl. *Transmission*; ted. *Übertragung*; fr. *Transmission*; sp. *Transmisión*). Il termine è impiegato in diverse accezioni: 1) in ordine alla trasmissione *ereditaria* (v. GENETICA, § 1, *a*); 2) in ordine alla trasmissione *nervosa* a proposito del passaggio dell'impulso nervoso da un neurone a un altro, oppure da un neurone a un organo effettore, tipicamente un muscolo (v. SINAPSI) o da un organo recettore a una fibra nervosa; 3) in ordine alla trasmissione *sociale* del patrimonio linguistico, culturale, delle tradizioni, delle leggi e dei costumi attraverso l'insegnamento orale e scritto; 4) in ordine alla trasmissione del *pensiero* (v. PARAPSICOLOGIA, § 1).

Trasposizione, v. SOSTITUZIONE; PSICOLOGIA DELLA GESTALT, § II, 6.

Trasversale, Ricerca, v. LONGITUDINALE – TRASVERSALE, RICERCA.

Trattamento, v. CURA.

Trattativa (ingl. *Negotiation*; ted. *Verhandlung*; fr. *Négociation*; sp. *Negociación*). Interazione verbale che mira a raggiungere un accordo tra due parti divise da interessi contrastanti e non immediatamente omogenei. Oggetto di studio della psicologia sociale, la trattativa si incontra in tutti gli ambiti della società, ivi compresi la famiglia, il luogo di lavoro, il mercato, i rapporti internazionali, con una realizzabilità proporzionale al grado di reciproca libertà raggiunto dalle parti impegnate in questa forma tenue di conflitto che mira a evitare una forma conflittuale più grave. La trattativa si sviluppa solitamente secondo le seguenti forme:

1. *Contrattazione posizionale* dove le parti fanno richieste tatticamente esose e concessioni minime, perché i negoziatori hanno un livello alto di aspirazioni, dispongono di buone alternative per raggiungere un accordo, aspettano che l'altra parte faccia concessioni nel lungo termine, hanno capacità di mantenere in atto minacce effettive, non ha rilevanza il tempo dedicato alla trattativa, non è imminente un punto morto nel raggiungimento dell'accordo. Quando non dà luogo a un conflitto a spirale, la contrattazione posizionale ottiene esiti favorevoli per le parti.

2. *Soluzioni preminenti* che si hanno quando, nella mente di una parte, un'unica alternativa si evidenzia come la sola praticabile e a ciò addiviene anche l'altra parte. Questa soluzione accresce la probabilità di raggiungere un accordo e di accelerare i tempi della trattativa per la speditezza delle rispettive concessioni.

3. *Soluzione del problema* che viene adottata quando la contrattazione posizionale non approda ad alcun risultato; allora le parti vanno alla ricerca, attraverso informazioni o dichiarazioni dirette, degli interessi che stanno a monte delle rispettive posizioni, vedendo di agire su quelle piuttosto che sulle posizioni inizialmente assunte al tavolo della trattativa. Questo tipo di soluzione evidenzia la debolezza di uno dei due contraenti, esponendolo per il futuro a ricatti, a partire dalle informazioni ottenute. Solitamente la "soluzione del problema" avviene ad un livello diverso rispetto a quello da cui si era originariamente partiti.

4. *Mediazione* a cui si ricorre quando la "soluzione del problema" non è possibile, per cui si richiede l'intervento di una terza persona che abbia un buon rapporto con ambo le parti, a garanzia della sua imparzialità. La mediazione va distinta dall'*arbitrato*, dove la terza parte impone una composizione. L'arbitrato favorisce la rapida soluzione del conflitto, ma sottrae alle parti l'opportunità di raggiungere accordi vantaggiosi per entrambe.

Bibliografia

Bacharach S. B., Lawler E. J., *Bargaining. Power, tactics and outcomes*, Jossey, San Francisco 1981.
Busso P., *Lotta e cooperazione. Percorsi per un'evoluzione ecologica del conflitto*, Armando, Roma 2004.
Canevelli F., Lucardi M., *La mediazione familiare. Dalla rottura del legame al riconoscimento dell'altro*, Bollati Boringhieri, Torino 2000.
Castelli S., *La mediazione. Teorie e tecniche*, Raffaello Cortina, Milano 1996.
Druckman D., *Negotiations. Social-psychological perspective*, Sage, Beverly Hills 1977.
Gulliver Ph. H., *Disputes and negotiations. A cross-cultural perspective*, Academic Press, New York 1964.
Rubin J. Z., Brown B. R., *The social psychology of bargaining and negotiation*, Academic Press, New York 1975.
Rumiati R., Pietroni D., *La negoziazione. Psicologia della trattativa: come trasformare un conflitto in opportunità di sviluppo personale, organizzativo e sociale*, Raffaello Cortina, Milano 2001.
Schelling Th. C., *The strategy of conflict*, Harvard University Press, Cambridge 1960.
Young O. R., *Bargaining. Formal theories of negotiation*, University of Illinois Press, Urbana, Illinois, 1975.
Zartman I. W., *The negotiation process*, Sage, Beverly Hills 1978.

Tratto, v. DISPOSIZIONE; PERSONALITÀ, § I, 2.

Trauma (ingl. *Trauma*; ted. *Trauma*; fr. *Traumatisme*; sp. *Trauma*). Parola greca che significa "ferita", "lacerazione". Il termine è impiegato in *medicina somatica* dove indica le lesioni provocate da agenti meccanici, la cui forza è superiore alla resistenza dei tessuti cutanei o degli organi che essi incontrano; in *neuropsichiatria* dove indica o una lesione del sistema nervoso o, per una trasposizione metaforica, una lesione dell'organismo psichico per effetto di eventi che irrompono bruscamente in modo distruttivo; in *psicoanalisi* dove la nozione di trauma è oggetto di una specifica teoria.

1. LA TEORIA PSICOANALITICA DEL TRAUMA. È stata elaborata da Sigmund Freud che, con la nozione di trauma, si riferisce all'intensità di un evento a cui il soggetto non è in grado di rispondere in modo adeguato. Scrive Freud: «L'espressione "traumatico" non ha altro senso se non questo, economico. Con essa noi designiamo un'esperienza che nei limiti di un breve lasso di tempo apporta alla vita psichica un incremento di stimoli talmente forte che la sua liquidazione o elaborazione nel modo usuale non riesce, donde è giocoforza che ne discendano disturbi permanenti nell'economia energetica della psiche» (1915-1917, p. 437). L'intensità dell'eccitazione può essere determinata o da un solo evento o da un accumulo di eccitazioni singolarmente tollerabili che il soggetto non riesce ad abreagire (v. ABREAZIONE) o a elaborare (v. ELABORAZIONE). L'effetto traumatico dipende dalla suscettibilità (*Empfänglichkeit*) del soggetto, dalle condizioni psicologiche in cui si trova al momento dell'evento, dalle situazioni di fatto che impediscono una reazione adeguata, e dal conflitto psichico che impedisce al soggetto di integrare l'esperienza che gli sopraggiunge dall'esterno.

In un primo tempo Freud scompose l'azione del trauma in due momenti: una prima scena, detta di seduzione (v. SEDUZIONE, TEORIA DELLA), in cui il bambino subisce un tentativo sessuale da parte di un adulto senza che ciò provochi una particolare eccitazione; una seconda scena, in età puberale, che, rievocando la prima, provoca un afflusso di eccitazione sessuale che travolge le difese dell'Io. Successivamente Freud ridusse l'importanza della seduzione infantile per accentuare quella dell'*evento accidentale* che interviene in un secondo momento e agisce sulla *predisposizione* nevrotica del soggetto comprensiva di due fattori: uno endogeno rappresentato dalla costituzione sessuale, e uno esogeno rappresentato dall'evento infantile. Evento accidentale e predisposizione compongono una serie complementare (v. COMPLEMENTARITÀ). Questa seconda nozione di trauma compare nella letteratura freudiana a proposito della *coazione a ripetere* (v. COAZIONE, § 2), particolarmente evidente nella ripetizione dei sogni in cui il soggetto rivive l'evento traumatico come se intendesse dominarlo, e a proposito del *segnale d'angoscia* (v. ANGOSCIA – ANSIA, § 2, *d*), che consente all'Io di non essere travolto dall'angoscia traumatica del trauma.

Ascoltando i racconti delle sue pazienti, Freud si convinse che non tutti si riferivano a un trauma reale, ma piuttosto a un *trauma immaginario*, generato dai ricordi delle pazienti riferibili alle proiezioni delle loro fantasie sessuali durante l'infanzia, quando la sessualità è già attiva e quindi in grado di costruire fantasie incestuose. Questa lettura del "trauma immaginario" convinse Freud della necessità di cercare materiale psicologico anche nelle fasi preedipiche per poi sostituire, al ricordo del trauma immaginario, l'interpretazione dell'analista. L'attività psicosessuale infantile, rintracciabile nell'evento traumatico o nel suo racconto, viene valorizzata da Karl Abraham e da Anna Freud che eliminano qualunque illusione relativa alla presunta "innocenza infantile".

Ricerche neuroscientifiche riferiscono che i ricordi traumatici stimolano meccanismi che, inibendo i processi della memoria esplicita, ne rendono difficile la rievocazione. Quel che si verifica è una sorta di dissociazione, per effetto della quale le esperienze traumatiche, essendo separate dal resto della psiche, consentono alla vittima di vivere come se il trauma non si fosse verificato. L'inibizione della percezione dell'accaduto, se da un lato aiuta la sopravvivenza mentale al momento del trauma, dall'altro, impedendo il processo di elaborazione dell'evento traumatico, a lungo termine può produrre un'alterazione dei processi psichici, mettendo a rischio l'integrità dell'esistenza.

2. LA NEVROSI TRAUMATICA. Questa nevrosi insorge al momento del trauma e si evolve seguendo due ipotetici percorsi: *a*) o attivando una struttura nevrotica preesistente; *b*) o determinando una fissazione del soggetto all'evento traumatico non abreagito, con successiva inibizione generalizzata dell'attività del soggetto. Alla base di questa fissazione concorrono per Freud due fattori: una scossa dell'organismo (*Erschütterung*) e uno spavento psichico (*Schreck*), dove, scrive Freud, «il termine "spavento" designa lo stato di chi si trova di fronte a un pericolo senza esservi preparato, e sottolinea l'elemento della sorpresa» (1920, p. 198). Otto Fenichel distingue la nevrosi traumatica dalla nevrosi attuale (v. NEVROSI, § 2) per «le *ripetizioni* caratteristiche del trauma nei sogni e nei sintomi. Queste ripetizioni rappresentano tentativi di arrivare a un dominio ritardato e frazionato di quantità di eccitazione non dominate»

(1945, p. 607). Per una descrizione più dettagliata dei sogni nella nevrosi traumatica si rinvia alla voce SOGNO, § II, 3.

Sempre in ordine alla nevrosi traumatica, Bessel Van der Kolk ha coniato il termine "terrore muto" per indicare l'incapacità di parlare nel corso di un'esperienza traumatica o di un flashback nel disturbo post-traumatico da stress. A suo parere detta incapacità sarebbe da imputare a una temporanea inibizione dell'area di Broca deputata al linguaggio.

Anna Oliverio Ferraris, dal canto suo, riporta invece l'esperienza di due medici americani, Martin S. Bergmann e Milton E. Jucovy, che avevano constatato che alcuni bambini, figli di deportati, presentavano dei sintomi simili a quelli che i loro genitori avevano manifestato nei campi in cui erano stati internati; Nicolas Abraham e Maria Torok danno una spiegazione, condivisa dalla Oliverio Ferraris, secondo la quale «individui apparentemente ben adattati possono conservare dentro di sé delle "inclusioni" di situazioni traumatiche irrisolte, che a volte riemergono in particolari condizioni a contatto di stimoli specifici. Tali inclusioni "sono dei fantasmi che lavorano nell'inconscio delle persone a loro insaputa" e che, se non riconosciuti, affrontati e sconfitti, possono avere ripercussioni più o meno gravi sulla vita di una persona e di coloro che le vivono intorno, [...] senza escludere la trasmissione generazionale, ossia che dei contenuti psichici inconsci possono passare da una generazione a un'altra» (2016, p. 24).

3. LA NEVROSI POST-TRAUMATICA. È questa un'espressione della letteratura psichiatrica che distingue: *a*) una *sindrome psicogena immediatamente successiva al trauma* dove, in assenza di lesioni cerebrali, si assiste a uno stato crepuscolare della coscienza, a un'alterazione affettiva e comportamentale, e a sintomi vegetativi come tachicardia, disturbi gastrointestinali e simili; *b*) una *sindrome psicogena tardiva* che compare dopo un periodo di latenza asintomatico, come una serie di disturbi psichici interpretati come guadagno secondario della malattia (v. GUADAGNO DELLA MALATTIA), perché di solito durano fino al risarcimento ottenuto. Per questo è detta anche *nevrosi da indennizzo* o *nevrosi da compensazione*.

4. IL TRAUMA DELLA NASCITA. Questo trauma si riferisce a una lesione fisica o psichica che può determinarsi al momento della nascita per effetto di un parto *distocico*. Quando invece il parto si svolge in maniera fisiologica (parto *eutocico*), il trauma della nascita non viene preso in considerazione, perché non si ritiene che il processo come tale influenzi di per sé lo sviluppo psichico successivo del soggetto, come invece ritiene in ambito psicoanalitico Otto Rank, per il quale con il processo della nascita subentra uno stato di deprivazione totale, dove il neonato è rimesso al rischio del non soddisfacimento dei bisogni prima soddisfatti. La stessa fisiologia del processo natale, implicando la rottura della prenatale unità nella dualità, e comportando la successiva esposizione alla precarietà della vita individuale, determina quella radicale rottura traumatica che Rank chiama *proto-trauma* e indica come evento di portata determinante per tutte le successive reazioni d'angoscia dell'individuo, interpretabili come ripetizioni del "proto-trauma". In questo modo Rank colloca il principio della causalità psichica alla soglia tra il biologico e lo psichico, come già aveva fatto Freud nelle sue opere giovanili, differenziandosi dal suo maestro nelle conclusioni che trae da questa sua ipotesi. Infatti Rank interpreta l'angoscia (v. ANGOSCIA – ANSIA) come un derivato del trauma della nascita, la CASTRAZIONE (v.) come vissuto di separazione dalla madre, la libido da TRANSFERT (v.) come libido verso la madre, e il trattamento analitico come ripetizione della nascita e quindi come ri-nascita. Di parere contrario alla tesi di Rank è Sándor Ferenczi, che in proposito scrive: «Più osservo, e più mi rendo conto che nessuno sviluppo e nessun cambiamento apportato dalla vita trova l'individuo così ben preparato come lo è per la nascita» (1926, p. 383).

Bibliografia

Abraham K., *Il significato dei traumi sessuali della fanciullezza per la sintomatologia della demenza praecox* (1907), in *Opere*, Bollati Boringhieri, Torino 1975, vol. I.

–, *Il trauma sessuale come forma di attività sessuale infantile* (1907), in *Opere*, cit., vol. I.

Abraham N., Torok M., *L'écorce et le noyau*, Flammarion, Paris 1978.

Bergmann M. S., Jucovy M. E., *Generations of the Holocaust*, Basic Books, New York 1982.

Cattelani R., *Neuropsicologia delle sindromi post-traumatiche*, Raffaello Cortina, Milano 2007.

Fenichel O., *Trattato di psicoanalisi delle nevrosi e delle psicosi* (1945), Astrolabio, Roma 1951.

Ferenczi S., *Psicoanalisi delle nevrosi di guerra* (1919), in *Opere* (1989-1992), Raffaello Cortina, Milano, vol. III.

–, *Critica di "Tecnica psicoanalitica" di Otto Rank* (1926), in *Opere*, cit., vol. III.

Freud A., *Commenti sul trauma psichico* (1964), in *Opere* (1978-1979), Bollati Boringhieri, Torino, vol. II.

Freud S., *Studi sull'isteria (in collaborazione con Josef Breuer)* (1892-1895), in *Opere* (1967-1993), Bollati Boringhieri, Torino, vol. I.

–, *Considerazioni attuali sulla guerra e sulla morte* (1915), in *Opere*, cit., vol. VIII.

–, *Introduzione alla psicoanalisi* (1915-1917), in *Opere*, cit., vol. VIII.

–, *Al di là del principio di piacere* (1920), in *Opere*, cit., vol. IX.

–, *Inibizione, sintomo e angoscia* (1925), in *Opere*, vol. X.

Greenacre Ph., *Trauma, crescita e personalità* (1984), Raffaello Cortina, Milano 1986.

Malacrea M., *Trauma e riparazione. La cura dell'abuso sessuale nell'infanzia*, Raffaello Cortina, Milano 1998.
Mucci C., *Trauma e perdono. Una prospettiva psicoanalitica intergenerazionale*, Raffaello Cortina, Milano 2014.
Oliverio Ferraris A., *Trauma nell'ombra*, in "Psicologia Contemporanea", 2016, n. 256, pp. 23-27.
Pavan L., Banon D., *Trauma, vulnerabilità, crisi. Il trattamento della crisi emozionale*, Bollati Boringhieri, Torino 1996.
Rank O., *Il trauma della nascita e il suo significato psicoanalitico* (1924), Guaraldi, Rimini 1972.
Semi A. A., *Psiconevrosi e trauma*, in Id. (a cura di), *Trattato di psicoanalisi*, vol. II: *Clinica*, Raffaello Cortina, Milano 1988-1989, pp. 63-122.
Van der Kolk B., *Il corpo accusa il colpo. Mente, corpo e cervello nell'elaborazione delle memorie traumatiche* (2014), Raffaello Cortina, Milano 2015.
Williams R. (a cura di), *Trauma e relazioni. Le prospettive scientifiche e cliniche contemporanee*, Raffaello Cortina, Milano 2009.

Traumatica, Nevrosi, v. TRAUMA, § 2.

Traumatofilia, v. PREDISPOSIZIONE.

Travestitismo (ingl. *Transvestism*; ted. *Transvestitismus*; fr. *Travestissement*; sp. *Travestismo*). Detto anche *eonismo*, il travestitismo, che non va confuso con il TRANSESSUALISMO (v.), fa riferimento al bisogno di alcuni individui, che dal punto di vista genotipico e fenotipico appartengono a un determinato sesso, di adottare abiti, acconciature e modalità comportamentali del sesso opposto. Il termine è stato introdotto da Magnus Hirschfeld che ipotizzava nel travestito una condizione intersessuale, mentre, dal punto di vista psicoanalitico, Otto Fenichel ritiene che «il travestimento maschile assume contemporaneamente l'atteggiamento dell'omosessuale che sostituisce l'amore per la madre con un'identificazione con lei, e del feticista che rifiuta di ammettere che la donna non abbia il pene. [...] L'atto del travestirsi ha dunque due significati inconsci: *a*) l'uno dal punto di vista dell'oggetto e del feticismo: la persona coabita non con una donna ma con i suoi vestiti, e questi rappresentano in modo simbolico il pene; *b*) un significato narcisistico: il travestito stesso rappresenta la donna fallica sotto i vestiti della quale è nascosto un pene. [...] La differenza tra il travestitismo maschile e quello femminile consiste nel fatto che gli uomini, a dispetto del loro "giocare alla donna", hanno effettivamente la possibilità di dimostrarsi che il pene non è perduto in seguito al gioco, mentre la donna non ha nessuna possibilità di rassicurarsi analogamente; può solo simulare. Così il travestitismo delle donne è un modo di spostare l'invidia del pene sull'invidia di un sembiante maschile. Il travestitismo maschile ha un carattere più grave, quello femminile è solo una "simulazione"» (1945, pp. 386-387). Il travestitismo, oltre che in ambito psicologico, è studiato anche in ambito antropologico per la sua diffusione nel mondo dei primitivi, dove svolgeva la funzione di un rito iniziatico, e più in generale in tutte quelle espressioni culturali che si muovono intorno al motivo della maschera (v. PERSONA, § 2).

Bibliografia

Bürger-Prinz H., Albrecht H., Giese H., *Zur Phänomenologie des Transvestitismus bei Männern*, Enke, Stuttgart 1967.
Fenichel O., *Trattato di psicoanalisi delle nevrosi e delle psicosi* (1945), Astrolabio, Roma 1951.
Garber M., *Interessi truccati. Giochi di travestimento e angoscia culturale* (1992), Raffaello Cortina, Milano 1994.
Hirschfeld M., *Die Transvestiten. Eine Untersuchung über den erotischen Verkleidungstrieb*, Alfred Pulvermacher & Co., Berlin 1910.
Karsch-Haack F., *Das gleichgeschlechtliche Leben der Naturvölker*, Ernst Reinhardt, München 1911.

Tremore (ingl. *Tremor*; ted. *Zittern*; fr. *Tremblement*; sp. *Temblor*). Contrazione ritmica e involontaria che può interessare tutto il corpo o una sua parte specifica. Di natura patologica, il tremore può avere una base organica o psichica. Rientrano nei *tremori organici* quelli dovuti a disfunzioni del sistema nervoso centrale o periferico come il tremore della sindrome cerebellare, del morbo di Parkinson (v. PARKINSON, MORBO DI), il tremore senile e il tremore che caratterizza lo stato avanzato d'ALCOLISMO (v. § 7, *a*). Sono invece *tremori di origine psichica* quelli isterici che si riducono quando non si presta attenzione, quelli indotti dall'ansia o da forte emozione che scompaiono quando si risolve il fattore emotivo o ansiogeno. Esistono infine tremori indotti da farmaci, come nel caso dei neurolettici o del litio, quali effetti collaterali di queste sostanze.

Bibliografia

Marshall J., *Tremor*, in P. J. Vinken, G. W. Bruyn, *Handbook of clinical neurology*, North Holland, Amsterdam 1968, vol. VI.
Wacholder K., *Untersuchungen über organischen und nichtorganischen Tremor*, in "Archiv für Psychiatrie und Nervenkrankheiten", 1929, n. 88.

Trend. Incremento o diminuzione, costante o saltuaria, di un insieme di dati nel tempo. Qualsiasi universo statistico può essere sottoposto all'*analisi del trend* per verificare la significanza di dati e l'attendibilità previsionale (v. STATISTICA, § II).

Triangolo dei colori, v. COLORE, § 1.

Tribadismo, v. LESBISMO.

Triciclico, v. Psicofarmacologia, § II, 1.

Tricotillomania (ingl. *Trichotillomania*; ted. *Trichotillomanie*; fr. *Trichotillomanie*; sp. *Tricotilomanía*). Comportamento compulsivo e a volte inconsapevole che porta a strapparsi insistentemente i capelli. È frequente in alcuni adolescenti con gravi conflitti, che in tal modo esprimono istanze inconsce autoaggressive o esigenze autopunitive.

Tricromasia, v. Colore, § 3.

Tricromatismo, v. Colore, § 3.

Triiodotironina (T3), v. Endocrino, Sistema, § 2.

Triolismo (ingl. *Triolism*; ted. *Triolismus*; fr. *Triolisme*; sp. *Triolismo*). Rapporto sessuale che prevede la partecipazione di tre persone, due delle quali del medesimo sesso, per soddisfare le componenti bisessuali dei partecipanti. Una variazione della relazione sessuale triangolare è quella in cui uno dei partecipanti si limita a soddisfare i propri impulsi voyeuristici (v. Scopofilia).

Trisomia 21, v. Down, Sindrome di.

Tristezza, v. Depressione.

Tritanomalia, v. Colore, § 3.

Tritanopia, v. Colore, § 3.

TRI, Test, v. Abilità, § 5.

Tronco dell'encefalo, v. Encefalo, § 1, *a*.

Tropismo (ingl. *Tropism*; ted. *Tropismus*; fr. *Tropisme*; sp. *Tropismo*). Detto anche *tassi*, è una reazione direzionale di una cellula o di un organismo in risposta a uno stimolo esterno: 1) in ordine alla *direzione* prende il nome di tropismo "positivo" quando è rivolto alla sorgente dello stimolo, e "negativo" quando si compie in direzione opposta in forma di evitamento; 2) in ordine alla *qualità* si parla di "fototropismo", "chemiotropismo", "termotropismo" e simili a seconda che lo stimolo sia la luce, una sostanza chimica, la temperatura o altro; 3) in ordine alla *posizione finale* del corpo rispetto alla sorgente dello stimolo si parla di "tropotropismo" quando la meta è un equilibrio tra due recettori disposti in maniera speculare, "telotropismo" per la direzione rettilinea su una meta flessibile, "mnemotropismo" quando l'orientamento del movimento è su parecchie fonti di stimolo verso cui far rotta successivamente e le cui referenze spaziali e temporali sono immagazzinate nella memoria.

Bibliografia

Kühn A., *Orientierung der Tiere im Raum*, Fischer, Jena 1919.
Tinbergen N., *Lo studio dell'istinto* (1951), Adelphi, Milano 1994.

Tropotropismo, v. Tropismo.

TSCC, Test (*Trauma Symptom Checklist for Children*). Test che valuta le conseguenze psicologiche delle esperienze traumatiche vissute dai bambini, o a cui i bambini hanno assistito, e in particolare: abusi fisici o sessuali, gravi perdite, coinvolgimenti in disastri naturali o in situazioni belliche. Il test ha come destinatari bambini e adolescenti dagli 8 ai 16 anni.

Bibliografia

Briere J., *TSCC. Valutazione delle conseguenze psicologiche di esperienze traumatiche* (1996), Erickson, Trento 2011.

Tsedek, Test (ingl. *Tsedek-test*; ted. *Tsedek-test*; fr. *Test de Tsédek*; sp. *Test de Tsedek*). Test di personalità (v. Test, § III) ideato da Henri Baruk per valutare il livello di moralità di un individuo, a cui si chiede di esprimere un giudizio su 15 situazioni da risolvere in termini di giustizia (in ebraico *tsedek*). Trattandosi di giudizi di valore, il test risente del relativismo del modello culturale a cui appartiene chi è sottoposto al test e chi lo interpreta.

Bibliografia

Baruk H., *Morale médicale*, in "La Presse Médicale", 1956, n. 64.

Tunnel, Effetto, v. Percezione, § 6, *a*.

Turba (ingl. *Disorder*; ted. *Störung*; fr. *Trouble*; sp. *Trastorno*). Disturbo di natura funzionale che altera le condizioni normali di un sistema motorio, nervoso, psichico e simili.

Turbamento (ingl. *Perturbation*; ted. *Erregung*; fr. *Dérangement*; sp. *Perturbación*). Alterazione della normale condizione psicologica determinata da fattori emotivi che incidono sull'ordinaria attività mentale e sull'intenzionalità che risulta improvvisamente e transitoriamente limitata o interrotta.

Turbolenza (ingl. *Turbulence*; ted. *Turbulenz*; fr. *Turbulence*; sp. *Turbulencia*). Irrequietezza che mette capo a una dispersione di energie in attività improduttive; può essere accompagnata da una sensazione di piacere che caratterizza ogni scarica di tensione. Sottesa alla turbolenza può esserci o una marcata ostilità o un tentativo di sovracompensazione, frequente nei casi in cui manca un adeguato riconoscimento (v. COMPENSAZIONE, § 2).

Turner, Sindrome di (ingl. *Turner syndrome*; ted. *Turner-Syndrom*; fr. *Syndrome de Turner*; sp. *Síndrome de Turner*). Sindrome dovuta ad un'anomalia cromosomica (v. GENETICA, § 2), e precisamente alla mancanza totale (monosomia del cromosoma X, vale a dire cariotipo 45, X0) o parziale di uno dei due cromosomi sessuali. I soggetti che presentano tale anomalia sono femmine sterili con genitali esterni e interni di tipo infantile. Altre caratteristiche cliniche sono amenorrea primaria, bassa statura e diverse malformazioni somatiche. Dal punto di vista psichico sono rilevabili tratti di passività, apatia, disturbi comportamentali che vanno dall'esuberanza all'eccessiva inibizione. L'intelligenza è nei limiti della norma o con qualche lieve grado di ritardo mentale.

Bibliografia

Turner H., *Promoting understanding of aged patients*, in "Social Casework Journal", 1953, n. 34.

Tutto o nulla, Legge del, v. AZIONE, § 2, *a*.

TVD, Test (*Valutazione del disagio e della dispersione scolastica*). Strumento utilizzato per valutare il disagio scolastico dei ragazzi della scuola media inferiore e del primo biennio superiore in ordine al concetto che hanno maturato di sé, al rapporto con i genitori, gli insegnanti, i compagni di classe. Lo si impiega per programmare interventi mirati.

Bibliografia

Mancini G., Gabrielli G., *Test TVD. Valutazione del disagio e della dispersione scolastica*, Erickson, Trento 1998.

TVL, Test, v. ABILITÀ, § 4.

TVSM, Test, v. TEORIA DELLA MENTE.

U

Ubbidienza (ingl. *Obedience*; ted. *Gehorsam*; fr. *Obéissance*; sp. *Obediencia*). Forma di acquiescenza in cui viene messo in atto un comportamento in risposta a un ordine diretto. Variante di ubbidienza è "obbedienza", espressione preferita nel diritto canonico per indicare la sottomissione dei religiosi ai loro superiori, e nel linguaggio militare e giuridico in riferimento all'esecuzione di un ordine. In psicologia, oltre all'ubbidienza automatica illustrata da Eugen Bleuler come tratto specifico della CATATONIA (v.) e all'ubbidienza differita che, come vuole Sigmund Freud, ottempera a un comando o a una minaccia a suo tempo ricevuti e a lungo rimossi, l'obbedienza è considerata nell'ambito della psicologia sociale come quel meccanismo psicologico che lega l'azione individuale ai fini comuni che una società si propone. Stanley Milgram ha distinto l'obbedienza dal CONFORMISMO (v.) in base ai seguenti criteri: 1) *gerarchia*: il conformismo regola il comportamento dei soggetti di pari status, mentre l'obbedienza collega uno status superiore a uno inferiore; 2) *imitazione*: il conformismo è imitazione mentre l'obbedienza non lo è; 3) *esplicitazione*: nell'obbedienza la prescrizione è esplicita, mentre nel conformismo è implicita; 4) *volontarietà*: siccome nel conformismo la pressione è implicita, il soggetto interpreta la propria condotta come volontaria, mentre nell'obbedienza no.

Bibliografia

Bleuler E., *Trattato di psichiatria* (1911-1939, aggiornato da M. Bleuler dal 1940 al 1960), Feltrinelli, Milano 1967.

Freud S., *Analisi della fobia di un bambino di cinque anni (Caso clinico del piccolo Hans)* (1908), in *Opere* (1967-1993), Bollati Boringhieri, Torino, vol. V.

Kelman H. C., Hamilton V. L., *Crimes of obedience. Toward a social psychology of authority and responsibility*, Yale University Press, New Haven, Connecticut, 1989.

Meeus W. H. J., Raaijmakers Q. A. W., *Obedience in modern society. The Utrecht studies*, in "Journal of Social Issues", 1995, n. 51, pp. 155-175.

Milgram S., *Some conditions of obedience and disobedience to authority*, in "Human Relations", 1965, n. 18.

–, *Obbedienza all'autorità. Il celebre esperimento di Yale sul conflitto tra disciplina e coscienza* (1974), Bompiani, Milano 1975.

Zamperini A., Testoni I., *L'obbedienza*, in Id., *Psicologia sociale*, Einaudi, Torino 2002, pp. 56-82.

Uditivo, Sistema (ingl. *Auditory system*; ted. *Hörsystem*; fr. *Système auditif*; sp. *Aparato auditivo*). Apparato sensibile alle vibrazioni generate da una sorgente sonora. Peculiarità di questo apparato è la coesistenza di due tipi di recettori: quelli gravitari e centrifughi del sistema vestibolare (v. VESTIBOLARE, SISTEMA) e quelli del suono, la cui prevalenza giustifica la denominazione. L'*orecchio* è l'organo di senso i cui meccanorecettori (v. RECETTORE) sono sensibili a vibrazioni generate da onde sonore in grado di propagarsi attraverso l'aria, l'acqua e altri mezzi materiali. Gli attributi fisici delle onde sonore sono l'*ampiezza*, decisa dalla quantità di energia che si esprime nell'entità della compressione e dell'espansione, e la *frequenza*, che si riferisce al numero delle vibrazioni al secondo, cioè al numero delle lunghezze d'onda che passano per un punto in un secondo. Il carattere soggettivo dell'ampiezza è l'*intensità*, per cui un suono appare debole o forte, mentre il correlato della frequenza è la *tonalità*, per cui un suono appare basso o acuto. Alla forma delle onde, in relazione al sovrapporsi di vibrazioni secondarie o armoniche alla vibrazione fondamentale, è connesso il *timbro* del suono che è differente da uno strumento all'altro. I *suoni* corrispondono a vibrazioni periodiche regolari, i *rumori* a vibrazioni irregolari. Quando si producono insieme due suoni, essi non perdono la loro entità, come succede quando due colori si mescolano, ma producono una fusione sentita come *consonanza* (piacevole) o come *dissonanza* (spiacevole).

Le onde sonore sono le onde longitudinali meccaniche che l'orecchio umano è in grado di recepire, vale a dire quelle con frequenze comprese tra i 20 e i 20.000 Hz, anche se la massima sensibilità uditiva sembra corrispondere a 3.000-4.000 Hz, mentre quelle con frequenze superiori e inferiori sono rispettivamente gli *ultrasuoni* e gli *infrasuoni*. Anche l'intensità presenta una soglia minima e massima, in relazione alle quali è stata introdotta la *scala dei decibel* (dB) in cui il valore 0 corrisponde all'intensità minima normalmente percepita, e 120 al valore massimo oltre il quale interviene una sensazione di dolore.

Si è soliti dividere l'orecchio in tre sezioni denominate orecchio esterno, esposto all'aria ambientale, orecchio medio, che contiene aria non in comunicazione diretta con l'ambiente, e orecchio interno, che contiene liquidi (endo e perilinfa).

1. *L'orecchio esterno* è costituito dal *padiglione*, che è una struttura cartilaginea deputata a catturare i suoni, e dal *condotto uditivo esterno*, che li convoglia al *timpano* che è una membrana che entra in vibrazione in presenza di onde sonore. Essendo il movimento del timpano di lievissima entità, occorre un'amplificazione che avviene nell'orecchio medio.

2. *L'orecchio medio* presenta delle strutture ossee concatenate dette *martello*, *incudine* e *staffa* che intervengono come amplificatori della vibrazione timpanica, permettendo il passaggio dell'onda sonora dell'aria alle strutture fluide dell'orecchio interno, attraverso una membrana chiamata *finestra ovale*.

3. *L'orecchio interno* ha la sua parte essenziale nella *coclea* o chiocciola, che traduce l'onda sonora in impulso nervoso. Le onde di compressione, infatti, fanno vibrare il liquido contenuto nel condotto cocleare, mettendo in movimento la *membrana basilare* su cui è inserito l'*organo del Corti* che contiene i recettori e le cellule che trasmettono gli impulsi alle fibre del nervo acustico. La decodificazione delle informazioni uditive avviene nell'area della corteccia del lobo temporale, detta *area acustica primaria*, dove esiste una rappresentazione "tonotopica", ossia una corrispondenza tra le diverse zone corticali con le diverse frequenze degli stimoli sonori. Naturalmente tutto questo è solo l'inizio della percezione, perché poi l'individuo riorganizza e interpreta le informazioni a seconda delle precedenti esperienze, della motivazione e degli stati emotivi. La mancanza parziale (*ipoacusia*) o totale (*anacusia*) del senso dell'udito dovuta a cause congenite o acquisite determina la SORDITÀ (v.).

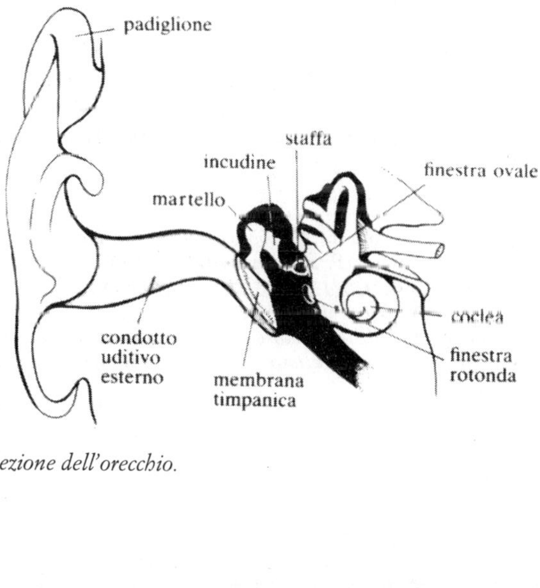

Sezione dell'orecchio.

Bibliografia

Wulf Ch., *Orecchio*, in Id. (a cura di), *Cosmo, corpo, cultura. Enciclopedia antropologica* (1997), Bruno Mondadori, Milano 2002, pp. 461-467.

Ulcera peptica (ingl. *Peptic ulcer*; ted. *Peptisches Geschwür*; fr. *Ulcère peptique*; sp. *Úlcera péptica*). Interruzione della continuità della mucosa del canale digerente che risulta esposto all'azione corrosiva dell'acido cloridrico e degli enzimi digestivi. Le concomitanti psicologiche che predispongono alla malattia sono connesse con lo sviluppo precoce delle emozioni, articolate intorno alle sensazioni elementari di sicurezza e di fiducia associate alle sensazioni di fame e sazietà. Secondo l'ipotesi psicosomatica formulata da Franz Alexander, i pazienti con ulcera mostrano conflitti tra persistenti bisogni infantili di amore, protezione, dipendenza, e le limitazioni alla soddisfazione di questi bisogni imposte dalla vita adulta. La condizione di dipendenza da desideri orali e passivi sosterrebbe un'ipersecrezione gastrica, ulteriormente rafforzata da manifestazioni di collera, risentimento e ansia connessi con la condizione di insicurezza. Esistono, inoltre, ulcere gastroduodenali da STRESS (v.) che riattivano uno stato di insicurezza a cui il soggetto fin dall'infanzia ha associato una risposta di stimolazione neurovegetativa dello stomaco.

Bibliografia

Alexander F. G., *Medicina psicosomatica* (1950), Giunti Barbera, Firenze 1951.

Umanistica, Psicologia, v. PSICOLOGIA UMANISTICA.

Umiliazione (ingl. *Humbling*; ted. *Demütigung*; fr. *Humiliation*; sp. *Humillación*). Azione che reca offesa all'autostima di una persona o di un gruppo. Nei processi educativi, dove si contrappone all'incoraggiamento, l'umiliazione favorisce l'insorgere di sentimenti di inferiorità. Frequente nelle depressioni, l'umiliazione è letta dalla psicoanalisi come frustrazione di aspirazioni narcisistiche. Quando si accompagna a pratiche sessuali, la ricerca dell'umiliazione diventa MASOCHISMO (v.) in chi la riceve e SADISMO (v.) in chi la infligge. Wilhelm Stekel, a proposito dei rapporti di coppia, parla di umiliazione che un partner, entro le mura di casa, infligge all'altro nel tentativo di contenere l'attrazione che prova per lui e che inconsciamente teme come forma di propria debolezza o dipendenza. Il partner umiliato entro le mura di casa è poi esaltato fuori da quelle mura nei confronti di terzi.

Bibliografia

Stekel W., *Nervöse Angstzustände und ihre Behandlung*, Urban & Schwarzenberg, Berlin-Wien 1908.

Umiltà (ingl. *Humility*; ted. *Demut*; fr. *Humilité*; sp. *Humildad*). Atteggiamento di modestia dettato dalla consapevolezza dei propri limiti. Da un punto di vista psicologico, quando non è semplice rifiuto della vanità e della presunzione, l'umiltà può essere un indizio di sottovalutazione di sé con conseguente sottomissione agli altri, o un mascheramento di fantasie di superiorità.

Umore (ingl. *Mood*; ted. *Laune*; fr. *Humeur*; sp. *Humor*). Tonalità di base dell'affettività. Questa definizione si riferisce all'*umore di fondo* come caratteristica costante della personalità, con i tratti di durevolezza e relativa indipendenza dalle situazioni e dagli stimoli ambientali. Da questo si distingue lo *stato dell'umore* che varia per lo stesso soggetto da momento a momento in base all'equilibrio somatobiologico, ai pensieri, alle situazioni esistenziali di volta in volta vissute. Il tono dell'umore, che occupa tutta la gamma che va dalla gioia alla tristezza, influenza l'attività intellettiva, volitiva, comportamentale, nonché le funzioni vegetative e somatiche. Interpretato psicoanaliticamente come una scarica libidica graduale che protegge l'Io da un'esplosione incontrollata, l'umore assume tratti patologici quando oscilla al di là delle soglie compatibili con la rilevanza della situazione di gratificazione o di frustrazione vissuta dall'individuo. Le forme più clamorose di oscillazione dell'umore si manifestano nelle depressioni e negli stati maniacali. Per quanto riguarda i disturbi dell'umore, il DSM-5 distingue:

1. DISTURBI DEPRESSIVI, a loro volta distinti in: *a) disturbo depressivo maggiore*, caratterizzato dalla presenza di uno o più episodi depressivi maggiori in assenza di manifestazioni maniacali (v. MANIA), perdita di interesse nei confronti di attività, cose e persone un tempo ritenute significative (v. DEPRESSIONE); *b) disturbo distimico* (v. DISTIMIA), caratterizzato da un umore cronicamente depresso, accompagnato da scarso appetito, insonnia, astenia, bassa autostima, scarsa concentrazione e incapacità di assumere decisioni.

2. DISTURBI BIPOLARI, a loro volta distinti in: *a) disturbo bipolare I*, caratterizzato da uno o più episodi depressivi maggiori alternati a episodi maniacali che possono durare da una settimana ad alcuni mesi con umore euforico, irritabilità, logorrea, fuga delle idee e agitazione psicomotoria (v. MANIA); *b) disturbo bipolare II*, caratterizzato da uno o più episodi depressivi maggiori accompagnati da almeno un episodio ipomaniacale, contraddistinto da un aumento del tono dell'umore e dai sintomi tipici della mania, senza tuttavia compromissione dell'attività lavorativa e dei rapporti interpersonali; *c) disturbo ciclotimico* (v. CICLOTIMIA), caratterizzato da una cronica alterazione dell'umore, con periodi di depressione intervallati da episodi di ipomaniacalità di gravità e durata insufficienti per soddisfare i criteri per gli episodi depressivi o maniacali. Aaron Temkin Beck e Michael William Eysenck hanno evidenziato come i disturbi dell'umore e in particolare la depressione e l'ansia incidono sui processi cognitivi.

3. IPOTESI EZIOPATOGENETICHE. Data l'eterogeneità della sintomatologia clinica dei disturbi dell'umore, nel tentativo di chiarirne l'origine Frederick Goodwin e Kay Redfield Jamison hanno preso in considerazione le possibili alterazioni dei neurotrasmettitori, dei neuropeptidi e del sistema endocrino (v. ENDOCRINO, SISTEMA), mentre Robert M. Post, pur riconoscendo l'incidenza dei fattori biologici, non trascura quelli psicosociali nonché le condizioni di vita stressanti (v. STRESS) che favoriscono la comparsa di episodi depressivi. Infine, sono state osservate alterazioni stress-dipendenti nei processi di trascrizione genetica che finiscono per determinare effetti a lungo termine.

Bibliografia

Barucci M., *Umore e invecchiamento*, Idelson, Napoli 1995.

Beck A. T., *Principi di terapia cognitiva. Un approccio nuovo alla cura dei disturbi affettivi* (1976), Astrolabio, Roma 1988.

Binswanger L., *Melanconia e mania* (1960), Bollati Boringhieri, Torino 1971.

Cassano G. B. (a cura di), *Il problema dei disturbi dell'umore*, in G. B. Cassano, P. Pancheri *et al.* (a cura di), *Trattato italiano di psichiatria* (1992), Masson, Milano 1999, vol. II, pp. 1823-1836.

– (a cura di), *Disturbi dell'umore*, in G. B. Cassano, P. Pancheri *et al.* (a cura di), *Trattato italiano di psichiatria*, cit., vol. II, pp. 1837-2008.

DSM-5. American Psychiatric Association (APA), *DSM-5. Manuale diagnostico e statistico dei disturbi mentali* (2013), Raffaello Cortina, Milano 2014.

Eysenck M. W., *Anxiety. The cognitive perspective*, Lawrence Erlbaum Associates, London 1991.
Goldberg J. F., Harrow M. (a cura di), *I disturbi bipolari. Decorso clinico e outcome* (1997), Raffaello Cortina, Milano 2000.
Goodwin F. K., Jamison K. R., *Maniac-depressive illness*, Oxford University Press, New York 1990.
Post R. M., *Transduction of psychosocial stress into the neurobiology of recurrent affective disorder*, in "American Journal of Psychiatry", 1992, n. 149, pp. 999-1010.
Smeraldi E. (a cura di), *Regolatori dell'umore*, in G. B. Cassano, P. Pancheri *et al.* (a cura di), *Trattato italiano di psichiatria*, cit., vol. III, pp. 3305-3332.

Umorismo (ingl. *Humour*; ted. *Humor*; fr. *Humorisme*; sp. *Humorismo*). Lettura arguta e indulgente del lato ridicolo di cose e persone. L'umorismo facilita l'interazione sociale, comunica consonanze, induce cambiamenti nella considerazione del gruppo, contribuisce alla verifica della stabilità dei rapporti. Siccome dipende dal contenuto e dal contesto sociale, l'umorismo può avere diversi effetti sul promotore e sul destinatario, a seconda di come quest'ultimo percepisce i valori e le motivazioni del promotore, che a sua volta risulta influenzato dalle reazioni suscitate dal suo umorismo. Sigmund Freud ha dato due letture dell'umorismo: una in chiave *economica*, come dispendio affettivo risparmiato: «Condizione perché si dia umorismo è che si determini una situazione nella quale siamo tentati, conformemente alle nostre abitudini, di sprigionare un affetto penoso e in cui agiscono su noi motivi volti a reprimere *in statu nascendi* questo affetto. La vittima del danno, dolore e simili potrebbe ricavare un piacere *umoristico*, mentre colui che è indifferente ride del piacere *comico*. Il piacere dell'umorismo nasce allora, non possiamo esprimerci altrimenti, a spese di questo mancato sprigionamento d'affetto, sgorga dal *dispendio affettivo risparmiato*» (1905, p. 204; v. COMICO; MOTTO DI SPIRITO). In chiave *dinamica*, l'umorismo è spiegato come un trasferimento dell'accento psichico dall'Io al Super-io che, come rappresentante dell'istanza parentale, tratta l'Io come un bambino a cui mostra l'irrilevanza dei suoi tormenti, sorridendone e offrendogli una consolazione e una preservazione dal dolore, come se gli dicesse. «Guarda, così è il mondo che sembra tanto pericoloso. Un giuoco infantile, buono appunto per scherzarci su!» (1927, p. 508).

Bibliografia

Bateson G., *L'umorismo nella comunicazione umana* (1952), Raffaello Cortina, Milano 2006.
Chapman A. J., Foot H. C., *Humour and laughter. Theory, research and applications*, Wiley, London 1976.
Freud S., *Il motto di spirito e la sua relazione con l'inconscio* (1905), in *Opere* (1967-1993), Bollati Boringhieri, Torino, vol. V.
–, *L'umorismo* (1927), in *Opere*, cit., vol. X.
Fry W. F., *Una dolce follia. L'umorismo e i suoi paradossi* (1963), Raffaello Cortina, Milano 2001.
Goldstein J. H., McGhee P. E., *La psicologia dello humour* (1972), Franco Angeli, Milano 1976.
McGhee P. E., Goldstein J. H., *Handbook of humour research*, vol. I: *Basic Issues*, vol. II: *Applied Studies*, Springer, New York 1983.
Querini P., Lubrani F., *Ironia, umorismo e disagio psichico*, Franco Angeli, Milano 2004.
Rapallo U., *L'umorismo verbale e non verbale, "nostro" e "altro", antico e moderno*, Le Lettere, Firenze 2004.
Sini C., *Il comico e la vita*, Jaca Book, Milano 2003.
Solfaroli Camillocci D., Vella M., *Ridere, ridere, ridere ancora. Il riso e l'umorismo nelle relazioni familiari e in psicoterapia della famiglia*, Bollati Boringhieri, Torino 2005.

Umwelt, v. MONDO, §§ 2-3.

Unilateralità (ingl. *Onesidedness*; ted. *Einseitigkeit*; fr. *Unilatéralité*; sp. *Unilateralidad*). Atteggiamento che prende in considerazione un solo aspetto della realtà. Il termine è impiegato da Carl Gustav Jung per segnalare l'unilateralità della coscienza che ha nell'inconscio la sua compensazione. Di per sé, scrive Jung. «L'unilateralità è una caratteristica inevitabile, perché necessaria, del processo direzionato, poiché direzione è unilateralità. L'unilateralità è sempre un vantaggio e uno svantaggio. Anche se l'impressione è che non esista alcuno svantaggio riconoscibile dal di fuori, tuttavia esiste sempre nell'inconscio una contrapposizione altrettanto esplicita. [...] La contrapposizione nell'inconscio è innocua finché non presenta valori energetici piuttosto elevati. Ma se, in conseguenza di un'eccessiva unilateralità, la tensione tra i due poli cresce, la tendenza opposta irrompe allora nella coscienza, e irrompe, di regola, proprio nel momento in cui sarebbe della massima importanza attuare il processo direzionato. Così, per esempio, l'oratore incappa in un lapsus linguae proprio nel momento in cui più gli preme di non dire stupidaggini. È un momento critico questo, perché presenta la massima tensione energetica, la quale – data la preesistenza di una carica nell'inconscio – rompe facilmente l'equilibrio e libera il contenuto inconscio» (1957-1958, p. 85).

Bibliografia

Jung C. G., *La funzione trascendente* (1957-1958), in *Opere* (1969-2007), Bollati Boringhieri, Torino, vol. VIII.

Universali linguistici, v. LINGUISTICA, § 1, *h*.

Universo, v. STATISTICA, § II, 1.

Uretrale, Erotismo, v. EROTISMO, § 3.

Uroboro (ingl. *Ouroboros*; ted. *Uroboros*; fr. *Ouroboros*; sp. *Uroboros*). Antico simbolo egiziano iconograficamente rappresentato dal serpente che si morde la coda, assunto dalla simbolica della psicologia analitica come archetipo dell'indifferenziato che precede lo sviluppo della personalità e la differenziazione degli opposti da cui prende avvio la dinamica psichica. Erich Neumann così descrive l'Uroboro: «Il rotondo è l'uovo, l'Uovo cosmico filosofico, il luogo iniziale e germinale da cui – come insegna ovunque l'umanità – sorge il mondo, ed è anche il perfetto che contiene in sé gli opposti e li contiene in quanto principio, perché questi contrari non si sono ancora separati e il mondo non ha ancora avuto inizio, e in quanto fine, perché tali contrari sono di nuovo arrivati a una sintesi in esso, perché il mondo in esso ha di nuovo trovato pace» (1949, p. 30). L'Uroboro, oltre che una valenza cosmica, ha anche una valenza psicologica; infatti, scrive ancora Neumann: «Un germe embrionale, non ancora sviluppato, dell'Io e della coscienza sonnecchia nel rotondo perfetto e si risveglia in esso. [...] Dato che l'Io nello stato embrionale non ha e non può avere alcuna esperienza di sé, né in generale può avere esperienze psichiche (difatti la sua coscienza esperienziale è ancora sopita e in germe), esso descriverà come un tempo "prenatale" questo stato primitivo, di cui ha una conoscenza indeterminata ma passibile di una rappresentazione simbolica. È il tempo dell'esistenza nel paradiso terrestre, dove l'anima ha la sua dimora premondana, il tempo anteriore della nascita dell'Io, il tempo del rifugio e della protezione inconscia, il tempo in cui si nuota nell'oceano dei non nati» (ivi, p. 32).

Bibliografia

Neumann E., *Storia delle origini della coscienza* (1949), Astrolabio, Roma 1978.

Urolagnia, v. COPROLAGNIA.

Utile della malattia, v. GUADAGNO DELLA MALATTIA.

Utilitarismo, v. FUNZIONALISMO, § 3.

Utilizzabilità, v. PSICOLOGIA DELLA GESTALT, § II, 7.

Utopia (ingl. *Utopia*; ted. *Utopie*; fr. *Utopie*; sp. *Utopía*). Il termine, che etimologicamente significa "non-luogo", è stato coniato da Tommaso Moro che così battezzò un'isola immaginaria caratterizzata dalle migliori condizioni di vita che si potevano ragionevolmente ipotizzare, se solo si fossero adottate particolari forme di organizzazione sociale. Da allora il termine è entrato nel linguaggio comune con un significato ambivalente: negativo in quanto riferito all'irrealizzabilità di un progetto, positivo in quanto instaura la progettualità come senso e forma del tempo e dell'esistenza. Come figura del tempo, l'utopia riprende la triade religiosa: colpa, redenzione, salvezza, per riformularla in quella prospettiva dove il passato appare come malattia, la scienza come redenzione, il progresso come salvezza. In questo modo il futuro è guardato con un'etica terapeutica dove i mali si eliminano tramite il controllo razionale degli effetti. In ciò l'utopia si distingue dalla rivoluzione con cui ha in comune la previsione di un rovesciamento del dominio del male in quello del bene, con una differenza: mentre l'utopia ha bisogno di *tanto* futuro, la rivoluzione prende fuoco per un *altro* futuro, per cui l'utopia ha un carattere *progressivo* nell'ordine del tempo, mentre la rivoluzione ha un carattere *esplosivo*, perché segna l'accelerazione del tempo per l'irruzione dell'elemento salvifico e risolutore. Dal punto di vista esistenziale, quando l'utopia non decade a livello di sogno o fantasticheria, ha il valore positivo della non rassegnazione, in quanto ospita la speranza, mai declinata, di un'estrema possibilità.

Bibliografia

Baldini M. (a cura di), *Il pensiero utopico*, Armando, Roma 1974.

Basaglia F., *L'utopia della realtà* (a cura di F. Ongaro Basaglia), Einaudi, Torino 2005.

Bloch E., *Il principio speranza* (1938-1959), Garzanti, Milano 1994, voll. I-III.

Bortone L. (a cura di), *L'utopia. Una antologia dagli scritti di Moro, Campanella, Bacone*, Loescher, Torino 1957.

Brumlik M., *Utopia*, in Ch. Wulf (a cura di), *Cosmo, corpo, cultura. Enciclopedia antropologica* (1997), Bruno Mondadori, Milano 2002, pp. 1114-1122.

Foucault M., *Utopie Eterotopie* (1966), Cronopio, Napoli 2006.

Jameson F., *Il desiderio chiamato Utopia* (2005), Feltrinelli, Milano 2007.

Mannheim K., *Ideologia e utopia* (1929), il Mulino, Bologna 1957.

Moro T., *Utopia (Libellus vere aureus nec minus salutaris quam festivus de optimo reipublicae statu deque nova insula Utopia)*, Silvio Berlusconi Editore, Milano 1991.

Nozick R., *Anarchia, stato e utopia* (1974), il Saggiatore, Milano 2000.

Prestipino G., *Realismo e utopia*, Editori Riuniti, Roma 2002.

Ruggenini M., *Utopia*, in AA.VV., *Gli strumenti del sapere contemporaneo*, vol. II: *I concetti*, Utet, Torino 1985, pp. 898-902.

Servier J., *Histoire de l'utopie*, Gallimard, Paris 1967.

Vitiello V., *Utopia del nichilismo tra Nietzsche e Heidegger*, Guida, Napoli 1983.

Wunenburger J.-J., *L'utopie ou la crise de l'imaginaire*, Delarge, Paris 1979.

V

VADO (*Valutazione di Abilità. Definizioni di Obiettivi*). Strumento per la valutazione e la pianificazione di interventi riabilitativi individualizzati con persone che presentano disabilità personali e sociali da ricondurre ai disturbi mentali. Obiettivo principale dei programmi riabilitativi è mettere gli utenti in condizione di vivere con il maggior grado di autonomia possibile, compatibilmente con le loro condizioni psichiche, negli ambienti in cui hanno scelto di vivere, che possono essere strutture residenziali, semiresidenziali o alloggi distribuiti sul territorio.

Bibliografia

Morosini P., Magliano L., Brambilla L., *VADO. Valutazione di Abilità. Definizione di Obiettivi. Manuale per la riabilitazione in psichiatria*, Erickson, Trento 1998.

Vagabondaggio, v. DROMOMANIA.

Vaginismo (ingl. *Vaginismus*; ted. *Vaginismus*; fr. *Vaginisme*; sp. *Vaginismo*). Contrazione spasmodica e dolorosa del muscolo della vagina che impedisce la penetrazione del pene. In assenza di una causa organica, i motivi vanno ricercati a livello psicologico dove il rifiuto nella donna del rapporto sessuale si esprime a livello somatico, oltre che con un'inibizione dell'eccitazione sessuale, anche con un comportamento volto ad assicurare il mantenimento di tale inibizione. In ciò Otto Fenichel vede la differenza tra vaginismo e FRIGIDITÀ (v.): «Il vaginismo sta alla frigidità come la formazione reattiva alla repressione; non soltanto l'eccitazione sessuale è inibita, ma si fa qualcosa di positivo per assicurare la conservazione di tale inibizione, e per rendere fisicamente impossibile il rapporto sessuale» (1945, p. 197).

Bibliografia

Fenichel O., *Trattato di psicoanalisi delle nevrosi e delle psicosi* (1945), Astrolabio, Roma 1951.

Freud S., *Contributi alla psicologia della vita amorosa* (1910-1917), in *Opere* (1967-1993), Bollati Boringhieri, Torino, vol. VI.

Kinsey A. Ch. *et al.*, *Il comportamento sessuale della donna* (1953), Bompiani, Milano 1965.

Vaillant, Scala di, v. DIFESA, § 3.

Validità, v. TEST, § I, 1.

Valore (ingl. *Value*; ted. *Wert*; fr. *Valeur*; sp. *Valor*). Il termine, derivato dalla sfera economica dove indica il prezzo di una cosa (valore di scambio) o la sua utilità (valore d'uso), è passato in ambito etico dove indica quei significati ideali che hanno la funzione di orientare l'azione e di valutarne la corrispondenza alle norme assunte come "valide". In ambito psicologico, accanto a questo significato *etico* che è mantenuto pur all'interno di un *relativismo culturale* che non riconosce valori assoluti, ma relativi alle varie culture e alle varie epoche, ne esiste uno più *strumentale* che chiama "valore" tutto ciò che è meta di un bisogno, di un desiderio o di un interesse. Tra i due livelli non c'è opposizione ma gerarchia, nel senso che ogni valore può essere considerato "strumentale" per il conseguimento di valori ritenuti superiori.

Ogni valore risulta connotato dalla: *a*) *qualità* che può essere affettiva quando risponde a un criterio di desiderabilità, cognitiva quando risponde a un criterio di verità o morale quando si riferisce a problemi di convivenza e di ordine; *b*) *intensità* riferita al grado di attaccamento a un determinato valore che si misura con il senso di colpa conseguente al suo disattendimento o con la reazione che colpisce chi non lo rispetta; *c*) *adesione* data dal grado di conformità alle norme assunte come valori all'interno di una determinata cultura; *d*) *campo di applicazione* che può riferirsi all'intera collettività o a limitati settori di essa. Traducendosi in norme, i valori decidono anche la qualità e il grado della DEVIANZA (v.) dalle regole che ogni società si dà in corrispondenza dei valori che riconosce.

Bibliografia

AA.VV., *Morale e valori*, in P. F. Galli (a cura di), *Osservazione psicoanalitica* (1992-1996), Bollati Boringhieri, Torino, vol. XVII.

Allport G. W., Vernon Ph. E., Lindzey G., *A study of values*, Houghton Mifflin, Boston 1960.

Beauvoir S. de, *Per una morale dell'ambiguità. Contro i "valori" eterni della morale borghese* (1947), Garzanti, Milano 1964.

Becker H., *Società e valori* (1950), Bompiani, Milano 1963.

Buechler S., *Valori clinici. Le emozioni nel trattamento psicoterapeutico* (2004), Raffaello Cortina, Milano 2012.

Hartmann N., *Etica* (1926), vol. II: *Assiologia dei costumi*, Guida, Napoli 1972.

Kluckhohn F. R., Strodtbeck F. L., *Valutations in value orientations*, Row, Peterson & Company, Evanston, Illinois, 1961.

Maffettone S., *Valori comuni*, il Saggiatore, Milano 1989.

Napoleoni C., *Valore*, Isedi, Milano 1976.

Nietzsche F., *Al di là del bene e del male* (1886), in *Opere*, Adelphi, Milano 1968, vol. VI, 2.

Rokeach M., *The nature of human values*, Free Press, New York 1973.

Scheler M., *Il formalismo nell'etica e l'etica materiale dei valori* (1913-1916), Bompiani, Milano 2013.

Schmitt C., *La tirannia dei valori. Riflessioni di un giurista sulla filosofia dei valori* (1960), Adelphi, Milano 2008.

Zhok A., *Il concetto di valore. Dall'etica all'economia*, Mimesis, Milano 2001.

Valutazione (ingl. *Evaluation*; ted. *Schätzung*; fr. *Evaluation*; sp. *Evaluación*).

1. Giudizio di valore che trova i suoi maggiori campi di applicazione nella PSICOLOGIA DEL LAVORO (v.) dove il vaglio della produttività e dell'efficienza del singolo individuo serve alla selezione, alla promozione e al miglior utilizzo del personale; nella *formazione scolastica* (v. PSICOLOGIA SCOLASTICA) dove riguarda il profitto di un alunno o l'efficacia di un intervento educativo. La valutazione può essere impiegata a scopo selettivo (v. SELEZIONE, §§ 4-5) o formativo (v. FORMAZIONE) dove si considera la qualità di programma scolastico o di lavoro a cui il soggetto, per le sue qualità, si rivela più idoneo; nella *diagnostica* (v. TEST) sia clinica sia delle abilità, delle tendenze, delle inclinazioni e della personalità del soggetto. Per quanto concerne la differenza tra valutazione *sommativa*, *formativa* e *diagnostica*, si rinvia alla voce DOCIMOLOGIA.

2. Oltre a questo significato specifico, il termine "valutazione" è impiegato in ordine alla considerazione che ciascuno ha di se stesso, degli altri e della situazione in cui di volta in volta si trova ad operare (v. AUTOSTIMA). In questa accezione il termine è impiegato da Alfred Adler, che parla di *falsa valutazione* in ordine alla sottovalutazione degli altri, solitamente accompagnata da una sopravvalutazione di sé, a scopo compensatorio come nel caso, citato da Adler, della favola della volpe e dell'uva.

Bibliografia

AA.VV., *Pedagogia della valutazione scolastica*, La Scuola, Brescia 1976.

Abbate L., Massaro V., *La valutazione delle relazioni oggettuali e delle rappresentazioni sociali con il TAT. La Social Cognition and Object Relations Scale di Drew Westen*, Raffaello Cortina, Milano 2007.

Adler A., *Il temperamento nervoso* (1912), Astrolabio, Roma 1950.

–, *Aspirazione alla superiorità e sentimento comunitario* (1928-1937), Edizioni Universitarie Romane, Roma 2008.

Barone L., Del Corno F. (a cura di), *La valutazione dell'attaccamento adulto. I questionari autosomministrati*, Raffaello Cortina, Milano 2006.

Calonghi L., *Valutazione*, La Scuola, Brescia 1976.

Flapan D., Neubauer P. B., *La valutazione dello sviluppo nella prima infanzia* (1978), Bollati Boringhieri, Torino 1981.

Grandi G., *Misurazione e valutazione*, La Nuova Italia, Firenze 1977.

Lis A., Di Riso D., Mazzeschi C., Chessa D., *La valutazione dell'adattamento psicologico del bambino. I self-report*, Raffaello Cortina, Milano 2013.

Spaltro E., *La psicologia del lavoro*, Etas Kompass, Milano 1967.

Westen D., Shedler J., Lingiardi V., *La valutazione della personalità con la SWAP-200* (1998-2000), Raffaello Cortina, Milano 2003.

Vampirismo (ingl. *Vampirism*; ted. *Vampirismus*; fr. *Vampirisme*; sp. *Vampirismo*). Suzione del sangue che fluisce da tagli o morsi dalla quale si trae un piacere sessuale. Taluni considerano i morsi d'amore durante il rapporto sessuale come una forma di vampirismo che esprime un sadismo orale e un desiderio di INCORPORAZIONE (v.).

Bibliografia

Teti V., *La melanconia del vampiro*, Manifestolibri, Roma 1994.

Vaneggiamento, v. PENSIERO, § III, 1, *e*.

Vantaggio della malattia, v. GUADAGNO DELLA MALATTIA.

VAP-H (*Valutazione degli Aspetti Psicopatologici nell'Handicap*). Strumento che raccoglie informazioni sugli aspetti comportamentali e socioemozionali delle persone con disabilità mentale, allo scopo di facilitare e indirizzare la diagnosi psicopatologica a partire dai tratti psicopatologici rilevati nell'osservazione del soggetto.

Bibliografia

Pilone M., Muzio C., Levrero A., *Test VAP-H. Valutazione degli Aspetti Psicopatologici nell'Handicap*, Erickson, Trento 2000.

Variabile, v. PSICOLOGIA SPERIMENTALE, § 2.

Variabilità, v. STATISTICA, § I, 3.

Varianza, v. STATISTICA, § I, 3.

Vasectomia (ingl. *Vasectomy*; ted. *Vasektomie*; fr. *Vasectomie*; sp. *Vasectomía*). Interruzione chirurgica dei condotti spermatici che trasportano gli spermatozoi dai testicoli all'uretra e quindi all'esterno. L'operazione è talvolta reversibile.

Vaso ermetico, v. TEMENOS.

Vasopressina (ADH), v. ENDOCRINO, SISTEMA, § 1, *b*; NEUROTRASMETTITORE, § I, 3.

VCAA, Test (*Valutazione della Comunicazione Aumentativa e Alternativa*). Strumento che serve a evitare improvvisazioni nel comunicare con bambini affetti da disturbo dello spettro autistico, individuando lo strumento più adatto, dopo aver testato le abilità visive, la qualità dello sguardo, le abilità motorie, la prossimità fisica e il contatto, il comportamento, l'attenzione, lo sviluppo cognitivo, lo sviluppo del linguaggio ricettivo e le capacità comunicative.

Bibliografia

Goldman H., *Test VCAA. Valutazione della Comunicazione Aumentativa e Alternativa* (2003), Erickson, Trento 2006.

VCLA-Parole, Test (*Valutazione delle Competenze Linguistiche Alte*). Negli ultimi anni si è andata accentuando una sorta di "disturbo di comprensione" così classificato dalla Consensus Conference, ma non ancora riconosciuto come categoria diagnostica a sé stante. Il test VCLA-Parole fornisce indicazioni sulle abilità e le competenze linguistiche nei ragazzi del secondo ciclo della scuola primaria e nel primo ciclo della secondaria che presentano difficoltà nell'ambito del linguaggio e della comprensione del testo, onde individuare le aree specifiche che richiedono un intervento mirato.

Bibliografia

Riccardi Ripamonti I., Rossoni I., Zerbini C. A., Russo V., Cividati B., *Test VCLA-Parole. Valutazione delle Competenze Linguistiche Alte. Prove per l'individuazione delle abilità logico-verbali, espressive e morfologiche*, Erickson, Trento 2014.

Vecchiaia, v. PSICOLOGIA DELL'INVECCHIAMENTO.

Vegetativo, Sistema nervoso, v. SIMPATICO, SISTEMA NERVOSO.

Veglia, v. SONNO, § 2.

Velocità apparente, v. PERCEZIONE, § 6, *b*.

Ventricolo (ingl. *Ventricle*; ted. *Ventrikel*; fr. *Ventricule*; sp. *Ventrículo*). Cavità all'interno del: 1) *cuore*, dove abbiamo un ventricolo sinistro che pompa il sangue arterioso nell'aorta, e uno destro che manda il sangue venoso ai polmoni; e del 2) *encefalo*, dove abbiamo quattro ventricoli, contenenti il liquido cefalorachidiano, i primi due disposti simmetricamente lungo una linea longitudinale dal lobo occipitale a quello frontale, il terzo in comunicazione con i due tramite il "foro di Monro", e il quarto situato dietro il tronco encefalico, comunicante per mezzo dell'"acquedotto di Silvio" con il terzo, attraverso il forame di Magendie ed i forami di Luschka, con lo spazio subaracnoideo.

VER (*Risposta Evocata Visiva*), v. POTENZIALI EVOCATI.

Verbalizzazione (ingl. *Verbalization*; ted. *Verbalisierung*; fr. *Verbalisation*; sp. *Verbalización*). Il termine è impiegato in *neuropsicologia* per indicare quel disturbo del SONNO (v. § 3, *c*) che consiste nel fatto che il soggetto parla durante la fase NREM del sonno, probabilmente senza alcun rapporto con l'attività onirica, e in *psicoanalisi* con riferimento all'atto di mettere in parole i contenuti psichici che, in quanto intrinsecamente non verbali, sfuggono al linguaggio socializzato e condiviso e quindi alla comprensione intersoggettiva. La verbalizzazione presiede alla traduzione del processo primario in processo secondario (v. PROCESSO PRIMARIO – PROCESSO SECONDARIO), consentendo un'articolazione intelligibile dei contenuti inconsci e un'interpretazione delle visioni oniriche.

Bibliografia

Freud S., *L'interpretazione dei sogni* (1899), in *Opere* (1967-1993), Bollati Boringhieri, Torino, vol. III.

Verbigerazione, v. SCHIZOFASIA.

Verbocromia, v. SINESTESIA.

Verginità (ingl. *Virginity*; ted. *Jungfräulichkeit*; fr. *Virginité*; sp. *Virginidad*). Condizione della donna prima della deflorazione. Sigmund Freud ipotizza che «l'uomo, che per primo soddisfi l'ardente desiderio d'amore della vergine, per lungo tempo e a gran fatica soffocato, e abbia nel far ciò superato le resistenze costituitesi attraverso gli influssi dell'ambiente e dell'educazione, diventerà colui con cui ella riuscirà a stabilire un rapporto duraturo, mentre la possibilità di tale rapporto resterà sbarrata ad ogni altro» (1917, p. 433). Ciò spiega perché l'uomo tenga molto alla verginità della donna, ma anche perché la donna finisca per vendicarsi della deflorazione avvenuta in quanto l'uomo che l'ha deflorata non è quell'uomo, il padre, a cui originariamente erano legate le pulsioni della vergine. Il risentimento femminile può manifestarsi o con la FRIGIDITÀ (v.) o con l'incapacità di liberarsi dell'uomo che l'ha deflorata nonostante i rapporti con lui siano pessimi. La ragione, dice Freud, è nel fatto che per queste donne «la vendetta su di essi non si è compiuta, o addirittura, in casi particolari, perché non hanno consentito all'impulso vendicativo di rendersi cosciente» (ivi, p. 448).

Bibliografia

Foley D., Nechas E., *Verginità*, in Id., *Enciclopedia delle donne. Il nostro corpo, la nostra mente* (1993), Feltrinelli, Milano 1995, pp. 550-553.

Freud S., *Il tabù della verginità* (1917), in *Contributi alla psicologia della vita amorosa* (1910-1917), in *Opere* (1967-1993), Bollati Boringhieri, Torino, vol. VI.

Vergogna (ingl. *Shame*; ted. *Scham*; fr. *Honte*; sp. *Vergüenza*). Turbamento o senso di indegnità avvertito dal soggetto che presume di ricevere o effettivamente riceve una disapprovazione del suo stato o di una sua condotta da parte degli altri. La vergogna è stata oggetto di studi in ambito fenomenologico e psicoanalitico.

1. FENOMENOLOGIA. A partire da Georg Wilhelm Friedrich Hegel, che coglie nel sentimento della vergogna ciò che consente all'uomo di «cancellare l'indigenza della vita animale [...] nascondendo quegli organi che sono superflui per l'espressione dello spirito» (1836-1838, pp. 980-981), il sentimento della vergogna è ribadito da Søren Kierkegaard come «angoscia e timore di vestirsi della differenza animale» (1844, p. 146), dove il riferimento è alla *vergogna del corpo* (rispetto allo spirito) di cui c'è traccia nel racconto biblico di Adamo ed Eva che, dopo la colpa, «si accorsero di essere nudi e ne provarono vergogna» (*Genesi*, 3, 7). Il tema è ripreso da Jean-Paul Sartre, che riconduce la vergogna al puro e semplice fatto di essere esposti allo sguardo dell'altro, che ci deruba della nostra soggettività, per ridurci a oggetto del suo spettacolo. La vergogna, scrive Sartre, «non è il sentimento di essere questo o quell'oggetto criticabile; ma in generale di essere *un* oggetto, cioè di riconoscermi in quell'essere degradato, dipendente e cristallizzato che io sono per altri. La vergogna è il sentimento della *caduta originale*, non del fatto che abbia commesso questo o quell'errore, ma semplicemente del fatto che sono "caduto" nel mondo, in mezzo alle cose, e che ho bisogno della mediazione d'altri per essere ciò che sono. Il pudore e, in particolare, il timore di essere sorpreso in stato di nudità non sono che specificazioni simboliche della vergogna originale: il corpo simbolizza qui la nostra oggettività senza difesa. Vestirsi significa dissimulare la propria oggettività, reclamare il diritto di vedere senza essere visto, cioè di essere puro soggetto. Per questo il simbolo biologico della caduta, dopo il peccato originale, è il fatto che Adamo ed Eva "capiscono di essere nudi"» (1943, pp. 362-363). Sempre in ambito fenomenologico Max Scheler torna all'interpretazione di Hegel e di Kierkegaard secondo cui la vergogna deriva dalla soppressione del lato spirituale dell'uomo, per cui ciò che rimane, la carnalità e la corporeità, è avvertito come colpa. Polemizzando con Sigmund Freud, che legge la vergogna come una forma di rimozione, Scheler afferma che il sentimento della vergogna evita la rimozione, perché non è una reazione affettiva contro qualcosa di già esistente, come il ricordo di atti sessuali compiuti nella prima infanzia, ma è ciò che consente di evitare idee e desideri che potrebbero essere causa di rimozione.

A partire da queste premesse filosofiche, la psichiatria fenomenologica (v. ANALISI ESISTENZIALE), con Erwin W. Straus, distingue il sentimento della vergogna volto a proteggere se stessi, dal sentimento della vergogna collegato al mondo circostante. Il primo coincide con il PUDORE (v.), il secondo con l'*onta*. A parere di Ludwig Binswanger questi due aspetti della vergogna sono i poli dialettici di un'unica esperienza, che ha luogo quando si trasferisce il centro della propria esistenza dal Sé al giudizio degli altri. La conseguenza è la riduzione del proprio Sé da soggetto a oggetto delle considerazioni degli altri, che possono innescare vissuti paranoici (v. PARANOIA), dovuti alla sensazione di essere esposti all'intrusività altrui, una sensazione che apre la strada a idee deliranti e a sentimenti di rivalsa rabbiosi. L'altro, come scrive Ernst Kretschmer, diventa l'agente attivo della vergogna che si prova. A questo punto all'esperienza della vergogna subentra l'individuazione aggressiva dei presunti persecutori.

2. PSICOANALISI. In questo ambito, secondo Otto Fenichel, «la vergogna come motivo di difesa è diretta in primo luogo contro l'esibizionismo e la scopofilia. [...] "Io mi vergogno" significa "Non voglio essere visto." Dunque, le persone che si vergognano, si nascondono o perlomeno volgono i loro visi, però esse

chiudono anche gli occhi e si rifiutano di guardare. Questo è una specie di gesto magico, e deriva dalla credenza magica che chi non guarda non può essere visto. È interessante notare, seppur non sia facile a spiegarsi, che la vergogna sembri connessa in modo specifico con i fenomeni di erotismo uretrale. La punizione vergognosa di mettere alla berlina è di solito usata soltanto contro coloro che si bagnano, ed indica che la stessa connessione tra la vergogna e l'erotismo uretrale era già efficiente nella generazione anteriore. Lo scopo dell'ambizione basato sull'erotismo uretrale è di provare che non è più necessario vergognarsi. Probabilmente nella vergogna vanno distinte le seguenti fasi: 1) La vergogna come un modello di reazione arcaica fisiologica. Essere guardato vale essere disprezzato. 2) L'Io usa questo modello fisiologico a scopi difensivi; il segnale è: "Se tu fai questo o quello sarai guardato e disprezzato". 3) Il segnale fallisce in caso di arginatura e si è sopraffatti dalla vergogna, esattamente come nel panico» (1945, pp. 159-160).

Rifiutando il legame troppo stretto tra una fase dello sviluppo psicosessuale e un sintomo, ricerche psicoanalitiche più recenti affermano, con Béla Grunberger e Ludwig Eidelberg, che la vergogna nasce da una mortificazione narcisistica del soggetto che non è stato in grado di controllare in modo attivo ciò che ha subìto in modo passivo. A partire dallo scacco narcisistico si è proceduto a differenziare la vergogna, che scaturisce dal conflitto tra l'Io e l'Ideale dell'Io (v. IO, IDEALE DELL') che determina una ferita narcisistica dovuta a una delusione dell'ideale dell'Io, e la vergogna che scaturisce dal conflitto tra l'IO (v.) e il SUPER-IO (v.) che, nel rimproverare una trasgressione, genera un senso di colpevolezza. Sembra che la vergogna generata dalla colpa sia più sopportabile della vergogna generata dall'impotenza e dalla sensazione di non essere stato all'altezza, perché quest'ultima investe il proprio SÉ (v.), mentre la vergogna generata dalla colpa investe tendenzialmente solo le proprie azioni.

Sulla ferita narcisistica ritorna anche Heinz Kohut che la connette all'incapacità di mantenere l'AUTOSTIMA (v.). Da questo sentimento di vergogna le persone, che non sanno elaborare e simbolizzare, escono con quella che Kohut chiama "rabbia narcisistica", che costituisce una via d'uscita dalla vergogna. Sul rapporto tra sentimenti di vergogna e problemi di identità insistono Edmund Jacobson ed Erik Homburger Erikson che fanno notare come conflitti morali e conflitti di vergogna e di inferiorità incidono in maniera significativa sulla propria identità e autostima. Questa tesi è condivisa anche da Antonio Alberto Semi, secondo il quale «la vergogna segnala un conflitto tra le esigenze narcisistiche del soggetto di mantenere le conquiste effettuate nel corso dello sviluppo e l'immagine di sé correlata e quelle libidiche considerate, inconsciamente, soddisfacibili solo in una configurazione intrapsichica precedente a quella attuale» (1990, p. 151). Anche Helen Merrell Lynd, ribadisce la stretta connessione tra la vergogna e il senso della propria identità, dal momento che la vergogna è provocata da esperienze che mettono in questione il concetto che noi abbiamo di noi stessi, perché ci costringe a vederci con gli occhi degli altri e a riconoscere la discrepanza tra il modo con cui gli altri ci percepiscono e il modo con cui noi ci percepiamo. Le esperienze vergognose, se vengono accettate, accrescono la nostra autoconsapevolezza e le possibilità di autotrasformazione; se invece vengono negate, provocano lo sviluppo di una corazza difensiva.

3. NEUROBIOLOGIA INTERPERSONALE. Da questo punto di vista, scrive Daniel J. Siegel, «la vergogna è uno stato della mente pervaso da un senso di manchevolezza e inadeguatezza del Sé. Dal punto di vista fisiologico, la vergogna può indurre una sensazione di peso allo stomaco, nausea e l'evitamento del contatto visivo. Secondo una concezione dell'origine evolutiva della vergogna, la mancanza di una risposta sincronizzata da parte degli altri in momenti di elevato arousal – per esempio gioia o dolore –, che invece avrebbero richiesto la sintonizzazione, può indurre uno stato fisiologico di vergogna con il pensiero corrispondente di essere una "merce avariata"» (2012, p. 61).

Bibliografia

AA.VV., *La vergogna*, in P. F. Galli (a cura di), *Osservazione psicoanalitica* (1992-1996), Bollati Boringhieri, Torino, vol. XXI.

Anolli L., *La vergogna*, il Mulino, Bologna 2010.

Ballerini A., Rossi Monti M., *La vergogna e il delirio. Un modello delle sindromi paranoidee*, Bollati Boringhieri, Torino 1990.

Battacchi M. W., *Vergogna e senso di colpa in psicologia e nella letteratura*, Raffaello Cortina, Milano 2002.

Battacchi M. W., Codispoti O., *La vergogna*, il Mulino, Bologna 1992.

Binswanger L., *Schizophrenie*, Neske, Pfullingen 1957.

Duerr H. P., *Nudità e vergogna. Il mito del processo di civilizzazione* (1988), Marsilio, Venezia 1991.

D'Urso V. (a cura di), *Imbarazzo, vergogna e altri affanni*, Raffaello Cortina, Milano 1990.

Eidelberg L., *The concept of narcissistic mortification*, in "International Journal of Psycho-Analysis", 1959, n. 40.

Fenichel O., *Trattato di psicoanalisi delle nevrosi e delle psicosi* (1945), Astrolabio, Roma 1951.

Freud S., *Nuove osservazioni sulle neuropsicosi da difesa* (1896), in *Opere* (1967-1993), Bollati Boringhieri, Torino, vol. II.

Grunberger B., *Il narcisismo. Saggio di psicoanalisi* (1971), Laterza, Bari 1977.

Hegel G. W. F., *Estetica* (1836-1838), Feltrinelli, Milano 1963.

Kierkegaard S., *Il concetto dell'angoscia* (1844), Sansoni, Firenze 1965.

Kohut H., *Narcisismo e analisi del Sé* (1971), Bollati Boringhieri, Torino 1976.
Kretschmer E., *Der sensitive Beziehungswahn*, Springer, Berlin 1918.
Lynd H. M., *On shame and the search for identity*, Routledge & Kegan, London 1958.
Pandolfi A. M., *La vergogna. Un affetto psichico che sta scomparendo?*, Franco Angeli, Milano 2002.
Potter-Efron R. T., Potter-Efron P. S., *Vincere la vergogna. Come superare timidezza, imbarazzo, rossori e senso di colpa* (1992), Franco Angeli, Milano 1995.
Sartre J.-P., *L'essere e il nulla* (1943), il Saggiatore, Milano 1968.
Scheler M., *Pudore e sentimento del pudore* (1913, edito postumo nel 1933), Guida, Napoli 1979.
Semi A. A., *Paura, vergogna e colpa*, in V. D'Urso (a cura di), *Imbarazzo, vergogna e altri affanni*, cit.
Siegel D. J., *Mappe per la mente. Guida alla neurobiologia interpersonale* (2012), Raffaello Cortina, Milano 2014.
Straus E. W., *Die Scham als historiologisches Problem*, in "Schweizer Archiv für General Psychiatry", 1933, n. 31, pp. 1-5.
Turnaturi G., *Vergogna. Metamorfosi di un'emozione*, Feltrinelli, Milano 2012.

Verità, Macchina della, v. MACCHINA DELLA VERITÀ.

Verità, Siero della, v. NARCOANALISI.

Vertigine (ingl. *Dizziness*; ted. *Schwindel*; fr. *Vertige*; sp. *Vértigo*). Sensazione di perdita dell'equilibrio e di rotazione rapida del proprio corpo o dell'ambiente circostante. È accompagnata da tendenza a cadere, vomito e sudorazione. Le cause possono essere molteplici e vanno dalla disfunzione labirintica (v. VESTIBOLARE, SISTEMA, § 1), agli stati di intossicazione, a patologie cerebrali. La vertigine può anche essere di origine psicogena, e secondo alcuni è possibile leggervi una forma di difesa contro sensazioni penose o conflitti intollerabili.

Vestibolare, Sistema (ingl. *Vestibular system*; ted. *Vestibularsystem*; fr. *Système vestibulaire*; sp. *Sistema vestibular*). Apparato deputato al mantenimento dell'equilibrio e all'orientamento del corpo nello spazio, per cui è detto anche *sistema statocinetico*. Gli organi di senso per l'equilibrio sono localizzati nel *vestibolo* e nei *canali semicircolari* (anteriore, laterale, superiore) che costituiscono la parte non-uditiva dell'orecchio interno (v. UDITIVO, SISTEMA). Il sistema vestibolare comprende i canali semicircolari e le vescicole vestibolari.

1. I *tre canali semicircolari* giacciono su tre piani perpendicolari l'uno all'altro, in modo da registrare la rotazione del corpo su uno di questi piani. I canali, pieni di liquido (endolinfa), contengono ad un'estremità, detta ampolla, i recettori che sono cellule con processi cigliari immersi in una massa gelatinosa. Quando vengono stimolati meccanicamente dall'inizio o dall'arresto di movimenti rotatori della testa nello spazio, i recettori trasmettono l'informazione al nervo vestibolare. Quando la rotazione è lenta e di entità moderata si ha un'informazione sullo spostamento corporeo, quando è più decisa si hanno nausea e vertigini.

2. Le *vescicole vestibolari*, che si trovano tra la base dei canali semicircolari e la coclea, provvedono alla percezione del corpo quando è in posizione di riposo, e reagiscono ai cambiamenti di posizione della testa, come ad esempio l'inclinazione, senza bisogno di rotazione per attivarsi. Le vescicole vestibolari sono l'*otricolo* e il *sacculo*, le cui cellule cigliate si inseriscono in una massa gelatinosa, dalla cui pressione vengono stimolate meccanicamente a passare l'informazione alle fibre del nervo vestibolare e, quindi, ai centri encefalici. Tutti questi propriocettori (v. RECETTORE) sono connessi, tramite nervi vestibolari, con i centri di recezione e integrazione nel tronco encefalico (nuclei vestibolari) e nel cervelletto, i quali si connettono a loro volta con i nuclei motori del midollo spinale e dei muscoli estrinseci dell'occhio, provocando movimenti riflessi degli occhi, della testa, del collo, del tronco e degli arti per aggiustare l'equilibrio e la postura.

Vettore (ingl. *Vector*; ted. *Vektor*; fr. *Vecteur*; sp. *Vector*). Rappresentazione geometrica di una forza mediante un segmento orientato, provvisto di: *punto di applicazione*, *direzione* (la retta a cui appartiene il segmento), *verso* (la freccia che ne indica il senso di percorrenza) e *modulo* (la lunghezza del segmento, proporzionale all'intensità della grandezza rappresentata dal vettore). Nella teoria psicologica di Kurt Lewin il vettore indica uno stato motivazionale interno diretto verso un oggetto, che determina la direzione e l'intensità del comportamento (v. CAMPO, § 2).

Bibliografia

Lewin K., *Teoria dinamica della personalità* (1935), Giunti Barbera, Firenze 1965.

Vicariazione (ingl. *Replacement*; ted. *Einsetzung*; fr. *Vicariation*; sp. *Vicariación*). Termine impiegato in neurofisiologia per indicare quel fenomeno per cui l'attività di una zona cerebrale lesa può essere assunta da un'altra dopo un certo periodo di tempo necessario perché la nuova zona "impari" quello che aveva imparato l'altra (v. MEMORIA, § 1).

Vigilanza, v. COSCIENZA, § 2.

Vincolo (ingl. *Bond*; ted. *Bindung*; fr. *Lien*; sp. *Vínculo*). Il termine ha un doppio significato. Esso denota: *a*) il *legame* che vincola due o più persone a partire da una promessa, una parola data, un contratto, un giuramento; *b*) il *limite* che garantisce la stabilità e la specificità della nostra individualità, che è determinata, oltre che dalla nostra biologia, dalla lingua, dalla cultura, dalle istituzioni, dai saperi scientifici di cui disponiamo, nonché dalle relazioni familiari e sociali, a cui si aggiungono passioni politiche e religiose. Il vincolo ha con la nostra libertà un rapporto ad un tempo conflittuale e complementare, perché da un lato è ciò che consente l'esercizio della libertà, e dall'altro ciò che induce al superamento del limite imposto dal vincolo, senza di cui non ci sarebbe alcun processo né alcuna evoluzione nelle età della vita e nelle epoche storiche.

1. *Dal punto di vista fenomenologico esistenziale*, il vincolo è, per Karl Jaspers, il fondamento della mia storicità (*Geschichtlichkeit*) intesa come il mio essere collocato in uno spazio, in un tempo, con certe caratteristiche e reciproche relazioni che definiscono il mio modo di essere al mondo. Un mondo che può essere preso in considerazione solo da un punto di vista, determinato dai vincoli sopra citati, a partire dal quale è possibile sporgere verso un'ulteriorità di senso rispetto a quella circoscritta dal vincolo. La storicità della nostra esistenza è dunque caratterizzata da un rapporto tra termini dissonanti e complementari. Da un lato il nostro "essere già sempre decisi" in cui trova espressione la nostra determinatezza storica, dall'altro l'"avere ancora sempre da decidere" che caratterizza la nostra esistenza come possibilità di oltrepassare il vincolo che determina la nostra storicità (1932-1956, pp. 590-621).

2. *Dal punto di vista della neurobiologia relazionale*, il vincolo, che Daniel J. Siegel impiega al plurale (i vincoli), si riferisce a quei «fattori che vengono modificati da sistemi complessi alla ricerca di un equilibrio fra continuità e flessibilità. I vincoli possono essere interni (per esempio la forza delle connessioni sinaptiche) ed esterni (per esempio le relazioni interpersonali). I vincoli sono il contesto che plasma la mente» (2012, p. 61).

Bibliografia

Botturi F., Vigna C., *Affetti e legami*, Vita e Pensiero, Milano 2004.

Centro Italiano di Psicologia Analitica (CIPA) (a cura di), *Il vincolo*, Raffaello Cortina, Milano 2006.

Ceruti M., *Il vincolo e la possibilità*, Raffaello Cortina, Milano 2009.

Jaspers K., *Filosofia* (1932-1956), Libro I: *Orientazione filosofica nel mondo*, Libro II: *Chiarificazione dell'esistenza*, Libro III: *Metafisica*, Utet, Torino 1978.

Siegel D. J., *Mappe per la mente. Guida alla neurobiologia interpersonale* (2012), Raffaello Cortina, Milano 2014.

Vineland, Scala (ingl. *Vineland scale*; ted. *Vinelandsskala*; fr. *Echelle de Vineland*; sp. *Escala de Vineland*). Introdotta negli anni trenta da Edgar Arnold Doll, questa scala è utilizzata per individuare la maturità sociale, intesa come capacità di provvedere a se stessi e di assumersi delle responsabilità. La valutazione, che tiene conto di sei elementi (autosufficienza, locomozione, occupazione, comunicativa, autonomia e socializzazione) si esprime in "età sociale (ES)" e "quoziente sociale (QS)".

Violenza (ingl. *Violence*; ted. *Gewalt*; fr. *Violence*; sp. *Violencia*). Tratto costitutivo della natura umana e della sua storia che può essere letta come un tentativo reiterato volto a contenere la violenza o attribuendola a divinità mitiche in modo da espellerla dal consorzio umano, o fissando regole che hanno come scopo il suo contenimento. Sembra infatti, come scrive Jean-Pierre Faye, che «ogni società nasca ai propri occhi nel momento in cui si dà la narrazione della sua violenza» (1981, p. 1081). Si è soliti distinguere una violenza fisica portata sul corpo dell'altro con intenzione distruttiva, da una violenza morale che va dal controllo al condizionamento, dall'influenza all'imposizione di credenze o valori. Dal punto di vista psicologico la violenza è considerata come una figura dell'AGGRESSIVITÀ (v.) che si registra o come reazione a vere o presunte ingiustizie subite, o come tentativo di realizzazione della propria personalità, o come incapacità di passare dal principio di piacere al principio di realtà con conseguente intolleranza della FRUSTRAZIONE (v.). Dal punto di vista psicoanalitico Sigmund Freud ha inscritto la violenza tra le figure della pulsione di morte (v. MORTE, § 2) in perenne dialettica con le pulsioni di vita (v. VITA, § 4) che sono alla base della sessualità e dell'autoconservazione.

Françoise Sironi ha avviato un nuovo orientamento psichiatrico che pone al centro traumi che hanno le loro radici non nella violenza che si può aver subìto nell'infanzia o nella famiglia, ma nella storia collettiva, dove originano guerre, conflitti interculturali, trasformazioni territoriali, migrazioni, spaesamento, che possono sfociare in veri e propri disturbi psichiatrici. Le violenze che si registrano nella storia, infatti, hanno un forte impatto sulla psicologia dei singoli individui, dal momento che la storia collettiva ha un rapporto di complementarietà con la storia individuale, che a sua volta ha un rapporto di complementarietà con la storia delle emozioni e dei traumi creati in ciascuno di noi dal politico. Le violenze subite come effetti nefasti della storia collettiva sono potenti marcatori psichici che hanno uno stato mentale particolare, perché sono a sé stanti e non riescono ad amalgamarsi ad altri ricordi. Alcuni di essi possono determinare passaggi all'atto della vendetta, altri all'impegno della non violenza, a seconda che i violentati restino incistati nel loro lutto ideologico o nel loro ricordo traumatico o riescano a elaborarlo e a inscriverlo nel significato e nel senso della loro esistenza.

Bibliografia

Aron R., *Histoire et dialectique de la violence*, Gallimard, Paris 1973.

Baratta S., *L'immaginario della violenza. Sogni, ragioni, terapia*, Moretti & Vitali, Bergamo 2015.

Cassano G. B. (a cura di), *Condotte aggressive e violente*, in G. B. Cassano, P. Pancheri *et al.* (a cura di), *Trattato italiano di psichiatria* (1992), Masson, Milano 1999, vol. I, pp. 619-666.

De Zulueta F., *Dal dolore alla violenza. Le origini traumatiche dell'aggressività* (1993), Raffaello Cortina, Milano 1999.

Faye J.-P., *Violenza*, in AA.VV., *Enciclopedia*, Einaudi, Torino 1981, vol. XIV, pp. 1081-1109.

Freud S., *Considerazioni attuali sulla guerra e la morte* (1915), in *Opere* (1967-1993), Bollati Boringhieri, Torino, vol. VIII.

–, *Il disagio della civiltà* (1929), in *Opere*, cit., vol. X.

–, *Perché la guerra? (Carteggio con Einstein)* (1932), in *Opere*, cit., vol. XI.

Galtung J., *Violenza*, in Ch. Wulf (a cura di), *Cosmo, corpo, cultura. Enciclopedia antropologica* (1997), Bruno Mondadori, Milano 2002, pp. 933-939.

Giannetto A., Cosentino N., *La violenza che uccide. Per una comprensione della psiche e dell'internamento del folle-reo*, Aracne Editrice, Roma 2010.

Giorgi P., *La violenza inevitabile: una menzogna moderna. Origini culturali della violenza e della guerra*, Jaca Book, Milano 2008.

Girard R., *La violenza e il sacro* (1972), Adelphi, Milano 1980.

Hobbes Th., *Leviatano* (1651), Laterza, Bari 1911-1912.

Laing R. D., Cooper D., *Ragione e violenza* (1964), Armando, Roma 1973.

Lieberman A. F., Van Horn P., *Bambini e violenza in famiglia* (2005), il Mulino, Bologna 2007.

Muratori F., *Ragazzi violenti*, il Mulino, Bologna 2005.

Resta E., *La certezza e la speranza. Saggio sul diritto e la violenza* (1992), Laterza, Bari 2006.

Rousseau J.-J., *Il contratto sociale* (1762), in *Opere*, Sansoni, Firenze 1972.

Severino E., *Téchne. Le radici della violenza*, Rusconi, Milano 1979.

Sironi F., *Persecutori e vittime. Strategie di violenza* (1999), Feltrinelli, Milano 2001.

–, *Violenze collettive. Saggio di psicologia geopolitica clinica* (2008), Feltrinelli, Milano 2010.

Sofsky W., *Saggio sulla violenza* (1996), Einaudi, Torino 1998.

Sorel G., *Riflessioni sulla violenza* (1908), in *Scritti politici*, Utet, Torino 1963.

Torno A., *La moralità della violenza. Considerazioni sul male della storia*, Mondadori, Milano 2003.

Toscano R., *La violenza e le regole*, Einaudi, Torino 2006.

Verdiglione A., *Violenza e psicoanalisi*, Feltrinelli, Milano 1978.

Zoja L., *Contro Ismene. Considerazioni sulla violenza*, Bollati Boringhieri, Torino 2009.

Žižek S., *Considerazioni politicamente scorrette sulla violenza metropolitana* (2006), Forum. Editrice Universitaria Udinese, Udine 2007.

–, *Centauri. Mito e violenza maschile*, Laterza, Bari 2010.

Virilismo, v. METATROPISMO.

Virilità (ingl. *Virility*; ted. *Männlichkeit*; fr. *Virilité*; sp. *Virilidad*). Complesso di tratti fisici e psicologici quali la forza, il vigore, il coraggio, l'attività e la dominanza che caratterizzano il modello culturale del soggetto maschile in contrasto con il soggetto femminile. A questo modello si rifà la PROTESTA VIRILE (v.) a cui si riferisce Alfred Adler come a una forma di compensazione di sentimenti di inferiorità. Dalla virilità va distinto il *virilismo*, che si riferisce all'assunzione di atteggiamenti maschili nella donna (v. METATROPISMO).

Bibliografia

Adler A., *Prassi e teoria della psicologia individuale* (1920), Astrolabio, Roma 1947.

Virtù (ingl. *Virtue*; fr. *Tugend*; fr. *Vertu*; sp. *Virtud*). Eccellenza di una capacità o di una qualità. L'elaborazione filosofica di questa nozione caratterizza la virtù come dominio della parte razionale sugli impulsi istintivi della natura umana, facendone uno dei concetti cardine della morale. In questa accezione il concetto ricorre in ambito psicopedagogico dove l'educazione alla virtù è un'educazione al dominio di sé.

Bibliografia

Erikson E. H., *Introspezione e responsabilità* (1964), Armando, Roma 1972.

Giammancheri E., Peretti M., *L'educazione morale*, La Scuola, Brescia 1978.

Guardini R., *Virtù. Temi e prospettive della vita morale* (1963), Morcelliana, Brescia 1972.

Jankélévitch V., *Trattato delle virtù* (1983), Garzanti, Milano 1987.

Oelkers J., *Virtù*, in Ch. Wulf (a cura di), *Cosmo, corpo, cultura. Enciclopedia antropologica* (1997), Bruno Mondadori, Milano 2002, pp. 771-782.

Virtuale, v. PSICOLOGIA DEI NUOVI MEDIA.

Viscerotonia, v. TIPOLOGIA, § 1, *c*.

Viscosità, v. LIBIDO, § 1, *c*; TIPOLOGIA, § 1, *b*.

Visione (ingl. *Vision*; ted. *Vision*; fr. *Vision*; sp. *Visión*). Il termine investe un campo di significati che riguardano: 1) il funzionamento della *facoltà visiva* (v. VISIVO, SISTEMA); 2) la *percezione visiva* dove le informazioni raccolte dall'organo di senso vengono organizzate in campi e oggetti dotati di significato (v. PERCEZIONE); 3) l'*allucinazione* che è una falsa percezione, involontaria e non criticata, che ha i caratteri della sensorialità e della proiezione spaziale (v. ALLUCINAZIONE, § 1, *b*); 4) l'*illusione* che è una distorsione della percezione dove stimoli sensoriali esterni si combinano con elementi riprodotti (v. ILLUSIONE); 5) la *visione del mondo* che è il modo di concepire la realtà (v. MONDO, § 1); 6) la *visione nell'accezione religiosa* di visione soprannaturale, profetica, mistica (v. ESTASI); 7) la *visione extrasensoriale* che è una percezione senza l'intervento della facoltà visiva (v. PARAPSICOLOGIA, § 1). La polivalenza del termine dipende dall'ambiguità intrinseca allo statuto della visione a cui compete, oltre alla facoltà di osservare, verificare e constatare anche l'incognita dell'inganno, dell'illusione e della falsa percezione.

Bibliografia

Arnheim R., *Il pensiero visivo. La percezione visiva come attività conoscitiva* (1969), Einaudi, Torino 1974.

Franz M.-L. von, *Le visioni di Nikolaus von Flüe* (1980), Bollati Boringhieri, Torino 1991.

Gibson J. J., *Un approccio ecologico alla percezione visiva* (1979), il Mulino, Bologna 1999.

Gombrich E. H., *L'immagine e l'occhio* (1982), Einaudi, Torino 1985.

Huxley A., *L'arte di vedere* (1942), Adelphi, Milano 1989.

Massironi M., *Fenomenologia della percezione visiva*, il Mulino, Bologna 1998.

Pierantoni R., *L'occhio e l'idea. Fisiologia e storia della visione*, Bollati Boringhieri, Torino 1981.

Visione del mondo, v. MONDO, § 1.

Visivo, Sistema (ingl. *Visual system*; ted. *Visuelles System*; fr. *Système visuel*; sp. *Aparato visual*). Apparato sensibile a quella porzione di energia elettromagnetica che si trasmette attraverso lo spazio e che chiamiamo *luce visibile*, compresa in un intervallo di lunghezza d'onda tra i 400 e i 700 nanometri. L'occhio reagisce anche a forme di stimolazione diversa dalle onde luminose: una pressione sul bulbo oculare o il passaggio di una corrente elettrica attraverso la testa produce la sensazione della luce, che dunque è una qualità che viene prodotta nell'occhio al momento della stimolazione.

1. L'OCCHIO UMANO. La luce entra nell'occhio attraverso la cornea, mentre la quantità di luce che deve passare è regolata dalla pupilla la cui contrazione o dilatazione sono sotto il controllo del sistema nervoso autonomo e, in particolare, del parasimpatico che regola le riduzioni di dimensione della pupilla in rapporto all'aumento di illuminazione. Il simpatico (v. SIMPATICO, SISTEMA NERVOSO) fa dilatare la pupilla anche quando si verificano condizioni di forte tensione emotiva sia piacevole che spiacevole. Il *cristallino* focalizza la luce sulla *retina*, una membrana nervosa formata da tre strati principali: *a*) i *coni* e i *bastoncelli* che sono le cellule sensitive che trasformano la luce in impulsi nervosi; *b*) le *cellule bipolari* che stabiliscono connessioni sinaptiche con i coni e i bastoncelli; *c*) le *cellule gangliari* che costituiscono il *nervo ottico* che decorre all'interno della scatola cranica.

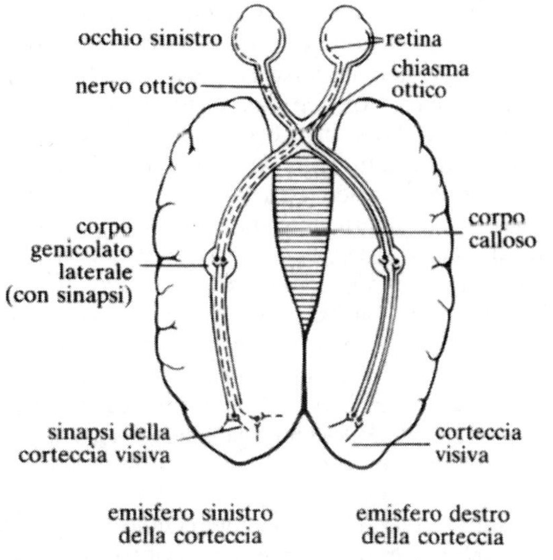

Rappresentazione schematica dei processi visivi.

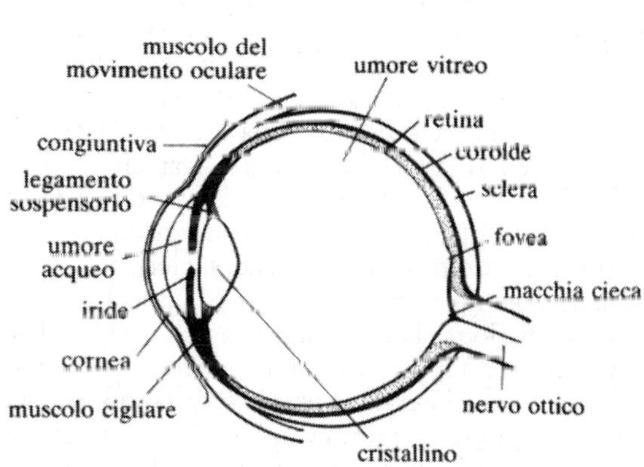

Sezione trasversale dell'occhio.

Dopo breve percorso i nervi ottici dei due lati si incrociano parzialmente nel *chiasma ottico*. In ciascuna retina si distinguono due metà, dette *nasale* e *temporale* a seconda che siano prossime rispettivamente al naso e alla tempia. Solo le fibre che provengono dalla metà nasale si incrociano nel chiasma ottico per cui la metà retinica temporale di un occhio e la metà retinica nasale dell'altro occhio ricevono gli stimoli provenienti da una stessa metà del campo visivo. Ne consegue che una lesione del lobo occipitale di un emisfero, dove giungono le fibre del nervo ottico per raggiungere le aree corticali in cui avviene la rappresentazione visiva, produrrà zone cieche in entrambi gli occhi. Questo fenomeno è spesso un indice per la localizzazione di tumori o lesioni cerebrali.

Le cellule retiniche che fungono da fotorecettori sono i coni e i bastoncelli. I *bastoncelli* sono i principali responsabili della visione a bassa intensità di luce, non segnalano i colori e danno una visione solo in bianco e nero, i *coni* invece agiscono solo nella visione diurna dando un'immagine a colori e dettagliata, permettendo di vedere sia i *colori acromatici* come il bianco, il nero e i grigi intermedi, sia i *colori cromatici* come il rosso, il verde, il giallo e il blu (v. COLORE, § 2). La maggior parte dei coni si trova nella *fovea* che è il centro del campo visivo e invia le sue fibre a entrambi i tratti ottici, per cui la rappresentazione corticale di ciascuna fovea è bilaterale. Non lontano dalla fovea vi è un'area sensibile, la *macchia cieca*, dove le fibre nervose provenienti dalle cellule gangliari si raggruppano a formare il nervo ottico.

2. LA LUMINOSITÀ. Le singole cellule della retina codificano la luminosità attraverso la loro attivazione: quanto più brillante è l'illuminazione, tanto più frequente è l'attivazione delle cellule. Il passaggio dalla luce diurna a quella notturna si verifica gradualmente. Al crepuscolo la visione dipende essenzialmente dai bastoncelli. A un cambiamento improvviso di condizioni di luminosità l'occhio ha bisogno di alcuni minuti per adattarsi, consentendo ai coni di diventare gradualmente sensibili a una luce più debole, e ai bastoncelli di aumentare progressivamente la loro sensibilità. Il meccanismo della visione dipende da una serie di trasformazioni chimiche di una sostanza rossastra, detta *rodopsina*, che scolora tendendo al giallo quando è esposta alla luce. La rodopsina è l'intermediario tra la luce che entra nell'occhio e l'attivarsi dei nervi sensoriali che producono la visione. La sostanza che interviene nel ciclo della rodopsina è una forma modificata della vitamina A, la cui carenza nell'alimentazione impedisce ai bastoncelli di formare una quantità sufficiente di rodopsina, producendo la cosiddetta *cecità notturna*.

3. IL COLORE. Viene modificato soltanto dai coni, alcuni dei quali sono sensibili al rosso, altri al verde, altri al giallo, altri al blu. Ciascun tipo di cono possiede una distinta sensibilità perché viene attivato dalla luce di una determinata lunghezza d'onda. Qualsiasi colore colpisca la retina risulta composto da quantità diverse di questi colori primari. Qui occorre distinguere la mescolanza delle *luci* che è *additiva*, dalla mescolanza dei *pigmenti* che è *sottrattiva*. La luce è la sorgente di tutti i colori e i pigmenti sono semplicemente i riflettori o assorbitori dei colori che acquistano la loro colorazione assorbendo o sottraendo alcune parti dello spettro e riflettendo le rimanenti. Per quanto concerne gli attributi del colore (tonalità, chiarezza, saturazione), le teorie sulla visione del colore (tricromatica e quadricromatica), i disturbi della visione del colore nonché i significati emotivi e simbolici del colore, si rinvia alla voce COLORE.

4. LA PROFONDITÀ E LA DISTANZA. Il mondo reale, come il mondo percepito, ha tre dimensioni: altezza, ampiezza e profondità. La retina dispone invece di due sole dimensioni, per cui sorge il problema di come sia possibile codificare la distanza relativa degli oggetti dall'osservatore. Oltre agli indizi contenuti nelle rappresentazioni bidimensionali, come ad esempio la prospettiva, o il fatto che sulla retina gli oggetti più lontani provocano immagini più piccole di quelle che provocherebbero a una distanza più ravvicinata, il cervello utilizza la *convergenza* degli occhi che si verifica man mano che l'oggetto si avvicina, e la *disparità retinica* per cui ogni occhio riceve un'immagine leggermente diversa dell'oggetto osservato se questo è vicino, mentre se è lontano la disparità risulta molto minore. Combinando insieme le informazioni provenienti dalla convergenza e dalla disparità retinica, il sistema visivo stabilisce che, se l'indizio costituito dalla convergenza indica che l'oggetto è lontano, lievi disparità riducono la distanza indicata dalla convergenza, ottenendo così una corretta misura della distanza e della profondità (v. PERCEZIONE, § 5).

5. IL MOVIMENTO. A occhio fermo, l'immagine di un oggetto in movimento attraversa i campi recettivi di molte cellule cerebrali. Il movimento può quindi essere codificato tramite il passaggio dell'eccitazione da una cellula all'altra, o anche da alcune cellule corticali che si attivano solo quando un oggetto attraversa in una direzione particolare il suo campo recettivo. La registrazione del movimento è tuttavia più complicata, poiché le immagini attraversano la retina anche quando muoviamo l'occhio e, ciononostante, il movimento dell'occhio non fa sì che il mondo sembri muoversi davanti all'osservatore. La ragione sembra risiedere nel fatto che gli impulsi nervosi, passando dal cervello

ai muscoli oculari, agiscono anche sul sistema di percezione del movimento, cosicché, se all'occhio viene ordinato di muoversi, lo stesso ordine controbilancia l'effetto delle immagini che attraversano i campi recettivi. Attraverso le registrazioni elettro-oculografiche sono stati individuati cinque tipi di movimenti oculari: *a*) *movimenti saccadici*: servono a portare le fovee su un oggetto di interesse come quando si legge o si esamina qualcosa; *b*) *movimenti lenti di inseguimento*: servono a mantenere le fovee sull'oggetto fissato che può essere fermo o in movimento. Si coordinano con i movimenti della testa e determinano gli spostamenti dello sguardo; *c*) *nistagmo optocinetico*: serie alternata di movimenti lenti di inseguimento e di movimenti saccadici molto più veloci, come quando si fissa un punto del paesaggio fino a che non esce dal campo visivo, dopodiché subentra una saccade che riporta la fissazione su un altro punto e così via; *d*) *riflessi vestibolo-oculari*: permettono di stabilizzare la posizione degli occhi indipendentemente da quella della testa; *e*) *movimenti di vergenza*: si verificano fissando un oggetto che si avvicina (convergenza) o che si allontana (divergenza). Insieme alla disparità retinica, la vergenza è un elemento per valutare la distanza.

Bibliografia

Arnheim R., *Il pensiero visivo. La percezione visiva come attività conoscitiva* (1969), Einaudi, Torino 1974.
Callieri B., *La personalizzazione dell'occhio* (1991), in Id., *Percorsi di uno psichiatra* (1955-1992), Edizioni Universitarie Romane, Roma 1993, pp. 371-384.
Dodwell P. C., *Studi sull'apparato visivo*, in B. M. Foss (a cura di), *I nuovi orizzonti della psicologia* (1966), Bollati Boringhieri, Torino 1968.
Gambazzi G. P., *L'occhio e il suo inconscio*, Raffaello Cortina, Milano 1999.
Gibson J. J., *Un approccio ecologico alla percezione visiva* (1979), il Mulino, Bologna 1999.
Gombrich E. H., *L'immagine e l'occhio* (1982), Einaudi, Torino 1985.
Gregory R. L., *Occhio e cervello. La psicologia del vedere* (1966), Raffaello Cortina, Milano 1991.
Huxley A., *L'arte di vedere* (1942), Adelphi, Milano 1989.
Kanizsa G., *Grammatica del vedere*, il Mulino, Bologna 1980.
–, *Vedere e pensare*, il Mulino, Bologna 1991.
Maffei L., Mecacci L., *La visione. Dalla neurofisiologia alla psicologia*, Mondadori, Milano 1979.
Massironi M., *Fenomenologia della percezione visiva*, il Mulino, Bologna 1998.
Pierantoni R., *L'occhio e l'idea. Fisiologia e storia della visione*, Bollati Boringhieri, Torino 1981.
Wulf Ch., *Occhio*, in Id. (a cura di), *Cosmo, corpo, cultura. Enciclopedia antropologica* (1997), Bruno Mondadori, Milano 2002, pp. 448-461.

Vissuto (ingl. *Experienced*; ted. *Erlebnis*; fr. *Vécu*; sp. *Experimentado*). Il termine, che ricorre spesso nell'espressione tedesca *Erlebnis*, è stato introdotto da Wilhelm Dilthey nella sua PSICOLOGIA DESCRITTIVA (v.) in opposizione alla PSICOLOGIA SPERIMENTALE (v.) che indaga i processi psichici con gli stessi metodi con cui si indagano i fenomeni della natura. Distinto dalla comune ESPERIENZA (v.) in quanto *esperienza vissuta*, nell'aggettivo c'è il senso del nuovo approccio gnoseologico ai fatti psichici: avvicinare la vita con la vita. Ciò è possibile solo se il vivente viene ripreso in un atto vitale che lo ri-esprime (*nach-erleben*). Un simile procedimento non è logico, precisa Dilthey, perché «il riprendere è un rivivere» (1895-1896, p. 277). L'essere di colui che è percepito non viene oggettivato di fronte a un soggetto, ma è «da questi appropriato come evento della sua stessa vita e *così* conosciuto. In questo modo è possibile "comprendere" la vera essenza dell'altro senza ricorrere a quelle scomposizioni riduttive proprie di tutte le scienze che guardano "dall'esterno" i loro fenomeni. Nel suo "essere evento", l'evento finisce per essere evento del soggetto, perché il suo essere per noi è inseparabile da ciò che in esso è per noi presente» (1894, p. 172).

L'esperienza vissuta dal singolo non è separata dall'alterità, dall'ambiente e dal mondo in generale, perché l'individuo non è assolutamente un mondo chiuso, come sottintende la distinzione naturalistica tra soggetto e oggetto di derivazione cartesiana (v. DUALISMO PSICOFISICO). Il rapporto con gli altri e con la realtà naturale è essenziale all'individuo nel senso che è costitutivo della sua personalità. Il mondo, cioè, appartiene a quella vita interiore di cui si ha *Erlebnis*, non è quindi un oggetto che sta di contro (*ob-jectum*, *Gegen-stand*), ma un elemento strutturale della singola soggettività. La vita risulta così caratterizzata da una serie di eventi di cui si ha *Erlebnis*; questi eventi sono tra loro relati da una connessione di senso e significato (*Bedeutungszusammenhang*) di cui ogni *Erlebnis* dà testimonianza. Ora, se tutti gli *Erlebnisse* che si succedono nel tempo parlano del fondamento strutturale del singolo perché tutti contribuiscono a rivelarlo, è tuttavia la loro articolata connessione (*Strukturzusammenhang*) che parla dello sviluppo di questo fondamento. Con il termine "connessione strutturale" non si reintroduce la categoria della causalità delle scienze naturali precedentemente bandita, perché, mentre nel rapporto causale i due termini causa ed effetto non sono invertibili, nella connessione strutturale un *Erlebnis* fa comprendere un altro *Erlebnis* che, a sua volta, fa comprendere il primo, e tutti ognuno, così come ognuno tutti o, come dice Dilthey: «Il tutto come totalità dotata di senso» (*ibid.*).

Bibliografia

Dilthey W., *Ideen über eine beschreibende und zergliedernde Psychologie* (1894), in *Gesammelte Schriften*, Teubner, Leipzig 1914-1936 (poi riedito a partire dal 1958 in fo-

tocopia anastatica dall'editore Vandenhoeck & Ruprecht, Stuttgart-Göttingen), vol. V.
–, *Beiträge zum Studium der Individualität* (1895-1896), in *Gesammelte Schriften*, cit., vol. V.
Di Petta G., *Il mondo vissuto. Clinica dell'esistenza. Fenomenologia della cura*, Edizioni Universitarie Romane, Roma 2003.
Galimberti U., *Psichiatria e fenomenologia* (1979), nuova edizione ampliata, Feltrinelli, Milano 2017.
Jaspers K., *Psicopatologia generale* (1913-1959), Il Pensiero Scientifico, Roma 2000.
Manfredi M., *L'irrazionale vissuto*, Dedalo, Bari 1972.

Vista, v. Visivo, Sistema.

Vita (ingl. *Life*; ted. *Leben*; fr. *Vie*; sp. *Vida*). Attributo di tutti quegli esseri che si presentano come sistemi organizzati relativamente autonomi e che, dalla nascita, attraversano la crescita, la differenziazione e la riproduzione, e conservano una loro integrità strutturale che si dissolve con la morte. In ambito psicologico il termine compare affiancato da aggettivi o da sostantivi che ne specificano di volta in volta l'impiego.

1. Stadi della vita. Con questa espressione ci si riferisce alla descrizione psicologica del corso della vita, detta anche *psicologia della vita*, scandita dai ritmi biologici, dalle disposizioni individuali, dalle dinamiche intrapsichiche e dall'influsso culturale della società. Questi fattori intervengono nei processi di maturazione che si verificano in una sequenza ontogenetica che si presume universale secondo tempi relativamente prevedibili e descrivibili in base alla teoria interpretativa di volta in volta adottata.

a) La psicologia del profondo conosce due interpretazioni: quella di Sigmund Freud che percorre l'arco che va dalla prima infanzia alla giovinezza, scandito dalle fasi Orale (v. § 2), Anale (v. § 2), Fallica (v.), di Latenza (v.) e Genitale (v. § 2), caratterizzati dalla progressiva organizzazione della libido che, "priva di centro", passa da uno stadio "anarchico" e "polimorfo" a uno stadio organizzato intorno alla genitalità riproduttiva. Infatti, scrive Freud: «Con la pubertà subentrano i cambiamenti che debbono condurre la vita sessuale infantile alla sua definitiva strutturazione normale. Finora la pulsione sessuale era prevalentemente autoerotica, ora trova l'oggetto sessuale. Finora operava partendo da singole pulsioni e singole zone erogene, che cercavano indipendentemente un dato piacere come unica meta sessuale; ora si dà una nuova meta sessuale, al raggiungimento della quale collaborano tutte le pulsioni parziali, mentre le zone erogene si sottomettono al primato della zona genitale» (1905, p. 514).

Dal canto suo Carl Gustav Jung scandisce quattro stadi: l'*infanzia* dove «la psicologia dell'individuo è soprattutto istintiva e quindi priva di problemi» (1930-1931, p. 420); la *giovinezza* «che spezza i sogni dell'infanzia» ed è caratterizzata dalla formazione dell'Io, dall'adattamento alla realtà, dalla conferma della propria identità sessuale; la *maturità*, con cui prende avvio la seconda metà della vita «dove il sole ritira i suoi raggi per illuminare se stesso, dopo aver diffuso la sua luce nel mondo» (ivi, p. 428). Iniziano in questa fase processi di interiorizzazione, contatti con l'Ombra (v.), ossia con le proprie parti rimosse e con le potenzialità non sviluppate, oltre al recupero della propria parte controsessuale, femminile per il maschio e maschile per la femmina, in vista di una realizzazione totale di sé, resa possibile dal continuo dialogo tra l'Io e l'inconscio in vista di una progressiva attuazione del Sé; la *vecchiaia* in cui si ha un indebolimento della coscienza e una reimmersione nell'inconscio psichico da cui siamo emersi passando dall'infanzia alla giovinezza. In base a questa scansione, anche il trattamento psicologico ha finalità diverse: adattivo nella prima parte della vita e individuativo nella seconda.

b) La psicologia dell'Io, con Erik Homburger Erikson, individua nel ciclo biologico otto fasi di costruzione o crisi di identità dove alla prima infanzia corrisponde la fiducia di base o la sfiducia, alla seconda infanzia l'autonomia o la vergogna e il dubbio, all'età prescolare l'iniziativa o la colpa, all'età scolare l'industriosità o l'inferiorità, all'adolescenza l'identità o la confusione dei ruoli, alla giovinezza l'intimità o l'isolamento, alla mezza età la capacità generativa o la stagnazione, alla tarda età l'integrità dell'Io o la disperazione (v. Psicologia dell'Io, § 3).

c) La psicologia comportamentista, con Hans Thomae, cadenza lo sviluppo della personalità a partire da quattro variabili che sono il comportamento potenziale dato dall'interazione tra individuo e ambiente, l'aspettativa dell'individuo sulla base della sua esperienza passata, il rinforzo che accompagna le sue iniziative e la motivazione che le promuove. Da questi quattro elementi si possono ottenere delle formule predittive sul comportamento nelle varie età della vita.

d) La psicologia sociale, con Robert James Havighurst, prefigura gli stadi di sviluppo a partire dalla categoria della relazione: *diadica* nella prima esperienza del bambino a sfondo affettivo e fiduciario; *triadica* attraverso il confronto con la figura paterna che è segno di normatività; *di gruppo* che, a partire dagli stadi ludici e scolastici, giunge a quelli lavorativi, competitivi e sociali.

2. VITA QUOTIDIANA. Con questa espressione si intende l'insieme delle attività, delle conoscenze, delle relazioni sociali, delle rappresentazioni, delle credenze, degli affetti, degli oggetti e degli strumenti con cui gli uomini riproducono giorno per giorno le loro condizioni d'esistenza. Come microcosmo in cui si riflettono e si articolano esperienze, conflitti, tensioni e mutamenti psicologici, la vita quotidiana, scrive Paolo Jedlowski, «agli inizi del XIX secolo corrisponde all'affermarsi del vissuto del tempo come entità omogenea che è presupposto anche nell'idea di storia, ma rispetto all'idea di storia rappresenta quasi la sua controparte speculare. Alle sue origini, nel primo Romanticismo tedesco, la nozione di vita quotidiana reca con sé una connotazione negativa: essa intende il tempo della ripetizione, della vita materiale come banalità triviale, come insieme assurdo e volgare di routine. Proprio il tempo senza storia. [...] Oggi, al contrario la vita quotidiana appare importante in quanto dimensione "micro" del sociale. [...] In un certo senso, l'interesse odierno per la vita quotidiana – che accomuna scienziati sociali e operatori di servizi, "uomo della strada" e mass-media – corrisponde a una generale perdita di efficacia delle idee *grandi*, delle ideologie onnicomprensive, forse anche delle stesse nozioni di "sviluppo" e di "progresso". "Piccolo è bello", o quantomeno il piccolo è importante, è uno slogan che coglie qualcosa di questa sensibilità» (1986, pp. 7-8). Dopo Freud, che ha preso in considerazione la vita quotidiana dal punto di vista psicopatologico, si sono moltiplicati gli studi sulla vita quotidiana divenuta più incerta rispetto a un tempo, per l'affollarsi di urgenze che vengono di continuo scomposte e ricomposte, in un flusso caotico di eventi difficili da ordinare e comprendere.

3. STILE DI VITA. Con questa espressione Alfred Adler indica l'impronta soggettiva che ogni individuo dà alla propria vita, in base ai fini che ha eletto nella sua progettualità e che determinano le forme di comportamento, di giudizio e di affettività (v. STILE).

4. PULSIONI DI VITA. Polo pulsionale contrapposto da Freud alle pulsioni di morte (v. MORTE, § 2) che tendono alla riduzione della tensione e al ritorno allo stato inorganico, mentre le pulsioni di vita tendono non solo a conservare le unità vitali esistenti, ma anche a costruire, partendo da esse, unità più comprensive. Infatti, scrive Freud: «Dopo molte esitazioni e oscillazioni ci siamo decisi ad ammettere soltanto due pulsioni fondamentali: l'*Eros e la pulsione di distruzione*. [...] Meta della prima di queste due pulsioni è stabilire unità sempre più vaste e tenerle in vita: unire insieme dunque; meta dell'altra, al contrario, è dissolvere nessi e in questo modo distruggere le cose» (1938, p. 575). Pulsioni di vita e pulsioni di morte riflettono per Freud i due grandi principi che sono già in azione nel mondo fisico (attrazione e repulsione) e che sarebbero alla base dei fenomeni vitali (anabolismo e catabolismo; v. PULSIONE, §§ 1, *g*; 2, *i*).

5. SPAZIO DI VITA. Detto anche "spazio vitale", è un concetto fondamentale nella teoria del campo elaborata da Kurt Lewin che ha introdotto quella variante metodologica per cui la persona e l'ambiente sono considerabili a partire dalla loro relazione, di cui lo spazio vitale è l'espressione. Essendo originariamente inserita in un ambiente, la persona non è analizzabile come una monade esclusivamente nel suo percorso biografico e nelle sue strutture interiori, ma a partire dalla sua relazione con l'ambiente in cui acquista forma e struttura (v. CAMPO, § 2).

6. MONDO-DELLA-VITA. Si veda MONDO, § 2.

Bibliografia

Abraham G., *Le età della vita*, Mondadori, Milano 1993.
Achenbach G. B., *Saper vivere. Per una vita piena di significato e di valore* (2001), Apogeo, Milano 2006.
Adler A., *Psicologia individuale e conoscenza dell'uomo* (1926), Newton Compton, Roma 1975.
–, *Il senso dell vita* (1933), Newton Compton, Roma 1997.
Arendt H., *Vita activa. La condizione umana* (1958), Bompiani, Milano 1964.
Babini V. P., *La vita come invenzione. Motivi bergsoniani in psichiatria*, il Mulino, Bologna 1990.
Baltes P. B., Schaie K. W. (a cura di), *Life-span developmental psychology. Personality and socialization*, Academic Press, New York 1973.
Bauman Z., *Modus vivendi. Inferno e utopia del mondo liquido* (2006), Laterza, Bari 2008.
–, *L'arte della vita* (2008), Laterza, Bari 2009.
Borgna E., *Il tempo e la vita*, Feltrinelli, Milano 2015.
Brown N. O., *La vita contro la morte* (1959), il Saggiatore, Milano 1973.
Cantoni R., *Antropologia quotidiana*, Rizzoli, Milano 1975.
De Carolis M., *La vita nell'epoca della sua riproducibilità tecnica*, Bollati Boringhieri, Torino 2004.
Demetrio D., *Raccontarsi. L'autobiografia come cura di sé*, Raffaello Cortina, Milano 1996.
Emiliani F., *La realtà delle piccole cose. Psicologia del quotidiano*, il Mulino, Bologna 2008.
Erikson E. H., *Infanzia e società* (1950), Armando, Roma 1968.
Farnè M., Sacco F. L., *La psicologia della vita quotidiana*, Zanichelli, Bologna 1995.
Freud S., *Psicopatologia della vita quotidiana* (1901), in *Opere* (1967-1993), Bollati Boringhieri, Torino, vol. IV.
–, *Tre saggi sulla teoria sessuale* (1905), in *Opere*, cit., vol. IV.
–, *Introduzione alla psicoanalisi* (1915-1917), in *Opere*, cit., vol. VIII.
–, *Compendio di psicoanalisi* (1938), in *Opere*, cit., vol. XI.
Giorello G., Veronesi U., *La libertà della vita*, Raffaello Cortina, Milano 2006.

Goffman E., *La vita quotidiana come rappresentazione* (1959), il Mulino, Bologna 1969.
Grieco S., *Logica e vita quotidiana*, Velardi Editrice, Napoli 1994.
Guardini R., *Le età della vita* (1953), Vita e Pensiero, Milano 1992.
Gulotta G., *La scienza della vita quotidiana*, Giuffrè Editore, Milano 1995.
Havighurst R. J., *Dominant concerns in the cycle*, in L. Schenk-Danzinger, H. Thomae (a cura di), *Gegenwartsproblem der Entwicklungspsychologie*, Verlag für Psychologie, Göttingen 1963.
Heller Á., *Sociologia della vita quotidiana* (1970), Editori Riuniti, Roma 1975.
Horn Ch., *L'arte della vita nell'antichità* (1998), Carocci, Roma 2004.
Jedlowski P., *Il tempo dell'esperienza. Studi sul concetto di vita quotidiana*, Franco Angeli, Milano 1986.
–, *Un giorno dopo l'altro. La vita quotidiana fra esperienza e routine*, il Mulino, Bologna 2005.
Jullien F., *Nutrire la vita* (2005), Raffaello Cortina, Milano 2006.
Jung C. G., *L'Io e l'inconscio* (1928), in *Opere* (1969-2007), Bollati Boringhieri, Torino, vol. VII.
–, *Gli stadi della vita* (1930-1931), in *Opere*, cit., vol. VIII.
Lahav R., *Comprendere la vita. La consulenza filosofica come ricerca della saggezza* (1993-2001), Apogeo, Milano 2004.
Lecaldano E., *Sul senso della vita*, il Mulino, Bologna 2016.
Lecce S., Pagnin A., *Il lessico psicologico. La teoria della mente nella vita quotidiana*, il Mulino, Bologna 2007.
Lefebvre H., *Critica della vita quotidiana* (1947), Dedalo, Bari 1977.
Lewin K., *Principi di psicologia topologica* (1936), Organizzazioni Speciali (O. S.), Firenze 1961.
Màdera R., *Il nudo piacere di vivere. La filosofia come terapia dell'esistenza*, Mondadori, Milano 2006.
Mancuso V., *Questa vita. Conoscerla, nutrirla, proteggerla*, Garzanti, Milano 2015.
Molinari E., Bozzaro P., *Da Edipo Re a Edipo a Colono. Ciclo di vita e riflessioni psicoanalitiche*, EduCatt, Milano 2011.
Morin E., *La vita della vita* (1980), Feltrinelli, Milano 1987.
–, *Insegnare a vivere. Manifesto per cambiare l'educazione* (2014), Raffaello Cortina, Milano 2015.
Neugarten B. L. (a cura di), *Middle age and aging*, University Press, Chicago 1968.
Nicotra L., *Nuova psicopatologia della vita quotidiana*, Bonanno Editore, Roma 2011.
Polster E., *Psicoterapia del quotidiano. Migliorare la vita della persona e della comunità* (2005), Erickson, Trento 2007.
Portmann A., Jaffé A., Franz M.-L. von, *Le stagioni della vita. Sviluppo biologico, fasi creative e spirito del tempo nel ciclo dell'esistenza umana* (rispettivamente: 1959, 1971, 1985), Red Edizioni, Como 1992.
Rutter M(ichael), Rutter M(arjorie), *L'arco della vita. Continuità, discontinuità e crisi nello sviluppo* (1992), Giunti, Firenze 1995.
Schmid W., *Filosofia dell'arte di vivere* (1998), Fazi Editore, Roma 2014.
Singer P., *Ripensare la vita. La vecchia morale non serve più* (1994), il Saggiatore, Milano 1996.
Sini C., *Del viver bene*, Jaca Book, Milano 2011.
Spirito U., *La vita come ricerca*, Sansoni, Firenze 1937.
–, *La vita come amore*, Sansoni, Firenze 1941.
–, *La vita come arte*, Sansoni, Firenze 1941.
Starace G., *Il racconto della vita. Psicoanalisi e autobiografia*, Bollati Boringhieri, Torino 2004.
Sugarman L., *Psicologia del ciclo di vita. Modelli teorici e strategie d'intervento* (2001), Raffaello Cortina, Milano 2003.
Thomae H., *Das Individuum und seine Welt. Eine Persönlichkeitstheorie*, Hogrefe, Göttingen 1968.
Veglia F. (a cura di), *Storie di vita. Narrazione e cura in psicoterapia cognitiva*, Bollati Boringhieri, Torino 1999.

Vitalismo (ingl. *Vitalism*; ted. *Vitalismus*; fr. *Vitalisme*; sp. *Vitalismo*). Termine che si riferisce a tutte quelle dottrine che sostengono l'irriducibilità della vita ai fenomeni fisico-chimici trattabili con un'impostazione meccanicistica. Questo agente "non meccanico" a cui ricondurre la vita è stato chiamato "forza vitale" dal biologo Claude Bernard, "forza dominante" dal biologo Johannes Reinke, "entelechia" da Hans Driesch che riprende la nominazione artistotelica, e "slancio vitale" dal filosofo Henri Bergson. Al vitalismo è stata rivolta la critica di proporre come causa della vita un puro e semplice nome a cui non corrisponde nulla di osservabile. Oggi, con i progressi della biologia molecolare e della genetica, la polemica tra vitalisti e meccanicisti ha perso molto della sua consistenza anche per le precisazioni metodologiche offerte sia dai meccanicisti, che non intendono pronunciarsi sulla natura del reale, ma semplicemente comportarsi *come se* tutte le attività vitali potessero essere spiegate adeguatamente in termini fisico-chimici, sia dai vitalisti, che guardano alle due posizioni contrapposte come a modelli interpretativi per descrivere, come fa Bergson, ciò che è dinamico e attivo e ciò che è pura ripetizione senza processi creativi.

Bibliografia

Bergson H., *L'evoluzione creatrice* (1907), Raffaello Cortina, Milano 2002.
Bernard C., *De la physiologie générale*, Hachette, Paris 1872.
Driesch H., *Der Vitalismus als Geschichte und Lehre*, Engelmann, Leipzig 1905.
Reinke J., *Der Neovitalismus und die Finalität in der Biologie*, in "Biologisches Centralblatt", 1904, vol. XXIV, pp. 577-601.

Vitalità (ingl. *Vitality*; ted. *Vitalität*; fr. *Vitalité*; sp. *Vitalidad*). Tono affettivo caratterizzato da potenza, vivacità ed energia, oltre a capacità di resistenza e recupero psichico. Il termine, che in filosofia è stato contrapposto da Friedrich Nietzsche allo stile rinunciatario e mortificante indotto dalle morali tradizionali, in psicologia ha il suo opposto nei processi di *devitalizzazione* imputabili a malattie organiche, a decadimento senile o a patologie a sfondo depressivo.

Bibliografia

Nietzsche F., *Genealogia della morale* (1887), in *Opere*, Adelphi, Milano 1968, vol. VI, 2.

Zerssen D. von, *Das Devitalisierungssyndrom bei endogenen Depressionen und bei Endokrinopathien*, in W. Schulte, W. Mende, *Melancholie*, Thieme, Stuttgart 1969.

Vittima (ingl. *Victim*; ted. *Opfer*; fr. *Victime*; sp. *Víctima*). Individuo o gruppo che, senza aver violato regole convenute, viene sottoposto ad angherie, maltrattamenti e sofferenze di ogni genere (v. VIOLENZA), spesso per effetto di quel meccanismo proiettivo che istituisce un CAPRO ESPIATORIO (v.). La condizione di vittima può essere anche un vissuto ingiustificato sul piano di realtà, o una forma di simulazione per ottenere affetto o vantaggi di qualche genere. In questi casi si parla di *condotte vittimistiche*.

Bibliografia

Girard R., *Il capro espiatorio* (1982), Adelphi, Milano 1987.

Ravenna M., *Carnefici e vittime. Le radici psicologiche della Shoah e delle vittime sociali*, il Mulino, Bologna 2004.

Sironi F., *Persecutori e vittime. Strategie di violenza* (1999), Feltrinelli, Milano 2001.

Vittimismo, v. VITTIMA.

Vittimologia, v. PSICOLOGIA FORENSE, § 2.

Vizio (ingl. *Vice*; ted. *Laster*; fr. *Vice*; sp. *Vicio*). Categoria morale che denota la pratica di condotte considerate negative in base a un determinato sistema di valori. Opposto alla VIRTÙ (v.) intesa come dominio della razionalità sugli impulsi istintivi, il vizio è una soggezione all'istintualità senza alcuna regola razionale, con il tratto dell'ABITUDINE (v.) che riduce lo spazio di libertà del soggetto nei confronti della condotta considerata viziosa. In ambito psicologico questa categoria, ritenuta insufficiente dal punto di vista esplicativo, è di solito sostituita da quella di DEVIANZA (v.).

Di particolare interesse sono i "vizi capitali" che fanno la loro prima comparsa in Aristotele che li qualifica "abiti del male" (*Etica nicomachea*, Libro II, § 1, 1103 a-b). Essi, al pari delle virtù, derivano dalla ripetizione di azioni che, iterate, formano nel soggetto un "abito", o, come dice Aristotele, una "seconda natura", che inclinano l'individuo in una certa direzione. Di qui l'importanza dell'educazione, il cui scopo è di allenare il giovane all'acquisizione di abiti buoni. Nel Medioevo questi vizi non sono più letti come abiti contratti da cattive abitudini, ma come un'opposizione della volontà dell'uomo alla volontà di Dio. Ce ne parla Tommaso d'Aquino che li elenca nella successione che noi oggi conosciamo.

Nell'Età dei Lumi la differenza tra vizi e virtù perde rilevanza perché, al pari delle virtù, anche i vizi, come ha sottolineato Bernard de Mandeville, concorrono allo sviluppo dell'industria, del commercio e del benessere sociale. Per cui, scrive de Mandeville: «Non siamo abbastanza viziosi quanto lo si potrebbe essere; e io spero d'aver mostrato a sufficienza come si possa far di meglio» (1724, p. 84). Dopo la lezione illuminista, i vizi capitali, anche se non in modo sistematico, compaiono nelle ultime opere di Immanuel Kant, dove, accanto alla segnalazione della deviazione morale, si fa strada una lettura nuova che vede nel vizio un'espressione della tipologia umana o, come dice Kant, di una "caratteriologia" (l'avaro, il lussurioso, il superbo ecc.). Siccome l'*Antropologia pragmatica* di Kant è diventato il testo base per la costruzione dei trattati di psichiatria dell'Ottocento, i vizi, da espressione di una "tipologia" umana, diventano manifestazione della sua "psicopatologia". E così fuoriescono dal mondo *morale* per fare il loro ingresso in quello *patologico*. Non più *vizi*, ma malattie: *malattie* dello spirito.

Bibliografia

Aristotele, *Etica nicomachea*, in *Opere*, Laterza, Bari 1973.

Galimberti U., *I vizi capitali e i nuovi vizi* (2003), Feltrinelli, Milano 2015.

Kant I., *Metafisica dei costumi* (1797), Laterza, Bari 1970.

–, *Antropologia pragmatica* (1798), Laterza, Bari 1969.

Mandeville B. de, *Modesta difesa delle pubbliche case di piacere* (1724), S. F. Flaccovio Editore, Palermo 1989.

Noica C., *Sei malattie dello spirito contemporaneo* (1978), il Mulino, Bologna 1993.

Shklar J. N., *Vizi comuni* (1984), il Mulino, Bologna 1986.

Testa P., Unnia F. (a cura di), *Pubblicità. I vizi capitali*, Giuffrè, Milano 2010.

Tommaso d'Aquino, *De causa peccati. Quaestio LXXXIV* della *Pars Prima Secundae* della *Summa theologiae* (1259-1273), Editiones Paulinae, Roma 1962.

Vocalizzazione, v. LALLAZIONE.

Vocazione (ingl. *Vocation*; ted. *Berufung*; fr. *Vocation*; sp. *Vocación*). Aspirazione profonda a dedicarsi a una missione, una professione, un'arte. Il concetto, che ha le sue origini nel contesto religioso dove si riferisce alla scelta che si compie ascoltando la voce (don de "vocazione") di Dio, ha assunto oggi il significato più generico di attrazione per una determinata attività o professione (v. PSICOLOGIA DEL LAVORO, § 4). Il carattere soggettivo di detta attrazione o propensione distingue la vocazione dall'ATTITUDINE (v.), che è un criterio di valutazione oggettivo che fa riferimento a una potenzialità naturale constatabile.

Voce (ingl. *Voice*; ted. *Stimme*; fr. *Voix*; sp. *Voz*). Suono prodotto dalla vibrazione delle corde vocali, oggetto di studio della *fonetica* che si occupa della produzione (fonetica articolatoria) e della percezione (fonetica acustica) dei suoni; della *fonologia* che riguarda la sua funzione comunicativa, essendo la voce non solo qualcosa che "si dice", ma anche che "si ascolta" (v. LINGUISTICA, § 1, *e-f*); della PSICOLOGIA DELL'ETÀ EVOLUTIVA (v.) perché il cambiamento della voce assume un particolare significato nel corso delle età della vita, e in particolare nell'adolescenza dove figura tra i caratteri sessuali secondari. La voce ha inoltre una particolare rilevanza negli studi sulla COMUNICAZIONE (v. §§ 1-2), in ordine alla struttura (mittente, messaggio, destinatario) e alle funzioni (referenziale, espressiva, conativa, fàtica ecc.), e negli studi sull'*emozione*, essendo l'emozione qualcosa che si tradisce anche nella voce. Oggetto della *psicologia clinica* sono invece i disturbi di fonazione (v. LINGUAGGIO, § 5) di origine neurologica e psicologica, e le cosiddette "voci" distinte in interne ed esterne. Le prime sono considerate pseudoallucinazioni e consistono in una percezione sensoriale uditiva che il soggetto sente provenire dal suo interno e verso cui mantiene una capacità di critica, le seconde sono vere e proprie allucinazioni caratterizzate da una percezione psicosensoriale, senza stimoli esterni, proiettata nello spazio e ritenuta dal paziente stesso proveniente dal di fuori in assenza di qualsiasi intervento critico (v. ALLUCINAZIONE, § 1, *a*).

Bibliografia

Barthes R., *Le grain de la voix. Entretiens 1962-1980*, Seuil, Paris 1981.

Bologna C., *Voce*, in AA.VV., *Enciclopedia*, Einaudi, Torino 1981, vol. XIV, pp. 1257-1292.

–, *Flatus vocis. Metafisica e antropologia della voce*, il Mulino, Bologna 1992.

Cipriano P., *Fas e Nefas*, Istituto di Glottologia dell'Università di Roma, Roma 1978.

Derrida J., *La voce e il fenomeno* (1967), Jaca Book, Milano 1968.

Jakobson R., *Il farsi e il disfarsi del linguaggio. Linguaggio infantile e afasia* (1944), Einaudi, Torino 1971.

Lacan J., *La funzione creatrice della parola* (1954), in Id., *Il Seminario. Libro I: Gli scritti tecnici di Freud, 1953-1954*, Einaudi, Torino 1978.

Ong W. J., *Interfacce della parola* (1977), il Mulino, Bologna 1989.

Rosolato G., *La voix*, in Id., *Essais sur le symbolique*, Gallimard, Paris 1969.

Saussure F. de, *Corso di linguistica generale* (1916), Laterza, Bari 1976.

Voga (ingl. *Fashion*; ted. *Mode*; fr. *Vogue*; sp. *Moda*). Diffusione su larga scala di modelli sociali e culturali che trovano una favorevole e spesso acritica accoglienza da parte del pubblico.

Volizione (ingl. *Volition*; ted. *Willensäusserung*; fr. *Volition*; sp. *Volición*). Atto intenzionale che precede e presiede le azioni volontarie, dove il soggetto è in certa misura un libero agente che mette in atto un comportamento in vista di uno scopo che si prefigge di raggiungere (v. VOLONTÀ). Nella volizione è possibile distinguere un momento mentale, che è l'anticipazione della condotta, e uno operativo, che è la sua esecuzione (v. MOTIVAZIONE, § 6).

Volontà (ingl. *Will*; ted. *Wille*; fr. *Volonté*; sp. *Voluntad*). Principio dell'azione consapevole in vista di un fine da raggiungere. La volontà è stata trattata come una delle facoltà spirituali nell'ambito della filosofia a partire dai Greci che la concepirono come la risultante di appetito e ragione, nel senso che la ragione approva o disapprova l'oggetto appetibile, delibera circa i mezzi necessari per raggiungerlo, per poi accedere alla VOLIZIONE (v.) che si attua nell'azione. La psicologia, rinunciando alla ricerca dei principi e abbandonando la dottrina delle facoltà dell'anima (v. FACOLTÀ), cessò di prendere in considerazione la nozione di volontà perché troppo astratta e non suscettibile di controlli sperimentali, preferendo o una visione deterministica della psiche (v. DETERMINISMO), o la sostituzione del termine "volontà" con la coppia di termini MOTIVAZIONE (v.) e INIBIZIONE (v.). Ciò non impedì che la parola, nonostante non fosse più tematizzata, continuasse ad essere impiegata nell'uso discorsivo, sia nell'ambito della psicologia scientifica, sia in quello della psicologia del profondo.

1. PSICOLOGIA SCIENTIFICA. A livello fisiologico si distinguono i movimenti volontari dai movimenti riflessi, con riferimento ai muscoli controllati dai centri superiori del cervello, rispetto ai muscoli controllati da archi riflessi (v. MOVIMENTO, § 1). Per analogia, la psicologia tradizionale distingueva l'atto volontario che è cosciente, ponderato, adattato a un fine, in riferimento al quale è in grado di organizzare delle azioni o di differirle nel tempo, dall'atto riflesso o AUTOMATISMO (v.) che non ha queste caratteristiche. A partire da queste premesse l'atto volontario è la sintesi di quattro elementi: *a*) la *rappresentazione* dell'atto da compiere; *b*) la *deliberazione* intorno ai mezzi da utilizzare in vista dello scopo che si vuole raggiungere; *c*) la *decisione* per cui quell'atto è scelto fra gli altri; *d*) l'*esecuzione* dell'azione. Tutto ciò comporta l'intervento dell'intelligenza, dell'apprendimento e della consapevolezza, oltre alle nozioni di decisione autonoma, libertà e responsabilità in ordine alla deliberazione e all'esecuzione.

L'implicanza di tutti questi fattori evidenzia che il concetto di volontà è definibile solo mobilitando l'intera personalità dell'individuo, sia a livello pulsionale in ordine al prevalere di un desiderio o di una tendenza affettiva dominante rispetto alle altre, sia a livello intellettivo in ordine alla rappresentazione che si impone come fine tra le molte possibili, sia a livello comportamentale in ordine alla scelta dell'azione più idonea al conseguimento dello scopo. Una volta accolto il concetto di volontà, si può parlare di *patologia della volontà* per tutte quelle situazioni caratterizzate da indecisione, perplessità, dubbio, conflitto che portano a un'incapacità di risolversi nell'azione volontaria. A ciò si aggiunge l'IMPULSIVITÀ (v.) che porta all'azione non concedendo spazio alla rappresentazione e alla deliberazione, la *carenza* (ipobulia) o la *mancanza* di volontà (v. ABULIA) che si riscontra nelle depressioni, negli stati confusionali, nelle demenze, e nei comportamenti negativistici di tipo catatonico (v. NEGATIVISMO), dove la volontà sembra del tutto annullata. In *pedagogia*, dove la nozione di volontà è accolta e impiegata senza un'eccessiva problematizzazione, si fa della libertà dell'atto volontario il fondamento dell'educazione, la quale opera anche sui condizionamenti che inclinano l'atto volontario verso determinati fini rispetto ad altri.

2. PSICOLOGIA DEL PROFONDO. Il concetto di volontà non fa parte della teoria psicoanalitica elaborata da Sigmund Freud perché incompatibile con l'assunto del determinismo psichico e con la concezione della nevrosi, causata da processi inconsci, a cui la nozione di volontà non è applicabile. In questo contesto resta il problema di giustificare il concetto di MOTIVAZIONE (v. § 4), difficile da ricondurre esclusivamente all'ordine pulsionale. Nell'ambito della psicologia individuale Alfred Adler parla di volontà nell'accezione di volontà di potenza (v. POTENZA, § 2) come tentativo di compensazione di complessi di inferiorità, mentre nella psicologia analitica Carl Gustav Jung scrive: «Per volontà intendo la somma d'energia psichica della quale la coscienza può disporre. Il processo di volizione sarebbe pertanto un processo energetico che è attivato da una motivazione cosciente. Non chiamerei quindi volitivo un processo psichico determinato da una motivazione inconscia. La volontà è un fenomeno psicologico che deve la sua esistenza alla civiltà e all'educazione morale, ma che manca quasi completamente alla mentalità primitiva» (1921, p. 492).

Il termine "volontà", nell'accezione di "volontà di significato" ha un'importanza centrale nella LOGOTERAPIA (v. § 2) di Viktor Emil Frankl, secondo il quale a determinare la condotta di un individuo non sarebbe, come ipotizza Freud, il principio di piacere (v. PIACERE, § 1) e neppure la volontà di potenza come ipotizzato da Adler, ma una insopprimibile esigenza di senso. La volontà di significato in vista del reperimento di un senso ha le sue radici in una dimensione spirituale o "noetica" come precisa Frankl, che non è rintracciabile al vertice della piramide dei bisogni come supposto da Abraham Harold Maslow (v. PSICOLOGIA UMANISTICA), perché detta ricerca può benissimo essere frustrata anche quando tutti i bisogni sono soddisfatti. Ne consegue che la volontà di significato è reperibile solo in qualcosa o in qualcuno al di là di sé, per cui tende all'oltrepassamento di sé, o come dice Frankl, all'"autotrascendenza".

Bibliografia

AA.VV., *La volontà*, in P. F. Galli (a cura di), *Osservazione psicoanalitica* (1992-1996), Bollati Boringhieri, Torino, vol. XIV.

Ach N. K., *Analyse des Willens*, Urban & Schwarzenberg, Berlin 1935.

Adler A., *Psicologia individuale e conoscenza dell'uomo* (1926), Newton Compton, Roma 1975.

Allport G. W., *Divenire. Fondamenti di una psicologia della personalità* (1955), Editrice Universitaria, Firenze 1963.

Cattell R. B., Kline P., *Personalità e motivazione* (1977), il Mulino, Bologna 1982.

Civita A., *La volontà e l'inconscio*, Guerini & Associati, Milano 1987.

Farber L. H., *La volontà* (1966), Bollati Boringhieri, Torino 1973.

Frankl V. E., *La sfida del significato. Analisi esistenziale e ricerca di senso* (1946-1996), Erickson, Trento 2005.

–, *Senso e valori per l'esistenza* (1947), Città Nuova, Roma 1998.

Jung C. G., *Tipi psicologici* (1921), in *Opere* (1969-2007), Bollati Boringhieri, Torino, vol. VI.

Lewin K., *Teoria dinamica della personalità* (1935), Giunti Barbera, Firenze 1965.

Lindworsky J., *L'educazione della volontà. Psicologia e pedagogia volitiva secondo recenti indagini sperimentali* (1949), La Scuola, Brescia 1956.

Maslow A. H., *Motivazione e personalità* (1954), Armando, Roma 1973.

May R., *L'amore e la volontà* (1969), Astrolabio, Roma 1971.

Mortimore G. W. (a cura di), *Weakness of will*, Macmillan, London 1971.

Pancheri P., *Volontà, attività e psicomotricità*, in G. B. Cassano, P. Pancheri *et al.* (a cura di), *Trattato italiano di psichiatria* (1992), Masson, Milano 1999, vol. I, pp. 667-690.

Ricoeur P., *Filosofia della volontà. Il volontario e l'involontario* (1950), Marietti, Genova 1990.

Ryle G., *Lo spirito come comportamento* (1949), Einaudi, Torino 1955.

Volontà di potenza, v. POTENZA, § 2.

Volontarismo (ingl. *Volontarism*; ted. *Volontarismus*; fr. *Volontarisme*; sp. *Voluntarismo*). Il termine, che in filosofia qualifica quelle dottrine che affermano il primato della volontà sull'intelletto, interpretando di conseguenza l'attività razionale come un tentativo di razionalizzazione di atti volontaristici, in psicologia qualifica quelle teorie che ammettono l'esistenza di un comportamento volontario contro il modello deterministico (v. DETERMINISMO) secondo cui tutto è condizionato. Per ulteriori approfondienti si veda la voce VOLONTÀ.

Volto, v. FACCIA.

Voluttà (ingl. *Voluptuousness*; ted. *Wollust*; fr. *Volupté*; sp. *Voluptuosidad*). Piacere intenso e diffuso avvertito in occasione della soddisfazione di un desiderio sensuale o spirituale.

Vomito (ingl. *Vomiting*; ted. *Erbrechen*; fr. *Vomissement*; sp. *Vómito*). Espulsione, attraverso la bocca, del contenuto gastrico mediante contrazioni peristaltiche della muscolatura dello stomaco. Quando insorge per fattori emotivi si parla di vomito nervoso che ha un significato simbolico di rifiuto, come il vomito mattutino dei bambini che rifiutano la scuola, il vomito in gravidanza che, quando non dipende da condizioni organiche, può significare il rifiuto del figlio, il vomito delle anoressiche come rifiuto di sostenere il proprio corpo, e il vomito isterico che è l'unica via lasciata dal conflitto a chi non può ammettere a livello conscio di rifiutare un'idea, una persona o una situazione.

Voyeurismo, v. SCOPOFILIA.

Vuoto (ingl. *Emptiness*; ted. *Leere*; fr. *Vide*; sp. *Vacío*). Il termine, qui inteso come vuoto interiore, allude a quell'atmosfera nichilista, che non di rado caratterizza la condizione giovanile, come speranza delusa circa la possibilità di reperire un senso, inerzia in ordine a un produttivo darsi da fare, sovrabbondanza e opulenza come addormentatori sociali, indifferenza di fronte alla gerarchia dei valori, noia, *spleen* senza poesia. Incomunicabilità, non come fatto fisiologico tra generazioni, ma come presa di posizione, dove prende forma quel genere di solitudine che non è la disperazione che attanaglia quanti un giorno hanno sperato, ma una sorta di assenza di gravità di chi si trova a muoversi nel sociale come in uno spazio in disuso, dove non è il caso di lanciare alcun messaggio, perché la disillusione ha occupato tutto lo spazio psichico sottraendolo a qualsiasi progetto costruttivo.

Bibliografia

AA.VV., *Vuoto e disillusione*, in P. F. Galli (a cura di), *Osservazione psicoanalitica* (1992-1996), Bollati Boringhieri, Torino, vol. IX.

Galimberti U., *Vuoto*, in Id., *I vizi capitali e i nuovi vizi* (2003), Feltrinelli, Milano 2015, pp. 115-122.

–, *L'ospite inquietante. Il nichilismo e i giovani* (2007), Feltrinelli, Milano 2014.

W

Ward-Hovland, Fenomeno di (ingl. *Ward-Hovland phenomenon*; ted. *Ward-Hovland Phänomen*; fr. *Phénomène de Ward-Hovland*; sp. *Fenómeno de Ward-Hovland*). Aumento della ritenzione osservato quando in un processo di apprendimento si interpone un intervallo di pochi minuti tra un'unità appresa e la successiva (v. MEMORIA, § 2, *b*).

Bibliografia

Hovland C. I., *Experimental studies in rote-learning theory*, in "Journal of Experimental Psychology", 1938, n. 23.

Ward L. B., *Reminiscence and rote learning*, in "Psychological Medicine Monograph", 1937, n. 49.

Warming-up, v. RENDIMENTO.

Wartegg, Test di, v. SUGGESTIONE.

Weber-Fechner, Legge di (ingl. *Weber-Fechner law*; ted. *Weber-Fechnersche Gesetz*; fr. *Loi de Weber-Fechner*; sp. *Ley de Weber-Fechner*). Legge formulata nell'ambito della PSICOFISICA (v.) da Ernst Heinrich Weber, secondo cui il rapporto tra il valore dello *stimolo fisico* (S) e il valore della *soglia differenziale* (ΔS), ossia la quantità di cambiamento dello stimolo necessaria per produrre una differenza avvertibile il 50% delle volte, è una frazione costante (K) che si esprime come segue:

$$\frac{\Delta S}{S} = K$$

Secondo Weber il rapporto è differente, ma costante, per ciascuna qualità sensoriale. Nel caso del peso, essendo il valore dello stimolo standard (S) di 4 g e il cambiamento dello stimolo percepito il 50% delle volte di 1 g (ΔS), il rapporto costante per il continuum dello stimolo di peso sarà di

$$1/4 \left(\frac{\Delta S}{S} = \frac{1}{4} \right)$$

La legge di Weber fu rivisitata da Gustav Theodor Fechner per il quale l'intensità della sensazione (S) che il soggetto ha dello stimolo è proporzionale al logaritmo (log) della grandezza fisica dello stimolo stesso (R), per cui: S = K log R. Pertanto, sebbene sia vero, come vuole Weber, che la grandezza della soglia differenziale aumenta quando cresce la grandezza dello stimolo standard, la funzione non è lineare. Piuttosto, ogni soglia differenziale richiede un aumento sempre maggiore dello stimolo man mano che cresce la grandezza dello standard.

Stanley Smith Stevens ha proposto nel 1957 una legge psicofisica alternativa a quella di Fechner, secondo la quale lo stimolo e la sensazione non sono correlati logaritmicamente, ma in modo tale che la sensazione risulta essere una data potenza dello stimolo. Nella funzione seguente: $\psi = k\varphi^a$, dove ψ rappresenta la grandezza della sensazione e φ l'intensità dello stimolo, k è una costante arbitraria legata all'unità di misura, mentre l'esponente ^{a} varia in relazione alla modalità sensoriale considerata e alle condizioni di presentazione degli stimoli. Se a = 1 la funzione diventa lineare, se a > 1 la funzione è positivamente accelerata, se a < 1 è negativamente accelerata.

Bibliografia

Fechner G. Th., *Nanna o l'anima delle piante* (1848), Adelphi, Milano 2008.

–, *Elemente der Psychophysik* (1860), Breitkopf und Härtel, Leipzig 1889.

Stevens S. S., *Psychophysics of sensory function*, in W. A. Rosenblith (a cura di), *Sensory communication*, Wiley, New York 1961.

Weber E. H., *De pulsu, resorptione, auditu et tactu. Annotationes anatomicae et physiologicae*, F. Koehler, Leipzig 1834.

Wechsler-Bellevue, Test di (ingl. *Wechsler-Bellevue test*; ted. *Wechsler-Bellevue-Test*; fr. *Test de Wechsler-Bellevue*; sp. *Test de Wechsler-Bellevue*). Test d'intelligenza per adulti costituito da 11 prove, di difficoltà crescente, 6 delle quali a carattere verbale (definizione di vocaboli, comprensione generale, cultura generale, ragionamento, memoria aritmetica, analogie) e 5 a carattere pratico (esatta successione di immagini, completamento di figure, disegno con cubi, puzzle, associazione di simboli e numeri). I risultati standardizzati vengono riferiti a tabelle già preordinate che permettono la valutazione del quoziente di intelligenza (QI) del soggetto (v. INTELLIGENZA, § 2). Il test permette anche la misurazione psicometrica del deterioramento mentale (v. DETERIORAMENTO) attraverso due sottoprove denominate "prove che tengono (*hold test*)", che si riferiscono ad acquisizioni di base come la cultura generale, la definizione di vocaboli, la ricostruzione di figure, e "prove che non tengono (*don't hold test*)", che si riferiscono all'intelligenza "fluida" che differisce da quella "cristallizzata" perché in grado di applicarsi a situazioni nuove. L'indice di deterioramento viene calcolato considerando i punteggi ottenuti nei due tipi di prova e poi confrontati con i dati di una tabella. Quando l'indice di deterioramento (ID) mostra una perdita al 20% rispetto a quella fisiologica, si parla di deterioramento patologico.

Bibliografia

Anastasi A., *I test psicologici* (1954), Franco Angeli, Milano 1973.

Boncori L., *Teoria e tecniche dei test*, Bollati Boringhieri, Torino 1993.

Wechsler D., *The measurement and appraisal of adult intelligence*, Williams & Wilkins, Baltimore 1939.

Weltanschauung, v. VISIONE DEL MONDO.

Wernicke, Afasia di, v. AFASIA, § 2, *a*; LINGUAGGIO, § 5, *a*.

Wernicke, Area di, v. CORTECCIA CEREBRALE, § 5; LINGUAGGIO, § 2.

Whorf, Ipotesi di (ingl. *Whorf hypothesis*; ted. *Whorfshypothese*; fr. *Hypothèse de Whorf*; sp. *Hipótesis de Whorf*). Ipotesi formulata da Benjamin Lee Whorf, nota anche come *ipotesi di Sapir-Whorf* per l'influenza che le idee di Edward Sapir ebbero sulla sua formulazione, secondo cui le categorie linguistiche hanno a tal punto influenza sul pensiero e sulla cultura dei popoli da condizionarne le rispettive visioni del mondo (v. MONDO, § 1). Ciò è dovuto al fatto, spiega Whorf, che «il sistema linguistico di sfondo (in altre parole la grammatica) di ciascuna lingua non è soltanto uno strumento di riproduzione per esprimere idee, ma esso stesso dà forma alle idee, è il programma e la guida dell'attività mentale dell'individuo, dell'analisi delle sue impressioni, della sintesi degli oggetti mentali di cui si occupa. [...] Analizziamo la natura secondo linee tracciate dalle nostre lingue. [...] Siamo così indotti a un nuovo principio di relatività, secondo cui differenti osservatori non sono condotti dagli stessi fatti fisici alla stessa immagine dell'universo, a meno che i loro retroterra linguistici non siano simili, o non possano essere in qualche modo tarati» (1956, pp. 169-170).

Bibliografia

Sapir E., *Cultura, linguaggio e personalità* (1949), Einaudi, Torino 1972.

Whorf B. L., *Linguaggio, pensiero e realtà* (1956), Bollati Boringhieri, Torino 1970.

Williston, Legge di, v. EVOLUZIONE, § 2, *a*.

Winzen, Principio di (ingl. *Winzen's proposition*; ted. *Winzenscher Satz*; fr. *Principe de Winzen*; sp. *Principio de Winzen*). Principio secondo cui l'associazione tra due elementi di apprendimento viene facilitata se l'elemento più conosciuto compare per primo in funzione di stimolo.

Bibliografia

Winzen K., *Die Abhängigkeit der paarweisen Assoziation von der Stellung des besser haftenden Gliedes*, in "Zeitschrift für Psychologie", 1921, n. 86.

Wishful thinking. Locuzione inglese comunemente impiegata in riferimento al pensiero orientato dal desiderio, per cui si crede vero ciò che risponde a un desiderio intenso.

Witiko, Psicosi di, v. ANTROPOLOGIA, § 7.

Witte-König, Effetto di (ingl. *Witte-König's effect*; ted. *Witte-König Effekt*; fr. *Effet de Witte-König*; sp. *Efecto de Witte-König*). Effetto di fusione delle immagini visive in presenza di stimoli differenziati per ciascun occhio.

Bibliografia

König E., *Experimentelle Beiträge zur Theorie des binokularen Einfach und Tiefensehens*, Hain, Meisenheim 1962.

Wundt, Illusione di, v. ILLUSIONE, § 4, *t*.

X

Xantocianopsia, v. COLORE, § 3.

Xantopsia, v. COLORE, § 3.

Xenofobia (ingl. *Xenophobia*; ted. *Fremdenfeindlichkeit*; fr. *Xénophobie*; sp. *Xenofobia*). Avversione e ostilità verso gli stranieri. Contrariamente a quanto potrebbe far pensare il termine "fobia", non si tratta di paura patologica, ma di ostilità determinata da pregiudizi religiosi, socioculturali o, più semplicemente, da fattori politici o economici.

Xenoglossia (ingl. *Xenoglossy*; ted. *Xenoglossie*; fr. *Xénoglossie*; sp. *Xenoglosia*). Fenomeno paranormale, che si verifica a volte in stati di TRANCE (v.), in cui il soggetto parla in una lingua a lui del tutto sconosciuta.

Bibliografia

Flournoy Th., *Dalle Indie al pianeta Marte. Il caso di Hélène Smith. Dallo spiritismo alla nascita della psicoanalisi* (1889), Feltrinelli, Milano 1985.

Xerofilia (ingl. *Xerophilia*; ted. *Xerophilie*; fr. *Xérophilie*; sp. *Xerofilia*). Amore per i luoghi aridi e deserti.

Y

Yerkes-Dodson, Legge di (ingl. *Yerkes-Dodson law*; ted. *Yerkes-Dodson Gesetz*; fr. *Loi de Yerkes-Dodson*; sp. *Ley de Yerkes-Dodson*). Robert Memas Yerkes e John Dillingham Dodson formularono nel 1908 la legge secondo la quale per i compiti facili l'arousal, che è uno stato fisiologico e psicologico che coinvolge il sistema nervoso centrale, periferico e vegetativo (v. ATTIVAZIONE), facilita la prestazione, mentre per i compiti più complessi la prestazione, rappresentata da una "U" rovesciata dell'arousal, indica che più è difficile il compito, più basso è il livello di arousal associato alla prestazione ottimale.

Bibliografia

Anderson K. J., *Arousal and inverted-U hypothesis. A critique of Neiss's "Reconceptualizing arousal"*, in "Psychological Bulletin", 1990, n. 107, pp. 96-100.

Broadhurst P. L., *The interaction of task difficulty and motivation. The Yerkes-Dodson Law revived*, in "Acta Psychologica", 1959, n. 16, pp. 321-338.

Eysenck M. W., *Attention and arousal. Cognition and performance*, Springer, Berlin 1982.

Yerkes R. M., Dodson J. D., *The relation of strength of stimulus to rapidity of habit-formation*, in "Journal of Comparative Neurology and Psychology", 1908, n. 18, pp. 459-482.

Yin e Yang. Categorie della filosofia cinese che stanno ad indicare l'azione di due principi opposti: *yin* (femminile, negativo, tenebroso, terrestre) e *yang* (maschile, positivo, luminoso, celeste), originanti la manifestazione cosmica. La loro inseparabilità e complementarità è espressa efficacemente dal simbolo del *Tao*: un cerchio diviso in due metà uguali, una nera (*yin*) e l'altra bianca (*yang*), contenenti, rispettivamente, un punto bianco e uno nero, a rappresentare la traccia della luce nell'ombra e dell'ombra nella luce. La simmetria rotazionale del *Tao* evidenzia il suo carattere dinamico e richiama un movimento ciclico, in cui ognuna delle due forze, giunta al suo apice, confluisce nell'opposto che contiene già in sé. Di qui l'interpretazione taoista di tutti i mutamenti e le fluttuazioni presenti in natura, siano essi fisici o psichici, come risultato dell'interazione dinamica tra i poli archetipici. Le varie combinazioni possibili tra *yin* e *yang*, espresse in esagrammi (figure di 6 linee, di cui la spezzata è *yin* e l'intera è *yang*), si trovano nell'*I Ching* o *Libro dei mutamenti*, testo sapienziale tra i più antichi e importanti della cultura cinese, introdotto in Occidente da Richard Wilhelm. Qui la rappresentazione simbolica della configurazione cosmica del momento si associa alla sua lettura oracolare, permettendo così al soggetto consultante di ricavare indicazioni per il modo di agire più opportuno alla sua situazione. Come Carl Gustav Jung, nella sua prefazione all'edizione inglese dell'*I Ching* (1948), ha fatto notare: «Ciò rivela una stupefacente concordanza tra fattori psichici intrasoggettivi e fattori esterni oggettivi» (1950, p. 598), idea che Jung stesso svilupperà più tardi nel concetto di SINCRONICITÀ (v.).

Bibliografia

De Masi D., *Yin e Yang*, in Id., *Tag. Le parole del tempo*, Rizzoli, Milano 2015, pp. 709-740.

Graham A. Ch., *La ricerca del Tao. Il dibattito filosofico nella Cina classica*, Neri Pozza, Vicenza 1999.

Jung C. G., *Prefazione a "I Ching"* (1950), in *Opere* (1969-2007), Bollati Boringhieri, Torino, vol. XI.

Lao-tzu, *Tao Tê Ching*, Adelphi, Milano 1973.

Pasqualotto G., *Il Tao della filosofia. Corrispondenze tra pensieri d'Oriente e d'Occidente*, Nuova Pratiche Editrice, Parma 1989.

Testi taoisti, Utet, Torino 1977.

Wilhelm R. (a cura di), *I King. Il libro dei mutamenti*, Astrolabio, Roma 1950.

Yoga. Il termine, la cui radice *yui* significa "legare insieme", "tenere stretto", "mettere sotto il giogo", ingloba, secondo la definizione di Mircea Eliade, una serie di tecniche di ascesi e di metodi di contemplazione volti ad ottenere l'unificazione tra l'anima umana e quella divina o, il che è lo stesso, la liberazione del "Sé" quale principio trascendente nell'uomo. Le fonti principali della tradizione Yoga sono le *Upaniṣad* e gli *Yoga Sutra* di Patañjali. Quest'ultima opera descrive gli 8 *anga* ("membri") dello Yoga, una serie di tecniche e insieme di tappe dell'itinerario spirituale di cui ultimo termine è la liberazione definitiva: 1) *yama* (le astinenze); 2) *niyama* (le discipline); 3) *asana* (le posizioni del corpo); 4) *prananyama* (il ritmo della respirazione); 5) *pratyahara* (l'emancipazione dell'attività sensoriale dagli oggetti esterni); 6) *dharana* (la concentrazione); 7) *dhyana* (la meditazione); 8) *samadhi* (l'estasi, l'illuminazione). Carl Gustav Jung interpreta lo Yoga come una "disciplina psicologica" o un "metodo d'igiene psichica" in cui «l'emozione fisica (innervazione) si collega con quella spirituale (idea universale). Ne deriva una vivente interezza che nessuna tecnica, per quanto scientifica sia, potrà mai produrre. [...] Lo Yoga è l'adeguata espressione e il metodo pienamente adatto a fondere insieme corpo e spirito fino a farne un'unità difficilmente contestabile, e creando una disposizione psicologica che permette intuizioni trascendenti la coscienza» (1936, p. 544). In Occidente sono derivate dallo Yoga diverse tecniche di rilassamento tra cui la più nota è il TRAINING AUTOGENO (v.).

Bibliografia

Aurobindo S., *La sintesi dello Yoga* (1965), vol. I: *Lo yoga delle opere divine*, vol. II: *Lo yoga della conoscenza integrale*, Astrolabio, Roma 1967-1969.

Cella Al-Chamali G., *Yoga-ratna. Il gioiello dello yoga*, Feltrinelli, Milano 1998.

Eliade M., *Tecniche dello yoga* (1948), Bollati Boringhieri, Torino 1984.

–, *Lo Yoga, immortalità e libertà* (1954), Rizzoli, Milano 1973.

Franci G. R., *Yoga. Un'antichissima disciplina indiana per la spiritualità e il benessere psicofisico*, il Mulino, Bologna 2008.

Jung C. G., *Lo Yoga e l'Occidente* (1936), in *Opere* (1969-2007), Bollati Boringhieri, Torino, vol. IX.

Rapisarda Sassoon C., *Vita da Yogi*, Red, Cornaredo 2017.

Young-Helmholtz, Teoria tricromatica di, v. COLORE, § 2, *a*.

Z

Zeigarnik, Effetto di (ingl. *Zeigarnik effect*; ted. *Zeigarnikseffekt*; fr. *Effet de Zeigarnik*; sp. *Efecto de Zeigarnik*). Tendenza, evidenziata da Bluma Zeigarnik, a ricordare più facilmente un compito interrotto o lasciato incompiuto, rispetto a un compito portato a termine, per effetto della tensione indotta dalla frustrazione di un'attività diretta a una meta. Siccome questo effetto è strettamente legato alla personalità del soggetto e all'importanza del compito, è stato formulato un *quoziente Zeigarnik* che ne misura l'incidenza nei vari individui.

Bibliografia

Zeigarnik B., *Über das Behalten von erledigten und unerledigten Handlungen*, in "Psychologische Forschung", 1927, n. 9.

Zen. Scuola buddhista il cui nome deriva dalla traduzione giapponese del termine cinese *ch'an* che significa "meditazione". Estraneo a speculazioni filosofiche, lo *Zen* si configura essenzialmente come una disciplina spirituale il cui fine è il raggiungimento del *satori* o "illuminazione", che è una conoscenza sperimentale dell'unità dell'essere che traspare in ogni manifestazione del mondo visibile e che è possibile raggiungere solo oltrepassando la conoscenza intellettuale che procede per coppie d'opposti, quindi seguendo un itinerario che non consente di giungere all'intuizione dell'identità dell'essere. Questa intuizione non si conquista, ma accade se si è in grado di produrre quel "vuoto di sé" che crea spazio per accogliere il senso profondo della realtà che si rivela. Per la creazione di questo vuoto, la scuola *Rinzai* usa il sistema *koan*, che consiste in domande paradossali e problemi insolubili, affaccendandosi sui quali colui che vuole giungere all'illuminazione può constatare l'insufficienza delle capacità intellettive per la comprensione profonda. La scuola *Soto*, invece, privilegia la pratica dello *zazen* (meditazione stando seduti), in cui la concentrazione sul ritmo del respiro permette quel vuoto mentale atto ad accogliere l'illuminazione.

Carl Gustav Jung tenta una spiegazione della pratica *Zen* nei termini della psicologia analitica che concepisce l'inconscio non come semplice luogo del rimosso, ma come «una totalità non descrivibile di tutti i fattori subliminali, quindi una "visione totale" di natura potenziale. Esso costituisce la disposizione totale da cui la coscienza trae fuori di volta in volta soltanto piccolissimi frammenti. Ora, se la coscienza è svuotata al massimo dei suoi contenuti, anche questi cadono (almeno in via passeggera) in uno stato di incoscienza. [...] L'energia risparmiata è devoluta all'inconscio, del quale rinforza la carica mentale fino a un certo punto massimo. Ciò accresce la capacità dei contenuti inconsci di irrompere nella coscienza. [...] Se si riesce a inserire nel modo giusto nella vita della coscienza i frammenti offerti o imposti dall'inconscio, ne deriva una forma di esistenza psichica che meglio corrisponde all'interezza della personalità individuale; si eliminano così anche conflitti sterili tra la personalità conscia e quella inconscia. La psicologia moderna riposa su questo principio» (1939, pp. 561-562).

Bibliografia

Humphreys Ch., *Lo Zen* (1957), Astrolabio, Roma 1963.
Jung C. G., *Prefazione a D. T. Suzuki, "La grande liberazione. Introduzione al buddhismo zen"* (1939), in *Opere* (1969-2007), Bollati Boringhieri, Torino, vol. XI.
Suzuki D. T., *Saggi sul buddhismo Zen* (1927-1934), Edizioni Mediterranee, Roma 1978.
–, *Introduzione al buddhismo Zen* (1934), Astrolabio, Roma 1970.
Tollini A., *Lo Zen. Storia, scuole, testi*, Einaudi, Torino 2012.

Zigote, v. GENETICA, § 1, *a*.

Zipf, Legge di (ingl. *Zipf's law*; ted. *Zipfsches Gesetz*; fr. *Loi de Zipf*; sp. *Ley de Zipf*). Relazione inversa, riscontrata da George Kingsley Zipf, tra la lunghezza di una parola e la sua frequenza. Di conseguenza, le parole la cui frequenza aumenta nell'uso del linguaggio mostrano la tendenza a venir abbreviate, per cui "automobile" diventa "auto".

Bibliografia

Zipf G. K., *Human behavior and the principle of the least effort*, Addison-Wesley, Cambridge, Massachusetts, 1949.

Zöllner, Illusione di, v. ILLUSIONE, § 4, *u*.

Zona erogena (ingl. *Erogenous zone*; ted. *Erogene Zone*; fr. *Zone érogène*; sp. *Zona erógena*). Termine psicoanalitico impiegato per indicare quelle parti del corpo che si rivelano idonee a raccogliere e ad esprimere un eccitamento di natura sessuale (v. EROTISMO).

Zona isterogena (ingl. *Hysterogenic zone*; ted. *Hysterogene Zone*; fr. *Zone hystérogène*; sp. *Zona histerógena*). Termine che Sigmund Freud mutua da Jean-Martin Charcot per indicare quelle regioni del corpo che nell'isteria di conversione vengono percepite come sede di sensazioni dolorose (v. ISTERIA). In realtà le zone isterogene, sollecitate, producono anche reazioni di piacere, rivelando gli stessi caratteri delle zone erogene (v. EROGENITÀ). Esse risultano infatti investite libidicamente e, al pari delle altre, non presentano una collocazione fissa nell'organismo, ma sono intercambiabili. Nella sindrome isterica tale processo di erogenizzazione è particolarmente vitale, tanto che l'attacco isterico può essere considerato un equivalente dell'orgasmo.

Bibliografia

Charcot J.-M., *Lezioni alla Salpêtrière* (1887-1889), Guerini & Associati, Milano 1989.
Freud S., *Studi sull'isteria (in collaborazione con Josef Breuer)* (1892-1895), in *Opere* (1967-1993), Bollati Boringhieri, Torino, vol. I.
–, *Tre saggi sulla teoria sessuale* (1905), in *Opere*, cit., vol. IV.

Zooerastia (ingl. *Zooerasty*; ted. *Bestialität*, fr. *Bestialité*; sp. *Zooerastia*). Pratiche sessuali con animali. Diffusa nell'antichità dove era socialmente accettata e in alcune culture ritualizzata, la zooerastia, condannata dalla cultura biblica che la indica come la colpa più grave tra i peccati di Sodoma (*Levitico*, 20, 15), ricorre oggi in alcune culture rurali non in alternativa ai rapporti umani, ma come vicariante la loro insufficienza o impossibilità. Come forma elettiva, la zooerastia assume un aspetto patologico o nella forma *anancastica* dove c'è scissione tra il Sé abituale e il Sé sessuale svilito e denigrato, o in quella *narcisistica* dove, per effetto della regressione che ha raggiunto stadi molto arcaici, il Sé narcisistico, che vive in una condizione di onnipotenza libidica, tratta l'animale come parte di sé. Richard von Krafft-Ebing, che ha introdotto l'uso di questo termine, ha distinto la zooerastia dalla ZOOFILIA (v.).

Bibliografia

Krafft-Ebing R. von, *Psychopathia sexualis* (1886), Edizioni Mediterranee, Roma 1975.

Zoofilia (ingl. *Zoophilia*; ted. *Zoophilie*; fr. *Zoophilie*; sp. *Zoofilia*). Amore per gli animali che si esprime in cure, carezze, vezzeggiamenti. Quando l'attaccamento è eccessivo, si ipotizza o un atteggiamento controfobico nei riguardi degli animali o un difettoso adattamento sociale.

Zoofobia (ingl. *Zoophobia*; ted. *Zoophobie*; fr. *Zoophobie*; sp. *Zoofobia*). Paura degli animali. Sintomo nevrotico che, a parere di Sigmund Freud, è frequente nei bambini in fase edipica, nei quali la paura del padre (rappresentante del pericolo di castrazione) viene spostata su un animale. Infatti, scrive Freud: «L'Io, appena conosciuto il pericolo di evirazione, dà il segnale di angoscia e inibisce, mediante l'istanza del piacere-dispiacere (e in una guisa che non riusciamo a penetrare più in profondità), il minaccioso processo d'investimento nell'Es. Contemporaneamente si effettua la formazione della fobia. La paura di evirazione mantiene un oggetto diverso e un'espressione deformata: essere morsicato dal cavallo o divorato dal lupo, anziché essere evirato dal padre. La formazione sostitutiva ha due evidenti vantaggi: anzitutto quello di sottrarsi a un conflitto d'ambivalenza, dato che il padre è al tempo stesso un oggetto amato; e, in secondo luogo, quello di permettere all'Io di sospendere lo sviluppo d'angoscia» (1925, pp. 274-275). Quest'ultima possibilità viene realizzata tramite l'evitamento dell'animale oggetto della proiezione, alla cui vista è possibile fuggire in misura senz'altro maggiore che a quella del padre. L'interpretazione della zoofobia di Freud è in stretta analogia con quella del totemismo, dove sono presenti le stesse condizioni del complesso d'Edipo, e in particolare due elementi di concordanza: la completa identificazione con l'animale totemico (incarnazione del padre) e l'atteggiamento emotivo ambivalente verso l'animale stesso (v. TOTEM, § 2).

Bibliografia

Freud S., *Analisi della fobia di un bambino di cinque anni (Caso clinico del piccolo Hans)* (1908), in *Opere* (1967-1993), Bollati Boringhieri, Torino, vol. V.
–, *Totem e tabù. Alcune concordanze nella vita psichica dei selvaggi e dei nevrotici* (1912-1913), in *Opere*, cit., vol. VII.

–, *Dalla storia di una nevrosi infantile (Caso clinico dell'uomo dei lupi)* (1914), in *Opere*, cit., vol. VII.
–, *Inibizione, sintomo e angoscia* (1925), in *Opere*, cit., vol. X.

Zoologica, Psicologia, v. PSICOLOGIA ANIMALE.

Zoopsia (ingl. *Zoopsia*; ted. *Zoopsie*; fr. *Zoopsie*; sp. *Zoopsia*). Allucinazione visiva di insetti o altri animali frequente nelle psicosi alcoliche (v. ALCOLISMO, § 7, *a*) e nelle tossicosi da cocaina.

Zoosadismo (ingl. *Zoosadism*; ted. *Zoosadismus*; fr. *Zoosadisme*; sp. *Zoosadismo*). Forma di SADISMO (v.) che ha come oggetto gli animali. La pulsione aggressiva, spesso di origine sessuale, trova il proprio soddisfacimento in azioni lesive o in uccisioni di animali, nonché nell'assistere a scene cruente di tal fatta.

Zoosemiotica (ingl. *Zoosemiotics*; ted. *Zoosemiotik*; fr. *Zoosémiotique*; sp. *Zoosemiótica*). Studio dei codici con cui gli animali trasmettono, conservano ed elaborano informazioni. Un codice è ad esempio la danza delle api la cui velocità, traiettoria e direzione hanno precisi e differenziati valori simbolici in grado di indicare il posto in cui si trovano fiori forniti di nettare, la loro distanza dall'alveare, e persino la qualità del nettare. Il linguaggio animale, a differenza di quello umano, è completamente connaturato, non si evolve e si riferisce esclusivamente a eventi immediati e a oggetti concreti.

Bibliografia

Sebeok Th. A., *Zoosemiotica. Studi sulla comunicazione animale* (1968), Bompiani, Milano 1973.

INDICE DELLE OPERE CITATE

A

Aarons M., Gittens T., *È autismo? Test di valutazione psicopedagogica* (1997), Erickson, Trento 2000.
AA.VV., *Aborto perché?*, Feltrinelli, Milano 1989.
AA.VV., *Alcoolismo. Clinica e terapia*, Masson, Milano 1979.
AA.VV., *Bugiardi e traditori*, in P. F. Galli (a cura di), *Osservazione psicoanalitica* (1992-1996), Bollati Boringhieri, Torino, vol. XIII.
AA.VV., *Conoscere il carattere*, in P. F. Galli (a cura di), *Osservazione psicoanalitica*, cit., vol. XXIII.
AA.VV., *Deistituzionalizzazione*, La Nuova Italia, Firenze 1977.
AA.VV., *Dislessia e disturbi di apprendimento*, in "Neuropsichiatria infantile", 1982, nn. 250-251.
AA.VV., *Dono, dunque siamo. Otto buone ragioni per credere in una società più solidale*, Utet, Torino 2013.
AA.VV., *Educazione degli handicappati*, Franco Angeli, Milano 1977.
AA.VV., *Enciclopedia*, Einaudi, Torino 1977-1984, voll. I-XVI.
AA.VV., *Enciclopedia delle religioni*, Vallecchi, Firenze 1970-1976, voll. I-VI.
AA.VV., *Entusiasmo Fiducia Perfezione*, in P. F. Galli (a cura di), *Osservazione psicoanalitica*, cit., vol. X.
AA.VV., *Environment, Heredity and Intelligence*, Harvard Educational Review, Cambridge 1969.
AA.VV., *Epilepsie. Diagnose und Therapie*, Karge, München 1969.
AA.VV., *Esperienza e progresso. L'agopuntura, la farmacologia, l'igiene nella medicina cinese*, Edizioni Paracelso, Roma 1987.
AA.VV., *Gli strumenti del sapere contemporaneo*, vol. I: *Le discipline*, vol. II: *I concetti*, Utet, Torino 1985.
AA.VV., *Il carattere*, in P. F. Galli (a cura di), *Osservazione psicoanalitica*, cit., vol. I.
AA.VV., *Il concetto di cultura. I fondamenti teorici della scienza antropologica*, Einaudi, Torino 1970.
AA.VV., *Il concetto di informazione nella società contemporanea* (1965), De Donato, Bari 1971.
AA.VV., *Il divenire dell'impresa*, Anabasi, Milano 1993.
AA.VV., *Il dono. La sfida della gratuità*, in "Esodo", 2005, n. 1.
AA.VV., *Il doppio. Psicoanalisi del compagno segreto*, Red Edizioni, Como 1990.
AA.VV., *Il giudizio morale nell'adolescenza. Categorie cognitive e valori*, Franco Angeli, Milano 1983.
AA.VV., *Il padre. Parola, silenzio, trasformazione*, Vivarium, Milano 2002.
AA.VV., *Il sogno e le civiltà umane*, Laterza, Bari 1966.
AA.VV., *Immagini e realtà*, in "Annuario di Itinerari Filosofici", 1998.
AA.VV., *Immaturità*, in "Servitium. Quaderni di ricerca sperimentale", 2005, n. 160.
AA.VV., *Intelligenza creativa*, La Nuova Italia, Firenze 1957.
AA.VV., *Invidia del pene?*, in P. F. Galli (a cura di), *Osservazione psicoanalitica*, cit., vol. VI.
AA.VV., *La gelosia*, in P. F. Galli (a cura di), *Osservazione psicoanalitica*, cit., vol. XVI.
AA.VV., *L'amore. Dall'Olimpo all'alcova*, Mazzotta, Milano 1992.
AA.VV., *La paranoia e l'antropologismo*, Spirali, Milano 1980.
AA.VV., *La propaganda*, in P. F. Galli (a cura di), *Osservazione psicoanalitica*, cit., vol. XVIII.
AA.VV., *La spiegazione nelle scienze del comportamento*, Franco Angeli, Milano 1981.
AA.VV., *La struttura del linguaggio*, Bompiani, Milano 1973.

AA.VV., *La vergogna*, in P. F. Galli (a cura di), *Osservazione psicoanalitica*, cit., vol. XXI.
AA.VV., *La volontà*, in P. F. Galli (a cura di), *Osservazione psicoanalitica*, cit., vol. XIV.
AA.VV., *Le désir et la perversion*, Seuil, Paris 1967.
AA.VV., *Le minoranze oppresse*, il Mulino, Bologna 1975.
AA.VV., *Le psicosi sperimentali*, Feltrinelli, Milano 1962.
AA.VV., *Le rabbie croniche* (1945-1966), Bollati Boringhieri, Torino 1992.
AA.VV., *Le vittime del mobbing. Relazioni di lavoro che creano malessere*, in "Famiglia oggi", 2003, n. 1.
AA.VV., *L'identità come problema*, in "La pratica analitica. Saggi di psicologia del profondo", 1983.
AA.VV., *L'identità personale*, Cedam, Padova 1981.
AA.VV., *L'invidia*, in P. F. Galli (a cura di), *Osservazione psicoanalitica*, cit., vol. XV.
AA.VV., *L'Io a più dimensioni. La formazione dell'Io in un mondo che cambia*, Red Edizioni, Como 1989.
AA.VV., *L'orientamento*, La Scuola, Brescia 1976.
AA.VV., *Materia e pulsione di morte*, Marsilio, Venezia 1975.
AA.VV., *Mente umana e mente artificiale*, Feltrinelli, Milano 1989.
AA.VV., *Morale e valori*, in P. F. Galli (a cura di), *Osservazione psicoanalitica*, cit., vol. XVII.
AA.VV., *Motricità e vita psichica del feto*, Gruppo Editoriale Medico, Roma 1982.
AA.VV., *Noia e apatia*, in P. F. Galli (a cura di), *Osservazione psicoanalitica*, cit., vol. III.
AA.VV., *Paralinguistica e cinesia*, Bompiani, Milano 1970.
AA.VV., *Pedagogia della valutazione scolastica*, La Scuola, Brescia 1976.
AA.VV., *Personalità e questione femminile*, Bulzoni, Roma 1979.
AA.VV., *Proposte didattiche*, Loescher, Torino 1976.
AA.VV., *Psiche. Dizionario storico di psicologia, psichiatria, psicoanalisi, neuroscienze*, Einaudi, Torino 2006-2007, voll. I-II.
AA.VV., *Psichiatria geriatrica*, Masson, Milano 1981.
AA.VV., *Psicologia sociale. Testi fondamentali inglesi e americani*, Organizzazioni Speciali (O. S.), Firenze 1978.
AA.VV., *Pubblicità e televisione*, ERI, Roma 1968.
AA.VV., *Quattro saggi sulla proiezione*, Vivarium, Milano 2013.
AA.VV., *Questioni di metodologia e di didattica*, La Scuola, Brescia 1973.
AA.VV., *Questioni di sociologia*, La Scuola, Brescia 1966.
AA.VV., *Rabbia e vendicatività*, in P. F. Galli (a cura di), *Osservazione psicoanalitica*, cit., vol. II.
AA.VV., *Ridere Piangere Gridare*, in P. F. Galli (a cura di), *Osservazione psicoanalitica*, cit., vol. XX.
AA.VV., *Scilicet. Rivista dell'École freudienne de Paris. Scritti di Jacques Lacan e di altri*, Feltrinelli, Milano 1977.
AA.VV., *Sessualità e handicappati*, Feltrinelli, Milano 1977.
AA.VV., *Simbolo e simbolizzazione*, in "Quaderni di Psicoterapia Infantile", 1981.
AA.VV., *Solitudine e nostalgia*, in P. F. Galli (a cura di), *Osservazione psicoanalitica*, cit., vol. XII.
AA.VV., *Studies on animal and human behaviour*, University Press, Cambridge 1970.
AA.VV., *Vuoto e disillusione*, in P. F. Galli (a cura di), *Osservazione psicoanalitica*, cit., vol. IX.
Abbate L., Massaro V., *La valutazione delle relazioni oggettuali e delle rappresentazioni sociali con il TAT. La Social Cognition and Object Relations Scale di Drew Westen*, Raffaello Cortina, Milano 2007.
Abbate L., Roma P., *MMPI-2. Manuale per l'interpretazione e le nuove prospettive di utilizzo*, Raffaello Cortina, Milano 2014.
Abbiate Fubini A., *I complessi della casalinga*, La Nuova Italia, Firenze 1974.
Abdelilah-Bauer B., *Il bambino bilingue* (2006), Raffaello Cortina, Milano 2009.
Abécassis F., Roche P., *Précarisation du travail et lien social*, L'Harmattan, Paris 2001.
Abegg L., *In Asia si pensa diversamente. Antitesi e complementarietà dell'Estremo Oriente e dell'Occidente* (1949), Astrolabio, Roma 1952.
Abelson R. P., *Cognition and social behavior*, Lawrence Erlbaum Associates, New York 1976.
Abend S. M., *An inquiry into the fate of the transference in psychoanalysis*, in "Journal of the American Psychoanalytic Association", 1993, n. 41.
Abhinavagupta, *Tantraloka. Luce delle Sacre Scritture*, Utet, Torino 1972.
Abraham G. (a cura di), *Psichiatria pluridimensionale. È possibile una filosofia della medicina?*, Feltrinelli, Milano 1977.
–, *Le età della vita*, Mondadori, Milano 1993.
Abraham G., Caruso C., *Sessuologia clinica*, Masson, Milano 1992.
Abraham G., Marrama P., Carani C., Gaillard J. M., *Psiconeuroendocrinologia del piacere* (1985), Masson, Milano 1986.

Abraham G., Pasini W., *Introduzione alla sessuologia medica* (1974), Feltrinelli, Milano 1975.
Abraham K., *Il significato dei traumi sessuali della fanciulezza per la sintomatologia della demenza praecox* (1907), in *Opere*, Bollati Boringhieri, Torino 1975, vol. I.
–, *Il trauma sessuale come forma di attività sessuale infantile* (1907), in *Opere*, cit., vol. I.
–, *Sessualità infantile e teoria della libido* (1907-1925), in *Opere*, cit., vol. I.
–, *Le differenze psicosessuali fra isteria e dementia praecox* (1908), in *Opere*, cit., vol. I.
–, *Note per l'indagine e il trattamento psicoanalitico della follia maniaco-depressiva e di stati affini* (1911), in *Opere*, cit., vol. I.
–, *Sulla ejaculatio praecox* (1917), in *Opere*, cit., vol. I.
–, *Una forma particolare di resistenza nevrotica al metodo psicoanalitico* (1919), in *Opere*, cit., vol. II.
–, *Sulla sessualità del bambino* (1920), in *Opere*, cit., vol. I.
–, *Supplementi alla teoria del carattere anale* (1921), in *Studi psicoanalitici sulla formazione del carattere* (1925), in *Opere*, cit., vol. I.
–, *Inizi e sviluppo dell'amore oggettuale* (1923), in *Opere*, cit., vol. I.
–, *Vedute psicoanalitiche su alcune caratteristiche del pensiero infantile* (1923), in *Opere*, cit., vol. I.
–, *Contributi dell'erotismo orale alla formazione del carattere* (1924), in *Opere*, cit., vol. I.
–, *Tentativo di una storia evolutiva della libido sulla base della psicoanalisi dei disturbi psichici* (1924), in *Opere*, cit., vol. I.
–, *Studi psicoanalitici sulla formazione del carattere* (1925), in *Opere*, cit., vol. I.
Abraham N., Torok M., *L'écorce et le noyau*, Flammarion, Paris 1978.
Abramson H. A., *The use of LSD in psychotherapy and alcoholism*, Bobbs-Merrill, Indianapolis, Indiana, 1967.
Abt L. E., Bellak L., *Psicologia proiettiva. Introduzione clinica alla personalità totale* (1961), Longanesi, Milano 1967.
Abu-Akel A., *Neurobiological mapping of theory of mind*, in "Brain Research Reviews", 2003, n. 43, pp. 29-40.
Accornero A., *Il mondo della produzione. Sociologia del lavoro e dell'industria*, il Mulino, Bologna 2006.
Ach N. K., *Über die Willenstätigkeit und das Denken*, Quelle und Meyer, Leipzig 1910.
–, *Über die Begriffsbildung*, Buchner, Bamberg 1921.
–, *Analyse des Willens*, Urban & Schwarzenberg, Berlin 1935.
Achenbach G. B., *La consulenza filosofica. La filosofia come opportunità di vita* (1987), Feltrinelli, Milano 2009.
–, *Saper vivere. Per una vita piena di significato e di valore* (2001), Apogeo, Milano 2006.
Achille P. A., *La dinamica del gruppo delinquente*, in L. Ancona (a cura di), *Nuove questioni di psicologia*, La Scuola, Brescia 1972, vol. II, pp. 155-206.
Ackerman D., *A natural history of the senses*, Random House, New York 1990.
Ackerman N. W., *Psicodinamica della vita familiare. Dalla patologia della famiglia alla patologia della società* (1958), Bollati Boringhieri, Torino 1968.
–, *Psicoterapia della famiglia*, in S. Arieti (a cura di), *Manuale di psichiatria* (1959-1966), Bollati Boringhieri, Torino 1969-1970, vol. III, pp. 1711-1722.
–, *Patologia e terapia della vita familiare* (1962), Feltrinelli, Milano 1970.
Ackoff R. L., Emery F. E., *La teoria dei sistemi. Presupposti, caratteristiche e sviluppi del pensiero sistemico* (1972), Franco Angeli, Milano 1994.
Acquaviva S., *L'eclissi del sacro nella civiltà industriale*, Edizioni di Comunità, Milano 1961.
Adam B., *Timewatch. Per un'analisi sociale del tempo* (1995), Baldini Castoldi Dalai, Milano 2005.
Adamo P., *La pornografia e i suoi nemici*, il Saggiatore, Milano 1996.
–, *Il porno di massa. Percorsi dell'hard contemporaneo*, Raffaello Cortina, Milano 2004.
Adams A. E., *Informationstheorie und Psychopathologie des Gedächtnisses*, Springer, Berlin 1971.
Adams J. L., *Conceptual blockbusting. A guide to better ideas*, Freeman, San Francisco 1974.
Adams P. L., *Le ossessioni nei bambini. Uno studio sociopsichiatrico* (1974), Bollati Boringhieri, Torino 1980.
Adams R. D., Victor M., *Principi di Neurologia* (8ª ed. a cura di A. H. Ropper, R. H. Brown), McGraw-Hill, Milano 2006.
Addenbrooke M., *Uscire dalle dipendenze. Testimonianze di recupero da alcol e droga* (2011), Vivarium, Milano 2014.
Adler A., *Studie über Minderwertigkeit der Organen*, Urban & Schwarzenberg, Wien 1907.
–, *Der Aggressionstrieb im Leben und in der Neurose*, in "Fortschritte der Medizin", 1908, vol. 26.
–, *Il temperamento nervoso* (1912), Astrolabio, Roma 1950.
–, *Prassi e teoria della psicologia individuale* (1920), Astrolabio, Roma 1947.
–, *La nevrosi coatta*, in Id., *Prassi e teoria della psicologia individuale*, cit.
–, *Psicologia individuale e conoscenza dell'uomo* (1926), Newton Compton, Roma 1975.

–, *Aspirazione alla superiorità e sentimento comunitario* (1928-1937), Edizioni Universitarie Romane, Roma 2008.
–, *La psicologia del bambino difficile* (1930), Newton Compton, Roma 1973.
–, *Psicologia dell'educazione* (1930), Newton Compton, Roma 1975.
–, *La tecnica della psicologia individuale* (1930-1932), Newton Compton, Roma 2005.
–, *Il senso della vita* (1933), Newton Compton, Roma 1997.
–, *I concetti fondamentali della psicologia individuale* (1935), in "Rivista di Psicologia Individuale", 1993, n. 33, pp. 5-9.
Adler G., *Psicologia analitica* (1966), Bollati Boringhieri, Milano 1972.
Adorno Th. W., *Minima moralia* (1944-1947), Einaudi, Torino 1974.
–, *Introduzione alla sociologia della musica* (1962), Einaudi, Torino 1971.
–, *Scritti sociologici* (1972), Einaudi, Torino 1976.
Adorno Th. W. *et al.*, *La personalità autoritaria* (1950), Edizioni di Comunità, Milano 1973.
Adrian E. D., *Afferent discharges to the cerebral cortex from peripheral sense organs*, in "Journal of Phisiology", 1941, pp. 100-159.
–, *I fondamenti fisiologici della percezione* (1947), Bollati Boringhieri, Torino 1952.
Agamben G., *La comunità che viene*, Bollati Boringhieri, Torino 2001.
Ager A. (a cura di), *Il personal computer in psicologia clinica* (1992), Raffaello Cortina, Milano 1993.
Aglioti S. M., Fabbro F., *Neuropsicologia del linguaggio*, il Mulino, Bologna 2006.
Agostino di Ippona, *La musica* (387), in *Tutti i dialoghi*, Bompiani, Milano 2006.
–, *Il maestro* (389), in *Tutti i dialoghi*, cit.
–, *Sulla bugia* (395), Rusconi, Milano 1994.
–, *Confessioni* (401), Fondazione Lorenzo Valla, Mondadori, Milano 1992-1997.
–, *La città di Dio* (413-426), Bompiani, Milano 2001.
–, *Commento alla Prima Lettera di Giovanni* (415), in Id., *Amore assoluto e "Terza navigazione"*, Rusconi, Milano 1994.
Agranoff B. W. (a cura di), *Neurobiological basis of learning and memory*, Wiley, New York 1980.
Agresti E., *Il perché della follia. Il modello ontologico nelle psicosi*, Edizioni del Cerro, Tirrenia 1994.
Aguglia E., Riolo A., *La pedofilia nell'ottica psichiatrica*, Il Pensiero Scientifico, Roma 1999.
Ahrenfeldt R. H., *La notion de santé mentale*, in *Encyclopédie médico-chirurgicale. Section "Psychiatrie"*, Éditions du Centre de Psychologie Appliquée, Paris 1966.
Aichhorn A., *Gioventù disadattata* (1925), Città Nuova, Roma 1978.
Ainsworth M. D. S., *Modelli di attaccamento e sviluppo della personalità. Scritti scelti* (1962-1991), Raffaello Cortina, Milano 2006.
Ainsworth M. D. S., Blehar M. C., Waters E., Wall S., *Patterns of attachment. A psychological study of the strange-situation*, Lawrence Erlbaum Associates, Hillsdale, New Jersey, 1978.
Airenti G., *Intersoggettività e teoria della mente. Le origini cognitive della comunicazione*, Bollati Boringhieri, Torino 2003.
Aite P., *Paesaggi della psiche. Il gioco della sabbia nell'analisi junghiana*, Bollati Boringhieri, Torino 2002.
Ajuriaguerra J. de, *Les thérapeutiques de relaxation en médecine psycho-somatique*, in "La Presse Médicale", 1953, n. 61.
–, *Les apraxies*, in "Revue Neurologique", 1960, n. 102.
Ajzen I., *Attitudes, personality and behaviour*, Open University Press, Milton Keynes 1988.
Alain O., *L'harmonie*, Puf, Paris 1965.
Alanen Y. O., *La schizofrenia. Le sue origini e il trattamento adattato al bisogno* (1997), Fioriti, Roma 2005.
Albanese O., Doudin P.-A., Martin D. (a cura di), *Metacognizione ed educazione. Processi, apprendimenti, strumenti*, Franco Angeli, Milano 1995.
Albanesi G., *La terapia antidepressiva*, Masson, Milano 1991.
Albasi C., *Psicopatologia e ragionamento clinico*, Raffaello Cortina, Milano 2009.
Alberoni F., *Contributo allo studio dell'integrazione sociale dell'immigrato*, Vita e Pensiero, Milano 1960.
–, *Consumi e società*, il Mulino, Bologna 1964.
–, *Innamoramento e amore*, Garzanti, Milano 1979.
–, *L'amicizia*, Garzanti, Milano 1984.
–, *Gli invidiosi*, Garzanti, Milano 1991.
Alberti A., *Psicosintesi. Una cura per l'anima*, L'Uomo Edizioni, Firenze 2008.
Alberts B. *et al.*, *Molecular biology of the cell*, Garland, New York 1989.
Albini Bravo C., Devescovi P. C., *Figli e genitori. Note a margine di un mito amputato*, Moretti & Vitali, Bergamo 2014.

Alciato A., *Il libro degli emblemi* (1531-1534), Adelphi, Milano 2009.
Alcock J., *Animal behavior*, Sinauer, Sunderland 1979.
Alemán J., *L'antifilosofia di Jacques Lacan* (2000), Franco Angeli, Milano 2003.
Ales Bello A., *L'altro, il diverso, l'estraneo. Accoglimento e ascolto nell'incontro fra le culture e la religione*, in A. Dentone (a cura di), *Ascolto e accoglimento*, Bastogi, Foggia 2001.
–, *Il senso delle cose. Per un realismo fenomenologico*, Castelvecchi, Roma 2013.
Aletti M., De Nardi F., *Psicoanalisi e religione. Nuove prospettive clinico-ermeneutiche*, Centro Scientifico Editore, Torino 2002.
Aletti M., Fagnani D., Rossi G. (a cura di), *Religione. Cultura, mente e cervello. Nuove prospettive in psicologia della religione*, Centro Scientifico Editore, Torino 2009.
Aletti M., Rossi G. (a cura di), *Ricerca di sé e trascendenza. Approcci psicologici all'identità religiosa in una società pluralista*, Centro Scientifico Editore, Torino 1999.
– (a cura di), *L'illusione religiosa. Rive e derive*, Centro Scientifico Editore, Torino 2001.
Alexander F. G., *Medicina psicosomatica* (1950), Giunti Barbera, Firenze 1951.
Alexander F. G., French Th. M., *Psychoanalytic therapy*, Ronald Press, New York 1946.
Alexander F. G., Healy W., *Roots of crime*, Knopf, New York 1935.
Alexander J. F., Parsons B. V., *Functional family therapy*, Brooks-Cole, Pacific Grove, California, 1982.
Alexandre V., *Les échelles d'attitude*, Delarge, Paris 1971.
Alexandrian S., *Storia della filosofia occulta* (1983), Mondadori, Milano 1984.
Al-Fārābī A. N. M., *La via della felicità*, Castelvecchi, Roma 2013.
Alfieri F., *Il mestiere di maestro*, Emme, Milano 1974.
Alleau R., *La scienza dei simboli. Contributo allo studio dei principi e dei metodi della simbolica* (1976), Sansoni, Firenze 1983.
Allegri L., *Mass Media*, in AA.VV., *Gli strumenti del sapere contemporaneo*, vol. I: *Le discipline*, Utet, Torino 1985, pp. 472-485.
Allen J. G., Fonagy P., Bateman A. W. (a cura di), *La mentalizzazione nella pratica clinica* (2008), Raffaello Cortina, Milano 2010.
Alléon A. M., Morvan O., Lebovici S., *Adolescence terminée, adolescence interminable*, Puf, Paris 1985.
Allovio S., *Riti di iniziazione. Antropologi, stoici e finti immortali*, Raffaello Cortina, Milano 2015.
Allport F. H., *Toward a science opinion*, in "Public Opinion Quarterly", 1937, n. I, 1, pp. 7-23.
Allport G. W., *Attitudes*, in C. Murchison (a cura di), *A handbook of social psychology*, Clark University Press, Worcester, Massachusetts, 1935.
–, *Personality. A psychological interpretation*, Holt, New York 1937.
–, *La natura del pregiudizio* (1954), La Nuova Italia, Firenze 1973.
–, *Divenire. Fondamenti di una psicologia della personalità* (1955), Editrice Universitaria, Firenze 1963.
–, *Personality and social encounter*, Beacon Press, Boston 1960.
–, *Psicologia della personalità* (1961), Pas, Zürich 1973.
Allport G. W., Vernon Ph. E., Lindzey G., *A study of values*, Houghton Mifflin, Boston 1960.
Almeida Z. de, *Les perturbations mentales chez les migrants*, in "Information Psychiatrique", 1975, n. 51, pp. 249-281.
Alpa G., *La persona. Tra cittadinanza e mercato*, Feltrinelli, Milano 1992.
Altemeyer B., *The authoritarian specter*, Harvard University Press, Cambridge, Massachusetts, 1996.
Althusser L., *Freud e Lacan* (1976), Editori Riuniti, Roma 1977.
Altman J., *Das GD. Autoradiographic and histological evidence of postnatal hippocampal neurogenesis in rats*, in "The Journal of Comparative Neurology", 1965, n. 124, pp. 319-336.
Altrocchi J., *Mental health consultation*, Appleton-Century-Crofts, New York 1972.
Alvesson M., Berg P. O., *L'organizzazione e i suoi simboli. Il contributo della prospettiva simbolica nell'analisi delle culture organizzative* (1992), Raffaello Cortina, Milano 1993.
Alvin J., *La musica come terapia* (1965), Armando, Roma 1965.
–, *La terapia musicale per il ragazzo autistico* (1978), Armando, Roma 1981.
Alzheimer A., *Über eine eigenartige Erkrankung der Hirnrinden*, in "Allgemeine Zeitschrift für Psychiatrie", 1907, n. 64.
Amadei G., *Mindfulness. Essere consapevoli*, il Mulino, Bologna 2014.
Amado G., Guittet A., *La dynamique des communications dans les groupes*, Armand Colin, Paris 1990.
Amati U., *L'uomo e le sue pulsioni. Il lavoro creativo esplorato alle sue radici*, Melusina, Roma 1994.
Amati Mehler J., *Fobie*, in A. A. Semi (a cura di), *Trattato di psicoanalisi*, vol. II: *Clinica*, Raffaello Cortina, Milano 1988-1989, pp. 151-216.
Amato S., *Sessualità e corporeità. I limiti dell'identificazione giuridica*, Giuffrè, Milano 1985.

Ambrosini Ajello A. M., Depolo M. (a cura di), *Valutare per migliorare. Una nuova prassi valutativa nella formazione*, il Mulino, Bologna 2008.
Ambrosini C., Pellegatta S., *Il gioco nello sviluppo e nella terapia psicomotoria*, Erickson, Trento 2012.
Ameisen J. C., *Al cuore della vita. Il suicidio cellulare e la morte creatrice* (1999), Feltrinelli, Milano 2001.
Amendt G., *No drugs no future. Le droghe nell'età dell'ansia sociale* (2003), Feltrinelli, Milano 2004.
Amendt G., Walder P., *Le nuove droghe. Una guida critica* (1997), Feltrinelli, Milano 1998.
American Psychiatric Association (APA), *Psichiatria culturale. Un'introduzione* (2003), Raffaello Cortina, Milano 2004.
Amerio P., *Alcuni aspetti di articolazione tra lo psichico e il sociale. Motivazione, decisione, azione*, in P. Amerio, G. P. Quaglino (a cura di), *Mente e società nella ricerca psicologica*, Book Store, Torino 1980.
–, *Teorie in psicologia sociale*, il Mulino, Bologna 1982.
–, *Fondamenti di psicologia sociale*, il Mulino, Bologna 1995.
–, *Psicologia di comunità*, il Mulino, Bologna 2004.
–, *Giovani al lavoro. Significati, prospettive e aspirazioni*, il Mulino, Bologna 2009.
–, *L'altro necessario. Contro la solitudine della società moderna*, il Mulino, Bologna 2013.
Amerio P., Boggi Cavallo P., Palmonari A., Pombeni M. L., *Gruppi di adolescenti e processi di socializzazione*, il Mulino, Bologna 1990.
Amerio P., Borgogno F., *Introduzione alla psicologia dei piccoli gruppi*, Giappichelli, Torino 1975.
Amerio P., Bosotti E., Amione F., *La dissonanza cognitiva. Teoria e sperimentazione*, Bollati Boringhieri, Torino 1978.
Amerio P., Quaglino G. P., *Il gruppo. Realtà e rappresentazione sociale*, Book Store, Torino 1979.
– (a cura di), *Mente e società nella ricerca psicologica*, Book Store, Torino 1980.
Ames L. B., Métraux R. W., Rodell J. L., Walker R. N., *Risposte al test di Rorschach*, vol. I: *Il bambino*, vol. II: *L'adolescente*, vol. III: *L'anziano* (1971-1974), Bollati Boringhieri, Torino 1978-1980.
Amietta P. L., *Comunicare per apprendere. Dall'impresa-organizzazione all'impresa-comunicazione*, Franco Angeli, Milano 1995.
Ammaniti M. (a cura di), *La nascita del Sé*, Laterza, Bari 1989.
– (a cura di), *La gravidanza tra fantasia e realtà*, Il Pensiero Scientifico, Roma 1992.
– (a cura di), *Manuale di psicopatologia dell'infanzia*, Raffaello Cortina, Milano 2001.
– (a cura di), *Manuale di psicopatologia dell'adolescenza*, Raffaello Cortina, Milano 2009.
– (a cura di), *Psicopatologia dello sviluppo. Modelli teorici e percorsi a rischio*, Raffaello Cortina, Milano 2010.
Ammaniti M., Antonucci F., Iaccarino B., *Appunti di psicopatologia*, Bulzoni, Roma 1975.
Ammaniti M., Candelori C., Pola M., Tambelli R., *Maternità e gravidanza. Studio sulle rappresentazioni materne*, Raffaello Cortina, Milano 1996.
Ammaniti M., Cimino S., *Attaccamento*, in AA.VV., *Psiche. Dizionario storico di psicologia, psichiatria, psicoanalisi, neuroscienze*, Einaudi, Torino 2006-2007, vol. I, pp. 104-108.
Ammaniti M., Dazzi N. (a cura di), *Affetti. Natura e sviluppo delle relazioni interpersonali*, Laterza, Bari 1990.
Ammaniti M., Stern D. N., *Attaccamento e psicoanalisi*, Laterza, Bari 1992.
– (a cura di), *Fantasia e realtà nelle relazioni interpersonali*, Laterza, Bari 1995.
Ammann R., *Sandplay. Immagini che curano e trasformano* (1989), Vivarium, Milano 2000.
Ammon G., *Psicosomatica* (1974), Borla, Roma 1977.
Amselle J.-L., *Connessioni. Antropologia dell'universalità delle culture* (2000), Bollati Boringhieri, Torino 2001.
Anagarika Govinda, *Meditazione creativa e coscienza multidimensionale*, Astrolabio, Roma 1984.
Anastasi A., *Psicologia differenziale* (1937), Editrice Universitaria, Firenze 1965.
–, *I test psicologici* (1954), Franco Angeli, Milano 1973.
–, *Applicazioni della psicologia* (1964), LAF, Roma 1974.
Anchisi R., Gambotto Dessy M., *Manuale del biofeedback. Psicologia e medicina comportamentale*, Edizioni Libreria Cortina, Torino 1996.
Ancona L. (a cura di), *Questioni di psicologia*, La Scuola, Brescia 1962.
–, *Psicologia dell'amore coniugale*, in T. Goffi (a cura di), *Enciclopedia del matrimonio*, Queriniana, Brescia 1968.
–, *Dinamica della percezione*, Mondadori, Milano 1970.
– (a cura di), *Nuove questioni di psicologia*, La Scuola, Brescia 1972, voll. I-II.
–, *L'aggressività*, in Id. (a cura di), *Nuove questioni di psicologia*, cit., vol. I, pp. 991-1024.
–, *L'aspetto dinamico della motivazione, il conflitto psichico e i meccanismi di difesa*, in Id. (a cura di), *Nuove questioni di psicologia*, cit., vol. I, pp. 887-920.

–, *L'ipnosi come processo psicodinamico*, in Id. (a cura di), *Nuove questioni di psicologia*, cit., vol. I, pp. 565-582.
Ancora A., *La dimensione transculturale della psicopatologia*, Edizioni Universitarie Romane, Roma 1997.
Anders G., *L'uomo è antiquato*, Libro I: *Considerazioni sull'anima nell'epoca della seconda rivoluzione industriale* (1956), Bollati Boringhieri, Torino 2003.
–, *L'odio è antiquato* (1985), Bollati Boringhieri, Torino 2006.
Andersen T., *The reflecting team. Dialogues and dialogues about the dialogues*, Norton, New York 1991.
Anderson H., *Conversation, language and possibilities. A postmodern approach to therapy*, Basic Books, New York 1997.
Anderson H. H. (a cura di), *La creatività e le sue prospettive* (1959), La Scuola, Brescia 1972.
Anderson J. R., *Cognitive psychology and its implications*, Freeman, San Francisco 1980.
–, *Skill acquisition. Compilation of weak method problem solutions*, in "Psychological Review", 1987, n. 94, pp. 192-210.
Anderson J. R., Bower G. H., *Human associative memory*, Winston & Sons, Washington (DC) 1973.
Anderson K. J., *Arousal and inverted-U hypothesis. A critique of Neiss's "Reconceptualizing arousal"*, in "Psychological Bulletin", 1990, n. 107, pp. 96-100.
Anderson M., *La cromoterapia* (1975), Armenia, Milano 1985.
Anderson R. E., *Did I do it, or did I only imagine doing it?*, in "Journal of Experimental Psychology: General", 1984, n. 113, pp. 594-613.
Anderton B. H., *Tangled genes and proteins*, in "Nature", 1987, n. 329.
Andolfi M., *La crisi della coppia. Una prospettiva sistemico-relazionale*, Raffaello Cortina, Milano 2007.
Andolfi M., Angelo C., *Tempo e mito nella psicoterapia familiare*, Bollati Boringhieri, Torino 1987.
Andolfi M., Angelo C., De Nichilo M. (a cura di), *Sentimenti e sistemi*, Raffaello Cortina, Milano 1996.
Andolfi M., D'Elia A. (a cura di), *Le perdite e le risorse della famiglia*, Raffaello Cortina, Milano 2007.
Andolfi M. *et al.*, *La famiglia rigida. Un modello di psicoterapia relazionale*, Feltrinelli, Milano 1982.
André Ch., Légeron P., *La paura degli altri. Agitazione, timidezza e fobia sociale* (1998), Einaudi, Torino 2000.
Andreani Dentici O., Orio S., *Le radici psicologiche del talento*, il Mulino, Bologna 1972.
Andreasen C. N., *Schizofrenia. Scale per la valutazione dei sintomi positivi e negativi* (1995), Raffaello Cortina, Milano 1997.
Andreella F., *Il corpo sospeso. I gesti della danza tra codici e simboli*, Moretti & Vitali, Bergamo 2012.
Andreoli V., *Demonologia e schizofrenia*, Tamburini, Milano 1973.
–, *Il medico e la droga*, Masson, Milano 1978.
–, *Droga, scuola, prevenzione*, Masson, Milano 1986.
–, *Il linguaggio malato. Il mito della comprensione in psichiatria*, Masson, Milano 1986.
Andreoli V., Cancrini L., Gessa G. L., Fratta W., *Tossicodipendenze*, Masson, Milano 1988.
Andreoni P., *Tempo e lavoro. Storia, psicologia e nuove problematiche*, Bruno Mondadori, Milano 2005.
Anello A., Venturini R., *Musica. Terapia e autorealizzazione*, Bulzoni, Roma 1981.
Anfossi M., *L'abuso sessuale intrafamiliare. Come lo vedono e lo rappresentano i bambini abusati*, in T. Giani Gallino, *A come Abuso, Anoressia, Attaccamento*, Bollati Boringhieri, Torino 1998.
Angel P., Amar P., *Il coaching* (2005), il Mulino, Bologna 2008.
Angela P., *Viaggio nel mondo del paranormale*, Garzanti, Milano 1979.
Angelelli P. *et al.*, *DDO. Diagnosi dei disturbi ortografici in età evolutiva*, Erickson, Trento 2008.
Angell J. R., *Psychology*, Holt, New York 1904.
–, *L'area della psicologia funzionale* (1907), in N. Dazzi, L. Mecacci (a cura di), *Storia antologica della psicologia*, Giunti Barbera, Firenze 1982.
Angrilli A., *Brodmann, Area di*, in *Enciclopedia di psicologia*, Garzanti, Milano 1999.
–, *Corea di Huntington*, in *Enciclopedia di psicologia*, cit.
–, *Darwinismo neurale*, in *Enciclopedia di psicologia*, cit.
–, *Neuroscienze*, in *Enciclopedia di psicologia*, cit.
–, *Linguaggio. Correlati anatomici, funzionali e plasticità cerebrale*, in L. Stegagno (a cura di), *Psicofisiologia. Dalla genetica comportamentale alle attività cognitive*, Zanichelli, Bologna 2010, pp. 130-169.
Angrilli A., Crow T. J. *et al.*, *Schizophrenia as failure of left hemispheric dominance for the phonological component of language*, in "PLoS ONE", 2009, vol. 4, 2, e4507.
Angus L., McLeod J. (a cura di), *The handbook of narrative and psychotherapy. Practice, theory and research*, Sage Publications, Thousand Oaks, California, 2004.
Angyal A., *Foundations for a science of personality*, Commonwealth Fund, New York 1941.

Anolli L., *Le emozioni*, il Mulino, Bologna 2002.
–, *Mentire*, il Mulino, Bologna 2003.
–, *Psicologia della cultura*, il Mulino, Bologna 2004.
–, *L'ottimismo*, il Mulino, Bologna 2005.
–, *Fondamenti di psicologia della comunicazione*, il Mulino, Bologna 2006.
–, *La vergogna*, il Mulino, Bologna 2010.
Anolli L., Legrenzi P., *Psicologia generale*, il Mulino, Bologna 2006.
Anonima, *Seduzione sul lettino o il malinteso amoroso* (1988), Bollati Boringhieri, Torino 1990.
Ansart P., *Idéologies, conflicts et pouvoir*, Puf, Paris 1977.
Ansbacher H. L., Ansbacher R. R., *La psicologia individuale di Alfred Adler* (1956), Martinelli, Firenze 1997.
Anselmo d'Aosta, *Epistulae*, 1, 75, in J.-P. Migne, *Patrologia latina*, in Id., *Patrologiae cursus completus*, Paris 1845-1855, t. 158.
Anspach M., *A buon rendere. La reciprocità della vendetta nel dono e nel mercato* (2002), Bollati Boringhieri, Torino 2007.
Antiseri D., *Teoria unificata del metodo*, Liviana, Padova 1981.
Antonelli F., Salvini A., *Psicologia dello sport*, Lombardo, Roma 1978.
Antonietti A., *Psicologia del pensiero*, il Mulino, Bologna 2013.
Antonietti A., Balconi M. (a cura di), *Mente ed economia. Come psicologia e neuroscienze spiegano il comportamento economico*, il Mulino, Bologna 2008.
Antonietti A., Molteni S. (a cura di), *Educare al pensiero creativo. Modelli e strumenti per la scuola, la formazione e il lavoro*, Erickson, Trento 2014.
Antonione Casale M., Peila Castellani P., Saglio F., *Il bambino handicappato a scuola*, Bollati Boringhieri, Torino 1991.
Antonucci G., *Il pregiudizio psichiatrico*, Elèuthera, Milano 1989.
Anzieu D., *L'autoanalyse*, Puf, Paris 1959.
–, *L'autoanalisi di Freud e la scoperta della psicoanalisi* (1959-1975), Astrolabio, Roma 1978.
–, *Les méthodes projectives*, Puf, Paris 1960.
–, *Il gruppo e l'inconscio* (1975), Borla, Roma 1979.
–, *L'Io-pelle* (1985), Borla, Roma 1987.
–, *L'epidermide nomade e la pelle psichica* (1990), Raffaello Cortina, Milano 1992.
Anzieu D., Béjarano A., Kaës R., Missenard A., *Il lavoro psicoanalitico nei gruppi* (1973), Armando, Roma 1975.
Anzieu D., Martin J.-Y., *Dinamica dei piccoli gruppi* (1979), Borla, Roma 1997.
Apfeldorfer G., *Mangio, dunque sono. Obesità e anomalie nel comportamento alimentare* (1991), Marsilio, Venezia 1993.
Appiani M., *Tabù. Elogio del pudore*, Franco Angeli, Milano 2004.
Appleyard D. A., *Planning a pluralistic city*, Mit Press, Cambridge, Massachusetts, 1976.
Arbib M. A., Caplan D., Marshall J. C., *Neurolinguistic in historical perspective*, in Id. (a cura di), *Neural models of language processes*, Academic Press, New York 1982.
Arbinger Institute, *Leadership e autoinganno* (2000), Piccin, Padova 2002.
Arcand B., *Il giaguaro e il formichiere. La pornografia dal mondo primitivo alle società contemporanee* (1991), Garzanti, Milano 1995.
Archer J., Lloyd B. B., *Sex and gender in society*, Penguin, Harmondsworth 1982.
Archer M. S., *La conversazione interiore. Come nasce l'agire sociale* (2003), Erickson, Trento 2006.
Arciero G., *Studi e dialoghi sull'identità personale*, Bollati Boringhieri, Torino 2002.
–, *Sulle tracce di sé*, Bollati Boringhieri, Torino 2006.
Arcuri L., *Crescere con la TV e Internet*, il Mulino, Bologna 2008.
Arcuri L., Cadinu M., *Gli stereotipi. Dinamiche psicologiche e contesto delle relazioni sociali*, il Mulino, Bologna 1998.
Arcuri L., De Negri Trentin R., Salmaso P., *Aspetti cognitivi del comportamento sociale*, il Mulino, Bologna 1979.
Arcuri L., Flores d'Arcais G. B., *La misura degli atteggiamenti*, Giunti Martello, Firenze 1976.
Arcuri L., Pozzetti R., *Lo psicologo e il computer. Ricerca e applicazione psicologica con il personal computer*, il Mulino, Bologna 1986.
Arcuri L., Zogmaister C., *Metodi di ricerca nella cognizione sociale*, il Mulino, Bologna 2007.
Ardigò A., *Elementi di sociologia della famiglia e dell'educazione*, La Scuola, Brescia 1966.
Arendt H., *Vita activa. La condizione umana* (1958), Bompiani, Milano 1964.
–, *Responsabilità e giudizio* (1959-1975), Einaudi, Torino 2004.
–, *La banalità del male. Eichmann a Gerusalemme* (1963), Feltrinelli, Milano 1964.

–, *La vita della mente* (1971), il Mulino, Bologna 1987.
Argan G. C., *Progetto e destino*, il Saggiatore, Milano 1965.
Argentero P., *I test nelle organizzazioni*, il Mulino, Bologna 2006.
Argentero P., Cortese C. G., Piccardo C. (a cura di), *Psicologia del lavoro*, Raffaello Cortina, Milano 2009.
– (a cura di), *Psicologia delle organizzazioni*, Raffaello Cortina, Milano 2009.
Argentieri S., *Il padre materno. Da San Giuseppe ai nuovi mammi*, Meltemi, Roma 1999.
–, *L'ambiguità*, Einaudi, Torino 2008.
–, *A qualcuno piace uguale*, Einaudi, Torino 2010.
Argyle M., *Il corpo e il suo linguaggio. Studi sulla comunicazione non verbale* (1965), Zanichelli, Bologna 1978.
–, *Il comportamento sociale* (1974), il Mulino, Bologna 1976.
–, *Psicologia della felicità* (1987), Raffaello Cortina, Milano 1988.
Argyle M., Beit-Hallahmi B., *The social psychology of religion*, Routledge & Kegan, Boston 1975.
Argyris Ch., Schön D., *Apprendimento organizzativo. Teoria, metodo e pratiche* (1978), Guerini & Associati, Milano 1998.
Arielli E., *Cognizione e comunicazione. Le basi psicologiche dell'interazione umana*, il Mulino, Bologna 2006.
–, *Gioco*, in AA.VV., *Psiche. Dizionario storico di psicologia, psichiatria, psicoanalisi, neuroscienze*, Einaudi, Torino 2006-2007, vol. I, pp. 473-478.
–, *Farsi piacere. La costruzione del gusto*, Raffaello Cortina, Milano 2016.
Ariès Ph., *Infanzia*, in AA.VV., *Enciclopedia*, Einaudi, Torino 1979, vol. VII, pp. 431-442.
Arieti S. (a cura di), *Manuale di psichiatria* (1959-1966), Bollati Boringhieri, Torino 1969-1970, voll. I-III.
–, *La creatività e il suo potenziamento*, in Id. (a cura di), *Manuale di psichiatria*, cit., vol. III, pp. 2212-2236.
–, *Il Sé intrapsichico* (1967), Bollati Boringhieri, Torino 1969.
–, *Interpretazione della schizofrenia* (1974), Feltrinelli, Milano 1978, voll. I-II.
–, *Creatività. La sintesi magica* (1976), Il Pensiero Scientifico, Roma 1979.
–, *Capire e aiutare il paziente schizofrenico* (1979), Feltrinelli, Milano 1981.
Arieti S., Bemporad J., *La depressione grave e lieve* (1978), Feltrinelli, Milano 1981.
Aristotele, *Categorie*, *Della memoria e della reminiscenza*, *Dell'anima*, *Dell'espressione*, *Etica eudemia*, *Etica nicomachea*, *Fisica*, *Metafisica*, *Poetica*, *Politica*, *Primi Analitici*, *Retorica*, *Riproduzione degli animali*, *Topici*, in *Opere*, Laterza, Bari 1973, voll. I-IV.
Armezzani M., *L'indagine di personalità. Modelli e paradigmi della ricerca*, La Nuova Italia Scientifica, Roma 1995.
–, *Il MMPI*, in Id., *L'indagine di personalità*, cit., pp. 93-143.
–, *Il test di Rorschach*, in Id., *L'indagine di personalità*, cit., pp. 165-186.
–, *L'ACL*, in Id., *L'indagine di personalità*, cit., pp. 143-155.
–, *L'enigma dell'ovvio. La fenomenologia di Husserl come fondamento di un'altra psicologia*, Unipress, Padova 1998.
–, *Comprensione*, in AA.VV., *Psiche. Dizionario storico di psicologia, psichiatria, psicoanalisi, neuroscienze*, Einaudi, Torino 2006-2007, vol. I, pp. 226-231.
Armezzani M., Grimaldi F., Pezzullo L., *Tecniche costruttiviste per la diagnosi di personalità*, McGraw-Hill, Milano 2003.
Armstrong J., *Il potere segreto della bellezza. Una guida al bello di ogni epoca* (2004), Guanda, Parma 2007.
Arnao G., *Rapporto sulle droghe*, Feltrinelli, Milano 1976.
–, *Erba proibita. Rapporto su hashish e marihuana*, Feltrinelli, Milano 1978.
–, *Cocaina. Storia, effetti, cultura, esperienze*, Feltrinelli, Milano 1980.
– (con L. Del Gatto), *Il dilemma eroina. Rituali e ricerche*, Feltrinelli, Milano 1985.
–, *Cocaina e crack. Usi, abusi e costumi*, Feltrinelli, Milano 1993.
Arndt M., *Über täglichen Wechsel psychischer Krankheitszustände*, in "Allgemeine Zeitschrift für Psychiatrie", 1930, n. 92.
Arnheim R., *Arte e percezione visiva* (1954), Feltrinelli, Milano 1971
–, *Verso una psicologia dell'arte* (1966), Einaudi, Torino 1969.
–, *Il pensiero visivo. La percezione visiva come attività conoscitiva* (1969), Einaudi, Torino 1974.
–, *Entropia e arte. Saggio sul disordine e l'ordine* (1971), Einaudi, Torino 1974
–, *L'altro Gustav Theodor Fechner* (1985), in Id., *Intuizione e intelletto. Nuovi saggi di psicologia dell'arte* (1986), Feltrinelli, Milano 1987.
–, *Intuizione e intelletto. Nuovi saggi di psicologia dell'arte* (1986), Feltrinelli, Milano 1987.
Arnold M. B., *Emotion and personality*, Columbia University Press, New York 1960.

Arnold W., *Der Pauli-Test. Anweisung zur sachgemässen Durchführung, Auswertung und Anwendung der Kraepelinschen Arbeitsversuches*, Barth, München 1961.
–, *Angewandte Psychologie*, Kohlhammer, Stuttgart 1970.
–, *Psychological problems of cybernetics*, in "Education", 1971, n. 3.
Arnold W., Pauli R., *Der Pauli-Test*, Barth, München 1970.
Arntz A., Van Genderen H., *Lo Schema Therapy per il disturbo borderline di personalità* (2009), Raffaello Cortina, Milano 2011.
Aron J.-P., Kempf R., *Il pene e la demoralizzazione dell'Occidente* (1978), Sansoni, Milano 1979.
Aron L., *Menti che si incontrano* (1996), Raffaello Cortina, Milano 2004.
Aron R., *Social structure and ruling class*, in "British Journal of Sociology", 1950.
–, *Histoire et dialectique de la violence*, Gallimard, Paris 1973.
Aronfreed J., *Conduct and conscience*, Academic Press, New York 1968.
Aronson E., Wilson T. D., Akert R. M., *Psicologia sociale* (1997), il Mulino, Bologna 1999.
Arrigoni M. P., Barbieri G. L., *Narrazione e psicoanalisi. Un approccio semiologico*, Raffaello Cortina, Milano 1998.
Arrigoni Scortecci M., *La costruzione di modelli psicoanalitici nelle psicosi*, in A. A. Semi (a cura di), *Trattato di psicoanalisi*, vol. II: *Clinica*, Raffaello Cortina, Milano 1988-1989, pp. 619-696.
Arrindell W. A., Van der Ende J., *Cross-sample invariance of the structure of self-reported distress and difficulty in assertiveness*, in "Advances in Behaviour Research and Therapy", 1985, n. 7, pp. 205-243.
Artaud A., *Il teatro e il suo doppio* (1938), Einaudi, Torino 1968.
Asbury K., Plomin R., *G come geni. L'impatto della genetica sull'apprendimento* (2014), Raffaello Cortina, Milano 2015.
Asch S. E., *Forming impressions of personality*, in "The Journal of Abnormal and Social Psychology", 1946, n. 41, pp. 258-290.
–, *Effects of group pressure on the modification and distortion of judgements*, in H. Guetzkow (a cura di), *Groups, leadership and men*, Carnegie, Pittsburgh 1951, pp. 1-70.
–, *Psicologia sociale* (1952), SEI, Torino 1968.
Aschmoneit W., *Zur Pädagogik der Lateralität*, Frankonius, Limburg 1972.
Ashby W. R., *Introduzione alla cibernetica* (1956), Einaudi, Torino 1971.
Asimov I., *Il codice genetico* (1962), Einaudi, Torino 1968.
Asioli F., Ballerini A., Berti Ceroni G., *Psichiatria nella comunità. Cultura e pratica*, Bollati Boringhieri, Torino 1993.
Asperger H., *Die "Autistischen Psychopathen" im Kindersalter*, in "Archiv für Psychiatrie und Nervenkrankheiten", 1944, n. 117.
–, *Bizzarri, isolati e intelligenti. Il primo approccio clinico e pedagogico ai bambini di Hans Asperger* (1994), Erickson, Trento 2003.
Assagioli R., *Psicosintesi. Per l'armonia della vita*, Edizioni Mediterranee, Roma 1966.
–, *Principi e metodi della psicosintesi terapeutica*, Astrolabio, Roma 1973.
–, *L'atto di volontà*, Astrolabio, Roma 1977.
Associazione Italiana Ematologia Oncologia Pediatrica, *Favole Favole. 360 favole create da bambini portatori di tumore alla luce della semiotica e della psicologia*, Raffaello Cortina, Milano 2001.
Associazione Italiana Persone Down, *La persona Down verso il 2000. Un nuovo soggetto sociale*, Il Pensiero Scientifico, Roma 1997.
Assoun P.-L., *Introduzione all'epistemologia freudiana* (1981), Theoria, Roma 1988.
Atkinson J. W., *Motives in fantasy, action, and society*, Van Nostrand, Princeton, New Jersey, 1958.
–, *La motivazione* (1964), il Mulino, Bologna 1973.
–, *Personality, motivation and action*, Praeger, New York 1983.
Atkinson R., *L'intervista narrativa. Raccontare la storia di sé nella ricerca formativa, organizzativa e sociale* (2000), Raffaello Cortina, Milano 2002.
Atkinson R. Ch., Juola J. F., *Search and decision processes in recognition memory*, in D. H. Krantz, R. Ch. Atkinson, P. Suppes, *Contemporary developments in mathematical psychology*, Freeman, London 1974.
Atkinson R. Ch., Shiffrin R. M., *Human memory. A proposed system and its control processes*, in K. W. Spence, J. T. Spence, *The psychology of learning and motivation. Advances in research and theory*, Academic Press, London 1968, vol. II.
–, *The control of short-term memory*, in "Scientific American", 1971, n. 225 (2), pp. 82-90.
Attili G., *Attaccamento e amore*, il Mulino, Bologna 2004.
–, *Attaccamento e costruzione evoluzionistica della mente. Normalità, patologia e terapia*, Raffaello Cortina, Milano 2007.
–, *L'amore imperfetto. Perché i genitori non sono sempre come li vorremmo*, il Mulino, Bologna 2012.
Attwood T., *Guida alla sindrome di Asperger* (2005), Erickson, Trento 2007.

Attwood T., Garnett M., *Emozioni e sindrome di Asperger. Educazione affettiva per bambini e ragazzi con sindrome di Asperger* (2012), Erickson, Trento 2014.
Auchincloss E., *Il modello psicoanalitico della mente. Gli sviluppi contemporanei della teoria e della psicoterapia contemporanea* (2014), Raffaello Cortina, Milano 2016.
Aucouturier B., *La pratica psicomotoria. Rieducazione e terapia* (1984), Armando, Roma 1995.
Augé M., *Iniziazione*, in AA.VV., *Enciclopedia*, Einaudi, Torino 1979, vol. VII, pp. 631-649.
–, *Magia*, in AA.VV., *Enciclopedia*, cit., 1979, vol. VIII, pp. 708-723.
–, *Le forme dell'oblio. Dimenticare per vivere* (1998), il Saggiatore, Milano 2000.
–, *Diario di guerra* (2002), Bollati Boringhieri, Torino 2002.
–, *Il tempo senza età. La vecchiaia non esiste* (2014), Raffaello Cortina, Milano 2014.
Augenti A. N., *La questione scolastica dei ragazzi handicappati*, La Nuova Italia, Firenze 1977.
Auhagen-Stephanos U., *La maternità negata. La paura inconscia di un figlio desiderato* (1990), Bollati Boringhieri, Torino 1993.
Aulagnier P., Leclaire S., Resnik S., *Psicosi e linguaggio* (1977), Marsilio, Venezia 1978.
Aureli T., *L'osservazione del comportamento del bambino*, il Mulino, Bologna 1987.
Aurobindo S., *La sintesi dello Yoga* (1965), vol. I: *Lo yoga delle opere divine*, vol. II: *Lo yoga della conoscenza integrale*, Astrolabio, Roma 1967-1969.
Austen J., *Orgoglio e pregiudizio* (1813), Feltrinelli, Milano 2011.
Austin J. L., *Come fare cose con le parole* (1962), Marietti, Genova 1987.
Avallone F., Paplomatas A., *Salute organizzativa. Psicologia del benessere nei contesti lavorativi*, Raffaello Cortina, Milano 2005.
Avanzini G., *Alfred Binet e la pedagogia scientifica*, Paravia, Torino 1974.
Aversa L., *Dinamica e significati del silenzio*, in "Quaderni di Hermes", 1980, pp. 145-149.
–, *Esperienza analitica e riti iniziatici*, in "Psichiatria e Psicoterapia Analitica", 1984, n. III, 1.
–, *Il mondo immaginale*, in "Psichiatria e Psicoterapia Analitica", 1984, n. III, 1.
–, *Interpretazione e individuazione. Progetto ermeneutico per la psicologia analitica*, Borla, Roma 1987.
–, *La schizofrenia: una patologia della funzione simbolica*, in "Atque", 1991, n. 4.
– (a cura di), *Fondamenti di psicologia analitica*, Laterza, Bari 1995.
–, *Psicologia analitica e teoria della clinica*, Bollati Boringhieri, Torino 1999.
–, *La coscienza e i suoi disturbi*, in "Atque", 2000, n. 20.
Avron O., *La pensée scénique. Groupe et psychodrame*, Érès, Toulouse 1996.
Ax A. F., *The physiological differentiation between fear and anger in humans*, in "Psychosomatic Medicine", 1953, n. 15.
Axelrod R., *Giochi di reciprocità. L'insorgenza della cooperazione* (1984), Feltrinelli, Milano 1985.
Axia G., *La timidezza*, il Mulino, Bologna 1999.
–, *QUIT. Questionari Italiani del Temperamento*, Erickson, Trento 2002.
– (a cura di), *Elementi di psico-oncologia pediatrica*, Carocci Faber, Roma 2004.
Ayer A. J., *Il concetto di persona* (1964), il Saggiatore, Milano 1966.
Ayers M. R., *The refutation of determinism. An essay in philosophical logic*, Methuen, London 1968.
Azrin N. H., Holz W. C., *Punishment*, in W. K. Honig (a cura di), *Operant behavior*, Appleton-Century-Crofts, New York 1966.
Azzone G. F., *La libertà umana. Il ruolo della mente nella creazione del mondo*, Bollati Boringhieri, Torino 2005.

B

Babini V. P., *La vita come invenzione. Motivi bergsoniani in psichiatria*, il Mulino, Bologna 1990.
–, *Liberi tutti. Manicomi e psichiatri in Italia. Una storia del Novecento*, il Mulino, Bologna 2009.
Babini V. P., Minuz F., Tagliavini A., *La donna nelle scienze dell'uomo*, Franco Angeli, Milano 1986.
Babinski J., *Définition de l'hystérie*, in "Revue Neurologique", 1901, n. 9, pp. 1074-1080.
–, *My conception of hysteria and hypnotism (pithiatism)*, in "The Alienist and Neurologist", 1908, n. 1.
–, *Anosognosie*, in "Revue Neurologique", 1918, n. 31.
Bacal H. A., Newman K. M., *Teoria delle relazioni oggettuali e psicologia del Sé* (1990), Bollati Boringhieri, Torino 1993.
Bacchini D. (a cura di), *Il ruolo educativo della famiglia. Essere genitori nella società contemporanea*, Erickson, Trento 2013.
Bacharach S. B., Lawler E. J., *Bargaining. Power, tactics and outcomes*, Jossey, San Francisco 1981.
Bachelard G., *Essai sur la connaissance approchée* (1928), Vrin, Paris 1973.
–, *La ragione scientifica* (1928-1938), Bertani, Verona 1974.

–, *Epistemologia* (1928-1953), Laterza, Bari 1975.
–, *Il nuovo spirito scientifico* (1934), Laterza, Bari 1978.
–, *Il razionalismo applicato* (1949), Dedalo, Bari 1975.
–, *La poetica dello spazio* (1957), Dedalo, Bari 1975.
–, *La poetica della rêverie* (1960), Dedalo, Bari 1972.
–, *Il diritto di sognare* (1970), Dedalo, Bari 1974.
–, *Il materialismo razionale* (1972), Dedalo, Bari 1975.
Bachofen J. J., *Il matriarcato* (1861), Einaudi, Torino 1988.
Baczko B., *Immaginazione sociale*, in AA.VV., *Enciclopedia*, Einaudi, Torino 1979, vol. VII, pp. 54-92.
–, *Les imaginaires sociaux*, Payot, Paris 1984.
Baddeley A. D., *La memoria. Come funziona e come usarla* (1982), Laterza, Bari 1984.
–, *La memoria di lavoro* (1986), Raffaello Cortina, Milano 1990.
–, *La memoria umana. Teoria e pratica* (1990), il Mulino, Bologna 1995.
Baddeley A. D., Eysenck M. W., Anderson M. C., *La memoria* (2009), il Mulino, Bologna 2011.
Baddeley A. D., Hitch G. J., *Working memory*, in G. H. Bower, *The psychology of learning and motivation. Advances in research and theory*, Academic Press, London 1974, vol. VIII.
Bader M., *Eccitazione. La logica segreta delle fantasie sessuali* (2002), Raffaello Cortina, Milano 2018.
Badolato G., Di Iullo M. G., *Gruppi terapeutici e gruppi di formazione*, Bulzoni, Roma 1979.
Baer R. A. (a cura di), *Come funziona la mindfulness* (2010), Raffaello Cortina, Milano 2012.
Bagnara S., *L'affidabilità umana dei sistemi uomo-automazione*, in "Studi Organizzativi", 1984, nn. 3-4.
–, *L'attenzione*, il Mulino, Bologna 1984.
Bagnara S., Misiti R. (a cura di), *Psicologia ambientale*, il Mulino, Bologna 1978.
Bagnasco C., Baldi P., Grasso F., *Partecipazione e territorio*, La Nuova Italia, Firenze 1979.
Bahnsen J., *Beiträge zur Charakterologie mit besonderer Berücksichtigung pädagogischer Fragen*, Brockhaus, Leipzig 1867.
Baigent M., Leigh R., *L'elisir e la pietra* (1997), Tropea, Milano 1998.
Bainbridge D., *Adolescenti. Una storia naturale*, Einaudi, Torino 2010.
Baiocco R., Crea G., Laghi F., Provenzano L., *Il rischio psicosociale nelle professioni di aiuto. La sindrome del burnout negli operatori sociali, medici, infermieri, psicologi e religiosi*, Erickson, Trento 2004.
Baiocco R., Giannini A. M., Laghi F., *SAR. Scala Alessitimica Romana. Valutazione delle capacità di riconoscere, esprimere e verbalizzare le emozioni*, Erickson, Trento 2005.
Baird V., *Le diversità sessuali* (2001), Carocci, Roma 2003.
Bakan P., *The right brain is the dreamer*, in "Psychology Today", 1976, n. 9, pp. 66-68.
Baker R. R., *The evolutionary ecology of animal migration*, Holmes & Meier, New York 1978.
Baker Miller J. (a cura di), *Le donne e la psicoanalisi* (1974), Bollati Boringhieri, Torino 1976.
Bakunina E., *Il corpo*, Bollati Boringhieri, Torino 1995.
Balbi J., Cimbolli P., *La mente narrativa. Verso una concezione post-razionalista dell'identità personale*, Franco Angeli, Milano 2009.
Balbo L., Manconi L., *Razzismi possibili*, Feltrinelli, Milano 1990.
–, *Razzismi reali*, Feltrinelli, Milano 1992.
Balconi M(arcella), Del Carlo Giannini G., *Il disegno e la psicoanalisi infantile*, Raffaello Cortina, Milano 1987.
Balconi M(ichela), *Far capitare le cose. Pensiero e azione nelle neuroscienze cognitive*, il Mulino, Bologna 2012.
Baldessarini R. J., *Farmacoterapia in psichiatria* (1978), Masson, Milano 1987.
Baldi P. L., *Sviluppare il pensiero nella disabilità intellettiva. Dal ragionamento induttivo alla metacognizione*, Erickson, Trento 2014.
Baldini F., *Homework. Un'antologia di prescrizioni terapeutiche*, McGraw-Hill, Milano 2004.
Baldini M. (a cura di), *Il pensiero utopico*, Armando, Roma 1974.
Baldini T., *Il corpo rubato*, Armando, Roma 1995.
Baldissera F., Pace G. M., *Nel dolore. Origine e significato del dolore*, Feltrinelli, Milano 1981.
Baldoni F., *La prospettiva psicosomatica. Dalla teoria alla pratica clinica*, il Mulino, Bologna 2010.
Balducci E., *Educazione e libertà*, Piemme, Casale Monferrato 2000.
Baldwin A. L., *Theories of child development*, Wiley & Sons, New York 1967.
Baldwin D., *La fobia sociale* (1998), Il Pensiero Scientifico, Roma 2000.
Balestrieri A., *Trattato di psichiatria*, Il Pensiero Scientifico, Roma 1986.

Balestro P., *Introduzione all'antropoanalisi*, Bompiani, Milano 1976.

Balint M., *Primi stadi dello sviluppo dell'Io. L'amore oggettuale primario* (1937), in Id., *L'amore primario* (1952), Raffaello Cortina, Milano 1991.

–, *Transfert e controtransfert* (1939), in Id., *L'analisi didattica* (1965), Guaraldi, Rimini 1974.

–, *La conclusione dell'analisi* (1950), in Id., *L'amore primario*, cit.

–, *L'amore primario* (1952), Raffaello Cortina, Milano 1991.

–, *Medico, paziente e malattia* (1957), Feltrinelli, Milano 1961.

–, *Psychotherapeutische Techniken in der Medizin*, Huber, Stuttgart-Bern 1963.

–, *L'analisi didattica* (1965), Guaraldi, Rimini 1974.

Balint M., Balint E., *La regressione. "The basic fault". "Thrills and regressions"*, Raffaello Cortina, Milano 1983.

Balint R., *Optische Ataxie*, in "Monatsschrift für Psychiatrie und Neurologie", 1909, n. 25.

Ballabio L., *Donne che cambiano. Ambivalenza e nuova femminilità*, Armando, Roma 1995.

Ballerini A., *Patologia di un eremitaggio. Uno studio sull'autismo schizofrenico*, Bollati Boringhieri, Torino 2002.

Ballerini A., Barale F., Gallese V., Uccelli S., in S. Mistura (a cura di), *Autismo. L'umanità nascosta*, Einaudi, Torino 2006.

Ballerini A., Callieri B. (a cura di), *Breviario di psicopatologia. La dimensione umana della sofferenza mentale*, Feltrinelli, Milano 1996.

Ballerini A., Rossi Monti M., *Dopo la schizofrenia. Mutamento e invarianza attraverso la psicosi*, Feltrinelli, Milano 1983.

–, *La vergogna e il delirio. Un modello delle sindromi paranoidee*, Bollati Boringhieri, Torino 1990.

Balslev A. N., Rorty R., *Noi e loro. Dialogo sulla diversità culturale* (1991), il Saggiatore, Milano 2001.

Baltes P. B., *Longitudinal and cross-sectional sequences in the study of age and generation effects*, in "Human Development", 1968, n. 11.

Baltes P. B., Cornelius S. W., Nesselroade J. R., *Cohort effects in developmental psychology. Theoretical and methodological perspectives*, in *Minnesota symposia on child psychology*, Lawrence Erlbaum Associates, Hillsdale, New Jersey, 1978, vol. IX.

Baltes P. B., Reese H. W., *Life-span developmental psychology. Introduction to research methods*, Brooks Cole, Belmont 1977.

Baltes P. B., Schaie K. W. (a cura di), *Life-span developmental psychology. Personality and socialization*, Academic Press, New York 1973.

Bandura A., *Principles of behavior modification*, Holt, Rinehart & Winston, New York 1969.

–, *Aggression. A social learning analysis*, Prentice Hall, Englewood Cliffs, New Jersey, 1973.

–, *Social learning theory*, Prentice Hall, Englewood Cliffs, New Jersey, 1977.

–, *Human agency. The rhetoric and the reality*, in "American Psychologist", 1991, n. 46.

–, *Autoefficacia. Teoria e applicazioni* (1997), Erickson, Trento 2000.

– (a cura di), *Il senso dell'autoefficacia. Aspettative su di sé e azione* (1998), Erickson, Trento 2001.

–, *Adolescenti e autoefficacia* (2006), Erickson, Trento 2012.

Bannister D., Fransella F., *L'uomo ricercatore. Introduzione alla psicologia dei costrutti personali* (1971), Martinelli, Firenze 1986.

Bär E., *Semiotica e psicoterapia* (1975), Astrolabio, Roma 1979.

Bara B. G. (a cura di), *Intelligenza artificiale*, Franco Angeli, Milano 1978.

–, *Scienza cognitiva*, Bollati Boringhieri, Torino 1990.

–, *Pragmatica cognitiva. I processi mentali della comunicazione*, Bollati Boringhieri, Torino 1999.

–, *Il sogno della permanenza. L'evoluzione della scrittura e del numero*, Bollati Boringhieri, Torino 2003.

–, *Nuovo manuale di psicoterapia cognitivista*, Bollati Boringhieri, Torino 2009.

Barale F., Ferruta A., *But is Paris really burning? Uncertainty anxieties and the normal chaos of love*, in "International Journal of Psycho-Analysis", 1997, n. 78, pp. 373-378.

Barale F., Uccelli S., *La debolezza piena. Il disturbo autistico dall'infanzia all'età adulta*, in S. Mistura (a cura di), *Autismo. L'umanità nascosta*, Einaudi, Torino 2006.

Baranger W., Baranger M., *La situazione analitica come campo bipersonale* (1961-1962), Raffaello Cortina, Milano 2011.

Barash D. P., *Predictive sociobiology. Mate selection in damselfishes and brood defence in white crowned sparrows*, in G. W. Barlow, J. Silverberg (a cura di), *Sociobiology: beyond nature/nurture?*, American Association for the Advancement of Science (AAAS), Washington (DC) 1980, pp. 209-226.

Barash D. P., Lipton J. E., *Il mito della monogamia. Animali e uomini (in)fedeli* (2001), Raffaello Cortina, Milano 2002.

Baratta G., *Ritmo* (1981), in AA.VV., *Enciclopedia*, Einaudi, Torino 1981, vol. XII, pp. 185-209.

Baratta S., *L'immaginario della violenza. Sogni, ragioni, terapia*, Moretti & Vitali, Bergamo 2015.

Barbagli M., Gatti U., *Prevenire la criminalità*, il Mulino, Bologna 2005.

Barbaglia F., *Ri-evoluzione nel corpo. Introduzione all'analisi psico-organismica*, Centro Scientifico Torinese, Torino 1985.
Barbault A., *Dalla psicoanalisi all'astrologia* (1961), Morini, Siena 1971.
Barber B. R., *Consumati. Da cittadini a clienti* (2007), Einaudi, Torino 2010.
Barber Th. X., *Ipnosi. Un approccio scientifico* (1969), Astrolabio, Roma 1972.
Barbera M., *Ortogenesi e biotipologia*, Civiltà Cattolica, Roma 1945.
Barbero C., *Attesa*, Mursia, Milano 2016.
Barbetta P., *Anoressia e isteria. Una prospettiva clinico-culturale*, Raffaello Cortina, Milano 2005.
Barbieri G., Vidali P. (a cura di), *La ragione possibile. Per una geografia della cultura*, Feltrinelli, Milano 1988.
Barbieri L., Boggian I., Lamonaca D., *Problem solving nella riabilitazione psichiatrica*, Erickson, Trento 2008.
Barbizet J., Duizabo Ph., *Neuropsicologia* (1977), Masson, Milano 1983.
Barcaccia B., Mancini F. (a cura di), *Teoria clinica del perdono*, Raffaello Cortina, Milano 2013.
Barducci M. C., *Il velo e il coltello. L'aggressività femminile tra cura e cultura*, Vivarium, Milano 2006.
Barel Y., *Le paradoxe et le système*, Presses Universitaires de Grenoble, Paris 1979.
Bargh J. A., Tota M. E., *Context-dependent automatic processing in depression*, in "Journal of Personality and Social Psychology", 1988, n. 54, pp. 925-939.
Barilli R., *Retorica*, Isedi, Milano 1979.
Barinbaum L., *I genitori devono sapere* (1970), Feltrinelli, Milano 1972.
Baritz L., *I servi del potere* (1960), Bompiani, Milano 1963.
Barker R., *Ecological psychology*, Stanford University Press, Stanford, California, 1968.
Barker R., Dembo T., Lewin K., *Frustration and regression*, in *University of Iowa studies in child welfare*, University of Iowa Press, Iowa City 1941, vol. 18.
Barnett S. A., *Istinto e intelligenza. Il comportamento degli animali e dell'uomo* (1969), Bollati Boringhieri, Torino 1972.
Baron-Cohen S., *La scienza del male. L'empatia e le origini della crudeltà* (2011), Raffaello Cortina, Milano 2012.
Baron-Cohen S., Howlin P., Hadwin J., *Teoria della mente e autismo* (1998), Erickson, Trento 2000.
Barone L., Bacchini D., *Le emozioni nello sviluppo relazionale e morale*, Raffaello Cortina, Milano 2009.
Barone L., Del Corno F. (a cura di), *La valutazione dell'attaccamento adulto. I questionari autosomministrati*, Raffaello Cortina, Milano 2006.
Barone P., *Lo junghismo. Sfiguramento e resti della vita psichica*, Raffaello Cortina, Milano 2004.
Baroni M. R., *Ambiente*, in AA.VV., *Psiche. Dizionario storico di psicologia, psichiatria, psicoanalisi, neuroscienze*, Einaudi, Torino 2006-2007, vol. I, pp. 51-56.
–, *Psicologia ambientale*, il Mulino, Bologna 2008.
Baroni M. R., D'Urso V., *Psicologia generale*, Einaudi, Torino 2004.
Barron J. W. (a cura di), *Dare un senso alla diagnosi* (1998), Raffaello Cortina, Milano 2007.
Barsanti G., *Dimensione temporale*, in G. B. Cassano, P. Pancheri *et al.* (a cura di), *Trattato italiano di psichiatria* (1992), Masson, Milano 1999, vol. I, pp. 705-730.
Barthes R., *Lo sport e gli uomini* (1961), Einaudi, Torino 1997.
–, *Le grain de la voix. Entretiens 1962-1980*, Seuil, Paris 1981.
–, *Elementi di semiologia* (1964), Einaudi, Torino 1966.
–, *La retorica antica* (1970), Bompiani, Milano 1972.
–, *L'impero dei segni* (1970), Einaudi, Torino 1984.
–, *Frammenti di un discorso amoroso* (1977), Einaudi, Torino 1979.
Barthes R., Mauriès P., *Scrittura*, in AA.VV., *Enciclopedia*, Einaudi, Torino 1981, vol. XII.
Bartlett F. Ch., *La memoria. Studio di psicologia sperimentale e sociale* (1932), Franco Angeli, Milano 1974.
–, *Il pensiero* (1958), Franco Angeli, Milano 1975.
Bartoli P., *Il condizionamento sociale*, La Nuova Italia, Firenze 1981.
Barton R., *Institutional neurosis*, Wright, Bristol 1966.
Barucci M., *Trattato di psicogeriatria*, Uses, Firenze 1990.
–, *Sonno e insonnia*, Utet Libreria, Torino 1991.
–, *Le nevrosi oggi tra psicoanalisi e psicofarmaci*, Utet, Torino 1992.
–, *Umore e invecchiamento*, Idelson, Napoli 1995.
–, *Dal neurone all'anima*, Edizioni del Cerro, Tirrenia 1997.
Baruk H., *Morale médicale*, in "La Presse Médicale", 1956, n. 64.

Barus-Michel J., *Le sujet social. Étude de psychologie sociale clinique*, Dunod, Paris 1987.
Barwise P., Hammond K., *Il futuro dei media* (1998), Garzanti, Milano 1999.
Basaglia F., *Scritti I – 1953-1968. Dalla psichiatria fenomenologica all'esperienza di Gorizia* (a cura di F. Ongaro Basaglia), Einaudi, Torino 1981.
–, *Scritti II – 1968-1980. Dall'apertura del manicomio alla nuova legge sull'assistenza psichiatrica* (a cura di F. Ongaro Basaglia), Einaudi, Torino 1982.
– (a cura di), *L'istituzione negata. Rapporto da un ospedale psichiatrico*, Einaudi, Torino 1968.
–, *Riabilitazione e controllo sociale* (1971), in *Scritti II – 1968-1980*, cit.
–, *Conferenze brasiliane* (1979), Raffaello Cortina, Milano 2000.
–, *L'utopia della realtà* (a cura di F. Ongaro Basaglia), Einaudi, Torino 2005.
Basaglia F., Ongaro Basaglia F., *Follia/Delirio*, in AA.VV., *Enciclopedia*, Einaudi, Torino 1979, vol. VI, pp. 262-287.
Bashir M., *Come leggere la mano* (1973), Garzanti, Milano 1984.
Basmajian J. V. (a cura di), *Il biofeedback. Aspetti teorici e applicazioni pratiche* (1979), Piccin, Padova 1985.
Bass B. M., *Organizational psychology*, Allyn & Bacon, Boston 1965.
Bassi F., Galli P. F., *L'omosessualità nella psicoanalisi*, Einaudi, Torino 2000.
Bassi R., *La ragazza che odiava gli specchi. Appunti di dermatologia psicosomatica*, Bollati Boringhieri, Torino 1996.
Basso A., *Il paziente afasico. Guida pratica alla riabilitazione*, Feltrinelli, Milano 1977.
Basso E., *Michel Foucault e la daseinsanalyse. Un'indagine metodologica*, Mimesis, Milano 2007.
Basso P., *Razze schiave e razze signore. Vecchi e nuovi razzismi*, Franco Angeli, Milano 2000.
Basso P., Perocco F., *Immigrazione e trasformazione della società*, Franco Angeli, Milano 2000.
Bastianoni P., Panizza P., *Uno sguardo al cielo. Elaborare il lutto*, Carocci, Roma 2013.
Bastide R., *Sociologia e psicoanalisi* (1950), Dedalo, Bari 1972.
–, *Sociologie des maladies mentales*, Flammarion, Paris 1965.
Bastook M., *Courtship. A zoological study*, Heinemann, London 1967.
Bataille G., *L'esperienza interiore* (1943), Dedalo, Bari 1978.
–, *Metodo di meditazione* (1947), Mimesis, Milano 1994.
–, *La parte maledetta* (1949), Bertani, Verona 1972.
–, *Storia dell'erotismo* (1951), Fazi Editore, Roma 2006.
–, *L'erotismo* (1957), Mondadori, Milano 1969.
–, *L'esperienza interiore* (1973), Dedalo, Bari 1978.
–, *Teoria della religione* (1976, edito postumo), Cappelli, Bologna 1979.
Bateman A., Fonagy P., *Il trattamento basato sulla mentalizzazione. Psicoterapia con il paziente borderline* (2004), Raffaello Cortina, Milano 2006.
Bates F. L., *Position, role and status. A reformulation of concepts*, in "Social Forces", 1956, n. 34.
Bates J. E., Rothbart M. K. (a cura di), *Temperament in childhood*, Wiley, Chichester 1989.
Bateson G., *L'umorismo nella comunicazione umana* (1952), Raffaello Cortina, Milano 2006.
–, *Questo è un gioco. Perché non si può mai dire a qualcuno "gioca!"* (1956), Raffaello Cortina, Milano 1996.
–, *The characteristics and context of imprinting*, in "Biological Review", 1966, n. 41.
–, *Verso un'ecologia della mente* (1972), Adelphi, Milano 1976.
–, *Mente e natura* (1979), Adelphi, Milano 1984.
Bateson G., Ruesch J., *La matrice sociale della psichiatria* (1951), il Mulino, Bologna 1976.
Bateson P. P. G., Hinde R. A. (a cura di), *Growing points in ethology*, Cambridge University Press, Cambridge-New York 1976.
Bateson W., *Mendel's principles of heredity*, Cambridge University Press, London 1909.
Batini F. (a cura di), *Manuale per educatori. Metodi e scenari per l'empowerment personale e professionale* (1995), Erickson, Trento 2005.
Battacchi M. W., *Delinquenza minorile, psicologia e istituzioni totali*, Giunti Martello, Firenze 1970.
–, *Vergogna e senso di colpa in psicologia e nella letteratura*, Raffaello Cortina, Milano 2002.
Battacchi M. W., Codispoti O., *La vergogna*, il Mulino, Bologna 1992.
Battagliese G., *L'allievo aggressivo*, Masson, Milano 1993.
Baudouin Ch., *L'opera di Jung* (1963), Garzanti, Milano 1978.
–, *Dall'istinto allo spirito* (1970), Franco Angeli, Milano 1976.
Baudrillard J., *Per una critica dell'economia politica del segno* (1972), Mazzotta, Milano 1974.

–, *Lo scambio simbolico e la morte* (1976), Feltrinelli, Milano 1979.
–, *Della seduzione* (1979), Cappelli, Bologna 1980.
–, *La trasparenza del male. Saggio sui fenomeni estremi* (1990), Sugarco, Milano 1991.
–, *Il patto di lucidità e l'intelligenza del male* (2004), Raffaello Cortina, Milano 2006.
Bauleo A. J., *Ideologia, gruppo e famiglia* (1977), Feltrinelli, Milano 1978.
Bauman Z., *Cultura come prassi* (1973), il Mulino, Bologna 1973.
–, *Le sfide dell'etica* (1993), Feltrinelli, Milano 1996.
–, *La società dell'incertezza* (1999), il Mulino, Bologna 1999.
–, *La solitudine del cittadino globale* (1999), Feltrinelli, Milano 2000.
–, *Voglia di comunità* (2000), Laterza, Bari 2001.
–, *La felicità nell'epoca dei piaceri incerti* (2001), Fondazione Collegio San Carlo, Modena 2004.
–, *Bellezza* (2002), Fondazione Collegio San Carlo, Modena 2003.
–, *La società sotto assedio* (2002), Laterza, Bari 2003.
–, *Amore liquido. Sulla fragilità dei legami affettivi* (2003), Laterza, Bari 2004.
– (a cura di B. Vecchi), *Intervista sull'identità*, Laterza, Bari 2003.
–, *Modus vivendi. Inferno e utopia del mondo liquido* (2006), Laterza, Bari 2008.
–, *L'arte della vita* (2008), Laterza, Bari 2009.
–, *Le sorgenti del male* (2011), Erickson, Trento 2013.
– (con R. Mazzeo), *Conversazioni sull'educazione*, Erickson, Trento 2012.
–, *La scienza della libertà. A cosa serve la sociologia* (2013), Erickson, Trento 2014.
Baumann H., *Das doppelte Geschlecht. Studien zur Bisexualität in Ritus und Mythos*, Dietrich Reimer, Berlin 1955.
Baumeister R. F., Leary M. R., *The need to belong. Desire for interpersonal attachments as a fundamental human motivation*, in "Psychological Bulletin", 1995, n. 177, pp. 497-529.
Bay E., *Agnosie und Funktionswandel. Eine hirnpathologische Studie*, Springer, Berlin 1950.
Bayertz K., *Darwinismus als Ideologie*, in Id. *et al.* (a cura di), *Darwin und die Evolutionstheorie*, Pahl Rugenstein, Köln 1982.
Bayertz K., Baurmann M., *L'interesse e il dono. Questioni di solidarietà* (1998), Edizioni di Comunità, Torino 2002.
Bazzi T., Giorda G., *Il training autogeno*, Città Nuova, Roma 1982.
Bazzoni D., *Il diritto all'infanzia*, in M. Flores (a cura di), *Diritti umani. Cultura dei diritti e dignità della persona nell'epoca della globalizzazione*, Utet, Torino 2007, *Atlante*, vol. I: *I soggetti e i temi*, pp. 497-541.
Beach F. A., *Sex and behaviour*, Harper, New York 1956.
Beard G. M., *Neurasthenia (nervous exhaustion): with remarks on treatment*, Appleton, New York 1879.
–, *Sexual neuroasthenia (nervous exhaustion), its hygiene, causes, symptoms, and treatment*, Appleton, New York 1884.
Beattie J., *Uomini diversi da noi. Lineamenti di antropologia sociale* (1964), Laterza, Bari 1972.
Beaudot A. (a cura di), *La creatività* (1973), Loescher, Torino 1977.
Beaumont J. G., *Divided visual filed studies of cerebral organisation*, Academic Press, London 1982.
Beauvoir S. de, *Per una morale dell'ambiguità. Contro i "valori" eterni della morale borghese* (1947), Garzanti, Milano 1964.
–, *Il secondo sesso* (1949), il Saggiatore, Milano 1961.
Beccaria C., *Dei delitti e delle pene* (1764), in *Opere*, Sansoni, Firenze 1958.
Becchetti L., *Il denaro fa la felicità?*, Laterza, Bari 2007.
Becchi E., *Problemi di sperimentalismo educativo*, Armando, Roma 1969.
Bechtel W., *La filosofia della mente* (1988), il Mulino, Bologna 1990.
–, *Filosofia della scienza e scienza cognitiva* (1992), Laterza, Bari 1995.
Bechtoldt H. P., *Construct validity. A critique*, in "American Psychologist", 1959, n. 14.
Beck A. T., *La depressione* (1967), Bollati Boringhieri, Torino 1978.
–, *Principi di terapia cognitiva. Un approccio nuovo alla cura dei disturbi affettivi* (1976), Astrolabio, Roma 1988.
–, *L'amore non basta. Come risolvere i problemi del rapporto di coppia con la terapia cognitiva* (1989), Astrolabio, Roma 1990.
Beck A. T., Emery G., *L'ansia e le fobie* (1985), Astrolabio, Roma 1988.
Beck A. T., Rush J. A., Shaw B. F., Emery G., *Terapia cognitiva della depressione* (1985), Bollati Boringhieri, Torino 1987.
Beck U., Beck-Gernsheim E., *Il normale caos dell'amore* (1990), Bollati Boringhieri, Torino 1996.
Beck W. S., *Invecchiamento*, in AA.VV., *Enciclopedia*, Einaudi, Torino 1979, vol. VII, pp. 950-964.
Becker A. M., Jandl-Jager E., *La psicoterapia del dialogo centrata sul cliente*, in H. Strotzka, *Manuale di psicoterapia* (1978), Città Nuova, Roma 1987.

Becker H., *Società e valori* (1950), Bompiani, Milano 1963.
Beers C. W., *Eine Seele die sich wiederfand*, Benno Schwabe & Company, Basel 1941.
Beigbeder F., *Euro 13,89* (2000), Feltrinelli, Milano 2001.
Bellack A. S., Hersen M., *Research and practice in social skills training*, Plenum, New York 1979.
Bellak L., *The TAT and CAT in clinical use*, Grune & Stratton, New York 1954.
Bellak L., Bellak S. S., *Children's Apperception Test (CAT)*, C.P.S., Larchmont, New York, 1952.
Bellani M. L., Morasso G., Orrù W., Amadori D., Grassi L., Casali P. G., Bruzzi P., *Psiconcologia*, Elsevier-Masson, Milano 2002.
Bellantoni D., *Ascoltare i figli. Un percorso di formazione per genitori*, Erickson, Trento 2008.
Bellantuono C., Borgna E., Callieri B., Crepet P., D'Agostino E., Trevi M., *La cura dell'infelicità. Oltre il mito biologico della depressione*, Theoria, Roma 1994.
Bellelli G., *Le ragioni del cuore. Psicologia delle emozioni*, il Mulino, Bologna 2008.
Bellelli G., Di Schiena R. (a cura di), *Decisioni ed emozioni. Come la psicologia spiega il conflitto tra ragione e sentimento*, il Mulino, Bologna 2011.
Bellisario L., *Età evolutiva e modelli dello sviluppo psichico*, in S. Marsicano (a cura di), *Comunicazione e disagio sociale*, Franco Angeli, Milano 1987.
–, *La dimensione relazionale del gioco*, in S. Marsicano (a cura di), *Comunicazione e disagio sociale*, cit.
– (a cura di), *Gioco e simbologia degli affetti*, Guerini & Associati, Milano 1988.
Bello P., Dolto C., Schiffmann A., *Contraccezione, gravidanza, aborto*, Dedalo, Bari 1985.
Bellomo L., Ribolzi C., *L'inserimento degli handicappati nella scuola dell'obbligo*, il Mulino, Bologna 1979.
Belloni L., *Psicomotricità in acqua. Percorso educativo e terapeutico*, Erickson, Trento 2007.
Bellotto M., *Comunicazione*, in AA.VV., *Gli strumenti del sapere contemporaneo*, vol. II: *I concetti*, Utet, Torino 1985, pp. 148-150.
–, *Decisione*, in AA.VV., *Gli strumenti del sapere contemporaneo*, vol. II: *I concetti*, cit., pp. 199-201.
–, *Gruppo*, in AA.VV., *Gli strumenti del sapere contemporaneo*, vol. II. *I concetti*, cit., pp. 370-373.
–, *Osservazione*, in AA.VV., *Gli strumenti del sapere contemporaneo*, vol. II: *I concetti*, cit., pp. 595-598.
–, *Psicologia*, in AA.VV., *Gli strumenti del sapere contemporaneo*, vol. I: *Le discipline*, cit., pp. 610-619.
Beluffi M., *Psichiatria in catene*, Spirali/Vel, Milano 1989.
Bem D. J., *Self-perception theory*, in L. Berkowitz (a cura di), *Advances in experimental social psychology*, Academic Press, New York 1972, vol. VI.
Benagiano G., Pasini W. (a cura di), *Attualità in biosessuologia. Le psicoterapie sessuali*, Masson, Milano 1988.
Benasayag M., Del Rey A., *Elogio del conflitto* (2007), Feltrinelli, Milano 2008.
Benasayag M., Mazzeo R., *C'è una vita prima della morte?*, Erickson, Trento 2015.
Benasayag M., Schmit G., *L'epoca delle passioni tristi* (2003), Feltrinelli, Milano 2004.
–, *Oltre le passioni tristi. Dalla solitudine contemporanea alla creazione condivisa* (2015), Feltrinelli, Milano 2016.
Bencivenga E., *Oltre la tolleranza. Per una proposta politica esigente*, Feltrinelli, Milano 1992.
–, *Teoria del linguaggio e della mente*, Bollati Boringhieri, Torino 2001.
–, *La logica dell'amore*, Nino Aragno Editore, Torino 2005.
Benda C., *Mongolism and cretinism*, Grune & Stratton, New York 1949.
Bender H., *Parapsychologie. Entwicklungen, Ergebnisse, Probleme*, Wissenschaftliche Buchgesellschaft, Darmstadt 1976.
Bender L., *A visual motor Gestalt test and its clinical use*, in "American Orthopsychiatric Association", Research Monographs, 1938, n. 3.
–, *Autism in children with mental deficiency*, in "American Journal of Mental Deficiency", 1960, n. 63.
Benedek Th. F., *Funzioni sessuali nella donna e loro alterazioni*, in S. Arieti (a cura di), *Manuale di psichiatria* (1959-1966), Bollati Boringhieri, Torino 1969-1970, vol. II, pp. 974-997.
Benedetti F., *Meccanismi cerebrali dell'attività mentale*, Utet Libreria, Torino 1994.
Benedetti G., *Die Alkoholhalluzinosen*, Thieme, Stuttgart 1952.
–, *Neuropsicologia. Le attività psichiche in una sintesi di psicologia sperimentale, neurofisiologia e psichiatria*, Feltrinelli, Milano 1969.
–, *Attenzione*, in Id., *Neuropsicologia*, cit., pp. 160-167.
–, *La coscienza*, in Id., *Neuropsicologia*, cit., pp. 138-159.
–, *L'area corticale motoria*, in Id., *Neuropsicologia*, cit., pp. 437-447.
–, *Segno, Simbolo, Linguaggio*, Bollati Boringhieri, Torino 1971.
–, *Alienazione e personazione nella psicoterapia della malattia mentale*, Einaudi, Torino 1980.

–, *Riflessioni ed esperienze religiose in psicoterapia*, Centro Scientifico Editore, Torino 2005.
Benedetti G. *et al.*, *Paziente e analista nella terapia delle psicosi*, Feltrinelli, Milano 1979.
Benedict R., *Configurations of culture in North America*, in "American Anthropologist", 1932, n. XXXIV.
–, *Modelli di cultura* (1934), Feltrinelli, Milano 1970.
Beneduce R., *Trance e possessione in Africa. Corpi, mimesi, storia*, Bollati Boringhieri, Torino 2002.
–, *Etnopsichiatria. Sofferenza mentale e alterità fra storia, dominio e cultura*, Carocci, Roma 2007.
Beneduce R., Roudinesco É. (a cura di), *Antropologia e psicoanalisi*, vol. I: *Etnopsicoanalisi. Temi e protagonisti di un dialogo incompiuto*, vol. II: *Antropologia della cura*, Bollati Boringhieri, Torino 2005.
Benelli E. (a cura di), *Per una nuova interpretazione dei sogni*, Moretti & Vitali, Bergamo 2006.
Benenzon R., *Manuale di musicoterapia*, Borla, Roma 1982.
Benini A., *Neurobiologia del tempo. Il tempo è nel mondo o è dentro di noi?*, Raffaello Cortina, Milano 2017.
Benjafield J. G., *Psicologia dei processi cognitivi* (1990), il Mulino, Bologna 1995.
Benjamin H., *Transexualismus. Wesen und Behandlung*, in "Nervenartz", 1964, n. 35.
Benjamin J., *Legami d'amore. I rapporti di potere nelle relazioni amorose* (1988), Raffaello Cortina, Milano 2015.
–, *Soggetti d'amore. Genere, identificazione, sviluppo erotico* (1995), Raffaello Cortina, Milano 1996.
Benjamin W., *Sull'hascish* (1972), Einaudi, Torino 1975.
Benne K. D., Sheats P., *Die Grundlagen der Sozialpsychologie*, Rembrandt, Berlin 1955.
Benner D., Brüggen F., *Educazione e formazione*, in Ch. Wulf (a cura di), *Cosmo, corpo, cultura. Enciclopedia antropologica* (1997), Bruno Mondadori, Milano 2002, pp. 783-794.
Bentley A. F., *Sociology and mathematics*, in "Sociological Review", 1931, n. XXIII.
Benton A. L., *Revised visual retention test*, Psychological Corporation, New York 1963.
Benton A. L., Pearl D. (a cura di), *Dyslexia. An appraisal of current knowledge*, University Press, Oxford 1979.
Benussi V., *Sperimentare l'inconscio. Scritti 1905-1927*, Raffaello Cortina, Milano 2006.
–, *La suggestione e l'ipnosi come mezzi di analisi psichica reale* (1923-1925), in Id., *Sperimentare l'inconscio*, cit.
–, *Suggestione e psicoanalisi*, Principato, Messina-Milano 1932.
Benveniste É., *Problemi di linguistica generale* (1966), il Saggiatore, Milano 1971.
Benvenuti P., *Diritti dei rifugiati*, in M. Flores (a cura di), *Diritti umani. Cultura dei diritti e dignità della persona nell'epoca della globalizzazione*, Utet, Torino 2007, vol. I, pp. 449-458.
Benvenuto S., *Perversioni. Sessualità, etica, psicoanalisi*, Bollati Boringhieri, Torino 2005.
–, *La gelosia*, il Mulino, Bologna 2011.
Benvenuto S., Nicolaus O. (a cura di), *La bottega dell'anima. Problemi della formazione e della condizione professionale degli psicoterapeuti*, Franco Angeli, Milano 1990.
Bercherie P., *La metapsicologia di Freud. Storia e struttura* (1982-1988), Einaudi, Torino 2003.
Berdjaev N. A., *Schiavitù e libertà dell'uomo* (1939), Bompiani, Milano 2010.
Bereiter C., Engelmann S., *Scuola per l'infanzia e svantaggio culturale* (1966), Franco Angeli, Milano 1977.
Berengo G., *Prontuario Rorschach per l'orientamento alla siglatura e all'interpretazione*, Organizzazioni Speciali (O. S.), Firenze 1994.
Beres D., *Perception, imagination, and reality*, in "International Journal of Psycho-Analysis", 1960, n. 41, pp. 327-334.
Berg C. A., Meegan S. P., Deviney F. P., *A social-contextual model of coping with everyday problems across the lifespan*, in "International Journal of Behavioral Development", 1998, n. 22, pp. 239-261.
Berg I. A., *Response set personality assessment*, Aldine, Chicago 1967.
Berg I. A., Bass B. M., *Conformity and deviation*, Harper, New York 1961.
Bergamaschi S., Iannizzi P., Mondini S., Mapelli D., *Demenza. 100 esercizi di stimolazione cognitiva*, Raffaello Cortina, Milano 2008.
Berger H., *Über das Elektrenkephalogramm des Menschen*, in "Archiv für Psychiatrie und Nervenkrankheiten", 1929, vol. 87, n. 1, pp. 527-570.
Berger P. L., *Homo ridens. La dimensione comica dell'esperienza umana* (1997), il Mulino, Bologna 1999.
–, *Questioni di fede. Una professione scettica del cristianesimo* (2004), il Mulino, Bologna 2005.
Berger R., *Il nuovo Golem. Televisione e media tra simulacri e simulazione* (1991), Raffaello Cortina, Milano 1992.
Bergeret J., *Depressione e stati limite* (1995), Il Pensiero Scientifico, Roma 1996.
–, *La personalità normale e patologica. Le strutture mentali, il carattere, i sintomi* (1996), Raffaello Cortina, Milano 2002.

Bergin A. E., *Some implications of psychotherapy research for therapeutic practice*, in "Journal of Abnormal Psychology", 1966, n. 71.
–, *Handbook of psychotherapy and behavior change*, Wiley, New York 1978.
Bergler E., *Le nevrosi di base* (1949), Astrolabio, Roma 1971.
Bergmann M. S., Jucovy M. E., *Generations of the Holocaust*, Basic Books, New York 1982.
Bergner D., *Il lato oscuro del desiderio. I sentieri deviati dell'attrazione sessuale* (2009), Einaudi, Torino 2009.
Bergson H., *Saggio sui dati immediati della coscienza* (1889), Raffaello Cortina, Milano 2002.
–, *Materia e memoria* (1896), Laterza, Bari 1996.
–, *Il riso. Saggio sul significato del comico* (1900), Feltrinelli, Milano 1990.
–, *L'evoluzione creatrice* (1907), Raffaello Cortina, Milano 2002.
–, *Fantasmi* (1913), Elliot Edizioni, Roma 2015.
–, *Il cervello e il pensiero* (1919), Editori Riuniti, Roma 1990.
–, *Durata e simultaneità. A proposito della teoria di Einstein e altri testi sulla teoria della relatività* (1922), Raffaello Cortina, Milano 2004.
–, *Le due fonti della morale e della religione* (1932), Laterza, Bari 1995.
–, *Il pensiero e il movimento* (1934), Bompiani, Milano 2000.
Berkowitz L., *Aggression. A social psychological analysis*, McGraw-Hill, New York 1962.
–, *Lo sviluppo delle motivazioni e dei valori nel bambino* (1964), La Nuova Italia, Firenze 1973.
Berle A. A. Jr., Means G. C., *Società per azioni e proprietà privata* (1932), Einaudi, Torino 1966.
Berlin I., *Libertà* (1958-2002, edito postumo), Feltrinelli, Milano 2005.
–, *Il senso della realtà* (1996), Adelphi, Milano 1998.
–, *La libertà e i suoi traditori* (2002, edito postumo), Adelphi, Milano 2005.
Berlinguer G., *Medicina e politica*, De Donato, Bari 1973.
Berna J., *Bambini dall'analista* (1975), Bollati Boringhieri, Torino 1977.
Bernard C., *Introduzione allo studio della medicina sperimentale* (1865), Feltrinelli, Milano 1951.
–, *De la physiologie générale*, Hachette, Paris 1872.
Bernard C., Schlaffer E., *L'alibi di papà. Le colpe sommerse del padre assente* (1992), in "Psicologia contemporanea", 1994, n. 121, pp. 50-57.
Bernard M. E. (a cura di), *Using rational-emotive therapy effectively. A practitioner's guide*, Academic Press, San Diego, California, 1991.
Bernard P., *Lo sviluppo della personalità. Guida alla comprensione del comportamento umano e delle relazioni interpersonali* (1975), Feltrinelli, Milano 1980.
Bernard-Weil E., *Identificazione e transfert*, in AA.VV., *Enciclopedia*, Einaudi, Torino 1979, vol. VI, pp. 1089-1109.
Berndt Ch., *Il segreto della resistenza psichica. Che cosa ci rende forti contro le piccole e grandi crisi della vita* (2013), Feltrinelli, Milano 2015.
Berne E., *Analisi transazionale e psicoterapia* (1961), Astrolabio, Roma 1971.
–, *A che gioco giochiamo* (1964), Bompiani, Milano 1967.
–, *Principi di terapia di gruppo* (1966), Astrolabio, Roma 1986.
–, *Ciao!... e poi?* (1972), Bompiani, Milano 1978.
–, *Intuizione e stati dell'io* (1977), Astrolabio, Roma 1992.
Berner P. *et al.*, *Criteri diagnostici per le psicosi funzionali* (1992), Il Pensiero Scientifico, Roma 1996.
Bernfeld S., *Autoritarismo e psicoanalisi nella scuola* (1952), Edizioni Paoline, Roma 1971.
Bernhard E., *Mitobiografia*, Adelphi, Milano 1969
Bernheim H., *Hypnosis and suggestion in psychotherapy* (1884), University Books, New York 1964.
–, *Hypnotisme, suggestion, psychothérapie. Études nouvelles*, Fayard, Paris 1903.
Bernstein B., *Classe sociale, linguaggio e comunicazione* (1970), in P. P. Giglioli (a cura di), *Linguaggio e società*, il Mulino, Bologna 1973.
Bernstein N. A., *The coordination and regulation of movements*, Pergamon, Oxford 1967.
Berofsky B. (a cura di), *Free will and determinism*, Harper & Row, New York 1966.
Berra L. E., *Oltre il senso della vita. Depressione ed esistenza*, Apogeo, Milano 2006.
Berruti G., Conforto C., Giusto G., Pisseri P., *Comunità. Natura, cultura, terapia*, Bollati Boringhieri, Torino 1999.
Berruto G., *La variabilità sociale della lingua*, Loescher, Torino 1980.

Berry D. S., McArthur L. Z., *Perceiving character in faces. The impact of age-related craniofacial changes in social perception*, in "Psychological Bulletin", 1986, n. 100, pp. 3-18.

Berry J. W., Dasen P. R., Poortinga Y. H., Segall M. H., *Psicologia transculturale. Teoria, ricerca e applicazioni* (1992), Guerini & Associati, Milano 1994.

Bert G., *Il medico immaginario e il malato per forza*, Feltrinelli, Milano 1974.

Bertalanffy L. von, *Teoria generale dei sistemi. Fondamenti, sviluppo e applicazioni* (1968), Istituto Librario Internazionale (ILI), Milano 1971.

Bertali M., Bertini F., Segatori A., *Il manifesto di psiche. Per una psichiatria e una società senza farmaci*, Sensibili alle Foglie Editore, Tivoli 1999.

Bertani M., *Istituzioni psichiatriche*, in AA.VV., *Psiche. Dizionario storico di psicologia, psichiatria, psicoanalisi, neuroscienze*, Einaudi, Torino 2006-2007, vol. I, pp. 571-587.

Bertelli B., Belli P. R., Castagna M. G., Cremonesi P., *Imparare a leggere e scrivere con il metodo sillabico*, Erickson, Trento 2014, voll. I-IV.

Berti A., *Neuropsicologia della coscienza*, Bollati Boringhieri, Torino 2010.

Berti A., Frassinetti F., *When far becomes near: re-mapping of space by tool use*, in "Journal of Cognitive Neuroscience", 2000, n. 12, pp. 415-420.

Berti A. E., *Adattamento*, in AA.VV., *Psiche. Dizionario storico di psicologia, psichiatria, psicoanalisi, neuroscienze*, Einaudi, Torino 2006-2007, vol. I, pp. 12-16.

Berti A. E., Bombi A. S., *Psicologia del bambino*, il Mulino, Bologna 1985.

–, *Introduzione alla psicologia dello sviluppo. Storie, teorie, metodi*, il Mulino, Bologna 2001.

Berti C., *Psicologia sociale della giustizia*, il Mulino, Bologna 2002.

Berti E(nrico), *Le vie della ragione*, il Mulino, Bologna 1987.

Berti E(raldo), Comunello F., *Corpo e mente in psicomotricità. Pensare l'azione in educazione e terapia*, Erickson, Trento 2011.

Bertin G. M., *Etica e pedagogia dell'impegno*, Marzorati, Milano 1953.

–, *Educazione alla ragione*, Armando, Roma 1976.

Bertini M., *Il matrimonio come processo di evoluzione psichica*, in L. Ancona (a cura di), *Nuove questioni di psicologia*, La Scuola, Brescia 1972, vol. II, pp. 123-154.

–, *La dinamica psicofisiologica del sogno*, in L. Ancona (a cura di), *Nuove questioni di psicologia*, cit., vol. I, pp. 583-636.

Bertini M., Violani C. (a cura di), *Cervello e sogno. Neurobiologia e psicologia*, Feltrinelli, Milano 1982.

Bertoletti P., *Mito e simbolo*, Dedalo, Bari 1986.

Bertolini P., *Per una pedagogia del ragazzo difficile*, Malipiero, Bologna 1965.

–, *Delinquenza minorile e disadattamento*, Armando, Roma 1971.

–, *L'esistere pedagogico. Ragioni e limiti di una pedagogia come scienza fenomenologicamente fondata*, La Nuova Italia, Firenze 1988.

Bertolini P., Cavallini G., *Metodologia e didattica*, Mondadori, Milano 1977.

Bertolini P., Farné R., *Territorio e intervento culturale*, Cappelli, Bologna 1978.

Bertolini P., Massa R. (a cura di), *I bambini e la tv. La prima ricerca sull'esperienza televisiva dai 3 ai 6 anni*, Feltrinelli, Milano 1976.

Bertolotti G., Natoli S., Sini C., Vattimo G., Vitiello V., *Ermeneutica*, Raffaello Cortina, Milano 2003.

Bertolotti G. *et al.*, *CBA-Y (Cognitive Behavioural Assessment-Young)*, Erickson, Trento 2013.

Bertrand M., *Valeurs et limites du narratif en psychanalyse*, in "Revue Française de Psychanalyse", 1998, n. 3, pp. 713-720.

Bertrando P., *Misurare la famiglia. Il metodo dell'emotività espressa*, Bollati Boringhieri, Torino 1997.

– (a cura di), *Vivere la schizofrenia*, Bollati Boringhieri, Torino 1999.

–, *Il terapeuta e le emozioni. Un modello sistemico-dialogico*, Raffaello Cortina, Milano 2014.

Besnard Ph, *L'anomie*, Puf, Paris 1987.

Bettelheim B., *Il cuore vigile. Autonomia individuale e società di massa* (1960), Adelphi, Milano 1988.

–, *Dialogo con le madri* (1962), Edizioni di Comunità, Milano 1978.

–, *La fortezza vuota* (1967), Garzanti, Milano 1976.

–, *Psichiatria non oppressiva. Il metodo della Orthogenic School per bambini psicotici* (1974), Feltrinelli, Milano 1976.

–, *Il mondo incantato. Uso, importanza e significati psicanalitici delle fiabe* (1976), Feltrinelli, Milano 1978.

–, *Un genitore quasi perfetto* (1987), Feltrinelli, Milano 1987.

Bettetini G., Calabrese O., Lorusso A. M., Violi P., Volli U., *Semiotica*, Raffaello Cortina, Milano 2005.

Bettetini G., Colombo F., *Le nuove tecnologie della comunicazione*, Bompiani, Milano 1994.

Bettetini M., *Breve storia della bugia. Da Ulisse a Pinocchio*, Raffaello Cortina, Milano 2001.
–, *Contro le immagini. Le radici dell'iconoclastia*, Laterza, Bari 2006.
–, *La bellezza e il peccato*, Bompiani, Milano 2015.
Betti R., *Intelligenza artificiale*, in AA.VV., *Enciclopedia*, Einaudi, Torino 1979, vol. VII, pp. 828-862.
Bettinardi O., Gremigni P. (a cura di), *Psicologia della salute*, Erickson, Trento 2013.
Beveridge W. I. B., *L'arte della ricerca scientifica* (1950), Armando, Roma 1981.
Bhagwan Shree Rajneesh (Osho), *Tantra. La comprensione suprema* (1991), Bompiani, Milano 1993.
Bianca M. L. (a cura di), *Discorsi sulla solitudine*, Marsilio, Venezia 1986.
–, *Il Sé emergenziale. Introduzione allo studio del Sé*, Angelo Pontecorboli Editore, Firenze 1992.
Biancardi A., Mariani E., Pieretti M. (a cura di), *Intervento logopedico nei DSA – La discalculia. Diagnosi e trattamento secondo le raccomandazioni della Consensus Conference*, Erickson, Trento 2013.
Bianchetti A., Trabucchi M., *Alzheimer*, il Mulino, Bologna 2010.
Bianchi E., *Ero straniero e mi avete ospitato*, Rizzoli, Milano 2006.
–, *L'altro siamo noi*, Einaudi, Torino 2010.
–, *Fede e fiducia*, Einaudi, Torino 2013.
Bianco F., *Pensare l'interpretazione. Temi e figure dell'ermeneutica contemporanea*, Editori Riuniti, Roma 1991.
Biddle B. J., Thomas E. J., *Role theory. Concepts and research*, Wiley, New York 1966.
Bidney D., *Theoretical anthropology*, Columbia University Press, New York 1953.
Bienville J. D. T. de, *La ninfomania, ovvero il furore uterino* (1771), Marsilio, Venezia 1986.
Biggio G., *Il counselling organizzativo*, Raffaello Cortina, Milano 2007.
Bigozzi L., Boschi F., Falaschi E., vol. 2: *Lessico e ortografia. Arricchimento del vocabolario, correttezza ortografica e abilità di lettura. Disortografia e dislessia: prevenzione e intervento*, Erickson, Trento 2009.
Bigozzi L., Falaschi E., Limberti C., vol. 1: *Lessico e ortografia. Arricchimento del vocabolario, correttezza ortografica e abilità di lettura*, Erickson, Trento 2009.
Bill G., *Authentic leadership*, Jossey-Bass, San Francisco 2003.
Biller H. B., *La deprivazione paterna* (1974), Il Pensiero Scientifico, Roma 1978.
Bills A. G., *Blocking. A new principle of mental fatigue*, in "American Journal of Psychology", 1931, n. 43.
Bindra D., Stewart J. (a cura di), *La motivazione* (1965), Bollati Boringhieri, Torino 1969.
Binet A., *On double consciousness experimental psychological studies*, Open Court Publishing Company, Chicago 1890.
–, *Les altérations de la personnalité*, Alcan, Paris 1892.
–, *L'étude expérimentale de l'intelligence*, Schleicher, Paris 1903.
–, *Le moderne idee educative* (1909), Paravia, Torino 1976.
Binet A., Simon Th., *Méthodes nouvelles pour le diagnostic du niveau intellectuel des anormaux*, in "Année psychologique", 1905, n. 11.
Bini L., Bazzi T., *Le sindromi psicorganiche*, in Id., *Trattato di psichiatria*, Vallardi, Milano 1954, vol. II.
Binswanger L., *Per un'antropologia fenomenologica. Saggi e conferenze psichiatriche* (1921-1941), Feltrinelli, Milano 1970.
–, *Funzione della vita e storia della vita interiore* (1928), in Id., *Per un'antropologia fenomenologica*, cit.
–, *Sogno ed esistenza* (1930), in Id., *Per un'antropologia fenomenologica*, cit.
–, *Essere nel mondo* (1930-1957), Astrolabio, Roma 1973.
–, *Sulla fuga delle idee* (1933), Einaudi, Torino 2003.
–, *La concezione eraclitea dell'uomo* (1935), in Id., *Per un'antropologia fenomenologica*, cit.
–, *Freud e la costituzione della psichiatria clinica* (1936), in Id., *Per un'antropologia fenomenologica*, cit.
–, *La concezione freudiana dell'uomo alla luce dell'antropologia* (1936), in Id., *Per un'antropologia fenomenologica*, cit.
–, *Grundformen und Erkenntnis menschlichen Daseins*, Niehans, Zürich 1942.
–, *Il caso Ellen West e altri saggi* (1944-1946), Bompiani, Milano 1973.
–, *Il caso Ellen West* (1944), in Id., *Il caso Ellen West e altri saggi*, cit.
–, *Über die manische Lebensform*, in "Schweizer Medische Wissenschaft", 1945, n. 75.
–, *L'indirizzo antropoanalitico in psichiatria* (1946), in Id., *Il caso Ellen West e altri saggi*, cit.
–, *L'esaltazione fissata* (1949), in Id., *Tre forme di esistenza mancata. Esaltazione fissata, stramberia, manierismo* (1956), il Saggiatore, Milano 1964.
–, *La stramberia* (1952), in Id., *Tre forme di esistenza mancata*, cit.
–, *Ricordi di Sigmund Freud* (1955), Astrolabio, Roma 1971.

–, *Tre forme di esistenza mancata. Esaltazione fissata, stramberia, manierismo* (1956), il Saggiatore, Milano 1964.
–, *Schizophrenie*, Neske, Pfullingen 1957.
–, *Melanconia e mania* (1960), Bollati Boringhieri, Torino 1971.
–, *Delirio* (1965), Marsilio, Venezia 1990.
Bion W. R., *Il gemello immaginario* (1950), in Id., *Analisi degli schizofrenici e metodo psicoanalitico* (1967), Armando, Roma 1970, pp. 17-44.
–, *Criteri differenziali tra personalità psicotica e non psicotica* (1957), in Id., *Analisi degli schizofrenici e metodo psicoanalitico*, cit., pp. 73-102.
–, *Attacks on linking*, in "International Journal of Psycho-Analysis", 1959, n. 40.
–, *Esperienze nei gruppi* (1961), Armando, Roma 1971.
–, *Apprendere dall'esperienza* (1962), Armando, Roma 1972.
–, *Gli elementi della psicoanalisi* (1963), Armando, Roma 1973.
–, *Trasformazioni* (1965), Armando, Roma 1973.
–, *Analisi degli schizofrenici e metodo psicoanalitico* (1967), Armando, Roma 1970.
–, *Attenzione e interpretazione* (1970), Armando, Roma 1973.
–, *Memoria del futuro*, Libro 1: *Il sogno* (1975), Libro 2: *Presentare il passato* (1977), Libro 3: *L'alba dell'oblio* (1979), Raffaello Cortina, Milano, editi rispettivamente negli anni 1993, 1998, 2007.
Biondi M., *Disturbi dell'adattamento, Disturbo acuto da stress, Disturbo post-traumatico da stress*, in G. B. Cassano, P. Pancheri *et al.* (a cura di), *Trattato italiano di psichiatria* (1992), Masson, Milano 1999, vol. II, pp. 2291-2321.
–, *Il concetto di norma in psicopatologia*, in G. B. Cassano, P. Pancheri *et al.* (a cura di), *Trattato italiano di psichiatria*, cit., vol. I, pp. 105-134.
–, *La psicosomatica nella pratica clinica*, Il Pensiero Scientifico, Milano 1992.
–, *La mente selvaggia. Un saggio sulla normalità dei comportamenti umani*, Il Pensiero Scientifico, Roma 1996.
Biondi M., Costantini A., Grassi L., *La mente e il cancro*, Il Pensiero Scientifico, Roma 1995.
Biondi M., Costantini A., Wise Th. N. (a cura di), *Psiconcologia*, Raffaello Cortina, Milano 2014.
Biondi M., Pancheri P., *Lo stress. Psiconeurobiologia e aspetti clinici in psichiatria*, in G. B. Cassano, P. Pancheri *et al.* (a cura di), *Trattato italiano di psichiatria*, cit., vol. I, pp. 311-346.
Biondi M., Talamonti F., *Sistema nervoso e sistema immunitario*, in G. B. Cassano, P. Pancheri *et al.* (a cura di), *Trattato italiano di psichiatria*, cit., vol. II, pp. 347-370.
Biondi M., Tressoldi P. E., *Parapsicologia*, il Mulino, Bologna 2007.
Birdwhistell R. L., *Contribution of linguistic-kinesics. Studies to the understanding of schizophrenia*, in A. Auerback (a cura di), *Schizophrenia. An integrated approach*, The Ronald Press Company, New York 1959.
–, *Kinesics and context. Essays on body motion communication*, University of Pennsylvania Press, Philadelphia 1970.
Bischof L. J., *Intelligence. Statistical conceptions of its nature*, Doubleday & Company, New York 1954.
Bisi R., *Devianza e criminalità giovanile*, in G. B. Cassano, P. Pancheri *et al.* (a cura di), *Trattato italiano di psichiatria* (1992), Masson, Milano 1999, vol. III, pp. 3115-3124.
Bisiacchi P. S., Cendron M., Gugliotta M., Tressoldi P. E., Vio C., *BVN 5-11; BVN 12-18*, Erickson, Trento 2006.
Bisiach E., *Neuropsicologia clinica*, Franco Angeli, Milano 1977.
Bisio B., *Psiche e diritto penale*, Bulzoni, Roma 1977.
Bize R., Milhaud J., *Psicologia industriale*, Edizioni Paoline, Roma 1958.
Black M., *Modelli, archetipi, metafore* (1954), Pratiche Editrice, Parma 1983.
Black M. M., Matula K., *La valutazione dello sviluppo infantile. Somministrazione e applicazione delle Scale Bayley* (2001), il Mulino, Bologna 2005.
Blackham G. J., Silberman A., *La modificazione del comportamento giovanile* (1970), Armando, Roma 1974.
Blackwell D., *Conditional expectation and unbiased sequential estimation*, in "Annals of Mathematical Statistics", 1947, n. 18, pp. 105-110.
Blanc M., *Les théories de l'évolution aujourd'hui*, in "La Recherche", 1982, n. 129.
Blanchard E. B., Epstein L. H., *Biofeedback. Manuale introduttivo* (1978), Bollati Boringhieri, Torino 2000.
Blanck G., Blanck R., *Teoria e pratica della psicologia dell'Io* (1974), Bollati Boringhieri, Torino 1978.
Blandino G., *Il "parere" dello psicologo. La psicologia nei mass media*, Raffaello Cortina, Milano 2000.
–, *Quando insegnare non è più un piacere. La scuola difficile, proposte per insegnanti e formatori*, Raffaello Cortina, Milano 2008.
Blandino G., Cannella B., *La psicologia sociale nella scuola*, Paravia, Torino 1978.

Blandino G., Granieri B., *Le risorse emotive nella scuola*, Raffaello Cortina, Milano 2002.
Blankenburg W., *La perdita dell'evidenza naturale. Un contributo alla psicopatologia delle schizofrenie pauci-sintomatiche* (1967), Raffaello Cortina, Milano 1998.
Blascovich J., Ginsburg G. P., *Conceptual analysis of risk-taking in "risk-shift" research*, in "Journal for the Theory of Social Behaviour", 1978, n. 8.
Blask F., *Q come caos. Un'etica dell'incoscienza per le nuove generazioni* (1996), Tropea, Milano 1997.
Blau P. M., *La dinamica della burocrazia* (1955), Franco Angeli, Milano 1978.
–, *Exchange and power in social life*, Wiley, New York 1964.
Bléandonu G., *Les communautés thérapeutiques*, Edition du Scarabée, Paris 1970.
–, *Dizionario di psichiatria sociale* (1976), Editori Riuniti, Roma 1980.
Bleuler E., *Affettività, suggestione, paranoia* (1906), Fattore Umano Edizioni, Roma 2017.
–, *Vortrag über Ambivalenz*, in "Zentralblatt für Psychoanalyse", 1910, n. 1.
–, *Zur Theorie des schizophrenen Negativismus*, in "Psychiatrische-Neurologische Wochenschrift", 1910-1911, vol. 12.
–, *Dementia praecox o il gruppo delle schizofrenie* (1911), La Nuova Italia Scientifica, Roma 1984.
–, *Trattato di psichiatria* (1911-1939, aggiornato da M. Bleuler dal 1940 al 1960), Feltrinelli, Milano 1967.
–, *Apatia*, in Id., *Trattato di psichiatria*, cit.
–, *Die Probleme der Schizoide und Syntonie*, in "Zeitschrift für di Gesamte Neurologie und Psychiatrie", 1922, n. 78.
Bleuler M., *Endokrinologische Psychiatrie*, Thieme, Stuttgart 1954.
Blévis M., *La gelosia e il recupero dell'infanzia amorosa* (2006), Castelvecchi, Roma 2008.
Bloch E., *Il principio speranza* (1938-1959), Garzanti, Milano 1994, voll. I-III.
Bloch S., *What is psychotherapy?*, University Press, Oxford 1982.
Block J. H., Anderson L. W., *Mastery learning in classe* (1975), Loescher, Torino 1978.
Blondel C., *Le suicide*, Alcan, Paris 1933.
Blondel M., *L'azione. Saggio di una critica della vita e di una scienza della prassi* (1893), Edizioni Paoline, Cinisello Balsamo 1993.
Blood R. O., *Marriage*, The Free Press of Glencoe, New York 1962.
Bloom B. S., *Tassonomia degli obiettivi educativi* (1956), Giunti e Lisciani, Teramo 1983.
–, *Stabilità e mutamento delle caratteristiche personali* (1964), Armando, Roma 1974.
Bloom H., *La Kabbalà e la tradizione critica* (1975), Feltrinelli, Milano 1981.
Bloomfield L., *Il linguaggio* (1933), il Saggiatore, Milano 1974.
Bloor M., Frankland J., Thomas M., Robson K., *I focus-group nella ricerca sociale* (1999), Erickson, Trento 2002.
Blos P., *L'adolescenza. Un'interpretazione psicoanalitica* (1987), Franco Angeli, Milano 1988.
Blue A., *Di bacio in bacio. Storia, geografia e piacere del baciare*, Feltrinelli, Milano 1999.
Blum G. S., *Le Blacky Pictures. Una tecnica per l'esplorazione delle dinamiche di personalità* (1965), Organizzazioni Speciali (O. S.), Firenze 1971.
Blumberg P., *The decline and fall of the status symbol. Some thoughts on status in a post-industrial society*, in "Social Problems", 1974, n. XXI.
Blumenberg H., *Paradigmi per una metaforologia* (1960), il Mulino, Bologna 1969.
–, *Lebenszeit und Weltzeit*, Klostermann, Frankfurt a.M. 1986.
Blumer H., *Symbolic interactionism*, Prentice Hall, Englewood Cliffs, New Jersey, 1969.
Blumir G., *Eroina. Storia e realtà scientifica*, Feltrinelli, Milano 1980.
Boakes R. A., Halliday M. S. (a cura di), *Inhibition and learning*, Academic Press, New York 1972.
Boas F., *The origin of totemism*, in "American Anthropologist", 1916, n. XVIII.
–, *I limiti del metodo comparativo in antropologia* (1938), in AA.VV., *Antropologia culturale. Testi e documenti*, Hoepli, Milano 1970.
–, *Primi tratti culturali* (1938), in AA.VV., *Il concetto di cultura. I fondamenti teorici della scienza antropologica*, Einaudi, Torino 1970.
–, *Race, language and culture*, Collier Macmillan, Toronto 1948.
Boca S., Bocchiaro P., Scaffidi Abbate C., *Introduzione alla psicologia sociale*, il Mulino, Bologna 2003.
Boccalon R., *Dall'agire al pensare. Esperienze creative e percorsi terapeutici*, in "Ar-Té. Quaderni Italiani delle Artiterapie", 2007, n. 2.
Boccardi M., *La riabilitazione nella demenza grave*, Erickson, Trento 2007.
Bocchi G., Ceruti M. (a cura di), *La sfida della complessità*, Feltrinelli, Milano 1985.

–, *Educazione e globalizzazione*, Raffaello Cortina, Milano 2004.
Bochènski J. M., *La logica della religione* (1965), Ubaldini, Roma 1967.
Bodei R. (a cura di), *Letteratura e psicoanalisi*, Zanichelli, Bologna 1974.
–, *Scomposizioni. Forme dell'individuo moderno*, Einaudi, Torino 1987.
–, *Geometria delle passioni. Paura, speranza, felicità: filosofia e uso politico*, Feltrinelli, Milano 1991.
–, *Ordo amoris. Conflitti terreni e felicità celeste*, il Mulino, Bologna 1991.
–, *Le logiche del delirio. Ragione, affetti, follia*, Laterza, Bari 2000.
–, *Piramidi del tempo. Storie e teoria del déjà vu*, il Mulino, Bologna 2006.
–, *La cognizione del dolore*, Asmepa Edizioni, Bologna 2012.
–, *Immaginare altre vite. Realtà, progetti, desideri*, Feltrinelli, Milano 2013.
Boden M., *Computer models of mind*, Cambridge University Press, Cambridge 1988.
Boe E. E., Church R. M., *Punishment. Issues and experiments*, Appleton-Century-Crofts, New York 1969.
Boehm F., *Formen und Motive der Anthropophagie*, in "Imago", 1932, n. 18.
Boekholt M., *La diagnosi nella clinica infantile. Strumenti proiettivi tematici* (1994), Raffaello Cortina, Milano 1996.
Boella L., *Sentire l'altro. Conoscere e praticare l'empatia*, Raffaello Cortina, Milano 2006.
–, *Neuroetica. La morale prima della morale*, Raffaello Cortina, Milano 2008.
–, *Empatie. L'esperienza empatica nella società del conflitto*, Raffaello Cortina, Milano 2018.
Bogardus E. S., *Social distance and its origins*, in "Sociology and Social Research", 1925, n. 9, pp. 216-225.
–, *Immigration and race attitudes*, D. C. Heath, Boston 1928.
–, *Social distance*, University of Southern California Press, Los Angeles 1959.
Bogetto F., *Intelligenza*, in G. B. Cassano, P. Pancheri *et al.* (a cura di), *Trattato italiano di psichiatria* (1992), Masson, Milano 1999, vol. I, pp. 691-704.
Boggi Cavallo P., *Immagine di sé e ruolo sessuale. Analisi psicologica della condizione femminile*, Guida, Napoli 1978.
Boggio Gilot L. (a cura di), *Sofferenza e guarigione. Psicologia transpersonale e tradizione spirituale*, Cittadella, Assisi 1993.
Bohm E. B., *Manuale di psicodiagnostica di Rorschach* (1951), Giunti Barbera, Firenze 1969.
–, *Risposte al test di Rorschach* (1967), Giunti Barbera, Firenze 1969.
Böhme G., *Bellezza*, in Ch. Wulf (a cura di), *Cosmo, corpo, cultura. Enciclopedia antropologica* (1997), Bruno Mondadori, Milano 2002, pp. 855-862.
–, *Identità*, in Ch. Wulf (a cura di), *Cosmo, corpo, cultura. Enciclopedia antropologica*, cit., pp. 698-709.
–, *Natura*, in Ch. Wulf (a cura di), *Cosmo, corpo, cultura. Enciclopedia antropologica*, cit., pp. 84-110.
Böhme H., *Sentimento*, in Ch. Wulf (a cura di), *Cosmo, corpo, cultura. Enciclopedia antropologica*, cit., pp. 532-555.
Bohrnstedt G. W., Knoke D., *Statistica per le scienze sociali* (1982), il Mulino, Bologna 1998.
Boilès Ch. L., *Danza*, in AA.VV., *Enciclopedia*, Einaudi, Torino 1978, vol. IV, pp. 363-375.
Boiron C., *Le ragioni della felicità. Contenuti e definizioni del piacere e della felicità: nuove ipotesi* (1998), Franco Angeli, Milano 2001.
Boldrini M., *Manuale di statistica*, Giuffrè, Milano 1960.
–, *Statistica. Teoria e metodi*, Giuffrè, Milano 1960.
Boll F., Bezold C., Gundel W., *Storia dell'astrologia* (1966), Laterza, Bari 1977.
Bollas Ch., *Isteria* (2000), Raffaello Cortina, Milano 2001.
–, *La mente orientale. Psicoanalisi e Cina* (2013), Raffaello Cortina, Milano 2013.
–, *Se il sole esplode. L'enigma della schizofrenia* (2015), Raffaello Cortina, Milano 2016.
Bolles R. C., *Theory of motivation*, Harper & Row, New York 1975.
Bologna C., *Voce*, in AA.VV., *Enciclopedia*, Einaudi, Torino 1981, vol. XIV, pp. 1257-1292.
–, *Flatus vocis. Metafisica e antropologia della voce*, il Mulino, Bologna 1992.
Bolognini S. (a cura di), *Il sogno cento anni dopo*, Bollati Boringhieri, Torino 2000.
–, *L'empatia psicoanalitica*, Bollati Boringhieri, Torino 2002.
Boltanski L., *Lo spettacolo del dolore. Morale umanitaria, media e politica* (1998), Raffaello Cortina, Milano 2000.
Bolton D. C., McKinley M. P., Prusiner S. B., *Identification of a protein that purifies with the scrapie prion*, in "Science", 1982, n. 24.
Bolton N., *Concept formation*, Pergamon, Oxford 1977.
Bombi A. S., Pinto G., *I colori dell'amicizia. Studi sulle rappresentazioni pittoriche dell'amicizia tra bambini*, il Mulino, Bologna 1993.

Bompiani G., *L'attesa*, Feltrinelli, Milano 1987.
Bona C., Rumiati R., *Psicologia cognitiva per il diritto. Ricordare, pensare, decidere nell'esperienza forense*, il Mulino, Bologna 2013.
Bonaminio V., Iaccarino B. (a cura di), *L'osservazione diretta del bambino*, Bollati Boringhieri, Torino 1984.
Bonanate U., *La cultura del male. Dall'idea di colpa all'etica del limite*, Bollati Boringhieri, Torino 2003.
Bonaparte M., *Introduzione alla teoria degli istinti* (1934), Newton Compton, Roma 1975.
–, *La sessualità femminile*, in Id., *Introduzione alla teoria degli istinti*, cit.
–, *La sessualità della donna* (1951), Newton Compton, Roma 1972.
–, *L'amore, la morte, il tempo* (1952), Guaraldi, Rimini 1973.
Bonazzi G., *Come studiare le organizzazioni*, il Mulino, Bologna 2006.
Boncinelli E., *Il male. Storia naturale e sociale della sofferenza*, Mondadori, Milano 2007.
–, *Gli enigmi del tempo*, Castelvecchi, Roma 2016.
Boncori L., *Teoria e tecniche dei test*, Bollati Boringhieri, Torino 1993.
–, *I test in psicologia. Fondamenti teorici e applicazioni*, il Mulino, Bologna 2006.
– (a cura di), *TALEIA-400A. Test for axial evaluation and interview for clinical, personnel, and guidance applications*, Erickson, Trento 2007.
–, *I test in psicologia. Esercitazioni pratiche*, il Mulino, Bologna 2008.
Boncori L., Boncori G., *L'orientamento. Metodi, tecniche, test*, Carocci, Roma 2002.
Bonetti A., Migliarese Andreoli L., Pinzello A., Sboarina F. (a cura di), *Problemi della famiglia*, Tamburini, Milano 1975.
Bonhoeffer D., *Etica* (1949), Bompiani, Milano 1969.
Bonhoeffer K., *Zur Frage der exogenen Psychosen*, in "Allgemeine Zeitschrift für Psychiatrie", 1909, n. 32.
Boni F., *Teorie dei media*, il Mulino, Bologna 2006.
Bonica J. J. (a cura di), *Pain research publications. Association for research in nervous and mental disease*, Raven Press, New York 1980.
Bonifati L. S., *La psicosi in Jacques Lacan*, Franco Angeli, Milano 2000.
Bonime W., *Psicodinamica della depressione nevrotica*, in S. Arieti (a cura di), *Manuale di psichiatria* (1959-1966), Bollati Boringhieri, Torino 1969-1970, vol. I, pp. 372-390.
Bonini N., Del Missier F., Rumiati R., *Psicologia del giudizio e della decisione*, il Mulino, Bologna 2009.
Bonino S., *I riti del quotidiano. Studio psicologico della ritualizzazione personale*, Bollati Boringhieri, Torino 1987.
–, *Sviluppo*, in AA.VV., *Psiche. Dizionario storico di psicologia, psichiatria, psicoanalisi, neuroscienze*, Einaudi, Torino 2006-2007, vol. II, pp. 1073-1078.
Bonino S., Cattelino E. (a cura di), *La prevenzione in adolescenza. Percorsi psicoeducativi di intervento sul rischio e la salute*, Erickson, Trento 2008.
Bonino S., Grandi L., Saglione G., *La frustrazione. Teoria e sperimentazione*, Bollati Boringhieri, Torino 1976.
Bonino S., Lo Coco A., Tani F., *Empatia. La condivisione delle emozioni*, Giunti, Firenze 1998.
Boniwell I., *La scienza della felicità. Introduzione alla psicologia positiva*, il Mulino, Bologna 2016.
Bonnafé L., Ey H., Follin S., Lacan J., Rouart J., *Le problème de la psychogénèse des névroses et des psychoses*, Desclée de Brouwer, Paris 1950.
Bonnes M., Bonaiuto M., Lee T. (a cura di), *Teorie in pratica per la psicologia ambientale*, Raffaello Cortina, Milano 2004.
Bonomi A., Borgna E., *Elogio della depressione*, Einaudi, Torino 2011.
Bonsignore G., Bellia V., *Malattie dell'apparato respiratorio* (1995), McGraw-Hill, Milano 2006.
Bopst H., *Color and personality*, Vantage Press, New York 1962.
Borch-Jacobsen M., *Lacan, il maestro assoluto* (1991), Einaudi, Torino 1999.
Bordin E. S., *The generalizability of the psychoanalytic concept of the working alliance*, in "Psychotherapy. Theory, Research and Practice", 1979, n. 16.
Borean M., Paciulli G., Bravar L., Zoia S., *DGM-P. Test per la valutazione delle difficoltà grafo-motorie e postulari della scrittura*, Erickson, Trento 2014.
Borghi A. M., Iachini T. (a cura di), *Scienze della mente*, il Mulino, Bologna 2002.
Borghi L., *Scuola e comunità*, La Nuova Italia, Firenze 1974.
Borgna E., *Nei luoghi perduti della follia* (1964-1984), Feltrinelli, Milano 2008.
–, *L'esperienza del tempo nella schizofrenia e nella malinconia* (1969), in Id., *Nei luoghi perduti della follia*, cit., pp. 149-165.
–, *La metamorfosi schizofrenica della spazialità* (1974), in Id., *Nei luoghi perduti della follia*, cit., pp. 196-221.
–, *La schizophrenia sine schizophrenia*, in "Rivista di Psichiatria", 1976, vol. XI, n. 3.

–, *La malinconia come metamorfosi della speranza* (1977), in Id., *Nei luoghi perduti della follia*, cit., pp. 313-339.
–, *Il discorso del metodo in psichiatria*, in Id., *Nei luoghi perduti della follia*, cit., Parte I, pp. 3-56.
–, *Le esperienze psicopatologiche di confine*, in Id., *Nei luoghi perduti della follia*, cit., Parte II, pp. 57-102.
–, *L'area tematica della schizofrenia*, in Id., *Nei luoghi perduti della follia*, cit., Parte III, pp. 103-222.
–, *L'area tematica delle depressioni*, in Id., *Nei luoghi perduti della follia*, cit., Parte IV, pp. 223-340.
–, *La cura in psichiatria*, in Id., *Nei luoghi perduti della follia*, cit., Parte V, pp. 341-378.
–, *Al di là della psichiatria istituzionale*, in Id., *Nei luoghi perduti della follia*, cit., Parte VI, pp. 379-434.
–, *Per una psichiatria fenomenologica*, saggio introduttivo in U. Galimberti, *Psichiatria e fenomenologia* (ed. del 1979), Feltrinelli, Milano.
–, *Fenomenologia della paranoia*, in AA.VV., *La paranoia e l'antropologismo*, Spirali, Milano 1980.
–, *I conflitti del conoscere. Strutture del sapere ed esperienza della follia*, Feltrinelli, Milano 1988.
–, *Il mondo del delirio*, in Id., *I conflitti del conoscere*, cit.
–, *Malinconia*, Feltrinelli, Milano 1992.
–, *Come se finisse il mondo. Il senso dell'esperienza schizofrenica*, Feltrinelli, Milano 1995.
–, *Le figure dell'ansia*, Feltrinelli, Milano 1997.
–, *Noi siamo un colloquio*, Feltrinelli, Milano 1999.
–, *L'arcipelago delle emozioni*, Feltrinelli, Milano 2001.
–, *Le intermittenze del cuore*, Feltrinelli, Milano 2003.
–, *L'attesa e la speranza*, Feltrinelli, Milano 2005.
–, *Il punto di vista fenomenologico nell'anoressia maschile*, in L. E. Zappa (a cura di), *Narciso a tavola. L'anoressia nervosa nel maschio*, Franco Angeli, Milano 2007.
–, *Le emozioni ferite*, Feltrinelli, Milano 2009.
–, *Psicopatologia e corporeità, psicopatologia della corporeità*, in L. E. Zappa (a cura di), *Alice in fuga dallo specchio. Il disturbo dell'immagine corporea nell'anoressia nervosa e nel DCA. Un modello integrato di trattamento*, Franco Angeli, Milano 2009.
–, *La solitudine dell'anima*, Feltrinelli, Milano 2011.
–, *Di armonia risuona la follia*, Feltrinelli, Milano 2012.
–, *Il tempo e la vita*, Feltrinelli, Milano 2015.
–, *Parlarsi. La comunicazione perduta*, Einaudi, Torino 2015.
–, *Responsabilità e speranza*, Einaudi, Torino 2016.
–, *L'ascolto gentile. Racconti clinici*, Einaudi, Torino 2017.
–, *L'arcobaleno sul ruscello. Figure della speranza*, Raffaello Cortina, Milano 2018.
Borgna P., *Sociologia del corpo*, Laterza, Bari 2005.
Boria G., *Psicoterapia psicodrammatica. Sviluppi del modello moreniano nel lavoro terapeutico con gruppi di adulti*, Franco Angeli, Milano 2005.
Boring E. G., *A history of experimental psychology*, Appleton-Century-Crofts, New York 1950.
Borne É., *Le problème du mal*, Puf, Paris 1958.
Bornstein M. H., Lamb M. E. (a cura di), *Lo sviluppo percettivo, cognitivo e linguistico* (1988), Raffaello Cortina, Milano 1992.
Bornstein M. H., Venuti P., *Genitorialità. Fattori biologici e culturali dell'essere genitori*, il Mulino, Bologna 2013.
Borrelli F., De Carolis M., Napolitano F., Recalcati M., *Nuovi disagi nella civiltà*, Einaudi, Torino 2013.
Borsari A. (a cura di), *L'esperienza delle cose*, Marietti, Genova 1992.
Borsatti L., *Le indemoniate. Superstizione e scienza medica*, Edizioni del Confine, Udine 2002.
Bortone L. (a cura di), *L'utopia. Una antologia dagli scritti di Moro, Campanella, Bacone*, Loescher, Torino 1957.
Boscolo L., Bertrando P., *I tempi del tempo. Una nuova prospettiva per la consulenza e la terapia sistemica*, Bollati Boringhieri, Torino 1993.
–, *Terapia sistemica individuale*, Raffaello Cortina, Milano 1996.
Boscolo P., *Cibernetica e didattica*, La Nuova Italia, Firenze 1969.
–, *Psicologia dell'educazione*, Giunti Barbera, Firenze 1980.
–, *Psicologia dell'apprendimento scolastico. Aspetti cognitivi*, Utet Libreria, Torino 1986.
Bosello O., Cuzzolaro M., *Obesità e sovrappeso*, il Mulino, Bologna 2006.
Bosello O., Di Francesco V., *L'alimentazione*, il Mulino, Bologna 2010.
Boshes L. D., Gibbs F. A., *Le epilessie* (1972), Il Pensiero Scientifico, Roma 1973.
Bosinelli M. (a cura di), *Processi mentali durante il sonno*, Franco Angeli, Milano 1981.

Bosinelli M., Cicogna P. C., *Sogni. Figli di un cervello ozioso*, Bollati Boringhieri, Torino 1991.

Boss M., *Perversioni sessuali. Significati e contenuti* (1951), Vivarium, Milano 1998.

–, *Psicoanalisi e analitica esistenziale* (1957), Astrolabio, Roma 1973.

–, *Introduction à la médecine psychosomatique*, Puf, Paris 1959.

Boston Change Process Study Group, The, *Il cambiamento in psicoterapia* (2010), Raffaello Cortina, Milano 2012.

Bostroem A., *Katatone Störungen*, in O. Bumke (a cura di), *Handbuch der Geisteskrankheiten*, Springer, Berlin 1928.

Boswell J., *Cristianesimo, tolleranza, omosessualità. La Chiesa e gli omosessuali dalle origini al XIV secolo* (1980), Leonardo Editore, Milano 1989.

Boszormenyi-Nagy I., Framo J. L., *Psicoterapia intensiva della famiglia* (1965), Bollati Boringhieri, Torino 1969.

Bottino M., Danna D., *La gaia famiglia. Che cos'è l'omogenitorialità*, Asterios Editore, Trieste 2005.

Bottiroli G., *Eros*, in AA.VV., *Enciclopedia*, Einaudi, Torino 1978, vol. V, pp. 657-681.

–, *Retorica. L'intelligenza figurale nell'arte e nella filosofia*, Bollati Boringhieri, Torino 1993.

Botturi F., Vigna C., *Affetti e legami*, Vita e Pensiero, Milano 2004.

Bouchard M., Ferrario F., *Sul perdono. Storia della clemenza umana e frammenti teologici*, Bruno Mondadori, Milano 2008.

Bouché-Leclercq A., *L'astrologie grecque*, Ernest Leroux Éditeur, Paris 1899.

Boudon R., *Strutturalismo e scienze umane* (1968), Einaudi, Torino 1970.

–, *L'inégalité des chances*, Colin, Paris 1973.

–, *L'arte di persuadere se stessi* (1990), Rusconi, Milano 1993.

Boulanger N., Chaix J.-F., *Lavoro, famiglia, psichiatria. Il ruolo della psichiatria nelle istituzioni* (1972), Feltrinelli, Milano 1974.

Bourcier A., *Per una nuova educazione morale* (1966), Borla, Roma 1968.

Bourdieu P., *Les rites comme actes d'institution*, in "Actes de la Recherche en Sciences Sociales", 1982, n. 43.

Bourdon J., *Introduzione ai media* (2000), il Mulino, Bologna 2001.

Boureau A., *Satana eretico. Nascita della demonologia nell'Occidente medioevale* (2004), Baldini Castoldi Dalai, Milano 2006.

Bourke J., *Paura. Una storia culturale* (2005), Laterza, Bari 2007.

Boursin J.-L., *Sondage, indices, statistiques. La forme scientifique du mensonge?*, Tchou, Paris 1978.

Boutinet J.-P., *Anthropologie du projet*, Puf, Paris 1990.

–, *Psychologie des conduites à projet*, Puf, Paris 1993.

Boutonier J., *Les dessins des enfants*, Du Scarabée, Paris 1937.

Bowen S., Chawla N., Marlatt G. A., *Mindfulness e comportamenti di dipendenza. Guida pratica per la prevenzione delle ricadute* (2010), Raffaello Cortina, Milano 2013.

Bower G. H., *Mood and memory*, in "American Psychologist", 1981, n. 36, pp. 129-148.

Bower G. H., Black J. B., Turner T. J., *Scripts in text comprehension and memory*, in "Cognitive Psychology", 1979, n. 11, pp. 177-220.

Bower Th. G. R., *Lo sviluppo neuropsicologico nell'infanzia* (1974), Il Pensiero Scientifico, Roma 1978.

Bowlby J., *Cure materne e igiene mentale del fanciullo* (1951), Giunti Barbera, Firenze 1957.

–, *Attaccamento e perdita*, vol. I: *L'attaccamento alla madre*, vol. II: *La separazione dalla madre*, vol. III: *La perdita della madre* (1969-1980), Bollati Boringhieri, Torino 1976-1983.

–, *Costruzione e rottura dei legami affettivi* (1979), Raffaello Cortina, Milano 1982.

–, *Una base sicura. Applicazioni cliniche della teoria dell'attaccamento* (1988), Raffaello Cortina, Milano 1989.

Boyd R., Kuhn Th. S., *La metafora nella scienza* (1979), Feltrinelli, Milano 1983.

Bozzo M. T., Pesenti E., Siri S., Usai M. C., Zanobini M., *CEO. Classificazione degli errori ortografici*, Erickson, Trento 2007.

Bracco M., *Sulla distanza. L'esperienza della vicinanza e della lontananza nelle relazioni umane*, Stilo Editrice, Bari 2003.

Braceland F., *Riabilitazione*, in S. Arieti (a cura di), *Manuale di psichiatria* (1959-1966), Bollati Boringhieri, Torino 1969-1970, vol. III, pp. 2071-2086.

Brachfeld O., *Les sentiments d'infériorité*, Le Mont Blanc, Genève 1954.

Bracken B. A., *Test TMA. Valutazione multidimensionale dell'autostima* (1992), Erickson, Trento 1996.

–, *Test TRI. Test delle relazioni interpersonali* (1993), Erickson, Trento 1996.

Braconnier A., *Madri e figli* (2005), Raffaello Cortina, Milano 2005.

–, *Padri e figlie* (2007), Raffaello Cortina, Milano 2008.

Bradshaw J. L., Nettleton N. C., *Human cerebral asymmetry*, Prentice Hall, Englewood Cliffs, New Jersey, 1983.

Brague R., *La saggezza del mondo. Storia dell'esperienza umana dell'universo* (1992-1997), Rubbettino, Soveria Mannelli 2005.

Braid J., *The power of the mind over the body*, Churchill, London 1846.

Branca S., *Il peccato di Adamo. La dimensione narcisistica fra psicoanalisi, epistemologia e letteratura*, Istituto Ricerche di Gruppo, Lugano 2006.
Brancatisano M., *Approccio all'antropologia della differenza*, Università della Santa Croce, Roma 2004.
Brandimonte M. A., *La distrazione*, il Mulino, Bologna 2008.
Brauman R., *Utopie sanitarie. Umanità e disumanità della medicina* (2000), Feltrinelli, Milano 2012.
Braun E., *Psychogene Reaktionen*, in O. Bumke (a cura di), *Handbuch der Geisteskrankheiten*, Springer, Berlin 1928.
Brede K., *Socioanalisi dei disturbi psicosomatici* (1978), Bollati Boringhieri, Torino 1980.
Breggin P. R., *Elettroshock. I guasti del cervello* (1979), Feltrinelli, Milano 1984.
Brehm J., Cohen A., *Explorations in cognitive dissonance*, Wiley, New York 1962.
Brelet F., *Il TAT. Fantasma e situazione proiettiva* (1986), Raffaello Cortina, Milano 1994.
Brelich A., *Gli eroi greci. Un problema storico-religioso*, Adelphi, Milano 2010.
Brenner Ch., Compton A., *Difese e intervento psicoanalitico* (1978), Bollati Boringhieri, Torino 1981.
Brenot Ph., *Elogio della masturbazione* (1997), il melangolo, Genova 2002.
–, *Geni da legare. Piccole stranezze e grandi ossessioni delle più eccelse menti della storia* (1997), Piemme, Casale Monferrato 1999.
Brentano F., *La psicologia dal punto di vista empirico* (1874-1911), Laterza, Bari 1997, voll. I-III.
Bresson F., Jodelet F., Mialaret G., *Linguaggio, comunicazione e decisione*, in P. Fraisse, J. Piaget (a cura di), *Trattato di psicologia sperimentale* (1963-1968), Einaudi, Torino 1972-1979, vol. VIII.
Brewer M. B., *The social self. On being the same and different at the same time*, in "Personality and Social Psychology Bulletin", 1991, n. 17, pp. 475-482.
Brezinka W., *La scienza dell'educazione. Analisi, critica, proposte* (1974), Armando, Roma 1974.
Brezzi F., *A partire dal gioco. Per i sentieri di un pensiero ludico*, Marietti, Genova 1992.
Bridgman P. W., *La logica della fisica moderna* (1927), Bollati Boringhieri, Torino 1965.
–, *La critica operazionale nella scienza* (1934-1959), Bollati Boringhieri, Torino 1969.
Briere J., *TSCC. Valutazione delle conseguenze psicologiche di esperienze traumatiche* (1996), Erickson, Trento 2011.
Brink A., *Desiderio* (2000), Feltrinelli, Milano 2001.
Brint S., *Scuola e società* (1998), il Mulino, Bologna 2004.
Briosi S., *Il simbolo e il segno*, Mucchi Editore, Modena 1993.
Briquet P., *Traité clinique et thérapeutique de l'hystérie*, Baillière, Paris 1859.
Brissaud É., *Leçons sur les maladies nerveuses*, Masson, Paris 1895.
Broad Ch. D., *Mind and its place in nature*, Kegan Paul, London 1925.
Broadbent D. E., *Perception and communication*, Pergamon, New York 1958.
Broadbent S., *Internet, lavoro, vita privata. Come le nuove tecnologie cambiano il nostro mondo* (2011), il Mulino, Bologna 2012.
Broadhurst P. L., *The interaction of task difficulty and motivation. The Yerkes-Dodson Law revived*, in "Acta Psychologica", 1959, n. 16, pp. 321-338.
Broca P. P., *La sede della facoltà del linguaggio articolato* (1861), in L. Mecacci, A. Zani, *Teorie del cervello*, Loescher, Torino 1982.
Brodmann K., *Vergleichende Lokalisationslehre der Grosshirnrinde in ihren Prinzipien dargestellt auf Grund des Zellenbaues*, Johann Ambrosius Barth, Leipzig 1909.
Brogden H. E., *A factor analysis of forty character tests*, in "Psychology Monography", 1940, n. 2.
Bromberg Ph. M., *Clinica del trauma e della dissociazione. Standing in the spaces* (1998), Raffaello Cortina, Milano 2007.
–, *Destare il sognatore* (2006), Raffaello Cortina, Milano 2009.
Bronfenbrenner U., *Ecologia dello sviluppo umano* (1979), il Mulino, Bologna 1986.
Brookover W. B. *et al.*, *Elementary school climate and school achievement*, Michigan State University, East Lansing, Michigan, 1976.
Brouwer L. E. J., *Lezioni sull'intuizionismo. Cambridge 1946-1951*, Bollati Boringhieri, Torino 1983.
Brown J. A. C., *Psicologia sociale dell'industria* (1954), Mondadori, Milano 1961.
Brown J. F., *Über gesehene Geschwindigkeiten*, in "Psychologische Forschung", 1928, n. 10, pp. 84-101.
Brown J. F., Voth A. C., *The path of seen movement as a function of the vector field*, in "American Journal of Psychology", 1937, n. 49, pp. 543-563.
Brown J. S., Farber I. E., *Emotions conceptualized as intervening variables with suggestions toward a theory of frustration*, in "Psychological Bulletin", 1951, n. 48, pp. 465-495.
Brown L., Leigh J. E., *Test ABI* (2004), Erickson, Trento 2009.
Brown N. O., *La vita contro la morte* (1959), il Saggiatore, Milano 1973.

Brown R(oger), *Psicologia sociale* (1965), Einaudi, Torino 1980.

Brown R(upert), *Psicologia sociale dei gruppi. Dinamiche intragruppo e intergruppi* (1993), il Mulino, Bologna 1996.

–, *Psicologia sociale del pregiudizio* (1995), il Mulino, Bologna 1997.

Brown S(tephanie) (a cura di), *Alcolismo. Terapia multidimensionale e recupero* (1995), Erickson, Trento 2000.

Brown S(tuart) (con Ch. Vaughan), *Gioca! Come il gioco può formare la mente, aprire l'immaginazione e costruire la felicità* (2009), Ultra-Lit Edizioni, Roma 2013.

Brownmiller S., *Femminilità* (1984), Feltrinelli, Milano 1985.

Bruce V., *Recognising faces*, Lawrence Erlbaum Associates, London 1988.

Bruce V., Green P. R., Georgeson M. A., *Visual perception. Physiology, psychology and ecology*, Lawrence Erlbaum Associates, London 1985.

Bruch H., *Patologia del comportamento alimentare. Obesità, anoressia mentale e personalità* (1973), Feltrinelli, Milano 1977.

–, *Apprendere la psicoterapia* (1974), Bollati Boringhieri, Torino 1979.

–, *La gabbia d'oro. L'enigma dell'anoressia mentale* (1978), Feltrinelli, Milano 1981.

–, *Anoressia. Casi clinici* (1988), Raffaello Cortina, Milano 1988.

Bruckner P., *Il paradosso amoroso* (2009), Guanda, Parma 2012.

Brumlik M., *Utopia*, in Ch. Wulf (a cura di), *Cosmo, corpo, cultura. Enciclopedia antropologica* (1997), Bruno Mondadori, Milano 2002, pp. 1114-1122.

Brun B., Lemonnier P., Raison J.-P., Roncayolo M., *Ambiente*, in AA.VV., *Enciclopedia*, Einaudi, Torino 1977, vol. I, pp. 393-416.

Brun R., *General theory of neuroses*, University Press, New York 1951.

Brunas-Wagstaff J., *La personalità* (1998), il Mulino, Bologna 1999.

Brune É., Ferroul Y., *Il segreto delle donne. Viaggio nel cuore del piacere* (2010), Ponte alle Grazie, Milano 2011.

Bruner J. S., *Condizioni della creatività* (1962), in A. Beaudot (a cura di), *La creatività* (1973), Loescher, Torino 1977.

–, *Il conoscere. Saggi per la mano sinistra* (1964), Armando, Roma 1968.

–, *Studi sullo sviluppo cognitivo* (1966), Armando, Roma 1968.

–, *Verso una teoria dell'istruzione* (1966), Armando, Roma 1967.

–, *Psicologia della conoscenza* (1973), Armando, Roma 1976.

–, *Alla ricerca della mente* (1983), Armando, Roma 1984.

–, *La mente a più dimensioni* (1986), Laterza, Bari 1988.

–, *La ricerca del significato. Per una psicologia culturale* (1990), Bollati Boringhieri, Torino 1992.

–, *La cultura dell'educazione. Nuovi orizzonti per la scuola* (1996), Feltrinelli, Milano 1997.

Bruner J. S., Goodnow J. J., Austin G. A., Brown R., *Il pensiero. Strategie e categorie* (1956), Armando, Roma 1969.

Bruner J. S., Jolly A., Sylva K. (a cura di), *Il gioco. Ruolo e sviluppo del comportamento ludico negli animali e nell'uomo* (1976), vol. I: *La prospettiva evoluzionistica*, vol. II: *Il gioco in relazione agli oggetti e agli strumenti*, vol. III: *Gioco e realtà sociale*, vol. IV: *Il gioco in un mondo di simboli*, Armando, Roma 1981.

Bruner J. S. *et al.*, *Studi sullo sviluppo cognitivo* (1966), Armando, Roma 1968.

Brunetta d'Usseaux F., *Matrimonio*, in M. Flores (a cura di), *Diritti umani. Cultura dei diritti e dignità della persona nell'epoca della globalizzazione*, Utet, Torino 2007, vol. II, pp. 890-894.

Bruni F., Defilippi P. G., *La tela di Penelope. Origine e sviluppi della terapia familiare*, Bollati Boringhieri, Torino 2007.

Bruno A., *La crisi del soggetto nel pensiero contemporaneo*, Franco Angeli, Milano 1988.

Bruno N., Pavani F., Zampini M., *La percezione multisensoriale*, il Mulino, Bologna 2010.

Brunori L., Raggi C., *Le comunità terapeutiche*, il Mulino, Bologna 2007.

Bruns G. L., *Ermeneutica antica e moderna* (1993), La Nuova Italia, Firenze 1998.

Brunswik E., *Wahrnehmung und Gegenstandswelt*, Deuticke, Wien 1934.

Brusatin M., *Storia dei colori*, Einaudi, Torino 1983.

Brustia Rutto P., *Genitori. Una nascita psicologica*, Bollati Boringhieri, Torino 1996.

Bruzzone D., *Autotrascendenza e formazione. Esperienza esistenziale, prospettive pedagogiche e sollecitazioni educative nel pensiero di Viktor E. Frankl*, Vita e Pensiero, Milano 2001.

–, *Ricerca di senso e cura dell'esistenza. Il contributo di Viktor E. Frankl a una pedagogia fenomenologico-esistenziale*, Erickson, Trento 2007.

Bryant-Waugh R., Lask B., *Disturbi alimentari* (2003), Erickson, Trento 2013.

Buber M., *Confessioni estatiche* (1909-1921), Adelphi, Milano 1987.

–, *Il principio dialogico e altri saggi* (1923), Edizioni San Paolo, Cinisello Balsamo 1993.

–, *L'io e il tu* (1923), Edizioni di Comunità, Milano 1959.
–, *Colpa e sensi di colpa* (1957), Apogeo, Milano 2008.
Bubner R., *Azione, linguaggio e ragione. I concetti fondamentali della filosofia pratica* (1976), il Mulino, Bologna 1985.
Bucca M., Rossi R., *Disturbi dell'identità di genere*, in G. B. Cassano, P. Pancheri *et al.* (a cura di), *Trattato italiano di psichiatria* (1992), Masson, Milano 1999, vol. III, pp. 2927-2934.
Bucci W., *Psicoanalisi e scienza cognitiva. Teoria del codice multiplo* (1997), Fioriti, Roma 1999.
Buechler S., *Valori clinici. Le emozioni nel trattamento psicoterapeutico* (2004), Raffaello Cortina, Milano 2012.
Bühler Ch., Allen M., *Introduzione alla psicologia umanistica* (1972), Armando, Roma 1976.
Bühler K., *Tatsachen und Probleme zu einer Psychologie der Denkvorgänge*, in "Archiv für die gesamte Psychologie", 1908, n. 12.
–, *Die Gestaltwahrnehmungen. Experimentelle Untersuchungen zur psychologischen und ästhetischen Analyse der Raum- und Zeitanschauung*, Spemann, Stuttgart 1913.
–, *Ausdruckstheorie. Das System an der Geschichte aufgezeigt*, Fisher, Jena 1933.
–, *Das Gestaltprinzip im Leben des Menschen und der Tiere*, Huber, Bern-Stuttgart 1960.
Buiatti M., *Entropia*, in AA.VV., *Gli strumenti del sapere contemporaneo*, vol. II: *I concetti*, Utet, Torino 1985, pp. 261-262.
–, *Genetica*, in AA.VV., *Gli strumenti del sapere contemporaneo*, vol. I: *Le discipline*, Utet, Torino 1985, pp. 366-383.
Bultmann R., *Credere e comprendere* (1924-1964), Queriniana, Brescia 1977.
–, *Kerygma und Mythos*, Siebeck, Tübingen 1948-1952.
Bunge M., *La causalità. Il posto del principio causale nella scienza moderna* (1959), Bollati Boringhieri, Torino 1970.
–, *Treatise on basic philosophy*, Reidel, Dordrecht 1979.
–, *The mind-body problem*, Pergamon, Oxford 1980.
Burbatti G., Castoldi I., *Il pianeta degli adolescenti. I giovani d'oggi spiegati agli adulti*, Mondadori, Milano 1998.
Burgalassi S., *L'età inutile. Considerazioni sociologiche sull'emarginazione anziana*, Giardini, Pisa 1975.
Bürger-Prinz H., Albrecht H., Giese H., *Zur Phänomenologie des Transvestitismus bei Männern*, Enke, Stuttgart 1967.
Burkert W., *Homo necans. Antropologia del sacrificio cruento nella Grecia antica* (1972), Bollati Boringhieri, Torino 1981.
–, *La creazione del sacro. Orme biologiche dell'esperienza religiosa* (1996), Adelphi, Milano 2003.
Burnham J., *La rivoluzione dei tecnici* (1941), Mondadori, Milano 1946.
Burns G. W., *101 storie che guariscono. L'uso di narrazioni in psicoterapia* (2004), Erickson, Trento 2006.
Burns R. B., *The self concept in theory, measurement, development and behavior*, Longman, London 1979.
Burr V., *Psicologia delle differenze di genere* (1998), il Mulino, Bologna 2000.
–, *La persona in psicologia sociale* (2002), il Mulino, Bologna 2004.
Burt C. L., *The analysis of temperament*, in "British Journal of Medical Psychology", 1938, n. 17, pp. 1958-1988.
–, *The factors of the mind*, University of London Press, London 1940.
–, *The genetic determination of differences in intelligence. A study of monozygotic twins reared together and apart*, in "British Journal of Psychology", 1966, n. 57.
–, *Inheritance of general intelligence*, in "American Psychologist", 1972, n. 3.
Busch F. N., Rudden M., Shapiro Th., *Psicoterapia psicodinamica della depressione* (2005), Raffaello Cortina, Milano 2007.
Busemann A., *Die Sprache der Jugend als Ausdruck der Entwicklungsrytmik*, Fisher, Jena 1925.
–, *Stil und Charakter*, West-Kultur, Meisenheim 1948.
Busi M., Bonora M., *Il taccuino di Esculapio. L'arte del disegno tra mito e scienza*, Tipografia Artigiana, Ferrara 1993.
Busino G., *Gruppo*, in AA.VV., *Enciclopedia*, Einaudi, Torino 1979, vol. VI, pp. 977-995.
–, *Opinione*, in AA.VV., *Enciclopedia*, Einaudi, Torino 1980, vol. X, pp. 3-21.
Busnelli C., *Il contributo della psicologia ai problemi della pedagogia speciale*, in L. Ancona (a cura di), *Nuove questioni di psicologia*, La Scuola, Brescia 1972, vol. II, pp. 643-682.
Bussmann H., *Zur Kybernetik des Lernprozesses*, Schwann, Düsseldorf 1971.
Busso P., *Lotta e cooperazione. Percorsi per un'evoluzione ecologica del conflitto*, Armando, Roma 2004.
Bustreo M., Zatti A., *Denaro e psiche. Valori e significati psicosociali nelle relazioni di scambio*, Franco Angeli, Milano 2007.
Butcher J. N., Williams C. L., *Fondamenti per l'interpretazione del MMPI-2 e del MMPI-A*, Giunti-Organizzazioni Speciali (O. S.), Firenze 1996.
Butler G., McManus F., *Psicologia* (1998), Einaudi, Torino 2000.
Butler J., *Corpi che contano. I limiti discorsivi del "sesso"* (1993), Feltrinelli, Milano 1996.
–, *Soggetti di desiderio* (1999), Laterza, Bari 2009.
Butler R. J., *Psicologia e attività sportiva. Guida pratica per migliorare la prestazione* (1996), Il Pensiero Scientifico, Roma 1998.

Butterworth B., *Numeri e calcolo. Lo sviluppo delle competenze aritmetiche e la discalculia evolutiva*, Erickson, Trento 2013.
Butterworth B., Yeo D., *Didattica per la discalculia* (2004), Erickson, Trento 2010.
Butturini U., Passeri M., *Fondamenti di gerontologia e di geriatria*, Oppici, Parma 1972.
Buyse R., *L'expérimentation en pédagogie*, Maurice Lamertin, Bruxelles 1935.
Buyssens E., *Les langages et le discours*, Office de Publicité, Bruxelles 1943.
–, *La communication et l'articulation linguistique*, Presses Universitaires, Bruxelles 1967.
Buytendijk F. J. J., *Attitudes et mouvements*, Desclée de Brouwer, Bruges 1957.
Buzzatti G., Salvo A., *Il corpo-parola delle donne. I legami nascosti tra il corpo e gli affetti*, Raffaello Cortina, Milano 1998.
Bykov K. M., *Studies in the physiology of digestion of man*, in "Journal of Physiology", 1935.
–, *La corteccia cerebrale e gli organi interni* (1943), Feltrinelli, Milano 1958.
Byng-Hall J., *Le trame della famiglia* (1995), Raffaello Cortina, Milano 1998.
Byrne E., Cunningham C., Sloper P., *Le famiglie dei bambini Down. Aspetti psicologici e sociali* (1988), Erickson, Trento 1992.

C

Cabib S., Puglisi Allegra S., *Lo stress*, Laterza, Bari 1989.
Cabras M. B., *Cercatori di droga*, Edizioni Dehoniane, Bologna 1996.
Caccamo R., *Solitudine: ricerca e fuga*, Anabasi, Milano 1994.
Cacciari C. (a cura di), *Teorie della metafora. L'acquisizione, la comprensione e l'uso del linguaggio figurato*, Raffaello Cortina, Milano 1991.
–, *Psicologia del linguaggio*, il Mulino, Bologna 2011.
Cacciari C., Papagno C. (a cura di), *Psicologia generale e neuroscienze cognitive*, il Mulino, Bologna 2006.
Cacciari M., *Icone della legge*, Adelphi, Milano 1985.
–, *Sulla responsabilità individuale. Conversazione di Massimo Cacciari con Paolo Bettiolo*, Servitium, Gorle 2002.
–, *Il potere che frena*, Adelphi, Milano 2013.
Cacciato G., *L'anoressia mentale. Il "gioco della sabbia" come approccio rappresentativo*, in T. Giani Gallino, *A come Abuso, Anoressia, Attaccamento*, Bollati Boringhieri, Torino 1998.
Cacioppo J. T., Patrick W., *Solitudine. L'essere umano e il bisogno dell'altro* (2008), il Saggiatore, Milano 2009.
Caffo E. (a cura di), *L'ascolto del bambino. Nuove prospettive di intervento sull'infanzia in difficoltà*, Guerini & Associati, Milano 1994.
Caianiello E. R., di Giulio E., *La cibernetica*, Le Monnier, Firenze 1980.
Caillois R., *Nascita di Lucifero* (1936-1939), Medusa, Milano 2002.
–, *Il mito e l'uomo* (1938), Bollati Boringhieri, Torino 1998.
–, *L'uomo e il sacro* (1939), Bollati Boringhieri, Torino 2001.
–, *Théorie de la fête*, in "Nouvelle Revue Française", 1940.
–, *L'incertezza dei sogni* (1956), Feltrinelli, Milano 1983.
–, *Nel cuore del fantastico* (1965), Feltrinelli, Milano 1984.
–, *I giochi e gli uomini. La maschera e la vertigine* (1967), Bompiani, Milano 1981.
–, *La vertigine della guerra* (1994), Città Aperta Edizioni, Troina (Enna) 2002.
Calabrese A., Renzi L., Vanelli L., *Linguistica*, in AA.VV., *Gli strumenti del sapere contemporaneo*, vol. I: *Le discipline*, Utet, Torino 1985, pp. 441-454.
Calabrese O., *Breve storia della semiotica. Dai presocratici a Hegel*, Feltrinelli, Milano 2001.
Calcagno G., *Diritti del fanciullo*, in M. Flores (a cura di), *Diritti umani. Cultura dei diritti e dignità della persona nell'epoca della globalizzazione*, Utet, Torino 2007, vol. I, pp. 349-356.
Calcaterra V., *Attivare e facilitare. I gruppi di auto/mutuo aiuto*, Erickson, Trento 2013.
Calegari P., *Il muro del pregiudizio. Letture in tema di ecologia della mente*, Liguori, Napoli 1994.
Callari Galli M., Ceruti M., Pievani T., *Pensare la diversità. Per un'educazione alla complessità umana*, Meltemi, Roma 1998.
Callewaert H., *Graphologie et physiologie de l'écriture*, Nauwelaerts, Louvain 1954.
Callieri B., *Contributo allo studio psicopatologico dell'esperienza schizofrenica della fine del mondo*, in "Archivio di Psicologia, Neurologia e Psichiatria", 1954, n. 16.
–, *Percorsi di uno psichiatra* (1955-1992), Edizioni Universitarie Romane, Roma 1993.
–, *Scritti scelti* (1963-1987), in "Psyche", 1989, nn. 3-4.

–, *La perplessità. Note di psichiatria fenomenologica* (1977), in Id., *Percorsi di uno psichiatra*, cit., pp. 125-136.
–, *Lo spazio vissuto* (1977), in "Psyche", 1989, nn. 3-4, pp. 59-74.
–, *Riflessione, meditazione, contemplazione* (1978), in Id., *Percorsi di uno psichiatra*, cit., pp. 137-148.
–, *L'accesso fenomenologico alla coscienza in psichiatria* (1980), in Id., *Percorsi di uno psichiatra*, cit., pp. 149-166.
–, *Fenomenologia dell'attesa* (1981), in Id., *Percorsi di uno psichiatra*, cit., pp. 167-182.
–, *Quando vince l'ombra. Problemi di psicopatologia clinica* (1982), Edizioni Universitarie Romane, Roma 2001.
–, *I deliri depressivi*, in Id., *Quando vince l'ombra*, cit., pp. 263-318.
–, *Tra verità e finzione. Appunti per una fenomenologia della maschera* (1987), in Id., *Percorsi di uno psichiatra*, cit., pp. 293-298.
–, *Il senso di colpa. Note di psicopatologia antropologica* (1989), in Id., *Percorsi di uno psichiatra*, cit., pp. 299-305.
–, *La depressione. Solitudine dell'essere o crisi dell'amore?* (1990), in Id., *Percorsi di uno psichiatra*, cit., pp. 321-332.
–, *L'ambiguità esistenziale del suicidio* (1990), in Id., *Percorsi di uno psichiatra*, cit., pp. 333-336.
–, *Lo spazio umano in psichiatria* (1990), in Id., *Percorsi di uno psichiatra*, cit., pp. 307-320.
–, *La personalizzazione dell'occhio* (1991), in Id., *Percorsi di uno psichiatra*, cit., pp. 371-384.
–, *Aspetti psicopatologici delle demopatie. Contributo clinico e considerazioni critiche* (1992), in Id., *Percorsi di uno psichiatra*, cit., pp. 395-404.
–, *Dimensioni antropologiche della psicopatologia della corporeità* (1992), in Id., *Percorsi di uno psichiatra*, cit., pp. 427-438.
–, *Il simbolo. Istanza umana di base e rischio di esperienza psicotica* (1992), in Id., *Percorsi di uno psichiatra*, cit., pp. 405-420.
–, *La diagnosi psichiatrica e il problema diagnostico e umano del criminale* (1992), in Id., *Percorsi di uno psichiatra*, cit., pp. 439-449.
–, *Su alcuni aspetti psicopatologici della sindrome dermatozoica di Ekbom* (1992), in Id., *Percorsi di uno psichiatra*, cit., pp. 421-426.
–, *Corpo, esistenze, mondi. Per una psicopatologia antropologica*, Edizioni Universitarie Romane, Roma 2007.
–, *Il mondo della solitudine*, in Id., *Corpo, esistenze, mondi*, cit., pp. 275-286.
–, *Il mondo della speranza*, in Id., *Corpo, esistenze, mondi*, cit., pp. 223-256.
–, *Il mondo del sacro*, in Id., *Corpo, esistenze, mondi*, cit., pp. 209-222.
Callieri B., Castellani A., *Aspetti fenomenologici e clinici del coraggio* (1968), in B. Callieri, *Percorsi di uno psichiatra*, cit., pp. 83-124.
Callieri B., Maci C., *Paranoia. Passione e ragione*, Anicia Editore, Roma 2008.
Callieri B., Petiziol A., *La musica in psicoterapia. Concezioni antiche e direttive moderne* (1962), in B. Callieri, *Percorsi di uno psichiatra*, cit., pp. 43-70.
Callieri B., Semerari A., *Contributo psicopatologico al problema della necrofilia*, in "Sessuologia", 1966, n. 1.
Calonghi L., *Tests e esperimenti*, Pas, Torino 1956.
–, *Valutazione*, La Scuola, Brescia 1976.
Calvani A., Rotta M., *Comunicazione e apprendimento in Internet. Didattica costruttivistica in rete*, Erickson, Trento 1999.
Calvi G., *La creatività*, in L. Ancona (a cura di), *Nuove questioni di psicologia*, La Scuola, Brescia 1972, vol. I, pp. 637-712.
–, *La diagnosi psicologica e i suoi strumenti*, in L. Ancona (a cura di), *Nuove questioni di psicologia*, cit., vol. II, pp. 330-390.
–, *Psicologia politica*, Eurisko, Milano 1983.
Calvi L., *Sulla costituzione dell'oggetto fobico come "esercizio fenomenologico"*, in "Psichiatria Generale e dell'Età Evolutiva", 1963, n. 1, pp. 38-74.
–, *La fenomenologia del diabolico e la psichiatria antropologica*, in "Archivio di Psicologia, Neurologia e Psichiatria", 1969, fasc. IV-V.
–, *Antropologia fenomenologica della masturbazione*, in A. Tessari, E. Andreola (a cura di), *Sessualità e handicappati. Atti del Convegno di Milano 8-9 ottobre 1977*, Feltrinelli, Milano 1978.
Camaioni L., *La prima infanzia. Lo sviluppo psicologico nei primi tre anni di vita*, il Mulino, Bologna 1996.
–, *L'infanzia*, il Mulino, Bologna 1997.
– (a cura di), *Psicologia dello sviluppo del linguaggio*, il Mulino, Bologna 2001.
Camaioni L., Aureli T., Perucchini P., *Osservare e valutare il comportamento infantile*, il Mulino, Bologna 2004.
Camaioni L., Di Blasio P., *Psicologia dello sviluppo*, il Mulino, Bologna 2007.
Camaioni L., Simion F., *Metodi di ricerca in psicologia dello sviluppo*, il Mulino, Bologna 1990.
Cameron D. E., *Psychic driving*, in "American Journal of Psychiatry", 1956, n. 112.
Cameroni M., *L'handicap dentro e oltre*, Feltrinelli, Milano 1983.
Campana L., Baldassarri E., *HIV-AIDS. Alziamo lo sguardo*, Il Ponte Vecchio Editore, Cesena 2005.
Campbell A., *Sette stati di coscienza*, Astrolabio, Roma 1974.
Campbell B. A., Church R. M., *Punishment and aversive behavior*, Appleton-Century-Crofts, New York 1969.

–, *Personnel training and development*, in "Annual Review of Psychology", 1971.
Campbell D. T., *Stereotypes and the perception of group differences*, in "American Psychologist", 1967, n. 22.
–, *Epistemologia evoluzionistica* (1973), Armando, Roma 1981.
Campbell D. T., Stanley J. C., *Experimental and quasi-experimental designs for research on teaching*, in N. L. Gage (a cura di), *Handbook of research on teaching*, McNally, Chicago 1963.
Campbell J(eremy), *La grande bugia. La necessità e l'utilità della menzogna in natura, nella storia, nella politica, in amore e nelle arti* (2001), Garzanti, Milano 2001.
Campbell J(ohn) P., *Personnel training and development*, in "Annual Review of Psychology", 1971.
Campbell J(ohn) P. *et al.*, *Managerial behavior, performance and effectiveness*, McGraw-Hill, New York 1970.
Campbell J(oseph), *L'eroe dai mille volti* (1953), Feltrinelli, Milano 1984.
–, *Percorsi di felicità. Mitologia e trasformazione personale* (2004), Raffaello Cortina, Milano 2012.
Campbell K., *Il corpo e la mente* (1970), Armando, Roma 1976.
Campese S., Manuli P., Sissa G., *Madre Materia. Sociologia e biologia della donna greca*, Bollati Boringhieri, Torino 1983.
Campione F., *Lutto e desiderio. Teoria e clinica del lutto*, Armando, Roma 2012.
Camporesi P. (a cura di), *Il libro dei vagabondi*, Garzanti, Milano 1973.
Camus A., *Il mito di Sisifo* (1942), Bompiani, Milano 1969.
Canalis M., Novara E., *Elogio dell'insegnamento*, Armando, Roma 2011.
Cancogni M., *Cos'è l'amicizia*, Feltrinelli, Milano 1958.
Cancrini L. (a cura di), *Esperienze di una ricerca sulle tossicomanie giovanili*, Mondadori, Milano 1972.
– (a cura di), *Verso una teoria della schizofrenia*, Bollati Boringhieri, Torino 1977.
–, *Tossicomanie*, Editori Riuniti, Roma 1980.
–, *Guida alla psicoterapia*, Editori Riuniti, Roma 1982.
–, *Bambini "diversi" a scuola*, Bollati Boringhieri, Torino 1989.
–, *Date parole al dolore. La depressione. Conoscerla per guarire*, Frassinelli, Milano 1996.
–, *Lezioni di psicopatologia*, Bollati Boringhieri, Torino 1997.
–, *Schiavo delle mie brame. Storie di dipendenza da droghe, gioco d'azzardo, ossessione di potere*, Frassinelli, Milano 2003.
–, *L'oceano borderline*, Raffaello Cortina, Milano 2006.
–, *La cura delle infanzie infelici. Viaggio nell'origine dell'oceano borderline*, Raffaello Cortina, Milano 2012.
–, *Ascoltare i bambini. Psicopatologia delle infanzie negate*, Raffaello Cortina, Milano 2017.
Cancrini L., Malagoli Togliatti M., Meucci G. P., *Droga*, Sansoni, Firenze 1977.
Cancrini T., *Un tempo per il dolore. Eros, dolore e colpa*, Bollati Boringhieri, Torino 2002.
Candelori C., *Il primo colloquio. La consultazione clinica di esplorazione con bambini, adolescenti e adulti*, il Mulino, Bologna 2014.
Candland D. K., *Psychology. The experimental approach*, McGraw-Hill, New York 1968.
Canepa G., *Personalità e delinquenza. Problemi di antropologia criminale e di criminologia clinica*, Giuffrè, Milano 1978.
Canestrari R., *La dinamica del percepire*, in L. Ancona (a cura di), *Nuove questioni di psicologia*, La Scuola, Brescia 1972, vol. I, pp. 279-358.
Canestrari R., Battacchi M. W., *Strutture e dinamiche della personalità nell'antisocialità minorile*, Malipiero, Bologna 1963.
Canetti E., *Massa e potere* (1960), Adelphi, Milano 1973.
Canevaro A., *Bambini handicappati. Crescere insieme*, Cappelli, Bologna 1979.
Canevaro A., Ianes D., *Diversabilità*, Erickson, Trento 2005.
Canevelli F., Lucardi M., *La mediazione familiare. Dalla rottura del legame al riconoscimento dell'altro*, Bollati Boringhieri, Torino 2000.
Cannadine D., Price S. (a cura di), *Rituals of royalty. Power and ceremonial in traditional societies*, Cambridge University Press, Cambridge 1987.
Cannao M., Moretti G., *I disturbi mentali e i diversi momenti dello sviluppo*, in G. B. Cassano, P. Pancheri *et al.* (a cura di), *Trattato italiano di psichiatria* (1992), Masson, Milano 1999, vol. III, pp. 2759-2776.
Cannao M. *et al.*, *Psicomotricità e processi educativi*, Vita e Pensiero, Milano 1980.
Cannistraro Ph. V., *La fabbrica del consenso. Fascismo e mass media*, Laterza, Bari 1975.
Cannon W. B., *Bodily changes in pain, hunger, fear and rage*, Appleton, New York 1929.
–, *Again the James-Lange-Theory and the thalamic theories of emotion*, in "Psychological Review", 1931, n. 42.
–, *La saggezza del corpo* (1932), Bompiani, Milano 1956.

Cantalupi T., Santarcangelo D., *Psiche e realtà. La psicologia e la teoria quantistica*, Tecniche Nuove Editrice, Milano 2014.
Cantoni R., *Il pensiero dei primitivi*, il Saggiatore, Milano 1963.
–, *Antropologia quotidiana*, Rizzoli, Milano 1975.
Cantril H., *The psychology of social movement*, Wiley, New York 1941.
Capeci F., *Generazione 2.0. Chi sono, cosa vogliono, come dialogare con loro*, Franco Angeli, Milano 2014.
Čapek K., *Favole* (1991), Feltrinelli, Milano 1994.
Capello C., *Il Sé e l'altro nella scrittura autobiografica*, Bollati Boringhieri, Torino 2001.
Caplan D., *Neurolinguistics and linguistic aphasiology*, Cambridge University Press, Cambridge 1987.
Caplan G., *Principles of preventive psychiatry*, Basic Books, New York 1964.
–, *The theory and practice of mental health consultation*, Basic Books, New York 1970.
Caplan G., Lebovici S. (a cura di), *Problemi psicosociali dell'adolescenza* (1973), Bollati Boringhieri, Torino 1978.
Capograssi G., *La vita etica* (1921-1937), Bompiani, Milano 2008.
Caponio I., *Il training autogeno*, Sperling & Kupfer, Milano 1980.
Cappelletti F. A., *Differenza e potere. La politica nel pensiero post-moderno*, Franco Angeli, Milano 1984.
Cappuccio M., *Neurofenomenologia. Le scienze della mente e le sfide dell'esperienza*, Bruno Mondadori, Milano 2006.
Capra F., *Il punto di svolta* (1982), Feltrinelli, Milano 1984.
Caprara G. V., *Studi sulla personalità. Quattro ricerche con il metodo Holt*, Bollati Boringhieri, Torino 1977.
–, *Personalità e aggressività*, Bulzoni, Roma 1981.
–, *Le ragioni del successo*, il Mulino, Bologna 1996.
– (a cura di), *La valutazione dell'autoefficacia*, Erickson, Trento 2001.
Caprara G. V., Barbaranelli C., Borgogni L., Perugini M., *The "Big Five Questionnaire". A new questionnaire to assess the five factor model*, in "Personality and Individual Differences", 1993, n. 15.
Caprara G. V., Carotenuto A., De Coro A., *Gli istinti nell'uomo*, Marsilio, Padova 1976.
Caprara G. V., Cervone D., *Personalità. Determinanti, dinamiche, potenzialità*, Raffaello Cortina, Milano 2003.
Caprara G. V., Gennaro A., *Psicologia della personalità. Storia, indirizzi teorici e temi di ricerca*, il Mulino, Bologna 1994.
Caprara G. V., Luccio R. (a cura di), *Teorie della personalità*, il Mulino, Bologna 1986.
Caprettini G. P., *Immagine*, in AA.VV., *Enciclopedia*, Einaudi, Torino 1979, vol. VII, pp. 93-115.
Caprio F. S., *Female homosexuality*, Owen, London 1957.
Capurso M. (a cura di), *Gioco e studio in ospedale*, Erickson, Trento 2001.
–, *Relazioni educative e apprendimento. Modelli e strumenti per una didattica significativa*, Erickson, Trento 2003.
Caracciolo A., *La religione come struttura e come mondo autonomo della coscienza*, il melangolo, Genova 2000.
Caracciolo A., Redaelli T., Valsecchi L. (a cura di), *Terapia occupazionale. Ausili e metodologia per l'autonomia*, Raffaello Cortina, Milano 2008.
Caramazza A., *The logic of neuropsychological research and the problem of patient classification*, in "Brain and Language", 1984, n. 21, pp. 9-20.
Caramelli N., *Epistemologia genetica e teoria della conoscenza in J. Piaget*, Franco Angeli, Milano 1979.
– (a cura di), *La psicologia cognitivista*, il Mulino, Bologna 1990.
Carbone M., *Filosofia-schermi. Dal cinema alla rivoluzione digitale*, Raffaello Cortina, Milano 2016.
Cardaci M., *Psicologia evoluzionistica e cognizione umana*, il Mulino, Bologna 2012.
Cardamone G., Inglese S., Zorzetto S. (a cura di), *Djon Djongonon. Psicopatologia e salute mentale nelle società multiculturali*, Colibrì, Paderno Dugnano 1999.
Cardamone G., Zorzetto S., *Salute mentale di comunità. Elementi di teoria e pratica*, Franco Angeli, Milano 2000.
Cardano G., *Sogni* (1562), Marsilio, Venezia 1993.
–, *Sul sonno e sul sognare* (1562), Marsilio, Venezia 1989.
Caretti V., La Barbera D., *Le dipendenze patologiche. Clinica e psicopatologia*, Raffaello Cortina, Milano 2005.
Cargnello D., *Introduzione allo studio della nevrosi secondo la psicologia individuale di A. Adler*, in "Rivista di Psicologia", 1941, a. 37, n. 4, pp. 201-317.
–, *Alterità e alienità. Introduzione alla fenomenologia antropoanalitica*, Feltrinelli, Milano 1966.
–, *Il caso Ernst Wagner*, Feltrinelli, Milano 1984.
Cargnello D., Calvi L., *Principi ordinativi per un inquadramento antropoanalitico delle fobie*, in "Archives Suisses de Neurologie, Neurochirurgie et Psychiatrie", 1961, vol. 87, n. 2, pp. 327-350.

Caricchio M., *Tolleranza*, in M. Flores (a cura di), *Diritti umani. Cultura dei diritti e dignità della persona nell'epoca della globalizzazione*, Utet, Torino 2007, vol. II, pp. 1276-1282.

Carini A., Pedrocco Biancardi M. T., Soavi G. (a cura di), *L'abuso sessuale intrafamiliare*, Raffaello Cortina, Milano 2001.

Carletti A., Varani A. (a cura di), *Didattica costruttivista. Dalle teorie alla pratica in classe*, Erickson, Trento 2005.

Carli L. (a cura di), *Attaccamento e rapporti di coppia. Il modello di Bowlby nell'interpretazione del ciclo della vita*, Raffaello Cortina, Milano 1995.

Carli L., Cavanna D., Zavattini G. C., *Psicologia delle relazioni di coppia. Modelli teorici e intervento clinico*, il Mulino, Bologna 2009.

Carli L., Quadrio A. (a cura di), *Clinica della psicomotricità*, Feltrinelli, Milano 1981.

Carli L., Rodini C. (a cura di), *Le forme dell'intersoggettività*, Raffaello Cortina, Milano 2008.

Carli R., *Fenomenologia dell'adattamento sociale*, in L. Ancona (a cura di), *Nuove questioni di psicologia*, La Scuola, Brescia 1972, vol. II, pp. 49-88.

–, *Psicologia clinica. Introduzione alla teoria e alla tecnica*, Utet, Torino 1987.

Carli R., Ambrosiano L. (a cura di), *Esperienze di psicosociologia*, Franco Angeli, Milano 1982.

Carli R., Paniccia R. M., *Psicosociologia delle organizzazioni e delle istituzioni*, il Mulino, Bologna 1981.

–, *Psicologia della formazione*, il Mulino, Bologna 1999.

–, *Analisi della domanda. Teoria e tecnica dell'intervento in psicologia clinica*, il Mulino, Bologna 2003.

Carloni G., Nobili D., *La mamma cattiva. Fenomenologia, antropologia e clinica del figlicidio*, Guaraldi, Firenze 1975.

Carlson E. A., *The gene. A critical history*, Saunders Company, London 1966.

Carlsöö S., *How man moves. Kinesiological studies and methods*, Heinemann, London 1972.

Carmagnola F., *La scienza triste. Il simbolico, l'immaginario e la crisi del reale*, Meltemi, Roma 2002.

Carmagnola F., Ferraresi M., *Merci di culto. Ipermerce e società mediale*, Castelvecchi, Roma 1999.

Carnap R., *Psychologie in physikalischer Sprache*, in "Erkenntnis", 1932, vol. 3, n. 2/3, pp. 107-142.

–, *Controllabilità e significato* (1953), in A. Pasquinelli (a cura di), *Il neoempirismo*, Utet, Torino 1969, pp. 541-611.

Caroli F., *Storia della fisiognomica. Arte e psicologia da Leonardo a Freud*, Leonardo Editore, Milano 1995.

Carotenuto A., *Senso e contenuto della psicologia analitica*, Bollati Boringhieri, Torino 1977.

–, *Psiche e inconscio*, Marsilio, Venezia 1978.

–, *Eros e pathos*, Bompiani, Milano 1987.

–, *Amare tradire*, Bompiani, Milano 1991.

–, *Trattato di psicologia della personalità e delle differenze individuali*, Raffaello Cortina, Milano 1991.

–, *Psicologia della personalità creativa*, in Id., *Trattato di psicologia della personalità*, cit., pp. 529-760.

– (a cura di), *Trattato di psicologia analitica*, vol. I: *La dimensione culturale*, vol. II: *La dimensione clinica*, Utet, Torino 1992.

–, *Freud. Il perturbante*, Bompiani, Milano 2002.

Carpenter W. B., *Principles of human physiology*, Lea & Blanchard, Philadelphia 1845.

–, *Principles of mental psychology*, Appleton, New York 1875.

Carr H. A., *Psychology. A study of mental activity*, Longmans, New York 1925.

Carr N. G., *Internet ci rende stupidi? Come la Rete sta cambiando il nostro cervello* (2010), Raffaello Cortina, Milano 2011.

Carse J. P., *Giochi finiti e infiniti. La vita come gioco e come possibilità* (1986), Mondadori, Milano 1987.

Carson R., *Primavera silenziosa* (1962), Feltrinelli, Milano 1963.

Carta I., *L'età inquieta*, Frassinelli, Milano 1991.

Carter I., Ricciardi M. (a cura di), *L'idea di libertà*, Feltrinelli, Milano 1996.

Carthy J. D., Ebling F. J. (a cura di), *Storia naturale dell'aggressività* (1964), Feltrinelli, Milano 1973.

Caruana F., Borghi A. M., *Il cervello in azione. Introduzione alle nuove scienze della mente*, il Mulino, Bologna 2016.

Carugati F., Selleri P., *Psicologia dell'educazione*, il Mulino, Bologna 1996.

Carus C. G., *Psyche. Zur Entwicklungsgeschichte der Seele*, Kröner, Leipzig 1846.

Caruso I. A., *La separazione degli amanti. Una fenomenologia della morte* (1974), Einaudi, Torino 1988.

Caruso P., *Conversazioni con Lévi-Strauss, Foucault, Lacan*, Mursia, Milano 1969.

Carver Ch. S., Scheier M. F., *Attention and self-regulation. A control-theory approach to human behavior*, Springer, New York 1981.

–, *Autoregolazione del comportamento* (1998), Erickson, Trento 2005.

Casacchia M., Roncone R., *Trattamenti psicosociali familiari*, in G. B. Cassano, P. Pancheri *et al.* (a cura di), *Trattato italiano di psichiatria* (1992), Masson, Milano 1999, vol. III, pp. 3589-3618.

Case R., *Neo-piagetian theories of child development*, in R. Sternberg, C. A. Berg (a cura di), *Intellectual development*, Cambridge University Press, Cambridge 1991, pp. 161-196.
Caselli M. C., Maragna S., Volterra V., *Linguaggio e sordità. Gesti, segni e parole nello sviluppo e nell'educazione*, il Mulino, Bologna 2006.
Casement P., *Spazio e processo psicoanalitico* (1989), Raffaello Cortina, Milano 1991.
Casey M. D. *et al.*, *XYY chromosome and antisocial behavior*, in "Lancet", 1966, n. 1, 984.
Caso L., Vrij A., *L'interrogatorio giudiziario e l'intervista investigativa. Metodi e tecniche di conduzione*, il Mulino, Bologna 2009.
Casonato M., *Psicoterapia dinamica. Verso una prospettiva sistemico-costruttivistica*, Moretti & Vitali, Bergamo 1991.
– (a cura di), *Psicologia dinamica*, Bollati Boringhieri, Torino 1992.
Cassano G. B., *La condizione depressiva*, Masson, Milano 1982.
–, *Il disturbo da attacchi di panico – Agorafobia*, Masson, Milano 1991.
– (a cura di), *Affettività*, in G. B. Cassano, P. Pancheri *et al.* (a cura di), *Trattato italiano di psichiatria* (1992), Masson, Milano 1999, vol. I, pp. 571-618.
– (a cura di), *Aspetti neuropsicologici delle sindromi psichiatriche*, in G. B. Cassano, P. Pancheri *et al.* (a cura di), *Trattato italiano di psichiatria*, cit., vol. II, pp. 1055-1084.
– (a cura di), *Condotte aggressive e violente*, in G. B. Cassano, P. Pancheri *et al.* (a cura di), *Trattato italiano di psichiatria*, cit., vol. I, pp. 619-666.
– (a cura di), *Disturbi correlati a sostanze*, in G. B. Cassano, P. Pancheri *et al.* (a cura di), *Trattato italiano di psichiatria*, cit., vol. II, pp. 1323-1438.
–, *Disturbi d'ansia*, in G. B. Cassano, P. Pancheri *et al.* (a cura di), *Trattato italiano di psichiatria*, cit., vol. II, pp. 2025-2130.
– (a cura di), *Disturbi da uso di alcool*, in G. B. Cassano, P. Pancheri *et al.* (a cura di), *Trattato italiano di psichiatria*, cit., vol. II, pp. 1439-1486.
– (a cura di), *Disturbi dell'alimentazione*, in G. B. Cassano, P. Pancheri *et al.* (a cura di), *Trattato italiano di psichiatria*, cit., vol. II, pp. 2505-2570.
– (a cura di), *Disturbi dell'umore*, in G. B. Cassano, P. Pancheri *et al.* (a cura di), *Trattato italiano di psichiatria*, cit., vol. II, pp. 1837-2008.
– (a cura di), *Disturbo ossessivo compulsivo*, in G. B. Cassano, P. Pancheri *et al.* (a cura di), *Trattato italiano di psichiatria*, cit., vol. II, pp. 2157-2184.
– (a cura di), *Il problema dei disturbi dell'umore*, in G. B. Cassano, P. Pancheri *et al.* (a cura di), *Trattato italiano di psichiatria*, cit., vol. II, pp. 1823-1836.
– (a cura di), *Terapia elettroconvulsivante*, in G. B. Cassano, P. Pancheri *et al.* (a cura di), *Trattato italiano di psichiatria*, cit., vol. III, pp. 3451-3472.
Cassano G. B., Pancheri P. *et al.* (a cura di), *Trattato italiano di psichiatria* (1992), Masson, Milano 1999, voll. I-III.
Cassano G. B., Zoli S., *E liberaci dal male oscuro. Che cos'è la depressione e come se ne esce*, Longanesi, Milano 2003.
Cassibba R., Van Ijzendoorn M. (a cura di), *L'intervento clinico basato sull'attaccamento. Promuovere la relazione genitore-bambino*, il Mulino, Bologna 2005.
Cassidy T., *Stress e salute* (1999), il Mulino, Bologna 2002.
Cassini A., Dell'Antonio A., *Le basi fisiologiche dei processi motivazionali ed emotivi*, il Mulino, Bologna 1982.
Cassirer E., *Filosofia delle forme simboliche* (1923-1929), La Nuova Italia, Firenze 1961-1966, voll. I-IV.
–, *Linguaggio e mito* (1925), Garzanti, Milano 1961.
–, *Individuo e cosmo nella filosofia del Rinascimento* (1927), La Nuova Italia, Firenze 1963.
–, *Determinismo e indeterminismo nella fisica moderna* (1937), La Nuova Italia, Firenze 1970.
–, *Saggio sull'uomo* (1944), Armando, Roma 1968.
Castagna M., *L'analisi delle esigenze: dal fabbisogno all'intervento formativo. Principi, metodi e strumenti per il formatore*, Franco Angeli, Milano 2010.
Castaneda C., *A scuola dallo stregone. Una via yaqui alla conoscenza* (1968), Astrolabio, Roma 1970.
Castel R., *Lo psicanalismo. Psicanalisi e potere* (1973), Einaudi, Torino 1975.
–, *L'ordine psichiatrico* (1976), Feltrinelli, Milano 1980.
–, *L'insicurezza sociale. Che significa essere protetti?* (2003), Einaudi, Torino 2004.
Castelfranchi C., Mancini F., Miceli M. (a cura di), *Fondamenti di cognitivismo clinico*, Bollati Boringhieri, Torino 2002.
Castellazzi V. L., *Dentro la solitudine*, Città Nuova, Roma 1998.
Castelli C. (a cura di), *Orientamento in età evolutiva*, Franco Angeli, Milano 2002.

Castelli C., Quadrio A., Venini L., *Psicologia sociale e dello sviluppo*, Franco Angeli, Milano 1995.
Castelli S., *La mediazione. Teorie e tecniche*, Raffaello Cortina, Milano 1996.
Castiello D'Antonio A., *Interviste e colloqui in azienda*, Raffaello Cortina, Milano 1994.
Castoldi I., *Narcisi. Uomini in crisi d'identità (visti dalle donne)*, Feltrinelli, Milano 2003.
Castoriadis C., *L'istituzione immaginaria della società* (1975), Bollati Boringhieri, Torino 1995.
–, *Gli incroci del labirinto* (1978), Hopefulmonster, Firenze 1988.
Casula C. C., *La forza della vulnerabilità. Utilizzare la resilienza per superare le avversità*, Franco Angeli, Milano 2011.
Catalano Nobili C., Cerquetelli G., *Gli psicopatici*, Il Pensiero Scientifico, Roma 1974.
Cataluccio F. M., *Immaturità. La malattia del nostro tempo*, Einaudi, Torino 2004.
Catellani P., *Psicologia politica*, il Mulino, Bologna 1997.
Cattelani R., *Neuropsicologia delle sindromi post-traumatiche*, Raffaello Cortina, Milano 2007.
Cattell J. M., *The conception and method of psychology*, The Science Press, New York 1904.
Cattell J. P., *Fenomeni di depersonalizzazione*, in S. Arieti (a cura di), *Manuale di psichiatria* (1959-1966), Bollati Boringhieri, Torino 1969-1970, vol. I, pp. 522-536.
Cattell R. B., *Description and measurement of personality*, World Book, Yonkers, New York, 1946.
–, *Personality. A systematic, theoretical and factual study*, McGraw-Hill, New York 1950.
–, *Factor analysis*, Harper, New York 1952.
–, *Lo stato attuale nella ricerca e costruzione di test fattoriali di attitudine e personalità* (1952), Vita e Pensiero, Milano 1955.
–, *Personality and motivation structure measurement*, Ward Book Co., Yonkers, New York, 1957.
–, *The scientific analysis of personality*, Penguin, Baltimore 1965.
–, *Handbook of multivariate experimental psychology*, Rand McNally, Chicago 1966.
Cattell R. B., Child D., *Motivation and dynamic structure*, Wiley, New York 1975.
Cattell R. B., Kline P., *Personalità e motivazione* (1977), il Mulino, Bologna 1982.
Cattell R. B., Tiner L. G., *The varieties of structural rigidity*, in "Journal of Personality", 1949, n. 17, pp. 321-341.
Cattorini P., *Problemi di etica in psichiatria*, in G. B. Cassano, P. Pancheri *et al.* (a cura di), *Trattato italiano di psichiatria* (1992), Masson, Milano 1999, vol. III, pp. 3877-3886.
Cauli G., *Anoressia nervosa*, in *Enciclopedia di psicologia*, Garzanti, Milano 1999.
–, *Ansia, disturbi di*, in *Enciclopedia di psicologia*, cit.
–, *Bulimia nervosa*, in *Enciclopedia di psicologia*, cit.
–, *Demenza*, in *Enciclopedia di psicologia*, cit.
–, *Depressione. Modelli biologici*, in *Enciclopedia di psicologia*, cit.
–, *Diagnostica strumentale*, in *Enciclopedia di psicologia*, cit.
–, *Fobia*, in *Enciclopedia di psicologia*, cit.
–, *Genetica psichiatrica*, in *Enciclopedia di psicologia*, cit.
–, *Interpretazioni biologiche e genetiche dell'autismo*, in *Enciclopedia di psicologia*, cit.
–, *Personalità, Disturbi della*, in *Enciclopedia di psicologia*, cit.
–, *Neurophenomenology and metacognition*, in "Encyclopaideia", 2008, n. XII (23), pp. 77-96.
–, *Teoria della mente e schizofrenia: clinica e riabilitazione*, in S. Pallanti (a cura di), *Oltre la schizofrenia. I progressi delle neuroscienze per superare i preconcetti e la malattia*, Edra Edizioni, Milano 2015, pp. 217-251.
Cavaleri P. A., *Vivere con l'altro. Per una cultura della relazione*, Città Nuova, Roma 2007.
Cavallari G., *Creatività. L'uomo oltre la crisi*, Vivarium, Milano 2013.
Cavallari G., Frigoli D., Ottolenghi D., Tortorici E., *La forma, l'immaginario e l'uno. Saggi sull'analogia e il simbolismo*, Guerini & Associati, Milano 1993.
Cavallaro R., *Antipsicotici*, in G. B. Cassano, P. Pancheri *et al.* (a cura di), *Trattato italiano di psichiatria* (1992), Masson, Milano 1999, vol. III, pp. 3333-3388.
Cavalli G., Fabio R. A., Liverta Sempio O., Marchetti A., *Test TVSM. Test Vocale sugli Stati Mentali*, Erickson, Trento 2013.
Cavalli L., *La democrazia manipolata*, Franco Angeli, Milano 1965.
Cavalli Sforza L. L., *Geni, popoli e lingue* (1996), Adelphi, Milano 1996.
–, *L'evoluzione della cultura*, Codice, Torino 2004.
Cavalli-Sforza L. L., Bodmer W. F., *The genetics of human populations*, Freeman, San Francisco 1971.
Cavalli-Sforza L. L., Menozzi P., Piazza A., *Storia e geografia dei geni umani* (1994), Adelphi, Milano 1997.
Cavanna R. (a cura di), *Aspetti scientifici della parapsicologia*, Bollati Boringhieri, Torino 1973.

Cavarero A., *Corpo in figure. Filosofia e politica della corporeità*, Feltrinelli, Milano 1995.
Cavazza N., *Comunicazione e persuasione*, il Mulino, Bologna 1997.
–, *Psicologia degli atteggiamenti e delle opinioni*, il Mulino, Bologna 2005.
–, *La persuasione*, il Mulino, Bologna 2006.
Cavazzini A., *Evento e concetto*, Editrice CRT, Pistoia 1999.
Cavicchi I., *La clinica e la relazione*, Bollati Boringhieri, Torino 2004.
Cavina M., *Il padre spodestato. L'autorità paterna dall'antichità a oggi*, Laterza, Bari 2007.
Cazeneuve J., *Les rites et la condition humaine d'après des documents ethnographiques*, Puf, Paris 1958.
–, *La sociologia del rito* (1971), il Saggiatore, Milano 1996.
Cazzaniga S., Re A. M., Cornoldi C., Poli S., Tressoldi P. E., *Dislessia e trattamento sublessicale. Attività di recupero su analisi sillabica, gruppi consonantici e composizione di parole*, Erickson, Trento 2005.
Cazzola F., *Potere*, in M. Flores (a cura di), *Diritti umani. Cultura dei diritti e dignità della persona nell'epoca della globalizzazione*, Utet, Torino 2007, vol. II, pp. 1080-1086.
Cazzullo A., *Il concetto e l'esperienza*, Jaca Book, Milano 1988.
Cazzullo C. L., *Studi di psichiatria. Riunioni monotematiche internazionali di psichiatria organizzate dalla Clinica Psichiatrica dell'Università di Milano*, Il Pensiero Scientifico, Roma 1970.
– (a cura di), *La depressione. Condizione esistenziale o insidia biologica?*, Il Pensiero Scientifico, Roma 1984.
Cazzullo C. L., Invernizzi G., Vitali A., *Le condotte suicidarie*, Uses, Firenze 1987.
Cazzullo C. L., Sini C., *Fenomenologia. Filosofia e Psichiatria*, Masson, Milano 1984.
Ceccarelli F., *Il tabù dell'incesto. I fondamenti biologici del linguaggio della cultura*, Einaudi, Torino 1978.
–, *Sorriso e riso. Saggio di antropologia biosociale*, Einaudi, Torino 1988.
Ceccatelli Gurrieri G., *Alfabetizzazione*, in M. Flores (a cura di), *Diritti umani. Cultura dei diritti e dignità della persona nell'epoca della globalizzazione*, Utet, Torino 2007, vol. I, pp. 19-22.
–, *Educazione*, in M. Flores (a cura di), *Diritti umani*, cit., vol. I, pp. 521-527.
Ceccato S., Zonta B., *Linguaggio, consapevolezza, pensiero*, Feltrinelli, Milano 1980.
Cei A., *Psicologia dello sport*, il Mulino, Bologna 1999.
Cella Al-Chamali G., *Yoga-ratna. Il gioiello dello yoga*, Feltrinelli, Milano 1998.
Cellerino A., *Eros e cervello. Le radici biologiche di sessualità, estetica, amore*, Bollati Boringhieri, Torino 2002.
Celli G., *Etologia della vita quotidiana*, Raffaello Cortina, Milano 1992.
Celli P. L., *L'illusione manageriale*, Laterza, Bari 1997.
–, *Passioni fuori corso*, Mondadori, Milano 2000.
–, *Impresa e classi dirigenti*, Baldini Castoldi Dalai, Milano 2004.
–, *Coraggio*, Asmepa Edizioni, Bologna 2012.
Cendon P., Gaudino L., *Colpa vostra se mi uccido. Il suicidio e la responsabilità*, Marsilio, Venezia 1996.
Centro Italiano di Psicologia Analitica (CIPA) (a cura di), *Il male*, Raffaello Cortina, Milano 2000.
– (a cura di), *Il sesso*, Raffaello Cortina, Milano 2004.
– (a cura di), *Il vincolo*, Raffaello Cortina, Milano 2006.
Cerati G. (a cura di), *La fantasia al lavoro*, Bollati Boringhieri, Torino 1993.
Ceretti A., *L'orizzonte artificiale. Problemi epistemologici della criminologia*, Cedam, Padova 1992.
Ceretti A., Cornelli R., *Oltre la paura. Cinque riflessioni su criminalità, società e politica*, Feltrinelli, Milano 2013.
Ceretti A., Natali L., *Cosmologie violente. Percorsi di vite criminali*, Raffaello Cortina, Milano 2009.
Cerletti U., Bini L., *L'elettroshock*, in "Archivio di Psicologia, Neurologia e Psichiatria", 1938, n. 19.
Cerroni A., Rufo F. (a cura di), *Neuroetica. Tra neuroscienze, etica e società*, Utet, Torino 2009.
Cerroni U., *Il rapporto uomo-donna nella civiltà borghese*, Editori Riuniti, Roma 1975.
Ceruti M., *La danza che crea. Evoluzione e cognizione nell'epistemologia genetica*, Feltrinelli, Milano 1989.
–, *Evoluzione senza fondamenti*, Laterza, Bari 1995.
–, *Il vincolo e la possibilità*, Raffaello Cortina, Milano 2009.
Ceruti M., Fabbri P., Giorello G., Preta L. (a cura di), *Il caso e la libertà*, Laterza, Bari 1994.
Ceruti M., László E. (a cura di), *Physis. Abitare la terra*, Feltrinelli, Milano 1988.
Ceruti M., Lo Verso G. (a cura di), *Epistemologia e psicoterapia. Complessità e frontiere contemporanee*, Raffaello Cortina, Milano 1998.
Cervari P., Pollastri N., *Il filosofo in azienda. Pratiche filosofiche per le organizzazioni*, Apogeo, Milano 2010.

Cervetto L., Marzi C. A., Tassinari G., *Le basi fisiologiche della percezione*, il Mulino, Bologna 1987.
Cervone D., Pervin L. A., *La scienza della personalità. Teorie, ricerche, applicazioni* (2007), Raffaello Cortina, Milano 2009.
Cesa Bianchi G., *La psiche umana. Genesi e processo evolutivo*, PsycoPress, Milano 2004.
Cesa-Bianchi M., *Gli aspetti teoretici della personalità*, in L. Ancona (a cura di), *Questioni di psicologia*, La Scuola, Brescia 1962, pp. 437-488.
–, *Metodi di ricerca in psicologia scientifica*, in L. Ancona (a cura di), *Nuove questioni di psicologia*, La Scuola, Brescia 1972, vol. I, pp. 15-74.
– (a cura di), *Psicologia della senescenza*, Franco Angeli, Milano 1978.
Cesa-Bianchi M. *et al.*, *La percezione*, Franco Angeli, Milano 1972.
Ceserani R., *Il fantastico*, il Mulino, Bologna 1996.
Chafetz M. E., Demone H. W., *Alcoholism and society*, Oxford University Press, New York 1963.
Chall J. S., *Learning to read. The great debate*, McGraw-Hill, New York 1967.
Chalmers D., *Che cos'è la coscienza* (1995-1996), Castelvecchi, Roma 2014.
Chance M. R. A., Larsen R. R., *The social structure of attention*, Wiley, London-New York 1976.
Changeux J.-P., *L'uomo neuronale* (1983), Feltrinelli, Milano 1983.
–, *Ragione e piacere. Dalla scienza all'arte* (1994), Raffaello Cortina, Milano 1995.
Changeux J.-P., Ricoeur P., *La natura e la regola. Alle radici del pensiero* (1998), Raffaello Cortina, Milano 1999.
Chapman A. J., Foot H. C., *Humour and laughter. Theory, research and applications*, Wiley, London 1976.
Chapman L. J., Chapman J. P., Miller G. A., *A theory of verbal behaviour in schizophrenia*, in "Progress in Experimental Personality Research", 1964, n. 1.
Charcot J.-M., *L'hystérie* (testi scelti), Privat, Toulouse 1871.
–, *Lezioni alla Salpêtrière* (1887-1889), Guerini & Associati, Milano 1989.
–, *Métallothérapie et hypnotisme* (1890), in D.-M. Bourneville (a cura di), *Oeuvres complètes* (1886-1890), Bureaux du Progrès Médical, Delahaye & Lecrosnier LibrairesÉditeurs, Paris, vol. IX.
–, *Clinique des maladies du système nerveux. Leçons du Professeur Mémoires, Notes et Observations; parus pendant les années 1889-90 et 1890-91*, Alcan, Paris 1892-1893, voll. 1-2.
Chartier É.-A. (detto Alain), *Propositi di felicità* (1928), Elliot Edizioni, Roma 2013.
Chartier R., *La rappresentazione del sociale* (1982-1985), Bollati Boringhieri, Torino 1989.
Chasseguet-Smirgel J., *La sessualità femminile* (1964), Laterza, Bari 1995.
–, *Per una psicoanalisi dell'arte e della creatività* (1971), Raffaello Cortina, Milano 1989.
– (a cura di), *Gli itinerari dell'Anti-Edipo* (1974), Il Pensiero Scientifico, Roma 1976.
–, *L'ideale dell'Io. Saggio psicoanalitico sulla "malattia d'idealità"* (1975), Raffaello Cortina, Milano 1991.
–, *Creatività e perversione* (1985), Raffaello Cortina, Milano 1987.
–, *I due alberi del giardino. Saggi psicoanalitici sul ruolo del padre e della madre nel sistema psichico* (1988), Feltrinelli, Milano 1991.
–, *Il corpo come specchio del mondo* (2003), Raffaello Cortina, Milano 2005.
Chateau J., *Le jeu de l'enfant*, Uriu, Paris 1946.
Chebel M., *Il libro delle seduzioni, seguito da Dieci aforismi sull'amore* (1996), Bollati Boringhieri, Torino 2001.
Chertok L., *Psychophysiological mechanisms of hypnosis*, Springer, New York-Heidelberg-Berlin 1969.
–, *Ipnosi e suggestione* (1989), Laterza, Bari 1990.
Chertok L., Stengers I., *Il cuore e la ragione. L'ipnosi come problema da Lavoisier a Lacan* (1989), Feltrinelli, Milano 1991.
Cherubini P., *Psicologia del pensiero*, Raffaello Cortina, Milano 2005.
– (a cura di), *Psicologia generale*, Raffaello Cortina, Milano 2012.
Chesler Ph., *Le donne e la pazzia* (1972), Einaudi, Torino 1977.
Chess S., *Psichiatria nei primi tre anni di vita*, in S. Arieti (a cura di), *Manuale di psichiatria* (1959-1966), Bollati Boringhieri, Torino 1969-1970, vol. II, pp. 787-799.
Chess S., Thomas A., *Conosci tuo figlio* (1987), Giunti, Firenze 1989.
Chevallier *et al.*, *L'institution*, Puf, Paris 1981.
Chevreul M. E., *De la loi du contraste simultané des couleurs*, Pitois-Levrault, Paris 1839.
Chiapponi M., *Ambiente. Gestione e strategia. Un contributo alla strategia della progettazione ambientale*, Feltrinelli, Milano 1989.
Chiari G., *Biofeedback, emozione e malattia*, Franco Angeli, Milano 1982.

–, *Il costruttivismo in psicologia e in psicoterapia. Il caleidoscopio della conoscenza*, Raffaello Cortina, Milano 2016.
Chiari S., *Il problema psicologico degli interessi. Le motivazioni professionali nell'età evolutiva*, La Nuova Italia, Firenze 1973.
Chicoine J.-F., Germain P., Lemieux J., *Genitori adottivi e figli del mondo. I vari aspetti dell'adozione internazionale* (2003), Erickson, Trento 2004.
Chiesa G., *La guerra infinita*, Feltrinelli, Milano 2002.
Childs H. L., *Public opinion, nature, formation and role*, Van Nostrand, Princeton, New Jersey, 1965.
Chioetto V. (a cura di), *Manipolazione*, Anabasi, Milano 1993.
Chiozza L. A., *Psicoanalisi e cancro. Per una concezione psicoanalitica del cancro* (1978), Borla, Roma 1981.
Chirpaz F., *Le corps*, Puf, Paris 1977.
Chisholm R., *Person and object*, Open Court Publishing, La Salle 1976.
Chmiel N., *Tecnologia e lavoro. Un approccio psicologico* (1998), il Mulino, Bologna 2000.
Chodorow J., *Danzaterapia e psicologia del profondo. L'uso psicoterapeutico del movimento espressivo profondo e rituale* (1991), Red Edizioni, Como 1998.
Chodorow N. C., *Femminile, maschile, sessuale. Sigmund Freud e oltre* (1994), La Tartaruga, Milano 1995.
Chomsky N., *Le strutture della sintassi* (1957), Laterza, Bari 1970.
–, *Saggi linguistici* (1965), vol. I: *L'analisi formale del linguaggio*, vol. II: *La grammatica generativa trasformazionale*, vol. III: *Filosofia del linguaggio. Ricerche teoriche e storiche*, Bollati Boringhieri, Torino 1969-1970.
–, *The logical structure of linguistic theory*, University of Chicago Press, Chicago 1975.
–, *Linguaggio*, in AA.VV., *Enciclopedia*, Einaudi, Torino 1979, vol. VIII, pp. 352-399.
–, *Linguaggio e problemi della conoscenza* (1981), il Mulino, Bologna 1998.
–, *Knowledge of language. Its nature, origins and use*, Praeger, New York 1986.
–, *Atti di aggressione e di controllo* (1999), Tropea, Milano 2000.
–, *Capire il potere* (2002), Tropea, Milano 2002.
Choron J., *Suicide*, Scribner's, New York 1972.
Christensen H. T., *Handbook of marriage and the family*, Rand McNally, Chicago 1964.
Christou E., *Il logos dell'anima. Un inedito itinerario interiore sulle tracce dello spirito nella psicologia contemporanea* (1976), Città Nuova, Roma 1987.
Churchill G. A., *Marketing research. Methodological foundations*, Dryden, Hillsdale, Illinois, 1979.
Churchland P. M., *La natura della mente e la struttura della scienza. Una prospettiva neurocomputazionale* (1989), il Mulino, Bologna 1992.
–, *Il motore della ragione, la sede dell'anima. Viaggio attraverso il cervello umano* (1995), il Saggiatore, Milano 1998.
Churchland P. S., *From Descartes to neural networks*, in "Scientific American", luglio 1989.
–, *Neurobiologia della morale* (2011), Raffaello Cortina, Milano 2012.
–, *L'io come cervello* (2013), Raffaello Cortina, Milano 2014.
Churchland P. S., Sejnowski T. J., *Il cervello computazionale* (1992), il Mulino, Bologna 1995.
Chute E., Bartley S. H., *Fatigue and impairment in man*, McGraw-Hill, New York 1947.
Ciacci M., Gualandi V. (a cura di), *La costruzione sociale della devianza*, il Mulino, Bologna 1975.
Cialdini R. B., *Le armi della persuasione. Come e perché si finisce col dire di sì* (1984), Giunti, Milano 1995.
Cianchetti C., Sannio Fancello G., *Test TVL. Valutazione del linguaggio, 2-6 anni*, Erickson, Trento 2010.
Cianciolo A. T., Sternberg R. J., *Breve storia dell'intelligenza* (2004), il Mulino, Bologna 2007.
Ciani N. (a cura di), *Il narcisismo*, Borla, Roma 1983.
Ciapanna C., *Marijuana e altre storie*, Ciapanna Editore, Roma 1979.
Ciaramelli F., *La distruzione del desiderio*, Dedalo, Bari 2000.
Ciavarelli M., *Gestalt. L'ovvio per i giorni alterni*, Armando, Roma 2011.
Ciceri M. R., *La paura*, il Mulino, Bologna 2001.
Cicerone M. T., *De fato* (44 a.C.), a cura di S. Maso, Carocci, Roma 2014.
Cifarelli D. M., *Stima*, in AA.VV., *Gli strumenti del sapere contemporaneo*, vol. II: *I concetti*, Utet, Torino 1985, pp. 805-809.
Cifarelli D. M., Regazzini E., *Statistica*, in AA.VV., *Gli strumenti del sapere contemporaneo*, vol. I: *Le discipline*, Utet, Torino 1985, pp. 707-715.
Cigoli V., *Psicologia della separazione e del divorzio*, il Mulino, Bologna 1998.
Cigoli V., Galimberti C., Mombelli M., *Il legame disperante. Il divorzio come dramma di genitori e figli*, Raffaello Cortina, Milano 1988.

Cigoli V., Tamanza G., *L'intervista clinica generazionale*, Raffaello Cortina, Milano 2009.
Cimino E., *Psicopedagogia del bambino sordo. Storia, metodi, prospettive*, Giunti Barbera, Firenze 1978.
Cini M., *Un paradiso perduto. Dall'universo delle leggi naturali al mondo dei processi evolutivi*, Feltrinelli, Milano 1994.
Cinque G. (a cura di), *La semantica generativa*, Bollati Boringhieri, Torino 1979.
Ciompi L., *Logica affettiva. Una ricerca sulla schizofrenia* (1982), Feltrinelli, Milano 1994.
Cipriano P., *Fas e Nefas*, Istituto di Glottologia dell'Università di Roma, Roma 1978.
Cirillo S., *Il cambiamento nei contesti non terapeutici*, Raffaello Cortina, Milano 1990.
–, *Cattivi genitori*, Raffaello Cortina, Milano 2005.
Cirillo S., Berrini R., Cambiaso G., Mazza R., *La famiglia del tossicodipendente*, Raffaello Cortina, Milano 1996.
Cirillo S., Di Blasio P., *La famiglia maltrattante. Diagnosi e terapia*, Raffaello Cortina, Milano 1989.
Cirillo S., Selvini M., Sorrentino A. M. (a cura di), *La terapia familiare nei servizi psichiatrici*, Raffaello Cortina, Milano 2002.
–, *Entrare in terapia. Le sette porte della terapia sistemica*, Raffaello Cortina, Milano 2016.
Cirincione E., *Rapporti oggettuali e dinamica intrapsichica*, Bollati Boringhieri, Torino 1980.
Cives G., *La pedagogia scomoda. Da Pasquale Villari a Maria Montessori*, La Nuova Italia, Firenze 1994.
Civita A., *La volontà e l'inconscio*, Guerini & Associati, Milano 1987.
–, *Saggio sul cervello e la mente*, Guerini & Associati, Milano 1993.
–, *Introduzione alla storia e all'epistemologia della psichiatria*, Guerini & Associati, Milano 1996.
Civita A., Cosenza D. (a cura di), *La cura della malattia mentale. Storia ed epistemologia*, Bruno Mondadori, Milano 1999.
Clancier A., Roland J., *Genitori senza difetti* (1978), Feltrinelli, Milano 1980.
Clanton G., Smith L. G., *Gelosia. Cos'è, come nasce, come affrontarla* (1969), Savelli, Roma 1978.
Claparède É., *L'association des idées*, Doin, Paris 1903.
–, *Psicologia del fanciullo e pedagogia sperimentale. Lo sviluppo mentale* (1909), Editrice Universitaria, Firenze 1964.
–, *La scuola su misura* (1915), La Nuova Italia, Firenze 1966.
–, *Educazione funzionale* (1931), Editrice Universitaria, Firenze 1967.
–, *La genesi dell'ipotesi* (1933), Giunti Barbera, Firenze 1972.
Claridge G. S., *Personality and arousal*, Pergamon, Oxford 1969.
–, *Psicofarmaci. Problemi e prospettive* (1970), Bollati Boringhieri, Torino 1973.
Clark A., *Microcognizione. Filosofia, scienza cognitiva e reti neurali* (1991), il Mulino, Bologna 1994.
Clark D. H., *Psichiatria e terapia sociale. Salute mentale e nuova assistenza* (1974), Feltrinelli, Milano 1976.
Clark M., *I paradossi dalla A alla Z* (2004), Raffaello Cortina, Milano 2011.
Clarkin J. F., Yeomans F. E., Kernberg O. F., *Psicoterapia della personalità borderline* (1999), Raffaello Cortina, Milano 2000.
Classen C., *Worlds of sense. Exploring the senses in history and across cultures*, Routledge, London 1993.
Clausse A., *Teoria dello studio dell'ambiente*, La Nuova Italia, Firenze 1964.
Cleckley H. M., *Gli stati psicopatici*, in S. Arieti (a cura di), *Manuale di psichiatria* (1959-1966), Bollati Boringhieri, Torino 1969-1970, vol. I, pp. 558-582.
Clement U., *Terapia sessuale sistemica* (2008), Raffaello Cortina, Milano 2010.
Cloninger C. R., *A systematic method for clinical description and classification of personality variants*, in "Archives of General Psychiatry", 1987, n. 44, pp. 573-588.
Cloninger C. R. *et al.*, *Implication of sex differences in the prevalences of antisocial personality, alcoholism, and criminality for familial transmission*, in "Archives of General Psychiatry", 1978, n. 35, pp. 941-951.
–, *A psychobiological model of temperament and character*, in "Archives of General Psychiatry", 1993, n. 50, pp. 975-990.
Clot Y., *Le travail sans l'homme?*, La Découverte, Paris 1995.
–, *La fonction psychologique du travail*, Puf, Paris 1999.
Cocchi M. *et al.*, *Protagonisti dell'handicap*, Il Pensiero Scientifico, Roma 1991.
Cocchiara G., *Il mito del buon selvaggio*, D'Anna, Messina 1948.
–, *Storia del folklore in Europa*, Bollati Boringhieri, Torino 1952.
Coccia E., *Il bene nelle cose. La pubblicità come discorso morale*, il Mulino, Bologna 2014.
Codrington R. H., *The Melanesians. Studies in their anthropology and folklore*, Clarendon, Oxford 1891.
Coduri L., *Educare il bambino con disabilità*, Erickson, Trento 2013.
Coe R. M., Wilden A., *Errore*, in AA.VV., *Enciclopedia*, Einaudi, Torino 1978, vol. V, pp. 682-711.
Cohen A. K., *Ragazzi delinquenti* (1955), Feltrinelli, Milano 1963.
–, *Controllo sociale e comportamento deviante* (1959), il Mulino, Bologna 1966.

Cohen D. B., *Sleep and dreaming. Origins, nature and functions*, Pergamon, Oxford-New York 1979.
Cohen J(affe), McWilliams D., Smith B., *Piccoli gay crescono. Per una beata educazione all'omosessualità felice* (1994), Feltrinelli, Milano 1996.
Cohen J(erome), Cullen J. W., Martin L. R., *Psychosocial aspects of cancer*, Raven Press, New York 1982.
Cohen J(ohn), *Psicologia umanistica* (1958), Giunti Barbera, Firenze 1964.
Cohen N. J., *Preserved learning capacity in amnesia. Evidence for multiple memory systems*, in L. R. Squire, N. Butters, *Neuropsychology of memory*, Guilford, New York 1984.
Cohen R., *Objektive Klassifikationsverfahren*, in "Bulletin der schweizerischen Akademie der medizinischen Wissenschaften", 1970, n. 25.
Cohen S., *Stati di negazione. La rimozione del dolore nella società contemporanea* (2001), Carocci, Roma 2002.
Cole M., Gay J., Glick J. A., *The cultural contexts of learning and thinking*, Harvard University Press, Cambridge, Massachusetts, 1971.
Cole P., Morgan J. L., *Syntax and semantics*, Academic Press, New York 1975, vol. III.
Colecchia N. (a cura di), *Adolescenti e prevenzione. Disagio, marginalità, devianza*, Il Pensiero Scientifico, Roma 1995.
Coleman J. C., Hendry L. B., *La natura dell'adolescenza* (1980), il Mulino, Bologna 1995.
Collett P. (a cura di), *Social rules and social behaviour*, Basil Blackwell, Oxford 1977.
Colli G., *Filosofia dell'espressione*, Adelphi, Milano 1969.
–, *La ragione errabonda*, Adelphi, Milano 1982.
Collin R., *Theory of celestial influence*, Watkins, London 1980.
Collins A., *Why cognitive science*, in "Cognitive Science", 1977, n. 1.
Collins H. M., *Esperti artificiali. Conoscenza sociale e macchine intelligenti* (1990), il Mulino, Bologna 1994.
Collins J. E., Brinkworth R., *I bambini affetti dalla sindrome di Down* (1973), Armando, Roma 1980.
Colombo B., Fabio R. A., Saur L., *Le favole che fanno crescere*, Erickson, Trento 2005.
Colombo F., *Confucio nel computer. Memoria accidentale del futuro*, Rizzoli, Milano 1995.
Colombo G., *Il perdono responsabile*, Ponte alle Grazie, Milano 2011.
Coltheart M., *Iconic memory and visible persistence*, in "Perception and Psychophysics", 1980, n. 27.
Comenio G. A., *Didactica magna* (1633-1638), tr. it. *La grande didattica*, La Nuova Italia, Firenze 1993.
Cometa M., *La scrittura delle immagini. Letteratura e cultura visuale*, Raffaello Cortina, Milano 2012.
Comfort A., *Sesso e società* (1963), Feltrinelli, Milano 1967.
Compas B. E., *An agenda for coping research and theory. Basic and applied developmental issues*, in "International Journal of Behavioral Development", 1998, n. 22, pp. 231-237.
Comte A., *Corso di filosofia positiva* (1830-1842), Utet, Torino 1967.
Comunità Nuova, *Drugs. Cosa sono, effetti, rischi e precauzioni*, Baldini & Castoldi, Milano 2000.
Conci M., Dazzi S., Mantovani M. L. (a cura di), *La tradizione interpersonale. In psichiatria, psicoterapia e psicoanalisi*, Massari Editore, Roma 1997.
Conci M., Marchioro F. (a cura di), *Il sogno dell'interpretazione*, Media 2000 Editrice, Melpignano 1996.
Condini A., Battistella P. A., *Lineamenti di neuropsichiatria infantile*, Idelson, Napoli 1995.
Condominas G., *Spazio sociale*, in AA.VV., *Enciclopedia*, Einaudi, Torino 1981, vol. XIII, pp. 315-344.
Conforto C., Risso A. M., *Le sindromi psicorganiche*, in F. Giberti, R. Rossi, *Manuale di psichiatria*, Piccin, Padova 1983, pp. 125-154.
Connell R., *Questioni di genere* (2002), il Mulino, Bologna 2006.
Conner M., Armitage Ch. J., *La psicologia a tavola*, il Mulino, Bologna 2008.
Conolly J., *Trattamento del malato di mente senza metodi costrittivi* (1856), Einaudi, Torino 1976.
Conrad K., *Die symptomatischen Psychosen*, in AA.VV., *Psychiatrie der Gegenwart. Forschung und Praxis* (1960-1967), Springer, Berlin 1960.
–, *Der Konstitutionstyp*, Springer, Berlin 1963.
–, *Die beginnende Schizophrenie*, Thieme, Stuttgart 1966.
Contardi R., Gaburri E. (a cura di), *Enigmi della cultura e disagio nella civiltà*, Bollati Boringhieri, Torino 1999.
Conte M., Dazzi N. (a cura di), *La verifica empirica in psicoanalisi*, il Mulino, Bologna 1988.
Conte S., Renzi P., *La quantificazione del comportamento. Tecniche, strumenti e metodologia*, Raffaello Cortina, Milano 1997.
Contesini S., *La filosofia nelle organizzazioni. Nuove competenze per la formazione e la consulenza*, Carocci, Roma 2016.
Contessa G., *Dinamiche di gruppo e ricerca*, La Scuola, Brescia 1977.

Conti L., Ruggeri M., Faravelli C., *Strumenti e valutazioni di misura*, in G. B. Cassano, P. Pancheri *et al.* (a cura di), *Trattato italiano di psichiatria* (1992), Masson, Milano 1999, vol. I, pp. 829-856.
Continenza B., *Darwin e la psicologia*, in "Storia e critica della psicologia", 1981, n. 2.
Continenza B., Somenzi V., *L'etologia*, Loescher, Torino 1979.
Contini M., Fabbri M., Manuzzi P., *Non di solo cervello. Educare alle connessioni mente-corpo-significati-contesti*, Raffaello Cortina, Milano 2006.
Cooley Ch. H., *L'organizzazione sociale* (1909), Edizioni di Comunità, Milano 1963.
–, *Psichiatria e terapia sociale* (1974), Feltrinelli, Milano 1976.
Coomaraswamy A. K., *Il grande brivido. Saggi di simbolica e arte* (1932-1947), Adelphi, Milano 1987.
Coombs C. H., *Portfolio theory and the measurement of risk*, in M. F. Kaplan, S. Schwartz (a cura di), *Human judgement and decision processes*, Academic Press, New York 1975.
Cooper B., Morgan H. G., *Psichiatria epidemiologica* (1973), Bollati Boringhieri, Torino 1981.
Cooper C. L., Marshall J., *Understanding executive stress*, Macmillan, London 1978.
Cooper D., *Psichiatria e antipsichiatria* (1967), Armando, Roma 1972.
–, *La morte della famiglia. Il nucleo familiare nella società capitalistica* (1971), Einaudi, Torino 1972.
–, *La politica dell'orgasmo*, in A. Verdiglione (a cura di), *Sessualità e politica*, Feltrinelli, Milano 1976.
–, *Il linguaggio della follia* (1978), Feltrinelli, Milano 1979.
Cooper J., Fazio R. H., *A new look at dissonance theory*, in L. Berkowitz (a cura di), *Advances in experimental social psychology*, Academic Press, New York 1984, vol. XVII.
Cooper P. J., *Bulimia nervosa* (1993), Armando, Roma 1995.
Coppo P., *Etnopsichiatria*, il Saggiatore, Milano 1996.
–, *Tra psiche e culture. Elementi di etnopsichiatria*, Bollati Boringhieri, Torino 2003.
–, *Le ragioni degli altri. Etnopsichiatria, etnopsicoterapie*, Raffaello Cortina, Milano 2013.
Corballis M. C., *Human laterality*, Academic Press, New York 1983.
Corbella S., *La terapia di gruppo*, in A. A. Semi (a cura di), *Trattato di psicoanalisi*, vol. I: *Teoria e tecnica*, Raffaello Cortina, Milano 1988-1989, pp. 769-837.
Corbin H., *L'immagine del tempio* (1950-1974), Bollati Boringhieri, Torino 1983.
–, *Avicenne et le récit visionnaire*, Département d'Iranologie de l'Institut Franco-Iranien, Librairie d'Amérique et d'Orient, Paris 1954.
–, *L'immaginazione creatrice. Le radici del sufismo* (1958), Laterza, Bari 2005.
–, *Storia della filosofia islamica* (1964), Adelphi, Milano 1973.
–, *Corpo spirituale e terra celeste* (1979), Adelphi, Milano 1986.
–, *Face de Dieu, face de l'homme*, Flammarion, Paris 1983.
Cordeschi R., *La teoria dell'elaborazione umana dell'informazione*, in B. Continenza *et al.*, *Evoluzione e modelli*, Editori Riuniti, Roma 1984.
Coren S., Girgus J. S., *Seeing is deceiving. The psychology of visual illusions*, Lawrence Erlbaum Associates, Hillsdale, New Jersey, 1978.
Corlito G. (a cura di), *Alcologia e salute mentale*, Erickson, Trento 2007.
Corman L., *Il disegno della famiglia. Test per i bambini* (1967), Bollati Boringhieri, Torino 1970.
Cornoldi C., *Apprendimento e memoria nell'uomo*, Utet Libreria, Torino 1986.
– (a cura di), *I disturbi dell'apprendimento. Aspetti psicologici e neuropsicologici*, il Mulino, Bologna 1991.
–, *La conoscenza metacognitiva*, in "Età Evolutiva", 1991, n. 40.
–, *I disturbi specifici dell'apprendimento. La dislessia e la disgrafia*, Giunti, Firenze 1994.
–, *Metacognizione e apprendimento*, il Mulino, Bologna 1995.
–, *Le difficoltà di apprendimento a scuola*, il Mulino, Bologna 1999.
–, *L'intelligenza*, il Mulino, Bologna 2007.
Cornoldi C., Cazzola C., *Test AC-MT 11-14*, Erickson, Trento 2010.
Cornoldi C., De Beni R., Gruppo MT, *Imparare a studiare. Strategie, stili cognitivi, metacognizione e atteggiamento nello studio*, Erickson, Trento 1993.
Cornoldi C., De Beni R., Zamperlin C., Meneghetti C., *AMOS 8-15*, Erickson, Trento 2004.
Cornoldi C., De Meo T., Offredi F., Vio C., *Iperattività e autoregolazione cognitiva*, Erickson, Trento 2001.

Cornoldi C., Gardinale M., Masi A., Pettenò L., *Impulsività e autocontrollo. Interventi e tecniche metacognitive*, Erickson, Trento 1996.
Cornoldi C., Lucangeli D., Bellina M., *Test AC-MT 6-11*, Erickson, Trento 2008.
Corradi E., *Determinismo, causalità e fisica quantistica*, Celuc, Milano 1972.
Corradi Fiumara G., *Funzione simbolica e filosofia del linguaggio*, Bollati Boringhieri, Torino 1980.
–, *Filosofia dell'ascolto*, Jaca Book, Milano 1985.
Corrado R., Tagliapietra A., *Il senso del dolore. Testimonianza e argomenti*, Edizioni San Raffaele, Milano 2011.
Corriere R., McGrady P. M., *Sincronizzare la personalità. Autoconsapevolezza e crescita interiore* (1995), Erickson, Trento 1998.
Corso C., Landi S., *Quanto vuoi? Clienti e prostitute si raccontano*, Giunti, Firenze 1998.
Cortelli F., Sabelli B., *Omologia*, in AA.VV., *Gli strumenti del sapere contemporaneo*, vol. II: *I concetti*, Utet, Torino 1985, pp. 575-576.
Cortese C. G., *Motivare*, Raffaello Cortina, Milano 2005.
Cortese C. G., Del Carlo A., *La selezione del personale*, Raffaello Cortina, Milano 2008.
Cortili G., Saibene F., Rossi B., *Fisiologia e psicologia dello sport*, Edizioni Scientifiche e Tecniche Mondadori, Milano 1986.
Coseriu E., *Lezioni di linguistica generale*, Bollati Boringhieri, Torino 1973.
Costantini A., Grassi L., Biondi M., *Psicologia e tumori. Una guida per reagire*, Il Pensiero Scientifico, Roma 1998.
Cotard J., *Du délire de négation*, in "Archives de Neurologie", 1882, n. 11, pp. 152-170 e 282-296.
Cottini L., *L'autodeterminazione nelle persone con disabilità*, Erickson, Trento 2016.
Cotugno A., Benedetto A. M., *Il paziente borderline*, Franco Angeli, Milano 1995.
Coué É., *Self-mastery through conscious auto-suggestion*, American Library Service, New York 1922.
Coulacoglou C., *Il test delle fiabe (FTT – Fairy Tale Test)*, Erickson, Trento 2005.
Coulter J., *Mente, conoscenza, società* (1989), il Mulino, Bologna 1991.
Coupe L., *Il mito. Teorie e storie* (1997), Donzelli, Roma 1999.
Cousinet R., *La vita sociale dei ragazzi. Saggio di sociologia infantile* (1950), La Nuova Italia, Firenze 1955.
Cox T., *Stress*, Macmillan, London 1978.
–, *The nature and measurement of stress*, in "Ergonomics", 1985, n. 28, pp. 1155-1163.
–, *Stress, coping and problem solving*, in "Works & Stress", 1987, pp. 5-14.
Cozolino L., *Il cervello sociale. Neuroscienze delle relazioni umane* (2006), Raffaello Cortina, Milano 2008.
Cozzi D., *La depressione*, il Saggiatore, Milano 1996.
Craft M. (a cura di), *Psychopathic disorders and their assessment*, Pergamon, London 1966.
Craig G. J., *Lo sviluppo umano* (1976), il Mulino, Bologna 1982.
Craig W., *Appetites and aversions as constituents of instincts*, in "Biological Bulletin", 1918, n. 34, pp. 91-107.
Craighero L., *Neuroni specchio*, il Mulino, Bologna 2010.
Cramer J. B., *Le nevrosi infantili*, in S. Arieti (a cura di), *Manuale di psichiatria* (1959-1966), Bollati Boringhieri, Torino 1969-1970, vol. II, pp. 800-820.
Cranach M. von, Harré R. (a cura di), *L'analisi dell'azione. Recenti sviluppi teorici ed empirici* (1982), Giuffrè, Milano 1991.
Cranach M. von, Ochsenbein G., *Agire. La forma umana del comportamento* (s.d.), il Mulino, Bologna 1994.
Crane T., *Fenomeni mentali. Un'introduzione alla filosofia della mente* (2000), Raffaello Cortina, Milano 2003.
Cremerius J. (a cura di), *Educazione e psicoanalisi* (1971), Bollati Boringhieri, Torino 1975.
–, *Nevrosi e genialità* (1971), Bollati Boringhieri, Torino 1975.
Crepet P., *Le dimensioni del vuoto. I giovani e il suicidio*, Feltrinelli, Milano 1993.
–, *Solitudini. Memorie di assenze*, Feltrinelli, Milano 1997.
–, *Non siamo capaci di ascoltarli. Riflessioni sull'infanzia e l'adolescenza*, Einaudi, Torino 2001.
–, *Voi, noi. Sull'indifferenza di giovani e adulti*, Einaudi, Torino 2003.
–, *Sull'amore. Innamoramento, gelosia, eros, abbandono. Il coraggio dei sentimenti*, Einaudi, Torino 2006.
– (a cura di), *Perché siamo infelici*, Einaudi, Torino 2010.
–, *Baciami senza rete. Buone ragioni per sottrarsi alla seduzione digitale*, Mondadori, Milano 2016.
Crespi F., *Esistenza e simbolico. Prospettive per una cultura alternativa*, Feltrinelli, Milano 1978.
–, *Teoria dell'agire sociale*, il Mulino, Bologna 1999.
Cresswell R. (a cura di), *Il laboratorio dell'etnologo* (1975), il Mulino, Bologna 1981.
Cresti A., *La seduzione di Thanatos. Percorsi di passione e morte nel mito e nell'arte*, L'Editore, Trento 1990.

Creuzer G. F., *Symbolik und Mythologie der alten Völker, besonders der Griechen*, Heyer und Leske, Leipzig 1810-1812; tr. it. della Prima Parte del Libro I dal titolo: *Simbolica e Mitologia. Descrizione generale dell'ambito simbolico e mitico*, in A. Baeumler, F. Creuzer, J. J. Bachofen, *Dal simbolo al mito*, Spirali, Milano 1983, vol. II.

Crick F. H. C., *Uomini e molecole* (1966), Zanichelli, Bologna 1970.

Cristaldi R. V., *Fenomenologia e ontologia del gioco*, in "Accademia di Scienze, Lettere e Belle Arti degli Zelanti e dei Dafnici", 1976, s. II, vol. VI.

–, *Tempo e immagine. Quattro studi di iconologia*, Pagvs Edizioni, Treviso 1992.

Cristante F., Mannarini S., *Psicometria*, il Mulino, Bologna 2003.

Cristante S. (a cura di), *L'onda anonima. Scritti sull'opinione pubblica*, Meltemi, Roma 2004.

Cristiani E. (a cura di), *Femminile & maschile. Tra nostalgia e trasformazione*, Vivarium, Milano 1997.

Crittenden P. M., *Attaccamento nell'età adulta. L'approccio dinamico-maturativo alla "Adult Attachment Interview"*, Raffaello Cortina, Milano 1999.

Cronbach L. J., *Essentials of psychological testing*, Harper & Row, New York 1949.

Cronbach L. J., Meehl P. E., *Construct validity in psychological tests*, in "Psychological Bulletin", 1955, n. 52.

Crosignani P. G., *La contraccezione*, Il Pensiero Scientifico, Roma 1984.

Crotti E., Magni A., *Manuale di grafologia*, Gribaudi, Milano 2003.

Crow T. J., *Schizophrenia as the price that Homo sapiens pays for language. A resolution of the central paradox in the origin of the species*, in "Brain Research Reviews", 2000, n. 31, pp. 118-129.

Crowder N. A., *Intrinsically programmed materials for teaching complex skills and concepts*, American Psychological Association, Washington (DC) 1958.

Crowder R. G., Wagner R. K., *Psicologia della lettura* (1992), il Mulino, Bologna 1998.

Crowne D. P., Marlowe D., *The approval motive. Studies in evaluative dependence*, Wiley, New York 1964.

Crozier M., *Il fenomeno burocratico* (1963), Etas Kompass, Milano 1979.

Crozier M., Friedberg E., *Attore sociale e sistema. Sociologia dell'azione organizzata* (1977), Etas Libri, Milano 1978.

Cruz M., *L'amore filosofo* (2010), Einaudi, Torino 2012.

Cullen W., *Trattato di materia medica* (1773), Vincenzo Manfredi e Figli Editore, Napoli 1791.

Cumming D. E., Henry W. E., *Growing old*, Basic Books, New York 1961.

Cumont F., *Lo Zodiaco*, Adelphi, Milano 2012.

Cunti A., *La formazione in età adulta. Linee evolutive e prospettive di sviluppo*, Liguori, Napoli 1995.

Curci P., Galeazzi G. M., Secchi C., *La sindrome delle molestie assillanti*, Bollati Boringhieri, Torino 2003.

Curi U., *L'analisi operazionale in psicologia*, in Id. (a cura di), *L'analisi operazionale della psicologia*, Franco Angeli, Milano 1973.

–, *Psicologia e critica dell'ideologia*, Bertani, Verona 1977.

–, *Endiadi. Figure della duplicità*, Feltrinelli, Milano 1995.

–, *La cognizione dell'amore. Eros e filosofia*, Feltrinelli, Milano 1997.

–, *Pensare la guerra. L'Europa e il destino della politica*, Dedalo, Bari 1999.

–, *Filosofia del Don Giovanni. Alle origini di un mito moderno*, Bruno Mondadori, Milano 2002.

–, *I miti dell'amore. Filosofia dell'eros*, Bompiani, Milano 2009.

–, *Straniero*, Raffaello Cortina, Milano 2010.

–, *Passione*, Raffaello Cortina, Milano 2013.

Curtius F., *Über Degenerationszeichen*, in "Eugenik", 1933, vol. 3, pp. 25-33.

Cusinato M., *Psicologia sociale delle relazioni familiari*, il Mulino, Bologna 1988.

Cusinato M., Panzeri M., *Interventi e valutazioni nel lavoro con le famiglie*, il Mulino, Bologna 2005.

Cuzzolaro M., *Anoressie e bulimie*, il Mulino, Bologna 2004.

Cyrulnik B., Malaguti E., *Costruire la resilienza. La riorganizzazione positiva della vita e la creazione di legami significativi*, Erickson, Trento 2005.

D

Dacey J. S., Fiore L. B., *Il bambino ansioso. Un programma per fronteggiare l'eccesso di emozione*, Erickson, Trento 2005.

Dal Lago A., *Descrizione di una battaglia. I rituali del calcio*, il Mulino, Bologna 1990.

–, *Il paradosso dell'agire*, Liguori, Napoli 1990.

–, *Non-persone. L'esclusione dei migranti in una società globale*, Feltrinelli, Milano 1999.

Dal Lago A., Rovatti P. A., *Elogio del pudore. Per un pensiero debole*, Feltrinelli, Milano 1990.
–, *Per gioco. Piccolo manuale di esperienza ludica*, Raffaello Cortina, Milano 1993.
Dall'Ò G., Galante A., *Abitare sostenibile*, il Mulino, Bologna 2010.
Dall'Oglio A. M. *et al.*, *QS4-G. Questionario di osservazione dello sviluppo del bambino di 4 anni-Genitori*, Erickson, Trento 2010.
Dal Pra M., *Cabala*, in AA.VV., *Enciclopedia*, Einaudi, Torino 1977, vol. II, pp. 339-353.
Dal Sasso F., Pigatto A., *L'anziano e la sua memoria*, Bollati Boringhieri, Torino 2001.
Damasio A. R., *L'errore di Cartesio. Emozione, ragione e cervello umano* (1994), Adelphi, Milano 1995.
–, *On some functions of the human prefrontal cortex*, in "Annals of the New York Academy of Sciences", 1995, n. 769, pp. 241-251.
–, *Emozione e coscienza* (1999), Adelphi, Milano 2000.
–, *Alla ricerca di Spinoza. Emozioni, sentimenti e cervello* (2003), Adelphi, Milano 2003.
–, *Il Sé viene alla mente. La costruzione del cervello cosciente* (2010), Adelphi, Milano 2012.
Damasio A. R. *et al.*, *Cervelli che parlano. Il dibattito su mente, coscienza e intelligenza artificiale*, Bruno Mondadori, Milano 1987.
D'Ambrosio C., *Psicologia delle punizioni fisiche. I danni delle relazioni educative aggressive*, Erickson, Trento 2004.
–, *L'abuso infantile. Tutela del minore in ambito terapeutico, giuridico e sociale*, Erickson, Trento 2010.
D'Amico S., Devescovi A. (a cura di), *Psicologia dello sviluppo del linguaggio*, il Mulino, Bologna 2013.
Dan J., *La cabbalà* (2006), Raffaello Cortina, Milano 2006.
Danchin A., *Eredità*, in AA.VV., *Enciclopedia*, Einaudi, Torino 1982, vol. XV, pp. 215-225.
–, *Evoluzione*, in AA.VV., *Enciclopedia*, cit., 1982, vol. XV, pp. 233-243.
D'Ancona U., *Trattato di zoologia*, Utet, Torino 1966.
Dancu C. V., Foa E. B., *Posttraumatic stress disorder*, in A. Freeman, F. M. Dattilio (a cura di), *Comprehensive casebook of cognitive therapy*, Plenum Press, New York 1992, pp. 79-88.
Danielli A., Schiaffonati V. (a cura di), *Le forme della mente. Percorsi multidisciplinari tra modularismo e connessionismo*, il Mulino, Bologna 2007.
D'Annessa D., Rossi S., *Tempo e psiche*, Guerini & Associati, Milano 1994.
Danziger K., *La socializzazione* (1971), il Mulino, Bologna 1973.
–, *La costruzione del soggetto. Le origini storiche della ricerca psicologica* (1990), Laterza, Bari 1995.
D'Arino F., *Manuale di sparizione. La sfida dell'invisibilità nella società del controllo*, Castelvecchi, Roma 2006.
Darley J. M., Glucksberg S., Kinchla R. A., *Psicologia* (1986), il Mulino, Bologna 1993, voll. I-II.
–, *Fondamenti di psicologia* (1991), il Mulino, Bologna 1998.
Darley J. M., Latané B., *Bystander intervention in emergencies. Diffusion of responsibility*, in "Journal of Personality and Social Psychology", 1968, n. 8.
Darwin Ch., *L'origine delle specie* (1859), Bollati Boringhieri, Torino 1967.
–, *L'origine dell'uomo* (1871), Editori Riuniti, Roma 1966.
–, *L'espressione delle emozioni nell'uomo e negli animali* (1872), Bollati Boringhieri, Torino 1982.
Dasgupta S. B., *Introduzione al buddhismo tantrico* (1974), Ubaldini, Roma 1977.
Daskalakis E., *Réflexions sur la responsabilité pénale*, Puf, Paris 1975.
Dattilio F. M., *Terapia cognitivo comportamentale per le coppie e le famiglie* (2010), Eclipsi, Firenze 2013.
Dautriat H., *Il questionario. Guida per la preparazione e l'impiego nelle ricerche sociali di psicologia sociale e di mercato* (1980), Franco Angeli, Milano 1982.
Davico Bonino G. (a cura di), *Essere due. Sei romanzi sul doppio*, Einaudi, Torino 2006.
Davidson D., *Essays on actions and events*, Clarendon, Oxford 1980.
Davidson R., *Affective neuroscience and psychophysiology. Toward a synthesis*, in "Psychophysiology", 2003, n. 40, 5, pp. 655-665.
Davies G., Ellis H. D., Shepherd J. W., *Perceiving and remembering faces*, Academic Press, London 1981.
Davies N. B., *Ecological questions about territorial behaviour*, in J. R. Krebs, N. B. Davies (a cura di), *Behavioural ecology. An evolutionary approach*, Blackwell Scientific, Oxford 1978.
Davis G. A., *Psychology of problem solving. Theory and practice*, Basic Books, New York 1973.
Davis N. Z., *Il dono. Vita familiare e relazioni pubbliche nella Francia del Cinquecento* (2000), Feltrinelli, Milano 2002.

Dawes R. M., Smith T. L., *Attitude and opinion measurement*, in G. Lindzey, E. Aronson (a cura di), *Handbook of social psychology*, Random House, New York 1985.
Dawkins R. C., *Hierarchical organization. A candidate principle for ethology*, in P. P. G. Bateson, R. A. Hinde (a cura di), *Growing points in ethology*, Cambridge University Press, Cambridge-New York 1976.
–, *Il gene egoista* (1976, 2ª ed. ampliata 1989), Mondadori, Milano 1995.
Dayan D., Katz E., *Le grandi cerimonie dei media. La Storia in diretta* (1992), Baskerville, Bologna 1993.
Dayan E., Censor N., Buch E. R., Sandrini M., Cohen L. G., *Noninvasive brain stimulation. From physiology to network dynamics and back*, in "Nature Neuroscience", 2013, n. 16 (7), pp. 838-844.
Dayhoff S. A., *Come vincere l'ansia sociale* (2000), Erickson, Trento 2008.
Dazzi N., Lingiardi V., Colli A. (a cura di), *La ricerca in psicoterapia. Modelli e strumenti*, Raffaello Cortina, Milano 2006.
Dazzi N., Lingiardi V., Gazzillo F. (a cura di), *La diagnosi in psicologia clinica. Personalità e psicopatologia*, Raffaello Cortina, Milano 2009.
Dazzi N., Mecacci L. (a cura di), *Storia antologica della psicologia*, Giunti Barbera, Firenze 1982.
Dazzi N., Vetrone G. (a cura di), *Psicologia. Introduzione per le scienze umane*, Carocci, Roma 2000.
Dazzi S., Madeddu F., *Devianza e antisocialità*, Raffaello Cortina, Milano 2009.
Deag J. M., *Social behavior of animals*, Arnold, London 1980.
Deb S., Matthews T., Holt G., Bouras N., *Linee guida per la diagnosi psichiatrica nel ritardo mentale* (2001), Erickson, Trento 2003.
De Bartolomeis F., *La pedagogia come scienza*, La Nuova Italia, Firenze 1953.
–, *La pratica del lavoro di gruppo*, Loescher, Torino 1978.
De Benedetti Gaddini R., *La psicoanalisi infantile*, in A. A. Semi (a cura di), *Trattato di psicoanalisi*, vol. II: *Clinica*, Raffaello Cortina, Milano 1988-1989, pp. 755-826.
De Beni R. (a cura di), *Psicologia dell'invecchiamento*, il Mulino, Bologna 2009.
De Beni R., Carretti B., Moè A., Pazzaglia F., *Psicologia della personalità e delle differenze individuali*, il Mulino, Bologna 2008.
De Beni R., Cisotto L., Carretti B., *Psicologia della lettura e della scrittura. L'insegnamento e la riabilitazione*, Erickson, Trento 2001.
De Beni R., Moè A., *Motivazione e apprendimento*, il Mulino, Bologna 2000.
De Beni R., Moè A., Cornoldi C., *AMOS 14-25*, Erickson, Trento 2006.
De Beni R., Pazzaglia F., Molin A., Zamperlin C., *Psicologia cognitiva dell'apprendimento*, Erickson, Trento 2005.
De Bertolini C., Andreetto U., *Aspetti psicologico-psichiatrici nell'infezione da HIV*, in G. B. Cassano, P. Pancheri *et al.* (a cura di), *Trattato italiano di psichiatria* (1992), Masson, Milano 1999, vol. II, pp. 1289-1322.
De Bono E., *Lateral thinking. Creativity step by step*, Harper-Collins, New York 1970.
Debray R., *Fare a meno dei vecchi. Una proposta indecente* (2004), Marsilio, Venezia 2005.
De Brosses Ch., *Del culto degli dèi feticci o parallelo dell'antica religione egiziana con la religione attuale della Nigrizia* (1760), Bulzoni, Roma 2000.
De Cagno A. G., Riccardi Ripamonti I., Savelli E. (a cura di), *Intervento logopedico nei DSA – La scrittura. Diagnosi e trattamento secondo le raccomandazioni della Consensus Conference*, Erickson, Trento 2013.
De Candido D., *Guida alla ricerca motivazionale*, Franco Angeli, Milano 1984.
De Carli L., *Internet. Memoria e oblio*, Bollati Boringhieri, Torino 1997.
De Carlo N. A., *Introduzione al campionamento*, Liviana, Padova 1979.
De Caro M., Lavazza A., Sartori G. (a cura di), *Siamo davvero liberi? Le neuroscienze e il mistero del libero arbitrio*, Codice, Torino 2010.
–, *Quanto siamo responsabili? Filosofia, neuroscienze e società*, Codice, Torino 2013.
De Carolis M., *La vita nell'epoca della sua riproducibilità tecnica*, Bollati Boringhieri, Torino 2004.
De Certeau M., *La scrittura dell'altro* (1975), Raffaello Cortina, Milano 2005.
Deconchy J.-P., Dru V., *L'autoritarismo* (2001), il Mulino, Bologna 2011.
De Coro A., Mariani R., *L'attività referenziale*, in N. Dazzi, V. Lingiardi, A. Colli (a cura di), *La ricerca in psicoterapia. Modelli e strumenti*, Raffaello Cortina, Milano 2006.
De Crescenzo G., *L'etologia e l'uomo*, La Nuova Italia, Firenze 1975.
Decroly J.-O., *Abbozzo di un programma applicato in una scuola sperimentale* (1921), edizione in italiano e tedesco a cura di A. Blichmann, IKS Garamond, Jena 2011.

–, *La funzione di globalizzazione e l'insegnamento* (1929), La Nuova Italia, Firenze 1966.
Decroly J.-O., Boon J., *Vers l'école renovée*, Lebégue, Bruxelles 1921.
De Feudis F. V., *La biologie de la solitude*, in "La Recherche", 1975, n. 55.
De Filippis Cippone A., *Turbe del linguaggio e riabilitazione*, Armando, Roma 1974.
–, *Nuovo manuale di logopedia*, Erickson, Trento 1998.
De Finetti B., *Teoria della probabilità*, Einaudi, Torino 1970.
De Gaulejac V., *La névrose de classe*, Hommes et Groupes, Paris 1987.
De Grada E., *Introduzione alla psicologia sociale*, Bulzoni, Roma 1972.
De Grada E., Mannetti L., *L'attribuzione causale. Teorie classiche e sviluppi recenti*, il Mulino, Bologna 1988.
De Grandis C., *La dislessia. Interventi della scuola e della famigliu*, Erickson, Trento 2007.
De Grazia S., *The political community. A study of anomy*, University of Chicago Press, Chicago 1948.
Dehaene S., *Coscienza e cervello. Come i neuroni codificano il pensiero* (2012), Raffaello Cortina, Milano 2014.
Dei B., *Canone. Dimensione linguistica e progetto terapeutico*, Cooperativa Editrice, Salerno 1986.
Dejours Ch., *L'ingranaggio siamo noi* (2000), il Saggiatore, Milano 2000.
De La Motte-Haber H., *Psicologia della musica* (1972), La Nuova Italia, Firenze 1982.
De Landsheere G. L., *Introduzione alla ricerca in educazione* (1970), La Nuova Italia, Firenze 1973.
Delaunay A., *Comportamento e condizionamento*, in AA.VV., *Enciclopedia*, Einaudi, Torino 1978, vol. III, pp. 543-600.
–, *Emozione e motivazione*, in AA.VV., *Enciclopedia*, cit., 1978, vol. V, pp. 339-370.
–, *Istinto*, in AA.VV., *Enciclopedia*, cit., 1979, vol. VII, pp. 1032-1082.
–, *Omeostasi*, in AA.VV., *Enciclopedia*, cit., 1980, vol. IX, pp. 1020-1035.
De Lauretis T., *Soggetti eccentrici*, Feltrinelli, Milano 1999.
Del Bo M., De Filippis Cippone A., *La sordità infantile grave*, Armando, Roma 1978.
Del Castello E., Loriedo C. (a cura di), *Tecniche dirette ed indirette in ipnosi e psicoterapia*, Franco Angeli, Milano 1995.
Del Corno F., Lang M., *Modelli di colloquio in psicologia clinica*, Franco Angeli, Milano 1995.
–, *La diagnosi delle relazioni oggettuali con l'Object Relations Technique*, Raffaello Cortina, Milano 2006.
Del Corno F., Mansi G., *SMS. Straordinaria fortuna di un uso improprio del telefono*, Raffaello Cortina, Milano 2002.
De Leo D., Magni G., *Disturbi affettivi nella terza età*, Masson, Milano 1997.
De Leo G., *La giustizia dei minori. La delinquenza minorile e le sue istituzioni*, Einaudi, Torino 1981.
De Leo G., Patrizi P., *La spiegazione del crimine. Bilancio critico e nuove prospettive teoriche*, il Mulino, Bologna 1992.
–, *La formazione psicosociale per gli operatori della giustizia*, Giuffrè, Milano 1995.
–, *La spiegazione del crimine. Un approccio psicosociale alla criminalità*, il Mulino, Bologna 1999.
–, *Psicologia della devianza*, Carocci, Roma 2002.
–, *Psicologia giuridica*, il Mulino, Bologna 2002.
De Leo G., Patrizi P., De Gregorio E., *L'analisi dell'azione deviante*, il Mulino, Bologna 2004.
De Leo G., Scali M., Caso L., *La testimonianza. Problemi, metodi e strumenti nella valutazione dei testimoni*, il Mulino, Bologna 2005.
Deleuze G., *Presentazione di Sacher-Masoch. Masochismo e sadismo* (1967), Bompiani, Milano 1978.
–, *Logica del senso* (1969), Feltrinelli, Milano 1975.
–, *Due regimi di folli e altri scritti* (1975-1995), Einaudi, Torino 2010.
Deleuze G., Guattari F., *L'anti-Edipo. Capitalismo e schizofrenia* (1972), Einaudi, Torino 1975.
Dell'Antonio A., *Cambiare genitori. Le problematiche psicologiche dell'adozione*, Feltrinelli, Milano 1980.
Della Porta G. B., *De Humana Physiognomonia* (1586), in quattro libri, Istituto Suor Orsola Benincasa, Napoli 1986. Edizione in italiano in sei libri dal titolo *Della fisionomia dell'uomo*, Longanesi, Milano 1971.
Della Seta L., *Le origini del senso di colpa*, Melusina, Roma 1989.
Del Miglio C., *Ecologia del sé. Dalla percezione alla concettualizzazione del sé*, Bollati Boringhieri, Torino 1989.
Del Miglio C., Fedeli L. (a cura di), *Il problema della donna. Soggettività psicosociale e identità sessuale*, Città Nuova, Roma 1980.
De Lorenzo N., *Ermeneutica e psicoanalisi. Per una critica gadameriana della coscienza analitica*, Valter Casini Editore, Roma 2008.
Del Rio G., *Stress e lavoro nei servizi. Sintomi, cause e rimedi del burnout*, La Nuova Italia Scientifica, Roma 1990.
De Luca R., *Introduzione* a S. Mazzocchi, *Vite d'azzardo. Storie vere di giocatori estremi*, Sperling & Kupfer, Milano 2002.

De Luca Comandini F., Mercurio R. (a cura di), *L'immaginazione attiva. Teoria e pratica nella psicologia di C. G. Jung*, Vivarium, Milano 2002.
De Luise F., Farinetti G., *Storia della felicità*, Einaudi, Torino 2001.
–, *I filosofi parlano di felicità*, Einaudi, Torino 2014.
Delumeau J., *La paura in Occidente (secoli XIV-XVIII)* (1978), SEI, Torino 1979.
De Marchi L., *Wilhelm Reich. Biografia di un'idea*, Sugarco, Milano 1970.
–, *Il narcisismo. L'identità negata* (1984), Feltrinelli, Milano 1985.
De Marchi L., Franchi F., *AIDS. La grande truffa*, Seam Edizioni, Roma 1996.
De Martino E., *Naturalismo e storicismo nell'etnologia*, Laterza, Bari 1941.
–, *Il mondo magico*, Einaudi, Torino 1948.
–, *Morte e pianto rituale*, Bollati Boringhieri, Torino 1958.
–, *Sud e magia* (1959), Feltrinelli, Milano 2001.
– (a cura di), *La terra del rimorso*, il Saggiatore, Milano 1961.
–, *Furore, simbolo, valore* (1962), Feltrinelli, Milano 1980.
–, *La fine del mondo. Contributo all'analisi delle apocalissi culturali*, Einaudi, Torino 1977.
De Martis D., Kluzer Usuelli A., Masciangelo P. M., *La perversione*, in A. A. Semi (a cura di), *Trattato di psicoanalisi*, vol. II: *Clinica*, Raffaello Cortina, Milano 1988-1989, pp. 255-370.
De Masi D., *Bellezza*, in Id., *Tag. Le parole del tempo*, Rizzoli, Milano 2015, pp. 65-79.
–, *Creatività*, in Id., *Tag. Le parole del tempo*, cit., pp. 80-114.
–, *Disorientamento*, in Id., *Tag. Le parole del tempo*, cit., pp. 115-136.
–, *Lavoro*, in Id., *Tag. Le parole del tempo*, cit., pp. 339-380.
–, *Xénos*, in Id., *Tag. Le parole del tempo*, cit., pp. 677-708.
–, *Yin e Yang*, in Id., *Tag. Le parole del tempo*, cit., pp. 709-740.
De Masi F., *La perversione sado-masochista. L'oggetto e le teorie*, Bollati Boringhieri, Torino 1999.
–, *Il limite dell'esistenza. Un contributo psicoanalitico al problema della caducità della vita*, Bollati Boringhieri, Torino 2002.
–, *Angoscia*, in AA.VV., *Psiche. Dizionario storico di psicologia, psichiatria, psicoanalisi, neuroscienze*, Einaudi, Torino 2006-2007, vol. I, pp. 70-75.
De Mauro T., *Senso e significato. Studi di semantica teorica e storica*, Adriatica, Bari 1971.
Dement W. C., *E c'è chi veglia e c'è chi può dormire. Introduzione allo studio del sonno e dell'attività onirica* (1972), Zanichelli, Bologna 1977.
–, *Il sonno e i suoi segreti* (1999), Baldini e Castoldi, Milano 2001.
De Meo T., Corbellini P., Vio C., Maschietto D., *Test ICAP. Individuazione Comportamenti Alimentari Problematici*, Erickson, Trento 2014.
De Meo T., Vio C., Maschietto D., *Intervento cognitivo nei disturbi autistici e di Asperger*, Erickson, Trento 2005.
Demetrio D., *Raccontarsi. L'autobiografia come cura di sé*, Raffaello Cortina, Milano 1996.
–, *Elogio dell'immaturità. Poetica dell'età irraggiungibile*, Raffaello Cortina, Milano 1998.
–, *Autoanalisi per non pazienti*, Raffaello Cortina, Milano 2003.
–, *La scrittura clinica. Consulenza autobiografica e fragilità esistenziali*, Raffaello Cortina, Milano 2008.
–, *L'educazione non è finita*, Raffaello Cortina, Milano 2009.
De Michelis G., *Cibernetica*, in AA.VV., *Gli strumenti del sapere contemporaneo*, vol. I: *Le discipline*, Utet, Torino 1985, pp. 136-155.
–, *A che gioco giochiamo? Linguaggio, organizzazione, informatica*, Guerini & Associati, Milano 1995.
Demichelis L., *Felicità*, in L. Ornaghi (a cura di), *Enciclopedia tematica aperta. Politica*, Jaca Book, Milano 1993, pp. 287-290.
–, *Protesta*, in L. Ornaghi (a cura di), *Enciclopedia tematica aperta. Politica*, cit., pp. 403-405.
–, *Società o comunità*, Carocci, Roma 2010.
De Monticelli R. (a cura di), *La persona: apparenza e realtà. Testi fenomenologici 1911-1933* (testi di A. Pfänder, D. von Hildebrand, M. Geiger, E. Stein), Raffaello Cortina, Milano 2000.
De Montmollin G., *L'influenza sociale* (1977), SEI, Torino 1977.
De Montmollin G., Lambert R., Pagès R., Flament C., Maisonneuve J., *Psicologia sociale*, in P. Fraisse, J. Piaget (a cura di), *Trattato di psicologia sperimentale* (1963-1968), Einaudi, Torino 1972-1979, vol. IX.
De Montmollin M., *L'istruzione programmata* (1967), SEI, Torino 1968.
De Nardis P., *L'invidia. Un rompicapo per le scienze sociali*, Meltemi, Roma 2000.

De Natale F., *Esistenza, filosofia, angoscia*, Adriatica Editrice, Bari 1995.
De Negri Trentin R., *Esperimenti di psicologia di gruppo*, Giunti Martello, Firenze 1976.
Denes G., Pizzamiglio L. (a cura di), *Manuale di neuropsicologia. Normalità e patologia dei processi cognitivi*, Zanichelli, Bologna 1990.
Denes G., Umiltà C. (a cura di), *I due cervelli. Neuropsicologia dei processi cognitivi*, il Mulino, Bologna 1978.
Dennett D. C., *Brainstorms. Saggi filosofici sulla mente e la psicologia* (1978), Adelphi, Milano 1991.
–, *L'atteggiamento intenzionale* (1987), il Mulino, Bologna 1993.
–, *L'idea pericolosa di Darwin. L'evoluzione e i significati della vita* (1995), Bollati Boringhieri, Torino 1997.
–, *L'evoluzione della libertà* (2003), Raffaello Cortina, Milano 2004.
–, *Sweet dreams. Illusioni filosofiche sulla coscienza* (2005), Raffaello Cortina, Milano 2007.
–, *Rompere l'incantesimo. La religione come fenomeno naturale* (2006), Raffaello Cortina, Milano 2007.
Dentale F., Gennaro A., *Inconscio. Fra ricerca clinica e scienza cognitiva*, il Mulino, Bologna 2005.
Dentico N., *La salute, un diritto incompiuto*, in M. Flores (a cura di), *Diritti umani. Cultura dei diritti e dignità della persona nell'epoca della globalizzazione*, Utet, Torino 2007, *Atlante*, vol. I: *I soggetti e i temi*, pp. 114-171.
Denton D., *Le emozioni primordiali* (2005), Bollati Boringhieri, Torino 2009.
Dentone A. (a cura di), *Ascolto e accoglimento*, Bastogi, Foggia 2001.
Dentone A., Bracco M. (a cura di), *Dialogo, silenzio, empatia*, Bastogi, Foggia 2000.
Depolo M., *Psicologia delle organizzazioni*, il Mulino, Bologna 1998.
De Renzi E., *Le agnosie*, in G. Denes, L. Pizzamiglio (a cura di), *Manuale di neuropsicologia. Normalità e patologia dei processi cognitivi*, Zanichelli, Bologna 1990.
De Rita L., *Il problema psicologico della socializzazione*, Cressati, Bari 1955.
Derleth A., *Beyond space and time*, Berkley Publishing Corporation, New York 1950.
Derrida J., *Violenza e metafisica. Saggio sul pensiero di Emmanuel Levinas* (1964), in Id., *La scrittura e la differenza* (1967), Einaudi, Torino 1971.
–, *Della grammatologia* (1967), Jaca Book, Milano 1969.
–, *La scrittura e la differenza* (1967), Einaudi, Torino 1971.
–, *La voce e il fenomeno* (1967), Jaca Book, Milano 1968.
–, *Retorica della droga* (1989), Theoria, Roma 1993.
–, *Donare il tempo. La moneta falsa* (1991), Raffaello Cortina, Milano 1996.
–, *Abramo, l'altro* (2003), Cronopio, Napoli 2005.
–, *Perdonare* (2004), Raffaello Cortina, Milano 2004.
Derrida J., Stiegler B., *Ecografie della televisione* (1996), Raffaello Cortina, Milano 1997.
De Sanctis S., *La conversione religiosa. Studio bio-psicologico*, Castelvecchi, Roma 2015.
De Santi A., Morosini P., Noviello S., Gruppo CARE (a cura di), *La comunicazione con il paziente oncologico*, Erickson, Trento 2009.
De Sario P., Fiumara R. (a cura di), *Biosistemica. La scienza che unisce. Metodi e applicazioni in campo clinico e sociale*, Franco Angeli, Milano 2015.
Descartes R., *Discorso sul metodo* (1637), in *Opere*, Laterza, Bari 1986, vol. I.
–, *Meditazioni metafisiche sulla filosofia prima* (1641), in *Opere*, cit., vol. II.
–, *Le passioni dell'anima* (1649), in *Opere*, cit., vol. IV.
De Schill S., *Terapia psicoanalitica di gruppo* (1978), Feltrinelli, Milano 1980.
De Shazer S., *Chiavi per la soluzione in terapia breve* (1985), Astrolabio, Roma 1986.
De Shazer S., Dolan Y., Korman H., Trepper T., McCollum E., Berg I. K., *More than miracles. The state of the art of solution focused brief therapy*, Haworth Press, New York 2007.
De Silvestri C., *Fondamenti teorici e clinici della terapia razionale-emotiva*, Astrolabio, Roma 1981.
De Simone Gaburri G., Fornari B., *Melanie Klein e la scuola inglese*, in A. A. Semi (a cura di), *Trattato di psicoanalisi*, vol. I: *Teoria e tecnica*, Raffaello Cortina, Milano 1988-1989, pp. 213-288.
Desoille R., *Il Rêve Éveillé Dirigé in psicoterapia, via règia dell'immaginario* (inediti scritti prima del 1966 e raccolti negli anni 1973-2000), Alpes Italia, Roma 2010.
Despinoy M., *Psicopatologia del bambino e del fanciullo* (1999), Einaudi, Torino 2001.
Despret V., *Le emozioni. Etnopsicologia dell'autenticità* (2001), Elèuthera, Milano 2002.

Dessì Fulgheri F., *Altruismo*, in AA.VV., *Gli strumenti del sapere contemporaneo*, vol. II: *I concetti*, Utet, Torino 1985, pp. 11-14.

–, *Etologia*, in AA.VV., *Gli strumenti del sapere contemporaneo*, vol. I: *Le discipline*, cit., pp. 292-302.

Detienne M., *Dioniso e la pantera profumata* (1977), Laterza, Bari 1981.

Detienne M., Vernant J.-P., *La cucina del sacrificio in terra greca* (1979), Bollati Boringhieri, Torino 1982.

De Toni G., *L'accrescimento umano*, La Scuola, Brescia 1970.

Dèttore D., *Il disturbo ossessivo-compulsivo. Caratteristiche cliniche e tecniche di intervento*, McGraw-Hill, Milano 2002.

Deutsch D., *The psychology of music*, Academic Press, New York 1982.

Deutsch F., *Il misterioso salto dalla mente al corpo* (1959), Martinelli, Firenze 1959.

Deutsch H., *Zur Psychoanalyse der weiblichen Sexual-funktionen. Der Deflorationsakt*, Internationaler Psychoanalytischer Verlag, Leipzig 1925.

–, *Zur Genese der Platzangst*, in "Internationale Zeitschrift für Psychoanalyse", 1928, n. XIV.

–, *Über einen Typus der Pseudo-Affektivitaet ("als ob")*, in "Internationale Zeitschrift für Psychoanalyse", 1934, n. XX.

–, *Psicologia della donna* (1944-1945), Bollati Boringhieri, Torino 1977.

–, *Problemi dell'adolescenza* (1967), La Nuova Italia, Firenze 1977.

Deutsch H., Freud S., Irigaray L., Kohut H., *Invidia del pene?* (1925-1986), Bollati Boringhieri, Torino 1992.

Deutsch H., Roazen P., Zilboorg G., *Il sentimento assente* (1933-1989), Bollati Boringhieri, Torino 1992.

Deutsch K. W., *Modelli di comunicazione e sistemi di decisione* (1967), in J. C. Charlesworth (a cura di), *Teoria e metodi in scienza politica*, il Mulino, Bologna 1971.

Deutsch M., *The resolution of conflict*, Yale University Press, New York 1973.

Deutsch M., Gerard H. B., *A study of normative and informational social influence upon individual judgment*, in "Journal of Abnormal and Social Psychology", 1955, n. 51, pp. 629-633.

Deutsch M. *et al.*, *The disadvantaged child*, Basic Books, New York 1967.

De Vera d'Aragona P., *Curarsi danzando. Il movimento come psicoterapia*, in "Riza Scienze", 1986, n. 13, pp. 1-96.

Devereux G., *Essais d'etno-psychyatrie générale*, Gallimard, Paris 1970.

–, *Saggi di etnopsicoanalisi complementarista* (1972), Bompiani, Milano 1975.

De Vincentiis G., *Psicopatologia forense*, Piccin, Padova 1972.

De Vincentiis G., Callieri B., *Psicologia e psicopatologia del pudore*, Il Pensiero Scientifico, Roma 1974.

Dewey J., *The theory of emotion*, in "Psychological Review", 1895, pp. 13-32.

–, *The reflex arc concept in psychology*, in "Psychological Review", 1896, n. 3.

–, *Democrazia e educazione* (1916), La Nuova Italia, Firenze 1949.

–, *Essay in experimental logic*, The University of Chicago, Chicago 1916.

–, *Intelligenza creativa* (1917), La Nuova Italia, Firenze 1957.

–, *La necessità di un recupero della filosofia* (1917), in AA.VV., *Intelligenza creativa*, La Nuova Italia, Firenze 1957.

–, *Natura e condotta dell'uomo. Introduzione alla psicologia sociale* (1922), La Nuova Italia, Firenze 1958.

–, *Esperienza e natura* (1925), Mursia, Milano 1973.

–, *Fonti di una scienza dell'educazione* (1929), Borelli, Firenze 1967.

–, *La ricerca della certezza* (1929), La Nuova Italia, Firenze 1965.

–, *Esperienza e educazione* (1938), Raffaello Cortina, Milano 2014.

–, *Scuola e società* (1949), La Nuova Italia, Firenze 1960.

Dewey J., Bentley A. F., *Knowing and the known*, Beacon Press, Boston 1949.

De Zulueta F., *Dal dolore alla violenza. Le origini traumatiche dell'aggressività* (1993), Raffaello Cortina, Milano 1999.

D'Holbach P. H. Th., *Saggio sui pregiudizi* (1770), Guerini & Associati, Milano 1993.

Diamond J., *Armi, acciaio e malattie. Breve storia del mondo negli ultimi tredicimila anni* (1997), Einaudi, Torino 1998.

Di Blasio P. (a cura di), *Contesti relazionali e processi di sviluppo*, Raffaello Cortina, Milano 1995.

–, *Psicologia del maltrattamento infantile*, il Mulino, Bologna 2000.

Di Blasio P., Vitali R., *Sentirsi in colpa*, il Mulino, Bologna 2001.

Di Brina C., Rossini G. (a cura di), *BHK. Scala sintetica per la valutazione della scrittura in età evolutiva*, Erickson, Trento 2009.

Di Ciaccia A., Recalcati M., *Jacques Lacan*, Bruno Mondadori, Milano 2000.

Diderot D., *Lettera sui ciechi ad uso di coloro che vedono* (1749), La Nuova Italia, Firenze 1999.

Diderot D., d'Alembert J. B. (a cura di), *Encyclopédie ou Dictionnaire raisonné des sciences, des arts et des métiers* (1751-1772), Franco Maria Ricci, Parma 1970.

Di Domenico M. G., *Danzando sull'orlo del mondo. Una riflessione sulla bioetica ambientale*, Luciano Editore, Napoli 2004.
Didonna F., Kabat-Zinn J., *Clinical handbook of mindfulness*, Springer, New York 2009.
Dieckmann B., *Esperienza*, in Ch. Wulf (a cura di), *Cosmo, corpo, cultura. Enciclopedia antropologica* (1997), Bruno Mondadori, Milano 2002, pp. 757-763.
Diels H., Kranz W., *I presocratici. Testimonianze e frammenti* (1ª ed. 1903, 12ª ed. ampliata 1966), Laterza, Bari 1969.
Diethelm O., *Treatment in psychiatry*, Macmillan, New York 1936.
Di Fabio A., *Psicologia dell'orientamento. Problemi, metodi e strumenti*, Giunti, Firenze 1998.
Di Fabio A., Clarotti S., *Le matrici progressive di J. C. Raven*, Giunti, Firenze 1969.
Di Fabio A., Sirigatti S., *Counseling. Prospettive e applicazioni*, Ponte alle Grazie, Firenze 2005.
Di Francesco M., *L'io e i suoi sé*, Raffaello Cortina, Milano 1998.
Di Franco G., De Michele R. (a cura di), *Musicoterapia in Italia. Scuola, Handicap, Salute mentale*, Idelson, Napoli 1995.
Di Gennaro G., Bonomo M., Breda R., *Ordinamento penitenziario e misure alternative alla detenzione*, Franco Angeli, Milano 1976.
Di Giacomo J. P., *Rappresentazioni sociali e movimenti collettivi*, Liguori, Napoli 1985.
Di Gregorio L., *Psicopatologia del cellulare. Dipendenza e possesso del telefonino*, Franco Angeli, Milano 2003.
–, *La fatica di essere autentici*, Franco Angeli, Milano 2006.
–, *Le connessioni pericolose. Sesso e amori virtuali*, Unicopli, Milano 2012.
–, *L'ho uccisa io. Psicologia della violenza maschile e analisi del femminicidio*, Primamedia Editore, Firenze 2014.
–, *La voglia oscura. Pedofilia e abuso sessuale*, Giunti, Firenze-Milano 2016.
Di Lorenzo S., *Il metodo dell'immaginazione attiva nella psicologia di C. G. Jung*, in "Rivista di Psicologia Analitica", 1970, vol. I, n. 2.
–, *La donna e la sua ombra*, Emme Edizioni, Milano 1980.
–, *Il teatro della coppia*, Pratiche Editrice, Milano 1999.
Dilthey W., *Introduzione alle scienze dello spirito. Tentativo di fondazione per lo studio della società e della storia* (1883), Bompiani, Milano 2007.
–, *Estetica e poetica. Materiali editi e inediti 1886-1909*, Franco Angeli, Milano 1992.
–, *Über die Möglichkeit einer allgemeingültigen pädagogischen Wissenschaft* (1888), in *Gesammelte Schriften*, Teubner, Leipzig 1914-1936 (poi riedito a partire dal 1958 in fotocopia anastatica dall'editore Vandenhoeck & Ruprecht, Stuttgart-Göttingen), vol. VI.
–, *Ideen über beschreibende und zergliedernde Psychologie* (1894), in *Gesammelte Schriften*, cit., vol. V.
–, *Beiträge zum Studium der Individualität* (1895-1896), in *Gesammelte Schriften*, cit., vol. V.
–, *Le origini dell'ermeneutica* (1900), in Id., *Ermeneutica e religione*, Rusconi, Milano 1991.
–, *La costruzione del mondo storico nelle scienze dello spirito* (1910), in *Scritti filosofici 1905-1911*, Utet, Torino 2004.
–, *Il problema della religione* (1911), in Id., *Ermeneutica e religione*, cit.
–, *I tipi di visioni del mondo e la loro formazione nei sistemi metafisici* (1911), in *Scritti filosofici 1905-1911*, cit.
–, *La coscienza storica e le visioni del mondo* (manoscritto pubblicato in *Gesammelte Schriften*, cit., vol. VIII, pp. 1-71), in *Scritti filosofici 1905-1911*, cit.
Dilts R. B., *Leadership e visione creativa* (1996), Guerini & Associati, Milano 1998.
Dimaggio G., Lysaker P. H. (a cura di), *Metacognizione e psicopatologia. Valutazione e trattamento*, Raffaello Cortina, Milano 2011.
Dimaggio G., Montano A., Popolo R., Salvatore G., *Terapia metacognitiva interpersonale dei disturbi di personalità*, Raffaello Cortina, Milano 2013.
Di Maria F., Formica I., *Fondamenti di gruppoanalisi*, il Mulino, Bologna 2009.
Di Maria F., Lavanco G., Lo Piccolo C., Menarini R., *DisordinataMente*, Il Pensiero Scientifico, Roma 1995.
Di Maria F., Lo Verso G., *La psicodinamica dei gruppi. Teorie e tecniche*, Raffaello Cortina, Milano 1995.
Dimond S. J., *The social behaviour of animals*, Batsford, London 1970.
Dinelli U., *Siamo tutti psicosomatici? L'astuzia della mente sull'ingenuità del corpo*, Marsilio, Venezia 2001.
Dini V. (a cura di), *Tolleranza e libertà*, Elèuthera, Milano 2001.
Di Nola A. M., *Circoncisione*, in AA.VV., *Enciclopedia delle religioni*, Nuova Vallecchi, Firenze 1970, vol. II.
–, *Peccato*, in AA.VV., *Enciclopedia delle religioni*, cit., 1972, vol. IV.
–, *Sacro/Profano*, in AA.VV., *Enciclopedia*, Einaudi, Torino 1981, vol. XII.
Dinouart J.-A.-T., *L'arte di tacere* (1771), Sellerio, Palermo 1989.

Di Nuovo S., *Attenzione e concentrazione*, Erickson, Trento 2008.

Di Nuovo S., Hichy Z., *Metodologia della ricerca psicosociale*, il Mulino, Bologna 2007.

Dio Bleichmar E., *Il femminismo dell'isteria. I disturbi narcisistici della femminilità* (1992), Raffaello Cortina, Milano 1994.

Dion K. L., Baron R. S., Miller N., *Why do groups make riskier decisions than individuals?*, in L. Berkowitz (a cura di), *Advances in experimental social psychology*, Academic Press, New York 1978, vol. V.

Di Palma S. V., *Infanzia*, in M. Flores (a cura di), *Diritti umani. Cultura dei diritti e dignità della persona nell'epoca della globalizzazione*, Utet, Torino 2007, vol. II, pp. 761-769.

–, *Omofobia*, in M. Flores (a cura di), *Diritti umani*, cit., vol. I, pp. 995-996.

Di Pellegrino G. *et al.*, *Understanding motors event. A Neurophysiological study*, in "Experimental Brain Research", 1992, n. 91, pp. 176-180.

Di Petta G., *Il mondo vissuto. Clinica dell'esistenza. Fenomenologia della cura*, Edizioni Universitarie Romane, Roma 2003.

–, *Il mondo allucinatorio delirante*, in Id., *Il mondo vissuto*, cit., pp. 155-174.

–, *Il mondo del silenzio*, in Id., *Il mondo vissuto*, cit., pp. 175-184.

–, *Il mondo del tossicomane*, in Id., *Il mondo vissuto*, cit., pp. 111-122.

–, *Il mondo di panico e nulla*, in Id., *Il mondo vissuto*, cit., pp. 101-110.

–, *Il mondo melanconico-maniacale*, in Id., *Il mondo vissuto*, cit., pp. 123-138.

–, *Il mondo tra io e tu*, in Id., *Il mondo vissuto*, cit., pp. 67-78.

Di Pietro M., *L'educazione razionale-emotiva*, Erickson, Trento 1992.

–, *L'ABC delle mie emozioni. Corso di alfabetizzazione socio-affettiva*, Erickson, Trento 2000.

Di Pietro M., Bassi E., *L'intervento cognitivo-comportamentale per l'età evolutiva. Strumenti di valutazione e tecniche per il trattamento*, Erickson, Trento 2013.

Di Pietro M., Bassi E., Filoramo G., *L'alunno iperattivo in classe*, Erickson, Trento 2001.

Di Pietro M., Dacomo M., *Giochi e attività sulle emozioni*, Erickson, Trento 2007.

D'Ippolito B. M., Mazzarella E., Piromallo Gambardella A. (a cura di), *Sogno e mondo. Ai confini della ragione. Studi fenomenologici*, Edizioni Scientifiche Italiane, Napoli-Roma 1995.

Di Salvo S., *Iniziazione sciamanica e iniziazione analitica*, Edizioni Libreria Cortina, Torino 1995.

Disertori B., Piazza M., *Trattato di psichiatria e socio-psichiatria*, Liviana, Padova 1970.

Di Stefano G. (a cura di), *Lo sviluppo cognitivo*, Giunti Barbera, Firenze 1973.

Dixon N. F., *Preconscious processing*, Wiley, Chichester 1981.

Doane J. A., Diamond D., *Affetti e attaccamento nella famiglia. Trattamento familiare dei più gravi disturbi psichiatrici* (1994), Raffaello Cortina, Milano 1995.

Dobson K. S., *Psicoterapia cognitivo-comportamentale. Teorie, trattamenti, efficacia: lo stato dell'arte* (2000), McGraw-Hill, Milano 2002.

Dobzhansky Th., *Diversità genetica e uguaglianza umana* (1973), Einaudi, Torino 1975.

Dobzhansky Th., Ayala F. J., Stebbing G. L., Valentine J. W., *Evolution*, Freeman, San Francisco 1977.

Dodds E. R., *I Greci e l'irrazionale* (1951), La Nuova Italia, Firenze 1973.

D'Odorico L., *L'osservazione del comportamento infantile*, Raffaello Cortina, Milano 1990.

Dodwell P. C., *Studi sull'apparato visivo*, in B. M. Foss (a cura di), *I nuovi orizzonti della psicologia* (1966), Bollati Boringhieri, Torino 1968.

Doel M., Sawdon C., *Lavorare con i gruppi. Manuale per gli operatori sociali* (1999), Erickson, Trento 2001.

Dogana F., *Psicopatologia dei consumi quotidiani*, Franco Angeli, Milano 1976.

Doise W., *Psicologia sociale dei rapporti tra gruppi* (1976), il Mulino, Bologna 1977.

–, *La forza delle idee. Rappresentazioni sociali e diritti umani* (2001), il Mulino, Bologna 2002.

Doise W., Clemence A., Lorenzi-Cioldi F., *Rappresentazioni sociali e analisi dei dati*, il Mulino, Bologna 1995.

Doise W., Mugny G., *La costruzione sociale dell'intelligenza* (1981), il Mulino, Bologna 1982.

Doise W., Palmonari A. (a cura di), *Interazione sociale e sviluppo della persona*, il Mulino, Bologna 1988.

Dolfi A., *Malinconia, malattia malinconica e letteratura moderna*, Bulzoni, Roma 1991.

Dollard J., Doob L. W., Miller N. E., Mowrer O. H., Sears R. R., *Frustrazione e aggressività* (1939), Giunti Barbera, Firenze 1967.

Dollard J., Miller N. E., *Personalità e psicoterapia* (1950), Franco Angeli, Milano 1975.

Dominelli L., *Il servizio sociale. Una professione che cambia* (2004), Erickson, Trento 2005.

Donà M., *Il "bello"… o di un accadimento. Il destino dell'opera d'arte*, Elvetia Edizioni, Venezia 1983.

–, *Magia e filosofia*, Bompiani, Milano 2004.
–, *Arte e filosofia*, Bompiani, Milano 2007.
–, *Filosofia dell'errore. Le forme dell'inciampo*, Bompiani, Milano 2012.
–, *Eroticamente. Per una filosofia della sessualità*, Il Prato Editore, Saonara 2013.
–, *Teomorfica. Sistema di estetica*, Bompiani, Milano 2015.
Donati P., *Sociodinamica delle strutture e funzioni della famiglia contemporanea*, in A. Bonetti, Migliarese Andreoli L., Pinzello A., Sboarina F. (a cura di), *Problemi della famiglia*, Tamburini, Milano 1975.
Donghi P., Peluso G., *Di cosa parliamo quando parliamo di cancro*, Raffaello Cortina, Milano 2014.
Donghi P., Preta L. (a cura di), *In principio era la cura*, Laterza, Bari 1995.
Doni M., Tomelleri S., *Giochi sociologici. Conflitto, cultura, immaginazione*, Raffaello Cortina, Milano 2012.
Doniger W., *Le origini del male nella mitologia indù* (1976), Adelphi, Milano 2002.
–, *Sogni, illusioni e altre realtà* (1984), Adelphi, Milano 2005.
–, *La differenza sdoppiata* (1999), Adelphi, Milano 2009.
Doniger W., Kakar S. (a cura di), *Kāmasūtra* (2002), Adelphi, Milano 2003.
Donzelli M., Fimiani M. (a cura di), *Figure dell'individualità*, Marietti, Genova 1993.
Doob L., *Patterning of time*, Yale University Press, New Haven, Connecticut, 1971.
Dordoni P., *Il dialogo socratico. Una sfida per il pluralismo sostenibile*, Apogeo, Milano 2009.
Dörner K., *Il borghese e il folle. Storia sociale della psichiatria* (1969), Laterza, Bari 1975.
Doron R., *La conscience gestuelle*, Vrin, Paris 1971.
Dorsch F., *Geschichte und Probleme der angewandten Psychologie*, Huber, Bern 1963.
Dorson R. (a cura di), *Folklore and folklife. An introduction*, University of Chicago Press, Chicago 1972.
Dostoevskij F., *Lettere sulla creatività* (1838-1880), Feltrinelli, Milano 1991.
–, *Il giocatore* (1855), Mondadori, Milano 1993.
Dotti A., *Introduzione alla psicofarmacologia*, in G. B. Cassano, P. Pancheri *et al.* (a cura di), *Trattato italiano di psichiatria* (1992), Masson, Milano 1999, vol. III, pp. 3201-3216.
Dottrens R., *Maestri per il mondo di domani* (1961), La Nuova Italia, Firenze 1968.
Douglas J. D., *The social meanings of suicide*, Princeton University Press, Princeton, New Jersey, 1967.
Douglas M., *Purezza e pericolo. Un'analisi dei concetti di contaminazione e tabù* (1970), il Mulino, Bologna 1975.
–, *Simboli naturali. Esplorazioni in cosmologia* (1970), Einaudi, Torino 1979.
–, *Come percepiamo il pericolo. Antropologia del rischio* (1985), Feltrinelli, Milano 1991.
–, *Rischio e colpa* (1992), il Mulino, Bologna 1996.
Dowell J., Long J. B., *Towards a conception for an engineering discipline of human factors*, in "Ergonomics", 1989, n. 32, pp. 1513-1535.
Downing Ch., *Amore per lo stesso sesso. Miti e misteri* (1989), Vivarium, Milano 1998.
Downs R. M., Stea D. (a cura di), *Image and environment. Cognitive mapping and spatial behavior*, Aldine, Chicago 1973.
Dozza L., Loiodice I., *0-6 anni. Pedagogia psicologica*, Laterza, Bari 1994.
Dreikurs R., *Lineamenti della psicologia di Adler* (1950), La Nuova Italia, Firenze 1968.
Drews S., Brecht K., *Psicologia psicoanalitica dell'Io. Fondamenti e sviluppo* (1976), Bollati Boringhieri, Torino 1979.
Driesch H., *Der Vitalismus als Geschichte und Lehre*, Engelmann, Leipzig 1905.
–, *Parapsychologie*, Bruckmann, München 1952, 3ª ed.
Droz R., *Innato/acquisito*, in AA.VV., *Enciclopedia*, Einaudi, Torino 1979, vol. VII, pp. 650-666.
–, *Percezione*, in AA.VV., *Enciclopedia*, cit., 1980, vol. X, pp. 582-602.
Drucker P. F., *Manuale di management. Compiti, responsabilità, metodi* (1973), Etas Libri, Milano 1978.
Druckman D., *Negotiations. Social-psychological perspective*, Sage, Beverly Hills 1977.
DSM-I. American Psychiatric Association (APA), *DSM-I. Diagnostic and Statistical Manual of Mental Disorders*, Washington (DC) 1952.
DSM-II. American Psychiatric Association (APA), *DSM-II. Diagnostic and Statistical Manual of Mental Disorders*, Washington (DC)1968.
DSM-III. American Psychiatric Association (APA), *DSM-III. Manuale diagnostico e statistico dei disturbi mentali* (1980), Masson, Milano 1983.
DSM-III-R. American Psychiatric Association (APA), *DSM-III-R. Manuale diagnostico e statistico dei disturbi mentali. Terza edizione riveduta* (1987), Masson, Milano 1988.

DSM-IV. American Psychiatric Association (APA), *DSM-IV. Manuale diagnostico e statistico dei disturbi mentali* (1994), Masson, Milano 1995.
DSM-IV-TR. American Psychiatric Association (APA), *DSM-IV-TR. Manuale diagnostico e statistico dei disturbi mentali. Testo rivisto* (2000), Masson, Milano 2001.
DSM-5. American Psychiatric Association (APA), *DSM-5. Manuale diagnostico e statistico dei disturbi mentali* (2013), Raffaello Cortina, Milano 2014.
Dubar C., *La socializzazione. Come si costruisce l'identità sociale* (1996), il Mulino, Bologna 2004.
Duby G., *L'amore e la sessualità* (1984), Dedalo, Bari 1986.
Duck S. W., Gilmour R., *Personal relationships*, Academic Press, New York 1981.
Ducrot O., *Referente*, in AA.VV., *Enciclopedia*, Einaudi, Torino 1980, vol. XI, pp. 703-724.
Duerr H. P., *Nudità e vergogna. Il mito del processo di civilizzazione* (1988), Marsilio, Venezia 1991.
Duffy E., *Activation and behavior*, Wiley, New York 1962.
Dufourmantelle A., *Sesso e filosofia* (2003), Donzelli, Roma 2004.
Duhl F. J., *Intervento, terapia e mutamento*, in W. Gray, F. J. Duhl, N. D. Rizzo (a cura di), *Teoria generale dei sistemi e psichiatria* (1969), Feltrinelli, Milano 1978.
Duhm E., *Entwicklung und Differenzierung*, in H. Thomae (a cura di), *Handbuch der Psychologie*, Hogrefe, Göttingen 1959, vol. III.
Dührssen A., *Psychogene Erkrankungen bei Kindern und Jugendlichen*, Verlag für medizinische Psychologie, Göttingen 1965.
Duijker H. C. J., Frijda N. H., *National character and national stereotypes*, North-Holland, Amsterdam 1960.
Dumézil G., *Le sorti del guerriero* (1956-1969), Adelphi, Milano 1990.
–, *Il libro degli eroi* (1959), Bompiani, Milano 1976.
–, *Mito e epopea* (1968), Einaudi, Torino 1982.
Dumm Th., *Apologia della solitudine* (2008), Bollati Boringhieri, Torino 2010.
Dumont L., *Homo aequalis* (1977), Adelphi, Milano 1984.
–, *Saggi sull'individualismo. Una prospettiva antropologica dell'ideologia moderna* (1983), Adelphi, Milano 1993.
Dumoulié C., *Il desiderio. Storia e analisi di un concetto* (1999), Einaudi, Torino 2002.
Dunbar H. F., *Psychosomatic diagnosis*, Hoeber, London 1943.
Dunbar R., *Amore e tradimento* (2012), Raffaello Cortina, Milano 2013.
Duncker K., *La psicologia del pensiero produttivo* (1935), Giunti Barbera, Firenze 1969.
Dunkell S., *Le posizioni del sonno. Il linguaggio notturno del corpo* (1977), Sonzogno, Milano 1978.
Dunn J., *Affetti profondi. Bambini, genitori, fratelli, amici* (1993), il Mulino, Bologna 1998.
–, *L'amicizia tra bambini. La nascita dell'intimità* (2003), Raffaello Cortina, Milano 2006.
Dunn L. C., *Breve storia della genetica* (1965), Isedi, Milano 1978.
Duque F., *Il fiore nero. Satanismo e paganesimo alla fine della modernità* (1993), Lanfranchi, Milano 1995.
–, *Il mondo dall'interno. Ontogenetica della vita quotidiana* (2000), Mimesis, Milano 2012.
–, *Abitare la terra. Ambiente, Umanismo, Città* (2004), Moretti & Vitali, Bergamo 2007.
Durand G., *Le strutture antropologiche dell'immaginario* (1963), Dedalo, Bari 1972.
–, *L'immaginazione simbolica* (1964), Il Pensiero Scientifico, Roma 1977.
Durand Y., Morenon J., *L'imaginaire de l'alcoolisme*, Éditions Universitaires, Paris 1972.
Durante M., *La linguistica sincronica*, Bollati Boringhieri, Torino 1975.
Durig A., *Die Ermüdung*, Hölder, Wien 1916.
Durkheim É., *La divisione del lavoro sociale* (1893), Edizioni di Comunità, Milano 1971.
–, *Le regole del metodo sociologico* (1895), Edizioni di Comunità, Milano 1969.
–, *Il suicidio* (1897), Utet, Torino 1969.
–, *La prohibition de l'inceste et ses origines*, in "Année Sociologique", 1897, I.
–, *Rappresentazioni individuali e rappresentazioni collettive* (1898), in Id., *Sociologia e filosofia*, Edizioni di Comunità, Milano 1969.
–, *La divisione del lavoro sociale* (1902), Edizioni di Comunità, Milano 1971.
–, *Pedagogia* (1911), in Id., *La sociologia e l'educazione*, Newton Compton, Roma 1971.
–, *Le forme elementari della vita religiosa* (1912), Edizioni di Comunità, Milano 1971.
Durkheim É., Hubert H., Mauss M., *Le origini dei poteri magici* (1902-1909), Bollati Boringhieri, Torino 1977.

Durkheim É., Mauss M., *Alcune forme primitive di classificazione* (1901-1902), in Id., *Sociologia e antropologia*, Newton Compton, Roma 1976.
D'Urso V. (a cura di), *Imbarazzo, vergogna e altri affanni*, Raffaello Cortina, Milano 1990.
–, *Otello e la mela. Psicologia della gelosia e dell'invidia*, La Nuova Italia Scientifica, Roma 1995.
–, *Arrabbiarsi. Quando l'ira è funesta, quando infuriarsi conviene*, il Mulino, Bologna 2001.
–, *Giocare*, il Mulino, Bologna 2014.
D'Urso V., De Negri Trentin R. (a cura di), *Psicologia delle emozioni*, il Mulino, Bologna 1988.
D'Urso V., Zammuner V. L., *Cosa dice l'imbarazzo*, in V. D'Urso (a cura di), *Imbarazzo, vergogna e altri affanni*, Raffaello Cortina, Milano 1990.
Düss L., *La méthode des fables en psychanalyse infantile*, L'Arche, Paris 1950.
Duval J., *L'ermafrodito di Rouen. Una storia medico-legale del XVII secolo* (1612), Marsilio, Venezia 1988.
Dweck C. S., *Teorie del Sé. Intelligenza, motivazione, personalità e sviluppo* (1999), Erickson, Trento 2000.
Dworkin G., Frey R. G., Bok S., *Eutanasia e suicidio assistito. Pro e contro* (1998), Edizioni di Comunità, Torino 2001.

E

Eagle M. N., *Attaccamento e psicoanalisi. Teoria, ricerca e implicazioni cliniche* (2011), Raffaello Cortina, Milano 2013.
Ebbinghaus H., *La memoria* (1885), Zanichelli, Bologna 1975.
Eberlein G., *Il libro del training autogeno* (1977), Feltrinelli, Milano 1987.
Eccles J. C., *The neurophysiological basis of the mind. The principles of neurophysiology*, Clarendon, Oxford 1953.
–, *Mind-body problem*, Paragon House, Washington (DC) 1982.
–, *Mind and brain. The many-faceted problems*, Paragon House, New York 1985.
–, *Evoluzione del cervello e creazione dell'io* (1989), Armando, Roma 1990.
–, *Come l'Io controlla il suo cervello* (1994), Rizzoli, Milano 1994.
Eckhardt W., Newcombe A. G., *Militarism, personality and other social attitudes*, in "Journal of Conflict Resolution", 1969, n. 13 (2), pp. 210-219.
Eco U., *La struttura assente. Introduzione alla ricerca semiologica*, Bompiani, Milano 1968.
–, *Le forme del contenuto*, Bompiani, Milano 1971.
–, *Segno*, Isedi, Milano 1973.
–, *Trattato di semiotica generale*, Bompiani, Milano 1975.
–, *Codice*, in AA.VV., *Enciclopedia*, Einaudi, Torino 1978, vol. III, pp. 243-281.
–, *Metafora*, in AA.VV., *Enciclopedia*, cit., 1980, vol. IX, pp. 191-236.
–, *Segno*, in AA.VV., *Enciclopedia*, cit., 1981, vol. XII, pp. 628-668.
–, *Simbolo*, in AA.VV., *Enciclopedia*, cit., 1981, vol. XII, pp. 877-915.
–, *Semiotica e filosofia del linguaggio*, Einaudi, Torino 1984.
–, *La ricerca della lingua perfetta nella cultura europea*, Laterza, Bari 1993.
Edelman G. M., *Darwinismo neurale. La teoria della selezione dei gruppi neuronali* (1987), Einaudi, Torino 1995.
–, *Sulla materia della mente* (1992), Adelphi, Milano 1992.
–, *Neural darwinism. Selection and reentrant signaling in higher brain function*, in "Neuron", 1993, vol. 10, pp. 115-125.
–, *Più grande del cielo. Lo straordinario dono fenomenico della coscienza* (2002), Einaudi, Torino 2004.
–, *Seconda natura. Scienza del cervello e conoscenza umana* (2006), Raffaello Cortina, Milano 2007.
Edelman G. M., Tononi G., *Un universo di coscienza. Come la materia diventa immaginazione* (2000), Einaudi, Torino 2002.
Edelmann R. J., *Conflitti interpersonali nel lavoro* (1994), Erickson, Trento 1996.
Edelson M., *Socioterapia e psicoterapia* (1970), Astrolabio, Roma 1974.
Edelstein C., *Il counseling sistemico pluralista. Dalla teoria alla pratica*, Erickson, Trento 2008.
Eder K., *Istituzione*, in Ch. Wulf (a cura di), *Cosmo, corpo, cultura. Enciclopedia antropologica* (1997), Bruno Mondadori, Milano 2002, pp. 152-161.
Edmonston N. K., Thane N. L., *Test TCR. Test dei concetti di relazione spaziale temporale* (1988), Erickson, Trento 1998.
Edwards A. L., *Edwards Personal Preference Schedule*, Psychological Corporation, New York 1954.
–, *Statistical analysis*, Holt, Rinehart & Winston, New York 1969.
Egan K., *La comprensione multipla. Sviluppare una mente somatica, mitica, romantica, filosofica e ironica* (1997), Erickson, Trento 2012.

Ehrenberg A., *La fatica di essere se stessi. Depressione e società* (1998), Einaudi, Torino 1999.
–, *La società del disagio. Il mentale e il sociale* (2010), Einaudi, Torino 2010.
Ehrenfels Ch. von, *Le qualità figurali* (1890), Errano, Faenza 1979.
Ehrenreich B., *Riti di sangue. All'origine della passione per la guerra* (1997), Feltrinelli, Milano 1998.
Ehrenstein W. (senior), *Probleme der ganzheitspsychologischen Wahrnehmungslehre*, Barth, Leipzig 1947.
Eibl-Eibesfeldt I., *Ausdrucksformen der Säugetiere*, in W. Kükenthal, *Handbuch der Zoologie*, De Gruyter, Berlin 1957, vol. 8 (6), pp. 1-26.
–, *I fondamenti dell'etologia. Il comportamento degli animali e dell'uomo* (1967, edizione ampliata 1987), Adelphi, Milano 1976, edizione ampliata 1995.
–, *Amore e odio. Per una storia naturale dei comportamenti elementari* (1970), Adelphi, Milano 1971.
–, *Human ethology. Concepts and implications for the sciences of man*, in "Behavioral and Brain Sciences", 1979, n. 1.
–, *Etologia umana. Le basi biologiche e culturali del comportamento* (1984), Bollati Boringhieri, Torino 1993.
–, *Etologia della guerra* (1998), Bollati Boringhieri, Torino 1999.
Eich J. E., *The cue-dependent nature of state-dependent retrieval*, in "Memory and Cognition", 1980, n. 8, pp. 7-73.
Eidelberg G., *Patologia comparata delle nevrosi* (1956), Bollati Boringhieri, Torino 1959.
Eidelberg L., *The concept of narcissistic mortification*, in "International Journal of Psycho-Analysis", 1959, n. 40.
Eigen M., *Gradini verso la vita. L'evoluzione prebiotica alla luce della biologia molecolare* (1987), Adelphi, Milano 1992.
Einstein A., Infeld L., *L'evoluzione della fisica. Sviluppo delle idee dai concetti primitivi alla relatività ed ai quanti* (1938), Einaudi, Torino 1948.
Eisenberg L., *The autistic children*, in "American Journal of Psychiatry", 1956, n. 112.
–, *The fathers of autistic children*, in "American Journal of Orthopsychiatry", 1957, n. 27.
Eisenstadt S. N., *Da generazione a generazione* (1966), Franco Angeli, Milano 1971.
Eisenstein V. W., *Neurotic interaction in marriage*, Basic Books, New York 1956.
Eissler K., *Malingering*, in AA.VV., *Psychoanalysis and culture*, International University Press, Oxford 1951.
Ekeh P. P., *Social exchange theory. The two traditions*, Harvard University Press, Cambridge, Massachusetts, 1974.
Ekman P., *I volti della menzogna. Gli indizi dell'inganno nei rapporti interpersonali, negli affari, nella politica, nei tribunali* (1985), Giunti, Firenze 1995.
Ekman P., Friesen W. V., *Unmasking the face*, Prentice Hall, Englewood Cliffs, New Jersey, 1975.
Ekman P., Friesen W. V., Ellsworth Ph., *Emotion in the human face*, Pergamon, New York 1972.
Eliade M., *Tecniche dello yoga* (1948), Bollati Boringhieri, Torino 1984.
–, *Trattato di storia delle religioni* (1948), Bollati Boringhieri, Torino 1972.
–, *Lo sciamanismo e le tecniche dell'estasi* (1951), Edizioni Mediterranee, Roma 1974.
–, *Immagini e simboli* (1952), Jaca Book, Milano 1980.
–, *Lo Yoga, immortalità e libertà* (1954), Rizzoli, Milano 1973.
–, *Miti, sogni e misteri* (1957), Rusconi, Milano 1976.
–, *Mefistofele e l'androgine* (1962), Edizioni Mediterranee, Roma 1971.
–, *Mito e realtà* (1963), Rusconi, Milano 1974.
–, *Il sacro e il profano* (1965), Bollati Boringhieri, Torino 1967.
–, *La nascita mistica. Riti e simboli d'iniziazione* (1967), Morcelliana, Brescia 1974.
–, *La nostalgia delle origini* (1969), Morcelliana, Brescia 1972.
–, *Storia delle credenze e delle idee religiose* (1975-1983), Sansoni, Firenze 1979-1983.
Elias N., *La società degli individui* (1939), il Mulino, Bologna 1990.
–, *Saggio sul tempo* (1974-1984), il Mulino, Bologna 1986.
Elias N., Dunning E., *Sport e aggressività* (1986), il Mulino, Bologna 1989.
Elkin A. P., *Studies in Australian totemism*, in "Oceania", 1933-1934, n. IV, 1.
–, *Sciamani d'Australia. Rito e iniziazione nella società aborigena* (1956), Raffaello Cortina, Milano 2002.
Elkind D., *Educazione e diseducazione. I rischi di un'istruzione precoce* (1987), il Mulino, Bologna 1991.
Ellenberger H. F., *La scoperta dell'inconscio* (1970), Bollati Boringhieri, Torino 1980.
Elliott A., *I concetti del sé* (2007), Einaudi, Torino 2010.
Elliott A., Lemert Ch., *Il nuovo individualismo. I costi emozionali della globalizzazione* (2006), Einaudi, Torino 2007.
Elliott J., Place M., *Interventi di psicologia clinica dello sviluppo. Sindromi e terapie efficaci* (1999), Erickson, Trento 2001.
Ellis A., *L'autoterapia razionale emotiva. Come pensare in modo psicologicamente efficace* (1990), Erickson, Trento 1993.

Ellis A., Bernard M. E. (a cura di), *Clinical applications of rational-emotive therapy*, Plenum Press, New York 1985.
Ellis A., Tafrate R. Ch., *Che rabbia! Come controllarla prima che lei controlli te* (2000), Erickson, Trento 2013.
Ellis A. W., *Reading, writing and dyslexia. A cognitive analysis*, Lawrence Erlbaum Associates, London 1984.
Ellis A. W., Young A. W., *Human cognitive neuropsychology*, Lawrence Erlbaum Associates, London 1988.
Ellis H., *Psicologia del sesso* (1897-1910), Newton Compton, Roma 1969.
–, *Auto-erotism. A psychological study*, in "The Alienist and Neurologist", 1898, vol. 19, pp. 260-299.
– (a cura di), *Études de la pathologie sexuelle* (1911), Club des livres précieux, Paris 1964.
–, *Études de psychopathologie sexuelle*, Mercure, Paris 1933.
Ellis W. D., *A source book of Gestalt psychology*, Harcourt, New York 1938.
Elman J. L. *et al.*, *Rethinking innateness. A connectionist perspective on development*, Mit Press, Cambridge, Massachusetts, 1996.
Elster J., *Uva acerba. Visioni non ortodosse della razionalità* (1983), Feltrinelli, Milano 1989.
– (a cura di), *L'io multiplo* (1986), Feltrinelli, Milano 1991.
–, *Sensazioni forti. Emozioni, razionalità e dipendenza* (1999), il Mulino, Bologna 2001.
Emiliani F., *La realtà delle piccole cose. Psicologia del quotidiano*, il Mulino, Bologna 2008.
Emiliani F., Carugati F., *Il mondo sociale dei bambini*, il Mulino, Bologna 1985.
Emiliani F., Zani B., *Elementi di psicologia sociale*, il Mulino, Bologna 1998.
Emler N., Reicher S. D., *Adolescenti e devianza* (1997), il Mulino, Bologna 1999.
Emmelkamp P. M. G., Kamphuis J. H., *I disturbi di personalità* (2007), il Mulino, Bologna 2009.
Empedocle, *Frammenti e testimonianze*, Bompiani, Milano 2002.
–, *Purificazioni*, in Id., *Frammenti e testimonianze*, cit.
Endler N. S., Parker J. D. A., *The multidimensional assessment of coping. A critical evolution*, in "Journal of Personality and Social Psychology", 1990, n. 58, pp. 844-854.
Engel G. L., *The need for a new medical model. A challenge for biomedicine*, in "Science", 1977, n. 196, pp. 129-136.
Enriquez E., *Le pouvoir et la mort*, in "Topique", 1974, n. 11/12.
–, *L'organisation en analyse*, Puf, Paris 1992.
–, *Le processus de sublimation dans la société*, in "Les Temps Modernes", 2000, n. 609.
–, *Idealizzazione, sublimazione*, in J. Barus-Michel, E. Enriquez, A. Lévy (a cura di), *Dizionario di psicosociologia* (2002), Raffaello Cortina, Milano 2005.
Entwistle N., *Styles of learning and teaching*, Wiley, London 1981.
Enzensberger H. M., *Fondamenti per una teoria socialista dei mezzi di comunicazione di massa* (1970), in Centro di Documentazione e di Studi sull'Informazione (CESDI), *Contro l'industria culturale. Materiali per una strategia socialista*, Guaraldi, Rimini 1971.
–, *Nel labirinto dell'intelligenza* (2007), Einaudi, Torino 2008.
Epaulard A., *Vampirisme, nécrophilie, nécrosadisme*, A. Storck, Lyon 1901.
Epstein J., *Amicizia* (2006), il Mulino, Bologna 2008.
Eraclito, *Frammenti*, in H. Diels, W. Kranz, *I presocratici. Testimonianze e frammenti* (1ª ed. 1903, 12ª ed. ampliata 1966), Laterza, Bari 1969.
Erba S., Di Prima C., Semola E., Serra P., *Psicoterapia. Un pensiero, un metodo, una pratica*, Franco Angeli, Milano 2014.
Erba S., Spinosi N., *Diventare terapeuti. Passioni e tormenti della formazione*, Franco Angeli, Milano 1998.
Ercolani A. P. (a cura di), *Strumenti statistici per la ricerca, la valutazione e la diagnosi in psicologia*, Raffaello Cortina, Milano 2007.
Ercolani A. P., Areni A., Leone L., *Statistica per la psicologia*, vol. I: *Fondamenti di psicometria e statistica descrittiva*, vol. II: *Statistica inferenziale e analisi dei dati*, il Mulino, Bologna 2001-2002.
Ercolani A. P., Perugini M., *La misura in psicologia. Introduzione ai test psicologici*, Led, Milano 1997.
Ercolani M., Pasquini L., *La percezione del dolore*, il Mulino, Bologna 2007.
Erdelyi M. H., *Freud cognitivista* (1985), il Mulino, Bologna 1988.
Erickson M. H., *Le nuove vie dell'ipnosi* (1967), Astrolabio, Roma 1978.
–, *Opere*, vol. I: *La natura dell'ipnosi e della suggestione*, vol. II: *L'alterazione ipnotica dei processi sensoriali, percettivi e psicofisiologici*, vol. III: *L'indagine ipnotica dei processi psicodinamici*, vol. IV: *L'ipnoterapia innovatrice*, Astrolabio-Ubaldini, Roma 1982.
Ericsson K. A., Chase W. G., Faloon S., *Acquisition of a memory skill*, in "Science", 1980, n. 208, pp. 1181-1182.

Erikson E. H., *Infanzia e società* (1950), Armando, Roma 1968.
–, *I cicli della vita. Continuità e mutamenti* (1959), Armando, Roma 1991.
–, *Identity and the life cycle*, in "Psychological Issucs Monographs", International University Press, New York 1959.
–, *Introspezione e responsabilità* (1964), Armando, Roma 1972.
–, *Gioventù e crisi di identità* (1968), Armando, Roma 1974.
–, *Aspetti di una nuova identità* (1974), Armando, Roma 1975.
Erismann Th. H., *Grundproblem der Kybernetik. Zwischen Technik und Psychologie*, Springer, Berlin 1973.
Escobar R., *Metamorfosi della paura*, il Mulino, Bologna 1997.
Esler A. (a cura di), *The youth revolution. The conflict of generations in modern history*, Heath, Lexington, Massachusetts, 1974.
Espir M. L. E., Rose F. C., *The basic neurology of speech*, Blackwell, Oxford 1970.
Esposito R., *Communitas. Origine e destino della comunità*, Einaudi, Torino 1998.
–, *Le persone e le cose*, Einaudi, Torino 2014.
Esquirol J.-É. D., *Des maladies mentales considérées sous les rapports médical, hygiénique et médico-legal*, Baillière, Paris 1838.
Esterson A., *Foglie di primavera. Un'indagine sulla dialettica della follia* (1970), Einaudi, Torino 1973.
Etzioni A., *Modern organizations*, Prentice Hall, Englewood Cliffs, New Jersey, 1964.
Evans F. C., *Ecosystem as the basic unit in ecology*, in "Science", 1956, n. 123.
Evans J., *Bias in human reasoning. Causes and consequences*, Lawrence Erlbaum Associates, Hove-London 1989.
Evans-Pritchard E. E., *Stregoneria, oracoli e magia tra gli Azande* (1937), Raffaello Cortina, Milano 2002.
–, *Nuer Religion*, University Press, Oxford 1956.
Evola J., *La tradizione ermetica*, Edizioni Mediterranee, Roma 1971.
Ewald G., *Temperament und Charakter*, Springer, Berlin 1924.
Ewen S. J., *Psychiatry and dentistry*, in "Annals of Clinical Research", 1971, n. 3.
Ewing Ch., *Crisis intervention as psychotherapy*, Oxford University Press, New York 1978.
Exner J., Porcelli P., Appoggetti P. (a cura di), *Il test di Rorschach secondo il sistema Exner*, Erickson, Trento 2001.
Ey H., *Études psychiatriques*, Desclée de Brouwer, Paris 1954.
–, *Groupe des psychoses schizophréniques et des psychoses délirantes chroniques*, in *Encyclopédie Médico-Chirurgicale. Psychiatrie*, (2), 37281 A 10, 2, Paris 1955.
–, *Esquisse d'une conception organo-dynamique de la structure, de la nosographie et de l'étiopathogénie des maladies mentales*, in AA.VV., *Psychiatrie der Gegenwart. Forschung und Praxis* (1960-1967), Springer, Berlin 1963.
–, *La conscience*, Puf, Paris 1963.
– (a cura di), *L'inconscient*, Desclée de Brouwer, Paris 1966.
–, *Traité des hallucinations*, Masson, Paris 1973.
–, *La notion de schizophrénie*, Desclée de Brouwer, Paris 1977.
Ey H., Bernard P., Brisset Ch., *Manuale di psichiatria*, Masson, Milano 1979.
–, *Il campo della coscienza*, in Id., *Manuale di psichiatria*, cit.
Eysenck H. J., *The dynamics of personality*, Routledge & Kegan, London 1947.
–, *The scientific study of personality*, Routledge & Kegan, London 1952.
–, *Dimension of anxiety and hysteria*, Routledge & Kegan, London 1957.
–, *Handbook of abnormal psychology*, Basic Books, New York 1961.
–, *Crimine e personalità* (1964), Armando, Roma 1980.
–, *Le prove di intelligenza* (1966), Rizzoli, Milano 1987.
–, *The biological basis of personality*, Thomas, Springfield, Illinois, 1967.
–, *Q.I. Nuovi test di intelligenza* (1968), Rizzoli, Milano 1995.
–, *La spiegazione e il concetto di personalità* (1970), in AA.VV., *La spiegazione nelle scienze del comportamento*, Franco Angeli, Milano 1981.
–, *The structure of human personality*, Methuen, London 1970.
–, *Psychology is about people*, Allen Lane, London 1972.
–, *Nuove vie della psicoterapia*, in "Psicologia contemporanea", 1975, n. 10.
–, *The conditioning model of neurosis*, in "Behavioral and Brain Sciences", 1979, n. 2.
–, *Dimensions of personality: 16, 5 or 3? Criteria for a taxonomic paradigm*, in "Personality and Individual Differences", 1991, n. 12, pp. 773-790.
–, *Genius. The natural history of creativity*, Cambridge University Press, Cambridge 1995.

Eysenck H. J., Eysenck M. W., *Personality and individual differences. A natural science approach*, Plenum, New York 1985.

Eysenck H. J., Eysenck S. B. G., *The Eysenck Personality Inventory*, Educational and Industrial Testing Service, San Diego 1963.

–, *Manual of the Eysenck personality questionnaire*, Hodder & Stoughton, London 1975.

Eysenck H. J., Rachman S., *Terapia del comportamento nevrotico. Un'alternativa alla psicoanalisi* (1965), Franco Angeli, Milano 1973.

Eysenck H. J., Wilson G., *Conosci la tua personalità* (1975), Rizzoli, Milano 1995.

Eysenck M. W., *Human memory. Theory, research and individual differences*, Pergamon, Oxford 1977.

–, *Attention and arousal. Cognition and performance*, Springer, Berlin 1982.

–, *Anxiety. The cognitive perspective*, Lawrence Erlbaum Associates, London 1991.

Eysenck M. W., Mathews A., *Trait anxiety and cognition*, in H. J. Eysenck, I. Martin (a cura di), *Theoretical foundations of behavior therapy*, Plenum, New York 1987, pp. 197-213.

F

Fabbrini A., Melucci A., *L'età dell'oro. Adolescenti tra sogno ed esperienza*, Feltrinelli, Milano 1992.

Fabio R. A., *Genitori positivi, figli forti. Come trasformare l'amore in educazione efficace*, Erickson, Trento 2004.

–, *TIP. Test di Intelligenza Potenziale. Valutazione e indici normativi di misura*, Erickson, Trento 2007.

Fabozzi P., Ortu F., *Al di là della metapsicologia. Problemi e soluzioni della psicoanalisi statunitense*, Il Pensiero Scientifico, Roma 1996.

Fabris G., *Il comportamento del consumatore*, Franco Angeli, Milano 1970.

Facci M., Valorzi S., Berti M., *Generazione Cloud. Essere genitori ai tempi di smartphone e tablet,* Erickson, Trento 2013.

Fachinelli E., *Claustrofilia. Saggio sull'orologio telepatico in psicanalisi*, Adelphi, Milano 1983.

–, *La mente estatica*, Adelphi, Milano 1989.

–, *La freccia ferma. Tre tentativi di annullare il tempo*, Adelphi, Milano 1992.

Fadda R., *La cura, la forma, il rischio. Percorsi di psichiatria e pedagogia critica*, Unicopli, Milano 1997.

Fadiga L., *Azione*, in AA.VV., *Psiche. Dizionario storico di psicologia, psichiatria, psicoanalisi, neuroscienze*, Einaudi, Torino 2006-2007, vol. I, pp. 133-140.

–, *L'adozione*, Bollati Boringhieri, Torino 2009.

Fadiga L. *et al.*, *Speech listening specifically modulates the excitability of tongue muscles. A TMS study*, in "European Journal of Neuroscience", 2002, n. 17, pp. 1703-1714.

Fagan J., Shepherd I. L., *Gestalt therapy now. Theory, techniques, applications*, Harper Colophon Books, New York-London 1971.

Fagen R., *Animal play behavior*, Oxford University Press, Oxford 1981.

Fages J. B., *Che cosa ha veramente detto Lacan* (1971), Astrolabio, Roma 1972.

Fagioli M., *Istinto di morte e conoscenza* (1970), L'asino d'oro edizioni, Roma 2010.

–, *Teoria della nascita e castrazione umana* (1972), L'asino d'oro edizioni, Roma 2012.

Fairbairn W. R. D., *Studi psicoanalitici sulla personalità* (1952), Bollati Boringhieri, Torino 1970.

Falk M., *Il mito psicologico nell'India antica* (1930-1939), Adelphi, Milano 1986.

Faloppa F., *Lessico e alterità. La formulazione del diverso*, Edizioni dell'Orso, Alessandria 2000.

Falorni M. L., *Aspetti psicologici della personalità nell'età evolutiva*, Giunti Barbera, Firenze 1968.

–, *Lo studio psicologico del carattere e delle attitudini*, Giunti Barbera, Firenze 1975.

Fanari R., Orsolini M., *TPL. Test di prima lettura per bambini di prima e seconda classe di scuola primaria*, Erickson, Trento 2014.

Fanciullacci R., Zanardo S. (a cura di), *Donne, uomini. Il significare della differenza*, Vita e Pensiero, Milano 2010.

Fanelli M. C., *Labirinti. Storia, geografia e interpretazione di un simbolo millenario*, Il Cerchio Iniziative Editoriali, Rimini 1997.

Fantini B., *La genetica classica*, Loescher, Torino 1979.

Faravelli C., *Psicofarmacologia per psicologi*, il Mulino, Bologna 2010.

Farber I. E., *Response fixation under anxiety and non-anxiety conditions*, in "Journal of Experimental Psychology", 1948, n. 38, pp. 112-131.

Farber L. H., *La volontà* (1966), Bollati Boringhieri, Torino 1973.

Farber M. L., *Theory of suicide*, Funk & Wagnalls, New York 1968.

Fargnoli D., *Il sonno e la nascita*, Masson, Milano 1985.
–, *Gli angeli ribelli del pensiero geniale*, Wichtig Editore, Milano 1995.
Farnè M., *Guarir dal ridere. La psico-biologia della battuta di spirito*, Bollati Boringhieri, Torino 1995.
–, *Lo stress*, il Mulino, Bologna 1999.
–, *L'ansia*, il Mulino, Bologna 2010.
Farnè M., Sacco F. L., *La psicologia della vita quotidiana*, Zanichelli, Bologna 1995.
Farneti P., Grossi E., *Per un approccio ecologico alla percezione visiva*, Franco Angeli, Milano 1995.
Farr R. M., Moscovici S. (a cura di), *Rappresentazioni sociali* (1984), il Mulino, Bologna 1989.
Farri M., Peila Castellani P., *Il figlio del desiderio. Quale genitore per l'adozione?*, Bollati Boringhieri, Torino 1994.
Farri M., Pironti A., Fabrocini C. (a cura di), *Accogliere il bambino adottivo*, Erickson, Trento 2008.
Fasolo F., *Grottesche. Immagini del comico in psichiatria*, Edizioni Libreria Cortina, Padova 1991.
Fasullo S., *Trattato di psichiatria. Percorsi di ricerca psicologica attraverso la sofferenza mentale*, Medical Books, Palermo 2002.
Fau R. *et al.*, *Psicoterapia dei deboli mentali* (1968), Edizioni Paoline, Roma 1971.
Fava G., *Guida all'eccellenza. Efficienza ed efficacia nel sistema aziendale*, Franco Angeli, Milano 1995.
Fava G. A., Ruini C., *Development and characteristics of a well-being enhancing psychotherapeutic strategy. Well-being therapy*, in "Journal of Behavior. Therapy and Experimental Psychiatry", 2003, n. 34.
Fava G. A., Tomba E., *Il panico*, il Mulino, Bologna 2013.
Fava L., *L'analisi multidimensionale della psicopatologia. Interventi integrati nel trattamento clinico*, il Mulino, Bologna 2014.
Fava Vizziello G., *Psicopatologia dello sviluppo*, il Mulino, Bologna 2003.
Fava Vizziello G., Disnan G., Colucci M. R., *Genitori psicotici. Percorsi di figli di pazienti psichiatrici*, Bollati Boringhieri, Torino 1991.
Fava Vizziello G., Simonelli A., *Adozione e cambiamento*, Bollati Boringhieri, Torino 2004.
Favretto G., *Lo stress nelle organizzazioni*, il Mulino, Bologna 1994.
– (a cura di), *Le forme del mobbing. Cause e conseguenze di dinamiche organizzative disfunzionali*, Raffaello Cortina, Milano 2005.
Faye J.-P., *Violenza*, in AA.VV., *Enciclopedia*, Einaudi, Torino 1981, vol. XIV, pp. 1081-1109.
Fayol H., *Direzione industriale e generale* (1916), Franco Angeli, Milano 1960.
Fechner G. Th., *Nanna o l'anima delle piante* (1848), Adelphi, Milano 2008.
–, *Über das Lustprinzip des Handelns*, in "Zeitschrift für Philosophie und philosophische Kritik", 1848.
–, *Zend-Avesta. Pensieri sulle cose del cielo e dell'al di là* (1851), Bocca, Milano 1944.
–, *Elemente der Psychophysik* (1860), Breitkopf und Härtel, Leipzig 1889.
–, *Zur experimentalen Aesthetik*, Hirzel, Leipzig 1871.
–, *Einige Ideen zur Schöpfungs- und Entwicklungsgeschichte der Organismen*, Breitkopf und Härtel, Leipzig 1873.
Fechner G. Th., Mallarmé S., Valéry P., Otto W., *Filosofia della danza* (testi rispettivamente del 1824, 1945, 1957, 1949), il melangolo, Genova 1992.
Federn P., *Psicosi e psicologia dell'Io* (1952), Bollati Boringhieri, Torino 1976.
–, *Il senso dell'Io nel sogno* (1932), in Id., *Psicosi e psicologia dell'Io* (1952), cit..
–, *L'analisi della psicosi* (1943), in Id., *Psicosi e psicologia dell'Io*, cit.
Federspil G., *Il problema del metodo in medicina clinica. Antiche e nuove concezioni*, in "Rassegna Clinico-Scientifica", 1977.
–, *I fondamenti del metodo in medicina clinica e sperimentale*, Piccin, Padova 1980.
Fédida P., *Il buon uso della depressione* (2001), Einaudi, Torino 2002.
Feer H., *Kybernetik in der Psychiatrie. Schizophrenie und Depression*, in "Bibliotheca Psychiatrica", 1970, n. 145.
Feigl H., *The "mental" and the "physical". The essay and a postscript*, University of Minnesota Press, Minneapolis 1967.
Feldenkrais M., *Il corpo ed il comportamento maturo* (1949), Astrolabio, Roma 1996.
–, *Conoscersi attraverso il movimento* (1972), Celuc, Milano 1998.
–, *Le basi del metodo* (1981), Astrolabio, Roma 1991.
Feldman C. F., Toulmin S., *Logic and theories of mind*, in Id., *Proceedings of the Nebraska symposium on motivation*, University of Nebraska Press, Lincoln 1975.
Feldman M. P., *Criminal behaviour. A psychological analysis*, Wiley, New York-London 1977.
Fenichel O., *Acting out*, in "Psychoanalysis Review", 1940, n. 3.
–, *Trattato di psicoanalisi delle nevrosi e delle psicosi* (1945), Astrolabio, Roma 1951.
Ferenczi S., *Introiezione e transfert* (1909), in *Opere* (1989-1992), Raffaello Cortina, Milano, vol. I.

–, *Le parole oscene. Saggio sulla psicologia della fase di latenza* (1911), in *Opere*, cit., vol. I.
–, *Stimolazione della zona erogena anale come causa scatenante della paranoia (Contributo al tema dei rapporti tra omosessualità e paranoia)* (1911), in *Opere*, cit., vol. I.
–, *Il concetto di introiezione* (1912), in *Opere*, cit., vol. I.
–, *La raffigurazione simbolica dei principi di piacere e di realtà nel mito di Edipo* (1912), in *Opere*, cit., vol. I.
–, *Fasi evolutive del senso di realtà* (1913), in *Opere*, cit., vol. II.
–, *Sull'ontogenesi dei simboli* (1913), in *Opere*, cit., vol. II.
–, *L'omoerotismo. Nosologia dell'omosessualità maschile* (1914), in *Opere*, cit., vol. II.
–, *Spettrofobia* (1915), in *Opere*, cit., vol. II.
–, *Due tipi di nevrosi di guerra (isteria)* (1916), in *Opere*, cit., vol. II.
–, *Le patonevrosi* (1917), in *Opere*, cit., vol. II.
–, *Fenomeni di materializzazione isterica. Idee per una teoria della conversione isterica e del simbolismo* (1919), in *Opere*, cit., vol. III.
–, *Psicoanalisi delle nevrosi di guerra* (1919), in *Opere*, cit., vol. III.
–, *Osservazioni psicoanalitiche sul tic* (1921), in *Opere*, cit., vol. III.
–, *Thalassa. Psicoanalisi delle origini della vita sessuale* (1924), in *Opere*, cit., vol. III.
–, *Psicoanalisi delle abitudini sessuali* (1925), in *Opere*, cit., vol. III.
–, *Critica di "Tecnica psicoanalitica" di Otto Rank* (1926), in *Opere*, cit., vol. III.
–, *Il problema del termine dell'analisi* (1927), in Id., *Fondamenti di psicoanalisi* (1972-1975), Guaraldi, Rimini 1974, vol. III.
–, *L'elasticità della tecnica psicoanalitica* (1927-1928), in Id., *Fondamenti di psicoanalisi*, cit., vol. III.
–, *La preparazione dello psicoanalista* (1928), in Id., *Fondamenti di psicoanalisi*, cit., vol. III.
–, *Maschile e femminile* (1929), in Id., *Fondamenti di psicoanalisi*, cit., vol. III.
–, *Autoplastica e alloplastica* (1930), in Id., *Fondamenti di psicoanalisi*, cit., vol. IV.
Ferguson W., *Felicità* (2001), Feltrinelli, Milano 2003.
Ferraboschi L., Meini N., *Recupero in ortografia*, Erickson, Trento 2012.
Ferracuti F. (a cura di), *Trattato di criminologia, medicina criminologica e psichiatria forense*, Giuffrè, Milano 1990.
Ferrand J., *Malinconia erotica. Trattato sul mal d'amore* (1610), Marsilio, Venezia 1991.
Ferrando G., Visintini G., *Follia e diritto*, Bollati Boringhieri, Torino 2003.
Ferrari A., *Il tempo e il labirinto. Immagini del mito classico*, Tirrenia Stampatori, Torino 1998.
Ferrari C., Pezzi G., *L'ecologia del paesaggio*, il Mulino, Bologna 2013.
Ferrari E., *L'esperienza della noia*, in Id., *L'ambiguità del patire. Quando la psicopatologia svela le radici culturali del presente*, Moretti & Vitali, Bergamo 2014.
–, *L'intolleranza del torto. L'esperienza della rabbia*, in Id., *L'ambiguità del patire*, cit.
Ferrari F., Nancy J.-L., *La pelle delle immagini*, Bollati Boringhieri, Torino 2003.
Ferrari P. F., Gallese V., Rizzolatti G., Fogassi L., *Mirror neurons responding to the observation of ingestive and communicative mouth actions in the monkey ventral premotor cortex*, in "European Journal of Neuroscience", 2003, n. 17, pp. 1703-1714.
Ferraris M., *Storia dell'ermeneutica*, Bompiani, Milano 1988.
–, *L'immaginazione*, il Mulino, Bologna 1996.
–, *Estetica razionale*, Raffaello Cortina, Milano 1997.
–, *L'ermeneutica*, Laterza, Bari 1998.
–, *Dove sei? Ontologia del telefonino*, Bompiani, Milano 2005.
–, *Anima e iPad. E se l'automa fosse lo specchio dell'anima?*, Guanda, Parma 2011.
Ferraro G(iuseppe), *Imparare ad amare*, Castelvecchi, Roma 2015.
Ferraro G(uido), *Il linguaggio del mito. Valori simbolici e realtà sociale nelle mitologie primitive*, Feltrinelli, Milano 1979.
Ferraro Bologna G., *Resilienza. Il pozzo dei desideri*, Vivarium, Milano 1998.
Ferrarotti F., *Sociologia del lavoro*, in AA.VV., *Questioni di sociologia*, La Scuola, Brescia 1966.
–, *Sociologia del potere*, Laterza, Bari 1972.
–, *Società*, Mondadori, Milano 1980.
–, *Il ricordo e la temporalità*, Laterza, Bari 1987.
–, *Una fede senza dogmi*, Laterza, Bari 1991.
Ferreiro E., *Alfabetizzazione. Teoria e Pratica*, Raffaello Cortina, Milano 2003.

Ferretti G., Mancini R. (a cura di), *La dignità della libertà. Itinerari nel pensiero contemporaneo*, Istituti Editoriali Poligrafici Internazionali, Pisa-Roma 2003.

Ferretti R., Rubaltelli E., Rumiati R., *La mente finanziaria. Economia e psicologia al servizio dell'investitore*, il Mulino, Bologna 2011.

Ferri R., *Il bambino con sindrome di Down. Tecniche di intervento nei primi anni*, Il Pensiero Scientifico, Roma 1996.

Ferri R., Spagnolo A., *La sindrome di Down*, Il Pensiero Scientifico, Roma 1989.

Ferrieri L., Innocenti P., *Il piacere di leggere. Teoria e pratica della lettura*, Unicopli, Milano 1995.

Ferro A., *La tecnica nella psicoanalisi infantile. Il bambino e l'analista: dalla relazione al campo emotivo*, Raffaello Cortina, Milano 1992.

–, *Evitare le emozioni, vivere le emozioni*, Raffaello Cortina, Milano 2007.

Ferrucci P., *Crescere. Teoria e pratica della psicosintesi*, Astrolabio, Roma 1981.

–, *Introduzione alla psicosintesi. Idee e strumenti per la crescita personale*, Edizioni Mediterranee, Roma 1994.

Ferruta A., Foresti G., Vigorelli M. (a cura di), *Le comunità terapeutiche. Psicotici, borderline, adolescenti, minori*, Raffaello Cortina, Milano 2012.

Ferruzzi F., *L'introspezione nella storia della psicologia*, Bulzoni, Roma 1982.

Ferry J.-M., *Le grammatiche dell'intelligenza* (2004), Medusa, Milano 2008.

Festinger L., *A theory of social comparison process*, in "Human Relations", 1954, n. 7, pp. 117-140.

–, *Teoria della dissonanza cognitiva* (1957), Franco Angeli, Milano 1973.

Festini Cucco W., Cipollone L., *Suicidio e complessità. Punti di vista a confronto*, Giuffrè, Milano 1992.

Feuchtersleben E. von, *Zur Diätetik der Seele*, H. Tabarelli, Wien 1838.

Feuerbach L., *L'essenza del cristianesimo* (1841), Ponte alle Grazie, Firenze 1994.

Feuerstein R., Feuerstein R. S., Falik L. H., Rand Y., *LPAD. Learning Propensity Assessment Device. Batteria per la Valutazione Dinamica della Propensione all'Apprendimento di Reuven Feuerstein* (2003), Erickson, Trento 2013.

–, *Il programma di arricchimento strumentale di Feuerstein* (2006), Erickson, Trento 2008.

Feyerabend P. K., *Contro il metodo* (1975), Feltrinelli, Milano 1979.

Ficara G., *Solitudini*, Garzanti, Milano 1993.

Fichte J. G., *Dottrina della scienza* (1794), Laterza, Bari 1987.

Fiedler L., *La tirannia del normale. Bioetica, teologia e mito* (1996), Donzelli, Roma 1998.

Figal G., *Oggettualità. Esperienza ermeneutica e filosofia* (2006), Bompiani, Milano 2012.

Filoramo G., *Civitas peregrina. Radici cristiane dell'idea di straniero*, Morcelliana, Brescia 1999.

Fine R., *Storia della psicoanalisi* (1979), Bollati Boringhieri, Torino 1982.

Fineman S. (a cura di), *Le emozioni nell'organizzazione. Il potere delle passioni nei contesti organizzativi* (2007), Raffaello Cortina, Milano 2009.

Fink D. G., *Mente umana e cervelli elettronici. Introduzione all'intelligenza artificiale* (1966), Zanichelli, Bologna 1967.

Finke J., *Schlafstörungen. Ursachen und Behandlung*, Thieme, Stuttgart 1970.

Finkelnburg K. M., *Niederrhein*, in "Gesellschaft in Bonn, Medicin Section", 1870, n. 7.

Finkielkraut A., *L'identità infelice* (2013), Guanda, Parma 2015.

Finocchi Ghersi R., *Diritti degli immigrati*, in M. Flores (a cura di), *Diritti umani. Cultura dei diritti e dignità della persona nell'epoca della globalizzazione*, Utet, Torino 2007, vol. I, pp. 328-331.

Finzi S., *Nevrosi di guerra in tempo di pace*, Dedalo, Bari 1989.

–, *L'ombra del grillo parlante. Analisi della paura di scomparire*, Moretti & Vitali, Bergamo 2005.

–, *Tradimento e fedeltà. Il primo libro dell'Alzheimer*, Moretti & Vitali, Bergamo 2008.

–, *La cura bastarda*, Filema, Napoli 2009.

Fiora E., Pedrabissi L., Salvini A., *Pluralismo teorico e pragmatismo conoscitivo in psicologia della personalità*, Giuffrè, Milano 1988.

Fiorillo G. P., Cozza M., *Il nostro folle quotidiano. Indagine sulla rappresentazione della follia e della malattia mentale*, Manifestolibri, Roma 2002.

First M. B., *DSM-5. Diagnosi differenziale* (2014), Raffaello Cortina, Milano 2015.

Firth R., *Tikopia ritual and belief*, Routledge & Kegan, London 1967.

–, *Simboli pubblici e privati* (1973), Laterza, Bari 1977.

Fisch R., Weakland J. H., Segal L., *Le tattiche del cambiamento* (1982), Astrolabio, Roma 1983.

Fischer M., *Psychosis in the offspring of schizophrenic monozygotic twins and their normal co-twins*, in "The British Journal of Psychiatry", 1971, n. 118, pp. 43-52.
Fisher S., *The placebo reactor*, in "Journal of Central Nervous System Disease", 1967, n. 28.
–, *Fisiologia e psicologia dell'orgasmo femminile. Una grande inchiesta medico-sociologica* (1976), Feltrinelli, Milano 1978.
Fishman J. A., *La sociologia del linguaggio* (1970), Officina, Roma 1975.
–, *Istruzione bilingue. Una prospettiva sociologica internazionale* (1976), Minerva Italica, Bergamo 1979.
Fiske S. T., *La cognizione sociale* (2005), il Mulino, Bologna 2006.
Fiske S. T., Taylor Sh. E., *Social cognition*, McGraw-Hill, New York 1991.
Fiumanò M. (a cura di), *Il tempo del transfert*, Guerini & Associati, Milano 1989.
Fiume G., *Madri. Storia di un ruolo sociale*, Marsilio, Venezia 1995.
Fizzotti E., *La sfida di Beelzebul. Complessità psichica o possessione diabolica?*, Editrice Las, Roma 1995.
–, *Logoterapia per tutti. Guida teorico-pratica per chi cerca il senso della vita*, Rubbettino, Soveria Mannelli 2002.
–, *Alla ricerca del senso*, Edizioni Lussografica, San Cataldo 2003.
–, *Psicologia dell'atteggiamento religioso*, Erickson, Trento 2006.
Flamigni C., *Il controllo della fertilità. Storia, problemi e metodi dall'antico Egitto a oggi*, Utet, Torino 2006.
Flanagan C., *La socializzazione infantile* (1999), il Mulino, Bologna 2002.
Flapan D., Neubauer P. B., *La valutazione dello sviluppo nella prima infanzia* (1978), Bollati Boringhieri, Torino 1981.
Flegenheimer W. V., *Psicoterapia breve. Teorie e tecniche di trattamento* (1982), Raffaello Cortina, Milano 1986.
Fletchter R., *Instinct in man. In the light of recent work in comparative psychology*, Allen & Unwin, London 1968.
Fliess W., *Der Ablauf des Lebens*, Deutlicke, Wien 1906.
Flindler N. V., Meltzer B. (a cura di), *Artificial intelligence and heuristic programming*, University Press, Edinburgh 1971.
Floreano D., Mattiussi C., *Manuale sulle reti neurali*, il Mulino, Bologna 2002.
Florence J., *L'identification dans la théorie freudienne*, Facultés Universitaires, Saint-Louis 1978.
Florenskij P. A., *Il simbolo e la forma. Scritti di filosofia della scienza* (1904), Bollati Boringhieri, Torino 2007.
Flores M., *Memoria*, in Id. (a cura di), *Diritti umani. Cultura dei diritti e dignità della persona nell'epoca della globalizzazione*, Utet, Torino 2007, vol. II, pp. 901-906.
Flores d'Arcais G. B., *L'ambiente*, La Scuola, Brescia 1962.
–, *Metodi statistici per la ricerca psicologica*, Editrice Universitaria, Firenze 1964.
Flores d'Arcais P., *Etica senza fede*, Einaudi, Torino 1992.
–, *L'individuo libertario*, Einaudi, Torino 1999.
Florio P., Bernardini S., *Balbuzie. Assessment e trattamento*, Erickson, Trento 2014.
Flournoy Th., *Dalle Indie al pianeta Marte. Il caso di Hélène Smith. Dallo spiritismo alla nascita della psicoanalisi* (1889), Feltrinelli, Milano 1985.
–, *Les principes de la psychologie religieuse*, Seuil, Paris 1902.
Foa U. G., Foa E. B., *Societal structures of the mind*, Thomas, Springfield, Illinois, 1974.
Focchi M., *Evento e ripetizione*, Teda Edizioni, Castrovillari 1995.
–, *Il cambiamento in psicoanalisi*, Bollati Boringhieri, Torino 2001.
Fodor J. A., *The language of thought*, Harvard University Press, Cambridge, Massachusetts, 1975.
–, *Representations. Philosophical essay on the foundations of cognitive science*, Mit Press, Cambridge, Massachusetts, 1981.
–, *La mente modulare. Saggio di psicologia delle facoltà* (1983), il Mulino, Bologna 1988.
–, *Psicosemantica. Il problema del significato nella filosofia della mente* (1987), il Mulino, Bologna 1990.
–, *La mente non funziona così. La portata e i limiti della psicologia computazionale* (2000), Laterza, Bari 2001.
–, *Mente e linguaggio* (2000), Laterza, Bari 2001.
Foerster H. von, *Understanding understanding. Essay on cybernetics and cognition*, Springer, New York 2003.
Fogassi L., *Spazio*, in AA.VV., *Psiche. Dizionario storico di psicologia, psichiatria, psicoanalisi, neuroscienze*, Einaudi, Torino 2006-2007, vol. II, pp. 1047-1053.
Fogassi L., Ferrari P. F., *Neurones miroir, gestes et évolution du langage*, in "Primatologie", 2005, n. 6, pp. 263-286.
Fogassi L., Ferrari P. F., Gesierich B., *Parietal lobe. From action organization to intention understanding*, in "Science", 2005, n. 302, pp. 662-667.
Fogassi L., Gallese V., Di Pellegrino G., *Space coding by premotor cortex*, in "Experimental Brain Research", 1992, n. 89, pp. 686-690.

Fogassi L. *et al.*, *Coding of peripersonal space in inferior premotor cortex (area F4)*, in "Journal of Neurophysiology", 1996, n. 76, pp. 141-157.
Fogel G. I., Myers A., *Perversioni e quasi-perversioni nella pratica clinica* (1991), Il Pensiero Scientifico, Roma 1994.
Foley D., Nechas E., *Enciclopedia delle donne. Il nostro corpo, la nostra mente* (1993), Feltrinelli, Milano 1995.
–, *Aborti e figli nati morti*, in Id., *Enciclopedia delle donne*, cit., pp. 13-19.
–, *Abuso fisico*, in Id., *Enciclopedia delle donne*, cit., pp. 20-27.
–, *Abuso sessuale*, in Id., *Enciclopedia delle donne*, cit., pp. 28-31.
–, *Allattamento al seno*, in Id., *Enciclopedia delle donne*, cit., pp. 43-50.
–, *Contraccezione*, in Id., *Enciclopedia delle donne*, cit., pp. 133-139.
–, *Gravidanza*, in Id., *Enciclopedia delle donne*, cit., pp. 223-243.
–, *Maternità*, in Id., *Enciclopedia delle donne*, cit., pp. 317-339.
–, *Menopausa*, in Id., *Enciclopedia delle donne*, cit., pp. 346-362.
–, *Molestia sessuale*, in Id., *Enciclopedia delle donne*, cit., pp. 355-361.
–, *Stupro*, in Id., *Enciclopedia delle donne*, cit., pp. 502-510.
–, *Verginità*, in Id., *Enciclopedia delle donne*, cit., pp. 550-553.
Folgheraiter F. (a cura di), *Problemi di comportamento e relazione di aiuto nella scuola*, Erickson, Trento 1992.
–, *The mystery of social work* (con versione italiana a fronte), Erickson, Trento 2012.
Follin S., Azoulay J., *La dépersonnalisation*, in "Encyclopédie Médico-Chirurgicale. Psychiatrie", 1966.
Fonagy P., *Psicoanalisi e teoria dell'attaccamento* (2001), Raffaello Cortina, Milano 2002.
Fonagy P., Gergely G., Jurist E. L., Target M., *Regolazione affettiva, mentalizzazione e sviluppo del Sé* (2002), Raffaello Cortina, Milano 2005.
Fonagy P., Target M., *Attaccamento e funzione riflessiva* (2000), Raffaello Cortina, Milano 2001.
–, *Psicopatologia evolutiva. Le teorie psicoanalitiche* (2003), Raffaello Cortina, Milano 2005.
Fontana B., *Ipnosi: indicazioni e limiti nella pratica clinica*, in G. B. Cassano, P. Pancheri *et al.* (a cura di), *Trattato italiano di psichiatria* (1992), Masson, Milano 1999, vol. III, pp. 3663-3674.
Fontana Tommassucci L., *Istruzione programmata e macchine per insegnare*, Armando, Roma 1969.
Fonzi A., *Problemi di psicologia infantile. Ricerche sperimentali*, Einaudi, Torino 1957.
Foot J., *La "Repubblica dei matti". Franco Basaglia e la psichiatria radicale in Italia, 1961-1978* (2012), Feltrinelli, Milano 2014.
Foppa K., *Apprendimento e comportamento* (1970), Armando, Roma 1975.
Forbes Th. W., *Human factors in highway traffic safety research*, Wiley, New York 1972.
Forcina M., *Ironia e saperi femminili. Relazioni nella differenza*, Franco Angeli, Milano 1995.
Fordham M., *La psicoterapia junghiana. Saggio sulla psicologia analitica* (1978), Astrolabio, Roma 1981.
Fordyce M. W., *Development of a program to increase personal happiness*, in "Journal of Counseling Psychology", 1977, n. 24.
Forgas J. P., *Comportamento interpersonale. La psicologia dell'interazione sociale* (1985), Armando, Roma 1995.
Forghieri M., *Madri oscure. Casi clinici*, Vivarium, Milano 2011.
Formaggio D., *Arte*, Isedi, Milano 1973.
Formenti C., *Incantati dalla rete. Immaginari, utopie e conflitti nell'epoca di internet*, Raffaello Cortina, Milano 2000.
Formenti L. (a cura di), *Psicomotricità. Educazione e prevenzione. La progettazione in ambito psicoeducativo*, Erickson, Trento 2006.
Fornari B., Fornari F., *Psicoanalisi e ricerca letteraria*, Principato, Milano 1974.
Fornari F., *La vita affettiva originaria del bambino*, Feltrinelli, Milano 1963.
–, *Nuovi orientamenti della psicoanalisi*, Feltrinelli, Milano 1966.
–, *Psicoanalisi della guerra*, Feltrinelli, Milano 1966.
–, *Dissacrazione della guerra. Dal pacifismo alla scienza dei conflitti*, Feltrinelli, Milano 1969.
–, *Psicoanalisi della situazione atomica*, Rizzoli, Milano 1970.
–, *Genitalità e cultura*, Feltrinelli, Milano 1975.
–, *Simbolo e codice*, Feltrinelli, Milano 1976.
–, *Coinema e icona*, Il Saggiatore, Milano 1978.
–, *Le strutture affettive del significato*, Raffaello Cortina, Milano 1978.
–, *I fondamenti di una teoria psicoanalitica del linguaggio*, Bollati Boringhieri, Torino 1979.
–, *Il codice vivente*, Bollati Boringhieri, Torino 1981.
–, *Psicoanalisi della musica*, Longanesi, Milano 1984.

–, *Affetti e cancro*, Raffaello Cortina, Milano 1985.
Forni E. M. (a cura di), *Teoria di sistemi e razionalità sociale*, Cappelli Editore, Bologna 1986.
Forrester J., *Le seduzioni della psicoanalisi. Freud, Lacan, Derrida* (1990), il Mulino, Bologna 1993.
Forsman L., Johnson M., Ugolini V., Bruzzi D., Raboni D., *Basic SE – Basic Self-Esteem Scale. Valutazione dell'autostima di base negli adulti*, Erickson, Trento 2008.
Forte B., *La porta della bellezza. Per un'estetica teologica*, Morcelliana, Brescia 1999.
Fossi G., *Fantasia e onnipotenza. La teoria psicoanalitica dell'immaginario*, Bollati Boringhieri, Torino 1981.
–, *La psicoanalisi applicata. Arte, letteratura, musica, cinema, storia e religione*, Utet, Torino 1994.
–, *I sogni e le teorie psicodinamiche*, Bollati Boringhieri, Torino 1995.
Foucault M., *Malattia mentale e psicologia* (1954), Raffaello Cortina, Milano 1997.
–, *Follia e psichiatria. Detti e scritti 1957-1984*, Raffaello Cortina, Milano 2005.
–, *Storia della follia nell'età classica* (1961), Rizzoli, Milano 2011.
–, *Follia, Scrittura, Discorso* (1961-1970), in *Archivio Foucault*, Feltrinelli, Milano 1996, vol. I.
–, *Nascita della clinica* (1963), Einaudi, Torino 1969.
–, *Prefazione alla trasgressione* (1963), in *Scritti letterari*, Feltrinelli, Milano 1971.
–, *Le parole e le cose* (1966), Rizzoli, Milano 1967.
–, *Utopie Eterotopie* (1966), Cronopio, Napoli 2006.
–, *L'ordine del discorso* (1970), Einaudi, Torino 1972.
–, *Microfisica del potere* (1971), Einaudi, Torino 1977.
–, *Il potere psichiatrico. Corso al Collège de France 1973-1974*, Feltrinelli, Milano 2004.
–, *Sorvegliare e punire. Nascita della prigione* (1975), Einaudi, Torino 1976.
–, *Storia della sessualità*, vol. I: *La volontà di sapere* (1976), vol. II: *L'uso dei piaceri* (1984), vol. III: *La cura di sé* (1984), Feltrinelli, Milano 1978-1985.
–, *L'ermeneutica del soggetto* (1981-1982), Feltrinelli, Milano 2001.
–, *Tecnologie del sé* (1988), Bollati Boringhieri, Torino 1992.
–, *Il sogno* (1994, edito postumo), Raffaello Cortina, Milano 2003.
Foulkes S. H., *Analisi terapeutica di gruppo* (1964), Bollati Boringhieri, Torino 1977.
Fowler C. A., *Current perspectives on language and speech production. A critical overview*, in R. Daniloff (a cura di), *Speech science*, College-Hill, San Diego, California, 1985, pp. 193-278.
Fox M., *In principio era la gioia* (1983), Fazi Editore, Roma 2011.
Fox M. W., *Abnormal behavior in animals*, W. B. Saunders, Philadelphia 1968.
Frabotta B. (a cura di), *Arcipelago malinconia*, Donzelli, Roma 2001.
Fraccaroli F., *Il cambiamento nelle organizzazioni. Metodi di ricerca longitudinale applicati alla psicologia*, Raffaello Cortina, Milano 1998.
–, *Apprendimento e formazione nelle organizzazioni. Una prospettiva psicologica*, il Mulino, Bologna 2007.
Fraccaroli F., Balducci C., *Stress e rischi nelle organizzazioni. Valutare e controllare i fattori dello stress lavorativo*, il Mulino, Bologna 2011.
Fragassi M., *Orientamento sessuale*, in M. Flores (a cura di), *Diritti umani. Cultura dei diritti e dignità della persona nell'epoca della globalizzazione*, Utet, Torino 2007, vol. II, pp. 1014-1018.
Fraisse G., *La differenza tra i sessi* (1996), Bollati Boringhieri, Torino 1996.
Fraisse P., Piaget J. (a cura di), *Trattato di psicologia sperimentale* (1963-1968), Einaudi, Torino 1972-1979, voll. I-IX.
Frances A., *La diagnosi in psichiatria. Ripensare il DSM-5* (2013), Raffaello Cortina, Milano 2014.
Francès R., *Le développement perceptif*, Puf, Paris 1962.
Francescato D., *Quando l'amore finisce*, il Mulino, Bologna 1992.
–, *Ridere è una cosa seria. L'importanza della risata nella vita di tutti i giorni*, Mondadori, Milano 2002.
Francescato D., Contesini A., Dini S., *Psicologia di comunità. Esperienze a confronto*, Il Pensiero Scientifico, Roma 1983.
Francescato D., Tomai M., Mebane M. E., *Psicologia di comunità per la scuola, l'orientamento e la formazione*, il Mulino, Bologna 2004.
Francescato G., *Linguaggio infantile. Strutturazione e apprendimento*, Einaudi, Torino 1979.
Francesetti G. (a cura di), *Attacchi di panico e postmodernità. La psicologia della Gestalt fra società e clinica*, Franco Angeli, Milano 2011.
Franchini R., *Disabilità, cura educativa e progetto di vita*, Erickson, Trento 2008.

Franci G. R., *Yoga. Un'antichissima disciplina indiana per la spiritualità e il benessere psicofisico*, il Mulino, Bologna 2008.
Francioni M., *Psicoanalisi, linguistica ed epistemologia in Jacques Lacan*, Einaudi, Torino 1978.
Frank H., *Kybernetische Analysen subjectiver Sachverhalte*, Schnelle, Quickborn 1964.
–, *Pedagogia e cibernetica* (1969), Armando, Roma 1974.
Frank J. D., *Individual differences in certain aspects of the level of aspiration*, in "American Journal of Psychology", 1935, n. 47.
Frankenstein C., *Impaired intelligence. Pathology and rehabilitation*, Science Publishers Ltd., London 1970.
Frankl G., *Esplorare l'inconscio. Un nuovo metodo per l'analisi del profondo* (2003), Bollati Boringhieri, Torino 2005.
Frankl V. E., *Le radici della logoterapia. Scritti giovanili 1923-1942*, Libreria Ateneo Salesiano, Roma 2000.
–, *Psychotherapie und Weltanschauung. Zur grundsätlichen Kritik ihrer Beziehungen*, in "Internationale Zeitschrift für Individualpsychologie", 1925, n. 3, pp. 250-252.
–, *Zur geistigen Problematik der Psychotherapie*, in "Zentralblatt für Psychotherapie und ihre Grenzgebiete", 1938, n. 10, pp. 33-45.
–, *Philosophie und Psychotherapie. Zur Grundlegung einer Existenzanalyse*, in "Schweizerische medizinische Wochenschrift", 1939, n. 69, pp. 707-709.
–, *Logoterapia e analisi esistenziale* (1946), Morcelliana, Brescia 1977.
–, *Uno psicologo nei lager* (1946), Ares, Milano 1966.
–, *La sfida del significato. Analisi esistenziale e ricerca di senso* (1946-1996), Erickson, Trento 2005.
–, *Senso e valori per l'esistenza* (1947), Città Nuova, Roma 1998.
–, *Teoria e terapia della nevrosi* (1956), Morcelliana, Brescia 1978.
–, *Logos, paradosso e ricerca di senso* (1985), in Id., *La sfida del significato*, cit., pp. 107-124.
Franklin R. L., *Freewill and determinism*, Routledge & Kegan, London 1968.
Franz M.-L. von, *Le fiabe interpretate* (1969), Bollati Boringhieri, Torino 1980.
–, *L'eterno fanciullo* (1970), Red Edizioni, Como 1989.
–, *Il femminile nella fiaba* (1971), Bollati Boringhieri, Torino 1983.
–, *L'ombra e il male nella fiaba* (1974), Bollati Boringhieri, Torino 1995.
–, *Il mito di Jung*, Bollati Boringhieri, Torino 1978.
–, *La morte e i sogni* (1979), Bollati Boringhieri, Torino 1986.
–, *Alchimia* (1980), Bollati Boringhieri, Torino 1984.
–, *Le visioni di Nikolaus von Flüe* (1980), Bollati Boringhieri, Torino 1991.
–, *L'individuazione nella fiaba* (1985), Bollati Boringhieri, Torino 1987.
–, *Sguardo dal sogno* (1985), Raffaello Cortina, Milano 1989.
–, *Le fiabe a lieto fine* (1987), Tea, Milano 1996.
Franz M.-L. von, Frey-Rohn L., Jaffé A., Zoja L., *Incontri con la morte* (1980), Raffaello Cortina, Milano 1984.
Franzini E., *I simboli e l'invisibile. Figure e forme del pensiero simbolico*, il Saggiatore, Milano 2008.
Fraser C., Scherer K. R. (a cura di), *Social psychology of language*, University Press, Cambridge 1979.
Fraser J. Th., *Il tempo. Una presenza sconosciuta* (1987), Feltrinelli, Milano 1991.
Frattini G., Melica S., Salvetti C., *Movimento, sport ed espressività corporea*, Erickson, Trento 2011.
Frazer J. G., *Taboo*, in *Encyclopaedia Britannica*, Scribner's Sons, New York 1878, IX edizione, vol. 23, pp. 15-18.
–, *Il ramo d'oro. Studio della magia e della religione* (1890-1915, edizione ridotta dallo stesso autore 1922), Bollati Boringhieri, Torino 1990.
Frazzetto G., *Museo. Aporia dell'immagine*, De Martinis & C. Editore, Catania 1994.
Fredericks J. A. M., *Consciousness*, in P. J. Vinken, G. W. Bruyn (a cura di), *Handbook of clinical neurology*, NorthHolland, Amsterdam 1969, vol. III.
Freedman J., Combs G., *Narrative therapy. The social construction of preferred realities*, Norton, New York 1996.
Freeman Th., Cameron J. L., McGhie A., *Schizofrenici cronici* (1958), Bollati Boringhieri, Torino 1972.
Freeman W., *La psicochirurgia*, in S. Arieti (a cura di), *Manuale di psichiatria* (1959-1966), Bollati Boringhieri, Torino 1969-1970, vol. III, pp. 1776-1796.
Frege F. L. G., *Sinn und Bedeutung* (1892), in Id., *Begriffsschrift und andere Aufsätze*, I. Angelelli, Hildesheim 1964.
French J. W., *The validity of a persistence test*, in "Psychometrica", 1948, n. 13.
French Th. M., *The integration of behavior*, University of Chicago Press, Chicago 1952.
Freud A., *L'Io e i meccanismi di difesa* (1936), in *Opere* (1978-1979), Bollati Boringhieri, Torino, vol. I.
–, *Lo studio psicoanalitico dei disturbi infantili dell'alimentazione* (1946), in *Opere*, cit., vol. II.

–, *Osservazioni sullo sviluppo infantile* (1950), in *Opere*, cit., vol. II.
–, *Adolescenza* (1958), in *Opere*, cit., vol. II.
–, *Commenti sul trauma psichico* (1964), in *Opere*, cit., vol. II.
–, *Normalità e patologia nell'età infantile* (1965), in *Opere*, cit., vol. III.
–, *L'analisi infantile come sottospecialità della psicoanalisi* (1970), in *Opere*, cit., vol. III.
Freud A. *et al.*, *L'aiuto al bambino malato* (1977), Bollati Boringhieri, Torino 1987.
Freud S., *Sommari dei lavori scientifici del libero docente dottor Sigmund Freud 1877-1897*, in *Opere* (1967-1993), Bollati Boringhieri, Torino, vol. II.
–, *Sulla coca* (1884), in Id., *La cocaina*, Spirali/Vel, Milano 1990.
–, *Sull'azione generale della cocaina* (1885), in Id., *La cocaina*, cit.
–, *Un contributo alla cognizione dell'azione della coca* (1885), in Id., *La cocaina*, cit.
–, *Lettere a Wilhelm Fliess 1887-1904*, Bollati Boringhieri, Torino 1986.
–, *Lettera a Wilhelm Fliess del 6 dicembre 1896*, in Id., *Lettere a Wilhelm Fliess 1887-1904*, cit.
–, *Isteria* (1888), in *Opere*, cit., vol. I.
–, *Ipnotismo e suggestione* (1888-1892), in *Opere*, cit., vol. I.
–, *Sull'interpretazione delle afasie. Studio critico* (1891) in *Opere*, cit., vol. I.
–, *Studi sull'isteria (in collaborazione con Josef Breuer)* (1892-1895), in *Opere*, cit., vol. I.
–, *Minute teoriche per Wilhelm Fliess* (1892-1897), in *Opere*, cit., vol. II.
–, *Meccanismo psichico dei fenomeni isterici* (1893), in *Opere*, cit., vol. II.
–, *Legittimità di separare dalla nevrastenia un preciso complesso di sintomi come "nevrosi d'angoscia"* (1894), in *Opere*, cit., vol. II.
–, *Le neuropsicosi da difesa* (1894), in *Opere*, cit., vol. II.
–, *Minuta "E". Come si origina l'angoscia* (1894), in *Minute teoriche per Wilhelm Fliess*, cit.
–, *A proposito di una critica della "nevrosi d'angoscia"* (1895), in *Opere*, cit., vol. II.
–, *Ossessioni e fobie* (1895), in *Opere*, cit., vol. II.
–, *Progetto di una psicologia* (1895), in *Opere*, cit., vol. II.
–, *Etiologia dell'isteria* (1896), in *Opere*, cit., vol. II.
–, *L'ereditarietà e l'etiologia delle nevrosi* (1896), in *Opere*, cit., vol. II.
–, *Nuove osservazioni sulle neuropsicosi da difesa* (1896), in *Opere*, cit., vol. II.
–, *La sessualità nell'etiologia delle nevrosi* (1898), in *Opere*, cit., vol. II.
–, *L'interpretazione dei sogni* (1899), in *Opere*, cit., vol. III.
–, *Ricordi di copertura* (1899), in *Opere*, cit., vol. II.
–, *Il sogno* (1900), in *Opere*, cit., vol. IV.
–, *Frammento di un'analisi d'isteria (Caso clinico di Dora)* (1901), in *Opere*, cit., vol. IV.
–, *Psicopatologia della vita quotidiana* (1901), in *Opere*, cit., vol. IV.
–, *Psicoterapia* (1904), in *Opere*, cit., vol. IV.
–, *Il motto di spirito e la sua relazione con l'inconscio* (1905), in *Opere*, cit., vol. V.
–, *Le mie opinioni sul ruolo della sessualità nell'etiologia delle nevrosi* (1905), in *Opere*, cit., vol. V.
–, *Personaggi psicopatici sulla scena* (1905), in *Opere*, cit., vol. V.
–, *Tre saggi sulla teoria sessuale* (1905), in *Opere*, cit., vol. IV.
–, *Le aberrazioni sessuali*, in *Tre saggi sulla teoria sessuale*, cit.
–, *Diagnostica del fatto e psicoanalisi* (1906), in *Opere*, cit., vol. V.
–, *Il delirio e i sogni nella "Gradiva" di Wilhelm Jensen* (1906), in *Opere*, cit., vol. V.
–, *Azioni ossessive e pratiche religiose* (1907), in *Opere*, cit., vol. V.
–, *Il poeta e la fantasia* (1907), in *Opere*, cit., vol. V.
–, *Analisi della fobia di un bambino di cinque anni (Caso clinico del piccolo Hans)* (1908), in *Opere*, cit., vol. V.
–, *Carattere ed erotismo anale* (1908), in *Opere*, cit., vol. V.
–, *Fantasie isteriche e loro relazione con la bisessualità* (1908), in *Opere*, cit., vol. V.
–, *Il romanzo familiare dei nevrotici* (1908), in *Opere*, cit., vol. V.
–, *La morale sessuale "civile" e il nervosismo moderno* (1908), in *Opere*, cit., vol. V.
–, *Osservazioni generali sull'attacco isterico* (1908), in *Opere*, cit., vol. V.
–, *Teorie sessuali dei bambini* (1908), in *Opere*, cit., vol. V.

–, *Cinque conferenze sulla psicoanalisi* (1909), in *Opere*, cit., vol. VI.
–, *Osservazioni su un caso di nevrosi ossessiva (Caso clinico dell'uomo dei topi)* (1909), in *Opere*, cit., vol. VI.
–, *Contributi a una discussione sul suicidio* (1910), in *Opere*, cit., vol. VI.
–, *I disturbi visivi psicogeni nell'interpretazione psicoanalitica* (1910), in *Opere*, cit., vol. VI.
–, *Le prospettive future della terapia psicoanalitica* (1910), in *Opere*, cit., vol. VI.
–, *Osservazioni psicoanalitiche su un caso di paranoia (dementia paranoides) descritto autobiograficamente (Caso clinico del presidente Schreber)* (1910), in *Opere*, cit., vol. VI.
–, *Psicoanalisi "selvaggia"* (1910), in *Opere*, cit., vol. VI.
–, *Significato opposto delle parole primordiali* (1910), in *Opere*, cit., vol. VI.
–, *Un ricordo d'infanzia di Leonardo da Vinci* (1910), in *Opere*, cit., vol. VI.
–, *Contributi alla psicologia della vita amorosa* (1910-1917), in *Opere*, cit., vol. VI.
–, *L'impiego dell'interpretazione dei sogni nella psicoanalisi* (1911), in *Opere*, cit., vol. VI.
–, *Precisazioni sui due principi dell'accadere psichico* (1911), in *Opere*, cit., vol. VI.
–, *Tecnica della psicoanalisi* (1911-1912), in *Opere*, cit., vol. VI.
–, *Consigli al medico nel trattamento psicoanalitico* (1912), in *Tecnica della psicoanalisi*, cit.
–, *Contributi a una discussione sull'onanismo* (1912), in *Opere*, cit., vol. VI.
–, *Dinamica della traslazione* (1912), in *Tecnica della psicoanalisi*, cit.
–, *Modi tipici di ammalarsi nervosamente* (1912), in *Opere*, cit., vol. VI.
–, *Nota sull'inconscio in psicoanalisi* (1912), in *Opere*, cit., vol. VI.
–, *Sulla più comune degradazione della vita amorosa* (1912), in *Contributi alla psicologia della vita amorosa* (1910-1917), cit.
–, *Totem e tabù. Alcune concordanze nella vita psichica dei selvaggi e dei nevrotici* (1912-1913), in *Opere*, cit., vol. VII.
–, *Il Mosè di Michelangelo* (1913), in *Opere*, cit., vol. VII.
–, *La disposizione alla nevrosi ossessiva. Contributo al problema della scelta della nevrosi* (1913), in *Opere*, cit., vol. VII.
–, *Le bugie di due bambine* (1913), in *Opere*, cit., vol. VII.
–, *L'interesse per la psicoanalisi* (1913), in *Opere*, cit., vol. VII.
–, *Prefazione alla traduzione di "Riti scatologici di tutti i popoli" di J. G. Bourke* (1913), in *Opere*, cit., vol. VII.
–, *Nuovi consigli sulla tecnica della psicoanalisi* (1913-1914), in *Opere*, cit., vol. VII.
–, *Dalla storia di una nevrosi infantile (Caso clinico dell'uomo dei lupi)* (1914), in *Opere*, cit., vol. VII.
–, *Introduzione al narcisismo* (1914), in *Opere*, cit., vol. VII.
–, *Osservazioni sull'amore di traslazione* (1914), in *Nuovi consigli sulla tecnica della psicoanalisi*, cit.
–, *Per la storia del movimento psicoanalitico* (1914), in *Opere*, cit., vol. VII.
–, *Prefazione alla terza edizione* (1914) in *Tre saggi sulla teoria sessuale* (1905), cit.
–, *Ricordare, ripetere e rielaborare* (1914), in *Nuovi consigli sulla tecnica della psicoanalisi*, cit.
–, *Comunicazione di un caso di paranoia in contrasto con la teoria psicoanalitica* (1915), in *Opere*, cit., vol. VIII.
–, *Considerazioni attuali sulla guerra e la morte* (1915), in *Opere*, cit., vol. VIII.
–, *Metapsicologia* (1915), in *Opere*, cit., vol. VIII.
–, *La rimozione*, in *Metapsicologia*, cit.
–, *L'inconscio*, in *Metapsicologia*, cit.
–, *Lutto e melanconia*, in *Metapsicologia*, cit.
–, *Pulsioni e loro destini*, in *Metapsicologia*, cit.
–, *Supplemento metapsicologico alla teoria del sogno*, in *Metapsicologia*, cit.
–, *Noi e la morte* (1915), in *Opere*, cit., volume dei *Complementi 1885-1938*.
–, *Sintesi generale delle nevrosi di traslazione* (1915), in *Opere*, cit., volume dei *Complementi 1885-1938*.
–, *Introduzione alla psicoanalisi* (1915-1917), in *Opere*, cit., vol. VIII.
–, *La teoria della libido e il narcisismo*, in *Introduzione alla psicoanalisi* (1915-1917), cit., Lezione 26.
–, *Alcuni tipi di carattere tratti dal lavoro psicoanalitico* (1916), in *Opere*, cit., vol. VIII.
–, *Una difficoltà della psicoanalisi* (1916), in *Opere*, cit., vol. VIII.
–, *Il tabù della verginità* (1917), in *Contributi alla psicologia della vita amorosa* (1910-1917), cit.
–, *Trasformazioni pulsionali, particolarmente dell'erotismo anale* (1917), in *Opere*, cit., vol. VIII.
–, *Vie della terapia psicoanalitica* (1918), in *Opere*, cit., vol. IX.
–, *Il perturbante* (1919), in *Opere*, cit., vol. IX.
–, *"Un bambino viene picchiato" (Contributo alla conoscenza delle perversioni sessuali)* (1919), in *Opere*, cit., vol. IX.

–, *Al di là del principio di piacere* (1920), in *Opere*, cit., vol. IX.
–, *Psicogenesi di un caso di omosessualità femminile* (1920), in *Opere*, cit., vol. XI.
–, *Alcuni meccanismi nevrotici nella gelosia, paranoia e omosessualità* (1921), in *Opere*¸ cit., vol. IX.
–, *Psicologia delle masse e analisi dell'Io* (1921), in *Opere*, cit., vol. IX.
–, *Due voci di enciclopedia: "Psicoanalisi" e "Teoria della libido"* (1922), in *Opere*, cit., vol. IX.
–, *L'Io e l'Es* (1922), in *Opere*, cit., vol. IX.
–, *Sogno e telepatia* (1922), in *Opere*, cit., vol. IX.
–, *L'organizzazione genitale infantile (un'interpolazione nella teoria sessuale)* (1923), in *Opere*, cit., vol. IX.
–, *Nevrosi e psicosi* (1923), in *Opere*, cit., vol. IX.
–, *Autobiografia* (1924), in *Opere*, cit., vol. X.
–, *Il problema economico del masochismo* (1924), in *Opere*, cit., vol. X.
–, *Il tramonto del complesso edipico* (1924), in *Opere*, cit., vol. X.
–, *La perdita di realtà nella nevrosi e nella psicosi* (1924), in *Opere*, cit., vol. X.
–, *Nota sul "notes magico"* (1924), in *Opere*, cit., vol. X.
–, *Alcune conseguenze psichiche della differenza anatomica tra i sessi* (1925), in *Opere*, cit., vol. X.
–, *Inibizione, sintomo e angoscia* (1925), in *Opere*, cit., vol. X.
–, *La negazione* (1925), in *Opere*, cit., vol. X.
–, *Il problema dell'analisi condotta da non medici. Conversazione con un interlocutore imparziale* (1926), in *Opere*, cit., vol. X.
–, *Feticismo* (1927), in *Opere*, cit., vol. X.
–, *L'avvenire di un'illusione* (1927), in *Opere*, cit., vol. X.
–, *L'umorismo* (1927), in *Opere*, cit., vol. X.
–, *Il disagio della civiltà* (1929), in *Opere*, cit., vol. X.
–, *Sessualità femminile* (1931), in *Opere*, cit., vol. XI.
–, *Introduzione alla psicoanalisi. Nuova serie di lezioni* (1932), in *Opere*, cit., vol. XI.
–, *La femminilità*, in *Introduzione alla psicoanalisi. Nuova serie di lezioni* (1932), cit., Lezione 33.
–, *Perché la guerra? (Carteggio con Einstein)* (1932), in *Opere*, cit., vol. XI.
–, *Sogno e occultismo*, in *Introduzione alla psicoanalisi. Nuova serie di lezioni* (1932), cit., Lezione 30.
–, *L'uomo Mosè e la religione monoteistica. Tre saggi* (1934-1938), in *Opere*, cit., vol. XI.
–, *Analisi terminabile e interminabile* (1937), in *Opere*, cit., vol. XI.
–, *Costruzioni nell'analisi* (1937), in *Opere*, cit., vol. XI.
–, *Compendio di psicoanalisi* (1938), in *Opere*, cit., vol. XI.
–, *La scissione dell'Io nel processo di difesa* (1938), in *Opere*, cit., vol. XI.
Freud S., Groddeck G., *Carteggio 1917-1934* (1970), Adelphi, Milano 1973.
Freud S., Pfister O., *Psicoanalisi e fede. Lettere tra Freud e il pastore Pfister 1909-1939*, Bollati Boringhieri, Torino 1990.
Freund J., *L'essence du politique*, Dalloz-Sirey, Paris 1965.
Fricke S., Hand I., *Avrò chiuso la porta di casa? Affrontare le proprie ossessioni* (2004), Erickson, Trento 2007.
Friedman N. P., Miyake A., *The relations among inhibition and interference central functions. A latent variable analysis*, in "Journal of Experimental Psychology", 2004, n. 50, pp. 425-443.
Frigessi Castelnuovo D., Risso M., *A mezza parete. Emigrazione, nostalgia, malattia mentale*, Einaudi, Torino 1982.
Frighi L., *Appunti di igiene mentale*, Bulzoni, Roma 1979.
Frijda N. H., *Emozioni* (1986), il Mulino, Bologna 1990.
Frings H., *La comunicazione animale* (1966), Bollati Boringhieri, Torino 1971.
Friso G., Tressoldi P. E., *Test TAP-D. Test di Abilità Prassiche nella Disabilità*, Erickson, Trento 2005.
Frisoni F., *La mano, l'uomo e il suo destino. Lineamenti pratici divinatori e semiologici di chiromanzia*, Mursia, Milano 1984.
Frith Ch., *Neuropsicologia cognitiva della schizofrenia* (1992), Raffaello Cortina, Milano 1995.
–, *Inventare la mente. Come il cervello crea la nostra vita mentale* (2007), Raffaello Cortina, Milano 2009.
Frith U., *Beneath the surface of developmental dyslexia*, in K. E. Patterson, J. C. Marshall, M. Coltheart, *Surface dyslexia*, Lawrence Erlbaum Associates, London 1985.
Fröbel F. W. A., *Die Pädagogik des Kindergartens* (1929), in *Friedrich Fröbel's Gesammelte pädagogische Schriften*, Adolph Enslin, Berlin 1874, Band 2.
Froidure E., *Premi e castighi nell'educazione giovanile* (1949), SEI, Torino 1963.
Fromm E., *Studi sull'autorità e la famiglia* (1936), Mondadori, Milano 1976.

–, *Fuga dalla libertà* (1941), Edizioni di Comunità, Milano 1976.
–, *Psicoanalisi e religione* (1950), Edizioni di Comunità, Milano 1972.
–, *Il linguaggio dimenticato* (1951), Bompiani, Milano 1962.
–, *Dogmi, gregari e rivoluzionari* (1955), Edizioni di Comunità, Milano 1973.
–, *Psicanalisi della società contemporanea* (1955), Edizioni di Comunità, Milano 1976.
–, *L'arte di amare* (1956), il Saggiatore, Milano 1963.
–, *Il bisogno di credere* (1963), Mondadori, Milano 1997.
–, *Psicoanalisi dell'amore. Necrofilia e biofilia nell'uomo* (1964), Newton Compton, Roma 1971.
–, *La rivoluzione della speranza* (1968), Etas Kompass, Milano 1969.
–, *La crisi della psicoanalisi* (1970), Mondadori, Milano 1971.
–, *Anatomia della distruttività umana* (1973), Mondadori, Milano 1975.
–, *Avere o essere?* (1976), Mondadori, Milano 1977.
–, *Grandezza e limiti del pensiero di Freud* (1979), Mondadori, Milano 1979.
Fromm-Reichmann F., *Principi di psicoterapia* (1950), Feltrinelli, Milano 1962.
–, *Psicoanalisi e psicoterapia* (1959), Feltrinelli, Milano 1964.
Frontori L., *Il mercato dei segni*, Raffaello Cortina, Milano 1988.
– (a cura di), *Adolescenza e oggetti*, Raffaello Cortina, Milano 1992.
Frost R. O., Steketee G., *Tengo tutto. Perché non si riesce a buttare via niente* (2010), Erickson, Trento 2012.
Fry E. B., *Macchine per insegnare e istruzione programmata* (1963), Loescher, Torino 1969.
Fry W. F., *Una dolce follia. L'umorismo e i suoi paradossi* (1963), Raffaello Cortina, Milano 2001.
Fuchs E., *Ermeneutica* (1970), Celuc, Milano 1974.
Fuchs W., *Le immagini della morte nella società moderna. Sopravvivenze arcaiche e influenze attuali* (1969), Einaudi, Torino 1973.
Fugali E., *Corpo*, il Mulino, Bologna 2016.
Fulcanelli (pseudonimo), *Il mistero delle cattedrali e l'interpretazione esoterica dei simboli ermetici della Grande Opera* (1925), Edizioni Mediterranee, Roma 1972.
–, *Le dimore filosofali e il simbolismo ermetico nei suoi rapporti con l'arte sacra e l'esoterismo della Grande Opera* (1929), Edizioni Mediterranee, Roma 1973, voll. I-II.
Fulton J. F., Ingraham F. D., *Emotional disturbance following experimental lesions of the base of the brain*, in "Journal of Psychology", 1929, n. 67, pp. 47-90.
Fum D., *Intelligenza artificiale. Teoria e sistemi*, il Mulino, Bologna 1994.
Fumaroli M., *La scuola del silenzio* (1994), Adelphi, Milano 1995.
Funari E. (a cura di), *Il doppio. Tra patologia e necessità*, Raffaello Cortina, Milano 1986.
–, *La conversazione. Fenomenologia della vita psichica*, Bollati Boringhieri, Torino 1993.
Furedi F., *Il nuovo conformismo. Troppa psicologia nella vita quotidiana* (2004), Feltrinelli, Milano 2005.
Furlan P. M., Picci R. L., *Alcol, alcolici, alcolismo*, Bollati Boringhieri, Torino 1990.
Fusaro D., *Coraggio*, Raffaello Cortina, Milano 2012.
–, *Il futuro è nostro. Filosofia dell'azione*, Bompiani, Milano 2014.
Fusillo M., *L'altro e lo stesso. Teoria e storia del doppio*, Mucchi Editore, Modena 2012.
Fusini N., *Uomini e donne. Una fratellanza inquieta*, Donzelli, Roma 1995.
Fyer A. J., Mannuzza S., Gallops M. S. (a cura di), *Familial transmission of simple phobias and fears. A preliminary report*, in "Archive of General Psychiatry", 1990, n. 47, pp. 252-256.

G

Gabassi P. G., *Psicologia, lavoro, organizzazione*, Franco Angeli, Milano 1995.
Gabassi P. G., Garzitto M. L., Perin G., *Psicologia e qualità. La qualità come pratica e come valore*, Raffaello Cortina, Milano 2005.
Gabbard G. O., *Introduzione alla psicoterapia psicodinamica* (2004), Raffaello Cortina, Milano 2005.
–, *Le psicoterapie. Teorie e modelli di intervento* (2009), Raffaello Cortina, Milano 2010.
–, *Psichiatria psicodinamica. Quinta edizione basata sul DSM-5* (2014), Raffaello Cortina, Milano 2015.
Gabbard G. O., Lester E. P., *Violazioni del setting* (1995), Raffaello Cortina, Milano 1999.

Gabbi L., Petruio V. U., *Coscienza. Storia e percorsi di un concetto*, Donzelli, Roma 2000.
Gabel J., *La falsa coscienza. Saggio sulla reificazione* (1962), Dedalo, Bari 1967.
Gabrielli F., *Le sindromi psicosomatiche*, in F. Giberti, R. Rossi, *Manuale di psichiatria*, Piccin, Padova 1983, pp. 155-194.
Gabrielli G., *Il neuromanagement*, in V. Russo, *Psicologia della comunicazione e neuroscienze*, Pearson, Milano 2017.
Gaburri E., *Dal gemello immaginario al compagno immaginario*, in E. Funari (a cura di), *Il doppio. Tra patologia e necessità*, Raffaello Cortina, Milano 1986.
– (a cura di), *Emozione e interpretazione. Psicoanalisi del campo emotivo*, Bollati Boringhieri, Torino 1993.
Gadamer H.-G., *Verità e metodo* (1960), Bompiani, Milano 1983.
–, *Il movimento fenomenologico* (1963), Laterza, Bari 1994.
–, *La ragione nell'età della scienza* (1976), il melangolo, Genova 1982.
–, *Verità e metodo 2* (1986-1993), Bompiani, Milano 1995.
–, *Dove si nasconde la salute* (1993), Raffaello Cortina, Milano 1994.
–, *Ermeneutica. Uno sguardo retrospettivo* (1995), Bompiani, Milano 2006.
Gadenne V., *La validità delle scienze psicologiche* (1976), Città Nuova, Roma 1987.
Gage F. H., *Brain, repair yourself*, in "Scientific American", 2003, n. 289, pp. 46-53.
Gagné R. M., *Problem solving*, in "Annual Review of Psychology", 1959, n. 10.
–, *Le condizioni dell'apprendimento* (1965), Armando, Roma 1973.
–, *Essentials of learning for instruction*, Dryden, Hillsdale, Illinois, 1974.
Gainotti G. (a cura di), *Struttura e patologia del linguaggio*, il Mulino, Bologna 1983.
Galanter M., *La terapia di rete per alcolisti e tossicodipendenti* (1993), Bollati Boringhieri, Torino 2001.
Galati D. (a cura di), *Le emozioni primarie*, Bollati Boringhieri, Torino 1993.
–, *Prospettive sulle emozioni e teorie del soggetto*, Bollati Boringhieri, Torino 2002.
Galeazzi A., *Uno strumento per l'assessment comportamentale. Il questionario di assertività di Rathus*, in "Bollettino di Psicologia Applicata", 1989, n. 190, pp. 3-12.
Galeno, Bacone R., Cardano G., *De senectute*, Utet, Torino 2004.
Galeotti G., *Storia dell'aborto*, il Mulino, Bologna 2003.
Galimberti F., *Corpo, gruppo, istituzione*, Franco Angeli, Milano 2000.
–, *Il rifiuto dell'Altro nell'anoressia*, Franco Angeli, Milano 2001.
–, *Il corpo e l'opera. Volontà di godimento e sublimazione*, Quodlibet, Macerata 2015.
Galimberti U., *Psichiatria e fenomenologia* (1979), nuova edizione ampliata, Feltrinelli, Milano 2017.
–, *Il corpo* (1983), nuova edizione ampliata, Feltrinelli, Milano 2013.
–, *La terra senza il male. Jung: dall'inconscio al simbolo* (1984), Feltrinelli, Milano 2013.
–, *Antropologia culturale*, in AA.VV., *Gli strumenti del sapere contemporaneo*, vol. I: *Le discipline*, Utet, Torino 1985, pp. 3-17.
–, *Cultura*, in AA.VV., *Gli strumenti del sapere contemporaneo*, vol. II: *I concetti*, cit., pp. 179-183.
–, *Festa*, in AA.VV., *Gli strumenti del sapere contemporaneo*, vol. II: *I concetti*, cit., pp. 314-317.
–, *Funzione*, in AA.VV., *Gli strumenti del sapere contemporaneo*, vol. II: *I concetti*, cit., pp. 133-135.
–, *Immagine*, in AA.VV., *Gli strumenti del sapere contemporaneo*, vol. II: *I concetti*, cit., pp. 379-383.
–, *Mito*, in AA.VV., *Gli strumenti del sapere contemporaneo*, vol. II: *I concetti*, cit., pp. 500-502.
–, *Morte*, in AA.VV., *Gli strumenti del sapere contemporaneo*, vol. II: *I concetti*, cit., pp. 531-534.
–, *Rito*, in AA.VV., *Gli strumenti del sapere contemporaneo*, vol. II: *I concetti*, cit., pp. 706-707.
–, *Scambio*, in AA.VV., *Gli strumenti del sapere contemporaneo*, vol. II: *I concetti*, cit., pp. 727-729.
–, *Simbolo*, in AA.VV., *Gli strumenti del sapere contemporaneo*, vol. II: *I concetti*, cit., pp. 748-751.
–, *Struttura*, in AA.VV., *Gli strumenti del sapere contemporaneo*, vol. II: *I concetti*, cit., pp. 834-836.
–, *Tabù*, in AA.VV., *Gli strumenti del sapere contemporaneo*, vol. II: *I concetti*, cit., pp. 834-835.
–, *Tipologia*, in AA.VV., *Gli strumenti del sapere contemporaneo*, vol. II: *I concetti*, cit., pp. 877-881.
–, *Totem*, in AA.VV., *Gli strumenti del sapere contemporaneo*, vol. II: *I concetti*, cit., pp. 886-888.
–, *Gli equivoci dell'anima* (1987), Feltrinelli, Milano 2001.
–, *Enciclopedia di psicologia*, Garzanti, Milano 1999.
–, *Psiche e techne. L'uomo nell'età della tecnica* (1999), Feltrinelli, Milano 2016.
–, *Orme del sacro. Il cristianesimo e la desacralizzazione del sacro*, Feltrinelli, Milano 2000.
–, *I vizi capitali e i nuovi vizi* (2003), Feltrinelli, Milano 2015.

–, *Le cose dell'amore* (2004), Feltrinelli, Milano 2013.
–, *La casa di psiche. Dalla psicoanalisi alla pratica filosofica* (2005), Feltrinelli, Milano 2012.
–, *L'ospite inquietante. Il nichilismo e i giovani* (2007), Feltrinelli, Milano 2014.
–, *I miti del nostro tempo* (2009), Feltrinelli, Milano 2014.
–, *Riprendiamoci il gusto*, in AA.VV., *Gusto*, Food Editore, Parma 2011, pp. 9-15.
Galimberti U., Perissinotto L., Rossi A., *Tra il dire e il fare. Saggi e testimonianze sulla consulenza filosofica*, Mimesis, Milano-Udine 2011.
Gall F. J., *Considerazioni filosofiche sulle qualità morali e facoltà intellettuali* (1825), Marsilio, Venezia 1985.
–, *Sur les fonctions du cerveau et sur celles de chacune de ses parties*, Baillière, Paris 1822-1823.
Gall F. J., Spurzheim J. G., *Anatomie et physiologie du système nerveux en général et anatomie du cerveau en particulier, avec des observations sur la possibilité de reconnaître plusieurs dispositions intellectuelles et morales de l'homme et des animaux, par la configuration de leurs têtes*, F. Schoell, Paris 1810.
Gallese V., *La molteplicità condivisa. Dai neuroni specchio all'intersoggettività*, in S. Mistura (a cura di), *Autismo. L'umanità nascosta*, Einaudi, Torino 2006.
Gallese V., Fadiga L., Fogassi L., Rizzolatti G., *Action recognition in the premotor cortex*, in "Brain", 1996, n. 119, pp. 593-609.
Gallese V., Goldman A., *Mirror neurons and the simulation theory of mind-reading*, in "Trends in Cognitive Sciences", 1998, n. 12, pp. 493-501.
Gallese V., Guerra M., *Lo specchio empatico. Cinema e neuroscienze*, Raffaello Cortina, Milano 2015.
Gallese V., Keysers Ch., Rizzolatti G., *A unifying view of the basis of social cognition*, in "Trends in Cognitive Sciences", 2004, n. 8-9, pp. 396-403.
Gallese V., Migone P., Eagle M. N., *La simulazione incarnata. I neuroni specchio, le basi neurofisiologiche dell'intersoggettività e alcune implicazioni per la psicoanalisi*, in "Psicoterapia e Scienze Umane", 2006, XL, 3, pp. 543-580.
Galletti C., Battaglini P. P., Fattori P., *Parietal neurons encoding spatial locations in craniotopic coordinates*, in "Experimental Brain Research", 1993, n. 96, pp. 221-229.
Galli G., *Occidente misterioso. Baccanti, gnostici, streghe: i vinti della storia e la loro eredità*, Rizzoli, Milano 1987.
Galli I., *La teoria delle rappresentazioni sociali*, il Mulino, Bologna 2006.
Galli P. F. (a cura di), *Psicoterapia e scienze umane*, Feltrinelli, Milano 1973.
– (a cura di), *Osservazione psicoanalitica* (1992-1996), Bollati Boringhieri, Torino, voll. I-XXIV.
– (a cura di), *Preconscio e creatività*, Einaudi, Torino 1999.
Galliano W., *Analisi transazionale*, in AA.VV., *Psiche. Dizionario storico di psicologia, psichiatria, psicoanalisi, neuroscienze*, Einaudi, Torino 2006-2007, vol. I, pp. 66-71.
Gallino L., *Status*, in Id., *Dizionario di sociologia*, Utet, Torino 1978.
–, *Il lavoro non è una merce. Contro la flessibilità*, Laterza, Bari 2007.
Gallo E., Ruggiero V., *Il carcere in Europa*, Bertani, Verona 1983.
Gallo Barbisio C., Leopardo P., Mazzetti S., *L'aggressività materna*, Bollati Boringhieri, Torino 1993.
Gallwey W. T., Horton J., Hanzelik E., *Il Gioco Interiore nello Stress* (2009), Ultra-Lit Edizioni, Roma 2016.
Galperin P. J. (a cura di), *Probleme der Lerntheorie*, Volk und Wissen, Berlin 1972.
Galton F., *Hereditary genius*, Appleton, London 1869.
–, *Psychometric experiments*, in "Brain", 1879.
–, *Psychometric facts*, in "Nineteenth Century", 1879, n. V (25), pp. 425-433.
–, *Natural inheritance*, Macmillan, London 1889.
Galtung J., *Theories of conflict*, Alien & Unwin, London 1967.
–, *Guerra e pace*, in Ch. Wulf (a cura di), *Cosmo, corpo, cultura. Enciclopedia antropologica* (1997), Bruno Mondadori, Milano 2002, pp. 940-947.
–, *Violenza*, in Ch. Wulf (a cura di), *Cosmo, Corpo, Cultura. Enciclopedia antropologica*, cit., pp. 933-939.
Galzigna M., *La malattia morale. Alle origini della psichiatria moderna*, Marsilio, Venezia 1988.
– (a cura di), *La sfida dell'altro. Le scienze psichiche in una società multiculturale*, Marsilio, Venezia 1999.
Gambazzi G. P., *L'occhio e il suo inconscio*, Raffaello Cortina, Milano 1999.
Gambini P., *TCS-A. Test sul superamento dei Compiti di Sviluppo in Adolescenza. Sessualità, abilità cognitive e socio-relazionali e identità*, Erickson, Trento 2015.
Gambirasio L., *Danzando s'impara*, Erickson, Trento 2008.

Gambrill E. D., Richey C. A., *An assertion inventory for use in assessment and research*, in "Behavior Therapy", 1975, n. 6, pp. 550-561.
Ganascia J.-G., *L'intelligenza artificiale* (1993), il Saggiatore, Milano 1997.
Ganser S. J. M., *Über einen eigenartigen hysterischen Dammerzustand*, in "Archiv für Psychiatrie", 1898, n. 30.
Garaventa R., *Il suicidio nell'età del nichilismo*, Franco Angeli, Milano 1994.
–, *La noia. Esperienza del male metafisico o patologia dell'età del nichilismo?*, Bulzoni, Roma 1997.
Garber M., *Interessi truccati. Giochi di travestimento e angoscia culturale* (1992), Raffaello Cortina, Milano 1994.
García Badaracco J. E., *Psicoanalisi multifamiliare* (2000), Bollati Boringhieri, Torino 2004.
Gardet L., Lacombe O., *L'esperienza del Sé. Studio di mistica comparata*, Massimo, Milano 1988.
Gardini M., *Il libro della mano. Personalità e destino attraverso la chiromanzia*, Mondadori, Milano 1984.
Gardner H., *The shattered mind. The person after brain damage*, Kopf, New York 1975.
–, *Formae mentis. Saggio sulla pluralità dell'intelligenza* (1983), Feltrinelli, Milano 1987.
–, *La nuova scienza della mente. Storia della rivoluzione cognitiva* (1985), Feltrinelli, Milano 1988.
–, *Aprire le menti. La creatività e i dilemmi dell'educazione* (1989), Feltrinelli, Milano 1991.
–, *Educare al comprendere. Stereotipi infantili e apprendimento scolastico* (1991), Feltrinelli, Milano 1993.
–, *Intelligenze creative* (1993), Feltrinelli, Milano 1994.
–, *Intelligenze multiple* (1993), Anabasi, Milano 1994.
–, *Personalità egemoni. Anatomia dell'attitudine al comando* (1995), Feltrinelli, Milano 1995.
–, *Educazione e sviluppo della mente* (2003), Erickson, Trento 2005.
Gardou Ch., *Diversità, vulnerabilità e handicap. Per una nuova cultura della disabilità* (2005), Erickson, Trento 2007.
Garello E., *Mitofanie*, Todariana, Milano 1987.
Garfinkel H., *Agnese. Saggio sul transessualismo* (1967), Armando, Roma 2000.
Gargani A. G. (a cura di), *Crisi della ragione. Nuovi modelli nel rapporto tra sapere e attività umane*, Einaudi, Torino 1979.
–, *Lo stupore e il caso*, Laterza, Bari 1985.
Gargano M., *Il gioco e il tragico*, Edizioni Scientifiche Italiane, Napoli 1991.
Garin E., *Lo zodiaco della vita*, Laterza, Bari 1976.
Garland D., *Pena e società moderna. Uno studio di teoria sociale* (1990), il Saggiatore, Milano 1999.
–, *La cultura del controllo* (2001), il Saggiatore, Milano 2004.
Garnham A., *Understanding anaphora*, in A. W. Ellis, *Progress in the psychology of language*, Lawrence Erlbaum Associates, London 1987.
Garofalo Geymonat G., *Vendere e comprare sesso. Tra lavoro, piacere e prevaricazione*, il Mulino, Bologna 2014.
Garrison O. V., *Tantra. Lo yoga del sesso* (1964), Edizioni Mediterranee, Roma 1966.
Garrod S. C., *Incremental pragmatic interpretation versus occasional inferencing during fluent reading*, in G. Rickheit, H. Strohner, *Inferences in text processing*, Elsevier, Amsterdam 1985.
Garroni E., *Creatività*, in AA.VV., *Enciclopedia*, Einaudi, Torino 1978, vol. IV, pp. 25-99.
Garusi G. F., Selvestrel C., *La psicoterapia quale parte integrante dell'intervento medico sul malato neoplastico*, Azienda Ospedaliera, Verona 1996.
Garzonio M., *Teatro di terra, di acqua, di mani*, in M. I. Wuehl (a cura di), *Nella stanza dell'analista junghiano*, Vivarium, Milano 2002.
Gasca G., *Lo psicodramma gruppoanalitico*, Raffaello Cortina, Milano 2012.
Gasparotti R., *Filosofia dell'eros. L'uomo, l'animale erotico*, Bollati Boringhieri, Torino 2007.
Gasseau M., Gasca G., *Lo psicodramma junghiano*, Bollati Boringhieri, Torino 1991.
Gastaldo G., Ottobre M., *Il training autogeno in quattro stadi*, Armando, Roma 1995.
Gastaut H., *Dizionario dell'epilessia*, Il Pensiero Scientifico, Roma 1975.
Gaston A., *Follia*, in AA.VV., *Gli strumenti del sapere contemporaneo*, vol. II: *I concetti*, Utet, Torino 1985, pp. 523-524.
–, *Nevrosi*, in AA.VV., *Gli strumenti del sapere contemporaneo*, vol. II: *I concetti*, cit., pp. 554-556.
–, *Psichiatria*, in AA.VV., *Gli strumenti del sapere contemporaneo*, vol. I: *Le discipline*, cit., pp. 585-609.
–, *Psicopatologia*, in AA.VV., *Gli strumenti del sapere contemporaneo*, vol. II: *I concetti*, cit., pp. 655-659.
–, *Genealogia dell'alienazione*, Feltrinelli, Milano 1987.
–, *Il cammino del tempo nella psicologia: percepire, pensare, intuire*, in "Notiziario della Fondazione San Carlo", 1991, n. 352.
Gates R. R., *Heredity and eugenics*, Constable, London 1923.
–, *Human genetics*, Macmillan, New York 1946.

Gatti B., *L'anoressia mentale*, in A. A. Semi (a cura di), *Trattato di psicoanalisi*, vol. II: *Clinica*, Raffaello Cortina, Milano 1988-1989, pp. 579-618.
Gattullo M., *Didattica e docimologia*, Armando, Roma 1968.
Gauchet M., *L'inconscio cerebrale* (1992), il melangolo, Genova 1994.
Gava G., *Mente versus corpo*, Liviana, Padova 1977.
–, *La conoscenza della mente. Dalle molecole al cervello. Per un approccio interdisciplinare*, Bertani, Verona 1980.
Gay W. I., *Methods of animal experimentation*, Academic Press, New York 1968.
Gazzaniga M. S., Mangun G. R., Ivry R. B., *Neuroscienze cognitive* (2013), Raffaello Cortina, Milano 2015.
Gebauer G., *Gioco*, in Ch. Wulf (a cura di), *Cosmo, corpo, cultura. Enciclopedia antropologica* (1997), Bruno Mondadori, Milano 2002, pp. 1063-1074.
–, *Mano*, in Ch. Wulf (a cura di), *Cosmo, corpo, cultura. Enciclopedia antropologica*, cit., pp. 984-994.
–, *Movimento*, in Ch. Wulf (a cura di), *Cosmo, corpo, cultura. Enciclopedia antropologica*, cit., pp. 507-522.
Gebsattel V. E. von, *Prolegomena einer medizinischen Anthropologie*, Springer, Berlin 1954.
–, *Imago hominis. Beiträge zu einer personalen Anthropologie*, Otto Müller, Salzburg 1964.
Geckeler H., *La semantica strutturale* (1971), Bollati Boringhieri, Torino 1979.
Gedda L., *Psicologia della società intrageminale*, in "Rivista di Psicologia", 1948, n. 4.
–, *Studio dei gemelli*, Armando, Roma 1951.
Gedo J. E., Goldberg A., *Modelli della mente* (1973), Astrolabio, Roma 1975.
Gehlen A., *L'uomo. La sua natura e il suo posto nel mondo* (1940), Feltrinelli, Milano 1983.
–, *Un'immagine dell'uomo* (1941), in Id., *Antropologia filosofica e teoria dell'azione* (1951-1975), Guida, Napoli 1990.
–, *Antropologia filosofica e teoria dell'azione* (1951-1975), Guida, Napoli 1990.
–, *Le origini dell'uomo e la tarda cultura* (1956), il Saggiatore, Milano 1994.
–, *L'uomo nell'era della tecnica* (1957), Sugarco, Milano 1984.
Gelb A., Goldstein K., *Psychologische Analysen hirnpathologischer Fälle auf Grund von Untersuchungen Hirnverletzter*, in "Zeitschrift für Psychologie und Physiologie der Sinnesorgane", 1920, n. 83.
Gelb I. J., *Teoria generale e storia della scrittura. Fondamenti della grammatologia* (1963), Egea, Milano 1993.
Gell A., *Metamorphosis of the Cassowaries. Umeda society, language and ritual*, Athlone, London 1975.
Gellhorn E., *Principles of autonomic-somatic integrations. Physiological basis and psychological and clinical implications*, University Press, Minneapolis 1967.
Gemelli A., *Introduzione alla psicologia*, Vita e Pensiero, Milano 1952.
Genco A., *Educazione nuova e non direttività*, La Scuola, Brescia 1977.
Gennari M., *Filosofia della formazione dell'uomo*, Bompiani, Milano 2001.
Gennaro A., *Introduzione alla psicologia della personalità*, il Mulino, Bologna 2004.
Genovese C. (a cura di), *Setting e processo psicoanalitico. Saggi sulla teoria della tecnica*, Raffaello Cortina, Milano 1988.
Genovesi A., *Nuove frontiere della nutrizione clinica*, in A. Costa, C. Pedrolli (a cura di), *Atti del Convegno 13-14 settembre 2007*, testo a stampa a cura della Regione Autonoma Trentino-Alto Adige, Trento 2008.
Genovesi G., *Il gioco*, Le Monnier, Firenze 1976.
Gentile G., *Sommario di pedagogia come scienza filosofica* (1913), Sansoni, Firenze 1934.
Gentile R., *Il potere senza volto. Un contributo psicologico allo studio dell'angoscia sociale*, Franco Angeli, Milano 1995.
Gentner D., *Structure-mapping. A theoretical framework for analogy*, in "Cognitive Science", 1983, n. 7.
Gerard R. W., Marshall W. H., Saul L. J., *Cerebral action potentials*, in "Proceedings of the Society of Experimental Biology and Medicine", 1933, n. 30, p. 1123.
Gerbino W., *La percezione*, il Mulino, Bologna 1983.
Geretto M., Martin A., *Teologia della follia*, Mimesis, Milano-Udine 2013.
Gergen K. J., *The concept of self*, Holt, Rinehart & Winston, New York 1971.
–, *Towards transformation in social knowledge*, Springer, New York 1982.
Gergen K. J., Gergen M. M., *Psicologia sociale* (1986), il Mulino, Bologna 1990.
Gerstmann J., *Reine taktile Agnosie*, in "Monatsschrift für Psychiatrie und Neurologie", 1918, n. 44.
–, *Some notes on the Gerstmann Syndrome*, in "Neurology", 1957, n. 7.
Gesell A., Thompson H., *Twins T and C from infancy to adolescence. A biogenetic study of individual differences by the method of co-twin control*, in "Genetic Psychology Monographs", 1941, n. 24.
Gessa G. L., *Cocaina*, Rubbettino, Soveria Mannelli 2008.

Getzels J. W., Jackson Ph. W., *Creativity and intelligence*, Wiley, New York 1962.
Geymonat L., *Il concetto di probabilità*, in D. Costantini, L. Geymonat, *Filosofia della probabilità*, Feltrinelli, Milano 1982.
–, *La libertà*, Rusconi, Milano 1988.
Gherardi S., *Il genere e le organizzazioni. Il simbolismo del femminile e del maschile nella vita organizzativa*, Raffaello Cortina, Milano 1998.
Ghezzani N., *Passioni psicotiche. Progetti oppositivi e crisi di identità*, Melusina, Roma 1998.
Ghisu S., *Storia dell'indifferenza. Geometria della distanza dai presocratici a Musil*, Besa Editrice, Nardò 2006.
Giachetti R., *Il bacio*, Idealibri, Milano 1984.
Giacobini G., *Encefalizzazione*, in AA.VV., *Gli strumenti del sapere contemporaneo*, vol. II: *I concetti*, Utet, Torino 1985, pp. 249-251.
Giacomini B., *In cambio di nulla. Figure del dono*, Il Poligrafo, Padova 2006.
Giaconia G., *Problemi di tecnica nel trattamento degli adolescenti*, in A. A. Semi (a cura di), *Trattato di psicoanalisi*, vol. I: *Teoria e tecnica*, Raffaello Cortina, Milano 1988-1989, pp. 723-768.
–, *Adolescenza. Mutamenti e patologia*, in A. A. Semi (a cura di), *Trattato di psicoanalisi*, vol. II: *Clinica*, cit., pp. 873-924.
Giaconia G., Racalbuto A. (a cura di), *I percorsi del simbolo. Teoria e clinica psicoanalitica*, Raffaello Cortina, Milano 1990.
Giambelluca F. C., Parisi S., Pes P., *Interpretazione psicoanalitica del Rorschach. Modello dinamico-strutturale*, Edizioni Kappa, Roma 1995.
Giamblico, *I misteri egiziani*, Bompiani, Milano 2013.
Giammancheri E., Peretti M., *L'educazione morale*, La Scuola, Brescia 1978.
Gianformaggio L., *Retorica*, in AA.VV., *Gli strumenti del sapere contemporaneo*, vol. I: *Le discipline*, Utet, Torino 1985, pp. 636-650.
Giani Gallino T. (a cura di), *Il complesso di Laio. I rapporti familiari nei disegni dei ragazzi*, Einaudi, Torino 1977.
– (a cura di), *Le Grandi Madri*, Feltrinelli, Milano 1989.
–, *Il bambino e i suoi doppi. L'ombra e i compagni immaginari nello sviluppo del Sé*, Bollati Boringhieri, Torino 1993.
–, *Luoghi di attaccamento. Identità ambientale, processi affettivi e memoria*, Raffaello Cortina, Milano 2007.
Giannetto A., Cosentino N., *La violenza che uccide. Per una comprensione della psiche e dell'internamento del folle-reo*, Aracne Editrice, Roma 2010.
Giannichedda M. G., *Corpo*, in M. Flores (a cura di), *Diritti umani. Cultura dei diritti e dignità della persona nell'epoca della globalizzazione*, Utet, Torino 2007, vol. I, pp. 203-209.
Giannini A. M., Sgalla R. (a cura di), *Giovani e legalità*, il Mulino, Bologna 2011.
Giannini G., *La nozione di esperienza. Implicazioni filosofiche ed esistenziali*, Città Nuova, Roma 1987.
Giannini M., Gori A., Pannocchia L., Schimmenti A., Caretti V., *Principi di psicometria clinica*, Raffaello Cortina, Milano 2014.
Giberti F., *Equivalenti depressivi e depressioni marginali*, in "Relazioni clinico-scientifiche", 1966, n. 93.
–, *Le sindromi distimiche*, in F. Giberti, R. Rossi, *Manuale di psichiatria*, Piccin, Padova 1983, pp. 245-272.
–, *Le sindromi schizofreniche*, in F. Giberti, R. Rossi, *Manuale di psichiatria*, cit., pp. 273-300.
Giberti F., Rossi R., *Manuale di psichiatria*, Piccin, Padova 1983.
Giberti F., Rossi R., Baconcini C., *Le terapie somatiche in psichiatria*, in F. Giberti, R. Rossi, *Manuale di psichiatria*, cit., pp. 335-372.
Gibson J. J., *The perception of the visual world*, Houghton Mifflin, Boston 1950.
–, *Un approccio ecologico alla percezione visiva* (1979), il Mulino, Bologna 1999.
Giddens A., Offe C., Touraine A., Ceri P., *Ecologia politica*, Feltrinelli, Milano 1987.
Giegerich W., *La vita logica dell'anima*, Vivarium, Milano 2008.
Giese W. O. F., *Berufspsychologie und Arbeitsschule*, Barth, München 1921.
Gigerenzer G., *Decisioni intuitive* (2007), Raffaello Cortina, Milano 2009.
–, *Imparare a rischiare. Come prendere decisioni giuste* (2014), Raffaello Cortina, Milano 2015.
Gil F., *Conoscenza*, in AA.VV., *Enciclopedia*, Einaudi, Torino 1978, vol. III, pp. 778-805.
–, *Insegnamento*, in AA.VV., *Enciclopedia*, cit., 1979, vol. VII, pp. 710-743.
–, *Responsabilità*, in AA.VV., *Enciclopedia*, cit., 1980, vol. XI, pp. 1014-1026.
Gilbert P., *Social mentalities. Internal "social" conflicts and the role of inner warmth and compassion in cognitive therapy*, in P. Gilbert, K. G. Bailey (a cura di), *Genes on the couch. Explorations in evolutionary psychotherapy*, Psychology Press, Hove 2000.
Gilbert P., Petrosino S., *Il dono*, il melangolo, Genova 2001.

Gilhooly K. J., *Thinking. Directed, undirected and creative*, Academic Press, London 1982.
Gill M. M., Brenman M., *Hypnosis and related states*, International Universities Press, New York 1961.
Gillies D. A., *Intelligenza artificiale e metodo scientifico* (1996), Raffaello Cortina, Milano 1998.
Gilligan C., *Con voce di donna. Etica e formazione della personalità* (1982), Feltrinelli, Milano 1987.
Gini C., *La logica nella statistica*, Bollati Boringhieri, Torino 1962.
Ginzburg C., *Miti, emblemi, spie*, Einaudi, Torino 1986.
–, *Occhiacci di legno. Nove riflessioni sulla distanza*, Feltrinelli, Milano 1998.
Gioffrè D. (a cura di), *Il dolore superfluo. Da ridurre, da controllare, da "curare"*, Erickson, Trento 2008.
Giommi F., *Saggio introduttivo* a Z. V. Segal, J. M. G. Williams, J. D. Teasdale, *Mindfulness. Al di là del pensiero, attraverso il pensiero* (2002), Bollati Boringhieri, Torino 2006.
Giommi R., *Sesso under 18*, Sperling & Kupfer, Milano 2010.
Giorello G., *Il tradimento. In politica, in amore e non solo*, Longanesi, Milano 2012.
Giorello G., Veronesi U., *La libertà della vita*, Raffaello Cortina, Milano 2006.
Giorgi G., Majer V., *Mobbing. Virus organizzativo. Prevenire e contrastare il mobbing e i comportamenti negativi sul lavoro*, Giunti, Firenze 2009.
Giorgi P., *La violenza inevitabile: una menzogna moderna. Origini culturali della violenza e della guerra*, Jaca Book, Milano 2008.
Giorgi P. L., Rätsch I.-M., *Il bambino con enuresi*, Il Pensiero Scientifico, Roma 1996.
Giovanelli G., Mucciarelli G., *Lo studio psicologico del tempo*, Cappelli, Bologna 1978.
Giovanni Evangelista, *Vangelo*, in *Biblia Sacra*, Marietti, Torino 1959.
Girard G., *Società conformista e individuo*, Franco Angeli, Milano 1980.
–, *Simulazione e identità debole*, Tirrenia Stampatori, Torino 1990.
–, *Omosessualità paradigma di emancipazione?*, Ananke, Torino 2007.
–, *Monos. Liberare la morte dalla paura. Viaggio ai dintorni del nichilismo e dell'eterno*, Rubbettino, Soveria Mannelli 2015.
Girard G., De Andrea P., Palumbo C., Pertusati L., *Espressioni del disagio. Latenze e latitanze di realtà negli itinerari della ricerca sul soggetto della società di massa*, Tirrenia Stampatori, Torino 1992.
Girard G., Vecchiato T., *Per una teoria debole della soggettività*, Tirrenia Stampatori, Torino 1988.
Girard R., *Menzogna romantica e verità romanzesca. Le mediazioni del desiderio nella letteratura e nella vita* (1961), Bompiani, Milano 1965.
–, *La violenza e il sacro* (1972), Adelphi, Milano 1980.
–, *Il capro espiatorio* (1982), Adelphi, Milano 1987.
–, *Il risentimento. Lo scacco del desiderio nell'uomo contemporaneo* (1996), Raffaello Cortina, Milano 1999.
–, *Vedo Satana cadere come una folgore* (1999), Adelphi, Milano 2000.
–, *Origine della cultura e fine della storia* (2002), Raffaello Cortina, Milano 2003.
–, *Il sacrificio* (2003), Raffaello Cortina, Milano 2004.
Gironde S., *La neuroeconomia. Come il cervello fa i nostri interessi*, il Mulino, Bologna 2010.
Girotti G., *I fondamenti fisiologici dell'attività psichica*, in L. Ancona (a cura di), *Nuove questioni di psicologia*, La Scuola, Brescia 1972, vol. II, pp. 747-868.
Girotto V., *Il ragionamento*, il Mulino, Bologna 1994.
Girotto V., Legrenzi P. (a cura di), *Psicologia del pensiero*, il Mulino, Bologna 1999.
Gislon M. C., *Il colloquio clinico e la diagnosi differenziale*, Bollati Boringhieri, Torino 1988.
–, *Adolescenza e discontinuità*, Bollati Boringhieri, Torino 1993.
Gison G., Bonifacio A., Minghelli E., *Autismo e psicomotricità. Strumenti e prove di efficacia nell'intervento neuro e psicomotorio precoce*, Erickson, Trento 2012.
Gitelson M., *La posizione emotiva dell'analista nella situazione psicoanalitica* (1952), in Id., *Psicoanalisi: scienza e professione*, Bollati Boringhieri, Torino 1980.
Giuliani A., *Imputation et justification*, in "Archives de Philosophie du Droit", 1977, n. XXII.
Giuliani M. V., *Towards an analysis of mental representations of attachment to the home*, in "The Journal of Architectural and Planning Research", 1991, n. 8.
Giuliano G., *Diritti dei gay e delle lesbiche*, in M. Flores (a cura di), *Diritti umani. Cultura dei diritti e dignità della persona nell'epoca della globalizzazione*, Utet, Torino 2007, vol. I, pp. 340-344.
Giulio L., *Riflesso*, in AA.VV., *Gli strumenti del sapere contemporaneo*, vol. II: *I concetti*, Utet, Torino 1985, pp. 704-705.

Gius E., Moreli R., Tosetti C., *Il sacro. Antropoanalisi, psicosomatica, comunicazione*, Riza, Milano 1983.
Gius E., Zamperini A., *Etica e psicologia. Percorsi per una ricerca psicosociale*, Raffaello Cortina, Milano 1995.
–, *La relazione di coppia. Percezione di causalità e attribuzione di responsabilità*, Franco Angeli, Milano 1995.
Giusti E., *Psicoterapie: denominatori comuni. Epistemologia della clinica qualitativa*, Franco Angeli, Milano 1997.
Givone S., *Estetica*, in AA.VV., *Gli strumenti del sapere contemporaneo*, vol. I: *Le discipline*, Utet, Torino 1985, pp. 259-271.
–, *Disincanto del mondo e pensiero tragico*, il Saggiatore, Milano 1988.
–, *Storia del nulla*, Laterza, Bari 1995.
Glatt M. M., *I fenomeni di dipendenza. Guida alla conoscenza e al trattamento. Farmaci, società e individuo* (1974), Feltrinelli, Milano 1979.
Glees P., *Il cervello umano. Evoluzione, struttura e funzionamento* (1968), Feltrinelli, Milano 1978.
Gleeson K., *Come organizzarsi per svolgere più lavoro in meno tempo* (1993), Franco Angeli, Milano 1995.
Gliozzi G., *Il mito del buon selvaggio nella storiografia tra Ottocento e Novecento*, in "Rivista di filosofia", 1967, n. 58.
Glover E., *The significance of the mouth in psycho-analysis*, in "British Journal of Medical Psychology", 1924, vol. 4.
–, *I fondamenti teorici e clinici della psicoanalisi* (1939), Astrolabio, Roma 1970.
–, *La psicoanalisi* (1949), Feltrinelli, Milano 1975.
–, *Freud o Jung?* (1950), Sugarco, Milano 1978.
–, *La tecnica della psicoanalisi* (1954), Astrolabio, Roma 1971.
Gluckman M., *Il rituale nei rapporti sociali* (1962), Officina, Roma 1972.
–, *Order and rebellion in tribal Africa*, Cohen & West, London 1963.
Glucksmann A., *Il discorso della guerra* (1968), Feltrinelli, Milano 1969.
Gnocchi C. *et al.*, *Il dolore innocente*, Ancora, Milano 1999.
Gnoli A., Volpi F., *Il Dio degli acidi. Conversazioni con Albert Hofmann*, Bompiani, Milano 2003.
Gobbi L., *Lessico della gioia*, Servitium, Sotto il Monte 2008.
Gobbo C., Morra S., *Lo sviluppo mentale. Prospettive neopiagetiane*, il Mulino, Bologna 1997.
Goblot E., *La barrière et le niveau*, Alcan, Paris 1925.
Godbout J. T., *Lo spirito del dono* (1993), Bollati Boringhieri, Torino 2002.
–, *Il linguaggio del dono* (1995), Bollati Boringhieri, Torino 1998.
Goethe J. W., *La teoria dei colori* (1808), il Saggiatore, Milano 1981.
Goffi J.-Y., *Pensare l'eutanasia* (2004), Einaudi, Torino 2006.
Goffman E., *La vita quotidiana come rappresentazione* (1959), il Mulino, Bologna 1969.
–, *Asylums* (1961), Einaudi, Torino 1968.
–, *Espressione e identità* (1961), Mondadori, Milano 1979.
–, *Stigma. L'identità negata* (1965), Laterza, Bari 1970.
–, *Il rituale dell'interazione* (1967), il Mulino, Bologna 1988.
–, *Modelli di interazione* (1967-1969), il Mulino, Bologna 1971.
–, *Relazioni in pubblico* (1971), Raffaello Cortina, Milano 2008.
Goldberg A., *Perversione e perversioni* (1995), Bollati Boringhieri, Torino 1998.
–, *Omogenitorialità. Famiglie con genitori gay o lesbiche. Studi e ricerche*, Erickson, Trento 2015.
Goldberg D., Huxley P., *Disturbi emotivi comuni. Un approccio bio-sociale* (1992), Il Pensiero Scientifico, Roma 1993.
Goldberg J., *La colpa. Un assioma della psicoanalisi* (1985), Feltrinelli, Milano 1988.
Goldberg J. F., Harrow M. (a cura di), *I disturbi bipolari. Decorso clinico e outcome* (1997), Raffaello Cortina, Milano 2000.
Goldfarb L. A., Brotherson M. J., Summers J. A., Turnbull A. P., *La sfida dell'handicap e della malattia cronica* (1998), Erickson, Trento 2000.
Goldman H., *Test VCAA. Valutazione della Comunicazione Aumentativa e Alternativa* (2003), Erickson, Trento 2006.
Goldsmith E., Allen R., *La morte ecologica* (1972), Laterza, Bari 1972.
Goldstein A., *Meaning reference and theory-change*, Ph.D. Dissertation, University of Michigan, Ann Arbor, Michigan, 1978.
Goldstein A., Glick B., *Stop all'aggressività. Trattamento e prevenzione della violenza minorile* (1987), Erickson, Trento 1990.
Goldstein J., Kornfield J., *Cuore della saggezza. Esercizi di meditazione* (1987), Astrolabio, Roma 1988.
Goldstein J. H., McGhee P. E., *La psicologia dello humour* (1972), Franco Angeli, Milano 1976.
Goldstein K., *L'analyse de l'aphasie et l'étude de l'essence du langage*, in "Journal de Psychologie", 1933.
–, *Der Aufbau des Organismus*, Nijhoff, Den Haag 1934.

Goldstein K., Scheerer M., *Abstract and concrete behavior. An experimental study with special test*, in "Psychological Monographs", 1953, n. 239.

–, *Abstraktes und konkretes Verhalten*, in C. F. Graumann (a cura di), *Denken*, Kiepenheuer & Witsch, Köln-Berlin 1965.

Goldwurm G. F., Sacchi D., Scarlato A., *Le tecniche di rilassamento nella terapia comportamentale*, Franco Angeli, Milano 2003.

Goleman D., *The varieties of meditative experience*, Ryder, London 1977.

–, *Intelligenza emotiva* (1995), Rizzoli, Milano 1996.

–, *Intelligenza sociale ed emotiva nell'educazione e nel lavoro* (2012), Erickson, Trento 2014.

Goleman D., Boyatzis R., McKee A., *Primal leadership*, Harvard Business School, Boston 2002.

Golse B., *L'essere-bebè* (2006), Raffaello Cortina, Milano 2008.

Gombrich E. H., *Arte e illusione* (1960), Einaudi, Torino 1976.

–, *Freud e la psicologia dell'arte. Stile, forma e struttura alla luce della psicoanalisi* (1965), Einaudi, Torino 1967.

–, *L'immagine e l'occhio* (1982), Einaudi, Torino 1985.

–, *Custodi della memoria* (1984), Feltrinelli, Milano 1985.

Gombrowicz W., *Pornografia* (1960), Feltrinelli, Milano 2005.

Gomila J., *Desiderio*, in AA.VV., *Enciclopedia*, Einaudi, Torino 1978, vol. IV, pp. 572-599.

Gonzo M., Mosconi A., Tirelli M. (a cura di), *L'intervista nei servizi sociosanitari*, Raffaello Cortina, Milano 1999.

Good B. J., *Narrare la malattia. Lo sguardo antropologico sul rapporto medico-paziente* (1994), Edizioni di Comunità, Torino 1994.

Goodenough F., *Measurement of intelligence by drawings*, World Book, Yonkers, New York, 1926.

Goodman N., *Fatti, ipotesi e previsioni* (1983), Laterza, Bari 1985.

Goodman P., *Individuo e comunità* (1966), Elèuthera, Milano 1995.

–, *La società vuota* (1968), Rizzoli, Milano 1970.

Goodwin F. K., Jamison K. R., *Maniac-depressive illness*, Oxford University Press, New York 1990.

Goodworth C. T., *Effective interviewing for employment selection*, Business Books, London 1979.

Gopher D., *Compiti doppi*, in M. W. Eysenck (a cura di), *Dizionario di psicologia cognitiva* (1990), Laterza, Bari 1994, pp. 47-56.

Gopnik A., Meltzoff A. N., *Costruire il mondo* (1997), McGraw-Hill, Milano 1999.

Gordon I. E., *Theories of visual perception*, Wiley, Chichester 1989.

Gordon N., McKinlay I. (a cura di), *Helping clumsy children*, Churchill Livingstone, Edinburgh 1980.

Gordon R. A., *Anoressia e bulimia. Anatomia di un'epidemia sociale* (1990), Raffaello Cortina, Milano 2004.

Görlich B., *Angoscia*, in Ch. Wulf (a cura di), *Cosmo, corpo, cultura. Enciclopedia antropologica* (1997), Bruno Mondadori, Milano 2002, pp. 892-902.

Gorman B. S., Wessman A. E. (a cura di), *Personal experience of time*, Plenum Press, New York 1977.

Gorz A., *Fondements pour une morale*, Galilée, Paris 1977.

–, *Metamorfosi del lavoro. Critica della ragione economica* (1988), Bollati Boringhieri, Torino 1992.

Goshen Ch. E., *Mental retardation and neurotic maternal attitudes*, in "Archives of General Psychiatry", 1963, n. 9.

Gottesman I. I., Bertelsen A., *Confirming unexpressed genotypes for schizophrenia. Risk in the offspring of Fischer's Danish identical and fraternal discordant twins*, in "Archives of General Psychiatry", 1989, n. 26, pp. 867-872.

Gottesman I. I., Shields J., *Schizophrenia. The epigenetic puzzle*, Cambridge University Press, Cambridge 1982.

Gottschaldt K., *Die Methodik der Persönlichkeitsforschung in der Erbpsychologie*, Barth, Leipzig 1942.

Gough H. G., *The Adjective Check List as a personality assessment research technique*, in "Psychological Report", 1960, n. 6, pp. 107-122.

Gough H. G., Morino Abbele F., *Una edizione italiana dell'Adjective Check List*, in "Bollettino di Psicologia Applicata", 1967, nn. 79-82, pp. 3-28.

Gough K., *The origin of the family*, in R. R. Reiter (a cura di), *Toward an anthropology of women*, Monthly Review Press, New York 1975.

Gould S. J., *La freccia del tempo, il ciclo del tempo. Mito e metafora nella scoperta del tempo geologico* (1987), Feltrinelli, Milano 1989.

–, *Intelligenza e pregiudizio. Contro i fondamenti scientifici del razzismo* (1996), il Saggiatore, Milano 1998.

–, *La struttura della teoria dell'evoluzione* (2002), Codice, Torino 2003.

Goulding M. M., Goulding R. L., *Il cambiamento di vita nella terapia ridecisionale*, Astrolabio, Roma 1983.

Govier T., *A study of argument*, Wadsworth, Belmont, California, 1985.
Gozzano S., *Storia e teorie dell'intenzionalità*, Laterza, Bari 1997.
–, *La teoria della mente*, in "Sistemi intelligenti", 2001, a. XIII, n. 1.
Gozzelino M. P. S., *Sensazioni come se...*, Edizioni Ipsa, Palermo 1997.
–, *Così parlò Hahnemann*, Edizioni Liberodiscrivere, Genova 2010.
Gozzetti G., *La tristezza vitale. Psicopatologia e fenomenologia della melancolia*, Marsilio, Venezia 1996.
–, *Lo stato d'animo delirante (Wahnstimmung)*, in A. Ballerini, B. Callieri (a cura di), *Breviario di psicopatologia. La dimensione umana della sofferenza mentale*, Feltrinelli, Milano 1996.
Gozzetti G., Cappellari L., Ballerini A., *Psicopatologia fenomenologica della psicosi. Sul senso dell'incontro con l'esperienza psicotica*, Raffaello Cortina, Milano 1999.
Gozzini G., *Migrazioni, profughi, rifugiati*, in M. Flores (a cura di), *Diritti umani. Cultura dei diritti e dignità della persona nell'epoca della globalizzazione*, Utet, Torino 2007, *Atlante*, vol. I: *I soggetti e i temi*, pp. 358-393.
–, *Multiculturalismo*, in M. Flores (a cura di), *Diritti umani*, cit., vol. II, pp. 938-941.
Gozzoli C., Regalia C., *Migrazioni e famiglie. Percorsi, legami e interventi psicosociali*, il Mulino, Bologna 2005.
Gradara E., *La rappresentazione grafica dei fenomeni statistici*, Einaudi, Torino 1959.
Graesser A. C., Nakamura G. V., *The impact of a schema on comprehension and memory*, in G. H. Bower, *The psychology of learning and motivation. Advances in research and theory*, Academic Press, New York 1982, vol. XVI.
Graf O., *Erforschung der geistigen Ermüdung und nervösen Belastung*, Westdeutscher Verlag, Opladen-Köln 1955.
Graham A. Ch., *La ricerca del Tao. Il dibattito filosofico nella Cina classica*, Neri Pozza, Vicenza 1999.
Gramiccia R., *La strage degli innocenti. Terza età: anatomia di un omicidio sociale*, Ediesse, Roma 2013.
Granata G., *Le basi della psichiatria omeopatica e i disturbi mentali ed emotivi. Un approccio medico unitario*, Red Edizioni, Como 1986.
–, *Omeopatia in pediatria*, Raffaello Cortina, Milano 1989.
Grandi E., *Costruire la storia di vita con la persona con demenza. Attività pratiche per la stimolazione delle funzioni cognitive residuali*, Erickson, Trento 2016.
Grandi G., *Misurazione e valutazione*, La Nuova Italia, Firenze 1977.
Grandin T., Panek R., *Il cervello autistico* (2013), Adelphi, Milano 2014.
Grandjean É., *Il lavoro a misura d'uomo. Trattato di ergonomia* (1979), Edizioni di Comunità, Milano 1986.
Granieri A. (a cura di), *I test di personalità. Quantità e qualità*, Utet Libreria, Torino 2010.
Granone F., *L'ipnotismo come fenomeno biologico, mezzo d'indagine e strumento terapeutico*, Bollati Boringhieri 1962.
–, *Trattato di ipnosi*, Utet, Torino 1989.
Grant J. H., *Pornography*, in "Medicine, Science and the Law", 1973, n. 13.
Grassi E., *Potenza dell'immagine. Rivalutazione della retorica* (1970), Guerini & Associati, Milano 1989.
Grassi L. (a cura di), *Il disagio psichico in oncologia*, Spazio Libri, Ferrara 1993.
Grassi L., Biondi M., Costantini A., *Manuale pratico di psico-oncologia*, Pensiero Scientifico, Roma 2003.
Grasso M., *La relazione terapeutica. Percorsi di intervento in psicologia clinica*, il Mulino, Bologna 2010.
Gray J., *Animal locomotion*, Weidenfeld & Nicolson, London 1968.
Gray W., Duhl F. J., Rizzo N. D. (a cura di), *Teoria generale dei sistemi e psichiatria* (1969), Feltrinelli, Milano 1978.
Graziano M. S. A., Yap G. S., Gross Ch. G., *Coding of visual space by premotor neurons*, in "Science", 1994, n. 266, pp. 1054-1057.
Graziottin A., Chiozza M. L., *L'enuresi vista con gli occhi dei bambini. Un problema negato*, Il Pensiero Scientifico, Roma 1997.
Grazzani Gavazzi I., *Psicologia dello sviluppo emotivo*, il Mulino, Bologna 2010.
Green A., *Il discorso vivente* (1973) Astrolabio, Roma 1974.
–, *La pulsione negli scritti terminali di Freud* (1987), in Id., *Propedeutica. Metapsicologia rivisitata*, Borla, Roma 2001.
–, *La clinica psicoanalitica contemporanea. Una prospettiva nuova per la psicoanalisi del futuro* (2015), Raffaello Cortina, Milano 2016.
Green C. E., *Out-of-the-body experiences*, Institute for Psychophysical Research, Oxford 1968.
Green J., *Essere un altro* (1947), Mondadori, Milano 1951.
Green P. E., Frank R. E., *Introduzione alle ricerche di marketing* (1967), Isedi, Milano 1973.
Green R., Money J., *Transsexualism and sex reassignment*, Johns Hopkins University Press, Baltimore 1969.
Greenacre Ph., *Trauma, crescita e personalità* (1984), Raffaello Cortina, Milano 1986.
Greenberg G., *Storia segreta del male oscuro* (2010), Bollati Boringhieri, Torino 2011.

Greenberg I. A. (a cura di), *Psychodrama. Theory and therapy*, Behavioral Publications, New York 1974.
Greenberg J. R., Mitchell S. A., *Le relazioni oggettuali nella teoria psicoanalitica* (1983), il Mulino, Bologna 1986.
Greene J., *Il linguaggio. Basi biologiche, apprendimento e comunicazione verbale* (1976), Mondadori, Milano 1979.
Greene L., *La relazione interpersonale. Guida astrologica a vivere con gli altri su un piccolo pianeta* (1978), Astrolabio, Roma 1989.
Greene R. L., *Sources of recency effects in free recall*, in "Psychological Bulletin", 1986, n. 99, pp. 221-228.
Greenson R. R., *La noia* (1953), in Id., *Esplorazioni psicoanalitiche* (1978), Bollati Boringhieri, Torino 1984.
–, *L'indirizzo psicoanalitico classico*, in S. Arieti (a cura di), *Manuale di psichiatria* (1959-1966), Bollati Boringhieri, Torino 1969-1970, vol. II, pp. 1503-1521.
–, *Zum Problem der Empathie*, in "Psyche", 1961-1962, n. 15.
–, *Tecnica e pratica psicoanalitica* (1967), Feltrinelli, Milano 1974.
Gregory R. L., *Curiose percezioni* (1964), il Mulino, Bologna 1989.
–, *Occhio e cervello. La psicologia del vedere* (1966), Raffaello Cortina, Milano 1991.
–, *Vedere attraverso le illusioni* (2009), Raffaello Cortina, Milano 2010.
Gregory T., *Il principe di questo mondo. Il diavolo in Occidente*, Laterza, Bari 2013.
Greif I., *Computer supported cooperative works. A book of readings*, Morgan Kaufman, San Mateo, California, 1988.
Greimas A. J., *La semantica strutturale. Ricerca di metodo* (1966), Meltemi, Roma 2000.
Grice H. P., *Logic and conversation*, in P. Cole, J. L. Morgan, *Syntax and semantics*, Academic Press, New York 1975, vol. III.
Grieco S., *Logica e vita quotidiana*, Velardi Editrice, Napoli 1994.
Griesinger W., *Über psychische Reflexaktionen*, in "Abhandlungen" 1843, vol. I.
–, *Pathologie und Therapie der psychischen Krankheiten*, Braunschweig, Stuttgart 1845.
Griffin D. R., *Guidandosi con l'eco*, Zanichelli, Bologna 1966.
–, *L'animale consapevole* (1976), Bollati Boringhieri, Torino 1979.
–, *The question of animal awareness. Evolutionary continuity of mental experience*, Rockefeller University Press, New York 1976.
Grinberg L., *Controtransfert e controidentificazione proiettiva* (1979), in C. Albarella, M. Donadio (a cura di), *Il controtransfert. Saggi psicoanalitici*, Liguori, Napoli 1986.
–, *La supervisione psicoanalitica. Teoria e pratica* (1986), Raffaello Cortina, Milano 1989.
Grinberg L., Grinberg R., *Psychanalyse du migrant et de l'exilé*, Cle, Lyon 1986.
Grinker R. R., Spiegel J. P., *War neuroses*, Blakiston, New York 1945.
Gritti I., *Il sonno e la sua storia*, Aracne, Roma 2010.
Groddeck G., *Satanarium* (1918), il Saggiatore, Milano 1996.
–, *Lo scrutatore d'anime* (1921), Adelphi, Milano 1978.
–, *Il libro dell'Es* (1923), Bompiani, Milano 1981.
–, *Il linguaggio dell'Es* (1933), Adelphi, Milano 1969.
Groppo M., *L'istruzione programmata*, in L. Ancona (a cura di), *Nuove questioni di psicologia*, La Scuola, Brescia 1972, vol. II, pp. 711-746.
Gross E., Etzioni A., *Organizzazioni e società* (1985), il Mulino, Bologna 1987.
Gross K., *Die Spiele der Tiere* (1896), Fischer, Jena 1930.
Grossi D., Trojano L., *Neuropsicologia dei lobi frontali. Sindromi disesecutive e disturbi del comportamento*, il Mulino, Bologna 2013.
Grossman H. J., *Classification in Mental Retardation*, American Association on Mental Retardation, Washington (DC) 1983.
Grottanelli C., Parise N. F. (a cura di), *Sacrificio e società nel mondo antico*, Laterza, Bari 1988.
Grove W. M. *et al.*, *Heritability of substance abuse and antisocial behavior*, in "Biological Psychiatry", 1990, n. 27, pp. 1293-1304.
Groves Ph., Thompson R., *Habituation. A dual-process theory*, in "Psychological Review", 1970, n. 77.
Gruen A., *La follia della normalità. Per un'interpretazione della distruttività umana* (1987), Feltrinelli, Milano 1994.
–, *Il tradimento del sé. La paura dell'autonomia nell'uomo e nella donna* (1988), Feltrinelli, Milano 1992.
Gruhle H. W., *Verstehende Psychologie (Erlebnislehre). Ein Lehrbuch*, Thieme, Stuttgart 1948.
Grünbaum A., *I fondamenti della psicoanalisi. Una critica filosofica* (1984), il Saggiatore, Milano 1988.
Grunberger B., *Il narcisismo. Saggio di psicoanalisi* (1971), Laterza, Bari 1977.
Guanti G., *Bellezza*, in AA.VV., *Gli strumenti del sapere contemporaneo*, vol. II: *I concetti*, Utet, Torino 1985, pp. 83-87.
–, *Creatività*, in AA.VV., *Gli strumenti del sapere contemporaneo*, vol. II: *I concetti*, cit., pp. 171-174.

Guaraldi G. P., Ruggerini C., Barbieri B., *Disturbi del controllo sfinterico*, in G. B. Cassano, P. Pancheri *et al.* (a cura di), *Trattato italiano di psichiatria* (1992), Masson, Milano 1999, vol. III, pp. 2875-2888.
Guardini R., *Mondo e persona. Saggio di antropologia cristiana* (1939), Morcelliana, Brescia 2000.
–, *Le età della vita* (1953), Vita e Pensiero, Milano 1992.
–, *Virtù. Temi e prospettive della vita morale* (1963), Morcelliana, Brescia 1972.
Guareschi Cazzullo A., Lenti C., Musetti C., Musetti L., *Processi mentali in età evolutiva. Modelli neuropsicologici e clinici*, Franco Angeli, Milano 1995.
Guarino A., *Psiconcologia dell'età evolutiva. La psicologia nella cura dei bambini malati di cancro*, Erickson, Trento 2006.
Guarrasi V., *La condizione marginale*, Sellerio, Palermo 1978.
Guasti M. T., *L'acquisizione del linguaggio*, Raffaello Cortina, Milano 2007.
Guatri L., *Introduzione alla teoria delle ricerche di mercato*, Giuffrè, Milano 1960.
Guattari F., *Una tomba per Edipo* (1972), Bertani, Verona 1974.
–, *Psychanalyse et transversalité*, Maspero, Paris 1973.
Gubbay S., *The clumsy child*, Saunders, London-Philadelphia 1975.
Guéguen N., *Psicologia del consumatore* (2009), il Mulino, Bologna 2010.
Guénon R., *Errore dello spiritismo* (1923), Rusconi, Milano 1974.
–, *Autorità spirituale e potere temporale* (1930), Rusconi, Milano 1972.
–, *Il regno della quantità e i segni dei tempi* (1945), Adelphi, Milano 1982.
–, *Considerazioni sulla via iniziatica* (1946), Fratelli Bocca, Milano 1949.
–, *La grande triade* (1957), Adelphi, Milano 1980.
–, *Simboli della Scienza sacra* (1962), Adelphi, Milano 1975.
Guénoun D., *Relation*, Les Cahiers de l'Égaré, Marseille 1997.
Guerreschi C., *Giocati dal gioco. Quando il divertimento diventa malattia. Il gioco d'azzardo patologico*, Edizioni San Paolo, Milano 2000.
Guetzkow H. (a cura di), *Groups, leadership and men*, Carnegie, Pittsburgh 1951, pp. 1-70.
Guggenbühl-Craig A., *Al di sopra del malato e della malattia. Il potere assoluto del terapeuta* (1983), Raffaello Cortina, Milano 1987.
Guggisberg Nocelli P., *La via della psicosintesi. Una guida completa, con una biografia di Roberto Assagioli*, L'Uomo Edizioni, Firenze 2011.
Guglielmi D., *Mobbing. Quando il lavoro ci fa soffrire*, il Mulino, Bologna 2015.
Gui M., *A dieta di media. Comunicazione e qualità della vita*, il Mulino, Bologna 2014.
Guichard J., Huteau M., *Psicologia dell'orientamento professionale. Teorie e pratiche per orientare la scelta negli studi e nelle professioni* (2002), Raffaello Cortina, Milano 2003.
Guidano V. F., *La complessità del Sé. Un approccio sistemico-processuale alla psicopatologia e alla terapia cognitiva* (1987), Bollati Boringhieri, Torino 1988.
–, *Il Sé nel suo divenire. Verso una terapia cognitiva post-razionalista* (1991), Bollati Boringhieri, Torino 1992.
Guidano V. F., Liotti G., *A constructivistic foundation for cognitive therapy*, in M. J. Mahoney, A. Freeman (a cura di), *Cognition and Psychotherapy*, Plenum, New York 1985.
Guidano V. F., Reda M. A., *Cognitivismo e psicoterapia*, Franco Angeli, Milano 1980.
Guidetti V. (a cura di), *Fondamenti di neuropsichiatria dell'infanzia e dell'adolescenza*, il Mulino, Bologna 2005.
Guidetti V., Galli F. (a cura di), *Neuropsichiatria dell'infanzia e dell'adolescenza*, il Mulino, Bologna 2006.
Guidieri R., *Il cammino dei morti* (1980), Adelphi, Milano 1988.
–, *Ulisse senza patria. Etica e alibi del dono*, L'ancora del Mediterraneo, Napoli 1999.
–, *Guardaroba sciamanico*, L'ancora del Mediterraneo, Napoli 2003.
Guilford J. P., *Fundamental statistics in psychology and education*, McGraw-Hill, New York 1942.
–, *Psychometric methods*, McGraw-Hill, New York 1954.
–, *Personality*, McGraw-Hill, New York 1959.
–, *The nature of human intelligence*, McGraw-Hill, New York 1967.
Guillaume M., *La psicologia della forma* (1937), Giunti Barbera, Firenze 1963.
–, *Il capitale e il suo doppio* (1975), Feltrinelli, Milano 1978.
Gulliver Ph. H., *Disputes and negotiations. A cross-cultural perspective*, Academic Press, New York 1964.
Gulotta G. (a cura di), *Psicologia giuridica*, Franco Angeli, Milano 1979.

–, *La scienza della vita quotidiana*, Giuffrè, Milano 1995.
–, *Psicologia, senso comune e buon senso*, in M. Cesa-Bianchi, A. Antonietti (a cura di), *Dentro la psicologia. Contesti, teorie, ricerche, personaggi*, Mondadori Università, Milano 2002.
Gunderson J. G., Links P. S., *La personalità borderline. Una guida clinica* (2002), Raffaello Cortina, Milano 2003.
Gunderson K., *Minnesota studies in the philosophy of language*, University of Minnesota Press, Minneapolis 1975.
Guntrip H., *Struttura della personalità e interazione umana* (1961), Bollati Boringhieri, Torino 1971.
Gurisatti G., *Dizionario fisiognomico. Il volto, le forme, l'espressione*, Quodlibet, Macerata 2006.
Gurman A. S., Kniskern D. P., *Manuale di terapia della famiglia* (1981), Bollati Boringhieri, Torino 1995.
Gusman A., *Antropologia dell'olfatto*, Laterza, Bari 2004.
Gutheil E. A., *Disfunzioni sessuali nell'uomo*, in S. Arieti (a cura di), *Manuale di psichiatria* (1959-1966), Bollati Boringhieri, Torino 1969-1970, vol. II, pp. 954-973.
Guthrie E. R., *The psychology of learning*, Harper & Row, New York 1952.
Gutmann D., Iarussi O., *La trasformazione. Psicoanalisi, desiderio e management nelle organizzazioni*, Edizioni Sottotraccia, Salerno 1999.
Guyau J.-M., *Abbozzo di una morale senza obbligo né sanzione* (1885), Paravia, Torino 1999.

H

Haber R. N., *Current research in motivation*, Holt, New York 1966.
Habermas J., *Storia e critica dell'opinione pubblica* (1962), Laterza, Bari 1984.
–, *Teoria e prassi nella società tecnologica* (1963), Laterza, Bari 1971.
–, *Prassi politica e teoria critica della società* (1963), il Mulino, Bologna 1973.
–, *Conoscenza e interesse* (1968), Laterza, Bari 1973.
–, *Lavoro e interazione* (1968), Feltrinelli, Milano 1975.
–, *Cultura e critica* (1973), Einaudi, Torino 1980.
–, *La crisi della razionalità nel capitalismo maturo* (1973), Laterza, Bari 1975.
–, *Teoria dell'agire comunicativo* (1981), il Mulino, Bologna 1986.
–, *Il discorso filosofico della modernità* (1985), Laterza, Bari 1991.
–, *Teoria della morale* (1991), Laterza, Bari 1994.
–, *L'inclusione dell'altro* (1996), Feltrinelli, Milano 1998.
Habermas J., Luhmann N., *Teoria della società e tecnologia sociale* (1971), Etas Libri, Milano 1973.
Habermas J., Taylor Ch., *Multiculturalismo. Lotte per il riconoscimento* (1996), Feltrinelli, Milano 1998.
Hacker W., *Allgemeine Arbeits- und Ingenieurpsychologie. Psychische Struktur und Regulation von Arbeitstätigkeiten*, Huber, Stuttgart 1978.
Hacking I., *La riscoperta dell'anima. Personalità multipla e scienze della memoria* (1995), Feltrinelli, Milano 1996.
–, *I viaggiatori folli. Lo strano caso di Albert Dadas* (1998), Carocci, Roma 2000.
Hackney Ch., *Le virtù guerriere. Arti marziali e psicologia* (2010), Ponte alle Grazie, Milano 2010.
Hadot P., *Esercizi spirituali e filosofia antica* (1981, edizione ampliata 2002), Einaudi, Torino 2005.
–, *La felicità degli antichi* (2000), Raffaello Cortina, Milano 2011.
–, *La filosofia come modo di vivere. Conversazioni con Jeannie Carlier e Arnold J. Davidson* (2001), Einaudi, Torino 2008.
Haeckel E. H., *Über Entwicklungsgang und Aufgabe der Zoologie*, in "Jenaische Zeitschrift Medizin und Naturwissenschaft", 1870, n. 5.
Haefner H., *Die existentielle Depression*, in "Archives of Psychiatry and Neurology", 1954, n. 191.
Haenseller H., *Psychodynamik der Pseudologie*, in "Nervenartz", 1968, n. 39.
Hahnemann Ch. F. S., *Esposizione della dottrina omeopatica* (1808), Lampato, Venezia 1834.
–, *Organon dell'arte di guarire* (1810), Red Edizioni, Como 2006.
–, *Lo spirito dell'omeopatia* (1813), Edizioni Salus Infirmorum, Padova 2001.
Haidt J., *Felicità: un'ipotesi. Verità moderne e saggezza antica* (2006), Codice, Torino 2007.
Haim A., *Les suicides d'adolescents*, Payot, Paris 1969.
Hain J. D., *The Bender Gestalt test. A scoring method for identifying brain damage*, in "Journal of Consulting Psychology", 1964.
Hale G. A., Lewis M. (a cura di), *Attention and cognitive development*, Plenum, New York-London 1979.
Haley J., *Advanced techniques of hypnosis and therapy*, Grune & Stratton, New York 1967.

– (a cura di), *Fondamenti di terapia della famiglia* (1971), Feltrinelli, Milano 1980.
–, *La terapia del problem solving. Nuove strategie per una terapia familiare efficace* (1976), La Nuova Italia Scientifica, Roma 1985.
–, *Formazione e supervisione in psicoterapia* (1996), Erickson, Trento 1997.
Hall C. S., Nordby V. J., *Jung e la psicologia analitica* (1973), Laterza, Bari 1982.
Hall E. T., *La dimensione nascosta* (1964), Bompiani, Milano 1969.
Hamer D. H., Hu S., Magnuson V. L., Hu N., Pattatucci A. M., *A linkage between DNA markers on the X chromosome and male sexual orientation*, in "Science", 1993, n. 261 (5119), pp. 321-327.
Hamilton D. L., *Illusory correlations as a basis for stereotyping*, in Id. (a cura di), *Cognitive processes in stereotyping and intergroup behaviour*, Lawrence Erlbaum Associates, Hillsdale, New Jersey, 1981.
Hamilton V., *Strutture e processi cognitivi della motivazione e della personalità* (1984), il Mulino, Bologna 1987.
Hammill D. D., Pearson N. A., Voress J. K., *TPV. Test di percezione visiva e integrazione visuo-motoria* (1987), Erickson, Trento 1994.
Hammill D. D., Pearson N. A., Wiederholt J. L., *Test TINV. Intelligenza non verbale* (1996), Erickson, Trento 1998.
Hammond C., *Il mistero della percezione del tempo*, Einaudi, Torino 2013.
Hampshire S., *Innocenza ed esperienza. Un'etica del conflitto* (1989), Feltrinelli, Milano 1995.
Handjaras L. *et al.*, *Concetti e conoscenza*, Loescher, Torino 1983.
Handler-Spitz E., *Arte e psiche* (1989), Il Pensiero Scientifico, Roma 1993.
Hannah B., *Vita e opere di C. G. Jung* (1976), Rusconi, Milano 1980.
Hannay A., *Mental images. A defence*, Humanities Press, New York 1971.
Hannerz U., *La diversità culturale* (1996), il Mulino, Bologna 2001.
Hanson M., *L'insegnamento al bambino Down. Guida pratica per l'intervento precoce* (1984), Erickson, Trento 1993.
Harding M. E., *La strada della donna* (1932), Astrolabio, Roma 1951.
–, *I misteri della donna. Un'interpretazione psicologica del principio femminile come è raffigurato nel mito, nella storia e nei sogni* (1934), Astrolabio, Roma 1973.
Hardy M., Heyes S., *Introduzione alla psicologia* (1979), Feltrinelli, Milano 1983.
Hargreaves D. H., *Social relations in a secondary school*, Routledge & Kegan, London 1967.
Harlow H. F., *The formation of learning sets*, in "Psychological Review", 1949, n. 56.
Harper R. A., *Le nuove psicoterapie* (1975), La Nuova Italia, Firenze 1981.
Harré R., *L'uomo sociale* (1979), Raffaello Cortina, Milano 1994.
–, *Social being*, Basil Blackwell, Oxford 1979.
–, *Personal being*, Basil Blackwell, Oxford 1983.
– (a cura di), *La costruzione sociale delle emozioni* (1986), Giuffrè, Milano 1992.
–, *La singolarità del Sé. Introduzione alla psicologia della persona* (1998), Raffaello Cortina, Milano 2000.
Harris M., *La nostra specie. Natura e cultura nell'evoluzione umana* (1989), Rizzoli, Milano 1991.
Harris M., Coltheart M., *L'elaborazione del linguaggio nei bambini e negli adulti* (1986), il Mulino, Bologna 1991.
Harris P. L., *Il bambino e le emozioni* (1989), Raffaello Cortina, Milano 1991.
–, *L'immaginazione nel bambino* (2008), Raffaello Cortina, Milano 2009.
Harris R., *La trappola della felicità. Come smettere di tormentarsi e incominciare a vivere* (2007), Erickson, Trento 2010.
Harth D., *Memoria e ricordo*, in Ch. Wulf (a cura di), *Cosmo, corpo, cultura. Enciclopedia antropologica* (1997), Bruno Mondadori, Milano 2002, pp. 750-756.
Hartmann E. L., *Biologia del sogno* (1967), Bollati Boringhieri, Torino 1973.
–, *The functions of sleep*, Yale University Press, New Haven, Connecticut, 1973.
Hartmann G. W., *Gestalt psychology. A survey of facts and principles*, The Ronald Press Company, New York 1935.
Hartmann H., *Fondamenti della psicoanalisi* (1927), Feltrinelli, Milano 1981.
–, *Psicologia dell'Io e problema dell'adattamento* (1939), Bollati Boringhieri, Torino 1966.
–, *Saggi sulla psicologia dell'Io* (1947), Bollati Boringhieri, Torino 1976.
–, *Psicoanalisi e valori morali* (1960), in P. F. Galli (a cura di), *Osservazione psicoanalitica* (1992-1996), Bollati Boringhieri, Torino, vol. XVII.
Hartmann H., Kris E., Loewenstein R. M., *Scritti di psicologia psicoanalitica* (1946), Bollati Boringhieri, Torino 1978.
Hartmann K. R. E. von, *Philosophie des Unbewussten*, Duncker, Berlin 1869.
Hartmann N., *Etica* (1926), vol. I: *Fenomenologia dei costumi*, vol. II: *Assiologia dei costumi*, vol. III: *Metafisica dei costumi*, Guida, Napoli 1972.

–, *Introduzione all'ontologia critica* (1941), Guida, Napoli 1972.

Hasher L., Zacks R. T., *Automatic and effortful process in memory*, in "Journal of Experimental Psychology: General", 1979, n. 108, pp. 356-388.

Hasher L., Zacks R. T., May C., *Inhibitory control, circadian arousal and age*, in D. Gopher, A. Koriat, *Attention and performance*, Mit Press, Cambridge, Massachusetts, 1999.

Haslam A. S., Reicher S. D., Platow M. J., *Psicologia del leader. Identità, influenza, potere* (2011), il Mulino, Bologna 2013.

Hathaway S. R., McKinley J. Ch., *Minnesota Multiphasic Personality Inventory*, Psychological Corporation, New York 1967.

Hauser A., *Le teorie dell'arte. Tendenze e metodi della critica moderna* (1958), Einaudi, Torino 1969.

–, *Sociologia dell'arte* (1974), Einaudi, Torino 1977, voll. I-III.

Hauser M. D., *Menti morali. Le origini naturali del bene e del male* (2006), il Saggiatore, Milano 2007.

Havelock E. A., *La musa impara a scrivere. Riflessioni sull'oralità e l'alfabetismo dall'antichità al giorno d'oggi* (1986), Laterza, Bari 1987.

Havighurst R. J., *Dominant concerns in the cycle*, in L. Schenk-Danzinger, H. Thomae (a cura di), *Gegenwartsproblem der Entwicklungspsychologie*, Verlag für Psychologie, Göttingen 1963.

Haworth M. R., *Psicoterapia infantile* (1964), Armando, Roma 1970.

Hay G. G., *Dysmorphophobia*, in "The British Journal of Psychiatry", 1970, n. 116.

Hayes J. R., *Cognitive psychology. Thinking and creating*, Dorsey Press, Homewood, Illinois, 1978.

Hayes S. C., Strosahl K. D., Wilson K. G., *ACT. Teoria e pratica dell'Acceptance and Commitment Therapy* (2012), Raffaello Cortina, Milano 2013.

Haynal A., *Il senso della disperazione. La problematica della depressione nella teoria psicoanalitica* (1976), Feltrinelli, Milano 1980.

Haynes J. M., *Introduzione alla mediazione familiare. Principi fondamentali e sua applicazione*, Giuffrè, Milano 1996.

Hays W. L., *Statistics for psychologists*, Holt, Rinehart & Winston, New York 1963.

Heard D., Lake B., McCluskey U., *La terapia basata sull'attaccamento con adolescenti e adulti* (2012), il Mulino, Bologna 2014.

Hearst E. (a cura di), *Cento anni di psicologia sperimentale* (1979), il Mulino, Bologna 1989.

Hebb D. O., *L'organizzazione del comportamento. Una teoria neuropsicologica* (1949), Franco Angeli, Milano 1975.

–, *The motivating effects of exteroceptive stimulation*, in "American Psychologist", 1958, vol. 13.

–, *A textbook of psychology*, Saunders, London 1966.

–, *Psicologia* (1966), La Nuova Italia, Firenze 1970.

–, *Mente e pensiero* (1974), il Mulino, Bologna 1982.

Hebb D. O., Thompson W. R., *The social significance of animal studies*, in G. Lindzey (a cura di), *Handbook of social psychology*, Addison-Wesley, Reading, Massachusetts, 1954, vol. I.

Hebert J.-P., *Race et intelligence*, Copernic, Paris 1977.

Hécaen H., *Sur l'héautoscopie. (A propos de quelques cas récents)*, in "Encéphale", 1954, n. 46.

–, *Introduzione alla neuropsicologia* (1972), Bulzoni, Roma 1976.

Hécaen H., Angelergues R., Douzenis J. A., *Les Agraphies*, in "Neuropsychologia", 1963, n. 1.

Heckhausen H., *The anatomy of achievement motivation*, Academic Press, New York 1967.

–, *Models of motivation. Progressive unfolding and unredied deficiences*, in AA.VV., *Cognitive and motivational aspect of action*, North Holland, Amsterdam 1987.

Hector H., *Selbsterkenntnis als fehlender Psychologie-Begriff*, in "Praktische Psychologie", 1971, n. 25.

Hedges Ch., *Il fascino oscuro della guerra* (2002), Laterza, Bari 2004.

Hediger H., *Instinkt und Territorium*, in AA.VV., *L'instinct dans le comportement des animaux et de l'homme*, Masson et C.ie, Paris 1956.

Hegel G. W. F., *Fenomenologia dello spirito* (1807), La Nuova Italia, Firenze 1963.

–, *Scienza della logica* (1812-1816), Laterza, Bari 1974.

–, *Enciclopedia delle scienze filosofiche in compendio* (1817), Laterza, Bari 1968.

–, *Lineamenti di filosofia del diritto* (1821), Laterza, Bari 1954.

–, *Estetica* (1836-1838), Feltrinelli, Milano 1963.

Heidegger M., *Fenomenologia della vita religiosa* (1918-1921), Adelphi, Milano 2003.

–, *Il concetto di tempo* (1924), Adelphi, Milano 1998.

–, *Essere e tempo* (1927), Utet, Torino 1978.

–, *I problemi fondamentali della fenomenologia* (1927), il melangolo, Genova 1988.

–, *Che cos'è la metafisica?* (1929), in Id., *Segnavia*, Adelphi, Milano 1987.
–, *Sull'essenza della libertà umana* (1930), Bompiani, Milano 2016.
–, *L'origine dell'opera d'arte* (1935-1950), Christian Marinotti Edizioni, Milano 2000.
–, *Il nichilismo europeo* (1940, edito nel 1961), Adelphi, Milano 2003.
–, *Lettera sull'"umanismo"* (1946), in Id., *Segnavia*, cit.
–, *L'essenza del nichilismo* (1946-1948), in Id., *Metafisica e nichilismo*, il melangolo, Genova 2006.
–, *Il linguaggio* (1950), in Id., *In cammino verso il linguaggio* (1959), Mursia, Milano 1973.
–, *Che cosa significa pensare?* (1954), Sugarco, Milano 1978.
–, *La questione dell'essere* (1955-1956), in Id., *Segnavia*, cit.
–, *Identità e differenza* (1957), Adelphi, Milano 2009.
–, *Il principio di ragione* (1957), Adelphi, Milano 1991.
–, *In cammino verso il linguaggio* (1959), Mursia, Milano 1973.
–, *Corpo e spazio* (1964), il melangolo, Genova 2000.
–, *L'arte e lo spazio* (1969), il melangolo, Genova 2000.
Heider F., *Attitudes and cognitive organization*, in "Journal of Psychology", 1946, n. 21, pp. 107-112.
–, *Psicologia delle relazioni interpersonali* (1958), il Mulino, Bologna 1972.
Heimann P., *Sul controtransfert* (1950), in C. Albarella, M. Donadio (a cura di), *Il controtransfert. Saggi psicoanalitici*, Liguori, Napoli 1986.
Heinrich W., Spann O., *Die Ganzheit in Philosophie und Wissenschaft*, Wilhelm Braumüller, Wien 1950.
Heitler W., *Causalità e teleologia nelle scienze della natura* (1964), Bollati Boringhieri, Torino 1967.
Held V., *Etica femminista. Trasformazioni della coscienza e famiglia post-patriarcale* (1993), Feltrinelli, Milano 1997.
Heller Á., *Sociologia della vita quotidiana* (1970), Editori Riuniti, Roma 1975.
Hellpach W., *Die geopsychischen Erscheinungen*, Engelmann, Leipzig 1923.
–, *Geopsiche* (1944), Edizioni Paoline, Roma 1967.
Helmholtz H. L. F. von, *Die Lehre von den Tonempfindungen als physiologische Grundlage für die Theorie der Musik*, Voss, Leipzig 1863.
–, *Handbuch der physiologischen Optik*, Voss, Leipzig 1866.
–, *Über die Thermodynamik chemischer Vorgänge* (1882), in "Abhandlungen zur Thermodynamik chemischer Vorgänge", Engelmann, Leipzig 1902, n. 18.
–, *Die Tatsachen in der Wahrnehmung. Zählen und Messen. Erkenntnistheoretisch betrachtet* (1897), Wissenschaftliche Buchgesellschaft, Darmstadt 1959.
Hempel C. G., *La formazione dei concetti e delle teorie nella scienza empirica* (1952-1958), Feltrinelli, Milano 1961.
Henderson A. S., *Psichiatria sociale ed epidemiologia psichiatrica* (1988), Il Pensiero Scientifico, Roma 1991.
Henderson D. K., Gillespie R. D., *Trattato di psichiatria*, Universo, Roma 1972.
Hendrick I., *The discussion of the "instinct to master"*, in "Psychoanalytic Quarterly", 1943, vol. XII.
Hendry L. B., Kloep M., *Lo sviluppo nel ciclo di vita* (2002), il Mulino, Bologna 2003.
Henriot J., *Note sur la date et le sens de l'apparition du mot "responsabilité"*, in "Archives de Philosophie du Droit", 1977, n. XXII.
Henry A., *Metonimia e metafora* (1971), Einaudi, Torino 1975.
Henry H., *La ricerca motivazionale* (1968), Franco Angeli, Milano 1970.
Herbart J. F., *Pedagogia generale dedotta dal fine dell'educazione* (1806), Cedam, Padova 1947.
–, *Introduzione alla filosofia* (1813), Laterza, Bari 1907.
Herder J. G., *Abhandlungen über den Ursprung der Sprache* (1772), in *Sämtliche Werke* (1877-1913), Suphan, Berlin, vol. V.
–, *Vom Erkennen und Empfinden* (1778), in *Sämtliche Werke*, cit., vol. VIII.
Hering E., *Zur Lehre vom Lichtsinne*, Gerold, Wien 1878.
–, *Grundzüge der Lehre vom Lichtsinn*, Springer, Berlin 1920.
Héritier F., *Identità e società* (1977), in C. Lévi-Strauss (a cura di), *L'identità* (1977), Sellerio, Palermo 1996.
–, *Famiglia*, in AA.VV., *Enciclopedia*, Einaudi, Torino 1979, vol. VI, pp. 3-16.
–, *Incesto*, in AA.VV., *Enciclopedia*, Einaudi, Torino 1979, vol. VII, pp. 234-262.
–, *Due sorelle e una madre. Parentela e relazioni sessuali* (1994), Pratiche Editrice, Milano 1999.
Hermann K., *Labirinti. Forme e interpretazioni. 5000 anni di presenza di un archetipo. Manuale e filo conduttore* (1979), Feltrinelli, Milano 1981.

Herrmann U., *Famiglia*, in Ch. Wulf (a cura di), *Cosmo, corpo, cultura. Enciclopedia antropologica* (1997), Bruno Mondadori, Milano 2002, pp. 306-314.
Herrnstein R. J., Loveland D. H., Cable C., *Natural concepts in the pigeon*, in "Journal of Experimental Psychology. Animal Behavior Processes", 1976, n. 2.
Herskovits M. J., *Dichiarazione alla Commissione dei diritti umani delle Nazioni Unite* (1947), in C. Tullio-Altan, *Manuale di antropologia culturale*, Bompiani, Milano 1975.
–, *Man and his works*, Knopf, New York 1948.
–, *Una teoria della cultura* (1948), in AA.VV., *Il concetto di cultura. I fondamenti teorici della scienza antropologica*, Einaudi, Torino 1970.
Hertz R., *Contribution à une étude sur la représentation collective de la mort*, in "L'Année Sociologique", 1905-1906, n. 10.
Herzlich C., *La représentation sociale*, in S. Moscovici, *Introduction à la psychologie sociale*, Larousse, Paris 1972, pp. 303-325.
Hesnard A., *Morale sans péché*, Puf, Paris 1954.
–, *Les phobies et la névrose phobique*, Payot, Paris 1961.
–, *L'inversion sexuelle chez la femme*, in H. Ellis (a cura di), *Études de la pathologie sexuelle* (1911), Club des livres précieux, Paris 1964.
Hess R., Authier M., *L'analyse institutionnelle*, Puf, Paris 1994.
Hess R., Savoye A., *Perspectives de l'analyse institutionnelle*, Klincksieck, Paris 1988.
Hess W. R., *The diencephalic sleep centre*, in J. F. Delafresnaye, *Brain mechanism and consciousness*, Blackwell, Oxford 1954.
Heston L. L., Shields J., *Homosexuality in twins*, in "Archives of General Psychiatry", 1968, n. 18.
Heuyer G., *La délinquance juvénile*, Puf, Paris 1969.
Hewstone M. (a cura di), *Teoria dell'attribuzione. Estensioni sociali e funzionali* (1991), il Mulino, Bologna 1996.
Hewstone M., Stroebe W., Stephenson G. M. (a cura di), *Introduzione alla psicologia sociale* (1996), il Mulino, Bologna 1998.
Heywood V. H., *Chemosystematics, an artificial discipline*, in G. Bendz, J. Santesson (a cura di), *Chemistry in botanical classification*, Academic Press, New York 1974.
Hickok G., *Il mito dei neuroni specchio. Comunicazione e facoltà cognitive. La nuova frontiera* (2014), Bollati Boringhieri, Torino 2015.
Hicks S. J., Sales B., *Criminal profiling* (2005), Raffaello Cortina, Milano 2009.
Hildebrand D. von, *Essenza dell'amore* (1971), Bompiani, Milano 2003.
Hilgard E. R., *Divided consciousness. Multiple controls in human thought and action*, Wiley-Interscience, New York 1986.
Hilgard E. R., Atkinson R. Ch., Atkinson R. L., *Psicologia. Corso introduttivo* (1953), Giunti Barbera, Firenze 1976.
Hilgard E. R., Bower G. H., *Le teorie dell'apprendimento* (1975), Franco Angeli, Milano 1976.
Hill A. L., *Savants. Mentally retarded individuals with special skills*, in N. R. Ellis (a cura di), *International review of research in mental retardation*, Academic Press, New York 1978, vol. IX, pp. 277-299.
Hill Ch. W., *Military psychology*, in A. A. Roback (a cura di), *Present-day psychology. An original survey of departments, branches, methods, and phases, including clinical and dynamic psychology*, Philosophical Library, New York 1955.
Hill O. W. (a cura di), *Modern trends in psychosomatic medicine*, Butterworths, London 1976.
Hill W. F., *L'apprendimento. Una rassegna delle teorie dell'apprendimento in psicologia* (1977), Zanichelli, Bologna 2000.
Hillman J., *Il suicidio e l'anima* (1964), Adelphi, Milano 2010.
–, *Il tradimento* (1964), in Id., *Puer aeternus*, cit., pp. 11-49.
–, *Puer aeternus* (1964), Adelphi, Milano 1999.
–, *Senex et puer* (1967), Marsilio, Venezia 1973.
–, *Il mito dell'analisi* (1972), Adelphi, Milano 1979.
–, *Saggio su Pan* (1972), Adelphi, Milano 1977.
–, *Il sogno e il mondo infero* (1973-1979), Adelphi, Milano 2003.
–, *Saggi sul puer* (1973-1979), Raffaello Cortina, Milano 1988.
–, *Pothos. La nostalgia del puer aeternus* (1975), in AA.VV., *Dopo Jung*, Franco Angeli, Milano 1980.
–, *Re-visione della psicologia* (1975), Adelphi, Milano 1983.
–, *Politica della bellezza* (1978-1998), Moretti & Vitali, Bergamo 1999.
–, *Le storie che curano* (1983), Raffaello Cortina, Milano 1984.
–, *Anima. Anatomia di una nozione personificata* (1985), Adelphi, Milano 1989.
–, *Psicologia archetipica*, in "L'immaginale", 1987, n. 8.
–, *Forme del potere* (1995), Garzanti, Milano 1996.

–, *Il codice dell'anima* (1996), Adelphi, Milano 1997.
–, *La forza del carattere* (1999), Adelphi, Milano 2000.
–, *Un terribile amore per la guerra* (2004), Adelphi, Milano 2005.
–, *Figure del mito* (2007), Adelphi, Milano 2014.
–, *Psicologia alchemica* (2010), Adelphi, Milano 2013.
Hinde R. A., *Animal behavior. A synthesis of ethology and comparative psychology*, McGraw-Hill, New York 1966.
– (a cura di), *La comunicazione non-verbale* (1972), Laterza, Bari 1974.
–, *Le basi biologiche del comportamento sociale umano* (1974), Zanichelli, Bologna 1977.
–, *Le relazioni interpersonali* (1979), il Mulino, Bologna 1982.
Hinde R. A., Stevenson Hinde J., *Instinct and intelligence*, Oxford University Press, Oxford 1976.
Hinshelwood R. D., *Dizionario di psicoanalisi kleiniana* (1989), Raffaello Cortina, Milano 1990.
Hirai T., *Meditazione Zen come terapia*, Red Edizioni, Como 1984.
Hirigoyen M.-F., *Molestie morali. La violenza perversa nella famiglia e nel lavoro* (1996), Einaudi, Torino 2000.
–, *Sottomesse. La violenza sulle donne nella coppia* (2002), Einaudi, Torino 2006.
Hirschfeld M., *Die Transvestiten. Eine Untersuchung über den erotischen Verkleidungstrieb*, Alfred Pulvermacher & Co., Berlin 1910.
Hjelmslev L. T., *I fondamenti della teoria del linguaggio* (1943), Einaudi, Torino 1968.
Hobbes Th., *Leviatano* (1651), Laterza, Bari 1911-1912.
Hobson J. A., *La macchina dei sogni. Come si creano nel cervello il senso e il non senso del sognare* (1988), Giunti, Firenze 1992.
Hobson J. A., McCarley R. W., *The brain as a dream state generator. An activaction-synthesis hypothesis of the dream process*, in "American Journal of Psychiatry", 1977, n. 134, pp. 1335-1348.
Hobson J. A., McCarley R. W., Wyzinski P. W., *Sleep cycle oscillation. Reciprocal discharge by two brainstem neuronal groups*, in "Science", 1975, n. 185, pp. 55-68.
Hobson J. A., Pace-Schott E. F., Stickgold F., *Dreaming and the brain. Toward a cognitive neuroscience of conscious state*, in "Behavioral and Brain Sciences", 2000, n. 23, pp. 793-842.
Hoch A., Jelliffe S. E., Meyer A., *Dementia praecox*, Gorham, Boston 1911.
Hoch P. H., *Le terapie farmacologiche*, in S. Arieti (a cura di), *Manuale di psichiatria* (1959-1966), Bollati Boringhieri, Torino 1969-1970, vol. III, pp. 1797-1807.
Hochmann J., *Psichiatria e comunità*, Laterza, Bari 1973.
Hochschild A. R., *Per amore o per denaro. La commercializzazione della vita intima* (2003), il Mulino, Bologna 2006.
Hofer J., *Dissertatio medica de nostalgia*, Bertsch, Basel 1688.
Hoff H., *History of the organic treatment of schizophrenia*, in M. Rinkel, H. E. Himwich, *Insulin treatment in psychiatry*, Philosophical Library, New York 1959, pp. 10-11.
Høffding H., *The philosophy of religion* (1901), Macmillan, London-New York 1906.
Hoffer A., Osmond H., *The hallucinogens*, Academic Press, New York 1967.
Hoffman M. L., *Development of prosocial motivation. Empaty and guilt*, in N. Eisenberg (a cura di), *The development of prosocial behavior*, Academic Press, New York 1982.
–, *Empatia e sviluppo morale* (1987), il Mulino, Bologna 2008.
Hoffmann H., *Studien über Vererbung und Entstehung geistiger Störungen*, Springer, Berlin 1921.
Hofstadter D. R., *Ambigrammi. Un microcosmo ideale per lo studio della creatività*, Hopefulmonster, Firenze 1987.
Hofstadter D. R., Dennett D. C., *L'Io della mente* (1981), Adelphi, Milano 1985.
Hofstätter P. R., *Dinamica di gruppo. Critica alla psicologia di massa* (1957), Franco Angeli, Milano 1978.
Hogg M. A., *Subjective uncertainty reduction through self-categorization*, in W. Stroebe, M. Hewstone (a cura di), *European review of social psychology*, Wiley, Chichester 2000, pp. 223-255.
–, *A social identity theory of leadership*, in "Personality and Social Psychology Review", 2001, n. 5, pp. 184-200.
Holford-Strevens L., *Storia del tempo* (2005), Codice, Torino 2007.
Holland J. H., Holyoak K. J., Nisbett R. E., Thagard P. R., *Induction. Processes of inference, learning and discovery*, Mit Press, Cambridge, Massachusetts, 1986.
Hollander E., *Obsessive-compulsive related disorders*, in "American Psychiatric Press", Washington (DC) 1993.
Hölldobler B., Wilson E. O., *Formiche. Storia di un'esplorazione scientifica* (1994), Adelphi, Milano 1997.
Hollingshead A. B., Redlich F. C., *Classi sociali e malattie mentali* (1962), Einaudi, Torino 1965.
Hollis M., *Models of man. Philosophical thoughts on social action*, Cambridge University Press, New York 1977.

Holloran Sh., Bressler E., *Orientamento nella realtà. Riorganizzazione cognitiva in persone con traumi cerebrali*, Erickson, Trento 1997.
Holloway R., *Sul perdono. Come si può perdonare l'imperdonabile* (2002), Ponte alle Grazie, Milano 2004.
Holmes J., *La teoria dell'attaccamento. John Bowlby e la sua scuola* (1992), Raffaello Cortina, Milano 1994.
Holmes Th. H., Rahe R. H., *The social readjustment rating scale*, in "Journal of Psychosomatic Research", 1967, n. 11, pp. 213-218.
Holst E. von, *Relations between the central nervous system and the peripheral organs*, in "British Journal Animal Behavior", 1954, n. 2, pp. 89-94.
Holst E. von, Mittelstaedt H., *Das Reafferenzprinzip. Wechselwirkungen zwischen Zentralnervensystem und Peripherie*, in "Naturwissenschaft", 1950, n. 37.
Holt R. R., *A critical examination of Freud's concept of bounds vs. free cathexis*, in "Journal of the American Psychoanalytic Association", 1962, n. 10, pp. 475-525.
Homans G. C., *Le forme elementari del comportamento sociale* (1961), Franco Angeli, Milano 1975.
Homans P., *Jung e la costruzione di una psicologia* (1969), Astrolabio, Roma 1982.
Homburger A., *Lebensschicksale geisteskranker Strafgefangener*, Springer, Berlin 1912.
Honderich T., *Sei davvero libero? Il problema del determinismo* (1993), il Saggiatore, Milano 1996.
Hood R. W., Spilka B., Hunsberger B., Gorsuch R., *Psicologia della religione. Prospettive psicosociali ed empiriche* (1996), Centro Scientifico Editore, Torino 1996.
Horgan J., *La mente inviolata. Una sfida per la psicologia e le neuroscienze* (1999), Raffaello Cortina, Milano 2001.
Hörisch J., *Denaro*, in Ch. Wulf (a cura di), *Cosmo, corpo, cultura. Enciclopedia antropologica* (1997), Bruno Mondadori, Milano 2002, pp. 689-697.
Horkheimer M. (a cura di), *Studi sull'autorità e la famiglia* (1936), Utet, Torino 1974.
–, *Eclisse della ragione. Critica della ragione strumentale* (1947), Einaudi, Torino 1969.
–, *Teoria critica* (1968), Einaudi, Torino 1974.
–, *La società in transizione* (1972), Einaudi, Torino 1979.
–, *Studi di filosofia della società* (1972), Einaudi, Torino 1981.
Horkheimer M., Adorno Th. W., *Dialettica dell'illuminismo* (1947), Einaudi, Torino 1966.
Horn Ch., *L'arte della vita nell'antichità* (1998), Carocci, Roma 2004.
Horner A. J., *Relazioni oggettuali. Teoria e trattamento* (1991), Raffaello Cortina, Milano 1993.
Horney K., *Sulla genesi del complesso di castrazione nelle donne* (1924), in Id., *Psicologia femminile*, Armando, Roma 1973.
–, *Fuga dalla femminilità* (1926), in J. Baker Miller (a cura di), *Le donne e la psicoanalisi* (1974), Bollati Boringhieri, Torino 1976.
–, *Il problema del masochismo femminile* (1935), in J. Baker Miller (a cura di), *Le donne e la psicoanalisi*, cit.
–, *La personalità nevrotica del nostro tempo* (1937), Newton Compton, Roma 1976.
–, *Nuove vie della psicoanalisi* (1939), Bompiani, Milano 1950.
–, *I nostri conflitti interni. Una teoria delle nevrosi* (1945), Martinelli, Firenze 1971.
–, *Nevrosi e sviluppo della personalità. La lotta per l'autorealizzazione* (1950), Fabbri, Milano 2007.
Horowitz M. J., *Sindromi di risposta allo stress. Valutazione e trattamento* (2002), Raffaello Cortina, Milano 2004.
Horsley J. S., *Narcoanalysis*, in "Journal of Mental Science", 1936, n. 82.
Horvath A. O., Greenberg L. S., *The Working Alliance. Theory, research and practice*, Wiley, New York 1994.
Horvilleur A., *Piccola enciclopedia dell'omeopatia*, Edizioni del Riccio, Firenze 1986.
Hotyat F., *Esami. Aspetti docimologici e pedagogici*, La Scuola, Brescia 1969.
House E. L., Pansky B., *A functional approach to neuroanatomy*, Kopf, New York 1967.
Hovland C. I., *Experimental studies in rote-learning theory*, in "Journal of Experimental Psychology", 1938, n. 23.
Howard D., Hatfield F. M., *Aphasia therapy. Historical and contemporary issues*, Lawrence Erlbaum Associates, London 1987.
Howard H. E., *Territory in bird life*, Arno Press, New York 1920.
Howard I. P., *Human visual orientation*, Wiley, Chichester 1982.
Howard J. W., Rothbart M., *Social categorization and memory for in-group and out-group behavior*, in "Journal of Personality and Social Psychology", 1980, n. 38 (2), pp. 301-310.
Howe M. J. A., *Fragments of genius. The strange feats of idiots savants*, Routledge, London 1989.
Hübner K., *La verità del mito* (1985), Feltrinelli, Milano 1990.
Hudson L., *Contrary imaginations*, Methuen, London 1966.
Huisman D. (a cura di), *Psicologia generale* (1971), Trento Procaccianti Editore, Milano 1977.

–, *Parapsicologia* (1973), Trento Procaccianti Editore, Milano 1975.
Huizinga J., *Homo ludens* (1938), Einaudi, Torino 1949.
Hull C. L., *Knowledge and purpose as habit mechanism*, in "Psychological Review", 1930, n. 37.
–, *Hypnosis and suggestibility. An experimental approach*, Appleton, New York 1933.
–, *I principi del comportamento. Introduzione alla teoria del comportamento* (1943), Armando, Roma 1978.
–, *A behavior system*, Yale University Press, New Haven, Connecticut, 1952.
–, *Essentials of behavior*, Yale University Press, New York 1952.
Hume C., Pullen I., *La riabilitazione dei pazienti psichiatrici* (1992), Raffaello Cortina, Milano 1994.
Hume D., *Ricerche sull'intelletto umano* (1748), Laterza, Bari 1968.
Humphreys Ch., *Lo Zen* (1957), Astrolabio, Roma 1963.
Humphreys G. W., Riddoch M. J., *To see but not to see. A case study of visual agnosia*, Lawrence Erlbaum Associates, London 1987.
Hunt E. B., *Mechanics of verbal ability*, in "Psychological Review", 1978, n. 85, pp. 109-130.
Hunt E. B., Marin J., Stone Ph. J., *Experiments in induction*, Academic Press, New York 1966.
Hunter I. M. L., *La memoria* (1957), Feltrinelli, Milano 1962.
Hunter W. S., *The symbolic process*, in "Psychological Review", 1924, n. 31.
Hurler G., *Über einen Typ multipler Abartungen, vorwiegend am Skelettsystem*, in "Zeitschrift für Kinderheilkunde", 1919, n. 24, pp. 220-234.
Husén T., *Attitudine, possibilità, carriera* (1972), La Nuova Italia, Firenze 1976.
–, *Talento, uguaglianza e meritocrazia* (1974), La Nuova Italia, Firenze 1977.
Husserl E., *Semiotica* (1890), Spirali, Milano 1984.
–, *Zur Phänomenologie des inneren Zeitbewusstsein* (1893-1917), in *Husserliana, Gesammelte Werke*, Nijhoff, Den Haag 1950-1952, vol. X.
–, *La teoria del significato* (1908), Bompiani, Milano 2008.
–, *Idee per una fenomenologia pura e per una filosofia fenomenologica* (1912-1928), Einaudi, Torino 1965.
–, *Ricerche logiche* (1913), il Saggiatore, Milano 1968.
–, *Meditazioni cartesiane* (1931), Bompiani, Milano 1960.
–, *La crisi delle scienze europee e la fenomenologia trascendentale* (1936), il Saggiatore, Milano 1972.
–, *Esperienza e giudizio* (1939, edito postumo), Bompiani, Milano 2007.
Husserl E., Heidegger M., *Fenomenologia. Storia di un dissidio* (1927), Unicopli, Milano 1990.
Hutchins E., *Learning to navigate and context. Paper presented at workshop on context, cognition and activity*, Claire O'Malley, Stenugsund 1987.
Huteau M., Lautrey J., *I test di intelligenza* (1997), il Mulino, Bologna 2000.
Hutton J. B., Roberts T. G., *SEDS. Test di valutazione dei problemi comportamentali ed emozionali* (1990), Erickson, Trento 1994.
Huxley A., *L'arte di vedere* (1942), Adelphi, Milano 1989.
–, *Le porte della percezione. Paradiso e Inferno* (1954), Mondadori, Milano 1986.
Huxley J. S. (a cura di), *A discussion of ritualization of behaviour in Animals and Man*, in "Philosophical Transactions of the Royal Society of London", 1966, vol. 251, pp. 247-526.
Huxley J. S., Haddon A. C., *Noi Europei. Un'indagine sul problema razziale* (1935), Edizioni di Comunità, Torino 2002.
Huxley Th. H., *Evoluzione ed etica* (1888-1893), Bollati Boringhieri, Torino 1995.
Hyde L., *Il dono. Immaginazione e vita erotica della proprietà* (1983), Bollati Boringhieri, Torino 2005.
Hynds F., Bowles N., Maxwell J., *PSI search. The new investigation of psychic phenomena that separates fact from speculation*, Harper & Row, New York 1978.

I

Iacoboni M., *I neuroni specchio. Come capiamo ciò che fanno gli altri*, Bollati Boringhieri, Torino 2008.
Iacoboni M., Molnar-Szakacs I., Gallese V., *Grasping the intentions of others with one's own mirror neuron system*, in "PLoS Biology", 2005, n. 3, pp. 529-535.
Iafrate R., Rosnati R., *Riconoscersi genitori. I percorsi di promozione e arricchimento del legame genitoriale*, Erickson, Trento 2008.
Ianes D., Cramerotti S. (a cura di), *Alunni con BES. Bisogni educativi speciali*, Erickson, Trento 2013.

Ianes D., Cramerotti S., Tait M., *Facciamo il punto su… La dislessia. Il ruolo della scuola e della famiglia*, Erickson, Trento 2007.
Ianes D., Macchia V., *La didattica per i bisogni educativi speciali. Strategie e buone prassi di sostegno inclusivo*, Erickson, Trento 2011.
Iapoce A., *Il sogno. Una ferita per il Logos*, Vivarium, Milano 1997.
ICD-10. Organizzazione Mondiale della Sanità (OMS), *ICD-10. Decima revisione della classificazione internazionale delle sindromi e dei disturbi psichici e comportamentali* (1992), Masson, Milano 1994.
ICF. Organizzazione Mondiale della Sanità (OMS), *ICF. Classificazione internazionale del funzionamento, delle disabilità e della salute*, Erickson, Trento 2015.
ICIDH. Organizzazione Mondiale della Sanità (OMS), *ICIDH. Manuale per la valutazione della compromissione e del funzionamento personale* (1997), Erickson, Trento 2000.
Idel M., *Qabbalah. Nuove prospettive* (1988), Adelphi, Milano 2010.
–, *Mistici messianici* (1998), Adelphi, Milano 2004.
–, *Eros e Qabbalah* (2005), Adelphi, Milano 2007.
Ieranò G., *Eroi. Le grandi saghe della mitologia greca*, Sonzogno-Marsilio, Venezia 2013.
Illich I., *Descolarizzare la società* (1970), Mondadori, Milano 1972.
–, *Rovesciare le istituzioni* (1971), Armando, Roma 1973.
–, *La némésis médicale*, Seuil, Paris 1975.
–, *Nella vigna del testo. Per una etologia della lettura* (1993), Raffaello Cortina, Milano 1994.
Illich I. *et al.*, *Esperti di troppo. Il paradosso delle professioni disabilitanti* (1977), Erickson, Trento 2008.
Illouz E., *Intimità fredde. Le emozioni nella società dei consumi* (2004), Feltrinelli, Milano 2007.
Imbasciati A. (a cura di), *Psicoanalisi e femminilità*, Franco Angeli, Milano 1973.
–, *Istituzioni di psicologia*, vol. I: *Introduzione alle scienze psicologiche*, vol. II: *I grandi temi della ricerca*, Utet, Torino 1986.
Imbasciati A., Calorio D., *Il protomentale*, Bollati Boringhieri, Torino 1981.
Imbasciati A., Castelli C., *Psicologia del fumetto*, Guaraldi, Rimini 1975.
Imbasciati A., Ghilardi A., *Manuale clinico del TAT. La diagnosi psicoanalitica*, Giunti, Firenze 1995.
Immelmann K., *Introduction to ethology*, Plenum Press, New York 1981.
Incerti A., Scarinci A. (a cura di), *Assessment dei disturbi d'ansia. Metodi e strumenti della psicoterapia cognitiva*, Erickson, Trento 2010.
Inghilleri P. (a cura di), *Psicologia culturale*, Raffaello Cortina, Milano 2009.
Inguglia C., Lo Coco A., *Resilienza e vulnerabilità psicologica nel corso dello sviluppo*, il Mulino, Bologna 2013.
Innocenti C., Fioravanti G., Spiti R., Faravelli C., *The Stendhal Syndrome between psychoanalysis and neuroscience*, in "Rivista di Psichiatria", 2014, n. 49 (2), pp. 61-66.
Invernizzi Descalzi V., *L'istintualismo. Verso una nuova psicologia*, Erga Edizioni, Genova 2002.
Iori V., *Essere per l'educazione. Fondamenti di epistemologia pedagogica*, La Nuova Italia, Firenze 1988.
–, *Separazioni e nuove famiglie*, Raffaello Cortina, Milano 2006.
Iovino S., *Filosofie dell'ambiente. Natura, etica, società*, Carocci, Roma 2004.
Ippocrate, *L'antica medicina* (430-415 a.C.), in *Opere*, Utet, Torino 1976.
–, *Male sacro* (430-420 a.C.), in *Opere*, cit.
Irigaray L., *Speculum. L'altra donna* (1974), Feltrinelli, Milano 1975.
–, *Etica della differenza sessuale* (1985), Feltrinelli, Milano 1987.
–, *Io, tu, noi. Per una cultura della differenza* (1990), Bollati Boringhieri, Torino 1992.
–, *La via dell'amore* (2002), Bollati Boringhieri, Torino 2008.
Isaacs S., *Dalla nascita ai sei anni* (1929), Editrice Universitaria, Firenze 1952.
–, *Lo sviluppo intellettuale dei bambini* (1944), Editrice Universitaria, Firenze 1961.
–, *Developments in psychoanalysis*, Hogarth Press, London 1952.
Isambert F., *Rites et efficacité symbolique*, Cerf, Paris 1979.
Isay R. A., *Essere omosessuali. Omosessualità maschile e sviluppo psichico* (1989), Raffaello Cortina, Milano 1996.
Israel G., *La Kabbalah*, il Mulino, Bologna 2005.
Israël L., *L'isteria, il sesso e il medico* (1976), Masson, Milano 1986.
Itelson L. B., *Metodi matematici e cibernetici in pedagogia* (1964), Feltrinelli, Milano 1968.
Ittelson W. H., *Visual space perception*, Springer, New York 1960.
– (a cura di), *La psicologia dell'ambiente* (1970), Franco Angeli, Milano 1978.

Izard C. E., *The face of emotions*, Appleton-Century-Crofts, New York 1971.
–, *Human emotions*, Plenum Press, New York 1977.
Izzo D., Mancassola G., *Il curricolo*, Le Monnier, Firenze 1977.

J

Jackendoff R., *Coscienza e mente computazionale* (1987), il Mulino, Bologna 1990.
Jackson D. D. (a cura di), *Eziologia della schizofrenia* (1960), Feltrinelli, Milano 1964.
Jackson J. H., *The croonian lectures on evolution and dissolution of the nervous system*, in "British Medical Journal", 1884, n. 1.
Jacob F., *La logica del vivente. Storia dell'ereditarietà* (1970), Einaudi, Torino 1971.
–, *Evoluzione e bricolage* (1978), Einaudi, Torino 1978.
Jacobi J., *La psicologia di C. G. Jung* (1939), Bollati Boringhieri, Torino 1973.
–, *Complesso, archetipo, simbolo* (1957), Bollati Boringhieri, Torino 1971.
Jacobs Th. J., *Countertransference past and present. A review of the concept*, in "International Journal of PsychoAnalysis, 1999, n. 80, pp. 97-160.
Jacobson E., *La depressione* (1971), Martinelli, Firenze 1977.
Jacoby G. W., *The unsound mind and the law*, Funk & Wagnalls, New York-London 1918.
Jacoby L. L., Dallas M., *On the relationship between autobiographical memory and perceptual learning*, in "Journal of Experimental Psychology: General", 1981, n. 110, pp. 306-340.
Jaeger W., *Paideia. La formazione dell'uomo greco* (1936-1944), La Nuova Italia, Firenze 1978.
Jaeggi F., *Aspects sociologiques de l'hospitalisation et de l'évolution des psychoses chroniques*, in "Encéphale", 1963, n. 52, pp. 97-160.
Jaensch E. R., *Die Eidetik und die typologische Forschungsmethode*, Barth, Leipzig 1919.
–, *Studien zur Psychologie der menschlicher Typen*, Barth, Leipzig 1930.
–, *Körperform, Wesensart, Rasse*, Barth, Leipzig 1934.
Jaffa T., McDermott B. (a cura di), *I disturbi alimentari nei bambini e negli adolescenti* (2007), Raffaello Cortina, Milano 2009.
Jakobson R., *Il farsi e il disfarsi del linguaggio. Linguaggio infantile e afasia* (1944), Einaudi, Torino 1971.
–, *Verso una tipologia linguistica delle menomazioni afasiche* (1944), in Id., *Il farsi e il disfarsi del linguaggio*, cit.
–, *Due aspetti del linguaggio e due tipi di afasia* (1956), in Id., *Saggi di linguistica generale* (1963), Feltrinelli, Milano 1966.
–, *Saggi di linguistica generale* (1963), Feltrinelli, Milano 1966.
James W., *What is an emotion?*, in "Mind", 1884, n. IX.
–, *L'uomo come esperienza. Identità, istinti, emozioni* (1884-1904), L'ancora del Mediterraneo, Napoli 1999.
–, *Principi di psicologia* (1890), Società Editrice Libraria, Milano 1901.
–, *La volontà di credere* (1897), Principato, Milano 1963.
–, *Le varie forme della coscienza religiosa* (1902), Bocca, Roma-Milano 1954.
–, *Pragmatism. A new name for some old ways of thinking* (1907), tr. it. antologica *Il significato del pragmatismo*, in AA.VV., *Il pragmatismo*, Utet, Torino 1970, pp. 304-321.
–, *Saggi sull'empirismo radicale* (1912), Laterza, Bari 1971.
Jameson F., *Il desiderio chiamato Utopia* (2005), Feltrinelli, Milano 2007.
Jamison K. R., *Una mente inquieta. L'universo della malattia maniaco-depressiva* (1995), Longanesi, Milano 1996.
–, *Rapida scende la notte. Capire il suicidio* (1999), Longanesi, Milano 2001.
Jammer M., *Storia del concetto di spazio* (1954), Feltrinelli, Milano 1963.
Janet P., *L'automatismo psicologico. Saggio di psicologia sperimentale sulle forme inferiori dell'attività umana* (1889-1903), Raffaello Cortina, Milano 2013.
–, *L'état mental des hystériques*, Alcan, Paris 1892.
–, *Nevroses et idées fixes*, Alcan, Paris 1898.
–, *Les obsessions et la psychasthénie*, Alcan, Paris 1903; tr. it. parziale, *La passione sonnambulica e altri scritti*, Liguori, Napoli 1996.
–, *The major symptoms of hysteria*, Macmillan, New York 1910.
–, *De l'angoisse à l'extase*, Alcan, Paris 1926.
–, *L'évolution de la mémoire et la notion du temps*, Maloine, Paris 1928.
–, *La force et la faiblesse psychologiques*, Maloine, Paris 1930.

Janigro N., *La guerra moderna come malattia della civiltà. Con testi di Freud, Jung, Fromm, Fornari, Eibl-Eibesfeldt, Girard, Ahmed, Čolović, Papadopoulos*, Bruno Mondadori, Milano 2002.
Jankélévitch V., *La menzogna e il malinteso* (1942), Raffaello Cortina, Milano 2000.
–, *Il puro e l'impuro* (1960), Einaudi, Torino 2014.
–, *La musica e l'ineffabile* (1961), Bompiani, Milano 1998.
–, *L'avventura, la noia, la serietà* (1963), Marietti, Genova 1991.
–, *La cattiva coscienza* (1966), Dedalo, Bari 2000.
–, *La morte* (1977), Einaudi, Torino 2009.
–, *Il paradosso della morale* (1981), Hopefulmonster, Firenze 1986.
–, *Trattato delle virtù* (1983), Garzanti, Milano 1987.
–, *Pensare la morte?* (1994), Raffaello Cortina, Milano 1995.
Jaques E., *Lavoro, creatività e giustizia sociale* (1970), Bollati Boringhieri, Torino 1978.
–, *Autorità e partecipazione nell'azienda* (1971), Franco Angeli, Milano 1975.
Jarre M., *I padri lontani*, Bollati Boringhieri, Torino 1995.
Jaspers K., *Delirio di gelosia* (1910), Raffaello Cortina, Milano 2015.
–, *Psicopatologia generale* (1913-1959), Il Pensiero Scientifico, Roma 2000.
–, *Psicologia delle visioni del mondo* (1919), Astrolabio, Roma 1950.
–, *Genio e follia. Analisi patografica di Strindberg, Van Gogh, Swedenborg, Hölderlin* (1922), Raffaello Cortina, Milano 2001.
–, *Filosofia* (1932-1956), Libro I: *Orientazione filosofica nel mondo*, Libro II: *Chiarificazione dell'esistenza*, Libro III: *Metafisica*, Utet, Torino 1978.
–, *Ragione ed esistenza* (1935), Marietti, Torino 1971.
–, *Nietzsche. Introduzione alla comprensione del suo filosofare* (1936), Mursia, Milano 1996.
–, *La questione della colpa. Sulla responsabilità politica della Germania* (1946), Raffaello Cortina, Milano 1996.
–, *Della verità* (1947), Bompiani, Milano 2015.
–, *Il linguaggio*, in Id., *Della verità*, cit., pp. 791-899.
–, *Il sapere tragico*, in Id., *Della verità*, cit.
–, *La fede filosofica* (1948), Raffaello Cortina, Milano 2005.
–, *Ragione e antiragione nel nostro tempo* (1950), Sansoni, Firenze 1970.
–, *Il medico nell'età della tecnica* (1950-1955), Raffaello Cortina, Milano 1991.
–, *La bomba atomica e il destino dell'uomo* (1958), il Saggiatore, Milano 1960.
–, *La fede filosofica di fronte alla rivelazione* (1962), Longanesi, Milano 1970.
Jaspers K., Bultmann R., *Il problema della demitizzazione* (1954), Morcelliana, Brescia 1995.
Jastrow J., *A study of Zöllner's figures and other related illusions*, in "American Journal of Psychology", 1981, n. 4.
Jaynes J., *Il crollo della mente bicamerale e l'origine della coscienza* (1976), Adelphi, Milano 1984.
Jeammet Ph., *Adulti senza riserva*, Raffaello Cortina, Milano 2009.
Jeanmaire H., *Le traitement de la manie dans les mystères de Dionysos et des Corybantes*, in "Journal de Psychologie", 1949, n. 42, pp. 64-82.
–, *Dioniso* (1951), Einaudi, Torino 1972.
Jedlowski P., *Il tempo dell'esperienza. Studi sul concetto di vita quotidiana*, Franco Angeli, Milano 1986.
–, *Storie comuni. La narrazione nella vita quotidiana*, Bruno Mondadori, Milano 2000.
–, *Un giorno dopo l'altro. La vita quotidiana fra esperienza e routine*, il Mulino, Bologna 2005.
Jellinek E. M., *The disease concept of alcoholism*, Hillhouse Press, New Brunswick, New Jersey, 1960.
Jensen A. R., *How much can we boost IQ and scholastic achievement?*, in AA.VV., *Environment, heredity and intelligence*, Harvard Educational Review, Cambridge, Massachusetts, 1969.
Jersild A. Th., *Psicologia del bambino* (1955), La Scuola, Brescia 1960.
–, *Psicologia dell'adolescenza* (1967), La Scuola, Brescia 1970.
Jervis G., *Le deficienze mentali*, in S. Arieti (a cura di), *Manuale di psichiatria* (1959-1966), Bollati Boringhieri, Torino 1969-1970, vol. II, pp. 1369-1398.
–, *Manuale critico di psichiatria*, Feltrinelli, Milano 1975.
–, *Alcolismo*, in Id., *Manuale critico di psichiatria*, cit.
–, *Allucinazione*, in Id., *Manuale critico di psichiatria*, cit.
–, *Delirio*, in Id., *Manuale critico di psichiatria*, cit.

–, *Demenza*, in Id., *Manuale critico di psichiatria*, cit.
–, *Depressione*, in Id., *Manuale critico di psichiatria*, cit.
–, *Fobie e ossessioni*, in Id., *Manuale critico di psichiatria*, cit.
–, *Insufficienza mentale*, in Id., *Manuale critico di psichiatria*, cit.
–, *Isteria*, in Id., *Manuale critico di psichiatria*, cit.
–, *La guarigione e la terapia*, in Id., *Manuale critico di psichiatria*, cit.
–, *Mania*, in Id., *Manuale critico di psichiatria*, cit.
–, *Nevrastenia*, in Id., *Manuale critico di psichiatria*, cit.
–, *Nevrosi*, in Id., *Manuale critico di psichiatria*, cit.
–, *Perversione*, in Id., *Manuale critico di psichiatria*, cit.
–, *Tossicomanie*, in Id., *Manuale critico di psichiatria*, cit.
–, *La conquista dell'identità. Essere se stessi, essere diversi*, Feltrinelli, Milano 1977.
–, *Fondamenti di psicologia dinamica. Un'introduzione allo studio della vita quotidiana*, Feltrinelli, Milano 1993.
–, *Il secolo della psicoanalisi*, Bollati Boringhieri, Torino 1999.
–, *La depressione*, il Mulino, Bologna 2002.
Jesi F., *La festa. Antropologia, etnologia, folklore*, Rosenberg & Sellier, Torino 1977.
–, *Materiali mitologici. Mito e antropologia nella cultura mitteleuropea*, Einaudi, Torino 1979.
–, *Il mito*, Mondadori, Milano 1980.
–, *Alchimia*, in *Enciclopedia di Filosofia*, Garzanti, Milano 1981.
Joannes F. V., *Crisi dell'antifemminismo. Il declino delle motivazioni bibliche, teologiche e psicologiche che hanno determinato l'esclusione della donna dalla vita sociale*, Mondadori, Milano 1973.
Job R., Rumiati R., *Linguaggio e pensiero*, il Mulino, Bologna 1984.
Jodelet D., *Rappresentazione sociale. Fenomeni, concetti, teorie* (1984), in S. Moscovici (a cura di), *Psicologia sociale*, Borla, Roma 1996.
–, *Folies et représentations sociales*, Puf, Paris 1989.
– (a cura di), *Le rappresentazioni sociali* (1989), Liguori, Napoli 1991.
Jodorowsky A., *Psicomagia. Una terapia panica* (1995), Feltrinelli, Milano 1997.
Johannsen W. L., *Elemente der exakten Erblichkeitslehre*, Fischer, Jena 1909.
John E. R., *Mechanisms of memory*, Academic Press, New York 1967.
Johnson M. K., *Reality monitoring. An experimental phenomenological approach*, in "Journal of Experimental Psychology: General", 1988, n. 117, pp. 390-394.
Johnson M. K., Raye C. L., *Reality monitoring*, in "Psychological Review", 1981, n. 88, pp. 67-85.
Johnson R. N., *Aggression in man and animals*, Saunders, Philadelphia 1972.
Johnson-Laird Ph. N., *Modelli mentali. Verso una scienza cognitiva del linguaggio, dell'inferenza e della coscienza* (1983), il Mulino, Bologna 1988.
–, *Deductive reasoning ability*, in R. J. Sternberg (a cura di), *Human abilities. An information-processing approach*, Freeman, New York 1985, pp. 173-194.
–, *La mente e il computer. Introduzione alla scienza cognitiva* (1988), il Mulino, Bologna 1990.
–, *Deduzione, induzione, creatività. Pensiero umano e pensiero meccanico* (1991), il Mulino, Bologna 1994.
–, *Pensiero e ragionamento* (2003), il Mulino, Bologna 2008.
Jolly L., *La pelle illuminata. Studio della comunicazione tattile nell'era della globalizzazione*, Edizioni Siddharta, Cuneo 2002.
Jonas H., *Gnosi e spirito tardoantico* (1934-1954), Bompiani, Milano 2010.
–, *Lo gnosticismo* (1934-1954), SEI, Torino 1973.
–, *Il principio responsabilità. Un'etica per la civiltà tecnologica* (1979), Einaudi, Torino 1990.
–, *Potenza o impotenza della soggettività?* (1979), Medusa, Milano 2006.
–, *Tecnica, medicina ed etica. Prassi del principio responsabilità* (1985), Einaudi, Torino 1997.
Jones E., *La razionalizzazione nella vita quotidiana* (1908), in Id., *Teoria del simbolismo*, Astrolabio, Roma 1972.
–, *Teoria del simbolismo. Scritti sulla sessualità femminile e altri saggi* (1912), Astrolabio, Roma 1972.
–, *The phallic phase*, in "Papers on Psychoanalysis", 1932.
–, *Amleto e Edipo* (1949), Il Formichiere, Milano 1975.
–, *Saggi di psicoanalisi applicata* (1951), Guaraldi, Rimini 1971-1972.

–, *Vita e opere di Freud*, vol. I: *Gli anni della formazione e le grandi scoperte (1856-1900)*, vol. II: *Gli anni della maturità (1901-1919)*, vol. III: *L'ultima fase (1919-1939)* (1953), il Saggiatore, Milano 1962.
Jones E. E., *L'azione terapeutica. Una guida alla terapia psicoanalitica* (2000), Raffaello Cortina, Milano 2008.
Jones M., *Rehabilitation in psychiatry*, Who Press, Genève 1952.
–, *Social psychiatry in the community*, Springfield, New York 1962.
–, *Al di là della comunità terapeutica* (1968a), il Saggiatore, Milano 1974.
–, *Ideologia e pratica della psichiatria sociale* (1968b), Etas Kompass, Milano 1970.
Jones R. M., *The new psychology of dreaming*, Grune & Stratton, New York 1970.
Jones S. C., *Self and interpersonal evaluations. Esteem theories versus consistency theories*, in "Psychological Bulletin", 1973, n. 79.
Jordan B., *Gli impostori della genetica* (2000), Einaudi, Torino 2002.
Jordan R., Powell S., *Autismo e intervento educativo. Comunicazione, emotività e pensiero* (1995), Erickson, Trento 1997.
Jores A., *L'uomo malato. Introduzione alla medicina psicosomatica* (1956), Giunti Barbera, Firenze 1963.
Jori M., *Referente*, in AA.VV., *Gli strumenti del sapere contemporaneo*, vol. II: *I concetti*, Utet, Torino 1985, pp. 680-684.
–, *Segno*, in AA.VV., *Gli strumenti del sapere contemporaneo*, vol. II: *I concetti*, cit., pp. 720-724.
–, *Semiotica*, in AA.VV., *Gli strumenti del sapere contemporaneo*, vol. I: *Le discipline*, cit., pp. 678-698.
Joseph B., *The patient who is difficult to reach*, in P. Giovacchini (a cura di), *Tactics and techniques in psychoanalytic therapy*, Jason Aronson, New York 1975.
–, *Equilibrio e cambiamento psichico* (1989), Raffaello Cortina, Milano 1991.
Josselyn I. M., *Lo sviluppo psicosociale del fanciullo* (1948), Editrice Universitaria, Firenze 1965.
–, *L'adolescente e il suo mondo* (1952), Giunti Barbera, Firenze 1964.
Jost A., *Die Assoziationsfestigkeit in ihrer Abhängigkeit von der Verteilung der Wiederholungen*, in "Zeitschrift für Psychologie", 1897, n. 14.
Josuttis M., Leuner H., *Die Religion und die Droge*, Kohlhammer, Stuttgart 1972.
Joule R.-V., Beauvois J.-L., *Petit traité de manipulation à l'usage des honnêtes gens*, Presses Universitaires de Grenoble, Grenoble 1987.
Jouvet M., *The role of monoamines and acetylcholine-containing neurons in the regulation of the sleep-waking cycle*, in "Ergebnisse der Physiologie", 1972, n. 64, pp. 1-165.
Jullien F., *Trattato dell'efficacia* (1996), Einaudi, Torino 1998.
–, *Nutrire la vita* (2005), Raffaello Cortina, Milano 2006.
–, *Sull'intimità* (2013), Raffaello Cortina, Milano 2014.
Jung C. G., *Psicologia e patologia dei cosiddetti fenomeni occulti* (1900), in *Opere* (1969-2007), Bollati Boringhieri, Torino, vol. I.
–, *Simulazione di malattia mentale* (1903), in *Opere*, cit., vol. I.
–, *Squilibrio affettivo maniacale* (1903), in *Opere*, cit., vol. I.
–, *Perizia medica su un caso di simulazione di malattia mentale* (1904), in *Opere*, cit., vol. I.
– (in collaborazione con F. Riklin), *Ricerche sperimentali sulle associazioni di individui normali* (1904), in *Opere*, cit., vol. II, 1.
–, *Criptomnesia* (1905), in *Opere*, cit., vol. I.
–, *Ricerche sperimentali* (1905-1937), in *Opere*, cit., vol. II, 2.
–, *Freud e la psicoanalisi* (1906-1949), in *Opere*, cit., vol. IV.
–, *Psicologia della dementia praecox* (1907), in *Opere*, cit., vol. III.
–, *Psicogenesi delle malattie mentali* (1907-1959), in *Opere*, cit., vol. III.
–, *La teoria freudiana dell'isteria* (1908), in *Opere*, cit., vol. IV.
–, *Conflitti dell'anima infantile* (1909), in *Opere*, cit., vol. XVII.
–, *Lo sviluppo della personalità* (1909-1946), in *Opere*, cit., vol. XVII.
–, *L'importanza del padre nel destino dell'individuo* (1909 1949), in *Opere*, cit., vol. IV.
–, *Critica a Bleuler, "Teoria del negativismo schizofrenico"* (1911), in *Opere*, cit., vol. III.
–, *Vie nuove della psicologia* (1912), in *Opere*, cit., vol. VII.
–, *Simboli della trasformazione* (1912-1952), in *Opere*, cit., vol. V.
–, *Le due forme del pensare*, in *Simboli della trasformazione*, cit., vol. V.
–, *Aspetti generali della psicoanalisi* (1913), in *Opere*, cit., vol. IV.
–, *Saggio di esposizione della teoria psicoanalitica* (1913), in *Opere*, cit., vol. IV.
–, *Sulla comprensione psicologica di processi patologici* (1914), in *Opere*, cit., vol. III.
–, *Adattamento* (1916), in *Opere*, cit., vol. VII.

–, *Adattamento, individuazione e collettività* (1916), in *Opere*, cit., vol. VII.
–, *La struttura dell'inconscio* (1916), in *Opere*, cit., vol. VII.
–, *Sulla psicoanalisi* (1916), in *Opere*, cit., vol. IV.
–, *Prefazioni ai "Collected Papers on Analytical Psychology"* (1916-1917), in *Opere*, cit., vol. IV.
–, *Considerazioni generali sulla psicologia del sogno* (1916-1948), in *Opere*, cit., vol. VIII.
–, *Prefazione alla seconda edizione dei "Collected Papers on Analytical Psychology"* (1917), in *Opere*, cit., vol. IV.
–, *Psicologia dell'inconscio* (1917-1943), in *Opere*, cit., vol. VII.
–, *Civiltà in transizione* (1918-1959), in *Opere,* cit., vol. X, 1, 2.
–, *I fondamenti psicologici della credenza negli spiriti* (1920-1948), in *Opere*, cit., vol. VIII.
–, *Tipi psicologici* (1921), in *Opere*, cit., vol. VI.
–, *Anima*, in *Tipi psicologici*, cit.
–, *Simbolo*, in *Tipi psicologici*, cit.
–, *Il valore terapeutico dell'abreazione* (1921-1928), in *Opere*, cit., vol. XVI.
–, *Problemi specifici di psicoterapia* (1921-1946), in *Opere*, cit., vol. XVI.
–, *Pratica della psicoterapia* (1921-1959), in *Opere*, cit., vol. XVI.
–, *Psicologia analitica e arte poetica* (1922), in *Opere*, cit., vol. X, 1.
–, *Il matrimonio come relazione psicologica* (1925), in *Opere*, cit., vol. XVII.
–, *Spirito e vita* (1926), in *Opere*, cit., vol. VIII.
–, *Anima e terra* (1927-1931), in *Opere*, cit., vol. X, 1.
–, *La struttura della psiche* (1927-1931), in *Opere*, cit., vol. VIII.
–, *L'Io e l'inconscio* (1928), in *Opere*, cit., vol. VII.
–, *Anima e Animus*, in *L'Io e l'inconscio*, cit.
–, *Energetica psichica* (1928), in *Opere*, cit., vol. VIII.
–, *Psicologia analitica e concezione del mondo* (1928-1931), in *Opere*, cit., vol. VIII.
–, *Il contrasto tra Freud e Jung* (1929), in *Opere*, cit., vol. IV.
–, *Il significato della costituzione e dell'eredità in psicologia* (1929), in *Opere*, cit., vol. VIII.
–, *I problemi della psicoterapia moderna* (1929), in *Opere*, cit., vol. XVI.
–, *Problemi generali di psicoterapia* (1929-1951), in *Opere*, cit., vol. XVI.
–, *Commento al "Segreto del fiore d'oro"* (1929-1957), in *Opere*, cit., vol. XIII.
–, *Studi sull'alchimia* (1929-1957), in *Opere*, cit., vol. XIII.
–, *Prefazione a W. M. Kranefeldt, "Die Psychoanalyse"* (1930), in *Opere*, cit., vol. IV.
–, *Gli stadi della vita* (1930-1931), in *Opere*, cit., vol. VIII.
–, *I rapporti della psicoterapia con la cura d'anime* (1932), in *Opere*, cit. vol. XI.
–, *Psicoanalisi e psicologia analitica* (1932-1961), in *Opere*, cit., vol. XV.
–, *Fratel Klaus* (1933), in *Opere*, cit., vol. XI.
–, *Realtà e surrealtà* (1933), in *Opere*, cit., vol. VIII.
–, *Anima e morte* (1934), in *Opere*, cit., vol. VIII.
–, *Considerazioni generali sulla teoria dei complessi* (1934), in *Opere*, cit., vol. VIII.
–, *L'applicabilità pratica dell'analisi dei sogni* (1934), in *Opere*, cit., vol. XVI.
–, *Situazione attuale della psicoterapia* (1934), in *Opere*, cit., vol. X, 1.
–, *Psicologia ed educazione* (1934-1946), in *Opere*, cit., vol. XVII.
–, *Empiria del processo d'individuazione* (1934-1950), in *Opere*, cit., vol. IX, 1.
–, *Gli archetipi dell'inconscio collettivo* (1934-1954), in *Opere*, cit., vol. IX, 1.
–, *Che cos'è la psicoterapia?* (1935), in *Opere*, cit., vol. XVI.
–, *Fondamenti della psicologia analitica* (1935), in *Opere*, cit., vol. XV.
–, *Le conferenze alla clinica Tavistock* (1935), in Id., *Psicologia analitica*, Mondadori, Milano 1975.
–, *Principi di psicoterapia pratica* (1935), in *Opere*, cit., vol. XVI.
–, *Commento psicologico al "Bardo Thödol" (Il libro tibetano dei morti)* (1935-1953), in *Opere*, cit., vol. XI.
–, *Il concetto di inconscio collettivo* (1936), in *Opere*, cit., vol. IX, 1.
–, *Lo Yoga e l'Occidente* (1936), in *Opere*, cit., vol. IX.
–, *Simboli onirici del processo d'individuazione* (1936), in *Psicologia e alchimia* (1943), in *Opere*, cit., vol. XII.
–, *Sull'archetipo, con particolare riguardo al concetto di Anima* (1936-1954), in *Opere*, cit., vol. IX, 1.

–, *Determinanti psicologiche del comportamento umano* (1937), in *Opere*, cit., vol. VIII.
–, *Psicologia e religione* (1938-1940), in *Opere*, cit., vol. XI.
–, *Gli aspetti psicologici dell'archetipo della madre* (1938-1954), in *Opere*, cit., vol. IX, 1.
–, *Coscienza, inconscio e individuazione* (1939), in *Opere*, cit., vol. IX, 1.
–, *Prefazione a D. T. Suzuki, "La grande liberazione. Introduzione al buddhismo zen"* (1939), in *Opere*, cit., vol. XI.
–, *Psicogenesi della schizofrenia* (1939), in *Opere*, cit., vol. III.
–, *Psicologia dell'archetipo del fanciullo* (1940), in *Opere*, cit., vol. IX, 1.
–, *Saggio d'interpretazione psicologica del dogma della Trinità* (1942-1948), in *Opere*, cit., vol. XI.
–, *Il simbolo della trasformazione nella messa* (1942-1954), in *Opere*, cit., vol. XI.
–, *Psicologia e alchimia* (1943), in *Opere*, cit., vol. XII.
–, *Dopo la catastrofe* (1945), in *Opere*, cit., vol. X, 2.
–, *La psicoterapia oggi* (1945), in *Opere*, cit., vol. XVI.
–, *Medicina e psicoterapia* (1945), in *Opere*, cit., vol. XVI.
–, *L'essenza dei sogni* (1945-1948), in *Opere*, cit., vol. VIII.
–, *La psicologia della traslazione illustrata con l'ausilio di una serie di immagini alchemiche* (1946), in *Opere*, cit., vol. XVI.
–, *Fenomenologia dello spirito della fiaba* (1946-1948), in *Opere*, cit., vol. IX, 1.
–, *Riflessioni teoriche sull'essenza della psiche* (1947-1954), in *Opere*, cit., vol. VIII.
–, *Lexikonartikel Tiefenspsychologie* (1948), in *Gesammelte Werke*, Walter, Olten-Freiburg im Breisgau 1981, vol. XVIII, 2.
–, *Prefazione a "I Ching"* (1950), in *Opere*, cit., vol. XI.
–, *Simbolismo del mandala* (1950), in *Opere*, cit., vol. IX, 1.
–, *Aion. Ricerche sul simbolismo del Sé* (1951), in *Opere*, cit., vol. IX, 2.
–, *La sizigia: Anima e Animus*, in *Aion*, cit., in *Opere*, cit., vol. IX, 2.
–, *L'ombra*, in *Aion*, cit., in *Opere*, cit., vol. IX, 2.
–, *A proposito di "Risposta a Giobbe"* (1952), in *Opere*, cit., vol. XI.
–, *La sincronicità* (1952), in *Opere*, cit., vol. VIII.
–, *La sincronicità come principio di nessi acausali* (1952), in *Opere*, cit., vol. VIII.
–, *Risposta a Giobbe* (1952), in *Opere*, cit., vol. XI.
–, *Risposta a Martin Buber* (1952), in *Opere*, cit., vol. XI.
–, *Mysterium coniunctionis* (1955-1956), in *Opere*, cit., vol. XIV, 1-2.
–, *La funzione trascendente* (1957-1958), in *Opere*, cit., vol. VIII.
–, *Nuove considerazioni sulla schizofrenia* (1957-1959), in *Opere*, cit., vol. III.
–, *La coscienza morale dal punto di vista psicologico* (1958), in *Opere*, cit., vol. X, 2.
–, *Bene e male nella psicologia analitica* (1959), in *Opere*, cit., vol. XI.
Jung C. G., Kerényi K., *Prolegomeni allo studio scientifico della mitologia* (1940-1941), Bollati Boringhieri, Torino 1972.
Jung C. G. *et al.*, *L'uomo e i suoi simboli* (1959-1967), Raffaello Cortina, Milano 1983.
Jung E., *Il problema dell'Animus*, in Id., *Animus e Anima* (1931-1941), Bollati Boringhieri, Torino 1992.
–, *L'anima nelle sue manifestazioni originarie* (1950-1955), in Id., *Animus e Anima*, cit.
Jung R., *Neuronal integration in the visual cortex and its significance*, in W. A. Rosenblith (a cura di), *Sensory communication*, Wiley, New York 1961.
Jünger E., *L'operaio* (1932), Guanda, Parma 1991.
–, *Avvicinamenti. Droghe ed ebbrezza* (1970), Guanda, Parma 2006.
Juritsch M., *Il ruolo paterno nell'educazione* (1966), La Scuola, Brescia 1969.

K

Kaas J. H., *Functional plasticity in adult cortex*, in "Seminars in Neuroscience", 1997, n. 9 (1-2).
Kabat-Zinn J., *Vivere momento per momento* (1990), Tea, Milano 2010.
–, *Riprendere i sensi. Guarire se stessi e il mondo attraverso la consapevolezza* (2005), Corbaccio, Milano 2006.
Kaës R., *L'idéologie. Études psychoanalytiques*, Dunod, Paris 1980.
–, *Il gruppo e il soggetto di gruppo* (1993), Borla, Roma 1994.
–, *Le teorie psicoanalitiche del gruppo* (1999), Borla, Roma 2000.
Kafka G., *Grundsätzliches zur Ausdruckspsychologie*, in "Acta Psychologica", 1937, n. 3.

Kagan J., *La natura del bambino. Psicologia e biologia dello sviluppo infantile* (1984), Einaudi, Torino 1988.
–, *Galen's prophecy. Temperament in human nature*, Basic Books, New York 1994.
–, *Lo sviluppo umano. Tra genetica ed esperienza* (2013), Raffaello Cortina, Milano 2014.
Kahlbaum K. L., *Die Gruppierung der psychischen Krankheiten*, Kafemann, Danzig 1863.
–, *Klinische Abhandlungen über psychische Krankheiten*, Heft 1: *Die Katatonie oder das Spannungsirresein*, Hirschwald, Berlin 1874.
–, *The clinic-diagnostic perspective in psychopathology* (1882), edizione in lingua inglese a cura di G. E. Berrios, in "History of Psychiatry", 2007, n. 18, pp. 231-245.
Kahneman D., *Psicologia dell'attenzione* (1973), Giunti Barbera, Firenze 1981.
Kahneman D., Tversky A., *Prospect theory. An analysis of decision under risk*, in "Econometrica", 1979, n. 47 (2), pp. 263-291.
–, *Choices, values and frames*, in "American Psychologist", 1984, n. 39, pp. 341-350.
Kainz F., *Psychologie der Sprache*, Enke, Stuttgart 1960.
Kalff D. M., *Il gioco della sabbia e la sua azione terapeutica sulla psiche* (1966), Organizzazioni Speciali (O. S.), Firenze 1974.
Kalinowsky L. B., *La terapia convulsivante da shock*, in S. Arieti (a cura di), *Manuale di psichiatria* (1959-1966), Bollati Boringhieri, Torino 1970, vol. III, pp. 1752-1775.
Kallir A., *Segno e disegno. Psicogenesi dell'alfabeto* (1961), Spirali/Vel, Milano 1994.
Kalveram K. T., *Über Faktorenanalyse*, in "Archiv für gesamte Psychologie", 1970, n. 22.
Kamper D., *Corpo*, in Ch. Wulf (a cura di), *Cosmo, corpo, cultura. Enciclopedia antropologica* (1997), Bruno Mondadori, Milano 2002, pp. 409-418.
–, *Desiderio*, in Ch. Wulf (a cura di), *Cosmo, corpo, cultura. Enciclopedia antropologica*, cit., pp. 1021-1030.
–, *Fantasia*, in Ch. Wulf (a cura di), *Cosmo, corpo, cultura. Enciclopedia antropologica*, cit., pp. 1031-1038.
–, *Follia*, in Ch. Wulf (a cura di), *Cosmo, corpo, cultura. Enciclopedia antropologica*, cit., pp. 926-932.
–, *Immagine*, in Ch. Wulf (a cura di), *Cosmo, corpo, cultura. Enciclopedia antropologica* (1997), cit., pp. 595-601.
Kandel E. R., *Psichiatria, psicoanalisi e nuova biologia della mente* (1979-1999), Raffaello Cortina, Milano 2007.
–, *Alla ricerca della memoria. La storia di una nuova scienza della mente* (2006), Codice, Torino 2007.
Kandel E. R., Schwartz J. H., Jessell Th. M., *Principi di neuroscienze* (1981), Editrice Ambrosiana, Milano 2003.
Kandel E. R., Spencer W. A., *Cellular neurophysiological approaches in the study of learning*, in "Physiological Review", 1968, n. 48, pp. 65-133.
Kandinskij V., *Tutti gli scritti*, Feltrinelli, Milano 1974.
Kaneklin C., *Il gruppo in teoria e in pratica. L'intersoggettività come forza produttiva*, Raffaello Cortina, Milano 2010.
Kaneklin C., Scaratti G. (a cura di), *Formazione e narrazione. Costruzione di significato e processi di cambiamento personale e organizzativo*, Raffaello Cortina, Milano 1998.
– (a cura di), *Sicurezza e organizzazione. Ricerca e formazione per la sostenibilità della vita organizzativa*, Raffaello Cortina, Milano 2010.
Kanizsa G., *Grammatica del vedere*, il Mulino, Bologna 1980.
–, *Vedere e pensare*, il Mulino, Bologna 1991.
Kanizsa G., Caramelli N. (a cura di), *L'eredità della psicologia della Gestalt*, il Mulino, Bologna 1988.
Kanizsa G., Legrenzi P., Sonino M., *Percezione, linguaggio, pensiero*, il Mulino, Bologna 1983.
Kanner L., *Autistic disturbances of affective contact*, in "Nervous Child", 1943, n. 2.
Kant I., *Critica della ragion pura* (1781), Laterza, Bari 1959.
–, *Fondamenti della metafisica dei costumi* (1785), La Nuova Italia, Firenze 1958.
–, *Critica della ragion pratica* (1788), Laterza, Bari 1955.
–, *Critica del giudizio* (1790), Laterza, Bari 1960.
–, *La religione entro i limiti della sola ragione* (1793), Laterza, Bari 1980.
–, *Metafisica dei costumi* (1797), Laterza, Bari 1970.
–, *Antropologia pragmatica* (1798), Laterza, Bari 1969.
–, *La pedagogia* (1803), La Nuova Italia, Firenze 1946.
Kaplan H. S., *Le nuove terapie sessuali*, Bompiani, Milano 1976.
Kaplan L. J., *Perversioni femminili* (1991), Raffaello Cortina, Milano 1992.
–, *Voci dal silenzio. La perdita della persona amata e forze psicologiche* (1995), Raffaello Cortina, Milano 1996.
–, *Falsi idoli. Le culture del feticismo* (2006), Erickson, Trento 2008.
Kaplan M. F., Schwartz S. (a cura di), *Human judgement and decision processes*, Academic Press, New York 1975.

Kaplan R., Kaplan S., *Cognition and environment. Functioning in an uncertain world*, Praeger, New York 1982.
Kaplan-Solms K., Solms M., *Neuropsicoanalisi. Un'introduzione clinica alla neuropsicologia del profondo* (2001), Raffaello Cortina, Milano 2002.
Kardiner A., *L'individuo e la sua società. La struttura della "personalità di base" nelle società primitive. Un incontro tra psicoanalisi e antropologia culturale* (1939), Bompiani, Milano 1965.
–, *Nevrosi traumatiche di guerra*, in S. Arieti (a cura di), *Trattato di psichiatria* (1959-1966), Bollati Boringhieri, Torino 1969-1970, vol. I, pp. 238-251.
Kardiner A., Preble E., *Lo studio dell'uomo* (1961), Bompiani, Milano 1964.
Kardiner A., Spiegel H., *War stress and neurotic illness*, Hoeber, New York 1947.
Karmiloff-Smith A., *Oltre la mente modulare. Una prospettiva evolutiva sulla scienza cognitiva* (1992), il Mulino, Bologna 1995.
Karsch-Haack F., *Das gleichgeschlechtliche Leben der Naturvölker*, Ernst Reinhardt, München 1911.
Kassner R., *I fondamenti della fisiognomica* (1922), Neri Pozza, Vicenza 1997.
Kast V., *Das Assoziationsexperiment in der therapeutischen Praxis*, in I. Riedel (a cura di), *Farben*, Kreuz, Stuttgart 1983.
–, *La coppia. Realtà e immaginario nelle relazioni d'amore* (1984), Red Edizioni, Como 1991.
Katona G., *Memoria e organizzazione. Studi di psicologia dell'apprendimento e dell'insegnamento* (1940), Giunti Barbera, Firenze 1972.
Katsching H., Freeman H., Sartorius N., *La qualità di vita in psichiatria* (1997), Il Pensiero Scientifico, Roma 1999.
Katz D(aniel), Kahn R. L., *Psicologia sociale delle organizzazioni* (1966), Etas Kompass, Milano 1968.
Katz D(avid), *La psicologia della forma* (1948), Einaudi, Torino 1950.
–, *Psicologia sociale*, in D. Katz, R. Katz, *Trattato di psicologia* (1950), Bollati Boringhieri, Torino 1960
Katz D(avid), Katz R. (a cura di), *Trattato di psicologia* (1950), Bollati Boringhieri, Torino 1960.
Katz D. S., *La tradizione occulta. Dal Rinascimento a oggi. Templari, massoni, rosacroce, teosofi, seguaci della New Age, fondamentalisti* (2005), Garzanti, Milano 2007.
Kaufman J., Birmaher B., Brent D., Rao U., Ryan N., *Test K-SADS-PL. Intervista diagnostica per la valutazione dei disturbi psicopatologici in bambini e adolescenti* (1997), Erickson, Trento 2004.
Kaufmann J.-C., *La vita a due. Sociologia della coppia* (1993), il Mulino, Bologna 1996.
Kaye K., *La vita mentale e sociale del bambino* (1982), Il Pensiero Scientifico, Roma 1989.
Kazdin A. E., *Metodi di ricerca in psicologia clinica* (1992), il Mulino, Bologna 1996.
Kealiinohomoku J. M. W., *A comparative study of dance as a constellation of motor behaviors among Africans and United States negroes*, in "Dance Horizons", 1965.
–, *Folk dance*, in R. Dorson (a cura di), *Folklore and folklife. An introduction*, University of Chicago Press, Chicago 1972.
Keats J. A., Collis K. F., Halford G. S., *Cognitive development*, Wiley Sons, London 1978.
Kekes J. A., *A justification of rationality*, State University Press, New York 1976.
Keller W., *Psychologie und Philosophie des Wollens*, Reinhardt, München 1954.
Kelley H. H., *Attribution theory in social psychology*, in "Nebraska Symposium on Motivation", 1967, n. 15, pp. 192-241.
Kelley H. H., Thibaut J. W., *Interpersonal relations. A theory of interdependence*, Wiley-Interscience, New York 1978.
Kelly G. A., *La psicologia dei costrutti personali. Teoria e personalità* (1955), Raffaello Cortina, Milano 2004.
Kelman H. C., Hamilton V. L., *Crimes of obedience. Toward a social psychology of authority and responsibility*, Yale University Press, New Haven, Connecticut, 1989.
Kempf E. J., *The psychopathology of the acute homosexual panic. Acute pernicious dissociation neuroses*, in Id. *Psychopathology*, Mosby, St. Louis, Missouri, 1920, pp. 477-515.
Kendall Ph. C., Di Pietro M., *Terapia scolastica dell'ansia. Guida per psicologi e insegnanti*, Erickson, Trento 2000.
Kendall Ph. C., Norton-Ford J. D., *Psicologia clinica* (1982), il Mulino, Bologna 1986.
Kendler K. S., MacLean Ch., Neale R. C., Eaves L. J., *The genetic epidemiology of bulimia nervosa*, in "American Journal of Psychiatry", 1991, n. 148, pp. 539-547.
Kendler K. S., Neale M., Kessler R. C. (a cura di), *Major depression and generalized anxiety disorder. Same genes, (partly) different environments*, in "Archives of General Psychiatry", 1992, n. 49, pp. 716-722.
Kendon A. (a cura di), *Nonverbal communication, interaction and gesture*, Mouton, Den Haag 1975.
Kennedy A., Wilkes A., *Studies in longterm memory*, Wiley, New York 1975.
Kenney R. A., *Fisiologia dell'invecchiamento* (1989), Il Pensiero Scientifico, Roma 1991.
Kerényi K., *Miti e misteri* (1939-1949), Bollati Boringhieri, Torino 1978.

–, *L'antica religione* (1940), Astrolabio, Roma 1951.
–, *Gli dèi e gli eroi della Grecia* (1955), Garzanti, Milano 1976.
–, *Nel labirinto* (1966), Bollati Boringhieri, Torino 1983.
Kerényi K., Hillman J., *Variazioni su Edipo* (1966-1987), Raffaello Cortina, Milano 1992.
Kerlinger F., *Foundations of behavioral research*, Holt, New York 1973.
Kernberg O. F., *Borderline Personality Organisation*, in "Jounal of American Psychoanalitic Association", 1967, vol. 15, pp. 641-685.
–, *Sindromi marginali e narcisismo patologico* (1975), Bollati Boringhieri, Torino 1978.
–, *Teoria della relazione oggettuale e clinica psicoanalitica* (1976), Bollati Boringhieri, Torino 1980.
–, *Mondo interno e realtà esterna* (1980), Bollati Boringhieri, Torino 1985.
–, *Disturbi gravi della personalità* (1984), Bollati Boringhieri, Torino 1987.
–, *Aggressività, disturbi della personalità e perversioni* (1992), Raffaello Cortina, Milano 1993.
–, *Relazioni d'amore. Normalità e patologia* (1995), Raffaello Cortina, Milano 1995.
–, *Teoria psicoanalitica dei disturbi di personalità*, in J. F. Clarkin, M. F. Lenzenweger (a cura di), *I disturbi di personalità. Le cinque principali teorie* (1996), Raffaello Cortina, Milano 1997, pp. 107-139.
–, *Le relazioni nei gruppi. Ideologia, conflitto, leadership* (1998), Raffaello Cortina, Milano 1999.
–, *Narcisismo, aggressività e autodistruttività nella relazione psicoterapeutica* (2004), Raffaello Cortina, Milano 2006.
Kerschensteiner G., *Theorie der Bildung*, Teubner, Leipzig 1926.
Kessel N., Walton H., *L'alcoolismo. Patologia e terapia del bere* (1975), Feltrinelli, Milano 1978.
Kets de Vries M. F. R., *Leader, giullari e impostori. Sulla psicologia della leadership* (1993), Raffaello Cortina, Milano 1994.
–, *L'organizzazione irrazionale. La dimensione nascosta dei comportamenti organizzativi* (1999), Raffaello Cortina, Milano 2001.
Kets de Vries M. F. R., Miller D., *L'organizzazione nevrotica. Una diagnosi in profondità dei disturbi e delle patologie del comportamento organizzativo* (1984), Raffaello Cortina, Milano 1992.
Keuls E. C., *Il regno della fallocrazia* (1985), il Saggiatore, Milano 1988.
Khan M. M. R., *Lo spazio privato del sé* (1974), Bollati Boringhieri, Torino 1979.
–, *Le figure della perversione* (1979), Bollati Boringhieri, Torino 1982.
–, *I Sé nascosti. Teoria e pratica psicoanalitica* (1983), Bollati Boringhieri, Torino 1990.
–, *Trasgressioni* (1989), Bollati Boringhieri, Torino 1992.
Kielholz P., *Depressive illness*, Huber, Bern 1972.
Kiener F., *Hand, Gebärde und Charakter*, Klages, München 1962.
Kierkegaard S., *Diario del seduttore* (1843), Bocca, Milano 1963.
–, *Enten-Eller (Aut-Aut)* (1843), Adelphi, Milano 1976-1989, voll. I-V.
–, *Il concetto dell'angoscia* (1844), Sansoni, Firenze 1965.
–, *La malattia mortale* (1849), Sansoni, Firenze 1965.
Kiernan Ch., Jones M., *Test BAB. Valutazione per l'handicappato grave*, Erickson, Trento 2000.
Kilpatrick W. H., *Filosofia dell'educazione* (1915), La Nuova Italia, Firenze 1963.
King R. C., *Dizionario di genetica* (1972), Isedi, Milano 1974.
Kinsey A. Ch. *et al.*, *Il comportamento sessuale dell'uomo* (1948), Bompiani, Milano 1963.
–, *Il comportamento sessuale della donna* (1953), Bompiani, Milano 1965.
Kintsch W., *Learning memory and conceptual processing*, Wiley, New York 1970.
–, *Memory and cognition*, Wiley, New York 1977.
Kintsch W., Van Dijk T. A., *Toward a model of text comprehension and production*, in "Psychological Rewiew", 1978, n. 85, pp. 363-394.
Kirby E. A., Grimley L. K., *Disturbi dell'attenzione e iperattività* (1989), Erickson, Trento 1992.
Kirchhoff R., *Allgemeine Ausdruckslehre*, Hogrefe, Göttingen 1957.
Kirchmayr R., *Il circolo interrotto. Figure del dono in Mauss, Sartre e Lacan*, Edizioni Università di Trieste, Trieste 2002.
Kirk G. S., *Il mito* (1969), Liguori, Napoli 1980.
Kirman B. H., *The mentally handicapped child*, Nelson, London 1972.
Kirshenbaum S., *La scienza del bacio. Cosa dicono le nostre labbra* (2010), Raffaello Cortina, Milano 2011.
Kissel P., Barrucand D., *Placebos et effet placebo en médecine*, Masson, Paris 1964.
Kitwood T., *Riconsiderare la demenza* (2013), Erickson, Trento 2015.
Klaesi J., *Über die Bedeutung und Entstehung der Stereotypien*, Karger, Berlin 1922.

Klafki W., *Insegnamento*, in Ch. Wulf (a cura di), *Cosmo, corpo, cultura. Enciclopedia antropologica* (1997), Bruno Mondadori, Milano 2002, pp. 803-814.
Klages L., *Perizie grafologiche su casi illustri* (1904-1929), Adelphi, Milano 1994.
–, *La scrittura e il carattere. Principi ed elementi di grafologia* (1910), Mursia, Milano 1982.
–, *Die Grundlagen der Charakterkunde*, Barth, Leipzig-Bonn 1926.
–, *Der Geist als Widersacher der Seele*, Barth, Leipzig-Bonn 1929-1932.
–, *Grundlegung der Wissenschaft vom Ausdruck*, Barth, Leipzig-Bonn 1936.
Klama J., *L'aggressività, realtà e mito*, Bollati Boringhieri, Torino 1991.
Klapper J. T., *The effects of mass communication*, The Free Press, Glencoe 1960.
Klein É., *Le strategie di Crono* (2004), Meltemi, Roma 2005.
Klein M., *Scritti 1921-1958*, Bollati Boringhieri, Torino 1978.
–, *Lo sviluppo di un bambino* (1921), in *Scritti 1921-1958*, cit., pp. 17-73.
–, *La scuola nello sviluppo libidico del bambino* (1923), in *Scritti 1921-1958*, cit., pp. 74-93.
–, *Analisi infantile* (1923), in *Scritti 1921-1958*, cit., pp. 94-125.
–, *Contributo alla psicogenesi dei tic* (1925), in *Scritti 1921-1958*, cit., pp. 162-196.
–, *Tendenze criminali nei bambini normali* (1927), in *Scritti 1921-1958*, cit., pp. 197-213.
–, *I primi stadi del conflitto edipico* (1928), in *Scritti 1921-1958*, cit., pp. 214-226.
–, *L'importanza della formazione dei simboli nello sviluppo dell'Io* (1930), in *Scritti 1921-1958*, cit., pp. 249-264.
–, *La psicoanalisi dei bambini* (1932), Martinelli, Firenze 1969.
–, *Il primo sviluppo della coscienza morale nel bambino* (1933), in *Scritti 1921-1958*, cit., pp. 282-292.
–, *Contributo alla psicogenesi degli stati maniaco-depressivi* (1935), in *Scritti 1921-1958*, cit., pp. 297-325.
–, *Il lutto e la sua connessione con gli stati maniaco-depressivi* (1940), in *Scritti 1921-1958*, cit., pp. 326-354.
–, *Il complesso edipico alla luce delle angosce primitive* (1945), in *Scritti 1921-1958*, cit., pp. 355-408.
–, *Note su alcuni meccanismi schizoidi* (1946), in *Scritti 1921-1958*, cit., pp. 409-434.
–, *Sulla teoria dell'angoscia e del senso di colpa* (1948), in *Scritti 1921-1958*, cit., pp. 435-453.
–, *Alcune conclusioni teoriche sulla vita emotiva del bambino nella prima infanzia* (1952), in *Scritti 1921-1958*, cit., pp. 454-459.
–, *Le influenze reciproche nello sviluppo dell'Io e dell'Es* (1952), in *Scritti 1921-1958*, cit., pp. 536-539.
–, *Le origini della traslazione* (1952), in *Scritti 1921-1958*, cit., pp. 526-535.
–, *Sull'osservazione del comportamento dei bambini nel primo anno di vita* (1952), in *Scritti 1921-1958*, cit., pp. 494-525.
–, *La tecnica psicoanalitica del gioco. Sua storia e suo significato* (1953), in M. Klein, P. Heimann, R. Money-Kyrle (a cura di), *Nuove vie della psicoanalisi. Il significato del conflitto infantile nello schema del comportamento dell'adulto* (1955), il Saggiatore, Milano 1966, pp. 29-49.
–, *Sull'identificazione* (1955), in M. Klein, P. Heimann, R. Money-Kyrle (a cura di), *Nuove vie della psicoanalisi*, cit., pp. 401-445.
–, *Invidia e gratitudine* (1957), Martinelli, Firenze 1969.
–, *Sullo sviluppo dell'attività psichica* (1958), in *Scritti 1921-1958*, cit., pp. 540-550.
Klein M., Heimann P., Money-Kyrle R. (a cura di), *Nuove vie della psicoanalisi. Il significato del conflitto infantile nello schema del comportamento dell'adulto* (1955), il Saggiatore, Milano 1966.
Klein M., Riviere J., *Amore, odio e riparazione* (1937), Astrolabio, Roma 1969.
Kleinke C. L., *Self-perception. The psychology of personal awareness*, Freeman, San Francisco 1978.
Kleist K., *Gehirnpathologie*, Barth, Leipzig 1934.
–, *Las esquizofrenias paranoides*, in "Actas Luso-españolas de Neurología, Psiquiatría y Ciencias afines", 1951.
Klerman G. L., Weissman M. M., Rounsaville B. J., Chevron E. S., *Psicoterapia interpersonale della depressione* (1984), Bollati Boringhieri, Torino 1989.
Klinzing D. R., Klinzing D. G., *Il bambino in ospedale* (1977), La Nuova Italia, Firenze 1980.
Kluckhohn C., *Myths and ritual. A general theory*, in "Harvard Theological Review", 1942, n. 35.
Kluckhohn C., Kelly W. H., *Il concetto di cultura* (1945), in AA.VV., *Il concetto di cultura. I fondamenti teorici della scienza antropologica*, Einaudi, Torino 1970, pp. 261-299.
Kluckhohn C., Kroeber A. L., *Il concetto di cultura* (1952), il Mulino, Bologna 1972.
Kluckhohn F. R., Strodtbeck F. L., *Valutations in value orientations*, Row, Peterson & Company, Evanston, Illinois, 1961.
Knehr E., *Libertà e disciplina. Che fare?* (1965), Armando, Roma 1978.
Knill M., Knill Ch., *Motricità e musicoterapia nell'handicap. Consapevolezza corporea, movimento, comunicazione non verbale* (1991), Erickson, Trento 2009.

Knowles M. S., *La formazione degli adulti come autobiografia* (1989), Raffaello Cortina, Milano 1996.
Knuth D. E., *The art of computer programming*, Addison-Wesley, Reading, Massachusetts, 1973, vol. I.
Koch J. L. A., *Die psychopathischen Minderwertigkeiten*, Maier, Ravensburg 1891.
Koch Candela M. C., *Nel tempio nel bosco. Mito e fiaba nella conversazione terapeutica*, Raffaello Cortina, Milano 1988.
Kochen M., *Cognitive learning processes. An explication*, in N. V. Findler, B. Meltzer (a cura di), *Artificial intelligence and heuristic programming*, University Press, Edinburgh 1971.
Kock K., *Il test dell'albero* (1949), Organizzazioni Speciali (O. S.), Firenze 1959.
–, *Il reattivo dell'albero. Il disegno dell'albero come ausilio psicodiagnostico* (1958), Organizzazioni Speciali (O. S.), Firenze 1993.
Koestler A., *L'atto della creazione* (1964), Astrolabio, Roma 1980.
Koffka K., *The growth of the mind*, Routledge & Kegan, London 1921.
–, *Principi di psicologia della forma* (1935), Bollati Boringhieri, Torino 1970, nuova edizione riveduta 2006.
Kofman S., *L'enigma donna. La sessualità femminile nei testi di Freud* (1980), Bompiani, Milano 1982.
Kogan N., Wallach M. A., *Risk taking as a function of the situation, the person and the group*, in G. Mandler (a cura di), *New directions in psychology*, Holt, Rinehart & Winston, New York 1967.
Kohlberg L., *Development of moral character and moral ideology*, in "Review of Child Development Research", 1964, vol. I.
Kohler C., *Jeunes déficients mentaux*, Dessart, Bruxelles 1967.
Kohler E., Keysers Ch., Umiltà M. A., *Hearing sounds, understanding, action. Action representation in mirror neurons*, in "Science", 2002, n. 297, pp. 846-848.
Kohler I., *Der Fernsinne der Blinden*, in "Die Umschau", 1952, n. 52.
Köhler W., *L'intelligenza nelle scimmie antropoidi* (1917), Giunti Barbera, Firenze 1961.
–, *Die physischen Gestalten in Ruhe und im stationären Zustand*, Vieweg, Braunschweig 1920.
–, *La psicologia della Gestalt* (1929), Feltrinelli, Milano 1961.
Kohut H., *Introspezione ed empatia. Raccolta di scritti* (1959-1981), Bollati Boringhieri, Torino 2003.
–, *Narcisismo e analisi del Sé* (1971), Bollati Boringhieri, Torino 1976.
–, *La guarigione del Sé* (1977), Bollati Boringhieri, Torino 1980.
–, *La ricerca del Sé* (1978), Bollati Boringhieri, Torino 1982.
–, *La cura psicoanalitica* (1984), Bollati Boringhieri, Torino 1986.
Kojève A., *La nozione di autorità* (1942, edito nel 2004), Adelphi, Milano 2011.
–, *Linee di una fenomenologia del diritto* (1943, edito nel 1981), Jaca Book, Milano 1989.
König E., *Experimentelle Beiträge zur Theorie des binokularen Einfach und Tiefensehens*, Hain, Meisenheim 1962.
König O., *Pelle*, in Ch. Wulf (a cura di), *Cosmo, corpo, cultura. Enciclopedia antropologica* (1997), Bruno Mondadori, Milano 2002, pp. 438-447.
Konner M., *L'ala impigliata. I condizionamenti biologici dello spirito umano* (1982), Feltrinelli, Milano 1984.
Kopp R., *Le metafore nel colloquio clinico* (1998), Erickson, Trento 2000.
Köpping K.-P., *Dono*, in Ch. Wulf (a cura di), *Cosmo, corpo, cultura. Enciclopedia antropologica* (1997), Bruno Mondadori, Milano 2002, pp. 837-854.
–, *Estasi*, in Ch. Wulf (a cura di), *Cosmo, corpo, cultura. Enciclopedia antropologica*, cit., pp. 556-575.
–, *Oscenità*, in Ch. Wulf (a cura di), *Cosmo, corpo, cultura. Enciclopedia antropologica*, cit., pp. 576-592.
Koppitz E. M., *The Bender Gestalt test for young children*, Grune & Stratton, New York 1964.
Korchin Sh. J., *Psicologia clinica moderna* (1976), Borla, Roma 1981.
Körner S., *Categorial frameworks*, Barnes & Noble, New York 1970.
Kornhauser A., *Lavoro operaio e salute mentale* (1965), Franco Angeli, Milano 1973.
Koseleff P., *Eine Modifikation des Charpentier-Effektes*, in "Psychologische Forschung", 1936, n. 21.
Koser K., *Le migrazioni internazionali* (2007), il Mulino, Bologna 2009.
Koss M. P., White J., Kazdin A., *Violence against women and girls*, vol. I: *Mapping the problems*, vol II: *Navigating the solutions*, American Psychological Association, Washington (DC) 2011.
Koyré A., *I filosofi e la macchina* (1961), in Id., *Dal mondo del pressapoco all'universo della precisione. Tecniche, strumenti e filosofia dal mondo classico alla rivoluzione scientifica*, Einaudi, Torino 1967.
Kracauer S., *Sull'amicizia* (1971), Guanda, Parma 2010.
Kraepelin E., *Trattato di psichiatria* (1883), Vallardi, Milano 1907.
–, *Über Katalepsie*, in "Allgemaine Zeitschrift für Psychiatrie", 1892, n. 48.
–, *Psichiatria comparativa* (1904), in "I Fogli di Oriss", 1996, n. 6, pp. 193-198.

–, *Maniac-depressive insanity and paranoia* (1913), Livingstone, Edinburgh 1921.
Krafft W., *Das betriebliche Vorschlagswesen als Gruppenaufgabe und Gruppenproblem*, Duncker & Humblot, Berlin 1966.
Krafft-Ebing R. von, *Psychopathia sexualis* (1886), Edizioni Mediterranee, Roma 1975.
Krahé B., *Psicologia della personalità e psicologia sociale. Verso una sintesi* (1992), Guerini & Associati, Milano 1994.
–, *Psicologia sociale dell'aggressività* (2001), il Mulino, Bologna 2005.
Kraijer D. W., Lassi S., La Malfa G., *STA-DI. Scala di valutazione dei tratti autistici nelle persone con disabilità intellettiva*, Erickson, Trento 2006.
Kramer G., *Mindfulness relazionale. Insight dialogue, meditazione e libertà* (2007), Bollati Boringhieri, Torino 2016.
Kraus F., *Die Allgemeine und spezielle Pathologie der Person*, Thieme, Leipzig 1919-1926, voll. I-II.
Kremer-Marietti A., *Lacan o la retorica dell'inconscio* (1978), Astrolabio, Roma 1981.
Kretschmer E., *Der sensitive Beziehungswahn*, Springer, Berlin 1918.
–, *Körperbau und Charakter*, Springer, Berlin 1921.
–, *Manuale teorico-pratico di psicologia medica* (1922), Sansoni, Firenze 1952.
Kringlen E., *Schizophrenia in twins*, in "Psychiatry", 1966, n. 29.
Kris E., *La smorfia della follia. I busti fisiognomici di Franz Xaver Messerschmidt* (1932), Il Poligrafo, Padova 1993.
–, *Il "pericolo" della propaganda* (1941), in AA.VV., *La propaganda*, Bollati Boringhieri, Torino 1995, pp. 41-72.
–, *Note sulla psicologia del pregiudizio* (1946), in AA.VV., *La propaganda*, cit., pp. 121-131.
–, *Ricerche psicoanalitiche sull'arte* (1952), Einaudi, Torino 1967.
Kristeva J., *La femme, ce n'est jamais ça*, in "Tel Quel", 1974, n. 59.
–, *Sole nero. Depressione e malinconia* (1987), Feltrinelli, Milano 1988.
–, *Stranieri a se stessi* (1988), Feltrinelli, Milano 1990.
Kroeber A. L., *Antropologia. Razza, lingua, cultura, psicologia, preistoria* (1923-1948), Feltrinelli, Milano 1983.
–, *La natura della cultura* (1952), il Mulino, Bologna 1974.
Kroh O., *Experimentelle Beiträge zur Typenkunde*, in "Zeitschrift für Psychologie", 1929, vol. 14 (Supplemento).
Kronhausen E., Kronhausen Ph., *Pornography and law. The psychology of erotic realism and hard core pornography*, Ballantine Books, New York 1970.
Krug D. A., Arick J. R., *KADI – Krug Asperger's Disorder Index. Test per la valutazione della sindrome di Asperger* (2003), Erickson, Trento 2007.
Kryspin-Exner K., *Psychosen und Prozessverläufe des Alkoholismus*, Überreuter, Wien 1966.
Kubler G., *La forma del tempo* (1972), Einaudi, Torino 1976.
Kuhl J., *Volitional mediators of cognition-behavior consistency*, in J. Kuhl, J. Beckmann (a cura di), *Action control. From cognition to behavior*, Springer, New York 1985.
Kühn A., *Orientierung der Tiere im Raum*, Fischer, Jena 1919.
Külpe O., *Grundriss der Psychologie*, Engelmann, Leipzig 1893.
–, *Vorlesungen über Psychologie* (1912, edito postumo), Hirzel, Leipzig 1920 .
Kumar V., Cotran R. S., Robbins S. L., *Anatomia patologica*, Edizioni Mediche Scientifiche Internazionali, Roma 1995.
Künkel F., *Einführung in die Charakterologie*, Hirzel, Leipzig 1928.
Kurtz L. A., *Disturbi della coordinazione motoria. Come aiutare i bambini goffi a casa e a scuola* (2003), Erickson, Trento 2006.
Kutter P., Loch W., Roskamp H., Wesiack W., *Psicoanalisi medica. La teoria della malattia nella psicoanalisi* (1971), Feltrinelli, Milano 1975.

L

Labanca N., *Propaganda*, in M. Flores (a cura di), *Diritti umani. Cultura dei diritti e dignità della persona nell'epoca della globalizzazione*, Utet, Torino 2007, vol. II, pp. 1108-1114.
Laborit H., *Elogio della fuga* (1976), Mondadori, Milano 2013.
–, *L'inibizione dell'azione* (1979), il Saggiatore, Milano 1986.
Lacan J., *Della psicosi paranoica nei suoi rapporti con la personalità* (1932), Einaudi, Torino 1982.
–, *Scritti* (1936-1966), Einaudi, Torino 1974, voll. I-II.
–, *Al di là del "principio di realtà"* (1936), in *Scritti*, cit., vol. I.
–, *Il tempo logico e l'asserzione di certezza anticipata* (1945), in *Scritti*, cit., vol. I.
–, *L'aggressività in psicoanalisi* (1948), in *Scritti*, cit., vol. I.

–, *Lo stadio dello specchio come formatore della funzione dell'io* (1949), in *Scritti*, cit., vol. I.
–, *Discorso sulla causalità psichica* (1950), in *Scritti*, cit., vol. I.
–, *Introduzione teorica alle funzioni della psicoanalisi in criminologia* (1951), in *Scritti*, cit., vol. I.
–, *Intervento sul transfert* (1952), in *Scritti*, cit., vol. I.
–, *Funzione e campo della parola e del linguaggio in psicoanalisi* (1953), in *Scritti*, cit., vol. I.
–, *Dei Nomi-del-Padre* (1953-1963), Einaudi, Torino 2006.
–, *Introduzione al commento di Jean Hyppolite sulla Verneinung di Freud. Risposta al commento di Jean Hyppolite sulla Verneinung* (1954), in *Scritti*, cit., vol. I.
–, *Il seminario su "La lettera rubata"* (1955), in *Scritti*, cit., vol. I.
–, *Varianti della cura-tipo* (1955), in *Scritti*, cit., vol. I.
–, *La cosa freudiana. Senso del ritorno a Freud in psicoanalisi* (1956), in *Scritti*, cit., vol. I.
–, *La psicoanalisi e il suo insegnamento* (1957), in *Scritti*, cit., vol. I.
–, *L'istanza della lettera dell'inconscio o la ragione dopo Freud* (1957), in *Scritti*, cit., vol. I.
–, *La significazione del fallo* (1958), in *Scritti*, cit., vol. II.
–, *Una questione preliminare ad ogni possibile trattamento della psicosi* (1958), in *Scritti*, cit., vol. II.
–, *Nota sulla relazione di Daniel Lagache: "Psicoanalisi e struttura della personalità"* (1960), in *Scritti*, cit., vol. II.
–, *Sovversione del soggetto e dialettica del desiderio nell'inconscio freudiano* (1960), in *Scritti*, cit., vol. II.
–, *Il trionfo della religione* (1960-1974), Einaudi, Torino 2006.
–, *La direzione della cura e i principi del suo potere* (1961), in *Scritti*, cit., vol. II.
–, *Kant con Sade* (1963), in *Scritti*, cit., vol. II.
–, *Del "Trieb" di Freud e del desiderio dello psicoanalista* (1964), in *Scritti*, cit., vol. II.
–, *La scienza e la verità* (1966), in *Scritti*, cit., vol. II.
–, *Posizione dell'inconscio* (1966), in *Scritti*, cit., vol. II.
–, *Le séminaire* (1951-1979), Édition du Seuil, Paris 1975-1981, voll. I-XXVI. Tr. it. in via di completamento: *I Seminari*, Einaudi, Torino 1978 e seguenti.
–, *Il Seminario. Libro I: Gli scritti tecnici di Freud, 1953-1954*, Einaudi, Torino 1978.
–, *Ideale dell'io e Io ideale* (1954), in Id., *Il Seminario. Libro I*, cit.
–, *La funzione creatrice della parola* (1954), in Id., *Il Seminario. Libro I*, cit.
–, *La topica dell'immaginario* (1954), in Id., *Il Seminario. Libro I*, cit.
–, *Il Seminario. Libro II: L'Io nella teoria di Freud e nella tecnica della psicoanalisi, 1954-1955*, cit., 1991.
–, *Il Seminario. Libro III: Le psicosi, 1955-1956*, cit., 1985.
–, *Il Seminario. Libro IV: La relazione oggettuale e le strutture freudiane, 1956-1957*, cit., 2007.
–, *Il Seminario. Libro V: La formazione dell'inconscio, 1957-1958*, cit., 2004.
–, *Il Seminario. Libro VI: Il desiderio e la sua interpretazione, 1958-1959*, cit., 2016.
–, *Il Seminario. Libro VII: L'etica della psicoanalisi, 1959-1960*, cit., 1994.
–, *Il Seminario. Libro VIII: Il transfert, 1960-1961*, cit., 2008.
–, *Il Seminario. Libro X: L'angoscia, 1962-1963*, cit., 2007.
–, *Il Seminario. Libro XI: I quattro concetti fondamentali della psicoanalisi, 1964*, cit., 1979.
–, *Il Seminario. Libro XVII: Il rovescio della psicoanalisi, 1969-1970*, cit., 2010.
–, *Il Seminario. Libro XVIII: Di un discorso che non sarebbe del sembiante, 1971*, cit., 2010.
–, *Il Seminario. Libro XX: Ancora, 1972-1973*, cit., 1983.
–, *Del godimento* (1972), in Id., *Il Seminario. Libro XX: Ancora*, cit.
–, *Il Seminario. Libro XXIII: Il sinthomo, 1975-1976*, Astrolabio, Roma 2006.
–, *Intervista rilasciata a Paolo Caruso* (1966), in P. Caruso, *Conversazioni con Lévi-Strauss, Foucault, Lacan*, Mursia, Milano 1969.
–, *Psychanalyse et médecine*, in "Cahier du Collège de Médecine", 1966, n. 12.
–, *Proposta del 9 ottobre 1967 intorno allo psicoanalista della Scuola*, in AA.VV., *Scilicet. Rivista dell'École freudienne de Paris. Scritti di Jacques Lacan e di altri*, Feltrinelli, Milano 1977.
–, *La condensazione e lo spostamento. Un'elucidazione* (1970), in AA.VV., *Scilicet*, cit.
–, *Radiofonia* (1970), in AA.VV., *Scilicet*, cit.
–, *La troisième*, in "Lettres de l'École Freudienne", 1975, n. 16.
Lachaud J.-C., *Potere medico e malattia. Saggio sulla iatrogenia* (1975), Il Pensiero Scientifico, Roma 1977.
Lacôte Ch., *L'inconscio* (2003), Bollati Boringhieri, Torino 2005.

Lacoue-Labarthe Ph., *La melodia ossessiva. Psicoanalisi e musica* (1979), Feltrinelli, Milano 1980.
Lacroix A., *Contributo alla teoria del bacio* (2001), Gremese, Roma 2013.
Làdavas E., *Specializzazione emisferica ed emozioni*, in C. A. Umiltà (a cura di), *Neuropsicologia sperimentale*, Franco Angeli, Milano 1982.
Làdavas E., Berti A., *Neuropsicologia*, il Mulino, Bologna 2009.
Laeng M., *L'educazione nella civiltà tecnologica*, Armando, Roma 1970.
La Forgia M., *Sogni di uno spiritista. Empirismo psicologico e parapsicologico in C. G. Jung*, Melusina, Roma 1991.
–, *Morfogenesi dell'identità*, Mimesis, Milano 2008.
Laforgue R., *La névrose familiale*, in "Revue Française de Psychanalyse", 1936, vol. IX.
–, *Psychopathologie de l'échec*, Payot, Paris 1939.
–, *The relativity of reality*, Thomas Nelson & Sons, New York 1940.
Lagache D., *Le problème du transfert*, in "Revue Française de Psychanalyse", 1952, vol. XVI.
–, *La psychanalyse et la structure de la personnalité*, in AA.VV., *La psychanalyse*, Puf, Paris 1958, vol. VI.
–, *Situation de l'agressivité*, in "Bulletin de Psychologie", 1960, vol. XIV, n. 1.
Lago G., *L'illusione di Mesmer. Carisma e pseudoscienza nell'epoca dei Lumi*, Castelvecchi, Roma 2014.
Lahav R., *Comprendere la vita. La consulenza filosofica come ricerca della saggezza* (1993-2001), Apogeo, Milano 2004.
Lai G., *Gruppi di apprendimento. Gruppi di apprendimento e sistemi relazionali*, Bollati Boringhieri, Torino 1976.
–, *Le parole del primo colloquio*, Bollati Boringhieri, Torino 1980.
–, *Disidentità*, Feltrinelli, Milano 1988.
–, *Conversazionalismo. Le straordinarie avventure del soggetto grammaticale*, Bollati Boringhieri, Torino 1993.
Laicardi C., *Psicologia e qualità della vita della vecchiaia*, Il Pensiero Scientifico, Roma 1987.
–, *Genitori competenti*, Il Pensiero Scientifico, Roma 1998.
Laicardi C., Pezzuti L., *Psicologia dell'invecchiamento e della longevità*, il Mulino, Bologna 2000.
Laicardi C., Piperno A., *La qualità della vita nella terza età*, Borla, Roma 1980.
Laing R. D., *L'io diviso. Studio di psichiatria esistenziale* (1959), Einaudi, Torino 1969.
–, *L'Io e gli altri. Psicopatologia dei processi interattivi* (1959), Sansoni, Firenze 1977.
–, *La politica dell'esperienza* (1967), Feltrinelli, Milano 1968.
–, *La politica della famiglia* (1969), Einaudi, Torino 1973.
Laing R. D., Cooper D., *Ragione e violenza* (1964), Armando, Roma 1973.
Laing R. D., Esterson A., *Normalità e follia nella famiglia* (1964), Einaudi, Torino 1970.
Lakatos I., Musgrave A. (a cura di), *Critica e crescita della conoscenza* (1970), Feltrinelli, Milano 1976.
Lamarck J.-B., *Ricerche sull'organizzazione dei corpi viventi* (1802), Riza, Milano 1988.
–, *Filosofia zoologica* (1809), La Nuova Italia, Firenze 1976.
Lambruschi F. (a cura di), *Psicoterapia cognitiva dell'età evolutiva*, Bollati Boringhieri, Torino 2004.
Lamert E. M., *Social pathology*, Hill Book Company, New York 1951.
Lami B., *Psicopatia e pensiero del cuore*, Zephiro Edizioni, Milano 2006.
Lamour C., Lamberti M. R., *Il sistema mondiale della droga* (1972), Einaudi, Torino 1973.
Lance J. W. *et al.*, *Brainstem influences on the cephalic circulation. Experimental data from cat and monkey of relevance to the mechanism of migraine*, in "Headache", 1983, n. 23.
Landgrebe L., *Fenomenologia e storia* (1968), il Mulino, Bologna 1972.
Landi P., *Analisi dell'esperienza*, Joppolo Editore, Milano 1994.
–, *Percezione e inferenza*, Joppolo Editore, Milano 1995.
Landsberg P. L., *Einführung in die philosophische Anthropologie*, Suhrkamp, Frankfurt a.M. 1960.
Lange C. G., *Les émotions*, Presses Universitaires de France, Paris 1885.
Lange J., *Agnosie und Apraxie*, in O. Bumke, O. Foerster (a cura di), *Handbuch der Neurologie*, Springer, Berlin 1936, vol. 6, pp. 807-960.
Langen D., *Der Weg des Autogenen Training*, Wissenschaftliche Buchgesellschaft, Darmstadt 1968.
Langer D., *Informationstheorie und Psychologie*, Hogrefe, Göttingen 1962.
Langer S. K., *Filosofia in una nuova chiave. Linguaggio, rito, mito e arte* (1942), Armando, Roma 1972.
Langer W. C., *La mente di Adolf Hitler* (1944), Gingko Edizioni e-book, 2013.
Langs R., *Follia e cura* (1987), Bollati Boringhieri, Torino 1988.
Lanternari V., *La grande festa. Storia del capodanno nelle società primitive*, il Saggiatore, Milano 1959.

–, *La grande festa. Vita rituale e sistemi di produzione nelle società tradizionali*, Dedalo, Bari 1976.
Lanzarone G. A., *Algoritmo*, in AA.VV., *Gli strumenti del sapere contemporaneo*, vol. II: *I concetti*, Utet, Torino 1985, pp. 8-11.
Lanzi G. (a cura di), *L'adolescenza*, Il Pensiero Scientifico, Roma 1983.
Lanzi G. *et al.*, *La depressione nel bambino e nell'adolescente*, Armando, Roma 1995.
Lao-tzu, *Tao Tê Ching*, Adelphi, Milano 1973.
Lapassade G., *L'analisi istituzionale* (1970), Isedi, Milano 1974.
–, *Saggio sulla transe* (1976), Feltrinelli, Milano 1980.
LaPiere R. T., *Attitudes vs action*, in "Social Forces", 1934, n. 13.
Lapierre A., Aucouturier B., *La simbologia del movimento* (1979), Edipsicologiche, Cremona 1983.
–, *Il corpo e l'inconscio in educazione e terapia* (1980), Armando, Roma 1982.
Laplanche J., *Pour situer la sublimation*, in "Psychoanalyse à l'université", 1976, n. 3, pp. 434-461.
–, *Narrativa ed ermeneutica* (1998), in "Ricerca psicoanalitica", 2000, n. 1, pp. 7-12.
–, *Tre accezioni del termine "inconscio" nella cornice della Teoria della Seduzione Generalizzata*, in "Rivista di Psicoanalisi", 2004, n. 50, pp. 11-26.
Laplanche J., Pontalis J.-B., *Fantasma originario, fantasmi delle origini, origini del fantasma* (1964), il Mulino, Bologna 1988.
–, *Enciclopedia della psicoanalisi* (1967), Laterza, Bari 1968.
Laplantine F., *L'etnopsichiatria* (1973), Tattilo, Roma 1974.
–, *Identità e métissage* (1999), Elèuthera, Milano 2004.
La Porta G., *La magia*, Marsilio, Venezia 1998.
Laqueur H. P., *La teoria generale dei sistemi e la terapia familiare multipla*, in W. Gray, F. J. Duhl, N. D. Rizzo (a cura di), *Teoria generale dei sistemi e psichiatria* (1969), Feltrinelli, Milano 1978.
Laqueur Th. W., *Sesso solitario. Storia culturale della masturbazione* (2003), il Saggiatore, Milano 2007.
La Rocheterie J. de, *La natura dei sogni. Dizionario d'interpretazione dei simboli della natura* (1984), Red Edizioni, Como 1988.
Lasalvia A., Penta E., Sartorius N., Henderson S., *Should the label "schizophrenia" be abandoned?*, in "Schizophrenia Research", 2015, vol. 162, fasc. 1-3, pp. 276-284.
Lasalvia A., Tansella M., *What is in a name? Renaming schizophrenia as a starting point for moving ahead with its re-conceptualization*, in "Epidemiology Psychiatric Sciences", 2013, vol. 22, fasc. 4, pp. 303-305.
Lasch Ch., *La cultura del narcisismo* (1979), Bompiani, Milano 1981.
–, *L'io minimo. La mentalità della sopravvivenza in un'epoca di turbamenti* (1984), Feltrinelli, Milano 1985.
–, *Il paradiso in terra. Il progresso e la sua critica* (1991), Feltrinelli, Milano 1992.
–, *La ribellione delle élite. Il tradimento della democrazia* (1995), Feltrinelli, Milano 1995.
Lashley K., *Brain mechanism and intelligence*, University of Chicago Press, Chicago 1929.
Lass N. J. (a cura di), *Speech and language. Advances in basic research and practice*, Academic Press, New York 1984, vol. X.
Lasswell H. D., *Potere e personalità* (1948), in Id., *Potere, politica e personalità*, Utet, Torino 1975.
László E., *Evoluzione. I limiti interni della natura umana* (1984), Feltrinelli, Milano 1986.
–, *L'ipotesi del campo Ψ. Fisica e metafisica dell'evoluzione* (1986), Pierluigi Lubrina Editore, Bergamo 1987.
Latané B., Darley J. M., *The unresponsive bystander. Why doesn't he help?*, Appleton, New York 1970.
Laudadio A., Fiz Pérez F. J., Mazzocchetti L., *RPQ. Resilience Process Questionnaire. Valutazione della resilienza negli adolescenti*, Erickson, Trento 2011.
Laughlin H. P., *The Ego and its defenses*, Appleton-Century-Crofts, New York 1970.
Lavanchy P., *Il corpo in fame. Anoressia e bulimia: riflessioni sui disordini alimentari*, Rizzoli, Milano 1994.
Lavater J. K., Lichtenberg G. Ch., *Lo specchio dell'anima. Pro e contro la fisiognomica. Un dibattito del Settecento* (1772-1780), Il Poligrafo, Padova 1991.
Lavazza A., Inglese S., *Manipolare la memoria. Scienza ed etica della rimozione dei ricordi*, Mondadori, Milano 2013.
Lavazza A., Sartori G. (a cura di), *Neuroetica. Scienze del cervello, filosofia e libero arbitrio*, il Mulino, Bologna 2011.
Lavelli M., *Intersoggettività. Origini e primi sviluppi*, Raffaello Cortina, Milano 2007.
Lavie P., *Il meraviglioso mondo del sonno. Viaggio alla riscoperta dei segreti che abitano le nostre notti* (1996), Einaudi, Torino 1999.
Law J., *Big Pharma. Come l'industria farmaceutica controlla la nostra salute* (2006), Einaudi, Torino 2006.
Lawler J., *Intelligence, génétique, racisme. Le quotient intellectuel est-il héréditaire?*, Éditions Sociales, Paris 1978.
Lazarsfeld P. F., *La tradizione empirica e la tradizione classica* (1957), in Id., *Metodologia e ricerca sociologica*, il Mulino, Bologna 1967, pp. 891-913.

Lazarus A. A., *On assertive behavior. A brief note*, in "Behavior Therapy", 1973, pp. 549-554.
Lazarus R. S., *Psychological stress and the coping process*, McGraw-Hill, New York 1966.
–, *Patterns of adjustment*, McGraw-Hill, New York 1976.
Lazarus R. S., Folkman S., *Stress, appraisal and coping*, Springer, New York 1984.
Lazarus-Mainka G., *Aspetti psicologici dell'angoscia* (1976), Città Nuova, Roma 1987.
Lazzari D., *Mente & Salute. Evidenze, ricerche e modelli per l'integrazione*, Franco Angeli, Milano 2007.
–, *La Bilancia dello stress. Uno strumento per capire, misurare, gestire*, Liguori, Napoli 2009.
Leach E., *Ritual*, in *International Encyclopedia of the Social Sciences*, Macmillan, New York 1968.
Le Bitoux J., *Sulla questione gay* (2005), il Saggiatore, Milano 2009.
Le Bon G., *Psicologia delle folle* (1895), Edizioni Tea, Milano 2004.
Lebovici S., *I sentimenti di colpa nel bambino e nell'adulto* (1971), Feltrinelli, Milano 1983.
Lebovici S., Soulé M., *La conoscenza del bambino e la psicoanalisi* (1970), Feltrinelli, Milano 1972.
Lebovici S., Weil-Halpern F. (a cura di), *Psicopatologia della prima infanzia* (1989), Bollati Boringhieri, Torino 1994.
Le Boulch J., *Educare con il movimento* (1969), Armando, Roma 1971.
–, *Verso una scienza del movimento umano* (1971), Armando, Roma 1975.
Le Brun Ch., *Le figure delle passioni. Conferenze sull'espressione e la fisiognomica* (1698), Raffaello Cortina, Milano 1992.
Lecaldano E., *Etica*, Utet, Torino 1995.
–, *Simpatia*, Raffaello Cortina, Milano 2013.
–, *Sul senso della vita*, il Mulino, Bologna 2016.
Lecce S., Pagnin A., *Il lessico psicologico. La teoria della mente nella vita quotidiana*, il Mulino, Bologna 2007.
Lecky P., *Self-consistency. A theory of personality*, Long Island Press, New York 1945.
Lederer W., *Ginofobia. La paura delle donne* (1968), Feltrinelli, Milano 1973.
LeDoux J., *Il cervello emotivo. Alle origini delle emozioni* (1996), Baldini & Castoldi, Milano 1998.
–, *Il Sé sinaptico. Come il nostro cervello ci fa diventare quel che siamo* (2002), Raffaello Cortina, Milano 2002.
–, *Ansia. Come il cervello ci aiuta a capirla* (2015), Raffaello Cortina, Milano 2016.
Lee B. S., *Effects of delayed feedback*, in "Journal of the Acoustical Society of America", 1950, n. 22.
Leech G. N., *Semantics*, Pelican Books, London 1974.
Leeper R. W., *A motivation theory of emotion to replace "emotion as disorganized response"*, in "Psychological Review", 1948, n. 55.
Lefebvre H., *Critica della vita quotidiana* (1947), Dedalo, Bari 1977.
–, *Position. Contre les technocrates*, Gonthier, Paris 1967.
–, *La produzione dello spazio* (1974), Moizzi, Milano 1976.
Legendre P., *Godere del potere* (1974), Marsilio, Venezia 1977.
Leghissa G., *Il gioco dell'identità. Differenza, identità, rappresentazione*, Mimesis, Milano 2005.
Le Goff J., *Peccato*, in AA.VV., *Enciclopedia*, Einaudi, Torino 1980, vol. X, pp. 561-581.
Legrenzi P. (a cura di), *Storia della psicologia*, il Mulino, Bologna 1980.
–, *Come funziona la mente*, Laterza, Bari 1998.
–, *La felicità*, il Mulino, Bologna 1998.
–, *Creatività e innovazione*, il Mulino, Bologna 2005.
–, *Conoscenza*, in AA.VV., *Psiche. Dizionario storico di psicologia, psichiatria, psicoanalisi, neuroscienze*, Einaudi, Torino 2006-2007, vol. I, pp. 240-245.
–, *Credere*, il Mulino, Bologna 2008.
–, *La fantasia. I nostri mondi paralleli*, il Mulino, Bologna 2010.
Legrenzi P., Mazzocco A., *Psicologia del pensiero*, Martello, Milano 1973.
Legrenzi P., Papagno C., Umiltà C., *Psicologia generale. Dal cervello alla mente*, il Mulino, Bologna 2012.
Legrenzi P., Umiltà C., *Neuro-mania. Il cervello non spiega chi siamo*, il Mulino, Bologna 2009.
Lehmann H., *Psychopharmacotherapy*, in D. Healy, *The psychopharmacologists*, Chapman & Hall, London 1996, vol. I, pp. 159-186.
Lehr U., *Psicologia degli anziani* (1976), SEI, Torino 1979.
Leibniz G. W., *Hypothesis Physica Nova* (1671), in *Die philosophische Schriften*, Weidmann, Berlin 1875-1890, vol. IV.
–, *Nuovi saggi sull'intelletto umano* (1703), Laterza, Bari 1963.
Leigh E., *Adaptation and diversity*, Freeman, San Francisco 1971.

Leischner A., *Die Störungen der Schriftsprache (Agraphie und Alexie)*, Thieme, Stuttgart 1957.
–, *Die autoskopischen Halluzinationen (Héautoskopie)*, in "Fortschritte der Neurologie-Psychiatrie", 1961, n. 29.
Leites E., *Coscienza puritana e sessualità moderna* (1986), il Saggiatore, Milano 1988.
Lemaire J.-G., *La relaxation*, Payot, Paris 1964.
Lemert E. M., *Social pathology*, Hill Book Company, New York 1951.
–, *Devianza, problemi sociali e forme di controllo* (1967), Giuffrè, Milano 1981.
Lemish D., *I bambini e la tv* (2007), Raffaello Cortina, Milano 2008.
Lemma A., Target M., Fonagy P., *Terapia dinamica interpersonale breve. Una guida clinica* (2011), Raffaello Cortina, Milano 2012.
Lemoine G., Lemoine P., *Lo psicodramma* (1972), Feltrinelli, Milano 1973.
Lemperière Th., Féline A. (a cura di), *Psichiatria* (1977), Masson, Milano 1981.
Lennard H. L., Bernstein A., *The anatomy of psychotherapy*, Columbia University, New York 1960.
Lenneberg E. H., *Fondamenti biologici del linguaggio* (1967), Bollati Boringhieri, Torino 1971.
Lennep D. J. van, *Manual for picture test*, Nijhoff, Utrecht 1930.
Lenoir F., *La felicità. Un viaggio filosofico* (2013), Bompiani, Milano 2014.
Lentini L., *Epistemologia*, in AA.VV., *Gli strumenti del sapere contemporaneo*, vol. I: *Le discipline*, Utet, Torino 1985, pp. 223-258.
–, *Errore*, in AA.VV., *Gli strumenti del sapere contemporaneo*, vol. II: *I concetti*, cit., pp. 278-279.
–, *Osservazione*, in AA.VV., *Gli strumenti del sapere contemporaneo*, vol. II: *I concetti*, cit., pp. 593-505.
–, *Il paradigma del sapere*, Franco Angeli, Milano 1990.
Le Ny J.-F., Montepellier G. de, Oléron G., Florès C., *Apprendimento e memoria*, in P. Fraisse, J. Piaget (a cura di), *Trattato di psicologia sperimentale* (1963-1968), Einaudi, Torino 1972-1979, vol. IV.
Lenzen D., *Padre*, in Ch. Wulf (a cura di), *Cosmo, corpo, cultura. Enciclopedia antropologica* (1997), Bruno Mondadori, Milano 2002, pp. 335-342.
Leonhard K., *Le psicosi endogene* (1962), Feltrinelli, Milano 1968.
Leoni F., *Senso e crisi. Del corpo, del ritmo, del mondo*, Edizioni ETS, Pisa 2005.
Leontiev A. N., *Attività, coscienza, personalità* (1975), Giunti Barbera, Firenze 1977.
Lereboullet J., *L'alcoolisme*, Baillière, Paris 1972.
Lerner D. (a cura di), *Qualità e quantità e altre categorie della scienza* (1969), Bollati Boringhieri, Torino 1971.
Lerner I. M., *Genetic basis of selection*, Wiley, New York 1958.
Lerner P. M., *Il Rorschach. Una lettura psicoanalitica* (1998), Raffaello Cortina, Milano 2000.
Leroi-Gourhan A., *Il gesto e la parola* (1964-1965), Einaudi, Torino 1977.
Le Roy E., *La pensée intuitive*, Boivin, Paris 1929.
Lersch Ph., *Gesicht und Seele*, Reinhardt, München 1932-1955.
–, *Il carattere. I sentimenti, le tendenze, la volontà* (1938, 2ª ed. aggiornata e ampliata 1941), Cedam, Padova 1942 (2ª ed. titolata in italiano *La struttura del carattere*, Cedam, Padova 1950).
Le Savoureux H., *Contribution à l'étude des perversions de l'instinct de conservation. Le spleen*, Steinheil, Paris 1913.
–, *L'ennui normal et pathologique*, in "Journal de Psychologie Normale et Pathologique", 1914, vol. 11.
Leslie S. (a cura di), *Encyclopedia of occultism and parapsychology*, Gale Research Co., Detroit 1978.
Leuba J. H., *La psicologia del misticismo religioso* (1925), Feltrinelli, Milano 1960.
Leukel F., *Psicologia fisiologica* (1976), Zanichelli, Bologna 1980.
Leuzinger-Bohleber M., Target M. (a cura di), *I risultati della psicoanalisi* (2002), il Mulino, Bologna 2006.
LeVay S., *A difference in hypothalamic structure between heterosexual and homosexual men*, in "Science", 1991, n. 253 (5023), pp. 1034-1037.
–, *Gay si nasce? Le origini dell'orientamento sessuale*, Raffaello Cortina, Milano 2015.
Leveau J., Vera L., *Psicoterapia cognitivo-comportamentale nei disturbi dell'età evolutiva*, Masson, Milano 1991.
Leveni D., Lussetti M., Piacentini D., *Ipocondria. Guida per il clinico e manuale per chi soffre del disturbo*, Erickson, Trento 2011.
Leveni D., Morosini P., Piacentini D. (a cura di), *Mamme tristi. Vincere la depressione post-parto*, Erickson, Trento 2009.
Levey J., *Arte del rilassamento, della concentrazione, della meditazione. Tecniche antiche per la mente moderna*, Astrolabio, Roma 1988.
Levi Montalcini R., *Origine ed evoluzione del nucleo accessorio del nervo abducente nell'embrione di pollo*, Tipografia Cuggiani, Roma 1942.
–, *NGF. Apertura di una nuova frontiera nella neurobiologia*, Theoria, Roma 1989.

Levin J. R., Pressley M. (a cura di), *Cognitive strategy research. Educational applications*, Springer, New York 1983.
Lévinas E., *Parola e silenzio e altre conferenze inedite* (1947-1964), Bompiani, Milano 2012.
–, *Dall'altro all'io* (1953-1983), Meltemi, Roma 2002.
–, *Alterità e trascendenza* (1967-1989), il melangolo, Genova 2006.
–, *Etica e infinito* (1982), Castelvecchi, Roma 2012.
Levine J., *LSD. A clinical overview*, in P. Black (a cura di), *Drugs and the brain*, Johns Hopkins Press, Baltimore 1969.
Levinson S., *La pragmatica* (1983), il Mulino, Bologna 1985.
Lévi-Strauss C., *Le strutture elementari della parentela* (1947), Feltrinelli, Milano 1972.
–, *Introduzione all'opera di Marcel Mauss* (1950), in M. Mauss, *Teoria generale della magia e altri saggi* (1950), Einaudi, Torino 1965.
–, *Tristi tropici* (1955), il Saggiatore, Milano 1975.
–, *Antropologia strutturale* (1958), il Saggiatore, Milano 1966.
–, *Razza e storia e altri studi di antropologia* (1960-1967), Einaudi, Torino 1967.
–, *La famiglia*, in Id., *Razza e storia e altri studi di antropologia*, cit.
–, *Primitivi e civilizzati. Conversazioni con Georges Charbonnier* (1961), Rusconi, Milano 1976.
–, *Il pensiero selvaggio* (1962), il Saggiatore, Milano 1970.
–, *Il totemismo oggi* (1962), Feltrinelli, Milano 1964.
–, *Il crudo e il cotto* (1964), il Saggiatore, Milano 1966.
–, *L'uomo nudo* (1971), il Saggiatore, Milano 1974.
–, *Antropologia strutturale due* (1973), il Saggiatore, Milano 1978.
– (a cura di), *L'identità* (1977), Sellerio, Palermo 1996.
Levorato M. C., *Racconti, storie e narrazioni*, il Mulino, Bologna 1988.
–, *Lo sviluppo psicologico. Dal neonato all'adolescente*, Einaudi, Torino 2002.
Lévy A., *Sciences cliniques et organisations sociales*, Puf, Paris 1997.
Levy J., *Lateralization and its implications for variations in development*, in E. S. Gollin (a cura di), *Development plasticity*, Academic Press, New York 1982.
Levy J. M., *Il rapporto affettivo maestri-scolari* (1950), Giunti Barbera, Firenze 1967.
Levy N., *Neuroetica. Le basi neurologiche del senso morale* (2007), Apogeo, Milano 2009.
Lévy P., *Il virtuale* (1995), Raffaello Cortina, Milano 1997.
Lévy-Bruhl L., *Psiche e società primitive* (1910), Newton Compton, Roma 1970.
–, *La mentalità primitiva* (1922), Einaudi, Torino 1966.
–, *L'anima primitiva* (1927), Bollati Boringhieri, Torino 1962.
–, *Sovrannaturale e natura nella mentalità primitiva* (1931), Newton Compton, Roma 1973.
–, *La mitologia primitiva* (1935), Newton Compton, Roma 1973.
Lewin B., *Gene expression*, Wiley, New York 1974.
Lewin B. D., *Sleep, the mouth and the dream screen*, in "The Psychoanalytic Quarterly", 1946, n. 15.
–, *The psychoanalysis of elation*, Hogarth, London 1951.
Lewin K., *Teoria dinamica della personalità* (1935), Giunti Barbera, Firenze 1965.
–, *Principi di psicologia topologica* (1936), Organizzazioni Speciali (O. S.), Firenze 1961.
–, *Definizione di "campo ad un momento dato"* (1943), in Id., *Teoria sperimentale in psicologia sociale*, il Mulino, Bologna 1972.
–, *I conflitti sociali. Saggi di dinamica di gruppo* (1948), Franco Angeli, Milano 1976.
–, *Il bambino nell'ambiente sociale* (1948), La Nuova Italia, Firenze 1967.
–, *Teoria e sperimentazione in psicologia sociale* (1951), il Mulino, Bologna 1982.
–, *Teoria del campo nelle scienze sociali* (1951), in Id., *Teoria sperimentale in psicologia sociale*, cit.
–, *Antologia di scritti*, il Mulino, Bologna 1977.
–, *Decisioni di gruppo e cambiamenti sociali*, in AA.VV., *Psicologia sociale. Testi fondamentali inglesi e americani*, Organizzazioni Speciali (O. S.), Firenze 1978.
Lewin K., Lippitt R., White R. K., *Patterns of aggressive behavior in experimentally created "Social Climates"*, in "Journal of Social Psychology", 1939, n. 10, pp. 271-299.
Lewin L., *Phantastica*, Stilke, Berlin 1927.
Lewis C. S., *I quattro amori. Affetto, amicizia, eros e carità* (1960), Jaca Book, Milano 1982.
Lewis H. B., *Shame and guilt in neurosis*, International Universities Press, New York 1971.

Lewontin R. Ch., *The genetic basis of evolutionary change*, Columbia University Press, New York 1974.
Lewontin R. Ch., Levins R., *Evoluzione*, in AA.VV., *Enciclopedia*, Einaudi, Torino 1978, vol. V, pp. 995-1051.
Lézine I., Brunet O., *Le développement psychologique de la première enfance*, Puf, Paris 1971.
Lhuilier D., *Fragilisation des conditions nécessaires à la construction identitaire*, in N. Aubert, V. de Gaulejac, K. Navridis (a cura di), *L'aventure psychosociologique*, Desclée de Brouwer, Paris 1997, pp. 301-310.
–, *Crise ou occultation du travail*, in "Revue internationale de psychosociologie", 1998, n. 8, pp. 45-58.
Liberman A. M., Mattingly I. G., *The motor theory of speech perception revised*, in "Cognition", 1985, n. 21, pp. 1-36.
Liberman R. P. (a cura di), *La riabilitazione psichiatrica* (1995), Raffaello Cortina, Milano 1997.
Liberto M., *Discriminazione sociale oggi*, Edizioni Paoline, Roma 1974.
Libet B., *Mind time. Il fattore temporale nella coscienza* (1999), Raffaello Cortina, Milano 2007.
Lichtheim L., *Sull'afasia* (1885), in P. Fabozzi (a cura di), *La parola impossibile. Modelli di afasia nel secolo XIX*, Franco Angeli, Milano 1991, pp. 231-278.
Lichtenberg J. D., Lachmann F. M., Fosshage J. L., *I sistemi motivazionali* (2011), il Mulino, Bologna 2012.
Lidz Th., *Famiglia e problemi di adattamento* (1963), Bollati Boringhieri, Torino 1972.
–, *Famiglia e origine della schizofrenia* (1973), Sansoni, Firenze 1975.
Lieabau E., *Generazione*, in Ch. Wulf (a cura di), *Cosmo, corpo, cultura. Enciclopedia antropologica* (1997), Bruno Mondadori, Milano 2002, pp. 294-305.
Lieberman A. F., Compton N., Van Horn P., Ghosh Ippen C., *Il lutto infantile. La perdita di un genitore nei primi anni di vita* (2003), il Mulino, Bologna 2007.
Lieberman A. F., Van Horn P., *Bambini e violenza in famiglia* (2005), il Mulino, Bologna 2007.
Lieberman Ph., *Some effects of semantic and grammatical context on the production and perception of speech*, in "Language and Speech", 1963, n. 6, pp. 172-187.
Liebowitz M. R., *Is borderline a distinct entity?*, in "Schizophrenia Bulletin", 1979, n. 5.
Likert R., *A technique for the measurement of attitudes*, in "Archives of Psychology", 1932, n. 140, pp. 44-53.
Limbos E., *L'animatore socio-culturale*, Armando, Roma 1972.
Lincoln B., *Autorità. Costruzione e corrosione* (1994), Einaudi, Torino 2000.
Lindauer M., *Sulle tracce dell'altruismo. Il funzionamento delle società animali* (1991), Feltrinelli, Milano 1993.
Lindsay P. H., Norman D. A., *L'uomo elaboratore di informazioni. Introduzione cognitivista alla psicologia* (1977), Giunti Barbera, Firenze 1983.
–, *La condiscendenza*, in Id., *L'uomo elaboratore di informazioni*, cit.
Lindsley D. B., *Emotion*, in S. S. Stevens (a cura di), *Handbook of experimental psychology*, Wiley, New York 1951, pp. 473-516.
–, *Attention, consciousness, sleep and wakefulness*, in J. Field (a cura di), *Handbook of physiology*, American Physiology Society, Washington (DC) 1960, vol. I.
Lindström M., *Neuromarketing. Attività cerebrale e comportamenti d'acquisto* (2008), Apogeo, Milano 2009.
Lindworsky J., *L'educazione della volontà. Psicologia e pedagogia volitiva secondo recenti indagini sperimentali* (1949), La Scuola, Brescia 1956.
Lindzey G. (a cura di), *Handbook of social psychology*, Addison-Wesley, Reading, Massachusetts, 1954, vol. I.
– (a cura di), *Assessment of human motives*, Rinehart, New York 1958.
Linehan M. M., *Trattamento cognitivo-comportamentale del disturbo borderline* (2008), Raffaello Cortina, Milano 2011.
Lingiardi V., *Compagni d'amore. Da Ganimede a Batman. Identità e mito nelle omosessualità maschili*, Raffaello Cortina, Milano 1997.
–, *L'alleanza terapeutica*, Raffaello Cortina, Milano 2002.
–, *La personalità e i suoi disturbi. Lezioni di psicopatologia dinamica*, il Saggiatore, Milano 2004.
–, *Difesa, meccanismi di*, in AA.VV., *Psiche. Dizionario storico di psicologia, psichiatria, psicoanalisi, neuroscienze*, Einaudi, Torino 2006-2007, vol. I, pp. 323-329.
–, *Citizen gay. Famiglie, diritti negati e salute mentale*, il Saggiatore, Milano 2007.
–, *Mindscapes. Psiche nel paesaggio*, Raffaello Cortina, Milano 2017.
Lingiardi V., Gazzillo F., *La personalità e i suoi disturbi. Valutazione clinica e diagnosi al servizio del trattamento*, Raffaello Cortina, Milano 2014.
Lingiardi V., Madeddu F., *I meccanismi di difesa. Teoria, valutazione, clinica*, Raffaello Cortina, Milano 2002.
Lingiardi V., McWilliams N. (a cura di), *PDM-2. Manuale diagnostico psicodinamico* (2017), Raffaello Cortina, Milano 2018.
Lingis A., *Abusi. Viaggio tra i dannati della terra* (1994), Nuova Pratiche Editrice, Milano 1997.

Linsky L., *Semantica e filosofia del linguaggio* (1952), il Saggiatore, Milano 1969.

Linton R., *Lo studio dell'uomo* (1936), il Mulino, Bologna 1973.

–, *La cultura, la società e l'individuale* (1938), in AA.VV., *Il concetto di cultura. I fondamenti teorici della scienza antropologica*, Einaudi, Torino 1970.

–, *The cultural background of personality*, Appleton-Century-Crofts, New York 1945.

Liotta E., *Le solitudini nella società globale*, La Piccola Editrice, Celleno 2003.

Liotti G., *Terapie cognitive e comportamentali*, in G. B. Cassano, P. Pancheri *et al.* (a cura di), *Trattato italiano di psichiatria* (1992), Masson, Milano 1999, vol. III, pp. 3581-3588.

Liotti G., Monticelli F. (a cura di), *I sistemi motivazionali del dialogo clinico*, Raffaello Cortina, Milano 2008.

– (a cura di), *Teoria e clinica dell'alleanza terapeutica. Una prospettiva cognitivo-evoluzionista*, Raffaello Cortina, Milano 2014.

Lipovetsky G., *L'èra del vuoto. Saggi sull'individualismo contemporaneo* (1983-1993), Luni Editrice, Milano 1995.

–, *Una felicità paradossale. Sulla società dell'iperconsumismo* (2005), Raffaello Cortina, Milano 2007.

Lippmann W., *L'opinione pubblica* (1922), Donzelli, Roma 2004.

Lipps Th., *Ästhetik. Psychologie des Schönen und der Kunst*, Suphan, Hamburg 1903-1906.

Lis A., *Il bambino, l'adolescente e lo psicologo clinico. Consultazioni e psicoterapia*, Bollati Boringhieri, Torino 1993.

–, *Il Bender Gestalt Test*, Giunti, Firenze 1996.

– (a cura di), *Tecniche proiettive per l'indagine della personalità*, il Mulino, Bologna 1998.

Lis A., Di Riso D., Mazzeschi C., Chessa D., *La valutazione dell'adattamento psicologico del bambino. I self-report*, Raffaello Cortina, Milano 2013.

Lis A., Stella S., Zavattini G. C., *Manuale di psicologia dinamica*, il Mulino, Bologna 1999.

Lis A., Venuti P., De Zordo M. R., *Il colloquio come strumento psicologico. Ricerca, diagnosi, terapia*, Giunti, Firenze 1995.

Lis A., Venuti P., Zennaro A., *Se sto attento non mi faccio male. Acquisizione e rappresentazione del senso del pericolo. Un percorso evolutivo*, Bollati Boringhieri, Torino 1994.

Lis A., Zennaro A., Giovannini F., Mazzeschi C., Calvo V., *ORT. Object Relations Technique. Una griglia di valutazione empirico-clinica*, Raffaello Cortina, Milano 2002.

Lis A., Zennaro A., Salcuni S., Parolin L., Mazzeschi C., *Il Rorschach secondo il Sistema Comprensivo di Exner*, Raffaello Cortina, Milano 2007.

Lisciani G., *Pedagogia della contestazione*, Armando, Roma 1969.

Lishman W. A., *Organic psychiatry. The psychological consequences of cerebral disorders*, Blackwell Scientific-Mosby, Oxford-St. Louis, Missouri, 1978.

Liss J., *La comunicazione ecologica*, La Meridiana, Molfetta 1992.

–, *Il metodo dell'identificazione. Anima e corpo*, Ceratti Editore, Milano 1996.

Liss J., Boadella D., *La psicoterapia del corpo*, Astrolabio, Roma 1986.

Liss J., Stupiggia M. (a cura di), *La terapia biosistemica. Un approccio originale al trattamento psico-corporeo della sofferenza emotiva*, Franco Angeli, Milano 2000.

Livi Bacci M., *In cammino. Breve storia delle migrazioni*, il Mulino, Bologna 2014.

Livolsi M., *Comunicazioni e cultura di massa*, Hoepli, Milano 1969.

Lloyd G. E. R., *Magia Ragione Esperienza. Nascita e forme della scienza greca* (1979), Bollati Boringhieri, Torino 1982.

Lloyd R., Williamson S., *Harry, ritratto di uno psicopatico* (1968), Feltrinelli, Milano 1970.

Locke J., *Lettera sulla tolleranza* (composta nel 1667, edita nel 1685), in Id., *Sulla tolleranza e l'unità di Dio*, Bompiani, Milano 2002.

–, *Saggio sull'intelligenza umana* (1690), Bompiani, Milano 2004.

Lo Coco A., Pace U., *L'autonomia emotiva in adolescenza*, il Mulino, Bologna 2009.

Lo Coco G., Lo Verso G., *La cura relazionale. Disturbo psichico e guarigione nelle terapie di gruppo*, Raffaello Cortina, Milano 2006.

Lodi M., *La scuola e i diritti del bambino*, Einaudi, Torino 1983.

Loewald H. W., *La sublimazione. Ricerche di psicoanalisi teorica* (1988), Bollati Boringhieri, Torino 1992.

Loewenstein R., *Phallic passivity in men*, in "Journal of Psychoanalysis", 1935, n. 16.

Lo Iacono G., *D'amore e d'accordo. Guida psicologica per la vita di coppia*, Erickson, Trento 1999.

Lolli F., *La depressione*, Bollati Boringhieri, Torino 2009.

Lombardi P., *Il filosofo e la strega. La ragione e il mondo magico*, Raffaello Cortina, Milano 1997.

Lombardo G. P., Duichin M. (a cura di), *Frenologia, fisiognomica e psicologia delle differenze individuali in Franz Joseph Gall. Antecedenti storici e sviluppi disciplinari*, Bollati Boringhieri, Torino 1997.
Lombardo G. P., Foschi R. (a cura di), *I fondamenti storici della psicologia della personalità*, Bollati Boringhieri, Torino 2000.
Lombardo G. P., Malagoli Togliatti M., *Epistemologia in psicologia clinica*, Bollati Boringhieri, Torino 1995.
Lombardo G. P., Pedone G., *Normale e patologico nelle teorie della personalità. Un'analisi dei fondamenti storici della psicologia*, Laterza, Bari 1994.
Lombroso C., *Genio e follia*, Giuseppe Chiusi Editore, Milano 1864.
–, *Medicina legale. La medicina legale dell'alienazione studiata secondo il metodo positivo*, Bocca, Torino 1873.
–, *L'uomo delinquente in rapporto all'antropologia, alla giurisprudenza e alla psichiatria* (1876-1897), Bompiani, Milano 2013.
–, *La psicologia dei testimoni nei processi di procedura penale*, Bocca, Torino 1890.
–, *Genio e degenerazione. Nuovi studi e nuove battaglie*, Sandron, Palermo 1897.
–, *Delitto, genio, follia. Scritti scelti*, Bollati Boringhieri, Torino 2000.
Long J. B., *Cognitive ergonomics and human-computer interaction*, in P. Warr, *Psychology at work*, Penguin, Harmondsworth 1987, pp. 73-95.
Longo G. O., Magris C., *Ambiguità*, Moretti & Vitali, Bergamo 1996.
Longoni A. M., *La memoria. Noi siamo ciò che ricordiamo e ciò che dimentichiamo*, il Mulino, Bologna 2000.
Lopez D., Corbella S., *Libertà e amore*, Bollati Boringhieri, Torino 1986.
Lopez D., Zorzi Meneguzzo L., *Dal carattere alla persona*, in A. A. Semi (a cura di), *Trattato di psicoanalisi*, vol. II: *Clinica*, Raffaello Cortina, Milano 1988-1989, pp. 371-512.
–, *Dalla depressione al sorgere della persona*, Raffaello Cortina, Milano 1990.
Lo Presti S., *La cultura narcisistica. Innamoramento e amore*, in "I Quaderni di Psicologia – Exsistere 3", 1991.
Lorand S., Balint M. (a cura di), *Perversioni sessuali. Psicodinamica e terapia* (1956), Feltrinelli, Milano 1965.
Loras O., *L'asthme, angoisse du souffle*, Librairie du Rhône, Lyon 1961.
Lorenz K., *L'anello di re Salomone* (1949), Adelphi, Milano 1967.
–, *L'aggressività. Edizione ampliata de "Il cosiddetto male"* (1963), il Saggiatore, Milano 1976.
–, *Über tierisches und menschliches Verhalten*, Piper, München 1965.
–, *Studies in animal and human behavior*, Harvard University Press, Cambridge, Massachusetts, 1970-1971.
–, *L'altra faccia dello specchio. Per una storia naturale della conoscenza* (1973), Adelphi, Milano 1974.
–, *L'etologia. Fondamenti e metodi* (1978), Bollati Boringhieri, Torino 1980.
–, *L'analogia come fonte di conoscenza* (1985), in "Pegaso", 1985, n. 1.
Lorenzer A., *Crisi del linguaggio e psicanalisi* (1971), Laterza, Bari 1975.
Lorenzetti L. M., *Suono e comunicazione*, Unicopli, Milano 1987.
– (a cura di), *Dall'educazione musicale alla musicoterapia*, Zanibon, Padova 1989.
–, *La dimensione estetica dell'esperienza*, Franco Angeli, Milano 1995.
– (a cura di), *Psicologia e personalità*, Franco Angeli, Milano 1995.
Lorenzetti L. M., Paccagnini A. (a cura di), *Psicologia della musica*, Franco Angeli, Milano 1980.
Lorenzi-Cioldi F., *Metodologia per la ricerca psicosociale*, il Mulino, Bologna 1996.
Lorenzini R., Coratti B., *La dimensione delirante. Psicoterapia cognitiva della follia*, Raffaello Cortina, Milano 2009.
Lorenzini R., Sassaroli S., *Attaccamento, conoscenza e disturbi di personalità*, Raffaello Cortina, Milano 1995.
Loretoni A., *Identità*, in M. Flores (a cura di), *Diritti umani. Cultura dei diritti e dignità della persona nell'epoca della globalizzazione*, Utet, Torino 2007, vol. II, pp. 705-710.
Loriedo C., Malagoli Togliatti M., Micheli M. (a cura di), *Famiglia. Continuità, affetti, trasformazioni. Ricerca e psicoterapia*, Franco Angeli, Milano 1993.
Loriedo C., Vella G., *Il paradosso e il sistema familiare*, Bollati Boringhieri, Torino 1989.
Lorito L., Di Maria F., *Gruppoanalisi e teoria dell'attaccamento*, il Mulino, Bologna 2015.
Losi N. (a cura di), *Vite altrove. Migrazione e disagio psichico*, Feltrinelli, Milano 2000.
Lostia M., *Modelli della mente, modelli della persona. Le due anime della psicologia*, Giunti, Firenze 1994.
Lourau R., *L'instituant contre l'institué*, Anthropos, Paris 1968.
–, *L'analyse institutionnelle*, Minuit, Paris 1969.
Lo Verso G., *Clinica della gruppoanalisi e psicologia*, Bollati Boringhieri, Torino 1989.
– (a cura di), *Le relazioni soggettuali. Fondazione della psicologia dinamica e clinica*, Bollati Boringhieri, Torino 1994.
Lo Verso G., Di Blasi M., *Gruppoanalisi soggettuale*, Raffaello Cortina, Milano 2011.

Low B., *Psycho-analysis. A brief account of freudian theory*, Harcourt, Brace & Howe, New York 1920.
Lowen A., *Il linguaggio del corpo* (1958), Feltrinelli, Milano 1978.
–, *Amore e orgasmo* (1965), Feltrinelli, Milano 1985.
–, *Bioenergetica* (1975), Feltrinelli, Milano 1983.
–, *Il narcisismo. L'identità rinnegata* (1983), Feltrinelli, Milano 1985.
Lowenfeld M., *Il gioco nell'infanzia* (1935), La Nuova Italia, Firenze 1962.
–, *The Lowenfeld Mosaic Test*, Newman Neame, London 1954.
Lowie R. H., *I determinanti della cultura* (1917), in AA.VV., *Il concetto di cultura. I fondamenti teorici della scienza antropologica*, Einaudi, Torino 1970.
Luborsky L., *Principi di psicoterapia psicoanalitica. Manuale per il trattamento supportivo-espressivo* (1984), Bollati Boringhieri, Torino 1989.
Lucangeli D., Tressoldi P. E., Cendron M., *Test SPM. Test delle abilità di soluzione dei problemi matematici*, Erickson, Trento 1998.
Lucangeli D., Tressoldi P. E., Fiore C., *Test-ABCA*, Erickson, Trento 2010.
Lucangeli D. *et al.*, *Discalculia test. Test per la valutazione delle abilità e dei disturbi di calcolo*, Erickson, Trento 2012.
Luccio R., *La personalità*, in L. Ancona (a cura di), *Nuove questioni di psicologia*, La Scuola, Brescia 1972, vol. I, pp. 235-275.
– (a cura di), *Soggetti e sperimentatori nella ricerca psicologica*, il Mulino, Bologna 1982.
–, *Tecniche di ricerca e analisi dei dati in psicologia*, il Mulino, Bologna 1996.
–, *Ricerca e analisi dei dati in psicologia*, vol. I: *La raccolta dei dati*, vol. II: *L'analisi dei dati*, il Mulino, Bologna 2005.
Luce G. G., *Body time. The natural rhythms of the body*, Pantheon, New York 1971.
Luce R. D., Bush R. R., Galanter E. (a cura di), *Handbook of mathematical psychology*, Wiley & Sons, New York 1963.
Luchins A. S., *Mechanization in problem solving*, in "Psychological Monographs", 1942, n. 54 (6), fasc. 248.
Luchsinger R., Arnold G. E., *Handbuch der Stimm- und Sprachheilkunde*, Springer, Wien 1970.
Luckasson R. *et al.*, *Mental retardation. Definition, classification and system of support*, American Association on Mental Retardation, Washington (DC) 1992.
Ludel J., *I processi sensoriali* (1978), il Mulino, Bologna 1981.
Luft J., *Introduzione alla dinamica di gruppo* (1968), La Nuova Italia, Firenze 1973.
Lugaresi E., *Il sonno e i suoi disturbi*, il Mulino, Bologna 2008.
Lugaresi E., Coccagna G., Pazzaglia P., *I disturbi del sonno*, Gaggi, Bologna 1972.
Lugli L., Mizzau M. (a cura di), *L'ascolto*, il Mulino, Bologna 2010.
Luhmann N., *Potere e codice politico* (1969), Feltrinelli, Milano 1982.
–, *Potere e complessità sociale* (1975), il Saggiatore, Milano 1979.
–, *Struttura della società e semantica* (1980), Laterza, Bari 1983.
–, *Amore come passione* (1982), Laterza, Bari 1987.
–, *Sistemi sociali. Fondamenti di una teoria generale* (1984), il Mulino, Bologna 1990.
–, *La fiducia* (2000), il Mulino, Bologna 2002.
Lukács G., *Storia e coscienza di classe* (1923), Mondadori, Milano 1973.
Lumbelli L. (a cura di), *Psicologia dell'educazione. Comunicare a scuola*, il Mulino, Bologna 1985.
Lupo P., *Lo specchio incrinato. Storia e immagine dell'omosessualità femminile*, Marsilio, Venezia 1998.
Lupton D., *L'anima nel piatto* (1996), il Mulino, Bologna 1999.
–, *Il rischio. Percezione, simboli, culture* (1999), il Mulino, Bologna 2003.
Luquet P., *Les idéaux du Moi et l'idéal du Je*, in "Revue Française de Psychanalyse", 1973, n. 37.
Lurija A. R., *Afasia traumatica*, Akademija Meditzinskich Nauk SSSR, Moskva 1947.
–, *Neuropsicologia del linguaggio grafico* (1951), Messaggero, Padova 1984.
–, *Linguaggio e comportamento* (1959), Editori Riuniti, Roma 1971.
–, *Le funzioni corticali superiori nell'uomo* (1962), Giunti Barbera, Firenze 1967.
–, *Come lavora il cervello. Introduzione alla neuropsicologia* (1973), il Mulino, Bologna 1977.
–, *Neuropsicologia e neurolinguistica* (1973), Editori Riuniti, Roma 1974.
–, *La storia sociale dei processi cognitivi* (1974), Giunti Barbera, Firenze 1976.
–, *Neuropsicologia della memoria. Disturbi nelle lesioni cerebrali localizzate* (1974), Armando, Roma 1981.
–, *Corso di psicologia generale* (1975), Editori Riuniti, Roma 1979.
–, *Linguaggio e sviluppo dei processi mentali nel bambino* (1975), Giunti Barbera, Firenze 1975.

–, *Problemi fondamentali di neurolinguistica* (1975), Armando, Roma 1978.
Lüscher M., *Il test dei colori*, Astrolabio, Roma 1976.
Lussana P., *La psicoanalisi infantile su base kleiniana*, in A. A. Semi (a cura di), *Trattato di psicoanalisi*, vol. II: *Clinica*, Raffaello Cortina, Milano 1988-1989, pp. 827-872.
Lütkehaus L., *La solitudine del piacere. Scritti sulla masturbazione* (1992), Raffaello Cortina, Milano 1993.
Lutte G., *L'adolescente e il suo gruppo*, Pas, Zürich 1964.
–, *Psicologia degli adolescenti e dei giovani*, il Mulino, Bologna 1998.
Lyard D., *Il bambino in analisi. Psicoterapia junghiana dell'infanzia* (1995), Vivarium, Milano 1999.
Lynch K., *L'immagine della città* (1960), Marsilio, Padova 1964.
Lynd H. M., *On shame and the search for identity*, Routledge & Kegan, London 1958.
Lynn R., *Attention, arousal and the orientation reaction*, Pergamon, Oxford 1966.
Lyons J., *Manuale di semantica* (1977), Laterza, Bari 1980.
Lyons W., *La scomparsa dell'introspezione* (1986), il Mulino, Bologna 1993.
Lyotard J.-F., *Economia libidinale* (1974), Colportage, Firenze 1978.
–, *Anima minima. Sul bello e il sublime* (1985), Pratiche Editrice, Parma 1995.

M

Maanen J. van, *Organizational careers. Some new perspectives*, Wiley, London 1977.
Macchi Cassia V., Valenza E., Simion F., *Lo sviluppo della mente umana. Dalle teorie classiche ai nuovi orientamenti*, il Mulino, Bologna 2004.
Macciardi F., Cavallini M. C., *Genetica psichiatrica*, in G. B. Cassano, P. Pancheri *et al.* (a cura di), *Trattato italiano di psichiatria* (1992), Masson, Milano 1999, vol. I, pp. 167-182.
Maccoby E. E., Jacklin C. N., *The psychology of sex differences*, University Press, Stanford 1975.
Mace N. L., Rabins P. V., *Demenza e malattia di Alzheimer* (1993), Erickson, Trento 1995.
Macfarlane A., *Olfaction in the development of social preferences in the human neonate*, in Ciba Foundation Symposium, *Parent-infant interaction*, Elsevier, Amsterdam 1975.
–, *Psicologia della nascita* (1977), Bollati Boringhieri, Torino 1980.
Mach E., *L'analisi delle sensazioni e il rapporto fra fisico e psichico* (1886-1890), Feltrinelli, Milano 1975.
–, *Conoscenza ed errore* (1905), Einaudi, Torino 1982.
Machover K., *Il disegno della figura umana* (1949), Le Monnier, Firenze 1969.
MacIntyre A., *Dopo la virtù. Saggio di teoria morale* (1981), Feltrinelli, Milano 1988.
–, *Giustizia e razionalità* (1987), Anabasi, Milano 1995, voll. I-II.
MacIver R. M., *Society, its structure and changes*, Long & Smith, New York 1931.
MacKay D(onald), *The informational analysis of questions and commands*, in C. Cherry (a cura di), *Information theory. Fourth London Symposium*, Butterworth & Co., London 1961, pp. 469-476.
Mackay D(ougal), *Clinical psychology. Theory and therapy*, Methuen, London 1975.
MacKenzie K. R., *Psicoterapia breve di gruppo. Applicazioni efficaci "a tempo limitato"* (1997), Erickson, Trento 2002.
MacLaren C., *Rational emotive behavior therapy. A therapist's guide*, Impact Publishers, Atascadero, California, 1998.
MacLean P. D., *Psychosomatic disease and the "visceral brain"*, in "Psychosomatic Medicine", 1949, n. 11.
–, *The triune brain, emotion and scientific bias*, in F. O. Schmitt (a cura di), *The neurosciences. Second study program*, Rockefeller University Press, New York 1970, pp. 336-348.
–, *Evoluzione del cervello e comportamento umano* (1973-1974), Einaudi, Torino 1984.
MacSween M., *Corpi anoressici* (1993), Feltrinelli, Milano 1999.
Madeddu F., Preti E. (a cura di), *La diagnosi strutturale di personalità secondo il modello Kernberg*, Raffaello Cortina, Milano 2012.
Màdera R., *Identità e feticismo. Forma di valore e critica del soggetto, Marx e Nietzsche*, Moizzi, Milano 1977.
–, *Il "gioco della sabbia" come gioco del mondo*, in "Rivista di Psicologia Analitica", 1994, n. 50, pp. 181-189.
–, *L'alchimia ribelle*, Palomar, Bari 1997.
–, *Carl Gustav Jung. Biografia e teoria*, Bruno Mondadori, Milano 1998.
–, *Il nudo piacere di vivere. La filosofia come terapia dell'esistenza*, Mondadori, Milano 2006.
–, *La carta del senso. Psicologia del profondo e vita filosofica*, Raffaello Cortina, Milano 2012.
–, *Una filosofia per l'anima. All'incrocio di psicologia analitica e pratiche filosofiche*, Ipoc Editore, Milano 2013.

–, *Carl Gustav Jung*, Feltrinelli, Milano 2016.
Màdera R., Tarca L. V., *La filosofia come stile di vita. Introduzione alle pratiche filosofiche*, Bruno Mondadori, Milano 2003.
Maderna A., Ianni D., Membrino P., *Gli anziani*, in S. Marsicano (a cura di), *Comunicazione e disagio sociale*, Franco Angeli, Milano 1987.
Madinier G., *Coscienza e giustizia*, Giuffrè, Milano 1973.
Madison P., *Freud's concept of repression and defence*, University of Minnesota Press, Minneapolis 1961.
Maffei C., *Relazione terapeutica*, in G. B. Cassano, P. Pancheri *et al.* (a cura di), *Trattato italiano di psichiatria* (1992), Masson, Milano 1999, vol. III, pp. 3125-3140.
– (a cura di), *Il disturbo borderline di personalità*, Bollati Boringhieri, Torino 1993.
–, *Borderline. Struttura, categoria, dimensione*, Raffaello Cortina, Milano 2008.
Maffei G., *Le metafore fanno avanzare la conoscenza?*, Vivarium, Milano 2001.
–, *Dismorfofobia. Gli occhi della bruttezza. Senso estetico e percezione distorta del proprio corpo*, Vivarium, Milano 2012.
Maffei L., *La libertà di essere diversi. Natura e cultura alla prova delle neuroscienze*, il Mulino, Bologna 2014.
–, *Elogio della ribellione*, il Mulino, Bologna 2016.
Maffei L., Mecacci L., *La visione. Dalla neurofisiologia alla psicologia*, Mondadori, Milano 1979.
Maffettone S., *Valori comuni*, il Saggiatore, Milano 1989.
–, *Le ragioni degli altri*, il Saggiatore, Milano 1992.
Magatti M., *Libertà immaginaria. Le illusioni del capitalismo tecno-nichilista*, Feltrinelli, Milano 2009.
Maggini C., Dalle Luche R., *Il paradiso e la noia. Riflessioni metapsicologiche sulla noia morbosa*, Bollati Boringhieri, Torino 1991.
Maggiore L., *Psiche e cecità*, Studium, Roma 1954.
Magherini G., *La sindrome di Stendhal. Il malessere del viaggiatore di fronte alla grandezza dell'arte*, Ponte alle Grazie, Milano 2003.
–, *Mi sono innamorato di una statua*, NICOMP, Firenze 2007.
Magherini G., Vigevani R., Ceccatelli Gurrieri G., Nicoletti I., *Salute mentale e territorio*, Le Monnier, Firenze 1977.
Magnan V., *De l'alcoolisme. Des diverses formes du délire alcoolique et de leur traitement*, Adrien Delahaye, Paris 1874.
Magoun H. W., *The waking brain*, Thomas, Springfield, Illinois, 1958.
Magri T. (a cura di), *Filosofia ed emozioni*, Feltrinelli, Milano 1999.
Maher B. A., *The language of schizophrenia. A review and interpretation*, in "British Journal of Psychiatry", 1972, n. 120.
Mahler M. S., *On child psychosis and schizophrenia. Autistic and symbiotic infantile psychoses*, in "The Psychoanalytic Study of the Child", 1952, vol. VII.
–, *Le psicosi infantili* (1968), Bollati Boringhieri, Torino 1972.
Mahler M. S., Furer M., Settlage C. F., *Disturbi affettivi gravi nel bambino. Le psicosi*, in S. Arieti (a cura di), *Manuale di psichiatria* (1959-1966), Bollati Boringhieri, Torino 1969-1970, vol. II, pp. 821-845.
Mahler M. S., Pine F., Bergman A., *La nascita psicologica del bambino. Simbiosi e individuazione* (1975), Bollati Boringhieri, Torino 1978.
Maier H. W., *Three theories of child development*, Harper & Row, New York 1965.
Maier N. R. F., *Problem solving and creativity individuals*, Brooks/Cole, Belmont, California, 1970.
Mailloux N., *La personalità del delinquente e la ricerca contemporanea*, in "Archivio di Psicologia, Neurologia e Psichiatria", 1962, n. 23.
Main M., *L'attaccamento. Dal comportamento alla rappresentazione*, Raffaello Cortina, Milano 2008.
Main T., *La comunità terapeutica e altri saggi psicoanalitici* (1989), Il Pensiero Scientifico, Roma 1992.
Mainardi D., *La scelta sessuale nell'evoluzione della specie*, Bollati Boringhieri, Torino 1968.
–, *Etologia*, in AA.VV., *Enciclopedia del Novecento*, Istituto dell'Enciclopedia Italiana, Roma 1977, vol. II.
–, *L'animale irrazionale. L'uomo, la natura e i limiti della ragione*, Mondadori, Milano 2001.
Mainardi M., *Test TLR. Valutazione del Linguaggio Ricettivo*, Erickson, Trento 1992.
Maines R. P., *Tecnologia dell'orgasmo. Isteria, vibratori e soddisfazione sessuale delle donne* (1999), Marsilio, Venezia 2001.
Maiolo G., *L'occhio del genitore. L'attenzione ai bisogni psicologici dei figli*, Erickson, Trento 2000.
Maiolo G., Franchini G. (a cura di), *Dalla parte degli adolescenti. Alleanze e relazioni di sostegno*, Erickson, Trento 2007.
Maiullari F., *Simbolo e sogno nell'età evolutiva alla luce della psicologia individuale*, in "Rivista di Psicologia Individuale", 1978, n. 2.
Mair M., *Psychology as story telling*, in "International Journal of Personal Construct Psychology", 1988.
Maisondieu J., *Les thérapies familiales*, Puf, Paris 1986.

Maisonneuve J., *Les pratiques rituelles*, Puf, Paris 1995.
Maj M., *Disturbi schizoaffettivi*, in G. B. Cassano, P. Pancheri *et al.* (a cura di), *Trattato italiano di psichiatria* (1992), Masson, Milano 1999, vol. II, pp. 2009-2016.
Maj M., Vizioli R., *Problemi pratici in psicofarmacologia clinica*, Masson, Milano 1992.
Majani G., *Introduzione alla psicologia della salute*, Erickson, Trento 1999.
Majani G., Callegari S., *Test SAT-P. Satisfaction Profile. Soddisfazione soggettiva e qualità della vita*, Erickson, Trento 1998.
Majani G., Sanavio E., *Il McGill Pain Questionnaire. Presentazione di una versione italiana*, in "Bollettino di Psicologia Applicata", 1984, n. 170, pp. 37-50.
Malacrea M., *Trauma e riparazione. La cura dell'abuso sessuale nell'infanzia*, Raffaello Cortina, Milano 1998.
Malacrea M., Vassalli A. (a cura di), *Segreti di famiglia. L'intervento nei casi di incesto*, Raffaello Cortina, Milano 1990.
Malagoli Togliatti M., Cotugno A., *Psicodinamica delle relazioni familiari*, il Mulino, Bologna 1996.
Malagoli Togliatti M., Lubrano Lavadera A. L., *Dinamiche familiari e ciclo di vita della famiglia*, il Mulino, Bologna 2002.
Malagoli Togliatti M., Mazzoni S. (a cura di), *Osservare, valutare e sostenere la relazione genitori-figli*, Raffaello Cortina, Milano 2007.
Malagoli Togliatti M., Telfener U. (a cura di), *Dall'individuo al sistema. Manuale di psicopatologia relazionale*, Bollati Boringhieri, Torino 1991.
Malaguti D., *Fare squadra. Psicologia dei gruppi di lavoro*, il Mulino, Bologna 2007.
Malaguti E., *Educarsi alla resilienza. Come affrontare crisi e difficoltà e migliorarsi*, Erickson, Trento 2005.
Malcolm N., *Sogno e scetticismo* (1956), Castelvecchi, Roma 2013.
–, *Mente, corpo e materialismo. Da Descartes a Wittgenstein* (1971), Isedi, Milano 1973.
Maldiney H., *Pensare l'uomo e la follia* (1991), Einaudi, Torino 2007.
Maldonado T., *Reale e virtuale*, Feltrinelli, Milano 1992.
Maldonado-Durán J. M. (a cura di), *Infanzia e salute mentale* (2002), Raffaello Cortina, Milano 2005.
Malebranche N., *La ricerca della verità* (1674), Laterza, Bari 1983.
Malerba L., *La composizione del sogno*, Einaudi, Torino 2002.
Malinowski B., *Argonauti del Pacifico occidentale* (1922), Newton Compton, Roma 1973.
–, *Psychoanalysis and anthropology*, in "Psyche", 1923, vol. IV.
–, *Il mito e il padre nella psicologia primitiva* (1926-1927), Newton Compton, Roma 1976.
–, *Sesso e repressione sessuale tra i selvaggi* (1927), Bollati Boringhieri, Torino 1969.
–, *The life of myth* (1928), in Id., *Sex, culture and myth*, Hart-Davis, London 1963.
–, *Cultura* (1931), in AA.VV., *Il concetto di cultura. I fondamenti teorici della scienza antropologica*, Einaudi, Torino 1970.
–, *The group and the individual in functional analysis*, in "American Journal of Sociology", 1939, n. 44.
–, *Teoria scientifica della cultura e altri saggi* (1944), Feltrinelli, Milano 1962.
–, *Magic, science and religion and other essays*, Glencoe, Boston 1948.
Malitz S., *Terapia farmacologica. Gli antidepressivi*, in S. Arieti (a cura di), *Manuale di psichiatria* (1959-1966), Bollati Boringhieri, Torino 1969-1970, vol. III, pp. 1826-1860.
Malitz S., Hoch P. H., *Terapia farmacologica. Neurolettici e tranquillanti*, in S. Arieti (a cura di), *Manuale di psichiatria* (1959-1966), Bollati Boringhieri, Torino 1969-1970, vol. III, pp. 1808-1825.
Malthus Th. R., *An essay on the principle of population as it affects the future improvement of society* (1798), Everyman's Library, London 1914.
Mammarella I. C., Toso C., Pazzaglia F., *BVS – Corsi*, Erickson, Trento 2007.
Mammarella N., Cornoldi C., Pazzaglia F., *Psicologia dell'apprendimento multimediale. E-learning e nuove tecnologie*, il Mulino, Bologna 2005.
Mancia M., *Neurofisiologia e vita mentale*, Zanichelli, Bologna 1980.
–, *Il sogno come religione della mente*, Laterza, Bari 1987.
–, *Nello sguardo di Narciso*, Laterza, Bari 1990.
–, *Il sogno e la sua storia*, Marsilio,Venezia 2004.
–, *Narcisismo. Il presente deformato dallo specchio*, Bollati Boringhieri, Torino 2010.
Mancinelli M. R., *I test in orientamento*, Vita e Pensiero, Milano 1998.
Mancini F. (a cura di), *La mente ossessiva. Curare il disturbo ossessivo-compulsivo*, Raffaello Cortina, Milano 2016.
Mancini F., Semerari A. (a cura di), *La psicologia dei costrutti personali*, Franco Angeli, Milano 1985.
Mancini G., Gabrielli G., *Test TVD. Valutazione del disagio e della dispersione scolastica*, Erickson, Trento 1998.

Mancini T., *Psicologia dell'identità*, il Mulino, Bologna 2010.

Manconi L., *Solidarietà, egoismo*, il Mulino, Bologna 1990.

Mancuso M. S., *Le frecce dell'eroe. Le figure mitiche della giovinezza da Dioniso alla pubblicità dei jeans*, Franco Angeli, Milano 2005.

Mancuso V., *L'anima e il suo destino*, Raffaello Cortina, Milano 2007.

–, *Il principio passione*, Garzanti, Milano 2013.

–, *Io amo. Piccola filosofia dell'amore*, Garzanti, Milano 2014.

–, *Questa vita. Conoscerla, nutrirla, proteggerla*, Garzanti, Milano 2015.

Mandeville B. de, *Modesta difesa delle pubbliche case di piacere* (1724), S. F. Flaccovio Editore, Palermo 1989.

Mandler J. M., *What is cognitive psychology? What isn't?*, American Psychological Association, Los Angeles 1981.

Manfredi M., *L'irrazionale vissuto*, Dedalo, Bari 1972.

Manfredonia M. G., *Psicofarmacologia per psicologi. Dalle molecole alla realtà clinica*, Raffaello Cortina, Milano 2010.

Manghi S., *Il gatto con le ali. Ecologia della mente e pratiche sociali*, Feltrinelli, Milano 1990.

Mannheim K., *Ideologia e utopia* (1929), il Mulino, Bologna 1957.

–, *Essays on the sociology of culture*, P. Kecskemeti, London 1956.

–, *What is a social generation?*, in A. Esler (a cura di), *The youth revolution. The conflict of generations in modern history*, Heath, Lexington, Massachusetts, 1974.

Manning A., *Il comportamento animale* (1972), Bollati Boringhieri, Torino 1979.

Mannino G., *Test mentali*, in G. B. Cassano, P. Pancheri *et al.* (a cura di), *Trattato italiano di psichiatria* (1992), Masson, Milano 1999, vol. I, pp. 347-370.

Mannoni M., *Il bambino ritardato e la madre* (1964), Bollati Boringhieri, Torino 1971.

–, *Il primo colloquio con lo psicoanalista*, Armando, Roma 1974.

Mantegazza P., *Fisiologia del dolore* (1888), Barin, Sesto San Giovanni 1926.

Mantovani G., *Comunicazione e identità. Dalle situazioni quotidiane agli ambienti virtuali*, il Mulino, Bologna 1995.

–, *L'interazione uomo-computer*, il Mulino, Bologna 1995.

–, *L'elefante invisibile. Tra negazione e affermazione della diversità: scontri e incontri multiculturali*, Giunti, Firenze 1998.

– (a cura di), *Ergonomia. Lavoro, sicurezza e nuove tecnologie*, il Mulino, Bologna 2000.

–, *Intercultura. È possibile evitare le guerre culturali?*, il Mulino, Bologna 2004.

–, *Analisi del discorso e contesto sociale*, il Mulino, Bologna 2008.

Mantovani G., Spagnolli A. (a cura di), *Metodi qualitativi in psicologia*, il Mulino, Bologna 2003.

Manzano J., Palacio Espasa F., Zilkha N., *Scenari della genitorialità. La consultazione genitori-bambini* (1999), Raffaello Cortina, Milano 2001.

Mapelli D., Mondini S., Vestri A., Bisiacchi P. S., *Esame neurologico breve. Una batteria di test per lo screening neuropsicologico*, Raffaello Cortina, Milano 2011.

Maragliano R., Vertecchi B., *La programmazione didattica*, Editori Riuniti, Roma 1977.

Maranini P., *Miseria dell'opulenza. Il sacro nella società della tecnica*, il Mulino, Bologna 1998.

Marc A., *Psychologie réflexive*, L'Édition Universelle, Bruxelles 1949.

Marcantoni M., *Vivere al buio. La cecità spiegata ai vedenti*, Erickson, Trento 2014.

–, *Controluce*, Il Sole 24 Ore, Milano 2016.

Marcellesi J.-B., Gardin B., *Introduzione alla sociolinguistica*, Laterza, Bari 1979.

Marcelli D., Braconnier A., *Psicopatologia dell'adolescente* (1987), Masson, Milano 1989.

Marcelli D. *et al.*, *La depressione in adolescenza*, Masson, Milano 1993.

March J. G., *Prendere decisioni* (1994), il Mulino, Bologna 1998.

March J. G., Simon H. A., *Teoria dell'organizzazione* (1958), Etas Kompass, Milano 2003.

March J. G., Weil Th., *L'arte della leadership* (2005), il Mulino, Bologna 2007.

Marchetti E., *Dora e il drago. Strutture archetipiche e psicoanalisi applicata*, Schena Editore, Fasano 1993.

Marchianò G., *La parola e la forma*, Dedalo, Bari 1977.

Marchino L., *La bioenergetica. Anima e corpo*, Xenia, Milano 1995.

Marchioro F. (a cura di), *Psicoterapia*, Imago Editore, Bolzano 2002.

Marcoli F., *Wilfred R. Bion e le "Esperienze nei gruppi"*, Armando, Roma 1988.

Marcoli F., Branca S., *Tre storie. Pregenitalità e cultura*, Sestante Edizioni, Bergamo 2014.

Marcozzi V., *Ascesi e psiche*, Morcelliana, Brescia 1958.

Marcus I. M., Francis J. J. (a cura di), *La masturbazione* (1975), Feltrinelli, Milano 1979.
Marcuse H., *Cultura e società. Saggi di teoria critica 1933-1965*, Einaudi, Torino 1969.
–, *Eros e civiltà* (1955), con *Prefazione politica* (1966), Einaudi, Torino 1968.
–, *L'uomo a una dimensione* (1964), Einaudi, Torino 1967.
–, *L'autorità e la famiglia* (1969), Einaudi, Torino 1970.
Marcuzzo M., Rossi-Doria A. (a cura di), *La ricerca delle donne. Studi femministi in Italia*, Rosenberg & Sellier, Torino 1987.
Maré P. de, Piper R., Thompson Sh., *Koinonia. Dall'odio, attraverso il dialogo, alla cultura nel grande gruppo* (1991), Edizioni Universitarie Romane, Roma 1996.
Margaron H., *Il labirinto della dipendenza*, Il Pensiero Scientifico, Roma 1997.
–, *Le stagioni degli dèi. Storia medica e sociale delle droghe*, Raffaello Cortina, Milano 2001.
Marhaba S., *Antinomie epistemologiche nella psicologia contemporanea*, Giunti Barbera, Firenze 1976.
– (a cura di), *Salute, ben-essere e soggettività. Nuovi orizzonti di significato*, McGraw-Hill, Milano 1999.
Marhaba S., Armezzani M., *Quale psicoterapia? Gli indirizzi psicoterapici in Italia. Confronto e analisi*, Liviana Editrice, Padova 1988.
Marks I. M., *Fears and phobias*, Heinemann, London 1969.
Marks-Mishne J., *Il lavoro clinico con i bambini* (1983), Martinelli, Firenze 1985.
Markus H. R., *Self-schemata and processing information about the self*, in "Journal of Personality and Social Psychology", 1977, n. 35, pp. 63-78.
Mariani E., Marotta L., Pieretti M. (a cura di), *Intervento logopedico nei DSA – La dislessia. Diagnosi e trattamento secondo le raccomandazioni della Consensus Conference*, Erickson, Trento 2012.
Mariani O., *Esiste un'identità junghiana? Jung tra molteplicità e unitarietà*, Vivarium, Milano 2014.
Mariani U., *Educazione alla salute nella scuola. Costruzione del benessere e prevenzione del disagio*, Erickson, Trento 2001.
Mariani Costantini A., Cannella C., Tomasi G., *Fondamenti di nutrizione umana*, Il Pensiero Scientifico, Roma 1999.
Marie P., *Révision de la question de l'aphasie*, in "Semaine Médicale", 1906, n. 21.
Marinelli S., *Il gruppo e l'anoressia*, Raffaello Cortina, Milano 2004.
Marino C., Battaglia M., *Disturbi somatoformi in età evolutiva*, in G. B. Cassano, P. Pancheri *et al.* (a cura di), *Trattato italiano di psichiatria* (1992), Masson, Milano 1999, vol. III, pp. 2979-2982.
Marinopoulos S., *Nell'intimo delle madri. Luci e ombre della maternità* (1998), Feltrinelli, Milano 2006.
Maris R. W., *Pathways to suicide. A survey of self-destructive behaviors*, Johns Hopkins University Press, Baltimore-London 1981.
Marler P., Hamilton W. J., *Mechanisms of animal behavior*, Wiley, New York 1966.
Marletta L., *L'interpretazione dei colori*, Urano, Milano 1976.
Marotta L., Menghini D., Vicari S., *Lettura, scrittura e calcolo nella sindrome di Down. Percorsi di intervento*, Erickson, Trento 2011.
Marotta L., Ronchetti C., Trasciani M., Vicari S., *Test CMF. Valutazione delle competenze metafonologiche*, Erickson, Trento 2007.
Marr D., *Vision. A computational investigation into the human representation and processing of visual information*, Freeman, San Francisco 1982.
Marrama P., Carani C., Boldrini F., Comelli D. (a cura di), *Bio-psicosessuologia*, Università degli Studi di Modena, Modena 1987.
Marramao G., *Minima temporalia*, il Saggiatore, Milano 1990.
–, *Contro il potere*, Bompiani, Milano 2011.
Marrett R. R., *The threshold of religion*, Methuen, London 1909.
Marschner G., *Revisions-test*, Hogrefe, Göttingen 1972.
Marsh P., *Aggro. The illusion of violence*, Dent, London 1978.
Marshall J., *Tremor*, in P. J. Vinken, G. W. Bruyn, *Handbook of clinical neurology*, North Holland, Amsterdam 1968, vol. VI.
Marshall J. C., Newcombe F., *Patterns of paralexia. A psycholinguistic approach*, in "Journal of Psycholinguistic Research", 1973, n. 2, pp. 175-199.
Marshall M., *Il lavoro sociale con l'anziano* (1983), Erickson, Trento 1990.
Marsicano S., *Comunicazione e disagio sociale*, Franco Angeli, Milano 1987.
Martens R., *Sport competition anxiety test*, Human Kinetics, Champaign, Illinois, 1977.
Martignoni G. (a cura di), *A come Alice. Mutamenti generazionali e fenomeno droga. Esiste un nuovo tossicomane?*, Edizioni Alice, Lugano 1986.
– (a cura di), *Navigare l'incertezza. Educare, curare, assistere o dei percorsi di identità*, Edizioni Alice, Comano 1988.
– (a cura di), *Il messaggero smarrito. La famiglia e la crisi della trasmissione generazionale*, Edizioni Alice, Comano 1992.

Martin A. O., *The assessment of training*, in "Personnel Management", 1977, vol. 39, n. 340.
Martinetti P., *L'amore*, il melangolo, Genova 1998.
Martini C. M., *Fedi e violenze*, Rosenberg & Sellier, Torino 1997.
Martini G., *Ermeneutica e narrazione. Un percorso tra psichiatria e psicoanalisi*, Bollati Boringhieri, Torino 1998.
–, *Narrazione*, in AA.VV., *Psiche. Dizionario storico di psicologia, psichiatria, psicoanalisi, neuroscienze*, Einaudi, Torino 2006-2007, vol. II, pp. 723-728.
Martinotti G., *Fenomenologia della corporeità. Dalla psicopatologia alla clinica*, Edizioni Universitarie Romane, Roma 2009.
–, *Dal suicidio alla speranza. Antropologia della morte e del morire*, in Id., *Fenomenologia della corporeità*, cit.
–, *Il corpo "oggetto" nella psicosi schizofrenica*, in Id., *Fenomenologia della corporeità*, cit.
–, *La corporeità contesa. La sessualità parafilica*, in Id., *Fenomenologia della corporeità*, cit.
–, *L'inquieta palude corporea delle dismorfofobie*, in Id., *Fenomenologia della corporeità*, cit.
Marty A., *Untersuchungen zur Grundlegung der allgemeinen Grammatik und Sprachphilosophie*, Niemeyer, Halle 1908.
Marty P., *Aspects psychodynamiques de l'étude clinique de quelques cas de céphalalgies*, in "Revue Française de Psychanalyse", 1951, n. 15.
–, *I movimenti individuali di vita e di morte. Ipotesi di economia psicosomatica* (1976), Guaraldi, Rimini 1977.
Marty P. *et al.*, *L'indagine psicosomatica* (1965), Bollati Boringhieri, Torino 1968.
Marx K., *Manoscritti economico-filosofici del 1844*, in *Marx Engels Opere Complete*, Editori Riuniti, Roma 1976, vol. III.
–, *Miseria della filosofia* (1847), Editori Riuniti, Roma 1969.
–, *Per la critica dell'economia politica* (1859), Editori Riuniti, Roma 1957.
–, *Il capitale. Critica dell'economia politica* (1867-1894), Editori Riuniti, Roma 1964, voll. I-III.
Marx K., Engels F., *L'ideologia tedesca* (1845-1846, inedita fino al 1932), in *Marx Engels Opere Complete*, Editori Riuniti, Roma 1972, vol. V.
Marzocchi G. M., *Bambini disattenti e iperattivi*, il Mulino, Bologna 2003.
Marzocchi G. M., Re A. M., Cornoldi C., *BIA. Batteria Italiana per l'ADHD*, Erickson, Trento 2010.
Marzuoli U., *Psiche e condizionamento*, Feltrinelli, Milano 1961.
Maschietto G., *Concetto di engramma nelle ricerche sulla psicologia applicata*, in "I Problemi della Pedagogia", 1972, n. 1, pp. 3-14.
Masi G., Marcheschi M., Pfanner P., *Ritardo mentale*, in G. B. Cassano, P. Pancheri *et al.* (a cura di), *Trattato italiano di psichiatria* (1992), Masson, Milano 1999, vol. III, pp. 2743-2758.
Maslach Ch., *La sindrome del burnout. Il prezzo dell'aiuto agli altri* (1992), Cittadella, Assisi 1997.
Maslach Ch., Leiter M. P., *Burnout e organizzazione del lavoro. Modificare i fattori strutturali della demotivazione al lavoro* (1999), Erickson, Trento 2002.
Maslow A. H., *Motivazione e personalità* (1954), Armando, Roma 1973.
–, *Verso una psicologia dell'essere* (1968), Astrolabio-Ubaldini, Roma 1971.
Maso S., *Rischio*, Cafoscarina, Venezia 2003.
Mason J. W., *A re-evaluation of the concept of "non-specificity" in stress theory*, in "Journal of Psychiatric Research", 1971, n. 8, pp. 323-330.
–, *An historical view of the stress field*, in "Journal of Human Stress", 1975, n. 1, pp. 6-12, 22-36.
Masoni M. V., *La consultazione psicologica nella scuola*, Giuffrè, Milano 1997.
Masserman J. H., *Behaviour and neurosis. An experimental psichobiologic principles*, University of Chicago Press, Chicago 1943.
–, *The practice of dynamic psychiatry*, Saunders, Philadelphia 1955.
Massimilla B., *La perdita. Lutti e trasformazioni*, Vivarium, Milano 2011.
Massironi M., *Fenomenologia della percezione visiva*, il Mulino, Bologna 1998.
Massucco Costa A., *Psicologia del linguaggio. Ricerche e problemi*, Bollati Boringhieri, Torino 1967.
Masters W. H., Johnson V. E., *L'atto sessuale nell'uomo e nella donna. Indagine sugli aspetti anatomici e fisiologici* (1966), Feltrinelli, Milano 1967.
–, *Il legame del piacere* (1974), Feltrinelli, Milano 1975.
–, *Omosessualità. Una nuova prospettiva* (1979), Feltrinelli, Milano 1980.
Mastroiacovo P., Rynders J. E., Albertini G., *La sindrome di Down*, Il Pensiero Scientifico, Roma 1981.
Mastropaolo M., *Il Sé rivelato. Saggi di psicologia umanistico-esistenziale*, Franco Angeli, Milano 1997.
Masullo A., *Intuizione e discorso* (1955-1964), in Id., *I volti del pensare e il rischio dell'agire*, Editoriale Scientifica, Napoli 2013.
–, *Lezioni sull'intersoggettività. Fichte e Husserl* (1964), Editoriale Scientifica, Napoli 2005.
–, *Struttura, soggetto, prassi*, Edizioni Scientifiche Italiane, Napoli 1994.

–, *Paticità e indifferenza*, il melangolo, Genova 2003.
Matarazzo O., Zammuner V. L. (a cura di), *La regolazione delle emozioni*, il Mulino, Bologna 2009.
Matassi E., *Musica*, Guida, Napoli 2004.
Matelli M., Umiltà C., *Il cervello. Anatomia e funzione del sistema nervoso centrale*, il Mulino, Bologna 2008.
Mati S., *Ninfa in labirinto. Epifanie di una divinità in fuga*, Moretti & Vitali, Bergamo 2006.
–, *La mela d'oro. Mito e destino*, Moretti & Vitali, Bergamo 2009.
Matte Blanco I., *L'inconscio come insiemi infiniti. Saggio sulla bi-logica* (1975), Einaudi, Torino 1981.
Mattenklott G., *Bocca*, in Ch. Wulf (a cura di), *Cosmo, corpo, cultura. Enciclopedia antropologica* (1997), Bruno Mondadori, Milano 2002, pp. 475-484.
Maturana H., *Autocoscienza e realtà* (1991), Raffaello Cortina, Milano 1993.
Maturana H., Varela F. J., *Autopoiesi e cognizione. La realizzazione del vivente* (1980), Marsilio, Venezia 1985.
Matza D., *Come si diventa devianti*, il Mulino, Bologna 1975.
Maura E., *Le sindromi psicosessuali*, in F. Giberti, R. Rossi, *Manuale di psichiatria*, Piccin, Padova 1983, pp. 195-218.
Mauro W., *Il peso di Anchise. Una riflessione sul rapporto tra padre e figlio nella letteratura e nella cultura occidentale*, Frassinelli, Milano 1997.
Mauss M., *Manuale di etnografia* (1947), Jaca Book, Milano 1969.
–, *Teoria generale della magia e altri saggi* (1950), Einaudi, Torino 1965.
–, *Saggio sul dono. Forma e motivo dello scambio nelle società arcaiche*, in Id., *Teoria generale della magia e altri saggi*, cit.
Maùti E., *Una fiaba per ogni perché. Spiegare ai bambini perché succedono le cose*, Erickson, Trento 2007.
May R., *La psicologia e il dilemma umano* (1967), Astrolabio, Roma 1970.
–, *L'amore e la volontà* (1969), Astrolabio, Roma 1971.
Mayer H., *I diversi* (1975), Garzanti, Milano 1977.
Mayer R., *Le cefalee nell'età evolutiva*, in "Infanzia anormale", 1964, n. 60.
Mayer R. E., *Thinking, problem solving, cognition*, Freeman, New York 1983.
Maynard Smith J., *The theory of games and the evolution of animal conflicts*, in "Journal of Theoretical Biology", 1974, n. 47.
–, *Game theory and the evolution of behaviour*, in "Proceedings of the Royal Society of London", 1979, n. 205.
–, *Will a sexual population evolve to an SES?*, in "American Naturalist", 1981, n. 117.
Mayo E., *I problemi umani e sociopolitici della civiltà industriale* (1945), Utet, Torino 1969.
Mayr E., *Biologia ed evoluzione* (1981), Bollati Boringhieri, Torino 1982.
Mazet Ph., Stoleru S., *Psicopatologia del neonato e della prima infanzia* (1989), Masson, Milano 1991.
Mazzara B. M., *Stereotipi e pregiudizi*, il Mulino, Bologna 1997.
Mazzetti R., *Il bambino, il gioco, il giocattolo*, Armando, Roma 1962.
Mazzocchi S., *Vite d'azzardo. Storie vere di giocatori estremi*, Sperling & Kupfer, Milano 2002.
Mazzoncini B., Musatti L., *I disturbi dello sviluppo. Bambini, genitori e insegnanti*, Raffaello Cortina, Milano 2012.
Mazzoni G., *Si può credere a un testimone? La testimonianza e le trappole della memoria*, il Mulino, Bologna 2003.
McCarthy R. A., Warrington E. K., *Neuropsicologia cognitiva. Un'introduzione clinica* (1991), Raffaello Cortina, Milano 1992.
McClelland D. C., *Studies in motivation*, Appleton-Century-Crofts, New York 1955.
–, *The achieving society*, Van Nostrand, Princeton, New Jersey, 1961.
McClelland J. L., Rumelhart D. E., *A distributed model of human learning and memory*, in Id., *Parallel distributed processing*, vol. II: *Psychological and biological models*, PDP Research Group, Mit Press, Cambridge, Massachusetts, 1989.
McConnell J. V. *et al.*, *Subliminal stimulation. An overview*, in "American Psychologist", 1958, n. 13.
McCord W., McCord J., *Lo psicopatico. Saggio sulla mente criminale* (1964), Astrolabio-Ubaldini, Roma 1970.
McCorduck P., *Storia dell'intelligenza artificiale* (1979), Muzzio, Padova 1987.
McDougall J., *A favore di una certa anormalità* (1978), Borla, Roma 1993.
–, *Teatri del corpo. Un approccio psicoanalitico ai disturbi psicosomatici* (1989), Raffaello Cortina, Milano 1990.
–, *Eros. Le deviazioni del desiderio* (1995), Raffaello Cortina, Milano 1997.
McDougall W., *An introduction to social psychology*, Methuen, London 1908.
–, *Psychology. The study of behavior*, Williams and Nogat, London 1912.
–, *The hormic psychology* (1930), in C. Murchison (a cura di), *Psychologies of 1930*, Series: *Classics in psychology*, Arno Press, New York 1973.
–, *The energies of men*, Methuen, London 1933.
–, *The frontiers of psychology*, Methuen, London 1934.

McFarland D. J., *Decision-making in animals*, in "Nature", 1977, n. 269.
McGaugh J. L., Herz M. J., *Memory consolidation*, Freeman, San Francisco 1972.
McGhee P. E., Goldstein J. H., *Handbook of humour research*, vol. I: *Basic Issues*, vol. II: *Applied Studies*, Springer, New York 1983.
McGrath J. E., *Social and psychological factors in stress*, Holt, Rinehart & Winston, New York 1970.
McGregor D., *L'aspetto umano dell'impresa* (1960), Franco Angeli, Milano 1972.
McGrew W. C., *Il comportamento infantile. Uno studio etologico* (1972), Franco Angeli, Milano 1980.
McGuire W. J., *The nature of attitudes and attitude change*, in G. Lindzey, E. Aronson (a cura di), *Handbook of social psychology*, Addison-Wesley, Reading, Massachusetts, 1969, vol. III.
McIntosh D., *The economy of desire. Psychic energy as a purely psychological concept*, in "Psychoanalysis and Contemporary Thought", 1986, 9, 3.
McKenna J., *Stroking profile*, in "Transactional Analysis Journal", 1974, n. 4 (4).
McKenzie S., Hassed C., *Il libro della mindfulness* (2014), Erickson, Trento 2016.
McLennan J. F., *L'origine del totemismo. Il culto degli animali e delle piante* (1869), in U. Fabietti (a cura di), *Alle origini dell'antropologia*, Bollati Boringhieri, Torino 1980.
–, *Sistemi arcaici di parentela e loro effetti sulla struttura dei gruppi primitivi* (1885), in U. Fabietti (a cura di), *Alle origini dell'antropologia*, cit.
McLuhan M., *Gli strumenti del comunicare* (1964), il Saggiatore, Milano 1999.
McNemar Q., *Psychological statistics*, Wiley, New York 1969.
McShane J., *Lo sviluppo cognitivo* (1991), il Mulino, Bologna 1994.
Mead G. H., *La voce della coscienza* (1908-1929), Jaca Book, Milano 1996.
–, *Mente, Sé e Società* (1934), Giunti Barbera, Firenze 1966.
Mead M., *Sesso e temperamento in tre società primitive* (1935), il Saggiatore, Milano 1967.
–, *Cooperation and competition among primitive peoples*, McGraw-Hill, New York 1937.
–, *Tabù*, in E. Seligman, A. Johnson (a cura di), *Encyclopaedia of the social sciences*, Macmillan, London 1937, vol. 7, pp. 502-505.
–, *Maschio e femmina* (1949), il Saggiatore, Milano 1962.
Meade J. E., Parkes A. S. (a cura di), *Biological aspects of social problems*, Oliver and Boyd, Edinburgh 1965.
Meadows D. H. *et al.*, *I limiti dello sviluppo*, Mondadori, Milano 1972.
Meares R., *Intimità e alienazione. Il Sé e le memorie traumatiche in psicoterapia* (2000), Raffaello Cortina, Milano 2005.
Meazzini P., *Il comportamentismo. Una storia culturale*, Erip Editrice, Pordenone 1980.
– (a cura di), *Trattato teorico-pratico di terapia e modificazione del comportamento*, Erip Editrice, Pordenone 1983.
–, *Problemi quotidiani*, Giunti, Firenze 2009.
Meazzini P., Galeazzi A., *Paure e fobie*, Giunti Barbera, Firenze 1978.
Mecacci L. (a cura di), *Tecniche psicofisiologiche*, Zanichelli, Bologna 1982.
–, *Identikit del cervello*, Laterza, Bari 1984.
–, *Storia della psicologia del Novecento*, Laterza, Bari 1992.
Mecchia R., *Immaginazione*, in AA.VV., *Enciclopedia*, Einaudi, Torino 1979, vol. VII, pp. 43-52.
Medeghini R. (a cura di), *Norma e normalità nei disability studies. Riflessioni e analisi critica per ripensare la disabilità*, Erickson, Trento 2013.
Medioli Cavara F., *Il disegno nell'età evolutiva. Esercitazioni psicodiagnostiche*, Bollati Boringhieri, Torino 1986.
Meduna L. J., *Die Konvulsionstherapie der Schizophrenie*, Marhold, Halle 1936.
Meerwein F. (a cura di), *Psicologia oncologica* (1981), Bollati Boringhieri, Torino 1989.
Meeus W. H. J., Raaijmakers Q. A. W., *Obedience in modern society. The Utrecht studies*, in "Journal of Social Issues", 1995, n. 51, pp. 155-175.
Meichenbaum D., *Al termine dello stress. Prevenzione e gestione secondo l'approccio cognitivo-comportamentale* (1985), Erickson, Trento 1990.
Meili R., *Manuale di diagnostica psicologica* (1955), Giunti Barbera, Firenze 1967.
–, *Prime fasi nello sviluppo del carattere* (1957), Giunti Barbera, Firenze 1968.
Meinong A., *Gli oggetti d'ordine superiore in rapporto alla percezione interna* (1889), Errano, Faenza 1979.
Melamed S., Shirom A., Toker S., Berliner S., *Burnout and risk of cardiovascular disease*, in "Psychological Bulletin", 2006, 132 (3), pp. 327-353.

Melandri R., Secchi C., *La fascinazione. Riflessioni psicoanalitiche*, Pratiche Editrice, Parma 1994.
Melchiorre V., *Sul senso della morte*, Morcelliana, Brescia 1964.
–, *L'immaginazione simbolica*, il Mulino, Bologna 1972.
–, *Metacritica dell'eros*, Vita e Pensiero, Milano 1977.
–, *Sull'amore umano*, Vita e Pensiero, Milano 1983.
–, *Corpo e persona*, Marietti, Genova 1987.
–, *La via analogica*, Vita e Pensiero, Milano 1996.
–, *Creazione, creatività, ermeneutica*, Morcelliana, Brescia 1997.
–, *Ethica*, il melangolo, Genova 2000.
–, *Sulla speranza*, Morcelliana, Brescia 2000.
–, *Essere e persona. Natura e struttura*, Fondazione Achille e Giulia Boroli, Milano 2007.
Melchiorre V., Vigna C., *La politica e la speranza*, Edizioni Lavoro, Roma 1999.
Mellina S. (a cura di), *Medici e sciamani fratelli separati. Arte del curare tra cielo e terra. Etnomedicina, etnopsichiatria, antropologia della salute*, Lombardo Editore, Roma 1997.
Melloni D., *Forte e sottile è il mio canto. Storia di una donna obesa*, Giunti, Firenze 2014.
Melorio E., Guerra G., *Giovani e forze armate*, Masson, Milano 1987.
Melton A. W., *Implications of short-term memory for a general theory of memory*, in "Journal of Verbal Learning and Verbal Behavior", 1963, n. 1, pp. 1-21.
Meltzer D., *Stati sessuali della mente* (1973), Armando, Roma 1975.
–, *Studi di metapsicologia allargata. Applicazioni cliniche del pensiero di Bion* (1986), Raffaello Cortina, Milano 1987.
–, *Claustrum. Uno studio dei fenomeni claustrofobici* (1992), Raffaello Cortina, Milano 1993.
– (a cura di), *Esplorazioni sull'autismo* (1996), Bollati Boringhieri, Torino 1999.
Meltzoff A. N., Borton R. W., *Intermodal matching by human neonates*, in "Nature", 1979, n. 282, pp. 403-404.
Meltzoff A. N., Moore K. M., *Imitation of facial and manual gestures by human neonates*, in "Science", 1977, n. 198, pp. 75-78.
–, *Explaining facial imitation. A theoretical model*, in "Early Development and Parenting", 1997, n. 6, pp. 179-192.
Melucci A., *Il gioco dell'io. Il cambiamento di sé in una società globale*, Feltrinelli, Milano 1991.
– (a cura di), *Creatività. Miti, discorsi, processi*, Feltrinelli, Milano 1994.
Melzack R., *L'enigma del dolore* (1973), Zanichelli, Bologna 1976.
–, *The McGill Pain Questionnaire. Major properties and scoring methods*, in "Pain", 1975, n. 1, pp. 271-299.
Melzack R., Torgerson W. S., *On the language of pain*, in "Anesthesiology", 1971, n. 34, pp. 50-59.
Menarini R., Lavanco G., *Il doppio. Trame della letteratura, della sessualità, della psicopatologia*, Il Pensiero Scientifico, Roma 1997.
Mendel G., *La rivolta contro il padre* (1968), Vallecchi, Firenze 1973.
–, *L'acte est une aventure*, La Decouverte, Paris 1998.
Mendel G. J., *Versuche über Pflanzenhybriden*, in "Verhandlungen des Naturforschenden Vereins in Brünn", 1864, n. IV.
Mendeleev D. I., *Sullo spiritismo* (1876), Bollati Boringhieri, Torino 1992.
Mendiola I., *Elogio della menzogna* (2006), Tropea, Milano 2008.
Menditto M., *Realizzazione di sé e sicurezza interiore*, Erickson, Trento 2006.
–, *Comunicazione e relazione. Come gestire dialoghi e legami nel quotidiano*, Erickson, Trento 2008.
Mendoza J.-L. J. de, *Cervello destro e cervello sinistro* (1995), il Saggiatore, Milano 1996.
Menduni E., *Il mondo della radio. Dai transistor ai social network*, il Mulino, Bologna 2012.
Menegoni F., *Le ragioni della speranza*, Il Poligrafo, Padova 2001.
Menesini E. (a cura di), *Bullismo. Le azioni efficaci della scuola*, Erickson, Trento 2005.
Menninger K., *The crime of punishment*, Penguin Books, New York 1968.
Menninger-Lerchenthal E., *Das Truggebilde der eigenen Gestalt (Héautoskopie, Doppelganger)*, Kargen, Berlin 1935.
Mensching G., *Die Idee der Sünde*, Hinrichs, Leipzig 1931.
Merciai S. A., Cannella B., *La psicoanalisi nelle terre di confine. Tra psiche e cervello*, Raffaello Cortina, Milano 2009.
Merleau-Ponty M., *La struttura del comportamento* (1942), Bompiani, Milano 1963.
–, *Fenomenologia della percezione* (1945), il Saggiatore, Milano 1972.
–, *Il corpo vissuto* (1945-1961), il Saggiatore, Milano 1979.
–, *Senso e non senso* (1948), il Saggiatore-Garzanti, Milano 1962.
–, *Il dubbio di Cézanne*, in Id., *Senso e non senso*, cit.

–, *La natura. Lezioni al Collège de France 1956-1960*, Raffaello Cortina, Milano 1996.
–, *Il visibile e l'invisibile* (1959-1960), Bompiani, Milano 1969.
–, *Segni* (1960), il Saggiatore, Milano 1967.
–, *Il bambino e gli altri* (1964, edito postumo), Armando, Roma 1968.
Merletti A., Corsi P., *Disturbi del linguaggio e intervento psicomotorio*, Erickson, Trento 2015.
Meroni B., *Isteria e pensiero teatrante. Una lettura junghiana dell'isteria maschile/femminile*, Vivarium, Milano 2010.
Meroni B., Vanzulli L., Doveri N., Kaufman G., *La coppia. Incontri e scontri. Percorsi e conflitti nella relazione d'amore*, Vivarium, Milano 2016.
Merrell D. J., *Ecological genetics*, Longman, London 1981.
Mertens W., *La psicoanalisi. Storia e metodi* (1997), Einaudi, Torino 2000.
Merton R. K., *Teoria e struttura sociale* (1949), il Mulino, Bologna 1959.
–, *The self-fulfilling prophecy*, in "The Antioch Review", 1962, n. 8.
Meschieri L., *L'orientamento scolastico professionale*, in L. Ancona (a cura di), *Questioni di psicologia*, La Scuola, Brescia 1962, vol. I, pp. 707-750.
–, *Concetto e possibilità di misura dei fatti psichici*, in L. Ancona (a cura di), *Nuove questioni di psicologia*, La Scuola, Brescia 1972, vol. I, pp. 151-186.
Meschonnic H., *Ritmo*, in Ch. Wulf (a cura di), *Cosmo, corpo, cultura. Enciclopedia antropologica* (1997), Bruno Mondadori, Milano 2002, pp. 616-625.
Mesmer F. A., *Mémoire sur la découverte du magnétisme animal* (1779), in Id., *Le magnétisme animal*, Didot, Paris 1971.
Metastasio R., *Bambini e pubblicità*, Carocci, Roma 2007.
Metelli Di Lallo C., *Problemi psicopedagogici*, Laterza, Bari 1964.
Métraux A., *Il vodu haitiano* (1958), Einaudi, Torino 1971.
Metzger W., *Tiefenerscheinungen in optischen Bewegungsfeldern*, in "Psychologische Forschung", 1935, n. 20.
–, *I fondamenti della psicologia della Gestalt* (1941), Giunti Barbera, Firenze 1971.
–, *Gesetze des Sehens*, Kramer, Frankfurt a.M. 1953.
Meuris J., *Guida alla comprensione dell'omeopatia e materia medica* (1971), Red Edizioni, Como 1982.
Meyer A., *The dynamic interpretation of Dementia praecox*, in "American Journal of Psychology", 1910, n. 21.
–, *Collected works*, Johns Hopkins University Press, Baltimore 1951.
–, *Psychobiology. A science of man*, Charles C. Thomas, Springfield, Illinois, 1958.
Meyer C. (a cura di), *Il libro nero della psicoanalisi* (2005), Fazi Editore, Roma 2006.
Meyer G. J., Viglione D. J., Mihura J. L., Erard R. E., Erdberg Ph., *Rorschach Performance Assessment System. Somministrazione, siglatura, interpretazione e manuale tecnico* (2011), Raffaello Cortina, Milano 2015.
Meyer H. L., *Introduzione alla metodologia del curriculum* (1972) Armando, Roma 1977.
Meyer V., Chesser E. S., *La terapia comportamentale* (1970), Bollati Boringhieri, Torino 1976.
Meyer-Drawe K., *Individuo*, in Ch. Wulf (a cura di), *Cosmo, corpo, cultura. Enciclopedia antropologica* (1997), Bruno Mondadori, Milano 2002, pp. 710-720.
Meyerson I., *Les fonctions psychologiques et les oeuvres*, Vrin, Paris 1948.
Meynert Th., *Klinische Vorlesungen über Psychiatrie*, Braumüller, Wien 1890.
Meyrowitz J., *Oltre il senso del luogo. Come i media elettronici influenzano il comportamento sociale* (1985), Baskerville, Bologna 1993.
Mezirow J., *Apprendimento e trasformazione. Il significato dell'esperienza e il valore della riflessione nell'apprendimento degli adulti* (1991), Raffaello Cortina, Milano 2003.
Micalizzi A., *Come un altro mondo. Pratiche di socializzazione dell'esperienza della perdita dentro e fuori la Rete*, Edizioni Ledizioni, Milano 2012.
Miceli M., *Solitudine. Indirizzi e problemi di ricerca*, in "Giornale Italiano di Psicologia", 1981, n. 8.
–, *L'autostima*, il Mulino, Bologna 1998.
–, *Sentirsi soli*, il Mulino, Bologna 2003.
–, *L'invidia*, il Mulino, Bologna 2012.
Michaux L., *Les phobies*, Hachette, Paris 1969.
Michelini Tocci F., *Cabala. Psicologia e storia*, in "Annali dell'Istituto Universitario Orientale di Napoli", 1986, n. 46.
Michels R., *La sociologia del partito politico nella democrazia moderna* (1911), il Mulino, Bologna 1966.
Michelstaedter C., *Il dialogo della salute* (1910), Adelphi, Milano 1988.

–, *La persuasione e la rettorica* (1913, edito postumo), Adelphi, Milano 1995.
Michotte A. E., *La percezione della causalità* (1946), Giunti Barbera, Firenze 1972.
Miconi A., *Teorie e pratiche del web*, il Mulino, Bologna 2013.
Midgley N., Vrouva I. (a cura di), *La mentalizzazione nel ciclo di vita. Interventi con bambini, genitori e insegnanti* (2012), Raffaello Cortina, Milano 2014.
Mieli M., *Elementi di critica omosessuale*, Einaudi, Torino 1977.
Mierke K., *Konzentrationsfähigkeit und Konzentrationsschwäche*, Huiber-Klett, Bern-Stuttgart 1966.
Migone P., *La differenza tra psicoanalisi e psicoterapia. Panorama storico del dibattito e recente posizione di Merton M. Gill*, in "Psicoterapia e Scienze Umane", 1991, XXV, n. 4, pp. 35-65.
–, *Introduzione alla psichiatria dell'età evolutiva*, in G. B. Cassano, P. Pancheri *et al.* (a cura di), *Trattato italiano di psichiatria* (1992), Masson, Milano 1999, vol. III, pp. 2679-2692.
–, *Psicoterapie a indirizzo psicoanalitico*, in G. B. Cassano, P. Pancheri *et al.* (a cura di), *Trattato italiano di psichiatria*, cit., vol. III, pp. 3545-3556.
–, *Terapia psicoanalitica*, Franco Angeli, Milano 1995.
–, *Panorama storico delle classificazioni psichiatriche*, in "Archivio di Psicologia, Neurologia e Psichiatria", 1996, vol. LVII, n. 2/3, pp. 226-245.
–, *Il problema della "traduzione" di aspetti delle filosofie orientali nella psicoterapia occidentale*, in "Psicoterapia e Scienze Umane", 2010, XLIV, n. 1, pp. 35-52.
–, *Presentazione dei principali sistemi diagnostici in psichiatria e alcune riflessioni sul problema della disgnosi*, in "Rivista Sperimentale di Freniatria", 2011, vol. CXXXV, n. 2, pp. 19-40.
–, *Presentazione del DSM-5*, in "Psicoterapia e Scienze Umane", 2013, vol. XLVII, n. 4, pp. 567-600.
–, *Psychoanalysis on the Internet. A discussion of its theoretical implications for both on-line and off-line therapeutic technique*, in "Psychoanalytic Psychology", 2013, n. 30, 2, pp. 281-299.
–, *What does "brief" mean? A theoretical critique of the concept of brief therapy from a psychoanalytic viewpoint*, in "Journal of the American Psychoanalytic Association", 2014, n. 62, 4, pp. 631-656.
Mijolla A. de, Shentoub S. A., *Pour une psychanalyse de l'alcoolisme*, Payot, Paris 1973.
Mila M., *L'esperienza musicale e l'estetica*, Einaudi, Torino 1965.
Milani I., *L'arte di insegnare. Consigli pratici per gli insegnanti di oggi*, Vallardi, Milano 2013.
Milani P., *Progetto genitori. Itinerari educativi in piccolo e grande gruppo*, Erickson, Trento 1993.
– (a cura di), *Manuale di educazione familiare*, Erickson, Trento 2001.
Miles Th. R., *The work of the dyslexia group at Bangor*, in "The Psychologist", 1989.
Milgram S., *Some conditions of obedience and disobedience to authority*, in "Human Relations", 1965, n. 18.
–, *Obbedienza all'autorità. Il celebre esperimento di Yale sul conflitto tra disciplina e coscienza* (1974), Bompiani, Milano 1975.
Milgrom J., Martin P. R., Negri L. M., *Depressione postnatale*, Erickson, Trento 2005.
Mill J. S., *Sistema di logica deduttiva e induttiva* (1843), Utet, Torino 1988.
–, *La soggezione delle donne* (1869), Jovine, Napoli 1970.
Millar S., *La psicologia del gioco infantile* (1968), Bollati Boringhieri, Torino 1974.
Miller A., *Il dramma del bambino dotato e la ricerca del vero Sé* (1985), Bollati Boringhieri, Torino 2007.
–, *Il bambino inascoltato. Realtà infantile e dogma psicoanalitico* (1989), Bollati Boringhieri, Torino 2010.
Miller G. A., *The magical number seven, plus or minus two. Some limits on our capacity for processing information*, in "Psychological Review", 1956, n. 63, pp. 81-93.
–, *A very personal history*, Institute of Technology, Cambridge, Massachusetts, 1979.
Miller G. A., Galanter E., Pribram K. H., *Piani e struttura del comportamento* (1960), Franco Angeli, Milano 1973.
Miller G. A., Johnson-Laird Ph. N., *Language and perception*, Harvard University Press, Cambridge, Massachusetts, 1976.
Miller G. F., *Uomini, donne e code di pavone. La selezione sessuale e l'evoluzione della natura umana* (2000), Einaudi, Torino 2002.
Miller H. L., Siegel P. S., *Loving. A psychological approach*, Wiley, New York 1972.
Miller J. B. (a cura di), *Le donne e la psicoanalisi* (1974), Bollati Boringhieri, Torino 1976.
Miller N. E., Dollard J., *Imitazione e apprendimento sociale* (1941), Franco Angeli, Milano 1977.
Miller P. H., *Teorie dello sviluppo psicologico* (1983), il Mulino, Bologna 1992.
Miller W. R., Rollnick S., *Il colloquio motivazionale. Preparare la persona al cambiamento* (2002), Erickson, Trento 2004.
Miller W. R., Rollnick S., *Il colloquio motivazionale. Aiutare le persone a cambiare* (2012, 3ª ed.), Erickson, Trento 2014.
Millett K., *La politica del sesso* (1969), Rizzoli, Milano 1971.

–, *Prostituzione* (1971), Einaudi, Torino 1975.
Millon Th., *A biosocial approach to maladaptive learning and functioning*, Saunders, Philadelphia 1969.
–, *Toward a new personology. An evolutionary model*, Wiley, New York 1990.
– (a cura di), *The Millon inventories. Clinical and personality assessment*, Guilford, New York 1997.
Milner B., *Some effects of frontal lobectomy in man*, in J. M. Warren, K. Akert (a cura di), *The frontal granular cortex and behaviour*, McGraw-Hill, New York 1964, pp. 313-334.
Milner J., O'Byrne P., *Il counseling narrativo. Interventi brevi centrati sulle soluzioni*, Erickson, Trento 2005.
Milner P. M., *Psicologia fisiologica* (1970), Zanichelli, Bologna 1973.
Milner P. M., Glickman S. E., *Cognitive processes and the brain*, Nostrand, London 1966.
Minguzzi E., *Alchimia. Il cammino della potenza*, Armenia Editore, Milano 1976.
Minguzzi G. F., *Dinamica psicologica dei gruppi sociali*, il Mulino, Bologna 1973.
Minkowski E., *La schizofrenia. Psicopatologia degli schizoidi e degli schizofrenici* (1927-1953), Einaudi, Torino 1998.
–, *Il tempo vissuto. Fenomenologia e psicopatologia* (1933), Einaudi, Torino 1971.
–, *La psychopathologie: son orientation, ses tendances*, in "L'Évolution Psychiatrique", 1937, n. 3.
–, *Filosofia, semantica, psicopatologia* (1939-1962), Mursia, Milano 1969.
–, *L'effimero, durare e avere una durata, e l'eterno* (1953), in Id., *Filosofia, semantica, psicopatologia*, cit.
–, *Trattato di psicopatologia* (1966), Feltrinelli, Milano 1973.
Minkowski E., Gebsattel V. E. von, Straus E., *Antropologia e psicopatologia* (1923-1948), Bompiani, Milano 1967.
Minsky M., *La società della mente* (1986), Adelphi, Milano 1989.
Minuto M., Ravizza R., *Migliorare i processi di apprendimento. Il Metodo Feuerstein. Dagli aspetti teorici alla vita quotidiana*, Erickson, Trento 2008.
Miotto A., *Psicologia della propaganda*, Editrice Universitaria, Firenze 1953.
Mira y López E., *Psicodiagnóstica miokinética* (1939), Editorial Paidós, Buenos Aires 1951.
Miragliotta A., Catalano S., Cerniglia I., *Teoria e metodo nei test psicologici*, Aracne Editrice, Roma 2009.
Mischel Th. (a cura di), *The Self. Psychological and philosophical issues*, Basil Blackwell, Oxford 1977.
Mischel W., *Lo studio della personalità* (1981), il Mulino, Bologna 1996.
Mises L. von, *Burocrazia* (1944), Rusconi, Milano 1991.
Misiti R., *Attivazione, stati di coscienza, ipnosi*, in L. Ancona (a cura di), *Nuove questioni di psicologia*, La Scuola, Brescia 1972, vol. I, pp. 511-564.
Missoni E., Pacileo G., *Alimentazione*, in M. Flores (a cura di), *Diritti umani. Cultura dei diritti e dignità della persona nell'epoca della globalizzazione*, Utet, Torino 2007, vol. I, pp. 22-27.
–, *Il diritto alla salute e le politiche globali*, in M. Flores (a cura di), *Diritti umani*, cit., vol. III, pp. 172-211.
Mistura S., *La terribile tenerezza. Saggio sull'amore narcisistico*, Borla, Roma 1991.
– (a cura di), *Figure del feticismo*, Einaudi, Torino 2001.
– (a cura di), *Autismo. L'umanità nascosta*, Einaudi, Torino 2006.
–, *Allucinazione*, in AA.VV., *Psiche. Dizionario storico di psicologia, psichiatria, psicoanalisi, neuroscienze*, Einaudi, Torino 2006-2007, vol. I, pp. 38-45.
–, *Isteria*, in AA.VV., *Psiche. Dizionario storico di psicologia, psichiatria, psicoanalisi, neuroscienze*, cit., vol. I, pp. 561-567.
Misuraca R., Fasolo B., Cardaci M. (a cura di), *I processi decisionali. Paradossi, sfide, supporti*, il Mulino, Bologna 2012.
Mitchell J., *Psicoanalisi e femminismo* (1974), Einaudi, Torino 1976.
–, *Pazzi e meduse. Ripensare l'isteria alla luce della relazione tra fratelli e sorelle* (2000), La Tartaruga, Milano 2004.
Mitchell S. A., *Gli orientamenti relazionali in psicoanalisi. Per un modello integrato* (1988), Bollati Boringhieri, Torino 1993.
–, *Le matrici relazionali del Sé* (1988), Il Pensiero Scientifico, Roma 1992.
–, *Speranza e timore in psicoanalisi* (1993), Bollati Boringhieri, Torino 1995.
–, *Il modello relazionale. Dall'attaccamento all'intersoggettività* (2000), Raffaello Cortina, Milano 2002.
–, *L'amore può durare? Il destino dell'amore romantico* (2002), Raffaello Cortina, Milano 2003.
–, *Teoria clinica psicoanalitica. Scritti scelti*, Raffaello Cortina, Milano 2016.
Mitchell S. A., Black M. J., *L'esperienza della psicoanalisi. Storia del pensiero psicoanalitico moderno* (1995), Bollati Boringhieri, Torino 1996.
Mitscherlich A., *Verso una società senza padre. Idee per una psicologia sociale* (1963), Feltrinelli, Milano 1970.
–, *Malattia come conflitto* (1966-1967), Feltrinelli, Milano 1976.
Mittler P. J., *The study of twins*, Penguin, Harmondsworth 1971.

Mizzau M., *L'ironia. La contraddizione consentita*, Feltrinelli, Milano 1984.
–, *Ridendo e scherzando. La barzelletta come racconto*, il Mulino, Bologna 2005.
Modell A. H., *Psicoanalisi in un nuovo contesto* (1984), Raffaello Cortina, Milano 1992.
Modica M., *Imitazione*, in AA.VV., *Enciclopedia*, Einaudi, Torino 1979, vol. VII, pp. 3-42.
Moè A., *La motivazione*, il Mulino, Bologna 2010.
Moebius P. J., *Compendio di neuropatologia* (1894), Rosenberg & Sellier, Torino 1894.
–, *L'inferiorità mentale della donna* (1900), Einaudi, Torino 1978.
Moeller M. L., *Die Prüfung als Kernmodell psychosozialer Konflikte*, in "Sozialpsychologie", 1969.
Moiso C., Novellino M., *Stati dell'Io. Le basi teoriche dell'analisi transazionale integrata*, Astrolabio-Ubaldini, Roma 1982.
Moja E. A., *Le ragioni del placebo*, in "Tabloid", 1990, n. 7, pp. 10-15.
Molaro A., *Psicoanalisi e fenomenologia. Dialettica dell'umano ed epistemologia*, Raffaello Cortina, Milano 2016.
Molin A., Poli S., Lucangeli D., *Test Bin 4-6 anni*, Erickson, Trento 2008.
Molinari E., *Clinica psicologica in sindromi rare. Aspetti genetici e riabilitativi*, Bollati Boringhieri, Torino 2002.
–, *Salute ed equilibrio nutrizionale*, Springer, Milano 2006.
Molinari E., Bozzaro P., *Da Edipo Re a Edipo a Colono. Ciclo di vita e riflessioni psicoanalitiche*, EduCatt, Milano 2011.
Molinari E., Castelnuovo G., *Psicologia clinica del dolore*, Springer, Milano 2010.
Molinari E., Cavaleri P. A., *Il dono nel tempo della crisi. Per una psicologia del riconoscimento*, Raffaello Cortina, Milano 2015.
Molinari E., Ceccarelli A., *Il processo del perdono. Aspetti psicologici*, in "Rivista di Psicologia Clinica", 2007, n. 3.
Molinari E., Labella A., *Psicologia clinica. Dialoghi e confronti*, Springer, Milano 2007.
Molinari E., Mosconi A., *Il processo terapeutico nell'approccio sistemico. L'interazione tra osservatore e osservato*, Unicopli, Milano 1995.
Molinari E., Riva G., *Psicologia clinica dell'obesità. Ricerche e interventi*, Bollati Boringhieri, Torino 2004.
Molinari E., Taverna A., *La riabilitazione psicologica nel disturbo mentale*, CSE, Torino 2000.
Molinari L., *Psicologia dello sviluppo sociale*, il Mulino, Bologna 2007.
Moltmann J., *Teologia della speranza* (1964), Queriniana, Brescia 1969.
Monakow C. von, Mourgue R., *Biologische Einführung in das Studium der Neurologie und Psychopathologie*, Hippokrates, Stuttgart-Leipzig 1930.
Monbeck M. E., *The meaning of blindness*, Indiana University Press, Bloomington 1973.
Money J., *Hermaphroditism. An inquiry into the nature of a human paradox*, Doctoral Dissertation, Harvard University, Cambridge, Massachusetts, 1952.
–, *The psychologic study of man*, Charles C. Thomas, Springfield, Illinois, 1957.
–, *Gender. History, theory and usage of the term in sexuology and its relationship to nature/nurture*, in "Journal of Sex and Material Therapy", 1985, n. 2, pp. 279-291.
–, *Gendermaps. Social constructionism, feminism, and sexosophical history*, Continuum, New York 1995.
Money J., Tucker P., *Essere uomo, essere donna. Uno studio sull'identità di genere* (1975), Feltrinelli, Milano 1980.
Money-Kyrle R., *Il significato del sacrificio* (1929), Bollati Boringhieri, Torino 1994.
–, *Un'analisi psicologica delle cause della guerra* (1934), in *Scritti (1927-1977)*, Bollati Boringhieri, Torino 2002.
–, *Lo sviluppo della guerra. Un approccio psicologico* (1937), in *Scritti (1927-1977)*, cit.
–, *La psicologia della propaganda* (1941), in *Scritti (1927-1977)*, cit.
–, *Varietà della formazione dei gruppi* (1948), in *Scritti (1927-1977)*, cit.
–, *Verso uno scopo comune. Un contributo psicoanalitico all'etica* (1948), in *Scritti (1927-1977)*, cit.
–, *Il concetto antropologico e psicoanalitico di norma* (1955), in *Scritti (1927-1977)*, cit.
–, *Nota sull'emicrania* (1955), in *Scritti (1927-1977)*, cit.
–, *Psicoanalisi ed etica* (1955), in *Scritti (1927-1977)*, cit.
–, *Un contributo non definitivo alla teoria dell'istinto di morte* (1955), in *Scritti (1927-1977)*, cit.
–, *Il mondo dell'inconscio e il mondo del senso comune* (1956), in *Scritti (1927-1977)*, cit.
–, *Il processo di inferenza in psicoanalisi* (1960), in *Scritti (1927-1977)*, cit.
–, *Sul pregiudizio. Un approccio psicoanalitico* (1960), in *Scritti (1927-1977)*, cit.
–, *Megalomania* (1963), in *Scritti (1927-1977)*, cit.
–, *Lo sviluppo cognitivo* (1968), in *Scritti (1927-1977)*, cit.
Monod J., *Il caso e la necessità* (1970), Mondadori, Milano 1970.
Montanari M., *Gli equivoci dell'amore*, Mursia, Milano 2015.

Montanini Manfredi M., Fruggeri L., Facchini M., *Dal gesto al gesto. Il bambino sordo tra gesto e parola*, Cappelli, Bologna 1979.
Montano A., *Mindfulness. Guida alla meditazione di consapevolezza*, Ecomind Editore, Salerno 2007.
Montano A., Annicchiarico F., Misuraca S., *Ossessioni e compulsioni nei bambini. Programma di intervento cognitivo-comportamentale*, Erickson, Trento 2015.
Montecchi F., *Giocando con la sabbia. La psicoterapia con bambini e adolescenti e la "sand play therapy"*, Franco Angeli, Milano 1993.
–, *Gli abusi all'infanzia. Dalla ricerca all'intervento clinico*, La Nuova Italia Scientifica, Roma 1994.
Montefoschi S., *L'uno e l'altro. Interdipendenza e intersoggettività nel rapporto psicoanalitico*, Feltrinelli, Milano 1977.
–, *Oltre il confine della persona*, Feltrinelli, Milano 1979.
–, *Dialettica dell'inconscio*, Feltrinelli, Milano 1980.
–, *Al di là del tabù dell'incesto. Psicoanalisi e conoscenza*, Feltrinelli, Milano 1982.
–, *Psicoanalisi e dialettica del reale*, Bertani, Verona 1984.
–, *C. G. Jung. Un pensiero in divenire*, Garzanti, Milano 1985.
Monteil J.-M., *Educare e formare. Prospettive psicosociali* (1988), il Mulino, Bologna 1991.
Montessori M., *L'autoeducazione nelle scuole elementari* (1916), Garzanti, Milano 1962.
–, *Il metodo della pedagogia scientifica applicato all'educazione infantile nelle case dei bambini* (1909-1926), Loescher, Roma 1935.
Monti Civelli E., *La socializzazione del fanciullo non vedente*, Franco Angeli, Milano 1980.
Moore B. C. J., *Frequency selectivity in hearing*, Academic Press, London 1986.
Morasso G., *Cancro. Curare i bisogni del malato. L'assistenza in fase avanzata di malattia*, Il Pensiero Scientifico, Roma 1998.
Moravia S., *L'enigma della mente*, Laterza, Bari 1986.
Moray N., *Listening and attention*, Penguin, London-Baltimore 1969.
Mordacci R., *Rispetto*, Raffaello Cortina, Milano 2012.
Morel B. A., *Traité des maladies mentales*, Victor Masson et fils, Paris 1860.
Morelli U., *Conflitto. Identità, interessi, culture*, Meltemi, Roma 2006.
Morelli U., Weber C., *Passione e apprendimento. Formazione-intervento: teoria, modello, esperienze*, Raffaello Cortina, Milano 1996.
Moreno J. L., *Hypnodrama and psychodrama* (1946), Bacon House, Boston 1950.
–, *Manuale di psicodramma. Il teatro come terapia* (1946), Astrolabio, Roma 1985.
–, *Il teatro della spontaneità* (1947), Guaraldi, Firenze 1973.
–, *Principi di sociometria, di psicoterapia di gruppo e sociodramma* (1953), Etas Kompass, Milano 1964.
–, *Gruppenpsychotherapie und Psychodrama. Einleitung in die Theorie und Praxis*, Thieme, Stuttgart 1959.
Moreno J. L., Moreno Z. T., *Manuale di psicodramma. Gli spazi dello psicodramma* (1959), Di Renzo, Roma 1995.
–, *Manuale di psicodramma. Tecniche di regia psicodrammatica* (1969), Astrolabio, Roma 1987.
Moreno M., *L'impotenza sessuale femminile. La frigidità*, in AA.VV., *L'impotenza sessuale, aspetti clinici e terapeutici*, in "Quaderni di Cultura Junghiana", 1970, a. II.
–, *La dimensione simbolica*, Marsilio, Padova 1973.
–, *Venti argomenti per un seminario di psicoterapia*, Bollati Boringhieri, Torino 1975.
–, *Introduzione alla prassi della psicologia analitica*, Il Pensiero Scientifico, Roma 1978.
Moretti G., Borgatti R., Molteni M., *Disturbi specifici dello sviluppo*, in G. B. Cassano, P. Pancheri *et al.* (a cura di), *Trattato italiano di psichiatria* (1992), Masson, Milano 1999, vol. III, pp. 2777-2794.
Moretti G. M., *Trattato di grafologia. Intelligenza, sentimento* (1914) Edizioni Messaggero, Padova 1985.
Morgan C. L., *Introduction to comparative psychology*, Walter Scott, London 1894.
Morgan H., *Adulti con autismo* (2003), Erickson, Trento 2005.
Morgan L. H., *La società antica. Le linee del progresso umano dallo stato selvaggio alla civiltà* (1877), Feltrinelli, Milano 1970.
Morgenstern O., *Teoria dei giochi* (1953), Bollati Boringhieri, Torino 1980.
Morin E., *L'uomo e la morte* (1970), Erickson, Trento 2014.
–, *Il paradigma perduto. Che cos'è la natura umana?* (1973), Bompiani, Milano 1974.
–, *Il metodo. Ordine disordine organizzazione* (1977), Feltrinelli, Milano 1983.
–, *La vita della vita* (1980), Feltrinelli, Milano 1987.
–, *Scienza con coscienza* (1982), Franco Angeli, Milano 1982.
–, *Le vie della complessità*, in G. Bocchi, M. Ceruti (a cura di), *La sfida della complessità*, Feltrinelli, Milano 1985.

–, *La conoscenza della conoscenza* (1986), Feltrinelli, Milano 1989.
–, *Introduzione al pensiero complesso* (1990), Sperling & Kupfer, Milano 1993.
–, *Il gioco della verità e dell'errore* (2004), Erickson, Trento 2009.
–, *Insegnare a vivere. Manifesto per cambiare l'educazione* (2014), Raffaello Cortina, Milano 2015.
Morin E., Le Moigne J.-L., *L'intelligence de la complexité*, L'Harmattan, Paris 1999.
Mormando F., *I bambini ad altissimo potenziale intellettivo*, Erickson, Trento 2011.
Mormino G., *Per una teoria dell'imitazione. Una ricerca innovativa sui meccanismi dell'imitazione*, Raffaello Cortina, Milano 2016.
Moro M. R., Neuman D., Réal I., *Maternità in esilio. Bambini e migrazioni* (2008), Raffaello Cortina, Milano 2010.
Moro T., *Utopia (Libellus vere aureus nec minus salutaris quam festivus de optimo reipublicae statu deque nova insula Utopia)*, Silvio Berlusconi Editore, Milano 1991.
Moron P., *Il suicidio. Le scienze umane di fronte all'uomo che sceglie la morte* (1975), Garzanti, Milano 1976.
Moroncini B., Petrillo R., *L'etica del desiderio. Un commento del seminario sull'etica di Jacques Lacan*, Cronopio, Napoli 2007.
Morosini P., Magliano L., Brambilla L., *VADO. Valutazione di Abilità. Definizione di Obiettivi. Manuale per la riabilitazione in psichiatria*, Erickson, Trento 1998.
Morpurgo E., Egidi Morpurgo V., *Psicoanalisi e narrazione. Le strategie nascoste della parola*, Il Lavoro Editoriale, Ancona-Bologna 1987.
– (a cura di), *La solitudine. Forme di un sentimento*, Franco Angeli, Milano 1995.
Morral Colajanni C., Castelfranchi L., *Apprendere dall'adozione*, Il Pensiero Scientifico, Roma 1998.
Morris Ch. W., *Lineamenti di una teoria dei segni* (1938), Paravia, Torino 1954.
–, *Segni, linguaggio e comportamento* (1946), Longanesi, Milano 1963.
Morris D., *L'uomo e i suoi gesti* (1971), Mondadori, Milano 1978.
Morris D. *et al.*, *I gesti. Origini e diffusione* (1979), Mondadori, Milano 1983.
Morris P. E., Hampson P. J., *Imagery and consciousness*, Academic Press, London 1983.
Morselli E., *Manuale di semejotica delle malattie mentali*, Vallardi, Milano 1885-1894.
Mortimore G. W. (a cura di), *Weakness of will*, Macmillan, London 1971.
Morton I., *La persona con demenza. Approcci psicologici centrati sulla persona* (1999), Erickson, Trento 2005.
Moruzzi G., *I meccanismi del sonno e della veglia* (1972), in Id., *Fisiologia della vita di relazione*, Utet, Torino 1975.
–, *Fisiologia della vita vegetativa*, Utet, Torino 1978.
Mosca G., *Teorica dei governi e governo parlamentare* (1884), Utet, Torino 1982.
Moschini L. B., *Arteterapia con pazienti difficili*, Erickson, Trento 2010.
Mosconi G., *All'origine dei problemi. L'incompatibilità presente nella mente*, in AA.VV., *Educazione alla ricerca e trasmissione del sapere*, Loescher, Torino 1981.
–, *Discorso e pensiero*, il Mulino, Bologna 1990.
Mosconi G., D'Urso V., *La soluzione dei problemi*, Giunti Barbera, Firenze 1973.
–, *Il farsi e il disfarsi del problema*, Giunti Barbera, Firenze 1974.
Moscovici S., *La psychanalyse. Son image et son public*, Puf, Paris 1961.
–, *Society and theory in social psychology*, in J. Israel, H. Tajfel (a cura di), *The context of social psychology*, Academic Press, New York 1972.
–, *Psicologia delle minoranze attive* (1976), Bollati Boringhieri, Torino 1981.
–, *L'âge des foules*, Fayard, Paris 1981.
–, *Le rappresentazioni sociali* (1984), il Mulino, Bologna 2005, estratto da R. M. Farr, S. Moscovici (a cura di), *Rappresentazioni sociali* (1984), il Mulino, Bologna 1989.
–, *La fabbrica degli dèi. Saggio sulle passioni individuali e collettive* (1988), il Mulino, Bologna 1991.
–, *Dalle rappresentazioni collettive alle rappresentazioni sociali. Elementi per una storia* (1989), in D. Jodelet (a cura di), *Le rappresentazioni sociali* (1989), Liguori, Napoli 1992.
– (a cura di), *La relazione con l'altro* (1994), Raffaello Cortina, Milano 1997.
– (a cura di), *Psicologia sociale*, Borla, Roma 1996.
Moscovici S., Doise W., *Dissensi e consensi. Una teoria generale delle decisioni collettive* (1992), il Mulino, Bologna 1992.
Moscovici S., Personnaz B., *Studies in social influence*, in "Journal of Experimental Social Psychology", 1980, n. 16.
Moser F., Pezzati R., Luban-Plozza B., *Identità e narrazione nell'anziano*, Bollati Boringhieri, Torino 2003.

Moser T., *Lo psicanalista sul divano. Frammenti di un'analisi didattica* (1974), Feltrinelli, Milano 1975.
–, *Grammatica dei sentimenti. Congetture sui primi anni di vita* (1979), Raffaello Cortina, Milano 1991.
Moser U., Zeppelin I. von, Schneider W., *Computer simulation of a model of neurotic defence processes*, in "Bulletin Psychologischen Instituts der Universität", 1968, n. 2.
Mosher L. R., Burti L., *Psichiatria territoriale. Principi e pratica* (1989), Feltrinelli, Milano 1991.
Moss R., *Storia segreta dei sogni* (2009), Castelvecchi, Roma 2012.
Most Ph. H., *Psicologia dello sport* (1982), Masson, Milano 1983.
Mostyn B. J., *A handbook of motivational and attitude research techniques*, MCB, Bradford 1978.
Motterlini M., Crupi V., *Decisioni mediche. Un punto di vista cognitivo*, Raffaello Cortina, Milano 2009.
Mounier E., *Il personalismo* (1949), Garzanti, Milano 1953.
Mounoud P., *Dal pensiero all'azione*, La Nuova Italia Scientifica, Roma 1995.
Mountcastle V. B., *An organizing principle for cerebral function. The unit module and the distributed system*, in "The Neurosciences Fourth Study Program", Mit Press, Cambridge, Massachusetts, 1978.
Mowrer O. H., *Learning theory and behavior*, Ronald, New York 1960.
Mucchi Faina A., *L'influenza sociale. Aspetti della psicologia*, il Mulino, Bologna 1995.
–, *Il conformismo*, il Mulino, Bologna 2009.
Mucchi Faina A., Pacilli M. G., Pagliaro S., *L'influenza sociale*, il Mulino, Bologna 2012.
Mucchielli R., Bourcier A., *La dislessia*, La Nuova Italia, Firenze 1975.
Mucci C., *Trauma e perdono. Una prospettiva psicoanalitica intergenerazionale*, Raffaello Cortina, Milano 2014.
Mugny G., *The power of minorities*, Academic Press, London 1982.
Mühlmann W. E., *Chiliasmus und nativismus*, Reimer, Berlin 1964.
Müller K. E., *Lo sciamanismo. Guaritori, spiriti, rituali* (1997), Bollati Boringhieri, Torino 2001.
Muncie W., *L'indirizzo psicobiologico*, in S. Arieti (a cura di), *Manuale di psichiatria* (1959-1966), Bollati Boringhieri, Torino 1969-1970, vol. III, pp. 1609-1625.
Mundo E., *Neuroscienze per la psicologia clinica. Le basi del dialogo mente-cervello*, Raffaello Cortina, Milano 2009.
Mura G., *Ermeneutica e verità*, Città Nuova, Roma 1990.
Muratori F., *Ragazzi violenti*, il Mulino, Bologna 2005.
Murchison C. (a cura di), *A handbook of social psychology*, Clark University Press, Worcester, Massachusetts, 1935.
Murdoch I., *Esistenzialisti e mistici* (1950), il Saggiatore, Milano 2006.
Murdock G. P., *Statistical correlations in the science of society*, Yale University Press, New Haven, Connecticut, 1937.
–, *La scienza della cultura*, in AA.VV., *Il concetto di cultura. I fondamenti teorici della scienza antropologica*, Einaudi, Torino 1970, pp. 193-216.
Murolo J., Rossena R., Pasquotto M., *Gioco e imparo con la LIS. Attività e schede per l'apprendimento della Lingua dei Segni Italiana*, Erickson, Trento 2013.
Murphy G., *Personality. A biosocial approach to origins and structure*, Harper, New York 1947.
Murray E. J., *Psicologia dinamica* (1964), Martello, Milano 1973.
Murray H. A., *Explorations in personality*, Oxford University Press, New York 1938.
–, *Thematic apperception test manual*, Oxford University Press, New York 1943.
Murrell K. F. H., *Ergonomia, l'uomo e il lavoro* (1965), Isper, Torino 1971.
Murstein B. I., *Handbook of projective techniques*, Basic Books, New York 1965.
Musatti C. L., *La psicologia della forma* (1929), in G. Mucciarelli (a cura di), *La psicologia italiana*, Pitagora, Bologna 1984, vol. II.
–, *Elementi di psicologia della testimonianza*, Cedam, Padova 1931.
–, *Trattato di psicoanalisi*, Bollati Boringhieri, Torino 1949.
–, *Psicologia clinica e clinica psicologica*, in "Archivio di Psicologia, Neurologia e Psichiatria", 1953, n. 1-2.
–, *Libertà e servitù dello spirito*, Bollati Boringhieri, Torino 1971.
–, *Prefazione* a M. Cesa-Bianchi *et al.*, *La percezione*, Franco Angeli, Milano 1972.
–, *Sulla psicoanalisi* (raccolta di saggi), Bollati Boringhieri, Torino 2012.
Musgrave A., *Senso comune, scienza e scetticismo* (1993), Raffaello Cortina, Milano 1995.
Muskin Ph. R. (a cura di), *DSM-5. Domande & risposte sui criteri diagnostici* (2015), Raffaello Cortina, Milano 2016.
Mussen P. H., *La psicologia dell'età evolutiva* (1963), Martello, Milano 1969.
Myers Ch. S., *Introduzione alla psicologia industriale* (1929), Etas Kompass, Milano 1963.
Myers F. W. H., *La personalità umana e la sua sopravvivenza* (1903), Bocca, Milano 1949.

N

Naar-King S., Suarez M., *Il colloquio motivazionale con gli adolescenti* (2012), Erickson, Trento 2014.
Nabert J., *Saggio sul male* (1955), La Garangola, Padova 1974.
Nace E. P., Davis C. W., Gaspari J. P., *Axis II comorbility in substance abusers*, in "American Journal of Psychiatry", 1991, n. 148, pp. 118-120.
Nacht S., *Le masochisme*, in "Revue Française de Psychanalyse", 1938, vol. X, n. 2.
Nadotti M., *Sesso e genere*, il Saggiatore, Milano 1996.
Nagera H. (a cura di), *I concetti fondamentali della psicoanalisi* (1969), vol. I: *Pulsioni e teoria della libido*, vol. II: *Teoria del sogno*, vol. III: *Metapsicologia. Angoscia e altri argomenti*, Bollati Boringhieri, Torino 1972-1974.
Naldini M. (a cura di), *La transizione alla genitorialità. Da coppie moderne a famiglie tradizionali*, il Mulino, Bologna 2016.
Nancy J.-L., *Ego sum* (1979), Bompiani, Milano 2008.
–, *L'esperienza della libertà* (1988), Einaudi, Torino 2000.
–, *La comunità inoperosa* (1990), Cronopio, Napoli 1992.
–, *Il senso del mondo* (1997), Lanfranchi, Milano 1997.
–, *Il "c'è" del rapporto sessuale* (2000), SE, Milano 2002.
–, *All'ascolto* (2002), Raffaello Cortina, Milano 2004.
–, *La creazione del mondo o la mondializzazione* (2002), Einaudi, Torino 2003.
–, *Tre saggi sull'immagine* (2002), Cronopio, Napoli 2002.
–, *Sull'amore* (2007), Bollati Boringhieri, Torino 2009.
Nannini S., *L'anima e il corpo*, Laterza, Bari 2002.
Nanzer N. (a cura di), *Manuale di psicoterapia centrata sulla genitorialità* (2014), Raffaello Cortina, Milano 2016.
Naouri A., *Padri e madri. L'ordine dei ruoli in famiglia* (2003), Einaudi, Torino 2005.
–, *Adulteri* (2006), Codice, Torino 2007.
Napoleoni C., *Valore*, Isedi, Milano 1976.
Napolitani D., *Di palo in frasca*, Corpo 10, Milano 1986.
–, *Individualità e gruppalità*, Bollati Boringhieri, Torino 1987.
Napolitani F., *Il gruppo come strumento terapeutico*, in L. Ancona (a cura di), *Nuove questioni di psicologia*, La Scuola, Brescia 1972, vol. II, pp. 683-710.
Naranjo C., *Teoria della tecnica Gestalt* (1973), Melusina, Roma 1989.
Naranjo C., Ornstein R. E., *On the psychology of meditation*, Viking, New York 1971.
Nardi B., *Costruirsi. Sviluppo e adattamento del Sé nella normalità e nella patologia*, Franco Angeli, Milano 2007.
Nardone G., *Paura, panico, fobie. La terapia in tempi brevi*, Ponte alle Grazie, Milano 1999.
–, *Solcare il mare all'insaputa del cielo*, Ponte alle Grazie, Milano 2008.
–, *Problem solving strategico da tasca. L'arte di trovare soluzioni a problemi irrisolvibili*, Ponte alle Grazie, Milano 2009.
Nardone G., Cagnoni F., *Perversioni in rete. Le psicopatologie da internet e il loro trattamento*, Ponte alle Grazie, Milano 2002.
Nardone G., Loriedo C., Zeig J., Watzlawick P., *Ipnosi e terapie ipnotiche. Misteri svelati e miti sfatati*, Ponte alle Grazie, Milano 2006.
Nardone G., Salvini A., *Il dialogo strategico. Comunicare persuadendo. Tecniche evolute per il cambiamento*, Ponte alle Grazie, Milano 2004.
– (a cura di), *Dizionario internazionale di psicoterapia*, Garzanti, Milano 2013.
Nardone G., Watzlawick P., *L'arte del cambiamento*, Ponte alle Grazie, Firenze 1990.
Natanson M., *Philosophische Grundfragen der Psychiatrie*, in AA.VV., *Psychiatrie der Gegenwart. Forschung und Praxis* (1960-1967), Springer, Berlin 1963.
Nathan T., *Principi di etnopsicoanalisi* (1993), Bollati Boringhieri, Torino 1996.
–, *Medici e stregoni* (1994), Bollati Boringhieri, Torino 1996.
–, *Non siamo soli al mondo* (2001), Bollati Boringhieri, Torino 2003.
–, *Una nuova interpretazione dei sogni* (2011), Raffaello Cortina, Milano 2011.
Nathan T., Zajde N., *Psicoterapia democratica* (2012), Raffaello Cortina, Milano 2012.
Natoli S., *Soggetto e fondamento* (1979), Bruno Mondadori, Milano 1996.
–, *Ermeneutica e genealogia*, Feltrinelli, Milano 1981.
–, *L'esperienza del dolore*, Feltrinelli, Milano 1986.

–, *La felicità. Saggio di teoria degli affetti*, Feltrinelli, Milano 1994.
–, *La felicità di questa vita. Esperienza del mondo e stagioni dell'esistenza*, Mondadori, Milano 2000.
–, *Libertà e destino nella tragedia greca*, Morcelliana, Brescia 2002.
–, *Guida alla formazione del carattere*, Morcelliana, Brescia 2006.
–, *Sul male assoluto*, Morcelliana, Brescia 2006.
–, *La salvezza senza fede*, Feltrinelli, Milano 2007.
Nattiez J.-J., *Melodia*, in AA.VV., *Enciclopedia*, Einaudi, Torino 1979, vol. VIII, pp. 1942-1967.
Navarro F., *Test delle figure da colorare*, Organizzazioni Speciali (O. S.), Firenze 1985.
Naville J.-E., *La logica dell'ipotesi* (1880), Rusconi, Milano 1989.
Necker De Saussure A.-A., *Educazione progressiva, ossia: Studio sul corso della vita* (1828), Paravia, Torino 1960.
Neisser U., *The multiplicity of thought*, in "British Journal of Psychology", 1963, n. 54.
–, *Psicologia cognitivista* (1967), Martello-Giunti, Firenze 1976.
–, *Conoscenza e realtà. Un esame critico del cognitivismo* (1976), il Mulino, Bologna 1981.
– (a cura di), *La percezione del Sé. Le fonti ecologiche e interpersonali della conoscenza di sé* (1993), Bollati Boringhieri, Torino 1999.
Nelson Th. O., *Repetition and depth of processing*, in "Journal of Verbal Learning and Verbal Behaviour", 1977, n. 16, pp. 151-172.
Nemiah J. C., *L'aggressività nevrotica*, in S. Arieti (a cura di), *Manuale di psichiatria* (1959-1966), Bollati Boringhieri, Torino 1969-1970, vol. I, pp. 469-479.
Nemiah J. C., Freyberger H. J., Sifneos P. E., *Alexithymia. A view of the psychosomatic process*, Hill, London 1976.
Neri C., *Gruppo*, Borla, Roma 1995.
Neri C., Pallier L., Petacchi G., Soavi G. C., Tagliacozzo R., *Fusionalità. Scritti di psicoanalisi clinica*, Borla, Roma 1990.
Neri G., *Équipe terapeutica*, in AA.VV., *Psiche. Dizionario storico di psicologia, psichiatria, psicoanalisi e neuroscienze*, Einaudi, Torino 2006-2007, vol. I, pp. 397-402.
Nespor S., *Genetica*, in M. Flores (a cura di), *Diritti umani. Cultura dei diritti e dignità della persona nell'epoca della globalizzazione*, Utet, Torino 2007, vol. I, pp. 328-331.
–, *L'ambiente. Sfruttamento e protezione*, in M. Flores (a cura di), *Diritti umani*, cit., *Atlante*, vol. I: *I soggetti e i temi*, pp. 2-39.
Nestler E. J., *Molecular mechanism of drug addiction*, in "The Journal of Neuroscience", 1992, n. 12, pp. 2439-2450.
Neugarten B. L. (a cura di), *Middle age and aging*, University Press, Chicago 1968.
Neumann E., *Psicologia del profondo e nuova etica* (1943), Moretti & Vitali, Bergamo 2005.
–, *Storia delle origini della coscienza* (1949), Astrolabio, Roma 1978.
–, *Il Sé, l'individuo, la realtà. Significati e contenuti* (1952-1957), Vivarium, Milano 2000.
–, *Evoluzione culturale e religione* (1953), Armando, Roma 1974.
–, *Gli stadi psicologici dello sviluppo femminile* (1953), Marsilio, Venezia 1974.
–, *L'uomo creativo e la trasformazione* (1955), Marsilio, Venezia 1975.
–, *La grande madre. Fenomenologia delle configurazioni femminili dell'inconscio* (1956), Astrolabio, Roma 1981.
–, *La personalità nascente del bambino. Struttura e dinamiche* (1980, edito postumo), Red Edizioni, Como 1991.
Neumann J. von, *Toward a theory of social games* (1928), in J. von Neumann, O. Morgenstern, *Theory of games and economic behavior*, Princeton University Press, Princeton, New Jersey, 1944.
Neumann J. von, Morgenstern O., *Theory of games and economic behavior*, Princeton University Press, Princeton, New Jersey, 1944.
Neve M., *Neurosis*, in "The Lancet", 2004, n. 3, 363, p. 1170.
Newcomb Th. M., *An approach to the study of communicative acts*, in "Psychological Review", 1953, n. 60.
Newcomer Ph. L., Barenbaum E. M., Bryant B. R., *Test TAD. Ansia e depressione nell'infanzia e nell'adolescenza* (1992), Erickson, Trento 1995.
Newell A., Simon H. A., *Human problem solving*, Prentice Hall, Englewood Cliffs, New Jersey, 1972.
Nichols K., Jenkinson J., *I gruppi di sostegno* (2006), il Mulino, Bologna 2008.
Nickerson R. S., *Reflections on reasoning*, Lawrence Erlbaum Associates, Hillsdale, New Jersey, 1986.
Nicolaïdis N., *La rappresentazione. Dall'oggetto referente alla rappresentazione simbolica* (1984), Bollati Boringhieri, Torino 1988.
Nicoletti R., Borghi A. M., *Il controllo motorio*, il Mulino, Bologna 2007.
Nicosia F. M., *Processi di decisione del consumatore nel marketing e nella pubblicità* (1966), Etas Kompass, Milano 1973.

Nicotra L., *Nuova psicopatologia della vita quotidiana*, Bonanno Editore, Roma 2011.
Nielsen J. M., *Agnosia, apraxia, aphasia. Their value in cerebral localization*, Hoeber, New York 1946.
Nietzsche F., *La nascita della tragedia* (1873), in *Opere*, Adelphi, Milano 1972, vol. III, 1.
–, *Su verità e menzogna in senso extramorale* (1873), in *Opere*, cit., 1973, vol. III, 2.
–, *La gaia scienza* (1882), in *Opere*, cit., 1965, vol. V, 2.
–, *Ditirambi di Dionisio* (1882-1886), in *Opere*, cit., 1970, vol. VI, 4.
–, *Frammenti postumi 1884-1885*, in *Opere*, cit., 1975, vol. VII, 3.
–, *Al di là del bene e del male* (1886), in *Opere*, cit., 1968, vol. VI, 2.
–, *Tentativo di autocritica* (1886), in *La nascita della tragedia* (1873), cit.
–, *Genealogia della morale* (1887), in *Opere*, cit., 1968, vol. VI, 2.
–, *Frammenti postumi 1887-1888*, in *Opere*, cit., 1971, vol. VIII, 2.
–, *Frammenti postumi 1888-1889*, in *Opere*, cit., 1984, vol. VIII, 3.
–, *L'anticristo* (1895), in *Opere*, cit., 1970, vol. VI, 3.
Nisbett R. E., Peng K., Choi I., Norenzayan A., *Culture and systems of thought. Holistic vs. analytic cognition*, in "Psychological Review", 2001, n. 108, pp. 291-319.
Nisbett R. E., Ross L., *L'inferenza umana. Strategie e lacune del giudizio sociale* (1980), il Mulino, Bologna 1989.
Nisbett R. E., Wilson T. D., *Telling more than we can know. Verbal reports of mental processes*, in "Psychological Review", 1977, n. 84, pp. 231-259.
Nissim Momigliano L., *L'ascolto rispettoso. Scritti psicoanalitici*, Raffaello Cortina, Milano 2001.
Nobile M., *Genetica in psichiatria*, in AA.VV., *Psiche. Dizionario storico di psicologia, psichiatria, psicoanalisi e neuroscienze*, Einaudi, Torino 2006-2007, vol. I, pp. 468-473.
Noica C., *Sei malattie dello spirito contemporaneo* (1978), il Mulino, Bologna 1993.
Nolan C. Y., Kederis C. J., *Perceptual factors in Braille word recognition*, American Foundation for the Blind, New York 1969.
Nolan V., *Come essere creativi per produrre innovazione. Il metodo Synetics*, Franco Angeli, Milano 1995.
Nolte J., *The human brain. An introduction to its functional anatomy*, Mosby, St. Louis, Missouri, 1988.
Nordoff P., Robbins C., *Musicoterapia per bambini handicappati* (1965), Franco Angeli, Milano 1982.
Norman D. A., *Memoria e attenzione* (1974), Franco Angeli, Milano 1976.
–, *Twelve issues for cognitive science*, in "Cognitive Science", 1980, n. 4.
–, *La caffettiera del masochista. Psicopatologia degli oggetti quotidiani* (1982), Giunti, Firenze 1990.
Norsa D., Zavattini G. C., *Intimità e collusione. Teoria e tecnica della psicoterapia di coppia*, Raffaello Cortina, Milano 1999.
Novalis, *Frammenti* (1795-1800), Rizzoli, Milano 1991.
Novara F., Sarchielli G., *Fondamenti di psicologia del lavoro*, il Mulino, Bologna 1996.
Novellino M., *Psicoanalisi transazionale*, Franco Angeli, Milano 2004.
–, *Viaggiando con Frodo. Alcuni adolescenti diventano uomini, alcuni uomini rimangono adolescenti*, Armando, Roma 2007.
Nozick R., *Anarchia, stato e utopia* (1974), il Saggiatore, Milano 2000.
–, *La natura della razionalità* (1993), Feltrinelli, Milano 1995.
Nunberg H., *The synthetic function of the ego*, in "International Journal of Psychology", 1931.
–, *Allgemeine Neurosenlehre auf psychoanalytischer Grundlage*, Huber, Bern 1932.
Nunberg H., Federn E. (a cura di), *Dibattiti della società psicoanalitica di Vienna 1906-1908*, Bollati Boringhieri, Torino 1973.
Nussbaum A. M., *L'esame diagnostico con il DSM-5* (2013), Raffaello Cortina, Milano 2015.
Nussbaum M. C., *Terapia del desiderio* (1996), Vita e Pensiero, Milano 1998.
–, *Coltivare l'umanità* (1997), Carocci, Roma 1999.
–, *L'intelligenza delle emozioni* (2004), il Mulino, Bologna 2009.
Nuttin J., *Tâche, réussite et échec. Théorie de la conduite humaine*, Publications de l'Université de Louvain, Louvain 1953.
–, *Origine et développements des motifs*, in AA.VV., *La motivation*, Puf, Paris 1958.
–, *Motivation et perspectives d'avenir*, Presses Universitaires, Louvain 1980.
Nuttin J., Fraisse P., Meili R., *Motivazione, emozione e personalità*, in P. Fraisse, J. Piaget (a cura di), *Trattato di psicologia sperimentale* (1963-1968), Einaudi, Torino 1972-1979, vol. V.

O

Oatley K., *Percezione e rappresentazione. Le basi teoriche della ricerca sul sistema nervoso in psicologia* (1978), il Mulino, Bologna 1981.

–, *Psicologia ed emozioni* (1992), il Mulino, Bologna 1997.

–, *Breve storia delle emozioni* (2004), il Mulino, Bologna 2007.

O'Brien E., *Varieties of mystic experience*, Mentor, New York 1965.

O'Connor N., Hermelin B., *Le langage et la pensée dans la déficience mentale profonde*, Gauthier-Villars, Paris 1966.

Odum E. P., *Principi di ecologia* (1971), Piccin, Padova 1973.

Oelkers J., *Apprendimento*, in Ch. Wulf (a cura di), *Cosmo, corpo, cultura. Enciclopedia antropologica* (1997), Bruno Mondadori, Milano 2002, pp. 764-770.

–, *Virtù*, in Ch. Wulf (a cura di), *Cosmo, corpo, cultura. Enciclopedia antropologica*, cit., pp. 771-782.

Ogden Ch. K., Richards I. A., *Il significato del significato. Studio dell'influsso del linguaggio sul pensiero e della scienza del simbolismo* (1923), il Saggiatore, Milano 1966.

Ohly F., *Il dannato e l'eletto. Vivere con la colpa* (1976), il Mulino, Bologna 2001.

Ohsawa G., *Introduzione alla scienza della macrobiotica*, Arcana, Roma 1975.

Olbrechts-Tyteca L., *Il comico del discorso. Un contributo alla teoria generale del comico e del riso* (1974), Feltrinelli, Milano 1977.

Olden Ch., *Notes on the development of empathy*, in "The Psychoanalytic Study of the Child", 1958, n. 13, pp. 505-518.

Oldfield R. C., Marshall J. C. (a cura di), *Psicolinguistica* (1973), Bollati Boringhieri, Torino 1974.

Oldham J. M., Skodol A. E., Bender D. S. (a cura di), *Trattato dei disturbi di personalità* (2005), Raffaello Cortina, Milano 2008.

O'Leary Ch. J., *Counseling alla coppia e alla famiglia*, Erickson, Trento 2005.

Oléron P., *Les composantes de l'intelligence d'après les recherches factorielles*, Puf, Paris 1957.

Oléron P., Piaget J., Inhelder B., Gréco P., *L'intelligenza*, in P. Fraisse, J. Piaget (a cura di), *Trattato di psicologia sperimentale* (1963-1968), Einaudi, Torino 1972-1979, vol. VII.

Olievenstein C., *Il non detto delle emozioni* (1988), Feltrinelli, Milano 1990.

–, *La scoperta della vecchiaia* (1999), Einaudi, Torino 1999.

Oliver Ch., Holland A. J., *Down's syndrome and Alzheimer's disease*, in "Psychological Medicine", 1986, n. 16.

Oliverio A., *Storia naturale della mente. L'evoluzione del comportamento*, Bollati Boringhieri, Torino 1974.

–, *Maturità e vecchiaia*, Feltrinelli, Milano 1977.

–, *La società solitaria*, Editori Riuniti, Roma 1979.

–, *I ritmi circadiani*, in "Le Scienze", 1981, n. 14.

–, *Ricordi individuali e memorie collettive*, Einaudi, Torino 1994.

–, *Biologia e filosofia della mente*, Laterza, Bari 1995.

–, *Esplorare la mente. Il cervello tra filosofia e biologia*, Raffaello Cortina, Milano 1999.

–, *La mente per le neuroscienze* (2003), in AA.VV., *Psicologia analitica e Teorie della mente. Complessi, affetti, neuroscienze. Atti del XII Convegno nazionale Cipa*, Vivarium, Milano 2005.

–, *Geografia della mente. Territori cerebrali e comportamenti umani*, Raffaello Cortina, Milano 2008.

Oliverio A., Oliverio Ferraris A., *Maschio-femmina. Biologia, psicologia, sociologia del comportamento sessuale*, Zanichelli, Bologna 1978.

Oliverio Ferraris A., *Il significato del disegno infantile*, Bollati Boringhieri, Torino 1973.

–, *Psicologia della paura*, Bollati Boringhieri, Torino 1980.

–, *I ritmi della vita*, Editori Riuniti, Roma 1983.

–, *La forza d'animo*, Rizzoli, Milano 2003.

–, *Trauma nell'ombra*, in "Psicologia Contemporanea", 2016, n. 256, pp. 23-27.

Oliverio Ferraris A., Grant T., *Un mondo di spot. Bambini e pubblicità per una pedagogia del consumo*, in "Psicologia Contemporanea", 1994, n. 121.

Olivetti M. M., *Analogia del soggetto*, Laterza, Bari 1992.

Olivetti Belardinelli M., *Identificazione e proiezione*, Cappelli, Bologna 1971.

Ollivier B., *L'acteur et le sujet*, Desclée de Brouwer, Paris 1995.

Olmsted M. S., *I gruppi sociali elementari* (1959), il Mulino, Bologna 1963.

Olson D. R., Torrance N. (a cura di), *Alfabetizzazione e oralità*, Raffaello Cortina, Milano 1995.

Olson M., *La logica dell'azione collettiva. I beni pubblici e la teoria dei gruppi* (1965), Feltrinelli, Milano 1983.

Olweus D., *Bullismo a scuola. Ragazzi oppressi, ragazzi che opprimono*, Giunti, Firenze 1996.
Ondarza Linares J., *Psicoterapie di gruppo*, in G. B. Cassano, P. Pancheri *et al.* (a cura di), *Trattato italiano di psichiatria* (1992), Masson, Milano 1999, vol. III, pp. 3589-3618.
O'Neill O., *Una questione di fiducia* (2002), Vita e Pensiero, Milano 2003.
Onfray M., *L'arte di gioire. Per un materialismo edonista* (1991), Fazi Editore, Roma 2009.
–, *Teoria del corpo amoroso. Per un'erotica solare* (2000), Fazi Editore, Roma 2006.
–, *L'invenzione del piacere. Aristippo e i Cirenaici* (2002), Ponte alle Grazie, Milano 2014.
–, *Il corpo incantato* (2003), Ponte alle Grazie-Salani, Milano 2012.
–, *La cura dei piaceri. Costruzione di un'erotica solare* (2008), Ponte alle Grazie, Milano 2009.
–, *Politiche della felicità* (2008), Ponte alle Grazie, Milano 2012.
Ong W. J., *Interfacce della parola* (1977), il Mulino, Bologna 1989.
–, *Oralità e scrittura* (1982), il Mulino, Bologna 1986.
Ongaro Basaglia F., *Clinica*, in AA.VV., *Enciclopedia*, Einaudi, Torino 1978, vol. III, pp. 222-242.
–, *Salute/malattia. Le parole della medicina*, Einaudi, Torino 1982.
Onnis L., *Il tempo sospeso. Anoressia e bulimia tra individuo, famiglia e società*, Franco Angeli, Milano 2004.
Oppenheim A. N., *Questionnaire design and attitude measurement*, Heinemann, London 1966.
Oppenheim D., *Crescere con il cancro. Esperienze vissute da bambini e adolescenti* (2003), Erickson, Trento 2007.
–, *Dialoghi con i bambini sulla morte. Le fantasie, i vissuti, le parole sul lutto e sui distacchi* (2004), Erickson, Trento 2005.
Oppenheim F. E., *Dimensioni della libertà* (1961), Feltrinelli, Milano 1982.
Oppenheim H., *Die traumatischen Neurosen*, Hirschwald, Berlin 1889.
Oppenheimer R., *Analogy in science*, in "American Psychology", 1956, n. 11, pp. 127-135.
Orange D. M., Atwood G. E., Stolorow R. D., *Intersoggettività e lavoro clinico. Il contestualismo nella pratica psicoanalitica* (1997), Raffaello Cortina, Milano 1999.
Orefice S., *La sfiducia e la diffidenza. Metodologia clinica per i casi difficili*, Raffaello Cortina, Milano 2002.
Orem J., Barnes Ch. D. (a cura di), *Physiology in sleep*, Academic Press, New York 1980.
Orford J., *Psicologia di comunità. Aspetti teorici e professionali* (1992), Franco Angeli, Milano 1995.
Organizzazione Mondiale della Sanità (OMS), *The World Health Report 1946*, Who Press, Genève 1948.
–, *The World Health Report 1966. Mental health. New understanding, new hope*, Who Press, Genève 1966.
–, *Psychosocial consequences of disasters. Prevention and management*, Who Press, Genève 1992.
–, *Psychological Rehabilitation. A consensus statement*, Who Press, Genève 1996.
Orgel L., *The origins of life. Molecules and natural selection*, Wiley & Sons, New York 1973.
–, *The origin of life on the earth*, in "Scientific American", 1994, pp. 77-83.
Orioli W., *Teatroterapia. Prevenzione, educazione, riabilitazione*, Erickson, Trento 2007.
Orlic M. L., *L'educazione gestuale* (1971), Armando, Roma 1976.
Ortega y Gasset J., *La ribellione delle masse* (1930), il Mulino, Bologna 1962.
–, *The importance of generationhood*, in A. Esler (a cura di), *The youth revolution. The conflict of generations in modern history*, Heath, Lexington, Massachusetts, 1974.
Ortoleva R., Testa F., *Psicosi e creatività. Le storie che curano*, Vivarium, Milano 2003.
Osborne R., *Paleophrenia. A re-valuation of the concept of schizophrenia*, in "Journal of Mental Science", 1940, n. 86, pp. 1078-1086.
Oseretzky N., *Eine metrische Stufenleiter zur Untersuchung der motorischen Begabung bei Kindern*, in "Zeitung für Kinderforschung", 1925, n. 30.
Osgood Ch. E., *Method and theory in experimental psychology*, Oxford University Press, New York 1956.
–, *Limited war. The challenge to american strategy*, University Press, Chicago 1957.
–, *Semantic differential technique in the comparative study of cultures*, in L. A. Jakobovits, M. S. Miron, *Readings in the psychology of language*, Prentice Hall, Englewood Cliffs, New Jersey, 1967.
Osgood Ch. E., Suci G. J., Tannenbaum P. H., *The measurement of meaning*, University of Illinois Press, Urbana, Illinois, 1957.
Ossicini A., *La relazione madre-bambino*, Editrice Universitaria, Firenze 1973.
Osterman E., *Les états psychopathologiques du postpartum*, in "Encéphale", 1963, n. 5.
Osterrieth P. A., *Introduzione alla psicologia del bambino* (1957), Editrice Universitaria, Firenze 1965.
Ostinelli G., *Motivazione e comportamento*, Erickson, Trento 2005.
Oswald I., *Sleeping and waking. Physiology and psychology*, Elsevier, Amsterdam 1962.

–, *Sonno e sogno* (1966), De Donato, Bari 1968.
Ottaway A. K. C., *Apprendimento attraverso l'esperienza di gruppo*, Armando, Roma 1970.
Otto R., *Il sacro. L'irrazionale nell'idea del divino e la sua relazione al razionale* (1917), Feltrinelli, Milano 1984.
Otto W., *Mythos und seine Bedeutung für die Menschheit*, Diederichs, Düsseldorf 1955.
Oz A., *Contro il fanatismo* (2002), Feltrinelli, Milano 2004.

P

Paccagnella L., *La comunicazione al computer*, il Mulino, Bologna 2000.
Paccagnella L., Vellar A., *Vivere online. Identità, relazioni, conoscenza*, il Mulino, Bologna 2016.
Pace E., *Perché le religioni scendono in guerra?*, Laterza, Bari 2004.
Paci E., *Tempo e relazione*, il Saggiatore, Milano 1965.
Pagels H. R. (a cura di), *La cultura dei computer* (1988), Bollati Boringhieri, Torino 1989.
Pagès M., *Psychothérapie et complexité*, Desclée de Brouwer, Paris 1993.
–, *Vers une éthique de l'interdisciplinarité*, in AA.VV., *L'aventure psychosociologique*, Desclée de Brouwer, Paris 1997.
–, *Complessità*, in J. Barus-Michel, E. Enriquez, A. Lévy (a cura di), *Dizionario di psicosociologia* (2002), Raffaello Cortina, Milano 2005, pp. 65-74.
Pagliarani L., *Il lavoro come momento di connessione tra mondo interno e mondo esterno attraverso la mediazione del principio di realtà*, Cis, Bergamo 1975.
–, *Il coraggio di Venere*, Raffaello Cortina, Milano 1985.
Pagliarani L. *et al.*, *Glossario di psicoterapia progettuale*, Guerini & Associati, Milano 1990.
Paglieri F., *Saper aspettare*, il Mulino, Bologna 2014.
Paiano A., Re A. M., Ferruzza E., Cornoldi C., *Parent training per l'ADHD. Programma CERG: sostegno Cognitivo, Emotivo e Relazionale dei Genitori*, Erickson, Trento 2014.
Paillard J., Bloch V., Piéron H. L. Ch., *Psicofisiologia del comportamento*, in P. Fraisse, J. Piaget (a cura di), *Trattato di psicologia sperimentale* (1963-1968), Einaudi, Torino 1972-1979, vol. III.
Pajares F., Urdan T. (a cura di), *L'autoefficacia degli adolescenti* (2005), Erickson, Trento 2007.
Palacio Espasa F., *Psicoterapia con i bambini* (1993), Raffaello Cortina, Milano 1995.
–, *Depressione di vita, depressione di morte* (2002), Raffaello Cortina, Milano 2004.
Palazzi S., *La ricerca epidemiologica in psichiatria*, Masson, Milano 1991.
Palazzo A., *Eros e jus*, Mimesis, Milano-Udine 2015.
Palazzo S., *Per un'oncologia sostenibile. Teoria e pratica della Green Oncology*, Il Pensiero Scientifico, Roma 2010.
Pallanti S., *Il mito della prognosi negativa e la guarigione nella schizofrenia*, in Id. (a cura di), *Oltre la schizofrenia. I progressi delle neuroscienze per superare i preconcetti e la malattia*, Edra Edizioni, Milano 2015, pp. 1-23.
Pallanti S., Pazzagli A., *Il problema dei disturbi di personalità*, in G. B. Cassano, P. Pancheri *et al.* (a cura di), *Trattato italiano di psichiatria* (1992), Masson, Milano 1999, vol. II, pp. 2325-2340.
Palmer M., *Freud, Jung e la religione* (1997), Centro Scientifico Editore, Torino 2000.
Palmonari A., *Psicologia dell'adolescenza*, il Mulino, Bologna 1993.
–, *Processi simbolici e dinamiche sociali*, il Mulino, Bologna 1995.
–, *Gli adolescenti. Né adulti, né bambini, alla ricerca della propria identità*, il Mulino, Bologna 2001.
Palmonari A., Cavazza N. (a cura di), *Ricerche e protagonisti della psicologia sociale*, il Mulino, Bologna 2012.
Palmonari A., Cavazza N., Rubini M., *Psicologia sociale*, il Mulino, Bologna 2002.
Palmonari A., Emiliani F., *Paradigmi delle rappresentazioni sociali*, il Mulino, Bologna 2009.
Palmonari A., Ricci Bitti P. E., *Aspetti cognitivi della socializzazione in età evolutiva*, il Mulino, Bologna 1978.
Palmonari A., Zani B., *Psicologia sociale di comunità*, il Mulino, Bologna 1998.
Palomba D., Stegagno L., *Psicofisiologia clinica*, Carocci, Roma 2004.
Pancheri P., *Biofeedback. Tecniche di controllo in psichiatria, psicosomatica e medicina*, Bulzoni, Roma 1979.
–, *Stress, emozioni, malattia. Introduzione alla medicina psicosomatica*, Edizioni Scientifiche e Tecniche Mondadori, Milano 1980.
–, *Trattato di medicina psicosomatica*, Uses, Firenze 1984.
–, *Classificazione dei farmaci psicoattivi*, in G. B. Cassano, P. Pancheri *et al.* (a cura di), *Trattato italiano di psichiatria* (1992), Masson, Milano 1999, vol. III, pp. 3217-3226.
–, *Disturbi deliranti*, in G. B. Cassano, P. Pancheri *et al.* (a cura di), *Trattato italiano di psichiatria*, cit., vol. II, pp. 1783-1800.

– (a cura di), *Disturbi dell'attenzione e del comportamento*, in G. B. Cassano, P. Pancheri *et al.* (a cura di), *Trattato italiano di psichiatria*, cit., vol. III, pp. 2807-2818.
–, *Il problema della schizofrenia e del suo spettro*, in G. B. Cassano, P. Pancheri *et al.* (a cura di), *Trattato italiano di psichiatria*, cit., vol. II, pp. 1487-1508.
– (a cura di), *Informatica in psichiatria*, in G. B. Cassano, P. Pancheri *et al.* (a cura di), *Trattato italiano di psichiatria*, cit., vol. I, pp. 971-1007.
–, *La coscienza e i suoi disturbi*, in G. B. Cassano, P. Pancheri *et al.* (a cura di), *Trattato italiano di psichiatria*, cit., vol. I, pp. 435-444.
– (a cura di), *Pensiero*, in G. B. Cassano, P. Pancheri *et al.* (a cura di), *Trattato italiano di psichiatria*, cit., vol. I, pp. 493-570.
–, *Percezione*, in G. B. Cassano, P. Pancheri *et al.* (a cura di), *Trattato italiano di psichiatria*, cit., vol. I, pp. 471-492.
– (a cura di), *Schizofrenia*, in G. B. Cassano, P. Pancheri *et al.* (a cura di), *Trattato italiano di psichiatria*, cit., vol. II, pp. 1509-1782.
–, *Schizofrenia ad inizio precoce*, in G. B. Cassano, P. Pancheri *et al.* (a cura di), *Trattato italiano di psichiatria*, cit., vol. III, pp. 2955-2968.
– (a cura di), *Sindromi iatrogene*, in G. B. Cassano, P. Pancheri *et al.* (a cura di), *Trattato italiano di psichiatria*, cit., vol. III, pp. 3473-3508.
– (a cura di), *Tecniche di visualizzazione cerebrale*, in G. B. Cassano, P. Pancheri *et al.* (a cura di), *Trattato italiano di psichiatria*, cit., vol. I, pp. 857-894.
– (a cura di), *Volontà, attività e psicomotricità*, in G. B. Cassano, P. Pancheri *et al.* (a cura di), *Trattato italiano di psichiatria*, cit., vol. I, pp. 667-690.
–, *Ossessioni, compulsioni e continuum ossessivo*, Il Pensiero Scientifico, Roma 1992.
–, *Depressione. Cento domande e cento risposte*, Il Pensiero Scientifico, Roma 1998.
Pancheri P., Bersani G., *Psicosi acute brevi (disturbi deliranti acuti)*, in G. B. Cassano, P. Pancheri *et al.* (a cura di), *Trattato italiano di psichiatria*, cit., vol. II, pp. 1801-1822.
Pancheri P., Biondi M., *Terapia della schizofrenia. Dieci anni di progressi*, Il Pensiero Scientifico, Roma 1991.
–, *Il delirio*, Il Pensiero Scientifico, Roma 1994.
–, *L'apatia. Dimensioni psicopatologiche e pratica clinica*, Il Pensiero Scientifico, Roma 1995.
Pancheri P., Brugnoli R., *Effetto placebo e fattori terapeutici*, in G. B. Cassano, P. Pancheri *et al.* (a cura di), *Trattato italiano di psichiatria*, cit., vol. III, pp. 3167-3200.
–, *Epilessia e disturbi psichiatrici*, in G. B. Cassano, P. Pancheri *et al.* (a cura di), *Trattato italiano di psichiatria*, cit., vol. II, pp. 1187-1226.
Pandolfi A. M., *Il suicidio. Voglia di vivere, voglia di morire*, Franco Angeli, Milano 2000.
–, *La vergogna. Un affetto psichico che sta scomparendo?*, Franco Angeli, Milano 2002.
Panepucci A. (a cura di), *Psicoanalisi e identità di genere*, Laterza, Bari 1995.
Pani R., Biolcati R., Sagliaschi S., *Psicologia clinica e psicopatologia per l'educazione e la formazione*, il Mulino, Bologna 2009.
Panier Bagat M., Sasso S., *L'altra crescita. Percorsi osservativi e descrittivi dello sviluppo psicosociale delle persone con disabilità*, Franco Angeli, Milano 1995.
Pankow G., *L'uomo e la sua psicosi* (1969), Feltrinelli, Milano 1977.
–, *Struttura familiare e psicosi* (1977), Feltrinelli, Milano 1979.
Panksepp J., *Affective neuroscience. The foundation of human and animal emotions*, Oxford University Press, New York 1998.
Panofsky E., *La prospettiva come "forma simbolica" e altri scritti* (1927), Feltrinelli, Milano 1984.
–, *Studi di iconologia* (1939), Einaudi, Torino 1975.
–, *Il significato nelle arti visive* (1955), Einaudi, Torino 1962.
Panzeri M., *Psicologia della sessualità*, il Mulino, Bologna 2013.
Pao P.-N., *Disturbi schizofrenici* (1979), Raffaello Cortina, Milano 1984.
Papadopoulos R. K. (a cura di), *Manuale di psicologia junghiana. Orientamenti contemporanei, teoria, pratica, applicazioni* (2004), Moretti & Vitali, Bergamo 2009.
Papadopoulos R. K., Byng-Hall J. (a cura di), *Voci multiple. La narrazione nella psicoterapia sistemica familiare* (1997), Tavistock Studi Clinici (TSC), Bruno Mondadori, Milano 1999.
Papageorgiou C., Wells A. (a cura di), *Ruminazione depressiva. Teoria e trattamento* (2004), Erickson, Trento 2008.
Papagno C., *Come funziona la memoria*, Laterza, Bari 2003.
–, *Neuropsicologia della memoria*, il Mulino, Bologna 2010.
Papagno C., Gallace A. (a cura di), *Psicobiologia del comportamento normale e patologico*, il Mulino, Bologna 2014.

Papez J. W., *A proposed mechanism of emotion* (1937), in "The Journal of Neuropsychiatry & Clinical Neurosciences", 1995.
Papi F., *Educazione*, Isedi, Milano 1978.
Papini M., Martinetti M. G., *Psicopatologia dell'età evolutiva*, in G. B. Cassano, P. Pancheri *et al.* (a cura di), *Trattato italiano di psichiatria* (1992), Masson, Milano 1999, vol. III, pp. 2693-2742.
Parasuraman R., *Varieties of attention*, Wiley, New York 1983.
Pardi F., *L'indifferenza dell'etica. Studio di sociologia della morale*, Franco Angeli, Milano 1996.
Parenti F., *Manuale di psicoterapia su base adleriana*, Hoepli, Milano 1970.
–, *Dizionario ragionato di psicologia individuale*, Raffaello Cortina, Milano 1975.
–, *Assieme per uccidere. Psicologia della violenza di gruppo*, Armando, Roma 1978.
–, *La psicologia individuale dopo Adler*, Astrolabio, Roma 1983.
–, *Alfred Adler*, Laterza, Bari 1987.
Parenti F., Fiorenzola F., *Sogno, ipnosi e suggestione*, Feltrinelli, Milano 1964.
Pareti G., *La tentazione dell'occulto. Scienza ed esoterismo nell'età vittoriana*, Bollati Boringhieri, Torino 1990.
Pareto V., *Corso di economia politica* (1896-1897), Utet, Torino 1972.
–, *Trattato di sociologia generale* (1916), Edizioni di Comunità, Milano 1964.
Pareyson L., *Esistenza e persona*, Taylor Editore, Torino 1950.
–, *Verità e interpretazione*, Mursia, Milano 1971.
–, *Estetica. Teoria della formatività*, Bompiani, Milano 1988.
–, *Ontologia della libertà. Il male e la sofferenza*, Einaudi, Torino 1995.
Paris J., *Contesto sociale e disturbi di personalità. Diagnosi e trattamento in una prospettiva bio-psico-sociale* (1996), Raffaello Cortina, Milano 1997.
–, *Il disturbo borderline di personalità* (2005), il Mulino, Bologna 2008.
–, *La psicoterapia nell'età del narcisismo. Modernità, scienza e società* (2012), Raffaello Cortina, Milano 2013.
Parisi D., *Sui limiti del metodo sperimentale in psicologia*, in "Giornale Italiano di Psicologia", 1978, n. 2.
–, *La psicolinguistica*, Le Monnier, Firenze 1981.
–, *Intervista sulle reti neurali. Cervello e macchine intelligenti*, il Mulino, Bologna 1989.
–, *Mente. I nuovi modelli della vita artificiale*, il Mulino, Bologna 1999.
–, *Simulazioni. La realtà rifatta nel computer*, il Mulino, Bologna 2001.
–, *Reti neurali*, in AA.VV., *Psiche. Dizionario storico di psicologia, psichiatria, psicoanalisi, neuroscienze*, Einaudi, Torino 2006-2007, vol. II, pp. 944-948.
Parisi D. *et al.*, *Il linguaggio come processo cognitivo*, Bollati Boringhieri, Torino 1972.
Park R. E., *Human communities. The city and human ecology* (1928), in *Collected Papers*, Hughes, The Free Press, Glencoe 1952, vol. II.
Parkes C. M., *Il lutto. Studi sul cordoglio negli adulti* (1972), Feltrinelli, Milano 1980.
Parkes C. M., Stevenson-Hinde J., Marris P., *L'attaccamento nel ciclo della vita* (1991), Il Pensiero Scientifico, Roma 1995.
Parkin A. J., *Memory and amnesia. An introduction*, Basil Blackwell, Oxford 1987.
Parkin A. J., Russo R., *Implicit and explicit memory and the automatic/effortful distinction*, in "European Journal of Cognitive Psychology", 1990, n. 2, pp. 71-80.
Parkinson L., *Separazione, divorzio e mediazione familiare* (1987), Erickson, Trento 1995.
–, *La mediazione familiare. Modelli e strategie operative* (1997), Erickson, Trento 2003.
Parry J., *Psicologia della comunicazione umana*, Armando, Roma 1973.
Parsons T., *La struttura dell'azione sociale* (1937), il Mulino, Bologna 1987.
–, *Toward a common language for the area of social science. Status and role*, in Id., *Essays in sociological theory, pure and applied*, Free Press, Glencoe 1949.
–, *Il sistema sociale* (1951), Edizioni di Comunità, Milano 1965.
–, *Sul concetto di potere politico* (1963), in Id., *Sistema politico e struttura sociale*, Giuffrè, Milano 1975, pp. 307-344.
Parsons T., Bales R. F., *Famiglia e socializzazione* (1955), Mondadori, Milano 1974.
Pasargiklian E., Barbarino A., *Malattie della tiroide*, in U. Teodori (a cura di), *Trattato di Patologia Medica*, Società Editrice Universo, Roma 1980, vol. IV.
Pascal B., *Pensieri*, Rusconi, Milano 1993.
Pascal G. R., Suttell B. J., *The Bender Gestalt test. Quantification and validity for adults*, Grune & Stratton, New York 1951.
Pasini W., *Contraccezione e desiderio di maternità* (1974), Feltrinelli, Milano 1980.

–, *Ginecologia psicosomatica*, in A. Haynal, W. Pasini, *Medicina psicosomatica*, Masson, Milano 1979.
–, *Il corpo in psicoterapia*, Raffaello Cortina, Milano 1982.
–, *La qualità dei sentimenti*, Mondadori, Milano 1991.
–, *Gelosia. L'altra faccia dell'amore*, Mondadori, Milano 2003.
–, *La riscoperta dell'intimità. Tra sesso e computer la rivincita dei sentimenti*, Mondadori, Milano 2009.
Pasini W., Crépault C., Galimberti U., *L'immaginario sessuale*, Raffaello Cortina, Milano 1988.
Pask G., *Styles and strategies of learning*, in "British Journal of Educational Psychology", 1976, n. 46, pp. 128-148.
Pasqualotto G., *Il Tao della filosofia. Corrispondenze tra pensieri d'Oriente e d'Occidente*, Nuova Pratiche Editrice, Parma 1989.
Passi Tognazzo D., *Metodi e tecniche nella diagnosi della personalità*, Giunti Barbera, Firenze 1975.
–, *Il metodo Rorschach. Manuale di psicodiagnostica su modelli di matrice europea*, Giunti, Firenze 1994.
Passingham R., *The human primate*, Academic Press, New York 1981.
Passolunghi M. C., De Beni R., *I test per la scuola*, il Mulino, Bologna 2001.
Passow A. H., Goldberg M., Tannenbaum A. J., *L'educazione degli svantaggiati* (1967), Franco Angeli, Milano 1971.
Pastore N., *The nature-nurture controversy*, King's Crown Press, New York 1949.
Pastoureau M., *I colori del nostro tempo* (2007), Ponte alle Grazie, Firenze 2010.
Patrizi P., *Psicologia della devianza e della criminalità. Teorie e modelli di intervento*, Carocci, Roma 2014.
Patrizi P., De Gregorio E., *Fondamenti di psicologia giuridica. Un approccio psicologico-sociale*, il Mulino, Bologna 2009.
Patterson C., *Evolution*, Cornell University Press, New York 1978.
Patterson C. H., *Theories of counseling and psychotherapy*, Harper & Row, New York 1980.
Patterson K. E., Marshall J. C., Coltheart M., *Surface dyslexia*, Lawrence Erlbaum Associates, London 1985.
Pattis Zoja E., *Aborto. Perdita e rinnovamento*, Red Edizioni, Como 1995.
Pattison E. M. (a cura di), *Psichiatria clinica e religione* (1969), Tamburini Editore, Milano 1973.
Paul N. L., *Un approccio sistemico generale alla maturazione umana e alla terapia familiare*, in W. Gray, F. J. Duhl, N. D. Rizzo (a cura di), *Teoria generale dei sistemi e psichiatria* (1969), Feltrinelli, Milano 1978.
Paul P., *Pornopotere. Come l'industria porno sta trasformando la nostra vita* (2005), Orme Editori, Milano 2007.
Pauletta d'Anna G. M. (a cura di), *Modelli psicoanalitici del gruppo*, Guerini & Associati, Milano 1990.
Pauli R., *Der Arbeitsversuch als ganzheitlicher Prüfungsversuch insbesondere als charakterologischer Test. Charakter und Erziehung*, in *Akten vom XII Kongress der deutschen Gesellschaft für Psychologie*, Leipzig 1939.
Pauli R., Arnold W., *Psychologisches Praktikum. Leitfaden für psychologische Übungen – Diagnostisches Praktikum, motivierende Subjektdiagnosen*, Fischer, Stuttgart 1972.
Pauli W., *Psiche e natura* (1952), Adelphi, Milano 2006.
Pavan L. (a cura di), *Problematiche relazionali e disturbi mentali nell'infanzia. Divorzio, adozione e affido*, in G. B. Cassano, P. Pancheri *et al.* (a cura di), *Trattato italiano di psichiatria* (1992), Masson, Milano 1999, vol. III, pp. 3025-3046.
– (a cura di), *Psicoterapie brevi*, in G. B. Cassano, P. Pancheri *et al.* (a cura di), *Trattato italiano di psichiatria*, cit., vol. III, pp. 3619-3636.
– (a cura di), *Suicidio*, in G. B. Cassano, P. Pancheri *et al.* (a cura di), *Trattato italiano di psichiatria*, cit., vol. II, pp. 2393-2422.
–, *Paura della morte e suicidio*, Il Pensiero Scientifico, Roma 1995.
Pavan L., Banon D., *Trauma, vulnerabilità, crisi. Il trattamento della crisi emozionale*, Bollati Boringhieri, Torino 1996.
Pavlidis G. Th. (a cura di), *Dyslexia research and its applications to education*, Wiley, London 1981.
Pavlov I. P., *I riflessi condizionati* (1927), Bollati Boringhieri, Torino 1966.
–, *Twenty years' experience of the objective study of the higher nervous activity (behavior) of animals*, Biomedigz, Moskva-Leningorod 1938.
Pawlik K., *Dimensionen des Verhaltens*, Huber, Bern-Stuttgart 1968.
Paykel E. S., *Handbook of affective disorders*, Livingstone, London 1982.
Payne H., *Danzaterapia e movimento creativo* (1990), Erickson, Trento 1997.
–, *Dance movement therapy. Theory and practice*, TavistockRoutledge, London 1992.
Payne S., *A conception of femininity*, in "British Journal of Medical Psychology", 1953, n. 15.
Pazzagli A. (a cura di), *Disturbi dell'adolescenza*, in G. B. Cassano, P. Pancheri *et al.* (a cura di), *Trattato italiano di psichiatria*, (1992), Masson, Milano 1999, vol. III, pp. 3069-3114.
– (a cura di), *Disturbi di personalità*, in G. B. Cassano, P. Pancheri *et al.* (a cura di), *Trattato italiano di psichiatria*, cit., vol. II, pp. 2341-2392.
Pazzagli A., Rossi R., *Schizofrenia. Cronicità o bisogno inappagabile?*, Il Pensiero Scientifico, Roma 1991.

–, *Il problema della psicoterapia*, in G. B. Cassano, P. Pancheri *et al.* (a cura di), *Trattato italiano di psichiatria* (1992), Masson, Milano 1999, vol. III, pp. 3509-3522.
PDM. American Psychoanalytic Association *et al.* (a cura di), *PDM. Manuale diagnostico psicodinamico* (2006), Raffaello Cortina, Milano 2008.
PDM-2. Lingiardi V., McWilliams N. (a cura di), *PDM-2. Manuale diagnostico psicodinamico* (2017), Raffaello Cortina, Milano 2018.
Pearce J(ohn), Miller E., *Clinical aspects of dementia*, Ballière Tindall, London 1973.
Pearce J(oseph), *Exploring the crack in the cosmic egg. Split minds and meta-realities*, Julian Press, New York 1974.
Pearson K., *Tables for statisticians and biometricians*, University Press, Cambridge 1914.
Pedon A., Gnisci A., *Metodologia della ricerca psicologica*, il Mulino, Bologna 2004.
Pedrabissi L., Santinello M., *La validità del "Coping Inventory for Stressful Situations" di Endler e Parker*, in "Ricerche di Psicologia", 1994, n. 4, pp. 49-63.
–, *I test psicologici. Teorie e tecniche*, il Mulino, Bologna 1997.
Peirce Ch. S., *Pensiero-segno-uomo* (1868), in Id., *Semiotica. I fondamenti della semiotica cognitiva* (testi tratti da *Collected Papers* 1931-1935, Harvard University Press, Cambridge, Massachusetts, vol. V), Einaudi, Torino 1980.
–, *Caso, amore e logica* (1923), Taylor, Torino 1956.
–, *Pragmatismo e pragmaticismo* (testi tratti da *Collected Papers* 1931-1935, Harvard University Press, Cambridge, Massachusetts, vol. V), Liviana, Padova 1966, e in AA.VV., *Il pragmatismo*, Utet, Torino 1970, pp. 57-184.
–, *Semiotica. I fondamenti della semiotica cognitiva* (testi tratti da *Collected Papers* 1931-1935, Harvard University Press, Cambridge, Massachusetts, vol. V), Einaudi, Torino 1980.
Pelanda E., *Non lo riconosco più. Genitori e figli per affrontare insieme i problemi dell'adolescenza*, Franco Angeli, Milano 1995.
Pellegrino F., *La sindrome del burn-out*, Centro Scientifico Editore, Torino 2009.
Pellerey R., *Le lingue perfette nel secolo dell'utopia*, Laterza, Bari 1992.
Pellizzoni L., Osti G., *Sociologia dell'ambiente*, il Mulino, Bologna 2002.
Pende N., *Le debolezze di costituzione*, Libreria di Scienze e Lettere del dr. G. Bardi, Roma 1928.
Penfield W. G., *No man alone. A neurosurgeon's life*, Little, Brown and Company, Boston 1977 (edito postumo).
Pennisi A., Cavalieri R., *Psicologia del linguaggio e scienze cognitive*, il Mulino, Bologna 2001.
Pennisi Pelizzola L. (a cura di), *Il bambino nei primi tre anni. Esperienze a confronto*, Il Pensiero Scientifico, Roma 1995.
Peplow M., *Structure. The anatomy of sleep*, in "Nature", 2013, n. 497, pp. 2-3.
Pera M., Pitt J. (a cura di), *I modi del progresso. Teorie e ipotesi della razionalità scientifica*, il Saggiatore, Milano 1985.
Percy J.-P., *Il colloquio di valutazione e supporto con i collaboratori*, Franco Angeli, Milano 1995.
Perdighe C., Mancini F., *Il disturbo da accumulo*, Raffaello Cortina, Milano 2015.
Pereira M., *Arcana sapienza. L'alchimia dalle origini a Jung*, Carocci, Roma 2001.
– (a cura di), *Alchimia. I testi della tradizione occidentale*, Mondadori, Milano 2006.
Perelman Ch., Olbrechts-Tyteca L., *Trattato dell'argomentazione* (1952), Einaudi, Torino 1966.
Perini S., *Psicologia dell'educazione*, il Mulino, Bologna 1997.
Perissinotto L., *Le vie dell'interpretazione nella filosofia contemporanea*, Laterza, Bari 2002.
Perls F. S., *La terapia gestaltica. Parola per parola* (1968), Astrolabio, Roma 1980.
–, *Qui e ora. Psicoterapia autobiografica* (1969), Sovera Edizioni, Roma 1991.
–, *L'approccio della Gestalt. Testimone oculare della terapia* (1973), Astrolabio, Roma 1977.
Perls F. S., Hefferline R. F., Goodman P., *La terapia della Gestalt. Eccitazione e accrescimento nella personalità umana* (1951), Astrolabio, Roma 1997.
Perna G., *Ansia. Come uscire dalla gabbia e riprendersi la vita*, Piemme, Milano 2011.
Perniola M., *Contro la comunicazione*, Einaudi, Torino 2004.
Perrella E., *Per una clinica delle dipendenze*, Franco Angeli, Milano 1998.
Perri M. L., *Il pudore tra verità e pratica*, Carocci, Roma 2003.
Perris C., *Terapia cognitiva con i pazienti schizofrenici* (1989), Bollati Boringhieri, Torino 1996.
Person E. S., *Sogni a occhi aperti. Come la fantasia trasforma la nostra vita* (1995), Raffaello Cortina, Milano 1998.
Person E. S., Hagelin A., Fonagy P., *Studi critici su "L'amore di transfert"* (1993), Raffaello Cortina, Milano 1994.
Person E. S., Cooper A. M., Gabbard G. O. (a cura di), *Psicoanalisi. Teoria, clinica, ricerca* (2005), Raffaello Cortina, Milano 2007.
Perugia A., *Gli aspetti evolutivi della personalità*, in L. Ancona (a cura di), *Questioni di psicologia*, La Scuola, Brescia 1962, pp. 489-534.

Perulli A., *Il lavoro nella dimensione sociale del mercato globale*, in M. Flores (a cura di), *Diritti umani. Cultura dei diritti e dignità della persona nell'epoca della globalizzazione*, Utet, Torino 2007, *Atlante*, vol. I: *I soggetti e i temi*, pp. 394-461.
Perusini G., *Über klinisch und histologisch eigenartige psychische Erkrankungen des späteren Lebensalters*, in F. Nissl, A. Alzheimer (a cura di), *Histologische und Histopathologische Arbeiten über die Grosshirnrinde*, Fischer, Jena 1909, vol. III, pp. 297-351.
Perussia F., *Storia del soggetto. La formazione mimetica della persona*, Bollati Boringhieri, Torino 2000.
Pervin L. A., John O. P., *La scienza della personalità. Teorie, ricerche, applicazioni* (1997), Raffaello Cortina, Milano 2003.
Pesic P., *Il paradosso dell'identità* (2007), Bollati Boringhieri, Torino 2010.
Pessa E., *Intelligenza artificiale. Teorie e sistemi*, Bollati Boringhieri, Torino 1992.
Pessa E., Penna M. P., *Manuale di scienza cognitiva. Intelligenza artificiale classica e psicologia cognitiva*, Laterza, Bari 2000.
Pestalozzi J. H., *Die Methode* (1800), in *Sämtliche Werke*, De Gruyter, Berlin 1943, vol. X.
–, *Idee, esperienze e mezzi per promuovere un'educazione conforme alla natura umana* (1806), in *Scritti scelti*, Utet, Torino 1970.
Peters R. S., *The concept of motivation*, Routledge & Kegan, London 1958.
–, *Education as initiation*, in "Philosophical Analysis and Education", Routledge & Kegan, London 1965.
– (a cura di), *Gli scopi della teoria linguistica* (1974), Bollati Boringhieri, Torino 1976.
Peterson C. R., Beach L. R., *Man as intuitive statistician*, in "Psychological Bulletin", 1967, n. 68, pp. 29-46.
Peterson S. E. *et al.*, *Positron emission tomography studies of the cortical anatomy of single-word processing*, in "Nature", 1988, n. 331, pp. 585-589.
Petrella F., *Nosologia e psicoanalisi*, in A. A. Semi (a cura di), *Trattato di psicoanalisi*, vol. II: *Clinica*, Raffaello Cortina, Milano 1988-1989, pp. 3-62.
Petrillo G. (a cura di), *Psicologia sociale della salute*, Liguori, Napoli 1996.
Petrini P., Zucconi A. (a cura di), *La relazione terapeutica negli approcci psicoterapici*, Alpes Italia, Roma 2007.
Petroni A., Viale R. (a cura di), *Individuale e collettivo. Decisione e razionalità*, Raffaello Cortina, Milano 1997.
Petroni G., *La sociologia dei consumi*, Franco Angeli, Milano 1969.
Petter G., *Problemi psicologici della preadolescenza e dell'adolescenza*, La Nuova Italia, Firenze 1968.
–, *Evoluzione dinamica dell'attività cognitiva*, in L. Ancona (a cura di), *Nuove questioni di psicologia*, La Scuola, Brescia 1972, vol. I, pp. 829-862.
–, *Lo sviluppo mentale nelle ricerche di J. Piaget*, Giunti Barbera, Firenze 1978.
–, *Il bambino va a scuola*, il Mulino, Bologna 2004.
–, *Io e gli altri. Identità, relazioni, valori*, Erickson, Trento 2007.
Petter G., Garau B., *Il mondo del colore*, Giunti Barbera, Firenze 1968.
Petterlini A., *Nostalgia del padre. Religione e illusione nel pensiero di Freud*, Il Segno Editrice, Negarine di San Pietro in Cariano 1993.
Pettigrew Th. F., Meertens R. W., *Subtle and blatant prejudice in western Europe*, in "European Journal of Social Psychology", 1995, n. 25, pp. 57-76.
Petty R. E., Cacioppo J. T., *Attitudes and persuasion. Classic and contemporary approaches*, W. C. Brown, Dubuque, Iowa, 1981.
Pewzner É., Braunstein J.-F., *Storia della psicologia* (1999), Einaudi, Torino 2001.
Pfaff D. W. (a cura di), *The physiological mechanisms of motivation*, Springer, Berlin 1982.
Pfahler G., *System der Typenlehre*, Barth, Leipzig 1929.
Pfanner P., Marcheschi M., *Il ritardo mentale*, il Mulino, Bologna 2005.
Pfaundler M. von, *Demonstrationen über einen Typus kindlicher Dysostose*, in "Jahrbuch für Kinderheilkunde und physische Erziehung", 1920, n. 92, p. 420.
Pfister M., *Il test della piramide del colore*, Organizzazioni Speciali (O. S.), Firenze 1981.
Phares E. J., *Clinical psychology. Concepts, methods, and profession*, Dorsey Press, Homewood, Illinois, 1979.
Phillips A., *Sul bacio, il solletico e la noia*, Ponte alle Grazie, Milano 2011.
Phillips E., *The social skills basis of psychopathology*, Grune & Stratton, London 1978.
Phillipson H., *La tecnica delle relazioni oggettuali* (1955), Organizzazioni Speciali (O. S.), Firenze 1974.
Phillipson R. V., *Modern trends in drug dependence and alcoholism*, Butterworths, London 1970.
Piaget J., *Il linguaggio e il pensiero nel fanciullo* (1923), Editrice Universitaria, Firenze 1955.
–, *Giudizio e ragionamento nel bambino* (1924), La Nuova Italia, Firenze 1958.
–, *La rappresentazione del mondo nel fanciullo* (1926), Bollati Boringhieri, Torino 1966.
–, *Psicopedagogia e mentalità infantile* (1928), Le Monnier, Firenze 1970.

–, *Dal bambino all'adolescente. La costruzione del pensiero* (1930-1965), La Nuova Italia, Firenze 1969.
–, *Il giudizio morale nel fanciullo* (1932), Giunti Barbera, Firenze 1973.
–, *La nascita dell'intelligenza nel bambino* (1936), La Nuova Italia, Firenze 1977.
–, *La costruzione del reale nel bambino* (1937), La Nuova Italia, Firenze 1967.
–, *La formazione del simbolo nel bambino* (1945), La Nuova Italia, Firenze 1972.
–, *Lo sviluppo della nozione di tempo nel bambino* (1946), La Nuova Italia, Firenze 1979.
–, *Psicologia dell'intelligenza* (1947), Editrice Universitaria, Firenze 1964.
–, *Traité de logique*, Colin, Paris 1949.
–, *Introduzione all'epistemologia genetica* (1950), Emme Edizioni, Milano 1982-1983.
–, *Logica e psicologia* (1953), La Nuova Italia, Firenze 1969.
–, *Perception, motricité et intelligence*, in "Enfance", 1956, n. 2.
–, *Apprentissage et connaissance*, Puf, Paris 1959.
–, *La genesi delle strutture logiche elementari* (1959), La Nuova Italia, Firenze 1977.
–, *Les praxies de l'enfant*, in "Revue Neurologique", 1960, n. 102.
–, *I meccanismi percettivi* (1961), Giunti Barbera, Firenze 1975.
–, *Lo sviluppo mentale del bambino e altri studi di psicologia* (1964), Einaudi, Torino 1967.
–, *Saggezza e illusioni della filosofia* (1965), Einaudi, Torino 1969.
–, *Biologia e conoscenza. Saggio sui rapporti fra le regolazioni organiche e i processi cognitivi* (1967), Einaudi, Torino 1995.
–, *Lo strutturalismo* (1968), il Saggiatore, Milano 1968.
–, *L'epistemologia genetica* (1970), Laterza, Bari 1983.
–, *Études sociologiques*, Droz, Genève 1977.
Piaget J., Fraisse P., Vurpillot E., Francès R., *La percezione*, in P. Fraisse, J. Piaget (a cura di), *Trattato di psicologia sperimentale* (1963-1968), Einaudi, Torino 1972-1979, vol. VI.
Piaget J., Garcia R., *Esperienza e teoria della causalità* (1971), Laterza, Bari 1973.
Piaget J., Inhelder B., *Lo sviluppo delle qualità fisiche nel bambino* (1941), La Nuova Italia, Firenze 1968.
–, *La genesi delle strutture logiche elementari. Classificazione e seriazione* (1959), La Nuova Italia, Firenze 1977.
–, *La psicologia del bambino* (1966), Einaudi, Torino 1970.
–, *Dalla logica del fanciullo alla logica dell'adolescente* (1967), Giunti Barbera, Firenze 1975.
Piana G., *Conoscenza e riconoscimento del corpo*, Mimesis, Milano 2005.
Piattelli Palmarini M., *Le scienze cognitive classiche. Un panorama*, Einaudi, Torino 2008.
Picard D., *I rituali del saper vivere* (1995), Editori Riuniti, Roma 1997.
Picard M., *Il mondo del silenzio* (1948), Servitium, Sotto il Monte 1996.
Piccardo C., *Empowerment. Strategie di sviluppo organizzativo centrate sulla persona* (1994), Raffaello Cortina, Milano 1995.
Piccardo C., Benozzo A., *Etnografia organizzativa. Una proposta di metodo per l'analisi delle organizzazioni come "culture"*, Raffaello Cortina, Milano 1996.
Piccardo C., Colombo L., *Governare il cambiamento*, Raffaello Cortina, Milano 2007.
Piccardo C., Pellicoro F., *L'organizzazione in scena. La metafora teatrale tra formazione e sviluppo organizzativo*, Raffaello Cortina, Milano 2008.
Piccinino G., *Il piacere di lavorare*, Erickson, Trento 2006.
Piccone Stella S., *Droghe e tossicodipendenza*, il Mulino, Bologna 1999.
Pichon-Rivière E., *Il processo gruppale. Dalla psicoanalisi alla psicologia sociale* (1971), Lauretana, Loreto 1985.
Pick A., *Senile Hirnatrophie als Grundlage von Herderscheinungen*, in "Wiener klinische Wochenschrift", 1901, n. 14.
–, *Über Asymbolie und Aphasie*, Karger, Berlin 1908.
–, *Die neurologische Forschungsrichtung in der Psychopathologie und andere Aufsätze*, Karger, Berlin 1921.
Picone M., Viola T., *Lezioni sulla teoria moderna dell'integrazione*, Bollati Boringhieri, Torino 1952.
Picq L., Vayer P., *Educazione psicomotoria e ritardo mentale* (1968), Armando, Roma 1968.
Pierantoni R., *Riconoscere e comunicare. I messaggi biologici*, Bollati Boringhieri, Torino 1977.
–, *L'occhio e l'idea. Fisiologia e storia della visione*, Bollati Boringhieri, Torino 1981.
Pierce J. R., *Simboli, codici, messaggi. La teoria dell'informazione* (1961), Mondadori, Milano 1963.
Pieri P. F., *Dizionario junghiano*, Bollati Boringhieri, Torino 1998.
–, *Archetipo*, in Id., *Dizionario junghiano*, cit., pp. 62-76.
–, *Assimilazione*, in Id., *Dizionario junghiano*, cit., pp. 77-80.

–, *Esperienza*, in Id., *Dizionario junghiano*, cit., pp. 259-266.
–, *Intelletto*, in Id., *Dizionario junghiano*, cit., pp. 371-379.
–, *Ragione*, in Id., *Dizionario junghiano*, cit., pp. 597-603.
Piéron H. L. Ch., *La psychologie différentielle*, Puf, Paris 1949.
–, *L'utilisation des aptitudes*, Puf, Paris 1954.
–, *Traité de psychologie appliquée*, Puf, Paris 1959.
Piéron H. L. Ch., Chocholle R., Leplat J., *Sensazione e motilità*, in P. Fraisse, J. Piaget (a cura di), *Trattato di psicologia sperimentale* (1963-1968), Einaudi, Torino 1972-1979, vol. II.
Piéron H. L. Ch., Toulouse É., Vaschide N., *Technique de psychologie expérimentale*, Colin, Paris 1904.
Pieruccini C. (a cura di), *Kāmasūtra*, Marsilio, Venezia 1990.
Pietrantoni L., Prati G., *Gay e lesbiche*, il Mulino, Bologna 2011.
Pietroni D., Rumiati R., *Il mediatore*, il Mulino, Bologna 2012.
Pietropolli Charmet G., *I nuovi adolescenti. Padri e madri di fronte a una sfida*, Raffaello Cortina, Milano 2000.
Pietropolli Charmet G., Bignamini S., Comazzi D., *Psicoterapia evolutiva dell'adolescente*, Franco Angeli, Milano 2010.
Pietropolli Charmet G., Piotti A., *Uccidersi. Il tentativo di suicidio in adolescenza*, Raffaello Cortina, Milano 2009.
Pievani T., *La teoria dell'evoluzione. Attualità di una rivoluzione scientifica*, il Mulino, Bologna 2010.
Pigeaud J., *La follia nell'antichità classica. La mania e i suoi rimedi* (1987), Marsilio, Venezia 1995.
Pike K. L., *Language in relation to a unified theory of the structure of human behavior*, Summer Institute of Linguistics, Glendale, California, 1954.
Pillsbury D. M., Shelley W. B., Kligman A. M., *Dermatology*, Saunders, Philadelphia 1956.
Pilone M., Muzio C., Levrero A., *Test VAP-H. Valutazione degli Aspetti Psicopatologici nell'Handicap*, Erickson, Trento 2000.
Pincus L., *Marriage. Studies in emotional conflict and growth*, Methuen, London 1955.
Pinel J. P. J., *Psicologia fisiologica* (1997), il Mulino, Bologna 1999.
–, *Psicobiologia* (2000), il Mulino, Bologna 2007.
Pinel Ph., *Nosographie philosophique ou la méthode de l'analyse appliquée à la médecine*, Crapelet, Paris 1798.
–, *La mania. Trattato medico-filosofico sull'alienazione mentale* (1800), Marsilio, Venezia 1987.
Pinker S(teven), *L'istinto del linguaggio* (1994), Mondadori, Milano 1997.
–, *Come funziona la mente* (1997), Mondadori, Milano 2000.
Pinker S(usan), *Il paradosso dei sessi. Uomini, donne e il vero scarto fra i generi* (2007), Einaudi, Torino 2009.
Pinkus L., *Metodologia clinica in psicologia*, Armando, Roma 1975.
–, *Psicologia del malato*, Edizioni Paoline, Roma 1985.
–, *Psicosomatica. Salute e malattia nell'età tecnologica*, La Nuova Italia Scientifica, Roma 1989.
–, *Autorealizzazione e disadattamento nella vita religiosa*, Borla, Milano 1991.
–, *Psicologia e religione*, in AA.VV., *Introduzione allo studio della religione*, Utet Libreria, Torino 1991.
– (a cura di), *Epilessia. La malattia sacra*, Borla, Roma 1992.
–, *Tossicodipendenza e intervento educativo*, Erickson, Trento 1999.
–, *Psicodinamica della vita religiosa*, Elledici, Troina 2000.
Pinotti A., Somaini A. (a cura di), *Teoria dell'immagine. Il dibattito contemporaneo*, Raffaello Cortina, Milano 2009.
Pinto Minerva F., *Educazione e senescenza. Introduzione al problema della formazione alla terza età*, Bulzoni, Roma 1974.
Piret R., *Psicologia differenziale dei sessi*, Edizioni Paoline, Roma 1971.
Piro S., *Il linguaggio schizofrenico*, Feltrinelli, Milano 1967.
Pirri P., Cariani D., Cesari L., *Persone a colori*, Castelvecchi, Roma 2017.
Pisanelli D. M., *Internet, psichiatria e neurologia*, Il Pensiero Scientifico, Roma 1997.
Pisani R. A., *Elementi di gruppoanalisi. Il gruppo piccolo e intermedio*, Edizioni Universitarie Romane, Roma 2000.
Pisati M., *La mobilità sociale*, il Mulino, Bologna 2000.
Pisillo Mazzeschi R., *Individuo*, in M. Flores (a cura di), *Diritti umani. Cultura dei diritti e dignità della persona nell'epoca della globalizzazione*, Utet, Torino 2007, vol. II, pp. 751-758.
Pistolini S., *Gli sprecati. I turbamenti della nuova gioventù*, Feltrinelli, Milano 1995.
Pitch T., *Responsabilità limitate. Attori, conflitti, giustizia penale*, Feltrinelli, Milano 1989.
Pizzamiglio L., *I disturbi del linguaggio*, Etas Kompass, Milano 1968.
–, *Lo sviluppo del linguaggio*, in L. Ancona (a cura di), *Nuove questioni di psicologia*, La Scuola, Brescia 1972, vol. I, pp. 795-828.

Plant M(artin), Plant M(oira), *Comportamento a rischio negli adolescenti*, Erickson, Trento 2007.

Platone, *Convito, Fedone, Fedro, Le leggi, Menesseno, Repubblica, Simposio, Sofista, Teeteto, Timeo*, in *Opere*, Laterza, Bari 1973.

Plessner H., *Potere e natura umana* (1931), Manifestolibri, Roma 2006.

–, *Il riso e il pianto. Una ricerca sui limiti del comportamento umano* (1941), Bompiani, Milano 2000.

Plomin R., *Natura ed esperienza* (1994), Raffaello Cortina, Milano 1998.

Plomin R., DeFries J. C., Knopik V. S., Neiderhiser J. M., *Genetica del comportamento* (2011), Raffaello Cortina, Milano 2014.

Ploog D. W., *Verhaltensforschung und Psychiatrie*, in AA.VV., *Psychiatrie der Gegenwart. Forschung und Praxis* (1960-1967), Springer, Berlin 1964.

Plotino, *Enneadi*, Laterza, Bari 1959.

Ploton L., *La persona anziana. L'intervento medico e psicologico – I problemi delle demenze* (2001), Raffaello Cortina, Milano 2003.

Plummer D., *La mia autostima* (2006), Erickson, Trento 2010.

–, *Esprimere la rabbia. Esercizi e attività per gestire positivamente collera e aggressività*, Erickson, Trento 2010.

Plunkett R., Gordon J. E., *Epidemiology and mental illness*, Basic Books, New York 1960.

Plutchik R., *Emotion. A psychoevolutionary synthesis*, Harper & Row, New York 1980.

–, *Psicologia e biologia delle emozioni* (1993), Bollati Boringhieri, Torino 1995.

Poderico C., *L'anziano. Nuove prospettive in psicologia*, Liviana Medicina, Napoli 1993.

Poggia C., *Percorsi di motricità consapevole. Esercizi per adulti e anziani. Metodo Feldenkrais e altre proposte*, Erickson, Trento 2010.

Poggia C., Giannelli P., *Motricità consapevole e riabilitazione logopedica*, Erickson, Trento 2006.

Polacco Williams G., *Paesaggi interni e corpi estranei. Disordini alimentari e altre patologie* (1997), Bruno Mondadori, Milano 1999.

Polaino-Lorente A., *Amore coniugale e maturità personale. Fattori psicologici e psicopatologici*, Edizioni San Paolo, Cinisello Balsamo 1994.

Poland S., *Prevenzione del suicidio nell'adolescenza. Interventi nella scuola* (1989), Erickson, Trento 1995.

Poli M., *Psicologia animale e etologia*, il Mulino, Bologna 1981.

Politzer G., *Critique des fondements de la psychologie*, Rieder, Paris 1928.

Pollastri N., *Il pensiero e la vita. Guida alla consulenza e alle pratiche filosofiche*, Apogeo, Milano 2004.

Polster E., *Psicoterapia del quotidiano. Migliorare la vita della persona e della comunità* (2005), Erickson, Trento 2007.

Polya G., *Mathematical discovery. On understanding, learning and teaching problem solving*, Wiley, New York 1968, vol. II.

Pombeni M. L., *Orientamento scolastico e professionale*, il Mulino, Bologna 1990.

Pompeo Faracovi O., *Scritto negli astri. L'astrologia nella cultura occidentale*, Marsilio, Venezia 1996.

Ponsi M., *Acting (in e out), Enactment, Agire*, in AA.VV., *Psiche. Dizionario storico di psicologia, psichiatria, psicoanalisi, neuroscienze*, Einaudi, Torino 2006-2007, vol. I, pp. 7-11.

Pontecorvo C., *Educazione e scuola di fronte alle differenze di intelligenza*, in Id. (a cura di), *Intelligenza e diversità*, Loescher, Torino 1981.

Pontecorvo C., Pontecorvo M., *Psicologia dell'educazione*, il Mulino, Bologna 1985.

Pontecorvo M. (a cura di), *Esperienze di psicoterapia infantile. Il modello Tavistock*, Martinelli, Firenze 1986.

Ponti G., Merzagora I., *Psichiatria e giustizia*, Raffaello Cortina, Milano 1993.

Ponziani U., *Psicologia e dimensione spirituale*, il Mulino, Bologna 2004.

Ponzo E., Ferrante G., Groppelli A., *Il contributo sperimentale italiano alla psicologia dell'età evolutiva dal 1905 al 1961*, Japadre, L'Aquila 1965.

Pope A., McHale S., Craighead E., *Migliorare l'autostima* (1998), Erickson, Trento 2000.

Pope H. G., Katz D. L., Hudson J. I., *Anorexia nervosa and reverse anorexia among 108 male bodybuilders*, in "Comprehensive Psychiatry", 1998, n. 51.

Popitz H., *Fenomenologia del potere* (1968), il Mulino, Bologna 1990.

Pophal R., *Graphologie in Vorlesungen*, Fischer, Stuttgart 1965.

Popham R. E., *Alcohol and alcoholism*, University Press, Toronto 1970

Popper K. R., *Logica della scoperta scientifica* (1935), Einaudi, Torino 1970.

–, *Che cos'è la dialettica?* (1940), in Id., *Congetture e confutazioni*, il Mulino, Bologna 1972.

–, *La società aperta e i suoi nemici* (1945), Armando, Roma 1974.

–, *Congetture e confutazioni* (1963), il Mulino, Bologna 1972.

–, *La libertà è più importante dell'uguaglianza* (1963), Armando, Roma 2000.

–, *La teoria del pensiero oggettivo* (1968), in Id., *Conoscenza oggettiva* (1972), Armando, Roma 1975.
–, *L'evoluzione e l'albero della conoscenza* (1972), in Id., *Conoscenza oggettiva*, cit.
–, *I due problemi fondamentali della teoria della conoscenza* (1978), il Saggiatore, Milano 1997.
–, *La conoscenza e il problema corpo-mente* (1994), il Mulino, Bologna 1996.
Popper K. R., Eccles J. C., *L'io e il suo cervello* (1977), Armando, Roma 1981.
Porcelli P., *Medicina psicosomatica e psicologia clinica. Modelli teorici, diagnosi, trattamento*, Raffaello Cortina, Milano 2009.
Porteus S. D., *The Porteus Maze Test and Intelligence*, Pacific Press, Oakland, California, 1950.
Portinaro P. P. (a cura di), *I concetti del male*, Einaudi, Torino 2002.
Portmann A., Jaffé A., Franz M.-L. von, *Le stagioni della vita. Sviluppo biologico, fasi creative e spirito del tempo nel ciclo dell'esistenza umana* (rispettivamente: 1959, 1971, 1985), Red Edizioni, Como 1992.
Post R. M., *Transduction of psychosocial stress into the neurobiology of recurrent affective disorder*, in "American Journal of Psychiatry", 1992, n. 149, pp. 999-1010.
Potter-Efron R. T., Potter-Efron P. S., *Vincere la vergogna. Come superare timidezza, imbarazzo, rossori e senso di colpa* (1992), Franco Angeli, Milano 1995.
Pötzl O., *Experimentell erregte Traumbilder in ihren Beziehungen zum indirekten Sehen*, in "Zeitschrift für die gesamte Neurologie und Psychiatrie", 1967, n. 37.
Poudat F.-X., *La dipendenza amorosa. Quando l'amore e il sesso diventano una droga* (2005), Castelvecchi, Roma 2006.
Poulain J.-P., *Alimentazione, cultura e società*, il Mulino, Bologna 2008.
Powell S., Jordan R., *Autismo e intervento educativo*, Erickson, Trento 1995.
Powers M. D. (a cura di), *Autismo. Guida per genitori ed educatori* (1989), Raffaello Cortina, Milano 1994.
Pozzi G., *Tacet*, Adelphi, Milano 2001.
Pozzi G., Leonardi C., *Scrittrici mistiche italiane*, Marietti, Genova 1988.
Prandolini C., Daffi G., *Mio figlio è un bullo? Soluzioni per genitori e insegnanti*, Erickson, Trento 2012.
Pranzini V., *Giovani in carcere. Momenti e problemi di vita educativa*, Armando, Roma 1978.
Pratelli M., *Disgrafia e recupero delle difficoltà grafo-motorie*, Erickson, Trento 1995.
Pratesi S., *Istruzione, educazione, sviluppo*, in M. Flores (a cura di), *Diritti umani. Cultura dei diritti e dignità della persona nell'epoca della globalizzazione*, Utet, Torino 2007, *Atlante*, vol. I: *I soggetti e i temi*, pp. 463-495.
Prati G., Pietrantoni L., *Attivi e sedentari. Psicologia dell'attività fisica*, il Mulino, Bologna 2012.
Pratkanis A. R., Aronson E., *Psicologia della comunicazione di massa. Usi e abusi della persuasione* (1992), il Mulino, Bologna 1996.
–, *L'età della propaganda. Usi e abusi quotidiani della persuasione* (2001), il Mulino, Bologna 2003.
Pratt V., *Macchine pensanti. L'evoluzione dell'intelligenza artificiale* (1987), il Mulino, Bologna 1990.
Premack D., Woodruff G., *Does the chimpanzee have a theory of mind?*, in "Behavioral Brain Science", 1978, n. 4, pp. 515-526.
Prestipino G., *Realismo e utopia*, Editori Riuniti, Roma 2002.
Presutti A. (a cura di), *Criminalità organizzata e politiche penitenziarie*, Raffaello Cortina, Milano 1994.
Prete A. (a cura di), *Nostalgia. Storia di un sentimento*, Raffaello Cortina, Milano 1992.
–, *Trattato della lontananza*, Bollati Boringhieri, Torino 2008.
Preti G., *Retorica e logica. Le due culture*, Einaudi, Torino 1968.
Prezzo R., *Ridere la verità. Scena comica e filosofia*, Raffaello Cortina, Milano 1994.
Pribram K. H., *The biology of emotions and other feelings*, Academic Press, New York 1980.
Price V., *L'opinione pubblica* (1992), il Mulino, Bologna 2004.
Primi C., Luccio R., Paganucci C., *Statistica psicometrica*, Loggia de' Lanzi, Firenze 2000.
Prince M. H., *The unconscious*, Macmillan, New York 1916.
Prini P., *L'ambiguità dell'essere*, Marietti, Genova 1989.
–, *Il corpo che siamo*, SEI, Torino 1991.
Prinzhorn H., *L'arte dei folli. L'attività plastica dei malati mentali* (1922), Mimesis, Milano 1991.
Procacci M., Popolo R., Marsigli N. (a cura di), *Ansia e ritiro sociale*, Raffaello Cortina, Milano 2011.
Proclo, *I Manuali. Testi magico-teurgici*, Rusconi, Milano 1985.
Prodi G., *Salute/malattia*, in AA.VV., *Enciclopedia*, Einaudi, Torino 1981, vol. XII.
Propp V. J., *Morfologia della fiaba* (1928), Einaudi, Torino 1966.
–, *Edipo alla luce del folclore. Quattro studi di etnografia storico-strutturale* (1928-1947), Einaudi, Torino 1975.
–, *Le radici storiche dei racconti di fate* (1946), Bollati Boringhieri, Torino 1985.
–, *Lo specifico del folclore* (1947), in Id., *Edipo alla luce del folclore*, cit.

Provine W. B., *Eredità*, in AA.VV., *Enciclopedia*, Einaudi, Torino 1978, vol. V, pp. 565-610.
–, *Genotipo/fenotipo*, in AA.VV., *Enciclopedia*, cit., 1979, vol. VI, pp. 597-615.
Pruna M. L., *Donne al lavoro*, il Mulino, Bologna 2007.
Pulcini E., *L'individuo senza passioni. Individualismo moderno e perdita del legame sociale*, Bollati Boringhieri, Torino 2001.
Pulici di Suni E., *Diritti delle donne*, in M. Flores (a cura di), *Diritti umani. Cultura dei diritti e dignità della persona nell'epoca della globalizzazione*, Utet, Torino 2007, vol. I, pp. 356-362.
Pulver M., *La simbologia della scrittura* (1931), Bollati Boringhieri, Torino 1983.
Pulvirenti L., *Il cervello dipendente*, Salani, Milano 2007.
Purghé F., *La misurazione in psicologia*, Tirrenia, Torino 1984.
–, *Metodi di psicofisica e scaling unidimensionale*, Bollati Boringhieri, Torino 1997.
Purghé F., Imbasciati A., *Psicologia dei processi visivi*, Il Pensiero Scientifico, Roma 1981.
Purves D. *et al.*, *Neuroscienze* (1997), Zanichelli, Bologna 2000.
Putnam H., *Mente, linguaggio e realtà* (1975), Adelphi, Milano 1987.
–, *Rappresentazione e realtà* (1988), Garzanti, Milano 1993.
Putton A., Fortugno M., *Affrontare la vita. Che cos'è la resilienza e come svilupparla*, Carocci, Roma 2006.
Pylyshyn Z. W., *Computation and cognition. Toward a foundation for cognitive science*, Mit Press, Cambridge, Massachusetts, 1984.

Q

Quadrio A., *Ricerche ed esperienze sugli adolescenti*, Vita e Pensiero, Milano 1968.
–, *L'attività ludica*, in L. Ancona (a cura di), *Nuove questioni di psicologia*, La Scuola, Brescia 1972, vol. I, pp. 921-962.
–, *Il colloquio in psicologia*, il Mulino, Bologna 1998.
Quaglia R., *Il disegno del bambino cattivo*, Bollati Boringhieri, Torino 1994
–, *Manuale del disegno infantile*, Utet, Torino 2003.
Quaglia R., Longobardi C., *Psicologia dello sviluppo. Teorie, modelli e concezioni*, Erickson, Trento 2007.
Quaglia R., Saglione G., *Il disegno della classe. Uno strumento per conoscere il bambino a scuola*, Bollati Boringhieri, Torino 1990.
Quaglino G. P. (a cura di), *Leadership. Nuovi profili di leader per nuovi scenari organizzativi*, Raffaello Cortina, Milano 1999.
– (a cura di), *Autoformazione. Autonomia e responsabilità per la formazione di sé nell'età adulta*, Raffaello Cortina, Milano 2004.
–, *La vita organizzativa. Difese, collusioni e ostilità nelle relazioni di lavoro*, Raffaello Cortina, Milano 2004.
–, *Fare formazione. I fondamenti della formazione e i nuovi traguardi*, Raffaello Cortina, Milano 2005.
Quaglino G. P., Casagrande S., Castellano A., *Gruppo di lavoro, lavoro di gruppo. Un modello di lettura della dinamica di gruppo. Una proposta di intervento nelle organizzazioni*, Raffaello Cortina, Milano 1992.
Quassoli F., *Riconoscersi. Differenze culturali e pratiche*, Raffaello Cortina, Milano 2007.
Quattrini P., *Fenomenologia dell'esperienza*, Zephyro Editore, Milano 2007.
Querini P., Lubrani F., *Ironia, umorismo e disagio psichico*, Franco Angeli, Milano 2004.
Quilici M., *Storia della paternità. Dal pater familias al mammo*, Fazi Editore, Roma 2010.
Quinlan Ph. T., *Connessionismo e psicologia. Una prospettiva psicologica per la ricerca sulle reti neurali* (1992), il Mulino, Bologna 1994.
Quinodoz J.-M., *I sogni che voltano pagina* (2001), Raffaello Cortina, Milano 2003.
Quintarelli E., *Le difficoltà ortografiche*, Erickson, Trento 2013-2014, voll. I-IV.
Quintavalle A. C., *Pubblicità. Modello, sistema, storia*, Feltrinelli, Milano 1977.
Quintavalle G., *La comunicazione intrapsichica. Saggio di semiotica psicoanalitica*, Feltrinelli, Milano 1978.

R

Raabe P. B., *Teoria e pratica della consulenza filosofica. Idee fondamentali, metodi e casi di studio* (2001), Apogeo, Milano 2006.
Racalbuto A., *I modelli dei casi-limite*, in A. A. Semi (a cura di), *Trattato di psicoanalisi*, vol. II: *Clinica*, Raffaello Cortina, Milano 1988-1989, pp. 515-578.
Racamier P.-C., *Psychothérapie psychanalytique des psychoses*, in S. Nacht *et al.*, *La psychanalyse d'aujourd'hui*, Puf, Paris 1956.
–, *Gli schizofrenici* (1980), Raffaello Cortina, Milano 1983.
Rachlin H., *Introduction to modern behaviorism*, Open University, Freeman, San Francisco 1970.
Rachman S., *L'ansia* (1998), Laterza, Bari 2004.
Rachman S., Hodgson R. J., *Obsessions and compulsions*, Prentice Hall, Englewood Cliffs, New Jersey, 1980.

Rachman S., Teasdale J., *Aversion therapy and the behavior disorders*, Routledge & Kegan, London 1969.
Raciti G., *Dello spazio*, CUECM, Catania 1990.
Racker H., *Il significato e l'impiego del controtransfert* (1957), in Id., *Studi sulla tecnica psicoanalitica*, Armando, Roma 1970.
Radcliffe-Brown A. R., *The Andaman islanders*, University Press, Cambridge 1922.
–, *White's view of a science of culture*, in "American Anthropologist", 1949, vol. LI.
–, *Struttura e funzione nella società primitiva* (1952), Jaca Book, Milano 1968.
–, *Il metodo nell'antropologia sociale* (1958), Officina Edizioni, Roma 1973.
Radó S., *Il problema della malinconia* (1927), in W. Gaylin (a cura di), *Il significato della disperazione* (1968) Martinelli, Firenze 1973.
–, *Psychoanalysis of behaviour*, Grune & Stratton, New York 1956.
–, *La nevrosi ossessiva*, in S. Arieti (a cura di), *Manuale di psichiatria* (1959-1966), Bollati Boringhieri, Torino 1969-1970, vol. I, pp. 339-371.
Rank O., *L'artista. Approccio a una psicologia sessuale* (1907), Sugarco, Milano 1987.
–, *Il trauma della nascita e il suo significato psicoanalitico* (1924), Guaraldi, Rimini 1972.
–, *Il doppio. Uno studio psicoanalitico* (1925), SE, Milano 2001.
–, *Essere felici. La forza creativa della volontà* (1929), Castelvecchi, Roma 2015.
–, *La volontà di essere felici* (1936), Sugarco, Milano 1992.
–, *Will therapy and truth and reality* (1936), Norton & Company, New York 1949.
Rapallo U., *L'umorismo verbale e non verbale, "nostro" e "altro", antico e moderno*, Le Lettere, Firenze 2004.
Rapaport D., *Affettività e pensiero nella teoria psicoanalitica* (1942), Franco Angeli, Milano 1972.
–, *Emotions and memory*, Williams & Wilkins, Baltimore 1942.
–, *The theory of Ego autonomy. A generalization*, in "Bulletin Menninger Clinic", 1958, n. 22.
–, *Struttura della teoria psicoanalitica* (1960), Bollati Boringhieri, Torino 1969.
–, *Il modello concettuale della psicoanalisi. Scritti 1942-1960* (1967), Feltrinelli, Milano 1977.
–, *Analisi teorica del concetto di Super-io*, in Id., *Il modello concettuale della psicoanalisi. Scritti 1942-1960*, cit., pp. 435-459.
Rapaport D., Gill M. M., Schafer R., *Reattivi psicodiagnostici* (1945-1946), Bollati Boringhieri, Torino 1975.
Rapisarda Sassoon C., *Vita da Yogi*, Red, Cornaredo 2017.
Rapoport A., *Strategia e coscienza* (1964), Bompiani, Milano 1969.
Rapoport L., *The state of crisis. Some theoretical considerations*, in "Social Service Review", 1962, n. 36.
Rapoport R. N., *Community as a doctor. Perspectives on a therapeutic community*, Tavistock, London 1960.
–, *La communauté thérapeutique*, Maspero, Paris 1974.
Rappaport J., *In praise of paradox. A social policy of empowerment over prevention*, in "American Journal of Community Psychology", 1981, n. 1.
Rasano C., *Musicoterapia teorica e pratica*, Giunti Barbera, Firenze 1977.
Rath C.-D., *Alimentazione*, in Ch. Wulf (a cura di), *Cosmo, corpo, cultura. Enciclopedia antropologica* (1997), Bruno Mondadori, Milano 2002, pp. 241-256.
Ratti M. T., Amoretti G., *Le funzioni cognitive nella terza età*, La Nuova Italia Scientifica, Roma 1991.
Ratti M. T., Delli Zotti G. B., Portaluppi A., *Psiconcologia e cure palliative*, Edizioni Accademiche Italiane, Milano-Saarbrücken 2017.
Raup R. B., *Toward a new education*, Teachers College, Columbia University, New York 1930.
Rausky F., *Mesmer e la rivoluzione terapeutica* (1977), Feltrinelli, Milano 1980.
Ravasi G., *La bellezza salverà il mondo*, Marcianum Press, Venezia 2013.
Ravenna M., *Adolescenti e droga. Percorsi e processi sociopsicologici del consumo*, il Mulino, Bologna 1993.
–, *Psicologia delle tossicodipendenze*, il Mulino, Bologna 1997.
–, *Carnefici e vittime. Le radici psicologiche della Shoah e delle vittime sociali*, il Mulino, Bologna 2004.
–, *Odiare*, il Mulino, Bologna 2009.
Raveri M. (a cura di), *Del bene e del male. Tradizioni religiose a confronto*, Marsilio, Venezia 1997.
Ravizza L. (a cura di), *Demenze*, in G. B. Cassano, P. Pancheri *et al.* (a cura di), *Trattato italiano di psichiatria* (1992), Masson, Milano 1999, vol. II, pp. 1085-1170.
– (a cura di), *Disturbi dell'invecchiamento*, in G. B. Cassano, P. Pancheri *et al.* (a cura di), *Trattato italiano di psichiatria*, cit., vol. II, pp. 2595-2644.

– (a cura di), *Farmaci attivi nella terapia dell'ansia*, in G. B. Cassano, P. Pancheri *et al.* (a cura di), *Trattato italiano di psichiatria*, cit., vol. III, pp. 3227-3278.
–, *Memoria*, in G. B. Cassano, P. Pancheri *et al.* (a cura di), *Trattato italiano di psichiatria*, cit., vol. I, pp. 445-470.
–, *Neurotrasmissione*, in G. B. Cassano, P. Pancheri *et al.* (a cura di), *Trattato italiano di psichiatria*, cit., vol. I, pp. 183-290.
Ravizza L., Bogetto F., Maina G., *Il disturbo ossessivo compulsivo*, Masson, Milano 1997.
Rawlins G. J. E., *Schiavi del computer?* (1997), Laterza, Bari 1999.
Rawls J., *Una teoria della giustizia* (1971), Feltrinelli, Milano 1984.
Razzini E., *Lo psicodramma psicoanalitico. Manuale per le istituzioni*, Raffaello Cortina, Milano 2005.
Re A., *Ergonomia per psicologi. Lavoro cognitivo e nuove tecnologie*, Raffaello Cortina, Milano 1995.
Re S., *Mindfucking. Come fottere la mente*, Castelvecchi, Roma 2003.
Reason J., *L'errore umano*, il Mulino, Bologna 1994.
Recalcati M., *L'ultima cena. Anoressia e bulimia*, Bruno Mondadori, Milano 1997.
–, *Il corpo in ostaggio. Teoria e clinica dell'anoressia-bulimia*, Borla, Roma 1998.
–, *La cura e la parola. Pratiche cliniche del colloquio*, in AA.VV., *La cura della malattia mentale. Il trattamento*, Bruno Mondadori, Milano 2001.
–, *Clinica del vuoto. Anoressie, dipendenze, psicosi*, Franco Angeli, Milano 2002.
–, *Sull'odio*, Bruno Mondadori, Milano 2004.
–, *Elogio dell'inconscio. Dodici argomenti in difesa della psicoanalisi*, Bruno Mondadori, Milano 2007.
–, *Jacques Lacan. Desiderio, godimento e soggettivazione*, Raffaello Cortina, Milano 2012.
–, *Ritratti del desiderio*, Raffaello Cortina, Milano 2012.
–, *Il complesso di Telemaco. Genitori e figli dopo il tramonto del padre*, Feltrinelli, Milano 2013.
–, *Le mani della madre. Desiderio, fantasmi ed eredità del materno*, Feltrinelli, Milano 2015.
–, *Jacques Lacan. La clinica psicoanalitica. Struttura e soggetto*, Raffaello Cortina, Milano 2016.
–, *Contro il sacrificio. Al di là del fantasma sacrificale*, Raffaello Cortina, Milano 2017.
Recchia V., *A scuola di creatività. Giochi e attività per la produzione di testi*, Erickson, Trento 2013.
Reder P., Lucey C., *Cure genitoriali e rischio di abuso* (1996), Erickson, Trento 1997.
Redfearn J. W. T., *Il mio Sé, i miei molti sé. L'interazione tra le nostre "sub-personalità"* (1985), Vivarium, Milano 2004.
Redondi P., *Storie del tempo*, Laterza, Bari 2007.
Reed G., *The psychology of anomalous experience. A cognitive approach*, Hutchinson University Library, London 1972.
Reed S. K., *Psicologia cognitiva. Teoria e applicazioni* (1989), il Mulino, Bologna 1994.
Rees L., *Constitutional factors and abnormal behaviour*, in H. J. Eysenck, *Handbook of abnormal psychology*, Basic Books, New York 1961.
Regalia C., Paleari G., *Perdonare*, il Mulino, Bologna 2008.
Regazzoni S., *Pornosofia. Filosofia del pop porno*, Ponte alle Grazie, Milano 2010.
–, *Sfortunato il paese che non ha eroi. Etica dell'eroismo*, Ponte alle Grazie-Salani, Milano 2012.
Regoliosi L., *La prevenzione possibile. Modelli, orientamenti, esperienze per l'operatore di territorio sulla prevenzione della devianza giovanile e della tossicodipendenza*, Guerini & Associati, Milano 1994.
Reich A., *Sul controtransfert* (1951); *Ulteriori osservazioni sul controtransfert* (1960), in C. Albarella, M. Donadio (a cura di), *Il controtransfert. Saggi psicoanalitici*, Liguori, Napoli 1986.
Reich W., *Conflitti libidici e fantasie deliranti* (1920), Sugarco, Milano 1978.
–, *Genitalità* (1926), Sugarco, Milano 1980.
–, *L'irruzione della morale sessuale coercitiva* (1932), Sugarco, Milano 1972.
–, *Analisi del carattere* (1933), Sugarco, Milano 1973.
–, *Psicologia di massa del fascismo* (1933), Einaudi, Torino 2002.
–, *La rivoluzione sessuale* (1936), Feltrinelli, Milano 1963.
–, *La funzione dell'orgasmo – La scoperta dell'orgone. Parte prima* (1942), Sugarco, Milano 1977.
–, *La biopatia del cancro – La scoperta dell'orgone. Parte seconda* (1948), Sugarco, Milano 1976, voll. I-II.
–, *Etere, Dio e Diavolo* (1949), Sugarco, Milano 1974.
–, *Superimposizione cosmica* (1951), Sugarco, Milano 1975.
Reiche R., *Genere senza sesso* (2004), Meltemi, Roma 2007.
Reichlin M., *Aborto. La morale oltre il diritto*, Carocci, Roma 2007.
Reid J. E., Inbau F. E., *Truth and deception*, Williams & Wilkins, Baltimore 1966.

Reik Th., *Il rito religioso. Studi psicoanalitici* (1920-1930), Bollati Boringhieri, Torino 1977.
–, *L'impulso a confessare* (1925), Feltrinelli, Milano 1963.
–, *Il masochismo nell'uomo moderno* (1940), Sugarco, Milano 1963.
–, *Psicologia dei rapporti sessuali* (1945), Feltrinelli, Milano 1968.
–, *Amore e lussuria* (1957), Longanesi, Milano 1960.
–, *Psicoanalisi della Bibbia* (1959), Garzanti, Milano 1978.
Reinhart T., *Anaphora and semantic interpretation*, Croom Helm, London 1983.
Reinke J., *Der Neovitalismus und die Finalität in der Biologie*, in "Biologisches Centralblatt", 1904, vol. XXIV, pp. 577-601.
Reitano M. (a cura di), *Psicofisiologia dello stress*, Edizioni Kappa, Milano 1986.
Reiter R. R. (a cura di), *Toward an anthropology of women*, Monthly Review Press, New York 1975.
Rella F. (a cura di), *Bellezza e verità*, Feltrinelli, Milano 1990.
–, *L'enigma della bellezza*, Feltrinelli, Milano 1991.
–, *Il male. Scritture sul male e sul dolore*, Pendragon, Bologna 2001.
–, *Figure del male*, Feltrinelli, Milano 2002.
Remotti F., *Contro l'identità*, Laterza, Bari 1996.
Remplein H., *Psychologie der Persönlichkeit*, Reinhardt, München-Basel 1967.
Rensi G., *La morale come pazzia* (1942), Castelvecchi, Roma 2013.
Rescigno F., *Diritto d'asilo*, in M. Flores (a cura di), *Diritti umani. Cultura dei diritti e dignità della persona nell'epoca della globalizzazione*, Utet, Torino 2007, vol. I, pp. 458-461.
Resnik S., *Persona e psicosi* (1972), Einaudi, Torino 1976.
–, *Isteria*, in AA.VV., *Enciclopedia*, Einaudi, Torino 1979, vol. VII, pp. 1009-1031.
–, *Il teatro del sogno*, Bollati Boringhieri, Torino 1982.
–, *L'esperienza psicotica* (1986), Bollati Boringhieri, Torino 1992.
–, *Spazio mentale. Sette lezioni alla Sorbona*, Bollati Boringhieri, Torino 1990.
–, *Sul fantastico. Tra l'immaginario e l'onirico* (1991), Bollati Boringhieri, Torino 1993.
–, *Glaciazioni. Viaggio nel mondo della follia* (2000), Bollati Boringhieri, Torino 2001.
Resta E., *La certezza e la speranza. Saggio sul diritto e la violenza* (1992), Laterza, Bari 2006.
Restak R., *Il cervello modulare* (1994), Longanesi, Milano 1998.
Restorff H. von, *Über die Wirkung von Bereichsbildung in Spurenfield*, in "Psychologische Forschung", 1933, n. 18.
Reuchlin M., *Les méthodes quantitatives en psychologie*, Puf, Paris 1962.
–, *La psicologia differenziale* (1967), Armando, Roma 1974.
–, *Trattato di psicologia applicata* (1971), Armando, Roma 1973.
–, *L'utilizzazione delle attitudini* (1971), in Id., *Trattato di psicologia applicata*, cit.
Révész G., *Psicologia della musica* (1944), Giunti Barbera, Firenze 1983.
–, *Talent und Genie*, Francke, Bern 1952.
Reynaud M., *L'amore è una droga leggera* (2005), Ponte alle Grazie, Milano 2006.
Reynolds C. R., Bigler E. D., *Test TEMA. Memoria e apprendimento* (1995), Erickson, Trento 1997.
Reynolds K. E., *Sessualità e autismo. Guida per genitori, caregiver e educatori* (2013), Erickson, Trento 2014.
Reynolds V., *La biologia dell'azione umana* (1976), Edizioni Scientifiche e Tecniche Mondadori, Milano 1978.
–, *The origins of a behavioural vocabulary. The case of the rhesus monkey*, in "Journal for the Theory of Social Behaviour", 1976, n. 6.
Rezzonico G., Liccione D. (a cura di), *Sogni e psicoterapia. L'uso del materiale onirico in psicoterapia cognitiva*, Bollati Boringhieri, Torino 2004.
Rheinberg F., *Psicologia della motivazione* (2003), il Mulino, Bologna 2005.
–, *Valutare la motivazione. Strumenti per l'analisi dei processi motivazionali* (2005), il Mulino, Bologna 2007.
Rheingold H., *Smart mobs. Tecnologie senza fili, la rivoluzione sociale prossima ventura* (2002), Raffaello Cortina, Milano 2003.
–, *Perché la rete ci rende intelligenti* (2012), Raffaello Cortina, Milano 2013.
Rhine J. B., McDougall W., Prince W. F., *Extrasensory perception*, Boston Society for Psychic Research-Humphries, Boston 1934.
Rhine J. B., Pratt J. G., *Parapsychology. Frontier science of the mind*, edizione riveduta, Thomas, Springfield, Illinois, 1962.
Rhodes R. H., *Manuale di ipnotismo* (1950), Astrolabio, Roma 1966.
Rholes W. S., Simpson J. A., *Teoria e ricerca dell'attaccamento adulto* (2004), Raffaello Cortina, Milano 2007.
Ribot Th.-A., *La vie inconsciente et les mouvements*, Alcan, Paris 1914.

Riccardi Ripamonti I., *Le difficoltà di letto-scrittura*, vol. 1: *Un percorso fonologico e metafonologico*, vol. 2: *La decodifica della lettura: attività visuo-percettive*, vol. 3: *Recupero e potenziamento della lettura morfo-lessicale*, Erickson, Trento 2009-2012.
Riccardi Ripamonti I., Rossoni I., Zerbini C. A., Russo V., Cividati B., *Test VCLA-Parole. Valutazione delle Competenze Linguistiche Alte. Prove per l'individuazione delle abilità logico-verbali, espressive e morfologiche*, Erickson, Trento 2014.
Ricchiardi P., Coggi C., Venera A. M., *Gioco e potenziamento cognitivo nell'infanzia*, Erickson, Trento 2011.
Ricci S., Spataro C., *Una famiglia anche per me. Dimensioni e percorsi educativi nelle comunità familiari per minori*, Erickson, Trento 2006.
Ricci Bitti P. E., Zani B., *La comunicazione come processo sociale*, il Mulino, Bologna 1996.
Ricci Sindoni P., *Arte e alienazione. Estetica e patografia in Jaspers*, Giannini, Napoli 1984.
Richardson K., *Che cos'è l'intelligenza* (1999), Einaudi, Torino 1999.
Richter H.-E., *Herzneurose*, Thieme, Stuttgart 1969.
Rickheit G., Strohner H., *Inferences in text processing*, Elsevier, Amsterdam 1985.
Ricklefs R. E., *Ecologia* (1973), Zanichelli, Bologna 1976.
Ricoeur P., *Filosofia della volontà. Il volontario e l'involontario* (1950), Marietti, Genova 1990.
–, *Finitudine e colpa* (1960), il Mulino, Bologna 1970.
–, *Dell'interpretazione. Saggio su Freud* (1965), il Saggiatore, Milano 1966.
–, *Filosofia e linguaggio* (1967-1990), Guerini & Associati, Milano 1994.
–, *Il conflitto delle interpretazioni* (1969), Jaca Book, Milano 1977.
–, *Cinque lezioni. Dal linguaggio all'immagine* (1973-1974), Centro Internazionale Studi di Estetica, Palermo 1999.
–, *La metafora viva* (1975), Jaca Book, Milano 1981.
–, *Etica e morale* (1975-2000), Morcelliana, Brescia 2007.
–, *Tempo e racconto* (1983-1985), Jaca Book, Milano 1986-1988, voll. I-III.
–, *La persona* (1983-1990), Morcelliana, Brescia 1997.
–, *Sé come un altro* (1990), Jaca Book, Milano 1993.
Ricoeur P., Marcel G., *Per un'etica dell'alterità* (1968), Edizioni Lavoro, Roma 1998.
Ricoeur P. *et al.*, *Saggi sulla creatività* (1972), Il Pensiero Scientifico, Roma 1977.
Riedel I. (a cura di), *Farben*, Kreuz, Stuttgart 1983.
Ries J., *Il sacro nella storia religiosa dell'umanità* (1978), Jaca Book, Milano 1982.
Rifelli G., *Psicologia e psicopatologia della sessualità*, il Mulino, Bologna 1998.
Rifflet-Lemaire A., *Introduzione a Jacques Lacan* (1970), Astrolabio, Roma 1972.
Rigliano P., *Eroina, dolore, cambiamento*, Unicopli, Milano 1991.
–, *L'AIDS e il suo dolore*, Edizioni Gruppo Abele, Torino 1994.
–, *Amori senza scandalo. Cosa vuol dire essere lesbica e gay*, Feltrinelli, Milano 2001.
–, *Doppia diagnosi. Tra tossicodipendenza e psicopatologia*, Raffaello Cortina, Milano 2009.
Rigliano P., Bignamini E. (a cura di), *Cocaina. Consumo, psicopatologia, trattamento*, Raffaello Cortina, Milano 2009.
Rigliano P., Ciliberto J., Ferrari F., *Curare i gay? Oltre l'ideologia riparativa dell'omosessualità*, Raffaello Cortina, Milano 2012.
Rigliano P., Graglia M. (a cura di), *Gay e lesbiche in psicoterapia*, Raffaello Cortina, Milano 2006.
Rigliano P., Siciliani O., *Famiglia, schizofrenia, violenza. Un approccio sistemico e nonviolento al conflitto familiare*, La Nuova Italia Scientifica, Roma 1988.
Rigo L., *RED (Rêve Éveillé Dirigé) diagnostico e Rorschach. Contributo alla determinazione del fondo fantasmatico con mezzi psicodiagnostici*, in "Archivio di Psicologia, Neurologia e Psichiatria", 1966, a. XXVII, fasc. IV V.
–, *Inconscio e personalità dopo Freud*, Il Fuoco Editore, Roma 1982.
Rigoli A., *Magia e etnostoria*, Bollati Boringhieri, Torino 1978.
Rigo Uberto S., *La terapia del gioco secondo i principi della tecnica immaginativa di analisi e ristrutturazione del profondo (ITP) di L. Rigo, durante l'età evolutiva*, in "Neuropsichiatria Infantile", 1969, fasc. 98.
Rigotti F., *La verità retorica. Etica, conoscenza e persuasione*, Feltrinelli, Milano 1995.
–, *L'onore degli onesti*, Feltrinelli, Milano 1998.
–, *Onestà*, Raffaello Cortina, Milano 2014.
Rimé B., *La dimensione sociale delle emozioni* (2005), il Mulino, Bologna 2008.
Rimland B., *Infantile autism*, Appleton, New York 1964.
Rinaldi L. (a cura di), *Stati caotici della mente*, Raffaello Cortina, Milano 2003.
Rinkel M., Himwich H. E., *Insulin Treatment in Psychiatry*, Philosophical Library, New York 1959.

Ripa di Meana G., *Figure della leggerezza. Anoressia, bulimia, psicoanalisi*, Astrolabio, Roma 1995.
Ripamonti C. A., *La devianza in adolescenza. Prevenzione e intervento*, il Mulino, Bologna 2011.
Ripamonti C. A., Clerici C. A., *Psicologia e salute. Introduzione alla psicologia clinica in ambito sanitario*, il Mulino, Bologna 2008.
Rispoli L. (a cura di), *Il corpo e le psicoterapie*, Idelson, Napoli 1985.
–, *Psicologia funzionale del Sé*, Astrolabio, Roma 1993.
–, *Esperienze di base e sviluppo del Sé*, Franco Angeli, Milano 2004.
–, *Psicoterapia funzionale*, in G. Nardone, A. Salvini, *Dizionario internazionale di psicoterapia*, Garzanti, Milano 2013, pp. 300-306.
Rispoli L., Andriello B., *Psicoterapia corporea e analisi del carattere*, Bollati Boringhieri, Torino 1988.
Risso M., Böker W., *Sortilegio e delirio. Psicopatologia delle migrazioni in prospettiva transculturale*, Liguori, Napoli 1992.
Riva A., *Genesi e dinamica della vita emotiva*, in L. Ancona (a cura di), *Nuove questioni di psicologia*, La Scuola, Brescia 1972, vol. I, pp. 765-794.
–, *Problemi di adattamento alla vita familiare nell'infanzia*, in L. Ancona (a cura di), *Nuove questioni di psicologia*, cit., vol. II, pp. 89-122.
Riva E., *Adolescenza e anoressia. Corpo, genere, soggetto*, Raffaello Cortina, Milano 2009.
Riva G., *Psicologia dei nuovi media. Azione, presenza, identità e relazioni*, il Mulino, Bologna 2004.
Riva Crugnola C. (a cura di), *Lo sviluppo affettivo del bambino. Tra psicoanalisi e psicologia evolutiva*, Raffaello Cortina, Milano 1993.
–, *Il bambino e le sue relazioni. Attaccamento e individualità tra teoria e osservazione*, Raffaello Cortina, Milano 2007.
–, *I social network*, il Mulino, Bologna 2010.
–, *La relazione genitore-bambino. Tra inadeguatezza e rischio*, il Mulino, Bologna 2012.
–, *Nativi digitali. Crescere e apprendere nel mondo dei media*, il Mulino, Bologna 2014.
Rivera A., *Razzismo*, in M. Flores (a cura di), *Diritti umani. Cultura dei diritti e dignità della persona nell'epoca della globalizzazione*, Utet, Torino 2007, vol. II, pp. 1138-1145.
Rivière C., *I riti profani* (1995), Armando, Roma 1998.
Rivoltella P. C., *Neurodidattica. Insegnare al cervello che apprende*, Raffaello Cortina, Milano 2012.
Rizzi R. (a cura di), *Itinerari del rancore*, Bollati Boringhieri, Torino 2007.
Rizzolatti G., Craighero L., *The mirror neuron system*, in "Annual Review of Neuroscience", 2004, n. 7, pp. 169-192.
Rizzolatti G., Fadiga L., Gallese V., Fogassi L., *Premotor cortex and the recognition of motor action*, in "Cognitive Brain Research", 1996, n. 3 (2), pp. 131-141.
Rizzolatti G., Sinigaglia C., *So quel che fai. Il cervello che agisce e i neuroni specchio*, Raffaello Cortina, Milano 2006.
Robb G., *L'amore e la cultura omosessuale nell'Ottocento* (2003), Carocci, Roma 2005.
Robb G. P., Bernardoni L. C., Johnson R. W., *Assessment of individual mental ability*, International Textbook Company, Scranton, Pennsylvania, 1972.
Robbins A., *Expressive therapy*, Human Sciences Press, New York 1986.
Robertson I. H., *Il cervello plastico. Come l'esperienza modella la nostra mente* (1999), Rizzoli, Milano 1999.
Robin C., *Paura. La politica del dominio* (2004), Egea-Università Bocconi Editore, Milano 2005.
Robin G., *Précis de neuro-psychiatrie infantile*, Doin, Paris 1939.
Robinet I., *Meditazione taoista*, Astrolabio, Roma 1987.
Robins K., Torchi A. (a cura di), *Geografia dei media. Globalismo, localizzazione e identità culturali* (1989-1992), Baskerville, Bologna 1993.
Robinson E. S., *The "similarity" factor in retroaction*, in "American Journal of Psychology", 1927, n. 51.
–, *Association theory today*, Appleton-Century-Croft, New York 1932.
Robinson J. O., *The psychology of visual illusion*, Hutchinson, London 1972.
Robustelli F., *La memoria*, in L. Ancona (a cura di), *Nuove questioni di psicologia*, La Scuola, Brescia 1972, vol. I, pp. 395-428.
Rocca P., Fonzo V., *Disturbi dell'umore nell'infanzia*, in G. B. Cassano, P. Pancheri *et al.* (a cura di), *Trattato italiano di psichiatria* (1992), Masson, Milano 1999, vol. II, pp. 2935-2954.
Rocca R., Stendoro G., *La procedura immaginativa. Sviluppo di una radice di senso psicoanalitico*, Masson, Milano 1993.
Roccatagliata G., *Isteria. Il mito del male del XIX secolo*, Il Pensiero Scientifico, Roma 1990.
–, *La psichiatria da Ippocrate a Kraepelin*, in G. B. Cassano, P. Pancheri *et al.* (a cura di), *Trattato italiano di psichiatria* (1992), Masson, Milano 1999, vol. I, pp. 3-42.
–, *Passioni e metafore. Annotazioni ai margini della psichiatria*, Borla, Roma 1993.
–, *La teoria della mente. Incontro tra filosofia e neuroscienze*, Borla, Roma 2006.

Roccato M., *Le tendenze antidemocratiche. Psicologia sociale dell'autoritarismo*, Einaudi, Torino 2003.

Roccella E., *Dopo il femminismo*, Ideazione Editrice, Roma 2001.

Rocco P., Sampaolo A. (a cura di), *L'analisi con il gioco della sabbia*, Franco Angeli, Milano 2012.

Rocher G., *Introduzione alla sociologia generale. L'azione e l'organizzazione sociale. Il cambiamento sociale* (1980), Sugarco, Milano 1992.

Rockstein M., Sussman M., *Biology of aging*, Wadsworth, Belmont, California, 1979.

Rodari G., *Grammatica della fantasia. Introduzione all'arte di inventare storie*, Einaudi, Torino 2001.

Rodotà S., *La vita e le regole. Tra diritto e non diritto*, Feltrinelli, Milano 2006.

Rogers C. R., *La terapia centrata sul cliente* (1951), La Nuova Italia, Firenze 1997.

–, *Verso una teoria della creatività*, in H. H. Anderson (a cura di), *La creatività e le sue prospettive* (1959), La Scuola, Brescia 1972.

–, *On becoming a person. A therapist's view of psychotherapy*, Houghton Mifflin, Boston 1961.

Rogers C. R., Dymond R. F., *Psychotherapy and personality change. Coordinated studies in the client-centered approach*, University Press, Chicago 1954.

Rogers C. R., Kinget G. M., *Psicoterapia e relazioni umane. Teoria e pratica della terapia non direttiva* (1962), Bollati Boringhieri, Torino 1970.

Rogers C. R., Stevens B., *Da persona a persona* (1967), Astrolabio-Ubaldini, Roma 1987.

Rogoff B., *La natura culturale dello sviluppo* (2003), Raffaello Cortina, Milano 2004.

Rohde E., *Psiche* (1890-1894), Laterza, Bari 2006.

Róheim G., *The riddle of the Sphinx*, Hogarth, London 1934.

–, *Origine e funzione della cultura* (1943), Feltrinelli, Milano 1972.

–, *Psicoanalisi e antropologia* (1950), Rizzoli, Milano 1974.

–, *Le porte del sogno*, vol. I: *Il ventre materno*, vol. II: *La discesa agli inferi* (1952), Guaraldi, Rimini 1973.

–, *Magia e schizofrenia* (1955), il Saggiatore, Milano 1973.

Rokeach M., *The open and closed mind*, Basic Books, New York 1960.

–, *The nature of human values*, Free Press, New York 1973.

Rolland R., *Lettera a Freud del 5 dicembre 1927*, in S. Freud, *Lettere 1873-1939*, Bollati Boringhieri, Torino 1960, pp. 357 sgg.

Romagnoli A., *Ragazzi ciechi*, Armando, Roma 1973.

Romagnoli D., *Per una concezione olistica dell'uomo*, in "A&P. Anthropology & Philosophy", 1997, n. 1.

Romanes G. J., *Animal intelligence*, Kegan Paul, London 1882.

Romano A., *Musica e psiche*, Bollati Boringhieri, Torino 1999.

–, *Il sogno del prigioniero. Archetipi e clinica*, Bollati Boringhieri, Torino 2013.

–, *La manutenzione dell'amore*, Nino Aragno Editore, Torino 2016.

Romano B., *Il riconoscimento come relazione giuridica fondamentale*, Bulzoni, Roma 1984.

Romano D. F., *Psicologia: tra ideologia e scienza*, Mazzotta, Milano 1974.

–, *Immagine marketing e comunicazione*, il Mulino, Bologna 1988.

Romito P., *La depressione dopo il parto*, il Mulino, Bologna 1992.

Roncato S., *Apprendimento e memoria*, il Mulino, Bologna 1982.

Roncato S., Zucco G., *I labirinti della memoria*, il Mulino, Bologna 1993.

Ronco A., *La scuola di Würzburg. Contributo storico-critico alla psicologia dei processi cognitivi*, Pas Verlag, Zürich 1963.

Rookes P., Willson J., *La percezione* (1999), il Mulino, Bologna 2002.

Ropp R. S. de, *Le droghe e la mente* (1978), Ciapanna Editore, Roma 1980.

Ropper A. H., Brown R. H. *et al.*, *Adams e Victor – Principi di neurologia* (8ª ed.), McGraw-Hill, New York-Milano 2013.

Rorschach H., *Psicodiagnostica* (1921), Edizioni Kappa, Roma 1981.

Rorty A. O. (a cura di), *The identities of persons*, University Press, Berkeley 1976.

Rorty R., *Un'etica per i laici* (2005), Bollati Boringhieri, Torino 2008.

Rorty R., Vattimo G., *Il futuro della religione*, Garzanti, Milano 2005.

Rosa F(abio) (a cura di), *Il mio nome è sofferenza. Le forme e la rappresentazione del dolore*, Università degli Studi di Trento, Trento 1993.

Rosa F(rancesca), *Diritti dei disabili*, in M. Flores (a cura di), *Diritti umani. Cultura dei diritti e dignità della persona nell'epoca della globalizzazione*, Utet, Torino 2007, vol. I, pp. 338-340.

Rosa H., *Accelerazione e alienazione. Per una teoria critica del tempo nella tarda modernità* (2014), Einaudi, Torino 2015.

Rosati L., *Pedagogia, permissività e scuola*, Esperienze, Fossano 1977.

Rose S., *Il cervello e la coscienza* (1973), Mondadori, Milano 1976.
Rosen I., *Le deviazioni sessuali*, Bompiani, Milano 1968.
Rosen J. N., *Direct analysis. Selected papers*, Grune & Stratton, New York 1953.
Rosenberg M. J., Hovland C. I., *Cognitive, affective, and behavioral components of attitude*, in M. J. Rosenberg, C. I. Hovland, W. J. McGuire, R. P. Abelson, W. J. Brehm (a cura di), *Attitude organization and change. An analysis of consistency among attitude components*, Yale University Press, New Haven, Connecticut, 1960.
Rosenblith W. A. (a cura di), *Sensory communication*, Wiley, New York 1961.
Rosenfeld H. A., *Stati psicotici. Un approccio psicoanalitico* (1965), Armando, Roma 1983.
–, *Comunicazione e interpretazione. Fattori terapeutici e antiterapeutici nel trattamento psicoanalitico dei pazienti psicotici, borderline e nevrotici* (1987), Bollati Boringhieri, Torino 1989.
Rosenfield I., *L'invenzione della memoria* (1988), Rizzoli, Milano 1989.
Rosenthal D., *Genetica delle malattie mentali* (1975), Bollati Boringhieri, Torino 1977.
Rosenthal E. C., *L'età della scelta* (2005), Apogeo, Milano 2006.
Rosenthal R., *Experimenter effects in behavioral research*, Appleton-Century-Crofts, New York 1966.
Rosenzweig M. R., Bennett E. L. (a cura di), *Neural mechanism of learning and memory*, Mit Press, Cambridge, Massachusetts, 1976.
Rosenzweig S., *The Rosenzweig picture-frustration study, a children's form*, in A. I. Rabin, M. R. Haworth (a cura di), *Projective techniques with children*, Grune & Stratton, New York 1960, pp. 149-179.
Rosiello L. (a cura di), *Letteratura e strutturalismo*, Zanichelli, Bologna 1974.
Roskies A. L., *Neuroethics for the new millenium*, in "Neuron", 2002, n. 35, pp. 21-23.
Roskies A. L., Nichols S., *Bringing moral responsibility down to earth*, in "Journal of Philosophy", 2008, n. 105, pp. 371-388.
Rosolato G., *La voix*, in Id., *Essais sur le symbolique*, Gallimard, Paris 1969.
Ross H., Plug C., *The mystery of the moon illusion*, Oxford University Press, Oxford 2002.
Rossanda R., *Anche per me. Donna, persona, memoria*, Feltrinelli, Milano 1987.
Rossena M., *La rivincita del sentimento. Una psicoterapia del quotidiano per ripristinare la civiltà degli affetti*, Idelson-Gnocchi, Napoli 1998.
Rossetti G., *Il mistero dell'amor platonico del Medio Evo* (1840), Luni Editrice, Milano 2013.
Rossi E., *Shen. Aspetti psichici della medicina cinese. I classici e la clinica contemporanea*, Editrice Ambrosiana, Milano 2002.
Rossi F., *Per un uso didattico del sociogramma*, Giunti & Lisciani, Teramo 1994.
Rossi N., *Psicologia clinica per le professioni sanitarie*, il Mulino, Bologna 2004.
Rossi R. (a cura di), *Delirium*, in G. B. Cassano, P. Pancheri *et al.* (a cura di), *Trattato italiano di psichiatria* (1992), Masson, Milano 1999, vol. II, pp. 1171-1186.
– (a cura di) *Disturbi dissociativi*, in G. B. Cassano, P. Pancheri *et al.* (a cura di), *Trattato italiano di psichiatria*, cit., vol. II, pp. 2217-2256.
–, *Disturbi somatoformi*, in G. B. Cassano, P. Pancheri *et al.* (a cura di), *Trattato italiano di psichiatria*, cit., vol. II, pp. 2193-2216.
– (a cura di), *I principali riferimenti teorici in psichiatria*, in G. B. Cassano, P. Pancheri *et al.* (a cura di), *Trattato italiano di psichiatria*, cit., vol. I, pp. 43-92.
– (a cura di), *Il problema dell'isteria*, in G. B. Cassano, P. Pancheri *et al.* (a cura di), *Trattato italiano di psichiatria*, cit., vol. II, pp. 2185-2192.
–, *Intervista psichiatrica*, in G. B. Cassano, P. Pancheri *et al.* (a cura di), *Trattato italiano di psichiatria*, cit., vol. I, pp. 731-742.
–, *Psichiatria militare e di guerra*, in G. B. Cassano, P. Pancheri *et al.* (a cura di), *Trattato italiano di psichiatria*, cit., vol. III, pp. 3933-3956.
–, *Psichiatria transculturale*, in G. B. Cassano, P. Pancheri *et al.* (a cura di), *Trattato italiano di psichiatria*, cit., vol. II, pp. 2645-2677.
– (a cura di), *Valutazione dei risultati terapeutici*, in G. B. Cassano, P. Pancheri *et al.* (a cura di), *Trattato italiano di psichiatria*, cit., vol. III, pp. 3141-3166.
Rossi R., Bucca M., *Coscienza dell'Io e vissuti corporei*, in G. B. Cassano, P. Pancheri *et al.* (a cura di), *Trattato italiano di psichiatria* (1992), Masson, Milano 1999, vol. I, pp. 435-444.
Rossi R., Giberti F., *Il problema delle nevrosi*, in G. B. Cassano, P. Pancheri *et al.* (a cura di), *Trattato italiano di psichiatria* (1992), Masson, Milano 1999, vol. I, pp. 2017-2024.
Rossi R., Peraldo Gianolino R., *Le sindromi marginali*, in F. Giberti, R. Rossi, *Manuale di psichiatria*, Piccin, Padova 1983, pp. 301-312.

Rossi R., Scarsi F. J., *Elementi di diagnostica e di classificazione psichiatrica*, in F. Giberti, R. Rossi, *Manuale di psichiatria*, Piccin, Padova 1983, pp. 31-44.
Rossi R., Stratta P., *Psicologia e patologia dell'attenzione*, in G. B. Cassano, P. Pancheri *et al.* (a cura di), *Trattato italiano di psichiatria* (1992), Masson, Milano 1999, vol. I, pp. 401-408.
Rossi-Landi F., *L'ideologia*, Isedi, Milano 1978.
Rossi Monti M., *Psichiatria e fenomenologia*, Loescher, Torino 1978.
–, *Forme del delirio e psicopatologia*, Raffaello Cortina, Milano 2009.
Rossi Monti M., Stanghellini G., *Psicopatologia della schizofrenia. Prospettive metodologiche e cliniche*, Raffaello Cortina, Milano 1999.
Rossi Monti M., Vitale S., *Dall'analisi esistenziale alla teoria dei sistemi. Aspetti della psicologia e della psichiatria del XX secolo*, Feltrinelli, Milano 1980.
Rossini R., *Trattato di psichiatria*, Cappelli, Bologna 1969.
Roth A., Fonagy P., *Psicoterapie e prove di efficacia. Quale terapia per quale paziente*, Il Pensiero Scientifico, Roma 1997.
Roth G., *Cervello*, in Ch. Wulf (a cura di), *Cosmo, corpo, cultura. Enciclopedia antropologica* (1997), Bruno Mondadori, Milano 2002, pp. 427-437.
Roth I., *An introduction to object perception*, in I. Roth, J. P. Frisby, *Perception and representation. A cognitive approach*, Open University Press, Milton Keynes 1986.
Rotter J. B., *Applications of a social learning theory of personality*, Holt, New York 1972.
Roubin L. A., *Le monde des odeurs. Dynamique et fonctions du champ odorant*, Méridiens Klincksieck, Paris 1989.
Roudinesco É., *Jacques Lacan. Profilo di una vita, storia di un sistema di pensiero* (1993), Raffaello Cortina, Milano 1995.
Rougemont D. de, *L'amore e l'Occidente* (1939), Rizzoli, Milano 1977.
Rousseau J.-J., *Emilio o dell'educazione* (1762), in *Opere*, Sansoni, Firenze 1972.
–, *Il contratto sociale* (1762), in *Opere*, cit.
Rovaletti M. L., *Psicología y psiquiatría fenomenológica*, Universidad de Buenos Aires, Buenos Aires 1994.
Rovatti P. A., *Il declino della luce. Saggi su filosofia e metafora*, Marietti, Genova 1988.
–, *L'esercizio del silenzio*, Raffaello Cortina, Milano 1992.
–, *Trasformazioni del soggetto*, Il Poligrafo, Padova 1992.
–, *Abitare la distanza*, Feltrinelli, Milano 1994.
–, *La follia, in poche parole*, Bompiani, Milano 2000.
– (a cura di), *Scenari dell'alterità*, Bompiani, Milano 2004.
–, *La filosofia può curare? La consulenza filosofica in questione*, Raffaello Cortina, Milano 2006.
–, *Etica minima*, Raffaello Cortina, Milano 2010.
Rovatti P. A., Zoletto D., *La scuola dei giochi*, Bompiani, Milano 2005.
Roveda P., *Il transfert nell'attività educativa*, Franco Angeli, Milano 1979.
Rovelli C., *La realtà non è come ci appare. La struttura elementare delle cose*, Raffaello Cortina, Milano 2014.
–, *L'ordine del tempo*, Adelphi, Milano 2017.
Roversi A., *Chat line. Luoghi ed esperienze della vita in rete*, il Mulino, Bologna 2001.
Rovetto F. M., *Enuresi ed encopresi. Guida pratica al trattamento medico-psicologico*, Masson, Milano 1987.
Royce J. R., *How we can best advance the construction of theory in psychology*, in "Canadian Psychological Review", 1978, n. 19.
Rozin P., Fallon A., *Body image, attitudes to weight and misperceptions of figure preferences of the opposite sex. A comparison of men and women in two generations*, in "Journal of Abnormal Psychology", 1988, n. 97 (3).
Rubin E., *Visuell wahrgenommene Figuren*, Gyldendal, København 1921.
Rubin J. Z., Brown B. R., *The social psychology of bargaining and negotiation*, Academic Press, New York 1975.
Rubin V. (a cura di), *Cannabis and culture*, Mouton, The Hague-London 1975.
Rubini V., *Basi teoriche del testing psicologico*, Patron, Bologna 1975.
–, *La creatività*, Giunti Barbera, Firenze 1980.
–, *Test e misurazioni psicologiche*, il Mulino, Bologna 1984.
Rubino A., *Fisiopatologia dell'accesso epilettico*, in *Atti del XVI Congresso Nazionale di Neurologia*, Il Pensiero Scientifico, Roma 1968.
Rudhyar D., *L'astrologia della personalità* (1970), Astrolabio, Roma 1986.
Ruelle D., *Caso e caos* (1987), Bollati Boringhieri, Torino 1992.
Ruggenini M., *Verità e soggettività*, Fiorini, Verona 1972.

–, *Il soggetto e la tecnica*, Bulzoni, Roma 1977.
–, *Coscienza*, in AA.VV., *Gli strumenti del sapere contemporaneo*, vol. II: *I concetti*, Utet, Torino 1985, pp. 158-164.
–, *Cultura*, in AA.VV., *Gli strumenti del sapere contemporaneo*, vol. II: *I concetti*, cit., pp. 188-190.
–, *Dialettica*, in AA.VV., *Gli strumenti del sapere contemporaneo*, vol. II: *I concetti*, cit., pp. 218-222.
–, *Ermeneutica*, in AA.VV., *Gli strumenti del sapere contemporaneo*, vol. II: *I concetti*, cit., pp. 272-275.
–, *Esperienza*, in AA.VV., *Gli strumenti del sapere contemporaneo*, vol. II: *I concetti*, cit., pp. 284-288.
–, *Nichilismo*, in AA.VV., *Gli strumenti del sapere contemporaneo*, vol. I: *Le discipline*, cit., pp. 560-563.
–, *Spirito*, in AA.VV., *Gli strumenti del sapere contemporaneo*, vol. II: *I concetti*, cit., pp. 788-791.
–, *Utopia*, in AA.VV., *Gli strumenti del sapere contemporaneo*, vol. II: *I concetti*, cit., pp. 898-902.
–, *Il discorso dell'altro. Ermeneutica della differenza*, il Saggiatore, Milano 1996.
Ruggeri V., *Mente, corpo, malattia*, Il Pensiero Scientifico, Roma 1999.
Ruggiero G. M., Sassaroli S., *Il colloquio in psicoterapia cognitiva. Tecnica e pratica clinica*, Raffaello Cortina, Milano 2013.
Ruitenbeek H. M., *La psicoterapia delle perversioni* (1967), Astrolabio, Roma 1968.
Rumelhart D. E., McClelland J. L., *PDP. Microstruttura dei processi cognitivi* (1995), il Mulino, Bologna 1998.
Rumiati R(affaella), *Donne e uomini*, il Mulino, Bologna 2010.
Rumiati R(ino), *Giudizio e decisione. Teorie e applicazioni della psicologia della decisione*, il Mulino, Bologna 1990.
Rumiati R(ino), Bonini N., *Le decisioni degli esperti. Psicologia cognitiva delle decisioni manageriali*, il Mulino, Bologna 1996.
–, *Psicologia della decisione*, il Mulino, Bologna 2001.
Rumiati R(ino), Lotto L. (a cura di), *Introduzione alla psicologia della comunicazione*, il Mulino, Bologna 2007.
Rumiati R(ino), Pietroni D., *La negoziazione. Psicologia della trattativa. Come trasformare un conflitto in opportunità di sviluppo personale, organizzativo e sociale*, Raffaello Cortina, Milano 2001.
Rümke H. C., *Signification de la phénoménologie dans l'étude clinique des délirants*, in AA.VV., *Psychopathologie des délires*, Congrès International de Psychiatrie, Hermann, Paris 1950.
Runciman W. G., *Relative deprivation and social justice*, Routledge & Kegan, London 1966.
Rundus D., *Analysis of rehearsal processes in free recall*, in "Journal of Verbal Learning and Verbal Behaviour", 1971, n. 89, pp. 63-77.
Rusconi G. E., *Teoria dei giochi e spiegazione sociologica*, in "Stato e Mercato", 1983, n. 8.
Rusconi M., Blumir B., *La droga e il sistema*, Feltrinelli, Milano 1972.
Rushton J., *Altruism socialization and society*, Prentice Hall, Englewood Cliffs, New Jersey, 1980.
Russell B., *Matrimonio e morale* (1929), Longanesi, Milano 2007.
–, *La conquista della felicità* (1930), Tea, Milano 1997.
–, *L'educazione e l'ordinamento sociale* (1932), La Nuova Italia, Firenze 1951.
–, *Scienza e religione* (1935), Longanesi, Milano 2012.
–, *Il potere. Una nuova analisi sociale* (1938), Feltrinelli, Milano 1967.
–, *Autorità e individuo* (1949), Tea, Milano 1997.
Russell B., Whitehead A. N., *Principia mathematica* (1910-1913), La Nuova Italia, Firenze 1977.
Russell J. A., Fernández-Dols J. M. (a cura di), *Psicologia delle espressioni facciali* (1997), Erickson, Trento 1998.
Russell S. J., Norvig P., *Intelligenza artificiale* (1995), Utet, Torino 1998.
Russo F., Vari R., Pancheri P., *Il continuum ossessivo-compulsivo*, in G. B. Cassano, P. Pancheri *et al.* (a cura di), *Trattato italiano di psichiatria* (1992), Masson, Milano 1999, vol. II, pp. 2131-2156.
Russo G., *Metodologia e didattica per le classi differenziali*, Armando, Roma 1968.
Russo L., *Le illusioni del pensiero*, Borla, Roma 2006.
Russo N., *Filosofia ed ecologia. Genealogia della scienza ecologica ed etica della crisi ambientale*, Guida, Napoli 1999.
Russo V., *Psicologia della comunicazione e neuroscienze*, Pearson, Milano 2017.
Russo V. E. A., Riggs A. D., Martienssen R. A., *Epigenetic mechanisms of gene regulation*, Cold Spring Harbor Laboratory Press, Plainview, New York, 1996.
Rustin M., Rhode M., Dubinsky A., Dubinsky H. (a cura di), *Stati psicotici nei bambini* (1997), Tavistock Studi Clinici (TSC), Bruno Mondadori, Milano 1999.
Rutter M(ichael), Rutter M(arjorie), *L'arco della vita. Continuità, discontinuità e crisi nello sviluppo* (1992), Giunti, Firenze 1995.
Ruyer R., *L'animale, l'uomo e la funzione simbolica* (1964), Bompiani, Milano 1972.
Ryan J., *Storia di internet e il futuro digitale* (2010), Einaudi, Torino 2011.
Ryce-Menhuin J., *Il gioco della sabbia. La terapia delle meraviglie* (1991), Edizioni Magi, Roma 2004.

Rycroft Ch., *An observation on the defensive function of schizophrenic thinking and delusion-formation* (1962), in Id., *Imagination and reality*, Hogarth Press, London 1968.
– (a cura di), *Psychoanalysis observed*, Constable, London 1966.
–, *Angoscia e nevrosi* (1968), Feltrinelli, Milano 1979.
–, *Frigidità*, in Id., *Dizionario critico di psicoanalisi* (1968), Astrolabio, Roma 1970.
–, *Imagination and reality*, Hogarth Press, London 1968.
–, *L'innocenza dei sogni* (1979), Laterza, Bari 1980.
Ryder N. B., *The cohort as a concept in the study of social change*, in "American Sociological Review", 1985, n. 30.
Ryle G., *Lo spirito come comportamento* (1949), Einaudi, Torino 1955.

S

Saarni C., *Emotional competence. How emotions and relationships become integrated*, in R. A. Thompson (a cura di), *Nebraska symposium on motivation*, University of Nebraska Press, Lincoln 1990, vol. 36: *Socioemotional development*, pp. 115-182.
Sacchi M. E. (a cura di), *Relazioni e sviluppo. Metodi e contenuti in psicologia dell'età evolutiva*, Bollati Boringhieri, Torino 1990.
Sacco G., Testa D., *Biofeedback e psicosomatica*, Franco Angeli, Milano 2011.
Sacerdoti G., *L'ironia attraverso la psicoanalisi*, Raffaello Cortina, Milano 1987.
–, *Isteria*, in A. A. Semi (a cura di), *Trattato di psicoanalisi*, vol. II: *Clinica*, Raffaello Cortina, Milano 1988-1989, pp. 123-150.
Sacerdoti G., Racalbuto A. (a cura di), *Tolleranza e intolleranza*, Bollati Boringhieri, Torino 1995.
Sachs C., *Storia della danza*, il Saggiatore, Milano 1985.
Sachs H., *Ars amandi psychoanalytica* (1920), Es Edizioni, Milano 1994.
Sacks O., *Risvegli* (1973), Adelphi, Milano 1987.
–, *Emicrania* (1985), Adelphi, Milano 1992.
–, *Musicofilia. Racconti sulla musica e il cervello* (2007), Adelphi, Milano 2008.
Sade D.-A.-F. de, *Le 120 giornate di Sodoma* (1785), Sonzogno, Milano 1986.
–, *Justine, ovvero le disgrazie della virtù* (1787), in *Opere*, Mondadori, Milano 1976.
–, *I crimini dell'amore. Novelle eroiche e tragiche* (1800), L'Orma Editore, Roma 2014.
Sadler Ph., *Progettare l'organizzazione. Le basi dell'eccellenza* (1992), Franco Angeli, Milano 1995.
Safouan M. *et al.*, *Che cos'è lo strutturalismo?* (1968), Isedi, Milano 1971.
Safran J. D., *Psicoanalisi e terapie psicodinamiche* (2012), Raffaello Cortina, Milano 2013.
Safran J. D., Segal Z. V., *Il processo interpersonale nella terapia cognitiva* (1990), Feltrinelli, Milano 1993.
Safranski R., *Il male. Le riflessioni nella cultura occidentale dall'antichità a oggi* (1997), Longanesi, Milano 2006.
Sakel M., *Neue Behandlung der Morphinsucht*, in "Zeitschrift für die gesamte Neurologie und Psychiatrie", 1933, n. 143, pp. 506-534.
–, *The pharmacological shock treatment of schizophrenia*, in "Nervous and Mental Disease Publication Company", 1938.
Salerno A., *Vivere insieme. Tendenze e trasformazioni della coppia moderna*, il Mulino, Bologna 2010.
Salmieri L., *Coppie flessibili. Progetti e vita quotidiana dei lavoratori atipici*, il Mulino, Bologna 2006.
Salomé L. A., *L'erotismo. L'umano come donna* (1899-1910), La Tartaruga, Milano 1985.
Salthouse T., *A cognitive theory of aging*, Springer, Berlin 1986.
Salvatici S., *Diritti delle donne, diritti umani*, in M. Flores (a cura di), *Diritti umani. Cultura dei diritti e dignità della persona nell'epoca della globalizzazione*, Utet, Torino 2007, *Atlante*, vol. I: *I soggetti e i temi*, pp. 314-357.
Salvemini T., *Regressione e correlazione*, Bollati Boringhieri, Torino 1959.
Salvini A., *Personalità multipla*, Giunti, Firenze 1994.
Salza F., *Solo una dea. Mitologie del femminile nel Novecento*, Bollati Boringhieri, Torino 2000.
Salzarulo P., *La fine del sonno. Le porte del risveglio*, Bollati Boringhieri, Torino 1999.
–, *Il primo sonno. Sviluppo dei ritmi sonno-veglia nel bambino*, Bollati Boringhieri, Torino 2003.
Samarin W. J., *Linguisticality of glossolalia*, in "Hartford Quarterly", 1968, n. 8.
–, *Variation and variables in (religious) glossolalia*, in "Language in Society", 1972, n. 1.
Sambursky Sh., Scholem G., Corbin H., Zahan D., Izutsu T., *Il sentimento del colore. L'esperienza cromatica come simbolo, cultura e scienza* (1973), Red Edizioni, Como 1990.

Sameroff A. J., McDonough S. C., Rosenblum K. L., *Il trattamento clinico della relazione genitori-bambino*, il Mulino, Bologna 2006.
Samuel D., Algeri S., Gershon S., Grimm V. E., Toffano G. (a cura di), *Aging of the brain*, Raven Press, New York 1983.
Sanavio E., *I comportamenti ossessivi e la loro terapia*, Giunti, Firenze 1978.
–, *Obsession and compulsion. The Padua Inventory*, in "Behaviour Research and Therapy", 1988, n. 26 (2), pp. 169-177.
– (a cura di), *Le scale CBA*, Raffaello Cortina, Milano 2009.
–, *Le psicoterapie*, il Mulino, Bologna 2011.
–, *Ossessioni*, il Mulino, Bologna 2014.
Sanavio E., Cornoldi C., *Psicologia clinica*, il Mulino, Bologna 2001.
Sanavio E., Sica C., *I test di personalità. Inventari e questionari*, il Mulino, Bologna 1999.
–, *Assertività*, in Id., *I test di personalità*, cit., pp. 181-194.
–, *Dolore*, in Id., *I test di personalità*, cit., pp. 235-244.
–, *L'"Adjective Check List"*, in Id., *I test di personalità*, cit., pp. 127-136.
–, *Risorse psicologiche e gestione dello stress*, in Id., *I test di personalità*, cit., pp. 259-282.
Sanavio E., Vidotto G., *The components of the Maudsley Obsessional-Compulsive Questionnaire*, in "Behaviour Research and Therapy", 1985, n. 23, pp. 659-662.
Sandel M. J., *Il liberalismo e i limiti della giustizia* (1982), Feltrinelli, Milano 1994.
Sanders A. *et al.*, *Genome-wide scan demonstrates significant linkage for male sexual orientation*, in "Psychological Medicine", 2015, vol. 45, pp. 1379-1388.
Sandler J., *Towards a reconsideration of the psychoanalytic theory of motivation*, in "Bulletin of the Anna Freud Centre", 1958, n. 8.
– (a cura di), *La ricerca in psicoanalisi*, vol. I: *Il Super-io, l'ideale dell'Io e altri scritti*, vol. II: *Verso un nuovo modello concettuale*, Bollati Boringhieri, Torino 1980-1981.
– (a cura di), *Proiezione, identificazione, identificazione proiettiva* (1987), Bollati Boringhieri, Torino 1988.
Sandler J., Person E. S., Fonagy P. (a cura di), *Introduzione al narcisismo* (1991), Raffaello Cortina, Milano 1992.
Sanford A. J., *Cognition and cognitive psychology*, Lawrence Erlbaum Associates, London 1985.
–, *La mente dell'uomo. Introduzione alla psicologia cognitiva* (1987), il Mulino, Bologna 1992.
Sanford A. J., Garrod S. C., *Understanding written language*, Wiley, Chichester 1981.
Sanford A. R., Zelman J. G., *Test LAP. Diagnosi di sviluppo* (1976), Erickson, Trento 1984.
Sanna G., *Le uova di Woody Allen. Guida arbitraria ai misteri e ai piaceri della pubblicità*, Bompiani, Milano 1988.
Sannella A., *Sulle orme di Endimione. Una riflessione sociologica sull'eutanasia*, Franco Angeli, Milano 2003.
Sannio Fancello G., Vio C., Cianchetti C., *TOL. Torre di Londra. Test di valutazione delle funzioni esecutive (pianificazione e problem solving)*, Erickson, Trento 2006.
Santagostino P., *Storia della medicina psicosomatica*, Riza, Milano 1987.
Santas G., *Platone e Freud. Due teorie dell'eros* (1988), il Mulino, Bologna 1990.
Santinello M., Dallago L., Vieno A., *Fondamenti di psicologia di comunità*, il Mulino, Bologna 2009.
Santori S., *Neuroeconomia in azione. Capire e padroneggiare i processi mentali per prendere decisioni consapevoli*, Bruno Editore, Roma 2011.
Santovecchi P., *I culti distruttivi e la manipolazione mentale*, Edizioni Dehoniane, Bologna 2004.
Sapir E., *Il linguaggio. Introduzione alla linguistica* (1921), Einaudi, Torino 1969.
–, *Cultura, linguaggio e personalità* (1949), Einaudi, Torino 1972.
–, *La posizione della linguistica come scienza* (1929), in Id., *Cultura, linguaggio e personalità*, cit.
Saraceno B., *La fine dell'intrattenimento. Manuale di riabilitazione psichiatrica*, Etas Libri, Milano 1995.
Saraceno C., *La famiglia nella società contemporanea*, Loescher, Torino 1975.
Saraval A., *La tecnica classica e la sua evoluzione*, in A. A. Semi (a cura di), *Trattato di psicoanalisi*, vol. I: *Teoria e tecnica*, Raffaello Cortina, Milano 1988-1989, pp. 533-616.
– (a cura di), *La seduzione. Saggi psicoanalitici*, Raffaello Cortina, Milano 1989.
Sarbin Th. R., *Contextualism. A world view for modern psychology*, in A. W. Landfield (a cura di), *Nebraska symposium on motivation*, University of Nebraska Press, Lincoln 1977.
Sarchielli G., *Apprendimento e formazione nelle organizzazioni. Una prospettiva psicologica*, il Mulino, Bologna 2007.
–, *Psicologia del lavoro*, il Mulino, Bologna 2008.
Sartori G(iovanni), *Homo videns. Televisione e post-pensiero*, Laterza, Bari 1998.
Sartori G(iuseppe), *La lettura. Processi normali e dislessia*, il Mulino, Bologna 1984.

Sartori L., *Il divario digitale*, il Mulino, Bologna 2006.
Sartori M. G., *La barbarie oligárquica. Violencia y salud mental*, El Bloque, Buenos Aires 1993.
Sartre J.-P., *La trascendenza dell'Ego. Una descrizione fenomenologica* (1936), Egea, Milano 1992.
–, *L'immaginazione* (1936), in Id., *L'immaginazione. Idee per una teoria delle emozioni*, Bompiani, Milano 1962.
–, *La nausea* (1938), Einaudi, Torino 1974.
–, *Idee per una teoria delle emozioni* (1939), in Id., *L'immaginazione. Idee per una teoria delle emozioni*, cit.
–, *Immagine e coscienza. Psicologia fenomenologica dell'immaginazione* (1940), Einaudi, Torino 1976.
–, *L'essere e il nulla* (1943), il Saggiatore, Milano 1968.
–, *Critica della ragione dialettica* (1960), il Saggiatore, Milano 1963.
Sass L. A., *Follia e modernità. La pazzia alla luce dell'arte, della letteratura e del pensiero moderni* (1992), Raffaello Cortina, Milano 2013.
Sassaroli S., Lorenzini R., *Paure e fobie*, il Saggiatore, Milano 1998.
Sassatelli R., *Consumo, cultura e società*, il Mulino, Bologna 2004.
Sassen S., *Migranti, coloni, rifugiati. Dall'emigrazione di massa alla fortezza d'Europa* (1996), Feltrinelli, Milano 1999.
Sasso G., *Tempo, evento, divenire*, il Mulino, Bologna 1996.
Saul L. J., Bernstein C., *The emotional setting in some attacks of urticaria*, in "Psychosomatic Medicine", 1941, n. 4.
Saumells R., *La dialéctica del espacio*, Departamento de Filosofía de la Cultura, Madrid 1952.
Saunders N., *E come Ecstasy* (1995), Feltrinelli, Milano 1995.
Saussure F. de, *Corso di linguistica generale* (1916), Laterza, Bari 1976.
Sauvy A., *L'opinion publique*, Puf, Paris 1977.
Savadori L., Rumiati R., *Nuovi rischi, vecchie paure. La percezione del pericolo nella società contemporanea*, il Mulino, Bologna 2005.
Savater F., *La missione dell'eroe. Elementi per un'etica tragica* (1983), Pratiche Editrice, Milano 1998.
– (a cura di), *Filosofia e sessualità* (1988), Tranchida Editore, Milano 1992.
–, *Il coraggio di scegliere. Riflessioni sulla libertà* (2003), Laterza, Bari 2004.
Savelli E., Franceschi S., Fioravanti B., *SPEED. Screening Prescolare Età Evolutiva – Dislessia. Test per l'identificazione precoce delle difficoltà di apprendimento della letto-scrittura nella scuola dell'infanzia*, Erickson, Trento 2013.
Sayad A., *L'immigration ou les paradoxes de l'altérité*, De Boeck Université, Bruxelles 1991.
–, *La doppia assenza. Dalle illusioni dell'emigrato alle sofferenze dell'immigrato* (1999), Raffaello Cortina, Milano 2002.
Scabini E., *L'intelligenza*, in L. Ancona (a cura di), *Nuove questioni di psicologia*, La Scuola, Brescia 1972, vol. I, pp. 429-478.
– (a cura di), *Psicologia sociale*, Bollati Boringhieri, Torino 1982.
–, *Generazioni familiari in una società multietnica*, Giunti, Firenze 1994.
–, *Psicologia sociale della famiglia. Sviluppo dei legami e trasformazioni sociali*, Bollati Boringhieri, Torino 1995.
Scabini E., Cigoli V., *Alla ricerca del famigliare. Il modello relazionale-simbolico*, Raffaello Cortina, Milano 2012.
Scabini E., Iafrate R., *Psicologia dei legami familiari*, il Mulino, Bologna 2003.
Scaffardi L., *Incitamento all'odio*, in M. Flores (a cura di), *Diritti umani. Cultura dei diritti e dignità della persona nell'epoca della globalizzazione*, Utet, Torino 2007, vol. II, pp. 991-994.
Scala A., *L'agire riabilitativo. Manuale della riabilitazione psicosociale*, Il Pensiero Scientifico, Roma 1998.
Scalisi R., *La gelosia tra fratelli. Come aiutare i nostri figli ad accettare il nuovo arrivato*, Franco Angeli, Milano 1995.
Scalisi T. G., Longoni A. M., *Ricerche sperimentali sull'asimmetria cerebrale nei dislessici evolutivi*, in "Giornale Italiano di Psicologia", 1986, n. 13.
Scandellari C., *Anamnesi*, in AA.VV., *Gli strumenti del sapere contemporaneo*, vol. II: *I concetti*, Utet, Torino 1985, pp. 26-28.
Scano G. P., Cadeddu G., Mastroianni A., *Psicoterapia psicoanalitica: verso una rifondazione. Storia, definizione, metodo, diagnosi, teoria, epistemologia*, Franco Angeli, Milano 1995.
Scaparro F., *Talis pater. Padri, figli e altro ancora*, Rizzoli, Milano 1996.
–, *Storie del mese azzurro. La vecchiaia narrata ai giovani*, Rizzoli, Milano 1998.
Scaparro F., Pietropolli Charmet G., *Bell'età. Adolescenza temuta, adolescenza sognata*, Bollati Boringhieri, Torino 1993.
Scaparro F., Roi G., *La maschera del cattivo. Delinquenza minorile e responsabilità adulta*, Unicopli, Milano 1992.
Scarduelli P., *L'analisi strutturale dei miti*, Celuc, Milano 1971.
–, *Antropologia del rito. Interpretazioni e spiegazioni*, Bollati Boringhieri, Torino 2000.
Scarpellini C., *Orientamento della persona verso la professione*, in L. Ancona (a cura di), *Nuove questioni di psicologia*, La Scuola, Brescia 1972, vol. II, pp. 503-558.

–, *Alla ricerca della memoria. Il cervello, la mente, il passato* (1996), Einaudi, Torino 2001.
Schachter M., *Névroses dysmorphiques-complexes de laideur et délire ou conviction délirante de dysmorphie*, in "Annales Médico-psychologiques", 1971, n. 1/5, pp. 723-746.
Schacter D. L., *Implicit memory. History and current status*, in "Journal of Experimental Psychology. Learning, Memory and Cognition", 1987, n. 13, pp. 501-518.
Schafer R., *L'interpretazione psicoanalitica del Rorschach. Teoria e applicazione* (1954), Bollati Boringhieri, Torino 1981.
–, *Linguaggio e insight* (1971), Astrolabio, Roma 1978.
–, *L'atteggiamento analitico* (1983), Feltrinelli, Milano 1984.
–, *Rinarrare una vita. Narrazione e dialogo in psicoanalisi* (1992), Fioriti, Roma 1999.
Schafer R., Murphy G., *The role of autism in a visual figure-ground relationship*, in "Journal of Experimental Psychology", 1943, n. 32, pp. 335-343.
Schaff A., *Marxismo, strutturalismo e il metodo della scienza* (1974), Feltrinelli, Milano 1976.
Schaffer H. R., *Lo sviluppo sociale* (1996), Raffaello Cortina, Milano 1998.
–, *Psicologia dello sviluppo. Un'introduzione* (2004), Raffaello Cortina, Milano 2005.
–, *I concetti fondamentali della psicologia dello sviluppo* (2006), Raffaello Cortina, Milano 2008.
Schank R. C., Abelson R. P., *Scripts, plans, goals and understanding*, Lawrence Erlbaum Associates, Hillsdale, New Jersey, 1977.
Scharfetter Ch., *Psicopatologia generale* (1976-1991), Feltrinelli, Milano 1992.
Scheflen A. E., *Il linguaggio del comportamento* (1973), Astrolabio, Roma 1977.
Scheidt J. vom, *Innenwelt-Verschmutzung. Die verborgene Aggresion: Symptome, Ursachen, Therapie*, Fischer, Frankfurt a.M. 1988.
Schein E. H., *Career dynamics*, Addison-Wesley, New York 1978.
–, *Lezioni di consulenza. L'attualità della consulenza di processo come risposta necessaria alle sfide dello sviluppo organizzativo*, Raffaello Cortina, Milano 2009.
Scheler M., *Pudore e sentimento del pudore* (1913, edito postumo nel 1933), Guida, Napoli 1979.
–, *Il formalismo nell'etica e l'etica materiale dei valori* (1913-1916), Bompiani, Milano 2013.
–, *Essenza e forme della simpatia* (1923), Città Nuova, Roma 1980.
Scheller H., *Über das Wesen der Orientiertheit*, in "Nervenarzt", 1963, n. 34.
Schelling F. W. J., *Sistema dell'idealismo trascendentale* (1800), Laterza, Bari 1965.
–, *Stuttgarter Privatvorlesungen* (1810), in *Schellings sämmtliche Werke*, Schröter, München 1927, vol. IV.
–, *Filosofia della mitologia* (1842-1846), Mursia, Milano 1990.
Schelling Th. C., *The strategy of conflict*, Harvard University Press, Cambridge 1960.
Schiavone A., *Storia e destino*, Einaudi, Torino 2007.
Schiavone M., *I confini della psichiatria. Aspetti epistemologici e deontologici*, Patron, Bologna 1993.
Schick C., *Il linguaggio. Natura, struttura, storicità del fatto linguistico*, Einaudi, Torino 1960.
Schiff J. L., *Analisi transazionale e cura delle psicosi* (1975), Astrolabio, Roma 1980.
Schilder P., *Über Gedankenentwicklung*, in "Zeitschrift für die gesamte Neurologie und Psychiatrie", 1920, n. 59.
–, *Über das Wesen der Hypnose*, Springer, Berlin 1922.
–, *Immagine di sé e schema corporeo* (1935), Franco Angeli, Milano 1973.
–, *Psychotherapy*, Norton, New York 1938.
–, *Mind, perception and thought*, International Universities Press, New York 1942.
Schiller F. von, *Über naive und sentimentalische Dichtung* (1796), in H. G. Thalheim *et al.*, *Sämtliche Werke*, Aufbau Verlag, Berlin 1980.
Schinaia C., *Pedofilia pedofilie. La psicoanalisi e il modello del pedofilo*, Bollati Boringhieri, Torino 2001.
Schleiermacher F. D. E., *Sul concetto di ermeneutica* (1829), in Id., *Etica ed ermeneutica*, Bibliopolis, Napoli 1985.
Schlesier R., *Mito*, in Ch. Wulf (a cura di), *Cosmo, corpo, cultura. Enciclopedia antropologica* (1997), Bruno Mondadori, Milano 2002, pp. 1106-1113.
Schlick M., *Teoria generale della conoscenza* (1918), Franco Angeli, Milano 1986.
Schmalt H.-D., *Psicologia della motivazione* (1986), il Mulino, Bologna 1989.
Schmid W., *Filosofia dell'arte di vivere* (1998), Fazi Editore, Roma 2014.
–, *Felicità* (2007), Fazi Editore, Roma 2009.
Schmidbauer W., *Schamanismus und Psychotherapie*, in "Psychologische Rundschau", 1969, n. 20.
Schmideberg M., *La lamentosità*, in AA.VV., *Le rabbie croniche* (1945-1966), Bollati Boringhieri, Torino 1992.

–, *I casi limite*, in S. Arieti (a cura di), *Manuale di psichiatria* (1959-1966), Bollati Boringhieri, Torino 1969-1970, vol. I, pp. 437-557.
Schmidtke H., *Die Ermüdung*, Huber, Stuttgart 1965.
Schmitt C., *Il concetto discriminatorio di guerra* (1938), Laterza, Bari 2008.
–, *Dialogo sul potere* (1954-1955), Adelphi, Milano 2012.
–, *La tirannia dei valori. Riflessioni di un giurista sulla filosofia dei valori* (1960), Adelphi, Milano 2008.
Schneider H. J., Schneider U., *Übungen in Kriminologie, Jugendstrafrecht, Strafvollzug*, De Gruyter, Berlin-New York 1995.
Schneider K., *Die Psychologie der Schizophrenen*, Thieme, Leipzig 1930.
–, *Die psychopathischen Persönlichkeiten*, Deuticke, Wien 1950.
–, *Psicopatologia clinica* (1962), Fioriti, Roma 2005.
Schneider M., *Il significato della musica* (1951-1964), Rusconi, Milano 1979.
Schneider P. B., *Psicologia medica* (1969), Feltrinelli, Milano 1972.
Schneider W. S., *Tantra. Il gioco dell'amore* (2002), Feltrinelli, Milano 2007.
Schoderbek P. P., *Management systems*, Wiley, London 1967.
Schoeck H., *L'invidia e la società* (1969), Rusconi, Milano 1974.
Schofield M., *The sexual behaviour of young people*, Longman, Boston 1965.
Scholem G., *Le grandi correnti della mistica ebraica* (1957), il Saggiatore, Milano 1965.
–, *La Kabbalah e il suo simbolismo* (1960), Einaudi, Torino 1980.
–, *La cabala* (1974), Edizioni Mediterranee, Roma 1988.
Scholl R., *Scholl-test, Kindertest*, Thieme, Stuttgart 1953.
Schön B., *Madre*, in Ch. Wulf (a cura di), *Cosmo, corpo, cultura. Enciclopedia antropologica* (1997), Bruno Mondadori, Milano 2002, pp. 324-334.
Schönpflug W., Schönpflug U., *Istituzioni di psicologia generale* (1983), Città Nuova, Roma 1991.
Schopenhauer A., *Il mondo come volontà e rappresentazione* (1819), Laterza, Bari 1978.
–, *Sulla teoria dei colori*, in Id., *Parerga e paralipomena* (1851), Adelphi, Milano 1983.
Schopler E., *Autismo in famiglia* (1995), Erickson, Trento 2000.
Schopler E., Reichler R. J., Lansing M., *Strategie educative nell'autismo* (1987), Masson, Milano 1991.
Schraml W. J. (a cura di), *Elementi di psicologia clinica* (1969), il Mulino, Bologna 1978.
Schuckit M. A., *Drug and alcohol abuse. A clinical guide to diagnosis and treatment*, Plenum Medical Book Company, New York-London 1979.
Schulte W., Mende W., *Melancholie*, Thieme, Stuttgart 1969.
Schultz J. H., *Il training autogeno. Metodo di autodistensione da concentrazione psichica* (1932), vol. I: *Esercizi inferiori*, vol. II: *Esercizi superiori. Teoria*, Feltrinelli, Milano 1968.
–, *Die seelische Krankenbehandlung*, Thieme, Stuttgart 1958.
Schuré É., *I grandi iniziati. Storia segreta delle religioni* (1899), Laterza, Bari 1982.
Schütz A., *Frammenti di fenomenologia della musica* (1976), Guerini & Associati, Milano 1996.
Schützenberger A. A., *La sociometria* (1962), Armando, Roma 1975.
–, *Lo psicodramma* (1966), Martinelli, Firenze 1972.
Schützenberger A. A., Sauret M.-J., *Il corpo e il gruppo* (1977), Astrolabio, Roma 1978.
–, *Laura Sheleen. La terapia con la danza e l'espressione-impressione*, in Id., *Il corpo e il gruppo*, cit., pp. 199-207.
–, *Terapie e formazione con il grido*, in Id., *Il corpo e il gruppo*, cit., pp. 130-140.
Schwartz-Salant N., *Borderline. Visione e terapia. Un approccio junghiano al paziente borderline* (1982), Vivarium, Milano 1997.
–, *Narcisismo e trasformazione del carattere* (1982), Vivarium, Milano 1996.
–, *La relazione. Psicologia, clinica e terapia dei campi interattivi* (1998), Vivarium, Milano 2002.
Schwidder W., *Zur Ätiologie und Therapie des Pavor nocturnus*, in "Deutsche medizinische Wochenschrift", 1951, n. 2.
Schwob M., *Il dolore* (1994), il Saggiatore, Milano 1997.
Sciacca M. F., *Morte e immortalità*, L'Epos, Palermo 1990.
Sclavi M., *Ridere dentro. Un seminario sull'umorismo in carcere*, Anabasi, Milano 1993.
Scortegagna R., *Invecchiare*, il Mulino, Bologna 1999.
Sdino C., *L'attività istintiva negli animali e nell'uomo*, in L. Ancona (a cura di), *Nuove questioni di psicologia*, La Scuola, Brescia 1972, vol. I, pp. 963-990.
Searle J. R., *Atti linguistici. Studi di filosofia del linguaggio* (1969), Bollati Boringhieri, Torino 1992.

–, *A taxonomy of illocutionary acts*, in K. Gunderson, *Language, mind and knowledge*, University of Minnesota Press, Minneapolis 1975, vol. VI.
–, *Mente, cervello, intelligenza* (1980), Bompiani, Milano 1988.
–, *Minds, brain and programs*, in "The Behavioral and Brain Sciences", 1980, n. 3, pp. 417-467.
–, *La riscoperta della mente* (1992), Bollati Boringhieri, Torino 1994.
–, *Il mistero della coscienza* (1997), Raffaello Cortina, Milano 1998.
–, *La razionalità dell'azione* (2001), Raffaello Cortina, Milano 2003.
–, *La mente* (2004), Raffaello Cortina, Milano 2005.
–, *Libertà e neurobiologia. Riflessioni sul libero arbitrio, il linguaggio e il potere politico* (2004), Bruno Mondadori, Milano 2005.
–, *Vedere le cose come sono. Una teoria della percezione* (2015), Raffaello Cortina, Milano 2016.
Searles H. F., *L'ambiente non umano nello sviluppo normale e nella schizofrenia* (1960), Einaudi, Torino 2004.
–, *Scritti sulla schizofrenia* (1965), Bollati Boringhieri, Torino 1974.
–, *Il controtransfert* (1979), Bollati Boringhieri, Torino 1994.
–, *Il paziente borderline* (1986), Bollati Boringhieri, Torino 1988.
Seashore C. E. (a cura di), *Psychology of music*, McGraw-Hill, New York 1938.
Sebeok Th. A., *Zoosemiotica. Studi sulla comunicazione animale* (1968), Bompiani, Milano 1973.
Sečenov I., *I riflessi del cervello* (1965), Armando, Roma 1970.
Sechehaye M. A., *Symbolic realization*, International University Press, New York 1947.
–, *Diario di una schizofrenica* (1950), Giunti Barbera, Firenze 1965.
Secord P. F., Backman C. W., *Personality theory and the problem of stability and change in individual behavior*, in "Psychological Review", 1961, n. 68.
Sedlmayr H., *La luce nelle sue manifestazioni artistiche* (1979), Centro Internazionale Studi di Estetica, Palermo 1985.
Segal H., *Un approccio psicoanalitico all'estetica*, in M. Klein, P. Heimann, R. Money-Kyrle (a cura di), *Nuove vie della psicoanalisi. Il significato del conflitto infantile nello schema del comportamento dell'adulto* (1955), il Saggiatore, Milano 1966.
–, *Note sulla formazione del simbolo* (1957), in *Scritti psicoanalitici*, Astrolabio, Roma 1981.
–, *Introduzione all'opera di M. Klein* (1963), Martinelli, Firenze 1968.
–, *Sogno, fantasia e arte* (1991), Raffaello Cortina, Milano 1991.
Segal Z. V., Williams J. M. G., Teasdale J. D., *Mindfulness. Al di là del pensiero, attraverso il pensiero* (2002), edizione italiana a cura di F. Giommi, Bollati Boringhieri, Torino 2006.
Segalen M., *Riti e rituali contemporanei* (1998), il Mulino, Bologna 2002.
Segatori R., *L'ambiguità del potere. Necessità, ossessione, libertà*, Donzelli, Roma 1999.
–, *La libertà possibile. Sociologia dell'autonomia umana*, Franco Angeli, Milano 2016.
Séguy S., Faivre A., Hutin S., *Esoterismo, spiritismo, massoneria* (1970), Laterza, Bari 1977.
Sekida K., *Zen training. Methods and philosophy*, Weatherill, New York 1975.
Selfe L., *Nadia. A case of extraordinary drawing ability in an autistic child*, Academic Press, London 1977.
Selg H., *Diagnostik der Aggressivität*, Hogrefe, Göttingen 1968.
Seligman M. E. P., Maier S. F., *Failure to escape traumatic shock*, in "Journal of Experimental Psychology", 1967, n. 74.
Seligman M. E. P., Rashid T., Parks A. C., *Positive Psychotherapy*, in "American Psychologist", 2006, n. 61.
Sellin B., *Prigioniero di me stesso. Viaggio dentro l'autismo* (1993), Bollati Boringhieri, Torino 1995.
Selling L. S., *Synopsis of neuropsychiatry*, Mosby, St. Louis, Missouri, 1947.
Sells S. B., *The atmosphere effect. An experimental study of reasoning*, in "Archives of Psychological Association", 1936, n. 29.
Selvini Palazzoli M., *L'anoressia mentale. Dalla terapia individuale alla terapia familiare*, Feltrinelli, Milano 1981.
Selvini Palazzoli M., Boscolo L., Cecchin G., Prata G., *Paradosso e controparadosso* (1975), Raffaello Cortina, Milano 2003.
–, *Ipotizzazione, circolarità, neutralità. Tre direttive per la conduzione della seduta*, in M. Selvini, *Reinventare la psicoterapia. La scuola di Mara Selvini Palazzoli*, Raffaello Cortina, Milano 2004.
Selvini Palazzoli M., Cirillo S., Selvini M., Sorrentino A. M., *I giochi psicotici nella famiglia*, Raffaello Cortina, Milano 1988.
–, *Ragazze anoressiche e bulimiche. La terapia familiare*, Raffaello Cortina, Milano 1998.
Selye H., *Stress senza paura* (1974), Rizzoli, Milano 1976.
–, *The stress of life*, McGraw-Hill, New York 1976.
Selz M., *Il pudore. Un luogo di libertà* (2003), Einaudi, Torino 2005.
Selz O., *Zur Psychologie des produktiven Denkens und des Irrtums*, Friedrich Cohen, Bonn 1922.
Sémelaigne R., *Philippe Pinel et son oeuvre. Au point de vue de la santé mentale*, L'Harmattan, Paris 2001.

Sémelin J., *Purificare e distruggere. Usi politici dei massacri e dei genocidi* (2005), Einaudi, Torino 2007.
Semerari F., *Amore. Itinerari di un'idea*, Schena Editore, Fasano 1996.
–, *Individualismo e comunità. Modernità, postmoderno e oltre*, Adriatica Editrice, Bari 2005.
Semi A. A., *Tecnica del colloquio*, Raffaello Cortina, Milano 1985.
– (a cura di), *Trattato di psicoanalisi*, vol. I: *Teoria e tecnica*, vol. II: *Clinica*, Raffaello Cortina, Milano 1988-1989.
–, *Modelli psicoanalitici della depressione*, in Id. (a cura di), *Trattato di psicoanalisi*, vol. II: *Clinica*, cit., pp. 697-754.
–, *Psiconevrosi e trauma*, in Id. (a cura di), *Trattato di psicoanalisi*, vol. II: *Clinica*, cit., pp. 63-122.
–, *Paura, vergogna e colpa*, in V. D'Urso (a cura di), *Imbarazzo, vergogna e altri affanni*, Raffaello Cortina, Milano 1990.
–, *Regola fondamentale, sospensione del giudizio, etica psicoanalitica*, in "Rivista di Psicologia", 1994, n. 40, 4, pp. 679-691.
–, *Introduzione alla metapsicologia*, Raffaello Cortina, Milano 2001.
–, *La coscienza in psicoanalisi*, Raffaello Cortina, Milano 2002.
–, *Formazione dello psicoanalista*, in AA.VV., *Psiche. Dizionario storico di psicologia, psichiatria, psicoanalisi e neuroscienze*, Einaudi, Torino 2006-2007, vol. I, pp. 436-441.
–, *Il narcisismo*, il Mulino, Bologna 2007.
Semon R. W., *Die Mneme als erhaltendes Prinzip im Wechsel des organischen Geschehens*, Engelmann, Leipzig 1908.
Seppilli A., *Poesia e magia*, Einaudi, Torino 1971.
Sequeri P., *Musica e mistica. Percorsi nella storia occidentale delle pratiche estetiche e religiose*, Libreria Editrice Vaticana, Città del Vaticano 2005.
Sequeri P. *et al.*, *Educazione musicale versus psicoterapia. Riflessioni per un produttivo confronto*, in "VerbaMusica", 1991, n. 2.
Sérieux P., Capgras J., *Les folies raisonnantes. Le délire d'interprétation*, Alcan, Paris 1909.
Sermonti G., *Genetica generale*, Bollati Boringhieri, Torino 1971.
Serra A., *Le basi genetiche del comportamento umano*, in L. Ancona (a cura di), *Nuove questioni di psicologia*, La Scuola, Brescia 1972, vol. I, pp. 121-150.
Serra C. (a cura di), *Psicologia e giustizia*, Giuffrè, Milano 1980.
Serra G., Gessa G. L., *Psicofarmacologia*, Masson, Milano 1990.
Servier J., *Histoire de l'utopie*, Gallimard, Paris 1967.
Sève L., *Marxismo e teoria della personalità* (1969), Einaudi, Torino 1973.
Severino E., *Essenza del nichilismo* (1972), Adelphi, Milano 1982.
–, *Legge e caso*, Adelphi, Milano 1979.
–, *Téchne. Le radici della violenza*, Rusconi, Milano 1979.
–, *Destino della necessità*, Adelphi, Milano 1980.
–, *Il grido*, in Id., *Il parricidio mancato*, Adelphi, Milano 1985.
–, *La guerra*, Rizzoli, Milano 1992.
–, *Oltre il linguaggio*, Adelphi, Milano 1992.
–, *La buona fede*, Rizzoli, Milano 1999.
–, *Immortalità e destino*, Rizzoli, Milano 2006.
–, *L'identità della follia*, Rizzoli, Milano 2007.
–, *La morte e la terra*, Adelphi, Milano 2011.
–, *Cervello, mente, anima*, Morcelliana, Brescia 2016.
Severino E., Scola A., *Il morire tra ragione e fede*, Marcianum Press, Venezia 2014.
Seward G. H., *Il sesso e l'organizzazione sociale* (1946), Feltrinelli, Milano 1959.
Sgalambro M., *Dell'indifferenza in materia di società*, Adelphi, Milano 1994.
–, *Trattato dell'età*, Adelphi, Milano 1999.
Sgarro M., *Il lutto in clinica e in psicoterapia*, Centro Scientifico, Torino 2008.
Shafir E., Tversky A., *Thinking through uncertainty. Nonconsensual reasoning and choice*, in "Cognitive Psychology", 1992, n. 4, pp. 449-474.
Shainess N., *Problemi psicologici connessi alla maternità*, in S. Arieti (a cura di), *Manuale di psichiatria* (1959-1966), Bollati Boringhieri, Torino 1969-1970, vol. I, pp. 407-425.
Shallice T., *Neuropsicologia e struttura della mente* (1988), il Mulino, Bologna 1990.
Shannon C. E., Weaver W., *Teoria matematica delle comunicazioni* (1949), Etas Kompass, Milano 1971.
Shapiro F., *Eye movement desensitization and reprocessing. Basic principles, protocols, and procedures*, Guilford, New York 2000.

Shapiro F., Forrest M. S., *EMDR. Una terapia innovativa per l'ansia, lo stress e i disturbi di origine traumatica* (1998), Astrolabio, Roma 2000.
Sharp R., Green A., *Education and social control*, Routledge & Kegan, London 1975.
Sharp S., Smith P. K., *Bulli e prepotenti nella scuola*, Erickson, Trento 1995.
Sharpe Freeman E., *L'analisi dei sogni* (1937), Bollati Boringhieri, Torino 1981.
Shaw M. E., *Group dynamics. The dynamics of small group behavior*, McGraw-Hill, New York 1976.
Sheehan P. W., Perry C. W., *Methodologies of hypnosis. A critical appraisal of contemporary paradigms of hypnosis*, Wiley, New York 1986.
Sheldon W. H., Stevens S. S., *The varieties of temperament. A psychology of constitutional differences*, Harper, New York 1942.
Sheldon W. H., Stevens S. S., Tucker W. B., *The varieties of human physique. An introduction to constitutional psychology*, Harper, New York 1940.
Sheleff L. S., *Generations apart. Adult hostility to youth*, McGraw-Hill, New York 1981.
Shepard L. A. (a cura di), *Encyclopedia of occultism and parapsychology*, Gale Research Co., Detroit 1978.
Sherif M., *L'interazione sociale* (1967), il Mulino, Bologna 1972.
Sherif M., Cantril H., *The psychology of ego involvements*, Wiley, New York 1947.
Sherif M., Sherif C. W., *Groups in harmony and tension*, Harper & Brothers, New York 1953.
Sherif M. *et al.*, *Intergroup conflict and cooperation. The Robbers Care Experiment*, University of Oklahoma Press, Norman Okla 1961.
Sherrington Ch. S., *The integrative action of the nervous system*, Scribner's Sons, New York 1906.
–, *Uomo e natura* (1940), Bollati Boringhieri, Torino 1960.
Shklar J. N., *Vizi comuni* (1984), il Mulino, Bologna 1986.
Shneidman E. S., *Suicide as psychache. A clinical approach to self-destructive behavior*, Jason Aronson, Northvale, New Jersey, 1993.
–, *The suicidal mind*, Oxford University Press, New York 1996.
Shorr J. E. (a cura di), *Imagery. Its many dimensions and applications*, Plenum Press, New York 1980.
Short D., Casula C. C., *Speranza e resilienza*, Franco Angeli, Milano 2004.
Shorter E., *Storia del corpo femminile* (1983), Feltrinelli, Milano 1984.
–, *La tormentata storia del rapporto medico-paziente* (1985), Feltrinelli, Milano 1986.
–, *Psicosomatica. Storia dei sintomi e delle patologie dall'Ottocento a oggi* (1992), Feltrinelli, Milano 1993.
Shriver D. W. Jr., *Perdono*, in M. Flores (a cura di), *Diritti umani. Cultura dei diritti e dignità della persona nell'epoca della globalizzazione*, Utet, Torino 2007, vol. II, pp. 1066-1072.
Shuchter S. R., Downs N., Zisook S., *La depressione. Conoscenze biologiche e psicoterapia* (1995), Raffaello Cortina, Milano 1997.
Shuy R. W., *Linguistic theory. What can it say about reading?*, International Reading Association, Newark, Delaware, 1977.
Siani R., *Psicologia del Sé. Da Kohut alle nuove applicazioni cliniche*, Bollati Boringhieri, Torino 1992.
Siani R., Siciliani O., Burti L., *Strategie di psicoterapia e riabilitazione. Gli psicotici e il servizio psichiatrico*, Feltrinelli, Milano 1990.
Sibaldi I., *Io*, Mursia, Milano 2014.
Sica C. (a cura di), *Disturbo ossessivo-compulsivo. Questionari e interviste per la valutazione clinica*, Erickson, Trento 2012.
Sica C., Chiri L. R., Favilli R., Marchetti I., *Q-PAD. Questionario per la valutazione della psicopatologia dell'adolescenza*, Erickson, Trento 2011.
Sichel A., *I modi dell'incontro. Idee per una psicoterapia fenomenologica*, Lalli, Poggibonsi 1983.
Sichirollo L., *Dialettica*, Isedi, Milano 1977.
Siciliani de Cumis N., *Filologia, politica e didattica del buon senso*, Loescher, Torino 1980.
Sicuteri R., *Astrologia e mito. Simboli e miti dello zodiaco nella psicologia del profondo*, Astrolabio, Roma 1978.
Siebert R., *Il razzismo. Il riconoscimento negato*, Carocci, Roma 2003.
Siegel D. J., *Mindfulness e cervello* (2007), Raffaello Cortina, Milano 2009.
–, *Mindsight. La nuova scienza della trasformazione personale* (2010), Raffaello Cortina, Milano 2011.
–, *La mente relazionale. Neurobiologia dell'esperienza interpersonale* (2012), Raffaello Cortina, Milano 2013.
–, *Mappe per la mente. Guida alla neurobiologia interpersonale* (2012), Raffaello Cortina, Milano 2014.
–, *Scan: "I neuroni che si attivano insieme, si collegano insieme"*, in Id., *Mappe per la mente*, cit., cap. 9.
Siegel R. D., *Qui e ora. Strategie quotidiane di mindfulness* (2010), Erickson, Trento 2012.
Siever L. J., *Substrati psicobiologici del disturbo borderline di personalità e loro rilevanza patogenetica* (1991), in C. Maffei (a cura di), *Il disturbo borderline di personalità*, Bollati Boringhieri, Torino 1993.

Sifneos P. E., *Short-term psychotherapy and emotional crisis*, Harvard University Press, Cambridge, Massachusetts, 1972.
Sigall H., Aronson E., Van Hoose Th., *The cooperative subject. Myth or reality?*, in "Journal of Experimental Social Psychology", 1970, n. 28.
Silberer H., *Bericht über eine Methode, gewisse symbolische Halluzinations Erscheinungen, hervorzurufen und zu beobachten*, in "Jahrbuch für Psychoanalytische und Psychopathologische Forschung", 1909, n. 1, pp. 513-525.
–, *Problemi della mistica e del suo significato simbolico. Riflessioni sull'approccio junghiano* (1914), Vivarium, Milano 1999.
Silverman Ph. R., *I gruppi di mutuo aiuto. Come l'operatore sociale li può organizzare e sostenere*, Erickson, Trento 1989.
Silverstone T., Turner P., *L'impiego dei farmaci in psichiatria* (1974), Feltrinelli, Milano 1980.
Silvestrini B., *Malati di droga. Le sostanze d'abuso, danni fisici e psichici, reazione individuale, difese*, Sperling & Kupfer, Milano 1995.
Sim S., *Manifesto per il silenzio* (2007), Feltrinelli, Milano 2008.
Simmel G., *Filosofia dell'amore* (1890-1911), Donzelli, Roma 2001.
–, *Filosofia del denaro* (1900), Utet, Torino 1984.
–, *Il rapporto tipico tra denaro e prostituzione*, in Id., *Filosofia del denaro*, cit., pp. 538-541.
–, *Sull'intimità* (1901-1908), Armando, Roma 1996.
–, *Weibliche Kultur*, in "Archiv für Sozialwissenschaft und Sozialpolitik", 1911, n. XXXIII.
–, *Filosofia e sociologia dei sessi* (1911-1923), Cronopio, Napoli 2004.
–, *Forme e giochi di società. Problemi fondamentali della sociologia* (1917), Feltrinelli, Milano 1983.
–, *Philosophische Kultur*, Klinkhardt und Biermann, Leipzig 1919.
Simon Ch. W., Emmons W. H., *EEG. Consciousness and sleep*, in "Science", 1956, n. 124.
Simon H. A., *Rational choice and the structure of the environment*, in "Psychological Review", 1956, n. 63, pp. 129-138.
–, *Le scienze dell'artificiale* (1969), Isedi, Milano 1973.
–, *La ragione nelle vicende umane* (1983), il Mulino, Bologna 1984.
Simon W., Gagnon J. H., *Sexuelle Aussenseiter. Kollektive Formen sexueller Abweichungen*, Rowohlt, Hamburg 1970.
Simondon G., *L'individu et sa genèse psycho-biologique*, Puf, Paris 1964.
–, *L'individuazione psichica e collettiva* (1989), Derive Approdi Editore, Roma 2001.
Simone R., *Presi nella rete. La mente ai tempi del web*, Garzanti, Milano 2012.
Simoneit M., *Wehrpsychologie. Ein Abriss ihrer Probleme und politischen Folgerungen*, Bernard & Graefe, Berlin 1933.
Simonetta A. M., *Ecologia*, Bollati Boringhieri, Torino 1975.
Simpson G. G., *Tempo and mode in evolution*, Columbia University Press, New York 1944.
Simpson J. A., Belsky J., *La teoria dell'attaccamento nella moderna teoria evoluzionistica* (2008), in J. Cassidy, P. R. Shaver (a cura di), *Manuale dell'attaccamento. Teoria, ricerca e applicazioni cliniche* (2008), Fioriti, Roma 2010.
Simpson R. L., Zionts P., *Cosa sapere sull'autismo. Concetti base e tecniche educative* (1996), Erickson, Trento 2000.
Sims A., *Introduzione alla psicopatologia descrittiva* (1988), nuova edizione, Raffaello Cortina, Milano 2009.
Singer J., *Androgyny. Toward a new theory of sexuality*, Routledge & Kegan, London 1976.
Singer P., *Ripensare la vita. La vecchia morale non serve più* (1994), il Saggiatore, Milano 1996.
Singer R. D., Singer A., *Lo sviluppo psicologico del bambino*, La Nuova Italia, Firenze 1977.
Sini C., *Passare il segno. Semiotica, cosmologia, tecnica*, il Saggiatore, Milano 1981.
–, *Kinesis. Saggio di interpretazione*, Spirali, Milano 1982.
–, *Il silenzio e la parola. Luoghi e confini del sapere per un uomo*, Marietti, Genova 1989.
–, *I segni dell'anima. Saggio sull'immagine*, Laterza, Bari 1989.
–, *Il simbolo e l'uomo*, Egea, Milano 1991.
–, *Etica della scrittura*, il Saggiatore, Milano 1992.
–, *L'incanto del ritmo*, Tancrida Editori, Milano 1993.
–, *Filosofia e scrittura*, Laterza, Bari 1994.
–, *Idoli della conoscenza*, Raffaello Cortina, Milano 2000.
–, *Il comico e la vita*, Jaca Book, Milano 2003.
–, *La mente e il corpo. Filosofia e psicologia*, Jaca Book, Milano 2004.
–, *Le arti dinamiche. Filosofia e pedagogia*, Jaca Book, Milano 2004.
–, *Il gioco del silenzio*, Mondadori, Milano 2006.
–, *Del viver bene*, Jaca Book, Milano 2011.
–, *Il sapere dei segni. Filosofia e semiotica*, Jaca Book, Milano 2012.

Sirigatti S. (a cura di), *Manuale di psicologia generale*, Utet Libreria, Torino 1995.
Sironi F., *Persecutori e vittime. Strategie di violenza* (1999), Feltrinelli, Milano 2001.
–, *Violenze collettive. Saggio di psicologia geopolitica clinica* (2008), Feltrinelli, Milano 2010.
Sissa G., *Il piacere e il male. Sesso, droga e filosofia* (1997), Feltrinelli, Milano 1999.
Sjöbring H., *La personnalité. Structure et développement*, Doin, Paris 1963.
Skaggs E. B., *Further studies in retroactive inhibition*, in "Psychological Monographs", 1925, n. 34.
Skinner B. F., *The behavior of organisms*, Appleton-Century-Crofts, New York 1938.
–, *L'analisi operazionale dei termini psicologici* (1945), in U. Curi (a cura di), *L'analisi operazionale della psicologia*, Franco Angeli, Milano 1973.
–, *Scienza e comportamento* (1953), Franco Angeli, Milano 1971.
–, *Il comportamento verbale* (1957), Armando, Roma 1976.
–, *Studi e ricerche* (1959), Giunti Barbera, Firenze 1976.
–, *La tecnologia dell'insegnamento* (1967), La Scuola, Brescia 1970.
–, *La scienza del comportamento. Ovvero il behaviorismo* (1974), Sugarco, Milano 1976.
Skrzypczak J.-F., *L'inné et l'acquis. Inégalités naturelles, inégalités sociales*, in "Chronique Sociale", 1981.
Slaby A. E., Wyatt R. J., *Dementia in the presenium*, Ch. Thomas, Springfield 1974.
Slater A., *Visual memory and perception in early infancy*, in A. Slater, J. G. Bremner, *Infant development*, Lawrence Erlbaum Associates, Hove 1989.
Slavson S. R., *Analytic group psychotherapy*, Columbia University Press, New York 1952.
Slavson S. R., Schiffer M., *Psicoterapie di gruppo per bambini* (1962), Bollati Boringhieri, Torino 1979.
Slepoj V., *Capire i sentimenti*, Mondadori, Milano 1996.
Slingerland E., Collard M. (a cura di), *Consilience. Integrating the sciences and humanities*, Oxford University Press, New York 2011.
Slobin D. I. (a cura di), *The crosslinguistic study of language acquisition*, Lawrence Erlbaum Associates, Hillsdale, New Jersey, 1985.
Sloboda J. A., *La mente musicale. Psicologia cognitivista della musica* (1988), il Mulino, Bologna 1996.
Sloterdijk P., *Stress e libertà* (2011), Raffaello Cortina, Milano 2012.
Smart J. J. C., *Materialism*, in "Journal of Philosophy", 1963, vol. 60, n. 22, pp. 651-659.
–, *Philosophy and scientific realism*, Routledge & Kegan, London 1963.
Smeraldi E. (a cura di), *Antidepressivi*, in G. B. Cassano, P. Pancheri *et al.* (a cura di), *Trattato italiano di psichiatria* (1992), Masson, Milano 1999, vol. III, pp. 3279-3304.
– (a cura di), *Disturbi d'ansia in età evolutiva*, in G. B. Cassano, P. Pancheri *et al.* (a cura di), *Trattato italiano di psichiatria*, cit., vol. III, pp. 2889-2926.
– (a cura di), *Neuroscienze e disturbi mentali. Aspetti neurofunzionali*, in G. B. Cassano, P. Pancheri *et al.* (a cura di), *Trattato italiano di psichiatria*, cit., vol. I, pp. 291-310.
– (a cura di), *Regolatori dell'umore*, in G. B. Cassano, P. Pancheri *et al.* (a cura di), *Trattato italiano di psichiatria*, cit., vol. III, pp. 3305-3332.
Smirnoff V., *La psicoanalisi infantile* (1974), Armando, Roma 1995.
Smith A., *Teoria dei sentimenti morali* (1759), Rizzoli, Milano 2001.
–, *La ricchezza delle nazioni* (1776), Utet, Torino 1975.
Smith C., *Vicino alla morte* (1982), Erickson, Trento 1997.
Smith E. E., Medin D. L., *Categories and concepts*, Harvard University Press, Cambridge, Massachusetts, 1981.
Smith F., *Understanding reading. A psycholinguistic analysis of reading and learning to read*, Holt, Rinehart & Winston, London 1971.
Smith H. T., Green Th. R. G., *Human interaction with computers*, Academic Press, London 1980.
Smith M. B., Bruner J. S., White R. W., *Opinions and personality*, Wiley, New York 1956.
Smith R., *Storia della psicologia* (1997), il Mulino, Bologna 2004.
Smith W. R., *Lectures on the religion of the Semites. Fundamental institutions* (1889), Meridian Library, New York 1956.
–, *Religion of the Semites*, Meridian Books, New York 1889.
Smith Benjamin L., *Diagnosi interpersonale e trattamento dei disturbi di personalità* (1996), Editrice Las, Roma 1999.
Smorti A., *Il pensiero narrativo. Costruzione di storie e sviluppo della conoscenza sociale*, Giunti, Firenze 1994.
Snyder F., Hobson J. A., Goldfrank F., *Blood pressure changes during human sleep*, in "Science", 1963, n. 142, pp. 1313-1314.

Snyder M., *Selfmonitoring process*, in L. Berkowitz (a cura di), *Advances in experimental social psychology*, Academic Press, New York 1979, vol. XIIa.

Società Italiana di Neuropsichiatria dell'Infanzia e dell'Adolescenza (SINPIA), *Linee guida in tema di abuso sui minori*, Erickson, Trento 2008.

–, *Linee guida per il DDAI e i DSA. Diagnosi e interventi per il Disturbo da Deficit di Attenzione/Iperattività e i Disturbi Specifici dell'Apprendimento*, Erickson, Trento 2008.

Söderblom N., *Holiness (general and primitive)*, in J. Hastings (a cura di), *Encyclopaedia of religion and ethics*, Clark, Edinburgh 1913, vol. VI.

Sofsky W., *Saggio sulla violenza* (1996), Einaudi, Torino 1998.

–, *Rischio e sicurezza* (2005), Einaudi, Torino 2005.

Sohn-Rethel A., *Warenform und Denkform*, Europa Verlag, Wien 1971.

Sokolov E. N., *Perception and the conditioned reflex*, Pergamon, Oxford 1963.

Solano L., Coda R., *Relazioni, emozioni, salute. Introduzione alla psicoimmunologia*, Piccin, Padova 1994.

Solfaroli Camillocci D., Vella M., *Ridere, ridere, ridere ancora. Il riso e l'umorismo nelle relazioni familiari e in psicoterapia della famiglia*, Bollati Boringhieri, Torino 2005.

Sollier P., *Les phénomènes d'autoscopie*, Alcan, Paris 1903.

Solms M., Turnbull O., *Il cervello e il mondo interno. Introduzione alle neuroscienze dell'esperienza soggettiva* (2002), Raffaello Cortina, Milano 2004.

Solomon J., George C. (a cura di), *L'attaccamento disorganizzato. Gli effetti dei traumi e delle separazioni* (2004), il Mulino, Bologna 2007.

Somenzi V. (a cura di), *La filosofia degli automi*, Bollati Boringhieri, Torino 1965.

Somenzi V., Cordeschi R. (a cura di), *La filosofia degli automi. Origine dell'intelligenza artificiale*, Bollati Boringhieri, Torino 1994.

Sommers P. van, *La gelosia* (1988), Laterza, Bari 1991.

Sordano A., *Fiaba, sogno e intersoggettività. Lo psicodramma analitico con bambini adolescenti*, Bollati Boringhieri, Torino 2006.

Sorel G., *Riflessioni sulla violenza* (1908), in *Scritti politici*, Utet, Torino 1963.

Soresi E., *Il cervello anarchico*, Utet, Torino 2005.

–, *L'effetto placebo*, in Id., *Il cervello anarchico*, Utet, Torino 2005, pp. 92-117.

–, *L'effetto placebo*, in Id., *Mitocondrio mon amour*, Utet-De Agostini, Novara 2015, pp. 177-184.

Soresi S., *Psicologia delle disabilità*, il Mulino, Bologna 2007.

–, *Psicologia dell'handicap e della riabilitazione*, il Mulino, Bologna 2007.

Soro G., *Il soggetto senza origini. La soggettività empirica nella fondazione wundtiana della psicologia sperimentale*, Raffaello Cortina, Milano 1991.

Sorrentino A. M., *Figli disabili. La famiglia di fronte all'handicap*, Raffaello Cortina, Milano 2006.

Sorrentino R., Tani C., *Panico. Una "bugia" del cervello che può rovinarci la vita*, Mondadori, Milano 2008.

Soyinka W., *Clima di paura* (2004), Codice, Torino 2005.

Spaçal S., *La nevrosi ossessiva*, in A. A. Semi (a cura di), *Trattato di psicoanalisi*, vol. II: *Clinica*, Raffaello Cortina, Milano 1988-1989, pp. 217-254.

Spaemann R., *Felicità e benevolenza* (1989), Vita e Pensiero, Milano 1998.

Spagnoli A., *"...e divento sempre più vecchio". Jung, Freud, la psicologia del profondo e l'invecchiamento*, Bollati Boringhieri, Torino 1994.

Spagnuolo Lobb M. (a cura di), *Psicoterapia della Gestalt. Ermeneutica e clinica*, Franco Angeli, Milano 2001.

–, *Il now-for-next in psicoterapia. La psicoterapia della Gestalt raccontata nella società post-moderna*, Franco Angeli, Milano 2011.

Spagnuolo Lobb M., Amendt-Lyon N., *Il permesso di creare. L'arte della psicoterapia della Gestalt* (2003), Franco Angeli, Milano 2007.

Spagnuolo Lobb M., Levi N., Williams A., *Gestalt therapy with children. From epistemology to clinical practice*, Istituto Gestalt, Gestalt Therapy Book Series, Siracusa 2016.

Spaltro E., *La psicologia del lavoro*, Etas Kompass, Milano 1967.

–, *Gruppi e cambiamento*, Etas Kompass, Milano 1969.

–, *Fenomenologia e dinamica della socializzazione*, in L. Ancona (a cura di), *Nuove questioni di psicologia*, La Scuola, Brescia 1972, vol. II, pp. 11-48.

–, *La dinamica dei piccoli gruppi*, in L. Ancona (a cura di), *Nuove questioni di psicologia*, cit., vol. II, pp. 207-250.

–, *Psicologia economica*, Etas Kompass, Milano 1974.

–, *Interviste, riunioni, gruppi. Teoria dell'intervista di gruppo*, in G. Trentini (a cura di), *Manuale del colloquio e dell'intervista*, Isedi, Milano 1980.
–, *Sentimento del potere. Analisi dei rapporti umani*, Bollati Boringhieri, Torino 1984.
–, *Il significato della rivoluzione. Psicologia del cambiamento organizzativo*, Guerini & Associati, Milano 2004.
Spanos N. P., *Hypnotic behavior. A social psychological interpretation of amnesia, analgesia and "Trans Logic"*, in "Behavioral and Brain Sciences", 1986, n. 9, pp. 449-502.
Sparti D., *Soggetti al tempo. Identità personale tra analisi filosofica e costruzione sociale*, Feltrinelli, Milano 1996.
Spearman Ch. E., *The abilities of man. Their nature and measurement*, Macmillan, London 1927.
Speltini G., *Stare in gruppo*, il Mulino, Bologna 2002.
Speltini G., Palmonari A., *I gruppi sociali*, il Mulino, Bologna 2007.
Spence D., *Verità narrativa e verità storica* (1982), Martinelli, Firenze 1987.
Spencer H., *Social statics* (1850), in Id., *Scientific, political and speculative essays*, Williams & Norgate, London 1891, vol. I.
–, *Progress. Its law and cause*, in "Westminster Review", 1857, n. XI.
–, *I primi principi* (1862), Bocca, Milano 1901.
–, *Introduzione alla scienza sociale* (1874), Bocca, Milano 1903.
Spencer L. M., Spencer S. M., *Competenza nel lavoro. Modelli per una performance superiore* (1993), Franco Angeli, Milano 1995.
Spengler O., *Il tramonto dell'Occidente* (1917), Longanesi, Milano 1957.
–, *Urfragen. Essere umano e destino* (1965, edito postumo), Longanesi, Milano 1971.
Sperandio J.-C., *La psicologia in ergonomia*, il Mulino, Bologna 1983.
Sperber D., *Per una teoria del simbolismo* (1974), Einaudi, Torino 1981.
Sperber D., Wilson D., *Relevance, communication and cognition*, Basil Blackwell, Oxford 1986.
–, *Pragmatics, modularity and mind-reading*, in "Mind & Language", 2002, n. 17, pp. 3-23.
Sperber M., *Alfred Adler et la psychologie individuelle. L'homme et sa doctrine*, Gallimard, Paris 1972.
Spiegel B., *Über die Notwendigkeit biotischer Versuchsansätze in der Verhaltensforschung*, Hogrefe, Göttingen 1965.
Spiegel J. P., Bell N. W., *La famiglia del paziente psichiatrico*, in S. Arieti (a cura di), *Manuale di psichiatria* (1959-1966), Bollati Boringhieri, Torino 1969-1970, vol. I, pp. 64-102.
Spiegel J. P., Kluckhohn F. R., *Integration and conflict in family behavior*, Group for the Advancement of Psychiatry, Topeka, Kansas, 1954.
Spieth R., *Der Mensch als Typus*, Schwab, Stuttgart 1949.
Spinelli B., *Ricordati che eri straniero*, Qiqajon, Comunità di Bose, Magnano 2005.
Spinnler H., *Il decadimento demenziale* (1981), Il Pensiero Scientifico, Roma 1985.
Spinnler H., Sterzi R., Vallar G., *Le amnesie* (1974), Franco Angeli, Milano 1977.
Spinoza B., *Etica dimostrata secondo l'ordine geometrico* (1662-1675, edito postumo nel 1677), Bompiani, Milano 2007.
Spirito U., *La vita come ricerca*, Sansoni, Firenze 1937.
–, *La vita come amore*, Sansoni, Firenze 1941.
–, *La vita come arte*, Sansoni, Firenze 1941.
Spironelli C., Angrilli A., *Language-related gamma EEG frontal reduction is associated with positive symptoms in schizophrenia patients*, in "Schizophrenia Research", 2015, vol. 165, pp. 22-29.
Spitz R. Á., *Hospitalism. An inquiry into the genesis of psychiatric conditions in early childhood*, in "The Psychoanalytic Study of the Child", 1945, n. 1, pp. 53-74.
–, *Anaclitic depression. An inquiry into the genesis of psychiatric conditions in early childhood*, in "The Psychoanalytic Study of the Child", 1946, n. 2, pp. 313-342.
–, *Il no e il sì* (1957), Armando, Roma 1970.
–, *Vers une réévaluation de l'autoérotisme*, in "Psychologie de l'Enfant", 1957, n. 7.
–, *Il primo anno di vita del bambino* (1958), Editrice Universitaria, Firenze 1962.
–, *On the genesis of superego components*, in "The Psychoanalytic Study of the Child", 1958, n. 13, pp. 375-404.
–, *Teoria di un campo genetico della formazione dell'ego* (1959), La Nuova Italia, Firenze 1976.
Spitzer R. L., Endicott J., Robins E., *Reliability of clinical criteria for psychiatric diagnosis* (1975), in H. S. Akiskal, W. L. Webb (a cura di), *Psychiatric diagnosis. Exploration of biological predictors*, SP Medical & Scientific Books, New York 1981, pp. 61-73.
Spitzer R. L., Frances A., *Guerre psicologiche. Critiche alla preparazione del DSM-5* (Spitzer, 2011 e Frances, 2010), in "Psicoterapia e Scienze Umane", 2011, vol. XLV, n. 2, pp. 247-262.

Spoerri Th., *Nekrophilie. Strukturanalyse eines Falles*, S. Karger, Basel 1959.
Spörli S., *Kritische Theorie diagnostischer Praxis, dargestellt am Beispiel Verkehrsmedizin*, Piper, Berlin-Heidelberg 1968.
Spranger E., *Lebensformen. Geisteswissenschaftliche Psychologie und Ethik der Persönlichkeit*, Niemeyer, Halle 1914.
–, *Ambiente e cultura* (1955), Armando, Roma 1959.
Spurlock J., *Social deprivation in childhood and character formation*, in "Journal of the American Psychoanalytic Association", 1970, n. 22.
Spurzheim J. G., *Observations sur la phraenologie*, Treuttel et Würtz, Paris 1818.
Squilloni D., *Pratica delle immagini*, Liguori, Napoli 1996.
Sroufe L. A., *Lo sviluppo delle emozioni. I primi anni di vita* (1995), Raffaello Cortina, Milano 2000.
Staabs G. von, *Lo sceno-test* (1951), Organizzazioni Speciali (O. S.), Firenze 1971.
Staal F., *Introduzione allo studio del misticismo orientale e occidentale* (1975), Astrolabio, Roma 1981.
Staercke A., *Das Gewissen und die Wiederholung*, in "International Journal of Psycho-Analysis", 1929, n. 15.
Stamm R. A., *Perspektiven zu einer Vergleichenden Ausdrucksforschung*, in R. Kirchhoff, *Handbuch der Psychologie*, Hogrefe, Göttingen 1965, vol. V.
Stampfl Th. G., Levis D. J., *Implosive therapy – a behavioral therapy?*, in "Behaviour Research Therapy", 1968, n. 6.
Stanghellini G., *Antropologia della vulnerabilità*, Feltrinelli, Milano 1997.
–, *Psicopatologia del senso comune*, Raffaello Cortina, Milano 2006.
–, *Ansia*, in AA.VV., *Psiche. Dizionario storico di psicologia, psichiatria, psicoanalisi, neuroscienze*, Einaudi, Torino 2006-2007, vol. I, pp. 82-87.
–, *Noi siamo un dialogo. Antropologia, psicopatologia, cura*, Raffaello Cortina, Milano 2017.
Starace G., *Il racconto della vita. Psicoanalisi e autobiografia*, Bollati Boringhieri, Torino 2004.
Stark K., *La depressione infantile* (1998), Erickson, Trento 2000.
Stärke A., *The castration complex*, in "International Journal of Psycho Analysis", 1921, n. 2.
Starnone D., *Labilità*, Feltrinelli, Milano 2005.
Starobinski J., *Storia del trattamento della malinconia dalle origini al 1900* (1960), Guerini & Associati, Milano 1990.
–, *La coscienza e i suoi antagonisti* (1992), Theoria, Roma 1995.
–, *Azione e reazione* (1999), Einaudi, Torino 2001.
Stati S., *La sintassi*, Zanichelli, Bologna 1976.
Stegagno L., *Psicofisiologia*, vol. I: *Indicatori fisiologici del comportamento umano*, vol. II: *Correlati fisiologici dei processi cognitivi e del comportamento*, Bollati Boringhieri, Torino 1991.
– (a cura di), *Psicofisiologia. Dalla genetica comportamentale alle attività cognitive*, Zanichelli, Bologna 2010.
Stein C., *L'immaginario. Strutture psicoanalitiche* (1971), Feltrinelli, Milano 1972.
Stein E., *Il problema dell'empatia* (1917), Studium, Roma 1985.
–, *Psicologia e scienze dello spirito. Contributi per una fondazione filosofica* (1922), Città Nuova, Roma 1996.
Steinberg H. *et al.*, *Animal behaviour and drug action*, Churchill, London 1964.
Steinberg M., Schnall M., *La dissociazione. I cinque sintomi fondamentali* (2001), Raffaello Cortina, Milano 2006.
Steinberg S., *Il labirinto* (1959), Feltrinelli, Milano 1961.
Steinbook R. M., Jones M. B., Ainslie J. D., *Suggestibility and the placebo response*, in "The Journal of Nervous and Mental Disease", 1965, n. 14, pp. 87-91.
Steinbuch K., *Automa e uomo* (1965), Bollati Boringhieri, Torino 1968.
Steiner F. B., *Tabù* (1956), Bollati Boringhieri, Torino 1980.
Steiner R(iccardo), *Sigmund Freud e la psicoanalisi*, Morano, Napoli 1973.
–, *Processo di simbolizzazione nell'opera di Melanie Klein*, Bollati Boringhieri, Torino 1975.
Steiner R(udolf), *Sull'essenza dei colori* (1976), Antroposofica, Milano 1982.
Steinweg M., *Aporie dell'amore* (2010), Lanfranchi, Milano 2013.
Stekel W., *Nervöse Angstzustände und ihre Behandlung*, Urban & Schwarzenberg, Berlin-Wien 1908.
–, *Die Sprache des Traumes. Eine Darstellung der Symbolik und Deutung des Traumes in ihren Beziehungen zur kranken und gesunden Seele fur Ärzte und Psychologen*, Bergmann, Wiesbaden 1911.
–, *Zwang und Zweifel. Für Ärzte und Mediziner dargestellt*, Urban & Schwarzenberg, Berlin-Wien 1923.
–, *Compulsion and doubt*, Liveright, New York 1949.
Stella G., *I disturbi specifici del linguaggio*, in L. Camaioni (a cura di), *Psicologia dello sviluppo del linguaggio*, il Mulino, Bologna 2001.

–, *La dislessia*, il Mulino, Bologna 2004.
–, *Segni critici nel funzionamento cognitivo nel Ritardo Mentale Lieve*, in "Psichiatria dell'Infanzia e dell'Adolescenza", 2004, n. 71, I, pp. 93-104.
Stella S., Kaneklin C., *L'attività di comando*, Etas Kompass, Milano 1974.
Stella S., Quaglino G. P., *Prospettive di psicosociologia*, Franco Angeli, Milano 1976.
Stendhal, *Roma, Napoli e Firenze nel 1817* (1817), Bompiani, Milano 1943.
–, *Storia della pittura in Italia* (1817), Editori Riuniti, Roma 1983.
Stengel E., *Il suicidio e il tentato suicidio* (1964), Feltrinelli, Milano 1977.
Stenhouse L., *Dalla scuola del programma alla scuola del curricolo* (1975), Armando, Roma 1977.
Sterba R., *The fate of the ego in analytic therapy*, in "International Journal of Psycho-Analysis", 1934, n. 15.
Stern C(lara), Stern W., *Die Kindersprache. Eine psychologische und sprachtheoretische Untersuchung* (1907), Wissenschaftliche Buchgesellschaft, Darmstadt 1965.
Stern C(urt), *Principles of human genetics*, Freeman, San Francisco 1956.
Stern D. N., *Le interazioni madre-bambino. Nello sviluppo e nella clinica* (1971-1998), Raffaello Cortina, Milano 1998.
–, *La costellazione materna. Il trattamento psicoterapeutico della coppia madre-bambino* (1982), Bollati Boringhieri, Torino 1995.
–, *Il mondo interpersonale del bambino* (1985), Bollati Boringhieri, Torino 1987.
–, *Il momento presente. In psicoterapia e nella vita quotidiana* (2004), Raffaello Cortina, Milano 2005.
–, *Le forme vitali. L'esperienza dinamica in psicologia, nell'arte, in psicoterapia e nello sviluppo* (2010), Raffaello Cortina, Milano 2011.
Stern D. N., Ammaniti M. (a cura di), *Psicoanalisi dell'amore*, Laterza, Bari 1993.
Stern W., *Allgemeine Psychologie auf personalistischer Grundlage*, Nijhoff, Den Haag 1935.
Sternbach R. A., *Pain. A psychophysiological analysis*, Academic Press, New York-London 1968.
Sternberg R. J., *Teoria dell'intelligenza. Una teoria tripolare dell'intelligenza umana* (1985), Bompiani, Milano 1987.
– (a cura di), *Psicologia dell'odio* (2005), Erickson, Trento 2007.
Sternberg R. J., Barnes M. L., *La psicologia dell'amore* (1988), Bompiani, Milano 1990.
Sternberg R. J., Ruzgis P. (a cura di), *Personalità e intelligenza. Teorie e modelli di interconnessione* (1994), Erickson, Trento 2000.
Sternberg S., *The discovery of processing stages. Extension of Dondors' method*, in "Acta Psychologica", 1969, n. 30, pp. 276-315.
Stevens S. S., *Handbook of experimental psychology*, Wiley & Sons, New York 1951.
–, *Psychophysics of sensory function*, in W. A. Rosenblith (a cura di), *Sensory communication*, Wiley, New York 1961.
–, *Ratio scales of opinion*, in D. K. Whitla (a cura di), *Handbook of measurement in behavioral sciences*, Addison-Wesley, Reading, Massachusetts, 1968.
Stewart I., Joines V., *L'analisi transazionale* (1987), Garzanti, Milano 1990.
Stich S. P., *Dalla psicologia del senso comune alla scienza cognitiva* (1983), il Mulino, Bologna 1994.
Stiegler B., *Passare all'atto* (2003), Fazi Editore, Roma 2005.
Stierlin H., *Dalla psicoanalisi alla terapia della famiglia* (1973), Bollati Boringhieri, Torino 1979.
–, *La famiglia e i disturbi psicosociali* (1978), Bollati Boringhieri, Torino 1981.
Stigler K. A. *et al.*, *Structural and functional magnetic resonance imaging of autism spectrum disorders*, in "Brain Research Reviews", 2011, vol. 1380, pp. 146-161.
Sting S., *Scrittura*, in Ch. Wulf (a cura di), *Cosmo, corpo, cultura. Enciclopedia antropologica* (1997), Bruno Mondadori, Milano 2002, pp. 639-646.
Stirner M., *L'unico e la sua proprietà* (1844), Adelphi, Milano 1979.
Stocchi F., *Morbo di Parkinson. Strategie terapeutiche e qualità della vita del malato*, Il Pensiero Scientifico, Roma 1998.
Stocchi I., *Il silenzio delle sirene. Figurazioni della psiche femminile*, Vivarium, Milano 2005.
Stockard Ch. R., *The physical basis of personality*, Norton, New York 1931.
Stoddart D. M., *The scented ape. The biology and culture of human odour*, Cambridge University Press, Cambridge 1990.
Stoetzel J., *Psicologia sociale* (1963), Armando, Roma 1969.
Stoll C., *Confessione di un eretico high-tech. Perché i computer nelle scuole non servono e altre considerazioni sulle nuove tecnologie* (1999), Garzanti, Milano 2001.
Stoller R. J., *Sex and gender. On the development of masculinity and femininity*, Science House, New York 1968.
–, *Perversione. La forma erotica dell'odio* (1975), Feltrinelli, Milano 1978.
–, *La perversion et le désir de faire mal*, in "Nouvelle Revue de Psychoanalyse", 1984, n. 29, pp. 147-172.
–, *Il porno. Miti per il XX secolo* (1991), Feltrinelli, Milano 1993.

Stone Allucquère R., *Desiderio e tecnologia. Il problema dell'identità nell'era di internet* (1995), Feltrinelli, Milano 1997.
Stoppino M., *Le forme del potere*, Guida, Napoli 1974.
Stora J.-B., *Lo stress* (1991), Carocci, Roma 2004.
Storace E. S., *Geografia dell'azione*, Mimesis, Milano 2012.
–, *Thanatografie. Per un'estetica del morire in Platone, Nietzsche, Heidegger, Michelstaedter e Rilke*, Mimesis, Milano 2012.
–, *Eros e thanatos*, Albo Versorio, Milano 2015.
Storch A., *The primitive archaic forms in schizophrenia*, in "Nervous and Mental Disease Publication Company", 1924.
–, *Wege zur Welt und Existenz des Geisteskranken*, Hippokrates, Stuttgart 1965.
Storr A., *La dinamica della creatività* (1972), Astrolabio, Roma 1973.
–, *Solitudine. Il ritorno a se stessi* (1988), Mondadori, Milano 1989.
Stracciari A., *Gusto e disgusto*, il Mulino, Bologna 2014.
Stracciari A., Bianchi A., Sartori G., *Neuropsicologia forense*, il Mulino, Bologna 2010.
Strang R., *Introduzione allo studio del fanciullo* (1959), La Nuova Italia, Firenze 1968.
Stransky E., *Zur Kenntnis gewisser erworbener Blödsinnsformen*, in "Jahrbuch für Psychologie", 1903, n. 24.
Strasser S., *Soddisfazione garantita. La nascita del mercato di massa* (1997), il Mulino, Bologna 1999.
Stratton G. M., *Vision without inversion of the retinal image*, in "Psychological Review", 1897, n. 4.
Straus E. W., *Das Zeiterlebnis in der endogenen Depression und in der psychopatischer Verstimmung*, in "Monatsschrift für Psychiatrie und Neurologie", 1928, n. LXVIII.
–, *Die Scham als historiologisches Problem*, in "Schweizer Archiv für General Psychiatry", 1933, n. 31, pp. 1-5.
–, *Il movimento vissuto* (1935) e *Sulle tracce mnestiche* (1960), in Id., *Forme dello spazio. Forme della memoria*, Armando, Roma 2011.
–, *Vom Sinn der Sinne. Ein Beitrag zur Grundlegung der Psychologie*, Springer, Berlin 1956.
–, *Psychologie der menschlichen Welt*, Springer, Berlin 1960.
Strauss H., *Le epilessie*, in S. Arieti (a cura di), *Manuale di psichiatria* (1959-1966), Bollati Boringhieri, Torino 1969-1970, vol. II, pp. 1182-1218.
Strawson G., *Quel che resta dell'io* (2014), Castelvecchi, Roma 2014.
Strawson P. F., *Sul riferimento* (1950), in AA.VV., *La struttura del linguaggio*, Bompiani, Milano 1973.
Strayer J., *Affective and cognitive perspectives on empathy*, in N. Eisenberg, J. Strayer (a cura di), *Empathy and its development*, Cambridge University Press, New York 1987.
–, *Children's concordat emotions and cognitions in response to observed emotions*, in "Child Development", 1993, n. 64, pp. 188-201.
Strelau J., Eysenck H. J., *Arousal and personality dimensions*, Plenum, New York 1986.
Strepparava M. G., Iacchia E., *Psicopatologia cognitiva dello sviluppo. Bambini difficili o relazioni difficili?*, Raffaello Cortina, Milano 2012.
Strepparava M. G., Rezzonico G., *Schema corporeo e immagine corporea nei disturbi alimentari psicogeni*, in B. Bauer, M. T. Ventura (a cura di), *Oltre la dieta. Una nuova cultura per i disturbi alimentari*, Centro Scientifico Editore, Torino 2005.
–, *Orientamenti della ricerca nell'anoressia maschile*, in L. E. Zappa (a cura di), *Narciso a tavola. L'anoressia nervosa nel maschio*, Franco Angeli, Milano 2007.
Strocchi M. C., *Balbuzie. Il trattamento cognitivo-comportamentale*, Erickson, Trento 2005.
Strologo E., *La motivazione. Prospettiva teorica*, in L. Ancona (a cura di), *Nuove questioni di psicologia*, La Scuola, Brescia 1972, vol. I, pp. 187-234.
Strotzka H., *Manuale di psicoterapia* (1978), Città Nuova, Roma 1987.
Strzyz K., *Narcisismo e socializzazione. Trasformazione sociale e il mutamento dei dati caratteriali* (1978), Feltrinelli, Milano 1981.
Stücke U., *Allenare la concentrazione*, Erickson, Trento 2014.
Stueber K. R., *L'empatia* (2008), il Mulino, Bologna 2010.
Stunkard A. J., *Obesity*, Saunders, Philadelphia 1980.
Stupiggia M., *L'emergere del senso dalla corporeità*, Versus, Milano 2003.
–, *Il corpo violato. Un approccio psicocorporeo al trauma dell'abuso*, La Meridiana, Molfetta 2007.
Sugarman L., *Psicologia del ciclo di vita. Modelli teorici e strategie d'intervento* (2001), Raffaello Cortina, Milano 2003.
Sullivan H. S., *La moderna concezione della psichiatria* (1939), Feltrinelli, Milano 1961.
–, *Teoria interpersonale della psichiatria* (1953, edito postumo), Feltrinelli, Milano 1962.
–, *Le epoche evolutive*, in Id., *Teoria interpersonale della psichiatria*, cit., pp. 65-348.

–, *Il colloquio psichiatrico* (1954), Feltrinelli, Milano 1967.
–, *Studi clinici* (1956, edito postumo), Feltrinelli, Milano 1976.
–, *Il dinamismo paranoideo*, in Id., *Studi clinici*, cit., pp. 141-161.
–, *Invidia e gelosia come fattori scatenanti di gravi disturbi mentali*, in Id., *Studi clinici*, cit., pp. 125-140.
–, *La psicosi maniaco-depressiva*, in Id., *Studi clinici*, cit., pp. 281-300.
–, *L'ipocondria, l'algolagnia e l'evoluzione paranoidea*, in Id., *Studi clinici*, cit., pp. 76-88.
–, *L'isteria*, in Id., *Studi clinici*, cit., pp. 199-225.
–, *Scritti sulla schizofrenia* (1962), Feltrinelli, Milano 1993.
–, *The fusion of psychiatry and social science*, Norton, New York 1964 (edito postumo).
Sulloway F. J., *Freud biologo della psiche. Al di là della leggenda psicoanalitica* (1979), Feltrinelli, Milano 1982.
Sully J., *Essai sur le rire. Ses formes, ses causes, son développement et sa valeur*, Alcan, Paris 1904.
Summerfield A. (a cura di), *La psicologia cognitivista*, Franco Angeli, Milano 1977.
Summerfield D., *The invention for post-traumatic stress disorder and the social usefulness of a psychiatric category*, in "British Medical Journal", 2001, n. 322, pp. 95-98.
Sumner W. G., *Costumi di gruppo* (1906), Edizioni di Comunità, Milano 1962.
Sunderland M., *Disegnare le emozioni. Espressione grafica e conoscenza di sé* (1995), Erickson, Trento 1997.
–, *Disegnare le relazioni. Espressione grafica e conoscenza degli altri* (2000), Erickson, Trento 2011.
–, *Raccontare storie aiuta i bambini. Facilitare la crescita psicologica con le favole e l'invenzione* (2000), Erickson, Trento 2005.
Supiot A., *Homo juridicus. Saggio sulla funzione antropologica del diritto* (2005), Bruno Mondadori, Milano 2006.
Surian L., *L'autismo*, il Mulino, Bologna 2005.
Surian L., Leslie A., *Competence and performance in false belief understanding. A comparison of autistic and 3-year-old children*, in "British Journal of Developmental Psychology", 1999, n. 17, pp. 131-145.
Sutherland N. S., *Mechanisms of animal discriminations learning*, Academic Press, New York 1971.
Suttie I. D., *Le origini dell'amore e dell'odio* (1935), Centro Scientifico Editore, Torino 2007.
Suzuki D. T., *Saggi sul buddhismo Zen* (1927-1934), Edizioni Mediterranee, Roma 1978.
–, *Introduzione al buddhismo Zen* (1934), Astrolabio, Roma 1970.
Svendsen L. F. H., *Filosofia della noia* (2002), Guanda, Parma 2004.
–, *Filosofia della paura. Come, quando e perché la sicurezza è diventata nemica della libertà* (2007), Castelvecchi, Roma 2010.
Swaab D., *Noi siamo il nostro cervello. Come pensiamo, soffriamo e amiamo* (2010), Elliot Edizioni, Roma 2011.
Symonds P. M., *Symonds' picture story test*, Teachers College Press, Columbia University, New York 1948.
Szanto-Feder A., *L'osservazione del movimento nel bambino. Accompagnare lo sviluppo psico-fisico nella prima infanzia* (2012), Erickson, Trento 2014.
Szasz Th. S., *Il mito della malattia mentale* (1961), il Saggiatore, Milano 1966.
–, *Disumanizzazione dell'uomo. Ideologia e psichiatria* (1970), Feltrinelli, Milano 1977.
–, *I manipolatori della pazzia. Studio comparato dell'Inquisizione e del Movimento per la salute mentale in America* (1970), Feltrinelli, Milano 1972.
–, *Il mito della droga* (1974), Feltrinelli, Milano 1977.
–, *Il mito della psicoterapia. La cura della mente come religione, retorica e repressione* (1978), Feltrinelli, Milano 1981.
–, *Sesso a tutti i costi. L'allarmante verità sulle odierne terapie sessuali* (1980), Feltrinelli, Milano 1982.
Szondi L., *Lehrbuch der experimentellen Triebdiagnostik*, Huber, Bern-Stuttgart 1947.

T

Tabossi P., *Intelligenza naturale e intelligenza artificiale*, il Mulino, Bologna 1994.
–, *Il linguaggio*, il Mulino, Bologna 2002.
Taddei N., *Lettura strutturale della foto e del fumetto*, Bulzoni, Roma 1973.
Taddei S., Di Pierro P., *L'uso clinico del Cognitive Assessment System*, Raffaello Cortina, Milano 2015.
Tagliabue A., *La scoperta delle emozioni*, Erickson, Trento 2004.
Tagliacarne G., *Tecnica e pratica delle ricerche di mercato*, Giuffrè, Milano 1964.
Tagliacozzo R., *La supervisione*, in A. A. Semi (a cura di), *Trattato di psicoanalisi*, vol. II: *Clinica*, Raffaello Cortina, Milano 1988-1989, pp. 925-956.
Tagliagambe S., *L'epistemologia contemporanea*, Editori Riuniti, Roma 1991.

–, *Epistemologia del confine*, il Saggiatore, Milano 1997.
Tagliapietra A., *Filosofia della bugia. Figure della menzogna nella storia del pensiero occidentale*, Bruno Mondadori, Milano 2001.
–, *La forza del pudore. Per una filosofia dell'inconfessabile*, Rizzoli, Milano 2006.
–, *Il dono del filosofo. Sul gesto originario della filosofia*, Einaudi, Torino 2009.
–, *Sincerità*, Raffaello Cortina, Milano 2012.
–, *Non ci resta che ridere*, il Mulino, Bologna 2013.
–, *Esperienza. Filosofia e storia di un'idea*, Raffaello Cortina, Milano 2017.
Taguieff P.-A., *Il razzismo. Pregiudizi, teorie, comportamenti* (1997), Raffaello Cortina, Milano 1999.
Tajfel H., *Gruppi umani e categorie sociali* (1981), il Mulino, Bologna 1985.
– (a cura di), *Social identity and intergroup relations*, Cambridge University Press, Cambridge 1982.
Tajfel H., Fraser C., *Introduzione alla psicologia sociale* (1978), il Mulino, Bologna 1978.
Tallacchini M. (a cura di), *Etiche della terra. Antologia di filosofia dell'ambiente*, Vita e Pensiero, Milano 1998.
Tambelli R., *Psicologia clinica dell'età evolutiva. Modelli e metodi in psicoterapia*, il Mulino, Bologna 2012.
Tamburello A., *Dalla diagnosi di profondità alla terapia causale*, Sugarco, Milano 2007.
–, *Psicoterapia cognitiva e profondità causale*, Sugarco, Milano 2008.
Tamburello A., De Monte E., *Una logica integrata per la psicologia clinica*, Cisu, Roma 2010.
Tampieri G., *Aspetti psicologici dell'adattamento scolastico*, in L. Ancona (a cura di), *Nuove questioni di psicologia*, La Scuola, Brescia 1972, vol. II, pp. 287-323.
Tannenbaum A. S., *Psicologia sociale dell'organizzazione di lavoro*, Franco Angeli, Milano 1969.
Tanner J. M., *Growth at adolescence*, Blackwell Scientific Publications, Oxford 1962.
Tansella M., *Epidemiologia e psichiatria clinica*, in G. B. Cassano, P. Pancheri *et al.* (a cura di), *Trattato italiano di psichiatria* (1992), Masson, Milano 1999, vol. I, pp. 151-166.
Taplin W., *La pubblicità* (1960), Feltrinelli, Milano 1961.
Tappolet Ch., Teroni F., Konzelmann Ziv A. (a cura di), *Le ombre dell'anima. Pensare le emozioni negative* (2011), Raffaello Cortina, Milano 2013.
Tarantini L., *Lo sguardo che ascolta. Immagine e parola nell'interpretazione analitica*, S.E.P.Adversal Editore, Roma 1996.
Tarde G., *Le leggi dell'imitazione* (1890), in Id., *Scritti sociologici*, Utet, Torino 1979.
Tarizzo D., *Giochi di potere. Sulla paranoia politica*, Laterza, Bari 2007.
Tarpy R. M., Mayer R. E., *Foundations of learning and memory*, Scott Foresman, Glenview, Illinois, 1978.
Tart Ch., *Stati alterati di coscienza* (1969), Astrolabio, Roma 1976.
–, *Concerning the scientific study of the human aura*, in "Journal of the Society for Psychical Research", 1972, n. 46.
–, *Transpersonal psychologies*, Harper & Row, New York 1975.
–, *PSI. Scientific studies of the psychic realm*, Dutton, New York 1977.
Tartara G., *Teoria dei sistemi di comunicazione*, Bollati Boringhieri, Torino 1986.
Tassoni S., *Omeopatia allopatia. A confronto, per un nuovo modello diagnostico-terapeutico*, Mauro Baroni Editore, Viareggio 2000.
Tatarelli R., *Suicidio. Psicopatologia e prevenzione*, Il Pensiero Scientifico, Roma 1992.
Tatarelli R., De Pisa E., Girardi P., *Curare con il paziente. Metodologia del rapporto medico-paziente*, Franco Angeli, Milano 1998.
Tatarelli R., Granata Q., Girardi P., *Manuale di riabilitazione fisica e psichica dell'anziano*, Il Pensiero Scientifico, Roma 1995.
Tatasciore C., *In tema di nichilismo*, La Città del Sole, Napoli 2000.
Tatossian A., *Edipo in KaKania. Kafka, Musil, Freud*, Bollati Boringhieri, Torino 2002.
Taylor Ch., *L'io minimo* (1984), Feltrinelli, Milano 1985.
–, *Le radici dell'io. La costruzione dell'identità moderna* (1989), Feltrinelli, Milano 1993.
–, *Il disagio della modernità* (1991), Laterza, Bari 1994.
–, *Gli immaginari sociali moderni* (2004), Meltemi, Roma 2005.
Taylor F. W., *Principi di organizzazione scientifica del lavoro* (1911), Franco Angeli, Milano 1975.
–, *L'organizzazione scientifica del lavoro* (1913), Etas Kompass, Milano 2004.
Taylor J. G., *The behavioral basis of perception*, Yale University Press, New Haven, Connecticut, 1962.
Taylor L., *Lo sviluppo cognitivo*, il Mulino, Bologna 2007.
Taylor W. L., *Cloze procedure. A new tool for measuring readability*, in "Journalism Quarterly", 1953, n. 30.
Teasdale J. D., *Affect and accessibility*, in "Philosophical Transactions of the Royal Society of London", 1983, n. 302, pp. 403-412.

Teesson M., Degenhardt L., Hall W. D., *Le tossicodipendenze* (2002), il Mulino, Bologna 2006.
Teilhard de Chardin P., *Il fenomeno umano* (1938-1940), il Saggiatore, Milano 1968.
Telesio B., *De rerum natura iuxta propria principia* (1565), Casa del Libro, Cosenza 1965.
Tellenbach H., *Melancolia* (1961), Il Pensiero Scientifico, Roma 1975.
Telleschi R., Torre G., *Il primo colloquio con l'adolescente*, Raffaello Cortina, Milano 1988.
Terman L. M., Merrill M. A., *Stanford-Binet intelligence scale. Manual for the third revision, form L-M*, Houghton Mifflin, Boston 1960.
Terragni F., *Il codice manomesso. Ingegneria genetica. Storia e problemi*, Feltrinelli, Milano 1989.
Terrenato L., *Popolazioni e diversità genetica*, il Mulino, Bologna 2007.
Terreni A., Tretti M. L., Corcella P. R., *Materiali IPDA per la prevenzione delle difficoltà di apprendimento. Strategie e interventi*, Erickson, Trento 2002.
Terrin A. N., *Il rito. Antropologia e fenomenologia della ritualità*, Morcelliana, Brescia 1999.
–, *Mistiche dell'Occidente. New Age, Orientalismo, Mondo Pentecostale*, Morcelliana, Brescia 2001.
Tesio L., *Decidere*, Raffaello Cortina, Milano 2004.
Testa A., *La pubblicità*, il Mulino, Bologna 2007.
Testa F., *Il silenzio delle parole. Sogno e cura*, Vivarium, Milano 2015.
Testa P., Unnia F. (a cura di), *Pubblicità. I vizi capitali*, Giuffrè, Milano 2010.
Testart A., *Totem*, in AA.VV., *Enciclopedia*, Einaudi, Torino 1981, vol. XIV, pp. 388-413.
Testart J., *La procréation médicalisée. Un exposé pour comprendre. Un essai pour réfléchir*, Flammarion, Paris 1993.
Testi taoisti, Utet, Torino 1977.
Testoni I., *Genitori e insegnanti quasi perfetti. Il rapporto scuola-famiglia dal punto di vista di genitori e insegnanti*, Giuffrè, Milano 1995.
–, *Psicologia del nichilismo. La tossicodipendenza come rimedio*, Franco Angeli, Milano 1997.
–, *Il Dio cannibale. Anoressia e culture del corpo in Occidente*, Utet Università, Torino 2001.
–, *L'ultima nascita. Psicologia del morire e Death Education*, Bollati Boringhieri, Torino 2015.
Testoni I., Ancona D., Ronconi L., *The ontological representation of death. A scale to measure the idea of annihilation versus passage*, in "OMEGA - Journal of Death and Dying", 2015, vol. 71 (1), pp. 60-81.
Testoni I., Zamperini A., *Il mantello di Mefistofele. Psicologia sociale e processi di formazione*, Utet Università, Torino 2003.
Teti V., *La melanconia del vampiro*, Manifestolibri, Roma 1994.
Teuber H.-L., *Alterations of perception after brain injury*, in J. C. Eccles (a cura di), *Brain conscious experience*, Springer, New York 1966, pp. 182-216.
Thass-Thienemann Th., *La formazione subconscia del linguaggio* (1967), Astrolabio, Roma 1968.
Thibaut J. W., Kelley H. H., *Psicologia sociale dei gruppi* (1959), il Mulino, Bologna 1974.
Thomä H., Kächele H., *Trattato di terapia psicoanalitica*, vol. I: *Fondamenti teorici*, vol. II: *Pratica clinica* (1985-1988), Bollati Boringhieri, Torino 1990-1993.
Thomae H., *Das Individuum und seine Welt. Eine Persönlichkeitstheorie*, Hogrefe, Göttingen 1968.
Thomas G. V., Silk A. M. J., *Psicologia del disegno infantile* (1990), il Mulino, Bologna 1998.
Thomas L.-V., *Antropologia della morte* (1975), Garzanti, Milano 1976.
Thombs D., *Introduction to addictive behaviors*, Guilford, New York 1994.
Thompson J. B., *Mezzi di comunicazione e modernità. Una teoria sociale dei media* (1995), il Mulino, Bologna 1998.
Thompson N., *Lavorare con le persone* (2005), Erickson, Trento 2006.
Thompson R., *Fondamenti di psicologia fisiologica* (1967), il Mulino, Bologna 1975.
Thompson W. I. (a cura di), *Ecologia e autonomia* (1987), Feltrinelli, Milano 1988.
Thorndike E. L., *Animal intelligence. An experimental study of the associative process in animals*, in "Psychological Review and Monograf", 1898, n. 2 (8), pp. 551-553.
–, *Animal intelligence. Experimental studies*, Macmillan, New York 1911.
–, *Human intelligence*, Macmillan, New York 1931.
Thorndike R. L., *The concepts of over and underachievement,* Columbia University, New York 1963.
Thorpe W. H., *L'etologia. Origini e sviluppi* (1979), Armando, Roma 1983.
Thrasher F. M., *The gang. A study of 1.313 gangs in Chicago*, University of Chicago Press, Chicago 1966.
Thurstone L. L., *Attitudes can be measured*, in "American Journal of Sociology", 1928, n. 33, pp. 529-554.
–, *The vectors of the mind*, University Press, Chicago 1936.

–, *Current issues in factor analysis*, in "Psychological Bulletin", 1940, n. 37.
–, *Multiple factor analysis*, University Press, Chicago 1947.
–, *The differential growth of mental abilities*, Psychometric Laboratory, University of North Carolina, Chapel Hill 1955.
Tibaldi E., Zullini A., *Ecologia*, in AA.VV., *Gli strumenti del sapere contemporaneo*, vol. I: *Le discipline*, Utet, Torino 1985, pp. 192-199.
Tibaldi G., *L'intervento psicologico nella salute*, Masson, Milano 1989.
Tibaldi M., *Pratica dell'immaginazione attiva*, La Lepre Edizioni, Roma 2011.
Tillich P. J., *Die religiöse Lage der Gegenwart*, Hartmann, Berlin 1926.
–, *Dynamics of faith*, Harper & Row, New York 1958.
Tilmann K., *Guida alla meditazione* (1947), Queriniana, Brescia 1970.
Timpanaro S., *Il lapsus freudiano. Psicoanalisi e critica testuale*, Bollati Boringhieri, Torino 2002.
Tinbergen N., *Lo studio dell'istinto* (1951), Adelphi, Milano 1994.
–, *Il comportamento sociale degli animali* (1953), Einaudi, Torino 1969.
Tisseron S., *Verità e menzogna delle emozioni. Comprendere la nostra sfera emotiva* (2005), Ponte alle Grazie, Milano 2006.
Titchener E. B., *Experimental psychology. A manual of laboratory practice*, Macmillan, New York 1901-1905.
–, *A textbook of psychology*, Macmillan, New York 1909.
–, *Lecture on the experimental psychology of the thought-processes*, Macmillan, New York 1909.
Titone R., *Presupposti teoretici della psicologia funzionale*, Pas, Roma 1959.
– (a cura di), *Questioni di tecnologia didattica*, La Scuola, Brescia 1975.
– (a cura di), *Il bambino bilingue*, Armando, Roma 1978.
Tobach E., Aronson L. R., Shaw E., *The biopsychology of development*, Academic Press, London 1977.
Tobia V., Marzocchi G. M., *QBS 8-13. Questionario per la valutazione del benessere scolastico e l'identificazione dei fattori di rischio*, Erickson, Trento 2016.
Todarello O., Porcelli P., *Psicosomatica come paradosso. Il problema della psicosomatica in psicoanalisi*, Bollati Boringhieri, Torino 1992.
Toderi S., Sarchielli G., *Sviluppare la carriera lavorativa. Risorse personali e metodi d'intervento*, il Mulino, Bologna 2013.
Todorov T., *Teorie del simbolo* (1977), Garzanti, Milano 1984.
–, *Memoria del male, tentazione del bene* (2000), Garzanti, Milano 2001.
Tóibín C., *Amore in un tempo oscuro. Vite di gay da Wilde ad Almodóvar* (2001), Fazi Editore, Roma 2003.
Tölle R., *Katamnestische Untersuchung zur Biographie abnormer Persönlichkeiten*, Springer, Berlin 1966.
Tollini A., *Lo Zen. Storia, scuole, testi*, Einaudi, Torino 2012.
Tolman E. Ch., *A new formula of behaviorism*, in "Psychological Review", 1922, n. 29.
–, *Il comportamento intenzionale negli animali e negli uomini* (1932), Armando, Roma 1983.
–, *The determiners of behavior at choice point*, in "Psychological Review", 1938, n. 45 (1), pp. 1-41.
–, *Cognitive maps in rats and men*, in "Psychological Review", 1948, n. 56.
Tolstoj L., *La sonata a Kreutzer* (1889), in Id., *Quattro romanzi*, Einaudi, Torino 1977.
Tomaiuoli D. (a cura di), *Balbuzie. Fondamenti, valutazione e trattamento dall'infanzia all'età adulta*, Erickson, Trento 2016.
Tomaszewski T., *Tätigkeit und Bewusstsein*, Beltz, Weinheim 1978.
Tomeo V., *Anomia*, in AA.VV., *Gli strumenti del sapere contemporaneo*, vol. II: *I concetti*, Utet, Torino 1985, pp. 28-30.
–, *Controllo*, in AA.VV., *Gli strumenti del sapere contemporaneo*, vol. II: *I concetti*, cit., pp. 156-158.
–, *Devianza*, in AA.VV., *Gli strumenti del sapere contemporaneo*, vol. II: *I concetti*, cit., pp. 215-217.
Tommaso d'Aquino, *De Magistro. Quaestio XI* del *De veritate*, in *Quaestiones disputatae* (1256-1272), Edizioni Studio Domenicano, Bologna 1992, pp. 165-216.
–, *De causa peccati. Quaestio LXXXIV* della *Pars Prima Secundae* della *Summa theologiae* (1259-1273), Editiones Paulinae, Roma 1962.
–, *Trattato sull'unità dell'intelletto contro gli averroisti* (1270), Sansoni, Firenze 1938.
Tomshinsky Ch., *Guida alla macrobiotica*, Feltrinelli, Milano 1975.
Tondo L., *Qualcuno ce l'ha con me. Dal pregiudizio alla paranoia*, Baldini & Castoldi, Milano 2017.
Tonioni F., *Quando internet diventa una droga. Ciò che i genitori devono sapere*, Einaudi, Torino 2011.
Toniutti E., *La leadership de l'amour*, Éditions IECG, Lugano 2014.
Tönnies F., *Comunità e società* (1887), Edizioni di Comunità, Milano 1963.
Tonolo G., *Adolescenza e identità*, il Mulino, Bologna 1999.

Toraldo di Francia G., *Tempo, cambiamento, invarianza*, Einaudi, Torino 1994.
Torbidoni L., Zanin L., *Grafologia*, La Scuola, Brescia 1976.
Tornatore L., *Apprendimento*, in AA.VV., *Gli strumenti del sapere contemporaneo*, vol. II: *I concetti*, Utet, Torino 1985, pp. 33-36.
–, *Curricolo*, in AA.VV., *Gli strumenti del sapere contemporaneo*, vol. II: *I concetti*, cit., pp. 194-197.
–, *Educazione*, in AA.VV., *Gli strumenti del sapere contemporaneo*, vol. II: *I concetti*, cit., pp. 241-243.
–, *Insegnamento*, in AA.VV., *Gli strumenti del sapere contemporaneo*, vol. II: *I concetti*, cit., pp. 410-412.
–, *Istruzione*, in AA.VV., *Gli strumenti del sapere contemporaneo*, vol. II: *I concetti*, cit., pp. 433-435.
–, *Motivazione*, in AA.VV., *Gli strumenti del sapere contemporaneo*, vol. II: *I concetti*, cit., pp. 537-540.
–, *Pedagogia*, in AA.VV., *Gli strumenti del sapere contemporaneo*, vol. I: *Le discipline*, cit., pp. 571-584.
Torno A., *L'infelicità. Storia di una passione*, Mondadori, Milano 1996.
–, *La moralità della violenza. Considerazioni sul male della storia*, Mondadori, Milano 2003.
Torrance E. P., *Education and the creative potential*, University of Minnesota Press, Minneapolis 1963.
Torrance E. P., Gupta R., *Programmed experiences in creative thinking*, University of Minnesota Press, Minneapolis 1964.
Torrance E. P., Rockenstein Z. L., *Styles of thinking and creativity*, in R. R. Schmeck (a cura di), *Learning styles and strategies*, Plenum Press, New York 1988.
Toscano M. A., *Trittico sulla guerra. Durkheim, Weber, Pareto*, Laterza, Bari 1995.
Toscano R., *La violenza e le regole*, Einaudi, Torino 2006.
Totaro F., *Non di solo lavoro. Ontologia della persona ed etica del lavoro nel passaggio di civiltà*, Vita e Pensiero, Milano 1998.
–, *Il lavoro come questione di senso*, Edizioni Università di Macerata, Macerata 2009.
Touraine A., *La società post-industriale* (1969), il Mulino, Bologna 1970.
–, *Libertà, uguaglianza, diversità. Si può vivere insieme?* (1997), il Saggiatore, Milano 1998.
Trabant J., *Segno*, in Ch. Wulf (a cura di), *Cosmo, corpo, cultura. Enciclopedia antropologica* (1997), Bruno Mondadori, Milano 2002, pp. 647-656.
Tramma S., *Inventare la vecchiaia*, Meltemi, Roma 2000.
Trampus A., *Il diritto alla felicità. Storia di un'idea*, Laterza, Bari 2008.
Tranchina P., *Norma e antinorma. Esperienze di psicoanalisi e di lotte anti-istituzionali*, Feltrinelli, Milano 1979.
Treasure J., Schmidt U., Van Furth E., *I disturbi dell'alimentazione. Diagnosi, clinica, trattamento* (2005), il Mulino, Bologna 2008.
Trentin R. (a cura di), *Gli atteggiamenti sociali. Teoria e ricerca*, Bollati Boringhieri, Torino 1991.
Trentini G., *I metodi di indagine in psicologia*, in L. Ancona (a cura di), *Questioni di psicologia*, La Scuola, Brescia 1962, pp. 73-116.
–, *La ricerca e l'intervento psicosociale impegnati nel marketing*, in L. Ancona (a cura di), *Nuove questioni di psicologia*, La Scuola, Brescia 1972, vol. II, pp. 591-642.
–, *Compendio di psicologia dinamica*, Vita e Pensiero, Milano 1974.
– (a cura di), *Manuale del colloquio e dell'intervista* (1980), Utet, Torino 1995.
–, *Tassonomia generale del colloquio e dell'intervista*, in Id. (a cura di), *Manuale del colloquio e dell'intervista*, cit.
–, *Potere/autorità*, in AA.VV., *Enciclopedia*, Einaudi, Torino 1980, vol. X, pp. 1041-1053.
–, *Quoziente intellettuale*, in AA.VV., *Enciclopedia*, cit., 1980, vol. XI, pp. 514-530.
– (a cura di), *Il cerchio magico. Il gruppo come oggetto e come metodo in psicologia sociale e clinica*, Franco Angeli, Milano 1987.
–, *Oltre il potere. Discorso sulla leadership*, Franco Angeli, Milano 1997.
Trentini G., Carli R., Padovani F., *La diagnosi psicologica*, Etas Kompass, Milano 1972.
Tressoldi P. E., Vio C., *Diagnosi dei disturbi dell'apprendimento scolastico*, Erickson, Trento 1996.
–, *Il trattamento dei disturbi dell'apprendimento scolastico*, Erickson, Trento 1998.
Treusch-Dieter G., *Sesso e genere*, in Ch. Wulf (a cura di), *Cosmo, corpo, cultura. Enciclopedia antropologica* (1997), Bruno Mondadori, Milano 2002, pp. 355-368.
Trevarthen C., *Empatia e biologia. Psicologia, cultura e neuroscienze* (1996), Raffaello Cortina, Milano 1998.
Trevi M., *Ombra. Metafora e simbolo* (1982), in Id., *Metafore del simbolo. Ricerche sulla funzione simbolica della psicologia complessa*, Raffaello Cortina, Milano 1986, pp. 123-160.
–, *Interpretatio duplex*, Borla, Roma 1986.
–, *Metafore del simbolo. Ricerche sulla funzione simbolica della psicologia complessa*, Raffaello Cortina, Milano 1986.
–, *Per uno junghismo critico*, Bompiani, Milano 1987.
–, *Cultura, individuo, individuazione*, in Id., *Per uno junghismo critico*, cit., pp. 27-60.
–, *L'altra lettura di Jung*, Raffaello Cortina, Milano 1988.

–, *Pluralità delle psicologie e orizzonte ermeneutico della psicologia analitica*, in Id., *L'altra lettura di Jung*, cit., pp. 27-40.
–, *Progetto e destino. Opposizione e composizione* (1990), in Id., *Il lavoro psicoterapeutico. Limiti e controversie*, Theoria, Roma 1993.
–, *Adesione e distanza*, Melusina, Roma 1991.
–, *Sesso, erotica, amore. Una possibile geometria*, in AA.VV., *L'amore. Dall'Olimpo all'alcova*, Mazzotta, Milano 1992.
–, *Saggi di critica neojunghiana*, Feltrinelli, Milano 1993.
–, *Contraddittorietà della didattica junghiana*, in Id., *Saggi di critica neojunghiana*, cit., pp. 153-155.
– (con A. Fedrigo), *Dialogo sull'arte del dialogo. Psicoanalisi e psicoterapia*, Feltrinelli, Milano 2008.
–, *Leggere Jung* (edito postumo a cura di M. Innamorati), Carocci, Roma 2012.
Trevi M., Innamorati M., *Riprendere Jung*, Bollati Boringhieri, Torino 2000.
Trevi M., Romano A., *Studi sull'ombra* (1975), Raffaello Cortina, Milano 2009.
Triandis H. C., *The analysis of subjective culture*, Wiley, New York 1972.
– (a cura di), *Handbook of cross-cultural psychology*, Allyn & Bacon, Boston 1980.
Trinci M., *Il bambino che gioca*, Bollati Boringhieri, Torino 1993.
Trist E. L., Bamforth K. W., *Some social and psychological consequences of the long-wall method of coal-getting*, in "Human Relations", 1951, n. 4.
Trombetta C. (a cura di), *Psicologia analitica contemporanea*, Bompiani, Milano 1989.
–, *Strategie cognitive nei disegni infantili*, Armando, Roma 1995.
– (a cura di), *Lo psicologo scolastico. Competenze e metodologie professionali*, Erickson, Trento 2011.
Trombini G. (a cura di), *Come logora curare. Medici e psicologi sotto stress*, Zanichelli, Bologna 1994.
–, *Introduzione alla clinica psicologica*, Zanichelli, Bologna 1995.
Trombini G., Baldoni F., *Psicosomatica. L'equilibrio tra mente e corpo*, il Mulino, Bologna 1999.
–, *Disturbi psicosomatici. Come ristabilire l'equlibrio tra mente e corpo*, il Mulino, Bologna 2001.
Tronick E., *Regolazione emotiva nello sviluppo e nel processo terapeutico*, Raffaello Cortina, Milano 2009.
Trotter Th., *An essay medical, philosophical, and chemical on drunkenness*, John Bouvier, Philadelphia 1813.
Trovato G., *La salute autoritaria. Dal mito dell'efficacia al rito dell'efficienza*, Cuen, Catania 2000.
Trower P., Bryant B., Argyle M., Marzillier J., *Social skills and mental health*, Methuen, London 1978.
Trubeckoj N. S., *Fondamenti di fonologia* (1939), Einaudi, Torino 1971.
Trupia P., *Semantica della comunicazione. Produrre significati nell'arte, nelle teorie scientifiche, nella formazione aziendale*, Unicopli, Milano 1992.
Tullio-Altan C., *Antropologia funzionale*, Bompiani, Milano 1968.
–, *Antropologia. Storia e problemi*, Feltrinelli, Milano 1983.
–, *Sullo specifico del simbolico*, in "Metodi e ricerche", 1990, n. IX, 1.
Tulving E., *Episodic and semantic memory*, in E. Tulving, W. Donaldson, *Organization of memory*, Academic Press, New York 1972, pp. 382-403.
–, *Memory. Performance, knowledge and experience*, in "European Journal of Cognitive Psychology", 1989, n. 1, pp. 3-26.
Turgenev I. S., *Padri e figli* (1862), Feltrinelli, Milano 2010.
Turing A. M., *Intelligenza meccanica* (1945-1949), Bollati Boringhieri, Torino 1994.
Turnaturi G., *Tradimenti. L'imprevedibilità delle relazioni umane*, Feltrinelli, Milano 2000.
–, *Vergogna. Metamorfosi di un'emozione*, Feltrinelli, Milano 2012.
Turner H., *Promoting understanding of aged patients*, in "Social Casework Journal", 1953, n. 34.
Turner J. C., *Riscoprire il gruppo sociale. La teoria della categorizzazione di sé* (1987), Patron, Bologna 1999.
Turner J. H., *The structure of sociological theory*, Dorsey Press, Homewood 1978.
Turner V. W., *La foresta dei simboli* (1967), Morcelliana, Brescia 1976.
–, *The drums of affliction*, Clarendon, Oxford 1968.
–, *Il processo rituale. Struttura e antistruttura* (1969), Morcelliana, Brescia 1972.
Turoldo F., *Desiderio*, in AA.VV., *Gli strumenti del sapere contemporaneo*, vol. II: *I concetti*, Utet, Torino 1985, pp. 211-215.
–, *Le malattie del desiderio. Storie di tossicodipendenza e anoressia*, Cittadella, Assisi 2011.
Turrini G., *Su alcuni aspetti delle dismorfofobie*, in "Rivista di Psicologia Analitica", 1988, n. 37, pp. 115-119.
Tversky A., *Elimination by aspects. A theory of choice*, in "Psychological Review", 1972, n. 79, pp. 281-299.
Tversky A., Kahneman D., *Extensional versus intuitive reasoning. The conjunction fallacy in probability judgment*, in "Psychological Review", 1983, n. 90, pp. 293-315.

Tversky A., Shafir E., *Choice under conflict. The dynamics of deferred decision*, in "Psychological Science", 1992, n. 3, pp. 358-361.
Tversky B., *Distorsions in memory for maps*, in "Cognitive Psychology", 1981, n. 13, pp. 407-433.
Twelvetrees A., *Il lavoro sociale di comunità. Come costruire progetti partecipati* (2004), Erickson, Trento 2007.
Tyler L. E., *Reattivi mentali e misure nell'esame psicologico*, Martello, Milano 1972.
Tylor E. B., *Primitive culture*, Murray, London 1871; tr. it. del capitolo iniziale: *La scienza della cultura*, in AA.VV., *Il concetto di cultura. I fondamenti teorici della scienza antropologica*, Einaudi, Torino 1970, pp. 3-30.
–, *Lo sviluppo della civiltà* (1871), in U. Fabietti (a cura di), *Alle origini dell'antropologia*, Bollati Boringhieri, Torino 1980.
–, *Remarks on totemism*, in "Journal of the Royal Anthropological Institute", 1899, n. 1.
Tzuriel D., *La valutazione dinamica delle abilità cognitive*, Erickson, Trento 2005.

U

Uexküll Th. von, *Grundfragen der psychosomatischen Medizin*, Rowohlt, Hamburg 1963.
Ugazio V., *Storie permesse, storie proibite. Polarità semantiche familiari e psicopatologie*, Bollati Boringhieri, Torino 2012.
Ulivieri M. (a cura di), *LoveAbility. L'assistenza sessuale per le persone con disabilità*, Erickson, Trento 2014.
Ullmann J. F., *Psychologie der Lateralität*, Huber, Bern 1974.
Ulrich D. A., *Test TGM. Valutazione delle abilità grosso-motorie* (1992), Erickson, Trento 1996.
Umiltà A. M., Kohler E., Gallese V., *"I know what you are doing". A neurophysiological study*, in "Neuron", 2001, n. 32, pp. 91-101.
Umiltà C. (a cura di), *Manuale di neuroscienze*, il Mulino, Bologna 1995.
–, *Il cervello. La macchina della mente*, il Mulino, Bologna 2011.
Unamuno M. de, *Filosofia e religione* (1897-1931), Bompiani, Milano 2013.
–, *Inquietudini e meditazioni* (1912-1936), Rubbettino, Soveria Mannelli 2007.
Underwood B. J., *Interference and forgetting*, in "Psychological Review", 1957, n. 64, pp. 49-60.
–, *Experimental psychology*, Appleton-Century-Crofts, New York 1966.
Unnia M., *L'arte della predizione*, Guerini & Associati, Milano 2015.
Untersteiner M., *La fisiologia del mito*, La Nuova Italia, Firenze 1965.
Upaniṣad, Utet, Torino 1983.
Urbain J.-D., *Morte*, in AA.VV., *Enciclopedia*, Einaudi, Torino 1980, vol. IX, pp. 519-555.

V

Vaihinger H., *La filosofia del "come se"* (1911), Astrolabio, Roma 1967.
Vaillant G. E., *Adaptation to life*, Little Brown, Boston 1977.
– (a cura di), *Empirical studies of ego mechanisms of defense*, American Psychiatric Press, Washington (DC) 1991.
Valcarenghi M., *L'aggressività femminile*, Bruno Mondadori, Milano 2003.
Valensin G., *Fecondazione artificiale e naturale della donna* (1957), Feltrinelli, Milano 1962.
Valent I., *La forma del linguaggio* (1983), Moretti & Vitali, Bergamo 2012.
–, *Dire di no. Filosofia, linguaggio, follia* (1995), Moretti & Vitali, Bergamo 2007.
–, *Panta diapánton. Scritti teorici su follia e cura*, Moretti & Vitali, Bergamo 2009.
Valentini C., *La fecondazione proibita*, Feltrinelli, Milano 2004.
Valeri V., *Feticismo*, in AA.VV., *Enciclopedia*, Einaudi, Torino 1979, vol. VI, pp. 100-114.
–, *Rito*, in AA.VV., *Enciclopedia*, cit., 1981, vol. XII, pp. 210-243.
Valgimigli C., Baldaro Verde J., Govigli G., *La sessualità dell'handicappato*, Il Pensiero Scientifico, Roma 1994.
Vallar G., Papagno C. (a cura di), *Manuale di neuropsicologia. Clinica ed elementi di riabilitazione*, il Mulino, Bologna 2007.
Vallortigara G., *Altre menti. Lo studio comparato della cognizione animale*, il Mulino, Bologna 2000.
Van den Berg J. H., *Fenomenologia e psichiatria* (1955), Bompiani, Milano 1961.
Van den Brouck J., *Manuale a uso dei bambini che hanno genitori difficili* (1979), Raffaello Cortina, Milano 1993.
Van der Kolk B., *Il corpo accusa il colpo. Mente, corpo e cervello nell'elaborazione delle memorie traumatiche* (2014), Raffaello Cortina, Milano 2015.
Van der Leeuw G., *Fenomenologia della religione* (1933), Bollati Boringhieri, Torino 1975.
Van Dijk T. A., *Ideologie. Discorso e costruzione sociale del pregiudizio*, Carocci, Roma 2003.

Van Gennep A., *L'état actuel du problème totémique*, Nourry, Paris 1920.
–, *I riti di passaggio* (1909), Bollati Boringhieri, Torino 1981.
Vannier L., *La tipologia omeopatica e le sue applicazioni. Prototipi e metatipi. I temperamenti* (1955), Red Edizioni, Como 1983.
Vannini M., *Mistica e filosofia*, Piemme, Casale Monferrato 1996.
–, *Il volto del Dio nascosto. L'esperienza mistica dall'Iliade a Simone Weil*, Mondadori, Milano 1999.
–, *Storia della mistica occidentale*, Mondadori, Milano 1999.
–, *La mistica delle grandi religioni. Induismo, buddhismo, ebraismo, islam, cristianesimo*, Mondadori, Milano 2004.
Varchetta G., *La solidarietà organizzativa*, Guerini & Associati, Milano 1993.
Varela F. J., *Scienza e tecnologia della cognizione. Direzioni emergenti* (1986), Hopefulmonster, Firenze 1987.
–, *Un know-how per l'etica* (1990), Laterza, Bari 1992.
Varin D., *Ecologia dello sviluppo e individualità*, Raffaello Cortina, Milano 2005.
Vattimo G., *Essere, storia e linguaggio in Heidegger*, Edizioni di "Filosofia", Torino 1963.
–, *Il soggetto e la maschera*, Bompiani, Milano 1974.
–, *Le avventure della differenza*, Garzanti, Milano 1980.
–, *Tramonto del soggetto e problema della testimonianza*, in Id., *Le avventure della differenza*, cit., pp. 47-70.
–, *Al di là del soggetto*, Feltrinelli, Milano 1981.
–, *Etica dell'interpretazione*, Rosenberg & Sellier, Torino 1989.
–, *La società trasparente*, Garzanti, Milano 1989.
–, *Oltre l'interpretazione*, Laterza, Bari 1994.
–, *Credere di credere*, Garzanti, Milano 1996.
–, *Vocazione e responsabilità del filosofo*, il melangolo, Genova 2000.
–, *Della realtà*, Garzanti, Milano 2012.
Vattimo G., Rovatti P. A. (a cura di), *Il pensiero debole*, Feltrinelli, Milano 1983.
Vayer P., *L'educazione psicomotoria nell'età prescolastica* (1971), Armando, Roma 1973.
Veca S., *Tolleranza*, Asmepa Edizioni, Bentivoglio 2012.
Vecchiet L., Calligaris A., Montanari G., Resina A., *Trattato di medicina dello sport applicata al calcio*, Il Pensiero Scientifico, Roma 1991.
Vecchio S. (a cura di), *Nostalgia. Scritti psicoanalitici*, Pierluigi Lubrina Editore, Bergamo 1989.
Vegetti Finzi S., *Ninfomania. Tempo e mito della sessualità femminile*, saggio introduttivo a J. D. T. de Bienville, *La ninfomania, ovvero il furore uterino* (1771), Marsilio, Venezia 1986.
–, *Storia della psicoanalisi*, Mondadori, Milano 1986.
–, *Alla ricerca di una soggettività femminile*, in M. Marcuzzo, A. Rossi-Doria (a cura di), *La ricerca delle donne. Studi femministi in Italia*, Rosenberg & Sellier, Torino 1987.
–, *La famiglia moltiplicata*, Franco Angeli, Milano 1988.
–, *Il bambino nella notte. Divenire donna, divenire madre*, Mondadori, Milano 1990.
–, *L'invidia*, Scheiwiller, Milano 1990.
–, *Il romanzo della famiglia. Passioni e ragioni del vivere insieme*, Mondadori, Milano 1992.
– (a cura di), *Psicoanalisi al femminile*, Laterza, Bari 1992.
– (a cura di), *Storia delle passioni*, Laterza, Bari 1995.
–, *Il mito delle origini. Dalla Madre alle madri, un percorso di identità femminile*, in S. Lagorio, L. Ravasi, S. Vegetti Finzi, *Se noi siamo la terra. Identità femminile e negazione della maternità*, il Saggiatore, Milano 1996.
–, *Volere un figlio. La nuova maternità fra natura e scienza*, Mondadori, Milano 1997.
–, *Claustrofilia tra nostalgia e utopia del materno*, in "Iride. Filosofia e discussione pubblica", 1999, n. 27, pp. 354-375.
–, *Quando i genitori si dividono. Le emozioni dei figli*, Mondadori, Milano 2005.
–, *L'ospite più atteso. Vivere e rivivere le emozioni della maternità*, Einaudi, Torino 2017.
Vegetti Finzi S., Battistin A. M., *L'età incerta. I nuovi adolescenti*, Mondadori, Milano 2000.
Vegetti Finzi S., Catenazzi M., *Psicoanalisi ed educazione sessuale*, Laterza, Bari 1994.
Veglia F. (a cura di), *Storie di vita. Narrazione e cura in psicoterapia cognitiva*, Bollati Boringhieri, Torino 1999.
Veith I., *Hysteria. The history of a disease*, University Press, Chicago 1965.
Vella G., *Psicoterapia relazionale*, Masson, Milano 1984.
–, *Psichiatria e psicopatologia*, Liviana, Padova 1994.
Vella G., Aragona M., *Metodologia della diagnosi in psicopatologia. Categorie e dimensioni*, Bollati Boringhieri, Torino 2000.

Vella G., Loriedo C., *Terapie relazionali e sistemiche*, in G. B. Cassano, P. Pancheri *et al.* (a cura di), *Trattato italiano di psichiatria* (1992), Masson, Milano 1999, vol. III, pp. 3557-3580.
Vella G., Siracusano A., *Ansia e medicina di base. Elementi di psicopatologia e medicina*, Il Pensiero Scientifico, Roma 1992.
–, *La complessità della memoria*, Il Pensiero Scientifico, Roma 1992.
Vella G., Solfaroli Camillocci D., *Né con te né senza di te. La coppia in stallo*, Il Pensiero Scientifico, Roma 1998.
Velotti P. (a cura di), *Legami che fanno soffrire. Dinamiche e trattamento delle relazioni di coppia violente*, il Mulino, Bologna 2012.
–, *Comprendere il male. Il disturbo antisociale della personalità*, il Mulino, Bologna 2015.
Vender S., *La maschera della finzione. Realtà, verità e bugia tra malato e istituzione curante*, Il Pensiero Scientifico, Roma 1997.
Veneziani M., *Di padre in figlio. Elogio della tradizione*, Laterza, Bari 2001.
–, *Amor fati. La vita tra caso e destino*, Mondadori, Milano 2010.
–, *Alla luce del mito*, Marsilio, Venezia 2017.
Venturini R., Lombardo Radice M., Imperiali M. G., *Color-Word-Test*, Organizzazioni Speciali (O. S.), Firenze 1985.
Vercelli G., *Vincere con la mente*, Ponte alle Grazie, Firenze 2005.
Vercellone F., *Introduzione a "Il nichilismo"*, Laterza, Bari 1992.
Vercelloni L., *Viaggio intorno al gusto. L'odissea della sensibilità occidentale dalla società di corte all'edonismo di massa*, Mimesis, Milano 2005.
Verdellen C., Griendt J. van de, *I tic nei bambini. Programma di intervento cognitivo comportamentale* (2014), Erickson, Trento 2016.
Verdiglione A. (a cura di), *Follia e società segregativa*, Feltrinelli, Milano 1974.
– (a cura di), *Il godimento e la legge*, Marsilio, Venezia 1975.
– (a cura di), *Psicoanalisi e semiotica*, Feltrinelli, Milano 1975.
– (a cura di), *Sessualità e politica*, Feltrinelli, Milano 1976.
– (a cura di), *Sessualità e potere*, Marsilio, Venezia 1976.
– (a cura di), *Sessualità nelle istituzioni*, Marsilio, Venezia 1976.
–, *La follia*, Feltrinelli, Milano 1977.
–, *La follia nella psicoanalisi*, Marsilio, Venezia 1977.
–, *Violenza e psicoanalisi*, Feltrinelli, Milano 1978.
– (a cura di), *La paranoia, l'antropologismo*, Spirali, Milano 1980.
Vergani C., Grassi M., *La nuova longevità. Le scoperte della medicina per prolungare e migliorare la nostra vita*, Mondadori, Milano 1997.
–, *Note pratiche di diagnosi e terapia per l'anziano*, Elsevier Masson, Milano 2008.
Vergani C., Schiavi G., *Ancora giovani per essere vecchi*, Edizioni Corriere della Sera, Milano 2014.
Vergani M., *Separazione e relazione. Prospettive etiche nell'epoca dell'indifferenza*, Edizioni ETS, Pisa 2012.
–, *Responsabilità. Rispondere di sé, rispondere all'altro*, Raffaello Cortina, Milano 2015.
Verità R., *Con la testa fra le favole. Favole per bambini che pensano serenamente*, Erickson, Trento 2015.
Vermigli P., Travaglia G., Alcini S., Galluccio M., *Test ACESS*, Erickson, Trento 2007.
Vernant J.-P., *Mito e pensiero presso i Greci. Studi di psicologia storica* (1965), Einaudi, Torino 1970.
–, *L'individuo, la morte, l'amore* (1989), Raffaello Cortina, Milano 2000.
Vernant J.-P., Vidal-Naquet P., *Mito e tragedia nell'antica Grecia. La tragedia come fenomeno sociale estetico e psicologico* (1972), Einaudi, Torino 1976.
–, *Mito e tragedia due. Da Edipo a Dioniso* (1986), Einaudi, Torino 1991.
Vernon M. D., *La psicologia della percezione* (1962), Astrolabio, Roma 1968.
Vernon Ph. E., *The structure of human abilities*, Methuen, London 1950.
–, *Intelligence and cultural environment*, Methuen, London 1969.
Veronesi U., *Il diritto di morire. La libertà del laico di fronte alla sofferenza*, Mondadori, Milano 2005.
Vertecchi B., *La scuola dell'obbligo*, in S. Marsicano (a cura di), *Comunicazione e disagio sociale*, Franco Angeli, Milano 1987.
Vertucci P., *Neuropsicofarmacologia ed età evolutiva*, Guido Gnocchi Editore, Napoli 1994.
Verusio C., *Doctoring Doctors. Curare un collega ammalato di cancro*, in Attivecomeprima, Fondazione AIOM, *Quando il medico diventa paziente. Progetto Chirone. La prima indagine in Italia sui medici che vivono o hanno vissuto l'esperienza del cancro*, Franco Angeli, Milano 2007.
Verusio C., Marconi M., De Bortoli A., *Programmazione ed organizzazione del supporto psicologico a pazienti e familiari in una unità operativa di oncologia medica*, in "Bios", 2010, a. XII, n. 1, pp. 80-82.

Vezzani B., *Narrare il gruppo*, Unipress, Padova 1994.
–, *Gruppi e qualità*, Unipress, Padova 1998.
Viale R. (a cura di), *Mente umana, mente artificiale*, Feltrinelli, Milano 1989.
Vianello M., Caramazza E., *Genere spazio potere. Verso una società post-maschilista*, Dedalo, Bari 2006.
Vianello R., *Ricerche psicologiche sulla religiosità infantile*, Giunti Barbera, Firenze 1980.
Viano C. A., *Etica*, Isedi, Milano 1977.
– (a cura di), *Teorie etiche contemporanee*, Bollati Boringhieri, Torino 1990.
Viaud G., *Les instincts*, Puf, Paris 1952.
–, *L'intelligenza* (1960), Feltrinelli, Milano 1963.
Vicari S., *La sindrome di Down*, il Mulino, Bologna 2007.
Vicari S., Caselli M. C. (a cura di), *I disturbi dello sviluppo. Neuropsicologia clinica e ipotesi riabilitative*, il Mulino, Bologna 2002.
– (a cura di), *Neuropsicologia dello sviluppo*, il Mulino, Bologna 2010.
Vicari S., Marotta L., Luci A., Romano A., *TFL. Test Fono-Lessicale. Valutazione delle abilità lessicali in età prescolare*, Erickson, Trento 2007.
Vicari S., Valeri G., Fava L., *L'autismo. Dalla diagnosi al trattamento*, il Mulino, Bologna 2012.
Vicario G. B., *Tempo psicologico ed eventi*, Giunti Barbera, Firenze 1973.
–, *Il tempo. Saggio di psicologia sperimentale*, il Mulino, Bologna 2005.
Vickers D., *Discrimination*, in A. T. Welford, *Reaction times*, Academic Press, London 1980, pp. 25-72.
Vico G., *La scienza nuova seconda* (1744), Laterza, Bari 1953.
Victoroff D., *Psicosociologia della pubblicità*, Edizioni Paoline, Roma 1972.
Viderman S., *Il denaro. In psicoanalisi e al di là* (1992), Raffaello Cortina, Milano 1993.
Vidotto G., Xausa E., Pedon A., *Statistica per psicologi*, il Mulino, Bologna 1996.
Vief B., *Dipendenza*, in Ch. Wulf (a cura di), *Cosmo, corpo, cultura. Enciclopedia antropologica* (1997), Bruno Mondadori, Milano 2002, pp. 910-925.
Viganò C., *Madre Donna*, in AA.VV., *Atti del Convegno del Campo Freudiano in Italia*, Marcos y Marcos, Roma 1993.
–, *Psichiatria non psichiatria. La follia nella società che cambia*, Borla, Roma 2009.
Vigarello G., *Storia della violenza sessuale* (1998), Marsilio, Venezia 2001.
Viggiano M. P., *Introduzione alla psicologia cognitiva. Modelli e metodi*, Laterza, Bari 1995.
Vigna C., *Etica*, in AA.VV., *Gli strumenti del sapere contemporaneo*, vol. I: *Le discipline*, Utet, Torino 1985, pp. 272-291.
– (a cura di), *Introduzione all'etica*, Vita e Pensiero, Milano 2001.
Vigna C., Zamagni S. (a cura di), *Multiculturalismo e identità*, Vita e Pensiero, Milano 2002.
Vigna C., Zanardo S. (a cura di), *La regola d'oro come etica universale*, Vita e Pensiero, Milano 2005.
Villano P., *Pregiudizi e stereotipi*, Carocci, Roma 2003.
Villone Betocchi G. (a cura di), *Problemi di metodologia di studio delle rappresentazioni sociali*, in "Psicologia e Società", 1986, n. 1.
Vinay M.-P., *Igiene mentale*, Edizioni Paoline, Cinisello Balsamo 1970.
Viney L. L., *Storie di vita nel lavoro con l'anziano* (1994), Erickson, Trento 2001.
Vincelli F., Riva G., Molinari E., *Realtà virtuale in psicologia clinica. Nuovi percorsi di intervento nel disturbo di panico con agorafobia*, McGraw-Hill, Milano 2007.
Vio C., De Meo T., *TDM-CC. Teoria della mente e coerenza centrale*, Erickson, Trento 2014.
Vio C., Marzocchi G. M., Offredi F., *Il bambino con deficit di attenzione/iperattività. Diagnosi psicologica e formazione dei genitori*, Erickson, Trento 1999.
Violani C., De Gennaro L., Solano L., *Hemispheric differentiation and dream recall. Subjective estimates of sleep and dreams in different handedness groups*, in "International Journal of Neuroscience", 1988, n. 39, pp. 9-14.
Virilio P., *La bomba informatica* (1998), Raffaello Cortina, Milano 2000.
Visalberghi A., *Problemi della ricerca pedagogica*, La Nuova Italia, Firenze 1965.
–, *Pedagogia e scienza dell'educazione*, Mondadori, Milano 1978.
Visconti L., *Studio bibliografico sulla delinquenza giovanile con particolare riferimento alle bande*, in "Infanzia anormale", 1961, n. 40.
Viscott D. S., *A musical idiot savant*, in "Psychiatry", 1970, n. 33, pp. 494-515.
Visone R., *Prima dell'evoluzione. Le radici politiche della filosofia di Spencer e la Social statics del 1850*, Le Cariti, Firenze 2010.
Vitiello V., *Utopia del nichilismo tra Nietzsche e Heidegger*, Guida, Napoli 1983.
–, *Dire il silenzio*, in AA.VV., *Filosofia 90*, Laterza, Bari 1991.

–, *Elogio dello spazio. Ermeneutica e topologia*, Bompiani, Milano 1994.
–, *Oblio e memoria del sacro*, Moretti & Vitali, Bergamo 2008.
Vitolo A., *Le psicoterapie*, il Saggiatore, Milano 1997.
– (a cura di), *Radici della cura laica*, Borla, Roma 1997.
Vitullo A., *Leadership riflessive. La ricerca di anima nelle organizzazioni*, Apogeo, Milano 2007.
–, *Leadershit. Rottamare la mistica della leadership e farci spazio nel mondo*, Ponte alle Grazie, Milano 2011.
Vitullo A., Zezza R., *Maam. La maternità è un master che rende più forti uomini e donne*, Rizzoli, Milano 2014.
Viviani A., Pisillo Mazzeschi R., *Responsabilità*, in M. Flores (a cura di), *Diritti umani. Cultura dei diritti e dignità della persona nell'epoca della globalizzazione*, Utet, Torino 2007, vol. II, pp. 1160-1171.
Voci A., *Schema*, in AA.VV., *Psiche. Dizionario storico di psicologia, psichiatria, psicoanalisi, neuroscienze*, Einaudi, Torino 2006-2007, vol. II, pp. 976-980.
–, *Essere altruisti*, il Mulino, Bologna 2014.
Voegelin E. H. W., *Razza. Storia di un'idea* (1933), Medusa, Milano 2006.
Vogel F. S. *et al.*, *Surgical pathology of the nervous system and its coverings*, Churchill Livingstone, New York 2002.
Vogt-Hägerbäumer B., *La gravidanza. Un'esperienza che riguarda la donna, l'uomo e la società*, Feltrinelli, Milano 1981.
Völgyesi F. A., *Hypnotherapie und psychosomatische Probleme*, Hippokrates, Stuttgart 1950.
Volhard E., *Il cannibalismo. Civiltà, cultura, costumi degli antropofagi del mondo* (1987), Bollati Boringhieri, Torino 1991.
Volli U., *Apologia del silenzio imperfetto. Cinque riflessioni intorno alla filosofia del linguaggio*, Feltrinelli, Milano 1991.
–, *Fascino. Feticismi e altre idolatrie*, Feltrinelli, Milano 1997.
–, *Figure del desiderio. Corpo, testo, mancanza*, Raffaello Cortina, Milano 2002.
Volpi B., *Gli adolescenti e la rete*, Carocci, Roma 2012.
Volpi C., Ghirelli G., Contesini A., *Il burnout nelle professioni di aiuto*, in AA.VV., *Oltre la psicoterapia. Percorsi innovativi di psicologia della comunità*, La Nuova Italia Scientifica, Roma 1993.
Volpi D., *Didattica dei fumetti*, La Scuola, Brescia 1977.
Volpi F., *Il nichilismo*, Laterza, Bari 1996.
Volpi R., *La fine della famiglia*, Mondadori, Milano 2007.
Volpicelli L., *La vita del gioco*, Armando, Roma 1962.
Voltaire, *Trattato sulla tolleranza* (1763), Feltrinelli, Milano 1995.
–, *Immaginazione*, in Id., *Dizionario filosofico* (1769), Bompiani, Milano 2013, pp. 1965-1979.
Volterra V(irginia) (a cura di), *La lingua dei segni italiana. La comunicazione visivo-gestuale dei sordi*, il Mulino, Bologna 2004.
Volterra V(ittorio), *Aspetti clinici e medico-legali in psichiatria penitenziaria*, in G. B. Cassano, P. Pancheri *et al.* (a cura di), *Trattato italiano di psichiatria* (1992), Masson, Milano 1999, vol. III, pp. 3957-3976.
– (a cura di), *Assistenza psichiatrica*, in G. B. Cassano, P. Pancheri *et al.* (a cura di), *Trattato italiano di psichiatria*, cit., vol. III, pp. 3713-3742.
– (a cura di), *Disturbi da tic*, in G. B. Cassano, P. Pancheri *et al.* (a cura di), *Trattato italiano di psichiatria*, cit., vol. III, pp. 2858-2870.
– (a cura di), *Disturbi dell'alimentazione in età evolutiva*, in G. B. Cassano, P. Pancheri *et al.* (a cura di), *Trattato italiano di psichiatria*, cit., vol. III, pp. 2819-2836.
– (a cura di), *Disturbi del sonno*, in G. B. Cassano, P. Pancheri *et al.* (a cura di), *Trattato italiano di psichiatria*, cit., vol. II, pp. 2571-2594.
– (a cura di), *Disturbi psicosessuali*, in G. B. Cassano, P. Pancheri *et al.* (a cura di), *Trattato italiano di psichiatria*, cit., vol. II, pp. 2423-2460.
– (a cura di), *Il problema dell'abuso nell'infanzia*, in G. B. Cassano, P. Pancheri *et al.* (a cura di), *Trattato italiano di psichiatria*, cit., vol. III, pp. 2983-3024.
– (a cura di), *Psichiatria di comunità*, in G. B. Cassano, P. Pancheri *et al.* (a cura di), *Trattato italiano di psichiatria*, cit., vol. III, pp. 3763-3792.
– (a cura di), *Psicologia forense e aspetti di medicina legale rilevanti in psichiatria*, in G. B. Cassano, P. Pancheri *et al.* (a cura di), *Trattato italiano di psichiatria*, cit., vol. III, pp. 3899-3932.
Volterra V(ittorio), Rossi R. (a cura di), *La classificazione dei disturbi psichiatrici*, in G. B. Cassano, P. Pancheri *et al.* (a cura di), *Trattato italiano di psichiatria* (1992), Masson, Milano 1999, vol. II, pp. 1011-1053.
Voronin L. G., *Orienting reflex and exploratory behavior*, American Institute of Biological Sciences, Washington (DC) 1965.

Voyat G., *Perception and concept of time. A developmental perspective*, in B. S. Gorman, A. E. Wessman (a cura di), *Personal experience of time*, Plenum Press, New York 1977.
Vroom V. H., *Work and motivation*, Wiley, New York 1964.
Vuillet J., *La notion de milieu en pédagogie*, Puf, Paris 1962.
Vuri V., *Premi e castighi*, in AA.VV., *La pedagogia*, Vallardi, Milano 1974, vol. X.
Vygotskij L. S., *Il processo cognitivo* (1926), Bollati Boringhieri, Torino 1987.
–, *Storia dello sviluppo delle funzioni psichiche superiori* (1931), Giunti, Firenze 1974.
–, *Il gioco e la sua funzione nello sviluppo psichico del bambino* (1933), in *Antologia degli scritti*, il Mulino, Bologna 1983.
–, *Lo sviluppo psichico del bambino* (1934), Editori Riuniti, Roma 1973.
–, *Pensiero e linguaggio* (1934), Giunti Barbera, Firenze 1966.
–, *Mind and society*, Harvard University Press, Cambridge, Massachusetts, 1978.

W

Wacholder K., *Untersuchungen über organischen und nichtorganischen Tremor*, in "Archiv für Psychiatrie und Nervenkrankheiten", 1929, n. 88.
Wachtel P. L., *Comunicazione terapeutica* (2001), il Mulino, Bologna 2006.
Waddington C. H., *L'evoluzione di un evoluzionista* (1975), Armando, Roma 1979.
Waelder R., *Psychic determinism and the possibility of predications*, in "Psychoanalytic Quarterly", 1963, n. 32.
Wagner H., Silber K., *Psicologia fisiologica* (2004), il Mulino, Bologna 2006.
Wahl Ch. W., *Sindromi psicosomatiche comunemente trascurate*, in S. Arieti (a cura di), *Trattato di psichiatria* (1959-1966), Bollati Boringhieri, Torino 1969-1970, vol. II, pp. 1050-1057.
Wald Á., *Statistical decision functions*, Wiley, New York 1950.
Walk R. D., Pick H. L. (a cura di), *Perception and experience*, Plenum, New York 1978.
–, *Intersensory perception and sensory integration*, Plenum, New York 1981.
Walker H. M., Lev J., *Statistical inference*, Holt, Rinehart & Winston, New York 1953.
Wall P., *Perché proviamo dolore* (1999), Einaudi, Torino 1999.
Wallace A. F. C., *Culture and personality*, Random House, New York 1961.
Wallace P., *La psicologia di internet* (1999), Raffaello Cortina, Milano 2000.
Wallas G., *The art of thought*, Jonathan Cape, London 1926.
Wallin D. J., *Psicoterapia e teoria dell'attaccamento* (2007), il Mulino, Bologna 2009.
Walsh F., *La resilienza familiare* (1998), Raffaello Cortina, Milano 2008.
Walsh K. W., *Neuropsicologia clinica* (1978), il Mulino, Bologna 1981.
Walsh R., Vaughan F., *Beyond Ego. Transpersonal dimensions in psychology*, Tarcher, Los Angeles 1980.
Walster E., Walster G. W., Berscheid E., *Equity. Theory and research*, Allyn & Bacon, Boston 1978.
Walzer M., *Sulla tolleranza* (1997), Laterza, Bari 1998.
Wanrooij B. P. F., *Storia del pudore*, Marsilio, Venezia 1990.
Ward L. B., *Reminiscence and rote learning*, in "Psychological Medicine Monograph", 1937 n. 49.
Warner R., *Schizofrenia e guarigione* (1985), Feltrinelli, Milano 1991.
Warnock M., *Imagination*, Faber and Faber, London 1976.
Warr P., Clapperton G., *Il gusto di lavorare. Soddisfazione, felicità e lavoro* (2009), il Mulino, Bologna 2011.
Warren B. (a cura di), *Arteterapia in educazione e riabilitazione* (2006), Erickson, Trento 2010.
Warren D. H., *Blindness and early childhood development*, American Foundation for the Blind, New York 1977.
Warren H. C., *A history of the association psychology*, Scribner, New York 1921.
Warren N. (a cura di), *Studies in cross-cultural psychology*, Academic Press, London-New York 1977-1980.
Warren R. M., Warren R. P., *Helmholtz on perception. Its physiology and development*, Wiley, New York 1968.
Wartegg E., *Il reattivo di disegno* (1957), Organizzazioni Speciali (O. S.), Firenze 1972.
Wason P. C., Johnson-Laird Ph. N., *La psicologia del ragionamento* (1972), Giunti Barbera, Firenze 1977.
Watkins M. J., Gardiner J. M., *Cued recall*, in R. C. Puff (a cura di), *Handbook of research methods in human memory and cognition*, Academic Press, New York 1982.
Watson J. B., *La psicologia così come la vede il comportamentista* (1913), in *Antologia degli scritti*, il Mulino, Bologna 1976.
–, *Behavior. An introduction to comparative psychology*, Holt, New York 1914.

–, *Il comportamentismo* (1924-1930), Giunti, Firenze 1985.
–, *Psychological care of infant and child*, Harper, New York 1928.
Watson J. B., McDougall W., *The battle of behaviorism. An exposition and an exposure*, Norton, New York 1929.
Watson J. B., Rayner R., *Conditioned emotional reactions*, in "Journal of Experimental Psychology", 1920, n. 3.
Watson L. R., Lord C., Schaffer B., Schopler E., *La comunicazione spontanea nell'autismo* (1993), Erickson, Trento 2000.
Watzlawick P., *Guardarsi dentro rende ciechi. Scritti scelti con cinque saggi inediti* (1963-2006), Ponte alle Grazie, Milano 2007.
–, *Il linguaggio del cambiamento. Elementi di comunicazione terapeutica* (1977), Feltrinelli, Milano 1980.
– (a cura di), *La realtà inventata. Contributi al costruttivismo* (1981), Feltrinelli, Milano 1988.
–, *Istruzioni per rendersi infelici* (1983), Feltrinelli, Milano 1984.
–, *Il codino del Barone di Münchhausen. Ovvero: psicoterapia e "realtà"* (1988), Feltrinelli, Milano 1989.
Watzlawick P., Beavin J. H., Jackson D. D., *Pragmatica della comunicazione umana* (1967), Astrolabio, Roma 1971.
Watzlawick P., Nardone G. (a cura di), *Terapia breve strategica*, Raffaello Cortina, Milano 1997.
Watzlawick P., Weakland J. H. (a cura di), *La prospettiva relazionale* (1976), Astrolabio, Roma 1978.
Watzlawick P., Weakland J. H., Fisch R., *Change. Sulla formazione e la soluzione dei problemi* (1973), Astrolabio, Roma 1974.
Way L., *Introduzione ad Alfred Adler*, Giunti Barbera, Firenze 1969.
Weber E. H., *De pulsu, resorptione, auditu et tactu. Annotationes anatomicae et physiologicae*, F. Koehler, Leipzig 1834.
Weber M., *Il metodo delle scienze storico-sociali* (1904-1917, edito postumo nel 1922), Einaudi, Torino 1958.
–, *Sociologia delle religioni* (1904-1921), Utet, Torino 1976, voll. I-II.
–, *Studi critici intorno alla logica delle scienze della cultura* (1906), in Id., *Il metodo delle scienze storico-sociali*, cit., pp. 143-238.
–, *Il lavoro intellettuale come professione* (1919), Einaudi, Torino 1971.
–, *Economia e società* (1922, edito postumo), Edizioni di Comunità, Milano 1968.
Webley P., Burgoyne C. B., Lea S. E. G., Young B. M., *Psicologia economica della vita quotidiana* (2001), il Mulino, Bologna 2004.
Webster G. C., Goodwin B. C., *Il problema della forma in biologia* (1982), Armando, Roma 1988.
Wechsler D., *The measurement and appraisal of adult intelligence*, Williams & Wilkins, Baltimore 1939.
Wedell K., *Learning and perceptuo-motor disabilities in children*, Wiley, New York 1973.
Wegner D. M., Vallacher R. R. (a cura di), *The self in social psychology*, Oxford University Press, Oxford 1980.
Wehr G., *Novecento occulto. I grandi maestri dell'esoterismo contemporaneo* (1995), Neri Pozza, Vicenza 2002.
Weick K. E., *Senso e significato nell'organizzazione. Alla ricerca delle ambiguità e delle contraddizioni nei processi organizzativi* (1996), Raffaello Cortina, Milano 1997.
Weideger P., *Mestruazioni e menopausa* (1975), La Salamandra, Milano 1975.
Weil A., Rosen W., *Dal cioccolato alla morfina. Tutto quello che dovete sapere sulle sostanze che alterano la mente* (1983), Arcana, Roma 2007.
Weil E., *Educazione e istruzione. Scienze e discipline umanistiche oggi* (1946-1973), Guerini & Associati, Milano 1992.
Weil S., *Sulla guerra. Scritti 1933-1943*, Pratiche Editrice, Milano 1998.
–, *Attesa di Dio* (1941-1942), Rusconi, Milano 1972.
Weinberger D. R., *Implications of normal brain development for the pathogenesis of schizophrenia*, in "Archives of General Psychiatry", 1987, n. 44, pp. 660-669.
Weiner I., Elkind D., *Lo sviluppo umano* (1969), Armando, Roma 1974.
Weininger O., *Sesso e carattere* (1903), Feltrinelli, Milano 1978.
Weinreich U., *Lingue in contatto* (1953), Bollati Boringhieri, Torino 1974.
Weinrib E. L., *Immagini del Sé. Il processo della terapia del gioco della sabbia* (1983), Edizioni del Faro, Trento 2012.
Weinrich H., *Metafora e menzogna. La serenità dell'arte* (1958-1976), il Mulino, Bologna 1976.
–, *Tempus. Le funzioni dei tempi nel testo* (1964), il Mulino, Bologna 1978.
–, *Lete. Arte e critica dell'oblio* (1997), il Mulino, Bologna 1999.
Weiskrantz L., *Blindsight. A case study and implications*, Oxford University Press, Oxford 1986.
–, *Consciousness lost and found. A neuropsychological exploration*, Oxford University Press, Oxford 1997.
Weiss E(doardo), *Struttura e dinamica della mente umana* (1960), Raffaello Cortina, Milano 1991.
Weiss E(dward), English O. S., *Medicina psicosomatica. Applicazione clinica della psicopatologia ai problemi generali della medicina* (1949), Astrolabio, Roma 1950.
Weiss J., *Come funziona la psicoterapia* (1993), Bollati Boringhieri, Torino 1999.
Weitz Sh., *Sex roles*, Oxford University Press, New York 1977.
Weitzenhoffer A. M., *Hypnotisme. An objective study in suggestibility*, Wiley, New York 1953.

Weizenbaum J., *Computer power and human reason*, Freeman, San Francisco 1976.
Weizsäcker V. von, *Filosofia della medicina* (1926-1949), Guerini & Associati, Milano 1990.
Welford A. T., *Fundamentals of skill*, Methuen, London 1968.
Wellek A., *Die Polarität im Aufbau des Charakters*, Francke, Bern 1950.
Wells A., *Disturbi emozionali e metacognizione. Nuove strategie di psicoterapia cognitiva* (2000), Erickson, Trento 2002.
Wells B., *Le droghe psichedeliche. Aspetti psicologici, medici e sociali* (1975), Feltrinelli, Milano 1977.
Weltner K., *Informationstheorie und Erziehungswissenschaften*, Schnelle, Quickborn 1970.
Welzer-Lang D., *Maschi e altri maschi. Gli uomini e la sessualità* (2004), Einaudi, Torino 2006.
Werner H., *Psicologia comparata dello sviluppo mentale* (1940), Giunti Barbera, Firenze 1970.
Werner H., Kaplan B., *La formazione del simbolo* (1984), Raffaello Cortina, Milano 1989.
Wernicke C., *Il complesso dei sintomi dell'afasia* (1874), in L. Mecacci, A. Zani, *Teorie del cervello*, Loescher, Torino 1982.
–, *Über das Bewusstsein*, in "Allgemeine Zeitschrift für Psychiatrie", 1879, n. 35.
–, *Über den wissenschaftlichen Standpunkt in der Psychiatrie*, Fischer, Kassel 1880.
–, *Grundriss der Psychiatrie in klinischen Vorlesungen*, Thieme, Leipzig 1894.
Wertheimer M., *Studi sperimentali sulla percezione del movimento* (1912), in L. Anolli (a cura di), *Psicologia generale*, Il Cisalpino, Bologna 1996.
–, *Untersuchungen zur Lehre von der Gestalt, I: Prinzipielle Bemerkungen*, in "Psychologische Forschung", 1922, n. 1, pp. 47-58.
–, *Untersuchungen zur Lehre von der Gestalt, II*, in "Psychologische Forschung", 1923, n. 4, pp. 301-350.
–, *Drei Abhandlungen zur Gestalttheorie*, Verlag der Philosophischen Akademie, Erlangen 1925.
–, *Über Gestalttheorie*, in "Symposion", 1940, n. 1.
–, *Il pensiero produttivo* (1945, edito postumo), Giunti Barbera, Firenze 1965.
Westen D., Shedler J., Lingiardi V., *La valutazione della personalità con la SWAP-200* (1998-2000), Raffaello Cortina, Milano 2003.
Westendorp R., *Come invecchiare senza diventare vecchi. La scienza della longevità felice* (2014), Ponte alle Grazie, Milano 2014.
Wharton W., *Orgoglio* (1985), Feltrinelli, Milano 1987.
Whitaker H., Whitaker H. A. (a cura di), *Studies in neurolinguistics*, Academic Press, New York 1976-1980, voll. I-IV.
White A. R., *Attention*, University Press, Oxford 1964.
White G. E., *Socialization*, Longman, London 1977.
White L. A., *La scienza della cultura* (1949), Sansoni, Firenze 1969.
White M., Epston D., *La terapia come narrazione* (1990), Astrolabio-Ubaldini, Roma 1992.
White R. A. (a cura di), *Surveys in parapsychology. Reviews of the literature with updated bibliographies*, Scarecrow Press, Metuchen, New Jersey, 1976.
White R. K., *An experimental study of leadership and group life*, in Th. Newcomb, E. L. Hartley (a cura di), *Readings in social psychology*, Holt, New York 1947.
White W. A., *Pazzi da slegare. Alle origini della psichiatria umanistica* (1921), Castelvecchi, Roma 2016.
Whitehead A. N., *Il divenire della religione* (1926), Paravia, Milano 1963.
–, *Simbolismo* (1927), Raffaello Cortina, Milano 1998.
–, *La funzione della ragione* (1929), La Nuova Italia, Firenze 1958.
Whitmont E. C., *La ricerca simbolica. Concetti di base della psicologia analitica* (1969), Astrolabio, Roma 1982.
–, *Omeopatia e psicoanalisi* (1980), Red Edizioni, Como 1987.
–, *Il sorriso della leonessa. Alle sorgenti del femminile* (1982), Piemme, Casale Monferrato 1999.
Whittington H. G., *I centri di igiene mentale nel territorio* (1973), Martinelli, Firenze 1976.
Whitty C. W. M., Zangwill O. L. (a cura di), *Amnesia. Clinical, psychological and medicolegal aspects*, Butterworth, London 1977.
Whorf B. L., *Linguaggio, pensiero e realtà* (1956), Bollati Boringhieri, Torino 1970.
Whyte W. H., *L'uomo dell'organizzazione* (1956), Einaudi, Torino 1971.
Wickelgren W. A., *How to solve problems*, Freeman, San Francisco 1974.
Wicker A. W., *Attitudes versus actions. The relationship of verbal and overt responses to attitude objects*, in "Journal of Social Issues", 1969, n. 25.
Wickler W., *Mimetismo animale e vegetale* (1968), il Saggiatore, Milano 1968.
Wickstrom R. L., *Fundamental motor patterns*, Lea & Feloiger, Philadelphia 1970.
Widmann C., *Il simbolismo dei colori*, Piovan, Abano Terme 1988.

–, *Il mito del denaro*, Edizioni Magi, Roma 2009.
Wiener N., *La cibernetica* (1948), il Saggiatore, Milano 1968.
Wieser R., *Grundriss der Graphologie*, Reinhardt, München 1969.
Wieviorka M., *Lo spazio del razzismo* (1991), il Saggiatore, Milano 1996.
Wilber K., *The holographic paradigm and other paradoxes. Exploring the leading edge of science*, Sahambhala, London 1982.
Wilden A., *Comunicazione*, in AA.VV., *Enciclopedia*, Einaudi, Torino 1978, vol. III, pp. 601-695.
–, *Informazione*, in AA.VV., *Enciclopedia*, cit., 1979, vol. VII, pp. 562-628.
Wilhelm R. (a cura di), *I King. Il libro dei mutamenti*, Astrolabio, Roma 1950.
Williams B., *In principio era l'azione* (2005), Feltrinelli, Milano 2007.
Williams B. A. O., *Ragioni interne ed esterne*, in Id., *La sorte morale* (1981), il Saggiatore, Milano 1987.
Williams F., *Test TCD. Test della creatività e del pensiero divergente* (1993), Erickson, Trento 1994.
Williams F. P., McShane M., *Devianza e criminalità* (1997), il Mulino, Bologna 1999.
Williams G. Ch., *Adaptation and natural selection*, Princeton University Press, Princeton, New Jersey, 1966.
Williams K. C., *Psicologia per il marketing* (1986), il Mulino, Bologna 1988.
Williams M., *Brain damage and the mind*, Penguin, London 1970.
Williams R(iccardo) (a cura di), *Trauma e relazioni. Le prospettive scientifiche e cliniche contemporanee*, Raffaello Cortina, Milano 2009.
Williams R(ichard), *Career management and career planning*, HM Stationery Office, London 1981.
Wilmanns K., *Zur Psychopathologie des Landstreichers*, Barth, Leipzig 1906.
Wilson B. R., *Rationality*, Schocken Books, New York 1971.
Wilson E. O., *Sociobiologia. La nuova sintesi* (1975), Zanichelli, Bologna 1979.
–, *Sulla natura umana* (1978), Zanichelli, Bologna 1980.
Wimmer M., *Straniero*, in Ch. Wulf (a cura di), *Cosmo, corpo, cultura. Enciclopedia antropologica* (1997), Bruno Mondadori, Milano 2002, pp. 1093-1105.
Wind E., *Misteri pagani nel Rinascimento* (1958), Adelphi, Milano 1985.
–, *Humanitas e ritratto eroico* (1986), Adelphi, Milano 2000.
Windelband W., *Preludi. Saggi e discorsi d'introduzione alla filosofia* (1884), Bompiani, Milano 1947.
Wing J. K., Hailey A. M., *Evaluating a community psychiatric service*, Oxford University Press, London 1972.
Wing J. K., Morris B., *Handbook of psychiatric rehabilitation practice*, University Press, Oxford 1981.
Wing J. K. *et al.*, *The concept of a "case" in psychiatric population surveys*, in "Psychological Medicine", 1978, n. 8.
Wing L., *I bambini autistici* (1968), Armando, Roma 1974.
Winnicott D. W., *Hate in the countertransference*, in "International Journal of Psycho-Analysis", 1949, n. 30.
–, *Oggetti transizionali e fenomeni transizionali* (1953), in Id., *Dalla pediatria alla psicoanalisi. Scritti scelti* (1958), Martinelli, Firenze 1975.
–, *Dalla pediatria alla psicoanalisi. Scritti scelti* (1958), Martinelli, Firenze 1975.
–, *Il controtransfert* (1960), in Id., *Sviluppo affettivo e ambiente. Studi sulla teoria dello sviluppo affettivo* (1965), Armando, Roma 1970.
–, *La famiglia e lo sviluppo dell'individuo* (1965), Armando, Roma 1968.
–, *Sviluppo affettivo e ambiente. Studi sulla teoria dello sviluppo affettivo* (1965), Armando, Roma 1970.
–, *La distorsione dell'Io in rapporto al vero e al falso Sé*, in Id., *Sviluppo affettivo e ambiente*, cit.
–, *Esplorazioni psicoanalitiche* (1968-1971), Raffaello Cortina, Milano 1995.
–, *L'uso dell'oggetto e l'entrare in rapporto attraverso identificazioni* (1969), in Id., *Gioco e realtà* (1971), Armando, Roma 1974.
–, *Gioco e realtà* (1971), Armando, Roma 1974.
–, *Il bambino deprivato* (1984, edito postumo), Raffaello Cortina, Milano 1986.
–, *I bambini e le loro madri* (1987, edito postumo), Raffaello Cortina, Milano 1987.
–, *Colloqui con i genitori* (1992, edito postumo), Raffaello Cortina, Milano 1993.
Winograd T., *Understanding natural language*, Academic Press, New York 1972.
Winzen K., *Die Abhängigkeit der paarweisen Assoziation von der Stellung des besser haftenden Gliedes*, in "Zeitschrift für Psychologie", 1921, n. 86.
Wirz P., *Anthropologische und ethnologische Ergebnisse der Zentral Neu-Guinea Expedition 1921-1922*, in "Nova Guinea", 1925, n. XVI.
Witkin H. A. *et al.*, *Personality through perception*, Harper & Row, New York 1954.

–, *La differenziazione psicologica* (1962), Bulzoni, Roma 1976.
Wittgenstein L., *Tractatus logico-philosophicus* (1921), Einaudi, Torino 1964.
–, *Osservazioni sulla filosofia della psicologia* (1946-1949, edito postumo nel 1980), Adelphi, Milano 1990.
–, *Ricerche filosofiche* (1953), Einaudi, Torino 1967.
–, *Osservazioni sui colori. Una grammatica del vedere* (1977), Einaudi, Torino 1982.
Wittig M. A., Petersen A. C. (a cura di), *Sex-related differences in cognitive functioning. Developmental issues*, Academic Press, New York 1979.
Wolberg L. R., *Hypnoanalysis*, Grune & Stratton, New York 1945.
Wolff Ch., *Philosophia rationalis sive logica*, Renger, Frankfurt a.M.-Leipzig 1728.
–, *Psychologia rationalis*, Renger, Frankfurt a.M.-Leipzig 1734.
Wolff J., *Psychologie économique*, Economica, Paris 1996.
Wolff T., *Einführung in die Grundlagen der Komplexen Psychologie*, in AA.VV., *Die kulturelle Bedeutung der komplexen Psychologie*, Psychologischer Club, Zürich 1935.
–, *Introduzione alla psicologia di Jung* (1981), Moretti & Vitali, Bergamo 1991.
Wolman B. B. *et al.*, *Handbook of parapsychology*, Van Nostrand Reinhold, New York 1977.
Wolpe J., *Psychotherapy by reciprocal inhibitions*, Stanford University Press, Stanford, California, 1958.
–, *Tecniche di terapia del comportamento* (1969), Franco Angeli, Milano 1972.
Wolpe J., Lazarus A. A., *Behavior therapy techniques. A guide to the treatment of neuroses*, Pergamon, Oxford 1966.
Wolpe J., Zappone G., *Origine e superamento delle paure inutili*, Masson, Milano 1987.
Wolpert D. M., Ghahramani Z., *Computational principles of movement neuroscience*, in "Nature Neuroscience", 2000, n. 3, pp. 234-243.
Woodman M., *Lo sposo nascosto. L'aspetto maschile nella psicologia della donna* (1990), Red Edizioni, Como 1991.
Woods G. E., *Il bambino handicappato* (1977), Il Pensiero Scientifico, Roma 1994.
Woods P., *The divided school*, Routledge & Kegan, London 1979.
Woodworth R. S., Schlosberg H., *Experimental psychology*, Holt, New York 1956.
Woollams S., Brown M. H., *Transactional analysis*, Huron Valley Institute Press, Dexter, Michigan, 1978.
Wordsworth W., *Arcobaleno*, in *Poesie scelte*, Rubbettino, Soveria Mannelli 1999.
Worringer W., *Astrazione e empatia* (1908), Einaudi, Torino 1997.
Wright Ch., *L'evoluzione dell'autocoscienza* (1873), Spirali/Vel, Milano 1990.
Wright S., *Evolution and the genetics of populations*, The University of Chicago Press, Chicago 1977.
Wright Mills Ch., *L'immaginazione sociologica* (1959), il Saggiatore, Milano 1962.
–, *Immagini dell'uomo* (1960), Edizioni di Comunità, Milano 1982.
Wuehl M. I. (a cura di), *Trappole seduttive. L'abuso sul minore e le sue ambivalenze*, Vivarium, Milano 1996.
–, *L'ascolto in analisi. Esperienze e riflessioni psicoanalitiche*, Vivarium, Milano 2009.
– (a cura di), *De invidia. Considerazioni cliniche sul tema dell'invidia*, Vivarium, Milano 2012.
Wulf Ch. (a cura di), *Cosmo, corpo, cultura. Enciclopedia antropologica* (1997), edizione italiana a cura di A. Borsari, Bruno Mondadori, Milano 2002.
–, *Anima*, in Id. (a cura di), *Cosmo, corpo, cultura. Enciclopedia antropologica*, cit., pp. 990-996.
–, *Gesto*, in Id. (a cura di), *Cosmo, corpo, cultura. Enciclopedia antropologica*, cit., pp. 523-531.
–, *Occhio*, in Id. (a cura di), *Cosmo, corpo, cultura. Enciclopedia antropologica*, cit., pp. 448-461.
–, *Orecchio*, in Id. (a cura di), *Cosmo, corpo, cultura. Enciclopedia antropologica*, cit., pp. 461-467.
–, *Rito*, in Id. (a cura di), *Cosmo, corpo, cultura. Enciclopedia antropologica*, cit., pp. 1054-1062.
–, *Sessualità*, in Id. (a cura di), *Cosmo, corpo, cultura. Enciclopedia antropologica*, cit., pp. 277-293.
–, *Silenzio*, in Id. (a cura di), *Cosmo, corpo, cultura. Enciclopedia antropologica*, cit., pp. 1148-1156.
Wulff E., *Psichiatria e classi sociali* (1974), Laterza, Bari 1977.
Wundt W. M., *Beiträge zur Theorie der Sinneswahrnehmung* (1858-1862), C. F. Winter, Leipzig-Heidelberg 1862.
–, *Grundzüge der physiologischen Psychologie*, Engelmann, Leipzig 1873-1874.
–, *Der Spiritismus. Eine sogenannte wissenschaftliche Frage*, Engelmann, Leipzig 1879.
–, *System der Philosophie*, Engelmann, Leipzig 1889.
–, *Ipnotismo e suggestione. Studio critico* (1893), Sandron, Palermo 1923.
–, *Lineamenti di psicologia* (1896), in *Scritti scelti*, Utet, Torino 2006.

–, *Elementi di psicologia dei popoli. Linee fondamentali della storia dell'evoluzione psicologica dell'umanità* (1900-1920), in *Scritti scelti*, cit.
Wunenburger J.-J., *L'utopie ou la crise de l'imaginaire*, Delarge, Paris 1979.
–, *L'immaginario* (2003), il melangolo, Genova 2008.
Wylie R. C., *La struttura della personalità* (1961), Armando, Roma 1967.

X

Xaiz C., Micheli E., *Gioco e interazione sociale nell'autismo*, Erickson, Trento 2005.

Y

Yalom I. D., *Teoria e pratica della psicoterapia di gruppo* (1970), Bollati Boringhieri, Torino 1977.
Yapko M. D., *Hypnosis and treating depression. Applications in clinical practice*, Routledge, New York 2006.
Yates F., *Giordano Bruno e la tradizione ermetica* (1964), Laterza, Bari 1985.
Yerkes R. M., Dodson J. D., *The relation of strength of stimulus to rapidity of habit-formation*, in "Journal of Comparative Neurology and Psychology", 1908, n. 18. pp. 459-482.
Young A. W., Ellis H. D., *Handbook of research on face processing*, North Holland, Amsterdam 1989.
Young J. Z., *A model of the brain*, Oxford University Press, Oxford 1964.
Young O. R., *Bargaining. Formal theories of negotiation*, University of Illinois Press, Urbana, Illinois, 1975.
Young P. Th., *Motivation and emotion. A survey of the determinants of human and animal activity*, Wiley, New York 1961.
Young R. M., *Production systems as models of cognitive development*, in "Artificial Intelligence and the Simulation of Behavior", 1974, n. 1.
Young-Bruehl E., *Freud sul femminile* (1990), Bollati Boringhieri, Torino 1993.

Z

Zagrebelsky G., *Rispetto, legalità, equità*, Asmepa Edizioni, Bologna 2012.
Zahavi A(motz), Zahavi A(vishag), *Il principio dell'handicap. La logica della comunicazione animale* (1997), Einaudi, Torino 1997.
Zajonc R. B., *Social facilitation*, in "Science", 1965, n. 149.
Zaleznik A., Christensen C. R., Roethlisberger F. J., *Motivazione, produttività e soddisfazione nel lavoro* (1961), il Mulino, Bologna 1964.
Zambelloni F., *Autorità e autoritarismo*, La Nuova Italia, Firenze 1978.
Zambon Hobart A., *La persona con sindrome di Down*, Il Pensiero Scientifico, Roma 1996.
Zambrano M., *Persona e democrazia* (1958), Bruno Mondadori, Milano 2000.
–, *Verso un sapere dell'anima* (1991), Raffaello Cortina, Milano 1996.
Zammarano F., *Medicina omeopatica. Dalle origini a oggi*, Cappelli, Bologna 1951.
Zammuner V. L., *Tecniche dell'intervista e del questionario* (1996), il Mulino, Bologna 1998.
–, *I Focus Group* (2001), il Mulino, Bologna 2003.
Zamperini A., *Psicologia sociale della responsabilità. Giustizia, politica, etica e altri scenari*, Utet Libreria, Torino 1998.
– (a cura di), *Responsabilità civica e psicologia della convivenza*, Franco Angeli, Milano 2005.
–, *L'indifferenza. Conformismo del sentire e dissenso emozionale*, Einaudi, Torino 2007.
–, *La bestia dentro di noi. Smascherare l'aggressività*, il Mulino, Bologna 2014.
Zamperini A., Testoni I., *Psicologia sociale*, Einaudi, Torino 2002.
–, *Aggressività e altruismo*, in Id., *Psicologia sociale*, cit., pp. 190-214.
–, *Atteggiamento e comportamento*, in Id., *Psicologia sociale*, cit., pp. 56-82.
–, *Cognizione e rappresentazioni sociali*, in Id., *Psicologia sociale*, cit., pp. 83-127.
–, *I gruppi sociali*, in Id., *Psicologia sociale*, cit., pp. 252-294.
–, *L'influenza sociale*, in Id., *Psicologia sociale*, cit., pp. 215-251.
–, *L'obbedienza*, in Id., *Psicologia sociale*, cit., pp. 56-82.
–, *Pregiudizio, discriminazione e conflitto intergruppi*, in Id., *Psicologia sociale*, cit., pp. 277-294.
–, *Relazioni sociali e formazione del Sé*, in Id., *Psicologia sociale*, cit., pp. 128-160.
–, *Il mantello di Mefistofele. Psicologia sociale e processi di formazione*, Utet Libreria, Torino 2003.
Zanardo S., *Il legame del dono*, Vita e Pensiero, Milano 2007.

Zanasi M., Ciani N. (a cura di), *Manuale di gruppoanalisi. Oltre l'individuo. Teoria e indicazioni della psicoanalisi attraverso il gruppo*, Franco Angeli, Milano 1995.

Zanatta A. L., *Le nuove famiglie*, il Mulino, Bologna 2008.

Zanetti M. A. (a cura di), *L'alfabeto dei bulli*, Erickson, Trento 2008.

Zanetti M. A., Miazza D., *SR 4-5. School Readiness. Prove per l'individuazione delle abilità di base nel passaggio dalla scuola d'infanzia alla primaria* (2002), Erickson, Trento 2012.

Zani A., *Ritmi biologici e lavoro a turni*, in "Sapere", 1983, n. 5.

Zani B., *Stress*, in AA.VV., *Psiche. Dizionario storico di psicologia, psichiatria, psicoanalisi, neuroscienze*, Einaudi, Torino 2006-2007, vol. II, pp. 1058-1063.

Zani B., Cicognani E., *Le vie del benessere*, Carocci, Roma 1999.

–, *Psicologia della salute. Il ruolo fondamentale della psicologia nella salvaguardia della salute e nella prevenzione della malattia*, il Mulino, Bologna 2000.

Zani B., Palmonari A. (a cura di), *Manuale di psicologia di comunità*, il Mulino, Bologna 1996.

Zannini L., *Medical humanities e medicina narrativa. Nuove prospettive nella formazione dei professionisti della cura*, Raffaello Cortina, Milano 2008.

Zanobini M., Manetti M., Usai M. C., *La famiglia di fronte alla disabilità. Stress, risorse e sostegni*, Erickson, Trento 2002.

Zappa L. E., *Lo specchio deformante e l'immagine riflessa. Narcisismo e anoressia*, in Id. (a cura di), *Alice in fuga dallo specchio. Il disturbo dell'immagine corporea nell'anoressia nervosa e nel DCA. Un modello integrato di trattamento*, Franco Angeli, Milano 2009.

Zapparoli G. C., *La paura e la noia*, il Saggiatore, Milano 1979.

–, *La psicosi e il segreto*, Bollati Boringhieri, Torino 1987.

–, *Paranoia e tradimento. Per una teoria dei bisogni*, Bollati Boringhieri, Torino 1992.

Zapparoli G. C., Ferradini F. G., *Introduzione allo studio della percezione del movimento*, Ispsiv, Milano 1963.

Zapparoli G. C., Torrigiani G., *La realtà psicotica. Un processo di apprendimento*, Bollati Boringhieri, Torino 1994.

Zappella M., *Disturbi generalizzati dello sviluppo (Disturbo dello spettro autistico)*, in G. B. Cassano, P. Pancheri *et al.* (a cura di), *Trattato italiano di psichiatria* (1992), Masson, Milano 1999, vol. III, pp. 2795-2806.

–, *Autismo infantile*, Carocci, Roma 2005.

Zaretsky E., *I misteri dell'anima. Una storia sociale e culturale della psicoanalisi* (2004), Feltrinelli, Milano 2006.

Zartman I. W., *The negotiation process*, Sage, Beverly Hills 1978.

Zatti P., *Persona giuridica e soggettività*, Cedam, Padova 1975.

Zavalloni R., *La vita emotiva*, in L. Ancona (a cura di), *Questioni di psicologia*, La Scuola, Brescia 1962, pp. 367-396.

–, *La pedagogia speciale e i suoi metodi*, La Scuola, Brescia 1969.

–, *La terapia non direttiva nell'educazione*, Armando, Roma 1971.

–, *Il problema degli handicappati. Sviluppi e prospettive*, Armando, Roma 1977.

Zazzo R., *Les jumeaux. La couple et la personne*, Puf, Paris 1960, voll. I-II.

–, *I deboli mentali*, SEI, Torino 1970.

Zeh W., *Progressive Paralyse*, Thieme, Stuttgart 1964.

Zeigarnik B., *Über das Behalten von erledigten und unerledigten Handlungen*, in "Psychologische Forschung", 1927, n. 9.

Zeller A., *Alla prova della vecchiaia* (2003), Servitium, Sotto il Monte 2005.

Zeller E. A., *Irre*, in *Allgemeine Encyclopädie der Wissenschaften und Künste*, diretta da S. Ersch e J. G. Gruber, edita da J. F. Gleditsch, Leipzig 1818-1889, vol. 24.

Zeller G., *Die Geschichte der Einheitspsychose vor Kraepelin (unveröffentlichte, durch die 77. Wanderversammlung südwestdeutscher Neurologen und Psychiater 1961 preisgekrönte Abhandlung zum Thema: Geschichte der Einheitspsychose)*, inedito.

Zennaro A., *Lo sviluppo della psicopatologia. Fattori biologici, ambientali e relazionali*, il Mulino, Bologna 2011.

Zerbetto R., *L'immagine dell'uomo secondo la terapia della Gestalt*, in P. Ferrucci, *Immagini dell'uomo*, Rosini Editore, Firenze 1986.

– (a cura di), *Psicoterapia della Gestalt. Per una scienza dell'esperienza*, Centro Studi Psicosomatica, Roma 1994.

–, *La Gestalt. Terapia della consapevolezza*, Xenia Edizioni, Milano 1998.

Zerssen D. von, *Das Devitalisierungssyndrom bei endogenen Depressionen und bei Endokrinopathien*, in W. Schulte, W. Mende, *Melancholie*, Thieme, Stuttgart 1969.

Zetzel E., Meissner W. W., *Psichiatria psicoanalitica* (1973), Bollati Boringhieri, Torino 1976.

Zhok A., *Il concetto di valore. Dall'etica all'economia*, Mimesis, Milano 2001.

Ziccardi G., *Internet, controllo e libertà. Trasparenza, sorveglianza e segreto nell'era tecnologica*, Raffaello Cortina, Milano 2015.
–, *L'odio online. Violenza verbale e ossessioni in rete*, Raffaello Cortina, Milano 2016.
Ziehen G. Th., *Leitfaden der physiologischen Psychologie*, Fischer, Jena 1887.
Zilboorg G., *Depressive reaction related to parenthood*, in "American Journal of Psychiatry", 1931, n. 87.
–, *The psychology of the criminal act and punishment*, Harcourt, Brace, New York 1954.
Zilboorg G., Henry G. W., *Storia della psichiatria* (1941), Feltrinelli, Milano 1963.
Zimbardo Ph. G., *The human choice. Individuation, reason and order versus deindividuation, impulse and chaos*, in AA.VV., *Nebraska symposium on motivation*, University of Nebraska Press, Lincoln 1970.
–, *L'effetto Lucifero. Cattivi si diventa?* (2007), Raffaello Cortina, Milano 2008.
Zimbardo Ph. G., Boyd J., *Il paradosso del tempo* (2008), Mondadori, Milano 2009.
Zimbardo Ph. G., Radl Sh. L., *Il bambino timido* (2000), Erickson, Trento 2003.
Zimmer H., *Miti e simboli dell'India* (1946), Adelphi, Milano 1993.
Zimmerman M. A., *Empowerment e partecipazione della comunità*, in "Animazione Sociale", 1999, n. 2.
Zipf G. K., *Human behavior and the principle of the least effort*, Addison-Wesley, Cambridge, Massachusetts, 1949.
Zirfas J., *Felicità*, in Ch. Wulf (a cura di), *Cosmo, corpo, cultura. Enciclopedia antropologica*, Bruno Mondadori, Milano 2002, pp. 827-836.
Žižek S., *L'isterico sublime. Psicoanalisi e idealismo tedesco* (1988), Sa/Turos Edizioni, Milano 1999.
–, *Il Grande Altro* (1992), Feltrinelli, Milano 1999.
–, *Difesa dell'intolleranza* (1998), Città Aperta Edizioni, Troina 2003.
–, *Il soggetto scabroso* (1999), Raffaello Cortina, Milano 2003.
–, *Credere* (2001), Meltemi, Roma 2005.
–, *Considerazioni politicamente scorrette sulla violenza metropolitana* (2006), Forum Editrice Universitaria Udinese, Udine 2007.
–, *Centauri. Mito e violenza maschile*, Laterza, Bari 2010.
Zoja L., *Complesso*, in AA.VV., *Gli strumenti del sapere contemporaneo*, vol. II: *I concetti*, Utet, Torino 1985, pp. 138-140.
–, *Coscienza*, in AA.VV., *Gli strumenti del sapere contemporaneo*, vol. II: *I concetti*, cit., pp. 165-167.
–, *Cultura*, in AA.VV., *Gli strumenti del sapere contemporaneo*, vol. II: *I concetti*, cit., pp. 192-194.
–, *Libido*, in AA.VV., *Gli strumenti del sapere contemporaneo*, vol. II: *I concetti*, cit., pp. 442-445.
–, *Nevrosi*, in AA.VV., *Gli strumenti del sapere contemporaneo*, vol. II: *I concetti*, cit., pp. 556-559.
–, *Psicologia del profondo*, in AA.VV., *Gli strumenti del sapere contemporaneo*, vol. I: *Le discipline*, cit., pp. 620-635.
–, *Tabù*, in AA.VV., *Gli strumenti del sapere contemporaneo*, vol. II: *I concetti*, cit., pp. 835-836.
–, *Transfert*, in AA.VV., *Gli strumenti del sapere contemporaneo*, vol. II: *I concetti*, cit., pp. 888-890.
–, *Nascere non basta. Iniziazione e tossicodipendenza*, Raffaello Cortina, Milano 1985.
–, *Crescita e colpa. Psicologia e limiti dello sviluppo*, Anabasi, Milano 1993.
–, *Coltivare l'anima*, Moretti & Vitali, Bergamo 1999.
–, *Il gesto di Ettore. Preistoria, storia, attualità e scomparsa del padre* (2000), nuova edizione ampliata, Bollati Boringhieri, Torino 2016.
–, *Giustizia e bellezza*, Bollati Boringhieri, Torino 2007.
–, *Contro Ismene. Considerazioni sulla violenza*, Bollati Boringhieri, Torino 2009.
–, *Paranoia. La follia che fa la storia*, Bollati Boringhieri, Torino 2011.
–, *Psiche*, Bollati Boringhieri, Torino 2015.
Zoletto D., *Straniero in classe. Una pedagogia dell'ospitalità*, Raffaello Cortina, Milano 2007.
Zoli S., *Il lavoro smobilita l'uomo. La rapida svolta dall'orgoglio alla paura in una società precaria*, Longanesi, Milano 2008.
Zolla E., *Le meraviglie della natura. Introduzione all'alchimia*, Bompiani, Milano 1975.
–, *I mistici dell'Occidente*, Rizzoli, Milano 1976-1980.
–, *Archetipi*, Marsilio, Venezia 1988.
–, *I letterati e lo sciamano. L'Indiano nella letteratura americana dalle origini al 1988*, Marsilio, Venezia 1989.
–, *Verità segrete esposte in evidenza. Sincretismo e fantasia, contemplazione ed esotericità*, Marsilio, Venezia 1990.
–, *Che cos'è la tradizione*, Adelphi, Milano 1998.
Zolo D., *Sulla paura. Fragilità, aggressività, potere*, Feltrinelli, Milano 2011.
Zorzi M., Girotto V. (a cura di), *Fondamenti di psicologia generale*, il Mulino, Bologna 2007.
Zubek J. P., *Sensory deprivation*, Appleton-Century-Crofts, New York 1969.
Zubin J., Spring B., *Vulnerability. A new view on schizophrenia*, in "Journal of Abnormal Psychology", 1977, n. 86, pp. 103-126.

Zubiri X., *Intelligenza senziente* (1980), Bompiani, Milano 2008.
Zucconi A., *Psicologia rogersiana*, in Centro Studi di Psicosintesi "R. Assagioli" (a cura di), *Immagini dell'uomo*, Rosini, Firenze 1986.
Zucconi A., Howell P., *La promozione della salute. Un approccio globale per il benessere della persona e della società*, La Meridiana, Molfetta 2003.
Zuckerman M., *Behavioral expressions and biosocial bases of sensation seeking*, Cambridge University Press, Cambridge-New York 1994.
Zuffa G., *Droga*, in M. Flores (a cura di), *Diritti umani. Cultura dei diritti e dignità della persona nell'epoca della globalizzazione*, Utet, Torino 2007, vol. I, pp. 513-517.
Zulliger H., *Giuoco e fanciulli*, Editrice Universitaria, Firenze 1969.
–, *Bande giovanili*, La Nuova Italia, Firenze 1973.
Zullini A., Giulio L., Buiatti M., *Omeostasi*, in AA.VV., *Gli strumenti del sapere contemporaneo*, vol. II: *I concetti*, Utet, Torino 1985, pp. 571-575.
Zunini G., *L'attività istintiva*, in L. Ancona (a cura di), *Questioni di psicologia*, La Scuola, Brescia 1962, pp. 335-366.
–, *Homo religiosus*, il Saggiatore, Milano 1966.
Zur Lippe R., *Spazio*, in Ch. Wulf (a cura di), *Cosmo, corpo, cultura. Enciclopedia antropologica* (1997), Bruno Mondadori, Milano 2002, pp. 162-172.
Zurif E. B., Caramazza A. (a cura di), *Language acquisition and language breakdown. Parallels and divergencies*, John Hopkins University Press, Baltimore 1978.

INDICE DEGLI AUTORI CITATI

Il presente indice rimanda alle voci in cui l'autore compare:
in carattere tondo se ricorre nella voce,
in carattere corsivo se ricorre nella sola bibliografia in calce alla voce.

A

B

C

D

E

F

G

H

I

J

K

L

M

N

O

P

Q

R

S

T

U

V

W

INDICE DELLE VOCI

A

B

C

D

F

G

H

I

O

P

T

U

V

W

X

Y

Z